Prütting · Wegen · Weinreich
BGB Kommentar

5. Auflage

Prütting/Wegen/Weinreich

BGB
Kommentar

Herausgegeben von

Prof. Dr. Hanns Prütting
Professor der Universität zu Köln,
Direktor des Instituts für Verfahrensrecht

Prof. Dr. Gerhard Wegen, LL.M. (Harvard)
Attorney-at-law (New York)
Honorarprofessor der Universität Tübingen,
Rechtsanwalt, Stuttgart

Gerd Weinreich
Vorsitzender Richter am Oberlandesgericht Oldenburg

5., neu bearbeitete und erweiterte Auflage

Luchterhand 2010

5. Auflage 2010

Bibliografische Information der Deutschen Nationalbibliothek
Die Deutsche Nationalbibliothek verzeichnet diese Publikation
in der Deutschen Nationalbibliografie;
detaillierte bibliografische Daten sind im Internet
über http://dnb.ddb.de abrufbar.

ISBN 978-3-472-07713-8

Zitierweise: PWW/*Bearbeiter* § ... Rn ...

www.wolterskluwer.de
www.luchterhand-fachverlag.de

Alle Rechte vorbehalten.
Luchterhand – eine Marke von Wolters Kluwer Deutschland GmbH.
© 2010 by Wolters Kluwer Deutschland GmbH, Luxemburger Str. 449, 50939 Köln.

Das Werk einschließlich aller seiner Teile ist urheberrechtlich geschützt. Jede Verwertung
außerhalb der engen Grenzen des Urheberrechtsgesetzes ist ohne Zustimmung des Verlages
unzulässig und strafbar. Das gilt insbesondere für Vervielfältigungen, Übersetzungen, Mikroverfilmungen und die Einspeicherung und Verarbeitung in elektronischen Systemen.

Umschlagkonzeption: Martina Busch, Fürstenfeldbruck
Satz: *TypoScript GmbH*, München
Druck: L.E.G.O. S.p.A. – Lavis, Italy

♾ Gedruckt auf säurefreiem, alterungsbeständigem und chlorfreiem Papier.

Vorwort

Schon seit dem Erscheinen der 1. Auflage im Jahre 2006 haben es sich Herausgeber, Autoren und Verlag zum Ziel gesetzt, den vorliegenden Kommentar jährlich jeweils zum Anwaltstag in einer neuen Auflage herauszubringen. Wir sind sehr stolz, dieses Ziel nun bereits zum fünften Mal pünktlich erreicht zu haben. Der Kommentar kann damit weiterhin seinem Wunsch gerecht werden, der Praxis in einem einbändigen Werk eine moderne und stets aktuelle Hilfestellung auf hohem wissenschaftlichen Niveau anzubieten. Freilich wird es angesichts der vielfältigen Bemühungen des Gesetzgebers, den Text des BGB und des EGBGB zu modernisieren, zu überarbeiten und zu ergänzen, immer schwieriger, den Umfang des Werkes in einem einzigen Band zu erhalten.

Ein besonderes Augenmerk hat diese Neuauflage wiederum auf die unionsrechtlichen Entwicklungen gelegt. Dies zeigt sich neben der Einarbeitung des Lissabon-Vertrages vor allem im Bereich der Rom-I-VO und der Rom-II-VO zu den vertraglichen und den gesetzlichen Schuldverhältnissen im Rahmen des internationalen Privatrechts. Durch diese Verordnungen werden das deutsche Kollisionsrecht und das Kollisionsrecht aller Mitgliedstaaten im Bereich der Schuldverhältnisse durch ein unmittelbar geltendes Unionsrecht überlagert. Die Bedeutung dieser Neuregelung für den europaweiten Privatrechtsverkehr kann nicht hoch genug eingeschätzt werden.

Im Bereich des deutschen Zivilrechts waren insbesondere die nachhaltigen gesetzgeberischen Veränderungen im Vereinsrecht durch die Gesetze vom 24. und vom 28. September 2009 zu berücksichtigen, ferner das Gesetz zur Änderung des Erb- und Verjährungsrechts vom 24. September 2009 und das Gesetz zur Strukturreform des Versorgungsausgleichs vom 03. April 2009 sowie das Gesetz zur Änderung des Zugewinnausgleichs- und Vormundschaftsrechts. Eine weitere nachhaltige Überarbeitung war durch die umfassende Neuregelung des rechtlichen Bereichs des Zahlungsverkehrs durch das Gesetz zur Umsetzung der Verbraucherkredite und des zivilrechtlichen Teils der Zahlungsdienstrichtlinie vom 11. Juni 2009. Zu berücksichtigen war ferner die Reform durch das am 01. September 2009 in Kraft getretene neue FamFG sowie durch das Gesetz zur Einführung des elektronischen Rechtsverkehrs im Grundbuchverfahren. Die Bemühungen, auch die dem Bürgerlichen Recht zuzuordnenden Nebengesetze intensiv zu kommentieren, haben durch die verstärkte Kommentierung des Wohnungseigentumsgesetzes einen besonderen Niederschlag gefunden. Jenseits aller dieser einzelnen Veränderungen hat auch die Rechtsprechung eine große Zahl von Fortentwicklungen gebracht, die sorgfältig einzuarbeiten waren. Darüber hinaus ist das gesamte Werk überarbeitet und konsolidiert.

Die Herausgeber sprechen allen Autoren und dem Verlag ihren besonderen Dank aus. Alle am Werk Beteiligten haben den Kommentar mit großer Intensität und herausragendem Engagement überarbeitet und erneuert. Dennoch gilt auch für die vorliegende Neuauflage die Bitte der Herausgeber an die Fachöffentlichkeit, kritische Hinweise, Anregungen und Verbesserungsvorschläge zu übermitteln, die die Qualität, Konsistenz und Homogenität dieses Werks verbessern helfen, gerne auch per E-Mail unter: redaktion.bgbkommentar@wolterskluwer.de

Köln, Stuttgart und Oldenburg, im Februar 2010

Hanns Prütting
Gerhard Wegen
Gerd Weinreich

Die Bearbeiter

Prof. Dr. Martin Ahrens
Professor der Universität Göttingen

Prof. Dr. Martin Avenarius
Professor der Universität zu Köln
Direktor des Instituts für Römisches Recht

Prof. Dr. Andreas Bauer
Professor der Evangelischen Fachhochschule Bochum

Prof. Dr. Klaus Peter Berger, LL.M. (Virginia)
Professor der Universität zu Köln

Priv.-Doz. Dr. Moritz Brinkmann, LL.M. (McGill)
Wissenschaftlicher Assistent der Universität zu Köln

Dr. Eckart Brödermann, LL.M. (Harvard)
Maître en droit (Paris V), Attorney-at-law (New York)
Rechtsanwalt, Hamburg
Lehrbeauftragter an der Universität Hamburg

Prof. Dr. Petra Buck-Heeb
Professorin der Universität Hannover

Dr. Gunter Deppenkemper, LL.M., LL.M. (beide Osnabrück)
Staatsanwalt, Staatsanwaltschaft Mannheim

Dr. Hoimar von Ditfurth
Rechtsanwalt, Frankfurt

Dipl. jur. Jan Ehling, MLE
Wissenschaftlicher Mitarbeiter an der Universität Göttingen

Prof. Dieter Eickmann
Professor der Hochschule für Wirtschaft und Recht, a.D., Berlin

Dr. Oliver Elzer
Richter am Kammergericht, Berlin

Prof. Dr. Klaus Englert
Rechtsanwalt und Fachanwalt für Bau- und Architektenrecht, Schrobenhausen

Prof. Dr. Oliver Fehrenbacher
Professor der Universität Trier

Dr. Peer Feldhahn
Rechtsanwalt, Hamburg

Prof. Dr. Robert Freitag, Maître en droit (Bordeaux)
Professor der Universität Hamburg

Brigitte Frensch
Rechtsanwältin, Düsseldorf

Dr. Peter Friederici
Vorsitzender Richter am Oberlandesgericht Naumburg, a.D.

Dr. Rainer Hoppenz
Vorsitzender Richter am Oberlandesgericht Karlsruhe, a.D.

Dr. Christoph Huhn
Notar, Troisdorf

Dr. Sibylle Kessal-Wulf
Richterin am Bundesgerichtshof Karlsruhe

Dr. Christian Kesseler
Notar, Düren

Bearbeiterverzeichnis

Dr. Norbert Kleffmann
Fachanwalt für Familienrecht, Hagen, Rechtsanwalt und Notar

Hubertus Kramarz
Vorsitzender Richter am Landgericht Oldenburg
Lehrbeauftragter an der Universität Oldenburg

Dr. Joachim Kummer
Rechtsanwalt beim Bundesgerichtshof, Ettlingen

Dr. Reiner Lemke
Richter am Bundesgerichtshof, Karlsruhe

Stefan Leupertz
Richter am Bundesgerichtshof Karlsruhe
Lehrbeauftragter für Bauvertragsrecht der Universitäten Dortmund und Marburg

Dr. Stefan Lingemann
Fachanwalt für Arbeitsrecht, Rechtsanwalt und Notar, Berlin

Prof. Dr. Martin Löhnig
Professor der Universität Regensburg

Prof. Dr. Dieter Martiny
Professor der Universität Frankfurt (O.)

Prof. Dr. Dres. h.c. Dieter Medicus
Professor (em.) der Universität München

Dr. Juliana Mörsdorf-Schulte, LL.M. (Berkeley)
Lehrbeauftragte der Universität Mannheim
Richterin

Prof. Dr. Hans-Friedrich Müller, LL.M. (Bristol)
Professor der Universität Erfurt

Tanja Müller-Tegethoff
Fachanwältin für Familienrecht, Mediatorin, Hannover

Dr. h.c. Gerd Nobbe
Vorsitzender Richter am Bundesgerichtshof a.D., Karlsruhe

Prof. Dr. Thomas Pfeiffer
Professor der Universität Heidelberg
Direktor des Instituts für ausländisches und internationales Privat- und Wirtschaftsrecht
Richter am Oberlandesgericht a.D.

Klaus Pieper
Rechtsanwalt, Richter am Oberlandesgericht a.D., Düsseldorf

Prof. Dr. Hanns Prütting
Professor der Universität zu Köln,
Direktor des Instituts für Verfahrensrecht

Prof. Dr. Hans Rausch †
Richter am Amtsgericht a.D.
Professor der Fachhochschule für Rechtspflege NRW, Bad Münstereifel

Kirsten Reimers
Fachanwältin für Familienrecht, Mediatorin, Hannover

Prof. Dr. Oliver Remien
Professor der Universität Würzburg

Dr. Olaf Riecke
Richter am Amtsgericht Hamburg-Blankenese

Prof. Dr. Renate Schaub, LL.M. (Bristol)
Professorin der Ruhr-Universität Bochum

Bearbeiterverzeichnis

Prof. Dr. Gottfried Schiemann
Professor der Universität Tübingen

Dr. Michael J. Schmid
Richter am Bayerischen Obersten Landesgericht a.D., München

Dr. Detlef Schmidt
Rechtsanwalt und Notar, Berlin

Prof. Dr. Martin Schmidt-Kessel
Professor am European Legal Studies Institute der Universität Osnabrück

Prof. Dr. Martin Schöpflin, LL.M. (Northumbria)
Professor der Norddeutschen Fachhochschule für Rechtspflege, Hildesheim

Dr. Jürgen Soyka
Vorsitzender Richter am Oberlandesgericht Düsseldorf

Dr. Ursula Tschichoflos
Rechtsanwältin, Mediatorin (DAA), Esslingen
Lehrbeauftragte der Berufsakademie Karlsruhe und der Ev. Fachhochschule Ludwigsburg

Prof. Dr. Barbara Völzmann-Stickelbrock
Professorin der Fernuniversität Hagen

Dr. Wolfram Waldner, M.A.
Notar, Bayreuth
Lehrbeauftragter der Universität Erlangen-Nürnberg

Prof. Dr. Gerhard Wegen, LL.M. (Harvard)
Attorney-at-law (New York)
Honorarprofessor der Universität Tübingen
Rechtsanwalt, Stuttgart

Gerd Weinreich
Vorsitzender Richter am Oberlandesgericht Oldenburg

Theo Ziegler
Vorsitzender Richter am Landgericht Landshut

Prof. Dr. Brigitta Zöchling-Jud
Professorin der Universität Wien

Im Einzelnen haben bearbeitet:

BGB

Einleitung	Prof. Dr. Hanns Prütting
§§ 1–14	Prof. Dr. Hanns Prütting
§§ 21–89	Prof. Dr. Martin Schöpflin
§§ 90–113	Prof. Dr. Barbara Völzmann-Stickelbrock
§§ 116–144	Prof. Dr. Martin Ahrens
§§ 145–163	Dr. Moritz Brinkmann
§§ 164–185	Brigitte Frensch
§§ 186–240	Dr. Christian Kesseler
§§ 241–248	Prof. Dr. Martin Schmidt-Kessel
§§ 249–255	Prof. Dr. Dres. h.c. Dieter Medicus
§§ 256–274	Prof. Dr. Brigitta Zöchling-Jud
§§ 275–292	Prof. Dr. Martin Schmidt-Kessel
§§ 293–304	Prof. Dr. Brigitta Zöchling-Jud
§§ 305–310	Prof. Dr. Klaus Peter Berger
§§ 311–360	Prof. Dr. Dres. h.c. Dieter Medicus
§§ 362–397	Prof. Dr. Thomas Pfeiffer
§§ 398–432	Prof. Dr. Hans-Friedrich Müller
§§ 433–480	Dr. Detlef Schmidt
§§ 481–487	Dr. Michael J. Schmid
§§ 488–515	Dr. Sibylle Kessal-Wulf
Anh zu §§ 488–515: Finanzierungsleasing	Brigitte Frensch
§§ 516–534	Dr. Rainer Hoppenz
§ 535	Dr. Oliver Elzer
§§ 536–536d	Dr. Peer Feldhahn
§ 537	Dr. Michael J. Schmid
§§ 538–542	Dr. Olaf Riecke
§§ 543–547	Dr. Peer Feldhahn
§ 548	Dr. Olaf Riecke
§ 549	Dr. Peer Feldhahn
§ 550	Dr. Michael J. Schmid
§§ 551–553	Dr. Olaf Riecke
§ 554	Dr. Oliver Elzer
§§ 554a–555	Dr. Olaf Riecke
§§ 556–556b	Dr. Michael J. Schmid
§§ 557–559b	Dr. Oliver Elzer
§ 560	Dr. Michael J. Schmid
§ 561	Dr. Oliver Elzer
§§ 562–567b	Dr. Olaf Riecke
§§ 568–572	Dr. Oliver Elzer
§§ 573–577a	Dr. Olaf Riecke
§§ 578–580	Dr. Michael J. Schmid
§§ 580a–597	Dr. Olaf Riecke
§§ 598–609	Dr. Rainer Hoppenz
§§ 611–630	Dr. Stefan Lingemann
§§ 631–651	Stefan Leupertz
§§ 651a–m	Dr. Gunter Deppenkemper
§§ 652–655	Prof. Dr. Oliver Fehrenbacher
§§ 655a–e	Dr. h.c. Gerd Nobbe
§ 656	Dr. Peter Friederici
§§ 657–661	Dr. Ursula Tschichoflos
§ 661a	Dr. Juliana Mörsdorf-Schulte
§§ 662–704	Prof. Dr. Oliver Fehrenbacher
§§ 705–758	Dr. Hoimar von Ditfurth
§§ 759–779	Dr. Eckart Brödermann
§§ 780–811	Prof. Dr. Petra Buck-Heeb
§§ 812–822	Stefan Leupertz
§§ 823–838	Prof. Dr. Renate Schaub

Bearbeiterverzeichnis

§§ 839–839a	Hubertus Kramarz
§§ 840–841	Prof. Dr. Renate Schaub
§§ 842–846	Prof. Dr. Dres. h.c. Dieter Medicus
§§ 848–853	Prof. Dr. Renate Schaub
§§ 854–872	Prof. Dr. Hanns Prütting
§§ 873–902	Dr. Christoph Huhn
§§ 903–924	Dr. Reiner Lemke
§§ 925–928	Dr. Christoph Huhn
§§ 929–984	Prof. Dr. Hanns Prütting
§§ 985–1011	Prof. Dr. Klaus Englert
§§ 1018–1112	Prof. Dieter Eickmann
§§ 1113–1203	Dr. Wolfram Waldner
§§ 1204–1296	Dr. h.c. Gerd Nobbe
Vor §§ 1297 ff	Gerd Weinreich
§§ 1297–1302	Gerd Weinreich/Prof. Dr. Hans Rausch
§§ 1303–1312	Dr. Peter Friederici/Prof. Dr. Hans Rausch
§§ 1313–1320	Klaus Pieper
§§ 1353–1357	Gerd Weinreich
§ 1359	Gerd Weinreich
§§ 1360–1361	Dr. Norbert Kleffmann
§§ 1361a – 1390, 1408 I	Gerd Weinreich
§ 1408 II	Kirsten Reimers/Tanja Müller-Tegethoff
§§ 1409–1568b	Gerd Weinreich
§§ 1569–1577	Dr. Norbert Kleffmann
§§ 1578–1579	Dr. Jürgen Soyka
§§ 1580–1586b	Dr. Norbert Kleffmann
§ 1587	Kirsten Reimers/Tanja Müller-Tegethoff
§§ 1588–1590	Gerd Weinreich
§ 1589	Gerd Weinreich/Prof. Dr. Hans Rausch
§§ 1591–1600e	Klaus Pieper
§§ 1601–1615o	Dr. Jürgen Soyka
§§ 1616–1625	Klaus Pieper
§§ 1626–1698b	Theo Ziegler
§§ 1712–1772	Dr. Peter Friederici
§§ 1773–1921	Prof. Dr. Andreas Bauer
§§ 1922–2063	Dr. Ursula Tschichoflos
§§ 2064–2099 (ohne 2077)	Prof. Dr. Martin Löhnig
§ 2077	Prof. Dr. Martin Löhnig /Prof. Dr. Hans Rausch
§§ 2100–2146	Dr. Joachim Kummer
§§ 2147–2228	Prof. Dr. Gottfried Schiemann
§§ 2229–2273	Prof. Dr. Martin Avenarius
§§ 2274–2385	Dr. Gunter Deppenkemper
EGBGB	
Überblick zum EGBGB	Prof. Dr. Gerhard Wegen
Art 1–12 EGBGB	Dr. Juliana Mörsdorf-Schulte
Art 13–24 EGBGB	Prof. Dr. Dieter Martiny
Art 25–26 EGBGB	Dr. Robert Freitag
Rom I-VO	
Präambel	Dr. Eckart Brödermann, Prof. Dr. Gerhard Wegen
Art 1–4 Rom I-VO	Dr. Eckart Brödermann, Prof. Dr. Gerhard Wegen
Art 5–6 Rom I-VO	Prof. Dr. Oliver Remien
Art 7 Rom I-VO	Dipl. jur. Jan Ehling
Art 8 Rom I-VO	Dr. Stefan Lingemann
Art 9 Rom I-VO	Prof. Dr. Oliver Remien
Art 10 Rom I-VO	Dr. Eckart Brödermann, Prof. Dr. Gerhard Wegen
Art 11 Rom I-VO	Dr. Juliana Mörsdorf-Schulte
Art 12 Rom I-VO	Dr. Eckart Brödermann, Prof. Dr. Gerhard Wegen
Art 13 Rom I-VO	Dr. Juliana Mörsdorf-Schulte
Art 14–15 Rom I-VO	Prof. Dr. Hans-Friedrich Müller
Art 16–20 Rom I-VO	Dr. Eckart Brödermann, Prof. Dr. Gerhard Wegen

Bearbeiterverzeichnis

Art 21 Rom I-VO	Dr. Juliana Mörsdorf-Schulte
Art 22–29 Rom I-VO	Dr. Eckart Brödermann, Prof. Dr. Gerhard Wegen
EGBGB	
Vor ex Art 27 – ex 28 EGBGB	Dr. Eckart Brödermann, Prof. Dr. Gerhard Wegen
ex Art 29, 29 a EGBGB	Prof. Dr. Oliver Remien
ex Art 30 EGBGB	Dr. Stefan Lingemann
ex Art 31, 32 EGBGB	Dr. Eckart Brödermann, Prof. Dr. Gerhard Wegen
ex Art 33 EGBGB	Prof. Dr. Hans-Friedrich Müller
ex Art 34 EGBGB	Prof. Dr. Oliver Remien
ex Art 35–37 EGBGB	Dr. Eckart Brödermann, Prof. Dr. Gerhard Wegen
Rom II-VO	
Präambel	Prof. Dr. Renate Schaub
Art 1–8 Rom II-VO	Prof. Dr. Renate Schaub
Art 9 Rom II-VO	Dr. Stefan Lingemann
Art 10 Rom II-VO	Prof. Dr. Oliver Fehrenbacher
Art 11 Rom II-VO	Prof. Dr. Oliver Fehrenbacher
Art 12–15 Rom II-VO	Prof. Dr. Renate Schaub
Art 16 Rom II-VO	Prof. Dr. Oliver Remien
Art 17–18 Rom II-VO	Prof. Dr. Renate Schaub
Art 19–20 Rom II-VO	Prof. Dr. Hans-Friedrich Müller
Art 21–25 Rom II-VO	Prof. Dr. Renate Schaub
Art 26 Rom II-VO	Dr. Juliana Mörsdorf-Schulte
Art 27–32 Rom II-VO	Prof. Dr. Renate Schaub
EGBGB	
Vor Art 38 EGBGB	Prof. Dr. Renate Schaub
Art 38 EGBGB	Prof. Dr. Oliver Fehrenbacher
Art 39 EGBGB	Prof. Dr. Oliver Fehrenbacher
Art 40–42 EGBGB	Prof. Dr. Renate Schaub
Art 43–46a EGBGB	Dr. Moritz Brinkmann
Art 46 b EGBGB	Prof. Dr. Oliver Remien
Art 46 c EGBGB	Dipl. jur. Jan Ehling
Art 47 EGBGB	Dr. Juliana Mörsdorf-Schulte
Art 229 EGBGB (Auszug) als Anlage Vor § 194	Dr. Christian Kesseler
Art 229 EGBGB (Auszug) als Anlage Vor §§ 241 ff	Prof. Dr. Martin Schmidt-Kessel
Art 247 EGBGB	Dr. h. c. Gerd Nobbe
AGG	Dr. Stefan Lingemann
GewSchG	Gerd Weinreich
LPartG	Gerd Weinreich
ProdukthaftungsG	Prof. Dr. Renate Schaub
WEG	Dr. Oliver Elzer, Dr. Olaf Riecke
VersAusglG	Tanja Müller-Tegethoff, Kirsten Reimers
VBVG als Anh zu § 1836	Prof. Dr. Andreas Bauer

Inhaltsübersicht

Bürgerliches Gesetzbuch (BGB) 1
Einleitung 1

Buch 1
Allgemeiner Teil 10

Abschnitt 1 Personen – §§ 1-89 10
            Titel 1 Natürliche Personen, Verbraucher, Unternehmer – §§ 1-14 ... 10
            Titel 2 Juristische Personen – §§ 21-89 28
Abschnitt 2 Sachen und Tiere – §§ 90-103 70
Abschnitt 3 Rechtsgeschäfte – §§ 104-185 83
            Titel 1 Geschäftsfähigkeit – §§ 104-113 83
            Titel 2 Willenserklärung – §§ 116-144 97
            Titel 3 Vertrag – §§ 145-157 179
            Titel 4 Bedingung und Zeitbestimmung – §§ 158-163 206
            Titel 5 Vertretung und Vollmacht – §§ 164-181 215
            Titel 6 Einwilligung und Genehmigung – §§ 182-185 271
Abschnitt 4 Fristen, Termine – §§ 186-193 280
Abschnitt 5 Verjährung – §§ 194-218 283
            Titel 1 Gegenstand und Dauer der Verjährung – §§ 194-202 285
            Titel 2 Hemmung, Ablaufhemmung und Neubeginn der Verjährung – §§ 203-213 299
            Titel 3 Rechtsfolgen der Verjährung – §§ 214-218 311
Abschnitt 6 Ausübung der Rechte, Selbstverteidigung, Selbsthilfe – §§ 226-231 313
Abschnitt 7 Sicherheitsleistung – §§ 232-240 318

Buch 2
Recht der Schuldverhältnisse 321

Abschnitt 1 Inhalt der Schuldverhältnisse – §§ 241-304 321
            Titel 1 Verpflichtung zur Leistung – §§ 241-292 321
            Titel 2 Verzug des Gläubigers – §§ 293-304 477
Abschnitt 2 Gestaltung rechtsgeschäftlicher Schuldverhältnisse durch Allgemeine Geschäftsbedingungen – §§ 305-310 485
Abschnitt 3 Schuldverhältnisse aus Verträgen – §§ 311-360 529
            Titel 1 Begründung, Inhalt und Beendigung – §§ 311-319 529
            Titel 2 Gegenseitiger Vertrag – §§ 320-326 569
            Titel 3 Versprechen der Leistung an einen Dritten – §§ 328-335 .. 583
            Titel 4 Draufgabe, Vertragsstrafe – §§ 336-345 592
            Titel 5 Rücktritt; Widerrufs- und Rückgaberecht bei Verbraucherverträgen – §§ 346-360 599
Abschnitt 4 Erlöschen der Schuldverhältnisse – §§ 362-397 619
            Titel 1 Erfüllung – §§ 362-371 619
            Titel 2 Hinterlegung – §§ 372-386 636
            Titel 3 Aufrechnung – §§ 387-396 646
            Titel 4 Erlass – § 397 658
Abschnitt 5 Übertragung einer Forderung – §§ 398-413 661
Abschnitt 6 Schuldübernahme – §§ 414-419 681
Abschnitt 7 Mehrheit von Schuldnern und Gläubigern – §§ 420-432 685
Abschnitt 8 Einzelne Schuldverhältnisse – §§ 433-853 698
            Titel 1 Kauf, Tausch – §§ 433-480 698
            Titel 2 Teilzeit-Wohnrechteverträge – §§ 481-487 791
            Titel 3 Darlehensvertrag; Finanzierungshilfen und Ratenlieferungsverträge zwischen einem Unternehmer und einem Verbraucher – §§ 488-512 794
            Anh zu §§ 488-515 Finanzierungsleasing 840
            Titel 4 Schenkung – §§ 516-534 884
            Titel 5 Mietvertrag, Pachtvertrag – §§ 535-597 895
            Titel 6 Leihe – §§ 598-606 1112
            Titel 7 Sachdarlehensvertrag – §§ 607-609 1115

Inhaltsübersicht

Titel 8	Dienstvertrag – §§ 611-630	1116
Titel 9	Werkvertrag und ähnliche Verträge – §§ 631-651m	1166
Titel 10	Mäklervertrag – §§ 652-656	1287
Titel 11	Auslobung – §§ 657-661a	1312
Titel 12	Auftrag und Geschäftsbesorgungsvertrag – §§ 662-676c	1322
Titel 13	Geschäftsführung ohne Auftrag – §§ 677-687	1380
Titel 14	Verwahrung – §§ 688-700	1390
Titel 15	Einbringung von Sachen bei Gastwirten – §§ 701-704	1396
Titel 16	Gesellschaft – §§ 705-740	1399
Titel 17	Gemeinschaft – §§ 741-758	1444
Titel 18	Leibrente – §§ 759-761	1454
Titel 19	Unvollkommene Verbindlichkeiten – §§ 762-763	1456
Titel 20	Bürgschaft – §§ 765-778	1462
Titel 21	Vergleich – § 779	1511
Titel 22	Schuldversprechen, Schuldanerkenntnis – §§ 780-782	1516
Titel 23	Anweisung – §§ 783-792	1524
Titel 24	Schuldverschreibung auf den Inhaber – §§ 793-808	1532
Titel 25	Vorlegung von Sachen – §§ 809-811	1546
Titel 26	Ungerechtfertigte Bereicherung – §§ 812-822	1552
Titel 27	Unerlaubte Handlungen – §§ 823-853	1611

Buch 3
Sachenrecht 1735

Abschnitt 1	Besitz – §§ 854-872	1735
Abschnitt 2	Allgemeine Vorschriften über Rechte an Grundstücken – §§ 873-902	1750
Abschnitt 3	Eigentum – §§ 903-1011	1786
	Titel 1 Inhalt des Eigentums – §§ 903-924	1786
	Titel 2 Erwerb und Verlust des Eigentums an Grundstücken – §§ 925-928	1824
	Titel 3 Erwerb und Verlust des Eigentums an beweglichen Sachen – §§ 929-984	1830
	Titel 4 Ansprüche aus dem Eigentum – §§ 985-1007	1867
	Titel 5 Miteigentum – §§ 1008-1011	1891
Abschnitt 4	Dienstbarkeiten – §§ 1018-1093	1893
	Titel 1 Grunddienstbarkeiten – §§ 1018-1029	1893
	Titel 2 Nießbrauch – §§ 1030-1089	1899
	Titel 3 Beschränkte persönliche Dienstbarkeiten – §§ 1090-1093	1919
Abschnitt 5	Vorkaufsrecht – §§ 1094-1104	1922
Abschnitt 6	Reallasten – §§ 1105-1112	1926
Abschnitt 7	Hypothek, Grundschuld, Rentenschuld – §§ 1113-1203	1931
	Titel 1 Hypothek – §§ 1113-1190	1931
	Titel 2 Grundschuld, Rentenschuld – §§ 1191-1203	1979
Abschnitt 8	Pfandrecht an beweglichen Sachen und an Rechten – §§ 1204-1296	1988
	Titel 1 Pfandrecht an beweglichen Sachen – §§ 1204-1259	1997
	Titel 2 Pfandrecht an Rechten – §§ 1273-1296	2019

Buch 4
Familienrecht 2036

Abschnitt 1	Bürgerliche Ehe – §§ 1297-1588	2036
	Titel 1 Verlöbnis – §§ 1297-1302	2036
	Titel 2 Eingehung der Ehe – §§ 1303-1312	2048
	Titel 3 Aufhebung der Ehe – §§ 1313-1318	2055
	Titel 4 Wiederverheiratung nach Todeserklärung – §§ 1319-1320	2064
	Titel 5 Wirkungen der Ehe im Allgemeinen – §§ 1353-1362	2064
	Titel 6 Eheliches Güterrecht – §§ 1363-1563	2102
	Titel 7 Scheidung der Ehe – §§ 1564-1587	2176
	Titel 8 Kirchliche Verpflichtungen – § 1588	2291
Abschnitt 2	Verwandtschaft – §§ 1589-1772	2291
	Titel 1 Allgemeine Vorschriften – §§ 1589-1590	2291
	Titel 2 Abstammung – §§ 1591-1600e	2292
	Titel 3 Unterhaltspflicht – §§ 1601-1615n	2319

	Titel 4	Rechtsverhältnis zwischen den Eltern und dem Kind im Allgemeinen – §§ 1616-1625	2340
	Titel 5	Elterliche Sorge – §§ 1626-1698b	2349
	Titel 6	Beistandschaft – §§ 1712-1717	2413
	Titel 7	Annahme als Kind – §§ 1741-1772	2416
Abschnitt 3	Vormundschaft, Rechtliche Betreuung, Pflegschaft – §§ 1773-1921		2439
	Titel 1	Vormundschaft – §§ 1773-1895	2440
	Titel 2	Rechtliche Betreuung – §§ 1896-1908i	2506
	Titel 3	Pflegschaft – §§ 1909-1921	2535

Buch 5
Erbrecht 2542

Abschnitt 1	Erbfolge – §§ 1922-1941		2542
Abschnitt 2	Rechtliche Stellung des Erben – §§ 1942-2063		2570
	Titel 1	Annahme und Ausschlagung der Erbschaft, Fürsorge des Nachlassgerichts – §§ 1942-1966	2570
	Titel 2	Haftung des Erben für die Nachlassverbindlichkeiten – §§ 1967-2017	2599
	Titel 3	Erbschaftsanspruch – §§ 2018-2031	2641
	Titel 4	Mehrheit von Erben – §§ 2032-2063	2653
Abschnitt 3	Testament – §§ 2064-2273		2699
	Titel 1	Allgemeine Vorschriften – §§ 2064-2086	2701
	Titel 2	Erbeinsetzung – §§ 2087-2099	2717
	Titel 3	Einsetzung eines Nacherben – §§ 2100-2146	2721
	Titel 4	Vermächtnis – §§ 2147-2191	2756
	Titel 5	Auflage – §§ 2192-2196	2773
	Titel 6	Testamentsvollstrecker – §§ 2197-2228	2775
	Titel 7	Errichtung und Aufhebung eines Testaments – §§ 2229-2263	2796
	Titel 8	Gemeinschaftliches Testament – §§ 2265-2272	2814
Abschnitt 4	Erbvertrag – §§ 2274-2302		2822
Abschnitt 5	Pflichtteil – §§ 2303-2338		2848
Abschnitt 6	Erbunwürdigkeit – §§ 2339-2345		2896
Abschnitt 7	Erbverzicht – §§ 2346-2352		2900
Abschnitt 8	Erbschein – §§ 2353-2370		2907
Abschnitt 9	Erbschaftskauf – §§ 2371-2385		2933

Einführungsgesetz zum Bürgerlichen Gesetzbuche (EGBGB) – Auszug – ... 2941

Überblick zum EGBGB 2941

Erster Teil
Allgemeine Vorschriften – Art 1-47 2941

Erstes Kapitel	Inkrafttreten, Vorbehalt für Landesrecht. Gesetzesbegriff – Art 1, 2		2941
Zweites Kapitel	Internationales Privatrecht – Art 3-46c		2942
	Erster Abschnitt	Allgemeine Vorschriften – Art 3-6	2942
	Zweiter Abschnitt	Recht der natürlichen Personen und der Rechtsgeschäfte – Art 7-12	2974
	Dritter Abschnitt	Familienrecht – Art 13-24	2990
	Vierter Abschnitt	Erbrecht – Art 25, 26	3032
	Fünfter Abschnitt	Schuldrecht	3042
	Teil I	Vertragliche Schuldverhältnisse	3042
	1.	Vorbemerkungen zum Internationalen Schuldvertragsrecht	3042
	2.	Unionsrechtliches Internationales Schuldvertragsrecht (Rom I-VO)	3046
	3.	Nationales Internationales Schuldvertragsrecht für Altfälle (ex Art. 27-37 EGBGB)	3101
	Teil II	Internationales Gesellschaftsrecht (Rom II-VO)	3139
	Art 38-42		3190
	Sechster Abschnitt	Sachenrecht – Art 43-46	3203
	Siebter Abschnitt	Besondere Vorschriften zur Durchführung von Regelungen der Europäischen Gemeinschaft nach Artikel 3 Nr. 1 – Art 46a-46c	3209
Drittes Kapitel	Angleichung – Art 47		3211

Inhaltsübersicht

...
Art 229	(Auszug – als Anl zu § 194)	283
Art 229	(Auszug – als Anl zu Vor §§ 241 ff)	326
Art 247	§ 13	3215

Allgemeines Gleichbehandlungsgesetz (AGG) 3217

Einführung		3217
Abschnitt 1	Allgemeiner Teil – §§ 1-5	3218
Abschnitt 2	Schutz der Beschäftigten vor Benachteiligung – §§ 6-18	3227
	Unterabschnitt 1 Verbot der Benachteiligung – §§ 6-10	3227
	Unterabschnitt 2 Organisationspflichten des Arbeitgebers – §§ 11, 12	3236
	Unterabschnitt 3 Rechte der Beschäftigten – §§ 13-16	3238
	Unterabschnitt 4 Ergänzende Vorschriften – §§ 17, 18	3243
Abschnitt 3	Schutz vor Benachteiligung im Zivilrechtsverkehr – §§ 19-21	3244
Abschnitt 4	Rechtschutz – §§ 22, 23	3249
Abschnitt 5	Sonderregelungen für öffentlich-rechtliche Dienstverhältnisse – § 24	3251
Abschnitt 6	Antidiskriminierungsstelle – §§ 25-30	3251
Abschnitt 7	Schlussvorschriften – §§ 31-33	3251

Gewaltschutzgesetz (GewSchG) 3253

Lebenspartnerschaftsgesetz (LPartG) 3259

Produkthaftungsgesetz (ProdHaftG) 3271

Wohnungseigentumsgesetz (WEG) 3287

Versorgungsausgleichsgesetz (VersAusglG) 3365

Stichwortverzeichnis 3407

Abkürzungsverzeichnis mit Literaturangaben

aA	anderer Ansicht
AAA	American Arbitration Association
aaO	am angegebenen Ort
AbfG	Abfallgesetz v 27.8.86, BGBl I 2771
ABGB	Allgemeines Bürgerliches Gesetzbuch für Österreich v 1.6.1811, 946/1811
AbgG	Abgeordnetengesetz idF v 21.2.96, BGBl I 329
abgedr	abgedruckt
A/B/H/S/Bearb	Assies/Beule/Heise/Strube, Handbuch des Fachanwalts Bank- und Kapitalmarktrecht, Köln 2008
Abk	Abkommen
abl	ablehnend
ABlEG	Amtsblatt der Europäischen Gemeinschaften (bis 31.12.03)
Abs	Absatz
Abschn	Abschnitt
abw	abweichend
AbzG	Gesetz betreffend die Abzahlungsgeschäfte, außer Kraft seit 1.1.91
abzgl	abzüglich
AC	Law Reports, Appeal Cases
AcP	Archiv für die zivilistische Praxis (Band, Seite)
Actes et documents, 12ème	Conférence de La Haye de droit international privé Actes et documents de la douzième session, 2 au 21 octobre 1972, Tome IV, Obligations alimentaires, La Haye 1975
Aden	Internationale Handelsschiedsgerichtsbarkeit, Kommentar zu den Verfahrensordnungen, 2. Aufl München 2003
Adomeit/Mohr	Kommentar zum AGG, Stuttgart 2007
AdoptG	Gesetz über die Annahme als Kind und zur Änderung anderer Vorschriften v 2.7.76, BGBl I 1749 (Adoptionsgesetz)
ADSp	Allgemeine Deutsche Spediteurbedingungen idF v 1.10.78; BAnz Nr 211
AdÜbAG	Adoptionsübereinkommens-Ausführungsgesetz v 5.11.01, BGBl I 2950
AdVermiG	Gesetz über die Vermittlung der Annahme als Kind – Adoptionsvermittlungsgesetz v 1.7.77, BGBl I 1762
aE	am Ende
AEG	Allgemeines Eisenbahngesetz v 27.12.93, BGBl I 2396
AEntG	Arbeitnehmerentsendegesetz v 26.2.96, BGBl I 227
AEUV	Vertrag über die Arbeitsweise der Europäischen Union (= Neufassung des EG-Vertrages durch den Vertrag von Lissabon)
ähnl	ähnlich
ÄndG	Änderungsgesetz
aF	alte Fassung
AFG	Arbeitsförderungsgesetz, jetzt SGB III
AfP	Archiv für Presserecht
AFRG	Arbeitsförderungsreformgesetz
AG	Amtsgericht/Aktiengesellschaft
AGBG	Gesetz zur Regelung des Rechts der Allgemeinen Geschäftsbedingungen idF v 29.6.00, BGBl I 946 – aufgehoben durch Art 6 Nr 4 SchRModG
AGBGB	Ausführungsgesetz zum BGB
AGBRL	Richtlinie 93/13/EWG des Rates v 5.4.93 über missbräuchliche Klauseln in Verbraucherverträgen, ABlEG L 095, 29
AGG	Allgemeines Gleichbehandlungsgesetz v 14.8.06, BGBl I 1897
AGJ-Mitt	Mitteilungen der Arbeitsgemeinschaft der Jugendämter
AGNB	Allgemeine Beförderungsbedingungen für den gewerblichen Güternahverkehr mit Kraftfahrzeugen, außer Kraft seit 1.7.98
AgrarR	Agrarrecht (Jahr, Seite)
AHKABL	Amtsblatt der Alliierten Hohen Kommission in Deutschland

Abkürzungsverzeichnis mit Literaturangaben

AIZ	Allgemeine Immobilienzeitung (Jahr, Seite)
AK-BGB/Bearb	Kommentar zum Bürgerlichen Gesetzbuch (Reihe Alternativkommentare), Neuwied 1979 ff
AKB	Allgemeine Bedingungen für die Kraftfahrtversicherung idF v 26.7.88; BAnz Nr 152
AktG	Aktiengesetz v 6.9.65, BGBl I 1089
ALG	Gesetz über die Alterssicherung der Landwirte v 29.7.94, BGBl I, 1890
allg	allgemein
allgA	allgemeine Ansicht
AllgEisenbahnG	Allgemeines Eisenbahngesetz, s AEG
allgM	allgemeine Meinung
ALR	Allgemeines Landrecht für die preußischen Staaten von 1794
Alt	Alternative
Altmeppen/Reichard	Die aliud-Lieferung beim Kauf, in: Festschrift für Ulrich Huber, 2006, S 73–97
aM	anderer Meinung
AMG	Gesetz über den Verkehr mit Arzneimitteln idF v 11.12.98, BGBl I 3586 (ArzneimittelG)
amtl	amtlich
AmtlBegr	amtliche Begründung
AmtsBl	Amtsblatt (Jahr, Seite)
ANBA	Amtliche Nachrichten der Bundesanstalt für Arbeit
AnfG	Gesetz betreffend die Anfechtung von Rechtshandlungen eines Schuldners außerhalb des Insolvenzverfahrens v 5.10.94 (Art 1 EGInsO), BGBl I 2911 (Anfechtungsgesetz)
Anh	Anhang
Anl	Anlage
Anm	Anmerkung
AnpG	Anpassungsgesetz
AnpVO	Verordnung zur Anpassung der Unterhaltsrenten für Minderjährige v 19.3.92, BGBl I 535
AnSVG	Anlageschutzverbesserungsgesetz v 28.10.04, BGBl I 2630
AntiDiskrRL	Richtlinie 2000/43/EG des Europäischen Parlaments und des Rates v 29.6.00 zur Anwendung des Gleichbehandlungsgrundsatzes ohne Unterschied der Rasse oder der ethnischen Herkunft, ABlEG Nr L 180 S 22 (Beilage zu NJW 2001 Nr 37)
AnVNG	Gesetz zur Neuregelung des Rechts der Rentenversicherung der Angestellten (Angestellten-Versicherungs-Neuregelungsgesetz) v 23.2.57, BGBl I 88
AnwBl	Anwaltsblatt (Jahr, Seite)
AnwK/Bearb	Dauner-Lieb/Heidel/Ring, Anwaltkommentar Bd 1–5, 1.–2. Aufl Bonn 2004 ff
AO	Abgabenordnung idF 1.10.02, BGBl I 3866
AöR	Archiv für öffentliches Recht (Band, Seite)
AP	Nachschlagewerk des Bundesarbeitsgerichts (seit 1954, vorher: Arbeitsrechtliche Praxis)
ApG	Gesetz über das Apothekenwesen idF v 15.10.80, BGBl I 1994
APR	Allgemeines Persönlichkeitsrecht
ARB	Allgemeine Bedingungen für die Rechtsschutzversicherung
ArbG	Arbeitsgericht/Arbeitgeber
ArbGG	Arbeitsgerichtsgesetz idF v 2.7.79, BGBl I 853
ArbN	Arbeitnehmer
ArbNErfG	Gesetz über Arbeitnehmererfindungen v 25.7.57, BGBl I 765
ArbPlSchG	Arbeitsplatzschutzgesetz idF der Bek v 21.2.01, BGBl I 253
ArbRB	Der Arbeits-Rechts-Berater
ArbRBGB/Bearb	Schliemann (Hrsg), Das Arbeitsrecht im BGB, 2. Aufl Berlin [ua] 2002
ArbRKom/Bearb	Henssler/Willemsen/Kalb, Arbeitsrechtkommentar, 3. Aufl Köln 2008
ArbRspr	Rechtsprechung in Arbeitssachen (Band, Seite)
ArbSamml	Arbeitsrechtssammlung: Entscheidungen des Reichsarbeitsgerichts, der Landesarbeitsgerichte und Arbeitsgerichte (Band, Seite)
ArbSchG	Arbeitsschutzgesetz v 7.8.96, BGBl I 1246

Abkürzungsverzeichnis mit Literaturangaben

ArbuR	Arbeit und Recht (Jahr, Seite)
ArbuSozPol	Arbeits- und Sozialpolitik (Jahr, Seite)
ArbZG	Arbeitszeitgesetz v 6.6.94, BGBl I 1170
ArchPF	Archiv für Post- und Fernmeldewesen (Jahr, Seite)
arg	argumentum aus
ARGE	Arbeitsgemeinschaft
ARST	Arbeitsrecht in Stichworten
Art	Artikel
Assmann/Kirchner/Schanze	Ökonomische Analyse des Rechts, Tübingen 1993
ASt	Antragsteller
AsylVfG	Asylverfahrensgesetz idF v 27.7.93, BGBl I 1361
AT	Allgemeiner Teil
AtG	Gesetz über die friedliche Verwendung der Kernenergie und den Schutz gegen ihre Gefahren idF v 15.7.85, BGBl I 1566 (Atomgesetz)
AuA	Arbeit und Arbeitsrecht (Jahr, Seite)
AuAS	Ausländer- und asylrechtlicher Rechtsprechungsdienst
AÜG	Gesetz zur Regelung der gewerbsmäßigen Arbeitnehmerüberlassung idF 3.2.95, BGBl I 159 (Arbeitnehmerüberlassungsgesetz)
AufenthG	Gesetz über den Aufenthalt, die Erwerbstätigkeit und die Integration von Ausländern im Bundesgebiet
Aufl	Auflage
Aufs	Aufsatz
AuR	Arbeit und Recht (Jahr, Seite)
AUR	Agrar- und Umweltrecht (Jahr, Seite)
ausf	ausführlich
AusfG	Ausführungsgesetz
ausl	ausländisch(e)(r)
AuslInvestG	Auslandinvestmentgesetz
Ausn	Ausnahme
ausnw	ausnahmsweise
ausschl	ausschließlich
AVAG	Anerkennungs- und Vollstreckungsausführungsgesetz/Gesetz zur Ausführung zwischenstaatlicher Anerkennungs- und Vollstreckungsverträge in Zivil- und Handelssachen v 19.2.01, BGBl I 2001, 288, 436
AVB	Allgemeine Versicherungsbedingungen
AVBEltVO	Elektrizitäts-Versorgungsbedingungen-Verordnung v 21.6.79, BGBl I 684
AVBFernwärmeVO	Fernwärme-Versorgungsbedingungen-Verordnung v 20.6.80, BGBl I 742
AVBGasV	Gas-Versorgungsbedingungen-Verordnung v 21.6.79, BGBl I 676
AVBWasserV	Wasser-Versorgungsbedingungen-Verordnung v 20.6.80, BGBl I 750, 1067
AVG	Angestelltenversicherungsgesetz s SGB VI
AVO	Ausführungsverordnung
AWD	Außenwirtschaftsdienst des Betriebsberaters (Jahr, Seite)
AWG	Außenwirtschaftsgesetz v 28.4.61, BGBl I 481, BGBl III 7 Nr 7400-1
AWV	Außenwirtschaftsverordnung idF v 22.11.93, BGBl I 1937
Az	Aktenzeichen
BAA	Bundesausgleichsamt
BABl	Bundesarbeitsblatt
Bälz	Zum Strukturwandel des Systems zivilrechtlicher Haftung, Tübingen 1991
BÄO	Bundesärzteordnung
BÄrztO	Bundesärzteordnung idF v 16.4.87, BGBl I 1218
BaFin	Bundesanstalt für Finanzdienstleistungsaufsicht
BAG	Bundesarbeitsgericht
BAGE	Bundesarbeitsgerichtsentscheidungen

Abkürzungsverzeichnis mit Literaturangaben

BAföG	Bundesgesetz über individuelle Förderung der Ausbildung idF v 6.6.83, BGBl I 646 (Ausbildungsförderungsgesetz)
Bahr	Glücks- und Gewinnspielrecht: Eine Einführung in die wichtigsten rechtlichen Aspekte, 2. Aufl Berlin 2007
Baldus/Müller-Graff	Die Generalklausel im Euorpäischen Privatrecht, Zur Leistungsfähigkeit der deutschen Wirtschaft aus romanischer Perspektive, München 2006
BAKred	Bundesaufsichtsamt für das Kreditwesen
Bambg	OLG Bamberg
BankA	Bankarchiv, Zeitschrift für Bank- und Börsenwesen (Jahr, Seite)
Bankrechts-Hdb/Bearb	Schimansky/Bunte/Lwowski, Bankrechtshandbuch, 3. Aufl München 2007
BAnz	Bundesanzeiger (Jahr, Seite)
v Bar	Gemeineuropäisches Deliktsrecht (2 Bände), München 1996/99
v Bar	Verkehrspflichten, Köln 1980
v Bar/Mankowski, IPR I	Internationales Privatrecht, Erster Band: Allgemeine Lehren, 2. Aufl München 2003
v Bar, IPR II	Internationales Privatrecht, Zweiter Band: Besonderer Teil München 1991
v Bar, Gemeinschaftsrecht und IPR	Europäisches Gemeinschaftsrecht und Internationales Privatrecht, Köln [ua] 1991
BArbBl	Bundesarbeitsblatt (Jahr, Seite)
BaRoth/Bearb	Bamberger/Roth (Hrsg), BGB Kommentar, Bd 1–3, 2. Aufl München 2007/2008
BaRoth (online)	Bamberger/Roth (Hrsg), BGB Kommentar, 2. Aufl (online)
Bartelt	Der Rückgriff des Letztverkäufers. Eine Analyse der §§ 478, 479 BGB, 2006
BarwertV	Barwertverordnung v 24.6.77, BGBl I 1014
Basedow	Der Transportvertrag, Tübingen 1987
Basedow, Vertragsstatut und Arbitrage	Vertragsstatut und Arbitrage nach neuem IPR, in: Glossner (Hrsg), Jahrbuch für die Praxis der Schiedsgerichtbarkeit,1987
Bassenge/Herbst/Roth	Gesetz über die Angelegenheiten der freiwilligen Gerichtsbarkeit/Rechtspflegergesetz, 10. Aufl Heidelberg 2004
BAT	Bundesangestelltentarifvertrag
Batiffol	Réflexions sur la coordination des systèmes nationaux, in : Académie de Droit International, Rec 1967 I, 165–190
Batiffol/Lagarde	Droit International Privé, Bd I, 8. Aufl Paris 1993
Bauer/Göpfert/Krieger	(Hrsg), Allgemeines Gleichbehandlungsgesetz, Kommentar, 2. Aufl München 2008
Bauer/Röder	Taschenbuch zur Kündigung, 3. Aufl Heidelberg 2008
Bauer/Röder/Lingemann	Krankheit im Arbeitsverhältnis, 3. Aufl Heidelberg 2006
BauFdgG	Gesetz über die Sicherung der Bauforderungen v 1.6.1909, RGBl 449, BGBl III 2 Nr 213-2
BauGB	Baugesetzbuch idF der Bek v 23.9.04, BGBl I 2414
Baumbach/Hopt	Handelsgesetzbuch mit Nebengesetzen, 34. Aufl München 2010
Baumbach/Hueck	Kurzkommentar zum GmbHGesetz, 19. Aufl München 2010
Baumbach/Lauterbach/Bearb	Zivilprozessordnung, 68. Aufl München 2010
Baumgärtel/Laumen/Bearb	Handbuch der Beweislastpraxis im Privatrecht, 2. Aufl Köln 1991 ff
BaumgLP/Bearb	Baumgärtel/Laumen/Prütting, Handbuch der Beweislast, 3. Aufl Köln 2007 ff, Bd 2 (SachenR, FamR, ErbR) 2. Aufl Köln [ua] 1999
BauNVO	VO über die bauliche Nutzung der Grundstücke idF v 15.9.77, BGBl I 1763
BauR	Baurecht (Jahr, Seite)
BaWü	Baden-Württemberg
Bay	Bayern
BayerGVBl	Bayerisches Gesetz- und Verordnungsblatt (Jahr, Seite)
BayJMBl	Bayerisches Justizministerialblatt (Jahr, Seite)
BayObLG	Bayerisches Oberstes Landesgericht

BayObLGZ	Entscheidungen des Bayerischen Obersten Landesgerichts in Zivilsachen
BayVBl	Bayerische Verwaltungsblätter
BayVerfGH	Bayerischer Verfassungsgerichtshof
BayVGH	Bayerischer Verwaltungsgerichtshof
BazBV	Basiszinssatz-Bezugsgrößen-Verordnung v 10.2.99, BGBl I, 139; BGBl III, 7601-15-2
BB	Betriebsberater (Jahr, Seite)
BBankG	Gesetz über die Deutsche Bundesbank v 26.7.57 (BGBl I S. 745)
BBauBl	Bundesbaublatt (Jahr, Seite)
BBergG	Bundesberggesetz v 13.8.80, BGBl I 1310
BBesG	Bundesbesoldungsgesetz idF v 6.8.02, BGBl I 3020
BBG	Bundesbeamtengesetz idF v 31.3.99, BGBl I 675
BBiG	Berufsbildungsgesetz v 23.3.05, BGBl I 931
Bd	Band
BDH/Bearb	Bernsau/Dreher/Hauck, Betriebsübergang, 2. Aufl Köln 2008
BDSG	Gesetz zum Schutz vor Missbrauch personenbezogener Daten bei der Datenverarbeitung idF v 14.1.03, BGBl I 66 (Bundesdatenschutzgesetz)
BeamtVG	Gesetz über die Versorgung der Beamten, Richter in Bund und Ländern idF 16.3.99, BGBl I 322 (Beamtenversorgungsgesetz)
Bearb	Bearbeiter
Beckmann	Finanzierungsleasing, 3. Aufl München 2006
BegrRegE	Begründung zum Regierungsentwurf
Behrens	Die Gesellschaft mit beschränkter Haftung im internationalen und europäischen Recht, 2. Aufl Berlin 1997
BerDGVR	Berichte der Deutschen Gesellschaft für Völkerrecht
Bergmann/Ferid/Henrich	Internationales Ehe- und Kindschaftsrecht, Loseblatt Frankfurt/M.
BerlAnwBl	Berliner Anwaltsblatt (Jahr, Seite)
BerlGVBl	Berliner Gesetz- und Verordnungsblatt (Jahr, Seite)
BErzGG	Gesetz über die Gewährung von Erziehungsgeld und Erziehungsurlaub idF v 9.2.04, BGBl I 206 (Bundeserziehungsgeldgesetz)
BeschäftiggsRL	Richtlinie 2002/78/EG des Rates v 27.11.00 zur Festlegung eines allgemeinen Rahmens für die Verwirklichung der Gleichbehandlung in Beschäftigung und Beruf, ABl Nr L 3003 S 16 (Beilage zu NJW 2001 Nr 37)
BeschFG	Beschäftigungsförderungsgesetz v 26.4.85, BGBl I 710
Beschl	Beschluss
bestr	bestritten
betr	betreffend
BetrAVG	Gesetz zur Verbesserung der betrieblichen Altersversorgung v 19.12.74, BGBl I 3610
BetrKVO	Betriebskostenverordnung v 25.11.03, BGBl I 2347
BetrR	Betriebsrat
BetrÜbergRL	Richtlinie 2001/23/EG des Rates v 12.3.01 zur Angleichung von Rechtsvorschriften der Mitgliedsstaaten über die Wahrung von Ansprüchen der Arbeitnehmer beim Übergang von Unternehmen, Betrieben oder Unternehmens- oder Betriebsteilen, ABl Nr L 82 S 16
BetrVG	Betriebsverfassungsgesetz idF v 25.9.01, BGBl I 2518
BeurkG	Beurkundungsgesetz v 28.8.69, BGBl I 1513
BewG	Bewertungsgesetz idF v 1.2.91, BGBl I 230
BezG	Bezirksgericht
BFernStrG	s FStrG
BFH	Bundesfinanzhof
BFHE	Sammlung der Entscheidungen und Gutachten des BFH (Jahr, Seite)
BFH/NV	Becksches Nachschlagewerk der Entscheidungen des BFH
BGA	Bundesgesundheitsamt
BGB	Bürgerliches Gesetzbuch idF der Bek v 2.1.02, BGBl I 42
BGB-DiskE	Diskussionsentwurf des Bundesministers der Justiz zum Entwurf eines Schuldrechtsmodernisierungsgesetzes

Abkürzungsverzeichnis mit Literaturangaben

BGB-InfoV	Verordnung über Informations- und Nachweispflichten nach bürgerlichem Recht idF der Bek v 5.8.02, BGBl I 3002
BGB-KE	Entwurf der Kommission für die Überarbeitung des Schulrechts
BGB-KF	Konsolidierte Fassung des Diskussionsentwurfs des Bundesministers der Justiz zum Entwurf eines Schuldrechtsmodernisierungsgesetzes
BGBl	Bundesgesetzblatt I, II, III Bundesgesetzblatt, mit I oder ohne Ziffer = Teil I; mit II = Teil II; mit III = Teil III
BGB-RegE	Regierungsentwurf für ein Gesetz zur Modernisierung des Schuldrechts, BRDrs 338/01, zumeist zitiert nach dem textidentischen Koalitionsentwurf der Bundestagsfraktionen von SPD und Bündnis 90/Die Grünen, BTDrs 14/6040
BGG	Behindertengleichstellungsgesetz v. 27.4.02, BGBl I 1467
BGH	Bundesgerichtshof
BGH EBE	Eildienst der Entscheidungen des BGH
BGHEntlG	Gesetz zur Entlastung des Bundesgerichtshofes in Zivilsachen v 15.8.69, BGBl I 1141
BGHR	BGH-Rechtsprechung, hrsg v d. Richtern d. Bundesgerichtshofes
BGHSt	Entscheidungen des BGH in Strafsachen (Jahr, Seite)
BGH VGrS	Vereinigter Großer Senat des BGH
BGHZ	Entscheidungen des BGH in Zivilsachen (Band, Seite)
BGK	Bauer/Göpfert/Krieger, Allgemeines Gleichbehandlungsgesetz – AGG, Kommentar, 2. Aufl München 2008
BHO	Bundeshaushaltsordnung v 19.8.69, BGBl I 1284
BImSchG	Bundes-Immissionsschutzgesetz idF v 26.9.02, BGBl I 3830
BinnSchG	Binnenschiffahrtsgesetz v 15.6.1895, RGBl 301, idF v 15.6.1898, RGBl 868, BGBl III 4 Nr 4103-1
BiRLG	Bilanzrichtlinie-Gesetz v 19.12.85, BGBl I 2355
Bitterich	Die Neuregelung des Internationalen Verbrauchervertragsrechts in Art 29a EGBGB, Frankfurt/M [ua] 2003
BJagdG	Bundesjagdgesetz idF v 29.9.76, BGBl I 2849
BKartA	Bundeskartellamt
BKGG	Bundeskindergeldgesetz idF v 22.2.05, BGBl I 458
BKleinG	Bundeskleingartengesetz v 28.2.83, BGBl I 210
BKR	Zeitschrift für Bank- und Kapitalmarktrecht (Jahr, Seite)
Bl	Blatt
Blaurock	Die Schutzrechtsverwarnung, 1970
Blank/Börstinghaus	Miete, 3. Aufl München 2008
BLDH/Bearb	Bauer/Lingemann/Diller/Haußmann, Anwalts-Formularbuch Arbeitsrecht, 3. Aufl Köln 2008
BLG	Bundesleistungsgesetz idF v 27.9.61, BGBl I 1769
BlGWB	Blätter für Grundstücks- Bau- und Wohnungsrecht (Jahr, Seite)
BMA	Bundesminister(ium) für Arbeit und Sozialordnung
BMBau	Bundesminister(ium) für Raumordnung, Bauwesen und Städtebau
BMF	Bundesfinanzminister(ium)
BMI	Bundesminister(ium) des Innern
BMinBlF	Bundesministerialblatt für Finanzen
BMJ	Bundesminister(ium) der Justiz
BML	Bundesminister(ium) für Ernährung, Landwirtschaft und Forsten
BMWi	Bundesminister(ium) für Wirtschaft
BNatSchG	Bundesnaturschutzgesetz v 25.3.02, BGBl I 1193
BNotO	Bundesnotarordnung v 24.2.61, BGBl I 98, BGBl III 3 Nr 303-1
BNV	Bundesnebentätigkeitsverordnung v 28.8.87, BGBl I 2377
BORA	Berufsordnung für Rechtsanwälte, Stand 1.7.06
Bodewig	Der Rückruf fehlerhafter Produkte, Tübingen 1999
BodSchG	Gesetz zum Schutz vor schädlichen Bodenveränderungen und zur Sanierung von Altlasten v 17.3.98, BGBl I 502 (Bundes-Bodenschutzgesetz)
Böhmer/Finger	Das gesamte Familienrecht, Köln 2007

Abkürzungsverzeichnis mit Literaturangaben

BörsG	Börsengesetz idF der Bek v 9.9.98, BGBl I 2682
Bordewinn/Tonner	Leasing im Steuerrecht, 5. Aufl Heidelberg 2008
Borges	Verträge im elektronischen Geschäftsverkehr, 2. Aufl München 2008
Bork	Allgemeiner Teil des Bürgerlichen Gesetzbuches, 2. Aufl Tübingen 2006
Borth	Versorgungsausgleich in anwaltlicher und familiengerichtlicher Praxis, 4. Aufl Köln 2008
BoSoG	Bodensondernutzungsgesetz v 20.12.93, BGBl I 2215
BOStB	Berufsordnung der Bundes-Steuerberaterkammer v 2.6.97 (Beihefter zu DStR 26/97)
BPatG	Bundespatentgericht
BPersVG	Bundespersonalvertretungsgesetz v 15.3.74, BGBl I 693
BPflV	Bundespflegesatzverordnung v 21.8.85, BGBl I 1666
BR	Bundesrat
BRAGO	Bundesgebührenordnung für Rechtsanwälte v 26.7.57, BGBl I 907
BRAK-Mitt	Mitteilungen der Bundesrechtsanwaltskammer
Brandbg	OLG Brandenburg
Brambring	Mittäter, Nebentäter, Beteiligte und die Verteilung des Schadens bei Mitverschulden des Geschädigten, Berlin 1973
BRAO	Bundesrechtsanwaltsordnung v 1.8.59, BGBl I 565, BGBl III 3 Nr 308-8
Braunschw	OLG Braunschweig
BRD	Bundesrepublik Deutschland
BRDrs	Bundesrats-Drucksache
BReg	Bundesregierung
Breith	Sammlung von Entscheidungen aus dem Sozialrecht
Bremen	OLG Bremen
Brödermann/Iversen	Europäisches Gemeinschaftsrecht und Internationales Privatrecht, Tübingen 1994
Brödermann/Rosengarten	Internationales Privat- und Zivilverfahrensrecht IPR/IZVR, 4. Aufl Köln 2007
Brox/Henssler, HandelsR	Handelsrecht, 20. Aufl München 2009
Brox/Walker	
– Allg SchuldR	Allgemeines Schuldrecht, 34. Aufl München 2010
– AT	Allgemeiner Teil des Bürgerlichen Gesetzbuches, 32. Aufl Köln 2008
– ErbR	Erbrecht, 23. Aufl Köln 2009
– BesSchR	Besonderes Schuldrecht, 34. Aufl München 2010
– ZwVR	Zwangsvollstreckungsrecht, 8. Aufl Köln 2008
BRRG	Rahmengesetz zur Vereinheitlichung des Beamtenrechts idF v 31.3.99, BGBl I 654 (Beamtenrechts-Rahmengesetz)
Brüggemeier	Deliktsrecht, Baden-Baden 1986
Brüggemeier	Prinzipien des Haftungsrechts, 2. Aufl 2006
Brüssel I	s EuGVO
Brüssel II-VO	s EheGVO
Brüssel IIa-VO	s EheGVO (nF)
BSeuchG	Gesetz zur Verhütung und Bekämpfung übertragbarer Krankheiten idF v 18.12.79, BGBl I 2262 (Berichtigung BGBl I 80, 151)
BSG	Bundessozialgericht
BSHG	Bundessozialhilfegesetz v 30.6.61, BGBl I 815
Bsp	Beispiel(e)
BSpKG	Gesetz über Bausparkassen v 15.2.91, BGBl I 454
bspw	beispielsweise
BS-RhPf	Sammlung des bereinigten Landesrechts von Rheinland-Pfalz, 9.5.45 bis 31.5.68
BS-Saar	Sammlung des bereinigten Saarländischen Landesrechts, 5.6.45 bis 30.6.70, 2 Bände, 1971
BStBl	Bundessteuerblatt (Jahr, Seite)
BT	Bundestag
BTÄndG	Gesetz zur Änderung des Betreuungsrechts v 25.6.98, BGBl I 1580

Abkürzungsverzeichnis mit Literaturangaben

BtBG	Betreuungsbehördengesetz v 12.9.90, Art 8 BtG
BTDrs	Bundestags-Drucksachen
BtE	Betreuungsrechtliche Entscheidungen, Seitz-v Gaessler (Hrsg), (Jahrgang, Seite)
BtG	Gesetz zur Reform des Rechts der Vormundschaft und Pflegschaft für Volljährige v 12.9.90, BGBl I 2002 (Betreuungsgesetz)
BTMG	Betäubungsmittelgesetz v 1.3.94, BGBl I 359
BtPrax	Betreuungsrechtliche Praxis
BuB	Bankrecht und Bankpraxis (Loseblattwerk)
BuB/Bearb	Hellner/Steuer, Bankrecht und Bankpraxis, Loseblatt
Bub/Treier	Handbuch der Geschäfts- und Wohnraummiete, 4. Aufl München 2008
Bülow	Recht der Kreditsicherheiten, 7. Aufl Heidelberg 2007
Bülow/Arzt	Heidelberger Kommentar zum Verbraucherkreditrecht, 6. Aufl Heidelberg 2006
Bülow/Böckstiegel/Bearb	Der Internationale Rechtsverkehr
Bunte I	Entscheidungssammlung zum AGB-Gesetz, Bd 1, Heidelberg
BUrlG	Bundesurlaubsgesetz v 8.1.63, BGBl I 1963, 2
BuW	Betrieb und Wirtschaft
II. BV	Verordnung über wohnungswirtschaftliche Berechnungen – Zweite BerechnungsVO
BVBl	Bundesversorgungsblatt, Entscheidungssammlung
BVerfG	Bundesverfassungsgericht
BVerfGE	Entscheidungen des Bundesverfassungsgerichts (Band, Seite)
BVerfGG	Gesetz über das Bundesverfassungsgericht idF v 11.8.93, BGBl I 1474
BVerwG	Bundesverwaltungsgericht
BVerwGE	Entscheidungen des Bundesverwaltungsgerichts (Band, Seite)
BVFG	Bundesgesetz über die Angelegenheiten der Vertriebenen und Flüchtlinge idF v 2.6.93, BGBl I 829 (Bundesvertriebenengesetz)
BVG	Gesetz über die Versorgung der Opfer des Krieges idF v 22.1.82, BGBl I 21 (Bundesversorgungsgesetz)
BVS	Bundesanstalt für vereinigungsbedingte Sonderaufgaben (früher: Treuhandanstalt)
BWHBKG	Baden-Württembergisches Heilberufekammergesetz
BWNotZ	Baden-Württembergische Notarzeitung (Jahr, Seite)
BWpVerwG	Bundeswertpapierverwaltungsgesetz v 11.12.01, BGBl I 3519
bzgl	bezüglich
BZollBl	Bundeszollblatt (Jahr, Seite)
BZRG	Bundeszentralregistergesetz idF v 12.9.84, BGBl I 1230
bzw	beziehungsweise
ca	cirka
CA	Cour d'appel, Court of Appeal
v Caemmerer	(Hrsg) Vorschläge und Gutachten zur Reform des deutschen internationalen Privatrechts der außervertraglichen Schuldverhältnisse, Tübingen 1983
v Caemmerer/Schlechtriem/Bearb	Kommentar zum Einheitlichen UN-Kaufrecht/Bearbeiter, 5. Aufl München 2008
Cass	Cour de cassation
Cciv	Code civil, Codice civile, Código civil
Celle	OLG Celle
Chitty/Bears	Chitty on Contracts, 29. Aufl 2004
cic	culpa in contrahendo
CIEC	Commission Internationale de l'Etat Civil (Internationale)
CISG	United Nations Convention on Contracts for the International Sale of Goods/Übereinkommen der Vereinten Nationen über Verträge über den internationalen Warenkauf v 11.4.80, BGBl II 1989, 588
CIM	1. (Convention internationale concernant le transport des marchandises par chemins de fer.) Internat Übk v 7.2.70 über den Eisenbahnfracht-Verkehr (BGBl 1974 II 381) 2. Comité intergouvernemental pour les migrations

CIV	(Convention internationale concernant le transport des voyageurs et des bagages par chemins de fer.) Internat Übk v 7.2.70 über den Eisenbahn-Personen- u Gepäckverkehr (BGBl 1974 II 493)
Civ 1ère	Cour de Cassation, 1ère Chambre civile
Clunet	Journal du droit international (Jahr, Seite)
CMI	Comité Maritime International
CMNI	Budapester Übereinkommen über den Vertrag über die Güterbeförderung in der Binnenschiffahrt
CMLR	Common Market Law Review
CMR	Convention relative au Contrat de transport international de Marchandises par route (Übereinkommen über den Beförderungs-Vertrag im internationalen Straßengüterverkehr)
COTIF	Convention relative aux transports internationaux ferroviaires v 9.5.80 (BGBl 1985 II 132)
CR	Computer und Recht (Jahr, Seite)
Currie	Die Verfassung der Vereinigten Staaten von Amerika
DA	Dienstanweisung für die Standesbeamten und ihre Aufsichtsbehörden idF v 23.11.87, BAnz Nr 227a
DAG	Deutsche Angestelltengewerkschaft
Dalloz	Recueil Dalloz de doctrine, de jurisprudence et de législation, Paris 1924–1940
DAngV	Die Angestellten-Versicherung
DAR	Deutsches Autorecht (Jahr, Seite)
DArbR	Deutsches Arbeitsrecht (Jahr, Seite)
HK/Bearb	Däubler/Betzbach (Hrsg), Allgemeines Gleichbehandlungsgesetz, Handkommentar, 2. Aufl Baden-Baden 2008
DatenschutzRL	Richtlinie 95/46/EG des Europäischen Parlaments und des Rates v 24.10.95 zum Schutz natürlicher Personen bei Verarbeitung personenbezogener Daten und zum freien Datenverkehr, ABlEG L 281, 31
Dauner-Lieb/Heidel/Lepa/Ring	Das neue Schuldrecht in der anwaltlichen Praxis, Bonn 2002
DAV	Deutscher Anwaltverein
DAVorm	Der Amtsvormund (Jahr, Seite)
DB	Der Betrieb (Jahr, Seite)
DB/Bearb	Däubler/Bertzbach (Hrsg), Allgemeines Gleichbehandlungsgesetz, Handkommentar, 2. Aufl Baden-Baden 2008
DBB	Deutsche Bundesbank
DBest	Durchführungsbestimmung
DCFR	Study Group on a European Civil Code and the Research Group on EC Private Law (Acquis Group), Principles, Definitions and Model Rules of European Private Law Draft Common Frame of Reference (DCFR), 2008
Ddorf	OLG Düsseldorf
DDR	Deutsche Demokratische Republik
Demharter	Grundbuchordnung, 26. Aufl München 2008
DepotG	Gesetz über die Verwaltung und Anschaffung von Wertpapieren idF v 11.1.95, BGBl I 34 (Depotgesetz)
DerlKnopsBa	Derleder/Knops/Bamberger (Hrsg), Handbuch zum deutschen und europäischen Bankrecht, 2. Aufl 2009
ders	derselbe
Deutsch	Allgemeines Haftungsrecht, 2. Aufl Köln 1996
DFG	Deutsche Freiwillige Gerichtsbarkeit (Jahr, Seite)
DGB	Deutscher Gewerkschaftsbund
DGE	Deutsche Gesellschaft für Erbrechtskunde, Deutscher Erbrechtskommentar, Köln 2003
dgl	dergleichen

Abkürzungsverzeichnis mit Literaturangaben

DGVZ	Deutsche Gerichtsvollzieherzeitung (Jahr, Seite)
DGWR	Deutsches Gemein- und Wirtschaftsrecht (Jahr, Seite)
dh	das heißt
Dicey/Morris	Dicey, Morris & Collins, The Conflict of Laws, 14. Aufl London 2006
DIJuF	Deutsches Institut für Jugendhilfe und Familienrecht
DIN	Deutsches Institut für Normung
Diss	Dissertation
DiszH	Disziplinarhof
DJ	Deutsche Justiz
DJT	Deutscher Juristentag
DJZ	Deutsche Juristenzeitung (Jahr, Seite)
DMR	Deutsches Mietrecht
DNotV	Zeitschrift des deutschen Notarvereins
DNotZ	Deutsche Notarzeitung
DÖD	Der öffentliche Dienst, Ausgabe A (Jahr, Seite)
DÖV	Die öffentliche Verwaltung (Jahr, Seite)
DOK	Die (deutsche) Ortskrankenkasse (Jahr, Seite)
DONot	Dienstordnung für Notare (im Wesentlichen inhaltsgleiche Verwaltungsanordnungen der alten Bundesländer; als Rechtsverordnungen geltend in den neuen Bundesländern)
DPA	Deutsches Patentamt
DR	Deutsches Recht (Jahr, Seite)
Dresd	OLG Dresden
DRiG	Deutsches Richtergesetz idF v 19.4.72, BGBl I 713
DRiZ	Deutsche Richterzeitung (Jahr, Seite)
Drobnig, FS Neumayer	Die Beachtung von ausländischen Eingriffsgesetzen. Eine Interessenanalyse, FS Karl H. Neumayer zum 65. Geburtstag
DRpfl	Deutsche Rechtspflege (Jahr, Seite)
DRspr	Deutsche Rechtsprechung (Leitzahl, Blatt)
DRV	Deutsche Rentenversicherung
DStR	Deutsche Steuer-Rundschau/Deutsches Steuerrecht (Jahr, Seite)
DStZ	Deutsche Steuerzeitung (Jahr, Seite)
DtZ	Deutsch-Deutsche Rechtszeitschrift (Jahr, Seite)
DÜG	Diskontsatz-Überleitungs-Gesetz v 9.6.98, BGBl I, 1242
DV	Deutsche Verwaltung (Jahr, Seite)
DVBl	Deutsches Verwaltungsblatt (Jahr, Seite)
DVO	Durchführungsverordnung
DWE	Der Wohnungseigentümer (Jahr, Seite)
DWW	Deutsche Wohnungswirtschaft (Jahr, Seite)
DZWir	Deutsche Zeitschrift für Wirtschaftsrecht (Jahr, Seite)
EA	Einstweilige Anordnung
EALG	Entschädigungs- und Ausgleichsleistungsgesetz
ebda	ebenda
EBE/BGH	Eildienst Bundesgerichtliche Entscheidungen
Ebenroth/Boujong/Joost	Kommentar zum HGB, München 2001
Ecolex	Zeitschrift für Wirtschaftsrecht (Österreich) (Jahr, Seite)
ECommerceRL	Richtlinie 2000/31/EG des Europäischen Parlaments und des Rates v 8.6.00 über den elektronischen Geschäftsverkehr, AblEG Nr L 178 S 1 (Beilage zu NJW 2000 Nr 36)
ECOSOC	Europäischer Wirtschafts- und Sozialausschuss
EEG	Erneuerbare-Energien-Gesetz v 29.3.00, BGBl I 305
EFG	Entscheidungen der Finanzgerichte (Band, Seite)
EFTA	European Free Trade Association (Europäische Freihandelsassoziation)
EFZG	Entgeltfortzahlungsgesetz v 26.5.94, BGBl I 1014, 1065

EG	Einführungsgesetz
EGAO 1977	Einführungsgesetz zur Abgabenordnung v 14.12.76, BGBl I 3341
EGBGB	Einführungsgesetz zum Bürgerlichen Gesetzbuch idF v 21.9.94, BGBl I 2494
EGE	Ehrengerichtliche Entscheidungen (Band, Seite)
EGGVG	Einführungsgesetz zum Gerichtsverfassungsgesetz v 27.1.1877, RGBl 77
EGInsO	Einführungsgesetz zur Indolvenzordnung v 5.10.94, BGBl I 2911
EGMR	Entscheidungen des Europäischen Gerichtshof für Menschenrechte
EGStGB	Einführungsgesetz zum Strafgesetzbuch v 2.3.74, BGBl I 469
EGV	EG-Vertrag Vertrag zur Gründung der Europäischen Wirtschaftsgemeinschaft v 25.3.57 in der Fassung des Vertrages über die Europäische Union v 7.2.92, zuletzt geändert durch die Abk zum Beitrittsvertrag v 16.4.03
EGVVG	Einführungsgesetz zum Versicherungsvertragsgesetz v 30.5.1908, RGBl 305
EGZPO	Gesetz, betreffend die Einführung der Zivilprozessordnung v 30.1.1877, RGBl 244
EheG	Ehegesetz v 13.11.33, aufgehoben am 1.7.98
EheGVO/EheVO/ Brüssel II	Verordnung über die Zuständigkeit und Anerkennung und Vollstreckung von Entscheidungen in Ehesachen und in Verfahren betreffend die elterliche Verantwortung für die gemeinsamen Kinder der Ehegatten, Nr 1347/2000 v 29.5.00
EheGVO nF/EheVO nF/Brüssel IIa	Verordnung über die Zuständigkeit und Anerkennung und Vollstreckung von Entscheidungen in Ehesachen und in Verfahren betreffend die elterliche Verantwortung und zur Aufhebung der Verordnung Nr 1347/2000, Nr 2201/2003 v 27.11.03
EheNÄndG	Gesetz über die Änderung des Ehenamens v 27.3.79, BGBl I 401 (Ehenamensänderungsgesetz)
1. EheRG	Erstes Gesetz zur Reform des Ehe- und Familienrechts v 14.6.76, BGBl I 1421
EheschlAbk	Haager Ankommen zur Regelung des Geltungsbereichs der Gesetze auf dem Gebiet der Eheschließung v 12.6.1902, RGBl 1904, 221
EheschlRG	Gesetz zur Neuordnung des Eheschließungsrechts v 14.6.76, BGBl I 1421
EheVO (aF)	s EheGVO (aF)
EheVO (nF)	s EheGVO (nF)
Eickmann	Zwangsversteigerungs- und Zwangsverwaltungsrecht, 2. Aufl München 2004
Eickmann-InsO	Heidelberger Kommentar zur Insolvenzordnung, 4. Aufl Heidelberg 2006
Einf	Einführung
EinigVtr	Einigungsvertrag v 31.8.90, BGBl II 889 = GBl DDR I 1629
Einl	Einleitung
einschl	einschließlich
einschr	einschränkend
EJF	Entscheidungen aus dem Jugend- und Familienrecht (Abschnitt u Nummer)
EKG	Einheitliches Gesetz über den internationalen Kauf beweglicher Sachen v 17.7.73, BGBl I 856
EMRK	(Europäische) Konvention zum Schutz der Menschenrechte und Grundfreiheiten idF des Prot Nr 11 v 17.5.02, BGBl II 1054
EMVG	Gesetz über die elektromagnetische Verträglichkeit von Geräten v 18.9.98, BGBl I 2882
endg	endgültig
EnEV	Energiesparverordnung v 16.11.01, BGBl I 3085
Engel	Handbuch Kraftfahrzeug-Leasing, 2. Aufl München 2004
engl	englisch
entspr	entsprechend(e)
EnWG	Gesetz über die Elektrizität- und Gasversorgung v 7.7.05, BGBl I 1970 (3621)
ErbbauR	Erbbaurecht
ErbbauRG	Erbbaurechtsgesetz (Art 26 d. G v 23.11.07, BGBl I 2614)
ErbbauV	Verordnung über das Erbbaurecht v 15.1.19, RGBl 72, BGBl III 4 Nr 403-6
ErbGleichG	Gesetz zur erbrechtlichen Gleichstellung nichtehelicher Kinder v 16.12.97, BGBl I 2968
ErbStDV	Erbschaftsteuer-Durchführungsverordnung idF v 19.1.62, BGBl I 22
ErbStG	Erbschaftsteuer- und Schenkungsteuergesetz idF v 27.2.97, BGBl I 378
ErFK/Bearb	Erfurter Kommentar zum Arbeitsrecht, 10. Aufl München 2010

Abkürzungsverzeichnis mit Literaturangaben

erg	ergänzend
Erg	Ergebnis
Erman/Bearb	BGB Kommentar, 12. Aufl Köln 2008
Ernst/Zimmer	Zivilrechtswissenschaft und Schuldrechtsreform, 2001
Erw	Erwägungsgrund
ESchG	Embryonenschutzgesetz v 13.12.90, BGBl I 2746
ESJ	Entscheidungssammlung für junge Juristen(Band, Seite)
Esser/Schmidt	Schuldrecht, Bd I/2, 8. Aufl Heidelberg 2000
Esser/Weyers	Schuldrecht Bd II/2, 8. Aufl Heidelberg 2000
EStG	Einkommensteuergesetz v 19.10.02, BGBl I 4210
EU	Europäische Union
EuBVO	Verordnung (EG) Nr 1206/2001 des Rates über die Zusammenarbeit zwischen den Gerichten der Mitgliedstaaten auf dem Gebiet der Beweisaufnahme in Zivil oder Handelssachen vom 28.5.01, ABl EG 2001 Nr L 1774 S 1
EÜZ	Pariser Vereinbarung über die Anwendung des Europäischen Übereinkommens über die internationale Handelsschiedsgerichtsbarkeit
EuEheVO	s EheGVO
EuG	Gericht erster Instanz der Europäischen Gemeinschaften
EuGH	Gerichtshof der Europäischen Gemeinschaften
EuGRZ	Europäische Grundrechte-Zeitschrift (Jahr, Seite)
EuGVÜ	(Europäisches) Übereinkommen über die gerichtliche Zuständigkeit und die Vollstreckung gerichtlicher Entscheidungen in Zivil- und Handelssachen v 22.12.00, ABlEG Nr L 12/01 S 1
EuG(V)VO	Europäische Verordnung über die gerichtliche Zuständigkeit und die Anerkennung und Vollstreckung von Entscheidungen in Zivil- und Handelssachen
EuLF	The European Legal Forum
EuInsVO	EG-VO Nr 1346/2000 des Rates v 29.5.00 über Insolvenzverfahren
EuMahnVO	Verordnung zur Einführung eines europäischen Mahnverfahrens, ABl EU L 399/1 v 31.12.06
EuParl	Europäisches Parlament
EuR	Europarecht
EuroEG	Gesetz zur Einführung des Euro v 9.6.98, BGBl I 1242
European Principles	Principles of european contract law, ZEuP 2000, 675
Eusterhus	Die Akzessorietät im Bürgschaftsrecht, München 2002
EUV	Vertrag über die Europäische Union – Konsolidierte Fassung (ABl EU Nr C 115, 13 v 9.5.08
EuVGFVO	Verordnung zur Einführung eines europäischen Verfahrens für geringfügige Forderungen, ABl EU L 199/1 v 31.7.07
EuVTVO	Verordnung zur Einführung eines europäischen Vollstreckungstitels für unbestrittene Forderungen EG-VO Nr 805/2004 v 21.4.04, in Kraft seit 21.10.05
EuZA	Europäische Zeitschrift für Arbeitsrecht
EuZVO	Verordnung (EG) Nr. 1393/2007 des Europäischen Parlaments und des Rates vom 13. November 2007 über die Zustellung gerichtlicher und außergerichtlicher Schriftstücke in Zivil- und Handelssachen in den Mitgliedstaaten („Zustellung von Schriftstücken") und zur Aufhebung der Verordnung (EG) Nr. 1348/2000 des Rates, ABl EU L 324/79 v 10.12.07
EuZVO (aF)	Verordnung (EG) Nr 1348/200 des Rates über die Zustellung gerichtlicher und außergerichtlicher Schriftstücke in Zivil- oder Handelssachen in den Mitgliedstaaten vom 29.5.00, ABl EG 2000 Nr L 160 S 37
EuZVO (nF)	Verordnung (EG) Nr 1393/2007 v 13.11.07 über die Zustellung gerichtlicher und außergerichtlicher Schriftstücke in Zivil- oder Handelssachen in den Mitgliedstaaten, ABlEU L 324/79 v 10.12.07
EuZW	Europäische Zeitschrift für Wirtschaftsrecht (Jahr, Seite)
eV	einstweilige Verfügung; auch: eingetragener Verein
EV	Eigentumsvorbehalt
EVO	Eisenbahnverkehrsordnung idF der Bek v 20.4.99, BGBl I 782

evtl	eventuell
EVÜ	Europäisches Übereinkommen über das auf vertragliche Schuldverhältnisse anzuwendende Recht v 19.6.80 (BGBl 86 II 809; 91 II 871)
EWG	Europäische Wirtschaftsgemeinschaft
EWG-SprachenVO	EWG-Verordnung Nr 1 zur Regelung der Sprachenfrage, AmtsBl EWG 1958, Nr 017, S 385
EWIR	Entscheidungen zum Wirtschaftsrecht (Jahr, Seite)
EWIV	Europäische Wirtschaftliche Interessenvereinigung
EWIVVO	Verordnung (EWG) Nr 2137/85 des Rates v 25.7.85 über die Schaffung einer Europäischen wirtschaftlichen Interessenvereinigung
EWR	Europäischer Wirtschaftsraum
EWR Sprachen-VO	Verordnung Nr 1 des Rates vom 15.4.58 zur Regelung der Sprachenfrage für die Europäische Wirtschaftsgemeinschaft (ABl 1958 Nr 17 S 385)
EWRA	G z Ausführung d. Abkommens v. 2.5.92 ü.d. Europäische Wirtschaftsraum v 27.4.93 (BGBl I S 512)
EWS	Europäisches Wirtschafts- und Steuerrecht (Jahr, Seite)
EzA	Entscheidungen zum Arbeitsrecht
f	folgende (r)
FAFamR/Bearb	Gerhardt/v Heintschel-Heinegg/Klein, Handbuch des Fachanwalts Familienrecht, 7. Aufl Köln 2009
FactÜ	UNIDROIT-Übereinkommen über internationales Factoring (Ottawa 1988)
FamG	Familiengericht
FA MietRWEG/Bearb	Harz/Kääb/Riecke/Schmid (Hrsg), Handbuch des Fachanwalts Miet- und Wohnungseigentumsrecht, 2. Aufl Köln 2008
FAKomm-FamR/Bearb	Weinreich/Klein, Fachanwaltskommentar zum Familienrecht, 3. Aufl Köln 2008
FAKomm-MietR/Bearb	Schmid, Fachanwaltskommentar Mietrecht, 2. Aufl Köln 2009
FoSiG	Forderungssicherungsgesetz – Gesetz zur Sicherung von Werkunternehmeransprüchen und zur verbesserten Durchsetzung von Forderungen v 23.10.08, BGBl I 2022
FAKomm-WEG/Bearb	Riecke/Schmid (Hrsg), Fachanwaltskommentar WEG, 3. Aufl Köln 2010
FamNamRG	Gesetz zur Neuordnung des Familiennamensrechts v 16.12.93, BGBl I 2054
FamRÄndG	Gesetz zur Vereinheitlichung und Änderung familienrechtlicher Vorschriften v 11.8.61, BGBl I 1221, BGBl I–II 4 Nr 400-4; auch 1. Gesetz zur Änderung des Familiengesetzbuchs der DDR v 20.7.90, GBl I 1038 (Familienrechtsänderungsgesetz)
FamRB	Familienrechtsberater
FamRBInt	Familienrechtsberater International
FamRZ	Zeitschrift für das gesamte Familienrecht (Jahr, Seite)
Fastrich	Richterliche Inhaltskontrolle im Privatrecht, München 1992
Faust	Europarechtskonforme Auslegung des neuen deutschen Kaufrechts, in: Der notarielle Kaufvertrag: Eine Bestandsaufnahme der Schuldrechtsreform und der europäischen Einflüsse, Symposium des Instituts für Notarrechts an der Universität Würzburg, 2005, S 42
FAZ	Frankfurter Allgemeine Zeitung
Ferid	Internationales Privatrecht, 3. Aufl Frankfurt/M 1986
Ferid/Firsching	(Hrsg) Internationales Erbrecht (Quellensammlung), Bd I-VII, Loseblattsammlung
FernAÄndG	Gesetz zur Änderung der Vorschriften über Fernabsatzverträge bei Finanzdienstleistungen (vgl Rn 2 vor § 312 BGB)
FernabsFinDinRL	Richtlinie 2002/65/EG des Europäischen Parlaments und des Rates v 23.9.02 über den Fernabsatz von Finanzdienstleistungen an Verbraucher und zur Änderung der Richtlinie 90/619/EWG des Rates und der Richtlinien 97/7/EG und 98/27/EG, AblEG L 271,16
FernabsRL	Richtlinie 97/7/EG des Europäischen Parlaments und des Rates v 20.5.97 über den Verbraucherschutz bei Vertragsabschlüssen im Fernabsatz, AblEG L 144, 19

Abkürzungsverzeichnis mit Literaturangaben

FernAG	Gesetz über Fernabsatzverträge und andere Fragen des Verbraucherrechts sowie von Umstellung von Vorschriften in Euro v 27.6.00, BGBl I 897 – aufgehoben durch Art 6 Nr 7 SchRModG
FernUSG	Gesetz zum Schutz der Teilnehmer an Fernunterricht idF v 4.12.00, BGBl I 1670 (Fernunterrichtsschutzgesetz)
Ferrari	Internationales Vertragsrecht, München 2007
Fezer	(Hrsg), Lauterkeitsrecht – Kommentar zum Gesetz gegen den unlauteren Wettbewerb, 2. Aufl München 2010
Fezer/Büscher	UWG, 2. Aufl 2010
ff	fortfolgende
FF	Forum Familien- und Erbrecht
FG	Finanzgericht
FGB	Familiengesetzbuch der DDR vom 20.12.65, GBl I 1966, 1
FGG	Gesetz über die freiwillige Gerichtsbarkeit v 17.5.1898, RGBl 189, BGBl III 3 Nr 315-1
FGO	Finanzgerichtsordnung v 28.3.01, BGBl I 442
FGPrax	Praxis der freiwilligen Gerichtsbarkeit
Fikentscher/Heinemann	Schuldrecht, 10. Aufl Berlin 2006
FinA	Finanzamt
FinSichRL	Richtlinie 2002/47/EG des Europäischen Parlaments und Rates v 6.6.02 über Finanzsicherheiten, ABl Nr L 168 S 43
Firsching	Einführung in das internationale Privatrecht, 5. Aufl München 1997
Fischer	Verkehrsschutz im internationalen Vertragsrecht, Köln [ua] 1990
FLL	Forschungsgesellschaft Landschaftsentwicklung Landschaftsbau e. V.
Fleming/Hellner/von Hippel	Haftungsersetzung durch Versicherungsschutz, Frankfurt/M 1980
FluglärmG	Gesetz zum Schutz gegen Fluglärm v 30.3.71, BGBl I 282
Flume	Allgemeiner Teil des Bürgerlichen Rechts, Band I 1, Die Personengesellschaft, Berlin 1977; Band I 2, Die Juristische Person, Berlin 1983; Band II, Das Rechtsgeschäft, 4. Aufl Berlin 1992
FlurberG	Flurbereinigungsgesetz idF v 16.3.76, BGBl I 546
Fn	Fußnote
FPR	Familie, Partnerschaft und Recht (Jahr, Seite)
Frankf	OLG Frankfurt/M
FreihEntzG	Gesetz über die Entziehung der Freiheit geisteskranker, geistesschwacher, rauschgift- oder alkoholsüchtiger Personen v 29.6.56, BGBl I 599, zuletzt geändert durch Artikel 8 Abs 6 des Gesetzes v 27.4.01, BGBl I 751
FRES	Entscheidungssammlung zum gesamten Bereich von Ehe und Familie (Band, Seite)
Frisch	Das internationale Schuldrecht der nordischen Länder im Vergleich zu dem europäischen Übereinkommen über das auf Schuldverträge anwendbare Recht, Frankfurt/M [ua] 1985
FS	Festschrift
FStrG	Bundesfernstraßengesetz idF v 20.2.03, BGBl I 286
frz	französisch
Führich	Reiserecht, 5. Aufl Heidelberg 2005
FuR	Familie und Recht (Jahr, Seite)
FVE	Sammlung Fremdenverkehrsrechtlicher Entscheidungen (Band, Nummer)
G	Gesetz
GA	Goltdammer's Archiv für Strafrecht (Jahr, Seite) Generalanwalt
G/W	Gaier/Wendtland, Allgemeines Gleichbehandlungsgesetz, AGG, Eine Einführung in das Zivilrecht, München 2006
GAL	Gesetz über eine Altershilfe für Landwirte idF v 14.9.65, BGBl I 1448
GaststG	Gaststättengesetz v 5.5.70, BGBl I 465
Gawaz	Bankenhaftung für Sanierungskredite, Köln 1997
GB	Grundbuch

GBA	Grundbuchamt
GBBerG	Grundbuchbereinigungsgesetz v 20.12.93, BGBl I 2192
GBl	Gesetzblatt (Band, Seite)
Gbl DDR I	Gesetzblatt Deutsche Demokratische Republik Teil I (Band, Seite)
GbR	Gesellschaft bürgerlichen Rechts
GBO	Grundbuchordnung idF v 24.1.95, BGBl I 1114
GBVfg	Allgemeine Verfügung über die Errichtung und Führung des Grundbuchs idF v 24.1.95, BGBl I 114 (Grundbuchverfügung)
GDO	Grundstücksdokumentationsordnung v 6.11.75 (DDR), GBl I 697
Geb	Gebühr
Gebauer/Wiedmann	Zivilrecht unter europäischem Einfluss, Die richtlinienkonforme Auslegung des BGB und anderer Gesetze – Erläuterungen der wichtigsten EG-Verordnungen, Stuttgart ua 2005
GebrMG	Gebrauchsmustergesetz idF v 28.8.86, BGBl I 1456
gg	gegen
Geimer	Internationales Zivilprozessrecht, 6. Aufl Köln 2009
gem	gemäß
GemGeschmMVO	Gemeinschaftsgeschmackmusterverordnung
GemS-OGB	Gemeinsamer Senat der Obersten Gerichtshöfe des Bundes
GenG	Genossenschaftsgesetz idF v 19.8.94, BGBl I 2202
GenTG	Gentechnikgesetz v 20.6.90, BGBl I 1080
Gernhuber/Coester-Waltjen	Lehrbuch des Familienrechts, 6. Aufl München 2010
GeschmMG	Gesetz betreffend das Urheberrecht an Mustern und Modellen v 12.3.04, BGBl I 390
GewArch	Gewerbearchiv
GewerkMh	Gewerkschaftliche Monatshefte (Jahr, Seite)
GewO	Gewerbeordnung idF der Bek v 22.2.99, BGBl I 425
GewSchG	Gewaltschutzgesetz v 11.12.01, BGBl I 3513
GG	Grundgesetz v 23.5.49, BGBl 1, BGBl III 1 Nr 100-1
ggf	gegebenenfalls
ggü	gegenüber
Giuliano/Lagarde	Bericht über das auf vertragliche Schuldverhältnisse anzuwendende Recht, BTDrs 10/503 S 33 ff
GK-ArbGG/Bearb	Gemeinschaftskommentar zum Arbeitsgerichtsgesetz/Bearbeiter
GK-BetrVG/Bearb	Gemeinschaftskommentar zum Betriebsverfassungsgesetz/Bearbeiter
GKG	Gerichtskostengesetz idF v 5.5.04, BGBl I 718
GleichbehandlgsRL	Richtlinie 2004/65/EG des Rates vom 13.12.04 zur Verwirklichung des Grundsatzes der Gleichbehandlung von Männern und Frauen beim Zugang zu und bei der Versorgung mit Gütern und Dienstleistungen, ABl Nr L 373 S 37
GleichberG	Gesetz über die Gleichberechtigung von Mann und Frau auf dem Gebiete des bürgerlichen Rechts v 18.6.57, BGBl I 609, BGBl III 4 Nr 400-3 (Gleichberechtigungsgesetz)
2. GleiBG	Gesetz zur Durchsetzung der Gleichberechtigung von Frauen und Männern v 24.6.94, BGBl I 1406
GmbHG	Gesetz betreffend die Gesellschaften mit beschränkter Haftung idF der Bek v 20.5.1898, RGBl 846, BGBl III 4 Nr 4123-1
GmbH-Rdsch	GmbH-Rundschau (Jahrgang, Seite)
GMBl	Gemeinsames Ministerialblatt (Band, Seite)
GMPMG	Germelmann/Matthes/Prütting/Müller-Gloege, ArbGG, 6. Aufl München 2008
GMV	Gemeinschaftsmarkenverordnung
GoA	Geschäftsführung ohne Auftrag
GOÄ	Gebührenordnung für Ärzte idF v 10.6.88, BGBl I 818, 1590
Goecke	Die unbegrenzte Haftung Minderjähriger im Deliktsrecht, Berlin 1997
GoltdA	Archiv für Strafrecht und Strafprozessrecht, begründet von Goltdammer (Band, Seite)
Gottwald	Pflichtteilsrecht, Freiburg i.B. 2000
GPR	Zeitschrift der Gemeinschaftsprivatrecht/European Community Law Review/Revue de droit privé communautaire

Abkürzungsverzeichnis mit Literaturangaben

GPSG	Geräte- und Produktsicherungsgesetz v 6.1.04, BGBl I 2
Grabitz	(Hrsg) Das Recht der Europäischen Union, Loseblattsammlung, München
grds	grundsätzlich
GrdstVG	Grundstücksverkehrsgesetz v 28.7.61, BGBl I 1091, BGBl III 7 Nr 7810-1
GrdstVollstrVO	Grundstücksvollstreckungsverordnung v 6.6.90 (DDR), GBl I 288
GrEStG	Grunderwerbsteuergesetz v 17.12.82, BGBl 1777
Groeben/Schwarze	(Hrsg) Kommentar zum Vertrag über die Europäische Union und zur Gründung der Europäischen Gemeinschaft, 6. Aufl Baden-Baden 2003
GrS	Großer Senat
GrStS	Großer Senat in Strafsachen
GrSZ	Großer Senat in Zivilsachen
Gruchot	Beiträge zur Erläuterung des Deutschen Rechts
GrundE	Das Grundeigentum (Jahr, Seite)
grundl	grundlegend
Grunewald	Der Verdacht als Mangel, in: Festschrift für Konzen, 2006, S 131–140
GRUR	Gewerblicher Rechtsschutz und Urheberrecht, Auslandsteil (Jahr, Seite)
GRURINT	Gewerblicher Rechtsschutz und Urheberrecht Internationaler Teil (Jahr, Seite)
GRV	Gesetzliche Rentenversicherung
GS	Gedächtnisschrift
Gsell	Substanzverletzung und Herstellung, Tübingen 2003
GSG	Gerätesicherheitsgesetz v 11.5.01, BGBl I 867
GSSchlHII	Sammlung des schleswig-holsteinischen Landesrechts II
GüKG	Güterkraftverkehrsgesetz idF v 10.3.83, BGBl I 257
GuT	Gewerbemiete und Teileigentum (Jahr, Seite)
Gutzwiller	Geschichte des Internationalprivatrechts, Basel [ua] 1977
GV	Gerichtsvollzieher
GVBl	Gesetz- und Verordnungsblatt (Jahr, Seite)
GVG	Gerichtsverfassungsgesetz idF v 9.5.75, BGBl I 1077
GVKostG	Gesetz über Kosten der Gerichtsvollzieher
GVNW	Gesetz- und Verordnungsblatt des Landes Nordrhein-Westfalen
GVO	Gruppenfreistellungsverordnung
GVVO	Verordnung über den Verkehr mit Grundstücken idF v 20.12.93, BGBl I 2221
GW	Gemeinnütziges Wohnungswesen (Jahr, Seite)
GW/Bearb	Gaier/Wendtland, Allgemeines Gleichbehandlungsgesetz: AGG, München 2006
GWB	Gesetz gegen Wettbewerbsbeschränkungen idF der Bek v 16.7.05, BGBl I 2114
GWR	Gesellschafts- Wirtschaftsrecht
hA	herrschende Ansicht
HaagEheschlAbk	Haager Abkommen zur Regelung des Geltungsbereichs der Gesetze auf dem Gebiete der Eheschließung v 12.6.1902, RGBl 1904, 221
Haager Programm	Kommission der Eur Gem: 10 Prioritäten für die nächsten 5 Jahre, 10.5.05
Haag-Unterh-Übk	Haager Unterhaltsübereinkommen v 24.10.56, BGBl I 1961 II, 1013
HaagVormAbk	Haager Abkommen zur Regelung der Vormundschaft über Minderjährige v 12.6.1902, RGBl 1904, 240
Haas/Medicus/Rolland/Schäfer/Wendtland	Das neue Schuldrecht, 2002
Habersack	Die Mitgliedschaft – subjektives und „sonstiges" Recht, Tübingen 1996
Häsemeyer InsR	Insolvenzrecht, 4. Aufl Köln [ua] 2007
HAG	Heimarbeitsgesetz v 14.3.51, BGBl I 191
Halbbd	Halbband
Hambg	Hanseatisches Oberlandesgericht Hamburg, OLG Hamburg
HambSLR	*Sammlung des bereinigten hamburgischen Landesrechts*
HambVO	Hamburger Verordnungsblatt (Jahr, Seite)
Hamm	OLG Hamm

Handelsgeschäfte-HdB/Bearbeiter	Pfeiffer (Hrsg), Handbuch der Handelsgeschäfte, Köln 1999
Handelsvertreter RL	Richtlinie 86/653/EWG des Rates v 18.12.86 zur Koordinierung der Rechtsvorschriften der Mitgliedstaaten betreffend die selbständigen Handelsvertreter, ABlEG L 382, 17
HandwO	Handwerksordnung idF v 24.9.98, BGBl I 3075
HannRpfl	Hannoversche Rechtspflege (bis 1.7.47), dann: Niedersächsische Rechtspflege (Jahr, Seite)
HansGZ	Hanseatische Rechts- und Gerichtszeitung (Jahr, Seite)
HansJVBl	Hanseatisches Justizverwaltungsblatt (Jahr, Seite)
Harte-Bavendamm/Henning-Bodewig	Gesetz gegen den unlauteren Wettbewerb (UWG), Kommentar, 2. Aufl München 2009
HausratsVO	Hausratsverordnung v 21.10.44, RGBl I 44, 256
HausTWG	Gesetz über den Widerruf von Haustürgeschäften und ähnlichen Geschäften idF v 29.6.00, BGBl I 955 – aufgehoben durch Art 6 Nr 6 SchRModG
HausTWRL	Richtlinie 85/577/WEG des Rates vom 20.12.85 betreffend den Verbraucherschutz im Falle von außerhalb von Geschäftsräumen geschlossenen Verträgen, ABlEG Nr L 372 S 31 (PalArch I 3)
HBÜ	Haager Übereinkommen über die Beweisaufnahme im Ausland in Zivil- oder Handelssachen v 18.3.70 (BGBl 77 II 1472)
Hdb IZVR	Max-Planck-Institut (Hrsg) Handbuch des Internationalen Zivil-Verfahrensrechts, Bd I (1982), Bd III/1 (1984), Bd III/2 (1984)
Hefermehl/Köhler/Bornkamm	Wettbewerbsrecht, 28. Aufl München 2010
HeimG	Gesetz über Altenheime, Altenwohnheime und Pflegeheime für Volljährige idF v 5.11.01, BGBl I 2970
HeizkostenV	Verordnung über die verbrauchsabhängige Abrechnung der Heiz- und Warmwasserkosten idF v 20.1.89, BGBl I 116
Hepting/Gaaz	Personenstandsrecht mit Eherecht und internationalem Privatrecht Loseblattausgabe, Frankfurt/M [ua]
HessGVBl II	Gesetz- und Verordnungsblatt für das Land Hessen, Teil II, Sammlung des bereinigten hessischen Landesrecht
HEZ	Höchstrichterliche Entscheidungen, Sammlung von Entscheidungen der Oberlandesgerichte und der obersten Gerichte in Zivilsachen (Band, Seite)
HFR	Höchstrichterliche Finanzrechtsprechung (Jahr, Seite)
HGB	Handelsgesetzbuch v 10.5.1897, RGBl 219, BGBl III 4 Nr 4100-1
HintO	Hinterlegungsordnung v 10.3.37, RGBl I 285, BGBl III 3 Nr 300-15
Hirte	Berufshaftung, München 1996
HK/Bearb	Handkommentar, Bürgerliches Gesetzbuch, 5. Aufl Baden-Baden 2006; Allgemeines Gleichbehandlungsgesetz, Baden-Baden 2007
HK/Bearb	Heidelberger Kommentar zur Insolvenzordnung, 4. Aufl Heidelberg 2006
HKK	Historisch-kritischer Kommentar zum BGB, Tübingen 2003 ff
hL/hLit	herrschende Lehre/herrschende Literatur
hM	herrschende Meinung
HO	Hinterlegungsordnung
HOAI	Honorarordnung für Architekten und Ingenieure idF v 4.3.91, BGBl I 1933
HöfeO	Höfeordnung idF v 26.7.76, BGBl I 1933
HöfeVO	Verfahrensordnung für Höfesachen v 29.3.1976, BGBl I 881/885
Hoeren/Sieber/Bearb	Handbuch Multimedia-Recht, Loseblatt
v Hoffmann/Thorn	Internationales Privatrecht, 9. Aufl München 2007
Hohloch	Das Deliktsstatut Frankfurt/M 1984
Hoppenz	Familiensachen, 9. Aufl Heidelberg 2008
HpflG	Haftpflichtgesetz idF v 4.1.78, BGBl I 145
HRGZ	Hanseatische Rechts- und Gerichtszeitschrift
HRR	Höchstrichterliche Rechtsprechung
Hrsg, hrsg	Herausgeber, herausgegeben

Abkürzungsverzeichnis mit Literaturangaben

Hs	Halbsatz
HTÜ	Übereinkommen über das auf die Anerkennung von Trusts anzuwendende Recht (Haager Trust-Übereinkommen)
Huber	Die Haftung des Vertragshändlers gegenüber seinem Abnehmer nach neuem Kaufrecht, in: FS Peter Ulmer, 2003, S 1165
Huber, Chr.	Das neue Schadensersatzrecht, Bonn 2003
HUÜ	Haager Üb über das auf Unterhaltspflichten anzuwendende Recht vom 2.10.73 (BGBl 86 II, 837)
HÜB 1970	Übereinkommen über die Beweisaufnahme im Ausland in Zivil- und Handelssachen v 18.3.70
Hueck/Canaris	Recht der Wertpapiere, 12. Aufl München 1986
HÜZ	Haager Übereinkommen über den Zivilprozess v 1.3.54
HUVÜ	Haager Übereinkommen über die Anerkennung und Vollstreckung von Unterhaltsentscheidungen v 2.10.73
HWiG	Gesetz über den Widerruf von Haustürgeschäften v 16.1.86, BGBl I 122
HypBG	Hypothekenbankgesetz v 9.9.98, BGBl I 2674
HZÜ	Haager Üb über die Zustellung gerichtlicher und außergerichtlicher Schriftstücke im Ausland in Zivil- oder Handelssachen v 15.11.65 (BGBl 77 II 1453)
i	in, im
iA	im Allgemeinen
IATA	International Air Transport Association
IBR	Immobilien und Baurecht (Jahr, Seite)
ICC	International Chamber of Commerce
ICJ	International Court of Justice
ICLQ	International and Comparative Law Quarterly
ICSID	International Centre for Settlement of Investment Disputes
idF	in der Fassung
idR	in der Regel
idS	in diesem Sinne
iE	im Einzelnen
ieS	im engeren Sinne
iGgs	im Gegensatz
IHK	Industrie- und Handelskammer
IHR	Internationales Handelsrecht (Jahr, Seite)
ILM	International Legal Materials
IMR	Immobilienverwaltung & Recht (Jahr, Seite)
InfAuslR	Informationsbrief Ausländerrecht
InfektionsSchG	Infektionsschutzgesetz
Ingenstau/Korbion/Bearb	VOB Teile A und B, Kommentar, 16. Aufl Köln 2007
inkl	inklusive
insbes	insbesondere
InsO	Insolvenzordnung v 5.10.94, BGBl I S 2866
IntFamRVG	Internationales Familienrechtsverfahrensgesetz v 26.1.05, BGBl I 162
IntGesR	Internationales Gesellschaftsrecht
InvG	Investmentgesetz v 15.12.03, BGBl I 2676
InVo	Insolvenz und Vollstreckung (Jahr, Seite)
IPG	Gutachten zum internationalen und ausländischen Privatrecht v Ferid-Kegel-Zweigert, 1965 ff (Jahr u Nr)
IPR	Internationales Privatrecht
IPRG	Gesetz zur Neuregelung des Internationalen Privatrechts v 25.7.86, BGBl I 1142
IPRax	Praxis des Internationalen Privat- und Verfahrensrechts (Jahr, Seite)
IPRspr	Die Deutsche Rechtsprechung auf dem Gebiete des IPR (Jahr, Seite)
iRd/v/e	im Rahmen des/der/von/eines/einer

iS	im Sinne
iSe	im Sinne eines/einer
iSd	im Sinne des (der)
ISO	Internationale Organisation für Normung
iSv	im Sinne von
ital	italienisch
iU	im Unterschied
iÜ	im Übrigen
iVm	in Verbindung mit
IWF	Internationaler Währungsfonds
iwS	im weiteren Sinne
IZPR	Internationales Zivilprozessrecht
IZRspr	Sammlung der deutschen Entscheidungen zum internationalen Privatrecht
IZVR	Internationales Zivilverfahrensrecht
JA	Juristische Arbeitsblätter (Jahr, Seite)
Jahrbuch 1 (1987)	Hrsg: Glossner, Jahrbuch für die Praxis der Schiedsgerichtsbarkeit, Bd 1 (1987)
JahrbItalR	Jahrbuch Italienisches Recht
JAmt	Das Jugendamt (bis 2000: DAV) (Jahr, Seite)
Jansen	Die Struktur des Haftungsrechts, Tübingen 2003
JArbSchG	Gesetz zum Schutz der arbeitenden Jugend idF v 12.4.76, BGBl I 965 (Jugendarbeitsschutzgesetz)
Jauernig/Bearb	(Hrsg), BGB Kommentar, 13. Aufl München 2009
Jayme	Die Familie im Recht der unerlaubten Handlungen, Frankfurt/M 1971
Jayme/Hausmann	Internationales Privat- und Verfahrens-Recht (Textausgabe), 14. Aufl München 2009
JBeitrO	Justizbeitreibungsordnung v 11.3.37, RGBl I 298
JbJZivRWiss	Jahrbuch junger Zivilrechtswissenschaftler
JBl	Justizblatt (Jahr, Blatt), Juristische Blätter, Wien (A) ua, 1872 ff
JBlSaar	Justizblatt des Saarlandes (Jahr, Seite)
Jena	OLG Jena, Thüringisches OLG
JFG	Jahrbuch für Entscheidungen in Angelegenheiten der Freiwilligen Gerichtsbarkeit und des Grundbuchrechts (Jahr, Seite)
JG	Jugendgericht
JGG	Jugendgerichtsgesetz idF v 11.12.74, BGBl I 3427
J/H/Bearb	Johannsen/Henrich, Eherecht, 4. Aufl München 2003
JHJ	Jherings Jahrbücher der Dogmatik des bürgerlichen Rechts (Band, Seite)
JMBl	Justizministerialblatt (Jahr, Seite)
JMBlNRW	Justizministerialblatt für Nordrhein-Westfalen (Jahr, Seite)
JO	Journal officiel (Jahr, Seite)
Joussen	Der Industrieanlagenvertrag, 2. Aufl Berlin 1996
JR	Juristische Rundschau (Jahr, Seite)
Jud	Schadensersatz bei mangelhafter Leistung, Wien 2003
Juenger	General Course on Private International Law (1983) in: Académie de Droit International, Rec. Des Cours 1985 IV, Dordrecht/Boston/Lancaster 1986, 119–387
Jung	Der Unternehmergesellschafter als personaler Kern der rechtsfähigen Gesellschaft, 2002
Junker	Internationales Privatrecht, München 1998
Jura	Juristische Ausbildung (Jahr, Seite)
JurA	Juristische Analysen (Jahr, Seite)
JurBüro	Das Juristische Büro (Jahr, Seite)
jurisPK/Bearb	juris Praxiskommentar BGB, 3. Aufl Saarbrücken 2006 f, 4. Aufl Saarbrücken 2009
JuS	Juristische Schulung (Jahr, Seite)
Justiz	Die Justiz, Amtsblatt des Justizministeriums Baden-Württemberg (Jahr, Seite)
JuV	Justiz und Verwaltung (Jahr, Seite)
JVBl	Justizverwaltungsblatt (Jahr, Seite)

Abkürzungsverzeichnis mit Literaturangaben

JVEG	Justizvergütungs- und -entschädigungsgesetz v 5.5.04, BGBl I 718
JW	Juristische Wochenschrift (Jahr, Seite)
JWG	Gesetz für Jugendwohlfahrt (Jugendwohlfahrtgesetz)
JZ	Juristenzeitung (Jahr, Seite)
KAGG	Gesetz über die Kapitalanlagegesellschaften v 9.9.98, BGBl I 2726
Kahn	Kahn, Franz Abhandlungen zum internationalen Privatrecht, Bd I, München 1928
Kaller	Reiserecht, 2. Aufl München 2005
Kap	Kapitel
Karlsr	OLG Karlsruhe
Kart	Kartellsenat
Katzenmeier, Arzthaftung	Arzthaftung, Tübingen 2002
Katzenmeier, Vertragliche und deliktische Haftung	Vertragliche und deliktische Haftung in ihrem Zusammenspiel, dargestellt am Problem der „weiterfressenden Mängel", Berlin 1994
KB	Law Reports King's Bench Division
Kegel/Schurig	Kegel/Schurig Internationales Privatrecht, 9. Aufl München 2004
KEHE	Kuntze/Ertl/Herrmann/Eickmann, Grundbuchrecht, 6. Aufl Berlin 2006
Keibel	Eigentumsverletzung im Sinne des § 823 I BGB bei kauf- und werkvertraglichen Mängeln, Frankfurt/M 1984
Keidel/Kuntze/Winkler	Freiwillige Gerichtsbarkeit, Teil A, FGG mit Erläuterungen, 15. Aufl München 2003
Keller/Siehr	Allgemeine Lehren des internationalen Privat-Rechts, Zürich 1986
Kemper/Kisters-Kölkes/Berenz/Bode/Pühler	BetrAVG, 3. Aufl Köln 2008
KF	Karlsruher Forum (Jahr, Seite)
Kfz	Kraftfahrzeug
KG	Kammergericht
KGaA	Kommanditgesellschaft auf Aktien
KGBl	Blätter für Rechtspflege im Bezirk des Kammergerichts
KGJ	Jahrbuch für die Entscheidungen des Kammergerichts (Band, Seite)
KG-Rspr	Rechtsprechung Kammergericht
KindPrax	Kindschaftsrechtliche Praxis
KindRVerG	Gesetz zur weiteren Verbesserung von Kinderrechten v 9.4.02, BGBl I 239
KindRG	Gesetz zur Reform des Kindschaftsrechts v 16.12.97, BGBl I 2942
KindUG	Gesetz zur Vereinheitlichung des Unterhaltsrechts v 6.4.98, BGBl I 666
Kinne/Schach/Bieber	Miet- und Mietprozessrecht, 5. Aufl Freiburg 2008
KJ	Kritische Justiz (Jahr, Seite)
KJHG	Kinder- und Jugendhilfegesetz s SGB XIII
KKErbR/Bearb	Frieser, Andreas, Kompaktkommentar Erbrecht, Neuwied 2007
KKFamR/Bearb	Kompaktkommentar Familienrecht, 2. Aufl Neuwied 2005 OLG Kaiserslautern
Klautern	
KKMietR/Bearb	Schmid (Hrsg), Kompaktkommentar Mietrecht, Neuwied 2006
KlauselRL	Richtlinie 93/13/WEG des Rates vom 5.4.93 über missbräuchliche Klauseln in Verbraucherverträgen, ABlEG Nr L 95 S 29 (NJW 1993, 1838; PalArchIG)
Kleindiek	Deliktshaftung und juristische Person, Tübingen 1997
KO	Konkursordnung idF v 20.5.1898, RGBl 612, BGBl III 3 Nr 311-4
Kobl	OLG Koblenz
Koch, D.	Produkthaftung. Zur Konkurrenz von Kauf- und Deliktsrecht, Berlin 1995
Koch/Magnus/Winkler v Mohrenfels	IPR und Rechtsvergleichung, 3. Aufl München 2004
Köhler AT	BGB Allgemeiner Teil, 31. Aufl München 2007
Köln	OLG Köln
KOM	Kommissionsdokumente

Komm	Kommentar
KonsG	Konsulargesetz v 11.9.74, BGBl I 2317
Kornmeier/Sandrock	in: Sandrock (Hrsg) Handbuch der internationalen Vertragsgestaltung, 3. Aufl Heidelberg 2002
Kossens	(Hrsg), SBG IX: Rehabilitation und Teilhabe behinderter Menschen mit Behindertengleichstellungsgesetz, 2. Aufl 2006
KostÄndG	Kostenänderungsgesetz v 17.12.86, BGBl I 2326
KostO	Gesetz über die Kosten in Angelegenheiten der freiwilligen Gerichtsbarkeit idF v 26.7.57, BGBl I 960, BGBl III 3 Nr 361-1(Kostenordnung)
KostRÄndG	Kostenrechts-Änderungsgesetz idF v 30.8.94, BGBl I 2591
K & R	Kommunikation und Recht
KR/Bearb	Gemeinschaftskommentar zum Kündigungsschutzgesetz und zu sonstigen kündigungsschutzrechtlichen Vorschriften, 9. Aufl Neuwied 2009
Kreuzer	Ausländisches Wirtschaftsrecht vor deutschen Gerichten Zum Einfluß fremdstaatlicher Eingriffsnormen auf private Rechtsgeschäfte, Heidelberg 1986
krit	kritisch
Kropholler, Einheitsrecht	Internationales Einheitsrecht, Tübingen 1975
Kropholler, EuGVO	Europäisches Zivilprozeßrecht, Kommentar zu EuGVO und Lugano-Übereinkommen, 8. Aufl Frankfurt/M 2005
Kropholler, FS Ferid 1978	Die Anpassung im Kollisionsrecht, in: Heldrich, Andreas/Heinrich, Dieter/Sonnenberger, Hans-Jürgen (Hrsg), Konflikte und Ordnung, FS für Murad Ferid zum 70. Geburtstag
Kropholler	Internationales Privatrecht, 6. Aufl Tübingen 2006
KrW-/AbfG	Gesetz zur Förderung der Kreislaufwirtschaft und Sicherung der umweltverträglichen Beseitigung von Abfällen v 27.9.94, BGBl I 2705 (Kreislaufwirtschafts- und Abfallgesetz)
KSchG	Kündigungsschutzgesetz v 25.8.69, BGBl I 1317, BGBl III 8 Nr 800-2
KStG	Körperschaftssteuergesetz v 31.8.76, BGBl I 2597, 2599
KSÜ	Haager Üb über die Zuständigkeit, das anzuwendende Recht, die Anerkennung, Vollstreckung über Zusammenarbeit auf dem Gebiet der elterlichen Verantwortung und der Maßnahmen zum Schutz von Kindern v 19.10.96
KTS	Konkurs, Treuhand- und Schiedsgerichtswesen (Jahr, Seite)
Kübler/Prütting/Bearb	InsO-Kommentar zur Insolvenzordnung, Loseblatt
Küttner/Bearb	Personalbuch, 16. Aufl München 2009
KUG	Gesetz betreffend das Urheberrecht an Werken der bildenden Künste und der Photografie v 9.1.1907, RGBl 7, BGBl III 4 Nr 440-3 (Kunsturhebergesetz)
Kullmann	ProdHaftG, Kommentar, 5. Aufl Berlin 2006
Kuntze/Ertl/Herrmann/Eickmann	Grundbuchrecht, 6. Aufl Berlin 2006
Kunz	Internationales Privatrecht, 4. Aufl Köln [ua] 1998
KV	Kostenverzeichnis
KVO	Kraftverkehrsordnung für den Güterfernverkehr mit Kraftfahrzeugen idF v 23.12.58, BAnz 31.12.58 Nr 249 (Beförderungsbedingungen)
KWG	Gesetz über das Kreditwesen idF der Bek v 9.9.98, BGBl I 2776
KWKG	Kriegswaffenkontrollgesetz idF v 1.12.03, BGBl I 2304
Lachmann	Handbuch für die Schiedsgerichtspraxis, 3. Aufl Köln 2008
LAG	Lastenausgleichsgesetz idF v 2.6.93 BGBl I 845; 1995 I 248 auch: Landesarbeitsgericht
LAGE	Entscheidungssammlung Landesarbeitsgerichte (Band, Seite)
Lang, H.	zur Haftung des Warenlieferanten bei „weiterfressenden" Mängeln in deutschen und anglo-amerikanischen Recht, 1981
Larenz/Canaris SchuldR II 2	Lehrbuch des Schuldrechts, 13. Aufl München 1994
Larenz-SchuldR	Lehrbuch des Schuldrechts, 9. Aufl München 1968
Larenz-Wolf AT	Allgemeiner Teil des Bürgerlichen Rechts, 9. Aufl München 2004

Abkürzungsverzeichnis mit Literaturangaben

Leasing-Hdb/Bearb	Martinek, Michael /Stoffels, Markus/ Wimmer-Leonhardt, Susanne (Hrsg), Leasinghandbuch, 2. Aufl 2008
Leipold	Lex fori, Souveränität, Discovery, Grundfragen des internationalen Zivilprozeßrechts, Heidelberg 1989
Lepke	Kündigung bei Krankheit, 12. Aufl Berlin 2006
LFBMG	Lebensmittel-, Bedarfsgegenstände- und Futtermittelgesetz idF v 26.4.06, BGBl I 945
LFG	Gesetz über die Fortzahlung des Arbeitsentgelts im Krankheitsfalle v 27.7.69, BGBl I 134 (Lohnfortzahlungsgesetz)
LG	Landgericht
Leipold	Erbrecht, 16. Aufl Tübingen 2006
li	linke(r)
lit	littera
Lit	Literatur
LKV	Landes- und Kommunalverwaltung (Jahr, Seite)
LKW	Lastkraftwagen
LM	Lindenmaier-Möhring, Nachschlagewerk des Bundesgerichtshofs
LMK	Lindenmaier/Möhring, Kommentierte BGH-Rechtsprechung
Löwisch	Kommentar zum Kündigungsschutzgesetz, 9. Aufl Heidelberg 2004
Löwisch/Rieble	Tarifvertragsgesetz, Kommentar, 2. Aufl München 2004
Looschelders	Internationales Privatrecht Art 3–46 EGBGB, Berlin [ua] 2003
LotStV	Lotteriestaatsvertrag
LPachtVG	Landpachtverkehrsgesetz v 8.11.85, BGBl I 2075
LPartG	Lebenspartnerschaftsgesetz v 16.2.01, BGBl I 266
LRE	Sammlung lebensmittelrechtlicher Entscheidungen
LS	Leitsatz
LSG	Landessozialgericht
Lüderitz	Internationales Privatrecht, 2. Aufl Neuwied [ua] 1992
LuftfzRG	Gesetz über Rechte an Luftfahrzeugen v 26.2.59, BGBl I 57, BGBl III 4 Nr 403-9
LuftVG	Luftverkehrsgesetz idF v 27.3.99, BGBl I 550
LuftVO	Luftverkehrs-Ordnung idF v 27.3.99, BGBl I 580
Lugano-Üb	Übereinkommen vom 30.10.2007 über die gerichtliche Zuständigkeit und die Anerkennung und die Vollstreckung von Entscheidungen in Zivil- und Handelssachen (ABl. EU Nr L 339 S 3; LugÜ)
LugÜ	Luganer Übereinkommen über die gerichtliche Zuständigkeit und die Vollstreckung gerichtlicher Entscheidungen in Zivil- und Handelssachen (BGBl 94 II 2660, 95 II 221, 96 II 223)
Lutter	Kommentar zum UmwandlungsG, 3. Aufl Köln 2004
Lutter/Hommelhoff GmbH	Kommentar zum GmbHG, 16. Aufl Köln 2004
LwG	Landwirtschaftsgericht
LwAnpG	Landwirtschaftsanpassungsgesetz idF v 3.7.91, BGBl I 1418
LWG RhPf	Landeswassergesetz Rheinland-Pfalz idF v 22.1.04, GVBl 2004, 54
LwVG	Gesetz über das gerichtliche Verfahren in Landwirtschaftssachen v 21.7.53, BGBl I 667, BGBl III 3 Nr 317-1
LZ	Leipziger Zeitschrift (Jahr, Spalte)
m	mit
MaBV	Verordnung über die Pflichten der Makler, Darlehens- und Anlagenvermittler, Bauträger und Baubetreuer idF v 7.11.90, BGBl I 2479 (Makler- und Bauträgerverordnung)
Mansel	Personalstatut, Staatsangehörigkeit und Effektivität, München 1988
MaRisk	Mindestanforderungen an das Risikomanagement
MarkenG	Gesetz über den Schutz von Marken und sonstigen Kennzeichen v 25.10.94, BGBl I 3082 (Markengesetz)
Martinek	Moderne Vertragstypen, Band I: Leasing und Factoring, 1991
MaschSchG	Maschinenschutzgesetz

Abkürzungsverzeichnis mit Literaturangaben

Mayer/Heuzé	Droit International Privé, 8. Aufl 2004
MBl	Ministerialblatt (Jahr, Seite)
MDR	Monatsschrift für Deutsches Recht (Jahr, Seite)
Medicus/Petersen	Bürgerliches Recht, 22. Aufl München 2009
– AT	Allgemeiner Teil des BGB, 9. Aufl Heidelberg 2006
– BürgR	Bürgerliches Recht, 21. Aufl Köln 2007
– SchuldR I	Schuldrecht I Allgemeiner Teil, 18. Aufl München 2008
– SchuldR II	Schuldrecht II Besonderer Teil, 14. Aufl München 2007
MedR	Medizinrecht (Jahr, Seite)
Meyer, Unterrichtung	Die Unterrichtung der Arbeitnehmer vor Betriebsübergang, Baden-Baden 2007
mglw	möglicherweise
mH	mit Hinweisen
MHH	Meinel/Heyn/Herms, Allgemeines Gleichbehandlungsgesetz: AGG, München 2007
MHbeG	Gesetz zur Beschränkung der Haftung Minderjähriger v 25.8.98, BGBl I 2487
MHG	Gesetz zur Regelung der Miethöhe v 18.12.74, BGBl I 3603 – aufgehoben durch Miet-ReformG
Mietgericht	Das Mietgericht (Jahr, Seite)
MietPrax	Mietrecht in der Praxis (Jahr, Seite)
MietRÄndG	Mietrechtsänderungsgesetz Erstes: v 29.7.63, BGBl I 505, Zweites: v 14.7.64, BGBl I 457, Drittes: v 21.12.67, BGBl I 1248, Viertes: v 21.7.93, BGBl I 1257
MietRB	Der Miet-Rechts-Berater (Jahr, Seite)
MietRReformG	Mietrechtsreformgesetz v 19.6.01, BGBl I 1149
MieWo/Bearb	Schmid (Hrsg), Miet- und Wohnungsrecht, Texte und Erläuterungen, Loseblatt, Köln
MinBl	Ministerialblatt (Jahr, Seite)
MitBestG	Gesetz über die Mitbestimmung der Arbeitnehmer v 4.5.76, BGBl I 1153
MittBayNotK	Mitteilungen Bayerische Notar-Kammer (Jahr, Seite)
MittBl	Mitteilungsblatt (Jahr, Seite)
MittRhNotK	Mitteilungen Rheinische Notar-Kammer (Jahr, Seite)
MMR	MultiMedia und Recht (Jahr, Seite)
mN	mit Nachweisen
MoMiG	Gesetz zur Modernisierung des GmbH-Rechts und zur Bekämpfung von Missbräuchen, BRDrs 354/07
Mot	Motive zum BGB
ModEnG	Modernisierungs- und Energieeinsparungsgesetz v 23.8.76 (BGBl I 2429), aufgehoben
MPI	Max-Planck-Institut für ausländisches und internationales Privat- und Prozessrecht
MRVerbG	MietrechtsverbesserungsG v 4.11.71, BGBl I 1745
MS	Mitgliedstaat
MSA	Minderjährigenschutzabkommen v 5.10.61, BGBl 71 II 217
MÜG	Mietenüberleitungsgesetz v 6.6.95, BGBl I 748
MüKo/Bearb	Münchener Kommentar zum BGB, hrsg v Rebmann/Säcker/Rixecker, 4.–5. Aufl München 2003–2008
MüKo(InsO)/Bearb	Münchener Kommentar zur Insolvenzordnung, hrsg v Kirchhof/Lwowski/Stürner, 2. Aufl München 2008
MüKo(ZPO)/Bearb	Münchener Kommentar zur Zivilprozessordnung Bd 1 u 2, hrsg v Rauscher/Wax/Wenzel, 3. Aufl München 2007, Bd 3 3. Aufl München 2008
Müller	Gewährleistung beim Tierkauf, in: Festschrift für Harm Peter Westermann, 2008, S 517–534
München	OLG München
Münch-ArbG/(Bearb)	Richardi/Wlotzke (Hrsg), Münchener Handbuch zum Arbeitsrecht
Mugdan	Die gesamten Materialien zum BGB, Berlin 1899
MuSchG	Gesetz zum Schutze der erwerbstätigen Mutter idF v 20.6.02, BGBl I 2318 (Mutterschutzgesetz)
Musielak/Bearb	Kommentar zur ZPO, 6. Aufl München 2008
MuW	Markenschutz und Wettbewerb (Jahr, Seite)
mwN	mit weiteren Nachweisen

Abkürzungsverzeichnis mit Literaturangaben

MwSt	Mehrwertsteuer
Nachw	Nachweise
NachwG	Gesetz über den Nachweis der für ein Arbeitsverhältnis geltenden wesentlichen Bestimmungen v 20.7.95, BGBl I 946
Nagel/Gottwald	Internationales Zivilprozessrecht, 6. Aufl Münster 2007
NamÄndG	Namensänderungsgesetz, Ehenamenänderungsgesetz v 5.1.38, RGBl 9, BGBl III 4 Nr 401-1
Nato-Truppenstatut	v 19.6.51, BGBl II 1183
Naumbg	OLG Naumburg
NDBZ	Neue Deutsche Beamtenzeitung (Jahr, Seite)
NDS	Niedersachsen
NdsRpfl	Niedersächsische Rechtspflege (Jahr, Seite)
NEhelG	Gesetz über die Stellung der nichtehelichen Kinder v 19.8.69, BGBl I 1243
Neuhaus	Die Grundbegriffe des internationalen Privatrechts, 2. Aufl Tübingen 1976
nF	neue Fassung
Nicolai	Das Allgemeine Gleichbehandlungsgesetz (AGG) in der anwaltlichen Praxis, Bonn 2006
NJ	Neue Justiz
NJOZ	Neue Juristische Online Zeitschrift
NJW	Neue Juristische Wochenschrift (Jahr, Seite)
NJW-CoR	NJW-Computerreport (Jahr, Seite)
NJW-RR	Neue Juristische Wochenschrift Rechtsprechungsreport (Jahr, Seite)
NJWE-FER	NJW-Entscheidungsdienst Familien- und Erbrecht (Jahr, Seite)
NJWE-MietR	NJW-Entscheidungsdienst für Miet- und Wohnungsrecht (Jahr, Seite)
NJWE-VHR	NJW-Entscheidungsdienst Versicherungs- und Haftpflicht (Jahr, Seite)
NJWE-WettbR	NJW-Entscheidungsdienst für Wettbewerbsrecht (Jahr, Seite)
NMV	Verordnung über die Ermittlung der zulässigen Miete für preisgebundene Wohnungen – Neubaumietenverordnung idF v 12.10.90, BGBl I 2203
no	numero
Noack	Fehlerhafte Beschlüsse in Gesellschaften und Vereinen, 1988
NB/P	Nollert-Borasio/Perreng, Allgemeines Gleichbehandlungsgesetz (AGG) – Kommentar, 2. Aufl Frankfurt am Main 2008
NotBZ	Zeitschrift für die notarielle Beratungs- und Beurkundungspraxis (Jahr, Seite)
Nr(n)	Nummer(n)
nrkr	nicht rechtskräftig
NRW	Nordrhein-Westfalen
NSchR/Bearb	Haas/Medicus/Rolland/Schäfer/Wendtland, Das neue Schuldrecht, München 2002
NStZ	Neue Zeitschrift für Strafrecht (Jahr, Seite)
NStZ-RR	Neue Zeitschrift für Strafrecht Rechtsprechungsreport (Jahr, Seite)
Nürnbg	OLG Nürnberg
NuR	Natur und Recht (Jahr, Seite)
nv	nicht veröffentlicht
NVwZ	Neue Zeitschrift für Verwaltungsrecht (Jahr, Seite)
NVwZ-RR	Neue Zeitschrift für Verwaltungsrecht Rechtsprechungsreport (Jahr, Seite)
NZA	Neue Zeitschrift für Arbeitsrecht – Rechtsprechungs-Report (Jahr, Seite)
NZA-RR	Neue Zeitschrift für Sozialrecht (Jahr, Seite)
NZG	Neue Zeitschrift für Gesellschaftsrecht (Jahr, Seite)
NZI	Neue Zeitschrift für das Recht der Insolvenz und Sanierung (Jahr, Seite)
NZM	Neue Zeitschrift für Mietrecht (Jahr, Seite)
NZV	Neue Zeitschrift für Verkehrsrecht (Jahr, Seite)
o	oben
oä	oder ähnliches
Obermüller	Insolvenzrecht in der Bankpraxis, 7. Aufl Köln 2007

Oechsler SchuldR BT	Schuldrecht Besonderer Teil Vertragsrecht, München 2003
ÖABGB	Allgemeines Bürgerliches Gesetzbuch Österreichs
ÖJZ	Österreichische Juristenzeitung (Jahr, Seite)
OEEC	Organization for European Economic Cooperation
Oetker/Maultzsch	Vertragliche Schuldverhältnisse, 3. Aufl. Heidelberg 2007
og	oben genannten
OGH	Oberster Gerichtshof für die britische Zone; auch: Oberster Gerichtshof Österreich
OGHSt	Amtliche Sammlung der Entscheidungen des OGH in Strafsachen (Band, Seite)
OGHZ	Amtliche Sammlung der Entscheidungen des OGH in Zivilsachen
OHG, oHG	Offene Handelsgesellschaft
Oldbg	OLG Oldenburg
OLGE	Entscheidungen der Oberlandesgerichte in Zivilsachen einschl der freiwilligen Gerichtsbarkeit (Band, Seite)
OLG-NL	OLG-Rechtsprechung Neue Länder
OLGR	Die Rechtsprechung der Oberlandesgerichte (Jahr, Seite)
OLGRep	OLG-Report
OLGVertrÄndG	Gesetz zur Änderung des Rechts der Vertretung durch Rechtsanwälte vor den Oberlandesgerichten v 23.7.02, BGBl I 2850
OLGZ	Entscheidungen der Oberlandesgerichte in Zivilsachen (Jahr, Seite), ab 1995 vereinigt mit FGPrax
OLSchVO	Verordnung über Orderlagerscheine v 16.12.31, RGBl I 763, BGBl III 4 Nr 4102-1
v Overbeck	Cours général de droit international privé, Rec Cours 1982 III, 9-258, Den Haag 1983
OVG	Oberverwaltungsgericht
OVGE	Entscheidungen der Oberverwaltungsgerichte (Band, Seite)
OWiG	Gesetz über Ordnungswidrigkeiten idF v 19.2.87, BGBl I 603
PachtKG	Pachtkreditgesetz idF v 5.8.51, BGBl I 494, BGBl III 7 Nr 7813-1
Palandt/Bearb	Palandt, Kurzkommentar zum BGB, 69. Aufl München 2010
Palandt-Archiv	www.palandt.beck.de (68. Auflage des Palandt)
PAngV	Preisangabenverordnung idF v 18.10.02, BGBl I 4197
PaPkG	Preisangaben-und Preisklauselgesetz v 3.12.84, BGBl I 1429
PartG	Parteiengesetz idF v 31.1.94, BGBl I 150
PartGG	Gesetz über Partnergesellschaften Angehöriger Freier Berufe – Partnerschaftsgesellschaftsgesetz v 25.7.94, BGBl I 1744
PassG	Passgesetz v 19.4.86, BGBl I 537
PatAO	Patentanwaltsordnung v 7.9.66, BGBl I 557
PatG	Patentgesetz v 16.12.80, BGBl I 1981 I 2
PauschalreiseRL	Richtlinie 90/314/EWG des Europäischen Parlaments und des Rates v 13.6.90 über Pauschalreisen, ABlEG L 158 S 59 (EuZW 1990, 413)
PBefG	Personenbeförderungsgesetz idF v 8.8.90, BGBl I 1690
PECL	Principles of European Contract Law, Parts I & II, 2000, Part III, 2003
PersR	Der Personalrat (Jahr, Seite)
PersV	Die Personalvertretung (Jahr, Seite)
PfandBG	Pfandbriefgesetz v 22.5.05, BGBl I 1373
Pfennig	Die internationale Zustellung in Zivil- und Handelssachen, Köln [ua] 1988
PflegeVG	s SGB XI
PflVG	Pflichtversicherungsgesetz idF v 5.4.65, BGBl I 213
phG	persönlich haftender Gesellschafter
PHI/Phi	Produkthaftpflicht international, 1982–1993/danach Haftpflicht international, Recht u Versicherung, ab 1994 (Jahr, Seite)
PICC	Unidroit Principles of International Commercial Contracts 2004
Pirrung	Internationales Privat- und Verfahrensrecht, München [ua] 1987
PKH	Prozesskostenhilfe
PKW	Personenkraftwagen

Abkürzungsverzeichnis mit Literaturangaben

Planck/Bearbeiter	Kommentar zum BGB nebst EinführungsG, BD 4/2, 6, 3. Aufl 1905/06; Bd 1, 2, 4/1, 5, 4. Aufl 1913–30; Bd 3, 5. Aufl 1933–38
PostG	Gesetz über das Postwesen v 22.12.97, BGBl I 3294
PostO	Postordnung v 16.5.63 BGBl I 341, BGBl III 9 Nr 901-1-1
PostStrG	Gesetz zur Neustrukturierung des Post- und Fernmeldewesens und der Deutschen Bundespost v 8.6.89, BGBl I 1026 (Poststrukturgesetz)
Preis/Bearb	Preis (Hrsg), Der Arbeitsvertrag, 3. Aufl Köln 2009
Preuß OVG	Preußisches Oberverwaltungsgericht
PrKG	Gesetz über das Verbot der Verwendung von Preisklauseln bei der Bestimmung von Geldschulden
PrKV	Preisklauselverordnungv 23.9.98, BGBl I 3043
ProdHaftG	Produkthaftungsgesetz v 15.12.89, BGBl I 2198
ProdHaftRL	Richtlinie 85/374/EWG des Rates v 25.7.85 zur Angleichung der Rechts- und Verwaltungsvorschriften der Mitgliedsstaaten über die Haftung für fehlerhafte Produkte, ABlEG L 210 S 29
ProdHHdb	Produkthaftungshandbuch
ProzBev	Prozessbevollmächtigter
Prütting	Sachenrecht, 33. Aufl München 2008
P 2nd	Pacific Reporter, 2nd series
PStG	Personenstandsgesetz v 8.8.57, BGBl I 1125, BGBl III 2 Nr 211-1
pVV	positive Vertragsverletzung, positive Forderungsverletzung
Quittnat	Das Recht der Außenhandelskaufverträge, Heidelberg 1988
R/B/M/Bearb	Reimann/Bengel/Mayer, Testament und Erbvertrag, 5. Aufl 2006
RA	Rechtsanwalt
Raape/Sturm	Internationales Privatrecht, 6. Aufl München 1977
RabelsZ	Rabels Zeitschrift für ausländisches und internationales Privatrecht (Jahr, Seite)
Rabl	Die Gefahrtragung beim Kauf, Wien 2002
RABl	Reichsarbeitsblatt (Jahr, Seite)
RAG	Reichsarbeitsgericht
RAGE	Entscheidungen des Reichsarbeitsgerichts (Band, Seite)
Rauscher	Internationales Privatrecht, Heidelberg 2002
RbegrG	Risikobegrenzungsgesetz v 12.8.08 (BGBl I, 1666)
RBerG	Rechtsberatungsgesetz v 13.12.35, RGBl I 1478, BGBl III 3 Nr 303-12, aufgehoben durch RDG v 12.12.07, BGBl I 2840
RdA	Recht der Arbeit (Jahr, Seite)
RDG	Rechtsdienstleistungsgesetz v 12.12.07, BGBl I 2840
RdErl	Runderlass
RdJB	Recht der Jugend und des Bildungswesens (Jahr, Seite)
RdL	Recht der Landwirtschaft (Jahr, Seite)
re	rechte(r)
Rec	Recueil des Cours
rechtskr	rechtskräftig
RechKredV	Verordnung über die Rechnungslegung der Kreditinstitute idB v 11.12.98, BGBl I 3658
RegBetrVO	Regelbetrags-Verordnung v 6.4.98, BGBl I 660
RegBl	Regierungsblatt (Jahr, Seite)
RegE	Regierungsentwurf
RegE IntSchuldVR	Gesetzesentwurf der Bundesregierung, Entwurf eines Gesetzes zur Anpassung der Vorschriften des Internationalen Privatrechts an die Verordnung (EG) Nr. 593/2008, s http://ssl.bmj.de/files/-/3169/RegE%20Gesetz%20zur%20Anpassung%20der%20Vorschriften%20des%20Internationalen%20Privatrechts.pdf
RegUnterhVO	Verordnung zur Berechnung des Regelunterhalts v 27.6.70, BGBl I 1010 (Regelunterhalt-Verordnung)
RegVBG	Registerverfahrensbeschleunigungsgesetz v 20.12.93, BGBl I 2182

Reichert	Handbuch Vereins- und Verbandsrecht, 12. Aufl 2010
Reimann/Bengel/Mayer	Testament und Erbvertrag, 5. Aufl Neuwied 2006
Reinicke/Tiedtke	Kaufrecht, 7. Aufl Neuwied 2004
Reithmann/Martiny/Bearb	Internationales Vertragsrecht, 6. Aufl Köln 2004
Remien	Zwingendes Vertragsrecht und Grundfreiheiten des EG-Vertrages Tübingen 2003
Rev. crit. dr. int. pr.	Revue critique de droit international privé
Rev eur dr cons	Revue européenne de droit de la consommation
Rev Lamy dr des affaires	Revue Lamy du droit des affaires
RG	Reichsgericht
RGBl	Reichsgesetzblatt ohne Ziffer = Teil I; mit II = Teil 2
RGLZ	Leipziger Zeitschrift für Handels-, Konkurs- und Versicherungsrecht
RGRK/Bearb	Das BGB, Kommentar, herausgegeben von Reichsgerichtsräten und Richtern am BGH (Reichsgerichtsrätekommentar), 12. Aufl Berlin [ua] 1974 ff
RGSt	Amtliche Sammlung der Entscheidungen des Reichsgerichts in Strafsachen (Band, Seite)
RGVZ	Reichsgericht Vereinigte Zivilsenate
RGZ	Amtliche Sammlung der Entscheidungen des Reichsgerichts in Zivilsachen (Band, Seite)
RHeimstG	Reichsheimstättengesetz v 25.11.37, BGBl III 2 Nr 2332-1; Aufhebungsgesetz v 17.6.93 BGBl I 912
RhNK	Mitteilungen der Rheinischen Notarkammer (ab 2001: RNotZ)
RiA	Recht im Amt (Jahr, Seite)
Riecke/Schmid/Bearb	Fachanwaltskommentar WEG, 3. Aufl Köln 2010
Riecke/Schmidt/Elzer	Die erfolgreiche Eigentümerversammlung, 4. Aufl Hamburg 2006
Riesenhuber	Europäisches Vertragsrecht, 2. Aufl Berlin 2006
RIW/AWD	Recht der internationalen Wirtschaft/Außenwirtschaftsdienst des Betriebs-Beraters (Jahr, Seite)
RJA	Entscheidungen in Angelegenheiten der freiwilligen Gerichtsbarkeit und des Grundbuchrechts (Band, Seite), Reichsjustizamt
RJM	Reichsministerium der Justiz; Recht der internationalen Wirtschaft (Jahrgang, Seite)
RKEG	Gesetz über die religiöse Kindererziehung v 15.7.21, RGBl 939, BGBl III 4 Nr 404-9
RL	Richtlinie
RM	Reichsministerium
RMBl	Reichsministerialblatt, Zentralblatt für das Deutsche Reich (Jahr, Seite)
RMBliV	Reichsministerialblatt für die innere Verwaltung (Jahr, Seite)
Rn	Randnummer
RNotZ	Rheinische Notarzeitschrift
Röhricht/Westphalen	Handelsgesetzbuch, 3. Aufl Köln 2008
ROHG	Reichsoberhandelsgericht; mit Fundstelle: amtliche Entscheidungssammlung (Band, Seite)
Rom I-VO	Verordnung(EG) Nr. 593/2008 des europäischen Parlaments und des Rates vom 17.6.08 über das auf vertragliche Schuldverhältnisse anzuwendende Recht
Rom I VO-V	Vorschlag für eine Verordnung des europäischen Parlaments und des Rates über das auf vertragliche Schuldverhältnisse anzuwendende Recht (Rom I) v 15.12.2005, KOM (2005) 650 endgültig
Rom II-VO	Verordnung (EG) Nr. 864/2007 des Europäischen Parlaments und des Rates v 11.7.07 über das auf außervertragliche Schuldverhältnisse anzuwendende Recht (Rom II), ABl EG Nr L 199 v 31.7.07, S 40 ff
Rom III VO-V	Vorschlag für eine Verordnung des Rates zur Änderung der Verordnung (EG) Nr 2201/2003 im Hinblick auf die Zuständigkeit in Ehesachen und zur Einführung von Vorschriften betreffend das anwendbare Recht in diesem Bereich (Rom III) v 17.7.06, KOM (2006) 399 endgültig

Abkürzungsverzeichnis mit Literaturangaben

Rosenberg/Schwab/Gottwald	Zivilprozessrecht, 17. Aufl München 2010
Rostock	OLG Rostock
RpflAnpG	Rechtspflegeanpassungsgesetz v 26.6.92, BGBl I 1147
Rpfleger	Der Deutsche Rechtspfleger (Jahr, Seite)
RpflG/RpflegerG	Rechtspflegergesetz v 5.11.69, BGBl I 2065
RRa	Reiserecht aktuell (Jahr, Seite)
RRG	Rentenreformgesetz v 18.12.89, BGBl I 2226
Rs	Rechtssache
r+s	Recht und Schaden (Jahr, Seite)
RSiedlG	Reichssiedlungsgesetz v 11.8.19, RGBl 1429, BGBl III Nr 2331-1
Rspr	Rechtsprechung
RsprBau	Schäfer/Finnern/Hochstein Rechtsprechung zum privaten Baurecht
RstBl	Reichssteuerblatt (Jahr, Seite)
RuS	Recht und Schaden (Jahr, Seite)
Rust/Falke	AGG, Berlin 2007
RuStAG	Reichs- und Staatsangehörigkeitsgesetz v 22.7.13, RGBl S 583, BGBl III 1 Nr 102-1
rv	Die Rentenversicherung (Jahr, Seite)
RVA	Reichsversicherungsamt
RVG	Rechtsanwaltsvergütungsgesetz v 5.5.04, BGBl I 718
RVO	Reichsversicherungsordnung idF v 15.12.24, RGBl I 779, BGBl III 8 Nr 820-1
Rn	Randziffer, Randzahl
RnW	Rechtsprechung zum Wiedergutmachungsrecht (NJW) (Jahr, Seite)
s, S	siehe, Seite/Satz
s.a.	siehe auch
Saarbr	OLG Saarbrücken
SaBl	Sammelblatt
SachenRÄndG	Gesetz zur Änderung sachenrechtlicher Bestimmungen im Beitrittsgebiet v 21.9.94, BGBl I 2457
SachenRBerG	Sachenrechtsbereinigungsgesetz v 26.10.01, BGBl I 2716, 2720 (= Art 1 SachenRÄndG)
SachsAnh	Sachsen-Anhalt
SAE	Sammlung arbeitsrechtlicher Entscheidungen (Jahr, Seite)
Sauter/Schweyer/Waldner	Der eingetragene Verein, 18. Aufl München 2006
Schack	Schack, Heimo Internationales Zivilverfahrensrecht, 4. Aufl München 2006
Schaden-Praxis	Zeitschrift für die Schaden-Praxis (Jahr, Seite)
Schäfer/Ott	Ökonomische Analyse des Zivilrechts, 4. Aufl Heidelberg 2005
Schaub	Haftung und Konkurrenzfragen bei mangelhaften Produkten und Bauwerken im deutschen und englischen Recht, 1999
Schaub/Bearb	Arbeitsrechtshandbuch, 13. Aufl München 2009
Schaub/Neef/Schrader	Arbeitsrechtliche Formularsammlung, 8. Aufl München 2008
ScheckG	Scheckgesetz v 14.8.33, RGBl I 597
SchiedsG	Schiedsgericht
SchiedsVZ	Zeitschrift für Schiedsvefahren (Jahr, Seite)
Schiefer/Ettwig/Krych	Das Allgemeine Gleichbehandlungsgesetz, Düsseldorf 2007
Schieck	(Hrsg), Allgemeines Gleichbehandlungsgesetz (AGG). Ein Kommentar aus europäischer Perspektive, München 2007
SchiffsBG	Schiffsbankgesetz v 8.5.63, BGBl I 320
SchiffsRG	Gesetz über Rechte an eingetragenen Schiffen und Schiffsbauwerken v 15.11.1940, RGBl I 1499, BGBl III Nr 403-4
Schlechtriem	Vertragsordnung und außervertragliche Haftung. Eine rechtsvergleichende Untersuchung zur Konkurrenz von Ansprüchen aus Vertrag und Delikt im französischen, amerikanischen und deutschen Recht, Frankfurt 1972

Schlechtriem/ Schmidt-Kessel Schuldrecht AT	Schuldrecht Allgemeiner Teil, 6. Aufl Tübingen 2005
Schlesw	OLG Schleswig
Schleusener/Suckow/ Voigt	(Hrsg), Kommentar zum Allgemeinen Gleichbehandlungsgesetz, 2. Aufl Köln 2008
SchlH	Schleswig-Holstein
SchlHA	Justizministerialblatt für Schleswig-Holstein, Schleswig-Holsteinische Anzeigen (Jahr, Seite)
Schlosser	EU-Zivilprozessrecht, EuGVVO, EuEheVO, EuBVO, EuZVO, 2. Aufl München 2003
Schlosshauer-Selbach	Internationales Privatrecht, Heidelberg 1989
Schmid	Handbuch der Mietnebenkosten, 11. Aufl Köln 2009
Schmid/Bearb	Miete und Mietprozess, 4. Aufl Neuwied 2004
Schmidt, J.	Der „weiterfressende Mangel" nach Zivil- und Haftpflichtversicherungsrecht, 1996
Schmidt, K., GesellschaftsR	Gesellschaftsrecht, 4. Aufl Köln [ua] 2002
Schmidt, K. HandelsR	Handelsrecht, 5. Aufl Köln [ua] 1999
Schmidt-Futterer/ Bearb	Mietrecht, hrsg von Blank, 9. Aufl München 2007
Schmidt-Kessel	Standards vertraglicher Haftung, Baden-Baden 2003
Schmidt-Kessel/ Müller	Reform des Schadensersatzrechts, Bd 1, Europäische Vorgaben und Vorbilder, Wien 2006
Schmitt/Hörtnagl/ Stratz	Umwandlungsgesetz, Umwandlungssteuergesetz, 5. Aufl München 2008
Schöner/Stöber	Grundbuchrecht, 14. Aufl München 2008
Schönke/Schröder/ Bearb	Strafgesetzbuch, 27. Aufl München 2006
Schöpflin	Der nichtrechtsfähige Verein, Köln 2003
Schrader/Schubert	Das neue AGG, Baden-Baden 2006
SchReg	Schiffsregister
SchRModG	Schuldrechtsmodernisierungsgesetz v 26.11.01, BGBl I 3138
Schütze	Deutsches Internationales Zivilprozessrecht, 2. Aufl Berlin 2005
Schütze, Rechtsverfolgung	Rechtsverfolgung im Ausland, 3. Aufl Heidelberg 2002
Schütze/Tschernig/ Wais/Bearbeiter	Handbuch des Schiedsverfahrens, 2. Aufl Berlin [ua] 1990
SchuldRÄndG	Gesetz zur Änderung schuldrechtlicher Bestimmungen im Beitrittsgebiet – Schuldrechtsänderungsgesetz v 21.9.94, BGBl I 2538
SchuldRAnpG	Schuldrechtsanpassungsgesetz (= Art 1 SchuldRÄndG)
Schulze	Bürgerliches Gesetzbuch: Handkommentar, 6. Aufl, Baden-Baden 2009
Schulze/Zuleeg	Europarecht Handbuch für die deutsche Rechtspraxis, Baden-Baden 2006
Schumann, G.	Erbvertragsrecht, Freiburg i.B. 2002
Schwab/Bearb	Schwab, Handbuch des Scheidungsrechts, 6. Aufl München 2008
Schwab/Prütting	Sachenrecht, 33. Aufl München 2008
Schwab/Walter	Schiedsgerichtsbarkeit, 7. Aufl München [ua] 2005
SchwArbG	Gesetz zur Bekämpfung der Schwarzarbeit und illegalen Beschäftigung vom 23.7.04 (BGBl I, 1842)
SchwbG	Schwerbehindertengesetz idF v 26.8.86, BGBl I 1422
SchwZGB	Schweizerisches Zivilgesetzbuch v 10.12.1907
SE	Société européenne, Societas Europaea (Eurpäische Aktiengesellschaft)
Sec	Section
SeemG	Seemannsgesetz v 26.7.57, BGBl II 713
Sen	Senat
SeuffA	Seufferts Archiv für Entscheidungen der obersten Gerichte in den deutschen Staaten (Bd, Nr)
SeuffBl	Seufferts Blätter für Rechtsanwendung (Bd, Seite)

Abkürzungsverzeichnis mit Literaturangaben

sf	siehe ferner
SG	Sozialgericht
SGb	Die Sozialgerichtsbarkeit (Jahr, Seite)
SGB I–XII	Sozialgesetzbuch: **I** Allgemeiner Teil v 11.12.75, BGBl I 3015, **II** Grundsicherung für Arbeitssuchende v 24.12.03, BGBl I 2954, **III** Arbeitsförderung v 24.3.97, BGBl I 549, **IV** Gemeinsame Vorschriften für die Sozialversicherung v 23.12.76, BGBl I 3845, **V** Gesetzliche Krankenversicherung v 20.12.88, BGBl I 2477, 2482, **VI** Gesetzliche Rentenversicherung idF v 19.2.02, BGBl I 754, 1404, 3384, **VII** Gesetzliche Unfallversicherung b 7.8.96, BGBl I 1254, **VIII** Kinder- und Jugendhilfe v 8.12.98, BGBl I 3546, **IX** Rehabilitation und Teilhabe behinderter Menschen v 9.6.02, BGBl I 1046, **X** Verwaltungsverfahren idF der Bek v 18.1.01, BGBl I 130, **XI** Soziale Pflegeversicherung v 26.5.1994, BGBl I 1014, **XII** Sozialhilfe v 27.12.03, BGBl I 3022
SGECC/Acquis Group	Study Group on a European Civil Code and the Research Group on EC Private Law (Acquis Group)
SGG	Sozialgerichtsgesetz idF v 23.9.75, BGBl I 876
SicherungsVO	Verordnung über die Sicherung des Volkseigentums bei Baumaßnahmen von Betrieben auf vertraglich genutzten, nicht volkseigenen Grundstücken v 7.4.83, GBl-DDR I 129
Siehr	Internationales Privatrecht, 3. Aufl Heidelberg 2001
SigG	Signaturgesetz v 16.5.01, BGBl I 876
Skamel	Nacherfüllung beim Sachkauf, 2008
Slg	Sammlung
s.o.	siehe oben
Soergel/Bearb	BGB Kommentar, 12. Aufl Stuttgart 1987 ff, 13. Aufl Stuttgart 2000 ff
sog	so genannte/er/es
SoldatenG	Gesetz über die Rechtsstellung der Soldaten idF der Bek v 30.5.05, BGBl I 1482
SorgeRG	Gesetz zur Neuregelung der elterlichen Sorge v 18.7.79, BGBl I 1061
SortenschutzVO	VO (EG) Nr 2100/94 des Rates vom 27.7.1994 über den gemeinschaftlichen Sortenschutz
SOZR	Sozialrecht (Entscheidungssammlung)
Sp	Spalte
Spahlinger/Wegen	Internationales Gesellschaftsrecht in der Praxis, München 2005
Spickhoff	Der ordre public im internationalen Privatrecht, Neuwied [ua] 1998
Spindler	Unternehmensorganisationspflichten. Zivilrechtliche und öffentlich-rechtliche Regelungskonzepte, 2001
SprAuG	Sprecherausschussgesetz v 20.12.88, BGBl I 2316
SpTrUG	Gesetz über die Spaltung der von der Treuhand verwalteten Unternehmen v 5.4.1991, BGBl I 854
SpuRt	Zeitschrift für Sport und Recht (Jahr, Seite)
SSV/Bearbeiter	Schleusener/Suckow/Voigt, Kommentar zum Allgemeinen Gleichbehandlungsgesetz, 2. Aufl 2008
SRW	Sammlung der Rechtsentscheide in Wohnungsmietsachen (Band, Seite)
st	ständige
StAG	Staatsangehörigkeitsgesetz v 22.7.13, RGBl 583
Staub/Bearb	Staub (Begr)/Canaris(Hrsg), Handelsgesetzbuch, Band 2 §§ 105–237, 2004
Staud/Bearbeiter	J. v Staudingers Kommentar zum Bürgerlichen Gesetzbuch mit Einführungsgesetz und Nebengesetzen, 12. Aufl Berlin 1978 ff, 13. Aufl 1993 ff, danach in bandweiser Neubearbeitung
Staud/Bearb, IntGesR	J. v Staudingers Kommentar zum Bürgerlichen Gesetzbuch mit Einführungsgesetz und Nebengesetzen Internationales Gesellschaftsrecht, 14. Aufl Berlin 1998
StAZ	Der Standesbeamte (Jahr, Seite)
StB	Der Steuerberater (Jahr, Seite)
StBerG	Steuerberatungsgesetz v 4.11.75, BGBl I S. 2735
StBp	Die steuerliche Betriebsprüfung
Stein/Jonas/Bearb	Kommentar zur Zivilprozessordnung, 21.–22. Aufl Tübingen 1993 ff

Steinau-Steinrück/ Hurek	Arbeitsvertragsgestaltung, Frankfurt am Main 2007
Stellungnahme ECO-SOC zum Rom I VO-V	Stellungnahme des Europäischen Wirtschafts- und Sozialausschusses zu dem „Vorschlag für eine Verordnung des Europäischen Parlaments und des Rates über das auf vertragliche Schuldverhältnisse anzuwendende Recht (Rom I)", KOM(2005) 650 endg. – 2005/0261 (COD), (2006/C 318/10), C 318/58 DE AmtsBl EU 23.12.06
Sternel	Mietrecht, 3. Aufl Köln 1988
StGB	Strafgesetzbuch idF v 13.11.98, BGBl I 3322
StKV	Staats- und Kommunalverwaltung
Stöber	Forderungspfändung, 14. Aufl Bielefeld 2005
Stöber, ZwangsversteigerungsG	Zwangsversteigerungsgesetz, 18. Aufl München 2006
Stoffels	AGB-Recht, 2. Aufl München 2009
StPO	Strafprozessordnung idF v 7.4.87, BGBl I 1075
str	streitig
StrafV	Der Strafverteidiger (Jahr, Seite)
StrEG	Gesetz über die Entschädigung für Strafverfolgungsmaßnahmen v 28.8.75, BGBl I 2289
stRspr	ständige Rechtsprechung
Stuttg	OLG Stuttgart
StuW	Steuer und Wirtschaft (Jahr, Seite)
StVG	Straßenverkehrsgesetz idF v 5.3.03, BGBl I 310
StVO	Straßenverkehrs-Ordnung v 16.11.70, BGBl I 1565
StVollzG	Strafvollzugsgesetz v 16.3.76, BGBl I 581
StVZO	Straßenverkehrszulassungs-Zulassungs-Ordnung idB v 28.9.88, BGBl I 1793
s.u.	siehe unten
SVG	1. DDR: Gesetz über die Sozialversicherung v 28.6.90, GBl 486; BGBl II 1211 2. Soldatenversorgungsgesetz idB v 6.5.99, BGBl I 882
Tachan	Ist das Strafrecht strenger als das Zivilrecht? Zur Problematik des 241a BGB, Berlin 2005
TAAbfall	Technische Anleitung zur Lagerung, chemisch/physikalischen, biologischen Behandlung, Verbrennung und Ablagerung von besonders überwachungsbedürftigen Abfällen v 12.3.91 (GMBl Nr 8 S 139)
TALärm	Technische Anleitung zum Schutz gegen Lärm v 16.7.68, BAnz Nr 137
TALuft	Technische Anleitung zur Reinhaltung der Luft v 27.2.86, Beilage zu BAnz Nr 58/1986
Taschner/Frietsch	Produkthaftungsgesetz und EG-Produkthaftungsrichtlinie, Kommentar, 2. Aufl München 1990
TDG	Teledienstegesetz v 22.7.97, BGBl I 1870
Teilbd	Teilband
teilw	teilweise
TelemedienG	Telemediengesetz v 26.2.07, BGBl I 179
Teske	Schriftformklauseln in Allgemeinen Geschäftsbedingungen, Köln 1990
TestG	Testamentgesetz v 31.7.38, RGBl I 973
TGI	Tribunal de grande instance
Thiessen	Unternehmenskauf und Bürgerliches Gesetzbuch, Berliner Juristische Universitätsschriften Zivilrecht Bd 45, 2005
Thomas/Putzo/Bearb	Zivilprozessordnung mit GVG und EG, 30. Aufl München 2009
Thüsing	Arbeitsrechtlicher Diskriminierungsschutz, München 2007
TKG	Telekommunikationsgesetz v 22.6.04, BGBl I 1190
TKV	Telekommunikations-Kundenschutzverordnung v 11.12.97, BGBl I 2910
TMG	Telemediengesetz v 26.2.2007, BGBl. 179
Tonner	Der Reisevertrag, 5. Aufl Neuwied 2007
TPG	Transplantationsgesetz v 5.11.97, BGBl I 2631
TranspR	Transportrecht (Jahr, Seite)
TrinkWV	Trinkwasserverordnung v 21.5.01, BGBl I 959

Abkürzungsverzeichnis mit Literaturangaben

Tschöpe/Bearb	Anwalts-Handbuch Arbeitsrecht, 6. Aufl Köln 2009
TSG	Transsexuellengesetz v 10.9.80, BGBl I 1654
TVG	Tarifvertragsgesetz idF v 25.8.69, BGBl I 1323, BGBl III 8 Nr 820-1
Tz	Teilziffer
TzBfG	Gesetz über Teilzeitarbeit und befristete Arbeitsverhältnisse v 21.12.2000, BGBl I 1966
TzWrG	Teilzeit-Wohnrechtsgesetz idF v 29.6.2000, BGBl I 957 – Aufgehoben durch Art 6 Nr 6 SchRMoDG
u	und
u.	unten
ua	unter anderem
uam	und anderes mehr
UÄndG	Gesetz zur Änderung des Unterhaltsrechts v 21.12.07, BGBl I 3189
U/B/H/Bearb	Ulmer/Brandner/Hensen, AGB-Gesetz, 10. Aufl Köln 2006
Üb	Übereinkommen
ÜberweisgsRL	Richtlinie 97/5/EG des Europäischen Parlaments und des Rates v 27.1.97 über grenzüberschreitende Überweisungen, ABl EG Nr L 43 S 25 (WM 97, 844)
ÜE	Übereinkommen
ÜG	Überweisungsgesetz v 21.7.99, BGBl I 1642
Uhlenbruck (InsO)/Bearb	Kommentar zur Insolvenzordnung, 12. Aufl München 2003
UKlaG	Unterlassungsklagegesetz v 26.11.01 (BGBl I 3173)
umstr	umstritten
UmweltHG	Umwelthaftungsgesetz v 10.12.90, BGBl I 2634
UmwG	Umwandlungsgesetz v 28.10.94, BGBl I 3210
UN	United Nations (Vereinte Nationen)
UNCITRAL	United Nations Commission on International Trade Law
UNESCO	Unitet Nations Educational, Scientific and Cultural Organization
UNIDROIT	Internationales Institut für die Vereinheitlichung des Privatrechts (Rom)
UnlauterkeitsRL	Richtlinie 2005/29/EG des Europäischen Parlaments und des Rates vom 11.5.05 über unlautere Geschäftspraktiken im binnenmarkt-internen Geschäftsverkehr zwischen Unternehmen und Verbrauchern und zur Änderung der Richtlinie 84/450/EWG des Rates, der Richtlinie 97/7/EG und 2002/65/EG des Europäischen Parlaments und des Rates sowie der Verordnung (EG) Nr 2006/2004 des Europäischen Parlaments und des Rates (Richtlinie über unlautere Geschäftspraktiken), ABlEG L 149, 22
UNO	United Nations Organization
unstr	unstreitig
UNÜ	UN-Übereinkommen über die Anerkennung und Vollstreckung ausländischer Schiedssprüche v 10.6.58, BGBl 1961 II 121
uö	und öfter
UrhG	Gesetz über Urheberrecht und verwandte Schutzrechte v 9.9.65, BGBl I 1273 (Urheberrechtsgesetz)
Urt	Urteil
USchadG	Umweltschadensgesetz v 14.5.07, BGBl I 666
UStG	Umsatzsteuergesetz idF v 21.2.05, BGBl I 386
UStR	Umsatzsteuer Rundschau (Jahr, Seite)
usw	und so weiter
uU	unter Umständen
UVG	Gesetz zur Sicherung des Unterhalts von Kindern allein stehender Mütter und Väter durch Unterhaltsvorschüsse oder -ausfalleistungen idF v 2.1.02, BGBl I 2 (Unterhaltsvorschussgesetz)
UVNG	Unfallversicherungs-Neuregelungsgesetz v 30.4.63, BGBl I 241
UWG	Gesetz gegen den unlauteren Wettbewerb v 3.7.04, BGBl I 1414
v	vom, von
va	vor allem

Abkürzungsverzeichnis mit Literaturangaben

VA	Versorgungsausgleich
VÄndG	Versorgungsänderungsgesetz 2001 v 20.12.01, BGBl I 3926
VAG	Versicherungsaufsichtsgesetz idF v 17.12.92, BGBl I 93, 3
VAHRG	Gesetz zur Regelung von Härten im Versorgungsausgleich v 21.2.83, BGBl I 105
VAÜG	Versorgungsausgleichs-Überleitungsgesetz v 25.7.91, BGBl I 1606, 1702
Var	Variante
vAw	von Amts wegen
VAwMG	Gesetz über weitere Maßnahmen auf dem Gebiet des Versorgungsausgleichs v 8.12.86, BGBl I 2317
VBL(-S)	Versorgungsanstalt des Bundes und der Länder (Satzung)
VBlBW	Verwaltungsblätter für Baden-Württemberg (Jahr, Seite)
VBVG	Vormünder- und Betreuervergütungsgesetz (2. BtÄndG Art 8) v 21.4.05, BGBl I 1073
VerbrGKRL	Richtlinie 1999/44/EG des Europäischen Parlaments und des Rates vom 25.5.99 zu bestimmten Aspekten des Verbrauchsgüterkaufs und der Garantien für Verbrauchsgüter, ABl EG Nr L 171 S 12 (NJW 1999, 2421)
VerbrKrG	Verbraucherkreditgesetz idF v 29.6.00, BGBl I 940 – aufgehoben durch Art 6 Nr 3 Schuldrechtsmodernisierungsgesetz
VerbrKrRL	Richtlinie 87/102/EWG des Rates v 22.12.86 zur Angleichung der Rechts- und Verwaltungsvorschriften der Mitgliedsstaaten über den Verbraucherkredit, ABl Nr L 42 S 48
Verdross/Simma	Universelles Völkerrecht Theorie und Praxis, 3. Aufl, Berlin 1984
VereinsG	Gesetz zur Regelung des öffentlichen Vereinsrechts v 5.8.64, BGBl I 598
VerglO	Vergleichsordnung v 26.2.35, RGBl I 321, BGBl III Nr 311-1
VerkMitt	Verkehrsrechtliche Mitteilungen
VerlG	Gesetz über das Verlagsrecht v 19.6.01, RGBl 217, BGBl III 4 Nr 441-1
4. VermBG	Viertes Vermögensbildungsgesetz idF v 6.2.84, BGBl I 201
VermG	Vermögensgesetz idF v 9.2.05, BGBl I 205
VerschÄndG	Gesetz zur Änderung von Vorschriften des Verschollenheitsrechts v 15.1.51, BGBl I 59, BGBl III 4 Nr 401-7
VerschG	Verschollenheitsgesetz v 15.1.51, BGBl I 63, BGBl III 4 Nr 401-6
VersKapAG	Versicherungskapitalanlagen-Bewertungsgesetz v 26.3.02, BGBl I 1219
VerkProspG	Wertpapier-Verkaufsprospektgesetz v 9.9.98 BGBl I, 2701 zuletzt geändert durch G vom 16. 7. 2007 (BGBl I, 1330)
VersR	Versicherungsrecht (Jahr, Seite)
VerstV	Versteigererverordnung v 24.4.03, BGBl I 547
VerwRspr	Verwaltungsrechtsprechung in Deutschland (Bd, Nr)
VG	Verwaltungsgericht
VGH	Verwaltungsgerichtshof
VGHBW	VGH Baden-Württemberg
vgl	vergleiche
VgR	Verbot der geltungserhaltenden Reduktion
VGrS	Vereinigter Großer Senat
VG Wort	Verwertungsgesellschaft Wort
VIZ	Zeitschrift für Vermögens- und Investitionsrecht (Jahr, Seite)
VMBl	Ministerialblatt des Bundesministeriums für Verteidigung (Jahr, Seite)
VO	Verordnung
VOB	Verdingungsordnung für Bauleistungen Fassg 2003, BAnz 2003 Nr 202
VOB/A	Teil A: Allg Bestimmungen für die Vergabe v Bauleistungen
VOB/B	Teil B: Allg Vertragsbedingungen für die Ausführung v Bauleistungen
VOB/C	Teil C: Allg Technische Vorschriften
VOL	Verdingungsordnung für Leistungen, ausgenommen Bauleistungen, Teil A, Ausgabe 1984, BAnz Nr 190; Teil B Ausgabe 1960, Beil BAnz Nr 105
Vorbem	Vorbemerkung
VormG	Vormundschaftsgericht
VRS	Verkehrsrechts-Sammlung (Band, Seite)
VStG	Vermögenssteuergesetz v 14.11.90, BGBl I 2468

Abkürzungsverzeichnis mit Literaturangaben

vTw	von Todes wegen
VuR	Verbraucher und Recht (Jahr, Seite)
VVG	Versicherungsvertragsgesetz v 23.11.07, BGBl I 2631
VV RVG	Vergütungsverzeichnis zum RVG
VwGO	Verwaltungsgerichtsordnung idF v 19.3.91, BGBl I 686
VwVfG	Verwaltungsverfahrensgesetz idF v 23.1.03, BGBl I 102
VwVG	Verwaltungs-Vollstreckungsgesetz v 27.4.53, BGBl I 157
VwZG	Verwaltungszustellungsgesetz v 3.7.52, BGBl I 379
VZOG	Vermögenszuordnungsgesetz idF der Bek v 29.3.94, BGBl I 709
Wagner	Neue Perspektiven im Schadensersatzrecht-Kommerzialisierung, Strafschadensersatz, Kollektivschaden, (djt-Gutachten), Bd 1, Gutachten Teil A, Stuttgart 2006
WährG	Erstes Gesetz zur Neuordnung des Geldwesens v 20.6.48, BGBl III Nr 7600-1-a
Warn	Warneyer, Die Rechtsprechung des Reichsgerichts (Jahr, Nr)
WaStrG	Bundeswasserstraßengesetz idF v 4.11.98, BGBl I 3295
WE	Wohnungseigentum (Jahr, Seite)
WEB	Wolf/Eckert/Ball, Handbuch des gewerblichen Miet-, Pacht- und Leasingrechts, 10. Aufl Köln 2009
WEG	Gesetz über das Wohnungseigentum und das Dauerwohnrecht v 15.3.51, BGBl I 175, BGBl III 4 Nr 403
WeinG	Weingesetz v 8.7.94, BGBl I 1467
Weitnauer/Bearb	Wohnungseigentumsgesetz, 9. Aufl München 2004
Werner/Pastor	Der Bauprozess, 12. Aufl Köln 2008
Wertenbruch	Vertragsnatur, Gewährleistung und Bilanzierung beim Spielerkauf nach Bosman, in: Festschrift für Volker Röhricht, 2005, S 1297
WertVO	Wertermittlungsverordnung v 6.12.88, BGBl I 2209
Wesch	Die Produzentenhaftung im internationalen Rechtsvergleich: Eine rechtsvergleichende Untersuchung ihrer Struktur in den Ländern Deutschland, England, Frankreich und den Vereinigten Staaten von Amerika, 1994
Westermann	BGB-Sachenrecht, 11. Aufl Heidelberg 2005
Westphalen	Produkthaftungshandbuch, Bd 1, 2. Aufl München 1997
Westphalen	Vertragsrecht und AGB-Klauselwerke, Loseblatt Leasing Neubearbeitung Stand: Juni 2003
Westphalen/Bearb	Der Leasingvertrag, 6. Aufl 2008
WEZ	Zeitschrift für Wohnungseigentumsrecht (Jahr, Seite)
WF	Wertermittlungsforum
WG	Wechselgesetz v 21.6.33, RGBl I 399
WHG	Wasserhaushaltsgesetz idB v 12.11.96, BGBl I 1695
W/L/P	Wolf/Lindacher/Pfeiffer, AGB-Recht, Kommentar, 5. Aufl München 2009
WiB	Zeitschrift für Wirtschaftsanwälte und Unternehmensjuristen
Wick	Der Versorgungsausgleich, 2. Aufl Berlin 2007
Widmann/Mayer	Umwandlungsrecht, Bonn, Losebl
Wiecz	Wieczorek-Schütze, ZPO Kommentar, 3. Aufl 1994–2008
WiStG	Wirtschaftsstrafgesetz idF v 3.6.75, BGBl I 1313
wistra	Zeitschrift für Wirtschaft, Steuer, Strafrecht (Jahr, Seite)
WM	Wertpapiermitteilungen (Jahr, Seite)
wN	weitere Nachweise
WoBauG II	2. Wohnungsbaugesetz idF v 19.8.94, BGBl I 2376 (Wohnungsbau- und Familienheimgesetz)
WoBindG	Gesetz zur Sicherung der Zweckbestimmung von Sozialwohnungen idF v 13.9.01, BGBl I 2404 (Wohnungsbindungsgesetz)
WoFG	Wohnraumförderungsgesetz v 13.9.01, BGBl I 2376
WoFlV	Wohnflächenverordnung v 25.11.03, BGBl I 2346
WoGeldG (WoGG)	Wohnungsgeldgesetz idF der Bek v 7.7.05, BGBl I 2029
WoGenVermG	Wohnungsgenossenschaftsvermögensgesetz idF der Bek v 26.6.94, BGBl I 1938

Abkürzungsverzeichnis mit Literaturangaben

WoGV	Wohngeldverordnung idF v 6.2.01, BGBl I 192
WOMitBestG	Wahlordnung zum Mitbestimmungsgesetz; Erste: v 23.6.77, BGBl I 861; Zweite: v 23.6.77, BGBl I 893; Dritte: v 23.6.77, BGBl I 934
WOModSiG	Wohnraummodernisierungssicherungsgesetz v 17.7.97, BGBl I 1823
WoPG	Wohnungsbau-Prämiengesetz idF der Bek v 14.11.97, BGBl I 2679
Worzalla	Das neue Allgemeine Gleichbehandlungsgesetz, Freiburg 2006
WoVermG	Gesetz zur Regelung der Wohnungsvermittlung v 4.11.71, BGBl I 1745
WpHG	WertpapierhandelsG idB v 9.9.98, BGBl I 2708
WPO	Wirtschaftsprüferordnung idF v 5.11.75, BGBl I 2803
WpPG	Gesetz über die Erstellung, Billigung und Veröffentlichung des Prospekts, der beim öffentlichen Angebot von Wertpapieren oder bei der Zulassung von Wertpapieren zum Handel an einem organisierten Markt zu veröffentlichen ist (Wertpapierprospektgesetz WpfG) vom 22.6.2005 (BGBl I 1698)
WpÜG	Wertpapiererwerbs- und Übernahmegesetz v 20.12.01, BGBl I 3822
WRP	Wettbewerb in Recht und Praxis (Jahr, Seite)
WRV	Weimarer Reichsverfassung v 11.8.91, RGBl 1383
WSG	Wehrsoldgesetz idF v 30.5.05, BGBl I 1510
WStG	Wehrstrafgesetz v 30.3.57, BGBl I 298
WTO	World Trade Organization
WuB	Wirtschafts- und Bankrecht (Jahr, Seite)
WÜK	Wiener Übereinkommen vom 23. Mai 1969 über das Recht der Verträge, BGBl. 1985 II, 927
WuM	Wohnungswirtschaft und Mietrecht (Jahr, Seite)
WuW	Wirtschaft und Wettbewerb (Jahr, Seite)
YB.Com.Arbitr.	Yearbook of Commercial Arbitration
YbPrIntL	Yearbook of Private International Law
ZahlgsSichsRL	Richtlinie 98/26/EG des Europäischen Parlaments und des Rates v 19.5.98 über die Wirksamkeit von Abrechnungen in Zahlungs- sowie Wertpapierliefer- und -abrechnungssystemen, ABlEG Nr L 166 S 46
ZAP	Zeitschrift für die anwaltliche Praxis (Jahr, Seite)
ZAP-Ost EN	Zeitschrift für die anwaltliche Praxis Ost, Eilnachrichten (Jahr, Seite)
ZAR	Zeitschrift für Ausländerrecht und Ausländerpolitik (Jahr, Seite)
zB	zum Beispiel
ZBB	Zeitschrift für Bankrecht und Bankwirtschaft (Jahr, Seite)
ZBergR	Zeitschrift für Bergrecht (Jahr, Seite)
ZBlFG	Zentralblatt für die freiwillige Gerichtsbarkeit (Jahr, Seite)
ZBR	Zeitschrift für Beamtenrecht (Jahr, Seite)
ZErb	Zeitschrift für die Steuer- und Erbrechtspraxis (Jahr, Seite)
ZEuP	Zeitschrift für Europäisches Privatrecht (Jahr, Seite)
ZEV	Zeitschrift für Erbrecht und Vermögensnachfolge (Jahr, Seite)
ZfA	Zeitschrift für Arbeitsrecht (Jahr, Seite)
ZfBR	Zeitschrift für deutsches und internationales Baurecht (Jahr, Seite)
ZFE	Zeitschrift für Familien- und Erbrecht (Jahr, Seite)
ZfIR	Zeitschrift für Immobilienrecht (Jahr, Seite)
ZfJ	Zentralblatt für Jugendrecht (Jahr, Seite)
ZfR	Zeitschrift für Rechtsvergleichung (Österreich) (Jahr, Seite)
ZfRV	Zeitschrift für Rechtsvergleichung (Jahr, Seite)
ZfS	Zeitschrift für Schadensrecht (Jahr, Seite)
ZfSH	Zeitschrift für Sozialhilfe und Sozialgesetzbuch (Jahr, Seite)
ZfV	Zeitschrift für Versicherungswesen (Jahr, Seite)
ZGB	Zivilgesetzbuch der DDR v 19.6.75, GBl I 465
ZGR	Zeitschrift für Unternehmens- und Gesellschaftsrecht (Jahr, Seite)
ZGS	Zeitschrift für das gesamte Schuldrecht (Jahr, Seite)

Abkürzungsverzeichnis mit Literaturangaben

ZHR	Zeitschrift für das gesamte Handelsrecht und Wirtschaftsrecht (Jahr, Seite)
Ziff	Ziffer
Zimmermann	Erbschein und Erscheinsverfahren für die gerichtliche, anwaltliche und notarielle Praxis, 2. Aufl Berlin 2008
ZIP	Zeitschrift für Wirtschaftsrecht (Jahr, Seite)
1. ZivRÄndG	Zivilrechtsänderungsgesetz v 28.6.90 (DDR), GBl I 524
ZLW	Zeitschrift für Luft- und Weltraumrecht (Jahr, Seite)
ZMR	Zeitschrift für Miet- und Raumrecht (Jahr, Seite)
Zöller/Bearb	Zöller, Zivilprozessordnung mit Gerichtsverfassungsgesetz und den Einführungsgesetzen, mit Internationalem Zivilprozessrecht, EG-Verordnungen, Kostenanmerkungen (bearbeitet von Geimer/Gummer/Greger/Philippi/Stöber/Herget/Heßler/Vollkommer), 27. Aufl Köln 2009
Zöllner	Wertpapierrecht, 14. Aufl München 1987
ZollG	Zollgesetz idF v 18.5.70, BGBl I 529
ZPO	Zivilprozessordnung idF v 12.9.50, BGBl 535, BGBl III 3 Nr 310-4
ZPO-RG	Zivilprozessreformgesetz v 27.7.01, BGBl I 1887
ZRP	Zeitschrift für Rechtspolitik (Jahr, Seite)
ZS	Zivilsenat
zT	zum Teil
zug	zugunsten
ZUM	Zeitschrift für Urheber- und Medienrecht/Film und Recht (Jahr, Seite)
ZuSEG	Gesetz über die Entschädigung von Zeugen und Sachverständigen v 26.7.57, BGBl I 861, 902
zust	zustimmend
ZustErgG	Zuständigkeitsergänzungsgesetz v 7.8.52, BGBl I 407
ZustG	Zustimmungsgesetz
zutr	zutreffend
ZVersWiss	Zeitschrift für die gesamte Versicherungswissenschaft (Jahr, Seite)
ZVerzugsRL	Richtlinie 2000/35/EG des Euorpäischen Parlaments und des Rates v 29.6.00 zur Bekämpfung von Zahlungsverzug im Geschäftsverkehr, ABlEG Nr L 200 S 35 (NJW 2001, 132)
ZVG	Gesetz über die Zwangsversteigerung und Zwangsverwaltung v 24.3.1897, RGBl 97, BGBl III 3 Nr 310-14
ZVglRWiss	Zeitschrift für Vergleichende Rechtswissenschaft (Jahr, Seite)
zw	zweifelhaft
ZWE	Zeitschrift für Wohnungseigentum (Jahr, Seite)
Zweibr	OLG Zweibrücken
zzgl	zuzüglich
ZZP	Zeitschrift für Zivilprozess (Jahr, Seite)
ZZPInt	Zeitschrift für Zivilprozess, Internationaler Teil (Jahr, Seite)
zzt	zurzeit

Bürgerliches Gesetzbuch

v. 18.8.1896 (RGBl. S. 195) in der Fassung der Bekanntmachung v. 2.1.2002 (BGBl. I 42), berichtigt am 22.5.2003 (BGBl. I 738), zuletzt geändert durch Gesetz zur Begrenzung der Haftung von ehrenamtlich tätigen Vereinsvorständen v. 28.9.2009 (BGBl. I 3161)

Einleitung

Literatur:

1. Kommentare: *BaRoth* BGB, 3 Bände, 2. Aufl 07/08; *Dauner-Lieb/Heidel/Ring* Anwaltkommentar zum BGB, 6 Bände, 1. Aufl 04/05; *Erman* BGB, 2 Bände, 12. Aufl 08; *Jauernig* BGB, 13. Aufl 09; Juris-Praxiskommentar, BGB, 7 Bände, 4. Aufl 08; Münchener Kommentar zum BGB, 10 Bd, 5. Aufl 06 ff.; *Palandt* BGB, 69. Aufl 10; Reichsgerichtsrätekommentar, BGB, in Teilbänden, 12. Aufl 74–96; *Schulze* ua BGB, 6. Aufl 09; *Soergel* BGB, 12. Aufl 87 – 07 in 12 Bd; 13. Aufl 99 ff. in 24 Bd; *Staudinger* BGB, 12. Aufl in Teilbänden 78 – 98; ab der 13. Bearbeitung in Einzellieferungen 94 ff. 1

2. Lehrbücher: *Bork* Allgemeiner Teil des BGB, 2. Aufl 06; *Enneccerus/Nipperdey* Allgemeiner Teil des Bürgerlichen Rechts, 2 Bände, 15. Aufl 59/60; *Flume* Allgemeiner Teil des Bürgerlichen Rechts, Band I 1, Die Personengesellschaft, 77; Band I 2, Die juristische Person, 83; Band II, Das Rechtsgeschäft, 4. Aufl 92; *Hübner* Allgemeiner Teil des BGB, 2. Aufl 96; *Larenz/Wolf* Allgemeiner Teil des Deutschen Bürgerlichen Rechts, 9. Aufl 04; *Medicus/Petersen* Bürgerliches Recht, 22. Aufl 09; *von Tuhr* Der allgemeine Teil des Deutschen Bürgerlichen Rechts, 3 Bände, 1910/1914/1918. 2

3. Materialien: Vorlagen der Redaktoren für die 1. Kommission, hrsg von *W. Schubert* seit 81; 1. Entwurf eines Bürgerlichen Gesetzbuches, 1888; Motive, 5 Bände, Amtl Ausgabe, 1888; 2. Entwurf 1895; Protokolle der Kommission für die 2. Lesung, 7 Bände, 1897–1899; 1., 2. und 3. Beratung des Entwurfs eines BGB im Reichstag, Stenografische Berichte, 1896; *Mugdan* Die gesamten Materialien zum BGB, 5 Bände, 1899; Die Beratung des Bürgerlichen Gesetzbuches in systematischer Darstellung der unveröffentlichten Quellen, hrsg von *H. H. Jakobs* und *W. Schubert* seit 78; *Staudinger* BGB-Synopse, 1896-2000, Neubearbeitung 2000, hrsg von *Repgen, Schulte-Nölke, Strätz*; *Schmoeckel/Rückert/Zimmermann* Historisch-kritischer Kommentar zum BGB, Bd I, 03. 3

A. Entstehung und Fortentwicklung des BGB. I. Ausgangspunkte. Entscheidende Grundlage der Entwicklung eines Bürgerlichen Rechts war das Römische Recht (insb corpus iuris civilis von 529/534 n Chr). Ab dem 11./12. Jahrhundert kam es zur Rezeption des Römischen Rechts und anschließend über Jahrhunderte zur wissenschaftlichen Bearbeitung (Glossatoren, Postglossatoren). Trotz dieser Basis im Gemeinen Recht führte die Entwicklung zu einer außerordentlich starken Rechtszersplitterung schon in der frühen Neuzeit, insb aber auch seit Untergang des Alten Reiches (1806). Neben dem Gemeinen Recht bestimmten wichtige landesrechtliche Kodifikationen (Preußisches ALR von 1793, Badisches Landrecht von 1809, Bayerischer Codex von 1756, Sächsisches BGB von 1865 sowie der französische Code Civile im Rheinland) die Praxis. Die Idee der Rechtsvereinheitlichung wurde allgemeinpolitisch von der Nationalstaatsidee (s.u. Rn 5) und in Deutschland speziell durch die Reichsgründung 1870/71 stark gefördert (s.u. Rn 5, 6). Hinzu kam eine ökonomische Entwicklung des 19. Jahrhunderts im Übergang von einer Agrar- zur Industriegesellschaft, die zusammen mit massivem Bevölkerungswachstum Fortschritte in der einheitlichen Rechtsentwicklung notwendig erscheinen ließ (Entwicklung der Zollvereine nach 1815, insb Allgemeiner Zollverein 1833, Allgemeine Deutsche Wechselordnung 1848, ADHGB 1861). 4

II. Kodifikationsprobleme. Im 19. Jahrhundert bildete sich überall in Europa im Zusammenhang mit der Nationalstaatsidee auch der Grundgedanke der Kodifizierung des Rechts sehr stark aus. Die Kodifikationsidee enthielt also sowohl politische Aspekte als auch den Wunsch nach einem einheitlichen Rechtswissenschaftlichen System. Auch in Deutschland wurde bereits zu Beginn des 19. Jahrhunderts die Schaffung einer zivilrechtlichen Kodifikation gefordert (*Thibaut* Über die Notwendigkeit eines allg bürgerlichen Rechts für Deutschland, 1814). Der berühmte Widerspruch von *Friedrich Carl von Savigny* („Vom Beruf unserer Zeit für Gesetzgebung und Rechtswissenschaft", 1814) verzögerte diese Entwicklung, ohne sie letztlich aufhalten zu können. Die im politischen Bereich vielfach beklagte späte deutsche nationalstaatliche Entwicklung führte so im Bereich des Privatrechts am Ende des 19. Jahrhunderts zu einer ausgereiften Kodifikation, die in ihren Grundlagen noch heute Geltung besitzt und die Vorbild für vielfältige ausländische Entwicklungen geworden ist (s.u. Rn 12). 5

III. Äußerer Gang der Entwicklung. Unmittelbar nach der Reichsgründung 1870/71 begann der Prozess der Schaffung des BGB. 1873 wurde zunächst die Gesetzgebungskompetenz des Reiches geschaffen (lex Miquel-Lasker). Über die Einsetzung einer Vorkommission und einer 1. Kommission im Jahre 1874 führte der Weg zum 1. Entwurf des Jahres 1888, der zusammen mit den Motiven veröffentlicht wurde. Die vielfältige und 6

Einleitung

scharfe Kritik an diesem 1. Entwurf (insb von *Gierke, Menger*) führte 1890 zur Einsetzung einer 2. Kommission, deren Arbeit 1895 mit einem 2. Entwurf (zusammen mit den Protokollen) endete. Schließlich wurde dieser Entwurf 1896 im Reichstag eingebracht (sog 3. Entwurf) und nach längeren Verhandlungen am 1.7.1896 verabschiedet. Das BGB ist am 1.1.1900 in Kraft getreten.

7 **IV. Fortentwicklung. 1. Die Zeit von 1900 bis 1945.** Während das BGB im Kaiserreich nahezu unverändert blieb, ergaben sich im Zuge des verlorenen 1. Weltkriegs und in der Zeit der Weimarer Republik eine Reihe von Änderungen (insgesamt 15 Novellierungen). Auch die Zeit des Nationalsozialismus führte rein äußerlich nicht zu grundlegenden Veränderungen des BGB. Geplant war, das Gesamtsystem des Bürgerlichen Rechts zu beseitigen und durch ein Volksgesetzbuch zu ersetzen, das jedoch nie in Kraft getreten ist. Die massiven Veränderungen des Bürgerlichen Rechts in der nationalsozialistischen Zeit vollzogen sich weitgehend im ideologischen Rechtsdenken und in der Rspr (vgl *Rüthers* Die unbegrenzte Auslegung, Zum Wandel der Privatrechtsordnung im Nationalsozialismus, 1968). Daneben ist die nationalsozialistische Sondergesetzgebung zu erwähnen (EheG, TestG, VerschG, BlutschutzG, ReichsbürgerG).

8 **2. Die Zeit von 1945 bis 2001.** Nach 1945 wurden zunächst durch Kontrollratsgesetze alle nationalsozialistischen Rechtsregeln beseitigt. Unter der Herrschaft des Grundgesetzes wurde ab 1949 das BGB in seiner Fassung vor 1933 wiederum zur Grundlage des Privatrechts. In der Folgezeit wurde das BGB vielfach novelliert (135 Novellen zwischen 1949 und 2000). Hervorzuheben sind das GleichberG 1957, das FamRÄndG 1961, die vielfältigen Mietrechtsgesetze, das NichtehelichenG von 1969, das 1. EhereformG von 1976, das AdoptionsG von 1976, das G zur Neuregelung der elterlichen Sorge von 1979, das BetreuungsG von 1990, die Änderungen des Namensrechts, das KindschaftsreformG 1997 sowie als vorläufiger Höhepunkt der Änderungen das SchuldrechtsmodernisierungsG 2001 (s.u. Rn 9).

9 **3. Die Zeit von 2002 bis heute.** Die stärksten Eingriffe in das Gesamtsystem des BGB seit seinem Inkrafttreten hat das G zur Modernisierung des Schuldrechts v 26.11.01 (BGBl I 3138) gebracht, das zum 1.1.02 in Kraft getreten ist und zu einer Neubekanntmachung des BGB v 2.1.02 geführt hat (BGBl I 02, 42, ber. 2902 und BGBl I 03, 738). Diese Novellierung war zwar durch drei Richtlinien der EU veranlasst (s.u. § 13 Rn 2 u vor § 241 Rn 8), ging aber weit darüber hinaus („große Lösung") und wollte insgesamt als eine grundlegende Überarbeitung des gesamten Schuldrechts (sowie des Verjährungsrechts) verstanden wissen werden. Dabei war es das erklärte Ziel des Gesetzgebers, zu einem einfacher handhabbaren und übersichtlicheren Recht zu gelangen (BTDrs 14/6040, S 98; *Däubler-Gmelin* NJW 01, 2281). Ob dies gelungen ist, darf füglich bezweifelt werden. Jedenfalls hat das deutsche Bürgerliche Recht durch diese Reform einen Europäisierungsschub erhalten, der es zu einer stetigen gesetzlichen Baustelle machen wird (vgl *Dauner-Lieb* AnwBl 04, 597, 601 und JZ 04, 1431). Seit Anfang 2002 hat das BGB dementsprechend bis Sommer 2005 bereits 19 weitere Veränderungen erfahren, darunter auch mehrfach Reparaturmaßnahmen zur Schuldrechtsreform. Bis 2009 kamen wichtige Änderungen im Vereinsrecht, im Verjährungsrecht, im Recht des Zahlungsverkehrs, im Familien- und Erbrecht sowie durch das FamFG hinzu.

10 **4. Fazit.** Insgesamt kann rückblickend auf die 110-jährige Geschichte des BGB gesagt werden, dass der Allgemeine Teil, das Sachenrecht und (mit meist familienrechtlich bedingten Abstrichen) auch das Erbrecht in ihren Grundstrukturen und allen wesentlichen Regelungen unverändert geblieben sind, während das Familienrecht und zuletzt im Jahre 2001 das Schuldrecht grundlegende Eingriffe und Umgestaltungen hinnehmen mussten. So muss die am BGB immer wieder geübte Kritik der Lückenhaftigkeit und der (nicht immer zu Recht genannten) sozialen Unausgewogenheit (dazu Rn 20 aE) deutlich hinter dem positiven Votum einer außerordentlich anpassungsfähigen Kodifikation des gesamten Bürgerlichen Rechts zurückstehen.

11 **V. Perspektiven.** Heute und in der weiteren Zukunft werden die Entwicklung des BGB sowie des gesamten Privatrechts außerordentlich stark von der **europäischen Rechtsentwicklung** beeinflusst und geprägt (s.u. Rn 28 ff). Die moderne Komplexität sozialer Beziehungen sowie die darauf aufbauende Komplexität zivilrechtlicher Normzusammenhänge (Stichwort: Verrechtlichung aller Lebensbereiche) führen zu einer ständig wachsenden Verfeinerung der Regelungen und Aufblähung des Rechtsstoffes. Im Zusammenhang mit der Neigung des Gesetzgebers, viele sonderprivatrechtliche Aspekte in das BGB zurückzuführen (AGB-Recht, Verbraucherschutzrecht), wird das G zunehmend unübersichtlicher, ohne an Geschlossenheit zu gewinnen. Die moderne Entwicklung macht so recht deutlich, wie gut gelungen insgesamt die Grundstruktur und die Systematik des BGB gewesen waren (das Familienrecht, das Arbeitsrecht und das Mietrecht aus naheliegenden Gründen einmal ausgenommen). Auch künftig werden die Entwicklungslinien aber wohl von den drei Tendenzen der Materialisierung (s. hier Rn 11 sowie Rn 39, 43), der Konstitutionalisierung (Rn 25 ff) und der Europäisierung (Rn 28 ff) geprägt sein.

12 **VI. Die Ausstrahlungswirkung des BGB.** Das BGB ist ein (später) Teil einer großen europäischen Kodifikationswelle, die von Preußen (ALR 1794), Österreich (ABGB 1811) und Frankreich (Code Civil 1804) ausging und die im 19. Jahrhundert zur Schaffung von Zivilgesetzbüchern in weiten Teilen Europas führte (zB Niederlande 1838, Italien 1865, Portugal 1833/67, Spanien 1888/89, Schweiz 1907/12). Dabei hatte über lange Zeit insb das französische Recht eine gewisse Vorbildfunktion. Das deutsche BGB hat mit seiner exzellenten Systematik und abstrakten Begrifflichkeit sodann im 20. Jahrhundert eine erhebliche Ausstrahlung auf die internationale Rechtsentwicklung ausgeübt und in seiner Vorbildfunktion das französische Recht teilweise abgelöst. Hingewiesen sei auf die weitgehende Rezeption des deutschen Rechts in Griechenland (1940), in Japan (1898) und China (1930) sowie den prägenden Einfluss bei Teil- und Neukodifikationen in Österreich (1914), in Italien (1942), in Portugal (1966) und in den Niederlanden (1992). Zu erwähnen sind ferner die Einflüsse in Osteuropa, va in den baltischen Staaten, in der Türkei, Brasilien (1916), Argentinien (1869), Mexiko (1928) und in Ostasien (Japan, Korea, China).

B. Bürgerliches Recht als Kernbereich des Privatrechts; Begriff und Abgrenzungen. I. Begriff. Das Privatrecht wird im Allgemeinen als Oberbegriff für alle normativen Regelungen verstanden, die nicht dem Öffentlichen Recht (s.u. Rn 14) unterfallen. Soweit die Bezeichnung Zivilrecht nicht identisch mit Privatrecht gebraucht wird, wird es einschränkend neben dem Wirtschaftsrecht und dem Arbeitsrecht als Kern und Schwerpunkt des Privatrechts verstanden. Bürgerliches Recht kann demgegenüber noch einmal deutlich einschränkend als das Allgemeine Zivilrecht (Privatrecht) in Abgrenzung zum Sonderprivatrecht gesehen werden (s.u. Rn 15).

II. Abgrenzung zum Öffentlichen Recht. Dem Privatrecht steht als Gegensatz das Öffentliche Recht ggü, das im Wesentlichen das Staats- und Verwaltungsrecht, das Sozialrecht, das Steuerrecht, das Strafrecht sowie die Verfahrensrechte umfasst. Für den Gerichtszugang (§ 13 GVG, § 40 VwGO), für die Rechtsträger sowie die Rechtsfolgen des Handelns und die Handlungsformen ist die Unterscheidung von zentraler Bedeutung. Öffentliches Recht ist geprägt durch das Tätigwerden von Trägern hoheitlicher Gewalt, wobei aus öffentlich-rechtlichen Normen nur derjenige berechtigt oder verpflichtet wird, der selbst Hoheitsträger oder ein Rechtssubjekt ist, das durch Hoheitsakt zur Wahrnehmung gemeinsamer Angelegenheiten einer über individuelle Beziehungen hinausgehenden Personenvielfalt verpflichtet ist (neuere oder **modifizierte Subjektstheorie**, Sonderrechtstheorie). Deutlich wird der Unterschied im Alltag häufig dadurch, dass sich im Privatrecht die Beteiligten in einem Verhältnis der Gleichordnung gegenüberstehen, während im Öffentlichen Recht ein Über-Unterordnungsverhältnis besteht (Subjektionstheorie, Subordinationstheorie; krit zu den Theorien *Leisner* JZ 06, 869). Typische Handlungsformen im Privatrecht sind daher die Willenserklärung und der Vertrag, während im Öffentlichen Recht die am häufigsten zu beobachtende Handlungsform der Verwaltungsakt ist.

III. Allgemeines Privatrecht und Sonderprivatrechte. Kennzeichnend für das Bürgerliche Recht ist der Grundgedanke eines allg Privatrechts, das jeden Bürger betrifft. Dem stehen Sonderbereiche für Kaufleute, Arbeitnehmer und andere Privatpersonen ggü, deren spezifischer Rechtskreis nur dort angesprochen wird, wo das privatrechtliche Verhalten gerade in seiner Sondereigenschaft vor sich geht. Daher trennt man zwischen dem Bürgerlichen Recht als dem allg Privatrecht und den Sonderprivatrechten (Handelsrecht, Gesellschaftsrecht, Arbeitsrecht, Wettbewerbsrecht, Gewerblicher Rechtsschutz, Privatversicherungsrecht, Urheberrecht, Kartellrecht usw).

IV. Bürgerliches Recht und Verfahren. Die prozessuale Durchsetzung von Rechten ist in Deutschland geprägt durch eine Aufteilung in insgesamt 5 Zweige der Gerichtsbarkeit (ordentliche Gerichtsbarkeit, Arbeitsgerichtsbarkeit, Verwaltungsgerichtsbarkeit, Sozialgerichtsbarkeit, Finanzgerichtsbarkeit). Unter dem Dach der ordentlichen Gerichtsbarkeit sind aus rein historischen Gründen die Zivilgerichtsbarkeit, die Strafgerichtsbarkeit und die Freiwillige Gerichtsbarkeit eingeordnet. Das Verfahren in bürgerlichen Streitigkeiten ist der ZPO und in einigen Teilen daneben dem FamFG zugeordnet. Ausgenommen ist das gesamte Arbeitsrecht, das im ArbGG eigene Gerichte und eine eigene Verfahrensordnung aufweist. Verfahrensrecht als formelles Recht (im Unterschied zum materiellen Recht) ist zwar generell öffentliches Recht, das Zivilprozessrecht hat jedoch didaktisch und organisatorisch zwangsläufig eine große Nähe zum materiellen Privatrecht aufzuweisen (Gedanke des formellen und materiellen Justizrechts). Entscheidend für die Trennung von materiellem und formellem Recht ist der Grundgedanke, wonach materielles Recht Rechtsverhältnisse entstehen und subjektive Rechte erwerben lässt, formelles Recht dagegen der Feststellung sowie Verwirklichung oder Sicherung dieser Rechte dient. Die Unterscheidung von formellem und materiellem Recht weist dogmatische sowie praktische Bedeutung auf. Die Begriffe, Inhalte und Ziele beider Rechtsgebiete sind teilw unterschiedlich, auch im Unterschied von Landes- und Bundesrecht, im Geltungsbereich der Normen sowie iRd Revisibilität folgen beide Bereiche unterschiedlichen Regelungen.

C. Aufbau und Grundprinzipien. I. Äußere Einteilung und Systematik. Das BGB ist in 5 Bücher eingeteilt. Zusammen mit dem EGBGB enthält es die nach ihrem Regelungsgehalt voneinander deutlich abgegrenzten Bereiche des Schuldrechts, des Sachenrechts, des Familienrechts und des Erbrechts sowie des Kollisionsrechts. Dagegen ist das 1. Buch des BGB (Allgemeiner Teil) ein besonderes Beispiel für abstrakt-generelle Tatbestände, die „vor die Klammer" gezogen sind. Dieser Gesetzesstil wird auch innerhalb des 1. Buches sowie in den weiteren Büchern vielfältig verwendet. Dadurch enthält das 1. Buch des BGB die Grundstrukturen des gesamten Privatrechts und geht in seiner Bedeutung teilweise sogar darüber hinaus. Der Preis für diese Regelung ist ein hoher Abstraktionsgrad, der die Aufzählung konkreter Fallbeispiele idR vermeidet und sich durch abstrakt-generelle Tatbestände, durch Legaldefinitionen sowie durch Verweisungen und Generalklauseln auszeichnet. Die strikte juristische Fachsprache des BGB hat die Langlebigkeit und Flexibilität dieser Kodifikation erst ermöglicht, im krassen Gegensatz etwa zum Preußischen Allgemeinen Landrecht. Die Übernahme der von der Pandektistik entwickelten Systematik des Privatrechts sollte Rechtsklarheit und Rechtsvereinheitlichung herbeiführen, nicht dagegen vollkommen neues Recht schaffen.

18 **II. Privatautonomie.** Auf der Basis einer bürgerlich-liberalen Grundhaltung und einem sehr individualistischen Menschenbild hat sich das BGB ganz selbstverständlich für die Privatautonomie als Grundprinzip der Privatrechtsordnung entschieden. Das BVerfG bezeichnet die Privatautonomie als „Strukturelement einer freiheitlichen Gesellschaftsordnung" (BVerfGE 81, 242, 254). Wesentliche Ausprägung dieser Entscheidung ist die **Vertragsfreiheit** (s. u. vor § 145 Rn 12) in ihren Teilaspekten der Abschlussfreiheit und der Inhaltsfreiheit (vgl auch die Eigentumsfreiheit, die Eheschließungsfreiheit sowie die Testierfreiheit). Diese allen Rechtssubjekten eingeräumte Befugnis, ihre privatrechtlichen Angelegenheiten selbständig und eigenverantwortlich sowie nach dem eigenen Willen zu gestalten, ist heute in Art 2 GG verankert. Zentrale Handlungsform dieser Rechtsgestaltung ist die Willenserklärung bzw der Vertrag. Dieses Instrumentarium sichert zugleich das entscheidende Steuerungsinstrument der Rechtssubjekte in einer Marktwirtschaft ab. Andererseits ist in der durch Verträge gestalteten Privatautonomie zugleich die Erwartung enthalten, dass die Vertragsfreiheit systemgerecht funktioniert und damit auch einen Ausgleich entgegengesetzter Interessen iSd Richtigkeitsgewähr des Vertrages zustande bringt (s. u. Rn 20). Damit ist das zentrale Problem des BGB angesprochen, das der Gesetzgeber im Laufe der vergangenen 100 Jahre und in jüngerer Zeit verstärkt durch Sondergesetze und gesetzliche Teilmaßnahmen absichern will. Typisch für diese Entwicklung ist die Entstehung und Ausbreitung eines eigenständigen Arbeitsrechts iRv Sondergesetzen (seit 1919), die Schaffung eines eigenständigen Kartellrechts (1957), die gesetzliche Regelung der Problematik der Allgemeinen Geschäftsbedingungen (1976) sowie die umfangreichen Sonderregelungen im Mietrecht (Wohnraumbewirtschaftung nach 1945 sowie Schaffung eines sozialen Mietrechts). Trotz dieser vielfältigen Maßnahmen und der intensiven Verstärkung des Verbraucherschutzes in neuerer Zeit bleibt der Grundsatz der Privatautonomie von prägender Bedeutung. Wo er in Gefahr ist, seine grundlegende Bedeutung zu verlieren (vgl die Diskussion um das AGG v 14. 8. 06), muss der Gesetzgeber höchste Vorsicht walten lassen.

19 **III. Verantwortlichkeit.** Die im Privatrecht bestehende grds Handlungsfreiheit der Rechtssubjekte kann nicht schrankenlos gewährt werden. Sie muss vielmehr mit einer entspr Verantwortlichkeit allen Tuns einhergehen. Echte privatrechtliche Gestaltungsfreiheit ohne eigenverantwortliches Handeln ist nicht denkbar. Daher ist es ein weiteres selbstverständliches Grundprinzip des BGB, dass jedes Rechtssubjekt für die Folgen seines privatrechtlichen Handelns (sei es nach Vertrag oder G) verantwortlich ist. Typische Ausprägung dieser generellen Verantwortlichkeit ist die Bindung des Rechtssubjekts an abgegebene Willenserklärungen und geschlossene Verträge (pacta sunt servanda). Im Deliktsrecht ist die Verantwortlichkeit des Rechtssubjekts durch den Grundsatz geprägt, dass jedermann für die schuldhafte Verletzung der Rechtsgüter einstehen muss (§§ 823 ff). Im Falle eines Schadenseintritts ohne zurechenbares Handeln gilt dagegen der Satz „casum sentit dominus". Dem widerspricht es nicht, dass der Gesetzgeber in besonders gelagerten Fällen auch Tatbestände der Gefährdungshaftung geschaffen hat (Tierhalter, Kfz-Halter, Produktgefahr, Arzneimittelhaftung). In allen diesen Fällen wird nämlich keine Zufallshaftung statuiert, sondern es wird eine Haftung für eine besondere Gefahrenquelle geschaffen, für die der Haftende die Verantwortung trägt.

20 **IV. Sozial- und Verbraucherschutz.** Die dem BGB zu Grunde liegende Privatautonomie (s. o. Rn 18) kann nicht schrankenlos gewährt werden. Wo die Erwartung des BGB versagt, dass privatrechtliche Selbstbestimmung zu einem Ausgleich entgegengesetzter Interessen führen werde, dort muss auf normativem Wege der Schutz des Schwächeren abgesichert werden. Angesichts des im GG verankerten Sozialstaatsprinzips (Art 20 I GG) ist auch dies eine Selbstverständlichkeit. Freilich darf Sozial- und Verbraucherschutz nur dort eingreifen, wo anderenfalls ein Mindestmaß an Vertragsgerechtigkeit verloren geht. Daher ist es richtig, wenn das Privatrecht dem Minderjährigen starken Schutz gewährt, wenn im Arbeitsrecht, im Mietrecht und im Bereich des Verbraucherschutzes typische Sozialschutzelemente vorhanden sind und wenn darüber hinaus durch Generalklauseln sichergestellt ist, dass extreme Übervorteilung einzelner Rechtssubjekte vermieden wird (vgl §§ 134, 138, 226, 826). Dagegen ist eine Übersteigerung des Verbraucherschutzgedankens ebenso gefährlich wie der Versuch, jedes privatrechtliche Ungleichgewicht durch die Rspr zu verhindern. Es bleibt jedermann unbenommen, auch risikoreiche Geschäfte abzuschließen und sich zu Leistungen zu verpflichten, die ihn völlig überfordern (BGHZ 137, 329, 335; 120, 272, 274; 106, 269, 272). Nicht überzeugen kann deshalb die Rspr im Bürgschaftsrecht, wonach sich jeder Volljährige, der sehenden Auges ein Risikogeschäft wie die Bürgschaft abgeschlossen hat, dann ohne weiteres vom Vertrag lösen kann, wenn er einkommens- und vermögenslos ist (vgl § 765 Rn 21 ff). Zwar hat der BGH den Schutz des Bürgen neben der Vermögenslosigkeit auch von einem strukturellen Ungleichgewicht abhängig gemacht, er hat dies im Wege einer tatsächlichen Vermutung aber bereits dann bejaht, wenn der Bürge in einer engen familienrechtlichen Bindung zum

Hauptschuldner steht. Die Zielrichtung des Schutzgedankens dieser Rspr, eine dauerhafte Überschuldung einzelner Personen zu vermeiden, muss im Vollstreckungs- und Insolvenzrecht Beachtung finden. Daher hat der Gesetzgeber zu Recht im Jahre 1999 in der Insolvenzordnung die Möglichkeit einer Restschuldbefreiung statuiert. Diese gesetzgeberische Entscheidung müsste an sich zu einer Veränderung der Bürgschaftsrspr führen (dagegen BGH NZI 09, 609, 611). Dem hier vertretenen Grundgedanken von Privatautonomie als Basis des Zivilrechts und dem Sozial- sowie Verbraucherschutz als Sonderregel steht eine andere Auffassung diametral ggü, wonach Vertragsfreiheit den Schutz des angemessenen Vertrags bedeutet (*Thüsing*). IÜ enthielt bereits das ursprüngliche BGB wichtige soziale Elemente und gewährte keineswegs eine schrankenlose Freiheit. Nicht einmal der oft zitierte § 903 gewährt ein schrankenloses Eigentumsrecht (vgl §§ 903, 905, 906, 909 ff). Dazu nunmehr *Repgen* Die soziale Aufgabe des Privatrechts, 01.

V. Vertrauensschutz. Ein weiteres Grundprinzip des BGB ist der im rechtsgeschäftlichen Bereich an vielen Stellen verankerte Gedanke des Vertrauensschutzes. Im Interesse eines funktionsfähigen Rechtsverkehrs muss sich jedes Rechtssubjekt auf das rechtserhebliche Verhalten anderer ebenso verlassen können wie auf Rechtsverhältnisse, die die Basis für weitergehende Rechtsfolgen darstellen können. Typische Ausprägungen dieses Grundsatzes des Vertrauensschutzes sind daher die vermutete Richtigkeit öffentlicher Register, der zulässige Schluss von Besitzverhältnissen auf das Eigentum, das Vertrauen auf die Gültigkeit und die Richtigkeit von Erklärungen, der Schutz bestehender Vertretungsmacht im Rahmen vertrauenswürdiger Umstände usw. **21**

D. Geltungsbereich. I. Zeitlicher Geltungsbereich. Das BGB ist am 1.1.1900 in Kraft getreten (Art 1 EGBGB). Die damaligen zeitlichen Übergangsregelungen sind in Art 153 ff EGBGB enthalten. Soweit nach 1900 Änderungen des BGB eingetreten sind, sind die jeweiligen Übergangsvorschriften in den Art 219 ff EGBGB enthalten. Insb sind die Überleitungsvorschriften zum neuen Schuldrecht in Art 229 EGBGB niedergelegt. Für die **neuen Bundesländer** ist das BGB in seiner damaligen Fassung am 3.10.90 in Kraft getreten (vgl Art 230 EGBGB sowie für die Übergangsregelungen Art 231 ff EGBGB). **22**

II. Räumlicher Geltungsbereich. Grds beschränkt sich der räumliche Geltungsbereich des BGB auf das Staatsgebiet der Bundesrepublik Deutschland. Soweit allerdings ein Rechtsfall Auslandsberührungen persönlicher, sachlicher oder räumlicher Art aufweist, stellt sich für die Frage der Anwendung des materiellen Rechts eine kollisionsrechtliche Vorfrage. Dieser Bereich des sog Internationalen Privatrechts ist in den Art 3 ff EGBGB geregelt (iE s. dort). Theoretisch kann es auch innerhalb des deutschen Staatsgebietes zu Kollisionsfragen kommen (interlokales Privatrecht). So hat sich insb vor 1990 im Verhältnis zur DDR ein Problem des innerdeutschen Kollisionsrechts ergeben. Die DDR hatte zwar nach 1949 ebenfalls das BGB beibehalten, es allerdings seit der Babelsberger Konferenz 1958 (dazu *Schaefer* JZ 08, 703) in seinem Stellenwert stark verändert und im Jahre 1975 durch ein eigenes Zivilgesetzbuch ersetzt. Seit dem 3.10.90 ist diese Problematik aber beseitigt (vgl Art 230 ff EGBGB). **23**

III. Sachlicher Geltungsbereich. Grds enthält das BGB diejenigen Normen, die die allg privatrechtlichen Beziehungen zwischen den Rechtssubjekten regeln. Insofern steht es im Gegensatz zum gesamten Bereich des Öffentlichen Rechts (s.o. Rn 14). Soweit einzelne Normen grenzüberschreitend wirken (vgl insb § 839), hat der Gesetzgeber diese Grenzziehung bewusst durchbrochen. Auch die Gerichtszuständigkeit nimmt nicht selten auf solche Durchbrechungen Rücksicht (vgl § 40 II VwGO). Im Ergebnis setzt daher die Anwendung des BGB die Qualifizierung eines rechtlichen Sachverhalts als privatrechtlich voraus, ohne dass dieser Sachverhalt in spezieller Weise durch Sonderbestimmungen geregelt wäre (Sonderprivatrecht). Das Bürgerliche Recht gilt im gesamten Bereich der Bundesrepublik Deutschland als Bundesrecht. Landesrecht kann es im Einzelfall nur insoweit geben, als der Bundesgesetzgeber von seiner bestehenden konkurrierenden Gesetzgebungszuständigkeit keinen Gebrauch gemacht hat (vgl Art 72 I, Art 74 I Nr 1 GG). Soweit vor dem Jahr 1900 privatrechtliches Landesrecht bestanden hat, ist es gem Art 55 EGBGB außer Kraft getreten. ZT gilt dieses Landesrecht allerdings kraft ausdrücklicher gesetzlicher Anordnung auch heute noch fort (vgl Art 56 ff EGBGB). **24**

E. Einbettung in das Verfassungsrecht. I. Das BGB unter der Geltung des Grundgesetzes. Seit dem Jahre 1949 muss sich auch das BGB dem GG unterordnen und den verfassungsrechtlichen Vorgaben entsprechen. Dies hat insb im Bereich des Familienrechts weitreichende Auswirkungen gehabt, gilt aber auch für alle übrigen Teile des BGB. In der Praxis am stärksten hat sich die Existenz des modernen Verfassungsrechts dadurch ausgewirkt, dass die Grundrechte auf das Privatrecht einwirken (s.u. Rn 26). Diese Entwicklung ist va durch das Verständnis der Grundrechte nicht nur als bloße Abwehrrechte des Bürgers gegen den Staat, sondern auch als Teilhaberechte sowie Ausdruck einer objektiven Wertordnung gefördert worden. **25**

II. Bindung an die Grundrechte (Drittwirkung). Die Grundrechte binden Gesetzgebung, vollziehende Gewalt und Rspr als unmittelbar geltendes Recht (Art 1 III GG). Daraus ergibt sich, dass der Gesetzgeber bei der Schaffung von privatrechtlichen Normen seit 1949 an die Grundrechte gebunden ist. Soweit das vorkonstitutionelle Privatrecht mit dem GG unvereinbar ist, kann es nicht fortgelten. Diese legislative Bindung des Privatrechts an das GG ist anerkannt und unproblematisch. Innerhalb der Anwendung der Rechtsnormen des BGB ist aber **26**

auch die Rspr von der Ausstrahlungswirkung der Grundrechte betroffen. Daher haben die Gerichte zu Recht die wertorientierte Bedeutung der Grundrechte für die Auslegung und Fortbildung des Privatrechts anerkannt und in vielfältiger Weise ausgebaut (zur Bedeutung einzelner Grundrechte im Privatrecht s.u. Rn 27). Andererseits stellt die auf Art 2 I GG beruhende Privatautonomie die im Privatrecht handelnden Rechtssubjekte von der Beachtung der Grundrechte frei. Ein Rechtssubjekt kann ohne Bindung an Art 3 GG Verträge schließen (oder ablehnen). Diese Auffassung muss freilich dort Einschränkungen hinnehmen, wo grundrechtliche Einwirkungen auch im Privatrecht anzuerkennen sind. Der Streit über den Umfang dieser Einwirkungen wird seit 50 Jahren geführt und hat unter den Aspekten der unmittelbaren Drittwirkung (*Nipperdey, Leisner, Ramm*) contra **mittelbare Drittwirkung der Grundrechte** (*Dürig, Bachof, Flume, Raiser, Hübner* sowie das BVerfG in stRspr seit der Lüth-Entscheidung BVerfGE 7, 198; BVerfG ZIP 06, 60) der Lehre von den Schutzpflichten des Gesetzgebers zur Sicherung des objektiven Gehalts der Grundrechtsnormen (*Canaris, Stern, Hager, Höfling*, ferner BVerfGE 39, 1, 42; BVerfGE 81, 242) sowie der Ausstrahlungswirkung der Grundrechte im Privatrecht vielfältige Kontroversen hervorgebracht. Heute besteht Einigkeit, dass eine Einwirkung der Grundrechte auf das Privatrecht anzuerkennen ist und dass sich diese Einwirkung va im Verständnis und bei der Auslegung der Generalklauseln (§§ 138, 242, 826), darüber hinaus aber auch im gesamten Privatrecht iRd Ausstrahlungswirkung der Grundrechte zeigt. Weiter ist festzuhalten, dass die Privatautonomie dort weichen muss, wo privatrechtliche Akte auf einer faktisch erzwungenen Zustimmung des Betroffenen beruhen. In diesem Bereich müssen nach heute allg Auffassung die Grundrechte zur Kontrolle privatrechtlichen Handelns herangezogen werden. Somit stellt sich heute als eigentliches Kernproblem der Einwirkung der Grundrechte auf das Privatrecht die Abwägung dar, ob im Einzelfall eine faktische Ausschaltung der Privatautonomie durch grundrechtsrelevantes Machtungleichgewicht vorliegt, das letztlich ein ergebnisorientiertes Heranziehen der Grundrechte erfordert. Diese Frage kann nur unter Abwägung aller Aspekte des Einzelfalles entschieden werden (so zu Recht auch MüKo/*Säcker* Einl Rz 65). Das bedeutet aber zugleich, dass nahezu jeder Fall von Grundrechtsanwendung zu einem Abwägungsproblem wird. Die Formeln von der „praktischen Konkordanz" (*Konrad Hesse*) oder des „nach beiden Seiten hin schonenden Ausgleichs" (*Peter Lerche*) beschreiben das Phänomen.

27 **III. Die Bedeutung einzelner Grundrechte im Privatrecht.** Die Einwirkung der Grundrechte auf das Privatrecht hat sich im Laufe der vergangenen 50 Jahre in einer unendlichen Fülle von Einzelentscheidungen ausgewirkt. Von herausragender Bedeutung ist die **Entwicklung des allg Persönlichkeitsrechts** auf der Basis von Art 1, 2 GG gewesen. Auch die grundrechtliche Absicherung der Privatautonomie und der Vertragsfreiheit in Art 2 I GG und ihre vielfältigen Auswirkungen sind hier zu nennen. Von grundlegender Bedeutung ist weiterhin die Ausgestaltung der Meinungs- und Pressefreiheit im Verhältnis zum allg Persönlichkeitsrecht und zum Ehrenschutz auf der Basis von Art 5 GG gewesen. Ebenfalls grundlegend für die Ausgestaltung und die vielfältigen Bindungen des Eigentums als verfassungsrechtliche Vorgaben (Sozialbindung) ist die Heranziehung von Art 14 GG. Hervorhebung verdient außerdem das Gleichbehandlungsgebot im Arbeitsrecht in seinen vielfältigen Schattierungen auf der Basis von Art 3 GG.

28 **F. Europäische Privatrechtsentwicklung. I. Europäisches Recht als Rechtsquelle des deutschen Privatrechts.** Eine wichtige Quelle des deutschen Privatrechts ist heute auch das Recht der europäischen Gemeinschaften (Gemeinschaftsrecht). Teilw ergibt sich dies aus der unmittelbaren Geltung des Gemeinschaftsrechts (1, 2). ZT kommt es zu einer mittelbaren Einwirkung des Gemeinschaftsrechts, insb durch Richtlinien (3). Schließlich dürfen die Einwirkungen der Rspr in diesem Zusammenhang nicht unterschätzt werden (4).

29 **1. Primäres Gemeinschaftsrecht und Verordnungen.** Unmittelbar gilt im deutschen Privatrecht insb das primäre Gemeinschaftsrecht. Dies besteht in erster Linie aus den Gründungsverträgen, va dem EG-Vertrag. Hinzu kommen die von den Mitgliedstaaten abgeschlossenen Änderungs- und Ergänzungsverträge sowie die allg Rechtsgrundsätze des Gemeinschaftsrechts. Aus dem Bereich des sekundären Gemeinschaftsrechts haben unmittelbare Wirkung die **Verordnungen** (Art 249 II EG). Sie bedürfen daher keiner Umsetzung in nationales Recht, sind allerdings im Kernbereich des Privatrechts bisher selten anzutreffen.

30 **2. Grundfreiheiten.** IRd unmittelbaren Geltung des primären Gemeinschaftsrechts ragen die Grundfreiheiten des EG-Vertrags heraus. Besondere Bedeutung haben das allg Diskriminierungsverbot (Art 12 I EG), die Warenverkehrsfreiheit (Art 23, 25, 28 EG), die Freizügigkeit von Personen und insb von Arbeitnehmern (Art 39 EG), die Niederlassungsfreiheit (Art 43 EG), die Dienstleistungsfreiheit (Art 49 EG), die Kapitalverkehrsfreiheit (Art 56), schließlich die Regelungen über das Verbot mengenmäßiger Ausfuhrbeschränkungen (Art 29 EG), die Regelungen im Bereich des Wettbewerbs- und Kartellrechts sowie der verbotenen Beihilfen (Art 81, 87, 88 EG) und das Gebot gleichen Entgelts für Männer und Frauen (Art 141 I EG). Grundrechte enthält der EG-Vertrag bisher noch nicht. Allerdings hat die Rspr des EuGH Grundrechte bereits in vielfältiger Weise zur Geltung gebracht. Darüber hinaus nimmt Art 6 II des EU-Vertrages auf die Grundrechte der EMRK Bezug. Die EMRK selbst gilt in Deutschland als einfaches Gesetzesrecht.

31 **3. Richtlinien.** Von sehr großer Bedeutung sind im deutschen Privatrecht die europäischen Richtlinien, durch die die einzelnen Mitgliedstaaten verpflichtet werden, ihr nationales Recht an den Inhalt der Richtlinien anzupassen. Erst die Umsetzung dieser Richtlinien führt zur Angleichung und Rechtsanwendung. Die

Zahl der privatrechtsrelevanten Richtlinien ist sehr groß (zu einer Aufzählung vgl MüKo/*Säcker* Einl Rz 214 ff). Die Kenntnis der Richtlinien ist für die **europarechtskonforme Auslegung** des nationalen Rechts von großer Bedeutung (s.u. Rn 35). Bisher hat die Umsetzung der Richtlinien in Europa nur in sehr begrenztem Umfang eine Rechtsvereinheitlichung gebracht, weil die großen Spielräume bei der Umsetzung der Richtlinien dazu führen, dass die einzelnen Nationen sie sehr unterschiedlich ausfüllen (zur neueren Entwicklung *v Danwitz* JZ 08, 697).

4. Rechtsprechung. Besondere Bedeutung für die europarechtliche Entwicklung des deutschen Privatrechts weist die Rspr des EuGH auf. Dieser ist über das Vorabentscheidungsverfahren gem Art 234 EG in der Lage, die Vereinbarkeit nationalen Rechts mit dem EG-Recht bindend zu prüfen und festzulegen. Darüber hinaus sind auch alle nationalen Gerichte verpflichtet, ihr Recht gemeinschaftskonform auszulegen. Dazu sind die Gerichte wie alle anderen Organe der Mitgliedstaaten gem Art 10 EG verpflichtet. In der Praxis kann die Bedeutung der Rspr des EuGH heute wohl kaum überschätzt werden. **32**

II. Die Anwendung des europäischen Rechts. Für das unmittelbar geltende Gemeinschaftsrecht besteht ein **Anwendungsvorrang** (EuGH NJW 64, 2371; NJW 99, 2355; BVerfGE 73, 378). Die unmittelbar geltenden Normen des Gemeinschaftsrechts stehen im Rang auch über dem GG. Für das richtige Verständnis des Gemeinschaftsrechts sind die Textfassungen aller Amtssprachen gleichrangig zu berücksichtigen und autonom auszulegen (s.u. Rn 35). **33**

III. Auf dem Weg zu einem europäischen (internationalen) Einheitsrecht. Über die bisherigen punktuellen Entwicklungen hinaus gibt es vielfältige Bestrebungen für ein europäisches Zivilgesetzbuch bzw für internationales Einheitsrecht. So hat das Europäische Parlament 1989 und 1994 die Organe der EG aufgefordert, mit der Vorbereitung eines einheitlichen europäischen ZGB zu beginnen. Die Kommission hat inzwischen einen Aktionsplan für ein europäisches Vertragsrecht vorgelegt und begonnen, einen gemeinsamen Referenzrahmen zu entwickeln (vgl *Brödermann* ZEuP 07, 304; *Leible* NJW 08, 2558; *Schulte-Nölke* NJW 09, 2161). Weitaus erfolgreicher sind bisher verschiedene nichtstaatliche Organisationen und private Arbeitsgruppen, die Vorschläge für ein Einheitsrecht erarbeiten. Hervorhebung verdienen die Lando-Gruppe, die „Principles of European Contract Law" vorgelegt hat (Teil 1 95, Teil 2 00, Teil 3 03, Übersetzung in ZEuP 00, 675 und 03, 894), sowie die Arbeitsgruppe von UNIDROIT, die „Principles of International Commercial Contracts" vorgelegt hat (1994, 2. Aufl 04; Text in ZEuP 97, 890). Alle diese Texte sind an sich privater Natur, sie wirken aber durch ihren Einfluss auf die nationalen Gesetzgeber mittelbar rechtsvergleichend. So haben zB die UNIDROIT Principles nachweislich bereits die Gesetzgeber in Deutschland, China, Estland, Litauen, Russland und Ungarn sowie die Kommission beeinflusst. **34**

IV. Die europarechtskonforme Auslegung. Die deutschen Gerichte haben eine aus Art 10 EG herrührende Pflicht zur europarechtskonformen und insb zur richtlinienkonformen Auslegung. Diese Pflicht verlangt, die Auslegung des Rechts in einer Weise vorzunehmen, dass dabei soweit wie möglich die Vorgaben des unmittelbar geltenden Europarechts sowie der Richtlinien Beachtung finden. Dies setzt voraus, dass der Richter sich bei jeder Anwendung des Rechts auch des Inhalts der zu Grunde liegenden Richtlinie vergewissert und sodann die deutschen Regelungen im Lichte der europarechtlichen Vorgaben auslegt. Bei der Auslegung des europäischen Rechts und ebenso bei der Auslegung des gemeinschaftsrechtlich determinierten deutschen Privatrechts ergeben sich wichtige Abweichungen und Besonderheiten zur nationalen Rechtsauslegung. Zwar können grds auch hier diejenigen Kriterien herangezogen werden, die im nationalen Recht die Auslegung prägen, also die grammatische, die historische, die systematische und die teleologische Auslegung. In der Praxis sind zusätzlich die Präjudizien des EuGH für die Auslegung von eminent wichtiger Bedeutung. IE gelten allerdings wichtige Besonderheiten, die sich schon bei der Auslegung nach dem Wortlaut sehr deutlich zeigen. So kann der Richter nicht vom deutschen Gesetzestext ausgehen, sondern er muss berücksichtigen, dass die europarechtlichen Texte in allen Amtssprachen in gleicher Weise bedeutsam sind. Zusätzlich gilt es zu beachten, dass das europäische Recht autonom auszulegen ist und von einer autonomen Begrifflichkeit geprägt ist. Es können also normative deutsche Begriffe im deutschsprachigen Text nicht automatisch nach deutschem Rechtsinhalt verstanden werden. Dies gilt selbstverständlich, wenn ein gemeinschaftsrechtlicher Begriff in das nationale Recht eingefügt worden ist. Es entsteht in diesem Falle also eine gemeinschaftsrechtliche Prägung eines an sich deutschen Begriffs. Weitere Probleme ergeben sich, wenn der deutsche Gesetzgeber im Bereich europarechtlich geprägter Rechtsbereiche auf nationale Rechtsbegriffe verweist (Hybrid-Begriff). Auch hier wird die Auffassung vertreten, dass der nationale Rechtsbegriff nunmehr europarechtlich zu verstehen ist. Dies kann im Einzelfalle auch bedeuten, dass der Begriff entgegen dem deutschen Recht europarechtliche Beschränkungen erzwingt (vgl für § 13 den Streit, ob der Begriff des Verbrauchers auf natürliche Personen beschränkt ist). Ein weiteres Problem besteht bei einer überschießenden nationalen Gesetzgebung, die die Umsetzung von Richtlinien auf Sachverhalte ausdehnt, die nicht in deren Anwendungsbereich liegen. Auch hier ergibt sich die Frage, ob die Auslegung im Bereich dieser überschießenden Gesetzgebung europarechtlich zu erfolgen hat oder ob es zu einer gespaltenen Auslegung kommt. Überwiegend wird bisher die Auffassung vertreten, dass eine gespaltene Auslegung zulässig sei (vgl statt aller *Koch* JZ 06, 277, 283; Palandt/ **35**

Heinrichs Einl Rz 44). Allerdings kann sich bereits aus innerstaatlichem Recht das Gebot zu einer einheitlichen und damit europarechtskonformen Auslegung ergeben.

36 In gleicher Weise wie die grammatische Auslegung ist auch die historische, die systematische und die teleologische Auslegung europarechtskonform vorzunehmen. Dabei hat iRd Argumentation nach dem Sinn und Zweck der Norm das Gemeinschaftsrecht eine überragende Bedeutung. Insb bei Richtlinien ergibt sich aus den vorangestellten Erwägungsgründen idR eine Fülle von Ansatzpunkten, um den Zweck der Richtlinie und damit des gesamten Normenkomplexes zu verdeutlichen. Darüber hinaus wird in der Rspr des EuGH iRd teleologischen Auslegung va auch der **effet utile** herangezogen und betont. Dies bedeutet, dass das Gemeinschaftsrecht so auszulegen ist, dass es seine volle gemeinschaftsrechtliche Wirkung entfalten kann. Es handelt sich bei diesem Auslegungskriterium also um den Grundsatz der Effektivität der Auslegung und Anwendung von Gemeinschaftsrecht. Ziel ist die praktische Durchsetzung einheitlicher und gemeinschaftsrechtlicher Positionen. Umfassend und vertiefend zur europäischen Privatrechtsentwicklung (mit umfangreichen Nachweisen) zuletzt *Gebauer/Wiedmann* Zivilrecht unter europäischem Einfluss, 1. Aufl 05; MüKo/*Säcker* Einl Rz 196 ff; grundlegend ferner *Roth* in: Dauner-Lieb/Konzen/Schmidt, Das neue Schuldrecht in der Praxis, 03, 25 ff.

37 G. Anwendung, Auslegung und Fortbildung des Privatrechts. I. Das klassische Subsumtionsmodell.
Rechtsanwendung ist ohne ein methodisches (also kontrolliertes und kontrollierbares) Vorgehen nicht denkbar. Anderenfalls könnte Rechtsanwendung weder Rechtssicherheit gewähren noch gerichtliche Überprüfung ermöglichen. Dem Missbrauch des Rechts wäre Tür und Tor geöffnet, wie „die unbegrenzte Auslegung" (*Rüthers*) in der NS-Zeit gezeigt hat. Eine wissenschaftlich kontrollierbare Rechtsanwendung geht bis heute vom klassischen Subsumtionsmodell aus. Dies bedeutet, dass ein Rechtssatz (also eine normative Regelung, ein Sollen) einem tatsächlichen Geschehen (Sachverhalt, Tatfrage, Sein) ggü gestellt wird. Anschließend wird iRd Syllogismus als eines logischen Schlussverfahrens aus der Gegenüberstellung des Rechtssatzes (Obersatz) und des Sachverhalts (Untersatz) ein Schlusssatz gefolgert. Dieser Schlusssatz ist die Rechtsfolge, die Konsequenz oder das Urteil aus der vorgenommenen Rechtsanwendung im konkreten Fall. Die dabei vorgenommene Subsumtion stellt einen Vergleich und eine Annäherung von Obersatz und Untersatz durch Definitionen, Auslegung und Konkretisierung des Obersatzes dar, bis letztlich das Enthaltensein des Untersatzes im Obersatz (oder dessen Negation) evident feststellbar wird. Daraus ergeben sich die für jede Rechtsanwendung klassischen Fragen und konkreten Konsequenzen. Es muss im Einzelfall ein passender Obersatz aus dem Gesamtstoff des Rechts gefunden werden. Dieser muss ausgelegt, konkretisiert und notfalls im Wege der Rechtsfortbildung hergestellt werden. Ferner bedarf es der Ermittlung des konkreten Sachverhalts, dessen wesentliche Sachverhaltsteile dem rechtlichen Merkmal gegenüberzustellen sind. Der sodann zu ziehende logische Schluss und damit die Erzielung der Rechtsfolge bildet den Abschluss der Rechtsanwendung.

38 Insgesamt ist das klassische Modell der Rechtsanwendung universell einsetzbar und zeitlos. Die wissenschaftliche Diskussion über die Methoden im Recht hat allerdings gezeigt, dass es eine zwingende Methodensicherheit und Richtigkeitsgewähr nicht gibt und nicht geben kann. Richterliche Entscheidung ist nicht endgültig und zwingend vorprogrammiert. Die eigentliche Streitfrage besteht darin, wie groß der freie richterliche Spielraum ist und wie weitgehend die Bindung an das G erfolgen kann.

39 II. Die Rechtsgrundlagen: Norm und Richterrecht. Gem Art 20 III GG besteht für die Exekutive und die Judikative eine generelle Bindung an G und Recht. Damit ist es zwingend die Aufgabe jedes Rechtsanwenders, das im konkreten Fall einschlägige Recht aufzusuchen. Dieses einschlägige Recht ist jedenfalls das gesetzte Recht, also jeder durch staatlich geregeltes oder anerkanntes Verfahren geschaffene normative Satz. Hinzu kommt zwingend das Gewohnheitsrecht, also das nicht förmlich gesetzte, sondern durch längere tatsächliche Übung entstandene Recht, wobei die Übung eine dauernde und ständige, gleichmäßige und allg sein muss, und die Norm von den beteiligten Rechtsgenossen als verbindliche Rechtsnorm anerkannt werden muss (BVerfGE 22, 121). Neben dem gesetzten Recht und dem Gewohnheitsrecht werden richterrechtliche Entwicklungen bis heute allg nicht als Rechtsquelle anerkannt, sondern sie bilden nur eine Rechtserkenntnisquelle (Ausnahme § 31 BVerfGG). Auch wenn die faktisch sehr große Bedeutung des Richterrechts unbestritten ist, hat diese theoretische Position der Ablehnung von Richterrecht als Rechtsquelle wichtige Bedeutung: So kann die Rspr durch spätere Entscheidung eine frühere Auffassung jederzeit abändern, es entsteht dabei kein Rückwirkungsproblem, eine richterliche Entscheidung bedarf niemals der Aufnahme ins BGBl (Ausnahme Entscheidungen des BVerfG nach § 31 BVerfGG) und es gibt nach deutschem Recht keine strikte Präjudizienbindung. Das Aufsuchen der entscheidungserheblichen Rechtsnorm führt insb auch zu der Problematik des Vorrangs von Rechtsnormen, also zur **Normenpyramide**. Nach anerkannter Auffassung sind zunächst die allg Regeln des Völkerrechts (Art 25 GG) sowie das Völkergewohnheitsrecht zu beachten, sodann das Recht der Europäischen Union, weiterhin deutsches Bundesverfassungsrecht und erst danach das formelle Bundesrecht (Bundesgesetze, Gewohnheitsrecht, EMRK). Im Rang nach dem formellen Bundesrecht kommt sodann das materielle Bundesrecht (Verordnungen, Satzungen) und anschließend das Landesrecht (vgl Art 31 GG), also die jeweilige Landesverfassung, die Landesgesetze und schließlich Verordnungen und Satzungen eines Landes.

III. Die Auslegung: Das richtige Normverständnis. Die Auslegung einer Norm bedeutet, den Sinngehalt des **40** jeweiligen Rechtssatzes richtig zu erfassen. Dabei helfen allg und anerkannte Auslegungsgrundsätze. Seit *Savigny* ist es üblich, die vier klassischen Auslegungsgrundsätze der grammatischen, historischen, systematischen und der teleologischen Auslegung zu trennen. Ausgangspunkt einer Auslegung ist stets der Wortlaut, der Wortsinn und der Satzbau einer Norm (grammatische Auslegung). Dabei helfen Legaldefinitionen sowie ein häufig vorhandener spezieller juristischer Sprachgebrauch, aber auch der allg übliche Sprachgebrauch, auf den die Rspr teilw zurückgreift (vgl BGH NJW 82, 1278 mit Zitat aus dem Duden). Von Bedeutung ist weiterhin die historische Auslegung, insb die Entstehungsgeschichte der Norm und die dabei niedergelegten Gesetzesmaterialien. Diese Auslegung ist allerdings niemals alleiniger Maßstab, da nach ganz hM im Konfliktfalle der objektivierte Wille des Gesetzgebers gilt, also eine objektive Normauslegung vorzuziehen ist. Ein wichtiger und selbstverständlicher Auslegungsgrundsatz ist der Systemzusammenhang, der dem Rechtsanwender vielerlei Hinweise geben kann. Das beginnt bei amtlichen Überschriften, bei gleichen Begriffen an verschiedenen Stellen, bei Schlussfolgerungen aus der Stellung innerhalb eines Gesetzbuchs, eines Rechtsgebiets oder umliegender Normen. Ferner können Schlussfolgerungen a minore ad maius sowie ein Umkehrschluss oder die Feststellung, dass bei anderer Auslegung eine benachbarte Norm überflüssig würde, typische systematische Folgerungen erlauben. Von zentraler praktischer Bedeutung bei der Auslegung ist die teleologische Auslegung, die also nach Sinn und Zweck einer Norm fragt. Dabei geht es stets um den Gesetzeszweck, nicht um die Interessen der beteiligten Personen. IRd Auslegung nach dem Gesetzeszweck sind auch allg Rechtsprinzipien zu berücksichtigen, ebenso kann eine Folgenabschätzung berücksichtigt werden.

Zusätzlich zu den genannten vier klassischen Auslegungsmodalitäten ist auch die verfassungskonforme Ausle- **41** gung zu berücksichtigen, die sich aus der Überordnung der Verfassung über das formelle Gesetzesrecht ergibt (s.o. Rn 39). Weiterhin ist die europarechtskonforme bzw richtlinienkonforme Auslegung zu beachten (s.o. Rn 35). Schließlich wird manchmal auch von der sog berichtigenden Auslegung gesprochen. Dabei handelt es sich nicht mehr um Auslegung im klassischen Sinn, sondern bereits im Schritt in Richtung auf die Rechtsfortbildung. So wird nicht selten der Wortlaut einer Norm durch teleologische Reduktion oder teleologische Extension eingeengt oder ausgeweitet.

IV. Die Arbeit am Sachverhalt: Die Tatfrage. Der konkrete Sachverhalt bildet den Untersatz des Syllogismus **42** iRd klassischen Subsumtionsmodells (s.o. Rn 37). Neben der Auffindung der einschlägigen Rechtsgrundlagen und ihrer Auslegung bedarf es also auch regelmäßig einer umfangreichen Sachverhaltsarbeit. Dabei sind insb drei Schritte zu beachten, nämlich die Auswahl und Konkretisierung des Sachverhalts nach seiner rechtlichen Relevanz, sodann die beweismäßige Feststellung dieses Sachverhalts (Überzeugungsbildung des Richters) sowie die Würdigung des bewiesenen relevanten Sachverhalts im Hinblick auf die vorhandenen Normen. Trotz dieser engen Verknüpfung von Rechtsfrage und Tatfrage iRd Subsumtion bedarf es einer strikten Trennung beider Bereiche. Dies wird insb bei der Beweislast sowie in der Revisionsinstanz als einer reinen Rechtsinstanz deutlich.

V. Die Rechtsfortbildung. Es ist heute allg anerkannt, dass jedes G notwendigerweise lückenhaft ist. Das **43** betrifft insb die offenen Gesetzeslücken (Formulierungslücke) sowie die verdeckten Gesetzeslücken (planwidrige Wertungslücke). Solche Gesetzeslücken können im Normtext von Anfang an enthalten sein, sie können sich aber auch durch spätere Entwicklungen ergeben. Darüber hinaus ist nicht selten auch die Auslegung des Gesetzes bereits eine verdeckte Rechtsfortbildung (vgl *Fischer* Topoi verdeckter Rechtsfortbildung im Privatrecht, 07). Im Hinblick auf das verfassungsrechtliche Gebot an den Richter, eine Entscheidung in jedem Rechtsstreit zu treffen, ergibt sich zwangsläufig die Aufgabe, auch Rechtsfortbildung iSe Lückenschließung zu betreiben. Dabei kommt insb eine gesetzesimmanente Rechtsfortbildung, va durch Analogie in Betracht. Voraussetzung für eine Analogie ist das Vorliegen einer Regelungslücke, die planwidrig ist, sowie eine Analogiebasis und ein Analogieschluss. Daneben ist auch eine gesetzesübersteigende Rechtsfortbildung zulässig (Rechtsfortbildung präter legem bzw extra legem, aber intra ius). Eine solche Rechtsfortbildung ist im Bedarfsfalle von jedem Richter zu leisten (vgl §§ 511 IV, 553 II, 574 II ZPO, § 132 IV GVG). Die Grenze zulässiger Rechtsfortbildung stellt eine Fortbildung contra legem dar. Allerdings ist im Einzelfall die Grenze zwischen zulässiger und unzulässiger Rechtsfortbildung nur sehr schwer zu ziehen. Im Hinblick auf die verfassungsrechtlichen Grundsätze der Gewaltenteilung, der Gesetzesbindung sowie die aus dem Rechtsstaatsprinzip fließenden Grundsätze der Rechtssicherheit und des Vertrauensschutzes bedarf es aber trotz aller Schwierigkeiten einer Abgrenzung von zulässiger Rechtsfortbildung und verbotener Fortbildung contra legem.

Buch 1 Allgemeiner Teil

Abschnitt 1 Personen

Titel 1 Natürliche Personen, Verbraucher, Unternehmer

§ 1 Beginn der Rechtsfähigkeit. Die Rechtsfähigkeit des Menschen beginnt mit der Vollendung der Geburt.

1 **A. Normzweck und Systematik.** Die Regelung des § 1, wie sie unverändert seit 1900 besteht, enthält nur eine konkrete Aussage über den Beginn der Rechtsfähigkeit des Menschen. Damit setzt diese Norm den Begriff der Rechtsfähigkeit (s.u. Rn 3) als solchen und das gesamte System der Rechtssubjekte voraus. Nach der Systematik des Privatrechts sind Zurechnungssubjekte für Rechte und Pflichten immer nur entweder Personen oder Gemeinschaften. Als Personen kennt das BGB nur die natürliche Person (§§ 1–14) und die juristische Person (§§ 21–89, also Vereine, Stiftungen und juristische Personen des öffentlichen Rechts). Die Regelung ist bezüglich der juristischen Personen sehr unvollständig. Hinzu kommen im Privatrecht noch die AG, die GmbH, die KG aA, die eingetragene Genossenschaft sowie der Versicherungsverein auf Gegenseitigkeit. Allen diesen Personen kommt kraft Definition Rechtsfähigkeit zu. Demgegenüber hat der Gesetzgeber den Gemeinschaften eine Rechtsfähigkeit nicht oder nur sehr eingeschränkt zuweisen wollen. Hier hat die Rspr in jüngerer Zeit starke Veränderungen vorgenommen (s.u. Rn 4, 5 und § 14 Rn 6). Als Gemeinschaften kennt das Privatrecht nur die Gesamthandsgemeinschaften (GbR, oHG, KG, Gütergemeinschaft, Erbengemeinschaft, Partnerschaftsgesellschaft, Partenreederei, EWIV) und die Bruchteilsgemeinschaft (§§ 741–758).

2 § 1 setzt neben dem System der Rechtssubjekte auch den Begriff der Rechtsfähigkeit als solchen voraus (s.u. Rn 3). Dabei geht die gesetzliche Regelung ganz selbstverständlich davon aus, dass Rechtsfähigkeit als Eigenschaft jeder natürlichen und jeder juristischen Person zukommt. Eine Person ohne Rechtsfähigkeit gibt es nicht (zu den Gesellschaften ohne Rechtspersönlichkeit s.u. Rn 4, 5). Rechtsfähigkeit ist daher auch unabhängig von der Staatsangehörigkeit, der Religion, Abstammung, Beruf oder des Geschlechts. Allerdings bedeutet die Zuerkennung der allg Rechtsfähigkeit nicht, dass nicht spezielle Zuordnungen eine besondere Rechtsfähigkeit voraussetzen. So kann für einzelne Rechte und Pflichten ein bestimmtes Alter, Geschlecht, Verwandtschaft usw spezielle Voraussetzung sein. Dagegen sind besondere berufliche Voraussetzungen vom Begriff der Rechtsfähigkeit zu trennen. Zur Rechtsfähigkeit der Gemeinschaften s.u. § 14 Rn 6, zur Sonderstellung des nichtrechtsfähigen Vereins s.u. § 54 Rn 12, 16, zur Vorgesellschaft vgl § 11 GmbHG.

3 **B. Begriff der Rechtsfähigkeit des Menschen. I. Begriff.** Der Begriff der Rechtsfähigkeit ist im Gesetz nicht festgelegt, sondern er wird vorausgesetzt. Nach heute weithin anerkannter Auffassung wird Rechtsfähigkeit verstanden als die Fähigkeit, Träger von Rechten und Pflichten zu sein (abw früher *Fabricius* Relativität der Rechtsfähigkeit, 1963, 31 ff). Dieser allg und umfassende Begriff der Rechtsfähigkeit steht im Einklang mit Art 1 GG und der in den Grundrechten zum Ausdruck gekommenen Werteordnung. Er drückt insb auch die Unverzichtbarkeit dieser Eigenschaft für jeden Menschen und die gleichmäßige Rechtsfähigkeit aller Menschen aus. Der Gesetzgeber hat in § 14 II den Begriff der Rechtsfähigkeit nunmehr in gleicher Weise umschrieben.

4 **II. Teilrechtsfähigkeit.** Der Begriff der Teilrechtsfähigkeit ist missverständlich und sollte vermieden werden. Jedem Menschen (und jeder juristischen Person) steht die volle und gleiche Rechtsfähigkeit zu (*Lehmann* AcP 207, 233 ff). Soweit andere Gebilde wie die Gemeinschaften (insb die Gesamthandsgemeinschaften) in bestimmten Einzelbereichen Rechtsträger und damit Träger einzelner Rechte und Pflichten sein können, führt dies nicht zur vollen Rechtsfähigkeit, wie der Gesetzgeber diese den Personen zugedacht hat (aA im Hinblick auf die GbR nunmehr die hM, vgl BGHZ 146, 341; im Einzelnen s.u. Rn 5; § 14 Rn 6; zur Wohnungseigentümergemeinschaft s. § 10 VI WEG; für die Erbengemeinschaft abl BGH ZIP 06, 2125; das G spricht aber weiterhin von Gesellschaften ohne Rechtspersönlichkeit, so zB in § 11 II Nr 1 InsO). Soweit die überwiegende Meinung dies heute anders sieht, muss sie die Rechtsfähigkeit der Personen von der Rechtsfähigkeit der GbR (und anderer Gesamthandsgemeinschaften) trennen. So ist zB bis heute unklar, ob die GbR grundbuchfähig ist (§ 705 Rn 37; bejahend nunmehr BGH ZIP 09, 66; vgl ferner die Neufassung von § 47 GBO). Abzutrennen von der allg Rechtsfähigkeit der Personen ist auch die Frage, ob im Einzelfall besondere Voraussetzungen vorliegen müssen, um eine bestimmte Rechtsposition erwerben oder ausüben zu können (Alter, Geschlecht, Verwandtschaft). Solche und andere besonderen Merkmale schränken die Rechtsfähigkeit als solche nicht ein.

5 **III. Neues System.** Angesichts der in Rn 4 angedeuteten Entwicklung ist nunmehr eine Dreiteilung der Rechtssubjekte erforderlich (wie hier *Reuter* AcP 207, 763). Es gibt eine Rechtsfähigkeit mit Rechtspersönlichkeit (natürliche und juristische Personen), eine Rechtsfähigkeit ohne Rechtspersönlichkeit (oHG, KG, GbR, WEG) sowie nicht rechtsfähige Subjekte (Gütergemeinschaft, Erbengemeinschaft, Bruchteilsgemeinschaft).

IV. Der Mensch als Rechtssubjekt. Der Begriff der natürlichen Person ist identisch mit dem Begriff des 6
Menschen. Dabei handelt es sich um eine biologische Einteilung. Mensch iSv § 1 ist, wer von Menschen
abstammt. Aussehen, Gesundheit und Gestalt des Menschen sind ebenso ohne rechtliche Bedeutung wie
Staatsangehörigkeit, Religion, Beruf, Weltanschauung oder Geschlecht. Unstr kann daher die Rechtsfähigkeit
auch nicht vom Staat verliehen oder entzogen werden. Eine Regelung, wonach ein Mensch einer Sache
gleichgestellt wird (wie zB die Sklaven im Altertum), ist heute also unmöglich.

V. Abgrenzung zur Geschäfts-, Delikts- und Parteifähigkeit. Von der Rechtsfähigkeit sind bestimmte andere 7
Handlungsfähigkeiten im materiellen Recht und Beteiligtenfähigkeiten im Prozessrecht zu unterscheiden. So
nennt das G die Fähigkeit, durch eigenes rechtlich relevantes Verhalten rechtsgeschäftliche Rechte und Pflichten
zu begründen, die Geschäftsfähigkeit (§§ 104 ff). IGgs dazu bedeutet die Deliktsfähigkeit, dass ein bestimmtes
Verhalten dem Menschen im Rahmen gesetzlicher Haftungstatbestände zugerechnet wird (§ 827 f).
Korrespondierend zur Rechtsfähigkeit nennt das G die Fähigkeit einer Person, Subjekt eines Prozesses zu 8
sein, die Parteifähigkeit. § 50 I ZPO erklärt diejenigen für parteifähig, die rechtsfähig sind. Entgegen dieser
Regelung müssen allerdings Rechtsfähigkeit und Parteifähigkeit nicht identisch sein. So werden vom Gesetz
oHG und KG für parteifähig erklärt (§§ 124, 161 II HGB), obgleich sie nicht die Rechtsfähigkeit von Personen besitzen. Im Gegensatz zur Parteifähigkeit nennt der Gesetzgeber die der Geschäftsfähigkeit korrespondierende prozessuale Handlungsfähigkeit die Prozessfähigkeit (vgl §§ 51, 52 ZPO).

VI. Rechtliche Bedeutung der Rechtsfähigkeit. Die Rechtsfähigkeit ist den Personen nicht vom Gesetzgeber 9
zugewiesen, sondern sie wird vorausgesetzt. Sie steht jeder Person zu. Personen ohne Rechtsfähigkeit gibt es
nicht. Die Rechtsfähigkeit ist unabhängig von allen einer Person zukommenden Eigenschaften und Merkmalen (Staatsangehörigkeit, Beruf, Abstammung, Geschlecht usw). Sie ist unverzichtbar. Schließlich ist sie jeder
Person gleichmäßig und in gleicher Weise gegeben.

C. Beginn und Ende der Rechtsfähigkeit. I. Beginn. Die Rechtsfähigkeit beginnt (wie § 1 ausdrücklich fest- 10
legt) mit der Vollendung der Geburt. Dies stellt eine bewusste Abweichung zum vorverlagerten strafrechtlichen Schutz dar, vgl den früheren § 217 StGB. Vollendet ist die Geburt mit dem vollständigen Austritt aus
dem Mutterleib (sei es auf natürlichem oder künstlichem Wege). Durchtrennung der Nabelschnur und Ausstoßung der Nachgeburt sind nicht erforderlich. Notwendig ist aber, dass der geborene Mensch, wenn auch
nur für einen kurzen Zeitraum, gelebt hat (§§ 18, 21 PStG nF). Dazu ist eine Lebensäußerung erforderlich,
zB Herzschlag, pulsierende Nabelschnur, natürliche Lungenatmung, Hirntätigkeit. Ohne Bedeutung sind das
Gewicht des Kindes, der Zeitpunkt der Geburt (Frühgeburt), Missbildungen des Geborenen. Nicht notwendig ist ferner die dauernde Lebensfähigkeit des Geborenen. Zur Rechtslage vor Vollendung der Geburt s.u.
Rn 14 ff. Im Falle von besonderen Fallgestaltungen wie der Austragung durch eine Leihmutter oder einen
Embryo-Transfer (zB nach In-Vitro-Fertilisation) bleibt es bei dem rechtlichen Grundsatz, dass leibliche
Mutter immer diejenige Frau ist, aus deren Körper der Nasciturus austritt (vgl Soergel/*Fahse* § 1 Rz 24 ff).

II. Ende. Die Rechtsfähigkeit endet mit dem Tod eines Menschen. Dies und ebenso die Frage, wann der Tod 11
eintritt, hat das Gesetz nicht geregelt, sondern als biologische Tatsache vorausgesetzt (vgl § 1922). Die Feststellung des Todes bedarf daher einer medizinisch-biologischen Feststellung. Davon geht insb auch das TPG
aus, das auf den Tod abstellt, der nach dem aktuellen Stand der medizinischen Wissenschaft festgestellt wird.
In der Praxis ist dies heute regelmäßig der sog **Hirntod**, also der Zeitpunkt, in dem sämtliche Hirnfunktionen endgültig und nicht reversibel ausgefallen sind. Bei Verschollenen kann sowohl eine Todeserklärung als
auch eine Festlegung des Todeszeitpunktes nach dem VerschG vorgenommen werden. Zur Rechtslage nach
dem Tod s.u. Rn 21.

III. Beweislast. Wer sich auf den Beginn der Rechtsfähigkeit und damit die Vollendung der Geburt berufen 12
will, muss dies ebenso beweisen wie die Tatsache des Todes und den (rechtlich relevanten) Todeszeitpunkt.
Für den Beginn der Rechtsfähigkeit gibt das Gesetz auch keine Vermutung. Erleichtert wird der Beweis aber
durch das PStG. Durch Eintragung beweist das Geburtenbuch die Tatsache der lebenden Geburt (§ 54 PStG
nF). Gleiches gilt für den Tod. Auch dort beweist die Eintragung die Tatsache sowie den Ort und den Zeitpunkt des Todes einer Person. In allen Fällen ist aber der Nachweis der Unrichtigkeit der Eintragung zulässig.
Im Falle der Verschollenheit regelt das VerschollenheitsG (v 15.1.51) sowohl die Möglichkeit einer Todeser- 13
klärung wie die gerichtliche Feststellung des Todes sowie des Todeszeitpunktes. Diese gerichtlichen Feststellungen begründen eine widerlegbare Vermutung. Wer sich darauf beruft, dass eine solche Person noch lebt
oder zu einem anderen Zeitpunkt verstorben ist, trägt die Beweislast (vgl § 292 ZPO).

D. Rechtsstellung vor der Geburt. I. Rechtsstellung des Nasciturus. 1. Begriff. Der Gezeugte, aber noch 14
nicht Geborene wird als Nasciturus (Leibesfrucht) bezeichnet. Zeugung ist die Verschmelzung von Eizelle
und Samenzelle. Abw davon regelt das Strafrecht in § 218 I 2 StGB als Beginn des Schutzes der Leibesfrucht
die Einnistung des befruchteten Eis in die Gebärmutter (Nidation). Die Regelung kann für das Privatrecht
nicht gelten (aA Soergel/*Fahse* § 1 Rz 27). Auch wenn der Nasciturus verfassungsrechtlich (vgl BVerfG NJW
93, 1751) oder strafrechtlich schon als geschütztes Rechtssubjekt anzusehen ist, kommt ihm doch kraft aus-

drücklicher Regelung des § 1 noch nicht die (privatrechtliche) Rechtsfähigkeit zu. In Übereinstimmung damit kann der Nasciturus auch im Strafrecht nicht Gegenstand von Mord und Totschlag sein (§§ 211 ff StGB), ist also noch kein Mensch. Der Sondertatbestand der Abtreibung (§ 218 StGB) ist daher die konsequente Schließung einer ansonsten bestehenden Schutzlücke. Die heute im Verfassungsrecht vorherrschende Terminologie, auch der Nasciturus sei bereits ein Mensch, ist daher für das Privatrecht und das Strafrecht nicht hilfreich.

15 **2. Schutzvorschriften.** Auch ohne Rechtsfähigkeit wird der Nasciturus an einigen Stellen des Gesetzes besonders geschützt. Er kann Erbe sein (§ 1923 II), ebenso Nacherbe (§ 2108), Vermächtnisnehmer (§ 2178), ferner wird er als Miterbe geschützt (§ 2043). Er hat Ersatzansprüche wegen Tötung eines Unterhaltsverpflichteten (§ 844 II 2; § 10 II 2 StVG; § 35 II 2 LuftVG; § 5 II 2 HaftpflichtG; § 28 II 2 AtG). Zulässig ist für ihn ein Vertrag zu Gunsten Dritter (§ 331 II), und für ihn kann zur Sicherung künftigen Unterhalts schon vor der Geburt eine einstweilige Verfügung erwirkt werden (§ 1615o). Zur Wahrung der Rechte des Nasciturus kann ein Pfleger bestellt werden (§ 1912). Schließlich wird der Nasciturus iRd gesetzlichen Unfallversicherung einem Versicherten gleichgestellt (§ 12 SGB VII). Alle diese Erwerbs- und Schutztatbestände stehen aber unter der aufschiebenden Bedingung, dass später ein lebend geborenes Kind existiert (s.u. Rn 17).

16 **3. Ausweitung des Schutzes.** Die im G genannten Regelungen schützen den Nasciturus nur lückenhaft. Daher ist in der Praxis seit längerem eine Ausweitung des Schutzes im Wege der Analogie vorgenommen worden. Anerkannt ist das Bestehen von **Schadensersatzansprüchen bei vorgeburtlicher Schädigung**, sei es aus Vertrag mit Schutzwirkung zu Gunsten Dritter oder insb aus § 823 (BGHZ 58, 48; s. § 823 Rn 30). Weiterhin wird man auch außerhalb der §§ 331 II, 1923 II, 2108, 2178 einen Rechtserwerb des Nasciturus zulassen müssen. Über § 844 II 2 hinaus können dem Nasciturus Ersatzansprüche bei Schäden zustehen, die er mittelbar infolge schädigender Handlungen gegen einen Unterhaltsverpflichteten erleidet (MüKo/*Schmitt* § 1 Rz 33).

17 **4. Teilrechtsfähigkeit.** Aus den vorgenannten Regelungen und Analogien wird heute weithin gefolgert, der Nasciturus sei im Privatrecht bereits partiell rechtsfähig (Teilrechtsfähigkeit). Darin liegt ein Missverständnis des Begriffs der Rechtsfähigkeit, die Rechtssubjekten nur als volle Rechtsfähigkeit zustehen kann (s.o. Rn 4). Dies wird praktisch daran deutlich, dass jeder Rechtserwerb des Nasciturus unter der aufschiebenden Bedingung entsteht, dass später ein lebend geborenes Kind existiert. Im Falle einer Totgeburt kommt es nicht zum Rechtserwerb. Schon dies zeigt, dass der Nasciturus zwar gesetzlich geschützt wird, dadurch aber noch nicht zum (teilrechtsfähigen) Subjekt im Privatrecht wird. Er ist daher nicht staatsangehörigkeitsfähig (OVG Bautzen NJW 09, 2839).

18 **II. Rechtsstellung des noch nicht Gezeugten. 1. Begriff.** Der noch nicht Gezeugte, bei dem also die Verschmelzung von Eizelle und Samenzelle noch fehlt (nondum conceptus) kann an sich mangels Vorhandensein eines Zuordnungssubjektes noch keine rechtliche Bedeutung aufweisen. Dennoch hat das Gesetz einzelne rechtliche Anknüpfungspunkte zum Schutz eines künftigen Menschen vorgesehen. Auch diese Rechtspositionen stehen jedoch unter der aufschiebenden Bedingung, dass sie nur vollwirksam entstehen können, wenn später eine Lebendgeburt vorliegt.

19 **2. Rechtslage.** Der noch nicht Gezeugte kann als Nacherbe oder Vermächtnisnehmer eingesetzt werden (§§ 2101 I, 2106 II, 2162, 2178). Möglich ist auch ein Vertrag zu Gunsten Dritter (§ 331 II). Die denkbaren Rechte eines noch nicht Gezeugten werden durch einen Pfleger wahrgenommen (§ 1913). Von Bedeutung für den noch nicht Gezeugten ist weiterhin das **EmbryonenschutzG**, das seit 1.1.91 in Kraft ist. Über die gesetzliche Regelung hinaus wird auch hier im Wege der Analogie ein weitergehender Rechtserwerb für möglich gehalten. So hat die Rspr die **Eintragung einer Hypothek** zu Gunsten eines noch nicht Gezeugten für zulässig erachtet (RGZ 61, 355; RGZ 65, 277). Auch einen Schadensersatzanspruch aus § 823 I hat die Rspr für möglich gehalten, soweit vor Zeugung des Kindes die Mutter geschädigt wurde und dieser Schaden sich auf den später gezeugten Nasciturus und das lebend geborene Kind erstreckt (BGHZ 8, 243).

20 **3. Teilrechtsfähigkeit.** Soweit aus den genannten einzelnen Schutzvorschriften für den noch nicht Gezeugten gefolgert wird, ihm stehe ebenfalls eine beschränkte Rechtsfähigkeit zu (so etwa MüKo/*Schmitt* § 1 Rz 45) verkennt diese Auffassung nicht nur das Wesen der Rechtsfähigkeit (s.o. Rn 3 f), sondern macht auch die mit der angeblichen Teilrechtsfähigkeit verbundenen Missverständnisse dadurch besonders anschaulich, dass hier einem Nullum (einem noch nicht vorhandenen Wesen) bereits (partiell) Rechtsfähigkeit zugewiesen wird. Deshalb ist auch die Figur einer (fingierten) Rechtsfähigkeit abzulehnen (aA *Avenarius* JR 1994, 267).

21 **E. Rechtsstellung nach dem Tod.** Die Rechtsfähigkeit des Menschen endet mit dem Tod (s.o. Rn 11). Dies wird vom Gesetz als biologische Tatsache vorausgesetzt (vgl § 1922). Einen „bürgerlichen" oder rechtlichen Tod (zB durch Eintritt in ein Kloster) kennt die Rechtsordnung nicht. Mit dem Tod geht das Vermögen einer Person auf seine Erben über (§ 1922), immaterielle Güter sind nicht vererbbar und erlöschen mit dem Tod. Dennoch gibt es rechtliche Nachwirkungen nach dem Todeszeitpunkt.

22 **I. Postmortaler Persönlichkeitsschutz.** S.u. § 12 Rn 33.

II. Rechtsstellung der Leiche. Die Leiche und ebenso vom Körper abgetrennte Leichenteile sind als Sachen iSd § 90 anzusehen. An ihnen können sachenrechtliche Rechtsverhältnisse entstehen (s.u. § 90 Rn 6). 23

III. Transplantation. Rechtsfragen im Zusammenhang mit der Transplantation von Körperteilen können bei lebenden Menschen und bei Toten auftreten. Sie sind durch das TransplantationsG v 4.9.07 (BGBl I 2207) geregelt. Da der Körper des lebenden Menschen kein Objekt des Rechtsverkehrs ist, kann die Organspende eines Lebenden nur unter den dort genannten engen Voraussetzungen zulässig sein, also insb nur bei persönlicher Einwilligung. Rechtlich zulässig ist es, bzgl der Organentnahme zur Transplantation nach dem Tode Verfügungen zu treffen. IÜ unterliegt die Transplantation von Organen eines Toten der jeweiligen Zustimmung des Rechtsinhabers. 24

F. Geschlecht. Für die Rechtsfähigkeit im Allgemeinen ist das Geschlecht ohne Bedeutung. Für einzelne Rechtspositionen dagegen hat das Geschlecht vielfältige Bedeutung. Das Privatrecht geht davon aus, dass jede natürliche Person entweder männlichen oder weiblichen Geschlechts ist. Ein Offenlassen iSe Zwitterstellung ist rechtlich nicht möglich. Es entscheidet das „überwiegende" Geschlecht. Bestimmt wird das Geschlecht bei der Geburt an Hand der äußeren Geschlechtsmerkmale. Das Recht geht davon aus, dass dieses Geschlecht für die Lebenszeit unverändert bleibt. Soweit in Ausnahmefällen eine Veränderung der Geschlechtszugehörigkeit in Betracht zu ziehen ist, wird diese durch das TranssexuellenG v 10.9.80 (BGBl I 1654, zuletzt geändert am 17.7.09, BGBl I 1978) geregelt. 25

G. IPR. Die Rechtsfähigkeit von Personen bestimmt sich gem Art 7 EGBGB nach dem Recht des Staates, dem die Person angehört. Würde ein ausländisches Recht einer natürlichen Person die Rechtsfähigkeit allerdings absprechen, so wäre dies nach Art 6 EGBGB mit deutschem Recht unvereinbar (Art 7 EGBGB Rn 14). 26

§ 2 Eintritt der Volljährigkeit. Die Volljährigkeit tritt mit der Vollendung des 18. Lebensjahres ein.

A. Normzweck. Die Norm setzt die Rechtsfähigkeit einer natürlichen Person nach § 1 voraus. Sie regelt die wichtigste Altersstufe des Menschen, nämlich die Volljährigkeit mit 18 Jahren. Bis zum 31.12.74 trat die Volljährigkeit mit dem vollendeten 21. Lebensjahr ein. Heute ist iRd Volljährigkeit die unbeschränkte Geschäftsfähigkeit und die Deliktsfähigkeit (§ 828) also identisch. 1

B. Eintritt der Volljährigkeit. Die Volljährigkeit wird mit Vollendung des 18. Lebensjahres erreicht. Dies ist der Beginn des 18. Geburtstages um 0.00 Uhr (§ 187 II 2). Eine vorzeitige Volljährigkeitserklärung gibt es nicht mehr, ebenso gibt es keine Möglichkeit, die Volljährigkeit hinauszuschieben. 2

C. Wirkungen der Volljährigkeit. Zentrale Wirkung der Volljährigkeit ist die unbeschränkte Geschäftsfähigkeit (vgl §§ 104 ff). Weiterhin tritt die Prozessfähigkeit (§ 52 ZPO), die Ehemündigkeit (§ 1303 I), die unbeschränkte Testierfähigkeit (§ 2247 IV mit § 2229 I) sowie das passive Wahlrecht (Art 38 II GG) ein. Es endet ab diesem Zeitpunkt die elterliche Sorge bzw eine Vormundschaft (§§ 1626 I, 1822). Auch im Verwaltungs- und Sozialrecht ist der Volljährige uneingeschränkt verfahrens- und handlungsfähig (§ 12 I Nr 1 VwVfG, § 11 I Nr 1 SGB X). Mit der Volljährigkeit enden die Erziehungsbeistandschaft, die Vollzeitpflege und die Heimerziehung. 3

D. Privatrechtliche Bedeutung von Altersstufen. Das Privatrecht (und ebenso das Öffentliche Recht) kennen viele weitere rechtlich bedeutsame Altersstufen, von deren Erreichen bestimmte Rechte und Pflichten abhängig sind. Zu Einzelheiten vgl die Übersicht bei MüKo/*Schmitt* § 2 Rz 13; ferner *L. Prütting* Das Lebensalter im privaten und öffentlichen Recht, 1954. Grundprobleme von Altersabstufungen erörtern *Spickhoff* AcP 208, 345 und *Roth* AcP 208, 452. Zur gesetzlichen Entwicklung der Geschäftsfähigkeit und zu den Rechtsfolgen der Geschäftsunfähigkeit vgl *Wedemann* AcP 209, 668. 4

§§ 3 bis 6 – *weggefallen* –

Die §§ 3 bis 6 betrafen Volljährigkeit und Entmündigung. 1

§ 7 Wohnsitz; Begründung und Aufhebung. (1) Wer sich an einem Orte ständig niederlässt, begründet an diesem Orte seinen Wohnsitz.
(2) Der Wohnsitz kann gleichzeitig an mehreren Orten bestehen.
(3) Der Wohnsitz wird aufgehoben, wenn die Niederlassung mit dem Willen aufgehoben wird, sie aufzugeben.

A. Normzweck und Bedeutung. Die Regelung der §§ 7–11 enthält die grundlegenden Aspekte des **Wohnsitzes** (von natürlichen Personen). Demgegenüber haben juristische Personen einen **Sitz** (vgl § 17 I ZPO, beim Verein § 24 und bei der AG § 5 AktG). Der Wohnsitz ist ein sehr wichtiger örtlicher Anknüpfungspunkt und in ganz verschiedenen Rechtsbereichen und Normen von Bedeutung. Im BGB vgl die §§ 132 II, 269, 270, 773 I, 1409 II, 1558, 1786 I, 1944 III, 1954 III. 1

2 **B. Begriff des Wohnsitzes und Abgrenzungen. I. Der Begriff.** Der Wohnsitz ist zu verstehen als der räumliche Mittelpunkt des gesamten Lebens einer Person (RGZ 67, 191, 193; BayObLGZ 84, 289; 1993, 88), wobei nicht das konkrete Haus als Wohnsitz anzusehen ist, sondern der **Ort iSe politischen Gemeinde**. IdS wird allg der Begriff des Ortes in I, 2 ausgelegt. Der Hinweis auf den räumlichen Mittelpunkt kann allerdings nicht als zwingende Festlegung auf **einen** Ort verstanden werden, wie II zeigt (Wohnsitz an mehreren Orten).

3 **II. Abgrenzungen.** Vom Begriff des Wohnsitzes ist zu unterscheiden der Wohnort (Ort einer Wohnung, selbst wenn ein Wohnsitz ausnahmsweise nicht besteht); der gewöhnliche oder ständige Aufenthalt (rein tatsächliches Verweilen einer Person von einer gewissen Dauer oder Regelmäßigkeit auch ohne Wohnsitzwille); der dienstliche Wohnsitz (vgl § 9); die gewerbliche Niederlassung (vorhandene Räume dienen einem bestimmten gewerblichen oder geschäftlichen Zweck) sowie der Mittelpunkt der hauptsächlichen Interessen einer Person (vgl Art 3 EuInsVO für die internationale Zuständigkeit im Insolvenzrecht).

4 **C. Begründung des Wohnsitzes (Abs 1). I. Rechtsnatur.** Die Begründung des Wohnsitzes ist im Kern ein Realakt. Allerdings muss sie von einem Willen getragen werden, der nicht auf eine besondere Rechtsfolge ausgerichtet ist; daher wird die Wohnsitzbegründung nach hM zu Recht als rechtsgeschäftsähnliches Handeln bezeichnet (BGHZ 7, 104, 105).

5 **II. Voraussetzungen.** Die Begründung des Wohnsitzes hat zwei Voraussetzungen. Zunächst muss eine Unterkunft in einem konkreten Aufenthaltsbereich eines Ortes (idR einer Gemeinde) vorliegen. Dies setzt nicht zwingend eine eigene Wohnung voraus, es genügt auch ein gemietetes Zimmer, ein Raum zur Untermiete oder ein ständiger Gasthausaufenthalt. Nicht ausreichend ist eine reine Adressenbegründung oder polizeiliche Anmeldung. Neben der tatsächlichen Unterkunft muss ein **Wille zur Wohnsitzbegründung** (Domizilwille) bestehen (e contrario aus III). Der Wille muss sich auf einen dauernden (ständigen) Aufenthalt beziehen. Daher genügt nicht eine Ferienwohnung oder ein Ferienhaus, der Aufenthalt iRd Wehrpflicht oder in einer Strafanstalt, der Aufenthalt an einem Studienort (BVerfG NJW 90, 2193), in einem Internat oder in einer Krankenanstalt. Im Einzelfall kann dagegen der Arbeitsort einen Wohnsitz darstellen (zB für Hausangestellte mit Familienanschluss).

6 **III. Stellvertretung.** Bei der Wohnsitzbegründung ist nach hM Stellvertretung möglich. Diese kann sich aus einer gesetzlichen Vertretung bei nicht voll Geschäftsfähigen ergeben. Möglich ist auch eine rechtsgeschäftliche Vertretung, zB durch einen Ehepartner bei Haft des anderen.

7 **D. Mehrfacher Wohnsitz (Abs 2).** Gem II ist ein mehrfacher Wohnsitz ausdrücklich gesetzlich vorgesehen, dürfte aber eine echte Ausnahme sein. Denn es müssen zwei verschiedene räumliche Schwerpunkte und der jeweilige doppelte Domizilwille vorliegen. Dafür genügt nicht das eigene Ferienhaus neben der normalen Wohnung, auch nicht die Übernachtungsmöglichkeit am Arbeitsplatz oder die Studentenbude bei weiterhin bestehendem Wohnsitz außerhalb.

8 **E. Aufhebung des Wohnsitzes (Abs 3). I. Aufgabe des Wohnsitzes.** Voraussetzung einer Aufhebung des Wohnsitzes ist es, dass der räumliche Standort faktisch aufgehoben wird und diese Aufhebung mit dem Willen des Betroffenen einher geht. Hierfür genügt nicht die vorübergehende Abwesenheit, auch wenn sie längere Zeit dauern sollte. Auch die polizeiliche Abmeldung ist nicht ausschlaggebend, allenfalls ein Indiz für den Aufhebungswillen. Nicht zur Aufhebung des Wohnsitzes führt insb der Antritt einer Haftstrafe, der Beginn der Wehrpflicht oder einer Wehrübung, der zeitweilige Wechsel an einen Studienort oder in eine Internatsschule, die Aufnahme in eine Krankenanstalt sowie der zeitlich befristete Wechsel in ein Ferienquartier. Insgesamt ist die Aufhebung des Wohnsitzes wie auch die Wohnsitzbegründung kein Rechtsgeschäft, sondern eine rechtsgeschäftsähnliche Handlung.

9 **II. Wohnsitzlose Personen.** Mit der Aufgabe des Wohnsitzes muss nicht zwingend eine neue Wohnsitzbegründung verbunden sein. Soweit es an einer konkreten tatsächlichen Unterkunft iSe Wohnsitzbegründung oder am Domizilwillen fehlt, ist eine Person wohnsitzlos. Auch das G selbst geht ausdrücklich davon aus, dass Personen ohne Wohnsitz sein können (vgl § 16 ZPO). In solchen Fällen knüpft das G (im Falle eines Gerichtsstandes) an den Aufenthaltsort oder (falls ein solcher nicht bekannt ist) an den letzten bekannten Wohnsitz an (§ 16 ZPO).

10 **F. Der Wohnsitz im IPR.** Der Wohnsitz kann auch als Anknüpfungspunkt im IPR von Bedeutung sein. Das deutsche Kollisionsrecht kennt als Anknüpfungspunkte für natürliche Personen va die Staatsangehörigkeit, den Aufenthalt und den Wohnsitz. Dabei ist aber der Wohnsitz heute nur noch von sehr geringer Bedeutung. Allein im Erbrecht findet er noch Berücksichtigung (vgl Art 26 I EGBGB). Darüber hinaus gibt es Staatsverträge mit kollisionsrechtlicher Bedeutung, die den Wohnsitz als Anknüpfungspunkt kennen.

11 **G. Der Wohnsitz im Zivilprozess (Gerichtsstand).** Von zentraler Bedeutung ist der Wohnsitz bei der Bestimmung der örtlichen und internationalen Zuständigkeit natürlicher Personen im Zivilprozess (vgl §§ 13, 15 I, 16, 29c ZPO; ferner §§ 23, 23a, 27, 30 ZPO). Durch den Wohnsitz wird insb der allg Gerichtsstand natürlicher Personen iSv § 12 ZPO festgelegt. Wegen der zwingenden Verknüpfung von Gerichtsbezirken mit

Gemeinden scheidet als Wohnsitz ein Schiff, ein Leuchtturm im Meer oder eine Bohrinsel usw aus. Für die internationale Zuständigkeit im europäischen Raum knüpfen die Art 2, 3, 4 EuGVVO ebenfalls an den Wohnsitz als allg Gerichtsstand an.

§ 8 Wohnsitz nicht voll Geschäftsfähiger.
(1) Wer geschäftsunfähig oder in der Geschäftsfähigkeit beschränkt ist, kann ohne den Willen seines gesetzlichen Vertreters einen Wohnsitz weder begründen noch aufheben.
(2) Ein Minderjähriger, der verheiratet ist oder war, kann selbständig einen Wohnsitz begründen und aufheben.

A. Normzweck. In allen Fällen des § 104 (Geschäftsunfähigkeit) und des § 106 (beschränkte Geschäftsfähigkeit) schließt I eine gewillkürte Wohnsitzbegründung und eine gewillkürte Aufhebung des Wohnsitzes aus. Für beides ist jeweils der **Wille des gesetzlichen Vertreters** erforderlich. Auf einen Betreuten ist § 8 nur anzuwenden, soweit er gem § 104 Nr 2 geschäftsunfähig ist. Der Wille des Betreuers entscheidet in diesen Fällen, wenn sich dessen Aufgabenkreis auf die Aufenthaltsbestimmung erstreckt (§§ 1896, 1902). Ein geschäftsfähiger Betreuter kann seinen Wohnsitz allein begründen und aufheben. 1

B. Wohnsitz nicht voll Geschäftsfähiger (Abs 1). Obgleich die Wohnsitzbegründung nach § 7 nur ein rechtsgeschäftsähnliches Handeln voraussetzt und damit im Grundsatz ein natürlicher Wille zur Wohnsitzbegründung ausreicht (§ 7 Rn 4), schließt § 8 I eine selbständige Wohnsitzbegründung aller Personen, die noch nicht voll geschäftsfähig sind, generell aus. Der Begriff des Wohnsitzes ist dabei mit § 7 identisch. Verlangt wird also neben dem räumlichen Mittelpunkt des gesamten Lebens der Person zugleich ein Domizilwille. Die tatsächliche Niederlassung des Minderjährigen als Realakt muss dieser selbst durchführen, beim Domizilwillen genügt sein eigener natürlicher Handlungswille nicht. Zusätzlich ist zwingend der zustimmende Wille des gesetzlichen Vertreters erforderlich (formlos und konkludent möglich). Im Falle einer Genehmigung (nachträglichen Zustimmung) durch den gesetzlichen Vertreter wirkt diese nach § 184 I auf den Zeitpunkt der tatsächlichen Niederlassung des Minderjährigen zurück. Möglich ist in Ausnahmefällen auch die Begründung mehrerer Wohnsitze, da § 7 II insoweit entspr gilt. Alle für die Wohnsitzbegründung erforderlichen Merkmale gelten auch für die Wohnsitzaufhebung. 2

C. Wohnsitz verheirateter Minderjähriger (Abs 2). Eine Verheiratung eines Minderjährigen und damit ein Fall des § 8 II ist nur möglich, wenn das Familiengericht auf Antrag Befreiung vom Alterserfordernis für Eheschließungen erteilt hat (**§ 1303 II**). In solchen Ausnahmefällen ist der verheiratete oder verheiratet gewesene Minderjährige einem Volljährigen gleichgestellt. Eine Wohnsitzbegründung oder Aufhebung durch den gesetzlichen Vertreter scheidet aus. 3

§ 9 Wohnsitz eines Soldaten.
(1) ¹Ein Soldat hat seinen Wohnsitz am Standort. ²Als Wohnsitz eines Soldaten, der im Inland keinen Standort hat, gilt der letzte inländische Standort.
(2) Diese Vorschriften finden keine Anwendung auf Soldaten, die nur auf Grund der Wehrpflicht Wehrdienst leisten oder die nicht selbständig einen Wohnsitz begründen können.

A. Normzweck. § 9 enthält spezielle Wohnsitzregelungen für Soldaten. Dabei trennt das Gesetz zwischen denjenigen Soldaten, die als Berufs- oder Zeitsoldaten tätig sind (I) und denjenigen Soldaten, die nur ihre kraft Gesetzes bestehende Wehrpflicht ableisten (II). Nicht erfasst von § 9 sind die Beamten und die Zivilbeschäftigten sowie die Ärzte der Bundeswehr, die keine Soldaten iSd SoldatenG sind. Auch auf die Angehörigen des Bundesgrenzschutzes ist § 9 nicht anwendbar. 1

B. Wohnsitz des Soldaten (Abs 1). I weist den Soldaten zwingend einen gesetzlichen Wohnsitz zu. Er ist allerdings nur auf die Berufssoldaten und die Soldaten auf Zeit anwendbar, die voll geschäftsfähig sind. Voraussetzung ist, dass es sich um Soldaten iSd SoldatenG handelt (s.o. Rn 1). Neben § 9 ist auch § 7 II anwendbar, so dass auch Soldaten einen zusätzlichen gewillkürten Wohnsitz begründen können. Der Begriff des Standortes bzw des letzten inländischen Standortes wird durch denjenigen Ort festgelegt, an dem sich die regelmäßige Unterkunft des Truppenteils befindet. An einem solchen Standort ist also idR der dienstliche Wohnsitz mit dem privaten Wohnsitz eines Soldaten vereinigt. Ein Wechsel des Wohnsitzes wird durch Übungen oder befristete Abkommandierungen nicht begründet. Anders ist es bei einem echten Wechsel der Einheit und damit auch des Standortes. 2

C. Ausnahmen von der Vorschrift. II schränkt den Anwendungsbereich der Norm dadurch ein, dass alle diejenigen ausgenommen sind, die eine auf G beruhende Wehrpflicht ableisten. Ferner sind ausgenommen alle nicht voll geschäftsfähigen Soldaten, die aus diesem Grunde nicht selbständig einen Wohnsitz begründen können (vgl § 8). Im Ergebnis gilt somit § 9 I nur für Soldaten, die als Berufs- oder Zeitsoldaten freiwillig einen Wehrdienst ableisten. 3

§ 10 – *weggefallen* –

§ 11 Wohnsitz des Kindes.
¹Ein minderjähriges Kind teilt den Wohnsitz der Eltern; es teilt nicht den Wohnsitz eines Elternteils, dem das Recht fehlt, für die Person des Kindes zu sorgen. ²Steht keinem Elternteil das Recht zu, für die Person des Kindes zu sorgen, so teilt das Kind den Wohnsitz desjenigen, dem dieses Recht zusteht. ³Das Kind behält den Wohnsitz, bis es ihn rechtsgültig aufhebt.

1 **A. Normzweck.** Kinder können, wie es sich aus § 8 ergibt, nicht selbständig einen Wohnsitz begründen oder aufheben. Deshalb weist § 11 ihnen einen gesetzlichen Wohnsitz zu. Dieser ist an die personensorgeberechtigten Eltern gebunden. Allerdings ist § 11 nicht zwingend. Anstelle des gesetzlichen Wohnsitzes kann nach den Regeln der §§ 7, 8 auch ein gewillkürter Wohnsitz begründet werden. Möglich ist ferner die Begründung eines zusätzlichen Wohnsitzes (§ 7 II). Bedeutung hat die Regelung insb für die Bestimmung des **zuständigen Familiengerichts**, aber auch für die Schulpflicht (BGH XII ZB 41/07 u 42/07).

2 **B. Gesetzlicher Wohnsitz des Kindes (S 1). I. Grundsatz.** Das G bestimmt, dass minderjährige Kinder grds den Wohnsitz ihrer Eltern teilen. Dabei wird für die Eltern allerdings das Vorhandensein eines Personensorgerechts vorausgesetzt. Liegt dies nicht oder nur zT vor, so bedarf es einer Bildung der konkreten Fallgruppen (s.u. Rn 3).

3 **II. Fallgruppen.** IRd Wohnsitzbestimmung für das Kind ist zunächst zu trennen, ob die personensorgeberechtigten Eltern zusammen leben oder ob sie getrennt leben. Im letzteren Fall ist danach zu trennen, ob die Personensorge beiden Elternteilen oder nur einem Elternteil zusteht. Von allen genannten Fallgruppen abzutrennen ist der besondere Fall, dass keinem Elternteil das Personensorgerecht zusteht.

4 **1. Zusammenleben der Eltern.** Im Falle zusammen lebender Eltern teilen die Kinder kraft Gesetzes den Wohnsitz der Eltern, sofern beiden Eltern oder mindestens einem Elternteil die Personensorge zusteht. Soweit die Eltern mehr als einen Wohnsitz begründet haben, gilt dieser mehrfache Wohnsitz auch für die Kinder.

5 **2. Getrennt lebende Eltern mit gemeinsamer Personensorge.** Im Falle getrennt lebender Eltern ist nach der gesetzlichen Regelung entscheidend, wem das Personensorgerecht zusteht. Bei gemeinsamer Personensorge beider Elternteile haben die Kinder kraft Gesetzes einen Doppelwohnsitz (BGHZ 48, 228; SächsOVG NJW 06, 1306). Selbst wenn ein Kind erst nach der Trennung der Eltern geboren wird, besteht von der Geburt an ein von beiden getrennten Elternteilen abgeleiteter Doppelwohnsitz.

6 **3. Personensorge für einen Elternteil.** Im Falle getrennt lebender Eltern, bei denen das Personensorgerecht nur einem Elternteil zusteht, ist das Kind kraft Gesetzes als Wohnsitz der Eltern dieses sorgeberechtigten Elternteils zugewiesen. Ohne Bedeutung ist es, aus welchen Gründen es zur Verteilung des Personensorgerechts gekommen ist. Im Einzelfall kann der sorgeberechtigte Elternteil den Wohnsitz des Kindes aufgeben, so dass das Kind seinen Wohnsitz nach den Regeln der §§ 7, 8 bei dem anderen Elternteil begründen kann (Ddorf FamRZ 78, 621).

7 **C. Wohnsitz eines Kindes ohne Sorgerecht der Eltern (S 2).** Den Eltern kann gem § 1666 die Personensorge entzogen sein, so dass ein Vormund oder Pfleger zu bestellen ist. In diesem Falle teilt das Kind den Wohnsitz des jeweiligen Personensorgeberechtigten. Dies gilt auch dann, wenn das Kind faktisch bei seinen Eltern oder einem Elternteil wohnt. Gleichzustellen ist der Fall, dass die Eltern nicht bekannt sind. In diesem Fall wird gem §§ 1773 II, 1774 vAw ein Vormund bestimmt. Nach dessen Wohnsitz bestimmt sich auch der Wohnsitz des Kindes.

8 **D. Aufgabe des Wohnsitzes (S 3).** Den gesetzlich bestimmten Wohnsitz eines minderjährigen Kindes behält dieses, bis es ihn nach den §§ 7, 8 wirksam aufgibt. Dies gilt insb dann, wenn das Kind volljährig wird. Wohnt ein Volljähriger weiterhin bei seinen Eltern, so wird der gesetzliche Wohnsitz des § 11 zum gewillkürten Wohnsitz des § 7 ohne tatsächliche Wohnsitzveränderung. Bis zur Volljährigkeit entscheidet über die Aufgabe des Wohnsitzes der Wille des gesetzlichen Vertreters (§ 8). Sind also beide Eltern vertretungsberechtigt, so können sie den Wohnsitz des Kindes nur gemeinsam aufheben. Gibt ein Elternteil seinen Wohnsitz auf, so geschieht dies auch mit Wirkung für die Kinder. Soweit beide Eltern ihren Wohnsitz ersatzlos aufgeben, werden auch Kinder wohnsitzlos. Dies gilt nicht, wenn beide Elternteile das Personensorgerecht verlieren. In diesem Falle bleibt der letzte vorhandene Wohnsitz so lange bestehen, bis ein Vormund oder Pfleger den Wohnsitz nach den Regeln der §§ 7, 8 verändert. Ein automatischer Verlust des Wohnsitzes tritt auch nicht beim Tode eines oder beider Elternteile ein. Auch hier gilt 3.

§ 12 Namensrecht.
¹Wird das Recht zum Gebrauch eines Namens dem Berechtigten von einem anderen bestritten oder wird das Interesse des Berechtigten dadurch verletzt, dass ein anderer unbefugt den gleichen Namen gebraucht, so kann der Berechtigte von dem anderen Beseitigung der Beeinträchtigung verlangen. ²Sind weitere Beeinträchtigungen zu besorgen, so kann er auf Unterlassung klagen.

§ 12 Namensrecht

Inhaltsübersicht

	Rn		Rn
A. Normzweck	1–4	III. Das Recht auf eine Privatsphäre autonomer Lebensgestaltung	29
B. Das Namensrecht	5–25	IV. Datenschutz	30
I. Wesen und Inhalt	5–9	D. Das allg Persönlichkeitsrecht (APR)	31–55
1. Namensarten	5–7	I. Entwicklung	31
2. Namensrecht	8	II. Aktueller Stand der Rspr	32
3. Namensführungspflicht	9	III. Der Tatbestand des allg Persönlichkeitsrechts	33–38
II. Anwendungsbereich	10–13	1. Rechtsträger	33, 34
1. Räumlicher Schutzbereich	10	2. Verletzungshandlung	35, 36
2. Zeitlicher Schutzumfang	11	3. Rechtswidrigkeit	37
3. Übertragbarkeit	12	4. Verschulden	38
4. Namensänderung	13	IV. Ansprüche des Verletzten	39–44
III. Verletzung des Namensrechts	14–18	V. Fallgruppen	45–55
1. Namensleugnung	15	1. Ehrenschutz	45
2. Namensanmaßung	16, 17	2. Identitätsschutz	46
3. Andere Verletzungshandlungen	18	3. Entfaltungsschutz	47
IV. Rechtsfolgen der Verletzung	19–23	4. Belästigungsschutz	48
1. Beseitigungsanspruch	19	5. Ausspähungsschutz	49
2. Unterlassungsanspruch	20	6. Fixierungsschutz	50
3. Vorbeugender Unterlassungsanspruch	21	7. Verbreitungsschutz	51
4. Schadensersatzanspruch	22	8. Kommerzialisierungsschutz	52
5. Bereicherungsanspruch	23	9. Namensschutz	53
V. Konkurrenzen	24	10. Datenschutz	54
VI. Entsprechende Anwendung	25	11. Vertraulichkeits- und Identitätsschutz bei Informationstechnik	55
C. Weitere besondere Persönlichkeitsrechte	26–30		
I. Das Recht am eigenen Bild	27		
II. Das Recht der persönlichen Ehre	28		

A. Normzweck. Die Norm ist seit 1.1.1900 unverändert. Sie regelt mit dem Namensrecht ein wichtiges einzelnes Persönlichkeitsrecht aus dem Kreis der sog besonderen Persönlichkeitsrechte (s.u. Rn 26). Das BGB kennt aber weder eine vollständige Regelung der besonderen Persönlichkeitsrechte noch das allg Persönlichkeitsrecht (s.u. Rn 31). Daher ist § 12 zu einer wichtigen normativen Basis für die Fortentwicklung des Persönlichkeitsrechts und ebenso für die nähere Ausprägung des (ebenfalls im BGB nicht geregelten) allg Beseitigungs- und Unterlassungsanspruchs geworden (vgl dazu § 1004 Rn 6, 7). 1

Mit dem Namen, den jede natürliche und jede juristische Person inne hat, wird die Individualität des Rechtssubjekts verdeutlicht. Der Name repräsentiert also idR die Rechtsperson und kennzeichnet damit ihre Identität (**Individualisierungsfunktion**). Das Namensrecht ist verfassungsrechtlich in Art 1, 2 I GG verankert (BVerfG JZ 82, 798; *Hubmann* Das Persönlichkeitsrecht 276 ff). Zum Streit, ob namensrechtliche Vereinbarungen möglich sind, *v Oertzen/Engelmeier* FamRZ 08, 1133. 2

Der Name hat ferner eine **Zuordnungsfunktion**. Im Familienrecht (vgl § 1355) und Erbrecht ebenso wie im gesamten Geschäftsverkehr dient der Name der Zuordnung einer Person zu einer bestimmten Familie, einer bestimmten Unternehmensbezeichnung usw. Diese Zuordnungsfunktion wird auch dadurch deutlich, dass an der gesetzlichen Regelung des Namensrechts ein öffentliches Interesse besteht, da auch im öffentlichen Recht die Zuordnungsfunktion von großer Bedeutung ist (**Ordnungsfunktion**). 3

Die Regelung des Namensrechts in § 12 ist nach der Systematik des BGB zunächst nur für natürliche Personen gedacht gewesen. Heute ist es aber einhellige Auffassung, dass **§ 12 analog auch auf juristische Personen** sowie auf alle Arten von Vereinen und Gesellschaften anzuwenden ist (s.u. Rn 25). Besondere Regelungen finden sich im HGB für die Handelsfirma. Nach § 17 I HGB ist die Firma eines Kaufmanns der Name, unter dem er seine Geschäfte betreibt (zu den Einzelheiten s. §§ 17–37a HGB). Abzutrennen vom Namensrecht ist schließlich auch die Marke, durch die die Herkunft einer Ware oder einer Dienstleistung gekennzeichnet wird. Für sie finden sich spezielle Regelungen im MarkenG. 4

B. Das Namensrecht. I. Wesen und Inhalt. 1. Namensarten. Beim Namen als einer schriftlich und mündlich zum Ausdruck kommenden Kennzeichnung einer Person sind verschiedene Arten und Formen zu unterscheiden. Zu trennen ist zunächst der **Zwangsname** (die Führung eines Namens ist gesetzlich zwingend vorgeschrieben) vom **Wahlnamen** (die Namensführung ist frei wählbar und frei änderbar). Als Zwangsnamen hat das Gesetz für die natürliche Personen den bürgerlichen Namen vorgesehen, für juristische Personen den Namen iVm der Rechtsform, für Kaufleute die Firma. Innerhalb der bei § 12 zunächst erfassten natürlichen Personen ist beim bürgerlichen Namen zu trennen zwischen dem **Familiennamen** (durch Geburt oder durch Eheschließung erworben), dem einen (oder mehreren) **Vornamen**, der durch die mit der Personensorge ausgestatteten Personen verliehen wird, und den **sonstigen Namen**. Der Vorname muss dem Standesbeamten innerhalb einer Frist von einem Monat nach der Geburt eines Kindes angezeigt und von ihm im Geburten- 5 buch vermerkt werden (§§ 2 I, 3 I Nr 3, 21 I Nr 1 PStG; zum Vornamen *Grünberger* AcP 207, 314). Bei der Wahl des Vornamens sind die Eltern frei bis an die Grenzen der Beeinträchtigung des Kindeswohls (BGH NJW 08, 2500). **Nachträgliche Änderungen** eines Familiennamens oder eines Vornamens sind nur mit Zustimmung der jeweiligen Verwaltungsbehörde und bei Vorliegen eines wichtigen Grundes durch Verwaltungsakt möglich (s.u. Rn 13). Sonstige Namen einer Person, die sich vom sog bürgerlichen Namen unterscheiden (also Wahlnamen) sind Künstlernamen, Pseudonyme, Decknamen usw. Ein Auftreten in der Öffentlichkeit unter solchen selbst gewählten sonstigen Namen ist grds zulässig. Bei Erklärungen ggü Behörden muss jedoch der bürgerliche Name verwendet werden. IRe Prozessführung genügt dagegen als Name jede Bezeichnung, die Zweifel hinsichtlich der Identität ausschließt. So kann etwa ein Kaufmann unter dem Namen seiner Firma klagen und verklagt werden (§ 17 II HGB). Die Wirksamkeit von Rechtsgeschäften ist nicht von der Benutzung des bürgerlichen Namens abhängig. Zu Regelungen bezüglich eines Doppelnamens hat der Gesetzgeber einen weiten Ermessensspielraum (EGMR FamRZ 08, 1507).

6 Bestandteil des Familiennamens sind nach Art 109 III 2 WeimRV die **Adelsprädikate**, soweit sie vor dem 14. 8. 1919 erworben wurden. Art 109 WeimRV gilt heute als einfaches Bundesrecht fort. Nicht zum bürgerlichen Namen gehören dagegen **Ordensvornamen**, die der jeweilige Träger als Mitglied einer geistlichen Gemeinschaft wählt oder erhält. Nicht zum bürgerlichen Namen gehören auch alle Zusätze, die eine Person als Besitzer eines Hofes ihrem Familiennamen anfügt. Nicht zum Familiennamen gehören selbstverständlich auch alle Wahlnamen wie insb das Pseudonym. Weiterhin gehören nicht zum bürgerlichen Namen die **akademischen Titel und Berufsbezeichnungen**. Die besonderen **deutschen** akademischen Grade (Magister, Diplom, Doktor, Lizentiat, Bachelor, Master) sind zwar kein Namensbestandteil, sie dürfen aber wie ein Namensbestandteil geführt werden. An einer **ausländischen** Hochschule erworbene akademische Grade dürfen erst nach behördlicher Genehmigung geführt werden. Der Doktorgrad wird sogar in den Pass und den Personalausweis als Angabe über die Person des Inhabers eingetragen. Für alle diese akademischen Grade gilt § 12 analog. Bei Bestreiten eines solchen Titels steht dem Träger das Klagerecht zu. Uneinheitlich ist die Rechtslage im Hinblick auf den Professorentitel (*Zimmerling* Akademische Grade und Titel 1990, 75 ff). Im Ergebnis kann die akademische Bezeichnung „Universitätsprofessor" oder „Professor" während der Zugehörigkeit einer Person zu einer Hochschule als Namensbestandteil geführt werden. Bei den hauptamtlichen Professoren iSd Hochschulrechts ist diese akademische Bezeichnung grds unverlierbar, auch wenn sie die Hochschule verlassen oder in Ruhestand gehen.

7 Nicht zum Namen gehören Kennzeichen anderer Art wie der **Internet-Domain-Name**. Dabei handelt es sich grds nur um eine Adresse, wobei Domains auch wie Namen benutzt werden können. Im Ergebnis wird heute § 12 auf solche Kennzeichen analog angewendet, soweit der Domain eine Individualisierungsfunktion zukommt (verneint für „Mahngericht.de" Köln NJW-RR 06, 187). Soweit allerdings Bestandteil einer Internet-Domain ein Name ist, fällt die Domain mit ihrer Registrierung unter den Schutz von § 12. Dies gilt für natürliche Personen ebenso wie für juristische Personen und Gebietskörperschaften (BGH WRP 07, 76 – solingen.de; BGHZ 149, 191 – shell.de; BGHZ 155, 273 – maxem.de; BGH GRUR 04, 619 – biedenkopf.de; BGHZ 169, 193 – Kinski-Klaus.de; BGHZ 171, 104 – grundke.de). Verlangt wird von der Rspr eine Zuordnungsverwirrung. Bei mehreren Gleichnamigen gilt das Prioritätsprinzip, falls nicht übergeordnete Interessen einer Seite bestehen (BGHZ 149, 191 shell.de). Namensschutz kann in gleicher Weise auch Abkürzungen, Buchstabenkombinationen oder Zahlen (zB 4711) zukommen, wenn diese in der Öffentlichkeit einen namensähnlichen Charakter aufweisen. Nicht zu den Namen gehören schließlich Wappen, Embleme und Bildzeichen, die sich nicht sprachlich als Namen ausdrücken. Aber auch diesen Zeichen wird heute der Schutz des § 12 analog zugebilligt.

8 **2. Namensrecht.** Alle gesetzlich erlaubten Namen unterstehen dem Schutz des Gesetzes. Das Namensrecht ist ein ein absolutes Recht und zugleich Teil des Persönlichkeitsrechts. Als spezielle Ausprägung ist das Namensrecht und damit § 12 lex specialis ggü dem allg Persönlichkeitsrecht.

9 **3. Namensführungspflicht.** Für alle Zwangsnamen und damit insb für den bürgerlichen Namen, den § 12 ursprünglich ausschließlich meinte, besteht eine Namensführungspflicht. Für den bürgerlichen Namen ergibt sich dies aus § 111 OWiG, für die Firma aus §§ 29, 37a HGB; vgl ferner §§ 15a, 15b GewO, § 1 II PersonalausweisG, §§ 1, 4 I PassG, §§ 21 I Nr 1, 22 PStG, § 79 AktG.

10 **II. Anwendungsbereich. 1. Räumlicher Schutzbereich.** Der Schutz des § 12 für den bürgerlichen Namen bezieht sich auf das gesamte Bundesgebiet. Lediglich im Handels- und Unternehmensrecht gibt es für Firmen und Geschäftsbezeichnungen Einschränkungen. Bei grenzüberschreitenden Sachverhalten gilt für die rechtliche Beurteilung des Namens das Personalstatut. Maßgebend ist das Recht des Heimatstaates (BGHZ 56, 193, 195; 72, 163, 165). In Deutschland kann der Namensschutz eines ausländischen Namens nicht weiter gehen als das deutsche Recht selbst (BGHZ 39, 220, 233; 8, 318).

11 **2. Zeitlicher Schutzumfang.** Der Schutz des Namens beginnt mit dem Namenserwerb kraft Geburt, Eheschließung, Einbenennung oder Adoption. Bei Wahlnamen entsteht ein rechtlicher Schutz mit der Benutzung des jeweiligen Namens, bei Internet-Domains mit der Registrierung. Grds erlischt das Namensrecht mit dem

Tode des Menschen (BGHZ 8, 318, 324; BGHZ 169, 193). Allerdings kann das Namensrecht als Teil des Persönlichkeitsrechts auch nach dem Tod des Namensträgers vor Missbrauch geschützt werden. Die Schutzdauer der vermögenswerten Namensbestandteile wird vom BGH auf 10 Jahre begrenzt, die Schutzdauer der ideellen Bestandteile besteht darüber hinaus fort (BGHZ 169, 193). Die Wahrnehmung dieses postmortalen Persönlichkeitsschutzes obliegt den Angehörigen (s.u. Rn 33).

3. Übertragbarkeit. Soweit das Namensrecht Teil des Persönlichkeitsrechts ist, ist es nicht übertragbar. Im geschäftlichen Verkehr ist allerdings die Einräumung eines Nutzungsrechts am Namen zulässig (BGHZ 119, 237, 240). Soweit dagegen im Handels-, Gesellschafts- und Wirtschaftsrecht eine namensmäßige Kennzeichnung geschäftlichen oder sonstigen wirtschaftlichen Zwecken dient, ist eine Übertragbarkeit und Vererblichkeit des Namens zu bejahen (vgl §§ 22 ff HGB). 12

4. Namensänderung. Die Änderung des Namens einer natürlichen Person (Zwangsname) ohne staatliche Genehmigung ist ausgeschlossen. Für eine Namensänderung bedarf es eines Antrags bei der zuständigen Verwaltungsbehörde und eines gesetzlichen Änderungsgrundes (§§ 3, 5 NÄG v 5.1.38 iVm ErgG v 29.8.61). Bei Zweifel über den richtigen Familiennamen sieht § 8 I NÄG ein Verfahren zur Feststellung des Familiennamens mit allg verbindlicher Wirkung vor. Zur **Namensangleichung** bei Wechsel vom ausländischen zum deutschen Recht gilt ab 1.1.09 Art 47 EGBGB. Zum Vornamen s.o. Rn 5. 13

III. Verletzung des Namensrechts. Eine Verletzungshandlung gem § 12 ist negativ möglich als Namensleugnung oder Namensbestreitung, positiv ist sie möglich als Namensanmaßung oder unzulässiger Namensgebrauch. Jede andere Verletzungshandlung fällt nicht unter § 12 (s.u. Rn 18). Erforderlich ist, dass der Störer in irgendeiner Weise willentlich und adäquat kausal zur Verletzung des Namensrechts beiträgt (BGH WRP 06, 1225). Zur Störerhaftung des Betreibers einer Auktionsplattform im Internet Brandbg NJW-RR 06, 1193. 14

1. Namensleugnung. Eine Verletzung des Namensrechts ggü dem Inhaber in negativer Form (Namensleugnung, Namensbestreitung) stellt es dar, wenn diesem das Recht zum Gebrauch des Namens in irgendeiner Form bestritten wird, zB durch dauernde Falschbezeichnung oder unrichtige Schreibweise. 15

2. Namensanmaßung. Eine positive Verletzung des Namensrechts in Form der Namensanmaßung liegt vor, wenn ein Dritter den Namen unbefugt verwendet und dadurch das schutzwürdige Interesse des Namensträgers beeinträchtigt. Dabei liegt der **Gebrauch** eines fremden Namens in der Verwendung des gleichen oder eines verwechslungsfähigen Namens. Für eine solche Verletzung durch Gebrauch desselben oder eines verwechslungsähnlichen Namens oder durch die Nutzung eines aussagekräftigen Bestandteils des Namens ist die Auffassung der jeweils beteiligten Verkehrskreise von entscheidender Bedeutung. Ein Gebrauch eines fremden Namens liegt nicht nur in der unbefugten Benutzung einer Person für sich selbst, sondern auch in der unzulässigen Bezeichnung einer dritten Person. Die Verletzungshandlung kann auch in einem sonstigen Gebrauch des Namens für wirtschaftliche Zwecke, insb für Werbemaßnahmen liegen. Immer erforderlich ist für einen Anspruch aus § 12 jedoch die **Verwechslungsgefahr** in Bezug auf den Namen (BGHZ 119, 237, 245; BGH NJW–RR 02, 1401). **Unbefugt** ist der Gebrauch eines fremden Namens, wenn er dem Nutzer weder originär noch auf Grund einer vertraglichen Berechtigung zusteht (BGH WRP 06, 1225). Im Falle des bürgerlichen Namens scheidet eine unbefugte Nutzung generell aus, wenn der benutzte Namen dem Nutzer aus öffentlich-rechtlichen Vorschriften zukommt. Entspr ist die Nutzung eines fremden bürgerlichen Namens nicht unbefugt, wenn dem Nutzer eine besondere Gestattung zur Seite steht. Bei Gleichnamigkeit eines bürgerlichen Namens liegt kein unbefugter Namensgebrauch vor. Anders ist es bei Wahlnamen, bei denen der Grundsatz der Priorität gilt. Ausnahmsweise kann die Benutzung des eigenen Namens unbefugt sein, wenn damit die wirtschaftliche Ausbeutung des Rufs eines bekannten gleichnamigen Unternehmens beabsichtigt ist (BGHZ 4, 96, 100). IÜ bedarf es bei der Führung identischer oder verwechslungsfähiger Namen einer umfassenden **Interessenabwägung**, ob im Einzelfall ein unbefugter Namensgebrauch zu bejahen ist. In der Praxis wird dies nur im Bereich der Verwendung geschäftlicher Kennzeichnungen in Betracht kommen. Hier kann es erforderlich sein, durch eine Beifügung unterscheidungskräftiger Zusätze zu einer Lösung von Konfliktsfällen zu kommen. Neben dem Gesichtspunkt der Priorität und der Zumutbarkeit sind in Konfliktfällen aber auch die Zeitdauer der Benutzung sowie ein Besitzstand der Namensinhaber zu berücksichtigen. 16

Schließlich setzt ein Anspruch nach § 12 voraus, dass durch die unbefugte Nutzung eines Namens die **geschützten Interessen** des Berechtigten verletzt werden. Es ist anerkannt, dass dabei der Begriff des Interesses sehr weit auszulegen ist. Geschützt sind neben wirtschaftlichen Interessen auch persönliche und ideelle Interessen. Selbst ein reines Affektionsinteresse kommt in Betracht (BGHZ 8, 314, 322; 43, 245, 255; 124, 181). Ausreichend als Interessenverletzung ist danach in aller Regel das Entstehen einer Verwechslungsgefahr oder die Tatsache, dass der benutzte Name in einem Zusammenhang oder in irgendeiner Weise zu missbilligenden Gesichtspunkten gebracht wird. Zu verneinen ist die Schutzwürdigkeit bei einer nur sehr geringen Interessenverletzung (BGH NJW 91, 1532, 1534). Neben der Verwechslungsgefahr kann auch als Verletzungshandlung eine sog Verwässerungsgefahr in Betracht kommen. 17

18 **3. Andere Verletzungshandlungen.** Soweit eine Verletzung des Namens nicht in einer Namensleugnung oder einer Namensanmaßung besteht, sondern in anderer Weise eine Beeinträchtigung vorliegt, durch die eine Persönlichkeitsverletzung zu bejahen ist (insb unbefugte Namensnutzung in Literatur oder Theater usw), scheidet ein Anspruch nach § 12 aus. Hier kommen idR Ansprüche aus § 823 in Betracht (s.u. Rn 22).

19 **IV. Rechtsfolgen der Verletzung. 1. Beseitigungsanspruch.** 1 gibt ausdrücklich einen Anspruch auf Beseitigung und stimmt damit in der Regelung mit § 862 I 1 und § 1004 I 1 überein. Der Anspruch steht dem Berechtigten zu und richtet sich auf Beendigung des störenden Zustandes. Im Einzelnen kann dies bei Namensbestreitung ein **Anspruch auf Widerruf** sein. Im Falle der Namensanmaßung richtet sich der Beseitigungsanspruch auf Tilgung aller durch die Namensbenutzung hervorgerufenen Folgen sowie auf eine Verhaltensänderung, etwa durch künftige Namensverwendung mit einem unterscheidungskräftigen Zusatz. Auch der Anspruch auf **Löschung eines Domain-Namens** ist möglich (vgl BGH MDR 04, 1131). Ein Verschulden ist für diesen Anspruch nicht erforderlich (zu Einzelheiten s.u. § 1004 Rn 6, 7).

20 **2. Unterlassungsanspruch.** 2 sieht ebenso wie § 862 I 2 und § 1004 I 2 einen Unterlassungsanspruch vor, wenn weitere Beeinträchtigungen zu besorgen sind. Die Verletzung des Namensrechts muss also eine **Wiederholungsgefahr** in sich tragen. Eine solche Wiederholungsgefahr wird bei bereits vorliegender widerrechtlicher Benutzung regelmäßig zu vermuten sein. Der Unterlassungsanspruch ist nicht von einem Verschulden des Verletzers abhängig (zu Einzelheiten s.u. § 1004 Rn 6, 7).

21 **3. Vorbeugender Unterlassungsanspruch.** Obwohl der Gesetzeswortlaut ausdrücklich darauf abstellt, dass im Falle einer Unterlassung weitere Beeinträchtigungen zu besorgen sind, ist heute allg anerkannt, dass auch die **erstmalige drohende Beeinträchtigung** einen Unterlassungsanspruch auslösen kann. Auch hierfür ist ein Verschulden des möglichen künftigen Verletzers nicht erforderlich. Der Anspruch auf Unterlassung bei Erstbegehungsgefahr (also bei drohender erstmaliger Beeinträchtigung) wird in der Praxis nicht selten als vorbeugender Unterlassungsanspruch bezeichnet. Diese Bezeichnung ist insofern missverständlich, als jeder Unterlassungsanspruch vorbeugender Natur ist. Richtigerweise wird man trennen müssen zwischen Unterlassungsansprüchen bei Wiederholungsgefahr und bei Erstbegehungsgefahr. Der Nachweis, dass ein unzulässiger Eingriff erstmalig drohend bevorsteht, muss durch konkrete Indizien bewiesen werden.

22 **4. Schadensersatzanspruch.** § 12 kennt keinen Schadensersatzanspruch. Ein solcher kann sich nur aus § 823 I bei Verletzung eines sonstigen absoluten Rechts ergeben. Dies setzt schuldhaftes Handeln voraus. Das verletzte sonstige Recht kann das allg Persönlichkeitsrecht sein. Allerdings kommt bei schwerwiegenden Eingriffen in das Persönlichkeitsrecht auch für immateriellen Schaden ein Geldersatz in Betracht. Die Berechnung des Schadens kann wie im Immaterialgüterrecht auf dreifache Weise erfolgen. So kann neben dem Differenzschaden eine angemessene Lizenzgebühr oder die Herausgabe des Verletzergewinns verlangt werden (BGHZ 57, 116, 117; 60, 206, 208; BGH NJW 08, 373 m Anm *Loschelder*).

23 **5. Bereicherungsanspruch.** Ein Bereicherungsanspruch gem § 812 I 1, 2 Alt (Eingriffskondiktion) kommt in Betracht, wenn der Verletzer mit der unbefugten Nutzung des Namens in ein Recht eingegriffen hat, dessen Vorteile allein dem Verletzten zugewiesen sind. Dies ist im Falle des Namensrechts wie des allg Persönlichkeitsrechts bei unbefugten Eingriffen zu bejahen. Der Anspruch aus Eingriffskondiktion ist verschuldensunabhängig. Herauszugeben ist dasjenige, was der Verletzer durch den Eingriff erlangt hat. Auch hier kommt allerdings die Berechnung des Erlangten nach den Grundsätzen einer angemessenen Lizenzgebühr in Betracht (BGHZ 86, 90; BGH GRUR 90, 1008, 1009).

24 **V. Konkurrenzen.** Nach der Rspr schließen die handelsrechtlichen und wettbewerbsrechtlichen Sondervorschriften (vgl §§ 37 II HGB, 14, 15 MarkenG) § 12 nicht aus und umgekehrt. Auch das Deliktsrecht kommt neben § 12 zur Anwendung (BGH NJW 71, 1522; BGHZ 11, 214, 215; 36, 252, 254 ff; 43, 359, 361; 149, 195; aA MüKo/*Bayreuther* Rz 5).

25 **VI. Entsprechende Anwendung.** § 12 bezieht sich nach seiner systematischen Stellung an sich nur auf den Namen natürlicher Personen. Unstr wird § 12 heute aber auch auf alle juristischen Personen sowie auf alle Gesellschaften ohne Rechtspersönlichkeit angewendet. Weiterhin fallen unter den Schutz des § 12 in Überschneidung mit den §§ 17 ff HGB auch die Firma sowie alle sonstigen Unternehmenskennzeichen, die eine namensähnliche Funktion im Wirtschaftsrecht haben. Weiterhin genießen den Namensschutz analog § 12 diejenigen Kennzeichen anderer Art, die Unterscheidungskraft besitzen, so zB Domainnamen (BGH ZIP 05, 2271; vgl auch Köln NJW-RR 06, 187; s. o. Rn 7), Abkürzungen, Buchstabenkombinationen und Zahlen mit Namensfunktion. Ähnliches gilt für Wappen, Embleme und Bildzeichen von anerkannter Unterscheidungskraft. Dies gilt etwa für das Kennzeichen des Roten Kreuzes (BGHZ 126, 287), für Wappen (BGHZ 119, 237) sowie für die Führung von Titeln (Soergel/*Heinrich* Rz 157).

26 **C. Weitere besondere Persönlichkeitsrechte.** Das G kennt in unterschiedlichen Zusammenhängen eine Reihe besonders abgrenzbarer Bereiche der Persönlichkeit, die iRv § 12 nur kurz aufzuzählen sind (im Einzelnen insb *Helle* Besondere Persönlichkeitsrechte im Privatrecht 1990).

Namensrecht § 12

I. Das Recht am eigenen Bild. Neben dem Namensrecht gibt es eine eigene normative Regelung zum Schutz 27
des Rechts am eigenen Bild (§§ 22 ff KUG). Der Bildnisschutz stellt neben dem Namensschutz einen besonders wichtigen Aspekt iRd Schutzes besonderer Persönlichkeitsrechte dar (zu Einzelheiten s. MüKo/*Rixecker*
Allg PersönlR Rz 40 ff; Erman/*Ehmann* § 12 Anh Rz 165 ff). Zum abgestuften Schutzkonzept der §§ 22, 23
KUG vgl BGH NJW 08, 749 u 1593; BVerfG NJW 08, 1793; dazu *Lettl* NJW 08, 2160; *Frenz* NJW 08, 3102;
Starck JZ 08, 634.

II. Das Recht der persönlichen Ehre. Ein besonderer Aspekt des Persönlichkeitsrechts ist der Schutz vor 28
Angriffen auf die persönliche Ehre. Er wird heute nach allg Meinung als sonstiges Recht iRv § 823 I berücksichtigt. Darüber hinaus besteht eine normative Verankerung in besonderen Fällen in § 824 sowie im strafrechtlichen Ehrenschutz (§§ 185 ff StGB iVm § 823 II). Zu den Einzelheiten s. MüKo/*Rixecker* Allg PersönlR
Rz 73 ff; Erman/*Ehmann* § 12 Anh Rz 18 ff.

III. Das Recht auf eine Privatsphäre autonomer Lebensgestaltung. Ein weiteres insb durch die Rspr aus- 29
geformtes besonderes Persönlichkeitsrecht ist der Schutz des persönlichen Bereichs einer Person, insb der
Privatsphäre einer autonomen Lebensgestaltung. Geschützt wird hier die Person vor einem unzulässigen
Belauschen und Aufnahme ihrer Worte auf Tonträger, vor unzulässiger Beobachtung der Person und fotografischem Festhalten aller Bewegungen, vor unzulässiger Ausforschung persönlicher Geheimnisse, vor
unzulässigem Eindringen in persönliche Informationen durch Öffnen von Briefen und Lesen von Tagebüchern, durch Schutz von Personalakten und persönlichkeitsbezogenen Daten, schließlich durch Schutz vor
Belästigung in Form von aufgedrängter Werbung und anderer unzulässiger Konfrontation (im Einzelnen vgl
hierzu MüKo/*Rixecker* Allg PersönlR Rz 84 ff; Erman/*Ehmann* § 12 Anh Rz 113 ff, 153 ff; *Hohmann-Dennhardt* NJW 06, 545; *Balthasar* Der Schutz der Privatsphäre im Zivilrecht, 06).

IV. Datenschutz. Ein weiteres besonderes Persönlichkeitsrecht ist das **Recht auf informationelle Selbstbe-** 30
stimmung (BVerfGE 65, 1 Volkszählung; *Buchner* Informationelle Selbstbestimmung im Privatrecht, 06).
Geschützt wird der Einzelne davor, dass seine personenbezogenen Daten nicht durch Nutzung, Verarbeitung,
Speicherung oder Weitergabe zu einer Beeinträchtigung seines Persönlichkeitsrechts führen (§ 8 II BDSG).
Dies umfasst zB auch den Schutz vor heimlich veranlassten DNA-Vaterschaftsanalysen (BGHZ 162, 1) sowie
vor Online-Durchsuchungen (BVerfG NJW 08, 822); s.u. Rn 55.

D. Das allg Persönlichkeitsrecht (APR). I. Entwicklung. Die Verfasser des BGB haben die Frage der Aner- 31
kennung eines umfassenden APR diskutiert, letztlich seine Aufnahme in das BGB aber abgelehnt. Diese
Grundentscheidung des Gesetzgebers hat das RG stets beachtet. Hintergrund war va die Befürchtung allzu
großer Schwierigkeiten bei der Anwendung und der Bestimmung der Grenzen eines solchen APR. Seit langem ist freilich offenkundig, dass diese gesetzgeberische Entscheidung zu großen Schutzlücken führt. Der
Einfluss der Medien und die technischen Entwicklungen haben zu immer größeren Gefahren des Eindringens
einzelner oder der Öffentlichkeit in die Privatsphäre oder gar die Intimsphäre geführt. So hat der BGH auf
der Basis der Art 1, 2 GG schon nach 1949 eine radikale Rechtsprechungsänderung vollzogen. Bereits
1954 hat er ein **APR anerkannt** (BGHZ 13, 334 Leserbrief; 20, 345 Paul Dahlke; 24, 200 Spätheimkehrer), ab
1958 hat der BGH dann auch einen **Geldersatz für immaterielle Schäden** bei Verletzung des Persönlichkeitsrechts anerkannt (BGHZ 26, 349 *Herrenreiter*). Mit der weiteren Entwicklung in der Rspr hat der BGH eine
inhaltliche Präzisierung des generalklauselartigen Tatbestand des APR vorgenommen und dabei auch die
erforderlichen Wertentscheidungen und Abwägungen mit anderen geschützten Rechten vorgenommen
(BGHZ 30, 7 Caterina Valente; 31, 308 Burschenschaft; 35, 363 Ginseng-Wurzel; 39, 124 Fernsehansagerin;
50, 133 Mephisto; 107, 384 Nolde; 128, 1 Caroline I; 131, 332 Caroline III; 143, 214 Marlene; NJW 96, 984
Caroline II). Grundl zum Ganzen *Hubmann* Das Persönlichkeitsrecht 1956, 2. Aufl 67; zuletzt *Götting/
Schertz/Seitz*, Handbuch des Persönlichkeitsrechts, 08. Das BVerfG hat das APR als durch Art 1 I, 2 I GG
geschütztes Recht anerkannt (BVerfGE 34, 269, 271; 35, 202, 226; 67, 213, 228; 75, 369, 380; 80, 367, 373
stRspr; zuletzt NJW 08, 39 Esra; NJW 08, 747; NVwZ 08, 549; NJW 08, 1793 Caroline IV).

II. Aktueller Stand der Rspr. Heute ist das APR weit über den enumerativen Schutz einzelner besonderer Per- 32
sönlichkeitsrechte hinaus zu einer Generalklausel verdichtet. Diese entzieht sich einer genauen Definition und
wird in Rspr und Praxis durch einzelne Fallgruppen konkretisiert. Im Kern geht es darum, das Recht des Einzelnen vor ungerechtfertigter Beeinträchtigung und Verletzung seiner gesamten körperlichen und seelischen Integrität, seines privaten Lebensbereichs, seiner Möglichkeiten der Selbstdarstellung und Selbstverwirklichung zu
schützen (Jauernig/*Teichmann* § 823 Rz 65). Als Rechtsfolgen bei Verletzung des APR kommen heute alle Formen des Beseitigungsanspruchs, der Unterlassungsansprüche, des Bereicherungsanspruchs sowie von Schadensersatzansprüchen auch bei immateriellem Schaden in Betracht. Eine Entschädigung in Geld kann dabei
nach neuester Tendenz auch als Genugtuung für den Verletzten und als Prävention ggü dem Verletzer festgesetzt
werden, wobei es sich bei einer solchen Geldentschädigung um einen eigenständigen Rechtsbehelf handeln soll,
der durch zivilrechtliche Sanktionen den Schutzauftrag der Art 1, 2 GG realisiert (BGHZ 128, 1, 14; 131, 332;
143, 214; BVerfG NJW 06, 595; *Büchler* AcP 206, 300). Diese Entwicklung ist im Hinblick auf die deutlich wachsende Höhe der ausgesprochenen Geldbeträge nicht unproblematisch. Durch eine berühmt gewordene Ent-

scheidung des EGMR v 24.6.04 hat sich über den Streit um das APR Prominenter hinaus eine grds Kontroverse zwischen der deutschen Rspr. und dem EGMR ergeben (EGMR NJW 04, 2647 gegen BVerfGE 101, 361 und BGHZ 131, 332; dazu *Prütting* Das Caroline-Urteil des EGMR und die Rspr des BVerfG 2005; *Engels/Jürgens* NJW 07, 2517). Nunmehr haben sich aber der EGMR und die deutschen Gerichte angenähert (vgl *Frenz* NJW 08, 3102 zu BVerfG NJW 08, 1793 Caroline IV; BGH NJW 08, 3141).

33 **III. Der Tatbestand des allg Persönlichkeitsrechts. 1. Rechtsträger.** Der Schutz iRd APR steht **allen natürlichen Personen** zu, auch allen nicht oder beschränkt Geschäftsfähigen. Auch Prominenten steht der Schutz durch das APR in vollem Umfang zu (EGMR NJW 04, 2647; *Teichmann* NJW 07, 1917). Darüber hinaus kann auch der **Nasciturus** unter den Schutz fallen, soweit ihm iRv § 823 I bereits Ansprüche zukommen. Über den Tod hinaus hat die Rspr auch ein **postmortales Persönlichkeitsrecht** anerkannt, so dass das Persönlichkeitsbild auch eines Verstorbenen gegen Ehrverletzungen und grobe Entstellungen der Persönlichkeit geschützt ist (BGHZ 50, 133 Mephisto; BVerfGE 30, 173). Geltend gemacht werden kann der postmortale Persönlichkeitsschutz durch Angehörige. Darüber hinaus können vermögenswerte Interessen der Persönlichkeit auf die Erben übergehen und Schadensersatzansprüche auslösen (BGH NJW 00, 2195, 2201 Marlene Dietrich). Diese BGH-Rspr ist verfassungsgemäß (BVerfG NJW 06, 3409). Der postmortale Schutz als solcher führt aber nicht zu einer Geldentschädigung (BGH NJW 06, 605) und ist nicht identisch mit dem Schutz Lebender (BVerfG NVwZ 08, 549 Ehrensache).

34 Auch **juristische Personen**, Personenvereinigungen, Gemeinschaften und politische Parteien können einen Persönlichkeitsschutz in dem Umfang beanspruchen, der durch Wesen und Zweck der Vereinigung sowie ihre satzungsmäßigen Funktionen begrenzt ist (Palandt/*Sprau* § 823 Rz 92). IE kommt bei juristischen Personen und Gemeinschaften eine Beschränkung der allg Handlungsfreiheit und der wirtschaftlichen Betätigungsfreiheit in Betracht. Das ergibt sich im Grundsatz bereits aus Art 19 III GG.

35 **2. Verletzungshandlung.** Vorliegen muss in jedem Fall eine Beeinträchtigung einer geschützten Sphäre des Rechtsträgers. Nicht erforderlich ist ein vermögensrechtlicher Nachteil. Die Art des Eingriffs zum Nachteil des Geschützten kann sehr vielfältig sein. Eine mögliche Verletzung des APR kann in einer unzulässigen Aufzeichnung des gesprochenen Wortes liegen (BGHZ 27, 284), ebenso in der Verbreitung einer solchen Aufzeichnung (BGHZ 73, 120, 123; 80, 25, 42). Geschützt ist weiterhin das Recht an allen vertraulichen Aufzeichnungen, zB Briefen, Tagebuch (BGHZ 13, 334, 337; 15, 249, 257). Schutz gewährt das APR auch vor Eingriffen in die Intimsphäre (BGHZ 24, 72, 81; 39, 124, 128; 36, 77; 106, 229, 233). In Betracht kommen weiterhin Eingriffe in die Ehre sowie die Verfälschung oder Entstellung oder unrichtige Wiedergabe von Äußerungen oder das Erfinden von Äußerungen. Der Eingriff muss aber von nennenswerter Bedeutung sein (BVerfG NJW 08, 747). Auf Grund der Vielfältigkeit persönlichkeitsorientierter Merkmale von Personen ist eine abschließende Klassifizierung von Verletzungshandlungen nicht möglich. Es ist daher eine Konkretisierung an Hand von **Fallgruppen** vorzunehmen (s.u. Rn 45 ff).

36 In jedem Falle setzt der Eingriff in das APR eine **geschützte Sphäre** voraus (zu dem abgestuften Schutzkonzept vgl *Ricker* NJW 90, 2097; *Diederichsen* Jura 08, 1). Bei natürlichen Personen ist es weithin anerkannt, zwischen drei verschiedenen Sphären zu trennen. Die Individualsphäre (Sozialsphäre) bezeichnet alle Kontakte einer Person zu ihrer Umwelt und ihre Einbettung in die Gesellschaft. Geschützt wird hier das Selbstbestimmungsrecht der Person in allen Beziehungen zu dieser Umwelt. Die Privatsphäre (Geheimsphäre) bezeichnet einen persönlichen Rückzugsbereich, zu dem nur einzelne ganz bestimmte andere Personen Zutritt haben. Typisch für die Privatsphäre ist der eigene häusliche Bereich, aber auch jede andere bewusst gewählte örtliche Abgeschiedenheit. Geschützt wird hier die Privatsphäre gegen jeden unbefugten Eingriff. Die Intimsphäre als der engste Kreis umfasst die Person als solche in ihrer Gedanken- und Gefühlswelt sowie allen höchstpersönlichen Aspekten, insb der Sexualität. Diese Sphäre genießt absoluten Persönlichkeitsschutz (BGH NJW 99, 2893, NJW 88, 1984), anders aber bei einer Sexualstraftat (BVerfG NJW 09, 3357).

37 **3. Rechtswidrigkeit.** Voraussetzung des Anspruchs ist weiter die Widerrechtlichkeit des Eingriffs in eine geschützte Sphäre. Da es sich beim APR um einen sog offenen Tatbestand handelt, bedarf es einer **gesonderten Feststellung der Rechtswidrigkeit** im Wege einer Güter- und Interessenabwägung. Abzuwägen ist der Eingriff in eine geschützte Sphäre zunächst nach der Art des betroffenen Rechtskreises. Dem absoluten Schutz der Intimsphäre steht der grds ebenfalls vollständige Schutz der Privatsphäre ggü, während iRd Individualsphäre bereits die eigene Verknüpfung des Geschützten mit seiner Umwelt zu einer Herabsetzung des Schutzniveaus führen muss. Abzuwägen ist in diesem Zusammenhang weiterhin die Schwere des Eingriffs und das vorherige Verhalten des Verletzten. Aus der Sicht des Schädigers sind wesentlich die Motive und Zwecke des Eingriffs. Abzuwägen ist das APR insb mit den ebenfalls verfassungsrechtlich geschützten Rechtspositionen der Meinungsfreiheit, der Presse-, Kunst- und Wissenschaftsfreiheit sowie der Freiheit von Forschung und Lehre. Auch soweit diese Grundrechte vorbehaltlos garantiert sind, ist eine Abwägung mit elementaren Verfassungsgütern zur Herstellung einer praktischen Konkordanz erforderlich (BVerfGE 30, 173 – Mephisto). Einzelheiten lassen sich hier nur iRv Fallgruppen näher konkretisieren (s.u. Rn 45 ff). Zur Abwägung zwischen APR und Kunstfreiheit vgl den Fall Esra (BVerfG NJW 08, 39; BGH NJW 08, 2587; krit *Gostomzyk* NJW 08, 737).

4. Verschulden. Das APR wird regelmäßig unter die sonstigen absoluten Rechte des § 823 I subsumiert. Dies bedeutet, dass ein Anspruch die Bejahung von Vorsatz oder Fahrlässigkeit beim Verletzer voraussetzt. Da zum Tatbestand des Eingriffs in das APR die widerrechtliche Beeinträchtigung einer geschützten Sphäre gehört, wird man beim Verletzer idR Fahrlässigkeit annehmen müssen. Jedermann ist zuzumuten, vor Beeinträchtigungshandlungen eine sorgfältige Abwägung der betroffenen Rechtsgüter vorzunehmen und sein Handeln unter dem Gesichtspunkt des Rechtsschutzes Anderer näher zu prüfen. 38

IV. Ansprüche des Verletzten. Sie richten sich gegen denjenigen, der die Beeinträchtigung durch unmittelbares Handeln herbeigeführt hat oder der sie in zurechenbarer Weise veranlasst hat. 39

Als Inhalt des Anspruchs kommen grds alle Rechtsfolgen in Betracht, die sich im Bereich des gesamten Güterschutzes ergeben können. IE sind dies der Anspruch auf Beseitigung, auf Unterlassung, auf Schadensersatz, auf besondere Geldentschädigung trotz immateriellen Schadens sowie auf Bereicherungsausgleich und ergänzende Ansprüche (Auskunft, Gegendarstellung). Hinzu kommen prozessuale Verwertungsverbote von auf diesem Wege erlangten Beweismitteln. IE fallen unter den **Beseitigungsanspruch** der Anspruch auf Widerruf (insb ehrenrühriger Tatsachenbehauptungen), der Anspruch auf Veröffentlichung bestehender Unterlassungsverpflichtungen, die Beseitigung von Identifizierungsmerkmalen (zB Unkenntlichmachen eines Namens, Vernichtung unzulässig hergestellter Fotografien, Entfernung einer gefälschten Signatur auf Kunstwerken, Löschung von Tonträgeraufnahmen). Ein Beseitigungsanspruch auf Vernichtung rechtswidrig verbreiteter oder vorgeführter Bildnisse ergibt sich auch aus § 37 KUG. Zum medienrechtlichen Rückrufanspruch vgl *Paschke/Busch* NJW 04, 2620. Zum Anspruch auf Gegendarstellung BVerfG NJW 08, 1654. 40

Anspruchsinhalt wird in vielen Fällen auch der **Unterlassungsanspruch** sein. In Betracht kommt hier wie allg bei §§ 12, 862, 1004 ein Unterlassungsanspruch bei Wiederholungsgefahr oder ein vorbeugender Unterlassungsanspruch bei Erstbegehungsgefahr. Abgewehrt werden kann ein solcher Unterlassungsanspruch idR nur durch die Abgabe einer strafbewehrten Unterlassungserklärung. Zum presserechtlichen Unterlassungsanspruch *Wanckel* NJW 09, 3353 und 3497. 41

Ein **Schadensersatzanspruch** kommt bei der Verletzung des APR jedenfalls dann in Betracht, wenn die Verletzungshandlung Vermögensnachteile zur Folge hat (materieller Schadensersatz). Ein Spezialfall ist insoweit § 824. Neben der Berechnung des Schadensersatzes nach der Differenzmethode kommt auch die abstrakte Schadensberechnung nach einer üblichen Lizenzvergütung in Betracht. Auch die Herausgabe eines möglichen Verletzergewinns kann Gegenstand des Anspruchs sein (dreifache Form der Schadensberechnung, s.o. Rn 22). ZT wird auch der **Anspruch auf Gegendarstellung** als Form des Schadensersatzes verstanden (iE hierzu MüKo/*Rixecker* Allg PersönlR Rz 238 ff). 42

Von besonderer Bedeutung im Bereich der Verletzung des APR ist der **Anspruch auf Geldentschädigung** auch für **immaterielle Schäden**, soweit ein schwerwiegender Eingriff in das APR vorliegt und die entstandenen Nachteile nicht hinreichend ausgeglichen werden können (BGHZ 26, 349; 128, 1; 132, 13, 27). Die Rspr hat sich mit dieser Entwicklung bewusst über § 253 in seiner früheren Fassung hinweggesetzt und den Schmerzensgeldanspruch nach § 847 aF ausgedehnt. An dieser Situation einer gesetzesübersteigenden Rechtsfortbildung hat auch die Neufassung von § 253 nichts geändert. Allerdings wird man heute den Anspruch auf Geldentschädigung bei Verletzung des APR als gewohnheitsrechtlich verfestigt ansehen können. Er beruht nicht auf einem Schmerzensgeldanspruch, sondern auf einem Rechtsprinzip, das unmittelbar auf den Schutzauftrag aus Art 1 u 2 GG zurückgeht (BVerfG 34, 269, 282, 292 – Soraya). IE ist die Höhe der Entschädigung von der Würdigung aller Umstände des Einzelfalles abhängig. Umfang und Tragweite des Eingriffs, Motive des Handelnden sowie der Grad seines Verschuldens und anderweitige Genugtuungsmöglichkeiten sind hier von wesentlicher Bedeutung (BVerfG NJW 06, 595; BGH NJW 06, 1068, 1069; BGHZ 132, 12; BGH NJW 71, 698, 700). Die besondere Schwere des Eingriffs und der anders nicht mögliche Ausgleich der entstandenen Nachteile ist insb dort äußerst naheliegend, wo in die Intimsphäre des Opfers in persönlichkeitsbeeinträchtigender Weise eingegriffen worden ist. Berichte über das (wahre oder erfundene) Sexualleben des Opfers, die Veröffentlichung von Nacktfotos ohne Einwilligung oder die Wiedergabe von untergeschobenen Äußerungen (erfundenes Interview) sind hier typische Beispiele. Zu weiteren Fallgestaltungen vgl BaRoth/*Bamberger* § 12 Rz 139 ff; Erman/*Ehmann* Anh § 12 Rz 18 ff; MüKo/*Rixecker* Anh § 12 Rz 40 ff; Soergel/*Beater* § 823 Anh IV Rz 67 ff. Seit dem Marlene-Urteil des BGH (BGHZ 143, 214) finden die vermögenswerten Bestandteile des APR besondere Beachtung (dazu BVerfG NJW 06, 3409 u *Klüber* Persönlichkeitsschutz und Kommerzialisierung, 07). 43

Neben den genannten Anspruchsinhalten kommt im Einzelfall auch der Anspruch auf **Herausgabe des Erlangten** gem § 812 I 2 Alt (Eingriffskondiktion) in Betracht. Ergänzend kann zur Durchsetzung eines Anspruchs wegen Verletzung des APR auch ein **Auskunftsanspruch** in Betracht kommen. Solche Auskunftsansprüche sind von der Rspr in Analogie zu §§ 809, 810 bejaht worden, aber auch gem dem aus § 242 entwickelten allg Auskunftsanspruch (BGH NJW 80, 2801, 2807; BGHZ 78, 274). Soweit schließlich unter Verstoß gegen das APR Dokumente, Tonträger, Bilder uä hergestellt bzw erlangten wurden, die als Beweismittel in einem nachfolgenden Prozess von Bedeutung sind, ergibt sich aus dem Verfassungsverstoß bei der Beweismittelerlangung ein Verwertungsverbot (näher dazu MüKo(ZPO)/*Prütting* 3. Aufl § 284 Rz 67). 44

45 **V. Fallgruppen. 1. Ehrenschutz.** Er ist Teil des APR (s.o. Rn 28) und wird realisiert durch Abwehr von ehrverletzenden Handlungen, Äußerungen, Darstellungen, Veröffentlichungen usw (umfassende Einzelheiten bei Erman/*Ehmann* § 12 Anh Rz 18 ff).

46 **2. Identitätsschutz.** Er wendet sich gegen Verfälschungen des Persönlichkeitsbildes insgesamt sowie gegen Werkentstellungen und Bildverfälschungen (BVerfG NJW 05, 3271 gegen BGH NJW 04, 596; BGH NJW 06, 603; BGHZ 50, 133, 144 – Mephisto; 107, 384, 391 – Nolde; 128, 1 – Caroline).

47 **3. Entfaltungsschutz.** Er ist gegen Behinderungen der Entfaltung der Persönlichkeit in unzulässiger Weise gerichtet, zB Freiheitsberaubung, Kidnapping, Verlust des Arbeitsplatzes durch Mobbing (BAG 16.5.07 – 8 AZR 709/06 Rz 70 ff), Vereitelung der Fortpflanzung (BGHZ 124, 54).

48 **4. Belästigungsschutz.** Er schützt gegen unbefugtes Eindringen in den privaten oder intimen Bereich, zB durch Telefonwerbung, untersagte Briefwerbung, unzulässige Email-Werbung und ähnl rein belästigende Handlungen ohne rechtfertigenden Grund (BGHZ 59, 317; 64, 182; VersR 89, 373; ferner s.o. Rn 29).

49 **5. Ausspähungsschutz.** Er wendet sich gegen eine unzulässige Erforschung des privaten oder intimen Bereichs, zB durch Fotografien auf Privatgelände (Ablichtung des Leichnams Bismarcks im Jahre 1898 als erster Fall), Fotos im privaten oder intimen Bereich mit Teleobjektiv, Belauschen im Wohnungsbereich, Mithören privater Telefonate, Öffnen von Briefen, Entwendung sowie Lesen von Tagebüchern und anderen Aufzeichnungen, Zugang zu Personalakten und persönlichkeitsbezogenen Daten (BVerfG NJW 02, 3619; BGH NJW 04, 762; 03, 1728; 70, 1848; VersR 90, 532; BGHZ 27, 286; anders früher BGH NJW 64, 165; 82, 1397; dazu nunmehr die Auseinandersetzung zwischen EGMR und der deutschen Rspr, s.o. Rn 32).

50 **6. Fixierungsschutz.** Er ist gegen unzulässige Fixierung privater Umstände gerichtet, zB durch Ton-, Bild- oder Videoaufnahmen von nichtöffentlichem Auftreten oder nichtöffentlichen Äußerungen (BVerfG NJW 00, 1023; BGHZ 24, 208; 80, 42; 128, 410; NJW 88, 1017; 95, 1956).

51 **7. Verbreitungsschutz.** Er soll die unzulässige Weitergabe von persönlichkeitsrelevanten Umständen an einzelne Dritte oder an die Öffentlichkeit verhindern, insb die Offenbarung und Weitergabe der bereits in unzulässiger Weise fixierten privaten Umstände (s. o. Rn 50; BVerfG NJW 08, 39 Esra; 03, 3262; 00, 1859; 00, 1921; BGHZ 13, 338; 15, 262; 31, 312; 36, 80; 45, 308; 73, 124; 131, 337; 143, 204; NJW 64, 1472; 66, 2335; 85, 1617; 94, 1281). Als einen (prozessualen) Sonderfall des Verbreitungsschutzes könnte man prozessuale Beweisverwertungsverbote ansehen (s.o. Rn 44).

52 **8. Kommerzialisierungsschutz.** Er schützt gegen die kommerzielle Ausbeutung fremder Rechte durch Verwendung bzw Vermarktung von Namen, Bild, Fotografie, Ruf, Ansehen sowie allen urheberrechtlich und in ähnl Weise geschützten Werken zu Werbezwecken oder zu sonstiger Gewinnerzielung (BGHZ 81, 80; 126, 216; 151, 26; NJW 92, 2084). Anerkannt ist insoweit auch ein eigenes **Urheber-Persönlichkeitsrecht** (vgl § 11–14 UrhG).

53 **9. Namensschutz.** Als Teil des APR (s.o. Rn 8) ist auch das Namensrecht dem Schutz unterworfen, wie sich aus § 12 insoweit unmittelbar ergibt (Einzelheiten s.o. Rn 14 ff). Der Schutz des Namens kann sich mit anderen Fallgruppen (Ehrenschutz, Identitätsschutz, Kommerzialisierungsschutz) überschneiden.

54 **10. Datenschutz.** Auch er ist ein aus dem APR abgeleitetes Recht auf Schutz der informationellen Selbstbestimmung (s.o. Rn 30). Der Datenschutz überschneidet sich mit anderen Fallgruppen (Ausspähungsschutz, Fixierungsschutz, Verbreitungsschutz).

55 **11. Vertraulichkeits- und Identitätsschutz bei Informationstechnik.** Dieses neue Grundrecht hat das BVerfG aus dem APR abgeleitet und damit die Möglichkeiten einer Online-Durchsuchung stark eingeschränkt (BVerfG NJW 08, 822).

§ 13 Verbraucher.

Verbraucher ist jede natürliche Person, die ein Rechtsgeschäft zu einem Zwecke abschließt, der weder ihrer gewerblichen noch ihrer selbständigen beruflichen Tätigkeit zugerechnet werden kann.

1 **A. Gesetzesgeschichte und normative Grundlagen. I. Gesetzesgeschichte.** Die Einführung der §§ 13, 14 durch Art 2 Nr 1 des am 27.6.00 verkündeten Gesetzes über „Fernabsatzverträge und andere Fragen des Verbraucherschutzrechts sowie zur Umstellung von Vorschriften auf Euro" (BGBl 00 I 897) stellte einen der ersten Schritte einer Integration des Verbraucherschutzrechts in das BGB dar. Nationale Vorläufer der §§ 13, 14 waren die §§ 24, 24a AGBG sowie die §§ 361a, b (*K. Schmidt* JuS 06, 2). Ausf zur Genese der Normen HKK/*Duve* §§ 1–14 Rz 66–77.

2 **II. Die europarechtliche Dimension des Verbraucherbegriffs und ihre Bedeutung für die nationale Rechtsanwendung. 1. Die europarechtlichen Rechtsquellen zum Verbraucherbegriff.** Ihren Ursprung finden die G gewordenen Komplementärbegriffe des Verbrauchers und des Unternehmers in den europäischen Vorgaben, wie sie sich in der HaustürwiderrufsRL (RL 85/577/EWG), der VerbraucherkreditRL (RL 87/102/EWG; zuletzt geändert durch RL 98/7/EWG), der FernabsatzRL (RL 97/7/EG), der PauschalreiseRL (RL 90/314/EWG), der Time-Sharing-RL (RL 94/47/EG), der Missbräuchliche-Klauseln-RL (RL 93/13/EWG) und der VerbrauchsgüterkaufRL (RL 99/44/EG) wiederfinden. Auf Grund des Gebots der EG-rechtskonformen Auslegung gem Art 23 I 1 GG muss daher die Auslegung der §§ 13, 14 unter Berücksichtigung der gesamten EG-Rechtsordnung und der Rspr des EuGH erfolgen (Einl Rn 35; EuGH Slg 96, I-4705 Rz 41ff; Slg 00, I-929 Rz 4; Slg 00, I-933, Rz 62; EuZW 03, 253 Rz 63).

2. Die europarechtlichen Vorgaben für die Auslegung des Verbraucherbegriffs. Ausgangspunkt der Auslegung ist Art 2 der **HaustürwiderrufsRL**, dessen Wortlaut mit dem der VerbrauchsgüterkaufRL und der VerbraucherkreditRL identisch und fast deckungsgleich mit den Formulierungen der FernabsatzRL und der Missbräuchliche-Klauseln-RL ist. Nach dem Wortlaut der HaustürwiderrufsRL ist eine natürliche Person iS dieser RL schutzwürdig, die bei den von dieser RL erfassten Geschäften zu einem Zweck handelt, der nicht ihrer beruflichen oder gewerblichen Tätigkeit zugerechnet werden kann. Der EuGH legt die Norm einschränkend aus: Auf den **Verkauf eines Gewerbebetriebes** an der Haustür soll die HaustürwiderrufsRL nicht anwendbar sein (EuGH, C 361/89, Slg 91, I-1206), da der durchschnittliche Gewerbebetreibende den Wert seines Gewerbebetriebes und die Bedeutung aller Rechtsgeschäfte, die der Verkauf miteinschließe, kenne. Auch der **gewerbsmäßig handelnde Zessionar einer Privatforderung** gilt nach der Rspr des EuGH nicht als Verbraucher (EuGH NJW 93, 1251). 3

Die **PauschalreiseRL** erweitert den Kreis der geschützten Personen über den Vertragspartner des Reiseveranstalters hinaus (*Reich* ZEuP 94, 390 mwN); geschützt werden auch die „übrigen Begünstigten", dh die Personen, in deren Namen sich der Vertragspartner zur Buchung verpflichtet und solche Personen, an die der Vertragspartner die Reise abtritt. Im Unterschied zu den in Rn 3 genannten RLinien beschränkt sich die PauschalreiseRL nicht auf den Schutz „natürlicher" Personen, sondern gilt für alle Personen, dh auch Unternehmer, die eine Reise buchen wollen (BGH NJW 02, 2239). 4

Nach dem sich aus einer Zusammenschau dieser RLinien ergebenden **funktionalen Verbraucherbegriff** (MüKo/*Micklitz* Vor §§ 13, 14 Rz 67) kommt es nicht mehr auf die Grundkonzeption nicht mehr auf den Ausgleich struktureller Ungleichheiten an, wie sie etwa durch bestimmte Vertragsschlusssituationen per se hervorgerufen werden können. Für die Kritik zum europäischen Verbraucherbegriff gerade im Zusammenhang mit Art 15 EuGVVO und Art 13 LugÜ vgl *Heiderhoff* IPRax 05, 230ff; grds krit ggü der Angemessenheit der dem Verbraucherbegriff zu Grunde liegenden Typisierung *Bydlinski* AcP 204, 309, 368ff; *Mohr* AcP 204, 660, 674ff. Situativ schutzbedürftig ist der Verbraucher wohl nur im Hinblick auf die Wahrnehmung der ihm zugesprochenen ökonomischen Rolle (vgl *Reich* ZEuP 94, 389). Zur Deutung des § 13 als Regelung des Verbrauchergeschäfts vgl *K. Schmidt* JuS 06, 2. 5

3. Die nationalen Vorgaben für die Auslegung des Verbraucherbegriffs. Da die Verbraucherrechtsrichtlinien auf dem Konzept der Mindestharmonisierung beruhen, stand es dem nationalen Gesetzgeber frei, bei der Umsetzung einen weitergehenden Verbraucherschutz als von den RL vorgesehen zu schaffen (*Bülow/Artz* NJW 00, 2050; *Lorenz* NJW 98, 2939). Der nationale Verbraucherbegriff umfasst sowohl rollensoziologische Merkmale, die sich schlagwortartig mit der strukturellen Unterlegenheit (vgl BVerfG NJW 94, 38f) des Verbrauchers beschreiben lassen, als auch Elemente der situativen Schutzbedürftigkeit (Schulze/Schulte-Nölke/*Pfeiffer* Die Schuldrechtsreform vor dem Hintergrund des Gemeinschaftsrechts 2001, 139f; MüKo/*Micklitz* Vor §§ 13, 14 Rz 76). Praktisch zeigt sich der Ausbau des europäischen Mindestschutzes durch die nationale Regelung zum einen daran, dass die europarechtliche Definition des Verbrauchers jegliche Verträge mit beruflicher Zweckbestimmung vom Schutzbereich ausnimmt. § 13 entzieht demgegenüber nur Rechtsgeschäfte, die selbständigen beruflichen Zwecken dienen, dem Anwendungsbereich (*Bülow/Artz* NJW 00, 2050). Zum anderen stellt § 13 nicht auf einen bestimmten sachlichen Anwendungsbereich ab. Vielmehr deckt der Wortlaut der Norm eindeutig jedes Rechtsgeschäft und ist nicht vertragstypenbezogen (MüKo/*Micklitz* Rz 63; aM *Bauer/Kock* DB 02, 44; *Henssler* RdA 02, 133ff). Dies wird auch durch den Standort der Norm im Allg Teil des BGB unterstrichen (BAG NJW 05, 3308). Die einzelnen Verbraucherschutzrechte können demgegenüber jedoch auf bestimmte Vertragstypen bezogen sein (zB §§ 312b, 491). 6

III. Sachlicher Anwendungsbereich der Norm. Von der Verbrauchereigenschaft hängt die Anwendbarkeit zahlreicher verbraucherrechtlicher Normen des BGB (§§ 241a, 305 III, 312 I, 312b I, II, 312c I, 312d I, 355, 356, 474ff, 481ff, 491, 495, 499ff, 655a, 661a) und HGB (§§ 449 I 1, 451a II, 451b II, III, 451g II, 451h I, 455 III, 466 I, 468 II 1, 472 I 2 HGB) ab. Auch die §§ 2 II UWG, 17 IIa BeurkG, 2 UKlaG und 1031 V ZPO nehmen auf den Verbraucherbegriff des BGB Bezug. Teilweise wird vertreten, dass die Maßstäbe der §§ 13, 14 auch für die Auslegung des § 1 I 2 ProdHG herangezogen werden können (Palandt/*Ellenberger* Rz 7). Dagegen spricht die eindeutig rechtsgeschäftliche Ausrichtung der §§ 13, 14, die eine Übertragung auf den außervertraglichen Verbraucherschutz verbietet (MüKo/*Micklitz* Rz 63). **Beiderseitige Verbrauchergeschäfte** sind möglich, haben jedoch keine von den allg Vorschriften des Zivilrechts abw Rechtsfolgen (Erman/*Saenger* Rz 3). Zu **beiderseitigen Unternehmergeschäften** vgl § 14 Rn 5. 7

8 B. Die Tatbestandsmerkmale des Verbraucherbegriffs. I. Natürliche Personen. Jede **natürliche Person** kann Verbraucher sein, auch der Unternehmer, der lediglich zu privaten Zwecken handelt. Folglich kann der Verbraucher nicht durch ein Wissensdefizit definiert werden – maßgeblich ist lediglich der **private Zweck des rechtsgeschäftlichen Handelns** (Rn 9). Entgegen dem Wortlaut sind auch natürliche Personen, die keinerlei Tätigkeit nachgehen, mögliche Verbraucher (vgl *Flume* ZIP 00, 1428). Nach überwiegender Auffassung soll auch eine **GbR** Verbraucher sein, soweit ein privater Zweck zum Handeln vorliegt (BGHZ 149, 80; Erman/*Saenger* Rz 6; *Martis* MDR 98, 1190; aM Jauernig/*Jauernig* Rz 2; *Dauner-Lieb/Dötsch* DB 03, 1666; *Mülbert* WM 04, 905ff; *Lehmann* AcP 207, 246; *Bülow/Artz* Verbraucherprivatrecht, 2. Aufl 08 Rz 65; zweifelnd *K. Schmidt* JuS 06, 4). Dies soll weiterhin sogar für jede Personengemeinschaft, die keine juristische Person ist, gelten (MüKo/*Micklitz* Rz 14; zur Erben- und Gütergemeinschaft vgl Soergel/*Pfeiffer* Rz 48; Erman/*Saenger* Rz 7). Auch die gem § 10 VI WEG rechtsfähige Wohnungseigentümergemeinschaft soll Verbraucher sein können (München NJW 08, 3574). **Das überzeugt nicht.** Die zunehmend vertretene Rechtsfähigkeit der GbR und anderer Gemeinschaften (§ 1 Rn 4) muss hier zwangsläufig in einen Gegensatz zum ausdrücklich im Gesetz verwendeten Begriff der natürlichen Person führen. An diesem Gesetzeswortlaut ist festzuhalten. **Juristische Personen** können auf Grund des eindeutigen Wortlauts des § 13 keine Verbraucher sein (EuGH NJW 02, 205). Das muss auch für andere rechtsfähige Gemeinschaften gelten. Zum **Arbeitnehmer** s.u. Rn 10.

9 II. Rechtsgeschäftliches Handeln zu einem privaten Zweck. Ein privater Zweck rechtsgeschäftlichen Handelns ist nach der Negativdefinition der Norm gegeben, wenn mit dem Abschluss des Rechtsgeschäfts weder gewerbliche noch selbständige berufliche Zwecke verfolgt werden. § 14 ist der Komplementärbegriff, den § 13 positiv ausfüllt. Diese Kriterien sind bei § 14 zu erörtern (Rn 9 ff). Jedenfalls ist die **Verwaltung eigenen Vermögens** durch eine GbR im Regelfall keine gewerbliche Tätigkeit, soweit man entgegen hier vertretener Auffassung (Rn 8) die GbR unter § 13 subsumiert (BGHZ 149, 80). Ob ein privater oder unternehmerischer Zweck vorliegt, ist objektiv durch Auslegung des Vertragsinhalts unter Einbeziehung der Begleitumstände zu ermitteln. Bei **gemischten vertraglichen Zwecksetzungen** soll maßgeblich sein, welcher Zweck überwiegt (Palandt/*Ellenberger* Rz 4; *Pfeiffer* NJW 99, 173) bzw immer die Verbrauchereigenschaft gegeben sein (*v Westphalen* BB 96, 2101) oder eine Vermutung analog § 344 HGB für den geschäftlichen Zweck bestehen, die bei Gegenbeweis zu einem Verbrauchergeschäft führt (*Larenz/Wolf* AT § 42 Rz 49). Die beiden letzten Ansichten sind abzulehnen, da zwar eine Vermutung für die Schutzbedürftigkeit des privat Handelnden besteht, diese aber nicht aufrechterhalten werden kann, wenn auch ein gewerblicher Zweck verfolgt wird (vgl BaRoth/*Schmidt-Räntsch* Rz 7; Jauernig/*Jauernig* Rz 3). IÜ kommt eine Anwendung des Rechtsgedankens des § 344 HGB nicht in Frage (vgl § 14 Rn 7). Sind auf derselben Seite **zwei Personen** am Vertragsschluss beteiligt und handelt die eine Person als Unternehmer und die andere als Verbraucher, so kommt nur der letzteren die Verbrauchereigenschaft zu (BGH ZIP 07, 1850). Es war streitig, ob **Existenzgründer** vor Beginn ihrer unternehmerischen Tätigkeit als Verbraucher behandelt werden können (so MüKo/*Micklitz* Rz 50; Palandt/*Ellenberger* Rz 3; aM Oldenburg NJW-RR 02, 641 f; Soergel/*Pfeiffer* Rz 35; Erman/*Saenger* Rz 16). Der BGH hat nunmehr entschieden, dass es auf den **objektiven Zweck des Geschäfts** ankommt (BGHZ 162, 253 = NJW 05, 1273; BGH NJW 08, 435). Soweit dieser dem gewerblich-beruflichen Bereich zuzuordnen ist, liege unternehmerisches Handeln vor. Verbraucherhandeln ist bei einem Existenzgründungsbericht zu bejahen, der die Entscheidung über die Existenz vorbereiten soll (BGH NJW 08, 435). Ein **GmbH-Geschäftsführer** kann Verbraucher sein, auch wenn er den Schuldbeitritt zu dem Kredit seiner GmbH erklärt (BGHZ 165, 43 Rz 14; 133, 76ff; NJW 00, 3133; NJW 06, 431; ZIP 07, 1850; aM *Dauner-Lieb/Dötsch* DB 03, 1667 mwN; *Kleindiek* in FS Otte 185 ff) oder sich für eine Verbindlichkeit der GmbH verbürgt (BGH ZIP 07, 1850; 04, 1648f; München ZIP 04, 991).

10 Der **Arbeitnehmer** ist Verbraucher iSd Norm (BAG NJW 05, 3305, 3308; *Herbert/Oberrath* NJW 05, 3745 mwN; für den Aufhebungsvertrag vgl *Hümmerich* NZA 04, 814 mwN; aM Palandt/*Ellenberger* Rz 3 bis zur 64. Aufl; AnwK/*Ring* § 14 Rz 13; Soergel/*Pfeiffer* Rz 44; offen gelassen noch von BAG NZA 04, 600; zweifelnd *K. Schmidt* JuS 06, 5). Es ist nicht richtig, die Verbrauchereigenschaft des Arbeitnehmers bei Arbeits-, Aufhebungs- oder Abwicklungsverträgen mit dem Argument zu verneinen, dass diese Verträge nicht den Vertrieb von Gütern oder Dienstleistungen zum Inhalt haben. Auch das Argument, dass der Arbeitnehmer durch die Sondermaterie des Arbeitsrechts geschützt werde, überzeugt im Regelungszusammenhang mit § 13 nicht. Denn § 13 ist nicht vertragstypenbezogen, sondern gilt für jedes Rechtsgeschäft (Rn 6). Die Möglichkeit einer Einschränkung des Schutzes des Arbeitnehmers durch Verbrauchervorschriften besteht lediglich auf Ebene der spezifischen Schutzrechte (BAG NJW 05, 3310; vgl zu § 312 BAG NJW 04, 2401; SAE 05, 63 m Anm *Mankowski*).

11 III. Einschaltung oder Beteiligung Dritter. Dritte, der für ein Nicht-Verbrauchergeschäft eine Sicherheit leistet, kann Verbraucher sein (BGH NJW 96, 2156; Soergel/*Pfeiffer* Rz 50; **aA** EuGH NJW 98, 1295). Eine andere Frage ist es jedoch, ob das **Sicherungsgeschäft** dem Schutzzweck einer bestimmten verbraucherschützenden Vorschrift unterfällt (vgl § 491 Rn 6 ff). Der EuGH verneint nunmehr diese Voraussetzung für die VerbraucherkreditRL und nimmt die Abgrenzung in zutreffender Weise nicht mehr bei der Frage der Verbrauchereigenschaft vor (EuGH NJW 00, 1323). Bei **Stellvertretung** ist zwischen dem Vertretergeschäft und der Bevollmächtigung zu unterscheiden: Ob es beim Vertretergeschäft auf den Vertreter oder den Vertretenen hinsichtlich der Anwendbarkeit der verbraucherschützenden Vorschriften ankommt, ergibt sich nicht aus § 13, sondern aus dem Schutzzweck der jeweils einschlägigen Vorschrift. Wenn diese situativ angelegt ist, wie etwa § 312, so kommt es auf den Vertreter an. IÜ ist die Einordnung des Vertretenen maßgeblich (Hambg IPRax 05, 261; Soergel/*Pfeiffer* Rz 51). Auch die Vollmachtserteilung selbst kann Verbrauchergeschäft sein.

IV. Rechtsgeschäftsähnliches und vorvertragliches Handeln. Über den Wortlaut des § 13 hinaus ist eine natürliche Person auch dann Verbraucher, wenn ihr ggü rechtsgeschäftsähnlich gehandelt wird (vgl §§ 241a, 661a) oder zu ihren Gunsten im **Vorfeld eines Vertragsschlusses** Informationspflichten seitens des Unternehmers bestehen (vgl §§ 312c, 482, 502). Die Ratio des Verbraucherschutzes gebietet die analoge Anwendung der Norm in diesen Fällen (Soergel/*Pfeiffer* Rz 26). 12

C. Beweislast. Im Streitfall trägt derjenige die Darlegungs- und Beweislast für die Verbraucher- oder Unternehmereigenschaft, der aus ihr Rechte ableiten möchte (BaRoth/*Schmidt-Räntsch* Rz 10; Palandt/*Heinrichs* Rz 4). Eine Beweislastumkehr zugunsten der natürlichen Person ist, anders als noch in § 1 I 1 VerbrKrG aF, nicht vorgesehen (Erman/*Saenger* Rz 20; Soergel/*Pfeiffer* Rz 53 ff). 13

§ 14 Unternehmer. (1) Unternehmer ist eine natürliche oder juristische Person oder eine rechtsfähige Personengesellschaft, die bei Abschluss eines Rechtsgeschäfts in Ausübung ihrer gewerblichen oder selbständigen beruflichen Tätigkeit handelt.
(2) Eine rechtsfähige Personengesellschaft ist eine Personengesellschaft, die mit der Fähigkeit ausgestattet ist, Rechte zu erwerben und Verbindlichkeiten einzugehen.

A. Normative Grundlagen. I. Die europarechtliche Dimension des Unternehmerbegriffs. Zu den europarechtlichen Rechtsquellen des Unternehmerbegriffs s. iE § 13 Rn 2. Zentral ist auch hier Art 2 der **HaustürwiderrufsRL**, der den Unternehmer als jede natürliche oder juristische Person definiert, die beim Abschluss des betreffenden Geschäfts iRi ihrer gewerblichen oder beruflichen Tätigkeit handelt. Die FernabsatzRL, die VerbrauchsgüterkaufRL und die Missbräuchliche-Klauseln-RL sind vom Wortlaut nahezu identisch. Allerdings kennt die FernabsatzRL neben dem Unternehmer noch den Betreiber. Da die gewerbliche oder berufliche Tätigkeit ausschlaggebend ist, können auch öffentliche Unternehmen, Angehörige der freien Berufe oder gemeinnützige Unternehmen, die ihre Leistungen gegen Entgelt anbieten, nach europarechtlichen Vorgaben Unternehmer sein. Die HaustürwiderrufsRL umfasst auch Hilfspersonen, die im Namen und für Rechnung eines Unternehmers handeln. 1

Die **PauschalreiseRL** unterscheidet zwischen Reiseveranstalter und Reisevermittler. Zu beachten ist, dass der Gelegenheitsveranstalter nicht als Gewerbetreibender angesehen wird, der nicht gewerblich tätige Veranstalter jedoch schon (MüKo/*Micklitz* Vor §§ 13, 14 Rz 105). Die **Time-sharing-RL** nennt als Unternehmer zwar ausdrücklich den Verkäufer, meint aber den Veräußerer, und nicht den Verkäufer im Rechtssinne. Einschränkend spricht die RL weiter nur von der beruflichen Tätigkeit des Verkäufers. 2

Gemein ist diesen verschiedenen Begriffen die Bestimmung der Unternehmereigenschaft über das Tätigkeitsfeld der handelnden Person. Unterscheidungen zwischen öffentlichen und privaten Unternehmen sowie den freien Berufen werden vom Gemeinschaftsrecht nicht beachtet. Dies erklärt sich aus der stark wettbewerbsorientierten Sicht der einzelnen Richtlinien, die in einem **funktionalen Unternehmerbegriff** kulminiert. 3

II. Die nationalen Vorgaben für die Auslegung des Unternehmerbegriffs. Auf Grund der Disparität der genannten RL war eine wortgleiche Umsetzung des § 14 nicht möglich. Anstatt des Merkmals „im Rahmen" heißt es im nationalen Recht „in Ausübung" ihrer gewerblichen Tätigkeit. Ob dadurch eine inhaltliche Divergenz besteht, ist zweifelhaft. Im Gegensatz zu den RL kann nach § 14 nicht jede, sondern nur die selbständige berufliche Tätigkeit die Unternehmereigenschaft begründen. 4

III. Funktion und sachlicher Anwendungsbereich der Norm. Durch die Negativformulierung des § 13 erhält § 14 eine Komplementärfunktion, die sich am Gegensatzpaar der Begriffe Unternehmer und Verbraucher zeigt (vgl Palandt/*Ellenberger* Rz 1). § 14 gilt damit für alle bei § 13 Rn 7 aufgeführten Normen. Bei Pauschalreiseverträgen iRd **PauschalreiseRL** gilt § 14 ausnahmsweise auch für **beiderseitige Unternehmergeschäfte**, da dort auch ein Unternehmer Verbraucher sein kann (vgl § 13 Rn 4). Der Unternehmer iSd Werkvertragsrechts ist nicht identisch mit dem Unternehmerbegriff des § 14. 5

B. Die Tatbestandsmerkmale des Unternehmerbegriffs. I. Natürliche Person, juristische Person oder rechtsfähige Personengesellschaft. § 14 erfasst alle **natürlichen Personen**. In Übereinstimmung mit den europarechtlichen Vorgaben können damit auch Freiberufler (BGH 30.9.09, VIII ZR 7/09), Handwerker, Kleingewerbetreibende, die nicht im Handelsregister eingetragen sind, und Landwirte als Unternehmer auftreten (vgl Palandt/*Ellenberger* Rz 1 und 2). Die Norm bezieht auch jede **juristische Person** in den Anwendungsbereich ein. Somit unterfallen öffentliche Unternehmen und gemeinnützige Unternehmen, die ihre Leistungen gegen Entgelt anbieten, dem Unternehmerbegriff des § 14 (BaRoth/*Schmidt-Räntsch* Rz 3). Etwas anderes gilt nur, wenn die Leistungsbeziehung vollständig öffentlich-rechtlich organisiert ist (Palandt/*Ellenberger* Rz 2). § 14 I nennt schließlich die **rechtsfähige Personengesellschaft** als möglichen Unternehmer. Darunter fallen OHG, KG, Partnerschaft, EWIV 6 und die teilrechtsfähige GbR (BGH NJW 02, 1207) sowie nun auch die Wohnungseigentümer-Gemeinschaft (§ 10 VI WEG). Die Legaldefinition des **§ 14 II ist aussagelos** (*Flume* ZIP 00, 1428). Zur Systematik vgl § 1 Rn 5.

7 **II. Gewerbliche oder selbständige berufliche Tätigkeit.** Der Begriff der gewerblichen Tätigkeit ist zwar unter Berücksichtigung der im Handelsrecht entwickelten Grundsätze zu definieren – ist jedoch weiter als dieser (vgl BaRoth/*Schmidt-Räntsch* § 13 Rz 5). Ein Gewerbe liegt danach vor, wenn eine **planvolle, auf gewisse Dauer angelegte, selbständige und wirtschaftliche Tätigkeit** ausgeübt wird und sich diese nach außen hin manifestiert (vgl *Henssler* ZHR 161 (1997), 20). Auf eine Gewinnerzielungsabsicht kommt es jedoch genauso wenig an (BGHZ 167, 40 Rz 16 = NJW 06, 2250), wie auf die Wirksamkeit des getätigten Rechtsgeschäfts (MüKo/*Micklitz* Rz 18). Teilweise soll der Rechtsgedanke des § 344 HGB Anwendung finden können, um in Zweifelsfällen die Zuordnung des Rechtsgeschäfts zur unternehmerischen Tätigkeit des rechtsgeschäftlich Handelnden zu erlauben (AnwK/*Ring* Rz 40; *Faber* ZEuP 98, 866) Die Anwendbarkeit der Vermutungsregel ist jedoch abzulehnen, da diese zu einer unzumutbaren Verschlechterung der Beweislastverteilung zu Lasten des Verbrauchers führen würde (MüKo/*Micklitz* Rz 34), die europarechtswidrig ist (*Pfeiffer* NJW 99, 173 f). Auch die regelmäßige Vornahme von Internet Auktionen als Verkäufer kann zur Einordnung des Verkäufers als Unternehmer führen, wenn hierbei eine gewisse Mindestschwelle überschritten wird (AG Bad Kissingen NJW 05, 2463; Kobl NJW 06, 1438: Umkehr der Beweislast bei Verwendung der Bezeichnung „Power-Seller").

8 Der Begriff der **selbständigen beruflichen Tätigkeit** ist wie folgt zu definieren: Ein **Beruf** ist jede erlaubte, sinnvolle auf Dauer angelegte Tätigkeit, die der Schaffung und Erhaltung der Lebensgrundlage dient (vgl BVerfGE 50, 362). **Selbständig** ist der Handelnde dann, wenn er in eigener Verantwortung und auf eigene Rechnung und Gefahr handelt (*Faber* ZEuP 98, 871). Dieses Merkmal dient zur Abgrenzung ggü dem Arbeitnehmer, der in einem Abhängigkeitsverhältnis steht (vgl BaRoth/*Schmidt-Räntsch* § 13 Rz 6). Gewerbliche und selbständige berufliche Tätigkeiten werden iRd § 14 gleichbehandelt – ihre Unterscheidung hat traditionelle Gründe (BaRoth/*Schmidt-Räntsch* Rz 9). Zum GmbH-Geschäftsführer s. o. § 13 Rn 9.

9 **Nebenberufliche Tätigkeiten** und **Abschlüsse von branchenfremden Geschäften** werden von § 14 genauso erfasst wie Hilfs- und Nebengeschäfte, ungewöhnliche Verträge und vorbereitende bzw abwickelnde Geschäfte; bei **Existenzgründung** ist zwischen unmittelbar eröffnenden Geschäften und solchen zu unterscheiden, die erst die Entscheidung über die Existenzgründung vorbereiten (s.o. § 13 Rn 9). Unternehmer sind auch **gesetzliche Vermögensverwalter** wie der Insolvenz- oder Nachlassverwalter und der Testamentsvollstrecker (AnwK/*Ring* Rz 36). Ein **Strohmann**, der auf Grundlage einer wirksamen Abrede für einen Unternehmer tätig wird, ist kein Verbraucher, kann also Unternehmer sein (BGH NJW 02, 2030). Die **Verwaltung und Anlage eigenen Vermögens** ist grds keine gewerbliche Tätigkeit (BGH NJW 02, 369f; *Pfeiffer* NJW 99, 172). Abgrenzungskriterium ist der Umfang der betriebenen Geschäfte – erfordern sie einen planmäßigen Geschäftsbetrieb (Unterhaltung eines Büros etc), so liegt eine gewerbliche Tätigkeit vor (Erman/*Saenger* § 13 Rz 14). Bei **gemischt vertraglichen Zwecksetzungen** gilt das bei § 13 Rn 9 Gesagte.

10 **III. Rechtsgeschäftsähnliches und vorvertragliches Handeln.** Auch die Vorbereitung, nicht nur der Abschluss von Rechtsgeschäften, werden vom Verbraucherschutzrecht umfasst. Es gilt das zu § 13 Rn 11 Gesagte entspr.

§§ 15 bis 20 – *weggefallen* –

Titel 2 Juristische Personen

Vorbemerkungen vor §§ 21 ff

1 **A. Allgemeines zur juristischen Person. I. Begriff und Entstehung.** Juristische Personen sind Vereinigungen der Mitglieder oder bloße Organisationen (Stiftungen), denen das Gesetz als solchen Rechtsfähigkeit zuerkennt, die entweder durch Eintragung in ein Register bei Erfüllung der gesetzlichen Voraussetzungen (System der Normativbestimmungen, §§ 21, 22; 1 I, 41 I AktG; 13 I, II GmbHG; 17 GenG) oder aufgrund staatlicher Anerkennung (Konzessionssystem, §§ 22, 80 I; 15 VAG) erworben wird, so dass Publizität gewährleistet ist. Typischerweise haftet nur das Vermögen der Vereinigung und nicht das Privatvermögen der Mitglieder. Nach deutschem Recht gibt es keine freie Körperschaftsbildung iSd Entstehung privatrechtlicher juristischer Personen ohne Konzessionierung oder Registereintragung.

2 **II. Zweck.** Die juristische Person dient dazu, Kräfte auf effiziente Weise zu bündeln (Konzentrationsfunktion), sei es im ideellen oder im wirtschaftlichen Bereich (Kapitalsammelstelle), um einen Zweck überindividuell, also unabhängig vom Mitgliederwechsel, zu verfolgen (Perpetuierungsfunktion). Die juristische Person *schließt die Haftung ihrer Mitglieder aus*, wenn die Haftungsbeschränkung mit der jeweiligen Rechtsform verbunden ist. Daran fehlt es hinsichtlich des Komplementärs der KGaA (§ 278 I AktG) und uU bei den Genossen einer eG mit unbeschränkter oder beschränkter Haftpflicht (§§ 6 Nr 3, 105 GenG).

III. Arten. Juristische Personen des **Privatrechts** mit körperschaftlicher Struktur sind eV, konzessionierter wirtschaftlicher Verein des BGB, AG, eG, GmbH, KGaA und VVaG. Für die Vereinigungen der Spezialgesetze gelten die §§ 21 ff lückenfüllend subsidiär, weil der Verein die Grundform der Vereinigungen mit Rechtspersönlichkeit darstellt. Die Stiftung des Privatrechts ist keine Personenvereinigung, sondern ein zugunsten des Stiftungszwecks besonders organisiertes Vermögen. Juristische Personen des **öffentlichen Rechts** sind öffentlichrechtliche Körperschaften, Anstalten und Stiftungen, die nach eigenen Regeln entstehen.

IV. Abgrenzung. Gesamthandgemeinschaften sind die GbR, der nichtrechtsfähige Verein, OHG, KG, EWIV sowie die Güter- und die Erbengemeinschaft. Das Gesetz geht nach wie vor von einem Unterschied zur juristischen Person aus, indem es von der rechtsfähigen Personengesellschaft spricht (§ 14 I, 1059a II). Während das Vermögen der Organisation bei der juristischen Person dieser selbst zusteht, sind nach der gesetzlichen Konzeption Träger des Vermögens der Gesamthandgemeinschaft die Mitglieder in gesamthänderischer Verbundenheit (§§ 718, 719 BGB; 105 III, 161 II HGB; 1416, 1419, 2032, 2033 II BGB). Die Rspr hat sich contra legem für die Rechtsfähigkeit der GbR entschieden (BGH NJW 01, 1056, s. § 54 Rn 12 f, § 705 Rn 35 ff). Dann bleibt zur Abgrenzung letztlich nur noch der unterschiedliche Entstehungstatbestand: Konzession oder Registereintragung bei den juristischen Personen, (Gesellschafts-)Vertrag oder Gesetz (Erbengemeinschaft) bei der Gesamthandgemeinschaft.

B. Umfang und Grenzen der Rechtsfähigkeit. I. Umfang. Die Rechtsfähigkeit der juristischen Person ist **umfassend**, betrifft also nicht nur die Vermögensfähigkeit, so dass die juristische Person zB auch Träger von einzelnen Persönlichkeitsrechten wie des Namensrechts sein kann (Soergel/*Hadding* Vor § 21 Rz 22) und auch als Inhaberin von Grundrechten in Betracht kommt (Art 19 III GG). Sie ist aber nicht fähig, Subjekt von Rechtsbeziehungen zu sein, die nur zwischen natürlichen Personen möglich sind. Daher scheiden familienrechtliche Beziehungen aus. Die juristische Person kann zwar nicht vererben, aber Erbin oder Testamentsvollstreckerin sein.

II. ultra-vires-Lehre. Die ultra-vires-Lehre, nach der die nicht vom Gesellschaftszweck gedeckte Akte von der Rechtsfähigkeit nicht umfasst sind, gilt im deutschen Recht für juristische Personen des Privatrechts nicht. Im Vereinsrecht kann stattdessen die Vertretungsmacht des Vorstands eingeschränkt werden (§ 26 II 2), was bei anderen juristischen Personen aber ausscheidet (s. §§ 82 I AktG, 37 II GmbHG, 27 II GenG).

III. Handlungs- und Deliktsfähigkeit. Die juristische Person handelt durch ihre Organe, die mit den Organwaltern besetzt sind – der Verein handelt also zB durch seinen Vorstand, der mit den Vorstandsmitgliedern besetzt ist. Diese Sichtweise entspricht der **Organtheorie** *v Gierkes*, die sich gegen *Savignys* **Vertretertheorie** durchgesetzt hat, nach der die juristische Person einer unmündigen natürlichen Person entspricht, die im Rechtsverkehr vertreten werden muss (s. *Beuthien* NJW 99, 1142). Das rechtswidrige, insb das deliktische Verhalten der Organe wird der juristischen Person nach § 31 zugerechnet.

IV. Durchgriff. 1. Allgemeines. Es gilt das **Trennungsprinzip**, dh die juristische Person ist ggü ihren Mitgliedern verselbständigt, die Vermögenssphären sind streng getrennt. Soweit kein besonderer Haftungsgrund vorliegt (zB Übernahme einer Bürgschaft, Delikt oder § 278 I AktG) haften die Mitglieder der juristischen Person nicht; der Gläubiger kann also nicht direkt auf die Mitglieder „durchgreifen". Hinsichtlich der Einzelheiten des Durchgriffs, der nicht nur bei der Haftung, sondern etwa auch bei der Zurechnung eine Rolle spielt, muss auf die Spezialliteratur verwiesen werden (*Jung* Unternehmergesellschafter, passim; dazu *Schöpflin* ZHR 169 (05), 98; Überblick bei MüKo/*Reuter* Vor § 21 Rz 19 ff). Der Durchgriff muss restriktiv gehandhabt werden, um das Rechtsinstitut der juristischen Person nicht auszuhöhlen. Die Rspr bejaht einen Durchgriff deshalb nur dann, wenn das Berufen auf das Trennungsprinzip einen **Rechtsmissbrauch** darstellt (BGHZ 78, 313, 333). Auch beim eV kommt Durchgriffshaftung wegen Rechtsformmissbrauchs grds in Betracht. Bloßes Nichteinschreiten gegen strukturelle Fehlentwicklungen des eV oder gegen erhebliche wirtschaftliche Betätigungen, die das Nebenzweckprivileg überschreiten, führt aber nicht zur persönlichen Haftung der Vereinsmitglieder. Denn das Gesetz sieht als ausreichende, als lex specialis der Durchgriffshaftung vorgehende Sanktionen das Amtslöschungsverfahren (§ 395 FamFG) oder die behördliche Entziehung der Rechtsfähigkeit (§ 43) vor (BGHZ 175, 12, dazu *Reuter* NZG 08, 65, anders noch Dresd ZIP 05, 1680, 1687).

2. Tatbestände. Das Trennungsprinzip versagt bei **Vermögensvermischung**. Deshalb hat die Rspr den Durchgriff auf das Privatvermögen der Mitglieder gestattet, wenn die Abgrenzung zwischen Gesellschafts- und Privatvermögen durch eine undurchsichtige Buchführung oder auf andere Weise verschleiert worden ist (BGH NJW 06, 1344, 1346), wobei das bloße Fehlen doppelter Buchführung nicht genügt. Die **Existenzvernichtungshaftung** der Mitglieder hat der BGH bislang nur für die GmbH begründet (BGHZ 173, 246 – Trihotel; 176, 204 – Gamma). Sie ist aber allg auf die juristische Person zu übertragen. Die Mitglieder haften dann, wenn sie pflichtwidrig bei Dispositionen über das Vermögen der juristischen Person nicht angemessen Rücksicht nehmen auf deren Eigeninteresse, in ihrer Existenz nicht gefährdet zu werden und fähig zu bleiben, ihren Verbindlichkeiten nachzukommen (BGH NJW 01, 3622; 02, 1803, 3024). Sie haben persönlich einzustehen, wenn sie auf die Zweckbindung des Gesellschaftsvermögens keine Rücksicht nehmen und der Gesellschaft ohne angemessenen Ausgleich offen oder verdeckt Vermögenswerte entziehen, die die Gesellschaft zur Erfüllung ihrer Verbindlichkeiten benötigt. Der BGH sieht die Existenzvernichtungshaftung nunmehr als besondere Fallgruppe des § 826 an und versteht sie als Innenhaftung der Gesellschafter ggü der Gesellschaft (BGHZ 173, 246; 176, 204). Außerhalb der Insolvenz können die Gläubiger den Anspruch der GmbH gegen ihre Gesellschafter pfänden (BGH NJW 07, 2689, 2693). Weitere Fallgruppen der Durchgriffshaftung sind der **Rechtsschein persönlicher Haftung** (BGHZ 22, 226, 230), die **unlautere Nutzung** der juristischen Person (BGHZ 54, 222; 68, 312) sowie die Fälle jenseits der Existenzvernichtungshaftung, in denen § 826 eingreift, **nicht** dagegen **bloße Unterkapitalisierung** (BAG NJW 99, 740, 741; BGHZ 176, 204 lässt aber Anwendbarkeit des § 826 offen).

10 **C. Verein. I. Begriff und Wesen.** Da das Gesetz den nichtrechtsfähigen Verein kennt (§ 54), setzt die Vereinseigenschaft weder Rechtsfähigkeit noch juristische Persönlichkeit voraus. Der Verein ist eine Vereinigung, die einen Gesamtnamen führt, einen bestimmten Zweck verfolgt, eine größere Mitgliederzahl aufweist und auf eine Dauer angelegt ist, die Raum lässt für die notwendige körperschaftliche Organisation, die darin besteht, dass die Vereinigung unabhängig vom Mitgliederwechsel ist und dass sie die Organe des Vorstands und der Mitgliederversammlung hat (s. *Reichert* Rz 1 ff; BaRoth/*Schwarz/Schöpflin* § 21 Rz 25 ff). Anhand dieser Kriterien erfolgt im Einzelfall auch die **Abgrenzung** zur GbR (§ 54 Rn 5 f). Der Verein ist die **Grundform aller** privatrechtlichen **Körperschaften**, deshalb kann auch für andere Körperschaften auf vereinsrechtliche Vorschriften zurückgegriffen werden, insb auf § 31.

11 **II. Verfassungsrecht.** Art 9 I GG gewährleistet die Vereinsfreiheit, während nach Art 9 II GG Vereine verboten sind, deren Zweck oder Tätigkeit den Strafgesetzen zuwiderläuft oder die sich gegen die verfassungsmäßige Ordnung oder die Völkerverständigung richten (s. *Reichert* Rz 6511 ff, 6553 ff). Diesen Grundsatz gestaltet das **VereinsG** vom 5.8.64 (BGBl I, 593, zuletzt geändert durch G v 21.12.07, BGBl I, 3198) näher aus. Dieses polizeirechtliche G zur Gefahrenabwehr regelt im Wesentlichen das Vereinsverbot mit seinen Rechtsfolgen und gilt auch für privatrechtliche Vereinigungen, die keine Vereine sind (s. *Reichert* Rz 6514). Auch die **Vereinsautonomie** als das Recht des Vereins, seine innere Ordnung in freier Selbstbestimmung zu regeln, folgt aus Art 9 I GG.

12 (nicht besetzt)

13 **III. Anwendungsbereich.** Die §§ 21–53 gelten für alle rechtsfähigen und zT auch für nichtrechtsfähige Vereine (s. § 54 Rn 8–11). Da der Verein die Grundform der **privatrechtlichen Körperschaften** ist, sind die vereinsrechtlichen Vorschriften zur Füllung etwaiger Lücken bei folgenden Vereinigungsformen anzuwenden: AG, eG, GmbH, KGaA, VVaG. Das gilt insb für §§ 29, 30, 31 u 35.

14 Für die **politischen Parteien** gilt in erster Linie das ParteienG vom 24.7.67. Dieses enthält aufgrund der verfassungsrechtlichen Sonderstellung der Parteien besondere Regeln, die aber durch die §§ 21 ff ergänzt werden. Religionsgesellschaften nach Art 140 GG, 137 WRV können in der Form des **religiösen Vereins** organisiert werden. Aufgrund ihrer verfassungsrechtlich garantierten Stellung haben die religiösen Vereine eine von § 25 unabhängige Autonomie, die es der Satzung zB ermöglicht, kirchliche Funktionsträger zu geborenen Mitgliedern zu erklären (Hamm NJW-RR 95, 119) oder die Bestellung des Vorstandes sowie sonstiger Leitungsorgane so zu regeln, dass die Mitglieder daran nicht beteiligt werden (BayOLGZ 87, 161). Der Verein kann sich in eine Hierarchie eingliedern, in der er Fremdeinfluss unterliegt (BVerfG NJW 91, 2623, 2625 f).

15 **IV. Großvereine und Vereinsverband. Großvereine** (Gesamtvereine, näher *Reichert* Rz 51 f; *Segna* NZG 02, 1048) entwickeln sich, indem sich der Verein zu einem Zentralverein mit Untergliederungen wie zB Ortsvereinen ausbildet. Diese Untergliederungen können selbständig (dh sie sind selbst Vereine) oder unselbständig (ohne eine Satzung und ohne eigene Vereinsorgane) sein. Bei unselbständigen Untergliederungen gibt es nur eine Mitgliedschaft im Zentralverein (BGHZ 89, 153, 155 f), während bei selbständigen Untergliederungen, die eV oder nichtrechtsfähiger Verein sein können, die Mitgliedschaft in der Untergliederung und im Zentralverein besteht. Der selbständige Zweigverein (Untergliederung) muss die Vereinseigenschaften besitzen (s. Rn 10), allerdings kann die Satzung des Zweigvereins die des Gesamtvereins sein (BGHZ 90, 331, 333). Die Nutzung von Eigentum des Gesamtvereins durch eine Untergliederung ändert nichts am Eigentum des Gesamtvereins und begründet auch kein Treuhandverhältnis. Ein Insichprozess zwischen der Untergliederung und dem Gesamtverein scheidet idR aus, vielmehr können sich gegen Beschlüsse der Mitgliederversammlung des Gesamtvereins nur dessen Organe oder Mitglieder, nicht Untergliederungen als solche wenden (BGH NJW 08, 69, 72, 74 f).

16 **Vereinsverbände** sind Zusammenschlüsse von selbständigen Vereinen, zB der Deutsche Olympische Sportbund. Regeln sowohl die Satzung des Vereinsverbandes als auch des angeschlossenen Vereins Entsprechendes, begründet die Mitgliedschaft im Basisverein zugleich die Mitgliedschaft im Vereinsverband (BGHZ 105, 306, 311 f, Doppelmitgliedschaft). Für die Mitgliedschaft der Basisvereine im Vereinsverband gelten die allg Regeln, zB über den Auskunftsanspruch nach §§ 27 III, 666 (BGH NJW-RR 03, 830).

17 (nicht besetzt)

Untertitel 1 Vereine

Kapitel 1 Allgemeine Vorschriften

§ 21 Nicht wirtschaftlicher Verein. Ein Verein, dessen Zweck nicht auf einen wirtschaftlichen Geschäftsbetrieb gerichtet ist, erlangt Rechtsfähigkeit durch Eintragung in das Vereinsregister des zuständigen Amtsgerichts.

A. Idealverein und wirtschaftlicher Verein. Das Gesetz unterscheidet zwischen Idealverein (nichtwirtschaftlichem Verein, ein altruistischer Zweck ist also nicht erforderlich) und wirtschaftlichem Verein. Der Verein mit ideellem Zweck wird zur juristischen Person durch Eintragung in das Vereinsregister, die erfolgt, wenn die gesetzlichen Voraussetzungen dafür vorliegen (**Normativsystem**). Ein wirtschaftlicher Verein erlangt Rechtspersönlichkeit aufgrund staatlicher Verleihung (**Konzessionssystem**). §§ 21, 22 schützen den Rechtsverkehr, indem sie die Rechtsform des rechtsfähigen Vereins, die kein garantiertes Kapital kennt und daher Gläubiger besonders gefährdet, für wirtschaftliche Vereine an die staatliche Konzession bindet. Wirtschaftliche Vereine werden in die handelsrechtlichen Rechtsformen gedrängt, da die Verwaltungsbehörden die Konzession nur erteilen können, wenn der jeweiligen Vereinigung eine andere Rechtsform als die des Vereins ganz ausnahmsweise unzumutbar ist (BVerwG NJW 79, 2261, 2264; **Subsidiarität** des wirtschaftlichen Vereins). 1

B. Abgrenzung des Idealvereins vom wirtschaftlichen Verein. I. Vereinszweck. Der Vereinszweck wird durch die Mitglieder in der Vereinssatzung (§ 57 I) kraft ihrer Vereinigungsfreiheit (Art 9 I GG) bestimmt. Die Grenzen zulässiger Vereinszwecke ergeben sich aus Art 9 II GG, dem VereinsG (s. Vor § 21 Rn 11) und aus §§ 134, 138. Ein Verein zur Förderung des Tabakkonsums verstößt aber nicht gegen ein gesetzliches Verbot, auch wenn er faktisch ein Nichtraucherschutzgesetz umgehen helfen soll (Oldbg NJW 08, 2194). Das Registergericht ermittelt im Eintragungsverfahren den Vereinszweck vAw und hat den Eintragungsantrag zurückzuweisen, wenn sich ein wirtschaftlicher Hauptzweck herausstellt (§§ 26, 382 III FamFG). Dabei kommt es insb bei Widersprüchen nicht nur auf den in der Satzung formulierten, sondern auch auf den tatsächlich verfolgten Zweck an (KG NJW-RR 05, 339, 340). Ergibt sich nach der Eintragung ein wirtschaftlicher Zweck, muss das Registergericht den Verein vAw löschen, Ermessenserwägungen sind nur in atypischen Fällen geboten (BVerwG NJW 98, 1166, 1168). 2

II. Abgrenzungskriterium. Frühere Abgrenzungskriterien (zu ihnen BaRoth/*Schwarz*/*Schöpflin* Rz 91 f) sind überholt. Die hM im Anschluss an *K. Schmidt* (Rpfleger 82, 286, 343) grenzt typologischen ab (BaRoth/*Schwarz*/*Schöpflin* Rz 93 ff; *Reichert* Rz 128 ff; auch MüKo/*Reuter* Rz 9 ff; krit *Schad* NJW 98, 2411, der auf §§ 1 ff HGB, 1 GenG abstellen will) und unterscheidet drei Typen des wirtschaftlichen Vereins. 3

1. Unternehmerischer Verein. Wenn der Verein planmäßig und entgeltlich an einem **äußeren Markt** (also nicht nur ggü den Vereinsmitgliedern) als Anbieter (also nicht nur als Nachfrager) von Waren und Dienstleistungen tätig wird, liegt ein unternehmerischer Verein vor (BGHZ 85, 84, 92; BaRoth/*Schwarz*/*Schöpflin* Rz 95; MüKo/*Reuter* Rz 28 ff). Gewinnerzielungsabsicht oder kaufmännische Tätigkeit werden dabei nicht vorausgesetzt (Schlesw NJWE-MietR 97, 40; BaRoth/*Schwarz*/*Schöpflin* Rz 95; MüKo/*Reuter* Rz 30). Der BGH rechnet dem Verein die wirtschaftliche Tätigkeit Dritter, insb auch die der durch den Verein beherrschten **Tochtergesellschaften**, nicht zu (BGHZ 85, 84, 90 f – ADAC; zust BaRoth/*Schwarz*/*Schöpflin* Rz 97; abl MüKo/*Reuter* Rz 37 ff; *Segna* ZIP 97, 1901). Das lässt sich damit rechtfertigen, dass die Gläubiger der vom Holdingverein gehaltenen Gesellschaft bereits nach den für diese geltenden Vorschriften geschützt werden. 4
Beispiele für den unternehmerischen Verein sind (s. Reichert Rz 148; BaRoth/*Schwarz*/*Schöpflin* Rz 98; MüKo/*Reuter* Rz 43 ff): freie Sparkassen (soweit nicht in anderer Rechtsform), Betrieb einer Schauspielbühne (aA Stuttg DB 64, 1735), Dritte-Welt-Läden, Verein zur Wohnungsvermietung (Frankf Rpfleger 06, 545), Gewinnspielvereine, die Lotterien veranstalten (AG Potsdam Rpfleger 94, 361), Vereine zur betrieblichen Altersversorgung, die Immobiliengeschäfte betreiben (Ddorf NJW-RR 98, 663). Gruppenunterstützungskasse kann Idealverein sein (LG Münster Rpfleger 08, 426; Köln FGPrax 09, 275), ebenso ein Behindertensportverein, auch wenn er Fördergelder in Anspruch nimmt (Hamm NJW-RR 08, 350). 5

2. Verein mit Binnenmarkttätigkeit. Vereine mit unternehmerischer Tätigkeit in einem Binnenmarkt sind planmäßig, entgeltlich und anbietend an einem vereinsinternen Markt ggü ihren Mitgliedern tätig (MüKo/*Reuter* Rz 32 ff BaRoth/*Schwarz*/*Schöpflin* Rz 99 f). Gewinnerzielungsabsicht ist nicht erforderlich, das Entgelt kann auch im Mitgliedsbeitrag oder der Aufnahmegebühr enthalten sein (BaRoth/*Schwarz*/*Schöpflin* Rz 99). Entscheidend ist, dass das Mitglied ggü dem Verein als Kunde erscheint (BayVGH NVwZ-RR 06, 297) und dass keine Leistung mit mitgliedschaftlichem Charakter vorliegt (MüKo/*Reuter* Rz 32 f; AnwK/*Heidel*/*Lochner* Rz 28). Das ist der Fall, wenn sich die Beziehung im Wesentlichen auf ein Austauschverhältnis beschränkt, weil es sich um Leistungen handelt, die üblicherweise auch von anderen außerhalb vereinsrechtlicher Beziehungen im normalen Wettbewerb angeboten werden (BVerwG NJW 98, 1166 f). 6

7 **Beispiele** (s. *Reichert* Rz 154 ff; BaRoth/*Schwarz*/*Schöpflin* Rz 101) sind die Wissenschaftliche Buchgesellschaft in Darmstadt, Inkasso- und Auskunftsvereine, Car-Sharing-Vereine (aA LG Bremen Rpfleger 92, 67), Kapitalanlagevereine (Celle OLGR 02, 29), Internet-Vereine, die die nötige Infrastruktur für ihre Mitglieder bereitstellen (AG Passau Rpfleger 99, 401), Abwasserverein, der Kläranlagen erstellt und entgeltlich benutzen lässt (LG Trier NotBZ 08, 279); Wasserversorgungsverein (LG Lübeck Rpfleger 09, 29). Dagegen bleibt der Ruderverein, der seinen Mitgliedern Boote zur Verfügung stellt, ein Idealverein, ebenso der Verein, der gegen Entgelt Erwachsenenbildung durchführt, es sei denn, er wird von anderen Unternehmen zur Kundenwerbung benutzt (KG NJW-RR 05, 339); mangels Marktüblichkeit sollen die entgeltlichen Leistungen an die Mitglieder die Scientology-Kirche nicht zum Wirtschaftsverein machen (BayVGH NVwZ-RR 06, 297 – zw).

8 **3. Genossenschaftlicher Verein.** Wenn Unternehmer zwecks genossenschaftlicher Kooperation einen Teil ihrer Unternehmenstätigkeit auf einen Verein übertragen, handelt es sich um einen wirtschaftlichen Verein, einerlei ob er die Tätigkeit entgeltlich oder unentgeltlich anbietet (BGHZ 45, 395, 397 f; MüKo/*Reuter* Rz 35 f). Entsprechend dem genossenschaftlichen Prinzip muss der genossenschaftliche Verein durch wirtschaftlich bedeutsame Aktivität seine Mitglieder fördern, muss aber nicht selbst als Anbieter auftreten (BaRoth/*Schwarz*/*Schöpflin* Rz 103; AnwK/*Heidel*/*Lochner* Rz 30).

9 **Beispiele** sind (*Reichert* Rz 159; BaRoth/*Schwarz*/*Schöpflin* Rz 104): Funktaxizentralen (BGHZ 45, 395), ärztliche Abrechnungsstellen, Immobilienbörsen zur Zusammenführung von Angebot und Nachfrage (Ddorf NJW-RR 96, 989), Rabattsparvereine, Verwertungsgesellschaften wie die VG Wort, Verbrauchereinkaufsringe.

10 **4. Nebenzweckprivileg.** Liegt nach den genannten Kriterien an sich ein wirtschaftlicher Verein vor, nimmt die hM gleichwohl einen Idealverein an, wenn die wirtschaftliche Betätigung unter das sog Nebenzweck- oder Nebentätigkeitsprivileg fällt (BGHZ 85, 84, 93; MüKo/*Reuter* Rz 19 ff; *Reichert* Rz 160 ff). Nichtwirtschaftlich ist ein Verein danach auch, wenn er zwar einen wirtschaftlichen Geschäftsbetrieb führt, dieser aber dem nichtwirtschaftlichem Hauptzweck untergeordnet ist und diesem dienen soll. Das Nebenzweckprivileg setzt voraus, dass die Satzung einen nichtwirtschaftlichen Hauptzweck vorsieht, den der Verein auch tatsächlich verfolgt, und dass die unternehmerische Tätigkeit dem ideellen Zweck tatsächlich funktionell untergeordnet ist (BGHZ 85, 84, 93; BVerwG NJW 98, 1166, 1168; MüKo/*Reuter* Rz 19).

11 **Beispiele** für vom Nebenzweckprivileg gedeckte Aktivitäten sind Buchverlage oder gastronomische Tätigkeiten von religiösen oder Sportvereinen, aber auch das Angebot einzelner entgeltlicher Sportkurse an Nichtmitglieder (Hamm Rpfleger 08, 141, 142). Ob sich Vereine der Fußball-Bundesliga noch auf das Nebenzweckprivileg berufen können, ist str (dafür Palandt/*Ellenberger* Rz 5; dagegen *Segna* ZIP 97, 1901; MüKo/*Reuter* Rz 43a). Der Rechtsverkehr dürfte jedenfalls wissen, dass Bundesligavereine oftmals am Rande des finanziellen Abgrunds wirtschaften, so dass Verträge mit ihnen ein Risiko darstellen können.

12 **5. Idealvereine.** Idealvereine sind nichtwirtschaftliche Vereine, zB solche, die Freizeit organisieren, sich mit Wissenschaft und Kunst beschäftigen oder gesellschaftlich engagieren. Aber auch betriebliche Sozialeinrichtungen wie Werkskantinen oder Pensions- und Unterstützungskassen verfolgen selbst keinen wirtschaftlichen Zweck (BaRoth/*Schwarz*/*Schöpflin* Rz 102; Palandt/*Ellenberger* Rz 5) Der Reisedienst des Kolpingwerks soll angesichts seines Zwecks, durch Reisen religiösen Zwecken und der Lebenshilfe zu dienen, einen ideellen Hauptzweck haben (*Hamm* NJW-RR 03, 298, krit *Terner* Rpfleger 04, 537, 542).

13 **C. Vereinsgründung.** Die Einigung der Gründer über die Satzung ist der vereinsrechtliche **Gründungsakt**. Um eine körperschaftliche Struktur zu gewährleisten, muss der Verein durch mindestens drei (hM: zwei) Gründer errichtet werden (vgl für die eG § 4 GenG: mindestens 3); die Eintragung ist allerdings nur mit sieben Mitgliedern erreichbar (§§ 56, 59 III). Nach hM handelt es sich bei dem Gründungsakt um einen Vertragsschluss (*Reichert* Rz 79; Palandt/*Ellenberger* Rz 11). Bis zur Erlangung der Rechtspersönlichkeit und bis zum Auftreten nach außen können Anfechtungs- und Nichtigkeitsgründe geltend gemacht werden, danach nur mit Wirkung ex nunc nach den Grundsätzen der fehlerhaften Gesellschaft (*Reichert* Rz 88 ff; s. § 705 Rn 17 f). Der Idealverein erlangt juristische Persönlichkeit mit Eintragung (§§ 55 ff), der wirtschaftliche mit Konzessionierung. Bei wesentlichen Mängeln ist der eV im Verfahren nach § 395 FamFG zu löschen.

14 **D. Vorverein.** Zwischen dem Zeitpunkt der Errichtung des Vereins (durch Satzungsfeststellung und Vorstandswahl) und dem Erwerb der Rechtspersönlichkeit besteht ein Vorverein. Er ist ein **nichtrechtsfähiger Verein** iSd § 54, strebt aber im Gegensatz zum nichtrechtsfähigen Dauerverein die juristische Persönlichkeit an. Der Vorverein unterliegt der für ihn auch hinsichtlich des Haftungsregimes sachgerechten Regelung des § 54. Beim ideellen Vorverein haften die Mitglieder nicht, anders beim wirtschaftlichen Vorverein (s. § 54 Rn 17, 22, 23). Die Vorstandsmitglieder unterliegen der Handelndenhaftung des § 54 2 (näher § 54 Rn 18 ff). Diese Haftung erlischt nicht mit Eintragung des Vereins (*Schöpflin* 501 f; aA Palandt/*Ellenberger* § 54 Rz 13). Daher bedarf es keiner Differenzhaftung der Gründer, die in Form einer Innenhaftung ggü dem Verein zum Ersatz von Verlusten verpflichten würde, die zwischen Gründung und Erwerb der Rechtspersönlichkeit aufgelaufen sind (BaRoth/*Schwarz*/*Schöpflin* Rz 117; aA MüKo/*Reuter* Rz 84, 88, 96 ff).

15 Der Vorverein und der aus ihm entstandene eV bzw konzessionierte Verein sind nach der ganz hM **identisch** (MüKo/*Reuter* Rz 80; BGHZ 80, 129, 140 – für GmbH). Alle Rechte und Pflichten des Vorvereins gehen kraft

Gesetzes auf den rechtsfähigen Verein über. Für die nach der Eintragung entstehenden Neuverbindlichkeiten haftet nur der eV mit seinem Vereinsvermögen, für die Altverbindlichkeiten des Vorvereins haften neben dem eV die Handelnden, deren Haftung mit der Entstehung der Rechtspersönlichkeit nicht erlischt (str.).

§ 22 Wirtschaftlicher Verein. Ein Verein, dessen Zweck auf einen wirtschaftlichen Geschäftsbetrieb gerichtet ist, erlangt in Ermangelung besonderer bundesgesetzlicher Vorschriften Rechtsfähigkeit durch staatliche Verleihung. Die Verleihung steht dem Land zu, in dessen Gebiet der Verein seinen Sitz hat.

A. Subsidiaritätsprinzip. Für wirtschaftliche Betätigung von privatrechtlichen Körperschaften stellt der Gesetzgeber die besonderen Rechtsformen der AG, eG, GmbH, KGaA und des VVaG zur Verfügung. Jeweils sorgt das Gesetz für Gläubiger- bzw Anlegerschutz. Diese Schutzbestimmungen dürfen nicht durch die Wahl der Rechtsform eines rechtsfähigen wirtschaftlichen Vereins (zur Abgrenzung § 21 Rn 2 ff) unterlaufen werden, der keine besonderen Gläubigerschutzvorschriften kennt. Deshalb ist der wirtschaftliche Verein subsidiär, dh § 22 erfüllt eine **Auffang- und Sperrfunktion**: Nur wenn der Vereinigung andere Rechtsformen ganz ausnahmsweise aufgrund atypischer Umstände nicht zumutbar sind, kommt die Rechtsform des rechtsfähigen Wirtschaftsvereins in Betracht (BVerwG NJW 79, 2261). Der konzessionierte wirtschaftliche Verein ist zT durch Sondergesetz zugelassen (zB § 19 BWaldG – forstwirtschaftliche Zusammenschlüsse). 1

B. Verfahrensrechtliches. Für die staatliche Verleihung der Rechtsfähigkeit (Konzessionierung) ist die nach Landesrecht bestimmte Behörde **zuständig** (Zusammenstellung bei *Reichert* Rz 300). Sie prüft, ob es sich um einen wirtschaftlichen Verein handelt, die wirksame Gründung, die Mindesterfordernisse der Satzung und ob hinreichender Verkehrschutz gewährleistet und eine andere Rechtsform zumutbar ist (s. *Reichert* Rz 266 ff, BaRoth/*Schwarz/Schöpflin* Rz 9 ff). Es gilt jeweils das einschlägige VerwaltungsverfahrensG. Liegen die Voraussetzungen der Verleihung vor, ist der Behörde Ermessen eröffnet (BVerwG NJW 79, 2261, 2264). Gegen die ablehnende Entscheidung steht dem Verein der verwaltungsgerichtliche Rechtsweg offen (*Reichert* Rz 329 ff). 2

C. Wirtschaftlicher Vorverein. Für den wirtschaftlichen Vorverein, der ein Handelsgewerbe betreibt, gilt das Recht der OHG mit den entspr haftungsrechtlichen Konsequenzen (§ 128 HGB). Beim nicht kaufmännisch tätigen wirtschaftlichen Vorverein gilt hinsichtlich der Haftung das Recht der GbR (s. § 54 Rn 22 f). 3

§ 23 – *weggefallen* –

Ausländische Vereine, denen nach § 23 Rechtsfähigkeit verliehen wurde, bleiben gem Art 229 § 24 1 EGBGB rechtsfähig. 1

§ 24 Sitz. Als Sitz eines Vereins gilt, wenn nicht ein anderes bestimmt ist, der Ort, an welchem die Verwaltung geführt wird.

A. Bestimmung. Jeder Verein muss einen Sitz haben, der bedeutsam ist für Behördenzuständigkeiten (§§ 21, 22, 45 III, 55 I), den allg Gerichtsstand (§ 17 ZPO) sowie die Eigenschaft als inländischer oder ausländischer Verein. Grds wählt der Verein seinen Sitz frei durch Satzungsbestimmung (§ 57 I), sog **Satzungssitz**. Ein **fiktiver Sitz** soll zulässig sein (BayObLG NJW-RR 88, 96; aA MüKo/*Reuter* Rz 3 f), wenn er nicht rechtsmissbräuchlich ist (etwa bei Unerreichbarkeit an seinem satzungsgemäßen Sitz, LG Berlin NJW-RR 99, 335). Denn der Vereinssitz soll gerade die Greifbarkeit des Vereins für Zustellungen und für die Gläubiger sicherstellen. 1

Der Sitz muss **bestimmt** sein und sich idR auf eine politische Gemeinde beziehen. Gibt es innerhalb einer Gemeinde mehrere Gerichtsbezirke (Hamburg, Berlin), muss der Sitz zB durch eine Straßenbezeichnung die gerichtliche Zuständigkeit erkennen lassen (vgl Hamm Rpfleger 77, 275, 278). Ein **Doppelsitz** ist ausgeschlossen, da das Interesse an einer effektiven Registerpraxis und an der Vermeidung widersprechender Eintragungen höher wiegt, als ein etwaiges Interesse des Vereins, dem es frei steht, seine Verwaltung an einem anderen Ort zu führen (bei schutzwürdigem Interesse für Anerkennung eines Doppelsitzes: MüKo/*Reuter* Rz 7). Der **Verwaltungssitz** ist Vereinssitz bei fehlender oder unwirksamer Satzungsbestimmung. Entscheidend ist der Ort, an dem die Vereinsorgane (Vorstand) ihre Hauptaktivität entfalten (zB durch eine Geschäftsstelle, *Reichert* Rz 515). 2

B. Sitzverlegung. Sie bedarf der **Satzungsänderung**, die beim eV in das Vereinsregister einzutragen ist (§ 71) und beim konzessionierten Wirtschaftsverein der Genehmigung durch die Verleihungsbehörde bedarf (§ 33 II). Ein eV kann innerhalb Deutschlands seinen Sitz verlegen, mit Wechsel des Sitzes in ein anderes Bundesland verliert der rechtsfähige Wirtschaftsverein seine Rechtspersönlichkeit (*Reichert* Rz 509). Nach § 6 I VRV hat der eV die Sitzverlegung beim **Registergericht** des alten Sitzes anzumelden, das eine entspr Mitteilung nebst Registerakten an das Registergericht des neuen Sitzes sendet, welches den eV nach positivem Ergebnis 3 der Prüfung unter Übernahme der bisherigen Registereintragungen einträgt. Auf die anschließende Benachrichtigung hin trägt das Gericht des alten Sitzes die Verlegung ein und schließt das Registerblatt.

4 Sitzverlegung in das **Ausland** ist als Auflösung des Vereins zu werten (*Reichert* Rz 4375 f), die nach § 6 III VRV einzutragen ist. Da Art 43, 44 EGV nach Art 48 II EGV nicht für Vereinigungen ohne Erwerbszweck gelten, bleibt es dabei auch angesichts der Rspr des EuGH zur Niederlassungsfreiheit im Gesellschaftsrecht (NJW 03, 3331), zumal diese nicht die Sitzverlegung betrifft (Zweibr NJW-RR 06, 42, 43 f, dazu krit *Behrens* ZEuP 07, 327). Umgekehrt haben auch ausländische Vereine aus dem EU-Bereich keinen Anspruch, unter Wahrung ihrer Identität bei Sitzverlegung nach Deutschland in das deutsche Vereinsregister eingetragen zu werden (Zweibr NJW-RR 06, 42).

§ 25 Verfassung. Die Verfassung eines rechtsfähigen Vereins wird, soweit sie nicht auf den nachfolgenden Vorschriften beruht, durch die Vereinssatzung bestimmt.

1 **A. Verfassung.** Als rechtliche **Grundordnung** des Vereins enthält die Verfassung die Grundentscheidungen, die das Vereinsleben bestimmen, insb die Mindestforderungen und den Sollinhalt der Satzung nach §§ 57, 58. Rechtsgrundlagen der Verfassung sind die zwingenden vereinsrechtlichen Vorschriften, die nicht nach § 40 zur Disposition der Satzung stehen. Zwingend sind auch § 26 I 1 u § 39 sowie der ungeschriebene Gleichbehandlungsgrundsatz. Auf der zweiten Stufe der vereinsrechtlichen Normenpyramide folgt die Satzung, auf der dritten das dispositive Vereinsrecht des BGB, das eingreift, soweit es an einer Satzungsregelung fehlt. Die Satzung kann nicht auf den jeweils geltenden Inhalt einer anderen Vereinssatzung (zB des übergeordneten Verbandes) verweisen (BGH NJW 95, 583, 585 – dynamische Verweisung), da dieses der Vereinsautonomie widerspräche. Zulässig ist nur die statische Verweisung auf eine bestimmte Fassung einer anderen Verbandssatzung.

2 **B. Satzung. I. Begriff.** Die Satzung ist der privatautonom von den Gründern festgelegte **Teil der Vereinsverfassung**. Aufgrund § 59 II Nr 1 besteht für den eV faktisch Schriftformzwang. Satzung im formellen Sinne ist die Satzungsurkunde mit den in ihr enthaltenen Regelungen. Materielles Satzungsrecht sind die das Vereinsleben betreffenden Grundentscheidungen, die nicht nur in der Satzungsurkunde, sondern auch in Nebenordnungen (zB Schiedsordnungen, Wettkampfordnungen) enthalten sein oder sich aus Vereinsbeschlüssen ergeben können. Der Mindest- und Sollinhalt der Satzung folgt aus §§ 57, 58. Die das Vereinsleben bestimmenden Grundentscheidungen sind in die Satzung aufzunehmen (BGHZ 105, 306, 313).

3 **II. Mängel.** Inhaltliche Mängel der Satzung nach §§ 134, 138 führen zur Nichtigkeit der betroffenen Satzungsteile. § 139 ist unanwendbar (BGHZ 47, 172, 180). Die Satzung bleibt also iÜ bestehen, statt der nichtigen Satzungsbestimmungen gilt dispositives Gesetzesrecht (KG Rpfleger 07, 82, 83). Lassen sich die verbleibenden Satzungsbestimmungen allerdings nicht zu einer praktikablen Vereinsordnung ergänzen, ist Gesamtnichtigkeit anzunehmen. Das gilt auch, wenn der Vereinszweck gesetzes- oder sittenwidrig ist. Bei Gesamtnichtigkeit gelten die Regeln über die fehlerhafte Gesellschaft (§ 705 Rn 17 f), dh die Gründungsmängel führen nur ex nunc zur Auflösung der Vereinigung. Vorbehaltlich schutzwürdiger Interessen ist der fehlerhaft gegründete Verein wirksam bis der Gründungsmangel geltend gemacht wird (§ 21 Rn 13).

4 **III. Rechtsnatur.** Die **Vertragstheorie** sieht die Satzung als Organisationsvertrag, der die Organe des Vereins näher regelt, und als einen schuldrechtlichen Vertrag, soweit zB die Mitglieder zu Beiträgen verpflichtet werden (Soergel/*Hadding* Rz 1 ff). Nach der **modifizierten Normentheorie** verobjektiviert sich die Satzung nach ihrer Feststellung und wird zur objektiven Vereinsnorm (BGHZ 105, 306; *Reichert* Rz 428 f). Nach der zutr **Normentheorie** ist die Gründung des Vereins ein schöpferischer sozialer Gesamtakt, der objektives Recht setzt, das für die Mitglieder vom Erwerb ihrer Mitgliedschaft an gilt (MüKo/*Reuter* Rz 16 ff), da die Satzung eine körperschaftliche Ordnung für einen unbestimmten Personenkreis schafft. Praktische Bedeutung hat die Rechtsnatur zB bei der Frage der Anwendung des § 139. Als Vereinsverfassung wirkt die Satzung für und gegen die Mitglieder, für **Dritte** nur, wenn diese die Satzung einzelvertraglich anerkennen, zB anlässlich der Benutzung von Vereinseinrichtungen. Dritte haben keinen Anspruch auf die satzungsgemäßen Unterstützungsleistungen eines gemeinnützigen Vereins (Koblenz MDR 08, 267 – weißer Ring).

5 **IV. Auslegung.** Aus der Normentheorie folgt, dass Gründerwille und -interessen nach der Gründung hinter der entstandenen Organisation zurücktreten. Daher sind Satzungen objektiv und einheitlich auszulegen, also ohne die Berücksichtigung subjektiver Umstände außerhalb der Urkunde. Diese dürfen nur herangezogen werden, wenn sie den Betroffenen bekannt oder erkennbar sind (BGHZ 63, 282, 290; BayObLG FGPrax 01, 30). Eine Vereinsübung kann dann zur Auslegung herangezogen werden (Frankf WM 85, 1466, 1468). Die teleologische Satzungsauslegung muss den Vereinszweck und die Mitgliederinteressen berücksichtigen (BGHZ 47, 172, 180).

6 **V. Neben-, Geschäftsordnungen, Vereinsgewohnheitsrecht.** Kraft der Vereinsautonomie kann der Verein auch außerhalb der Satzung verbindliche Regeln setzen. Derartige **Nebenordnungen** wie Wettkampf-, Benutzungs- oder Schiedsordnungen, gestalten die Satzung nur näher aus und bedürfen einer satzungsmäßigen

Grundlage (*Reichert* Rz 470, 472). Wesentliche Entscheidungen müssen in der Satzung oder in einer zum Satzungsbestandteil erklärten Vereinsordnung enthalten sein, zB die Einführung einer Delegiertenversammlung oder die Rechtsgrundlage für Disziplinarmaßnahmen (weitere Bsp bei *Reichert* Rz 468). Soweit die Vereinsordnung gegen Gesetz oder Satzung verstößt oder eine Regelung enthält, die der Satzung vorbehalten bleibt, ist sie unwirksam. Die Änderung von Vereinsordnungen ohne Satzungsqualität ist mit einfacher Mehrheit möglich, §§ 33, 71 gelten nicht. **Geschäftsordnungen** regeln den Geschäftsgang von Vereinsorganen und erfordern keine satzungsmäßige Grundlage. Sie dürfen aber weder gegen die Satzung oder eine Vereinsordnung verstoßen noch in die Rechtsstellung von Mitgliedern eingreifen (BGHZ 47, 172, 178).

Beim rechtsfähigen Verein muss die Satzung schriftlich niedergelegt sein (§ 59 II Nr 1), so dass der Anwendungsbereich von **Vereinsgewohnheitsrecht** (Observanz), das sich durch ständige Übung bilden kann, begrenzt ist. Es steht im Rang unter der Satzung und kann diese nicht ändern, da Satzungsänderungen der Eintragung in das Vereinsregister bedürfen (§ 71 I 1; Oldbg NZG 09, 917). § 33 I 2 steht ferner der Zweckänderung durch Vereinsübung entgegen. Daher bleibt als Anwendungsbereich des Vereinsgewohnheitsrechts lediglich die Ergänzung lückenhaften satzungsnachrangigen Vereinsrechts (*Reichert* Rz 516, s. aber § 54 Rn 8) und die Heranziehung zur Satzungsinterpretation (AnwK/*Heidel/Lochner* Rz 20). 7

VI. Inhaltskontrolle. § 310 IV nimmt das Gesellschaftsrecht einschließlich des Vereinsrechts von der AGB-Kontrolle aus. Die Rspr unterwirft Vereinssatzungen einer allg Inhaltskontrolle nach §§ 242, 315, weil diese Vorschriften die Satzungsautonomie jedenfalls bei Vereinen begrenzen, die im wirtschaftlichen oder sozialen Bereich eine **überragende Machtstellung** haben (BGHZ 105, 306, 318). Bei ihnen fehlt das Korrektiv der Austrittmöglichkeit, und die einzelnen Mitglieder können kaum Satzungsänderungen erreichen. Prüfungsmaßstab ist die Angemessenheit der Regelung im Verhältnis zu den Mitgliedern, die aufgrund einer umfassenden Interessenabwägung zu bewerten ist (BGH NJW 95, 583, 585). Grds sollte die Inhaltskontrolle für **alle Vereine** gelten, da auch Vereine ohne Monopolstellung ihre Angelegenheiten nicht unbillig regeln dürfen. Allerdings ist die **Zumutbarkeit des Austritts** für die Mitglieder und ihre Angewiesenheit auf den Verein zu berücksichtigen. Deshalb müssen unbedeutende Vereine nicht demokratisch organisiert sein, doch kann nicht einzelnen Mitgliedern die Alleinentscheidung über Vereinsangelegenheiten eingeräumt oder Vereinsorganen Willkür ermöglicht werden (BaRoth/*Schwarz/Schöpflin* Rz 40). Ein Adelsverein muss keine Mitglieder dulden, die den Adelsnamen der Frau zum Familiennamen machen (Celle NJW-RR 89, 313; BVerfG FamRZ 89, 1047). Es hält der Inhaltskontrolle als angemessen stand, wenn Gewerkschaftsmitglieder satzungsgemäß ihre Aufsichtsratsvergütungen zT an gewerkschaftseigene Stiftungen abführen müssen, da sie ihre Aufsichtsratsfunktion der Gewerkschaft verdanken (aA LG München I NJW 05, 1725). 8

Auch im Hinblick auf **Nichtmitglieder** übt die Rspr eine Inhaltskontrolle aus (BGH NJW 95, 583, 585), zB bei sportlichen Regelwerken. Vereinsrechtliche Regelungen, die Transferentschädigungen beim Vereinswechsel von Berufssportlern vorsehen, verstoßen gegen Art 39 EGV und sind daher nichtig (EuGH NJW 96, 505). Aufgrund Art 12 GG sind Transferentschädigungen auch innerhalb Deutschlands verboten und entsprechende Bestimmungen nach §§ 134, 138 nichtig (BGH NJW 99, 3552). Die Zahl der eingesetzten Berufssportler aus anderen EU-Staaten darf nicht begrenzt werden (EuGH aaO und NJW 05, 2979). 9

C. Aufnahmepflicht. I. Grundsätzliches. Die freie Entscheidung von Verein und Mitglied über Ein- und Austritt bzw Aufnahme gehört zu den Grundprinzipien des Vereinsrechts und ist Voraussetzung funktionierenden Wettbewerbs im Vereinswesen. Selbst wenn der Bewerber um die Mitgliedschaft alle satzungsgemäßen Voraussetzungen der Mitgliedschaft erfüllt, besteht kein Aufnahmezwang, wenn sich der Verein nicht satzungsmäßig oder einzelvertraglich gebunden hat. Eine Aufnahmepflicht kommt nur dort in Betracht, wo es keinen funktionierenden Wettbewerb gibt. Daher besteht ein **kartellrechtlicher Aufnahmeanspruch** nach §§ 1004, 823 II iVm § 20 VI GWB, wonach Wirtschafts- und Berufsvereinigungen die Aufnahme eines Unternehmens nicht ablehnen dürfen, wenn die Ablehnung zu einer sachlich nicht gerechtfertigten ungleichen Behandlung oder zu unbilliger Benachteiligung im Wettbewerb führt (BGH NJW 95, 462). 10

Aus § 20 VI GWB folgt mit dem Rechtsgedanken des § 826 zudem ein **allg Aufnahmeanspruch**, wenn der Verein im wirtschaftlichen oder sozialen Bereich eine überragende Machtstellung besitzt und ein wesentliches oder grundlegendes Interesse an dem Erwerb der Mitgliedschaft vorliegt (BGH NJW 99, 1326; 97, 3338). Anspruch auf Aufnahme besteht, wenn nach Abwägung der beiderseitigen Interessen die Zurückweisung des Bewerbers unbillig erscheint. Diese Kriterien ergeben sich mittelbar aus Art 9 I GG (BGH NJW 99, 1326). Erforderlich ist, dass der Aufnahmekandidat die satzungsgemäßen Beitrittsvoraussetzungen erfüllt, insb wenn ihm das zumutbar ist. *Dem Verein soll unter Beachtung des Verhältnismäßigkeitsgrundsatzes zuzumuten sein, seine Satzung zu ändern, um die Aufnahme zu ermöglichen* (BGHZ 63, 282, 286, 292 f); ein solcher Eingriff in die Vereinsautonomie ist aber nur in Extremfällen gerechtfertigt. Satzungsgemäße vereinsinterne Rechtsbehelfe gegen die Ablehnung des Aufnahmeantrags sind auszuschöpfen, ehe staatliche Gerichte bemüht werden (BGHZ 47, 172, 174). Eine einstweilige Verfügung darf zwar keine vorläufige Mitgliedschaft begründen (aA Ddorf NJW-RR 98, 328), der Bewerber kann aber unter strenger Wahrung der Verhältnismäßigkeit einstweilen in die dringlichsten Rechte und Pflichten eines Vereinsmitglieds eingewiesen werden. 11

12 Das **AGG** untersagt in §§ 2 I Nr 4, 18 Benachteiligungen in Bezug auf die Mitgliedschaft und Mitwirkung in Arbeitnehmer-, Arbeitgeber- und Berufsvereinigungen. Aus den in § 1 AGG genannten Gründen darf die Mitgliedschaft nicht verweigert werden. Für sonstige Vereine kommt nur das zivilrechtliche Benachteiligungsverbot nach § 19 I Nr 1 AGG in Betracht, das aber die Benachteiligung aus Gründen der Weltanschauung nicht erfasst und nur für Massengeschäfte gilt. Der Erwerb der Vereinsmitgliedschaft begründet ein besonderes personenbezogenes Näheverhältnis zum eV. Damit scheidet § 19 AGG nach § 19 V AGG aus. Da der Vorstand über die Aufnahme idR individuell entscheidet, fehlt ein Massengeschäft – anders nur bei Massen-eVs, bei denen die Mitgliedschaft hinter dem Dienstleistungscharakter zurücktritt (zB beim ADAC). In jedem Fall ist Art 9 I GG zu respektieren, z.B. darf ein türkischer Kulturverein die Aufnahme von Deutschen ablehnen.

13 **II. Kasuistik.** Aufnahmeanspruch **bejaht**: Deutscher Sportbund (BGHZ 63, 282), Fachsportverband in Regionalsportverband (Stuttg NZG 01, 997); Sportförderdachverein trotz örtlich begrenzter Machtstellung (BGH NJW 99, 1326); Stadtjugendring (LG Heidelberg MDR 90, 625); Gewerkschaft, die aber grds Beurteilungsspielraum hat und Aufnahme aus sachlich gerechtfertigten Gründen ablehnen darf (BGH NJW 91, 485). Ein Aufnahmeanspruch wurde **verneint**: Sportdachverband ggü Verein homosexueller Sportler mit unzumutbar provozierendem und integrationshinderndem Namen (KG NJW-RR 93, 183); Mieterverein (LG Münster MDR 74, 310); Heilpraktikerverband ggü Verband freier Berufe (Köln VersR 86, 116); Gemeinnützige Wohnungsbaugenossenschaft (Köln OLGR 66, 132), weitere Bsp bei *Reichert* Rz 1071.

14 **D. Vereinsstrafen. I. Eigenart und Beispiele.** Vereinsstrafen dienen der Funktionsfähigkeit der Organisation des Vereins entspr seinem auf den Vereinszweck bezogenen Selbstverständnis. Sie sind ein Ausfluss der Vereinsautonomie und ein eigenständiges verbandsrechtliches Institut (BGH MDR 03, 402), nicht etwa eine Vertragsstrafe nach §§ 339 ff (so aber Soergel/*Hadding* Rz 38 mwN). Anlässe für Vereinsstrafen sind regelwidriges Verhalten bei Sportvereinen, das äußere Ansehen des Vereins schädigende Handlungen wie Verstöße gegen Strafgesetze etc. Denkbare Sanktionen sind Verwarnung, Geldbußen, Lizenzentzug, Aberkennung von Punkten, zeitweiser oder teilweiser Entzug der Mitgliedschaftsrechte, Verlust von Vereinsämtern, Vereinsausschluss (vgl *Reichert* Rz 2920 ff).

15 **II. Voraussetzungen. 1. Satzungsmäßige Grundlage.** Vereinsstrafen müssen als Grundentscheidungen in der Satzung enthalten sein, damit die Mitglieder erkennen können, welche Verhaltensweisen strafbewehrt sind (BGH NJW 84, 1355). Deshalb können Vereinsordnungen im Rang unter der Satzung die Strafvorschriften nur konkretisieren, nicht aber ausweiten. Die Satzungsregelung muss zwar bestimmt sein, allerdings sind Generalklauseln wie „vereinsschädigendes Verhalten" zulässig (*Reichert* Rz 2888). Es gilt das Rückwirkungsverbot, die Handlung muss also schon zzt ihrer Begehung mit Vereinsstrafe bedroht sein (BGHZ 55, 381, 385).

16 **2. Verschulden.** Dass Strafe Schuld voraussetzt, ist ein fundamentales Prinzip unserer Rechtsordnung und gilt daher auch für Vereinsstrafen (Frankf NJW-RR 00, 1117, 1120). Bei Vereinen mit wirtschaftlichem Bezug kann allerdings auch an Verschulden der Erfüllungsgehilfen des Mitglieds angeknüpft werden (BGHZ 29, 352, 359 für Vereinigungen von Kaufleuten und Freiberuflern; BGH NJW 72, 1892, 1893).

17 **3. Mitgliedschaft.** Es entspricht der Privatautonomie und der Rechtslogik, dass nur Mitglieder der Vereinsstrafgewalt unterworfen sind; allerdings kann ein Nichtmitglied, das Mitglied eines Vereinsorgans ist, dieser Funktion sanktionsweise enthoben werden (BGHZ 29, 352, 359). Nach seinem Ausscheiden kann ein Vereinsmitglied nicht mehr bestraft werden, wohl aber im Zeitraum zwischen der Austrittserklärung und dem Ausscheiden (Palandt/*Ellenberger* Rz 16). Satzungsbestimmungen, die Nichtmitgliedern Strafen androhen, sind ebenso nichtig und wirkungslos (vgl BGH WM 80 869, 870) wie die auf dieser Grundlage verhängten Strafen. Soll ein **übergeordneter Verband** die Strafgewalt haben, kann das durch gleichzeitige Mitgliedschaft im unter- und übergeordneten Verein erreicht werden (BGHZ 28, 131), oder die Satzung des untergeordneten Vereins überträgt die Strafgewalt auf den übergeordneten Verband (BGH NJW 95, 583; dazu *Haas/Adolphsen* NJW 95, 2146). Nichtmitglieder können sich vertraglich der Vereinsstrafgewalt unterwerfen (BGH aaO).

18 **III. Verfahren und Entscheidung.** Aufgrund der Vereinsautonomie kann der Verein die Vereinsstrafgewalt auf **besondere Vereinsorgane**, wie ein Vereins- oder Ehrengericht oder einen Schlichtungsausschuss, übertragen, andernfalls bleibt es bei der Grundzuständigkeit der Mitgliederversammlung. Bei der Abberufung eines Vorstandsmitglieds muss angesichts § 27 in jedem Fall die Mitgliederversammlung beteiligt werden (BGH NJW 84, 1884; BayObLG NJW-RR 94, 832), der Vorstand kann kein Vorstandsmitglied ausschließen (AG Düss NZG 09, 795 f; vgl Köln FGPrax 09, 82 f). Wer den verfahrenseinleitenden Antrag gestellt hat, soll dennoch Mitglied des Beschlussorgans sein können (BGH NJW 67, 1657, 1658; 1981, 744), die Verletzten dürfen sich aber an der Festsetzung der Vereinsstrafe nicht beteiligen (BGH NJW 81, 744; Schleswig SchlHA 01, 103). Soweit der Verein eine Verfahrensregelung aufgestellt hat, muss diese auch eingehalten werden (*Reichert* Rz 3038 gegen BGHZ 47, 172, 177, wo nur von Gleichbehandlungsanspruch ausgegangen wird). Eingehend zum Verfahren: *Reichert* Rz 3036 ff.

Bevor das zuständige Gremium über die Vereinsstrafe berät, muss es dem beschuldigten Mitglied **rechtliches** **19**
Gehör gewähren; die Möglichkeit zu schriftlicher Stellungnahme genügt (BGHZ 29, 352, 355). Es dürfen nur
Tatsachen verwertet werden, zu denen sich der Beschuldigte äußern konnte. Ein Anspruch auf Vertretung
durch einen **Rechtsanwalt** soll nur bestehen, wenn sich der Verein seinerseits eines Anwalts bedient (BGHZ
90, 92, 94), richtigerweise muss der Verein als Kehrseite der von ihm angemaßten Strafgewalt in jedem Fall
die anwaltliche Vertretung des Beschuldigten hinnehmen. Entspr allg Grundsätzen ist der Beschuldigte zur
Mitwirkung nicht verpflichtet, insb muss er sich nicht selbst belasten (BGH NZG 03, 230).

Das zuständige Organ entscheidet mit seiner gesetzlich oder satzungsmäßig erforderlichen Mehrheit über die **20**
Bestrafung (*Reichert* Rz 3096 f). Die **Entscheidung** muss das Vergehen konkret bezeichnen, begründet werden und wird mit Bekanntmachung ggü dem Mitglied wirksam – sofern ein vereinsinternes Rechtsmittel
eröffnet ist, erst mit Ablauf der Rechtsmittelfrist oder Zurückweisung des Rechtsmittels (*Reichert* Rz 3098 ff).

IV. Nachprüfung durch staatliche Gerichte. 1. Grundsätzliches. Aus dem staatlichen Gewaltmonopol und **21**
dem Rechtsstaatsprinzip folgt, dass Vereinsstrafen durch staatliche Gerichte überprüfbar sind; es gibt auch
insoweit keinen von staatlichem Recht freien Raum. Daher kann die Satzung die gerichtliche Nachprüfung
nicht ausschließen (BGHZ 29, 352, 354; Frankf NJW-RR 00, 1117, 1118).

2. Vorrang vereinsinterner Rechtsbehelfe. Der Betroffene kann erst nach Ausschöpfung der vereinsinternen **22**
Rechtsbehelfe die staatlichen Gerichte anrufen (BGHZ 47, 172, 174; LG Frankfurt SpuRT 06, 35), denn diese
haben aufschiebende Wirkung (BayOLGZ 88, 175). Versäumt der Beschuldigte vereinsinterne Rechtsbehelfe,
ist der Weg zu den staatlichen Gerichten verschlossen, wenn die Satzung darauf hinweist, dass die Fristversäumung zum Ausschluss des Rechtsbehelfs führt (BGHZ 47, 172, 174 f). Verzögert der Verein das Rechtsmittelverfahren oder ist dem Beschuldigten aufgrund sonstiger gravierender Interessen eine Verzögerung staatlichen Rechtsschutzes nicht zumutbar, kann sofort der staatliche Rechtsweg beschritten werden (*Reichert*
Rz 3190). Die staatlichen Gerichte sind für einstweiligen Rechtsschutz zuständig (Palandt/*Ellenberger* Rz 20).

3. Prüfungsumfang. a) Formelle Prüfung. Aufgrund der idR erhobenen Feststellungsklage prüft das Gericht, **23**
ob die Vereinsstrafe rechtmäßig und damit wirksam ist. Rechtmäßigkeit der Vereinsstrafe setzt voraus: ausreichende satzungsmäßige Grundlage (Rn 15), der Betroffene unterliegt der Vereinsstrafgewalt (Rn 17), ordnungsgemäßes Verfahren (Rn 18–20). Insoweit werden Tat- und Rechtsfragen überprüft (BGHZ 75, 158). Verfahrensfehler sind nur erheblich, wenn sie für die Verhängung der Strafe ursächlich gewesen sind.

b) Tatsachengrundlage. Die Tatsachenfeststellungen des Vereinsgerichts prüfen die staatlichen Gerichte vollumfänglich nach (BGHZ 87, 337, 344; Hamm NJW-RR 02, 389); das gilt auch für die Rechtswidrigkeit und **24**
das Verschulden (*Reichert* Rz 3363). Bei Wertungsfragen hat das entscheidende Vereinsorgan einen Beurteilungsspielraum (Ddorf NJW-RR 87, 697).

c) Verstoß gegen staatliches Recht. Die Vereinbarkeit mit staatlichem Recht wird uneingeschränkt überprüft (§ 134). Der Strafbeschluss wird auch an § 138 gemessen, darf also nicht sittenwidrig sein. Ferner muss **25**
er zB auch mit dem Kartellrecht vereinbar sein und darf nicht diskriminierend wirken (§ 20 GWB).

d) Rechtsanwendung. Bei Vereinen, die einer Aufnahmepflicht (Rn 10–13) unterliegen, prüft das staatliche **26**
Gericht die **Subsumtion** unter die vereinsrechtliche Sanktionsnorm vollumfänglich nach, der Verband hat
kraft seiner Autonomie lediglich einen eng begrenzten Beurteilungsspielraum (BGH NJW 94, 43; BGHZ 102,
265, 276). Das ist gerechtfertigt, weil das Mitglied in diesen Fällen auf die Mitgliedschaft angewiesen ist und
sich der Strafe nicht durch Austritt entziehen kann.

Bei Vereinen ohne Aufnahmepflicht überprüfen die staatlichen Gerichte nur, ob die Strafe **willkürlich** oder **27**
grob unbillig ist (BGH NJW 97, 3368). Die Autonomie dieser Vereine kann und muss in stärkerem Maße
respektiert werden, weil das Regulativ der Austrittsmöglichkeit des Mitglieds besteht, so dass kein uneingeschränkter Rechtsschutz erforderlich ist (aA AnwK/*Heidel/Lochner* Rz 31). Es gehört eben nicht zu den staatlichen Aufgaben, darüber zu entscheiden, ob ein Mitglied gegen die Ziele und Interessen eines Sport- oder
Geflügelzüchtervereins verstoßen hat. Willkür (Ungleichbehandlung) liegt vor, wenn mehreren Mitgliedern
der gleiche Verstoß zur Last fällt, aber nur einige sanktioniert werden (BGHZ 47, 381, 385). Offenbare Unbilligkeit ist zB zu bejahen, wenn der Ausschluss des Mitglieds wegen des Verhaltens von Angehörigen (BGH
NJW 72, 1892) oder aufgrund lange zurückliegenden Verhaltens (RGZ 129, 45, 49) erfolgt.

e) Prüfungsgegenstand, Beweislast. Prüfungsobjekt ist der Vereinsstrafenbeschluss wie ihn das zuständige **28**
Vereinsorgan erlassen hat. Der Verein kann keine weiteren Gründe nachschieben (BGH NJW 90, 40, 41;
Ddorf NJW-RR 94, 1402). Eine Ausnahme gilt nur für neue Tatsachen, die für die Beurteilung der offenbaren
Unbilligkeit bedeutend sind (BGHZ 47, 381, 387). Das staatliche Gericht stellt die Wirksamkeit oder Unwirksamkeit des Beschlusses über die Vereinsstrafe fest. Das Mitglied muss den Vereinsstrafenbeschluss und Verfahrensfehler darlegen und beweisen, der Verein ist hinsichtlich der Unerheblichkeit der Verfahrensfehler und
für die dem Mitglied zur Last gelegten Tatsachen darlegungs- und beweisbelastet (*Reichert* Rz 3375).

29 **4. Überprüfung von Maßnahmen ohne Strafcharakter.** Sonstige Maßnahmen, die keine Sanktionen darstellen, werden nach den gleichen Grundsätzen wie Vereinsstrafen überprüft (Rn 21–28), zB die Benutzungsregelung für Vereinseinrichtungen (Celle WM 88, 495). Wenn ein Verein Einrichtungen eines Dritten anmietet, um den Mitgliedern deren Benutzung zu ermöglichen, gelten mit dem Dritten vereinbarte Nutzungsbeschränkungen auch für die Mitglieder (BGH NJW-RR 92, 507 – Anmietung von Flugplatzeinrichtungen durch Flugsportverein). Vereinsinterne Rechtsbehelfe sind grds vorrangig.

30 **E. Ausschluss.** Der Ausschluss aus dem Verein wird meistens als Vereinsstrafe angesehen (Palandt/*Ellenberger* Rz 27). Indes handelt es sich bei der Kündigung der Mitgliedschaft aus wichtigem Grund um ein allg Institut des Verbandsrechts (AnwK/*Heidel/Lochner* Rz 45), das keinen Strafcharakter tragen muss, sondern auch präventiv wirken kann. Allerdings gelten die Grundsätze der Vereinsstrafe entsprechend (Rn 15–28). Wenn die Regelung klar und eindeutig gefasst ist, kann die Satzung für bestimmte Tatbestände den automatischen Ausschluss aus dem Verein bestimmen, ohne dass es dann noch eines Ausschließungsbeschlusses bedarf (*Reichert* Rz 2953).

31 Unabhängig davon, ob der Verein einen Vereinsausschluss in der Satzung vorsieht, kann er ein Mitglied aus **wichtigem Grund** ausschließen (BGH NJW 90, 40, 42), wenn die Mitgliedschaft nicht mehr zumutbar ist. Das folgt schon aus § 314 I, der auch den wichtigen Grund definiert. Der Ausschluss aus wichtigem Grund setzt kein Verschulden des Mitglieds voraus (BGH NJW 72, 1892, 1893; 73, 35, 36). Der bestimmt zu bezeichnende (BGH NJW 90, 40, 41 f) Ausschlussgrund unterliegt voller gerichtlicher Nachprüfung. Für den Ausschluss aus einer politischen Partei gelten die abschließenden Sonderregeln der §§ 10, 14 PartG (BGH NJW 94, 2610, 2611), die eingeschränkte Kontrolldichte ist mit dem Justizgewährungsanspruch vereinbar (BVerfG NJW 02, 2227). Wichtige Gründe sind etwa der Wegfall persönlicher Voraussetzungen der Mitgliedschaft (*Benecke* WM 00, 1172, 1175), das beharrliche Nichtzahlen der Vereinsbeiträge in Analogie zu § 543 II 1 Nr 3, Bildung eines Konkurrenzvereins (Hamm DB 76, 910 f). Die Satzung kann bestimmte Ausschlussgründe näher umschreiben, wie zB gravierende Vereinsschädigung oder dauerhaften Verstoß gegen den Vereinszweck (BaRoth/*Schwarz/Schöpflin* Rz 81).

32 **F. Schiedsgerichtsbarkeit.** Anders als das Vereinsgericht ist das Schiedsgericht kein Vereinsorgan, sondern ein Entscheidungsgremium außerhalb des Vereins, das an die Stelle des staatlichen Gerichts tritt und gegen dessen Entscheidungen nur Aufhebungsantrag nach § 1059 ZPO gestellt werden kann (vgl BGH NJW 04, 2226). Die Schiedsgerichtsklausel muss in der Satzung enthalten sein (BGH NJW 04, 2226, 2227), dann ist keine gesonderte Schiedsvereinbarung erforderlich (§ 1066 ZPO). Eine durch Satzungsänderung in die Satzung neu aufgenommene Schiedsklausel gilt nicht für Mitglieder, die ihr nicht zustimmen und denen der Austritt nicht zumutbar war (BGH NJW 00, 1713 f). Das Schiedsgericht muss als unabhängige unparteiliche Stelle organisiert sein; liegt bloße Vereins- oder Verbandsgerichtsbarkeit vor, scheidet die Anwendung der §§ 1025 ff ZPO aus (BGH NJW 04, 2226, 2227). Im Zweifel ist von einfacher Vereinsgerichtsbarkeit auszugehen (BGH NJW 04, 2226, 2228), was den Weg zu den allg staatlichen Gerichten eröffnet.

§ 26 Vorstand und Vertretung.

(1) ¹Der Verein muss einen Vorstand haben. ²Der Vorstand vertritt den Verein gerichtlich und außergerichtlich; er hat die Stellung eines gesetzlichen Vertreters. ³Der Umfang der Vertretungsmacht kann durch die Satzung mit Wirkung gegen Dritte beschränkt werden. (2) ¹Besteht der Vorstand aus mehreren Personen, so wird der Verein durch die Mehrheit der Vorstandsmitglieder vertreten. ²Ist eine Willenserklärung gegenüber einem Verein abzugeben, so genügt die Abgabe gegenüber einem Mitglied des Vorstands.

1 **A. Gesetzlicher Vorstand.** Die Norm wurde durch G v 24.9.09 (BGBl I, 3145) neu gefasst und hat als II 2 den früheren § 28 II aufgenommen. Als Körperschaft muss (§ 40) der Verein einen Vorstand als Vertretungsorgan haben. Die Satzung kann dem Vorstand einen anderen Namen wie zB Präsidium oder Direktorium geben. Oftmals verwendet die Satzung einen weiten Vorstandsbegriff und bezeichnet auch Personen ohne Vertretungsbefugnis als Vorstand. Nur die vertretungsberechtigten Vorstandsmitglieder sind dann **Vorstand iSd BGB**, mit den übrigen bilden sie den Gesamt- oder erweiterten Vorstand (*Reichert* Rz 2061). Die Satzung muss Klarheit schaffen, wer vertretungsbefugt ist und wer nicht, andernfalls liegt ein Eintragungshindernis vor. Der Vorstand kann Dritten zwar für einzelne Angelegenheiten Vollmachten erteilen, darf aber seine Organstellung nicht durch eine Generalvollmacht unterlaufen (München NJW-RR 91, 893; BaRoth/*Schwarz/Schöpflin* Rz 19).

2 **B. Vertretungsmacht.** Der Vorstand hat grds **umfassende und unbeschränkte** Vertretungsmacht. Mit der hM (BGH JZ 53, 474, 475; Erman/*Westermann* Rz 4; *Sauter/Schweyer/Waldner* Rz 233) ist die Handlungsfähigkeit des Vereins dahin einzuschränken, dass der Vorstand keine Vertretungsmacht bei erkennbar außerhalb des Vereinszwecks liegenden Rechtsgeschäften hat (Vorstand des Kegelvereins kauft Aktien auf Kredit). Die Gegenmeinung löst diese Fälle mit den Grundsätzen über den Missbrauch der Vertretungsmacht (Soergel/*Hadding* Rz 20). Aufgrund der vereinsrechtlichen Zuständigkeitsordnung kann der Vorstand den Verein nicht zu außerhalb seiner Zuständigkeit liegenden Grundlagengeschäften verpflichten (zB nicht zu Satzungs-

änderungen, Soergel/*Hadding* Rz 20). Hat nach Ladung zur **eidesstattlichen Versicherung** (§§ 807, 889 ff ZPO), die grds von den Vorstandsmitgliedern in vertretungsberechtigter Zahl abzugeben ist, das einzige (verbliebene) Vorstandsmitglied sein Amt niedergelegt, ohne dass ein neues bestellt wurde, bleibt es zur Abgabe verpflichtet, wenn die Berufung auf die Amtsniederlegung rechtsmissbräuchlich wäre (BGH NJW-RR 07, 185, 186).

C. Beschränkung der Vertretungsmacht. Die Satzung kann den Umfang der Vertretungsmacht **mit Außenwirkung** beschränken, indem sie eindeutig und hinreichend bestimmt erkennen lässt, dass sie nicht nur die interne Geschäftsführung regeln, sondern die Vertretungsmacht beschränken will (BGH NJW-RR 96, 866). Der Dritte muss sich die Beschränkung nur entgegenhalten lassen, wenn sie ihm bekannt oder ins Vereinsregister eingetragen ist (§§ 68, 70). Dass bei Investitionsmaßnahmen über damals 50.000 DM die Zustimmung der Mitgliederversammlung erforderlich sei, soll die Vertretungsmacht bei Eintragung einer Grundschuld über den gleichen Betrag aufgrund mangelnder Bestimmtheit nicht einschränken (BayObLG NJW-RR 00, 41). Bestimmte summenmäßige Beschränkungen der Vertretungsmacht sind aber möglich. IÜ gelten die allg Grenzen der Stellvertretung, also § 181 und die Grundsätze über den Missbrauch der Vertretungsmacht (BGH NJW 08, 69, 75). Die Rechtsfolgen ergeben sich dann aus §§ 177, 179. 3

D. Zusammensetzung. Es gilt der Grundsatz der Dritt- oder **Fremdorganschaft**, dh die Vorstandsmitglieder können auch Nichtmitglieder sein, wenn die Satzung nichts anderes vorschreibt (MüKo/*Reuter* Rz 2, 7). Enthält die Satzung entgegen § 58 Nr 3 keine Regelung, besteht der Vorstand aus einer Person. Sieht die Satzung einen mehrgliedrigen Vorstand vor, genügt es, wenn sie eine Mindest- oder Höchstzahl festlegt (BayObLG NJW 69, 1966). Eine unklare, alternative (Vertretung durch 1. oder 2. Vorsitzenden) oder bedingte (Vertretung durch den zweiten Vorsitzenden im Fall der Verhinderung des ersten) Vorstandszugehörigkeit ist jedenfalls im Außenverhältnis unzulässig (*Reichert* Rz 2096 f; BaRoth/*Schwarz/Schöpflin* Rz 10). Nach hM können auch juristische Personen und Minderjährige (mit Zustimmung des gesetzlichen Vertreters) Vorstandsmitglieder sein (MüKo/*Reuter* Rz 6 f; *Reichert* Rz 2070, 2072). Die Satzung kann Wählbarkeitsvoraussetzungen aufstellen, und zwar auch konkludent (zB aufgrund des Vereinszwecks) oder durch Vereinsübung. Mitgliedschaft im Vorstand und in einem Organ zur Kontrolle des Vorstands schließen sich gegenseitig aus. 4

E. Mehrgliedriger Vorstand. Besteht der Vorstand aus mehreren Personen, so wird der Verein durch die Mehrheit der Vorstandsmitglieder vertreten, **Mehrheitsvertretung.** Dabei ist unter Mehrheit die einfache Mehrheit der Gesamtzahl der Vorstandsmitglieder zu verstehen (*Schwarz* Rpfleger 03, 1, 5 f), auf etwas anderes wird sich ein Vertragspartner auch kaum einlassen (jurisPraxK/*Otto* Rz 30). Von der Mehrheitsvertretung kann die Satzung abweichen (§ 40 1) und zB Gesamt- oder Einzelvertretung vorsehen. Handelt nach außen die erforderliche Zahl von Vorstandsmitgliedern, kommt es für die wirksame Vertretung auf die interne Beschlussfassung nach § 28 nicht an (Soergel/*Hadding* Rz 16; *Schwarz* Rpfleger 03, 1). 5

F. Passivvertretung und Wissenszurechnung. Die Passivvertretung durch jedes einzelne Vorstandsmitglied ist nach § 40 zwingend, es hat insoweit Einzelvertretungsmacht, sodass die Abgabe der Willenserklärung ggü einem Vorstandsmitglied als Abgabe ggü den Verein wirkt. Auf die Kenntnis der anderen Vorstandsmitglieder kommt es nicht an; daher ist die Willenserklärung durch den Verein auch empfangen, wenn das Vorstandsmitglied sie unterdrückt (BGHZ 20, 149, 153). § 26 II 2 ist entspr anzuwenden, wenn es auf das Kennen oder Kennenmüssen von Tatsachen ankommt (BGHZ 109, 327, 331 – noch zu § 28 II aF; *Reichert* Rz 2474 ff). Das Wissen des einzelnen Vorstandsmitglieds ist dem Vorstand und dessen Wissen wiederum nach § 166 I dem Verein zuzurechnen. Dabei ist es unerheblich, ob die Vorstandsmitglieder das Wissen privat oder in Vorstandseigenschaft erlangt haben, ob sie an dem fraglichen Geschäft beteiligt waren oder nach Kenntniserlangung aus dem Vorstand ausgeschieden sind (*Reichert* Rz 2480 mwN). Das Wissen mehrerer Vorstandsmitglieder ist zusammenzurechnen (BGHZ 109, 327, 331). 6

§ 27 Bestellung und Geschäftsführung des Vorstands.

(1) Die Bestellung des Vorstands erfolgt durch Beschluss der Mitgliederversammlung.
(2) ¹Die Bestellung ist jederzeit widerruflich, unbeschadet des Anspruchs auf die vertragsmäßige Vergütung. ²Die Widerruflichkeit kann durch die Satzung auf den Fall beschränkt werden, dass ein wichtiger Grund für den Widerruf vorliegt; ein solcher Grund ist insbesondere grobe Pflichtverletzung oder Unfähigkeit zur ordnungsmäßigen Geschäftsführung.
(3) Auf die Geschäftsführung des Vorstands finden die für den Auftrag geltenden Vorschriften der §§ 664 bis 670 entsprechende Anwendung.

A. Bestellung der Vorstandsmitglieder. Sie obliegt der **Mitgliederversammlung.** Die Satzung kann nach § 40 aber Abweichendes bestimmen, insb ein Selbstergänzungsrecht des Vorstands (Kooptation, Hamm NZG 08, 473, 475) oder die Bestellung durch ein anderes Vereinsorgan (zB Kuratorium) oder Dritte. Allerdings darf sich die Mitgliederversammlung nicht selbst entmündigen und muss die Verlagerung der Bestellungskompetenz wieder rückgängig machen können, außerdem darf der Verein nicht lediglich zu einer Verwal- 1 tungsstelle des Dritten herabsinken (Frankf OLGZ 79, 5; 81, 391; *Reichert* Rz 2091). Aufgrund Verfassungsrechts gelten diese Einschränkungen nicht für das Organisationsrecht der Religionsgemeinschaften (Köln NJW 92, 1048; *Reichert* Rz 2093, 6352 ff).

2 Durch Bestellungsbeschluss und -erklärung an den Gewählten wird dieser erst zum Vorstandsmitglied, wenn er zustimmt (Annahme der Wahl, BayObLGZ 81, 275, 277). Neben die dadurch begründete Organstellung kann ein **Anstellungsverhältnis** zwischen Verein und Vorstandsmitglied treten, wenn vom Auftragsrecht abgewichen, va wenn eine Vergütung gezahlt werden soll. Für den Abschluss dieses Geschäftsbesorgungsvertrags ist in Analogie zu § 27 I bei Fehlen einer abweichenden Satzungsregelung die Mitgliederversammlung zuständig (BGH NJW 91, 1727). Es handelt sich nicht um ein Arbeitsverhältnis, vielmehr endet im Zweifel das Arbeitsverhältnis eines Arbeitnehmers zum Verein, wenn er in den Vorstand wechselt (BAG NJW 96, 614). Das Anstellungsverhältnis kann durch eine auflösende Bedingung von der Organstellung als Vorstandsmitglied abhängig gemacht werden.

3 **B. Beendigung des Vorstandsamts. I. Widerruf der Bestellung.** Der Widerruf ist jederzeit ohne besonderen Grund zulässig. Die Satzung kann den Widerruf auf bestimmte Gründe einschränken, nicht aber den Widerruf aus **wichtigem Grund** ausschließen (§ 40 1). Ein wichtiger Grund liegt vor, wenn die Vorstandsmitgliedschaft dem Verein nicht mehr zumutbar ist. Die Vorschrift nennt beispielhaft grobe Pflichtverletzung und Unfähigkeit zur ordnungsmäßigen Geschäftsführung. Grobe Pflichtverletzung setzt Verschulden voraus (zB Straftaten, Geheimhaltung mitzuteilender Tatsachen, unrichtige Bilanzerstellung); Unfähigkeit zur ordnungsmäßigen Geschäftsführung meint unabhängig vom Verschulden personenbezogene Gründe wie Krankheit oder mangelnde Fachkenntnisse (Bsp bei *Reichert* Rz 2262). Die Widerrufszuständigkeit obliegt dem Bestellungsorgan; aus wichtigem Grund kann in jedem Fall die Mitgliederversammlung die Bestellung widerrufen (Staud/*Weick* Rz 16; aA Soergel/*Hadding* Rz 17). Fordert die Satzung einen wichtigen Grund zum Widerruf und fehlt dieser, ist nach hM die Abberufung unwirksam, da § 84 III 4 AktG nicht gelte, wonach der Widerruf wirksam ist, bis seine Unwirksamkeit rechtskräftig festgestellt wird (BGH DB 77, 84; Soergel/*Hadding* Rz 19). Unsicherheiten über die Rechtslage sind bis zur rechtskräftigen Entscheidung durch einstweiligen Rechtsschutz (§§ 935, 940 ZPO) oder durch Bestellung eines Notvorstandes (§ 29) zu beheben. Das Anstellungsverhältnis wird nach den einschlägigen Regeln (§§ 621, 626, 627) beendet.

4 **II. Sonstige Beendigungsgründe.** Das Vorstandsamt endet mit Tod, Geschäftsunfähigkeit, Amtszeitablauf (mangels Satzungsregelung ist die Amtszeit unbegrenzt, Hamm NZG 08, 473, 475), Wegfall der satzungsgemäß notwendigen Eigenschaften der Vorstandsmitglieder (zB Vereinsmitgliedschaft), Vereinsausschluss (beim Vorstandsmitglied ist die Mitgliederversammlung zuständig, BGH NJW 84, 1884) sowie Amtsniederlegung (Rücktritt), die bloße Rücktrittsankündigung verpflichtet nicht zum Rücktritt (AG Düss NZG 09, 795, 797). Nach einer Meinung kann ein aufgrund Dienstvertrages tätiges Vorstandsmitglied sein Amt nur aus wichtigem Grund niederlegen (*Sauter/Schweyer/Waldner* Rz 274), doch ist zwischen Organstellung und Anstellungsvertrag zu trennen, so dass der Rücktritt jederzeit möglich ist und aus Gründen der Rechtssicherheit sofort wirksam (vgl BaRoth/*Schwarz/Schöpflin* Rz 10). Die Satzung kann die sofortige Wirksamkeit des Rücktritts nicht ausschließen, wenn für ihn ein wichtiger Grund besteht. Eine Schadensersatzpflicht droht, wenn der Rücktritt ohne wichtigen Grund zur Unzeit erfolgt oder gegen den Dienstvertrag verstößt.

5 **C. Geschäftsführung. I. Allgemeines.** Geschäftsführung ist die **Tätigkeit** des Vorstands für den Verein. Soweit nicht die Vertretung betroffen ist, kann die Satzung mit der Geschäftsführung ein anderes Organ betrauen (BGHZ 69, 250). Bestimmt die Satzung nichts anderes, entspr sich aber Geschäftsführungs- und Vertretungsbefugnis in ihrem Umfang (BGHZ 119, 379, 381). Einem Vorstand mit Einzelvertretungsmacht weist die Satzung Individualverantwortung und die entspr Geschäftsführungsbefugnis zu. Daher handelt das Vorstandsmitglied nicht pflichtwidrig, wenn es einen Vorstandsbeschluss nicht beachtet, nach dem die Vorstandsmitglieder bei Geschäften einer bestimmten Größenordnung nur mit Zustimmung anderer Vorstandsmitglieder handeln dürfen (BGHZ 119, 379, 381).

6 Aus dem **Auftragsrecht** folgt die Pflicht zur persönlichen Tätigkeit (§ 664), die Weisungsgebundenheit (§ 665) und Auskunftspflicht des Vorstands ggü der Mitgliederversammlung (§ 666, zur Rechnungslegung *Segna* DStR 06, 1568) sowie der Anspruch auf Aufwendungsersatz (§ 670), nicht aber auf Vergütung (dazu Rn 2).

7 **II. Haftung.** Die Schadensersatzpflicht ggü dem Verein aufgrund von **Pflichtverletzungen** bei der Geschäftsführung folgt allg Regeln (§ 280 I), zB haften die vertretenden Vorstandsmitglieder dem Verein, wenn dieser aufgrund des Zuflusses verdeckter Vergütungen an Lizenzspieler eine Vertragsstrafe an den DFB zahlen muss (LG Kaiserslautern VersR 05, 1090). Ein Vorstandsmitglied handelt pflichtwidrig, wenn es eine Vergütung entgegennimmt, obwohl die Satzung ehrenamtliche Vorstandstätigkeit vorsieht (BGH NJW-RR 08, 842). **Haftungsmaßstab** ist die Sorgfalt eines ordentlichen und gewissenhaften Vorstandsmitgliedes eines Vereins der fraglichen Art. An die Vorstandsmitglieder eines Bundesligavereines sind höhere Maßstäbe anzulegen als an die eines kleinen regionalen Gesangvereins. Bei ehrenamtlich tätigen Vereinsmitgliedern bejaht die Rspr (BGHZ 89, 153, 157) eine Haftungsbegrenzung nach den Grundsätzen der arbeitsrechtlichen **Haftungsmilderung** (keine Haftung für leichte Fahrlässigkeit, Schadensteilung bei mittlerer Fahrlässigkeit, volle Haftung

bei grober Fahrlässigkeit). Das gilt entspr für Vorstandsmitglieder mit arbeitnehmerähnlicher Stellung (LG Bonn NJW-RR 95, 1435). Für ehrenamtliche oder mit maximal 500 € jährlich vergütete Vorstandsmitglieder gilt § 31a, s. dort. Haften Vereinsmitglieder Dritten aufgrund ihrer Tätigkeit für den Verein, hat dieser sie von der Haftung **freizustellen**, wenn sie nicht vorsätzlich oder grob fahrlässig gehandelt haben (BGH NJW 05, 981). Entspr muss nach §§ 27 III, 670 auch für Vorstandsmitglieder gelten, s. auch § 31a II. Erklärt ein Vorstandsmitglied, es werde für die aus seinem pflichtwidrigen Verhalten entstandenen Kosten aufkommen, liegt darin ein nicht formbedürftiges deklaratorisches Schuldanerkenntnis, die causa liegt in der Mitgliedschaft (BGH NJW 08, 1589).

III. Entlastung. Entlastung ist die Billigung der Führung des Vorstandsamts durch die Mitgliederversammlung. Mit der Entlastung des Vorstandes verzichtet der Verein auf Schadensersatz- und Bereicherungsansprüche, aber nicht auf solche, die die Mitgliederversammlung aufgrund der ihr erteilten Informationen nicht zu überblicken vermag (so für eG: BGH NZG 05, 562 = WuB II D § 34 GenG 1.05 – *Schöpflin*). Die Kenntnismöglichkeit von Rechnungsprüfern muss sich die Mitgliederversammlung nicht zurechnen lassen (BGH NJW-RR 88, 745, 748 f). Die Entlastung kann sich auf alle oder einzelne Vorstandsmitglieder, auf sämtliche oder einzelne Geschäfte beziehen. Eine Klage auf Entlastung kommt nicht in Betracht, wohl aber auf Feststellung, dass keine Ersatzansprüche bestehen (*Sauter/Schweyer/Waldner* Rz 289). 8

§ 28 Beschlussfassung des Vorstands.
Bei einem Vorstand, der aus mehreren Personen besteht, erfolgt die Beschlussfassung nach den für die Beschlüsse der Mitglieder des Vereins geltenden Vorschriften der §§ 32 und 34.

Der frühere II wurde durch G v 24.9.09 (BGBl I, 3145) zu § 26 II 2. Der mehrgliedrige Vorstand bildet seinen Willen durch Beschlussfassung. Die Satzung kann nicht entgegen § 34 den Vorstandsmitgliedern das Abstimmen in eigener Sache gestatten, wohl aber von der Regelung des § 32 abweichen (§ 40). Es ist Auslegungsfrage, ob Satzungsbestimmungen, die für die Mitgliederversammlung von § 32 abweichen, auch für den Vorstand gelten. Entspr § 32 I 1 fasst der Vorstand seine Beschlüsse grds in Zusammenkünften (Sitzungen), möglich ist aber nach § 32 II auch das schriftliche Verfahren, wenn alle Vorstandsmitglieder dem Antrag zustimmen (Umlaufverfahren); statt Schriftform ist elektronische Form möglich (§ 126 III). Wirksame Beschlussfassung erfordert die ordnungsgemäße Ladung und Beschlussfähigkeit. Schweigt die Satzung, kann der Vorstand auch dann wirksam beschließen, wenn nicht alle Vorstandsämter besetzt sind (*Sauter/Schweyer/Waldner* Rz 245a, aA BayObLG Rpfleger 88, 416; *Reichert* Rz 2576). Vorstandsmitglieder können sich nicht durch ein Nichtvorstandsmitglied vertreten lassen (§§ 27 III, 664 I 1). Zu den Einzelheiten der Beschlussfassung s. § 32. Beschlussmängel führen zur Nichtigkeit (BaRoth/*Schwarz/Schöpflin* Rz 7). 1

§ 29 Notbestellung durch Amtsgericht.
Soweit die erforderlichen Mitglieder des Vorstands fehlen, sind sie in dringenden Fällen für die Zeit bis zur Behebung des Mangels auf Antrag eines Beteiligten von dem Amtsgericht zu bestellen, das für den Bezirk, in dem der Verein seinen Sitz hat, das Vereinsregister führt.

A. Verfahren. Das nach § 55 zuständige AG handelt gem § 3 Nr 1a RPflG durch den Rechtspfleger nur auf Antrag eines Beteiligten, in seltenen Ausnahmefällen auch auf Initiative des Gerichts (BayObLG NJW-RR 89, 765). Das Verfahren folgt dem FamFG. Es gilt die Amtsermittlung, der Beschl wird mit Bekanntmachung wirksam, ist abänderbar und unterliegt der Beschwerde (§§ 26, 38, 40, 41, 48, 58, 384 FamFG). 1

Die **Auswahl** des Notvorstands unterliegt dem pflichtgemäßen Ermessen des Gerichts und va Zweckmäßigkeitsgesichtspunkten. Soweit der Notvorstand anlässlich der durch interne Streitigkeiten begründeten Handlungsunfähigkeit des eV erforderlich wird, empfiehlt es sich, ein möglichst neutrales Vereinsmitglied zu bestellen, zB ein Gründungs- oder ein Ehrenmitglied. Der Ausgewählte wird erst mit der notwendigen Annahme des Amtes Notvorstand (KG NJW-RR 01, 900, 901 für GmbH). Kann das Gericht keine geeignete amtsübernahmebereite Person ermitteln, lehnt es den Antrag auf Bestellung eines Notvorstands ab (Frankf GmbHR 06, 204 für GmbH). 2

B. Geltungsbereich. Die Vorschrift erfasst nicht Personengesellschaften oder juristische Personen des öffentlichen Rechts, sondern gilt für die privatrechtliche Stiftung sowie für alle privatrechtlichen körperschaftlich strukturierten Gesellschaften soweit keine Sonderregelungen bestehen, also für den nichtrechtsfähigen Verein (LG Berlin NJW 70, 1047), die GmbH (BGH NJW 83, 938; LG Frankenthal GmbHR 03, 586), die eG (BGHZ 18, 334, 337), die KGaA und GmbH & Co KG (Saarbr OLGZ 77, 291, 293), angesichts des § 85 AktG aber nicht für die AG. Bei Vereinen mit „ideologischen" Bezügen wie zB politischen Parteien oder Gewerkschaften ist § 29 mit der Einschränkung anwendbar, dass das Gericht die Befugnisse des Notvorstands auf das Abwickeln dringender Rechtsgeschäfte und die Berufung einer Mitgliederversammlung zur Wahl eines neuen Vorstands zu beschränken hat. Kann das Parteischiedsgericht einen Notvorstand einsetzen, erübrigt sich die Tätigkeit des AG nach § 29 (Hamm NJW-RR 89, 1532). 3

4 C. Voraussetzungen. I. Fehlen der erforderlichen Vorstandsmitglieder. Die erforderlichen Vorstandsmitglieder fehlen, wenn der Vorstand ohne sie keine Beschlüsse fassen oder nicht nach außen handeln kann, wenn Vorstandsmitglieder zB aufgrund Tod, Geschäftsunfähigkeit, Rücktritt vom Vorstandsamt, Abwesenheit oder §§ 34, 181 (BayObLGZ 89, 298, 306) nicht handlungsfähig sind. Die Notbestellung soll nicht erforderlich sein bei Nichtigkeit der Abberufung eines Vorstandsmitglieds (BayObLG DB 98, 68). Das ist indes bedenklich, weil es nur darauf ankommen kann, ob der Verein durch das Gegeneinander von (vermeintlichen) Vorstandsmitgliedern und ggf Vereinsmitgliedern so blockiert ist, dass es an der Handlungsfähigkeit des Vorstands fehlt und diese auch nicht aus eigener Kraft ohne einen Notvorstand wiederhergestellt werden kann (vgl Köln ZInsO 02, 834).

5 II. Dringende Fälle. Sie liegen vor, wenn den Interessen des Vereins, seiner Gläubiger oder anderer **Beteiligter** (jeder, dessen Rechtsstellung die Vorstandsbestellung berührt) nicht nur unerhebliche Nachteile drohen und diese nicht durch andere Maßnahmen zu verhindern sind. Kann der eV rechtzeitig die erforderlichen Vorstandsmitglieder bestellen, bedarf es keiner Maßnahme nach § 29. Will ein Gläubiger den eV in Anspruch nehmen und ist bereits ein Verfahrenspfleger nach § 57 ZPO bestellt, scheidet § 29 aus (Zweibr NJW-RR 01, 1057); umgekehrt schließt die Möglichkeit, einen Notvorstand zu bestellen, nicht die Bestellung eines Verfahrenspflegers aus (Zweibr GmbHR 07, 544). Erschöpft sich die dringliche Tätigkeit des Vorstands nicht in der Prozessvertretung, geht die umfassende Maßnahme nach § 29 dem § 57 ZPO vor (BayObLG NJW-RR 99, 1259; a.A. München GmbHR 07, 1108, da § 57 ZPO weniger einschneidend sei). In Analogie zu § 121 II 2 AktG sollen im Vereinsregister eingetragene Vorstandsmitglieder als befugt gelten, die Mitgliederversammlung einzuberufen, was eine Notbestellung zu diesem Zweck entbehrlich mache (BayObLG NJW-RR 96, 991), das gilt aber nicht, wenn das Vorstandsmitglied zB zurückgetreten ist und die Einberufung nicht betreibt.

6 D. Rechtsfolgen. Nach Annahme des Amtes erlangt die bestellte Person die **Organstellung** eines Vorstandsmitglieds, dessen Befugnisse sich nach dem Beschl des AG richten und das einschließlich etwaiger Beschränkungen der Vertretungsmacht in das Vereinsregister einzutragen ist (§§ 64, 67 II, 68, 70). Aus Gründen der Effizienz und Verhältnismäßigkeit kann sich das AG über die sonstige Zusammensetzung des Vorstands hinwegsetzen und zB auch bei einem mehrgliedrigen Vorstand mit Gesamtvertretung lediglich ein Vorstandsmitglied mit voller Vorstandskompetenz bestellen (BayOLGZ 98, 179, 185). Fordert die Satzung bestimmte Eigenschaften des Vorstandsmitglieds, sollte das bei der Bestellung nach Möglichkeit berücksichtigt werden (BayObLG Rpfleger 92, 114).

7 Der Notvorstand hat jedenfalls einen **Aufwendungsersatzanspruch** nach §§ 27 III, 670, wenn er iRs Berufs oder Gewerbes tätig wird, auch einen **Vergütungsanspruch** nach § 1835 III (zB Rechtsanwalt). Soweit nach den Umständen keine ehrenamtliche Tätigkeit erwartet werden kann, hat der Notvorstand einen Vergütungsanspruch nach §§ 675, 611, 612 I (BGH WM 59, 598, 600). Die fehlende Ehrenamtlichkeit und die Vergütung ergeben sich im Zweifel daraus, wie der bisherige Vorstand behandelt wurde. Die Ansprüche richten sich gegen den Verein, nicht gegen den Staat oder einen sonstigen Beteiligten. Streitigkeiten über die Vergütung gehören nach hM vor das Prozessgericht (BayObLG NJW-RR 88, 1500; Palandt/*Ellenberger* Rz 9), allerdings spricht die Einfachheit und der Sachzusammenhang für die Zuständigkeit des Registergerichts, zumal dessen Entscheidung der Beschwerde unterliegt (*Sauter/Schweyer/Waldner* Rz 301).

8 E. Ende des Amts. Das Gericht kann das Amt des Notvorstands von vornherein befristen. Ansonsten endet das Amt mit der Erfüllung der Aufgabe, für die der Notvorstand bestellt ist (BayObLG MittBayNot 05, 56), oder durch Abberufung seitens des Registergerichts (nicht seitens des Vereins), wenn ein wichtiger Grund besteht (Ddorf ZIP 02, 281 – für GmbH). Der Notvorstand kann sein Amt auch niederlegen. Dann hat das Gericht einen neuen zu bestellen, wenn die Voraussetzungen des § 29 weiterhin vorliegen.

§ 30 Besondere Vertreter.
¹Durch die Satzung kann bestimmt werden, dass neben dem Vorstand für gewisse Geschäfte besondere Vertreter zu bestellen sind. ²Die Vertretungsmacht eines solchen Vertreters erstreckt sich im Zweifel auf alle Rechtsgeschäfte, die der ihm zugewiesene Geschäftskreis gewöhnlich mit sich bringt.

1 A. Funktion. Durch besondere Vertreter können sich Vereine eine differenzierte Organisationsstruktur geben (Bsp: Leitung unselbständiger Untergliederung oder einer selbständigen Vereinseinrichtung, s. *Sauter/Schweyer/Waldner* Rz 313). Vom Bevollmächtigten unterscheidet sich der besondere Vertreter durch seine **organschaftliche Stellung**. Daher kann die von ihm ausgesprochene Kündigung nicht deshalb zurückgewiesen werden, weil er keine Vollmachtsurkunde vorgelegt hat (BAG BB 90, 1130). Wie der Vorstand hat der besondere Vertreter eine gewisse Selbständigkeit, er unterscheidet sich aber durch seine beschränkte Funktion (*Erman/Westermann* Rz 1). § 30 gilt für alle privatrechtlichen Körperschaften und juristischen Personen des öffentlichen Rechts, nicht aber für die AG (BaRoth/*Schwarz/Schöpflin* Rz 2).

B. Einzelheiten. Für die notwendige **satzungsgemäße Grundlage** genügt es, wenn die Satzung Geschäftskreise vorsieht, die einen besonderen Vertreter erfordern (zB bestimmte Vereinsabteilungen, einzelne Projekte, BaRoth/*Schwarz*/*Schöpflin* Rz 4). Auch Vereinsgewohnheitsrecht, also eine langjährige Vereinsübung genügt als Satzungsgrundlage (Palandt/*Ellenberger* Rz 4; aA AnwK/*Heidel*/*Lochner* Rz 2). Mangels Satzungsregelung ist die Mitgliederversammlung für die **Bestellung** zuständig. Die Satzung kann die Bestellung dem Vorstand zuweisen (BayObLG Rpfleger 99, 332) und muss den Aufgabenkreis bestimmen (BayObLG NJW 81, 2068). 2

Der besondere Vertreter ist nach § 64 analog in das **Vereinsregister** einzutragen (BayObLG NJW 81, 2068; *Reichert* Rz 2857), seine **Vertretungsmacht** umfasst nur die gewöhnlichen Geschäfte seines Geschäftskreises. Die Satzung kann die Vertretungsmacht nach außen beschränken oder ausschließen (§ 26 I 3 analog). Das ist entspr § 64 eintragungsfähig, so dass §§ 70, 68 anwendbar sind. Im Innenverhältnis ist Weisungsgebundenheit des besonderen Vertreters möglich, solange eine gewisse Selbständigkeit und Eigenverantwortung erhalten bleiben (BGH NJW 77, 2259, 2260). Da der Verein im Prozess durch den Vorstand vertreten wird, ist der besondere Vertreter dort **Zeuge** und nicht Partei (Soergel/*Hadding* Rz 11; aA *Reichert* Rz 2856). 3

Im **Haftungsrecht** lässt die Rspr juristische Personen für alle Vertreter mit wichtigen und eigenverantwortlichen Aufgaben nach §§ 30, 31 haften und vermeidet damit den Entlastungsbeweis nach § 831. In diesem Zusammenhang wird § 30 weit ausgelegt (Ba/Roth/*Schwarz*/*Schöpflin* Rz 2). 4

§ 31 Haftung des Vereins für Organe.
Der Verein ist für den Schaden verantwortlich, den der Vorstand, ein Mitglied des Vorstands oder ein anderer verfassungsmäßig berufener Vertreter durch eine in Ausführung der ihm zustehenden Verrichtungen begangene, zum Schadensersatz verpflichtende Handlung einem Dritten zufügt.

A. Allgemeines. Die Vorschrift ist keine Anspruchsgrundlage, sondern rechnet dem Verein das Handeln seiner Organe haftungsrechtlich zu. Damit begründet § 31 die **Haftung für Eigenhandeln** im Unterschied zu § 278, der die Haftung für fremdes Verschulden vorsieht. Nach § 831 haftet der Verein für eigenes vermutetes Verschulden mit der Möglichkeit des Entlastungsbeweises, die § 31 nicht kennt. Die Haftung des Vereins aufgrund § 31 tritt neben die etwaige persönliche Haftung des verfassungsmäßig berufenen Vertreters, zB aus unerlaubter Handlung (BGH NJW 96, 1535, 1536). § 31 ist durch Satzung **nicht abdingbar** (§ 40 1). 1

§ 31 mit seinem weiten **Anwendungsbereich** gilt für privatrechtliche Stiftungen (§ 86), juristische Personen des öffentlichen Rechts (§ 89 I), den nichtrechtsfähigen Verein (Soergel/*Hadding* Rz 6), alle juristischen Personen des Privatrechts (AG, eG, GmbH, KGaA, VVaG), für die Vorgesellschaften wie die Vor-GmbH (Stuttg NJW-RR 89, 638), die OHG, KG, PartG, ja selbst für die GbR (BGH NJW 07, 2490, 2491; *Schöpflin* DStR 03, 1349). Ebenso ist die Norm anzuwenden auf die Insolvenzmasse hinsichtlich der Handlungen des Insolvenzverwalters (Palandt/*Ellenberger* Rz 3). Nachdem der BGH (NJW 05, 2061) in einer abzulehnenden Entscheidung die Teilrechtsfähigkeit der WEG-Eigentümergemeinschaft bejaht hat, ist die Anwendung des § 31 an sich konsequent (MüKo/*Reuter* Rz 13). 2

B. Voraussetzungen. I. Verfassungsmäßig berufener Vertreter. Der Verein ist verantwortlich für das Verhalten des Vorstands als Organ, einzelner Vorstandsmitglieder eines mehrgliedrigen Vorstands und für die besonderen Vertreter nach § 30. Der Begriff ist durch eine **weite Auslegung** gekennzeichnet. Da die juristische Person nicht selbst entscheiden kann, wem sie ohne Entlastungsmöglichkeit haften will, muss der Vertreter weder Vertretungsmacht haben, noch bedarf seine Stellung einer satzungsmäßigen Grundlage (BGH NJW 98, 1854, 1856). Die Rspr hat eine Haftung für **Repräsentanten** entwickelt, denen durch die allg Betriebsregelung und Handhabung bedeutsame, wesensmäße Funktionen der juristischen Person zur selbständigen, eigenverantwortlichen Erfüllung zugewiesen sind (BGH aaO). Das gilt auch bei Weisungsgebundenheit im Innenverhältnis, wenn der Vertreter selbständig nach außen auftritt (BGH NJW 77, 2260). 3

§ 31 wird analog auf **andere Vereinsorgane** wie die Mitgliederversammlung, Aufsichtsrat, Disziplinarausschuss angewandt, nicht aber auf Schiedsrichter oder Vereinsschiedsgerichte (*Reichert* Rz 3495, 3501 f). 4

Beispiele für verfassungsmäßig berufene Vertreter: Hauswirtschaftsleiter eines Altenheims (Frankf NJW-RR 89, 419); Filialleiter (BGH NJW-RR 90, 484); Chefarzt als sein Vertreter, wenn sie im medizinischen Bereich weisungsfrei arbeiten (BGH NJW 87, 2925); örtliche Streikleitung einer Gewerkschaft (BAG NJW 89, 1881, 1884; 89, 57, 61); Leiter der Rechtsabteilung eines Presseverlages (BGH NJW 57, 1315); Frauenwartin als spielleitende Stelle (Hamm SpuRt 03, 166, 167); Haftung des Landesverbandes für Erklärungen des Vorsitzenden eines Bezirksverbandes in der Öffentlichkeit (BGH NJW-RR 86, 281); Arzt einer Gemeinschaftspraxis (Kobl MDR 05, 1302); Anwalt einer als GbR organisierten Anwaltssozietät (Hamm NJW-RR 05, 134), auch der Scheinsozius (BGH NJW 07, 2490, 2491; einschränkend Celle NJW 06, 3431); Staatsbauamtsbediensteter als verfassungsmäßig berufener Vertreter des Landes, obwohl im Wege der Organleihe für den Bund tätig (BGH VersR 06, 803); nicht dagegen ohne weiteres der Trainer (*Reichert* Rz 3500). 5

II. Zum Schadensersatz verpflichtendes Verhalten. Die durch das Verhalten der Organperson ausgelöste Schadensersatzpflicht kann vertraglicher (§ 280 ff) oder quasivertraglicher (§ 311, 122) Natur sein, auf delikti- 6 scher Verschuldenshaftung (§§ 823 ff), auf Gefährdungshaftung oder auf Tatbeständen, die kein Verschulden voraussetzen (§§ 228, 231, 904), beruhen. Zuzurechnen sind sowohl **Handlungen** als auch **Unterlassungen**. Unterlassungen kommen va bei der Verletzung von Aufsichts- und Verkehrssicherungspflichten in Betracht (BaRoth/*Schwarz/Schöpflin* Rz 11; AnwK/*Heidel/Lochner* Rz 8).

7 Der Verein haftet auch bei **Organisationsmängeln**. Nach der Rspr muss für alle wichtigen Aufgabengebiete ein verfassungsmäßig berufener Vertreter zuständig sein, der die wesentlichen Entscheidungen selbst trifft. Fehlt es daran, muss sich der Verein behandeln lassen, als wäre der eingesetzte Verrichtungsgehilfe ein verfassungsmäßiger Vertreter (BGHZ 24, 200, 213; BGH NJW 80, 2810). Erst recht besteht ein Organisationsmangel, wenn es überhaupt keinen Verantwortlichen gibt (Soergel/*Hadding* Rz 15). Die Presse muss zB Artikel und Anzeigen durch einen verfassungsmäßig berufenen Vertreter auf persönlichkeitsrechtliche Beeinträchtigungen überprüfen lassen (BaRoth/*Schwarz/Schöpflin* Rz 16). Organisationsmängel kommen va bei Verletzung der Verkehrssicherungspflicht in Betracht, zB bei Fehlen einer Aufsichtsperson, um die Sicherheit eines Fastnachtszuges zu gewährleisten (LG Ravensburg NJW 97, 402).

8 **III. In Ausführung der ihm zustehenden Verrichtungen.** Der besondere Vertreter muss **in vereinsamtlicher Eigenschaft** gehandelt haben (*Reichert* Rz 3503). Ein innerer sachlicher, nicht nur zufälliger zeitlicher und örtlicher Zusammenhang zwischen der schadensstiftenden Handlung und seinem Aufgabenkreis ist erforderlich (BGHZ 49, 19, 23; 98, 148). Problematisch ist das Verhältnis von Organhaftung und Vertretungsordnung (näher *Reichert* Rz 3511 f; BaRoth/*Schwarz/Schöpflin* Rz 19 ff). Der Verein haftet weder für die Verpflichtung des vollmachtlosen Vertreters nach § 179 (BGH NJW 86, 2939, 2941) noch wenn die Pflichtverletzung nur im vollmachtlosen Handeln liegt (Soergel/*Hadding* Rz 24). Dagegen haftet der Verein, wenn der besondere Vertreter beim Überschreiten seiner Vertretungsmacht nach den §§ 311 II, 280 oder aus unerlaubter Handlung haftet, es sei denn, dass er sich erkennbar außerhalb seines Aufgabenbereichs stellt, so dass er evident nur bei Gelegenheit der ihm zustehenden Verrichtung handelt (BGH 99, 298, 300).

9 **Bsp:** Gesamtvertreter täuscht Verbindlichkeit der allein von ihm abgegebenen Erklärung vor (BGHZ 98, 148); Betrug durch Bankfilialleiter oder Bürgermeister (BGH NJW-RR 90, 484; NJW 80, 115); fehlerhafte Ad-hoc-Mitteilung des Vorstands einer AG (BGH NJW 07, 76, 77); Bekanntgabe frei erfundener Umsätze (München NZG 05, 518); negative Äußerung des Bankvorstandssprechers über Kreditwürdigkeit eines Kunden (BGH NJW 06, 830, 834).

10 **IV. Dritter.** Die Schadensersatzpflicht besteht ggü dem geschädigten Dritten. Das kann jede außerhalb des Vereins stehende Person, aber auch ein **Vereinsmitglied** (BGH NJW 90, 2877) oder ein Mitglied eines Vereinsorgans sein, nicht aber ein Organ des Vereins als solches (AnwK/*Heidel/Lochner* Rz 13). Da die Mitgliedschaft nach Ansicht des BGH (NJW 90, 2877) ein sonstiges Recht nach § 823 I ist, kommt eine Haftung nach dieser Vorschrift und nach § 280 I in Betracht, wenn ein Vereinsmitglied in seinen sich aus Satzung oder Mitgliedschaft ergebenden Rechten verletzt wird, zB bei falscher Beratung durch einen Lohnsteuerhilfeverein (München NJW 88, 1030), bei rechtswidrigem Vereinsausschluss (BGH NJW 84, 1884), bei Verweigerung satzungsgemäßer Leistungen (BGH NJW 90, 2877). Ggü Vereinsmitgliedern kann die Satzung die Haftung für einfache Fahrlässigkeit ausschließen (*Sauter/Schweyer/Waldner* Rz 292c).

§ 31a Haftung von Vorstandsmitgliedern.

(1) ¹Ein Vorstand, der unentgeltlich tätig ist oder für seine Tätigkeit eine Vergütung erhält, die 500 Euro jährlich nicht übersteigt, haftet dem Verein für einen in Wahrnehmung seiner Vorstandspflichten verursachten Schaden nur bei Vorliegen von Vorsatz oder grober Fahrlässigkeit. ²Satz 1 gilt auch für die Haftung gegenüber den Mitgliedern des Vereins. (2) ¹Ist ein Vorstand nach Absatz 1 Satz 1 einem anderen zum Ersatz eines in Wahrnehmung seiner Vorstandspflichten verursachten Schadens verpflichtet, so kann er von dem Verein die Befreiung von der Verbindlichkeit verlangen. ²Satz 1 gilt nicht, wenn der Schaden vorsätzlich oder grob fahrlässig verursacht wurde.

1 Die Norm wurde eingefügt durch G v 28.9.09 (BGBl I, 3161) und trat am 3.10.09 in Kraft, so dass sie für Haftungsereignisse ab diesem Zeitpunkt gilt. Unabhängig vom Vereinszweck beschränkt die Vorschrift (dazu *Unger* NJW 09, 3269; *Reuter* NZG 09, 1368) die Haftung **ehrenamtlich** (unentgeltlich) oder gegen geringe Vergütung von höchstens 500 € jährlich tätiger Vorstandsmitglieder ggü dem Verein und ggü Vereinsmitgliedern (§ 27 Rn 7) auf ein zumutbares Maß. Aufwandsentschädigungen stehen der Unentgeltlichkeit nicht entgegen. Wenn der Schaden in Wahrnehmung der Vorstandstätigkeit (s. § 31 Rn 8 f; auch bei Unterlassen) verursacht wurde, haftet das Vorstandsmitglied nur für Vorsatz (§ 276 Rn 6) oder grobe Fahrlässigkeit (§ 276 Rn 20).

2 Die Haftungsmilderung gilt nur nach **innen** ggü dem Verein, nicht nach außen (ggü Dritten). Ein Vorstandsmitglied iS des I hat aber einen Freistellungsanspruch (§ 257 Rn 3) gegen den Verein, wenn es einem Dritten *lediglich* mit einfacher Fahrlässigkeit einen Schaden zugefügt hat. Die Beweislast obliegt dem Vorstandsmitglied, hinsichtlich des II 2 dem Verein.

§ 32 Mitgliederversammlung; Beschlussfassung.

(1) ¹Die Angelegenheiten des Vereins werden, soweit sie nicht von dem Vorstand oder einem anderen Vereinsorgane zu besorgen sind, durch Beschlussfassung in einer Versammlung der Mitglieder geordnet. ²Zur Gültigkeit des Beschlusses ist erforderlich, dass der Gegenstand bei der Berufung bezeichnet wird. ³Bei der Beschlussfassung entscheidet die Mehrheit der abgegebenen Stimmen.
(2) Auch ohne Versammlung der Mitglieder ist ein Beschluss gültig, wenn alle Mitglieder ihre Zustimmung zu dem Beschlusse schriftlich erklären.

A. Grundlagen. Die Mitgliederversammlung ist das **oberste Willensbildungsorgan** des Vereins und nach §§ 36, 37, 41 zwingend (§ 40 1) notwendig. Sie wird durch die Gesamtheit der erschienenen Mitglieder gebildet. Der Mitgliederversammlung obliegt die Kompetenz-Kompetenz, dh sie legt die Zuständigkeit der anderen Organe fest, soweit diese nicht durch das Gesetz zwingend bestimmt wird, wie zB die Vertretungszuständigkeit des Vorstands nach § 26. Bei Unzuständigkeit oder Handlungsunfähigkeit anderer Organe ist die Mitgliederversammlung zur Entscheidung berufen. Sie entscheidet interne Streitigkeiten zwischen Organmitgliedern oder Vereinsorganen (näher *Reichert* Rz 1198 ff). Erst nach ihrem Beschl kann Feststellungsklage erhoben werden, dass ein Vereinsorgan sich rechtswidrig verhalten hat (BGHZ 49, 396; *Sauter/Schweyer/Waldner* Rz 156). 1

IR der zwingenden Vorschriften kann die Satzung die Befugnisse der Mitgliederversammlung regeln. Abdingbar ist ihre Zuständigkeit zur Bestellung des Vorstands und der Liquidatoren (§§ 27, 48), zur Erteilung von Weisungen (§§ 27 III, 48 II, 665) und zur Satzungsänderung (§ 33). Die Satzung kann die Mitglieder- durch eine Delegierten- bzw Vertreterversammlung) ersetzen, muss aber die Zusammensetzung und Bestellung der Delegierten eindeutig regeln (AnwK/*Heidel/Lochner* Rz 6; näher BaRoth/*Schwarz/Schöpflin* Rz 45 f). 2

B. Berufung der Mitgliederversammlung. I. Einberufungsorgan. Dieses ist der gesetzliche Vorstand (§ 26) als Vertretungsorgan, und zwar entspr § 121 II 2 AktG auch dann, wenn die Bestellung unwirksam oder seine Amtszeit abgelaufen ist. Steht allerdings fest, dass ein neuer handlungsfähiger Vorstand besteht, auch wenn seine Mitglieder noch nicht in das Vereinsregister eingetragen sind, kann nur der gegenwärtige Vorstand die Mitgliederversammlung einberufen (Brandbg RNotZ 07, 343). Die Einberufung ist wirksam, wenn sie durch ein einzelvertretungsberechtigtes Vorstandsmitglied oder beim mehrgliedrigen Vorstand durch eine vertretungsberechtigte Zahl von Vorstandsmitgliedern erfolgt (BaRoth/*Schwarz/Schöpflin* Rz 9). Bei **Doppeleinberufungen** (zB unabhängig voneinander durch zwei Vorstandsmitglieder mit Einzelvertretungsbefugnis) gilt grds das Prioritätsprinzip, dh die spätere Berufung ist unwirksam (näher *Reichert* Rz 1248 ff). Bei zeitgleichem Zugang sind die Einladungen beider Versender wegen Verwirrung der Mitglieder unwirksam (Stuttg Rpfleger 04, 106 m Anm *Waldner*). Die Eventualeinberufung einer Wiederholungsversammlung bedarf einer satzungsmäßigen Grundlage (Köln Rpfleger 09, 237). Die Einberufungspflicht regeln §§ 36, 37. 3

II. Form, Frist, Zeit, Ort. Die Satzung soll die **Form** der Berufung der Mitgliederversammlung regeln (§ 58 Nr 4), die Regelung muss hinreichend bestimmt sein und sicherstellen, dass jedes teilnahmeberechtigte Vereinsmitglied ohne Erschwerungen von der Mitgliederversammlung Kenntnis erhält (*Reichert* Rz 1356). Daher kann derzeit die Ladung per e-Mail nur für Mitglieder mit entspr technischen Einrichtungen vorgesehen werden (vgl *Sauter/Schweyer/Waldner* Rz 171). Fordert die Satzung schriftliche Ladung, genügt die Bekanntmachung durch die Vereinszeitschrift nicht (AG Elmshorn NJW-RR 01, 25). Die Satzung kann mündliche, schriftliche, sowie Ladung durch Vereinszeitschrift, bestimmte Zeitung oder Zeitschrift vorsehen (*Sauter/Schweyer/Waldner* Rz 171), auch Alternativbestimmungen (zB wahlweise zwei Zeitungen) sind zulässig (Stuttg NJW 86, 995). Schweigt die Satzung zur Form, weil das Registergericht die Anmeldung nicht nach § 60 zurückgewiesen hat, kann die Mitgliederversammlung wirksam einberufen werden (*Sauter/Schweyer/Waldner* Rz 171), zu fordern ist dann persönliche mündliche oder schriftliche Benachrichtigung. 4

Die **Einberufungsfrist** muss angemessen sein (*Sauter/Schweyer/Waldner* Rz 172). Mangels anderer satzungsmäßiger Regelung beginnt sie mit dem Tag, an dem die Ladung im Normalfall dem letzten Mitglied zugeht (Frankf NJW 74, 189). **Ort** und **Zeit** müssen für die Mitglieder zumutbar sein (*Sauter/Schweyer/Waldner* Rz 173), da der Aufwand für den Besuch der Mitgliederversammlung in vernünftigen Grenzen zu halten ist. Je nach Eigenart des Vereins kann eine Mitgliederversammlung in der Hauptferienzeit unzumutbar sein (BayObLG NZG 04, 1017), das Gleiche gilt für gesetzliche Feiertage und Sonntage vor 11:00 Uhr (vgl BayObLG NZG 04, 1017). Fehlt eine Satzungsregelung und ein Beschl der Mitgliederversammlung, hat der Vorstand Frist, Ort und Zeit nach pflichtgemäßem Ermessen zu bestimmen. 5

III. Tagesordnung. Der Gegenstand der Beschlussfassung (Tagesordnung) muss bei Berufung der Versammlung bezeichnet werden. Die Beschlussgegenstände müssen so genau bezeichnet sein, dass die Mitglieder sachgerecht über ihre Teilnahme entscheiden und diese vorbereiten können (BGH NJW 08, 69, 72 f). Bei einer geplanten Satzungsänderung genügt es, die zu ändernden Bestimmungen zu bezeichnen (Frankf ZIP 85, 213, 220; *Reichert* Rz 1398 ff). Die Tagesordnungspunkte „Verschiedenes" und „Anträge" ermöglichen nur Beratungen, keine verbindlichen Beschlüsse (KG OLGZ 74, 399, 400). Soll über einen Vertrag abgestimmt werden, muss die Tagesordnung Vertragspartner und -inhalt schlagwortartig angeben (BGH NJW 08, 6

69, 73). „Ergänzungswahl" umfasst nicht die Abberufung von Vorstandsmitgliedern (Köln OLGZ 84, 401). Da § 32 I 2 dispositiv ist, kann die Satzung gestatten, dass nachträglich Dringlichkeitsanträge auf die Tagesordnung gesetzt werden, doch bleibt die rechtzeitige Mitteilung von geplanten Satzungsänderungen erforderlich (BGH NJW 87, 1811).

7 **C. Beschlussfassung. I. Versammlungsleitung.** Die Satzung muss bestimmen, wer die Versammlung leitet. Fehlt es daran, kann die Mitgliederversammlung einen Leiter wählen, andernfalls ist der Vorstandsvorsitzende oder ein vom Vorstand gewähltes Vorstandsmitglied zuständig (BaRoth/*Schwarz/Schöpflin* Rz 18). Der Versammlungsleiter muss für den ordnungsgemäßen Ablauf, insb die korrekte Beschlussfassung sorgen. Ihm obliegt die Eröffnung und Schließung der Versammlung, die Bekanntgabe der Tagesordnung, die Leitung der Beschlussfassung, die Begrenzung der Redezeit, der Ausschluss von Störern (*Reichert* Rz 1609 ff). Er kann die Versammlung auch schließen, wenn die Tagesordnung noch nicht erschöpft ist (KG OLGZ 90, 316, 318). Fehler sind gerichtlich nur geltend zu machen, wenn die Wirksamkeit des Beschlusses angegriffen wird. Bei eigener Kandidatur oder sonstigen Interessenkollisionen kann der Leiter die Leitung auf einen Dritten übertragen (Köln Rpfleger 85, 447).

8 **II. Beschluss, Stimmabgabe, Stimmrecht, Beschlussfähigkeit.** Während die Stimmabgabe des einzelnen Mitglieds eine Willenserklärung darstellt, handelt es sich beim **Beschl** um einen Akt körperschaftlicher Willensbildung (Gesamtakt), der auch für die nicht zustimmenden Vereinsmitglieder wirkt (Soergel/*Hadding* Rz 21). Auf die **Stimmabgabe** finden die allg Vorschriften (§§ 105 ff) Anwendung. Daher wird sie mit der Wahrnehmung durch die anderen Mitglieder oder den Versammlungsleiter wirksam (BayObLG NJW-RR 96, 524). Die Stimmabgabe eines Geschäftsunfähigen ist nichtig (§ 105), die eines Minderjährigen wird idR von der Zustimmung zum Vereinsbeitritt gedeckt sein (Soergel/*Hadding* Rz 26). Ist der Betreute nicht geschäftsunfähig und kein Einwilligungsvorbehalt angeordnet, bleibt er stimmberechtigt (*Wüstenberg* BtPrax 05, 138, 139). Das auf der Vereinsmitgliedschaft beruhende **Stimmrecht** ist nicht übertragbar (§ 38) und grds persönlich auszuüben, doch kann die Satzung eine Bevollmächtigung zulassen (§§ 38, 40). Stimmbindungsverträge sind grds zulässig, ein Verstoß führt aber nicht zur Unwirksamkeit der Stimmabgabe (Soergel/*Hadding* Rz 23). Ist eine Stimmabgabe nichtig, zählt sie als Enthaltung (AnwK/*Heidel/Lochner* Rz 19).

9 Verlangt die Satzung für die **Beschlussfähigkeit** keine bestimmte Anwesenheitsquote (Quorum), kann bereits *ein* anwesendes Mitglied einen wirksamen Beschl fassen (*Reichert* Rz 1636). Sieht die Satzung falls das Quorum nicht erreicht wird, für eine neue Mitgliederversammlung ein geringeres oder gar kein Quorum vor, kann sie bereits eine mit der Einladung zur ersten Versammlung verbundene Eventualeinladung gestatten (BayObLG NJW-RR 02, 1612), in der auf das geringere Quorum hinzuweisen ist (Palandt/*Ellenberger* Rz 6).

10 **III. Abstimmung und Mehrheit.** Sieht die Satzung keine bestimmte Form der **Abstimmung** vor, wird sie durch die Mitgliederversammlung und, wenn diese nicht entscheidet, durch den Versammlungsleiter bestimmt (BaRoth/*Schwarz/Schöpflin* Rz 25). Bei Widerspruch eines Vereinsmitglieds entscheidet die Mitgliederversammlung (Palandt/*Ellenberger* Rz 7). Es besteht kein Anspruch des Mitglieds auf geheime Abstimmung, vielmehr obliegt die Entscheidung darüber der Mitgliederversammlung (vgl *Reichert* Rz 1782).

11 **Wahlen** müssen Chancengleichheit gewährleisten. Über die Kandidaten ist einzeln abzustimmen, wenn nicht die Satzung Block- oder Listenwahlen gestattet, das Einverständnis der Mitgliederversammlung genügt nicht (BayObLG NJW-RR 01, 537).

12 Nach § 32 I 3 entscheidet die **Mehrheit** der abgegebenen Stimmen. Ein Antrag, auf den mehr als die Hälfte der Stimmen entfällt, ist angenommen. Enthaltungen und ungültige Stimmen zählen nicht mit (BGHZ 83, 35; München NZG 08, 351, 352; *Sauter/Schweyer/Waldner* Rz 206). Bei Stimmengleichheit ist der Antrag abgelehnt, wenn die Satzung nichts anderes bestimmt (*Sauter/Schweyer/Waldner* Rz 206). Der Versammlungsleiter kann das Abstimmungsergebnis nach der Subtraktionsmethode ermitteln, dh bereits nach zwei von drei auf Zustimmung, Ablehnung und Enthaltung gerichteten Abstimmungsfragen die Zahl der nicht abgegebenen Stimmen als Ergebnis der dritten Frage werten (BGH NJW 02, 3629 – für WEG). Bei **Wahlen** ist die absolute Mehrheit der abgegebenen Stimmen erforderlich, selbst wenn die Satzung für die Wahl einfache Mehrheit vorsieht (München NZG 08, 351, 352 f).

13 **D. Beschlussmängel.** Im Interesse einer im Vereinsrecht erforderlichen einfachen Lösung sind nach hM fehlerhafte Beschlüsse ohne weiteres **nichtig**, es wird also nicht nach §§ 241 ff AktG analog zwischen Nichtigkeits- und Anfechtungsklage unterschieden (BGH NJW 08, 69, 72; *Reichert* Rz 1972 ff). Der Verein kann aber in seiner Satzung bestimmen, dass Verstöße gegen die Satzung oder dispositives Recht nur durch eine Anfechtungsklage entspr §§ 243 ff AktG geltend gemacht werden können (*Noack* 168, 183). **Nichtigkeitsgründe** sind Gesetzes- und Satzungsverstöße, Sittenwidrigkeit, Treupflichtverletzung, Einberufungsmängel wie zB fehlende Tagesordnung (Zweibr Rpfleger 02, 315), Einberufung durch unzuständiges Organ, Unzumutbarkeit von Ort oder Zeit, fehlende Ladung einzelner Mitglieder (s. iE BaRoth/*Schwarz/Schöpflin* Rz 30 ff; *Reichert* Rz 1978 ff), uU auch Doppelberufungen (Rn 3).

14 Der Verstoß gegen Verfahrensregeln, die die Mitwirkung des Vereinsmitglieds an der Willensbildung sichern sollen, führt nur zur Beschlussnichtigkeit, wenn das Mitglied nach Kenntnis (vom Einberufungsmangel) gegen die Beschlussfassung **Widerspruch** erhebt (München NZG 08, 351, 353; *Sauter/Schweyer/Waldner* Rz 213). Das anwesende Mitglied, das den Mangel erkennt, muss den Widerspruch zu Protokoll erklären, außerhalb der Versammlung ggü dem Vorstand (Soergel/*Hadding* Rz 18). Das Mitglied kann den Beschl genehmigen und damit heilen (BaRoth/*Schwarz/Schöpflin* Rz 38). Bei der Frage der Beschlussnichtigkeit aufgrund Verfahrensfehlern kommt es nicht darauf an, ob das Abstimmungsergebnis darauf **beruht** (so noch BGHZ 59, 369, 274), sondern auf die **Relevanz des Verfahrensfehlers** für die Ausübung der Mitwirkungsrechte durch ein objektiv urteilendes Verbandsmitglied (BGH NJW 08, 69, 73). Ein Ladungsmangel durch fehlende Angaben in der Tagesordnung ist ein relevanter Verfahrensverstoß, da er den Entschluss zur Teilnahme an der Versammlung maßgeblich beeinflusst (BGH NJW 08, 69, 73).

Beschlussmängel sind durch **Feststellungsklage** gegen den Verein nach Ausschöpfung vereinsinterner Rechtsbehelfe (KG NJW 88, 3159) geltend zu machen (BGHZ 59, 369, 371 f; Soergel/*Hadding* Rz 40). Jedenfalls nach zwei Jahren (Saarbrücken NZG 08, 677, 679), aber auch schon nach vier Monaten ist die Klagemöglichkeit verwirkt (Hamm NJW-RR 97, 989; aA Palandt/*Ellenberger* Rz 11: 6 Monate). Der Verein trägt die **Beweislast** hinsichtlich des satzungsgemäßen Verfahrens und fehlender Relevanz des Verstoßes, die Nichtigkeit des ordnungsgemäß beurkundeten Beschlusses muss derjenige beweisen, der sich auf sie beruft (BGHZ 49, 209, 211 f). Der die Ungültigkeit feststellende Beschl wirkt für und gegen alle (BGH NJW-RR 92, 1209). 15

E. Schriftliche Beschlussfassung. Sie ist nach § 32 II durch schriftliche (§ 126) Zustimmung aller Mitglieder 16 möglich. Die Mitgliedergesamtheit kann mit Zustimmung aller stets auf Förmlichkeiten verzichten und auch ohne Satzungsgrundlage eine Online-Mitgliederversammlung abhalten (AnwK/*Heidel/Lochner* Rz 26), die Satzung kann virtuelle Mitgliederversammlungen vorsehen (*Fleck* DNotZ 08, 245).

§ 33 Satzungsänderung.
(1) ¹Zu einem Beschluss, der eine Änderung der Satzung enthält, ist eine **Mehrheit von drei Vierteln der abgegebenen Stimmen erforderlich.** ²Zur Änderung des Zweckes des Vereins ist die Zustimmung aller Mitglieder erforderlich; die Zustimmung der nicht erschienenen Mitglieder muss schriftlich erfolgen.
(2) Beruht die Rechtsfähigkeit des Vereins auf Verleihung, so ist zu jeder Änderung der Satzung die Genehmigung der zuständigen Behörde erforderlich.

A. Satzungsänderung. Im Interesse des Minderheitenschutzes ist für eine Satzungsänderung eine ¾-Mehrheit 1 erforderlich. Da die Satzungsänderung nach § 71 I der **Eintragung** bedarf, gilt der Grundsatz: „Keine Satzungsrechtsänderung ohne Satzungstextänderung". Satzungsänderung ist jede Änderung der Satzungsurkunde, und zwar auch dann, wenn die Vorschriften als Geschäftsordnung und damit als einfaches Vereinsrecht hätten erlassen werden können und wenn es sich um bloße Ergänzungen handelt, zB um die Einführung einer Schiedsordnung (RGZ 88, 395, 401) oder um Änderungen der Zusammensetzung oder der Vertretungsmacht des Vorstands (BGHZ 69, 250, 253). Von der Satzung abweichende Beschlüsse, die die Satzung nicht ändern (Satzungsdurchbrechungen), sind auch mit ¾-Mehrheit nicht zulässig (AnwK/*Heidel/Lochner* Rz 3).

Da § 33 I zur Disposition der Satzung steht (§ 40 1), kann diese eine höhere oder geringere Mehrheit festsetzen oder sonstige Erschwerungen oder Erleichterungen vorsehen (zB besondere Anforderungen an die Beschlussfähigkeit der Mitgliederversammlung). Die Satzungsänderungskompetenz kann nicht auf außerhalb des Vereins stehende Dritte (Soergel/*Hadding* Rz 7), wohl aber auf andere Vereinsorgane übertragen werden (MüKo/*Reuter* Rz 15). Die Satzungsänderung darf auch grds von der Zustimmung Dritter abhängig sein, wenn der Verein nicht zur bloßen Verwaltungsstelle des Dritten herabsinkt (BayObLGZ 79, 303, 308 f; Soergel/*Hadding* Rz 7). Das gilt insb für religiöse Vereine, die Beseitigung des Zustimmungserfordernisses bedarf nicht nur der satzungsändernden Mehrheit, sondern ihrerseits der Zustimmung des Dritten (Düss NZG 09, 1227, 1230). 2

B. Zweckänderung. Vereinszweck ist die **oberste Leitmaxime** des Vereins (BGHZ 96, 245, 251 f; KG Rpfleger 3 07, 82, 83). Bloße Ergänzungen, Einschränkungen oder Anpassungen an den Wandel der Zeit sind keine Zweckänderungen (BayObLG Rpfleger 01, 307; AnwK/*Heidel/Lochner* Rz 5), sondern einfache Satzungsänderungen. Wenn die Mitglieder eine mehrheitlich beschlossene Änderung hinnehmen, kann darin die konkludente Zustimmung zur Zweckänderung liegen (BGHZ 25, 311, 316 f; 23, 122, 129 f). Die Satzung kann die Zweckänderung erschweren oder erleichtern, insb vom Einstimmigkeitsprinzip abweichen (BaRoth/*Schwarz/Schöpflin* Rz 12). Auch der Rechtsformwechsel nach § 275 UmwG sowie die Auswechslung sämtlicher Mitglieder (BGH NJW 80, 2707) bedarf der Zustimmung aller Mitglieder.

C. Wirksamwerden. Mit der **Eintragung** wird die Satzungs- oder Zweckänderung beim Idealverein wirksam 4 (§ 71 I 1). Satzungsänderungen, die nicht Verhaltenspflichten der Mitglieder verschärfen, können grds auch rückwirkend eingeführt werden (BGHZ 55, 381, 385 f; BaRoth/*Schwarz/Schöpflin* Rz 14; aA Hamm NZG 07, 318, 319), allerdings nicht mit Außenwirkung. Der konzessionierte wirtschaftliche Verein bedarf staatlicher Genehmigung der Verleihungsbehörde. Beim nichtrechtsfähigen Verein ist die Änderung mit Beschlussfassung wirksam (AnwK/*Heidel/Lochner* Rz 7). Fasst die Mitgliedermehrheit einen unwirksamen Beschl und führt sie ihn gegen den Willen der Minderheit durch, ist das nach der Rspr als **Abspaltung** der Mehrheit vom

Verein aufzufassen, so dass die Minderheit das Vereinsvermögen herausverlangen kann (BGHZ 49, 175, 180; 23, 122, 128, krit *Reichert* Rz 703, nach dem die Minderheit die Durchführung des Beschlusses verhindern und notfalls Ausschließungsklage gegen die Mehrheit erheben muss).

§ 34 Ausschluss vom Stimmrecht. Ein Mitglied ist nicht stimmberechtigt, wenn die Beschlussfassung die Vornahme eines Rechtsgeschäfts mit ihm oder die Einleitung oder Erledigung eines Rechtsstreits zwischen ihm und dem Verein betrifft.

1 Die zwingende (§ 40 1) Vorschrift gilt entspr für OHG, KG, GbR, nichtrechtsfähigen Verein, Erben- und Bruchteilsgemeinschaft sowie Körperschaften des öffentlichen Rechts und verhindert **Interessenkollisionen** bei der Beschlussfassung, allerdings ohne einen allg Stimmrechtsausschluss bei Interessenkollisionen (KG KGR Berlin 05, 590). Das Stimmverbot gilt für Verträge, einseitige Rechtsgeschäfte, geschäftsähnliche Handlungen und in Fällen des **Richtens in eigener Sache**, wenn etwa über die Abberufung eines Organmitglieds oder die Kündigung eines Anstellungsverhältnisses aus wichtigem Grund oder den Vereinsausschluss abgestimmt wird (*Reichert* Rz 1559 ff, 1574 ff). Der Begriff des Rechtsstreits ist weit auszulegen und umfasst auch den einstweiligen Rechtsschutz, die Vollstreckung und schiedsgerichtliche Verfahren (*Reichert* Rz 1569 f). Soweit von den zur Abstimmung gestellten Maßnahmen lediglich Verwandte oder Ehegatten des Mitglieds betroffen sind, besteht nur ein Stimmverbot, wenn die Satzung es bestimmt (§ 40 1). Dagegen ist das Mitglied vom Stimmrecht ausgeschlossen, wenn der Beschl eine Vereinigung betrifft, die das Mitglied beherrscht oder für deren Schulden es persönlich haftet (BGHZ 68, 107, 110; 56, 47, 53 f; BaRoth/*Schwarz*/*Schöpflin* Rz 9).
2 Ausgeschlossen ist nur das Stimmrecht, **nicht** das **Teilnahmerecht** und das Recht, sich an der Aussprache in der Mitgliederversammlung zu beteiligen (AnwK/*Heidel*/*Lochner* Rz 5). Eine entgegen § 34 abgegebene Stimme ist nichtig und wird nicht mitgezählt (BGHZ 104, 66, 75).
3 Bei **Wahlen** mit eigener Kandidatur darf das Mitglied mitstimmen, ebenso wenn es um seine Abwahl oder die Abberufung aus der Organstellung ohne wichtigen Grund geht.

§ 35 Sonderrechte. Sonderrechte eines Mitglieds können nicht ohne dessen Zustimmung durch Beschluss der Mitgliederversammlung beeinträchtigt werden.

1 **A. Begriff.** Die Vorschrift gilt für alle mitgliedschaftlich strukturierten juristischen Personen des Privatrechts sowie für Personengesellschaften (BaRoth/*Schwarz*/*Schöpflin* Rz 2). Ein Sonderrecht ist eine auf satzungsmäßiger Grundlage beruhende unentziehbare bevorzugte Rechtsstellung, die über die allg Rechtsstellung des Mitglieds hinausgeht (BGH NJW 74, 1996, 1997). Beispiele sind Mehrfachstimmrechte, Recht auf Mitgliedschaft im Vorstand, auf Bestellungsrecht des Vorstands, auf Beitragsermäßigung (AnwK/*Heidel*/*Lochner* Rz 4).
2 Sonderrechte sind von Drittgläubigerrechten zu unterscheiden, bei denen das Mitglied dem Verein wie jeder Dritte ggü tritt, zB wenn es mit dem Verein einen Vertrag geschlossen hat. Mitgliedschaftliche Rechte, die aus der allg Vereinsmitgliedschaft folgen und allen Mitgliedern zustehen, sind keine Sonderrechte (zB Stimmrecht); ebenso wenig mitgliedschaftliche Rechte, die vom Bestand der Mitgliedschaft unabhängig sind, wenn sie einmal entstanden sind (Anspruch auf festgestellten Gewinnanteil, Schadensersatzanspruch aufgrund Verletzung der Mitgliedschaft, s. iE BaRoth/*Schwarz*/*Schöpflin* Rz 4; *Reichert* Rz 859 ff).
3 **B. Schutz.** Jede sich auf das Sonderrecht (auch mittelbar) nachteilig auswirkende Maßnahme des Vereins ist eine Beeinträchtigung (BaRoth/*Schwarz*/*Schöpflin* Rz 8). Mit vorheriger Zustimmung (§ 182) des Betroffenen ist die Beeinträchtigung wirksam, andernfalls bis zur Genehmigung durch den Sonderrechtsinhaber schwebend, nach ihrer Verweigerung endgültig unwirksam (BaRoth/*Schwarz*/*Schöpflin* Rz 10). Bei Verletzung des Sonderrechts durch den Verein haftet dieser (§ 280 I). Der Inhaber kann die Unwirksamkeit des Beschlusses und den (Fort-)Bestand seines Sonderrechts gerichtlich feststellen lassen (§ 256 ZPO).

§ 36 Berufung der Mitgliederversammlung. Die Mitgliederversammlung ist in den durch die Satzung bestimmten Fällen sowie dann zu berufen, wenn das Interesse des Vereins es erfordert.

1 Die unabdingbare Vorschrift (§ 40 1) verpflichtet das zuständige Organ, also meistens den Vorstand, ggü dem Verein zur Einberufung der Mitgliederversammlung in den satzungsgemäß bestimmten Fällen und wenn das Vereinsinteresse es erfordert. Solche außerordentliche Mitgliederversammlung ist notwendig bei für den Verein grundlegenden Entscheidungen, die keinen Aufschub bis zur nächsten ordentlichen Mitgliederversammlung dulden. Die Mitglieder können die Einberufung nur nach § 37 II erzwingen. Die Organmitglieder können sich bei Verletzung der Pflicht aus § 36 ggü dem Verein schadensersatzpflichtig machen (§ 280 I).

§ 37 Berufung auf Verlangen einer Minderheit. (1) Die Mitgliederversammlung ist zu berufen, wenn der durch die Satzung bestimmte Teil oder in Ermangelung einer Bestimmung der zehnte Teil der Mitglieder die Berufung schriftlich unter Angabe des Zweckes und der Gründe verlangt.

(2) Wird dem Verlangen nicht entsprochen, so kann das Amtsgericht die Mitglieder, die das Verlangen gestellt haben, zur Berufung der Versammlung ermächtigen; es kann Anordnungen über die Führung des Vorsitzes in der Versammlung treffen. Zuständig ist das Amtsgericht, das für den Bezirk, in dem der Verein seinen Sitz hat, das Vereinsregister führt. Auf die Ermächtigung muss bei der Berufung der Versammlung Bezug genommen werden.

A. Verlangen der Einberufung. Die Vorschrift gilt auch für den nichtrechtsfähigen Verein und die Delegiertenversammlung und ermöglicht minderheitenschützend, die Mitgliederversammlung zu erzwingen, aber auch in entspr Anwendung, bestimmte Tagesordnungspunkte anzukündigen (Hamm MDR 73, 929). Das gesetzliche Einberufungsquorum beträgt 10% der Mitglieder. Die Satzung kann hiervon abweichen, nach hM auch ein höheres Quorum verlangen, zB 20% (BayObLG NJW-RR 01, 431), aber nicht 50% (KG NJW 62, 1917). Richtigerweise sind 10% in Anlehnung an §§ 122 I AktG, 45 GenG als Höchstgrenze anzusehen (MüKo/*Reuter* Rz 3; Soergel/*Hadding* Rz 5). Überschreitet die Festlegung absoluter Mitgliederzahlen die 10%-Grenze, ist die entspr Satzungsbestimmung daher unwirksam, nach aA ist nur der Umstand zu berücksichtigen, dass sich die Mitgliederzahl verringern kann (Stuttg NJW-RR 86, 995). 1

Das Einberufungsverlangen muss schriftlich abgefasst (§ 126), von der erforderlichen Mitgliederzahl unterschrieben werden und dem Einberufungsorgan (Vorstand) zugehen. Einzelne gleich lautende Schreiben genügen. Zweck (Beschlussgegenstände) und Gründe (Erforderlichkeit der Einberufung) sind anzugeben. Der Vorstand hat nur ein formelles, kein materielles Prüfungsrecht, kann aber einen offensichtlich rechtsmissbräuchlichen Antrag ablehnen (*Reichert* Rz 1278, 1296; BaRoth/*Schwarz/Schöpflin* Rz 6). 2

B. Einberufungsermächtigung. Kommt das zuständige Vereinsorgan dem Einberufungsverlangen nicht nach und ist der vereinsinterne Rechtsweg ausgeschöpft, kann die gerichtliche Ermächtigung beantragt werden (AnwK/*Heidel/Lochner* Rz 6). Es entscheidet der Rechtspfleger (§ 3 Nr 1a RPflG) im FamFG-Verfahren, eine Klage ist unzulässig. Zuständig ist das AG des Vereinssitzes. Ein Antragsrecht haben nur die Mitglieder, die nach I vorgegangen sind. Das Gericht hört idR den Vorstand an (§ 34 FamFG) und prüft die formellen Voraussetzungen des Einberufungsverlangens und ob ein Rechtsmissbrauch vorliegt. Eine weitergehende materielle Prüfung findet nicht statt (BaRoth/*Schwarz/Schöpflin* Rz 9; *Reichert* Rz 1291 ff). Liegen die Voraussetzungen vor, hat das Gericht die Ermächtigung durch bekanntzumachenden (§ 41 FamFG) Beschl auszusprechen, es besteht kein Ermessensspielraum (*Reichert* Rz 1295). Gegen die Entscheidung ist die Beschwerde eröffnet (§ 58 FamFG). Mangels aufschiebender Wirkung scheitert die Einberufung nicht an einer Beschwerde; allerdings sind nach § 64 III FamFG einstweilige Anordnungen möglich. 3

Die Ermächtigung kann auch den Vorsitz der Versammlung regeln (§ 37 II 1). Sie lässt das Einberufungsrecht des Vorstands unberührt (Stuttg Rpfleger 04, 106; BayObLG NZG 04, 1017) und berechtigt nicht zur Eventualeinberufung ohne Satzungsgrundlage (Köln Rpfleger 09, 237, 239). Zur Doppeleinberufung s. § 32 Rn 3. Die Kosten der von der Minderheit einberufenen Versammlung trägt der Verein, der Ersatzanspruch folgt aus § 670 (*Reichert* Rz 1331; *Wagner* ZZP 105 (1992), 294, 306). 4

§ 38 Mitgliedschaft.
¹**Die Mitgliedschaft ist nicht übertragbar und nicht vererblich.** ²**Die Ausübung der Mitgliedschaftsrechte kann nicht einem anderen überlassen werden.**

A. Begriff und Mitgliedsfähigkeit. Die Mitgliedschaft ist der Inbegriff aller mitgliedschaftsrechtlichen Rechte und Pflichten als komplexe Dauerrechtsstellung in Bezug auf eine Vereinigung. Im Verein **mitgliedsfähig** sind juristische Personen, Personengesellschaften (OHG, KG, PartG, EWIV, GbR) sowie nichtrechtsfähige Vereine. Minderjährige sind mitgliedsfähig, bedürfen zur Begründung der Mitgliedschaft aber der Zustimmung ihres gesetzlichen Vertreters. Soweit lediglich Beitragspflichten bestehen, ist der Beitritt auch ohne diese Zustimmung für die Perioden wirksam, für die nach § 110 die Beiträge bewirkt (vgl BaRoth/*Schwarz/Schöpflin* Rz 6, zT aA Palandt/*Ellenberger* Rz 4). Der Verein kann die Aufnahme Minderjähriger davon abhängig machen, dass der gesetzliche Vertreter die Haftung für die Beiträge übernimmt, dieser muss bei Unterzeichnung des Aufnahmeantrags aber davon Kenntnis haben (Hamm NJW-RR 00, 42). Erfüllt ein Mitglied statutarische Aufnahmevoraussetzungen nicht (zB Beruf, Alter, Geschlecht, natürliche Person), ist der dennoch vollzogene Beitritt wirksam (BaRoth/*Schwarz/Schöpflin* Rz 7). 1

B. Beginn und Ende. Die Mitgliedschaft **entsteht originär** durch Beteiligung an der Vereinsgründung (§ 21 Rn 13) oder durch *Eintritt*. Der Beitritt erfolgt durch Aufnahmevertrag (BaRoth/*Schwarz/Schöpflin* Rz 10 ff). Soweit er zuständig ist, nimmt der Vorstand die Beitrittserklärung an. Die Satzung kann die Aufnahme von der Aushändigung einer Mitgliedskarte (BGH NJW 87, 2503; AG Duisburg NZG 02, 1072) oder von anderen Förmlichkeiten abhängig machen. Es gilt Privatautonomie, so dass die Satzung eine Spende nicht wirksam als Beitrittserklärung gelten lassen kann (BayObLG NStZ 82, 387). Religiöse Vereine können regeln, dass bestimmte kirchliche Funktionsträger geborene Mitglieder sind (Hamm NJW-RR 95, 119). 2

Derivativer (abgeleiteter) Mitgliedschaftserwerb in Form der **Übertragung** und **Vererbung** (und damit die Pfändung, §§ 851 I, 857 I ZPO) ist ausgeschlossen, wenn nicht die Satzung etwas anderes bestimmt 3

(§§ 38, 40). Damit gestaltet das Gesetz die Mitgliedschaft als **höchstpersönlich** aus. Auch einzelne Mitgliedschaftsrechte können nicht übertragen werden (§ 717, Abspaltungsverbot, Soergel/*Hadding* Rz 29). Abgeleiteter Erwerb findet auch bei der Verschmelzung durch Aufnahme oder Neugründung statt (§§ 2, 99 ff, 20 I Nr 3 UmwG).

4 Die Mitgliedschaft **endet** durch Tod, Austritt (§ 39), Ausschluss (§ 25 Rn 30 f) oder Verlust der für die Mitgliedschaft satzungsgemäß erforderlichen Eigenschaften, wenn die Satzung das bestimmt (Oldbg NZG 09, 917). Die Satzung kann das Ruhen der Mitgliedschaft bei Eintritt bestimmter Voraussetzungen vorsehen (BayObLGZ 79, 351).

5 **C. Rechte und Pflichten. I. Rechte. 1. Vorteilsrechte (Wertrechte).** Sie gewähren den Mitgliedern Anteil an den Vorteilen aus der Verfolgung des Vereinszwecks, also je nach konkretem Zweck Anspruch auf die Benutzung von Vereinseinrichtungen, auf Beratungs- und Unterstützungsmaßnahmen des Vereins (*Reichert* Rz 803 ff; Soergel/*Hadding* Rz 18), zB Vertretung von Mitgliedern durch die Gewerkschaft in Arbeitsgerichtsprozessen. Ohne besondere Satzungsregelung hat das Mitglied keinen Anspruch auf einen Anteil am Gewinn oder auf ein Auseinandersetzungsguthaben beim Austritt (BGHZ 47, 381, 386; 55, 381, 385; Soergel/*Hadding* Rz 19), beim nichtrechtsfähigen Verein kann das uU anders sein (*Schöpflin* 283 ff, 309, str).

6 **2. Mitverwaltungsrechte.** Mitverwaltungsrechte umfassen den Anspruch, an der vereinsinternen Willensbildung, insb aktiv an den Mitgliederversammlungen teilzunehmen, das aktive und passive Wahlrecht und die jedenfalls innerhalb der Mitgliederversammlung bestehenden Auskunfts- und Informationsrechte (*Reichert* Rz 798 ff), auch den Anspruch auf eine Mitgliederliste (Saarbr NZG 08, 675).

7 **3. Schutzrechte.** Das Recht auf **Gleichbehandlung**. Es verbietet die willkürliche Schlechterstellung einzelner Mitglieder ohne sachlichen Grund und begrenzt die Mehrheitsherrschaft (*Reichert* Rz 838 ff). Satzungsgemäße Sonderrechte (§ 35) sind aber ebenso zulässig wie abgestufte Mitgliedschaften, die unterschiedlichen Pflichten auch verschiedene Rechte zuordnen (*Beuthien/Schöpflin* DB 97, 361). Die **Treuepflicht** verpflichtet den Verein, auf die Interessen der Minderheit Rücksicht zu nehmen und nicht unter Missachtung des Vereinszwecks ausschließlich eigene Interessen zu verfolgen.

8 **II. Pflichten. 1. Beitrags- und Mitverwaltungspflichten.** Die Satzung soll die Beitragspflicht regeln (§ 58 Nr 2, näher dort), auch die Mitgliederversammlung kann über sie beschließen. Meist sind die Beiträge in Geld zu leisten, möglich sind auch Sach- oder Dienstleistungen (BAG NJW 03, 161). **Umlagen** zur Befriedigung eines besonderen Finanzbedarfs bedürfen einer Satzungsgrundlage (§ 58 Rn 2). Mitverwaltungspflichten (zB Pflicht zur Teilnahme an der Mitgliederversammlung) können den Mitgliedern durch Satzung auferlegt werden. Sie werden durch den Grundsatz der Zumutbarkeit begrenzt.

9 **2. Treuepflicht.** Das Mitglied ist nach hM zur **Loyalität** nicht nur ggü dem Verein, sondern auch ggü den anderen Vereinsmitgliedern verpflichtet. Die Mitglieder müssen die Zwecke des Vereins fördern und dürfen dem Vereinszweck nicht schaden. Allerdings begründet Kritik an der Vereinspolitik keine Treuepflichtverletzung (AnwK/*Heidel/Lochner* Rz 16). Ggü den anderen Mitgliedern sind sie zur Rücksicht verpflichtet. Die Folgen einer Treuepflichtverletzung sind je nach Einzelfall: Unterlassungs-, Erfüllungs- und Schadensersatzansprüche sowie bei Abstimmungen das Nichtzählen der treuwidrigen Stimmabgabe bzw die Nichtigkeit des inhaltlich treuwidrigen Beschlusses (näherBaRoth/*Schwarz/Schöpflin* Rz 5, 27 f; *Reichert* Rz 961 ff).

10 **III. Änderung.** Außer den Sonderrechten (§ 35) können die Rechte und Pflichten der Mitglieder durch Mehrheitsbeschlüsse, die der Satzung entspr, geändert werden (BaRoth/*Schwarz/Schöpflin* Rz 30). **Beitragserhöhungen** können mit der für Satzungsänderungen erforderlichen Mehrheit beschlossen werden, wenn sie ihrer Höhe nach für das einzelne Mitglied schon beim Eintritt in den Verein vorhersehbar waren, also stets bei moderaten Erhöhungen aufgrund der Geldentwertung (*Reichert* Rz 912 f). Wird diese Grenze überschritten, greift das **Verbot der wesentlichen Pflichtenmehrung** ein, so dass die Zustimmung aller von der Beitragserhöhung betroffenen Mitglieder notwendig ist (*Beuthien* BB 87, 6, 10 ff).

§ 39 Austritt aus dem Verein.

(1) Die Mitglieder sind zum Austritt aus dem Verein berechtigt. (2) Durch die Satzung kann bestimmt werden, dass der Austritt nur am Schluss eines Geschäftsjahrs oder erst nach dem Ablauf einer Kündigungsfrist zulässig ist; die Kündigungsfrist kann höchstens zwei Jahre betragen.

1 **A. Voraussetzungen.** Das **Austrittsrecht** ist durch die Satzung unabdingbar (§ 40 1) und sichert damit die Freiheit des Mitglieds, sich dem Verein und seinen Pflichten zu entziehen. Das ermöglicht auch einen Wettbewerb der Vereine untereinander.

2 Der Austritt muss als einseitige **empfangsbedürftige Willenserklärung** dem zuständigen Vereinsorgan zugehen, meist dem Vorstand (§§ 130, 26 II 2). Es gelten die allg Auslegungsregeln. Die Wendung „hiermit kündigen wir die Mitgliedschaft zum nächstmöglichen Termin" ist zB idR als Kündigung der Mitgliedschaft zum satzungsgemäßen Beendigungstermin auszulegen (BAG NZA 05, 645, 646; dazu *Reuter* RdA 06, 117).

Mit Ausnahme der Schriftform (§ 127) darf die Satzung, die nach § 59 Nr 1 den Austritt näher regeln soll, keine **Erschwerungen** des Austritts vorsehen, also nicht die Form eines Einschreibens (BGH NJW-RR 96, 866) oder ein Austrittsgeld. Die Satzung kann aber die Rückzahlung eines Aufnahmebeitrags von einer Höchstmitgliederzahl oder von der Werbung eines neuen Vereinsmitglieds durch den Ausscheidenden abhängig machen (Brandbg MDR 05, 640 f). Die Satzung darf **Fristen** für den Austritt vorsehen, die nach II aber nicht länger als zwei Jahre betragen dürfen. Dieses gilt auch bei einer Kombination von Austrittsfrist und festem Austrittstermin. Unzulässig ist also zB eine Frist von zwei Jahren zum Jahresschluss, zulässig wäre aber ein Jahr zum Jahresende. Wenn die Satzung eine zu lange Frist vorsieht, soll das nicht unwirksam sein, sondern die zweijährige Kündigungsfrist des II gelten (Palandt/*Ellenberger* Rz 3). Zum Schutz des Vereinsmitglieds und der Vereinigungsfreiheit muss eine derartige Bestimmung jedoch in Gänze unwirksam sein, so dass das Mitglied mit sofortiger Wirkung austreten kann. Nach § 10 II 3 PartG sind Mitglieder politischer **Parteien** jederzeit zum sofortigen Austritt berechtigt. **Gewerkschaftsmitglieder** können aufgrund der Koalitionsfreiheit (Art 9 III GG) höchstens einer satzungsmäßigen Austrittsfrist von 6 Monaten unterworfen werden (BGH NJW 81, 340 f; AG Hamburg NJW 87, 2380; näher *Reuter* RdA 06, 117).

3

Die Mitglieder können fristlos aus **wichtigem Grund** austreten, da es sich um ein Dauerschuldverhältnis handelt (§ 314). Entscheidend ist die Unzumutbarkeit der satzungsmäßigen Austrittsfrist, sie fehlt, wenn der wichtige Grund in der Risikosphäre des Mitglieds liegt (Oldb NZG 09, 917). Maßvolle Beitragserhöhungen oder Umlagen rechtfertigen keinen fristlosen Austritt (LG Aurich Rpfleger 87, 115), anders bei exorbitanter Erhöhung (LG Hamburg NJW-RR 99, 1708 – um 300%) oder wenn die Umlage ausnahmsweise ohne Satzungsgrundlage zulässig ist (BGH ZIP 07, 2264, 2266). Der Erwerb einer Eigentumswohnung rechtfertigt nicht den sofortigen Austritt aus dem Mieterverein, da dem Mitglied die ordentliche Kündigungsfrist zumutbar ist, weil der Verein eine zuverlässige Kalkulationsgrundlage benötigt und der Kündigungsgrund aus der Sphäre des Mitglieds stammt (aA AG Wiesbaden NJW-RR 99, 1242).

4

B. Austrittswirkungen. Mit Zugang der Austrittserklärung wird der Austritt wirksam und scheidet das Mitglied aus dem Verein aus, wenn die Satzung keine Austrittsfrist vorsieht. Andernfalls wird der Austritt mit Fristablauf wirksam. Solange die Mitgliedschaft noch fortdauert, hat das Mitglied alle Rechte und Pflichten. Allerdings müssen mitgliedschaftliche Ansprüche des Vereins, die erst nach Wirksamwerden des Austritts fällig werden, nicht mehr erfüllt werden (Schleswig NJW-RR 04, 609). Einen Abfindungsanspruch hat das scheidende Mitglied jedenfalls im Normalfall nicht (näher *Lettl* AcP 03, 149). Das Gesetz gewährt auch keinen Anspruch auf die Rückzahlung eines bei Vereinseintritt gezahlten Aufnahmebeitrags (Brandbg MDR 05, 641).

5

§ 40 Nachgiebige Vorschriften.

¹Die Vorschriften des § 26 Absatz 2 Satz 1, des § 27 Absatz 1 und 3, der §§ 28, 31a Absatz 1 Satz 2 sowie der §§ 32, 33, 38 finden insoweit keine Anwendung als die Satzung ein anderes bestimmt. ²Von § 34 kann auch für die Beschlussfassung des Vorstands nicht abgewichen werden.

Die angeführten Vorschriften sind satzungsdispositiv, die übrigen vereinsrechtlichen Normen zwingend. Allerdings lassen auch die zwingenden Vorschriften teilweise Gestaltungen durch die Satzung zu, zB § 39 II oder § 37 I.

1

§ 41 Auflösung des Vereins.

¹Der Verein kann durch Beschluss der Mitgliederversammlung aufgelöst werden. ²Zu dem Beschluss ist eine Mehrheit von drei Vierteln der abgegebenen Stimmen erforderlich, wenn nicht die Satzung ein anderes bestimmt.

A. Auflösung. I. Begriff und Abgrenzung. Die **Auflösung** zielt auf Beendigung des Vereins und ändert seinen Zweck in den der Liquidation. **Erlöschen** ist die sofortige Vollbeendigung des Vereins, er hört auf zu existieren. Mit dem **Verlust der Rechtsfähigkeit** endet lediglich die Rechtspersönlichkeit des Vereins, er kann aber als nichtrechtsfähiger Verein oder GbR fortbestehen (KG Rpfleger 07, 82, 83).

1

II. Auflösungsbeschluss. Die Mitgliederversammlung muss die Auflösung mindestens mit ¾-Mehrheit beschließen. Die Satzung kann Erschwerungen oder Erleichterungen vorsehen (zB Einstimmigkeit oder die einfache Mehrheit) und die Auflösung an die Zustimmung einzelner Vereinsmitglieder oder einzelner Vereinsorgane binden. Die Entscheidung darf aber nicht einem Dritten übertragen werden (Stuttg NJW-RR 96, 995). Nichtig ist ein missbräuchlich, zB unter politischem Druck gefasster Auflösungsbeschluss; nach Wegfall des Drucks wird der Auflösungsbeschluss aber bestätigt, wenn sich die Mitglieder mit ihm abfinden (BGHZ 19, 51, 352, 355 ff; Jena NJW-RR 94, 698; BaRoth/*Schwarz/Schöpflin* Rz 30).

2

III. Sonstige Auflösungsgründe. Der Verein wird aufgelöst durch Zeitablauf (§ 74 II) oder Eintritt einer auflösenden Bedingung, wenn die Satzung das vorsieht; Insolvenz (s. iE § 42 I 1), Gründungsmängel (Soergel/*Hadding* Vor § 21 Rz 10), Sitzverlegung in das Ausland. Dagegen bewirkt die Erreichung oder das Unmöglichwerden des Vereinszwecks keine automatische Auflösung, sondern es bedarf eines feststellenden Beschlusses der Mitgliederversammlung (BGHZ 49, 175, 178; MüKo/*Reuter* Rz 82).

3

4 **IV. Rechtsfolgen.** Aufgrund der Auflösung wandelt sich der Verein in einen rechtsfähigen Liquidationsverein und besteht bis zum Liquidationsende als juristische Person fort (§ 49 II). Die Auflösung ist zum Vereinsregister anzumelden (§ 74 II). Der Verein kann einen Fortsetzungsbeschluss fassen und damit die Liquidation beenden, wenn der Auflösungsgrund nicht entgegensteht. Damit reaktiviert er sich als werbender Verein (näher BaRoth/*Schwarz*/*Schöpflin* Rz 18 ff).

5 **B. Erlöschen.** Beim **Wegfall sämtlicher Mitglieder** durch Tod, Austritt, Lossagen des letzten Mitglieds vom Verein erlischt der Verein; nach hM bedarf es keiner Liquidation (BaRoth/*Schwarz*/*Schöpflin* Rz 15). Steht der Wegfall fest, erfolgt Amtslöschung (§ 395 FamFG). Ist noch Vereinsvermögen vorhanden, muss nach § 1913 ein Pfleger bestellt werden. Mit einem Mitglied bleibt der Verein bestehen bis das Registergericht nach § 73 einschreitet. Haben die Vereinsmitglieder den Vereinszweck endgültig aufgegeben und sich über längere Zeit nicht mehr betätigt, ist ebenfalls Auflösung anzunehmen (BGH WM 76, 686), es sei denn der Verein wird in einem Teilgebiet weitergeführt (BVerwG NJW 97, 474). Durch **Vereinsverbot** und Anordnung der Vermögenseinziehung erlischt der Verein (§§ 3 I 2, 11 VereinsG).

6 **C. Umwandlung.** Bei Beteiligung an einer **Verschmelzung** als übertragender Rechtsträger (§§ 3 I Nr 4, 99 ff UmwG) erlischt der Verein nach § 20 I Nr 2 UmwG ohne Liquidation, da sein Vermögen auf den übernehmenden Rechtsträger übergeht (§ 20 I Nr 1 UmwG). Spaltung und Formwechsel sind nach §§ 149, 272 ff UmwG möglich. Nichtrechtsfähige Vereine sind nicht nach dem UmwG verschmelzungsfähig, sie können aber ebenso wie rechtsfähige durch Auflösung und Einzelübertragung und Erwerb der Mitgliedschaft im aufnehmenden Verein jenseits des UmwG verschmelzen (*Reichert* Rz 4518 ff).

§ 42 Insolvenz. (1) ¹Der Verein wird durch die Eröffnung des Insolvenzverfahrens und mit Rechtskraft des Beschlusses, durch den die Eröffnung des Insolvenzverfahrens mangels Masse abgewiesen worden ist, aufgelöst. ²Wird das Verfahren auf Antrag des Schuldners eingestellt oder nach der Bestätigung eines Insolvenzplans, der den Fortbestand des Vereins vorsieht, aufgehoben, so kann die Mitgliederversammlung die Fortsetzung des Vereins beschließen. ³Durch die Satzung kann bestimmt werden, dass der Verein im Falle der Eröffnung des Insolvenzverfahrens als nicht rechtsfähiger Verein fortbesteht; auch in diesem Falle kann unter den Voraussetzungen des Satzes 2 die Fortsetzung als rechtsfähiger Verein beschlossen werden.
(2) ¹Der Vorstand hat im Falle der Zahlungsunfähigkeit oder der Überschuldung die Eröffnung des Insolvenzverfahrens zu beantragen. ²Wird die Stellung des Antrags verzögert, so sind die Vorstandsmitglieder, denen ein Verschulden zur Last fällt, den Gläubigern für den daraus entstehenden Schaden verantwortlich; sie haften als Gesamtschuldner.

1 **A. Rechtsfolgen des Insolvenzverfahrens.** Der Verein wird durch Insolvenzeröffnung oder deren Ablehnung mangels Masse **aufgelöst** (§ 41 Rn 1, 4). Das Insolvenzverfahren ersetzt die bei Auflösung sonst notwendige Liquidation. Insolvenzgründe sind (drohende) Zahlungsunfähigkeit und Überschuldung (§§ 16–19 InsO). Die Eintragung erfolgt nach § 75. Der Verein besteht als rechtsfähiger bis zum Ende des Insolvenzverfahrens mit seinen Organen weiter. Deren Befugnisse sind aber durch die Verwaltungs- und Verfügungsbefugnis des Insolvenzverwalters eingeschränkt (§ 80 InsO). Zur Vereinsinsolvenz ausf *Reichert* Rz 3870 ff. Wenn die Satzung nichts anderes bestimmt, erlischt die **Beitragspflicht** der Mitglieder mit Insolvenzeröffnung sowohl beim Ideal- als auch beim wirtschaftlichen Verein (BGH NZG 07, 640). Mit Abschluss des Insolvenzverfahrens erlischt der Verein.

2 Der Verein kann seine **Fortsetzung** als rechtsfähiger Verein beschließen, wenn das Verfahren auf Antrag des Vereins eingestellt wird (§§ 212, 213 InsO) oder ein Insolvenzplan bestätigt wird, der seinen Fortbestand vorsieht (§§ 248, 258 InsO). Die Satzung kann bestimmen (Fortsetzungsklausel), dass der eV im Insolvenzfall als nichtrechtsfähiger Verein fortgesetzt wird, der mit dem aufgelösten Verein identisch ist; das Vermögen gehört aber zur Insolvenzmasse (BaRoth/*Schwarz*/*Schöpflin* Rz 6; zur Fortsetzung *Reichert* Rz 4400 ff).

3 **B. Insolvenzantrags- und Schadensersatzpflicht.** Bei Zahlungsunfähigkeit oder Überschuldung trifft den Vorstand als Organ, die einzelnen Vorstandsmitglieder und außerdem die Liquidatoren (§ 53) nach § 42 II 1 eine Insolvenzantragspflicht, deren schuldhafte Verletzung ggü den geschädigten Vereinsgläubigern schadensersatzpflichtig macht (§ 42 II 2). Gläubiger, die zZt als der Insolvenzantrag hätte gestellt werden müssen, bereits Gläubiger waren (Altgläubiger), können den Quotenschaden verlangen (Betrag, um den ihre Quote niedriger ausfällt als bei rechtzeitiger Antragstellung). Die Neugläubiger können beanspruchen, so gestellt zu werden, als hätten sie nicht mit dem Verein kontrahiert (BaRoth/*Schwarz*/*Schöpflin* Rz 10; AnwK/*Eckardt* Rz 47 mwN). § 64 GmbG ist nicht analog anwendbar (Hbg NZG 09, 1036, 1037 f). Wer in Kenntnis der schwierigen wirtschaftlichen Situation des Vereins leistet, kann aus dem Schutzzweck des § 42 II herausfallen (Köln WM 06, 2006; LG Duisburg NJW-Spezial 08, 471).

§ 43 Entziehung der Rechtsfähigkeit.
Einem Verein, dessen Rechtsfähigkeit auf Verleihung beruht, kann die Rechtsfähigkeit entzogen werden, wenn er einen anderen als den in der Satzung bestimmten Zweck verfolgt.

Bei Gesetzwidrigkeit des Vereins kommt nur noch nach § 3 VereinsG ein Vereinsverbot in Betracht. 1

Einem konzessionierten **Wirtschaftsverein**, der satzungswidrig einen anderen (auch anderen wirtschaftlichen) Zweck verfolgt, kann die Rechtsfähigkeit durch die Verwaltungsbehörde entzogen werden. Die Entscheidung liegt im Ermessen der zuständigen Behörde (AnwK/*Eckardt* Rz 10). Mit Bestandskraft des entziehenden Verwaltungsakts entfällt die Rechtsfähigkeit, der Verein besteht als nichtrechtsfähiger auf Liquidation angelegter Verein fort, kann aber seine Fortsetzung als nichtrechtsfähiger Dauerverein beschließen (BaRoth/*Schwarz/Schöpflin* Rz 7; s.a. AnwK/*Eckardt* Rz 11). 2

Verfolgt der **Idealverein** (eV) tatsächlich unzulässig einen wirtschaftlichen Zweck, ist er vAw nach § 395 FamFG zu löschen. Damit werden Umgehungen des § 22 verhindert. Entscheidend ist, ob der Verein in einer Weise wirtschaftlich tätig wird, die über das Nebenzweckprivileg hinausgeht (BaRoth/*Schwarz/Schöpflin* Rz 3). Zur Durchgriffshaftung idF s. Vor § 21 Rn 8. 3

§ 44 Zuständigkeit und Verfahren.
Die Zuständigkeit und das Verfahren für die Entziehung der Rechtsfähigkeit nach § 43 bestimmen sich nach dem Recht des Landes, in dem der Verein seinen Sitz hat.

Die nach Landesrecht zuständigen Behörden finden sich bei *Reichert* Rz 4056 f. 1

§ 45 Anfall des Vereinsvermögens.
(1) Mit der Auflösung des Vereins oder der Entziehung der Rechtsfähigkeit fällt das Vermögen an die in der Satzung bestimmten Personen.
(2) ¹Durch die Satzung kann vorgeschrieben werden, dass die Anfallberechtigten durch Beschluss der Mitgliederversammlung oder eines anderen Vereinsorgans bestimmt werden. ²Ist der Zweck des Vereins nicht auf einen wirtschaftlichen Geschäftsbetrieb gerichtet, so kann die Mitgliederversammlung auch ohne eine solche Vorschrift das Vermögen einer öffentlichen Stiftung oder Anstalt zuweisen.
(3) Fehlt es an einer Bestimmung der Anfallberechtigten, so fällt das Vermögen, wenn der Verein nach der Satzung ausschließlich den Interessen seiner Mitglieder diente, an die zur Zeit der Auflösung oder der Entziehung der Rechtsfähigkeit vorhandenen Mitglieder zu gleichen Teilen, anderenfalls an den Fiskus des Landes, in dessen Gebiet der Verein seinen Sitz hatte.

A. Anfall. Nach dem Wortlaut findet der Anfall bei Auflösung des Vereins (§ 41 Rn 1 ff) und Entziehung der Rechtsfähigkeit (§ 43) statt. Nur wenn ein Anfall stattfindet, ist die Liquidation durchzuführen (AnwK/*Eckardt* Rz 1). Die Vorschrift ist entspr auf Beendigungstatbestände anzuwenden, die zur Liquidation führen, wie Verlust der Rechtsfähigkeit nach Amtslöschung oder Auflösung durch Hoheitsakt ohne Einziehung des Vermögens (§§ 3 I, 11 II VereinsG). Beim Wegfall aller Mitglieder gilt § 1913, der Pfleger muss aber Überschüsse dem Anfallberechtigten übertragen (BaRoth/*Schwarz/Schöpflin* Rz 2). 1

Fällt das Vermögen nicht dem Fiskus (§ 46), sondern einer anderen Person zu, erfolgt die Liquidation des noch fortbestehenden Vereins, nach deren Ende der Überschuss an den Anfallberechtigten kraft eines schuldrechtlichen Anspruchs gegen den Verein auszuantworten ist (§ 49 I 1). Das auszuantwortende Vermögen umfasst die Rechte und Pflichten des Vereins einschließlich seiner Persönlichkeitsrechte, die ihm allerdings erhalten bleiben, wenn er seine Fortsetzung beschließt (BaRoth/*Schwarz/Schöpflin* Rz 4). 2

B. Anfallberechtigter. Der Anfallberechtigte wird durch die Satzung oder das satzungsgemäß zuständige Organ bestimmt (§ 45 I, II 1). Beim Idealverein kann die Mitgliederversammlung auch ohne Satzungsbestimmung das Vereinsvermögen einer öffentlichen Stiftung oder Anstalt, nach hM auch einer Körperschaft zuweisen (Palandt/*Ellenberger* § 45 Rz 3). Ein Verein, der **steuerbegünstigte Zwecke** verfolgen will, muss den Grundsatz der Vermögensbindung beachten (§ 55 I Nr 4 AO) und sicherstellen, dass das Vereinsvermögen bei Auflösung nur steuerbegünstigten Zwecken zufällt (näher *Reichert* Rz 4289 ff). 3

Fehlt es an einer Satzungsregelung oder kann der Anfallberechtigte nicht durch die Mitgliederversammlung bestimmt werden, fällt das Vermögen beim selbstnützigen Verein zu gleichen Teilen an die Mitglieder. Beim *fremdnützigen* Verein oder wenn keine Mitglieder zu ermitteln sind oder sie aus anderen Gründen ausfallen (AnwK/*Eckardt* Rz 12), fällt das Vermögen an den Fiskus. Selbstnützig sind wirtschaftliche Vereine und solche, die keine steuerbegünstigten Zwecke nach §§ 51 ff AO verfolgen. 4

§ 46 Anfall an den Fiskus.
¹Fällt das Vereinsvermögen an den Fiskus, so finden die Vorschriften über eine dem Fiskus als gesetzlichem Erben anfallende Erbschaft entsprechende Anwendung. ²Der Fiskus hat das Vermögen tunlichst in einer den Zwecken des Vereins entsprechenden Weise zu verwenden.

1 Die Norm **privilegiert** den Fiskus als Anfallberechtigten. Aus den erbrechtlichen Vorschriften folgt die Gesamtrechtsnachfolge in das Vereinsvermögen und die -verbindlichkeiten (§§ 1922, 1936 1, 1967), das Fehlen des Ausschlagungsrechts (§ 1942 II), die Beschränkung der Haftung auf das übernommene Vermögen (§§ 1994 I 2, 2011) und die Maßgeblichkeit der Feststellung nach §§ 1964 II, 1966 für die Geltendmachung von Ansprüchen. Mit der Gesamtrechtsnachfolge endet die Existenz des Vereins. Die öffentlich-rechtliche Pflicht zur vereinszweckgerechten Vermögensverwendung ist verwaltungsgerichtlich nicht durchsetzbar (AnwK/*Eckardt* Rz 4).

§ 47 Liquidation. Fällt das Vereinsvermögen nicht an den Fiskus, so muss eine Liquidation stattfinden, sofern nicht über das Vermögen des Vereins das Insolvenzverfahren eröffnet ist.

1 Liquidation bedeutet die Abwicklung des Vereins, indem das Vereinsvermögen in Geld umgesetzt, die Gläubiger befriedigt werden und das verbleibende Vermögen an den Anfallberechtigten ausgekehrt wird. Der Verein ändert seinen Zweck und wird zum Liquidationsverein. Ein Liquidationsverfahren findet nicht statt, wenn das Vereinsvermögen dem Fiskus anfällt (§ 46), im Falle der Insolvenz und wenn der Verein seine Fortsetzung als nichtrechtsfähiger Verein beschließt.

§ 48 Liquidatoren. (1) ¹Die Liquidation erfolgt durch den Vorstand. ²Zu Liquidatoren können auch andere Personen bestellt werden; für die Bestellung sind die für die Bestellung des Vorstands geltenden Vorschriften maßgebend.
(2) Die Liquidatoren haben die rechtliche Stellung des Vorstands, soweit sich nicht aus dem Zwecke der Liquidation ein anderes ergibt.
(3) Sind mehrere Liquidatoren vorhanden, so sind sie nur gemeinschaftlich zur Vertretung befugt und können Beschlüsse nur einstimmig fassen, sofern nicht ein anderes bestimmt ist.

1 Die Vorstandsmitglieder bleiben als **„geborene"** **Liquidatoren** im Amt, können aber nach den für den Vorstand geltenden Vorschriften durch „gekorene" Liquidatoren ersetzt werden (§§ 48 I 2, II, 27 I, II), auch durch juristische Personen, zB Wirtschaftsprüfungs- oder Treuhandgesellschaften (Palandt/*Ellenberger* Rz 1). Das AG kann nach §§ 48 II, 29 Notliquidatoren einsetzen. Die Liquidatoren sind in ihrer Geschäftsführung auf den Liquidationszweck beschränkt, sie vertreten den Verein nach außen, der für sie nach § 31 einstehen muss. Ggü dem Verein haften die Liquidatoren nach § 280 für Pflichtverletzungen. Nach § 48 III gilt Gesamtvertretung im Außenverhältnis und Gesamtgeschäftsführung, wenn die Satzung oder die Mitgliederversammlung (Soergel/*Hadding* Rz 6; *Reichert* Rz 4183, str) nicht etwas anderes bestimmt (zB Mehrheitsprinzip). Die Eintragung in das Vereinsregister regelt § 76.

§ 49 Aufgaben der Liquidatoren. (1) ¹Die Liquidatoren haben die laufenden Geschäfte zu beendigen, die Forderungen einzuziehen, das übrige Vermögen in Geld umzusetzen, die Gläubiger zu befriedigen und den Überschuss den Anfallberechtigten auszuantworten. ²Zur Beendigung schwebender Geschäfte können die Liquidatoren auch neue Geschäfte eingehen. ³Die Einziehung der Forderungen sowie die Umsetzung des übrigen Vermögens in Geld darf unterbleiben, soweit diese Maßregeln nicht zur Befriedigung der Gläubiger oder zur Verteilung des Überschusses unter die Anfallberechtigten erforderlich sind.
(2) Der Verein gilt bis zur Beendigung der Liquidation als fortbestehend, soweit der Zweck der Liquidation es erfordert.

1 Die Liquidatoren haben den **Liquidationszweck** des für die Abwicklung fortbestehenden Vereins zu verfolgen. Die Beendigung laufender Geschäfte ist weit zu verstehen. Die Liquidatoren können auch neue Geschäfte abschließen, die dem Liquidationszweck dienen. Es entscheidet die wirtschaftliche Zweckmäßigkeit. Bei Vereinen mit bedeutendem Geschäftsbetrieb müssen die Liquidatoren eine Eröffnungsbilanz erstellen (vgl AnwK/*Eckardt* Rz 4). IdR ist das Vermögen komplett zu versilbern, weil die Anfallberechtigten nur an Geld und nicht an Naturalien interessiert sind (vgl AnwK/*Eckardt* Rz 5). Nach Abschluss des Liquidationsverfahrens müssen die Liquidatoren den Überschuss nach Ablauf des Sperrjahres (§ 51) an den Anfallberechtigten auszahlen. Liquidatoren, die nicht selbst Vereinsmitglieder sind, haben kein Recht zur Teilnahme an einer Mitgliederversammlung (Zweibr Rpfleger 06, 658).
2 Die Liquidatoren überschreiten ihre **Vertretungsmacht**, wenn das Geschäft nicht unter den Liquidationszweck fällt und der Vertragspartner dies erkannt hat oder erkennen musste (RGZ 146, 376, 377), zum gleichen Ergebnis gelangt man, wenn man zwar unbeschränkte Vertretungsmacht annimmt, aber die Grundsätze über den Missbrauch der Vertretungsmacht anwendet (BaRoth/*Schwarz*/*Schöpflin* Rz 12).
3 Nach § 49 II besteht der Verein bis zur Beendigung der Liquidation fort (näher BaRoth/*Schwarz*/*Schöpflin* Rz 4 f). Vermögenslosigkeit und **Vollbeendigung** des Vereins tritt mit Beendigung der Liquidation durch die Schlussverteilung des verbleibenden Aktivvermögens ein. Nur der rechtswirksame Abschluss der Abwicklung

unter Beachtung der gesetzlichen Vorschriften beendet die Rechtspersönlichkeit des Vereins (Ddorf NZG 05, 363). Er kann dann nicht mehr durch Fortsetzungsbeschluss wiederbelebt werden.

§ 50 Bekanntmachung des Vereins in Liquidation. (1) ¹Die Auflösung des Vereins oder die Entziehung der Rechtsfähigkeit ist durch die Liquidatoren öffentlich bekannt zu machen. ²In der Bekanntmachung sind die Gläubiger zur Anmeldung ihrer Ansprüche aufzufordern. ³Die Bekanntmachung erfolgt durch das in der Satzung für Veröffentlichungen bestimmte Blatt. ⁴Die Bekanntmachung gilt mit dem Ablauf des zweiten Tages nach der Einrückung oder der ersten Einrückung als bewirkt.
(2) Bekannte Gläubiger sind durch besondere Mitteilung zur Anmeldung aufzufordern.

Bekanntmachung und Aufforderung zur Anmeldung von Ansprüchen dienen dem Gläubigerschutz. Steht die Vermögenslosigkeit des Vereins fest, ist die Aufforderung funktionslos und daher entbehrlich (aA Palandt/ *Ellenberger* Rz 1). Die Aufforderung führt nicht zum Ausschluss der Gläubiger. Das Unterlassen der Aufforderung kann zur Haftung der Liquidatoren nach § 53 führen. Bei der Berichtigung der Verbindlichkeiten sind alle bekannten Gläubiger zu berücksichtigen.   **1**

§ 50a Bekanntmachungsblatt. Hat der Verein in der Satzung kein Blatt für Bekanntmachungen bestimmt oder hat das bestimmte Bekanntmachungsblatt sein Erscheinen eingestellt, sind Bekanntmachungen des Vereins in dem Blatt zu veröffentlichen, welches für Bekanntmachungen des Amtsgerichts bestimmt ist, in dessen Bezirk der Verein seinen Sitz hat.

Die Vorschrift gilt für sämtliche Bekanntmachungen, also nicht nur für Bekanntmachungen in der Liquidation.   **1**

§ 51 Sperrjahr. Das Vermögen darf den Anfallberechtigten nicht vor dem Ablauf eines Jahres nach der Bekanntmachung der Auflösung des Vereins oder der Entziehung der Rechtsfähigkeit ausgeantwortet werden.

Die einjährige Verteilungssperre wirkt gläubigerschützend. Verstöße haben die Schadensersatzpflicht der Liquidatoren nach § 53 ggü Gläubigern und nach § 280 ggü dem Verein zur Folge. Anfallberechtigte, die verfrüht Vermögen erhalten haben, sind dem Verein nach § 812 I 1 zur Rückgewähr verpflichtet.   **1**

Soweit das Vermögen nicht nach § 52 benötigt wird, kann es nach Ablauf des Sperrjahres an die Anfallberechtigten verteilt werden. Solange die Verteilung nicht abgeschlossen ist, müssen sich nachträglich meldende Gläubiger befriedigt werden. Nach Abschluss der ordnungsgemäßen Liquidation haben diese Gläubiger keinen Bereicherungsanspruch gegen die Anfallberechtigten, weil diese mit Rechtsgrund erworben haben (Erman/*Westermann* Rz 2). Wird nach Ende der Liquidation bisher übersehenes Vermögen des Vereins bekannt (auch Ansprüche nach § 53), bedarf es einer Nachtragsliquidation.   **2**

§ 52 Sicherung für Gläubiger. (1) Meldet sich ein bekannter Gläubiger nicht, so ist der geschuldete Betrag, wenn die Berechtigung zur Hinterlegung vorhanden ist, für den Gläubiger zu hinterlegen.
(2) Ist die Berichtigung einer Verbindlichkeit zur Zeit nicht ausführbar oder ist eine Verbindlichkeit streitig, so darf das Vermögen den Anfallberechtigten nur ausgeantwortet werden, wenn dem Gläubiger Sicherheit geleistet ist.

Die Berechtigung zur Hinterlegung bestimmt sich nach § 372, die Art und Weise der Sicherheitsleistung nach §§ 232 ff. Ein Verstoß gegen die Vorschrift führt zu Schadensersatzansprüchen gegen die Liquidatoren (§ 53) und zu Bereicherungsansprüchen gegen die Anfallberechtigten. Statt die Maßnahmen des § 52 zu ergreifen, kann die Ausschüttung auch bis zur Befriedigung der Gläubiger bzw bis zum Ende des Streits aufgeschoben werden (Erman/*Westermann* Rz 1).   **1**

§ 53 Schadensersatzpflicht der Liquidatoren. Liquidatoren, welche die ihnen nach dem § 42 Abs. 2 und den §§ 50, 51 und 52 obliegenden Verpflichtungen verletzen oder vor der Befriedigung der Gläubiger Vermögen den Anfallberechtigten ausantworten, sind, wenn ihnen ein Verschulden zur Last fällt, den Gläubigern für den daraus entstehenden Schaden verantwortlich; sie haften als Gesamtschuldner.

Die Gläubiger haben einen direkten Schadensersatzanspruch gegen die Liquidatoren, wenn sie die genannten Vorschriften verletzt haben. Nach allg Grundsätzen setzt der Anspruch Kausalität und Verschulden der Liquidatoren voraus. Der Schaden des Gläubigers besteht darin, dass er mit einer bekannten Forderung ausgefallen ist. Im Vorfeld haben die Gläubiger entspr § 1004 einen Anspruch auf Unterlassung pflichtwidriger Verteilung des Vereinsvermögens, der im Wege einstweiliger Verfügung (§§ 935 ff ZPO) geltend gemacht werden kann.   **1**

§ 54 Nicht rechtsfähige Vereine. ¹Auf Vereine, die nicht rechtsfähig sind, finden die Vorschriften über die Gesellschaft Anwendung. ²Aus einem Rechtsgeschäfte, das im Namen eines solchen Vereins einem Dritten gegenüber vorgenommen wird, haftet der Handelnde persönlich; handeln mehrere, so haften sie als Gesamtschuldner.

1 **A. Grundlagen.** Der nichtrechtsfähige Verein (nV) unterscheidet sich vom eV durch die fehlende Eintragung in das Vereinsregister, in Betracht kommen alle Vereine, insb auch Parteien und Gewerkschaften sowie selbständige Untergliederungen von Großvereinen.

2 **B. Rechtsgeschichtliches und Rechtspolitisches.** Mit der Verweisung auf das Recht der Gesellschaft griff das BGB die bis zu seiner Entstehung in Deutschland herrschende Rechtslage auf und sicherte das System der Normativbestimmungen ab, nach dem rechtsfähige Idealvereine durch Erfüllung der gesetzlichen Voraussetzungen aufgrund Eintragung entstehen. Im Jahr 1900 hatte die Verwaltungsbehörde ein Einspruchsrecht gegen die Eintragung (sozial-) politischer oder religiöser Vereine. Das AG konnte von dem Vorstand des eV jederzeit ein Verzeichnis der Namen sämtlicher Vereinsmitglieder verlangen. Diese Kontrollbefugnisse gibt es nicht mehr, so dass sie nicht mehr dazu veranlassen, die Eintragung zu meiden.

3 Die Gründung eines eV ist mit äußerst geringem Kostenaufwand möglich, das Vereinsregister dient legitimen Zwecken des Rechtsverkehrsschutzes. § 54 verstößt mit seiner Verweisung auf das scheinbar wenig passende Personengesellschaftsrecht auch nicht gegen das GG, weil genügend zumutbare Rechtsformalternativen insb in Gestalt des eV vorhanden sind (*Schöpflin* 117–139 mwN auch zur Gegenmeinung). Daher sind Bemühungen, den nicht rechtsfähigen zum rechtsfähigen Verein zu machen (*K. Schmidt* NJW 01, 993, 1002 f), nicht nur begrifflich absurd, sondern auch antiquiert, weil sie die liberale Wandlung des normativen Kontextes seit dem Jahr 1900 nicht zur Kenntnis nehmen (zur Rechtsgeschichte *Schöpflin* 21–76).

4 **C. Verweisung.** § 54 1 ist eine dynamische Verweisung, die auf das Recht der GbR in seiner jeweiligen Ausgestaltung Bezug nimmt. Für den wirtschaftlichen nV verweist die Norm auf das Recht der OHG (näher *Schöpflin* 77–81).

5 **D. Abgrenzung zu anderen Rechtsformen. I. GbR.** Die Abgrenzung zur GbR ist angesichts § 54 2 und wegen der Frage, ob das Innenrecht des Vereins oder der GbR Anwendung findet, unverzichtbar. Der nV setzt begrifflich einen gemeinsamen Zweck, Gesamtnamen sowie körperschaftliche Struktur durch Vorstand, Mitgliederversammlung und Unabhängigkeit vom Mitgliederwechsel voraus. Er muss mindestens drei (nach aA zwei) Mitglieder haben und insofern von Dauer sein als die angestrebte Länge seines Bestehens Raum lassen muss für praktizierte körperschaftliche Organisation. Diese zur Unterscheidung von der GbR dienenden Einzelkriterien bedürfen einer Gesamtbetrachtung (s.a. Vor § 21 Rn 10).

6 Wegen der Schwierigkeit der Abgrenzung nimmt die Rspr Mischformen zwischen nV und GbR an (BGH NJW 79, 2304). Jedoch muss jede Vereinigung eindeutig einer Rechtsform zugeordnet werden. Freilich kann ein Verein personalistischer sein als ein anderer, so dass im Innenrecht mit Vorsicht ergänzend Normen aus dem Recht der GbR Anwendung finden können. Das ändert aber nichts daran, dass der nV eine Körperschaft ist und nicht lediglich eine körperschaftlich verfasste Gesellschaft (aA *Bergmann* ZGR 05, 654).

7 **II. Vorvereine und Vorgesellschaften.** Vorvereine, die die Rechtspersönlichkeit durch Eintragung oder Konzessionierung anstreben, sind nVe. Da das Vereinsrecht die Grundform des Rechts privater Körperschaften darstellt, sind die Vorgesellschaften anderer Rechtsform (zB die Vor-GmbH) als nVe anzusehen (aA die hM, etwa BGHZ 20, 281, 285; Palandt/*Ellenberger* Rz 3). Freilich haben sich die Gründer dafür entschieden, eine AG, GmbH oder eG zu schaffen, so dass das Organisationsrecht dieser Rechtsformen gilt. Die Verweisung des § 54 1 ermöglicht es aber, die persönliche Außenhaftung der Gesellschafter nach § 128 HGB zu begründen (*Beuthien* ZIP 96, 314 f; *Schöpflin* 150, 449 ff).

8 **E. Organisationsrecht.** Die Organisation regelt der nV iRs durch Art 9 I GG garantierten Vereinsautonomie durch seine **Satzung**, die formfrei ist und ganz oder teilweise auch durch bloße Vereinsübung zustande kommen oder geändert werden kann. Die Satzung unterliegt den Grenzen der §§ 134, 138 sowie der zurückhaltend anzuwendenden gerichtlichen Inhaltskontrolle. Da § 54 eine Vereinsorganisation voraussetzt, ist das Recht der inneren Vereinsorganisation, also die §§ 24 ff, auf den nV anzuwenden (BGHZ 50, 325, 329), zumal der Wortlaut dieser Vorschriften keinen eV voraussetzt. Der **Sitz** bestimmt sich daher nach § 24.

9 Für den **Vorstand** gelten §§ 26–29, 31a. Der Umfang seiner Vertretungsmacht kann nach § 26 I 3 mit Wirkung für und gegen Dritte beschränkt werden, was sich Dritte entspr §§ 68, 70 aber nur entgegenhalten lassen müssen, wenn sie die Beschränkungen kennen. Der Vorstand haftet nach allg Regeln. § 708 gilt nicht.

10 Die **Mitgliederversammlung** richtet sich nach §§ 32–37. Auch § 37 II gilt, da es sachgerecht ist, wenn das AG im FamFG-Verfahren die Mitglieder zur Berufung der Versammlung ermächtigt. Der nV kann sich auch weitere Organe wie zB einen Beirat geben.

11 Die **Mitgliedschaft** wird durch positive Entscheidung des Vorstands oder bei Fehlen einer abweichenden Regelung der Mitgliederversammlung (§ 32 I 1) über die Beitrittserklärung erworben. Für den Austritt gilt § 39 einschließlich der Höchstfrist von zwei Jahren nach § 39 II (aA BGH NJW 79, 2304, 2305 für Vereinigun-

gen im Grenzbereich zur GbR mit geringem Mitgliederwechsel). Bei der altruistischen GbR mit ideellem Zweck ist der **Abfindungsanspruch** des § 738 I 2 beim Ausscheiden eines Mitglieds **ausgeschlossen** (BGH NJW 97, 2592 f). Das Gleiche gilt für altruistische nVe, in aller Regel aber auch bei anderen ideellen Vereinszwecken, was sich aus dem Mitgliederwillen und der Vereinspraxis ergibt. Allerdings können im Einzelfall Abfindungsansprüche zumindest in Höhe der geleisteten Einlagen oder Beiträge bestehen. Das zeigt der klassische Fall (RGZ 113, 125), in dem das RG dem aus dem Franziskanerorden nach 40 Jahren ausscheidenden Kläger jeden Abfindungsanspruch versagte (näher *Schöpflin* 281–287, str). Die Regeln über den Vereinsausschluss, die Vereinsstrafgewalt und die **Mitgliederrechte und -pflichten** gelten wie beim eV. Angesichts der Vermögens- und Haftungsverfassung steht den Mitgliedern die **actio pro socio** unter dem Vorbehalt des Vorrangs der Vorstandskompetenz zu Gebote.

F. Rechtszuständigkeit. I. Allgemeines. Aufgrund der Verweisung des § 54 1 in das Recht der GbR ist der nV eine Gesamthandgemeinschaft. Nachdem der BGH die (Außen-)GbR contra legem als rechtsfähig anerkannt hat (BGH NJW 01, 1056, s. § 705 Rn 35 ff), sieht man den nV ebenfalls als rechtsfähig an (AnwK/*Eckardt* § 54 Rz 3–5; *K. Schmidt* NJW 01, 1002 f). Die Rechtsfähigkeit des nichtrechtsfähigen Vereins ist nicht nur begrifflich absurd und widerspricht dem Gesetz, sie ist auch unnötig, weil sich sachgerechte Ergebnisse bereits aufgrund des überkommenen Gesamthandverständnisses erreichen lassen. Zudem ist es rechtspolitisch verfehlt, nicht eingetragene Vereine der Notwendigkeit der Eintragung zu entheben, indem man sie auch hinsichtlich der Rechtszuständigkeit in jeder Hinsicht dem eV gleichstellt. 12

Da das Gesamthandprinzip (§§ 718, 719) zur Verselbständigung des Vereinsvermögens führt, so dass man von einer Rechtsverkehrsfähigkeit des nV sprechen kann, beschränkt sich der Unterschied der hier vertretenen Auffassung zu denjenigen, die die Rechtsfähigkeit des nV propagieren, lediglich auf die rechtliche Konstruktion und wenige wichtige Sachfragen. 13

II. Einzelheiten. Der nV (verstanden als die Mitglieder in ihrer gesamthänderischen Verbundenheit) ist Träger des **Vereinsvermögens** und des durch § 12 geschützten **Namensrechts** des Vereins. Er ist **wechsel- und scheckfähig**, **erbfähig** und fähig, Arbeitgeber zu sein (LAG Hamm NZA-RR 03, 487). Der nV kann Mitglied einer juristischen Person und einer Personengesellschaft sowie eines anderen nV sein. Bei Beteiligung an einer Handelspersonengesellschaft sind neben den Vorstands- sämtliche Vereinsmitglieder in das Handelsregister ebenso einzutragen wie jeder Mitgliederwechsel. Dadurch wird die Beteiligung eines nV an einer Handelspersonengesellschaft in sachgerechter Weise erschwert (näher *Schöpflin* 340–345). 14

Der nV ist als solcher **nicht markenrechtsfähig** (so für GbR BGH NJW-RR 01, 114; beim nV zweifelnd BPatG GRUR 05, 955), so dass die Marke allen Mitgliedern in ihrer gemeinschaftlichen Verbundenheit zusteht. Daher sind sämtliche Mitglieder in das Markenrechtsregister einzutragen, wodurch größere Vereine markenunfähig werden. Aufgrund § 54 1 sind §§ 47 II GBO, 15 I lit c GBVfg, wonach bei Eintragung einer GbR auch deren Gesellschafter einzutragen sind, entsprechend anzuwenden. Folglich müssen sämtliche Mitglieder in das Grundbuch eingetragen werden. Ob man den nV somit als **grundbuch(un)fähig** ansieht, ist letztlich eine terminologische Frage. Seine informelle Natur und mangelnde Publizität findet jedenfalls auch Niederschlag im Grundbuchverfahren. Bestehen und Vertretung des nV müssen in der Form des § 29 GBO nachgewiesen werden. Will der nV ein Grundstück erwerben, sind auch die geringen finanziellen Mittel für die Eintragung in das Vereinsregister vorhanden. Rechtspolitisch ist die Notwendigkeit der Eintragung aller Mitglieder sinnvoll, um bei bedeutenderen Vereinen, die immerhin Immobilien erwerben wollen, auf die Eintragung in das Vereinsregister hinzuwirken. Etwas anderes gilt auch nicht für Parteien, Gewerkschaften oder andere Massenorganisationen (*Schöpflin* 345–356, str). 15

Der nV ist in öffentlich-rechtlichen und arbeitsgerichtlichen Verfahren partei- bzw beteiligtenfähig (§§ 61 Nr 2 VwGO, 70 Nr 2 SGG, 11 Nr 2 VwVfG, 10 ArbGG) und nach Änderung des § 50 II ZPO nunmehr auch im Zivilprozess aktiv und passiv **parteifähig**. Das Fehlen der aktiven Parteifähigkeit konnte vormals aber einen rechtspolitisch wünschenswerten Anlass zur Eintragung bieten. Politischen Parteien gewährt § 3 ParteienG die Parteifähigkeit. Nach § 735 ZPO kann die **Zwangsvollstreckung** gegen den nV betrieben werden. Aufgrund der allgemeinen Parteifähigkeit nach § 50 II ZPO vermag der nV die Zwangsvollstreckung uneingeschränkt zu betreiben. Die **Insolvenzfähigkeit** normiert § 11 I 2 InsO. 16

G. Haftungsverfassung. I. Haftung des Vereinsvermögens und der Mitglieder. Dass der nV mit dem Vereinsvermögen haftet, folgt schon aus §§ 50 II, 735 ZPO. Aufgrund der Verweisung des § 54 1 BGB auf das Recht der GbR müsste man aufgrund der Rspr des BGH, nach der die Gesellschafter der GbR nach außen akzessorisch haften (BGH NJW 01, 1056, 1061), eigentlich eine unbeschränkte persönliche Außenhaftung der Vereinsmitglieder mit ihrem Privatvermögen annehmen. Zu Recht verneint der BGH mit der ganz hM weiterhin die Mitgliederhaftung beim nichtrechtsfähigen **Idealverein** (BGH NJW-RR 03, 1265, dazu *Reuter* NZG 04, 878; dem BGH folgend Brandbg OLGR 04, 407), was sich va mit der Interessenlage der Vereinsmitglieder sowie damit begründen lässt, dass § 54 2 den Gläubigern zum Ausgleich eine natürliche Person als Schuldner an die Hand gibt (eingehend zur Begründung des Haftungsausschlusses *Schöpflin* 416 ff, besonders 431–445 zust *Bergmann* ZGR 05, 654; 674 f). Dieser **institutionelle Haftungsa**usschluss gilt für rechtsgeschäftliche und gesetzliche Verbindlichkeiten. Bei Delikten findet § 31 Anwendung. 17

18 **II. Handelndenhaftung nach § 54 S 2.** § 54 2 garantiert, dass jedenfalls eine natürliche Person für rechtsgeschäftliche Verbindlichkeiten (einschließlich der Sekundäransprüche) haftet, und gleicht die fehlende Registerpublizität aus (BGH NJW-RR 03, 1265). Handelnde sind sowohl organschaftliche als auch nichtorganschaftliche Vertreter des Vereins (MüKo/*Reuter* § 54 Rz 59), nicht aber mittelbar Handelnde, die sich lediglich vereinsintern mit dem Geschäft einverstanden erklärt haben (Schlesw SchlHA 95, 237, 239 f). Bestätigt der für den Verein Auftretende lediglich eine bereits früher mit dem Verein abgeschlossene Vereinbarung, begründet das keine Handelndenhaftung (Frankf NZG 02, 1071). Dritter ist nur, wer dem Verein wie ein Außenstehender gegenübertritt (Frankf aaO 1072), also ein Geschäft ohne unmittelbaren Bezug zur Mitgliedschaft abschließt (BGH NJW-RR 03, 1265).

19 Die hM wendet § 54 2 auch bei fehlender Vertretungsmacht des Handelnden an (LG Frankfurt DB 76, 2058; Soergel/*Hadding* § 54 Rz 27). In diesen Fällen bleibt es jedoch richtigerweise bei der Anwendung des § 179, so dass insoweit kein Konkurrenzverhältnis zu § 54 entsteht. Die Haftung des Handelnden ist zu der des Vereins akzessorisch. Als Vorstandsmitglied kann der Handelnde nach §§ 27 III, 670 als nichtorganschaftlicher Vertreter aus dem zugrunde liegenden Auftragsverhältnis gem § 670 Aufwendungsersatz verlangen. Dem handelnden Vorstandsmitglied sollte man ausnahmsweise dann einen Regressanspruch pro rata gegen die einzelnen Mitglieder zugestehen, wenn die Mitgliederversammlung den Vorstand zur Vornahme des Geschäfts angewiesen hat (näher *Schöpflin* 493–498). Die hM lehnt allerdings jeden Regressanspruch gegen die Mitglieder ab (Soergel/*Hadding* § 54 Rz 31).

20 § 37 PartG schließt § 54 2 für politische Parteien aus. Die Handelndenhaftung kann rechtsgeschäftlich ausgeschlossen werden, aber nicht durch die Satzung. Wenn der Handelnde für einen Vorverein aufgetreten ist, soll mit der Eintragung die Handelndenhaftung erlöschen (Palandt/*Ellenberger* § 54 Rz 13). Das ist aber nicht gerechtfertigt, weil die Eintragung anders als bei der GmbH kein bestimmtes Stammkapital garantiert.

21 **H. Ende des Vereins.** Da ein Verein mindestens drei Mitglieder erfordert, ist der nV durch Absinken auf zwei Mitglieder aufgelöst (aA Palandt/*Ellenberger* § 54 Rz 14: zwei Mitglieder genügen). Weitere Auflösungsgründe ergeben sich aus §§ 41, 42 und sind außerdem Zeitablauf sowie der Wegfall aller Mitglieder. Für den Anfall des Vereinsvermögens und die Liquidation gelten §§ 45 ff. Mit Abschluss der Liquidation ist der Verein erloschen. Eine Umwandlung nach dem UmwG kommt angesichts § 3 UmwG nicht in Betracht, sondern erst nach Erwerb der Rechtspersönlichkeit. Möglich ist die vereinsrechtliche Umwandlung durch Auflösung und Neugründung oder durch Auflösung und Übertragung des Vermögens auf einen bestehenden Verein.

22 **I. Besonderheiten beim wirtschaftlichen Verein.** Der kaufmännisch tätige nV bleibt Verein und wird nicht zur OHG (aA die hM, BGHZ 22, 240, 244; *K. Schmidt* Gesellschaftsrecht § 25 I 2 b; Soergel/*Hadding* § 54 Rz 3). Allerdings ist kraft der Verweisung des § 54 1 das Recht der OHG anwendbar. Der nV, der ein Handelsgewerbe betreibt, muss sich analog § 33 HGB in das Handelsregister mit sämtlichen Mitgliedern und Vorstandsmitgliedern eintragen lassen. Zum Schutz des Rechtsverkehrs gelten der unbeschränkbare Umfang der Vertretungsmacht des Vorstands nach § 126 HGB und die Buchführungspflicht der §§ 238 ff HGB.

23 Beim handelsgewerblich tätigen nV ist die Mitgliederhaftung nach §§ 54 1 BGB, 128 1 HGB unbeschränkbar. Beim nicht handelsgewerblichen wirtschaftlichen Verein haften die Mitglieder wie die Gesellschafter einer GbR, also unbeschränkt, akzessorisch und gesamtschuldnerisch für rechtsgeschäftliche Vereinsschulden (BGH NJW 01, 748, 750 f). Ebenso wie bei der GbR ist entgegen dem BGH (NJW 03, 1445, krit *Altmeppen* NJW 03, 1553; *Schöpflin* DStR 03, 1349) eine Mitgliederhaftung für gesetzliche Vereinsverbindlichkeiten insoweit abzulehnen als sie auf vorsätzlichen unerlaubten Handlungen von Vorstandsmitgliedern beruhen.

Kapitel 2 Eingetragene Vereine

§ 55 Zuständigkeit für die Registereintragung. Die Eintragung eines Vereins der in § 21 bezeichneten Art in das Vereinsregister hat bei dem Amtsgerichte zu geschehen, in dessen Bezirk der Verein seinen Sitz hat.

1 **A. Vereinsregister und Registerverfahren.** Erst die Eintragung in das Vereinsregister stellt die Publizität des Vereins her und macht ihn zur juristischen Person. Die einschlägigen Regelungen finden sich in §§ 55–79, in §§ 78 ff FamFG und in der Vereinsregisterverordnung (VRV, zu ihr *Demharter* FGPrax 99, 84; zum Verfahren *Reichert* Rz 4563 ff; *Keilbach* DNotZ 01, 671). Die einzutragenden Tatsachen ergeben sich aus §§ 59, 64, 67, 68, 70, 71, 74, 75, 76. Die Eintragung ist idR deklaratorisch, konstitutiv ist sie nur für das Entstehen der juristischen Persönlichkeit (§ 21) und die Satzungsänderung (§ 71 I 1). Die Tätigkeit des Amtsgerichts beschränkt sich (abgesehen von den Fällen der §§ 29, 37, 73) auf die Führung des Registers, es kontrolliert den Verein nicht. Vereinsrechtliche Streitigkeiten müssen im Zivilprozess ausgetragen werden.

2 *Die Anmeldung zum Vereinsregister* stellt einen formbedürftigen (§ 77) Eintragungsantrag dar. Nach dem Untersuchungsgrundsatz des § 26 FamFG prüft das AG iA nur, ob der Inhalt der beigefügten Urkunden die nachgesuchte Eintragung rechtfertigt, nur begründeten Zweifeln an den angegebenen Tatsachen geht es nach

(Schlesw FGPrax 05, 82). Entspricht die Anmeldung nicht den Erfordernissen der §§ 57–59, ist sie zurückzuweisen (§ 60), allerdings muss durch Zwischenverfügung Gelegenheit zur Beseitigung behebbarer Mängel gegeben werden (§ 382 IV FamFG). Gesetzeswidrige Eintragungen führen zur Amtslöschung nach § 395 FamFG. Wird der eV insgesamt gelöscht, verliert er in diesem Zeitpunkt seine Rechtsfähigkeit und ist zu liquidieren, wenn nicht die Fortsetzung als nichtrechtsfähiger Verein beschlossen wird.

B. Zuständigkeit und Rechtsmittel. Sachlich zuständig für die Eintragung des eV in das Vereinsregister ist das **Amtsgericht** im Verfahren der freiwilligen Gerichtsbarkeit (§§ 23a GVG, 378 ff FamFG). Die **örtliche** Zuständigkeit folgt dem Sitz (§§ 24 BGB, 377 FamFG), allerdings führt die örtliche Unzuständigkeit nicht zur Unwirksamkeit der Eintragung (§ 2 III FamFG). **Funktionell** ist der Rechtspfleger zuständig (§ 3 Nr 1a RpflG). Die Zuständigkeit bei Sitzverlegung regelt § 6 VRV. § 23d GVG gibt die Möglichkeit der **Zentralisierung** des Vereinsregisters, von der die meisten Länder Gebrauch gemacht haben.

Die Androhung eines Zwangsgeldes unterliegt dem Einspruch (§ 390 FamFG). Gegen Beschlüsse, insb gegen die Ablehnung des Eintragunsantrags ist die Beschwerde eröffnet, die Eintragung selbst ist nicht anfechtbar (§§ 58 ff, 382 III, 383 III, 391 FamFG, 11 I RpflG).

§ 55a Elektronisches Vereinsregister.

(1) ¹Die Landesregierungen können durch Rechtsverordnung bestimmen, dass und in welchem Umfang das Vereinsregister in maschineller Form als automatisierte Datei geführt wird. ²Hierbei muss gewährleistet sein, dass
1. die Grundsätze einer ordnungsgemäßen Datenverarbeitung eingehalten, insbesondere Vorkehrungen gegen einen Datenverlust getroffen sowie die erforderlichen Kopien der Datenbestände mindestens tagesaktuell gehalten und die originären Datenbestände sowie deren Kopien sicher aufbewahrt werden,
2. die vorzunehmenden Eintragungen alsbald in einen Datenspeicher aufgenommen und auf Dauer inhaltlich unverändert in lesbarer Form wiedergegeben werden können,
3. die nach der Anlage zu § 126 Abs. 1 Satz 2 Nr. 3 der Grundbuchordnung gebotenen Maßnahmen getroffen werden.

³Die Landesregierungen können durch Rechtsverordnung die Ermächtigung nach Satz 1 auf die Landesjustizverwaltungen übertragen.

(2) ¹Das maschinell geführte Vereinsregister tritt für eine Seite des Registers an die Stelle des bisherigen Registers, sobald die Eintragungen dieser Seite in den für die Vereinsregistereintragungen bestimmten Datenspeicher aufgenommen und als Vereinsregister freigegeben worden sind. ²Die entsprechenden Seiten des bisherigen Vereinsregisters sind mit einem Schließungsvermerk zu versehen.

(3) ¹Eine Eintragung wird wirksam, sobald sie in den für die Registereintragungen bestimmten Datenspeicher aufgenommen ist und auf Dauer inhaltlich unverändert in lesbarer Form wiedergegeben werden kann. ²Durch eine Bestätigungsanzeige oder in anderer geeigneter Weise ist zu überprüfen, ob diese Voraussetzungen eingetreten sind. ³Jede Eintragung soll den Tag angeben, an dem sie wirksam geworden ist.

Die verfahrensrechtliche Vorschrift ermöglicht den Landesregierungen die Entscheidung, das Vereinsregister im Wege elektronischer Datenverarbeitung zu führen, und regelt bzw schafft Rechtsgrundlagen für: Datensicherheit (I 2), Einzelheiten der Umstellung auf das elektronische Register (II), das Wirksamwerden von Eintragungen (III). Ergänzend gelten §§ 14, 387 FamFG 18 ff VRV. Unter www.handelsregister.de sind die Eintragungen abrufbar.

§ 56 Mindestmitgliederzahl des Vereins.
Die Eintragung soll nur erfolgen, wenn die Zahl der Mitglieder mindestens sieben beträgt.

Diese Ordnungsvorschrift soll verhindern, dass unbedeutende Idealvereine Rechtspersönlichkeit erlangen. Das Registergericht prüft die Anzahl anhand der Unterzeichnung der Satzung (§ 59 III). § 56 gilt auch für Vereinsverbände, die also mindestens sieben Mitgliedsvereine aufweisen müssen. Wird der Verein von natürlichen und von juristischen Personen gegründet, die durch eben diese natürlichen Personen entscheidend sein werden, soll der Anzahl der beteiligten natürlichen Personen entscheidend sein (Köln NJW 89, 173; MüKo/*Reuter* Rz 1). Auch weniger als sieben Personen können nach der Rspr angesichts der Garantien der Art 140 GG, 137 WRV einen religiösen Verein gründen (Hamm NJW-RR 97, 1397; aA MüKo/*Reuter* Rz 2). Stets sind mindestens drei Mitglieder erforderlich, weil es sonst an einer körperschaftlichen Struktur fehlt (aA: zwei Mitglieder, MüKo/*Reuter* Rz 1; Soergel/*Hadding* Rz 2). Die Eintragung entgegen § 56 ist wirksam, selbst wenn sie durch Täuschung erschlichen ist (AnwK/*Heidel/Lochner* Rz 3; MüKo/*Reuter* Rz 1).

§ 57 Mindesterfordernisse an die Vereinssatzung.
(1) Die Satzung muss den Zweck, den Namen und den Sitz des Vereins enthalten und ergeben, dass der Verein eingetragen werden soll.
(2) Der Name soll sich von den Namen der an demselben Orte oder in derselben Gemeinde bestehenden eingetragenen Vereine deutlich unterscheiden.

1 **A. Mussinhalt der Satzung.** Die Verletzung der zwingenden Vorschrift des § 57 I macht die Eintragung unzulässig und führt zur Amtslöschung (§ 395 FamFG). Das Registergericht prüft die Voraussetzungen der §§ 57, 58 und sonstige Nichtigkeitsgründe der Satzung (Verletzung zwingender Rechtsvorschriften). Unerheblich ist, ob das Gericht die Satzung für unzweckmäßig, unklar oder für redaktionell überarbeitungsbedürftig hält (Hamm NJW-RR 95, 119). Da die **Satzung** nach § 59 II in Abschrift beim Registergericht einzureichen ist, bedarf sie faktisch der Schriftform. Sie Satzung kann auch in einem Dialekt oder einer Fremdsprache abgefasst sein, allerdings ist eine hochdeutsche Fassung mit einzureichen, die bei einer Fremdsprache von einem vereidigten Übersetzer beglaubigt sein muss (LG Osnabrück RPfleger 65, 304 – zu Plattdeutsch; aA Palandt/*Ellenberger* Rz 1: nur Hochdeutsch, Ausnahme nur für sorbische Minderheit). Die Satzung kann eindeutig auf eine beigefügte bestimmte Fassung der Satzung eines anderen Vereins verweisen (statische Verweisung, Hamm NJW-RR 88, 183).

2 Die Angabe des **Zwecks** muss so genau sein, dass der Vereins als wirtschaftlich oder nichtwirtschaftlich (§§ 21, 22) eingestuft werden kann. Die Satzung muss den **Sitz** (§ 24) angeben und die **Eintragungsabsicht** kundtun. Fehlt es daran und erfolgt gleichwohl die Eintragung, soll der Mangel durch einen formlosen Beschl der Mitgliederversammlung geheilt werden können (Palandt/*Ellenberger* Rz 1; Soergel/*Hadding* Rz 3). Da es aber keine gesetzliche Formvorschrift für die Satzung gibt (MüKo/*Reuter* Rz 5), wird man bei längerem Fortbestehen der Eintragung den Willen zur Rechtsfähigkeit als stillschweigenden Satzungsbestandteil ansehen können.

3 **B. Vereinsname. I. Freie Namenswahl.** In Ausübung der Vereinigungsfreiheit (Art 9 I GG) kann der Verein seinen Namen frei wählen, und zwar auch einen Fantasie- oder einen fremdsprachlichen Namen. Es gilt **Namenseinheit**, jeder Verein kann also nur einen Namen führen. Der Name muss **Kennzeichnungseignung** besitzen, nicht aussprechbaren Aneinanderreihungen von Buchstaben kann die Namensfunktion fehlen (München NZG 07, 320 – K.S.S., in concreto zw). Der **Zusatz „eV"** muss nach der Eintragung geführt werden (§ 65). Die Amtslöschung (§ 395 FamFG) eines unzulässigen Vereinsnamens berührt den Bestand des Vereins nicht, allerdings ist der eV vAw zu löschen, wenn er sich auch nach Aufforderung keinen neuen Namen gibt, da ein Name wesentlicher Bestandteil der juristischen Person ist (ähnl MüKo/*Reuter* Rz 4; nach hM lässt die Löschung des Namens die Rechtsfähigkeit unberührt, BGH NJW 84, 668; Palandt/*Ellenberger* Rz 2).

4 **II. Namenswahrheit.** In Analogie zu § 18 II HGB gilt für den Verein der Grundsatz der Namenswahrheit (MüKo/*Reuter* Rz 2). Der Name darf nicht über Verhältnisse irreführen, die für die angesprochenen Verkehrskreise wesentlich sind. Das Registergericht berücksichtigt die Irreführungseignung nur, wenn sie ersichtlich ist (§ 18 II 2 HGB). Die Liberalisierung des Firmenrechts ist auch für das Vereinsrecht zu berücksichtigen, weil das Namensrecht der Idealvereine nicht strenger sein kann als das Recht des Wirtschaftsverkehrs. Daher dürfen keine zu strengen Maßstäbe angelegt werden.

5 **Einzelfälle** (s. *Reichert* Rz 536; MüKo/*Reuter* Rz 2): **Irreführende** Bezeichnungen: „Europäische Wirtschaftskammer", weil der Verkehr dann eine öffentlich-rechtliche Körperschaft oder zumindest eine durch solche Körperschaft beaufsichtigte Institution erwartet (Dresd WRP 00, 1202); Zusatz „Deutschland", wenn er den unzutreffenden Eindruck eines umfassenden Repräsentationsanspruchs hervorruft (Köln FGPrax 06, 129); „Bundesverband" bei Täuschung über Größenordnung (LG Traunstein, Rpfleger 08, 580); „Institut" erweckt den fälschlichen Eindruck einer öffentlichen oder unter öffentlicher Aufsicht stehenden Einrichtung (Ddorf Rpfleger 04, 570 – für Einzelkaufmann). **Zulässige** Bezeichnungen: „Euro/European" ist mittlerweile verwässert und unbedenklich, wenn sich nicht konkrete Anhaltspunkte für eine Täuschungseignung ergeben (Hamm NJW-RR 99, 1710, 1711 – „European Bikers Touring Club e.V."). „Akademie", weil der Idealverein nicht auf Gewinnzielung ausgerichtet ist und nicht eindeutig ist, dass der Rechtsverkehr mit dieser Bezeichnung hochschulähnliche Strukturen und staatliche Förderung und Kontrolle verbindet (KG NZG 05, 360, 361). „Stiftung" angesichts des obligatorischen Rechtsformzusatzes (§ 65), wenn der Verein eine stiftungsähnliche Struktur aufweist und sich va aus öffentlichen Mitteln finanziert (Frankf NJW-RR 02, 176); „Rheinland" bei Tierschutzverein, da kein zwingender Verweis auf führende Rolle (LG Mönchengladb MDR 09, 641).

6 **III. Unterscheidbarkeit.** Nach § 57 II muss der Name von anderen Vereinsnamen in demselben Ort oder derselben Gemeinde deutlich unterscheidbar sein. Es gilt der Prioritätsgrundsatz, ein Verstoß führt nicht zur Amtslöschung (Soergel/*Hadding* Rz 11; aA *Reichert* Rz 533). Verletzt der Verein das Namensrecht eines anderen Vereins, gilt § 12, was aber mangels Prüfungskompetenz des Registergerichts kein Eintragungshindernis darstellt (AnwK/*Heidel/Lochner* Rz 5; Jena NJW-RR 94, 698, 699; aA MüKo/*Reuter* Rz 7).

§ 58 Sollinhalt der Vereinssatzung.
Die Satzung soll Bestimmungen enthalten:
1. über den Eintritt und Austritt der Mitglieder,
2. darüber, ob und welche Beiträge von den Mitgliedern zu leisten sind,
3. über die Bildung des Vorstands,
4. über die Voraussetzungen, unter denen die Mitgliederversammlung zu berufen ist, über die Form der Berufung und über die Beurkundung der Beschlüsse.

Wird die **Sollvorschrift** des § 58 nicht beachtet, weist das Registergericht die Anmeldung zurück (§ 60). Da der **Eintritt** (§ 58 Nr 1) formlos erfolgen kann, braucht die Satzung seine Form nicht zu regeln, muss aber bestimmen, ob sich der Eintritt durch Beitrittsangebot und dessen Annahme vollzieht oder ob ein besonderes Aufnahmeverfahren ablaufen soll (LG Münster MDR 74, 309). Zum **Austritt** s. § 39. 1

Da **Beiträge** (§ 58 Nr 2) die Mitglieder belasten, müssen sie durch die Satzung vorgesehen sein (BGH NJW 89, 1724), ebenso **Umlagen** (dazu *Schubert* WM 08, 1197), die einen außergewöhnlichen Bedarf befriedigen sollen (München NJW-RR 98, 966). Die Bestimmung der Beitragshöhe kann die Satzung einem Vereinsorgan (Vorstand, Mitgliederversammlung) überlassen (BGH NJW 95, 2981). Sollen die Beiträge umfangreiche Leistungen sicherstellen, muss die Satzung Grundzüge der Beitragspflicht einschließlich eines Höchstbeitrags regeln (BGH NJW 89, 1724, 1726). Auch eine einmalige Umlage bedarf einer Satzungsgrundlage, die eine Obergrenze für deren Höhe enthält (BGH ZIP 07, 2264, 2265). Die Treuepflicht macht die satzungsmäßige Obergrenze nur entbehrlich, wenn die Umlage für den Fortbestand des Vereins zwingend notwendig und dem einzelnen Mitglied zumutbar ist, das in diesem Fall aber austreten und sich damit der Umlage entziehen kann (BGH ZIP 07, 2264, 2265 f). Rückwirkende Beitragserhöhungen ohne satzungsmäßige Grundlage sind unzulässig, auch in Form eines 13. Monatsbeitrags (München NJW-RR 98, 966). Der Beitrag kann auch in Dienstleistungen bestehen, wenn arbeitsrechtliche Schutzbestimmungen nicht unterlaufen werden (BAG NJW 03, 161). Möglich ist eine gespaltene Beitragspflicht, die neben dem Jahresbeitrag das Mitglied zB zur Gewährung eines zinslosen Darlehens verpflichtet; allerdings erfordert dies eine Satzungsgrundlage unter Angabe einer der Höhe nach bestimmten Obergrenze (BGH NZG 08, 675). Auch hinsichtlich des Beitrags gilt der Gleichheitsgrundsatz (LG Bonn DB 92, 879). Soll der gesetzliche Vertreter, der im Namen des Minderjährigen den Beitritt erklärt, persönlich für die Beiträge haften, setzt das voraus, dass er bei Abgabe der Erklärung von einer entspr Satzungsbestimmung Kenntnis hat; die Satzung muss diese Kenntnis sicherstellen (Hamm NJW-RR 00, 42). Die Beitragspflicht erlischt mit Eröffnung des Insolvenzverfahrens (BGH NZG 07, 640). 2

Die Satzung muss die Zusammensetzung des **Vorstands** (§ 26) regeln (§ 58 Nr 3). Die Satzung kann es der Mitgliederversammlung überlassen, die Zahl der Vorstandsmitglieder festzulegen (LG Gießen MDR 84, 312; aA MüKo/*Reuter* Rz 4: Mindest-/Höchstzahl in der Satzung erforderlich). 3

Die Satzung soll die Voraussetzungen der Einberufung der **Mitgliederversammlung** in §§ 36, 37 ergänzen (§ 58 Nr 4). Auch die Form der Berufung der Mitgliederversammlung darf nicht im Ermessen des Vorstands überlassen werden, sondern bedarf der satzungsmäßigen Regelung (Hamm MDR 66, 48). Von einer Beurkundung der Beschlüsse kann die Satzung absehen. Sind die Beschlüsse in einem vom Protokollführer zu unterschreibenden Protokoll niederzulegen, muss er ausdrücklich als Protokollführer unterzeichnen, wenn sich die Person des Protokollführers nicht aus der Satzung ergibt (Hamm NJW-RR 97, 484). 4

§ 59 Anmeldung zur Eintragung. (1) Der Vorstand hat den Verein zur Eintragung anzumelden. (2) Der Anmeldung sind Abschriften der Satzung und der Urkunden über die Bestellung des Vorstands beizufügen. (3) Die Satzung soll von mindestens sieben Mitgliedern unterzeichnet sein und die Angabe des Tages der Errichtung enthalten.

Befolgt der Vorstand die Anmeldepflicht nicht, erwirbt der Vorverein keine Rechtspersönlichkeit. Es handelt sich nicht um eine öffentlich-rechtliche (§ 78), sondern um eine Verpflichtung ggü dem Verein, die die Mitglieder notfalls durch Abberufung und Wahl eines neuen Vorstands durchsetzen müssen (§ 27 II). Für die Anmeldungen genügt nach § 77 nunmehr stets eine vertretungsberechtigte Zahl von Vorstandsmitgliedern (§ 26). Der Vorstand kann sich vertreten lassen, allerdings ist eine öffentlich beglaubigte Bevollmächtigung notwendig. Die Form der Anmeldung ergibt sich aus § 77. 1

Der Anmeldung sind die von mindestens sieben Mitgliedern unterschriebene Satzung sowie die Urkunden über die Vorstandsbestellung lediglich in Abschrift beizufügen (§ 59 II, III); damit ist elektronische Übermittlung möglich. Wählt ein anderes Organ die Vorstandsmitglieder, muss die Urkunde über dessen Bestellung der Anmeldung beiliegen (BayObLG Rpfleger 84, 150). Ein Verstoß gegen § 59 II, III zieht die Folge des § 60, nicht aber die Amtslöschung nach sich. 2

§ 60 Zurückweisung der Anmeldung. Die Anmeldung ist, wenn den Erfordernissen der §§ 56 bis 59 nicht genügt ist, von dem Amtsgericht unter Angabe der Gründe zurückzuweisen.

Die **registergerichtliche Prüfungspflicht** erstreckt sich auf die Voraussetzungen der §§ 56–59 und auf die allg materielle Rechtmäßigkeit des Vereins. Das Registergericht prüft die formelle Ordnungsmäßigkeit der Anmeldung einschließlich des Vorhandenseins der Urkunden nach § 59 II, materiell, ob die Mindestanforderungen an die körperschaftliche Organisation erfüllt sind, ob die §§ 134, 138 eingreifen, ob der Verein gegen öffentliches Vereinsrecht verstößt und ob ein ideeller Zweck gegeben ist (MüKo/*Reuter* Rz 2 f; *Reichert* Rz 204 ff). Eine Zweckmäßigkeitskontrolle findet nicht statt, so dass die Satzung nicht als unzweckmäßig oder 1 unklar beanstandet werden kann (Hamm NJW-RR 00, 42, 43; *Reichert* Rz 199). Bei behebbaren Mängeln erlässt das AG (Rechtspfleger) eine Zwischenverfügung (§ 383 IV FamFG). Die Zurückweisung des Antrags kann mit Beschwerde des Vorvereins, vertreten durch den Vorstand, angegriffen werden (§§ 3 Nr 1a, 11 I RPflG, §§ 58 ff FamFG).

§§ 61–63 – *weggefallen* –

§ 64 Inhalt der Vereinsregistereintragung. Bei der Eintragung sind der Name und der Sitz des Vereins, der Tag der Errichtung der Satzung, die Mitglieder des Vorstands und ihre Vertretungsmacht anzugeben.

1   Die Vorschrift nennt die **eintragungspflichtigen** Tatsachen. Ohne Eintragung des Namens und Sitzes fehlt es an einer Individualisierung und dmait an einer Eintragung und einem eV überhaupt (MüKo/*Reuter* Rz 1). Außer dem Tag der Errichtung der Satzung und den Namen der Vorstandsmitglieder ist die Vertretungsmacht der Vorstandsmitglieder auch dann anzugeben, wenn sie der gesetzlichen Regel (§ 26 II) entspricht.
2   § 64 regelt die einzutragenden Tatsachen grds abschließend. Darüber hinaus sind zB folgende für den Rechtsverkehr erhebliche Tatsachen **eintragungsfähig**: Bestellung besonderer Vertreter (§ 30), satzungsmäßige Einzelvertretungsmacht oder sonstige besondere Ausgestaltung der Vertretung bei einem mehrgliedrigen Vorstand (Ddorf Rpfleger 82, 477), Befreiung von den Beschränkungen des § 181 (Soergel/*Hadding* Rz 5).
3   Die Eintragung bewirkt konstitutiv die Rechtspersönlichkeit des Vereins (§ 21), auch wenn die Eintragung unter Mängeln leidet, es sei denn es fehlt an einem Personenverband oder einem Gründungsvorgang. Es kommt nur eine Amtslöschung nach § 395 FamFG in Betracht (*Reichert* Rz 266 ff).

§ 65 Namenszusatz. Mit der Eintragung erhält der Name des Vereins den Zusatz „eingetragener Verein".

1   Mit der Eintragung erhält der Verein kraft Gesetzes den Zusatz eV, den er im Rechtsverkehr führen muss. Ein wiederholter Verstoß gegen § 65 im rechtsgeschäftlichen Verkehr begründet neben der Haftung des Vereins nach §§ 280, 826 eine Rechtsscheinhaftung der Handelnden gem § 54 2, ein einmaliger Verstoß des Vereinsvorsitzenden soll aber noch nicht genügen (Celle NJW-RR 99, 1052; BaRoth/*Schwarz/Schöpflin* Rz 2).

§ 66 Bekanntmachung der Eintragung und Aufbewahrung von Dokumenten. (1) Das Amtsgericht hat die Eintragung des Vereins in das Vereinsregister durch Veröffentlichung in dem von der Landesjustizverwaltung bestimmten elektronischen Informations- und Kommunikationssystem bekannt zu machen.
(2) Die mit der Anmeldung eingereichten Dokumente werden vom Amtsgericht aufbewahrt.

1   Die Bekanntmachung (zum Text *Schwarz* Rpfleger 03, 1) ist keine Wirksamkeitsvoraussetzung der Eintragung. Näheres zur Eintragung und Bekanntmachung regeln §§ 7 III, 10, 13, 14, 18 ff VRV (eingehend *Reichert* Rz 241 ff).

§ 67 Änderung des Vorstands. (1) ¹Jede Änderung des Vorstands ist von dem Vorstand zur Eintragung anzumelden. ²Der Anmeldung ist eine Abschrift der Urkunde über die Änderung beizufügen.
(2) Die Eintragung gerichtlich bestellter Vorstandsmitglieder erfolgt von Amts wegen.

1   Die Vorschrift gilt für den gesetzlichen Vorstand nach § 26 und schützt dessen Publizität im Interesse des Rechtsverkehrs. Die Wiederwahl der eingetragenen Vorstandsmitglieder ist nicht anmeldepflichtig. § 67 I erfasst auch die Änderung der Organisation des Vorstands. Die Anmeldung durch Vorstandsmitglieder in vertretungsberechtigter Zahl genügt (§ 77). Anmeldepflichtig ist der Vorstand als Organ, so dass die neuen Vorstandsmitglieder die Anmeldung vorzunehmen haben (Soergel/*Hadding* Rz 6). Anhand der eingereichten Urkunde prüft das Registergericht die Ordnungsmäßigkeit der Anmeldung und die Rechtmäßigkeit der Vorstandsänderung (München NZG 08, 351, 353), Zweifeln an der Richtigkeit der angegebenen Tatsachen muss das Gericht gem § 26 FamFG nachgehen (Schlesw Rpfleger 05, 317 und NZG 05, 444), fehlen Zweifel, kann das Gericht von der Beschlusswirksamkeit ausgehen (Ddorf Rpfleger 09, 28). Die Eintragung ist lediglich deklaratorisch, die Anmeldung nach § 78 I erzwingbar. Die Zurückweisung der Eintragung unterliegt der Beschwerde (§§ 58 ff, 382 III FamFG).

§ 68 Vertrauensschutz durch Vereinsregister. ¹Wird zwischen den bisherigen Mitgliedern *des Vorstands* und einem Dritten ein Rechtsgeschäft vorgenommen, so kann die Änderung des Vorstands dem Dritten nur entgegengesetzt werden, wenn sie zur Zeit der Vornahme des Rechtsgeschäfts im Vereinsregister eingetragen oder dem Dritten bekannt ist. ²Ist die Änderung eingetragen, so braucht der

Dritte sie nicht gegen sich gelten zu lassen, wenn er sie nicht kennt, seine Unkenntnis auch nicht auf Fahrlässigkeit beruht.

Für die Änderung des Vorstands und für die Vertretungsmacht bzw Beschlussfassung (§ 70) schafft das Vereinsregister **negative Publizität**, dh Dritte können zwar nicht darauf vertrauen, dass die Eintragung richtig ist, wohl aber darauf, dass keine Änderungen ggü den eingetragenen Vertretungsverhältnissen eingetreten sind (MüKo/*Reuter* Rz 1; Erman/*Westermann* Rz 2). Dritter ist jeder von der Eintragung nicht selbst Betroffene, auch ein Vereinsmitglied, das zB an ein nicht mehr amtierendes Vorstandsmitglied seinen Beitrag zahlt (Soergel/*Hadding* Rz 7). Der Begriff des Rechtsgeschäfts wird weit ausgelegt (auch rechtsgeschäftsähnliche sowie Prozess-, nicht aber unerlaubte Handlungen, MüKo/*Reuter* Rz 2). Der Dritte muss gutgläubig sein, darf also die eintragungspflichtige Änderung nicht kennen – bloßes Kennenmüssen schadet nicht. Die Beweislast trägt insoweit der Verein (Frankf Rpfleger 78, 134). 1

Indem sich Dritte die **eingetragene Vorstandsänderung** entgegenhalten lassen müssen, schützt das Gesetz den Verein. Der Dritte muss die Vorstandsänderung nur dann nicht gegen sich gelten lassen, wenn er sie nicht kennt und ihm insoweit auch keine Fahrlässigkeit vorzuwerfen ist. Fahrlässigkeit scheidet nur dann aus, wenn die Eintragung kurz vor dem Rechtsgeschäft erfolgt ist oder wenn der Dritte sich einen aktuellen Registerauszug vorlegen ließ (jurisPraxK/*Otto* Rz 6). Dem Dritten obliegt die Beweislast (MüKo/*Reuter* Rz 1). 2

§ 69 Nachweis des Vereinsvorstands. Der Nachweis, dass der Vorstand aus den im Register eingetragenen Personen besteht, wird Behörden gegenüber durch ein Zeugnis des Amtsgerichts über die Eintragung geführt.

Der Registerauszug legitimiert den Vorstand auch im Hinblick auf den Umfang seiner Vertretungsmacht ggü Behörden, auch ggü dem Grundbuchamt iRd § 29 GBO. Privatpersonen können sich erst recht auf den Registerauszug verlassen, was ggf zur Anwendbarkeit des § 68 2 führt. 1

§ 70 Vertrauensschutz bei Eintragungen zur Vertretungsmacht. Die Vorschriften des § 68 gelten auch für Bestimmungen, die den Umfang der Vertretungsmacht des Vorstands beschränken oder die Vertretungsmacht des Vorstands abweichend von der Vorschrift des § 26 Abs. 2 Satz 1 regeln.

Der Vertrauensschutz nach § 68 greift auch ein, wenn es um Änderungen des Umfangs der Vertretungsmacht geht. Schweigt das Register, kann ein Dritter auf die unbeschränkte Vertretungsmacht des Vorstands nach § 26 vertrauen (Erman/*Westermann* Rz 1). 1

§ 71 Änderungen der Satzung. (1) [1]Änderungen der Satzung bedürfen zu ihrer Wirksamkeit der Eintragung in das Vereinsregister. [2]Die Änderung ist von dem Vorstand zur Eintragung anzumelden. [3]Der Anmeldung sind eine Abschrift des die Änderung enthaltenden Beschlusses und der Wortlaut der Satzung beizufügen. [4]In dem Wortlaut der Satzung müssen die geänderten Bestimmungen mit dem Beschluss über die Satzungsänderung, die unveränderten Bestimmungen mit dem zuletzt eingereichten vollständigen Wortlaut der Satzung und, wenn die Satzung geändert worden ist, ohne dass ein vollständiger Wortlaut der Satzung eingereicht wurde, auch mit den zuvor eingetragenen Änderungen übereinstimmen.
(2) Die Vorschriften der §§ 60, 64 und des § 66 Abs. 2 finden entsprechende Anwendung.

A. Konstitutive Wirkung. Die Satzungsänderung wird erst mit Eintragung wirksam, die Eintragung ist mithin konstitutiv. Eine unwirksame Satzungsänderung erlangt durch die Eintragung allerdings keine Wirksamkeit. Aufgrund der Satzungsänderung gefasste Beschlüsse der Vereinsorgane werden mit Eintragung der Satzungsänderung wirksam (München NJW-RR 98, 966). Zur Rückwirkung s. § 33 Rn 4. 1

B. Verfahren und Inhalt der Eintragung. Es genügt die **Anmeldung** durch den **Vorstand** in vertretungsberechtigter Zahl (§ 77). Wenn Satzungsvorschriften über die Bildung des Vorstandes geändert werden, bleibt noch der alte Vorstand für die Anmeldung zuständig, notfalls ist nach § 29 vorzugehen (Bremen NJW 55, 1925). Der Vorstand muss der Anmeldung den Änderungsbeschluss in Abschrift (unterschriebenes Versammlungsprotokoll) und den neuen Satzungstext beifügen, die geänderten Bestimmungen müssen mit dem Beschl, die unveränderten müssen mit der bisherigen Fassung der Satzung übereinstimmen. 2

Das Gericht **prüft** die Ordnungsmäßigkeit der Anmeldung und die formelle und materielle Rechtmäßigkeit der Satzungsänderung. Die Zweckmäßigkeit, oder ob die Änderung schuldrechtlichen Pflichten des Vereins widerspricht (LG Augsburg Rpfleger 75, 87), untersucht das Registergericht dagegen nicht. 3

Änderungen, die nach §§ 64, 67 Einzutragendes betreffen, müssen in der Eintragung mindestens schlagwortartig klar wiedergegeben werden. Bei anderen Satzungsänderungen genügt die **Angabe** der geänderten Satzungsbestimmung und des Gegenstands der Änderung (§ 3 3 Nr 4a VRV). Mangels Verweisung auf § 66 I unterbleibt die Bekanntmachung. 4

§ 72 Bescheinigung der Mitgliederzahl. Der Vorstand hat dem Amtsgericht auf dessen Verlangen jederzeit eine schriftliche Bescheinigung über die Zahl der Vereinsmitglieder einzureichen.

1 Da die Mitgliederzahl iRd §§ 33, 37, 73 entscheidend ist, kann das Registergericht eine vom Vorstand unterschriebene Bescheinigung über die Mitgliederzahl (ohne Namen) verlangen und diese erzwingen (§ 78).

§ 73 Unterschreiten der Mindestmitgliederzahl. Sinkt die Zahl der Vereinsmitglieder unter drei herab, so hat das Amtsgericht auf Antrag des Vorstands und, wenn der Antrag nicht binnen drei Monaten gestellt wird, von Amts wegen nach Anhörung des Vorstands dem Verein die Rechtsfähigkeit zu entziehen.

1 Die Vorschrift stellt ein Mindestmaß an Bedeutung des jeweiligen eV sicher. Sind keine Mitglieder mehr vorhanden, ist der eV erloschen und aus dem Register zu streichen. § 73 betrifft den Fall, dass der eV nicht ein oder zwei Mitglieder hat, was das Registergericht bei entspr Anhaltspunkten nach § 26 FamFG ermitteln muss. Auf Antrag des Vorstands spricht das Gericht den Entzug der Rechtsfähigkeit aus. Fehlt es an einem Antrag, hat der eV drei Monate Gelegenheit, seine Mitgliederzahl wieder auf mindestens drei anzuheben. Gelingt das nicht, erfolgt nach Anhörung des Vorstands der Entzug der Rechtsfähigkeit durch Beschl (§§ 38, 401 FamFG). Dagegen steht dem eV nach Bekanntgabe die Beschwerde offen (§§ 58 ff FamFG). Fehlt es an einem Vorstand, soll nach hM gem § 29 ein Notvorstand zur Entgegennahme des Entziehungsbeschlusses bestellt werden (BayObLG NJW-RR 89, 765, 766; *Reichert* Rz 4073). Wegen der Grundzuständigkeit der Mitgliederversammlung ist es aus verfahrensökonomischen Gründen, die verbliebenen ein oder zwei Mitglieder anzuhören (BaRo/*Schwarz/Schöpflin* Rz 3). Nach Rechtskraft des Beschlusses (§ 401 FamFG) ist der Verein nach § 47 zu liquidieren.

§ 74 Auflösung. (1) Die Auflösung des Vereins sowie die Entziehung der Rechtsfähigkeit ist in das Vereinsregister einzutragen.
(2) ¹Wird der Verein durch Beschluss der Mitgliederversammlung oder durch den Ablauf der für die Dauer des Vereins bestimmten Zeit aufgelöst, so hat der Vorstand die Auflösung zur Eintragung anzumelden. ²Der Anmeldung ist im ersteren Falle eine Abschrift des Auflösungsbeschlusses beizufügen.

1 Die Auflösung des Vereins (§ 41) ist stets in das Vereinsregister einzutragen, ebenso das Erlöschen aufgrund des Wegfalls aller Vereinsmitglieder. Die Eintragung erfolgt vAw oder aufgrund Ersuchens der zuständigen Behörde, bei einem Auflösungsbeschluss hat der Vorstand die Auflösung zur Eintragung anzumelden (zwangsgeldbewehrt nach § 78, erforderlichenfalls muss nach hM auch ohne Antrag ein Notvorstand bestellt werden, Soergel/*Hadding* Rz 4).

§ 75 Eintragungen bei Insolvenz. (1) Die Eröffnung des Insolvenzverfahrens und der Beschluss, durch den die Eröffnung des Insolvenzverfahrens mangels Masse rechtskräftig abgewiesen worden ist, sowie die Auflösung des Vereins nach § 42 Absatz 2 Satz 1 sind von Amts wegen einzutragen. Von Amts wegen sind auch einzutragen
1. die Aufhebung des Eröffnungsbeschlusses,
2. die Bestellung eines vorläufigen Insolvenzverwalters, wenn zusätzlich dem Schuldner ein allgemeines Verfügungsverbot auferlegt oder angeordnet wird, dass Verfügungen des Schuldners nur mit Zustimmung des vorläufigen Insolvenzverwalters wirksam sind, und die Aufhebung einer derartigen Sicherungsmaßnahme,
3. die Anordnung der Eigenverwaltung durch den Schuldner und deren Aufhebung sowie die Anordnung der Zustimmungsbedürftigkeit bestimmter Rechtsgeschäfte des Schuldners,
4. die Einstellung und die Aufhebung des Verfahrens und
5. die Überwachung der Erfüllung eines Insolvenzplans und die Aufhebung der Überwachung.
(2) Wird der Verein durch Beschluss der Mitgliederversammlung nach § 42 Absatz 1 Satz 2 fortgesetzt, so hat der Vorstand die Fortsetzung zur Eintragung anzumelden. Der Anmeldung ist eine Abschrift des Beschlusses beizufügen.

1 Die Eintragung der mit der Insolvenz verbundenen Tatsachen und der Ablehnung der Insolvenzeröffnung mangels Masse ist für die Publizität im Interesse des Gläubigerschutzes von erheblicher Bedeutung. Die Insolvenzeröffnung führt zur Auflösung des Vereins (§ 42 I 1). Hinsichtlich der Einzelheiten muss auf das Insolvenzrecht verwiesen werden, und zwar auf folgende Vorschriften: Eröffnung des Insolvenzverfahrens, Abweisung mangels Masse und Aufhebung des Eröffnungsbeschlusses (Nr 1): §§ 26–29, 34 III 1 InsO; Bestellung eines vorläufigen Insolvenzverwalters und deren Aufhebung (Nr 2): §§ 21–25 InsO; Anordnung der Eigenverwaltung, deren Aufhebung, Anordnung der Zustimmungsbedürftigkeit bestimmter Rechtsgeschäfte (Nr 3): §§ 270–277 InsO; Einstellung und Aufhebung des Verfahrens (Nr 4): §§ 211 ff, 200 II, 258; Überwa-

chung des Insolvenzplans und ihre Aufhebung (Nr 5): §§ 260, 268 InsO. II verpflichtet den Vorstand, die Fortsetzung nach § 42 I 2 zur Eintragung anzumelden.

§ 76 Eintragungen bei Liquidation.
(1) ¹Bei der Liquidation des Vereins sind die Liquidatoren und ihre Vertretungsmacht in das Vereinsregister einzutragen. ²Das Gleiche gilt für die Beendigung des Vereins nach der Liquidation.
(2) ¹Die Anmeldung der Liquidatoren hat durch den Vorstand zu erfolgen. ²Bei der Anmeldung ist der Umfang der Vertretungsmacht der Liquidatoren anzugeben. ³Änderungen der Liquidatoren oder ihrer Vertretungsmacht sowie die Beendigung des Vereins sind von den Liquidatoren anzumelden. ⁴Der Anmeldung der durch Beschluss der Mitgliederversammlung bestellten Liquidatoren ist eine Abschrift des Bestellungsbeschlusses, der Anmeldung der Vertretungsmacht, die abweichend von § 48 Absatz 3 bestimmt wurde, ist eine Abschrift der diese Bestimmung enthaltenden Urkunde beizufügen.
(3) Die Eintragung gerichtlich bestellter Liquidatoren geschieht von Amts wegen.

Die Vorschrift führt zur Publizität der Liquidation. Einzutragen sind die Liquidatoren, auch wenn sie die bisherigen Vorstandsmitglieder sind (§ 48 I 1), sowie deren Vertretungsmacht, selbst wenn sie mit dem gesetzlichen Regelfall übereinstimmt (näher *Schwarz* NZG 02, 1033). Die Anmeldung obliegt den Vorstandsmitgliedern in vertretungsberechtigter Zahl. Gem § 48 II sind §§ 68, 70 anwendbar. Spätere Anmeldungen erfolgen durch die Liquidatoren, die auch die Beendigung der Liquidation und damit das Erlöschen des Vereins anzumelden haben. Das ist erzwingbar (§ 78). Nach § 4 II 2 Nr 2 und 3 VRV kann das Registerblatt geschlossen werden. 1

§ 77 Anmeldepflichtige und Form der Anmeldungen.
¹Die Anmeldungen zum Vereinsregister sind von Mitgliedern des Vorstands sowie von den Liquidatoren, die insoweit zur Vertretung des Vereins berechtigt sind, mittels öffentlich beglaubigter Erklärung abzugeben. ²Die Erklärung kann in Urschrift oder in öffentlich beglaubigter Abschrift beim Gericht eingereicht werden.

Die Anmeldung ist ebenso wie eine Bevollmächtigung zur Anmeldung öffentlich zu beglaubigen (§ 129). Deren Einreichung in öffentlich beglaubigter Abschrift genügt, so dass elektronische Anmeldung möglich ist (§ 39a BeurkG). Der beglaubigende Notar gilt nach § 378 II FamFG als ermächtigt, die Eintragung zu beantragen. Es genügt die Anmeldung durch eine vertretungsberechtigte Zahl von Vorstandsmitgliedern bzw Liquidatoren. Eine unter Missachtung des § 77 erfolgte Eintragung ist wirksam und unterliegt nicht der Amtslöschung nach § 395 FamFG (AnwK/*Heidel/Lochner* Rz 1). 1

§ 78 Festsetzung von Zwangsgeld.
(1) Das Amtsgericht kann die Mitglieder des Vorstands zur Befolgung der Vorschriften des § 67 Abs. 1, des § 71 Abs. 1, des § 72, des § 74 Abs. 2, des § 75 Absatz 2 und des § 76 durch Festsetzung von Zwangsgeld anhalten.
(2) In gleicher Weise können die Liquidatoren zur Befolgung der Vorschriften des § 76 angehalten werden.

Das Amtsgericht kann den Vorstand und die Liquidatoren zur Einhaltung der genannten Vorschriften durch Zwangsgeld zwingen. Gem Art 6 I EGStGB beträgt das Zwangsgeld zwischen 5 und 1.000 €. Das vom Rechtspfleger (§ 3 Nr 1a RPflG) zu führende Verfahren richtet sich nach §§ 388 ff FamFG, Rechtsmittel ist die Beschwerde (§ 391 FamFG). Adressat der Zwangsgeldfestsetzung ist der konkret zum Handeln verpflichtete Person, nicht der Verein selbst (LG Lübeck SchlHA 84, 115; MüKo/*Reuter* Rz 1). 1

§ 79 Einsicht in das Vereinsregister.
(1) ¹Die Einsicht des Vereinsregisters sowie der von dem Verein bei dem Amtsgericht eingereichten Dokumente ist jedem gestattet. ²Von den Eintragungen kann eine Abschrift verlangt werden; die Abschrift ist auf Verlangen zu beglaubigen. ³Wird das Vereinsregister maschinell geführt, tritt an die Stelle der Abschrift ein Ausdruck, an die der beglaubigten Abschrift ein amtlicher Ausdruck.
(2) ¹Die Einrichtung eines automatisierten Verfahrens, das die Übermittlung von Daten aus maschinell geführten Vereinsregistern durch Abruf ermöglicht, ist zulässig, wenn sichergestellt ist, dass
1. der Abruf von Daten die zulässige Einsicht nach Absatz 1 nicht überschreitet und
2. die Zulässigkeit der Abrufe auf der Grundlage einer Protokollierung kontrolliert werden kann.
²Die Länder können für das Verfahren ein länderübergreifendes elektronisches Informations- und Kommunikationssystem bestimmen.
(3) ¹Der Nutzer ist darauf hinzuweisen, dass er die übermittelten Daten nur zu Informationszwecken verwenden darf. ²Die zuständige Stelle hat (z. B. durch Stichproben) zu prüfen, ob sich Anhaltspunkte dafür ergeben, dass die nach Satz 1 zulässige Einsicht überschritten oder übermittelte Daten missbraucht werden.

(4) Die zuständige Stelle kann einen Nutzer, der die Funktionsfähigkeit der Abrufeinrichtung gefährdet, die nach Absatz 3 Satz 1 zulässige Einsicht überschreitet oder übermittelte Daten missbraucht, von der Teilnahme am automatisierten Abrufverfahren ausschließen; dasselbe gilt bei drohender Überschreitung oder drohendem Missbrauch.

(5) ¹Zuständige Stelle ist die Landesjustizverwaltung. ²Örtlich zuständig ist die Landesjustizverwaltung, in deren Zuständigkeitsbereich das betreffende Amtsgericht liegt. ³Die Zuständigkeit kann durch Rechtsverordnung der Landesregierung abweichend geregelt werden. ⁴Sie kann diese Ermächtigung durch Rechtsverordnung auf die Landesjustizverwaltung übertragen. ⁵Die Länder können auch die Übertragung der Zuständigkeit auf die zuständige Stelle eines anderen Landes vereinbaren.

1 Jedermann hat nach § 79 I das Recht zur Einsicht in das Vereinsregister und auf Erteilung einer (beglaubigten, Kosten: § 89 KostO) Abschrift (Einzelheiten §§ 16, 17 VRV). Außerdem besteht nach § 386 FamFG Anspruch auf ein Negativattest, also die Bescheinigung, dass weitere Eintragungen nicht vorhanden sind oder eine bestimmte Eintragung in das Register nicht erfolgt ist. Begehrt ein Dritter Einsicht in Registerakten, muss er nach § 13 II FamFG sein berechtigtes Interesse glaubhaft machen, für Beteiligte gilt § 13 I FamFG.

2 Auch in ein maschinell geführtes Register besteht ein Einsichtsrecht, die Abschrift kann idR nur von der Wiedergabe verlangt werden (§ 79 I 3–5, nähere Regeln enthalten §§ 31–32 VRV, 14 III FamFG). § 79 II-V regelt ergänzt von § 33 VRV das automatisierte Datenübermittlungsverfahren auf Abruf. Die § 79 II 2, V 5 wollen Synergieeffekte durch optionale länderübergreifende Registerführung erzielen.

Untertitel 2   Stiftungen

§ 80 Entstehung einer rechtsfähigen Stiftung.
(1) Zur Entstehung einer rechtsfähigen Stiftung sind das Stiftungsgeschäft und die Anerkennung durch die zuständige Behörde des Landes erforderlich, in dem die Stiftung ihren Sitz haben soll.

(2) Die Stiftung ist als rechtsfähig anzuerkennen, wenn das Stiftungsgeschäft den Anforderungen des § 81 Abs. 1 genügt, die dauernde und nachhaltige Erfüllung des Stiftungszwecks gesichert erscheint und der Stiftungszweck das Gemeinwohl nicht gefährdet.

(3) ¹Vorschriften der Landesgesetze über kirchliche Stiftungen bleiben unberührt. ²Das gilt entsprechend für Stiftungen, die nach den Landesgesetzen kirchlichen Stiftungen gleich gestellt sind.

1 **A. Begriff, Arten, Abgrenzung.** Die Stiftung (zur Beratungspraxis *Meyn/Timmer* AnwBl 08, 334) ist eine auf Ausstattung mit einem Vermögen angelegte, nicht in einem Personenverband bestehende selbständige juristische Person zur Erreichung eines dauernden Zwecks, der nur durch den Willen des Errichters bestimmt wird (BVerwG NJW 98, 2545, 2546). Es handelt sich um eine **verselbständigte Vermögensmasse**, eine reine Verwaltungsorganisation mit eigener Rechtspersönlichkeit aber ohne Mitglieder (BGHZ 99, 344, 350; BaRoth/*Schwarz/Backert* Rz 3). Vielmehr hat die Stiftung nur Destinatäre, denen die Vorteile der Stiftung zugute kommen sollen (näher AnwK/*Schiffer* Rz 46 ff). Der **Stiftungszweck** muss auf Dauer angelegt sein und die Individualität der Stiftung bestimmen (Erman/*Werner* Vor § 80 Rz 8; eingehend *Reuter* AcP 207, 1). Die **Organisation** ist durch den Vorstand gekennzeichnet; das **Vermögen** muss dem Stiftungszweck dauerhaft gewidmet sein und genügen, um ausreichend hohe Erträge zur Verwirklichung des Stiftungszweckes abzuwerfen (Erman/*Werner* Rz 9 f), ein geringeres Vermögen als 50.000 € genügt allein aus Effizienzgründen nur in Ausnahmefällen (vgl Palandt/*Ellenberger* Rz 5; AnwK/*Schiffer* § 81 Rz 45 ff; gegen einen Mindestbetrag zu Unrecht Erman/*Werner* Vor § 80 Rz 11; *Schwake* NZG 08, 248).

2 Von der in §§ 80–88 geregelten privatrechtlichen Stiftung ist die durch den Staat errichtete **öffentlich-rechtliche** Stiftung abzugrenzen, des Weiteren auch die **unselbständige Stiftung**, bei der es sich um die Übertragung auf einen Treuhänder handelt, der das Vermögen zum festgelegten Zweck verwaltet (zur AGB-Problematik Hamm MDR 08, 1147). Das **Sammelvermögen** entsteht durch die Veranstaltung einer Sammlung und wird von dem Veranstalter der Sammlung treuhänderisch verwaltet, wenn das Eigentum nicht bis zur zweckgerechten Verwendung bei den Spendern verbleibt (Erman/*Werner* Vor § 80 Rz 13). Zu den **Arten** der Stiftung s. AnwK/*Schiffer* Rz 51 ff, zu den kirchlichen Stiftungen nach III s. Erman/*Werner* Vor § 80 Rz 19, § 80 Rz 15.

3 **B. Stiftungsgeschäft, Anerkennung.** Das **Stiftungsgeschäft** ist ein Rechtsgeschäft unter Lebenden oder eine Verfügung von Todes wegen (§ 81 bzw § 83) und besteht in der Erklärung, eine Stiftung gründen zu wollen und nach deren Anerkennung das Gründungskapital zu leisten (Erman/*Werner* Rz 3). Für **das Anerkennungsverfahren** und die **Stiftungsaufsicht** gelten die Stiftungsgesetze der Länder (Gesetzestexte unter www.stiftungen.org). Die Anerkennung erfolgt durch Verwaltungsakt und wirkt konstitutiv. Zuständig ist die durch Landesrecht bestimmte Behörde.

Es besteht ein **Rechtsanspruch** auf Anerkennung der Stiftung, wenn sie den Anforderungen des § 81 genügt (s.a. § 83). Die Prognose muss ergeben, dass die dauernde und nachhaltige Erfüllung des Stiftungszwecks durch ein hinreichendes Vermögen (Rn 1) gesichert ist. Der Stiftungszweck darf das **Gemeinwohl** nicht gefährden (krit *Muscheler* NJW 03, 3161), va nicht Verfassungsrechtsgüter (BVerwG NJW 98, 2545), nicht gegen ein gesetzliches Verbot, die guten Sitten oder die Menschenwürde verstoßen (Erman/*Werner* Rz 12). Der Kreis der Destinatäre darf aber nach Geschlecht und Religion abgegrenzt werden (Palandt/*Ellenberger* Rz 6). Die Genehmigung der Stiftung kann zurückgenommen werden, wenn der Stifter sie durch arglistige Täuschung erwirkt hat (BayVGH BayVBl 06, 149). 4

§ 81 Stiftungsgeschäft. (1) ¹Das Stiftungsgeschäft unter Lebenden bedarf der schriftlichen Form. ²Es muss die verbindliche Erklärung des Stifters enthalten, ein Vermögen zur Erfüllung eines von ihm vorgegebenen Zweckes zu widmen. ³Durch das Stiftungsgeschäft muss die Stiftung eine Satzung erhalten mit Regelungen über
1. den Namen der Stiftung,
2. den Sitz der Stiftung,
3. den Zweck der Stiftung,
4. das Vermögen der Stiftung,
5. die Bildung des Vorstands der Stiftung.
⁴Genügt das Stiftungsgeschäft den Erfordernissen des Satzes 3 nicht und ist der Stifter verstorben, findet § 83 Satz 2 bis 4 entsprechende Anwendung.
(2) ¹Bis zur Anerkennung der Stiftung als rechtsfähig ist der Stifter zum Widerruf des Stiftungsgeschäfts berechtigt. ²Ist die Anerkennung bei der zuständigen Behörde beantragt, so kann der Widerruf nur dieser gegenüber erklärt werden. ³Der Erbe des Stifters ist zum Widerruf nicht berechtigt, wenn der Stifter den Antrag bei der zuständigen Behörde gestellt oder im Falle der notariellen Beurkundung des Stiftungsgeschäfts den Notar bei oder nach der Beurkundung mit der Antragstellung betraut hat.

Das Stiftungsgeschäft bedarf der **Schriftform** (§ 126), wenn Grundstücke übertragen werden sollen, der Form entspr § 311b I (aA Erman/*Werner* Rz 4). Es handelt sich um eine einseitige, nicht empfangsbedürftige Willenserklärung. Inhalt muss zum einen die verbindliche Erklärung des Stifters sein, der Stiftung bestimmtes **Vermögen zu übertragen**, die nicht anerkannt ist. Die **Satzung** muss die Stiftungsverfassung festlegen (zur Gestaltung *Fischer/Ihle* DStR 08, 1692), und als Mindestinhalt Namen, Sitz, Zweck, Vermögen sowie die Art und Weise der Bildung des Vorstandes regeln. Die Satzung kann weitere Regelungen enthalten, etwa der Stiftung besondere Organe geben oder Grundsätze der Vermögensverwaltung (AnwK/*Schiffer* Rz 60 ff) sowie den Anfallberechtigten (§ 88) bestimmen. 1

Der Stifter kann nach II das Stiftungsgeschäft bis zur Anerkennung der Stiftung durch einseitige, nicht empfangsbedürftige Erklärung **widerrufen**. Ist die Anerkennung beantragt, kann der Widerruf nur ggü der Anerkennungsbehörde erfolgen. Nach dem Tod des Stifters kann grds dessen Erbe widerrufen, allerdings nicht wenn der Stifter bereits den Antrag auf Anerkennung gestellt oder den beurkundenden Notar damit beauftragt hatte. **Zuwendungen** an Destinatäre sind keine Schenkungen (BGH NZG 09, 1433). 2

§ 82 Übertragungspflicht des Stifters. ¹Wird die Stiftung als rechtsfähig anerkannt, so ist der Stifter verpflichtet, das in dem Stiftungsgeschäft zugesicherte Vermögen auf die Stiftung zu übertragen. ²Rechte, zu deren Übertragung der Abtretungsvertrag genügt, gehen mit der Anerkennung auf die Stiftung über, sofern nicht aus dem Stiftungsgeschäft sich ein anderer Wille des Stifters ergibt.

Mit Anerkennung der Stiftung entsteht ein Anspruch der Stiftung auf Übertragung des zugesagten Vermögens. Rechte, die nach §§ 398, 413 übertragen werden, gehen kraft Gesetzes auf die Stiftung über. Andere Rechte, insb Eigentumsrechte, müssen der Stiftung vertreten durch ihren Vorstand übertragen werden (§§ 929, 873, 925). Unentgeltliche Zuwendungen an Stiftungen sind Schenkungen, die Pflichtteilsergänzungsansprüche nach §§ 2325, 2329 auslösen können (BGH NJW 04, 1382). 1

§ 83 Stiftung von Todes wegen. ¹Besteht das Stiftungsgeschäft in einer Verfügung von Todes wegen, so hat das Nachlassgericht dies der zuständigen Behörde zur Anerkennung mitzuteilen, sofern sie nicht von dem Erben oder dem Testamentsvollstrecker beantragt wird. ²Genügt das Stiftungsgeschäft nicht den Erfordernissen des § 81 Abs. 1 Satz 3, wird der Stiftung durch die zuständige Behörde vor der Anerkennung eine Satzung gegeben oder eine unvollständige Satzung ergänzt; dabei soll der Wille des Stifters berücksichtigt werden. ³Als Sitz der Stiftung gilt, wenn nicht ein anderes bestimmt ist, der Ort, an welchem die Verwaltung geführt wird. ⁴Im Zweifel gilt der letzte Wohnsitz des Stifters im Inland als Sitz.

Das Stiftungsgeschäft kann in einem Testament oder Erbvertrag mit einer Zuwendung durch Erbeinsetzung, Vermächtnis oder Auflage bestehen. Erbe oder Testamentsvollstrecker haben die Anerkennung zu beantragen, 1 hilfsweise teilt das Nachlassgericht das Stiftungsgeschäft der zuständigen Behörde mit. Die Verfügung von Todes wegen muss die Stiftungssatzung enthalten. Fehlt es daran oder an anderen Erfordernissen des § 81 I 3, gibt die zuständige Behörde der Stiftung unter Berücksichtigung des Stifterwillens eine Satzung bzw ergänzt sie. Unverzichtbar ist, dass der Erblasser wenigstens den Zweck der Stiftung deutlich gemacht und eine Vermögenszusage gegeben hat (AnwK/*Schiffer* Rz 7).

§ 84 Anerkennung nach Tod des Stifters. Wird die Stiftung erst nach dem Tode des Stifters als rechtsfähig anerkannt, so gilt sie für die Zuwendungen des Stifters als schon vor dessen Tod entstanden.

1 Die Vorschrift erweitert die Erbfähigkeit der Stiftung, indem sie die Rechtsfähigkeit der Stiftung zZt des Erbfalls fingiert, wenn sie Stiftung erst nach dem Tod des Erblassers anerkannt wird. § 84 ist auf ausländische Stiftungen (München NZG 09, 917, 919) anwendbar. Ebenso auf Stiftungen unter Lebenden, dann gilt der Anspruch auf das im Stiftungsgeschäft zugesagte Vermögen als schon vor dem Tod des Stifters entstanden (AnwK/*Schiffer* Rz 4).

§ 85 Stiftungsverfassung. Die Verfassung einer Stiftung wird, soweit sie nicht auf Bundes- oder Landesgesetz beruht, durch das Stiftungsgeschäft bestimmt.

1 Das Stiftungsgeschäft bestimmt die **Satzung** als Teil der Stiftungsverfassung (rechtlichen Grundordnung), die auch durch das Bundes- und Landesrecht sowie Richterrecht bestimmt wird (Erman/*Werner* Rz 2). Für die **Auslegung** ist der Stifterwille maßgebend, sie ist revisibel (BGH NJW 94, 184 f). Der Stifter kann die Auslegung auf die Aufsichtsorgan oder die Aufsichtsbehörde übertragen (Erman/*Werner* Rz 3).
2 **Satzungsänderungen** bedürfen der Anerkennung durch die Aufsichtsbehörde; sie sind zulässig, wenn sie in der Satzung oder in den Stiftungsgesetzen vorgesehen sind (Erman/*Werner* Rz 4 f; AnwK/*Schiffer* Rz 3). Sie müssen dem erklärten oder mutmaßlichen Stifterwillen entspr (BGHZ 99, 344, 348).
3 Die Satzung kann den **Destinatären** (Nutznießern der Stiftung) ein Recht auf Stiftungsleistungen einräumen. Das setzt aber voraus, dass die Stiftungsurkunde bestimmte objektive Merkmale enthält, durch deren Erfüllung die Eigenschaft eines Destinatärs unmittelbar erworben wird, ohne dass den Stiftungsorganen noch die Möglichkeit einer Auswahl gelassen ist (BGHZ 99, 344, 355). Sollen die Destinatäre durch Stiftungsorgane oder Dritte ausgewählt werden, fehlt es an einem solchen Anspruch (Erman/*Werner* Rz 7).

§ 86 Anwendung des Vereinsrechts. ¹Die Vorschriften der §§ 26 und § 27 Absatz 3 und der §§ 28 bis 31a und 42 finden auf Stiftungen entsprechende Anwendung, die Vorschriften des § 26 Absatz 3 Satz 1, des § 27 Absatz 3 und des § 28 jedoch nur insoweit, als sich nicht aus der Verfassung, insbesondere daraus, dass die Verwaltung der Stiftung von einer öffentlichen Behörde geführt wird, ein anderes ergibt. ²Die Vorschriften des § 26 Absatz 2 Satz 2 und des § 29 finden auf Stiftungen, deren Verwaltung von einer öffentlichen Behörde geführt wird, keine Anwendung.

1 Die Vorschrift verweist auf Teile des **Vereinsrecht**s, bei deren Anwendung die andersartige Struktur der Stiftung zu beachten ist.
2 Der **Vorstand** ist notwendiges Organ der Stiftung, der sie gerichtlich und außergerichtlich vertritt (§ 26 I). Die **Vertretungsmacht** kann mit Außenwirkung beschränkt werden (§ 26 I 3). Mangels eines Stiftungsregisters müssen Dritte nur ihnen bekannte oder evidente Beschränkungen gegen sich gelten lassen. Die hM will dagegen Beschränkungen auch ggü gutgläubigen Dritten gelten lassen (Palandt/*Heinrichs/Ellenberger* Rz 1). Nach ihr ergibt sich eine Beschränkung der Vertretungsmacht auch schon aus dem Stiftungszweck (BGH NJW 57, 708; Palandt/*Heinrichs/Ellenberger* Rz 1), nach der Gegenansicht müssen Beschränkungen der Vertretungsmacht in der Satzung eindeutig geregelt sein (MüKo/*Reuter* Rz 7; Staud/*Rawert* Rz 8). Bei Zweifeln über die Vertretungsmacht sollte sich der Geschäftspartner eine von der Aufsichtsbehörde für den Vorstand ausgestellte Vertretungsbescheinigung vorlegen lassen. Zwischen Stiftung und Vorstand gilt Auftragsrecht (§ 27 III; zur Corporate Governance *Steuber* DStR 06, 1182); zur Vorstandshaftung und deren Begrenzung nach § 31a *Sobotta/von Cube* DB 09, 2082; *Werner* ZEV 09, 366; *Kiethe* NZG 07, 810; auf die Beschlussfassung findet § 28 Anwendung. Notbestellung des Vorstands ist möglich (§ 29). Die Stiftung kann besondere Organe haben (§ 30) und haftet für ihre Organe nach § 31. § 27 I, II ist nicht anwendbar, weil die Bildung des Vorstands durch die Satzung zu regeln ist.
3 Bei Verwaltung der Stiftung durch öffentliche Behörden gelten statt der §§ 26 II 2, 27 III, 28, 29 öffentlich-rechtliche Regeln. Bei Insolvenz der Stiftung gilt § 42, insb wird sie mit Eröffnung des Insolvenzverfahrens oder deren Ablehnung mangels Masse aufgelöst (§ 42 I 1) (zur Insolvenz näher AnwK/*Schiffer* Rz 10 ff).

§ 87 Zweckänderung; Aufhebung. (1) Ist die Erfüllung des Stiftungszwecks unmöglich geworden oder gefährdet sie das Gemeinwohl, so kann die zuständige Behörde der Stiftung eine andere Zweckbestimmung geben oder sie aufheben.

(2) Bei der Umwandlung des Zweckes soll der Wille des Stifters berücksichtigt werden, insbesondere soll dafür gesorgt werden, dass die Erträge des Stiftungsvermögens dem Personenkreis, dem sie zustatten kommen sollten, im Sinne des Stifters erhalten bleiben. Die Behörde kann die Verfassung der Stiftung ändern, soweit die Umwandlung des Zweckes es erfordert.
(3) Vor der Umwandlung des Zweckes und der Änderung der Verfassung soll der Vorstand der Stiftung gehört werden.

Die Erfüllung des Stiftungszwecks wird **unmöglich**, wenn das Stiftungsvermögen verloren ist, die Zweckerfüllung verboten wird oder die Destinatäre weggefallen sind (AnwK/*Schiffer* Rz 2 ff). Zur **Gemeinwohlgefährdung** s. § 80 Rn 4. Die behördlichen Maßnahmen sind **subsidiär** und kommen nur in Betracht, wenn die Stiftung ihre Satzung nicht von sich aus ändert (Erman/*Werner* Rz 2). Nach dem Verhältnismäßigkeitsprinzip setzt die Aufhebung voraus, dass die Umwandlung des Zwecks ausscheidet (Erman/*Werner* Rz 4). Vor der Entscheidung über die Aufhebung oder Umwandlung muss der Vorstand gehört werden (§ 28 VwVfG). Gegen die Entscheidung ist der Verwaltungsrechtsweg mit der Anfechtungsklage eröffnet (§ 42 VwGO). **Weitere Auflösungsgründe** sind in den Landesstiftungsgesetzen geregelt, zB die Zusammenlegung (AnwK/ *Schiffer* Rz 14 ff). In Betracht kommen außerdem: Insolvenz (§§ 86 1, 42), Zeitablauf, Eintritt einer auflösenden Bedingung, Beschl des satzungsgemäß zuständigen Organs (Kobl NZG 02, 135). Die missbräuchliche Verwendung des Stiftungsvermögens führt nicht zur Auflösung, rechtfertigt aber ein Einschreiten der Aufsichtsbehörde (BGH WM 66, 221, 223 f). Zur Rücknahme der Genehmigung s. § 80 Rn 4. 1

2

§ 88 Vermögensanfall. ¹Mit dem Erlöschen der Stiftung fällt das Vermögen an die in der Verfassung bestimmten Personen. ²Fehlt es an einer Bestimmung der Anfallberechtigten, so fällt das Vermögen an den Fiskus des Landes, in dem die Stiftung ihren Sitz hatte, oder an einen anderen nach dem Recht dieses Landes bestimmten Anfallberechtigten. ³Die Vorschriften der §§ 46 bis 53 finden entsprechende Anwendung.

Wird die Stiftung aufgelöst (§ 87 Rn 1, 2), fällt das Vermögen an die in der Satzung bestimmten Personen, bei fehlender Satzungsregelung an den Fiskus oder aufgrund landesgesetzlicher Regelung an einen anderen Anfallberechtigten (zB Kommune, Kirche). Steuerrechtlich die Gemeinnützigkeit der Stiftung setzt die Gemeinnützigkeit der Anfallberechtigten voraus (Vermögensbindung nach § 55 I Nr 4, III AO). Beim Anfall an den Fiskus findet Gesamtrechtsnachfolge statt (§ 46). Fällt das Vermögen anderen Personen zu, bedarf es einer Liquidation und der anschließenden Einzelübertragung des Liquidationserlöses (§§ 47–53). 1

Untertitel 3   Juristische Personen des öffentlichen Rechts

§ 89 Haftung für Organe; Insolvenz. (1) Die Vorschrift des § 31 findet auf den Fiskus sowie auf die Körperschaften, Stiftungen und Anstalten des öffentlichen Rechts entsprechende Anwendung.
(2) Das Gleiche gilt, soweit bei Körperschaften, Stiftungen und Anstalten des öffentlichen Rechts das Insolvenzverfahren zulässig ist, von der Vorschrift des § 42 Abs. 2.

A. Anwendungsbereich. Fiskus ist der privatrechtlich handelnde Staat (Bund und Länder). Öffentlich-rechtliche **Körperschaften** sind mitgliedschaftlich strukturierte rechtsfähige Verbände, va die Gebietskörperschaften (Bund, Länder, Landkreise, Gemeinden), die Kirchen, Hochschulen, Kammern (IHK, Handwerks-, Rechtsanwalts- und Ärztekammern) und Sozialversicherungsträger (Krankenkassen, Berufsgenossenschaften, Rentenversicherung). **Anstalt** ist ein rechtsfähiger Bestand von persönlichen und sachlichen Mitteln, die einem besonderen Zweck gewidmet sind. Sie hat keine Mitglieder, sondern Benutzer. Bsp: kommunale Sparkassen, Rundfunkanstalten. **Stiftungen** sind vom Staat oder anderen Verwaltungsträgern einem bestimmten öffentlichen Zweck gewidmete rechtsfähige Vermögensmassen, zB die Stiftung Preußischer Kulturbesitz. 1

B. Haftungssystem. Bei **hoheitlichem** Handeln (§ 839 Rn 19) haftet die juristische Person nach § 839 iVm Art 34 GG, der Handelnde haftet idR nicht, weil Art 34 GG seine Haftung ausschließt. Bei **privatrechtlichem Handeln** gilt § 89, so dass die juristische Person für Vertragsverletzungen und unerlaubte Handlungen verfassungsmäßig berufener Vertreter nach §§ 89, 31 iVm mit der jeweiligen Anspruchsgrundlage haftet. Für andere Personen gelten §§ 278, 831. Die Handelnden selbst haften nicht für Vertragsverletzungen. Bei unerlaubten Handlungen haften Beamte (§ 839 Rn 11) nach § 839, Nichtbeamte nach §§ 823 ff. Für die **Abgrenzung** zwischen hoheitlichem und privatrechtlichem Handeln kommt es darauf an, ob die Körperschaft in privatrechtlicher oder öffentlichrechtlicher Form handelt (§ 839 Rn 11, 19; AnwK/*Schiffer* Rz 8) 2

C. Verfassungsmäßig berufene Vertreter. Der **Begriff** ist wie bei § 31 weit auszulegen (§ 31 Rn 3) und erfasst jede Person, der durch Organisationsnormen der juristischen Person bestimmte eigenverantwortlich zu erledigende Aufgaben übertragen sind (RGZ 157, 228, 237). Fehlt es an einer satzungsmäßigen Grundlage, 3 kann der Bedienstete aber gleichwohl unter §§ 30, 31 fallen, wenn die **Repräsentantenhaftung** (§ 31 Rn 3) eingreift. Ob ein Amtsträger die Behörde repräsentiert, entscheidet die Verkehrsanschauung (BaRoth/ *Schwarz/Backert* Rz 20). Zur Organleihe s. BGH VersR 06, 803. Die Lehre vom **Organisationsmangel** (§ 31 Rn 6) gilt ebenfalls.

4 **Beispiele** (Soergel/*Hadding* Rz 55 ff): **Bund, Länder und Gemeinden:** Bürgermeister, Stadtdirektor, Intendant des Stadttheaters, Liegenschaftsbeamter mit allg Vertragsabschlussvollmacht, Landrat, Oberförster, LG- und OLG-Präsident, Schulleiter; **Kirche:** Pfarrer, Gemeinderats- und Kirchenvorstandsmitglieder; **Krankenhaus:** Chefarzt (BGH NJW 87, 2925); Belegarzt ausnahmsweise, wenn er zugleich Geschäftsführer ist (Frankf MedR 06, 294) **Sparkassen:** Vorstände, Zweigstellenleiter.

5 Handeln außerhalb des **Zuständigkeitsbereichs** führt bei juristischen Personen des öffentlichen Rechts zur Unwirksamkeit des Rechtsgeschäfts und schließt damit eine Anwendung des § 89 aus (BaRoth/*Schwarz/Backert* Rz 21). Bei bloßen Überschreitungen der Vertretungsmacht kommt § 89 dagegen in Betracht, so haftet eine Gemeinde für Betrugshandlungen des Bürgermeisters, die gerade darin bestanden, dass er die nach der Gemeindeordnung fehlende rechtliche Verbindlichkeit der allein von ihm abgegebenen Erklärungen vorspiegelt (BGH NJW 86, 2939; näher BaRoth/*Schwarz/Backert* Rz 22).

6 **D. Insolvenz.** Für Bund und Länder ist das Insolvenzverfahren ausgeschlossen (§ 12 I Nr 1 InsO), für andere juristische Personen des öffentlichen Rechts dann, wenn das Landesrecht es vorsieht (§ 12 I Nr 2 InsO), was meistens der Fall ist. Nur für die übrigen juristischen Personen des öffentlichen Rechts hat daher die Verweisung auf die Insolvenzantragspflicht des § 42 II Bedeutung.

Abschnitt 2   Sachen und Tiere

§ 90 Begriff der Sache. Sachen im Sinne des Gesetzes sind nur körperliche Gegenstände.

1 **A. Normzweck.** Der Begriff der Sache ist maßgebend dafür, woran Eigentum, ein beschränkt dingliches Recht oder Besitz bestehen kann. Die Legaldefinition gilt uneingeschränkt für das 3. Buch des BGB. Außerhalb des Sachenrechts, (zB §§ 119 II, 434, 598, 607) und im Handelsrecht wird der Sachbegriff zT auch auf unkörperliche Sachen erstreckt. Auch im öffentlichen Recht ist der Begriffsinhalt eigenständig nach dem Normzweck zu bestimmen.

2 **B. Begriffsbestimmung. I. Körperliche Gegenstände.** Körperlichkeit erfordert **räumliche Abgrenzung** und **Beherrschbarkeit** des Gegenstands. Maßgebend ist die Verkehrsanschauung. Die Abgrenzung kann von Natur aus bestehen oder durch die Fassung in einem Behältnis bzw Hilfsmittel wie Grenzsteine oder die Einzeichnung in Karten, Katastern oder Plänen erfolgen. Keine Sachen sind Luft im Raum, fließendes Wasser, Grundwasser und Schnee. Auch eine Umformung wie bei einer gespurten Langlaufloipe, soll diese mangels Abgrenzung nicht zur Sache machen (zw BayObLG NJW 80, 132; MüKo/*Holch* Rz 8; offen BGH NJW-RR 89, 673). Ein Meeresstrand ist dann als körperliche Sache anzusehen, wenn er vor seiner naturbedingten Umwandlung eines Dünengrundstücks in Privateigentums stand (Schlesw NJW-RR 03, 1170, 1171). Sacheigenschaft ist unabhängig vom Aggregatzustand, flüssige oder gasförmige Substanzen fallen hierunter, sofern sie zB durch Rohrleitungen oder Staubecken abgegrenzt sind.

3 **II. Nicht körperliche Gegenstände.** Nicht erfasst werden Energien wie Elektrizität, Wärme. Hieran ist Eigentum oder Besitz nicht begründbar. Die durch technische Anlagen gewonnene Wind- und Sonnenenergie kann aber Gegenstand von Rechtsgeschäften sein (BGH NJW-RR 93, 1160). Nicht unter den Sachbegriff fallen weiter Immaterialgüterrechte, wie Patent, Gebrauchs-, Geschmacksmuster und Marke, das Urheberrecht, das Namensrecht, die Firma sowie die sonstigen Vermögensrechte, Forderungen, Gestaltungsrechte etc.

4 **III. Sach- und Rechtsgesamtheiten.** In einer Sachgesamtheit sind mehrere selbständige Sachen zu einem gemeinsamen wirtschaftlichen Zweck verbunden, zB einem Warenlager (s. § 92 II). Die Sachgesamtheit ist keine Sache iSd § 90. Die einzelnen Sachen bleiben rechtlich selbständig, nur an ihnen können dingliche Rechte begründet werden. Gleiches gilt für Sach- und Rechtsgesamtheiten wie das Unternehmen, den Kundenstamm oder „good will" eines Handelsgeschäfts und reine Rechtsgesamtheiten wie das Vermögen. Die Gesamtheit selbst ist kein Verfügungsgegenstand, sondern kann nur Gegenstand schuldrechtlicher Vereinbarungen sein (BaRoth/*Fritzsche* Rz 21).

5 **IV. Problemfälle. 1. Software.** Computerprogramme, Daten und Informationen sind nach hL keine Sache, sondern das Ergebnis einer geistigen Schöpfung des Urhebers und damit ein Immaterialgut (*Redeker* NJW 92, 1739; *Junker* NJW 93, 824; BaRoth/*Fritzsche* Rz 25; aA *König* NJW 93, 3124; Erman/*Michalski* Rz 3). Der BGH bejaht die Sacheigenschaft jedenfalls bei Verkörperung in einem Datenträger (BGHZ 102, 135, 144; NJW 93, 2436; aA *Müller-Hengstenberg* NJW 94, 3128; BaRoth/*Fritzsche* Rz 26). Seit der Neufassung des § 453 hat dieser Streit keine Auswirkungen mehr, soweit es um die Überlassung von Computerprogrammen

gegen einmaliges Entgelt geht. Kaufrecht findet auch bei Überspielen des Programms auf Festplatte (Download) entspr Anwendung (BGHZ 109, 97; *Kort* DB 94, 1505). Bei Überlassung auf Zeit sind die Regeln über Miete bzw Pacht entspr anwendbar (BGH NJW 00, 1415). Zur Pfändung von Software *Franke* MDR 96, 236.

2. Der Körper des Menschen. Der lebende Mensch ist kein Rechtsobjekt, sondern nach § 2 Rechtssubjekt. 6
Abgetrennte Körperteile wie Haare, gespendetes Blut, Sperma oder entnommene Organe werden zu beweglichen Sachen, es sei denn, sie sind zur Bewahrung von Körperfunktionen oder zur Wiedereingliederung in den Körper bestimmt (Eigenblutspende, eingefrorenes Sperma, zur Befruchtung entnommene Eizelle), dann bilden sie auch während der Trennung weiter eine funktionale Einheit mit dem Körper (BGHZ 124, 52, krit *Laufs/Reiling* NJW 94, 774; *Taupitz* NJW 95, 745, *Nixdorf* VersR 95, 740). Dies erscheint konstruiert (so auch MüKo/*Holch* Rz 28). Mit der Trennung handelt es sich um Sachen, die analog § 953 in das Eigentum des bisherigen Trägers fallen. Über abtrennbare Körperteile sind in den Grenzen des § 138 Rechtsgeschäfte zulässig. Mit dem Körper nicht fest verbundene künstliche Körperteile wie Prothesen, Gebisse und erst recht Hilfsmittel wie Brillen, Hörgeräte oder Perücken bleiben bewegliche Sachen, sind nach § 811 Nr 12 ZPO aber unpfändbar. Künstliche Körperteile verlieren ihre Sacheigenschaft und werden Bestandteil des Körpers, wenn sie mit ihm fest verbunden werden, wie zB Herzschrittmacher, Zahnplomben. An ihnen soll nach dem Tod des Trägers ein Aneignungsrecht der Erben bestehen (LG Mainz MedR 84, 200, *Brandenburg* JuS 84, 48; Palandt/*Heinrichs* Rz 3; aA *Gropp* JR 85, 183). Richtiger erscheint, sie als Teil der Leiche anzusehen, bei das Bestimmungsrecht hinsichtlich der Bestattung, Organentnahme oder Sektion den nächsten Angehörigen zusteht (Totensorgerecht, § 2 FeuerbestattungsG). Erst nach Erlöschen des postmortalen Persönlichkeitsrechts, für das die in den Friedhofsordnungen niedergelegte Mindestruhe als Maßstab dienen kann, unterliegen die sterblichen Überreste der Aneignung (Staud/*Dilcher* Rz 23; MüKo/*Holch* Rz 31). Der Inhaber des Persönlichkeitsrechts kann Anordnungen zur Verwendung seines Leichnams, etwa für anatomische Zwecke oder zur Konservierung treffen (krit dazu *Benda* NJW 00, 1769 – Körperwelten). Zur Organentnahme aus dem Körper eines Toten § 3 TPG (BGBl I 97 2631). Zur Organentnahme aus dem Körper lebender Spender § 8 TPG.

§ 90a Tiere. ¹Tiere sind keine Sachen. ²Sie werden durch besondere Gesetze geschützt. ³Auf sie sind die für Sachen geltenden Vorschriften entsprechend anzuwenden, soweit nicht etwas anderes bestimmt ist.

A. Normzweck. Die durch das Gesetz zur Verbesserung der Rechtsstellung des Tieres vom 20.8.90 (BGBl I 1
1762) geschaffene Vorschrift will die formale Gleichstellung des Tieres mit der Sache beseitigen um der gesellschaftlichen Anschauung, dass Tiere Mitgeschöpfe und schmerzempfindliche Wesen sind, Rechnung zu tragen. Durch die entspr Anwendung der für Sachen geltenden Regelungen hat sich ggü dem vorherigen Rechtszustand nichts geändert. Es handelt sich lediglich um ein ethisches Bekenntnis zum Tierschutz wie es bereits § 1 TierSchG und die Aufnahme des Staatsziels „Tierschutz" in Art 20a GG beinhalten.

B. Regelungsgehalt. 2 hat keinen Regelungsgehalt, sondern verweist nur auf die ohnehin bestehende Geltung der Tierschutzgesetze. Hierzu zählen auch die ebenfalls neu eingefügten §§ 251 II 2, 903 2 sowie die §§ 765a I 2 u 811c I ZPO. 3 Hs 1 stellt klar, dass Tiere trotz 1 keine Rechtssubjekte sind, sondern als Rechtsobjekte weiterhin Gegenstand von Rechtsgeschäften sein können. Dementsprechend sind sie im Falle der Scheidung wie Hausrat zu behandeln. Eine Umgangsregelung analog § 1684 ist nicht möglich (Schlesw NJW 98, 3127; aA AG Bad Mergentheim NJW 97, 3033). 3 Hs 2 stellt fest, dass anderweitige Bestimmungen, wie sie sich schon vor Schaffung der Vorschrift in §§ 98, 833 f, 960–964 fanden, Vorrang haben. Will man den mit der Vorschrift gewünschten Schutz nicht konterkarieren, dürfte trotz des strafrechtlichen Analogieverbots des Art 103 II GG Diebstahl und (Sach)beschädigung von Tieren weiterhin strafbar sein (dazu *Küper* JZ 93, 435; *Graul* JuS 00, 215).

§ 91 Vertretbare Sachen. Vertretbare Sachen im Sinne des Gesetzes sind bewegliche Sachen, die im Verkehr nach Zahl, Maß oder Gewicht bestimmt zu werden pflegen.

A. Begriff und Bedeutung. Die Vorschrift definiert etwas antiquiert die vertretbare Sache. Eine bewegliche 1
Sache ist vertretbar, wenn sie sich von anderen Sachen der gleichen Art nicht durch ausgeprägte Individualisierungsmerkmale abhebt und deshalb von anderen Sachen dieser Art ohne weiteres ersetzt werden kann (BGH NJW 66, 2307; 85, 2403). Nicht vertretbar sind dagegen Sachen, die speziell auf die Wünsche des *Bestellers* ausgerichtet sind. Der Unterschied zur Gattungsschuld nach § 243 besteht darin, dass es für die Vertretbarkeit nur auf die Verkehrsanschauung, also auf rein objektive Kriterien ankommt, während die Festlegung der Gattung der Parteivereinbarung unterliegt. Regelmäßig werden jedoch Gattungsschulden durch die Leistung vertretbarer Sachen erfüllt (MüKo/*Holch* Rz 7).

Bedeutsam ist die Unterscheidung va im Schuldrecht. Bei Untergang einer vertretbaren Sache ist idR Natural- 2
restitution durch Lieferung einer anderen Sache möglich, bei unvertretbaren Sachen dagegen nicht (BGH NJW 85, 2413). Das Sachdarlehen (§ 607), der Werklieferungsvertrag (§ 651 I 3) die Verwahrung (§ 700) und die Anweisung (§ 783) setzen eine vertretbare Sache voraus. Weiterhin verwendet das Gesetz den Begriff bei

Gesellschafterbeiträgen (§ 706 II), Handels- (§ 363 I HGB), Kommissions- (§ 406 II HGB) und Lagergeschäften (§ 469 I HGB). Die Klage im Urkundsprozess (§ 592 ZPO) und eine Herausgabevollstreckung (§ 884 ZPO) sind nur bei vertretbaren Sachen möglich. Ein Grundurteil (§ 304 ZPO) kommt nur bei Leistung einer vertretbaren Sache in Betracht (BGH NJW 75, 1968).

3 **B. Beispiele aus der Rspr.** Vertretbar sind Geld (vgl §§ 607, 783) und Wertpapiere sowie sämtliche Neuwaren aus einer Serienproduktion, zB Kraftfahrzeuge (München DAR 64, 189), Möbel (BGH NJW 71, 1793), Maschinen wie Wärmepumpen (Hamm BB 86, 555) oder Windkraftanlagen (LG Flensburg WM 00, 2113), Baustoffe (BGH NJW-RR 96, 837), landwirtschaftliche Produkte, Bier einer bestimmten Brauerei (München OLGZ 73, 455) und Wein eines Jahrgangs, einer Rebsorte, Lage und Qualitätsstufe (BGH NJW 85, 2403). Die Anpassung an Wünsche des Bestellers zB die Anfertigung eines Bezugsstoffes (Karlsr BB 88, 1209) ändert an der Vertretbarkeit nichts, solange dies im Serienprogramm des Herstellers vorgesehen ist.

4 **Nicht vertretbar** sind Grundstücke und bewegliche Sachen, die Grundstücksbestandteil geworden sind (LG Weiden NJW-RR 97, 1119), Eigentumswohnungen (BGH NJW 95, 588), Tiere, soweit sie nicht in Massen verkauft werden, Sonderanfertigungen und Kunstwerke. Trotz der Vielzahl wertet die Rspr auch Werbeprospekte (BGH NJW 66, 2307) und Werbematerial (BGH DB 81, 313) für ein bestimmtes Unternehmen als unvertretbar. Unvertretbar ist hier jedoch nur die Gruppe, nicht das einzelne Stück. Weiterhin sind alle gebrauchten Sachen unvertretbar, da jedes Stück einen anderen Zustand aufweist. Bei einer aus Serienteilen bestehenden Sachgesamtheit (zB Einbauküche), handelt es sich jedenfalls dann um eine unvertretbare Sache, wenn diese individuell angepasst und eingebaut wird (BGH NJW-RR 90, 787; KG NJW-RR 96, 1010).

§ 92 Verbrauchbare Sachen.
(1) Verbrauchbare Sachen im Sinne des Gesetzes sind bewegliche Sachen, deren bestimmungsmäßiger Gebrauch in dem Verbrauch oder in der Veräußerung besteht. (2) Als verbrauchbar gelten auch bewegliche Sachen, die zu einem Warenlager oder zu einem sonstigen Sachinbegriff gehören, dessen bestimmungsmäßiger Gebrauch in der Veräußerung der einzelnen Sachen besteht.

1 **A. Begriff und Bedeutung.** Eine bewegliche Sache ist dann verbrauchbar, wenn es sich um tatsächlich verbrauchbare Sachen handelt, deren Gebrauch wie bei Nahrungsmitteln gerade im Verbrauch liegt. Daneben sind im Rechtssinne verbrauchbar auch solche Sachen, die zur Veräußerung bestimmt sind. Hierunter fallen Geld und Wertpapiere, soweit sie nicht zur Kapitalanlage dienen (Staud/*Dilcher* Rz 2). Bei diesen Sachen führt der Verbrauch für den Verbraucher nicht zu einer Wertvernichtung, sondern nur zu einem Wertverlust beim Verbraucher. Die Fiktion in II erweitert die Verbrauchbarkeit auf Bestandteile eines Warenlagers oder einer anderen Sachgesamtheit. Anders als bei I, wo sich die Verbrauchbarkeit objektiv nach der Zweckbestimmung bestimmt, welche die Verkehrsanschauung einer Sache beimisst, können bei II alle Sachen erfasst werden, sofern der Berechtigte subjektiv den Zweck verfolgt, diese zu veräußern.

2 Das Gesetz verwendet den Begriff in Gesellschafterbeiträgen (§ 706 II), bei Hinterlegung von Inhaberpapieren (§§ 1814 2, 2116 I 2) und bei der Pflichtteilsergänzung (§ 2325 II 1). Praktische Bedeutung hat der Begriff va für den Nießbrauch an verbrauchbaren Sachen. Hier ist der Nutzungsberechtigte idR zum Verbrauch der Sache berechtigt, hat aber nach Beendigung des Nießbrauchs Wertersatz zu leisten (§§ 1067, 1075 II, 1084, 1086 2). Da die Sachen nach ihrem Gebrauch nicht in unverändertem Zustand oder (bei Geld) identisch zurückgegeben werden können, kommen sie als Gegenstand von Leihe oder Miete nicht in Betracht (MüKo/*Holch* Rz 6), vielmehr wird zumeist ein Sachdarlehen (§ 607) vorliegen.

3 **B. Beispiele aus der Rspr.** Tatsächlich verbrauchbare Sachen sind zB alle Lebensmittel, Arzneimittel, Brennmaterial und Treibstoffe. Nicht hierunter fallen Sachen wie Kleidungsstücke, die durch den Gebrauch abgenutzt, aber nicht vollständig verbraucht werden. Dennoch kann nicht allein darauf abgestellt werden, ob der Verbrauch die Sache zurücklässt, da nach der Verkehrsanschauung auch nur einmal benutzbare Sachen verbrauchbar sind, zB Papiertaschentücher (BaRoth/*Fritzsche* Rz 5). Die Sicherungsübereignung verbrauchbarer Sachen ist möglich (BGHZ 28, 16, 19; BGH NJW 84, 803), ebenso ihr Erwerb unter Eigentumsvorbehalt. Das vorbehaltene Eigentum erlischt jedoch mit Verbrauch oder Veräußerung (MüKo/*Holch* Rz 7).

§ 93 Wesentliche Bestandteile einer Sache.
Bestandteile einer Sache, die voneinander nicht getrennt werden können, ohne dass der eine oder der andere zerstört oder in seinem Wesen verändert wird (wesentliche Bestandteile), können nicht Gegenstand besonderer Rechte sein.

1 **A. Normzweck und Bedeutung.** Die Regelung dient der Erhaltung wirtschaftlicher Werte, dadurch dass eine Sache und ihre wesentlichen Bestandteile das gleiche rechtliche Schicksal haben sollen (BGHZ 20, 145, 154). Die Übereignung einer beweglichen oder unbeweglichen Sache erfasst immer auch deren wesentliche *Bestandteile*. Eine entgegenstehende Vereinbarung der Parteien ist nichtig (KG OLGZ 80, 198).

2 Wird eine bislang selbständige Sache wesentlicher Bestandteil einer anderen Sache, führt dies zum Verlust des Eigentums und sonstiger Rechte an der Sache, s. §§ 946 ff. Das gilt insb für den bis zur Verbindung bestehen-

den Eigentumsvorbehalt an der Sache (RG 63, 422). Ggf kann aber ein Eigentumsvorbehalt an wesentlichen Bestandteilen in eine schuldrechtliche Vereinbarung umgedeutet werden, die Aneignung (§ 956) zu gestatten oder ein Nutzungsrecht einzuräumen (MüKo/*Holch* Rz 16). Umgekehrt gewinnt ein wesentlicher Bestandteil seine Sacheigenschaft durch Trennung zurück, sofern diese ohne Zerstörung oder Wesensveränderung der Sache und des Bestandteils möglich ist, § 997 I. Schuldrechtliche Vereinbarungen über wesentliche Bestandteile sind möglich, insb wenn diese später durch Trennung von der Hauptsache selbständig werden sollen (BGH NJW 00, 505). Die separate Übereignung wesentlicher Bestandteile ist unwirksam, ebenso die Verpfändung und Pfändung von wesentlichen Bestandteilen (BGHZ 104, 298, 304; aA *Gaul* NJW 89, 2509). Dingliche Rechtsgeschäfte über wesentliche Bestandteile sind nur zulässig, sofern sie unter der aufschiebenden Bedingung der Trennung von der Hauptsache erfolgen (Soergel/*Marly* Rz 22 mwN). An wesentlichen Bestandteilen gibt es kein Mitsondereigentum nach dem WEG (BGH NJW 95, 2851; Schlesw DNotZ 07, 620). Gesonderter Besitz an wesentlichen Bestandteilen ist hingegen möglich, vgl § 865, da der Besitz kein Recht iSd § 93 ist. Der Besitz kann auch selbständig übertragen werden (RGZ 108, 269 ff).

B. Begriffsbestimmung. I. Wesentlichkeit. Für die Wesentlichkeit eines Bestandteils ist maßgebend, wie sich die Abtrennung von Bestandteilen wirtschaftlich auswirkt. Auf das Schicksal der durch Trennung aufgelösten Gesamtsache kommt es nicht an, sondern nur auf die bisherigen Bestandteile nach der Trennung. Zerstörung bedeutet den substantiellen Untergang des Bestandteils, Wesensveränderung die Aufhebung oder Minderung seiner zweckbestimmenden Eigenschaften oder seines Wertes (BGHZ 20, 159, 162). Eine nur geringfügige Wertminderung infolge der Trennung ist unerheblich (Köln NJW 91, 2570). Maßgebend ist die Verkehrsanschauung (BGHZ 36, 46, 50; 61, 80). Ob ein Bestandteil als wesentlich anzusehen ist oder nicht, richtet sich auch nach dem Fortschritt in der technischen Entwicklung und der Änderung der wirtschaftlichen Verhältnisse (BGH 18, 226, 232). Eine feste Verbindung ist anders als bei § 94 weder erforderlich noch ausschlaggebend. Auch eine lose Verbindung kann genügen, wenn die Teile nach der Verkehrsanschauung nur als eine einzige Sache angesehen werden. Bei zusammengesetzten Sachen sind nur diejenigen Bestandteile als wesentlich anzusehen, die mit dem Einbau vollständig in dem Ganzen aufgehen und bei einer natürlichen Betrachtungsweise keine eigenständige Bedeutung mehr haben (BGH 20, 154). Sind die Teile austauschbar, zB bei einem KfZ (BGHZ 18, 226), handelt es sich um einfache Bestandteile.

II. Einfache Bestandteile. Einfache Bestandteile, zB Bild und Rahmen (Erman/*Michalski* Rz 16), können im Umkehrschluss zu § 93 Gegenstand besonderer Rechte sein, an ihnen ist Sondereigentum und Eigentumsvorbehalt möglich (RGZ 69, 117, 120). Im Allg teilen auch einfache Bestandteile das rechtliche Schicksal der Sache (Frankf NJW 82, 654). Verfügungen über die Sache erstrecken sich regelmäßig auch auf den einfachen Bestandteil. Ob eine Pfändung einfacher Bestandteile von beweglichen Sachen vor ihrer Abtrennung zulässig ist, ist str (dafür MüKo/*Holch* Rz 30; dagegen Staud/*Dilcher* Rz 35). § 808 ZPO steht dem nicht entgegen, möglicherweise aber die Schwierigkeit der dem Gerichtsvollzieher damit auferlegten Abgrenzung zwischen wesentlichen und unwesentlichen Bestandteilen. Eine Pfändung von ungetrennten Grundstücksbestandteilen ist nach § 865 II 2 ZPO bis zur Beschlagnahme in der Zwangsversteigerung im Wege der Mobiliarvollstreckung möglich. § 865 II 1 ZPO stellt eine Sonderregelung für Zubehör dar und erlaubt keinen Erst-Recht-Schluss auf die Unpfändbarkeit auch der ungetrennten Bestandteile (aA BGB-RGRK/*Kregel* Rz 48; Staud/*Dilcher* Rz 35).

III. Selbständige Sache – Zubehör. Maßgebend dafür, ob es sich um einen Bestandteil, eine innerhalb einer Sachgesamtheit selbständige Sache oder um Zubehör der Hauptsache handelt, ist eine an der Verkehrsanschauung ausgerichtete wirtschaftliche Betrachtung. Entscheidungskriterien sind ua der wirtschaftliche Zusammenhang der Sachen, inwieweit eine Sache der anderen zu dienen bestimmt ist (§ 97) sowie die beabsichtigte Dauer der Verbindung.

C. Anwendungsbereich. Ausnahmeregelungen finden sich in § 3 I WEG (Sondereigentum an Räumen), in § 810 I ZPO (Pfändbarkeit ungetrennter Früchte), in Art 231 § 5 EGBGB (Gebäudeeigentum, Anlagen u Anpflanzungen in den neuen Bundesländern), im Gesetz zur Sicherung der Düngemittel- und Saatgutversorgung (BGBL III 1949, s. 403) und im Landesrecht nach Art 65, 66, 181 II, 182 EGBGB. Zum wesentlichen Bestandteil bei Grundstücken s. § 94 Rn 2; zur Einschränkung des Begriffs s. § 95 Rn 1; zur Behandlung von Rechten als Bestandteilen s. § 96 Rn 2. Ob bei Schäden die Gebäude- oder die Hausratversicherung eingreift, richtet sich nach versicherungsrechtlichen Bestimmungen und nicht nach §§ 93 ff (Köln NJW-RR 93, 861; 00, 697, dazu auch BGH NJW-RR 92, 793).

D. Beispielsfälle aus der Rspr. Als wesentliche Bestandteile nach § 93 wurden zB angesehen: Die Bremstrommel eines LKW (Hamm MDR 84, 842); die Einzelteile eines komplett gekauften PC (München NJW-RR 92, 1271); das Gehäuse von Apparaten (BGHZ 20, 159, 162); Wurzeln und Zweige von Pflanzen (LG Itzehoe NJW-RR 95, 978). Da § 93 bewegliche und unbewegliche Sachen erfasst, sind zahlreiche wesentliche Bestandteile von Grundstücken und Gebäuden zugleich auch wesentliche Bestandteile nach § 93. Bsp hierzu unter § 94 Rn 8. Keine wesentlichen Bestandteile sind idR: Die Maschinen in einem Fabrikgebäude, es sei denn sie sind derart auf das Gebäude abgestimmt, dass sie mit ihm eine untrennbare Einheit bilden (RGZ 69, 117, 121; BayObLG Rpfleger 99, 86); wesentliche Bedeutung für den Betrieb genügt dagegen nicht (RG 130, 264, 266); der Serienmotor oder Austauschmotor eines Kfz (BGH 18, 226; 61, 80) und der Elektromotor einer Förderanlage (Köln NJW 91, 2570). Dagegen soll der Motor eines Schiffes entspr § 94 II wesentlicher Bestandteil sein (RGZ 152, 91, 94, zweifelnd BGHZ 26, 225, 227). Nur einfacher Bestandteil sind zB die Reifen und die Sitze eines Busses (BayObLG NVwZ 86, 511); Matratze und Lattenrost eines Bettes (AG Esslingen NJW-RR 87, 750).

9 Weder als wesentlicher noch als einfacher Bestandteil, sondern als selbständige Sache wurden angesehen: Die Bohrer einer Bohrmaschine (RGZ 157, 244, 245); das Autotelefon in einem Kfz (Köln NJW-RR 94, 51, BFH NJW 97, 1943); zwei funktionsmäßig verbundene, aber selbständig lauffähige Computerprogramme (Hamm NJW-RR 91, 954).

§ 94 Wesentliche Bestandteile eines Grundstücks oder Gebäudes.

(1) ¹Zu den wesentlichen Bestandteilen eines Grundstücks gehören die mit dem Grund und Boden fest verbundenen Sachen, insbesondere Gebäude, sowie die Erzeugnisse des Grundstücks, solange sie mit dem Boden zusammenhängen. ²Samen wird mit dem Aussäen, eine Pflanze wird mit dem Einpflanzen wesentlicher Bestandteil des Grundstücks.
(2) Zu den wesentlichen Bestandteilen eines Gebäudes gehören die zur Herstellung des Gebäudes eingefügten Sachen.

1 **A. Normzweck und Bedeutung.** Die Norm konkretisiert und erweitert den Begriff des wesentlichen Bestandteils bei Grundstücken. Dies dient wie bei § 93 der Erhaltung wirtschaftlicher Werte. Zudem soll der potentielle Erwerber ohne weiteres feststellen können, was zum Grundstück gehört (BGH NJW 79, 712; Hamm VersR 83, 285). Da § 93 bewegliche und unbewegliche Sachen erfasst, kann eine Sache zugleich wesentlicher Bestandteil nach § 93 und nach § 94 sein.

2 **B. Begriffsbestimmung. I. Wesentliche Bestandteile eines Grundstücks (Abs 1).** Wesentliche Grundstücksbestandteile bilden neben den Gebäuden sonstige mit dem Grund und Boden fest verbundene Sachen und die ungetrennten Erzeugnisse. Gebäude sind Häuser und andere Bauwerke, zB Brücken (Karlsr NJW 91, 926) und Windkraftanlagen (BGH NJW 00, 504; Kobl OLGR 07, 78; aA Schlesw WM 05, 1909 dazu *Ganter* WM 02, 105; *Peters* WM 02, 110; *Witter* ZfIR 06, 41; *Wicke* ZfIR 07, 293; *Derleder/Sommer* ZfIR 08, 325), aber auch Tiefgaragen (BGH NJW 82, 756) und Luftschutzstollen (BGH NJW 60, 1003). Ob eine Sache fest verbunden ist, richtet sich nach der Verkehrsauffassung. Eine feste Verbindung liegt vor, wenn die Trennung zur Beschädigung oder Wesensänderung der mit dem Grundstück verbundenen Sache führen würde. Ausreichend ist, dass eine Trennung nur mit unverhältnismäßigem Aufwand möglich ist (zB BGH NJW 78, 1311; NJW 83, 567). Bei Gebäuden liegt aufgrund ihres Fundaments idR eine feste Verbindung mit dem Boden vor (BGHZ 104, 298: Blockhaus mit Fundament). Auch ohne Verankerung im Boden kann die Schwerkraft einer Sache für eine feste Verbindung genügen, etwa bei einem Holzfertighaus (Karlsr Justiz 83, 13; LG Konstanz ZIP 81, 512), einer Fertiggarage aus Beton (BFH NJW 79, 392; Ddorf BauR 82, 756; aA FG Bremen NJW 77, 600) oder einem aus einer Stahlkonstruktion bestehenden Gewächshaus (BGH LM Nr 16). Dagegen wird die feste Verbindung verneint, wenn sich die Verankerung im Boden einfach lösen lässt (Fertighaus: LG Bochum DGVZ 88, 156) oder die Transportfähigkeit leicht wiederherzustellen ist (Mobilheim mit Rädern: Kobl MDR 99, 1059). Beim Eigengrenzüberbau wird der über die Grenze gebaute Gebäudeteil nicht wesentlicher Bestandteil des überbauten Grundstücks nach § 94, sondern das Gebäude bildet nach § 93 einen wesentlichen Bestandteil desjenigen Grundstücks, von dem aus übergebaut wurde (BGHZ 102, 311, 314). Gleiches gilt im Fall der vertikalen Teilung eines Grundstücks, wenn ein Teil des Gebäudes in das Nachbargrundstück hineinragt (BGHZ 175, 253). Zu Bestandteilen mehrerer Grundstücke s.a. § 912 Rn 27 f.

3 Zu den mit dem Grund und Boden fest verbundenen Sachen, die keine Gebäude sind, gehören Einfriedungsmauern und Zäune (LG Hannover NJW-RR 87, 208), die Gleisanlagen der Bundesbahn (BGH MDR 72, 410), die Förderanlage in einem Grubenschacht (BGHZ 57, 60, 61), das im Boden mit Beton eingelassene Schwimmbecken (BGH NJW 83, 568) und die Slipanlage einer Werft (OVG Bremen NJW-RR 86, 955). Versorgungsleitungen für Gas, Wasser und elektrischen Strom sind wegen ihrer festen Verbindung mit dem Boden wesentliche Bestandteile, allerdings nur, soweit sich die Leitungen auf Grundstücken des Versorgungsunternehmens befinden. Sind sie in einem fremden Grundstück verlegt oder wird der Zweck der Verbindung durch Rechtsgeschäft nachträglich geändert, fallen sie idR unter § 95 (BGHZ 37, 353, 358; NJW 06, 990, 991; Köln OLGR 05, 114 s.a. § 95 Rn 6).

4 Erzeugnisse sind die natürlichen Boden- und Pflanzenprodukte wie Getreide, Obst, Hölzer (s. dazu auch § 99 Rn 2), nicht aber die Bodensubstanz (Lehm, Ton, Sand, Kies). Sie werden nach 2 nicht erst mit der Bildung von Wurzeln, sondern bereits mit dem Verbringen in den Boden zu wesentlichen Bestandteilen. Aus dem Saatgut entstandene Pflanzen gehören zu dem Grundstück, auf dem sie an die Oberfläche treten (Ddorf OLGZ 78, 192; *Schmid* NJW 88, 30).

5 **II. Wesentliche Bestandteile eines Gebäudes (Abs 2).** Ist ein Gebäude iSd § 94 I 1 wesentlicher Bestandteil des Grundstücks, sind seine wesentlichen Bestandteile zugleich solche des Grundstücks. Der Begriff des Gebäudes in § 94 II umfasst auch Bauwerke, die keine Grundstücksbestandteile sind, weil sie mit dem Grund

und Boden nicht fest verbunden oder nur auf Zeit (§ 95 I) verbunden sind. § 94 II ist entspr anwendbar auf eingetragene Schiffe (BGHZ 26, 225, 228; Bremen OLGR 05, 248) nicht aber auf eingetragene Luftfahrzeuge (Palandt/*Heinrichs* § 94 Rz 5).

Zur Herstellung eingefügt sind alle Sachen, ohne die das Gebäude nach der Verkehrsanschauung noch nicht fertig gestellt ist (BGH NJW 79, 712; 92, 1163), zB Baumaterialien (BGH NJW-RR 91, 344). Entscheidend ist nicht der Zeitpunkt (vor oder nach Herstellung des Gebäudes) oder die Art der Verbindung (fest oder lose), sondern die Erforderlichkeit für die Herstellung unter Berücksichtigung der Zweckbestimmung des Gebäudes (BGHZ 36, 46, 50; BGH NJW 78, 1311). Über den Wortlaut hinaus werden auch die im Zuge von Umbau oder Renovierung eingefügten Sachen erfasst (BGHZ 53, 324, 326) sowie sämtliche Einrichtungs- und Ausstattungsgegenstände, die dem Bauwerk ihr Gepräge geben (BGH NJW 87, 3178; NJW-RR 90, 587). Bsp s. Rn 8. **6**

Die Selbständigkeit der eingefügten Sache endet durch die Verbindung mit dem Gebäude. Bereitstellung auf dem Grundstück zum Einbau reicht noch nicht aus, jedoch muss die vorgesehene Verbindung noch nicht komplettiert sein, zB reicht bei einem Heiz- oder Wasserkessel, wenn er auf den für ihn bestimmten Platz im Rohbau gebracht worden ist (LG Berlin NJW-RR 04, 635). Bei einer Sachgesamtheit, zB der **Heizungsanlage,** werden die einzelnen Teile mit ihrer Einfügung, nicht erst mit Fertigstellung der Gesamtanlage wesentliche Bestandteile des Gebäudes (BGH NJW 79, 712; aA *Coestede* NJW 77, 2340). Zur Einfügung iRv Energie-Contracting Verträgen *Stieper* WM 07, 861. Werden Bestandteile zur Reparatur oder zur Vornahme weiterer Arbeiten wieder ausgebaut, hebt das die Eigenschaft als wesentlicher Bestandteil nicht auf (Naumbg OLGZ 28, 16). Ein nur probeweises Einsetzen, zB von Fenstern oder Türen, genügt nicht (BGH NJW-RR 94, 1301; LG Konstanz NJW-RR 97, 499). **7**

C. Beispielsfälle aus der Rspr. Die Rspr spiegelt die auf den heutigen technischen Verhältnissen und Lebensgewohnheiten beruhende Verkehrsanschauung zur Ausstattung von Gebäuden wieder und ist einem zeitlichen Wandel unterworfen. Als wesentliche Bestandteile eines Grundstücks oder eines Gebäudes nach § 94 wurden bislang angesehen: Alarmanlagen, sofern sie nicht auf Putz montiert sind (Hamm NJW-RR 88, 924; BGH NJW-RR 91, 1368); Antennen (BGH NJW 75, 688 heute wegen der Möglichkeit der Verkabelung zweifelhaft); Aufzug (RGZ 90, 198, 200); Be- und Entlüftungsanlagen in Gaststätten (NJW-RR 86, 376) sowie speziell angefertigte Bierausschankanlagen (Schleswig MDR 95, 1212); Dachgebälk (RGZ 62, 250); Drainageanlage (BGH DB 84, 113); Fenster und Rahmen (LG Lübeck NJW 86, 2514); Heizungs- und Heißwasseranlagen auch bei nachträglichem Einbau (Kobl NJW 89, 535; Rostock CuR 04, 145) und in Fabrikgebäuden (Hamm MDR 75, 488) und Schulen (BGH NJW 79, 712; Hamm MDR 05, 387) s.a. Rn 7; Herd und Warmwasserbereiter (BGHZ 40, 272, 275; NJW-RR 90, 586); Kletterwand bei Sporthalle (BGH NJW-RR 89, 1047); Kies auf Parkfläche (LG Landshut NJW-RR 90, 1037); Licht- und Tonanlage einer Diskothek (Frankf OLGR 98, 241); Markisen (FG Brandenburg EFG 98, 778); Möbel, soweit sie mit Boden und Decke verbunden sind (BFH NJW 77, 648) oder als Raumteiler eine Wand ersetzen (Köln NJW-RR 91, 1082); Notstromaggregat in Hotel oder Diskothek (BGH NJW 87, 3178; NJW-RR 01, 1632); offener Kamin (Ddorf, NZM 98, 805); Pavillionaufbau (BGH NJW 78, 1311); Squash-Courts für Squash-Halle (München OLGZ 89, 335). **8**

Umstr ist die Eigenschaft als wesentlicher Bestandteil bei Bodenbelag. Sie dürfte nicht nur bei verklebtem Bodenbelag wie Linoleum, Parkett, sondern auch bei lose verlegtem Teppichboden oder Klick-Laminat zu bejahen sein, soweit die Absicht dauernder Einfügung besteht (LG Köln NJW 79, 1608; LG Frankenthal VersR 78, 1106; AG Nördlingen VersR 83, 721; MüKo/*Holch* Rz 25; aA LG Hamburg VersR 79, 153; dazu *Zagel* VersR 79, 539; *Moritz* JR 80, 55; LG Oldbg VersR 88, 1285; München SeuffArch 74, 157). Auch bei Einbauküchen kommt es auf die Absicht dauernder Einfügung an. Bejaht wird diese, wenn die Küche besonders eingepasst wurde (BFH DB 71, 656), es sich um eine Spezialanfertigung handelt (Zweibr NJW-RR 89, 84) oder der Einbau während der ursprünglichen Herstellung des Gebäudes erfolgt (Nürnbg MDR 73, 758). Bei nachträglichem Einbau wird die Absicht dauernder Einfügung zT bejaht (BGH NJW-RR 90, 586; Celle NJW-RR 89, 913), vielfach aber auch verneint (Karlsr NJW-RR 86, 19, 88, 459, Ddorf NJW-RR 94, 1039; Saarbr VersR 96, 97; Hamm FamRZ 98, 1028, s.a. BGH NJW-RR 90, 914). Maßgebend dürfte der Einzelfall sein (Art der Verbindung, Wert der Küche, Schwierigkeit des Ein- und Ausbaus etc). Zu den Problemen bei Wohnungseigentum s. *Hurst* DNotZ 84, 77, 140. **9**

Nicht als wesentlicher Bestandteil nach § 94 wurden angesehen: Bierausschankanlage, die ohne weiteres entfernt werden kann (Celle MDR 98, 463); Dampferzeugungsanlagen, auch bei Verwendung der Hälfte des Dampfes zu Heizzwecken (BGH WM 87, 47); Einbaumöbel, die aus serienmäßigen Teilen bestehen (Ddorf OLGZ 88, 115) bzw an anderer Stelle wieder aufgestellt werden können (BFH NJW 77, 648); Einrichtung einer Bäckerei (LG Aachen NJW-RR 87, 272), Gastanks (LG Gießen NJW-RR 99, 1538); im Garten aufgestellte Statue (Frankf NJW 82, 653); Kegelbahnanlage (BGH LM Nr 2, LG Saarbrücken NJW-RR 87, 11); Kirchenglocke (BGH NJW 84, 2277); Kletterwand an Wohnhaus (BGH NJW-RR 89, 1047); Saunaanlage (AG Ludwigsburg DGVZ 91, 95; JurBüro 04, 506); Sandkasten und Schaukel, da diese idR einem vorübergehenden Zweck dienen (BGH NJW 92, 1101). **10**

§ 95 Nur vorübergehender Zweck.
(1) ¹Zu den Bestandteilen eines Grundstücks gehören solche Sachen nicht, die nur zu einem vorübergehenden Zwecke mit dem Grund und Boden verbunden sind. ²Das Gleiche gilt von einem Gebäude oder anderen Werk, das in Ausübung eines Rechts an einem fremden Grundstück von dem Berechtigten mit dem Grundstück verbunden worden ist.
(2) Sachen, die nur zu einem vorübergehenden Zwecke in ein Gebäude eingefügt sind, gehören nicht zu den Bestandteilen des Gebäudes.

1 **A. Normzweck und Bedeutung.** Die Fiktion des § 95 schränkt die §§ 93, 94 ein, indem sie bei nicht auf Dauer mit dem Grundstück verbundenen oder nicht auf Dauer eingefügten Sachen die Bestandteilseigenschaft verneint (BGH NJW 62, 1498). Derartige **Scheinbestandteile** bleiben trotz der Verbindung im Rechtssinne bewegliche Sachen und können anders als die wesentlichen Bestandteile Gegenstand besonderer Rechte sein. Sie werden nach §§ 929 ff übertragen, der gutgläubige Erwerb richtet sich nach §§ 932 ff (BGHZ 23, 57; NJW 87, 774). Da es sich um einen Ausnahmetatbestand handelt, trägt derjenige die Beweislast, der sich auf § 95 beruft (RG 158, 375).

2 **B. Verbindung oder Einfügung. I. Vorübergehender Zweck.** Die mit dem Grund und Boden verbundenen Sachen (I 1) und die in ein Gebäude eingefügten Sachen (II) werden gleich behandelt. Die Verbindung oder Einfügung erfolgt zu einem vorübergehenden Zweck, wenn ihm seiner Natur nach eine zeitliche Begrenzung innewohnt, auch wenn es sich um einen längeren Zeitraum handelt (BGH NJW 96, 917) oder die Dauer noch nicht klar abzuschätzen ist (BGH DB 70, 585). Ein Zweck ist als dauernd anzusehen, wenn eine zeitliche Begrenzung nicht feststeht. Maßgebend für die Abgrenzung ist der innere Wille des Verbindenden im Zeitpunkt der Verbindung (BGH NJW 68, 2331). Er muss aber mit dem nach außen in Erscheinung tretenden Sachverhalt in Einklang zu bringen sein (BGHZ 54, 205, 208). Auszugehen ist von dem regelmäßigen Verlauf, mit dem die Beteiligten rechnen mussten. Bei einem Eigentumsvorbehalt ist die Einfügung keine vorübergehende, da im Normalfall das Eigentum mit vollständiger Kaufpreiszahlung auf den Käufer übergeht (BGH NJW 70, 896).

3 **II. Änderung und Wegfall der Zweckbestimmung.** Da es auf den Zeitpunkt der Verbindung ankommt, wird eine Sache nicht ohne weiteres durch die Änderung der Zweckbestimmung von vorübergehender zur dauernder Verbindung auch vom Scheinbestandteil zum (wesentlichen) Bestandteil. Hierzu bedarf es nach hM neben der Einigung zwischen dem bisherigen Sacheigentümer und dem Grundstückseigentümer über den Eigentumsübergang auch einer ausdrücklichen, nach außen erkennbaren Willensbekundung der Beteiligten um die dingliche Rechtslage zu ändern (BGHZ 23, 57, 60; NJW 80, 772; NJW 87, 774; Köln OLGR 05, 114; MüKo/*Holch* Rz 10). Nach aA soll es ausreichen, wenn der Eigentümer seine ursprüngliche Trennungsabsicht nachträglich aufgibt (Erman/*Michalski* Rz 9). Mit dem im Sachenrecht geltenden Publizitätsprinzip ist dies jedoch nicht in Einklang zu bringen. Entspr gilt, wenn umgekehrt aus einem wesentlichen Bestandteil ein Scheinbestandteil werden soll (BGHZ 37, 353, 359 NJW 06, 990, 991; Celle ZNotP 07, 343; krit dazu *Kesseler* ZNotP 06, 251 u ZNotP 07, 330; *Wicke* DNotZ 06, 252; aA *Woitkewitsch* ZMR 04, 649; *Giesen* AcP 202, 689).

4 **III. Mieter oder Pächter.** Verbindet ein Mieter oder Pächter die Sache mit dem ihm nicht gehörenden Grundstück, spricht eine tatsächliche Vermutung dafür, dass die Verbindung nur für die Dauer des Vertragsverhältnisses und damit vorübergehend hergestellt worden ist (BGHZ 10, 171, 175; 92, 70; NJW 96, 916; Celle OLGR 05, 112; für eine Klarstellung im Mietvertrag *Lebek* NZM 98, 747). Dies gilt auch, wenn das zeitlich begrenzte Nutzungsrecht auf öffentlichem Recht beruht (BGHZ 8, 1, 5; NJW 56, 1273; NJW 80, 771). Der Grundsatz gilt entspr, wenn die Gesellschafter einer BGB-Gesellschaft auf dem zur Nutzung eingebrachten Grundstücks eines Gesellschafters ein Bauwerk errichten (BGH NJW 59, 1487). Um die Vermutung zu entkräften, bedarf es des Nachweises eines gegenteiligen Willens desjenigen, der die Verbindung vorgenommen hat. Die bloße Hoffnung oder Aussicht, der Eigentümer werde die eingefügte Sache nach Ablauf der Vertragsdauer übernehmen, genügt nicht (BGHZ 8, 1, 7). Ein Anbau des Mieters zu einem Scheinbestandteil bleibt wie der Altbau eine bewegliche Sache, wenn bei seiner Errichtung eine dauernde Verbindung beabsichtigt war (BGH NJW 87, 774). Dagegen gilt § 95 nicht, wenn die Verbindung sowohl den Zwecken des Nutzungsberechtigten als auch des Eigentümers dient und dieser das Bauwerk nach Beendigung des Vertragsverhältnisses entgeltlich oder unentgeltlich zu übernehmen hat (BGH NJW 85, 789). Dies ist idR anzunehmen für die vom Mieter gepflanzten Bäume und Sträucher (Ddorf NJW-RR 99, 160). Dass der Grundstückseigentümer die Sache übernehmen soll, muss zwischen den Parteien ausdrücklich oder stillschweigend vereinbart sein (BGHZ 104, 298, 300; NJW-RR 90, 411; BFH NJW 87, 2702). Ein vorübergehender Zweck soll auch ausscheiden, wenn nach Ablauf der jeweiligen Mietzeit eine automatische Verlängerung des Vertragsverhältnisses vorgesehen ist (Köln NJW 61, 461) und wenn der Mieter Baumaßnahmen in der Erwartung durchführt, er werde demnächst Erbbauberechtigter (BGH NJW 61, 1251) oder Eigentümer des Grundstücks (BGH DNotZ 73, 472). § 95 gilt ebenfalls nicht, wenn die Verbindung einer vereinbarten Instandsetzung bzw dem Ausbau des Gebäudes dient (LG Bochum MDR 66, 48; BFH BB 94, 33) oder wenn sich der Vermieter oder Verpächter in erheblichem Umfang an den Kosten beteiligt (Ddorf NZM 98, 805).

IV. Verbindung in Ausübung eines Rechts (Abs 1 S 2). Wer in Ausübung eines Rechts an einem fremden **5** Grundstück eine Sache mit diesem verbindet, verfolgt idR nur eigene Interessen und bezweckt nicht die dauernde Verbesserung des Grundstücks. Aus diesem Grund verneint § 95 I 2 hier ebenfalls die Bestandteilseigenschaft. Rechte iSd Vorschrift sind nur dingliche Rechte wie das Erbbaurecht, der Nießbrauch und die Dienstbarkeiten (BGH LM Nr 2; Celle MDR 52, 744). Gleichgestellt wird der rechtmäßige wie auch der entschuldigte Überbau, der eine ähnliche Duldungspflicht beinhaltet (BGHZ 27, 197, 204; Hamm Rpfleger 84, 266; s. § 912 Rn 18 f). Da der hinüber gebaute Gebäudeteil nach § 95 I 2 nur Scheinbestandteil des Grundstücks ist, auf dem er sich befindet, ist er nach §§ 93, 94 II wesentlicher Bestandteil des Gebäudes, zu dem er gehört (BGHZ 100, 298, 300; BVerwG VIZ 00, 90). In Ausübung eines Rechts erfolgt auch die Verlegung von Fernmeldekabeln in öffentlichen Wegen durch die Post (BGHZ 125, 56, 58; Nürnbg NJW-RR 97, 19; s.a. § 68 TKG). Keine Verbindung in Ausübung eines Rechts ermöglichen Grundpfandrechte und das dingliche Vorkaufsrecht (RGZ 106, 49, 51). Berechtigter ist auch ein Rechtsinhaber, dem die Ausübung des Rechts überlassen worden ist (BGH LM Nr 2). Dem Verbindenden muss das Recht tatsächlich zustehen. Er darf es nicht nur irrtümlich angenommen haben (BGH MDR 61, 591; Soergel/*Marly* Rz 22). Das Recht braucht aber noch nicht zu bestehen. Es reicht nach hM aus, wenn seine Eintragung beabsichtigt ist (Nürnbg DNotZ 55, 204; Hambg OLGR 99, 362; *Peters* WM 02, 113; aA MüKo/*Holch* Rz 20). Kommt das Recht endgültig nicht zustande, scheitert auch die Verbindung (Erman/*Michalski* Rz 6).

C. Beispielsfälle aus der Rspr. Ein Scheinbestandteil liegt vor bei: Baumschulbeständen und zum Verkauf **6** bestimmten Pflanzen (RGZ 66, 89; Hamm NJW-RR 92, 1438); Behelfsheimen (BGHZ 8, 1, 5); Bootssteg (Schlesw SchlHA 91, 11); Grenzstein (Frankf NJW 84, 2303); Grabstein (Köln OLGZ 93, 113, LG Braunschweig NJW-RR 01, 715); Pfahlbauten (BGH NJW-RR 06, 1160); Versorgungsleitungen in einem fremden oder auch in einem eigenen Grundstück (BGHZ 37, 353, 362; NJW 06, 990, 991; *Münch* VIZ 04, 207, 212; *Brüning* VIZ 97, 398; *Schulze* Rpfleger 99, 168; zur Problematik in den neuen Bundesländern: BGH VIZ 98, 582; Dresd VIZ 03, 140; *Böhringer* VIZ 98, 605); Windkraftanlagen, sofern deren Nutzungsdauer länger ist als die Laufzeit des Nutzungsvertrags (LG Flensburg WM 00, 2112; *Goecke/Gamon* WM 00, 1309; *Ganter* WM 02, 105; *Peters* WM 02, 110; weitergehend Schlesw WM 05, 1909; Kobl OLGR 07, 78); Wohnwagen auf einem Campingplatz (Kobl MDR 99, 1059). Bei Bunkern ist zu unterscheiden, ob es sich um eine rein militärische Anlage handelt (BGH NJW 56, 1273) oder diese als Luftschutzbunker nicht nur zu Kriegszeiten geplant waren (BGH MDR 71, 997).

§ 96 Rechte als Bestandteile eines Grundstücks.
Rechte, die mit dem Eigentum an einem Grundstücke verbunden sind, gelten als Bestandteile des Grundstücks.

A. Normzweck. Nach der Fiktion des § 96 stehen mit dem Eigentum an einem Grundstück verbundene **1** Rechte den (einfachen) Grundstücksbestandteilen gleich. Diese werden dadurch nicht zu Sachen (RGZ 93, 71, 73). Zweck des § 96 ist, diese Rechte der hypothekarischen Haftung nach §§ 1120 ff zu unterwerfen (RGZ 83, 198, 200). Wann ein Recht wesentlicher Bestandteil ist, regelt § 96 nicht. Die Rspr nimmt dies an, wenn das Recht nicht vom Eigentum am Grundstück getrennt werden kann (BayObLG NJW-RR 03, 451). Nicht sonderrechtsfähig sind daher insb die subjektiv dinglichen Rechte s. Rn 2.

B. Regelungsinhalt. Unter § 96 fallen die Grunddienstbarkeit (BayObLG NJW-RR 90, 1043, 1044; Köln NJW- **2** RR 93, 982; Hamm Rpfleger 08, 356), die Reallast nach § 1105 II (BayObLGZ 90, 212) und das dingliche Vorkaufsrecht nach § 1094 II (RGZ 104, 316, 319). Weiter erfasst sind Benutzungsrechte nach § 921 des, das Recht auf Duldung eines Überbaus nach § 912 und eines Notweges nach § 917, sowie das Rentenrecht des Nachbarn, der Überbau oder Notweg zu dulden hat, aus § 913. Außerhalb des BGB zählen hierzu der Heimfallanspruch nach § 3 ErbbauVO (Ddorf DNotZ 74, 177; BGH ZIP 80, 654) und nach § 36 I 2 WEG, das Jagdrecht nach § 3 BJagdG und Verbandsanteile an einer Forstgenossenschaft (BGH WM 98, 2207). Anzuwenden ist § 96 auch auf dingliche Anwartschaftsrechte auf Erwerb eines solchen Rechts (Köln OLGZ 68, 453).

Nicht zu den Rechten iSd § 96 gehören das Brennrecht nach dem BranntweinmonopolG als nur monopol- **3** und steuerrechtliche Vergünstigung (BGH LM Nr 1), das schuldrechtliche Rübenlieferungsrecht (BGHZ 111, 110), das Milchkontingent eines Betriebs (BGHZ 114, 277) und die Milchreferenzmenge (VG Stade WM 87, 1312).

§ 97 Zubehör.
(1) ¹Zubehör sind bewegliche Sachen, die, ohne Bestandteile der Hauptsache zu sein, dem wirtschaftlichen Zwecke der Hauptsache zu dienen bestimmt sind und zu ihr in einem dieser Bestimmung entsprechenden räumlichen Verhältnis stehen. ²Eine Sache ist nicht Zubehör, wenn sie im Verkehr nicht als Zubehör angesehen wird.
(2) ¹Die vorübergehende Benutzung einer Sache für den wirtschaftlichen Zweck einer anderen begründet nicht die Zubehöreigenschaft. ²Die vorübergehende Trennung eines Zubehörstücks von der Hauptsache hebt die Zubehöreigenschaft nicht auf.

1 A. Normzweck und Bedeutung. Rechtlich selbständige bewegliche Sachen, die dem Zweck der Hauptsache dienen, sollen möglichst deren Schicksal teilen und sind daher nach der Legaldefinition des § 97 Zubehör. Rechtsfolgen der Zubehöreigenschaft einer Sache ergeben sich aus §§ 311c, 314, 498 I, 926 I, 1031, 1062, 1096, 1120 ff, 1135, 1932 I u 2164 I. Im Zweifel erstrecken sich Verpflichtungs- und Verfügungsgeschäfte über Grundstücke auch auf das Zubehör. Seine größte Bedeutung liegt in der Haftung für Grundpfandrechte (s. § 1120 Rn 7), soweit das Zubehör im Eigentum des Grundstückseigentümers steht oder dieser zumindest ein Anwartschaftsrecht am Zubehör besitzt (BGHZ 35, 35, 88). Bei beweglichen Sachen fehlen entspr Vorschriften. Hier müssen Zubehörstücke gesondert übertragen werden. In der Zwangsvollstreckung unterliegen die Zubehörstücke nach § 865 II ZPO der Immobiliarvollstreckung und werden gem §§ 20, 21, 55 ZVG von Beschlagnahme und Zuschlag erfasst.

2 B. Begriffsbestimmung. I. Zubehörsache. Nur bewegliche Sachen können als Zubehör dienen. Grundstücke, Grundstücksbestandteile und Rechte können dagegen kein Zubehör sein (BGHZ 111, 110, 116; 135, 292, 295). Bei einer Sachgesamtheit, zB dem Inventar eines landwirtschaftlichen Betriebes, stellt jede einzelne der Sachen das Zubehörstück dar, nicht die Sachgesamtheit als solche (hM BGH MDR 65, 561; MüKo/*Holch* Rz 4; aA Erman/*Michalski* Rz 2).

3 II. Hauptsache. Hauptsache können Grundstücke und bewegliche Sachen sein, Rechte dagegen nur ausnahmsweise, wenn es sich, wie beim Erbbaurecht und beim Wohnungseigentum, um grundstücksgleiche Rechte handelt. Auch ein Sachbestandteil, zB ein Gebäude, kann Hauptsache sein (BGHZ 62, 49, 51). Eine Sache kann auch Zubehör mehrerer Hauptsachen, zB mehrerer Grundstücke sein (*Leppin* NJW 74, 1471). Sach- und Rechtsgesamtheiten (insb das Unternehmen) können kein Zubehör haben (MüKo/*Holch* Rz 12). Das Inventar eines Gewerbebetriebs kann jedoch unter den Voraussetzungen des § 98 Nr 1 Zubehör sein (s. § 98 Rn 2).

4 III. Weitere Voraussetzungen (Abs 1 S 1). 1. Zweckdienende Funktion. Das Zubehör muss dem **wirtschaftlichen Zweck** der Hauptsache zu dienen bestimmt sein. Der wirtschaftliche Zweck ist dabei nicht zu eng zu fassen. Er muss nicht auf Gewinnerzielung gerichtet oder zumindest vermögensrechtlicher Natur sein. Die Hauptsache kann auch ideellen, kulturellen oder religiösen Zwecken dienen (zB Orgel und Glocke als Zubehör einer Kapelle, BGH NJW 84, 2277). Wird eine Sache in verschiedener Weise genutzt, kann sie für den jeweiligen Nutzungszweck unterschiedliches Zubehör haben. Erforderlich ist, dass die Hauptsache bereits soweit fertig gestellt ist, dass sich ihr Zweck verwirklichen lässt. Daran fehlt es bei einem Gebäude im Rohbau (RGZ 89, 61, 64; Ddorf NJW 66, 1714; für die Zubehöreigenschaft von Inventar für einen Gewerbebetrieb schon vor Fertigstellung des Betriebsgebäudes hingegen BGH NJW 69, 36). Der Nutzungszweck darf auch nicht vollständig fehlen oder weggefallen sein, wie bei brachliegendem Land oder zum Verschrotten ausgesonderten Geräten. Derartige Sachen können kein Zubehör (mehr) haben. Zubehör **dient** dem Zweck der Hauptsache, wenn es deren zweckentsprechende Verwendung ermöglicht oder fördert, wobei auch nur mittelbare Vorteile genügen (RGZ 86, 326, 328). Das Zubehör muss jedoch nicht unentbehrlich für die Hauptsache sein (Colmar OLGE 6, 270). Auf das Werteverhältnis zwischen Hauptsache und Zubehör kommt es nicht an (RGZ 87, 43). Zwischen der Hauptsache und dem Zubehör muss aber grds ein Über-/Unterordnungsverhältnis bestehen (BGH 85, 234, 237). Daran fehlt es bei Rohstoffen, die nach Verarbeitung veräußert werden sollen (RGZ 86, 326, 329) und Waren und Erzeugnissen, die zum Verkauf bestimmt sind (RG 66, 88, 90). Diese dienen nicht dem Betriebsgrundstück, sondern stehen ihm als gleichwertige Sachen ggü. Verbrauchbare Sachen (s. § 92) können Zubehör sein, wie zB das auf dem Baugrundstück lagernde Baumaterial (BGHZ 58, 309, 313), die zum Betrieb einer Fabrik bestimmten Kohlevorräte (RGZ 77, 36, 38) oder der Heizölvorrat eines Wohnhauses (Ddorf NJW 66, 1714; LG Braunschweig ZMR 86, 120).

5 2. Widmung. Die Bestimmung, dem wirtschaftlichen Zweck der Hauptsache zu dienen, erfolgt durch eine Widmung des Zubehörs zu dem entspr Zweck. Die Widmung kann jeder vornehmen, der die tatsächliche Verfügungsmacht über die Hauptsache und das Zubehör hat (BGH NJW 69, 2135). Regelmäßig wird dies der Eigentümer sein, aber auch Mieter oder Pächter können eine Widmung vornehmen (BGH NJW 65, 2199). In § 1120 und § 55 II ZVG geht der Gesetzgeber davon aus, dass Zubehörstücke eines Grundstücks auch im Eigentum eines anderen stehen können. Demgemäß können auch fremde Sachen, etwa unter Eigentumsvorbehalt gelieferte oder gestohlene Maschinen Zubehör sein (BGHZ 58, 309, 313). Die Widmung einer Sache als Zubehör einer anderen ist keine Verfügung über die Sache oder überhaupt ein Rechtsgeschäft, sondern eine bloße Rechtshandlung, für die nach hM natürliche Willensfähigkeit ausreicht (Palandt/*Heinrichs* Rz 6; Staud/*Dilcher* Rz 20; Erman/*Michalski* Rz 5). Wegen ihrer weit reichenden rechtlichen Auswirkungen (s. Rn 1) spricht aber vieles dafür, hierfür Geschäftsfähigkeit zu verlangen (so auch MüKo/*Holch* Rz 19). Die Zubehöreigenschaft entsteht mit der Widmung, auf die erstmalige tatsächliche Benutzung (RG 66, 356) oder die Eignung des Zubehörs für den angestrebten Zweck (BGH NJW-RR 90, 586) kommt es nicht an. Umgekehrt ist aber die tatsächliche Benutzung Indiz für eine entspr Widmung. Diese muss auf Dauer erfolgen (s. Rn 8), woran es gerade bei Mietern und Pächtern, die in Ausübung eines zeitlich begrenzten Nutzungsrechts handeln, häufig fehlt. Ändert der Benutzer der Hauptsache die Widmung in eine nur vorübergehende, entfällt die Zubehöreigenschaft (BGH NJW 84, 2277).

3. Räumliches Verhältnis. Die Zubehöreigenschaft einer Sache setzt ein räumliches Verhältnis zur Hauptsache voraus. Dies bedeutet nicht, dass sich das Zubehör zwingend auf dem betreffenden Grundstück befinden muss. Eine geringe räumliche Entfernung schadet nicht (BGH MDR 65, 561), sofern die Benutzung für die Zwecke der Hauptsache möglich ist. Auch die auf einem fremden Grundstück verlegten Versorgungsleitungen eines Gas-, Wasser- oder Elektrizitätswerkes (BGH 37, 353, NJW 80, 771) und die auf einem benachbarten Grundstück errichteten Hilfsgebäude (RGZ 55, 284) können daher Zubehör sein, nicht aber der Fuhrpark eines Speditions- oder Transportunternehmens, da sich der Geschäftsbetrieb weitgehend im Straßennetz und nicht auf dem Betriebsgrundstück abspielt (BGHZ 85, 234, 239; 124, 380, 393). 6

IV. Verkehrsanschauung (Abs 1 S 2). Selbst bei Vorliegen aller Voraussetzungen ist eine Sache dann kein Zubehör, wenn sie im Verkehr nicht als solches angesehen wird. Angesichts der allg Angleichung der Lebensverhältnisse in Deutschland sind ältere Entscheidungen zu unterschiedlichen Verkehrsanschauungen in bestimmten Gegenden nicht mehr aussagekräftig. Nach der Verkehrsanschauung sind etwa eine Nebenstellenanlage (Köln NJW 61, 461), das Inventar einer Gastwirtschaft (LG Kiel Rpfleger 83, 167) und Möbel (Ddorf DNotZ 87, 108) nicht als Zubehör bewertet worden. 7

V. Dauerhaftigkeit der Zweckbestimmung (Abs 2 S 1). Das Zubehör muss dem Zweck der Hauptsache auf Dauer zu dienen bestimmt sein. Hierdurch soll „Scheinzubehör" vom Anwendungsbereich des § 97 ausgenommen werden (BGH NJW 62, 1498). Vorübergehend ist die Benutzung, wenn sie von vornherein auf beschränkte Zeit oder auf vorübergehende Bedürfnisse ausgerichtet war (s. § 95 Rn 2). Nur vorübergehend benutzt werden zB in gepachtete Gebäude fest eingebaute Maschinen, die nach Beendigung des Pachtvertrages zu entfernen sind (BGH DB 71, 2113), Gegenstände, die der Eigentümer für die Zwecke der Hauptsache mietet oder Gegenstände für einen Auftrag, die nach seiner Beendigung in das Eigentum des Kunden übergehen (Ddorf NJW-RR 91, 1130). 8

VI. Aufhebung der Zubehöreigenschaft (Abs 2 S 2). Die Zubehöreigenschaft wird aufgehoben, wenn eine ihrer Voraussetzungen auf Dauer fortfällt (BGH NJW 84, 2277). Dies folgt im Umkehrschluss aus II 2, der eine vorübergehende Trennung für unerheblich erklärt. Dieser Rechtsgedanke gilt entspr auch für andere vorübergehende Umstände, zB die vorläufige Betriebseinstellung wegen Insolvenz (RGZ 77, 39, 40; BGHZ 60, 267). Beendet wird die Zubehöreigenschaft erst mit dauernder Einstellung des wirtschaftlichen Zwecks, dem das Zubehör dient, mit dauernder Trennung oder Änderung der Widmung. (BGH NJW 69, 2135; *Dilcher* JuS 86, 185). Da das Zubehör nicht im Eigentum des Grundstückseigentümers stehen muss, führt die bloße Übereignung nicht zum Wegfall der Zubehöreigenschaft (BGH NJW 79, 2514; 87, 1266). Eine Aufhebung der Zubehöreigenschaft durch Betriebsstilllegung geht über die Grenzen einer ordnungsgemäßen Wirtschaft hinaus und führt nach § 1122 II nicht zu einer Befreiung des Zubehörs von der Hypothekenhaftung (s. § 1122 Rn 3). 9

C. Beispielsfälle aus der Rspr. Als Zubehör wurden angesehen: Alarmanlage einer Eigentumswohnung (München MDR 79, 934); Baumaterial, das auf dem Baugrundstück lagert (BGHZ 58, 309, 312: noch nicht montierte Heizkörper); Baugeräte, die auf Grundstück des Baugeschäfts eingesetzt werden (Hamm MDR 85, 494); Bierausschankanlage (Celle OLGZ 80, 13) und Kühlanlage (Hamm NJW-RR 86, 376) einer Gastwirtschaft; Büroausstattungen von Verwaltungsgebäuden (LG Mannheim BB 76, 1152; LG Freiburg BB 77, 1672); Inventar und Kontoeinrichtungen von Gewerbebetrieben (Schlesw Rpfleger 88, 76; dazu auch BGH NJW 92, 3224); Einbauküchen, soweit sie nicht bereits Bestandteil sind (s. § 94 Rn 9); Fahrzeuge zum Betrieb eines Gewerbes (RGZ 47, 200: Hotelomnibus; Hamm JMBL NRW 53, 244: Pkw zum Aufsuchen der Baustellen); ansonsten nur, soweit es um Zu- oder Ablieferung oder den innerbetrieblichen Transport von Gütern geht (BGHZ 85, 234, WM 80, 1384); Fernleitungen von Versorgungsbetrieben (s. § 94 Rn 3), Glocke einer Kapelle (BGH 84, 2278); Maschinen auf einem Fabrikgrundstück (BGH NJW 79, 2514), auch vor Inbetriebnahme (BGH NJW 69, 36), sofern das Grundstück dauernd für einen entspr Gewerbebetrieb eingerichtet ist (BGHZ 62, 49, 51); Satellitenanlage eines Wohngrundstücks (AG Nürnberg DGVZ 96, 123; *Leppin* NJW 74, 1471); Vorräte an Kohle oder Öl (Schleswig SchlHA 97, 110, LG Braunschweig ZMR 90, 61; *Schulte-Thoma* RNotZ 04, 64); Zahnformen eines Dentallabors (BGH NJW 91, 695). 10

Nicht als Zubehör wurden angesehen: Autotelefon für einen Geschäftswagen (Köln NJW-RR 94, 51 zw); Baugeräte, die ausschl auf Baustellen eingesetzt werden (BGHZ 62, 49, 51: mobiler Baukran, BGHZ 124, 380, 393); *Baumschulbestände* (RGZ 66, 88, 90); Bauunterlagen des Hausgrundstücks (Karlsr NJW 75, 694); Bodenbelag (s. § 94 Rn 9); Fahrzeuge eines Speditions- oder Transportunternehmens mangels räumlicher Beziehung zum Grundstück (BGHZ 85, 234, 238 f.); Möbel (Ddorf DNotZ 87, 108); Rohstoffvorräte (RGZ 86, 326, 328) und zum Verkauf bestimmte Ware (RGZ 66, 88, 90). 11

D. Beweislast. Wer sich auf die Zubehöreigenschaft beruft, hat zu beweisen, dass diese dem wirtschaftlichen Zweck der Hauptsache zu dienen bestimmt ist und zu ihr in einem entspr räumlichen Verhältnis steht. Die entgegenstehende Verkehrsauffassung stellt eine (seltene) Ausnahme dar, die derjenige zu beweisen hat, der sich auf sie beruft (BGH NJW-RR 90, 586, Nürnbg NJW-RR 02, 1485). Hierzu ist ein geeignetes Beweismittel (Sachverständiger) für eine entspr Verkehrsanschauung zu benennen (BGH NJW 92, 3224). Wer eine nur 12 vorübergehende Benutzung einwendet (RGZ 77, 241, 244) oder sich auf die Aufhebung der Zubehöreigenschaft beruft (BGH NJW 69, 2135), trägt hierfür die Beweislast.

§ 98 Gewerbliches und landwirtschaftliches Inventar.
Dem wirtschaftlichen Zwecke der Hauptsache sind zu dienen bestimmt:
1. bei einem Gebäude, das für einen gewerblichen Betrieb dauernd eingerichtet ist, insbesondere bei einer Mühle, einer Schmiede, einem Brauhaus, einer Fabrik, die zu dem Betrieb bestimmten Maschinen und sonstigen Gerätschaften,
2. bei einem Landgut das zum Wirtschaftsbetrieb bestimmte Gerät und Vieh, die landwirtschaftlichen Erzeugnisse, soweit sie zur Fortführung der Wirtschaft bis zu der Zeit erforderlich sind, zu welcher gleiche oder ähnliche Erzeugnisse voraussichtlich gewonnen werden, sowie der vorhandene, auf dem Gut gewonnene Dünger.

1 **A. Normzweck.** Die Vorschrift ergänzt § 97. Sie erleichtert die Feststellung der Zubehöreigenschaft für die in dem nicht abschließenden Katalog von Regelbeispielen genannten Arten von Inventar. Da auch die sonstigen Tatbestandsmerkmale des § 97 erfüllt sein müssen, ist § 98 heute praktisch überflüssig. Mit der Norm sollte lediglich einer früher verbreiteten Ansicht entgegengewirkt werden, wonach Inventar eines gewerblichen Gebäudes nicht als Grundstückszubehör angesehen wurde (RGZ 67, 30, 33). Diese Auffassung ist jedoch überholt. Jedenfalls bei Betrieben, die einen wirtschaftlichen Bezug zum Gebäude oder Grundstück als Hauptsache haben, wird das Inventar als Zubehör angesehen. Verwirklicht sich dagegen der Betrieb auf dem Straßennetz, etwa bei Taxi- oder Transportunternehmen (BGHZ 85, 234, 238), liegt kein Fall des § 98 vor.

2 **B. Gewerbliches Inventar.** Dauernde Einrichtung des Gebäudes für den gewerblichen Betrieb kann sich aus seiner Bauart, Einteilung, Gliederung bzw Eigenart oder auf Grund seiner Ausstattung mit betriebsdienlichen Maschinen und sonstigen Gerätschaften ergeben (BGHZ 62, 49, 50; 124, 380, 392; BGH NJW 06, 993, 994). Bejaht worden ist dies zB bei einem Bürobetrieb (LG Mannheim BB 76, 1152), einer Gastwirtschaft (RGZ 48, 207, 208) oder Ziegelei (BGH NJW 69, 36). Verneint hat die Rspr die dauernde Einrichtung bei Fabrikgebäuden, die von Firmen unterschiedlicher Produktionszweige genutzt wurden (BGH BB 71, 1124). Kein Zubehör iSd §§ 97, 98 sind Maschinen dann, wenn sie ausnahmsweise Bestandteil des Gebäudes (§ 93 Rn 8) sind. Der Begriff der Gerätschaften ist weit auszulegen. Er umfasst auch Dekorationen eines Restaurants (RGZ 47, 197, 199 f), Versandmaterial (BayObLGZ 12, 306, 314 f) und bei Versorgungsunternehmen das gesamte Leitungsnetz, welches durch fremde Grundstücke führt (BGHZ 37, 353, 356; NJW 06, 990, 991).

3 **C. Landwirtschaftliches Inventar.** Landgut iSd § 98 meint einen landwirtschaftlichen Betrieb, dh jede Einheit von Grundstücken, auf der Ackerbau, Forstwirtschaft oder Viehzucht betrieben wird. Ein Wohngebäude dürfte heute nicht mehr zwingend erforderlich sein (anders noch Rostock OLGZ 29, 211). Der für § 2312 entwickelte (BGHZ 98, 375) engere Begriff gilt hier nicht (Palandt/*Heinrichs* Rz 4). Zu den landwirtschaftlichen Geräten gehören zB Pflug, Traktor, Mähdrescher, aber auch Mobiliar für das Betriebspersonal und Büroeinrichtung. Zuchtvieh dient generell dem landwirtschaftlichen Betrieb, Mastvieh nur solange, wie es noch nicht endgültig zum Verkauf bestimmt ist (AG Neuwied DGVZ 75, 63; MüKo/*Holch* Rz 19). Erzeugnisse sind von § 98 Nr 2 erfasst, sofern sie als Viehfutter oder Saatgut der Weiterführung des Betriebs dienen, auch wenn sie hinzugekauft worden sind, Dünger dagegen nur, wenn er in dem Betrieb selbst angefallen ist. Kunstdünger kann mithin nur Zubehör nach § 97 sein. Zu beachten ist auch der Zubehörbegriff des § 3 HöfeO.

§ 99 Früchte.
(1) Früchte einer Sache sind die Erzeugnisse der Sache und die sonstige Ausbeute, welche aus der Sache ihrer Bestimmung gemäß gewonnen wird.
(2) Früchte eines Rechts sind die Erträge, welche das Recht seiner Bestimmung gemäß gewährt, insbesondere bei einem Recht auf Gewinnung von Bodenbestandteilen die gewonnenen Bestandteile.
(3) Früchte sind auch die Erträge, welche eine Sache oder ein Recht vermöge eines Rechtsverhältnisses gewährt.

1 **A. Begriff und Bedeutung.** Die Definition unterscheidet zwischen den unmittelbaren (I) und mittelbaren (III) **Sachfrüchten** und den unmittelbaren (II) und mittelbaren (III) **Rechtsfrüchten**. Die rechtlichen Wirkungen, die sich an die Einordnung als Sach- oder Rechtsfrucht knüpfen, ergeben sich aus §§ 953 ff, 911 (Eigentumserwerb an den Früchten), §§ 993 (Herausgabe von Nutzungen), §§ 581, 1030 (Nutzungsrechte von Pächter und Nießbraucher), §§ 743, 923, 1213, 2020, 2039, 2184 (Recht zur Fruchtziehung), §§ 596a, 998 (Kostenersatz). In der Zwangsvollstreckung treffen die §§ 810, 865 ZPO, 21 ZVG Sonderregelungen für Früchte.

2 **B. Sachfrüchte. Unmittelbare Sachfrüchte** sind die Erzeugnisse der Sache. Das sind alle natürlichen Tier- und Bodenprodukte, dh nicht nur Obst und Getreide, sondern auch Eier, Milch, Wolle und Jungtiere, auch schon vor der Geburt. Die Substanz der Muttersache darf jedoch nicht verbraucht werden. Kein Erzeugnis ist daher das Fleisch eines geschlachteten Tieres. Auch Pflanzen und Bäume stellen als Bodenprodukte Früchte

dar (RGZ 109, 190, 192). Unerheblich ist, ob sich die Fruchtziehung im Rahmen ordnungsgemäßer wirtschaftlicher Erzeugung hält. Ist dies nicht der Fall, liegt eine übermäßige Fruchtziehung vor (§ 1039).
Gleichgestellt ist die sonstige Ausbeute (Alt 2). Bei ihr erfolgt idR ein Eingriff in die Sachsubstanz der Muttersache wie zB beim Abbau von Bodenschätzen (Kies, Sand, Kohle, Mineralien). Um Sachfrüchte handelt es sich nur dann, wenn diese bestimmungsgemäß ist, also der naturgemäßen oder verkehrsüblichen Nutzung entspricht. Daher stellt ein auf einem Grundstück gefundener Schatz (§ 984) keine Sachfrucht dar (BaRoth/*Fritzsche* Rz 8), ebenso wenig die auf einem Grundstück erzeugte Elektrizität (Soergel/*Marly* Rz 9). 3

Mittelbare Sachfrüchte sind die Erträge, welche die Sache infolge eines gesetzlichen Rechtsverhältnisses oder eines auf Nutzung gerichteten vertraglichen Rechtsverhältnisses gewährt. Hierunter fallen Miet- (BGH NJW 86, 1341) und Pachtzins (BGHZ 63, 365; Ddorf NJW-RR 87, 1164), Überbaurente (§ 912), nicht aber die Brandversicherungssumme (BGHZ 115, 157, 159; Ddorf NJW-RR 97, 604). 4

C. Rechtsfrüchte. Unmittelbare Rechtsfrüchte sind die bestimmungsgemäßen Erträge eines Rechts. Diese bestehen selbständig und als eigener Leistungsgegenstand neben dem Stammrecht. Hierunter fallen zB die Nutzungen des Pächters, des Nießbrauchers (KG NJW 64, 1808), des Reallastberechtigten und des Inhabers einer Grunddienstbarkeit oder beschränkt persönlichen Dienstbarkeit. Rechtsfrüchte sind weiter die Jagdbeute (BGHZ 112, 392, 395), Dividenden (BGHZ 58, 316, 320; NJW-RR 87, 989), der Gewinn aus einem GmbH-Anteil (BGH NJW 95, 1028), laufende Rentenleistungen der gesetzlichen Rentenversicherung (BSG MDR 82, 698) und nach hM auch die Zinsen einer Kapitalforderung (Erman/*Michalski* Rz 7; aA MüKo/*Holch* Rz 6: mittelbare Rechtsfrüchte). Keine unmittelbaren Rechtsfrüchte sind dagegen das Stimmrecht, das Aktienbezugsrecht und die beim Verkauf erzielten Kursgewinne (Bremen DB 70, 1436). 5

Mittelbare Rechtsfrüchte sind die Gegenleistungen für die Nutzungsüberlassung an andere durch Vertrag oder Gesetz. Hierunter fallen va Verzugszinsen (BGHZ 81, 8, 13) und Lizenzgebühren bei gewerblichen Schutzrechten (Staud/*Dilcher* Rz 16). 6

§ 100 Nutzungen. Nutzungen sind die Früchte einer Sache oder eines Rechts sowie die Vorteile, welche der Gebrauch der Sache oder des Rechts gewährt.

A. Begriff und Bedeutung. Inhalt der Norm ist allein die Legaldefinition des Begriffs der Nutzungen, der den Oberbegriff für die Sach- und Rechtsfrüchte (s. § 99) sowie die Gebrauchsvorteile darstellt. Von Bedeutung ist der Begriff vor allem bei Herausgabe von Nutzungen gerichteten Vorschriften (§§ 346 f, 818 I, 987 ff, 2020 ff). Weiterhin verwendet das Gesetz den Terminus der Nutzungen zB in den §§ 256, 292, 302, 379, 446, 503, 584b, 745, 820, 1030, 1039, 1213 f, 1283, 1698, 1813, 2111, 2133, 2184, 2379 f BGB, sowie in §§ 13, 16, 33 WEG, §§ 4, 9, 863 ZPO. 1

B. Gebrauchsvorteil. Der Gebrauch einer Sache oder eines Rechtes besteht in der Ausübung der damit verbundenen Rechte. Im Gegensatz zum **Verbrauch** geht durch den **Gebrauch** die Sache oder das Recht nicht unter. Allerdings zehrt der Gebrauch den Wert der Sache auf, wenn diese nur eine begrenzte Gebrauchsdauer hat (Möbel, KfZ, Maschinen). Gebrauchsvorteile einer Sache werden durch deren Besitz vermittelt (Hambg MDR 53, 613). Solche sind zB: der Gebrauch eines Hauses zu Wohnzwecken oder als Kreditunterlage (*Gaier* ZflR 02, 612), der Gebrauch eines Pkw zur Fortbewegung und eines befestigten Platzes zum Parken (BGHZ 39, 186, 187). Auch nicht unmittelbar vermögensrechtliche Vorteile fallen hierunter wie der Gebrauch eines Musikinstruments, die Ausübung des Stimmrechts oder Wohnungseigentümerrechts (KG OLGZ 79, 290). Bei Geld besteht der Gebrauchsvorteil in dem daraus erlangten oder durch seine Verwendung ersparten (Schuld)-zinsen (BGHZ 138, 160, 166). Zu den Gebrauchsvorteilen zählt auch der aus dem Gewerbebetrieb gezogene Gewinn (BGHZ 65, 365, 368; NJW 78, 1578), nicht zu berücksichtigen sind dagegen Vorteile, die auf werterhöhenden Investitionen des Schuldners beruhen (BGHZ 109, 179, 191; NJW 92, 892). Die Wertsteigerung ist vom Schuldner zu beweisen (BGH NJW 95, 2628). Kein Gebrauchsvorteil ist das, was durch Verwertung oder Belastung der Sache erzielt wird, zB Kursgewinne aus Wertpapierverkäufen und das Bezugsrecht für neue Aktien (Bremen DB 70, 1436). 2

Die beim Wertersatz für herauszugebende Nutzungen notwendige **Bewertung** der Gebrauchsvorteile richtet sich nach dem objektiven Wert, den der Gebrauchsvorteil allg für Nutzende der betreffenden Art hat (BGH NJW 95, 2627). Hat der Besitzer die Sache vermietet, beschränkt sich der Anspruch aus § 988 auf die tatsächlich gezogene Miete (BGH NJW 02, 60). Bei der Eigennutzung von Objekten ist zu unterscheiden. Der Wert von Gebrauchsvorteilen bei **beweglichen Sachen** wird nach der „Werteverzehrstheorie" nach dem Verhältnis der tatsächlichen zur voraussichtlichen Gesamtnutzungsdauer der Sache berechnet (BGHZ 115, 47, 54; NJW 95, 2159, 2161; NJW 96, 250, 252; NJW 06, 1582, 1583; krit *Gursky* JR 98, 7). Bei der Rückabwicklung von Grundstückskaufverträgen ist der iRd Vorteilsausgleichung anzurechnende Nutzungsvorteil zeitanteilig linear aus dem Kaufpreis zu ermitteln, wenn der Käufer den Schadensersatz auf den Leistungsaustausch und die Nebenkosten des Vertrags beschränkt (BGH NJW 06, 53). Verlangt der Käufer auch Ersatz der Aufwendungen zur Finanzierung des Kaufpreises, hat er sich den nach dem üblichen Mietzins berechneten vollen Wert der Eigennutzung anrechnen zu lassen (BGH NJW 06, 2182, 2184 f). 3

§ 101 Verteilung der Früchte. Ist jemand berechtigt, die Früchte einer Sache oder eines Rechts bis zu einer bestimmten Zeit oder von einer bestimmten Zeit an zu beziehen, so gebühren ihm, sofern nicht ein anderes bestimmt ist:
1. die in § 99 Abs. 1 bezeichneten Erzeugnisse und Bestandteile, auch wenn er sie als Früchte eines Rechts zu beziehen hat, insoweit, als sie während der Dauer der Berechtigung von der Sache getrennt werden,
2. andere Früchte insoweit, als sie während der Dauer der Berechtigung fällig werden; bestehen jedoch die Früchte in der Vergütung für die Überlassung des Gebrauchs oder des Fruchtgenusses, in Zinsen, Gewinnanteilen oder anderen regelmäßig wiederkehrenden Erträgen, so gebührt dem Berechtigten ein der Dauer seiner Berechtigung entsprechender Teil.

1 Die Vorschrift regelt die Verteilung der Früchte zwischen mehreren nacheinander fruchtziehungsberechtigten Personen, zB Veräußerer/Erwerber, Verpächter/Pächter, Erblasser/Vorerbe/Nacherbe (BGHZ 81, 8, 13). Sie gibt dem im Innenverhältnis Berechtigten einen unmittelbaren schuldrechtlichen Ausgleichsanspruch gegen den Fruchtzieher. Obwohl die Norm auf die Berechtigung zur Fruchtziehung abstellt, besteht der Anspruch nur, wenn die Früchte auch tatsächlich gezogen worden sind. Die bloße Möglichkeit der Fruchtziehung genügt nicht (BGH NJW 95, 1029). Für die Frage des Eigentums an den Früchten gelten die §§ 953 ff. Eine anderweitige Bestimmung durch Gesetz (§§ 987 II, 1039, 1214, 2111, 2133), Vertrag (BGH NJW 98, 1315) oder Verfügung von Todes wegen hat Vorrang. Beweispflichtig ist derjenige, der sich hierauf beruft.

2 Unmittelbare Sachfrüchte (§ 99 I) gebühren demjenigen, der im Zeitpunkt ihrer Trennung der Berechtigte ist, auch wenn ihm diese als Rechtsfrüchte zustehen. Bei anderen Früchten (§ 99 II, III) differenziert das Gesetz. Grds tritt an die Stelle der Trennung die Fälligkeit. Eine Ausnahme gilt für regelmäßig wiederkehrende Erträge. Diese gebühren unabhängig von der Fälligkeit dem Berechtigten zeitanteilig für die Dauer seiner Berechtigung. Hierunter fallen Miet- und Pachtzinsen, aber auch Zinsen und Gewinnanteile, die in ihrer Höhe auch variieren können, sofern sie nur fortlaufend sind. Erfasst werden schließlich auch Renten (nach § 1199), Leistungen aufgrund einer Reallast (§ 1105) oder Entschädigungen für Überbau (§ 912 II).

§ 102 Ersatz der Gewinnungskosten. Wer zur Herausgabe von Früchten verpflichtet ist, kann Ersatz der auf die Gewinnung der Früchte verwendeten Kosten insoweit verlangen, als sie einer ordnungsmäßigen Wirtschaft entsprechen und den Wert der Früchte nicht übersteigen.

1 Die Billigkeitsvorschrift räumt dem zur Fruchtherausgabe Verpflichteten einen selbständigen Anspruch auf die für die Gewinnung aufgewendeten Kosten gegen denjenigen ein, dem die Früchte zugute kommen.

2 Die Herausgabepflicht kann sich aus § 101, aber auch aus sonstigen gesetzlichen oder vertraglichen Regelungen ergeben. Sie gilt auch im Verhältnis von Vor- und Nacherbe (BGH NJW-RR 86, 1070). Die Früchte müssen bereits getrennt sein, ansonsten gelten die Sondervorschriften der §§ 596a, 998, 1055 II, 2130 II. Die Vorschrift ist dispositiv. Sie gilt für jede Art von Früchten, auch für Erträge eines Unternehmens (BGH LM Nr 1) oder Nutzungen einer Erbschaft (BGH FamRZ 86, 900).

3 Zu den Kosten der Gewinnung gehören alle Aufwendungen, die für die Fruchtziehung notwendig waren, dh bei landwirtschaftlichen Produkten die Kosten für Saatgut, Feldbestellung, Dünger, Unkraut- und Schädlingsbekämpfung sowie Ernte. Bei Gewinnung von Bodenschätzen auch die Herstellungs- und Erhaltungskosten zB für Grubenbauten im Kohleabbau. Der Anspruch umfasst auch den Wert der persönlichen Arbeitsleistung des Herausgabepflichtigen, seiner Angehörigen und Angestellten (BGHZ 131, 220). Der Wert der Früchte bildet die Obergrenze, um dem Berechtigten keine Kostenbelastung aufzuerlegen, die über den Nutzen hinausgeht. Kostenerstattung kann bereits vor Erhebung des Herausgabeanspruchs verlangt werden, der Herausgabegläubiger ist dann aber durch § 273 geschützt (MüKo/*Holch* Rz 6). Verzichtet der Berechtigte einseitig auf die Früchte, bringt dies den Herausgabeanspruch nicht zum Erlöschen (BaRoth/*Fritzsche* Rz 9).

§ 103 Verteilung der Lasten. Wer verpflichtet ist, die Lasten einer Sache oder eines Rechts bis zu einer bestimmten Zeit oder von einer bestimmten Zeit an zu tragen, hat, sofern nicht ein anderes bestimmt ist, die regelmäßig wiederkehrenden Lasten nach dem Verhältnis der Dauer seiner Verpflichtung, andere Lasten insoweit zu tragen, als sie während der Dauer seiner Verpflichtung zu entrichten sind.

1 Die Vorschrift enthält eine § 101 Nr 2 entspr Regelung für das Innenverhältnis mehrerer nacheinander zur Lastentragung Verpflichteter. Ein solcher Wechsel kann in den gleichen Konstellationen eintreten wie bei § 101 Rn 1. Soweit nach § 103 derjenige, der die Lasten entrichtet hat, diese nicht zu tragen hat, steht ihm im Innenverhältnis ein unmittelbarer schuldrechtlicher Ausgleichsanspruch gegen den Vorgänger oder Nachfolger zu (BGH WM 09, 1438, 1439). Das Gesetz setzt dabei den Begriff der Lasten voraus, ohne ihn zu definieren. *Lasten iSd § 103 sind Leistungspflichten auf zivil- oder öffentlich-rechtlicher Grundlage, die den Eigentümer oder Besitzer einer Sache bzw den Inhaber eines Rechts treffen und den Nutzungswert der Sache bzw des Rechts mindern* (BGH NJW 80, 2466; Hamm NJW 89, 839). Nicht hierunter fallen dagegen dingliche Belastungen eines Grundstücks wie Nießbrauch, Grunddienstbarkeit oder Vorkaufsrecht (RGZ 66, 316, 318).

Nicht hierunter fallen auch die den Eigentümer oder Besitzer persönlich treffenden Verpflichtungen, etwa bauordnungsrechtliche Auflagen (RGZ 129, 10, 12) oder die Streupflicht (BGH NJW 90, 111), da es sich hierbei nicht um Lasten der Sache handelt. Umstr ist die Einordnung der (früheren) Vermögenssteuer (gegen eine Einordnung als Last Palandt/*Heinrichs* § 103 Rz 3; Soergel/*Marly* § 103 Rz 5; aA *Baums* DB 81, 356).

Das Gesetz unterscheidet zwischen **regelmäßig wiederkehrenden** und anderen (nicht notwendig einmaligen) Lasten. Zu den regelmäßig wiederkehrenden Lasten zählen Hypotheken- und Grundschuldzinsen, s. § 1047 (BGH NJW 86, 2439), Grundsteuern (BGH ZIP 98, 2074), Sachversicherungsprämien (Ddorf NJW 73, 147), Notwege- und Überbaurente. Bei beweglichen Sachen gehören zu den typischen Lasten KfZ-Steuer und Pflichtversicherungsprämien (AG Hamburg MDR 77, 842).Von den wiederkehrenden Lasten hat der Verpflichtete einen der Dauer seiner Verpflichtung entspr Teil zu tragen. **Sonstige Lasten** sind etwa Erschließungsbeiträge (BGH NJW 82, 1278; NJW 94, 2283) s. aber § 436 I, Leistungen im Umlegungs- und Flurbereinigungsverfahren (§ 20 FlurbG) sowie die bei Aufgabe oder Veräußerung eines Gewerbebetriebes nach § 16 EStG anfallende Einkommensteuer. Diese Lasten sind von dem zur Zeit der Fälligkeit Verpflichteten zu tragen. Umstr ist die Einordnung der zur Deckung von Lasten und Kosten des gemeinschaftlichen Eigentums zu erbringenden Zahlungen der Wohnungseigentümer. Richtigerweise wird man Hausgeldzahlungen, die als Vorschusszahlungen erbracht werden als regelmäßig wiederkehrende Lasten ansehen müssen (BGHZ 95, 118, 121), nicht dagegen die nach Ablauf des Wirtschaftsjahres ggf notwendigen Abschlusszahlungen nach § 28 V WEG (zutr *Weitnauer* JZ 86, 193). 2

Eine den § 103 verdrängende Sonderregelung enthält das Gesetz für die **öffentlichen Lasten** beim Grundstückskauf (§ 436 I). Anderweitige gesetzliche Bestimmungen finden sich weiter für Kauf (§ 446), Miete (§ 546), Pacht (§ 581 II), Nießbrauch (§ 1047) und Erbschaftskauf (§§ 2379, 2380) sowie in § 56 2 ZVG für den Ersteher in der Zwangsversteigerung (BGHZ 95, 118). Wegen des dispositiven Charakters der Norm haben abweichende vertragliche Vereinbarungen Vorrang. Beweispflichtig ist derjenige, der sich hierauf beruft. Zur ergänzenden Vertragsauslegung bei einer Änderung der Verwaltungspraxis in der Erhebung öffentlicher Lasten (Erstattung an den alten und Neufestsetzung ggü dem neuen Eigentümer) BGH NJW 88, 2099. 3

Abschnitt 3 Rechtsgeschäfte

Titel 1 Geschäftsfähigkeit

§ 104 Geschäftsunfähigkeit. Geschäftsunfähig ist:
1. wer nicht das siebente Lebensjahr vollendet hat,
2. wer sich in einem die freie Willensbestimmung ausschließenden Zustand krankhafter Störung der Geistestätigkeit befindet, sofern nicht der Zustand seiner Natur nach ein vorübergehender ist.

A. Begriff und Bedeutung. Geschäftsfähigkeit ist die Fähigkeit, Rechtsgeschäfte selbständig wirksam vorzunehmen. Der Geschäftsfähigkeit im materiellen Recht entspricht im Verfahrensrecht die **Prozessfähigkeit** (§§ 51 ff ZPO). Von der Geschäftsfähigkeit zu unterscheiden ist die **Rechtsfähigkeit**, dh die Fähigkeit, Träger von Rechten und Pflichten zu sein. Das BGB regelt die Geschäftsfähigkeit anders als die Rechtsfähigkeit (§ 1) nicht positiv, sondern setzt diese grds voraus, sofern der rechtsgeschäftlich Handelnde nicht ausnahmsweise minderjährig (§§ 104 Nr 1, 106) oder iSv § 104 Nr 2 krank ist. Auch nicht geschäftsfähige Personen sind rechtsfähig. Die Anordnung einer Betreuung führt grds nicht zu einem Verlust der Geschäftsfähigkeit (§ 1996 I). 1

Die Regelungen der §§ 104 ff dienen in erster Linie dem Schutz des nicht Geschäftsfähigen vor den für ihn möglicherweise nachteiligen Folgen seiner Willenserklärung, deren Bedeutung er wegen seines Alters oder einer krankhaften Störung der Geistestätigkeit nicht erfassen kann. Dem Schutz dieser Personen räumt der Gesetzgeber Vorrang vor den Schutzbedürfnissen des Rechtsverkehrs ein. Dementsprechend ist der gute Glaube an die Geschäftsfähigkeit des Vertragspartners nicht geschützt. Die Vorschriften dienen weiterhin auch der Rechtssicherheit, indem das Gesetz starre, generelle Regeln für das Vorliegen der Geschäftsunfähigkeit festlegt und nicht auf die Einsichts- oder Urteilsfähigkeit beim konkreten Geschäftsabschluss abstellt. 2

Die Rechtsfolgen der Geschäftsunfähigkeit ergeben sich aus § 105 Rn 2–4. 3

B. Fallgruppen. I. Altersbedingte Geschäftsunfähigkeit. Die altersbedingte Geschäftsunfähigkeit ist von der konkreten geistigen Entwicklung unabhängig. Sie endet gem §§ 187 II 1, 188 II Alt 2 mit dem Ablauf des letzten Tages des siebten Lebensjahres (24 Uhr). Mit dem siebten Geburtstag (0 Uhr) tritt beschränkte Geschäftsfähigkeit (s. § 106 Rn 3) ein. 4

II. Krankhafte Störung der Geistestätigkeit. 1. Generelle Geschäftsunfähigkeit. Erfasst werden von dem Begriff der krankhaften Störung der Geistestätigkeit sowohl die Geisteskrankheit s.a. die Geistesschwäche (BGH WM 65, 895). Die genaue medizinische Einordnung der Störung ist dabei unerheblich. Es muss sich jedoch um einen Dauerzustand handeln. Dies liegt nicht nur bei unheilbaren Erkrankungen vor, sondern auch bei heilbaren Störungen, deren Heilung aber einen längeren Zeitraum beansprucht. Anwendbar ist 5

§ 104 Nr 2 zB bei wochenlanger Bewusstlosigkeit nach einem Unfall (München MDR 89, 361). Kurzfristige oder ihrer Natur nach nur vorübergehende Störungen wie Ohnmacht, Volltrunkenheit, hohes Fieber fallen dagegen unter § 105 II. Auch in Abständen immer wiederkehrende Störungen, wie zB Anfälle, Rauschzustände sind nur vorübergehend, solange sie immer nur wenige Tage andauern. Unabhängig von ihrer Dauer muss die krankhafte Störung aber in jedem Fall die freie Willensbestimmung ausschließen. Das ist der Fall, wenn der Betroffene nicht mehr in der Lage ist, seine Entscheidungen unbeeinflusst von der Geistesstörung zu treffen und sie von vernünftigen Erwägungen abhängig zu machen (BGH NJW 70, 1680; 96, 919; Ddorf FamRZ 98, 1064). Zu prüfen ist, ob die Entscheidung auf einer sachlichen Abwägung des Für und Wider beruht oder der Betroffene durch für ihn unkontrollierbare Vorstellungen bestimmt wird (BGH WM 84, 1064). Dies kann auch der Fall sein, wenn der Betroffene übermäßig durch Einflüsse Dritter beherrscht wird (BGH NJW 96, 918). Bloße Willensschwäche oder leichte Beeinflussbarkeit genügen hingegen für einen Ausschluss freier Willensbestimmung noch nicht, ebenso wenig wie die Unfähigkeit, die Tragweite der abgegebenen Willenserklärung intellektuell zu erfassen (BGH NJW 61, 261). Die Abgrenzung von einem nur schwachen Verstand und einer Geistesschwäche (Debilität) kann im Einzelfall schwierig sein. Ein geringer IQ (unter 60) mag dabei ein Hinweis für eine unter § 104 fallende Verstandesschwäche sein (s. Ddorf VersR 96, 1493), reicht für die Annahme eines die Willensbildung ausschließenden krankhaften Zustandes allein noch nicht aus. Auch bei chronischen Alkohol- und Drogenmissbrauch liegt nicht generell eine die freie Willensbildung ausschließende dauerhafte Störung der Geistestätigkeit vor. Etwas anderes gilt dann, wenn die Sucht zu derartigen hirnorganischen Veränderungen geführt hat, dass diese die freie Willensbestimmung ausschließen (BayObLG NJW 03, 216; Naumbg NJW 05, 2017). Da die Geschäftsunfähigkeit nur besteht, wenn sich der Betroffene „in einem Zustand" nach Nr 2 befindet, besteht in sog lichten Augenblicken Geschäftsfähigkeit (RGZ 72, 61, 64).

6 **2. Partielle Geschäftsunfähigkeit.** In Ausnahmefällen kann sich die Geschäftsunfähigkeit nur auf einen gegenständlich beschränkten, abstrakt zu umschreibenden Kreis von Angelegenheiten beziehen (BGH NJW 70, 1680; BayObLG NJW 92, 2100), während Willenserklärungen in anderen Bereichen voll wirksam sind. Angenommen worden ist eine solche partielle Geschäftsunfähigkeit von der Rspr zB bei Querulantenwahn für die Prozessführung (BAG AP Nr 1; BVerwGE 30, 24, 25), wobei das Beharren auf der eigenen Rechtsauffassung und eine große Zahl von Streitigkeiten allein noch nicht ausreichen (SG Berlin NJW 69, 1752). Partielle Geschäftsunfähigkeit kann weiter bestehen bei krankhafter Eifersucht für Fragen der Ehe (BGHZ 18, 184, 186), bei wahnhafter Verarbeitung der Beziehung zu einer Prostituierten für diesbezügliche Prozesse (BGH ZIP 99, 2073), bei krankhafter Abhängigkeit von der Telefonsexpartnerin für Telefonate mit dieser (BGH NJW-RR 02, 1424), beim Schock eines RA wegen Fristversäumnis für die Führung eines bestimmten Prozesses (BGHZ 30, 112, 117). Partielle Geschäftsunfähigkeit aufgrund Spielsucht ist nur ausnahmsweise anzuerkennen bei schwersten Persönlichkeitsveränderungen durch pathologisches Spielen (Hambg OLGR 05, 137). Nicht anzuerkennen ist aus Gründen der Rechtssicherheit dagegen eine relative Geschäftsunfähigkeit für besonders schwierige Geschäfte (BGH NJW 53, 1342; 61, 261; BayObLG NJW 89, 1678; aA Köln NJW 60, 1389). Umgekehrt kann auch bei erheblichen Zweifeln an der Geschäftsfähigkeit im Einzelfall eine partielle Geschäftsfähigkeit für die Eheschließung gegeben sein (BayObLG FGPrax 96, 143; 03, 32; BVerfG NJW 03, 1382).

7 **C. Beweislast.** Da das BGB von der Geschäftsfähigkeit als Regel ausgeht, stellt die Geschäftsunfähigkeit im Zeitpunkt der Abgabe der Willenserklärung die zu beweisende Ausnahme dar. Das gilt für § 104 Nr 1 und 2 gleichermaßen (BGH NJW 72, 681; BayObLG Rpfleger 82, 286). Steht ein krankhafter Zustand nach § 104 Nr 2 fest, sind lichte Augenblicke vom Gegner zu beweisen (BGH NJW 88, 3011; Karlsr OLGZ 82, 280).

8 Die Prozessfähigkeit hat das Gericht in jeder Lage des Verfahrens vAw zu prüfen und hierüber Beweis zu erheben (BGH NJW 96, 1059). Dabei trifft die Partei, welche sich auf Geschäftsunfähigkeit und damit Prozessunfähigkeit beruft, zwar die Darlegungslast, nicht aber die Beweislast. Kann nach Ausschöpfung sämtlicher Beweismittel nicht mit Gewissheit festgestellt werden, ob eine Partei prozessfähig ist, so gilt sie als prozessunfähig. Gegen sie darf kein Sachurteil ergehen (BGH 18, 184, 190; NJW-RR 86, 157). Der nachträgliche Eintritt der Prozessunfähigkeit beseitigt die ursprünglich wirksam erteilte Prozessvollmacht nicht.

§ 105 Nichtigkeit der Willenserklärung.
(1) Die Willenserklärung eines Geschäftsunfähigen ist nichtig.
(2) Nichtig ist auch eine Willenserklärung, die im Zustand der Bewusstlosigkeit oder vorübergehender Störung der Geistestätigkeit abgegeben wird.

1 **A. Nichtigkeit nach I. I. Grundsatz.** Die Norm ordnet im Interesse des Schutzes Geschäftsunfähiger (s. § 104 Rn 1) an, dass **alle Willenserklärungen** eines Geschäftsunfähigen ohne Rücksicht auf ihren Inhalt nichtig sind. Dies gilt auch für Erklärungen, die lediglich rechtlich vorteilhaft für den Geschäftsunfähigen oder objektiv vernünftig sind. Die Nichtigkeit wirkt nicht nur ggü dem Vertragspartner sondern für und gegen jedermann. Für die Abgabe von Willenserklärungen ggü Geschäftsunfähigen gilt § 131. Auf sonstige

Handlungen, bei denen die Rechtsfolge maßgeblich an den Willen des Handelnden anknüpft, ist § 105 entspr anwendbar (BGHZ 47, 352, 357). Daher sind auch geschäftsähnliche Handlungen wie die Mahnung (§ 286), die Pfandrückgabe (§ 1253) oder die Dereliktion (§ 959) nichtig. Dagegen tritt bei Realakten, wie Verbindung, Vermischung und Verarbeitung (§ 946 ff) die Rechtsfolge auch dann ein, wenn der Handelnde geschäftsunfähig ist. Nicht anwendbar ist § 105 auch auf den Besitzerwerb (BGHZ 27, 360, 362) und die Besitzaufgabe, allerdings nicht iRd § 935 I. Hier liegt bei freiwilliger Besitzaufgabe durch den Geschäftsunfähigen Abhandenkommen vor (*Canaris* NJW 64, 1988). Weiterhin gilt § 105 I nicht bei der Begründung von Eigenbesitz (§ 872), Fruchtziehung (§ 954) und bei den gesetzlichen Pfandrechten (RGZ 132, 129).

II. Ausnahmen. Eingeschränkt wird die generelle Nichtigkeit durch § 105a. Ausnahmen gelten weiter in gerichtlichen Verfahren. Grds ist der Geschäftsunfähige zwar zugleich auch prozessunfähig (§ 52 ZPO). Die (möglicherweise) geschäftsunfähige Partei ist aber im Zulassungsstreit über ihre Prozessfähigkeit bis zur rechtskräftigen Entscheidung der Frage als prozessfähig zu behandeln (BGHZ 35, 1, 6). Auch kann der Geschäftsunfähige wirksam Verfassungsbeschwerde einlegen (BVerfGE 10, 302, 310). 2

III. Besonderheiten. Die von einem Geschäftsunfähigen erteilte Vollmacht ist nichtig, der Vertreter handelt nach § 177 ff als Vertreter ohne Vertretungsmacht (BayObLG NJW-RR 88, 454). Gibt der Geschäftsunfähige die Willenserklärung als Vertreter oder Organ einer juristischen Person oder Personenhandelsgesellschaft ab, so ändert dies nichts an deren Nichtigkeit (BGHZ 115, 78, 79; ZIP 04, 661). Die Nichtigkeit der Willenserklärung eines geschäftsunfähigen Gesamtvertreters nach § 105 I führt zur Nichtigkeit des Rechtsgeschäfts, da Gesamtvertreter nur gemeinsam für den Vertretenen handeln können. § 139 ist unanwendbar (BGHZ 53, 210, 214 f; aA Hamm NJW 67, 1041). Etwas anderes gilt im Falle übereinstimmenden Handelns zweier alleinvertretungsberechtigter Vertreter (RGZ 145, 155, 160). Wer geschäftsunfähig ist, kann grds keine Ehe eingehen (§ 1304). 3

B. Nichtigkeit nach Abs 2. Auch die im Zustand der Bewusstlosigkeit oder vorübergehender Störung der Geistestätigkeit abgegebene Willenserklärung ist nichtig. Für die Eheschließung gilt § 1314 II Nr 1. **Bewusstlosigkeit** bedeutet nicht völliges Fehlen des Bewusstseins (Ohnmacht), da es dann unabhängig von der Geschäftsfähigkeit bereits an dem für den Tatbestand der Willenserklärung notwendigen Handlungswillen fehlt. Der Begriff ist iSe Bewusstseinstrübung zu verstehen, die die Erkenntnis von Inhalt und Wesen der abgegebenen Erklärung ausschließt. In Betracht kommen hochgradige Trunkenheit (BGH WM 72, 972; Ddorf WM 88, 1407) die regelmäßig erst ab einem Blutalkoholgehalt von mehr als 3 Promille anzunehmen ist (BGH NJW 91, 852), erheblicher Drogenkonsum, Fieberwahn, Nachtwandeln, Hypnose oder epileptische Anfälle. Dass der Geschäftsunfähige diesen Zustand schuldhaft herbeigeführt hat, ändert an der Nichtigkeit nichts (Nürnbg NJW 77, 1496). Durch den krankhaften Zustand muss die freie Willensbestimmung ausgeschlossen sein. Dies ist bei einer Erschöpfungsdepression nicht anzunehmen (LAG Mainz MDR 04, 580). Eine **Störung der Geistestätigkeit** setzt wie § 104 Nr 2 eine geistige Anomalie voraus, welche die freie Willensbestimmung ausschließt (BGH FamRZ 70, 641; Saarbr NJW 99, 872; LAG Köln NZA-RR 99, 232). Eine Beschränkung auf ein bestimmtes Lebensgebiet ist denkbar (BGH NJW 61, 261), nicht aber eine Differenzierung nach dem Schwierigkeitsgrad des Rechtsgeschäfts. Unter § 105 II fallen nur vorübergehende Störungen. Bei Dauerhaftigkeit gilt § 104 Nr 2. 4

C. Rechtsfolgen der Nichtigkeit. Sind zur Erfüllung des nichtigen Vertrages bereits Leistungen ausgetauscht worden, sind diese nach §§ 812 ff rückabzuwickeln. Besonderheiten gelten, soweit der Geschäftsunfähige einen Gebrauchsvorteil oder eine Dienstleistung erlangt hat, die nicht in natura herausgegeben werden kann. Müsste der Geschäftsunfähige hier nach § 818 II Wertersatz leisten, würde er faktisch so gestellt, als wäre er aus dem nichtigen Vertrag verpflichtet. Dies widerspräche dem Schutzzweck der §§ 104 f (BGHZ 55, 128, 138). Ein Geschäftsunfähiger ist daher nur dann zum Wertersatz verpflichtet, wenn er durch die Erlangung des Gebrauchsvorteils Kosten erspart hat, deren Entstehung vom Willen des gesetzlichen Vertreters getragen ist. Ansonsten kann er sich auf § 818 III berufen (Hamm NJW 66, 2358; *Medicus* NJW 70, 666). 5

Bei einem vom Geschäftsunfähigen geschlossenen nichtigen Arbeitsvertrag hat der **geschäftsunfähige ArbN** Anspruch auf die vereinbarte Gegenleistung, solange er tatsächlich gearbeitet hat. Es besteht jedoch für ihn keine Verpflichtung, seine Leistung aus dem nichtigen Arbeitsverhältnis zu erbringen. Der **geschäftsunfähige ArbG** kann sich nicht zu Lasten des ArbN auf die Nichtigkeit des Arbeitsverhältnisses berufen. Dem ArbN stehen daher die vertraglich vereinbarten Lohnansprüche zu. Möglich ist aber eine sofortige Auflösung des Vertrages (dazu MüKo/*Schmitt* § 105 Rz 52 ff). Ähnl können auch bei Beteiligung eines Geschäftsunfähigen an einer Gesellschaft die Nichtigkeitsfolgen nur für die Zukunft geltend gemacht werden (BGHZ 55, 5, 7; NJW 92, 1502). 6

D. Beweislast. Für den Nachweis der Geschäftsunfähigkeit s. § 104 Rn 6. Wer sich auf § 105 II beruft, muss das Vorliegen dieses Zustandes im Zeitpunkt der Abgabe der Willenserklärung beweisen (BGH WM 72, 972; 80, 521). 7

§ 105a Geschäfte des täglichen Lebens. ¹Tätigt ein volljähriger Geschäftsunfähiger ein Geschäft des täglichen Lebens, das mit geringwertigen Mitteln bewirkt werden kann, so gilt der von ihm geschlossene Vertrag in Ansehung von Leistung und, soweit vereinbart, Gegenleistung als wirksam, sobald Leistung und Gegenleistung bewirkt sind. ²Satz 1 gilt nicht bei einer erheblichen Gefahr für die Person oder das Vermögen des Geschäftsunfähigen.

1 **A. Normzweck.** Die zum 1.8.02 in kraft getretene Vorschrift wurde durch Art 25 I des OLG VertrÄndG (BGBl I 2850) in das BGB eingefügt und soll geistig behinderten Menschen die Teilnahme am Rechtsverkehr iR ihrer Fähigkeiten ermöglichen. Um die Eigenverantwortlichkeit volljähriger Geschäftsunfähiger zu stärken wird ihre Rechtsstellung dadurch verbessert, dass die von ihnen getätigten Geschäfte des täglichen Lebens unter den Voraussetzungen des § 105a als wirksam gelten. Dies gilt allerdings nur beschränkt, „in Ansehung" von Leistung und Gegenleistung, anders als bei der ähnlichen Regelung des § 1903 III 2 für tägliche Geschäfte des volljährigen Betreuten, die auch ohne Einwilligung des Betreuers vollwirksam sind. Die Ungereimtheiten, die zwischen dem Betreuungsrecht und den §§ 104, 105 schon bisher bestanden (s. § 1903 Rn 1, 8 f), werden durch § 105a nicht ausgeräumt, sondern eher verstärkt (zur krit Bewertung der Norm in der Lit s. *Casper* NJW 02, 3425; *Wiedemann/Thüsing* DB 02, 463; *Braun* JuS 02, 424; *Heim* JuS 03, 141; *Pawlowski* JZ 03, 66; *Lipp* FamRZ 03, 721; *Franzen* JR 2004, 221; *Löhnig/Schärtl* AcP 204, 25; *Ludyga* FPR 07, 3).

2 **B. Regelungsinhalt. I. Anwendungsbereich.** Die Vorschrift erfasst nur Geschäfte eines volljährigen Geschäftsunfähigen. Nach Sinn und Zweck gilt sie auch, wenn zwei volljährige Geschäftsunfähige miteinander kontrahieren (*Casper* NJW 02, 3426). Auf Minderjährige, die nach § 104 Nr 1 geschäftsunfähig sind, findet § 105a keine Anwendung. Wird das Geschäft im Zustand vorübergehender Störung der Geistestätigkeit nach § 105 II abgeschlossen, so gilt § 105a nicht, da der Betreffende nicht generell geschäftsunfähig ist (aA *Casper* NJW 02, 3426). Die dadurch entstehende Schlechterstellung von Personen mit nicht dauerhafter Störung bei Geschäften des täglichen Lebens überzeugt nicht (*Erman/Palm* § 105a Rz 3 für analoge Anwendung; *Franzen* JR 04, 226 für die Aufnahme des § 105 II in eine Neufassung des § 105a).

3 **II. Voraussetzungen (S 1). 1. Geschäfte des täglichen Lebens.** Die Vorschrift gilt nur für „Geschäfte des täglichen Lebens". Der Begriff ist im Gesetz nicht definiert. Für seine Auslegung kann auf die zu dem Begriff der „Angelegenheit des täglichen Lebens" in § 1903 III entwickelten Kriterien zurückgegriffen werden (s. § 1903 Rn 9). Maßgebend ist, ob es sich nach der Verkehrsauffassung um ein alltägliches Geschäft handelt. Dazu gehören nach der Gesetzesbegründung (BTDrs 14/9266 43) va der Erwerb von Gegenständen des täglichen Bedarfs, wie geringen Mengen zum alsbaldigen Gebrauch bestimmter Nahrungs- oder Genussmittel, Getränke, Körperpflegeprodukte, Presseerzeugnisse und Textilien. Der Kauf von Mengen, die das übliche Maß übersteigen, fällt nicht unter § 105a. Weiterhin zählen zu den Geschäften des täglichen Lebens die Inanspruchnahme von einfachen Dienstleistungen wie Friseur, Post, Telefon, öffentlicher Verkehrsmittel und der Besuch von Sport- und Unterhaltungsveranstaltungen wie Kino, Theater, Konzert. In Betracht kommen auch die Annahme und Hingabe von kleineren Anstandsschenkungen und die Leihe oder Aufbewahrung geringwertiger Gegenstände (zB Bücher aus einer Leihbücherei). Auch der Beitritt zu einem Verein kann unter § 105a fallen. Bei Dauerverpflichtungen wie der Zahlung eines nicht ganz geringen Mitgliedsbeitrags, bei Abonnements von Presseerzeugnissen, Theater oder Konzert sowie bei Telefonanschlüssen und Handyverträgen muss man dagegen die Anwendbarkeit des § 105a verneinen, zumal sich die Wirkung immer nur auf den bereits abgewickelten Teil des Geschäfts beziehen kann, für den Leistung und Gegenleistung bereits erbracht sind (s. Rn 5). Auch Verträge, die in einer Haustürsituation (§ 312) oder im Fernabsatz (§ 312b) geschlossen werden, sollen wegen der den Behinderten überfordernden besonderen Vertriebsmodalitäten idR nicht unter § 105a fallen, ebenso wenig der Abschluss von Mietverträgen, auch nicht iRd betreuten Wohnens (Palandt/*Heinrichs* § 105a Rz 4).

4 **2. Mit geringwertigen Mitteln.** Auch eine Definition des geringwertigen Mittels enthält das Gesetz nicht. Der Geschäftsunfähige soll keine Leistungen erbringen dürfen, deren wirtschaftliches Ausmaß er nicht hinreichend beurteilen kann. Dabei ist nach der Gesetzesbegründung anders als bei § 1903 III nicht auf die individuellen Vermögensverhältnisse des Geschäftsunfähigen, sondern auf die allg Verkehrsanschauung unter Berücksichtigung des durchschnittlichen Preis- und Einkommensniveaus abzustellen (BTDrs 14/9266 43; ebenso *Heim* JuS 03, 143). Maßgebend ist nicht der Preis der einzelnen Kaufsache, sondern der vom Geschäftsunfähigen zu erbringende Gesamtkaufpreis (BaRoth/*Wendtland* § 105a Rz 4).

5 **3. Bewirkung von Leistung und Gegenleistung.** Das von dem Geschäftsunfähigen getätigte Geschäft wird erst dann (ex nunc) wirksam, wenn es durch ordnungsgemäße, vollständige Erfüllung der Leistung und ggf der vereinbarten Gegenleistung abgeschlossen ist. Folglich fallen Kreditgeschäfte nicht unter § 105a, sofern sie nicht abgewickelt sind. Sie werden wie der Abschluss von Dauerschuldverhältnissen nur ganz ausnahmsweise wirksam sein. ZT werden pauschal diejenigen Geschäfte ausgenommen, bei denen zu Lasten des Geschäftsunfähigen Leistung und Gegenleistung nicht in einem angemessenen Verhältnis stehen (*Erman/Palm* § 105a Rz 6; Palandt/*Heinrichs* § 105a Rz 3). Dies darf jedoch nicht soweit gehen, dass Geschäfte des täglichen

Lebens, die von einem Geschäftsunfähigen getätigt worden sind, generell darauf überprüft werden, ob es sich um ein für den Geschäftsfähigen „günstiges" Geschäft handelt. Die durch § 138 gebildete Grenze ist erst dann überschritten, wenn die Unerfahrenheit des Behinderten ausgenutzt wird oder ein Fall des § 105 2 vorliegt.

III. Ausschluss (S 2). Die an § 1903 I 1 angelehnte Ausschlussregelung des § 105a 2 nimmt solche Geschäfte von der Wirksamkeitsfiktion aus, die eine erhebliche Gefahr für die Person oder das Vermögen des Geschäftsunfähigen bedeuten. Maßstab ist hierfür die individuelle Situation des Geschäftsunfähigen. Seine Person ist gefährdet, wenn sein Leben, Gesundheit oder Freiheit betroffen ist, zB bei Veräußerung von Alkohol an einen Alkoholkranken. Das Vermögen ist bei verschwenderischen oder in hohem Maße wirtschaftlich nachteiligen Geschäften betroffen. Dieser Fall dürfte allerdings nur selten eintreten, da die Vermögensgefährdung bereits dadurch limitiert wird, dass es sich um Geschäfte des täglichen Lebens handeln muss. **Erheblich** ist die Gefahr dann, wenn sie sich zum einen mit einer **gewissen Wahrscheinlichkeit** verwirklichen wird, zum anderen, wenn hierdurch das **Wohl** des Geschäftsunfähigen **wesentlich beeinträchtigt** wird (MüKo/*Schmitt* § 105a Rz 16). Die Formulierung „gilt nicht" zeigt, dass es hierbei auf die Erkennbarkeit der Gefahr für den Vertragspartner nicht ankommt. Dieser wird hierdurch nicht stärker benachteiligt, als er bei der sonst eintretenden generellen Nichtigkeitsfolge des § 105 auch steht.

6

IV. Rechtsfolgen. Die Reichweite der erst durch die vollständige Erbringung von Leistung und Gegenleistung eintretenden Wirksamkeitsfiktion ist im Einzelnen sehr umstr. Einigkeit besteht, dass eine Rückforderung der ausgetauschten Leistungen ausgeschlossen ist, da der fingierte Vertrag einen Rechtsgrund zum Behaltendürfen darstellt. Unklar ist aber, ob § 105a nur auf Verpflichtungsgeschäfte beschränkt ist, wie es der Wortlaut nahe legt. Nach der Gesetzesbegründung (BTDrs 14/9266 43) liegt nur ein fingiertes Verfügungsgeschäft vor, das zu keiner Eigentumsübertragung führt. Dies hat zur Folge, dass Eigentum und Besitz dauerhaft auseinander fallen, denn ein Vindikationsanspruch des Eigentümers scheitert daran, dass der fingierte Vertrag ein Recht zu Besitz iSv § 986 gewährt (MüKo/*Schmitt* § 105a Rz 19; *Franzen* JR 04, 224). Um dies zu vermeiden, spricht vieles dafür, § 105a sowohl für das Verpflichtungs- als auch für das Verfügungsgeschäft gelten zu lassen (*Casper* NJW 02, 3428; *Lipp* FamRZ 03, 725).

7

Umstr ist weiterhin, ob § 105a auch bei gestörten Vertragsverhältnissen gilt. ZT wird dies generell verneint und § 105a nur auf ordnungsgemäß bewirkte Leistungen und Gegenleistungen angewendet, während es im Falle von Leistungsstörungen bei der Gesamtnichtigkeit des Vertrages bleiben soll (BaRoth/*Wendtland* § 105a Rz 7) bzw weitere vertragliche Ansprüche nicht entstehen sollen, zumal der Geschäftsunfähige diese auch nicht ausüben könne (*Lipp* FamRZ 03, 728; *Franzen* JR 04, 225). Dagegen spricht aber, dass dem Geschäftsunfähigen dadurch Gewährleistungs- und vertragliche Schadensersatzansprüche abgesprochen werden, die ihm zustünden, wenn er voll geschäftsfähig wäre. Eine solche Schlechterstellung erscheint kaum hinnehmbar, insb wenn durch einen dem Geschäftsunfähigen geleisteten Gegenstand später aufgrund eines Fehlers ein Folgeschaden verursacht wird (Erman/*Palm* § 105a Rz 14). Nach wohl überwiegender Auffassung sollen dem Geschäftsunfähigen daher ab dem Zeitpunkt der Erfüllung alle Rechte aus dem Vertrag zustehen, er seinerseits aber keinen Ansprüchen ausgesetzt sein (*Casper* NJW 02, 3427; MüKo/*Schmitt* § 105a Rz 20; Palandt/*Heinrichs* § 105a Rz 5). Ob eine solche Äquivalenzstörung zu Lasten des Vertragspartners noch mit dem Schutz des Geschäftsunfähigen zu rechtfertigen ist (so MüKo/*Schmitt* § 105a Rz 21; aA Erman/*Palm* § 105a Rz 14) erscheint zweifelhaft, jedenfalls versagt diese Lösung bei einfachen Rechtsgeschäften zwischen zwei Geschäftsunfähigen. Dies mag man im Hinblick auf die wohl seltenen praktischen Fälle nicht als durchschlagendes Argument ansehen, es verdeutlicht aber die dogmatische Fragwürdigkeit der bestehenden Rechtsfolgenanordnung in § 105a.

8

Prozessfähigkeit des Geschäftsunfähigen für Rechtsstreitigkeiten aus einem Geschäft nach § 105a 1 besteht nicht. Die erst mit der Erfüllung eintretende Wirksamkeitsfiktion führt nicht dazu, dass sich der Geschäftsunfähige durch Verträge wirksam verpflichten kann, wie es § 52 ZPO verlangt. In einem Rechtsstreit muss sich der Behinderte daher durch einen Betreuer (§ 1896) vertreten lassen.

9

C. Beweislast. § 105a 1 stellt eine Ausnahme von der grds Nichtigkeit der Willenserklärungen eines Geschäftsunfähigen dar. Wer sich auf die Wirksamkeitsfiktion beruft, muss die Voraussetzungen des 1 beweisen. § 105a 2 stellt wiederum eine Ausnahme von der Wirksamkeit eines von einem Minderjährigen nach 1 getätigten Geschäfts des täglichen Lebens dar. Wer sich trotz Vorliegen der Voraussetzungen des 1 auf die Unwirksamkeit des Vertrages beruft, hat die erhebliche Gefahr zu beweisen.

10

D. Bewertung. Trotz des achtenswerten rechtspolitischen Zieles, der Diskriminierung Behinderter im deutschen Recht verstärkt entgegenzutreten, erscheint dessen Umsetzung in § 105a nicht sehr gelungen. Die verwendeten unbestimmten Rechtsbegriffe, insb die Anknüpfung an ein Geschäft, statt wie sonst an eine Willenserklärung, sorgen für Rechtsunsicherheit. Das ist gerade für die betroffenen Menschen misslich. Die Konstruktion, ein an sich nichtiges Geschäft hinsichtlich der Leistung und der Gegenleistung als wirksam zu fingieren, ist mit der Dogmatik des Vertragsrechts nur schwer in Einklang zu bringen und lässt bei den Rechtsfolgen manche Frage offen (s. Rn 7 f). Da für die Personen, welche § 105a betrifft, in vielen Fällen die Bestellung eines Betreuers notwendig ist, bedarf es einer besseren Abstimmung zwischen den Handlungsmöglichkeiten des Betreuten im Schnittfeld von Betreuungsrecht und Geschäftsfähigkeit (*Lipp* FamRZ 03, 729).

11

§ 106 Beschränkte Geschäftsfähigkeit Minderjähriger.
Ein Minderjähriger, der das siebente Lebensjahr vollendet hat, ist nach Maßgabe der §§ 107 bis 113 in der Geschäftsfähigkeit beschränkt.

1 **A. Normzweck und Bedeutung.** Das Gesetz ermöglicht Personen, bei welchen die Fähigkeit zu einer vernünftigen Willensbildung nur eingeschränkt besteht, iRd §§ 106-113 am Rechtsverkehr teilzunehmen. Die Vorschriften haben sowohl Schutz- als auch Erziehungszweck.

2 Da das Gesetz von der vollen Geschäftsfähigkeit als Regelfall ausgeht, ist die beschränkte Geschäftsfähigkeit der zu beweisende Ausnahmefall. Zur Sicherheit des Rechtsverkehrs wird der Kreis der beschränkt Geschäftsfähigen rein objektiv durch das Alter bestimmt. Die im Einzelfall bestehende geistige Reife ist ohne Bedeutung. Der gute Glaube des Vertragspartners an die Volljährigkeit ist nicht geschützt (LG Mannheim NJW 69, 239), auch dann nicht, wenn der Minderjährige wahrheitswidrig behauptet hat, er sei volljährig. Die falsche Behauptung, volljährig zu sein, löst keine Haftung des Minderjährigen aus §°313 oder Ansprüche analog § 122 aus, denn der Schutz des beschränkt Geschäftsfähigen hat Vorrang vor dem Vertrauensschutz des Vertragspartners. Sofern die Deliktsfähigkeit des § 828 III zu bejahen ist, besteht jedoch ein deliktischer Anspruch aus § 823 II iVm § 263 StGB, (s. § 828 Rn 6). Ersetzt wird nur der dem Vertragspartner durch die unerlaubte Handlung entstandene (Vertrauens-)Schaden. Keine Haftung besteht bei unterlassenem Hinweis auf die Minderjährigkeit bei Vertragsschluss. Den Minderjährigen trifft keine Aufklärungspflicht (Hamm NJW 66, 2359; MüKo/*Schmitt* § 106 Rz 18).

3 **B. Begriffsbestimmung.** Die Fähigkeit, in den durch §§ 107 ff gezogenen Grenzen am Rechtsverkehr teilzunehmen beginnt am siebten Geburtstag (0 Uhr) und endet mit Eintritt der Volljährigkeit (§ 2), am achtzehnten Geburtstag (0 Uhr). Das BGB bezeichnet diese Altersgruppe pauschal als Minderjährige. Den Begriff des Jugendlichen, den § 1 II JGG verwendet und den des Heranwachsenden für die 14 bis 18jährigen und den des Heranwachsenden für die 18 bis 21jährigen, kennt das bürgerliche Recht nicht. Der Betreute, bei dem ein Einwilligungsvorbehalt angeordnet worden ist, steht einem beschränkt Geschäftsfähigen weitgehend gleich (§ 1903 I 2, III). Da der beschränkt Geschäftsfähige sich nicht durch Verträge selbst verpflichten kann, ist er nicht prozessfähig (§ 52 ZPO), soweit er nicht nach §§ 112, 113 als unbeschränkt geschäftsfähig anzusehen ist oder Ausnahmevorschriften seine Prozessfähigkeit (§§ 607, 640b ZPO, § 62 I Nr 2 VwGO, § 71 SGG) oder ein selbständiges Beschwerderecht (§§ 59 I, 63 FGG) vorsehen.

4 **C. Sonderregelungen.** Zum Schutz des Minderjährigen gelten für den Zugang von Willenserklärungen (§ 131 II), den beschränkt geschäftsfähigen Vertreter mit (§ 165) und ohne Vertretungsmacht (§ 179 III) und die Verjährung von Ansprüchen (§ 210) eigene Regelungen. Für bestimmte Rechtsgeschäfte gelten Sondervorschriften etwa bei Eheschließung (§ 1303), Eheverträgen (§ 1411), Verfügungen bei Gütergemeinschaft (§ 1516), Anerkennung (§ 1596) und Anfechtung (§ 1600a II) der Vaterschaft, Sorgerechtserklärungen (§ 1626c), Annahme als Kind (§ 1746), Testierfähigkeit (§§ 2229 I, 2233 I, 2247 IV), Erbvertrag (§§ 2275 II, 2296) und Erbverzicht (§§ 2347 II, 2351).

§ 107 Einwilligung des gesetzlichen Vertreters.
Der Minderjährige bedarf zu einer Willenserklärung, durch die er nicht lediglich einen rechtlichen Vorteil erlangt, der Einwilligung seines gesetzlichen Vertreters.

1 **A. Normzweck und Anwendungsbereich.** Schutzzweck des § 107 ist es, den Minderjährigen vor nachteiligen Folgen seines eigenen rechtsgeschäftlichen Handelns zu bewahren. Aus diesem Grund ist die Einwilligung seines gesetzlichen Vertreters für solche Willenserklärungen erforderlich, die sein Vermögen belasten. Unmittelbar gilt § 107 nur für Willenserklärungen des Minderjährigen. Auf geschäftsähnliche Handlungen ist § 107 entspr anwendbar, ebenso auf die Einwilligung in einen ärztlichen Eingriff, bei dem es sich nicht um die Zustimmung zu einem Rechtsgeschäft, sondern um eine Ermächtigung zur Vornahme tatsächlicher Handlungen handelt. Der Minderjährige kann und muss allerdings selbst einwilligen, wenn er nach seiner geistigen und sittlichen Reife die Bedeutung und Tragweite des Eingriffs und seiner Gestattung zu ermessen vermag (BGHZ 29, 33, 36; *Roßner* NJW 90, 2292). Neben der Einwilligung des Minderjährigen für den Eingriff in ein höchstpersönliches Rechtsgut ist aber aufgrund des Personensorgerechts die Einwilligung des gesetzlichen Vertreters zu fordern, jedenfalls sofern sie ohne Gefahr für Leben und Gesundheit des Minderjährigen zu erlangen ist (Soergel/*Hefermehl* § 107 Rz 19). Ansonsten genügt bei ausreichender Verstandesfähigkeit die Einwilligung des Minderjährigen (BGHZ 29, 33, 36; BaRoth/*Wendtland* § 107 Rz 2; aA MüKo/*Schmitt* § 105 Rz 23). Fehlt diese, ist eine Entscheidung des Familiengerichts nach § 1666 einzuholen.

2 **B. Die Einwilligung des gesetzlichen Vertreters.** Einwilligung ist die vor oder gleichzeitig mit der Willenserklärung des Minderjährigen erteilte Zustimmung (RGZ 130, 124, 127). Sie ist eine einseitige, empfangsbedürftige Willenserklärung, die sowohl ggü dem Minderjährigen als auch ggü dem anderen Teil erklärt werden kann (§ 182 I). Sie bedarf keiner Form, auch wenn das Rechtsgeschäft formbedürftig ist (§ 182 II) und kann bis zur Vornahme des Rechtsgeschäfts grds frei widerrufen werden (§ 183 2). Sie kann auch konkludent erfol-

gen, etwa durch Mitwirkung des gesetzlichen Vertreters beim einwilligungsbedürftigen Rechtsgeschäft (gemeinsame Veräußerung eines Grundstücks RGZ 130, 124, 128).

Die Einwilligung kann sich auf ein konkretes, einzelnes Rechtsgeschäft oder eine einzelne Willenserklärung (**Spezialeinwilligung**) aber auch auf einen Kreis von zunächst noch nicht individualisierbaren Rechtsgeschäften (**Generaleinwilligung**) beziehen (BGH NJW 77, 622; FamRZ 77, 44). Dies ist sinnvoll in den Fällen des § 110 und wird in den Fällen der §§ 112, 113 sogar durch die Bedürfnisse des Rechtsverkehrs gefordert. Im Interesse des Minderjährigenschutzes darf die Einwilligung aber nicht über die dort anerkannten Fälle hinaus zu einer partiell erweiterten Geschäftsfähigkeit führen (BGHZ 47, 352, 359). Eine unbeschränkte Generaleinwilligung in sämtliche Rechtsgeschäfte des Minderjährigen ist unzulässig. Der Umfang der erteilten Einwilligung ist durch Auslegung zu ermitteln. Nach hM richtet sich diese nach objektiven Kriterien (BGHZ 47, 352, 359; Palandt/*Heinrichs* § 107 Rz 9; Soergel/*Hefermehl* § 107 Rz 14). ZT wird dagegen auf das Innenverhältnis zwischen dem gesetzlichen Vertreter und dem Minderjährigen abgestellt (*Pawlowski* JuS 67, 304; MüKo/ *Schmitt* § 107 Rz 15). In jedem Fall ist die Einwilligung im Interesse eines effektiven Minderjährigenschutzes im Zweifel eng auszulegen. Dies gilt insb für die Frage, inwieweit die Einwilligung für ein Hauptgeschäft auch Folgegeschäfte erfasst: so umfasst die Einwilligung zur Aufnahme einer Arbeit oder Ausbildung am Wohnort des gesetzlichen Vertreters im Zweifel nicht die Einwilligung in die Anmietung einer Wohnung (LG Mannheim NJW 69, 239). Bei Ausbildung in einer anderen Stadt ist diese hingegen typischerweise enthalten. Die Einwilligung in eine Verlobung und die Aufnahme eines Anschaffungsdarlehens enthält nicht ohne weiteres die Zustimmung zum Kauf der Wohnungseinrichtung auf Kredit (LG Berlin JR 70, 346). Die Einwilligung in den Erwerb des Führerscheins beinhaltet nicht die Einwilligung in den Kauf oder die Anmietung eines Kfz (BGH NJW 73, 1790; Hamm NJW 66, 2357; Celle NJW 70, 1850; aA Hamm NJW 61, 1120; Köln MDR 62, 474). Dies ist wegen der Herabsetzung des Volljährigkeitsalters zzt nur bei § 7 II StVZO bedeutsam, wird aber durch den neuen Führerschein ab 17 Jahren möglicherweise wieder an Brisanz gewinnen. Die Einwilligung in den Erwerb eines Kfz erstreckt sich regelmäßig auf den Abschluss der notwendigen Haftpflichtversicherung (LG Saarbrücken VersR 66, 33), nicht aber auf die Abwicklung nach einem Unfall (BGHZ 47, 352, 358) oder die Einschaltung eines Unfallhelferringes (BGH NJW 77, 622). Die Einwilligung in die Eröffnung eines Girokontos enthält nicht die Zustimmung zur Verfügung über das Guthaben (*Kunkel* Rpfleger 97, l). Die Einwilligung zum Vereinsbeitritt umfasst die Zustimmung zur Wahrnehmung sämtlicher Mitgliedschaftsrechte (*Hammelbeck* NJW 62, 722; *Reichert* RdJB 71, 234). Die Einwilligung in die Beantragung einer EC-Karte umfasst nicht die Kontoüberziehung (BaRoth/*Wendtland* § 107 Rz 9). Die Einwilligung zur Benutzung öffentlicher Verkehrsmittel berechtigt nicht zu Schwarzfahrten (AG Hamburg NJW 87, 448; AG Bergheim NJW-RR 00, 202; AG Jena NJW-RR 01, 1469; *Harder* NJW 90, 857; aA *Fielenbach* NZV 00, 358). Die Einwilligung in die Benutzung des Haustelefons schließt im Zweifel nicht die Nutzung von 0190-Diensten ein (*Härting* DB 02, 2149). Klingeltonverträge bedürfen regelmäßig der Einwilligung (AG Ddorf MMR 07, 404; Mankowski/ *Schreier* VuR 06, 209; *Derleder/Thielbar* NJW 06, 3233; s. § 110 Rn 3).

Gesetzliche Vertreter sind grds die Eltern des Minderjährigen (§§ 1626, 1629) bzw der nach § 1629 I 3 vertretungsberechtigte Elternteil. Steht ein Minderjähriger nicht unter elterlicher Sorge oder sind die Eltern in der Angelegenheit nicht vertretungsberechtigt, ist ein Vormund zu bestellen. Ist auch dieser nach § 1795 an der Vertretung gehindert, ist nach §§ 1909 ff ein Pfleger zu bestellen. Bedarf der gesetzliche Vertreter zu einem Rechtsgeschäft wegen dessen weit reichender Folgen der Genehmigung nach §§ 1643, 1685, 1792, 1812 f, 1821 f, kann er die Einwilligung nach § 107 nur bei Vorliegen dieser Mitwirkungshandlungen wirksam erteilen.

Einen Anspruch auf Einwilligung des gesetzlichen Vertreters hat der Minderjährige grds nicht. Liegt das Rechtsgeschäft jedoch im objektiven Interesse des Minderjährigen, kommt ein Schadensersatzanspruch gegen den gesetzlichen Vertreter in Betracht (MüKo/*Schmitt* § 107 Rz 23). Eine Ersetzung der Einwilligung durch das Familiengericht ist nur bei drohender Gefährdung des Kindeswohls (§ 1666 III) möglich.

C. Der lediglich rechtliche Vorteil. I. Abgrenzungskriterien. Maßgebend für die Erforderlichkeit einer Einwilligung zu einer Willenserklärung sind die Wirkungen der Willenserklärung für den Minderjährigen. Grundsatz ist die Einwilligungsbedürftigkeit. Keine Einwilligung ist mangels Schutzbedürfnis des Minderjährigen dann erforderlich, wenn die Willenserklärung ihm lediglich einen rechtlichen Vorteil bringt. Abzustellen ist allein auf die rechtlichen, nicht auf die wirtschaftlichen Folgen des Geschäfts (stRspr und hL BGH MDR 71, 380; BGHZ 161, 170; *Schmitt* NJW 05, 1091; aA nur *Stürner* AcP 171, 402; *Köhler* JZ 83, 225). Entscheidend ist, ob der Minderjährige durch den Abschluss des Rechtsgeschäfts eine persönliche Verpflichtung eingeht oder seine Rechte sonst vermindert werden. Ist dies der Fall, bedarf die Willenserklärung des Minderjährigen stets der Einwilligung, selbst dann, wenn es sich um ein wirtschaftlich äußerst günstiges Geschäft handelt. Treffen den Minderjährigen als Haupt- oder Nebenfolge eines Geschäfts irgendwelche rechtlichen Verpflichtungen, ist das Geschäft nicht lediglich rechtlich vorteilhaft. Auf den Umfang der Pflichten kommt es nicht an. Rechtlich nachteilig und damit einwilligungsbedürftig sind damit **alle gegenseitig verpflichtenden Verträge**. IdR rechtlich nachteilig sind auch die **unvollkommen zweiseitigen Verträge** wie die Leihe (§ 598), der Auftrag (§ 662), das unverzinsliche Darlehen (§ 488) und die unentgeltliche Verwahrung (§ 690), da den Minderjährigen Erhaltungs-, Rückgabe- bzw Rückgewährpflichten treffen oder er Aufwendungsersatzansprüchen ausgesetzt sein kann. Rechtlich vorteilhaft ist nur die Schenkung als **einseitig verpflichtender Vertrag**, der auf eine unentgeltliche Zuwendung gerichtet ist (s. Rn 9, 10). Bei **einseitigen Rechtsgeschäften** ist entscheidend, ob der Minderjährige eine Rechtsposition einbüßt, wie bei der Ausschlagung einer Erbschaft oder nur einen Vorteil erlangt, wie bei der Kündigung eines zinslosen Darlehens durch den Minderjährigen als Darlehensgeber oder einer Mahnung (Köln NJW 98, 320; *Emmerich* JuS 95, 124). Maßgebend sind nur die unmittelbaren Wirkungen des Rechtsgeschäfts, gleichgültig, ob diese auf Grund des Parteiwillens oder kraft Gesetzes eintreten (BGHZ 53, 173, 178). Unerheblich ist, ob der Minderjährige durch das Geschäft später möglichen Ansprüchen aus §§ 812 ff, 823 ff ausgesetzt werden könnte. Auch mögliche Rückgewähransprüche des Schenkers nach §§ 528, 530 bleiben als mittelbare Nachteile außer Betracht (BayObLG NJW 98, 3574; MüKo/*Schmitt* § 107 Rz 47).

7 Ist das Rechtsgeschäft für den Minderjährigen rechtlich vorteilhaft, gilt für Insichgeschäfte der Eltern das Verbot des Selbstkontrahierens nach § 181 nicht, ebenso wenig der für Betreute angeordnete Einwilligungsvorbehalt des § 1903 III. Auch die Vertretungsbeschränkungen für Eltern (§ 1629 Rn 10 ff) und Vormund (§ 1795) gelten nicht.

8 **II. Rechtlich neutrale Geschäfte.** Nicht einwilligungsbedürftig sind über den Wortlaut des § 107 hinaus auch solche Rechtsgeschäfte, die für den Minderjährigen weder rechtliche Vorteile noch Nachteile bringen. Der Minderjährige ist nicht schutzwürdig, wenn die Wirkungen des Geschäfts nicht ihn selbst, sondern einen Dritten treffen (hM MüKo/*Schmitt* § 107 Rz 33 f; *von Olshausen* AcP 189, 231; aA BayObLG MDR 79, 669). Typischer Fall ist das Handeln des Minderjährigen als rechtsgeschäftlicher Vertreter für einen anderen (§ 165). Hierunter fällt auch die Verfügung über fremde Sachen zugunsten eines Gutgläubigen (§§ 932 ff) oder mit Ermächtigung des Berechtigten (§ 185 I) und die Leistungsbestimmung durch den Minderjährigen als Dritten (§ 317).

9 **III. Öffentliche Lasten.** Nach heute fast einhelliger Ansicht machen laufende öffentlich-rechtliche Lasten, insb bei der Grundstücksschenkung an minderjährige Kinder, den Rechtserwerb nicht rechtlich nachteilig (aA Köhler AT § 10 Rz 16). Der BGH hat dieses Ergebnis früher durch eine getrennte Betrachtung der beiden Verträge erzielt. Das Schenkungsversprechen war für den Minderjährigen rechtlich vorteilhaft, der dingliche Vertrag diente nur der Erfüllung einer wirksamen Verbindlichkeit und konnte vom gesetzlichen Vertreter ohne die Einschränkung des § 181 und damit ohne eine sonst notwendige Bestellung eines Ergänzungspflegers vorgenommen werden (BGHZ 15, 168). Damit entfiel jedoch bei Schenkungen der von §§ 107, 181 bezweckte Schutz weitgehend. Dementsprechend wurde bislang die Frage des rechtlichen Vor- oder Nachteils einer Schenkung aus einer Gesamtbetrachtung des schuldrechtlichen und des dinglichen Vertrags vorgenommen (BGHZ 78, 28, 34). In neueren Entscheidungen wird keine derartige Gesamtbetrachtung mehr vorgenommen (BGHZ 161, 170; 162, 137). Nach verbreiteter Auffassung sind Steuern, Abgaben und Gebühren nicht als rechtlich nachteilig anzusehen, da diese den Minderjährigen nicht aufgrund der Willenserklärung treffen, sondern kraft öffentlichen Rechts, das an die Eigentümerposition anknüpft (BayOLGZ 98, 144; Celle MDR 01, 931; MüKo/*Schmitt* § 107 Rz 39). Der BGH distanziert sich neuerdings auch von dieser Begründung, da das Vermögen des Minderjährigen nicht weniger gefährdet sei, wenn ein Rechtsnachteil nicht aus den Parteiabreden folgt, sondern durch Gesetz angeordnet ist (BGHZ 161, 170, 176 f; 162, 137, 140; München ZEV 08, 246, 247; *Schmitt* NJW 05, 1091; *Müßig* JZ 06, 150). Der BGH nimmt vielmehr solche Verpflichtungen, die ihrem Umfang nach begrenzt und typischerweise aus den laufenden Erträgen des Grundstücks zu decken seien, vom Anwendungsbereich des § 107 aus. Ob dies auch für außerordentliche Grundstückslasten gilt, lässt der BGH offen. Inwieweit die Tendenz zu einer wirtschaftlichen Betrachtungsweise, wie sie in der Entscheidung anklingt, weiter voranschreitet, bleibt abzuwarten. Eine Einwilligung bzw die Erteilung einer Genehmigung ist bei Erwerb von Wohnungseigentum nur dann erforderlich, wenn die Gemeinschaftsordnung über das WEG hinausgehende Pflichten begründet (BGHZ 78, 28, 32; BayObLGZ 79, 243, 249) oder bei Eintritt in einen Verwaltervertrag (Celle NJW 76, 2215; Hamm NJW-RR 00, 1611; BayObLG NJW-RR 04, 810).

10 **IV. Dingliche Belastungen.** Nicht rechtlich nachteilig ist die Zuwendung eines dinglich belasteten Gegenstandes. Dies gilt jedenfalls dann, wenn die dingliche Belastung auf der Sache ruht und deren Wert mindert, der Minderjährigen aber nicht persönlich verpflichtet wird. Da es nicht auf eine wirtschaftliche Bewertung ankommt, ist das Geschäft auch dann einwilligungsfrei, wenn die Belastungen größer sind als der Grundstückswert (BayObLGZ 79, 49, 53), da der Minderjährige im ungünstigsten Fall nur den Schenkungsgegenstand wieder verlieren kann. Rechtlich vorteilhaft ist demgemäß etwa die Schenkung eines mit **Grundpfandrechten** (BayObLGZ 79, 49, 53), **Nießbrauch** (BayObLG MDR 79, 669; offen gelassen von BGH MDR 71, 380; aA Palandt/*Heinrichs* § 107 Rz 4; BfH NJW-RR 90, 1036), **dinglichem Vorkaufsrecht** (BayObLG NJW 98, 3576), **Grunddienstbarkeit** oder **beschränkt persönlicher Dienstbarkeit** wie dem **Wohnungsrecht** (BayObLG NJW 67, 1913) belasteten Grundstücks. Etwas anderes gilt für den Erwerb eines mit einer **Reallast** belasteten Grundstücks, da der Grundstückseigentümer nach § 1108 persönlich zur Leistung verpflichtet wird. Einer Einwilligung bedarf auch der Erwerb eines Erbbaurechts wegen der Verpflichtung zur Errichtung des Erbbauzinses aus § 9 ErbbauV (BGH NJW 79, 102). Soweit die Belastung nicht als rechtlich nachteilig zu

bewerten ist, stellt auch die Schenkung unter dem Vorbehalt der Bestellung des dinglichen Rechts keinen Nachteil dar (RGZ 148, 321, 324; aA für die Auflage nach § 525 generell Stuttg NJW-RR 92, 706), denn der Minderjährige gibt auch bei der zeitgleich mit dem Erwerb erfolgenden Bestellung des Rechts nichts aus seinem Vermögen hin (BayObLG DNotZ 99, 589; aA Frankf Rpfleger 74, 429).

V. Schuldrechtliche Belastungen. Erforderlich ist eine Einwilligung, wenn die Haftung des Minderjährigen nicht auf das unentgeltlich zugewendete Grundstück beschränkt ist. Der Erwerb eines vermieteten oder verpachteten Grundstücks ist nicht rechtlich vorteilhaft, da der Minderjährige wegen § 566 in die Pflichten aus dem Mietvertrag eintritt (BGHZ 162, 137; NJW 05, 1430; BayObLG NJW 03, 1129). Ebenso ist eine Einwilligung erforderlich, wenn für einen Beteiligten ein schuldrechtliches Wohnungsrecht begründet werden soll (Hamm OLGZ 83, 144). Nicht lediglich rechtlich vorteilhaft ist eine Schenkung auch dann, wenn sich der Schenker vertraglich ein Rückforderungsrecht vorbehalten hat (BayObLGZ 04, 86; Köln ZEV 98, 110; Rpfleger 03, 570) oder der Beschenkte sich zur Darlehensgewährung verpflichtet (BFH NJW 77, 456; BFH WM 95, 604; aA bei Schenkung und Darlehen als einheitlichem Rechtsgeschäft Hamm DNotZ 78, 434, dazu *Antenrieth* DB 84, 2547). **11**

D. Einzelfälle. I. Einwilligungsfreie Rechtsgeschäfte. Lediglich rechtlich vorteilhaft und damit einwilligungsfrei ist der **Erwerb von Rechten** durch Aneignung (§ 958) oder Übereignung einer Sache oder Abtretung einer Forderung an den Minderjährigen (BFH NJW 89, 1632), die Patent- und Markenanmeldung, die Schenkungsannahme mit den in Rn 10, 11 genannten Einschränkungen und die Vermächtnisannahme bei einem unbelasteten Vermächtnis. Einwilligungsfrei ist auch der **Verzicht auf Rechte,** die gegen den Minderjährigen gerichtet sind, etwa der Erlass einer ggü dem Minderjährigen bestehenden Forderung (§ 397). **12**

II. Einwilligungsbedürftige Rechtsgeschäfte. Nicht lediglich rechtlich vorteilhaft und damit einwilligungsbedürftig sind die Ablehnung eines Angebots; die Annahme einer Erbschaft und die Annahme der Schenkung eines Erbteils (AG Stuttgart FamRZ 71, 182) wegen der Haftung für die Nachlassverbindlichkeiten; die Ausschlagung der Erbschaft wegen des Verlusts der Erbenstellung; der Antrag auf Bewilligung von Prozesskostenhilfe (Hambg NJW 66, 1934) wegen § 121 ZPO; die Bürgschaftserklärung, der Erwerb eines Anteils an einer Gesellschaft (BGHZ 68, 225, 232; LG Aachen NJW-RR 94, 1319; aA für den voll eingezahlten Kommanditanteil Bremen NZG 08, 750) oder einer stillen Beteiligung (BFH DB 74, 365), da diese neben Rechten auch Pflichten beinhalten; der Haftungsverzicht oder die Haftungsminderung, auch bei Gefälligkeitsfahrten (BGH NJW 58, 905). Die **Ausübung von Gestaltungsrechten** wie Anfechtung, Aufrechnung, Kündigung, Rücktritt, Verzicht und Widerruf führt auch zu rechtlichen Nachteilen wie dem Erlöschen der Forderung des Minderjährigen und ist stets einwilligungsbedürftig. Ausnahmen gelten für die Kündigung eines zinslosen Darlehens durch den minderjährigen Darlehensgeber und für die Anfechtung eines den Minderjährigen benachteiligenden Testaments (*Joussen* ZEV 03, 181). **13**

Die **Erfüllung** einer Verpflichtung durch den Minderjährigen ist für ihn nachteilig, weil er hierdurch nicht nur von seiner Verbindlichkeit befreit wird, sondern auch einen Rechtsverlust erleidet. Rechtlich nachteilig für den Minderjährigen ist aber auch die Erfüllung einer ihm ggü bestehenden Leistungspflicht, da hierdurch seine Forderung erlischt. Nach hM kann daher eine Verpflichtung ggü einem Minderjährigen ohne die Einwilligung des gesetzlichen Vertreters nicht wirksam erfüllt werden (*Wacke* JuS 78, 80; MüKo/*Schmitt* § 107 Rz 43 mwN; aA *Harder* JuS 77, 149; *van Venrooy* BB 80, 1017). Lediglich rechtlich vorteilhaft ist hingegen das zur Erfüllung der Forderung eines Minderjährigen durchgeführte Verfügungsgeschäft. Eine Übereignung kann daher an den Minderjährigen auch ohne Einwilligung erfolgen. Dass dadurch die zugrunde liegende Forderung erlischt, steht dem nicht entgegen, da wegen des Abstraktionsprinzips beide Rechtsgeschäfte getrennt zu betrachten sind. **14**

Die **Rückabwicklung** der Erfüllung ggü einem Minderjährigen erfolgt nach Bereicherungsrecht. Ersatz für Gebrauchsvorteile und empfangene Leistungen hat der Minderjährige nur unter den Voraussetzungen des § 819 zu leisten. Im Falle der Leistungskondiktion kommt es dabei auf die Kenntnis des gesetzlichen Vertreters an, während bei der Eingriffskondiktion die Einsichtsfähigkeit des Minderjährigen entspr §§ 827 ff maßgebend ist (s. § 819 Rn 6). Die Anwendung der Saldotheorie erfolgt wegen des vorrangigen Minderjährigenschutzes nicht, soweit sie sich zu seinem Nachteil auswirken würde (BGHZ 126, 105, 108). **15**

§ 108 Vertragsschluss ohne Einwilligung.
(1) Schließt der Minderjährige einen Vertrag ohne die erforderliche Einwilligung des gesetzlichen Vertreters, so hängt die Wirksamkeit des Vertrags von der Genehmigung des Vertreters ab.
(2) ¹Fordert der andere Teil den Vertreter zur Erklärung über die Genehmigung auf, so kann die Erklärung nur ihm gegenüber erfolgen; eine vor der Aufforderung dem Minderjährigen gegenüber erklärte Genehmigung oder Verweigerung der Genehmigung wird unwirksam. ²Die Genehmigung kann nur bis zum Ablauf von zwei Wochen nach dem Empfang der Aufforderung erklärt werden; wird sie nicht erklärt, so gilt sie als verweigert.
(3) Ist der Minderjährige unbeschränkt geschäftsfähig geworden, so tritt seine Genehmigung an die Stelle der Genehmigung des Vertreters.

§ 108

1 A. Normzweck und Anwendungsbereich. Die Vorschrift trifft eine Regelung für den Fall, dass der Minderjährige unter Verstoß gegen § 107 ohne vorherige oder gleichzeitige Zustimmung (Einwilligung, s. § 183 I) die Willenserklärung abgibt. Für den Fall, dass es sich bei dem vom Minderjährigen abgeschlossenen Rechtsgeschäft um einen Vertrag handelt, hängt seine Wirksamkeit von der nachträglichen Zustimmung (Genehmigung, s. § 184 I) ab. Aus ihm lassen sich zunächst keine Rechte und Pflichten herleiten. Der Vertrag kann aber noch wirksam werden, wenn die Genehmigung erfolgt. In diesem Stadium wird der Vertrag daher als **schwebend unwirksam** bezeichnet. Die Parteien sind zwar grds an den Vertrag gebunden, dem Vertragspartner steht jedoch bis zur Genehmigung ein Widerrufsrecht nach § 109 zu. Die Norm gilt nur für nicht lediglich rechtlich vorteilhafte Verträge (s. § 107 Rn 13), welche der Minderjährige ohne die erforderliche Einwilligung seines gesetzlichen Vertreters geschlossen hat. Bei einseitigen Rechtsgeschäften des Minderjährigen findet § 111 Anwendung. Fast gleich lautende Regelungen enthalten § 177 (Genehmigung des Vertretenen), § 1366 (Genehmigung des anderen Ehegatten) und § 1829 (Genehmigung des Familiengerichts).

2 B. Beendigung des Schwebezustandes. I. Genehmigung. Genehmigt der gesetzliche Vertreter den Vertrag, wird dieser von Anfang an wirksam (§ 184 I), zwischenzeitlich erfolgte Verfügungen bleiben bestehen (§ 184 II). Die Genehmigung ist eine einseitige empfangsbedürftige Willenserklärung, die formlos möglich ist (§ 182 II) und auch konkludent erteilt werden kann. Dies setzt aber voraus, dass sich der gesetzliche Vertreter der schwebenden Unwirksamkeit des Vertrages bewusst ist oder sie zumindest für möglich hält (BGH NJW 88, 1200; Ddorf NJW-RR 95, 757). Die Genehmigung kann grds ggü dem Minderjährigen oder ggü dem Vertragspartner erteilt werden, im Falle der Aufforderung an den gesetzlichen Vertreter nach § 108 II nur letzterem ggü.

3 II. Verweigerung der Genehmigung. Verweigert der gesetzliche Vertreter die Genehmigung, wird der Vertrag von Anfang an unwirksam. Die Verweigerung ist aufgrund ihres rechtsgestaltenden Charakters unwiderruflich (BGHZ 13, 179, 187).

4 III. Aufforderung (Abs 2). Einen Anspruch auf Erteilung der Genehmigung gegen den gesetzlichen Vertreter haben weder der Minderjährige noch der Vertragspartner. Dieser kann den Schwebezustand dadurch beenden, dass er den gesetzlichen Vertreter zur Erklärung über die Genehmigung auffordert. Die Aufforderung ist eine einseitige, empfangsbedürftige, formlos mögliche, geschäftsähnliche Handlung, die nur an den gesetzlichen Vertreter gerichtet werden kann (Ausnahme: § 108 III). Sie ist keine Willenserklärung, ihre Rechtsfolgen treten unabhängig vom Willen des Erklärenden kraft Gesetzes ein. Zulässig ist eine Aufforderung nach § 108 II nur, wenn eine Genehmigung erforderlich ist, nicht dagegen, wenn der Vertragspartner nur im Zweifel darüber ist, ob der Minderjährige mit Einwilligung des gesetzlichen Vertreters nach § 107 gehandelt hat. Eine entspr Anwendung des § 108 II auf die Einwilligung kommt nach dem Wortlaut und der Entstehungsgeschichte der Norm nicht in Betracht (hM s. MüKo/*Schmitt* § 108 Rz 24 mwN; aA Palandt/*Heinrichs* § 108 Rz 7).

5 Rechtsfolge einer wirksamen Aufforderung ist, dass die Genehmigung abw von § 182 nur noch dem Vertragspartner ggü erklärt werden kann. Eine bereits dem Minderjährigen ggü erklärte Genehmigung oder Verweigerung wird rückwirkend unwirksam. Damit wird der bereits beendete Schwebezustand wieder hergestellt. Während der (erneuten) Schwebezeit steht dem Vertragspartner das Widerrufsrecht des § 109 zu. Allerdings muss er mit dem Widerruf im Anschluss an die Aufforderung zur Genehmigung eine angemessene Zeit warten, um diese nicht als rechtsmissbräuchlich erscheinen zu lassen. Die Genehmigung kann nur bis zum Ablauf von zwei Wochen nach Zugang der Aufforderung erklärt werden. Für die Berechnung der Frist gelten die §§ 187 I, 188 II. Eine Verlängerung der Frist ist durch einseitige Erklärung des Auffordernden möglich, eine Verkürzung jedoch nur im Wege einer Vereinbarung mit dem gesetzlichen Vertreter (RG HRR 37, Nr 786). Nach Ablauf der Frist gilt die Genehmigung endgültig als verweigert. Diese Wirkung kann nicht durch Anfechtung beseitigt werden, da es sich um eine kraft Gesetz eintretende Folge der Fristversäumnis handelt. Ein Rechtsfolgenirrtum des gesetzlichen Vertreters berechtigt nicht zur Anfechtung (Soergel/*Hefermehl* § 108 Rz 7).

6 IV. Eintritt der unbeschränkten Geschäftsfähigkeit (Abs 3). Mit Eintritt der Volljährigkeit wird der schwebend unwirksame Vertrag nicht automatisch wirksam. Ab diesem Zeitpunkt kann nur noch der nunmehr unbeschränkt Geschäftsfähige entscheiden, ob er den Vertrag genehmigen will oder nicht. Der bisherige gesetzliche Vertreter ist nicht mehr zuständig, auch wenn die Aufforderung nach § 108 II noch an ihn gerichtet wurde. Die Aufforderung ist jetzt an den geschäftsfähig Gewordenen zu richten. Für seine Genehmigung gelten die gleichen Grundsätze wie für die Genehmigung durch den gesetzlichen Vertreter (s. Rn 2). Entspr gilt, wenn der Minderjährige stirbt und an seine Stelle einer oder mehrere geschäftsfähige Erben treten. Die Genehmigung ist formfrei möglich, auch wenn die bis dahin schwebend unwirksame Willenserklärung wie beim Beitritt zu einer Kapitalgesellschaft formbedürftig war (BGH NJW 80, 1842). Eine konkludente Genehmigung setzt voraus, dass der bisher Minderjährige zumindest mit der schwebenden Unwirksamkeit gerechnet hat (BGHZ 47, 351; 53, 178; Ddorf NJW-RR 95, 755). Genehmigung durch schlüssiges Verhalten ist regelmäßig dann anzunehmen, wenn der volljährig Gewordene den Vertrag fortsetzt, zB durch Leistung der

Prämien beim Lebensversicherungsvertrag (Kobl VersR 91, 209; LG Kaiserslautern VersR 91, 539; *Bayer* VersR 91, 130) oder durch Neudatierung des Vertrags (RGZ 95, 71; MüKo/*Schmitt* § 108 Rz 32). Rechtsmissbräuchlich kann es sein, wenn sich der Minderjährige erst längere Zeit nach Eintritt der Volljährigkeit auf die schwebende Unwirksamkeit des Vertrages beruft (BGH LM § 1829 Nr 3; LG Wuppertal NJW-RR 95, 152; LG Verden und LG Freiburg VersR 98, 41). Nach welchem Zeitraum dies anzunehmen ist, richtet sich nach den Umständen des Einzelfalles (LG Frankfurt NJW 99, 3566 abl bei 6 Jahren; LG Regensburg VersR 04, 722 für Rechtsmissbrauch bei 22 Jahren).

V. Rechtsfolgen endgültiger Unwirksamkeit. Sind zur Erfüllung des endgültig unwirksamen Vertrages bereits Leistungen ausgetauscht worden, so ist die dem Minderjährigen rechtlich nachteilige Verfügung an den Vertragspartner unwirksam, so dass dieser Ansprüche nach §§ 985 ff geltend machen kann. Die für ihn vorteilhafte Übereignung durch den Vertragspartner ist dagegen wirksam. Da das unwirksame Verpflichtungsgeschäft keinen Rechtsgrund für ein Behaltendürfen des Minderjährigen liefert, stehen dem Vertragspartner Ansprüche aus §§ 812 ff zu wie bei der Rückabwicklung von nichtigen Verträgen mit Geschäftsunfähigen (s. § 105 Rn 5). Dies gilt auch für die Besonderheiten bei Arbeitsverhältnissen mit Minderjährigen und minderjährigen Gesellschaftern (s. § 105 Rn 6). Unterschiede können sich jedoch bzgl der verschärften Haftung des Minderjährigen nach § 819 I ergeben. Während es beim Geschäftsunfähigen nach allg Ansicht nur auf die Kenntnis des gesetzlichen Vertreters ankommt, ist beim beschränkt Geschäftsfähigen im Anschluss an die „Flugreise-Entscheidung" des BGH (BGHZ 55, 128, 136; *Canaris* JZ 71, 560; *Lieb* NJW 71, 1289; *Medicus* FamRZ 71, 250) zu differenzieren. Bei einer Rückabwicklung im Wege der **Leistungskondiktion** ist auf die Kenntnis des gesetzlichen Vertreters abzustellen und diese dem nicht voll Geschäftsfähigen analog § 166 I zuzurechnen, denn ansonsten würde über die verschärfte Haftung des § 819 I letztlich die gleiche Rechtsfolge eintreten, wie dies bei Wirksamkeit seiner rechtsgeschäftlich unwirksamen Handlung der Fall gewesen wäre. Damit würde der Minderjährigenschutz ausgehebelt. Etwas anderes gilt jedoch bei der **Eingriffskondiktion**, dann, wenn der Minderjährige den Bereicherungsgegenstand durch eine unerlaubte Handlung, zB die Vortäuschung der Volljährigkeit bei Vertragsschluss, erworben hat. In diesem Fall ist die Verantwortlichkeit des Minderjährigen nach §§ 827, 828 zu beurteilen und entspr § 828 III darauf abzustellen, ob der Minderjährige die zur Erkenntnis der Verantwortung erforderliche Einsicht besitzt. Denn der Minderjährigenschutz findet seine Grenze im Recht der unerlaubten Handlungen, welche die Verantwortlichkeit unabhängig davon bestimmen, in welchem Umfang sich der Minderjährige rechtsgeschäftlich verpflichten kann.

C. Beweislast. Die Genehmigung und deren Rechtzeitigkeit nach § 108 II 2 hat derjenige zu beweisen, der sich auf die Gültigkeit des Vertrages beruft. Für die Aufforderung nach § 108 II 1 ist der Vertragspartner beweispflichtig. Der Minderjährige, welcher nach Eintritt der Volljährigkeit den Vertrag genehmigt hat und sich nunmehr darauf beruft, dass der gesetzliche Vertreter die Genehmigung vor Eintritt der Volljährigkeit verweigert hat, trägt dafür die Beweislast (BGH NJW 89, 1728).

§ 109 Widerrufsrecht des anderen Teils.
(1) ¹Bis zur Genehmigung des Vertrags ist der andere Teil zum Widerruf berechtigt. ²Der Widerruf kann auch dem Minderjährigen gegenüber erklärt werden.
(2) Hat der andere Teil die Minderjährigkeit gekannt, so kann er nur widerrufen, wenn der Minderjährige der Wahrheit zuwider die Einwilligung des Vertreters behauptet hat; er kann auch in diesem Falle nicht widerrufen, wenn ihm das Fehlen der Einwilligung bei dem Abschluss des Vertrags bekannt war.

A. Normzweck und Bedeutung. Um den Vertragspartner zu schützen, wenn er die Minderjährigkeit oder die fehlende Einwilligung nicht gekannt hat, erlaubt ihm § 109, sich während der Schwebezeit durch Widerruf von dem Vertrag zu lösen. Der durch einseitige, empfangsbedürftige, nicht formgebundene Willenserklärung ggü dem gesetzlichen Vertreter (§ 131 II 2) oder ggü dem Minderjährigen (I 2) zu erklärende Widerruf führt zur endgültigen Unwirksamkeit des Vertrages. Zur Rückabwicklung bereits ausgetauschter Leistungen und zum Schadensersatz s. § 108 Rn 7. Ein entspr Widerrufsrecht enthalten die §§ 178, 1366 II und 1830.

B. Regelungsgehalt. I. Voraussetzungen des Widerrufs. Das Widerrufsrecht besteht nur, solange eine Genehmigung des Vertrages durch den gesetzlichen Vertreter noch aussteht. Es endet mit dieser Genehmigung, auch wenn diese ggü dem Minderjährigen erklärt wird. Eine fehlende familiengerichtliche Genehmigung gibt kein Widerrufsrecht. Der durch die Erteilung der Genehmigung ggü dem Minderjährigen beendete Schwebezustand wird wiederhergestellt und das Widerrufsrecht lebt wieder auf, wenn der Vertragspartner den gesetzlichen Vertreter nach § 108 II 1 zur Erklärung über die Genehmigung auffordert. Er kann dann widerrufen, muss aber nach der Aufforderung eine angemessene Zeit zur Genehmigung verstreichen lassen, da die Herbeiführung des Schwebezustands allein zum Zwecke des Widerrufs als rechtsmissbräuchlich anzusehen ist (MüKo/*Schmitt* § 109 Rz 9).

II. Ausschluss des Widerrufs (Abs 2). Ausgeschlossen ist das Widerrufsrecht, wenn der Vertragspartner die Minderjährigkeit positiv kannte. Fahrlässige Unkenntnis beseitigt das Widerrufsrecht nicht, denn den Vertragspartner treffen keine Nachforschungspflichten. Trotz Kenntnis von der Minderjährigkeit besteht ein Widerrufsrecht, wenn der Minderjährige objektiv wahrheitswidrig dem Vertragspartner ggü das Vorliegen einer Einwilligung behauptet hat (II). Der Minderjährige braucht nicht bewusst getäuscht zu haben, sondern kann auch irrtümlich von einer Einwilligung ausgegangen sein. Auch in diesem Fall beseitigt positive Kenntnis vom Fehlen der Einwilligung bei Vertragsschluss das Widerrufsrecht, nicht jedoch schon Zweifel an ihrem Vorliegen.

4   **C. Beweislast.** Wer sich auf die Unwirksamkeit des Vertrags beruft, hat den Zugang des Widerrufs (vor einer erfolgten Genehmigung des Vertrages) zu beweisen (BGH NJW 89, 1728). Wer die Unzulässigkeit des Widerrufs behauptet, muss dagegen die Kenntnis des anderen Teils von der Minderjährigkeit oder der fehlenden Einwilligung beweisen. Dagegen hat der Vertragspartner wiederum zu beweisen, dass der Minderjährige die Einwilligung zu Unrecht behauptet hat.

§ 110 Bewirken der Leistung mit eigenen Mitteln.
Ein von dem Minderjährigen ohne Zustimmung des gesetzlichen Vertreters geschlossener Vertrag gilt als von Anfang an wirksam, wenn der Minderjährige die vertragsmäßige Leistung mit Mitteln bewirkt, die ihm zu diesem Zweck oder zu freier Verfügung von dem Vertreter oder mit dessen Zustimmung von einem Dritten überlassen worden sind.

1   **A. Normzweck und Bedeutung.** Die Vorschrift regelt einen Sonderfall des § 107. Sie will dem gesetzlichen Vertreter einerseits die Möglichkeit eröffnen, dem Minderjährigen zu Erziehungszwecken eine gewisse wirtschaftliche Bewegungsfreiheit im Rechtsverkehr einzuräumen, ihn andererseits vor nachteiligen Willenserklärungen, deren Wirkung er nicht zu überschauen vermag, schützen. Die dogmatische Einordnung der Vorschrift ist umstr. Teilweise wird sie als Erweiterung der Geschäftsfähigkeit (entspr §§ 112, 113) verstanden, so dass es auf die Einwilligung des gesetzlichen Vertreters nicht mehr ankommen soll (*Leenen* FamRZ 00, 863; *Safferling* Rpfleger 72, 124). Die hM sieht hingegen in der Überlassung bestimmter Mittel eine konkludente Einwilligung des gesetzlichen Vertreters in die Vornahme von Bargeschäften, deren Umfang sich aus der mit der Überlassung der Mittel verbundenen Zweckbestimmung ergibt (RGZ 74, 235; MüKo/*Schmitt* § 110 Rz 4; Palandt/*Heinrichs* § 110 Rz 1; Soergel/*Hefermehl* § 110 Rz 1). Die Formulierung „ohne Zustimmung" stellt klar, dass keine ausdrückliche Zustimmung erforderlich ist (AG Waldshut VersR 85, 938). Damit liegt keine Ausnahme von Grundsatz des Zustimmungserfordernisses bei Minderjährigen nach § 107 vor. Die konkludente Einwilligung ist jedoch inhaltlich auf Rechtsgeschäfte beschränkt, die der Minderjährige mit den ihm überlassenen Mitteln bar erfüllt (MüKo/*Schmitt* § 110 Rz 5; *Medicus* BürGR § 8 II 1 Rz 183). Der gesetzliche Vertreter kann seine Einwilligung inhaltlich dahin erweitern (Generaleinwilligung s. § 107 Rn 3), dass der Vertrag nicht erst mit Erfüllung sondeRdn bereits mit Abschluss wirksam sein soll (Palandt/*Heinrichs* § 110 Rz 1). Für eine Generaleinwilligung müssen konkrete Anhaltspunkte vorliegen. Fehlt es hieran, führt erst die Bewirkung der Leistung zur Wirksamkeit (s. Rn 2). Bei einem Rechtsgeschäft, das der Genehmigung des Familiengerichts bedarf, gilt § 107 Rn 4.

2   **B. Voraussetzungen. I. Bewirkung der vertragsgemäßen Leistung.** § 110 gilt für alle Verträge, die ein Minderjähriger ohne die ausdrückliche Zustimmung seiner gesetzlichen Vertreter schließt und die für ihn rechtlich nachteilig sind. Um die Wirksamkeit des Rechtsgeschäftes herbeizuführen, muss der Minderjährige die vertragsgemäße Leistung vollständig bewirkt haben. Unerheblich ist, ob die vertragsgemäße Leistung bar oder durch Banküberweisung erbringt (MüKo/*Schmitt* § 110 Rz 11). Bis zur Erfüllung ist der Vertrag gem § 108 schwebend unwirksam. Für die vollständige Leistungsbewirkung genügt neben der Erfüllung (§ 362) auch Leistung an Erfüllungs Statt (§ 364), Hinterlegung (§ 378) oder Aufrechnung (§ 389). Eine Teilleistung reicht grds nicht aus. Sie führt nur dann zur Teilwirksamkeit des Vertrages, wenn Leistung und Gegenleistung teilbar sind (RGZ 74, 235, 236; AG Bensberg MDR 63, 840; MüKo/*Schmitt* § 110 Rz 13). Das richtet sich nach der im Einzelfall vorliegenden Gestaltung des Vertrages. Nicht teilbar ist der Lebensversicherungsvertrag auf den Todes- und Erlebensfall (*Schilken* FamRZ 78, 642). Bei Abzahlungs- und Kreditgeschäften führt die Zahlung einer Rate nicht zur Teilwirksamkeit (BaRoth/*Wendtland* § 110 Rz 5). Leistet ein Minderjähriger mit den ihm überlassenen Mitteln Mietzinszahlungen, ist der Mietvertrag für diesen Zeitraum wirksam (Erman/*Palm* § 110 Rz 2). Sind Minderjährige außerhalb des elterlichen Wohnsitzes tätig, kann eine konkludente Einwilligung für Bargeldgeschäfte angenommen werden (BGH WM 76, 1350).

3   **II. Überlassene Mittel.** Als Mittel, die dem Minderjährigen zu einem bestimmten Zweck oder zur freien Verfügung überlassen worden sind, kommen Geld und andere Vermögensgegenstände in Betracht (*Hagemeister* JuS 92, 840; *Vortmann* WM 94, 967). Die Überlassung zur freien Verfügung umfasst im Zweifel nur solche Rechtsgeschäfte, die sich noch iRd Vernünftigen halten (RGZ 74, 235). Hierzu gehört die Verwendung eines Prepaid-Handys, dessen Guthaben der Minderjährige mit ihm überlassenen Mitteln aufgeladen hat. Die Überlassung dient jedoch vorrangig der Kommunikation, Ein Klingeltonerwerb ist hiervon regelmäßig nicht gedeckt; erst recht nicht bei Vertrags-Handys (AG Ddorf MMR 07, 404; *Mankowski/Schreier* VuR 07, 5 dazu auch *Goerth* VuR 04, 277). Auch bei den von einem Dritten überlassenen Mitteln kommt es auf die Zweckbestimmung des gesetzlichen Vertreters an (Soergel/*Hefermehl* § 110 Rz 4). Da die Überlas-

sung der Mittel an keine Form geknüpft ist, kann sie auch konkludent erfolgen, zB durch Belassen der Ausbildungsvergütung (BGH NJW 77, 622, 623; Celle NJW 70, 1850). Ob sich die Einwilligung auch auf Surrogate erstreckt, die der Minderjährige mit den ihm überlassenen Mitteln erworben hat, bedarf der Auslegung im Einzelfall. Wenn das Surrogat den Wert der überlassenen Mittel deutlich übersteigt (zB Spielgewinn), erstreckt sich die in der Überlassung der Mittel liegende Einwilligung nicht auf das Surrogat (RGZ 74, 235; Soergel/*Hefermehl* § 110 Rz 5).

C. Wirkung der Leistung. Erfüllt ein Minderjähriger einen von ihm geschlossenen Vertrag mit **Mitteln, die ihm hierfür überlassen worden sind**, ist der Vertrag von Anfang an wirksam. Dies gilt sowohl für das Verpflichtungs-, wie auch für das Verfügungsgeschäft. Erfüllt der Minderjährige den Vertrag mit **Mitteln, die ihm zur freien Verfügung überlassen worden sind**, ist der Vertrag von Anfang an wirksam, wenn der Inhalt des Rechtsgeschäftes nicht völlig unvernünftig und daher nicht mehr von der in der Überlassung liegenden Einwilligung gedeckt ist. Der gesetzliche Vertreter kann die in der Überlassung der Mittel liegende Einwilligung bis zur Vertragserfüllung widerrufen (§ 183). Solange der Vertrag aufgrund der fehlenden Erfüllung schwebend unwirksam ist, steht dem Vertragspartner das Widerrufsrecht nach § 109 zu (MüKo/*Schmitt* § 110 Rz 34; Erman/*Palm* § 110 Rz 5; aA Soergel/*Hefermehl* § 110 Rz 7). 4

D. Beweislast. Derjenige, der sich auf die Gültigkeit des Rechtsgeschäftes beruft, muss das Vorliegen der Voraussetzungen des § 110 beweisen. 5

§ 111 Einseitige Rechtsgeschäfte.
¹Ein einseitiges Rechtsgeschäft, das der Minderjährige ohne die erforderliche Einwilligung des gesetzlichen Vertreters vornimmt, ist unwirksam. ²Nimmt der Minderjährige mit dieser Einwilligung ein solches Rechtsgeschäft einem anderen gegenüber vor, so ist das Rechtsgeschäft unwirksam, wenn der Minderjährige die Einwilligung nicht in schriftlicher Form vorlegt und der andere das Rechtsgeschäft aus diesem Grunde unverzüglich zurückweist. ³Die Zurückweisung ist ausgeschlossen, wenn der Vertreter den anderen von der Einwilligung in Kenntnis gesetzt hatte.

A. Normzweck und Bedeutung. Anders als bei Verträgen soll bei einseitigen Rechtsgeschäften ein Schwebezustand und die damit verbundene Rechtsunsicherheit vermieden werden. § 111 findet sowohl Anwendung auf alle einseitigen Rechtsgeschäfte, auf geschäftsähnliche Handlungen (BaRoth/*Wendtland* § 111 Rz 3) als auch die Bevollmächtigung (BGH NJW 90, 1721; MüKo/*Schmitt* § 110 Rz 4, 10). Nicht vom Anwendungsbereich erfasst ist die Sonderregelung des § 1596 für das Vaterschaftsanerkenntnis (Palandt/*Heinrichs* § 111 Rz 1) sowie die Begründung von Wertpapierangelegenheiten (MüKo/*Schmitt* § 111 Rz 11). 1

B. Regelungsgehalt. I. Unwirksamkeit bei fehlender Einwilligung (S 1). Einseitige Rechtsgeschäfte, die ein Minderjähriger ohne die erforderliche Einwilligung des gesetzlichen Vertreters vornimmt, sind unwirksam (1). Die Regelung gilt sowohl für empfangsbedürftige Rechtsgeschäfte (zB Kündigung, Rücktritt, Anfechtung, Aufrechnung) als auch für nicht empfangsbedürftige Rechtsgeschäfte (zB Auslobung, Eigentumsaufgabe). Die Wirksamkeit von Rechtsgeschäften, die rechtlich neutral oder lediglich vorteilhaft sind, wird nicht berührt (BaRoth/*Wendtland* § 111 Rz 8). Das wegen der fehlenden Einwilligung unwirksame Rechtsgeschäft kann nicht mehr durch den gesetzlichen Vertreter genehmigt werden, da es von Anfang an nichtig ist. Bei nicht empfangsbedürftigen Erklärungen des Minderjährigen ist generell keine Heilung, sondern nur eine Neuvornahme möglich. Bei empfangsbedürftigen Erklärungen sind ausnahmsweise die für den Vertrag geltenden §§ 108, 109 mit der Folge schwebender Unwirksamkeit des Rechtsgeschäfts anzuwenden, wenn der Erklärungsempfänger mit der Vornahme des Geschäfts ohne Einwilligung einverstanden ist (RGZ 76, 89, 91; Staud/*Dilcher* § 111 Rz 9). Ist die von dem Minderjährigen erteilte Vollmacht Bestandteil eines einheitlichen Rechtsgeschäfts, so nimmt dieses einseitige Rechtsgeschäft an der Genehmigungsfähigkeit des schwebend unwirksamen Vertrages teil, auch dann, wenn der Erklärungsempfänger die Minderjährigkeit nicht kannte (BGH NJW 90, 1723). 2

II. Unwirksamkeit infolge Zurückweisung (S 2, 3). Auch einseitige empfangsbedürftige Rechtsgeschäfte bei denen eine Einwilligung des gesetzlichen Vertreters vorliegt, können aufgrund der Zurückweisung durch den Erklärungsempfänger (2, 3) unwirksam werden. Dies setzt voraus, dass der Minderjährige die Einwilligung dem Erklärungsempfänger nicht in schriftlicher Form vorgelegt hat und dieser in Unkenntnis der Einwilligung das Rechtsgeschäft unverzüglich (§ 121) zurückweist. Die Zurückweisung ist eine einseitige empfangsbedürftige Willenserklärung, die sowohl ggü dem gesetzlichen Vertreter (analog § 109) als auch ggü dem Minderjährigem erklärt werden kann (Soergel/*Hefermehl* § 111 Rz 4). Die Zurückweisung führt zur anfänglichen Unwirksamkeit der Willenserklärung des Minderjährigen. Erfolgt keine unverzügliche Zurückweisung durch den Erklärungsempfänger, so ist das Rechtsgeschäft auch dann wirksam, wenn der Minderjährige nicht zum Ausdruck gebracht hat, dass er mit Einwilligung handelte (RGZ 50, 212). 3

C. Beweislast. Derjenige, der sich auf die Wirksamkeit des einseitigen Rechtsgeschäftes beruft, hat die Einwilligung des gesetzlichen Vertreters zu beweisen. Der Erklärungsempfänger, der sich trotz Vorliegen einer Einwilligung auf die Unwirksamkeit eines Rechtsgeschäftes beruft, muss die rechtzeitige Zurückweisung 4 beweisen. Zur Entkräftung hat derjenige, der sich auf die Wirksamkeit des Rechtsgeschäftes beruft zu beweisen, dass die Einwilligung in schriftlicher Form vor Zurückweisung vorgelegen hat oder der Erklärungsempfänger vor Zurückweisung Kenntnis von der Einwilligung hatte (Palandt/*Heinrichs* § 111 Rz 6; Soergel/*Hefermehl* § 111 Rz 6).

§ 112 Selbständiger Betrieb eines Erwerbsgeschäfts.
(1) ¹Ermächtigt der gesetzliche Vertreter mit Genehmigung des Familiengerichts den Minderjährigen zum selbständigen Betrieb eines Erwerbsgeschäfts, so ist der Minderjährige für solche Rechtsgeschäfte unbeschränkt geschäftsfähig, welche der Geschäftsbetrieb mit sich bringt. ²Ausgenommen sind Rechtsgeschäfte, zu denen der Vertreter der Genehmigung des Familiengerichts bedarf.
(2) Die Ermächtigung kann von dem Vertreter nur mit Genehmigung des Familiengerichts zurückgenommen werden.

1 **A. Normzweck und Bedeutung.** Die Regelung erweitert die Geschäftsfähigkeit des Minderjährigen, um diesem die Möglichkeit zur selbständigen Ausübung eines Erwerbsgeschäftes zu geben. Damit er dieses Geschäft führen kann, muss der Minderjährige die Befugnis haben, auch rechtlich nachteilige Rechtsgeschäfte abzuschließen. Hierfür gewährt ihm § 112 eine partielle, sachlich eingegrenzte Geschäftsfähigkeit (MüKo/*Schmitt* § 112 Rz 1) und lässt die Vertretungsmacht des gesetzlichen Vertreters ruhen (Erman/*Palm* § 112 Rz 1). Der Minderjährige ist in diesem sachlich abgegrenzten Bereich geschäfts- und prozessfähig. Die praktische Bedeutung der Vorschrift ist seit der Herabsetzung des Volljährigkeitsalters nur noch gering.

2 **B. Regelungsgehalt. I. Ermächtigung.** Voraussetzung der partiellen Geschäftsfähigkeit ist die formfreie Ermächtigung des gesetzlichen Vertreters zur Aufnahme des selbstständigen Betriebs eines Erwerbsgeschäftes. Die Ermächtigung ist eine einseitige, an den Minderjährigen zu richtende Willenserklärung, die zu ihrer Wirksamkeit der Genehmigung durch das Familiengericht bedarf (Soergel/*Hefermehl* § 112 Rz 3). Das Gericht prüft, ob der Minderjährige die notwendigen Fähigkeiten und Kenntnisse zur Führung eines selbstständigen Erwerbsgeschäftes besitzt und entscheidet nach pflichtgemäßen Ermessen (Köln NJW-RR 94, 1450). Die Ermächtigung kann jederzeit zurückgenommen werden. Hierzu bedarf es wiederum der Genehmigung des Familiengerichts (II).

3 **II. Erwerbsgeschäft.** Erwerbsgeschäft ist jede erlaubte, selbstständige, berufsmäßig ausgeübte und auf Gewinnerzielung gerichtete Tätigkeit (*Scheerer* BB 71, 981). § 112 erfasst auch die selbstständige Ausübung eines künstlerischen Berufes, die Tätigkeit als selbstständiger Handelsvertreter iSd § 84 I HGB (BAG NJW 64, 1641; ArbG Berlin VersR 69, 97) sowie eine Gesellschafterstellung in einer Personenhandelsgesellschaft (MüKo/*Schmitt* § 112 Rz 2). Ein Minderjähriger kann jedoch selbst bei Vorliegen einer Ermächtigung gem § 6 I 1 GmbHG nicht Geschäftsführer einer GmbH werden (Hamm NJW-RR 92, 1253).

4 **III. Umfang.** Die Geschäftsfähigkeit des Minderjährigen beschränkt sich inhaltlich auf Geschäfte, die der Betrieb des Erwerbsgeschäftes mit sich bringt. Bei der Frage der Abgrenzung ist der Zuschnitt des Betriebes im konkreten Einzelfall maßgeblich (Weimar DB 64, 1509 f; Soergel/*Hefermehl* § 112 Rz 4). Keiner Zustimmung bedürfen alle Rechtshandlungen, die dem geschäftlichen Bereich zuzuordnen sind (BGHZ 83, 76, 80 zu § 1456). Ausgenommen sind Rechtsgeschäfte, zu denen der Vertreter der Genehmigung des Familiengerichts bedarf (I 2).

5 **C. Beweislast.** Das Vorliegen einer Ermächtigung, einer Genehmigung des Familiengerichts oder die Rücknahme hat derjenige zu beweisen, der sich darauf beruft. Ist der Minderjährige Prozesspartei, prüft das Gericht bei der Frage der Prozessfähigkeit, ob die Tatbestandsvoraussetzungen des § 112 vorliegen (Erman/*Palm* § 112 Rz 10).

§ 113 Dienst- oder Arbeitsverhältnis.
(1) ¹Ermächtigt der gesetzliche Vertreter den Minderjährigen, in Dienst oder in Arbeit zu treten, so ist der Minderjährige für solche Rechtsgeschäfte unbeschränkt geschäftsfähig, welche die Eingehung oder Aufhebung eines Dienst- oder Arbeitsverhältnisses der gestatteten Art oder die Erfüllung der sich aus einem solchen Verhältnis ergebenden Verpflichtungen betreffen. ²Ausgenommen sind Verträge, zu denen der Vertreter der Genehmigung des Familiengerichts bedarf.
(2) Die Ermächtigung kann von dem Vertreter zurückgenommen oder eingeschränkt werden.
(3) ¹Ist der gesetzliche Vertreter ein Vormund, so kann die Ermächtigung, wenn sie von ihm verweigert wird, auf Antrag des Minderjährigen durch das Familiengericht ersetzt werden. ²Das Familiengericht hat die Ermächtigung zu ersetzen, wenn sie im Interesse des Mündels liegt.
(4) *Die für einen einzelnen Fall erteilte Ermächtigung gilt im Zweifel als allgemeine Ermächtigung zur Eingehung von Verhältnissen derselben Art.*

A. Normzweck und Bedeutung. Die Vorschrift erweitert die Geschäftsfähigkeit des Minderjährigen für den Bereich seines Arbeits- und Dienstverhältnisses. Durch die Ermächtigung zur Aufnahme eines Dienst- oder Arbeitsverhältnisses wird der Minderjährige für die mit diesem einhergehenden Rechtsgeschäfte von den Beschränkungen der §§ 107 ff befreit. Auch nach der Herabsetzung des Volljährigkeitsalters hat § 113 weiterhin praktische Bedeutung. Für den **Betreuten** gilt § 113 entspr wenn ein Einwilligungsvorbehalt angeordnet ist (§ 1903 I 2). Nach Sinn und Zweck kann § 113 aber im konkreten Fall ausgeschlossen sein, (LArbG Berlin RdLH 07, Nr 3, 33: Kündigung). 1

B. Regelungsgehalt. I. Ermächtigung. Die Ermächtigung der gesetzlichen Vertreter ist als einseitige empfangsbedürftige, formfreie Willenserklärung ggü dem Minderjährigen abzugeben. Sie kann von dem gesetzlichen Vertreter jederzeit zurückgenommen oder eingeschränkt werden (II). Im Unterschied zu § 112 bedürfen die Ermächtigung, ihre Einschränkung sowie ihre Rücknahme nicht der Genehmigung des Familiengerichts. Diese ist nur ausnahmsweise bei auch für den gesetzlichen Vertreter genehmigungsbedürftigen Rechtsgeschäften erforderlich (I 2). 2

II. Umfang. Die Ermächtigung umfasst alle Dienst- und Arbeitsverträge, aber auch Werkverträge. Auf die Art der Tätigkeit (selbständig oder unselbständig) kommt es nicht an. Die Tätigkeit eines Handelsvertreters fällt sowohl unter § 112 als auch unter § 113 (BAG NJW 64, 1641). Lehrverträge sind keine Dienst- oder Arbeitsverträge iSd Vorschrift, da hier der Ausbildungs- und Erziehungszweck überwiegt (LAG Kiel BB 55, 997; LAG Düsseldorf AP Nr 1 zu HandwO § 21; Soergel/*Hefermehl* § 113 Rz 3). Auf öffentlich-rechtliche Dienstverhältnisse findet § 113 entspr Anwendung (BVerwGE 34, 168; OVG Münster NJW 62, 758). Der Umfang der Rechtsgeschäfte, zu denen der Minderjährige ermächtigt ist erfasst alle Rechtsgeschäfte, die in sachlichem Zusammenhang mit dem Dienst- oder Arbeitsverhältnis stehen. Dazu gehören die Eingehung und Aufhebung eines Dienst- und Arbeitsverhältnis einschl sonstiger Nebenabreden sowie die gesamte Vertragsabwicklung. Der Minderjährige kann den Lohn entgegennehmen, ein zur Lohnzahlung erforderliches Girokonto eröffnen (*Capeller* BB 61, 454; *H P Westermann* FamRZ 69, 649; *Hagemeister* JuS 92, 842), auf Lohn verzichten, mit ihm aufrechnen, ihn stunden oder sich über ihn vergleichen (Soergel/*Hefermehl* § 113 Rz 5). Nicht ermächtigt ist er zur Vereinbarung eines Überziehungskredits (*Vortmann* WM 94, 967; *Kunkel* Rpfleger 97, 1). Die Ermächtigung umfasst auch den Beitritt zu einer Gewerkschaft (LG Essen AP Nr 3; LG Frankfurt FamRZ 67, 680; *Gilles/Westphal* JuS 81, 899), nicht aber eine Darlehensaufnahme bei der Gewerkschaft (LG Münster MDR 68, 146). 3

III. Ersetzung der Ermächtigung. Die Ermächtigung kann durch den Minderjährigen nicht eingeklagt werden. Ist ein Vormund gesetzlicher Vertreter, kann er beim Familiengericht einen Antrag auf Ersetzung der Ermächtigung stellen. Sind die Eltern gesetzliche Vertreter, ist keine Ersetzung möglich (Soergel/*Hefermehl* § 113 Rz 9). 4

C. Beweislast. Derjenige, der sich auf die Wirksamkeit des Rechtsgeschäftes beruft, muss das Vorliegen der Ermächtigung beweisen. In Fällen, in denen ein Vertragspartner die Begrenzung der Ermächtigung auf einen Einzelfall behauptet, ist dieser nach der Vermutungsregel des § 113 IV beweispflichtig. 5

§§ 114–115 – weggefallen –

Titel 2   Willenserklärung

Vorbemerkungen vor §§ 116 ff

A. Rechtsgeschäft. I. Privatautonomie. Die Regelungen des Rechtsgeschäfts in den §§ 104 bis 185 bilden ein Kraftzentrum des Bürgerlichen Rechts. Vorausgesetzt ist das nicht im BGB definierte, im Kern aus den Art 2 I, 14 I GG (BVerfG NJW 94, 38) als Teil der Handlungsfreiheit abzuleitende Prinzip der **Privatautonomie**, das als Selbstgestaltung der Rechtsverhältnisse durch den Einzelnen nach seinem Willen verstanden wird (*Flume* AT II, 1). Ein Rechtsgeschäft ist auf die Herbeiführung eines rechtlichen Erfolgs gerichtet, der nach der Rechtsordnung eintritt, weil er gewollt ist (Motive I, 126). 1

Diese von ihren Funktionsvoraussetzungen abstrahierende rechtsgeschäftliche Freiheit steht in einem vielgestaltigen Spannungsverhältnis zu materiellen Gerechtigkeitsvoraussetzungen (*Schiemann* Eckpfeiler des Zivilrechts, 44), die etwa durch die Generalklauseln der §§ 138, 242 und die verbraucherschützenden Vorschriften konkretisiert werden. Zur Sicherung durch Begrenzung dieser Freiheit dienen die Wirksamkeitsvoraussetzungen des Rechtsgeschäfts, wie die Geschäftsfähigkeit, §§ 104 ff, Formerfordernisse, §§ 125 ff, Zustimmungen Dritter oder behördliche Akte. 2

II. Rechtsgeschäft und Willenserklärung. 1. Tatbestand eines Rechtsgeschäfts. Er erfordert eine Willenserklärung, die allein oder iVm zusätzlichen Willenserklärungen sowie ggf weiteren Elementen eine gewollte 3

Rechtsfolge herbeiführt (BGH NJW 01, 290). Die Begriffe Willenserklärung (Rn 16) und Rechtsgeschäft liegen dicht beieinander und werden teilweise synonym verwendet. So sprechen die §§ 119, 120, 123 von einer anfechtbaren Willenserklärung und § 142 handelt von anfechtbaren und angefochtenen Rechtsgeschäft (dazu § 142 Rn 2). Die Termini sind jedoch nicht deckungsgleich. Ein einseitiges Rechtsgeschäft (Rn 9) besteht nur aus einer Willenserklärung, doch bildet nicht jede Willenserklärung ein Rechtsgeschäft, Bsp Vertragsofferte.

4 **2. Rechtsgeschäfte ohne Willenserklärung.** Sie sind ausgeschlossen. Die Lehren vom faktischen Vertrag bzw Verträgen durch sozialtypisches Verhalten (BGHZ 21, 319, 334) sind abzulehnen. Wer eine Leistung in Anspruch nimmt, aber nicht zahlen will, formuliert entweder einen nach dem Grundsatz der protestatio facto contraria unbeachtlichen Vorbehalt oder er bestreitet nicht den Vertragsschluss, sondern nur die Zahlungspflicht. Dann sind die §§ 612, 632 analog anwendbar (*Medicus* AT Rz 249 f). Zum Schweigen als Willenserklärung Rn 21.

5 **III. Abgrenzung. Realakte** sind Handlungen ohne Mitteilungs- oder Kundgabefunktion (*Larenz/Wolf* AT § 22 Rz 20), als rechtmäßige Handlungen, wie beim Besitzerwerb nach § 854 I, oder als unrechtmäßige, wie der unerlaubten Handlung gem § 823. Die Rechtsfolgen ergeben sich aus dem Gesetz, rechtsgeschäftliche Regeln sind prinzipiell unanwendbar.

6 **Gefälligkeitsverhältnisse** bestehen bei Handlungen, die in rechtsgeschäftlicher Gestalt vorgenommen werden könnten, bei denen den Beteiligten aber in concreto ein Rechtsbindungswille fehlt (BGHZ 21, 102, 106), zB Einladung zum Abendessen. Wichtige Indizien zur Bestimmung des Rechtsbindungswillens bilden die soziale Nähe, die Interessenlage der Beteiligten sowie die wirtschaftliche und rechtliche Bedeutung der Angelegenheit (BGHZ 88, 373, 382). Eine Haftungsmilderung analog §§ 521, 599, 690 lehnt die Rspr ab, weil auch beim unentgeltlichen Auftrag eine Haftungsmilderung fehlt (BGH NJW 92, 2475); ggf kann ein konkludenter Haftungsausschluss vorliegen (BGH NJW 79, 415). Demgegenüber ist von einer Haftungsmilderung auszugehen, wenn sie bei Vorliegen eines Rechtsbindungswillens eingreifen würde (Staudinger/*Bork* Vorbem zu §§ 145–156 Rz 86), wobei auch an § 708 zu denken ist.

7 Als **rechtsgeschäftsähnliche Handlung** wird eine willentliche Erklärung bezeichnet, bei der die Rechtsfolge eintritt, weil das Gesetz sie anordnet und nicht, weil sie gewollt ist. Die Erklärungen werden vielfach auf Ansprüche oder Rechtsverhältnisse Bezug nehmen und im Bewusstsein der dadurch ausgelösten Rechtsfolgen ausgesprochen werden, doch müssen sie nicht unmittelbar darauf gerichtet sein (BGH NJW 01, 290). Hierzu gehören Willensäußerungen wie Mahnungen, § 286 I 1, Fristsetzungen, §§ 281 I 1, 323 I 1, Aufforderungen zur Genehmigung, §§ 108 II 1, 177 II 1, Abhilfeverlangen, § 651c, die Anmeldung von Ansprüchen gem § 651g I 1 (BGH NJW 01, 290), sowie Wissensmitteilungen, zB nach den §§ 149, 409 I 1. Die Rechtsgeschäftsregeln sind grds analog anwendbar (BGHZ 47, 352, 357), doch kann im Einzelfall eine abweichende Beurteilung geboten sein. § 130 ist regelmäßig anwendbar (BGH NJW 87, 2236). § 174 gilt entspr für die Mahnung (BGH NJW 83, 1542), nicht aber für die Geltendmachung tariflicher Ansprüche (BAG NJW 03, 236). Die Anfechtungsregeln sind nur anwendbar, wenn an die Äußerung eine dem Mitteilenden ungünstige Folge geknüpft ist, zB § 171 (*Larenz/Wolf* AT § 22 Rz 18). **Keine** rechtsgeschäftsähnliche Handlung begründet die Geschäftsführung ohne Auftrag (MüKo/*Seiler*, Vor § 677 Rz 5; aA LG Aachen NJW 63, 1253).

8 Die **Einwilligung** in die Verletzung eines absolut geschützten Rechts(guts), insb in eine ärztliche Heilbehandlung, stellt kein Rechtsgeschäft dar. Im Einzelfall können rechtsgeschäftliche Regelungen anwendbar sein (§ 823 Rn 17). Beim einwilligungsfähigen Minderjährigen ist grds die doppelte Einwilligung des Minderjährigen und der Eltern (BGHZ 105, 48) zu verlangen. Nach der Rspr genügt für die Einwilligungsfähigkeit in den ärztlichen Heileingriff, ob der Einwilligende nach seiner geistigen Veranlagung und Entwicklung sowie seiner sittlichen Reife befähigt ist, die Erheblichkeit und möglichen Folgen des Eingriffs zu erkennen (BGHZ 29, 33, 37), s.a. § 40 IV Nr 3 AMG. Beim Schwangerschaftsabbruch ist grds allein auf die Einwilligung der Minderjährigen abzustellen.

9 **IV. Arten. 1. Ein- und mehrseitige Rechtsgeschäfte.** Rechtsgeschäfte können nach der Zahl der zu ihrer Begründung erforderlichen Willenserklärungen unterschieden werden. **Einseitige Rechtsgeschäfte**, wie Anfechtungs- oder Kündigungserklärungen, beinhalten eine Willenserklärung. Maßgebend ist die Singularität der Erklärung, unerheblich die Zahl der Erklärenden, vgl § 351. Regelmäßig ist die Willenserklärung empfangsbedürftig (vgl § 130 Rn 6 ff). Spezielle Vertragsvorschriften, §§ 108 ff, 177 ff, sind nicht anwendbar. Ist die Willenserklärung an keine bestimmte Person gerichtet und deswegen nicht empfangsbedürftig (vgl § 130 Rn 1), liegt ein streng einseitiges Rechtsgeschäft vor, §§ 657, 959, 2247.

10 Die wichtigste Gruppe der **mehrseitigen Rechtsgeschäfte** bilden die Verträge. Im Regelfall kommt ein **Vertrag** durch zwei aufeinander bezogene, sich inhaltlich entspr Willenserklärungen zustande. Am Vertragsschluss können mehrere Personen mit ihren Willenserklärungen beteiligt sein, wie vielfach beim Abschluss eines Gesellschaftsvertrags, § 705 (*Larenz/Wolf* AT § 23 Rz 14). Es gilt das Konsensprinzip. Mehrseitig ist auch der **Beschl** als Akt der innerorganisatorischen Willensbildung von Verbänden, vgl §§ 28, 32 ff, 712, 745 sowie HGB § 119, AktG §§ 77 II, 108, 119. Beschlüsse erfolgen durch gleichlautende Willenserklärungen und können auch diejenigen Mitglieder des Gremiums binden, die ihnen nicht zugestimmt haben (Mehrheitsprinzip), zB § 32 I 3.

2. Verpflichtungs- und Verfügungsgeschäfte. Eine Einteilung kann nach den Wirkungen erfolgen. Ein **Verpflichtungsgeschäft** begründet Ansprüche auf eine Leistung und einen Rechtsgrund für ihr Behaltendürfen. Regelmäßig ist dazu ein Vertrag erforderlich, ausnahmsweise genügt ein einseitiges Rechtsgeschäft, zB §§ 657, 2174 (*Bork* AT Rz 448). Differenziert wird weiter nach den Verpflichtungen. Beim einseitig verpflichtenden Geschäft ist nur ein Teil zur Leistung verpflichtet, so bei der Schenkung. Ein unvollkommen zweiseitiges Geschäft verpflichtet die eine Seite stets, die andere nur uU, zB Leihe oder Auftrag. Ein gegenseitig verpflichtendes Geschäft verpflichtet beide Teile in der Weise, dass die Leistung des einen die Gegenleistung für den anderen darstellt (vgl Vorbemerkung vor §§ 320 ff Rn 1). 11

Die **Verfügung** ist ein Rechtsgeschäft, durch das unmittelbar auf ein Recht eingewirkt, es also übertragen (§§ 398, 873, 929), aufgehoben (§§ 397, 959), belastet (§§ 1115, 1192, 1205) oder inhaltlich geändert wird (BGHZ 101, 24, 26). Ihre wichtigsten Anforderungen sind die Bestimmtheit oder Bestimmbarkeit (Spezialitätsgrundsatz), die Zuständigkeit, insb durch die Befugnis des Verfügenden, und (nur) im Sachenrecht die Publizität (*Medicus* AT Rz 209 ff). Zu den Verfügungen gehören auch die Gestaltungsrechte, wie die Anfechtung, § 143, der Rücktritt, § 349, die Aufrechnung, § 388, sowie der Widerspruch gem § 613a V 1 (BAG ZIP 04, 731). Verfügungen sind auch die im Wege der Zwangsvollstreckung oder Arrestvollziehung erfolgten Rechtsänderungen, vgl § 161 I 2. 12

Nach dem Trennungsprinzip ist die schuldrechtliche Verpflichtung von ihrem dinglichen Vollzug, der Verfügung, zu unterscheiden. Das **Abstraktionsprinzip** besagt darüber hinaus, dass die Verfügung unabhängig davon wirkt, ob ihr eine wirksame Verpflichtung zugrunde liegt, ob sie also bereicherungsrechtlich beständig ist (*Schiemann* Eckpfeiler des Zivilrechts, 49). Durchbrochen wird das Abstraktionsprinzip bei einer Fehleridentität (vgl § 123 Rn 41, § 134 Rn 22, § 142 Rn 4), einem Bedingungszusammenhang (vgl § 139 Rn 12) oder einer Geschäftseinheit (§ 139 Rn 13, § 142 Rn 4). 13

3. Weitere Einteilungen. Zwischen kausalen und abstrakten Geschäften wird danach unterschieden, ob das Geschäft selbst einen Rechtsgrund darstellt oder einen Rechtsgrund benötigt, um bereicherungsrechtlich Bestand zu haben. Diese Einteilung fällt meist, aber nicht stets, mit der in Verpflichtungs- und Verfügungsgeschäfte zusammen. Abstrakte Verpflichtungen begründen die §§ 780, 781, 793 sowie die Verpflichtungen aus Scheck und Wechsel (Erman/*Palm* Einl § 104 Rz 21). 14

Eingeteilt werden die Geschäfte auch nach den Rechtsgebieten in schuld-, sachen-, familien- und erbrechtliche Rechtsgeschäfte. 15

B. Willenserklärung. I. Begriff, Geltungsgrund und Arten. Die **Willenserklärung** ist essentieller Bestandteil eines Rechtsgeschäfts. Sie besteht in der Äußerung eines Willens, der unmittelbar auf die Herbeiführung einer Rechtswirkung gerichtet ist (BGH NJW 02, 364; 05, 54). Daran kann es bei der Abrede über den Gebrauch empfängnisverhütender Mittel fehlen (BGHZ 97, 372, 377 f; s.a. § 138 Rn 26). Damit bringt sie einen Rechtsfolgewillen zum Ausdruck, dh einen Willen, der auf die Begründung, inhaltliche Änderung oder Beendigung eines Rechtsverhältnisses abzielt (BGH NJW 01, 289, 290). Die Willenserklärung wird aus den beiden Elementen eines inneren Rechtsfolgewillens und seiner Kundgabe durch einen äußeren Erklärungstatbestand gebildet, deren Verhältnis nicht in letzter Hinsicht geklärt ist. 16

Fallen Wille und Erklärung auseinander, ist der daraus resultierende Schutz- und Interessenkonflikt aus dem **Geltungsgrund** der Willenserklärung zu lösen. Weder die das Dogma des inneren Willens einseitig hervorhebende Willenstheorie (*Savigny* System III, 258) noch die den Vertrauenstatbestand der Erklärung überbetonende Erklärungstheorie (*Bähr* JherJb 14, 401) können überzeugen. Auszugehen ist von der Geltungstheorie, die den Grund für das Eintreten der gewollten Rechtsfolge im Zusammenwirken von Wille und Erklärung sieht (*Larenz/Wolf* AT § 24 Rz 29). Präzisierend sind drei Funktionen zu bestimmen. Das Recht der Willenserklärung baut auf der Selbstbestimmung des Rechtsträgers auf und schützt in den §§ 119, 157 das Vertrauen des Erklärungsempfängers sowie die Verkehrssicherheit (BGHZ 91, 324, 330; Staud/*Singer* Vorbem zu §§ 116–144 Rz 20 f). 17

Eingeteilt werden die Willenserklärungen nach ihren von der **Empfangsbedürftigkeit**, vgl §§ 130–132, bestimmten Wirksamkeitsvoraussetzungen. Nicht empfangsbedürftige Willenserklärungen, wie die Auslobung, § 657, die Eigentumsaufgabe nach § 959 und das Testament, § 2247, müssen abgegeben werden (zur Abgabe § 130 Rn 6 f), empfangsbedürftige Willenserklärungen darüber hinaus zugehen (zum Zugang § 130 Rn 8 ff). Amtsempfangsbedürftige Willenserklärungen sind gem § 130 III ggü einer Behörde abzugeben (§ 130 Rn 22). In einer anderen Einteilung wird bei der Willenserklärung **ad incertam personam** auf den unbestimmten Empfängerkreis abgestellt (BGH NJW 02, 364, Internetauktion; 07, 2912 Tz 9, Flaschenpfand). 18

II. Tatbestand. 1. Erklärung. a) Ausdrücklich. Bei einer ausdrücklichen Erklärung wird der Wille unmittelbar sprachlich in Wort oder Schrift zum Ausdruck gebracht (Erman/*Palm* Vor § 116 Rz 6). Gesetzlich wird eine ausdrückliche Erklärung etwa in den §§ 244 I, 700 II, 1059a I Nr 1 sowie HGB § 48 I und ZPO § 1031 IV verlangt. Davon zu unterscheiden ist die Auslegungsbedürftigkeit, denn auch eine ausdrückliche Erklärung kann mehrdeutig sein. Die Erklärung muss nach Treu und Glauben und der Verkehrssitte als eine mit Bindungswillen abgegebene Äußerung aufgefasst werden dürfen (BGHZ 88, 373, 382; 97, 372, 377). 19

20 **b) Konkludente Erklärung.** Regelmäßig ist weder eine ausdrückliche noch formgebundene Erklärung vorgeschrieben, weshalb dann eine konkludente Willenserklärung erfolgen kann. Dafür genügt jedes konkludente (schlüssige) Verhalten, das auf einen Rechtsfolgewillen schließen lässt (*Bork* AT Rz 571). Bsp: Der Münzeinwurf in einen Warenautomaten; das wortlose Ergreifen einer Zeitung und das Hinlegen des Geldes. Grds ist die Bedeutung des Verhaltens anhand der allg Auslegungsregeln zu bestimmen; zur konkludenten Auflassung (Rostock NJW-RR 06, 1162), zum konkludenten Auskunfts- und Beratungsvertrag (BGHZ 100, 117, 118 f). Strengere Maßstäbe gelten va für die Betätigung des Annahmewillens iSd § 151, für den es darauf ankommt, ob das Verhalten des Angebotsadressaten aufgrund aller äußeren Indizien auf einen wirklichen Annahmewillen (§ 133) schließen lässt (BGHZ 111, 97, 101; § 151 Rn 7 f), für den konkludenten Abschluss eines Maklervertrags (BGH NJW 05, 3780; § 652 Rn 17 ff) bzw einen konkludenten Forderungsverzicht (BGH NJW 94, 380); zum Widerruf einer Vollmacht (BGH NJW 95, 953). Der Ausdruck stillschweigende Willenserklärung (BGHZ 100, 117, 118 f; Palandt/*Ellenberger* Einf v § 116 Rz 6) sollte nicht verwendet werden, weil er teils missverständlich andeutet, die fehlende Verbalisierung sei ausschlaggebend, teils verfehlt ist, weil Schweigen grds keine Erklärungsbedeutung besitzt.

21 **c) Schweigen.** Generell besitzt Schweigen keine Erklärungsbedeutung (BGH NJW 02, 3630; *Flume* AT II, 64). Es liegt keine Willenserklärung vor beim Schweigen auf das Angebot einer Versicherung, einen Aufhebungsvertrag zu schließen (BGH NJW-RR 99, 819), auf eine Provisionsabrechnung gem § 87c HGB (BGH NJW-RR 07, 248), auf eine abstrakte Untermieterlaubnisanfrage (Kobl NJW 01, 1948; s.a. Köln NZM 01, 39). Ausnahmsweise kann Schweigen einen **Erklärungswert** besitzen. Zuweilen wird es gesetzlich als Zustimmung normiert, so in den §§ 416 I 2, 455 2, 516 II 2, 1943, s.a. 545 und HGB § 362. Als Ablehnung ist es in den §§ 108 II 2, 177 II 2, 415 II 2, 451 I 2 ausgestaltet.

22 Von den Parteien kann eine rechtsgeschäftliche Bedeutung des Schweigens vereinbart werden. Ein Erklärungssinn kann sich zudem aus einer Übung der Parteien oder nach Treu und Glauben unter Berücksichtigung der Verkehrssitte ergeben (BGH NJW 90, 1661 f). Einen Sonderfall bildet das kaufmännische Bestätigungsschreiben, wonach bei Schweigen des Empfängers der Vertragsinhalt unter bestimmten Voraussetzungen durch das Bestätigungsschreiben fixiert wird (§ 148 Rn 5). Vereinzelt misst die Rspr dem Schweigen die Bedeutung einer schlüssigen Willenserklärung zu, wenn eine unmissverständliche Konkludenz vorliegt, so beim Schweigen in einer nach der Substraktionsmethode durchgeführten Abstimmung (BGH NJW 02, 3630). Für Erklärungsfiktionen in AGB gilt § 308 Nr 5. IÜ kann Schweigen eine Verletzung va vorvertraglicher Pflichten darstellen, vgl § 663, und einen Schadensersatzanspruch gem § 280 I begründen (*Schiemann* Eckpfeiler des Zivilrechts, 51).

23 **d) Elektronische Erklärungen.** Elektronisch übermittelte (BGH NJW 02, 364), computergestützte und automatisierte Willenserklärungen sind echte Willenserklärungen (Staud/*Singer* Vorbem zu §§ 116–144 Rz 57).

24 **e) Betriebliche Übung.** Ein gleichförmiges und wiederholtes Verhalten des ArbG kann Ansprüche der ArbN auf eine Leistung begründen, wenn die ArbN aus dem Verhalten des ArbG schließen können, ihnen werde die Leistung auch künftig gewährt (BAG NZA 97, 664, 665, stRspr). Bei Gratifikationen ist dies grds nach dreimaliger Zahlung anzunehmen (BAG NZA 97, 1008; 98, 424). Gibt der ArbG über einen Zeitraum von drei Jahren zu erkennen, die betriebliche Übung ändern zu wollen, können Ansprüche aufgehoben werden (BAG NZA 97, 1008; 99, 1163). Rechtlich ist dies nicht aus einer Vertragskonstruktion (so die stRspr, zB BAG NZA 03, 338), sondern aus einer Vertrauenshaftung zu begründen (vgl Schaub/*Koch* § 111 Rz 7).

25 **2. Wille.** Die inneren oder subjektiven Elemente der Willenserklärung werden üblicherweise in Handlungswille, Erklärungsbewusstsein und Geschäftswille eingeteilt.

26 Als Form menschlichen Verhaltens verlangt die Willenserklärung eine Handlung, die eine bewusste Steuerung voraussetzt (dazu BGHZ 98, 135, 137). Eine ohne **Handlungswillen** abgegebene Erklärung, zB Sprechen im Schlaf, überwältigender physischer Zwang, wie beim gewaltsamen Führen der Hand, nicht aber die Drohung: dann § 123 I Alt 2, stellt keine Willenserklärung dar (MüKo/*Kramer* Vor § 116 Rz 8).

27 Weiteres Willenselement ist das **Erklärungsbewusstsein**, dh das Bewusstsein des Erklärenden, am rechtsgeschäftlichen Verkehr teilzunehmen und irgendeine rechtserhebliche Erklärung abzugeben. Wer einen Wechsel ungelesen in der Vorstellung unterschreibt, es handele sich um eine Abrechnungsquittung, handelt mit Erklärungsbewusstsein (BGH NJW 68, 2103). Beim unwissentlich fehlenden Erklärungsbewusstsein – § 118 betrifft das willentliche Fehlen – war lange Zeit umstr, ob das Erklärungsbewusstsein notwendiger Bestandteil der Willenserklärung ist (Übersicht bei Soergel/*Hefermehl* Vor § 116 Rz 12). Die neuere höchstrichterliche Rspr und ihr folgend die überwiegende Lehre rechnet eine Äußerung dem Erklärenden zu, wenn er bei Anwendung der im Verkehr erforderlichen Sorgfalt hätte erkennen und vermeiden können, dass seine Äußerung nach Treu und Glauben sowie der Verkehrssitte als Willenserklärung aufgefasst wird und sie der Empfänger auch tatsächlich als Willenserklärung aufgefasst hat (BGHZ 91, 324, 330; 109, 171, 177; *H.-J. Ahrens* JZ 84, 986; *Medicus* AT Rz 607 ff; *Bork* AT Rz 596; krit *Canaris* NJW 84, 2281, der auf den ungelösten Gegensatz zu § 118 verweist). Das Erklärungsbewusstsein bildet deswegen kein notwendiges Tatbestandsmerkmal der Willenserklärung. Dem Erklärenden bleibt analog der §§ 119, 121, 122 das Recht, seine Erklärung anzufechten. Bei einem automatisch installierten Dialer fehlt ein Rechtsbindungswille. Die Rspr wendet diese

Grundsätze inzwischen auch auf konkludentes Verhalten ohne Erklärungsbewusstsein an (BGH NJW 02, 3630; s.a. § 133 Rn 10).
Der Geschäfts- oder Rechtsfolgewille ist auf die Herbeiführung eines bestimmten rechtlichen Erfolgs gerichtet und existiert auch bei Einsatz elektronischer Agenten (Hoeren/Sieber/*Kitz* Handbuch Multimedia-Recht 13.1 Rz 24). Er ist nicht notwendiger Bestandteil der Willenserklärung. Sein Fehlen begründet aber ein Anfechtungsrecht, § 119 I. 28

§ 116 Geheimer Vorbehalt. ¹Eine Willenserklärung ist nicht deshalb nichtig, weil sich der Erklärende insgeheim vorbehält, das Erklärte nicht zu wollen. ²Die Erklärung ist nichtig, wenn sie einem anderen gegenüber abzugeben ist und dieser den Vorbehalt kennt.

A. Normzweck. Äußert der Erklärende einen Geschäftswillen, behält er sich aber insgeheim vor, die Rechtsfolge nicht zu wollen, bindet § 116 1 den Erklärenden an seine Äußerung. Im Interesse des Verkehrsschutzes muss der geheim gehaltene Wille des Erklärenden bedeutungslos bleiben. Auf das Motiv kommt es nicht an. Kennt der Empfänger den Vorbehalt, gilt er als nicht schutzbedürftig und die Willenserklärung ist gem 2 nichtig. 1

B. Voraussetzungen. Die Regelung des 1 gilt für alle **Willenserklärungen**, unabhängig davon, ob es sich um ausdrückliche, konkludente, empfangsbedürftige oder nicht empfangsbedürftige Erklärungen handelt. Auf rechtsgeschäftsähnliche Erklärungen ist die Bestimmung entspr anwendbar. Auch im öffentlichen Recht ist sie heranzuziehen (Erman/*Palm* § 116 Rz 3). 2

Ein **geheimer Vorbehalt** (Mentalreservation) liegt vor, wenn der Vorbehalt dem Erklärungsempfänger bzw demjenigen verheimlicht wird, für den die Erklärung bestimmt ist. Der Vorbehalt darf keinen ausreichenden Ausdruck gefunden haben. Bei empfangsbedürftigen Willenserklärungen kann der Vorbehalt auf eine andere Person zielen als den Empfänger. Bei einem Gebot unter der Hälfte des Grundstückswerts im ersten Zwangsversteigerungstermin ist der geheime Vorbehalt des fehlenden Erwerbswillens unschädlich, da ein solches Gebot nach § 85a I ZVG nicht zum Grundstückserwerb führen kann (BGH NJW 07, 3279 Tz 10, denkbar ist ein Rechtsmissbrauch; s.a. BGH NJW 06, 1355 Tz 14; *Hasselblatt* NJW 06, 1320). Für die Stellvertretung ist zu unterscheiden: Schließt der Vertreter das Geschäft im eigenen Namen, ist sein Vorbehalt, für den Vertretenen handeln zu wollen, bereits nach § 164 II wirkungslos. Behält sich der Vertreter insgeheim vor, im eigenen Namen zu handeln, ist sein Vorbehalt nach § 116 1 unwirksam. Die kollusive Abrede eines Scheingeschäfts zwischen Vertreter und Geschäftsgegner, die dem Vertretenen ggü geheim bleiben soll, ist analog § 116 1 unwirksam. 3

Hat der Empfänger den Vorbehalt durchschaut, fehlt seine Schutzbedürftigkeit. Die Willenserklärung ist nach § 116 2 nichtig. Der Empfänger muss den Vorbehalt kennen, bedingter Vorsatz genügt. Kennenmüssen, § 122 II, ist nicht ausreichend. Bei einer Vollmachtserteilung ist die Kenntnis des Geschäftsgegners und nicht des Bevollmächtigten maßgebend (BGH NJW 66, 1916). Bei einer amtsempfangsbedürftigen Erklärung ist die Kenntnis des Beamten unerheblich (BayObLG DtZ 92, 285). Ihrem Wortlaut nach gilt die Vorschrift nur für amts- bzw allg empfangsbedürftige Willenserklärungen. Auf nicht empfangsbedürftige Willenserklärungen kann § 116 2 analog anwendbar sein. Dies ist anerkannt für die Auslobung (aA MüKo/*Kramer* § 116 Rz 12), str für letztwillige Verfügungen (einerseits Jauernig/*Jauernig* § 116 Rz 4; andererseits Erman/*Palm* § 116 Rz 3; Frankf OLGR 93, 467). Für die Eheschließung gelten die §§ 1311, 1314. Auf Prozesshandlungen ist die Vorschrift unanwendbar. 4

C. Rechtsfolgen. Unter den Voraussetzungen von 1 ist der Vorbehalt unbeachtlich. Die Erklärung ist wirksam, wie sie nach den allg Auslegungsregeln zu verstehen ist. Im Fall von 2 ist die Willenserklärung nichtig. 5

D. Abgrenzung. § 116 2 behandelt den Fall, dass der Erklärungsempfänger den geheimen Vorbehalt erkennt, der Erklärende dies jedoch nicht weiß, während nach § 117 I über den Vorbehalt Konsens besteht. Erwartet der Erklärende, dass der Empfänger den mangelnden Ernst erkennt, greifen die §§ 118, 122 ein. Soll trotz mangelnder Ernstlichkeit die Erklärung ernst genommen werden (böser Scherz), ist § 116 anzuwenden. Gibt der Erklärende eine bewusst mehrdeutige Erklärung ab, um eine der Bedeutungen nicht gegen sich gelten zu lassen, liegt ein Dissens vor. Ein offener Vorbehalt, zB bei der protestatio facto contraria, unterliegt nicht § 116. Behält sich ein widerrechtlich Bedrohter, wie vom Drohenden erkannt, insgeheim die Nichtgeltung des Erklärten vor, ist die Erklärung gem § 116 nichtig (aA Staud/*Singer* § 116 Rz 12). 6

E. Beweislast. Wer sich auf die Nichtigkeit einer unter Mentalreservation abgegebenen Willenserklärung beruft, muss den geheimen Vorbehalt und dessen Kenntnis beweisen. 7

§ 117 Scheingeschäft. (1) Wird eine Willenserklärung, die einem anderen gegenüber abzugeben ist, mit dessen Einverständnis nur zum Schein abgegeben, so ist sie nichtig.
(2) Wird durch ein Scheingeschäft ein anderes Rechtsgeschäft verdeckt, so finden die für das verdeckte Rechtsgeschäft geltenden Vorschriften Anwendung.

§ 117

1 **A. Scheingeschäft, § 117 I. I. Bedeutung.** Beim Scheingeschäft wollen die Parteien einvernehmlich den äußeren Schein eines Rechtsgeschäfts hervorrufen, doch sollen die damit verbundenen Rechtswirkungen nicht eintreten (BGHZ 36, 87 f; 144, 331, 333; BGH NJW-RR 06, 1556; s.a. 07, 1210, Jagdpacht). Indem die übereinstimmend nicht gewollte Willenserklärung für nichtig erklärt wird, konkretisiert § 117 I die negative Seite der Privatautonomie (BGH NJW 00, 3127).

2 **II. Voraussetzungen. 1. Empfangsbedürftige Willenserklärung.** Die Vorschrift ist nach ihrem eindeutigen Wortlaut allein auf empfangsbedürftige Willenserklärungen anwendbar. Bei streng einseitigen Willenserklärungen fehlt ein Adressat, der mit dem Scheincharakter einverstanden sein könnte. § 117 gilt daher nicht für das Testament (BayObLG FamRZ 77, 348; Frankf OLGR 93, 467). Auf amtsempfangsbedürftige Erklärungen, zB die Annahme oder Ausschlagung einer Erbschaft, ist die Vorschrift nicht anwendbar, weil die Behörde kein Einverständnis erklären kann. Für Prozesshandlungen gilt § 117 nicht. Eine einvernehmlich nur zum Schein erhobene Klage ist mangels Rechtsschutzbedürfnisses unzulässig.

3 **2. Vorgetäuschter Geschäftswille.** Da die Parteien nur den Schein eines Rechtsgeschäfts hervorrufen wollen, fehlt ihnen beim simulierten Geschäft der Geschäftswille (BGH NJW 80, 1573; LAG Hamm NZA-RR 07, 65, Berufsausbildungsvertrag), der für das verdeckte Geschäft regelmäßig vorliegt. Maßgebend ist, ob den Parteien zur Erreichung des mit dem Rechtsgeschäft angestrebten Erfolgs eine Simulation genügt oder ob die Parteien ein ernst gemeintes Rechtsgeschäft für notwendig halten – subjektiver Simulationsbegriff. Eine Täuschungsabsicht ist nicht erforderlich, doch werden die Parteien häufig einen Dritten (Finanzbehörde) täuschen wollen.

4 Ein bei Abschluss gewollter Vertrag wird nicht zum Scheingeschäft, weil der Erfolg in der Rechtsform nicht zu erreichen ist (BGH NJW-RR 06, 1556). Eine zur Rangsicherung ernstlich gewollte, aber für eine Scheinforderung bestellte Hypothek entsteht wirksam als Eigentümergrundschuld (BGHZ 36, 88). Agenturgeschäfte im Gebrauchtwagenhandel sind keine Scheingeschäfte (BGH NJW 81, 388; zu §§ 474 ff jetzt NJW 05, 1039; 07, 759 Tz 15 f; zum Umgehungsgeschäft § 134 Rn 33). Zum Gebot unter der Hälfte des Grundstückswerts in der Zwangsversteigerung § 116 Rn 3. Entscheiden sich die Parteien aus steuerlichen Gründen für eine Rechtsgestaltung, existieret idR der erforderliche Rechtsbindungswille, denn eine vertragliche Vereinbarung kann nicht gleichzeitig als steuerrechtlich gewollt und zivilrechtlich nicht gewollt angesehen werden (BGH NJW 93, 2610; NJW-RR 06, 283). Enthält ein Grundstückskaufvertrag zur Erlangung steuerlicher Vorteile eine in Wahrheit nicht gewollte Regelung über die Sanierung des Objekts, ist der Vertrag wirksam (BGH NJW-RR 02, 1527).

5 Unrichtige Angaben einzelner Tatsachen und bloße Falschbezeichnungen, wie Vor- oder Rückdatierungen, lassen die Gültigkeit des Rechtsgeschäfts unberührt, soweit das Geschäft wirklich gewollt ist. Über den rechtlichen Status eines ArbN entscheidet nicht die Bezeichnung, sondern die tatsächliche Durchführung des Vertrags (BAG NZA 03, 855 f).

6 **3. Einverständnis.** Zwischen den Parteien muss Einvernehmen über die Simulation herrschen. Es wird kein rechtsgeschäftlicher Wille verlangt, sondern nur das gemeinsame Bewusstsein, dass den Erklärungen kein Wille entspr soll (BGH NJW 99, 2882). Diese Vorstellung muss bei den am Rechtsgeschäft Beteiligten bestehen. Bei mehreren Erklärungsgegnern ist das Einverständnis aller erforderlich (Celle NJW 65, 399). Beim Vertretergeschäft ist ein Einverständnis mit dem Vertreter erforderlich, § 166 I (BGHZ 1, 184). Im Fall einer Gesamtvertretung genügt das Einverständnis eines Vertreters (BGH NJW 99, 2882). Bei einem beurkundeten Rechtsgeschäft muss das Einvernehmen zwischen den an der Beurkundung beteiligten Personen bestehen. Eine vorherige Absprache mit einem an der Beurkundung nicht beteiligten Vertreter genügt nicht, eine Wissensvertretung analog § 166 I scheidet aus. Das Rechtsgeschäft kann dann nach den Grundsätzen der falsa demonstratio wirksam sein (BGH NJW 00, 3128).

7 **III. Abgrenzungen. 1. Treuhandgeschäft.** Von einer Treuhand wird gesprochen, wenn der Treugeber dem Treunehmer ggü den Begrenzungen im Innenverhältnis eine überschießende Rechtsmacht einräumt (§ 164 Rn 5 ff). Ein wirksames fiduziarisches Rechtsgeschäft liegt vor, wenn die Beteiligten ein gültiges Rechtsgeschäft benötigen, auch wenn dieses nicht in allen Konsequenzen gewollt ist. § 117 I greift ein, wenn die Parteien ihre Zwecke bereits durch den bloßen Schein eines wirksamen Rechtsgeschäfts erreichen wollen.

8 **2. Strohmanngeschäft.** Um einen Sonderfall fiduziarischer Geschäfte handelt es sich beim Strohmanngeschäft (§ 164 Rn 13). Der Strohmann wird eingeschaltet, weil sonst der erstrebte wirtschaftliche Zweck nicht oder nicht in rechtsbeständiger Weise erreicht wird, insb nicht in der Person des Hintermanns eintreten kann. Nach dem Willen der Beteiligten soll das Geschäft den Strohmann binden (BGHZ 21, 382; NJW 82, 569 f; 95, 727; 02, 2031, Verbrauchereigenschaft; NJW-RR 07, 1210, zur Jagdpacht; Naumbg MDR 05, 741, Gaststättenpacht; s.a. Karlsr NJW 71, 619). Ein wirksames Rechtsgeschäft liegt auch vor, wenn dieser *Umstand dem Vertragspartner bekannt ist*. Will der Strohmann auch im Außenverhältnis die Pflichten nicht übernehmen, soll sich der Dritte also ausschl und unmittelbar an den Hintermann halten, liegt regelmäßig ein Scheingeschäft vor (BGH NJW 82, 570).

3. Umgehungsgeschäft. Bei einem Umgehungsgeschäft wollen die Beteiligten durch die Verwendung rechtlicher Gestaltungsmöglichkeiten einen Erfolg herbeiführen, der mit dem an sich zur Regelung des Tatbestands gebotenen Rechtsgeschäft nicht oder nicht in der gleichen Weise herbeigeführt werden könnte (Soergel/*Hefermehl* § 117 Rz 12). Da die Parteien den gesetzlich missbilligten Erfolg ernsthaft wollen, ist das Geschäft nicht nach § 117 I unwirksam. Ggf ergibt sich die Nichtigkeit aus § 134 (Rn 29 ff).

4. Sonstiges. Zum Verhältnis zu § 116 Rn 6; zu § 118 Rn 1. Spezielle Regelungen können die Anwendung von § 117 I ausschließen. Die Scheinehe ist gültig, aber aufhebbar, § 1314 II Nr 5. Die Anerkennung der Vaterschaft ist wirksam, § 1598 I, ebenso die Adoption.

IV. Rechtsfolge. Das Scheingeschäft ist ohne Weiteres ggü jedermann nichtig. Schließen Eheleute einen Arbeitsvertrag, bei dem ein Arbeitsentgelt ohne Arbeitsleistung anstelle des geschuldeten Unterhalts gezahlt wird, soll ein nichtiges Scheingeschäft vorliegen (BGH NJW 84, 2350). Diese Folge gilt auch ggü einem gutgläubigen Dritten, den die Parteien regelmäßig mit dem Scheingeschäft täuschen wollen.
Der **Schutz Dritter** ist nach den allg Vertrauensschutzregelungen zu gewährleisten (BaRoth/*Wendtland* § 117 Rz 17). Liegt die Nichtigkeit in seinem Interesse, wie bei einer beabsichtigten Gläubigerbeeinträchtigung, benötigt er keinen Schutz. Hat der Dritte gutgläubig auf die Wirksamkeit des Geschäfts vertraut, wird er im Fall des dinglichen Erwerbs etwa durch die §§ 892, 893, 932 ff, 1032, 1207 geschützt. Beim Erwerb einer Scheinforderung oder eines anderen Rechts unter Vorlage einer vom Schuldner ausgestellten Urkunde gelten die §§ 405 Alt 1, 413, s.a. 409. Wird mit dem Scheingeschäft ggü dem Dritten eine unerlaubte Handlung nach den §§ 823, 826 begangen, ist dieser schadensersatzberechtigt. Ggf kann der Dritte auch die Arglisteinrede erheben.
Ausnahme: Wird ein Gesellschaftsvertrag zum Schein geschlossen, ist § 117 bei einer in Vollzug gesetzten Gesellschaft im Außenverhältnis unanwendbar. Im Innenverhältnis gelten nicht die Grundsätze über die fehlerhafte Gesellschaft (BGH NJW 53, 1220).

B. Verdecktes Geschäft § 117 II. I. Anwendungsbereich. § 117 II regelt die Fälle, in denen die Parteien mit dem Scheingeschäft ein anderes, ernstlich gewolltes Geschäft (dissimuliertes Geschäft) verdecken wollen. Dann müssen die Wirksamkeitserfordernisse dieses Rechtsgeschäfts erfüllt sein. Hauptanwendungsfall ist die zur Kostenersparnis erfolgende Unterverbriefung beim Grundstückskauf (**Schwarzkauf**). Die zum Schein beurkundete Vereinbarung zum niedrigen Preis ist gem § 117 I nichtig. Der gewollte Vertrag über den höheren Grundstückspreis ist nicht beurkundet und deswegen nach den §§ 311b I 1, 125 I nichtig. Mit Auflassung und Eintragung des Erwerbers in das Grundbuch kann der Formmangel nach § 311b I 2 geheilt werden (BGHZ 89, 43 f).

II. Voraussetzungen. Übereinstimmend mit dem Parteiwillen behandelt § 117 II das dissimulierte Geschäft als gültig. Dazu müssen die Parteien einvernehmlich ein anderes Rechtsgeschäft gewollt haben. Außerdem müssen sämtliche Wirksamkeitsvoraussetzungen des Geschäfts, wie Formen und Genehmigungserfordernisse, erfüllt sein (BGH NJW 83, 1844). Das verdeckte Geschäft ist nicht bereits deshalb verwerflich, weil es verdeckt ist. Das Geschäft kann jedoch gegen die §§ 134, 138 verstoßen oder nach den Grundsätzen über ein Umgehungsgeschäft nichtig sein (LG Frankfurt/M NJW-RR 92, 715).

III. Rechtsfolge. Liegen die jeweiligen Wirksamkeitsvoraussetzungen vor, ist das verdeckte Geschäft unabhängig vom Scheingeschäft wirksam.

C. Beweislast. Die Beweislast für den Scheincharakter des Geschäfts gem § 117 I trägt, wer sich auf die Nichtigkeit beruft (BGH NJW 88, 2599; BAG NJW 03, 2930). Wer aus dem verdeckten Geschäft Rechtsfolgen ableiten will, muss dieses beweisen (vgl BGH NJW 91, 1617).

§ 118 Mangel der Ernstlichkeit.
Eine nicht ernstlich gemeinte Willenserklärung, die in der Erwartung abgegeben wird, der Mangel der Ernstlichkeit werde nicht verkannt werden, ist nichtig.

A. Anwendungsbereich. Systematisch betrifft die nicht ernstlich gemeinte Willenserklärung den Bereich zwischen geheimem Vorbehalt und Scheingeschäft. Weder erwartet der Erklärende wie bei § 116, dass die Erklärung vom Empfänger ernst genommen wird, noch besteht ein Konsens über den Vorbehalt, so gem § 117. Neben Scherzen und Lehrbeispielen wird auch das misslungene Scheingeschäft von § 118 erfasst (BGH NJW 00, 3128; krit München NJW-RR 93, 1168). Der Erklärende erwartet, dass der Empfänger den Vorbehalt erkennen und nur zum Schein mit ihm zusammenwirken wird, während der Empfänger die Erklärung ernst nimmt.

B. Voraussetzungen. I. Willenserklärung. Es muss der objektive Tatbestand einer Willenserklärung vorliegen, dh eines Verhaltens, von dem aus der Empfänger berechtigterweise auf einen Rechtsfolgewillen schließen darf. Der objektive Erklärungstatbestand fehlt, wenn zu Ausbildungszwecken ein Beispiel gegeben wird (*Larenz/Wolf* AT § 35 Rz 15). § 118 gilt für empfangsbedürftige wie nicht empfangsbedürftige Willenserklärungen (Testament: RGZ 104, 322).

3 II. Fehlende Ernstlichkeit. Subjektiv verlangt die Vorschrift Doppeltes. Die Erklärung darf nicht ernstlich gemeint sein. Außerdem muss der Erklärende erwartet haben, dass die mangelnde Ernstlichkeit erkannt wird. Dem Erklärenden fehlt damit willentlich das Erklärungsbewusstsein (Staud/*Singer* § 117 Rz 5). Die mangelnde Ernstlichkeit muss vom Empfänger weder erkannt noch für ihn objektiv erkennbar gewesen sein (*Bork* AT Rz 812). Es muss zwar nicht unbedingt eine scherzhafte Erklärung erfolgt sein, doch betrifft die unter Druck oder aufgrund einer Provokation abgegebene Willenserklärung („Schmerzerklärung") nicht § 118, sondern § 123 (*Medicus* AT Rz 596; *Weiler* NJW 95, 2608; aA *Tscherwinka* NJW 95, 308).

4 C. Rechtsfolge. Als Rechtsfolge ordnet § 118 – auch bei einem formbedürftigen Rechtsgeschäft (BGH NJW 00, 3128; *Thiessen* NJW 01, 3026; Palandt/*Ellenberger* Rz 1) – die Nichtigkeit der Willenserklärung an. Demjenigen, der auf die Erklärung vertraut, hat der Erklärende gem § 122 verschuldensunabhängig den Vertrauensschaden bis zur Grenze des Erfüllungsschadens zu ersetzen, es sei denn, der Empfänger hat die fehlende Ernstlichkeit fahrlässig verkannt. Bemerkt der Erklärende, dass der Empfänger den Mangel der Ernstlichkeit nicht erkannt hat, ist er zur Aufklärung verpflichtet. Sonst kann ggf die Berufung auf § 118 ausgeschlossen sein.

5 D. Beweislast. Wer sich auf die Nichtigkeit beruft, muss beide subjektiven Elemente beweisen, die mangelnde Ernstlichkeit sowie die Erwartung des Erklärenden, die fehlende Ernstlichkeit werde erkannt.

§ 119 Anfechtbarkeit wegen Irrtums.

(1) Wer bei der Abgabe einer Willenserklärung über deren Inhalt im Irrtum war oder eine Erklärung dieses Inhalts überhaupt nicht abgeben wollte, kann die Erklärung anfechten, wenn anzunehmen ist, dass er sie bei Kenntnis der Sachlage und bei verständiger Würdigung des Falles nicht abgegeben haben würde.
(2) Als Irrtum über den Inhalt der Erklärung gilt auch der Irrtum über solche Eigenschaften der Person oder der Sache, die im Verkehr als wesentlich angesehen werden.

1 A. Bedeutung. I. Anfechtbarkeit. Weicht bei einer Willenserklärung der Wille unbewusst von der Erklärung ab, muss der Erklärende als Ausdruck seiner Selbstverantwortung im Interesse des Verkehrsschutzes die Erklärung so gegen sich gelten lassen, wie sie der Empfänger gem §§ 133, 157 verstehen durfte. Da eine privatautonome Gestaltung von Rechtsverhältnissen voraussetzt, dass die erklärten Rechtsfolgen mit dem wirklichen Willen übereinstimmen, soll der Erklärende nicht in jedem Fall an seiner irrtümlichen Erklärung festgehalten werden. Die irrtumsbehaftete Willenserklärung ist wirksam, aber anfechtbar, dh der Erklärende kann sie rückwirkend vernichten.

2 II. Anfechtungsgründe. In einem mehrphasigen Modell mit vier gesetzlich geregelten Kategorien entlang den Stadien einer wirksamen Willenserklärung ermöglichen die §§ 119, 120 eine Anfechtbarkeit der Erklärung wegen Irrtums. Der bei der Willensbildung eingetretene Motivirrtum ist als Folge der Selbstverantwortung grds unerheblich, argumentum e contrario zu den geregelten Fällen (*Medicus* AT Rz 744). Ausnahmsweise ist er als Eigenschaftsirrtum nach § 119 II beachtlich (Rn 34); außerdem §§ 1949 I, 2078 f, 2281. Sodann können beim Inhaltsirrtum der Wille sowie die Vorstellung über das Erklärte und dessen rechtlich maßgebende Bedeutung auseinander fallen, § 119 I Alt 1 (Rn 24 ff). Beim Erklärungsirrtum liegt eine fehlerhafte Erklärungshandlung vor, § 119 I Alt 2 (Rn 23). Wird schließlich bei der Beförderung das Erklärte ggü dem Gewollten verändert, berechtigt für diesen Übermittlungsirrtum § 120 zur Anfechtung. Zwei andere Fälle sind mit der Anfechtung wegen arglistiger Täuschung oder widerrechtlicher Drohung in § 123 I geregelt. Systematisch abw wird damit die Freiheit der Willensentschließung geschützt.

3 III. Abdingbarkeit. Durch Individualvereinbarung kann die Irrtumsanfechtung abbedungen werden (MüKo/*Kramer* § 119 Rz 141). Einschränkungen durch AGB verstoßen gegen § 307 II Nr 1 (BGH NJW 83, 1671). Erweiterungen durch Mistradeklauseln sind individualvertraglich zulässig (BGH NJW-RR 02, 1344), in AGB unzulässig, wenn sie § 121 ausschließen (Schlesw ZIP 04, 1846; *Fleckner/Vollmuth* WM 04, 1268 ff).

4 B. Anwendungsbereich. I. Privatrecht. 1. BGB. §§ 119, 120 gelten für alle Willenserklärungen, sofern keine Sonderregelungen eingreifen. Für die anfängliche, aber erst nach Vertragsschluss erkennbare, und die nachträgliche Zahlungsunfähigkeit enthält § 321 eine Sonderregelung. IÜ ist eine Anfechtung nicht ausgeschlossen (Soergel/*Hefermehl* § 119 Rz 42; MüKo/*Kramer* § 119 Rz 129; aA *Flume* AT, 487).

5 Sind die Voraussetzungen der **kaufrechtlichen Sachmängelgewährleistung** erfüllt, kommt nur eine Anfechtung nach §§ 119 I, 123 in Betracht. Eine Anfechtung wegen Eigenschaftsirrtums ist sowohl für den Käufer, der auf die Rechte aus den §§ 437 ff beschränkt ist, als auch für den Verkäufer ausgeschlossen, der sich nicht seiner weitergehenden Haftung entziehen darf (BGH NJW 88, 2598). Das Anfechtungsrecht bleibt ausgeschlossen, auch wenn die Gewährleistungsrechte verjährt (RGZ 135, 341) oder wirksam abbedungen (BGHZ 63, 376 f) bzw vom Haftungsausschluss gem § 56 3 ZVG erfasst sind (BGH WM 1107, 2330 Tz 9). Vor Gefahrübergang lässt die Rechtsprechung eine Anfechtung des Käufers nach II auch dann zu, wenn er ausnahmsweise bereits die Gewährleistungsregeln geltend machen darf (BGHZ 34, 37). Dem ist zu widersprechen, da sonst das Nacherfüllungsrecht des Verkäufers und § 442 I 2 umgangen werden können (BaRoth/

Wendtland § 119 Rz 8; s.a. *Flume* AT, 485). Stellt die Eigenschaft dagegen keinen Sachmangel dar, wie eine höherwertige als die vereinbarte Beschaffenheit, bleibt das Anfechtungsrecht unberührt (BGH NJW 88, 2598). Dies gilt auch, wenn eine Eigenschaft (Baujahr eines Gebrauchtwagens) nicht zur Vertragsgrundlage gemacht wird (BGH NJW 79, 161).

Umstritten ist, ob die mietvertragliche Sachmängelgewährleistung eine Anfechtung des Mieters nach § 119 II ausschließt (bejahend MüKo/*Kramer* § 119 Rz 38; verneinend RGZ 157, 174; LG Essen NZM 06, 294; *Emmerich* NZM 98, 694 f). Die werkvertragliche Sachmängelgewährleistung verdrängt § 119 II (BGH NJW 67, 719). Für Vergleiche enthält § 779 eine vorrangige Regelung; zur Unterscheidung von Vergleichsgrundlage und -gegenstand BGH NJW 07, 838 Tz 11. **6**

Familien- und erbrechtliche Sonderregeln bestehen für die Eheschließung (§ 1314 II Nr 2), die Anerkennung der Vaterschaft (§ 1600c II), letztwillige Verfügungen (§§ 2078, 2080, 2281, 2283) sowie die Erbschaftsannahme (§ 1949). **7**

2. Arbeitsrecht. Auf den Abschluss eines Arbeitsvertrags gerichtete Willenserklärungen können grds angefochten werden (s.a. Rn 37). Auf die Anfechtungsfrist aus § 121 I 1 wendet das BAG § 626 II entspr an (BAG NZA 91, 722). In Vollzug gesetzte Arbeitsverhältnisse sind entgegen § 142 I grds nur ex nunc anfechtbar (BAG NJW 84, 446). Ist das Arbeitsverhältnis außer Funktion gesetzt oder wird aufgrund einer Erkrankung keine Arbeitsleistung erbracht, wirkt die Anfechtung auf den Zeitpunkt zurück, von dem an keine Arbeitsleistung mehr erbracht wird (BAG NZA 99, 587 f). **8**

3. Sonstiges. In Funktion gesetzte Gesellschaftsverträge können nicht rückwirkend angefochten werden (BGHZ 13, 323 f). Für den Versicherer enthalten die §§ 16 ff VVG aF entsprechend § 19 VVG Sonderregln (BGH NJW-RR 95, 726). Wertpapierrechtliche Erklärungen sind ggü einem gutgläubigen Dritten, der auf den Rechtsschein vertraut hat, nicht anfechtbar (BGH NJW 73, 283). **9**

II. Prozesshandlungen. Auf einseitige Prozesshandlungen der Parteien sind die Anfechtungstatbestände nicht anwendbar. Ein Irrtum über die Sach- und Rechtslage ist ohnehin ein unbeachtlicher Motivirrtum (Celle NJW 71, 145 f). Zudem ermöglicht eine Auslegung nach den wohlverstandenen Interessen des Handelnden (BGH NJW 94, 1538) eine Korrektur. Anfechtbar sind dagegen Prozessverträge und insb Prozessvergleiche (BGH NJW 99, 2804), aber auch Schiedsverträge (BGH BB 67, 97) und Mediationsvergleiche. Registeranmeldungen stellen unanfechtbare Verfahrenshandlungen dar (BayObLG DB 90, 169, Handelsregister). **10**

III. Öffentliches Recht. Auf öffentlich-rechtliche Verträge sind gem § 62 2 VwVfG die Irrtumsregeln entspr anzuwenden. Auch verwaltungsrechtliche Erklärungen des Bürgers sind danach anfechtbar (OVG Rheinland-Pfalz DVBl 84, 282; nicht aber eine Baulast VGH Mannheim NJW 85, 1723). Eine entspr Anwendung der §§ 119 ff auf Verwaltungsakte ist dagegen ausgeschlossen (Erman/*Palm* § 119 Rz 3). **11**

C. Abgrenzung. I. Auslegung. Ergibt die Auslegung, dass das Gewollte, also nicht das irrtümlich Erklärte, als Erklärungsinhalt gilt (BGHZ 71, 247), scheidet eine Anfechtung aus. Hat der Erklärungsempfänger den Irrtum erkannt, gilt das Gewollte (BGH NJW-RR 95, 859). **12**

II. Falsa demonstratio. Verstehen die Parteien die Erklärung abw von ihrer eindeutigen Wortbedeutung, gilt die Erklärung nach dem Grundsatz falsa demonstratio non nocet im übereinstimmend gemeinten Sinn (BGH NJW 94, 1528; § 133 Rn 21). Bei diesem Sonderfall der Auslegung ist eine Anfechtung ausgeschlossen. **13**

III. Dissens. Während sich beim Irrtum Wille und Erklärung nicht decken, stimmen beim versteckten Dissens zwei Willenserklärungen – auch nach ihrer Auslegung – nicht überein. Da eine Fehlvorstellung über die Erklärung des anderen Teils herrscht, ist eine Anfechtung ausgeschlossen. **14**

IV. Bewusste Unkenntnis. Gibt der Erklärende eine Erklärung mit dem Bewusstsein ab, ihre Bedeutung nicht zu kennen und ohne sich eine Vorstellung über ihren Inhalt zu machen, liegt keine zur Anfechtung berechtigende unbewusste Abweichung von Wille und Erklärung vor (BGH DB 67, 2115). **15**

1. Unterzeichnung ungelesener Urkunden. Wer eine Urkunde ungelesen und in Kenntnis ihrer Rechtserheblichkeit, aber ohne Bewusstsein ihres Inhalts unterschreibt, kann idR nicht anfechten (BGH NJW 68, 2103; 99, 2665; 02, 957). Grds gilt dies auch für der deutschen Sprache Unkundige (BGHZ 87, 114; Köln VersR 00, 244), Lese- und Schreibunkundige (LG Köln WM 86, 822) und denjenigen, der den Erklärungsinhalt nicht verstanden hat (Köln VersR 00, 244). Zu erwägen ist aber ein Anspruch aus §§ 280 I, 311 II Nr 1, 241 II. Besaß der Erklärende eine – wenn auch unzutreffende – Vorstellung über den Erklärungsinhalt, kommt eine Anfechtung in Betracht (BGH NJW 95, 191). Ein Irrtum gem § 119 I Alt 2 liegt vor, wenn Urkunden verwechselt werden. Ein Irrtum nach § 119 I Alt 1 liegt vor, falls eine unrichtige Vorstellung herrscht (MüKo/*Kramer* § 119 Rz 54), weil etwa eine im notariellen Vertrag eingefügte Klausel beim Verlesen überhört (BGHZ 71, 263) oder eine vom Gegner angefertigte Urkunde in der irrigen Annahme unterzeichnet wird, sie stimme mit den Vertragsverhandlungen überein, obwohl sie abw Erklärungen beinhaltet. Enthält eine arbeitsrechtliche Ausgleichsquittung die Erklärung, weitere Rechtsansprüche bestehen nicht mehr, und versteht der ArbN dies nur als Quittung für den **16**

restlichen Arbeitslohn und den Empfang der Papiere, kann er seine Erklärung wegen des Verzichts auf die Erhebung einer Kündigungsschutzklage anfechten (BAG NJW 71, 640).

17 **2. AGB.** Für die Unterzeichnung ungelesener AGB gelten im Wesentlichen die gleichen Grundsätze. Eine Anfechtung kommt nur bei einer falschen Vorstellung in Betracht (BGH NJW 95, 190). Für überraschende Klauseln gilt § 305c.

18 **3. Blankounterschrift.** Wird eine Blankounterschrift geleistet und das Blankett abredewidrig ausgefüllt, liegen die Voraussetzungen der Irrtumsanfechtung an sich vor (Erklärungsirrtum). Nach dem Gedanken aus § 172 II ist die Anfechtung ggü einem gutgläubigen Dritten ausgeschlossen (BGHZ 113, 53; NJW 96, 1469).

19 **V. Empfängerirrtum.** Versteht der Empfänger eine Willenserklärung falsch (Angebot), scheidet eine Irrtumsanfechtung dieser Erklärung aus, weil der Empfänger nichts erklärt hat. Gibt der Empfänger eine auf das missverstandene Angebot bezogene (Annahme)Erklärung ab, kann er diese Erklärung nach § 119 I Alt 1 anfechten.

20 **D. Voraussetzungen. I. Willenserklärung.** Alle Arten von Willenserklärungen sind nach den §§ 119 ff anfechtbar, also einseitige (BGHZ 106, 163; NJW 98, 532), mehrseitige (BayObLG NJW-RR 00, 1036), empfangsbedürftige, nicht empfangsbedürftige, ausdrückliche und konkludente Erklärungen (BGHZ 11, 5; Oldbg NJW-RR 07, 268, Einstellen bei eBay). Der Irrtum kann bereits bei der invitatio ad offerendum erfolgt sein (BGH NJW 05, 977). Maßgebender Zeitpunkt ist die Abgabe der Willenserklärung. Auf geschäftsähnliche Handlungen sind die §§ 119 ff grds entspr anwendbar (vgl BGHZ 106, 163; aA Erman/*Palm* § 119 Rz 27). Soweit die Formen des Nacherfüllungsanspruchs, aber auch die Rechtsbehelfe des (kaufrechtlichen) Gewährleistungsrechts in elektiver Konkurrenz stehen, ist eine Anfechtung ausgeschlossen.

21 Fingiert das Gesetz **Schweigen** als Ablehnung, ist eine Anfechtung ausgeschlossen (BaRoth/*Wendtland* § 119 Rz 3). Besitzt das Schweigen dagegen die Bedeutung einer Willenserklärung, ist es von zwei Sonderfällen abgesehen anfechtbar. Unanfechtbar ist der Irrtum über die rechtliche Bedeutung des Schweigens bzw auf ein kaufmännisches Bestätigungsschreiben auch bei Abweichung von Vereinbarung und Bestätigungsschreiben (BGH NJW 69, 1711; 72, 45), anders bei falsch verstandenem Inhalt des Bestätigungsschreibens (*Medicus* AT Rz 442; § 148 Rn 6). Ein nichtiges Rechtsgeschäft kann angefochten werden (MüKo/*Busche* § 142 Rz 12). Realakte sind nicht anfechtbar.

22 Die Bedeutung des fehlenden **Erklärungsbewusstseins** ist umstr. ZT wird darin ein konstitutives Element der Willenserklärung gesehen, weshalb bei einem mangelnden Erklärungsbewusstsein eine Anfechtung ausscheiden soll (*Canaris* Vertrauenshaftung, 427 f; *Wieacker* JZ 67, 389). Mit der neueren Rechtsprechung (BGHZ 91, 329; 109, 177) und inzwischen überwiegenden Literatur (MüKo/*Kramer* § 119 Rz 95 ff; *Larenz/Wolf* AT § 36 Rz 25 f, 81 ff; *Bork* AT Rz 596) ist eine Anwendbarkeit von § 119 I Alt 1 zu bejahen.

23 **II. Erklärungsirrtum, § 119 I Alt 2.** Bei diesem Irrtum in der Erklärungshandlung (Irrung) stimmt der äußere Erklärungstatbestand nicht mit dem Willen des Erklärenden überein. Er verspricht, verschreibt (Oldbg NJW 04, 168; NJW-RR 07, 268) oder vergreift sich, verwendet aus unbewusst ein falsches Erklärungszeichen, so auch bei einer Urkundenverwechselung (Rn 15) oder Blankounterschrift (Rn 18). Falsches Ablesen eines Preisschildes ist ebenfalls nach § 119 I Alt 2 zu behandeln (LG Hannover MDR 81, 579; LG Hamburg NJW-RR 86, 156; aA Staud/*Singer* § 119 Rz 34). Eine veraltete oder falsche Preisliste berechtigt dagegen nicht zur Anfechtung (LG Bremen NJW 92, 915). Wird bei einer **elektronisch übermittelten Erklärung** ein falscher Icon angeklickt, liegt ein Erklärungsirrtum vor, ebenso bei unzutreffender Eingabe eines Buchungscodes (AG Bad Homburg NJW-RR 02, 1282) oder einem fehlerhaften Datentransfer aufgrund eines Softwarefehlers (BGH NJW 05, 976 f = JZ 05, 791 m Anm *Spindler*). Beruht eine fehlerhafte automatisierte Willenserklärung auf unzutreffenden Daten, liegt ein Kalkulationsirrtum vor.

24 **III. Inhaltsirrtum, § 119 I Alt 1. 1. Allgemeines.** Beim Inhaltsirrtum stimmt der äußere Tatbestand der Erklärung mit dem Willen des Erklärenden überein, doch irrt sich dieser über die rechtliche Bedeutung oder Tragweite seiner Erklärung (BGH NJW 99, 2665). Subjektiv misst der Erklärende seiner Erklärung eine andere Bedeutung zu, als ihr objektiv zukommt. Der Irrtum muss eine Willenserklärung betreffen, nicht die irrtümliche Leistung auf eine nicht bestehende Forderung (BGH NJW-RR 03, 923). Grds kann sich der Irrtum auf alle rechtlich relevanten Elemente der Willenserklärung beziehen. Zur Unterzeichnung ungelesener Urkunden Rn 15 ff.

25 **2. Verlautbarungsirrtum.** Der Erklärende misst dem Erklärungstatbestand eine andere Bedeutung zu, als ihm aus der objektiven Empfängerwahrnehmung zukommt. Dies kommt bei der fehlerhaften Verwendung fach- oder fremdsprachlicher Ausdrücke bzw der Verwechselung von Maß-, Gewichts- und Münzeinheiten in Betracht. Bsp: Verwechselung von Mengen- und Maßeinheiten bei der Bestellung von 25 Gros (= 3600) Rollen Toilettenpapier in der Annahme, 25 große Rollen zu ordern (LG Hanau NJW 79, 721).

26 **3. Identitätsirrtum.** Hier richtet sich die Erklärung an eine andere bestimmte Person oder auf einen anderen bestimmten Gegenstand, als der Erklärende wollte. Statt Rechtsanwalt R 1 erteilt der Auftraggeber dem namensgleichen Rechtsanwalt R 2 das Mandat. Richtet sich die Erklärung dagegen an die gemeinte Person

oder bezieht sie sich auf den gemeinten Gegenstand, besitzen diese jedoch andere Qualitäten, als vom Erklärenden gewünscht, liegt ein Eigenschaftsirrtum vor. Wie vorgestellt wird Rechtsanwalt R 1 beauftragt, doch ist dieser nicht Fachanwalt für Arbeitsrecht, sondern für Familienrecht.

4. Konkretisierung des Geschäfts. Um einen Inhaltsirrtum handelt es sich auch, wenn der Erklärende über den Vertragstypus (privater Krankenhausaufnahmevertrag ggü gesetzlich versicherter Krankenhausaufnahme LG Köln NJW 88, 1518) oder die Beschaffenheit eines Rechts irrt (RGZ 95, 115). 27

5. Rechtsfolgeirrtum. Über die Rechtsfolgen irrt sich der Erklärende, wenn das Rechtsgeschäft nicht die gewollte, sondern eine davon wesentlich verschiedene andere Rechtsfolge nach sich zieht (RGZ 88, 284). Ein Irrtum über die Rechtsfolgen ist als Inhaltsirrtum beachtlich, wenn die Rechtsfolge (unmittelbarer) Inhalt der rechtsgeschäftlichen Erklärung geworden ist. Als bloßer Motivirrtum ist dagegen der Irrtum über eine sich aus dem Gesetz ergebende Folge unbeachtlich (BGH NJW 02, 3103; *Larenz/Wolf* AT § 36 Rz 75). Die im Einzelnen oft schwierige Abgrenzung wird von der Rechtsprechung auch danach getroffen, ob das Geschäft außer der erstrebten Wirkung andere nicht erkannte und nicht gewollte mittelbare Nebenfolgen bringt, die nicht zur Anfechtung berechtigen (BGH NJW 97, 653; 06, 3355). 28

a) Anfechtbar. Ein beachtlicher Inhaltsirrtum liegt vor, falls der Verkäufer irrtümlich annimmt, ein vereinbarter Ausschluss der Rechtsmängelhaftung erfasse auch die Sachmängelhaftung (*Brox/Walker* AT Rz 423). Ebenso bei Löschung der erstrangigen Hypothek in der Annahme, die drittrangige Hypothek rücke auf (RGZ 88, 286); bei erstrangiger Hypothekenbestellung, die an 2. Stelle erfolgen sollte (RGZ 89, 33f); bei Erbschaftsausschlagung in der Annahme, der Ausschlagende werde von allen Auflagen befreit (Ddorf DNotZ 98, 839), in der Annahme, sie verschaffe dem Vorerben die Stellung eines Vollerben (BayObLG ZEV 98, 431); bei der schlüssigen Annahme in der Vorstellung, nur so den Pflichtteilsanspruch sichern zu können (BGH NJW 06, 3355) oder der stillschweigenden Erbschaftsannahme ohne Kenntnis des Ausschlagungsrechts (BayOLGZ 83, 162, Erklärungsirrtum; weitere Fälle bei Staud/*Singer* § 119 Rz 72 f) auch beim Vergleichsschluss des Versicherungsnehmers mit der Versicherung in der fehlerhaften Annahme, weitere Ansprüche des Geschädigten seien ausgeschlossen (Zweibr VersR 77, 806 f); anders wenn der Versicherer nicht beachtet, dass ein Vergleich die Ansprüche gegen einen anderen Versicherer unberührt lässt (Hamm VersR 98, 1440). 29

b) Nicht anfechtbar. Ein unbeachtlicher Motivirrtum liegt vor, wenn der in das Geschäft eines Einzelkaufmanns Eintretende nicht die persönliche Haftung für bestehende Schulden des bisherigen Inhabers kennt (RGZ 76, 440). Ebenso bei Unkenntnis der Gewährleistungsregeln bzw bei fehlerhaften Vorstellungen über die Rechtsnatur des Vertrags und der für den Vertragstyp geltenden Garantiehaftung (Karlsr NJW 89, 907, Miete), beim Irrtum über das Bestehen eines gesetzlichen Rücktritts- bzw Widerrufsrechts (BGH NJW 02, 3103), beim Irrtum über die Ausgestaltung des übernommenen Vertrags bei der Vertragsübernahme (BGH NJW 99, 2664) im Fall der irrigen Annahme und bei der Einzahlung eines Geldbetrags auf ein neu eingerichtetes Konto sei eine „Kontosperre" ausgeschlossen (BGH NJW 95, 1485) und beim Irrtum der schwangeren Arbeitnehmerin über die mutterschutzrechtlichen Folgen eines Aufhebungsvertrags bzw einer Eigenkündigung (BAG NJW 83, 2958; 92, 2173). 30

6. Kalkulationsirrtum. Beim Kalkulationsirrtum (Berechnungsirrtum) irrt der Erklärende entweder bei einem Rechnungsfaktor (Aufmaß, Währungskurs) oder bei der Berechnung und dem Ergebnis (Werklohn, Kaufpreis). Dieser Willensmangel berührt va die Grenzziehung zwischen Motiv- sowie Inhaltsirrtum und ist in seinen Rechtsfolgen umstr (*Schöpflin* JA 99, 89). 31

a) Verdeckter Kalkulationsirrtum. Gibt der Erklärende lediglich das Ergebnis seiner Berechnungen, nicht aber deren Grundlagen bekannt, liegt ein interner oder verdeckter Kalkulationsirrtum vor, der als Motivirrtum rechtlich unbeachtlich ist (BGHZ 154, 281; BGH NJW 02, 2312 f; *Pawlowski* JZ 97, 741; aA *Birk* JZ 02, 449 f). Für diesen Irrtum trägt der Erklärende das Risiko. Dies gilt auch, wenn der Erklärungsempfänger den Irrtum hätte erkennen können, aber nicht erkannt hat und sogar, wenn der Erklärungsempfänger den Irrtum positiv erkannte (BGHZ 139, 181). Besteht der Empfänger auf der Vertragsdurchführung, obwohl er den Irrtum kannte oder er sich der Kenntnisnahme treuwidrig verschlossen hat, kann eine unzulässige Rechtsausübung (§ 242) vorliegen, falls die Vertragsdurchführung dem Erklärenden schlechthin unzumutbar ist, etwa weil er dadurch in wirtschaftliche Schwierigkeiten geriete (BGHZ 139, 184 f). Im Fall eines erkannten schwerwiegenden Kalkulationsfehlers besteht eine Hinweis- und sonst nach den §§ 280 I, 311 II Nr 1, 241 II eine Schadensersatzpflicht (BGH NJW 01, 295). 32

b) Offener Kalkulationsirrtum. Beim externen (offenen) Kalkulationsirrtum wird die Kalkulation erkennbar zum Gegenstand der Vertragsverhandlungen gemacht, weil der verlangte oder angebotene Preis erkennbar als durch eine bestimmte Kalkulation zustande gekommen bezeichnet wird. Das RG hat diesen Fall als Inhaltsirrtum qualifiziert (RGZ 64, 268; 101, 108, Silber-Fall; 105, 407, Rubel-Fall; 116, 18, Börsenkurs-Fall). Dies ist abzulehnen, weil eine einseitige Kalkulation – wie jedes Motiv – nicht durch Mitteilung zum Erklärungsinhalt wird (*Larenz/Wolf* AT § 36 Rz 65; *Medicus* AT Rz 758; jetzt BGHZ 139, 180, ggf unzulässige Rechtsausübung; aA für erkannten offenen Kalkulationsirrtum Anfechtung analog § 119 I *Wieser* NJW 72, 33

709 f; analog § 119 II MüKo/*Kramer* § 119 Rz 88). Die Behandlung hängt vom jeweiligen Einzelfall ab. Ergibt die Auslegung, dass die Parteien nicht auf einen Endbetrag, sondern eine Berechnungsmethode oder Einzelpreise abstellen wollten, gilt nach dem Grundsatz falsa demonstratio non nocet der richtig berechnete Preis (Frankf WM 01, 565; LG Aachen NJW 82, 1106; Kleve NJW 91, 1066). Dazu muss die Kalkulation Grundlage der Willenserklärung des Vertragspartners werden (BGH NJW 81, 1552). Wird eine evident unrichtige Rechnung mitgeteilt, ohne den Fehler selbst erkennen zu lassen, ist die perplexe Erklärung nichtig (*Medicus* AT Rz 759). Haben sich die Parteien gemeinschaftlich geirrt, können die Grundsätze über das Fehlen der Geschäftsgrundlage (§ 313) anzuwenden sein. Schließlich kann eine unzulässige Rechtsausübung vorliegen oder eine Schadensersatzpflicht eintreten.

34 **IV. Eigenschaftsirrtum, § 119 II. 1. Einordnung.** Beim Eigenschaftsirrtum stimmen Wille und Erklärung überein, während die Vorstellung des Erklärenden von der Wirklichkeit abweicht. Da der Irrtum bei der Willensbildung eingetreten ist, handelt es sich um einen ausnahmsweise beachtlichen Motivirrtum (AnwK/*Feuerborn* § 119 Rz 63), der wie ein Inhaltsirrtum zur Anfechtung berechtigt. Um den Anwendungsbereich von § 119 II zu begrenzen, nimmt die Lehre vom geschäftlichen Eigenschaftsirrtum einen beachtlichen Irrtum nur an, wenn sich das Rechtsgeschäft auf die Sache oder Person als eine solche mit bestimmten Eigenschaften bezieht (*Flume* AT II, 477; *Medicus* AT Rz 770). Die gesetzlich geforderte Verkehrswesentlichkeit wird auf diese Weise unzulässig durch eine Vertragswesentlichkeit substituiert (*Bork* AT Rz 864).

35 **2. Eigenschaften.** Eigenschaften sind die natürlichen Beschaffenheitsmerkmale sowie die tatsächlichen und rechtlichen Verhältnisse sowie Beziehungen einer Person oder Sache zur Umwelt, soweit diese nach der Verkehrsanschauung Bedeutung für die Wertschätzung oder Verwendbarkeit besitzen (BGHZ 34, 41; 70, 48; 88, 245). Die Beziehungen zur Umwelt müssen in der Sache oder Person selbst angelegt sein, von ihr ausgehen, sie bezeichnen (BGHZ 70, 48) und nicht nur ganz vorübergehend sein.

36 **3. Verkehrswesentlichkeit.** Allein vom Erklärenden vorgestellte Gesichtspunkte berechtigen nicht zur Anfechtung, denn die Eigenschaft muss im Verkehr als wesentlich angesehen werden. Dabei ist die Verkehrswesentlichkeit nicht abstrakt, sondern ausgehend vom Inhalt und den Umständen des Rechtsgeschäfts zu bestimmen (BGHZ 88, 246). Lassen sich aus dem Geschäft keine konkreten Anhaltspunkte ableiten, ist allein auf objektive Kriterien abzustellen (Erman/*Palm* § 119 Rz 43).

37 **4. Verkehrswesentliche Eigenschaften einer Person.** Vorrangig geht es um Eigenschaften des Erklärungsgegners, ggf eines Dritten oder des Erklärenden (BAG NJW 92, 2174). Abzustellen ist auf die natürlichen Persönlichkeitsmerkmale sowie solche tatsächlichen und rechtlichen Verhältnisse, die infolge ihrer Beschaffenheit und vorausgesetzten Dauer nach den Anschauungen des Verkehrs Einfluss auf die Wertschätzung der Person im konkreten Rechtsverhältnis ausüben (BAG NJW 91, 2726). Mangelnde Zahlungsfähigkeit des Darlehensnehmers berechtigt grds zur Anfechtung (BayObLG DB 88, 1846; *Lindacher* MDR 77, 797; zur Ausnahme des § 321 s.o. Rn 4). Fehlende Eintragung in die Handwerkerrolle (Hamm NJW-RR 90, 523) bzw fehlende Zuverlässigkeit bei einem auf vertrauenswürdige Zusammenarbeit angelegten Vertrag (BGH WM 69, 292) können zur Anfechtung berechtigen.

38 Im **Arbeitsverhältnis** schließen die Antidiskriminierungsregeln grds eine Anfechtung wegen eines Irrtums über die sexuelle Identität aus (EuGH NZA 96, 695; aber BAG NJW 91, 2726). Die Schwangerschaft einer ArbN berechtigt aufgrund des Verbots mittelbarer geschlechtsbezogener Diskriminierung nicht zur Anfechtung (BAG NJW 89, 930, vorübergehender Zustand), die anerkannte Ausnahme für befristete Arbeitsverhältnisse erscheint kaum europarechtskonform (ErFK/*Preis* BGB § 611 Rz 435). Der Gesundheitszustand ist verkehrswesentliche Eigenschaft, soweit einem ArbN nicht nur vorübergehend die Fähigkeit zur Verrichtung der geschuldeten Leistung fehlt (BAG DB 74, 1531). Entspr gilt bei der Schwerbehinderteneigenschaft. Einschlägige Vorstrafen, die eine Eignung des ArbN für den konkreten Arbeitsplatz ausschließen, bilden verkehrswesentliche Eigenschaften (ErFK/*Preis* BGB § 611 Rz 437) ebenso die Mitgliedschaft in der Scientology-Sekte bei Personalberatern (LG Darmstadt NJW 99, 365) sowie bei Ausbildungstätigkeiten.

39 **5. Verkehrswesentliche Eigenschaft einer Sache.** Als Sachen iSv § 119 II gelten nicht nur körperliche Gegenstände gem § 90, sondern auch Sachgesamtheiten und unkörperliche Gegenstände (Rechte). Zu beachten ist die Konkurrenz mit den Gewährleistungsregeln (Rn 5). Eigenschaften (dazu oben Rn 34) sind die wertbildenden Faktoren, nicht aber der Wert oder Preis eines Gegenstands als solcher (BGHZ 16, 57).

40 **Wesentliche Eigenschaften** sind – nach Maßgabe des Rechtsgeschäfts – Grenzen, Umfang, Lage, Bebaubarkeit und gewerbliche Nutzbarkeit eines Grundstücks (BGHZ 34, 41), Urheberschaft und Echtheit eines Kunstwerks (BGH NJW 88, 2599; *Becker-Eberhard* JuS 92, 463) bzw Fehlen dieser Qualitäten bei Flohmarktverkauf (Notenhefte Mozarts, aA AG Coburg NJW 93, 939), Baujahr (BGH NJW 79, 161) und Fahrleistung eines PKW (München DB 74, 1060). Umstr ist, ob Umsatz und Ertrag eines Unternehmens als Eigenschaften anzusehen sind (abl BGH NJW 70, 655; zum Grundstück RGZ 149, 138; befürwortend MüKo/*Kramer* § 119 Rz 133; *Putzo* NJW 70, 655), doch ist nach neuem Schuldrecht eine Lösung über das Gewährleistungsrecht eröffnet (Staud/*Singer* § 119 Rz 95). Zu diesen Eigenschaften gehören auch die Höhe einer rechtsgeschäftlich erworbenen Forderung (*Dunz* NJW 64, 1214; aA BGH WM 63, 253), die Überschuldung des Nachlasses oder

seine Belastung mit wesentlichen, auch im rechtlichen Bestand ungeklärten Forderungen (BGHZ 106, 363). **Nicht** zu den wesentlichen Eigenschaften gehören das Eigentum an einer Sache (BGHZ 34, 41) beim Aktienerwerb oder Kauf von Gesellschaftsanteilen die Eigenschaften des Unternehmens (Erman/*Palm* § 119 Rz 48). Die rechtlichen Verhältnisse einer Hypothek sind keine Eigenschaft des Grundstücks, die Verhältnisse des Grundstücks keine der Hypothek (RGZ 149, 239). Eigenschaften anderer Sachen kommen also nur in Betracht, wenn auch diese Sache vom Rechtsgeschäft umfasst ist. **41**

V. Motivirrtum. Der Irrtum bei den Beweggründen oder Erwartungen einer Erklärung ist als Motivirrtum grds unbeachtlich. Ausnahmen bestehen im Erbrecht, §§ 2078 II, 2079, 2308. Ein Anerkenntnis kann nicht angefochten werden, weil die Verpflichtung nicht besteht (RGZ 156, 74; BGH WM 67, 825), ebenso der Irrtum über den Geldwert bzw die Kaufkraft des Geldes (RGZ 111, 260), bzw der Irrtum über die vom Vergleich erfassten Ansprüche (Celle NJW 71, 145). Der gemeinschaftliche Irrtum wird überwiegend nach den Grundsätzen einer Störung der Geschäftsgrundlage behandelt (vgl § 313 aA *Brox* Die Einschränkung der Irrtumsanfechtung, 72 ff, 180 ff, ergänzende Vertragsauslegung). **42**

VI. Kausalität. Der Irrtum muss für die Willenserklärung ursächlich gewesen sein. Unter Anlegung eines objektiven Maßstabs ist zu fragen, wie gerade dieser Erklärende bei verständiger Würdigung des Falls gehandelt hätte (BGH NJW 88, 2599; BAG NJW 91, 2726). Dass der Irrende keine wirtschaftlichen Nachteile erleidet ist im Regelfall, aber nicht notwendig ein Anhaltspunkt (BGH NJW 88, 2599). Die Erheblichkeit fehlt, wenn die Abgabe der Willenserklärung rechtlich geboten ist (München WRP 85, 238) oder sich der Irrtum lediglich auf unwesentliche Nebenpunkte bezieht (RG Recht 1915 Nr 2214). **43**

E. Beweislast. Wer sich auf die Rechtsfolgen der Irrtumsanfechtung beruft, hat die Voraussetzungen des Anfechtungsrechts nachzuweisen (RGZ 70, 90). Hinsichtlich der Kausalität sind Tatsachen darzulegen und zu beweisen, die den Schluss darauf zulassen, dass die fehlerhafte Willenserklärung bei Kenntnis der Sachlage und verständiger Würdigung des Falls nicht abgegeben worden wäre (RG JW 1905, 525; Ddorf NJW-RR 95, 1396). **44**

§ 120 Anfechtbarkeit wegen falscher Übermittlung.
Eine Willenserklärung, welche durch die zur Übermittlung verwendete Person oder Einrichtung unrichtig übermittelt worden ist, kann unter der gleichen Voraussetzung angefochten werden wie nach § 119 eine irrtümlich abgegebene Willenserklärung.

A. Zweck. Schaltet der Erklärende eine Person oder Einrichtung zur Übermittlung seiner Willenserklärung ein und wird die Erklärung unrichtig übermittelt, stimmt der äußere Erklärungstatbestand nicht mit dem Willen des Erklärenden überein. Deswegen stellt die Vorschrift den Übermittlungsirrtum mit dem Erklärungsirrtum nach § 119 I Alt 2 gleich. Da der Absender die Übermittlungsgefahr schafft und beeinflussen kann, ist es im Interesse des Verkehrsschutzes gerechtfertigt, das Vertrauen des Empfängers zu schützen und den Erklärenden für das Risiko der Übermittlungsform einstehen zu lassen. **1**

B. Voraussetzungen. I. Willenserklärung. Die Willenserklärung des Absenders muss fehlerhaft übermittelt, von der Mittelsperson also eine fremde Willenserklärung befördert worden sein. Ein wirksamer Widerruf der Willenserklärung schließt § 120 aus (BGH NJW 08, 2702 Tz 34). Es genügt eine durch die Aktivierung einer falschen Funktion bei einem Dienstleister fehlerhaft erstellte invitatio ad offerendum, auf die sich die Annahmeerklärung bezieht (Frankf MDR 03, 677; Hamm NJW 04, 2601). Da der Vertreter keine fremde Erklärung übermittelt, sondern eine eigene abgibt, kann keine Anfechtung nach § 120, sondern eine gem § 166 I erfolgen. Eine fernmündliche Erklärung ist gem § 119 zu behandeln. **2**

II. Übermittlungsperson oder -einrichtung. Der Erklärende muss sich einer Mittelsperson oder Institution bedient haben. Als Personen kommen Boten oder Dolmetscher (BGH WM 63, 166) und als Einrichtungen Post- oder Telegrafendienste, Internetprovider (Frankf MDR 03, 677; *Fritzsche/Malzer* DNotZ 95, 13) und alle anderen Organisationen oder Diensteanbieter in Betracht, die fremde Willenserklärungen an einen Adressaten übermitteln. Die Person oder Einrichtung muss vom Erklärenden verwendet, dh eingesetzt sein. Auf eine unrichtige Übermittlung durch den Empfangsboten ist § 120 nicht anwendbar. Dieses Risiko trägt der Empfänger, der nicht nach § 120 anfechten kann, weil er keine Erklärung abgibt. Bei der Verfälschung einer E-Mail oder SMS auf dem Transportweg trägt der Absender das Verfälschungsrisiko, nach dem Eingang in der Mailbox der Empfänger (*Ultsch* NJW 97, 3009). Hat der Erklärende keinen Boten eingeschaltet, sondern geriert sich ein Dritter als Bote (Scheinbote), liegt keine Willenserklärung des Absenders vor. Dies gilt grds auch bei manipulierten E-Mails, es sei denn, der Erklärende muss sich diese zurechnen lassen. **3**

III. Unbewusst unrichtige Übermittlung. Über den Wortlaut von § 120 hinaus muss die Erklärung unbewusst unrichtig übermittelt worden sein. Dann ist auch ein völlig veränderter Inhalt oder ein anderer Empfänger unschädlich. Auf eine bewusst unrichtige Übermittlung ist § 120 nicht anwendbar (BGH NJW 08, 2702 Tz 35; Kobl BB 94, 820; BaRoth/*Wendtland* § 120 Rz 5; Soergel/*Hefermehl* § 120 Rz 4; aA *Marburger* AcP 173, 143 ff; AnwK/*Feuerborn* § 120 Rz 6), ggf kommt aber eine Haftung des Absenders aus Rechtsscheinge- **4**

sichtspunkten in Betracht. Die §§ 177 ff sind analog anwendbar (Oldbg NJW 78, 951). Genehmigt der Absender nicht, haftet der Bote entspr § 179 (s.a. Rn 6).

5 **IV. Unkenntnis des Empfängers.** Bei Kenntnis des Adressaten liegt eine falsa demonstratio vor (Erman/*Palm* § 120 Rz 4).

6 **C. Rechtsfolgen.** Die Willenserklärung ist in der Frist des § 121 anfechtbar. Der Anfechtende haftet nach § 122, der Bote oder die Einrichtung nach dem jeweiligen Innenverhältnis, s.a. §§ 40 f TKG, § 7 TKV. Bei bewusst unrichtiger Übermittlung ist eine deliktische Haftung sowohl ggü dem Absender als auch dem Empfänger möglich, ggf aber auch nach §§ 280 I, III, 282, 311 II, 241 II.

7 **D. Beweislast.** Macht der Erklärende eine unverfälschte Übermittlung geltend, muss er darlegen und beweisen, dass die Erklärung unverfälscht in den Empfangsbereich des Adressaten gelangt ist. Will der Absender anfechten, muss er die zur Anfechtung berechtigenden Tatsachen beweisen. Entspr gilt, wenn er sich auf eine bewusst verfälschte Erklärung beruft (BaRoth/*Wendtland* § 120 Rz 9).

§ 121 Anfechtungsfrist. (1) ¹Die Anfechtung muss in den Fällen der §§ 119, 120 ohne schuldhaftes Zögern (unverzüglich) erfolgen, nachdem der Anfechtungsberechtigte von dem Anfechtungsgrund Kenntnis erlangt hat. ²Die einem Abwesenden gegenüber erfolgte Anfechtung gilt als rechtzeitig erfolgt, wenn die Anfechtungserklärung unverzüglich abgesendet worden ist.
(2) Die Anfechtung ist ausgeschlossen, wenn seit der Abgabe der Willenserklärung zehn Jahre verstrichen sind.

1 **A. Normzweck.** Der Anfechtungsberechtigte kann frei entscheiden, ob er das Gestaltungsrecht ausübt. Um die daraus resultierende Rechtsunsicherheit zu begrenzen, bestimmt § 121 I, II im allg Verkehrsschutzinteresse Ausschlussfristen, nach deren Ablauf das Anfechtungsrecht erlischt. Im Gerichtsverfahren ist die Einhaltung der Frist vAw zu berücksichtigen (RGZ 110, 34).

2 **B. Ausschlussfrist des § 121 I. I. Kenntnis des Anfechtungsgrunds.** Die Anfechtungsfrist beginnt mit der positiven Kenntnis des Anfechtungsberechtigten von einem Irrtum nach den §§ 119, 120 (RGZ 134, 32). Bei mehreren Anfechtungsgründen laufen je einzelne kenntnisabhängige Fristen (vgl BGH NJW 66, 39), ebenso bei mehreren Anfechtungsberechtigten. Gekannt werden müssen die tatsächlichen Voraussetzungen eines Irrtums nach den §§ 119 f, nicht das Anfechtungsrecht und die Anfechtungsfrist (RGZ 134, 32; BayObLG NJW-RR 97, 74; zum Rechtsirrtum Rn 4). Eine vollständige Überzeugung ist nicht erforderlich. Es genügt, falls der Berechtigte einen Irrtum als ernsthaft möglich erkennt, bzw sich ohne besondere Mühe die zur restlichen Aufklärung erforderlichen Angaben verschaffen kann (BGH DB 67, 1807; BayObLG NJW-RR 98, 798; KG NJW-RR 04, 942 f). Grds besteht keine Nachforschungspflicht. Bei ernsthaften Zweifeln, etwa aufgrund einer zuverlässigen Mitteilung, kann der Berechtigte verpflichtet sein, die Bedenken auszuräumen (Staud/*Singer* § 121 Rz 6). Ggf muss er eine auf die Auslegung des Rechtsgeschäfts bezogene und deswegen zulässige Eventualanfechtung erklären (BGH NJW 68, 2099; 79, 765). **Kennen müssen** aufgrund einfacher Zweifel, bloßer Vermutungen oder Verdachtsgründe **genügt nicht** (BGH WM 73, 751; BAG NJW 84, 447). Die Kenntnis des (Wissens)Vertreters muss sich der Anfechtungsberechtigte nach § 166 I zurechnen lassen (BGH NJW 83, 2035).

3 **II. Unverzüglich.** Die Anfechtung gem § 121 I 1 muss unverzüglich, dh ohne schuldhaftes Zögern erfolgen. Diese Legaldefinition gilt für das bürgerliche Recht, §§ 111 2, 149 1, 174 1, 230 III, 318 II, 352, 353, 374 II, 384 II, 396 I, 410 I, 469 I, 536c I, 543 II 3, 625, 650 II, 663, 727 II, 777 I, 789, 960 II, 961, 965 I, 978 I, 1042, 1160 II, 1166, 1218 II, 1220 II, 1241, 1285 II, 1799 I, 1831, 1894, 1909 II, 1980 I, 2045, 2146 I, 2215 I, 2259 I, 2384, ebenso im Zweifel bei einer Verwendung in AGB (BGH NJW-RR 94, 1109; Hamm NJW-RR 04, 58) oder bei geschäftsähnlichen Handlungen (RGZ 75, 357); entspr Anwendung bei nachträglicher Tilgungsbestimmung gem § 366 I (BGH NJW 06, 2847; 08, 985 Tz 14). Ebenso gilt sie in allen anderen Rechtsbereichen, §§ 377 I HGB, 92 I AktG, 107 III GWB (Ddorf NJW 00, 145), 9 I 1 Hs 2 MuSchG (BAG DB 88, 2107), 216 II, 269 III 3 ZPO, 295 I Nr 3 InsO, 23 II VwVfG, 37b, 140 SGB III, 91 V SGB IX, 118 I SGB XII; 68b I StGB, auch im Tarifrecht (LAG Köln DB 83, 1771).

4 Unverzüglich verlangt keine sofortige, sondern eine unter den gegebenen Umständen und bei Berücksichtigung der Interessen der Gegenseite alsbald mögliche und zumutbare Erklärung (RGZ 124, 118; BGH NJW 08, 895 Tz 18). Der Anfechtungsberechtigte darf den Anfechtungsgrund prüfen und Rechtsrat einholen (Oldbg NJW 04, 168). Abzustellen ist auf die konkreten Verhältnisse des Einzelfalls, wobei eine Dauer von mehr als drei Wochen ab Kenntnis regelmäßig nicht unverzüglich ist (Hamm NJW-RR 90, 523), im Zweifel nicht in Klageschrift (BAG NZA 07, 1227 Tz 18); abgekürzt bei Verwendung elektronischer Medien. Ein Rechtsirrtum kann entschuldigen, doch gilt ein strenger Verschuldensmaßstab (RGZ 152, 232). Auf die *Anfechtung des Arbeitsverhältnisses* nach § 119 wendet das BAG die zweiwöchige Frist des § 626 II entspr an (BAG NJW 80, 1303), doch kann die Frist kürzer sein (BAG NJW 91, 2726). Als allg Maßstab für unverzügliches Handeln ist § 626 II ungeeignet.

III. Anfechtung unter Abwesenden, § 121 I 2. Als empfangsbedürftige Willenserklärung wird die Anfechtung mit dem Zugang wirksam. Da ein unverzügliches Handeln primär von den Verhältnissen des Anfechtungsberechtigten bestimmt ist, nimmt I 2 die Dauer der Übermittlung davon aus und lässt eine unverzügliche Absendung genügen. Das Verzögerungsrisiko trägt der Empfänger, doch darf der Anfechtende keinen besonders umständlichen oder verzögerlichen Übermittlungsweg wählen. Das Verlustrisiko bleibt beim Absender (BaRoth/*Wendtland* § 121 Rz 9). Eine Wiederholung ist nur in der Frist des § 121 I 1 wirksam. Erforderlich ist eine Absendung an den Anfechtungsgegner. Nicht ausreichend ist eine Anfechtung in der bei Gericht eingereichten Klageschrift (BGH NJW 75, 39). § 167 ZPO ist unanwendbar.

C. Ausschlussfrist des § 121 II. Unabhängig von der Kenntnis des Anfechtungsberechtigten erlischt die Frist zehn Jahre nach Abgabe (nicht Zugang) der Willenserklärung. Zudem muss die Anfechtungserklärung dem Anfechtungsgegner vor Ablauf der zehnjährigen Frist zugehen. § 121 I 2 ist nicht entspr anwendbar (AnwK/*Feuerborn* § 121 Rz 17). Die Frist kann weder unterbrochen noch gehemmt werden (MüKo/*Kramer* § 121 Rz 10).

D. Beweislast. Wer sich auf die Rechtsfolgen einer Irrtumsanfechtung beruft, hat Abgabe und Zugang der Erklärung zu beweisen. Wer sich auf eine Verspätung beruft, regelmäßig also der Anfechtungsgegner, muss den Zeitpunkt der Kenntnis des Anfechtenden beweisen (BGH NJW 83, 2035; BAG NJW 80, 1303). Wer die Folgen der Anfechtung geltend macht, grds also der Anfechtende, muss die unverzügliche Anfechtung beweisen (München NJW-RR 88, 498).

§ 122 Schadensersatzpflicht des Anfechtenden. (1) Ist eine Willenserklärung nach § 118 nichtig oder auf Grund der §§ 119, 120 angefochten, so hat der Erklärende, wenn die Erklärung einem anderen gegenüber abzugeben war, diesem, andernfalls jedem Dritten den Schaden zu ersetzen, den der andere oder der Dritte dadurch erleidet, dass er auf die Gültigkeit der Erklärung vertraut, jedoch nicht über den Betrag des Interesses hinaus, welches der andere oder der Dritte an der Gültigkeit der Erklärung hat.
(2) Die Schadensersatzpflicht tritt nicht ein, wenn der Beschädigte den Grund der Nichtigkeit oder der Anfechtbarkeit kannte oder infolge von Fahrlässigkeit nicht kannte (kennen musste).

A. Normzweck. § 122 schützt das Vertrauen auf die Gültigkeit einer nach § 118 nichtigen oder gem §§ 119, 120 wirksam angefochtenen Willenserklärung. Als Korrektiv der Nichtigkeit ist eine auf dem Veranlassungsprinzip (BGH NJW 69, 1380) beruhende verschuldensunabhängige Schadensersatzpflicht normiert.

B. Voraussetzungen. Die Schadensersatzpflicht erfordert eine gem § 118 nichtige oder durch Anfechtung nach den §§ 119, 120 rückwirkend vernichtete Willenserklärung. Auf andere Nichtigkeitsgründe, wie § 105 I, oder Anfechtungsrechte, zB § 123 I, ist § 122 nicht anwendbar. § 2078 III schließt § 122 bei der Anfechtung einer letztwilligen Verfügung aus. Entspr gilt für die Anfechtung eines Erbvertrags (München NJW 97, 2331). § 122 enthält nicht den allg Rechtsgedanken, dass derjenige, der auf die Wirksamkeit einer Willenserklärung vertraut hat und vertrauen durfte, einen Schadensersatzanspruch gegen denjenigen besitzt, aus dessen Sphäre ein Grund für die Unwirksamkeit einer Willenserklärung resultiert (AnwK/*Feuerborn* § 122 Rz 4; zu weit MüKo/*Kramer* § 122 Rz 4).

Eine **entspr Anwendung** ist möglich, falls der unrichtige Anschein einer Willenserklärung ohne den auf die Abgabe einer solchen Erklärung gerichteten Handlungs- oder Geschäftswillen vorliegt. Dies gilt etwa, wenn die vorbereitete, aber noch nicht abgegebene Willenserklärung, zB durch wohlmeinende Dritte, dem Empfänger übermittelt wird, der auf ihren Bestand vertraut (§ 130 Rn 7; BaRoth/*Wendtland* § 122 Rz 3). Wird die Erklärung wegen mangelnden Erklärungsbewusstseins angefochten (§ 119 Rn 21), ist § 122 anwendbar (BGHZ 91, 329). Auf die vorsätzliche Falschübermittlung eines Boten kann § 122 nicht entspr herangezogen werden (§ 120 Rn 4).

C. Schadensersatzanspruch. I. Berechtigter. Ersatzberechtigt ist bei einer empfangsbedürftigen Willenserklärung nur der Empfänger, bei einer amtsempfangsbedürftigen oder nicht empfangsbedürftigen Willenserklärung jeder betroffene Dritte. Geschützt wird allein, wer auf die Gültigkeit der Erklärung vertraut hat und darauf vertrauen durfte. Hat bei einer Zwangsversteigerung der Meistbietende sein Gebot angefochten, muss er dem Gläubiger des Grundstückseigentümers den im Vertrauen auf die Wirksamkeit des Gebots entstandenen Schaden ersetzen (BGH NJW 84, 1950).

II. Umfang. Der Anspruch ist auf den Ersatz des Vertrauensschadens (negatives Interesse) gerichtet. Der Berechtigte ist so zu stellen, wie er stünde, wenn die Willenserklärung nicht abgegeben worden wäre (RGZ 170, 284). Zu ersetzen sind nutzlose Aufwendungen, die im Vertrauen auf die Gültigkeit des Geschäfts erbracht wurden, und der durch den unterlassenen Abschluss eines anderen Geschäfts entgangene Gewinn (BGH NJW 84, 1950). Hat der Ersatzberechtigte im Vertrauen auf die Wirksamkeit der Erklärung an den Anfechtenden geleistet, kann er das Geleistete nach § 122 I zurückfordern. Der Anspruch konkurriert mit § 812, gestattet aber keine Berufung auf den Wegfall der Bereicherung (Erman/*Palm* § 122 Rz 5). Für die prozessuale Kostenerstattung ist zu differenzieren (str). Wurde die Anfechtung vorprozessual erklärt, richtet sich die Erstattung der Prozesskosten nach den §§ 91 ff ZPO. Ist die Anfechtung im Prozess erklärt worden, geht § 122 den §§ 91 ff ZPO vor, ggf ist sofort anzuerkennen (Staud/*Singer* § 122 Rz 13; aA BGH NJW 62, 1671; Celle OLGZ 72, 194 f).

6 **III. Begrenzung.** Der Ersatz des Vertrauensschadens ist durch das Erfüllungsinteresse begrenzt (RGZ 170, 284). Dies ist nach dem Zustand zu bemessen, der bei Gültigkeit der Erklärung und einer ordnungsgemäßen Erfüllung eingetreten wäre.

7 **D. Ausschluss der Ersatzpflicht.** Die Ersatzpflicht ist ausgeschlossen, wenn der Geschädigte den Grund der Nichtigkeit oder Anfechtbarkeit kannte oder kennen musste § 122 II (Legaldefinition, zB §§ 123 II, 142 II, 169, 173, 179 III, 694). In Kenntnis handelt der Erklärende nach § 119 nur, wenn ihm zwar der Irrtum, nicht aber der wahre Wille des Anfechtenden bekannt war (MüKo/*Kramer* § 122 Rz 10). Kennenmüssen liegt bei einer auf Fahrlässigkeit beruhenden Unkenntnis vor. Jede Fahrlässigkeit genügt (RGZ 83, 353). Da insoweit § 254 verdrängt wird, ist das Kennenmüssen eng auszulegen (*Medicus* AT Rz 785). Sind die Voraussetzungen von § 122 II nicht erfüllt, kann der Ersatzanspruch nach § 242 ausgeschlossen sein (RGZ 81, 398 f, vom Anfechtungsgegner verursachter Irrtum; München NJW 03, 367). Bei schuldloser Mitverursachung des Nichtigkeits- oder Anfechtungsgrunds ist § 254 entspr anzuwenden (BGH NJW 69, 1380; aA Staud/*Schiemann* § 254 Rz 13). Es besteht die Schadensminderungspflicht gem § 254 II (RGZ 116, 19). Für die Verjährung des Ersatzanspruchs gilt § 195.

8 **E. Ersatzanspruch aus §§ 280 I, III, 282, 311 II, 241 II.** Der verschuldensunabhängige Anspruch aus § 122 I steht einer Haftung nach den §§ 280 I, III, 282, 311 II, 241 II nicht entgegen (BaRoth/*Wendtland* § 122 Rz 12; aA *Früh* JuS 95, 126). Die Begrenzung des § 122 I auf das Erfüllungsinteresse ist nicht auf die neuen Haftungsregeln übertragbar. Durch eine Anfechtung wird ein vertraglicher Schadensersatzanspruch ausgeschlossen (*Höpfner* NJW 04, 2865; aA *Derleder* NJW 04, 970).

9 **F. Beweislast.** Wer den Schadensersatzanspruch geltend macht, muss die Nichtigkeit der Erklärung nach § 118 oder die wirksame Anfechtung gem §§ 119, 120 sowie die Anspruchsberechtigung, die Kausalität und Schadenshöhe beweisen. Der Anspruchsgegner ist für die Überschreitung des Erfüllungsinteresses und den Ausschluss der Ersatzleistung nach § 122 II beweispflichtig (Baumgärtel/*Laumen* § 122 Rz 2 f).

§ 123 Anfechtbarkeit wegen Täuschung oder Drohung.
(1) Wer zur Abgabe einer Willenserklärung durch arglistige Täuschung oder widerrechtlich durch Drohung bestimmt worden ist, kann die Erklärung anfechten.
(2) ¹Hat ein Dritter die Täuschung verübt, so ist eine Erklärung, die einem anderen gegenüber abzugeben war, nur dann anfechtbar, wenn dieser die Täuschung kannte oder kennen musste. ²Soweit ein anderer als derjenige, welchem gegenüber die Erklärung abzugeben war, aus der Erklärung unmittelbar ein Recht erworben hat, ist die Erklärung ihm gegenüber anfechtbar, wenn er die Täuschung kannte oder kennen musste.

1 **A. Normzweck.** § 123 schützt die rechtsgeschäftliche Entschließungsfreiheit (BGHZ 51, 147). Die von der Privatautonomie vorausgesetzte rechtsgeschäftliche Selbstbestimmung ist nur zu verwirklichen, wenn sich die Willensbildung frei von Täuschung und Zwang vollzieht (BaRoth/*Wendtland* § 123 Rz 1). Dem Verkehrsschutz wird differenzierend Rechnung getragen. Der Getäuschte oder Bedrohte kann entscheiden, ob er die Erklärung gelten lassen oder anfechten will. Ein durch Täuschung oder Drohung zustande gekommenes Rechtsgeschäft ist deswegen noch nicht sittenwidrig (§ 138 Rn 4). Während eine arglistige Täuschung nur zur Anfechtung berechtigt, wenn die Täuschung gerade vom Geschäftsgegner begangen wurde oder er die Täuschung kennen musste, § 123 II, kommt es für die widerrechtliche Drohung nicht darauf an, von wem sie begangen wurde.

2 **B. Anwendungsbereich.** Die Vorschrift gilt für alle Arten von Rechtsgeschäften (vgl § 119 Rn 19, zum Schweigen § 119 Rn 20; zur Abdingbarkeit Hamm NJW-RR 06, 980 f). Maßgebender Zeitpunkt ist die Abgabe der Willenserklärung. Verfügungsgeschäfte sind anfechtbar, wenn sie selbst auf einer Täuschung beruhen (*Grigoleit* AcP 199, 404 f, 419), Geschäftsraummietverträge selbst wenn sie beendet sind (BGH NZM 08, 886 Tz 34; s.a. § 142 Rn 5). Tatsachenerklärungen, wie der Widerruf ehrverletzender Behauptungen, sind unanfechtbar (BGH NJW 52, 417). Sonderregeln bestehen für die Eheschließung (§ 1314 II Nr 3, 4), die Lebenspartnerschaft (§ 15 II 2 LPartG), die Anerkennung der Vaterschaft (§ 1600c II), letztwillige Verfügungen (§§ 2078, 2080, 2281, 2283) sowie die Erbschaftsannahme (§ 1949). Auf Eheverträge ist § 123 anwendbar (BGH NJW-RR 96, 1282). Für Versicherungsverträge gelten die §§ 19 ff VVG. Gesellschaftsverträge sind auch unter den Voraussetzungen des § 123 grds nur mit Wirkung ex nunc anfechtbar, anders aber bei einer besonders gravierenden Täuschung oder Drohung (BGHZ 13, 322 f). Zum öffentlichen und Prozessrecht vgl § 119 Rn 10 f. Ein im Voraus vertraglich **vereinbarter Ausschluss der Anfechtbarkeit** nach § 123 ist unwirksam, wenn die Täuschung vom Geschäftspartner oder einer Person verübt wird, die nicht Dritter iSv § 123 II ist (BGH NJW 07, 1058 Tz 18).

Auf ein nach § 123 angefochtenes **Arbeitsverhältnis** (s.a. Rn 13, 22) ist die Ausschlussfrist des § 626 II nicht entspr anzuwenden (BAG BB 84, 534). Bei einem in Vollzug gesetzten Arbeitsverhältnis wirkt die Anfechtung des Getäuschten oder Bedrohten entgegen § 142 I grds nur ex nunc (BAG NJW 84, 446; aA MüKo/*Kramer* § 123 Rz 3). Ist das Arbeitsverhältnis außer Funktion gesetzt oder wird aufgrund einer Erkrankung keine Arbeitsleistung erbracht, wirkt die Anfechtung auf den Zeitpunkt zurück, von dem an keine Arbeitsleistung mehr erbracht wird (BAG NZA 99, 587 f).

C. Arglistige Täuschung. I. Täuschungshandlung. 1. Grundsatz. Die Täuschung verlangt wie nach § 263 StGB, dass der Täuschende beim Getäuschten einen Irrtum hervorruft, aufrechterhält oder bestärkt, indem er falsche Tatsachen vorspiegelt bzw wahre Tatsachen entstellt oder unterdrückt (BGH NJW 57, 988; AnwK/*Feuerborn* § 123 Rz 23). Im Gegensatz zum strafrechtlichen Betrug ist weder eine Bereicherungsabsicht des Täuschenden noch eine Schädigung des Getäuschten erforderlich (Köln VersR 04, 907). Die Täuschung kann durch positives Tun (Rn 5 ff) oder Unterlassung (Rn 8 ff) erfolgen und muss pflichtwidrig (Rn 22) sowie arglistig (Rn 25) geschehen. Die Anfechtung ist ausgeschlossen, wenn die Rechtslage des Getäuschten durch die Täuschung nicht mehr beeinträchtigt ist (BGH NJW 00, 2894).

2. Positives Tun. Eine **Täuschung durch Vorspiegeln oder Entstellen** von Umständen muss sich auf objektiv nachprüfbare Angaben beziehen (MüKo/*Kramer* § 123 Rz 15). Zu eng ist es, allein auf Tatsachen abzustellen. Die Täuschung muss sich auf objektiv nachprüfbare Umstände beziehen, die als wahr oder falsch bezeichnet werden können, sofern diese Einfluss auf den Entschluss des Erklärenden haben. Subjektive Werturteile oder marktschreierische Anpreisungen genügen nicht (BGHZ 3, 273; 169, 109 Tz 24; BGH NJW 07, 3200 Tz 26; BAG NJW 94, 1364; Baumbach/*Hefermehl* UWG § 5 Rz 2.27). Auf eine Offenbarungspflicht kommt es nicht an. Werden Angaben getätigt, müssen diese wahr sein (BGH NJW 64, 811). Nicht erfasst werden rein subjektive Werturteile (BAG NJW 94, 1364), Vermutungen oder marktschreierische Angaben ohne sachlichen Gehalt, die von einem verständigen Menschen nicht ernst genommen werden (Staud/*Singer*/*von Finkenstein* § 123 Rz 7).

Die Täuschung kann sich auf äußere Umstände wie **wertbildende Merkmale** des Vertragsgegenstands beziehen. Dazu gehören der Kilometerstand eines **Pkw** (BGH NJW 60, 237 f; Köln NJW-RR 88, 1136), die Bezeichnung auch einzelner Teile als neu oder neuwertig (KG OLGZ 72, 403), als generalüberholt (BGH NJW 95, 956), fahrbereit (BGH NJW 93, 1854 f), die Täuschung über die Zahl von 2 statt 5 Vorbesitzern (Ddorf DAR 02, 506), den grauen Import bzw Reimport (LG Düsseldorf DAR 87, 385; Saarbr NJW-RR 99, 1063 f), die Unfallfreiheit (BGH NJW 82, 1386), die Bagatellisierung von Unfallschäden (München MDR 01, 1407), nicht aber die Bezeichnung eines 6 Jahre alten PKW mit einem ordnungsgemäß reparierten Blechschaden als unfallfrei (Karlsr DAR 02, 167). Wer ohne eigene Untersuchung Unfallfreiheit zusichert, muss die Begrenztheit des Kenntnisstands verdeutlichen (BGHZ 168, 70). Bei **Immobilien** kann getäuscht werden über den Baubeginn (BGH NJW 07, 3200 Tz 26), ihre Finanzierung aus Erträgen und Steuervorteilen (KG NJW 98, 1082) bzw öffentlich-rechtliche Nutzungsverbote oder Beschränkungen (BGH NJW-RR 88, 394; 1290 f). Eine Täuschung kann durch unzutreffende Angaben über die **Preisgestaltung** erfolgen, etwa bei der Bezeichnung eines überhöhten Preises als ordentlichen Preis bzw Freundschaftspreis (Saarbr OLGZ 81, 248), als günstigen Preis verbunden mit der Herkunftsangabe aus Malernachlass (Hamm NJW-RR 93, 628), eines oberhalb der Herstellerempfehlung liegenden Preises als Sonderpreis (Frankf DAR 82, 294) oder bei Nennung eines unrichtigen Einstandspreises bzw der Verdienstspanne. Getäuscht werden kann über **sonstige** – nicht notwendig verkehrswesentliche – Eigenschaften des Gegenstands oder Umstände des Geschäfts, wie das Alter von Teppichen (BGH DB 77, 671), Möbeln oder Kunstgegenständen (Ddorf NJW 02, 614, Replikate), die Täuschung eines beschränkt deutsch sprechenden Migranten über die schulische Notwendigkeit eines 18-bändigen Lexikons (AG Ibbenbüren NJW 05, 2464), die Qualität einer Ferienwohnung beim Timesharing (Ddorf NJW-RR 95, 686), die Rechtsverfolgungsaussichten bei einer abgetretenen Forderung (BGH VIZ 2001, 487), den Namen, die berufliche Stellung oder Qualifikation des Geschäftspartners, die Gewährleistung von Kundendienst und Wartung (BGH NJW 80, 784), die Entgeltlichkeit und Laufzeit einer Adressbucheintragung (BGH NJW-RR 05, 1083), über die Anerkennung eines Ausbildungsabschlusses (Frankf NJW-RR 05, 1145; s.a. Rn 7) oder das Vortäuschen eines Selbstmordversuchs beim Abschluss eines Ehevertrags (BGH NJW-RR 96, 1282). Ggf kann durch die Äußerung einer – bewusst unrichtigen – Rechtsansicht getäuscht werden (vgl KG OLGZ 72, 261). Eine Täuschung liegt vor, wenn ein handschriftlicher Lebenslauf eines Stellenbewerbers nicht eigenhändig geschrieben ist (BAG NJW 84, 446) oder die Frage nach einer Schwerbehinderung unzutreffend beantwortet wird (BAG NJW 96, 2324), außerdem bei unrichtigen Angaben über den Gesundheitszustand beim Abschluss einer Berufsunfähigkeits- (Hamm NJW-RR 95, 287), anders bei einmaligem Erschöpfungszustand (Saarbr NJW-RR 05, 334), oder einer Krankenversicherung (Hambg VersR 71, 902 f). Zu Fragen des ArbG nach dem Gesundheitszustand unten Rn 22.

Die Täuschung kann sich auch auf **innere Umstände** beziehen, wie die Absichten des Anfechtungsgegners. Ebenso kann sie auch **konkludent** erfolgen (BGH NJW 01, 3332), etwa über die iRe Unterrichtsvertrags zu erwerbende Qualifikation (AG Kaiserslautern NJW-RR 97, 1073; s.a. Rn 6). Ist ein Sachmangel offenbart, wird damit ggf erklärt, dass die Sache keine weiteren Mängel aufweist (Köln OLGZ 87, 229). Wer ein Geschäft auf

Kredit tätigt, erklärt seine Absicht, bei Fälligkeit zu leisten und seine Annahme, hierzu in der Lage zu sein. Selbst eigene Zweifel daran begründen noch keine Täuschung (Köln NJW 67, 741; verkürzt Staud/*Singer/von Finckenstein* § 123 Rz 8; Palandt/*Ellenberger* § 123 Rz 4). Der Hinweis auf besonders hohe Gewinnmöglichkeiten bei einem Geschäft kann irreführend sein, wenn beim Geschäftspartner der unzutreffende Eindruck erweckt wird, er werde ebenfalls entspr Gewinne erzielen (Bambg MDR 71, 44).

8 **3. Unterlassen. a) Grundsätze.** Jede Partei hat ihre Interessen grds selbst wahrzunehmen (BGH NJW 06, 2618 Tz 28). Eine Täuschung durch Unterlassen (Verschweigen) erfolgt deshalb nur, wenn eine Offenbarungspflicht hinsichtlich des verschwiegenen Umstands besteht (BGH NJW-RR 98, 1406; BAG NJW 94, 1364). Die Verletzung einer gesetzlichen Aufklärungspflicht, §§ 312c I, 312e I Nr 2, 482 II, 492 II 5 sowie §§ 15 ff, 32 ff, 37b ff WpHG (vgl BGH NJW 02, 1943; NJW-RR 01, 1416), kann eine Täuschungshandlung begründen (vgl Erman/*Saenger* § 485 Rz 16; BaRoth/*Schmidt-Räntsch* § 312c Rz 48, eher für § 119). Überwiegend sind Offenbarungspflichten rechtsgeschäftlich begründet. Arglistig verschweigt, wer sich bewusst ist, dass ein bestimmter Umstand für die Entschließung seines Vertragspartners erheblich ist, nach Treu und Glauben diesen Umstand mitzuteilen verpflichtet ist und ihn nicht offenbart (BGH NJW 89, 764; NJW-RR 08, 258 Tz 20). Eine Offenbarungspflicht setzt vielfach ein Informationsgefälle zwischen den Geschäftspartnern voraus (Brandbg NJW-RR 96, 726). Mangelnde Lebens- oder Geschäftserfahrung kann Aufklärungspflichten begründen (BGHZ 47, 210 f; NJW 92, 302) und deren Umfang beeinflussen (BGH NJW 06, 2618 Tz 27). Eine allg Pflicht zur Aufklärung aller für den Geschäftspartner relevanten Umstände besteht nicht (BGH NJW 03, 426). Ungünstige Eigenschaften einer Person oder Sache müssen grds nicht ungefragt offenbart werden (München NJW 67, 158). Wer den Mangel einer Kaufsache mit der im eigenen Interesse gebotenen Aufmerksamkeit selbst feststellen kann, darf keine Aufklärung erwarten (BGH NJW 01, 64). Eine Aufklärungspflicht über die Absicht, den Partner bei weiteren Geschäften schädigen zu wollen, besteht nicht (Hamm NZG 05, 212 f). Nimmt der Aufklärungspflichtige an, der Partner sei informiert, fehlt zwar nicht die Täuschung, ggf aber die Arglist (BGH NJW-RR 96, 690). Bei Geschäften mit spekulativem Charakter muss grds über die Umstände aufgeklärt werden, die das Geschäft als spekulativ kennzeichnen oder den Ertrag beeinflussen (BGHZ 80, 82 ff; 124, 154; NJW 98, 2676). Dies gilt insb ggü geschäftlich unerfahrenen Personen (zur strukturellen Überlegenheit Staud/*Singer/von Finckenstein* § 123 Rz 11).

9 **b) Fallgruppen.** Für die Aufklärungspflichten sind insb folgende Fallgruppen herausgebildet: Auf gezielte **Fragen** muss grds richtig und vollständig geantwortet werden (BGHZ 74, 392; NJW 77, 1915; WM 87, 138; BAG NJW 94, 1364). Will der Gefragte nicht antworten, darf er keine unvollständigen Angaben machen, sondern muss die Antwort verweigern. Ein konkreter Verdacht hinsichtlich der erfragten Umstände ist mitzuteilen (*Brem* DAR 80, 373). Einer Nachfrage gleichzustellen sein können bestimmte Anforderungsmerkmale in einer Ausschreibung, Leistungsbeschreibung oder einem Inserat (LG Stuttgart NJW-RR 92, 1360). Beim Gebrauchtwagenverkauf muss auf die Frage nach Unfallschäden jeder Bagatellschaden angegeben werden (BGHZ 74, 392; NJW 77, 1915; WM 87, 138), selbst solche, die ungefragt nicht zu offenbaren sind.

10 Eine Offenbarungspflicht besteht grds, wenn ein **besonderes Vertrauensverhältnis** zwischen Erklärendem und Erklärungsempfänger existiert (BGH NJW 92, 302). In Betracht kommen eine besondere persönliche, familiäre oder gesellschaftsrechtliche Verbundenheit (BGH NJW 92, 300), ein Dauerschuldverhältnis mit persönlicher Vertrauensbeziehung (BGH MDR 79, 730), länger währenden Vertragsverhandlungen mit Angaben, die sich vor Vertragsschluss als unrichtig herausstellen (BGH NJW 83, 2492) und besondere Geschäftsbeziehungen (BGHZ 13, 200), aber auch besondere Fachkenntnisse, wie im Wertpapierhandel (BGHZ 80, 82 ff), von Banken (RGZ 111, 234 f; Staud/*Singer/von Finckenstein* § 123 Rz 20), beim Auftritt als Fachberater (LG Berlin NJW-RR 89, 505), bei einem Architekten (BGH MDR 78, 1009) und ggf im Gebrauchtwagenhandel (BGHZ 63, 386 f; BGH NJW 80, 2185).

11 Der Erklärende ist über **erkennbar besonders wichtige Umstände** aufzuklären, die für seine Entschließung von ausschlaggebender Bedeutung sind (BGH NJW 71, 1799; 98, 1316), insb wenn sie den Vertragszweck vereiteln oder gefährden können (BGH NJW 79, 2243; 89, 764; 00, 2498; NJW-RR 98, 1406). Ist bei der Übernahme von Dienst- oder Werkleistungen eine bestimmte Qualifikation als verkehrsüblich zu erwarten, muss über deren Fehlen aufgeklärt werden (Architekt: Ddorf NJW-RR 93, 1175; Nürnbg NJW-RR 98, 1714). Der Verkäufer eines Grundstücks muss auf eine geplante tief greifende Verkehrsumgestaltung hinweisen, die den Vertragszweck gefährdet (Frankf NJW-RR 02, 523). Die eigene wirtschaftliche Bedrängnis ist nicht allg, sondern nur dann zu offenbaren, wenn der Vertragszweck bedroht ist (BGH NJW 74, 1506; BAG NJW 75, 709). Zweifel an der Leistungsfähigkeit genügen nicht. Es muss zu erwarten sein, dass die Leistung nicht erbracht wird (LG Gießen ZMR 01, 895, hoch verschuldeter Mieter, der die eidesstattliche Versicherung abgegeben hat).

12 IÜ kann sich eine Aufklärungspflicht ergeben, wenn sie nach **Treu und Glauben** und den Anforderungen des Verkehrs aufgrund einer Gesamtwürdigung zu erwarten ist (BGHZ 117, 283; BGH NJW 83, 2494; NJW-RR 97, 270). Über die Gebührenhöhe hat der RA nicht allg, aber uU dann aufzuklären, wenn sie das vom Auftraggeber erstrebte Ziel wirtschaftlich sinnlos macht (BGH NJW 98, 3487).

13 **4. Einzelfälle. Arbeitsvertrag:** Die allg Grundsätze gelten auch bei der Anbahnung von Arbeitsverhältnissen. Auf eine unzulässige Frage muss der ArbN jedoch nicht wahrheitsgemäß antworten (Rn 22). Ohne eine entspr Frage muss der Arbeitsplatzbewerber nur auf solche Umstände hinweisen, deren Mitteilung der ArbG nach Treu und Glauben erwarten darf, weil sie die Erfüllung der arbeitsvertraglichen Leistungspflicht unmöglich machen oder sonst für den in Betracht kommenden Arbeitsplatz von ausschlaggebender Bedeutung sind (BAG NJW 91, 2724 f). Die Anfechtung ist ausgeschlossen, wenn der Anfechtungsgrund seine Bedeutung für die Fortsetzung des Arbeitsverhältnisses verloren hat (BAG NZA 88, 731). Auf Krankheiten hat der Bewerber nur hinzuweisen, wenn er im Zeitpunkt des Dienstantritts voraussichtlich krank oder zur Kur sein wird (BAG NJW 64, 1197) bzw die gesundheitlichen Beschwerden die Leistungsfähigkeit erheblich gefährden (BAG DB 86, 2238). Über eine Schwangerschaft ist nicht zu informieren (*Schaub* Arbeitsrechts-Handbuch § 26 Rz 23), eine Ausnahme für befristete Arbeitsverhältnisse erscheint nicht europarechtskonform (vgl EuGH NJW 02, 124). Auf die sexuelle Identität muss nicht hingewiesen werden (EuGH NZA 96, 695; BAG NJW 91, 2726). Über die bevorstehende Vollstreckung einer Strafhaft ist zu informieren (LAG Frankf BB 87, 968).

Architektenvertrag: Der unterlassene Hinweis auf die fehlende Architekteneigenschaft begründet eine Täuschung (Nürnbg NJW-RR 98, 1714). **Bürgschaft:** Verbürgt sich ein ArbN für seinen ArbG zwecks Erhalt des Unternehmens, muss der Gläubiger auf seine Absicht hinweisen, die Geschäftsbeziehungen zum Hauptschuldner einzustellen (BGH NJW 01, 3332). Auf das Bürgschaftsrisiko, dh die Wahrscheinlichkeit der Inanspruchnahme des Bürgen, oder die Kreditwürdigkeit des Hauptschuldners muss der Gläubiger den Bürgen nicht hinweisen (BGH NJW 88, 3205; Köln NJW-RR 90, 756). **Darlehen:** Eine allg Pflicht zur Risikoaufklärung besteht nicht, auch nicht über ein finanziertes Bauherrenmodell (BGH NJW 00, 2353), anders bei einem konkreten Wissensvorsprung über ein finanziertes Vorhaben (BGH NJW 99, 2032 f). Auskunft über Mahnverfahren und Aufklärung über Zwangsvollstreckung (Saarbr WM 06, 2251), Folgen einer unterlassenen Aufklärung über das Widerrufsrecht beim Verbraucherdarlehen (EuGH NJW 05, 3554; *Staudinger* NJW 05, 3522).

Kaufvertrag: Der Verkäufer hat den Käufer auf solche Umstände hinzuweisen, die Voraussetzung für eine sachgerechte Benutzung sind. Wesentliche Mängel einer Kaufsache dürfen nicht verschwiegen werden (BGH NJW 90, 975), bei besonders schwerwiegenden Mängeln genügt bereits ein Verdacht (BGH LM § 463 BGB Nr 8).

Kfz: Auf Unfallschäden ist hinzuweisen (BGHZ 29, 150 f; 63, 386 f; 168, 70; BGH NJW 82, 1386) auch ggü einem Gebrauchtwagenhändler (Köln NJW-RR 95, 51), nicht auf Bagatellschäden, wie ganz geringfügige äußere Lackschäden bei Pkw, bei LKW etwas schwächere Pflicht (BGH NJW 82, 1386, anders bei konkreter Frage, Rn 9), nicht auf Kleinstschaden neben erwähnter Reparatur (München DAR 02, 454). Beim Verkauf eines fabrikneuen Wagens ist auf eine ausgebesserte und überlackierte Tür hinzuweisen (LG Gießen NJW-RR 05, 493, Wertgrenze 350 €). Erhebliche Rostschäden an tragenden Teilen sind anzusprechen, nicht überlackierter Flugrost (Kobl NJW-RR 02, 1578). Nach einem schweren Unfall ist über den Umfang des Schadens und die Art der Reparatur aufzuklären (Karlsr DAR 92, 151; Köln VerR 94, 111), nicht über die Sachverständigenbeurteilung als Totalschaden (Ddorf NJW-RR, 91, 1402; aA Hamm DAR 83, 355), ein Hinweis auf Seitenschaden ist unzureichend (Kobl DAR 02, 452). Auf eine etwaige Verkehrsunsicherheit wegen unvollständiger Reparatur ist hinzuweisen (Hamm DAR 96, 499), ein Gebrauchtwagenhändler hat auf den begründeten Verdacht von Unfallschäden hinzuweisen (Frankf NJW-RR 99, 1064). Hinzuweisen ist auf Umstände, welche die Verkehrssicherheit und -zulassung betreffen (BGH NJW 71, 1799) oder auf ungewöhnliche Besonderheiten der Ausstattung (Ddorf NJW-RR 93, 1463), nicht auf das Alter als solches (BGH NJW 81, 224). Über den Reimport eines Gebrauchtwagens ist zu informieren (Saarbr NJW-RR 99, 1063) ebenso über die Vorbenutzung als Mietwagen (aA bei kurzer, sechsmonatiger Dauer Köln VersR 97, 1368). Zur Fabrikneuheit (BGH NJW 00, 2018; 04, 160; Zweibr NJW-RR 98, 1213), Frist von dreißig Monaten zwischen Herstellung und Erstzulassung (Oldbg MDR 06, 630). Keine Aufklärungspflicht besteht über Wiederverkaufsabsichten, auch wenn der Verkäufer nicht an den Wiederverkäufer veräußern darf (BGHZ 117, 283).

Immobilien: Hinzuweisen ist auf Einsturzgefahr (BGH NJW 90, 975), die Kontaminierung mit Altöl oder anderen Altlasten sowie auf einen Altlastenverdacht (BGH NJW 01, 64; *Müggenborg* NJW 05, 2816), den Verdacht einer Nutzung als wilde Müllkippe (BGH NJW 91, 2900; 92, 1954 f), die Benutzung als Deponie (BGH NJW 95, 1550), als ungesichertes Lager für Chemikalien (LG Stuttgart NJW-RR 03, 1315), auch als Gaswerk mit Verkokungsanlage (aA BGH NJW 94, 254), Asbest (BGH NJW 09, 2120 Tz 10), nicht über die längere Zeit zurückliegende bordellähnliche Nutzung (Hamm NJW-RR 00, 1183). Aufzuklären ist über den Verdacht von Trocken- oder Nassfäule (BGH LM § 463 BGB Nr 8; Celle MDR 71, 392), erhebliche Mängel des Abwasserabflusses (Kobl NJW-RR 90, 149), das Fehlen eines notwendigen Hochwasserschutzes (BGH NJW-RR 92, 334), schikanöses Verhalten eines Nachbarn (BGH NJW 91, 1675), beim Kauf eines Mietobjekts über die mangelnde Bonität eines Mieters (BGH NJW-RR 03, 701), erhebliche Zahlungsrückstände eines Mieters (Celle NJW-RR 99, 280 f), eine Mietpreisbindung (vgl BGH NJW 98, 898), Einbeziehung in Planungsvorhaben der Kommune (BGH WM 76, 401), Ausweisung als Landschaftsschutzgebiet (Oldbg NJW-RR 03, 448), fehlende Baugenehmigung (BGH NJW 79, 2243; 03, 2381), öffentlich-rechtliche Nutzungsbeschränkungen (BGH NJW 88, 1290), fehlende Zustimmung des Nachbarn zur Bebauung (Kobl NJW-RR 03, 119), Feuchtigkeitsschäden grds auch nach einem evtl erfolglosen Sanierungsversuch (BGH NJW 93, 1704; 09, 2120 Tz 8, Abwägung), auf einen erheblichen Holzbockbefall (BGH NJW 65, 34; KG NJW-RR 89, 972), nicht auf die Gefahr von Hausschwamm, wenn der Käufer die dafür maßgebenden Umstände kennt (BGH NJW-RR 03, 772) auch nicht auf Risse im Estrich (München BB 97, 961). Keine Aufklärungspflicht besteht über fachlich einwandfrei durchgeführte Schwarzarbeiten (BGH NJW 79, 2243; Celle MDR 97, 927). Bei einem auf Steuerersparnis angelegten Immobilienkauf, vielfach gerichtet auf den Erwerb einer Schrottimmobilie (s.a. Rn 18), kann eine Hinweispflicht auf die steuerlichen Auswirkungen des Erwerbs bestehen (BGH NJW 99, 638). Wird der Immobilienkaufvertrag vor dem Darlehensvertrag geschlossen, erfolgt durch eine beim Abschluss des Darlehensvertrages unterbliebene Widerrufsbelehrung keine Täuschung (BGH NJW 06, 2101 f). Das den Immobilienkauf finanzierende Kreditinstitut muss aufklären, wenn es das eigene wirtschaftliche Wagnis auf den Kunden verlagert und diesen bewusst mit einem Risiko belastet, das über die mit dem zu finanzierenden Vorhaben normalerweise verbundenen Gefahren hinausgeht (BGH NJW 07, 2395 Tz 19). Über die Unangemessenheit des Kaufpreises hat es ausnahmsweise aufzuklären, falls es von einer sittenwidrigen Übervorteilung des Käufers durch den Verkäufer auszugehen hat, insb wenn der Wert der Leistung knapp doppelt so hoch wie der Wert der Gegenleistung ist (BGHZ 168, 1 Tz 47; 07, 2395 Tz 41).

18 **Immobilienfonds:** Der Erwerb einer Beteiligung an einem Immobilienfond kann bei einer arglistigen Täuschung über die steuerliche Förderung, die Rentabilität oder die Wiederverkaufsmöglichkeiten angefochten werden (BGH NJW 06, 1956). Aufklärungspflichten der finanzierenden Bank bestehen nur unter besonderen Voraussetzungen, etwa bei einem erkennbaren konkreten Wissensvorsprung vor dem Darlehensnehmer (BGH NJW 08, 2572 Tz 12; NJW-RR 08, 1226 Tz 14), etwa auf eine verdeckte Innenprovision durch die der Preis knapp doppelt so hoch ist wie der Wert des Fondsanteils (BGHZ 168, 1 Tz 41, 47), bei einer erkannten arglistigen Täuschung des Verkäufers (BGH NJW-RR 07, 257 Tz 16), bei Überschreiten der Rolle des Kreditgebers, und bei einer schwerwiegenden Interessenkollision (BGH NJW 06, 2099 Tz 41; 08, 2572 Tz 12; *Martis* MDR 07, 378). Der Vermittler einer mittels Prospekt vertriebenen Kapitalanlage ist verpflichtet, den Anleger auf eine Innenprovision von mehr als 15% des Erwerbspreises hinzuweisen (BGH NJW 07, 2407 Tz 18; s.a. Rn 21). Beim institutionellen Zusammenwirken der kreditgebenden Bank mit dem Verkäufer oder Vertreiber des finanzierten Objekts, zB durch eine Vertriebsvereinbarung oder -absprache bzw einen Rahmenvertrag, wird widerleglich vermutet, dass die Bank von einer arglistigen Täuschung des Anlegers durch evident unrichtige Angaben des Verkäufers oder Vertreibers Kenntnis hatte (BGHZ 168, 1 Tz 51; 169, 109 Tz 23; BGH NJW 08, 2572 Tz 20; 08, 2576 Tz 16). Die Grundsätze gelten auch bei einem verbundenen Geschäft, wenn die außerhalb des Verbunds stehenden Fondsinitiatoren oder Gründungsgesellschafter die arglistige Täuschung begangen haben und mit ihnen institutionalisiert zusammengewirkt wurde (BGH NJW 07, 1127 Tz 29). Zurückzugewähren ist das Abfindungsguthaben (BGH NJW 03, 2823). War die Täuschung auch für den Abschluss eines damit verbundenen Darlehensvertrages kausal, kann auch dieser angefochten werden (BGH NJW 06, 1957). Wird der Immobilienkaufvertrag vor dem Darlehensvertrag geschlossen, erfolgt durch eine beim Abschluss des Darlehensvertrags unterbliebene Widerrufsbelehrung keine Täuschung (BGH NJW 06, 2102 f).

19 Beim Beitritt zu einem **Mietpool** besteht keine Aufklärungspflicht der finanzierenden Bank über die wirtschaftlichen Konsequenzen (BGH NJW 08, 2572 Tz 15; 08, 3059), anders bei Überschuldung des Pools oder der Gewährung eines Darlehens an den Mietpool, für das Mithaftung besteht (BGH NJW 07, 2395 Tz 27), nicht aber hinsichtlich der Beleihungswertermittlung (BGH NJW 07, 2395 Tz 41). Rechtsfolge ist ein Anspruch auf Ersatz der Mehrkosten oder Mindereinnahmen (BGH NJW 08, 2572 Tz 16).

20 **Sonstige Kaufverträge:** Der Verkäufer eines GmbH-Anteils muss über die Verbindlichkeiten der GmbH informieren, falls sie die Insolvenzreife der GmbH begründen (BGH NJW-RR 98, 1406), beim Unternehmenskauf ist über rückständige Umsatzsteuerleistungen zu informieren (Köln NJW-RR 94, 1065), der Umfang der Verbindlichkeiten ist zu offenbaren, soweit sie den Bestand des Unternehmens gefährden (BGH ZIP 02, 853). Aufzuklären ist bei der Beteiligung an einem Bauherrenmodell über erhebliche Differenzen zwischen einer Mietgarantie und gezahlten Mieten (Ddorf DNotZ 98, 901), nicht dagegen über die konkreten Vermögensverhältnisse des Schuldners einer Forderung (BGH WM 75, 158).

21 **Maklervertrag:** Ein Makler muss auf einen Provisionsanspruch gegen den Kreditgeber hinweisen, wenn er auch gegen den Darlehensnehmer einen Provisionsanspruch erwerben will (Stuttg NJW 82, 1599; Frankf NJW-RR 88, 1199). **Mietvertrag:** Hinzuweisen ist auf die unzulässige Nutzung als Büroraum (BGH NJW 09, 1266 Tz 23), bei einer Untervermietung auf erhebliche Mietrückstände im Hauptmietverhältnis (Köln NJW-RR 99, 883), ebenso auf die Eröffnung eines Insolvenzverfahrens (LG Bonn NJW-RR 06, 382), auf eine mögliche Eigenbedarfskündigung kann hinzuweisen sein (BVerfG NJW 89, 972), Nebenkosten sind realistisch anzugeben (Ddorf ZMR 00, 605). Ein Autovermieter muss einen Unfallgeschädigten aufklären, wenn er diesem einen Tarif anbietet, der deutlich über dem Normaltarif liegt und das Risiko einer nichtvollständigen Versicherungszahlung besteht (BGH NJW 06, 2618 Tz 29; 07, 1447 Tz 15; 2181 Tz 11). Zum Mietpool Rn 19. **Unterhaltsvertrag:** Das Verschweigen erheblicher Einkünfte und des Sicherungscharakters einer Forderungs*abtretung* ist aufklärungspflichtig (BGH NJW-RR 02, 1356), nicht das Zusammenleben mit einem anderen Partner (BGH NJW-RR 86, 1258). Beim gerichtlichen Unterhaltsvergleich können erhebliche Zuwendungen zu offenbaren sein (BGH NJW 99, 2804). **Vergleich:** Die Täuschung kann die Vergleichsgrundlage oder andere Punkte betreffen (BGH NJW 99, 2804). Wird einem Vergleichsschluss eine Organisationsbeschrei-

bung zugrunde gelegt, ist darin auf Sicherheitsmängel hinzuweisen (BGH NJW 00, 2498). **Versicherungsvertrag:** Vgl § 22 VVG; verletzt der Versicherungsnehmer arglistig die Anzeigeobliegenheit, besteht keine Nachfrageobliegenheit des Versicherers (BGH VersR 07, 96). Beim Abschluss eines Feuerversicherungsvertrags ist auf eine konkrete Brandstiftungsdrohung hinzuweisen (KG NJW-RR 99, 100), zur Täuschung bei einer Vermögensschadenshaftpflichtversicherung für Organe (Ddorf NJW-RR 06, 1260), über gefahrerhebliche Umstände iSd §§ 16 f VVG aF entsprechend §§ 19, 22 f VVG (BGH NJW-RR 07, 826). Zur Aufklärungspflicht über Vorerkrankungen beim Abschluss eines Krankenversicherungsvertrags (BGH NJW-RR 95, 217; Saarbr VersR 03, 891), eines Berufsunfähigkeitsversicherungsvertrags (BGH NJW 09, 289 Tz 13 ff), über Laborwerte bei Lebensversicherung (KG VerR 07, 933), zur Kündigung einer Vorversicherung (Köln VerR 07, 101). Beantwortet der Privatkunde einen umfassenden Fragenkatalog, muss er idR keine weiteren Umstände offenbaren (BGHZ 117, 386). Antwort auf eine im Singular gestellte Frage in Einzahl (Celle NJW-RR 06, 682). **Werk- und Werklieferungsverträge:** Aufzuklären ist über mögliche Bedenken gegen die Brauchbarkeit einer neuen Technik (BGH BB 93, 27). **Wertpapiergeschäft:** Aufklärungspflichtig sind Rückvergütungen bei der Empfehlung von Fondsanteilen (BGH NJW 07, 1876 Tz 22 ff).

II. Pflichtwidrigkeit. Eine vorsätzliche Täuschung verstößt grds gegen (vor)vertragliche Pflichten und die Anforderungen eines redlichen Rechtsverkehrs. Ausnahmsweise ist die Täuschung bei einer falschen Antwort auf eine unzulässige Frage nicht pflichtwidrig. Der Tatbestand des § 123 I Alt 1 wird insoweit um das ungeschriebene Merkmal der Pflichtwidrigkeit ergänzt. Fragen an den Arbeitsuchenden sind nur zulässig, wenn der ArbG ein berechtigtes, billigenswertes und schutzwürdiges Interesse an der Antwort im Hinblick auf das Arbeitsverhältnis hat (BAG NJW 96, 2323; 01, 1885). Die Frage nach der Schwerbehinderteneigenschaft ist zulässig auch, wenn diese tätigkeitsneutral ist (BAG NJW 94, 1364; 01, 1885). Nach einer Schwangerschaft darf – grds auch bei einem befristeten Arbeitsverhältnis – nicht gefragt werden (EuGH NJW 02, 124; BAG NJW 93, 1155). Vorstrafen darf der ArbG erfragen, wenn und soweit dies die Art des Arbeitsplatzes nach einem objektiven Maßstab erfordert (BAG NJW 99, 3654). 22

III. Irrtum. Ein Irrtum liegt bei einer unbewussten Fehlvorstellung über die Wirklichkeit vor und zwar auch dann, wenn der Irrende die Täuschung nicht erkannt hat, aber hätte erkennen können (BGH NJW 97, 1847). Erkennt der Getäuschte die Wahrheit, fehlt es an einem Irrtum (BAG NJW 01, 1885). 23

IV. Kausalität. Erforderlich ist eine doppelte Kausalität. Zunächst muss ein Ursachenzusammenhang zwischen Täuschungshandlung und Irrtum vorliegen. Dieser besteht, wenn der Täuschende den Irrtum unterhält oder die Täuschung den Irrtum mit verursacht hat (KG JR 64, 350), nicht aber bei einer Selbsttäuschung (BGH WM 74, 1023). Außerdem muss der Irrtum für die Abgabe der Willenserklärung kausal sein, falls etwa der Getäuschte die Willenserklärung nicht oder mit einem anderen Inhalt abgegeben hätte (BGH NJW 64, 811). Dafür sind Umstände ausreichend, die Einfluss auf die Entschließung besitzen (BGH NJW 95, 2362). 24

V. Arglist. Die Täuschung muss arglistig geschehen. Arglist iSd Vorschrift bedeutet Vorsatz. Der Vorsatz muss sich auf die Täuschung, Irrtumserregung und Kausalität beziehen (BGH NJW 99, 2806). Bedingter Vorsatz ist ausreichend (BGHZ 168, 69). Der Täuschende muss die Unrichtigkeit seiner Angaben kennen oder für möglich halten (BGH NJW 01, 2327). Es genügt das Bewusstsein, dass der Erklärende seine Erklärung ohne die Täuschung möglicherweise nicht oder nicht mit dem vereinbarten Inhalt abgegeben hätte (BGH NJW 98, 1316; 00, 2499). Der Täuschende handelt dagegen nicht arglistig, wenn die Fehlerhaftigkeit seines Handelns nahe liegt, er aber darauf vertraut, der Umstand werde nicht vorliegen (Erman/*Palm* § 123 Rz 28). Arglistig handelt auch, wer zu Fragen von erkennbar maßgeblicher Bedeutung für den Kontrahenten ohne hinreichende Grundlage – sich als unzutreffend erweisende – **Erklärungen ins Blaue** hinein abgibt (BGHZ 74, 392; NJW 06, 2839 Tz 13; 08, 644 Tz 49). Ein Schädigungsvorsatz oder eine Bereicherungsabsicht ist nicht erforderlich (BGH NJW 74, 1506; 00, 2499). Auch die Täuschung in wohlmeinender Absicht ist arglistig, denn auf die Intention kann es beim Schutz der freien Willensentschließung nicht ankommen (MüKo/*Kramer* § 123 Rz 9; BaRoth/*Wendtland* § 123 Rz 19; *Medicus* AT Rz 789; aA BGH BB 54, 785; Palandt/*Ellenberger* § 123 Rz 11). 25

VI. Täuschung durch Dritte. 1. Grundsatz. Auf einer arglistigen Täuschung beruhende nicht empfangsbedürftige Willenserklärungen können unabhängig davon angefochten werden, wer den Erklärenden getäuscht hat. Bei empfangsbedürftigen Willenserklärungen ist dagegen die Anfechtbarkeit wegen einer Täuschung im *Interesse des Verkehrsschutzes beschränkt.* Hat ein Dritter die Täuschung verübt, kann die Willenserklärung nach § 123 II 1 nur angefochten werden, wenn der Erklärungsempfänger die Täuschung kannte oder kennen musste. Scheitert danach das Anfechtungsrecht an der Gutgläubigkeit des Erklärungsempfängers, eröffnet § 123 II 2 ein Anfechtungsrecht, wenn ein anderer aus der Erklärung unmittelbar ein Recht erworben hat und dieser Begünstigte die Täuschung kannte oder kennen musste. 26

2. § 123 II 1. a) Person des Dritten. Vorbemerkung. Ggü einem bösgläubigen Erklärungsempfänger ist die Willenserklärung stets anfechtbar. Es kommt nicht darauf an, ob der Täuschende Dritter oder dem Geschäftskreis des Empfängers zuzurechnen ist. Anders ggü einem gutgläubigen Erklärungsempfänger 27

28 **Dritter** iS der Vorschrift ist der Außenstehende (BAG NZA 98, 34), der am Geschäft unbeteiligt ist und dessen Verhalten sich der Erklärungsempfänger nicht zurechnen lassen muss. Täuscht der Schuldner den Sicherungsgeber, verfolgt er als Dritter eigene Interessen und steht nicht im Lager des Sicherungsnehmers (BGH WM 63, 252), ebenso wenn der Darlehensnehmer die Person täuscht, die eine Mithaftung übernimmt (LG Ulm WM 84, 28). Wer den Vertragsschluss wie ein Makler vermittelt, kann Dritter sein (BGZ 33, 309; zum Versicherungsvertreter aber Hamm VersR 74, 562 f), ebenso wer den Vertragsschluss aus eigenem Antrieb anbahnt (BGH NJW 96, 1051), anders aber, wenn ein Vermittler/Makler die Verhandlungen für den Erklärungsempfänger führt (vgl BGH NJW 96, 451). Eine Vertragsübernahme – Zustimmung des Vermieters zum Mieterwechsel – kann von der im Vertrag verbleibenden Partei nur angefochten werden, wenn die ausscheidende und die eintretende Partei entweder selbst getäuscht hat oder bösgläubig war (BGH NJW 98, 533).

29 **Kein Dritter** ist ein am Vertragsschluss Beteiligter, dessen Verhalten dem des Erklärungsempfängers gleichzusetzen ist (BGH NJW 96, 1051). Gesetzliche und rechtsgeschäftliche Vertreter, beauftragte Verhandlungsführer und Verhandlungsgehilfen ohne Abschlussvollmacht sind keine Dritten (BGHZ 47, 230 f; BGH NJW 96, 1051). Andere am Zustandekommen eines Geschäfts Beteiligte sind keine Dritten, wenn sie wegen ihrer engen Beziehung zum Erklärungsempfänger als dessen Vertrauensperson erscheinen (BGH NJW 78, 2145; 89, 2880; 90, 1662). Abzustellen ist darauf, ob der Täuschende bei einer funktionellen Betrachtungsweise auf der Seite des Erklärungsempfängers steht (Soergel/*Hefermehl* § 123 Rz 32; aA MüKo/*Kramer* § 123 Rz 23 f, Maßstab insb § 278). Dies gilt für den vollmachtlosen Vertreter dessen Handeln genehmigt wurde (BGH WM 79, 237), den Vertragspartner des Erklärungsempfängers (Kobl NJW-RR 03, 120), den Schuldner als Beauftragten des Gläubigers im Verhältnis zum Bürgen (BGH NJW 62, 1907 f; nicht Verhandlungsanstoß BGH NJW-RR 92, 1006) und den Strohmann (BaRoth/*Wendtland* § 123 Rz 22). Beim finanzierten Kauf kann die Täuschung des Veräußerers der Bank zuzurechnen sein, wenn sie aus Sicht des Darlehensnehmers (Erwerbers) als Handlung des Kreditgebers erscheinen (BGH NJW 78, 2145), s.a. § 358. Zur Zurechnung der Haustürsituation (BGH NJW 07, 364 Tz 11). Beim verbundenen Geschäft muss sich die das Anlagegeschäft finanzierende Bank die Täuschung des Vermittlers über das Anlageobjekt zurechnen lassen (BGHZ 167, 239 Tz 29; BGH NJW 07, 3200 Tz 25). Der Vermittler sowohl einer Fondsbeteiligung als auch eines Darlehens ist für die kreditgebende Bank kein Dritter (BGH NJW 06, 1957; 07, 2407 Tz 14). Beim Leasingvertrag ist der die Vorverhandlung führende Hersteller oder Händler kein Dritter des Leasinggebers (BGH NJW 89, 288). IRe Auffangtatbestands kann schließlich die Eigenschaft als Dritter nach Billigkeitsgesichtspunkten entspr der Interessenlage zu verneinen sein (BGH NJW 78, 2145; 90, 1662; 96, 1051).

30 **b) Bösgläubigkeit.** Hat ein Dritter getäuscht, besteht ein Anfechtungsrecht nur, wenn der Erklärungsempfänger die Täuschung kannte oder kennen musste. Jede Fahrlässigkeit genügt (§ 122 Rn 7). Anhaltspunkten für eine Täuschung muss der Erklärungsempfänger ggf nachgehen (BGH NJW-RR 92, 1006).

31 **3. § 123 II 2.** Erwirbt eine andere Person aus dem Rechtsgeschäft unmittelbar ein Recht, kann die Erklärung auch dem Begünstigten ggü angefochten werden, wenn dieser die Täuschung kannte oder kennen musste. Sollte ein Anfechtungsrecht nach § 123 II 1 ausscheiden, kann auf diese Weise die Anfechtung eröffnet sein. Hauptanwendungsfall ist der Vertrag zugunsten Dritter, der anfechtbar ist, wenn der Dritte getäuscht hat (BGH NJW-RR 06, 1212), so etwa der Lebensversicherungsvertrag, bei dem der Versicherer als Versprechender seine Erklärung ggü dem Begünstigten anfechten darf, doch bleibt die Verpflichtung ggü dem Versprechensempfänger bestehen. § 139 ist insoweit unanwendbar (AnwK/*Feuerborn* § 123 Rz 71; aber Hamm VersR 88, 459). Die Täuschung kann durch den Begünstigten als Dritten oder einem Außenstehenden als Vierten begangen sein.

32 **D. Widerrechtliche Drohung. I. Drohung.** Drohung ist das Inaussichtstellen eines künftigen Übels, auf dessen Eintritt der Drohende Einfluss zu haben vorgibt (BGHZ 2, 295; BGH NJW 88, 2600 f; BAG NZA 02, 732). Durch die Drohung muss der Erklärende in die von § 124 II 1 Alt 2 vorausgesetzte Zwangslage gebracht sein (AnwK/*Feuerborn* § 123 Rz 75). Die Drohung kann versteckt durch einen Hinweis auf nachteilige Folgen oder konkludent erfolgen (BGH NJW 88, 2601). Das Ausnutzen einer Zwangslage berechtigt nicht zu einer Anfechtung analog § 123 (BGH NJW 88, 2601). Die Drohung kann von einem Dritten ausgehen (BGH NJW 66, 2401), denn die Beschränkung des Anfechtungsrechts aus § 123 II gilt hier nicht (Staud/*Singer/von Finkenstein* § 123 Rz 60). Der drohende Vorgesetzte muss nicht kündigungsberechtigt sein (BAG NZA 06, 841 Tz 16).

33 **1. Übel.** Als Übel genügt jeder Nachteil, unabhängig davon, ob er materieller oder ideeller Natur ist oder sich auf den Erklärenden bzw eine andere Person bezieht (BGHZ 25, 218 f; BGH NJW 88, 2601). Ebenso wird die *angedrohte* Ausübung vertraglicher Gestaltungsrechte erfasst, so die Kündigung eines Darlehens (BGH NJW 97, 1981) oder Arbeitsvertrags (BAG NZA 02, 732 f; BAG NZA 06, 841 Tz 15). Auf das Gewicht des Übels kommt es nicht an, doch sind bei der Drohung mit Lappalien erhöhte Anforderungen an den Kausalitätsnachweis zu stellen (MüKo/*Kramer* § 123 Rz 41).

2. Abhängigkeit vom Willen des Drohenden. Beim Bedrohten muss der Eindruck hervorgerufen werden, **34** der Eintritt des Übels sei vom Willen des Drohenden abhängig. Ausreichend ist eine nicht ernstlich gemeinte Drohung, die der Erklärende für ernst hält und halten soll (BGH NJW 82, 2301). Das Ausnutzen eines bestehenden Übels (BGHZ 2, 295, Suizidgefahr eines Dritten) oder einer objektiven Zwangslage (BGHZ 6, 351) genügt nicht. Beim Hinweis auf ein bestehendes Übel oder ein Risiko liegt eine unerhebliche Warnung vor (Staud/*Singer*/*von Finkenstein* § 123 Rz 63).

II. Kausalität. Der Erklärende muss durch die Drohung zur Abgabe der Willenserklärung bestimmt worden **35** sein. Ohne Drohung darf die Willenserklärung überhaupt nicht, nicht mit diesem Inhalt oder nicht zu dieser Zeit abgegeben worden sein (BGHZ 2, 299; BAG NZA 06, 841 Tz 19). Eine Abwägung der mit der Willenserklärung verbundenen Vor- und Nachteile schließt eine Anfechtbarkeit nicht aus, wenn die Drohung jedenfalls für die Abgabe mit ursächlich war (Erman/*Palm* § 123 Rz 59), anders wenn die Willenserklärung aufgrund selbstbestimmter Überlegung, nach aktivem Verhandeln oder Einholung von Rechtsrat abgegeben wurde (BGH WM 74, 1023; BAG NZA 08, 348 Tz 59). Ein Mitverschulden des Anfechtenden hindert die Anfechtung nicht (BGH NJW 97, 1847).

III. Widerrechtlichkeit. Eine Drohung ist widerrechtlich, wenn das angedrohte Mittel, der erstrebte Zweck **36** oder das Verhältnis zwischen beiden (Mittel-Zweck-Relation) widerrechtlich ist (BGHZ 25, 220; BGH NJW 05, 2767; BAG NJW 99, 2061). Liegt ein Rechtfertigungsgrund vor, ist die Erklärung nicht anfechtbar (AnwK/*Feuerborn* § 123 Rz 83).

1. Widerrechtliches Mittel. Eine Drohung ist widerrechtlich, wenn das angedrohte Mittel (Verhalten) gegen **37** die Rechtsordnung verstößt, weil es strafbar, rechts- oder sittenwidrig ist. Widerrechtlich ist die Drohung mit einem Vertragsbruch (BGH NJW 95, 3053), selbst wenn eine wirksame und fällige Forderung durchgesetzt werden soll (BaRoth/*Wendtland* § 123 Rz 29). Widerrechtlich ist, die Notaufnahme im Krankenhaus von der Vereinbarung von Wahlleistungen abhängig zu machen (Köln VersR 82, 677). Die Drohung eines Richters mit nachteiligem Urt bei Ablehnung eines Vergleichs, soll rechtswidrig sein (BGH NJW 66, 2399; aA *Schneider* ebda). Grds rechtmäßig ist die Drohung mit von der Rechtsordnung zugelassenen und in der Situation objektiv zu erwägenden Rechtsbehelfen (BGH NJW 05, 2768; aber unten Rn 39), zB Zurückbehaltungsrecht, Rechtsstreit (BGHZ 79, 143 f), Zwangsvollstreckung (BGH WM 84, 1249), Insolvenzantrag, Kündigung (BGH NJW 05, 2768), Strafanzeige (BGHZ 25, 219; BGH NJW 99, 2061) oder Boykottaufruf im Arbeitskampf (BAG NJW 77, 318). Es müssen weder eine Bedenkzeit noch ein Widerrufsrecht (dazu BAG NJW 04, 2403) eingeräumt werden (BAG NJW 94, 1022). Die Verfolgung von Rechten ist selbst dann berechtigt, wenn das Recht nicht existiert, falls ein guter Glaube oder ein berechtigtes Interesse besteht (BGH NJW 05, 2768).

2. Widerrechtlicher Zweck. Selbst wenn das Druckmittel rechtmäßig ist, kann die Drohung aufgrund des **38** subjektiv angestrebten rechts- oder sittenwidrigen Zwecks widerrechtlich sein. Es genügt aber nicht, dass der Drohende keinen Anspruch auf den erstrebten Erfolg hat (BGH NJW 97, 1981). Der Erfolg selbst muss rechtswidrig sein (BGHZ 25, 220). Zumeist wird die Willenserklärung bereits nach §§ 134, 138 nichtig sein (*Larenz*/*Wolf* AT § 37 Rz 37). Die Ankündigung einer Mandatsniederlegung ohne Sonderhonorar ist rechtmäßig (BGH DB 78, 1174; NJW 02, 2775, anders zur Unzeit).

3. Inadäquanz von Mittel und Zweck. Sind weder Mittel noch Zweck rechtswidrig, kann dennoch der Einsatz **39** des Mittels für den konkreten Zweck zu missbilligen sein. IRd erforderlichen Gesamtwürdigung ist zu prüfen, ob der Drohende an der Erreichung des erstrebten Erfolgs ein berechtigtes Interesse hat und ob die Drohung ein angemessenes Mittel darstellt (BGHZ 25, 220; BGH NJW 83, 385; BAG NJW 04, 2402). Zu missbilligen ist die Drohung, ein Haus nur zu übergeben, wenn der Bedrohte eine Sonderzahlung anerkennt und auf Vorbehalte verzichtet (BGH NJW 82, 2301). Eine **Klageandrohung** muss grds selbst bei einer unbegründeten Klage hingenommen werden, anders bei unlauterer Prozessführung, die etwa nur der Verzögerung dient (BGHZ 79, 143 f). Bei Drohung mit einer **Strafanzeige** ist darauf abzustellen, ob ein innerer Zusammenhang zwischen der anzuzeigenden Tat und dem verfolgten Interesse besteht. Nicht widerrechtlich ist die Drohung, wenn der Bedrohte zur Ersatzleistung wegen seiner verübten Straftat angehalten werden soll (BGHZ 25, 220 f; BGH WM 63, 512). Die Drohung des ArbG mit Strafanzeige, um den ArbN zur Unterzeichnung eines Schuldanerkenntnisses zu veranlassen, ist bei begründetem Verdacht nicht unangemessen (BAG NJW 99, 2061). Grds inadäquat ist die Drohung mit einer Strafanzeige gegen Dritte, etwa Familienangehörige (Karlsr VersR 92, 704), außer der Dritte war an der Tat beteiligt (BGH WM 73, 575). Eine zufällig bekannt gewordene Straftat darf nicht genutzt werden, um andere zivilrechtliche Ansprüche durchzusetzen (BAG NJW 99, 2061). Die Drohung eines ArbG mit (außer)ordentlicher **Kündigung** ist rechtswidrig, wenn die Kündigung jeder Grundlage entbehrt und ein verständiger ArbG sie nicht in Erwägung gezogen hätte (BAG NZA 96, 1031; 08, 348 Tz 48). Wurde die Kündigung vor den Verhandlungen über einen Aufhebungsvertrag ausgesprochen, fehlt eine Drohung (BAG NJW 07, 1831 Tz 40). Bei einer angedrohten Verdachtskündigung muss sich der ArbG bemüht haben, die Verdachtsmomente aufzuklären (BAG NJW 97, 678). **Sonstiges.** Eine angedrohte Presseberichterstattung ist nicht zu missbilligen, wenn der Pressebericht selbst nicht zu missbilligen ist (BGH NJW 05, 2769 f).

40 IV. Subjektiver Tatbestand. Vom Drohenden muss bezweckt werden, den Bedrohten zur Abgabe einer Willenserklärung zu veranlassen. Voraussetzung ist ein vorsätzliches Handeln, dh der Drohende muss den Bedrohten bewusst in eine Zwangslage versetzen wollen (BGH NJW-RR 96, 1283; BAG NZA 06, 841 Tz 17; aA *Larenz/Wolf* AT § 37 Rz 43). Nicht erforderlich ist die Absicht, den Bedrohten zu schädigen oder die Drohung zu verwirklichen (BaRoth/*Wendtland* § 123 Rz 35). Umstr ist, ob hinsichtlich der Widerrechtlichkeit subjektive Anforderungen erfüllt sein müssen. Die Rspr verlangt, dass der Drohende die Umstände kennt, welche die Anstößigkeit begründen bzw eine auf Fahrlässigkeit beruhende Unkenntnis (BGHZ 25, 224 f; BGH JZ 63, 318; aA *Medicus* AT Rz 820).

41 E. Rechtsfolgen. Die auf arglistiger Täuschung oder widerrechtlicher Drohung beruhende Willenserklärung ist anfechtbar. Eine Teilanfechtung trennbarer Teile des Rechtsgeschäfts ist zulässig (RGZ 146, 239; BGH WM 73, 638). Eine Fehleridentität bei welcher der Anfechtungsgrund Verpflichtungs- und Verfügungsgeschäft erfasst (BGHZ 58, 257, 258), kommt in Betracht, wenn der täuschungsbedingte Irrtum oder die Zwangslage noch bei der Verfügung bestehen. Die Anfechtung ist ausgeschlossen, falls die Rechtslage des Getäuschten durch die Handlung nicht oder nicht mehr betroffen ist (BGH NJW 00, 2894), insb wenn der Anfechtungsgrund seine Bedeutung für das Rechtsgeschäft verloren hat (Frankf NJW-RR 86, 1206; BAG NZA 88, 731). Abzustellen ist dafür auf den Zeitpunkt der Abgabe der Anfechtungserklärung, nicht des Zugangs (BGH NJW 00, 2894). Ein zeitweiliger Fortfall des Anfechtungsgrunds ist unschädlich (BGH NJW 92, 2348).

42 F. Konkurrenzen. I. Anfechtungstatbestände. Eine Anfechtung wegen arglistiger Täuschung und widerrechtlicher Drohung schließen sich nicht aus (BGH NJW-RR 96, 1281), ebenso wenig eine Anfechtung nach § 123 I und nach § 119 (BGHZ 78, 221).

43 II. Sittenwidrigkeit. Eine Täuschung (oder Drohung) allein begründet noch keine Sittenwidrigkeit gem § 138. Dazu bedarf es weiterer Umstände (BGH NJW 88, 903).

44 III. Vorvertragliche Pflichtverletzung, § 311 II. Eine Täuschung oder Drohung führt vielfach zu Schadensersatzansprüchen aus vorvertraglichen Pflichtverletzungen, §§ 280 I, II, 282, 241, 311 II. Umstr ist, ob auch bei fahrlässigen Handlungen eine Befreiung von der Vertragspflicht erreicht werden kann. Dies wird va von der stRspr bejaht (etwa BGH NJW 62, 1198; 98, 303; 02, 2775; NJW-RR 02, 309 f; s.a. *Lorenz* ZIP 98, 1055; aA *Grigoleit* NJW 99, 900; s.a. *Schöpflin* JA 98, 356). Die Verstärkung der vorvertraglichen Pflichten und § 282 rechtfertigen es nach neuem Recht, einen solchen Schadensersatzanspruch bei fahrlässigen Pflichtverletzungen zuzulassen.

45 IV. Gewährleistungsrecht. Gewährleistungsrechte, insb §§ 437 ff, schließen § 123 nicht aus (NJW 58, 177; BGHZ 57, 146; 110, 222), bei der Gewerberaummiete auch nicht nach der Überlassung (BGH NJW 09, 1266 Tz 33). Mit Anfechtung entfällt ein gewährleistungsrechtlicher Schadensersatzanspruch (*Höpfner* NJW 04, 2865; aA *Derleder* NJW 04, 970).

46 V. Unerlaubte Handlungen. Das Anfechtungsrecht aus § 123 konkurriert oft mit Ansprüchen aus §§ 823 II (iVm §§ 240, 263 StGB), 826. Diese Ansprüche sind idR auf das negative Interesse gerichtet (BGH NJW 98, 984). Das positive Interesse kann nur beim Nachweis verlangt werden, dass der Vertrag ohne den Anfechtungstatbestand zu günstigeren Bedingungen geschlossen worden wäre (RGZ 103, 159; BGH DB 69, 878).

47 G. Beweislast. Wer sich auf die Rechtsfolgen der Anfechtung nach § 123 beruft, hat die Voraussetzungen des Anfechtungsrechts nachzuweisen (BGH NJW 57, 988; 01, 65). Die Beweislastverteilung gilt grds bei der Anfechtung eines Aufhebungsvertrags (BAG DB 99, 2574). Bei einer Täuschung durch arglistiges Verschweigen ist der bedingte Vorsatz iSe Fürmöglichhaltens zu beweisen (BGH NJW 01, 2327; 03, 755). Der Gegner hat zunächst vorzutragen, wo, wann und wie die Aufklärung erfolgt ist (BGH NJW 01, 65). Für die Kausalität einer arglistigen Täuschung genügt es, dass der Getäuschte Umstände nachweist, die für seinen Entschluss von Bedeutung sein konnten und dass die arglistige Täuschung bei der Art des Rechtsgeschäfts Einfluss auf die Entschließung haben kann (BGH NJW 95, 2362). Der Gegner hat zu beweisen, dass die Erklärung auch bei erfolgter Aufklärung abgegeben wäre (BGHZ 61, 120). Bei Anfechtung eines Aufhebungsvertrags gilt eine abgestufte Darlegungslast. Der Anfechtende trägt sie zunächst für die widerrechtliche Drohung. Der Anfechtungsgegner muss dann darlegen, dass er einen Kündigungsgrund annehmen durfte (BAG NZA 08, 348 Tz 55). Macht der Drohende die Adäquanz seines Verhaltens geltend, muss er nach den Grundsätzen der sekundären Beweislastverteilung die objektive Vertretbarkeit seines Standpunkts beweisen (BGH NJW 05, 2768).

§ 124 Anfechtungsfrist.

(1) Die Anfechtung einer nach § 123 anfechtbaren Willenserklärung kann nur binnen Jahresfrist erfolgen.
(2) ¹Die Frist beginnt im Falle der arglistigen Täuschung mit dem Zeitpunkt, in welchem der Anfechtungsberechtigte die Täuschung entdeckt, im Falle der Drohung mit dem Zeitpunkt, in welchem die Zwangslage aufhört. ²Auf den Lauf der Frist finden die für die Verjährung geltenden Vorschriften der §§ 206, 210 und 211 entsprechende Anwendung.

(3) Die Anfechtung ist ausgeschlossen, wenn seit der Abgabe der Willenserklärung zehn Jahre verstrichen sind.

A. Normzweck. Im Interesse des Verkehrsschutzes wird die Anfechtbarkeit nach § 123 durch Ausschlussfristen begrenzt. Da der Getäuschte und der Bedrohte stärkeren Schutz als der Irrende verdienen, sieht § 124 längere Anfechtungsfristen als § 121 vor. Beim Vorliegen besonderer Umstände kann aber das Anfechtungsrecht bereits zuvor verwirkt sein (BGH NJW 71, 1800). 1

B. Anwendungsbereich. Die Ausschlussfristen bestehen für die Anfechtungsrechte aus § 123 und zwar auch, wenn ein Dritter Anfechtungsgegner ist (Motive I, 209; aA *Flume* AT II, 531 f). Sonderregeln enthalten die §§ 318 II, 2082. Die Fristen des § 124 gelten auch im Arbeitsrecht (BAG ZIP 84, 212; NZA 98, 375), § 626 II ist insoweit unanwendbar. Zuvor ist das Anfechtungsrecht ausgeschlossen, wenn der Anfechtungsgrund seine Bedeutung für die Fortsetzung des Arbeitsverhältnisses verloren hat (BAG NZA 88, 731). Im Versicherungsrecht kann ein von § 124 unberührtes Leistungsverweigerungsrecht nur dort bestehen, wo die §§ 16 ff VVG aF entsprechend §§ 199 ff VVG nicht eingreifen (BGH NJW 84, 2815). 2

C. Ausschlussfrist, § 124 I. I. Allgemeines. Die Anfechtung nach § 123 muss gem § 124 I binnen einer Jahresfrist erfolgen, die nach §§ 197 I, 188 II zu berechnen ist, Verwirkung nur bei ganz besonderen Umständen (BAG NZA 08, 348 Tz 45). Die Anfechtungserklärung muss vor Fristablauf zugegangen sein. 3

II. Beginn. 1. Empfangsbedürftige Willenserklärungen. Bei arglistiger Täuschung beginnt die Frist, sobald der Getäuschte die Täuschung gem § 124 II 1 Alt 1 entdeckt, also Kenntnis vom Irrtum und dem arglistigen Verhalten (RGZ 65, 89) erlangt hat (Staud/*Singer/von Finkenstein* § 124 Rz 4). Fahrlässige Unkenntnis oder ein Verdacht genügen nicht (BGH WM 73, 751), doch müssen nicht alle Einzelheiten bekannt sein (RG JW 38, 2202). Bei einer widerrechtlichen Drohung beginnt die Frist mit dem Ende der Zwangslage, § 124 II 1 Alt 2, also mit Eintritt des Übels oder wenn mit dem Eintritt des Übels auch durch Dritthandlung nicht mehr zu rechnen ist (RGZ 60, 374; 90, 374). 4

2. Nicht empfangsbedürftige Willenserklärungen. Der Fristbeginn ist hier gesetzlich nicht geregelt (Motive I, 209). Anfechtbarkeit und Anfechtungsgegner müssen bekannt sein (AnwK/*Feuerborn* § 124 Rz 7). 5

III. Hemmung. Die Ausschlussfrist des § 124 I ist aufgrund der nach § 124 II 2 entspr anzuwendenden §§ 206, 210, 211 bei höherer Gewalt, fehlender Geschäftsfähigkeit oder im Erbfall gehemmt. 6

D. Ausschlussfrist, § 124 III. Spätestens mit Ablauf von 10 Jahren nach Abgabe – nicht Zugang – der Willenserklärung erlischt das Anfechtungsrecht. Die Frist kann weder unterbrochen noch gehemmt werden. 7

E. Folgen. Mit Fristablauf ist das Anfechtungsrecht ausgeschlossen. Im Prozess ist dies vAw zu berücksichtigen. Nur unter ganz besonderen Umständen kann es auf der Basis von § 242 nach Fristablauf geltend gemacht werden (BGH NJW 69, 604). Schadensersatzansprüche aus § 311 II, III, die auf Vertragsaufhebung gerichtet sein können, bleiben bestehen (BGH NJW 97, 254; NJW-RR 02, 309; str, vgl § 123 Rn 44), ebenso die aus unerlaubter Handlung, die als Einrede nach § 853 geltend gemacht werden können (BGH NJW 69, 605). 8

F. Beweislast. Wer sich auf den Fristablauf beruft, trägt die Beweislast, idR also der Anfechtungsgegner (Nürnbg VersR 01, 1368). Er muss auch die für die Kenntnis der arglistigen Täuschung maßgebenden Umstände beweisen (BGH NJW 92, 2347 f). 9

§ 125 Nichtigkeit wegen Formmangels.

¹**Ein Rechtsgeschäft, welches der durch Gesetz vorgeschriebenen Form ermangelt, ist nichtig.** ²**Der Mangel der durch Rechtsgeschäft bestimmten Form hat im Zweifel gleichfalls Nichtigkeit zur Folge.**

A. Formzwecke. Grundlagen. Für Rechtsgeschäfte gilt der Grundsatz der Formfreiheit. Der gesetzliche Formzwang bildet eine von den Formzwecken gesteuerte Ausnahme. Welchem Zweck eine bestimmte Form dient, ist aus der sie anordnenden Norm zu ermitteln (BGH NJW 89, 1484). Gesetzliche Formvorschriften sind idR zwingend und auch dann einzuhalten, wenn ihre Funktion auf andere Weise zu erfüllen ist (vgl BGHZ 53, 194 f). 1

Klarstellungs- und Beweisfunktion. Fast alle formgebundenen Erklärungen dienen der Rechtsklarheit und dem Nachweis für die Vornahme sowie den Inhalt eines Rechtsgeschäfts, selbst wenn andere Aufgaben hinzukommen. Dies gilt etwa für das Schriftformerfordernis beim Mietvertrag, § 550, auch zum Schutz Dritter (BGHZ 136, 357, 370; BGH NJW 08, 2178 Tz 17), oder bei der Beendigung von Arbeitsverhältnissen, § 623, die notarielle Beurkundung von Verträgen über Grundstücke, § 311b I 1, bzw Eheverträgen, § 1410, und die behördliche Form der Eheschließung, § 1310. 2

Warnfunktion. Bei wirtschaftlich bedeutenden oder risikoreichen Geschäften soll der Erklärende vor unüberlegten oder risikoreichen Bindungen gewarnt werden. Beispielhaft dafür steht die notarielle Beurkundung des 3

Erbverzichts, § 2348, bzw der Schenkung, § 518, aber auch die Schriftform des Bürgschaftsversprechens, § 766, oder des Verbraucherdarlehensvertrags, § 492.

4 **Beratungsfunktion.** Va die notarielle Beurkundung, § 17 BeurkG, aber etwa auch die Erklärung ggü einer öffentlichen Stelle, dienen der Beratung und Belehrung der Beteiligten (*Larenz/Wolf* AT § 27 Rz 10). Dies gilt etwa für Eheverträge, § 1410, oder Erbverträge, § 2276.

5 **Informationsfunktion.** Häufig erfüllt das Schriftformerfordernis auch informatorische Aufgaben, namentlich bei zahlreichen Verbrauchergeschäften, vgl §§ 484, 492, 499, 500, 502, s.a. § 550 (BGH NJW 08, 2178 Tz 13 ff).

6 **Kontrollfunktion.** Vereinzelt sollen Formerfordernisse eine behördliche Überwachung erleichtern, so etwa das Schriftformerfordernis nach § 15 II GWB bei der Preisbindung von Verlagserzeugnissen.

7 **B. Formarten.** Die gesetzlichen Formen sind im AT in den §§ 126–126b, 127a–129 geregelt. Modifiziert werden sie etwa durch das Erfordernis der eigenhändigen Schriftform beim Testament nach § 2247. Rechtsgeschäftlich vereinbarte Formen sind nicht an die gesetzlich fixierten Anforderungen gebunden, wobei die Auslegungsregel des § 127 Erleichterungen bei der Schriftform und elektronischen Form bestimmt.

8 **Textform, § 126b.** Als schwächste Form erfordert die Textform eine Urkunde oder eine zur dauerhaften Wiedergabe in Schriftzeichen geeignete Erklärung (Fax, E-Mail). Anstelle einer Unterschrift bzw elektronischen Signatur genügt eine Nachbildung der Namensunterschrift oder andere Kennzeichnung, vgl §§ 312c, 355, 554 III, 556a II, 560.

9 **Elektronische Form, §§ 126 III, 126a.** Soweit nichts anderes geregelt ist, kann nach § 126 III die elektronische Form die Schriftform ersetzen. Dazu muss der Erklärende dem elektronischen Dokument seinen Namen und eine qualifizierte elektronische Signatur nach dem SigG hinzufügen.

10 **Schriftform, § 126 I, II.** Sie verlangt eine eigenhändig durch Namensunterschrift oder durch notariell beglaubigtes Handzeichen unterzeichnete Urkunde. Der Text muss nicht eigenhändig verfasst sein, anders § 2247.

11 **Öffentliche Beglaubigung, § 129.** Die Erklärung ist schriftlich abzufassen und die Unterschrift bzw das Handzeichen vom Notar zu beglaubigen, zB §§ 77, 1355 IV 5, 2198. Sie bezweckt einen Übereilungs- oder Fälschungsschutz, nicht aber eine Belehrung.

12 **Notarielle Beurkundung, § 128.** Als stärkste Form kann die notarielle Beurkundung die anderen gesetzlichen Formen ersetzen, §§ 126 IV, 129 II. Bei ihr wird die Erklärung ggü dem Notar abgegeben, niedergeschrieben, vorgelesen, genehmigt, unterschrieben und die Niederschrift vom Notar unterzeichnet, §§ 8, 13 BeurkG (*Erman/Palm* § 125 Rz 2). § 925 I 1 verlangt für die Auflassung zusätzlich die gleichzeitige, aber nicht persönliche Anwesenheit beider Parteien.

13 **Gerichtlicher Vergleich, § 127a.** Er ersetzt die notarielle und damit auch jede andere Form, §§ 126 IV, 129 II.

14 **C. Anwendungsbereich. I. Arbeitsrecht.** Tarifverträge und Betriebsvereinbarungen bedürfen der Schriftform, § 1 II TVG, 77 II BetrVG. Da tarifvertragliche Regelungen Rechtsnormen iSd Art 2 EGBGB sind, gehören tarifliche Schriftformerfordernisse zu den gesetzlichen Formvorschriften (BAG NJW 01, 990). Bei ihnen ist aber stets zu prüfen, ob sie konstitutive oder deklaratorische Bedeutung besitzen sollen (BAG DB 78, 258). Im Allg soll ihnen nur eine deklaratorische Funktion beizumessen sein (*Schaub* Arbeitsrechts-Handbuch § 32 Rz 53). Die wesentlichen Arbeitsvertragsbedingungen sind nach § 2 NachwG schriftlich niederzulegen. Ein Verstoß dagegen führt nicht zur Unwirksamkeit (BAG NJW 98, 923), kann aber beweisrechtliche Konsequenz begründen (vgl EuGH NZA 98, 138).

15 **II. Öffentlich-rechtliche Formvorschriften.** Öffentlich-rechtliche Verträge erfordern gem § 57 VwVfG zumindest Schriftform. Für privatrechtliche Geschäfte juristischer Personen des öffentlichen Rechts, insb der Gemeinden, sieht das Landesrecht zB in Gemeindeordnungen häufig besondere Förmlichkeiten vor. Da den Ländern insoweit die Gesetzgebungskompetenz fehlt, handelt es sich um Vertretungsregeln. Ein Verstoß führt nicht zur Anwendung von § 125, sondern der §§ 177 ff (BGH NJW 82, 1037; 01, 2626).

16 **D. Gesetzlicher Formzwang, § 125 S 1. I. Voraussetzungen.** Gesetz iSd BGB und damit auch von § 125 1 ist jede Rechtsnorm, Art 2 EGBGB (BGH NJW 01, 601). Nicht jede gesetzliche Regelung rechtsgeschäftlicher Formen beinhaltet jedoch eine Formvorschrift gem § 125 1. Eine derartige gesetzliche Formvorschrift setzt voraus, dass die Gültigkeit des Rechtsgeschäfts von der Einhaltung der gesetzlich vorgeschriebenen Form abhängt, woran es etwa bei § 1 1 VerstV fehlt (BGH NJW 01, 601).

17 **II. Umfang.** Grds erfasst der gesetzliche Formzwang das gesamte Rechtsgeschäft nebst Bezeichnung der Parteien (BGH NJW 02, 3391), mit allen dazu gehörenden Essentialia und wesentlichen Vertragsbestimmungen (BGHZ 40, 262; BGH NJW 99, 2592; 05, 885; NJW-RR 94, 779), aber auch **Nebenabreden** (BGH DNotZ 66, 738; 71, 38 f) soweit sie Rechtswirkungen entfalten (BGH NJW 89, 898), zur Bestimmbarkeit eines Mietobjekts (BGH NJW 06, 141; § 126 Rn 5). Ausnahmsweise kann bei Verträgen nur eine Willenserklärung formbedürftig sein, §§ 518, 766, 780 f, 1154. Über den Umfang entscheidet der jeweilige Zweck der maßgebenden *Formvorschrift* (BGH NJW 89, 1484; 98, 59). Nicht dem Formzwang unterliegen daher unwesentliche Abreden, deren Fehlen den Vertragswillen nicht beeinflusst (BGH NJW 81, 222), sowie Bestimmungen, die den Vertragstext erläutern bzw veranschaulichen (BGH NJW 99, 2592; 05, 885; zur versehentlichen Falschbezeichnung § 133 Rn 21). Eine Ausscheidung berührt nicht die Formwirksamkeit, sondern den Beweiswert

(Hamm NJW-RR 08, 22). Umfasst ein formfreier Vertrag eine formbedürftige **Einzelverpflichtung** (Grundstücksübertragung iRe Gesellschaftsvertrags), unterliegt der ganze Vertrag dem Formzwang (BGH NJW 98, 1558). Sind mehrere rechtlich selbstständige Rechtsgeschäfte durch einen Verknüpfungswillen zu einer **Geschäftseinheit** verbunden, die miteinander stehen und fallen sollen, erfasst der Formzwang eines Geschäfts das gesamte Verhältnis. Dies gilt insb gem § 311b I (BGHZ 101, 396; BGH NJW-RR 98, 951 Schwarzgeldzahlung an Dritten; 98, 1502 f), aber auch sonst (BGHZ 84, 324).

Änderungen und Ergänzungen des formbedürftigen Rechtsgeschäfts unterliegen den Formerfordernissen (BGH MDR 08, 198, geänderte Zahlungsmodalitäten). Dies soll auch für die Verlängerung der Widerrufsfrist eines gerichtlichen Vergleichs gelten (LG Bonn NJW-RR 98, 427; aA Zöller/*Stöber* ZPO § 794 Rz 10 c). Vom aktuellen Vertrag muss durch lückenlose Bezugnahme auf den Ausgangsvertrag und alle ergänzenden Urkunden verwiesen werden (BGH NJW 08, 2178 Tz 21; 2181 Tz 27). Kein Formzwang besteht für die Änderung eines Grundstücksvertrags nach der Auflassung, § 311b I 2 (BGH NJW 85, 266; aA *Mertens* JZ 2004, 433), bzw die Behebung von Abwicklungsschwierigkeiten, die den Inhalt der Leistungsverpflichtungen unberührt lassen (BGH NJW 74, 271). Beim **Schuldbeitritt** (BGH NJW 00, 3497, Verbraucherdarlehen; 97, 3170, Finanzierungsleasing; 93, 584, Schuldanerkenntnis) und der **Vertragsübernahme** (BGH NJW 99, 2665 f, Verbraucherdarlehen) ist für das Formerfordernis nach dem Zweck der Formvorschrift zu unterscheiden. Die **Aufhebung** eines formbedürftigen Geschäfts ist formlos wirksam (BGHZ 83, 395), anders §§ 2290 IV, 2351, s.a. § 623 zur Aufhebung eines Arbeitsvertrags. Zum **Vertretungszusatz** § 126 Rn 14. Eine **Vollmacht** zum Abschluss eines formbedürftigen Geschäfts ist § 167 II grds formfrei wirksam; anders § 492 IV sowie Vollmacht zur Abgabe einer Bürgschaftserklärung bzw Ausfüllungsermächtigung (BGHZ 132, 123). Der **Vorvertrag** eines formbedürftigen Vertrags ist regelmäßig formbedürftig (BGH NJW 89, 167), es sei denn aus dem Normzweck ergibt sich etwas anderes (BGH NJW 80, 1578, Vorvertrag zum Mietvertrag). Formfrei ist auch die **Zustimmung** gem § 182 II zu einem formbedürftigen Geschäft.

III. Rechtsfolgen bei Formmängeln. 1. Grundsatz. Erfüllt ein Rechtsgeschäft nicht die gesetzliche Form, ist es grds nichtig. Auch Dritte können sich darauf berufen (vgl RGZ 93, 76). Betrifft der Formmangel nur einen Teil des Rechtsgeschäfts, führt dessen Nichtigkeit nach § 139 im Zweifel zur Gesamtnichtigkeit (BGHZ 69, 269, Baubeschreibung; BGH NJW-RR 89, 1099, Auflassungsvollmacht). Eine Teilnichtigkeit kann aber aus einer Teilbarkeit des Rechtsgeschäfts und einem Willen der Beteiligten zur Aufrechterhaltung des Rechtsgeschäfts folgen (BGH NJW 00, 2101, Kaufpreisverrechnungsabrede). Eine salvatorische Klausel verändert allein die Beweislast (BGH NJW 03, 347; § 139 Rn 4).

2. Ausnahmen. Teilweise sieht das Gesetz andere Folgen eines Formmangels vor, vgl §§ 550, 578, § 14 IV TzBfG, § 4 RVG (*Kilian* NJW 05, 3104). In Vollzug gesetzte formwidrige Gesellschaftsverträge werden nur für die Zukunft von der Nichtigkeitswirkung erfasst (BGHZ 8, 165).

3. Heilung. Werden formnichtige Rechtsgeschäfte erfüllt, sind manche Formzwecke erledigt. ZT ist deswegen eine Heilung des Formmangels möglich, zB §§ 311b I 2, 494 II, III, 502 III 2, 518 II, 766 3, 2301 II, § 15 IV 2 GmbHG, s.a. § 39 ZPO. Eine salvatorische Klausel heilt nicht den Schriftformmangel (BGH NJW 02, 3202 Tz 24 ff; s.a. Rostock NJW 09, 445, 447). Soweit keine gesetzlichen Einschränkungen bestehen, §§ 494 II, 502 III, erstreckt sich die Heilung auf das gesamte Geschäft (BGH NJW 78, 1577). Sie wirkt nicht zurück (BGHZ 54, 63), doch haben die Parteien regelmäßig analog § 141 II die Leistungen zu erbringen, die einem von Anfang an wirksamen Rechtsgeschäft entspr (BGHZ 32, 13). Eine Verallgemeinerung durch die entspr Anwendung der Heilungsvorschriften auf andere Fälle ist nicht zulässig (BGH NJW 67, 1131; 02, 2561; im Einzelfall abw BGH WM 67, 935).

4. Sonstiges. Schadensersatzansprüche nach §§ 280 I, 311 II, III, 214 II scheiden grds aus, es sei denn, es wurde ein Vertrauen auf das Zustandekommen oder Bestehen eines wirksamen Vertragsverhältnisses erweckt (BGHZ 116, 258).

E. Gewillkürter Formzwang, § 125 S 2. I. Begründung. Inhalt und Umfang rechtsgeschäftlich vereinbarter Formen sind durch Auslegung, §§ 133, 157, zu ermitteln (Karlsr NJW 09, 2750). Führt die Auslegung zu keinem Ergebnis, bestimmt § 125 2, dass die Einhaltung der Form im Zweifel Wirksamkeitsvoraussetzung ist, also konstitutive Bedeutung besitzt. Ein mündlicher Vergleichsschluss ist bei vereinbarter gerichtlicher Protokollierung unwirksam (Karlsr NJW 95, 1562). Die Form kann aber auch nur der Klarstellung und dem Nachweis dienen, also deklaratorische Bedeutung haben (BGH NJW 09, 433 Tz 28). Im Handelsrecht wirkt die Abrede deklaratorisch, den Vertrag schriftlich bestätigen zu lassen (BGH NJW 64, 1270). Auch die Schriftformklausel bei Änderung von Personenhandelsgesellschaftsverträgen soll grds deklaratorisch wirken (BGHZ 49, 366). Soll eine Kündigung durch eingeschriebenen Brief erfolgen, besitzt die Schriftform konstitutive Bedeutung, während die Übermittlungsart nur den Zugang sichern soll und in anderer Weise als durch Einschreiben erfolgen kann (BGH NJW-RR 00, 1560; NJW 04, 1320).

II. Aufhebung. Ein vereinbarter Formzwang kann formfrei aufgehoben werden (BGHZ 66, 380). Die Aufhebung kann konkludent erfolgen (BGH WM 82, 902), insb hebt eine übereinstimmend gewollte mündliche

Absprache das gewillkürte Formerfordernis auf (BGHZ 66, 381; BAG NJW 89, 2150). Da die Parteien ggü ihrer eigenen Vereinbarung souverän bleiben, ist ein Aufhebungswille bzw ein Bewusstsein der entgegenstehenden Klausel nicht erforderlich (BGH NJW 75, 1654; 05, 139; Erman/*Palm* § 125 Rz 9; aA MüKo/*Einsele* § 125 Rz 70; s.a. BGH NJW 93, 65). Einfache Schriftformklauseln in AGB können mündlich aufgehoben werden (BGH NJW 91, 1751 f; 06, 138 f). Dies folgt bereits aus § 305b. Unwirksam ist eine Schriftformklausel, die den Eindruck erwecken soll, eine mündliche Abrede sei entgegen allgemeinen Grundsätzen unwirksam (BGH NZBau 07, 587 Tz 19). Auf ein qualifiziertes Schriftformerfordernis, das gerade für die Aufhebung der Form eine schriftliche Erklärung erfordert, kann formlos verzichtet werden (Erman/*Palm* § 125 Rz 9; aA BGHZ 66, 382, Kaufleute; BAG NZA 08, 1233; MüKo/*Einsele* § 125 Rz 70).

25 **III. Rechtsfolge.** Bei einem Verstoß gegen eine konstitutive Formvorschrift ist das Rechtsgeschäft nichtig.

26 **F. Vermutung der Richtigkeit und Vollständigkeit der Urkunde.** Ist über ein Rechtsgeschäft eine Urkunde aufgenommen, besteht eine Vermutung für die vollständige und richtige Wiedergabe der getroffenen Vereinbarungen (BGH NJW 00, 207 f; 03, 755), nicht für das Datum (BGH NJW-RR 90, 738). Wer sich auf außerhalb der Urkunde liegende Umstände beruft, muss danach den Beweis für ihr Vorliegen führen (BGH NJW 99, 1703; 02, 3164 f). Auch wenn bei Vorverhandlungen Einigkeit über eine Abrede bestand, muss nachgewiesen werden, dass sie bei Vertragsschluss noch gewollt war (BAG NZA 05, 1301). Die Vermutungswirkung ist mit dem Beweis einer Nebenabrede widerlegt (BGH NJW 89, 898). Bei formgebundenen Rechtsgeschäften erstreckt sich die Vermutung auf sämtliche vom Formzwang erfasste Abreden (BGH NJW-RR 98, 1470). Eine erteilte Information bedarf nicht der Form des Rechtsgeschäfts und nimmt nicht an der Vermutungswirkung teil (BGH NJW 03, 755). Ist die Nebenvereinbarung erwiesen, erfüllt sie jedoch nicht die gesetzlichen Formerfordernisse, ist das Rechtsgeschäft nichtig. Bei gewillkürten Formerfordernissen entscheidet darüber die Auslegung.

27 **G. Formnichtigkeit und § 242. I. Grundsatz.** In der Spannungslage zwischen der Ordnungsaufgabe des Formzwangs und der Einzelfallgerechtigkeit kann ausnahmsweise eine Korrektur der Formnichtigkeit mittels § 242 erfolgen. Billigkeitserwägungen genügen nicht (BGH NJW 93, 1128; 96, 1469), ein Ausnahmefall unterliegt strengen Anforderungen (BGHZ 92, 172). Die Formnichtigkeit muss einen Vertragsteil nicht nur hart treffen, sondern für ihn schlechthin untragbar sein (BGHZ 138, 348; BGH NJW 08, 2181 Tz 28). Dazu muss ein Interessenausgleich geboten, jedoch mit anderen Mitteln nicht zu erzielen sein (BGH NJW 84, 607), zB mangels hinreichender Bereicherungs- oder Schadensersatzansprüche (s.a. Rn 29).

28 **II. Voraussetzungen.** Die zum Hoferbenrecht (BGHZ 12, 304; 23, 254; BGHZ 119, 389) und zu § 311b I entwickelte Ausnahme (BGHZ 29, 10; 48, 398), ist bei anderen Formbestimmungen anwendbar, etwa § 550 (BGH NJW-RR 86, 944), § 766 (BGH 26, 151), § 15 IV GmbHG (BGHZ 35, 277) und beim Prozessvergleich (BAG NJW 70, 349). Erforderlich ist ein sonst wirksames Rechtsgeschäft (BGHZ 45, 183). Durchzuführen ist eine einzelfallbezogene Gesamtbeurteilung (*Armbrüster* NJW 07, 3317, 3320). Eine schutzwürdige Situation kann fehlen, wenn beide Parteien den Formmangel kannten (BGH NJW 73, 1456), auch wenn eine besondere Erfüllungszusicherung gegeben wurde (RGZ 117, 124, Edelmannswort; *Medicus* BR, Rz 181; aA BGHZ 48, 399), doch kommt ein Arglisteinwand in Betracht. Bei beidseitig gesetzwidrigem Verhalten wird § 125 nicht durchbrochen (BGH NJW 80, 451, Schwarzkauf).

29 **III. Fallgruppen. 1. Arglistige Täuschung.** Hat eine Partei die andere Partei über die Formanforderungen des Rechtsgeschäfts getäuscht, reichen die auf das negative Interesse gerichteten Schadensersatzansprüche aus §§ 280 I, 311 II, 241 II bzw unerlaubter Handlung nicht aus. Eine lediglich schuldhafte Verursachung genügt nicht (BGH NJW 69, 1170), erst recht nicht eine schuldlose Herbeiführung (BGH NJW 77, 2072). Erforderlich ist eine qualifizierte Verantwortung (BGH NJW 69, 1170; aA BGH DNotZ 73, 18).

30 **2. Besonders schwere Treupflichtverletzung.** Bei gesteigerten Rücksichtnahmepflichten kann die Berufung auf § 125 ausgeschlossen sein, so bei der Überlegenheit einer Partei, wie bei formnichtigem Vertrag zwischen Siedlungsträger und Siedler (BGHZ 16, 337; 20, 173), gemeinnütziger Wohnungsbaugesellschaft und Eigenheimbewerber (BGH NJW 72, 1189), nicht im sozialen Wohnungsbau (BGH NJW 69, 1169). Eine Durchbrechung ist ggü einer Kommune geboten, die sich in zahlreichen Vergleichsfällen nicht auf die Formnichtigkeit berufen hat (BGHZ 92, 172), insb nach längerem Zeitablauf. Da der Formzwang nicht einen Beauftragten schützen soll, kann beim Erwerb aus Mitteln des Auftraggebers eine Berufung auf die Formnichtigkeit ausgeschlossen sein (BGHZ 85, 251 f; 127, 175), anders bei einem Erwerb des Beauftragten im eigenen Namen (BGH NJW 96, 1961). Treuwidrig handelt, wer längere Zeit aus einem wichtigen Vertrag Vorteile gezogen hat und sich nun der eigenen Verpflichtung unter Berufung auf die Formnichtigkeit entziehen will (BGH NJW 93, 1128; 96, 1469; 2504; zur Unterverbriefung BGHZ 85, 319). Ein geringes Gewicht des Formverstoßes (*Armbrüster* NJW 07, 3317, 3319 f) wird schwerlich feststellbar sein.

31 **3. Existenzgefährdung.** Der Formmangel ist auch unbeachtlich, wenn die Nichtigkeit des Vertrags die Existenz des einen Teils gefährdet (BGH NJW 72, 1189; 96, 2504). Meist wird dabei eine Überschneidung mit den anderen Fallgruppen vorliegen.

H. Beweislast. Wer sich auf Rechte aus einem formbedürftigen Vertrag beruft, muss die Einhaltung der **32** Formvorschrift beweisen (Baumgärtel/*Laumen* § 125 Rz 1). Die Person, die sich auf die formlose Abänderung eines formbedürftigen Rechtsgeschäfts beruft, muss die Wirksamkeit beweisen. Wurde der Vertrag eine längere Zeit vorbehaltlos in der modifizierten Gestalt durchgeführt, besteht eine tatsächliche Vermutung für eine wirksame Änderung (Baumgärtel/*Laumen* § 125 Rz 6). Die für eine Wirksamkeit des Geschäfts nach § 242 erforderlichen Umstände sind von der Partei zu beweisen, die sich auf die Wirksamkeit beruft (BGH LM § 242 BGB Ca Nr 13). Zur Vermutung einer vollständigen und richtigen Wiedergabe der getroffenen Vereinbarungen Rn 26.

§ 126 Schriftform.

(1) Ist durch Gesetz schriftliche Form vorgeschrieben, so muss die Urkunde von dem Aussteller eigenhändig durch Namensunterschrift oder mittels notariell beglaubigten Handzeichens unterzeichnet werden.
(2) ¹Bei einem Vertrag muss die Unterzeichnung der Parteien auf derselben Urkunde erfolgen. ²Werden über den Vertrag mehrere gleichlautende Urkunden aufgenommen, so genügt es, wenn jede Partei die für die andere Partei bestimmte Urkunde unterzeichnet.
(3) Die schriftliche Form kann durch die elektronische Form ersetzt werden, wenn sich nicht aus dem Gesetz ein anderes ergibt.
(4) Die schriftliche Form wird durch die notarielle Beurkundung ersetzt.

A. Anwendungsbereich. § 126 bestimmt die Anforderungen an die gesetzlich vorgeschriebene Schriftform. **1** Für die rechtsgeschäftlich vereinbarte Schriftform normiert dies § 127. § 126 gilt für alle Schriftformerfordernisse des BGB und des Privatrechts. Schriftform verlangen die §§ 81 I, 111 2, 368, 484, 492, 505 II, 550, 568, 585a, 594, 595, 623 (für Kündigung, BAG DB 07, 919 Tz 70, für Aufhebungsvertrag mit 2 ArbG-Unterschriften bei Kündigung und Klageverzichtsvereinbarung, BAG NZA 07, 1227 Tz 20, nicht aber für Abwicklungsvertrag BAG NJW 07, 1831 Tz 19), 655b, 782, 792 I 2, 1154 I. Die gesetzliche Terminologie ist nicht einheitlich. Synonyme sind die schriftliche Anzeige § 410 II, schriftliche Erklärung §§ 32 II, 574b, 577 III, schriftliche Erteilung §§ 1904 II, 1906 V, schriftliche Erteilung einer Erklärung §§ 702a II, 761, 766, 780, 781, schriftliche Geltendmachung § 611a IV, schriftliche Mitteilung §§ 416 II, 485 IV, 575 I, 626 II, schriftliche Vereinbarung §§ 557a, 557b, 641a III, schriftliche Zustimmung §§ 33 I, 1128 II, ein schriftliches Verlangen § 37 I, schriftlicher Vermerk § 784 II oder das Ausstellen einer Urkunde §§ 409, 410, 793. **Nicht**: § 5 I VAHRG (BVerwG NJW 08, 1975 Tz 13). Die Zustimmung des neuen Mieters zu einem zwischen dem Vermieter und dem alten Mieter vereinbarten Mieterwechsel ist formfrei (BGH NJW-RR 05, 959).
Gesetz ist gem Art 2 EGBGB jede Rechtsnorm, auch eine Verordnung (BGH NJW-RR 07, 1382, Tz 8). **2** Außerhalb des BGB ist Schriftform vorgeschrieben etwa in den §§ 20 I, 32 I, 122 I, 134 III, 293 III AktG, 12 I AÜG (BGH NJW 05, 885), 15 III BBiG, 77 II, 99 III BetrVG (BAG NJW 03, 844, Telefax), 112 BetrVG (BAG NZA 07, 266 Tz 33), 5, 11 II Nr 1 GenG, 90a I, 363 HGB, 4 II HOAI (nicht für Vertragsanpassungsanspruch wegen Wegfalls der Geschäftsgrundlage BGH NJW 07, 3712 Tz 17), 6 I NutzungsentgeltVO aF (BGH NJW-RR 07, 1382, Tz 7; seit 1.6.02 Textform), 4 I RVG, 1 II TVG, 14 IV TzBfG (BAG NJW 05, 3596; 08, 3453), 150 II VVG. Auch die durch Tarifvertrag bestimmte Schriftform fällt unter § 126 (§ 125 Rn 14). Auf öffentlich-rechtliche Verträge, §§ 57, 62 VwVfG, ist § 126 anwendbar (OVG Lüneburg NJW 98, 2921, str), nicht auf Verwaltungsvereinbarungen der Länder (BVerwG NVwZ 05, 1084). Da das Prozessrecht eigene Zwecke verfolgt, gelten dort abw Anforderungen (GmS-OGB NJW 00, 2341, Computerfax). Schriftformerfordernisse des europäischen Gemeinschaftsrechts erfasst § 126 nicht (BGH NJW 83, 521).
§ 126 gilt für **Rechtsgeschäfte**. Auf rechtsgeschäftsähnliche Erklärungen ist die Vorschrift entspr anwendbar **3** (BAG NJW 03, 844). Für die tariflich geforderte schriftliche Geltendmachung eines Anspruchs kann ein Telefax genügen (BAG NJW 01, 988).

B. Anforderungen. I. Urkunde. 1. Gegenstand. Die rechtsgeschäftliche Erklärung muss in einer Urkunde **4** niedergelegt sein. Urkunde ist jede schriftlich verkörperte Willenserklärung, die geeignet und bestimmt ist, im Rechtsverkehr Beweis zu erbringen sowie den Aussteller erkennen lässt (BGHZ 136, 357, 362). Die Urkunde kann in jeder lebenden oder toten Sprache abgefasst sein (Brandbg NJW-RR 99, 545). Sie kann mit der Hand oder einem technischen Hilfsmittel, wie Schreibmaschine, PC oder Kopierer, geschrieben, gedruckt oder vervielfältigt werden. Verwendet werden kann jedes Trägermaterial, auf dem Schriftzeichen dauerhaft festgehalten werden können (MüKo/*Einsele* § 126 Rz 6). Zur elektronischen Form § 126a Rn 3 ff.

2. Inhalt. Die Urkunde muss das gesamte formbedürftige Rechtsgeschäft mit allen kennzeichnenden Elementen umfassen (§ 125 Rn 17). Der Mindestinhalt der Urkunde kann ausdrücklich gesetzlich bestimmt sein, **5** §§ 492, 502, oder sich aus dem Schutzzweck der Formvorschrift ergeben (BGHZ 136, 357, 367). Es genügt ein bestimmbarer Mietvertragsbeginn (BGH NJW 06, 139 Tz 8 ff; 07, 3273 Tz 24). Ein Ausschluss bestimmter Kündigungsgründe, wie der Eigenbedarfskündigung, ist formbedürftig (BGH NJW 07, 1743). Bei einer Vermietung vom Reißbrett muss die Beschreibung des Objekts besonders genau sein (BGH NJW 06, 140 Tz 21). Umstr ist die Behandlung von Betriebs- und Nebenkosten (dazu *Timme/Hülk* NJW 07, 3313, 3315). Nachträgliche Umstände, selbst eine Vernichtung der Urkunde, sind grds unerheblich, anders bei nicht formwahrenden Nachtragsvereinbarungen (BGH NJW 07, 3273 Tz 26).

6 **3. Einheitlichkeit der Urkunde.** Das gesamte Rechtsgeschäft muss in einer Urkunde enthalten sein. Unschädlich sind außerhalb der Urkunde getroffene unwesentliche Nebenabreden (BGH NJW 99, 2592; 08, 1661 Tz 22, Kellerraum). Umfasst die Urkunde mehrere Blätter oder Textteile, muss ihr **Zusammenhang** kenntlich gemacht sein (BGH NJW 98, 59; 03, 1248). Nach der jüngeren sog Auflockerungsrechtsprechung genügt eine inhaltliche Verbindung, welche die Zusammengehörigkeit der Schriftstücke zweifelsfrei kenntlich macht (BGHZ 136, 357, 369; BGH NJW 07, 1743; 09, 2195, Tz 22, durch Änderungsvereinbarung). Zu diesen sachlichen Kriterien gehören die Paginierung, Textfolge, Paraphierung einzelner Blätter, eine fortlaufende Paragraphenzählung, eine geschlossene graphische Gestaltung, aber auch sonstige Merkmale (BGHZ 136, 357, 369; BGH NJW 99, 2592; 08, 2178 Tz 20).

7 Das Prinzip der Einheitlichkeit der Urkunde ist von der Rechtsprechung noch in einer weiteren Hinsicht gelockert, denn zulässig ist auch eine **Bezugnahme**. Besteht ein wirtschaftlich einheitlicher Vertrag aus mehreren Schriftstücken, ist eine wechselseitige Bezugnahme erforderlich (BGHZ 84, 324; NJW 97, 2955). Zudem kann der Hauptvertrag auf eine Anlage Bezug nehmen (BGH NJW 99, 1105; 00, 357; NJW-RR 04, 586), falls eine zweifelsfreie Zuordnung möglich ist (BGH NJW 07, 3202 Tz 17). Eine Bezugnahme im Interessenausgleich auf die nicht unterschriebene Namensliste genügt nicht (BAG NZA 07, 266 Tz 37). Unzureichend ist ein bloßer Hinweis auf nicht näher bezeichnete Anlagen (BGH NJW 07, 1743). Eine Unterschrift bzw Paraphierung der einzelnen Seiten ist wünschenswert, aber nicht notwendig (vgl BGH NJW 00, 357). Es reicht aus, falls eine Nachtragsurkunde auf den ursprünglichen Vertrag Bezug nimmt (BGH NJW 07, 1743) und zum Ausdruck kommt, es solle unter Einbeziehung des Nachträge bei dem verbleiben, was früher formgültig niedergelegt wurde (BGH NJW-RR 00, 745; NJW 05, 885). Dies gilt auch, wenn der ursprüngliche Vertrag von anderen Parteien geschlossen wurde (BGH NJW 03, 1249).

8 **II. Unterschrift. 1. Funktion.** Die Urkunde muss die Unterschrift bzw das notariell beglaubigte Handzeichen des Ausstellers enthalten. Vorrangig soll die Identität des Ausstellers erkennbar werden (BGH NJW 03, 1120 f). Außerdem wird die Echtheit der Urkunde dokumentiert und eine Warn- sowie Abschlussfunktion erfüllt.

9 **2. Abschluss.** Die Unterschrift soll die Urkunde räumlich abschließen (BGH NJW 94, 2300) und muss sich unter dem Text befinden. Eine Oberschrift reicht nicht (BGHZ 113, 51), ebenso wenig ein seitlich vom Text stehender Namenszug (BGH NJW 92, 830). Nachträgliche Korrekturen des oberhalb der Unterschriften stehenden Textes werden von den Unterschriften gedeckt, sofern die Änderungen dem übereinstimmenden Willen der Vertragsschließenden entspr (BGH NJW 94, 2301). Nachträge unter den bereits erfolgten Unterschriften müssen erneut unterzeichnet werden (BGH NJW-RR 90, 518; NJW 94, 2300). Bei Testamenten hat die Rechtsprechung zusätzliche Ausnahmen zugelassen (§ 2247 Rn 12 ff).

10 **3. Blankounterschrift.** Die Unterschrift kann zeitlich vor der Niederschrift des Urkundentextes geleistet sein. Eine Blankounterschrift ist selbst auf einem leeren Blatt grds zulässig (Erman/*Palm* § 126 Rz 8), falls der Text oberhalb eingefügt wird. Zur Anfechtbarkeit einer abredewidrig ausgefüllten Blanketterklärung § 119 Rn 18. Der Schutzzweck der Formvorschrift kann dazu führen, dass die Ermächtigung zum Ausfüllen des Blanketts formbedürftig ist. So bedarf nach § 167 II beim Bürgschaft die Vollmacht zur Ausfüllung eines Blanketts der Schriftform (BGHZ 132, 125; NJW 00, 1180). Entspr gilt beim Verbraucherdarlehensvertrag (BGHZ 132, 126; NJW-RR 05, 1142) und Lebensversicherungsvertrag (BGH NJW 99, 951 f). Ob eine an den Bürgen ausgehändigte und von diesem dem Gläubiger zurückgegebene Bürgschaftsurkunde wirksam genehmigt ist, hat der BGH offen gelassen (BGH NJW 00, 1180; dagegen *Fischer* JuS 98, 208).

11 **4. Name.** Durch die Namensunterschrift soll die Erklärung einer individuell bestimmten Person zugeordnet werden. Es genügt die Unterzeichnung mit dem Familiennamen ohne Vornamen (BGH NJW 03, 1120) oder mit einem Teil eines Doppelnamens (BGH NJW 96, 997). Unzureichend ist die Unterschrift allein mit dem Vornamen (BGH NJW 03, 1120), es sei denn, die Person ist darunter in der Öffentlichkeit allg bekannt (RGZ 87, 111). Es genügt ein tatsächlich geführter Name (Künstlername), der den Aussteller zweifelsfrei erkennen lässt (AnwK/*Noack* § 126 Rz 28). Verwandtschaftsbezeichnungen sind unzureichend (RGZ 134, 310, Mutter). Eine Sonderregelung enthält § 2247 III 2. Bei Kaufleuten genügt gem § 17 I HGB die Angabe der vollständigen Firma (BGH NJW 66, 1077).

12 Der Name muss grds ausgeschrieben sein, Kürzel oder Initialen reichen nicht (BGH NJW 67, 2310; 88, 713; 97, 3380). Ausländische Buchstaben oder Schriftzeichen sind zulässig (BaRoth/*Wendtland* § 126 Rz 8). Ob eine Unterschrift oder eine Abkürzung vorliegt, ist nach dem äußeren Erscheinungsbild zu beurteilen (BGH NJW 94, 55). Erforderlich ist ein individueller Schriftzug, der sich als Wiedergabe des Namens darstellt *und die Absicht einer vollen Unterschriftsleistung erkennen lässt* (BGH NJW 97, 3381). Ein lesbarer Namenszusatz ist nicht geboten (BAG NJW 08, 2512 Tz 11). Bei gesicherter Autorenschaft darf ein großzügiger Maßstab angelegt werden (BAG NZA 00, 1248). Dann kann ein stark vereinfachter Namenszug (BGH NJW 05, 3775) oder die Andeutung eines Anfangsbuchstaben mit weiteren Linien genügen (BGH NJW 97, 3380;

BAG NJW 08, 2512 Tz 12; Köln NJW-RR 05, 1253), nicht aber allein eine gekrümmte oder geschlängelte Linie. Für § 440 II ZPO genügt dagegen ein Handzeichen oder eine Namensabkürzung nicht (BGH NJW-RR 07, 351 Tz 10). Die Unterschrift muss nicht stets übereinstimmend geleistet werden (BGH NJW 01, 2889).

5. Eigenhändigkeit. Die Urkunde muss vom Aussteller eigenhändig unterzeichnet sein. Eigenhändigkeit wird nur für die Unterschrift, nicht den Text verlangt, anders beim Testament, § 2247 I. Eine Schreibhilfe, etwa durch Halten der Hand, ist zulässig, soweit der Aussteller nur unterstützt wird und die Unterschrift auf seinem Willen beruht (BGHZ 47, 71; NJW 81, 1900). Unzureichend ist ein Stempel oder die Unterschrift durch einen Automaten (BGH NJW 70, 1080). Insb bei einseitigen Rechtsgeschäften gilt, dass ein Telegramm (BGHZ 24, 300 ff), eine Fotokopie, ein Fax (BGHZ 121, 229 ff; NJW 97, 3170; MDR 07, 482) oder ein Computerfax mit eingescannter Unterschrift nicht genügen (anders im Prozessrecht GmS-OGB NJW 00, 2341; BVerfG NJW 07, 3118; s.a. § 130a ZPO). 13

Aussteller ist der Erklärende unabhängig davon, ob ihn die Wirkungen in Person treffen oder ob er als **Vertreter** gehandelt hat. Handelt ein **Vertreter**, muss das Vertretungsverhältnis in der Urkunde durch einen Zusatz hinreichend deutlich zum Ausdruck gekommen sein (BGH NJW 04, 1103; BAG NJW 07, 250 Tz 28), zB wenn einer von mehreren Vertragsparteien bzw Gesellschaftern einer GbR unterschreibt (BGH NJW 05, 2226; BAG NZA 08, 348 Tz 18) bzw der Zusatz iV bei einer GmbH (BGH NJW 07, 3346 Tz 9; zu iA BAG NZA 08, 403 Tz 15). Ein Vertretungszusatz ist entbehrlich, falls der Vertragspartner auf andere Weise hinreichend bestimmbar ist, wenn ein Ehegatte zugleich für den anderen unterschreibt (BGH NJW 08, 2178 Tz 28). Das Schriftformerfordernis schließt eine Unterzeichnung als Vertreter ohne Vertretungsmacht nicht aus (BGH NJW 05, 2226; 07 290), denn dies ist eine Frage des Vertragsschlusses (BGH NJW 07, 3346 Tz 13; Rn 16; BAG DB 07, 919 Tz 76). Auch bei der Unterschrift ist ein Handeln unter fremden Namen zulässig (BGHZ 45, 193, 195). 14

6. Handzeichen. Die Unterzeichnung durch Handzeichen, wie Kreuze oder Initialen, bedarf der notariellen Beurkundung, § 126 I Alt 2. Gebärden genügen nicht (vgl Hamm NJW 00, 3363; s.a. BVerfG NJW 99, 1855). 15

III. Vertragsschluss. Beim Vertragsschluss ist die Unterzeichnung durch alle Vertragsparteien auf derselben Urkunde erforderlich. Für langfristige Mietverträge und Befristungsabreden nach § 14 IV TzBfG ist es ausreichend, wenn das schriftliche Vertragsangebot von der anderen Partei auf dem gleichen Schriftstück abgezeichnet wird (BGHZ 160, 102 ff; BAG NJW 07, 315 Tz 16), nicht bei geänderter oder verspäteter Annahme (BGH NJW-RR 08, 1436 Tz 38). Ein Briefwechsel bzw die Unterzeichnung des Angebots durch eine Partei und der Annahme durch die andere genügen nicht, weil sich die Willensübereinstimmung erst aus dem Zusammenhang beider Urkunden ergibt (BGH NJW 01, 222 f). Das Formerfordernis ist nicht erfüllt, wenn bei einer Erklärung nicht ersichtlich ist, dass der Gegner sie schriftlich akzeptiert (BGH NJW 05, 885). Ausreichend ist, wenn eine Urkunde zunächst von der einen Partei unterzeichnet und dann von der anderen gegengezeichnet wird (BGH NJW 04, 2963). Bei Ausstellung mehrerer gleichlautender Urkunden genügt es, wenn jede Partei die für die andere Seite bestimmte Urkunde unterzeichnet, § 126 II 2. Die Urkunden müssen jeweils den gesamten Text enthalten. Zur Schriftform bei verspäteter Annahme (KG NZM 07, 517). 16

C. Elektronische Form. Die Schriftform kann gem § 126 III durch die elektronische Form, § 126a, ersetzt werden, falls die gesetzliche Regelung nicht die elektronische Form ausschließt, zB § 623 (vgl § 126a Rn 2). 17

D. Notarielle Beurkundung. Nach § 126 IV kann die Schriftform durch die notarielle Beurkundung, § 128, und deswegen durch einen gerichtlichen Vergleich, § 127a, ersetzt werden. Analog § 127a ist die Schriftform durch den Beschlussvergleich gem § 278 VI ZPO aF = § 278 VI 1 Alt 1 ZPO ersetzbar (BAG NJW 07, 1831 Tz 27 ff). 18

E. Beweislast. Die Echtheit der Urkunden hat zu beweisen, wer sich auf die Einhaltung der Form beruft (BGHZ 104, 176). Steht die Echtheit fest, so hat gem § 440 II ZPO die über der Unterschrift stehende Schrift die Vermutung der Echtheit für sich. Dies gilt auch für Blankounterschriften und selbst für einen Blankettmissbrauch (BGHZ 104, 176). 19

§ 126a Elektronische Form.

(1) Soll die gesetzlich vorgeschriebene schriftliche Form durch die elektronische Form ersetzt werden, so muss der Aussteller der Erklärung dieser seinen Namen hinzufügen und das elektronische Dokument mit einer qualifizierten elektronischen Signatur nach dem Signaturgesetz versehen.
(2) Bei einem Vertrag müssen die Parteien jeweils ein gleichlautendes Dokument in der in Absatz 1 bezeichneten Weise elektronisch signieren.

A. Normzweck. Die elektronische Form bildet ein Substitut der gesetzlichen Schriftform, also keine eigenständige Form (BTDrs 14/4987, 12). §§ 126 III, 126a, 127 III setzen die Signatur-RL 1999/93/EG (s.a. E-Commerce-RL 2000/31/EG) um und sind richtlinienkonform auszulegen. Als Formzwecke erfüllt die qualifizierte elektronische Signatur die Identifikationsfunktion, weil der Aussteller festgestellt werden kann, die Echtheits- 1 funktion, weil die Herkunft bestimmt werden kann, die Abschlussfunktion zum Ende des Produktionsvorgangs sowie die Warnfunktion infolge ihrer mehrstufigen Erstellung.

2 **B. Anwendungsbereich.** Im gesamten Privatrecht kann die elektronische Form an die Stelle der gesetzlichen Schriftform treten, s.a. § 1031 V 2 ZPO. Ausnahmen sind gem § 126 III nur in den gesetzlich geregelten Fällen zugelassen, so §§ 484 I 2, 492 I 2, 500, 501, 507, 623, 630, 761, 766, 780, 781 BGB, 2 I NachwG.

3 **C. Voraussetzungen. I. Willenserklärung.** Aufgrund der Ableitung aus der Schriftform gilt § 126a für Rechtsgeschäfte, ist aber entspr auf rechtsgeschäftsähnliche Erklärungen anzuwenden (vgl § 126 Rn 3). Diese Erklärung muss als elektronisches Dokument, zB als E-Mail, ausgefertigt werden. Das Dokument muss den gesamten vom Formzwang erfassten Inhalt (§ 125 Rn 17 f) einschließen.

4 **II. Aussteller.** Der Aussteller muss der Erklärung seinen Namen hinzufügen. Eine Unterschrift ist nicht erforderlich. Aus dieser Differenzierung sind die wesentlichen Anforderungen an die Namensnennung zu entwickeln. Der Familienname muss genannt werden. Kürzel genügen nicht (vgl § 126 Rn 11 f). Da eine Unterzeichnung nicht verlangt wird, muss der Name den Text nicht abschließen. Um eine eindeutige Identifikation zu ermöglichen, ist eine Unterscheidung vom Inhalt des Dokuments zu verlangen, etwa durch Nennung im Dokumentenkopf.

5 **III. Qualifizierte elektronische Signatur.** Ein einfaches elektronisches Dokument genügt den gesetzlichen Formerfordernissen nicht, weil es beliebig verändert werden kann und den Verfasser nicht verlässlich bezeichnet (BaRoth/*Wendtland* § 126a Rz 2). § 2 SigG unterscheidet zwischen (einfachen) elektronischen Signaturen in Nr 1, fortgeschrittenen elektronischen Signaturen der Nr 2 und qualifizierten elektronischen Signaturen aus Nr 3 (*Roßnagel* NJW 01, 1918), welche die Merkmale der anderen Signaturformen mit umfassen. Allein qualifizierte elektronische Signaturen genügen den Erfordernissen des § 126a.

6 Für qualifizierte elektronische Signaturen bestehen sechs Voraussetzungen. Sie müssen ausschl dem Signaturschlüsselinhaber zugeordnet sein, dessen Identifizierung ermöglichen, mit allein vom Signaturschlüsselinhaber kontrollierten Mitteln erzeugt sein, eine nachträgliche Veränderung erkennen lassen, auf einem qualifizierten Zertifikat beruhen und mit einer sicheren Signaturerstellungseinheit erzeugt sein (Soergel/*Marly* § 126a Rz 12 f; *Roßnagel* NJW 01, 1819 f). Um die elektronische Form zu verwenden, ist die Hard- und Software für sichere Signaturerstellungseinheiten erforderlich (AnwK/*Noack/Kremer* § 126a Rz 22). Ferner muss von einem Zertifizierungsdiensteanbieter (ua Telekom AG, Deutsche Post AG, Bundesnotarkammer) ein qualifiziertes Signaturzertifikat erworben werden (Erman/*Palm* § 126a Rz 5). Die elektronische Signatur beruht auf einem öffentlichen und einem privaten Schlüssel (*Nowak* MDR 01, 843) und wird mit einer Signatur-Chip-Karte gefertigt (AnwK/*Noack/Kremer* § 126a Rz 27 ff). Durch einen Signaturprüfschlüssel kann der Empfänger sie kontrollieren (*Hähnchen* NJW 01, 2833). Da sich die elektronische Signatur auf das gesamte Dokument bezieht, kann sie erst nach Fertigstellung erfolgen. Die Eintragung einer monetären Beschränkung gem § 7 I Nr 7 SigG steht im (finanz)gerichtlichen Verfahren einer qualifizierten elektronischen Signatur ebenso wenig wie eine Containersignatur entgegen (BFH BB 07, 146).

7 **IV. Einverständnis.** Über den Gesetzeswortlaut hinaus ist erforderlich, dass sich der Erklärungsgegner mit der elektronischen Form einverstanden erklärt hat (Staud/*Hertel* § 126a Rz 39). Das Einverständnis kann auch konkludent erteilt werden. Wegen der zusätzlichen technischen Voraussetzungen genügt die Teilnahme am elektronischen Geschäftsverkehr dafür noch nicht.

8 **V. Elektronische Form des Vertrags.** Angelehnt an § 126 II normiert § 126a II die elektronische Form beim Vertragsschluss. Um dabei die elektronische Form zu wahren, müssen gleichlautende elektronische Dokumente hergestellt werden, die das gesamte Rechtsgeschäft umfassen. Eine Abgabe von Angebots- und Annahmeerklärung in elektronischer Form ist weder erforderlich noch ausreichend (vgl § 126 Rn 16; s.a. BTDrs 14/4987, 17). Erforderlich sind zwei gleichlautende Dokumente, wobei das für den Partner bestimmte Dokument zu signieren ist. Der Vertrag ist aber auch formwirksam, wenn beide Parteien ein das Rechtsgeschäft umfassendes Dokument signieren oder eine Seite die Schriftform und die andere die elektronische Form verwendet (Erman/*Palm* § 126a Rz 7).

9 **D. Haftung.** Verwendet ein Unbefugter ein Dokument mit der elektronischen Signatur der als Aussteller genannten Person, fehlt bereits deren wirksame Willenserklärung. Allerdings muss dafür zunächst die Beweisregel des § 371a ZPO widerlegt werden (Rn 10; *Schemmann* ZZP 05, 165 ff). Selbst wenn diese Beweisführung gelingt, kommt eine Verantwortlichkeit nach den Grundsätzen der Duldungs- oder Anscheinsvollmacht bzw eine (vor)vertragliche Haftung in Betracht. Der Zertifizierungsdiensteanbieter haftet vertraglich sowie nach § 11 SigG.

10 **E. Beweislast.** Nach allg Grundsätzen hat derjenige die Wirksamkeit der Erklärung zu beweisen, der sich auf die Einhaltung der Form beruft (vgl BGHZ 104, 176). Elektronische Urkunden sind dabei gem § 371 I 2 ZPO Augenscheinsobjekte. Ist eine qualifizierte elektronische Signatur bewiesen, kommt dem Beweisführer die Beweisregel des § 371a ZPO zugute, die das Gesetz – fehlerhaft – als Anscheinsbeweis bezeichnet (*Schem-*

mann ZZP 05, 165 ff). Der Gegner kann die Beweisregel nur durch Tatsachen erschüttern, die ernstliche Zweifel an einer mit dem Willen des Signaturschlüsselinhabers abgegebenen Erklärung begründen (*Roßnagel/ Fischer-Dieskau* NJW 06, 807).

§ 126b Textform. **Ist durch Gesetz Textform vorgeschrieben, so muss die Erklärung in einer Urkunde oder auf andere zur dauerhaften Wiedergabe in Schriftzeichen geeignete Weise abgegeben, die Person des Erklärenden genannt und der Abschluss der Erklärung durch Nachbildung der Namensunterschrift oder anders erkennbar gemacht werden.**

A. Normzweck. § 126b regelt die einfachste Form einer schriftlichen Erklärung ohne eigenhändige Unterschrift oder qualifizierte elektronische Signatur. Die Vorschrift ermöglicht den Einsatz neuer Techniken (Fax, Computerfax, E-Mail), wenn den herkömmlichen Formfunktionen eine abgeschwächte Bedeutung beizumessen ist, also die Information und Dokumentation im Vordergrund steht (krit *Hähnchen* NJW 01, 2832 f). 1

B. Anwendungsbereich. Auf die Masse der formlos wirksamen Willenserklärungen ist § 126b unanwendbar. Als gesetzliche Form ist die Textform nur zugelassen, wo sie im Gesetz ausdrücklich vorgesehen ist. Dies sind insb die §§ 312c II, 355 I 2, 356 I Nr 3, 357 III 1, 477 II, 493 II 5, 502 II, 505 II 3, 554 III 1, 556a II, 557b III 1, 558a I, 559b I 1, 560 I 1, IV, 613a V, 655b I 4 BGB; 410 I, 438 IV 1, 455 I 2, 468 I 1 HGB; 3a RVG; 24 IV 1 WEG; s.a. 99 III BetrVG (BAG NZA 09, 622, 624). Nach dem Gedanken aus § 126 IV kann die Textform durch andere Formen ersetzt werden, die strengere Anforderungen stellen, zB die Schriftform. 2

C. Voraussetzungen. I. Erklärung. Es muss eine formbedürftige Willenserklärung oder – wichtiger – rechtsgeschäftsähnliche Erklärung abgegeben werden. 3

II. Medium. Die Erklärung muss in einer Urkunde (§ 126 Rn 4) oder auf andere zur dauerhaften Wiedergabe von Schriftzeichen geeignete Weise abgegeben werden. Diese Anforderungen erfüllen alle mit elektronischen Medien – Computerfax, E-Mail oder SMS – übermittelten Erklärungen, die beim Adressaten dauerhaft gespeichert und von ihm am Bildschirm, Display oder als Ausdruck gelesen werden können (vgl BGH NJW 09, 3227 Tz 13). Das Einstellen auf die Homepage des Erklärenden genügt nur, wenn es beim Empfänger zu einem Download kommt, weil erst dann die Erklärung auf einem dauerhaften Datenträger zur Verfügung gestellt wurde (KG NJW 06, 3216; Hambg NJW-RR 07, 174; 840; Naumbg WM 08, 327; aA AnwK/*Noack/ Kremer* § 126b Rz 16; für Widerrufsbelehrungen bei eBay *Zenker* JZ 07, 821). Bei der Verwendung von elektronischen Medien ist (entspr § 126a Rn 7) ein zumindest konkludent erklärtes Einverständnis zu verlangen (Erman/*Palm* § 126b Rz 3). 4

III. Erklärender. In der Urkunde muss der Erklärende genannt werden. Wegen der von § 126a abw Gesetzesfassung ist eine Namensnennung nicht erforderlich. Entscheidend ist die zweifelsfreie Erkennbarkeit des Erklärenden, die auch durch einen unverwechselbaren Namens- oder Firmenteil gewährleistet sein kann. 5

IV. Abschluss. Der Abschluss der Erklärung muss erkennbar gemacht werden. Zulässig ist eine Nachbildung der Namensunterschrift, bspw durch eine eingescannte Unterschrift, oder jede andere geeignete Gestaltung der Erklärung, etwa durch eine Grußformel (Hamm NJW-RR 07, 852) oder den Hinweis, dass der Text maschinell erstellt und nicht unterschrieben wurde. 6

D. Beweislast. Wer aus der Erklärung Rechte herleitet, hat ihre Wirksamkeit, dh die Erfüllung der Formerfordernisse und den Zugang, nachzuweisen (zur E-Mail *Mankowski* NJW 02, 2822; *Roßnagel/Pfitzmann* NJW 03, 1209). § 371a ZPO ist nicht auf die Textform anwendbar. 7

§ 127 Vereinbarte Form. **(1) Die Vorschriften des § 126, des § 126a oder des § 126b gelten im Zweifel auch für die durch Rechtsgeschäft bestimmte Form.**
(2) ¹Zur Wahrung der durch Rechtsgeschäft bestimmten schriftlichen Form genügt, soweit nicht ein anderer Wille anzunehmen ist, die telekommunikative Übermittlung und bei einem Vertrag der Briefwechsel. ²Wird eine solche Form gewählt, so kann nachträglich eine dem § 126 entsprechende Beurkundung verlangt werden.
(3) ¹Zur Wahrung der durch Rechtsgeschäft bestimmten elektronischen Form genügt, soweit nicht ein anderer Wille anzunehmen ist, auch eine andere als die in § 126a bestimmte elektronische Signatur und bei einem Vertrag der Austausch von Angebots- und Annahmeerklärung, die jeweils mit einer elektronischen Signatur versehen sind. ²Wird eine solche Form gewählt, so kann nachträglich eine dem § 126a entsprechende elektronische Signierung oder, wenn diese einer der Parteien nicht möglich ist, eine dem § 126 entsprechende Beurkundung verlangt werden.

A. Normzweck. Den Parteien steht es frei, ein kraft Gesetzes formfrei wirksames Rechtsgeschäft einem Formzwang zu unterwerfen. Die Anforderungen an die Form können sie frei bestimmen, also insb ggü den §§ 126, 126a, 126b Erleichterungen oder Erschwerungen vorsehen. Treffen sie darüber keine Vereinbarungen, 1 gelten nach der Auslegungsregel des § 127 die Vorschriften der §§ 126, 126a, 126b mit einigen für die vereinbarte Schriftform oder gesetzliche Form vorgesehenen Erleichterungen. Für Formbestimmungen in AGB ist § 309 Nr 13 zu beachten.

2 **B. Vereinbarte Schriftform.** Fehlen abw Parteivereinbarungen, genügt nach § 127 II 1 Alt 1 zur Wahrung der gewillkürten Schriftform eine telekommunikative Übermittlung (Fax, E-Mail, Telegramm). Zu verlangen ist eine dauerhafte Wiedergabemöglichkeit, weshalb eine fernmündliche Erklärung oder telefonische Telegrammdurchsage nicht genügt. Va das Erfordernis einer eigenhändigen Namensunterschrift wird beschränkt (zum früheren Recht BGH NJW-RR 96, 867, Fax). Die Übergabe einer unbeglaubigten Fotokopie reicht aus (BAG NJW 99, 596 f, aber § 623). Im Einzelfall kann eine vereinbarte Schriftform trotz Fehlens der Unterschrift durch Einfügung des Namens in den Text erfüllt sein (BGH NJW-RR 96, 641). Eine Schriftformklausel ist unwirksam, wenn sie dazu dient, nach Vertragsschluss getroffene Individualvereinbarungen zu unterlaufen, indem sie den Eindruck erweckt, eine mündliche Abrede sei unwirksam (BGH NJW 07, 3712 Tz 19).

3 Ein formgültiger **Vertragsschluss** ist nach § 127 II 1 Alt 2 abw von § 126 II durch Briefwechsel möglich. Ebenso genügt ein Austausch von E-Mail, also telekommunikativ iSd Alt 1 übermittelter Erklärungen. Die Erklärungen können durch unterschiedliche Medien erfolgen (Soergel/*Marly* § 127 Rz 10).

4 Jede Vertragspartei kann gem § 127 II 2 eine § 126 entspr nachträgliche Beurkundung durch Ausstellung einer einheitlichen Urkunde verlangen. Da die Erklärung unabhängig davon von Anfang an wirksam ist, dient die Beurkundung Beweiszwecken.

5 **C. Vereinbarte elektronische Form.** Im Zweifel ist nach § 127 III 1 eine qualifizierte elektronische Signatur nicht erforderlich. Auch einfache oder fortgeschrittene elektronische Signaturen nach § 2 Nr 1, 2 SigG sind danach formwirksam (BaRoth/*Wendtland* § 127 Rz 5). Für einen Vertragsschluss genügt angelehnt an § 127 II 1 und abw von § 126a II ein Austausch der jeweils mit einer Signatur versehenen Angebots- und Annahmeerklärung. Jede Partei kann eine dem § 126a entspr elektronische Signierung verlangen. Verfügt eine Seite nicht über eine qualifizierte elektronische Signatur, kann eine § 126 entspr Beurkundung gefordert werden.

6 **D. Beweislast.** Wer bei einem gesetzlich formfreien Rechtsgeschäft eine vereinbarte Form behauptet, ist dafür beweispflichtig (Baumgärtel/*Laumen* § 125 Rz 11 f). Unterliegt ein Rechtsgeschäft einem vereinbarten Formzwang nach § 127 I, muss derjenige, der davon abw Vereinbarungen behauptet, diese beweisen. Für AGB ist § 309 Nr 12 zu beachten.

§ 127a Gerichtlicher Vergleich.
Die notarielle Beurkundung wird bei einem gerichtlichen Vergleich durch die Aufnahme der Erklärungen in ein nach den Vorschriften der Zivilprozessordnung errichtetes Protokoll ersetzt.

1 **A. Normzweck und Anwendungsbereich.** Beurkundungen sind nach § 1 BeurkG Aufgabe der Notare, doch kann nach § 127a die notarielle Beurkundung durch Aufnahme in ein gerichtliches Vergleichsprotokoll ersetzt werden. Ein wirksamer Prozessvergleich ersetzt auch die öffentliche Beglaubigung, § 129 II, bzw die Schriftform, § 126 IV. Für Auflassungserklärungen vgl § 925 I 3, zum Insolvenzplan § 254 I 2, und für das Vaterschaftsanerkenntnis § 641c ZPO.

2 **B. Voraussetzungen. I. Gerichtlicher Vergleich.** Der Vergleich muss in einem gerichtlichen Verfahren vor einem deutschen Gericht geschlossen sein. Er kann in einem PKH-Verfahren, § 118 I 3 ZPO, im Zwangsvollstreckungs- und Arrestverfahren (RGZ 165, 162; München DNotZ 71, 545), im Verfahren der freiwilligen Gerichtsbarkeit (BGHZ 14, 388), im Privatklage- und Adhäsionsverfahren (Stuttg NJW 64, 110), im schiedsrichterlichen Verfahren, § 1053 III ZPO, vor dem VG (BVerwG NJW 95, 2179) oder vor einem ersuchten oder beauftragten Richter (BaRoth/*Wendtland* § 127a Rz 4) vereinbart sein. Eine fehlerhafte Besetzung des Gerichts ist unschädlich (BGHZ 35, 314). Zulässig ist auch ein Vergleich vor dem Rechtspfleger, falls diesem das Verfahren nach dem RPflG übertragen worden ist (Nürnbg RPfleger 72, 305). Der Vergleich muss den Rechtsstreit nicht ganz oder teilweise beenden und kann über den Streitgegenstand hinausgehen (BGHZ 35, 316), wenn er nur im inneren Zusammenhang mit dem Rechtsstreit steht (BGHZ 84, 335). Der Vergleich muss vor Eintritt der Rechtskraft geschlossen sein (BGHZ 15, 194; aA München NJW 97, 2332). Bei einem Vergleich nach § 278 VI ZPO fehlen eine mündliche Verhandlung und die erforderliche Protokollierung, weswegen die Wirkungen des § 127a nicht begründet werden (Brandbg FamRZ 08, 1193; Zöller/*Greger* § 278 Rz 25; Musielak/*Foerste* § 278 Rz 18; a.A. Naumbg NJ 08, 467). Zur Ersetzung der Schriftform gem §§ 126 I, VI, 127a durch den Beschlussvergleich nach § 278 VI ZPO (§ 126 Rn 18). Ein Anwaltsvergleich gem § 796a ZPO und ein im Verfahren vor der Gütestelle, etwa nach § 15a EGZPO, geschlossener Vergleich stellen keine im gerichtlichen Verfahren geschlossene Vergleiche dar (MüKo/*Einsele* § 127a Rz 5).

3 **II. Wirksamer Vergleich.** Aufgrund der Doppelnatur des Prozessvergleichs (BGHZ 142, 88) setzt § 127a einen formell und materiell wirksamen Vergleichsschluss voraus (AnwK/*Noack* § 127a Rz 12). Im Anwaltsprozess ist eine wirksame Vertretung der Parteien erforderlich (BGH NJW 91, 1743). Ein Dritter kann dem Vergleich beitreten, ohne anwaltlich vertreten zu sein (BGHZ 86, 165 f). Der Vergleich muss protokolliert

(BGHZ 14, 386) sowie vorgelesen und genehmigt sein, §§ 160 III Nr 1, 162 I ZPO. Sind diese Anforderungen erfüllt, ist ein fehlender Protokollvermerk unschädlich (BGHZ 142, 88).

Als **materiellrechtliche** Voraussetzung verlangt der Vergleich ein gegenseitiges Nachgeben (Hambg MDR 91, 65). Es genügt bereits ein geringfügiges Nachgeben bei der Fälligkeit, den Zinsen oder den Kosten, aber auch der Verzicht auf ein rechtskraftfähiges Urt (BGHZ 39, 63). Während ein Erbvertrag (Köln OLGZ 70, 115; Ddorf NJW 07, 1291), ein Erbverzicht oder ein Pflichtteilsverzicht (BGHZ 35, 316) bei persönlicher Anwesenheit und Genehmigung, §§ 2274, 2347 II, wirksam sind, ist eine Testamentserrichtung oder ein Widerruf eines Testaments nicht im Vergleichsweg möglich, weil sich die Partei dazu nicht verpflichten kann (BGH DB 59, 790). 4

§ 128 Notarielle Beurkundung. Ist durch Gesetz notarielle Beurkundung eines Vertrags vorgeschrieben, so genügt es, wenn zunächst der Antrag und sodann die Annahme des Antrags von einem Notar beurkundet wird.

A. Normzweck. Die Mitwirkung des Notars an der Beurkundung von Verträgen soll eine sachkundige Beratung und Belehrung der Parteien sowie eine zweifelsfreie Formulierung des Textes ermöglichen, § 17 BeurkG. Eine notarielle Beurkundung dient insb dem Übereilungsschutz, der Beratung und Klarstellung sowie einer Beweissicherung (MüKo/*Einsele* § 128 Rz 1). 1

B. Anwendungsbereich. Ausdrücklich ist § 128 auf Verträge anzuwenden, die kraft Gesetzes der notariellen Beurkundung bedürfen, etwa gem §§ 311b I 1, III, V 2, 873 II, 877, 1378 III 2, 1410, 1491 II 1, 1501 II 2, 1587o II 1, 2033 I 2, 2348, 2351, 2371, 2385, sowie §§ 23 I AktG, 2 I 1, 15 III, IV GmbHG. Unanwendbar ist § 128, wenn nur die Willenserklärung einer Partei notariell zu beurkunden ist, bspw nach §§ 518 I, 1516 II 3, 1597 I, 1626d, 2282 III, 2291 II, 2296 II 2, 2301, oder wenn eine gleichzeitige Anwesenheit beider Parteien vorgeschrieben ist, so §§ 925 I (Rostock NJW-RR 06, 1162), 1410, 2276 I 1, 2290 IV sowie § 7 I 2 LPartG. 2

C. Beurkundung. I. Verfahren. Die Beurkundung kann vor jedem deutschen Notar – zum ausländischen Notar Art 11 EGBGB – erfolgen, § 2 BeurkG. Über die Verhandlung muss eine Niederschrift aufgenommen werden, § 8 BeurkG. Diese muss die Bezeichnung des Notars und der Beteiligten sowie deren Erklärungen enthalten, § 9 BeurkG. Die Niederschrift muss den Parteien in Gegenwart des Notars vorgelesen, von ihnen genehmigt sowie von ihnen und dem Notar unterschrieben werden, § 13 BeurkG. 3

II. Vertragsschluss. Die Erklärungen können nacheinander auch von verschiedenen Notaren an verschiedenen Orten beurkundet werden (MüKo/*Einsele* § 128 Rz 6). Bei Verbraucherverträgen treffen den Notar besondere Belehrungspflichten, § 17 IIa BeurkG (*Meinhof* NJW 02, 2275). Sofern nichts anderes bestimmt ist, kommt der Vertrag nach § 152 bereits mit der Beurkundung der Annahmeerklärung zustande. 4

D. Beweislast. Die Beweiskraft der notariellen Urkunde erstreckt sich darauf, dass die bezeichneten Personen die beurkundeten Erklärungen abgegeben haben, § 415 I ZPO, doch kann nach § 415 II ZPO eine unrichtige Beurkundung bewiesen werden (Baumgärtel/*Laumen* § 128 Rz 1 ff). 5

§ 129 Öffentliche Beglaubigung. (1) ¹Ist durch Gesetz für eine Erklärung öffentliche Beglaubigung vorgeschrieben, so muss die Erklärung schriftlich abgefasst und die Unterschrift des Erklärenden von einem Notar beglaubigt werden. ²Wird die Erklärung von dem Aussteller mittels Handzeichens unterzeichnet, so ist die im § 126 Abs. 1 vorgeschriebene Beglaubigung des Handzeichens erforderlich und genügend.
(2) Die öffentliche Beglaubigung wird durch die notarielle Beurkundung der Erklärung ersetzt.

A. Normzweck. Die öffentliche Beglaubigung ist das Zeugnis des Notars darüber, dass die Unterschrift oder das Handzeichen von der Person geleistet wurde, die sich als Träger des Namens ausgewiesen hat, §§ 39, 40 BeurkG (*Medicus* AT Rz 621). Sie dient dem Übereilungs- und Fälschungsschutz, gewährleistet aber keine sachkundige Belehrung. 1

B. Anwendungsbereich. Die Echtheit der Unterschrift oder des Handzeichens soll va bei Erklärungen ggü dem Gericht oder der Behörde nachgewiesen werden, doch kann ggf auch ein Beteiligter im eigenen Interesse die öffentliche Beglaubigung verlangen, vgl §§ 77, 371, 403, 411, 1035 2, 1154 I 2, 1155 2, 1355 IV 5, 1491 I 2, 1492 I 2, 1560 2, 1617 I 2, 1617a II 3, 1617b II 2, 1617c I 3, 1618 5, 1945 I, 1955 2, 2120 2, 2121 I 2, 2198 I 2, 2215 II sowie §§ 13 3, 91 II 2 FGG; 29 I, 30, 31 GBO; 11 IV, 14 II 1, 28 II, 84 III, 157 GenG; 12 HGB; 3 I 5, 11 II, 7, 15 IV 1 LPartG; 5 II PartGG; 80 II 1, 726 I, 727 I, 750 II, 751 II, 756 I ZPO; 71 II, 81 II, III, 84 II, 91 II, 143, 144 I 1 ZVG. 2

C. Beglaubigung. I. Verfahren. Zuständig ist jeder Notar, landesrechtlich können weitere Personen oder Stellen ermächtigt werden, § 63 BeurkG. Eine Beglaubigung durch Behörden erfüllt nach § 34 I Nr 2 VwVfG im allg nicht die Anforderungen des § 129, doch bedürfen Erklärungen von Behörden, die von diesen iR ihrer Amtstätigkeit formell abgegeben werden, keiner Beglaubigung (BGHZ 45, 365 f). Die Unterschrift soll nur 3 beglaubigt werden, wenn sie vor dem Notar eigenhändig hergestellt oder eine bereits auf der Urkunde befindliche Unterschrift als eigene anerkannt wird, § 40 I BeurkG. Erforderlich ist ein Beglaubigungsvermerk, § 40 III BeurkG. Blankounterschriften können gem § 40 V BeurkG beglaubigt werden. Nachträgliche Änderungen des Textes sind ohne erneute Beglaubigung wirksam (Staud/*Hertel* § 129 Rz 28), doch können sie den Beweiswert der Erklärung beeinträchtigen (BayObLG DNotZ 85, 223).

4 **II. Rechtsfolgen.** Die öffentliche Beglaubigung beweist die Echtheit der Unterschrift, nicht des Textes. Nur im Hinblick auf die Unterschrift handelt es sich um eine öffentliche Urkunde, iÜ liegt eine Privaturkunde vor (BGHZ 37, 86). Dem Formzwang unterliegende empfangsbedürftige Erklärungen müssen in der Form des § 129 zugehen, um wirksam zu sein. Eine Kopie genügt nicht (BayObLG DtZ 92, 285). Die öffentliche Beglaubigung kann durch eine notarielle Beurkundung, § 129 II, oder einen gerichtlichen Vergleich, § 127a, ersetzt werden.

§ 130 Wirksamwerden der Willenserklärung gegenüber Abwesenden.
(1) ¹Eine Willenserklärung, die einem anderen gegenüber abzugeben ist, wird, wenn sie in dessen Abwesenheit abgegeben wird, in dem Zeitpunkt wirksam, in welchem sie ihm zugeht. ²Sie wird nicht wirksam, wenn dem anderen vorher oder gleichzeitig ein Widerruf zugeht.
(2) Auf die Wirksamkeit der Willenserklärung ist es ohne Einfluss, wenn der Erklärende nach der Abgabe stirbt oder geschäftsunfähig wird.
(3) Diese Vorschriften finden auch dann Anwendung, wenn die Willenserklärung einer Behörde gegenüber abzugeben ist.

1 **A. Normzweck.** In den §§ 130–132 ist bestimmt, von welchem Zeitpunkt an eine Willenserklärung rechtliche Wirkungen entfaltet. Nach dem Wortlaut von § 130 ist zwischen nicht empfangsbedürftigen und empfangsbedürftigen Willenserklärungen und bei Letzteren weiter zwischen Erklärungen ggü Anwesenden und Abwesenden zu unterscheiden. Normiert sind insb die Wirkungen von Abgabe und Zugang einer empfangsbedürftigen Willenserklärung unter Abwesenden sowie die Schranken eines Widerrufs (*Medicus* AT Rz 257 f). Unter welchen Voraussetzungen eine nicht empfangsbedürftige Willenserklärung wirksam wird, ist ungeregelt. Es genügt eine Vollendung des Erklärungsvorgangs, also die Abgabe der Erklärung (MüKo/*Einsele* § 130 Rz 5). Offen geblieben sind auch die Anforderungen an eine wirksame empfangsbedürftige Willenserklärung unter Anwesenden. Va sind die Voraussetzungen an die Abgabe und den Zugang einer empfangsbedürftigen Willenserklärung ungeregelt, worum sich die meisten Probleme ranken.

2 **B. Anwendungsbereich. I. Grundsatz.** § 130 gilt für empfangsbedürftige sowie amtsempfangsbedürftige Erklärungen, § 130 III (Rn 22), und ist auf geschäftsähnliche Handlungen entspr anwendbar (BGH NJW 87, 2236). Eine – inhaltlich kaum abweichende – Zugangsfiktion regelt § 312e I 2. Bei Benachrichtigung gem § 666 bzw im Wertpapiergeschäft soll kein Zugang gem § 130 erforderlich sein (BGHZ 151, 9 f). Umgekehrt genügt eine wirksame Willenserklärung nach § 130 noch nicht, wenn eine Regelung zusätzlich positive Kenntnis verlangt, so § 407 (BAG NJW 85, 824). Bei der arbeitsrechtlichen Abmahnung ist über den Zugang hinaus eine Kenntnisnahme erforderlich (BAG NJW 85, 824). Auf öffentlich-rechtliche Verträge ist § 130 entspr anwendbar, § 62 2 VwVfG.

3 **Prozesshandlungen** unterliegen den besonderen Vorschriften des Prozessrechts, die für eine Anwendung von § 130 grds keinen Raum lassen. Bei Prozesshandlungen mit Doppelnatur, also Prozessvergleichen, gilt für das materiellrechtliche Geschäft § 130 (BaRoth/*Wendtland* § 130 Rz 4). Den Empfänger eines Widerrufs können die Parteien im Vergleich bestimmen (BGH NJW 80, 1754). Fehlt eine Vereinbarung, ist ggü dem Gegner zu widerrufen (BGH ZZP 71, 455). Für den Widerruf ggü dem Gegner gilt § 130. Auf materiellrechtliche Geschäfte im Prozess ist § 130 anzuwenden, so etwa bei der Erklärung der Aufrechnung, die von ihrer prozessualen Geltendmachung zu unterscheiden ist.

4 **II. Ausnahmen.** Nach den §§ 121 I 2, 355 I 2 Hs 2 sowie § 377 IV HGB genügt die rechtzeitige Absendung der Erklärung. Die Erklärung wird erst mit Zugang wirksam, doch trägt der Empfänger das Verzögerungsrisiko (BGHZ 101, 53).

5 **III. Disponibilität.** Die Zugangsregelung ist dispositiv. Bei formbedürftigen Willenserklärungen ist zwar nicht die Formvorschrift, wohl aber der Zugang der Erklärung in der gehörigen Form disponibel (BGHZ 130, 75; *Armbrüster* NJW 96, 439). In AGB dürfen nach § 309 Nr 13 keine besonderen Zugangserfordernisse und gem § 308 Nr 6 keine Zugangsfiktionen vereinbart werden. Das Widerrufsrecht nach § 130 I 2 kann bei Online-Auktionen durch AGB abbedungen werden (KG NJW 05, 1054; aA Palandt/*Ellenberger* § 130 Rz 19).

6 **C. Willenserklärung ggü einem Abwesenden. I. Abgabe.** Zuvorderst muss die Erklärung vom Erklärenden willentlich nach außen erkennbar gemacht werden, wobei an ihrer Endgültigkeit keine vernünftigen Zweifel bestehen dürfen (*Larenz/Wolf* AT § 26 Rz 2). Dies unterscheidet die Willenserklärung von Entwürfen oder Informationen (BGH DNotZ 83, 624 f). Zur Abgabe einer nicht empfangsbedürftigen Erklärung muss nur dieser Erklärungsvorgang, die Entäußerung, vollendet sein. Eine empfangsbedürftige Willenser-

klärung ist erst abgegeben, wenn sie entäußert und vom Erklärenden willentlich so in Richtung auf den Empfänger in Bewegung gesetzt ist, dass er mit einem Empfang beim Adressaten rechnet und rechnen darf (BGHZ 65, 14 f; BGH NJW 79, 2033; WM 83, 712; NJW-RR 03, 384; bei einer E-Mail muss der endgültige Sendebefehl erteilt sein, *Ultsch* NJW 97, 3007), anders wenn sie einem Dritten ggü abgegeben wird, der weder Empfangsvertreter noch Empfangsbote ist. Dazu muss die Erklärung auch an den Empfänger gerichtet sein (BGH NJW 89, 1671 f).

Ist das **Inverkehrbringen** der Erklärung dem Erklärenden nicht zurechenbar, liegt keine Willenserklärung vor (MüKo/*Einsele* § 130 Rz 14). Gelangt die Erklärung zwar nicht willentlich, aber in einer dem Erklärenden **zuzurechnenden Weise** in den Verkehr (abhanden gekommene Willenserklärung), liegt eine dem fehlenden Erklärungsbewusstsein (Vor §§ 116 ff Rn 27) rechtsähnliche Gestaltung vor (*Medicus* AT Rz 266). Bei Anwendung der im Verkehr erforderlichen Sorgfalt muss der Erklärende erkennen und vermeiden können, dass seine Erklärung in Richtung auf den Empfänger in den Verkehr gebracht wird (BaRoth/*Wendtland* § 130 Rz 6). Die Willenserklärung ist dann analog § 119 I anfechtbar, doch verpflichtet die Anfechtung entspr § 122 zur Schadensersatzleistung (§ 122 Rn 3; AnwK/*Faust* § 130 Rz 9; s.a. Erman/*Palm* § 130 Rz 4; aA *Bork* AT Rz 615). 7

II. Zugang. 1. Grundlagen. Eine empfangsbedürftige Willenserklärung wird erst mit Zugang beim abwesenden Empfänger wirksam. Zugegangen ist die Erklärung sobald sie derart in den Machtbereich des Empfängers gelangt ist, dass die Möglichkeit der Kenntnisnahme besteht und unter gewöhnlichen Verhältnissen mit einer Kenntnisnahme zu rechnen ist (BGHZ 67, 275; 137, 205, 208; NJW 04, 1320; BAG NJW 93, 1093; BSG NJW 05, 1304; aA *Flume* AT 230 ff). Ziel ist eine angemessene Risikoverteilung. Der Absender trägt das Versendungs- und Transportrisiko. Nach Eingang in seinen Machtbereich trägt der Empfänger die aus seiner Sphäre stammenden Risiken. Erfolgt die Kenntnisnahme zuvor, ist die Erklärung damit zugegangen (*Larenz/Wolf* AT § 26 Rz 29). Eine formbedürftige Erklärung muss in der vorgeschriebenen Form zugehen. Beim gesetzlichen Schriftformerfordernis genügt eine – auch beglaubigte – Kopie nicht (BGH NJW 97, 3170). 8

Der va räumlich verstandene **Machtbereich** umfasst die Wohnung bzw Geschäftsräume, aber auch besondere Empfangseinrichtungen, wie den Hausbriefkasten (BGH NJW 79, 2033), ein Postfach (Celle NJW 74, 1386) oder einen Anrufbeantworter. Ausreichend soll die in eine nicht einsehbare Tür eines Einfamilienhauses geklemmte Erklärung sein (LAG Hamm MDR 93, 658). Ein allg zugänglicher Hausflur genügt nicht (aA LAG Düsseldorf MDR 01, 145, für Einwurf in Briefschlitz eines Mehrfamilienhauses). Va bei der Telekommunikation ist die lokale Sicht des Machtbereichs durch ein funktionales Verständnis zu ergänzen, vgl Rn 14. 9

Ob die **Möglichkeit der Kenntnisnahme** bestand und ob diese zu erwarten war, ist nach den üblichen Verhältnissen zu beurteilen. Technische Einrichtungen (Mailbox) müssen dem Empfang gewidmet sein. Dafür ist auf die gewöhnliche Leerung des Hausbriefkastens bzw die Geschäftszeiten oder üblichen Bürostunden abzustellen. Im inländischen Rechtsverkehr ist unerheblich, ob eine sprach- oder leseunkundige Person (*Großfeld/Hülper* JZ 99, 432) eine Übersetzungs- oder Lesehilfe benötigt (LAG Köln NJW 88, 1871; s.a. BGH NJW 95, 190). Eine freiwillige (Urlaub) oder unfreiwillige (Krankheit, Haft) Ortsabwesenheit des Empfängers ist grds unerheblich (BGH NJW 04, 1320; BAG NJW 93, 1093 f). Dies gilt selbst dann, wenn dem Absender die Abwesenheit und die geänderte Anschrift bekannt ist (BAG NJW 89, 607), da sonst das Übermittlungsrisiko verlagert wird. 10

2. Einzelfälle. Ein **Brief** geht durch Einwurf in den Briefkasten des Empfängers am selben Tag zu, wenn er der Verkehrsanschauung nach diesem Zeitpunkt noch mit einer Leerung gerechnet werden kann (BGH NJW 04, 1320, 10 Uhr). Beim Einwurf um 14 Uhr erfolgt ein Zugang am gleichen Tag (LG Stuttg BB 02, 380). Eine später als 16 Uhr eingeworfene Erklärung geht am folgenden Werktag zu (str, wie hier bei Einwurf um 16.30 Uhr BAG NJW 84, 1651; anders Silvester BGH MDR 08, 439). Nach aA genügt ein Einwurf bis 18 Uhr (Palandt/*Ellenberger* § 130 Rz 6; BayVerfGH NJW 93, 518, nur aufgrund des Einzelfalls), doch ist dann die Leerung nicht mehr üblich. Hat der regional wichtigste Zustelldienst ausgeliefert und der Empfänger anschließend den Briefkasten geleert, geht ein später eingeworfener Brief erst am folgenden Tag zu. 11

Mittels **Postfach** geht ein Brief zu, wenn und sobald nach dem gewöhnlichen Lauf der Dinge mit einer Entnahme zu rechnen ist (BGH LM § 130 BGB Nr 2; NJW 03, 3271), wobei eine Leerung um 8 Uhr verfrüht ist (Celle NJW 1974, 1386). Wird der Brief in ein falsches Fach eingeordnet, erfolgt kein Zugang (Kiel OLGZ 35, 310). Ein Anwalt soll sein Postfach am Sonnabend zu leeren haben (BFH NJW 00, 1743). Hat der Empfänger einen **Nachsendeantrag** gestellt, erfolgt ein Zugang erst mit Zustellung am Aufenthaltsort (Erman/*Palm* § 130 Rz 8). 12

Ein **Einwurfeinschreiben** geht nach den gleichen Grundsätzen wie ein einfacher Brief zu (zu den Beweisfragen Rn 31). Kann ein **Übergabeeinschreiben** wegen Abwesenheit des Empfängers nicht ausgehändigt werden, begründet der Benachrichtigungsschein keinen Zugang (BGHZ 67, 275; 137, 205, 208; BGH NJW 98, 977; BAG NJW 97, 147). Der Einschreibebrief geht erst zu, wenn ihn der Empfänger abholt. Wird der Brief nicht abgeholt, geht er als unzustellbar an den Absender zurück. Ein Zugang ist nicht erfolgt. Es kommt nur eine Zugangsstörung in Betracht (Rn 26 ff). Entspr gilt bei einem Übergabeeinschreiben mit Rückschein (Brandbg NJW 05, 1586). 13

14 Ein **Telegramm** geht mit Aushändigung zu, bei einer vorherigen telefonischen Durchsage aber schon damit (RGZ 105, 256). Eine per **Fax** übermittelte Erklärung ist – jedenfalls bei prozessualen Erklärungen – zugegangen, sobald die gesendeten Signale vom Empfangsgerät vollständig gespeichert wurden (BGHZ 167, 214 Tz 15 ff; BGH NJW 07, 2045 Tz 12; gegen BGH NJW 04, 1320; zum Störungsrisiko BGH NJW 95, 667). **E-Mail, SMS** und andere Erklärungen mittels Telekommunikationstechniken gehen zu, sobald sie in einer Mailbox gespeichert sind und mit einer Abfrage zu rechnen ist. Dies gilt auch, wenn die Erklärung in einer externen Mailbox auf dem Server des Providers gespeichert ist, anders, wenn sie mangels Speicherplatz zurückgewiesen wird (AnwK/*Faust* § 130 Rz 32 f). Die Telekommunikationsform muss zumindest konkludent vereinbart sein. Im unternehmerischen Geschäftsverkehr genügt die Angabe etwa der E-Mail-Adresse. Ein Verbraucher muss die Übermittlungsform konkret benutzen, bspw bei der Vertragsanbahnung (*Dörner* AcP 202, 368). Die Erklärung geht bei Eingang während der Geschäftszeit bzw. bei Privaten am folgenden Tag zu (Hoeren/Sieber/*Kitz* Handbuch Multimedia-Recht, 13.1 Rz 52).

15 Ein **Aushang** etwa in einem Mietshaus begründet einen Zugang, falls die Adressaten von der Erklärung Kenntnis nehmen können (einschr AG Neuss WuM 95, 46). Die ältere Rspr zur Massenkündigung durch Aushang (BAG DB 58, 282, Feierschicht) ist durch § 623 überholt (*Schaub* Arbeitsrechts-Handbuch § 123 Rz 34). Die Übermittlung an eine Zweigniederlassung genügt jedenfalls dann, wenn diese empfangsberechtigt für die Hauptniederlassung ist (BGH NJW 65, 966). Das an eine Behörde gerichtete Schreiben geht mit Eingang in der Poststelle und nicht erst mit Vorlage beim zuständigen Amtsträger zu (BGH ZIP 00, 1481).

16 **3. Einschaltung einer Mittelsperson. a) Empfangsvertreter.** Erfolgt die Erklärung ggü einem wirksam bevollmächtigten Empfangsvertreter, § 164 III, müssen die Zugangsvoraussetzungen beim Vertreter erfüllt sein (BGH NJW 65, 966; 03, 2370, Postfach GmbH-Geschäftsführer). Auf die Weiterleitung an den Adressaten kommt es nicht an. Wer zum Abschluss eines Rechtsgeschäfts bevollmächtigt wird, ist grds auch ermächtigt, die erforderlichen Willenserklärungen entgegenzunehmen (MüKo/*Einsele* § 130 Rz 27). Mitmieter können sich im Mietvertrag formularmäßig zum Empfang von Erklärungen bevollmächtigen (BGH NJW 97, 3439). Wird in einem Kündigungsschutzprozess eine zweite Kündigung erklärt, bezieht sich die Prozessvollmacht nicht auf die Entgegennahme der weiteren Kündigung (LAG Baden-Württemberg BB 67, 1424; anders wenn der ArbN eine allg Feststellungsklage erhoben hat BAG NJW 88, 2692 f). Fehlt eine Empfangsvollmacht, wird die Erklärung erst mit Zugang beim Adressaten wirksam. Dies gilt insb wenn ein Anwalt eine Erklärung mangels Vollmacht zurückweist (BGH NJW 80, 990).

17 **b) Empfangsbote.** Eine durch Empfangsboten vermittelte Erklärung geht dem Adressaten zu dem Zeitpunkt zu, in dem nach dem regelmäßigen Geschehensverlauf eine Weiterleitung an den Empfänger zu erwarten ist (BGH NJW 65, 966; 94, 2614). Es geht zu Lasten des Adressaten, wenn der Empfangsbote die Erklärung falsch, verspätet oder nicht übermittelt (BAG DB 77, 546). Verweigert der Empfangsbote die Annahme, geht die Erklärung nicht zu (BAG NJW 93, 1094). Empfangsbote ist, wer vom Empfänger zur Entgegennahme von Erklärungen bestellt worden oder nach der Verkehrsanschauung als dazu bestellt oder geeignet anzusehen ist (BGH NJW 02, 1566). Bei schriftlichen Erklärungen gehören dazu die in der Wohnung des Empfängers lebenden Angehörigen und Haushaltsmitglieder (BAG NJW 93, 1094; BSG NJW 05, 1304), also Ehegatten (BGH NJW 51, 313; anders bei Aufenthalt des Empfängers auf hoher See BGH NJW 94, 2614), Lebenspartner, Partner einer nichtehelichen Lebensgemeinschaft (vgl BGH NJW 90, 1666, zu § 181 ZPO aF = 178 ZPO nF), Mitmieter (BGH NJW 97, 3439) sowie fest angestelltes Hauspersonal (*Bork* AT Rz 1354; zur Putzfrau Karlsr VersR 77, 902). Der Zimmervermieter soll Empfangsbote sein (BAG DB 76, 1018). Persönlich ungeeignet sind Kinder (*Bork* AT Rz 1353), Nachbarn und Handwerker (BaRoth/*Wendtland* § 130 Rz 18), situativ ungeeignet die außerhalb der Wohnung angetroffenen Haushaltsangehörigen, Ehepartner ggf ausgenommen (München OLGZ 66, 2). Empfangsboten eines Unternehmens sind die kaufmännischen Angestellten (BGH NJW 65, 966; 02, 1566), der Buchhalter (BAG DB 77, 546), die mit der Entgegennahme einer Erklärung aufgrund einer Anrufweiterleitung betrauten Personen (BGH NJW 02, 1567) sowie ein Polier für Lieferscheine über Baumaterial (Celle NJW 60, 870).

18 **c) Erklärungsbote.** Dies ist eine vom Erklärenden eingesetzte Mittelsperson, die weder Empfangsvertreter noch Empfangsbote ist. Hierzu gehören insb die als Empfangsboten ungeeigneten Personen. Die Erklärung geht mit der Übermittlung zu. Der Erklärende trägt das Risiko der rechtzeitigen und richtigen Übermittlung (Erman/*Palm* § 130 Rz 13). Zur Anfechtbarkeit § 120 Rn 3 f.

19 **4. Form.** Formbedürftige Erklärungen müssen in der für ihre Abgabe vorgeschriebenen Form zugehen (BGH NJW 93, 1127; 06, 681 Tz 13; BAG NJW 07, 250 Tz 28), dh im Original oder einer Ausfertigung (BGHZ 48, 377). Ein Fax (BGH NJW 97, 3170; 06, 681 Tz 13) oder eine – beglaubigte – Kopie (BGHZ 48, 377 f; 130, 73) erfüllen nicht die Schriftform oder strengere Erfordernisse. Der Zugang der Erklärung in der gehörigen Form kann abbedungen werden (BGHZ 130, 75; oben Rn 5).

20 **III. Widerruf.** Geht dem Empfänger vor oder gleichzeitig mit dem Zugang der Willenserklärung ein Widerruf zu, wird die Erklärung nicht wirksam, § 130 I 2. Abzustellen ist auf den Zeitpunkt des Zugangs, nicht (der Reihenfolge) der Kenntnisnahme (BGH NJW 75, 384). Geht umgekehrt der Widerruf später als die Willens-

erklärung zu, bleibt die Erklärung auch dann wirksam, wenn die Kenntnisnahme gleichzeitig erfolgt bzw der Empfänger bereits weiß, dass ein Widerruf unterwegs ist (RGZ 91, 63; Soergel/*Hefermehl* § 130 Rz 29; aA Erman/*Palm* § 130 Rz 15). Das Widerrufsrecht kann abbedungen werden. Dies ist auch in den AGB einer Online-Auktion wirksam, weshalb dann eine Löschung der eingegangenen Gebote eine wirksame Verkaufsofferte unberührt lässt (KG NJW 05, 1054; Oldbg NJW 05, 2557).

IV. Tod, Geschäftsunfähigkeit. Stirbt der Erklärende nach Abgabe, aber vor Zugang der Willenserklärung, **21** wird er in dieser Zeitspanne geschäftsunfähig, bzw ist eine rechtliche Betreuung angeordnet (Celle NJW 06, 3502), wird die Erklärung gem § 130 II mit Zugang wirksam. Die Erben, der gesetzliche Vertreter und bei einem Einwilligungsvorbehalt gem § 1903 der Betreuer des Erklärenden können die Erklärung bis zum Zugang widerrufen. Eine andere Frage ist, ob nach dem Tod des Antragenden ein Vertrag zustande kommen kann. Wurde ein wirksames Angebot abgegeben, richtet sich die Möglichkeit der Annahme nach § 153. Eine Schenkung kann wirksam durch Testament widerrufen werden (RGZ 170, 383). Da § 130 II dem Schutz des Erklärungsempfängers dient, ist für den Widerruf eines gemeinschaftlichen Testaments erforderlich, dass sich die Erklärung beim Tod auf dem Weg zum Empfänger befunden hat (BGHZ 48, 380 f). Auf die Verfügungsbefugnis, etwa bei einer zwischenzeitlichen Insolvenzeröffnung, ist § 130 II nicht entspr anzuwenden. Die Verfügungsbefugnis muss deswegen bei Wirksamwerden der Erklärung bestehen (BGHZ 27, 366).

V. Amtsempfangsbedürftige Erklärungen. Auf Willenserklärungen, die ggü einer Behörde abzugeben sind, **22** finden nach § 130 III die Regelungen über die Wirksamkeit von Willenserklärungen ggü Abwesenden aus § 130 I, II Anwendung (MüKo/*Einsele* § 130 Rz 44). Dies betrifft etwa Erklärungen ggü der Stiftungsbehörde, § 81 II, der Hinterlegungsstelle, § 376 II, dem Grundbuchamt, § 928 I, und dem Nachlassgericht, §§ 1945 I, 2081 I, III. Ebenso gilt dies für Erklärungen, die wahlweise ggü einer Behörde oder einer Privatperson abgegeben werden können, so §§ 875 I 2, 876 3, 880 II 3, 1168 II 1, 1180 II 1 (AnwK/*Faust* § 130 Rz 15). Unanwendbar ist § 130 III auf Erklärungen vor, aber nicht ggü einer Behörde, sondern einem privaten Empfänger, §§ 925 I 1, 2276 I (MüKo/*Einsele* § 130 Rz 45).

D. Willenserklärung ggü einem Anwesenden. Die Wirksamkeit einer Willenserklärung ggü einem Anwe- **23** senden ist gesetzlich nicht geregelt. Hier ist zu differenzieren.

I. Verkörperte Erklärungen. Eine verkörperte Erklärung wird mit Zugang wirksam, also mit der Übergabe **24** (BGH NJW 98, 3344; BAG NJW 05, 1533). Bei einer zurückgelassenen Erklärung ist auf die Kenntnisnahmemöglichkeit abzustellen. Für den Zugang einer schriftlichen Kündigungserklärung wird keine dauerhafte Verfügungsgewalt des Empfängers über das Schriftstück verlangt (BAG NJW 05, 1533).

II. Nicht verkörperte Erklärungen. Eine mündliche, telefonische, § 147 I 2, oder in anderer Weise abgege- **25** bene nicht verkörperte Erklärung wird regelmäßig dann wirksam, wenn der Empfänger die Erklärung vernommen hat (BGH WM 89, 652; *Flume* AT, 241; *Neuner* NJW 00, 1825, für Gehörlose). Ggü dieser vielfach vertretenen Ansicht ist aber eine Einschränkung erforderlich. Auf nicht erkennbare Hörschwierigkeiten oder ein gestörtes Telefonat ist vom Empfänger hinzuweisen (*Medicus* AT Rz 289). Die Erklärung ist zugegangen, wenn der Erklärende keinen vernünftigen Zweifel haben musste, dass die Erklärung verstanden wurde (Soergel/*Hefermehl* § 130 Rz 21; *Bork* AT Rz 631).

E. Zugangsstörungen. I. Grundsatz. Treten beim Adressaten Zugangsstörungen auf, bleibt es grds bei den **26** allg Regeln (BGH NJW 98, 977; Staud/*Singer/Benedict* § 130 Rz 88). Hat der Empfänger das Hindernis zu verantworten, darf er sich nicht auf die Verspätung berufen, Rechtzeitigkeitsfiktion (*Bork* AT Rz 637; Rn 28). Bei einer arglistigen Zugangsvereitelung kommt eine Zugangsfiktion in Betracht (*Larenz/Wolf* AT § 26 Rz 46; *Medicus* AT Rz 278; Rn 30). Als Ersatzmittel steht dem Erklärenden die Zustellung gem § 132 zur Verfügung.

II. Berechtigte Annahmeverweigerung. Verweigert der Empfänger berechtigt die Annahme, geht ihm die **27** Erklärung nicht zu, etwa bei unzureichender Frankierung (OVG Hamburg NJW 95, 3138) oder mehrdeutiger Adressierung (Erman/*Palm* § 130 Rz 23). Verhindert ein Empfangsbote den Zugang, muss sich der Adressat dies nicht zurechnen lassen, wenn er darauf keinen Einfluss hatte, anders etwa bei Einvernehmen mit dem Boten (BAG NJW 93, 1094; AnwK/*Faust* § 130 Rz 68).

III. Gestörte Empfangseinrichtungen, Pflichtverletzungen. 1. Voraussetzungen. Es besteht **keine** allg **28** **Pflicht**, Empfangsvorkehrungen zu treffen oder -einrichtungen zu schaffen (BGHZ 67, 278). Ein bei der Post niedergelegtes Einschreiben muss idR nicht abgeholt werden (BGH NJW 96, 1968; BAG NJW 97, 147). Im privaten Verkehr muss grds kein Briefkasten vorhanden, kein Namensschild angebracht (LAG Bremen DB 01, 2719) und eine Telekommunikationseinrichtung (Anrufbeantworter, Fax, E-Mail) nicht funktionsfähig sein. Verzögerungen durch einen Nachsendeauftrag gehen zu Lasten des Erklärenden (BGH NJW 96, 1968). Dazu bestehen gewichtige **Einschränkungen**. Wer aufgrund bestehender oder angebahnter geschäftlicher Beziehungen mit dem Zugang rechtserheblicher Erklärungen zu rechnen hat, muss geeignete Vorkehrungen treffen, damit ihn derartige Erklärungen erreichen (BGH NJW 98, 977; BAG NZA 06, 205). Dies gilt insb für Kaufleute, § 362 HGB, aber auch allg im unternehmerischen Geschäftsverkehr. Muss ein ArbN aufgrund eines Verfahrens vor dem Integrationsamt mit einer Kündigung rechnen, kann er sich nicht auf den verspäteten Zugang der Erklärung berufen, wenn er trotz eines Benachrichtigungsscheins das Schreiben nicht zeitnah von der Postdienststelle abgeholt hat (BAG NZA 03, 723) oder wenn er trotz Umzugs die neue Adresse nicht mitteilt (BAG NZA 06, 206). Wer sich im privaten Rechtsverkehr bei der Geschäftsanbahnung einer Telekommunikationsform bedient, zB E-Mail (*Ultsch* NJW 97, 3007), oder auf sie verweist, etwa Fax-Anschluss (BaRoth/*Wendtland* § 130 Rz 25), muss für ihre Funktionsfähigkeit sorgen.

29 **2. Folgen.** Scheitert der Zugang an einem objektiv pflichtwidrigen Zugangshindernis (Soergel/*Hefermehl* § 130 Rz 28 aE; AnwK/*Faust* § 130 Rz 67; aA *Larenz/Wolf* AT § 26 Rz 48, auch Vorwerfbarkeit), kann sich der Empfänger nicht auf die Verspätung berufen, wenn der Erklärende alles Erforderliche und ihm Zumutbare getan hat, damit seine Erklärung den Adressaten erreichen konnte. Nach Kenntnis vom nicht erfolgten Zugang ist regelmäßig ein unverzüglicher erneuter Versuch zu unternehmen, um die Erklärung derart in den Machtbereich des Empfängers zu bringen, dass diesem ohne weiteres eine Kenntnis ihres Inhalts möglich ist (BGH NJW 83, 1968; 98, 977; BaRoth/*Wendtland* § 130 Rz 22). Es gilt insoweit eine Rechtzeitigkeitsfiktion (AnwK/*Faust* § 130 Rz 66; *Bork* AT Rz 637). Unternimmt der Erklärende nichts, treten die Rechtsfolgen der Erklärung nicht ein (*Medicus* AT Rz 278). Nach aA soll bei einem Einschreiben, über das mit einem Benachrichtigungsschein informiert wird, spätestens am übernächsten Tag eine Zugangsfiktion gelten (LG Freiburg NJW-RR 04, 1377; Palandt/*Ellenberger* Rz 18). Ist das objektiv bestehende Leistungshindernis auch subjektiv vorwerfbar, kommt zudem ein Schadensersatzanspruch insb aus §§ 280 I, 241 II, 311 II in Betracht (Soergel/*Hefermehl* § 130 Rz 28).

30 **IV. Zugangsvereitelung.** Verweigert der Empfänger grundlos die Annahme einer an ihn gerichteten Erklärung, obwohl er mit dem Eingang rechtserheblicher Erklärungen seines Vertrags- oder Verhandlungspartners rechnen muss (BGH NJW 83, 930), oder vereitelt der Empfänger oder sein Vertreter arglistig den Zugang (BGHZ 137, 205, 208; BAG NZA 06, 205, bei Tendenz zur Arglist), ist ein erneuter Zustellungsversuch nicht mehr sinnvoll und daher entbehrlich. Nach dem Rechtsgedanken aus § 162 ist hier eine Zugangsfiktion zu begründen (*Larenz/Wolf* AT § 26 Rz 46; aA Staud/*Singer/Benedict* § 130 Rz 83 ff).

31 **F. Beweislast.** Wer sich auf die Wirksamkeit einer empfangsbedürftigen Willenserklärung beruft, ist für den Zugang beweispflichtig (Saarbr NJW 04, 2909; Baumgärtel/*Laumen* § 130 Rz 1; von BGH NJW 87, 2236, offen gelassen). Er muss den Zugangszeitpunkt beweisen (BGH NJW 78, 886). Es besteht kein Anscheinsbeweis dafür, dass ein zur Post gegebener einfacher Brief (BGH NJW 64, 1177) bzw Einschreibebrief (BGHZ 24, 312; BGH NJW 96, 2035) dem Empfänger zugeht, der Einlieferungsbeleg genügt nicht. Bei vollständiger Dokumentation des Zugangs mit Ein- und Auslieferungsbeleg einschließlich Unterschrift des Zustellers kann für das Einwurfeinschreiben ein Anscheinsbeweis begründet werden (AG Paderborn NJW 00, 3723; *Reichert* NJW 01, 2523; *Putz* NJW 07, 2450; **aA** LG Potsdam NJW 00, 3722; AG Kempen NJW 07, 1215). Entspr § 175 2 ZPO schafft ein Einschreiben mit Rückschein den Beweis dafür, dass der Unterzeichner des Rückscheins die Erklärung abgegeben hat (AnwK/*Faust* § 130 Rz 86 ff). Da das Einschreiben an eine andere Person als den Adressaten, seinen Vertreter oder seinen Empfangsboten ausgehändigt werden darf, ist der Zugang nicht stets nachgewiesen. Nicht bewiesen ist der Inhalt des Schriftstücks. Für den Zugang eines per Fax übermittelten Schreibens ermöglicht der OK-Vermerk im Sendeprotokoll keinen Anscheinsbeweis, weil dadurch lediglich das Zustandekommen der Verbindung, nicht aber die ordnungsgemäße Übermittlung des Schreibens belegt wird (BGH NJW 95, 667; BAG DB 02, 2549; aA München MDR 99, 286; *Gregor* NJW 05, 2885). Für den Zugang einer E-Mail kann evtl die Lesebestätigung einen Anscheinsbeweis begründen (*Mankowski* NJW 04, 1902).

32 **G. Grenzüberschreitende Übermittlung.** Im grenzüberschreitenden Verkehr in Zivil- und Handelssachen können außergerichtliche Schriftstücke gem den Art 16, 1 ff der Verordnung (EG) 1393/2007 übermittelt werden.

§ 131 Wirksamwerden gegenüber nicht voll Geschäftsfähigen.

(1) Wird die Willenserklärung einem Geschäftsunfähigen gegenüber abgegeben, so wird sie nicht wirksam, bevor sie dem gesetzlichen Vertreter zugeht.
(2) ¹Das Gleiche gilt, wenn die Willenserklärung einer in der Geschäftsfähigkeit beschränkten Person gegenüber abgegeben wird. ²Bringt die Erklärung jedoch der in der Geschäftsfähigkeit beschränkten Person lediglich einen rechtlichen Vorteil oder hat der gesetzliche Vertreter seine Einwilligung erteilt, so wird die Erklärung in dem Zeitpunkte wirksam, in welchem sie ihr zugeht.

1 **A. Normzweck und Anwendungsbereich.** § 131 normiert die Wirksamkeit einer empfangsbedürftigen Willenserklärung, die ggü einem nicht voll Geschäftsfähigen abgegeben wird. Die Vorschrift bildet das Spiegelbild zu den Bestimmungen über die Abgabe einer Willenserklärung durch diesen Personenkreis und dient ebenfalls ihrem Schutz. Die ggü einem Geschäftsunfähigen abzugebende Willenserklärung wird nach § 130 I ebenso wenig durch Zugang an ihn wirksam, wie seine Willenserklärung gem § 105 I wirksam ist. Die ggü einem

beschränkt Geschäftsfähigen abzugebende Erklärung wird nach § 131 II nur ausnahmsweise durch Zugang an ihn wirksam, wie auch seine Willenserklärung nach den §§ 106 ff nur in Ausnahmefällen wirksam wird.

B. Anwendungsbereich. Die Regelung gilt für empfangsbedürftige **Willenserklärungen** sowie geschäftsähnliche Handlungen (AG Meldorf NJW 89, 2548). Nicht empfangsbedürftige Willenserklärungen werden mit Abgabe wirksam, auch wenn sie, wie ein Testament, die Rechtsstellung eines nicht voll Geschäftsfähigen berühren (BaRoth/*Wendtland* § 131 Rz 2). Für Erklärungen ggü Bewusstlosen und vorübergehend Geistesgestörten gilt nicht § 131. Bei ihnen ist für Erklärungen unter Abwesenden auf die Zugangsregeln nach § 130 (Rn 8 ff) abzustellen. Bei Erklärungen unter Anwesenden gilt dann das zu § 130 Rn 23 ff Gesagte. 2

C. Willenserklärungen ggü Geschäftsunfähigen, § 131 I. Die ggü einem Geschäftsunfähigen, § 104, abzugebende Willenserklärung wird wirksam, wenn sie dem gesetzlichen Vertreter zugeht. Die Erklärung muss ggü dem Vertreter abgegeben sein. Eine bloß zufällige Kenntnis genügt nicht (Ddorf VersR 61, 878; LG Berlin MDR 82, 321; MüKo/*Einsele* § 131 Rz 3). Bei der gesetzlichen Vertretung eines Kindes durch die Eltern genügt der Zugang an einen Elternteil. Der Geschäftsunfähige kann Erklärungsbote des Erklärenden sein. Ein Empfangsbote des gesetzlichen Vertreters ist er nur, wenn er dazu bestellt wurde (Erman/*Palm* § 131 Rz 2). 3

D. Willenserklärungen ggü beschränkt Geschäftsfähigen, § 131 II. Grds gilt nach § 131 II 1 für den Zugang einer Willenserklärung ggü einem beschränkt Geschäftsfähigen das Gleiche, wie für Willenserklärungen ggü Geschäftsunfähigen. Die Erklärung muss dem gesetzlichen Vertreter zugehen. IRe Teilgeschäftsfähigkeit gem §§ 112, 113 ist die Erklärung ggü dem beschränkt Geschäftsfähigen wirksam. Bei einer Betreuung mit Einwilligungsvorbehalt, § 1903, muss die Erklärung dem Betreuer zugehen, es sei denn, sie betrifft eine geringfügige Angelegenheit des täglichen Lebens, § 1903 III 2. 4

Entspr dem Gedanken aus § 107 wird gem § 131 II 2 Alt 1 eine Willenserklärung, die **lediglich rechtlich vorteilhaft** ist, mit dem Zugang an den beschränkt Geschäftsfähigen wirksam. Lediglich rechtlich vorteilhaft ist auch das dem beschränkt Geschäftsfähigen gemachte Vertragsangebot, und zwar unabhängig von seinem Inhalt, weil es die Möglichkeit eröffnet, durch die Annahme einen Vertrag zu schließen (AnwK/*Faust* § 131 Rz 11). Auch ein neutrales Geschäft, wie eine Bevollmächtigung, kann ggü dem beschränkt Geschäftsfähigen erklärt werden (Frankf MDR 64, 756). 5

Eine Willenserklärung wird durch Zugang an den beschränkt Geschäftsfähigen wirksam, wenn eine **Einwilligung** (§ 183) des gesetzlichen Vertreters vorliegt, § 131 II 2 Alt 2. Eine Genehmigung ist nicht vorgesehen und kann grds auch nicht erfolgen. Nur wenn durch Erklärung ggü einem beschränkt Geschäftsfähigen ein Vertragsangebot angenommen wird, kann der gesetzliche Vertreter neben der Erklärung des beschränkt Geschäftsfähigen ausnahmsweise den Zugang der Annahmeerklärung genehmigen, damit § 108 nicht entwertet wird (BGHZ 47, 358). Auf einseitige empfangsbedürftige Erklärungen ist dies nicht übertragbar. 6

§ 132 Ersatz des Zugehens durch Zustellung.

(1) ¹Eine Willenserklärung gilt auch dann als zugegangen, wenn sie durch Vermittlung eines Gerichtsvollziehers zugestellt worden ist. ²Die Zustellung erfolgt nach den Vorschriften der Zivilprozessordnung.
(2) ¹Befindet sich der Erklärende über die Person desjenigen, welchem gegenüber die Erklärung abzugeben ist, in einer nicht auf Fahrlässigkeit beruhenden Unkenntnis oder ist der Aufenthalt dieser Person unbekannt, so kann die Zustellung nach den für die öffentliche Zustellung einer Ladung geltenden Vorschriften der Zivilprozessordnung erfolgen. ²Zuständig für die Bewilligung ist im ersteren Falle das Amtsgericht, in dessen Bezirk der Erklärende seinen Wohnsitz oder in Ermangelung eines inländischen Wohnsitzes seinen Aufenthalt hat, im letzteren Falle das Amtsgericht, in dessen Bezirke die Person, welcher zuzustellen ist, den letzten Wohnsitz oder in Ermangelung eines inländischen Wohnsitzes den letzten Aufenthalt hatte.

A. Normzweck. Um das Übermittlungsrisiko zu begrenzen, ermöglicht § 132 die Zustellung der Willenserklärung als Ersatz des Zugangs. Während die Zustellung nach § 132 I durch Vermittlung eines Gerichtsvollziehers im Belieben des Erklärenden steht, ist die öffentliche Zustellung nach § 132 II an zusätzliche Voraussetzungen gebunden. Verlangt das Gesetz Kenntnis von einer Erklärung (§ 407, nach BAG NJW 85, 824, auch für die arbeitsrechtliche Abmahnung), wird die Kenntnis nicht durch die Zustellung ersetzt (RGZ 87, 417). 1

B. Zustellung durch Vermittlung eines Gerichtsvollziehers, § 132 I. Stets hat der Erklärende das Recht, die Zustellung durch Vermittlung eines Gerichtsvollziehers zu wählen. Ein Anwalt kann bei einer befürchteten Zugangsvereitelung dazu verpflichtet sein (Nürnbg NJW-RR 91, 414). Die Zustellung ggü einem nicht voll Geschäftsfähigen ist an den gesetzlichen Vertreter zu richten (§ 131 Rn 3 ff). Eine Zustellung im Parteiauftrag ohne Vermittlung eines Gerichtsvollziehers begründet nach § 132 I 1 nicht die Zugangswirkung (BGHZ 67, 277). Die Zustellung erfolgt gem § 132 I 2 nach den Vorschriften der §§ 192 ff ZPO. Der Gerichtsvollzieher ist binnen drei Tagen zur Zustellung verpflichtet, in eilbedürftigen Sachen auch schneller, §§ 52 Nr 1, 22 Nr 1 GVGA. Er kann gem § 194 ZPO die Post mit der Zustellung beauftragen; zur Ersatzzustellung §§ 191, 178 ff ZPO. Die Erklärung muss in der vorgeschriebenen Form zugestellt werden. Zur Erfüllung der Schriftform 2 genügt nicht die Zustellung einer beglaubigten Abschrift (so noch BGH NJW 67, 824). Die Zustellungskosten sind verhältnismäßig gering. Eine persönliche Zustellung durch den Gerichtsvollzieher kostet gem GVKostG KV Nr 100 € 7,50, sonst nach GVKostG KV Nr 101 € 2,50, zzgl insb der jeweiligen Auslagen, so gem GVKostG KV Nr 701 für Zustellungen mit Zustellungsurkunde zzt € 5,60, der Pauschale für die Benutzung eigener Beförderungsmittel nach GVKostG KV Nr 710 von € 5,00 und das Wegegeld aus GVKostG KV Nr 711 etwa für bis zu 10 km von € 2,50.

3 **C. Öffentliche Zustellung, § 132 II.** Eine öffentliche Zustellung erfolgt nach den §§ 185 ff ZPO und erfordert entweder eine unverschuldete Unkenntnis über die Person des Empfängers (unbekannter Erbe) oder eine Unkenntnis über den Aufenthaltsort des Empfängers, wofür die Anforderungen aus § 185 Nr 1 ZPO gelten. Die erschlichene öffentliche Zustellung ist wirksam, doch kann ihr der Einwand unzulässiger Rechtsausübung entgegenstehen (BGHZ 64, 8; KG NJW-RR 06, 1381). Prozessual ist sie unwirksam, wenn die Fehlerhaftigkeit für das Gericht erkennbar war (BGHZ 149, 323; BGH NJW 07, 303), doch ist dies auf den Zugang nicht übertragbar.

§ 133 Auslegung einer Willenserklärung. Bei der Auslegung einer Willenserklärung ist der wirkliche Wille zu erforschen und nicht an dem buchstäblichen Sinne des Ausdrucks zu haften.

1 **A. Normzweck.** Die Auslegung einer Willenserklärung soll den rechtlich maßgebenden Sinn der Erklärung ermitteln (BGH FamRZ 87, 476; BaRoth/*Wendtland* Rz 17). Ihre Aufgabe erstreckt sich auf die Vorfrage, ob ein Verhalten den Tatbestand einer Willenserklärung erfüllt (BGH NJW 86, 3132), insb ob ein Rechtsbindungswille besteht (BGHZ 21, 106 f). Hauptsächlich ist der Inhalt mehrdeutiger oder lückenhafter Willenserklärungen zu bestimmen (*Bork* AT Rz 507). Die Funktion der Willenserklärung als Mittel, einen privaten Willen zu verwirklichen, und der Wortlaut des § 133 legen nahe, dass mit der Auslegung der Wille festgestellt werden soll. Da der Wille in irgendeiner Weise nach außen erkennbar und damit verkörpert sein muss (BGHZ 47, 78), kann der reine Wille weder Gegenstand noch recht verstandenes Ziel der Auslegung sein (*Schiemann* Eckpfeiler des Zivilrechts, 58). Bezugspunkt der Auslegung ist das menschliche Verhalten bzw die Erklärung.

2 **B. Bedeutung. I. § 157.** Der sachliche Gehalt und das Verhältnis der §§ 133, 157 zueinander sind umstr (Staud/*Singer* Rz 4 mwN). Nach der gesetzlichen Formulierung ist gem § 133 für die Auslegung von Willenserklärungen auf den wirklichen Willen und bei der Auslegung von Verträgen laut § 157 auf Treu und Glauben sowie die Verkehrssitte abzustellen. Diese Unterscheidung wird allg als verfehlt angesehen (Erman/*Palm* Rz 5). Einerseits sind die Kriterien des § 133 auch für die Auslegung von Verträgen heranzuziehen, da diese auf übereinstimmenden Willenserklärungen beruhen (MüKo/*Busche* Rz 17). Andererseits sind die Wertungen des § 157 auch für die Auslegung von Willenserklärungen beachtlich (BGHZ 21, 328). Die §§ 133, 157 sind deshalb bei der Auslegung von Willenserklärungen nebeneinander (BGHZ 47, 78; 105, 27; AnwK/*Looschelders* Rz 2), wenn auch nicht unterschiedslos anzuwenden.

3 Überwiegend wird auf die Unterscheidung zwischen **nicht empfangsbedürftigen** und **empfangsbedürftigen** Willenserklärungen abgestellt. § 133 soll nur bei nicht empfangsbedürftigen Willenserklärungen maßgebend sein, während § 157 auch auf empfangsbedürftige Willenserklärungen angewendet wird (*Medicus* AT Rz 322 f). Allerdings werden Durchbrechungen für erforderlich gehalten (Rn 19). Außerdem wird die Auslegung formbedürftiger Rechtsgeschäfte, zB eines Testaments, von der Andeutungstheorie (dazu Rn 9) durch die Einhaltung der Form begrenzt (vgl *Schiemann* Eckpfeiler des Zivilrechts, 59).

4 **II. § 242.** Zunächst ist im Wege der Auslegung das rechtliche Wollen zu klären. Lassen sich daraus keine hinreichenden Anhaltspunkte für die Streitentscheidung gewinnen, ist gem § 242 das rechtliche Sollen zu klären (BGHZ 16, 8).

5 **III. § 139.** Bei Teilnichtigkeit eines Rechtsgeschäfts ist vorrangig im Wege der Auslegung zu klären, ob die Parteien für diesen Fall eine Vereinbarung getroffen haben. Ohne besondere Abrede ist nach der Auslegungsregel des § 139 im Zweifel von der Gesamtnichtigkeit auszugehen.

6 **IV. § 140.** Erst wenn, ggf nach Auslegung, die Nichtigkeit eines Rechtsgeschäfts feststeht, ist eine Konversion möglich. Die Umdeutung bildet keinen Unterfall der Auslegung, denn während die Auslegung der Ermittlung des realen Willens dient, stellt die Umdeutung auf einen hypothetischen Willen ab (BGHZ 19, 273; § 140 Rn 2).

7 **V. § 2084.** Die Auslegung letztwilliger Verfügungen richtet sich primär nach § 133 und wird durch § 2084 ergänzt (MüKo/*Busche* Rz 23).

8 **C. Anwendungsbereich.** Die §§ 133, 157 gelten für die Auslegung **aller Willenserklärungen**, auch für *abstrakte Geschäfte* (BGHZ 21, 161, Wechsel; BGH NJW-RR 96, 1458, Schuldversprechen; Ddorf NJW 07, 1291, Erbvertrag durch Prozessvergleich). Sie betreffen das Ob und das Wie einer Willenserklärung (Rn 1). Für das **Schweigen** als Auslegungsgegenstand gelten die gleichen Grundsätze wie für die Auslegung empfangsbedürftiger Willenserklärungen (BaRoth/*Wendtland* Rz 29).

Auslegungsfähig sind auch **formbedürftige** Willenserklärungen. Die in der älteren Rspr vertretene Andeu- 9
tungstheorie verlangt, dass der Wille wenigstens andeutungsweise in der formgerechten Urkunde zum Ausdruck gekommen sein müsse (RGZ 59, 219; 160, 111; BGHZ 80, 245; BGH NJW 00, 1570; BAG NJW 07, 250 Tz 23), doch werden dadurch Auslegungsergebnis und Formgültigkeit vermengt (AnwK/*Looschelders* Rz 74). Formvorschriften beschränken nicht die für die Auslegung von Willenserklärungen zu berücksichtigenden Umstände (BAG NJW 07, 3228 Tz 20). Zunächst ist der Inhalt der Erklärung durch Auslegung zu ermitteln. Anschließend ist festzustellen, ob die Erklärung in der vorgeschriebenen Form zum Ausdruck gekommen ist (BGHZ 86, 46 f; BGH NJW 96, 2793).

Die für ausdrückliche Willenserklärungen formulierten Grundsätze gelten grds auch für **konkludente** Wil- 10
lenserklärungen (BGH NJW-RR 06, 1211, Pacht). Schlüssiges Verhalten kann nach der Rspr zum fehlenden Erklärungsbewusstsein dem Erklärenden als Willenserklärung zugerechnet werden, falls dieser bei Anwendung der im Verkehr erforderlichen Sorgfalt hätte erkennen können, dass sein Verhalten vom Empfänger nach Treu und Glauben mit Rücksicht auf die Verkehrssitte als Willenserklärung aufgefasst werden durfte und wenn der Empfänger es tatsächlich so verstanden hat (BGHZ 91, 330; 109, 177; *H.-J. Ahrens* JZ 84, 987; aA Staud/*Singer* Vorbem zu §§ 116–144 Rz 34 ff). Von der bisherigen Judikatur zu konkludenten Bestätigungen, Genehmigungen, Zustimmungen und Verzichtserklärungen wurde dazu das Bewusstsein verlangt, dass eine Willenserklärung erforderlich sein kann (BGHZ 2, 153; 53, 178; 110, 222; 129, 377). Inzwischen wird hiervon abgesehen und eine Gleichstellung mit der Judikatur zum fehlenden Erklärungsbewusstsein vertreten (BGH NJW 95, 953; 02, 3630; s.a. Palandt/*Ellenberger* Rz 11; unten Rn 37, Vor §§ 116 ff Rn 26).

Ausgelegt werden können **geschäftsähnliche Erklärungen** (BGH NJW 95, 46), Leistungsbeschreibungen 11
(BGH NJW 99, 2433; Palandt/*Ellenberger* Rz 3) und Einwilligungen in ärztliche Eingriffe (BGH NJW 80, 1903 f). Bei der Auslegung von **AGB** ist zusätzlich § 305c zu beachten.

Auf **Prozesshandlungen** der Parteien sind die §§ 133, 157 grds anwendbar (BGHZ 22, 269). Als Auslegungs- 12
ziel gilt, dass im Zweifel gewollt ist, was nach den Maßstäben der Rechtsordnung vernünftig ist und der recht verstandenen Interessenlage entspricht (BGH NJW 94, 1538). §§ 133, 157 gelten entspr für den **Insolvenzplan** (BGH NJW-RR 06, 491). Die §§ 133, 157 sind gem § 62 3 VwVfG auf **öffentlich-rechtliche Verträge** anzuwenden (BVerwG NJW 90, 1928). Sie gelten aber auch für andere öffentlich-rechtliche Erklärungen (BGHZ 86, 110; BGH NJW 98, 2140).

D. Voraussetzungen. I. Auslegungsgegenstand. Die Auslegung erfolgt in mehreren Schritten. Zunächst ist 13
der **Erklärungstatbestand** festzustellen (BGH NJW-RR 92, 773). Auslegungsgegenstand sind die Tatsachen, die den Erklärungsakt verkörpern, sowie alle Modalitäten, die Rückschlüsse auf seinen Inhalt zulassen (vgl BGH NJW 84, 721 f). Auslegungsmittel sind die außerhalb des Erklärungsakts liegenden Umstände, die Rückschlüsse auf den Sinn der Erklärung, ihren Inhalt sowie ihre Qualifikation zulassen, wozu etwa die Begleitumstände und die Vorgeschichte des Rechtsgeschäfts gehören (BGH NJW-RR 92, 773; Staud/*Singer* Rz 8). Die anschließend iRd Auslegung erfolgende **Sinndeutung** ist eine rechtliche Würdigung (BGH 84, 722; Rn 50 f).

II. Auslegungsbedürftigkeit, Auslegungsfähigkeit. Allg Erfordernis der Auslegung ist die **Auslegungsbe-** 14
dürftigkeit der Erklärung (BGH NJW 84, 290; 07, 1460). Unzutreffend ist die Annahme, eine Auslegung sei bei absolut eindeutigen Erklärungen ausgeschlossen (BGH NJW 96, 2650; 07, 1460). Bereits die Feststellung fehlender Auslegungszweifel bildet das Resultat eines interpretatorischen Akts (BaRoth/*Wendtland* Rz 22).

Verlangt wird außerdem eine **Auslegungsfähigkeit** der Willenserklärung, denn widerspruchsvolle oder 15
widersinnige Willenserklärungen sollen nicht auslegbar sein (RG JW 10, 801; BGHZ 20, 110). Auch hier ist zunächst durch Auslegung zu ermitteln, ob hinter der widersprüchlichen Erklärung ein eindeutiger Sinn steckt (Erman/*Palm* Rz 12). Es ist zu ergründen, welche Überlegungen und Vorstellungen den widerspruchsvoll erscheinenden Vertragsbestimmungen zugrunde liegen (BGH NJW 86, 1035), denn es ist Aufgabe der Auslegung, solche Zweifel aufzulösen (BGH NJW 81, 2746). Dabei ist von dem Erfahrungssatz auszugehen, dass Vertragsschließende auch bei einem unzulänglichen oder widerspruchsvollen Wortlaut mit dem Vertragsschluss einen bestimmten wirtschaftlichen Zweck verfolgten und mit der von ihnen gewählten Formulierung zum Ausdruck bringen wollten (BGHZ 20, 110). Erst wenn danach der Sinn unverständlich bleibt, begründet die perplexe Willenserklärung keine Rechtswirkungen.

E. Auslegungsziele. I. Empirische Auslegung. 1. Grundsätze. Auslegungsziele und Auslegungsmethoden 16
sind zu unterscheiden (Staud/*Singer* Rz 2). Als Ziel der Auslegung nennt § 133 den **wirklichen Willen**. Der Rechtsbegriff des wirklichen Willens darf nicht mit der psychischen Tatsache des inneren Willens gleichgesetzt werden. Ein innerer, in keiner Weise nach außen gedrungener Wille kann keine Bindungswirkung entfalten (Soergel/*Hefermehl* Rz 1; *Schiemann* Eckpfeiler des Zivilrechts, 58). Bezugsgröße der empirischen bzw natürlichen Auslegung ist, wie der Erklärende seine Verlautbarung verstanden hat. Wurde die Erklärung vom Empfänger abw aufgefasst, ist iRe normativen Auslegung zu klären, in welcher Weise der Adressat die Erklärung bei Beachtung der verkehrsüblichen Auslegung verstehen durfte (*Wieser* JZ 85, 407). Die Auslegungsmethoden betreffen sodann das Verfahren der Auslegung (Rn 31 ff).

17 **Vorrangig** ist von der auf den wirklichen Willen des Erklärenden bezogenen empirischen Auslegung auszugehen, weil diese am striktesten auf eine selbstbestimmte Gestaltung abzielt (BGH NJW 84, 721). Diese einseitige Ausrichtung ist dort berechtigt, wo keine schutzwürdigen Interessen des Empfängers entgegenstehen. Ihr Anwendungsbereich konzentriert sich auf die nicht empfangsbedürftigen sowie die übereinstimmend verstandenen empfangsbedürftigen Willenserklärungen.

18 **2. Nicht empfangsbedürftige Willenserklärungen.** Manche Typen nicht empfangsbedürftiger Willenserklärungen betreffen allein die Interessen des Erklärenden. Das Hauptbeispiel bildet das **Testament**, das nach dem wirklichen Willen des Erblassers auszulegen ist (BGHZ 80, 249; 86, 45). Um den Erblasserwillen zu ermitteln, sind sämtliche Begleitumstände unabhängig davon heranzuziehen, ob sie in der Testamentsurkunde einen Niederschlag gefunden haben (BGHZ 86, 46 f). Erst wenn sein Wille feststeht, darf geprüft werden, ob er formgültig niedergelegt wurde (Rn 9).

19 Bei **sonstigen** nicht empfangsbedürftigen Willenserklärungen können schutzwürdige Interessen Anderer nicht von vornherein ausgeschlossen werden. Bei den an die Öffentlichkeit gerichteten Erklärungen, speziell der Auslobung, ist auf die Verständnismöglichkeiten eines durchschnittlichen Verkehrsteilnehmers auf Grundlage der allg erkennbaren Umstände abzustellen (BGHZ 17, 371; 53, 304, 307; AnwK/*Looschelders* Rz 40).

20 **3. Übereinstimmender Wille.** Erkennt der Empfänger den wirklichen Willen des Erklärenden, ist er nicht schutzbedürftig. Der Adressat muss sich also sein individuelles Verständnis zurechnen lassen. Der wirkliche Wille des Erklärenden und nicht der Wortlaut bestimmen dann den Inhalt des Rechtsgeschäfts (BGH NJW 84, 721; NJW-RR 93, 373; *Larenz/Wolf* AT § 28 Rz 29). Nicht erforderlich ist, dass sich der Empfänger den Willen zu eigen macht (BGH NJW 02, 1039).

21 Haben die Beteiligten eine Erklärung **übereinstimmend** verstanden, geht der wirkliche Wille des Erklärenden dem Wortlaut oder jeder anderen Auslegung vor (BGHZ 71, 247; BGH NJW 96, 1679; 98, 747; 02, 1039). Das Hauptanwendungsgebiet liegt bei der versehentlichen Falschbezeichnung und wird durch die Parömie **falsa demonstratio non nocet** bezeichnet (BGH NJW 08, 1658 Tz 12). Im Schulfall (RGZ 99, 148) schlossen die Parteien einen Kaufvertrag über Haakjöringsköd, der norwegischen Bezeichnung für Haifischfleisch. Da die Parteien übereinstimmend Walfischfleisch meinten und sich im Ausdruck irrten, kam der Vertrag über Walfischfleisch zustande. Übereinstimmende Falschbezeichnungen sind unschädlich (BGHZ 20, 110). Diese Regel gilt auch bei der Auflassung (BGH NJW 02, 1039), dem In-Sich-Geschäft (BGH NJW 91, 1731), der Auslegung von AGB (BGHZ 113, 259; BGH NJW 83, 2638) und ggf bei der Auslegung von Wechseln (Köln NJW-RR 97, 940; Staud/*Singer* Rz 14). Bei **formbedürftigen Rechtsgeschäften** sind nur versehentliche Falschbezeichnungen unschädlich (RGZ 133, 281; s.a. BGHZ 74, 119; zur unrichtigen Erwerberbezeichnung bei Auflassung *Reymann* NJW 08, 1775). Das Vereinbarte muss keinen Niederschlag in der Urkunde gefunden haben (BGH NJW 08, 1659 Tz 13). Absichtliche Falschbeurkundungen verstoßen gegen die Formzwecke und sind unwirksam (*Medicus* AT Rz 330).

22 **II. Normative Auslegung.** Bei empfangsbedürftigen Willenserklärungen ist auf die Interessen des Adressaten Rücksicht zu nehmen. Erkennt der Empfänger nicht, was der Erklärende gemeint hat, ist die Willenserklärung so auszulegen, wie jener nach Treu und Glauben unter Berücksichtigung der Verkehrssitte verstehen durfte (BGHZ 36, 33; 47, 78; 103, 280; BGH NJW 88, 2879; 92, 1446 f; 06, 3777; BAG NJW 00, 309). Maßgebend ist der vom **Empfängerhorizont** aus zu bestimmende objektive Erklärungsgehalt. Der Empfänger darf sich nicht auf die ihm günstigste Deutung verlassen, sondern muss anhand aller erkennbaren Umstände mit der gebotenen Sorgfalt den Sinn der Erklärung erfassen (BGH NJW 81, 2296; 92, 170; BaRoth/*Wendtland* Rz 27; *Larenz/Wolf* § 28 Rz 6).

23 IRd normativen **Sorgfaltsanforderungen** sind nicht nur die dem Adressaten erkennbaren, sondern auch die von ihm unter zumutbaren Anstrengungen zu ermittelnden Umstände zu berücksichtigen (AnwK/*Looschelders* Rz 48). Auszugehen ist dafür vom Wortlaut der Erklärung und den bei Zugang der Erklärung erkennbaren (Rn 35) Begleitumständen (BGH NJW 03, 1317).

24 Aufgrund der Rspr zum fehlenden Erklärungsbewusstsein (vgl Rn 10) trifft den **Erklärenden** eine vergleichbare Verantwortlichkeit.

25 **III. Ergänzende Vertragsauslegung. 1. Rechtsgeschäft.** Weist ein gültiges Rechtsgeschäft in einem regelungsbedürftigen Punkt eine Regelungslücke auf, kann die Lücke im Wege der ergänzenden Vertragsauslegung geschlossen werden (BGHZ 9, 277 f; 77, 304). Erforderlich ist ein wirksames Rechtsgeschäft, nicht eine einzelne Willenserklärung (BGH NJW 09, 2443 Tz 19). Ein Einigungsmangel über den Kaufpreis kann nicht durch ergänzende Vertragsauslegung überwunden werden (BGH NJW-RR 06, 1141). Es kann sich um ein formbedürftiges Rechtsgeschäft (BGHZ 81, 143), ein Testament (BGHZ 22, 360) oder die Gemeinschaftsordnung einer Wohnungseigentümergemeinschaft handeln (BGH NJW 04, 3416). Bei einem vorvertraglichen *Schuldverhältnis* kann durch ergänzende Vertragsauslegung ein Haftungsausschluss begründet werden (BGH NJW 79, 643; 80, 1682, Probefahrt), bei AGB, wenn der Vertrag sonst völlig einseitig verschoben wird (BGH NJW 08, 2172 Tz 32; 09, 578 Tz 25). Im Verbandsprozess nach § 1 UKlaG ist eine ergänzende Vertragsauslegung ausgeschlossen (BGH NJW 97, 1054 Tz 39).

2. Regelungslücke. Das Rechtsgeschäft muss in einem regelungsbedürftigen Punkt eine Regelungslücke, dh 26
eine planwidrige Unvollständigkeit aufweisen (BGHZ 77, 304; 125, 17; 127, 142; BGH NJW 02, 2310; NJW-
RR 05, 690). Der Vertrag muss innerhalb des durch ihn gesteckten Rahmens oder innerhalb der gewollten
Vereinbarungen ergänzungsbedürftig sein (BGHZ 77, 304). Unerheblich ist, aus welchem Grund der Punkt
offen geblieben ist. Die Lücke kann anfänglich bestanden oder sich nachträglich ergeben haben (BGH NJW
81, 220). Die Parteien können den Aspekt übersehen oder bewusst offen gelassen haben, weil sie ihn im Zeitpunkt des Vertragsschlusses nicht für regelungsbedürftig hielten (BGH NJW 02, 1262; NJW-RR 05, 690). Die
Lücke kann durch Unwirksamkeit einer Vertragsbestimmung entstanden sein (BGHZ 90, 74; 137, 157). Sollte
die Regelung abschließend sein, liegt keine Regelungslücke vor (BGHZ 94, 113; BGH NJW 90, 1724).

3. Lückenfüllung. Um den Vorrang der Privatautonomie zu wahren, ist der Vertrag primär auf Grundlage 27
des **hypothetischen Parteiwillens** und sekundär durch das dispositive Gesetzesrecht zu ergänzen. Dies gilt,
soweit eine Heranziehung des dispositiven Rechts dem Willen der Vertragsparteien widerspricht (BGH NJW
75, 1117), wenn es regelmäßig abbedungen wird (BGH NJW 79, 1705), falls das dispositive Recht keine passende Regelung enthält oder der gewählte Vertrag gesetzlich nicht geregelt ist (BGHZ 90, 75). Diese Rangfolge besteht auch, wenn die Vertragslücke durch abdingbares Recht geschlossen werden könnte. Es existiert
kein allg Vorrang des dispositiven Gesetzesrechts (Erman/*Armbrüster* § 157 Rz 19; *Schiemann* Eckpfeiler des
Zivilrechts, 61; aA BGHZ 40, 103; 90, 75; 137, 157; Palandt/*Ellenberger* § 157 Rz 4).

Zur Ergänzung des Vertrags ist auf den **hypothetischen Parteiwillen** abzustellen. Auszugehen ist davon, was 28
die Parteien bei einer angemessenen Abwägung ihrer Interessen nach Treu und Glauben als redliche Vertragspartner vereinbart hätten (BGHZ 111, 218; BGH NJW 97, 652). Dafür ist zunächst an den Vertrag selbst
anzuknüpfen. Die darin enthaltenen Regelungen und Wertungen, sein Sinn und Zweck bilden den Ausgangspunkt der Vertragsergänzung (BGH NJW 02, 2311). Gesucht wird die durch den Vertrag im Ganzen, aber
gerade nicht ausdrücklich getroffene Regelung (*M. Ahrens* Recht und Risiko, 181).

Der hypothetische Parteiwille ist anhand der individuellen Umstände des konkreten Vertrags zu ermitteln. Ist 29
dies nicht möglich, muss die Vertragsergänzung aus den objektiven Maßstäben von **Treu und Glauben** sowie
einer Berücksichtigung der **Verkehrssitte** entwickelt werden (BGHZ 90, 78; Erman/*Armbrüster* § 157 Rz 20 f;
nach aA besteht kein klares Rangverhältnis Staud/*Roth* § 157 Rz 32; *Medicus* AT Rz 344).

Entspr dem Primat des Parteiwillens darf die ergänzende Vertragsauslegung **nicht** zu einer Abänderung oder 30
einer unzulässigen **Erweiterung** des Vertrags führen (BGHZ 40, 103; BGH NJW 02, 2311). Die Ergänzung
muss sich als zwingende selbstverständliche Folge aus dem ganzen Zusammenhang des Vereinbarten ergeben,
so dass ohne sie das Ergebnis im offenen Widerspruch mit dem nach dem Inhalt des Vertrags Vereinbarten
stehen würde (BGHZ 77, 304). Ergeben sich **mehrere Auslegungsmöglichkeiten**, scheidet eine ergänzende
Vertragsauslegung aus, falls kein Anhaltspunkt besteht, welche Regelung die Parteien getroffen hätten (BGHZ
62, 89 f; 143, 121; BGH NJW 02, 2311). **Einzelfälle:** Statt Umlegung von Antennenkosten Umlegbarkeit von
Breitbandkabelkosten (BGH NJW 07, 3060 Tz 27), bei verzögertem Zuschlag im Vergabeverfahren sind Fristen und Vergütung anzupassen (BGH NJW 09, 2443 Tz 44).

F. Auslegungsmethoden und -grundsätze. I. Wortlaut. Bei einer durch Schriftzeichen oder Sprache verkör- 31
perten Erklärung ist von ihrem Wortlaut als dem objektiv erklärten Parteiwillen auszugehen (BGHZ 121, 16;
124, 44 f; BGH NJW 00, 2099; 01, 144; 2535; NJW-RR 05, 689; 06, 1141), doch verbietet § 133, auf die buch-
stäbliche Bedeutung abzustellen. Maßgebend ist grds der allg Sprachgebrauch (BGH NJW-RR 91, 1102;
München NJW-RR 96, 239). **Einzelfälle:** Zur Absichtserklärung, an einer Vaterschaftsfeststellung mitzuwirken (BGH NJW 07, 912 Tz 18). Das Wort Pfand auf einer Flasche beinhaltet die Erklärung, jedem beliebigen
Dritten den angegebenen Betrag zu zahlen (BGH NJW 07, 2912 Tz 9).

Werden Begriffe vom beteiligten **Verkehrskreis** in einem bestimmten Sinn verwendet, ist diese Bedeutung 32
zugrunde zu legen (BGH NJW 01, 1345; NJW-RR 07, 1470 Tz 11, Versicherer). Bei einem aus Fachleuten
bestehenden Empfängerkreis ist von der fachspezifischen Bedeutung auszugehen (BGH NJW-RR 94, 1109).
Juristische Termini sind grds iSd spezifischen Sprachgebrauchs auszulegen (LG Berlin NJW 05, 993, Schuldanerkenntnis eines Rechtslehrers). Bei einer Verwendung durch Laien ist jedoch nicht mit einem fachgerechten Gebrauch (RGZ 89, 400), bei einer Verwendung ggü Laien nicht notwendig mit einem zutreffenden Verständnis zu rechnen (BGH NJW 92, 1447, Bürgschaft auf erstes Anfordern). Ein besonderer Sprachgebrauch
des Erklärenden ist bei empfangsbedürftigen Willenserklärungen zu berücksichtigen, wenn ihn der Erklärungsempfänger kannte oder kennen musste (Palandt/*Ellenberger* Rz 14).

II. Zusammenhang. Aus der Lehre der Gesetzesauslegung können für schriftliche Erklärungen die Grund- 33
sätze der systematischen Auslegung übernommen werden (BGHZ 101, 273; NJW-RR 07, 1470 Tz 9; MüKo/
Busche Rz 7; aA *Flume* AT, 309). Die von der Leistungsbeschreibung in einem Bauvertrag umfassten Leistungen sind bei Vereinbarung der VOB/B auch anhand der VOB/C zu ermitteln (BGH NJW 06, 3414). Ggü der
Leistungsbeschreibung kann den Vorbemerkungen größeres Gewicht zukommen (BGH NJW 99, 2433).

III. Begleitumstände. Im Anschluss an die Ermittlung des Wortsinns sind die außerhalb der Äußerung lie- 34
genden Umstände zu berücksichtigen, soweit sie auf den Sinngehalt der Erklärung schließen lassen (BGH

NJW-RR 00, 1003; BaRoth/*Wendtland* Rz 25). Selbst der klare und eindeutige Wortlaut einer Erklärung bildet keine Grenze für die Auslegung anhand der Gesamtumstände (BGH NJW 02, 1261). Für die Auslegung können nur solche Umstände herangezogen werden, die dem Empfänger bekannt oder erkennbar waren (BGH NJW 06, 3777 Tz 18).

35 Zu den maßgebenden Umständen gehört in erster Linie die **Entstehungsgeschichte** des Rechtsgeschäfts, speziell die bisherigen Gepflogenheiten und die Durchführung früherer Geschäfte, sofern sie mit dem aktuellen Rechtsgeschäft im Zusammenhang stehen (BGH NJW-RR 03, 927; Staud/*Singer* Rz 47), der Inhalt von Vorverhandlungen (BGH NJW 99, 3192), Entwürfen und Vorbesprechungen (BGH NJW 03, 2236), der vorausgegangene Schriftverkehr (BGHZ 109, 22), mündliche Erläuterungen (BGHZ 82, 222) oder eine vorherige formunwirksame Vereinbarung (BGH NJW 87, 2438).

36 Die Umstände müssen grds im **Zeitpunkt** des Vertragsschlusses vorliegen (BGH NJW 06, 139 Tz 7; NJW-RR 07, 976 Tz 10). **Nachträgliches Verhalten** der Parteien kann zwar nicht dazu führen, dass der Empfänger die Erklärung in einem anderen als dem zum Zeitpunkt des Zugangs erkennbaren Sinn verstehen musste. Spätere Vorgänge können aber Rückschlüsse auf den tatsächlichen Willen und das tatsächliche Verständnis der an dem Rechtsgeschäft Beteiligten zulassen (BGH NJW-RR 07, 529 Tz 18).

37 Bei **konkludentem Verhalten** (Rn 10) kann der Erklärungswert allein aus den Begleitumständen, den Grundsätzen von Treu und Glaube sowie der Verkehrssitte abgeleitet werden (AnwK/*Looschelders* Rz 32).

38 **IV. Interessenlage.** Mit jedem Rechtsgeschäft werden bestimmte Zwecke und Interessen verfolgt, die iRd **teleologischen Auslegung** zu berücksichtigen sind. In der Rechtsprechungspraxis gewinnt diese interessengerechte Auslegung zunehmend an Gewicht (Erman/*Palm* Rz 33). Die Erklärung ist so auszulegen, wie es den jeweiligen Zwecken (BGHZ 2, 385; 20, 110; BGH NJW 98, 2140; 07, 2320 Tz 27) und der beiderseitigen Interessenlage am Besten entspricht und zum erstrebten Erfolg führt (BGHZ 21, 328; 109, 22; BGH NJW 02, 748; 03, 2236). Ziel muss eine allseits interessengerechte Beurteilung sein, bei der keine wesentlichen Interessen übergangen werden dürfen (BGHZ 137, 72; 149, 353; 152, 156). Anhand der Interessenlage ist der objektive Erklärungswert der Äußerungen zu bestimmen. Maßgebend sind die Parteiinteressen bei Abgabe ihrer Erklärungen (BGH NJW 98, 3269 f).

39 Im Allg ist die teleologische Auslegung zwar nicht geeignet, eine Auslegung gegen den **Wortlaut** und erklärten Willen zu rechtfertigen (BGH NJW-RR 02, 646). Besondere Umstände können aber Ausnahmen rechtfertigen (BGH NJW 92, 1447). Selbst ein eindeutiger Wortlaut erfasst nicht notwendig völlig ungewöhnliche und von keiner Seite zu erwartende Sachlagen (BGHZ 124, 68).

40 Aus der interessengerechten Auslegung lassen sich mehrere **Auslegungsgrundsätze** ableiten (Staud/*Singer* Rz 55). Im Zweifel werden die Parteien eine vernünftige Regelung gewollt haben (BGHZ 79, 18; 98, 312; BGH NJW 93, 1978; 94, 1538, für Prozesshandlungen der Parteien), die widerspruchsfrei ist (BGH NJW 93, 1978; 03, 743). Nach dem Grundsatz der gesetzeskonformen Auslegung gebührt der Deutung der Vorzug, die eine Unwirksamkeit der Bestimmung vermeidet (BGHZ 152, 158). Ebenso ist eine Auslegung vorzuziehen, bei der eine Vertragsbestimmung eine tatsächliche Bedeutung besitzt, wenn sich die Regelung sonst als ganz oder teilweise sinnlos erweisen würde (BGH NJW 98, 2966; 05, 2619). Außerdem ist grds davon auszugehen, dass die Parteien redlich sind (*Larenz/Wolf* AT § 28 Rz 45) und eine gesetzeskonforme Regelung wollen (BGH NJW 04, 1240).

41 **Einzelfälle:** Vertragsschluss mit Anwalt durch Anruf bei Anwaltshotline (BGHZ 152, 158); krasses Missverhältnis von Leistung und Gegenleistung spricht gegen Rechtsbindungswillen (BGH NJW 01, 2324, Erlassfalle; § 397 Rn 15); ein abzuwohnendes Darlehen ist entspr der angemessenen/üblichen Miete abzurechnen (BGH NJW 03, 1318); Spielsperre auf Wunsch des Gastes ist nach Möglichkeit und Zumutbarkeit zu überwachen (BGHZ 165, 276, 280; 174, 255 Tz 11, Automatenspiel); eine als Bürgschaft bezeichnete Erklärung kann nicht als Schuldbeitritt (BGH LM § 133 BGB B Nr 7), ein Schuldbeitritt nicht einfach als Bürgschaft ausgelegt werden (Palandt/*Ellenberger* Rz 18). Eine Mietgarantie ist eine Garantie wegen Unvermietbarkeit sowie Mietausfälle (BGH NJW 03, 2237); zur Reichweite der Erklärungen zum Schallschutz (BGH NJW 07, 2983 Tz 28; 09, 2439 Tz 14).

42 **V. Treu und Glauben sowie die Verkehrssitte.** § 157 verlangt, Verträge so auszulegen, wie dies Treu und Glauben mit Rücksicht auf die Verkehrssitte erfordern. Über den Wortlaut hinaus gilt dieses Gebot für alle Willenserklärungen (BGHZ 47, 78). Mit der Orientierung an **Treu und Glauben** wird eine objektiv-normative Auslegung ermöglicht, die auf das schutzwürdige Vertrauen des Erklärungsempfängers, die berechtigten Belange der Parteien und die Anforderungen des redlichen Geschäftsverkehrs abstellt (Staud/*Singer* Rz 63).

43 Mit der **Verkehrssitte** wird kein normatives Kriterium, sondern eine bei den beteiligten Verkehrskreisen herrschende tatsächliche Übung bezeichnet (BGH NJW 66, 503; AnwK/*Looschelders* Rz 59). Diese Übung muss in dem Verkehrskreis Zustimmung gefunden und über längere Dauer bestanden haben (BGH NJW 90, 1724). Eine regelmäßig, aber nicht allg befolgte Verkehrsauffassung genügt nicht (RGZ 75, 341). Im Handelsverkehr sind die Handelsbräuche, § 346 HGB, als Verkehrssitte zu beachten. Ein abw übereinstimmendes Verständnis der Parteien geht einer Verkehrssitte vor (BGHZ 23, 136). Wird ein Begriff von den beteiligten Verkehrskreisen in einer bestimmten Bedeutung verwendet, verstößt es idR gegen §§ 133, 157, ihn in einem anderen Sinn zu deuten (BGH NJW 01, 1345).

Zwischen Angehörigen derselben **Verkehrskreise** gilt die Erklärung in ihrer verkehrsüblichen Bedeutung, sofern der Empfänger die Verkehrssitte kannte oder hätte erkennen müssen (RGZ 114, 12, keine Kenntnis). Gehören die Beteiligten verschiedenen Verkehrskreisen an, ist die Erklärung im Sinn der im Kreis des Empfängers geübten Verkehrssitte zu verstehen (*Larenz/Wolf* AT § 28 Rz 50 f; s.a. RGZ 135, 345). Bei einem örtlich beschränkten Geltungsbereich richtet sich die Bedeutung nach dem Ort, an dem die Erklärung abzugeben war (BGHZ 6, 134). 44

Die Abwälzung der Schönheitsreparaturen auf den Mieter ist jedenfalls nicht derart Verkehrssitte geworden, dass eine ausdrückliche Vereinbarung entbehrlich wäre (BGH NJW 04, 2962). 45

G. Sonderfälle. Können Willenserklärungen für eine **Vielzahl von Personen** Bedeutung erlangen, ist ausschließlich der objektive Inhalt der Erklärung maßgeblich (BGH NJW 07, 2912 Tz 10). **AGB** sind unabhängig von den Einzelfallumständen objektiv auszulegen, wie sie von verständigen und redlichen Vertragspartnern unter Abwägung der Interessen der normalerweise beteiligten Verkehrskreise verstanden werden (BGH NJW-RR 07, 1697 Tz 23; BAG NZA 08, 219 Tz 27). Abzustellen ist auf die Erwartungen und Erkenntnismöglichkeiten eines rechtlich nicht vorgebildeten Durchschnittskunden (BGHZ 106, 49). 46

Betriebsvereinbarungen und **Tarifverträge** gelten mit ihrem normativen Teil für einen unbestimmten Personenkreis und sind deswegen nach den Regeln der Gesetzesauslegung auszulegen (BGH NJW 61, 1837). 47

Für **Grundbucherklärungen** gelten wegen des öffentlichen Glaubens einschränkende Grundsätze (Erman/*Palm* Rz 39). Die Eintragungsbewilligung kann zur Auslegung einer unklaren oder ungenauen Erklärung verwendet werden (BGHZ 123, 301). Umstände außerhalb der Eintragungsunterlagen dürfen nur herangezogen werden, wenn und soweit sie für jedermann ohne weiteres erkennbar sind (BGHZ 47, 196; 59, 209). 48

Satzungen eines Vereins oder einer Körperschaft sowie Beschlüsse der Mitglieder- bzw Gesellschafterversammlung sind nach den sich aus der Urkunde ergebenden Umständen auszulegen (BGHZ 47, 180). 49

H. Prozessrecht. I. Beweislast. Die Feststellung des **Erklärungstatbestands** ist Tatsachenfeststellung. Wer sich auf einen für die Auslegung maßgebenden Umstand beruft, muss diesen darlegen und beweisen (Baumgärtel/*Laumen* § 133 Rz 2). Dies gilt etwa für das Vorliegen einer Verkehrssitte (BGH NJW 90, 1724) oder eine Vertragsauslegung gegen den allg Sprachgebrauch (BGH NJW 01, 144). Die Beweisführung wird durch Erfahrungssätze erleichtert. Ist über ein Rechtsgeschäft eine Urkunde aufgenommen, besteht eine Vermutung für die vollständige und richtige Wiedergabe der getroffenen Vereinbarungen (BGH NJW 00, 207 f; 03, 755). Wer sich auf außerhalb der Urkunde liegende Umstände beruft, muss den Beweis für ihr Vorliegen führen (BGH NJW 99, 1703; 02, 3164 f). Die Vermutungswirkung ist mit dem Beweis einer Nebenabrede widerlegt (BGH NJW 89, 898). 50

Die anschließend iRd Auslegung erfolgende **Sinndeutung** ist eine rechtliche Würdigung und kann nicht Gegenstand einer Beweiserhebung oder Beweislastentscheidung sein (BGH NJW 84, 722). 51

II. Revisibilität. Die Feststellung des Inhalts und der Bedeutung von Willenserklärungen und Individualvereinbarungen ist idR dem Tatrichter vorbehalten. Seine Auslegung kann vom Revisionsgericht grds nur darauf überprüft werden, ob anerkannte Auslegungsregeln, Denkgesetze oder allg Erfahrungssätze verletzt sind (BGHZ 135, 273; BGH NJW 03, 2236; BAG NJW 07, 250 Tz 24; *Schäfer* NJW 07, 3463), wie der gewählte Wortlaut (BGH NJW 01, 144) und die beiderseits interessengerechte Auslegung (BGH NJW 00, 2099). Die wichtigsten für und gegen eine Auslegung sprechenden Umstände sind zu erörtern und gegeneinander abzuwägen (BGH NJW 06, 2773 Tz 15). Sind keine weiteren Feststellungen erforderlich oder möglich, kann das Revisionsgericht die Auslegung selbst vornehmen (BGHZ 121, 289; BGH NJW 07, 912 Tz 13). Die Auslegung von AGB unterliegt voller revisionsgerichtlicher Kontrolle, wenn die AGB über den Bezirk des Berufungsgerichts hinaus angewendet werden (BGH NJW 05, 2921). 52

§ 134 Gesetzliches Verbot.

Ein Rechtsgeschäft, das gegen ein gesetzliches Verbot verstößt, ist nichtig, wenn sich nicht aus dem Gesetz ein anderes ergibt.

A. Normzweck. Die Privatautonomie besteht in den Schranken der gesetzlichen Ordnung. Missbilligt eine Norm ein Rechtsgeschäft und ordnet sie die Rechtsfolge selbst an (lex perfecta), wie die §§ 248 I, 307–310, 311b II, V, 723 III, 925 II, 1136, bedarf es keiner weiteren zivilrechtlichen Transformation (BGH NJW 00, 1187). Enthält die Verbotsnorm dagegen keine Rechtsfolgenanordnung (lex imperfecta), kann die Nichtigkeit aus § 134 abgeleitet werden. Nach dem Wortlaut der Vorschrift tritt die Nichtigkeitsfolge ein, falls sich aus dem Verbotsgesetz nichts anderes ergibt. § 134 stellt damit eine **Auslegungsregel** zugunsten der Nichtigkeitsfolge auf und besitzt einen selbständigen Aussagegehalt (BGHZ 45, 326; BaRoth/*Wendtland* Rz 2; aA *Flume* 341; s.u. Rn 18). 1

Die Vorschrift dient dem **Schutz der Allgemeinheit** (BGHZ 13, 182), aus dem als Reflex ein Individualschutz resultieren kann. Dazu ist der Inhalt des Rechtsgeschäfts zu beurteilen (BGHZ 110, 175), also eine **Inhaltskontrolle** durchzuführen (Staud/*Sack* Rz 1). Abzustellen ist va darauf, ob der mit dem Rechtsgeschäft bezweckte Erfolg verbotswidrig ist (BGH NJW 74, 1377). 2

3 **B. Voraussetzungen. I. Rechtsgeschäft.** § 134 gilt für Rechtsgeschäfte aller Art. Dazu gehören einseitige Rechtsgeschäfte, wie Testamente und Kündigungen, Verträge, grds auch Betriebsvereinbarungen und Tarifverträge, und andere mehrseitige Rechtsgeschäfte, etwa Beschlüsse (BaRoth/*Wendtland* Rz 3). Kein Rechtsgeschäft iSv § 134 bilden die einzelnen auf den Abschluss eines Vertrags gerichteten Willenserklärungen (Angebot und Annahme). Soweit die Erklärungen missbilligte Rechtsfolgen auslösen, ist eine entspr Anwendung von § 134 möglich (Palandt/*Ellenberger* Rz 12, str).

4 Auf **öffentlich-rechtliche Verträge** ist nach § 59 I VwVfG die Regelung des § 134 entspr anwendbar. Die Nichtigkeit soll aber nur eintreten, wenn eine zwingende Norm Inhalt und Erfolg des öffentlich-rechtlichen Vertrags verbietet und ihr Normzweck die Nichtigkeit im öffentlichen Interesse verlangt (BVerwGE 89, 20; BVerwG DVBl 90, 438; AnwK/*Looschelders* Rz 8). Unanwendbar ist § 134 bei Verwaltungsakten (Soergel/*Hefermehl* Rz 6).

5 **II. Gesetzliches Verbot. 1. Gesetz. a) Normcharakter.** Gesetz iSd § 134 ist jede **Rechtsnorm**, Art 2 EGBGB. Das Verbot kann sich aus einem formellen Gesetz des Bundes oder eines Landes ergeben (BGH NJW 86, 2361; WM 03, 791). Erfasst werden auch Rechtsverordnungen und Satzungen öffentlich-rechtlicher Institutionen, die durch höherrangiges Recht legitimiert sind (*Taupitz* JZ 94, 222). Dazu gehören die **Satzungen** der Gemeinden und Berufsordnungen etwa der Ärztekammern (BGH NJW 86, 2361; differenzierend Erman/*Palm* Rz 50). Keine Gesetze sind Satzungen privatrechtlicher Institutionen, Spielordnungen von Sportverbänden (BGH NJW 00, 1028), Standesrichtlinien (BVerfG NJW 88, 192), Handelsbräuche und Verkehrssitten (BaRoth/*Wendtland* Rz 7 f). Gesetzliche Vorschriften iSv § 134 enthalten die normativen Regelungen in **Tarifverträgen** (BGH NJW 00, 1187; BAG NJW 99, 2542) und **Betriebsvereinbarungen** (LAG Saarbrücken NJW 66, 2137; aA MüKo/*Armbrüster* Rz 31; s.a. AnwK/*Looschelders* Rz 25); **Gewohnheitsrecht** nur, wenn es unmissverständlich ein bestimmtes Rechtsgeschäft versagt (BGH NJW 07, 2106 Tz 24).

6 **Allg Rechtsgrundsätze** können ein Verbotsgesetz iSv § 134 enthalten. Dies wird für den Verstoß einer Schiedsklausel gegen das Gebot überparteilicher Rechtspflege (BGHZ 51, 262; 54, 400) und den Grundsatz, dass die öffentliche Verwaltung nichts verschenken darf (BGHZ 47, 40), angenommen (*Bork* AT Rz 1091; aA Staud/*Sack* Rz 22). Erforderlich ist eine hinreichende Konkretisierung. Fehlt es daran, kann die Nichtigkeit aus § 138 resultieren.

7 **b) Besondere Normen.** Das **Verfassungsrecht** des GG wirft mit seiner Einwirkung auf das Privatrecht zahlreiche Fragen auf. Die Koalitionsfreiheit aus Art 9 III GG begründet eine unmittelbare Drittwirkung. § 134 ist unanwendbar, weil Art 9 III 2 selbst die Nichtigkeit widersprechender Abreden anordnet. Eine unmittelbare Drittwirkung sehen die Art 38 I 2, 48 II GG vor (BGHZ 43, 387). Überholt ist die ältere Rspr des BAG (NJW 62, 1982; s.a. *Otto* JZ 98, 854 f), die von einer unmittelbaren Drittwirkung anderer Grundrechte ausgegangen ist. Die Grundrechte wirken über die ausfüllungsbedürftigen Generalklauseln in das Privatrecht hinein (vgl nur BVerfG NJW 94, 36; 01, 958). Anstalten des öffentlichen Rechts, wie Sparkassen, sind unmittelbar an Grundrechte gebunden, weswegen die Kündigung des Kontos einer verfassungsfeindlichen, nicht verbotenen Partei (NPD) durch eine Sparkasse gegen das Willkürverbot verstößt und gem § 134 nichtig ist (BGH NJW 03, 1658 f).

8 **Europäisches Recht** kann Verbotsgesetze iSd § 134 enthalten (BVerwGE 70, 41, 44 f, 49). Soweit die Nichtigkeit wettbewerbsbeschränkender Abreden aus Art 81 II EGV folgt, wird § 134 verdrängt. Gesetzliche Verbote können im Verbot mengenmäßiger Ein- und Ausfuhrbeschränkungen und Maßnahmen gleicher Wirkung, Art 28, 29 EGV, gesehen werden (vgl EuGH NJW 04, 132). Verstöße gegen das EU-Beihilfenrecht sollen zur Nichtigkeit gem § 134 führen (BGH EuZW 03, 445; NJW-RR 07, 1693 Tz 20; *Schmidt-Räntsch* NJW 05, 107; aA *Pütz* NJW 04, 2200). EG-Richtlinien, die ausnahmsweise nach Ablauf der Umsetzungsfrist angewendet werden, können gesetzliche Verbote enthalten (MüKo/*Armbrüster* Rz 37).

9 **Völkerrechtliche Verbote**, die gem Art 25, 59 GG in deutsches Recht transformiert sind, können Verbotsgesetze gem § 134 bilden. Soweit die völkerrechtlichen Normen die Rechtswirkungen regeln, gehen die Bestimmungen § 134 vor (BGHZ 55, 339, zu Art VIII Abschn 2 (b) des Abkommens von Bretton Woods). Die EMRK gilt im Rang eines Bundesgesetzes (BVerfG NJW 04, 3408). Ist kollisionsrechtlich deutsches Sachrecht anzuwenden, kann **ausländisches Recht** kein Verbotsgesetz iSd § 134 begründen (BGHZ 59, 85; 69, 296).

10 **2. Verbot. a) Grundlagen.** Das Gesetz muss ein Rechtsgeschäft wegen seines Inhalts, des bezweckten Erfolgs oder besonderer Umstände bei der Vornahme des Geschäfts verbieten (BGHZ 46, 25; Hambg NJW 93, 1335; Soergel/*Hefermehl* Rz 14). Das Verbot kann, vgl § 14 WpHG, muss sich aber nicht ausdrücklich aus der Norm ergeben (BGHZ 51, 262). Es genügt, wenn der Regelung das Verbot durch Auslegung zu entnehmen ist. Das Verbot muss sich aus einem zwingenden Gesetz ergeben, zumal dispositives Recht von den Parteien abbedungen werden kann (BGHZ 143, 288).

11 Vom **Vorliegen** eines Verbotsgesetzes ist zu unterscheiden, ob das Verbot nach seinem Sinn und Zweck die Nichtigkeitsfolge des § 134 begründet (Staud/*Sack* Rz 34; Erman/*Palm* Rz 9; dazu Rn 16). Die Unterscheidung ist notwendig, weil sich die Auslegungsregel des § 134 nur auf die Rechtsfolgenanordnung bezieht. In der Rechtsanwendung werden diese Fragen nicht stets auseinander gehalten, weil beide aus der Teleologie zu beantworten sind (MüKo/*Armbrüster* Rz 42; AnwK/*Looschelders* Rz 49).

Dem **Gesetzeswortlaut** lässt sich zumeist nur ein begrenzter Aussagewert entnehmen. Selbst aus der Formulierung „darf nicht" sind keine eindeutigen Schlüsse zu ziehen (BGH NJW 92, 2022; 02, 3015). Die Bezeichnung „kann nicht" oder „ist unzulässig" deutet idR nur auf eine zur schwebenden oder endgültigen Unwirksamkeit führende Einschränkung der Gestaltungsmacht (RGZ 56, 107 f; BAG DB 99, 1662). Beim Ausdruck „soll nicht" ist lediglich auf eine Ordnungsvorschrift zu schließen, welche die Gültigkeit eines verbotswidrig vorgenommenen Rechtsgeschäfts unberührt lässt (Soergel/*Hefermehl* Rz 12). Ausschlaggebend ist, dass sich die Vorschrift nach ihrem **Sinn und Zweck** nicht nur gegen die Vornahme des Rechtsgeschäfts, sondern gegen seine privatrechtliche Wirksamkeit und seinen wirtschaftlichen Erfolg, dh seinen Inhalt wendet (BGH 02, 3016; *Bork* AT Rz 1092). 12

b) Beschränkungen der Gestaltungs- und Verfügungsmacht. § 134 bezieht sich auf Gesetze, nach denen ein Rechtsgeschäft nicht vorgenommen werden darf. Nicht betroffen sind Vorschriften, nach denen ein Geschäft nicht vorgenommen werden kann (BGHZ 13, 182 ff; Staud/*Sack* Rz 33; Palandt/*Ellenberger* Rz 5). Kein gesetzliches Verbot enthalten die Beschränkungen der rechtsgeschäftlichen Gestaltungsbefugnis durch § 137 (BaRoth/*Wendtland* Rz 16), die Einschränkung des Selbstkontrahierens § 181 (RGZ 56, 107 f) sowie zwingendes Recht (BAG ZIP 00, 2038), aber auch die Abtretungsverbote nach §§ 399, 400 (BGHZ 40, 160) und § 719 (BGHZ 13, 182), der sachenrechtliche Typenzwang (BGHZ 23, 298) sowie die Beschränkung der Rechts- und Verfügungsmacht des Rechtsinhabers, des gesetzlichen Vertreters oder Vermögensverwalters, §§ 104 ff, 1365 ff, 2208 ff, 2211 (BaRoth/*Wendtland* Rz 16), oder § 112 AktG (Celle BB 02, 1438). 13

3. Gesetzesverstoß. Für einen Verstoß gegen das gesetzliche Verbot genügt im Allg, wenn der **objektive Tatbestand** des Gesetzes erfüllt ist (BGHZ 37, 366; 53, 158; 116, 276). § 134 selbst erfordert kein Verschulden (*Bork* AT Rz 1110), weshalb es weder auf die Kenntnis der Verbotswidrigkeit noch eine fahrlässige Unkenntnis ankommt (AnwK/*Looschelders* Rz 50). Knüpft das Verbotsgesetz neben dem objektiven an einen subjektiven Tatbestand an, ist umstr, ob diese subjektiven Merkmale vorliegen müssen. Auch bei einem Verstoß gegen ein Strafgesetz genügt grds die Verwirklichung des objektiven Straftatbestands (BGHZ 115, 130; 122, 122; Staud/*Sack* Rz 84; aA BGHZ 132, 318; Erman/*Palm* Rz 10; *Bork* AT Rz 1110). Allerdings kann die Nichtigkeitsfolge im Einzelfall davon abhängen, dass beide Parteien den Gesetzesverstoß kannten bzw in vorwerfbarer Weise nicht kannten (BGHZ 89, 373, Schwarzarbeit). 14

Ein Rechtsgeschäft ist generell nur dann nichtig, wenn das Verbot bereits im **Zeitpunkt** der Vornahme des Rechtsgeschäfts bestand (BGHZ 45, 326). Ein nach der Vornahme des Rechtsgeschäfts erlassenes Verbotsgesetz wirkt grds nur für die Zukunft, es sei denn, es handelt sich um eine zulässige Rückwirkung (Staud/*Sack* Rz 55). Wirksam begründete Dauerschuldverhältnisse werden von einem späteren Verbot nur ex nunc erfasst (BGHZ 45, 327; MüKo/*Armbrüster* Rz 20). Rechtsprechungsänderungen werden Gesetzesänderungen nicht gleichgestellt. Entfällt das Verbot, ist eine Bestätigung des nichtigen Rechtsgeschäfts nach § 141 erforderlich (BGHZ 11, 60; BGH NJW-RR 97, 642). 15

C. Rechtsfolgen. I. Normzweckvorbehalt. Ein gesetzwidriges Rechtsgeschäft ist nach § 134 nichtig, falls sich nicht aus dem Gesetz ein anderes ergibt. Über die Rechtsfolge entscheidet damit in erster Linie der Verbotszweck. **Sinn und Zweck** des Gesetzes müssen eine Nichtigkeit des Rechtsgeschäfts verlangen und dürfen sich nicht mit Wirkungen begnügen, bei denen die Gültigkeit des Geschäfts unberührt bleibt (BGHZ 71, 361; 85, 43; 93, 267; BGH NJW 92, 2558). 16

In erster Linie greift § 134 ein, wenn das Rechtsgeschäft einen verbotenen **Inhalt** besitzt (BGHZ 110, 175) oder auf einen verbotswidrigen **Erfolg** gerichtet ist (BGHZ 37, 262; 139, 391 f; 146, 258; BGH NJW 74, 1377). § 134 kann auch dann anwendbar sein, wenn die Art und Weise der **Vornahme** eines Rechtsgeschäfts gegen ein gesetzliches Verbot verstößt. Die Nichtigkeitsfolge tritt jedoch nicht schon ein, wenn ein Rechtsgeschäft mit gesetzeswidrigen Mitteln abgeschlossen wurde (BGHZ 110, 175; 141, 369, Wettbewerbswidrigkeit). Das Verbotsgesetz darf sich nicht nur gegen die Art und Weise des Vertragsschlusses, sondern muss sich gerade gegen die Vornahme des Rechtsgeschäfts richten (Staud/*Sack* Rz 8). Ein unter Verstoß gegen § 56 I Nr 6 GewO zustande gekommener entgeltlicher Darlehensvermittlungsvertrag ist daher nichtig (BGH NJW 99, 1637; *Schiemann* Eckpfeiler des Zivilrechts, 98; Rn 43). Dagegen ist der als Haustürgeschäft gem § 312 geschlossene Darlehensvertrag wirksam, wenn dem Darlehensnehmer ein Widerrufsrecht zusteht (BGH NJW +6, 928; 3414). Ein während der gesetzlichen Ladenschlusszeiten geschlossener Kaufvertrag wird jedenfalls durch Erfüllung wirksam (RGZ 60, 276; *Medicus* AT Rz 648 ff). 17

Nach Wortlaut, Gesetzgebungsgeschichte und Normzweck enthält § 134 eine **Auslegungsregel**. Lässt sich die Wirksamkeit des Rechtsgeschäfts nicht mit hinreichender Sicherheit aus dem Verbotsgesetz begründen, ist von seiner (Gesamt)Nichtigkeit (Rn 25) auszugehen (BGHZ 45, 326; BGH NJW 74, 1377; BaRoth/*Wendtland* Rz 2; *Bork* AT Rz 1089 f, 1111; aA Jauernig/*Jauernig* Rz 8; *Flume* 341). Denjenigen trifft die Argumentationslast, der sich auf die Wirksamkeit des Rechtsgeschäfts trotz eines gesetzlichen Verbots beruft (Staud/*Sack* Rz 58). In der Rechtsprechung zeichnet sich eine Akzentverschiebung ab, denn es ist wiederholt formuliert worden, dass sich der Sinn und Zweck des Verbotsgesetzes auch gegen die privatrechtliche Wirksamkeit des Rechtsgeschäfts wenden muss (BGHZ 88, 242; 115, 125; 118, 144). 18

19 **II. Auslegungskriterien.** Eine Reihe typischer Interessenbewertungen besitzen für die Rechtsanwendung erhebliches Gewicht, ohne dass ihnen generell eine indizielle Wirkung beizumessen ist (Staud/*Sack* Rz 75; *Bork* AT Rz 1116; aA AnwK/*Looschelders* Rz 58).

20 **1. Ein- und beidseitiges Verbot.** Richtet sich ein gesetzliches Verbot gegen **beide Vertragsparteien**, ist ein dagegen verstoßendes Rechtsgeschäft nach stRspr im Allg nichtig (BGHZ 37, 262; 115, 125; 118, 145; BGH NJW 00, 1187). Insb gibt eine für alle Beteiligten bestehende Straf- oder Bußgeldandrohung einen gewichtigen Hinweis, dass ein verbotswidriges Rechtsgeschäft unwirksam sein soll (BGHZ 118, 145; BGH NJW 92, 2559). Es handelt sich aber nur um eine generelle Regel, die den Rückgriff auf Sinn und Zweck der Verbotsnorm nicht entbehrlich macht (BGHZ 71, 360 f; 78, 265). Verstößt nur eine Partei gegen ein beidseitiges Verbot, kann es zum Schutz der rechtstreu handelnden Seite erforderlich sein, keine Nichtigkeit eintreten zu lassen, so etwa bei der Schwarzarbeit (BGH NJW 84, 1176; NJW 85, 2404; NJW-RR 02, 557; Rn 58).

21 Stellt das Verbotsgesetz eine beidseitige **Ordnungsvorschrift** auf, ist grds keine Nichtigkeit des Rechtsgeschäfts erforderlich (BGHZ 88, 243; 93, 267; 108, 368). Gewerbe- und gesundheitsrechtlichen Vorschriften, die sich nur gegen die Art und Weise des Geschäftsabschlusses richten, wird nur eine bloße Ordnungsfunktion beigemessen (BGHZ 37, 365; 53, 157; 78, 272; BGH NJW 68, 2286; Palandt/*Ellenberger* Rz 8). Aus der gewerberechtlichen Natur kann aber nicht allg auf die Gültigkeit des Rechtsgeschäfts geschlossen werden, denn es bleibt in jedem Einzelfall zu entscheiden, ob Sinn und Zweck des Verbotsgesetzes die Nichtigkeit erfordert (BGHZ 93, 267; BGH NJW 83, 2873; MüKo/*Armbrüster* Rz 88; aA Soergel/*Hefermehl* Rz 20).

22 Wendet sich das Verbot nur gegen **einen Geschäftspartner**, ist das Rechtsgeschäft nach Ansicht der Judikatur idR wirksam (RGZ 60, 276 f; BGHZ 46, 26; 71, 360; BGH NJW 92, 2559; 00, 1187). Im Einzelfall kann die Nichtigkeit aus der Verletzung einseitiger Verbote folgen, falls der Zweck des Gesetzes nicht anders zu erreichen ist und die durch das Rechtsgeschäft getroffene Regelung nicht hingenommen werden kann (BGHZ 46, 26; 139, 392; 146, 258). Der Verstoß des Rechtsberaters gegen das RBerG genügt, um die Nichtigkeit des Vertrags zu begründen (BGHZ 37, 262). Nichtig ist auch die nach § 14 HeimG verbotene Zuwendung von Heimbewohnern an den Heimträger, die Heimleitung oder das Heimpersonal (BGH NJW 90, 1604).

23 **2. Verpflichtungs- und Erfüllungsgeschäft.** Ist ein **Verpflichtungsgeschäft** wegen eines Verstoßes gegen ein gesetzliches Verbot nichtig, besteht kein Anspruch auf die Erfüllung. Wurde bereits erfüllt, ist das dingliche Geschäft aufgrund des Abstraktionsprinzips grds wirksam. Das Erfüllungsgeschäft kann ausnahmsweise nichtig sein, wenn im Fall der Fehleridentität die zur Verbotswidrigkeit des Kausalgeschäfts führenden Umstände zugleich und unmittelbar auch das Erfüllungsgeschäft betreffen. Dies gilt insb bei einem Verstoß gegen § 203 StGB (BGHZ 115, 130; BGH NJW 92, 2350; 93, 1640; Erman/*Palm* Rz 13). Aus dem Verbot des Handeltreibens mit Betäubungsmitteln folgt auch die Nichtigkeit der Kaufpreiszahlung (BGH NJW 83, 636).

24 Richtet sich das Verbotsgesetz gegen ein **Erfüllungsgeschäft**, so ist grds auch das dazu gehörige Verpflichtungsgeschäft nichtig (BGHZ 116, 276 f, Patientenkartei; BGH NJW 95, 2027, Anwaltshonorare und Kanzleiübernahmevertrag; AnwK/*Looschelders* Rz 73).

25 **3. Genehmigungsbedürftige Rechtsgeschäfte.** Benötigt ein Rechtsgeschäft kraft Gesetzes eine behördliche Genehmigung, ist die Vornahme des Geschäfts ohne die Genehmigung grds verboten (Soergel/*Hefermehl* Rz 42). Wird ein einseitiges Rechtsgeschäft ohne behördliche Genehmigung vorgenommen, ist es idR nichtig (BGHZ 11, 37; 37, 235 f). Ein nicht genehmigtes zwei- oder mehrseitiges Rechtsgeschäft, zB ein Vertrag, ist schwebend unwirksam (BGH NJW 93, 650; 95, 320). Nach Erteilung der Genehmigung ist das Geschäft wirksam (BGHZ 1, 302), nach bestandskräftiger Versagung ist das Geschäft nichtig (BGHZ 1, 302; BGH NJW 93, 650 f; 95, 320).

26 **III. Gesamt- und Teilnichtigkeit.** Führt das gesetzliche Verbot zur Nichtigkeit des Rechtsgeschäfts, so ist nach der Auslegungsregel des § 134 (Rn 18) das Rechtsgeschäft im Zweifel insgesamt und von Anfang an nichtig (Erman/*Palm* Rz 14). Der Normzweckvorbehalt ermöglicht es aber, die Nichtigkeitsfolge einzuschränken und differenzierende Rechtsfolgen zu begründen (BGHZ 89, 319; Jauernig/*Jauernig* Rz 14). Rechtfertigt der Normzweck des Verbotsgesetzes nur eine Teilnichtigkeit des Rechtsgeschäfts, kann sich dessen Gesamtnichtigkeit aus der Auslegungsregel des § 139 ergeben, die auf den hypothetischen Vertragswillen abstellt (BGH NJW 86, 1487; Staud/*Sack* Rz 88; aA MüKo/*Armbrüster* Rz 109; AnwK/*Looschelders* Rz 64, 67, Vorrang von § 134). Die Berufung auf die Nichtigkeit kann eine **unzulässige Rechtsausübung** darstellen (BGH NZBau 08, 434 Tz 12).

27 In Vollzug gesetzte Arbeits- und Gesellschaftsverträge sind mit Wirkung **ex nunc** nichtig (Staud/*Sack* Rz 102). Richtet sich der Normzweck des gesetzlichen Verbots allein gegen eine Vertragsklausel, kann der Vertrag iÜ gem § 139 wirksam sein (BGHZ 65, 372). Davon zu unterscheiden ist, ob eine unangemessene Klausel **teilweise nichtig** sein kann bzw eine geltungserhaltende Reduktion zulässig ist. Eine geltungserhaltende *Reduktion von AGB ist ausgeschlossen*. Ein Verstoß gegen **Preisvorschriften** führt grds weder zur Unwirksamkeit des gesamten Vertrags noch der gesamten Preisabrede, sondern nur zu ihrer Teilnichtigkeit (BGH NJW 08, 55 Tz 14). Im Mietpreisrecht hat der BGH Mietabreden nur insoweit für unzulässig erklärt, wie sie die nach § 5 WiStrG höchstzulässige Miete übersteigen (BGHZ 89, 319 f; s.a. *Kohte* NJW 82, 2804; vgl

Rn 48). Die Unterschreitung der Mindestgebührensätze eines Rechtsanwalts führt zur Nichtigkeit der Gebührenvereinbarung, berührt jedoch nicht die sonstige Wirksamkeit des Vertrags (München NJW 02, 3642).

IV. Sonstige Rechtsfolgen. Beschränkt sich die Nichtigkeit auf das Kausalgeschäft, sind die Leistungen nach **Bereicherungsrecht** rückabzuwickeln (BGHZ 111, 311 f; AnwK/*Looschelders* Rz 74). Aus einem wegen Verstoßes gegen das RBerG nichtigen Geschäftsbesorgungsvertrag mit einem Steuerberater kann ein Vergütungsanspruch aus ungerechtfertigter Bereicherung resultieren (BGH NJW 00, 1562). Der Bereicherungsanspruch kann jedoch nach § 817 2 ausgeschlossen sein (BGHZ 118, 150), wenn (auch) der Leistende gegen das gesetzliche Verbot verstoßen hat und er sich dessen bewusst war (BGHZ 50, 92). Die Kondiktionssperre bezieht sich nur auf das, was aus dem missbilligten Teil des Rechtsgeschäfts geschuldet wird. Was aufgrund erlaubter, aber aus anderer Gründe (§ 139) nichtigen Leistungspflichten erbracht wurde, kann herausverlangt werden (BGHZ 19, 206; 50, 92). IÜ kann sich aus dem Zweck des Verbotsgesetzes sowie Treu und Glauben eine Einschränkung von § 817 2 ergeben (BGHZ 111, 312). 28

Wer auf die Gültigkeit des Rechtsgeschäfts vertraut hat, kann nach §§ 280 I, 311 II, 241 II einen auf Ersatz des Vertrauensinteresses gerichteten **Schadensersatzanspruch** haben (BGH NJW 00, 70; Erman/*Palm* Rz 17). Bei einem nichtigen Dienst- oder Werkvertrag scheitern regelmäßig Ansprüche aus **Geschäftsführung ohne Auftrag**, weil die Dienste in einer gesetzwidrigen Tätigkeit bestanden, die nach den Umständen nicht für erforderlich gehalten werden durften (BGHZ 37, 263; 111, 311; 118, 150; BGH NJW 00, 1562). 29

D. Umgehungsgeschäfte. I. Grundlagen. Mitunter versuchen die Parteien einen vergleichbaren wirtschaftlichen Erfolg, wie in einem missbilligten Geschäft, mit anderen rechtlichen Mitteln zu erreichen, ohne den Tatbestand der Verbotsnorm zu verwirklichen. Lassen sich die Ziele auf anderem Weg erreichen, sind solche Geschäfte iRd rechtsgeschäftlichen Gestaltungsfreiheit zulässig. Der Einsatz anderer Gestaltungsformen sagt nichts über ihre rechtliche Würdigung aus (*Bork* AT Rz 1121). Soll durch die Umgehung missbilligter rechtlicher Gestaltungen ein vom Gesetz **verbotener Erfolg** erreicht werden, liegt ein unzulässiges Umgehungsgeschäft vor (RGZ 155, 146; BGH NJW 59, 334; 91, 1060; Staud/*Sack* Rz 145). Kenntnis oder Absicht der Gesetzesumgehung ist nicht erforderlich (BGHZ 56, 289, 110, 234; BAG NJW 99, 2541; AnwK/*Looschelders* Rz 81; *Teichmann* JZ 03, 764). 30

Manche Vorschriften ordnen die Unwirksamkeit von Umgehungsgeschäften **ausdrücklich** an, §§ 306a, 312f 2, 475 I 2, 487 2, 506 I 2, 655e I 2 sowie §§ 42 AO, 8 FernUSG, 75d 2 HGB. Das kann aber nicht dazu führen, alle rechtlichen Gestaltungsmöglichkeiten, die nicht vom Gesetzeswortlaut erfasst sind und bei denen die typische Situation nicht gegeben ist, auf die das Gesetz abstellt, dem Verbot zu unterstellen. Ein positives Umgehungsverbot enthält daher die Aufforderung des Gesetzgebers, bei der Anwendung des Gesetzes nicht zurückhaltend zu verfahren, sondern sich – extensiv – am Gesetzeszweck zu orientieren (BGHZ 113, 289; s.a. *Teichmann* JZ 03, 767). 31

Die rechtliche **Begründung** ist umstr. Vereinzelt wird ein selbständiges Rechtsinstitut angenommen (MüKo/ *Mayer-Maly/Armbrüster* Rz 16, bis zur 4. Aufl; aA *Bork* AT Rz 1121), doch ist ein solches Rechtsinstitut mit zusätzlichen subjektiven Anforderungen abzulehnen. Teilweise wird im Umgehungsgeschäft ein Verstoß gegen die guten Sitten gesehen (Staud/*Sack* Rz 153), doch ist nicht jeder Gesetzesverstoß sittenwidrig. Maßgebend ist eine **teleologische Auslegung** bzw entspr Anwendung der Verbotsnorm (BGHZ 110, 64; Soergel/ *Hefermehl* Rz 37; Jauernig/*Jauernig* Rz 18). Es ist die im Einzelfall schwierige Feststellung zu treffen, ob die Verbotsnorm das Rechtsgeschäft wegen des angestrebten Erfolgs unabhängig vom konkret beschrittenen Weg verbietet (Erman/*Palm* Rz 18; BaRoth/*Wendtland* Rz 20). 32

II. Beispiele für Umgehungsgeschäfte. Arbeitsrechtliche Aufhebungsverträge sind nicht wegen Umgehung von § 613a nichtig, wenn sie auf das endgültige Ausscheiden des ArbN aus dem Betrieb gerichtet sind (BAG NZA 99, 424). Finanzierungsleasingverträge beim Erwerb eines Kfz (BGH NJW 06, 1066 Tz 12) bzw Agenturgeschäfte im Gebrauchtwagenhandel sind keine unzulässigen Umgehungsgeschäfte der §§ 474 ff (BGH NJW 07, 759 Tz 15 f). Die Vereinbarung über ein Mieterdarlehen, das auch nach vorzeitiger Beendigung des Mietverhältnisses zinslos gewährt und mit 2% getilgt wird, ist wegen Umgehung von § 547 unwirksam (BGHZ 56, 289). Ein gemeindliches Vorkaufsrecht kann nicht wirksam durch die Begründung eines Nießbrauchs umgangen werden (BGHZ 34, 205). Das Verbot von Rechtsgeschäften zwischen Heimbewohnern und Heimleitung oder -personal aus § 14 HeimG wird bei einer Erbeinsetzung zugunsten eines Angehörigen des Verbotsadressaten unzulässig umgangen (BayObLG NJW 00, 1876; Frankf NJW 01, 1504; s.a. Rn 47). Die Abrede über eine verdeckte Sacheinlage kann im Gesellschaftsrecht eine Umgehung der auf Publizität und Wertdeckungskontrolle zielenden Vorschriften darstellen (BGHZ 125, 149 ff; BGH NJW 96, 1287). Nichtig sind Geschäfte, mit denen das Erfordernis einer Gewerbeerlaubnis, insb die gaststättenrechtliche Konzessionspflicht zB durch einen Anstellungsvertrag umgangen werden soll (Hamm NJW 86, 2440; Stuttg NJW 87, 3270). Ein Gesellschaftsvertrag über den Betrieb einer Spielhalle stellt kein Umgehungsgeschäft dar (BGH NJW-RR 03, 1116). 33

E. Einzelfälle. Ein Verstoß gegen ein gesetzliches Verbot ist von der Rspr in den nachfolgenden Einzelfällen geprüft worden. 34

35 Eine **Abtretung** von Honorarforderungen der Angehörigen verschwiegenheitspflichtiger Berufe unter Verstoß gegen § 203 StGB ist nichtig (BGHZ 115, 130; BGH NJW 95, 2027) auch bei Vergütungsforderungen für Pflegeleistungen (Hamm NJW 07, 849); aber §§ 49b IV BRAO, 64 II StBerG, 55a III WPO. Die Forderung bleibt pfändbar (BGH NJW 99, 1545). Die Abtretung von Kundenforderungen eines Mobilfunkanbieters soll gegen das Fernmeldegeheimnis verstoßen (München NJW-RR 98, 760). Einer Abtretung von Darlehensforderungen eines Kreditinstituts stehen weder das Bankgeheimnis und das BDSG (BGH NJW 07, 2106 Tz 20 ff; 10, 361 Tz 14 Sparkasse) noch grds das informationelle Selbstbestimmungsrecht entgegen (BVerfG NJW 07, 3708), auch nicht bei ausländischem Kreditinstitut (Schlesw ZIP 07, 2309). **AktG:** Verstoß gegen § 113 AktG begründet Nichtigkeit (BGH WM 07, 1027). Eine Stimmrechtsabtretung oder eine entspr Stimmrechtsvollmacht ist gem § 134 AktG und § 134 unwirksam (BGH NJW 87, 780). **AMG:** Ein Verkauf von Arzneimitteln unter Verstoß gegen die Vorschriften über die Rezeptpflicht führt nicht zur Nichtigkeit des Kaufvertrags (BGH NJW 68, 2286 f). Ein Vertrag über die Lieferung im Inland nicht zugelassener Arzneimittel ist nichtig (Karlsr NJW-RR 02, 1207). **ApG:** Eine stille Beteiligung an einer Apotheke ist nichtig, wenn der stille Gesellschafter Einfluss auf die Betriebsführung erhält (BGHZ 75, 215; BGH NJW 72, 338 f).

36 Eine ohne die erforderliche Erlaubnis ausgeübte gewerbsmäßige **Arbeitnehmerüberlassung** führt nach Art 1 § 9 Nr 1 AÜG zur Unwirksamkeit der Verträge zwischen Verleiher und Entleiher sowie zwischen Verleiher und Leiharbeitnehmer (BGHZ 75, 300 f; BGH DB 02, 2217). Da die Verbotsnorm die Rechtsfolgenanordnung enthält, handelt es sich um keinen Fall des § 134. Eine nach Art 1 § 1b AÜG verbotene Arbeitnehmerüberlassung im Baugewerbe führt gem § 134 zur Nichtigkeit der Vereinbarung (BGH NJW 00, 1558).

37 **Arbeitsrecht:** Ein Arbeitsvertrag mit einem Arzt ohne die erforderliche Approbation ist nichtig (BAG NZA 05, 1409). Ein Vertrag mit einem ausländischen ArbN ohne die erforderliche Arbeitserlaubnis gem § 284 SGB III ist bei einem beidseitigen vorsätzlichen Verstoß nichtig (BAG NJW 69, 2112). Nach Ablauf der Erlaubnis oder wenn eine Erlaubnis beantragt werden soll, ist der Arbeitsvertrag wirksam, denn es besteht nur ein Beschäftigungsverbot (BAG NZA 91, 342). Ein Verstoß gegen die öffentlich-rechtlichen Arbeitszeitvorschriften aus dem ArbZG, JArbSchG, MuSchG etc führt zur Nichtigkeit der Arbeitszeitvereinbarung (BAG NJW 86, 1487) unter Aufrechterhaltung des sonstigen Arbeitsvertrags (*Schaub* Arbeitsrechts-Handbuch § 45 Rz 51), anders bei sehr erheblicher Überschreitung, dann Gesamtnichtigkeit (BAG E 8, 49 f). Dabei wird grds jeder Erfüllungsanspruch ex nunc ausgeschlossen, doch darf der Lohn für eine unzulässig geleistete Mehrarbeit nicht vorenthalten werden (BAG NJW 86, 1487).

38 Ein gegen das Beschäftigungsverbot für Schwangere verstoßender Arbeitsvertrag ist nicht wegen eines Gesetzesverstoßes nichtig (EuGH NJW 94, 2077 f; offen gelassen von BGH NJW 89, 930). Vereinbarungen und Maßnahmen, die gegen das Benachteiligungsverbot aus § 7 I AGG verstoßen, sind nichtig (MüKo/*Thüsing* § 7 AGG Rz 10). Der mit einem Dritten geschlossene § 8 BUrlG geschlossene Arbeitsvertrag über Urlaubsarbeit ist wirksam (BAG NZA 88, 608). Ein Verzicht auf den Mindesturlaub oder die Urlaubsabgeltung entgegen § 13 BUrlG ist nichtig (BAG NZA 90, 935), ebenso eine gegen § 5 II BBiG verstoßende Vereinbarung über die Übernahme von Ausbildungskosten (BAG DB 85, 51). Während des Arbeitsverhältnisses ist ein Verzicht auf Entgeltfortzahlung entgegen § 12 EFZG nichtig (vgl BAG NJW 81, 1062). Die Vereinbarung einer kürzeren Kündigungsfrist für den ArbG entgegen § 622 VI ist nichtig (BAG NJW 05, 3230). § 613a IV enthält ein eigenständiges Kündigungsverbot iSd § 134 (BGH NZA 97, 149). Die Kündigung eines schwerbehinderten ArbN ist nicht deshalb nichtig, weil die schriftliche Zustimmung des Integrationsamts noch nicht vorliegt (BAG NJW 05, 3514).

39 **Architekt:** Beim Grundstückserwerb ist die Vereinbarung einer Architektenbindung nichtig (BGH NJW 00, 2354), doch ergibt sich die Unwirksamkeit aus Art 10 § 3 MRVerbG. Eine von den Vergütungssätzen der HOAI abw Vereinbarung ist gem § 134 nichtig und wird durch die Regeln der HOAI ersetzt (BGHZ 60, 205; BGH NJW 98, 2673; s.a. Rn 27). Es gelten grds die Höchstsätze (BGH NJW 08, 55 Tz 15).

40 **Arzt** (Zahnarzt, Tierarzt): Die Abtretung des Honoraranspruchs ohne Einwilligung unter Verstoß gegen § 203 StGB ist nichtig (BGHZ 115, 130; BGH NJW 05, 1506; Rn 34), eine krankenhausintern erteilte Einziehungsermächtigung ist wirksam (LG Bonn NJW 95, 2420). Die Forderung bleibt pfändbar (BGH NJW 05, 1506). Aus der Nichtigkeit des Verfügungsgeschäfts folgt auch die Unwirksamkeit des Verpflichtungsgeschäfts (BGHZ 116, 276 f). Die Durchführung mehrerer hundert fachgebietsfremder Tätigkeiten jährlich begründet gem § 37 I BWHBGK die Nichtigkeit des Behandlungsvertrags (LG Mannheim NJW-RR 07, 1426). Die Abtretung einer tierärztlichen Honorarforderung ist idR zulässig (Celle NJW 95, 786; LG Dortmund NJW-RR 06, 779). IRe Praxiskaufvertrags ist eine entgegen § 203 StGB begründete Verpflichtung zur Übergabe der Patientenunterlagen unwirksam (BGHZ 116, 272). Ein Vertrag zwischen Ärzten über eine entgeltliche Patientenzuweisung ist nichtig (BGH NJW 86, 2361) ebenso bei entgeltlicher Krankenhauseinweisung.

41 **Baurecht:** Ein Verstoß gegen bauordnungsrechtliche Vorschriften begründet keine Unwirksamkeit des Bauvertrags (BGHZ 75, 368). Ein Erschließungsvertrag ist insoweit nichtig, wie er eine zu geringe Beteiligung der Gemeinde an den Erschließungskosten begründet (BGHZ 65, 372). Zur Umgehung des Vorkaufsrechts einer Gemeinde Rn 32. **Bauträger:** Eine von § 3 MaBV abw Fälligkeitsvereinbarung ist nichtig, an ihre Stelle tritt § 641 I (BGHZ 146, 257; BGH NJW 07, 1947 Tz 19). Eine Unterwerfung des Erwerbers unter die sofortige

Gesetzliches Verbot § 134

Zwangsvollstreckung ist unwirksam, wenn der Notar die Vollstreckungsklausel ohne besonderen Nachweis erteilen soll (BGH NJW 99, 52).
Beamtenrecht: Eine fehlende Nebentätigkeitsgenehmigung führt nicht zur Unwirksamkeit des Vertrags über die Nebentätigkeit (BGH NJW 74, 1377). **BeurkG:** Blanko unterschriebene Überweisungsaufträge sind nicht wegen Verstoßes gegen § 54b III 1 BeurkG nichtig (BGH NJW 06, 297). **BDSG:** Rn 35. **BTMG:** Das Verbot des Handeltreibens mit Betäubungsmitteln begründet die Nichtigkeit der Kaufpreiszahlung (BGH NJW 83, 636). **EEG:** §§ 13 II 1 sowie 12 I EEG (2004) sind keine Verbotsgesetze (BGH NJW 07, 3637 Tz 12, 18). 42

Geldstrafe: Die Zusage, eine Geldstrafe zu übernehmen, ist wirksam (BGHZ 41, 229; BGH NJW 91, 992). 43
Gesellschaftsrecht: Ein verbotener Gesellschaftszweck kann zur Nichtigkeit des Gesellschaftsvertrags führen (BGHZ 62, 240, Inkassounternehmen; 97, 250, Vermessungsingenieur). Die offene Vorratsgründung einer AG als Mantel für die spätere Aufnahme eines Geschäftsbetriebs ist wirksam (BGHZ 117, 330 ff). Zur Stimmrechtsabtretung Rn 34. Ein gegen das Verbot der Einlagenrückgewähr an Gesellschafter nach § 30 GmbHG verstoßendes Rechtsgeschäft ist nicht gem § 134 nichtig (BGHZ 136, 129; 138, 298).

Gewerberecht: Den Vorschriften wird meist eine bloße Ordnungsfunktion beigemessen (Rn 21), doch bleibt in jedem Einzelfall zu entscheiden, ob Sinn und Zweck des Verbotsgesetzes die Nichtigkeit erfordert (BGHZ 93, 267; BGH NJW 83, 2873). Ein Werkvertrag mit einem Bauhandwerker ist nicht allein wegen der fehlenden Eintragung in die Handwerksrolle nichtig (BGHZ 88, 242 f; BGH NJW 85, 2404). Zur Umgehung der Erlaubnispflicht Rn 32. Ein im Reisegewerbe unter Verstoß gegen § 56 I Nr 6 GewO vereinbarter entgeltlicher Darlehensvermittlungsvertrag ist nichtig (BGH NJW 99, 1637; zur älteren Rspr BGHZ 71, 362; 93, 269). Dies gilt trotz der Neufassung von § 355 III 3. Dagegen ist der in einer Haustürsituation gem § 312 geschlossene Darlehensvertrag wirksam, wenn dem Darlehensnehmer ein Widerrufsrecht zusteht (BGH NJW 96, 928; 3414). 44

Glücksspiel: Poker ist Glücksspiel (RG JW 06, 789; aA *Schmidt/Wittig*, JR 09, 45, 48), auch Texas Holdem (aA *König/Ciszewski* GewArch 07, 402). Ohne behördliche Erlaubnis veranstaltetes Glücksspiel gem § 284 StGB oder Lotterie gem § 287 StGB (BVerfG NVwZ 08, 1338) führt zur Nichtigkeit des Spielvertrags. Ein Verstoß gegen die behördliche Auflage, ein Spiellimit zu setzen, begründet keine Gesetzeswidrigkeit (BGH NJW 08, 2026 Tz 19). Eine Darlehensgewährung, die eine Teilnahme an einem verbotenen Glücksspiel ermöglichen soll, ist unwirksam (Celle NJW-RR 87, 1190). **Grundgesetz:** Rn 7. **GWB:** Das Verbot, Provisionen des Reisebüros an den Kunden weiterzugeben, verstößt gegen § 14 GWB und ist nichtig (München NJW-RR 05, 770). Verträge mit Kunden und Lieferanten sind wirksam (BGHZ 64, 237). § 19 GWB wird als Verbotsgesetz angesehen (Ddorf 09, 1087, Schildprägestelle; Immenga/Mestmäcker/*Möschel* § 19 GWB Rz 248). Ein Verstoß gegen § 20 I GWB bei einer einseitigen Verlängerungsoption durch einen marktbeherrschenden Vermieter führt zur Nichtigkeit (Saarbr NJW-RR 07, 1414). 45

Handelsrecht: Vereinbarungen, die entgeg § 89b IV 1 HGB den Ausgleichsanspruch des Handelsvertreters im Voraus ausschließen oder einschränken, sind nichtig (BGH NJW 03, 293). Zum Nachteil des Handelsvertreters von § 90a HGB abw Wettbewerbsvereinbarungen sind gem § 134 nichtig (BVerfG NJW 90, 1471). Ein Prüfauftrag für einen nach § 319 II, III HGB ausgeschlossenen Abschlussprüfer ist nichtig (BGHZ 118, 144). **HandwO:** Vgl. Rn 44; das Zurverfügungstellen eines Meistertitels ist nichtig (BAG NJW 09, 2554 Tz 18). **Heilbehandlungsvertrag:** Verträge mit einem Psychologen oder Arzt, die gegen die BÄO oder das Heilpraktikergesetz verstoßen, etwa weil die erforderliche Erlaubnis fehlt, sind nichtig (BVerfG NJW 88, 2295; BAG BB 05, 782). 46

HeimG: Rechtsgeschäfte zwischen Heimbewohnern und dem Heimträger, der Heimleitung oder dem Heimpersonal, die gegen § 14 HeimG verstoßen, sind nichtig (BGH NJW 90, 1604; 00, 1188). Letztwillige Verfügungen – auch eines Dritten (München NJW 06, 2642) – im Einvernehmen mit dem Bedachten werden ebenfalls erfasst, nicht aber falls die Zuwendung dem Bedachten zu Lebzeiten des Heimbewohners nicht bekannt war (BayObLG NJW 92, 56 f; NJW-RR 04, 1592). Erbeinsetzungen zugunsten eines Angehörigen des Verbotsadressaten stellen eine nichtige Umgehung dar (Rn 33). Wirksam ist eine letztwillige Verfügung zugunsten eines Dritten unter einer das Heim begünstigenden Auflage (BayObLG NJW 00, 1961). Das Verbot schließt die Betreuung in der Familie (zur Abgrenzung BayObLG NJW-RR 99, 1454) oder durch ambulante Pflegedienste nicht ein. 47

InsO: Wegen Gläubigerbenachteiligung gem den §§ 129 ff InsO anfechtbare Rechtsgeschäfte sind nicht unwirksam, es sei denn, es liegen über die Gläubigerbenachteiligung hinausgehende Umstände vor (BGH NZI 07, 42 Tz 13). **KWG:** Eine Kreditgewährung ohne die nach § 32 I KWG erforderliche Erlaubnis führt nicht zur Unwirksamkeit des Darlehensvertrags (BGHZ 76, 126 f; BGH NJW 04, 1785). Das Verbot des § 3 Nr 3 KWG, Barabhebungen zu beschränken, führt zur Nichtigkeit einer entspr Beschränkung (Stuttg NJW 80, 1800; offen gelassen von BGHZ 129, 92). Auf Zahlungen eines stillen Gesellschafters iRe Gesellschaftsvertrags ist die Regelung nicht anwendbar (BGH NJW 04, 1785 f). **Ladenschlussgesetz:** Vgl Rn 7. 48

Maklerrecht: Die fehlende Erlaubnis nach § 34c I GewO begründet keine Nichtigkeit des Maklervertrags (BGHZ 78, 267; 271). Eine Wohnungsvermittlung entgegen § 6 I WoVermG ohne Auftrag eines Berechtigten führt nicht zur Nichtigkeit des Maklervertrags (BGH NJW 02, 3015). **Miete:** Nach § 5 WiStrG unzulässige Mietpreisabreden sind nach dem BGH nur insoweit nichtig, wie sie die höchstzulässige Miete übersteigen 49

(BGHZ 89, 319f), zutr ist eine Begrenzung auf die ortsübliche Miete (Karlsr NJW 82, 1161; Palandt/*Ellenberger* Rz 27; *Kohte* NJW 82, 2806f); zum Begriff des geringen Angebots (BGH NJW-RR 06, 592). Abzustellen ist auf das Gemeindegebiet (BGH NJW 05, 2156) und die jeweilige Wohnungsgruppe (BGH NJW 06, 592). Ein Verstoß gegen das Zweckentfremdungsverbot des Art 6 § 1 MRVerbG begründet keine Nichtigkeit (BGH NJW 94, 320). Ein Mietvertrag über öffentlich geförderten Wohnraum ist trotz fehlender Berechtigung des Mieters wirksam (LG Aachen ZMR 73, 380); offen gelassen für § 2 HeizkostenVO (BGH NJW 09, 667 Tz 11).

50 **Notar:** Das Makelverbot aus § 14 IV BNotO führt zur Nichtigkeit des mit einem anwaltlichen Sozius des Notars geschlossenen Maklervertrags (BGH NJW 01, 1570). Nach einer vorläufigen Amtsenthebung sind Überweisungsaufträge des Notars nichtig, § 55 II 3 BNotO (BGH NJW 06, 295) **Öffentlicher Dienst:** Eine gegen § 10 BAT verstoßende Vorteilsannahme ist wirksam (BGH NJW 00, 1188). **PBefG:** Die isolierte Übertragung einer Taxikonzession ohne gleichzeitige Übertragung zumindest abgrenzbarer Teile des Unternehmens verstößt gegen § 2 III PBefG und ist nichtig (BGH NJW 90, 1354 f).

51 **Preisrecht:** Verträge, die gegen das Preisangaberecht verstoßen, sind wirksam (BGH NJW 74, 859). Sind überhöhte Preise verboten, soll die Preisvereinbarung grds bis zur höchstzulässigen Grenze wirksam sein (BGHZ 89, 319f; 108, 150; 116, 85). Zum Mietpreisrecht Rn 48. **Prozessfinanzierung:** Ein Prozessfinanzierungsvertrag, der die Beitreibung einer anwaltlichen Honorarforderung zum Gegenstand hat, ist gem §§ 134 BGB, 203 I Nr 3 StGB nichtig (LG Bonn NJW-RR 07, 133).

52 **RBerG/RDG:** Von der Erlaubnispflicht des RBerG werden Tätigkeiten erfasst, die darauf gerichtet und geeignet sind, konkrete fremde Rechte zu verwirklichen oder konkrete fremde Rechtsverhältnisse zu gestalten, ohne dass es auf den inhaltlichen Gestaltungsspielraum ankommt (BGH NJW 01, 71; 05, 823; WM 08, 1211 Tz 3). Gem § 79 II Nr 4 ZPO dürfen Inkassodienstleister im Mahnverfahren sowie bei manchen Vollstreckungsanträgen tätig werden. Nicht erlaubnispflichtig ist die Geltendmachung von Ansprüchen ihrer Mitglieder durch eine Wohnungseigentümergemeinschaft (BGH NJW 07, 1957 Tz 37) bzw die fachtechnische Überprüfung von Architektenleistungen (BGH NJW 07, 842 Tz 20). Zulässig ist eine Tätigkeit in einem nicht nur mittelbaren eigenen wirtschaftlichen Interesse (BGH NJW 07, 3570 Tz 22 ff). Für die gerichtliche Einziehung von Forderungen (wegen Kreditkartenmissbrauchs) durch Verbraucherzentralen ist gem Art 1 § 3 Nr 8 RBerG erforderlich, dass sie nicht nur Individualinteressen eines oder mehrerer Verbraucher, sondern auch einem kollektiven Verbraucherinteresse dient und eine effektive Durchsetzung dieses Interesses ermöglicht (BGH NJW 07, 593 Tz 29). Gegen das Verbot unerlaubter Rechtsbesorgung verstoßen auch Verträge, bei denen die Rechtsbesorgung nicht den eigentlichen Inhalt ausmacht, sondern die auf eine unerlaubte Rechtsbesorgung hinauslaufen oder eine solche ermöglichen (BGH NJW 05, 824). Verstöße gegen das RBerG führen zur Nichtigkeit des gesamten Vertrags (BGHZ 37, 261 f; BGH NJW 00, 69; 1562; 01, 3775) einschl der erlaubten Tätigkeiten (BGHZ 50, 92; 70, 17).

53 **Vertragsentwürfe** eines Architekten sind nach §§ 3, 5 RDG unzulässig (vgl BGHZ 70, 17), ebenso der Entwurf eines Gesellschaftsvertrags (BGH NJW-RR 92, 1115; 93, 435) oder die Geltendmachung von Rückübertragungsansprüchen durch einen Steuerberater (BGH NJW 00, 1561). Die Tätigkeit des Erbensuchers verstößt gegen das RBerG (BGH NJW 03, 3047). Der Mediationsvertrag ist meist auf eine erlaubnispflichtige Rechtsberatung gerichtet (Rostock NJW-RR 02, 642; LG Leipzig NJW 04, 3785). Auch eine Vorsorgevereinbarung kann gegen das RBerG verstoßen und dann zusammen mit der Vorsorgevollmacht nichtig sein (*Ahrens* BtPrax 05, 164, 167). Bei einer Rechtsanwaltshotline kommt der Vertrag mit dem den Anruf entgegennehmenden Anwalt zustande und verstößt nicht gegen das RBerG (BGHZ 152, 158). Entspr gilt bei einer Steuerberaterhotline (BGH NJW 05, 1269).

54 Wie bei **Schrottimmobilien** geläufig, beinhalten Treuhand- und Geschäftsbesorgungsverträge zur Abwicklung des Erwerbs von Grundstücks- oder Wohneigentum aufgrund eines **Bauträger- oder Bauherrenmodells** oder bei einem Beitritt in eine **Immobilienfondsgesellschaft** eine erlaubnispflichtige Rechtsberatung und begründen die Nichtigkeit des Treuhandvertrags (BGH NJW 01, 71; 05, 823; 07, 1130 Tz 9 ff, Wirtschaftsprüfungsgesellschaft). Die Nichtigkeit des Treuhandvertrags erstreckt sich nicht auf einen zwischen den Parteien geschlossenen Darlehens- (BGH NJW 01, 3775; 04, 63) oder Immobilienkaufvertrag (BGH NJW 05, 823 f). Nach der Zielsetzung des RBerG ist eine dem Geschäftsbesorger oder Treuhänder erteilte **Vollmacht** unwirksam (BGH NJW 02, 67; 2326; 07, 1916; 08, 3357 Tz 12; BB 07, 2088 Tz 17; dagegen verlangt BGH NJW 01, 3775, einen Einheitswillen). Dies gilt auch für die von den Gesellschaftern einer kreditnehmenden GbR dem geschäftsführenden Gesellschafter außerhalb des Gesellschaftsvertrags erteilte Vollmacht (BGH NJW 07, 1813 Tz 39; NJW-RR 07, 1199 Tz 22) sowie für die Befugnis zur Abgabe einer Vollstreckungsunterwerfungserklärung (BGH NJW 04, 60; 840). Wirksam ist die Übertragung von Geschäftsführeraufgaben nebst Vollmacht (BGH NJW 06, 2980 Tz 18; 07, 1813 Tz 29) sowie der aufgrund einer Vollmacht im Zeichnungsschein erklärte Beitritt zur Fondsgesellschaft und Aufnahme der Finanzierungsdarlehen (BGHZ 167, 223; BGH NJW 07, 1131 Tz 20; NJW-RR 07, 395 Tz 17). Soweit das Vertrauen in die unwirksame Vollmacht nach den §§ 171, 172 geschützt ist (abl bei einem verbundenen Geschäft BGH NJW 04, 2737; fehlend auch in BGH NJW 07, 1131 Tz 15), sind die in Vertretung geschlossenen Verträge wirksam (BGH NJW 04, 64; 2090; 05, 823; 06, 1952; 1958; 2119; NJW-RR 07, 1199 Tz 24; 1203).

Die Übernahme aller mit einer **Unfallabwicklung** verbundenen Aufgaben für den Geschädigten durch eine Bank, einen Mietwagenunternehmer, eine Werkstatt etc (Unfallhilfe) gegen Abtretung der Schadensersatzansprüche ist nichtig (BGHZ 47, 366; 61, 321; BGH NJW 04, 2516; 05, 135). Abzugrenzen ist danach, in welcher Eigenschaft und in welchem Verhältnis zueinander die Parteien an der Geltendmachung der Schadensersatzansprüche beteiligt sind (BGH NJW 85, 1224; 05, 135). Eine Sicherungsabtretung ist zulässig (BGH NJW 85, 1224). Ein Mietwagenunternehmen besorgt eine eigene Angelegenheit, wenn es ihm im Wesentlichen darum geht, die durch Abtretung eingeräumte Sicherheit zu verwerten. Fremde Rechtsangelegenheiten werden besorgt, wenn die Schadensersatzansprüche der unfallgeschädigten Kunden eingezogen werden, bevor diese selbst in Anspruch genommen werden (BGH NJW 05, 3570; 06, 1727; 2911). Ein Darlehensvertrag, der Element des Verfahrens zur Entlastung des Geschädigten ist, wird von der Nichtigkeit erfasst (BGH NJW 77, 39), idR aber nicht der mit einem Anwalt zur Forderungsdurchsetzung geschlossene Geschäftsbesorgungsvertrag bzw die Prozessvollmacht (BGH NJW 06, 2911). 55

Die **Abtretung** von Schadensersatzansprüchen an eine Schutzgemeinschaft von Kleinaktionären ist nichtig (BGH NJW 95, 516). Eine Schuldenregulierung verstößt gegen das RBerG (BGH NJW 87, 3004), es sei denn sie beschränkt sich auf die Weiterleitung eines vom Kunden erstellten Tatsachenberichts (BGH NJW 85, 1224). Die Abtretung einer Forderung an und die gerichtliche Geltendmachung sowie rechtliche Beratung (BVerfG NJW 02, 1191) durch ein Inkassobüro verstößt nicht gegen das RBerG (BGH NJW 96, 392; BVerwG NJW 03, 2768). Der iRe Sanierungsberatung geschlossene Geschäftsbesorgungsvertrag ist nichtig, es sei denn er wird mit einer nach Art 1 § 5 RBerG berechtigten Person geschlossen, zB einem Wirtschaftsprüfer iRs Tätigkeit (BGHZ 102, 130 f). Die Forderungsabtretung aufgrund eines echten bzw unechten Factoring ist wirksam, weil der Factor seine eigene Rechtsangelegenheit besorgt (BGHZ 58, 368; 76, 125; BGH NJW 01, 756). Eine vergleichbare Situation hat der BGH bei einer Abtretung von Schadensersatzansprüchen der Kommanditisten einer Publikums-KG an den persönlich haftenden Gesellschafter der KG angenommen (BGH NJW 01, 756). Eine Forderungsabtretung zur Einziehung im eigenen Namen verstößt nicht gegen das RBerG, wenn dadurch die prozessuale und materiellrechtliche Stellung des Zessionars verstärkt werden soll. 56

Testamentsvollstreckungen durch Steuerberater (BGH NJW 05, 968) und Banken (BGH NJW 05, 969) sind wirksam, weil sie der Wahrnehmung wirtschaftlicher Belange dienen. Auch die Beratung über Fördermittel der öffentlichen Hand stellt keine unerlaubte Rechtsberatung dar (BGH NJW 05, 2459). 57

Rechtsanwalt: Wird ein Rechtsanwalt in derselben Angelegenheit für seinen Arbeitgeber nunmehr selbständig tätig, mit der er bereits aufgrund seines Beschäftigungsverhältnisses befasst war, führt der Verstoß gegen § 46 II Nr 1 BRAO zur Nichtigkeit des Anwaltsvertrags (BGH NJW 99, 1717). Ein Verstoß gegen das Verbot der Mehrfachvertretung aus § 146 StPO führt zur Nichtigkeit des Anwaltsvertrags (München NJW 83, 1688), nicht im Kostenfestsetzungsverfahren zu prüfen (BGH NJW-RR 07, 422). Die Folgen eines Verstoßes gegen § 43a IV BRAO hat der BGH offen gelassen (BGH NJW 09, 3297 Tz 31). Erfolgshonorare waren nach § 49 II BRAO aF unzulässig (BGH NJW 09, 3297 Tz 14; sa BVerfG NJW 07, 979 Tz 58) und sind dies grds auch nach der Neufassung (*Kilian* NJW 08, 1906). Ausnahmsweise sind sie gem § 4a RVG gestattet, wenn der Auftraggeber aufgrund seiner wirtschaftlichen Verhältnisse bei verständiger Betrachtung ohne die Vereinbarung von der Rechtsverfolgung abgehalten würde. Makelnde Tätigkeit eines Anwalts ist nicht allg iSv § 134 verboten (BGH NJW 00, 3067; aber Dresd OLG-NL 04, 53). Die Abtretung des Honoraranspruchs ohne Einwilligung ist grds wegen der Verletzung von § 203 I Nr 3 StGB nichtig (BGHZ 122, 117), s.a. § 49b IV BRAO. Die Einwilligung kann konkludent erfolgen, doch sind daran strenge Anforderungen zu stellen (BGHZ 122, 119). Aus der Nichtigkeit des Verfügungsgeschäfts folgt auch die Unwirksamkeit des Verpflichtungsgeschäfts (BGH NJW 95, 2027). Die iRe Kanzleiveräußerung erfolgte Abtretung ist wirksam, wenn der Zessionar die Angelegenheit als Mitarbeiter des Zedenten bereits umfassend kennen gelernt hat (BGH NJW 95, 2915). Wirksam ist die Abtretung auch, wenn der Erwerber in die Außensozietät eintritt und der Veräußerer als freier Mitarbeiter weiterhin tätig bleibt (BGHZ 148, 101 f). Die Unterschreitung der Mindestgebührensätze führt zur Nichtigkeit der Gebührenvereinbarung, lässt aber den Vertrag iÜ bestehen (München NJW 02, 3642), anders in pro bono Fällen. 58

Reisegewerbe: Vgl Rn 44. Ein Vertrag über einen **Schwangerschaftsabbruch** ohne die nach § 219 StGB erforderliche Beratung ist wirksam (**a.A.** AG Bad Oeynhausen NJW 98, 1799). **Schwarzarbeit:** Verstößt eine Seite gegen das SchwArbG, ist der Vertrag wirksam (BGHZ 89, 372). Ein beidseitiger Verstoß führt zur Nichtigkeit des Vertrags (BGHZ 85, 44; 111, 311). Es genügt, wenn ihn zusätzlich der Auftraggeber kannte und bewusst *zum eigenen Vorteil ausgenutzt hat* (BGH NJW 84, 1176; NJW 85, 2404; NJW-RR 02, 557). Aus einem nichtigen Vertrag resultieren keine Erfüllungs- bzw Gewährleistungsansprüche (BGHZ 111, 313). Ansprüche des Schwarzarbeiters aus Geschäftsführung ohne Auftrag scheiden aus, weil die Dienste in einer gesetzeswidrigen Tätigkeit bestanden, die nach den Umständen nicht für erforderlich gehalten werden durften (BGHZ 111, 311; s.a. BGH NJW 00, 1562). Nach der Rspr scheitern Wertersatzansprüche des Schwarzarbeiters aus § 818 II nicht an § 817 2, doch ist der herabgesetzte Wert seiner Leistung durch den Ausschluss von Gewährleistungsansprüchen zu bemessen und ggf bereits eingetretene Mängel zu berücksichtigen (BGHZ 111, 311 f). 59

Spiel: Vgl Rn 45. **Sport:** Satzungen und Ordnungen von Sportverbänden, welche die freie Wahl des Arbeitsplatzes etwa durch Transferzahlungen oder Ausländerbeschränkungen einschränken, sind nichtig (EuGH 60

NJW 96, 508 ff). Sportlerberatungs- und Spielervermittlungsverträge können gegen das RDG verstoßen (Erman/*Palm* Rz 91). **Steuerberater:** Verpflichtet sich eine Sozietät zu steuerberatenden Leistungen, ist der Vertrag nichtig, wenn nicht sämtliche Sozien zur geschäftsmäßigen Hilfe in Steuersachen befugt sind (BGH NJW-RR 06, 1072). Der Vertrag über eine Steuerberatung mit einer nicht als Steuerberater zugelassenen Person ist dann nichtig, wenn diese die Arbeiten durch einen steuerlichen Berater als Erfüllungsgehilfen ausführen lässt (BGH NJW 96, 1955). Für steuerberaterliche Gebührenforderungen gelten zwar die Abtretungsbeschränkungen (Rn 35). Die Forderungen sind aber grds pfändbar und unterliegen dem Insolvenzbeschlag (BGH NJW 99, 1545). **Steuerrecht:** Mit einer Steuerhinterziehung gem § 380 AO verbundene Verträge sind nichtig, wenn die Steuerhinterziehung Hauptzweck des Vertrags ist (BGHZ 136, 125, 132). Auf die Vertragsnichtigkeit bei einer Ohne-Rechnung-Abrede darf sich der Bauunternehmer nicht berufen (BGH NJW-RR 01, 381; BGHZ176, 198 Tz 8 ff = LMK 08, 266104 *Ahrens*).

61 **Strafrecht:** Ein Verstoß gegen eine Strafrechtsnorm begründet nicht stets die Nichtigkeit des Rechtsgeschäfts (BGHZ 53, 157). Im Zweifel ist von einem Verbotsgesetz auszugehen (BGHZ 115, 125). Grds genügt die Verwirklichung des objektiven Straftatbestands (BGHZ 115, 130; 122, 122; aA BGHZ 132, 318). Ein Vertrag über die Bergung eines U-Boots ist nicht nach § 168 I StGB iVm § 134 nichtig (BGH NJW 94, 2613). Ein Vertrag ist zwar wegen Betrugs nicht allg nichtig, sondern nur gem § 123 anfechtbar, anders aber, wenn ein Dritter getäuscht werden soll (Karlsr DAR 90, 184).

62 **TPG:** Verträge über verbotenen Organhandel, § 17 TPG, sind nichtig. **Versicherungsrecht:** Ein Verstoß gegen das Provisionsabgabeverbot führt nicht zur Unwirksamkeit der Provisionsabreden (BGH VersR 04, 1030).

63 **Wettbewerbsrecht:** Ein Product Placement-Vertrag ist gem §§ 1 UWG, 134 nichtig (München NJW-RR 06, 769). Der Basisvertrag eines Callcenters über wettbewerbswidrige Telefonwerbung ist nichtig (Stuttg NJW 08, 3071).

64 **WoVermG:** § 2 II WoVermG enthält die Rechtsfolgenanordnung (vgl Rn 1). Ein unter Verstoß gegen § 6 WoVermG ohne Auftrag des Vermieters geschlossener Maklervertrag mit dem Mieter ist wirksam (BGH NJW 02, 3015).

§ 135 Gesetzliches Veräußerungsverbot.
(1) ¹Verstößt die Verfügung über einen Gegenstand gegen ein gesetzliches Veräußerungsverbot, das nur den Schutz bestimmter Personen bezweckt, so ist sie nur diesen Personen gegenüber unwirksam. ²Der rechtsgeschäftlichen Verfügung steht eine Verfügung gleich, die im Wege der Zwangsvollstreckung oder der Arrestvollziehung erfolgt.
(2) Die Vorschriften zugunsten derjenigen, welche Rechte von einem Nichtberechtigten herleiten, finden entsprechende Anwendung.

1 S. Kommentierung zu § 136.

§ 136 Behördliches Veräußerungsverbot.
Ein Veräußerungsverbot, das von einem Gericht oder von einer anderen Behörde innerhalb ihrer Zuständigkeit erlassen wird, steht einem gesetzlichen Veräußerungsverbote der im § 135 bezeichneten Art gleich.

1 **A. Normzweck.** § 135 regelt einen Sonderfall des gesetzlichen Verbots, der als lex specialis eine Anwendung von § 134 ausschließt (Staud/*Kohler* § 134 Rz 1). Da § 135 nur einen minimalen eigenen Anwendungsbereich besitzt, ist die Vorschrift allein wegen der in § 136 bestimmten entspr Anwendung auf die gerichtlichen und behördlichen Veräußerungsverbote bedeutsam.

2 **B. Anwendungsbereich. I. Grundlagen.** Anstelle der gesetzlichen Terminologie als Veräußerungsverbot hat sich die Bezeichnung als Verfügungsverbot eingebürgert. Nach Schutzbereich und Rechtsfolgen sind die in den §§ 135, 136 geregelten relativen Verfügungsverbote und die absoluten Verfügungsverbote zu unterscheiden. **Relative Verfügungsverbote** betreffen den Schutz bestimmter Personen und begründen eine relative Unwirksamkeit der Verfügung. Für Rechtsgeschäfte - auch für die in einem gerichtlichen Vergleich übernommene Verpflichtung, nicht über einen Gegenstand zu verfügen - gelten nicht die §§ 135, 136, sondern § 137.

3 **II. Absolute Verfügungsverbote.** Sie dienen dem Schutz der Allgemeinheit und wirken ggü jedermann. Verstößt eine Verfügung gegen ein absolutes Verfügungsverbot, ist sie nach § 134 nichtig (BGHZ 19, 359; BGH NJW 83, 636). Absolute Verfügungsverbote enthalten §§ 8 LMBG, 43 ff ArzneimittelG, 29 BTMG, 55 II 3 BNotO (BGH NJW 06, 295). Ein gutgläubiger Erwerb ist bei ihnen - anders als nach § 135 II - ausgeschlossen (Soergel/*Hefermehl* § 135 Rz 5).

4 **III. Verfügungsbeschränkungen.** Während die §§ 134 bis 136 das rechtliche Dürfen betreffen, regeln Verfügungsbeschränkungen das rechtliche Können (BGHZ 13, 184). Sie dienen zwar dem Schutz individueller Interessen, führen aber zur absoluten Unwirksamkeit der Verfügung. Solche Verfügungsbeschränkungen enthalten die §§ 399 (auch bei vereinbarter Unabtretbarkeit BGHZ 56 231), 717, 719 (BGHZ 13, 283). Dazu gehören ebenso die Verfügungsbeschränkungen der Ehegatten gem §§ 1365, 1369 (MüKo/*Armbrüster* § 135 Rz 22; aA BGHZ 40, 219 f, absolutes Verfügungsverbot, doch sind die Unterschiede gering), der Eltern §§ 1643 ff, des Vormunds §§ 1812 ff, des Erben bei Testamentsvollstreckung § 2211. Verfügungen des Schuld-

ners nach Eröffnung des Insolvenzverfahrens sind gem § 81 InsO absolut unwirksam, ebenso Verfügungen, die gegen eine der im Insolvenzeröffnungsverfahren angeordneten Verfügungsbeschränkungen verstoßen, §§ 21 II Nr 2, 24 I, 81 InsO.

C. Relative Verfügungsverbote. I. Voraussetzungen. 1. Gesetzliche Verfügungsverbote, § 135. Mit relativer Wirkung ausgestattete gesetzliche Verfügungsverbote sind selten. Im BGB kommt allenfalls § 473 in Betracht (RGZ 148, 111; aA MüKo/*Armbrüster* § 135 Rz 17), außerhalb des BGB etwa §§ 15, 98, 156 I VVG aF bzw § 17 VVG (*Medicus* AT Rz 671).

2. Gerichtliche und behördliche Verfügungsverbote, § 136. Praktisches Gewicht besitzen va gerichtliche, aber auch behördliche Verfügungsverbote. Anwendungsfälle bilden die Pfändung von Forderungen und Rechten in der Zwangsvollstreckung, §§ 829, 857 ZPO (BGHZ 58, 26 f; 100, 45; BGH NJW 98, 748; NZI 07, 39 Tz 6), die einstweilige Verfügung, § 938 II ZPO (BGH NJW 90, 2459; NZI 07, 540 Tz 7, Zwangssicherungshypothek), wobei dem Veräußerungsverbot das Erwerbsverbot gleich steht (BayObLG MDR 97, 595), die Zahlungssperre, § 1019 ZPO, Beschlagnahmen gem §§ 20, 23 I 1, 146 ZVG (BGH NJW 97, 1582), strafprozessuale Beschlagnahmen gem §§ 111c V, 290 ff StPO sowie Anordnungen nach §§ 73, 73e II, 74, 74e III StGB.

II. Rechtsfolgen. 1. Relative Unwirksamkeit. Verstößt eine Verfügung gegen ein relatives Verfügungsverbot, ist sie im Verhältnis zum Geschützten unwirksam, iÜ aber wirksam. Umstr ist die dogmatische Begründung. Nach der Ansicht des BGH wird der Erwerber zwar im Verhältnis zur Allgemeinheit Eigentümer der Sache bzw Inhaber des Rechts, doch bleibt dem Veräußerer im Verhältnis zum Geschützten die Rechtsmacht, zu dessen Gunsten zu verfügen (BGH NJW 90, 2460; Soergel/*Hefermehl* § 136 Rz 18; Staud/*Kohler* § 135 Rz 89 ff; aA MüKo/*Armbrüster* § 135 Rz 32 ff; *Larenz/Wolf* AT § 44 Rz 61, jeweils mwN). Im Insolvenzverfahren ist nach § 80 II 1 InsO ein relatives Verfügungsverbot wirkungslos. Die Abtretung einer zuvor gepfändeten Forderung auf künftige Bezüge aus einem Dienstverhältnis ist für die Dauer von zwei Jahren nach Eröffnung des Insolvenzverfahrens wirksam (BGH NZI 07, 39).

2. Geltendmachung. Der Geschützte kann bei Übereignung einer beweglichen Sache vom Veräußerer Übereignung nach den §§ 929, 931 und anschließend vom Erwerber Herausgabe verlangen (Staud/*Kohler* § 135 Rz 119; aA BGH NJW 90, 2460, nur dingliche Einigung). Ein unmittelbarer Übereignungsanspruch gegen den Erwerber besteht nicht (AnwK/*Looschelders* § 135 Rz 25 f). Bei Immobilien kann der Geschützte entspr §§ 883 II, 888 vom Erwerber Zustimmung zur Eintragung oder Löschung verlangen. Ist ein Recht verbotswidrig übertragen, kann der Geschützte vom Verfügenden Abtretung des Rechts verlangen. Hat zwischenzeitlich der Schuldner in Unkenntnis des Abtretungsverbots an den Erwerber geleistet, wird jener analog §§ 407 f geschützt (BGHZ 86, 338 f).

3. Verfügungen durch Zwangsvollstreckung und Arrestvollziehung. Derartige Verfügungen stehen nach § 135 I 2 einer rechtsgeschäftlichen Verfügung gleich. Die Zwangsvollstreckungsmaßnahme ist relativ unwirksam. Der Geschützte kann gem §§ 772, 771 ZPO Drittwiderspruchsklage erheben.

D. Gutgläubiger Erwerb. Nach § 135 II sind die Vorschriften über den gutgläubigen Erwerb, also die §§ 892 f, 932 ff, 1032, 1138, 1155, 1207, 1244 sowie § 366 HGB, entspr anwendbar. Es muss ein rechtsgeschäftlicher Erwerb erfolgen, weswegen ein gutgläubiger Erwerb im Wege der Zwangsvollstreckung, § 135 I 2, ausgeschlossen ist (RGZ 90, 338; BaRoth/*Wendtland* § 135 Rz 11; aA MüKo/*Armbrüster* § 135 Rz 49). Der Erwerber muss gutgläubig in Bezug auf das Nichtbestehen eines relativen Verfügungsverbots sein. Nach dem Maßstab der §§ 932 ff, 1032, 1207, 1244 führt bei beweglichen Sachen Kenntnis und grob fahrlässige Unkenntnis zur Bösgläubigkeit, während nach den §§ 892 f, 1138, 1155 allein Kenntnis schadet (Erman/*Palm* §§ 135, 135 Rz 14). Zu §§ 407 f oben Rn 8.

§ 137 Rechtsgeschäftliches Verfügungsverbot.
¹**Die Befugnis zur Verfügung über ein veräußerliches Recht kann nicht durch Rechtsgeschäft ausgeschlossen oder beschränkt werden.** ²**Die Wirksamkeit einer Verpflichtung, über ein solches Recht nicht zu verfügen, wird durch diese Vorschrift nicht berührt.**

A. Normzweck. § 137 1 schützt in erster Linie die Verkehrsfähigkeit von Sachen und Rechten und sichert den *numerus clausus* der *Sachenrechte* sowie die Zwangsvollstreckung (BGHZ 134, 186). Die Vorschrift verhindert, dass Gegenstände dem Rechtsverkehr entzogen werden (BGHZ 56, 278). Sie dient damit der Rechtssicherheit und Rechtsklarheit. Wie § 137 2 belegt, zielt § 137 1 nicht auf den Schutz der persönlichen Freiheit, der nur einen Reflex der Normwirkung bildet (BGH NJW 97, 862; Staud/*Kohler* § 137 Rz 5; aA BayObLG NJW 78, 701; Palandt/*Ellenberger* Rz 1).

B. Rechtsgeschäftliche Verfügungsbeschränkung, § 137 S 1. I. Voraussetzungen. Erfasst werden rechtsgeschäftliche Verfügungsbeschränkungen veräußerlicher Rechte. Abzustellen ist auf die objektive Eigenschaft eines Rechts, veräußerlich zu sein, also Verfügungen zu unterliegen, die von der subjektiven Verfügungsmacht des jeweiligen Rechtsinhaber zu unterscheiden ist (MüKo/*Armbrüster* § 137 Rz 9). Veräußerlich sind

Rechte an Sachen, Anwartschafts- (BGH NJW 70, 699) und Gestaltungsrechte (Erman/*Palm* § 137 Rz 2).

3 Forderungen sind übertragbar, es sei denn ihre Abtretbarkeit ist gem § 399 ausgeschlossen, wodurch eine vereinbarungswidrige Abtretung absolut unwirksam wird (BGHZ 102, 301). Erbrechtliche Verfügungsbeschränkungen sind durch Anordnung einer Testamentsvollstreckung, § 2211, sowie einer Vor- und Nacherbschaft möglich, §§ 2113 ff (AnwK/*Looschelders* § 137 Rz 12). Im Treuhandverhältnis ist eine dinglich wirkende Verfügungsbeschränkung unwirksam (BGHZ 11, 43; BGH NJW 68, 1471; BB 82, 891). Sperrkontenabreden haben grds keine dingliche Wirkung (*Kollhosser* ZIP 84, 391; aber BGH WM 64, 350). Inhaltsbestimmungen eines Rechts, zB gem § 399 (BGHZ 70, 303) sowie §§ 5 ErbbauV, 12, 35 WEG, 15 V GmbHG, sind zulässig (BGHZ 19, 359). Ein bedingter Rückauflassungsanspruch verstößt nicht gegen § 137 1 und ist vormerkungsfähig (BGH NJW 97, 862). **Unveräußerliche Rechte** sind die Vereinsmitgliedschaft, § 38, das Vorkaufsrecht, § 473, der Nießbrauch, § 1058, sowie beschränkte persönliche Dienstbarkeiten, § 1092. Die Vorschrift ist nur auf rechtsgeschäftliche, nicht aber auf gesetzliche, gerichtliche oder behördliche Verfügungsbeschränkungen anwendbar.

4 II. Rechtsfolgen. Rechtsgeschäftliche Verfügungsbeschränkungen mit dinglicher Wirkung ggü Dritten sind nichtig, auch wenn sie in einem gerichtlichen Vergleich vereinbart werden (BaRoth/*Wendtland* § 137 Rz 7). Eine nichtige Verfügungsbeschränkung in einer Sicherungsvereinbarung kann gem § 139 zur Gesamtnichtigkeit der Sicherungsvereinbarung führen (BGH NJW 93, 1641). Die verbotswidrige Verfügung ist wirksam. Auf einen guten Glauben des Dritten im Hinblick auf das Verbot kommt es nicht an (Erman/*Palm* § 137 Rz 3).

5 C. Wirksamkeit der Verpflichtung. Die schuldrechtliche Verpflichtung, nicht zu verfügen, ist grds wirksam, Ausnahme §§ 1136, 2302. Sie kann etwa in Kauf- oder Schenkungsverträgen, aber auch erbrechtlichen Vereinbarungen (BGHZ 31, 18 f; BGH NJW 63, 1603) enthalten sein und ist grds formfrei, selbst wenn sie ein Grundstück betrifft (BGH NJW 63, 1603; BGHZ 103, 238 ff).

6 Aus der Verpflichtung kann ein **Unterlassungsanspruch** abgeleitet werden, doch bedarf es jedenfalls bei einer stillschweigend geschlossenen Vereinbarung einer sorgfältigen Prüfung, ob ein solcher Verpflichtungswille besteht (BGHZ 31, 19). Schuldner kann auch der Erwerber sein, falls er selbst verpflichtet ist. Der Anspruch kann durch einstweilige Verfügung gesichert werden (BGH NJW 97, 862; BayObLG NJW 78, 701). Eine Sicherung durch eine Vormerkung ist ausgeschlossen (Soergel/*Hefermehl* § 137 Rz 13; zum bedingten Rückauflassungsanspruch Rn 4). Verfügt der Schuldner vereinbarungswidrig, kann er sich nach § 280 schadensersatzpflichtig machen, ausnahmsweise auch nach § 826 (AnwK/*Looschelders* § 137 Rz 23 f).

§ 138 Sittenwidriges Rechtsgeschäft; Wucher.

(1) Ein Rechtsgeschäft, das gegen die guten Sitten verstößt, ist nichtig.
(2) Nichtig ist insbesondere ein Rechtsgeschäft, durch das jemand unter Ausbeutung der Zwangslage, der Unerfahrenheit, des Mangels an Urteilsvermögen oder der erheblichen Willensschwäche eines anderen sich oder einem Dritten für eine Leistung Vermögensvorteile versprechen oder gewähren lässt, die in einem auffälligen Missverhältnis zu der Leistung stehen.

Inhaltsübersicht

	Rn		Rn
A. Normzweck	1–3	II. Andere Rechtshandlungen	14
B. Abgrenzung	4–12	D. Sittenwidrigkeit	15–49
I. § 123	4	I. Begriff	15, 16
II. § 134	5	II. Wertungselemente	17–23
III. § 157	6	III. Sittenverstoß	24–39
IV. § 242	7	IV. Rechtsfolgen	40–49
V. §§ 307 ff	8	E. Wucher	50–64
VI. § 312	9	I. Grundlagen	50, 51
VII. § 826	10	II. Objektive Voraussetzungen	52–55
VIII. §§ 132 InsO, 3 AnfG	11	III. Subjektive Voraussetzungen	56–63
IX. UWG	12	IV. Rechtsfolgen	64
C. Anwendungsbereich	13, 14	F. Beweislast	65
I. Rechtsgeschäfte	13	G. Einzelfälle	66–155

1 A. Normzweck. Eine Rechtsordnung, die auf eine selbstbestimmte Regelung der Privatrechtsbeziehungen abstellt, kann nicht auf Sicherungen gegen einen krassen Fehlgebrauch verzichten (*Schiemann* Eckpfeiler des Zivilrechts, 100). Gesetzliche Verhaltensanforderungen (§ 134) schaffen besonders legitimierte, aber gegenständlich begrenzte Schranken. In die rechtliche Ordnungsaufgabe müssen auch nicht dem positiven Recht angehörende **grundlegende** soziale **Wertvorstellungen** einfließen. Dies wird mit der Generalklausel des § 138 verwirklicht. Sie ermöglicht es, den steten Wandel der Lebensverhältnisse und Wertvorstellungen aufzunehmen, in rechtliche Standards zu transformieren und diese Übersetzung zu legitimieren (MüKo/*Armbrüster* Rz 3).

Die Aufgabe von § 138 besteht nicht darin, **Rechts- und Sittenordnung** aneinander anzugleichen. Sittliches 2
Verhalten wird nicht positiv verlangt. Vielmehr soll negativ die Durchsetzung von Rechtsgeschäften, die
gegen die ganz überwiegend anerkannten Werte verstoßen, mit den Mitteln des Rechts verhindert werden
(Larenz/Wolf AT Rz 3; *Medicus* AT Rz 680).

Der Wuchertatbestand in § 138 II dient dem Schutz der sich in einer Schwächeposition befindenden Perso- 3
nen vor einer wirtschaftlichen Ausbeutung (BaRoth/*Wendtland* Rz 40). Als Spezialfall der Sittenwidrigkeit
konkretisiert das Wucherverbot die Generalklausel aus I. § 138 ist damit **zweistufig** aufgebaut. Lassen sich die
Voraussetzungen des Wuchers nicht feststellen, ist auf die Generalklausel abzustellen (Rn 50; Soergel/*Hefermehl* Rz 73).

B. Abgrenzung. I. § 123. Die Vorschrift enthält eine ggü § 138 vorrangige Sonderregelung. Wer durch arglis- 4
tige Täuschung oder widerrechtliche Drohung zur Abgabe einer Willenserklärung veranlasst wurde, kann
grds allein nach § 123 anfechten. Ausnahmsweise kann § 138 I neben § 123 I anwendbar sein (BGH NJW 88,
2601; 95, 3315; 02, 2775), etwa bei der Täuschung unerfahrener Personen durch Gewinnversprechen
(BGH NJW 05, 2992). Eine vertragliche Verpflichtung, durch die mit einer Täuschung bewusst das Recht
eines Dritten aus einem anderen Vertrag vereitelt werden soll, ist sittenwidrig (BGH NJW 88, 903).

II. § 134. Ggü § 138 I bildet § 134 die speziellere Norm (BGH NJW 83, 869 f; BAG NJW 93, 2703). Auf ein 5
Rechtsgeschäft, das sowohl gegen ein Verbotsgesetz als auch die guten Sitten verstößt, ist § 134 anzuwenden
(BAG NJW 93, 2703; BaRoth/*Wendtland* Rz 6; aber BGHZ 53, 160). Dies ist bedeutsam, weil der Verstoß gegen
ein Verbotsgesetz nach § 134 – anders als der Verstoß gegen § 138 – nicht stets zur Nichtigkeit des Rechtsgeschäfts führt (Erman/*Palm* Rz 10; dazu § 134 Rn 16, 25). Lässt sich die Unwirksamkeit des Rechtsgeschäfts nicht
aus § 134 ableiten, ist grds auf § 138 abzustellen. Diese Konkurrenz darf allerdings nicht dazu führen, dass die
gesetzliche Wertung aus § 134 unterlaufen wird. Eine Gesetzeswidrigkeit allein begründet noch nicht die Sittenwidrigkeit des Rechtsgeschäfts. Dafür sind zusätzlich besondere Umstände erforderlich (BGHZ 138, 299;
BAG NJW 93, 2703; Staud/*Sack* Rz 96). Eine Verletzung ausländischer Rechtsnormen, die zugleich gegen allg
gültige sittliche Grundsätze verstößt, ist gem § 138 I zu beurteilen (BGHZ 94, 271). Der Vorrang gesetzlicher
Verbote ggü der Sittenwidrigkeit besteht nicht zwischen § 138 II und § 134 iVm § 291 StGB (Rn 51).

III. § 157. Zunächst ist durch Auslegung zu bestimmen, ob das Rechtsgeschäft einen sittenwidrigen Inhalt 6
hat. IRd ergänzenden Vertragsauslegung ist zu berücksichtigen, was redliche Vertragspartner vereinbart hätten (BaRoth/*Wendtland* Rz 7).

IV. § 242. Eine Verletzung von Treu und Glauben stellt einen geringeren Verstoß als ein sittlich verwerfbares 7
Verhalten dar (AnwK/*Looschelders* Rz 17; aA Staud/*Sack* Rz 154 f). Einerseits ist die Sittenwidrigkeit vorrangig
zu prüfen, andererseits begründet § 242 eine über § 138 hinausreichende Inhaltskontrolle (BaRoth/*Wendtland*
Rz 8). Ausnahmsweise kann die Berufung auf die Sittenwidrigkeit als unzulässige Rechtsausübung treuwidrig
sein (BGH NJW 81, 1439). Zu denken ist an einen Wandel der Verhältnisse oder Wertvorstellungen (Staud/
Sack Rz 85), bei einem einseitigen Sittenverstoß und in seltenen Fällen auch bei einem beidseitigen Sittenverstoß (BGH NJW 81, 1440).

V. §§ 307 ff. Für die Inhaltskontrolle von AGB sind in den §§ 307 ff strengere Anforderungen aufgestellt (BGHZ 8
136, 355) und in § 306 besondere Rechtsfolgen bestimmt. Die §§ 307 ff sind deswegen ggü § 138 vorrangig
(Erman/*Palm* Rz 8; aA Staud/*Sack* Rz 161). Die Verwendung unangemessener formularmäßiger Klauseln kann
dann zur Sittenwidrigkeit des Rechtsgeschäfts führen, wenn der Vertrag aus sittlich verwerflicher Gesinnung so
einseitig abgefasst ist, dass nur der eine Vertragsteil seine Rechte durchsetzt, während wesentliche, berechtigte
Belange des anderen Teils missachtet werden (BGH NJW 01, 2468). Diese Gesamtprüfung muss sich auf alle
Vertragsbestimmungen stützen, auch auf die nach §§ 307 ff unwirksamen (BGHZ 136, 355 f).

VI. § 312. Die in einer Überrumpelungssituation als Haustürgeschäfte zustande gekommenen Verträge sind 9
zwar nicht als solche sittenwidrig. Der durch eine vorangegangene Täuschung erreichte Abschluss eines
Haustürgeschäfts kann aber zusammen mit anderen Umständen als Indiz für die Sittenwidrigkeit des Vertrags gewürdigt werden (BGH NJW 88, 1375).

VII. § 826. Während § 138 ein sittenwidriges Rechtsgeschäft für unwirksam erklärt, begründet § 826 im Fall 10
eines vorsätzlichen sittenwidrigen Verhaltens einen Schadensersatzanspruch (BaRoth/*Wendtland* Rz 9). Die
Anspruchsvoraussetzungen sind in wesentlichen Punkten verschieden, doch können bei einem einseitigen Sittenwidrigkeit beide Normen erfüllt sein (BGH NJW 70, 658; s.a. § 826 Rn 4). Infolgedessen ist es möglich,
dass dem Geschädigten die Vorteile aus einem sittenwidrigen Rechtsgeschäft über § 826 verbleiben (Palandt/
Ellenberger Rz 17). Unter einfacheren Voraussetzungen kann auch ein Anspruch aus einer vorvertraglichen
Pflichtverletzung begründet sein, §§ 280 I, 311 II, 241 II (BGHZ 99, 106).

VIII. §§ 132 InsO, 3 AnfG. Ggü § 138 enthalten die §§ 129 ff InsO, § 3 AnfG speziellere Regelungen. Anfecht- 11
bare Rechtshandlungen sind deswegen nicht sittenwidrig, es sei denn, das Rechtsgeschäft weist besondere
über die Gläubigerbenachteiligung hinausgehende Umstände auf (BGH NJW 93, 2041).

12 **IX. UWG.** Der Begriff der guten Sitten in § 138 hat nicht denselben Inhalt wie der Begriff des UWG (BGHZ 110, 174; BGH NJW 98, 2532). Während § 138 der autonomen Rechtsgestaltung bei Rechtsgeschäften Grenzen setzt und Missbräuchen der Privatautonomie entgegenwirkt, schützt das UWG die guten Sitten des Wettbewerbs und knüpft an einen Verstoß gerade nicht die Nichtigkeit. Nur beim Hinzutreten besonderer Umstände kann ein Verstoß gegen die guten Sitten im Wettbewerb zur Nichtigkeit gem § 138 führen (BGHZ 110, 174; NJW 98, 2532; aber *Nasall* NJW 06, 129; BGH NJW 08, 982 Tz 10 f, Wirksamkeit trotz Lockvogelangebot).

13 **C. Anwendungsbereich. I. Rechtsgeschäfte.** § 138 gilt für Rechtsgeschäfte aller Art, also für Verpflichtungs- und Verfügungsgeschäfte. Allerdings begründet ein sittenwidriges Grundgeschäft nicht schon die Sittenwidrigkeit des abstrakten Geschäfts. Dazu müssen weitere Umstände hinzukommen (Soergel/*Hefermehl* Rz 12). Ein abstraktes Schuldanerkenntnis oder Schuldversprechen kann aufgrund einer Gesamtwürdigung nichtig sein (BGH NJW 87, 2015). Die Regelung ist auf einseitige Rechtsgeschäfte, wie Kündigungen und letztwillige Verfügungen (BGHZ 123, 371), aber auch auf rechtsgeschäftsähnliche Handlungen entsprechend anwendbar (BaRoth/*Wendtland* Rz 3). Im Gesellschaftsrecht gelten zahlreiche einschränkende Regelungen. Auf den normativen Teil eines Tarifvertrags ist § 138 unanwendbar (vgl BAG BB 04, 1909).

14 **II. Andere Rechtshandlungen.** Die Nichtigkeit einer **Prozesshandlung** kann nicht einfach aus § 138 hergeleitet werden, doch führen eigene prozessuale Grundsätze ggf zur Unbeachtlichkeit bzw Unwirksamkeit von Prozesshandlungen (Stein/Jonas/*Leipold* vor § 128 Rz 293). Ein Prozessvergleich kann aufgrund seiner Doppelnatur nach § 138 nichtig sein (BGHZ 16, 390; 28, 172). Im **öffentlichen Recht** gilt für Verwaltungsakte die Sonderregelung des § 44 II Nr 6 VwVfG. Auf öffentlich-rechtliche Verträge ist nach § 59 I VwVfG die Regelung des § 138 entspr anwendbar (vgl BGH NJW 72, 1657).

15 **D. Sittenwidrigkeit. I. Begriff.** Der unbestimmte Rechtsbegriff der guten Sitten ist in hohem Maß konkretisierungsbedürftig. Gebräuchlich ist die Formel, nach der ein Rechtsgeschäft sittenwidrig ist, wenn es gegen das **Anstandsgefühl aller billig und gerecht Denkenden** verstößt (Motive II, 727; BGHZ 10, 232; 141, 361; NJW 94, 187 f; 04, 2670, zu § 826; *Sack* NJW 85, 761). Die Formel ist jedoch irreführend, weil weder auf das Gefühl noch auf einen indifferenten Personenkreis abzustellen ist (*Medicus* AT Rz 682; *Schiemann* Eckpfeiler des Zivilrechts, 100). Dieser Rückgriff eröffnet zudem Missbrauchsmöglichkeiten, die im Dritten Reich zu einer Gleichstellung der guten Sitten mit dem herrschenden Volksempfinden und der nationalsozialistischen Weltanschauung geführt haben (RGZ 150, 4).

16 Anzulegen ist ein **objektiver Maßstab** (Erman/*Palm* Rz 33; BaRoth/*Wendtland* Rz 16; § 826 Rn 5). Die Grundsätze allg Sittlichkeit und Moral sind dafür nicht geeignet (vgl Staud/*Sack* Rz 18 ff). Abzustellen ist auf die grundlegenden Wertvorstellungen, die sowohl auf rechtlichen als auch außerrechtlichen Prinzipien basieren können (*Larenz/Wolf* § 41 Rz 12). Im Konfliktfall besitzen die Wertentscheidungen der Rechtsordnung Vorrang (BaRoth/*Wendtland* Rz 18; Jauernig/*Jauernig* Rz 7). Ergänzend sind die Anschauungen der in Betracht kommenden Verkehrskreise zu berücksichtigen (dies stärker betonend BGHZ 10, 228, 232), doch muss es sich um die im deutschen Rechtskreis üblichen Anschauungen handeln (aber LG Karlsruhe NJW-RR 07, 201).

17 **II. Wertungselemente. 1. Rechtliche Maßstäbe.** Wesentliche Bedeutung kommt der va in den Grundrechten niedergelegten **Wertordnung des Grundgesetzes** zu (BGHZ 106, 338; NJW 86, 2944; 99, 568). Hierzu gehören insb die Art 1 I, 2 (BGHZ 142, 314), 3 III, 4 I, 5, 6 (vgl BVerfG NJW 01, 958), 9, 12 (BGH NJW 86, 2944; 00, 1028), 14 I (NJW 99, 568), 20 I sowie 28 I GG (BVerfG NJW 94, 36 f).

18 Bei der Ausformung der guten Sitten besitzen auch der Menschenrechtskatalog der EMRK sowie die **Grundfreiheiten des EGV** ein gewisses Gewicht (BGHZ 142, 314). Einen deutlichen Niederschlag finden auch die in den Antidiskriminierungsrichtlinien der EU enthaltenen Wertungen.

19 **Einfachgesetzliche Wertentscheidungen** sind zu berücksichtigen, wenn sie einen Ausfluss gesetzlicher Leitideen bilden. Dabei muss es sich um wesentliche Grundsätze und grundlegende Maßstäbe der Rechtsordnung handeln (BGHZ 80, 158; 106, 338).

20 Mit dem Begriff des **ordre public** ist der Zuweisungsgehalt des § 138 nicht identisch. Der ordre public dient der Aufgabe, die inländische Rechtsordnung ggü der Souveränität ausländischer Staaten abzugrenzen (*Larenz/Wolf* AT § 41 Rz 10).

21 **2. Außerrechtliche Maßstäbe.** Ausgehend vom Vorrang rechtlicher Grundentscheidungen (Rn 17), ist sozialethischen Prinzipien eine gewisse **Ergänzungsfunktion** beizumessen. Ein allg Rückgriff auf die Sittenordnung ist damit nicht verbunden. Bereits der sich ausbreitende Wertepluralismus setzt dem enge Grenzen. So ist nur auf wenige fundamentale Prinzipien zurückzugreifen.

22 Als besonders sensibel erweist sich die Schnittstelle zur **Sexualmoral**. Bei der Verknüpfung rechtsgeschäftlicher Handlungen mit der Sexualsphäre liegt immer noch ein moralisches Unwerturteil nahe. Entscheidend wird sein, ob das Geschäft rechtlich zu missbilligen ist (zutr AnwK/*Looschelders* Rz 84). Nicht das sexuelle *Verhalten*, sondern zusätzliche Umstände müssen das Werturteil begründen (Soergel/*Hefermehl* Rz 206). Besonderes Gewicht besitzen die Menschenwürde (BVerwG NJW 96, 1424) sowie die freie Entfaltung der Persönlichkeit. Zu berücksichtigen sind auch die im ProstG zum Ausdruck gekommenen Wertentscheidungen (BGH NJW 02, 361).

Bei der Orientierung an sozialethischen Prinzipien wird ein **durchschnittlicher Standard** verlangt (BGHZ 23
10, 232), der dahingehend konkretisiert wird, dass weder besonders strenge noch gleichgültige Vorstellungen
(AnwK/*Looschelders* Rz 38) oder individuelle Gerechtigkeitsüberzeugungen (BGH NJW 99, 568) zu berücksichtigen sind. Ergänzt werden muss dieses Rahmenmodell durch ein Verständnis, das dem dynamischen
Faktor eines Vorstellungswandels Rechnung trägt.

III. Sittenverstoß. 1. Grundsatz. Ein Rechtsgeschäft kann wegen seines Inhalts oder seines Gesamtcharak- 24
ters, dh aufgrund einer zusammenfassenden Würdigung von Inhalt, Beweggrund und Zweck sittenwidrig
sein (BGHZ 125, 228).

2. Inhalt. Widerspricht der objektive Inhalt eines Rechtsgeschäfts grundlegenden Wertvorstellungen, tritt die 25
Sittenwidrigkeit ohne Rücksicht auf die Vorstellung der am Rechtsgeschäft beteiligten Personen ein (BGHZ
94, 272; BGH NJW 89, 26, Schmiergeldzahlung; BGH NJW 94, 188, Titelkauf; Missbrauch Vertretungsmacht
BGH NJW 08, 1225 Tz 19). Ein zu missbilligender Inhalt kann sich aus der Gestaltung, dem angestrebten
Erfolg (Tötung eines anderen) oder den Konsequenzen des Rechtsgeschäfts ergeben (Erman/*Palm* Rz 38).
Geschäfte, die eine höchstpersönliche Entscheidung einer rechtlichen Bindung unterwerfen, sind sittenwid- 26
rig. Nichtig ist daher eine Verpflichtung, nicht zu heiraten (BAG AP 1 zu Art 6 I GG Ehe und Familie). Auch
im Bereich des kirchlichen Arbeitsrechts verstoßen Eheverbotsklauseln gegen fundamentale Prinzipien der
Grundrechtsordnung und sind sittenwidrig (aA BAG NZA 85, 216). Unwirksam ist das Versprechen, die
Konfession bzw Staatsangehörigkeit zu wechseln oder ein Zeugnisverweigerungsrecht auszuüben (Soergel/
Hefermehl Rz 21). Zu dieser Fallgruppe wird auch das Versprechen der Empfängnisverhütung gerechnet (vgl
BGHZ 97, 372, 379), wenn es sich überhaupt um eine rechtsgeschäftliche Erklärung handelt (Vor §§ 116 ff
Rn 16). Die Fälle der von beiden Partnern nicht gewünschten Schwangerschaft können so jedoch nur unzureichend erklärt werden. Unwirksam ist vielmehr, die Verantwortung für die Familienplanung einseitig zu
übertragen.

3. Gesamtwürdigung. a) Summenwirkung. Im Einzelfall kann ein sittenwidriges Element so stark ausge- 27
prägt sein, dass es die Sittenwidrigkeit des Rechtsgeschäfts zu begründen vermag (MüKo/*Armbrüster* Rz 28;
vgl BGH NJW 09, 835 Tz 9, Preisbildung). Typischerweise ist aber die Sittenwidrigkeit erst aus einem Zusammenwirken mehrerer Umstände zu begründen. Selbst wenn die einzelnen Umstände für sich allein noch
nicht anstößig sind, können sie in ihrer summierten Wirkung das Gesamturteil der Sittenwidrigkeit begründen (BGHZ 51, 56). Diese bildhaft als Sandhaufentheorem bezeichnete Gesamtwirkung (Stuttg NJW 79,
2412) ist zwar für den enger formulierten Wuchertatbestand auf Ablehnung gestoßen (BGHZ 80, 159; s.a.
Rn 50). Für die Generalklausel in § 138 I kann aber auf sie zurückgegriffen werden (Staud/*Sack* Rz 59; AnwK/
Looschelders Rz 100).

b) Faktoren. Ergibt sich die Sittenwidrigkeit nicht etwa schon aus dem Inhalt des Rechtsgeschäfts, ist auf 28
eine Gesamtwürdigung von Inhalt, Motiv und Zweck sowie der äußeren Umstände bei der Vornahme abzustellen (BGHZ 107, 97; 125, 228; 141, 361; NJW 90, 704; 01, 1127; BAG NZA 06, 1354 Tz 16). Als **wucherähnliches Geschäft** soll ein Vertrag nach § 138 I nichtig sein, wenn zwischen Leistung und Gegenleistung
objektiv ein auffälliges Missverhältnis besteht (BGH NJW 09, 835 Tz 14, einzelne Leistungsposition) und grds
ein weiterer Umstand hinzukommt, der das Rechtsgeschäft bei Zusammenfassung der objektiven und subjektiven Merkmale als sittenwidrig erscheinen lässt (BGHZ 146, 301; NJW 07, 2841 Tz 41). Das ist insb der Fall,
wenn eine verwerfliche Gesinnung des Begünstigten hervorgetreten ist. Bei einem besonders groben Missverhältnis zwischen Leistung und Gegenleistung ist ein Schluss auf eine verwerfliche Gesinnung möglich (BGHZ
160, 14; NJW 10, 363 Tz 6), es sei denn, diese tatsächliche Vermutung wurde im Einzelfall erschüttert (BGHZ
146, 305; Rn 63; NJW 10, 363 Tz 6).
Eine ungleiche Verhandlungsposition allein stellt keinen die Sittenwidrigkeit begründenden Umstand dar. 29
Weitere Faktoren müssen hinzutreten. Für die Vertragskontrolle verlangt das BVerfG die strukturelle Unterlegenheit eines Vertragsteils, die zu ungewöhnlich belastenden Folgen für den unterlegenen Partner geführt
haben muss (BVerfG NJW 94, 38).
Die Sittenwidrigkeit ist aus einem **gemeinsamen**, in anstößiger Weise gegen die Interessen der Allgemeinheit 30
oder eines Dritten gerichteten **Zweck** abzuleiten. Dies gilt etwa für den Kauf eines Radarwarngeräts
(BGH NJW 05, 1491).
Auf einen **einseitig** gegen den Vertragspartner gerichteten Zweck ist die Sittenwidrigkeit ebenfalls zu stützen. 31
Berücksichtigt werden können die Unangemessenheit der vereinbarten Leistung, das Ausnutzen wirtschaftlicher Übermacht oder einer besonderen Schwäche der Gegenseite (*Bork* AT Rz 1196).
In die Gesamtwürdigung sind die **weiteren Umstände** des Rechtsgeschäfts einzubeziehen, wie etwa besonders 32
belastende Geschäftsbedingungen.

4. Subjektive Voraussetzungen. Es ist einerseits zwischen den nach ihrem objektiven Inhalt oder aufgrund 33
weiterer Umstände anstößigen Rechtsgeschäften und andererseits den Fallgruppen zu unterscheiden, in
denen die Sittenwidrigkeit einen subjektiven Tatbestand erfordert.

34 Die nach ihrem **Inhalt** oder den **Umständen** sittenwidrigen Rechtsgeschäfte setzen keine Schädigungsabsicht oder ein Bewusstsein der Sittenwidrigkeit voraus (BGHZ 146, 301; BGH NJW 88, 1374; 93, 1588). Insb von der Rspr wird für die nach der Gesamtwürdigung sittenwidrigen Rechtsgeschäfte allerdings verlangt, dass die Beteiligten alle die Sittenwidrigkeit begründenden Umstände gekannt bzw sich dieser Kenntnis bewusst verschlossen oder entzogen haben müssen (BGHZ 146, 301; NJW 94, 188; 01, 1127; 07, 1447 Tz 1448; 10, 363 Tz 11 ff; Erman/*Palm* Rz 40). Demgegenüber ist festzustellen, dass bereits ein objektiver Sittenverstoß unabhängig von einer Zurechnung genügt (Staud/*Sack* Rz 62 f; MüKo/*Armbrüster* Rz 129; *Bork* AT Rz 1199). Verstößt der Inhalt des Rechtsgeschäfts gegen grundlegende Wertvorstellungen, dürfen die Rechtsfolgen nicht vom guten Glauben der Beteiligten abhängen. Gleiches hat für die aus den Umständen abgeleitete Sittenwidrigkeit zu gelten. Da ein Rechtsgeschäft bewertet wird und nicht haftungsrechtliche Wirkungen bestimmt werden, kommt es auch hier grds nicht auf subjektive Merkmale an (AnwK/*Looschelders* Rz 96; aA BaRoth/*Wendtland* Rz 23).

35 Erfordert die Sittenwidrigkeit einen subjektiven Tatbestand, wie bei einem gegen die Interessen der Allgemeinheit oder eines Dritten gerichteten Rechtsgeschäft, müssen die Merkmale von beiden Beteiligten erfüllt werden (BGH NJW 90, 568; 95, 2284). Richtet sich das Rechtsgeschäft einseitig gegen die Interessen des anderen Vertragspartners, genügt es, wenn die subjektiven Elemente nur bei dem anstößig Handelnden erfüllt sind (BGHZ 50, 70; MüKo/*Armbrüster* Rz 132).

36 **5. Beurteilungszeitpunkt.** Für die Beurteilung des Rechtsgeschäfts sind grds die bei seiner Vornahme und nicht die bei seiner Erfüllung herrschenden tatsächlichen Umstände sowie Wertvorstellungen maßgebend (BGHZ 100, 359; 107, 96 f; NJW 02, 431; Palandt/*Ellenberger* Rz 9; *Medicus* NJW 95, 2578). Dies gilt zunächst für veränderte **tatsächliche Verhältnisse**. Eine gesellschaftsvertragliche Abfindungsklausel wird nicht dadurch sittenwidrig, dass nachträglich ein grobes Missverhältnis zwischen Anteilswert und Abfindungsbetrag entsteht (BGHZ 123, 284; s.a. 126, 239 ff). Ein zunächst wirksamer Sicherungsvertrag wird nicht durch weitere bedenkliche Sicherungen (BGHZ 7, 115; s.a. 100, 359) und ein wirksames Darlehen nicht durch eine Aufstockung nichtig (BGHZ 107, 97). Wird ein Rechtsgeschäft nachträglich geändert, können aber Umstände Bedeutung erlangen, die erst zu diesem Zeitpunkt vorliegen (BGH NJW 07, 2841 Tz 13).

37 War ein Rechtsgeschäft bei seiner Vornahme unbedenklich, ist es aber aufgrund eines zwischenzeitlichen **Wandels der Wertvorstellungen** als sittenwidrig zu beurteilen, sprechen Rechtssicherheit und Vertrauensschutz dafür, das Geschäft nicht nachträglich infrage zu stellen (AnwK/*Looschelders* Rz 125). Der Eintritt dieses Wertewandels wird von der höchstrichterlichen Rechtsprechung lediglich festgestellt und nicht selbst geschaffen (BGH NJW 83, 2693, sittenwidrige Konsumentenkreditverträge; BVerfG NJW 84, 2345). Der Zeitpunkt des Wandels kann deswegen vor den ersten höchstrichterlichen Entscheidungen liegen. Auch bei einem gültigen Rechtsgeschäft drohen keine unerträglichen Folgen. Dem Erfüllungsverlangen aus einem noch nicht erfüllten Vertrag darf der Einwand unzulässiger Rechtsausübung entgegengehalten werden (BGHZ 131, 213). Zudem ist ein Wegfall der Geschäftsgrundlage oder eine ergänzende Vertragsauslegung denkbar (BGHZ 126, 241).

38 War ein Rechtsgeschäft nach den bei seiner Vornahme herrschenden Maßstäben sittenwidrig, während es nach den aktuellen Vorstellungen wirksam ist, bleibt es bei der Nichtigkeit. Wollen die Parteien am Geschäft festhalten, müssen sie es bestätigen, § 141 (BaRoth/*Wendtland* Rz 27; *Bork* AT Rz 1157; aA Erman/*Palm* Rz 60).

39 Eine Ausnahme ist für letztwillige Verfügungen anzuerkennen. Maßgebend sind die Umstände im Zeitpunkt des Erbfalls (Staud/*Sack* Rz 87; aA BGHZ 20, 73 ff; noch anders EGMR NJW 05, 875 Tz 62, Zeitpunkt der Entscheidung). Entspr dem erbrechtlichen Grundsatz aus § 2084 ist dadurch der Erblasserwille nach Möglichkeit zu verwirklichen (*Larenz/Wolf* § 41 Rz 30). Bei arbeitsvertraglichen Entgeltvereinbarungen ist auf den streitigen Zeitraum abzustellen (BAG NZA 06, 1354 Tz 17).

40 **IV. Rechtsfolgen. 1. Nichtigkeit.** Ein sittenwidriges Rechtsgeschäft ist nach der gesetzlichen Rechtsfolge uneingeschränkt, dh von Anfang an ex tunc (BaRoth/*Wendtland* Rz 29), und grds auch **insgesamt** nichtig (BGH NJW 89, 26). Eine teleologische Reduktion von § 138 durch einen immanenten Normzweckvorbehalt widerspricht der gesetzlichen Systematik (AnwK/*Looschelders* Rz 131; aA Staud/*Sack* Rz 94 ff). Die Nichtigkeit wirkt ggü jedermann, also ggü den Vertragspartnern wie auch am Vertrag nicht beteiligten Dritten (BGHZ 27, 181; 60, 104 f; MüKo/*Armbrüster* Rz 155), und ist vAw zu berücksichtigen (BGH NJW 81, 1439 f; NJ 07, 168).

41 Um dem sittenwidrigen Geschäft nicht über den Umweg von Treu und Glauben zur Wirksamkeit zu verhelfen, stellt die Berufung auf die Nichtigkeit nur in besonders gelagerten Ausnahmefällen eine **unzulässige Rechtsausübung** dar (BGH NJW 86, 2945). Eine solche Ausnahme liegt vor, wenn ein Dauerschuldverhältnis durchgeführt wurde und die Erfüllung für einen vergangenen Zeitabschnitt unter Berufung auf § 138 verweigert wird (BGH NJW 81, 1440).

42 **2. Verfügungen.** Die Nichtigkeit des Verpflichtungsgeschäfts berührt grds nicht die Wirksamkeit der abstrakten Erfüllungsgeschäfte (BGH NJW 73, 615; 90, 385; 01, 1129). Ausnahmsweise wird von der Rspr eine Geschäftseinheit zwischen Verpflichtungs- und Verfügungsgeschäft anerkannt (BGH NJW 67, 1130; 91, 918; § 139 Rn 13 f). Das Verfügungsgeschäft ist iÜ nichtig, wenn es seinerseits gegen die guten Sitten verstößt.

Dazu muss der Sittenverstoß gerade im Vollzug der Leistung liegen, wenn mit dem dinglichen Rechtsvorgang sittenwidrige Zwecke verfolgt werden (BGH NJW 85, 3007; Erman/*Palm* Rz 53). Bedeutsam ist dies va bei sittenwidrigen Sicherungsgeschäften (BGHZ 30, 153).

3. Einschränkungen. a) Gesellschafts- und Arbeitsverträge. Ausnahmen von der anfänglichen Nichtigkeit bestehen für die in Vollzug gesetzten Gesellschafts- und Arbeitsverträge, deren Unwirksamkeit nur mit Wirkung ex nunc geltend gemacht werden darf (BAG AP 18 zu § 611 BGB Faktisches Arbeitsverhältnis, Stripteasetänzerin; AnwK/*Looschelders* Rz 133). Die bisher für die öffentliche Vorführung des Geschlechtsverkehrs formulierte Rückausnahme (BAG NJW 76, 1959) hat vor den Wertungen von § 1 ProstG keinen Bestand. 43

b) Geltungserhaltende Reduktion, Umdeutung. Eine geltungserhaltende Reduktion des zu missbilligenden Geschäfts auf ein erträgliches Maß (BGHZ 107, 357; NJW 01, 817, aA Staud/*Sack* Rz 106 ff) oder eine Umdeutung (BGHZ 68, 207) sind grds ausgeschlossen, denn einem sittenwidrig Handelnden darf nicht das Risiko der Nichtigkeit genommen werden. 44

c) Teilnichtigkeit. Erstreckt sich die Nichtigkeit bei einem teilbaren Rechtsgeschäft auf einen abtrennbaren Teil, kommt eine Teilnichtigkeit nach § 139 in Betracht (BGHZ 52, 25; NJW 72, 1459). Allg wird eine Teilbarkeit angenommen, wenn der nach Entfernung („Herausstreichen") des nichtigen Teils verbleibende Rest als selbständiges Rechtsgeschäft möglich ist (BGH NJW 62, 913; 96, 774; 01, 817; § 139 Rn 15). Eine Teilnichtigkeit kann aus der Unwirksamkeit einer Vertragsklausel oder Nebenabrede resultieren (BGH NJW 93, 1588 f). Um eine gewisse Flexibilität ggü den strikten Folgen der Sittenwidrigkeit zu erreichen, tendiert die Rspr zu einer großzügigen Interpretation der Teilbarkeit. § 139 soll bereits dann anwendbar sein, wenn sich der Vertragsinhalt eindeutig in einen nichtigen und einen von der Nichtigkeit nicht berührten Teil abgrenzen lässt und die Parteien bei Kenntnis der Nichtigkeit eine andere auf das zulässige Maß beschränkte Regelung vereinbart hätten (BGH NJW 01, 817). 45

Die Rspr hat eine alleinige Erbeinsetzung als teilweise nichtig angesehen (BGHZ 52, 24 f). Ein gesellschaftsvertragliches Ausschließungsrecht nach freiem Ermessen wurde als Ausschließungsrecht aus wichtigem Grund aufrechterhalten (BGHZ 105, 220; 107, 357). Eine den Bürgen krass überfordernde Bürgschaft soll insoweit wirksam sein, wie sich die Mithaftung auf gemeinschaftliche Altschulden von Bürgen und Ehepartner bezieht (BGH NJW 01, 817). Überlange Laufzeiten eines Bierbezugsvertrags (BGH NJW 72, 1459; NJW-RR 90, 816) oder einen gesellschaftsrechtlichen Wettbewerbsverbots (BGH NJW 91, 700) können auf das zulässige Maß begrenzt werden. Dagegen ist die Rückführung einer in AGB geregelten überlangen Tankstellen-Alleinbezugsverpflichtung nicht möglich (BGH NJW 00, 1113). 46

Ein sittenwidrig überhöhtes **Entgelt** darf nicht auf ein angemessenes Maß zurückgeführt werden (BGHZ 44, 162; 68, 207). Es ist nicht Aufgabe der Rspr, dem sittenwidrig Handelnden das Risiko abzunehmen und anstelle der Parteien das Gegenleistungsverhältnis auszubalancieren. Eine nichtige Einzelpreisvereinbarung kann durch eine zulässige Abrede ersetzt werden, wenn sie in eine Gesamtpreisvereinbarung einfließt (BGH NJW 09, 835 Tz 30). 47

4. Bereicherungsausgleich. Erfasst die Nichtigkeit allein das Verpflichtungsgeschäft, erfolgt der Bereicherungsausgleich nach den §§ 812 ff. Ist auch das Verfügungsgeschäft nichtig, bestehen dingliche Ansprüche, zB gem § 985. Die bereicherungsrechtliche Rückabwicklung kann nach § 817 2 ausgeschlossen sein. Dies ist bereits der Fall, wenn der Gläubiger objektiv sittenwidrig gehandelt hat und sich des Sittenverstoßes bewusst war und ihn gewollt hat (BGHZ 50, 92). Bei einem sittenwidrigen Darlehensvertrag muss der Darlehensgeber dem Darlehensnehmer die Valuta für die ursprünglich vereinbarte Zeit überlassen (BGH NJW 87, 945), ohne eine Verzinsung für die Kapitalnutzung verlangen zu dürfen (BGH NJW 89, 3217; 93, 2108; MüKo/*Armbrüster* Rz 166; aA *Medicus* BR Rz 700). 48

5. Schadensersatz. Bei sittenwidrigem Handeln ggü der anderen Seite kommt ein Schadensersatzanspruch aus § 826 in Betracht (zur Konkurrenz BGH NJW 70, 658; § 826 Rn 3). Möglich ist auch ein Anspruch wegen vorvertraglicher Pflichtverletzungen, §§ 280 I, 311 II, 241 II (BGHZ 99, 106 f; BGH NJW 01, 1129), der auf Ersatz des negativen Interesses gerichtet ist (BGH NJW 96, 1204). 49

E. Wucher. I. Grundlagen. Der Wuchertatbestand aus § 138 II bildet einen Sonderfall der Sittenwidrigkeit (BGHZ 125, 137). Liegen die Voraussetzungen von II vor, wird die Generalklausel aus I verdrängt (RGZ 72, 69; 93, 28 f). Wird der Wuchertatbestand nicht vollständig erfüllt, ist ein Verstoß des Rechtsgeschäfts gegen die guten Sitten nach I zu prüfen (BGH NJW 07, 2841 Tz 16). Va die Rspr verlangt dann für eine Sittenwidrigkeit nach § 138 I das Vorliegen zusätzlicher Umstände (RGZ 93, 29; 97, 254; BGH NJW 51, 397; Erman/*Palm* Rz 11). Da § 138 II die Generalklausel konkretisiert („insb"), sind regelmäßig keine zusätzlichen Anforderungen aufzustellen (MüKo/*Armbrüster* Rz 142). Zum **wucherähnlichen Geschäft** oben Rn 28. 50

Im Allgemeinen ist § 138 ggü § 134 subsidiär. Dieses Vorrangverhältnis besteht jedoch nicht zwischen § 138 II und § 134 iVm § 291 StGB. Da § 138 II einen Sonderfall der Sittenwidrigkeit regelt und § 291 StGB an die Voraussetzungen des § 138 II angepasst ist, wäre der Wuchertatbestand sonst weitgehend bedeutungslos. § 138 II ist deswegen ggü § 134 iVm § 291 StGB vorrangig (MüKo/*Armbrüster* Rz 140; AnwK/*Looschelders* 51

Rz 357; aA Erman/*Palm* Rz 10, nebeneinander; Jauernig/*Jauernig* Rz 19, Vorrang von § 134).

52 **II. Objektive Voraussetzungen. 1. Entgeltliches Austauschverhältnis.** § 138 II verlangt ein auffälliges Missverhältnis zwischen Leistung und Gegenleistung. Die Vorschrift kommt daher nur bei einem Austauschverhältnis vermögensrechtlicher Art in Betracht (BGH NJW 82, 2767); zB Kauf-, Darlehens-, Miet-, Dienst- oder Werkverträge. Nicht unter § 138 II fallen die Bürgschaft (BGH NJW 88, 2602; 89, 831), der Erlass (vgl BGH NJW-RR 98, 591), die Schenkung (vgl RG JW 07, 167) und ein familienrechtlicher Vertrag (BGH NJW 85, 1834; 92, 3165).

53 **2. Auffälliges Missverhältnis.** Für ein auffälliges Missverhältnis ist der **objektive Wert** von Leistung und Gegenleistung im Zeitpunkt des Vertragsschlusses zugrundezulegen (BGH NJW 00, 1255). Maßgebend ist grds der Verkehrswert der verglichenen Leistungen, also das verkehrsübliche Äquivalent (BGH NJW 99, 3190; 02, 431; bei Immobilien Vergleichswertmethode BGH NJW-RR 08, 1436 Tz 32). Auf ein besonderes persönliches Interesse eines Vertragsteils kommt es nicht an (BaRoth/*Wendtland* Rz 44). Bei Sammlerstücken oder ausverkauften Sport- bzw Konzertveranstaltungen (Köln OLGZ 93, 193 f) sind die besonderen Marktverhältnisse zu berücksichtigen. Bei Anmietung eines Unfallersatzfahrzeugs (vgl Rn 152) wird ein gesonderter Markt angenommen (BGH NJW 07, 1447 Tz 12; 2181 Tz 10). Bei unverhältnismäßig hohen Entgelten für Dienstleistungen spricht ein Indiz für die Sittenwidrigkeit, wenn sie nicht am Markt erzielt wurden. Bei überhöhten Vorstandsbezügen etwa tritt die Sittenwidrigkeit neben den Maßstab aus § 87 I, II AktG.

54 Ein auffälliges Missverhältnis ist regelmäßig anzunehmen, wenn der Wert der vereinbarten Gegenleistung **knapp 100%** über der marktüblichen Vergütung liegt (BGH NJW 82, 2767; 95, 1022; 99, 3189). Dieser Richtwert wird bei verschiedenen Vertragstypen modifiziert. Bei dieser Wertrelation geht die Rspr bei zahlreichen Vertragstypen, wie etwa Grundstückskaufverträgen (BGHZ 160, 16 f; BGH NJW 07, 2841 Tz 16) und Kaufverträgen über vergleichbar wertvolle Mobilien wegen des hohen absoluten Betrags sogar von einem **groben, besonders krassen Missverhältnis** aus (BGH NJW 00, 1255), ebenso bei gewerblichen Miet- und Nutzungsverhältnissen (BGH NJW 99, 3189). Zu den Konsequenzen eines besonders groben Missverhältnisses Rn 63. Beim Mietwucher wird ein auffälliges Missverhältnis bejaht, wenn das übliche Entgelt um mehr als 50% überschritten wird (BGH NJW 97, 1846). Lohnwucher soll bei einem Entgelt von weniger als 66% des Tariflohns vorliegen (BGH NJW 97, 2690 f; NZA 09, 837 Tz 13, auch nachträglich), bzw. bei angestellten Lehrkräften wegen Art 7 IV GG von weniger als 75% des Entgelts vergleichbarer Lehrkräfte (BAG NZA 06, 1354 Tz 22, dazu *Henssler/Sittard*, RdA 07, 159).

55 Verglichen werden primär die **Hauptleistungspflichten** einschl der für den Fall der Pflichtverletzung begründeten Ansprüche (BGH NJW 81, 1209). Zu berücksichtigen sind auch die Vermögensvorteile, die nicht dem Vertragspartner, sondern einem Dritten zugesagt oder gewährt sind (BGH NJW 80, 1156; Staud/*Sack* Rz 178). § 138 II enthält zwar keine § 291 I 2 StGB entspr Additionsklausel, doch gilt ihr Grundgedanke auch für die zivilrechtliche Regelung. Zu beachten sind außerdem die weiteren Umstände des Einzelfalls einschl des vom Gläubiger übernommenen Risikos (BGHZ 69, 300 f) sowie etwaiger Sicherheiten (BGH NJW 82, 2767 f).

56 **III. Subjektive Voraussetzungen. 1. Grundsatz.** Bei dem Bewucherten muss eine Schwächesituation, also alternativ eine Zwangslage, Unerfahrenheit, ein Mangel an Urteilsvermögen oder eine erhebliche Willensschwäche bestehen, die der Wucherer ausgebeutet hat. Die Beeinträchtigungen der tatsächlichen Entscheidungsfreiheit sind für II abschließend aufgezählt. Bei vergleichbaren Schwächesituationen kommt eine Anwendung von § 138 I in Betracht (AnwK/*Looschelders* Rz 365).

57 **2. Zwangslage.** Sie liegt vor, wenn durch eine erhebliche Bedrängnis für den Betroffenen ein dringendes Bedürfnis nach einer Geld- oder Sachleistung besteht (Erman/*Palm* Rz 21). Der Begriff der Zwangslage reicht weiter als der einer Notlage und setzt keine Bedrohung der wirtschaftlichen Existenz voraus. Es genügt die Gefahr schwerer wirtschaftlicher Nachteile (BGH NJW 94, 1276). Auch gesundheitliche Beeinträchtigungen, psychische Bedrängnis (BGH NJW 03, 1861, Furcht vor Abschiebung des ausländischen Partners) oder politische Erwägungen (vgl BGHZ 69, 299 f; NJW 80, 1575, Fluchthelfervertrag) können eine Zwangslage schaffen (Staud/*Sack* Rz 197). Es genügt ein Stromausfall am Wochenende (AG Langenfeld NJW-RR 99, 1345). Die Situation eines Dritten, zB Angehörigen, kann eine Zwangslage des Bewucherten begründen (vgl BGH NJW 80, 1575; 03, 1861).

58 Notwendig ist die Gefährdung von etwas Bestehendem. Es genügt nicht, wenn Zukunftspläne scheiterten (BGH NJW 94, 1276). Auch eine bloß subjektiv empfundene Zwangslage ist nicht ausreichend (Soergel/*Hefermehl* Rz 78; MüKo/*Armbrüster* Rz 149; aA BaRoth/*Wendtland* Rz 51). Der Wucherer muss dem Bewucherten eine Leistung erbringen, auf die der bewucherte Geschäftspartner zur Behebung seiner Zwangslage angewiesen ist. An dieser Voraussetzung von § 138 II fehlt es, wenn die benachteiligte Person zwecks künftiger Heirat iRd Vermögensauseinandersetzung der noch bestehenden Ehe eine ungünstige Vereinbarung trifft (BGH NJW 03, 1861).

59 **3. Unerfahrenheit.** Sie setzt einen allg Mangel an Lebens- oder Geschäftserfahrung voraus (BGH BB 66, 226; WM 82, 849). Die Erfahrung kann Jugendlichen sowie Heranwachsenden (BGH NJW 66, 1451), Senioren (AnwK/*Looschelders* Rz 368) und geistig besonders einfach strukturierten Personen fehlen (RGZ 67, 393; 72,

68). Mangelnde Erfahrung auf einem bestimmten Lebens- oder Wirtschaftsgebiet (Rechtskenntnisse) sollen nicht genügen (Soergel/*Hefermehl* Rz 79; BaRoth/*Wendtland* Rz 52). Allerdings hat der BGH bei einem im August bzw Oktober 1991 geschlossenen Vertrag eines Bürgers aus den neuen Bundesländern eine offensichtliche Unerfahrenheit angenommen (BGH NJW 94, 1476). Ebenso soll auch bei Ausländern und Aussiedlern, die aus einem anderen Wirtschafts- oder Kulturkreis kommen, eine Unerfahrenheit vorliegen können (Staud/ *Sack* Rz 205). Damit wird freilich eine sektorale Unerfahrenheit akzeptiert.

4. Mangelndes Urteilsvermögen. Es liegt vor, wenn dem Betroffenen in erheblichem Maß die Fähigkeit 60 fehlt, sich bei seinem rechtsgeschäftlichen Handeln von vernünftigen Beweggründen leiten zu lassen. Dazu zählt die Unfähigkeit, die für und gegen ein konkretes Rechtsgeschäft sprechenden Gründe zu erkennen sowie die wechselseitigen Leistungen und die wirtschaftlichen Konsequenzen des Geschäfts zutr zu würdigen (BGH NJW 06, 3054 Tz 28; Erman/*Palm* Rz 23). Es kann auf Verstandesschwäche, geringem Bildungsgrad oder hohem Alter beruhen (BGH NJW 06, 3054 Tz 28). Das Urteilsvermögen kann insb bei schwierigen Geschäften fehlen. Abzustellen ist auf das konkrete Rechtsgeschäft (Palandt/*Ellenberger* Rz 72).

5. Erhebliche Willensschwäche. Von ihr ist auszugehen, wenn der Betroffene die Vor- und Nachteile eines 61 Rechtsgeschäfts zutr abzuwägen vermag, er sich aber aus Mangel an psychischer Widerstandsfähigkeit nicht entspr dieser Einsicht verhalten kann. Sie kann bei Jugendlichen sowie Heranwachsenden, Alkoholkranken, Drogen- und Spielsüchtigen vorliegen (Soergel/*Hefermehl* Rz 81).

6. Ausbeutung der Unterlegenheit. Der Wucherer beutet die ungünstige Situation seines Geschäftspartners 62 aus, wenn er sich dessen Lage bewusst zunutze macht (BGH NJW 94, 1276). Eine besondere Ausbeutungsabsicht ist nicht erforderlich (BGH NJW 82, 2768; 85, 3007). Es genügt, wenn er von dem Leistungsmissverhältnis und der Unterlegenheit Kenntnis hat (BGH NJW 82, 2768; 85, 3007). Fahrlässigkeit reicht dafür nicht aus (BGH NJW 85, 3007).

7. Besonders grobes Missverhältnis. Der Nachweis eines bewussten Ausnutzens bereitet erhebliche Schwie- 63 rigkeiten, denen die Rspr durch eine Beweiserleichterung begegnet. Liegt ein grobes, besonders krasses Missverhältnis zwischen den Leistungen vor (zu den Voraussetzungen Rn 54), rechtfertigt dieser Umstand regelmäßig den Schluss auf eine verwerfliche Gesinnung des begünstigten Vertragsteils (BGHZ 146, 303 f; BGH NJW 94, 1275; 07, 2841 Tz 16; NJW-RR 08, 1436 Tz 35). Im Einzelfall kann die Regel durch besondere Umstände erschüttert werden (BGH NJW 02, 432). Allein durch die Kenntnis des besonders groben Missverhältnisses wird die tatsächliche Vermutung noch nicht erschüttert (BGH NJW 07, 2841 Tz 18), anders bei einem besonderen Affektionsinteresse (BGHZ 146, 305). Sie kann bei einer ausgefallenen Immobilie erschüttert sein (BGH NJW 06, 3054 Tz 34).

IV. Rechtsfolgen. Das wucherische Rechtsgeschäft ist grds insgesamt und von Anfang an nichtig (vgl 64 Rn 40 ff). Aus dem Wortlaut „gewähren lässt" folgt, dass auch das Verfügungsgeschäft des Benachteiligten nichtig ist (BGH NJW 94, 1275) und von ihm bestellte Sicherheiten unwirksam sind (BGH NJW 82, 2768). Das Verfügungsgeschäft des Wucherers wird dagegen von der Unwirksamkeit nicht erfasst (MüKo/*Mayer-Maly/Armbrüster* Rz 164).

F. Beweislast. Die objektiven und subjektiven Voraussetzungen der Sittenwidrigkeit hat derjenige darzulegen 65 und zu beweisen, der sich auf die Nichtigkeit des Rechtsgeschäfts beruft (BGHZ 53, 379; NJW 95, 1429). An den Nachweis der subjektiven Voraussetzungen dürfen jedoch keine allzu strengen Anforderungen gestellt werden (BGH NJW 85, 2524). Zur Beweiserleichterung bei einem groben Missverhältnis s. Rn 63. Der wucherähnlich Handelnde muss die Umstände darlegen und beweisen, die bei einem besonders groben Missverhältnis zwischen Leistung und Gegenleistung den Schluss auf die verwerfliche Gesinnung erschüttern (BGH NJW 07, 2841 Tz 19).

G. Einzelfälle. Abtretung: Ein wegen wucherähnlicher Konditionen sittenwidriges Verpflichtungsgeschäft 66 betrifft nicht die Abtretung, deren Wirksamkeit grds unabhängig davon zu beurteilen ist (BGH NJW 02, 432). Eine Abtretung aller zukünftigen Forderungen ist nicht sittenwidrig (Stuttg NJW 64, 666; aA RGZ 67, 168; Erman/*H. P. Westermann* § 398 Rz 17). Eine Gehaltsabtretung kann sittenwidrig sein, wenn sie neben eine Sicherungsübereignung tritt (Frankf NJW 86, 2713).

AGG: Ein Verstoß gegen das Benachteiligungsverbot begründet idR nicht die Sittenwidrigkeit, sondern die 67 Rechte aus §§ 13–15, 21 AGG.

Allg Geschäftsbedingungen: Vgl Rn 8. 68

Animierlokal: Überhöhte Getränkepreise verstoßen idR nicht gegen § 138 I (BayObLG NJW 85, 873; Schlesw 69 NJW 05, 226). Nach den Wertungen des ProstG gilt dies auch, wenn damit zugleich sexuelle Leistungen vergütet werden (LG Flensburg NJW-RR 03, 418; aA Schlesw NJW 05, 226). Die Begebung von Schecks (BGH NJW 80, 1742) bzw Wechseln oder die Unterzeichnung eines Schuldanerkenntnisses zur Zahlung der Schulden ist grds nicht sittenwidrig. Etwas anderes gilt, wenn dem Gast damit die Beweislast für die Höhe der Zechschulden aufgebürdet werden soll (BGH NJW 80, 1742), insb bei einem außergewöhnlich hohen Betrag (BGH NJW 87, 2015, 80.000 DM; Schlesw NJW 05, 225 f, 10.000 DM).

70 **Angehörigenbürgschaft:** Vgl Rn 82 ff.
71 **Arbeitsvertrag:** Zur sittenwidrigen Arbeitsleistung Rn 43, zum Lohnwucher Rn 54, zu Zölibatsklauseln Rn 26, sittenwidriges Praktikantenentgelt von 375 € für Dipl-Ing (LAG BaWü NZA 08, 769; s.a. *Horstmeier* JR 06, 313). Die nur ausnahmsweise mögliche Sittenwidrigkeit bewirkt grds die Nichtigkeit ex nunc, vgl Rn 43. Zum Beurteilungszeitpunkt Rn 39. Das Schuldversprechen eines ArbN ist nicht wegen kurzer Überlegungszeit sittenwidrig (BAG NJW 05, 3167).
72 **Arztvertrag:** Der Arzt darf das Vertrauensverhältnis nicht ausnutzen, um sich unangemessene Leistungen versprechen zu lassen (Karlsr NJW 01, 2805). Verträge über eine freiwillige Sterilisation sind auch dann nicht sittenwidrig, wenn keine Einwilligung des Ehegatten vorliegt (BGHZ 67, 54). Ein Haftungsausschluss ist sittenwidrig, wenn ihm ein Patient in einer Notlage zustimmt (Saarbr NJW 99, 872).
73 **Automatenaufstellvertrag:** Überlange Laufzeiten und Kündigungsfristen sind von der älteren Rspr als sittenwidrig angesehen worden (BGH NJW 69, 231), doch sind nunmehr die §§ 306 ff zu berücksichtigen (vgl *Ulmer/Brandner/Hensen* Anh §§ 9–11 Rz 140 ff). Die Sittenwidrigkeit eines Automatenaufstellvertrags kann sich aus der Gesamtheit belastender Klauseln ergeben (BGH NJW 83, 162).
74 **Behindertentestament:** Vgl Rn 106.
75 **Benachteiligung der Allgemeinheit:** Rechtsgeschäfte, die wichtige Rechtsvorschriften beeinträchtigen, mit denen die Belange der Allgemeinheit geschützt werden, können sittenwidrig sein. Bejaht wurde die Sittenwidrigkeit beim Kauf eines Radarwarngeräts (BGH NJW 05, 1491), der Zusage des ArbG über die Erstattung von Geldbußen für Verstöße des ArbN gegen Vorschriften über Lenkzeiten im Güterkraftverkehr (BAG NJW 01, 1963) und grober Verletzung der Sparsamkeit und Wirtschaftlichkeit kommunaler Haushaltsführung (BGH WM 06, 1110 Tz 38). Anstößig sind auch Rechtsgeschäfte, mit denen private Lasten auf die Allgemeinheit abgewälzt werden sollen (Stuttg NJW 01, 3485, Erbschaftsausschlagung im Unterschied zum Behindertentestament).
76 **Benachteiligung Dritter:** Rechtsgeschäfte, deren Inhalt eine Vertragspartei in Konflikt mit bestehenden vertraglichen Verpflichtungen bringt, werden von der Rechtsordnung nicht verboten (Erman/*Palm* Rz 85). Die Beteiligung eines Dritten an einem Vertragsbruch wird erst bei Vorliegen besonderer Umstände sittenwidrig (BGHZ 12, 317; NJW 92, 2153). Zum Vertragsbruch Rn 153, zur Kollusion Rn 122, zur Schmiergeldzahlung Rn 78.
77 **Berufsrecht:** Nicht schon jeder Verstoß gegen Standesregeln begründet die Sittenwidrigkeit eines Vertrags (BGHZ 78, 267; NJW 96, 1956; 99, 2360). Sittenwidrig ist ein Eingriff in die Grundelemente eines freien Berufs, wie die sachliche Unabhängigkeit oder die eigenverantwortliche Aufgabenwahrnehmung bzw das Ansehen und Vertrauen in den Berufsstand (BGH NJW 92, 682; 96, 2500; 00, 3068, Rechtsanwalt; 96, 1956, Steuerberater).
78 **Bestechung:** Sittenwidrig sind auf eine Bestechung abzielende Verträge (vgl BGH NJW 89, 26) auch dann, wenn ein ausländischer Staatsbediensteter bestochen werden soll (BGH NJW 85, 2406). Vereinbarungen über die Zahlung von **Schmiergeld** an einen Vertreter (BGH NJW 62, 1099; Brandbg OLG-NL 05, 99) oder eine in die Verhandlung eingeschaltete Hilfsperson (BGH NJW 73, 363) sind sittenwidrig. Der Sittenverstoß liegt in der Heimlichkeit der Zahlung unabhängig davon, ob ein Nachteil beabsichtigt war oder eingetreten ist (BGH NJW 73, 363). Die Sittenwidrigkeit der Schmiergeldabrede führt regelmäßig auch zur Nichtigkeit des Hauptvertrags (BGHZ 141, 360; NJW 00, 512; s.a. Rn 122) und Kondizierbarkeit eines Schuldanerkenntnisses (Brandbg OLG-NL 05, 99). Der Hauptvertrag ist nicht sittenwidrig, wenn die Schmiergeldabrede zu keiner für den Geschäftsherrn nachteiligen Vertragsgestaltung geführt hat (BGHZ 141, 361). Bei einem Vertreterhandeln ist der Vertrag schwebend unwirksam (BGH NJW 00, 512). Beim Abschluss durch den Geschäftsherrn besteht ein Schadensersatzanspruch aus den §§ 280 I, 311 II, 241 II (BGH NJW 01, 1067).
79 **Bierbezugsvertrag:** Ein solcher Vertrag ist sittenwidrig, wenn der Gastwirt seine Unabhängigkeit und wirtschaftliche Dispositionsfreiheit verliert (BGH NJW 70, 2159; 2243). Für individuell ausgehandelte Laufzeiten hängt die Dauer der zulässigen Bezugsbindung wesentlich von Art und Umfang der von der Brauerei erbrachten Gegenleistung sowie vom sachlichen Umfang der Bezugsbindung ab (BGH NJW 70, 2243; 01, 2331). Für den Normalfall sind Bindungen von 10 Jahren noch zu billigen (BGHZ 147, 279, 287). In Sonderfällen konnte nach älterer Rspr eine Bindungsfrist von 20 Jahren gerade noch hinzunehmen sein (BGHZ 74, 298; NJW 79, 2150; 92, 2145). Die überlange Laufzeit kann auf das zulässige Maß reduziert werden (BGH NJW 72, 1459; 92, 2145). Eine unbefristete Verbotsdienstbarkeit zur Sicherung einer noch zu vereinbarenden Bezugsbindung ist nicht sittenwidrig (BGH NJW 88, 2364; NJW-RR 92, 594; aA 79, 2150). Eine Bindung des Eigentümers zur Weitergabe von Getränkebezugs- und Darlehensverpflichtung kann sittenwidrig sei (Köln NJW-RR 07, 499).
80 **Bietungsabkommen:** Eine solche Vereinbarung ist nur dann sittenwidrig, wenn besondere Umstände hinzutreten, etwa durch Beschränkung des Wettbewerbs der Bieter in der Zwangsversteigerung (BGH NJW 61, 1013; Celle NJW 69, 1765).
81 **Bürgschaft:** Vgl § 765 Rn 21 ff. Da der Wuchertatbestand ein entgeltliches Austauschverhältnis voraussetzt, ist die Sittenwidrigkeit einer Bürgschaft allein nach § 138 I zu beurteilen (BGH NJW 88, 2602; 89, 831). Zur Mithaftung vgl Rn 134.

Eingeleitet wurde die Rspr zu **Angehörigenbürgschaften** durch eine Entscheidung des BVerfG. Danach ist eine Inhaltskontrolle von Verträgen erforderlich, die eine strukturelle Unterlegenheit eines Vertragsteils erkennen lassen und für den unterlegenen Vertragsteil ungewöhnlich belastend sind (BVerfG NJW 94, 38). Die Restschuldbefreiung der §§ 286 ff InsO rechtfertigt keine Abkehr von diesen Grundsätzen (BGH NJW 09, 2671 Tz 30; FK-InsO/*Ahrens* § 286 Rz 28a). Aus einem vor dem 19.10.93 erwirkten Bürgschaftstitel darf nicht vollstreckt werden, wenn die Bürgschaft sittenwidrig ist (BVerfG ZIP 06, 60). 82

Einen besonderen Schutz benötigen dem Schuldner nahe stehende **Angehörige** und ihm emotional besonders verbundene Personen (BGH NJW 00, 1184; 02, 745), weil die Entscheidungsfreiheit des Bürgen in anstößiger Weise beeinträchtigt wird und der Gläubiger sich dies anrechnen lassen muss (BGH NJW 98, 598). Dies betrifft Ehegatten (BGH NJW 01, 816), Verlobte (BGH NJW 97, 3372), Partner einer nicht ehelichen Lebensgemeinschaft (BGH NJW 00, 1184; 02, 745) und Eltern (BGH NJW 01, 2467). Auf Geschwister (BGH NJW 98, 598; 99, 2372) sowie Cousin und Cousine (BGH NJW 97, 3230), die ausnahmsweise in einem vergleichbaren persönlichen Näheverhältnis stehen, und auf einen persönlich eng verbundenen Strohmann (BGH NJW 98, 598; 02, 956) ist diese Judikatur anzuwenden (zusammenfassend BGH NJW 99, 2585). Für die Bürgschaft eines GmbH-Gesellschafters gelten diese Rspr-Grundsätze nicht (BGH NJW 02, 956; 1338; Kobl ZIP 07, 2023). Bei einer von einem ArbN in Sorge um seinen Arbeitsplatz eingeräumten, ihn krass überfordernde Bürgschaft wird dagegen der besondere Schutz begründet (BGH NJW 04, 161), ggf auch private Darlehensgeber (Brandbg ZIP 07, 1597). 83

Für die Bürgschaft von **Kindern** ist regelmäßig von den gleichen Grundsätzen mit einigen Ergänzungen auszugehen (vgl BGH NJW 02, 747). Sofern nicht konkrete Tatsachen auf das Gegenteil hindeuten, ist bei jungen Erwachsenen, die sich noch in der Ausbildung am Anfang ihrer beruflichen Entwicklung befinden, davon auszugehen, dass sie nicht über erhebliches Vermögen oder weit überdurchschnittliche Einkünfte verfügen (BGH NJW 94, 1279). Sie sind schwerlich in der Lage, vernünftig abzuwägen und werden in aller Regel aus Vertrauen zu den Eltern oder aufgrund ihrer wirtschaftlichen Abhängigkeit der an sie herangetragenen Bitte entsprechen (BGH NJW 94, 1342; 97, 53). 84

Als **Gläubiger** kommen Kreditinstitute sowie andere gewerbliche oder berufliche Kreditgeber in Betracht (BGH NJW 02, 747). 85

Die Anwendung von § 138 I hängt entscheidend vom **Missverhältnis** zwischen Verpflichtungsumfang und der finanziellen Leistungsfähigkeit des Bürgen ab (BGH NJW 02, 746; 05, 972). Dies gilt auch bei kleinen Bürgschaftsbeträgen (Celle NJW-RR 06, 133). Abzustellen ist auf die Leistungsfähigkeit des Bürgen (BGH NJW 00, 1183) nach den bei Vertragsschluss erkennbaren Einkommens- und Vermögensverhältnissen bei Fälligkeit (BGH NJW 96, 2089). Der Wert eines selbst bewohnten Eigenheims ist zu berücksichtigen (BGH NJW 01, 2467). Valutierende dingliche Belastungen wirken vermögensmindernd (BGH WM 10, 32 Tz 15). Andere Sicherheitsleistungen des Kreditnehmers entlasten (BGH NJW 09, 2671 Tz 21). 86

Soweit kein krasses Missverhältnis vorliegt (dazu Rn 89 f), müssen **weitere belastende Umstände** hinzutreten, die dem Gläubiger zuzurechnen sind. Durch diese Umstände muss die Entscheidungsfreiheit des Bürgen beeinträchtigt und ein unerträgliches Ungleichgewicht zwischen den Vertragspartnern entstanden sein (BGH NJW 96, 2089; 97, 3231). Solche Belastungen können sich daraus ergeben, dass der Gläubiger die geschäftliche Unerfahrenheit oder eine seelische Zwangslage des Bürgen ausnutzt (BGH NJW 94, 1279; 1342), Umfang und Tragweite der Haftung verharmlost (BGH NJW 94, 1343), ungewöhnliche und schwerwiegende, dem Bürgen ersichtlich unbekannte Haftungsrisiken verschweigt (BGH NJW 94, 1278) oder in verwerflicher Weise eine Zwangslage begründet (BGH NJW 96, 514; 97, 1005). 87

Selbst wenn keine dem Gläubiger zurechenbaren Gründe existieren, liegen zusätzliche belastende Umstände vor, wenn sich der Vertrag als **wirtschaftlich sinnlos** erweist, weil kein schutzwürdiges Interesse an einer Haftung dieses Umfangs besteht (BGH NJW 97, 1003; 1006). Prinzipiell ist das Interesse des Gläubigers anzuerkennen, sich vor **Vermögensverlagerungen** auf Angehörige zu schützen (BGH NJW 99, 59; 00, 362; 02, 2230; 2231). Erforderlich ist aber eine ausdrückliche Haftungsbeschränkung auf diesen Fall (BGH NJW 01, 2230; 2231). Ohne besondere, vom Kreditgeber darzulegende und zu beweisende Anhaltspunkte kann nicht davon ausgegangen werden, dass die Bürgschaft von vornherein nur eine erhebliche Vermögensverlagerung zwischen Hauptschuldner und Sicherungsgeber verhindern sollte. 88

Besteht ein **krasses Missverhältnis**, ist ohne Hinzutreten weiterer Umstände widerleglich zu vermuten, dass der dem Hauptschuldner nahe stehende Bürge die für ihn ruinöse Personalsicherheit allein aus emotionaler Verbundenheit mit dem Hauptschuldner übernommen und der Kreditgeber dies in sittlich anstößiger Weise ausgenutzt hat (BGH NJW 01, 816; 02, 2229; 2231; 05, 972). Dies gilt auch ggü erfahrenen und geschäftsgewandten Personen (BGH NJW 02, 2231). 89

Eine krasse Überforderung liegt bei nicht ganz geringen Bankschulden vor, wenn die finanziellen Mittel des Bürgen im Hinblick auf die Höhe der verbürgten Hauptschuld praktisch bedeutungslos sind (BGH NJW 00, 363). Bereits bei Vertragsschluss darf nicht zu erwarten sein, dass der Bürge die Forderung wenigstens zu wesentlichen Teilen tilgen kann (BGH NJW 00, 1183). Davon ist auszugehen, wenn der Bürge nicht einmal die von den Vertragsparteien festgelegte Zinslast aus dem pfändbaren Teil seines Einkommens oder Vermögens bei Eintritt des Sicherungsfalls dauerhaft tragen kann (BGH NJW 00, 1183; 02, 2229; 2231, 09, 2671 Tz 90

30). Für die gebotene Prognose sind alle erwerbsrelevanten Umstände, wie Alter, Schul- und Berufsbildung sowie etwaige besondere familiäre oder vergleichbare Belastungen (BGH NJW 05, 972) und insb auch dingliche Lasten (BGH NJW 02, 2228) zu berücksichtigen. Das Leistungsvermögen des Schuldners ist dabei nicht einzubeziehen (BGH NJW 01, 816). Ein einkommensschwacher Bürge ist bei einem die Schuld voraussichtlich deckenden Immobilienvermögen nicht krass überfordert (Brandbg WM 06, 1015).

91 Die Vermutung ist entkräftet, wenn ein auf einen freien Willensentschluss hindeutendes oder ein Handeln allein aus emotionaler Verbundenheit voll ausgleichendes **Eigeninteresse** des Bürgen vorliegt. Dies ist zu bejahen, falls er ein gemeinsames Interesse an der Kreditgewährung hat oder ihm aus der Verwendung der Darlehensvaluta unmittelbare und ins Gewicht fallende wirtschaftliche Vorteile erwachsen sind (BGH NJW 01, 817), zB bei einer Eigenbeteiligung am finanzierten Objekt (BGH NJW 05, 973). Der Erwerb eines mittelbaren geldwerten Vorteils, wie eine Verbesserung des Lebensstandards, die Verbesserung der Wohnverhältnisse oder eine spätere Erwerbsaussicht, genügt nicht (BGH NJW 05, 973).

92 Darlehen: Vgl Rn 123.

93 Dauerschuldverhältnisse: Die vertragliche Gestaltungsfreiheit ermöglicht es, langfristige Bindungen einzugehen (BGHZ 64, 290). Sittenwidrig kann ein unter Abwägung der beiderseitigen Interessen nicht mehr hinzunehmendes Übermaß sein (BGH NJW-RR 86, 983). Eine unangemessene Vertragsdauer soll regelmäßig nur eine Teilnichtigkeit begründen (Erman/*Palm* Rz 97).

94 Diskriminierung: Vgl AGG.

95 Ehe und Familie: Rechtsgeschäfte, die gegen das Wesen der Ehe verstoßen, sind sittenwidrig (RGZ 158, 298). Ein Verlöbnis während einer bestehenden Ehe ist daher nichtig (BayObLG NJW 83, 832; Karlsr NJW 88, 3023). Zölibatsklauseln, die eine Eheschließung untersagen, greifen in ein höchstpersönliches Recht ein und sind nichtig (Rn 26). Sittenwidrig ist auch die Vereinbarung eines Entgelts oder einer anderen Vermögenszuwendung für das Eingehen einer Scheinehe (Ddorf FamRZ 83, 1023). Die Abrede über ein dauerndes Recht zum Getrenntleben ist wirksam (AnwK/*Looschelders* Rz 185; aA Ddorf FamRZ 81, 545; Palandt/*Ellenberger* Rz 46). Dieser gelebte Ehetyp ist zulässig, weil Art 6 I GG das Recht gibt, die jeweilige Gemeinschaft nach innen in ehelicher Verantwortlichkeit frei zu gestalten (BVerfG NJW 01, 958).

96 Vereinbarungen, das das gesetzliche **Ehescheidungsrecht** ausschließen oder wesentlich erschweren, sind nichtig (BGHZ 97, 307). Dagegen ist ein Verzicht auf ein Scheidungsrecht wirksam. Infolge des Verzichts erlischt das Recht, soweit es entstanden ist, doch kann es aufgrund neuer Tatsachen erneut entstehen (BGHZ 97, 309). Wirksam ist auch die Zahlung einer Abfindung in Höhe von 100.000 DM, falls diese Summe eine angemessene wirtschaftliche Absicherung darstellt und die Leistungsfähigkeit des Zahlungsverpflichteten nicht übersteigt (BGH NJW 90, 704). Sittenwidrig ist die Abrede über unzutreffende Angaben zu den Scheidungsvoraussetzungen gegen vermögenswerte Zuwendungen (BGH NJW 03, 1862).

97 Bereits während der Ehe und zT sogar vor der Eheschließung sind **Scheidungsfolgenvereinbarungen** über den Unterhalt, das Sorgerecht für gemeinsame Kinder, den Versorgungsausgleich, den Zugewinnausgleich sowie die Hausratsteilung zulässig, §§ 1378 III, 1408, 1585c, 1587o, 1671 II. Andererseits wird durch Art 3 II GG die gleichberechtigte Partnerschaft der Ehegatten geschützt. Die grds Disponibilität der Scheidungsfolgen darf nicht dazu führen, dass der Schutzzweck der gesetzlichen Regelung unterlaufen werden kann (BGH NJW 06, 3144). Eine durch §§ 138, 242 vermittelte vertragliche Inhaltskontrolle ist dort erforderlich, wo eine erheblich ungleiche Verhandlungsposition der Vertragspartner zu einer besonders einseitigen vertraglichen Lastenverteilung geführt hat (BVerfG NJW 01, 958; 2248; zugunsten des Unterhaltsverpflichteten BGH NJW 09, 842 Tz 19; rw Feststellungsklage *Gomille* NJW 08, 274).

98 Nach der Rechtsprechung des BGH hat eine zweistufige Prüfung zu erfolgen (BGH NJW 04, 935; 05, 2388). Als erster Schritt ist iRe **Wirksamkeitskontrolle** zu prüfen, ob die Vereinbarung schon im Zeitpunkt ihres Zustandekommens offenkundig zu einer derart einseitigen Lastenverteilung führt, dass ihr wegen Verstoßes gegen die guten Sitten die Wirksamkeit zu versagen ist. Erforderlich ist eine Gesamtwürdigung, die auf die individuellen Verhältnisse bei Vertragsschluss abstellt, also insb die Einkommens- und Vermögensverhältnisse, den geplanten und bereits verwirklichten Zuschnitt der Ehe sowie die Auswirkungen auf die Ehegatten und die Kinder. Bei Unterhaltsvereinbarungen ist die Leistungsfähigkeit zu beachten (BGH NJW 09, 842 Tz 25). Subjektiv sind die mit der Abrede verfolgten Zwecke und sonstigen Beweggründe zu berücksichtigen, die den begünstigten Ehegatten zu seinem Verlangen nach der vertraglichen Gestaltung veranlasst und den benachteiligten Ehegatten bewogen haben, diesem Verlangen zu entspr (BGH NJW 05, 2388; 06, 3144; 09, 842 Tz 31, konkrete Prüfung). Besonderes Gewicht besitzt, ob der Ehevertrag in Zusammenhang mit einer Schwangerschaft geschlossen wurde (BVerfG NJW 01, 958; 2248), doch reicht eine Schwangerschaft beim Abschluss der Vereinbarung allein nicht aus, um deren Nichtigkeit zu begründen (BGH NJW 06, 3144; 08, 3426 Tz 17).

99 Eine Sittenwidrigkeit kommt nur in Betracht, wenn Regelungen aus dem **Kernbereich** des gesetzlichen Scheidungsfolgenrechts jedenfalls zu erheblichen Teilen abbedungen werden, ohne dass dieser Nachteil durch anderweitige Vorteile gemildert oder durch besondere Verhältnisse der Ehegatten bzw durch sonstige gewichtige Belange des begünstigten Partners gerechtfertigt wird (BGH NJW 05, 2388). Zum Kernbereich gehört vorrangig der Betreuungsunterhalt, § 1570. Soll der Betreuungsunterhalt entfallen, wenn das jüngste Kind das sechste Lebensjahr vollendet hat, kommt es auf die Umstände des Einzelfalls an (BGH NJW 07,

2851 Tz 19). IÜ ist eine Rangabstufung („Ranking") nach der Bedeutung der Scheidungsfolgenregelungen für den Berechtigten vorzunehmen (BGH NJW 06, 3144). Ein Unterhaltsausschluss bei Scheidung vor Ablauf von fünf Ehejahren ist wirksam (BGH NJW 08, 3426 Tz 14). Innerhalb der Unterhaltstatbestände folgen der Krankheitsunterhalt, § 1572 (BGHZ 170, 77 Tz 18; NJW-RR 07, 1371), der Unterhalt wegen Alters, § 1571 (BGH NJW 05, 2391; 08, 1080 Tz 22), wegen Erwerbslosigkeit, § 1573 I, und der Krankenvorsorge- und Altersvorsorgeunterhalt, § 1578 II, Ansprüche auf Aufstockungs- und Ausbildungsunterhalt, §§ 1573 II, 1575, sind am ehesten verzichtbar (BGH NJW 05, 2388; zur Unterhaltshöhe BGH NJW 07, 2848 Tz 17). Der laufende Unterhalt ist danach wichtiger als der Versorgungsausgleich (BGH NJW 04, 933 f). Ein Ausschluss des Versorgungsausgleichs ohne hinreichende Alterssicherung ist unwirksam (BGH NJW 08, 3426 Tz 17; 09, 2124 Tz 19). Der Zugewinnausgleich ist am weitesten einer ehevertraglichen Gestaltung zugänglich (BGH NJW 08, 1076 Tz 21).

Sind einzelne Klauseln eines Ehevertrags nichtig, so sieht § 139 als **Rechtsfolge** im Zweifel die Gesamtnichtigkeit vor (BGH NJW 05, 2388; aA *Brambring* NJW 07, 865). Es gilt dann das gesetzliche Recht. 100

Soweit der Vertrag Bestand hat, erfolgt in einem zweiten Schritt eine **Ausübungskontrolle** nach § 242 (BGH NJW 04, 936; 05, 2388; 07, 904 Tz 16). Maßgebend ist, ob sich im Zeitpunkt des Scheiterns der Lebensgemeinschaft eine evident einseitige, unzumutbare Lastenverteilung ergibt. Dies kann bei einer weitreichenden Abweichung der tatsächlichen einvernehmlichen Gestaltung der ehelichen Lebensverhältnisse von der dem Vertrag zugrunde liegenden Lebensplanung der Fall sein (BGH NJW 05, 2392; nicht außergewöhnliche Einkommenssteigerung BGH NJW 07, 2850 m Anm *Kesseler*), zB einer Erkrankung (BGH NJW 08, 1080 Tz 35 ff). IRe Rechtsausübungskontrolle ist diejenige Rechtsfolge anzuordnen, die den berechtigten Belangen beider Parteien in der bestehenden Situation ausgewogen Rechnung trägt (BGH NJW 05, 2388). 101

Begründet ein Unterhaltsverzicht objektiv die **Sozialhilfebedürftigkeit** eines Ehegatten und waren sich beide Partner dessen bewusst, ist die Vereinbarung sittenwidrig, es sei denn, besondere Gründe rechtfertigen den Verzicht (BGHZ 86, 86 f; BGH NJW 91, 914; 92, 3165), etwa bei bereits vor der Eheschließung bestehender Hilfsbedürftigkeit (BGH NJW 07, 904 Tz 17). Wird die Gegenleistung für eine Hausübertragung nur geschuldet, solange der Übertragende im Haus wohnt, begründet dies keine Sittenwidrigkeit (BGH NJW 09, 1346 Tz 11). 102

Ein Vertrag über eine **Leihmutterschaft** ist bei Einsatz künstlicher Fortpflanzungsmethoden meist wegen des Verstoßes gegen das gesetzliche Verbot in § 1 Nr 7 ESchG iVm § 134 nichtig. Auch iÜ einschl einer natürlichen Fortpflanzung sind diese Verträge in aller Regel sittenwidrig (Hamm NJW 86, 782). Rechtsgeschäfte über eine **heterologe Insemination** sind im Allg nicht sittenwidrig, wie aus der Wertung in § 1600 II folgt (AnwK/*Looschelders* Rz 179; *Roth* JZ 02, 653; aA MüKo/*Armbrüster* Rz 66). Zur Vereinbarung der Empfängnisverhütung Rn 26. Eine Verpflichtung, an der **Vaterschaftsfeststellung** mitzuwirken, verstößt wegen des mehrseitigen persönlichkeitsrechtlichen sowie vermögensrechtlichen Einschlags nicht gegen § 138 (offen gelassen von BGH NJW 07, 912 Tz 9 f). 103

Erbrecht: Die grundrechtlich geschützte Testierfreiheit, Art 14 I 1 GG, gestattet dem Erblasser weitgehend, nach freiem Willen über sein Vermögen zu verfügen. Schranken werden ihm va durch das Pflichtteilsrecht der §§ 2303 ff gesetzt. Eine weitergehende Korrektur durch § 138 I kommt nur in **besonders schwerwiegenden Ausnahmefällen** in Betracht (BGHZ 111, 40; 140, 129). Eine erbrechtliche Gestaltung, mit der die Erbmasse vor einem Zugriff der Gläubiger eines Erben geschützt werden soll, ist idR nicht sittenwidrig. Sittenwidrig kann die Ebenbürtigkeitsklausel in einem Hausgesetz des Adels sein (BVerfG NJW 04, 2011). Zuvor ergangene abweichende Entscheidungen bleiben verbindlich (BGH NJW 06, 2856 Tz 10; BVerfG NJW 07, 1802 Tz 13). 104

Zuwendungen an einen **außerehelichen Partner** durch letztwillige Verfügungen sind nicht sittenwidrig, auch wenn dadurch Ehepartner und Kinder zurückgesetzt werden. Die dazu unter dem Schlagwort des Geliebtentestaments formulierten Grundsätze der neueren Rspr besagen, dass eine Zuwendung sittenwidrig ist, wenn sie ausschl dazu dient, eine geschlechtliche Hingabe zu belohnen oder zu fördern (BGHZ 53, 376; Ddorf v 22.8.08 – 3 Wx 100/08). Wer sich auf die Sittenwidrigkeit beruft, trägt zwar die – kaum zu erfüllende – Darlegungs- und Beweislast für den sittenwidrigen Charakter der Zuwendung (BGHZ 53, 379), aber es bleibt ein Odium des Anstößigen. Um Wertungswidersprüche mit dem ProstG zu verhindern, darf die geschlechtliche Hingabe kein Kriterium einer Sittenwidrigkeitsprüfung bilden (Staud/*Sack* Rz 445; *Paal* JZ 05, 437; Vor §§ 2064 ff Rn 21). 105

Erbrechtliche Regelungen, die insb zugunsten eines **behinderten Erben** einen Vermögenszufluss neben laufenden Sozialleistungen ermöglichen, aber einen Rückgriff des Sozialhilfeträgers auf die Erbmasse ausschließen, sind nicht sittenwidrig (BGHZ 111, 40; 123, 371). **Erbensucher:** Honorar von 20% ist nicht sittenwidrig (Brandbg ZErb 08, 279). 106

Factoring: Die globale Vorausabtretung aller künftigen Forderungen ist beim echten Factoring nicht sittenwidrig (BGH NJW 77, 2208), auch nicht bei einem Zusammentreffen mit einem verlängerten Eigentumsvorbehalt (BGHZ 69, 257 f). Für das unechte Factoring gelten die Regeln der Sicherungszession (BGHZ 82, 60). 107

Geliebtentestament: s. Rn 105. 108

Gesellschaftsrecht: Auf einen sittenwidrigen Zweck gerichtete Gesellschaftsverträge sind von Anfang an nichtig (BGH NJW 70, 1541). Regelmäßig ist ein sittenwidriger Gesellschaftsvertrag mit Wirkung ex nunc nichtig (RGZ 142, 102 f). 109

110 Eine gesellschaftsvertragliche **Ausschließungsklausel**, nach der ein Gesellschafter ohne wichtigen Grund ausgeschlossen bzw hinausgekündigt werden kann, ist grds sittenwidrig (BGHZ 81, 266 f; 125, 79; NJW 05, 3642). Ausnahmen sind durch ganz besondere Umstände zu rechtfertigen (BGHZ 68, 215; WM 07, 935, Erbrecht; 1270 Tz 20, nicht zeitlich unbegrenzt; *Gehrlein* NJW 05, 1972). Zur Teilnichtigkeit § 139 Rn 16. **Abfindungsklauseln** können sittenwidrig sein, wenn sie sich unangemessen weit vom Leitbild einer wertgerechten Abfindung entfernen (Erman/*Palm* Rz 115), es sei denn, die Gesellschaft verfolgt einen ideellen Zweck (BGH NJW 97, 2592 f). Eine Abfindungsbeschränkung ist nichtig, wenn ein grobes Missverhältnis zwischen dem vertraglichen Abfindungsanspruch und dem vollen wirtschaftlichen Wert des Gesellschaftsanteils besteht (BGH NJW 92, 895; 93, 2102).

111 Die Übertragung sämtlicher Gesellschafterrechte auf einen Treuhänder, den der Gesellschafter weder auswählen noch anweisen darf, ist sittenwidrig (BGHZ 44, 161). Eine Klausel, die das Stimmenthaltungsgebot verletzt (Entlastungen), ist nichtig (BGHZ 108, 27).

112 **Girokonto:** Die nicht auf einen wichtigen Grund gestützte Kündigung des Girovertrags eines privaten Kreditinstituts mit einer verfassungsfeindlichen, aber nicht verfassungswidrigen (rechtsextremen) Partei ist nicht sittenwidrig (Brandbg NJW 01, 451, Köln 01, 452; aA Dresd NJW 01, 1433). Zu den Sparkassen vgl § 134 Rn 7.

113 **Gläubigergefährdung:** S. Rn 154.

114 **Gläubigerbenachteiligung:** Dazu Rn 11.

115 **Globalzession:** Dazu Rn 145.

116 **Glücksspiel:** Eine Darlehensgewährung, mit der die Spielleidenschaft des Darlehensnehmers ausgenutzt wird, ist sittenwidrig, falls es sich nicht um unerhebliche Beträge handelt (Erman/*Palm* Rz 119). Schneeballsystem Rn 139. Das thailändische Share-Spiel ist sittenwidrig (LG Karlsruhe NJW-RR 07, 201). Ein entgegen einer behördlichen Auflage ohne Limit abgeschlossener Internet-Spielvertrag ist allein deswegen nicht sittenwidrig (BGH NJW 08, 2026 Tz 21).

117 **Grundstücksverkehr:** Ein grobes Missverhältnis liegt vor, wenn der Wert der Leistung knapp doppelt so hoch ist wie der Wert der Gegenleistung (Rn 63). Bei einem wucherähnlichen Geschäft berührt die Sittenwidrigkeit des Kaufvertrags nicht die Wirksamkeit der Auflassung (BGH NJW 01, 1129).

118 **Handelsrecht:** Die Wirksamkeit langfristiger Vertragsbindungen mit einem Handelsvertreter ist unter Berücksichtigung der Umstände des Einzelfalls zu bestimmen (BGH NJW 95, 2351). Zu Wettbewerbsverboten Rn 155.

119 **Kartellrecht:** § 138 besitzt einen anderen Schutzzweck als das Kartellrecht und ist neben den Regelungen des GWB anwendbar. Kartellrechtlich ist ausschlaggebend, ob die Beschränkung des freien Wettbewerbs im Interesse der Allgemeinheit hingenommen werden kann. Für § 138 ist darauf abzustellen, in welchem Umfang die berechtigten Interessen des durch eine Beschränkung Begünstigten eine Einschränkung der Freiheit gewerblicher Betätigung auf Seiten des anderen Teils rechtfertigen können (BGH NJW 94, 386).

120 **Kaufrecht:** Bei Kaufverträgen über besonders werthaltige bewegliche Sachen wird ein grobes Missverhältnis angenommen, wenn der Wert der Leistung annähernd doppelt so hoch ist wie derjenige der Gegenleistung (BGH NJW 00, 1255); vgl Rn 54.

121 **Knebelungsvertrag:** Eine sittenwidrige Knebelung liegt vor, wenn die wirtschaftliche Entfaltung einer Partei in einem Maß beschränkt wird, dass diese ihre Selbständigkeit und wirtschaftliche Entschließungsfreiheit insgesamt oder in einem wesentlichen Teil einbüßt (BGHZ 19, 18; 44, 161; NJW 93, 1588). Dies gilt etwa bei der umfassenden und lückenlosen Kontrolle eines Geschäftsführers (BGH NJW 93, 1588). Eine Schädigungsabsicht ist nicht erforderlich (BGH NJW 93, 1588).

122 **Kollusion:** Sie liegt bei bewusstem und gewolltem Zusammenwirken, insb eines Vertreters mit einem Dritten zum Nachteil des Vertretenen vor (*Bork* AT Rz 1575). Beide Parteien müssen die Tatsachen kennen, welche die Sittenwidrigkeit begründen. Bei Vereinbarung eines Unfallersatztarifs zu Lasten einer Versicherung fehlt Kenntnis des Mieters (BGH NJW 07, 1447 Tz 13). Sie führt zur Sittenwidrigkeit sowohl der Abrede als auch des Hauptvertrags (BGH NJW 89, 27). Eine Genehmigung analog § 177 ist ausgeschlossen.

123 **Kreditverträge:** Darlehensverträge können wegen überhöhter Zinsen als wucherähnliche Geschäfte nach § 138 I nichtig sein. § 138 II ist zumeist unanwendbar, weil die subjektiven Voraussetzungen des Wucherverbots nicht nachgewiesen sind. Dabei sind Konsumentenkredite (Verbraucherkredite gem § 491 sowie Verträge gem §§ 499 ff, 505, 655a ff) von Kreditinstituten von anderen Krediten etwa an Unternehmen bzw Gelegenheitskrediten zu unterscheiden. Für Konsumentenkredite gilt:

124 Ein **wucherähnlicher Darlehensvertrag** liegt vor, wenn zwischen Leistung und Gegenleistung objektiv ein auffälliges Missverhältnis besteht und eine verwerfliche Gesinnung des begünstigten Teils hervorgetreten ist, insb wenn dieser die wirtschaftlich schwächere Lage des anderen Teils bewusst zu seinem Vorteil ausgenutzt oder sich leichtfertig der Einsicht verschlossen hat, dass der Darlehensnehmer sich nur aufgrund seiner wirtschaftlich schwächeren Lage auf die ihn beschwerenden Vertragsbedingungen eingelassen hat (BGHZ 80, 160 f; NJW 95, 1020).

125 Ein auffälliges Missverhältnis ist in erster Linie durch einen Vergleich zwischen dem Vertragszins und dem Marktzins zum Zeitpunkt des Vertragsschlusses festzustellen (BGH NJW 83, 1421). Als **Vertragszins** ist der

effektive Jahreszins zugrundezulegen (BGHZ 104, 104; 110, 338). Einzubeziehen sind neben den laufzeitabhängigen Zinsen auch die sonstigen Kreditkosten, wie Bearbeitungs- und Verwaltungsgebühren, sowie die vom Darlehensnehmer zu tragenden Vermittlungskosten (§ 492 I Nr 4; außerdem BGH NJW 82, 2434). Dies gilt sowohl für die in Form eines packing verdeckt gezahlten Vermittlungskosten (BGH NJW 86, 2568) als auch die offen ausgewiesenen Vermittlerkosten (BGH NJW 87, 181). Auch nach der Regelung in § 492 I Nr 4 sollen die allein im Interesse des Darlehensnehmers angefallenen Vermittlerkosten nicht einzubeziehen sein (BGH NJW 87, 182; Erman/*Saenger* § 492 Rz 30). Die Kosten einer Restschuldversicherung gehören mindestens zur Hälfte zu den Kreditkosten (Palandt/*Ellenberger* Rz 26, bis zur 65. Aufl), doch sollen sie nach der – insoweit abzulehnenden – Rspr nicht in den Vergleich einbezogen werden (BGHZ 99, 336).

Als **Vergleichszins** ist der in den Monatsberichten der Deutschen Bundesbank ausgewiesene Schwerpunktzins (BGHZ 98, 176) nebst einer durchschnittlichen Bearbeitungsgebühr von 2,5% (BGH NJW 95, 1022 s.a. BGHZ 104, 105) heranzuziehen. Da der Zinssatz nicht mehr veröffentlicht wird, kann eine Auskunft der Bundesbank angefordert werden. Die EWU-Zinsstatistik stellt dagegen nicht auf den Markt für Konsumentenkredite ab (*Schulte-Mattler* WM 07, 1865; aA LG Bonn VuR 07, 357; *Reifner* VuR 05, 372 f). 126

Ein **auffälliges Missverhältnis** zwischen Leistung und Gegenleistung kann auf den relativen oder den absoluten Zinsunterschied gestützt werden. Als Richtwert für den **relativen Zinsunterschied** gilt eine Überschreitung des marktüblichen Vergleichszinses durch den Vertragszins um rund 100% (BGHZ 104, 105; 110, 338). Entscheidend ist aber eine Gesamtwürdigung aller Umstände (BGH NJW 88, 696; 818). Eine Sittenwidrigkeit liegt auch bei einer relativen Zinsdifferenz zwischen 90% und 100% vor, wenn von der Bank festgelegten sonstigen Kreditbedingungen die Belastungen ins Untragbare steigern (BGHZ 104, 105). Zu berücksichtigen sind dabei etwa die für den Fall des möglichen Zahlungsverzugs geltenden Regeln sowie unzutreffende oder unvollständige Angaben über die Belastungen (BGH NJW 82, 2435 87, 185). Bei einem relativen Zinsunterschied von weniger als 90% verneint der BGH grds ein auffälliges Missverhältnis (BGHZ 104, 105; BGH NJW 89, 829 bei 87,6%), es sei denn, es liegt ein außergewöhnlich hoher Zinsunterschied vor (Rn 128). In Niedrigzinsphasen (Schwerpunktzins: 7,42%) wird bei einem langfristig ohne Zinsanpassungsklausel gewährten Kredit ein relativer Unterschied von 110% verlangt (BGH NJW 91, 835). 127

Auch wenn der relative Zinsunterschied weniger als 90% beträgt, ist bei einem **absoluten Zinsunterschied** von 12% regelmäßig ein auffälliges Missverhältnis zu bejahen (BGHZ 110, 340), womit va in Hochzinsphasen eine zusätzliche Schranke besteht. 128

Die Sittenwidrigkeit verlangt außerdem als **subjektiven Tatbestand** eine verwerfliche Gesinnung des Darlehensgebers (Rn 124). Besteht ein auffälliges Missverhältnis, werden beim Konsumentenkredit die subjektiven Voraussetzungen der Sittenwidrigkeit widerleglich vermutet (BGHZ 98, 178; 104, 107; 128, 267). 129

Leasingvertrag: Finanzierungsleasingverträge sind objektiv sittenwidrig, wenn zwischen vereinbarter und marktüblicher Leasingrate ein auffälliges Missverhältnis besteht (BGHZ 128, 257). Richtwert ist grds der doppelte Betrag (BGHZ 128, 261). Lässt sich das übliche Entgelt mangels aussagekräftiger Vergleichsverträge nicht feststellen, kann auf die Rspr zu den Ratenkreditverträgen zurückgegriffen werden (BGHZ 128, 261). 130

Leihmutterschaft: Dazu Rn 103. 131

Maklervertrag: Die Vereinbarung einer Maklerprovision kann sittenwidrig sein, wenn die Kommerzialisierung in dem betreffenden Lebensbereich anstößig ist (BGH NJW 99, 2360), so bei der Vermittlung von Patienten an einen Arzt. Sittenwidrigkeit liegt bei einem auffälligen Missverhältnis zwischen Leistung und versprochener Vergütung vor, sofern weitere sittenwidrige Umstände hinzukommen, wie eine verwerfliche Gesinnung (BGH NJW 94, 1476; 00, 2669). Üblicherweise wird eine Provision zwischen 3 und 5% vereinbart (BGH NJW 00, 2669). Übererlösklauseln sind sittenwidrig, wenn sie zu einer unverhältnismäßig hohen Vergütung führen und der Makler die Möglichkeit eines beträchtlichen Übererlöses bei Abschluss kennt (BGH NJW 94, 1476). 132

Miete und Pacht: Zum Mietwucher Rn 54. Bei einem betreuten Wohnen ist die Kopplung des Servicevertrags an den Fortbestand des Mietvertrags grds nicht sittenwidrig (BGH NJW 06, 1276). 133

Mithaftung: Für die Sittenwidrigkeit einer Mithaftungsvereinbarung gelten die gleichen Grundsätze wie für eine Bürgschaft (Rn 81 ff; BGH NJW 01, 816). Eine Mithaftung kann durch Schuldanerkenntnis, Schuldmitübernahme (BGH NJW 01, 815) oder Mitunterzeichnung des Darlehensvertrags erfolgen (BGH NJW 02, 744). Von einem Mithaftenden ist der Mitdarlehensnehmer dadurch zu unterscheiden, dass letzterer ein eigenes sachliches und/oder persönliches Interesse an der Kreditaufnahme hat und im Wesentlichen gleichberechtigt über die Auszahlung sowie Verwendung der Darlehensvaluta mitentscheiden darf (BGH NJW 02, 744;09, 2671 Tz 14). Abzustellen ist ausschl auf die für die finanzierende Bank erkennbaren Verhältnisse der Mitdarlehensnehmer. Auf die Vertragsgestaltung durch das Kreditinstitut kommt es nicht an (BGH NJW 02, 2705). Ist der Ehegatte Hauptdarlehensnehmer ohne eigenes Interesse am Kredit, sollen die Regeln über die sittenwidrige Mithaftung nicht anwendbar sein (LG Kiel WM 06, 809). 134

Monopolstellung: Eine sittenwidrige Ausnutzung einer Monopolstellung liegt vor, wenn eine allg Vormachtstellung rechtlicher, tatsächlicher, sachlicher oder zeitlicher Art ausgenutzt wird, um dem Verkehr aus Eigennutz unbillige Opfer aufzuerlegen (BGH NJW 98, 3191; Erman/*Palm* Rz 140). 135

Partnerschaftsvermittlung: Sittenwidriges Honorar von 7999€ für 16 Adressen (Ddorf NJW-RR 09, 1645).

136 **Rechtsanwalt:** Stellen Rechtsgeschäfte die Unabhängigkeit der Berufstätigkeit infrage, sind Zweifel an einer ordnungsgemäßen Berufsausübung begründet, die zur Sittenwidrigkeit der Geschäfte führen können (AnwK/*Looschelders* Rz 314). Dies ist zwar nicht bei einzelnen Maklergeschäften, wohl aber bei ständiger makelnder Tätigkeit anzunehmen (BGH NJW 92, 682; 00, 3068). Für die Maklertätigkeit darf eine erfolgsabhängige Vergütung vereinbart werden (BGH NJW 96, 2500). Die Vereinbarung eines Erfolgshonorars für die anwaltliche Tätigkeit galt früher als sittenwidrig (BGHZ 51, 293; NJW 87, 3204). Das uneingeschränkte Verbot anwaltlicher Erfolgshonorare nach § 49b BRAO hat das BVerfG (NJW 07, 979) für verfassungswidrig erklärt. Ein Honorar von € 230 je Stunde kann bei einem eigensüchtig grob aufgeblähtem Aufwand sittenwidrig sein (Ddorf NJW-RR 07, 130).

137 **Prozessfinanzierung:** Solche Vereinbarungen sind im Allg nicht sittenwidrig (Staud/*Sack* Rz 479; aA *Bruns* JZ 00, 236 f; s.a. § 134 Rn 51). Das Erfolgshonorar kommt nur dem Prozessfinanzierer zugute. Erst wenn besondere Umstände hinzutreten, wie ein auffälliges Missverhältnis zwischen Leistung und Gegenleistung, eine herausgehobene gesellschaftsrechtliche Beteiligung des Anwalts an dem finanzierenden Unternehmen (*Bruns* JZ 00, 236) oder eine Überredung des Mandanten, ist die Abrede sittenwidrig.

138 **Schmiergeld:** Dazu Rn 78.

139 **Schneeballsystem:** Nach dem Schneeballprinzip aufgebaute Gewinnspiele, bei denen die große Masse der Teilnehmer ihren Einsatz verliert, sind sittenwidrig (BGH NJW 97, 2315, World Trading System; 06, 45 Tz 9; BGH NJW 06, 45; München NJW-RR 09, 1648 Schenkkreis; Celle NJW 96, 2660, Life-Spiel; Bambg NJW-RR 02, 1393, Countdown 3000). Der Schutzzweck von § 138 kann gegen die Kondiktionssperre des § 817 2 sprechen (BGH NJW 08, 1942 Tz 10; 09, 345 Tz 11; dreijährige Verjährung BGH NJW 09, 984). Der Rückforderungsanspruch ist kein Fall von § 3 II lit f ARB (Hamm NJW-RR 07, 1433).

140 **Sexualsphäre:** Vgl Rn 22. Der Vertrag mit einer Zwangsprostituierten verstößt gegen ein gesetzliches Verbot. IÜ ist ein Vertrag über die entgeltliche Erbringung sexueller Leistungen, insb der Vertrag einer Prostituierten mit ihrem Kunden, nicht sittenwidrig (BaRoth/*Wendtland* Anh § 138 Rz 1; *Rautenberg* NJW 02, 651; aA Palandt/*Ellenberger* Rz 52). Eine Verpflichtung zur Vornahme sexueller Handlungen wird nicht begründet (AnwK/*Looschelders* Anhang zu § 138 Rz 11), doch besteht nach der Vornahme ein Zahlungsanspruch, § 1 ProstG. Anzeigen über die Werbung für einen Begleitservice sind nicht sittenwidrig (AG Berlin-Köpenick NJW 02, 1885).

141 Verträge über die Vermarktung und Vermittlung von **Telefonsex** sind als solche nicht sittenwidrig (BGH NJW 02, 361 f; 08, 140 Tz 11; aA *Majer* NJW 08, 1927).

142 **Sicherungsgeschäfte:** Zur Bürgschaft Rn 81 ff. Eine sittenwidrige Übersicherung liegt vor, wenn der Kreditgeber dauerhaft mehr an Sicherheiten erhält, als zur Sicherung seines Waren- oder Geldkredits erforderlich ist und die wirtschaftliche Betätigungsfreiheit des Sicherungsgebers unangemessen eingeschränkt wird (BGHZ 94, 112). Nicht jedes Missverhältnis begründet eine Übersicherung, da aufgrund der Ausfallrisiken unklar ist, welcher Erlös bei einer Verwertung der Sicherheit erzielt werden kann. Im Anschluss an die Entscheidung des Großen Zivilsenats des BGH (BGHZ 137, 212) ist zwischen anfänglicher und nachträglicher Übersicherung wie folgt zu unterscheiden (Vor §§ 1204 ff Rn 45 ff).

143 Eine **anfängliche Übersicherung** liegt vor, wenn bereits bei Vertragsschluss gewiss ist, dass in einem eventuellen Verwertungsfall ein auffälliges Missverhältnis zwischen dem realisierbaren Wert der Forderung und der gesicherten Forderung bestehen wird (BGH NJW 98, 2047). Eine Sittenwidrigkeitsvermutung beim Überschreiten bestimmter Deckungsgrenzen besteht nicht. Die Sittenwidrigkeit ist anhand des Gesamtcharakters des Vertrags zu beurteilen. Bei Waren mit einem erheblichen Verwertungsrisiko kann ein Zuschlag zur gesicherten Forderung bis zu 200% berechtigt sein (vgl AnwK/*Looschelders* Rz 257). Bei anderen Waren kann der Zuschlag deutlich niedriger ausfallen.

144 Bei einer **nachträglichen Übersicherung** besteht ein ermessensunabhängiger vertraglicher Freigabeanspruch (BGHZ 137, 218; Vor § 1204 Rn 54 ff). Probleme bereiten insb Sachgesamtheiten mit wechselndem Bestand. Nach der Rspr des BGH schließt die Deckungsgrenze die Hauptforderung, Zinsansprüche und eine Verwertungs- und Verwaltungspauschale von 10% ein, beträgt also 110% der gesicherten Forderungen (BGHZ 137, 225). Für den Freigabeanspruch besteht nach der Rspr eine einfache Vermutungsregel. Dazu wird auf einen an § 237 1 BGB angelehnten Risikozuschlag von 50% abgestellt. Ein Freigabeanspruch besteht regelmäßig dann, wenn der Wert des Sicherungsguts die Deckungsgrenze um 50% übersteigt. Die Freigabegrenze liegt damit bei 150% (BGHZ 137, 224).

145 Eine **Globalzession** ist sittenwidrig, soweit sie auch Forderungen umfasst, die der Schuldner aufgrund eines verlängerten Eigentumsvorbehalts künftig abtreten muss und abtritt (BGH NJW 99, 940).

146 **Sport:** Berufssport ist ein Teil des Arbeitslebens, auf den die dort geltenden Regeln grds anzuwenden sind (EuGH NJW 96, 509, *Bosman*). Ein Vertrag, durch den die beruflichen Entscheidungen des Sportlers von der Zustimmung eines Dritten abhängig gemacht werden, ist sittenwidrig (Frankf NJW-RR 96, 1334). Eine Regelung zur Ausbildungsentschädigung für innerhalb der Regionalliga wechselnder Fußballvertragsamateure ist nichtig (BGH NZA-RR 00, 10).

147 **Standesrecht:** Vgl Rn 77. Entgeltliche **Sterbehilfe** ist sittenwidrig (Rn 25).

Steuerberater: Ein Vertrag durch den einem steuerlichen Berater eine Provision versprochen wird, falls er **148** seine Mandanten zu einer bestimmten Vermögensanlage veranlasst, ist nichtig (BGH NJW 85, 2523; 91, 1820). Zum sittenwidrigen Praxisübernahmevertrag (Naumbg NJW-RR 06, 422).
Steuerrecht: Mit einer Steuerverkürzung verbundene Verträge sind nur dann nichtig, wenn dies der vertrag- **149** liche Hauptzweck ist (BGH NJW-RR 02, 1527). Ohne-Rechnung-Abrede § 134 Rn 60.
Straftat: Ein Vertrag, der die Begehung einer strafbaren Handlung zum Gegenstand hat, ist sittenwidrig **150** (BGH NJW 95, 2027).
Tankstellenbelieferungsvertrag: Eine 15-jährige Bindung kann unabhängig von der wettbewerbsrechtlichen **151** Beurteilung sittenwidrig sein (BGH NJW 98, 159). **Testament:** Dazu Rn 104 ff.
Unfallersatztarif: Die Besonderheiten des Tarifs können mit Rücksicht auf die Unfallsituation (Vorfinanzie- **152** rung, Ausfallrisiko bei unzutreffender Bewertung der Mitverantwortungsanteile) einen ggü dem Normaltarif höheren Preis rechtfertigen, weil sie auf Leistungen des Vermieters beruhen, die durch die spezifische Unfallsituation veranlasst und deswegen erforderlich iSv § 249 BGB sind (BGH NJW 07, 1447 Tz 12; 2181 Tz 10).
Versicherungsrecht: Ein kollusives und damit sittenwidriges Handeln liegt vor, wenn Agent und Versiche- **153** rungsnehmer zum Nachteil des Versicherers zusammenwirken. Voraussetzung ist dabei, dass die eine Seite vom treuewidrigen Verhalten der anderen Seite Kenntnis besitzt (BGH NJW 02, 1498).
Vertragsbruch: Die Begründung von Vertragspflichten, die zu einer Verletzung von Abmachungen ggü Drit- **154** ten führen, sind regelmäßig nicht sittenwidrig. Ausnahmsweise gilt etwas Anderes, wenn in dem Eindringen in bestehende Vertragsbeziehungen ein besonderes Maß an Rücksichtslosigkeit zu erkennen ist (BGH NJW 81, 2185). Sittenwidrig ist eine Abrede, die bewusst darauf gerichtet ist, jemanden zur Verletzung einer vertraglichen Haupt- oder Nebenpflicht zu veranlassen (BGHZ 103, 241).
Wettbewerbsverbot: Vorrangig sind die Spezialregeln etwa der §§ 60 f, 74 ff, 90a, 112, 113 HGB zu beach- **155** ten. Ein Wettbewerbsverbot darf den Verpflichteten nicht übermäßig in der Berufsausübung beschränken und nicht über das schützenswerte Interesse des Begünstigten hinausgehen (BGH NJW 79, 1606). Ein anlässlich eines Unternehmenskaufs für die Dauer von zehn Jahren vereinbartes Wettbewerbsverbot ist regelmäßig sittenwidrig (BGH NJW 79, 1606; 82, 2001). Wettbewerbsvereinbarungen mit Organmitgliedern sind insoweit wirksam, wie ein anerkennenswertes Bedürfnis besteht, eine illoyale Verwertung von Verbindungen, Kenntnissen und Erfahrungen zu verhindern, die während der Tätigkeit für die Gesellschaft gewonnen wurden (BGHZ 91, 7). Entspr gilt für die Auseinandersetzung von Sozietäten zwischen Freiberuflern (BGH NJW 00, 2584 f).

§ 139 Teilnichtigkeit. Ist ein Teil eines Rechtsgeschäfts nichtig, so ist das ganze Rechtsgeschäft nichtig, wenn nicht anzunehmen ist, dass es auch ohne den nichtigen Teil vorgenommen sein würde.

A. Normzweck. Teilnichtigkeit eines Rechtsgeschäfts führt im Zweifel nach § 139 zur Gesamtnichtigkeit des **1** Geschäfts. Die Vorschrift dient der Privatautonomie (BGH NJW 86, 2577). Wollten die Parteien einen umfassenden Rechtserfolg erreichen, soll ihnen eine teilweise Realisierung nicht gegen ihren Willen aufgedrängt werden. Steht die Teilnichtigkeit fest, muss für die weiteren rechtsgeschäftlichen Folgen aufgrund der Auslegungsregel des § 139 (BGHZ 85, 318; NJW 94, 721; Rn 19) der hypothetische Parteiwille ermittelt werden (Erman/*Palm* Rz 1; *Bork* AT Rz 1209; realer Wille *Enneccerus/Nipperdey* AT 1219 mwN). Nach aA beinhaltet § 139 eine widerlegliche Vermutung (Staud/*Roth* Rz 2; *Flume* 578 ff), doch werden damit die objektiven Auslegungselemente überbetont. Der schneidigen Konsequenz des § 139 wird durch vielfältige Tendenzen zur teleologischen Reduktion der Vorschrift begegnet (Rn 3). Eine durchgängig zu rechtfertigende geltungserhaltende Reduktion des Rechtsgeschäfts (Staud/*Roth* Rz 3; AnwK/*Faust* Rz 31) widerspricht der gesetzlichen Grundentscheidung.

B. Anwendungsbereich. I. Subsidiarität. Durch **spezielle gesetzliche Regelungen** der Teilnichtigkeit wird **2** die allg Auslegungsvorschrift des § 139 verdrängt. Man spricht deswegen von einer Subsidiarität des § 139 (MüKo/*Busche* Rz 3). Besondere Bestimmungen enthalten ua die §§ 2085, 2195, 2279 I, die von einer Wirksamkeit der übrigen Verfügungen ausgehen, sowie die §§ 265, 550 1, 2270, 2298 I und die §§ 76 GmbHG, 275 II, 276 AktG. Das AGB-Recht weicht doppelt von § 139 ab, denn § 306 I ordnet unabhängig vom hypothetischen Vertragswillen die Aufrechterhaltung des Vertrags an (aber § 306 III) und § 306 II ersetzt zusätzlich den unwirksamen Geschäftsinhalt durch das dispositive Gesetzesrecht (*Medicus* AT Rz 500).

Ergibt sich aus dem **Zweck der Verbotsnorm** eine abw Regelung, ist § 139 ebenfalls unanwendbar **3** (BGH NJW 00, 1335). Dies gilt va, wenn die Norm den Schutz einer Vertragspartei bezweckt und eine Gesamtnichtigkeit diesen Schutz unterlaufen würde (BaRoth/*Wendtland* Rz 5). Solche Schutzvorschriften enthalten die §§ 276 III, 312 f, 444, 475, 487, 494 II, III, 499, 502 III 3–6, 506, 536d, 547 II, 551 IV, 553 III, 554 III, 555, 556a III, 557 IV, 557a IV, 557b IV, 558 VI, 639, 651m, 655e sowie die §§ 7 II BPflV (BGH NJW 98, 1780, mündlich geschlossener Arztzusatzvertrag) sowie 3 II, 12 MaBV (BGH NJW 01, 819), 5 WiStrG (BGHZ 89, 321). Bei einem Verstoß gegen die zum Schutz des ArbN bestehenden Vorschriften ist § 139 unanwendbar. Gleiches gilt bei Verstößen gegen gesellschaftsvertragliche Bestimmungen (Staud/*Roth* Rz 27). Schließlich kann § 139 durch den Grundsatz von **Treu und Glauben** aus § 242 eingeschränkt sein (Rn 23).

4 II. Disponibilität. Die dispositive Regelung des § 139 kann von den Parteien insb durch eine **salvatorische Klausel** abbedungen werden (BGH NJW 96, 774). Eine salvatorische Erhaltungsklausel enthält eine Beweislastregel. Steht die Teilnichtigkeit eines Rechtsgeschäfts fest, verlagert die Klausel die Darlegungs- und Beweislast auf denjenigen, der sich auf die Gesamtnichtigkeit des Rechtsgeschäfts beruft (BGH NJW 96, 774; 03, 347; Rn 24). Davon zu unterscheiden sind Ersetzungsklauseln (BGH NJW 05, 2226), die vorschreiben, durch welche Regelungen die unwirksamen Vertragsbestandteile ersetzt werden sollen. Trotz einer salvatorischen Klausel kommt eine Gesamtnichtigkeit in Betracht, wenn eine wesentliche Vertragsbestimmung unwirksam ist und durch die Teilnichtigkeit der Gesamtcharakter des Vertrags verändert wird (BGH WM 76, 1029; NJW 96, 774; 97, 934). In AGB sind salvatorische Klauseln unwirksam, mit denen die Rechtsfolge des § 306 II modifiziert werden soll (BGH NJW-RR 96, 789; WM 99, 1368). Unwirksam sind auch vorformulierte konkrete Ersatzklauseln (*Ulmer/Brander/Hensen* AGBG, § 6 Rz 40).

5 C. Voraussetzungen. I. Rechtsgeschäft. § 139 gilt für Rechtsgeschäfte aller Art sowie Gesamtakte, wie Vereins-, Gesellschafts- und Wohnungseigentümerbeschlüsse, soweit diese einen rechtsgeschäftlichen Charakter besitzen (BGHZ 124, 122; 139, 298). Im Miet- und Arbeitsvertragsrecht wird § 139 weitgehend verdrängt (Rn 3). Bei normativ wirkenden Regelungen, wie Vereinssatzungen (BGHZ 47, 178), Tarifverträgen (BAG E 1, 272) oder Betriebsvereinbarungen (BAG DB 84, 723), scheidet eine Anwendung von § 139 aus. Prozesshandlungen der Parteien mit rechtsgeschäftlichem Charakter, insb die Prozessaufrechnung, sind entspr § 139 auszulegen (*Zöller/Greger* § 145 Rz 15). Auf Grundbucheintragungen ist § 139 anwendbar (RGZ 119, 214), im Grundbuchberichtigungsverfahren dagegen unanwendbar (BayObLG NJW-RR 97, 591). Für Verwaltungsakte gilt § 44 IV VwVfG, für öffentlich-rechtliche Verträge § 59 III VwVfG.

6 II. Nichtigkeit. Vorausgesetzt wird eine Teilnichtigkeit. Erstreckt sich die Nichtigkeit auf das gesamte Rechtsgeschäft, ist § 139 unanwendbar. Erfasst werden alle Arten der Unwirksamkeit (BGH NJW 70, 1415; 86, 1990). Die Regelung gilt für eine anfängliche Teilnichtigkeit bei Sittenwidrigkeit, Gesetzesverstoß, Scheingeschäft oder Formnichtigkeit (RGZ 107, 40), die rückwirkende Nichtigkeit im Fall einer Teilanfechtung (BGH NJW 69, 1760; s.a. § 143 Rn 2) sowie eine nachträgliche Unwirksamkeit. Sie erstreckt sich auf die schwebende Unwirksamkeit bei genehmigungsbedürftigen Geschäften etwa gem §§ 108, 177 (BGH NJW 70, 753; s.a. NJW 74, 2234), die Unwirksamkeit nach Versagung der Genehmigung (BGH NJW 70, 1415) und die relative Unwirksamkeit (Staud/*Roth* Rz 33).

7 Auf einen Widerruf (BGHZ 97, 360; 128, 165) oder **Teilrücktritt** (BGH NJW 76, 1932) ist § 139 anwendbar. Bei einem Rücktritt wegen Pflichtverletzung enthält § 323 V eine Sonderregelung. Im Fall einer Teilunmöglichkeit gelten die §§ 275, 281 ff, 323 ff. Bis zur Ausübung eines verbraucherrechtlichen Rücktrittsrechts gem § 355 besteht eine schwebende Wirksamkeit und nach Ausübung ein Rückgewährschuldverhältnis. Besondere Regelungen sehen auch die §§ 358 f vor. § 139 ist hier unanwendbar (Staud/*Roth* Rz 33; *Jauernig* Rz 1; aA Karlsr NJW-RR 03, 185; Palandt/*Ellenberger* Rz 2).

8 III. Einheitlichkeit. 1. Geschäftseinheitswille. § 139 setzt die Teilnichtigkeit eines einheitlichen Rechtsgeschäfts voraus. Die erforderliche Einheitlichkeit liegt vor, wenn das Rechtsgeschäft einem gesetzlichen Typus zugehört und einzelne Vertragsklauseln oder Nebenbestimmungen nichtig sind. Besteht ein zusammengesetztes Rechtsgeschäft aus je für sich selbständig wirksamen Teilen (Notebookkauf und Softwarelizenzvertrag, s.a. Rn 11), ist auf die durch den Parteiwillen begründete **Geschäftseinheit** abzustellen.

9 Der erforderliche **Einheitlichkeitswille** (BGH NJW 07, 1131 Tz 24) liegt vor, wenn das eine Geschäft nicht ohne das andere gewollt ist, also die Vereinbarungen miteinander stehen und fallen sollen (BGHZ 50, 13; NJW 90, 1474; NJW-RR 07, 395 Tz 17). Sogar bei mehreren Rechtsgeschäften, die zwischen verschiedenen Personen abgeschlossen werden, ist eine Geschäftseinheit möglich (BGH NJW 76, 1932). Stets ist der Wille zu einer rechtlichen Einheit erforderlich, nicht nur zur wirtschaftlichen Verknüpfung. Es genügt, wenn der Wille nur bei einem Partner vorhanden, dem anderen jedoch erkennbar geworden ist und von ihm hingenommen ist (BGH NJW 87, 2007; 92, 3238). Der Einheitlichkeitswille kann vermutet werden, wenn beide Geschäfte in derselben Urkunde niedergelegt sind (BGH NJW 70, 1415; 87, 2007). Werden die Geschäfte in unterschiedlichen Urkunden vereinbart, spricht dies gegen die rechtliche Einheit (BGH MDR 66, 749), doch kann auch dann eine Geschäftseinheit begründet werden (BGH NJW 90, 1474).

10 2. Einzelfälle. Die Fallbeispiele können nur einen Anhalt bieten, da eine Geschäftseinheit aufgrund der besonderen Umstände des Einzelfalls festzustellen ist. Eine **Geschäftseinheit** wurde **bejaht** zwischen mehreren Grundstückskaufverträgen (BGH WM 00, 1405), einem Grundstückskauf- und einem Treuhandvertrag (BGH NJW 94, 2095) bzw Grundstückskauf- und Baubetreuungsvertrag (BGH NJW 76, 1931), einem Grundstückskaufvertrag und einer Auflassungsvollmacht (RGZ 103, 300 f) bzw einer Vollmachtserteilung und einem Baubetreuungsvertrag (BGHZ 102, 625; offen gelassen in BGH NJW 02, 67), Grundgeschäft und *Vollmachtserteilung* (BGH NJW 90, 1723), einem Handykauf und dem Mobilfunkvertrag (*Schöpflin* BB 97, 111), einem Franchise- und Kaufvertrag (BGHZ 112, 293), einem Grundstückskauf- und Bierlieferungsvertrag (BGHZ 112, 378), einer Grundstücksüberlassung und einer Erbvertragsaufhebung (Schlesw NJW-RR 06, 1666), einem Getränkelieferungs- und Darlehensvertrag (BGH NJW 97, 935), einem Darlehensvertrag mit mehreren Darlehensnehmern (BGH NJW 91, 40), einem Darlehensvertrag und dem Vertrag mit Unfallhelferring über die Unfallregulierung (BGH NJW 77, 40), einem Ehe- und Erbvertrag (Stuttg FamRZ 87, 1035; s.a. BGHZ 29, 132), einem Aufhebungs- und Änderungsvertrag (Saarbr NJW-RR 07, 1400) sowie dem Grundgeschäft (und der Sicherungsabrede (BGH NJW 94, 2885).

Eine **Geschäftseinheit** ist **verneint** worden beim Vertragsschluss sowohl im eigenen Namen als auch als Vertreter ohne Vertretungsmacht im fremden Namen (BGH NJW 70, 241), beim Kauf von Hard- und Standardsoftware (BGH NJW 87, 2007; 90, 3012), bei formularmäßiger und nachträglicher individueller Endrenovierungsklausel (BGH NJW 09, 1075 Tz 14), bei mehreren Bürgschaften (Frankf NJW-RR 88, 497), beim Erwerb von Genossenschaftsanteilen und dem Abschluss von Darlehensverträgen (BGH NJW 83, 1420), zwischen Rahmen- und Einzellieferungsvertrag (BGH NJW 97, 935) sowie Haupt- und Schiedsvertrag (BGHZ 53, 318). 11

3. Kausal- und Erfüllungsgeschäft. Nach allg Ansicht kann die Wirksamkeit des Verpflichtungsgeschäfts zur Bedingung einer Wirksamkeit des Erfüllungsgeschäfts gemacht werden (BGHZ 31, 323; *Larenz/Wolf* § 45 Rz 11). Ein **Bedingungszusammenhang** ist zulässig, soweit überhaupt bedingt verfügt werden darf, also bei der Übereignung beweglicher Sachen und der Übertragung von Forderungen. Bei hinreichenden Anhaltspunkten kann auch ein konkludent vereinbarter Bedingungszusammenhang angenommen werden (BGHZ 31, 323). Er scheidet dagegen bei der bedingungsfeindlichen Auflassung von Grundstücken aus, § 925 II (BGHZ 161, 175). 12

Äußerst umstr ist dagegen, ob das Abstraktionsprinzip durch Begründung einer **Geschäftseinheit** zwischen Grund- und Erfüllungsgeschäft überwunden werden kann. Mit überzeugenden Gründen lehnt die überwiegende Lehre eine solche Abschwächung des Abstraktionsprinzips ab, denn die Privatautonomie wird nur durch die Verkehrssicherheit begrenzt (Staud/*Roth* Rz 54; Soergel/*Hefermehl* Rz 20; *Medicus* AT Rz 241). Von der Rspr und einem Teil der Lehre wird dagegen eine Geschäftseinheit zwischen Verpflichtungs- und Verfügungsgeschäft für möglich gehalten (BGH NJW 67, 1130; 91, 918; BAG NJW 67, 751; AnwK/*Faust* Rz 17), doch kommt eine solche Einheit auch nach dieser Ansicht nur ausnahmsweise in Betracht (BGHZ 31, 323; NJW 79, 1496; 91, 918). 13

Von der Rspr werden deswegen konkrete Anhaltspunkte für einen Einheitswillen verlangt (BGH NJW 52, 60; DNotZ 90, 170). Nur beim Barkauf soll eine Geschäftseinheit auch ohne weitere Indizien zu begründen sein (Palandt/*Ellenberger* Rz 8), doch geht es hier nicht um die Verknüpfung zwischen Verpflichtung und Verfügung, sondern die Verbindung zwischen zwei Verfügungen (vgl *Medicus* AT Rz 241). **Bejaht** wurde eine Geschäftseinheit zwischen einem Darlehensvertrag und einer Sicherungsabtretung (BGH NJW 82, 276, Akzessorietät; s.a. 91, 353), dem Erbteilskauf und der Übertragung des Miterbenanteils (BGH NJW 67, 1130) sowie iVm einer Nießbrauchbestellung (Celle OLGZ 74, 170). **Verneint** wird eine Geschäftseinheit zwischen Grundgeschäft und Auflassung, weil das Verfügungsgeschäft bedingungsfeindlich ist und den Parteien nicht der Wille zur Gesetzesumgehung unterstellt werden kann (BGH NJW 79, 1496; 85, 3007; 05, 417). Eine Einheit scheidet auch aus, wenn das Grundgeschäft als Scheingeschäft nichtig ist (RGZ 104, 104; BGH BB 94, 2229; München NJW-RR 86, 14) bzw wenn ein formnichtiges Grundgeschäft durch das Erfüllungsgeschäft geheilt wird, §§ 518 II, 766 3 sowie § 15 IV 2 GmbHG. § 311b I 2 ist wegen § 925 II bedeutungslos. 14

IV. Teilbarkeit. Die aus einer anderen Rechtsnorm resultierende Nichtigkeit muss sich auf einen abtrennbaren Teil des Rechtsgeschäfts beziehen. Erforderlich ist ein teilbares Rechtsgeschäft. Teilbarkeit liegt vor, wenn der nach Entfernung („Herausstreichen") des nichtigen Teils verbleibende Rest als selbständiges Rechtsgeschäft bestehen kann (BGH NJW 62, 913; 96, 774; 01, 817). Für den fortbestehenden Teil müssen der Rechtsbindungswille (BGH NJW 99, 351) und die essentialia negotii gegeben sein. Eine Teilbarkeit ist grds anzunehmen, wenn der Nichtigkeitsgrund einen unwesentlichen Teil des Rechtsgeschäfts oder ein zusammengesetztes Rechtsgeschäft betrifft (Staud/*Roth* Rz 60). 15

Eine **objektive Teilbarkeit** besteht, wenn einzelne Bestimmungen eines Rechtsgeschäfts unwirksam sind und die wirksamen Regelungen als selbständiges Rechtsgeschäft existenzfähig wären (BGH NJW 96, 774). Denkbar ist dies bei einer nichtigen Gewährleistungs- (Erman/*Palm* Rz 15) oder Schiedsklausel (BGH DB 84, 825), aber auch einer wirksamen Gerichtsstandsklausel (RGZ 87, 10), bei einem gesellschaftsrechtlichen Ausschließungsrecht (BGHZ 105, 221; 107, 357) oder einer gemischten Schenkung mit einem formnichtigen unentgeltlichen und einem entgeltlichen Teil (RGZ 148, 240). Überschreitet ein Vertreter seine Vertretungsmacht, kann der Vertrag in einen durch die Vollmacht gedeckten und einen ungedeckten Teil zerlegt werden (BGH NJW 70, 241; Soergel/*Hefermehl* Rz 26). Einzelne Gebühren eines Erfolgshonorars, die von einer einheitlichen Erfolgsvoraussetzung abhängen, sind nicht teilbar (BGH NJW 09, 3297 Tz 17). 16

Von einer **subjektiven Teilbarkeit** wird ausgegangen, wenn am Rechtsgeschäft zumindest auf einer Seite mehrere Personen beteiligt sind und der Nichtigkeitsgrund nur im Verhältnis zu einzelnen Personen vorliegt (BGH NJW 70, 753; 01, 3328). Teilbarkeit besteht bei einem Gesamtschuldverhältnis (RGZ 99, 53 ff; Karlsr NJW-RR 91, 948), bei Mitbürgen (RGZ 138, 272) oder einer Bürgschaft zugunsten mehrerer Gläubiger (BGH NJW 01, 3328 f), ebenso bei einer Forderungsabtretung durch Gesamtgläubiger (BGH NJW-RR 87, 1260) und bei einem Prozessvergleich (RGZ 141, 108). Eine Teilbarkeit besteht, wenn ein Vertrag im eigenen 17

Namen und zugleich als vollmachtsloser Vertreter im fremden Namen geschlossen wird (BGH NJW 70, 241). Dagegen ist § 139 unanwendbar, wenn die Erklärung eines Gesamtvertreters nichtig ist (BGHZ 53, 214 f), mehrere Miteigentümer einer Bruchteilsgemeinschaft bzw Miterben über das Eigentum als Ganzes verfügen (BGH NJW 94, 1471) oder die Zustimmung des Vermieters zum Mieterwechsel angefochten wird (BGH NJW 98, 533).

18 **Quantitative Teilbarkeit** liegt bei einer Verkürzung der vereinbarten Vertragsdauer in entspr Anwendung von § 139 vor, so bei einem Bierbezugsvertrag (BGH NJW 85, 2695), einem Wettbewerbsverbot bzw einer Mandatsschutzklausel (BGH NJW 91, 700; aber 97, 3089), einer überlangen individuellen Staffelmietlaufzeit (BGH NJW 06, 2697), Hinauskündigungsfrist (BGH NJW-RR 07, 1256 Tz 24) sowie der Ankaufverpflichtung eines Erbbaurechts (BGHZ 68, 5); außerdem bei einer Begrenzung des Leistungsumfangs (BGH DB 83, 1812). Sittenwidrige Klauseln sind grds nichtig (BGH NJW 09, 1135 Tz 14, Ausnahme erkennbarer Parteiwille). Auf ein sittenwidrig überhöhtes Entgelt, ist § 139 unanwendbar (BGHZ 68, 207; NJW 01, 817). Eine geltungserhaltende Reduktion ist hier unzulässig (aA Staud/*Roth* Rz 70). Keine quantitative Teilbarkeit, aber geltungserhaltende Reduktion bei überlanger Frist zur gesellschaftsrechtlichen Ausschließung (Frankf NJW-RR 06, 406).

19 **D. Rechtsfolgen. I. Hypothetischer Parteiwille.** Da den Parteien eine partielle Verwirklichung ihrer ursprünglichen Vorstellungen nicht aufgedrängt werden soll, sieht die Auslegungsregel des § 139 (Rn 1) als Folge einer Teilnichtigkeit grds eine Gesamtnichtigkeit des Rechtsgeschäfts vor. Das Restgeschäft bleibt wirksam, wenn es ausnahmsweise ohne den nichtigen Teil vorgenommen worden wäre. Besaßen die Parteien beim Vertragsschluss **Kenntnis** von der Nichtigkeit einer vertraglichen Regelung, fehlt ihnen insoweit der Rechtsbindungswille. Eine Teilnichtigkeit iSd § 139 liegt nicht vor. Nach Ausscheiden des unwirksamen Teils gilt das restliche Rechtsgeschäft, sofern es mit diesem Inhalt von den Parteien gewollt war (BGHZ 45, 379 f; NJW 99, 351; dazu *Keim* NJW 99, 2866).

20 Vorrangig hängen die Rechtsfolgen vom realen Willen der Parteien ab, etwa in einer salvatorischen Klausel (Rn 4). Zumeist ist aber auf den **hypothetischen Willen** zurückzugreifen, der nach den Grundsätzen der ergänzenden Vertragsauslegung (§ 133 Rn 25) zu ermitteln ist. Abzustellen ist darauf, welche Entscheidung die Parteien im Zeitpunkt des Geschäftsabschlusses bei Kenntnis der Sachlage nach Treu und Glauben sowie bei vernünftiger Abwägung der beiderseitigen Interessen getroffen hätten (BGH NJW 86, 2577; 96, 2088).

21 **Maßstab** ist nicht das objektiv Vernünftige, sondern zu welchen Entscheidungen die Parteien gelangt wären (AnwK/*Faust* Rz 45; *Medicus* AT Rz 508; aA BGH NJW 06, 2696 Tz 21; Staud/*Roth* Rz 75). Bedeutungslos bleibt, ob die Parteien in jedem Fall irgendein Rechtsgeschäft geschlossen hätten, denn es ist entscheidend, ob von ihnen ein Rechtsgeschäft gleichen Inhalts ohne die nichtigen Teile vereinbart worden wäre (BGHZ 28, 84). Zur Ermittlung dieses beidseitigen (RGZ 99, 55) Parteiwillens sind alle in Betracht kommenden Umstände heranzuziehen, auch die außerhalb des Vertragstextes begründeten (BGH NJW 86, 2577). Lassen sich keine hinreichenden Anhaltspunkte für den hypothetischen Parteiwillen feststellen, bleibt es bei der Gesamtnichtigkeit.

22 Eine **Gesamtnichtigkeit** kann von jedermann geltend gemacht werden. Im Prozess ist sie vAw zu berücksichtigen (Erman/*Palm* Rz 35). Ein Verstoß gegen in Vollzug gesetzte gesellschafts- und arbeitsrechtliche Regelungen führt nur zur Unwirksamkeit ex nunc (BaRoth/*Wendtland* Rz 18; s.a. Rn 3). **Verfassungsrechtliche Wertungen** können eine Gesamtnichtigkeit ausschließen, etwa wenn nichtige Nebenabreden den Entgeltanspruch infrage stellen (BVerfG NJW 02, 3315).

23 **II. Rechtsmissbrauch.** Eine Berufung auf die Gesamtnichtigkeit kann als rechtsmissbräuchlich nach § 242 ausgeschlossen sein, wenn sich etwa eine Partei auf die Nichtigkeit einzelner abtrennbarer Vertragsbestimmungen beruft, die den anderen Vertragspartner begünstigen und dieser unbeschadet des Fortfalls der Regelung am Vertrag festhalten will (BGH NJW 67, 245, Unterwerfung unter die sofortige Zwangsvollstreckung; 93, 1589; NJW-RR 97, 686; Schlesw NJW-RR 06, 1666). Ebenso, wenn die Nichtigkeit aus einer Bestimmung hergeleitet werden soll, die für die Vertragsdurchführung bedeutungslos geblieben ist (BGHZ 112, 296; MüKo/*Busche* Rz 35) oder falls sich beim Bauvertrag eine Partei bei einer Ohne-Rechnung-Abrede auf die Gesamtnichtigkeit beruft (BGHZ 176, 198 Tz 8 ff = LMK 08. 266104 *Ahrens*). Einen Verstoß gegen § 242 hat der BGH bei der Vereinbarung eines nach § 49b II BRAO unzulässigen anwaltlichen Erfolgshonorars und der Geltendmachung eines höheren Pauschalhonorars angenommen (BGHZ 18, 347; zum Gebührenverzicht NJW 80, 2407).

24 **E. Beweislast.** Wer sich auf die Teilnichtigkeit des Rechtsgeschäfts beruft, muss die dafür maßgeblichen Tatsachen beweisen (Baumgärtel/*Laumen* § 139 Rz 1). Derjenige, der sich darauf beruft, dass mehrere Geschäfte zu einem einheitlichen Rechtsgeschäft zusammengefasst wurden, trägt dafür die Darlegungs- und Beweislast (BGH NJW 97, 3307). Wer sich abw von der Vermutung des § 139 auf die Gültigkeit des restlichen Rechtsgeschäfts beruft, muss darlegen und beweisen, dass das Rechtsgeschäft auch ohne den ungültigen Teil geschlossen worden wäre (BGH NJW 95, 724). Eine salvatorische (Erhaltungs)Klausel verlagert die Darlegungs- und Beweislast auf denjenigen, der sich auf die Gesamtnichtigkeit des Rechtsgeschäfts beruft (BGH NJW 96, 774; 03, 347; 07, 3202 Tz 26; Rn 4).

§ 140 Umdeutung.
Entspricht ein nichtiges Rechtsgeschäft den Erfordernissen eines anderen Rechtsgeschäfts, so gilt das letztere, wenn anzunehmen ist, dass dessen Geltung bei Kenntnis der Nichtigkeit gewollt sein würde.

A. Normzweck. Die Umdeutung (Konversion) eines nichtigen Rechtsgeschäfts in ein anderes Rechtsgeschäft (Ersatzgeschäft) beachtet einerseits die Nichtigkeitsvorschriften und dient andererseits der Durchsetzung des Parteiwillens, ohne ein erneutes Rechtsgeschäft zu erfordern (RGZ 129, 123; *Bork* AT Rz 1227). Ihr Ziel besteht darin, den von den Parteien angestrebten wirtschaftlichen Erfolg auch dann zu verwirklichen, wenn das von ihnen dafür gewählte Mittel unzulässig ist, aber ein anderer gangbarer Weg zur Verfügung steht, der zum annähernd gleichen wirtschaftlichen Resultat führt (BGH NJW 77, 1234; BAG NJW 02, 2973). 1

B. Abgrenzungen. I. Auslegung. Die Auslegung geht der Umdeutung stets vor (BGH WM 59, 330; ZIP 01, 307). Oft muss erst durch Auslegung festzustellen sein, ob das erklärte Rechtsgeschäft nichtig ist. Bei einer Falschbezeichnung (falsa demonstratio, § 133 Rn 21) gilt das Rechtsgeschäft nach den allg Auslegungsregeln mit dem übereinstimmend gewollten Inhalt. Eine Umdeutung ist nicht erforderlich (MüKo/*Busche* Rz 4). Die Umdeutung bildet keinen Unterfall der Auslegung (anders Erman/*Palm* Rz 7), denn die Auslegung dient der Ermittlung des realen Willens, während die Umdeutung auf einen hypothetischen Willen abstellt (BGHZ 19, 273). Berührungspunkte bestehen va mit der ergänzenden Vertragsauslegung, die ebenfalls einen hypothetischen Parteiwillen zugrunde legt (BGHZ 19, 273; Staud/*Roth* Rz 8). Zumindest theoretisch lässt sich eine klare Scheidelinie ziehen, denn die ergänzende Vertragsauslegung soll nur Lücken in einem insges wirksamen Vertrag schließen, während die Umdeutung ein nichtiges Rechtsgeschäft ersetzen soll (Larenz/Wolf § 33 Rz 18). 2

II. Salvatorische Klauseln. Vereinbaren die Parteien, dass im Fall der Nichtigkeit eine andere Regelung als Ersatz gelten soll, Konversionsklausel (RGZ 125, 212), besteht für eine Umdeutung kein Raum, denn es liegt ein wirksames bedingtes Rechtsgeschäft vor (BaRoth/*Wendtland* Rz 4). Die Parteien können auch eine Umdeutung ausschließen (MüKo/*Busche* Rz 6). 3

III. Sonderregeln. Ohne Rücksicht auf einen hypothetischen Willen gilt nach § 150 I eine verspätete Annahmeerklärung als neuer Antrag. Sonderregeln enthalten auch die §§ 550, 2301, während § 2101 als spezieller Fall des § 140 interpretiert wird (Staud/*Roth* Rz 5). 4

C. Voraussetzungen. I. Rechtsgeschäft. Alle Arten von Rechtsgeschäften können umgedeutet werden, also einseitige Rechtsgeschäfte (BAG NJW 02, 2973), gegenseitige Verträge (BGH NJW 63, 339), Verfügungen (RGZ 66, 28; 124, 30) auch des Nichtberechtigten (*Völzmann* Rpfleger 05, 65; aA RGZ 124, 31), familienrechtliche Rechtsgeschäfte (Karlsr NJW 77, 1731), Verfügungen von Todes wegen (BGHZ 40, 224) und andere erbrechtliche Geschäfte (RGZ 129, 123). Fehlerhafte **Prozesshandlungen** der Parteien können entspr § 140 umgedeutet werden (BGH NJW 01, 1218; 07, 1461; s.u. Rn 18). Im Grundbuchverfahren ist eine Umdeutung unter den formellen Anforderungen des Grundbuchverfahrensrechts möglich (BayObLG NJW-RR 97, 1238; 99, 621). **Öffentlich-rechtliche Verträge** können nach § 62 2 VwVfG entspr § 140 umgedeutet werden (BGHZ 76, 28; BVerwG NJW 80, 2539). Für fehlerhafte Verwaltungsakte enthält § 47 VwVfG eine Sonderregelung. Umstr ist, ob § 140 auf öffentlich-rechtliche Willenserklärungen angewendet werden kann (Staud/*Roth* Rz 12). 5

II. Nichtigkeit. Das Rechtsgeschäft muss insgesamt nichtig sein. Eine Teilnichtigkeit genügt nicht, es sei denn, sie hat über § 139 zur Gesamtnichtigkeit geführt (MüKo/*Busche* Rz 12). Gültige, heilbare oder schwebend unwirksame (bis zum Eintritt der endgültigen Unwirksamkeit) Rechtsgeschäfte können nicht umgedeutet werden (BGH ZIP 09, 264 Tz 31; fehlende Genehmigung; Staud/*Roth* Rz 13); keine Umdeutung, wenn der Vertragsschluss am Dissens gescheitert ist (RGZ 93, 300). Grds werden alle Nichtigkeitsgründe erfasst (AnwK/*Faust* Rz 10), praktisch erfolgt eine Konversion va bei Formnichtigkeit (BGH NJW 80, 2517) und bei Verstößen gegen zwingende gesetzliche Vorschriften zB des Typenzwangs (Larenz/Wolf § 44 Rz 80). Auf endgültig unwirksame Rechtsgeschäfte, etwa nach Verweigerung einer Genehmigung (BGHZ 40, 222), oder auf eine ohne wichtigen Grund erklärte außerordentliche Kündigung (BGH NJW 98, 76) ist § 140 anwendbar. Umstr ist, ob ein angefochtenes Rechtsgeschäft umgedeutet werden kann. Dies ist prinzipiell zu bejahen, da die angefochtene Erklärung ihre Bedeutung als Manifestation eines Willens nicht restlos verloren hat (Soergel/*Hefermehl* Rz 3; *Bork* AT Rz 1228 Fn 35; aA *Medicus* AT Rz 518), doch muss dazu der fehlerfreie Inhalt der Willenserklärung feststellbar sein (vgl MüKo/*Busche* Rz 14). 6

Der **Schutzzweck des Nichtigkeitsgrundes** darf eine Umdeutung nicht ausschließen (BGH NJW 94, 1787). Bei einem gesetzes- oder sittenwidrigen Rechtsgeschäft scheidet eine Umdeutung aus (BGH NJW 77, 1234; 86, 2945). Die Konversion setzt voraus, dass nicht der mit dem Rechtsgeschäft angestrebte wirtschaftliche Erfolg, sondern nur das von den Parteien gewählte Mittel von der Rechtsordnung missbilligt wird (BGH NJW 77, 1234). Die Erklärung eines Geschäftsunfähigen kann nicht umgedeutet werden (BaRoth/*Wendtland* Rz 7). 7

8 III. Ersatzgeschäft. Das nichtige Geschäft muss gem § 140 den Erfordernissen eines anderen Rechtsgeschäfts entsprechen. Das Ersatzgeschäft kann ein Geschäft anderer Art sein oder dem von den Parteien vorgestellten Geschäftstyp entspr (Stuttg JZ 75, 573; Staud/*Roth* Rz 19). Das Ersatzgeschäft muss nicht notwendig wirksam sein. Es genügt, wenn es weniger fehlerhaft als das umgedeutete Geschäft ist, zB schwebend unwirksam statt unwirksam (AnwK/*Faust* Rz 17).

9 Zwischen nichtigem Geschäft und Ersatzgeschäft muss eine **Kongruenz** bestehen (MüKo/*Busche* Rz 16; Zeiss WM 64, 908). Entscheidend ist nicht, ob das Ersatzgeschäft im nichtigen Geschäft enthalten war (so aber BGHZ 19, 275; 20, 370; 26, 329), sondern ob der erstrebte wirtschaftliche Erfolg erreicht wird (BGH NJW 77, 1234). Das Ersatzgeschäft darf ein minus oder aliud, nicht aber ein plus (BGHZ 125, 363) darstellen (Erman/*Palm* Rz 12). Eine nichtige Verpfändung kann daher in ein vertragliches Zurückbehaltungsrecht umgedeutet werden (RGZ 124, 30).

10 IV. Hypothetischer Wille. Das Ersatzgeschäft gilt nach § 140 nur dann, wenn anzunehmen ist, dass dessen Geltung bei Kenntnis der Nichtigkeit gewollt sein würde. Abzustellen ist primär auf den wirklichen Willen (BGH ZIP 01, 307). Da dieser nur ausnahmsweise feststellbar sein wird, kommt es zumeist auf den hypothetischen Willen an (BGHZ 147, 148; AnwK/*Faust* Rz 31). Eine Umdeutung gegen den Parteiwillen ist unzulässig (BGHZ 19, 273; NJW 71, 420). Kannten beide Parteien die Nichtigkeit, scheidet eine Umdeutung aus (Erman/*Palm* Rz 15), anders wenn jene nur einer Seite bekannt war (*Mülhans* NJW 94, 1049; Hamm VersR 86, 760, dem Erklärenden darf die Nichtigkeit nicht bekannt sein).

11 Bei der **Bestimmung** des hypothetischen Willens ist darauf abzustellen, was die Parteien gewollt hätten, wenn ihnen die Nichtigkeit des Rechtsgeschäfts bekannt gewesen wäre (BGHZ 40, 223; 125, 363; NJW 80, 2517). Die Grundsätze entspr der einer ergänzenden Vertragsauslegung (§ 133 Rn 25). Vielfach wird es darauf ankommen, ob die Parteien mit dem Ersatzgeschäft den angestrebten wirtschaftlichen Erfolg erreichen können, doch ist eine Auslegung nach rein objektiven Gesichtspunkten nicht zulässig (BGHZ 19, 273). Umzudeuten ist also nicht schon dann, wenn das andere Geschäft objektiv vernünftig ist. Vielmehr ist der hypothetische Parteiwille anhand der Umstände des jeweiligen Einzelfalls und der Interessenlage der Parteien zu ermitteln (BGHZ 125, 363; NJW 80, 2517 f). Für den mutmaßlichen Willen müssen gewichtige Anhaltspunkte sprechen (BGHZ 125, 363; NJW 81, 977). Maßgebender Zeitpunkt ist der Abschluss des nichtigen Rechtsgeschäfts (BGHZ 40, 223).

12 D. Einzelfälle. Da der hypothetische Parteiwille aufgrund der besonderen Umstände des jeweiligen Einzelfalls zu ermitteln ist, dürfen die Fallbeispiele nicht ungeprüft verallgemeinert werden. Die **Abtretung** einer Forderung kann in die Einziehungsermächtigung (BGHZ 68, 125; NJW 87, 3122; 07, 1957 Tz 34), die Abtretung eines Herausgabeanspruchs in die Abtretung eines Bereicherungsanspruchs (Hamm MDR 62, 985) und die Abtretung des Nießbrauchsanspruchs in die Überlassung der Nießbrauchsausübung umgedeutet werden (RG JW 10, 802). Eine **Anfechtung** wegen arglistiger Täuschung ist in eine wegen Irrtums (BGHZ 72, 253 f), eine Anfechtung in eine Kündigung oder einen Rücktritt (BGH NJW 75, 1701; 06, 2839 Tz 27), nicht aber eine ordentliche Kündigung in eine Anfechtung wegen Irrtums oder arglistiger Täuschung umdeutbar (BAG NJW 76, 592).

13 Arbeitsvertrag, Dienstvertrag: Eine außerordentliche (zumeist fristlose) Kündigung ist in eine ordentliche (fristgemäße) Kündigung umzudeuten, falls ein Beendigungswille besteht (BGH NJW 98, 76; BAG NJW 88, 581; 02, 2973), doch müssen deren Wirksamkeitserfordernisse, wie die Betriebsratsanhörung gem § 102 I BetrVG, erfüllt sein. Eine Kündigung kann auch als Angebot zum Abschluss eines Aufhebungsvertrags (BAG DB 72, 1784) und ein Angebot des Betriebsübernehmers auf Abschluss eines Arbeitsvertrags als Angebot auf Abschluss eines Änderungsvertrags gemeint sein (BAG DB 77, 1193).

14 Erbrecht: Der erkennbare Erblasserwille begrenzt die Umdeutung. Ein unwirksames gemeinschaftliches Testament ist unter der Voraussetzung des § 2247 in Einzeltestamente umdeutbar (offen gelassen in KG NJW 69, 798). Ein nichtiger Erbvertrag kann in ein einfaches oder gemeinschaftliches Testament (BayObLG NJW-RR 93, 332; 96, 7) oder einen schenkweisen Erlass umgedeutet werden (BGH NJW 78, 423). Ein formnichtiger Erbschaftskauf kann in einen Erbauseinandersetzungsvertrag (RGZ 129, 123) oder in die Abtretung eines künftigen Auseinandersetzungsanspruchs (RGZ 137, 176) umgedeutet werden. Es ist auch möglich, einen Übertragungsvertrag in einen Erbvertrag (BGHZ 40, 223; s.a. NJW 94, 1787) bzw die Übertragung eines Erbteils in einen Erbverzicht (BGH NJW 74, 44) umzudeuten. Die nichtige Verpflichtung, das Testament nicht zu ändern, kann in einen Erbvertrag umgedeutet werden (Stuttg NJW 89, 2701).

15 Gesellschaftsrecht: Die unwirksame außerordentliche Kündigung des Geschäftsführers kann als ordentliche Kündigung gewollt sein (BGH NJW 98, 76; s.a. Rn 13). Ein OHG-Vertrag kann in den Vertrag einer BGB-Gesellschaft umgedeutet werden (BGHZ 19, 275), nicht aber umgekehrt (Staud/*Roth* Rz 57). Eine Stimmrechtsabtretung ist in eine Stimmrechtsvollmacht umdeutungsfähig (Hambg NJW 89, 1866 f). Eine Stimmrechtsvereinbarung kann in einen Stimmrechtsausschluss verbunden mit einer Stimmrechtserhöhung umgedeutet werden (BGHZ 20, 371).

16 Grundstücksrechte: Ein Grundstücksveräußerungsvertrag kann in einen Vertrag über eine Nießbrauchbestellung umgedeutet werden (RGZ 110, 392) und ein dingliches Vor- oder Wiederkaufsrecht in eine schuldrechtliche Verpflichtung (RGZ 104, 124; BGH WM 65, 206). Die unwirksame Übertragung von Alleineigentum durch einen Miteigentümer ist in die Übertragung des Miteigentumsanteils (*Völzmann* Rpfleger 05, 66, zu Mobiliarsachenrechten; aA Palandt/*Bassenge* § 1008 Rz 4) und die Übertragung von Wohnungseigentum in ein Dauerwohnrecht (BGH NJW 63, 339) umdeutungsfähig. Die Umwandelung von Gemeinschaftseigentum in Sondereigentum kann als Begründung von Sondernutzungsrechten gewollt werden (Ddorf NJW-RR 96, 210). Zum Grundbuchverfahren Rn 5.

Mietrecht: Eine ordentliche Kündigung mit unrichtig berechneter Kündigungsfrist ist in eine Kündigung zum richtigen Termin umdeutbar (Frankf NJW-RR 90, 337; Hamm MDR 94, 56). Soll das Vertragsverhältnis in jedem Fall beendet werden, kann eine außerordentliche Kündigung in eine ordentliche Kündigung umgedeutet werden (BGH NJW 81, 977), nicht aber in ein Angebot auf Vertragsaufhebung (BGH NJW 81, 44). 17

Prozessrecht: Vorrangig zu berücksichtigen sind die besonderen Auslegungsregeln des Verfahrensrechts, wonach im Zweifel gewollt ist, was nach den Maßstäben der Rechtsordnung vernünftig ist und der recht verstandenen Interessenlage entspricht (BGH NJW 94, 1538; 2003, 666). Ein unwirksamer Prozessvergleich kann als wirksamer materiellrechtlicher Vergleich gewollt sein (BGH NJW 84, 1963). Eine sofortige Beschwerde kann in eine Berufung (BGH NJW 87, 1204) und eine unzulässige Berufung in eine Anschlussberufung umgedeutet werden (BGHZ 100, 387; *Ahrens* in: Handbuch Berufung, XIII Rz 85). Eine wirksame Klagerücknahme kann mangels einer unwirksamen Parteihandlung nicht in eine Erledigungserklärung umgedeutet werden (BGH NJW 07, 1461). 18

Sicherungsgeschäfte: Eine nichtige Verpfändung beweglicher Sachen oder Forderungen kann in die Begründung eines Zurückbehaltungsrechts (RGZ 66, 28), nicht aber in eine Sicherungsübereignung oder Sicherungsabtretung umgedeutet werden (*Medicus* AT Rz 526). Eine Bürgschaft kann nicht in eine Schuldmitübernahme umgedeutet werden (Hamm NJW 88, 3022). 19

Eine unwiderrufliche **Vollmacht** kann in eine widerrufliche (AnwK/*Faust* Rz 19), eine verdrängende in eine nicht ausschl Vollmacht umgedeutet werden. Eine nach § 48 HGB unwirksame Prokura kann in eine Handlungsvollmacht oder einfache Vollmacht umgedeutet werden (Staud/*Roth* Rz 72). 20

Wertpapierrecht: Die unwirksame bedingte Annahmeerklärung auf einem gezogenen Wechsel kann in ein abstraktes Schuldversprechen umgedeutet werden (BGH NJW 94, 447). Ein formnichtiger gezogener Wechsel ist in eine kaufmännische Anweisung, § 363 I 1 HGB (Bambg NJW 67, 1913), oder in eine bürgerlichrechtliche Anweisung umdeutbar (Erman/*Palm* Rz 29). Ein formnichtiger Scheck kann in eine Ermächtigung des Ausstellers an die Bank umgedeutet werden, für ihn und auf seine Rechnung an den Scheckbegünstigten zu zahlen (BGH NJW 01, 1855). 21

E. Rechtsfolge. Unter den Voraussetzungen des § 140 gilt ex tunc das Ersatzgeschäft. Die Umdeutung tritt kraft Gesetzes ein (BaRoth/*Wendtland* Rz 14) und ist, ohne dass es auf eine Geltendmachung seitens der Parteien ankommt, vAw zu berücksichtigen (BGH NJW 63, 340; BAG NJW 01, 2973). 22

F. Beweislast. Die tatsächlichen Grundlagen einer Umdeutung muss derjenige darlegen und beweisen, der für sich die Rechtsfolgen aus dem umgedeuteten Geschäft in Anspruch nimmt (Baumgärtel/*Laumen* § 140 Rz 1). 23

§ 141 Bestätigung des nichtigen Rechtsgeschäfts.
(1) Wird ein nichtiges Rechtsgeschäft von demjenigen, welcher es vorgenommen hat, bestätigt, so ist die Bestätigung als erneute Vornahme zu beurteilen.
(2) Wird ein nichtiger Vertrag von den Parteien bestätigt, so sind diese im Zweifel verpflichtet, einander zu gewähren, was sie haben würden, wenn der Vertrag von Anfang an gültig gewesen wäre.

A. Normzweck. Ein nichtiges Rechtsgeschäft bleibt auch dann nichtig, wenn der Nichtigkeitsgrund später entfällt (*Kohte* JuS 84, 511). § 141 eröffnet aber die Möglichkeit, das Rechtsgeschäft unter erleichterten Voraussetzungen vom Zeitpunkt der Bestätigung an wirksam werden zu lassen. Die Bestätigung verlangt damit keine Neuvornahme des Rechtsgeschäfts, sondern gilt nur im Hinblick auf die Folgen als solche (BGH NJW 99, 3705; *Medicus* AT Rz 532). 1

B. Abgrenzung. I. Bestätigung gem § 144. Die Bestätigung nach § 144 betrifft ein wirksames, noch nicht angefochtenes Rechtsgeschäft und führt nur zum Verlust des Anfechtungsrechts. Sie stellt geringere Anforderungen und setzt keine empfangsbedürftige Willenserklärung voraus (RGZ 68, 398). Nach Ausübung des Anfechtungsrechts ist eine Bestätigung gem § 141 möglich (BGH NJW 71, 1800). 2

II. Heilung. Bei ihr handelt es sich um eine gesetzliche, unabhängig von einem rechtsgeschäftlichen Willen eintretende Folge, §§ 311b I 2, 518 II, 766 3. 3

III. Genehmigung. Sie betrifft ein schwebend unwirksames Geschäft und wirkt im Gegensatz zur Bestätigung nach § 141 I ex tunc, §§ 184, 108 I, 177 I, 1366 I. 4

5 **IV. Umdeutung.** Aufgrund eines hypothetischen Parteiwillens wird hier ein Rechtsgeschäft mit einem anderen als den ursprünglich gewollten Inhalt aufrechterhalten, ohne dass ein erneutes Rechtsgeschäft erforderlich wird.

6 **C. Voraussetzungen. I. Nichtiges Rechtsgeschäft.** Bestätigt werden können nur Rechtsgeschäfte, die etwa gem §§ 105 I, 116 2, 117 I, 118, 125 I, 134, 138, 142 I nichtig sind. Vor Ausübung des Anfechtungsrechts gilt § 144 (BGH NJW 71, 1800).

7 **II. Erklärter Bestätigungswille.** Der Erklärungstatbestand muss nach außen erkennen lassen, dass das Rechtsgeschäft trotz Zweifel an der Wirksamkeit gelten soll (Staud/*Roth* § 141 Rz 20; *Medicus* AT Rz 531). Dies meint wohl auch die Formulierung der Rspr, wonach Kenntnis der Nichtigkeit, zumindest aber Zweifel an der Wirksamkeit des Rechtsgeschäfts erforderlich sind (BGH NJW 82, 1981; 95, 2290; NZG 08, 471 Tz 15), weshalb ein Festhalten an einem unerkannt nichtigen Geschäft keine Bestätigung darstellt (BGH NJW 95, 2290). Wirksam ist unter dieser Voraussetzung auch eine konkludent erklärte Bestätigung (BGHZ 11, 60; 138, 347). Eine Bestätigung kann mit einer Erfüllungshandlung (BGH WM 83, 232) oder einer Vertragsänderung erfolgen (BGHZ 7, 163; NJW 82, 1981).

8 **III. Vorliegen der Wirksamkeitsvoraussetzungen.** Im Zeitpunkt der Bestätigung müssen alle Wirksamkeitsvoraussetzungen des zu bestätigenden Geschäfts vorliegen. Bei einem Vertrag ist eine erneute Einigung erforderlich, doch muss nicht über alle Vereinbarungen des ursprünglichen Rechtsgeschäfts eine Willensübereinstimmung hergestellt und erklärt werden. Es genügt, wenn sich die Parteien in Kenntnis der Abreden auf den Boden des Vertrags stellen (BGH NJW 82, 1981; 99, 3705). Der Nichtigkeitsgrund darf nicht fortbestehen. Bei einer Sittenwidrigkeit müssen die Gründe für diese Sittenwidrigkeit entfallen sein (BGH NJW 73, 466; 82, 1981 f; *Kohte* JuS 84, 509). Bei einem Verstoß gegen ein gesetzliches Verbot muss das Verbot aufgehoben sein (BGHZ 11, 60). Ein **formbedürftiges Rechtsgeschäft** kann wirksam nur unter Beachtung der Formanforderungen bestätigt werden, auch wenn das Geschäft nicht wegen Formmangels, sondern aus anderen Gründen nichtig ist (BGH NJW 85, 2580; Soergel/*Hefermehl* § 141 Rz 7; aA Staud/*Roth* § 141 Rz 16). Etwas anderes gilt, wenn das Formerfordernis zwischenzeitlich entfallen ist (BGH NJW 73, 1367). Es genügt, wenn in der Urkunde des bestätigenden Geschäfts auf die Urkunde über das zu bestätigende Geschäft verwiesen wird (BGH NJW 99, 3705).

9 **D. Rechtsfolgen.** Die Bestätigung entfaltet keine Rückwirkung. Das Rechtsgeschäft ist erst vom Zeitpunkt der Bestätigung an wirksam (BGHZ 54, 63; NJW 99, 3705; BAG NJW 05, 2334; 3596). Bei Verträgen sind nach der Auslegungsregel in § 141 II die Parteien im Zweifel verpflichtet, einander so zu stellen, wie sie bei einem von Anfang an gültigen Vertrag gestanden hätten. Ein abw Parteiwille muss zweifelsfrei feststehen (RG JW 31, 2227). Die Auslegungsregel begründet eine schuldrechtliche Rückbeziehung (BaRoth/*Wendtland* § 141 Rz 12). Auf die schriftliche Bestätigung einer unwirksamen mündlichen Arbeitsvertragsbefristung ist § 141 II unanwendbar (BAG NJW 05, 2334; 3596).

§ 142 Wirkung der Anfechtung.
(1) Wird ein anfechtbares Rechtsgeschäft angefochten, so ist es als von Anfang an nichtig anzusehen.
(2) Wer die Anfechtbarkeit kannte oder kennen musste, wird, wenn die Anfechtung erfolgt, so behandelt, wie wenn er die Nichtigkeit des Rechtsgeschäfts gekannt hätte oder hätte kennen müssen.

1 **A. Normzweck.** Ein anfechtbares, aber nicht angefochtenes Rechtsgeschäft ist uneingeschränkt gültig (BGH NJW-RR 87, 1456; *Flume* 557; aA *Enneccerus/Nipperdey* AT, 1213). § 142 I regelt die Wirkung der Anfechtung auf das Rechtsgeschäft in Form einer Fiktion. § 142 bewirkt va (vgl Rn 6) einen Gutglaubensschutz bei einem Dritterwerb (AnwK/*Feuerborn* § 142 Rz 1).

2 **B. Anwendungsbereich.** Angefochten wird die fehlerhafte Willenserklärung. Auch bei einem Vertragsschluss wird nicht der Vertrag, sondern die auf seinen Abschluss gerichtete Erklärung angefochten (*Bork* AT Rz 915). Gestaltungsrechte, wie der Widerspruch nach § 613a IV (BAG ZIP 07, 1618, Tz 20), können angefochten werden. Eine Verfügung ist anfechtbar, ebenso eine rechtsgeschäftsähnliche Handlung (Staud/*Roth* § 142 Rz 16). Hauptanwendungsfälle sind die Anfechtungsgründe aus den §§ 119, 120, 123, 1956, 2078 f, 2281 ff, 2308. Unanwendbar ist § 142 auf die Anfechtungen nach §§ 1599 ff, 2340 ff. Spezielle Regelungen gelten für Willensmängel bei der Eheschließung, §§ 1313 ff und bei der Annahme als Kind, §§ 1759 ff. § 142 gilt auch nicht für die Insolvenzanfechtung, §§ 129 ff InsO, sowie die Gläubigeranfechtung außerhalb des Insolvenzverfahrens nach §§ 1 ff AnfG. Prozesshandlungen sind nicht anfechtbar (BGHZ 80, 392). Prozessverträge sind anfechtbar, soweit nicht eine irrevisible prozessuale Lage entstanden ist (MüKo/*Lüke* ZPO, Einl Rz 286). Ein Prozessvergleich ist anfechtbar, auch bei einer Drohung durch das Gericht (BGH JZ 66, 753). Auf öffentlich-rechtliche Verträge ist § 142 entspr anwendbar.

3 **C. Wirkung der Anfechtung, § 142 I. I. Grundsätze.** Das angefochtene Geschäft ist gem § 142 als von Anfang an nichtig anzusehen (BGH NJW 10, 289 Tz 16). Die Anfechtung vernichtet das Geschäft rückwir-

kend. Diese Wirkung ist nicht durch Widerruf oder Rücknahme der Anfechtung zu beseitigen (RGZ 74, 3; aA AnwK/*Feuerborn* § 142 Rz 15). Aufgrund dieser Rückwirkung schließt sie andere, parallel aus dem Geschäft geltend gemacht Rechte aus, etwa aus Gewährleistungsrechten (*Höpfner* NJW 04, 2865; aA *Derleder* NJW 04, 970). Dies gilt nicht, wenn die Anfechtung hilfsweise geltend gemacht wird (*Honsell* JuS 82, 811). Die Anfechtung wirkt absolut. Ein aus einem akzessorischen Geschäft mit haftender Dritter (Bürge, Pfandschuldner) kann nicht mehr in Anspruch genommen werden (BaRoth/*Wendtland* § 142 Rz 6). Vor der Anfechtung besteht für diesen Dritten ein Leistungsverweigerungsrecht, §§ 770 I, 1137 I 1, 1211 I 1.

Eine Anfechtung des **Kausalgeschäfts** lässt aufgrund des Abstraktionsprinzips idR die Wirksamkeit des Erfüllungsgeschäfts unberührt. Das Geleistete kann nach § 812 herausverlangt werden. Die Anfechtung eines Änderungsvertrags lässt den geänderten Vertrag bestehen (Saarbr NJW-RR 07, 1400). Zur Kenntnis der Anfechtbarkeit Rn 6. Bei Anfechtbarkeit des **Erfüllungsgeschäfts** bestehen die Ansprüche aus §§ 985, 894. Ausnahmsweise kann aber eine Fehleridentität vorliegen, bei der die Anfechtung beide Geschäfte erfasst (§ 123 Rn 41), oder eine Geschäftseinheit bestehen. 4

II. Ausnahmen. Abw von der gesetzlichen Regelung des § 142 I ist weithin anerkannt, dass ein in Vollzug gesetztes Dauerschuldverhältnis nur mit Wirkung für die Zukunft anfechtbar ist (Erman/*Palm* § 142 Rz 10). Dies gilt insb für die Anfechtung von Gesellschaftsverträgen (BGHZ 55, 8; NJW 73, 1604) und Arbeitsverträgen (BAG NJW 84, 446; Anfechtung einzelner Arbeitsbedingungen BAG NJW 70, 1941); anders, wenn Arbeitsverhältnis außer Funktion gesetzt ist oder aufgrund einer Erkrankung keine Arbeitsleistung erbracht wird (BAG NZA 99, 587 f). Bei Geschäftsraummiete aber Wirkung ex tunc (BGH NZM 08, 886 Tz 36). 5

D. Wirkung gem § 142 II. Bei Anfechtung eines **Verpflichtungsgeschäfts** führt die Kenntnis der Anfechtbarkeit zur verschärften Haftung gem §§ 819 I, 142 II, 818 IV, bei Anfechtung einer Vollmacht zur Einstandspflicht nach §§ 179, 142 II. Da ein angefochtenes **Verfügungsgeschäft** rückwirkend nichtig wird, handelt im Fall einer Weiterveräußerung der Veräußerer als Nichtberechtigter. § 142 II schützt dann den guten Glauben an das Fehlen der Anfechtbarkeit (BGH NJW-RR 87, 1457). Der Schutz wirkt nur, wenn und soweit ein Gutglaubenserwerb möglich ist. Er besteht nicht beim Forderungs- und Rechtserwerb, §§ 398, 413. Nach dem Maßstab der §§ 932 ff, 1032, 1207, 1244 führt bei beweglichen Sachen Kenntnis und grob fahrlässige Unkenntnis zur Bösgläubigkeit, während nach den §§ 892 f, 1138, 1155 allein Kenntnis schadet. Angefochten werden kann auch ein **nichtiges Rechtsgeschäft** (vgl BGH JZ 55, 500; § 119 Rn 21). Dies ist bedeutsam, wenn der Dritte über den Nichtigkeitsgrund gutgläubig, bei der Anfechtbarkeit bösgläubig ist (Staud/*Roth* § 142 Rz 27 ff, str). 6

§ 143 Anfechtungserklärung.
(1) Die Anfechtung erfolgt durch Erklärung gegenüber dem Anfechtungsgegner.
(2) Anfechtungsgegner ist bei einem Vertrag der andere Teil, im Falle des § 123 Abs. 2 Satz 2 derjenige, welcher aus dem Vertrag unmittelbar ein Recht erworben hat.
(3) ¹Bei einem einseitigen Rechtsgeschäft, das einem anderen gegenüber vorzunehmen war, ist der andere der Anfechtungsgegner. ²Das Gleiche gilt bei einem Rechtsgeschäft, das einem anderen oder einer Behörde gegenüber vorzunehmen war, auch dann, wenn das Rechtsgeschäft der Behörde gegenüber vorgenommen worden ist.
(4) ¹Bei einem einseitigen Rechtsgeschäft anderer Art ist Anfechtungsgegner jeder, der auf Grund des Rechtsgeschäfts unmittelbar einen rechtlichen Vorteil erlangt hat. ²Die Anfechtung kann jedoch, wenn die Willenserklärung einer Behörde gegenüber abzugeben war, durch Erklärung gegenüber der Behörde erfolgen; die Behörde soll die Anfechtung demjenigen mitteilen, welcher durch das Rechtsgeschäft unmittelbar betroffen worden ist.

A. Normzweck. Nach § 143 I erfolgt die Anfechtung durch einseitige empfangsbedürftige Willenserklärung mit der ein Gestaltungsrecht ausgeübt wird. § 143 II–IV bestimmt, an wen bei einer Vertragsanfechtung, bei der Anfechtung einer einseitigen empfangsbedürftigen Willenserklärung und in den übrigen Konstellationen, also bei amtsempfangsbedürftigen bzw nicht empfangsbedürftigen Willenserklärung, die Anfechtungserklärung zu richten ist (Staud/*Roth* § 143 Rz 2). 1

B. Anfechtungserklärung. I. Grundlagen. Die Anfechtung ist eine einseitige empfangsbedürftige Willenserklärung, die auch dann formfrei wirksam ist, wenn das angefochtene Geschäft einem Formzwang unterliegt (BaRoth/*Wendtland* § 143 Rz 2). Als Gestaltungsrecht ist die Anfechtung unwiderruflich (§ 142 Rn 3) sowie grds befristungs- und bedingungsfeindlich (RGZ 66, 153 f; 146, 238). Zulässig ist eine Bedingung über deren Eintritt der Anfechtungsgegner entscheidet (*Larenz/Wolf* AT § 46 Rz 37). Ebenfalls wirksam ist eine Eventualanfechtung, bei der eine Anfechtung im Prozess unter der Rechtsbedingung geltend gemacht wird, dass ein anderes Recht nicht besteht (BGH NJW 68, 2099), insb für den Fall nicht bestehender Gewährleistungsrechte (BGH NJW 91, 1673). Eine **Teilanfechtung** ist bei einem teilbaren Rechtsgeschäft möglich (RGZ 146, 236 f). Der verbleibende Teil muss ein wirksames Rechtsgeschäft bilden (BGH NJW-RR 02, 381) und insb die essentialia negotii umfassen, sonst ist die Anfechtung unwirksam (*Vetter* MDR 98, 576). Zur Anfechtung nichtiger Rechtsgeschäfte § 142 Rn 6. 2

3 II. Inhalt. Die Anfechtung muss nicht ausdrücklich erklärt, der Ausdruck Anfechtung nicht verwendet werden. Erforderlich ist eine Äußerung oder ein konkludentes Verhalten, dem der Anfechtungsgegner unzweideutig entnehmen kann, dass das Rechtsgeschäft wegen des Willensmangels rückwirkend beseitigt werden soll (BGHZ 88, 245; 91, 331 f; NJW-RR 95, 859; 02, 380). Es kann genügen, wenn eine Verpflichtung bestr, ihr widersprochen (zu den Grenzen BGH MDR 55, 25) oder sie nicht anerkannt wird (BGHZ 91, 331 f). Unzureichend ist eine Rücktritts- (RGZ 105, 207) oder Widerrufserklärung, eine Strafanzeige (BGH WM 75, 1002), oder ein Schadensersatzbegehren (BGH NJW 91, 1674).

4 Der **Anfechtungsgrund** muss nicht angegeben werden (RGZ 65, 88; offen gelassen von BGH NJW 66, 39), denn die Gesetzesfassung verlangt keine Begründung. Den berechtigten Interessen des Anfechtungsgegners wird genügt, wenn entspr § 626 II 3 auf Verlangen der Kündigungsgrund mitgeteilt werden muss (Erman/*Palm* § 143 Rz 1; nach aA muss der Anfechtungsgrund erkennbar sein Staud/*Roth* § 143 Rz 11; Palandt/*Ellenberger* Rz 3; *Medicus* AT Rz 724). Ein Nachschieben von Anfechtungsgründen ist als neue Anfechtungserklärung zu werten, deren Rechtzeitigkeit nach dem Zeitpunkt ihrer Abgabe zu beurteilen ist (BGH NJW 95, 191). Die Anfechtung wegen arglistiger Täuschung kann als Anfechtung wegen eines Irrtums nach § 119 II (BGHZ 34, 38 f; 78, 221) und eine auf § 119 II gestützte Erklärung als Anfechtung nach § 123 ausgelegt werden (Staud/*Roth* § 143 Rz 12).

5 III. Anfechtungsberechtigter. Dies ist derjenige, dessen Erklärung mit einem Willensmangel behaftet ist. Sonderregeln enthalten die §§ 2080, 2285. Beim Tod des Erklärenden geht das Anfechtungsrecht auf die Erben über (BGH NJW 04, 769). Der Vertreter ist nur dann anfechtungsberechtigt, wenn seine Vollmacht das Anfechtungsrecht einschließt (BaRoth/*Wendtland* § 143 Rz 8). Einem Vertreter ohne Vertretungsmacht steht das Anfechtungsrecht zur Abwehr seiner Einstandspflicht selbständig zu (BGH NJW 02, 1868). Bei mehreren Anfechtungsberechtigten kann jeder unabhängig von den anderen die Anfechtung erklären (RGZ 56, 424; 65, 405), anders bei einer Erbengemeinschaft (BGH NJW 04, 769).

6 C. Anfechtungsgegner. I. Vertrag, § 143 II. Bei einem Vertrag ist ggü dem Vertragspartner oder dessen Erben anzufechten. Dies gilt auch, wenn der Vertragspartner die Rechte aus dem Vertrag abgetreten (RGZ 86, 310) oder für den Vertragspartner ein Vertreter gehandelt hat. Auch beim Vertrag zugunsten Dritter ist der Vertragspartner Anfechtungsgegner (BGH LM § 9 PatG Nr 8). Bei einer Anfechtung gem § 123 II 2 ist nach § 143 II Alt 2 Anfechtungsgegner der Dritte, der aus dem Vertrag unmittelbar ein Recht erworben hat und die Täuschung kannte oder kennen musste.

7 Steht dem Anfechtenden eine **Personenmehrheit** ggü, muss bei einer unteilbaren Leistung ggü sämtlichen Vertragspartnern angefochten werden (BGHZ 96, 308 ff; Staud/*Roth* § 143 Rz 23; *Bork* AT Rz 908). Die Anfechtung eines Gesellschaftsvertrags ist ggü allen Gesellschaftern zu erklären (BGH WM 76, 449). Eine Vertragsübernahme muss der Übernehmer ggü dem verbleibenden wie dem ausscheidenden Vertragspartner anfechten (BGHZ 96, 310; aA *Dörner* NJW 86, 2916). Wird die Zustimmung zur Vertragsübernahme angefochten, ist die Erklärung an beide Parteien des Übernahmevertrags zu richten (BGHZ 137, 260). Wird bei einer Schuldübernahme der Übernehmer durch den Schuldner getäuscht, ist auch nach einer Genehmigung durch den Gläubiger allein der Schuldner Anfechtungsgegner (BGHZ 31, 325 ff).

8 II. Einseitige empfangsbedürftige Willenserklärung, § 143 III. Diese ist nach § 143 III 1 ggü dem Empfänger anzufechten. Kann eine Erklärung alternativ ggü einer Privatperson oder einer Behörde erfolgen, §§ 875 I 2, 876 3, 880 II 3, 1168 II 1, 1180 I 2, 1183 2, muss die Anfechtung an die Privatperson gerichtet werden (*Medicus* AT Rz 719; s.a. Rn 9). Umstr sind die Fälle, in denen die Willenserklärung an zwei Personen gerichtet werden können, insb §§ 168, 182. Ist aufgrund einer Vollmacht noch kein Geschäft getätigt, ist die Anfechtung an den zu richten, der die Erklärung empfangen hat (AnwK/*Feuerborn* § 143 Rz 20). Liegt das Geschäft bereits vor, hat die Anfechtung ggü dem anderen Teil des Geschäfts zu erfolgen (Staud/*Roth* § 143 Rz 35; *Flume* 563).

9 III. Einseitige Rechtsgeschäfte anderer Art, § 143 IV. Anfechtungsgegner einer nicht empfangsbedürftigen Willenserklärung (§§ 657, 959) ist nach § 143 IV 1, wer daraus einen Vorteil erlangt hat. § 132 II ist anwendbar. War die Erklärung nur ggü einer Behörde abzugeben, §§ 928 I, 1109 II (aber Rn 8), kann die Anfechtung gem § 143 IV 2 wahlweise ggü der Behörde oder der Privatperson erfolgen, anders § 1955. Die Mitteilung nach § 143 IV 2 HS 2 ist keine Wirksamkeitsvoraussetzung (MüKo/*Busche* § 143 Rz 22).

§ 144 Bestätigung des anfechtbaren Rechtsgeschäfts.
(1) Die Anfechtung ist ausgeschlossen, wenn das anfechtbare Rechtsgeschäft von dem Anfechtungsberechtigten bestätigt wird.
(2) Die Bestätigung bedarf nicht der für das Rechtsgeschäft bestimmten Form.

1 A. Normzweck. Da ein anfechtbares, aber nicht angefochtenes Rechtsgeschäft uneingeschränkt gültig ist (*BGH NJW-RR 87, 1456*), führt dessen Bestätigung nach § 144 I nur zum Verlust des Anfechtungsrechts. Sie stellt geringere Anforderungen als die Bestätigung nach § 141 und setzt keine empfangsbedürftige Willenserklärung voraus, weil vor einer Anfechtung fremde Interessen nicht berührt werden (RGZ 68, 398; aA *Larenz*/

Wolf § 44 Rz 28). Nach Ausübung des Anfechtungsrechts ist eine Bestätigung gem § 141 möglich (BGH NJW 71, 1800). Zur Abgrenzung zu § 141 vgl dort Rn 2.

B. Voraussetzungen. Es muss ein anfechtbares, aber noch nicht angefochtenes Rechtsgeschäft vorliegen. Die 2 Bestätigung muss erklärt sein, benötigt aber nicht die für das Rechtsgeschäft vorgeschriebene Form, § 144 II. Nach der Rechtsprechung muss der Bestätigende das Anfechtungsrecht gekannt oder mit ihm zumindest gerechnet haben (BGHZ 110, 222; NJW 58, 177; 71, 1800; 95, 2291), doch ist auch hier (wie bei § 141 Rn 7) die Äußerung des Bestätigungswillens maßgebend. Bei einer widerrechtlichen Drohung setzt die Bestätigung einen Fortfall der Zwangslage voraus (Erman/*Palm* § 144 Rz 2).

Die Bestätigung kann **schlüssig** erfolgen (BGH NJW 67, 721), wenn aus dem Verhalten der Wille ersichtlich 3 wird – trotz Kenntnis der Anfechtbarkeit – an dem Rechtsgeschäft festzuhalten (BGHZ 110, 222; Kobl NJW 08, 3073). Jede andere einigermaßen verständliche Deutung des Verhaltens muss ausscheiden (BGHZ 110, 222; NJW 71, 1800). Als Bestätigung kommt eine freiwillige Erfüllung (RGZ 104, 3; nicht, wenn im Mietverhältnis lediglich die Nebenkosten gezahlt werden BGH NJW-RR 92, 780) oder die Benutzung der Kaufsache in Betracht (BGH NJW 71, 1800). Eine Geltendmachung von Gewährleistungsrechten (Rücktritt oder Schadensersatz) reicht dafür regelmäßig nicht aus (BGHZ 110, 222; NJW 58, 177).

C. Rechtsfolgen. Die Bestätigung führt zu einem Verlust des Anfechtungsrechts. Etwaige Schadensersatzansprüche bleiben grds bestehen, es sei denn, die Auslegung ergibt einen Verzicht (AnwK/*Feuerborn* § 144 Rz 13). 4

D. Beweislast. Die Bestätigung ist vAw zu berücksichtigen. Wer sich auf eine Bestätigung beruft, trägt die 5 Beweislast (BGH NJW 67, 712).

Titel 3 Vertrag

Einleitung vor §§ 145 ff

A. Vertragsbegriff. I. Definition. Die §§ 145 ff regeln unmittelbar nur den Vertragsschluss u enthalten keine 1 Definition des Vertragsbegriffs (Staud/*Bork* Vorbem zu §§ 145–156 Rz 1). Gleichwohl ergibt sich aus der Regelung, dass der Vertrag die privatautonome Regelung eines Rechtsverhältnisses durch Rechtsgeschäft aufgrund des übereinstimmenden Willens von mindestens zwei Parteien ist (*Flume* II § 33, 2; AnwK/*Schulze* Vor §§ 145–157 Rz 15). Damit ist der Vertrag Hauptfall des mehrseitigen Rechtsgeschäfts. In Abgrenzung hierzu ist der **Beschl** ein innerorganisatorischer Willensbildungsakt, der nicht zwingend auf der Einstimmigkeit der Parteien beruhen muss, sondern auch dem Mehrheitsprinzip unterfallen kann.

Auch wenn der Konsens der Parteien das Kernelement des Vertrags ist, genügt doch die Einigung allein in 2 einigen Fällen nicht, um die gewollte Rechtsfolge herbeizuführen. Regelmäßig ist dies bei Verfügungsverträgen der Fall. Zu deren Tatbestand gehört neben dem Konsensualakt der Einigung vielfach auch ein Publizitätsakt, der oft ein Realakt ist (Übergabe und Einigung als Elemente der Übereignung nach § 929 1).

Neben der Bindung infolge eines mehrseitigen Konsenses gibt es auch Fälle, in denen eine schuldrechtliche 3 Verpflichtung durch einseitiges Versprechen zustande kommt. Zu nennen sind §§ 657 (Auslobung), 661a (Gewinnzusage), 443 (Garantie). Diese Fälle sind gewillkürte Begründungen eines Schuldverhältnisses ohne Vertrag u durch § 311 I aE sanktioniert. Ob auch die **Patronatserklärung** an die Allgemeinheit hierher zählt, ist str (Vor § 765 Rn 60 ff; bejahend AnwK/*Schulze* Vor §§ 145–157 Rz 15; *Schneider* ZIP 89, 624; anders – annahmebedürftiger Antrag – *Habersack* ZIP 96, 261). Das **Vertragsstrafe**versprechen ist hingegen Vertrag iSv §§ 145 ff (BGH NJW-RR 06, 1477).

II. Abgrenzung zum Gefälligkeitsverhältnis. Wesentliches Merkmal des Vertrags ist der Wille der Parteien, 4 sich rechtlich zu binden. Fehlt er auf einer Seite, so liegt schon keine wirksame Willenserklärung vor (s. § 145 Rn 5; MüKo/*Kramer* Vor § 116 Rz 9; AnwK/*Feuerborn* Vor §§ 116–144 Rz 9). Die Verbindung ist dann nicht als Vertrag, sondern als Gefälligkeitsverhältnis oder als sog **Gentlemen's Agreement** (Nürnbg NJW-RR 01, 636, zur Bedeutung des Gentlemen's Agreement als Geschäftsgrundlage) zu verstehen. Die Abgrenzung kann nur im Einzelfall erfolgen u richtet sich unter anderem nach der Bedeutung der Verpflichtung für die Parteien, nach ihrem persönlichen Verhältnis, nach der Entgeltlichkeit des Geschäfts (BGH NJW-RR 07, 1271, 1272). Vgl iE § 241 Rn 32 ff.

Im Gegensatz zur Gefälligkeit ist die **Naturalobligation** (unvollkommene Verbindlichkeit) ein Vertrag 5 (AnwK/*Schulze* Vor §§ 145-157 Rz 12), dem kraft Gesetzes (§§ 762, 1297, 2287 II) oder kraft Vereinbarung (Staud/*J Schmidt* Einl v § 241 Rz 154) die Klagbarkeit fehlt.

III. Anwendungsbereich der §§ 145 ff. Als Regelungen des AT gelten die §§ 145 ff für alle Arten von Verträ- 6 gen des materiellen Privatrechts. Der Vertrag ist im dt Recht keine Kategorie, die ausschl dem Obligationenrecht zugewiesen ist, wenngleich hier ihr Hauptanwendungsfall liegt. Entspr gibt es auch sachenrechtliche, familienrechtliche, erbrechtliche usw Verträge.

7 Auf das Zustandekommen **gesellschaftsrechtlicher Beschlüsse** (zu unterscheiden von Gesellschaftsverträgen, auf die nach hM die §§ 145 ff unmittelbar anwendbar sind, BGHZ 47, 179; Staud/*Bork* Vorbem zu §§ 145–156 Rz 90), die grds dem Mehrheitsprinzip unterfallen, sind sie teilweise analog anwendbar (Staud/*Bork* Vorbem zu §§ 145–156 Rz 6), soweit nicht das den §§ 145 ff zugrundeliegende Konsensprinzip entgegensteht.

8 Die §§ 145 ff finden nach heute hM auch auf wettbewerbsrechtliche **Vertragsstrafevereinbarungen** (BGH WRP 06, 1139) und **kartellrechtliche Vereinbarungen** iSd § 1 GWB Anwendung (Staud/*Bork* Vorbem zu §§ 145–156 Rz 7; Erman/*Armbrüster* Vor § 145 Rz 3). Der weite Vertragsbegriff der früher hM, der auch nichtvertragliche Absprachen umfasste, so dass die §§ 145 ff nur eingeschränkt anwendbar waren (vgl BGHZ 55, 104 = NJW 71, 521), ist durch die Reform des GWB überholt. Absprachen, die ohne rechtlichen Bindungswillen erfolgen, können kartellrechtlich als abgestimmtes Verhalten iSv § 1 GWB erfasst werden.

9 **Prozessverträge** sind von den Verträgen des materiellen Rechts nach dem Regelungsgegenstand zu unterscheiden. Auf sie findet grds Prozessrecht Anwendung, das allerdings das Zustandekommen von Prozessverträgen nicht regelt. Insoweit kann auf die §§ 145 ff zurückgegriffen werden (Zöller/*Greger* Vor § 128 Rz 27; *Rosenberg/Schwab/Gottwald* § 66 Rz 10; *Jacoby* Musterprozessvertrag 209).

10 Auf den Abschluss von **öffentlich-rechtlichen Verträgen** iSv § 54 VwVfG finden gem § 62 2 VwVfG die §§ 145 ff Anwendung, soweit die §§ 54 ff VwVfG keine Sonderregelung enthalten (Saarbr NJW 93, 1612; MüKo/*Kramer* Vor § 145 Rz 45). Hier ist insb auf das Schriftformerfordernis aus § 57 VwVfG hinzuweisen, wodurch zugleich die Annahme nach § 151 ausgeschlossen ist (Staud/*Bork* Vorbem zu §§ 145–156 Rz 98).

11 **IV. Vertragsarten.** Aus dem breiten Anwendungsbereich des Vertrags als Form des mehrseitigen Rechtsgeschäfts ergibt sich, dass sich Verträge nach sehr verschiedenen Kriterien differenzieren lassen. So lassen sie sich nach ihrem Gegenstand in schuld-, sachen-, familienrechtliche usw Verträge einordnen. Speziell bei den Schuldverträgen besteht dabei kein Typenzwang, so dass die Parteien frei sind, einen Vertrag zu schließen, der sich nicht einem der gesetzlich vorgeprägten Typen zuordnen lässt. Nach ihrer Pflichtenstruktur sind sie in einseitig (Schenkung, Bürgschaft) oder allseitig verpflichtende (letztere wiederum in vollkommen beidseitige – gegenseitige, §§ 320 ff – oder unvollkommen zweiseitige, Bsp Auftrag) Verträge einzuteilen.

12 **B. Vertragsfreiheit.** Der Vertrag hat sich im 19. Jahrhundert zu der zentralen Rechtsinstitution entwickelt. Er ist als Instrument der eigenverantwortlichen Steuerung der Rechts- und Lebensverhältnisse der Rechtsgenossen unverzichtbar.

13 **I. Begriff und Bedeutung.** Die Vertragsfreiheit ist daher der wichtigste Unterfall der **Privatautonomie**. Sie ist als Teil des Rechts auf freie Entfaltung der Persönlichkeit, Art 2 I iVm 1 I GG, auch verfassungsrechtlich gewährleistet (BVerfGE 8, 328), jedoch nur in den Schranken der verfassungsmäßigen Ordnung. Als **formales Prinzip** garantiert die Vertragsfreiheit dem Einzelnen die grds Freiheit, über das Ob und das mit Wem (Abschlussfreiheit), das Worüber (Inhaltsfreiheit) und das Wie (Formfreiheit, s. § 125 Rn 1) einer vertraglichen Bindung autonom zu entscheiden. Diese Freiheitsgarantie birgt va in Zeiten des rechtsgeschäftlichen Massenverkehrs die Gefahr in sich, dass rechtsgeschäftliche Selbstbindung nicht aufgrund einer privatautonomen Entscheidung eingegangen wird, sondern Ausdruck von Fremdbestimmung ist. Die grundrechtliche Gewährleistung der Privatautonomie setzt gemeinsam mit dem Sozialstaatsprinzip (Art 20 I, 28 I GG) insofern in Fällen struktureller Unterlegenheit aufgrund von wirtschaftlichem oder intellektuellem Übergewicht des anderen Vertragsteils in typisierbaren Fallgestaltungen der Vertragsfreiheit Schranken (BVerfGE 89, 214, 232 = NJW 94, 38; BVerfG JZ 06, 968). In diesen Fällen wird die Vertragsfreiheit durch **materielle Aspekte** zugunsten der Vertragsgerechtigkeit eingeschränkt. Der gebotene Schutz vor Fremdbestimmung darf aber nicht zu einer allg vertraglichen Inhaltskontrolle durch die Gerichte unter dem Banner der Vertragsgerechtigkeit führen. Denn einer marktwirtschaftlichen Ordnung liegt die Vermutung zu Grunde, dass jeder unbeschränkt Geschäftsfähige in der Lage ist, eigenverantwortlich über seine rechtsgeschäftlichen Bindungen zu entscheiden. Wo diese Vermutung freilich zur Fiktion degeneriert, fehlt es an einer Funktionsbedingung (*Larenz/Wolf* AT § 34 Rz 5) für die Gewährung von Privatautonomie, so dass ein korrigierendes Einschreiten durch die Zivilrechtsordnung geboten ist.

14 **II. Abschlussfreiheit.** Die Abschlussfreiheit gewährleistet die freie Entscheidung des Einzelnen darüber, ob und mit wem er eine vertragliche Bindung eingeht. Im Grundsatz kann niemand gezwungen werden, sich ggü einer bestimmten Person vertraglich zu binden.

15 **1. Reichweite der Abschlussfreiheit.** Die so beschriebene negative Abschlussfreiheit setzt voraus, dass die Rechtsordnung einen zwischen zwei Parteien geschlossenen Vertrag als wirksam anerkennt (**positive Abschlussfreiheit**, Staud/*Bork* Vorbem zu §§ 145–156 Rz 13). Im engsten persönlichen Freiheitsbereich versagt das Recht allerdings diese Anerkennung, da diese Sphäre einer (vertraglichen) Selbstbindung nicht zugänglich ist. Daher kann etwa nicht wirksam auf das Recht verzichtet werden, Vaterschaftsanfechtungsklage zu erheben (BGHZ 87, 169, 174 = NJW 83, 2073; BGHZ 129, 297, 301 = NJW 95, 2028, 2030). Zur fehlenden Rechtsverbindlichkeit einer Verabredung über die Einnahme empfängnisverhütender Mittel BGHZ 97, 372, 378 = NJW 86, 2043; *Medicus/Petersen* BR Rz 372a.

Grds umfasst die Abschlussfreiheit auch die Möglichkeit, sich seiner Freiheit, Verträge zu schließen, (partiell) 16
zu entäußern. In dem Sinn, dass man sich vertraglich zu einem Vertragsabschluss verpflichten kann, ist dies
unproblematisch, wie schon das Beispiel des Vorvertrags zeigt (Rn 27). Auch die vertragliche Verpflichtung,
nicht mit einem Dritten zu kontrahieren, ist wirksam, führt allerdings nicht zur Unwirksamkeit des abredewidrig geschlossenen Vertrages, sondern selbst im Fall von vertraglichen Verfügungsverboten gem § 137
lediglich zu Schadensersatzansprüchen. Umstr ist die Beurteilung von Vereinbarungen, mit denen sich die
Parteien verpflichten, in Zukunft keine vertragliche Bindung miteinander einzugehen (*Wagner von Papp* AcP
205, 342 ff). Spricht man solchen Abreden Wirksamkeit zu, so bewirken sie für die Folgezeit einen partiellen
Verlust der positiven Abschlussfreiheit. Spricht man sich hingegen für die Unwirksamkeit oder freie Aufhebbarkeit aus, so negiert man die positive Abschlussfreiheit im Ausgangszeitpunkt. Relevant wird dieses **Frei-
heitsparadoxon** unter anderem bei der Frage der Wirksamkeit von **Eigensperren in Spielbanken**. Diese
Eigensperren werden von der hM als Rechtsgeschäft gedeutet, mit dem die Spielbank eine Pflicht übernimmt,
künftiges Spielen des gesperrten Spielers zu unterbinden. Entgegen dieser Verpflichtung geschlossene Spielverträge sind jedoch nicht unwirksam, es entsteht lediglich ein Schadensersatzanspruch des Spielers aus
§ 280 I hinsichtlich etwaiger Verluste (BGHZ 174, 255 = NJW 08, 840; BGHZ 165, 267 = NJW 06, 362 = JZ
06, 468 m Anm *Wagner von Papp*; aA *Schulze* FS Jayme 1577). Das Problem der Selbstbeschränkung der Privatautonomie stellt sich in ähnlicher Weise bei rechtsgeschäftlichen **Absprachen über die Formbedürftigkeit
von Vertragsänderungen** (§ 125 Rn 24).

2. Einschränkungen der negativen Abschlussfreiheit. Die negative Vertragsfreiheit wird durch den **Kontra-** 17
hierungszwang eingeschränkt (s.a. § 311 Rn 7 ff). Dieser kann sich aus Gesetz (Rn 18 ff) oder Rechtsgeschäft
(Einräumung einer Option oder Vorvertrag ergeben, s. Rn 27 ff). In diesen Fällen besteht für den Adressaten
des Gebots die Pflicht, den ihm angetragenen Vertrag abzuschließen (Staud/*Bork* Vorbem zu §§ 145–156
Rz 13). Eine Verzögerung der Vertragsannahme führt zur Schadensersatzpflicht aus § 280 I. Auch in den Fällen des Kontrahierungszwangs reicht bloßes Schweigen des Verpflichteten auf das Angebot grds nicht aus (KG
11 U 15/07, GuT 08, 52; Staud/*Bork* Vorbem zu §§ 145–156 Rz 30; aA MüKo/*Kramer* § 151 Rz 5; Palandt/
Ellenberger Einf v § 145 Rz 11). Anderes gilt nur bei § 5 III PflVersG und unter den bei §§ 147, 148 Rz 4 dargestellten Voraussetzungen. Häufig wird allerdings der Zugang der Annahme nach § 151 verzichtbar sein.
Die Pflicht zum Vertragsabschluss kann auch im Wege der einstweiligen Rechtsschutzes durchgesetzt werden
(vgl Karlsr GRUR 80, 811; BaRoth/*H.-W. Eckert* § 145 Rz 13). Hinsichtlich bereits geschlossener Verträge
wandelt sich das Kontrahierungsgebot in ein Kündigungsverbot (BGHZ 107, 273, 279 = NJW 89, 3011;
Saarbr NJW-RR 08, 1632 Kontenkündigung bei extremer Partei). Zum Kontrahierungszwang nach dem **Allgemeinen GleichbehandlungsG** s. § 21 AGG Rn 2.

a) Unmittelbarer Kontrahierungszwang. In den Fällen des unmittelbaren Kontrahierungszwangs ergibt sich 18
dieser direkt aus einer gesetzlichen Vorschrift: **Verkehrsrecht** § 10 AEG; §§ 22, 47 IV PBefG; 21 II 3 LuftVG.
Telekommunikationsrecht § 13 II PostG; §§ 16, 19 TKG. **Energierecht** §§ 18, 36 EnWG 2005; § 4 I EEG 2004;
§ 4 KWKG 2002. **Versicherungsrecht** § 5 II, IV PflVG, § 199 II VVG. **Sozialrecht** §§ 23, 110 I Nr 1 SGB XI.
Berufsrecht §§ 48, 49 BRAO; § 15 I BNotO. **Gewerblicher Rechtsschutz** § 42a UrhG; §§ 13, 24 PatG; § 20
GebrMG. **Kartellrecht** §§ 19 IV Nr 4, 20 iVm § 33 GWB). Neben diesen bundesrechtlichen Vorschriften
sehen auch einige landesrechtliche Vorschriften Abschlussgebote vor.

b) Mittelbarer Kontrahierungszwang. Außerhalb dieser ausdrücklichen gesetzlichen Anordnung kann sich 19
ein (mittelbarer) Kontrahierungszwang aus § 826 und § 20 GWB iVm § 33 GWB ergeben. Diese Normen
sehen verschuldensabhängige Schadensersatzansprüche vor. Die gem § 249 herzustellende Naturalrestitution
vollzieht sich nach hM in Form des Vertragsabschlusses zu angemessenen und gleichen Bedingungen (BGHZ
107, 279; Kobl NJW-RR 91, 946; RGZ 133, 388). Allerdings sollte auch ein nur objektiver Verstoß ausreichen
(so KG WuW/E 2212), der Anspruch auf Vertragsschluss ist dann keine Folge eines Schadensersatzanspruchs,
sondern ergibt sich direkt aus einem **quasinegatorischen Unterlassungsanspruch** (BaRoth/*H.-W. Eckert*
§ 145 Rz 16; Palandt/*Ellenberger* Einf v § 145 Rz 9; AnwK/*Schulze* Vor §§ 145–157 Rz 11; Erman/*Armbrüster*
Vor § 145 Rz 28).

aa) Kartellrecht. Für den Bereich des Verkehrs zwischen Unternehmen ergibt sich aus § 20 GWB für markt- 20
beherrschende und marktstarke Unternehmen ein Diskriminierungsverbot. **§ 20 I GWB** verbietet es marktbeherrschenden Unternehmen, andere Unternehmen in einem Geschäftsverkehr, der gleichartigen Unternehmen üblicherweise zugänglich ist, zu behindern oder ohne sachlichen Grund ungleich zu behandeln
(BGH NJW-RR 03, 1348). § 20 II GWB dehnt dieses Verbot auf marktstarke Unternehmen aus, soweit kleinere und mittlere Unternehmen von einer Ware oder Dienstleistung in der Weise abhängig sind, dass zumutbare Ausweichmöglichkeiten nicht bestehen (BGH NJW-RR 00, 1286 – Polstermöbel; ZIP 94, 806; NJW 76,
801 – Rossignol).

Die **Presse** unterliegt hinsichtlich der Veröffentlichung politischer Werbung keinem Abschlusszwang (für 21
Presseunternehmen BVerfG NJW 76, 1627). Hinsichtlich nicht-politischer Anzeigen gelten die unter Rn 20,
22 dargestellten Voraussetzungen (Karlsr NJW 88, 341; Schlesw NJW 77, 1886), wobei allerdings die redakti-

onellen und wirtschaftlichen Interessen des Herausgebers zu berücksichtigen sind. Private und öffentlich-rechtliche Rundfunkunternehmen können aufgrund landesrechtlicher Vorschriften zur Ausstrahlung von Wahlwerbung verpflichtet sein. Vgl zB § 24 NMedienG Nds, § 30 PrivatrundfunkG Hessen.

22 **bb) Verbrauchergeschäfte.** Außerhalb des Geschäftsverkehrs zwischen Unternehmen hat schon das RG einen Kontrahierungszwang unter den Voraussetzungen von § 826 angenommen (RGZ 148, 334; 133, 390). Danach besteht dann eine Pflicht zum Vertragsabschluss, wenn die Verweigerung eine vorsätzlich sittenwidrige Schädigung darstellen würde, was insb bei **Monopolbetrieben** und bei lebensnotwendigen Leistungen zu bejahen ist. Dem ist der BGH (NJW 80, 186) im Grundsatz gefolgt. Im Schrifttum wird die Anknüpfung an § 826 und die Beschränkung auf Monopolbetriebe und lebenswichtige Leistungen zunehmend als zu eng empfunden. Befürwortet wird teilweise eine Gesamtanalogie zu den unter Rn 18 genannten Vorschriften (*Larenz* SchuldR § 4 Ia; Palandt/*Ellenberger* Einf v § 145 Rz 10), wobei die Voraussetzungen iE streitig sind. Jedenfalls genügt es, wenn ein **Unternehmer lebenswichtige Güter öffentlich anbietet, eine zumutbare Alternative der Versorgung für den Verbraucher nicht besteht und keine sachlichen Gründe für die Abweisung des anderen Teils existieren** (Staud/*Bork* Vorbem zu §§ 145–156 Rz 20; bejaht für Girokonto bei privatem Kreditinstitut LG Berlin WM 08, 1825). Ob es auch ausreicht, wenn nur eines der Kriterien zutrifft, ist eine Frage des Einzelfalles, kann aber nicht ausgeschlossen werden. Der BGH hat in Erwägung gezogen (NJW 80, 186), auch solche Vereinigungen dem Abschlusszwang (Aufnahme in einen Anwaltsverein) zu unterwerfen, die keine Monopolstellung erlangt haben, aber eine erhebliche wirtschaftliche und soziale Machtstellung besitzen, sofern der Bewerber zur Verfolgung oder Wahrung wesentlicher Interessen auf die Mitgliedschaft angewiesen ist.

23 Ungeklärt ist schließlich, ob ein Abschlusszwang im Einzelfall auch hinsichtlich der Deckung des Bedarfs für nicht lebensnotwendige Güter in Frage kommt (*Medicus* SchuldR I Rz 84; nur für wichtige Güter Jauernig/*Jauernig* Vor § 145 Rz 11; abgelehnt für Besuch einer Spielbank BGH ZIP 94, 1274; ebenso für Wahlleistungen im Krankenhaus BGH NJW 90, 763. Bejahend für sozial erwünschte Leistungen MüKo/*Kramer* Vor § 145 Rz 13). Jedenfalls bei öffentlich angebotenen Gütern und Dienstleistungen, die zum Normalbedarf gehören, sollte bei einer sittenwidrigen Begründung der Vertragsablehnung ein Kontrahierungszwang bejaht werden (Staud/*Bork* Vorbem zu §§ 145-156 Rz 24). Bei der Frage der Rechtfertigung der Ungleichbehandlung durch sachliche Gründe sind schließlich auch Art 1 I GG, die Diskriminierungsverbote des Art 3 GG und das Sozialstaatsprinzip zu berücksichtigen (zur Einrichtung eines Girokontos bei politischer Partei Saarbr NJW-RR 08, 1632). Ist die Verweigerung des Vertragsschlusses das Ergebnis einer nach §§ 19, 20 AGG unzulässigen Diskriminierung kann sich ein **Kontrahierungszwang aus § 21 I 1 AGG** ergeben.

24 **c) Gesetzliches Eintrittsrecht.** Einem unmittelbaren Abschlusszwang gleich kommt der gesetzlich verfügte Eintritt eines Dritten in ein Vertragsverhältnis. Solche Regelungen bestehen va im Miet- und Pachtrecht (§§ 565, 566, 578, 581 II, 593a, 593b) und im Arbeitsrecht (§ 613a).

25 **III. Inhaltsfreiheit.** Die Domäne der Inhaltsfreiheit ist das Schuldvertragsrecht (§ 311 Rn 15 ff).
Im Sachen-, Familien- und Erbrecht werden dagegen Art und zulässiger Inhalt von Verträgen in weitem Umfang durch zwingendes Gesetzesrecht vorgegeben. So bewirkt der numerus clausus der Sachenrechte zusammen mit dem sachenrechtlichen Typenzwang, dass die Parteien nur die gesetzlich bestimmten Rechte vereinbaren können und sich hierbei an die durch das Gesetz zur Verfügung gestellten Akttypen zu halten haben.

26 **C. Vorstufen des Vertrages. I. Vertragsverhandlungen und vorvertragliches gesetzliches Schuldverhältnis.** Solange es noch nicht zu einem Konsens der Parteien über die essentialia negotii (§ 145 Rn 4) des erstrebten Vertrags gekommen ist, sich die Parteien also noch in der Verhandlungsphase befinden, unterliegen sie keiner rechtlichen Bindung iSe Erfüllungsverpflichtung. Allerdings kann durch die Aufnahme von Vertragsverhandlungen kraft Gesetzes ein vorvertragliches Schuldverhältnis entstehen, das die Parteien in besonderer Weise zu gegenseitiger Rücksichtnahme verpflichtet und damit einerseits die allg deliktsrechtlichen Sorgfaltsanforderungen verschärft und andererseits transaktionsspezifische Treupflichten in Gestalt von Aufklärungs- und Unterlassungspflichten begründet. Auch wenn insofern der Abbruch von Vertragsverhandlungen treuwidrig sein kann, begründet auch das vorvertragliche Schuldverhältnis keine Pflicht zum Vertragsabschluss (Staud/*Bork* Vorbem zu §§ 145–156 Rz 49). Vgl iE § 311 Rn 42 ff.

27 **II. Rechtsgeschäftliche Bindungen im Vorfeld des Vertrages. 1. Vorvertrag.** Der Vorvertrag ist die vertragliche Verpflichtung zum Abschluss eines (Haupt-) Vertrags. Insofern begründet er einen **gewillkürten Kontrahierungszwang.** Es gibt ihn nur hinsichtlich verpflichtender Verträge, denn die vertragliche Verpflichtung zur Vornahme einer Verfügung ist selbst schuldrechtlicher Hauptvertrag (BGH NJW-RR 92, 977; Karlsr NJW 95, 1562 für Vorvertrag über Unterhaltsverzicht). Eine Bindung durch Vorvertrag kann sinnvoll *sein, wenn dem Abschluss* eines Hauptvertrags noch tatsächliche oder rechtliche Hindernisse entgegenstehen. IÜ ist hinsichtlich der Annahme einer gewillkürten Bindung vor Abschluss des Hauptvertrags Zurückhaltung geboten (BGH NJW 80, 1577; 01, 1285, 1286). Denn haben sich die Parteien schon so weit geeinigt, dass alle regelungsbedürftigen Fragen geklärt waren, handelt es sich um den Abschluss eines – ggf beding-

ten – Hauptvertrags (BGH NJW-RR 09, 598). Liegt ein Rechtsbindungswille noch nicht vor, ist auch die Annahme eines Vorvertrags ausgeschlossen, so dass es sich lediglich um eine unverbindliche Absichtserklärung (Rn 39) handelt.

Anders als der **Rahmen- oder Mantelvertrag** bedarf der Vorvertrag einer **hinreichenden Bestimmtheit** hinsichtlich aller objektiv oder nach Verständnis der Parteien wesentlichen Punkte des zu schließenden Hauptvertrags (BGH NJW 06, 2843). Der Inhalt des Hauptvertrags muss ggf unter Anwendung des § 287 ZPO im Wege ergänzender Vertragsauslegung bestimmbar sein (BGH NJW-RR 93, 139; Karlsr 96, 997 f). Mantel- oder Rahmenvertrag enthalten dagegen nur eine Einigung über einige Einzelpunkte der zukünftig abzuschließenden Einzelverträge. Ein Anspruch auf Vertragsabschluss ergibt sich aus ihnen grds nicht (Staud/*Bork* Vorbem zu §§ 145–157 Rz 54), was durch § 154 I 2 bestätigt wird. Gleichwohl kann ein Rahmenvertrag bei entspr Bestimmtheit zugleich auch ein Vorvertrag sein (BGH NJW-RR 92, 977). 28

Für die **Formbedürftigkeit** des Vorvertrags kommt es auf die Funktion der für den Hauptvertrag einschlägigen Formvorschrift an: Soweit diese auch Warnfunktion besitzt und dem Übereilungsschutz dient, ist sie auch auf den Vorvertrag anzuwenden (BGHZ 61, 48; NJW 06, 2843, 2844). Daher soll § 550 für den **Mietvorvertrag** nicht gelten (BGH NZM 07, 445 zu § 566 aF; aM *Häsemeyer*, Die gesetzliche Form der Rechtsgeschäfte, 1971, 112). Durch den Abschluss eines formgültigen Hauptvertrags wird der Formmangel des Vorvertrags analog § 311b I 2 geheilt (BGHZ 160, 368, 323 = NJW 04, 3626). Entspr gilt für ein **behördliches Genehmigungserfordernis** hinsichtlich des Hauptvertrags (Staud/*Bork* Vorbem zu §§ 145–157 Rz 63). Bei gewillkürter Schriftform gilt § 154 II (Jauernig/*Jauernig* Vor § 145 Rz 5). 29

Die **Pflichten aus dem Vorvertrag** werden durch Abgabe eines Angebots auf Abschluss eines Hauptvertrags und dessen Annahme **erfüllt**. Nichterfüllung dieser Pflichten kann **Schadensersatzansprüche** nach § 280 und ein Rücktrittsrecht nach § 323 auslösen (BGH NJW 84, 479). Wurde bei Bestehen eines Vorvertrags ein Hauptvertrag durch einen vollmachtlosen Vertreter geschlossen, besteht ein Anspruch auf Genehmigung mit Wirkung ex nunc (BGHZ 108, 380, 383 = NJW 90, 508 dazu *K Schmidt* DNotZ 90, 710). 30

Die Vereitelung der mit dem Hauptvertrag einseitig oder zweiseitig bezweckten Erfolgs berührt die Geschäftsgrundlage des Vorvertrags nicht (BGH NJW 01, 1285, 1287). Die **Verjährung** der Ansprüche aus dem Vorvertrag unterliegt nicht den für den Hauptvertrag geltenden Regeln, sondern den allg Vorschriften (Staud/*Bork* Vorbem zu §§ 145–157 Rz 66 str; aA MüKo/*Kramer* Vor § 145 Rz 56). 31

Die **prozessuale Durchsetzung** des Anspruchs aus dem Vorvertrag erfolgt durch Leistungsklage auf Annahme des vom Kläger gemachten Angebots über den Abschluss des Hauptvertrags. Das stattgebende Urt ersetzt gem § 894 ZPO die Annahmeerklärung des anderen Teils (BGH NJW 84, 480). Mit der Klage auf Annahme des Angebots kann daher auch die Klage auf Leistung aus dem Hauptvertrag verbunden werden, wobei dieser Antrag unter die Bedingung gestellt werden kann, dass die Klage auf Abschluss des Hauptvertrags Erfolg hat (unechtes Eventualverhältnis, BGH NJW 01, 1285). Regelt ein Vorvertrag jedoch nicht den vollständigen Inhalt des in Aussicht genommenen Hauptvertrags, so muss der Berechtigte mit seinem Klageantrag kein eigenes Angebot unterbreiten und dessen Annahme verlangen, sondern kann auf Abgabe eines ausformulierten Vertragsangebots durch den Verpflichteten (BGH NJW 01, 1272) oder auf Feststellung der Pflicht zum Vertragsschluss klagen (BGH NJW 02, 3017). Erhebt er allerdings Klage auf Annahme eines konkreten Vertragsangebots, so muss sich die Konkretisierung ggü dem Vorvertrag in den Grenzen von § 242 halten (BGH NJW 06, 2843). 32

2. Option. Eine Option vermittelt ihrem Inhaber das Recht, den Vertrag einseitig zustande kommen zu lassen. Insofern wird auch durch die Option ein Kontrahierungszwang begründet. Anders als der Vorvertrag vermittelt die Option aber nicht einen schuldrechtlichen Anspruch auf Abschluss des Hauptvertrags, sondern das Recht, unmittelbar durch die Ausübung der Option den Vertrag zustande kommen zu lassen. Hierbei handelt es sich nach hM um ein **Gestaltungsrecht** (MüKo/*Kramer* Vor § 145 Rz 57; aA Staud/*Bork* Vorbem zu §§ 145–157 Rz 73). Ist der zu schließende Vertrag ein Kaufvertrag, nennt man das Optionsrecht des Käufers „Call-Option", bei einem entspr Recht des Verkäufers spricht man von „Put-Option". Den Optionsverpflichteten treffen während der Schwebephase besondere Pflichten, die Durchführung des Vertrags nicht zu vereiteln (AnwK/*Schulze* Vor §§ 145–157 Rz 36; s.a. § 145 Rn 14). 33

Konstruktiv stellt sich die Option freilich nicht als ein einheitliches Institut dar. Ihre Begründung kann zum einen durch Einräumung eines Gestaltungsrechts in einem **zweiseitigen Optionsvertrag** erfolgen. Dieser ist wiederum in zwei Varianten denkbar, nämlich zum einen als Angebotsvertrag, in dem die eine Seite ein sie längerfristig bindendes Angebot abgibt. Möglich ist es auch, den Optionsvertrag als bedingten Hauptvertrag auszugestalten. Die Wirksamkeit des Vertrags ist dann aufschiebend auf die Ausübung der Option durch den Berechtigten bedingt (§ 158 Rn 7, 18). 34

Die Einräumung einer Option kann zum anderen auch einseitig durch ein langfristig bindendes Angebot (**Festofferte**) erreicht werden. Rechtstechnisch handelt es sich in diesem Fall um ein normales Angebot, dessen Annahmefähigkeit gem § 148 zu bestimmen ist. 35

Welche Konstruktion dem Willen der Parteien gerecht wird, ist durch Auslegung zu ermitteln. Hierbei ist der Grundsatz zu beachten, dass die Auslegung zu wählen ist, die dem Parteiwillen zum Erfolg verhilft. Es spielen va **Formfragen** eine Rolle: Die Bestellung einer Option, ob mittels Festofferte, Angebotsvertrags oder beding- 36

37 Nach hM ist die (ihrerseits bedingungsfeindliche, § 158 Rn 18) **Ausübung** der Option nur im Falle der Festofferte und des Angebotsvertrags formbedürftig. Für den Fall des bedingten Hauptvertrags bezieht die hM unter (zweifelhafter) Berufung auf § 456 I 2 die Formpflichtigkeit der Annahme schon und ausschl auf den Optionsvertrag, so dass die Ausübung der Option formlos möglich ist (BGH NJW 06, 2843, 2845; Köln NJW-RR 03, 375; Palandt/*Ellenberger* Einf v § 145 Rz 23; BaRoth/*H-W Eckert* § 145 Rz 28; aA MüKo/*Kramer* Vor § 145 Rz 60; Staud/*Bork* Vorbem zu §§ 145–157 Rz 74; Jauernig/*Jauernig* Vor § 145 Rz 6). Bei einem Grundstückskauf unterliegt danach der Optionsvertrag der Form des § 311b I, während die Ausübung der Option formfrei möglich sein soll.

38 **3. Vorhand.** Die Vorhand vermittelt dem Berechtigten ein Recht, dass zunächst ihm der Vertragsschluss angetragen wird, bevor der Verpflichtete endgültig mit einem Dritten abschließt. Wie stark die Position des Berechtigten ausgestaltet ist, hängt vom Parteiwillen ab (MüKo/*Kramer* Vor § 145 Rz 63). So kann in einem Vorrechtsvertrag nur die Verpflichtung zur Aufnahme von Vertragsverhandlungen mit dem Berechtigten vorgesehen sein, es kann sich aber auch um einen (doppelt) bedingten Hauptvertrag handeln. Dann liegt in der Vorrechtseinräumung die Einräumung einer bedingten Option (BGHZ 102, 384, 387 = NJW 88, 1261) oder eines bedingten Vorvertrags. Die Bedingung ist der Entschluss des Verpflichteten, den Hauptvertrag abzuschließen. Das **Vorkaufsrecht**, § 463, lässt sich insofern als Sonderfall der Vorhand begreifen, bei dem der Inhalt des Vertrags zwischen Vorhandberechtigtem und -verpflichtetem vom Inhalt des mit dem Dritten geschlossenen Vertrags abhängt. Ob die Einräumung des Vorrechts **formpflichtig** ist, hängt davon ab, ob der Verpflichtete sich bereits endgültig bindet (vgl Hambg NJW-RR 92, 20).

39 **4. Letter of intent.** Als „letter of intent" werden vorbereitende Erklärungen im Zusammenhang komplexer Vertragswerke typischerweise auf dem Gebiet des Wirtschaftsrechts bezeichnet. Um eine gefestigte Rechtsfigur handelt es sich nicht; sie können Vorverträge darstellen, Optionen enthalten oder nur gesteigerte vorvertragliche Sorgfaltspflichten begründen (*K. Schmidt* HandelsR § 20 I 2a). Auch beim letter of intent (Muster bei *Kösters* NZG 99, 623) fehlt es aber regelmäßig am Willen mindestens einer Partei, schon zu diesem Zeitpunkt eine rechtliche Bindung in vertraglicher Form einzugehen. Die Parteien verleihen vielmehr meist nur der Absicht Ausdruck, in ernsthafte Vertragsverhandlungen einzutreten. Regelmäßig werden auch im letter of intent bereits gewisse Eckpunkte des Vertrags festgelegt werden, es fehlt jedoch an der endgültigen Bindungswirkung solcher Erklärungen, was in der Praxis häufig auch durch **no binding clauses** deutlich gemacht wird, sich aber auch schon aus § 154 I 2 ergibt. Wo no binding clauses fehlen, ist sorgfältig zu prüfen, ob sich nicht trotz der Bezeichnung als letter of intent schon eine Bindung aus der Vereinbarung im Sinne eines Vorvertrags ergibt. Zu den Rechtsfolgen s. § 145 Rn 8.

40 **D. Vertragsschluss. I. Allgemeines.** Den §§ 145 ff liegt die Vorstellung eines **sukzessiven Vertragsschlusses** zugrunde, bei dem zunächst eine der Parteien einen Antrag macht, den anschließend die andere annimmt. (Zur Einordnung in den Kontext eines Europäischen Privatrechts *Armbrüster* Jura 07, 321) Ob sich der Vertragsschluss tatsächlich nach diesem Muster vollzieht, ist für die Wirksamkeit des geschlossenen Vertrags freilich nicht entscheidend, denn der Geltungsgrund des Vertragsversprechens ist nicht die Art und Weise des Zustandekommens, sondern der materielle Konsens der Parteien (Staud/*Bork* Vorbem zu §§ 145–156 Rz 36). Hieraus ergibt sich, dass die **§§ 145 ff dispositiv** sind.

41 **Ort und Zeitpunkt** des Vertragsschlusses bemessen sich vorbehaltlich weiterer Wirksamkeitserfordernisse grds nach dem Wirksamwerden der Annahme (MüKo/*Kramer* Vor § 145 Rz 64 f). Bei empfangsbedürftiger Annahme kommt es danach auf den Ort und den Zeitpunkt ihres Zugangs an; bei Annahme nach § 151 auf Zeit und Ort der Annahmehandlung. Erfolgt der Vertragsschluss nach § 152, so ist entspr die Beurkundung der Annahmeerklärung entscheidend.

42 **II. Angebot und Annahme, Abwandlungen.** Die §§ 145 ff sehen einen Vertragsschluss durch zwei aufeinander bezogene Willenserklärungen vor, die inhaltlich komplementär sind. Aus ihnen ergibt sich die von den Parteien gewollte Rechtsfolge. Zur Wirksamkeit des Vertrags ist Voraussetzung, dass die vereinbarten Regelungen wenigstens die wesentlichen Bestandteile, die **essentialia negotii** des betreffenden Vertragstyps festlegen oder diese bestimmbar sind (§ 145 Rn 4). Beim Abschluss von **Versicherungsverträgen** ist hinsichtlich des Vertragsinhalts § 5 VVG zu beachten.

43 Der sukzessive Vertragsschluss durch Angebot und Annahme kann auch durch konkludente Willenserklärungen erfolgen, sofern keine Formerfordernisse eingreifen (zum von der Rspr angenommenen **stillschweigenden Abschluss eines Auskunftsvertrages** BGH ZIP 08, 512). Um eine konkludente Willenserklärung in Form einer Realofferte handelt es sich auch bei der **Zusendung unbestellter Waren**. Dieses Angebot kann grds durch Ingebrauchnahme angenommen werden, Zugang ist gem § 151 nicht erforderlich. Dieser allgemein-privatrechtliche Mechanismus des Vertragsschlusses wird durch **§ 241a** erheblich modifiziert, da im

Anwendungsbereich der Vorschrift der Gebrauchshandlung kein Erklärungsgehalt zukommt (§ 241a Rn 11). Außerhalb von § 241a (Unternehmer oder Verbraucher jeweils untereinander) bleibt diese Möglichkeit, einen Vertrag zu schließen, freilich unbenommen. Den Empfänger der Ware trifft grds weder eine Pflicht zur ausdrücklichen Ablehnung des Vertragsschlusses noch zur Rücksendung der Ware. Seine deliktische Haftung ist entspr § 300 auf Vorsatz und grobe Fahrlässigkeit beschränkt. Eine Pflicht zur Ablehnung kann sich allerdings aus § 362 HGB oder einer entspr Übung zwischen den Parteien ergeben (§ 148 Rn 3).

Nach hM kommt auch bei sich **kreuzenden Angeboten**, die sich inhaltlich entspr, ein Vertrag zwischen den Parteien zustande (MüKo/*Kramer* § 151 Rz 5), jedenfalls sofern nicht eine der Seiten unverzüglich widerspricht (Staud/*Bork* § 146 Rz 7). Zwar fehlt es an einer Vertragsbegründung durch Annahme, jedoch besteht zwischen den Parteien materieller Konsens, der nach dem zu Rn 40 Gesagten ausreicht. **44**

III. Aushandeln des Vertrages. Die Erkenntnis, dass Geltungsgrund des Vertrags der materielle Konsens der Parteien ist, öffnet den Blick für die gerade bei komplexen Transaktionen häufigen Fälle des Aushandelns eines Vertrags, wobei am Ende die Zustimmung beider Parteien zum Verhandlungsergebnis steht. Vertragsverhandlungen, bei denen jede der Parteien einerseits Zugeständnisse macht und andererseits auf Positionen beharrt, als nicht endende Kette von Angeboten und abändernden Annahmen mit der Folge des § 150 II zu begreifen, ginge an der Wirklichkeit und va am Verständnis der Parteien vorbei. Denn diese fühlen sich erst im Moment des Verhandlungsabschlusses gebunden. Entspr erzeugt der Abbruch von Vertragsverhandlungen allenfalls Ansprüche auf das negative Interesse (§ 145 Rn 8). Eine Bindung an ein Zwischenergebnis der Verhandlungen, wie es bei einer Anwendung des § 150 II bestünde, kann aber allenfalls über **Punktationen** (§ 154 Rn 5) oder andere **Vorfeldvereinbarungen** (Rn 27 ff) erreicht werden. Nichtsdestotrotz können insb §§ 147 f auch auf die Fälle des Aushandelns eines Vertrags analog angewendet werden (Staud/*Bork* Vorbem zu §§ 146–156 Rz 38). **45**

IV. Faktischer Vertrag. Die Lehre vom faktischen Vertrag wurde begründet, um auch in Fällen des Massenverkehrs, in denen die Parteien keine ausdrücklichen Willenserklärungen abgeben, einen Vertragsschluss konstruieren zu können (vgl noch BGHZ 21, 334). Heute wird sie allg abgelehnt, da das gewünschte Ergebnis auch über die Annahme konkludenter Willenserklärungen erreicht werden kann (BGHZ 95, 339). **46**

So liegt in den Fällen von öffentlich angebotenen Leistungen (Beförderung im Öffentlichen Personennahverkehr, Benutzung von Parkplätzen, Versorgung mit Strom, Gas, Wasser, Telekommunikationsleistungen) im Anbieten der Leistung eine Realofferte, die der Benutzer durch die Inanspruchnahme der Leistung annimmt (BGH NJW 06, 1668; NJW 06, 1971). Es ist allerdings erforderlich, dass dem Nutzer die Mitwirkung der anderen Teils an der zu erbringenden Leistung deutlich wird (BGH NJW 05, 3636 f: Kein Entgeltanspruch von Verbindungsnetz- und Plattformbetreibern ggü **Telefonkunden bei Mehrwertdiensten**; s. aber auch BGH NJW 07, 438) und dass die Leistung nicht aufgrund bestehender vertraglicher Verpflichtung ggü einem Dritten angeboten wird (BGH NJW-RR 04, 928). Der Zugang dieser Willensbetätigung mit Erklärungsgehalt ist nach § 151 entbehrlich. Die Vorschriften über Willenserklärungen sind auf die Willensbetätigung anwendbar, so dass Geschäftsfähigkeit erforderlich ist (AG Mühlheim NJW-RR 89, 175), die Anfechtung wegen eines Irrtums über die Rechtserheblichkeit des Verhaltens (§ 119 I) ist allerdings ausgeschlossen (Palandt/*Ellenberger* Einf v § 145 Rz 25). **47**

Nimmt der Benutzer die Leistung in Anspruch, lehnt aber gleichzeitig eine rechtsgeschäftliche Bindung ab, so ist der Vertragsschluss problematisch. Wird der Vorbehalt nicht ausdrücklich kundgetan, so ist er gem § 116 als Mentalreservation nichtig (Jauernig/*Jauernig* Vor § 145 Rz 20). Wenn der Vorbehalt vom Benutzer allerdings nach außen deutlich gemacht wird, so wird von der hM auf die Regel **protestatio facto contraria non valet** zurückgegriffen, nach der die Äußerung als widersprüchliches Verhalten unbeachtlich sein soll, so dass dennoch ein Vertragsschluss zu bejahen sei (BGH NJW 00, 3431 für den Fall des weiteren Bezugs von Strom nach Kündigung des Bezugsvertrags; s. aber auch BGH NJW 02, 817 und 02, 1945 für die Inanspruchnahme von Maklerdiensten nach der Erklärung, für einen Makler nichts zahlen zu wollen. Palandt/*Ellenberger* Einf v § 145 Rz 26; Staud/*Bork* Vorbem zu §§ 145–156 Rz 39; BaRoth/*H-W Eckert* § 145 Rz 45; Larenz/*Wolf* § 30 Rz 21). Von der Gegenansicht wird auf die Perplexität des Verhaltens (Widerspruch von Tun und Erklärung) abgestellt, wenn die Erklärung vor oder bei Abnahme der Leistung erfolgte. Dieser Widerspruch führe zur Unwirksamkeit des Verhaltens insgesamt, dem damit kein Erklärungsgehalt zukomme, weshalb keine Annahme festzustellen sei (Jauernig/*Jauernig* Vor 145 Rz 20; auch Soergel/*Wolf* Vor § 145 Rz 104). Eine vertragliche Bindung gegen den erklärten Willen lasse sich nicht mit der Privatautonomie vereinbaren und sei auch nicht erforderlich. Denn dem Anbieter stünden ggf Ansprüche aus ungerechtfertigter Bereicherung zu. Andere versuchen eine heteronom begründete Vertragsverbindlichkeit unter Rückgriff auf § 242 zu konstruieren (AnwK/*Schulze* Vor §§ 145 Rz 43). **48**

V. Vertragsschlüsse auf Auktionsplattformen im Internet. 1. Einführung und Abgrenzung. Vertragsschlüssen iRe **Online-Auktion** auf einer Internetplattform wie bspw eBay kommt zunehmende wirtschaftliche Bedeutung zu. Dies betrifft sowohl den Abschluss von Kaufverträgen zwischen Verbrauchern untereinander wie auch Verträge zwischen Unternehmern und Verbrauchern. Soweit diese Vertragsabschlüsse über sog Sofort- oder Direktkaufmodelle (hier findet keine Auktion statt, sondern die Ware wird zu einem Festpreis angeboten) zwischen einem Unternehmer als Anbieter und einem Verbraucher als Käufer erfolgen, können **49**

sie aus der folgenden Erörterung ausscheiden, da sie normale Fernabsatzgeschäfte darstellen, die hinsichtlich des Vertragsschlusses keine Sonderprobleme aufwerfen (AG Moers NJW 04, 1330): Der Anbieter gibt ein Angebot an eine unbestimmte Person ab, wobei sich aus der zur Artikelbeschreibung gehörigen Mengenangabe ergibt, wie viele Geschäfte er abschließen will. Der Käufer nimmt dieses Angebot durch eine entspr elektronisch übermittelte Willenserklärung an.

50 **2. Rechtliche Einordnung der Online-Auktion.** Das Betreiben einer Auktions-Plattform ist nicht nach § 34b I GewO genehmigungspflichtig. Die Durchsetzbarkeit der geschlossenen Verträge wird auch nicht von § 762 I berührt, da bei der Online-Auktion das dem Spiel wesentliche Element des Zufalls nur hinsichtlich der Stärke der Nachfrage im Angebotszeitraum vorhanden ist (BGHZ 149, 129, 139 = NJW 02, 365).

51 Online-Auktionen sind regelmäßig **keine Versteigerungen** iSd § 156 (BGH NJW 05, 54; krit *Mankowski* JZ 05, 444). Es fehlt am begriffsprägenden Zuschlag, der den Vertrag zustande bringt. Bei Online-Auktionen kommt der Vertrag vielmehr durch Zeitablauf zwischen dem Anbieter und dem aktuell Höchstbietenden zustande. Der bloße Zeitablauf ist anders als der Zuschlag iSd § 156 keine Willenserklärung (AnwK/*Kremer/Noack* Anh zu § 156 Rz 12). Der Betreiber der Plattform ist insoweit nur Empfangsvertreter (BGHZ 149, 129, 134 = NJW 02, 364), ihm kommt aber nicht die Funktion eines Versteigerers zu. Online-Auktionen sind demnach nur eine moderne Form der Vertragsanbahnung im Internet unter Verwendung eines besonderen Verfahrens zur Preisfindung (AnwK/*Kremer/Noack* Anh zu § 156 Rz 10; allg zum Vertragsschluss im Internet *Hoeren/Sieber/Kitz*, Hdb Multimedia-Recht, 13.1). Die essentialia negotii des so abgeschlossenen Vertrags, insb die Parteien und der Kaufpreis, stehen im Zeitpunkt des Vertragsschlusses, nämlich dem Ablauf der Auktion, fest (BGHZ 149, 129, 135 = NJW 02, 363; zur **Identifizierung der Vertragsparteien** mit den Nutzernamen Kobl ZGS 08, 407), so dass auch hieraus keine Bedenken gegen die Wirksamkeit des Vertrags erwachsen.

52 **3. Ablauf des Vertragsschlusses. a) Angebot und Annahme.** Das **Einstellen der Ware** verbunden mit dem Starten der Auktion durch den Verkäufer stellt die Abgabe eines **verbindlichen Verkaufsangebots** an denjenigen dar, der innerhalb der Laufzeit der Auktion das höchste Gebot abgibt (BGH NJW 05, 54; *Lettl* JuS 02, 219). Im Falle eines (verdeckten) Mindestpreises ist das Angebot aufschiebend durch das Erreichen dieses Preises bedingt (*Spindler/Nink* DRiZ 07, 196). Der Käufer nimmt das Angebot durch Abgabe eines (Höchst-)Gebots an (vgl zB § 10 Nr 1 AGB eBay).

53 Das **Gebot als Annahme** soll nach teilweise vertretener Ansicht unter der aufschiebenden Bedingung iSd § 158 I stehen, dass es im Moment des Ablaufs der Auktion das Höchstgebot bildet (AG Menden NJW 04, 1329; AnwK/*Kremer/Noack* Anh § 156 Rz 21). Vorzugswürdig erscheint es, eine unbedingte Willenserklärung anzunehmen, auf die der Erlöschensgrund des § 156 2 analog anzuwenden ist. Dies entspricht auch der in § 10 Nr 1 AGB eBay zum Ausdruck gebrachten Vorstellung (zur Wirksamkeit der AGB s.u. Rn 58). Hieraus folgt, dass Gebote, die überboten wurden, unwirksam bleiben, wenn ein höheres Gebot ausnahmsweise zulässig zurückgenommen wurde, bspw in Ausübung des Widerrufsrechts aus § 312d I. Die Beweislast für eine Annahme durch den Käufer trägt wie sonst auch der andere Teil. Hierbei verweigert ihm die Rechtsprechung einen Anscheinsbeweis bei Verwendung des eBay-Namens und des Kennworts, ebenso wenig sollen die Grundsätze über Duldungs- und Anscheinsvollmacht eingreifen (Hamm NJW 07, 611; Köln MMR 02, 813).

54 **b) Widerruf von Angebot oder Annahme.** Ein Widerruf gem § 130 I 2 von Angebot oder Annahme ist grds nicht möglich (KG NJW 05, 1053). Denn der Zugang findet bereits im Moment des Einstellens des Angebots bzw der Abgabe des Gebots statt, da der Plattformbetreiber für beide Seiten als Empfangsvertreter nach § 164 III fungiert (BGHZ 149, 129, 134 = NJW 02, 364). Etwas anders AnwK/*Kremer/Noack* Anh § 156 Rz 13, nach denen der Zugang der Annahme gem § 151 verzichtbar sein soll). Eine den Widerruf erlaubende Zeitspanne zwischen Abgabe und Zugang der Erklärung existiert damit nicht, so dass der Anbieter sein verbindliches Angebot nicht nach Start der Auktion durch „Löschung" widerrufen kann. Eine Unwiderruflichkeit des eingestellten Angebots sieht auch § 10 Nr 1 AGB eBay vor (Oldbg NJW 05 2557; KG NJW 05, 1953; vgl auch *Wackerbarth/van der Hoff* ZGS 05, 216). Indem der Verkäufer einen verdeckten Mindestpreis bestimmt, behält er sich allerdings das Recht vor, sein Angebot so lange zu widerrufen, wie das aktuelle Höchstgebot diesen Preis nicht erreicht hat.

55 Möglich ist insoweit allenfalls, das Angebot durch Anfechtung nach § 142 rückwirkend zu vernichten. Diese setzt einen Anfechtungsgrund nach §§ 119, 123 und den Zugang der Anfechtungserklärung voraus. Für letzteren ist der Betreiber der Plattform mangels entspr Vertretungsmacht im Zweifel nicht Empfangsvertreter (aA *Ulrici* NJW 01, 1113), so dass die Anfechtung durch den Verkäufer ggü dem aktuellen Höchstbieter zu erfolgen hat (aA AnwK/*Kremer/Noack* Anh § 156 Rz 23: auch ggü den überbotenen Bietern).

56 Soweit es sich um eine Transaktion zwischen einem Unternehmer und einem Verbraucher handelt (B2C-Transaktion), besteht allerdings zu Gunsten des Verbrauchers das **Widerrufsrecht aus § 312d I**, das nicht *durch § 312d IV Nr 5 ausgeschlossen wird*, da es sich bei der Online-Auktion nicht um eine Versteigerung iSd § 156 handelt (BGH NJW 05, 53; BaRoth/*H-W Eckert* § 156 Rz 4; *Mankowski* JZ 05, 444; krit *Braun* JZ 08, 330).

4. Vertragsinhalt. Die Bedingungen, zu denen der Vertrag abgeschlossen wird (Erfüllungsort, Gewährleistung etc), sind durch Auslegung des Angebots zu ermitteln. Nach den allg Regeln ist diesbzgl die Einbeziehung der **AGB des Verkäufers** möglich. Ist hier oder im Angebot selbst nichts anderes bestimmt, so ergibt sich aus den Umständen (§ 269), dass nach Wahl des Käufers eine Schick- oder Holschuld vorliegt. 57

Ob die AGB des Betreibers der Internet-Plattform Bestandteil des zwischen den Parteien geschlossenen Vertrags werden, ist str. Richtigerweise ist dies abzulehnen, da sie von keiner Seite in den Vertrag einbezogen werden (AnwK/*Kremer/Noack* Anh § 156 Rz 6 mwN). Soweit die AGB den Vertragsabschluss betreffen, ist ihre Einbeziehung jedenfalls zu verneinen, sie können allenfalls zur Auslegung der Erklärungen herangezogen werden (BGHZ 149, 129, 137 = NJW 02, 365; *Heiderhoff* ZIP 06, 793; dagegen *Hager* JZ 02, 507). 58

VI. Grenzüberschreitende Verträge. Für den Bereich des internationalen Warenkaufs sind die **Art 14 ff CISG** zu beachten, die eine dem dt Recht in weiten Teilen ähnliche Regelung vorsehen, die allerdings weitaus detaillierter ist. Abw von § 13 I 2 ist in Art 16 I CISG die Widerrufsmöglichkeit für den Antragenden grds bis zur Absendung der Annahme eröffnet, es sei denn, das Angebot ist unwiderruflich. Abw ist weiter die vertragsbegründende Wirkung von geringfügig abändernden und verspäteten Annahmeerklärungen geregelt. Hier hat es der Antragende in der Hand, über deren Wirksamkeit zu entscheiden, Art 19 II, 20 I CISG. 59

Kollisionsrechtlich unterliegt das Zustandekommen eines Vertrages nach Art 10 Rom I VO dem Recht, das auf den zu schließenden Vertrag anwendbar gewesen wäre. Insofern besteht ein Gleichklang zwischen Entstehungsstatut und Vertragsstatut, welches sich nach Art 3 ff Rom I VO bemisst. 60

E. Fehlerhafte Verträge. Weist der Vertragsschluss einen Fehler auf, so kommt es auf die Art des Fehlers an, ob der Vertrag nichtig (Bsp §§ 134, 138), (schwebend) unwirksam (§§ 108 I, 177 I, 1366 I, 1369 I, 1819 ff) oder anfechtbar (§§ 119, 120, 123) ist. 61

Es ist allerdings allg anerkannt, dass bei **fehlerhaften Dienst-** (BGH NJW 00, 2983, Anstellung eines GmbH-Geschäftsführers), **Arbeits-** und (stillen, BGH NJW 05, 627) **Gesellschaftsverträgen** (§ 705 Rn 17), die bereits in Vollzug gesetzt wurden, der Mangel nur mit Wirkung für die Zukunft geltend gemacht werden kann, sofern keine vorrangigen Schutzgesichtspunkte (BGH NJW 86, 65) eingreifen. Bis zur Geltendmachung des Mangels gilt der Vertrag als wirksam. Die Fehlerhaftigkeit des Vertrags gibt in diesen Fällen also nur ein Recht zur Auflösung ex nunc. Für Miet- oder Pachtverträge wird diese Lehre bislang nicht fruchtbar gemacht (KG NJW-RR 02, 155). 62

F. Beendigung des Vertrages. Die vom Gesetz vorgesehenen Beendigungs- oder Beseitigungsmöglichkeiten für einen geschlossenen Vertrag sind **Rücktritt** (§ 346) und bei Dauerschuldverhältnissen **Kündigung** (vgl § 313 III 2). Zu nennen ist weiter das **Widerrufsrecht** des Verbrauchers gem § 355. 63

Abgesehen von der Ausübung eines vertraglichen Rücktrittsrechts kann die Einigung privatautonom durch **Aufhebungsvertrag** als actus contrarius beseitigt werden. Hierbei können die Parteien den Vertrag auch rückwirkend aufheben. Diese Rückbeziehung der Aufhebung hat allerdings nur schuldrechtliche Wirkung. Dingliche Wirkungen können nur ex nunc beseitigt werden. Der Aufhebungsvertrag ist solange formfrei, wie durch ihn keine Rückübertragungspflichten begründet (Anspruchsgrundlage für die Rückgewähr ist nicht § 812 I 1 Alt 1, sondern der Aufhebungsvertrag) werden, deren Begründung als Leistungspflichten formpflichtig gewesen wäre. Daher ist der Aufhebungsvertrag über einen Grundstückskauf dann formpflichtig, wenn das Grundstückseigentum bereits übertragen wurde (BGHZ 83, 395, 399 = NJW 82, 1639). 64

§ 145 Bindung an den Antrag.
Wer einem anderen die Schließung eines Vertrags anträgt, ist an den Antrag gebunden, es sei denn, dass er die Gebundenheit ausgeschlossen hat.

A. Angebot. Die zeitlich erste Willenserklärung einer der künftigen Vertragsparteien oder eines ihrer Vertreter, die auf den Abschluss eines konkreten Vertrags abzielt, nennt das BGB „Antrag". Gebräuchlicher sind heute die Begriffe „Angebot" oder „Offerte". Die „Bestellung" in § 241a kann Angebot iSd § 145 oder invitatio ad offerendum sein (Jauernig/*Mansel* in § 241a Rz 3). 1

I. Rechtsnatur. Das Angebot ist eine empfangsbedürftige Willenserklärung und kein einseitiges Rechtsgeschäft, denn das Angebot kommt Wirksamkeit nur als unselbständiger Teil des zweiseitigen Rechtsgeschäfts „Vertrag" zu. Daher ist das Angebot des Minderjährigen nicht nach § 110 unwirksam, sondern ggf genehmigungsbedürftig nach §§ 107, 108; es kommt auf die potentiellen Folgen des angetragenen Vertrags an (MüKo/*Kramer* Rz 3). Entspr ist auf das Angebot eines vollmachtlosen Vertreters nicht § 180, sondern § 177 anzuwenden. 2

II. Wirksamkeitsvoraussetzungen. 1. Zugang u hinreichende Bestimmtheit. Nach allg Regeln wird das Angebot im Moment seines **Zugangs nach § 130 I 2** wirksam. Der Antrag ist grds formlos möglich und kann daher auch **konkludent** durch sog **Realofferte** erfolgen. Insofern liegt in der Zusendung unbestellter Waren grds ein Angebot auf Abschluss eines entspr Kaufvertrags (Vor §§ 145 ff Rn 43). Auch in der Zurverfügungstellung von Leistungen an die Öffentlichkeit wie bei **öffentlichen Verkehrsbetrieben** (Staud/*Bork* Rz 12), der **Versorgung mit Strom und Wasser** (BGH NJW 03, 3131), im Aufstellen von **Warenautomaten** (unter 3 dem Vorbehalt ordnungsgemäßer Bedienung, Staud/*Bork* Rz 8; MüKo/*Kramer* Rz 10) oder in der Möglichkeit, aus dem Internet kostenpflichtig **Software herunterzuladen** (Erman/*Armbrüster* Rz 7), liegt ein Angebot, welches durch die Abnahme der entspr Leistung angenommen wird (§ 151). Zum konkludenten Abschluss eines **Maklervertrags** BGH NJW 05, 3779; NJW-RR 07, 400. Zur stillschweigenden Änderung eines **Mietvertrages** BGH NJW 08, 283. Soweit allerdings für den angetragenen Vertrag Formvorschriften gelten, kommt es darauf an, ob auch die im Angebot enthaltene Erklärung formbedürftig ist.

4   Nach hM ist die hinreichende **inhaltliche Bestimmtheit** Wirksamkeitsvoraussetzung des Angebots. Es muss so spezifiziert sein, dass der andere Teil den Vertrag durch ein bloßes „Ja" zu Stande bringen kann. Als ausreichend wird es auch erachtet, wenn der Inhalt des angetragenen Vertrags beispielsweise durch die Berücksichtigung anderer Schriftstücke, die zuvor zwischen den Parteien ausgetauscht wurden, oder sonstiger Umstände bestimmbar ist. Ferner genügt es, wenn sich der Inhalt des erstrebten Vertrags im Wege der Bestimmung durch die andere Partei oder einen Dritten ergibt, vgl für die Bestimmung der Gegenleistung §§ 316 f. Entscheidend ist, dass sich dem Angebot mindestens die typusprägenden Elemente, die **essentialia negotii**, des prospektierten Vertrags entnehmen lassen (unmittelbar oder durch Auslegung). Beim Mietvertrag muss also das Mietobjekt bestimmt sein (KG NJW-RR 07, 519), beim Darlehensvertrag Zinshöhe und Zinsbindungszeitraum (Karlsr ZIP 06, 1289). Die Lückenfüllung kann dann über die Anwendung der entspr dispositiven Bestimmungen erfolgen. Bei einem Vertrag, der keinem der gesetzlichen Typen zuzuordnen ist, muss es für die hinreichende Bestimmtheit darauf ankommen, ob sich von einem objektivem Empfängerhorizont aus dem Angebot eine sinnvolle, den angestrebten Vertragszweck kenntlich machende, vollständige Regelung entnehmen lässt (MüKo/*Kramer* Rz 4). Hieraus ergibt sich, dass es nicht zwingend erforderlich ist, dass das Angebot an einen individualisierbaren Empfänger gerichtet ist (BGH ZIP 06, 137). Auch ein **Angebot an einen unbestimmten Personenkreis** (ad incertam personam oder ad incertas personas) kann wirksam sein, sofern nach Abgabe einer Annahmeerklärung unzweifelhaft ist, zwischen wem der Vertrag zustande gekommen ist. Ob ein entspr Wille des Anbietenden vorliegt, mit dem zu kontrahieren, der die Offerte annimmt, ist durch Auslegung seiner Erklärung zu ermitteln (BGH NJW 07, 2912). Regelmäßig wird ein solcher Wille nur bei Alltagsgeschäften anzunehmen sein (Staud/*Bork* Rz 19; sehr weitgehend für den Beitritt zu einer Publikums-KG, BGH NJW-RR 94, 1185 f). Entspr ist das im **Selbstbedienungsladen** ausgelegte Ware das konkludente Angebot an einen beliebigen Käufer (Staud/*Bork* Rz 19; MüKo/*Kramer* Rz 12; aA Jauernig/*Jauernig* Rz 3; Erman/*Armbrüster* Rz 10 nur invitatio), ebenso wie der aufgestellte **Warenautomat** (Rn 3) und die Bezeichnung einer Verpackung als „Pfandflasche" (BGH NJW 07, 2912) und die Einstellung eines Artikel iRe **Internet-Auktion** (BGHZ 149, 129, 133 = NJW 02, 363, 364, Vor §§ 145 ff Rn 52).

5   **2. Rechtsbindungswille. a) Grundsatz.** Wie bei jeder Willenserklärung ist auch bei Angebot und Annahme der aus der Erklärung hervorgehende Rechtsbindungswille des Erklärenden Wirksamkeitsvoraussetzung. Sein Vorliegen ist vom objektiven Empfängerhorizont aus zu beurteilen (BGH NJW 05, 2620 f). Hierbei geht es nicht um die Bindung an das Angebot, also seine mangels abweichender Bestimmung fehlende Widerrufbarkeit (hierzu Rn 10 ff), sondern um den **Geltungswillen**, der sich auf den angetragenen Vertrag beziehen muss. Die gewollte Bindung an das Angebot und die gewollte Bindung an den Vertrag sind insofern auseinander zu halten. Letzterer ist unverzichtbare Wirksamkeitsvoraussetzung, während die Unwiderruflichkeit des Angebots ausgeschlossen werden kann, § 145 Hs 2 und insofern den Wirkungen der Willenserklärung zuzuordnen ist (zu dieser Differenzierung *Häsemeyer* in FS Jayme, 1435 ff).

6   **b) Abgrenzung zur invitatio ad offerendum.** Ob ein mit Rechtsbindungswillen abgegebenes Angebot vorliegt oder nur eine unverbindliche Aufforderung zur Abgabe eines solchen durch den anderen Teil (invitatio ad offerendum) ist Auslegungsfrage. Abzustellen ist wie stets bei empfangsbedürftigen Willenserklärungen auf den objektiven Empfängerhorizont, §§ 133, 157 (vgl BGHZ 160, 393, 397 = NJW 04, 3700 Vertragsschluss bei Postident-Verfahren). Hierbei ist auf Seiten des Erklärenden zu berücksichtigen, ob ein Bindungswille etwa an Vorbehalten hinsichtlich der eigenen Leistungsfähigkeit oder Leistungsbereitschaft scheitert (so uU bei Auslegung von Waren im Schaufenster, für die nicht zwingend angenommen werden kann, dass der Aussteller gerade diese Stücke verkaufen will, *Larenz/Wolf* AT § 29 Rz 20). Auch **Kataloge, Preislisten** oder **Speisekarten** im Restaurant stellen daher noch keine Angebote dar. Im Bereich des **e-commerce** ist zu differenzieren zwischen solchen Systemen, die eine Online-Überprüfung der Produktbestände vornehmen (dann Angebot, Erman/*Armbrüster* Rz 7; aA enger *Hoeren/Sieber/Kitz*, Hdb Multimedia-Recht, 13.1. Rz 88), und solchen, die eher einem elektronischen Katalog ähneln.

7   Umgekehrt ist auf Seiten des Empfängers zu berücksichtigen, ob sich dieser auf die Rechtsverbindlichkeit der Erklärung verlassen durfte, weil für ihn ein besonderes Interesse an der vertraglichen Bindung schon im Moment seiner (Annahme-)Erklärung bestand. Dies dürfte etwa bei der Reservierung von **Hotelzimmern** der Fall sein (Ddorf NJW-RR 91, 1143 LG Frankfurt NJW-RR 06, 54). Auch darf derjenige, der bereits eine invitatio ad offerendum abgegeben hat, damit rechnen, dass der andere Teil nicht seinerseits wiederum nur mit einer solchen antwortet. Die Antwort wird er vielmehr regelmäßig als Angebot verstehen dürfen (BGH NJW 84, 1885 f). Des Weiteren werden **Abmahnschreiben** eines Wettbewerbers mit vorformulierten, strafbewehrten Unterlassungserklärungen als Angebot gewertet (BGHZ 121, 13, 16 = NJW 93, 722; Staud/*Bork* Rz 13).

c) Rechtsfolgen unverbindlicher Erklärungen. Auch wenn die invitatio ad offerendum und regelmäßig der **8**
letter of intent (Vor §§ 145 ff Rn 39) keine vertragliche Bindung erzeugen, können diese Instrumente doch einen Vertrauenstatbestand schaffen, aus dessen Verletzung sich Ersatzansprüche nach §§ 280, 241 II, 311 II ergeben können (zum letter of intent *Bergjan* ZIP 04, 395). Entspr Verletzungen können sowohl im grundlosen Abbruch der Vertragsverhandlungen liegen (§ 311 Rn 48), als uU auch im Schweigen auf ein Angebot, das als Antwort auf eine invitatio gemacht wurde (RGZ 102, 229, §§ 147, 148 Rz 4).

B. Wirkungen des Angebots. I. Bindung an das Angebot. 1. Grundsatz. Der wirksame Antrag ist für den **9**
Antragenden grds bindend. Ab dem Moment des Zugangs der Erklärung (§ 130 I 2) kann er daher seine Erklärung nicht widerrufen, es sei denn, er hat die Bindung durch einseitiges Rechtsgeschäft nach Hs 2 ausgeschlossen. Zur Bindung bei **eBay-Auktion** KG NJW 05, 1053. Das **Widerrufsrecht des Verbrauchers** nach § 355 I 1 ist dogmatisch nicht als Ausschluss der Bindungswirkung einzuordnen, sondern als gesetzliches Rücktrittsrecht, wie sich aus der Rechtsfolgenverweisung in § 357 I ergibt (AnwK/*Schulze* Rz 17; BaRoth/*Grothe* § 355 Rz 3).

2. Erlöschen der Bindung. Die Bindung endet mit dem Ablauf der gem §§ 147, 148 zu bestimmenden **10**
Annahmefrist. Bei Angeboten iRe **Vergabeverfahrens** ist § 19 Nr. 3 VOL/A zu berücksichtigen (Thüring NJW-Spezial 07, 170). **Tod oder Geschäftsunfähigkeit** des Antragenden hindern die Bindung an das Angebot grds nicht, § 153. Für den Antragsempfänger vgl § 153 Rn 7. Bei nicht voraussehbarer Änderung der Umstände kann der Antragende allerdings unter den Voraussetzungen von §§ 313, 314 ausnahmsweise das Angebot widerrufen (Ddorf NJW-RR 91, 311; ausf zum Verhältnis zu der Haftung aus § 311a II *Tettinger* ZGS 06, 452).

II. Ausschluss der Bindung (Hs 2). Die von Hs 1 vorgesehene Bindungswirkung kann vom Antragenden **11**
durch einseitige, empfangsbedürftige Willenserklärung ausgeschlossen werden. Diese Erklärung muss dem Empfänger spätestens gleichzeitig mit dem Angebot zugehen, ein späterer Bindungsausschluss ist unwirksam (AnwK/*Schulze* Rz 15). Der Ausschluss der Bindung erfolgt mit Klauseln wie „**freibleibend**" (BGH NJW 96, 919), „**ohne Obligo**" oder „**freibleibend, entspr unserer Verfügbarkeit**" (BGH NJW 84, 1885), zu deren Auslegung jeweils die gesamten Umstände des Einzelfalls heranzuziehen sind. Abhängig davon kann eine derartige Klausel schon den fehlenden Rechtsbindungswillen des Erklärenden ausdrücken (BGH NJW 96, 919), so dass es sich bei der Erklärung nur um eine invitatio handelt (Rn 6), die den Erklärenden allerdings zur Ablehnung eines etwa angegebenen Angebots verpflichten kann, wenn er nicht gebunden sein will (RGZ 102, 229). Sie kann aber auch als Ausschluss der Bindungswirkung des Angebots nach Hs 2 zu verstehen sein, so dass der Antragende sein Angebot noch bis zur Wirksamkeit der Annahmeerklärung widerrufen kann. Schließlich kann ihnen auch die Wirkung zukommen, dass der Antragende seine Bindung an den Vertrag sogar noch unmittelbar nach Wirksamkeit der Annahme aufheben kann (offengelassen in BGH NJW 84, 1885). Dogmatisch handelt es sich im letzten Fall um einen **Widerrufsvorbehalt**, kombiniert mit einem befristeten vertraglichen Rücktrittsrecht (Staud/*Bork* Rz 27, 32; s. iÜ die Kommentierungen zu § 346 HGB). Durch Klauseln wie „so lange der Vorrat reicht" oder „Zwischenverkauf vorbehalten" wird die Bindung an den Antrag an eine auflösende Bedingung, § 158 I, geknüpft (Hambg BB 60, 383). Es ist zulässig, den Widerruf der Bindungswirkung selbst widerruflich auszugestalten, wenn nämlich nicht schon der Widerruf der Bindungswirkung zum Erlöschen des Angebots geführt hat (BGH NJW-RR 04, 953).

C. Position des Angebotsempfängers. I. Allgemein. Nach hA steht dem Empfänger des Angebots ein **12**
Gestaltungsrecht zu, durch dessen Ausübung er den Vertrag zu Stande kommen lassen kann (RGZ 132, 6; Jauernig/*Jauernig* Rz 4; AnwK/*Schulze* Rz 10; aA Staud/*Bork* Rz 34; *Häsemeyer* FS Jayme 1441). Jedenfalls ist der Empfang eines Angebots dem Empfänger ausschl günstig, so dass auch der Zugang an einen beschränkt Geschäftsfähigen das Angebot wirksam werden lässt, § 131 II 2.

II. Bindendes Angebot. Das bindende Angebot als Teil des zu schließenden Vertrags entfaltet darüber hinaus **13**
bereits vertragliche Vorwirkungen: So kann der künftige Erfüllungsanspruch schon durch **Vormerkung** gesichert werden, auch Sicherung durch Bürgschaft oder Grundschuld sind ebenso wie die Unterwerfung unter die sofortige Zwangsvollstreckung (§ 794 I Nr 5 ZPO) möglich (RGZ 132, 7). Ob diese Position nach §§ 413, 398 **übertragbar** (dann auch verpfändbar nach § 1274 II, §§ 857, 851 ZPO und Bestandteil der Insolvenzmasse nach § 35 InsO) ist, richtet sich nach dem Willen des Antragenden, der ggf durch Auslegung zu ermitteln ist. Zu Tod und Insolvenz des Antragsempfängers s. § 153 Rn 7.
Zwischen dem Empfänger eines bindenden Angebots und dem Antragendem entsteht ein **vorvertragliches** **14**
Vertrauensverhältnis, das den Antragenden verpflichtet, den Zugang der Annahme nicht zu vereiteln (§ 162 Rn 11) und den Gegner ggf auf den verspäteten Zugang der Annahme hinzuweisen, § 149. Auch muss der Antragende den Erklärungsempfänger über zwischenzeitliche Leistungshindernisse informieren. Unterlässt er dies, haftet er auch bei unverschuldeten Leistungshindernissen auf das negative Interesse aus cic. Weiterhin ist der Antragende verpflichtet, den Zweck des angetragenen Vertrags nicht durch Zerstörung des Vertragsgegenstands oder anderweitige vertragliche Bindung zu gefährden oder zu vereiteln. Vor solchen Handlungen wird der Empfänger durch Unterlassungs- und Schadensersatzansprüche geschützt. Einerseits sind angebots-

widrige anderweitige Rechtshandlungen wirksam, andererseits berühren diese vorbehaltlich der Widerrufsmöglichkeit nach dem Rechtsgedanken der §§ 313, 314 (Rn 10) auch nicht die Wirksamkeit des Angebots. Gibt der Eigentümer A also ein Übereignungsangebot an B ab, übereignet aber während der Annahmefrist die Sache an C und nimmt B schließlich das erste Angebot wirksam an, verfügt A ggü B als Nichtberechtigter. Er hat ggf **Schadensersatz analog § 160 I** zu leisten. Ein Anspruch auf das erlangte Surrogat nach § 285 besteht nicht (aA AnwK/*Schulze* Rz 12). Das gleiche gilt, wenn der Antragende den Verfügungsgegenstand während der Annahmefrist schuldhaft zerstört (MüKo/*Kramer* Rz 21). § 160 I stellt in entsprechender Anwendung auch die passende Anspruchsgrundlage bei Verpflichtungsgeschäften dar, wenn die Leistung infolge zurechenbaren Verschuldens des Antragenden während der Schwebezeit unmöglich geworden ist (AnwK/*Wackerbarth* § 160 Rz 8; aA P *Tettinger* ZGS 06, 452). § 311a II passt nicht, da sich dort der Vorwurf auf die Kenntnis des Leistungshindernisses bezieht, hier geht es jedoch um dessen zurechenbare Verursachung. Der Schadensersatzanspruch geht auf das positive Interesse, da es nicht mehr in der Hand des Antragenden lag, den Vertragsschluss zu verhindern (*Flume* II, § 35 I 3e). Ein **Schutz über § 823 I** findet mangels Absolutheit der Empfängerposition nicht statt.

15 **D. Beweislast.** Der Empfänger hat die Tatsachen zu beweisen, auf die er sich zur Begründung seiner Behauptung beruft, dass ein wirksames Angebot vorliegt. Dagegen obliegt es dem Anbietenden, die Umstände darzulegen und zu beweisen, aus denen sich der Ausschluss der Bindungswirkung ergeben soll.

§ 146 Erlöschen des Antrags.
Der Antrag erlischt, wenn er dem Antragenden gegenüber abgelehnt oder wenn er nicht diesem gegenüber nach den §§ 147 bis 149 rechtzeitig angenommen wird.

1 **A. Ablehnung.** Das Angebot erlischt mit der Ablehnung durch den Angebotsempfänger. Die Ablehnung ist **einseitiges Rechtsgeschäft** (Staud/*Bork* Rz 9; MüKo/*Kramer* Rz 4) und kann formlos geschehen. § 150 II ist ein Sonderfall der ebenfalls zulässigen konkludenten Ablehnung (zur Abgrenzung zw Ablehnung und Bitte um Verlängerung der Annahmefrist Celle NJW-RR 09, 1150). **Schweigen** hat grds keinerlei Erklärungsgehalt. Eine **Pflicht zur Ablehnung** besteht grds nicht, kann sich aber aus dem vorvertraglichen Vertrauensverhältnis ergeben, im Einzelnen § 148 Rn 3. Die **verspätete Annahme** ist ebenso wie die Annahme nach vorheriger Ablehnung als neuer Antrag zu werten (§ 150 I, §§ 133, 157).

2 **B. Andere Erlöschensgründe.** Außerdem erlischt das Angebot grds mit dem Ablauf der nach §§ 147, 148 zu ermittelnden Bindungsfrist (BGH NJW-RR 94, 1164). Abw von dieser dispositiven Regel ist es zulässig, ein Angebot gem § 148 zu befristen, es aber zugleich ggüber diesem Zeitpunkt annahmefähig bis zum Zeitpunkt des Widerrufs auszugestalten (BGH NJW-RR 04, 953; München ZIP 05, 160). Der Ablauf der Bindungsfrist führt insofern nicht zwingend zum Erlöschen des Angebots (AnwK/*Schulze* § 145 Rz 15).

3 Das Angebot erlischt des Weiteren durch wirksamen **Widerruf**, bleibt aber grds von **Tod, Insolvenz** oder eingetretener **Geschäftsunfähigkeit** des Offerenten gem § 153 unberührt.

§ 147 Annahmefrist.
(1) ¹Der einem Anwesenden gemachte Antrag kann nur sofort angenommen werden. ²Dies gilt auch von einem mittels Fernsprechers oder einer sonstigen technischen Einrichtung von Person zu Person gemachten Antrag.
(2) Der einem Abwesenden gemachte Antrag kann nur bis zu dem Zeitpunkt angenommen werden, in welchem der Antragende den Eingang der Antwort unter regelmäßigen Umständen erwarten darf.

1 S Kommentierung zu § 148.

§ 148 Bestimmung einer Annahmefrist.
Hat der Antragende für die Annahme des Antrags eine Frist bestimmt, so kann die Annahme nur innerhalb der Frist erfolgen.

1 **A. Annahmeerklärung. I. Ausdrückliche oder konkludente Annahme.** Die Annahme ist wie das Angebot **empfangsbedürftige Willenserklärung.** Ihr Zugang ist allerdings in den Fällen der §§ 151 I, 152 entbehrlich. Inhaltlich liegt eine Annahme vor, wenn die Erklärung eine uneingeschränkte Zustimmung zum Angebot enthält. Daher geht das Angebot der Annahme stets voraus, die „antizipierte Annahme" ist entweder invitatio (§ 145 Rn 6) oder selber Angebot (Hamm NJW 01, 1143; AnwK/*Schulze* Vor §§ 145 Rz 18; aber BGHZ 149, 129, 134 = NJW 02, 363). Zur Annahme unter Änderungen s. § 150 2.

2 Soweit die Annahme formfrei möglich ist, kann sie auch durch automatisierte Willenserklärung (abzugrenzen von der elektronischen Bestellbestätigung, AG Butzbach NJW-RR 03, 55) oder schlüssiges Verhalten erfolgen (etwa durch die widerspruchslose Fortsetzung der Tätigkeit nach einem Änderungsangebot, das sich jedenfalls teilweise im Arbeitsverhältnis unmittelbar auswirkt, BAG ZIP 02, 46). Ob in der **Einlösung eines Schecks** eine Annahme des zusammen mit der Scheckzusendung angebotenen Teilerlasses zu sehen ist, ist Auslegungsfrage. Hierbei kommt es entscheidend auf das Verhältnis zwischen Höhe der geltend gemachten

Forderung und Schecksumme an (zur Abgrenzung zwischen konkludenter Annahme des angetragenen Erlassvertrags und unzulässiger **Erlassfalle** BGH NJW 01, 2325; Kobl NJW 03, 758).

II. Schweigen als Annahme. 1. Schweigen im Allgemeinen. Schweigen stellt auch im kaufmännischen Verkehr grds keine Annahme dar (AnwK/*Schulze* § 147 Rz 5). Auch iRv § 663 und § 44 BRAO folgt aus einem Unterlassen der Ablehnungsanzeige nur ein Ersatzanspruch auf das negative Interesse (§ 663 Rn 5; Jauernig/*Mansel* § 663 Rz 3). Anders im Anwendungsbereich von **§ 516 II 2, § 362 I HGB und § 5 III 1 PflVG**. In diesen Fällen knüpft das Gesetz an das Schweigen des Angebotsempfängers die Fiktion der Annahme. Weiterhin kann zwischen den Parteien vereinbart worden sein, dass dem Schweigen Annahmewirkung zukommen soll („beredtes Schweigen", Ddorf NJW 05, 1515). Für Vereinbarung in AGB s. § 308 Nr 5. Auch bei entspr Rahmenverträgen oder bei laufender Geschäftsverbindung, bei der sich eine derartige Übung entwickelt hat, kann im Schweigen eine konkludente Annahme liegen (RGZ 84, 324; bei außergewöhnlichen und besonders bedeutsamen Geschäfte jedoch zu verneinen, BGH NJW-RR 94, 1165). 3

Schweigt der Empfänger eines Angebots, das auf eine von ihm stammende invitatio hin abgegeben wurde, so wird man dagegen grds nur einen Schadensersatzanspruch aus § 311 II anerkennen können (RGZ 102, 229; Staud/*Bork* § 146 Rz 10; AnwK/*Schulze* Rz 7; aA MüKo/*Kramer* § 151 Rz 5; Erman/*Armbrüster* § 147 Rz 3). Aus der Verletzung einer ausnahmsweise zu bejahenden Pflicht zur Ablehnung des Angebots (§ 146 Rn 1) folgt insofern nicht zwingend die Fiktion der Annahme (aA Palandt/*Ellenberger* § 147 Rz 3). Zur Abgrenzung muss es darauf ankommen, ob sich das Verhalten des Angebotsempfängers nach §§ 133, 157 dahingehend auslegen lässt, dass er den Vertrag wollte. Die Rspr verfährt hier zT unter Berufung auf § 242 großzügig. So soll bei einer **geringfügig verspäteten Annahmeerklärung** das Schweigen des Empfängers regelmäßig als konkludente Annahme des neuen Angebots (§ 150 I) zu werten sein. Auch in diesen Fällen soll aber Anderes anzunehmen sein, wenn Umstände vorliegen, die die Möglichkeit einer Änderung seiner sachlichen Entscheidung nahe legen (BGH NJW 86, 1809; NJW-RR 94, 1165). Weitergehend *Flume* II § 35 II 2, der § 149 analog anwenden will. Auch Schweigen auf ein Angebot auf Grund von Verhandlungen, bei denen alle wesentlichen Punkte geklärt worden waren und die Parteien daher fest mit einem Vertragsschluss rechnen durften, soll Annahme sein (BGH NJW 96, 920; NJW 95, 1281; sogar bei Vorverhandlungen mit namensähnlicher Schwesterfirma BGH NJW-RR 86, 457). 4

2. Schweigen auf ein kaufmännisches Bestätigungsschreiben. Kraft Gewohnheitsrechts (*K. Schmidt* HandelsR § 19 III 1a) kann auch an das Schweigen auf ein kaufmännisches Bestätigungsschreiben die **Fiktion der Annahme** durch den Empfänger geknüpft werden. Aus dogmatischer Sicht ist str, ob die Fiktion am Schweigen des Empfängers anknüpft (MüKo/*Kramer* § 151 Rz 21) oder auf einer Rechtsscheinhaftung kraft typisierten Verhaltens beruht (*Canaris*, Handelsrecht, § 23 Rz 9; *Lettl* JuS 08, 849, 850). Tatbestandlich gelten folgende Voraussetzungen: **(1)** Absender und Empfänger des Schreibens müssen **Kaufleute** sein oder wie solche am Geschäftsverkehr teilnehmen (Vertretung eines Nicht-Kaufmanns durch einen Rechtsanwalt genügt nicht, BGH NJW 75, 1358). Hilfreich dürfte es sein, auf die Unternehmereigenschaft nach § 14 abzustellen. Danach können auch Insolvenzverwalter (BGH NJW 87, 1941), Rechtsanwälte (bei Handeln im eigenen Namen, RG JW 31, 522, nicht wenn sie als Vertreter für einen Nicht-Kaufmann handeln), Makler, Architekten und Wirtschaftsprüfer (BGHZ 40, 42, 44 = NJW 63, 1922; DB 67, 1362; Brandbg BauR 09, 1484; Kobl NJW-RR 08, 813) Empfänger oder Absender eines Bestätigungsschreibens sein. **(2)** Das Schreiben muss dem Empfänger zugegangen sein, so dass er die **tatsächliche Möglichkeit der Kenntnisnahme** hatte (BGHZ 70, 232, 233 = NJW 78, 886). **(3)** Es müssen **Vertragsverhandlungen** unmittelbar voraus gegangen sein (BGH NJW 90, 386), die nach Meinung des Absenders zu einem Vertragsschluss geführt haben, so dass der Empfänger mit dem Eintreffen eines Bestätigungsschreibens rechnen konnte (BGH NJW 64, 1223). Dass der am Vertragsschluss beteiligte Vertreter tatsächlich vollmachtlos war, hindert nicht die Anwendbarkeit der Grundsätze über das kaufmännische Bestätigungsschreiben (BGH NJW 07, 987, 988). Dieser (angebliche) Vertragsschluss muss im Schreiben bestätigt werden (BGH NJW 64, 1224; NJW 72, 820), wobei es eine Frage des Einzelfalls ist, ob die Bitte um Gegenbestätigung das Vorliegen eines kaufmännischen Bestätigungsschreibens ausschließt (BGH NJW-RR 07, 325). **(4)** Ein unverzüglicher (§ 121 I 1) **Widerspruch** des Empfängers des Bestätigungsschreibens nimmt diesem jede Wirkung. Für die Unverzüglichkeit kommt es auf die Umstände des Vertragsschlusses an, die Beurteilung unterliegt tatrichterlichem Ermessen (BGH NJW 62, 246 f). 5

Für den Fall eines tatsächlich mit diesem Inhalt geschlossenen Vertrags kommt dem Bestätigungsschreiben nur **Beweisfunktion** im Prozess zu (BGH NJW 64, 1269, 1270). Ist es jedoch iRd Verhandlungen in Wahrheit noch nicht zu einem Vertragsschluss zu diesen Bedingungen gekommen, entfaltet das Bestätigungsschreiben materielle Wirkung. Diese kann darin bestehen, dass der Inhalt des geschlossenen Vertrags entspr dem Inhalt des Schreibens abgeändert wird, es kann aber auch sein, dass der Vertrag überhaupt erst durch die widerspruchslose Hinnahme geschlossen wird, soweit nicht andere Wirksamkeitsmängel entgegenstehen (BGH NJW-RR 91, 1290; NJW 81, 2147). Dogmatisch handelt es sich insofern entweder um einen Antrag auf Abschluss eines Änderungsvertrags oder gem § 150 II um einen neuen Antrag (AnwK/*Schulze* § 147 Rz 10 Fn 23); die Annahme wird jeweils infolge des Schweigens fingiert. Ein (Erklärungs-)**Irrtum über die Bedeutung des Schweigens** auf das Bestätigungsschreiben berechtigt nicht zur Anfechtung der fingierten Willenser- 6 klärung, da die Wirkungen kraft Gesetzes eintreten und nicht auf dem Willen des Schweigenden beruhen (*Lettl* JuS 08, 849, 852). Die **Anfechtung wegen Inhaltsirrtums** bleibt unberührt, allerdings ist die Kausalität des Irrtums für sein Schweigen vom Anfechtenden zu beweisen (BGH NJW 72, 45).

7 Eines Widerspruchs bedarf es dann nicht, wenn das Schreiben vom Inhalt der bereits getroffenen Vereinbarung in so **erheblicher Weise abweicht**, dass der Absender vernünftigerweise, also objektiv (MüKoHGB/ *K. Schmidt* § 346 Rz 163; aA *Lettl* JuS 08, 849, 851) nicht mit der widerspruchslosen Hinnahme durch den Empfänger rechnen durfte (BGH NJW 94, 1288; Kobl NJW-RR 08, 813). Das gilt auch für solche mit dem Bestätigungsschreiben **einbezogene AGB**, deren Hinnahme der Absender nicht erwarten konnte, etwa weil sie erheblich vom dispositiven Recht abweichen (BGH NJW 80, 449). Ein bewusst falsches Bestätigungsschreiben bedarf ebenfalls keines Widerspruchs (BGH JZ 67, 575). Für Abweichungen vom tatsächlich Vereinbarten ist der Empfänger beweispflichtig (BGH NJW-RR 01, 680).

8 Auch bei sich **kreuzenden Bestätigungsschreiben** unterschiedlichen Inhalts bedarf es von keiner Seite eines Widerspruchs (BGH BB 61, 954; WM 84, 639; anders BGH NJW 66, 1070 für zusätzlichen Gewährleistungsausschluss, zw), da die Parteien hier die abweichende Auffassung des jeweils anderen Teils kennen mussten (MüKo/*Kramer* § 151 Rz 33; *Lettl* JuS 08, 849).

9 **3. Auftragsbestätigung.** Die Auftragsbestätigung ist nichts anderes als die Annahme eines Angebots. Die Abgrenzung zum Bestätigungsschreiben erfolgt nicht nach der vom Erklärenden gewählten Bezeichnung, sondern nach dem Inhalt des Schreibens (BGHZ 54, 236, 239). Soll durch das Schreiben der Vertrag erst geschlossen werden, so liegt eine Auftragsbestätigung vor, soll es dagegen nur den Inhalt eines (angeblich) bereits geschlossenen Vertrags fixieren oder präzisieren, so handelt es sich um ein kaufmännisches Bestätigungsschreiben (*Lettl* JuS 08, 849, 850). Zum Schweigen auf eine Auftragsbestätigung, die Änderungen enthält (§ 150 II) BGHZ 18, 212, 215 = NJW 55, 1794; NJW 73, 2106.

10 **B. Rechtzeitigkeit der Annahme.** Die Annahme führt nur dann zum Vertragsschluss, wenn sie dem Antragenden innerhalb der nach §§ 147, 148 zu bestimmenden Annahmefrist zugeht. Die rechtzeitige Abgabe genügt vorbehaltlich § 149 nicht. Die verspätete Annahme ist gem § 150 I als neuer Antrag zu werten. Im Fall der Vereitelung des rechtzeitigen Zugangs muss sich der Empfänger so behandeln lassen, als sei die Erklärung rechtzeitig zugegangen (§ 162 Rn 11; MüKo/*Kramer* § 147 Rz 9).

11 **I. Vom Antragenden gesetzte Annahmefrist, § 148.** Hat der Antragende durch einseitiges Rechtsgeschäft (Soergel/*Wolf* § 148 Rz 3) selbst eine Annahmefrist gesetzt, so ist diese maßgebend. Hierin liegt zugleich die Setzung einer Bindungsfrist nach § 145 Hs 2. Die Fristsetzung bedarf der Form des Antrags (BaRoth/*H W Eckert* § 148 Rz 3), ist dieser formfrei, kann sie auch konkludent geschehen oder sich aus den Umständen ergeben (Fristbestimmung durch Setzen einer Zuschlagsfrist nach **§ 19 VOL/A** Saabr NZ Bau 06, 462; Frist zur schriftlichen Fixierung des Verhandlungsergebnisses Ddorf OLGR 07, 465, BAG NZA 07, 925 Tz 16 bitte um „umgehende Mitteilung"). Für **Fristbestimmung in AGB s. § 308 Nr 1** (s.a. BGHZ 145, 139, 142 = NJW 01, 303). Bezüglich der Annahme einer Änderungskündigung darf die gesetzliche Frist von drei Wochen nach § 2 2 KSchG nicht durch eine nach § 148 bestimmte Frist unterschritten werden (BAG DB 07, 1474). Die **Berechnung** der Frist erfolgt nach §§ 186 ff, wobei die nach einem Zeitraum bestimmte Frist idR am Tage des Antrags (nicht seines Zugangs) beginnt (Soergel/*Wolf* § 148 Rz 8). Soweit ein konkretes Datum festgesetzt wurde, ist eine Annahme an diesem Tag im Zweifel noch fristgemäß, § 188. Nachträgliche Fristverlängerung ist möglich. Eine kürzere als die nach § 147 II einschlägige Frist kann allerdings gem § 130 I 2 nur vor oder gleichzeitig mit dem Antrag gesetzt werden. Ist die Fristsetzung unwirksam, gilt § 147 II; die Auslegungsregel des § 139 ist insoweit nicht anzuwenden.

12 Eine Vertragsannahme durch einen Vertreter ohne Vertretungsmacht kann trotz § 184 I nur innerhalb der Frist genehmigt werden (BGHZ 108, 380 = NJW 90, 508; 73, 1790; Staud/*Bork* § 148 Rz 10; BaRoth/*H W Eckert* § 148 Rz 9; aA Jauernig/*Jauernig* § 148 Rz 1).

13 **II. Fehlen einer Fristbestimmung.** Hat der Antragende seinem Angebot keine Fristbestimmung beigefügt, kommt es für die Bestimmung des Zeitraums der Annahmefähigkeit gem § 147 darauf an, ob es sich um ein Angebot unter An- oder Abwesenden handelt.

14 **1. Annahme eines Angebots unter Anwesenden, § 147 I.** Unter Anwesenden wird gehandelt, wenn die Möglichkeit besteht, dass die Abgabe der Willenserklärung mit ihrer Kenntnisnahme unmittelbar zusammenfällt. Dies ist neben dem **direkten Gespräch** gem § 147 I 2 auch bei **Telefongesprächen, Videokonferenzen** und **elektronischen Chats** der Fall (aA für Chats über das Internet *Dörner* AcP 02, 375; AnwK/*Schulze* § 147 Rz 11). Bei Kommunikation per BTX oder E-Mail liegt dagegen eine Erklärung unter Abwesenden vor. Wird das Angebot ggü einem Empfangsboten abgegeben, so liegt eine Erklärung unter Abwesenden vor, nicht so bei einem Angebot an einen **Stellvertreter**, selbst wenn dieser vollmachtlos ist (BGH NJW 96, 1062, 1064). Bei der Übergabe von **verkörperten Willenserklärungen** wird man regelmäßig § 147 II anzuwenden haben (BGH NJW 85, 196; Frankf NJW-RR 98, 567; Staud/*Bork* § 147 Rz 2; aA AnwK/*Schulze* § 147 Rz 12: Frist nach § 148).

Das Angebot muss ohne jedes Zögern, ob schuldhaft oder nicht, so schnell wie objektiv möglich angenommen werden. Abhängig von den Umständen, insb von der Komplexität des Angebots ist dadurch jedoch keine Antwort in Sekundenschnelle gefordert (Staud/*Bork* § 147 Rz 5). Bei Störungen der Kommunikation – etwa durch Abbruch der Telefonverbindung – kann der Annehmende durch sofortigen Rückruf noch rechtzeitig die Annahme erklären (MüKo/*Kramer* § 147 Rz 3; AnwK/*Schulze* § 147 Rz 11). **15**

2. Annahme eines Angebots unter Abwesenden, § 147 II. Die gesetzliche Annahmefrist eines Antrags unter Abwesenden, für den keine Fristbestimmung nach § 148 greift, setzt sich zusammen aus der Zeit für die Übermittlung des Antrags an den Empfänger, dessen Bearbeitungs- und Überlegungszeit sowie aus der Zeit für die Übermittlung der Antwort an den Antragenden (BGH NJW 96, 919, 921). Die Bestimmung der einzelnen Zeiträume muss aus der objektivierten Perspektive des Antragenden vorgenommen werden: Weiß er, dass der Erklärungsempfänger im Urlaub ist oder wegen starken Arbeitsanfalls, Krankheit oder aus sonstigen Gründen an der Bearbeitung des Angebots gehindert ist, so verlängert sich die Überlegungsfrist (BGH NJW 08, 1148 Tz 21; BGHZ 145, 139, 142 = NJW 01, 303; BAG BB 03, 1732). Das gleich gilt, wenn ihm bekannt ist, dass der Angebotsempfänger Auskünfte von Dritten einzuholen hat. Umstände, die der Antragende nicht kannte und auch nicht hätte kennen müssen, verlängern die Frist dagegen nicht. Bei dem angemessenen Zeitraum für die Übermittlung der Antwort ist das vom Antragenden hinsichtlich des Angebots **gewählte Kommunikationsmittel** zu berücksichtigen. Sendet er das Angebot per Kurier oder E-Mail, so steht auch für die Übermittlung der Annahme nur ein entspr kurzer Zeitraum zur Verfügung. Ein **Antrag per Fax** muss daher spätestens innerhalb von zwei Geschäftstagen angenommen werden (LG Wiesbaden NJW-RR 98, 1435), wobei gerade Fax und E-Mail oft weniger aus Beschleunigungsgründen als aus Ersparnisgründen eingesetzt werden (Staud/*Bork* § 147 Rz 14). Für Verzögerungen bei der Übermittlung des Angebots s. § 149. Aus den drei Abschnitten ist eine Gesamtfrist zu berechnen. So kann beispielsweise eine überlange Bearbeitungsdauer durch eine besonders schnelle Übermittlung ausgeglichen werden. Die Bestimmung der Frist unterliegt tatrichterlichem Ermessen und kann daher vom Revisionsgericht nur hinsichtlich der Einhaltung der Ermessensgrenzen nachgeprüft werden (BAG BB 03, 1732). **16**

IE ist danach verspätet eine Antwort, die mehrere Wochen nach einem schriftlichen **Kauf- oder Werkvertragsangebot** eingeht (LG Hamburg NJW 88, 115, 2 Wochen bei Autokauf; Frankf NJW-RR 98, 567 zwei Tage bei Angebot unter Anwesenden und Verzicht auf sofortige Annahme; Rostock NJW-RR 98, 526, 6 Wochen bei Werkvertrag). Bei nach § 550 1 formbedürftigen **Mietverträgen** soll die Frist idR zwei bis drei Wochen betragen (KG NZM 2007, 731, 733, hierzu *Schultz* NZM 07, 509; *Pleister/Ehrich*, ZMR 09, 818). Dagegen kann das Angebot eines **Maklers** auch noch nach Monaten angenommen werden (München OLGZ 78, 446). Bei **Darlehensverträgen** ist Annahme nach 8 Monaten verspätet (BGH NJW-RR 08, 1436 Tz 38). **17**

§ 149 Verspätet zugegangene Annahmeerklärung.

¹Ist eine dem Antragenden verspätet zugegangene Annahmeerklärung dergestalt abgesendet worden, dass sie bei regelmäßiger Beförderung ihm rechtzeitig zugegangen sein würde, und musste der Antragende dies erkennen, so hat er die Verspätung dem Annehmenden unverzüglich nach dem Empfang der Erklärung anzuzeigen, sofern es nicht schon vorher geschehen ist. ²Verzögert er die Absendung der Anzeige, so gilt die Annahme als nicht verspätet.

A. Allgemeines. § 149 ist eine Einschränkung des in § 150 I normierten Grundsatzes, dass eine verspätete Annahme als neues Angebot gilt. Unter den Voraussetzungen der Norm ist die Verspätung unbeachtlich, so dass die Erklärung den Vertragsschluss bewirkt. **1**

B. Tatbestand und Rechtsfolge. Für den Annehmenden durfte die Verspätung des Zugangs, die sich nach §§ 147 II, 148 bemisst, nicht vorhersehbar sein (Staud/*Bork* Rz 4). Er muss die Erklärung rechtzeitig abgesendet und einen üblichen Versandweg gewählt haben. Schließlich muss dem Empfänger bei Anwendung der im Verkehr erforderlichen Sorgfalt die Rechtzeitigkeit der Versendung erkennbar gewesen sein, etwa durch den Poststempel (BGH NJW 88, 2106). **2**

Der Empfänger hat unter diesen Voraussetzungen die Verspätung ohne schuldhaftes Zögern (§ 121 I) anzuzeigen, wobei die rechtzeitige Absendung der Anzeige genügt. Auf ihren Zugang kann jedoch nicht vollständig verzichtet werden (Staud/*Bork* Rz 8; BaRoth/*H.-W. Eckert* Rz 10; aA Palandt/*Ellenberger* Rz 3). **3**

Kommt der Empfänger seiner Anzeigeobliegenheit aus 1 nicht oder nur verspätet nach, so gilt die Annahme als rechtzeitig, so dass der Vertrag vorbehaltlich sonstiger Hindernisse zum Zeitpunkt des tatsächlichen Zugangs (MüKo/*Kramer* Rz 4) geschlossen ist. Bei rechtzeitiger Anzeige gilt § 150 I. Zum Schweigen auf geringfügig verspätet abgesandte Annahmeerklärungen s. § 148 Rn 4. **4**

§ 150 Verspätete und abändernde Annahme.

(1) Die verspätete Annahme eines Antrags gilt als neuer Antrag.
(2) Eine Annahme unter Erweiterungen, Einschränkungen oder sonstigen Änderungen gilt als Ablehnung verbunden mit einem neuen Antrag.

1 **A. Verspätete Annahme, Abs 1.** Die gem §§ 147, 148 verspätete Annahme ist – vorbehaltlich § 149 – unwirksam, da das Angebot nach § 146 erloschen ist. Hinsichtlich der verspäteten Annahmeerklärung vermutet § 150 I widerleglich (Staud/*Bork* Rz 1), dass sie als neuer Antrag gelten soll. Der neue Antrag unterliegt wiederum den §§ 145–148. Sofern die Annahme selbst nicht die essentialia negotii des Geschäfts wiederholt, etwa weil sie nur in einem einfachen „Ja" besteht, ist der Inhalt des fingierten neuen Angebots unter Berücksichtigung des erloschenen Angebots durch Auslegung zu ermitteln (Soergel/*Wolf* Rz 3). § 150 I setzt den Zugang der Annahmeerklärung voraus, in den Fällen der Entbehrlichkeit des Zugangs der Annahmeerklärung (§§ 151, 152, 156) reicht Kenntniserlangung durch den Anbietenden (BaRoth/*H.-W. Eckert* Rz 3). Hinsichtlich des Zugangs der Annahme des neuen Angebots wird man regelmäßig § 151 1 Alt 1 anwenden können (Ddorf MDR 93, 26; Erman/*Armbrüster* Rz 1; AnwK/*Schulze* Rz 2; aber Köln NJW 90, 1051 für einen hohen Hypothekendarlehensvertrag).

2 Bei nur **geringer Fristüberschreitung**, va soweit es um die gesetzliche Annahmefrist nach § 147 II geht, kann das Schweigen auf die verspätete Annahme auch außerhalb von § 149 zum Vertragsschluss führen. Infolge der nur geringen Fristüberschreitung kann der Anbietende nach Treu und Glauben verpflichtet sein, die Verspätung und damit die Unwirksamkeit der Annahme anzuzeigen s. § 148 Rn 4.

3 **B. Annahme unter Änderungen, Abs 2.** Der Antrag kann nur so angenommen werden, wie er ist. Eine Abweichung der Annahme vom Angebot bedeutet daher die Ablehnung des Angebots iSv § 146 (BGH NJW-RR 93, 1036. S. aber § 2 KSchG zur Annahme der **Änderungskündigung** unter Vorbehalt) und begründet gem § 150 II die widerlegliche Vermutung, dass ein neuer Antrag zu den modifizierten Bedingungen gemacht werden soll. (Zum Verhältnis der Regelung zum Nachverhandlungsverbot im **Vergaberecht,** § 24 Nr 3 VOB/A Hamm NJW-RR 07, 820.) Dieser Antrag bedarf seinerseits der Annahme (BGH NJW 90, 1846). Auf den Zugang der Annahmeerklärung wird man bei § 150 II seltener verzichten können als nach § 150 I. Schweigen genügt nur unter den bei § 148 Rn 3 dargestellten Voraussetzungen. Führen die Parteien den Vertrag nach dem Zugang der modifizierenden Annahme durch, so ist zu ermitteln, welche Bedingungen gelten sollen. Jedenfalls wenn die Abweichungen wesentliche Gesichtspunkte betreffen, ist einer Theorie des letzten Wortes eher zu folgen als bei kollidierenden AGB (Rn 6), so dass im Zweifel der Vertrag unter den modifizierten Bedingungen zustande kommt (BGH NJW 05, 1653, 1656).

4 Auch unwesentliche oder **geringfügige Abweichungen** genügen, um die abändernde Annahme als Ablehnung zu qualifizieren (BGH NJW 01, 222; anders **Art 19 II CISG**). Auch Abweichungen, die dem Gegner günstig sind, sind erheblich. Abweichungen infolge Versprechens oder Verschreibens lassen sich im Wege der Auslegung korrigieren, Zweifel gehen zu Lasten des Annehmenden (Celle NJW-RR 04, 1165). Die Beifügung eines vom Inhalt des Angebots abweichenden Formulars genügt nicht (BGH WM 83, 313).

5 Die Auslegung der (abändernden) Annahme kann ergeben, dass eine Annahme des Angebots verbunden mit dem Antrag auf Abschluss eines Änderungsvertrags gewollt ist (Staud/*Bork* Rz 10). Str ist, ob die **Anforderung einer größeren Menge** als der ursprünglich angebotenen hierunter fällt (Staud/*Bork* Rz 11 grds nein; Jauernig/*Jauernig* Rz 2 grds ja). Richtigerweise ist durch Auslegung der Annahmeerklärung zu bestimmen, ob der Annehmende nur an der gewünschten Gesamtmenge interessiert ist oder ob er auch an einer Teilmenge Interesse hat. Umgekehrt ist durch Auslegung des Angebots zu ermitteln, ob die Annahme einer **geringeren Menge** Ablehnung und neuer Antrag oder Annahme ist.

6 **C. Kollidierende AGB.** Fügt der Annehmende seiner Annahmeerklärung seine AGB bei, die den AGB des Antragenden teilweise widersprechen, so kommt nach heute hM der Vertrag insoweit zu Stande wie sich die AGB decken (Staud/*Bork* Rz 10; BaRoth/*H.-W. Eckert* Rz 9). Der BGH wandte hier lange die an § 150 II anknüpfende „Theorie des letzten Wortes" an, nach der die AGB gelten sollten, die widerspruchslos hingenommen wurden oder auf die die Lieferung der Ware erfolgte (BGH BB 51, 456). Eingeschränkt hat der BGH diese Ansicht später für den Fall, dass die AGB der anderen Seite eine **Abwehrklausel** enthalten, nach welcher der Vertrag nur zu den Bedingungen des Verwenders zu Stande kommen soll (BGH NJW-RR 01, 485; NJW 91, 2633; 85, 1838). Die **einseitige Erklärung eines Eigentumsvorbehalts,** der wegen entspr Abwehrklausel in den Käufer AGB nicht Bestandteil des schuldrechtlichen Vertrags wird, soll dinglich dennoch wirksam sein, wenn dem Erwerber der Wille des Veräußerers, nur unter Eigentumsvorbehalt zu veräußern, bekannt ist oder sein muss (BGH NJW 82, 1749; NJW-RR 86, 1378).

7 Richtigerweise wird man auch bei Fehlen einer Abwehrklausel nicht das Einverständnis der anderen Seite mit den AGB des Gegners annehmen dürfen, bloß weil es an einem (erneuten) Widersprechen fehlt. Die Durchführung des Vertrags macht vielmehr deutlich, dass die Parteien die Geltung des Vertrages über die Durchsetzung ihrer jeweils eigenen AGB stellen. Der Vertrag ist dann ohne die sich widersprechenden Klauseln wirksam geschlossen (AnwK/*Schulze* Rz 6). Dieses Ergebnis lässt sich auch auf §§ 306, 139 stützen. An die Stelle der nicht einbezogenen Klauseln tritt dispositives Gesetzesrecht (Saarbr NJW-RR 98, 1664; LG Hamburg ZIP 81, 1238; zum Ganzen § 306 Rn 13 ff). Wenn allerdings eine der Parteien deutlich gemacht hat, dass sie nur zu ihren Bedingungen abzuschließen bereit ist und die Parteien daraufhin dennoch den Vertrag durchführen, nimmt die Rspr eine Geltung der durch diese Partei eingeführten AGB an (BGH NJW 95, 1671).

§ 151 Annahme ohne Erklärung gegenüber dem Antragenden.

¹Der Vertrag kommt durch die Annahme des Antrags zustande, ohne dass die Annahme dem Antragenden gegenüber erklärt zu werden braucht, wenn eine solche Erklärung nach der Verkehrssitte nicht zu erwarten ist oder der Antragende auf sie verzichtet hat. ²Der Zeitpunkt, in welchem der Antrag erlischt, bestimmt sich nach dem aus dem Antrag oder den Umständen zu entnehmenden Willen des Antragenden.

A. Allgemeines. Unter den Voraussetzungen des § 151 ist der sonst erforderliche Zugang der Annahmeerklärung entbehrlich. Der Vertrag kommt damit schon im Moment der (konkludenten) Annahmeerklärung zustande. Auch hier bewirkt also nicht bloßes Schweigen den Vertragsschluss. Erforderlich ist eine nach außen tretende **Betätigung des Annahmewillens**. 1

B. Entbehrlichkeit des Zugangs. Der Zugang der Annahmeerklärung kann aufgrund einer entspr Verkehrssitte oder eines Verzichts des Antragenden entbehrlich sein. Die Verzichtbarkeit des Zugangs kann auch bei formbedürftigen Rechtsgeschäften gegeben sein, es sei denn der mit dem Formerfordernis verfolgte Zweck verlangt den Zugang der Annahmeerklärung wie etwa bei § 766 (Erteilungserfordernis) nicht aber bei § 492 (BGH NJW-RR 04, 1683). 2

I. Verkehrssitte. Generell wird man eine verkehrsübliche Erwartungshaltung, dass der Zugang der Annahme nicht erforderlich ist, nicht bei außergewöhnlichen oder wirtschaftlich besonders bedeutsamen Verträgen annehmen können (Köln NJW 90, 1051). Dagegen ist nach der Verkehrssitte der Zugang der Annahme bei der Bestellung von Waren im **Versandhandel** entbehrlich. Der Vertrag kommt also schon im Moment der Aussonderung, jedenfalls des Versands durch das Versandunternehmen zustande, nicht erst mit dem Eintreffen der Ware beim Kunden (Staud/*Bork* Rz 7; MüKo/*Kramer* Rz 54). Auch in Fällen des **Kontrahierungszwangs** (Vor §§ 145 ff Rn 17 ff) bedarf es keines Zugangs der Annahmeerklärung. 3

Bei lediglich vorteilhaften Angeboten wie der Annahme eines **selbständigen Garantieversprechens** (BGH NJW 88, 1726) oder eines **Schuldbeitritts** (BGH NJW-RR 94, 280) und der **Abtretung einer Forderung** (BGH NJW 00, 276) wird der Antragende regelmäßig nicht erwarten, dass eine Erklärung dem Antragenden übermittelt wird, soweit hier der Vertrag nicht ohnehin durch Schweigen zustande kommt (§ 516 II 2). 4

Auch bei **Bestehen einer entspr Übung kann** der Antragende auf dem Zugang der Annahmeerklärung bestehen (RGZ 134, 76 f). 5

II. Verzicht. Der Verzicht auf den Zugang der Annahme kann ausdrücklich erfolgen, er kann sich aber auch aus den Umständen ergeben. Im letzten Fall ist die Abgrenzung zur Entbehrlichkeit qua Verkehrssitte fließend. Einen konkludenten Verzicht wird man annehmen können, wenn der Antragende „sofortige Lieferung" verlangt, bei der Erteilung eines sofort auszuführenden Auftrags oder bei Realofferten beispielsweise durch die **Zusendung unbestellter Waren** (s. aber Vor § 145 Rn 43; § 241a Rn 11). Gerade die Fälle der Entbehrlichkeit aufgrund der Eilbedürftigkeit der Vertragsdurchführung haben infolge der modernen Kommunikationsmittel wie Telefax und E-Mail stark an Bedeutung verloren. Ein Verzicht lässt sich nicht allein daraus ableiten, dass der Antragende bei vereinbarter Schriftform in seiner Offerte nicht ausdrücklich auf die Erforderlichkeit einer Annahmeerklärung hingewiesen hat (BGH NJW 99, 1328). 6

C. Betätigung des Annahmewillens. Da nach § 151 1 nur der Zugang der Annahmeerklärung entbehrlich ist, bedarf es auch in diesen Fällen einer Willenserklärung, so dass die Vorschriften über Willenserklärungen anwendbar sind. Da es allerdings am Zugangserfordernis fehlt, kommt auch eine Widerrufsmöglichkeit analog § 130 I 1 nicht in Betracht (Staud/*Bork* Rz 22). Der Annahmewille muss in jedem Fall objektiv erkennbar hervortreten (BGH NJW 04, 287). In welchen Handlungen eine ausreichende Betätigung des Annahmewillens zu finden ist, kann grds nur in Würdigung des konkreten Einzelfalls entschieden werden. Dabei ist mangels Empfangsbedürftigkeit der Willensbetätigung nicht auf den Empfängerhorizont (§ 157), sondern darauf abzustellen, ob das Verhalten des Angebotsadressaten vom Standpunkt eines unbeteiligten objektiven Dritten aufgrund aller äußeren Indizien auf einen „wirklichen Annahmewillen" (§ 133) schließen lässt (BGHZ 111, 97, 101 = NJW 90, 1655). Insofern spielt auch eine Rolle, ob der Vertrag für den Annehmenden lediglich rechtlich vorteilhaft ist (BGH NJW 00, 276 zur Annahme einer Forderungsabtretung). Bei Bestellungen im Versandhandel kann dies schon das Aussondern der bestellten Waren sein, bei unverlangt zugesandten Waren vorbehaltlich § 241a ihre Ingebrauchnahme. Das Angebot zum Abschluss eines Bürgschaftsvertrags kann der Gläubiger auch durch bloßes Behalten der Urkunde annehmen (BGH NJW 97, 2233). 7

Grds ist auch die Einlösung eines Schecks, der zusammen mit dem Angebot auf Abschluss eines Teilerlasses übersandt wurde, als Annahme zu werten (BGH WM 90, 812; NJW 86, 415). Sofern allerdings ein krasses Missverhältnis zwischen bisher verlangter und mit dem Scheck angebotener Summe besteht, wird man die Einlösung nur als Annahme einer Teilleistung sehen können (BGH NJW 01, 2324; 01, 2325; BGH MDR 08, 274 Tz 17 zur sog Erlassfalle auch *Kleinschmidt* NJW 02, 346 ff, s.a. § 148 Rn 2). 8

D. Erlöschen des Antrags, S 2. Abweichend von §§ 147 II bestimmt 2 dass die Annahme nach § 151 1 nur innerhalb einer vom Antragenden bestimmten (insoweit gilt § 148) oder nach seinem mutmaßlichen Willen 9 subjektiv zu bestimmenden Frist (BGH NJW 00, 2984) möglich ist. Nach Ablauf dieser Frist erlischt das Angebot (§ 146). Lässt sich auch aus den Umständen keine Frist entnehmen, so bleibt der Antragende bis zur Ablehnung an sein Angebot gebunden, wenn eine solche Bindung interessengerecht ist (BGH NJW 99, 2179).

§ 152 Annahme bei notarieller Beurkundung. ¹Wird ein Vertrag notariell beurkundet, ohne dass beide Teile gleichzeitig anwesend sind, so kommt der Vertrag mit der nach § 128 erfolgten Beurkundung der Annahme zustande, wenn nicht ein anderes bestimmt ist. ²Die Vorschrift des § 151 Satz 2 findet Anwendung.

1 **A. Anwendungsbereich.** § 152 regelt den Fall der **Sukzessivbeurkundung**, also eine zeitlich gestreckte Beurkundung (durch den Notar oder eine andere zuständige Stelle, § 61 BeurKG) von Angebot und Annahme infolge nicht gleichzeitiger Anwesenheit beider Teile. Auch in diesem Fall ist wie nach § 151 der Zugang der Annahmeerklärung nicht erforderlich. Die Annahme wird dadurch zur nicht empfangsbedürftigen Willenserklärung (BGHZ 149, 1, 4 = NJW 02, 213). Der Vertrag kommt bereits im Moment der Abgabe der Erklärung zustande. § 152 erfasst sowohl die gesetzlich vorgeschriebene wie die gewillkürte notarielle Beurkundung, ist allerdings nicht entspr auf die Schriftform anwendbar. Er gilt dagegen auch für die notariell zu beurkundende Genehmigung eines durch einen vollmachtlosen Vertreter geschlossenen Vertrags (Karlsr NJW 88, 2050; Staud/*Bork* Rz 3; MüKo/*Kramer* Rz 5; aA *Hänlein* JuS 90, 737; *Tiedke* BB 89, 924), wobei freilich der BGH die Formbedürftigkeit der Genehmigung im Hinblick auf § 182 II verneint (BGHZ 125, 218 = NJW 94, 1344, 1345; s. § 182 Rn 6).

2 **B. Abweichende Regelungen.** § 152 kann ausdrücklich oder konkludent abbedungen werden. Vom Antragenden kann dann eine bloße Benachrichtigungspflicht über die vollzogene Annahme gewollt sein, er kann aber § 152 auch vollständig abbedingen und so den Zugang der Annahmeerklärung zum Wirksamkeitserfordernis iSv § 130 I erheben. Letzteres wird von der Rspr regelmäßig angenommen, wenn für die Annahme eine Frist gesetzt wurde (BGH NJW-RR 89, 199; KG GmbHR 05, 1136). Hierfür ist derjenige beweispflichtig, der sich auf die Verfristung beruft (MüKo/*Kramer* Rz 3; Staud/*Bork* Rz 10; Soergel/*Wolf* Rz 9; aA RGZ 96, 275; Palandt/*Ellenberger* Rz 2). Zu prüfen ist dann, ob der beurkundende Notar als Empfangsbote oder -vertreter des Antragenden gehandelt hat. Aus den Umständen kann sich aber auch ergeben, dass es sich nur um eine Fristsetzung iSv § 151 2 handelt. Dann genügt es, wenn die Annahmeerklärung innerhalb der Frist abgegeben wurde (BGHZ 149, 1, 4 = NJW 02, 214).

3 **C. Annahmefrist, S 2.** Fehlt es an einer Fristbestimmung so gilt § 151 2, so dass der mutmaßliche Wille des Antragenden aus den Umständen zu entnehmen ist.

§ 153 Tod oder Geschäftsunfähigkeit des Antragenden. Das Zustandekommen des Vertrags wird nicht dadurch gehindert, dass der Antragende vor der Annahme stirbt oder geschäftsunfähig wird, es sei denn, dass ein anderer Wille des Antragenden anzunehmen ist.

1 **A. Tod oder Geschäftsunfähigkeit des Antragenden. I. Anwendungsbereich.** Während § 130 II die Zugangsfähigkeit einer Willenserklärung trotz Tod oder Geschäftsunfähigkeit des Erklärenden sichert, gewährleistet die Auslegungsregel des § 153 die Annahmefähigkeit des Angebots in diesen Fällen, wobei es nicht darauf ankommt, ob der Umstand vor oder nach dem Zugang der Erklärung eingetreten ist (Staud/*Bork* Rz 2). Entscheidend ist, dass der Antrag noch nicht wirksam angenommen wurde (Hamm NJW-RR 87, 343). Entspr kann der **Antrag einer Schenkung auf den Todesfall** beispielsweise in Form der Anlegung eines Sparbuchs noch nach dem Tod des Antragenden gem § 153 angenommen werden. § 2301 gilt nicht, da dieser durch § 331 verdrängt wird, § 518 steht nicht entgegen, da die Schenkung mit der Annahme vollzogen wurde (BGH NJW 75, 383; 67, 101; aA *Medicus/Petersen* BürgR 392 ff).

2 Einer analogen Anwendung der Vorschrift für die Fälle des **Eintritts der beschränkten Geschäftsfähigkeit** beim Antragenden bedarf es nicht (Jauernig/*Jauernig* Rz 2; Staud/*Bork* Rz 14; aA MüKo/*Kramer* Rz 2). Die Rücknahme der Genehmigung nach §§ 112 II, 113 II wirkt ohnehin nur ex nunc (MüKo/*Schmitt* § 112 Rz 26), so dass die Annahmefähigkeit des bereits abgegebenen Angebots unberührt bleibt.

3 Wird über das Vermögen des Antragenden das **Insolvenzverfahren** eröffnet, so bleibt die Befugnis des Insolvenzschuldners, sich persönlich rechtsgeschäftlich zu verpflichten, unberührt. § 153 gilt insoweit auch nicht entspr (BGHZ 149, 1, 4 = NJW 02, 214). Verfügungsgeschäfte über massezugehörige Vermögensgegenstände sind dagegen nach Verfahrenseröffnung ohnehin nach § 81 InsO unwirksam. Entspr Anträge können daher nach Eröffnung nicht mehr wirksam angenommen werden.

4 **II. Annahme.** Sofern nicht §§ 151, 152 eingreifen, hat die Annahme ggü dem Erben bzw dem Vertreter des Antragenden (§ 131 I) zu erfolgen. Daher verlängert sich in den Fällen des § 147 II die Frist um die Zeit, die für dessen Ermittlung erforderlich ist. Hat der Annehmende bei Abgabe noch keine Kenntnis vom Tod des Antragenden, so ist seiner Erklärung durch Auslegung zu entnehmen, ob er auch mit dem Rechtsnachfolger abschließen will.

III. Abweichende Bestimmung. Der Antragende kann die Bindung an den Antrag über seinen Tod oder 5
seine Geschäftsunfähigkeit hinaus ausschließen. Entscheidend ist insoweit der obj Empfängerhorizont
(MüKo/*Kramer* Rz 3; Staud/*Bork* Rz 5; Palandt/*Ellenberger* Rz 2). Ein Schadensersatzanspruch des Annehmenden analog § 122, der verkannt hat, dass der Vertrag nicht zustande gekommen ist, ist daher nur zu
bejahen, wenn dies darauf beruht, dass der Annehmende nicht vom Tod des Antragenden wusste, weil ihm
dieser nicht mitgeteilt wurde. Glaubte der Annehmende dagegen fälschlicherweise, sein Vertrag sei wegen
§ 153 wirksam geschlossen, so wird dieser Glaube nicht geschützt (Soergel/*Wolf* Rz 13; Staud/*Bork* Rz 8;
MüKo/*Kramer* Rz 3). Ein konkludenter Ausschluss der Bindung wird bei Bestellungen zur Deckung persönlicher Bedürfnisse anzunehmen sein (Erman/*Armbrüster* Rz 2). Beweispflichtig für den Ausschluss ist
der Rechtsnachfolger.

Ein Erlöschen des Angebots durch den Tod kann sich auch aus der Natur des angetragenen Vertrags ergeben. 6
So insb bei Lebensversicherungen (RG SeuffA 81, 20) oder bei einem Pflichtteilsverzichtsvertrag, da nach
dem Tod des Erblassers auf den konkreten Pflichtteilsanspruch verzichtet werden muss (BGHZ 134, 60, 65 =
NJW 97, 521).

B. Tod oder Geschäftsunfähigkeit des Antragsempfängers. § 153 kann auf den Fall des Hindernisses in der 7
Person des Antragsempfängers nach Zugang des Antrags nicht entspr angewendet werden. Vielmehr muss
zunächst festgestellt werden, ob das Angebot auch an den Rechtsnachfolger gerichtet sein soll. Ist dies zu
bejahen (beachte §§ 613, 673, 675, 727, 1061), ist die Annahmeposition vererblich. Im Falle der Geschäftsunfähigkeit muss entspr geprüft werden, ob der Antrag auch an einen Geschäftsunfähigen gerichtet sein soll
(für den **Zugang** gilt § 131 I), kann dies bejaht werden, so kann der Vertreter für den Geschäftsunfähigen
annehmen.

Wird über das Vermögen des Antragsempfängers das **Insolvenzverfahren** eröffnet, so muss entspr durch 8
Auslegung ermittelt werden, ob das Angebot auch in diesem Fall noch gelten soll, was stets bei solchen Verträgen zu verneinen sein wird, die ein Kreditierungselement enthalten.

Ein nach Abgabe der Annahmeerklärung eintretendes Hindernis in der Person des Annehmenden ist gem 9
§ 130 II unbeachtlich. Dies gilt erst recht, wenn das Rechtsgeschäft antizipierend abgeschlossen wurde
(BGH NJW 88, 3260, 3262).

§ 154 Offener Einigungsmangel; fehlende Beurkundung. (1) ¹Solange nicht die Parteien sich über alle Punkte eines Vertrags geeinigt haben, über die nach der Erklärung auch nur einer Partei eine Vereinbarung getroffen werden soll, ist im Zweifel der Vertrag nicht geschlossen. ²Die Verständigung über einzelne Punkte ist auch dann nicht bindend, wenn eine Aufzeichnung stattgefunden hat.
(2) Ist eine Beurkundung des beabsichtigten Vertrags verabredet worden, so ist im Zweifel der Vertrag nicht geschlossen, bis die Beurkundung erfolgt ist.

A. Allgemeines. § 154 entscheidet die Frage, ob ein Vertrag bei nur teilweiser Einigung oder bei zwar verab- 1
redeter aber noch fehlender Beurkundung bereits geschlossen ist, im Zweifel zu Ungunsten der Wirksamkeit
des Vertrags.

B. Offener Dissens, Abs 1. I. Anwendungsbereich. § 154 I regelt nur den Fall, dass es mindestens einer Par- 2
tei bewusst ist, dass sie sich nicht über mindestens einen Punkt geeinigt haben, über den nach Vorstellung jedenfalls einer Partei Einigkeit erzielt werden sollte. Insofern ist nur der Fall des offenen Dissenses im
Sinne einer **bewussten Teileinigung** erfasst (bspw bei fehlender Einigung mit welcher Gegenforderung die
Kaufpreisforderung zur Verrechnung gebracht werden sollte, BGH NJW-RR 99, 927; oder hinsichtlich der
Frage, ob eine Anzahlung zu leisten ist, BGH NJW 98, 3196). Die Vorschrift setzt voraus, dass wenigstens
eine Partei bei den Vertragsverhandlungen – sei es auch nur durch schlüssiges Verhalten – erkennbar gemacht
hat, sie halte eine Einigung über den betreffenden, noch offenen Punkt für erforderlich (BGH NJW-RR 90,
1011; *Medicus* AT Rz 436, Staud/*Bork* Rz 2; *Petersen*, Jura 09, 419). Zum versteckten Dissens vgl § 155.

Sofern zu den offenen Punkten auch **vertragswesentliche Fragen (essentialia negotii)** gehören, die sich 3
nicht durch dispositives Gesetzesrecht – beachte §§ 612, 632, 653 (BGH NJW 02, 817, 818) –, durch ergänzende Vertragsauslegung (BGH NZV 06, 522 zur Honorarbestimmung für Kfz-Unfallschadengutachter) klären lassen oder ggf über §§ 315 ff bestimmbar sind, ist § 154 unanwendbar. In diesem Fall des **logischen Dissenses** kann eine vertragliche Bindung nicht zustande kommen, da sonst der Vertrag Lücken aufwiese, die
nicht nachträglich geschlossen werden könnten (BGH NJW-RR 06, 1139 Tz 21; Jauernig/*Jauernig* Rz 2;
AnwK/*Schulze* Rz 4).

II. Rechtsfolge. Bei bewusster Teileinigung soll der Vertrag nach der **Auslegungsregel** des § 154 I 1 im Zwei- 4
fel nicht geschlossen sein. Diese Regel ist unanwendbar, wenn sich die Parteien trotz der noch offenen Punkte
erkennbar vertraglich binden wollen. Dieser Wille kann ausdrücklich erklärt werden, kann sich aber auch aus
den Umständen, wie etwa einem **Vorvertrag** (BGH WM 06, 1499 Tz 10; Vor §§ 145 ff. Rn 27), ergeben (zu
entsprechendem internationalem Handelsbrauch, Frankf NJW 77, 1051). Anzeichen für einen dahingehenden Bindungswillen ist insb die **begonnene Vertragsdurchführung** (BGH NJW 02, 817; 93, 64; 60, 430 in

Vollzug gesetzte Gesellschaft; BAG AP Nr 1 aufgenommener Arbeitsvertrag; Hamm NJW-RR 07, 819). Die offenen Lücken sind dann durch dispositives Gesetzesrecht (so va bei nicht Vertragsbestandteil gewordenen AGB s. § 150 Rn 6 ff), im Wege ergänzender Vertragsauslegung nach § 157 (BGH NJW 75, 1116; zu den Grenzen BGH NJW-RR 06, 1139) oder durch richterliche Bestimmung nach billigem Ermessen gem §§ 315 ff zu schließen (BGH NJW-RR 00, 1560; Staud/*Bork* Rz 9; aA MüKo/*Kramer* Rz 7 Fn 28. Zu den Grenzen des richterlichen Bestimmungsrechts BGH ZIP 00, 2071 bei verabredetem aber nicht festgesetztem Freundschaftspreis). Eine treuwidrige Berufung auf die Zweifelsregel des I ist unbeachtlich (BGH MDR 54, 217).

5 III. Punktation, Abs 1 S 2. § 154 I 2 konkretisiert die in 1 enthaltene Regel für den Fall, dass sich die Parteien über einzelne Punkte eines angestrebten Vertrags bereits geeinigt haben und diese Einigung auch in irgendeiner Form festgehalten haben. Auch eine solche Punktation soll die Parteien im Zweifel nicht binden. Gleichwohl kann der Punktation unter den in Rn 4 geschilderten Voraussetzungen Verbindlichkeit zukommen, sofern sie eine hinreichende Regelungsdichte besitzt (Staud/*Bork* Rz 11).

6 C. Vereinbarte Beurkundung, Abs 2. § 154 II bestimmt, dass bei gewollter aber noch nicht vorgenommener Beurkundung der Vertrag im Zweifel noch nicht geschlossen sein soll (BGH NJW-RR 06, 847, 849 zu Sicherungsabrede). Anders als bei Formfehlern nach § 125 2 ist der Vertrag also nicht nichtig (AnwK/*Schulze* Rz 7), sondern lediglich noch nicht wirksam. Die Vorschrift erfasst nicht nur die notarielle Beurkundung, sondern auch privatschriftliche, elektronische oder Textform (Köln NJW-RR 97, 405; Celle NJW-RR 00, 485; AnwK/*Schulze* Rz 7). Der geäußerte Beurkundungswille nur einer Partei genügt. II ist entspr anzuwenden, wenn die Parteien irrig glauben, dass ein gesetzliches Formerfordernis bestehe (Ddorf BB 70, 1778). Analoge Anwendung ist auch möglich bei zu beurkundenden **gesellschaftsrechtlichen Beschlüssen** (Stuttg BB 83, 1050).

7 Die gewillkürte Beurkundung als Wirksamkeitserfordernis ist abzugrenzen von der **Beurkundung zu Beweiszwecken** (BGH NJW-RR 93, 235). Auf letztere ist II unanwendbar. Der Beurkundung nur prozessuale Funktion zuzuschreiben, liegt va bei einer nach Vertragsschluss verabredeten Beurkundung nahe (BGH NJW 94, 2026). Die Parteien können auch nachträglich das **Wirksamkeitserfordernis aufheben**, indem sie den nicht beurkundeten Vertrag einvernehmlich durchführen (BGH NJW 09, 433; NJW 00, 354, 357; KG MDR 05, 1276 s. § 125 Rn 24), auch dann ist II unanwendbar.

8 D. Beweislast. Derjenige, der sich auf das Zustandekommen des Vertrags beruft, hat wenigstens eine Einigung über die essentialia negotii zu beweisen. Gelingt dies, obliegt es der anderen Seite, eine beabsichtigte Einigung über andere Fragen zu beweisen (BGH NJW-RR 90, 1009). Dann hat wiederum die andere Seite zu beweisen, dass diese Einigung erfolgt ist oder dass die in § 154 I enthaltene Auslegungsregel nicht greift.

9 Eine gewollte Beurkundung hat der Teil zu beweisen, der sich auf die Unwirksamkeit des Vertrags beruft, wobei allerdings bei wirtschaftlich bedeutenden Verträgen eine Beurkundungsabrede zu vermuten ist (BGHZ 109, 197, 200 = NJW 90, 576; NJW-RR 93, 235; 91, 1053). Dass diese Beurkundung nur Beweiszwecken diente, hat dagegen der andere Teil zu beweisen.

§ 155 Versteckter Einigungsmangel.
Haben sich die Parteien bei einem Vertrag, den sie als geschlossen ansehen, über einen Punkt, über den eine Vereinbarung getroffen werden sollte, in Wirklichkeit nicht geeinigt, so gilt das Vereinbarte, sofern anzunehmen ist, dass der Vertrag auch ohne eine Bestimmung über diesen Punkt geschlossen sein würde.

1 A. Allgemeines. § 155 betrifft den Fall, dass sich die Parteien nicht über einen nach ihrem Verständnis regelungsbedürftigen Punkt geeinigt haben und diese fehlende Einigung keiner der Parteien bekannt ist (vgl § 154 Rn 2). Wie § 154 regelt auch § 155 nur den **Dissens über nicht wesentliche Vertragsbestandteile**, sog accidentalia negotii (RGZ 93, 299). Fehlt es an einer Einigung über wesentliche Vertragspunkte, liegt ein **logischer Dissens** vor, der das Zustandekommen eines Vertrags ausschließt (MüKo/*Kramer* Rz 14). Ein versteckter Dissens setzt einerseits keinen abweichenden Wortlaut der Erklärungen voraus (BGH NJW-RR 93, 373), umgekehrt liegt ein Konsens nicht nur bei wortlautmäßig übereinstimmenden Erklärungen vor (Staud/*Bork* Rz 3, 5). Denn für die Frage, ob sich die Parteien geeinigt haben, kommt es nicht auf den Wortlaut der Erklärungen, sondern auf ihren durch Auslegung nach §§ 133, 157 zu ermittelnden Inhalt an ("normativer Konsens").

2 B. Abgrenzung. Von der Irrtumsanfechtung unterscheidet sich der Dissens dadurch, dass bei der **Anfechtung** die Auslegung der Erklärungen einen übereinstimmenden Inhalt ergibt, der allerdings von dem durch eine der Parteien wirklich Gewollten abweicht.

3 Auch der Fall der **falsa demonstratio** (RGZ 99, 147) ist nicht von § 155 erfasst, da hier wegen der Übereinstimmung des inneren Willens kein Dissens vorliegt. Es gilt das von den Parteien tatsächlich Gewollte, auch wenn sie objektiv etwas anderes erklärt haben (BGH NJW 98, 746; für formbedürftige Verträge BGH NJW 08, 1658; für das Grundbuchverfahren München 34 Wx 76/08, OLGR München 08, 898). Hat eine Partei erkannt, dass die andere Partei mit ihrer Erklärung etwas anderes erklären wollte, als sie objektiv erklärt hat, so ist der Vertrag mit dem tatsächlich von dieser Partei gewollten Inhalt geschlossen, eine Anfechtung wegen Irrtums scheidet analog § 116 aus (BGH BB 83, 927; RGZ 66, 427).

Liegt eine Übereinstimmung der objektiven Erklärungsinhalte vor, irren sich aber beide Parteien über den Inhalt des objektiv Erklärten, ohne dass ein gemeinsamer subjektiver Wille feststellbar ist, so liegt eine **Störung der subjektiven Geschäftsgrundlage** vor (s. § 313 Rn 35; Staud/*Bork* Rz 6). Auch dies ist wegen des normativen Konsenses kein Fall des § 155. 4

C. Einzelfälle. I. Verdeckte, planwidrige Unvollständigkeit. § 155 ist einschlägig, wenn beide Parteien glauben, sich über alle Fragen geeinigt zu haben, aber tatsächlich noch Punkte offen sind, über die an sich eine Einigung erzielt werden sollte. Soweit es sich um Punkte handelt, welche nie zum Regelungsprogramm der Parteien gehörten, ist dies kein Fall des Dissenses. Es liegt vielmehr eine durch dispositives Recht oder ergänzende Vertragsauslegung zu füllende Vertragslücke vor. § 155 ist nur anwendbar, wenn die Parteien ursprünglich eine Regelung dieser Frage treffen wollten und sie dieses Vorhaben auch nicht im Laufe der Vertragsverhandlungen aufgegeben haben. 5

Sofern der versteckte Teildissens darauf beruht, dass die Parteien versucht haben, **kollidierende AGB** in den Vertrag einzubeziehen, ist eine Abgrenzung zu § 150 II erforderlich (s. § 150 Rn 6 f). Man wird hier § 155 anwenden können, wenn den Parteien die Abweichung nicht bewusst war und sie dennoch den Vertrag durchgeführt haben. 6

II. Irrtümlich angenommener Konsens. Der Irrglaube der Parteien, dass sie sich geeinigt haben, kann darauf beruhen, dass sich die Parteien bei der Wahrnehmung der Erklärung des Gegners verhört, verlesen oder die Erklärung schlicht missverstanden haben (Hamm NJW-RR 98, 1747; Erman/*Armbrüster* Rz 3). Der praktisch wichtigste Fall ist der, dass die Erklärungen der Parteien objektiv mehrdeutig sind und sie sie in einem unterschiedlichen Sinn gemeint haben, was ihnen aber verborgen geblieben ist (BGH NJW-RR 93, 373 (obiter); NJW 03, 743 Dissens bei Bauvertrag; Köln NJW-RR 00, 1720, fehlende Eindeutigkeit des Begriffs „Best-of-Album"; Hambg IPRax 81, 180 bei zweisprachigem Vertragstext; Köln WM 70, 892, Begriff „Aktien" ist unklar, wenn es sowohl Vorzugs- wie Stammaktien gibt). Bei **mehrdeutigen AGB** sind abw von § 155 die §§ 305c II, 306 I zu beachten. 7

D. Rechtsfolgen. Grds ist bei Bestehen eines Dissenses, ob versteckt oder offen, der Vertrag nicht zustande gekommen (Staud/*Bork* Rz 13). Dieses Verständnis ergibt sich aus dem Konsensprinzip, auf dem die §§ 145 ff beruhen (Vor §§ 145 ff Rn 40), und wird durch die Regel des § 139 bestätigt. 8

Die Wirksamkeit des Vertrags trotz einer fehlenden Einigung ist insofern die Ausnahme. Sie kann nach § 155 nur bejaht werden, wenn angenommen werden kann, dass den Parteien eine Einigung über diesen Punkt nicht so wichtig war, dass sie den gesamten Vertrag hätten daran scheitern lassen. Dies ist insb bei einem Dissens bezüglich einbezogener AGB regelmäßig zu bejahen. 9

Ob eine Einigung trotz Teildissenses dem (mutmaßlichen) Parteiwillen entspricht, ist durch Auslegung zu ermitteln. Diese ist Aufgabe des Tatrichters (BGH WM 66, 142). Ein entspr Wille wird umso eher zu bejahen sein, je weniger bedeutend die offenen Fragen sind. Auch iRv § 155 gilt das Verbot unzulässiger Rechtsausübung: Hätte eine nicht konsentierte Regelung sich für eine Partei nachteilig ausgewirkt, so kann sich diese Partei nicht auf die Unwirksamkeit des für sie günstigeren Vertrags infolge des Teildissenses berufen (Staud/*Bork* Rz 16). 10

Lässt sich ein entsprechender Gültigkeitswille ermitteln, so sind die Lücken in der Einigung durch dispositives Gesetzesrecht und ergänzende Vertragsauslegung zu schließen (BGH WM 66, 142; RGZ 88, 377). 11

E. Schadensersatzansprüche. Kommt der Vertrag infolge des versteckten Dissenses nicht zustande, so sollen nach überwiegender Ansicht Schadensersatzansprüche aus §§ 280, 311 II, 241 gegen die Partei gegeben sein, die durch ihre unklare Ausdrucksweise den Irrtum verursacht hat (RGZ 143, 219; Staud/*Bork* Rz 17; Soergel/*Wolf* Rz 21; Erman/*Armbrüster* Rz 6; BaRoth/*H.-W. Eckert* Rz 14; Palandt/*Ellenberger* Rz 5). § 254 findet Anwendung. Nach aA ist ein solcher Anspruch zu verneinen, da jede Partei das Risiko eines Fehlschlags der Einigung selbst zu tragen habe (*Flume* § 34 5; MüKo/*Kramer* Rz 16; Jauernig/*Jauernig* Rz 3; AnwK/*Schulze* Rz 9). 12

F. Beweislast. Die Umstände, aus denen sich das Vorliegen eines versteckten Dissenses ergibt, hat die Partei zu beweisen, die sich darauf beruft (MüKo/*Kramer* Rz 17). Gelingt ihr dies, so obliegt es der Gegenseite, zu beweisen, dass die Parteien sich auch gebunden gefühlt hätten, wenn ihnen die fehlende Einigung bewusst gewesen wäre. 13

§ 156 Vertragsschluss bei Versteigerung.
¹Bei einer Versteigerung kommt der Vertrag erst durch den Zuschlag zustande. ²Ein Gebot erlischt, wenn ein Übergebot abgegeben oder die Versteigerung ohne Erteilung des Zuschlags geschlossen wird.

A. Anwendungsbereich. § 156 gilt neben Versteigerungen nach §§ 383, 753, 966, 975, 979, 983, 1219, 1235, §§ 373, 376, 389, 407, 417 HGB auch für sonstige private Versteigerungen. Die Vorschrift ist zwar gem § 817 ZPO auch auf Versteigerungen zum Zwecke der Zwangsvollstreckung von beweglichen Sachen anzuwenden, hierbei ist allerdings zu beachten, dass bei einer Versteigerung nach § 816 ZPO das Gebot Prozesshandlung 1

§ 157

ist (MüKo/*Kramer* Rz 2) und insofern die für Willenserklärungen geltenden Vorschriften nicht anwendbar sind (Staud/*Bork* Rz 11). Bei der Zwangsversteigerung von Immobilien gelten die §§ 71 ff ZVG. § 156 konstruiert die Versteigerung als **Vertragsschluss unter Anwesenden**, auch wenn der Bieter, der den Zuschlag erhält, im Moment des Zuschlags nicht anwesend sein muss, § 15 2 BeurkG. Auch bei Ausschreibungen zur Vergabe öffentlicher Aufträge erfolgt zwar ein Zuschlag, der vertragsbegründende Wirkung hat, jedoch greift § 156 nicht, da es sich um einen Vertragsschluss unter Abwesenden handelt (Staud/*Bork* Rz 13). Insofern ist hier der Zuschlag empfangsbedürftig (BVerwG NJW 62, 1535).

2 Beim Vertragsschluss auf **Auktionsplattformen im Internet** handelt es sich nicht um Versteigerungen iSv § 156 (Vor §§ 145 ff. Rn 51).

3 **B. Zustandekommen des Vertrages.** Bei Versteigerungen iSv § 156 ist das Ausrufen des Versteigerungsguts (Ausgebot) nur eine invitatio ad offerendum. Entspr stellt ein Gebot einen Antrag iSd § 145 dar, der durch den Zuschlag angenommen wird. Hieraus ergibt sich, dass kein Anspruch auf den Zuschlag besteht (Jauernig/*Jauernig* Rz 1; AnwK/*Schulze* Rz 7); abweichende Regelung in den Versteigerungsbedingungen ist möglich (Erman/*Armbrüster* Rz 6). Bei Gebot und Zuschlag handelt es sich somit um Willenserklärungen, für die die allgemeinen Vorschriften gelten (zur Wahrung des Formerfordernisses des § 311b s. BGH NJW 98, 2350: Gebot, vgl § 15 BeurkG, und Zuschlag sind notariell zu beurkunden). Allerdings ist bei einer Versteigerung der Zuschlag nicht empfangsbedürftig (BGHZ 138, 339, 342 = NJW 98, 2350).

4 Das Gebot als Antrag erlischt gem § 146 durch seine Zurückweisung durch den Versteigerer, außerdem gem § 156 2 durch die Abgabe eines Übergebots sowie durch die Schließung der Versteigerung ohne Zuschlag. Dabei kommt es aus Verkehrsschutzgründen nicht darauf an, ob das Übergebot wirksam abgegeben wurde, es sei denn, es ist offensichtlich unwirksam (AnwK/*Schulze* Rz 6). Die Erlöschensgründe der §§ 147, 148 sind auf das Gebot nicht anwendbar.

5 § 156 betrifft nur den schuldrechtlichen Vertrag, die **Übereignung des Versteigerungsguts** erfolgt nach §§ 929 ff. Der Versteigerer handelt idR als Vertreter des Einlieferers, so dass der Vertrag zwischen Einlieferer und Ersteigerer zustande kommt. Der Versteigerer kann aber auch im eigenen Namen als Verkaufskommissionär des Einlieferers handeln (*v Hoyningen-Huene* NJW 73, 1447). Wird der Versteigerer beauftragt, ein Gebot abzugeben, so liegt hierin eine entspr Bevollmächtigung des Versteigerers verbunden mit einer Befreiung vom Verbot des Selbstkontrahierens gem § 181 (BGH NJW 83, 1186). Ein entspr Auftrag erlischt nicht zwangsläufig durch Schließung der Versteigerung ohne Zuschlag. Ob eine Geltung auch über die Versteigerung hinaus gewollt ist, ist durch Auslegung des Auftrags festzustellen (BGH NJW 83, 1186).

6 Eine von den Regelungen des § 156 abweichende Vereinbarung in (Allgemeinen) Versteigerungsbedingungen ist ebenso möglich wie der privatautonome Ausschluss von § 156 (BGHZ 149, 129, 133 = NJW 02, 363).

§ 157 Auslegung von Verträgen. Verträge sind so auszulegen, wie Treu und Glauben mit Rücksicht auf die Verkehrssitte es erfordern.

1 **A. Normzweck und Verhältnis zu § 133.** § 157 ist im Zusammenhang mit § 133 zu lesen. Weder ist § 133 beschränkt auf die Auslegung von Willenserklärungen, die nicht Bestandteil eines Vertrags sind, noch gilt § 157 nur für die Auslegung von Verträgen (BGHZ 47, 75, 78 = NJW 67, 673). Im Großen und Ganzen decken sich daher die Anwendungsbereiche der Vorschriften (Staud/*H. Roth* Rz 1). § 157 ergänzt § 133 insofern als er die objektiven Auslegungsmaßstäbe von „Treu und Glauben" und der „Verkehrssitte" ausdrücklich benennt.

2 Von besonderer Bedeutung ist im Zusammenhang mit der in § 157 unvollkommen geregelten Auslegung von Verträgen die **ergänzende Vertragsauslegung**. Hier kann der in § 133 angesprochene Gedanke der Auslegung nach dem wirklichen Willen der Erklärung nicht Platz greifen, da die Parteien insoweit eben gerade keinen übereinstimmenden Willen gebildet haben. Daher kommt es bei der lückenfüllenden ergänzenden Vertragsauslegung in besonderem Maße auf die in § 157 genannten objektiv-normativen Gesichtspunkte an (AnwK/*Looschelders* Rz 2).

3 **B. Eigentliche Vertragsauslegung. I. Auslegungsmaßstäbe.** Die unbestimmten Rechtsbegriffe von „Treu und Glauben" und der „Verkehrssitte" sind gem § 157 Richtschnur auch der eigentlichen Auslegung (auch „erläuternde" oder „einfache" Auslegung). Sie greifen also auch dort, wo es nicht um ergänzende Vertragsauslegung geht.

4 **1. Treu und Glauben.** Mit dem Begriffspaar von „Treu und Glauben" ist zum einen das Verbot widersprüchlichen Verhaltens und zum anderen das Gebot eines gerechten Interessenausgleichs angesprochen.

5 Die Auslegung einer Klausel eines Vertragswerks, die im Widerspruch zu einer anderen Klausel oder dem Zweck des von den Parteien geschlossenen Vertrags steht, widerspricht dem Grundsatz von Treu und Glauben (BGHZ 146, 318, 327 = NJW 01, 2622 zum Zweck eines **Vertragsstrafeversprechens**; BGH ZIP 05, 296 zur Bindung des alleinigen Gesellschafters und Geschäftsführers an das „seine" GmbH treffende Wettbewerbsverbot). Ebenso ist eine Auslegung, die der erfüllungsbereiten Partei ein Festhalten am Vertrag verweh-

ren und der anderen Seite eine Abkehr vom Vertrag ermöglichen würde, nicht mit dem Grundsatz von Treu und Glauben zu vereinbaren (BGH NJW-RR 90, 817 für die ergänzende Vertragsauslegung).
Die in § 157 bestimmte Beachtung der Grundsätze von Treu und Glauben bei der Auslegung vertraglicher **6** Vereinbarungen hat weiter zur Folge, dass grds davon auszugehen ist, dass beide Parteien mit der getroffenen Vereinbarung ihren gegenseitigen Interessen gerecht werden wollen, so dass sich das Rechtsgeschäft nicht als Durchsetzung der Interessen nur einer Seite darstellt (BGH NJW-RR 00, 131 zur Schwarzgeldrückforderung nach Kaufvertragsabwicklung; Soergel/*Wolf* § 133 Rz 60; MüKo/*Busche* Rz 7). Insoweit folgt aus Treu und Glauben der Grundsatz einer **nach beiden Seiten hin interessengerechten Auslegung** (BGHZ 131, 136, 138 = NJW 96, 248; NJW 94, 2229).

Ebenfalls Ausfluss von Treu und Glauben ist der Auslegungsgrundsatz *contra proferentem*, der in § 305c II sei- **7** nen Niederschlag gefunden hat. Hiernach gehen Unklarheiten bei der Auslegung einer Vertragsbestimmung, insb einer Regelung in AGB, zu Lasten desjenigen, der die Klausel in den Vertrag eingeführt hat. Bei dieser Regel handelt es sich allerdings nicht um eine allg Unklarheitenregel (BGH VersR 71, 172; NJW 08, 2106 für unklare Leistungsbeschreibung). Denn grds wird man bei Individualverträgen, deren Inhalt sich auch nicht durch Auslegung klären lässt, einen verdeckten Dissens anzunehmen haben (§ 155 Rn 7) und wird nicht generell von einem bestimmten Verständnis der Bestimmung ausgehen dürfen (RGZ 131, 343, 350 für einen vertraglichen Haftungsausschluss). Die Anwendung der dargestellten Unklarheitenregel auf Individualvereinbarungen ist vielmehr nur dann gerechtfertigt, wenn die Einführung der Vertragsklausel ähnl wie bei der Einbeziehung von AGB auf der überlegenen Verhandlungsmacht der einen Seite beruht (Frankf OLGZ 73, 230 bzgl Wettbewerbsverbot für Angestellte; MüKo/*Busche* Rz 8; Palandt/*Ellenberger* § 133 Rz 23; Soergel/*Wolf* § 133 Rz 59). Methodisch ist daher richtigerweise in diesen Fällen nicht die gesetzlich nicht normierte Regel der *interpretatio contra proferentem* unmittelbar anzuwenden, sondern eine analoge Anwendung der speziellen Auslegungsregel des § 305c II (Staud/*Singer* § 133 Rz 62) vorzunehmen.

2. Verkehrssitte. Als Verkehrssitte bezeichnet man eine in den betreffenden Verkehrskreisen bestehende, ein- **8** verständliche Übung (RGZ 55, 377; BGH LM Nr 1 zu § 157 (B); Staud/*Singer* § 133 Rz 65; Soergel/*Wolf* § 133 Rz 63). Von einer Übung kann man regelmäßig nur dann sprechen, wenn eine große Zahl von Rechtsgeschäften zwischen verschiedenen Rechtskreisteilnehmern über einen langen Zeitraum nach demselben Muster erfolgt ist (BGHZ 111, 110, 112 = NJW 90, 1723, 1724; Kobl NJW-RR 88, 1306). Sie kann allerdings auch bei verhältnismäßig seltenen Geschäften aufgrund nur relativ weniger Transaktionen entstehen (BGH NJW 66, 502 für den Verkauf von Schiffen) und sich andererseits auch innerhalb eines recht kurzen Zeitraums herausbilden, wenn währenddessen sehr viele Verträge nach demselben Muster abgeschlossen werden (Staud/*Singer* § 133 Rz 65).

Beispiele für bestehende Verkehrssitten kommen va aus dem Handelsrecht. Hier sind insb die **INCOTERMS** **9** der ICC (vgl www.incoterms.com) und andere standardisierte Klauseln wie „Kasse gegen Dokumente" zu nennen. Im Handelsrecht fällt die Verkehrssitte definitorisch mit den **Handelsbräuchen** zusammen (*K. Schmidt* HandelsR § 1 III 3a). Allerdings finden Handelsbräuche nach § 346 HGB nur dann Anwendung, wenn die Parteien Kaufleute sind. Soweit ein Handelsbrauch allerdings branchentypisch ist, gilt er als Verkehrssitte über § 157 auch für die Auslegung von branchenzugehörigen Geschäften unter Beteiligung von Nicht-Kaufleuten (Kobl NJW-RR 88, 1306; *K Schmidt* HandelsR § 3 II 1).

In Abgrenzung dazu spricht man von **Gewohnheitsrecht**, wenn sich eine Verkehrssitte normativ verfestigt **10** hat. Die Annahme von Gewohnheitsrecht setzt also voraus, dass die entspr Norm als Rechtssatz von den Rechtsgenossen anerkannt wird. Notwendig ist insofern eine *„opinio iuris"* (Staud/*Singer* § 133 Rz 66). Gewohnheitsrecht fungiert kraft seines Charakters als objektives Recht und gilt daher als (dispositiver) Rechtssatz und nicht nur als Auslegungsgrundsatz. Es bedarf somit für sein Eingreifen keines weiteren Geltungsgrundes, wie ihn etwa im Falle des § 157 der zwischen den Parteien bestehende Vertrag oder beim Handelsbrauch § 346 HGB liefert.

Die Abgrenzung zwischen Verkehrssitte und Gewohnheitsrecht ist schwierig und wird weiter dadurch ver- **11** kompliziert, dass auch für die Anerkennung einer Verkehrssitte von der hM eine entsprechende gemeinsame Pflichtenvorstellung (BGH NJW 94, 659, 660) der beteiligten Kreise oder jedenfalls deren Zustimmung verlangt wird (BGHZ 111, 110, 112 = NJW 90, 1723). Keine Anerkennung verdient danach insb ein Brauch, den eine Interessengruppe durch Ausnutzung wirtschaftlicher Überlegenheit einseitig durchsetzt (RGZ 101, 75; München BB 55, 748; Köln BB 57, 910). Auch eine etwaige Verkehrssitte, die mit einer abschließenden gesetzlichen Regelung *im Widerspruch* steht, ist nicht zu berücksichtigen (BayObLG NJW-RR 96, 995).

Der Verkehrssitte kommt nur dann Bedeutung als Auslegungsgrundsatz zu, wenn zum einen das Geschäft **12** dem entspr Verkehr sachlich zuzuordnen ist und zum anderen beide Vertragspartner Angehörige des Verkehrskreises sind. **Räumlich** kommt es auf den Ort an, zu dem das betreffende Geschäft den engsten Bezug hat (BGHZ 6, 134; Soergel/*Wolf* Rz 66; i Erg auch Staud/*Singer* § 133 Rz 67; anders – Ort, an dem die Erklärung abgegeben wurde – MüKo/*Busche* Rz 24). Es ist allerdings auch möglich, dass die Parteien ihr Geschäft einer bestimmten regional geltenden Verkehrssitte unterwerfen.

Nicht erforderlich ist, dass Erklärendem oder Erklärungsempfänger das **Bestehen der Verkehrssitte bekannt** **13** war (BGH LM Nr 1 zu § 157 (B); Frankf NJW-RR 86, 912). Beim Erklärenden ergibt sich dies schon daraus, dass die Auslegung nicht nach seinem Verständnishorizont erfolgt. Für den Erklärungsempfänger genügt es, wenn ihm das Bestehen der Übung hätte bekannt sein können. Dies ergibt sich aus der Objektivierung der Auslegung, die nicht nach dem Verständnishorizont des konkreten Empfängers fragt, sondern nach dem eines durchschnittlichen Verkehrskreisteilnehmers, dem eine Verkehrssitte eben gerade wegen ihrer Bedeutung als dauernde Übung bekannt ist.

14 Als Auslegungsgrundsatz kann die Verkehrssitte iRv § 157 nur relevant werden, wenn die Parteien keinen abweichenden entgegenstehenden Willen gebildet haben. Die Erklärung oder der Vertrag muss insoweit auslegungsfähig sein (§ 133 Rn 14). Im Prozess ist für das Bestehen eines Handelsbrauchs bzw einer Verkehrssitte derjenige **beweispflichtig**, der sich darauf beruft. Der Beweis kann durch ein Gutachten der zuständigen Handelskammer geführt werden (vgl BGH WM 76, 292; Frankf NJW-RR 01, 1498, Rücktrittsrecht eines Reiseveranstalters von einer Hotelreservierung). Die Feststellung des Bestehens der Verkehrssitte ist Tatfrage und obliegt damit den Tatsacheninstanzen.

15 **C. Ergänzende Vertragsauslegung. I. Funktion und Anwendungsbereich.** Zweck der ergänzenden Vertragsauslegung ist es, Lücken der rechtsgeschäftlichen Regelung zu schließen. Ein derartiges Vorgehen kommt daher nur in Betracht, wenn die zu klärende Frage nicht im Wege der eigentlichen Auslegung zu klären ist. Diese ist daher stets vorrangig (BGH NJW-RR 09, 593). Ob es sich bei der ergänzenden Auslegung überhaupt noch um Auslegung im Sinne einer an der privatautonomen Gestaltung des Rechtsverhältnisses orientierten Lösung handelt, ist insofern fraglich (hierfür Staud/*Roth* Rz 2). Nach aA soll es sich um heteronome Rechtsfortbildung handeln, die sich an den objektiven Maßstäben von Treu und Glauben und der Verkehrssitte zu orientieren habe (MüKo/*Busche* Rz 28). Dabei ist aber unstr, dass Leitgedanke auch der ergänzenden Auslegung der hypothetische Wille der Parteien sein muss (hierzu Rn 26).

16 Die ergänzende Auslegung kommt grds bei allen, auch formbedürftigen (BGHZ 22, 364, 368 = NJW 57, 423; Karlsr JZ 82, 860) Willenserklärungen in Betracht. Gerade bei Testamenten hat die ergänzende Vertragsauslegung besondere Bedeutung (§ 2084 Rn 13). Für die ergänzende Vertragsauslegung gilt die **Andeutungstheorie** nicht.

17 Schließlich ist die ergänzende Vertragsauslegung in den Fällen des **offenen** (BGH NJW 75, 1116) oder **versteckten Dissenses** fruchtbar zu machen, um Lücken in der vertraglichen Einigung der Parteien zu schließen (§ 155 Rn 11).

18 Die Rspr nimmt ebenfalls im Wege ergänzender Auslegung **stillschweigende Haftungsausschlüsse** zuweilen selbst dann an, wenn ein endgültiger Vertragsschluss gescheitert ist (BGH NJW 80, 1682; Dresden NJW-RR 97, 1180 Haftungsausschluss bei Bergung eines LKW). Inwieweit es sich hier freilich noch um Vertragsauslegung und nicht um die Erweiterung gesetzlicher Haftungsbeschränkungen handelt, ist fraglich (Rn 42; Staud/ *Roth* Rz 13). Dieselben Zweifel gelten auch bezüglich der Gewinnung des **Vertrags mit Schutzwirkung zugunsten Dritter** aus dem Gesichtspunkt der ergänzenden Vertragsauslegung (vgl BGHZ 159, 1, 4 = NJW 04, 3035 Kreditnehmer als Begünstigter eines von einem Dritten beauftragten Wertgutachtens).

19 **II. Vertrags-/Regelungslücke als Voraussetzung.** Voraussetzung der ergänzenden Vertragsauslegung ist eine planwidrige Lücke in der vertraglichen Regelung (BGH NJW 02, 670; NJW-RR 08, 1371, 1372). Dabei genügen Vorstellungen nur einer Seite, die nicht Bestandteil der Regelung geworden sind, nicht. Es kommt auf eine **Lücke im gemeinsamen Regelungsprogramm** an. Ob diese schon anfänglich vorliegt oder erst nachträglich durch Änderungen der Rechts- oder Tatsachenlage entsteht, ist unbeachtlich (BGH NJW-RR 08, 562 Tz 14; NJW 05, 1421 zur Entstehung einer Gesetzeslücke in Folge der Schuldrechtsmodernisierung; NJW 07, 687 nachträgl Umsatzsteuerpflicht des Factors wg Einführung des § 13c UStG; Fortfall eines in Bezug genommenen Preisindexes, BGH NJW-RR 09, 880).

20 An der Planwidrigkeit der Lücke fehlt es insb, wenn die Parteien bewusst eine abschließende Regelung der Frage getroffen haben. Die Erweiterung der rechtsgeschäftlichen Regelung im Wege ergänzender Vertragsauslegung scheidet dann aus (BGH NJW 85, 1835 zur Wirksamkeit des Verzichts auf nachehelichen Unterhalt). Auch ein bewusstes Offenlassen einer Frage kann eine planwidrige Lücke zur Folge haben, etwa wenn die Parteien eine Regelung nicht für erforderlich hielten oder sie glaubten, es werde später noch zu einer Einigung kommen (BGH NJW 75, 1116).

21 Der Streit, ob von einer Lücke auch dann gesprochen werden kann, wenn dem dispositiven Recht eine Regelung zu entnehmen ist (dagegen BGHZ 40, 103, anders BGH NJW-RR 07, 687 Tz 25; dafür die hL vgl MüKo/ *Busche* Rz 38; Staud/*Roth* Rz 22; AnwK/*Looschelders* Rz 20), hat nur terminologische Bedeutung. Denn selbst soweit dies bejaht wird, wird dem **dispositiven Recht ein Vorrang** zugesprochen, so dass die Füllung der „Lücke" anhand des dispositiven Rechts erfolgt (BGH NZM 08, 462; Palandt/*Ellenberger* Rz 4). Das dispositive Recht kommt nur dann nicht zur Anwendung, wenn es entweder seinerseits keine befriedigende Lösung enthält, beispielsweise weil es sich um einen atypischen Vertrag wie etwa Leasing handelt, oder die Lösung des dispositiven Rechts dem Willen der Parteien nicht entspricht (BGHZ 74, 370, 376 = NJW 79, 1819; NJW-RR 90, 818; NJW 93, 3193: Unangemessenheit einer gesellschaftsrechtlichen Abfindungsklausel nach Buchwerten führt nicht automatisch zur Abfindung nach § 738, s. § 738 Rn 15). Letzteres kann auch darauf beruhen, dass das dispositive Recht in der konkreten Frage veraltet ist.

Im Hinblick auf die Voraussetzung der Lückenhaftigkeit der vertraglichen Regelung ist bei beurkundeten **22** Rechtsgeschäften die **Vermutung der Vollständigkeit und Richtigkeit des Urkundeninhalts** zu beachten. Diese Vermutung kann allerdings durch außerhalb der Urkunde liegende Umstände entkräftet werden (BGH NJW 02, 2311).

Auch wenn eine Lücke infolge der **Unwirksamkeit** einer **AGB-Klausel** entsteht, kann die ergänzende Vertragsauslegung in Betracht kommen, wenn konkrete gesetzliche Regelungen zur Ausfüllung der Lücke nicht zur Verfügung stehen und die ersatzlose Streichung der unwirksamen Klausel nicht zu einer angemessenen, den typischen Interessen des Klausel-Verwenders und des Kunden Rechnung tragenden Lösung führt (BGH NJW 08, 1820 Krankentagegeldversicherung; NJW 08, 3422 Tz 18 unwirksame Zinsänderungsklausel; BGHZ 90, 69, 74 = NJW 84, 1177, Tagespreisklausel; BGHZ 137, 153 = NJW 98, 450, Globalbürgschaften; 02, 3099, Vertragserfüllungsbürgschaft auf erstes Anfordern). **23**

III. Vorgang der Lückenfüllung. 1. Dispositives Recht und hypothetischer Parteiwille. Zum grds Vorrang **24** des dispositiven Rechts bei der Lückenfüllung o Rn 21. Sofern sich aus diesem keine Antwort ergibt, ist auf das schwierige Konzept des hypothetischen Parteiwillens zurückzugreifen. Hiernach soll darauf abzustellen sein, welche Regelung die Parteien im Hinblick auf den mit dem Vertrag verfolgten Zweck bei sachgerechter Abwägung ihrer beiderseitigen Interessen nach Treu und Glauben und unter Berücksichtigung der Verkehrssitte getroffen hätten (stRspr, vgl nur BGHZ 164, 286 = ZIP 05, 2197; NJW-RR 90, 817). Der hypothetische Wille darf trotz dieser Formulierung nach hM freilich nicht mit dem gleichgesetzt werden, was die konkreten Parteien vereinbart hätten, wenn sie die Regelungsbedürftigkeit erkannt hätten (Staud/*Roth* Rz 31; MüKo/ *Busche* Rz 46). Denn der hypothetische Wille ist seinerseits objektiv durch das Konzepte von Treu und Glauben und der Verkehrssitte determiniert (BGH NJW 02, 2311). Daher ist die Frage, welche Regelungsvorschläge eine der Parteien bei rechtzeitigem Erkennen der Lücke gemacht hätte, unbeachtlich, so dass hierüber kein Beweis erhoben werden muss (Staud/*Roth* Rz 31).

Bei der ergänzen Auslegung ist demnach zunächst an den Vertrag selbst anzuknüpfen. Denn die darin enthaltenen Regelungen und Wertungen, die den Sinn und Zweck des Geschäfts erkennen lassen, sind Ausgangspunkt der Vertragsergänzung. Die Ergänzung des Vertrages darf auch nicht zu einer Veränderung der vertraglichen Risikozuweisung führen (BAG NJW 07, 2348 Tz 23). Sie muss sich als zwingende, selbstverständliche Folge aus dem ganzen Zusammenhang des Vereinbarten ergeben, so dass ohne die vorgenommene Ergänzung das Ergebnis in offenbarem Widerspruch mit dem nach dem Inhalt des Vertrags tatsächlich Vereinbarten stünde (BGHZ 77, 301, 304 = NJW 80, 2347). Auf dieser Grundlage hält die Rspr auch die Ergänzung eines Vertrages durch ein einseitiges Leistungsbestimmungsrecht nach § 315 für möglich (BGH NJW-RR 08, 562 für die Gültigkeitsdauer von **Telefonkarten**). **25**

Aus den hiernach bei der Ergänzung zu berücksichtigenden subjektiv/individuellen wie objektiven Komponenten ergibt sich ein Spannungsverhältnis, das nicht schematisch, sondern immer nur für den konkreten Einzelfall aufgelöst werden kann. Allerdings besteht bei Austauschverträgen eine Vermutung dahingehend, dass **Leistung und Gegenleistung in einem angemessenen Verhältnis** stehen (BGH NJW 02, 2311; vgl München AnwBL 05, 429 zur ergänzenden Auslegung eines Sozietätsvertrages). Bei **unerwarteten Vor- oder Nachteilen** wird entsprechend oft eine Halbteilung die angemessene Lösung sein (BGH NJW-RR 00, 894). **26**

Der Primat der Parteiautonomie gebietet es, dass die Feststellung des hypothetischen Parteiwillens nicht expost erfolgen darf, sondern aus der (mutmaßlichen) ex-ante Sicht erfolgen muss (BGH NJW-RR 05, 687; BGHZ 123, 281, 286 = NJW 93, 3194 (**Buchwertklausel**); GRUR 05, 320; Staud/*Roth* Rz 34; MüKo/*Busche* Rz 49; AnwK/*Looschelders* Rz 24; Palandt/*Ellenberger* Rz 7, anders Soergel/*Wolf* Rz 132). Daher kommt es auf nachträglich entstandene Verkehrssitten nicht an. **Neues dispositives Recht** ist aber wegen seines grds Geltungsvorrangs zu berücksichtigen. **27**

2. Anfechtung der Vertragsergänzung. Nach hL ist die Anfechtung der Vertragsergänzung durch eine Seite **28** nicht zulässig (Soergel/*Wolf* Rz 20; *Flume* II § 16 4c; aA Staud/*Roth* Rz 35; Erman/*Armbrüster* Rz 20; AnwK/ *Looschelders* Rz 13). In den Fällen, in denen die Lücke der privatautonomen Regelung durch dispositives Recht gefüllt wird, handelt es sich nach hM um einen unbeachtlichen (§ 119 Rn 28) Rechtsfolgenirrtum. Regelmäßig wird es in diesen Fällen ohnehin schon tatbestandlich am Vorliegen eines Irrtums fehlen. Denn für dessen Feststellung reicht die nachträgliche Unzufriedenheit einer Seite mit dem durch Auslegung ermittelten Vertragsinhalt nicht aus, da hierin keine fehlerhafte Willensbildung liegt, wie sie die Anfechtung insoweit voraussetzt (§ 119 Rn 23). Greifen diese Gesichtspunkte nicht ein, so sind allerdings keine Gründe ersichtlich, die Anfechtung nicht zuzulassen.

IV. Schranken. Die Ergänzung der privatautonom getroffenen Regelung darf nicht zu einer freien richterlichen Rechtsschöpfung führen, sie darf insb nicht eine fehlende Einigung über wesentliche Vertragsbestandteile ersetzen (BGH NJW-RR 06, 1139 Tz 21, aber BGH NZV 06, 522 zur Gutachtervergütung). Ein tatsächlich feststellbarer übereinstimmender Parteiwille geht daher in jedem Fall vor (BGH NJW 95, 1213). Die ergänzende Vertragsauslegung darf nicht den Inhalt der Erklärungen verändern oder sich zu ihm in Widerspruch setzen (BGH NJW-RR 89, 1491). Eine Vertragsergänzung, die zur Nichtigkeit des Vertrags führen würde, entspricht nicht dem hypothetischen Parteiwillen (BGH NJW 70, 468). **29**

30 Die richterliche Auslegung darf weiterhin nicht zu einer **Erweiterung des Vertragsgegenstandes** führen, und sie muss in dem Vertrag eine Stütze finden (BGHZ 40, 91, 103 = NJW 63, 2071). Der Begriff der unzulässigen Erweiterung ist allerdings auf den Zweck des Vertrags und nicht etwa auf die dort geregelten Pflichten zu beziehen. So kann im Wege der ergänzenden Vertragsauslegung durchaus eine Erweiterung der ursprünglich vorgesehenen wechselseitigen Pflichten erfolgen, wenn dies für die Erreichung des Vertragszwecks erforderlich ist (Staud/*Roth* Rz 39; s.a. BGH NJW 06, 54 zur Ergänzung der vertraglichen Regelung durch ein befristetes **Umtauschrecht von Pfennig- in Cent-Briefmarken**; BGH NJW-RR 08, 562 zum einseitigen Recht, die **Gültigkeitsdauer von Telefonkarten** zu bestimmen). Allerdings darf sie nicht dazu führen, dass eine der Parteien Rechte zugewiesen erhält, die sie im Laufe der Verhandlungen nicht hat durchsetzen können (BGH NJW-RR 91, 1033).

31 Lassen sich keine hinreichenden Anhaltspunkte für den hypothetischen Parteiwillen finden, etwa weil mehrere gleichwertige Auslegungsmöglichkeiten in Betracht kommen, scheidet eine ergänzende Vertragsauslegung aus (BGH NJW 08, 1820 Tz 30; NJW-RR 05, 1619; NJW-RR 05, 1040, unerkannte Unwirksamkeit einer Sicherungsvereinbarung). Das Gericht kann die Parteien nicht nach seinem Gutdünken auf eine einzige von mehreren möglichen Lösungen festlegen (BGH NJW 02, 2311).

32 **V. Prozessuales.** Vor dem Rückgriff auf die ergänzende Vertragsauslegung durch den Richter hat immer der Versuch zu stehen, eine privatautonome Lösung durch Verhandlungen der Parteien herbeizuführen. Hierauf hat das Gericht auch noch in der Verhandlung hinzuwirken.

33 Die ergänzende Auslegung wird, jedenfalls soweit es sich um Individualverträge handelt, trotz ihrem normativen Charakter grds dem Bereich der Tatsachenfeststellung zugeordnet (anders Staud/*Roth* Rz 51 ff). Sie obliegt daher dem Tatrichter und ist entsprechend nur eingeschränkt revisionsrechtlich auf die Beachtung von Auslegungs- oder Ergänzungsregeln, Denkgesetzen und Erfahrungssätzen hin überprüfbar (BGH NJW 04, 1873. Für vollständige Revisibilität ua MüKo/*Busche* Rz 58; *Ehricke* RabelsZ 96, 673). Das Revisionsgericht ist bei Beachtung dieser Regeln schon an die Feststellung einer Lücke durch den Tatrichter gebunden (BGHZ 111, 110, 115 = NJW 90, 1724). Die ergänzende Vertragsauslegung kann allerdings entspr den allg Regeln vom Revisionsgericht nachgeholt werden, wenn der Tatrichter die Ergänzung fehlerhaft unterlassen hat und weitere Sachverhaltsermittlung, zu der auch die Feststellung von Verkehrssitten gehört (Rn 13) nicht erforderlich ist (BGH NJW 07, 1884; NJW-RR 00, 894).

34 Bei der ergänzenden Vertragsauslegung im Falle von **unwirksamen AGB** steht dagegen der rechtsfortbildende Charakter der richterlichen Tätigkeit im Vordergrund. Der Sache nach geht es um die Weiterentwicklung des dispositiven Rechts. Daher ist hier eine uneingeschränkte revisionsrechtliche Überprüfbarkeit anzunehmen, sofern es sich um eine Vertragsbedingung handelt, die über die Zuständigkeit nur eines Berufungsgericht hinaus verbreitet ist (BGHZ 163, 321 = NJW 05, 2919; BGH NJW-RR 08, 1371, 1372; Staud/*Roth* Rz 55; AnwK/*Looschelders* Rz 70).

35 **VI. Abgrenzung.** Die ergänzende Vertragsauslegung bedarf nach verschieden Seiten hin der Abgrenzung. Sie geht der **Irrtumsanfechtung** nach § 119 insofern vor als Gegenstand der Anfechtung der durch (ergänzende) Auslegung ermittelte Inhalt der Willenserklärung ist. Zur Anfechtbarkeit von Vertragsergänzungen Rn 29.

36 Der methodische Unterschied zwischen ergänzender Vertragsauslegung und geltungserhaltender Reduktion liegt darin, dass durch die **geltungserhaltende Reduktion** eine Vertragslücke, welche Voraussetzung für die ergänzende Auslegung ist, vermieden wird. Soweit also im individualvertraglichen Bereich eine geltungserhaltende Reduktion auf den noch zulässigen Vertragsinhalt möglich ist, erscheint diese unter dem Gesichtspunkt der Parteiautonomie ggü der ergänzenden Vertragsauslegung vorzugswürdig (Staud/*Roth* Rz 36).

37 Für den Bereich der **Auslegung von AGB** ist jedoch das von der hM aus § 306 II entnommene **Verbot der geltungserhaltenden Reduktion** zu beachten (s. § 306 Rn 4). Daher kommt bei unzulässigen AGB nur die Schließung der Lücke im Wege ergänzender Vertragsauslegung in Betracht, wenn dispositives Gesetzesrecht zur Füllung der Lücke nicht zur Verfügung steht und die ersatzlose Streichung der unwirksamen Klausel keine angemessene, den typischen Interessen des AGB-Verwenders und seines Vertragspartners Rechnung tragende Lösung bietet. Diese darf ihrerseits nicht im Ergebnis auf eine geltungserhaltende Reduktion hinauslaufen (BGHZ 143, 103, 119 = NJW 00, 1110, 1114; LG Bremen ZIP 06, 1301; AnwK/*Looschelders* Rz 39. Gegen das grds Verbot der geltungserhaltenden Reduktion bei AGB Staud/*Roth* Rz 49). Im **Verbandsprozess** nach dem UKlaG hat die ergänzende Vertragsauslegung keinen Anwendungsbereich (BGH NJW 07, 1054, 1057).

38 Ggü der von § 139 im Zweifel statuierten Totalnichtigkeit des Vertrags bei Unwirksamkeit eines einzelnen Teils kann durch ergänzende Vertragsauslegung die infolge der Teilnichtigkeit entstandene Lücke geschlossen werden. Die Totalnichtigkeit wird dadurch vermieden. Die ergänzende Vertragsauslegung geht daher der Anwendung von § 139 vor (BGH NJW 75, 44; Köln ZMR 99, 633; Staud/*Roth* Rz 7).

39 Das Verhältnis der ergänzenden Vertragsauslegung zur **Umdeutung nach § 140** ist schwer zu bestimmen und fließend (MüKo/*Busche* § 140 Rz 3), da in beiden Fällen der hypothetische Parteiwille maßgeblich ist. § 140 ist insofern eine Spezialregelung für den Fall, dass die Regelungslücke durch die Unwirksamkeit des Rechtsgeschäfts entstanden ist.

Sowohl tatbestandlich wie auf der Rechtsfolgenseite bestehen enge Berührungspunkte zum **Wegfall der** 40
Geschäftsgrundlage. Auch dieser ggü ist die ergänzende Vertragsauslegung als die der Parteiautonomie
nähere Methode vorrangig (BGHZ 164, 286 = ZIP 05, 2197; NJW 01, 2465; Hamm NJW-RR 93, 181; Staud/
Roth Rz 9; AnwK/*Looschelders* Rz 7). Die Anpassung des Vertrags reicht insofern über die ergänzende Auslegung hinaus, als eine Anpassung auf der Grundlage von § 313 auch vorgenommen werden kann, wenn es unmöglich ist, einen hypothetischen Parteiwillen festzustellen.

VII. Einzelfälle. Vielfach wird von der Rspr im Weg ergänzender Vertragsauslegung ein (stillschweigender) 41
Haftungsverzicht angenommen, wenn der Geschädigte billigerweise das **Risiko hätte versichern** können (BGH NJW 79, 414, 415 für Beschränkung der Haftung ggü Mitfahrer; Hamm NJW-RR 00, 1047 für Vollkaskoversicherung bei Ersatzfahrzeug). Das Bestehen einer Haftpflichtversicherung auf Seiten des Schädigers soll gegen eine Haftungsbeschränkung sprechen (BGH NJW 09, 1482). Zuweilen gerät dabei freilich die Voraussetzung des Bestehens einer wirksamen und damit auslegungsfähigen Vereinbarung zwischen den Parteien aus dem Blick (BGH NJW 79, 644 für Schäden am KFZ bei Probefahrt). Im Wege ergänzender Auslegung entnimmt man dem **Gebäudeversicherungsvertrags** des Vermieters mit einem Versicherer einen konkludenten Regressverzicht des Versicherers gegen den nur fahrlässig handelnden Mieter (BGH NJW-RR 05, 381). Dies gilt auch dann, wenn dieser haftpflichtversichert ist (BGH NJW-RR 07, 684; zur entspr Anwendbarkeit von § 78 II 1 VVG im Verhältnis Gebäude- und Haftpflichtversicherer BGH NJW 06, 3707; LMK 06, 204, 726 m Anm *Hübner*). Dennoch kann in der mietvertraglichen Verpflichtung des Wohnungsmieters, die (anteiligen) Kosten der Gebäudeversicherung zu zahlen, keine stillschweigende Beschränkung seiner Haftung auf Vorsatz und grobe Fahrlässigkeit gesehen werden. Der Vermieter ist jedoch verpflichtet, den Gebäudeversicherer und nicht den Mieter auf Schadensausgleich in Anspruch zu nehmen, wenn ein Versicherungsfall vorliegt (BGH NJW-RR 05, 381).

Freistellungsvereinbarungen verpflichten regelmäßig nicht nur zur Erfüllung begründeter, sondern auch zur 42
Abwehr unbegründeter Ansprüche (BGH NJW 02, 2382).

Bei einem **Gewährleistungsausschluss** bzgl eines Grundstückskaufs kann eine Verpflichtung zur Abtretung von 43
Ansprüchen des Verkäufers und Erstkäufers gegen seinen (Erst-)Verkäufer nur bejaht werden, wenn Anhaltspunkte dafür bestehen, dass der Erstkäufer nicht endgültig entlastet werden sollte (BGH NJW 04, 1873).

Zum Drittschutz bei **Gutachterleistungen** (BGH NJW 02, 3625; 04, 3035). Zu Rücknahmeverpflichtungen 44
bez Ersatzteilen bei **KFZ-Vertragshändlern** (BGH NJW-RR 08, 1371).

Klauseln über den Rückkaufswert von **Kapitallebensversicherungen**, die wegen Verstoßes gegen das Trans- 45
parenzgebot unwirksam sind, dürfen nicht im Wege des Treuhänderverfahrens nach § 163 VVG (§ 172 II aF) durch inhaltsgleiche Bestimmungen ersetzt werden. Im Wege ergänzender Vertragsauslegung ergibt sich, dass der Stornoabzug entfällt und der Rückkaufswert bei Kündigung die Hälfte des mit den Rechnungsgrundlagen der Prämienkalkulation berechneten ungezillmerten Deckungskapitals nicht unterschreiten darf (BGH NJW 05, 3559; BGH NJW-RR 08, 188).

Die **Mehrwertsteuer** ist ein rechtlich unselbstständiger Teil des Kaufpreises (BGH NJW 91, 2486 für Berech- 46
nung der Nutzungsvergütung), der Käufer darf grds davon ausgehen, dass sie im angebotenen Preis enthalten ist (BGH NJW 02, 2312; München NJW-RR 93, 415), anders bei RAen, Steuerberatern und Architekten. Bei Irrtümern über MwStPflicht gilt: Bei beiderseitigem Irrtum ist MwSt nach- bzw zurückzuzahlen (BGH NJW-RR 00, 1652). Anders bei einseitigem Irrtum des Verkäufers (BGH NJW 02, 2312).

Trägt der **Mieter** die Pflicht, Reparatur- und Instandsetzungsarbeiten durchführen zu lassen, so hat er dem 47
Vermieter bei Beendigung des Mietverhältnisses einen Ausgleich in Geld zu zahlen, wenn dieser das Mietobjekt umbaut und dadurch die Instandsetzungsmaßnahmen zerstört würden (BGHZ 151, 53, 58 = NJW 02, 2383. Zu **Schönheitsreparaturen** s.a. BGH NJW 04, 2961. Ist die Klausel zur Abwälzung von Schönheitsreparaturen unwirksam, so lässt sich auch im Wege ergänzender Vertragsauslegung kein Anspruch des Vermieters auf eine Mieterhöhung konstruieren, BGH ZMR 08, 878). Eine Regelung über die Umlegung der Kosten einer **Gemeinschaftsantenne** lässt sich ergänzend dahin auslegen, dass bei deren Beseitigung die Kosten für den Anschluss an das Kabelnetz umlegbar sind (BGH NJW 07, 3060).

Kann der Verpflichtete einer als atypischer Gegenleistung übernommenen **Pflegeverpflichtung** nicht mehr 48
nachkommen, so muss er sich an den Kosten der anderweitigen Pflege beteiligen (BGH NJW-RR 02, 1081).

Sicherungsabreden bei Globalsicherheiten sind dahingehend auszulegen, dass sie dem Sicherungsnehmer 49
nur Sicherheit für in branchenüblicher Weise erlangte Forderungen verschaffen. Sie decken nicht solche Forderungen, die der Sicherungsnehmer von Dritten erworben hat, um diesen Deckung zu verschaffen (BGH NJW 91, 1946). Zum Anspruch auf Austausch einer im nachhinein überhöhten **Erfüllungsbürgschaft** Frankf BauR 06, 735. Ist bei **Werkverträgen** die Vereinbarung eines Sicherheitseinbehalts wegen unangemessener Benachteiligung des Unternehmers unwirksam, kommt eine ergänzende Auslegung – etwa eine Ablösungsmöglichkeit durch Bürgschaft – nicht in Betracht, da regelmäßig nicht erkennbar ist, welche Regelungen die Parteien vereinbart hätten, wenn sie die Unwirksamkeit der Klausel erkannt hätten (BGH NJW-RR 05, 1040; NJW 01, 1858).

50 Aus einem **Unternehmensübertragungsvertrag** kann sich im Wege ergänzender Vertragsauslegung ein zeitlich und örtlich begrenztes **Wettbewerbsverbot** ergeben (RGZ 117, 1176; BGH NJW-RR 90, 226 für gekündigten Gesellschafter-Geschäftsführer).

51 Der Telefonnetzbetreiber und nicht der Anschlussinhaber trägt das Risiko der heimlichen Installation eines automatischen Einwahlprogramms („**Dialerprogramm**") auf einem Computer, es sei denn, der Nutzer handelt grob fahrlässig (BGHZ 158, 201, 209 = NJW 04, 1590).

52 **Zinsänderungsklauseln** verpflichten auch zur Herabsetzung des Zinssatzes bei sinkendem Zinsniveau (BGH NJW 86, 1803). Wertsicherungsklausel, die eine Mieterhöhung bei Ansteigen der allg Lebenshaltungskosten vorsehen, rechtfertigen dagegen kein Verlangen auf Herabsetzung des Mietzinses bei Absinken der ortsüblichen Miete (Celle NJW-RR 01, 1017; Rostock NZM 05, 506; für Staffelmietvertrag BGH NJW 02, 2384).

Titel 4 Bedingung und Zeitbestimmung

§ 158 Aufschiebende und auflösende Bedingung.
(1) Wird ein Rechtsgeschäft unter einer aufschiebenden Bedingung vorgenommen, so tritt die von der Bedingung abhängig gemachte Wirkung mit dem Eintritt der Bedingung ein.
(2) Wird ein Rechtsgeschäft unter einer auflösenden Bedingung vorgenommen, so endigt mit dem Eintritt der Bedingung die Wirkung des Rechtsgeschäfts; mit diesem Zeitpunkt tritt der frühere Rechtszustand wieder ein.

1 **A. Begriffe und Arten von Bedingungen. I. Definition.** Bedingung iSd §§ 158 ff ist eine vertragliche Nebenbestimmung, welche die Wirkungen des Rechtsgeschäfts an ein zukünftiges, ungewisses Ereignis knüpft. Das Gesetz nennt allerdings sowohl die rechtsgeschäftliche Abrede als auch das in Bezug genommene ungewisse Ereignis selbst „Bedingung". Eine solche rechtsgeschäftliche Gestaltung erlaubt es, die Zeitpunkte der Vornahme des Rechtsgeschäfts und seiner Wirkungen voneinander zu trennen. Diese Trennung kann unterschiedlichen Zwecken dienen. Praktisch außerordentlich große Bedeutung haben Bedingungen iRv **Sicherungsgeschäften** (Kaufpreiszahlung als aufschiebende Bedingung beim Eigentumsvorbehalt. Bei der Sicherungsübereignung ist dagegen im Zweifel keine auflösende Bedingung anzunehmen, BGH NJW 84, 1185; NJW 94, 865; Vor §§ 1204 ff Rn 22). Bedingungen können aber auch verwendet werden, um das Risiko einer den Erwartungen der Parteien entspr Entwicklung wesentlicher Umstände auszuschalten. Schließlich kann ein Verfügungsgeschäft grds so auflösend bedingt werden, dass es unwirksam wird, wenn das Verpflichtungsgeschäft unwirksam ist. Auf diese Weise ist eine **Überwindung des Abstraktionsprinzips** möglich (MüKo/*Westermann* Rz 26). Zur bedingten Erbeinsetzung BGH NJW-RR 09, 1455.

2 **II. Arten von Bedingungen. 1. Aufschiebende und auflösende Bedingung.** § 158 unterscheidet Bedingungen zunächst nach der Art ihres Einflusses auf das Rechtsgeschäft. Die Wirkungen des Rechtsgeschäfts können mit Eintritt der Bedingung eintreten (aufschiebende oder **Suspensivbedingung**, I) oder zu diesem Zeitpunkt enden (auflösende oder **Resolutivbedingung**, II). Die Abgrenzung zwischen auflösender und aufschiebender Bedingung kann im Einzelfall schwierig sein. Vgl die Auslegungsregeln in §§ 449, 454, 2074. **Einzelfälle**: Aufschiebende Bedingung: Abschluss eines Kaufvertrags unter dem Vorbehalt, dass sich bei Probefahrt keine technischen Mängel zeigen (LG Berlin MDR 70, 923); Finanzierungsklauseln, es sei denn, der Käufer soll das Finanzierungsrisiko tragen (München WM 84, 1336; LG Aachen NJW-RR 86, 411; Staud/*Bork* Rz 5. Für auflösende Bedingung Köln ZIP 85, 25). Auflösende Bedingung: Kauf unter Vorbehalt des Umtauschs (Soergel/*Wolf* § 158 Rz 6); Erfüllung des Deckungsgeschäfts bei Selbstbelieferungsklauseln (BGHZ 24, 40; § 145 Rn 11).

3 **2. Art des Ereignisses.** Das in Bezug genommene Ereignis kann ein bestimmtes Verhalten eines Beteiligten, eines Dritten oder ein anderer Tatbestand sein. Die Ungewissheit des Ereignisses kann sich entweder sowohl auf das „Ob" als auch auf das „Wann" (Eintritt eines bestimmten Börsenkurses) beziehen oder nur auf das „Ob" (Erleben des 60. Geburtstages). Wird auf ein künftiges gewisses Ereignis abgestellt, handelt es sich um eine Befristung iSv § 163.

4 Bedingungen lassen sich nach der Art des fraglichen Ereignisses weiter in Zufalls- und Potestativbedingungen einteilen.

5 **a) Zufallsbedingung.** Bei der Zufallsbedingung steht der Eintritt der Bedingung nicht im Belieben einer der Parteien, sondern hängt vom Verhalten eines Dritten ab (unzulässig im Falle des § 2065, vgl zur Zulässigkeit einer solchen Bedingung iÜ BayObLG NJW-RR 86, 94; vgl auch BGH WM 63, 192) oder ist ausschl zufällig in dem Sinn, dass kein Einzelner auf den Eintritt Einfluss besitzt, wie etwa bei der Entwicklung der politischen Lage. Bedingungen, die an ein vollkommen dem Zufall überlassenes Ereignis anknüpfen, können zur Beurteilung des Geschäfts als Spiel iSv § 762 führen (AnwK/*Wackerbarth* Rz 4).

b) Potestativ- und Wollensbedingung. Bei der **Potestativbedingung** sind die Wirkungen des Rechtsgeschäfts an ein Verhalten geknüpft, das im Belieben einer der Parteien steht. Diese kann also durch Vornahme oder Unterlassen der entspr Handlung die Wirkungen des Rechtsgeschäfts herbeiführen oder beenden. Zur Beendigung eines unabsehbar langen Schwebezustands kommt uU eine Fristsetzung analog §§ 146, 148 (BGH NJW 85, 1557) durch die andere Seite in Betracht. Solche Potestativbedingungen sind grds zulässig und in § 2075 auch gesetzlich anerkannt (vgl aber BGH WM 83, 991 für den Fall, dass die Erfüllung einer vertraglichen Nebenpflicht, Kautionszahlung, als aufschiebende Bedingung des Vertrags formuliert wurde). Denn hinsichtlich der Vornahme des Verhaltens ist die Partei zwar frei, für die rechtlichen Folgen dieses Verhaltens kommt es jedoch nicht auf ihren Willen an, da für den Bedingungseintritt die bloße Tatsache des bestimmten Verhaltens genügt (Soergel/*Wolf* Rz 23; Staud/*Bork* Vor § 158 Rz 16). Die Potestativbedingung knüpft insofern nicht unmittelbar an den Willen einer Partei, sondern lediglich an ihr Verhalten an, das freilich regelmäßig Ausdruck ihres Willens sein wird. 6

Im Gegensatz dazu stellt die **Wollensbedingung** die Wirkungen des Vertrags direkt in das freie Belieben einer der Parteien. Ob solche Bedingungen zulässig sind, ist str. Die Rspr verfährt bei der Anerkennung derartiger Bedingungen im Rahmen gegenseitiger Verträge relativ großzügig (BGHZ 47, 387, 391 = NJW 67, 1605; BayObLG NJW-RR 88, 982). Die auflösende Wollensbedingung ist in der Tat, außerhalb von Verfügungen, unproblematisch (Soergel/*Wolf* Vor § 158 Rz 26). Funktional kommt diese Konstruktion der Vereinbarung eines einseitigen Kündigungs- oder Rücktrittsvorbehalts nahe (Staud/*Bork* Vor § 158 Rz 18). Von diesen Instituten ist die auflösende Wollensbedingung durch Auslegung abzugrenzen (vgl LG Hamburg NJW-RR 91, 823). Die aufschiebende Wollensbedingung wird dagegen von einigen Stimmen in der Literatur, abgesehen vom **Kauf auf Probe**, § 454 I, nicht anerkannt. Eingewendet wird, dass es hier am Vorliegen eines verbindlichen Vertrags fehle (Staud/*Bork* Vor § 158 Rz 18; aA AnwK/*Wackerbarth* Rz 6; MüKo/*Westermann* Rz 61; Erman/*Armbrüster* Rz 13), so dass die §§ 145 ff anwendbar seien. Dem ist entgegen zu halten, dass es den Parteien überlassen werden kann, an welche Voraussetzungen sie die Wirkungen ihres Vertrags knüpfen. Insb ermöglicht es die Zulassung der reinen Wollensbedingung, eine **Option** als aufschiebend bedingten Vertrag zu konstruieren (s. Vor §§ 145 ff Rn 34; MüKo/*Westermann* Rz 22, 60; Palandt/*Heinrichs* Einf v § 158 Rz 10). Diese Konstruktion bietet ggü der Festofferte den Vorteil, dass die Herbeiführung der Bedingung nach hM formfrei möglich ist, so dass nur der Hauptvertrag der Form genügen muss (Vor §§ 145 ff Vor §§ 145 ff Rn 37). 7

c) Vergangenes oder gegenwärtiges Ereignis. Zwar setzen die §§ 158 ff die objektive Unsicherheit über das künftige Eintreten des Ereignisses voraus, die Vorschriften können allerdings uU analog auf Bedingungen angewendet werden, die nur für die Parteien unbekannte Ereignisse, über deren Eintritt objektiv bereits Klarheit besteht, zum Gegenstand haben (Staud/*Bork* Vor § 158 Rz 29; Erman/*Armbrüster* Vor § 158 Rz 6). Gerade bei unklarer Rechtslage können die Parteien ein bestimmtes rechtliches Ergebnis, etwa die steuerliche Anerkennung des Geschäfts durch die Finanzbehörden, zur Wirksamkeitsvoraussetzung des Rechtsgeschäfts machen (zu sog „Steuerklauseln" *Zenthöfer* DStZ 87, 185, 189). Die Wirkungen des Rechtsgeschäfts beginnen oder enden dann zum Zeitpunkt der Kenntnis durch die Parteien. 8

IÜ ist das Abstellen auf ein bereits eingetretenes oder endgültig nicht eingetretenes Ereignis allerdings unwirksam (LAG Saarbrücken NJW 66, 2136; LG Köln VersR 85, 385; Köln NJW-RR 92, 239; Staud/*Bork* Vor § 158 Rz 28). Die Auslegung kann ergeben, dass es sich bei dem Geschäft um eine Wette nach § 762 handelt. 9

B. Abgrenzung. I. Vertragsbedingung. Nicht um Bedingungen im Rechtssinn handelt es sich bei sog „Vertragsbedingungen" iSv § 305 I. Der Ausdruck „Vertragsbedingung" bezeichnet nur einzelne Klauseln des Vertrages, die den Inhalt des Rechtsgeschäfts festlegen. Sie betreffen dagegen nicht spezifisch den Eintritt der Wirkungen des Rechtsgeschäfts im Hinblick auf ein zukünftiges Ereignis. Zur Abgrenzung auch zwischen Bedingung und **Fälligkeitsregelung** BGH NJW 93, 1381; Ddorf NJW-RR 91, 435. Wird in einer von einem Volljuristen formulierten Urkunde der Ausdruck „Bedingung" verwendet, so spricht eine tatsächliche Vermutung für das Vorliegen einer echten Bedingung (Baumgärtel/*Laumen*, Handbuch Beweislast, § 158 Rz 10). 10

II. Rechtsbedingung. Der Begriff fasst die gesetzlichen Voraussetzungen für Zustandekommen und Wirksamkeit eines Vertrags zusammen. Auch soweit die Wirksamkeit des Vertrags von **behördlichen Genehmigungen** abhängt, handelt es sich hierbei allerdings nicht um Bedingungen iSv §§ 158 ff (BGHZ 158, 74, 77). Bei einer behördlichen Genehmigung handelt es sich schon nicht um ein objektiv ungewisses Ereignis. Ist die **Genehmigung eines Dritten** erforderlich, so wird der Schwebezustand durch die §§ 184, 185 II geregelt. Die §§ 158 ff sind daher auch nicht entspr anwendbar. Nehmen die Parteien irrtümlich die Genehmigungsbedürftigkeit des Geschäfts an, so wird das Geschäft unmittelbar mit Abschluss wirksam (BGH WM 61, 407; DNotZ 76, 370), es sei denn die rechtliche Beurteilung ist Geschäftsgrundlage (vgl Ddorf NJW-RR 98, 150). Von der Rechtsbedingung ist die Vereinbarung einer Zustimmung oder Gegenzeichnung durch einen Dritten als Wirksamkeitsvoraussetzung zu unterscheiden. Hierbei handelt es sich um eine echte (Zufalls-) Bedingung (BGH WM 63, 192). 11

12 **III. Auflage.** Die Auflage iSv §§ 525, 1940, 2192 unterscheidet sich von der Potestativbedingung dadurch, dass sie die Wirksamkeit des Rechtsgeschäfts unberührt lässt und stattdessen eine Pflicht begründet, der Auflage nachzukommen.

13 **IV. Zweckbindung, Irrtum und Geschäftsgrundlage.** Das Erreichen eines außerhalb des Rechtsgeschäfts liegenden Zwecks kann zur Wirksamkeitsbedingung iSv § 158 erhoben werden. Es kann sich bei einer solchen Zwecksetzung allerdings auch um eine Zweckbestimmung der Leistung iSv § 812 I 2 2. Alt handeln. Ist eine der Parteien bei Geschäftsabschluss zu Unrecht vom Eintritt oder Bestehen bestimmter tatsächlicher Voraussetzungen ausgegangen, so kann es sich hierbei um einen Irrtum iSv § 119 handeln (s. § 119 Rn 34). Unterlagen beide Seiten der Fehlvorstellung, kommt uU eine Anwendung des § 313 (s. § 313 Rn 33) in Frage. Die Abgrenzung zur Bedingung ist im Wege der Auslegung vorzunehmen, wobei im Zweifel wegen der größeren Flexibilität auf der Rechtsfolgenseite von einer Geschäftsgrundlage auszugehen sein wird (Soergel/*Wolf* Vor § 158 Rz 15; Staud/*Bork* Vor § 158 Rz 11).

15 **C. Bedingungsfeindliche Rechtsgeschäfte.** Da die Beifügung von Bedingungen zu einem Rechtsgeschäft eine wesentliche Komponente der vertraglichen Gestaltungsfreiheit ist, sind Rechtsgeschäfte anders als **Prozesshandlungen** (dort sind nur innerprozessuale Bedingungen zulässig, Zöller/*Greger* ZPO vor § 128 Rz 20) grds bedingungsfreundlich. Dies gilt auch dann, wenn der Rechtserwerb ins Grundbuch einzutragen ist (Zweibr NJW-RR 08, 1395 für **bedingtes Sondernutzungsrecht**). Gesetzlich von der Bedingungsfreundlichkeit ausgenommen sind wegen des Allgemeininteresses an Rechtsklarheit ua die **Auflassung** (§ 925 II), die Aufhebung und Änderung des **Erbbaurechts** (§§ 1 IV, 11 I ErbbVO), die **Eheschließung** (§ 1311) und die Begründung einer Lebenspartnerschaft (§ 1 I LPartG), die **Anerkennung der Vaterschaft** (§ 1594 III), die **Sorgeerklärung** (§ 1626b), die Annahme und **Ausschlagung der Erbschaft** und des Vermächtnisses (§§ 1947, 2180 II).

16 Im **Gesellschaftsrecht** sind beispielsweise die Zeichnung von Aktien, der Beitritt zu einer Genossenschaft (§ 15 I GenG), die Beitrittserklärungen der Gründer einer GmbH sowie die Übernahme von Stammeinlagen bei der Kapitalerhöhung und die Umwandlung einer Kommanditisten- in eine Komplementärstellung (BGH NJW 87, 3186) **bedingungsfeindlich**. Allerdings kann die Bestellung zum Geschäftsführer einer GmbH nach Ansicht des BGH bedingt erfolgen. Die Rechtsunsicherheit, die durch die Bedingung der Organstellung entsteht, führe nicht zur Unwirksamkeit einer entspr Satzungsgestaltung (BGH ZIP 05, 2255; aM *Lutter/Hommelhoff*, GmbHG, § 6 Rz 25; Scholz/*Schneider*; GmbHG, § 6 Rz 27; *Marschner-Barner/Diekmann*, in: MünchHdb GesR, Bd 3, § 42 GmbHR, Rz 39).

17 Im **Arbeitsrecht** ist die Zulässigkeit von auflösenden Bedingungen im Arbeitsvertrag im Hinblick auf mögliche Umgehungen des Kündigungsschutzes problematisch. Entsprechend fordert das BAG für die Wirksamkeit einer solchen Bedingung einen sachlichen Grund (BAG DB 92, 948).

18 Der Grundsatz der Bedingungsfreundlichkeit gilt auch bei **einseitigen Rechtsgeschäften**. Gerade bei der Ausübung von Gestaltungsrechten sind allerdings im Hinblick auf den Schutz des Erklärungsempfängers Einschränkungen geboten (BGHZ 97, 264). Paradigmatisch ist dies für die **Aufrechnung** in § 388 2 ausgesprochen. Gleiches gilt für die Anfechtungserklärung (BGH WM 61, 157), die **Kündigungserklärung** (BAG NJW 01, 3335), die **Genehmigung** nach § 185 II und die **Ausübung von Optionsrechten**. Da die Bedingungsfeindlichkeit den Geschäftsgegner vor unklaren Schwebelagen schützen soll, sind trotz § 388 2 und entspr Regeln solche Bedingungen zulässig, bei denen derartige Schwebelagen ausgeschlossen sind (BGHZ 97, 264, 267 = NJW 86, 2245; WM 73, 695), wie beispielsweise bei der **Änderungskündigung**, die nur für den Fall wirksam sein soll, dass der Empfänger nicht mit einer bestimmten Änderung des Vertragsverhältnisses einverstanden ist (Staud/*Bork* Vor § 158 Rz 41). Die Änderungskündigung ist im Arbeitsrecht nach § 2 KSchG zulässig. Aus dem Gesichtspunkt, dass die Schwebelage die Interessen des Erklärungsempfängers nicht übermäßig beeinträchtigt, ist innerhalb eines Prozesses auch die hilfsweise Ausübung von Gestaltungsrechten (Eventualaufrechnung, Eventualanfechtung) zulässig.

19 **D. Unzulässige Bedingungen.** Die Unzulässigkeit einer echten Bedingung kann sich aus der Bedingungsfeindlichkeit des Rechtsgeschäfts (Rn 15 ff) oder aus ihrem Inhalt ergeben. Letzteres ist insb bei unerlaubten oder sittenwidrigen Bedingungen der Fall. **Sittenwidrig** sind va solche Bedingungen, die eine Zuwendung an ein bestimmtes Verhalten des Empfängers knüpfen und dadurch unzumutbaren Druck auf diesen ausüben (BAG 4, 274 zu „Zölibatsklauseln" in Arbeitsverträgen; LAG Düsseldorf DB 77, 1196 zu Schwangerschaft als auflösender Bedingung in Arbeitsvertrag).

20 Bei gesetzlich bestimmter Bedingungsfeindlichkeit eines Rechtsgeschäfts ergibt sich die Nichtigkeitsfolge aus dem Gesetz (§§ 388 2, 925 II, s. aber auch § 50 II, 126 II HGB). IÜ führt die Unwirksamkeit einer aufschiebenden Bedingung regelmäßig ebenfalls zur vollständigen Nichtigkeit des Rechtsgeschäfts, da meist nicht anzunehmen sein wird, dass die Parteien das Rechtsgeschäft auch ohne die Bedingung abgeschlossen hätten (Staud/*Bork* Vor § 158 Rz 12, 33). Eine Umdeutung nach § 140 in ein unbedingt wirksames Geschäft ist unzulässig, da es sich hierbei um ein Mehr ggü dem bedingten Rechtsgeschäft handelt. Bei einer unwirksamen auflösenden Bedingung kann dagegen unter Rückgriff auf § 139 das Rechtsgeschäft iÜ aufrechterhalten werden (Soergel/*Wolf* Rz 32; Palandt/*Heinrichs* Einf v § 158 Rz 11).

E. Rechtsfolgen. I. Eintritt und Ausfall der Bedingung. Tritt bei der aufschiebenden Bedingung das Ereignis ein, so beendet dies automatisch die Schwebelage. Bei Verpflichtungsgeschäften entsteht in diesem Moment der bedingte Anspruch, seine Fälligkeit richtet sich nach § 271. Bei Verfügungsgeschäften finden im Moment des Bedingungseintritts Rechtserwerb und -verlust statt. Die Wirkungen des Rechtsgeschäfts treten ipso iure auch dann ein, wenn eine der Parteien nicht mehr am Rechtsgeschäft festhalten will (BGHZ 127, 129, 133 = NJW 94, 3228). Der Eintritt der Bedingung hat keine Rückwirkung, eine schuldrechtliche Rückbeziehung ist allerdings nach § 159 möglich. Ein **Ausfall der Bedingung** liegt vor, wenn endgültig feststeht, dass sie nicht mehr (rechtzeitig) eintreten kann. Bei Bedingungen, die auf ein unmögliches Ereignis gerichtet sind, liegt insofern von Anfang an ein Ausfall vor. Auch der einseitige Verzicht desjenigen, der aus dem Bedingungseintritt einen Vorteil hätte, soll jedenfalls bei Verfügungen zulässig sein (BGHZ 138, 195, 200 = NJW 98, 2360; NJW 94, 3227, str). Bei Verpflichtungsgeschäften handelt es sich um eine von beiden Seiten vorzunehmende Vertragsänderung.

Bei der aufschiebenden Bedingung führt der Ausfall zur endgültigen Wirkungslosigkeit des Rechtsgeschäfts. Bei der auflösenden Bedingung ist im Gegenteil das Rechtgeschäft zunächst voll wirksam, mit Ausfall der Bedingung wird es endgültig wirksam. Tritt umgekehrt die Bedingung ein, so treten die Rechtsfolgen des Rechtsgeschäfts sofort und ohne weitere Zwischenakte gem § 158 II Hs 2 außer Kraft. Wurde vor Bedingungseintritt auf den auflösend bedingten Anspruch geleistet, so löst der Eintritt der Bedingung daher einen Anspruch aus § 812 I 1 Alt 1 des Leistenden aus (Staud/*Bork* Rz 22).

II. Schwebezustand vor Eintritt oder Ausfall der Bedingung. Auch das aufschiebend bedingte Rechtsgeschäft ist schon vor Bedingungseintritt vollendet. Es liegt daher bis zum Bedingungseintritt keine schwebende Unwirksamkeit vor, lediglich sind die Rechtsfolgen des Rechtsgeschäfts bis zum Eintritt des Ereignisses hinausgeschoben. Daher kommt es für die übrigen Wirksamkeitsvoraussetzungen des Rechtsgeschäfts auf den Zeitpunkt seiner Vornahme an und nicht etwa auf den Zeitpunkt des Bedingungseintritts (MüKo/*Westermann* Rz 39). Eine **nachträglich eintretende Verfügungsbeschränkung**, zB aus § 91 I InsO, ist deshalb unschädlich (BGH NZ 06, 229). Der aufschiebend bedingte Anspruch ist nach § 883 I 2 vormerkungsfähig, vererblich, abtretbar und kann nach §§ 765 II, 1113 II, 1204 II durch akzessorische Sicherungsrechte besichert werden. Auch die Anordnung eines Arrests oder einer einstweiligen Verfügung zur Sicherung eines bedingten Anspruchs ist in den Grenzen von § 916 II ZPO zulässig (MüKo/*Westermann* § 160 Rz 7). Wird vor Bedingungseintritt geleistet, so steht dem Leistenden vorbehaltlich des § 814 ein Anspruch aus § 812 I 1 Alt 1 zu (MüKo/*Westermann* Rz 40). Die **Verjährung** des Anspruchs beginnt frühestens mit dem Eintritt der Bedingung, denn erst zu diesem Zeitpunkt entsteht der Anspruch.

Der auflösend bedingte Anspruch ist bis zum Eintritt der Bedingung unbeschränkt durchsetzbar. Allerdings ist die *dolo agit* Einrede (s. § 242 Rn 47) zu beachten (vgl BGHZ 10, 75). Bei auflösend bedingten Dauerschuldverhältnissen kann sich aus den Umständen ergeben, dass das Recht zur ordentlichen Kündigung ausgeschlossen sein soll (BGH NJW-RR 09, 927).

Die Rechtsstellung des Begünstigten, der mit Eintritt der Bedingung automatisch in die übertragene Rechtsposition (bei der auflösenden Bedingung: wieder) eintritt, ist nach Maßgabe der §§ 160 ff gegen Leistungsstörungen, Zwischenverfügungen und Bedingungsvereitelung geschützt. Diese Position wird als Anwartschaft uU auch als **Anwartschaftsrecht** beschrieben, ohne dass aus diesem Begriff weitere Rechtsfolgen abgeleitet werden sollten (§ 161 Rn 12 ff).

F. Prozessuales. I. Bedingte Rechtsgeschäfte im Prozess und während des Insolvenzverfahrens. Ein aufschiebend bedingter Anspruch kann nur unter den Voraussetzungen von § 259 ZPO eingeklagt werden. Die aufschiebend bedingte Veräußerung vor dem Prozess führt nicht zum Verlust der Prozessführungsbefugnis. Gleiches gilt nach **§ 265 II ZPO**, wenn die Bedingung während des Prozesses eintritt. Die Rechtskraft des Urteils wirkt nach § 325 ZPO grds auch für und gegen den Erwerber (MüKo/*Westermann* § 161 Rz 15 ff; Staud/*Bork* Vor § 158 Rz 48; Soergel/*Wolf* Vor § 158 Rz 34). Allerdings ist zugunsten des nunmehr Berechtigten § 161 zu berücksichtigen, der dazu führt, dass die Rechtskraft des Urteils insoweit nicht auf den Erwerber erstreckt wird, als dies seine Rechtsstellung beeinträchtigen würde. In diesem Fall kann der Beklagte dem Kläger den Einwand der beschränkten Rechtskraft aus § 265 III ZPO entgegenhalten.

In der **Insolvenz** sind auflösend bedingte Insolvenzforderungen bis zum Bedingungseintritt nach § 42 InsO wie unbedingte zu behandeln. Aufschiebend bedingte Insolvenzforderungen können angemeldet werden, sie *sind nach Maßgabe des § 191 InsO zu behandeln* (ausf. *Muthorst* ZIP 09, 1794).

II. Beweislast. Den Eintritt einer aufschiebenden Bedingung hat derjenige zu beweisen, der aus dem Rechtsgeschäft Rechte herleiten will. Entspr gilt für auflösende Bedingungen.

Auf der Basis der herrschenden Klageleugnungstheorie muss derjenige, der aus einem Vertrag Rechte herleitet, nicht nur den Vertrag selbst, sondern auch dessen Unbedingtheit beweisen, wenn diese streitig ist (BGH NJW 02, 2862; 85, 497; Jena MDR 99, 1381; s. aber Jena NZG 98, 851 bei Vorliegen einer Vertragsurkunde; aM Soergel/*Wolf* Vor § 158 Rz 40; AnwK/*Wackerbarth* Rz 77). Für die nachträgliche Hinzufügung einer Bedingung trägt die Partei die objektive Beweislast, die aus der Bedingung Rechte herleiten will.

§ 159 Rückbeziehung. Sollen nach dem Inhalt des Rechtsgeschäfts die an den Eintritt der Bedingung geknüpften Folgen auf einen früheren Zeitpunkt zurückbezogen werden, so sind im Falle des Eintritts der Bedingung die Beteiligten verpflichtet, einander zu gewähren, was sie haben würden, wenn die Folgen in dem früheren Zeitpunkt eingetreten wären.

1 **A. Allgemeines.** Der Eintritt der Bedingung wirkt grds weder bei der aufschiebenden noch bei der auflösenden Bedingung auf den Zeitpunkt des Vertragsschlusses oder einen anderen früheren Zeitpunkt zurück (BGHZ 133, 331, 334 = NJW 97, 1707 für die auflösend bedingte Unterlassungserklärung). Nach § 159 können die Parteien allerdings vereinbaren, dass abw von diesem Grundsatz der Bedingungseintritt zu einer Rückbeziehung der Wirkungen des Rechtsgeschäfts im Ganzen oder auch nur der Verpflichtungen einer Partei auf einen früheren Zeitpunkt führt. Der Beginn der Wirkung kann, aber muss nicht der Zeitpunkt des Vertragsschlusses sein. Beweispflichtig für eine solche Vereinbarung ist die Partei, die sich auf den früheren Eintritt der Rechtswirkungen beruft.

2 **B. Wirkung der Rückbeziehung.** Die Rückbeziehung hat nur schuldrechtliche Wirkung. Die Parteien sind demnach verpflichtet, einander das zu gewähren, was ihnen zugestanden hätte, wären die Wirkungen des Rechtsgeschäfts zum bestimmten Zeitpunkt eingetreten. Umfang und Art der Abwicklung richten sich nach der Parteivereinbarung hilfsweise nach §§ 812 ff (BGH MDR 59, 658; Soergel/*Wolf* Rz 2; Jauernig/*Jauernig* Rz 1). Aus der ausschl schuldrechtlichen Wirkung einer solchen Abrede folgt, dass die Rückbeziehung keine Wirkungen ggü Dritten zeitigt.

3 **C. Rückbeziehung außerhalb von § 159.** Von der Rückbeziehung der Wirkungen des bedingten Rechtsgeschäfts ist die vereinbarte Rückwirkung in anderen Fällen (etwa die vereinbarte Rückwirkung eines Vergleichs) zu unterscheiden. Dies kann auch durch Rückdatierung des Rechtsgeschäfts geschehen. Eine dingliche Rückwirkung kann auch hier nicht vereinbart werden (Staud/*Bork* Rz 11).

§ 160 Haftung während der Schwebezeit. (1) Wer unter einer aufschiebenden Bedingung berechtigt ist, kann im Falle des Eintritts der Bedingung Schadensersatz von dem anderen Teil verlangen, wenn dieser während der Schwebezeit das von der Bedingung abhängige Recht durch sein Verschulden vereitelt oder beeinträchtigt.
(2) Den gleichen Anspruch hat unter denselben Voraussetzungen bei einem unter einer auflösenden Bedingung vorgenommenen Rechtsgeschäft derjenige, zu dessen Gunsten der frühere Rechtszustand wieder eintritt.

1 **A. Allgemeines.** Gem § 160 ist die Partei eines bedingten Rechtsgeschäfts, die das bedingte Recht schuldhaft beeinträchtigt, dem anderen Teil zum Schadensersatz in Höhe des positiven Interesses nach §§ 249 ff verpflichtet. Der **Verschuldensmaßstab** richtet sich vorbehaltlich Sonderregeln (§ 521) nach § 276. § 278 findet Anwendung. Neben dem Schadensersatzanspruch aus § 160 besteht bei gegenseitigen Verträgen auch ein gesetzliches sofortiges **Rücktrittsrecht analog § 323 IV** (AnwK/*Wackerbarth* Rz 9). Zur analogen Anwendbarkeit der Vorschrift auf Vereitelungshandlungen durch den Anbietenden während der Annahmefrist s. § 145 Rn 14.

2 **B. Regelungsgehalt.** Für **bedingte Verpflichtungsgeschäfte** ergibt sich ein Ersatzanspruch schon aus der allgemeinen Rücksichtnahmepflicht gem § 241 II, deren Verletzung durch § 280 I sanktioniert wird. Den Schuldner treffen im Hinblick auf den Leistungsgegenstand leistungssichernde Nebenpflichten wie Obhuts- und Fürsorgepflichten oder auch Unterlassungspflichten (vgl MüKo/*Kramer* § 241 Rz 67 ff). Diese Pflichten bestehen auch schon vor Unbedingtheit des Leistungsanspruchs (*Flume* II § 39 4; Soergel/*Wolf* Rz 6; aA AnwK/*Wackerbarth* Rz 3). § 160 hat insoweit nur deklaratorische Bedeutung (Palandt/*Heinrichs* Rz 1). Konstitutiv wirkt die Vorschrift dagegen bei **bedingten Verfügungen**. Geht also der aufschiebend übereignete Gegenstand während der Schwebezeit unter und hat der Verfügende dies zu vertreten, so erlangt derjenige, dessen Erwerb vereitelt wurde, mit Eintritt der Bedingung einen Schadensersatzanspruch in Höhe des **positiven Interesses** gegen seinen Vertragspartner. Vor Bedingungseintritt liegt ein bedingter Schadensersatzanspruch vor. § 285 ist anwendbar (Oldbg NJW-RR 90, 650). Statt des Schadensersatzanspruchs kann auch ein Aufwendungsersatzanspruch analog § 284 geltend gemacht werden (AnwK/*Wackerbarth* Rz 6). Entspr gilt gem § 160 II für **auflösend bedingte Verpflichtungen und Verfügungen**.

3 Schadensersatzansprüche nach § 160 können auch bei Vereitelung des Rechtserwerbs durch **Zwischenverfügungen** gegeben sein, wenn diese trotz § 161 I, II ggü dem bedingt Berechtigten wirksam sind.

4 Eine Haftung Dritter ggü dem bedingt Berechtigten kann sich aus § 823 I unter dem Gesichtspunkt der **Verletzung des Anwartschaftsrechts** ergeben (s. § 823 Rn 64).

§ 161 Unwirksamkeit von Verfügungen während der Schwebezeit. (1) ¹Hat jemand unter einer aufschiebenden Bedingung über einen Gegenstand verfügt, so ist jede weitere Verfügung, die er während der Schwebezeit über den Gegenstand trifft, im Falle des Eintritts der Bedingung insoweit unwirksam, als sie die von der Bedingung abhängige Wirkung vereiteln oder beeinträchtigen würde. ²Einer solchen Verfügung steht eine Verfügung gleich, die während der Schwebezeit im Wege der Zwangsvollstreckung oder der Arrestvollziehung oder durch den Insolvenzverwalter erfolgt.
(2) Dasselbe gilt bei einer auflösenden Bedingung von den Verfügungen desjenigen, dessen Recht mit dem Eintritt der Bedingung endigt.
(3) Die Vorschriften zugunsten derjenigen, welche Rechte von einem Nichtberechtigten herleiten, finden entsprechende Anwendung.

A. Normzweck und Rechtsfolgen. § 161 schützt den Erwerber eines dinglichen Rechts (Anwärter), wenn sein endgültiger Erwerb vom Eintritt einer aufschiebenden (I) oder auflösenden (II) Bedingung abhängt. Um dessen Rechtserwerb zu sichern, ordnet § 161 die **bedingte Unwirksamkeit von bedingungswidrigen Verfügungen** an, die der Übertragende über den Gegenstand während der Schwebezeit trifft. Tritt die Bedingung ein, so werden diese Verfügungen ab diesem Zeitpunkt (Staud/*Bork* Rz 12; Jauernig/*Jauernig* Rz 3; aA Soergel/*Wolf* Rz 1, Unwirksamkeit ex tunc) insoweit unwirksam, als sie das Recht des Anwärters beeinträchtigen würden. Diese Unwirksamkeit ist absolut, sie wirkt daher ggü jedermann und kann von jedermann geltend gemacht werden (MüKo/*Westermann* Rz 8). Die Unwirksamkeit der Verfügung reicht allerdings nur so weit, wie die Verfügung das Recht des Erwerbers beeinträchtigen würde (vgl BayObLG NJW-RR 86, 94). Die Aufhebung einer Belastung des übertragenen Rechts etwa ist dem Erwerber günstig, so dass sie bestehen bleibt. Bedingungsfeindliche Zwischenverfügungen über das Recht (Aufrechnung, Anfechtung s. § 158 Rn 15) sind unabhängig vom späteren Bedingungseintritt unwirksam, da ein Schwebezustand hier nicht zuzulassen ist (Staud/*Bork* Rz 8). **Die Zustimmung des Anwärters** führt in entspr Anwendung des § 185 zur Wirksamkeit der Verfügung (BGH NJW 85, 378; Jauernig/*Jauernig* Rz 4).

Die **Prozessführungsbefugnis** des Berechtigten wird durch eine bedingte Verfügung nicht berührt. Der durch § 161 vermittelte Schutz ist allerdings bei der Anwendung des § 325 ZPO zu berücksichtigen (s. § 158 Rn 26).

B. Bedingungswidrige Rechtshandlungen. I. Zwischenverfügungen. I 1 erfasst rechtsgeschäftliche Verfügungen des Rechtsinhabers während der Schwebezeit über das aufschiebend bedingt übertragene oder auflösend bedingt gehaltene Recht. Verfügung ist die Übertragung, Belastung, Inhaltsänderung oder Aufhebung des betreffenden Rechts. Bei Forderungen sind daher jedenfalls **Abtretung** und **Erlass** (BGH NJW 99, 1783) erfasst. Auch die **Einziehung der Forderung** ist Verfügung iSd § 161 (Soergel/*Wolf* Rz 3; Staud/*Bork* Rz 5; Palandt/*Heinrichs* Rz 1; aA *Berger* KTS 97, 395). Der leistende Schuldner wird allerdings von § 407 geschützt. Auch der Erwerb eines **gesetzlichen Pfandrechts** an einem bedingt übertragenen Recht wird mit Bedingungseintritt analog § 161 unwirksam (Soergel/*Wolf* Rz 4; MüKo/*Westermann* Rz 13; Staud/*Bork* Rz 10).

Kein Fall des § 161 liegt vor, wenn derjenige, der sich zu einer bedingten Rechtsübertragung verpflichtet hat, noch vor der Vornahme dieser Übertragung anderweitig über das Recht verfügt. Eine solche Verfügung ist wirksam, dem anderen Teil entsteht bei Bedingungseintritt ein Schadensersatzanspruch nach § 160 (BGH DB 62, 331, s. § 160 Rn 2).

Auch **Verpflichtungsgeschäfte mit einem Dritten** über das von der Bedingung abhängige Recht fallen nicht unter § 161. Diese sind daher wirksam. Im Falle des Eintritts der Bedingung wird aber die Erfüllung der Verbindlichkeit unmöglich, so dass der Schuldner dem Dritten Schadensersatz zu leisten hat.

II. Maßnahmen in der Zwangsvollstreckung, der Arrestvollziehung oder durch den Insolvenzverwalter. Der Erwerb eines Pfändungspfandrechts im Wege der Zwangsvollstreckung ist nach I 2 wie eine Zwischenverfügung zu behandeln und wird daher bei Bedingungseintritt unwirksam (BayObLG NJW-RR 97, 1174). Der Erwerb des Erstehers in der Zwangsversteigerung ist allerdings ungeachtet § 161 I 2 wirksam (BGHZ 55, 20, 25 = NJW 71, 799; Erman/*Armbrüster* Rz 2). Die Unwirksamkeit gilt ebenfalls für die Vollziehung des Arrestes gem §§ 928 ff ZPO. Auch Verfügungen des Insolvenzverwalters sind dem Anwärter ggü unwirksam. Ebenso ist die Vorausverfügung des späteren Insolvenzschuldners über aufschiebend bedingte Rechte durch § 161 I 2 geschützt, so dass das Recht nicht in die Masse fällt, auch wenn die Bedingung erst nach Verfahrenseröffnung eintritt (*Häsemeyer* InsR Rz 10.24). Dieser Schutz des bedingten Rechtserwerbs wird für den Vorbehaltskäufer in der Verkäuferinsolvenz durch § 107 I InsO vervollständigt. Dessen Rechtsstellung ist daher insolvenzfest.

C. Schutz des gutgläubigen Zwischenerwerbers, Abs 3. Der wirksame Rechtserwerb desjenigen, der gutgläubig hinsichtlich der unbedingten Berechtigung des Verfügenden ist, wird unter den Voraussetzungen der jeweils einschlägigen Gutglaubensvorschrift (§§ 892, 932–936, 1032, 1138, 1155, 1207 f, §§ 366, 367 HGB, § 16 III GmbHG) durch III geschützt (Zum gutgläubigen Erwerb bei der bedingten Übertragung von Gesellschaftsanteilen München ZIP 09, 1911; *Oppermann*, ZIP 09, 651). Der **Vorbehaltskäufer** ist allerdings so lange vor dem gutgläubigen Erwerb durch einen Dritten sicher, wie er den Besitz an der Kaufsache nicht freiwillig aufgegeben hat, §§ 935, 936. Bei **Grundstücken** kann sich der Anwärter durch Eintragung der Bedingung ins Grundbuch (BayObLG NJW-RR 86, 698) oder durch eine Vormerkung gegen gutgläubigen Erwerb sichern.

10 Der Anwärter ist im Fall der Wirksamkeit der Verfügung auf Ansprüche aus § 160 oder § 816 I 1 gegen seinen Geschäftspartner angewiesen. Bei unentgeltlichen Verfügungen kommt auch ein Anspruch gegen den Erwerber aus § 816 I 2 in Betracht.

11 Bei Rechtserwerb im Wege der Zwangsvollstreckung oder aufgrund eines gesetzlichen Pfandrechts scheidet gutgläubiger Erwerb aus.

12 **D. Anwartschaftsrecht des Erwerbers.** Aus § 161 ergibt sich, dass der Erwerb eines dinglichen Rechts, über das unter einer vom Verhalten des Erwerbers abhängigen aufschiebenden Potestativ- oder Wollensbedingung verfügt wurde, vom Verfügenden auch nicht mehr durch anderweitige Verfügungen verhindert werden kann. Die Wirksamkeit des Rechtserwerbs hängt vielmehr allein vom Erwerber ab. Seine Position ist insofern der **Inhaberschaft am Vollrecht stark angenähert**, wie auch der durch § 160 vermittelte Schutz zeigt. Die Rechtsposition des Erwerbers wird allg als **Anwartschaftsrecht** bezeichnet. Allein aus diesem Begriff ergeben sich allerdings keine weiteren Rechtsfolgen (vgl *Armgardt* AcP 06, 654). Der praktisch wichtigste Fall ist die Stellung des **Vorbehaltskäufers** (§ 449 Rn 15). Zu beachten ist, dass § 161 keineswegs das Vorliegen eines Anwartschaftsrechts voraussetzt, oder dass umgekehrt in allen Fällen des § 161 ein Anwartschaftsrecht gegeben wäre (AnwK/*Wackerbarth* Rz 3, anders Erman/*Armbrüster* Rz 5).

13 Anwartschaftsrechte entstehen nicht nur bei bedingten Verfügungen, sondern immer dann, wenn von einem mehraktigen Erwerbstatbestand so viele Akte vollzogen sind, dass dem Erwerber eine gesicherte Rechtsposition zukommt, die vom Veräußerer nicht mehr einseitig zerstört werden kann (Palandt/*Heinrichs* Einf v § 158 Rz 9). S. § 925 Rn 13 zum **Anwartschaftsrecht des Auflassungsempfängers**. Daher vermittelt die Position des **Aneignungsberechtigten (§ 956)** kein Anwartschaftsrecht, solange die Gestattung widerrufen werden kann. § 161 ist nicht anwendbar (BGHZ 27, 360).

14 Das Anwartschaftsrecht wird ggü dem **Vollrecht als wesensgleiches Minus** (BGHZ 28, 16, 21 = NJW 58, 1134) bezeichnet, das seinerseits Verfügungsgegenstand (Abtretung, Belastung etc.) sein kann und vererblich ist. Seine Übertragung richtet sich nach den für das Vollrecht geltenden Vorschriften. Zur **Pfändung** des Anwartschaftsrechts BGH NJW 54, 1325; Zöller/*Stöber* ZPO, § 857 Rz 5; Baumbach/Lauterbach/*Hartmann* ZPO, Grdz § 704 Rz 60. Es wird als sonstiges Recht iRd § 823 I geschützt (s. § 823 Rn 64).

§ 162 Verhinderung oder Herbeiführung des Bedingungseintritts.
(1) Wird der Eintritt der Bedingung von der Partei, zu deren Nachteil er gereichen würde, wider Treu und Glauben verhindert, so gilt die Bedingung als eingetreten.
(2) Wird der Eintritt der Bedingung von der Partei, zu deren Vorteil er gereicht, wider Treu und Glauben herbeigeführt, so gilt der Eintritt als nicht erfolgt.

1 **A. Allgemeines und Normzweck.** Die Vorschrift ist Ausprägung des allg Gedankens, dass derjenige, der treuwidrig eine bestimmte, ihm günstige Sachlage herbeiführt, nicht aus diesem Zustand Nutzen ziehen soll (Soergel/*Wolf* Rz 16). Zu diesem Zweck fingiert I den Eintritt der Bedingung, wenn dieser von der Partei treuwidrig vereitelt wurde, die ein Interesse am Nichteintritt hat. Umgekehrt fingiert II den Nichteintritt der Bedingung, wenn der Eintritt der Bedingung von der interessierten Partei treuwidrig herbeigeführt wurde. Auch wenn die Bedingung nicht zur Vornahme eines bestimmten Verhaltens zwingt (§ 158 Rn 12), ist doch die treuwidrige Beeinflussung des Bedingungseintritts unzulässig.

2 **B. Voraussetzungen. I. Vorliegen einer echten Bedingung.** § 162 ist nur bei Vorliegen einer echten Bedingung (Zufalls- oder Potestativbedingung, § 158 Rn 2 ff) anwendbar. Er gilt nicht, sofern eine Wollensbedingung vereinbart wurde (BGH NJW 96, 3340; Palandt/*Heinrichs* Rz 1; AnwK/*Wackerbarth* Rz 4), da hier der Bedingungseintritt in die Willkür einer Partei gestellt wurde, so dass deren Verhalten nicht treuwidrig sein kann (aA München NJW-RR 88, 58, allerdings handelte es sich wohl um eine Potestativbedingung). Auch bei Rechtsbedingungen, wie etwa der **Erteilung einer öffentlich-rechtlichen Genehmigung**, kann die Norm nicht unmittelbar angewendet werden. Allerdings sind die Parteien nach § 242 verpflichtet, bei der Erteilung der Genehmigung mitzuwirken (BGH BB 56, 869; Soergel/*Wolf* Rz 5). § 162 gilt auch im **Prozessrecht** (Soergel/*Wolf* Rz 4). So findet § 162 für die unter eine Bedingung gestellte Verpflichtung zur Rechtsmittelrücknahme Anwendung (BGH NJW-RR 89, 802).

3 **II. Handeln der interessierten Partei.** Erfasst ist jedes Verhalten der interessierten Partei. Ob bei einem Unterlassen eine Rechtspflicht zum Handeln bestand, ist iRd Treuwidrigkeit zu erörtern (vgl LG Gießen NJW-RR 97, 1081). Welche Partei durch Bedingungseintritt oder -ausfall einen Vorteil erlangt, ist nur bei Verfügungen eindeutig. Bei gegenseitigen Verträgen ist die Beurteilung unter Berücksichtigung der Gesamtumstände vorzunehmen. Für die Beurteilung der Vorteilhaftigkeit kommt es auf den Zeitpunkt des Eingriffs an (AnwK/*Wackerbarth* Rz 6).

4 Das Verhalten eines Dritten genügt grds nicht, allerdings ist auch das Bestimmen eines Dritten, die Bedingung zu vereiteln, als mittelbarer Eingriff tatbestandsmäßig (BGH NJW 05, 3417). Wie iRv § 123 II ist aber derjenige kein Dritter, der als gesetzlicher oder rechtsgeschäftlicher Vertreter der Partei handelt oder sonstiger Gehilfe ist (§ 123 Rn 29).

III. Kausale Herbeiführung oder Vereitelung des Bedingungseintritts. Die Bedingung muss durch das Verhalten der interessierten Partei kausal nicht eingetreten (I) bzw eingetreten (II) sein. Mitursächlichkeit oder mittelbare Kausalität genügt (BGH BB 65, 1052), nicht aber der bloße Versuch der Vereitelung. Im Falle des § 162 I genügt auch die kausale Verzögerung, deren Folgen dann auszugleichen sind.

IV. Treuwidrigkeit. Bei der Beurteilung der Treuwidrigkeit ist das Gesamtverhalten nach Anlass, Zweck und Beweggrund unter Berücksichtigung aller Umstände des Einzelfalls zu würdigen (Soergel/*Wolf* Rz 7). An der Treuwidrigkeit fehlt es regelmäßig bei wirtschaftlichen Gründen für das Verhalten, allerdings ist auch hier eine Würdigung des Einzelfalls geboten (BGH NJW 05, 3417 zur Frage der Treuwidrigkeit der Einflussnahme auf die Entscheidung eines Dritten). Bei der Gesamtwürdigung kann auch die subjektive Einstellung des Eingreifers berücksichtigt werden. Vorsatz ist hinsichtlich des Verstoßes gegen Treu und Glauben nicht erforderlich. Die Rspr verlangt jedenfalls **fahrlässiges Verhalten** (BGH NJW-RR 89, 802; BB 65, 1052), die hM in der Literatur lässt dagegen einen objektiven Verstoß genügen (Staud/*Bork* Rz 10; Palandt/*Heinrichs* Rz 3). Derjenige, der sich auf die Treuwidrigkeit einer Handlung beruft, hat deren tatsächliche Voraussetzungen zu beweisen (BGH NJW-RR 97, 304, 305).

Einzelfälle: Nichteinhaltung der Zahlungsfrist infolge des unrichtigen Bestreitens des Eingangs des Schecks beim Gläubiger (BGH NJW 02, 1788); Verzögerung der Zahlung der Grunderwerbssteuer als Voraussetzung für Erteilung der Unbedenklichkeitsbescheinigung des Finanzamts, die aufschiebende Bedingung des Grundstückskaufvertrags ist (Karlsr NJW-RR 96, 80); Nichtannahme der angebotenen Restzahlung durch Vorbehaltsverkäufer, einer Hinterlegung nach §§ 372, 378 bedarf es nicht (BaRoth/*Rövekamp* Rz 5); Versuch des Vermieters, durch Stellung unzumutbarer Bedingungen ggü vom Mieter benannten potentiellen Nachmieter, das Ausscheiden des Mieters aus dem Mietvertrag zu vereiteln (München NJW-RR 95, 393); Erfüllung einer Verbindlichkeit als Bedingung der Rechtsmittelrücknahme, wenn der Schuldner schon bei Vertragsschluss von seinem Unvermögen wusste (BGH NJW-RR 89, 802); eine Partei kann treuwidrig handeln, wenn sie ihrem Aufsichtsrat einen Vergleich nicht – wie im Vergleich vorgesehen – zur Entscheidung über die Zustimmung zum Vergleich vorlegt (Dresd OLG-NL 01, 97). Wer die vertragliche Verpflichtung, im Falle der Eingehung eines Vertrags einen anderen mit in den Vertrag aufzunehmen, dadurch zu umgehen sucht, dass er den Vertragsschluss durch seine Ehefrau vornehmen lässt, muss sich nach § 162 I so behandeln lassen, als hätte er den Vertrag selbst abgeschlossen (BGH NJW 82, 2552). Die Adoption eines volljährigen Kindes zur Herbeiführung der Bedingung eines Vermächtnisanspruchs kann treuwidrig sein (BayObLGZ 84, 246).

Nicht treuwidrig handelt der Auftraggeber eines **Maklers**, wenn er in Verfolgung eigener Interessen von dem Abschluss des vermittelten Geschäfts absieht (BGH NJW 67, 1225; WM 75, 250). Auch der Bauherr, der dem Architekten für den Fall der Erteilung der Baugenehmigung das Honorar schuldet, muss gegen die Ablehnung des Bauantrags keine Rechtsmittel einlegen (Köln OLGZ 74, 8). Die Herbeiführung des Rückkauffalls, der für den Fall des Zahlungsverzugs vorgesehen war, ist für sich allein kein treuwidriges Verhalten des Käufers (BGH NJW 84, 2568). Muss ein von der Bundesagentur für Arbeit beauftragter Lehrgang ausfallen, weil ein Großteil der Arbeitnehmer inzwischen von dieser erfolgreich vermittelt wurde, so ist die Vermittlung keine treuwidrige Vereitelung des Honoraranspruchs des Lehrgangsanbieters (BGH NJW 03, 1459).

V. Rechtsfolgen. § 162 I fingiert den Bedingungseintritt. Die Bedingung gilt daher als zu dem Zeitpunkt eingetreten, zu dem sie bei treuegemäßem Verhalten eingetreten wäre (Ddorf NJW 81, 463; für den Fall, dass der Bedingungseintritt ungewiss war, soll es nach *Flume* II § 40 I b auf den Zeitpunkt der Vereitelungshandlung ankommen). Die Fiktion des § 162 II führt dazu, dass der Eintritt der Bedingung als nicht erfolgt gilt. Das schließt nicht in allen Fällen aus, dass die Bedingung später erneut eintritt, ohne dass dies auf treuwidrigem Verhalten beruht. Insofern führt die Fiktion des § 162 II nicht zwingend zum (endgültigen) Ausfall der Bedingung (Soergel/*Wolf* Rz 14; AnwK/*Wackerbarth* Rz 20). Auch Dritte können sich auf die Fiktion berufen (Palandt/*Heinrichs* Rz 5).

VI. Analoge Anwendung. Da § 162 einem allg Rechtsgedanken Ausdruck verleiht (Rn 1), kann die Vorschrift überall dort analog angewendet werden, wo Spezialvorschriften fehlen und verhindert werden soll, dass eine Seite aus ihrem treuwidrigen Verhalten Vorteile zieht (stärker einschränkend Staud/*Bork* Rz 15). Insb gilt sie auch im **öffentlichen Recht** (BVerwGE 85, 213 zur Zustellungsvereitelung) und im **Prozessrecht** (vgl LAG Hamm NZA 05, 544). Im **Arbeitsrecht** wird über ihre Anwendung bei unterbliebenen Zielvereinbarungen diskutiert (abl BAG NJW 08, 872 Tz 35), bejaht wird sie vom BAG im Zusammenhang mit § 613a bei fehlerhafter Unterrichtung über den Betriebsübergang (NZA 06, 1406; abl *Schneider/Sittard* BB 07, 2230). Die analoge Anwendung wurde weiter bejaht für: die treuwidrige **Herbeiführung des Nacherbfalls** durch den Nacherben (BGH NJW 68, 2051); die treuwidrige Weigerung, einen satzungsgemäß erforderlichen Beschl zu fassen (Brandbg NJW-RR 00, 766, zweifelhaft); die treuwidrige **Kündigung eines Vertragsverhältnisses** unmittelbar vor Eintritt der Voraussetzungen eines Vorteils der anderen Seite wie etwa Kündigungsschutz, Unverfallbarkeit einer Versorgungsanwartschaft oder Gratifikation (BAG NJW 58, 37; WM 76, 64; RGZ 170, 389; s. aber BAG DB 99, 1706); die Bestimmung des Schuldners durch den Gläubiger, die Schuld nicht zu zahlen, zwecks Herbeiführung des Bürgschaftsfalls (BGH BB 66, 305). Des Weiteren wird der Rechtsgedanke des § 162 herangezogen bei der **Zugangsvereitelung** und beim treuwidrigen Sich-Verschließen vor der zumutbaren Möglichkeit der Kenntnisnahme (BGHZ 139, 177, 181 = NJW 98, 3192; NJW 96, 2934; AnwK/*Wackerbarth* Rz 22). Beim **finanzierten Abzahlungskauf** kann dies auch für die grundlose Weigerung der Annahme der Kaufsache gelten (BGH NJW 64, 36). Auch wenn der **Rücktrittsgegner** den Rücktrittsberechtigten durch Falschinformation von der fristgemäßen Ausübung des Rücktrittsrechts abhält, kann der Gedanke des § 162 eingreifen (BGH NJW-RR 91, 177). Hat der Grundstückseigentümer die Zustimmung zu der für die Aufnahme eines Baukredits nötigen **Belastung des Erbbaurechts** grundlos verweigert, kann die Ausübung des wegen nicht fristgerechter Bebauung entstandenen Heimfallanspruchs gegen Treu und Glauben verstoßen und analog § 162 unwirksam sein (BGH NJW-RR 93, 465). Einer Partei, die wegen ihrer Weigerung, Gewerkschaftsbeitragsrückstände auszugleichen, den gewerkschaftlichen Rechtsschutz verloren hat, ist es verwehrt, sich iRd **Prozesskostenhilfeverfahrens** auf den Verlust des gewerkschaftlichen Rechtsschutzes zu berufen. Zu befürworten ist unter dem Gesichtspunkt der Verwirkung auch die analoge Anwendung iR von **§ 199**, wenn es um Ansprüche geht, die erst mit Zugang einer Rechnung fällig werden. So können faktisch unverjährbare Ansprüche vermieden werden (abl Palandt/*Heinrichs* § 199 Rz 6; offen KG NZG 09, 24).

§ 163 Zeitbestimmung. Ist für die Wirkung eines Rechtsgeschäfts bei dessen Vornahme ein Anfangs- oder ein Endtermin bestimmt worden, so finden im ersteren Falle die für die aufschiebende, im letzteren Falle die für die auflösende Bedingung geltenden Vorschriften der §§ 158, 160, 161 entsprechende Anwendung.

1 **A. Begriff.** Wie bei der Bedingung handelt es sich bei der Befristung um eine vertragliche Nebenabrede, die die Wirkungen des Rechtsgeschäfts von einem zukünftigen Ereignis abhängig macht. Anders als bei der Bedingung ist bei der Befristung der Eintritt dieses Ereignisses allerdings gewiss, lediglich der Zeitpunkt des Eintritts kann ungewiss sein (nächste Sturmflut). Ob das von den Parteien in Bezug genommene Ereignis gewiss oder ungewiss ist, kann im Einzelfall fraglich sein. Es kommt auf die Auslegung an, für die in erster Linie die Vorstellung der Parteien maßgeblich ist (BGH NJW-RR 98, 801; BayObLG NJW-RR 93, 1164; Staud/*Bork* Rz 4; Jauernig/*Jauernig* Rz 2; aA AnwK/*Wackerbarth* § 158 Rz 20). Je kürzer die Schwebezeit ist, desto näher wird die Annahme einer Bedingung liegen (Soergel/*Wolf* Rz 3). Bedingung und Befristung können auch kombiniert werden.

2 **B. Zulässigkeit.** Bedingungsfeindliche Geschäfte (s. § 158 Rz 15 ff) sind idR auch befristungsfeindlich (BGHZ 156, 328, 332 = NJW 04, 284). Allerdings besteht bei Befristungen in Form von Zeitangaben unter dem Gesichtspunkt der Rechtssicherheit ein geringeres Schutzbedürfnis (zur befristeten Liquidation einer Gesellschaft Hamm FGPrax 07, 186; vgl aber BGHZ 156, 328, 332 = NJW 04, 284, Unzulässigkeit einer unbestimmt **befristeten Mietvertragskündigung**).

3 **C. Rechtsfolgen.** Ist die Befristung als Anfangstermin gewollt, so treten zu diesem Zeitpunkt die Wirkungen des Rechtsgeschäfts ein, §§ 163, 158 I. Ist hingegen ein Endtermin bestimmt, so treten sie bei Erreichen dieses Termins außer Kraft, §§ 163, 158 II. Auf den Anfangstermin sind daher die Regeln über aufschiebende, auf den Endtermin die über auflösende Bedingungen anwendbar, die in §§ 158, 160, 161 enthalten sind. Diese Aufzählung ist nicht abschließend. So kann auf Befristungen, deren Eintrittszeitpunkt ungewiss ist, auch § 162 angewendet werden (Ermordung des Vorerben durch den Nacherben zur Herbeiführung des Nacherbfalls, BGH NJW 68, 2051). Auch die **schuldrechtliche Rückbeziehung** der Wirkungen des Geschäfts nach § 159 ist bei Befristungen möglich (Jauernig/*Jauernig* Rz 1), wenngleich selten gewollt. Die Berechnung der Frist richtet sich nach §§ 186 ff (BGH NJW 87, 1760). Im **Insolvenzverfahren** findet für auflösend befristete Forderungen § 42 InsO entsprechende Anwendung (Muthorst ZIP 09, 1795; *Häsemeyer* InsR Rz 16.18; aA MüKo-InsO/*Lwowski/Bitter* § 41 Rz 9; differenzierend Uhlenbruck/*Uhlenbruck* InsO § 41 Rz 10 ff). Für aufschiebend befristete Forderungen ist § 41 InsO anzuwenden.

4 **D. Betagte Verbindlichkeiten.** Von der Befristung ist die **Betagung** (vgl § 813 II) zu unterscheiden, für die § 163 nicht gilt (*Roth* ZZP 1985, 287; Staud/*Bork* Rz 2). Bei der Befristung entsteht wie bei der Bedingung die Verbindlichkeit erst mit dem Eintritt des Ereignisses. Bei der Betagung entsteht die Verbindlichkeit dagegen unmittelbar und wird lediglich erst zu dem späteren Zeitpunkt fällig (gestundete Kaufpreisforderung, monatlich zu zahlende Leasingrate, str BGHZ 118, 282, 290 = NJW 92, 2150; Maklerprovision, BGH NJW 86, 1035. Künftige Mietzinsansprüche sollen dagegen befristete Verbindlichkeit sein, BGH NJW 08, 1153). Bedeutung besitzt die Unterscheidung iR von § 813 II und bei §§ 41, 42, 191 InsO (Staud/*Bork* Rz 2). Die Verfügung über eine betagte Verbindlichkeit ist – anders als bei einer befristeten oder bedingten Verbindlichkeit – insolvenzfest, so dass der Rechtserwerb nicht an § 91 InsO scheitert, auch wenn der Fälligkeitszeitpunkt nach Verfahrenseröffnung liegt (BGHZ 109, 368, 370 = NJW 90, 1113, 1115; Staud/*Bork* Rz 2; aA Palandt/*Heinrichs* Rz 2).

Titel 5 Vertretung und Vollmacht

§ 164 Wirkung der Erklärung des Vertreters.
(1) ¹Eine Willenserklärung, die jemand innerhalb der ihm zustehenden Vertretungsmacht im Namen des Vertretenen abgibt, wirkt unmittelbar für und gegen den Vertretenen. ²Es macht keinen Unterschied, ob die Erklärung ausdrücklich im Namen des Vertretenen erfolgt oder ob die Umstände ergeben, dass sie in dessen Namen erfolgen soll.
(2) Tritt der Wille, in fremdem Namen zu handeln, nicht erkennbar hervor, so kommt der Mangel des Willens, im eigenen Namen zu handeln, nicht in Betracht.
(3) Die Vorschriften des Absatzes 1 finden entsprechende Anwendung, wenn eine gegenüber einem anderen abzugebende Willenserklärung dessen Vertreter gegenüber erfolgt.

Inhaltsübersicht

	Rn
A. Begriff und dogmatische Grundlagen der direkten Stellvertretung	1
B. Abgrenzung von anderen Formen rechtsgeschäftlichen Handelns für andere	2–25
I. Mittelbare Stellvertretung	2, 3
1. Begriff und Abgrenzung zur unmittelbaren Stellvertretung	2
2. Rechtliche Behandlung	3
II. Ermächtigung	4
III. Treuhand	5–11
1. Erscheinungsformen	5
2. Abgrenzung zur Stellvertretung	6
3. Vollmachtstreuhand	7
4. Ermächtigungstreuhand	8
5. Vollrechtstreuhand (echte Treuhand)	9–11
IV. Strohmann	12, 13
1. Begriff und Erscheinungsformen	12
2. Rechtliche Behandlung	13
V. Verwaltung fremden Vermögens	14, 15
1. Begriff und Abgrenzung zur Stellvertretung	14
2. Rechtliche Behandlung	15
VI. Vertrag zugunsten Dritter	16
VII. Botenschaft	17–21
1. Abgrenzung zur Stellvertretung	18
2. Abgrenzung zwischen dem Erklärungs- und dem Empfangsboten	19
3. Rechtliche Behandlung	20
4. Irrtumsfälle	21
VIII. Stellvertretung in der Erklärung	22
IX. Abschlussvermittler und Verhandlungsführer oder -gehilfe	23
X. Wissensvertretung	24
XI. Parteivertretung im Zivilprozess	25
C. Zulässigkeit der Stellvertretung	26, 27
I. Höchstpersönliche Rechtsgeschäfte	26
II. Folge eines Verstoßes gegen ein Vertretungsverbot	27
D. Voraussetzungen wirksamer Stellvertretung	28–73
I. Eigene Willenserklärung des Stellvertreters	28, 29
1. Anwendungsbereich der §§ 164 ff	28
2. Wirksamwerden der Erklärung in der Person des Vertreters	29

	Rn
II. Handeln in fremdem Namen des Vertretenen (Offenkundigkeitsprinzip)	30–47
1. Abgrenzung zum Eigengeschäft des Vertreters	31, 32
a) Allg Auslegungsgrundsätze	31
b) Einzelfälle	32
2. Das unternehmensbezogene Rechtsgeschäft	33–35
a) Die Auslegungsregel	33
b) Einzelfälle	34
c) Rechtsscheinhaftung	35
3. Das Geschäft für den, den es angeht	36–41
a) Dogmatische Grundlagen	36
b) Voraussetzungen	37–39
aa) Gleichgültigkeit des Vertragspartners an der Person des Vertretenen	38
bb) Vertretungswille	39
c) Einzelfälle	40
d) Rechtsfolgen	41
4. Das Geschäft mit einem unbekannten oder unbestimmten Geschäftsherrn	42–44
a) Fehlende Benennung des Vertretenen	43
b) Erklärung im Namen eines noch unbestimmten Dritten	44
5. Handeln unter fremdem Namen	45–47
a) Eigengeschäft des Handelnden	46
b) Fremdgeschäft für den Namensträger	47
III. Vertretungsmacht	48–73
1. Begriff und Rechtsnatur	49
2. Erscheinungsformen und Entstehungsgrund	50–55
a) Gesetzliche Vertretungsmacht	51
b) Rechtsgeschäftliche Vertretungsmacht (Vollmacht)	52
c) Organschaftliche Vertretungsmacht	53–55
aa) Dogmatische Grundlagen	53
bb) Anwendungsbereich	54
cc) Strukturelle Besonderheiten	55
3. Umfang der Vertretungsmacht	56–59
a) Umfang der gesetzlichen Vertretungsmacht	57
b) Umfang der rechtsgeschäftlichen Vertretungsmacht	58
c) Umfang der organschaftlichen Vertretungsmacht	59

	Rn		Rn
4. Gesamtvertretung	60–66	E. Rechtsfolgen der Stellvertretung	74–79
a) Zweck und Erscheinungsformen	61	I. Verhältnis des Vertragspartners zum Vertretenen	74–78
b) Entstehungsgrund	62	1. Eintritt der Rechtsfolgen des Vertretergeschäfts in der Person des Vertretenen	74
c) Ausübung bei der aktiven Stellvertretung	63–65		
aa) Nachgeschaltetes Vertreterhandeln	63	2. Anfechtungs- und Widerrufsrecht des Vertretenen	75, 76
bb) Handeln eines Gesamtvertreters mit Zustimmung der anderen	64	3. Zurechnung des Vertreterhandelns	77
cc) Gesamtvertreterermächtigung	65	4. Keine Beschränkung der Rechtsmacht des Vertretenen	78
d) Passive Gesamtvertretung	66	II. Verhältnis des Vertragspartners zum Vertreter	79
5. Missbrauch der Vertretungsmacht	67–73	F. Eigengeschäft des Stellvertreters (Abs 2)	80–82
a) Anwendungsbereich	68	I. Normzweck	80
b) Kollusion	69	II. Irrtümliches Fremdgeschäft	81, 82
c) Evidenz des Missbrauchs	70–72	G. Passive Stellvertretung (Abs 3)	83, 84
aa) Voraussetzungen	70, 71	H. Beweislast	85
bb) Rechtsfolgen	72		
d) Schadensersatzansprüche des Vertretenen	73		

1 **A. Begriff und dogmatische Grundlagen der direkten Stellvertretung.** Die §§ 164 ff regeln das Recht der direkten (unmittelbaren, offenen) Stellvertretung. Der Begriff der direkten Stellvertretung erfasst das rechtsgeschäftliche Handeln im Namen des Vertretenen, das bewirkt, dass die Rechtsfolgen unmittelbar in der Person des Vertretenen eintreten. Bei I handelt es sich daher um eine Zurechnungsnorm für die Rechtsfolgen von Willenserklärungen. Nach hM gilt das **Repräsentationsprinzip**, dh der Vertreter bildet grds allein stellvertretend für den Vertretenen den rechtsgeschäftlichen Willen, während die Rechtsfolgen ausschließlich in der Person des Vertretenen eintreten (MüKo/*Schramm* vor § 164 Rz 67).

2 **B. Abgrenzung von anderen Formen rechtsgeschäftlichen Handelns für andere. I. Mittelbare Stellvertretung. 1. Begriff und Abgrenzung zur unmittelbaren Stellvertretung.** Bei der im BGB nicht geregelten mittelbaren (indirekten, verdeckten) Stellvertretung handelt der Vertreter zwar im Interesse und für Rechnung eines anderen, aber in eigenem Namen, sodass er selbst berechtigt und verpflichtet wird. Spezielle Regelungen enthalten die §§ 383 ff, 453 ff HGB; 32 I 1, 18 ff DepotG.

3 **2. Rechtliche Behandlung.** Die §§ 164 ff finden auf die mittelbare Stellvertretung keine Anwendung. Unmittelbare Rechtsbeziehungen zwischen dem Geschäftsherrn und dem Vertragspartner sind daher nicht gegeben (krit *Canaris* NJW 82, 305, 307 ff). Das Innenverhältnis zwischen dem Geschäftsherrn und dem mittelbaren Stellvertreter ist von dem Außenverhältnis zwischen dem mittelbaren Stellvertreter und dem Vertragspartner zu trennen (Soergel/*Leptien* vor § 164 Rz 33). Ansprüche des Geschäftsherrn bestehen nur gegen den mittelbaren Stellvertreter, meist aus Auftrag oder Geschäftsbesorgungsvertrag und gehen idR auf Herausgabe des durch das Ausführungsgeschäft Erlangten (§§ 667, 675). Dagegen hat der mittelbare Stellvertreter gegen den Geschäftsherrn idR einen Schuldbefreiungsanspruch aus §§ 669, 670. Der mittelbare Stellvertreter kann im Wege der Drittschadensliquidation den Schaden geltend machen, den sein Auftraggeber durch ein vertragswidriges Verhalten des Vertragspartners erlitten hat (BGHZ 40, 91, 100; § 249 Rn 103). Das gilt jedoch nicht für Vermögensverfügungen, die ein Dritter im Vertrauen auf die Richtigkeit einer in verdeckter Stellvertretung für den Dritten eingeholten Bankauskunft trifft (BGH NJW 96, 2734, 2735 f). Die Forderungen und Rechte aus dem Ausführungsgeschäft unterliegen grds dem Vollstreckungszugriff der Gläubiger des mittelbaren Stellvertreters (MüKo/*Schramm* vor § 164 Rz 17 ff).

4 **II. Ermächtigung.** Die Ermächtigung verleiht als eine besondere Erscheinungsform der Einwilligung (§ 183) dem Ermächtigten die Befugnis, im rechtsgeschäftlichen Verkehr im eigenen Namen, aber mit unmittelbarer Wirkung für den Rechtsinhaber über ein fremdes Recht zu verfügen oder es auszuüben (s. § 185 Rn 13). Ein Spezialfall der Ermächtigung ist die in § 185 I geregelte Verfügungsermächtigung, aus der die Dogmatik der Ermächtigung entwickelt wurde (s. § 185 Rn 6). Direkte Stellvertretung und Ermächtigung wirken iGgs zur mittelbaren Stellvertretung unmittelbar auf den Rechtskreis eines Dritten ein. Sie unterscheiden sich dadurch voneinander, dass die Stellvertretung auf einem Handeln in fremdem Namen beruht und grds zur Vornahme aller Rechtsgeschäfte und insb auch zur Vornahme von Verpflichtungsgeschäften erteilt werden kann, während die Ermächtigung zum Handeln in eigenem Namen berechtigt und nach der hM auf Verfügungen und die Ausübung von Rechten beschränkt ist (*Larenz/Wolf* AT § 46 Rz 53, § 51 Rz 23). Anders als der Stellvertreter, der offen legen muss, dass die Rechtsfolgen nicht ihn selbst, sondern den Vertretenen treffen sollen, tritt der Ermächtigte bei der Verfügungsermächtigung häufig selbst als verfügungsberechtigter Rechtsinhaber auf, sodass der wahre Berechtigte verborgen bleibt (*Bork* Rz 1716). Zudem ist die Stellvertretung personen- und die Ermächtigung gegenstandsbezogen. Während der Stellvertreter der wirtschaftliche Gehilfe des Vertretenen ist und dessen Aktionsradius erweitert (Soergel/*Leptien* vor § 164 Rz 79), dehnt die Ermächtigung die Rechtszuständigkeit des Ermächtigten auf ein fremdes Recht aus (MüKo/*Schramm* vor § 164 Rz 39). Ob im Einzelfall eine Bevollmächtigung oder Ermächtigung vorliegt, ist Auslegungsfrage (s. § 185 Rn 7). Der häufig unrichtige Sprachgebrauch ist nicht maßgeblich. Selbst das Gesetz ist ungenau (s. §§ 49 HGB; 81 ZPO).

III. Treuhand. 1. Erscheinungsformen. Die im Wirtschaftsleben häufig anzutreffende, gesetzlich aber nicht definierte und geregelte Treuhand ist dadurch gekennzeichnet, dass der Treuhänder für den Treugeber kraft einer besonderen Vereinbarung (Treuhandabrede) Rechtsmacht über dessen Vermögen (Treugut) ausübt (*Bork* Rz 1313). Der Zweck einer Treuhandvereinbarung kann darin liegen, dass der Treuhänder die Vermögenswerte für den Treugeber verwalten soll (**Verwaltungstreuhand**), oder darin, dass der Treugeber durch das Treuhandgeschäft gesichert werden soll (**Sicherungstreuhand**). Die Verwaltungstreuhand dient in erster Linie den Interessen des Treugebers und ist daher fremdnützig. Die Sicherungstreuhand ist hingegen eigennützig, weil der Treuhänder vorrangig sein eigenes Sicherungsinteresse verfolgt (*Bork* Rz 1313). Nach der rechtlichen Struktur werden die Vollmachtstreuhand (Rn 7), die Ermächtigungstreuhand (Rn 8) und die Vollrechtstreuhand (Rn 9) unterschieden (*Bork* Rz 1316). Dem Wesen der Treuhand wird am ehesten die Vollrechtstreuhand gerecht, die daher auch als „echte" Treuhand bezeichnet wird. 5

2. Abgrenzung zur Stellvertretung. Die echte Treuhand ist wie die mittelbare Stellvertretung eine Form der Wahrnehmung fremder Interessen in eigenem Namen. Von der mittelbaren Stellvertretung unterscheidet sie sich dadurch, dass diese idR nur auf die Vornahme eines einzelnen Geschäfts gerichtet und der mittelbare Stellvertreter nur kurzfristiger Durchgangserwerber ist, während der Treuhänder typischerweise längerfristig seine Treuhandfunktion ausübt und von dem Treugeber das Treugut für die gesamte Dauer seiner Tätigkeit übertragen erhält (*Larenz/Wolf* AT § 46 Rz 62). Nach dem vom BGH bisher nicht aufgegebenen und im Schrifttum unterschiedlich beurteilten **Unmittelbarkeitsprinzip** muss dem Treunehmer das Treugut unmittelbar von dem Treugeber übertragen worden sein (BGHZ 155, 227, 231; abl Soergel/*Leptien* vor § 164 Rz 56). Der Treuhänder tritt auch nicht notwendig nach außen, sondern übt auch sonstige Verwaltungsbefugnisse aus (*Larenz/Wolf* AT § 46 Rz 62). Das Wesen der Treuhand besteht daher nicht im rechtsgeschäftlichen Handeln für einen anderen, sondern in der Betreuung von Vermögensgegenständen, die der Treugeber grds unmittelbar von dem Treunehmer erhalten hat. 6

3. Vollmachtstreuhand. Bei der Vollmachtstreuhand wird ausnahmsweise die Stellvertretung als Mittel eingesetzt, um die Zwecke der Treuhand zu erreichen, sodass die §§ 164 ff uneingeschränkt Anwendung finden (BGH WM 64, 318). Sie verdient trotz des Wesensunterschiedes zwischen der Treuhand und der Stellvertretung entgegen einer teilw vertretenen Ansicht, nach der wegen der fehlenden eigenen Verfügungsmacht der Vertreters keine Treuhand iSd maßgeblichen Begriffsbestimmung vorliegt (Soergel/*Leptien* vor § 164 Rz 73), Anerkennung. 7

4. Ermächtigungstreuhand. Auch bei der Ermächtigungstreuhand bleibt der Treugeber Vollrechtsinhaber. Als solcher ermächtigt er den Treunehmer, in eigenem Namen für ihn tätig zu werden (MüKo/*Schramm* vor § 164 Rz 31). Der Treuhänder kann zwar mit unmittelbarer Fremdwirkung über zum Treugut gehörende Gegenstände verfügen (§ 185 I), den Treugeber aber nicht unmittelbar verpflichten. Denn er tritt wie der mittelbare Stellvertreter im eigenen Namen auf und wird daher selbst Geschäftspartei. Ihn selbst treffen daher sämtliche rechtlichen wie auch steuerlichen Auswirkungen seines Handelns (BGHZ 134, 212, 215 f). Gegen die Ansicht, dass die Grundsätze über den Missbrauch der Vertretungsmacht auf die Ermächtigungstreuhand entspr Anwendung finden (MüKo/*Schramm* vor § 164 Rz 36), spricht, dass ein Bedürfnis hierzu selten bestehen wird, weil die Ermächtigung gem § 185 beliebig beschränkt und ausgestaltet werden kann, sodass sich iGgs zur Vollrechtstreuhand das rechtliche Können im Außenverhältnis mit dem rechtlichen Dürfen im Innenverhältnis deckt (*Larenz/Wolf* AT § 46 Rz 68). Wie bei der Vollmachtsstreuhand stehen die Rechte aus §§ 771 ZPO; 47 InsO nur dem Treugeber, nicht dem Treunehmer zu (Soergel/*Leptien* vor § 164 Rz 72). 8

5. Vollrechtstreuhand (echte Treuhand). Bei der Vollrechtstreuhand erhält der Treuhänder Vermögensrechte zu eigenem Recht übertragen, darf diese aber nicht oder wenigstens nicht ausschließlich in eigenem Interesse ausüben. Diese Rechtsstruktur ist dadurch gekennzeichnet, dass der Treugeber dem Treuhänder nach außen hin ein Mehr an Rechten überträgt, als dieser nach der gleichzeitig getroffenen schuldrechtlichen Abrede ausüben darf (sog fiduziarische Treuhand; BGH NJW 04, 1382, 1383). Die Treuhandabrede wirkt wegen § 137 aber nur im Innenverhältnis zwischen dem Treuhänder und dem Treugeber (MüKo/*Schramm* vor § 164 Rz 33 ff). Nach außen verfügt der Treuhänder in eigenem Namen und als formal berechtigter Inhaber des Rechts über das Treugut. Weil der Treugeber im Innenverhältnis über die Treuhandabrede auf das treuhänderisch gebundene Vermögen weiterhin Einfluss nehmen kann, bleibt ihm das unmittelbar aus seinem Vermögen stammende Treugut wirtschaftlich und haftungsrechtlich zugeordnet 9 (sog wirtschaftliches Eigentum; *Bork* Rz 1316). Deshalb darf ein Schuldner uU gegen eine iRd Treuhandverhältnisses begründete Forderung mit einer Forderung gegen den Treugeber (BGH NJW 90, 982, 990) oder gegen eine Forderung des Treugebers mit einer Forderung gegen den Treuhänder aufrechnen (BGH NJW 89, 2386, 2387). Zudem ist die Anwendung der Grundsätze der Drittschadensliquidation iRv Treuhandverhältnissen anerkannt; dies gilt insb für den Ersatz des „Zedentenschadens" bei der Sicherungszession (BGHZ 128, 371, 376 ff; s.a. § 249 Rn 104).

10 Vor Zugriffen von Gläubigern des Treuhänders ist der Treugeber durch § 771 ZPO (für die uneigennützige Treuhand BGH NJW 71, 559, 560; für die Sicherungstreuhand BGHZ 72, 141, 143 ff) und § 47 InsO (für die uneigennützige Treuhand BGH WM 93, 83, 84; für die Sicherungstreuhand BGH NJW 69, 942) geschützt, s.a. für die Sicherungsübereignung vor §§ 1204 ff Rn 76 f. Ein Widerspruchs- und Aussonderungsrecht des Treugebers ist in der Rspr aber grds jedoch nur anerkannt, wenn dem Treuhänder das Treugut aus dem Vermögen des Treugebers übertragen worden ist (s. Rn 6). Dagegen erwirbt der bisherige Volleigentümer durch eine schuldrechtliche Vereinbarung, dass er sein Eigentum nunmehr im Interesse eines anderen (Treugeber) verwaltet, kein Aussonderungsrecht in der Insolvenz des Eigentümers (BGHZ 155, 227, 231 ff; NJW 93, 2622). Eine Ausn von dem Unmittelbarkeitsgrundsatz gilt bei Zahlungen, die Dritte bestimmungsgemäß auf ein Anderkonto eines RA oder Notars geleistet haben (BGH NJW 96, 1543). An unbeweglichen Sachen begründen Treuhandvereinbarungen in der Insolvenz des Treuhänders nur dann ein Aussonderungsrecht, wenn der Anspruch des Treugebers dinglich gesichert ist (BGHZ 155, 227, 236 ff). Während bei der uneigennützigen Verwaltungstreuhand weder ein Interventionsrecht nach § 771 ZPO (BGH WM 04, 583, 585) noch ein Aussonderungsrecht nach § 47 InsO hat (BGH DB 75, 300), ist bei der eigennützigen Treuhand dem Umstand Rechnung zu tragen, dass wirtschaftlich eine Sicherung des Treuhänders (Sicherungsnehmers) bezweckt ist. Nach der hM hat der Sicherungsnehmer daher ein Widerspruchsrecht nach § 771 ZPO (BGHZ 80, 296, 299; aA für ein Absonderungsrecht nach § 805 ZPO MüKo (ZPO)/*Schmidt* § 771 Rz 19) und ein Absonderungsrecht nach § 51 Nr 1 InsO, s. für die Sicherungsübereignung vor §§ 1204 ff Rn 78 f.

11 Entgegen einer va für die Treuhand an Gesellschaftsanteilen vertretenen Auffassung (MüKo (HGB)/*Schmidt* vor § 230 Rz 69) lehnt die hM eine analoge Anwendung der Grundsätze über den Missbrauch der Vertretungsmacht (s. Rn 67 ff) auf die Vollrechtsstreuhand ab (BGH NJW 68, 1471; WM 77, 525, 527). Für diese Ansicht spricht, dass der Unterschied zwischen dem Handeln in eigenem und dem in fremdem Namen bei missbräuchlichen Verfügungen des Treuhänders nicht nur ein formaler ist. Die Wertungsparallele zur Stellvertretung fällt aufgrund der Regelung in § 137, die eine mit dinglicher Wirkung ausgestattete Beschränkung der Verfügungsmacht des Treuhänders nicht zulässt, vielmehr von Gesetzes wegen weg. Gegen eine vergleichbare Interessenlage spricht zudem die weitergehende Rechtsmacht des Treuhänders und seine selbstständige Stellung (Soergel/*Leptien* vor § 164 Rz 60).

12 **IV. Strohmann. 1. Begriff und Erscheinungsformen.** Der Strohmann ist eine im Rechtsverkehr vorgeschobene Person, die für einen Hintermann auftritt, der das Geschäft nicht selbst abschließen kann oder will. Typische Erscheinungsformen sind die Strohmann-Gründung einer GmbH (BGH NJW 92, 2023 ff), die Überlassung der Unternehmensführung an einen Strohmann wegen einer fehlenden Konzession (MüKo/*Schramm* vor § 164 Rz 24) und die Einschaltung eines Strohmanns wegen der mangelnden Bereitschaft des Vertragspartners zum Vertragsschluss oder der fehlenden Börsentermingeschäftsfähigkeit des Geschäftsherrn (BGH NJW 95, 727 ff).

13 **2. Rechtliche Behandlung.** Der Strohmann hat grds die Stellung eines mittelbaren Stellvertreters und fremdnützigen Treuhänders. Da er in eigenem Namen auftritt, wird er durch das Rechtsgeschäft selbst berechtigt und verpflichtet, auch wenn der Vertragspartner von der Strohmanneigenschaft Kenntnis hatte (BGH NJW 95, 727). Die von dem Strohmann vorgenommen Rechtsgeschäfte sind in aller Regel nicht gem § 117 nichtig, weil das Strohmanngeschäft ernstlich gewollt ist (BGH NJW 02, 2030 f). Etwas anderes gilt nur dann, wenn der Vertragspartner erkennt, dass er es mit einem Strohmann zu tun hat und damit einverstanden ist, dass nur der Hintermann berechtigt und verpflichtet ist (BGH NJW-RR 97, 238). Auf die Grundsätze zur Sittenwidrigkeit von Ehegattenbürgschaften (s. § 138 Rn 83) kann sich ein Strohmann-Gesellschafter einer GmbH nur berufen, wenn für die Bank klar ersichtlich ist, dass er finanziell an der Schuldner-GmbH nicht beteiligt ist und die Stellung eines Gesellschafters ohne eigenes wirtschaftliches Interesse nur aus persönlicher Verbundenheit mit einer die GmbH wirtschaftlich beherrschenden Person übernommen hat (BGH NJW 02, 2634 f). Besonderheiten können sich daraus ergeben, dass der Hintermann durch den Einsatz des Strohmanns den Rechtsverkehr täuschen oder Rechtsfolgen herbeiführen will, die er aufgrund bestehender rechtlicher oder sonstiger Hindernisse selbst nicht erreichen kann. Es ist daher im Einzelfall zu prüfen, ob das Strohmanngeschäft oder der Geschäftsbesorgungsvertrag wegen Gesetzesumgehung nichtig ist (s. § 134 Rn 30 ff) oder ob ein Durchgriff auf den Hintermann in Betracht kommt. Bei der Strohmann-Gründung einer GmbH wird der *Hintermann von der Rspr hinsichtlich der* Aufbringung des Stammkapitals (§§ 19, 24 GmbHG) und seiner Erhaltung (§§ 30 ff GmbHG) wie ein Gesellschafter behandelt (BGH NJW 92, 2023 f). Darüber hinaus ordnet die Rspr die von dem Strohmann erworbenen Gegenstände wirtschaftlich dem Strohmann zu mit der Folge, dass dem Hintermann die Möglichkeit, gegen Gläubiger des Strohmanns Drittwiderspruchsklage (§ 771

ZPO) zu erheben oder in der Insolvenz des Strohmanns Gegenstände auszusondern (§ 47 InsO), versperrt ist (BGH WM 64, 179). Die Gläubiger des Hintermanns können den Erwerb des Strohmanns aber nach den §§ 1, 7 AnfG anfechten (BGHZ 124, 298, 300 ff; weitergehend *Gerhardt* FS Lüke 97, 121 ff). Dagegen müssen die Gläubiger des Strohmannes dessen Schuldbefreiungsanspruch (§§ 669, 670) gegen den Hintermann pfänden, um auf dessen Vermögen Zugriff nehmen zu können (Soergel/*Leptien* vor § 164 Rz 38).

V. Verwaltung fremden Vermögens. 1. Begriff und Abgrenzung zur Stellvertretung. Von der Stellvertretung ist die Verwaltung fremden Vermögens abzugrenzen, bei der dem Verwalter durch Gesetz oder testamentarische Verfügung eine Vermögensverwaltung anvertraut ist. Hierzu zählen der Insolvenzverwalter (§ 80 InsO), Nachlassverwalter (§ 1985), Testamentsvollstrecker (§ 2205) und Zwangsverwalter (§ 172 ZVG). § 116 Nr 1 ZPO spricht von der **Partei kraft Amtes**. Der Verwalter fremden Vermögens handelt objektbezogen für das von ihm verwaltete Vermögen und hat daher nicht bloß die Interessen des Rechtsinhabers wahrzunehmen. In der Tendenz ist seine Tätigkeit nicht auf eine einseitige Interessenswahrnehmung, sondern auf einen Ausgleich kollidierender Interessen gerichtet („neutrales Handeln im Privatrecht" MüKo/*Schramm* vor § 164 Rz 10). Infolgedessen ist der Verwalter von dem Vermögensinhaber unabhängig und an dessen Weisungen nicht gebunden (Staud/*Schilken* Vorbem zu § 164 Rz 58 f). 14

2. Rechtliche Behandlung. Die Vermögensverwalter sind nach der sog **Amtstheorie** keine gesetzlichen Vertreter, sondern Träger eines privaten Amtes, mit dem die Befugnis verbunden ist, über die Gegenstände des ihrer Verwaltung unterliegenden Vermögens zu verfügen und den Träger des Vermögens zu berechtigen und zu verpflichten wie auch die zu dem Vermögen gehörenden Rechte gerichtlich geltend zu machen. Der Vermögensverwalter tritt zwar wie der Treuhänder in eigenem Namen auf, die Rechtsfolgen treffen aber dennoch nicht ihn, sondern den Rechtsinhaber. Im Prozess ist er berechtigt, ein zu dem verwalteten Vermögen gehörendes fremdes Recht als gesetzlicher **Prozessstandschafter** in eigenem Namen geltend zu machen (BGHZ 88, 331, 334). Unabhängig von dem jeweiligen dogmatischen Standpunkt muss den Besonderheiten Rechnung getragen werden, die sich aus den Aufgaben mehrseitiger Interessenwahrnehmung ergeben (Staud/*Schilken* Vorbem zu § 164 Rz 61). Die umstrittene dogmatische Einordnung schließt es daher nicht aus, einzelne Vorschriften des Stellvertretungsrechts anzuwenden wie die Regelungen über den Missbrauch der Vertretungsmacht (für den Testamentsvollstrecker BGH NJW-RR 89, 642 f; für den Insolvenzverwalter BGH WM 07, 2246 Tz 42), die §§ 177 ff (Staud/*Schilken* § 177 Rz 19) und § 181 (BGHZ 113, 262, 270). 15

VI. Vertrag zugunsten Dritter. Auch bei dem Vertrag zugunsten Dritter (§ 328) treten die Rechtsfolgen unmittelbar in der Person des nicht handelnden Dritten ein. Der Dritte wird jedoch nicht wie der Vertretene Vertragspartei (*Larenz/Wolf* § 46 Rz 82). 16

VII. Botenschaft. Der Bote gibt iGgs zum Stellvertreter keine eigene Willenserklärung ab, vielmehr übernimmt er als Erklärungsbote nur den Transport der fremden Erklärung seines Auftraggebers an den Empfänger oder als Empfangsbote den der für seinen Auftraggeber entgegengenommenen, aber nicht an ihn selbst gerichteten Erklärung (BGH NJW 08, 917). 17

1. Abgrenzung zur Stellvertretung. Ob Stellvertretung oder Botenschaft vorliegt, ist in Zweifelsfällen durch Auslegung vom Empfängerhorizont (§§ 133, 157) zu ermitteln (BGH NJW 08, 1243 Tz 14). Die Abgrenzung kann in der Praxis schwierig sein (*Medicus* AT Rz 886). Maßgeblich ist nach dem für die Stellvertretung geltenden Offenkundigkeitsprinzip (s. Rn 30) das äußere Auftreten der Mittelsperson ggü dem Vertragspartner (BGHZ 12, 327, 334; aA *Hueck* AcP 152, 432, 433 ff). Botenschaft liegt hiernach vor, wenn sich die Erklärung aus Sicht des Empfängers nicht als eine eigene der Mittelsperson darstellt, weil er als bloßes Transportmittel fungiert und allenfalls hinsichtlich der Transportart und der stilistischen Gestaltung frei ist, in der Sache aber keinerlei Entscheidungsspielraum hat (*Larenz/Wolf* AT § 46 Rz 71). Starke Weisungsgebundenheit schließt eine Stellvertretung jedoch nicht unbedingt aus. Auch der nach § 166 II stark weisungsgebundene Vertreter mit „gebundener Marschroute" ist trotz der weit reichenden Vorgaben des Geschäftsherrn, was den Inhalt und die Abgabe der Erklärung angeht, Stellvertreter, wenn er im Außenverhältnis als Vertreter auftritt und die maßgebliche Willenserklärung selbst formuliert (*Bork* Rz 1346). Aus dem Zusatz „i.A." folgt nicht bereits, dass der Erklärende lediglich als Bote gehandelt hat (BGH NJW 08, 1243 Tz 15). 18

2. Abgrenzung zwischen dem Erklärungs- und dem Empfangsboten. Empfangsbote ist nur derjenige, der vom Adressaten mit der Entgegennahme der Erklärung beauftragt wurde (Hamm NJW-RR 87, 260, 262). Fehlt eine ausdrückliche Ermächtigung des Erklärungsempfängers, ist durch Auslegung (§§ 133, 157) zu ermitteln, ob der Mittler als Empfangs- oder Erklärungsbote anzusehen ist. Maßgeblich hierfür ist, ob die Mittelsperson zur Entgegennahme der konkreten Erklärung für den Empfänger als geeignet und ermächtigt anzusehen ist (s. § 130 Rn 17). Fehlt es hieran, ist die Mittelsperson Bote des Erklärenden, der sie in den Erklärungsprozess eingeschaltet hat (*Bork* Rz 1350). 19

3. Rechtliche Behandlung. as Handeln des Boten ist nur tatsächlicher, nicht rechtsgeschäftlicher Natur. Anders als bei der Stellvertretung (§ 165) braucht der Bote daher nicht (beschränkt) geschäftsfähig sein, es genügt vielmehr die natürliche Einsichtsfähigkeit zur Übermittlung (MüKo/*Schramm* vor § 164 Rz 46). Ande- 20 rerseits genügt die Wahrung von Formvorschriften durch den Boten nicht. In den Fällen, in denen nur die Hilfsperson die Form wahrt, ist aber im Zweifel Stellvertretung anzunehmen (*Bork* Rz 1349). Für Willensmängel, Kenntnis und Kennenmüssen kommt es abw von § 166 auf die Person des Geschäftsherrn an (*Bork* Rz 1358). Das Gleiche gilt für die Auslegung einer durch oder ggü einem Boten übermittelten Willenserklärung (*Larenz/Wolf* AT § 46 Rz 90). Das Institut der Botenschaft steht grds auch für höchstpersönliche Rechtsgeschäfte zu Verfügung, es sei denn es existieren andere Hindernisse wie etwa das Erfordernis der persönlichen Anwesenheit (BGH NJW 08, 917 Tz 15). Daher kann eine Auskunft nach § 260 I auch durch einen Boten, zB einen RA, übermittelt werden (BGH aaO Tz 17). Dagegen finden die Regeln über die Vertretung ohne Vertretungsmacht in den §§ 177 ff (str; s. § 177 Rn 5) und das Zurückweisungsrecht gem § 174 (s. § 174 Rn 2) auch auf die Botenschaft Anwendung. Zum Zugang einer unter Einschaltung eines Empfangsboten übermittelten Willenserklärung s. § 130 Rn 17.

21 **4. Irrtumsfälle.** Nach hM wird der Geschäftsherr gebunden, wenn der Bote oder der Vertreter iR seiner Legitimation (Vollmacht oder Botenmacht) handelt. Gleichgültig ist, ob der Handelnde hierbei als Vertreter oder Bote auftritt. Dogmatische Bedenken müssen ggü dem Bedürfnis nach Rechtssicherheit zurücktreten (MüKo/*Schramm* vor § 164 Rz 51 ff). Zur Falschübermittlung durch den Erklärungsboten s. § 120 Rn 3.

22 **VIII. Stellvertretung in der Erklärung.** Die Rechtsfigur der Stellvertretung (nur) in der Erklärung, die der BGH für Fallkonstellationen, in denen wie bei Adoptionsverträgen nach § 1750a aF die Stellvertretung ausgeschlossen ist und aus rechtlichen Gründen auch die Botenschaft ausscheidet, als Zwischenform zwischen Stellvertretung und Botenschaft entwickelt hat (BGHZ 30, 306, 311), ist mit der hM im Schrifttum abzulehnen. Ist eine Stellvertretung nicht zulässig (Rn 26) und eine Übermittlung durch Boten wegen des Formerfordernisses nicht möglich (Rn 20), muss das wegen des eindeutigen Gesetzeswillens sowie aus Gründen der Rechtsklarheit und Rechtssicherheit hingenommen werden. Die Annahme einer gesetzlich nicht vorgesehenen Stellvertretung nur in der Erklärung kann hierüber nicht hinweghelfen (*Larenz/Wolf* AT § 46 Rz 77).

23 **IX. Abschlussvermittler und Verhandlungsführer oder -gehilfe.** Kein Stellvertreter ist, wer von einer Vertragspartei damit beauftragt wurde, den Abschluss eines Rechtsgeschäfts zu vermitteln oder ohne Abschlussvollmacht nur die Verhandlungen zu führen. Diese Personen bereiten den Vertragsschluss lediglich vor, treten aber rechtsgeschäftlich nicht in Erscheinung. Während der Vermittler grds als „Dritter" iSv § 123 II an dem Vertragsschluss beteiligt ist (BGH NJW 04, 2145, 2157; 96, 1051; abw für das verbundene Geschäft BGH WM 07, 1456 Tz 25), ist der Verhandlungsführer oder -gehilfe idR nur unselbstständige Hilfsperson der Vertragspartei, deren Aufgaben er übernimmt und in deren Pflichtenkreis er tätig wird (zur Eigenhaftung s. aber BGH NJW-RR 06, 993 Tz 14 ff u § 311 III). Bloße Abschlussvermittler sind der Zivil- (§§ 652 ff) und der Handelsmakler (§§ 93 ff HGB) sowie der Handelsvertreter (§§ 84 ff HGB), falls ihnen nicht zusätzlich auch eine Abschlussvollmacht erteilt wurde. Nur Verhandlungsgehilfe ist auch, wer zwar Vertretungsmacht hat, von ihr aber zB wegen eines Gremienvorbehaltes oder weil er das Geschäft aus internen Gründen nicht ohne die Zustimmung der Geschäftsleitung abschließen will, keinen Gebrauch macht (BGH NJW 95, 1281). Auch bei der gesetzlichen Vertretungsmacht im kaufmännischen Bereich (zB §§ 55 IV, 56, 91 II HGB) ist stets entscheidend, ob die Hilfsperson von der Vertretungsmacht durch Abgabe oder Empfang einer Willenserklärung tatsächlich Gebrauch macht (MüKo/*Schramm* vor § 164 Rz 66). Verhandlungsgehilfe und Abschlussvermittler bereiten das Rechtsgeschäft mitunter bis zur Abschlussreife vor und haben daher oft entscheidenden Einfluss. Im Bereich des § 123 – und damit übertragbar dem des § 278 (BGH NJW 90, 1661, 1662) – ist deshalb das Verhalten eines Verhandlungsführers oder -gehilfen dem Erklärungsempfänger zuzurechnen, wenn er dessen Angestellter, Mitarbeiter oder Beauftragter ist oder wenn er wegen seiner engen Beziehung zu diesem als dessen Vertrauensperson erscheint, denn der Verhandlungsführer oder -gehilfe ist in diesen Fällen nicht „Dritter" iSv § 123 II (BGH NJW 03, 424, 425; allerdings unter Rückgriff auf § 166 I BGHZ 168, 64 Tz 8; s.a. § 123 Rn 29, § 278 Rn 18). Das Gleiche gilt, wenn ein Vermittler, zB ein Makler sich nicht auf das für die Durchführung seines Auftrages Notwendige beschränkt, sondern mit Wissen und Wollen einer Vertragspartei dieser typischerweise obliegende Aufgaben übernimmt und somit neben seiner Vermittlungstätigkeit auch als Hilfsperson in dem Pflichtenkreis dieser Vertragspartei tätig wird (s. § 123 Rn 28). Wann das der Fall ist, kann nur aufgrund einer die Interessen beider Parteien wertenden Betrachtung der Einzelfallumstände entschieden werden (BGH WM 00, 2539, 2540). Maßgeblich ist dabei nicht, ob dem Vermittler für die Verhandlungen Vertretungsmacht eingeräumt wurde. Auch wenn eine Vertragspartei die wesentlichen Vertragsverhandlungen einem Vermittler als ihrem Repräsentanten vollständig überlassen hat, muss sie sich dessen Verhalten zurechnen lassen (BGH NJW 04, 2156, 2157; WM 00, 2539, 2540). Das gilt für das pflichtwidrige Verhalten eines Vermittlers, der nicht ausschließlich „im Lager" des Anlegers steht (BGH WM 08, 1593 Tz 24), sondern als Verhandlungsgehilfe einer finanzierenden Bank auftritt, aber nur, soweit es den Bereich der Anbahnung des Kreditvertrags betrifft, nicht aber, soweit es sich auf das finanzierte Geschäft bezieht (BGH WM 08, 115 Tz 28).Wie bei der *Botenschaft* kann zudem Stellvertretungsrecht entspr Anwendung finden. Dies gilt insb für § 166 (s. dort Rn 16 f) und die §§ 167 1, 168 (BGH NJW-RR 91, 439, 441).

X. Wissensvertretung. Wissensvertreter sind Personen, deren Wissen sich der Geschäftsherr insb in den Fällen der §§ 142 II, 442, 640 II, 819, 892 I 1, 932, 990 zurechnen lassen muss. Das Gesetz schreibt die Wissenszurechnung nur in den §§ 166 I; 2 III, 20, 70 VVG ausdrücklich vor. Diese enge Regelung wird den Bedürfnissen einer arbeitsteilig organisierten Wirtschaft nicht gerecht. Rspr und Lehre dehnen daher die Vorschrift des § 166 I auf Hilfspersonen, die keine Stellvertreter sind, aus (s. § 166 Rn 13 ff). Vom Stellvertreter unterscheidet sich der Wissensvertreter dadurch, dass er nicht mit Willenserklärungen oder geschäftsähnlichen Handlungen befasst ist (Soergel/*Leptien* vor § 164 Rz 82) oder ggf ohne rechtsgeschäftliche Vertretungsmacht als Repräsentant selbstständig für den Geschäftsherrn auftritt (*Larenz/Wolf* AT § 46 Rz 102). Bei der Wissensvertretung handelt es sich daher nicht um rechtsgeschäftliches Handeln mit Fremdwirkung, sondern um die Zurechnung fremder Kenntnisse als eigene (Erman/*Palm* vor § 164 Rz 27). 24

XI. Parteivertretung im Zivilprozess. Der Parteivertreter im Zivilprozess ist zwar Stellvertreter iSv § 164 (Soergel/*Leptien* vor § 164 Rz 80; aA Erman/*Palm* vor § 164 Rz 29), untersteht aber dem Sonderrecht der §§ 78 ff ZPO, neben dem materiell-rechtliche Regelungen über die Stellvertretung und insb über die Vollmacht nur anwendbar sind, wenn die ZPO auf sie verweist oder soweit in ihnen allg Rechtsgedanken der Stellvertretung zum Ausdruck kommen (BGH WM 04, 27; *Larenz/Wolf* AT Rz 47; Rn 2). Der Gerichtsvollzieher ist nicht der Vertreter des Gläubigers, sondern Organ der Rechtspflege (BGH NJW 99, 2597, 2598). Etwas anderes gilt aber dann, wenn er freiwillige Leistungen des Schuldner entgegennimmt (BaRoth/*Habermeier* vor § 164 Rz 10). 25

C. Zulässigkeit der Stellvertretung. I. Höchstpersönliche Rechtsgeschäfte. Die Stellvertretung ist im rechtsgeschäftlichen Verkehr grds überall zulässig. Eine Ausn hiervon gilt für sog höchstpersönliche Rechtsgeschäfte. Ein Vertretungsverbot kann sich aus einem Gesetz oder Rechtsgeschäft mit dem künftigen Vertragspartner („gewillkürte Höchstpersönlichkeit"; BGHZ 99, 90, 94) ergeben. Str ist, ob auch aus der Natur des Rechtsgeschäfts ein Stellvertretungsverbot hergeleitet werden kann. ZT wird dies für die Fälle der Zustimmung des anderen Ehegatten nach den §§ 1365 I, 1366 I und 1369 bejaht (Staud/*Schilken* Vorbem zu §§ 164 Rz 41; dagegen Soergel/*Leptien* vor § 164 Rz 84). Gesetzliche Vertretungsverbote sind vorwiegend im Familien- und Erbrecht anzutreffen; hierher gehören die §§ 1311 1 (Eheschluss), 1 LPartG (Begründung der Lebenspartnerschaft), 2064, 2274, 2284 1 (letztwillige Verfügungen), §§ 1516 II 1, 1596 IV, 1600a I, 1626c, 1750 III 1, 1760 V 2, 1762 I 3, 2271 I, 2282 I 1, 2290 II 1, 2296 I 2, 2347 II 1, 2351. Im Handelsrecht bestimmt § 48 I HGB, dass nur der Inhaber des Handelsgeschäfts Prokura erteilen darf. Str ist, ob § 78 Hs 2 GmbHG ein Stellvertretungsverbot enthält (dafür BayObLG NJW 87, 136 f; dagegen Köln NJW 87, 135). Kein Vertretungsverbot ist aus bloßen Formvorschriften herzuleiten wie etwa aus §§ 925 1 und 1410. Die Vertretungsverbote gelten grds nicht für die Botschaft (s. Rn 20). 26

II. Folge eines Verstoßes gegen ein Vertretungsverbot. Hat jemand trotz eines gesetzlichen oder vertraglichen Vertretungsverbotes als Stellvertreter gehandelt, hat das die unheilbare Unwirksamkeit des Vertretergeschäfts zur Folge. Eine Genehmigung durch den Vertretenen nach § 177 I (s. dort Rn 2) oder § 185 I kommt ebenso wenig in Betracht wie eine Bestätigung nach § 141. Der Vertretene muss das Rechtsgeschäft daher noch einmal neu vornehmen, wobei Genehmigungs- und Bestätigungserklärungen als Neuvornahme ausgelegt werden können (*Bork* Rz 1341). 27

D. Voraussetzungen wirksamer Stellvertretung. I. Eigene Willenserklärung des Stellvertreters. 1. Anwendungsbereich der §§ 164 ff. Die §§ 164 ff gelten unmittelbar nur für Willenserklärungen iSd §§ 116 ff. Auf rechtsgeschäftsähnliche Handlungen finden sie entspr Anwendung. Das gilt insb für die Mahnung (§ 286 I), die Aufforderung zur Genehmigung (§§ 108 II, 177 II), die Fristsetzung (§§ 250 1, 281 I 1, 323 I 1, 637 I), die Mängelanzeige (§ 475), die Ablehnungsandrohung (§§ 250, 326 I 1 aF), das Anerkenntnis (§ 212 I Nr 1), Mitteilungen (§§ 171, 172, 415 I 2), Anzeigen (§§ 170, 409, 663, 665, 692 2, 789) und Wissenserklärungen (MüKo/*Schramm* § 164 Rz 5). Nicht anwendbar sind die §§ 164 ff nach hM auf Realakte wie den Erwerb und Verlust des unmittelbaren Besitzes außer im Falle § 854 II, die Verarbeitung und Verbindung wie auch die Aneignung und den Fund (BGHZ 32, 53, 56). Auf schuldhaftes Vertreterhandeln bei der Anbahnung (§ 311 II) oder der Durchführung des Vertrages (§ 280 I) und im Bereich der unerlaubten Handlungen finden die §§ 164 ff ebenfalls keine Anwendung; hier gelten vielmehr die §§ 123, 278, 831, 31, 89 (MüKo/*Schramm* § 164 Rz 8, 10). In Abgrenzung sowohl von der Botschaft (Rn 19) als auch zum Vermittler und Verhandlungsführer oder -gehilfen (Rn 23) muss der Stellvertreter eine eigene Willenserklärung abgeben. 28

2. Wirksamwerden der Erklärung in der Person des Vertreters. Weil nach dem Repräsentationsprinzip (Rn 1) allein der Vertreter den rechtsgeschäftlichen Willen bildet, ist seine Person maßgeblich für den Inhalt und die Wirksamkeit der Willenserklärung. IGgs zum Erklärungsboten (s. § 130 Rn 18) bewirkt der Erklärungsvertreter (I 1) nicht nur den Zugang der Erklärung, sondern gibt sie auch ab. Die einem Empfangsvertreter ggü abgegebene Erklärung geht dem von ihm vertretenen Erklärungsempfänger gem I 1, 3 sofort zu. Die für die Weiterleitung an den Vertretenen benötigte Zeit ist unerheblich (BGH NJW 02, 1041, 1042; *Bork* Rz 1365 ff). Für den Willensinhalt und für Willensmängel (§§ 116 ff) einer Erklärung gilt bei der Stellvertretung § 166. Zur Anfechtungsbefugnis und zum Widerrufsrecht des Vertretenen s. Rn 76. Ist das Rechtsge- 29 schäft formbedürftig, muss die Erklärung des Vertreters der Form genügen. Auch für die Geschäftsfähigkeit und die Nichtigkeit des Rechtsgeschäfts nach § 105 II ist die Person des Vertreters maßgeblich. Nach § 165 genügt jedoch die beschränkte Geschäftsfähigkeit des Vertreters (§ 106), während die Geschäftsfähigkeit des Vertretenen unerheblich für die Wirksamkeit des Vertretergeschäftes ist, sondern nur Einfluss auf die Vollmacht hat (s. § 167 Rn 19).

30 **II. Handeln in fremdem Namen des Vertretenen (Offenkundigkeitsprinzip).** Der Vertreter muss gem I 1 im Namen des Vertretenen handeln, wenn die Rechtsfolgen nicht bei ihm selbst, sondern in der Person des Vertretenen eintreten sollen. Die direkte Stellvertretung bedarf daher der Offenlegung. Das **Offenkundigkeitsprinzip** dient im Stellvertretungsrecht in erster Linie dem Schutz des Vertragspartners, daneben aber auch dem Bedürfnis des allg Rechtsverkehrs nach einer Klarstellung der Rechtsverhältnisse und einer eindeutigen Zuordnung von Rechten und Pflichten (MüKo/*Schramm* Rz 14). Eine Willenserklärung kann zugleich in eigenem und fremdem Namen abgegeben werden (BGH NJW 09, 3506 Tz 12; WM 97, 1431). Zum Offenkundigkeitsprinzip bei der passiven Stellvertretung s. Rn 83.

31 **1. Abgrenzung zum Eigengeschäft des Vertreters. a) Allg Auslegungsgrundsätze.** Ob der Erklärende in eigenem oder fremdem Namen handelt, ist in Zweifelfällen durch Auslegung vom Empfängerhorizont zu ermitteln (BGHZ 125, 175, 178). Für die Auslegung gelten die Grundsätze der §§ 133, 157 u I 2. Hiernach muss die Erklärung nicht ausdrücklich im Namen des Vertretenen erfolgen, es genügt vielmehr, wenn sich die Stellvertretung aus den Umständen ergibt. Zu berücksichtigen sind insb früheres Verhalten, Zeit und Ort der Erklärung, die soziale Stellung der Beteiligten, Art und Inhalt ihrer Werbung, Interessenlage und Verkehrssitte (MüKo/*Schramm* Rz 22). Tritt der Wille, in fremdem Namen zu handeln, nicht erkennbar hervor, wird der Erklärende nach II selbst berechtigt und verpflichtet. Stimmen Erklärender (Vertreter) und Vertragspartner jedoch darüber überein, dass der Erklärende in fremdem Namen auftritt, liegt ein Vertretungsfall vor, selbst wenn er für einen außen stehenden Dritten nicht erkennbar ist. Umgekehrt liegt ein Eigengeschäft vor, wenn Vertreter und Vertragspartner übereinstimmend ein solches abschließen wollen. In diesen Fällen hat die an dem wirklichen Willen orientierte natürliche Auslegung Vorrang vor dem objektiven Erklärungswert (*Bork* Rz 1383). Kommen mehrere Vertretene in Betracht, in deren Namen der Vertreter die Erklärung abgegeben haben kann, ist I 2 entspr heranzuziehen (BAG NZA-RR 07, 571, 573 f).

32 **b) Einzelfälle.** Ein Vertretergeschäft wird bejaht bei dem Abschluss von Bauverträgen durch den Baubetreuer (BGHZ 67, 334, 335 ff), der Vermietung (KG WM 84, 254; 255) und Vergabe von Bauleistungen (BGH NJW-RR 04, 1017) durch einen Hausverwalter, der Benennung beider Ehegatten im Rubrum des Mietvertrages (Ddorf ZMR 00, 210), der Beiziehung eines Arztes oder der Einweisung in ein Krankenhaus bei Unfällen oder Notfällen (Palandt/*Heinrichs* Rz 5), der Buchung einer Gruppenreise (Frankf 04, 1285, 1286), Sammelbestellungen (Köln NJW-RR 91, 918, 919), der Mandatsübernahme im Namen aller, auch später eintretender Sozien nach der vor der Anerkennung der Teilrechtsfähigkeit der GbR (s. BGHZ 146, 341 ff; § 705 Rn 35) praktizierten Doppelverpflichtungstheorie (BGH NJW 95, 1841) bzw aus heutiger Sicht im Namen der Sozietät (BGH NJW 09, 1597 Tz 10 auch zur gemischten Sozietät). Das Gleiche gilt für die Beauftragung einer RA-Sozietät durch den Rechtsschutzversicherer (BGH NJW 78, 1003, 1004). Ein Vertretergeschäft liegt nicht ohne Weiteres vor beim Abschluss einer Gebäudeversicherung durch den anwaltlich vertretenen Gebäudeverwalter (BGH NJW-RR 09, 1038 f) und eines Versorgungsvertrages durch den WE-Verwalter (Saarbr NJW-RR 07, 521 f), bei Auftragsvergaben durch einen Bauträger (BGH NJW 81, 757), der Benennung des Partners einer nichtehelichen Lebensgemeinschaft im Text des Mietvertrages (Palandt/*Heinrichs* Rz 5), dem Schuldanerkenntnis eines Unfallbeteiligten (Palandt/*Heinrichs* Rz 7), dem Reisevertrag mit einem Reiseunternehmen, das selbst wie ein Reiseveranstalter auftritt (BGHZ 77, 310, 316 f; Köln NJW-RR 95, 314, 315) und dem Abschluss eines gespaltenen Krankenhausvertrages (BGHZ 121, 107, 110 ff). Bei der Eröffnung eines Spar- oder Girokontos ist unter besonderer Berücksichtigung des Einzelfalls zu prüfen, wer nach dem erkennbaren Willen des die Kontoeröffnung Beantragenden Gläubiger der Bank sein soll. Maßgeblich sind va die Bezeichnung des Kontoinhabers im Kontoeröffnungsantrag und der Besitz am Sparbuch. Unerheblich ist dagegen, aus wessen Mitteln die eingezahlten Gelder stammen (BGHZ 127, 229, 231 f; BGH NJW 05, 980). Zur Entgegennahme eines Schecks durch einen Mehrpersonenvertreter s. BGH NJW 00, 3344 f. Ob ein Ehegatte beim Abschluss eines Arztvertrages, den der Ehegatte für sich und ein gemeinsames Kind abschließt, im Namen des anderen Ehegatten handelt, richtet sich nach den Umständen des Einzelfalles (BGH NJW 91, 2958 f). Der Franchisenehmer handelt jedenfalls nicht im Namen des Franchisegebers, wenn er abw von dem Grundmodell des Franchising iRd Franchisesystems nicht unter identischer Bezeichnung auftritt (BGH NJW 08, 1244 Tz 11, 14). IÜ ist str, ob dem Franchisegeber das rechtsgeschäftliche Handeln des Franchisenehmers gem I zuzurechnen ist (s. hierzu *Buck-Heeb/Dieckmann* DB 08, 855 ff mwN).

33 **2. Das unternehmensbezogene Rechtsgeschäft. a) Die Auslegungsregel.** Für unternehmensbezogene Rechtsgeschäfte hat die Rspr die Auslegungsregel (BGH NJW 00, 2984, 2985) entwickelt, dass bei diesen Geschäften nach dem übereinstimmenden Willen der Parteien im Zweifel der Inhaber des Unternehmens und nicht der für das Unternehmen Handelnde Vertragspartei werden soll (BGH WM 07, 833 Tz 12). Das gilt auch, wenn der Vertragspartner den Vertreter für den Betriebsinhaber hält (BGHZ 62, 216, 221), dieser falsch bezeichnet ist oder der Vertragspartner aus sonstigen Gründen eine falsche Vorstellung über den Inhaber hat (BGH NJW 98, 2897). Ein Irrtum über die Person des Vertragspartners kann allenfalls ein Anfechtungsrecht nach § 119 II begründen (Palandt/*Heinrichs* Rz 2). Die Grundsätze über unternehmensbezogene Geschäfte ändern nichts an dem Offenkundigkeitsprinzip. Ihre Anwendung setzt daher voraus, dass der Handelnde sein Auftreten für das Unternehmen hinreichend deutlich macht (BGH NJW 00, 2985, 2984). Das Rechtsgeschäft muss eindeutig auf ein bestimmtes Unternehmen bezogen sein, was sich auch aus den Umständen (Ort des Vertragsschluss, Zusätze zur Unterschrift, Leistung für den Betrieb des Unternehmens etc) ergeben kann (BGH NJW-RR 97, 527, 528). Verbleiben insoweit Zweifel, gilt II (BGH NJW 95, 43, 44). Existiert der Unternehmensträger nicht oder besaß der Vertreter keine Vollmacht, für den Unternehmensträger zu handeln, haftet der Vertreter nach § 179 (BGHZ 91, 148, 152).

b) **Einzelfälle.** Die Grundsätze des unternehmensbezogenen Rechtsgeschäfts finden insb in folgenden Fällen Anwendung: Reparaturauftrag für ein Kfz (BGH NJW 08, 1214 Tz 11; Köln VRS 89, 322, 323 f), Anmietung von Geschäftsräumen (Brandbg NJW-RR 99, 1606, 1607), Architektenauftrag für ein Bauunternehmen, das Eigentümer des zu beplanenden Grundstücks ist (Köln NJW-RR 99, 1615 f), Kündigung eines Arbeitsvertrages (BAG ZIP 96, 799, 800), Abschluss eines Versicherungsvertrages (BGH VersR 97, 477, 478). Handelt ein GmbH-Geschäftsführer, ist es eine Frage des Einzelfalles, ob er die Erklärung in eigenem Namen oder im Namen der GmbH abgibt (BGH NJW-RR 02, 822; NJW 00, 2984, 2985). 34

c) **Rechtsscheinhaftung.** UU trifft den Vertreter eine Rechtsscheinhaftung **analog § 179**, die gesamtschuldnerisch neben die Haftung des Unternehmensinhabers tritt. Das gilt insb, wenn der Vertreter für eine GmbH ohne den nach § 4 GmbHG vorgeschriebenen Formzusatz zeichnet und hierdurch das berechtigte Vertrauen des Geschäftsgegners auf die Haftung mindestens einer natürlichen Person hervorgerufen hat (BGH WM 07, 833 Tz 14). Das gilt entspr bei Weglassung des Rechtsformzusatzes „BV" einer Gesellschaft mit beschränkter Haftung niederländischen Rechts (BGH WM 07, 833 Tz 8 ff) und wenn der Vertreter ohne Zusatz für eine GmbH & Co KG auftritt (BGHZ 71, 354, 356) Für die Rechtsscheinhaftung genügt es nicht, dass bei mündlichen Verhandlungen oder im Emailverkehr (Schlesw OLGR 09, 309) der Formzusatz weggelassen wird (BGH NJW 96, 2645). Auch kommt sie neben einem unbeschränkt haftenden Unternehmensträger nicht in Betracht (BGH NJW 98, 2897; Kobl NJW-RR 04, 345, 346; aA Zweibr NZG 98, 939). Nach der Rspr des BGH trifft sie ausschließlich den für die Gesellschaft auftretenden Vertreter (BGH WM 07, 833 TZ 14 ff mwN). Die gleichen Grundsätze finden Anwendung, wenn ein Geschäftsübergang nicht hinreichend kenntlich gemacht wird (Hamm NJW-RR 95, 418 f). 35

3. Das Geschäft für den, den es angeht. a) Dogmatische Grundlagen. Nach der Rspr und der hM im Schrifttum treffen die Rechtswirkungen des Geschäfts für den, den es angeht, den Vertretenen, auch wenn der Vertreter seinen Vertretungswillen nicht äußert (BGH NJW 91, 2958, 2959; abl *Flume* II § 44 II 2). Obwohl der Vertreter in eigenem Namen auftritt, handelt es sich nach der hM bei dem Rechtsinstitut des Geschäfts für den, den es angeht, nicht um eine mittelbare Stellvertretung, sondern um einen Fall der unmittelbaren Stellvertretung, bei dem der Schutz durch das Offenkundigkeitsprinzip aufgrund einer teleologischen Reduktion des II ausnahmsweise entbehrlich ist (Staud/*Schilken* Vorbem vor § 164 ff Rz 53). 36

b) **Voraussetzungen.** Ein Geschäft für den, den es angeht, setzt voraus, dass der Vertreter zum Zeitpunkt des Geschäftsschlusses (BGH NJW 55, 587, 590) mit Vertretungswillen handelt und dass es dem Vertragspartner gleichgültig ist, mit wem das Geschäft zu Stande kommt (BGH NJW-RR 03, 921, 922). 37

aa) **Gleichgültigkeit des Vertragspartners an der Person des Vertretenen.** Ob dem Vertragspartner die Person des Vertretenen gleichgültig ist, sodass er kein schutzwürdiges Interesse daran hat, zu erfahren, wer sein Vertragspartner ist, ist anhand der tatsächlichen objektiven Umstände zu ermitteln. Insb bei Bargeschäften des täglichen Lebens, die von beiden Seiten sofort erfüllt werden, ergeben die Umstände typischerweise, dass die Person des Vertragspartners für das Erfüllungsgeschäft keine Rolle spielt (BGH NJW-RR 03, 921, 922). Bei allen anderen Geschäften ist Zurückhaltung geboten (BGH NJW 91, 2958, 2959). Va bei schuldrechtlichen Verpflichtungsgeschäften finden die Grundsätze des Geschäfts für den, den es angeht nur in Ausnahmefällen Anwendung (BGH NJW-RR 03, 921, 922). Auch bei dinglichen Geschäften wird man von einem Eigengeschäft des Vertreters auszugehen haben, wenn der Vertragspartner für die Gegenleistung Kredit gewährt, dh seine eigene Leistung nicht Zug um Zug, sondern im Voraus erbringt (BGH NJW 91, 2958, 2959) und wenn er über größere und wertvollere Gegenstände verfügt (Stuttg NJW 51, 445, 447). 38

bb) **Vertretungswille.** Die hM im Schrifttum verlangt, dass der Vertretungswille wenigstens für einen mit den Verhältnissen vertrauten Beobachter erkennbar ist und sich aus der Sachlage mit objektiver Sicherheit ergibt (Staud/*Schilken* Vorbem zu §§ 164 ff Rz 47; abl *Bork* Rz 1399). Diese Einschränkung erscheint trotz der starken Einengung des Anwendungsbereichs des Geschäfts für den, den es angeht, gerechtfertigt und geboten, wenn man annimmt, dass das Offenlegungsprinzip nicht nur dem Schutz des Geschäftspartners, sondern auch der Rechtsklarheit und Rechtssicherheit im Rechtsverkehr dient (s. Rn 30). 39

40 c) Einzelfälle. Zu den Bargeschäften des täglichen Lebens zählen auch Kreditkäufe unter Eigentumsvorbehalt (BGH NJW 91, 2283, 2285). Im Effektenkommissionsgeschäft und bei der Stellung von Akkreditiven im Handelsverkehr ist die Anwendung der Grundsätze des Geschäfts für den, den es angeht, ebenfalls anerkannt (*Ingelmann* WM 97, 745 ff). Str ist sie für Kleinkredite (dafür Soergel/*Leptien* vor § 164 Rz 31; zweifelnd MüKo/*Schramm* Rz 53). Nicht anwendbar sind die Grundsätze des Geschäfts für den, den es angeht, beim Verkauf eines Pkw vor Ort (Celle MDR 07, 832, 833), Krankenhauspflegevertrag (BGH LM Nr 33), Schleppvertrag (Bremen VersR 86, 461) und der Auszahlung des Rücknahmepreises für Investmentanteile (BGH NJW-RR 03, 921, 922 f).

41 d) Rechtsfolgen. Die Rechtsfolgen sind die gleichen wie bei der regulären Stellvertretung. Bei der dinglichen Übereignung (§ 929) erwirbt der Vertretene direkt, dh ohne Durchgangserwerb des Vertreters für eine juristische Sekunde Eigentum. Der Vertreter wirkt für den Vertretenen gem I an der dinglichen Einigung mit und fungiert bei der Übergabe entweder als Besitzdiener des Erwerbers (§ 855) oder vermittelt dem Erwerber aufgrund eines antizipierten Besitzkonstituts, das auch im Insichgeschäft (§ 181) abgeschlossen werden kann, den Besitz (§§ 930, 868). Ob sich die Gleichgültigkeit des Geschäftspartners auch auf das schuldrechtliche Geschäft erstreckt, ist gesondert zu prüfen (s. Rn 38; aA für eine einheitliche Behandlung *Schmidt* JuS 87, 424, 429). Weigert der Vertreter sich, den Vertretenen namhaft zu machen, und scheitert die Durchführung des Geschäfts daran, haftet er analog § 179 (BGHZ 129, 136, 149 f).

42 4. Das Geschäft mit einem unbekannten oder unbestimmten Geschäftsherrn. Von den Fällen des **echten (verdeckten) Geschäfts für den, den es angeht**, sind die Fälle zu unterscheiden, in denen zwar erkennbar ist, dass der Vertreter in fremdem Namen handelt, hierbei aber offen bleibt, in wessen Namen. ZT werden derartige Rechtsgeschäfte unter den Begriff des „**unechten (offenen)**" Geschäfts für den, den es angeht, gefasst (Larenz-Wolf AT § 46 Rz 38 ff). Nach richtiger Ansicht liegt indes ein Fall der normalen offenen Stellvertretung ohne Einschränkung des Offenkundigkeitsgrundsatzes vor, wenn bei Vertragsschluss nur noch unklar ist, wer der Vertreter letztlich ist. Es ist daher irreführend, diesen Fall als Anwendungsfall des Geschäfts für den, den es angeht, anzusehen (*Bork* Rz 1397).

43 a) Fehlende Benennung des Vertretenen. In den Fällen, in denen der Vertretene bei Vertragsschluss individualisiert ist und nur sein Name nicht offen gelegt wird (zB bei der als solchen erkennbaren Sammelbestellung), kommt der Vertrag sofort zustande. Der Vertreter haftet analog § 179, wenn er den Vertretenen nicht namhaft macht und die Durchführung des Vertrages daran scheitert (BGHZ 129, 136, 149 f). Daneben wird dem Vertragspartner auch ein Anspruch auf Benennung des Vertretenen zugebilligt, wenn dies zur Durchführung des Vertrages erforderlich ist (Ddorf MDR 74, 843).

44 b) Erklärung im Namen eines noch unbestimmten Dritten. Der Vertretene braucht bei Vornahme des Vertretergeschäfts noch nicht bestimmt zu sein. Es genügt, dass die nachträgliche Bestimmung dem Vertreter überlassen wird oder vereinbarungsgemäß aufgrund sonstiger Umstände erfolgen soll (BGH NJW 98, 62, 63). Eine Vertragsgestaltung, bei der noch unbekannte Erwerber mit dem Eintritt in eine Bauherrengemeinschaft automatisch Partei eines Darlehensvertrages werden, begegnet daher keinen rechtlichen Bedenken (BGH NJW 89, 164, 166). Die Wirkungen des Rechtsgeschäfts treten in diesen Fällen aber erst ex nunc mit der nachträglichen Festlegung des Vertragspartners ein (BGH NJW 98, 62, 63). Obliegt dem Vertreter die nachträgliche Bestimmung, so muss er sie auch treffen, ansonsten haftet er analog § 179, wenn die Durchführung des Vertrages daran scheitert (BGHZ 129, 136, 149 f). In Ausnahmefällen wird dem Vertragspartner auch ein Zurückweisungsrecht analog §§ 319, 95 HGB zugebilligt (Soergel/*Leptien* vor § 164 Rz 28). Aus der Bedingungsfeindlichkeit der Auflassung (§ 925 II) folgt, dass der Vertreter die Auflassung für eine noch nicht bestimmte Person nicht entgegennehmen kann (BayObLG Rpfleger 84, 11, 12).

45 5. Handeln unter fremdem Namen. Von dem Handeln in fremdem Namen sind die Fälle zu unterscheiden, in denen der Handelnde einen falschen Namen benutzt. Ob bei dem Handeln unter fremdem Namen ein Geschäft des Namensträgers oder ein Eigengeschäft des Handelnden vorliegt, ist durch Auslegung aus der insoweit maßgeblichen Sicht der anderen Partei (§§ 133, 157) zu ermitteln (BGH NJW-RR 06, 701, 702).

46 a) Eigengeschäft des Handelnden. Ein Eigengeschäft des Handelnden ist dann gegeben, wenn die Benutzung des fremden Namens bei der anderen Vertragspartei keine Fehlvorstellung über die Identität des Handelnden hervorruft, diese den Vertrag also nur mit dem Handelnden abschließen will (BGH NJW-RR 06, 701, 702). Dass der Erklärende nur den Namensträger und nicht sich selbst verpflichten will, ist dagegen ohne Bedeutung. Von einem Eigengeschäft des Erklärenden ist idR dann auszugehen, wenn der Name für das Rechtsgeschäft keine Bedeutung hat, wofür die Benutzung eines Phantasie- und Allerweltsnamens oder die Tatsache sprechen können, dass der Empfänger den Namen nicht kennt. Typische Fälle eines solchen Handelns *unter falscher Namensangabe* sind die Übernachtung in einem Hotel sowie sonstige Bargeschäfte des täglichen Lebens (*Bork* Rz 1407 ff). Ein Eigengeschäft liegt auch bei einer Gewinnzusage iSv § 661a unter fremdem Namen nahe (BGH NJW 06, 701, 702).

b) Fremdgeschäft für den Namensträger. Anders verhält es sich, wenn der angegebene Name auf eine 47
bestimmte andere Person hinweist und die andere Vertragspartei der Ansicht sein durfte, dass der Vertrag mit
dieser Person zu Stande kommt (BGH NJW-RR 88, 814, 815). In einem solchen Fall sind die §§ 164 ff analog
anzuwenden, obwohl ein Vertretungswille des Handelnden fehlt (BGH NJW 06, 701, 702). Von einem
Geschäft für den Namensträger ist auszugehen, wenn der Handelnde eine Urkunde mit dem fremden Namen
einer bestimmten existierenden Person unterzeichnet (Palandt/*Heinrichs* Rz 11). Diesem Fall gleichgestellt ist
die Benutzung einer fremden Kennung im Internetverkehr (Hamm NJW 07, 611, 612; Köln NJW 06, 1677,
1678; München NJW 04, 1328; *Mankowski* CR 07, 606). Nach teilw vertretener Ansicht handelt es sich auch
im Falle des Barverkaufs eines unterschlagenen Fahrzeuges unter dem in den Papieren genannten Namen um
ein Fremdgeschäft für den Namensträger (Ddorf NJW 85, 2484 f; aA Ddorf NJW 89, 906 f). Dem Namensträger kann die Erklärung gem I aber nur zugerechnet werden, wenn der Erklärende Vertretungsmacht hatte
oder sich nach den Grundsätzen der Rechtsscheinvollmacht zumindest so behandeln lassen muss. Andernfalls gelten die §§ 177 ff analog (BGH NJW 06, 701, 702; BGHZ 111, 334, 338).

III. Vertretungsmacht. Nach I 1 wirkt die in fremdem Namen abgegebene Willenserklärung nur dann unmittel- 48
bar für und gegen den Vertretenen, wenn der Stellvertreter mit Vertretungsmacht handelt. Dies folgt aus dem
Recht des Vertretenen zur privatautonomen Selbstbestimmung (Medicus AT Rz 923). Maßgeblich für die Frage,
ob der Vertreter mit Vertretungsmacht handelte, ist der Zeitpunkt der Abgabe oder Entgegennahme der Willenserklärung, nicht der des Wirksamwerdens der Erklärung (Naumbg FGPrax 98, 1, 2; aA Larenz-Wolf AT § 46
Rz 17). Hierfür sprechen der Wortlaut von I 1 u III und der Rechtsgedanke der §§ 130 II, 153 (*Bork* Rz 1603).
Handelt der Vertreter ohne Vertretungsmacht oder überschreitet er sie, treffen die Rechtsfolgen nach der Gesetzessystematik den Stellvertreter selbst (§ 179), es sei denn, das Vertretergeschäft ist nach den §§ 170 ff oder den
Grundsätzen der Duldungs- und Anscheinsvollmacht (s. § 167 Rn 37 ff) als wirksam zu behandeln oder der Vertretene genehmigt das Rechtsgeschäft nachträglich (§§ 177 I, 184). Ist das Vertretergeschäft teilw durch die Vertretungsmacht nicht gedeckt (Vollmachtsüberschreitung), gilt § 139 entspr (BGH NJW 70, 240, 241).

1. Begriff und Rechtsnatur. Vertretungsmacht ist die Rechtsmacht (Legitimation), durch rechtsgeschäftli- 49
ches Handeln Rechtswirkungen unmittelbar für und gegen den Vertretenen herbeizuführen. Sie ist nach der
hM kein subjektives Recht, sondern eine Rechtsmacht eigener Art (BayObLG NJW-RR 01, 297; *Bork*
Rz 1426). Zur Pfändbarkeit und Abtretbarkeit der Vollmacht s. § 167 Rn 3. Die Vertretungsmacht betrifft das
rechtliche Können im Außenverhältnis zwischen dem Vertreter und dem Vertragspartner. Als solche ist sie
von der Geschäftsführungsbefugnis im Innenverhältnis zwischen dem Vertreter und dem Vertretenem zu
unterscheiden, die das rechtliche Dürfen des Vertreters betrifft. Nach dem Abstraktionsprinzip ist die Vertretungsmacht im Interesse der Rechtssicherheit grds unabhängig von dem Dürfen im Innenverhältnis zu beurteilen (*Larenz/Wolf* AT § 46 Rz 135 f).

2. Erscheinungsformen und Entstehungsgrund. Die Vertretungsmacht kann auf Gesetz, Rechtsgeschäft 50
oder einer Organstellung beruhen.

a) Gesetzliche Vertretungsmacht. Das Gesetz ordnet die gesetzliche Vertretung dort an, wo der Vertretene 51
nicht voll geschäftsfähig oder aus sonstigen Gründen nicht in der Lage ist, seine eigenen Angelegenheiten
eigenverantwortlich zu regeln (MüKo/*Schramm* vor § 165 Rz 5, 69). In diesen Fällen soll die gesetzliche Vertretung dem Vertretenen die Teilnahme am Rechtsverkehr ermöglichen (MüKo/*Schramm* Rz 68). Hauptanwendungsfall ist die gesetzliche Vertretungsmacht der Eltern für ihr Kind, die sich unmittelbar aus dem
Gesetz ergibt (§ 1629). Gesetzliche Vertreter sind auch der Vormund (§ 1793), Betreuer (§ 1902), Pfleger
(§§ 1909 ff, 1915 I, 1793), Nachlasspfleger (§§ 1960 II, 1915 I, 1793) und Prozesspfleger (§§ 57, 58, 499 II
ZPO), bei denen es für die Begründung der Vertretungsmacht eines zusätzlichen Staatsaktes bedarf und die
Vertretungsmacht daher nur mittelbar auf dem Gesetz beruht.

b) Rechtsgeschäftliche Vertretungsmacht (Vollmacht). Die rechtsgeschäftlich erteilte Vertretungsmacht 52
(Vollmacht) soll eine Arbeitsteilung in der Rechtssphäre des Vertretenen ermöglichen (MüKo/*Schramm*
Rz 68). Zur Erteilung, zum Erlöschen und Fortwirken der Vollmacht s. §§ 167 ff. Spezielle Regelungen enthal-
ten die §§ 48 ff HGB (Prokura); §§ 81 ff ZPO (Prozessvollmacht).

c) Organschaftliche Vertretungsmacht. aa) Dogmatische Grundlagen. Die organschaftliche Vertretung 53
beruht darauf, dass juristische Personen selbst nicht handlungsfähig und daher auf das Handeln ihrer
Organe, dh von Personen angewiesen sind, die befugt sind, den Willen der juristischen Person zu bilden. Entgegen der Ansicht, dass es sich bei der Organschaft um einen Spezialfall der gesetzlichen Stellvertretung
(*Larenz/Wolf* § 46 Rz 9 f) handelt, ist die organschaftliche Vertretung nach der Formulierung des § 26 II 1 als
dritte eigenständige Art der Stellvertretung der gesetzlichen Vertretung gleichgestellt (*Bork* Rz 1433; aA für
eine grds Unterscheidung von Organschaft und Stellvertretung *Beuthien* NJW 99, 1142 ff). Nach der Organtheorie wird der juristischen Person die Willenserklärung ihres Organs aber nicht als eine fremde Erklärung
zugerechnet, sie erfüllt durch das Organhandeln vielmehr selbst den rechtsgeschäftlichen Tatbestand (*Bork*
Rz 1433). Dagegen ist die Vertretung der juristischen Person durch das Organ nach der Vertretertheorie in

gleicher Weise Stellvertretung wie das Stellvertreterhandeln des gesetzlichen Vertreters oder des Bevollmächtigten (*Flume* I/2 § 11 I). Zur Kritik an der Organtheorie iRd Wissenszurechnung s. § 166 Rn 23.

54 bb) Anwendungsbereich. Organe sind der Vorstand des rechtsfähigen Vereins (§ 26 II), der Stiftung (§ 86), der Genossenschaft (§ 24 I GenG) und der AG (§ 78 AktG) sowie der Geschäftsführer der GmbH (§ 35 GmbHG). Zu den Organen der juristischen Personen des öffentlichen Rechts s. Staud/*Schilken* Vorbem zu §§ 164 ff Rz 27 ff. Um Organschaft handelt es sich auch bei der Vertretung der OHG und der KG durch die persönlich haftenden Gesellschafter gem §§ 125 II, III, 126 II, III HGB (BGHZ 64, 72, 75) und bei der Vertretung der Partnerschaftsgesellschaft gem § 7 III PartGG (Medicus Rz 926). Die früher hM sah die Vertretung der Gesellschafter einer GbR gem §§ 714, 715 nicht als organschaftliche Vertretung, sondern als einen Spezialfall der rechtsgeschäftlich erteilten Vertretungsmacht an (BGHZ 74, 240, 241). Hierfür sprechen der Wortlaut von § 714 und die Vorschrift in § 169 (Soergel/*Leptien* vor § 164 Rz 18). Die gesetzlich gewollte Konstruktion dürfte nach der Anerkennung der Teilrechtsfähigkeit der GbR durch den BGH (BGHZ 146, 341 ff; s. auch § 705 Rn 35) nicht mehr aufrechtzuerhalten sein. Hiernach sind die vertretungsberechtigten Gesellschafter einer GbR vielmehr grds als Organ der Gesellschaft iSv § 31 anzusehen. Nicht organschaftlicher, sondern rechtsgeschäftlicher Vertreter ist jedoch der GbR-Gesellschafter, der abw von § 714 mit der alleinigen Vertretung der Gesellschaft betraut wird. Das gilt insb dann, wenn ein geschäftsführender Gesellschafter seinen Wirkungskreis auf die internen Verhältnisse der Gesellschaft beschränkt und dem anderen Gesellschafter bei der Vertretung der Gesellschaft freie Hand gewährt (BGH WM 05, 563). Auch der WEG-Verwalter ist im Umfang seiner Vertretungsmacht das vertretungsberechtigte Fremdorgan der vom BGH ebenfalls als teilrechtsfähig angesehenen Wohnungseigentümergemeinschaft (BGH NJW 05, 2061, 2063).

55 cc) Strukturelle Besonderheiten. IGgs zur gesetzlichen und rechtsgeschäftlichen Stellvertretung bedarf es zur Begründung der organschaftlichen Vertretungsmacht eines gesellschaftsrechtlichen Bestellungsaktes (§§ 27 I; 84 AktG; 46 Nr 5 GmbHG), durch den der Vertreter in die Organstellung berufen wird (*Larenz/Wolf* AT § 46 Rz 10). Eine weitere Besonderheit der Organschaft besteht darin, dass sie außer der Zurechnung von Willenserklärungen auch die Zurechnung von zum Schadensersatz verpflichtenden Handlungen gem § 31 umfasst (*Medicus* AT Rz 926). Strukturelle Unterschiede ggü der gesetzlichen und der rechtsgeschäftlichen Vertretungsmacht bestehen zudem im Hinblick auf die Beschränkbarkeit der Vertretungsmacht (Staud/*Schilken* Vorbem zu §§ 164 ff Rz 25). Zur Zurechnungstechnik nach der Organtheorie s. Rn 53.

56 3. Umfang der Vertretungsmacht. Der Umfang der Vertretungsmacht ergibt sich in erster Linie aus ihrem Entstehungsgrund und teilw auch aus speziellen gesetzlichen Regelungen wie zB § 181 (MüKo/*Schramm* Rz 70).

57 a) Umfang der gesetzlichen Vertretungsmacht. Bei der gesetzlichen Vertretung regelt das Gesetz auch den Umfang der Vertretungsmacht. Eltern und Vormund sind grds berechtigt, das Kind/Mündel umfassend in allen seinen persönlichen und Vermögensangelegenheiten zu vertreten (§§ 1629 I 1, 1793 I). Einschränkungen ergeben sich jedoch aus der Haftungsbegrenzung der §§ 1629a, 1793 II und im Hinblick auf mögliche Interessenkollisionen (§§ 1629 II, 1795, 1796). Für besonders schwerwiegende Geschäfte bedarf der gesetzliche Vertreter der Genehmigung des Vormundschaftsgerichts (§§ 1821, 1822). Die Vertretungsmacht des Betreuers (§ 1902) und des Pflegers (§§ 1909 f) hat entspr der begrenzten Aufgabengebiete einen beschränkten Umfang.

58 b) Umfang der rechtsgeschäftlichen Vertretungsmacht. Bei der rechtsgeschäftlichen Vertretungsmacht folgt der Umfang der Vertretungsmacht idR aus der Vollmachtserklärung, sodass der Vollmachtgeber den Umfang der Vertretungsmacht grds beliebig bestimmen kann. Für einige typische Fälle ist der Inhalt der Vollmacht aus Gründen der Sicherheit und Leichtigkeit des Rechtsverkehrs jedoch weithin durch zwingendes Recht geregelt. Das gilt va für die Prokura gem §§ 49 f HGB (*Bork* Rz 1570), den Versicherungsvertrag (§§ 69 ff VVG) und die Prozessvollmacht gem §§ 80 ff ZPO (BGH FamRZ 88, 496). Zum Vollmachtsumfang s.a. § 167 Rn 26 ff.

59 c) Umfang der organschaftlichen Vertretungsmacht. Bei der organschaftlichen Vertretung ist neben gesetzlichen Bestimmungen (§§ 26 II 1; 126 I HGB; 35 I GmbHG; 78 I AktG; 26 GenG) der Gesellschaftsvertrag bzw die Satzung maßgeblich für den Umfang der Vertretungsmacht (*Larenz/Wolf* AT § 46 Rz 15). Während beim Verein (§ 26 II 2) und bei der GbR (arg e §§ 709, 710, 714) die Vertretungsmacht mit Außenwirkung beschränkt werden kann, ist die Vertretungsmacht des organschaftlichen Vertreters bei den Handelsgesellschaften der Disposition in vielen Bereichen entzogen und eine Beschränkung der Vertretungsmacht Dritten ggü unwirksam (§§ 126 II 1 HGB; 82 I AktG; 37 II 1 GmbHG; 27 II GenG). Einschränkungen, die sich in Gesellschaftsvertrag oder Satzung finden oder durch die Gesellschafterversammlung festgelegt werden, betreffen folglich grds nur die Geschäftsführungsbefugnis im Innenverhältnis, nicht die Vertretungsmacht nach außen (*Bork* Rz 1568). Das gilt insb für Fälle, in denen die **Zustimmung** der Gesellschafterversammlung für einzelne grundlegende Geschäfte erforderlich ist (BGH NJW-RR 08, 1484 Tz 26; BAG NZR-RR 06, 416 Tz 18). Dagegen finden § 37 II GmbHG und die verwandten Vorschriften außer in den Fällen des Missbrauchs der Vertretungsmacht (Rn 67 ff) bei Rechtsbeziehungen, die ein Gesellschafter selbst mit der Gesellschaft eingeht, sowie auch dann keine Anwendung, wenn der an sich nur intern wirkende Zustimmungsvorbehalt zum Gegenstand der Vereinbarung mit dem Geschäftsgegner gemacht wurde (BGH NJW 97, 2678). Str ist der Umfang der im Gesetz nur heterogen geregelten Vertretungsmacht von Abwicklern (§§ 48 II, 149 2 HGB; 70 1 GmbHG; 269 I, V AktG; 88 1 GenG). Diese ist außer im Aktienrecht nach früher hM nur beschränkt auf Geschäfte, die nicht erkennbar außerhalb des Liquidationszwecks liegen. An liquidationsfremde Geschäfte soll eine Gesellschaft zum Schutz des redlichen Geschäftsverkehrs aber ausnahmsweise auch dann nicht gebunden sein, wenn der Vertragspartner wusste oder bei sorgfältiger Überprüfung wissen musste, dass das Geschäft sich nicht mehr iRd Liquidationszwecks hielt (BGH NJW 84, 982; aA gegen eine Bindung an den Liquidationszweck im Außenverhältnis ggü Dritten Staud/*Weick* § 49 Rz 14 f).

4. Gesamtvertretung. Eng mit dem Umfang der Vertretungsmacht hängt die Frage zusammen, ob von mehreren Vertretern jeder allein (Einzel- oder Solidarvertretung) oder ob alle bzw einige von ihnen nur in Gemeinschaft (Gesamt- oder Kollektivvertretung) vertretungsberechtigt sind. Der Umfang der Vertretungsmacht betrifft die objektive Seite (Welches Rechtsgeschäft ist umfasst?) und die Frage nach der Einzel- oder Gesamtvertretung die subjektive Seite (Wer hat Vertretungsmacht?) der Vertretungsmacht (*Bork* Rz 1566). **60**

a) Zweck und Erscheinungsformen. Die Funktion der Gesamtvertretung besteht darin, durch gegenseitige Kontrolle (Vier-Augen-Prinzip) treuwidrigen Rechtsgeschäften vorzubeugen und die Kompetenz der Vertreter in ihrer Gesamtheit zu bündeln (Staud/*Schilken* § 167 Rz 53). Von einer „unechten" oder „gemischten" Gesamtvertretung spricht man, wenn ein Gesellschafter, Vorstand oder Geschäftsführer nur zusammen mit einem Prokuristen vertretungsberechtigt ist (s. §§ 125 III HGB; 78 III AktG). Sie wird als „halbseitig" bezeichnet, wenn nur ein Vertreter an die Mitwirkung des anderen gebunden ist (BGHZ 62, 166, 169 ff). **61**

b) Entstehungsgrund. Die Gesamtvertretung kann auf Rechtsgeschäft (Gesamtvollmacht) oder Gesetz beruhen (MüKo/*Schramm* Rz 83). Gesetzlich vorgesehen ist sie im Familienrecht (§§ 1629 I 2 1797 I 1, 1908i I 1, 1915 I). Sie ist ferner die Regel bei mehrgliedrigen Organen juristischer Personen (§§ 78 II AktG; 35 II 2 u 3 GmbHG; 25 II 1 GenG) und bei der GbR (§§ 709, 714). Abw davon kann bei einer GmbH die Befugnis zur Vertretung der Gesellschaft durch Satzungsregelung einzelnen oder mehreren Organen allein erteilt werden (BGH NJW 07, 3287 f). An einem wirksamen Vertrag mit der Gesellschaft kann es aber fehlen, wenn der einzelvertretungsberechtigte Gesellschafter von seiner Einzelvertretungsbefugnis keinen Gebrauch gemacht hat, etwa wenn der Vertrag mit einer GbR für den Geschäftsgegner erkennbar von mehreren Gesellschaftern abgeschlossen werden soll (BGH NJW-RR 08, 1484 Tz 26). Bei der OHG und der KG besteht grds Einzelvertretungsmacht, die Gesamtvertretung ist auf rechtsgeschäftlicher Grundlage aber ausdrücklich zugelassen (§§ 125 II 1, 161 II HGB). Das Gleiche gilt für die Gesamtprokura (§ 48 II HGB). Hat der Vollmachtgeber mehrere Personen bevollmächtigt, ist durch Auslegung der Vollmachtserklärung gem §§ 133, 157 zu ermitteln, ob Einzel- oder Gesamtvertretungsmacht gewollt ist (Staud/*Schilken* § 167 Rz 52). **62**

c) Ausübung bei der aktiven Stellvertretung. aa) Nachgeschaltetes Vertreterhandeln. Handeln Gesamtvertreter in aktiver Stellvertretung, müssen sie grds, wenn auch getrennt voneinander, übereinstimmende Erklärungen ggü dem Vertragspartner abgeben. Ein ex nunc wirksames Vertretergeschäft liegt erst mit der letzten Erklärung vor (Staud/*Schilken* § 167 Rz 53). Nach einer vordringenden Ansicht müssen die Gesamtvertreter jedoch nicht an der gemeinsamen Erklärung festhalten, bis der letzte seine Erklärung abgibt (Staud/*Schilken* § 167 Rz 53; aA Soergel/*Leptien* Rz 29). Handeln alle Gesamtvertreter, müssen bei jedem die Wirksamkeitsvoraussetzungen der Willenserklärung vorliegen (Staud/*Schilken* § 167 Rz 53), dh dass die Willenserklärung eines jeden Gesamtvertreters der Form genügen muss (*Bork* Rz 1444) und dass ein Willensmangel jedes einzelnen von ihnen beachtlich ist (s. § 166 Rn 2). § 139 ist nicht anwendbar (BGHZ 53, 210, 214 f).Wirken nicht alle Gesamtvertreter an dem Rechtsgeschäft mit, ist das Vertretergeschäft schwebend unwirksam. Sowohl die anderen ausgeschlossenen Gesamtvertreter (s. Rn 64) als auch der Vertretene können das Rechtsgeschäft gem § 177 I genehmigen. Andernfalls haftet der handelnde Vertreter nach § 179 (*Bork* Rz 1442). Das gilt jedoch dann nicht, wenn jemand offen als Gesamtvertreter auftritt und zu erkennen gibt, dass weitere Gesamtvertreter noch entspr Erklärungen abgeben müssen. In einem solchen Fall treten weder für den Vertretenen noch für den allein handelnden Gesamtvertreter Rechtsfolgen ein, weil bereits ein gemeinsamer Erklärungstatbestand fehlt (*Bork* Rz 1439 f). Str ist, ob der Vertretene das Vertretergeschäft gem § 177 genehmigen kann, wenn die Willenserklärung eines Gesamtvertreters nichtig ist (dafür BGHZ 53, 210, 214; Soergel/*Leptien* Rz 29). Hiergegen spricht, dass auch in diesem Fall ein vollständiger Erklärungstatbestand nicht vorliegt (*Bork* Rz 1443). **63**

bb) Handeln eines Gesamtvertreters mit Zustimmung der anderen. Es müssen nicht alle Gesamtvertreter nach außen auftreten. Zur Erleichterung des Geschäftsverkehrs genügt es, wenn nur ein Gesamtvertreter an dem Vertretergeschäft formgerecht mitwirkt und der andere hierzu analog §§ 177, 182 I ausdrücklich oder konkludent seine Zustimmung erteilt (BGH ZfBR 03, 250, 251). Die nachträgliche Genehmigung des anderen Gesamtvertreters bedarf gem §§ 167 I, 182 II nicht der Form des Vertretergeschäfts (BGH NJW 04, 2382, 2384) und der Zustimmende braucht auch nicht alle Einzelheiten des Vertretergeschäfts zu kennen (MüKo/*Schramm* Rz 91). Die hM fordert, dass der erste Gesamtvertreter an seiner Erklärung festhält, bis der andere seine Zustimmungserklärung abgibt (BGH NJW 04, 2382, 2384). Für diese Ansicht wird angeführt, dass so **64**

der Kommunikationsprozess dem Zweck der Gesamtvertretung entspr bis zum Schluss aufrechterhalten wird (Soergel/*Leptien* Rz 29). Gegen die hM spricht jedoch, dass der erste Gesamtvertreter an seine frühere Erklärung nach Treu und Glauben gebunden ist und dass auch bei dem nachgeschalteten Vertreterhandeln (s. Rn 63) ein Festhalten an der gemeinsamen Erklärung nicht gefordert werden kann (Staud/*Schilken* § 167 Rz 54). Die Genehmigung wirkt gem § 184 auf den Zeitpunkt der Vornahme des Rechtsgeschäfts zurück (MüKo/*Schramm* Rz 92; aA Staud/*Schilken* § 167 Rz 54).

65 **cc) Gesamtvertreterermächtigung.** Spezielle Vorschriften gestatten es den Gesamtvertretern, Einzelne von ihnen zur Vornahme bestimmter Geschäfte oder bestimmter Arten von Geschäften zu ermächtigen (§§ 125 II 2, 150 II 1 HGB; 78 IV, 269 IV 1 AktG; 25 III 1 GenG). Diese Vorschriften werden in den übrigen Gesamtvertretungsfällen analog angewandt (BGH NJW 92, 618; NJW-RR 86, 778). Die Gesamtvertreterermächtigung räumt dem Ermächtigten punktuell eine (organschaftliche) Alleinvertretungsmacht ein (BGH NJW 92, 618; aA für eine bloße Ausübungsermächtigung *Schwarz* NZG 01, 529, 535). Sie steht der Vollmacht so nahe, dass neben den §§ 182 ff auch § 174 analoge Anwendung findet (BAG NJW 99, 444, 445). Ist das Vertretergeschäft formbedürftig, genügt gem § 182 II die Wahrung der Form durch das Geschäft vornehmenden Gesamtvertreter (*Bork* Rz 1444; aA Staud/*Schilken* § 167 Rz 55). Den Gesamtvertretern ist es versagt, eine Einzelvollmacht zu erteilen, die so weit geht, dass sie einer Alleinvertretung gleichkommt (BGH NJW 09, 289 Tz 30; BGH NJW-RR 86, 778). Die Ermächtigung muss deshalb auf einzelne Geschäfte oder auf einen abgegrenzten Kreis von Geschäften beschränkt sein (*Bork* Rz 1442).

66 **d) Passive Gesamtvertretung.** Um den Rechtsverkehr nicht unnötig zu erschweren, ist jeder Gesamtvertreter zur Empfangnahme von Willenserklärungen allein ermächtigt. Aus den Einzelvorschriften der §§ 1629 I 2; 125 II 3 HGB; 78 I 2 AktG; 35 II 3 GmbHG; 25 I 3 GenG leiten Rspr und Schrifttum einen für alle Fälle der Gesamtvertretung geltenden allg Rechtsgrundsatz her (BGHZ 149, 28, 31).

67 **5. Missbrauch der Vertretungsmacht.** Nach dem Abstraktionsprinzip (s. Rn 49) berührt pflichtwidriges Handeln im Innenverhältnis die Wirksamkeit des Vertretergeschäfts im Außenverhältnis nicht, solange sich der Vertreter nur innerhalb der ihm erteilten Vertretungsmacht bewegt (*Bork* Rz 1573). Das Risiko, dass der Vertreter unbefugt von seiner Vertretungsmacht Gebrauch macht, trägt grds der Vertretene (BGH NJW 99, 2883). Etwas anderes gilt aber dann, wenn der Vertragspartner nach den Grundsätzen des Missbrauchs der Vertretungsmacht nicht schutzwürdig ist.

68 **a) Anwendungsbereich.** Die Grundsätze des Missbrauchs der Vertretungsmacht gelten nicht nur bei der Bevollmächtigung, sondern auch bei der gesetzlichen und der organschaftlichen Stellvertretung (Soergel/*Leptien* § 177 Rz 20) sowie analog für die Verwaltung fremden Vermögens (s. Rn 15), nicht aber für die Treuhand (s. Rn 11). Sie sind zudem anzuwenden, wenn zur Ausführung eines Geschäfts ein Gesellschafterbeschluss erforderlich ist (BGH NJW 88, 2241, 2243) und werden auch im Zivilprozess herangezogen (BGH MDR 62, 374, 375).

69 **b) Kollusion.** Ein Missbrauch der Vertretungsmacht liegt nur vor, wenn das Handeln des Vertreters von seinen Befugnissen im Innenverhältnis abweicht (BGH WM 08, 1703 Tz 13; 69 Tz 68 f). Einen besonders schweren Fall des Vertretungsmachtsmissbrauchs stellt die Kollusion dar, bei der der Vertreter arglistig mit dem Geschäftsgegner zusammenwirkt (BGH NJW-RR 08, 877 Tz 10), um sich etwa hinter dem Rücken des Vertretenen und zu dessen Schaden einen Vorteil zu verschaffen (BGH WM 08, 1703 Tz 13). Sie führt dazu, dass das Vertretergeschäft gegen die guten Sitten verstößt und daher nichtig gem § 138 ist (BGH NJW 00, 2896, 2897; s. § 138 Rn 122). Ein Teil der Lehre will die §§ 177 ff analog anwenden, um dem Vertretenen die Möglichkeit einzuräumen, das Vertretergeschäft zu genehmigen (*Bork* Rz 1575 ff). Für diese Ansicht spricht, dass in Fällen, in denen die Rechtsordnung nur die Art des Zustandekommens und nicht den Inhalt des Rechtsgeschäfts missbilligt, die Nichtigkeitsfolge nicht zwingend ist (vgl § 123) und dass den Interessen des Vertretenen wie in den sonstigen Fällen des Vertretungsmachtmissbrauchs (Rn 72) besser gedient ist, wenn er das Rechtsgeschäft gem § 177 I genehmigen kann.

70 **c) Evidenz des Missbrauchs. aa) Voraussetzungen.** In der Rspr des BGH ist seit langem anerkannt, dass der Vertretene als besondere Ausgestaltung des § 242 bereits unterhalb der Schwelle der Kollusion geschützt ist, wenn der Vollmachtsmissbrauch (zu dem Begriff s. Rn 69) evident ist (BGH NJW 08, 977 Tz 12 f; WM 08, 1703 Tz 13: aA für grob fahrlässige Unkenntnis BGH NJW 90, 384, 385). Das ist der Fall, wenn der Vertreter unter Überschreitung der ihm im Innenverhältnis gesetzten Schranken von der Vertretungsmacht in ersichtlich verdächtiger Weise Gebrauch macht, sodass beim Vertragspartner begründete Zweifel entstehen mussten, ob nicht ein Treueverstoß des Vertreters ggü dem Vertretenen vorliegt (BGH NJW 08, 69 Tz 69; 02, 1497, 1498). An die Evidenz des Missbrauchstatbestandes sind hohe Anforderungen zu stellen. Notwendig ist eine massive Verdachtsmomente voraussetzende objektive Evidenz des Missbrauchs (BGH NJW 99, 2883). Das bedeutet, dass der Missbrauch der Vertretungsmacht für den Dritten ohne weitere Nachforschungen offenkundig sein muss (*Larenz/Wolf* AT § 46 Rz 142). Bloßes Kennenmüssen des Vertragspartners genügt nicht. Diesem obliegt grds keine allg Prüfungspflicht, ob und wieweit der Vertreter im Innenverhältnis

gebunden ist, von einer nach außen unbeschränkten Vertretungsmacht nur begrenzt Gebrauch zu machen (BGH NJW 99, 2883). Maßgeblich ist eine Gesamtabwägung der Umstände des Einzelfalles (MüKo/*Schramm* Rz 119).

Nach der Rspr des BGH kommt es nicht darauf an, dass der GmbH-Geschäftsführer bewusst zum Nachteil der Gesellschaft handelt (BGH NJW 06, 2776 Tz 2f). Dagegen wird zT verlangt, dass der Vertreter seine Vertretungsmacht bewusst missbraucht (Soergel/*Leptien* § 177 Rz 17; aA Erman/*Palm* § 167 Rz 48; unklar BGHZ 50, 112, 114; BGH NJW 84, 1461, 1462). Gegen dieses Erfordernis spricht, dass sich die Fallgruppe des evidenten Vollmachtsmissbrauchs kaum noch von den Kollusionsfällen unterscheiden würde und dass die Schutzwürdigkeit des Vertretenen nur von solchen Umständen abhängen kann, die diesem selbst bekannt sind, nicht aber von der Willensrichtung des Vertreters (*Bork* Rz 1582). 71

bb) Rechtsfolgen. Nach der Rspr muss der Vertretene das Vertretergeschäft im Fall eines evidenten Vollmachtsmissbrauchs gem § 242 nicht gegen sich gelten lassen (BGH NJW 99, 2883, 2884; aA für Nichtigkeit des Vertretergeschäfts gem § 138 WM 08, 1911 Tz 13). Diese Rechtsfolge ist nach hM zu verbinden mit einer analogen Anwendung der **§§ 177 ff**, weil dies den Interessen des Vertretenen besser gerecht wird. Dieser hat dann die Wahl, sich auf die Unwirksamkeit des Geschäfts zu berufen oder das Geschäft gem § 177 I zu genehmigen und den Vertragspartner an dem Vertrag festzuhalten (BGH NJW 99, 2266, 2268). Genehmigt er nicht, scheitert eine Haftung des Vertreters idR an § 179 III. Nach der Rspr sollen die nachteiligen Folgen des Rechtsgeschäfts in Anwendung des Rechtsgedankens des **§ 254** je nach Verschulden auf den Vertretenen und den Vertragspartner verteilt werden, wenn der Vertretene den Missbrauch der Vertretungsmacht durch Unterlassen oder Vernachlässigung einer Kontrolle des Vertreters gefördert oder gar erst ermöglicht hat. Das soll den Schutz des Vertretenen nach Maßgabe des § 242 ganz oder teilw entfallen lassen (BGHZ 50, 112, 114 f; offen lassend BGH NJW 99, 2883, 2884). Gegen diese Auffassung bestehen jedoch gravierende systematische Bedenken, weil die Wirksamkeit des Vertretergeschäfts einer Aufteilung nicht zugänglich ist. Als Rechtsfolge des Vertretergeschäfts kommen deshalb nur dessen Wirksamkeit oder Unwirksamkeit in Betracht (BaRoth/*Habermeier* § 167 Rz 52). Die hM im Schrifttum schlägt daher folgende Lösung vor: das Vertretergeschäft ist zwar unwirksam, der Vertragspartner hat aber gegen den Vertretenen, der für den Vertreter nach § 278 einzustehen hat, einen Anspruch auf Ersatz des negativen Interesses aus cic (§§ 280, 311 II), auf den § 254 anzuwenden ist (Staud/*Schilken* § 167 Rz 104). Ist der Vollmachtsmissbrauch ausnahmsweise für das **GBA** evident, kann es die Eintragung wegen fehlender wirksamer Eintragungsbewilligung (§ 19 GBO) versagen (München DNotZ 07, 41, 42 f). 72

d) Schadensersatzansprüche des Vertretenen. Hat der Vertreter schuldhaft gehandelt hat, können Schadensersatzansprüche des Vertretenen gegen den Vertreter aus § 280 I bestehen (*Larenz/Wolf* AT § 46 Rz 144). Schadensersatzansprüche des Vertretenen gegen den Vertragspartner können sich aus den §§ 823 II iVm 263 StGB und aus § 826 ergeben. Um den Vertrauensschutz und die Rechtssicherheit im Geschäftsverkehr nicht zu gefährden, wird auch für den Schadenersatzanspruch des Vertretenen gegen den Vertragspartner aus cic (§§ 280, 311 II) die objektive Evidenz des Vollmachtsmissbrauchs verlangt (BGH NJW 96, 1961, 1962). 73

E. Rechtsfolgen der Stellvertretung. I. Verhältnis des Vertragspartners zum Vertretenen. 1. Eintritt der Rechtsfolgen des Vertretergeschäfts in der Person des Vertretenen. Die primäre Wirkung der Stellvertretung besteht nach dem Repräsentationsprinzip (Rn 1) darin, dass dem Vertreter die von dem Stellvertreter abgegebene (I 1) oder entgegengenommene (III) Willenserklärung zugerechnet wird, sodass er auf der Rechtsfolgenseite so behandelt wird, als habe er diese Erklärung selbst abgegeben. Zurechnungsgrund ist die Vertretungsmacht des Vertreters oder die nachträgliche Genehmigung durch den Vertretenen nach §§ 177 I, 184 (*Bork* Rz 1653 f). Die Rechtsfolgen treten unmittelbar, dh ohne die Person des Vertreters als Durchgangsstadium in der Person des Vertretenen ein. Wenn es sich um den Abschluss eines Vertrages handelt, erlangt der Vertretene in jeder Hinsicht die Stellung einer Vertragspartei. Neben dem Erfüllungsanspruch stehen dem Vertretenen auch alle weiteren Rechte aus dem Vertragsverhältnis wie zB Schadenersatzansprüche und das Recht auf Rücktritt, Anfechtung (s. Rn 75), Kündigung und Gewährleistung zu (*Larenz/Wolf* AT § 46 Rz 145). 74

2. Anfechtungs- und Widerrufsrecht des Vertretenen. Während es für die Frage, ob ein Willensmangel vorliegt, gem § 166 I grds allein auf die Person des Vertreters ankommt (s. § 166 Rn 4), steht das Anfechtungsrecht auch wegen in der Person des Vertreters liegenden Willensmängeln idR allein dem Vertretenen zu. Der Vertreter ist jedoch zur Anfechtung im Namen des Vertretenen berechtigt, wenn sich seine Vertretungsmacht auf die Anfechtung erstreckt (*Larenz/Wolf* AT § 46 Rz 92, 147). Eine Ausn gilt bei der Vertretung ohne Vertretungsmacht. Weil diese den Vertretenen nicht bindet und der Vertretene daher kein Bedürfnis zur Anfechtung hat, ist mit einer verbreiteten Ansicht auch dem aus § 179 in Anspruch genommenen Vertreter ohne Vertretungsmacht ein Anfechtungsrecht zuzubilligen (BGH WM 91, 860, 861; aA Soergel/*Leptien* Rz 12). 75

Dieselben Grundsätze gelten für ein verbraucherschützendes Widerrufsrecht (§§ 312, 312d, 485, 495). Während sich die Voraussetzungen für das Entstehen des Widerrufsrechts nach dem Rechtsgedanken des § 166 I grds nach der Situation des Vertreters bei Abschluss des Vertretergeschäfts richten, entscheidet über die Ausübung des Widerrufsrechts nach §§ 312 I 1, 355 grds allein der Vertretene (*Larenz/Wolf* AT § 46 Rz 148). Insb 76 für das Vorliegen einer Haustürsituation (§ 312 I 1) kommt es auf die Situation des Vertreters bei Vertragsschluss, nicht aber auf die des Vertretenen bei Vollmachtserteilung an (BGH WM 07, 440 Tz 20). Hat der Vertreter ohne Vertretungsmacht gehandelt und der Vertretene die Genehmigung verweigert, kann der Vertreter das Widerrufsrecht anstelle des Vertretenen ausüben (BGH WM 91, 860, 861 f). Dagegen bestimmt sich die Verbrauchereigenschaft iSd §§ 355, 13 nach der Person des Vertretenen, da es ein Gewerbetreibender ansonsten in der Hand hätte, in den Genuss des Widerrufsrechts zu kommen, indem er einen Verbraucher als Vertreter einsetzt (*Larenz/Wolf* AT § 46 Rz 97).

77 **3. Zurechnung des Vertreterhandelns.** Der Vertretene muss sich eine arglistige Täuschung oder Drohung der Vertreters ggü dem Geschäftspartner zurechnen lassen (BGH NJW 06, 1586, 1587; NJW-RR 87, 59, 60), denn der Vertreter ist nicht „Dritter" iSv § 123 II (BGH NJW 96, 1051). Das durch die Aufnahme von Vertragsverhandlungen begründete gesetzliche Schuldverhältnis (§§ 280, 311 II, 241 II) trifft grds den Vertretenen. Der Vertretene hat nicht nur für selbst verschuldete Pflichtverletzungen, sondern gem § 278 auch für Pflichtverletzungen seines Vertreters einzustehen (*Larenz/Wolf* AT § 46 Rz 153). Juristische Personen haften für das Verschulden ihrer Organe nach den §§ 31, 86, 89. IRd deliktischen Haftung hat der Vertretene für das Handeln des Vertreters nach den §§ 31, 831 einzustehen.

78 **4. Keine Beschränkung der Rechtsmacht des Vertretenen.** Die Macht des Vertretenen zu eigenen Rechtsgeschäften in derselben Sache ist durch die Vertretungsmacht nicht beschränkt (MüKo/*Schramm* Rz 135). Zur sog verdrängenden Vollmacht s. § 167 Rn 2. Bei kollidierendem Handeln gilt für Verfügungsgeschäfte das Prioritätsprinzip. Verpflichtungsgeschäften sind grds wirksam, der Vertretene hat es jedoch zu vertreten, dass er nicht beide erfüllen kann (MüKo/*Schramm* Rz 135 ff). Kommt es dagegen zum doppelten Vertragsschluss mit demselben Vertragspartner, so kann dieser sich gem § 242 auf den späteren Vertragsschluss nicht berufen (Staud/*Schilken* § 164 Rz 10).

79 **II. Verhältnis des Vertragspartners zum Vertreter.** Im Verhältnis zwischen Vertreter und Vertragspartner treten grds keine Rechtsfolgen ein. Etwas anderes gilt aber dann, wenn sich der Vertreter ausdrücklich oder stillschweigend etwa durch Bürgschaft, Schuldmitübernahme oder Garantie neben dem Vertretenen zur Leistung verpflichtet oder wenn er den Vertrag zugleich in eigenem und fremdem Namen abschließt (BGHZ 95, 98, 100; BGH WM 97, 1431). Zur Wirksamkeit von entspr Haftungsklauseln in AGB s. BGHZ 104, 95, 98 ff. Eine eigene Haftung des Vertreters aus einem vorvertraglichen Schuldverhältnis kann ausnahmsweise aus § 311 III begründet sein. Für eine Eigenhaftung des Vertreters als **Sachwalter** genügt es nicht, dass der Vertragspartner ihm das normale Verhandlungsvertrauen entgegenbringt; der Vertreter muss vielmehr darüber hinaus eine zusätzliche, von ihm persönlich ausgehende Gewähr für die Seriosität und Erfüllung des Geschäfts bieten (BGH ZIP 03, 571, 573; zur Haftung von Organen für unrichtige Angaben ggü Anlageinteressenten s. BGH BB 08, 1978 Tz 12 ff). Eine Eigenhaftung der Vertreters wegen besonderen wirtschaftlichen Eigeninteresses setzt voraus, dass der Vertreter eine so enge Beziehung zum Verhandlungsgegenstand hat, dass er wirtschaftlich betrachtet gleichsam in eigener Sache verhandelt (BGH NJW-RR 02, 1309, 1310). Dieselben Grundsätze gelten für die Haftung wegen Pflichtverletzungen iRd Vertragsabwicklung aus § 280 I (BGH NJW-RR 90, 459, 460 f). Eine Eigenhaftung des Vertreters kann sich ausnahmsweise auch aus den §§ 54 2; 11 II GmbHG; 41 I 2 AktG ergeben. Zudem können deliktische Ansprüche (§§ 823 ff) gegen ihn bestehen.

80 **F. Eigengeschäft des Stellvertreters (Abs 2). I. Normzweck.** Dass der Vertreter selbst Vertragspartei wird, wenn er seinen Vertretungswillen nicht hinreichend deutlich macht, ergibt sich bereits aus der allg Rechtsgeschäftslehre. Die Vorschrift in II knüpft hieran an. Ihre Bedeutung liegt daher nicht in der Bindung des Vertreters, sondern im Ausschluss der Irrtumsanfechtung nach § 119 I Alt 1 (BGH NJW-RR 92, 1010, 1011). Zugleich enthält II eine Regelung der Beweislast (*Bork* Rz 1417 ff).

81 **II. Irrtümliches Fremdgeschäft.** Str ist, ob II auch Anwendung findet, wenn der Vertreter in eigenem Namen handeln will, aber in fremdem Namen auftritt. Nach einer teilw vertretenen Ansicht bleibt der Vertreter auch in diesem Fall analog II ohne Anfechtungsmöglichkeit an seine Erklärung gebunden (*Larenz/Wolf* AT § 46 Rz 28). Dagegen belässt die hM im Schrifttum dem Vertreter sein Anfechtungsrecht wegen Erklärungsirrtums nach § 119 I Alt 1. Denn durch die Regelung des II soll nur der Dritte geschützt werden, der nach dem Verhalten des Vertreters davon ausgehen musste, dass dieser sein Vertragspartner wird. Es besteht kein Grund, den Ausschluss der Anfechtung entgegen dem Gesetzeswortlaut auf den umgekehrten Fall der irrtümlichen Verwirklichung des objektiven Erklärungstatbestandes der Stellvertretung auszudehnen. Insoweit fehlt in methodischer Hinsicht die für eine Rechtsanalogie erforderliche vergleichbare Interessenlage. Eine bestandskräftige Stellvertretung setzt daher nach zutreffender Ansicht voraus, dass der Vertreter Vertretungswillen hat (*Bork* Rz 1420; abl *Larenz/Wolf* AT § 46 Rz 28; offen lassend BGHZ 36, 30, 34).

82 Str ist, wem das Anfechtungsrecht zusteht, wenn der Vertreter ungewollt in fremdem Namen handelt. Eine Ansicht hält allein den Vertreter für anfechtungsberechtigt (Staud/*Schilken* Rz 21). Hiergegen spricht jedoch, dass kein Grund besteht, den Vertretenen aus dem Vertrag zu entlassen, zumal die Anfechtung durch den Vertreter diesem das angestrebte Eigengeschäft nicht automatisch verschafft (*Bork* Rz 1429). Daher ist der

verbreiteten Ansicht zu folgen, die es bei der allg Regel (s. Rn 75) belässt, wonach grds der Vertretene anfechtungsbefugt ist, dem Vertreter aber dann das Anfechtungsrecht zusteht, wenn das Geschäft für den Vertretenen wegen fehlender Vertretungsmacht und Genehmigung nicht wirksam geworden ist (*Bork* Rz 1420).

G. Passive Stellvertretung (Abs 3). Passive Stellvertretung meint die Entgegennahme von Willenserklärungen durch einen Stellvertreter (*Larenz/Wolf* AT § 46 Rz 29). Die Vorschrift in III ist ungenau. IGgs zur aktiven Stellvertretung ist es nicht Sache des Vertreters, sondern die des Vertragspartners, die Stellvertretung offen zu legen. Seine Erklärung muss sich ausdrücklich oder nach den Umständen erkennbar an den Vertretenen richten (MüKo/*Schramm* Rz 133). Seitens des Empfangsvertreters genügt, Empfangsvertretungsmacht vorausgesetzt, die Entgegennahme der Willenserklärung, damit diese für und gegen den Vertretenen wirkt. Die Empfangsvollmacht kann ausdrücklich erteilt werden oder sich schlüssig aus der Art der Tätigkeit für den Vertretenen ergeben (BGH NJW 02, 1041). Selbst die Erklärung des Vertreters, eine Willenserklärung für den Vertretenen nicht in Empfang nehmen zu wollen, ist unbeachtlich (MüKo/*Schramm* Rz 133; aA Staud/*Schilken* Rz 22). 83

Aktive und passive Stellvertretung sind meistens miteinander verbunden. Wer zur aktiven Vertretung berechtigt ist, besitzt in der betreffenden Angelegenheit idR auch Empfangsvertretungsmacht (BGH NJW 02, 1041, 1042). Wem umgekehrt die aktive Vertretungsmacht in einer Angelegenheit fehlt, dem fehlt regelmäßig auch die passive (*Larenz/Wolf* AT § 46 Rz 29 f). Eine Beschränkung der aktiven Vertretungsmacht gilt aber nicht ohne Weiteres auch für die Passivvertretung (Oldbg NJW-RR 91, 857). Für bestimmte Vermittler sieht das Gesetz eine isolierte Empfangsvertretung vor (§§ 69 I Nr 1, 2 VVG; 75g, 91 I, 55 IV HGB). Zum Zugang der Willenserklärung s. Rn 29. Zur passiven Stellvertretung durch Gesamtvertreter s. Rn 66. 84

H. Beweislast. Grds hat derjenige, der ein Vertretergeschäft behauptet, das Handeln in fremdem Namen zu beweisen (BGH NJW 00, 2984, 2985). Das gilt nach ganz hM auch, wenn die aus einem Vertrag in Anspruch genommene Partei behauptet, in fremdem Namen gehandelt zu haben (Einwendungstheorie; BaumgLP/*Laumen* § 164 Rz 5 ff). Bei unternehmensbezogenen Geschäften (Rn 33) muss die Partei, die sich auf ein Geschäft mit dem Inhaber des Unternehmens beruft, nur beweisen, dass das Rechtsgeschäft erkennbar auf ein Unternehmen bezogen war (BGH NJW 95, 43, 44). Wer dagegen trotz der Unternehmensbezogenheit des Geschäfts ein Eigengeschäft, (BGH NJW 91, 2627) oder ein Fremdgeschäft mit einem Dritten, der nicht Unternehmensinhaber ist (BGH NJW 08, 1214 Tz 11), behauptet, trägt dafür die Beweislast. Derjenige, der sich auf ein gültiges Vertretergeschäft beruft, hat das Entstehen der Vertretungsmacht zu beweisen (BGH NJW 74, 748). Bei unsicherer Beweislage ist eine Streitverkündung (§ 72 ZPO) zweckmäßig. Dagegen hat der Bereicherungsgläubiger, der die Unwirksamkeit des als Rechtsgrund in Betracht kommenden Vertrages geltend macht, die tatsächlichen Voraussetzungen für das Fehlen der Vertretungsmacht, ggf auch das Fehlen einer Genehmigung gem § 177 I insb beim Insichgeschäft oder einer Rechtsscheinvollmacht gem §§ 171 f zu beweisen (BGH WM 08, 2155 Tz 21). Die Voraussetzungen für eine Eigenhaftung des Vertreters aus § 311 III hat derjenige zu beweisen, der den Vertreter in Anspruch nimmt (BGH NJW 87, 2511, 2512). 85

§ 165 Beschränkt geschäftsfähiger Vertreter. Die Wirksamkeit einer von oder gegenüber einem Vertreter abgegebenen Willenserklärung wird nicht dadurch beeinträchtigt, dass der Vertreter in der Geschäftsfähigkeit beschränkt ist.

Da die Rechtsfolgen des Vertretergeschäfts idR ausschließlich den Vertretenen treffen und der beschränkt geschäftsfähige Vertreter, der ohne Zustimmung seines gesetzlichen Vertreters handelt, bei einem Mangel der Vertretungsmacht gem § 179 III 2 von einer Haftung befreit ist, bestimmt § 165, dass ein Vertretergeschäft auch dann wirksam ist, wenn der Vertreter in der Geschäftsfähigkeit beschränkt (§ 106) ist. Die Vorschrift ist die der Systematik der §§ 107 ff entspr Konsequenz aus der rechtlichen Neutralität des Vertretergeschäfts für den Vertreter (*Bork* Rz 1368). 1

Das Gesetz sieht jedoch eine Reihe von Ausnahmen für die gesetzliche (§§ 1673 II 2, 1781, 1915 I, 2201) und die organschaftliche Vertretung (§§ 76 III, 100 I 1 AktG; 6 II 1 GmbHG) vor. Bei der rechtsgeschäftlichen Vollmacht kann der Vollmachtgeber die Bevollmächtigung uU gem § 119 II wegen eines Eigenschaftsirrtums über die Person des Bevollmächtigten anfechten (BaRoth/*Habermeier* Rz 7). Für die Prozessvertretung gilt die Sonderregung des § 79 ZPO, der im Verfahren der freiwilligen Gerichtsbarkeit aber keine Anwendung findet (BaRoth/*Habermeier* Rz 10; str). 2

Ist der Vertreter geschäftsunfähig (§ 104), so ist die von ihm abgegebene Erklärung gem § 105 Nr 1 nichtig (BGHZ 53, 210, 215). Denn Geschäftsunfähige können einen rechtserheblichen Willen nicht bilden. UU kommt aber eine Rechtsscheinhaftung des Vertretenen in Betracht (BGHZ 115, 78, 82 f). Zum nachträglichen Wegfall der Geschäftsfähigkeit eines Bevollmächtigten s. § 168 Rn 7. 3

§ 166 Willensmängel; Wissenszurechnung. (1) Soweit die rechtlichen Folgen einer Willenserklärung durch Willensmängel oder durch die Kenntnis oder das Kennenmüssen gewisser Umstände beeinflusst werden, kommt nicht die Person des Vertretenen, sondern die des Vertreters in Betracht.

(2) ¹Hat im Falle einer durch Rechtsgeschäft erteilten Vertretungsmacht (Vollmacht) der Vertreter nach bestimmten Weisungen des Vollmachtgebers gehandelt, so kann sich dieser in Ansehung solcher Umstände, die er selbst kannte, nicht auf die Unkenntnis des Vertreters berufen. ²Dasselbe gilt von Umständen, die der Vollmachtgeber kennen musste, sofern das Kennenmüssen der Kenntnis gleichsteht.

1 **A. Zweck und Bedeutung der Regelung.** § 166 ist Ausfluss des **Repräsentationsprinzips** (§ 164 Rn 1), aber auch unabhängig von jeder Theorie Ausdruck des Gedankens, dass für den Abschluss und den Inhalt eines Rechtsgeschäfts die Person und Bewusstseinslage desjenigen maßgebend ist, der den rechtsgeschäftlichen Willen bildet (*Medicus* AT Rz 899). I trägt dem Umstand, dass grds der Vertreter den rechtsgeschäftlichen Willen bildet und dem Verkehrsschutz Rechnung (BGH NJW 00, 2268). Von dem Grundsatz, dass es für den Inhalt und Wirksamkeit des Vertretergeschäfts auf die Person des Vertreters ankommt, macht II eine Ausn, falls der Vertreter nach bestimmten Weisungen des Vertretenen gehandelt hat.

2 **B. Persönlicher Anwendungsbereich des Abs 1.** I gilt nicht nur für den **rechtsgeschäftlichen**, sondern auch für den **gesetzlichen Vertreter** (BGHZ 38, 65, 66). Zur Zurechnung des Wissens von **Organwaltern** s. Rn 22 f. I findet auch auf den **Unterbevollmächtigten** (BGH NJW 84, 1953, 1954) und den **Vertreter ohne Vertretungsmacht** Anwendung, sofern das Rechtsgeschäft nachträglich von dem Vertretenen gem § 177 I genehmigt wird (BGH NJW 00, 2272, 2273). Bei einer **Rechtsscheinvollmacht gem §§ 171 ff** soll I iRd § 199 I Nr 2 nicht anwendbar sein (BGH WM 07, 639 Tz 38). Zur analogen Anwendung des I auf den **Wissensvertreter** s. Rn 13. Bei einem Insichgeschäft (§ 181) ist § 166 uneingeschränkt anwendbar (BGHZ 94, 232, 237; s.a. NJW 00, 1405, 1406). Nicht anwendbar ist § 166 auf den mittelbaren Stellvertreter (§ 164 Rn 2), den echten Treuhänder (§ 164 Rn 9) und den Vermögensverwalter (§ 164 Rn 14). Da der Handelnde in diesen Fällen selbst Vertragspartei ist, kommt es ohnehin auf seinen Willen und seine Kenntnisse an, ohne dass es einer Zurechnung bedarf (aA für den Kommissionär *Larenz/Wolf* AT § 46 Rz 115). Keine Anwendung findet § 166 auch bei Boten. Weil der Bote keine eigene Erklärung abgibt, sondern nur die des Geschäftsherrn überbringt (s. § 164 Rn 17), versteht es sich von selbst, dass allein der Wille und das Wissen des Geschäftsherrn maßgeblich sind (*Larenz/Wolf* AT § 46 Rz 115). Bei der **Gesamtvertretung** sind ein Willensmangel und das Wissen jedes einzelnen am Geschäft beteiligten Gesamtvertreters beachtlich (BGH NJW 01, 359, 360; BGHZ 140, 54, 61; 62, 166, 173). Dagegen ist im Falle der **Einzelvertretung** der Willensmangel oder das Wissen eines Vertreters dem Vertretenen nur zuzurechnen, wenn dieser das Rechtsgeschäft selbst vornimmt oder wenn eine Pflicht zur ordnungsgemäßen Wissensorganisation (s. Rn 18 ff) besteht (BGH NJW 01, 359, 360; BGHZ 140, 54, 61 f). Soweit ein gesetzlicher Vertreter ohne die erforderliche Genehmigung des Vormundschaftsgerichts handelt (§§ 1643, 1821, 1822), ist seine Kenntnis dem Vertretenen nicht zuzurechnen (*Larenz/Wolf* AT § 46 Rz 100). Das Gleiche gilt, wenn ein Minderjähriger bei einem gem § 107 zustimmungsfreien Rechtsgeschäft selbst handelt (BGHZ 94, 232, 239 f).

3 **C. Die Zurechnung von Willensinhalten, Willensmängeln und Kenntnissen des Vertreters (Abs 1). I. Vertragsauslegung.** Die Zurechnung des Vertreterhandelns nach I ist auch für die Auslegung eines Vertrages maßgeblich. Für den Inhalt sowohl der von dem Vertreter abgegebenen (§ 164 I 1) als auch der von ihm entgegengenommenen Erklärung (§ 164 III) kommt es auf die Willensrichtung bzw das Verständnis des Vertreters an (BGH NJW 00, 2272, 2273).

4 **II. Willensmängel.** I bestimmt, dass für Willensmängel iSd §§ 116 ff die Person des Vertreters maßgeblich ist. Für die Nichtigkeit einer unter einem geheimen Vorbehalt ggü dem Vertreter abgegebenen Erklärung nach § 116 2 kommt es dagegen sowohl auf die Kenntnis des Vertretenen als auch auf die des Vertreters an (BaRoth/*Habermeier* Rz 11; aA Staud/*Schilken* Rz 12; *Flume* II § 20 1). Eine Erklärung, die der Vertreter im Einverständnis mit dem Vertragspartner abgegeben hat, ist gem § 117 I iVm I nichtig, es sei denn der Vertreter und der Vertragspartner haben kollusiv zum Nachteil des Vertretenen zusammengewirkt (BaRoth/*Habermeier* Rz 12). Für eine Irrtumsanfechtung nach § 119 muss sich der Vertreter geirrt haben (*Bork* Rz 1655). Ein Anfechtungsrecht des Vertretenen gem § 123 besteht nur, wenn der Vertreter bedroht oder arglistig getäuscht wurde (BGHZ 51, 141, 145). Der Geschäftspartner ist zur Anfechtung berechtigt, wenn die Täuschung oder Drohung von dem Vertretenen ausgegangen ist oder die Täuschungshandlung von dem gutgläubigen Vertreter vorgenommen wurde und die Arglist beim Vertretenen liegt (Staud/*Schilken* § 166 Rz 26). Zur Täuschung oder Drohung des Geschäftsgegners durch den Vertreter s. § 164 Rn 77. Ist der Geschäftsgegner durch die arglistige Täuschung eines Dritten zum Geschäftsabschluss bestimmt worden, kann er nach § 123 II 1 anfechten, wenn der Vertreter nach I oder der Vertretene nach Maßgabe des II (s. Rn 7 ff) die Täuschung kannte oder kennen musste (Staud/*Schilken* Rz 25). Daneben wird dem Geschäftsgegner ein Anfechtungsrecht nach § 123 II 2 zugebilligt, wenn nur der Vertretene die Täuschung kannte oder kennen musste (MüKo/*Schramm* Rz 11).

5 **III. Kenntnis und Kennenmüssen des Vertreters.** Nach I ist die Person des Vertreters auch dann entscheidend, wenn die Kenntnis oder das Kennenmüssen (s. die Legaldefinition in § 122 II) besonderer Umstände für das Vertretergeschäft von Bedeutung ist. Das gilt insb für die subjektiven Tatbestandsmerkmale eines Ver-

botsgesetzes iSd § 134 (BayObLG NJW 93, 1143, 1144 f), die subjektiven Voraussetzungen des § 138 (BGH NJW 92, 899, 900) und der §§ 142 II, 173 (BGH NJW 89, 2879, 2880), die Kenntnis von Mängeln iSd §§ 442 I 2, 640 II (BGH NJW 00, 1405, 1406) und Arglist iSv §§ 463 2 aF, 442 I 2, 434 III, 444 (BGH NJW 04, 1196, 1197; 96, 1205; 91, 1500), die für § 814 erforderliche Kenntnis der Nichtschuld (BGH NJW 99, 1024, 1025) und die Zurechnung von bösem Glauben gem §§ 819, 892, 932, 990; 366 HGB (NJW 01, 360, 361; WM 00, 1539, 1541; BGHZ 135, 202, 205 ff) und § 912 (BGH NJW 77, 375) wie auch die subjektiven Voraussetzung der Gläubigeranfechtung gem §§ 3 AnfG; 129 ff InsO (BGH NJW 91, 980, 981; BGHZ 94, 232, 237 zu § 3 I Nr 1 AnfG aF).

IV. Treuwidrigkeit der Berufung auf das Vertreterwissen gem § 242. Im Einzelfall kann die Berufung auf I gem § 242 treuwidrig sein. Das ist etwa anzunehmen, wenn der Vertragspartner mit dem Vertreter bewusst zum Nachteil des Vertretenen zusammengewirkt hat oder er dem Vertretenen den Vertreter aufgedrängt hat, um aus der Vorschrift des I Vorteile zu ziehen (BGH NJW 00, 1405, 1406). 6

D. Berücksichtigung von Kenntnissen des Vertretenen (Abs 2). Hat der bevollmächtigte Vertreter nach bestimmten Weisungen des Vollmachtgebers gehandelt, kann dieser sich gem II hinsichtlich solcher Umstände, die er selbst kannte, nicht auf die Unkenntnis des Vertreters berufen. II folgt wie I dem einheitlichen Grundsatz, dass der Kenntnisstand desjenigen ausschlaggebend ist, der den rechtsgeschäftlichen Willen bildet (*Larenz/Wolf* AT § 46 Rz 111). Die Ansicht, nach der Bösgläubigkeit des Vertretenen immer schaden soll (*Beuthien* NJW 99, 3585 ff), findet im Gesetz keine Stütze. Informiert der Vertretene den Abschlussvertreter nicht über Umstände, die er dem Vertragspartner zu offenbaren hat, kann dies aber zu einer vorvertraglichen Haftung des Vertretenen aus §§ 280 I, 311 II, 241 II führen. Hierbei ist dem Vertretenen im Verhältnis zu dem Vertragspartner das Wissen eines anderen, an dem Vertragsabschluss nicht unmittelbar beteiligten Wissensvertreters (s. Rn 13), der den Abschlussvertreter im Namen des Vertretenen beauftragt hat, nicht jedoch eines einfachen rechtsgeschäftlichen Vertreters analog I zuzurechnen (BGH NJW-RR 04, 1196, 1197 f). 7

I. Bestimmte Weisung. Der Begriff des Handelns auf Weisung iSv II ist weit auszulegen. Es genügt, dass der Bevollmächtigte iRd Vollmacht zu einem bestimmten Rechtsakt schreitet, zu dessen Vornahme ihn der Vollmachtgeber veranlasst hat. Einer Weisung kommt es daher gleich, wenn der Vollmachtgeber trotz Kenntnis nicht eingreift, obwohl er könnte (BGHZ 50, 364, 368). Das ist insb der Fall, wenn der Prozessanwalt in Anwesenheit und unter Mitwirkung der von ihm vertretenen Partei einen gerichtlichen Vergleich abschließt und diese nicht widerspricht (BGHZ 51, 141, 145). Erforderlich ist jedoch, dass der Vollmachtgeber den Vertreter durch ein gezieltes Verhalten veranlasst hat, gerade dieses Geschäft für ihn vorzunehmen (*Larenz/Wolf* AT § 46 Rz 111). Hieran fehlt es bei einem bloß teilnahmslosen Schweigen (Braunschw OLGZ 75, 441, 444 f). Auch die Genehmigung eines ohne Vertretungsmacht abgeschlossenen Rechtsgeschäfts nach § 177 I kommt einer Weisung gleich (BGH BB 65, 435). 8

II. Kenntnis oder Kennenmüssen des Vollmachtgebers. Grds kommt es auf die Kenntnis oder das Kennenmüssen des Vollmachtgebers im Zeitpunkt der Erteilung der betreffenden Weisung an. Spätere Kenntniserlangung genügt jedoch, wenn der Vollmachtgeber zu diesem Zeitpunkt noch die Möglichkeit hat, durch eine neue Weisung auf das von dem Vertreter vorzunehmende Geschäft einzuwirken (BGHZ 50, 364, 368; *Larenz/Wolf* AT § 46 Rz 111). 9

III. Analoge Anwendung des Abs 2. II gilt seinem Wortlaut nach nur für die rechtsgeschäftlich erteilte Vertretungsmacht. Hierunter fallen auch die Untervollmacht und die Vertretung ohne Vertretungsmacht, sofern der Vertretene das Rechtsgeschäft nachträglich gem § 177 I genehmigt (BGH BB 65, 435). Das Gesetz geht davon aus, dass gesetzliche Vertreter und Organe von juristischen Personen keine Weisungen der von ihnen vertretenen Person empfangen können. Wenn dennoch ein gesetzlicher Vertreter etwa in der Funktion als Ergänzungspfleger wie ein weisungsgebundener Bevollmächtigter handelt (BGHZ 38, 65, 68) oder ein Geschäftsführer oder Liquidator einer GmbH die Weisungen des einzigen Gesellschafters befolgt (BGH WM 04, 1037, 1040), wird II analog angewandt. Nach diesen Grundsätzen kommt es für die nach § 814 I erforderliche Kenntnis der Nichtschuld bei Zahlungen des Staates auf den Wissensstand der anordnenden Stelle an (Karlsr ZIP 06, 933, 924 f). 10

§ 166 bestimmt, dass sich Willensmängel in der Person des Vertretenen nicht auswirken. Der BGH wendet II auf Willensmängel des Vertretenen dennoch entspr an, wenn solche Willensmängel die Weisung beeinflusst haben. Insb wenn der Vertretene durch arglistige Täuschung des Vertragspartners dazu bestimmt wurde, dem Vertreter die Weisung zum Abschluss des Geschäfts zu erteilen, wird ihm das Recht zugebilligt, das Vertretergeschäft gem § 123 anzufechten (BGH NJW 00, 2268, 2269; BGHZ 51, 141, 146 ff). II soll in den Fällen des § 105 II gleichfalls entspr Anwendung finden (Braunschw OLGZ 75, 441, 442 f). Gegen die Rspr des BGH spricht jedoch, dass sie die Bestandskraft des Vertretergeschäfts systemwidrig von Willensmängeln des Vertretenen bei der Weisung abhängig macht (*Bork* Rz 1656). 11

E. Sonderprobleme. I. Behandlung von künstlichem Speicherwissen. Nach den Grundsätzen, die für die Wissenszurechnung in arbeitsteilig handelnden Organisationen (s. Rn 18 ff) gelten, kann man den Inhalt von 12 künstlichen Speichern (Akten; elektronische Datenträger) als Wissen nur zurechnen, wenn die Information bis zu dem Zeitpunkt, in dem die Wissensnorm verwirklicht wurde, überhaupt gespeichert werden musste und wenn in diesem Rahmen erlangte Wissen der anderen zurechnen lassen muss (BGH WM 07, 639 Tz 35). Die Anwendung des I ist daher nicht auf die rechtsgeschäftliche Vertretung beschränkt, sondern erstreckt sich analog auf den vergleichbaren Tatbestand der Wissensvertretung (BGHZ 135, 202, 205). Wissensvertreter ist jeder, der nach der Arbeitsorganisation des Geschäftsherrn – ggf auch ohne (wirksame) rechtsgeschäftliche Vertretungsmacht – dazu berufen ist, im Rechtsverkehr als dessen **Repräsentant** bestimmte Aufgaben in eigener Verantwortung zu erledigen und dabei anfallende Informationen zur Kenntnis zu nehmen und ggf weiterzuleiten (BGH NJW-RR 04, 1196, 1197 f; BGHZ 132, 30, 35). Der Geschäftsherr muss sich seiner wie eines Vertreters bedienen (BGHZ 117, 104, 107). Hierzu genügt es, wenn einem anderen, ohne dass eine Vollmacht erteilt wird, die tatsächliche Möglichkeit eingeräumt wird, Rechte aus einem bestehenden Vertragsverhältnis selbstständig wahrzunehmen (BGH WM 00, 1539, 1541). Die Wissenszurechnung kraft Aufgabenübertragung erfolgt auch außerhalb des sachlichen Anwendungsbereichs der §§ 164 ff, dh auch bei nicht rechtsgeschäftlichem Handeln.

Willensmängel; Wissenszurechnung

13 **II. Wissensvertretung. 1. Grundsätze der Wissenszurechnung kraft Aufgabenübertragung.** Der Vorschrift in I ist nach hM der allg Rechtsgedanke zu entnehmen, dass derjenige, der einen anderen mit der Erledigung bestimmter Aufgaben in eigener Verantwortung betraut, sich – unabhängig von einem Vertretungsverhältnis – das in diesem Rahmen erlangte Wissen des anderen zurechnen lassen muss (BGH WM 07, 639 Tz 35). Die Anwendung des I ist daher nicht auf die rechtsgeschäftliche Vertretung beschränkt, sondern erstreckt sich analog auf den vergleichbaren Tatbestand der Wissensvertretung (BGHZ 135, 202, 205). Wissensvertreter ist jeder, der nach der Arbeitsorganisation des Geschäftsherrn – ggf auch ohne (wirksame) rechtsgeschäftliche Vertretungsmacht – dazu berufen ist, im Rechtsverkehr als dessen **Repräsentant** bestimmte Aufgaben in eigener Verantwortung zu erledigen und dabei anfallende Informationen zur Kenntnis zu nehmen und ggf weiterzuleiten (BGH NJW-RR 04, 1196, 1197 f; BGHZ 132, 30, 35). Der Geschäftsherr muss sich seiner wie eines Vertreters bedienen (BGHZ 117, 104, 107). Hierzu genügt es, wenn einem anderen, ohne dass eine Vollmacht erteilt wird, die tatsächliche Möglichkeit eingeräumt wird, Rechte aus einem bestehenden Vertragsverhältnis selbstständig wahrzunehmen (BGH WM 00, 1539, 1541). Die Wissenszurechnung kraft Aufgabenübertragung erfolgt auch außerhalb des sachlichen Anwendungsbereichs der §§ 164 ff, dh auch bei nicht rechtsgeschäftlichem Handeln.

14 Die erweiterte Wissenszurechnung entfällt, wenn die Partei klarstellt, dass sie nur für eigenes Wissen und Tun einstehen will (KG WM 96, 358, 362; vgl BGH NJW 95, 2550, 2551). Eingeschränkt ist sie auch bei notariell beurkundeten Verträgen. Um die Warn- und Schutzfunktion des Formzwangs nicht zu unterlaufen, kommt es bei der Auslegung eines nach § 311b oder 15 IV GmbHG beurkundungspflichtigen Vertrags nicht darauf an, welchen Sinn der von einer Vertragspartei mit den Vorverhandlungen Beauftragte dort einer Vereinbarung beigelegt hatte; maßgeblich ist nur, wie die Vertragsparteien selbst oder der für sie an der Beurkundung beteiligte Vertreter die beurkundeten Erklärungen verstehen mussten (BGH NJW 00, 2272, 2273 f; 3127, 3128; abl *Goldschmidt* ZIP 05, 1305, 1313). Eine Zurechnung von Kenntnissen des Wissensvertreters analog I soll dann nicht Betracht kommen, wenn dessen Beauftragung und Bevollmächtigung wegen eines Verstoßes gegen das RBerG (Rn 21) nichtig ist (BGH WM 97, 639 Tz 39).

15 Spezielle Regelungen der Wissenszurechnung gelten im **Versicherungsvertragsrecht** (§§ 2 III, 20, 70 VVG). Der BGH hat insb die jetzt in § 70 VVG geregelte Auge-und-Ohr-Rspr entwickelt, nach der sich der Versicherer die Kenntnis eines Angestellten oder Versicherungsagenten, die dieser bei der Entgegennahme des Antrags auf Abschluss eines Versicherungsvertrages erlangt hat, zurechnen lassen muss (BGH NJW-RR 08, 977 Tz 7; 00, 316, 317; VersR 08, 809 Tz 7). Für der Beginn der Verjährung gem § 852 I aF kommt es hinsichtlich der positiven Kenntnis von Behörden und juristischen Personen des öffentlichen Rechts nach stRspr auf den Wissensstand derjenigen Bediensteten an, die nach der Behördenorganisation mit der Vorbereitung und Verfolgung von deliktischen Regressforderungen betraut sind. Die für die abteilungs- und filialübergreifende Wissenszurechnung im rechtsgeschäftlichen Verkehr entwickelten Grundsätze (s. Rn 18 ff) sind insoweit nicht anwendbar (BGH NJW 07, 834 Tz 5, 7).

16 **2. Einzelfälle.** Einem Kreditinstitut ist das Wissen aller Mitarbeiter zuzurechnen, die es bei der Bearbeitung eines konkret in Rede stehenden Geschäfts vertreten oder daran bestimmungsgemäß mitgewirkt haben. Diese Voraussetzungen erfüllt insb der Kontobetreuer, der den Verdacht schöpft, dass der Kontoinhaber eingehende Gelder veruntreut (BGH NJW 08, 2245 Tz 18), der Kassenbeamte, der einen Scheck hereinnimmt (BGHZ 102, 316, 320), der Sachbearbeiter einer anderen Filiale derselben Bank, der den Scheck prüft und weiter bearbeitet (BGH NJW 93, 1066, 1067) und der Bankkassierer, dem die Zahlungseinstellung der künftigen Insolvenzschuldnerin bekannt ist (BGH NJW 84, 1953, 1954). Als Wissensvertreter anerkannt ist auch der Kontobevollmächtigte, dem der Kontoinhaber sein Girokonto zum alleinigen Gebrauch überlässt (BGH NJW 82, 1585, 1586), und derjenige, der das Konto eines anderen zwar ohne Kontovollmacht, aber mit der Erlaubnis des Kontoinhabers zum Einzug eines Schecks genutzt hat (BGH WM 00, 1539, 1541). Wissensvertreter sind ferner der vom Versicherungsnehmer mit der Erfüllung seiner Aufklärungsobliegenheit beauftragte Angehörige (BGHZ 122, 388, 389), der vom Versicherer mit der Erstellung eines ärztlichen Gutachtens beauftragte *Hausarzt* (Frankf NJW-RR 93, 676, 677), der Hintermann, der für den von ihm vorgeschobenen Strohmann auftritt (BGH NJW-RR 92, 589, 590) und die Einkaufsabteilung eines Gebrauchtwagenhändlers (BGH NJW 96, 1205 f). Für den Beginn der Verjährung nach § 852 I aF genügen nur die Kenntnisse eines Dritten, den der Gläubiger mit der Tatsachenermittlung gerade zur Durchsetzung desjenigen Anspruchs

beauftragt hat, um dessen Verjährung es konkret geht (BGH WM 07, 639 Tz 35). Str ist, ob die Rspr zu § 852 I aF unverändert auf **§ 199 I Nr 2** übertragen werden kann (offen lassend BGH WM 07, 639 Tz 36 mwN). Beim Überbau (§ 912) rechnet die Rspr dem Bauherrn den bösen Glauben des Architekten, nicht aber des Bauunternehmers zu (BGH NJW 77, 375). Einer Vertragspartei ist das Wissen eines von ihr nur zu Verhandlungen bevollmächtigten **Verhandlungsführers oder -gehilfen** (s. § 164 Rn 23) analog I zuzurechnen (BGH NJW-RR 91, 439, 441). Das Gleiche gilt, wenn eine Vertragspartei die wesentlichen Vertragsverhandlungen vollständig einer Hilfsperson überlassen hat und erst bei der Beurkundung des Vertrages in Kontakt zu der anderen Vertragspartei getreten ist (BGH NJW 04, 2156, 2157; 92, 899, 900). Zur Wissenszurechnung beim Unternehmenskauf s. *Goldschmidt* ZIP 05, 1305 ff.

Keine Wissensvertreter sind der lediglich intern wirkende Berater und der mit der eigenverantwortlichen Wahrnehmung von Aufgaben im privatrechtlichen Verkehr nicht betrauten Sachbearbeiter im Baurechtsamt (BGHZ 117, 104, 107). Auch rechtlich wie organisatorisch selbstständige **Dritte** sind nicht als Wissensvertreter anzusehen. Dem Verkäufer einer Immobilie ist daher das Wissen eines Hauswarts oder Hausverwalters, der nicht auf seine Veranlassung bei den Vertragsverhandlungen anwesend war (BGH NJW-RR 97, 270), ebenso wenig zuzurechnen wie dem Leasinggeber das Wissen des Lieferanten des Leasinggutes in Bezug auf die Unrichtigkeit einer Übernahmebestätigung des Leasingnehmers (BGH WM 05, 757, 759). Auch Notare (Köln NJW-RR 91, 46, 47 f), Makler (BGH NJW 04, 2156, 2157) und Finanzierungsvermittler (Frankf WM 02, 1281, 1285, 2187) sind grds keine Wissensvertreter, sondern Dritte. Eine Wissenszurechnung analog I ist aber dann möglich, wenn der Dritte, zB ein Makler seine Tätigkeit nicht auf das für die Durchführung seines Auftrags Notwendige beschränkt und daher nicht Dritter iSv § 123 II 1 ist (BGH VersR 08, 809 Tz 8), sondern als Hilfsperson einer Vertragspartei, etwa als deren Verhandlungsführer oder -gehilfe (s. Rn 16) tätig wird. Insoweit sind die im Bereich der §§ 123, 278 geltenden Grundsätze (s. § 164 Rn 23) übertragbar. Schaltet der mit der Anwerbung von Kunden und mit den Vertragsanbahnungsgesprächen beauftragte Vermittler einen selbstständigen Untervermittler ein, sind dessen Kenntnisse dem Geschäftsherrn zuzurechnen, wenn dieser mit der Einschaltung des Untervermittlers rechnen musste (BGH NJW 04, 2156, 2157).

III. Wissenszusammenrechnung in arbeitsteiligen Organisationen. 1. Dogmatische Grundlagen. Besondere Probleme bestehen, wenn sich das relevante Wissen infolge einer arbeitsteiligen Organisation auf verschiedene Personen verteilt. Nach hM darf ein Dritter, der es mit dem Vertreter einer arbeitsteiligen Organisation zu tun hat, dadurch, dass Wissen und Zuständigkeiten auf mehrere Stellen verteilt sind, ggü dem Kontakt mit einer Einzelperson weder schlechter noch besser gestellt werden („**Gleichstellungsargument**", s. BGHZ 135, 202, 205 f; BGH NJW 07, 2989 Tz 14). Ausgehend von diesem Grundsatz hat der BGH die Wissenszurechnung in arbeitsteiligen Organisationen auf eine neue dogmatische Grundlage gestellt (BGHZ 132, 30, 36 f; 135, 202, 205 ff; krit *Buck*, Wissen und juristische Person, 2001, 430 ff). Der von der Rspr entwickelten Lehre von der Wissenszurechnung liegt der Gedanke zugrunde, dass derjenige, der im Rechtsverkehr mit einer arbeitsteiligen Organisation und der damit verbundenen Wissensaufspaltung auftritt, ähnl wie bei einer Verkehrssicherungspflicht aus Gründen des Verkehrsschutzes die Verfügbarkeit von typischerweise aktenmäßig festgehaltenem Wissen gewährleisten muss. Tut er das nicht, kann er sich nicht gem I auf die Unwissenheit der konkret handelnden Person berufen, analog II ist vielmehr auf die Person des Vertretenen abzustellen, der das im Falle einer ordnungsgemäßen Wissensorganisation verfügbare Aktenwissen zugerechnet wird (*Bork* Rz 1671; für eine Rechtsfortbildung ähnl der Rspr zu den Verkehrssicherungspflichten und der Vertrauenshaftung *Drexl* Neues Schuldrecht und Bankgeschäfte Wissenszurechnung bei Kreditinstituten 02, S 85, 93). Maßgeblicher Grund für die Zurechnung von Wissen ist danach eine unabhängig von der jeweiligen Rechtsform in arbeitsteiligen Organisationen bestehende allg Pflicht zur ordnungsgemäßen Organisation der Kommunikation (BGHZ 132, 30, 34 ff).

2. Anwendungsbereich. Die Grundsätze der Wissenszurechnung kraft Pflicht zur Wissensorganisation sind nur innerhalb einer arbeitsteilig handelnden Organisation anwendbar (BGHZ 132, 30, 35 ff; 135, 202, 205 ff), weil nur hier das Gleichstellungsargument passt und die rechtlichen und tatsächlichen Voraussetzungen für eine Wissensorganisationspflicht bestehen. Auf die Organisationsform oder Rechtsfähigkeit der am Rechtsverkehr teilnehmenden Struktureinheit kommt es nicht an (BGH NJW 01, 359, 360). Auch im Konzern sollen die Grundsätze der Wissenszurechnung kraft Organisationspflicht gelten (München BB 07, 14, 15; umfassend zu der Problematik *Drexl* Neues Schuldrecht, aaO, S 85 ff). Die Zurechnung findet zu Lasten der *juristischen Person*, nicht zu Lasten ihrer Organe oder vertretungsberechtigten Mitglieder statt (BGH NJW 03, 589, 590). Sie ist daher nicht geeignet, Wissen eines personenidentischen Organs einer anderen juristischen Person oder eines personenidentischen Mitglieds einer Gesamthandsgesellschaft außerhalb der Struktureinheit zu begründen, deren Aufgaben wahrzunehmen waren (BGH NJW 01, 359, 360). Auch das privat erlangte Sonderwissen eines Organs oder Mitarbeiters begründet keine Verpflichtung zur akten- und EDV-mäßigen Dokumentation (BGH NJW 07, 2989 Tz 14; differenzierend dagegen *Buck-Heeb* WM 08, 281, 283 ff). Eine Wissenszurechnung kraft Organisationspflicht hat ferner bei rechtlich und organisatorisch selbstständigen Dritten zu unterbleiben (BGH NJW 03, 589, 590). Grds ist auch eine Wissenszusammenrechnung mehrerer rechtsgeschäftlicher Vertreter einer Einzelperson ausgeschlossen. Der als Einzelperson ohne

Organisationspflichten auftretende Grundstücksverkäufer kann aber gehalten sein, den in seinem Namen mit den Kaufvertragsverhandlungen beauftragten Makler über Umstände zu informieren, die er dem Käufer zu offenbaren hat, und sich hierbei analog I das Wissen seines am Vertragsschluss selbst nicht unmittelbar beteiligten Wissensvertreters zurechnen zu lassen (BGH NJW-RR 04, 1196, 1197 f).

20 **3. Grundsätze der Wissenszurechnung kraft Organisationspflicht.** Der Organisation wird das Wissen hinsichtlich solcher Vorgänge zugerechnet, deren Relevanz für spätere Geschäftsvorgänge innerhalb des jeweiligen Organisationsbereichs dem Wissenden erkennbar ist und die deshalb bei sachgerechter Organisation dokumentiert und verfügbar gehalten oder an andere Personen innerhalb des Organisationsbereichs weitergegeben werden müssen (BGH NJW 01, 2535, 2536). Darüber hinaus muss zur Nutzung des Wissens unter Berücksichtigung der geschäftlichen Bedeutung des Vorgangs auch Anlass bestanden haben (BGHZ 135, 202, 206 f). Voraussetzung für die Wissenszurechnung ist somit, dass das Wissen bei ordnungsgemäßer Organisation **aktenmäßig oder EDV-mäßig dokumentiert, verfügbar gehalten und im konkreten Fall genutzt** werden musste (BGH NJW 07, 2989 Tz 13). Maßgeblich ist, dass unter den Umständen des konkreten Einzelfalls ein interner Informationsaustausch möglich und zumutbar gewesen wäre (BGHZ 140, 54, 62). Auf die konkret getroffenen Organisationsmaßnahmen soll es dagegen nicht ankommen (BGHZ 135, 202, 207). Arglist kann aber nicht angenommen werden, falls die richtige Information bei der Speicherung schlicht vergessen wurde (BGH NJW 96, 1205, 1206; s. auch Rn 12).

21 **4. Einzelfälle.** Nach der Rspr des BGH sind einem Bankangestellten, der einen disparischen Scheck mit einem Scheckbetrag von mindestens 5.000 DM hereinnimmt, die in den Kontounterlagen verfügbaren Informationen über den Arbeitgeber des Einreichers zuzurechnen (BGHZ 135, 202, 208). Bei der Entgegennahme der Zahlung des Drittschuldners einer gepfändeten Forderung durch die Bank ist dieser das Wissen sowohl der den Pfändungsvorgang bearbeitenden als auch der mit der Zahlung befassten Stelle zuzurechnen, sodass die Bank für einen Übererlös gem § 819 I verschärft haftet (Bambg ZIP 07, 571, 573). Die Bank verletzt ihre Pflichten aus einem bestehenden Beratungsvertrag, wenn sie den Anlageinteressenten nicht über aufklärungsbedürftige Umstände informiert, die einem ihrer Vorstände bekannt sind (BGH NJW 04, 1868, 1869). Die bezogene Bank verletzt ihre Pflicht zu vollständiger Auskunftserteilung, wenn sie auf Nachfrage der Inkassobank eine Schecksperre nicht mitteilt (Frankf NJW-RR 07, 1121). Das Wissen, das Mitarbeiter einer Bankfiliale bei der verantwortlichen Aushandlung einer Rahmenfinanzierung erlangt haben, begründet bei der anschließend von einer anderen Filiale derselben Bank herausgereichten Einzelfinanzierung einen zur Aufklärung verpflichtenden konkreten Wissensvorsprung der Bank (BGH NJW 07, 2989 Tz 12; zur filialübergreifenden Zurechnung der bei Kreditverhandlungen erlangten Kenntnisse eines Filialleiters s. BGH NJW 89, 2879, 2880). Die Erklärungen des Filialleiters einer Bank anlässlich der Unterzeichnung einer Bürgschaftsurkunde gelten bei der späteren Hereinnahme von Nachfolgebürgschaften durch eine andere Filiale als dieser bekannt (BGH WM 04, 720, 722). Die Kenntnis des Vorstandsmitglieds oder eines anderen Wissensvertreters einer Bank über die Eröffnung von Insolvenzverfahren oder Sicherungsmaßnahmen im Vorfeld der Insolvenz begründen die eine Leistung mit schuldbefreiender Wirkung ausschließende Kenntnis der Bank von der Verfügungsbeschränkung iSd § 82 1 InsO (BGH WM 06, 194, 196; zur Zurechnung der Kenntnis eines Geschäftsführers einer GbR von entspr Verfügungsverboten BGHZ 140, 54, 61 ff). Eine Wissenszurechnung kraft Organisationspflicht ist auch im Verhältnis zwischen der Einkaufs- und Verkaufsabteilung (BGH NJW 96, 1205, 1206) und den unterschiedlichen Niederlassungen (Schlesw NJW-RR 05, 1579, 1580) eines Gebrauchtwagenhändlers, nicht aber im Verhältnis zwischen dem Liegenschaftsamt und dem Bauamt einer Gemeinde möglich (BGHZ 117, 104, 106 ff). Zur Problematik der sog Chinese Walls s. *Schröter* Neues Schuldrecht, aaO, 163, 179 ff. Generell zur Einschränkung der Wissenszurechnung aufgrund von Datenschutz und Geheimhaltungspflichten insb nach § 116 AktG s. *Fassbender/Neuhaus* WM 02, 1253, 1256; *Hellmann/Thomas* WM 02, 1665, 1670 ff.

22 **IV. Zurechnung des Wissens von Organwaltern. 1. Überkommene Lehre von dem Organwissen.** Nach der überkommenen Rspr des BGH bildet das Wissen eines vertretungsberechtigten Organwalters **analog § 31** eo ipso das Wissen der juristischen Person, gleich, ob er an der konkreten Rechtshandlung mitgewirkt hat oder überhaupt davon wusste und wissen konnte. Diese Auffassung ist Ausfluss der **Organtheorie**, nach der bei der organschaftlichen Vertretung eine Zurechnung iSd §§ 164 ff nicht stattfindet, jedes Organmitglied vielmehr die juristische Person repräsentiert (s. § 164 Rn 53). Das Wissen aller Organwalter wird daher als Wissen der juristischen Person aufgefasst, ohne dass es der Regelung in I bedarf (BGH WM 06, 194, 195; aA für eine Wissenszurechnung von am Geschäftsabschluss unbeteiligten Organmitgliedern analog II *Flume* I/2 § 11 IV; Staud/*Schilken* Rz 32; hiergegen *Grunewald* FS Beusch 93, 301, 304). Das dienstlich erlangte (BGH NJW 90, 2544, 2545) Wissen der Organmitglieder wird automatisch zusammengerechnet (*Bork* Rz 1668), ohne dass das Ausscheiden des wissenden Organmitglieds aus dem Amt oder sein Tod der Wissenszurechnung entgegenstünde (BGH NJW 95, 2159, 2160; abl *Bork* Rz 1669). ZT werden diese Grundsätze auf Personengesellschaften übertragen (BGHZ 34, 293, 297; *Bork* Rz 1670; abl BaRoth/*Habermeier* Rz 15; offen lassend BGHZ 140, 54, 61; BGH NJW 95, 2159, 2160). Der BGH lehnt eine automatische Zurechnung des Wissens eines ausgeschiedenen oder verstorbenen Organmitgliedes bei Personengesellschaften jedoch ab (BGH NJW 95, 2159, 2160).

2. Wissenszurechnung im Lichte der geänderten Dogmatik der Wissenszusammenrechnung. Ein Teil der 23
Rspr und Lehre hält trotz der geänderten Rspr zur Dogmatik der Wissenszurechnung in arbeitsteiligen Organisationen (s. Rn 18 ff) an der Lehre von dem Organwissen einer juristischen Person fest und zieht die Grundsätze der Wissenszurechnung kraft Organisationspflicht nur ergänzend heran (BGH WM 06, 194, 195 f; BGHZ 140, 54, 61; *Bork* Rz 1668 ff). Eine vordringende Ansicht will dagegen mit Hilfe der geänderten Dogmatik zur Wissenszurechnung die überkommene Lehre von dem Organwissen der juristischen Person überwinden, indem sie an die Stelle des formalistischen Lösungsansatzes der Organtheorie eine wertende Betrachtung zum Ausgangspunkt der Wissenszurechnung macht. Nach dieser Ansicht ist das Wissen des Organs nicht gleichzusetzen mit dem der juristischen Person. Die Zurechnung hat nicht wie nach der absoluten Wissenszurechnungstheorie automatisch zu erfolgen, sondern nach den Grundsätzen der relativen Wissenszurechnung nur dann, wenn der wissende Organwalter die juristische Person gerade bei der betreffenden Rechtshandlung, sei es auch nur als einer von mehreren Gesamtvertretern vertreten hat, oder daran in sonstiger Weise ähnl einem Wissensvertreter beteiligt war. Das Wissen derjenigen Organwalter, die am Abschluss eines Vertrages selbst nicht beteiligt waren, ist der juristischen Person nach dieser Ansicht dagegen nur unter den Voraussetzungen der Wissenszurechnung kraft Organisationspflicht (s. Rn 18 ff) zuzurechnen (Staub/ *Habersack* § 125 Rz 25; *Nobbe* Neues Schuldrecht, aaO, 121, 128 ff; MüKo/*Schramm* Rz 20 ff; offen lassend BGH NJW 04, 1868, 1869). Das gilt unabhängig von der Organisationsform auch dann, wenn der ursprüngliche Wissensträger mittlerweile aus der Gesellschaft ausgeschieden oder verstorben ist (Staub/*Habersack* § 125 Rz 22; *Medicus* AT 904c). Für diese Ansicht spricht der Grundsatz der verhaltensakzessorischen Wissenszurechnung, wonach nicht bloßes Wissen als solches, sondern wissengetragenes rechtserhebliches Verhalten zugerechnet wird (s. hierzu *Fassbender/Neuhaus* WM 02, 1253, 1254 f). Außerdem führt die begriffsjuristische, auf einer „naturalistischen Anwendung der Organtheorie als der Theorie der realen Verbandspersönlichkeit" (so *Flume* II/1 § 11 IV) beruhende absolute Wissenszurechnung zu einer nicht gerechtfertigten Schlechterstellung der juristischen ggü der natürlichen Person (*Nobbe*, aaO, 121, 132 ff).

§ 167 Erteilung der Vollmacht. (1) Die Erteilung der Vollmacht erfolgt durch Erklärung gegenüber dem zu Bevollmächtigenden oder dem Dritten, dem gegenüber die Vertretung stattfinden soll.
(2) Die Erklärung bedarf nicht der Form, welche für das Rechtsgeschäft bestimmt ist, auf das sich die Vollmacht bezieht.

Inhaltsübersicht

	Rn		Rn
A. Begriff, Rechtsnatur und rechtliche Struktur der Vollmacht	1–5	3. Vollmachten im Zusammenhang mit einem Immobilienerwerb	30
I. Die sog verdrängende Vollmacht	2	4. Anwaltsvollmacht	31
II. Nichtübertragbarkeit und Unpfändbarkeit der Vollmacht	3	5. Sonstige Vollmachten	32
III. Abstraktheit der Vollmacht	4	III. General-, Gattungs- und Spezialvollmacht	33–36
IV. Vollmacht und Vertretergeschäft (Trennungstheorie)	5	1. Generalvollmacht	34, 35
		a) Umfang	34
B. Erteilung der Vollmacht (Abs 1)	6–25	b) Zulässigkeit	35
I. Vollmachtserklärung	7, 8	2. Gattungs- und Spezialvollmacht	36
1. Interne und externe Vollmachtserteilung	7	D. Duldungs- und Anscheinsvollmacht	37–50
		I. Dogmatische Grundlagen	37
2. Auslegung der Vollmacht und konkludente Vollmachterteilung	8	II. Anwendungsbereich	38
		III. Begriff und Abgrenzung	39
II. Form der Vollmacht (Abs 2)	9–14	IV. Voraussetzungen	40–45
1. Gesetzlicher und gewillkürter Formzwang	10	1. Objektiver Rechtsscheintatbestand	40, 41
2. Teleologische Reduktion des Abs 2	11–13	2. Zurechenbarkeit	42, 43
		3. Gutgläubigkeit des Vertragspartners	44
3. Rechtsfolgen einer formunwirksamen Bevollmächtigung	14	4. Kausalität	45
III. Anfechtung der Vollmacht	15–18	V. Umfang der Rechtsscheinvollmacht	46
1. Anfechtbarkeit	15, 16	VI. Rechtsfolgen	47–49
2. Anfechtungsgegner und Rechtsfolgen	17, 18	1. Einwendungsausschluss	47
		2. Anfechtbarkeit	48
IV. Sonstige Mängel der Vollmacht	19	3. Haftung des Vertreters aus § 179	49
V. Mängel des Grundgeschäfts	20–25	VII. Rechtsscheinvollmacht kraft Einräumung einer Stellung	50
C. Umfang der Vollmacht	26–36	E. Untervollmacht	51–56
I. Auslegungsgrundsätze	27	I. Mittelbare und unmittelbare Untervollmacht	52
II. Typische Einzelfälle	28–32		
1. Kontovollmacht	28		
2. Architektenvollmacht	29	II. Offenkundigkeitsgrundsatz	53

		Rn			Rn
III.	Vertretungsmacht des Untervertreters	54–56	2.	Umfang und Dauer der Untervollmacht	56
	1. Befugnis zur Erteilung einer Untervollmacht	55	F.	Beweislast	57

1 A. Begriff, Rechtsnatur und rechtliche Struktur der Vollmacht. Die von der Ermächtigung (s. § 164 Rn 4), der Treuhand (s. § 164 Rn 5 f) und der Botenmacht (s. § 164 Rn 18) abzugrenzende Vollmacht ist nach der Legaldefinition in § 166 II die durch Rechtsgeschäft erteilte Vertretungsmacht. Zu Begriff, Rechtsnatur und Arten der Vertretungsmacht s. § 164 Rn 49.

2 I. Die sog verdrängende Vollmacht. Durch die Bevollmächtigung wird die Vertretungsmacht originär beim Stellvertreter begründet, ohne dass die Befugnis des Vollmachtgebers, in dem von der Vollmacht erfassten Bereich selbst noch Willenserklärungen abzugeben und entgegenzunehmen, hiervon berührt würde. Eine den Vollmachtgeber verdrängende Vollmacht mit dinglicher Wirkung ist unvereinbar mit dem Rechtsgedanken des § 137 1 (BGH WM 71, 956, 957; aA *Gernhuber* JZ 95, 381 ff). Zu den Rechtsfolgen kollidierenden Handelns von Vertreter und Vertretenem s. § 164 Rn 78.

3 II. Nichtübertragbarkeit und Unpfändbarkeit der Vollmacht. Entgegen dem missverständlichen Wortlaut der §§ 52 II, 58 HGB; 135 III 2 AktG ist nach hM eine Vollmachtsübertragung iSe Verfügungsgeschäfts nicht möglich (MüKo/*Schramm* Rz 93; aA Palandt/*Heinrichs* Rz 1). Möglich ist aber eine Ersatzbevollmächtigung (s. Rn 51). Das Recht aus einer Vollmacht ist nach hM grds auch unpfändbar, weil es kein selbstständiges Vermögensrecht iSe geldwerten Rechts darstellt (Musielak/*Becker* § 857 Rz 2). Eine Ausn kann allenfalls dann gelten, wenn die Vollmacht im Interesse des Bevollmächtigten erteilt wurde und insb dem Erwerb von Vermögensgegenständen durch den Bevollmächtigten dient (BayObLG DB 78, 1929; Zöller/*Stöber* § 857 Rz 2; abl *Vortmann* NJW 91, 1038 f; aA für die Pfändbarkeit der Vollmacht, wenn die Rechte aus dem Grundverhältnis pfändbar sind und eine Befugnis zur Erteilung einer Untervollmacht besteht MüKo/*Schramm* § 164 Rz 69).

4 III. Abstraktheit der Vollmacht. Der Vollmachtserteilung liegt idR ein bestimmtes Rechtsverhältnis (Auftrag, Dienst-, Werk- oder Geschäftsbesorgungsvertrag) zugrunde, das die Rechte und Pflichten des Bevollmächtigten regelt (sog **kausale Vollmacht**). Die Vollmacht ist nach dem Abstraktionsprinzip (s. schon § 164 Rn 49) in ihrer Wirksamkeit von dem ihr zugrunde liegenden Rechtsverhältnis grds unabhängig (BGH NJW-RR 96, 848). Dennoch stehen Vollmacht und Grundgeschäft nicht beziehungslos nebeneinander (BaRoth/*Habermeier* Rz 3). Das Grundgeschäft hat zB Auswirkungen auf das Erlöschen der Vollmacht gem § 168 und uU auch Bedeutung für ihren Inhalt (s. Rn 27). Die Vollmachtserteilung kann ausnahmsweise ohne ein bestimmtes Grundverhältnis erfolgen (BGHZ 110, 363, 367). Um eine solche **isolierte Vollmacht** handelt es sich auch, wenn das ihrer Erteilung zugrunde liegende Rechtsverhältnis nicht wirksam begründet worden ist (Zweibr OLGZ 85, 45, 46; zweifelnd *Medicus* AT Rz 949).

5 IV. Vollmacht und Vertretergeschäft (Trennungstheorie). Entgegen der Lehre von dem einheitlichen Gesamttatbestand sind die Bevollmächtigung und das Vertretergeschäft nach der herrschenden, auf der Repräsentationstheorie (§ 164 Rn 1) basierenden Trennungstheorie nicht als ein einheitlicher Akt anzusehen, sondern grds streng voneinander zu unterscheiden (Staud/*Schilken* vor § 164 Rz 22, 32).

6 B. Erteilung der Vollmacht (Abs 1). Die Erteilung der Vollmacht ist, auch wenn sie in einem Vertragsantrag enthalten ist, eine selbstständige, **einseitige**, nicht annahmebedürftige Willenserklärung des Vollmachtgebers (BGH WM 07, 440, 442), die grds auch formularmäßig erklärt werden kann (BGHZ 136, 314, 321 ff; s. § 305c Rn 9). Der Bevollmächtigte hat die Befugnis, die Vollmacht zurückzuweisen (*Larenz/Wolf* AT § 47 Rz 15).

7 I. Vollmachtserklärung. 1. Interne und externe Vollmachtserteilung. Empfänger der Vollmachtserklärung ist gem I entweder der Bevollmächtigte (**Innenvollmacht**) oder der Dritte (**Außenvollmacht**), dem ggü die Vertretung stattfinden soll. Die externe Bevollmächtigung kann auch durch Erklärung an eine Mehrzahl von Personen zB durch einen Rundbrief an Kunden eines Unternehmens erfolgen. Eine solche Bevollmächtigung durch Erklärung an die Öffentlichkeit ist eine nicht empfangsbedürftige Willenserklärung, die von der in § 171 genannten Vollmachtskundgabe zu unterscheiden ist und die wirksam wird, sobald die Öffentlichkeit von ihr Kenntnis nehmen kann (*Larenz/Wolf* AT § 47 Rz 21). Der Außenvollmacht ähnl und daher idR wie diese zu behandeln ist die **nach außen kundgegebene Innenvollmacht** (§§ 171 I, 172 I), bei der die Vollmachtskundgabe wie die Außenvollmacht an einen einzelnen Vertragspartner oder durch öffentliche Bekanntgabe erfolgen kann (MüKo/*Schramm* Rz 81).

8 2. Auslegung der Vollmacht und konkludente Vollmachtserteilung. Ob das Verhalten des Vertretenen als Vollmachtserteilung zu verstehen ist, ist in Zweifelsfällen durch Auslegung vom Empfängerhorizont (§§ 133, 157) zu ermitteln (*Larenz/Wolf* AT § 47 Rz 17). Während bei der internen Vollmacht der Verständnishorizont des Bevollmächtigten maßgeblich ist, ist bei einer externen Bevollmächtigung, wenn sie ggü einer bestimmten Person erklärt wird, der Verständnishorizont dieser Person, und wenn sie ggü einem unbestimmten Personenkreis erklärt wird, der Verständnishorizont eines durchschnittlichen Angehörigen dieses Personenkreises heranzuziehen (*Larenz/Wolf* AT § 47 Rz 20, 23). Letzteres gilt entspr bei einer nach außen kundgegebenen Innenvollmacht (§§ 171 I, 172 I). Soweit die Vollmacht keiner Form bedarf, kann sie auch durch schlüssiges Handeln (konkludent) erteilt werden (BaRoth/*Habermeier* Rz 7). Eine Ausn gilt für die Prokura (§ 48 I HGB). Der Grundstücksvermittler kann zum Abschluss eines Beratungsvertrages zwischen dem Käufer und dem Verkäufer der Immobilie (BGH WM 07, 174 Tz 16), nicht aber mit der finanzierenden Bank (BGH WM 04, 1221, 1224) konkludent bevollmächtigt sein. Die Abgrenzung der konkludenten Vollmacht zur Duldungsvollmacht kann im Einzelfall schwierig sein (s. Rn 39).

II. Form der Vollmacht (Abs 2). Für die Bevollmächtigung gilt nach II der Grundsatz der Formfreiheit auch dann, wenn das vorgesehene Vertretergeschäft formbedürftig ist. Die §§ 80, 89 II ZPO enthalten eigene Regelungen für die Prozessvollmacht, die II verdrängen (s. § 164 Rn 25). Auch die widerrufliche Vollmacht zur Zwangsvollstreckungsunterwerfung (§ 794 I Nr 5 ZPO) bedarf keiner besonderen Form (BGH WM 06, 177, 179; MDR 08, 944 Tz 13). Zur Formbedürftigkeit einer Kreditvollmacht nach § 4 I 1 VerbrKrG aF, s. § 492 Rn 3. Von dem Grundsatz der Formfreiheit nach II gelten für die Praxis wichtige Ausnahmen. 9

1. Gesetzlicher und gewillkürter Formzwang. ZT sieht das Gesetz solche Ausnahmen wie zB in den §§ 492 IV 1, 1945 III 2 iVm 1955, 1484 II; 12 II HGB; 2 II, 47 III GmbHG ausdrücklich vor. Die Formbedürftigkeit einer Vollmacht kann sich auch aus einer Vereinbarung ergeben, die der Vollmachtgeber mit dem Bevollmächtigten oder dem Vertragspartner getroffen hat, und aus der Satzung einer juristischen Person (Staud/*Schilken* Rz 18). 10

2. Teleologische Reduktion des Abs 2. Darüber hinaus haben Rspr und Lehre den Grundsatz der Formfreiheit aufgrund einer aus dem Zweck der betreffenden Formvorschrift herzuleitenden teleologischen Reduktion des II (aA für eine Heranziehung des Verbots der Gesetzesumgehung Erman/*Palm* Rz 4) wesentlich eingeschränkt. Nach der Rspr gelten Formvorschriften mit einer Warnfunktion (zB §§ 311b I, 518, 766, 780, 781) auch für die Vollmacht, wenn die Vollmacht unwiderruflich oder sonst mit gleicher rechtlicher oder tatsächlicher Bindung erteilt wurde (BGH NJW 98, 1857, 1858 f). Für diese Auffassung und gegen die weitergehende Ansicht, dass die Formvorschriften mit Warnfunktion generell auf die Erteilung der Vollmacht zum Abschluss eines formbedürftigen Geschäfts anzuwenden sind (Staud/*Schilken* Rz 20), spricht, dass es keiner Warnung bedarf und die Reduktion des II daher zu weit ginge, wenn noch nicht einmal eine faktische Bindung eingetreten ist (*Bork* Rz 1466). 11

Insbes eine Vollmacht zum Grundstücksverkauf oder -erwerb nach § 311b I ist nach stRspr formbedürftig, wenn sie unwiderruflich erteilt wurde und damit für den Vollmachtgeber bereits eine Bindung mit sich bringt (BGHZ 132, 120, 124). Das gilt auch, wenn die Vollmacht zeitlich begrenzt widerrufen werden kann (Karlsr NJW-RR 86, 100, 101). Formbedürftig ist die Vollmacht auch, wenn sie zwar widerruflich erteilt wurde, tatsächlich aber nach der Vorstellung des Vollmachtgebers bereits mit der Vollmachtserteilung die gleiche Bindungswirkung eingetreten ist wie durch den Abschluss des formbedürftigen Hauptvertrages (BGHZ 132, 120, 124). Das ist etwa der Fall, wenn das Rechtsgeschäft ausschließlich den Interessen des Bevollmächtigten dient und ihm die Möglichkeit eröffnet wird, die Vollmacht unverzüglich zu seinen Gunsten zu verwerten (BGHZ 132, 120, 124 f), eine Partei eine bindende Erwerbsverpflichtung eingeht (BGH NJW 85, 730) oder wenn für den Fall des Widerrufs eine Vertragsstrafe vereinbart ist (BGH NJW 71, 557 f). Dagegen ist die Befreiung des Bevollmächtigten von § 181 für sich allein noch kein ausschlaggebender Gesichtspunkt (BGH NJW 79, 2306, 2307; aA *Larenz/Wolf* AT § 47 Rz 26). Die in der Literatur vertretene Auffassung, dass die Vollmacht auch dann formbedürftig sei, wenn sie dem Bevollmächtigten keinen eigenen Entscheidungsspielraum belässt (*Larenz/Wolf* AT § 47 Rz 26), findet in der Rspr keine Stütze (BGH NJW 98, 1857, 1857). 12

Außerhalb von Grundstücksgeschäften ist die Vollmacht zur Übernahme einer Bürgschaft generell nach § 766 formbedürftig (BGHZ 132, 119, 125). Formbedürftig sind auch die bindende Vollmacht zum Abschluss eines Erbteilübertragungsvertrages (BayObLGZ 54, 225, 234) und die unwiderrufliche Vollmacht zur Abtretung von Steuererstattungsansprüchen (BFH WM 83, 402, 403 f). Dagegen bedarf eine widerrufliche Vollmacht zum Abschluss eines Ehevertrages nicht der Form des § 1410 (BGH NJW 98, 1857, 1858 f; aA *Vollkommer* JZ 99, 522, 523 f). Da der Formzwang bei der Übertragung von GmbH-Anteilen nach § 15 III GmbHG nicht dem Schutz der Vertragsparteien dient, sondern den Zweck verfolgt, die Umlauffähigkeit von GmbH-Anteilen zu beschränken, ist – außer im Falle einer Blankovollmacht – eine Vollmacht zur Übertragung von GmbH-Anteilen auch dann nicht formbedürftig, wenn sie unwiderruflich erteilt wurde (BGHZ 19, 69, 72; Staud/*Schilken* Rz 27). 13

3. Rechtsfolgen einer formunwirksamen Bevollmächtigung. Bedarf die Vollmacht ausnahmsweise der Form, ist eine formlos erteilte Vollmacht grds gem § 125 I nichtig (BGHZ 132, 119, 128). Die formunwirksame Vollmachtserteilung kann eine Rechtsscheinhaftung auslösen (s. Rn 37 ff). Ansonsten richten sich die Rechtsfolgen des vollmachtlosen Vertreterhandelns nach den §§ 177 ff. Die Genehmigung des Vertretergeschäfts durch den Vertretenen ist gem § 182 II formfrei möglich (s. § 182 Rn 6). Daneben besteht für eine Heilung analog §§ 311b I 2, 518 II kein praktisches Bedürfnis (Soergel/*Leptien* Rz 14). Der Vollzug des Vertre- 14 tergeschäfts durch den Vertreter heilt nicht, da dies der ratio des § 311b I 1 und der Ausdehnung des Formzwangs auf die Vollmacht widersprechen würde (Staud/*Schilken* Rz 24; str).

15 **III. Anfechtung der Vollmacht. 1. Anfechtbarkeit.** Vor dem Gebrauch einer Vollmacht ist deren Anfechtung unproblematisch möglich, wenn auch uU unzweckmäßig, weil der Vollmachtgeber die Vollmacht einfacher gem § 168 2 widerrufen kann (*Bork* Rz 1471). Str ist, ob der Vollmachtgeber die Vollmacht auch noch nach ihrem Gebrauch anfechten kann, was zur Folge hat, dass die Vollmacht ex tunc (§ 142 I) unwirksam wird und der Vertragspartner rückwirkend seine Ansprüche gegen den Vollmachtgeber verliert. Ein Teil der Lehre vertritt aus Gründen des Vertrauensschutzes die Ansicht, dass eine bereits vollzogene Vollmacht grds unanfechtbar ist (Erman/*Palm* Rz 27). Gegen diese Ansicht spricht, dass der Vertragspartner durch die §§ 122, 179 und die Grundsätze der Rechtsscheinvollmacht ausreichend geschützt ist. Deshalb ist der hM zu folgen, dass eine Anfechtung der Vollmachtserteilung auch nach dem Gebrauch der Vollmacht grds zulässig ist (Staud/*Schilken* Rz 78; *Schwarz* JZ 04, 588, 594).

16 Hat der Vollmachtgeber intern Vollmacht erteilt und ist er durch Täuschung des Vertragspartners oder eines Dritten hierzu gebracht worden, hängt die Anfechtbarkeit der Vollmacht gem §§ 123 I, 123 II 1 davon ab, dass der Bevollmächtigte die Täuschung kannte oder kennen musste. Fehlt es hieran, wendet die hM § 123 II 2 analog an, wenn der Vertragspartner ein Recht aus dem Vertretergeschäft erlangt hat und die Bevollmächtigung nicht im Eigeninteresse des Bevollmächtigten erteilt wurde. Unter diesen Voraussetzungen ist auch eine interne Vollmacht wegen Täuschung anfechtbar, wenn nur der Vertragspartner die Täuschung kannte oder kennen musste (MüKo/*Schramm* Rz 113).

17 **2. Anfechtungsgegner und Rechtsfolgen.** Die Anfechtung einer Außenvollmacht ist gem § 143 III 1 dem Vertragspartner ggü zu erklären. Dieser kann gem § 122 von dem Vollmachtgeber seinen Vertrauensschaden ersetzt verlangen. Str ist, ob der Vertragspartner daneben auch den Vertreter aus § 179 in Anspruch nehmen kann. Ein Teil der Lehre macht hiergegen geltend, dass es unbillig wäre, den Vertreter für Willensfehler des Vertretenen einstehen zu lassen (*Flume* II § 52 5 e). Zu dem gleichen Ergebnis gelangt eine aA, nach der § 122 als die sachnähere Norm die Anwendung des § 179 aus Konkurrenzgründen ausschließt (MüKo/*Schramm* Rz 110). Nach der wohl hM haftet der Vertreter aus § 179 neben dem Vertretenen, kann aber analog § 122 (aA für einen Ausgleichsanspruch aus § 426 *Bork* Rz 1473) beim Vertretenen Regress nehmen und Freistellung von seiner Haftung aus § 179 verlangen (Staud/*Schilken* Rz 81 f). Für diese Ansicht spricht, dass der Vertreter im Außenverhältnis zu dem Vertragspartner durch den Gebrauch der Vollmacht einen Grund für die Garantiehaftung aus § 179 gesetzt hat. Im Innenverhältnis zwischen dem Vertreter und dem Vertretenen muss jedoch nach dem Rechtsgedanken des § 122 der Vertretene allein haften.

18 Eine Innenvollmacht ist gem § 143 III 1 dem Vollmachtgeber ggü anzufechten. Ein großer Teil des Schrifttums hält es jedoch für unbillig, wenn der Vertragspartner nur den Vertreter aus § 179 in Anspruch nehmen kann, da es letztlich um die Beseitigung des Vertretergeschäfts geht. ZT wird deshalb die Auffassung vertreten, dass die Anfechtung auch dem Vertragspartner ggü erfolgen soll, um auf diese Weise dem Vertragspartner den Anspruch aus § 122 gegen den Vollmachtgeber zu verschaffen (*Medicus* AT Rz 945; ähnl für eine kombinierte Anwendung der §§ 143 II, III *Petersen* AcP 201, 375, 385 ff). Nach einer vordringenden Ansicht ist Anfechtungsgegner zwar der Vertreter, dem Vertragspartner soll aber dennoch ein Anspruch auf Ersatz seines Vertrauensschadens gegen den Vollmachtgeber analog § 122 zustehen, der neben seinen Anspruch gegen den Vertreter aus § 179 tritt (*Larenz/Wolf* AT § 47 Rz 36; *Schwarz* JZ 04, 588, 595, aA gegen jede Abweichung vom gesetzlichen Ausgleichssystem *Bork* Rz 1473, 1479). Für diese Ansicht spricht, dass es nach dem Schutzzweck des § 122 gleichgültig ist, ob die Vollmacht ggü dem Vertragspartner oder dem Vertreter angefochten wird. Maßgeblich für die Haftung des Vollmachtgebers ist, dass der Vertragspartner aufgrund des Drittbezugs der Vollmacht von deren Anfechtung unmittelbar betroffen und deshalb schutzwürdig ist, während die Vollmacht selbst rechtlich und wirtschaftlich neutral ist.

19 **IV. Sonstige Mängel der Vollmacht.** Erteilt ein beschränkt Geschäftsfähiger die Vollmacht, gelten § 107 (*Bork* Rz 1461) und § 111 1. Für die Kenntnis eines geheimen Vorbehaltes (§ 116 2) und das Einverständnis mit einer Scheinerklärung (§ 117 I) kommt es grds bei einer Innenvollmacht auf die Person des Vertreters und bei einer Außenvollmacht auf die Person des Vertragspartners an (*Larenz-Wolf* AT § 47 Rz 37). Hiervon gelten jedoch Ausnahmen (s. hierzu iE Staud/*Schilken* Rz 75).

20 **V. Mängel des Grundgeschäfts.** Mängel des Grundgeschäfts lassen die Wirksamkeit der Vollmacht nach dem Abstraktionsprinzip (s. Rn 4) grds unberührt (*Bork* Rz 1491). Ausnahmsweise kann sich ein Mangel des Grundgeschäfts aber auch auf die Vollmacht erstrecken. Anerkannt ist das bei der sog Fehleridentität, wenn der Grund für die Nichtigkeit des Grundgeschäfts auch die Vollmacht erfasst sowie in Fällen, in denen das Grundgeschäft und die Vollmacht ein einheitliches Geschäft iSv § 139 bilden (BGH NJW 01, 3774, 3775). Das Gleiche gilt, wenn die Wirksamkeit des Grundgeschäfts zur Bedingung (§ 158 I) für die Wirksamkeit der Vollmacht gemacht wurde (*Bork* Rz 1491).

21 Es entspricht stRspr, an der sich durch das am 1.1.08 in Kraft getretene RDD nicht geändert hat, dass in Fällen, in denen ein Kapitalanleger einem zur Besorgung fremder Rechtsangelegenheiten nicht zugelassenen

Geschäftsbesorger/Treuhänder iRe Steuersparmodells eine umfassende Vollmacht zur Abwicklung des Grundstückerwerbs oder Fondsbeitritts erteilt hat, die Nichtigkeit des ohne Erlaubnis abgeschlossenen Geschäftsbesorgungsvertrages nach dem Schutzgedanken des **Art 1 § 1 I RBerG iVm § 134** unmittelbar auch die umfassende **materiell-rechtliche Abwicklungsvollmacht** des Geschäftsbesorgers/Treuhänders umfasst (BGH WM 09, 542 Tz 18; 08, 2359 Tz 339). Für die Abgrenzung zur erlaubnisfreien Geschäftsbesorgung kommt es darauf an, ob der Schwerpunkt der Tätigkeit auf wirtschaftlichem Gebiet liegt oder die Klärung rechtlicher Verhältnisse im Vordergrund steht (BGH WM 08, 1266 Tz 26 f; 1211 Tz 3 f). Gegen diese Rspr ist einzuwenden, dass ein Fall der Fehleridentität nicht vorliegt, sodass die Abwicklungsvollmacht nach dem Abstraktionsprinzip wirksam bleibt (*Hellgardt/Mayer* WM 04, 2380, 2383 ff; *Prütting* EWiR 03, 347, 348). Denn die Vollmacht ist ein einseitiges Rechtsgeschäft des Vollmachtgebers, mit dem der Vollmachtgeber eine eigene Rechtsangelegenheit besorgt, auf das sich das Verbot der unerlaubten Rechtsbesorgung nicht erstreckt (*Prütting* GA zum 65. DJT 04, S. G51; *Zimmermann* BKR 07, 226, 229; *Ganter* WM 01, 195). IÜ ist anerkannt, dass der iRd unerlaubten Rechtsbesorgung abgeschlossene Vertrag nur dann selbst gegen Art 1 § 1 RBerG verstößt und gem § 134 nichtig ist, wenn der Dritte in einer Weise mit dem Rechtsbesorger zusammenwirkt, dass seine Tätigkeit als eine Beteiligung an der unerlaubten Rechtsbesorgung angesehen werden muss (BGH ZIP 98, 775, 776; im Anschluss hieran auch WM 05, 1598, 1599; 08, 683 Tz 31; offen lassend II. ZS BGH WM 04, 1529, 1530 f). In Fällen, in denen der von dem Rechtsbesorger im Namen des Anlegers geschlossene Vertrag selbst nicht gegen das RBerG verstößt, besteht aber kein berechtigtes Interesse, die Nichtigkeitsfolge dennoch auf die abstrakte Vollmacht zu erstrecken. Wegen des Drittbezuges der Vollmacht können für die Wirksamkeit der an sich rechtlich neutralen Vollmacht nicht strengere Anforderungen gelten als für die Auswirkung der unerlaubten Rechtsbesorgung auf das Vertretergeschäft selbst. Die Erstreckung der Nichtigkeitsfolge auf die abstrakte Vollmacht ergibt sich auch nicht aus dem Schutzzweck des RBerG, die Rechtssuchenden vor unsachgemäßer Erledigung ihrer rechtlichen Angelegenheiten zu schützen (so aber BGH WM 07, 639 Tz 39). Die entgegenstehende Rspr des BGH trägt den Erfordernissen der Sicherheit des Rechtsverkehrs und den berechtigten Vertrauensschutzinteressen der Geschäftsgegner des Anlegers nicht hinreichend Rechnung. Sie führt zu sachwidrigen Abgrenzungen, nicht gerechtfertigten Risikoverschiebungen und Wertungswidersprüchen zu Lasten der Vertragspartner des Anlegers. Insb hängt das Schicksal der von dem Geschäftsbesorger für den Anleger abgeschlossenen Rechtsgeschäfte von dem in der Praxis häufig nur zufälligen Nachweis ab, dass dem Vertragspartner bei Abschluss des Vertretergeschäfts eine Ausfertigung der notariellen Vollmachtsurkunde vorlag (§ 172 I). Nicht gerechtfertigt ist es auch, dass die finanzierende Bank iRd Abwicklung des nichtigen Darlehensvertrages nach § 812 I 1 Alt 1 empfangene Zins- und Tilgungsleistungen an den Anleger herauszugeben hat, die Darlehensvaluta idR aber nicht von dem Anleger, sondern nur von demjenigen Geschäftspartner des Anlegers zurückfordern kann, an den sie geflossen ist (Rn 24). Diese Lösung widerspricht dem Grundsatz, dass der Anleger im Verhältnis zu dem an dem Verstoß gegen Art 1 § 1 RBerG selbst nicht beteiligten Vertragspartner idR die Risiken zu tragen hat, die sich aus der Nichtigkeit des Grundgeschäfts ergeben. Die Interessen des Anlegers sind nicht höher zu bewerten als die des auf die Wirksamkeit des von dem Geschäftsbesorger/Treuhänder abgeschlossenen Rechtsgeschäfts vertrauenden Vertragspartners (BGH WM 05, 72, 75; 127, 131; aA *Strohn* WM 05, 1441, 1450). Etwas anderes gilt in Fällen, in denen der Geschäftsgegner an der unerlaubten Rechtsberatung nicht beteiligt ist, nur, wenn die Ausübung der Vertretungsmacht im Einzelfall missbräuchlich ist (s. § 164 Rn 67 ff).

Dagegen verstößt die in einem formularmäßigen **Zeichnungsschein** enthaltene beschränkte Singularvollmacht zu der Abgabe der Fondsbeitrittserklärung, dem Abschluss des finanzierenden Darlehensvertrages und der Kontoeröffnung nicht gegen das RberG (BGH DStR 09, 2327 Tz 14; WM 09, 542 Tz 19; aA inzwischen aufgegeben II ZS BGHZ 159, 294, 302 f; berechtigt idR aber nicht zur Bestellung von Sicherheiten (BGH WM 09, 2359 Tz 34 ff). Für eine wirksame Bevollmächtigung genügt es jedoch nicht, dass der Zeichnungsschein nur die Verpflichtung zur Vollmachtserteilung enthält (BGH WM 08, 1266 Tz 29 f). Ob die Nichtigkeit des Treuhandvertrages und der notariell beurkundeten Abwicklungsvollmacht gem § 139 auch die Unwirksamkeit der in dem Zeichnungsschein enthaltenen Vollmacht umfasst, ist Tatfrage und durch Ermittlung und Auslegung des Parteiwillens festzustellen. Wegen der getrennten Beurkundung ist das idR zu verneinen (BGH WM 07, 108 Tz 24; 07, 116 Tz 17 f; Bambg WM 07, 1211, 1214; aA für ein einheitliches Geschäft Celle ZIP 07, 1801, 1803; Dresd OLGR 07, 717 Rz 60 ff). Auch sind Darlehensverträge, die der Geschäftsführer einer Immobilienfonds-GbR im Rahmen seiner **Geschäftsführungsbefugnis** (§ 714) *abschließt, wirksam,* mit der Folge, dass die Gesellschafter analog §§ 128 ff HGB für die daraus resultierenden Verbindlichkeiten idR auch dann haften, wenn diese vor dem Fondsbeitritt begründet worden sind (BGH WM 07, 1648 Tz 21; 110 Tz 17 ff). Die persönliche Haftung des Fondsgesellschafters scheidet aber aus, wenn der Anleger nicht direkt beigetreten ist, sondern an der Fondsgesellschaft nur über einen Treuhänder wirtschaftlich beteiligt ist (BGH ZIP 08, 2354 Tz 18 ff). Die Übertragung von Geschäftsführungsaufgaben und die Erteilung umfassender Vollmachten an einen Nichtgesellschafter fällt nach der Rspr des BGH grds nicht in den Anwendungsbereich des Art 1 § 1 I RBerG (str; BGH WM 07, 62 Tz 29 mwN). Dagegen soll der von den Gesellschaftern dem Geschäftsführer außerhalb des Gesellschaftsvertrages erteilte Auftrag nebst Vollmacht zur Eingehung einer persönlichen Haftung für Verbindlichkeiten der Gesellschaft und

Abgabe eines vollstreckbaren Schuldanerkenntnisses ggü der finanzierenden Bank nichtig gem Art 1 § 1 RBerG iVm § 134 sein (BGH WM 07, 1648 Tz 17).

23 Die Nichtigkeit der materiell-rechtlichen Abwicklungsvollmacht führt dazu, dass sämtliche von dem Geschäftsbesorger/Treuhänder abgeschlossene Verträge **schwebend unwirksam** sind, es sei denn die Vollmacht ist aus Rechtsscheingesichtspunkten als gültig zu behandeln. Nach inzwischen gefestigter Rspr sind die **§§ 171 f** und die allgemeinen Grundsätze der **Duldungs- und Anscheinsvollmacht** auch dann anwendbar, wenn die einem Vertreter erteilte umfassende Abschlussvollmacht wegen Verstoßes gegen das RBerG nichtig ist (BGH WM 08, 1782 Tz 15; 1703 Tz 12; zust BaRoth/*Habermeier* Rz 2; MüKo/*Schramm* Rz 52a ff; aA *Hellgardt/Mayer* WM 04, 2380, 2382 und inzwischen aufgegeben für das verbundene Geschäft II. ZS BGHZ 159, 294, 301 f). Etwas anderes gilt nur dann, wenn die Voraussetzungen des § 173 vorliegen (s. § 173 Rn 3), die Regeln über den Missbrauch der Vertretungsmacht eingreifen oder der Geschäftsgegner an der unerlaubten Rechtsberatung beteiligt war (BGH WM 08, 683 Tz 29). Für die Vertretungsbefugnis des Geschäftsbesorgers/Treuhänders gem §§ 171 f ist es erforderlich, dass die Vollmacht im Original oder in notarieller Ausfertigung (s. § 172 Rn 4) spätestens bei Abschluss des jeweiligen Vertretergeschäfts (BGH WM 08, 1782 Tz 21: Endfinanzierungsvertrag; BGH WM 08, 1703 Tz 12; 683 Tz 32: Kaufvertrag) vorlag. Für die Zurechnung der Auszahlungsanweisung genügt es, wenn dies erst im Zeitpunkt der Zahlungsanweisung der Fall war (BGH WM 08, 1266 Tz 35 ff). Die Anforderungen, die der BGH an den Schutz des Geschäftspartners unter dem Gesichtspunkt der Duldungs- und Anscheinsvollmacht stellt (Rn 41, 43), sind nur sehr selten erfüllt. Eine **konkludente Genehmigung** (§ 177 I) des den Immobilienerwerb/Fondsbeitritt finanzierenden Darlehensvertrages scheitert meist daran, dass der Anleger die Unwirksamkeit der Vollmacht und des Darlehenvertrages weder kannte noch mit ihr rechnen musste (BGH WM 08, 1782 Tz 13). Weil den Parteien das Bewusstsein der Unwirksamkeit des Vertretergeschäfts fehlt, kommt idR auch eine **Bestätigung** des Darlehensvertrages gem § 141 I nicht in Betracht (BGH WM 08, 1266 Tz 20). Ferner liegt in der Darlehensrückführung bei einem unerkannt nichtigen Darlehensvertrag kein **kausales Schuldanerkenntnis** (BGH WM 08, 1301). Die Berufung des Anlegers auf die Unwirksamkeit des Vertretergeschäftes soll auch nach mehreren Jahren grds nicht **gegen § 242 verstoßen** (BGH BKR 05, 501, 504; Karlsr ZIP 07, 1128, 1129 f; *Nobbe*, aaO, 7). Eine Ausn hiervon ist nach der Rspr des BGH nur gerechtfertigt, wenn unter Berücksichtigung des Verhaltens des Auftraggebers besondere Gründe vorliegen, die es bei Abwägung aller Umstände des konkreten Einzelfalls sachlich rechtfertigen, die Interessen des redlichen Vertragspartners für schutzwürdiger zu erachten als die des nur scheinbar vertretenen Auftraggebers. Anerkannt ist das nur bei eigenhändiger Unterzeichnung einer Zwischenfinanzierungsvereinbarung durch den Anleger (BGH WM 08, 1782 Tz 15 f), nicht aber bei einer Konditionenanpassung nach Ablauf der Zinsbindungsfrist (unechte Abschnittsfinanzierung; BGH WM 07, 731 Tz 17; Karlsr ZIP 06, 1128, 1129) oder wenn der Anleger auf Bitten der Bank einen eigenen Kontoeröffnungsantrag gestellt und das Darlehen vollständig zurückgeführt hat (BGH WM 08, 1782 Tz 17 f). Dagegen billigt der BGH dem Geschäftsbesorger/Treuhänder ggü dem Anleger uU den Einwand der unzulässigen Rechtsausübung (§ 242) zu (BGH WM 07, 543 Tz 13 ff). Abw von der Rechtsprechungslinie des BGH (Urt v 29.7.08 – XI ZR 394/06 Tz 22 f) wird bei der Frage der **Verwirkung** der Ansprüche des Anlegers ggü der finanzierenden Bank zT die handelsrechtliche Aufbewahrungsfrist für die Korrespondenz mit dem Kunden (§ 257 HGB) herangezogen (München WM 06, 1292 ff). Beim Fondsbeitritt gilt die Besonderheit, dass der Anleger nach den **Grundsätzen der fehlerhaften Gesellschaft** seine Fondsbeteiligung nur mit Wirkung ex nunc kündigen und damit allenfalls wegen eines etwaigen Abfindungsguthabens Einwendungen ggü dem Darlehensrückzahlungsanspruch der finanzierenden Bank erheben kann (BGH WM 08, 1356 Tz 22). Die Rspr zum Verstoß der umfassenden Abwicklungsvollmacht des Geschäftsbesorgers/Treuhänders gegen das RBerG führt idR nicht zum Wegfall der Vergleichsgrundlage gem § 779 (Schlesw WM 06, 1384, 1485).

24 Soweit die Nichtigkeit der Vollmacht dazu führt, dass auch die Auszahlungsanweisung des Geschäftsbesorgers/Treuhänders ggü der Bank dem Anleger nicht zugerechnet werden kann und dieser die Darlehensvaluta damit nicht iSd § 812 I erlangt hat, kann die **kreditgebende Bank** die Darlehensvaluta nicht bei dem Anleger, sondern nur bei dem jeweiligen Zahlungsempfänger (zB Verkäufer, Mietgarant, Finanzierungsvermittler) nach den Regeln der Nichtleistungskondition (§ 812 I 1 Alt 2; § 812 Rn 94) kondizieren (BGH WM 08, 1258 Tz 10; 1211 Tz 9; 07, 731 Tz 27). Das gilt auch, wenn die Valuta auf ein von dem Geschäftsbesorger/Treuhänder nicht wirksam eröffnetes Konto des Anlegers geflossen ist (BGH WM 07, 639 Tz 15; 04, 1230, 1233). Die Bank kann den Anleger nicht analog § 128 HGB für den Kondiktionsanspruch gegen die Fondsgesellschaft in Anspruch nehmen (BGH WM 08, 2155 Tz 34; für treuhänderische Beteiligungen s. BGH WM 09, 2359 Tz 30). Auch ein Anspruch der finanzierenden Bank gegen den Anleger aus §§ 677, 684 scheidet aus (BGHZ 177, 108 Tz 28; BGH WM 08, 1211 Tz 15). Die von dem Anleger zurückzugewährende Leistung besteht bei einem verbundenen Geschäft nicht lediglich in der Übereignung der kreditfinanzierten Eigentumswohnung (BGHZ 174, 334 Tz 36) oder Übertragung der finanzierten Fondsanteils (BGHZ 177, 108 Tz 13 f; BGH WM 08, 1266 Tz 42; aA inzwischen aufgegeben II. ZS BGHZ 159, 294, 309 ff). Der **Anleger** kann von der finanzierenden *Bank* dagegen gem § 812 I 1 Alt 1 die von ihm erbrachten Zins- und Tilgungsleistungen kondizieren und die Herausgabe bestellter Sicherheiten verlangen (BGH WM 09, 2359 Tz 26 ff; WM 08, 2155 Tz 31; 04, 1227, 1230; 1230, 1233). Das gilt auch, wenn dem Anspruch der Bank aus dem von dem Anleger selbst abgeschlos-

senen Darlehensvertrag die Nichtigkeit des verbundenen Kaufvertrages gem § 813 entgegensteht (BGHZ 174, 344 Tz 31). Zur Beweislast s. § 164 Rn 85. Der Bereicherungsanspruch des Anlegers ist nicht um seine Mieteinnahmen (BGH WM 07, 731 Tz 25 ff) und erlangte Steuervorteile (BGH WM 09, 2359 Tz 31) zu mindern. Die finanzierende Bank ist aber nicht verpflichtet, den Anleger von seinen Verpflichtungen im Zusammenhang mit dem finanzierten Fondsbeitritt freizustellen (BGH WM 08, 1266 Tz 42). Für die Verjährung der Bereicherungsanspruchs des Anlegers ggü der finanzierenden Bank galt die kurze Verjährung nach § 197 aF nur hinsichtlich der regelmäßig wiederkehrenden Zins- oder Annuitätsraten (BGHZ 174, 344 Tz 33), nicht aber für eine vorzeitige Darlehensablösung (BGH WM 08, 2155 Tz 10). Der Beginn der Verjährung des Bereicherungsanspruchs gem § 199 II Nr 2 war wegen unsicherer und zweifelhafter Rechtslage nur bis zu der im Januar 2002 abgeschlossenen Veröffentlichung der Grundsatzentscheidung BGHZ 145, 265 ff und der Anschlussrechtsprechung hinausgeschoben (BGH WM 08, 2155 Tz 15 ff). Darüber hinaus liegen die subjektiven Voraussetzungen des § 199 II Nr 2 nur vor, wenn der Anleger das Fehlen der Voraussetzungen des § 172 f kennt oder grob fahrlässig nicht kennt. Hieran fehlt es, wenn er im Jahr 2003 ohne grobe Fahrlässigkeit nicht wusste, dass der Bank eine Ausfertigung der notariellen Vollmachtsurkunde nicht vorlag (BGH aaO Tz 20 ff). Das Wissen des Treugebers soll dem Anleger iRd Verjährung gem § 199 II Nr 2 wegen des Schutzzwecks des Art 1 § 1 I RBerG nicht analog § 166 zuzurechnen sein (BGH WM 07, 639 Tz 37 ff). Im Ergebnis steht die finanzierende Bank somit schlechter da als der an dem nichtigen Grundgeschäft beteiligte **Geschäftsbesorger/Treuhänder**, dem die Rspr ggü dem Anleger einen Wertersatzanspruch in Höhe der üblichen oder angemessenen Vergütung nach §§ 812, 818 (BGH WM 07, 543 Tz 14 ff) und uU ggü der Kondiktion der gezahlten Treuhandvergütung den Einwand der unzulässigen Rechtsausübung (§ 242) zubilligt (Rn 24).

Nach der Rspr des BGH erfasst die Nichtigkeit des Geschäftsbesorgungsvertrages auch die nach prozessualen Grundsätzen zu beurteilende Vollmacht zur **Abgabe einer Zwangsvollstreckungsunterwerfungserklärung** gem § 794 I Nr 5 ZPO, deren Nichtigkeit nicht aus Rechtsscheingesichtspunkten analog §§ 171 ff überwunden werden kann (BGH WM 09, 1296 Tz 10; BGHZ 169, 109 Tz 32, zust Staud/*Schilken* Rz 75; BaRoth/*Habermeier* Rz 2). Gegen diese Auffassung spricht, dass die ZPO auf vielfältige Weise dafür gesorgt hat, dass Willensfehler iRv Prozesshandlungen unschädlich bleiben. Daraus folgt, dass die Wirksamkeit der Prozessvollmacht im Hinblick auf die von dem Zivilprozess eigens bezweckte Rechtssicherheit grds unabhängig von materiell-rechtlichen Mängeln zu beurteilen ist und dass die Vorschrift des § 134 daher bei einem Verstoß gegen Art 1 § 1 RBerG auf die Prozessvollmacht nicht anwendbar ist (*Prütting*, aaO, S. G52; *ders*, EWiR 03, 347, 348; *Rennen/Caliebe* Art 1 § 1 Rz 199; Stein/Jonas/*Bork* § 79 Rz 4; aA Henssler/Prütting/*Weth* Art 1 § 1 Rz 71). Gem § 139 kann sich aus der Nichtigkeit der Vollstreckungsunterwerfungsvollmacht die Nichtigkeit des ihr zugrunde liegenden materiell-rechtlichen Schuldanerkenntnisses ergeben, das von der Einschränkung des Anwendungsbereichs der §§ 171 ff selbst nicht betroffen ist (BGH WM 07, 110 Tz 24). Dem Anleger ist es gem **§ 242 (dolo agit)** verwehrt, sich auf die Unwirksamkeit der Vollstreckungsunterwerfungsvollmacht zu berufen, wenn er nach dem Inhalt des von dem Anleger persönlich abgeschlossenen oder nach den §§ 171 ff als wirksam zu behandelnden Darlehensvertrages oder sonst schuldrechtlich verpflichtet ist, als Sicherheit ein vollstreckbares Schuldanerkenntnis abzugeben (BGH WM 10, 28 Tz 13 f). Gleiches gilt für den Gesellschafter einer kreditaufnehmenden Fondsgesellschaft (BGH WM 07, 110 Tz 32; 1648 Tz 26). Diesem ist die Berufung auf die Unwirksamkeit der Vollstreckungsunterwerfungserklärung jedoch nicht bereits deshalb verwehrt, weil er dem Vollstreckungsgläubiger persönlich haftet, wohl aber wenn sich aus der mit der Fondsgesellschaft getroffenen darlehensvertraglichen Besicherungsabrede die Verpflichtung der Gesellschafter zur Abgabe vollstreckbarer Schuldanerkenntnisse ergibt und die Kreditaufnahme auf einem entsprechenden Gesellschafterbeschluss beruht (BGH WM 07, 1684 Tz 25 ff; aA *Ulmer* ZIP 05, 1341, 1345; hiergegen *Nobbe* aaO, 11). Die Nichtigkeit der Vollstreckungsunterwerfungsvollmacht ist mit der prozessualen Gestaltungsklage analog § 767 ZPO geltend zu machen (BGH WM 07, 1648 Tz 14).

C. Umfang der Vollmacht. Zum Umfang der Vertretungsmacht s. bereits § 164 Rn 56, 58. Der Umfang der Vollmacht ist gesetzlich nur in wenigen Ausnahmefällen (zB §§ 49, 50, 54, 55, 91 HGB; 60 ff VVG; 81 ff ZPO) geregelt, sodass grds der Vollmachtgeber den Vollmachtsumfang bestimmt. Dieser kann sich auch aus AGB ergeben (BGH NJW 99, 1633, 1635 f).

I. Auslegungsgrundsätze. Der Inhalt der Vollmacht ist bei Zweifeln durch Auslegung vom Empfängerhorizont (§§ 133, 157) zu ermitteln. Bei der rein internen Vollmacht kommt es auf die Verständnismöglichkeiten des *Bevollmächtigten* an. Dabei können auch Inhalt und Zweck des zugrunde liegenden Geschäfts mitberücksichtigt werden (BGH NJW 91, 3141). Stimmen der Wille des Vollmachtgebers und des Bevollmächtigten hinsichtlich des Vollmachtsumfangs überein, kommt eine davon abweichende Auslegung nicht in Betracht (BGH NJW 99, 486, 487). Für die Auslegung einer externen Vollmacht oder einer nach außen kundgegebenen Innenvollmacht (§§ 171, 172) kommt es darauf an, wie der Vertragspartner das Verhalten verstehen musste (BGH NJW-RR 00, 745, 746). Umstände, die sich nicht aus der Vollmachtsurkunde selbst ergeben, haben außer Betracht zu bleiben, soweit sie dem Vertragspartner nicht bekannt waren (BGH NJW 83, 1906). Entscheidend ist, welche Bedeutung ein objektiver Betrachter in der Situation des Vertragspartners der Bevollmächtigung beimessen durfte. Das richtet sich va nach dem erkennbaren Zweck der Vollmacht sowie nach der (örtlichen) Verkehrssitte (BaRoth/*Habermeier* Rz 24). Bei einer Bevollmächtigung durch Erklärung an die Öffentlichkeit oder einer Vollmachtskundgabe durch öffentliche Bekanntmachung (§ 171) ist die Verständnismöglichkeit eines durchschnittlichen Beteiligten maßgeblich, dh es ist von der objektiven und verkehrsüblichen Bedeutung der Vollmachtserklärung auszugehen (Palandt/*Heinrichs* Rz 5). Die Auslegung einer Vollmacht ist auch am Maßstab von Treu und Glauben zu messen, der va bei außergewöhnlichen Geschäften einschränkend wirkt (BGH NJW 88, 3012). Bei verbleibenden Zweifeln ist der weniger weit reichende, eindeutig festzustellende Vollmachtsumfang anzunehmen (Köln NJW-RR 01, 652).

28 **II. Typische Einzelfälle. 1. Kontovollmacht.** Eine Kontovollmacht berechtigt nur zur Verfügung über ein Kontoguthaben und Inanspruchnahme einer eingeräumten Kreditlinie, aber nicht zu Kreditaufnahmen und -erweiterungen in unbegrenzter Höhe (BGH MDR 53, 345, 346; Köln ZIP 01, 1709, 1710). Das gilt auch für die wechselseitige Bevollmächtigung zur Mitverpflichtung bei einem Oder-Konto und die gegenseitige Bevollmächtigung von gesamtvertretungsberechtigten Gesellschaftern zu Einzelverfügungen über ein Girokonto der Gesellschaft. In diesen Fällen verstoßen Klauseln in AGB, wonach die Kontoinhaber in unbegrenzter Höhe für Kontoüberziehungen haften, gegen die §§ 305c, 307; hierzu bedarf es vielmehr einer zur Kreditaufnahme ermächtigenden Spezialvollmacht (BGH NJW 91, 923, 924; Köln ZIP 01, 1709, 1710 f). Dieselben Grundsätze werden auf die in dem Formulartext einer Girokontovollmacht ausdrücklich erteilte Kreditvollmacht angewandt (Köln ZIP 01, 1709, 1710; aA Oldbg WM 96, 997, 999). Zulässig sind aber Klauseln, wonach jedem Kontoinhaber vorübergehende Kontoüberziehungen im banküblichen Rahmen gestattet sind (Brandbg WM 07, 2150). Die Kontovollmacht umfasst das Recht, über das Girokonto mit Hilfe von Schecks zu verfügen (BGH WM 86, 901, 902). Sie gibt aber nicht die Befugnis, das Konto aufzulösen oder auf andere Weise zum Bsp durch Umwandlung des Kontos des Vertretenen in ein Konto des Vertreters in die Vertragsstellung des Vollmachtgebers einzugreifen. Das gilt auch für die transmortale Vollmacht (BGHZ 180, 191 Tz 15 f; str). Auch die Umwandlung eines Oder-Kontos in ein Und-Konto durch einen Mitkontoinhaber setzt idR eine Einigung der Bank mit allen Kontoinhaber voraus (BGHZ 180, 191 Tz 15).

29 **2. Architektenvollmacht.** In der Beauftragung eines bauleitenden Architekten mit der Durchführung eines Bauvorhabens liegt im Zweifel zugleich die Erteilung einer Vollmacht, die auf üblicherweise vom Architekten für den Bauherrn getätigte Geschäfte wie die Vergabe von Bauleistungen (BGH BB 63, 111) beschränkt ist (sog **originäre Vollmacht**, s. BGH NJW 78, 995). Das gilt nicht, wenn sich der Auftrag ausdrücklich nur auf die Einholung von Angeboten erstreckt (Köln NJW-RR 92, 915) oder die Vollmacht auf sonstige Weise vertraglich ausgeschlossen ist (Ddorf NJW-RR 96, 1485, 1186). Der Umfang einer Architektenvollmacht ist im Zweifel eng auszulegen. Die Mindestvollmacht erstreckt sich idR nur auf die Vergabe kleinerer Zusatzaufträge, Erteilung von Weisungen, Rüge von Mängeln, technische Abnahme, Feststellung und Anerkennung des gemeinsamen Aufmaßes, Entgegennahme von Stundenlohnzetteln und Entgegennahme von Angeboten, Vorbehalten und Schlussrechnungen (*Pauly* BauR 98, 1143, 1145). Die Erteilung von Nachtrags- und Zusatzaufträgen größeren Umfangs (BGH BB 75, 990) ist dagegen von Ausn abgesehen (Frankf BauR 08, 1144) von der Architektenvollmacht ebenso wenig umfasst wie eine Änderung der geschuldeten Leistung (BGH BauR 09, 107), ein Anerkenntnis von Schlussrechnungen, der Abschluss eines Vergleichs hierüber (BGH NJW 78, 995) und die rechtsgeschäftliche Abnahme von Bauleistungen (Ddorf NJW-RR 01, 14, 15).

30 **3. Vollmachten im Zusammenhang mit einem Immobilienerwerb.** Die Vollmacht zum Verkauf eines Grundstücks kann die Beauftragung eines Maklers enthalten (BGH NJW 88, 3012), berechtigt aber nicht dazu, den Käufer zur Belastung des Grundstücks zu ermächtigen (Jena OLG-NL 94, 245). Die nur an eine Notarstelle gebundene Belastungsvollmacht des Grundstückskäufers berechtigt zur Bestellung von Grundschulden in unbeschränkter Höhe (BayObLG NJW-RR 95, 1167, 1168). Sie erstreckt sich nicht nur auf den eigentlichen Beleihungsvorgang, dh auf die Bestellung des Grundpfandrechts, sondern auf alle Erklärungen, die erforderlich sind, um den Grundbesitz zur Absicherung der Kaufpreisfinanzierung zu nutzen. Hierzu zählt auch die Herbeiführung eines Rangwechsels (Ddorf WM 98, 1922, 1924) und die Ausnutzung eines den Verkäufer vorbehaltenen Rangvorbehaltes (Ddorf FGPrax 00, 55, 56). Die einem Notar erteilte Vollmacht zur Durchführung eines Grundstückskaufvertrages berechtigt weder dazu, die vereinbarte Verpflichtung der Verkäufers zur Verschaffung eines dinglich wirkenden Sondernutzungsrechts durch die Pflicht zur Verschaffung eines obligatorischen Sondernutzungsrechts zu ersetzen (BGH NJW 02, 2863, 2864) noch zur Auflassung nur an einen von mehreren Erwerbern oder an einen Dritten (Hamm NJW-RR 01, 376, 377). Sie umfasst aber die Einholung und Entgegennahme von Genehmigungen eines Vertragsteils (BGH Rpfleger 59, 219, 220; Köln NJW 95, 1499, 1500) und von Löschungsbewilligungen auch für erst nach dem Vertragsschluss eingetragene Rechte (Köln NJW-RR 95, 590). Die einem Bauträger erteilte Vollmacht zur Änderung der Teilungserklärung umfasst idR nicht die Befugnis zur Bestellung von Dienstbarkeiten (München NZM 09, 786 f) Zur Vereinbarkeit der einem Geschäftsbesorger/Treuhänder erteilten *Vollmachten mit dem RBerG* s. Rn 21 ff.

31 **4. Anwaltsvollmacht.** Die Beauftragung eines RA umfasst im Zweifel alle Sozien (BGH NJW-RR 88, 1299). Zur Scheinsozietät s. Rn 41. Entsprechendes gilt für Steuerberater (BGH NJW 90, 827, 828) und Ärzte

(BGHZ 97, 277). Eine Prozessvollmacht (s. § 164 Rn 25) ermächtigt nach § 81 ZPO grds auch zur Abgabe und Entgegennahme von materiell-rechtlichen Erklärungen wie der Anfechtung, des Rücktritts und der Aufrechnung, wenn dies der Rechtsverfolgung innerhalb des Klagebegründung oder der Rechtsverteidigung innerhalb der Klageabwehr dient (BGH NJW 03, 963, 964). Das gilt auch für Erklärungen, die außerhalb des Prozesses abgegeben werden und betrifft insb die Entgegennahme von Folgekündigungen in Räumungs- und Kündigungsschutzprozessen (BGH NJW-RR 02, 745; BAG NJW 88, 2691) und das im Mieterhöhungsstreit abgegebene Mieterhöhungsverlangen (BGH NJW 03, 963, 964).

5. Sonstige Vollmachten. Eine vor der Privatisierung der Post erteilte **Postvollmacht** (§ 46 PostO) hat keine privatrechtliche Wirkung (BGHZ 98, 140, 144). Im Geltungsbereich des § 10 AKB ist in der Rspr des BGH anerkannt, dass der Versicherer kraft Gesetzes iRd Abwicklung eines Versicherungsfalls umfassend zu Gunsten und zu Lasten des Versicherungsnehmers bevollmächtigt ist (§ 10 V AKB) und dass diese Vollmacht auch den Teil des Anspruchs umfasst, für den der Versicherer nicht einzustehen hat (BGH NJW-RR 04, 1475). Dagegen soll im Bereich der Privat- und Berufshaftpflicht (§ 5 Nr. 7 AHB) die Abgabe eines Haftpflichtfalls des Versicherungsnehmers an den Versicherer eine Vollmacht zur Abgabe von Anerkenntniserklärungen zu Lasten des Versicherungsnehmers nicht begründen (Frankf NJW-RR 05, 1694; offen lassend BGH NJW-RR 04, 1475). **Vorsorgevollmachten** (s. §§ 1896 Rn 19, 1901a Rn 3) sind idR als Generalvollmacht (Rn 34 f) ausgestaltet und berechtigen daher zur Vertretung in sämtlichen persönlichen und vermögensrechtlichen Angelegenheiten (*Tersteegen* NJW 07, 1717, 1722 f). Ohne abw Regelung in der Vollmacht unterliegt der Vorsorgebevollmächtigte im Außenverhältnis nicht den Beschränkungen eines Betreuers (*Zimmermann* BKR 07, 226, 230 ff). Die Regelung, dass von der Vollmacht erst bei Eintritt der Betreuungsbedürftigkeit Gebrauch gemacht werden soll, ist idR nicht als aufschiebende Bedingung, sondern nur als Beschränkung im Innenverhältnis zu verstehen (*Tersteegen* NJW 07, 1717; 1722; *Zimmermann* BKR 07, 226, 227). 32

III. General-, Gattungs- und Spezialvollmacht. Begrifflich werden die General-, die Gattungs- und die Spezialvollmacht unterschieden 33

1. Generalvollmacht. a) Umfang. Die Generalvollmacht umfasst grds die Befugnis, alle den Vollmachtgeber betreffenden Rechtsgeschäfte zu erledigen, soweit die Stellvertretung zulässig ist, s. dazu § 164 Rn 26 (*Bork* Rz 1456). Ein gesetzlicher Anwendungsfall der Generalvollmacht ist die Prokura mit zwingend umfassendem Inhalt (§§ 49 f HGB). Auch für eine Generalvollmacht gilt, dass ihr Umfang in Zweifelsfällen durch Auslegung zu ermitteln ist, aus der sich entgegen der Formulierung auch ein begrenzter Vollmachtsumfang ergeben kann (Zweibr NJW-RR 90, 931). So wird man zB annehmen müssen, dass sich eine Generalvollmacht auf persönliche, nicht vermögensrechtliche Angelegenheiten, wie zB Fragen des allg Persönlichkeitsrechts, nur erstreckt, wenn dies ausdrücklich erklärt oder eindeutig erkennbar ist (*Larenz/Wolf* AT § 47 Rz 47). Eine unternehmensbezogene Generalvollmacht wie die Prokura bezieht sich ohnehin nicht auf Privatangelegenheiten (MüKo/*Schramm* Rz 84). Auch sind nach den persönlichen Lebensverhältnissen des Vertretenen ganz außergewöhnliche Rechtsgeschäfte und solche, die den Vollmachtgeber erkennbar schädigen, von einer Generalvollmacht nicht gedeckt (Zweibr NJW-RR 90, 931). 34

b) Zulässigkeit. Die Ausübung der organschaftlichen Vertretungsmacht kann auch dann durch eine Generalvollmacht vollständig auf eine andere Person delegiert oder übertragen werden, wenn die Gesellschafter dem zugestimmt haben (BGH NJW 77, 199 f; offen lassend für die Personenhandelsgesellschaft BGH WM 08, 2252 Tz 8). Das Verbot der Übertragung der organschaftlichen Vertretungsmacht schließt jedoch nicht die Möglichkeit aus, einen Dritten im weiten Umfang mit Geschäftsführungsaufgaben zu betrauen (BGHZ 36, 292, 295). Im Zweifel ist eine Geschäftsführertätigkeiten einschließende Generalvollmacht als zulässige Generalhandlungsvollmacht (§ 54 HGB) auszulegen oder umzudeuten (BGH WM 08, 2252 Tz 8). Zur Unwirksamkeit einer unwiderruflichen Generalvollmacht s. § 168 Rn 13. 35

2. Gattungs- und Spezialvollmacht. Die Art- oder Gattungsvollmacht berechtigt zur Vornahme einer bestimmten Art von Geschäften. Sie kann wie die Handlungsvollmacht nach § 54 HGB und die Vollmacht des Ladenangestellten nach § 56 HGB an eine bestimmte Funktion und Stellung im Unternehmen geknüpft sein oder wie zB die Inkasso- oder die Bankvollmacht wiederkehrende, gleichartige Geschäfte betreffen. Ihr Umfang ist gesetzlich nicht festgelegt (MüKo/*Schramm* Rz 82). Die gesetzlich ebenfalls nicht definierte Spezialvollmacht ist auf eine bestimmte Angelegenheit beschränkt (*Larenz/Wolf* AT § 47 Rz 48). 36

D. Duldungs- und Anscheinsvollmacht. I. Dogmatische Grundlagen. Der allg Rechtsgrundsatz, dass derjenige, der einem gutgläubigen Dritten ggü zurechenbar den Anschein der Bevollmächtigung eines anderen setzt, sich zum Schutz des Vertragsgegners und des Rechtsverkehrs so behandeln lassen muss, als habe er dem anderen wirksam Vollmacht erteilt, gilt über die §§ 171 ff hinaus auch für die aus diesem Rechtsgedanken entwickelte Duldungs- und Anscheinsvollmacht (BGH WM 04, 1231, 1232). Entgegen einer teilw vertretenen Ansicht (Staud/*Schilken* Rz 29a) handelt es sich auch bei der Duldungsvollmacht nicht um eine stillschweigende rechtsgeschäftliche Vollmacht, sondern um einen Rechtsscheintatbestand (*Bork* Rz 1556). Ein Teil der Lehre stützt die Duldungs- und Anscheinsvollmacht auf eine Analogie zu den §§ 171 ff sowie auf § 56 HGB. 37

Andere Ansichten sehen den Geltungsgrund der Rechtsscheinvollmacht in der Rechtsscheinhaftung als einem eigenen rechtsfortbildend entwickelten Rechtsinstitut (*Bork* Rz 1549) oder ziehen § 242 heran (München NJW 06, 1811, 1813; Staud/*Schilken* Rz 32). Die Zurechnung bei der Rechtsscheinvollmacht basiert entgegen der hM (BGH VersR 92, 989, 990; MüKo/*Schramm* Rz 59 ff) nicht auf Verschulden, sondern auf der bloßen Veranlassung des Rechtseintatbestandes als einem **Zurechnungsgrund sui generis**, der bei der Duldungsvollmacht aufgrund der willentlichen Veranlassung des vertrauensbegründenden Rechtsscheintatbestandes und bei der Anscheinsvollmacht aufgrund der Beherrschbarkeit der eigenen Risikosphäre gerechtfertigt ist (*Bork* Rz 1555, 1564; differenzierend für ein Verschuldenserfordernis lediglich hinsichtlich des Setzens des objektiven Rechtsscheintatbestandes München NJW 06, 1811, 1813).

38 **II. Anwendungsbereich.** Die ursprünglich für den kaufmännischen Verkehr entwickelten Grundsätze der Duldungs- und Anscheinsvollmacht gelten nach allgA auch für Nichtkaufleute. Zu ihrer Anwendung bei juristischen Personen des öffentlichen Rechts s. Staud/*Schilken* Rz 46 ff und auf **nichtige Vollmachten** s. Rn 40. Auf die **Prozessvollmacht** sind weder die §§ 171 f noch die Grundsätze der Duldungs- und Rechtsscheinsvollmacht anwendbar, da die §§ 80 ff ZPO insoweit eigenständige und abschließende Spezialregelungen enthalten, die eine Rechtsscheinhaftung des Vollmachtgebers nicht vorsehen und durch die Grundsätze der Rechtsscheinvollmacht nicht ersetzt oder ergänzt werden dürfen (BGH WM 07, 110 Tz 24; aA Stein/Jonas/*Bork* § 80 Rz 14 f; *Paulus-Henkel* NJW 03, 1692, 1693 f; BGH NJW 75, 1652, 1653).

39 **III. Begriff und Abgrenzung.** Eine Duldungsvollmacht liegt vor, wenn der Vertretene es wissentlich geschehen lässt, dass ein anderer für ihn wie ein Vertreter auftritt und der Geschäftsgegner dieses Dulden nach Treu und Glauben dahin versteht und vertehen darf, dass der als Vertreter Handelnde bevollmächtigt ist (BGH NJW 07, 987 Tz 19). Der Vertretene nimmt iGgs zur Anscheinvollmacht den Rechtsschein bewusst hin. Eine Anscheinsvollmacht ist dagegen gegeben, wenn der Vertretene das Handeln des Scheinvertreters zwar nicht kannte, also auch nicht duldete, aber bei pflichtgemäßer Sorgfalt hätte bemerken und verhindern können (BGH WM 05, 1520, 1522). Die Duldungsvollmacht unterscheidet sich von der konkludenten Vollmacht dadurch, dass der Vertretene keinen rechtsgeschäftlichen Willen zur Bevollmächtigung hat (BGH NJW 73, 1789). Ob eine rechtsgeschäftliche Billigung vorliegt, ist in Zweifelsfällen durch Auslegung vom Empfängerhorizont (§§ 133, 157) zu ermitteln (BaRoth/*Habermeier* Rz 15 a). Maßgeblich hierfür ist der Zeitpunkt des Vertragsschlusses; spätere Vorgänge können jedoch unter dem Gesichtspunkt einer Genehmigung gem § 177 I relevant sein (Staud/*Schilken* Rz 38).

40 **IV. Voraussetzungen. 1. Objektiver Rechtsscheintatbestand.** Der Rechtsschein einer Duldungs- und Anscheinsvollmacht setzt voraus, dass der Scheinvertreter ohne eine Bevollmächtigung als Vertreter für den Vertretenen auftritt, sodass der Geschäftsgegner nach Treu und Glauben annehmen darf, der als Vertreter Handelnde sei bevollmächtigt. Das setzt voraus, dass der Geschäftsgegner die Tatsachen kennt, aus denen sich der Rechtsschein der Bevollmächtigung ergibt (BGH NJW 07, 987 Tz 25). Darüber hinaus muss das Auftreten des Scheinvertreters nach Treu und Glauben den zuverlässigen Schluss auf eine Vollmachtserteilung durch den Vertretenen erlauben (Soergel/*Leptien* Rz 20). Hierzu ist es idR erforderlich, dass der Vertreter wiederholt oder während einer gewissen Dauer für den Vertretenen als Vertreter auftritt (BGH NJW 98, 1854, 1855; für die Anscheinsvollmacht Brandbg NJW 09, 235, 236). Ausnahmsweise kann der Rechtsscheintatbestand aber auch bei einem ein- bzw erstmaligen Auftreten des Vertreters ohne Vertretungsmacht in Betracht kommen, wenn das Verhalten mit großer Deutlichkeit für eine Bevollmächtigung spricht (*Bork* Rz 1550). Auch ein Vertreterhandeln aufgrund einer **nichtigen Vollmacht** kann nach den Grundsätzen der Duldungs- und Anscheinsvollmacht eine Rechtsscheinhaftung des Vollmachtgebers begründen, wenn das Vertrauen des Dritten auf den Bestand der Vollmacht nach Maßgabe der Grundsätze der allg Rechtsscheinvollmacht schutzwürdig erscheint (BGH WM 05, 1520, 1522; 02, 1273, 1274 f; zur Heilung einer wegen Verstoßes gegen das RBerG nichtigen Vollmacht s. Rn 24). Um die gesetzliche Wertung der §§ 172 f nicht zu umgehen, muss das Vertrauen des Vertragspartners aber an andere Umstände als die Vollmachtsurkunde anknüpfen und bereits bei Vertragsschluss vorgelegen haben (BGH WM 04, 1536, 1539; 1230, 1232). Zur Zurechenbarkeit des Vertreterhandelns in den Fällen einer nichtigen Vollmacht s. Rn 43.

41 Als hinreichende Grundlage für eine Duldungs- und Anscheinsvollmacht anerkannt sind die selbstständige Bearbeitung und Erledigung der Geschäftskorrespondenz (BGH LM § 164 Nr 9), die wiederholte Verwendung überlassener Geschäftspapiere oder eines Firmenstempels (BGHZ 5, 111, 116), die Fortführung eines Betriebes ohne Bekanntgabe des Inhaberwechsels (BGH WM 71, 15 f) auch durch einen Miterben im Namen der Erbengemeinschaft (BGH NJW 62, 2196, 2197 f), die Verwendung des Namens eines ausgeschiedenen Sozius oder eines Nicht-Sozius auf dem Kanzleischild oder dem Briefbogen einer Anwaltskanzlei (BGH NJW 08, 2330 Tz 10; 91, 1225), die Aufforderung des Verkäufers an den Käufer, sich mit einer Mängelrüge an den Hersteller zu wenden (Karlsr MDR 83, 488 f), nicht nur vereinzelt gebliebene Kontoüberziehungen durch *einen Kontobevollmächtigten* oder Mitkontoinhaber (Ddorf WM 96, 949, 952 f; Oldbg WM 96, 997, 999; aA Brandbg WM 07, 2150) und wiederholte Kreditinanspruchnahmen ohne erkennbaren Widerspruch (BGH NJW 97, 312, 314). Aus der auf persönliche Weisung des Darlehensnehmers erfolgten Auszahlung der Darlehensvaluta auf ein von einem Treuhänder für den Darlehensnehmer errichtetes Konto ergibt sich eine

Duldungsvollmacht für den Treuhänder, über dieses Konto auch zu verfügen (München NJW 06, 1811, 1812f). Von einer Duldungsvollmacht für das Treuhänderhandeln ist auch dann auszugehen, wenn ein Anleger der finanzierenden Bank den vorgesehenen Abschluss des Darlehensvertrages durch den Treuhänder bekannt gibt und selbst an dessen Zustandekommen durch Unterzeichnung der Kontoeröffnungsvollmacht und Aushandeln der Darlehensbedingungen mitwirkt (Frankf NJW-RR 05, 1514, 1515 f). Dagegen soll die Vorlage von Unterlagen, die den Darlehensvertrag lediglich vorbereiten (Selbstauskunft, Einziehungsermächtigung, Prospekte usw), für eine Rechtsscheinvollmacht zum Abschluss eines Darlehensvertrages ebenso wenig genügen wie das Schweigen des Kreditnehmers auf die Mitteilung über die Einrichtung eines Kontos (BGH WM 05, 1520, 1522; 05, 786, 788; zust MüKo/*Schramm* Rz 52 b; krit *Münscher* BKR 05, 500, 501). Eine Rechtsscheinvollmacht kann sich auch auf die Begebung eines Schecks oder Wechsels erstrecken. Nicht ausreichend ist jedoch die Zeichnung und Begebung von zwei Schecks innerhalb von drei Wochen (BGH WM 86, 901, 902), wohl aber die Ausstellung von vier Wechseln an eigene Order innerhalb von vier bis sechs Monaten (München BB 97, 646, 647). Eine über die originäre Architektenvollmacht (s. Rn 29) hinausgehende Anscheinsvollmacht kommt nur ausnahmsweise in Betracht, wenn der Vertragspartner aufgrund der besonderen Umstände des Einzelfalles annehmen darf, der Bauherr kenne und dulde das Verhalten des für ihn auftretenden Architekten (BGH BauR 09, 197; WM 83, 232; KG BauR 08, 97, 98 ff; Jena BauR 09, 1899 f). Die Aushändigung eines Kfz-Briefs (Köln VersR 74, 1185) begründet keine Duldungsvollmacht. Eine grds Vermutung der Vertretungsbefugnis unter Ehegatten ist dem deutschen Recht fremd (BSG NVwZ 83, 768). Wenn weitere Umstände hinzukommen, haftet der im Bauvertrag mit aufgeführte Ehegatte aber nach den Grundsätzen der Anscheinsvollmacht (Dresd NJW-RR 99, 897). Im Internetverkehr muss sich derjenige, der sein Password und seine Kennung einem anderen überlässt, dessen Willenserklärungen nach den Grundsätzen der Duldungsvollmacht zurechnen lassen (München NJW 05, 1328, 1329; *Mankowski* CR 07, 605, 606). Hierfür genügt die Registrierung als Nutzer mit Einrichtung eines E-Mail-Kontos und eines Benutzerkennworts hingegen nicht (Köln NJW 06, 1676, 1677). Der Umstand allein, dass innerhalb eines Franchisesystems Marken oder sonstige Kennzeichen als Bestandteil zur Bildung von weitere Bestandteile enthaltenden Firmen oder sonstigen geschäftlichen Bezeichnungen verwendet werden, führt nicht zur Verpflichtung des Franchisegebers oder anderer Franchisenehmer (BGH NJW 08, 1214 Tz 14; abw für das Grundmodell des Franchising *Buck-Heeb/Dieckmann* DB 08, 855, 858).

2. Zurechenbarkeit. Die Zurechenbarkeit des Rechtsscheintatbestandes setzt bei einer Duldungsvollmacht voraus, dass der Vertretene das Verhalten des von ihm nicht bevollmächtigten Vertreters kannte und nicht dagegen eingeschritten ist, obwohl ihm das möglich gewesen wäre (BGH WM 05, 1520, 1522). Bei der Anscheinsvollmacht genügt es für die Zurechnung, dass der Vertretene bei gehöriger verkehrsüblicher Sorgfalt die Möglichkeit hatte, das Auftreten des Scheinvertreters zu erkennen und zu verhindern (BGH NJW 88, 1199, 1200). Nicht voll Geschäftsfähige können den objektiven Tatbestand einer Duldungs- und Anscheinsvollmacht zu ihren eigenen Lasten nicht begründen, denn ihr Schutz geht dem Vertrauensschutz des Rechtsverkehrs vor (Erman/*Palm* Rz 19). Besteht für den Vertretenen Gesamtvertretung, müssen grds alle Gesamtvertreter das Auftreten des Handelnden wissentlich dulden oder erkennen und vermeiden können (BGH NJW 88, 1199, 1200). Etwas anderes gilt nur dann, wenn der Anschein besteht, dass der handelnde Gesamtvertreter ermächtigt ist, den Vertretenen allein zu vertreten (BGH WM 76, 503, 504; krit Soergel/*Leptien* Rz 29). Dem Vertretenen ist das Verhalten von Hilfspersonen, die seiner Risikosphäre zuzuordnen sind, insb von Überwachungspersonen zuzurechnen (Soergel/*Leptien* Rz 22; aA für eine Anwendung des § 831 *Fabricius* JuS 66, 55, 57; für eine Anwendung des § 1278 *Hübner* AT Rz 1286). Bei juristischen Personen erfolgt die Zurechnung des Verhaltens Dritter über § 31 (Staud/*Schilken* Rz 41).

Nach inzwischen gefestigter Rspr des BGH kann dem Vollmachtgeber das Vertreterhandeln im Anschluss an eine **nichtige** Vollmachtserteilung nur zugerechnet werden, wenn er die Nichtigkeit der Vollmacht weder kannte noch kennen musste (BGH ZIP 06, 846 Tz 20; aA München NJW 06, 1811, 1813; krit *Münscher* BKR 05, 500, 501). Gegen diese Ansicht spricht, dass der Zurechnungsgrund bei der Duldungsvollmacht nicht ein Verschulden des Vertretenen, sondern die willentliche Veranlassung des Rechtsscheins einer wirksamen Bevollmächtigung ist (s. Rn 37). Jedenfalls kann sich das Verschuldenserfordernis nur auf das Setzen des Vertrauenstatbestandes beziehen, da andernfalls der Duldungsvollmacht neben der konkludenten Vollmacht und Genehmigung keine Bedeutung mehr zukäme (München NJW 06, 1811, 1813). IÜ setzen auch die §§ 171 f nicht voraus, dass der Vertretene die Nichtigkeit der Vollmacht kennt oder kennen muss, sondern stellen allein auf die eigenverantwortliche Vollmachtskundgabe des Vertretenen ab (BGH WM 05, 1520, 1523). Entspr muss für die Duldungs- und Anscheinsvollmacht gelten, weil auch bei ihr der Rechtsschein nicht bloß darauf beruht, dass der Vollmachtgeber nicht einschreitet, obwohl er das Vertreterverhalten kennt oder bei pflichtgemäßer Sorgfalt kennen muss, sondern auf einem eigenen positiven Handeln des Vollmachtgebers, das wie bei der Einräumung einer Stellung im Unternehmen des Vertretenen (Rn 50) für die Zurechnung des Rechtsscheins als ausreichend angesehen werden muss. Dass der Vollmachtgeber auch dann nach Rechtsscheingrundsätzen haftet, wenn sich erst nachträglich herausstellt, dass die Vollmacht nichtig ist, ist schließlich deshalb gerechtfertigt, weil im Verhältnis zu dem Vertragspartner der Vollmachtgeber die Risiken zu tragen hat, die sich aus der Nichtigkeit der Vollmacht ergeben.

44 **3. Gutgläubigkeit des Vertragspartners.** Analog § 173 ist der Vertragspartner bei der Duldungs- und Anscheinsvollmacht nicht geschützt, wenn er das Fehlen der Vollmacht kennt oder kennen muss (*Larenz/Wolf* AT § 48 Rz 31). Bei aufwändigen, ungewöhnlichen und nicht eilbedürftigen Rechtsgeschäften kann eine Rückfrage geboten sein (Köln NJW-RR 92, 915, 916). Eine bezogene Bank ist verpflichtet, Schecks vor der Einlösung zu prüfen (BGH NJW 82, 1513).

45 **4. Kausalität.** Der Rechtsschein muss für das Verhalten des Vertragspartners ursächlich geworden sein, dh im Zeitpunkt des vollmachtlosen Auftretens des Scheinvertreters noch bestehen. Zudem muss der Vertragspartner auf den Rechtsschein vertraut haben (BGH NW 83, 1308, 1309). Dazu muss er nicht alle den Rechtsschein begründenden Tatsachen kennen, vielmehr kann eine allg, ihm bekannte Überzeugung vom Vorliegen einer Vollmacht genügen (BGH NJW-RR 86, 1476, 1477). Aufgrund der ihm bekannten Tatsachen muss der Vertragspartner ferner den Schluss ziehen, dass der Scheinvertreter bevollmächtigt ist (MüKo/*Schramm* Rz 57). Gleichwohl fehlt die erforderliche Kausalität, wenn der Vertragspartner auf den Vertrag auch bei Kenntnis der wahren Verhältnisse geschlossen hätte (*Bork* Rz 1545).

46 **V. Umfang der Rechtsscheinvollmacht.** Der Umfang einer Rechtsscheinvollmacht richtet sich nach dem geschaffenen Vertrauenstatbestand. Die Art des abgeschlossenen Rechtsgeschäfts darf nicht völlig aus dem Rahmen dessen fallen, was den gegebenen Umständen ein Bevollmächtigter hätte tun dürfen. Bei wichtigen, aber nicht besonders eilbedürftigen Geschäften ist Zurückhaltung geboten (Staud/*Schilken* Rz 37).

47 **VI. Rechtsfolgen. 1. Einwendungsausschluss.** Die Rechtsfolge der Duldungs- und Anscheinsvollmacht besteht darin, dass sich der Vertretene auf das Fehlen der Vertretungsmacht nicht berufen und so behandeln lassen muss, als ob er eine echte Vollmacht erteilt bzw ein vollmachtloses Auftreten genehmigt hätte. Die Vollmacht kraft Rechtsscheins steht daher einer rechtsgeschäftlich erteilten Vollmacht gleich (BGH NJW 83, 1308, 1309). Hiergegen wird von einem Teil der Lehre für die Anscheinsvollmacht geltend gemacht, dass ein nur fahrlässig veranlasster Rechtsschein außerhalb des kaufmännischen Geschäftsverkehrs keine ausreichende Grundlage für eine rechtsgeschäftliche Bindung bilde, sondern allenfalls eine Haftung des Vertretenen auf das negative Interesse aus cic begründen könne (Staud/*Schilken* Rz 31, 44). Nach aA trifft den Vertretenen nur die Verpflichtung, das schwebend unwirksame Vertretergeschäft nach § 177 I zu genehmigen (*Peters* AcP 179, 214, 238 ff). Gegen diese Ansichten spricht, dass dem Gesetz und insb den §§ 171 f ein derart begrenztes Verständnis der Privatautonomie nicht zugrunde liegt. Auch die §§ 171 f erfassen vielmehr Fälle eines nur fahrlässig verursachten Rechtsscheins. Im Geschäftsverkehr besteht zudem ein über die Haftung auf das negative Interesse hinausgehendes Bedürfnis nach Vertrauensschutz. Die Rechtsscheinhaftung kann aber nicht weitergehen als die Haftung ginge, wenn der Schein der wirklichen Rechtslage entspräche (BGH NJW 98, 2897).

48 **2. Anfechtbarkeit.** Zur Anfechtbarkeit einer bereits vollzogenen Vollmacht s. bereits Rn 15. Nach früher hM ist eine Rechtsscheinvollmacht nicht anfechtbar, weil sie nicht auf einem rechtsgeschäftlichen, sondern auf einem tatsächlichen Verhalten des Vertretenen beruht (BaRoth/*Habermeier* Rz 19). Hiergegen spricht, dass eine Rechtsscheinvollmacht nicht strenger binden kann als eine schlüssige Bevollmächtigung. Um Wertungswidersprüche zu vermeiden, ist daher der vordringenden Ansicht zu folgen, dass auch eine Rechtsscheinvollmacht anfechtbar ist (*Bork* Rz 1559). Die Rechtsscheinhaftung kann aber nicht mit der Begründung beseitigt werden, man habe sich über die Rechtsfolgen seines Verhaltens geirrt.

49 **3. Haftung des Vertreters aus § 179.** Die hM lehnt eine Anwendung der §§ 177 ff ab, wenn der Vertretene den Vertrag nach den §§ 170 ff oder den Grundsätzen der Duldungs- und Anscheinsvollmacht gegen sich gelten lassen muss, weil der Vertragspartner nicht schutzwürdig sei (BGH NJW 83, 1308, 1309). Dagegen räumt ein Teil der Lehre dem Vertragspartner ein Wahlrecht zwischen den Grundsätzen der Rechtsscheinvollmacht und § 179 ein (Staud/*Schilken* Rz 44). Hierfür spricht, dass die Rechtsscheinvollmacht nur zu einem Einwendungsausschluss zugunsten des Vertragspartners führt, auf den dieser verzichten kann (*Bork* Rz 1547). IÜ verdient der Vertragspartner auch bei Vorliegen einer Rechtsscheinvollmacht Schutz vor den Risiken einer unsicheren Rechts- und Beweislage. Hinzu kommt, dass auch in den Fällen der §§ 15 I, III HGB und der gewohnheitsrechtlichen Rechtsscheinhaftung aufgrund der Publizität des Handelsregisters ein entspr Wahlrecht besteht (*Larenz/Wolf* AT § 48 Rz 33).

50 **VII. Rechtsscheinvollmacht kraft Einräumung einer Stellung.** Wer einem anderen eine Stellung in einem Unternehmen einräumt, die typischerweise mit einer Vollmacht verbunden ist, weil ohne sie der Inhaber der Stellung die mit ihr verbundenen Aufgaben nicht ordnungsgemäß erfüllen kann, muss den anderen als bevollmächtigt gelten lassen, auch wenn dieser tatsächlich keine oder eine geringere Vollmacht hat (Palandt/*Heinrichs* Rz 21; im Erg BGH NJW 02, 1041). Hierbei handelt es sich um einen Parallelfall der Anscheinsvollmacht, der nach dem Rechtsgedanken des § 56 HGB zu lösen ist und bei dem es für die Zurechenbarkeit des Rechtsscheins nicht darauf ankommt, ob der Vertretene das Verhalten des Vertreters kannte oder kennen musste. Hierfür genügt vielmehr das positive Handeln des Vertretenen. Der Schluss von der Stellung auf die Vollmacht muss aber bei verständiger Würdigung zwingend sein (Soergel/*Leptien* Rz 30). Zudem schadet es dem Vertragspartner, wenn er den Mangel der Vollmacht kannte oder kennen musste. Nach diesen Grundsät-

zen ist die Angestellte am Fernsprecher als zur Entgegennahme, nicht aber zur Abgabe von Erklärungen berechtigt anzusehen (Palandt/*Heinrichs* Rz 21). Die im Schalter- und Kassendienst sowie in der Kundenberatung tätigen Bankangestellten gelten als befugt, für die Bank Auskünfte zu erteilen (BGH WM 73, 635 f). Ein Zweigstellenleiter einer Bank gilt als berechtigt, Festgelder oder Einlagen entgegenzunehmen (BGH NJW 80, 2410, 2411), nicht aber zum mündlichen Abschluss von Darlehensverträgen über höhere Summen (Kobl WM 94, 1797, 1798 f).

E. Untervollmacht. Untervollmacht ist die einem Dritten (Untervertreter) durch einen gesetzlichen, rechtsgeschäftlichen oder organschaftlichen Stellvertreter (Hauptvertreter) erteilte Rechtsmacht, seinerseits rechtsgeschäftlich für den Vertretenen tätig zu werden. Durch die Untervollmacht entsteht eine mehrstufigen Vertretung (*Larenz/Wolf* AT § 46 Rz 38), bei der die Hauptvollmacht idR fortbesteht. Nur bei der sog Ersatzvollmacht, bei der es sich um eine Form der Unterbevollmächtigung und nicht um eine Vollmachtsübertragung handelt, tritt der Untervertreter an die Stelle des Hauptvertreters, indem der Hauptbevollmächtigte auf seine inhaltsgleiche Vollmacht verzichtet oder von vornherein vereinbart ist, dass seine Vollmacht im Fall der Unterbevollmächtigung endet (*Larenz/Wolf* AT § 46 Rz 40). 51

I. Mittelbare und unmittelbare Untervollmacht. Die Rspr unterscheidet zwei Arten von Untervollmachten. Im ersten Fall nimmt der Hauptvertreter die Bevollmächtigung des Untervertreters im Namen des Vertretenen mit Wirkung für diesen vor (unmittelbare Untervertretung). Der Untervertreter tritt hierarchisch neben den Hauptvertreter. Hiervon ist der Fall zu unterscheiden, dass der Hauptvertreter den Untervertreter im eigenen Namen bevollmächtigt, ihn in seiner Eigenschaft als Vertreter des Vertretenen zu vertreten. In diesem Fall vertritt der Untervertreter unmittelbar den Hauptvertreter und nur mittelbar gleichsam durch den Hauptvertreter hindurch den Vertretenen (mittelbare Untervertretung). Der Untervertreter steht hierarchisch unter dem Hauptvertreter. Ob eine unmittelbare oder mittelbare Untervertretung gewollt ist, wird im Wege der Auslegung gem den §§ 133, 157 ermittelt (BGHZ 68, 391, 393 f). Die hM im Schrifttum lehnt die Figur des mittelbaren Untervertreters ab. Für diese Ansicht spricht, dass jemand für sich selbst keinen Vertreter bestellen kann, der Rechtsfolgen auch für einen Dritten herbeiführt. Obgleich diese Konstruktion nicht denkunmöglich, ist sie in hohem Maße sach- und verkehrsfremd und auch nicht von der Hauptvollmacht gedeckt (*Larenz/Wolf* AT § 47 Rz 44). 52

II. Offenkundigkeitsgrundsatz. Der Offenkundigkeitsgrundsatz (§ 164 Rn 30) verlangt bei der unmittelbaren Untervollmacht, dass der Untervertreter im Namen des Vertretenen auftritt. Der Untervertreter muss aber nicht offen legen, dass er seine Vollmacht nicht direkt vom Vertretenen, sondern vom Hauptvertreter ableitet (*Larenz/Wolf* AT § 46 Rz 43). Auch bei der mittelbaren Untervollmacht soll es nicht ausreichen, wenn der Unterbevollmächtigte im Namen des Hauptvertreters gehandelt hat. Gefordert wird vielmehr, dass der Unterbevollmächtigte hinreichend zum Ausdruck gebracht hat, dass die Rechtswirkungen nicht den Hauptvertreter, sondern den Vertretenen treffen sollen (*Bork* Rz 1450). Andernfalls handelt er ohne Vertretungsmacht und haftet selbst nach § 179 Rn 22. 53

III. Vertretungsmacht des Untervertreters. Die Erklärung des Untervertreters ist dem Vertretenen nur zuzurechnen, wenn der Unterbevollmächtigte sich in den Grenzen der ihm von dem Hauptvertreter erteilten Vertretungsmacht hält und der Hauptvertreter im Zeitpunkt der Unterbevollmächtigung Vertretungsmacht auch zur Erteilung der Untervollmacht hatte (*Bork* Rz 1451). Zur Haftung nach § 179 bei Mängeln der Haupt- oder Untervollmacht § 179 Rn 21 f. 54

1. Befugnis zur Erteilung einer Untervollmacht. Ein gesetzlicher Vertreter darf immer Untervollmacht erteilen, sofern das Gesetz etwa in den §§ 1600a II, III nichts anderes bestimmt (MüKo/*Schramm* Rz 101). Das Gleiche gilt für den organschaftlichen Vertreter, solange die gesetzliche Vertretungsanordnung nicht entgegensteht. Bei rechtsgeschäftlichen Vertretern kann sich die Befugnis zur Erteilung einer Untervollmacht aus dem Gesetz oder der Vollmacht ergeben. Gesetzliche Regelungen enthalten §§ 135 III AktG; §§ 52 II, 58 HGB; 81 ZPO. In Zweifelsfällen ist durch Auslegung der Hauptvollmacht zu ermitteln, ob eine Unterbevollmächtigung erlaubt ist (*Bork* Rz 1451). Hierfür ist in erster Linie das Interesse des Vertretenen maßgeblich (BaRoth/*Habermeier* Rz 32). Beruht die Hauptvollmacht auf besonderem Vertrauen, so ist die Erteilung der Untervollmacht idR ausgeschlossen. Nur in dem eher seltenen Fall, dass der Vertretene kein erkennbares Interesse an einem persönlichen Tätigwerden des Hauptvertreters hat, ist von einer Erlaubnis zur Unterbevollmächtigung auszugehen (BGH WM 59, 377, 378). Erteilt der Hauptvertreter eine Untervollmacht, ohne dazu befugt zu sein, so ist die Vollmacht grds nach § 180 1 unwirksam. 55

2. Umfang und Dauer der Untervollmacht. Der Hauptvertreter kann dem Unterbevollmächtigten nicht mehr Rechtsmacht verleihen als er selbst hat (Staud/*Schilken* Rz 67). Das bedeutet, dass ein selbst von § 181 nicht befreiter Vertreter einen Untervertreter nicht von den Beschränkungen des § 181 befreien kann und der nur widerruflich Bevollmächtigte keine unwiderrufliche Untervollmacht (BaRoth/*Habermeier* Rz 35) erteilen kann. Ob auch der Fortbestand der Untervollmacht von der Vertretungsmacht des Hauptvertreters abhängig ist, ergibt sich aus dem Inhalt der Hauptvollmacht und ist in Zweifelsfällen durch Auslegung (§§ 133, 157) zu 56 ermitteln (*Larenz/Wolf* AT § 47 Rz 42). Zum Widerruf der Untervollmacht ist sowohl der Hauptvertreter, der die Vollmacht erteilt hat, als auch der Vertretene berechtigt (Staud/*Schilken* Rz 69).

57 **F. Beweislast.** Derjenige, der ein Vertretergeschäft behauptet, hat die Erteilung der Vollmacht zu beweisen (§ 164 Rn 85). Die tatsächlichen Voraussetzungen einer Duldungs- und Anscheinsvollmacht hat derjenige zu beweisen, der sich auf sie beruft (BGHZ 86, 273, 275). Dagegen ist es Sache des Vertretenen, die fehlende Gutgläubigkeit des Geschäftsgegners zu beweisen. Das soll auch für die mangelnde Zurechenbarkeit des Rechtsscheins gelten (BaumgLP/*Laumen* § 167 Rz 24). Die Beweislast für einen Vollmachtsmissbrauch trifft denjenigen, der sich auf die Unwirksamkeit des Rechtsgeschäfts beruft (BGH NJW 83, 2018, 2019).

§ 168 Erlöschen der Vollmacht.
¹Das Erlöschen der Vollmacht bestimmt sich nach dem ihrer Erteilung zugrunde liegenden Rechtsverhältnis. ²Die Vollmacht ist auch bei dem Fortbestehen des Rechtsverhältnisses widerruflich, sofern sich nicht aus diesem ein anderes ergibt. ³Auf die Erklärung des Widerrufs findet die Vorschrift des § 167 Abs. 1 entsprechende Anwendung.

1 **A. Systematik des Erlöschensgründe.** § 168 regelt das Erlöschen der Vollmacht nur sehr unvollständig. Neben dem Erlöschen der Vollmacht nach Maßgabe des Grundgeschäfts (Rn 3) und dem Widerruf der Vollmacht (Rn 12 ff) kann die Bevollmächtigung selbst als abstraktes Rechtsgeschäft Erlöschensgründe enthalten (Rn 2). Str ist, ob ein einseitiger Verzicht des Bevollmächtigten auf die Vollmacht möglich ist (Rn 16). Für die Prozessvollmacht (s. § 164 Rn 25) gelten die Sondervorschriften in den §§ 86 f ZPO.

2 **B. Erlöschen nach Maßgabe der Vollmacht.** Entgegen dem Wortlaut des § 168 richtet sich das Erlöschen der Vollmacht in erster Linie nach ihrem Inhalt. Insb kann eine Vollmacht selbst befristet (§ 163) oder unter einer auflösenden Bedingung (§ 158 II) erteilt werden. Eine Vollmacht erlischt ferner durch Zweckerreichung, wenn das Rechtsgeschäft, für das sie erteilt wurde, abgeschlossen wurde oder der Geschäftsschluss endgültig gescheitert ist (BaRoth/*Habermeier* Rz 2).

3 **C. Erlöschen nach Maßgabe des Grundgeschäfts (S 1).** Enthält die Vollmacht keine ausdrückliche Regelung, bestimmt sich das Erlöschen der Vollmacht gem 1 aus dem Grundverhältnis (zB Auftrag, Geschäftsbesorgungsvertrag, Dienst- oder Arbeitsvertrag). Obzwar die Vollmacht nach dem Abstraktionsgrundsatz (§ 167 Rn 4) nicht automatisch mit dem Grundverhältnis endet (*Larenz/Wolf* AT § 47 Rz 68, 7), wird eine Auslegung des Grundverhältnisses idR ergeben, dass die Vollmacht nur für die Dauer des Grundverhältnisses erteilt worden ist und daher mit dessen Beendigung erlischt (*Bork* Rz 1499). 1 ist auf die isolierte Vollmacht grds nicht anwendbar, da ein Grundverhältnis fehlt (Staud/*Schilken* Rz 16; aA MüKo/*Schramm* Rz 2). Im Einzelfall kann sich jedoch aus dem Gesetz oder der Auslegung der Vollmacht ergeben, dass personenbezogene Erlöschensgründe auch für eine isolierte Vollmacht gelten (s. Rn 4, 7).

4 **I. Erlöschensgründe in der Person des Bevollmächtigten. 1. Tod und Verlust der Rechtspersönlichkeit.** Stirbt der Bevollmächtigte, führt das gem §§ 673, 675 im Zweifel zum Erlöschen eines Auftrages oder Geschäftsbesorgungsvertrages im Grundverhältnis sowie über 1 idR auch zum Erlöschen der Vollmacht, es sei denn mit dem Aufschub ist Gefahr verbunden (MüKo/*Schramm* Rz 6). Das gilt wegen des besonderen Vertrauens des Treugebers zu dem Treunehmer vor allem für die treuhänderische Vollmacht. Anders verhält es sich jedoch bei einer ausschließlich im Interesse des Bevollmächtigten erteilten Vollmacht wie zB einer dem Grundstückskäufer erteilten Auflassungsvollmacht. Eine solche Vollmacht ist nicht an die Person des Bevollmächtigten gebunden und besteht daher zugunsten der Erben des Bevollmächtigten fort (Köln OLGZ 69, 304 ff). Str ist, ob die Vollmacht gem § 1922 vererblich ist (für die unwiderrufliche Vollmacht *Larenz/Wolf* AT § 47 Rz 74) oder ob die Erben als für den Todesfall bevollmächtigt anzusehen sind (BaRoth/*Habermeier* Rz 5). Die §§ 673, 675 iVm 1 gelten entspr bei einer isolierten Vollmacht (Staud/*Schilken* Rz 19; str). Die einer juristischen Person erteilte Vollmacht endet noch nicht mit deren Liquidation, sondern erst mit deren vollständigem Erlöschen (BaRoth/*Habermeier* Rz 7).

5 **2. Insolvenz.** Die Insolvenz des Bevollmächtigten berührt das Bestehen der Vollmacht nicht, es sei denn die Vollmacht beruht auf einem Gesellschaftsvertrag (§ 728). Sie kann jedoch einen Grund für eine fristlose Kündigung des Grundverhältnisses liefern, die nach 1 auch zum Erlöschen der Vollmacht führt (MüKo/*Schramm* Rz 16).

6 **3. Verlust der Geschäftsfähigkeit.** Verliert der Bevollmächtigte seine Geschäftsfähigkeit (§ 104 Nr 2), führt das nach zutreffender Ansicht im Hinblick auf das Risiko für den Vollmachtgeber zur Beendigung des Grundgeschäfts und damit zum Erlöschen der Vollmacht. Das gilt nach hM jedenfalls dann, wenn die Geschäftsunfähigkeit von Dauer ist (MüKo/*Schramm* Rz 7). Nach aA ist nur das Vertretergeschäft gem § 105 Nr 1 nichtig mit der Folge, dass die fortbestehende Vollmacht nach Wiedererlangung der Geschäftsfähigkeit *wieder* ausgeübt werden kann (*Bork* Rz 1504). Gegen diese Ansicht spricht, dass der Mangel nur das Innenverhältnis betrifft.

II. Erlöschensgründe in der Person des Vollmachtgebers. 1. Tod und Verlust der Rechtspersönlichkeit. 7
Der Tod des Vollmachtgebers führt gem §§ 672 1, 675 im Zweifel nicht zum Erlöschen eines Auftrages oder Geschäftsbesorgungsvertrages im Grundverhältnis und iVm 1 einer von dem Erblasser erteilten Vollmacht (BGH NJW 69, 1245, 1246). Das Gleiche gilt gem § 52 III HGB für die Prokura. Klauseln zB in Bankformularen, nach denen die Vollmacht nach dem Tod des Vollmachtgebers fortgelten sollen (**transmortale Vollmacht**), bestimmen nur, was § 672 1 ohnehin vermutet (*Bork* Rz 1502). IGgs zur transmortalen Vollmacht soll der Vertreter bei der **postmortalen Vollmacht** erst ab dem Tode des Bevollmächtigten Vertretungsmacht haben. Wirkt die erteilte Vollmacht über den Tod hinaus, vertritt der Bevollmächtigte beschränkt auf den Nachlass die Erben (BGH FamRZ 83, 476, 477; MüKo/*Schramm* Rz 30). Diese haben das Recht, die Vollmacht zu widerrufen, es sei denn die Vollmacht wurde unwiderruflich erteilt (BaRoth/*Habermeier* Rz 11). Ob der Bevollmächtigte die Interessen des Erblassers oder der Erben zu beachten hat, ist durch Auslegung zu ermitteln (MüKo/*Schramm* Rz 34 f). Eine isolierte Vollmacht erlischt nach der hM im Zweifel mit dem Tod des Vollmachtgebers (Staud/*Schilken* 27; aA *Flume* II § 51 5 a). Die von einer juristischen Person erteilte Vollmacht endet erst mit deren vollständigem Erlöschen. Der Eintritt in die Liquidation bewirkt nur, dass die Vollmacht auf den Liquidationszweck beschränkt wird (Dresd DnOtZ 09, 305 f). Zum Übergang der Vollmacht bei einer Verschmelzung des bevollmächtigten Rechtsträgers s. Kobl NJW-RR 98, 38, 39 ff.

2. Verlust der Geschäftsfähigkeit. Verliert der Vollmachtgeber seine Geschäftsfähigkeit, so hat das nach der 8
hM im Zweifel weder für einen Auftrag oder Geschäftsbesorgungsvertrag (§§ 672 1, 675) im Grundverhältnis noch für die Vollmacht Konsequenzen (1). Der Bevollmächtigte unterliegt weder den Beschränkungen der §§ 1641, 1643, 1821, 1822 noch hat er den Willen des gesetzlichen Vertreters zu beachten (BaRoth/*Habermeier* Rz 14; aA Staud/*Schilken* Rz 23; *Flume* II § 51 6).

3. Betriebsübergang nach § 613a. Prokura und Handlungsvollmacht (§§ 52, 54 HGB) enden bei einer 9
Betriebseinstellung oder Veräußerung des Unternehmens (Staud/*Schilken* Rz 2). Vereinzelt wird die Auffassung vertreten, dass im Falle eines Betriebsübergangs nach § 613a eine Vollmacht, die der bisherige Inhaber erteilt hat, für den neuen Inhaber bestehen bleibt, weil sie auf den Betrieb und seine Funktionen bezogen ist und daher ebenso wenig wie das zugrunde liegende Arbeitsverhältnis durch den Betriebsübergang eine Änderung erfahren darf. Dies soll auch für die Prokura gelten (*Larenz/Wolf* AT § 47 Rz 71). Zumindest die Prokura kann jedoch nur von dem jeweiligen Betriebsinhaber erteilt werden.

4. Insolvenz. In der Insolvenz des Vollmachtgebers gilt § 117 I InsO (BGHZ 155, 87, 90 f zum Gesamtvollstreckungsverfahren gem §§ 5, 7 GesO), der eine Beeinträchtigung der Verwaltungs- und Verfügungsbefugnis des 10
Insolvenzverwalters verhindern soll, wobei str ist, inwieweit die Vorschrift nur klarstellende oder konstitutive Bedeutung hat (*Schilken* KTS 07, 1, 3 ff). § 117 I InsO ist auch auf die isolierte Vollmacht anzuwenden (Staud/*Schilken* Rz 25), des Weiteren abw von den §§ 86 f ZPO auf die Prozessvollmacht (BGH ZIP 88, 1584, 1585; Karlsr NZI 05, 39; Brandbg NJW-RR 02, 265 f) und in der freiwilligen Gerichtsbarkeit (BayObLG ZInsO 03, 1143, 144 f). Hat der Schuldner einem RA allgemein die Vollmacht zur Vertretung im Insolvenzverfahren erteilt, besteht die iRv dem Schuldner im Insolvenzverfahren persönlich zustehenden Rechtsbehelfen fort (Dresd ZIP 02, 2000, 2001). Der Insolvenzverwalter kann das Rechtsgeschäft gem § 177 I genehmigen. Zur Haftung des Vertreters, falls der Insolvenzverwalter die Genehmigung verweigert s. § 179 Rn 8, 19. Bereits die Bestellung eines vorläufigen starken Insolvenzverwalters (§ 22 I 1 InsO) soll zum Wegfall der Vertretungsbefugnis des Bevollmächtigten bei fortbestehender Vollmacht führen (Bambg InVo 06, 184, 185 f).

III. Sonstige Erlöschensgründe. Sonstige Beendigungsgründe für das Grundverhältnis und damit über 1 11
auch für die Vollmacht sind insb die Befristung und Bedingung (§§ 158 ff) sowie der Widerruf eines Auftrages durch den Auftraggeber und dessen Kündigung durch den Auftragnehmer (§ 671).

D. Der Widerruf der Vollmacht (S 2 u 3). I. Die Widerruflichkeit der Vollmacht. 2 bestimmt, dass eine 12
Vollmacht grds frei widerruflich ist, auch wenn das Grundverhältnis fortbesteht. Die Erteilung einer unwiderruflichen Vollmacht ist nur in engen Grenzen zulässig, weil der Vollmachtgeber sich hierdurch seines Selbstbestimmungsrechts in erheblichem Umfang begibt.

1. Unwiderruflichkeitsabrede. Nach hM bedarf es für die Unwiderruflichkeit der Vollmacht einer Unwider- 13
ruflichkeitsabrede im Grundverhältnis. Das bedeutet, dass der Widerruf einer Vollmacht nur durch Vertrag ausgeschlossen werden kann (aA für die Möglichkeit eines einseitigen Verzichts Staud/*Schilken* Rz 11) und dass eine **isolierte Vollmacht** nicht unwiderruflich erteilt werden kann, sondern wegen des fehlenden Grundverhältnisses unabhängig von ihrer Formulierung auch ohne Vorliegen eines wichtigen Grundes frei widerruflich ist (BGH NJW-RR 96, 848, 849 f; BGHZ 110, 363, 367). Ist die Bevollmächtigung ausschließlich im Interesse des Bevollmächtigten erfolgt oder dient sie nach Grund und Zweck seinen besonderen Interessen, spricht das für einen **stillschweigenden Ausschluss der Widerruflichkeit** der Vollmacht, der bei überwiegenden Interessen des Vollmachtgebers an der Vollmachterteilung wiederum ausgeschlossen ist (BGH NJW-RR 91, 439, 442). Zur Formbedürftigkeit einer unwiderruflichen Vollmacht s. § 167 Rn 11. Eine unwiderrufliche **Generalvollmacht** ist nach §§ 307; 138 I unwirksam (*Bork* Rz 1509). Entgegen dem Wortlaut kann sich aber

aus den Umständen ergeben, dass es sich nur um eine Spezialvollmacht handelt (s. § 167 Rn 34). Darüber hinaus versagt die hM der unwiderruflichen Vollmacht immer dann die Anerkennung, wenn sie nicht im Grundverhältnis einen **berechtigenden Grund** findet, dh durch mindestens gleichwertige Interessen des Bevollmächtigten oder eines Dritten gerechtfertigt ist (BGH NJW-RR 96, 848, 849; aA für eine Anerkennung der Unwiderruflichkeitsabrede nur in Fällen, in denen die Vollmacht der Erfüllung einer Verpflichtung des Vollmachtgebers dient *Flume* II § 53 3; für die generelle Wirksamkeit einer ausdrücklichen Unwiderruflichkeitsabrede *Bork* Rz 1509). Gerechtfertigt ist die Unwiderruflichkeitsabrede insb wenn sie der Sicherung des Bevollmächtigten dient (RGZ 53, 415, 418 f). Unwirksam ist sie dagegen bei einer Vorsorgevollmacht iSd § 1901a 2 (*Zimmermann* BKR 07, 226, 228). Ist die Unwiderruflichkeitserklärung unwirksam, bleibt die Vollmacht gem § 139 im Zweifel als widerrufliche bestehen (MüKo/*Schramm* Rz 27).

14   **2. Widerruflichkeit aus wichtigem Grund.** Auch eine unwiderrufliche Vollmacht ist nach dem Rechtsgedanken der §§ 27 II 2, 554a 1, 626 I, 723 I 2 bei groben Pflichtverstößen des Bevollmächtigten aus wichtigem Grund widerrufbar (BGH NJW 97, 3437; 3440; zweifelnd *Medicus* AT Rz 942).

15   **II. Wirksame Widerrufserklärung.** Die Widerrufserklärung erfolgt gem 3 iVm § 167 I durch einseitige empfangsbedürftige Willenserklärung, die entweder dem Bevollmächtigten (**Innenwiderruf**) oder dem Vertragspartner (**Außenwiderruf**) ggü abzugeben ist und analog § 171 II auch durch öffentliche Bekanntmachung erklärt werden kann. Dabei muss der Widerrufstatbestand mit dem Erteilungstatbestand **nicht korrespondieren** (*Bork* Rz 1513). Eine Außenvollmacht kann daher auch dem Bevollmächtigten ggü widerrufen werden. Dann besteht aber die Gefahr, dass die Vollmacht nach den §§ 170 ff oder den Regeln über die Duldungs- und Anscheinsvollmacht (§ 167 Rn 37 ff) fort gilt. Ist der Vollmachtgeber zB bei einer Vorsorgevollmacht iSd § 1901a 2 geschäftsunfähig geworden, kann er die Vollmacht nicht mehr widerrufen; der Widerruf hat durch einen zum Widerruf berechtigten Voll- oder Kontrollbetreuer oder einen rechtsgeschäftlichen Vertreter zu erfolgen (BayObLG FamzRZ 02, 1220, 1221; *Zimmermann* BKR 07, 226, 228).

16   **E. Verzicht des Bevollmächtigten auf die Vollmacht.** Der Bevollmächtigte kann nach hM durch einseitige Erklärung ggü dem Vollmachtgeber auf die Vollmacht auch dann verzichten, wenn er im Innenverhältnis zur Ausführung des Vertretergeschäfts verpflichtet bleibt (Staud/*Schilken* Rz 18; aA Erman/*Palm* Rz 1).

17   **F. Beweislast.** Die Partei, die sich auf das Erlöschen der Vollmacht beruft, trägt dafür die Beweislast. Steht das Erlöschen der Vollmacht fest, muss derjenige, der sich auf ein Vertretergeschäft beruft, beweisen, dass das Geschäft vor dem Erlöschen der Vollmacht abgeschlossen wurde (BGH NJW 84, 603, 604).

§ 169 Vollmacht des Beauftragten und des geschäftsführenden Gesellschafters.
Soweit nach den §§ 674, 729 die erloschene Vollmacht eines Beauftragten oder eines geschäftsführenden Gesellschafters als fortbestehend gilt, wirkt sie nicht zugunsten eines Dritten, der bei der Vornahme eines Rechtsgeschäftes das Erlöschen kennt oder kennen muss.

1   Ist das Grundverhältnis ein Auftrag, Geschäftsbesorgungsvertrag oder ein Gesellschaftsverhältnis, wird in den Fällen der §§ 674, 675, 729 das Fortbestehen des Grundverhältnisses dem gutgläubigen Vertreter ggü fingiert. Dies hat nach § 168 1 auch das Fortwirken der Vollmacht zur Folge. Hieran knüpft die Vorschrift in § 169 an, indem sie anordnet, dass die fortbestehende Vollmacht nicht ggü einem Vertragspartner wirkt, der nicht schutzwürdig ist, weil er das Erlöschen des Grundverhältnisses weder kennt noch kennen muss (*Bork* Rz 1517). Nach zutreffender Ansicht dient die Regelung dem Schutz des Vertretenen vor ungewollten rechtlichen Bindungen (BaRoth/*Habermeier* Rz 3), während der Vertreter vor den Folgen auftraglosen Handelns durch § 179 III 1 geschützt ist (Staud/*Schilken* Rz 4; aA RGRK/*Steffen* Rz 1). § 169 ist nur auf die reine Innenvollmacht anwendbar. Bei einer Außenvollmacht und einer kundgegebenen Innenvollmacht gehen die §§ 170 ff und die Grundsätze der Duldungs- und Anscheinsvollmacht (s. § 167 Rn 37 ff) vor (MüKo/*Schramm* Rz 4). Auf eine isolierte Vollmacht findet § 169 wegen des fehlenden Grundverhältnisses ebenfalls keine Anwendung (Staud/*Schilken* Rz 7; aA für eine Anwendbarkeit des § 169 bei einem nichtigen Grundverhältnis MüKo/*Schramm* Rz 6). Das Gleiche gilt, wenn einer kausalen Vollmacht ein anderes Grundverhältnis als ein solches iSd §§ 674, 675, 729 zugrunde liegt (BaRoth/*Habermeier* Rz 9).

§ 170 Wirkungsdauer der Vollmacht.
Wird die Vollmacht durch Erklärung gegenüber einem Dritten erteilt, so bleibt sie diesem gegenüber in Kraft, bis ihm das Erlöschen von dem Vollmachtgeber angezeigt wird.

1   **A. Normzweck, Systematik und dogmatische Grundlagen der §§ 170–173.** Die §§ 170–173 schützen das Vertrauen des gutgläubigen (§ 173) Vertragspartners in den Bestand einer Außenvollmacht (§ 170) und einer *kundgegebenen* Innenvollmacht (§§ 171 I, 172 I). IGgs zur Außenvollmacht begründet die Vollmachtserteilung bei einer internen Vollmacht selbst noch keinen Vertrauenstatbestand. § 171 knüpft deshalb an die Kundgabe der Vollmacht nach außen durch Mitteilung an einen Dritten oder öffentliche Bekanntgabe an.

§ 172 stellt die Aushändigung einer Vollmachtsurkunde in den rechtlichen Folgen der Vollmachtskundgabe durch Mitteilung gleich (BGH WM 08, 1266 Tz 19). Die §§ 170 ff normieren nach hM eine Rechtsscheinhaftung (BaRoth/*Habermeier* Rz 2). Nach aA beruht die Haftung in den Fällen der §§ 170 ff (Rechtsgeschäftstheorie; *Flume* II § 49 2, § 51 9) oder jedenfalls im Falle des § 170 (*Larenz/Wolf* AT § 48 Rz 16) auf rechtsgeschäftlichen Handlungen, die nur durch gegenläufige Rechtsgeschäfte beseitigt werden können. Gegen diese Ansicht spricht die für eine Rechtsscheinhaftung typische Struktur und Systematik der §§ 170 ff (vgl *Bork* Rz 1522). Die Rechtsnatur der Rechtsscheinvollmacht ist str. Entgegen der teilw vertretenen Ansicht, dass die ursprüngliche Vollmacht aufgrund des Rechtsscheins als entspr gesetzliche Vertretungsmacht fortwirkt (BaRoth/*Habermeier* Rz 7, § 171 Rn 6), verschafft die Rechtsscheinvollmacht nach hM kraft Gesetzes eine vollmachtsgleiche Vertretungsmacht (Staud/*Schilken* § 171 Rz 2). Nach zutreffender Ansicht handelt es sich hierbei nicht um eine echte Vertretungsmacht. Die Rechtsscheinvollmacht führt vielmehr als Reflexwirkung des Vertrauensschutzes nur zu einem Einwendungsausschluss, aufgrund dessen der Vertretene sich im Verhältnis zum Vertragspartner auf das Fehlen der Vertretungsmacht nicht berufen kann. Der Vertragspartner kann auf den Einwendungsausschluss verzichten und stattdessen den Vertreter aus § 179 in Anspruch nehmen (*Bork* Rz 1546 f; str s. § 167 Rn 49).

B. Tatbestandsvoraussetzungen des § 170. I. Nachträgliches Erlöschen einer wirksam erteilten Außenvollmacht. § 170 ist nur anwendbar, wenn eine wirksam erteilte Außenvollmacht nachträglich erloschen ist. Der Vertragspartner muss Kenntnis von der externen Bevollmächtigung genommen haben; der Zugang der Vollmachtserklärung genügt dagegen nicht, um einen Vertrauenstatbestand zu begründen (Staud/*Schilken* Rz 2). Auf die unwirksame, dh auch auf die mit Wirkung ex tunc (§ 142 I) angefochtene Vollmacht ist § 170 nach hM weder direkt noch indirekt anwendbar. Insoweit richtet sich der Vertrauensschutz vielmehr ausschließlich nach §§ 104 ff, 116 ff, 122 (*Bork* Rz 1519) und nach den Regeln über die Duldungs- und die Anscheinsvollmacht (§ 167 Rn 37 ff). § 170 gilt aber auch dann, wenn die Außenvollmacht eingeschränkt werden soll (Staud/*Schilken* Rz 3). 2

II. Schutzwürdigkeit des Vertragspartners. Auf den Fortbestand der Vollmacht kann nur der gutgläubige Vertragspartner vertrauen, s. § 173. In der Insolvenz des Vollmachtgebers ist der Vertragspartner trotz Vorliegens der Voraussetzungen der §§ 170, 173 nicht schutzwürdig. Denn wenn der Vollmachtgeber gem § 80 I InsO nicht mehr über sein Vermögen verfügen kann, gilt das erst recht für seinen Vertreter (BaRoth/*Habermeier* Rz 6). 3

III. Erlöschensanzeige iSv § 170. Der Vertragspartner kann sich auf den Vertrauensschutz nach § 170 nicht mehr berufen, sobald ihm das Erlöschen der Vollmacht angezeigt wurde. Die Erlöschensanzeige ist nach zutreffender Ansicht eine rechtsgeschäftsähnliche Handlung, auf welche die Vorschriften über Willenserklärungen (§§ 104 ff) entspr Anwendung finden (MüKo/*Schramm* Rz 7; aA Staud/*Schilken* Rz 7; *Flume* II § 51 9). Der Zugang der Anzeige genügt; auf die tatsächliche Kenntnisnahme kommt es nicht an (Staud/*Schilken* Rz 7). 4

C. Beweislast. Derjenige, der sich auf das Erlöschen der Außenvollmacht beruft, muss den Wegfall des Rechtsscheins in Form einer wirksamen Erlöschensanzeige oder die tatsächlichen Voraussetzungen der Bösgläubigkeit des Vertragspartners beweisen (BaumgLP/*Laumen* Rz 1). 5

D. Duldungs- und Anscheinsvollmacht. S § 167 Rn 37 ff 6

§ 171 Wirkungsdauer bei Kundgebung. (1) Hat jemand durch besondere Mitteilung an einen Dritten oder durch öffentliche Bekanntmachung kundgegeben, dass er einen anderen bevollmächtigt habe, so ist dieser auf Grund der Kundgebung im ersteren Falle dem Dritten gegenüber, im letzteren Falle jedem Dritten gegenüber zur Vertretung befugt.
(2) Die Vertretungsmacht bleibt bestehen, bis die Kundgebung in derselben Weise, wie sie erfolgt ist, widerrufen wird.

A. Dogmatische Grundlagen; Anwendungsbereich der §§ 171, 172. Die §§ 171 ff sind Anwendungsfälle des allg Rechtsgrundsatzes, dass derjenige, der einem gutgläubigen Dritten ggü zurechenbar den Anschein der Bevollmächtigung eines anderen setzt, sich zum Schutz des Vertragsgegners und des Rechtsverkehrs so behandeln lassen muss, als habe er dem anderen wirksam Vollmacht erteilt (BGH WM 08, 1266 Tz 36; 07, 639 Tz 38). Die §§ 171, 172 sind nur auf eine **Innenvollmacht** anwendbar (BaRoth/*Habermeier* Rz 3). Da Anknüpfungspunkt für den Rechtsschein die Kundgabe der Vollmacht nach außen ist, finden die §§ 171, 172 anders als § 170 auch auf eine **nichtige** Vollmacht Anwendung (BGH WM 05, 1520, 1522; aA *Hellgardt/ Mayer* 04, 2380, 2382; zur Heilung einer nach Art 1 § 1 RBerG iVm § 134 nichtigen Vollmacht s. § 167 Rn 24). Auch wenn eine Vollmacht niemals erteilt wurde (str) oder nachträglich erloschen ist, finden die §§ 171 ff Anwendung (Staud/*Schilken* Rz 7). Das Gleiche gilt, wenn die Vollmachtskundgabe von dem tatsächlichen Umfang der Vollmacht abweicht (Staud/*Schilken* Rz 1). Zur Unanwendbarkeit der §§ 171 ff auf die Prozessvollmacht s. § 167 Rn 38. 1

2 **B. Tatbestandsvoraussetzungen des § 171. I. Vollmachtskundgabe iSv § 171 I. 1. Rechtsnatur und Anfechtbarkeit.** Die Vollmachtskundgabe ist nach hM eine rein deklaratorische, rechtsgeschäftsähnliche Handlung, auf welche die Vorschriften über Willenserklärungen (§§ 104 ff) entspr anzuwenden sind (Staud/*Schilken* Rz 2; aA *Flume* II § 51 9). Es muss ein adressatengerichteter Kundgabewille vorliegen (*Bork* Rz 1524) und der Kundgebende muss voll geschäftsfähig sein (BGH NJW 77, 622, 623). Die von einem nur beschränkt Geschäftsfähigen vorgenommene Vollmachtskundgabe ist ohne Zustimmung des gesetzlichen Vertreters nur wirksam, wenn der beschränkt Geschäftsfähige das Rechtsgeschäft gem § 107 selbst vornehmen konnte (BaRoth/*Habermeier* Rz 6). Der Dritte muss von der Vollmachtskundgabe Kenntnis genommen haben; allein der Zugang der Mitteilung oder der Vollzug der öffentlichen Bekanntgabe genügen nicht. Die Kenntnisnahme wird aber vermutet, wenn die Mitteilung zugegangen oder die öffentliche Bekanntmachung erfolgt ist (MüKo/*Schramm* Rz 12). Nach hM kann die Kundgabeerklärung analog §§ 119 ff angefochten werden, weil sie ansonsten eine stärkere Bindungswirkung als eine wirksame Außenvollmacht (s. § 167 Rn 48) hätte (*Bork* Rz 1525; aA Erman/*Palm* Rz 3; abw für die Unanfechtbarkeit der Rechtsscheinvollmacht bei öffentlicher Bekanntmachung Larenz/*Wolf* § 48 Rz 9). Allerdings kann die Anfechtung nicht auf einen Irrtum über die aus § 171 resultierende Rechtsfolge der Vollmachtskundgabe (unbeachtlicher Rechtsfolgenirrtum) oder das Vorliegen einer Vollmacht (unbeachtlicher Motivirrtum) gestützt werden. Die Anfechtung der Vollmachtskundgabe hat zur Folge, dass der Vertreter nach § 179 und der Vollmachtgeber nach § 122 haften, s. § 167 Rn 17.

3 **2. Mitteilung an einen Dritten.** Eine Vollmachtskundgabe durch Mitteilung liegt vor, wenn jemand anderer als der Bevollmächtigte formlos von der Bevollmächtigung unterrichtet wird (MüKo/*Schramm* Rz 3). Die Mitteilung kann auch durch schlüssiges Handeln (konkludent) erfolgen, wobei die Abgrenzung zur konkludenten Außenvollmacht schwierig sein kann (MüKo/*Schramm* Rz 4). Ein Vertrauenstatbestand wird nur gesetzt, wenn der Dritte zweifelsfrei auf die Person des Vertretenen und den Umfang der Vollmacht schließen kann (BaRoth/*Habermeier* Rz 7). Die Mitteilung muss dem Geschäftsgegner spätestens bei Abschluss des Vertretergeschäfts kundgemacht worden sein (BGH WM 08, 1266 Tz 19).

4 **3. Öffentliche Bekanntmachung.** Die Vollmacht wird öffentlich bekannt gemacht, wenn sie einer unbestimmten Vielzahl von Personen etwa durch eine Zeitungsanzeige, einen Aushang oder eine Eintragung im Handelsregister zugänglich gemacht wird (BaRoth/*Habermeier* Rz 8). Nicht unter § 171 fällt die Anmeldung zum Gewerberegister (Hamm NJW 85, 1846, 1847).

5 **II. Gutgläubigkeit.** Derjenige, der sich auf die Richtigkeit der Vollmachtskundgabe beruft, muss gutgläubig sein (s. § 173).

6 **III. Das Erlöschen der Rechtsscheinvollmacht durch Widerruf (Abs 2).** Die Beseitigung der Vollmacht erfolgt gem II durch actus contrarius. Der Widerruf der Kundgabe muss möglichst in derselben Weise erfolgen wie die Vollmachtskundgabe, dh je nachdem wie die Vollmachtskundgabe erfolgt ist, durch Mitteilung oder öffentliche Bekanntmachung. Die Kundgabe und der Widerruf müssen jedoch nicht absolut gleichartig sein. Die schriftliche Kundgebung kann vielmehr auch mündlich und die öffentliche Bekanntmachung durch besondere Mitteilung an einzelne Dritte widerrufen werden (Staud/*Schilken* Rz 10). Der Zugang einer schriftlichen Widerrufserklärung genügt; ihre Kenntnisnahme durch den Dritten ist nicht erforderlich (MüKo/*Schramm* Rz 15).

7 **C. Beweislast.** Die Kundgabe der Innenvollmacht muss derjenige beweisen, der die Wirksamkeit der Vollmachtserteilung geltend macht. Den Vollmachtgeber trifft die Beweislast für den Widerruf der Vollmachtskundgabe gem II (BaumgLP/*Laumen* Rz 1).

§ 172 Vollmachtsurkunde.

(1) Der besonderen Mitteilung einer Bevollmächtigung durch den Vollmachtgeber steht es gleich, wenn dieser dem Vertreter eine Vollmachtsurkunde ausgehändigt hat und der Vertreter sie dem Dritten vorlegt.
(2) Die Vertretungsmacht bleibt bestehen, bis die Vollmachtsurkunde dem Vollmachtgeber zurückgegeben oder für kraftlos erklärt wird.

1 **A. Anwendungsbereich.** Zum Anwendungsbereich der §§ 171 ff s. § 171 Rn 1. § 172 gilt auch nicht entspr für die Bestallungsurkunde eines gesetzlichen Vertreters oder eines Verwalters fremden Vermögens (MüKo/*Schramm* Rz 19). Das gleiche gilt für einen die Vertretung regelnden Gesellschaftsvertrag (Staud/*Schilken* Rz 1; aA *Wertenbruch* DB 03, 1099, 1102).

2 **B. Tatbestandsvoraussetzungen des § 172. I. Urkundenvorlage iSd § 171. 1. Echte Vollmachtsurkunde.** Vollmachtsurkunde ist ein gem § 126 von dem Vollmachtgeber unterzeichnetes oder mit einem notariell beglaubigten Handzeichen des Vollmachtgebers versehenes Schriftstück, in dem der Vollmachtgeber erklärt, dass er einem anderen Vollmacht erteilt und das sowohl die Person des Bevollmächtigten als auch den Umfang seiner Vertretungsmacht bezeichnet (Staud/*Schilken* Rz 1). Die Urkunde muss echt sein, dass heißt von der aus ihr als Aussteller hervorgehenden Person stammen (BaRoth/*Habermeier* Rz 4).

2. Aushändigung. Für die Aushändigung der Vollmachtsurkunde genügt es, wenn diese mit dem Willen des Vollmachtgebers in den Verkehr gelangt. Ausreichend ist es somit, wenn der Vollmachtgeber bei der Errichtung der notariellen Vollmachtsurkunde bestimmt, dass dem Vertreter eine Ausfertigung erteilt wird (Karlsr ZIP 05, 1633, 1634). Die Aushändigung der Urkunde muss willentlich und zum Zwecke des Gebrauchmachens geschehen. Der Schutz des § 172 gilt daher nicht für abhanden gekommene Urkunden (BGHZ 65, 13, 14 f). Die Aushändigung der Vollmachtsurkunde ist wie die Vollmachtskundgabe iSd § 171 eine rechtsgeschäftsähnliche Handlung, auf welche die Vorschriften über Willenserklärungen (§§ 104 ff) entspr Anwendung finden (BaRoth/*Habermeier* Rz 5). Die Ausführungen zu § 171 Rn 2 gelten entspr.

3. Vorlage. Die Vollmachtsurkunde ist iSd § 171 vorgelegt, wenn sie der sinnlichen Wahrnehmung des Vertragspartners unmittelbar zugänglich gemacht wird (BGHZ 76, 76, 78). Für die Vorlage durch den Vertreter reicht es aus, wenn ein Dritter die Urkunde mit Wissen und Wollen des Vertreters vorlegt (Karlsr ZIP 05, 1633, 1634). Die Urkunde muss spätestens bei Abschluss Vertretergeschäfts (BGH WM 08, 1266 Tz 18 f) im **Original**, dh in Urschrift oder bei einer notariell beurkundeten Vollmacht in **Ausfertigung (§ 47 BeurkG)** vorgelegen haben (BGH Urt v 20.3.07 – XI ZR 362/06 Tz 13) eine Abschrift, Kopie oder Mitteilung per Telefax genügt nicht. Eine vom Vollmachtgeber mittels eines Durchschreibesatzes („Blaupause") erstellte Vollmacht ist aber als Originalunterlage iSd § 172 anzusehen, wenn der Vollmachtgeber mit ihr eine gleichwertige Urschrift und nicht nur eine Abschrift herstellen wollte (für die Durchschrift eines Zeichnungsscheins BGH WM 07, 108 Tz 25). Eine Bezugnahme auf die bei Gericht oder einem Notar hinterlegte Vollmachtsurkunde genügt hingegen idR nicht (BGHZ 102, 60, 65). Einer Vorlage der Vollmachtsurkunde steht es jedoch gleich, wenn der Vertragspartner zur Einsichtnahme berechtigt wird und Einsicht nimmt (MüKo/*Schramm* Rz 8) oder wenn die Vollmachtsurkunde aus Anlass eines früheren Geschäfts vorgelegt worden ist (BGH WM 05, 1598, 1599). Eine bloße Bezugnahme auf die Vollmacht ist ferner ausreichend, wenn die Vollmacht dem Notar bei der Beurkundung eines notariellen Vertrages vorlag, dieser das Vorliegen der Vollmacht ausdrücklich in seine Verhandlungsniederschrift aufgenommen und deren Ausfertigung zusammen mit einer Abschrift der Vollmacht dem Vertragspartner zugeleitet hat (BGH WM 07, 110 Tz 25; 06, 1060 Tz 30). Das Gleiche gilt, wenn die Vollmacht von dem Notar selbst beurkundet wurde und jederzeit bei ihm zugänglich ist (BGHZ 102, 60, 65). Es genügt die Vorlage der in einem notariellen Vertragsangebot enthaltenen Vollmacht; der Vorlage einer Ausfertigung der notariell beurkundeten Annahme des Vertragsangebotes bedarf es nicht (BGH WM 07, 440 Tz 18). Für die Anwendung des § 172 ist weder auf die Kenntnisnahme des Vertragspartners von dem Urkundeninhalt noch der Nachweis erforderlich, dass der Vertragspartner durch den Rechtsschein des Urkundenbesitzes zum Geschäftsabschluss veranlasst wurde (BGH WM 06, 1060 Tz 30; aA für das Erfordernis einer Kausalbeziehung Erman/*Palm* Rz 9).

II. Gutgläubigkeit. Der Dritte, der sich auf die Richtigkeit der Vollmachtsurkunde beruft, muss gutgläubig (s. § 173) sein.

III. Das Erlöschen der Rechtsscheinvollmacht gem § 172 II. Die Rechtsscheinvollmacht erlischt mit Rückgabe der Vollmachtsurkunde an den Vollmachtgeber (vgl § 175) und der Kraftloserklärung der Vollmachtsurkunde (vgl § 176). Rückgabe iSd § 172 II meint Besitzerlangung durch den Vollmachtgeber mit Wissen des Bevollmächtigten (Erman/*Palm* Rz 13). Der Vollmachtgeber kann den Rechtsschein auch durch einen Widerruf der Vollmacht oder eine Erlöschensanzeige gem § 171 II dem jeweiligen Erklärungsempfänger ggü beseitigen (Staud/*Schilken* Rz 10; aA *Bork* Rz 1529).

C. Beweislast. Derjenige, der aus der Vollmachtsurkunde Rechte gegen den Vollmachtgeber herleitet, muss die Echtheit der Urkunde und die Vorlage der Urkunde durch den Vertreter beweisen. Die Aushändigung der Vollmachtsurkunde muss er dagegen nicht beweisen. Vielmehr ist es Sache des Vollmachtgebers, zu beweisen, dass die Urkunde abhanden gekommen ist (BaumgLP/*Laumen* Rz 1; str). Den Vollmachtgeber trifft die auch die Beweislast dafür, dass die Rechtsscheinvollmacht erloschen ist (BaumgLP/*Laumen* Rz 2). Zur Beweislast des Bereicherungsgläubigers, der das Fehlen der Vertretungsmacht geltend macht, s. § 164 Rn 85.

D. Die abredewidrige Ausfüllung eines Blanketts. Der Rechtsgedanke des § 172 wird auf Blanketturkunden entspr angewandt. Wer ein Blankett mit seiner Unterschrift freiwillig aus der Hand gibt und die Ausfüllung des Urkundentextes einem Dritten überlässt, muss den abredewidrig ausgefüllten Inhalt einem gutgläubigen Dritten ggü als seine Willenserklärung gegen sich gelten lassen. Der Vertrauensschutz ist durch Anfechtung nicht zu beseitigen (BGH NJW 96, 1467, 1469; *Bork* Rz 1641 ff). Diese Grundsätze sind bei Sammelüberweisungen (BGH NJW-RR 92, 1264, 1265 f) und der missbräuchlichen Verwendung eines Internetanschlusses entspr heranzuziehen (Köln NJW-RR 94, 177, 178).

E. Duldungs- und Anscheinsvollmacht. S § 167 Rn 37 ff

§ 173 Wirkungsdauer bei Kenntnis und fahrlässiger Unkenntnis.
Die Vorschriften des § 170, des § 171 Abs. 2 und des § 172 Abs. 2 finden keine Anwendung, wenn der Dritte das Erlöschen der Vertretungsmacht bei der Vornahme des Rechtsgeschäfts kennt oder kennen muss.

1 **A. Normzweck und Anwendungsbereich.** Auf den Vertrauensschutz der §§ 170–173 kann sich nicht berufen, wer bei der Vornahme des Rechtsgeschäfts den Mangel der Vollmacht kennt oder kennen muss. Entgegen seinem Wortlaut gilt § 173 nicht nur für das das Erlöschen der Vollmacht (§§ 171, II, 172 II). Ebenso ist § 173 anzuwenden, wenn eine Vollmacht überhaupt nicht bestanden hat (§§ 171 I, 172 I) oder nachträglich inhaltlich verändert, insb beschränkt wurde (BGH NJW 00, 2270, 2271; Staud/*Schilken* Rz 6 f).

2 **B. Kenntnis und Kennenmüssen iSv § 173. I. Kenntnis.** Kenntnis iSv § 173 meint positives Wissen um den Mangel der Vollmacht (Staud/*Schilken* Rz 2).

3 **II. Kennenmüssen.** Kennenmüssen ist gem §§ 122 II, 276 als **grob fahrlässige Unkenntnis** zu verstehen, die vorliegt, wenn die Unkenntnis des Vertragspartners über den Mangel der Vollmacht auf einer Außerachtlassung der im Verkehr erforderlichen Sorgfalt beruht (BGH NJW 85, 730; aA für Evidenzmaßstab Staud/*Schilken* Rz 2). Hiervon ist auszugehen, wenn für einen durchschnittlichen Teilnehmer am jeweiligen Geschäftsverkehr erkennbare Zweifel an der Vollmacht bestanden, die einen sorgfältigen Geschäftspartner zu Nachforschungen veranlasst hätten (*Larenz/Wolf* § 48 Rz 16). IRd §§ 170–173 besteht jedoch keine allg Überprüfungs- und Nachforschungspflicht (BGHZ 167, 223 Tz 29; WM 06, 1060 Tz 27). Ferner kommt es für § 173 nicht nur auf die Kenntnis und das Kennenmüssen der den Mangel der Vertretungsmacht begründenden Umstände an, sondern auf die Kenntnis oder das Kennenmüssen des Mangels selbst (BGH WM 08, 683 Tz 30). Erforderlich ist daher, dass der Vertragspartner aus den ihm bekannten Umständen den rechtlichen Schluss zieht, dass die Vollmacht nicht besteht. Dabei stellt die Rspr an eine Bank, die über rechtlich versierte Fachkräfte verfügt, strengere Sorgfaltsanforderungen, als an einen juristisch nicht vorgebildeten Durchschnittsbürger (BGHZ 167, 223 Tz 29; WM 06, 1060 Tz 27). Dennoch kann einer Bank ebenso wenig wie einem Notar (BGHZ 145, 265, 275 ff) der Vorwurf fahrlässigen Verhaltens gemacht werden, wenn ihr vor dem Bekanntwerden der hierzu im Jahr 2000 ergangenen Rspr verborgen geblieben ist, dass die ihr vorgelegte Vollmacht des Geschäftsbesorgers/Treuhänders zur Abwicklung eines Immobilienerwerbs iRe Steuersparmodells gegen **Art 1 § 1 RBerG** verstoßen und deshalb nichtig sein könnte (BGH WM 08, 683 Tz 28). § 173 greift jedoch bei Vorlage einer formunwirksamen (§ 167 II) unwiderruflichen Vollmacht zum Erweb einer Immobilie ein (BGHZ 174, 344 Tz 18). Der Darlehensgeber durfte dagegen darauf vertrauen, dass eine ihm 1986 vorgelegte notarielle Vollmacht nicht nach **§ 1 I HWiG aF** widerruflich ist (BGHZ 144, 223, 230 f).

4 **III. Maßgeblicher Zeitpunkt.** Nach hM muss der gute Glaube des Vertragspartners nicht nur bis zur Abgabe bzw dem Empfang der Erklärung des Vertretenen, sondern grds auch noch bei Vollendung des Rechtsgeschäfts vorliegen. Ausn bestehen jedoch analog §§ 878, 892 II und bei bedingten Geschäften (*Larenz/Wolf* § 48 Rz 15; aA Staud/*Schilken* Rz 8). Hierfür sprechen der Wortlaut des § 173 und der Umstand, dass der Dritte vor dem Abschluss des Vertretergeschäfts nicht schutzwürdig ist.

5 **C. Beweislast.** Die Beweislast für die Bösgläubigkeit des Dritten trifft den Vertretenen (BaumLP/*Laumen* Rz 1).

§ 174 Einseitiges Rechtsgeschäft eines Bevollmächtigten.
[1]Ein einseitiges Rechtsgeschäft, das ein Bevollmächtigter einem anderen gegenüber vornimmt, ist unwirksam, wenn der Bevollmächtigte eine Vollmachtsurkunde nicht vorlegt und der andere das Rechtsgeschäft aus diesem Grunde unverzüglich zurückweist. [2]Die Zurückweisung ist ausgeschlossen, wenn der Vollmachtgeber den anderen von der Bevollmächtigung in Kenntnis gesetzt hatte.

1 **A. Normzweck.** § 174 schützt den Vertragspartner vor der Ungewissheit über die Wirksamkeit eines von einem Vertreter vorgenommenen einseitigen Rechtsgeschäfts gem § 180 1 (BAG NZA 07, 377 Tz 35, 45 f). Die Vorschrift entspricht gemeinsam mit den §§ 111 2, 3, 182 III, 410 I 2, II, 1131 2, 1160 II einem allg Rechtsgrundsatz (*Larenz/Wolf* AT § 49 Rz 16).

2 **B. Anwendungsbereich.** § 174 betrifft einseitige empfangsbedürftige Willenserklärungen wie die Kündigung, den Rücktritt, die Anfechtung, die Aufrechnung und den Widerruf und wird analog auf **rechtsgeschäftsähnliche Handlungen** wie die Mahnung, die Abmahnung und die Fristsetzung angewandt (BGH NJW 01, 289, 290; Staud/*Schilken* Rz 2), nicht aber auf Erklärungen zur Wahrung einer tariflichen Ausschlussfrist (BAG NJW 03, 236). Gesetzlich ausgeschlossen wird die Anwendung des § 174 durch § 651g I 2. § 174 findet auf die Erklärung der **Annahme eines Vertragsangebotes** durch den Vertreter entspr Anwendung, es sei denn das Angebot wurde bereits dem Vertreter ggü erklärt (BGH WM 07, 313 Tz 19; Staud/*Schilken* Rz 2; aA *Bork* Rz 1532). Außerhalb des Stellvertretungsrechts wird § 174 analog auf eine von einem **Boten** übermittelte Erklärung (BGH WM 07, 313 Tz 19) und die Zustellung einer einseitigen empfangsbedürftigen Willenserklärung durch den Gerichtsvollzieher gem §§ 132, 176 II ZPO (BGH NJW 81, 1210) angewandt. Gem §§ 182 III

iVm 111 1, 3, 174 kann auch eine unter den Zustimmungsvorbehalt (§ 21 I Nr 2 Alt 2 InsO) eines vorläufigen Insolvenzverwalters fallende Kündigung zurückgewiesen werden (BGH DB 03, 1523, 1524). Auf Erklärungen, die ein **gesetzlicher oder organschaftlicher Vertreter** abgibt, ist § 174 grds weder direkt noch analog anwendbar (BAG NZA 08, 377 Tz 37 ff; 471 Tz 26). Zu beachten ist aber, dass § 174 auf die **Gesamtvertretung** analoge Anwendung findet mit der Folge, dass die von einem gesamtvertretungsberechtigten Organ abgegebene einseitige Willenserklärung zurückgewiesen werden kann (BAG AP Nr 18 zu § 174, 1769). Trotz Anerkennung der Rechtsfähigkeit der GbR findet § 174 daher auf einseitige empfangsbedürftige Willenserklärungen des **Gesellschafters einer GbR** weiterhin Anwendung (BGH NJW 02, 1194, 1195). Das Gleiche gilt für die Kündigung eines Vorstands durch ein von dem Aufsichtsrat ermächtigtes Mitglied (Ddorf NZG 04, 141, 143 ff), nicht aber für die einseitige Willenserklärung eines einzigen Vorstandsmitglieds, dessen Befugnis zur alleinigen Vertretung sich mittelbar aus der Satzung ergibt (BAG AP Nr 18 zu § 174, 1769). Zur Anwendung des § 174 im öffentlichen Dienst s. BAG NZA 08, 377 Tz 34 ff. Auf Erklärungen, die ein Prozessvertreter aufgrund einer Prozessvollmacht (s. § 164 Rn 25) abgibt, findet § 174 wegen der Sonderregelung in den §§ 80, 88 f ZPO keine Anwendung (BGH NJW 03, 963; Staud/*Schilken* Rz 2). § 174 rechtfertigt es nicht, die Durchführung eines Preselection-Auftrages von einer schriftlichen Auftragserteilung des Kunden abhängig zu machen (BGH WM 07, 313 Tz 17 ff; aA VG Köln CR 06, 184 186 ff).

C. Tatbestandsvoraussetzungen. I. Nichtvorlage einer Vollmachtsurkunde. Das Zurückweisungsrecht 3
besteht nicht, wenn der Vertreter bei der Vornahme des Rechtsgeschäfts eine Vollmachtsurkunde vorlegt hat. Insoweit gelten dieselben Anforderungen wie an die Vorlage der Vollmachtsurkunde iSd § 172 Rn 4. Ein Unterbevollmächtigter muss auch die Hauptvollmacht vorlegen (Staud/*Schilken* Rz 3).

II. Zurückweisung. Die Zurückweisung ist eine einseitige empfangsbedürftige Willenserklärung, die unver- 4
züglich, dh ohne schuldhaftes Zögern (§ 121 I) ggü dem Vertreter oder dem Vertretenen zu erfolgen hat (Staud/*Schilken* Rz 7) und selbst nach § 174 zurückgewiesen werden kann. Sie muss eindeutig, also **gerade wegen der fehlenden Vorlage der Vollmachtsurkunde** erfolgen (BAG ZIP 03, 1161, 1163). Hierfür genügt es nicht, wenn der Gekündigte nur die Kündigungsbefugnis des Kündigenden und damit das Vorliegen einer wirksamen Bevollmächtigung bestreitet, nicht aber deren Nachweis fordert (BAG NZA-RR 07, 571 Tz 38). Für die Frage, ob eine Zurückweisung unverzüglich erfolgt ist, gelten die zu § 121 entwickelten Grundsätze entspr. Die Zurückweisung muss nicht sofort erfolgen. Dem Erklärungsempfänger ist vielmehr eine gewisse Zeit zur Überlegung und Einholung eines Rates durch einen Rechtskundigen einzuräumen. Maßgeblich für die Länge der Frist sind die Umstände des Einzelfalles. Die Zurückweisung ist rechtzeitig, wenn sie nach 3 Tagen erfolgt (BAG ZIP 92, 497, 499; falls ein Wochenende dazwischenliegt BAG NZA 08, 377 Tz 47). Sie kann aber schon nach 6 (Hamm NJW 91, 1185, 1186) bis 12 Tagen (BGH NJW 01, 220, 221) verspätet sein. Dagegen ist nach aA eine Überlegungsfrist von insgesamt 2 Wochen nicht zu lang (*Schäder* ArbRB 07, 151, 152). Liegen Feiertage dazwischen, kann die Zurückweisung dagegen auch nach 10 Tage noch rechtzeitig sein (LAG Mecklenburg-Vorpommern NZA-RR 09. 528, 529),

III. Ausschluss des Zurückweisungsrechts gem S 2 (Inkenntnissetzung). Das Zurückweisungsrecht besteht 5
nicht, wenn der Vollmachtgeber den Erklärungsempfänger auf andere Weise über die Bevollmächtigung in Kenntnis setzt. Erforderlich hierfür ist eine bewusste und zumindest auch an den Dritten gerichtete Mitteilung der Bevollmächtigung durch den Vollmachtgeber (MüKo/*Schramm* Rz 7), die auch konkludent erfolgen kann (BAG NZA 06, 980 Tz 36). Eine zufällige Kenntniserlangung genügt den Anforderungen des 2 nicht (Staud/*Schilken* Rz 11). Insb soll ein Aushang am „schwarzen Brett" nicht ohne Weiteres ausreichend sein (LAG Berlin DB 07, 468, 470). Weil 2 keine Nachforschungen vom Erklärungsempfänger verlangt, reicht es auch nicht, eine Vertretungsregelung ins Intranet zu stellen (BAG NZA 08, 377 Tz 50). Für die Inkenntnissetzung iSv 2 genügt es dagegen, wenn der Vertreter eine **Stellung bekleidet**, mit der üblicherweise eine Vollmacht verbunden ist, die auch das konkrete Rechtsgeschäft umfasst (BGH WM 08, 2252 Tz 11). Das gilt insb für die Befugnis des Personalabteilungsleiters, Prokuristen oder Generalbevollmächtigten zur Kündigung von Arbeitsverhältnissen (BAG NZA 08, 377 Tz 49; zur str Stellung eines Niederlassungsleiters s. LAG Berlin DB 07, 468, 469 mwN), nicht aber für die Kündigungsvollmacht von untergeordneten Arbeitnehmern, die nur zur Vertretung des Personalabteilungsleiters berufen sind (BAG BB 98, 539, 540; NZA 97, 1343, 1345). Nach diesen Grundsätzen kann auch der RA einem Angestellten kündigen, ohne die Vollmacht eines Scheinsozius vorzulegen (BAG NJW 97, 1867, 1868). Das gilt dagegen nicht, wenn sich ein Insolvenzverwalters von einem Sozius vertreten lässt (BAG KTS 03, 159, 164). Nicht ausreichend für eine Inkenntnissetzung iSv 2 ist es, wenn der Vertreter den Anstellungsvertrag mit dem gekündigten Arbeitnehmer unterzeichnet hat (BAG AP Nr 7 zu § 174, 1071). Die Zurückweisung **verstößt gegen § 242**, wenn der Vertreter mit der Abwicklung des Vertragsverhältnisses betraut war und die gesamte Korrespondenz geführt hat (KG BB 98, 607). Gleiches kann gelten, wenn der Vertreter innerhalb einer st Geschäftsverbindung wiederholt Handlungen für den Vertreter vorgenommen hat und der Vertragspartner diese ohne Vorlage einer Vollmachtsurkunde gegen sich gelten ließ (BGH WM 08, 2252 Tz 15; München NJW-RR 97, 904). Der Vorlage einer Vollmachtsurkunde bedarf es ferner nicht bei der Kündigung eines Mietvertrages durch einen Hausverwalter, der für den Vertretenen den Mietvertrag abgeschlossen hat (Frankf NJW-RR 96, 10; aA MüKo/*Schramm* Rz 8).

6 **D. Rechtsfolge.** Die Zurückweisung hat die **volle Unwirksamkeit** des Rechtsgeschäfts zur Folge. Eine Anwendung der §§ 177 ff ist ausgeschlossen (BAG NZA-RR 07, 571 Tz 37; Staud/*Schilken* Rz 10).

7 **E. Beweislast.** Der Beweis für die unverzügliche Zurückweisung der Erklärung obliegt demjenigen, der sich auf die Unwirksamkeit des einseitigen Rechtsgeschäfts beruft (BGH NJW 01, 220, 221). Dagegen hat derjenige, der dessen Wirksamkeit behauptet, im Falle der Zurückweisung neben den Voraussetzungen einer wirksamen Stellvertretung auch die Vorlage der Vollmachtsurkunde oder die Inkenntnissetzung iSd 2 zu beweisen (Staud/*Schilken* Rz 13). Ihm steht ferner der Beweis offen, dass die Zurückweisung ausnahmsweise gem § 242 ausgeschlossen war (BaumgLP/*Laumen* Rz 2).

§ 175 Rückgabe der Vollmachtsurkunde.
Nach dem Erlöschen der Vollmacht hat der Bevollmächtigte die Vollmachtsurkunde dem Vollmachtgeber zurückzugeben; ein Zurückbehaltungsrecht steht ihm nicht zu.

1 § 175 hat den Zweck, den Vollmachtgeber vor einer missbräuchlichen Verwendung der Vollmachtsurkunde (§ 172) zu schützen (Staud/*Schilken* Rz 1). Die Vorschrift wird analog angewandt, wenn eine Vollmacht nicht oder nicht wirksam erteilt wurde (Staud/*Schilken* Rz 1) oder wenn ein Dritter im Besitz der Vollmachtsurkunde ist (BaRoth/*Habermeier* Rz 6; aA Staud/*Schilken* Rz 5). Die Herausgabepflicht erstreckt sich nur auf die Urschrift und Ausfertigungen der Vollmachtsurkunde, nicht aber auch auf Abschriften und Fotokopien (BGH WM 06, 1060 Tz 24; Staud/*Schilken* Rz 4). Widerruft nur einer von mehreren Vollmachtgebern die Vollmacht, kann er nur die Vorlage der Vollmachtsurkunde zur Eintragung eines einschränkenden Vermerks verlangen (BGH NJW 90, 507). Das Gleiche gilt bei Erlöschen einer von mehreren in einer Urkunde erteilten Vollmachten (München NJW-RR 09, 1379, 1380). Enthält die Vollmachtsurkunde noch weitere Erklärungen, tritt gem § 242 eine Entwertung der Bevollmächtigungsklausel an die Stelle der Rückgabe der Urkunde, wenn das Interesse des Bevollmächtigten an einem Verbleib der Urkunde bei ihm überwiegt (BaRoth/*Habermeier* Rz 4). Der Ausschluss des Zurückbehaltungsrechts in Hs 2 gilt entspr auch ggü anderen Ansprüchen zB dem aus § 985 (Staud/*Schilken* Rz 9).

§ 176 Kraftloserklärung der Vollmachtsurkunde.
(1) ¹Der Vollmachtgeber kann die Vollmachtsurkunde durch eine öffentliche Bekanntmachung für kraftlos erklären; die Kraftloserklärung muss nach den für die öffentliche Zustellung einer Ladung geltenden Vorschriften der Zivilprozessordnung veröffentlicht werden. ²Mit dem Ablauf eines Monats nach der letzten Einrückung in die öffentlichen Blätter wird die Kraftloserklärung wirksam.
(2) Zuständig für die Bewilligung der Veröffentlichung ist sowohl das Amtsgericht, in dessen Bezirk der Vollmachtgeber seinen allgemeinen Gerichtsstand hat, als auch das Amtsgericht, welches für die Klage auf Rückgabe der Urkunde, abgesehen von dem Wert des Streitgegenstandes, zuständig sein würde.
(3) Die Kraftloserklärung ist unwirksam, wenn der Vollmachtgeber die Vollmacht nicht widerrufen kann.

1 § 176 gibt dem Vollmachtgeber die Möglichkeit, die Legitimationswirkung einer Vollmachtsurkunde ohne Mitwirkung des Bevollmächtigten zu beseitigen. Die Kraftloserklärung ist eine rechtsgestaltende Erklärung des Vollmachtgebers, die nach den §§ 186 ff ZPO zugestellt wird (BaRoth/*Habermeier* Rz 2). Das Gericht entscheidet über den Antrag auf Bewilligung der öffentlichen Zustellung im Verfahren der freiwilligen Gerichtsbarkeit. Dabei hat es nur über die Zulässigkeit des Antrages, nicht über die materiellen Voraussetzungen der Kraftloserklärung zu entscheiden (Staud/*Schilken* Rz 7). Bestand zum Zeitpunkt der Kraftloserklärung eine wirksame Vollmacht, so enthält die Kraftloserklärung einen konkludenten Widerruf der Vollmacht gem § 168 2. Ist dieser unwirksam, gilt § 176 III (BaRoth/*Habermeier* Rz 6).

§ 177 Vertragsschluss durch Vertreter ohne Vertretungsmacht.
(1) Schließt jemand ohne Vertretungsmacht im Namen eines anderen einen Vertrag, so hängt die Wirksamkeit des Vertrages für und gegen den Vertretenen von dessen Genehmigung ab.
(2) ¹Fordert der andere Teil den Vertretenen zur Erklärung über die Genehmigung auf, so kann die Erklärung nur ihm gegenüber erfolgen; eine vor der Aufforderung dem Vertreter gegenüber erklärte Genehmigung oder Verweigerung der Genehmigung wird unwirksam. ²Die Genehmigung kann nur bis zum Ablauf von zwei Wochen nach dem Empfang der Aufforderung erklärt werden; wird sie nicht erklärt, so gilt sie als verweigert.

1 **A. Systematik der §§ 177–180.** Ein Rechtsgeschäft, das ein Vertreter im Namen des Vertretenen ohne Vertretungsmacht (falsus procurator) vornimmt, entfaltet keine Rechtswirkungen für und gegen den Vertretenen (§ 164 Rn 48). Ein Vertrag ist schwebend unwirksam (s. § 184 Rn 1). Die Schwebezeit wird beendet durch die Genehmigung des Vertretenen oder deren Verweigerung. Der Vertragspartner kann die Schwebezeit verkürzen, indem er den Vertretenen zu Erklärung über die Genehmigung gem II auffordert. Er kann sie auch selbst

beenden, indem er seine Vertragserklärung nach § 178 widerruft. Auf einseitige Rechtsgeschäfte finden die Vorschriften der §§ 177–179 nur in Ausnahmefällen Anwendung (§ 180).

B. Anwendungsbereich der §§ 177–179. I. Vertretung ohne Vertretungsmacht. 1. Abschluss eines Vertrages. 2
Die §§ 177–179 finden auf den Abschluss aller Verträge Anwendung, bei denen die Stellvertretung zulässig ist (BGH NJW 71, 428, 429; s. hierzu § 164 Rn 26).

2. Handeln als Vertreter. Die §§ 177 ff setzen voraus, dass der Vertreter als solcher gehandelt hat. Hierzu 3
muss er eine eigene Willenserklärung abgegeben (s. § 164 Rn 28 f) und in fremdem Namen gehandelt, dh dem Offenkundigkeitsgrundsatz genügt haben (s. § 164 Rn 30). Die §§ 177 ff gelten für den gewillkürten, den gesetzlichen (BGHZ 39, 45, 50 f) und den organschaftlichen (BGHZ 63, 45, 48 f) Vertreter. Bei der Prozessvertretung (§ 164 Rn 36) werden sie durch die Sondervorschriften der §§ 88 f ZPO verdrängt. Auch bei der mittelbaren Stellvertretung ist eine Anwendung der §§ 177 ff ausgeschlossen (Staud/*Schilken* Rz 18). Die Anwendbarkeit der §§ 177 ff auf das Geschäft für den, den es angeht, hängt von der umstrittenen dogmatischen Konstruktion ab (s. § 164 Rn 36).

3. Ohne Vertretungsmacht. Ein Handeln ohne Vertretungsmacht liegt vor, wenn der Vertreter entweder gar 4
keine Vertretungsmacht besaß oder seine Vertretungsmacht überschritten hat (*Larenz/Wolf* § 49 Rz 1). Unerheblich ist, ob eine Vollmacht überhaupt nie bestand oder nachträglich erloschen ist. Zum maßgeblichen Zeitpunkt für das Vorliegen der Vertretungsmacht s. § 164 Rn 48. Zur Anwendung der §§ 177 ff in den Fällen, in denen das Vertretergeschäft nach den §§ 170 ff oder den Grundsätzen der Duldungs- und Anscheinsvollmacht als wirksam zu behandeln ist, s. § 167 Rn 49 und § 170 Rn 1. Die §§ 177 ff sind grds nicht anwendbar, wenn das Vertretergeschäft der Zustimmung eines Dritten zB nach den §§ 1643, 1821, 1822 bedarf (BaRoth/*Habermeier* Rz 28). Um einen Fall der §§ 177 ff handelt es sich aber, wenn ein Gesamtvertreter übergangen wird (s. § 164 Rn 63) und der Vertreter von seiner Vertretungsmacht keinen Gebrauch machen will (BGH BB 1967, 1394). Wenn bei einem privatrechtlichen Geschäft einer juristischen Person des öffentlichen Rechts die für die Vertretung bestehenden öffentlich-rechtlichen Formvorschriften nicht eingehalten wurden, führt das nicht zur Anwendung des § 125 I, sondern der §§ 177 ff, sodass das Vertretergeschäft gem § 177 genehmigt werden kann (BGHZ 147, 380, 383 f; BAG NJW 87, 1038); eine Haftung des Vertreters aus § 179 I ist nach hM aber ausgeschlossen, weil § 839 insoweit vorrangig ist (BGHZ 147, 381, 387 ff; aA Staud/*Schilken* Rz 3). Das Gleiche gilt, wenn die Aufsichtsbehörde die Genehmigung verweigert (BGH WM 04, 182, 185).

II. Analoge Anwendung der §§ 177 ff. Entspr Anwendung finden die §§ 177 ff auf den Boten ohne Boten- 5
macht (Oldbg NJW 78, 951; aA für das Fehlen einer zurechenbaren Willenserklärung Kobl BB 94, 819; offen lassend BGH NJW 08, 2702 Tz 36 mwN), den Dolmetscher, der bewusst falsch übersetzt (BGH BB 63, 204; Staud/*Schilken* Rz 22), das Fremdgeschäft für den Geschäftsherrn beim Handeln unter falschem Namen (s. § 164 Rn 47), den Verwalter fremden Vermögens (Staud/*Schilken* Rz 19), die Ausfüllung eines entwendeten Blanketts (*Bork* Rz 1651) und in den Fällen des Missbrauchs der Vertretungsmacht (s. § 164 Rn 69 und § 170 Rn 2). Str. ist, ob Abs. 1 entspr anwendbar ist, wenn der Vorstand gem § 112 AktG an der Vertretung gehindert ist (dafür München ZIP 08, 220, 222; offen lassend BGH WM 93, 1630, 1631) Beim Handeln für eine (noch) nicht existierende juristische Person oder Handelsgesellschaft sind §§ 177 ff grds entspr anwendbar, es sei denn der Vertreter tritt nicht für die künftige Gesellschaft, sondern ausschließlich für die Vorgründungsgesellschaft auf (BAG 06, 1672, 1673; BGHZ 105, 283, 285; 91, 148, 152 f; 63, 45, 48 f; vgl zum Handeln für eine nicht existierende GbR BGHZ 178, 307 Tz 10 f). Der Handelnde haftet aus § 179, wenn er keine Vertretungsmacht besaß oder wenn der Rechtsträger existiert und das Rechtsgeschäft somit nicht genehmigen kann. Einer Genehmigung durch die später entstandene Gesellschaft bedarf es jedoch nicht, wenn das Rechtsgeschäft mit Erlangung der Rechtsfähigkeit automatisch für die Gesellschaft wirksam wird (BGHZ 80, 129 ff). Das ist nach der Rspr des BGH auch dann der Fall, wenn der Geschäftsführer der Vorgesellschaft, der für die künftige Gesellschaft einen Vertrag geschlossen hat, von den Gründern übereinstimmend zum Abschluss der Geschäfts vor Eintragung ermächtigt wurde und nach der Satzung nur Bareinlagen vereinbart sind (BGH NJW 81, 1373, 1376). Eine Haftung aus § 179 ist zudem ausgeschlossen, wenn die Sonderregelungen in die die §§ 11 II GmbHG, 41 I 2 AktG eingreifen (Soergel/*Leptien* § 179 Rz 10). Die Einzelheiten sind jedoch str.

C. Genehmigung des Vertretergeschäfts. I. Genehmigungserklärung. Die Genehmigung iSv I ist eine ein- 6
seitige empfangsbedürftige Willenserklärung, die den Schwebezustand beendet und auf die sowohl die §§ 104 ff als auch die §§ 182, 184 Anwendung finden. Als Gestaltungserklärung ist sie unwiderruflich und bedingungsfeindlich (*Bork* Rz 1606). Anstelle des Vertretenen kann nach § 164 I auch sein Stellvertreter die Genehmigung erklären (BGH NJW-RR 94, 291, 292 f) und analog § 108 II selbst der betroffene Vertreter ohne Vertretungsmacht, sobald er Vertretungsmacht erlangt hat (BGH NJW 97, 669). Genehmigt ein Vertreter ohne Vertretungsmacht, ist die Genehmigung gem § 180 nichtig (BGHZ 178, 307 Tz 13). Zur Genehmigung des Vertretergeschäfts bei der Gesamtvertretung s. § 164 Rn 63. Die Genehmigung kann gem § 182 I ggü dem Vertreter (**Innengenehmigung**) oder dem Vertragspartner (**Außengenehmigung**) erklärt werden, es sei denn der Vertragspartner hat den Vertretenen gem II zur Erklärung über die Genehmigung aufgefordert

(s. Rn 10). Das schwebend unwirksame Vertretergeschäft kann auch **konkludent** genehmigt werden. Das setzt jedoch regelmäßig voraus, dass der Genehmigende aus der maßgeblichen Sicht des Erklärungsempfängers die Unwirksamkeit kennt oder zumindest mit ihr rechnet und dass in seinem Verhalten der Ausdruck des Willens zu sehen ist, das bisher als unverbindlich angesehene Geschäft verbindlich zu machen (BGH NJW 09, 289 Tz 35; WM 05, 786, 788; zu den Fällen einer gegen das RBerG verstoßenden Vollmacht s. § 167 Rn 23). Fehlt ein Erklärungsbewusstsein des Betroffenen, so muss hinzukommen, dass er bei pflichtgemäßer Sorgfalt gem § 276 hätte erkennen und vermeiden können, dass seine Äußerung nach Treu und Glauben und der Verkehrssitte als Willenserklärung aufgefasst werden durfte und der Empfänger sie auch tatsächlich so verstanden hat (BGH BKR 05, 501, 503). Die Annahme einer stillschweigenden Genehmigung liegt insb dann nahe, wenn ein Ehegatte für den anderen vollmachtlos aufgetreten ist (Celle OLGR 00, 41, 42). Zur Form s. § 182 II. Der Vertretene kann den Vertrag nur **während der Schwebezeit** genehmigen. Eine Genehmigung ist deshalb nicht mehr möglich, wenn der Vertretene die Genehmigung verweigert hat (§ 182 Rn 8 f), diese gem II 2 als verweigert gilt oder der Vertragspartner seine Erklärung nach § 178 widerrufen hat. Zur Zulässigkeit einer **Teilgenehmigung** und zur Genehmigungsfähigkeit **fristgebundener Rechtsgeschäfte** s. § 182 Rn 2, zur Genehmigungsfähigkeit **einseitiger Rechtsgeschäfte** s. § 180 Rn 1.

7 **II. Rechtswirkungen der Genehmigung.** Durch die Genehmigung kommt der Vertrag gem I iVm § 184 rückwirkend (§ 184 Rn 4 ff) mit dem Vertretenen zustande, sofern keine anderen Wirksamkeitshindernisse bestehen. Das Vertretergeschäft wird so behandelt, als habe der Vertreter bereits bei Vertragsschluss Vertretungsmacht gehabt. Die §§ 164 ff sind daher in vollem Umfang anwendbar.

8 **III. Genehmigungspflicht und Treuwidrigkeit der Berufung auf das Fehlen der Genehmigung. 1. Genehmigungsanspruch des Vertreters.** Ausnahmsweise besteht in den Fällen der Notgeschäftsführung gem §§ 679, 680, nicht aber bereits bei einer berechtigten GoA (§§ 677, 683) ein Genehmigungsanspruch des Vertreters gegen den Vertretenen (BGH NJW 51, 398). Die Ansicht, dass der Notgeschäftsführer gesetzliche Vertretungsmacht habe (BaRoth/*Habermeier* Rz 11), findet im Gesetz keine Stütze (*Bork* Rz 1637).

9 **2. Genehmigungsanspruch des Vertragspartners.** Macht der Vertretene das Fehlen der Vollmacht erst nach langer Zeit geltend, nachdem der Vertragspartner im Vertrauen auf die Gültigkeit des Geschäfts eigene Dispositionen getroffen hatte, kann die Berufung auf die fehlenden Genehmigung gem **§ 242** verwirkt sein oder gegen das Verbot des *venire contra factum proprium* verstoßen. Auf die Kenntnis des Vertretenen vom Fehlen der Vollmacht kommt es insoweit nicht an (*Larenz/Wolf* AT § 49 Rz 6; Frankf NJW-RR 05, 1514, 1516 f). Die Verweigerung der Genehmigung ist zudem rechtsmissbräuchlich gem § 242 (dolo agit), wenn der Vertretene zur Vornahme des Vertretergeschäfts verpflichtet ist (BGHZ 125, 16, 22; WM 03, 2375, 2378; *Larenz/Wolf* AT § 49 Rz 6). Nach diesen Grundsätzen ist einem Anleger die Berufung auf die Nichtigkeit der Zwangsvollstreckungsunterwerfungsvollmacht wegen Verstoßes gegen das RBerG verwehrt, wenn er zur Abgabe der Vollstreckungsunterwerfungserklärung verpflichtet ist (§ 167 Rn 25). Dagegen finden sie nach der Rspr des BGH auf die umfassende materiell-rechtliche Abwicklungsvollmacht des Geschäftsbesorgers/Treuhänders nur eingeschränkt Anwendung (§ 167 Rn 23). Verstößt die Verweigerung der Genehmigung gegen § 242, bleiben der Schwebezustand und die Genehmigungspflicht des Vertretenen bestehen. Der Vertretene kann das Vertretergeschäft auch dann noch genehmigen, wenn er die Genehmigung zuvor verweigert hat (BGHZ 108, 380, 384 f).

10 **IV. Aufforderung zur Erklärung über die Genehmigung (Abs 2).** Die Aufforderung zur Erklärung über die Genehmigung gem II ist eine rechtsgeschäftsähnliche Handlung, auf welche die Vorschriften über Willenserklärungen (§§ 104 ff) entspr Anwendung finden (*Bork* Rz 1611). Schließt der Vertreter mit mehreren Personen ab, müssen diese sämtlich an der Aufforderung mitwirken, wenn sich nicht aus deren Innenverhältnis etwas anderes ergibt (BGH NJW 04, 2382, 2383).

11 **1. Ausschließliche Empfangszuständigkeit des Vertragspartners (S 1).** Die Aufforderung bewirkt, dass die Genehmigung nur noch durch Erklärung ggü dem Vertragspartner erteilt oder verweigert werden kann und dass eine schon früher ggü dem Vertreter erfolgte Erklärung hierüber unwirksam wird, sodass das Vertretergeschäft wieder in den Schwebezustand zurückversetzt wird. Das soll jedoch dann nicht gelten, wenn der Vertreter den Vertragspartner zuverlässig über die Innengenehmigung informiert hat, weil dann keine Rechtsunsicherheit für den Vertragspartner mehr besteht (*Bork* Rz 1611).

12 **2. Verweigerungsfiktion (S 2).** Erklärt der Vertretene sich innerhalb von zwei Wochen nach Zugang der Aufforderung nicht, so gilt die Genehmigung als verweigert (2). Eine spätere Genehmigung ist ausgeschlossen. Die Frist des 2 kann durch (konkludente) Vereinbarung verlängert, verkürzt oder außer Kraft gesetzt werden. Eine längere Frist kann auch einseitig durch den Vertragspartner gesetzt werden (Zweibr Rpfleger 02, 261; Staud/*Schilken* Rz 13). Bei der fingierten Verweigerung handelt es sich nicht um eine stillschweigende Willenserklärung, sondern um einen Fall gesetzlich normierten Schweigens. Eine Anfechtung wegen Irrtums über die Bedeutung des Schweigens ist nicht zulässig (*Larenz/Wolf* AT § 49 Rz 14). Ferner findet II 2 keine

Anwendung, wenn das Schweigen wie in den Fällen der §§ 75h, 91a HGB und beim kaufmännischen Bestätigungsschreiben kraft Gesetzes als Genehmigung gilt (*Larenz/Wolf* AT § 49 Rz 13).

D. Beweislast. Denjenigen, der die Wirksamkeit eines ohne Vertretungsmacht abgeschlossenen Vertrages geltend macht, trifft grds die Beweislast für eine rechtzeitige Genehmigung des Vertretergeschäfts, dh im Falle einer Aufforderung zur Genehmigung nach II auch dafür, dass die Genehmigung innerhalb der Zweiwochenfrist erfolgt ist (BaumgLP/*Laumen* Rz 1 f). Die Aufforderung und den Zeitpunkt ihres Zugangs hat derjenige zu beweisen, der die Unwirksamkeit des Vertrages geltend macht (BaumgLP/*Laumen* Rz 2). 13

E. Haftung des Vertretenen ggü dem Vertragspartner. I. Haftung für eigenes Verschulden. Ausnahmsweise kann eine vorvertraglichen Haftung (§§ 280, 311 II, 241 II) des Vertretenen ggü dem Vertragspartner bestehen, wenn der Vertretene ein Verhalten des Vertreters veranlasst oder gefördert hat, durch das dieser die ihm erteilte Vertretungsmacht überschritten hat, sei es dass er den Vertreter schlecht ausgewählt, instruiert oder überwacht, sich bei der Vollmachtserteilung missverständlich ausgedrückt oder dem Vertragspartner ggü den Umfang der Vollmacht nicht in der gebotenen Weise klargestellt hat (BGH NJW 80, 2410, 2411; BaRoth/*Habermeier* Rz 38). Eine Haftung des Vertretenen wird selten sein, da in den einschlägigen Fällen die Voraussetzungen einer Duldungs- oder Anscheinsvollmacht erfüllt sein dürften. Zum Wahlrecht des Vertragspartners in diesen Fällen s. § 167 Rn 49. 14

II. Haftung für fremdes Verschulden des Vertreters. Für ein Verschulden des vollmachtlosen Vertreters hat der Vertretene gem § 278 einzustehen, wenn er den Vertreter wissentlich und willentlich als Verhandlungsperson in die Vertragsverhandlungen eingeschaltet hat; die §§ 177, 179 enthalten insoweit keine abschließende Regelung (BGH NJW-RR 98, 1342 f; Staud/*Schilken* Rz 24; str). Eine juristische Person haftet für schuldhafte Vollmachtsanmaßungen und -überschreitungen ihrer Organe nach den §§ 31, 86, 89. Bei der gesetzlichen Vertretung scheidet eine Haftung des Vertretenen für das Handeln des Vertreters ohne Vertretungsmacht aus, weil dem Vertretenen das Handeln seines gesetzlichen Vertreters nicht zurechenbar ist (*Bork* Rz 1618). 15

III. Haftungsumfang. Die Haftung des Vertretenen tritt gesamtschuldnerisch neben die des Vertreters aus § 179 (BaRoth/*Habermeier* § 179 Rz 32). Sie geht auf das negative Interesse und kann gem § 254 gemindert oder ganz ausgeschlossen sein, wenn der Vertragspartner den Mangel der Vertretungsmacht kannte oder hätte kennen müssen (*Bork* Rz 1618). 16

§ 178 Widerrufsrecht des anderen Teils.
¹Bis zur Genehmigung des Vertrages ist der andere Teil zum Widerruf berechtigt, es sei denn, dass er den Mangel der Vertretungsmacht bei dem Abschluss des Vertrages gekannt hat. ²Der Widerruf kann auch dem Vertreter gegenüber erklärt werden.

A. Widerruf. I. Widerrufserklärung. Der Widerruf iSv § 178 ist eine einseitige empfangsbedürftige Willenserklärung, die sowohl dem Vertretenen als auch dem Vertreter ggü erklärt werden kann (2). Er kann auch **konkludent** etwa durch die Rückforderung bereits erbrachter Leistungen aus § 812 erfolgen (BGH NJW 88, 1199, 1200). Die Erklärung muss jedoch erkennen lassen, dass der Vertragspartner den Vertrag **gerade wegen des Zustimmungsmangels** nicht gelten lassen will (BGH WM 06, 1154 Tz 22). 1

II. Schwebende Unwirksamkeit des Vertrages. Voraussetzung für einen wirksamen Widerruf ist ferner, dass der Schwebezustand noch andauert, der Vertretene die Genehmigung also weder erteilt noch verweigert hat (BGH WM 06, 1154 Tz 21; *Bork* Rz 1612). Dagegen schließt eine Aufforderung nach § 177 II vor Ablauf der Frist zur Erklärung über die Genehmigung das Widerrufsrecht nicht aus (Frankf BB 95, 2440, 2441; Staud/*Schilken* Rz 3). 2

III. Gutgläubigkeit des Vertragspartners. Der Widerruf ist ausgeschlossen, wenn der Vertragspartner den Mangel der Vertretungsmacht bei Vertragsschluss kannte. Das Kennenmüssen steht der Kenntnis nicht gleich (München ZIP 08, 220, 222). Maßgeblich für die Kenntnis des Vertragspartners ist der Zeitpunkt der Abgabe seiner eigenen Vertragserklärung. Hat der Vertragspartner erst später Kenntnis von dem Mangel der Vertretungsmacht erlangt, führt das nur dann zum Ausschluss des Widerrufsrechts, wenn er das Wirksamwerden des Rechtsgeschäfts zB durch die Verhinderung des Vollzugs der dinglichen Einigung (Übergabe, Eintragung) einseitig noch verhindern konnte (BaRoth/*Habermeier* Rz 5). 3

IV. Rechtswirkungen. Mit dem Widerruf wird das Vertretergeschäft endgültig unwirksam. Eine Genehmigung ist danach nicht mehr möglich (Staud/*Schilken* Rz 1). Auch die Haftung des Vertreters aus § 179 entfällt (MüKo/*Schramm* Rz 11). § 178 schließt eine Anfechtung des Vertretergeschäfts wegen eines Irrtums über das Vorliegen der Vertretungsmacht durch den Vertragspartner aus (BaRoth/*Habermeier* Rz 9). Bei sonstigen Willensmängeln ist ein Widerruf wegen § 122 günstiger für den Vertragspartner. 4

B. Beweislast. Wer die Unwirksamkeit des Vertretergeschäfts geltend macht, muss beweisen, dass der Vertrag vor einer Genehmigung widerrufen wurde. Die Beweislast dafür, dass der Vertragsgegner den Mangel der 5

Vertretungsmacht kannte, trifft denjenigen, der sich auf die Wirkungslosigkeit des Widerrufs beruft (München ZIP 08, 220, 222; BaumgLP/*Laumen* § 178 Rz 1).

§ 179 Haftung des Vertreters ohne Vertretungsmacht.
(1) Wer als Vertreter einen Vertrag geschlossen hat, ist, sofern er nicht seine Vertretungsmacht nachweist, dem anderen Teil nach dessen Wahl zur Erfüllung oder zum Schadensersatz verpflichtet, wenn der Vertretene die Genehmigung des Vertrags verweigert.
(2) Hat der Vertreter den Mangel der Vertretungsmacht nicht gekannt, so ist er nur zum Ersatz desjenigen Schadens verpflichtet, welchen der andere Teil dadurch erleidet, dass er auf die Vertretungsmacht vertraut, jedoch nicht über den Betrag des Interesses hinaus, welches der andere Teil an der Wirksamkeit des Vertrages hat.
(3) ¹Der Vertreter haftet nicht, wenn der andere Teil den Mangel der Vertretungsmacht kannte oder kennen musste. ²Der Vertreter haftet auch dann nicht, wenn er in der Geschäftsfähigkeit beschränkt war, es sei denn, dass er mit Zustimmung seines gesetzlichen Vertreters gehandelt hat.

1 **A. Normzweck und Anwendungsbereich.** § 179 knüpft an § 177 an und normiert für den Fall, dass der Vertretene die Genehmigung des Vertretergeschäfts verweigert, eine verschuldensunabhängige Garantiehaftung des Vertreters ohne Vertretungsmacht, die einen Ausgleich für das enttäuschte Vertrauen des Vertragspartners über den Bestand der Vollmacht gewähren soll und deshalb gerechtfertigt ist, weil der Vertreter dem Risiko eines Mangels der Vertretungsmacht näher steht als der Vertragspartner (vgl BGH NJW 00, 1407; *Bork* Rz 1619). Die Haftung aus § 179 wird durch die Sondervorschriften der §§ 54 2; 41 I 2 AktG; 11 II GmbHG (BaRoth/*Habermeier* Rz 18) verdrängt. Die weitergehende Vorschrift in Art 8 1 WG schließt II, nicht aber III aus (BGH WM 72, 904, 906). § 179 ist analog anzuwenden, wenn die Genehmigung des Vertrages daran scheitert, dass der Vertretene nicht voll geschäftsfähig ist und der Vertreter das dem Vertragspartner verschwiegen hat (Staud/*Schilken* Rz 21). Das Gleiche gilt, wenn der Vertretene nicht existiert (BGH NJW 98, 2897; s. § 177 Rn 5) oder der Vertreter ihn nicht namhaft macht (BGHZ 127, 136, 149 ff; BGH NJW-RR 97, 607). Zur Rechtsscheinhaftung analog § 179 bei unternehmensbezogenen Geschäften s. § 164 Rn 35.

2 **B. Reguläre Haftungsvoraussetzungen. I. Vertretung ohne Vertretungsmacht.** S. § 177 Rn 2 ff.

3 **II. Verweigerung der Genehmigung.** Der Vertreter ohne Vertretungsmacht haftet erst, wenn der Vertretene die Genehmigung des Vertrages verweigert hat und dieser dadurch endgültig unwirksam wurde. Unerheblich ist, ob die Verweigerung der Genehmigung durch Erklärung des Vertretenen erfolgt oder nach § 177 II fingiert wird.

4 **III. Kein Haftungsausschluss gem Abs 3. 1. Kenntnis oder Kennenmüssen des Vertragspartners (S 1).** Die Haftung des Vertreters ohne Vertretungsmacht entfällt, wenn der Vertragspartner bei der Vornahme des Vertretergeschäfts den Mangel der Vertretungsmacht kannte oder infolge grober Fahrlässigkeit nicht kannte (§ 122 II). Grob fahrlässige Unkenntnis des Mangels der Vertretungsmacht kommt nur in Betracht, wenn der Vertragsgegner beim Vertragsschluss entweder tatsächlich an dem Bestand der Vertretungsmacht hatte oder es jedenfalls erkennbare Zweifel gab, die ihn insoweit hätten zweifeln lassen müssen (BGH NJW-RR 05, 268). Ohne besondere Veranlassung besteht nach der gesetzlichen Risikoverteilung keine allg Nachforschungs- und Erkundigungspflicht des Vertragspartners über den Bestand und den Umfang der Vollmacht (BGH NJW 01, 2626, 2627). Handelt der Vertreter für einen noch nicht existierenden Rechtsträger, genügt die Kenntnis des Vertragspartners vom Fehlen der Vertratungsmacht; nicht erforderlich für den Haftungsausschluss ist die Kenntnis bzw das Kennenmüssen von der fehlenden Existenz des vertretenen Rechtsträgers (BGHZ 178, 307 Tz 14 ff). In diesen Fällen ist dem Vertreter die Berufung auf III allerdings dann versagt, wenn der andere Teil aufgrund besonderer Umstände auf das Wirksamwerden des Vertrages vertrauen durfte (BGHZ 178, 307 Tz 10 ff), wie das etwa bei der Haftung des Gründers einer noch nicht entstandenen KG (BGHZ 63, 45) oder dem Tätigwerden des Treuhänders für eine noch nicht gebildete Bauherrengemeinschaft der Fall sein kann (BGHZ 105, 283, 286 f). IÜ gelten die gleichen Grundsätze wie zu § 173.

5 **2. Beschränkte Geschäftsfähigkeit des Vertreters (S 2).** War der Vertreter in der Geschäftsfähigkeit beschränkt, steht das der Wirksamkeit des Vertretergeschäfts zwar nicht entgegen (§ 165). Aus § 179 haftet der vollmachtlose Vertreter in diesen Fällen aber nur, wenn er mit Zustimmung seines gesetzlichen Vertreters gehandelt hat. Auf die Zustimmung sind die §§ 182 ff entspr anwendbar (MüKo/*Schramm* Rz 44). Eine Haftung des geschäftsunfähigen Vertreters kommt von vornherein nicht in Betracht, weil das von ihm vorgenommene Vertretergeschäft gem § 105 Nr 1 nichtig ist und daher auch ohne den Vertretungsmangel keine Rechtswirkungen entfalten würde (*Bork* Rz 1635).

6 **IV. Verjährung.** Sämtliche Ansprüche aus § 179 verjähren in dem Zeitraum, in dem auch der Erfüllungsanspruch aus dem Vertretergeschäft verjährt wäre. Die Verjährung beginnt frühestens mit der Entstehung des Anspruchs (§ 199 I Nr 1), das ist der Zeitpunkt, in dem feststeht, dass eine Genehmigung des Vertrages nicht in Betracht kommt (BGH NJW 04, 774).

C. Weitere Haftungsbeschränkungen. In Literatur und Rspr werden weitere Einschränkungen der Haftung im Wege einer teleologischen Reduktion der Haftungstatbestände in §§ 179 I, II diskutiert. 7

I. Scheitern des Vertrages bereits aus anderen Gründen. Nach dem Sinn und Zweck der Vorschrift, einen Ausgleich für enttäuschtes Vertrauen über den Bestand der Vollmacht zu schaffen, muss die Verweigerung der Genehmigung (§ 177) zum Scheitern des Vertrages geführt haben. Eine Haftung des Vertreters ist daher ausgeschlossen, wenn das Rechtsgeschäft bereits aus anderen Gründen unwirksam ist (*Bork* Rz 1623). Das soll insb dann gelten, wenn der Vertragspartner den Schwebezustand selbst durch einen Widerruf nach § 178 beendet hat (*Bork* Rz 1625; aA BGH NJW 88, 1199, 2000). § 179 wird jedoch analog angewandt, wenn bei einer wirksamen Vertretung das weitere Wirksamkeitshindernis (zB die fehlende Genehmigung einer Behörde) beseitigt worden wäre (Staud/*Schilken* Rz 24). Wäre das Vertretergeschäft an § 118 gescheitert und an die Stelle der Erfüllungsanspruchs ein Anspruch aus § 122 getreten, ist II analog anzuwenden (Staud/*Schilken* Rz 24). Die Anfechtbarkeit oder ein verbraucherschützendes Widerrufsrecht (§ 355) schließen die Haftung ebenfalls nicht aus. Der Vertreter, der aus I in Anspruch genommen wird, kann vielmehr anstelle des Vertretenen die Anfechtung oder den Widerruf erklären. Nach hM soll der Vertreter dann nicht haften, wenn der Vertrag undurchführbar war, weil dem Vertretenen die erforderliche Verfügungsmacht fehlte (BGH JZ 57, 441). Aus diesem Grund haftet der Vertreter, wenn aufgrund der Eröffnung des Insolvenzverfahrens über das Vermögen des Vollmachtgebers die Vollmacht gem § 117 I InsO erloschen ist (§ 168 Rn 10) und der Insolvenzverwalter das Vertretergeschäft nicht genehmigt, nach hM auch dann nicht aus § 179, wenn er die Eröffnung des Insolvenzverfahrens schuldhaft nicht gekannt hat und der Haftungsausschluss in § 117 III InsO nicht greift (Kübler/Prütting/*Tintelnot* § 117 Rz 10; *Schilken* KTS 07, 1, 17 f; aA Bambg InVo 06, 184, 185 f; HK/*Marotzke* § 117 Rz 7; zur Anwendung des § 117 III InsO, wenn im Zeitpunkt der Vollmachtserteilung das Insolvenzverfahren bereits eröffnet war s. München NZI 09, 555). Zur Haftung aus cic in diesen Fällen s. Rn 19. Entspr gilt, wenn der Vertretene vermögenslos ist und der Vertragspartner auch im Falle einer Genehmigung weder Erfüllung noch Schadensersatz hätte erlangen können. Für diese Ansicht spricht, dass § 179 den Dritten auch unter wirtschaftlichen Gesichtspunkten nicht besser stellen will, als er stünde, wenn die Genehmigung erteilt worden wäre (Hamm MDR 93, 515; *Bork* Rz 1627; zweifelnd *Medicus* AT Rz 987). 8

II. Hinweis des Vertreters auf mögliche Mängel der Vertretungsmacht. Nach hM entfällt eine Haftung des Vertreters auch dann, wenn der Vertreter beim Vertragspartner kein Vertrauen auf den Bestand der Vollmacht geweckt hat, weil er auf mögliche Mängel seiner Vertretungsmacht hingewiesen hat. Entspr gilt, wenn der Vertreter nur auf Tatsachen hingewiesen hat, aus denen sich seine Vertretungsmacht ergeben soll, iÜ die Beurteilung der Vollmacht aber in die Hände des Vertragspartners gelegt hat (Staud/*Schilken* Rz 18; offen lassend BGHZ 39, 45, 50 f). Diese Haftungsbegrenzung findet im Gesetz jedoch keine ausreichende Stütze (*Bork* Rz 1634). 9

III. Herleitung der Vertretungsmacht aus einem verfassungswidrigen Gesetz. § 179 ist nach seiner ratio nicht anwendbar, wenn der Vertreter und der Vertragspartner die Vertretungsmacht einem verfassungswidrigen Gesetz entnommen haben, weil in seinem solchen Fall die Ursache für das enttäuschte Vertrauen nicht beim Vertreter, sondern beim Gesetzgeber lag (BGHZ 39, 45, 52). 10

IV. Außenvollmacht und Vollmachtskundgabe. Im Schrifttum wird vereinzelt die Auffassung vertreten, dass bei einer Außenvollmacht (§ 170) und einer kundgegebenen Innenvollmacht (§§ 171, 172) für eine Haftung nach § 179 kein Raum sei, weil das Vertrauen des Vertragspartners auf den Bestand der Vollmacht auf der Erteilung der Außenvollmacht bzw dem Kundgabeakt beruhe, während die Erklärung des Vertreters, er habe Vertretungsmacht, dahinter zurückfalle (MüKo/*Schramm* Rz 8). Gegen diese Auffassung spricht, dass der Vertreter auch bei einer Außenvollmacht und einer kundgegebenen Innenvollmacht zumindest konkludent das Bestehen der Vollmacht behauptet und dass es mit der gesetzlichen Risikoverteilung unvereinbar ist, das Risiko für das Bestehen der Vollmacht auf den Vertragspartner abzuwälzen (für die Außenvollmacht *Bork* Rz 1621). 11

V. Erkennbarkeit des Vollmachtmangels. Nach einer vereinzelten Ansicht entfällt die Haftung nach II, wenn das Fehlen der Vertretungsmacht außerhalb der Erkenntnis- und Beurteilungsmöglichkeiten des Vertreters lag (*Flume* II § 47 3 c). Gegen diese Ansicht spricht, dass ein Verschulden des Vertreters nach dem klaren Wortlaut des Gesetzes und dem eindeutigen Willen des Gesetzgebers für die Einstandspflicht des Vertreters nicht erforderlich ist und dass auch unerkennbare Vollmachtsmängel in den Risikobereich fallen, für den der Vertreter einzustehen hat, weil er der Vollmachtserteilung näher steht als der Vertragspartner (*Bork* Rz 1632; *Larenz/Wolf* § 49 Rz 24). 12

D. Haftungsumfang. Der Vertreter hat für den wegen fehlender Vertretungsmacht nicht wirksam zustande gekommenen Vertrag einzustehen. Ist ein Teil des Rechtsgeschäfts von der Vertretungsmacht gedeckt und ist dieser Teil nach § 139 wirksam, erstreckt sich die Haftung nur auf den anderen von der Vertretungsmacht nicht gedeckten Teil (BGHZ 103, 275, 278). Dasselbe gilt wenn der Vertretene das Rechtsgeschäft analog § 139 nur teilw genehmigt (s. § 177 Rn 7; BGH NJW 88, 1378). 13

14 I. Wahlrecht des Vertragspartners (Abs 1). 1. Kenntnis des Vertreters und Rechtsnatur des Wahlrechts. Aus II ergibt sich, dass der Vertreter nur dann auf das positive Interesse nach I haftet, wenn er den Mangel der Vertretungsmacht gekannt hat. Nach Maßgabe des § 166 II muss er sich die Kenntnis des Vertretenen zurechnen lassen (Köln NJW-RR 90, 760). Weil II dispositiv ist, kann der Vertreter durch eine Individualvereinbarung, nicht aber durch AGB (§ 309 Nr 11 lit b) auch eine von seinem Kenntnisstand unabhängige Garantiehaftung übernehmen (Erman/*Palm* Rz 14). Bei der in I eröffneten Alternative handelt es sich nach hM um ein Wahlschuldverhältnis iSd §§ 262 ff (Staud/*Schilken* Rz 13; aA für elektive Konkurrenz Palandt/*Heinrichs* Rz 5). Der Vertragspartner ist an die einmal getroffene Wahl gebunden (MüKo/*Schramm* Rz 31). Das Wahlrecht beschränkt sich gem § 265 von Anfang an auf Schadensersatz, wenn die Erfüllung durch den Vertreter unmöglich ist (Saarbr NJW-RR 09, 1488, 1490; BaRoth/*Habermeier* Rz 19). Das gilt insb bei einem Vertrag über eine höchstpersönliche Leistung und einem dinglichen Rechtsgeschäft (Larenz/*Wolf* AT § 49 Rz 19).

15 2. Erfüllung. Wählt der Vertragspartner Erfüllung, wird der Vertreter zwar nicht selbst Vertragspartei (BGH NJW 71, 429, 430), zwischen ihm und dem Vertragspartner wird aber ein gesetzliches Schuldverhältnis begründet, dessen Inhalt durch das Vertretergeschäft bestimmt wird (Larenz/*Wolf* AT § 49 Rz 19). Der vollmachtlose Vertreter hat dem anderen Teil das zu gewähren, was dieser bei Wirksamkeit des Vertrages von dem Vertretenen fordern könnte (BGH NJW 04, 744). Dem Vertragspartner stehen gegen den Vertreter daher alle Primär- und Sekundäransprüche aus diesem Vertrag zu. Die für den Erfüllungsanspruch bestellten Sicherheiten haften dem Dritten jedoch nicht (MüKo/*Schramm* Rz 33). Auch eine Schiedsklausel gilt nicht (BGH NJW 77, 1397). Der Vertreter erlangt die Stellung einer Vertragspartei, ohne selbst Vertragspartei zu sein (BGH NJW 70, 240, 241; Larenz/*Wolf* AT § 49 Rz 20). Er kann daher Gegenrechte insb aus den §§ 320, 323 ff (BGH NJW 01, 3184) sowie alle Einreden und Einwendungen geltend machen, die dem Vertretenen zugestanden hätten, wenn dieser den Vertrag genehmigt hätte. Insb kann er ein verbraucherschützendes Widerrufsrecht etwa nach § 355 ausüben (BGH NJW-RR 91, 1074, 1075), den Vertrag anfechten (BGH NJW 02, 1867, 1868), sich auf die frühestens mit dem Entstehen des Anspruchs aus § 179 beginnende Verjährung (BGHZ 73, 266, 269 f; BGH NJW 04, 477) oder eine tarifliche Ausschlussfrist (BAG NJW 07, 1378, 16 f) berufen und Gewährleistungsansprüche geltend machen (Köln NJW-RR 90, 760). Erbringt der Vertreter die von dem Vertretenen geschuldete Leistung, kann er auch die Gegenleistung verlangen (vgl MüKo/*Schramm* Rz 32).

16 3. Schadensersatz. Wählt der Vertragspartner Schadensersatz, ist er so zu stellen, wie er stünde, wenn das Rechtsgeschäft für den Vertretenen wirksam geworden und gehörig erfüllt worden wäre (*Bork* Rz 1628). Der Vertreter schuldet jedoch nicht Naturalrestitution iSd § 249 ff, da dies der Erfüllung gleichkäme. Er hat vielmehr das Interesse des Vertragspartners in Geld zu ersetzen. Bei einem gegenseitigen Vertrag besteht der Schaden nach der gemischten Differenztheorie idR in der Differenz zwischen dem Wert der Leistung, die der Vertragspartner hätte fordern können, und dem Wert der von ihm ersparten Gegenleistung (Larenz/*Wolf* AT § 49 Rz 21). Der Schaden ist nach allg Grundsätzen abstrakt oder konkret zu berechnen (MüKo/*Schramm* Rz 36). Der Vertreter hat dem Vertragspartner auch die Kosten für einen Vorprozess gegen den Vertretenen zu ersetzen (Ddorf NJW 92, 1176, 1177).

17 II. Beschränkung auf das negative Interesse (Abs 2). Kannte der Vertreter den Mangel der Vertretungsmacht nicht, haftet er dennoch auf das negative Interesse. Auf ein Verschulden des Vertreters kommt es nicht an (BGHZ 105, 283, 285). Unerheblich ist auch, ob der Mangel der Vertretungsmacht für ihn erkennbar war (s. Rn 12). Der Vertragspartner ist so zu stellen, wie er stünde, wenn er mit dem Vertreter nie in Kontakt getreten wäre und das fragliche Geschäft nicht vorgenommen hätte (*Bork* Rz 1631). Die Haftung ist jedoch durch das Erfüllungsinteresse begrenzt. Wie im Falle des I umfasst auch die Haftung nach II die Kosten für einen Vorprozess gegen den Vertretenen (BaRoth/*Habermeier* Rz 25). In der Insolvenz des Vollmachtgebers (§ 168 Rn 10) trifft den Vertreter bei unverschuldeter Unkenntnis von der Verfahrenseröffnung keine Haftung (§ 117 III InsO); das gilt nach hM auch bei verschuldeter Unkenntnis (Rn 8).

18 E. Beweislast. Der Vertragspartner hat zu beweisen, dass der Vertreter mit ihm in fremdem Namen einen Vertrag geschlossen hat (BGH NJW-RR 05, 1585, 1586). Da die Verweigerung der Genehmigung ein selbstständiges Anspruchselement bildet, hat der Vertragspartner abw von der für die Genehmigung nach § 177 geltenden Beweislastverteilung (§ 177 Rn 13) auch zu beweisen, dass der Vertretene die Genehmigung verweigert hat oder dass die Genehmigung gem § 177 II als verweigert gilt (BaumgLP/*Laumen* Rz 1). Aufgrund der Beweislastregel in I obliegt es dagegen dem Vertreter, das Entstehen seiner Vertretungsmacht zu beweisen (BGH NJW-RR 05, 1585, 1586). Zur Beweislast hinsichtlich des Erlöschens der Vertretungsmacht s. § 168 Rn 17. Der Vertreter, der sich auf die Haftungsbeschränkung des II beruft, muss seine eigene Unkenntnis von dem Mangel der Vertretungsmacht beweisen (BaumgLP/*Laumen* Rz 6). Beruft sich der Vertreter auf einen Haftungsausschluss nach III, trifft ihn die Beweislast für die Kenntnis und das Kennenmüssen des Vertragspartners von dem Mangel der Vertretungsmacht und seine beschränkte Geschäftsfähigkeit (s. zum Nachweis fahrlässiger Unkenntnis Saarbr NJW-RR 09, 1488, 1489). Dagegen hat der Vertragspartner die Zustimmung des gesetzlichen Vertreters nach II 2 zu beweisen (BaumgLP/*Laumen* Rz 7 f).

F. Konkurrierende Ansprüche des Vertragspartners gegen den Vertreter. Der Vertreter haftet aus § 122, wenn der Dritte Erfüllung wählt und er selbst den Vertrag anficht (*Bork* Rz 1636). Sehr str ist, ob § 179 eine vorvertragliche Haftung des Vertreters aus §§ 280, 311 II, III, 241 II ausschließt. Für eine solche Haftung ist es erforderlich, dass die Voraussetzungen für eine Eigenhaftung des Vertreters vorliegen (§ 311 III; § 164 Rn 79) und dass der Vertreter seine Verpflichtungen aus dem vorvertraglichen Schuldverhältnis verletzt hat (BGH NJW 90, 389). Hierfür reicht es jedoch nicht aus, dass der Vertreter schuldhaft das Vertrauen des Vertragspartners in seine Vertretungsmacht erweckt hat, da § 179 für die daraus entstandenen Schäden eine abschließende Sonderregelung enthält (*Bork* Rz 1636). Insoweit die Haftung nach III 1 ausgeschlossen ist, kann dem Vertragspartner daher auch ein gem § 254 gekürzter Anspruch aus § 311 II, III nicht zugebilligt werden (MüKo/*Schramm* Rz 56; Erman/*Palm* Rz 15; aA gegen einen Ausschluss der Verschuldenshaftung Hamm NJW 94, 666; Staud/*Schilken* Rz 20; *Larenz/Wolf* AT § 49 Rz 36). Das gilt nur dann nicht, wenn die vorvertragliche Pflichtverletzung darin liegt, dass der Vertreter schuldhaft den Eindruck erweckt hat, der Vertretene werde den Vertrag mit Sicherheit genehmigen (Celle DNotZ 04, 716; Erman/*Palm* Rz 22). Entgegen einer weit verbreiteten Ansicht (Kübler/Prütting/*Tintelnot* § 117 Rz 10; *Schilken* KTS 07, 1, 18) verbieten diese Grundsätze auch in der Insolvenz des Vollmachtgebers (Rn 8) einen Rückgriff auf die vorvertragliche Haftung des Vertreters. Die Haftung des vollmachtlosen Prozessvertreters ergibt sich unabhängig von § 179 aus dem Veranlasserprinzip (BAG NJW 06, 461, 462; BGHZ 121, 397, 400; Bambg InVo 06, 184, 187). 19

G. Regress des Vertreters gegen den Vertretenen. Besteht zwischen dem Vertreter und dem Vertretenen ein Auftrag, Geschäftsbesorgungsvertrag oder ein ähnliches Rechtsverhältnis, so ist der Vertretene verpflichtet, den Vertreter zu informieren, wenn er den Mangel der Vertretungsmacht erkennt oder fahrlässig nicht erkennt. Versäumt er schuldhaft die Information, ist er dem Vertreter aus §§ 280, 241 II zum Schadensersatz verpflichtet (BGH NJW 01, 3184). Der Vertreter muss sich sein eigenes Mitverschulden nach § 254 anrechnen lassen (*Larenz/Wolf* AT § 49 Rz 33). IÜ kann der Vertreter unter den Voraussetzungen der §§ 683 1, 677 (berechtigte GoA) oder § 684 2 (unberechtigte GoA) von dem Vertretenen verlangen, dass dieser ihn von der Haftung aus § 179 freistellt (§ 257) oder ihm bereits an den Dritten geleistete Zahlungen nach § 670 erstattet (BGH NJW-RR 04, 81; *Bork* Rz 1638). Haftet neben dem Vertreter auch der Vertretene dem Dritten (s. § 177 Rn 14 ff), hat ein anteiliger Ausgleich nach § 426 I zu erfolgen (*Bork* Rz 1638). Ficht der Vertretene die Vollmacht an, ergibt sich seine Haftung aus § 122 (s. § 167 Rn 17). 20

H. Untervertretung ohne Vertretungsmacht. I. Mängel der Untervertretungsmacht. Fehlt bei einer Untervertretung (s. § 167 Rn 51 ff) die eigene Untervertretungsmacht des Untervertreters, haftet der Untervertreter aus § 179 (BGHZ 68, 391, 397). Sowohl der Hauptvertreter- als auch der Vertretene können den Vertrag genehmigen. Genehmigt der Hauptvertreter den Vertrag, entfällt die Haftung des Untervertreters aus § 179 auch bei Mängeln der Hauptvertretungsmacht (BGH BB 63, 1139; Köln NJW-RR 96, 212). 21

II. Mängel der Hauptvertretungsmacht. Der BGH hat im Hinblick auf die Haftung bei Mängeln der Hauptvertretungsmacht die Rechtsfigur der mittelbaren Untervertretung entwickelt (s. § 167 Rn 52), bei der im Falle mangelnder Hauptvertretungsmacht, aber offen gelegter und wirksamer Untervertretung nur der Hauptvertreter dem Vertragspartner aus § 179 haftet (BGHZ 68, 391, 396). Hat dagegen der Untervertreter seine bestehende Untervertretungsmacht nicht offen gelegt, besteht kein Grund, ihn vor der Haftung aus § 179 zu verschonen (BGH NJW 77, 1535, 1536). Das Gleiche gilt, wenn bei der unmittelbaren Unvertretung der Mangel der Hauptvertretungsmacht gem § 180 1 zur Unwirksamkeit der Untervollmacht führt und der Untervertreter deshalb nach § 179 haftet. Zu den Regressmöglichkeiten des Untervertreters s. Rn 20. Die hM im Schrifttum lehnt die von dem BGH gewählte Konstruktion ab. Hiernach tritt der Untervertreter bei offen gelegter Untervertretung nur für den Hauptvertreter auf und haftet daher für dessen Vertretungsmacht nicht. Handelt der Untervertreter dagegen nur für den Vertretenen, ohne die Untervertretung aufzudecken, hat er im Verhältnis zu dem Vertragspartner allein für die Vertretungsmacht des Hauptvertreters einzustehen (*Larenz/Wolf* AT § 49 Rz 31 f; *Medicus* AT Rz 996). Weil auch die hM im Schrifttum die Haftung des Untervertreters aus § 179 an das Auftreten des Untervertreters nach außen anknüpft, kommt sie idR zu demselben Ergebnis wie die Rspr. Nach aA haftet der Untervertreter sowohl für Mängel der Unter- als auch der Hauptvertretungsmacht. Bei der offen gelegten Untervertretung soll der Hauptvertreter gesamtschuldnerisch neben dem Untervertreter für den Mangel der Hauptvertretungsmacht einzustehen haben (Soergel/*Leptien* § 167 Rz 62). Gegen diese Auffassung spricht jedoch, dass der Hauptvertreter in den Fällen der offen gelegten wirksamen Untervertretung als derjenige anzusehen ist, der das Vertrauen des Vertragspartners in die Vertretungsmacht des Untervertreters erweckt hat und dass auch das Vertrauen des Untervertreters in die Vertretungsmacht des Hauptvertreters enttäuscht worden ist (*Larenz/Wolf* AT § 49 Rz 33). 22

§ 180 Einseitiges Rechtsgeschäft.
¹Bei einem einseitigen Rechtsgeschäft ist Vertretung ohne Vertretungsmacht unzulässig. ²Hat jedoch derjenige, welchem gegenüber ein solches Rechtsgeschäft vorzunehmen war, die von dem Vertreter behauptete Vertretungsmacht bei der Vornahme des Rechtsgeschäfts nicht beanstandet oder ist er damit einverstanden gewesen, dass der Vertreter ohne Vertretungsmacht handele, so finden die Vorschriften über Verträge entsprechende Anwendung. ³Das Gleiche gilt,

§ 180

wenn ein einseitiges Rechtsgeschäft gegenüber einem Vertreter ohne Vertretungsmacht mit dessen Einverständnis vorgenommen wird.

1 **A. Normzweck, Systematik und Anwendungsbereich.** Nach der mit §§ 111 1, 1367, 1831 1 korrespondierenden Vorschrift in 1 ist ein von oder ggü einem Vertreter ohne Vertretungsmacht vorgenommenes einseitiges Rechtsgeschäft **unheilbar nichtig** (Staud/*Schilken* Rz 2). Es gibt keinen Schwebezustand und das Rechtsgeschäft kann auch nicht genehmigt werden. Die Vorschrift dient dem Schutz des Rechtsverkehrs vor der Ungewissheit schwebend unwirksamer Geschäfte (Staud/*Schilken* Rz 1). Von diesem Grundsatz sehen 2 u 3 praktisch wichtige Ausnahmefälle für einseitige **empfangsbedürftige** Willenserklärungen (Kündigung, Rücktritt, Anfechtung) und **rechtsgeschäftsähnliche Handlungen** vor, bei denen der Erklärungsempfänger nicht schutzbedürftig ist und die §§ 177–179 daher analoge Anwendung finden. Nach einer teilw vertretenen Ansicht soll die Heilung der Unwirksamkeit einer **Gestaltungserklärung** wie der Kündigung eines Miet- oder Arbeitsverhältnisses durch Genehmigung gem 1 iVm 177 I nicht möglich sein (LAG Köln LAGE BGB 02 § 180 Nr 1; Celle ZMR 99, 273 f; aA BAG ZIP 86, 388, 389; NJW 87, 1038, 1039; offen lassend BAG AP Nr 18 zu § 124). Diese Ansicht findet im Gesetz jedoch keine hinreichende Stütze (*Zimmermann* ZTR 07, 118, 122 ff). Bei **streng einseitigen** nicht empfangsbedürftigen Willenserklärungen (Auslobung, Eigentumsaufgabe, Erbschaftsannahme und Erbausschlagung) und bei amtsempfangsbedürftigen Willenserklärungen (§§ 376 II Nr 1, 1, 928, 976, 1196 II) bleibt es bei der Regelung in 1 (Staud/*Schilken* Rz 26). Für **Prozesshandlungen** wie die Unterwerfung unter die sofortige Zwangsvollstreckung (§ 794 I Nr 5 ZPO) finden 2 u 3 aufgrund der spezielleren Norm des § 89 ZPO ebenfalls keine Anwendung (Staud/*Schilken* Rz 13).

2 **B. Aktive Stellvertretung (S 2).** Ein schlüssiges **Behaupten** der Vertretungsmacht iSv 2 Alt 1 liegt idR schon in dem Auftreten als Vertreter (Staud/*Schilken* Rz 6). Es fehlt, wenn der Vertreter den Mangel der Vertretungsmacht offen legt oder auch nur Zweifel an ihr äußert (MüKo/*Schramm* Rz 7). **Beanstanden** ist gleichbedeutend mit unverzüglich zurückweisen iSd § 174 (Köln NJW-RR 95, 1463, 1464), s. dort Rn 4. Das **Einverständnis** iSv 2 Alt 2 kann auch durch schlüssiges Handeln (konkludent) erklärt werden. Es muss sich auf die Vornahme des Rechtsgeschäfts beziehen und setzt voraus, dass der Erklärungsempfänger das Fehlen der Vertretungsmacht kannte oder zumindest für möglich hielt (MüKo/*Schramm* Rz 10). Die Beanstandung der Vertretungsmacht hat bei der Vornahme des Rechtsgeschäfts, dh bei einer Erklärung unter Anwesenden sofort und bei einer solchen unter Abwesenden unverzüglich, also ohne schuldhaftes Zögern (§ 121 I) zu erfolgen (BaRoth/*Habermeier* Rz 7). Spätestens zu diesem Zeitpunkt muss auch das Einverständnis des Erklärungsempfängers mit dem Vertretergeschäft vorliegen (MüKo/*Schramm* Rz 10). 2 findet auf die gesellschaftsrechtliche Stimmausübung analoge Anwendung (Frankf NZG 03, 438).

3 **C. Passive Stellvertretung (S 3).** Das Einverständnis des Empfangsvertreters iSv 3 setzt voraus, dass dieser erkennbar zur Entgegennahme der Willenserklärung bereit ist und dass der Empfangsvertreter vom Einverständnis des Vertreters Kenntnis erlangt. Nicht erforderlich ist, dass der Vertreter Kenntnis von dem Fehlen seiner Vertretungsmacht hat (Staud/*Schilken* Rz 8).

4 **D. Rechtsfolgen.** Greift ein Ausnahmefall von 2 u 3 ein, ergeben sich die Rechtsfolgen aus einer **entspr Anwendung der §§ 177–179**. Das Rechtsgeschäft ist **schwebend unwirksam** und kann gem § 177 I von dem Vertretenen **genehmigt** werden (BGH BB 69, 293). Ist das Rechtsgeschäft wie die Ausübung des Vorkaufsrechts gem § 469 II (BGHZ 32, 383, 382 f), die außerordentliche Kündigung eines Arbeitsverhältnisses gem § 626 II 1 (BAG NJW 1987, 1038, 1039) und die Mängelrüge gem §§ 377 HGB (RG SeuffA 58, 238, 239) an eine Ausschlussfrist gebunden, kann es nach Ablauf der Ausschlussfrist nicht mehr rückwirkend genehmigt werden (§ 184 Rn 2). Nach der Rspr des BGH hat die Genehmigung von Gestaltungserklärungen keine Rückwirkung (§ 184 Rn 6; aA für eine Rückwirkung der Genehmigung der ordentlichen Kündigung eines Arbeitsverhältnisses BAG ZIP 86, 388, 389; zust *Zimmermann* ZTR 07, 119, 124 ff; abw für die Wirksamkeit der vor dem Beginn der Kündigungsfrist erteilten Genehmigung und einen möglichen Verzicht des Gekündigten auf die Einhaltung der Kündigungsfrist MüKo/*Schramm* Rz 12). **Analog § 177 II** kann der Erklärungsempfänger den Vertretenen zur Erklärung über die Genehmigung auffordern. Nach hM soll der Erklärungsempfänger das Rechtsgeschäft während des Schwebezustandes **analog § 178** zurückweisen können, es sei denn er kannte den Mangel der Vertretungsmacht, wie das bei dem Einverständnis iSv 2 Alt 2 immer der Fall ist (Staud/*Schilken* § 178 Rz 6). Das ist jedoch systemwidrig und von der in 2 u 3 angeordneten analogen Anwendung des §§ 177 ff nicht gewollt (*Bork* Rz 1615 Fn 268). Genehmigt der Vertretene das Rechtsgeschäft nicht, haftet der Vertreter **analog § 179**. Ein Erfüllungsanspruch ist bei einseitigen Rechtsgeschäften allerdings undenkbar. Im Falle des Einverständnisses des Erklärungsempfängers nach 2 Alt 2 scheitert die Haftung des Vertreters zudem idR an § 179 III 1 (BaRoth/*Habermeier* Rz 11).

5 **E. Beweislast.** Derjenige, der sich auf die Wirksamkeit eines einseitigen Rechtsgeschäfts beruft, hat die Vertretungsmacht des Vertreters und, falls das nicht gelingt, das Vorliegen der Ausnahmeregelungen in 2, 3 zu beweisen (BaumgLP/*Laumen* Rz 1). Steht die Beanstandung fest, hat er auch zu beweisen, dass sie verspätet erfolgte (BaumgLP/*Laumen* Rz 2).

§ 181 Insichgeschäft. Ein Vertreter kann, soweit nicht ein anderes ihm gestattet ist, im Namen des Vertretenen mit sich im eigenen Namen oder als Vertreter eines Dritten ein Rechtsgeschäft nicht vornehmen, es sei denn, dass das Rechtsgeschäft ausschließlich in der Erfüllung einer Verbindlichkeit besteht.

A. Normzweck. Die frühere Rspr verstand § 181 als eine rein formale Ordnungsvorschrift, die daran anknüpft, dass an einem Rechtsgeschäft der äußeren Form nach grds zwei Personen beteiligt sein müssen und die daher ohne Rücksicht auf das Vorliegen einer Interessenverletzung im Einzelfall Insichgeschäfte verbietet. Ein Interessengegensatz zwischen den mehreren von dem Vertreter repräsentierten Personen sei zwar gesetzgeberisches Motiv, aber zur Tatbestandserfüllung weder erforderlich noch ausreichend (BGHZ 50, 8, 11). Diese Auffassung gilt heute als überholt. Nach heutigem Verständnis hat die Vorschrift einen materiellen Gerechtigkeitsgehalt mit bestimmten Schutzzwecken (*Larenz/Wolf* AT § 46 Rz 119). Eine vom Zweck der Vorschrift völlig losgelöste, ausschließlich formale Betrachtungsweise lehnt mittlerweile auch der BGH ab (BGHZ 59, 236, 239 f). Aus heutiger Sicht soll § 181 in erster Linie der Gefahr begegnen, dass sich bei Personenidentität typischerweise auftretende Interessenkollisionen zum Nachteil des Vertretenen auswirken. Daneben soll sie den Rechtsverkehr im Interesse des Gläubigerschutzes sowie der Rechtssicherheit und Rechtsklarheit vor verborgenen Vermögensverschiebungen bewahren (BGHZ 75, 358, 361; *Larenz/Wolf* AT § 46 Rz 120). Die hM hält jedoch daran fest, dass § 181 ggü diesem Normzweck tatbestandlich verselbstständigt ist. § 181 regelt nach dieser Ansicht nicht den materiellen Interessenkonflikt, sondern die unzulässige formale Beteiligung derselben Person auf beiden Seiten bei einem Vertragsschluss. Dh die Feststellung eines konkreten Interessenkonflikts im Einzelfall ist nach wie vor weder erforderlich noch ausreichend (BGH NJW 91, 982, 983; aA *Brox/Walker* AT Rz 592). In Fällen, in denen aufgrund abstrakt-genereller Kriterien eine Interessenkollision typischerweise ausgeschlossen oder trotz des Fehlens eines Insichgeschäfts einwandfrei festgestellt werden kann, sind aber dennoch Einschränkungen oder Erweiterungen des Anwendungsbereichs der Norm nach den Regeln der juristischen Methodenlehre vorzunehmen (MüKo/*Schramm* Rz 7 ff).

B. Anwendungsbereich und tatbestandliche Voraussetzungen. I. Persönlicher Anwendungsbereich. Dem Verbot des § 181 unterliegen neben dem rechtsgeschäftlichen auch der gesetzliche (BGHZ 50, 8, 10 f) und der organschaftliche (BGHZ 56, 97, 101) Vertreter. Auf die Verwalter fremden Vermögens (s. § 164 Rn 14) und den WEG-Verwalter (vor der Anerkennung der Teilrechtsfähigkeit der Wohnungseigentümergemeinschaft KG NJW-RR 04, 1161, 1162; str) ist § 181 zumindest entspr anzuwenden.

II. Gegenständlicher Anwendungsbereich. Das Verbot des § 181 gilt für das gesamte Privatrecht unter Einschluss des Gesellschaftsrechts, soweit nicht abschließende Sondervorschriften wie die Stimmrechtsverbote in den §§ 34, 450, 451; 47 IV GmbHG; 136 I AktG; 43 III GenG; 25 IV WEG eingreifen. § 181 findet zwar auf Prozesshandlungen keine unmittelbare Anwendung (BGH 41, 104, 107). Im Prozessrecht gilt aber der aus dem Parteiengegensatz folgende allg Grundsatz, dass niemand Partei in einem Prozess gegen sich selbst sein kann oder beide Prozessparteien zugleich vertreten kann (BGH NJW 08, 69 Tz 57; 96, 658). Dieser Grundsatz findet auch in FGG-Streitsachen, nicht aber bei nicht streitigen Angelegenheiten der freiwilligen Gerichtsbarkeit, wie Registersachen Anwendung (BayObLG Rpfleger 70, 288; Staud/*Schilken* Rz 28).

III. Der Tatbestand eines Insichgeschäfts. 1. Rechtsgeschäft. Das Verbot des § 181 erfasst sämtliche Verträge und ist auch auf einseitige empfangsbedürftige Rechtsgeschäfte wie die Kündigung, den Rücktritt, den Widerruf, die Bevollmächtigung und die Gestattung zum Selbstkontrahieren (BGH WM 91, 1753, 1754) sowie auf rechtsgeschäftsähnliche Handlungen wie die Mahnung, die Androhung oder die Fristsetzung (BaRoth/*Habermeier* Rz 6), nicht aber auf streng einseitige (nicht empfangsbedürftige) Rechtsgeschäfte (BaRoth/*Habermeier* Rz 9) und reine Realakte (BGH NJW 76, 49) anwendbar.

2. Vertreterhandeln auf beiden Seiten des Rechtsgeschäfts. Der Tatbestand eines Insichgeschäfts setzt voraus, dass der Vertreter auf beiden Seiten des Rechtsgeschäfts aufgetreten ist (*Bork* Rz 1587). § 181 findet auch auf den vollmachtlosen Vertreter Anwendung (ByObLG Rpfleger 88, 61; *Schmitt* WM 09, 1784, 1788).

a) Verträge. Bei Verträgen liegt die erforderliche Personenidentität vor, wenn der Vertreter mit sich selbst in eigenem Namen (Selbstkontrahieren) oder mit sich in fremdem Namen eines Dritten (Mehrvertretung) kontrahiert. Sie fehlt, wenn die Vertragspartner durch verschiedene Personen vertreten werden, von denen keine selbst Vertragspartei ist (BGHZ 91, 334, 335). Für die Anwendung des § 181 genügt es, wenn der Vertreter auf einer Seite als einer von mehreren Gesamtvertreter aufgetreten ist (BGH NJW 92, 618). Ein Insichgeschäft ist dagegen ausgeschlossen, wenn Gesamtvertreter einen von ihnen ermächtigen oder bevollmächtigen, das Rechtsgeschäft als Alleinvertreter mit dem anderen Gesamtvertreter abzuschließen (BGHZ 64, 72, 75 f; zur analogen Anwendung des § 181 s. Rn 10). Das Gleiche gilt, wenn der Vertreter einen Vertrag zugleich in eigenem und fremdem Namen abschließt und dabei auf derselben Seite eines Vertrages steht (BGHZ 50, 8, 10).

b) Einseitige Rechtsgeschäfte. Bei einseitigen empfangsbedürftigen Rechtsgeschäften und rechtsgeschäftsähnlichen Handlungen ist der Tatbestand des § 181 erfüllt, wenn der Erklärende und der Erklärungsempfänger identisch sind (BGHZ 94, 132, 137). Hieran fehlt es, wenn der Vertreter die Erklärung insb in den Fällen der §§ 182 I, 1064, 1255 I nicht sich selbst, sondern wahlweise dem Vertragspartner ggü abgibt. Zur analogen Anwendung des § 181 in diesen Fällen s. Rn 10.

8 **c) Gesellschafterbeschlüsse.** Im Gesellschaftsrecht findet § 181 nicht nur auf den Gesellschaftsvertrag (Staud/*Schilken* Rz 22) und auf Rechtsgeschäfte zwischen der Gesellschaft und einzelnen Gesellschaftern Anwendung, sondern grds auch auf Grundlagenbeschlüsse wie eine Änderung des Gesellschaftsvertrages oder der Satzung (BGH NJW 76, 1538, 1539), die Bestellung des Vertreters zum Organ (BGHZ 112, 339, 341 ff), dessen Aufnahme in die Gesellschaft (Staud/*Schilken* Rz 22) und die Auflösung der Gesellschaft (BaRoth/*Habermeier* Rz 13; aA BGHZ 52, 316, 318 f). Dagegen ist die Anwendung des § 181 ausgeschlossen bei Beschlüssen, die iRd Gesellschaftsvertrages über Maßnahmen der Geschäftsführung und sonstige gemeinsame Angelegenheiten gefasst werden und bei denen die gemeinsame Verfolgung des im Gesellschaftsvertrag festgelegten Zwecks im Vordergrund steht (BGHZ 112, 339, 341). Die früher hA, nach der § 181 auf Beschlüsse zur Willensbildung eines Vereins oder einer Gesellschaft generell keine Anwendung findet, weil es sich um Sozialakte und nicht um Rechtsgeschäfte handelt (BGHZ 52, 316, 318), verdient wegen ihrer zur Problemlösung kaum geeigneten begriffsjuristischen Argumentation keine Anerkennung (Staud/*Schilken* Rz 24). Allerdings enthält eine Stimmrechtsvollmacht idR eine Befreiung von § 181 (BGHZ 112, 339, 343). Ferner findet § 181 bei der AG wegen der gebotenen erweiternden Auslegung des § 135 AktG auf Beschlüsse der Hauptversammlung keine Anwendung (Staud/*Schilken* Rz 25).

9 **3. Teleologische Reduktion wegen des Fehlens einer Interessenkollision.** Obgleich § 181 tatbestandlich verselbstständigt ist und eine Interessenkollision im Einzelfall nicht vorliegen muss, ist es nach hM nicht ausgeschlossen, im Wege einer teleologischen Reduktion Fallgruppen aus dem Anwendungsbereich der Norm herauszunehmen, in denen typischerweise eine Interessenkollision nicht gegeben ist (Rn 1). Praktisch bedeutsam ist dies va bei Insichgeschäften, die dem Vertretenen lediglich einen rechtlichen Vorteil bringen (BGH NJW 89, 2542, 2543). Da ein Interessengegensatz ausgeschlossen ist und auch Belange Dritter nach der Wertung in § 107 nicht entgegenstehen, findet § 181 in diesen Fällen keine Anwendung (Staud/*Schilken* Rz 32). Zum Begriff des rechtlichen Nachteils s. § 107 Rn 6, 8 ff. Dagegen bleibt es gem § 35 IV 1 GmbHG, der auch für die dort nicht ausdrücklich geregelte Mehrvertretung gilt, bei Insichgeschäften, die der Gesellschafter-Geschäftsführer einer Ein-Mann-GmbH mit der Gesellschaft abschließt, bei der Anwendung des § 181 (Staud/*Schilken* Rz 20; aA aus der Zeit vor der Geltung des § 35 IV 1 GmbHG BGH NJW 80, 932, 933). Str ist die Anwendung des § 181 bei der Mehrfachvertretung im Konzern, s. *Bachmann* ZIP 99, 85 ff.

10 **4. Analoge Anwendung auf andere mögliche Interessenkonflikte. a) Unter-/Gesamtvertreter.** Andererseits ist § 181 nach nahezu einhelliger Ansicht auf Insichgeschäfte, die mit Hilfe eines Untervertreters abgeschlossen werden, analog anzuwenden (BGHZ 112, 339, 343; Staud/*Schilken* Rz 35 f). Hierfür spricht, dass die für § 181 erforderliche Personenidentität und die mit ihr typischerweise verbundene Gefahr einer für den Vertreter nachteiligen Interessenwahrnehmung nicht auf dem Umweg über die Bestellung eines Untervertreters beseitigt werden darf. Das Gleiche gilt, wenn ein vollmachtlos handelnder Vertreter das Rechtsgeschäft für den Vertretenen gem § 177 I genehmigt, nachdem er nachträglich Vertretungsmacht erlangt hat (BGH NJW-RR 94, 291, 292). Dagegen findet § 181 nach der Rspr und einer vordringenden Ansicht im Schrifttum keine analoge Anwendung, wenn ein gesamtvertretungsberechtigtes Organ aufgrund einer Gesamtvertreterermächtigung (s. Rn 6) für die Gesellschaft mit einem anderen Gesamtvertreter kontrahiert (BGHZ 64, 72, 76 f; Staud/*Schilken* Rz 17; aA Erman/*Palm* Rz 19). Gegen eine Anwendung des § 181 spricht in diesen Fällen, dass der ermächtigte Gesamtvertreter selbstständig und unabhängig von Weisungen über den Geschäftsabschluss entscheidet und dass für ihn die Interessen der Gesellschaft und nicht die des anderen Gesamtvertreters maßgeblich sind (BaRoth/*Habermeier* Rz 15). Das Gleiche gilt, wenn für die Gesellschaft ein Prokurist handelt (BGHZ 91, 334, 336 f).

11 **b) Amtsempfangsbedürftige Willenserklärungen.** § 181 ist auf amtsempfangsbedürftige Willenserklärungen analog anzuwenden, wenn der Vertreter der Sache nach der Erklärungsempfänger ist. Das ist der Fall, wenn der Vertreter das Rechtsgeschäft wie in den Fällen der §§ 875 I 2, 876 3, 880 III, 1168 II 1, 1183 2 wahlweise auch ggü sich selbst hätte vornehmen können (BGHZ 77, 7, 9 f) oder wenn die Erklärung zwar einer außerstaatlichen Stelle ggü abgegeben werden kann, der Sache nach aber an den Vertreter selbst oder bei der Mehrfachvertretung an den anderen Vertretenen gerichtet ist (§§ 376 II, 2079 ff). Der Testamentserbe kann daher nicht als Vertreter des gesetzlichen Erben das Testament ggü dem Nachlassgericht gem §§ 2089, 2081 anfechten (Staud/*Schilken* Rz 40). Dagegen steht § 181 nicht entgegen, wenn die staatliche Stelle auch materiell Erklärungsempfänger ist. Hiervon ist auszugehen, wenn ein gesetzlicher Vertreter die Erbschaft ausschlägt, auch wenn er selbst dadurch Erbe wird (BayObLGZ 83, 213, 220 f).

12 **c) Interessenkollisionen.** Wegen der verselbstständigten Normstruktur des § 181 kommt eine generelle Anwendung des § 181 in den Fällen einer Interessenkollision nicht in Betracht (BGHZ 91, 334, 337; Staud/*Schilken* Rz 34). Zu fordern ist zumindest eine mittelbare Beteiligung des Vertreters auf beiden Seiten des Vertretergeschäfts (MüKo/*Schramm* Rz 35). Hieran fehlt es, wenn der Vertreter im Namen des Vertretenen durch Vertrag mit dem Gläubiger (§ 414) eine eigene Schuld übernimmt oder eine Sicherheit für eine eigene

Schuld bestellt oder übernimmt (Interzession). § 181 ist in diesen Fällen nicht analog anzuwenden; es gelten vielmehr die Regeln über den Missbrauch der Vertretungsmacht (BGHZ 91, 334, 337; Staud/*Schilken* Rz 43; aA für die Schuldübernahme Erman/*Palm* Rz 18). Das Gleiche gilt, wenn bei einer Verrechnungsvereinbarung der Gläubiger und der Dritte durch dieselbe Person vertreten werden (BGH NJW 85, 2409, 2410) und wenn Eltern Geld von dem Konto ihres Kindes auf ihr eigenes Konto überweisen (BGH NJW 04, 2517, 2518).

C. Ausnahmen vom Verbot des Insichgeschäfts. I. Gestattung. Eine Ausn von dem Verbot des Insichgeschäfts ist die Gestattung, die auf Gesetz (§§ 1009 II; 125 II 2 HGB; 78 IV AktG; 3 III BerBG) oder Rechtsgeschäft beruhen kann. 13

1. Rechtsgeschäftliche Gestattung. Die rechtsgeschäftliche Gestattung durch den Vollmachtgeber ist eine einseitige empfangsbedürftige Willenserklärung, durch der Umfang der Vollmacht erweitert wird und auf die daher die Vorschriften über die Vollmachtserteilung anzuwenden sind. Sie kann bereits in der Vollmacht enthalten sein oder aus einer sie ergänzenden besonderen Erklärung hervorgehen und sowohl für ein einzelnes Geschäft als auch für einen bestimmten Kreis von Geschäften erteilt werden. Ihre Erteilung kann auch noch nachträglich durch eine Genehmigung nach § 177 I (s. Rn 19) erfolgen (BGHZ 65, 123, 125 f). Zur Formbedürftigkeit s. § 167 Rn 12. In Zweifelsfällen ist durch Auslegung vom Empfängerhorizont (§§ 133, 157) unter Berücksichtigung der Verkehrssitte zu ermitteln, ob eine Befreiung von § 181 gewollt ist. Eine konkludente Gestattung ist nicht bereits in der Erteilung einer Generalvollmacht, Prokura oder Handlungsvollmacht (BaRoth/*Habermeier* Rz 33) enthalten, wohl aber in der Erteilung eines Ersteigerungsauftrages an den Versteigerer (BGH NJW 83, 1186, 1187), einer Auflassungsvollmacht durch beide Vertragsparteien in derselben Urkunde (Staud/*Schilken* Rz 52), einer Kontovollmacht, wenn dem Bevollmächtigten gestattet wird, über das Kontoguthaben auch zu eigenen Gunsten zu verfügen (München WM 73, 1252, 1253), einer Generalvollmacht an einen Ehegatten (Staud/*Schilken* Rz 52), uU einer Stimmrechtsvollmacht (s. Rn 8) und der Mitwirkung an einem Gesellschafterbeschluss, wenn den Umständen nach klar ist, dass der Vollzug durch ein Insichgeschäft erfolgen wird (BGH NJW 76, 1538, 1539). Die Gestattung untersteht wie jedes andere Rechtsgeschäft dem Verbot des § 181 (BGHZ 58, 115, 118). Deshalb kann sich ein Stellvertreter die Erlaubnis zum Selbstkontrahieren nicht selbst erteilen (BGHZ 33, 189, 191). Ein gewillkürter Vertreter, der selbst nicht von den Beschränkungen des § 181 befreit ist, kann auch einem anderen (Unter-)Vertreter nicht das Selbstkontrahieren gestatten (BGHZ 33, 189, 192 f; BayObLG BB 93, 746, 747). Nichts anderes kann nach zutreffender Ansicht für den organschaftlichen Vertreter gelten (*Schmitt* WM 09, 1784, 1787). Die Gestattung kann grds nur der Vertretene selbst erklären (BGH NJW-RR 94, 291, 293). Bei Mehrvertretung muss jeder Vertreter die Befreiung von § 181 gestatten (BaRoth/*Habermeier* Rz 34). 14

2. Gestattung bei der organschaftlichen Vertretung. Die Befreiung eines Organs von den Beschränkungen des § 181 erfolgt durch Gesellschaftsvertrag bzw Satzung oder das Bestellungsorgan, dh durch Mitgliederversammlung, Gesellschafterversammlung (BGH NJW-RR 94, 291, 293), Aufsichtsrat und Generalversammlung (BGHZ 87, 59, 60; Staud/*Schilken* Rz 53). Das gilt auch für die Vertretungsorgane der persönlich haftenden Gesellschafterin einer KG (Frankf ZIP 06, 1673, 1674). Die generelle Gestattung durch das Bestellungsorgan bedarf einer entspr satzungsmäßigen Grundlage; für eine Gestattung im Einzelfall genügt ein Mehrheitsbeschluss (*Schmitt* WM 09, 1784, 1785). Einem Gesellschafter-Geschäftsführer einer eingliedrigen GmbH können Insichgeschäfte nur durch die Satzung gestattet werden (BGH NJW 00, 664, 665; aA *Altmeppen* NJW 95, 1184, 1185 f). Eine dem Geschäftsführer einer mehrgliedrigen GmbH erteilte Gestattung bleibt aber wirksam, wenn die Gesellschaft zur Ein-Mann-GmbH wird (BGHZ 114, 167, 170 ff). Die Befreiung von den Beschränkungen des § 181 ist im Handelsregister einzutragen (München ZIP 06, 1826, 1827). Dies gilt sowohl für die ein- und mehrgliedrige GmbH (§ 10 I 2 GmbHG; BGHZ 87, 59, 60; Stuttg DB 07, 2422; aA *Altmeppen* DNotZ 08, 305 ff) als auch für die Personenhandelsgesellschaft (BGHZ 58, 115, 117; BayObLG NJW-RR 00, 1421, 1422) und die GmbH & Co. KG (Frankf ZIP 06, 1673, 1674). Str ist die Eintragungsfähigkeit der Befreiung von den Beschränkungen des § 181 bei einer englischen Limited (dafür Frankf ZIP 06, 1673, 1674 f; dagegen Frankf DB 08, 1488 f mwN). Im Handelsregister einzutragen ist auch eine Beschränkung der Befreiung auf bestimmte Arten von Geschäften oder Geschäfte mit bestimmten Personen oder Gesellschaften, wobei besondere Anforderungen an die Bestimmtheit der Eintragung bestehen (Stuttg DB 07, 2422). Für den Liquidator gilt ohne Weiteres zwar nicht die beschlossene Befreiung eines Geschäftsführers von den Beschränkungen des § 181, wohl aber die in der Satzung enthaltene Ermächtigung hierzu (BayOBLG NJW-RR 96, 611, 612). 15

3. Gestattung bei der gesetzlichen Vertretung und bei Amtswaltern. Einem gesetzlichen Vertreter können Insichgeschäfte nach dem Rechtsgedanken des § 108 III durch den Vertretenen nur gestattet werden, wenn dieser voll geschäftsfähig geworden ist. Ansonsten ist wie bei der Genehmigung (s. Rn 19) eigens ein Pfleger, bei Mehrvertretung für jeden Vertreter ein gesonderter Pfleger zu bestellen (BaRoth/*Habermeier* Rz 35). Eine Gestattung des Selbstkontrahierens zB bei Einzahlungen auf ein für das Kind eingerichtetes Sparkonto aufgrund Verkehrsübung verdient keine Anerkennung (Staud/*Schilken* Rz 56). Dem Testamentsvollstrecker können Insichgeschäfte durch den Erblasser (BGH NJW 81, 1271, 1272) oder, falls der Wille des Erblassers nicht entgegensteht, durch alle Erben (Staud/*Schilken* Rz 58) gestattet werden. Die Ernennung eines Miterben zum 16

Testamentsvollstrecker enthält eine konkludente Gestattung (BGHZ 30, 67, 70). Die Befreiung eines Insolvenzverwalters von den Beschränkungen des § 181 kann nur durch den Insolvenzschuldner und die Gläubiger gemeinsam oder durch einen vom Insolvenzgericht bestellten Sonderverwalter (§ 56 InsO) erfolgen. Entspr gilt für den Zwangs- und Nachlassverwalter (Staud/*Schilken* Rz 59).

17 II. Erfüllung einer Verbindlichkeit. Der Vertreter ist von den Beschränkungen des § 181 auch befreit, wenn das von ihm getätigte Insichgeschäft ausschließlich der Erfüllung einer Verbindlichkeit des Vertreters ggü dem Vertretenen, des Vertretenen ggü dem Vertreter oder im Falle der Mehrvertretung des einen Vertretenen ggü dem anderen Vertretenen dient. Ob die Verbindlichkeit auf Gesetz oder Rechtsgeschäft beruht, ist unerheblich (Staud/*Schilken* Rz 61). Sie muss wirksam und fällig sein und darf nicht mit einer Einrede behaftet sein. Nicht ausreichend ist es, wenn die Verbindlichkeit wie in den Fällen der §§ 311b 1 2, 518 II durch die Erfüllung erst wirksam wird (Staud/*Schilken* Rz 62). Das Insichgeschäft darf von der geschuldeten Leistung nicht abweichen. Die Erfüllung kann durch Aufrechnung erfolgen, wenn sich die gegenseitigen Forderungen einredefrei gegenüberstehen. Das gilt auch im Falle einer einseitigen Aufrechnungsbefugnis des Vertretenen (*Bork* Rz 1589; aA Soergel/*Leptien* Rz 43). Eine Leistung an Erfüllungs statt oder erfüllungshalber ist aber nicht möglich (BaRoth/*Habermeier* Rz 39). Ist der Gläubiger der zu erfüllenden Verbindlichkeit nicht voll geschäftsfähig, bleibt das Insichgeschäft aufgrund einer teleologischen Reduktion der Ausnahmevorschrift verboten, wenn der Minderjährige durch das Erfüllungsgeschäft einen rechtlichen Nachteil erleidet (arg § 107). Ob das der Fall ist, ist durch eine Gesamtbetrachtung von schuldrechtlichem und dinglichem Rechtsgeschäft zu ermitteln (BGHZ 78, 28, 34; BaRoth/*Habermeier* Rz 40; aA für eine Anwendung der Ausnahmevorschrift nur, wenn der erfüllungswillige Vertreter die Erfüllung erzwingen könnte *Bork* Rz 1599).

18 III. Erkennbarkeit des Insichgeschäfts. Selbst wenn einer der Ausnahmetatbestände des § 181 eingreift, sind Insichgeschäfte nur wirksam, wenn sie nach außen erkennbar vorgenommen wurden (BGH NJW 91, 1730). Bei Verfügungsgeschäften müssen die Willenserklärungen äußerlich und für Dritte erkennbar in Erscheinung treten. Es genügt jede Art der Manifestation wie zB das Eintragen in Geschäftsbüchern und das Einzahlen von Geld. Zusätzlich bedarf die Sachübergabe als Realakt aufgrund des sachenrechtlichen Bestimmtheitsgrundsatzes (s. § 854 Rn 16) der Publizität (Staud/*Schilken* Rz 65 f). Die Anforderungen an Verpflichtungsgeschäfte sind weniger streng. Es genügen spätere Maßnahmen insb zur Vertragserfüllung (Staud/*Schilken* Rz 67). Bei formbedürftigen Rechtsgeschäften muss sich das Insichgeschäft aus der Urkunde ergeben (Ddorf MDR 77, 1018). Besonders hohe Anforderungen an die Manifestation des Geschäftsabschlusses nach außen gelten gem § 35 IV 2 GmbHG bei der Ein-Mann-GmbH (BGHZ 75, 385, 362 f).

19 D. Rechtsfolge. Bei der Vorschrift in § 181 handelt es sich nicht um ein gesetzliches Verbot, sondern um eine gesetzliche Begrenzung der Vertretungsmacht (*Bork* Rz 1600). Ein unter Verstoß gegen § 181 abgeschlossener Vertrag ist daher gem den §§ 177 ff schwebend unwirksam, während für einseitige Rechtsgeschäfte § 180 gilt (Staud/*Schilken* Rz 45). Ein Vertrag wird gem § 177 I voll wirksam, wenn der Vertretene ihn genehmigt. Die Genehmigung muss iGgs zur Gestattung iSv § 181 nicht durch den Vertretenen selbst, dh bei einer GmbH durch die Gesellschafterversammlung erklärt werden, vielmehr kann auch ein anderer vertretungsberechtigter Stellvertreter des Vertretenen genehmigen (BGH NJW 95, 727, 728). Nimmt ein vollmachtloser Vertreter ein Insichgeschäft vor, bedarf es neben der Genehmigung des vollmachtlosen Handelns einer nachträglichen Befreiung vom Verbot des § 181 (Ddorf BB 99, 578). Str ist, ob bei Mehrfachvertretung alle Vertretenen oder nur die nicht wirksam vertretene Partei genehmigen muss (*Schmitt* WM 09, 1784, 1785). Bei der Einschaltung eines Untervertreters ist unklar, ob der Vertreter genehmigen kann (*Schmitt* WM 09, 1784, 1786 f). Ist ein Elternteil von der Vertretung des Kindes ausgeschlossen, gilt das wegen des eines Gesamtvertreterprinzips auch für den anderen Elternteil (BGH NJW 72, 1708, 1709). Ist der Vertretene verstorben, erfolgt die Genehmigung durch die Erben (Hamm OLGZ 79, 44, 47). Hat der gesetzliche Vertreter eines nicht voll Geschäftsfähigen das Rechtsgeschäft vorgenommen, so kann der Vertretene nur nach Erlangung der Geschäftsfähigkeit oder ein für ihn eigens bestellter Pfleger (§ 1909) genehmigen, nicht aber das Vormundschaftsgericht (BGHZ 21, 229, 234; *Bork* Rz 1600; aA *Larenz/Wolf* AT § 46 Rz 128 für die Mehrvertretung).

20 E. Beweislast. Derjenige, der sich abw von der allg Regel auf die Wirksamkeit eines Insichgeschäfts beruft, hat zu beweisen, dass der Vertreter von den Beschränkungen des § 181 befreit wurde oder dass das Geschäft ausschließlich in der Erfüllung einer Verbindlichkeit besteht (BGHZ 30, 67, 71; BaumgLP/*Laumen* Rz 1). Entspr gilt für die tatsächlichen Voraussetzungen einer teleologischen Reduktion der Vorschrift. Umgekehrt hat derjenige, der sich auf eine analoge Anwendung der Vorschrift beruft, deren tatsächliche Voraussetzungen zu beweisen (Staud/*Schilken* Rz 68). S. zur Beweislast des Bereicherungsgläubigers, der das Fehlen der Vertretungsmacht geltend macht, § 164 Rn 85.

Titel 6 Einwilligung und Genehmigung

§ 182 Zustimmung. (1) Hängt die Wirksamkeit eines Vertrages oder eines einseitigen Rechtsgeschäfts, das einem anderen gegenüber vorzunehmen ist, von der Zustimmung eines Dritten ab, so kann die Erteilung sowie die Verweigerung der Zustimmung sowohl dem einen als dem anderen Teil gegenüber erklärt werden.
(2) Die Zustimmung bedarf nicht der für das Rechtsgeschäft bestimmten Form.
(3) Wird ein einseitiges Rechtsgeschäft, dessen Wirksamkeit von der Zustimmung eines Dritten abhängt, mit Einwilligung des Dritten vorgenommen, so finden die Vorschriften des § 111 Satz 2, 3 entsprechende Anwendung.

A. Begriff, Abgrenzung und Arten der Zustimmung iSd §§ 182 ff. Zustimmung iSd §§ 182 ff ist die für die Wirksamkeit eines Rechtsgeschäfts kraft Gesetzes erforderliche privatrechtliche Einverständniserklärung eines Dritten mit dem Rechtsgeschäft (*Bork* Rz 1695). Das Gesetz enthält zahlreiche weitere spezielle Vorschriften über die Erteilung oder Verweigerung der Zustimmung (§§ 451, 876 f, 880 III, 1071, 1183, 1255 II, 1276, 1283 I, 1595, 1903; 23 II Nr 1 Alt 2 InsO), durch die §§ 182 ff weitgehend verdrängt werden. Es unterscheidet in den §§ 182 ff zwischen der Einwilligung als der vor der Vornahme des zustimmungsbedürftigen Rechtsgeschäfts erteilten Zustimmung (§ 183) und der nachträglichen Zustimmung, die das Gesetz in § 184 I als Genehmigung bezeichnet. Andernorts wie etwa in den §§ 1643, 1819 ff weicht das Gesetz von diesem Sprachgebrauch ab. Das Zustimmungserfordernis kann aufgrund einer **Rechts- und Interessenbeteiligung** des Zustimmungsberechtigten am Rechtsgeschäft (§§ 177 I, 185, 415 I 1, 876, 880 II, III, 1071 I 1, II, 1183 1, 1245 I 2, 1255 II 1, 1276 I 1, II, 1283 I, 1365 ff, 1423 ff, 2120, 2291 I 2) oder **kraft Aufsichtsrechts** (§§ 107, 108 I, 1411 I, 1746 I, 1903 I 1) bestehen (*Bork* Rz 1692). Nicht in den Anwendungsbereich der §§ 182 ff fällt dagegen die zeitlich versetzte Mitwirkung bei eigenen Geschäften nach den §§ 32 II, 709 I, 744 II, 454 (BaRoth/*Bub* Rz 6). Ferner gelten die §§ 182 ff nur für Regelungen, nach denen die Wirksamkeit des Rechtsgeschäfts von der Zustimmung eines Dritten abhängig ist, nicht aber wenn das Zustimmungserfordernis allein das rechtliche Dürfen eines der am Rechtsgeschäft Beteiligten betrifft (BaRoth/*Bub* Rz 7). Auch wenn die Zustimmung nicht kraft Gesetzes, sondern aufgrund einer Vereinbarung zwischen den Parteien des Rechtsgeschäfts erforderlich ist, liegt im Zweifel keine Zustimmungsbedürftigkeit iSd §§ 182 ff, sondern eine aufschiebende Bedingung gem § 158 I vor (BGHZ 108, 172, 177; *Bork* Rz 1694; aA BaRoth/*Bub* Rz 4). Der Anwendungsbereich der §§ 182 ff beschränkt sich des Weiteren auf die Zustimmung eines privaten Rechtssubjekts. Nicht erfasst sind daher behördliche Zustimmungen (*Bork* Rz 1694). Nicht privatrechtlicher, sondern hoheitlicher Natur ist auch die Genehmigung des Vormundschaftsgerichts, deren Wirksamkeit sich ausschl nach den §§ 1828 ff richtet (MüKo/*Schramm* Rz 8). Ferner muss sich das Zustimmungserfordernis aus dem Privatrecht ergeben. Öffentlich-rechtliche Zustimmungserfordernisse richten sich dagegen nicht nach den §§ 182 ff, sondern in erster Linie nach öffentlichem Recht, uU sind aber die §§ 182 ff ergänzend heranzuziehen (BaRoth/*Bub* Rz 11 ff). Die Zustimmung zu Prozesshandlungen zB in den Fällen der §§ 89 II, 269 I, II, 263, 267 ZPO ist selbst eine Prozesshandlung und bestimmt sich grds nach Prozessrecht. Dennoch kann zur Lückenfüllung eine entspr Anwendung der §§ 182 ff erforderlich sein (Staud/*Gursky* vor §§ 182 ff Rz 19).

B. Systematik der §§ 182 ff. Die §§ 182–184 enthalten allg Vorschriften darüber, ggü wem und in welcher Form bei zustimmungsbedürftigen Rechtsgeschäften die Erteilung der Zustimmung oder deren Verweigerung zu erklären sind und welche Wirkungen beide entfalten. Das Gesetz unterscheidet insoweit zwischen der **Einwilligung** (§ 183) und der **Genehmigung** (§ 184). Mit Einwilligung vorgenommene zustimmungsbedürftige Rechtsgeschäfte sind von Anfang an wirksam. Ohne Einwilligung vorgenommene zustimmungsbedürftige Verträge sind **schwebend unwirksam** (§ 184 Rn 1). Die Genehmigung eines zustimmungsbedürftigen Vertrages führt zu dessen endgültiger und rückwirkender (§ 184) Wirksamkeit. Die in I ebenfalls genannte Verweigerung der Genehmigung beendet den Schwebezustand in der Weise, dass der Vertrag endgültig unwirksam wird (Rn 9). Dagegen regelt § 185 den speziellen Fall der Zustimmung zu der Verfügung eines Nichtberechtigten.

C. Zustimmungserklärung. I. Rechtsnatur. Die Zustimmung ist ein einseitiges Rechtsgeschäft, das nach dem Abstraktionsprinzip von dem zustimmungsbedürftigen Rechtsgeschäft unabhängig und gedanklich zu trennen ist. Sie erfolgt durch eine empfangsbedürftige Willenserklärung, für deren Zustandekommen und Wirksamkeit die allg Regeln (§§ 104 ff) gelten. Sehr str ist, ob die Zustimmung zu einer Verfügung (§ 185 Rn 2) ihrerseits eine **Verfügung** ist. Hiergegen spricht, dass sie nur ein Hilfsgeschäft zu einer fremden Verfügung ist. Dennoch können bestimmte Regeln über Verfügungen – wie etwa das Erfordernis der Verfügungsmacht (§ 184 Rn 3) – auf die Zustimmung Anwendung finden, wenn die Zustimmung zu einem Rechtsverlust seitens des Zustimmenden führt (Staud/*Gursky* vor §§ 182 ff Rz 48; aA generell für eine Einordnung als Verfügung RGZ 152, 380, 383). Hieran fehlt es bei der Einwilligung zu einer Verfügung, es sei denn sie ist kraft Gesetzes unwiderruflich (Staud/*Gursky* vor §§ 182 ff Rz 50; MüKo/*Schramm* vor § 182 Rz 41). Die Genehmigung einer im Einzugsermächtigungslastschriftverfahren vorgenommenen Belastungsbuchung durch den Schuldner ist eine Verfügung iSd § 21 II 1 Nr 2 Alt 2 InsO (BGH NJW 08, 3348 Tz 31).

4 II. Erklärung. Die Zustimmung kann ausdrücklich oder konkludent (s. § 177 Rn 6; § 185 Rn 9) erklärt werden. Dagegen kann **bloßes Schweigen** grds nicht als Zustimmung gewertet werden (Staud/*Gursky* Rz 11 f; Vor § 116 Rn 21 f; aA für die Nichtbeanstandung vollmachtlosen Handelns durch den Ehegatten Celle OLGR 00, 41, 42). Fehlt eine wirksame Zustimmungserklärung, kann eine **Rechtsscheinzustimmung** analog §§ 171 ff oder den Grundsätzen der Duldungs- und Anscheinsvollmacht (s. § 167 Rn 37 ff) vorliegen (BGH WM 64, 224, 225; *Bork* Rz 1698). In Zweifelsfällen ist durch Auslegung vom Empfängerhorizont (§§ 133, 157) zu ermitteln, ob das Verhalten des Zustimmungsberechtigten als Einverständnis mit der Geltung des Hauptgeschäfts zu verstehen ist. Wie in sonstigen Fällen auch (s. § 133 Rn 10) reicht das potenzielle Erklärungsbewusstsein des Zustimmenden (BGHZ 109, 171, 177 f). Eine **konkludente Zustimmung** ist idR anzunehmen, wenn der Zustimmungsberechtigte das Rechtsgeschäft als gültig behandelt (BGH WM 90, 1573, 1575). Str ist, ob die widerspruchslose Fortsetzung des Zahlungsverkehrs auf einem Konto, das mit **Lastschriften** im Einzugsermächtigungsverfahren (§ 675 Rn 30) belastet wurde, über eine längere Zeit hinweg als konkludente Genehmigung der Lastschriftbuchungen gem § 684 2 zu werten ist (offen lassend BGHZ 144, 349, 354 f; dafür *Fischer* WM 09, 629, 633 ff; dagegen Köln WM 09, 889, 891; Ddorf WM 09, 1469, 1471; München ZIP 06, 2122, 2124 f; 07, 807, 808). Dies wird man im kaufmännischen Verkehr jedenfalls dann bejahen müssen, wenn regelmäßig Dispositionsgespräche zwischen dem Schuldner und der Bank stattgefunden haben, in denen der Schuldner einen baldigen Kontoausgleich angekündigt hat (München ZIP 05, 2102 f) oder wenn der Kunde sich bei seinen Dispositionen etwa durch die Hinnahme von Lastschriftrückgaben wegen fehlender Deckung erkennbar auf die in den Kontoauszügen ausgewiesenen Saldenstände eingestellt und seine Zahlungen entsprechend begrenzt hat (Schlesw Urt v 6.9.07 – 5 U 33/07). Zudem genehmigt ein Insolvenzverwalter, der das Schuldnerkonto für eingehende Gutschriften über längere Zeit weiterbenutzt und sodann um Schließung des Kontos bittet, unwidersprochen gebliebene Lastschriftbuchungen konkludent (BGHZ 174, 84 Tz 34 ff). In dem Schweigen auf einen zugegangenen Kontoauszug oder Rechnungsabschluss liegt dagegen keine konkludente Genehmigung von Lastschriftbuchungen (BGHZ 174, 84 Tz 33). Die AGB-Banken sehen daher in Ziff 7 III eine Genehmigungsfiktion vor, nach der das Unterlassen rechtzeitiger Einwendungen als Genehmigung gilt (BGHZ 177, 69 Tz 28). Str ist, ob Ziff 7 III AGB-Banken auch in der Insolvenz des Schuldners gilt. Hierfür spricht, dass der Insolvenzverwalter in die bestehende Rechtslage eintritt und grds an die von dem Schuldner getroffenen Abreden gebunden ist. Entgegen der Rspr des IX. ZS des BGH (WM 09, 958 Tz 8) stehen vorrangige Zwecke des Insolvenzverfahrens auch im Fall der Bestellung eines vorläufigen Insolvenzverwalters mit Zustimmungsvorbehalt nicht entgegen, weil die Möglichkeit des schwachen Insolvenzverwalters, der Belastungsbuchung zu widersprechen im Interesse der Funktionsfähigkeit des Lastschriftverkehrs nur zeitlich begrenzt wird und die Einsetzung eines schwachen Insolvenzverwalters nicht zu weitergehenden Rechtsfolgen als die eines starken vorläufigen Insolvenzverwalters mit Verwaltungs- und Verfügungsbefugnis führen kann (BGHZ 177, 69 Tz 30 ff; aA *Fischer* WM 09, 629, 630). In der Geltendmachung anfechtungsrechtlicher Rückgewähransprüche liegt eine konkludente Zustimmung des vorläufigen Insolvenzverwalters zu bisherigen Genehmigungen des Schuldners (Köln WM 09, 889, 892). Der Widerspruch auch des (vorläufigen) Insolvenzverwalters ist missbäuchlich (§ 826), wenn sachliche Einwendungen gegen die eingezogene Forderung fehlen (BGHZ 177, 69 Tz 16 ff; aA BGH 161, 49 Tz 18 ff; Köln WM 09, 889, 891; Ddorf WM 09, 1469 f; *Fischer* WM 09, 629 f).

5 III. Adressat. Nach I kann die Zustimmung bei Verträgen beiden Vertragsparteien und bei einseitigen empfangsbedürftigen Willenserklärungen sowohl dem Erklärenden als auch dem Erklärungsempfänger ggü erklärt werden kann. Die Zustimmung zu nicht empfangsbedürftigen Willenserklärungen kann nur dem Erklärenden ggü erfolgen (*Bork* Rz 1699). Sind auf einer Seite eines Vertrages oder auf der Empfängerseite einer empfangsbedürftigen Willenserklärung mehrere Personen beteiligt, muss die Zustimmung ggü allen Personen erklärt werden (BaRoth/*Bub* Rz 19). Zu beachten sind die abw Spezialvorschriften va in §§ 108 II, 177 II und in §§ 876 I 2, 1071 I 2, 1178 II 3, 1245 I 3, 1255 II 2, 1276 I 2, 1366 III 1.

6 IV. Form (Abs 2). Nach II bedarf die Zustimmung nicht der Form, die für das zustimmungsbedürftige Rechtsgeschäft vorgeschrieben ist. Der BGH nimmt eine teleologische Reduktion wie bei der Vollmacht (s. § 167 Rn 11 ff) nicht vor (BGH NJW 04, 2382, 2383; BGHZ 125, 218, 220 ff). Die unterschiedliche Behandlung von Vollmacht und Zustimmung erscheint jedoch problematisch, wenn die Einwilligung das formbedürftige Rechtsgeschäft vorweg nimmt. Dagegen bleibt es im Falle einer widerruflichen Einwilligung und der Genehmigung grds bei dem Grundsatz der Formfreiheit (BGH NJW 98, 1482, 1484; *Bork* Rz 1702). Gesetzliche Ausnahmen von dem Grundsatz der Formfreiheit ergeben sich aus den §§ 1516 I 2, 1517 I 2, 2120 2, 2291 II; 71 II ZVG.

7 V. Anfechtbarkeit. Die Anfechtung der Zustimmung kommt nur bei Willensmängeln in Betracht, die dem Zustimmungsgeschäft selbst anhaften und nicht nur das zustimmungspflichtige Hauptgeschäft betreffen (*BGHZ 137, 255, 260*). Ein Inhaltsirrtum iSv § 119 I und nicht bloß ein unbeachtlicher Motivirrtum liegt aber vor, wenn der Zustimmende eine falsche Vorstellung von dem Inhalt des zustimmungsbedürftigen Rechtsgeschäfts hatte (Staud/*Gursky* Vorbem zu §§ 182 ff Rz 45). Wegen des Drittbezuges der Zustimmung bestehen bei der Anfechtung der Zustimmung dieselben Probleme wie bei der Anfechtung der Vollmacht

(s. § 167 Rn 15 ff). Str ist, ob der Zustimmende die Zustimmung bei einer von einer Vertragspartei des Hauptgeschäfts begangenen arglistigen Täuschung zu Lasten der selbst nicht täuschenden Partei anfechten kann. Um Wertungswidersprüche zwischen der externen und der internen Zustimmung zu vermeiden, vertritt ein Teil des Schrifttums die Ansicht, dass die interne Zustimmung analog § 123 II 2 anfechtbar ist, wenn zwar der tatsächliche Zustimmungsempfänger die Täuschung weder kannte noch kennen musste, wohl aber der andere Vertragspartner und potenzielle Zustimmungsempfänger (Erman/*Palm* vor § 182 Rz 6; für eine Anwendung des § 123 II 1 Soergel/*Leptien* vor § 182 Rz 5). Nach aA kommt es bei der internen Zustimmung wegen des Drittbezuges der Zustimmung generell auf die Kenntnis und das Kennenmüssen des Partners des Hauptgeschäfts an (MüKo/*Kramer* § 123 Rz 26). Weil die Zustimmung zu einer Vertragsübernahme (§ 415) einem dreiseitigen Vertrag ähnl ist, ist sie nach dem Rechtsgedanken des § 123 II 2 nur dann anfechtbar, wenn in der Person beider Parteien des Hauptgeschäfts ein Anfechtungsgrund iSv § 123 vorliegt. Hiernach kann ein Vermieter seine Zustimmung zu einem Mieterwechsel durch Vertragsübernahme wegen einer Täuschung durch den neuen Mieter nur anfechten, wenn der Altmieter die Täuschung kannte oder kennen musste (BGHZ 137, 255, 260 ff; abl Staud/*Gursky* Vorbem zu §§ 182 ff Rz 46; zweifelnd auch MüKo/*Kramer* § 123 Rz 26). Adressat der Anfechtungserklärung ist nach hM derjenige, dem ggü die Zustimmung tatsächlich erklärt wurde (Staud/*Gursky* Rz 45; aA für die Möglichkeit, auch der anderen Vertragspartei als potenziellem Anfechtungsgegner ggü anzufechten Palandt/*Heinrichs* Rz 1; für eine Beschränkung der Anfechtungsmöglichkeit auf eine Anfechtung der bereits offen gelegten Zustimmung ausschl ggü dem Vertragspartner *Flume* II § 54 6 e; ähnl *Medicus* AT Rz 721). Das gilt jedoch nicht für die Vertragsübernahme, die einem dreiseitigen Vertrag ähnl ist und bei der die Zustimmung daher allen Beteiligten ggü erklärt werden muss (BGHZ 96, 302, 309 f). Schadensersatz schuldet der Anfechtende analog § 122 nicht nur dem Zustimmungs- bzw Anfechtungsgegner, sondern auch der anderen Vertragspartei des Hauptgeschäfts, sofern ihr die Zustimmung bekannt gegeben wurde (BaRoth/*Bub* Rz 23).

D. Verweigerung der Zustimmung. I. Rechtsnatur und Wirksamkeitsvoraussetzungen. Das Gesetz stellt in I neben die Erteilung der Zustimmung deren Verweigerung. Die Zustimmungsverweigerung iSv I ist eine empfangsbedürftige Willenserklärung, die wie die Erteilung der Zustimmung nicht an eine Form gebunden ist und ggü beiden Seiten des Rechtsgeschäfts erklärt werden kann (s. Rn 5 f). Sie ist darauf gerichtet, das Hauptgeschäft **endgültig unwirksam** werden zu lassen. Hierzu muss das Hauptgeschäft bereits abgeschlossen und diese Tatsache dem Zustimmungsberechtigten bekannt sein. Ferner muss der Zustimmungsberechtigte den wesentlichen Inhalt und die Art des Hauptgeschäfts kennen, sofern die Kenntnis für den Entschluss zur Ablehnung des Geschäfts von Bedeutung ist (BGH NJW 82, 1099, 1100). Eine endgültige Verweigerung der Zustimmung fehlt, wenn die Zustimmung von einer Bedingung abhängig gemacht wird, über die noch verhandelt werden kann (BGH WM 64, 878, 879). Auch genügt die Erhebung einer Schadensersatzklage gegen den unberechtigt Verfügenden nicht (BGH NJW 68, 1326, 1327). Der in den §§ 108 II 2 Hs 2, 177 II 2, 415 II 2, 1366 III 2 enthaltene allg Rechtsgedanke, dass im Interesse des Vertragspartners und des Rechtsverkehrs an der Beseitigung der Ungewissheit über schwebend unwirksame Verträge die Genehmigung als verweigert gilt, wenn der Vertragspartner den Zustimmungsberechtigten vergeblich zur Erklärung über die Genehmigung **aufgefordert** hat, findet auch auf sonstige zustimmungsbedürftige Rechtsgeschäfte Anwendung (*Bork* Rz 1696).

II. Wirkung. Die Verweigerung der Einwilligung hat grds keine Bindungswirkung. Der Zustimmungsberechtigte kann sie analog § 183 widerrufen oder das Rechtsgeschäft nachträglich genehmigen, es sei denn er hat auf sein Widerrufs- oder Genehmigungsrecht verzichtet (BaRoth/*Bub* Rz 27). Dagegen ist die Verweigerung der Genehmigung im Interesse der Rechtssicherheit mit ihrem Zugang **unwiderruflich** (BGH NJW-RR 08, 1488 Tz 14) und führt zur endgültigen Unwirksamkeit des Rechtsgeschäfts (BGH NJW 00, 3128, 3129). Eine nachträgliche Erteilung der verweigerten Genehmigung ist wirkungslos. Die Parteien können das Rechtsgeschäft nur analog § 141 I bestätigen (BGH NJW 99, 3704). Eine Ausn von der Bindungswirkung einer einmal erteilten Genehmigungsverweigerung gilt jedoch dann, wenn eine Partei einen Anspruch auf die Genehmigung hat. In diesem Fall muss der Schwebezustand aufrechterhalten bleiben, damit die Erteilung der Genehmigung gerichtlich erzwungen werden kann (BGHZ 108, 380, 384 f).

E. Einseitige Rechtsgeschäfte (Abs 3). Für die Einwilligung zu einem einseitigen Rechtsgeschäft verweist III auf das **Zurückweisungsrecht** des Erklärungsempfängers nach § 111 2 u 3. Die Genehmigungsfähigkeit einseitiger Rechtsgeschäfte ist in den §§ 182 ff nicht ausdrücklich geregelt. Die hM entnimmt den §§ 111, 180 1, 1367, 1831 1 den auf sonstige einseitige Rechtsgeschäfte analog anzuwendenden allg Rechtsgedanken, dass bei einem zustimmungsbedürftigen einseitigen Rechtsgeschäft die Zustimmung grds nur vorher als Einwilligung erfolgen kann. Ein ohne Einwilligung vorgenommenes einseitiges Rechtsgeschäft ist demnach **nicht genehmigungsfähig**, sondern nichtig (RGZ 146, 314, 316; Larenz/*Wolf* AT § 51 Rz 9; aA BaRoth/*Bub* § 184 Rz 3; *Medicus* AT Rz 1018). Eine Ausn gilt nach zutr Ansicht aber in den Fällen des §§ 180 2, 177 I (Staud/*Gursky* Rz 47; aA wegen des Ausnahmecharakters der Regelung Soergel/*Leptien* Rz 12). Die Ansicht, dass die §§ 180 2 iVm 177 I auf **Gestaltungserklärungen** (insb Kündigungen) keine Anwendung findet, verdient keine Zustimmung (s. § 180 Rn 1). Unstr ist auch das nicht beanstandete einseitige Rechtsgeschäft nicht genehmigungsfähig, wenn derjenige, der das Rechtsgeschäft vornimmt, das Vorliegen einer Einwilligung nicht einmal behauptet hat (MüKo/*Schramm* Rz 28; *Medicus* AT Rz 1918). Zur fehlenden Rückwirkung der Genehmigung bei Gestaltungserklärungen s. § 182 Rn 5.

11   F. Beweislast. Entspr den allg Grundsätzen muss, wer sich auf ein zustimmungsbedürftiges Rechtsgeschäft beruft, die tatsächlichen Voraussetzungen einer wirksamen Zustimmung beweisen. Dagegen muss derjenige, der trotz Zustimmung die Unwirksamkeit des Rechtsgeschäfts geltend macht, darlegen und beweisen, dass die Zustimmung wegen einer bereits früher erfolgten endgültigen Genehmigungsverweigerung oder aus sonstigen Gründen unwirksam ist (BaumgLP/*Laumen* Rz 1).

§ 183 Widerruflichkeit der Einwilligung. ¹Die vorherige Zustimmung (Einwilligung) ist bis zur Vornahme des Rechtsgeschäfts widerruflich, soweit nicht aus dem ihrer Erteilung zugrunde liegenden Rechtsverhältnis sich ein anderes ergibt. ²Der Widerruf kann sowohl dem einen als dem anderen Teil gegenüber erklärt werden.

1   A. Widerruf der Einwilligung. I. Rechtsnatur und Wirksamkeitsvoraussetzungen. Der Widerruf der Einwilligung ist wie die Einwilligung selbst eine empfangsbedürftige Willenserklärung. 1 bestimmt, dass der Widerruf abw von § 130 I 2 bis zur Vornahme des zustimmungsbedürftigen Hauptgeschäfts, dh bis zur Herstellung des vollen rechtsgeschäftlichen Tatbestandes (BGHZ 14, 114, 119 f) erklärt werden kann. Ist die zustimmungsbedürftige Willenserklärung schon vorher nach § 873 II bindend geworden, so ist nach der hM dieser Zeitpunkt maßgeblich (BGH NJW 98, 1482, 1484; differenzierend BaRoth/*Bub* Rz 3). Widerrufsadressat ist nach 2 nicht nur derjenige, dem ggü die Einwilligung erklärt wurde, der Widerruf kann vielmehr beiden Teilen des Rechtsgeschäfts ggü erklärt werden. Zur Rechtsscheinhaftung s. § 182 Rn 4.

2   II. Ausschluss des Widerrufsrechts. In besonderen Fällen ist die Einwilligung kraft Gesetzes unwiderruflich (§§ 876 3, 880 II 3, 1071 I 2, 1178 II 3, 1183 2, 1245 I 3, 1255 II 2, 1276 I 2, 1750 II 2, 2291 II). Wie die Vollmacht kann auch die Einwilligung unwiderruflich erteilt werden. Insoweit gelten die Ausführungen zu § 168 Rn 12 ff entspr. Auch wenn sich aus dem Grundverhältnis ergibt, dass der Zustimmende zur Erteilung der Zustimmung verpflichtet ist, kann er die pflichtgemäß erteilte Zustimmung nicht widerrufen (*Bork* Rz 1703). Das gilt insb für die Weiterveräußerungsermächtigung beim verlängerten Eigentumsvorbehalt (BGH NJW 69, 1171) und die dem Grundstückserwerber erteilte Belastungsermächtigung (BayObLG JZ 61, 543, 544).

3   III. Wirkung. Der wirksame Widerruf hat das Erlöschen der Einwilligung zur Folge. Der Zustimmungsberechtigte ist jedoch nicht gehindert, erneut seine Einwilligung zu erteilen oder das Rechtsgeschäft nach dessen Vornahme zu genehmigen (BaRoth/*Bub* Rz 6).

4   B. Sonstige Erlöschensgründe. Die Einwilligung kann auch aus anderen Gründen erlöschen, etwa wenn sie bedingt (§ 158) oder befristet (§ 163) erteilt wurde. Wenn der Erteilung der Einwilligung ein Rechtsverhältnis zugrunde lag (Geschäftsbesorgungsvertrag, Ablösevereinbarung), gilt § 168 1 entspr, dh mit der Beendigung dieses Rechtsverhältnisses erlischt im Zweifel auch die Einwilligung (BaRoth/*Bub* Rz 7). Die Ausführungen zu § 168 Rn 3 ff gelten entspr. Eine Ermächtigung zur Prozessführung (BGH NJW 00, 738, 739) und zur Zahlung direkt an den Gläubiger des Auftragnehmers bei dessen Zahlungsverzug gem § 16 Nr 6 VOB/B (BGHZ 142, 72, 75) erlöschen in der Insolvenz des Ermächtigenden.

§ 184 Rückwirkung der Genehmigung. (1) Die nachträgliche Zustimmung (Genehmigung) wirkt auf den Zeitpunkt der Vornahme des Rechtsgeschäfts zurück, soweit nicht ein anderes bestimmt ist.
(2) Durch die Rückwirkung werden Verfügungen nicht unwirksam, die vor der Genehmigung über den Gegenstand des Rechtsgeschäfts von dem Genehmigenden getroffen worden oder im Wege der Zwangsvollstreckung oder der Arrestvollziehung oder durch den Insolvenzverwalter erfolgt sind.

1   A. Schwebende Unwirksamkeit des Rechtsgeschäfts. Ohne Einwilligung vorgenommene zustimmungsbedürftige Rechtsgeschäfte sind, solange die Erteilung der Genehmigung noch möglich ist, **schwebend unwirksam**. Die Vertragsparteien sind mit Ausn der Fälle der §§ 109, 178, 1366 II, 1830, die ein Widerrufsrecht des Vertragspartners vorsehen, an ihre Willenserklärung gebunden (BGHZ 95, 88, 95). Während des Schwebezustandes bestehen aber noch keine klagbaren Erfüllungsansprüche und die Vertragsparteien können mit den von ihnen geschuldeten Leistungen nicht in Verzug geraten (BGH NJW 99, 1329). Von den Vertragsparteien in Unkenntnis des Schwebezustandes bereits erbrachte Leistungen können nach den §§ 812 I 1 Alt 1, 814 zurückverlangt werden (BGHZ 65, 12, 126 f).

2   B. Genehmigung. I. Genehmigungserklärung. Zur Rechtsnatur und den allg Wirksamkeitsvoraussetzungen der Zustimmungserklärung s. bereits § 182 Rn 4 ff. Der Genehmigende muss den Inhalt eines **zustimmungsbedürftigen und zustimmungsfähigen** Rechtsgeschäfts billigen (Staud/*Gursky* Rz 7, 12). Hieran fehlt es, wenn die Zustimmung bereits verweigert wurde oder gem den auf sonstige Rechtsgeschäfte entspr anwend-

baren §§ 177 II, 108 II 2 Hs 2 als verweigert gilt (§ 182 Rn 8). Eine **Teilgenehmigung** ist nach dem Rechtsgedanken des § 139 möglich, wenn das Rechtsgeschäft teilbar ist und die Parteien es auch ohne den nicht genehmigten Teil vorgenommen hätten (Hamm DNotZ 02, 266, 268).Wird die Genehmigung mit **Einschränkungen, Erweiterungen oder Vorbehalten** erteilt, kann darin die Verweigerung der Genehmigung verbunden mit einer Einwilligung zu einem neuen Rechtsgeschäft oder eine Teilgenehmigung liegen (MüKo/ *Schramm* Rz 10). Zur Genehmigungsfähigkeit **einseitiger Rechtsgeschäfte** s. § 182 Rn 10. Bei **fristgebundenen Rechtsgeschäften** ist durch Auslegung nach dem Sinn und Zweck der Befristung zu ermitteln, ob die rückwirkende Genehmigung innerhalb der Frist erfolgen muss (MüKo/*Schramm* § 177 Rz 45). Das ist insb bei gesetzlichen Ausschlussfristen für die Ausübung von Gestaltungsrechten der Fall (§ 180 Rn 4). Das Gleiche gilt für die Genehmigung der Annahme eines befristeten Vertragsangebotes (BGH NJW 73, 1789, 1790; aA Staud/*Schilken* Rz 9) und die Genehmigung einer Fristsetzung mit Gestaltungswirkung gem § 326 I 1 aF (BGH NJW 98, 3058, 3060) und § 634 (BGH NJW-RR 03, 303). Eine nach Ablauf der Frist erteilte Genehmigung ist in diesen Fällen wirkungslos (BGH NJW-RR 03, 303, 304; *Larenz/Wolf* AT § 51 Rz 21). Auch bei fristgebundenen Prozesshandlungen muss die Genehmigung innerhalb der Frist erfolgen (BGHZ 111, 359, 343 f). Die Genehmigung ist als rechtsgestaltende Erklärung **bedingungsfeindlich** (Staud/*Gursky* Rz 4 ff; aA BaRoth/*Bub* Rz 4) und **unwiderruflich** (BGH WM 09, 517 Tz 8; BGHZ 142, 59, 62).

Der Genehmigende muss für die Genehmigung zuständig sein, dh die Rechtsmacht für ihre Erteilung besitzen. Bei Verfügungen ist hierfür die **Verfügungsmacht** der Genehmigenden erforderlich (MüKo/*Schramm* Rz 22; § 182 Rn 3). Maßgeblich ist nach hM der Zeitpunkt der Genehmigung, weil der Genehmigende andernfalls in das Recht des wahren Berechtigten eingreifen würde (BGHZ 110, 340, 341). Zu dem Ausnahmefall, dass sich der Genehmigende insb nach einem Rechtsverlust gem §§ 946 ff den Zugriff auf den Verwertungserlös gem § 816 sichern will s. § 816 Rn 8. Daneben muss der Genehmigende grds auch bereits im Zeitpunkt der Vornahme des zustimmungsbedürftigen Rechtsgeschäfts Verfügungsmacht gehabt haben, da er andernfalls wegen der Rückwirkung der Genehmigung in das Recht des damals Verfügungsberechtigten eingreifen würde (*Larenz/Wolf* AT § 51 Rz 26; Erman/*Palm* Rz 3; MüKo/*Schramm* Rz 25). Das gilt aber dann nicht, wenn die Genehmigung nicht auf den Zeitpunkt der Vornahme des genehmigungsbedürftigen Rechtsgeschäfts zurückwirkt (Rn 6) oder wenn die Befugnis zur rückwirkenden Genehmigung mit übergegangen ist wie bei der Gesamtrechtsnachfolge und einem Wechsel des gesetzlichen Vertreters (Erman/*Palm* Rz 3; aA für Wechsel des Vormunds BayObLG FamRZ 83, 744, 745) oder der Genehmigung eines von dem Rechtsträger geschlossenen Rechtsgeschäfts durch einen amtlichen Verwalter (Staud/*Schilken* Rz 28). Bei der Einzelrechtsnachfolge hängt die Entscheidung von der Auslegung der getroffenen Vereinbarung ab (Erman/*Palm* Rz 3). Die Genehmigungsbefugnis wird nur durch die **Eröffnung des Insolvenzverfahrens** über das Vermögen des Genehmigenden, nicht aber des Verfügenden beseitigt (BGH WM 09, 517 Tz 13).

C. Rückwirkung der Genehmigung (Abs 1). Nach I wirkt die Genehmigung auf den Zeitpunkt der Vornahme des Rechtsgeschäfts zurück, es sei denn es ist ein anderes bestimmt. Aufgrund der Rückwirkung gelten die Rechtsfolgen, die eingetreten wären, wenn das genehmigte Geschäft von Anfang an wirksam gewesen wäre (*Larenz/Wolf* AT § 51 Rz 19). Hierbei handelt es sich um eine juristische Fiktion, von der das Gesetz annimmt, dass sie vorbehaltlich einer anderen Bestimmung dem mutmaßlichen Parteiwillen entspricht (*Bork* Rz 1707; Staud/*Gursky* Rz 31).

I. Abweichende Parteivereinbarung. § 184 ist dispositiv. Den Parteien des zustimmungspflichtigen Rechtsgeschäfts ist es daher nach zutr Ansicht nicht verwehrt, die Rückwirkung durch Vereinbarung, die auch konkludent erfolgen kann, auszuschließen (BGHZ 108, 380, 384; aA *Flume* II § 56). Dagegen kann der Genehmigende die Rückwirkung nicht einseitig ausschließen (Staud/*Gursky* Rz 42; aA BGHZ 108, 380, 384).

II. Anderweitige Bestimmung. Darüber hinaus sind zahlreiche Ausnahmen von der Rückwirkung anerkannt, bei denen nach dem Gesetzeszweck davon auszugehen ist, dass ein anderes bestimmt ist. Auszunehmen von der Rückwirkung gelten insb für den **Eintritt des Schuldnerverzuges** (Rostock NJW 95, 3127, 3128), es sei denn die Genehmigung ist bereits vor Eintritt der kalendermäßig bestimmten Leistungszeit erfolgt und der Verzug tritt deshalb gem § 286 II Nr 1 ohne Mahnung ein (BGH NJW 01, 365, 366) oder wenn die Parteien des Hauptgeschäfts bereits für die Dauer des Schwebezustandes Leistungspflichten vereinbart haben (BGH NJW 99, 1329). Auch der **Beginn von Fristen** ist idR nicht an die Vornahme des Rechtsgeschäfts, sondern an den Zeitpunkt der Genehmigung anzuknüpfen. Dies gilt insb für den Verjährungsbeginn (*Larenz/Wolf* AT § 51 Rz 20) sowie für die Fristen für die Gläubigeranfechtung nach §§ 3, 4, 6 AnfG (BGH NJW 79, 102, 103) und den Widerruf nach §§ 495, 355 I 2 (BGH NJW 129, 371, 382 f). Ergibt die Auslegung bei **fristgebundenen Erklärungen**, dass die Genehmigung nur innerhalb einer gesetzlichen oder vertraglichen Ausschlussfrist erteilt werden kann, wirkt eine nach Ablauf der Frist bewirkte Genehmigung nicht auf den Zeitpunkt der Vornahme des Rechtsgeschäfts zurück (Rn 2). Der BGH vertritt dagegen die Auffassung, dass sich generell bei der Genehmigung von **Gestaltungserklärungen** aus der Art des genehmigten Geschäfts die Unanwendbarkeit der Rückwirkungsfiktion ergibt (BGHZ 143, 41, 46; aA Staud/*Gursky* Rz 38a; MüKo/*Schramm* Rz 12). Nur ex nunc soll auch eine Genehmigung wirken, zu deren Erteilung der Genehmigende verurteilt wurde (BGHZ 108, 380, 384; aA Staud/*Gursky* Rz 43). Hat der Genehmigende seine Verfügungsmacht erst nach Vornahme des genehmigungsbedürftigen Rechtsgeschäfts erlangt, wirkt die Genehmigung nach dem Rechtsgedanken des § 185 II 1 Alt 2 und dem Prinzip der Selbstbestimmung grds nur auf den **Zeitpunkt des Erwerbs der Verfügungsmacht** zurück (Naumbg FGPrax 98, 1, 3; Staud/*Gursky* Rz 27 f; aA gegen jede Rückwirkung *Larenz/Wolf* AT § 51 Rz 26). Das gilt jedoch nur dann, wenn anderenfalls durch die Rückwirkung der Genehmigung in das Recht des damals Verfügungsberechtigten eingegriffen würde. Hieran fehlt es, wenn die Befugnis zur rückwirkenden Genehmigung mit übergegangen ist (Rn 3). Wird eine Klage durch eine erst während des Prozesses erteilte Genehmigung begründet, ist die Rückwirkung der Genehmigung für die Kostenfolge der §§ 91a, 93 ZPO ohne Bedeutung (Staud/*Gursky* Rz 38).

7 D. Zwischenverfügungen (Abs 2). II bestimmt, dass Zwischenverfügungen des Genehmigenden, die dieser zwischen der Vornahme des Rechtsgeschäfts und der Genehmigung über den Gegenstand des Rechtsgeschäfts getroffen hat, wirksam bleiben. Dasselbe gilt für in dieser Zeit gegen den Genehmigenden ergangene Zwangsverfügungen (Pfändungen oder Verfügungen des Insolvenzverwalters). Die Vorschrift ist Ausfluss des allg Rechtsgrundsatzes, dass der Genehmigende nur zustimmungsberechtigt ist, solange er die Verfügungsmacht über den Gegenstand des Rechtsgeschäfts besitzt (*Larenz/Wolf* AT § 51 Rz 27). Sie wird analog bei Mehrfachverfügungen des Berechtigten angewandt, wenn dieser die spätere Verfügung genehmigt (BGHZ 55, 34, 37). Dagegen findet die Vorschrift nach der hM bei Zwischenverfügungen, die ein anderer als der Genehmigende trifft, oder bei Zwangsverfügungen, die nicht gegen den Genehmigenden, sondern gegen einen Dritte ausgebracht werden, auch keine analoge Anwendung (BaRoth/*Bub* Rz 12; differenzierend Staud/*Gursky* Rz 51 ff). Insb Zwangsverfügungen gegen eine Partei des Hauptgeschäfts (Stuttg NJW 54, 36) oder einen Vertragspartner des Genehmigenden (Frankf NJW-RR 97, 1308, 1310) werden von II nicht erfasst. Das Gleiche gilt für die Eintragung eines Widerspruchs im Grundbuch (MüKo/*Schramm* Rz 34).

§ 185 Verfügung eines Nichtberechtigten.
(1) Eine Verfügung, die ein Nichtberechtigter über einen Gegenstand trifft, ist wirksam, wenn sie mit Einwilligung des Berechtigten erfolgt.
(2) ¹Die Verfügung wird wirksam, wenn der Berechtigte sie genehmigt oder wenn der Verfügende den Gegenstand erwirbt oder wenn er von dem Berechtigten beerbt wird und dieser für die Nachlassverbindlichkeiten unbeschränkt haftet. ²In den beiden letzteren Fällen wird, wenn über den Gegenstand mehrere miteinander nicht in Einklang stehende Verfügungen getroffen worden sind, nur die frühere Verfügung wirksam.

1 A. Systematik des § 185. Nach I ist die Verfügung eines Nichtberechtigten von Anfang an wirksam, wenn sie mit Einwilligung des Berechtigten erfolgt. Davon zu unterscheiden sind die in II 1 genannten Fälle der nachträglichen Heilung (Konvaleszenz). Auf der Grundlage von I haben Rspr und Lehre die Dogmatik der Ermächtigung entwickelt (Rn 13 ff).

2 B. Anwendungsbereich. I. Verfügung eines Nichtberechtigten. 1. Verfügung. Verfügung iSv § 185 ist ein Rechtsgeschäft, durch das der Verfügende auf ein bestehendes Recht **unmittelbar einwirkt**, indem er es auf einen Dritten überträgt, mit einem Recht belastet, es aufhebt oder sonstwie in seinem Inhalt verändert (BGHZ 101, 24, 26). Hauptanwendungsfälle sind die Übereignung einer Sache (§§ 929 ff), Abtretung einer Forderung (§§ 398 ff) und Verpfändung von Sachen und Rechten (§§ 1204 ff). Keine Verfügung iSv § 185 sind die Verfügung von Todes wegen (BaRoth/*Bub* Rz 2) und der Abschluss eines Verpflichtungsvertrages (BGH NJW 99, 1026, 1027), weil sie nicht unmittelbar auf den Bestand eines Rechts einwirken.

3 2. Nichtberechtigter. Nichtberechtigter iSv § 185 ist, wer über einen Gegenstand verfügt, obwohl ihm die dafür erforderliche Verfügungsmacht nicht (allein) zusteht (Palandt/*Heinrichs* Rz 5). Darunter fällt zunächst derjenige, der nicht Inhaber des Rechts am Verfügungsgegenstand ist, sofern ihm nicht ausnahmsweise die Verfügungsbefugnis übertragen ist (BaRoth/*Bub* Rz 6). Der Vorbehaltskäufer ist vor Bedingungseintritt (Kaufpreiszahlung) lediglich berechtigt, sein Anwartschaftsrecht zu übertragen (BGHZ 20, 88, 94 ff). Nichtberechtigter ist auch der Rechtsinhaber, dem die Verfügungsbefugnis entzogen ist etwa der Schuldner im Insolvenzverfahren gem § 80 I InsO (BaRoth/*Bub* Rz 6) und der Erbe bei der Testamentsvollstreckung (§ 2211; Ddorf NJW 63, 162) oder der Nachlassverwaltung (§ 1984 I; BGHZ 46, 221, 229 f). Nichtberechtigter ist ferner der nicht voll Berechtigte, das ist der bloß Mitberechtigte wie etwa das Mitglied einer Gesamthands- oder Bruchteilsgemeinschaft, der ohne Mitwirkung der anderen Berechtigten über einen der Gemeinschaft zustehenden Gegenstand verfügt (BGHZ 19, 138 f). Maßgeblicher Zeitpunkt für die Beurteilung der Verfügungsberechtigung ist die Vornahme der Verfügung.

4 3. In eigenem Namen. § 185 gilt nur für Verfügungen, die der Nichtberechtigte in eigenem Namen trifft. Auf Verfügungen in fremdem Namen finden ausschl die §§ 164 ff Anwendung. Eine Heilung der von einem Vertreter ohne Vertretungsmacht für den Berechtigten getroffenen Verfügung gem II 1 Alt 2 oder III kommt daher nicht in Betracht (Frankf NJW-RR 1997, 17, 18; aA für eine analoge Anwendung von II 1 Alt 3 *Habersack* JZ 1991, 70 f).

II. Analoge Anwendung. Kraft Gesetzes (§ 362 II) gilt § 185 entspr für die Einziehung einer fremden Forderung (BGH NJW 05, 2698, 2699; s. § 362 Rn 18). Auf Gestaltungsrechte wie die Anfechtung, den Rücktritt und die Kündigung wird I (BGH NJW 98, 896, 897), nicht aber II (BGH NJW 97, 1150, 1151 f; differenzierend Staud/*Gursky* Rz 6) entspr angewandt. Hierfür spricht, dass Gestaltungsrechte einen Schwebezustand nicht vertragen. Das Gleiche gilt für die Nachfristsetzung nach § 326 I aF (BGHZ 143, 41, 45), nicht aber für eine Fristsetzung nach §§ 281 I, 323 I (Palandt/*Heinrichs* Rz 2; aA BaRoth/*Bub* Rz 3). § 185 ist auch auf Zwangsverfügungen über Sachen oder Rechte, die im Wege der Zwangsvollstreckung, der Arrestvollziehung oder durch den Insolvenzverwalter erfolgen, entspr anzuwenden (BaRoth/*Bub* Rz 4). Bei der Pfändung einer schuldnerfremden Sache entsteht daher das Pfandrecht analog II 1 Alt 2, wenn der Schuldner nachträglich das Eigentum erwirbt (BGHZ 20, 88, 101). Die Pfändung einer abgetretenen Forderung bleibt dagegen auch nach einer Rückabtretung unheilbar unwirksam (BGHZ 56, 339, 350 f). Dagegen genügt für die Pfändung fortlaufender Bezüge nach § 832 ZPO, dass deren Entstehungsgrund bereits gesetzt war (BAG NJW 93, 2699, 2700 f). Der Rechtsgedanke des § 185 gilt entspr beim Grenzüberbau (BGHZ 15, 216, 219) und für die Besitzüberlassung, wobei jedoch § 556 III als lex specialis der Regelung in § 185 vorgeht (BGHZ 114, 96, 100) und die Zustimmung des Verfügungsberechtigten zur Besitzüberlassung nicht für die Entstehung eines gesetzlichen Pfandrechts genügt (BGHZ 34, 122, 125 f). Entspr anzuwenden ist § 185 auf die grundbuchrechtliche Eintragungsbewilligung nach § 19 GBO (Naumbg NJW-RR 99, 1462). Auf Prozesshandlungen durch einen Nichtberechtigten in eigenem Namen ist § 185 generell nicht anwendbar (BaRoth/*Bub* Rz 4.2). Dies gilt insb für die Klageerhebung (BGH NJW 58, 338, 339) und die Einlegung von Rechtsmitteln (Hamm NJW-RR 97, 1326, 1327). Dagegen werden I (Köln Rpfleger 91, 13, 14) u II (BGHZ 108, 372, 376) auf die Unterwerfung unter die Zwangsvollstreckung (§ 794 I Nr 5) entspr angewandt. Ferner gilt § 185 bei relativen Verfügungsverboten (§§ 135, 136) entspr (BaRoth/*Bub* Rz 6). Dasselbe gilt für Verfügungen des Vorerben, die gegen die Verfügungsbeschränkungen der §§ 2113 ff verstoßen (BayObLG NJW RR 97, 1239). § 185 ist jedoch nicht anwendbar, wenn der Treuhänder bei einer Verfügung Pflichten aus dem Treuhandverhältnis verletzt (BGH NJW 99, 1026, 1027; abl *Jacobs* ZIP 99, 733 ff).

C. Voraussetzungen für die Wirksamkeit der Verfügung. I. Einwilligung. Die Einwilligung zur Verfügung verschafft dem Nichtberechtigten die Rechtsmacht über ein fremdes Recht in eigenem Namen wirksam zu verfügen (Verfügungsermächtigung). Die Verfügung ist daher von Anfang an wirksam.

1. Erteilung der Einwilligung. Für die Einwilligung gelten die §§ 182, 183. Ob im Einzelfall eine Einwilligung oder Vollmacht vorliegt, hängt von dem unter Berücksichtigung des Zwecks des Rechtsgeschäfts und der Interessenlage durch Auslegung (§§ 133, 157) zu ermittelnden Willen des Erklärenden ab (MüKo/*Schramm* vor 164 Rz 40 f). Entscheidend ist nicht die von den Parteien gewählte Bezeichnung, sondern Sinn und Zweck ihrer Erklärung (Palandt/*Heinrichs* Rz 7). Die Einwilligung kann auch durch schlüssiges Handeln (konkludent) erfolgen (§ 182 Rn 4) und muss durch den Berechtigten erteilt werden. Der Begriff des Berechtigten entspricht spiegelbildlich dem des Nichtberechtigten (Palandt/*Heinrichs* Rz 6). Berechtigter iSv § 185 ist daher zum einen derjenige, dem die volle Verfügungsmacht zusteht, dh der verfügungsbefugte Rechtsinhaber oder ein Nichtinhaber des Rechts, dem die Verfügungsbefugnis übertragen ist (Insolvenzverwalter, Testamentsvollstrecker, Nachlassverwalter). Beruht die Nichtberechtigung darauf, dass der Verfügende nicht voll berechtigt ist, so sind die anderen Mitberechtigten zur Einwilligung befugt (BaRoth/*Bub* Rz 8). Der Ermächtigende kann die Verfügungsbefugnis bei der Erteilung der Einwilligung wie eine Vollmacht beliebig begrenzen und dadurch das Können dem Dürfen anpassen (BGHZ 106, 1, 4).

2. Einzelfälle. Praktisch wichtige Anwendungsfälle der Einwilligung iSv I sind die Verkaufskommission (§§ 383 ff HGB) und der verlängerte Eigentumsvorbehalt (s. § 449 Rn 21 ff). Auch ohne ausdrückliche Einwilligung ist der Vorbehaltskäufer idR stillschweigend zur Weiterveräußerung der Ware in eigenem Namen ermächtigt (BGHZ 68, 199, 202). Die Ermächtigung steht aber unter der Bedingung, dass der Vorbehaltskäufer die Sicherung erlangt, von deren Erhalt er seine Einwilligung zur Weiterveräußerung abhängig gemacht hat. Sie ist daher unwirksam, wenn der Käufer durch eine Abwehrklausel verhindert, dass der verlängerte Eigentumsvorbehalt Vertragsinhalt wird (BGH NJW-RR 86, 1378, 1379). Zudem ist sie auf eine Weiterveräußerung im ordnungsgemäßen Geschäftsgang beschränkt. Hierfür ist im Interesse der Rechtssicherheit auf objektive, auch einem Drittabnehmer erkennbare Kriterien abzustellen (BGHZ 68, 199, 202 ff). Die Ermächtigung deckt nicht den Verkauf mit gleichzeitigem Rückkauf zu einem höheren Preis (BGH NJW 89, 895, 896 f), *den Notverkauf unter Einkaufspreis*, um mit dem Erlös dringende Wechselschulden zu bezahlen (BGH MDR 70, 227), die Sicherungsübereignung und den Verkauf im Sale-and-Lease-Back-Verfahren (BGHZ 104, 129, 132 ff), sowie den Verkauf bei Vereinbarung eines Abtretungsverbotes (BGHZ 77, 274, 275 f; aA für dem kaufmännischen Geschäftsverkehr nach § 354a HGB *Derleder* BB 99, 1561, 1563 f). Dagegen ist der Verkauf auch dann von der Einwilligung gedeckt, wenn der Vorbehaltskäufer in eine wirtschaftliche Krise gerät (BGHZ 68, 199, 203 f) und wenn der Kaufpreis in ein Kontokorrent eingestellt wird (BGHZ 73, 259, 264 f). Die Ermächtigung erlischt durch den Rücktritt vom Kaufvertrag (BGH NJW 07, 2485 Tz 24) und die Eröffnung des Insolvenzverfahrens über das Vermögen des Vorbehaltskäufers (BGH NJW 53, 217, 218 f). Dagegen bleibt sie in der Insolvenz des Vorbehaltsverkäufers wegen § 107 InsO bestehen (BaRoth/*Bub*

Rz 9). Weitgehend dieselben Grundsätze gelten für die Veräußerungsermächtigung bei der Sicherungsübereignung von Warenlagern (BaRoth/*Bub* Rz 9). Mit der Auflassung eines Grundstückes ist nach hM idR die stillschweigende Einwilligung in eine Weiterveräußerung ohne Zwischeneintragung des Auflassungsempfängers verbunden (BGH NJW-RR 91, 465), es sei denn, die Weiterveräußerung würde eine vereinbarte Sicherheit (Rückauflassung) des Veräußerers vereiteln (Ddorf OLGZ 80, 343 f) oder sonst einer vertraglichen Zweckbestimmung zuwider laufen (BGH NJW 97, 936, 937). Die Ermächtigung umfasst jedoch nicht ohne Weiteres die Befugnis zur Belastung des Grundstücks (BayObLG NJW 71, 514 f).

9   II. Heilung (Konvaleszenz). 1. Genehmigung der Verfügung (Abs 2 S 1 Alt 1). Für die Genehmigung des Berechtigten gelten die §§ 182, 184. Wenn der Berechtigte **Klage gegen den Nichtberechtigten** auf Herausgabe des an ihn Geleisteten (§ 816 II) erhebt, liegt darin idR eine stillschweigende Genehmigung der Verfügung (BGH WM 09, 517 Tz 8; 07, 517 Tz 7). Obwohl die Genehmigung als Gestaltungserklärung bedingungsfeindlich ist (§ 184 Rn 2), soll es zulässig sein, dass sie unter der auflösenden Bedingung der fehlenden Beitreibbarkeit des Erlöses oder Zug um Zug gegen Herausgabe des Erlöses erteilt wird (BaRoth/*Bub* § 185 Rz 10). UU steht dem Berechtigten auch schon vor der Genehmigung ein Auskunftsanspruch zu (BGH NJW 05, 2698, 2699) Die Zuständigkeit des Genehmigenden für die Genehmigung hängt von seiner **Verfügungsmacht** ab (§ 184 Rn 2). Zur Genehmigung einer Schuldübernahme (§ 415 I) nach Insolvenzeröffnung s. Ddorf NZG 07, 273 ff. Bei mehreren Verfügungen über denselben Gegenstand kann der Berechtigte wählen. Es wird diejenige Verfügung wirksam, deren Genehmigung der Berechtigte zuerst erklärt. Danach verliert dieser seine Zustimmungsbefugnis. Hat der Berechtigte die spätere Verfügung genehmigt, bleibt analog § 184 II diese Verfügung selbst dann allein wirksam, wenn er später auch die frühere genehmigt (s. § 184 Rn 7).

10 2. Nachträglicher Erwerb (Abs 2 S 1 Alt 2). Ein nachträglicher Erwerb liegt vor, wenn der Verfügende nachträglich Eigentümer der veräußerten Sache oder Gläubiger der abgetretenen Forderung wird. In entspr Anwendung von II 1 Alt 2 wird die Verfügung eines Berechtigten wirksam, wenn er ohne Verfügungsmacht gehandelt hat und diese nachträglich zB im Falle der Aufhebung eines Insolvenzverfahrens wiedererlangt (BGH NJW ZIP 06, 479 Rz 20). Nicht ausreichend ist hingegen, dass der Nichtberechtigte die Verfügungsmacht kraft Amtes etwa als Testamentsvollstrecker oder Insolvenzverwalter erlangt. Der Nichtberechtigte kann in diesem Fall die Verfügungen nur nach II 1 Alt 1 genehmigen. Für diese Ansicht spricht, dass die Konvaleszenz nicht zu Lasten eines fremden Vermögens gehen soll (BGH ZIP 99, 447, 450 f; str). Erforderlich für eine Heilung nach II 1 Alt 2 ist, dass die Wirksamkeit der Verfügung noch in der Schwebe ist, also noch nicht durch eine Genehmigungsverweigerung oder kraft gesetzlicher Anordnung endgültig unwirksam geworden ist (BGHZ 125, 355, 360; aA *Habersack* JZ 91, 70, 72 f) und dass der Nichtberechtigte mit dem Erwerb auch die Verfügungsbefugnis für die getroffene Verfügung erlangt (BGHZ 36, 329, 334). Hieran fehlt es, wenn dem Nichtberechtigten beim Erwerb die Verfügungsmacht entzogen ist oder er den Gegenstand nicht als voll Berechtigter, sondern nur als Mitberechtigter erwirbt (BaRoth/*Bub* Rz 11). Der Erwerb durch Konvaleszenz ist nicht insolvenzfest (BGH WM 09, 51 Tz 13). Handelt es sich um eine vollstreckungsrechtliche Verfügung, setzt ihre nachträgliche Wirksamkeit voraus, dass die sonstigen Voraussetzungen der hoheitlichen Vollstreckungshandlung noch bestehen (BGH ZIP 06, 479 Rz 20). Problematisch ist das Wiederaufleben unter der insolvenzrechtlichen **Rückschlagsperre** (§ 88 InsO) erlangter Sicherungen, die nach der Rspr des BGH absolut unwirksam sind (BGH ZIP 06, 479 Tz 10 ff; BGHZ 130, 347, 353 ff für § 7 III 1 GesO; aA für Entstehung einer Eigentümergrundschuld analog § 868 ZPO *Böttcher* NotBZ 07, 86, 87). Dennoch kann die Zwangssicherungshypothek ohne Neueintragung, aber mit verändertem Rang zB bei einer Freigabe des Grundstücks durch den Insolvenzverwalter analog II 1 Alt 2 wirksam werden, wenn sie als Buchposition erhalten ist (BGH ZIP 06, 479 Tz 23 f; abl *Böttcher* NotBZ 07, 86, 88 ff; *Keller* ZIP 06, 1174, 1177; *Demharter* Rpfleger 06, 253, 257). Diese auf die Ausnutzung einer Buchposition gestützte Rspr ist auf durch die Zwangsvollstreckung in das bewegliche Vermögen erlangte Sicherungen nicht übertragbar. Insoweit bleibt es vielmehr bei deren endgültiger Unwirksamkeit ohne Heilungsmöglichkeit (BGHZ ZIP 80, 23, 24 zu §§ 28, 104 VerglO; BGHZ 130, 347, 349 zu 7 III 1 GesO). Das Verbot in § 89 I InsO steht im Falle einer Freigabe des Verfügungsgegenstandes durch den Insolvenzverwalter einer Konvaleszenz nicht entgegen (BGH ZIP 06, 479 Rz 26 ff; krit *Keller* aaO, 1178). Str ist, ob die Heilung durch Erwerb voraussetzt, dass im Zeitpunkt des Erwerbs ein schuldrechtlicher Anspruch des Begünstigten gegen den Nichtberechtigten auf den Verfügungserfolg (noch) besteht (Rechtsgrundabhängigkeit der Konvaleszenz). Das ist nach zutreffender Auffassung zu verneinen, weil dieses Erfordernis dem Abstraktionsprinzip des BGB widerspricht und bei der Beratung des BGB ausdrücklich abgelehnt wurde (BaRoth/*Bub* Rz 13). Liegen die Voraussetzungen des II 1 Alt 2 vor, wird die Verfügung ohne Rückwirkung ab dem Zeitpunkt des Erwerbes (ex nunc) wirksam (BGH WM 78, 1406, 1407). Der Erwerb erfolgt im Wege eines Durchgangserwerbs durch die Person des Nichtberechtigten, dh dieser wird für eine logische Sekunde Inhaber des Rechts, über das er verfügt hat (BGHZ 20, 88, 101). Str ist, *ob auch die Zulässigkeit* einer Verfügung über ein künftiges Recht, insb die Vorausabtretung von Forderungen auf einer entspr Anwendung von II 1 Alt 2 beruht und deshalb ein Durchgangserwerb in der Person des Verfügenden stattfindet (s. § 398 Rn 14).

3. Erbfall (Abs 2 S 1 Alt 3). Erforderlich für eine Heilung gem II 1 Alt 3 ist, dass die Erbenhaftung gem 11
§ 2013 endgültig nicht mehr beschränkt werden kann (BayObLG FamRZ 97, 710, 712). Diese hat deshalb nur geringe praktische Bedeutung. Eine Konvaleszent ist wegen § 2063 II auch ausgeschlossen, wenn ein Miterbe zugleich Gläubiger und Begünstigter der Verfügung ist (BGH LM 2113 Nr 1). II 1 Alt 3 setzt nach der überwiegend vertretenen Lehre von der Rechtsgrundabhängigkeit der Konvaleszenz bei der gebotenen teleologischen Auslegung voraus, dass mit der Erbschaft zugleich die noch wirksame schuldrechtliche Pflicht zur Vornahme der Verfügung auf den Berechtigten übergeht (BGH NJW 94, 1470, 1471). Gegen diese Auffassung spricht, dass dem Gesetz zwar die Annahme zu Grunde liegt, dass eine solche Verpflichtung des Nichtberechtigten typischerweise besteht. Der Gesetzgeber hat das Bestehen einer solchen Verpflichtung aber nicht zum gesetzlichen Tatbestandsmerkmal erhoben, sodass es für die Heilung auch nicht erforderlich ist (*Bork* Rz 1725 Fn 15).

4. Kollidierende Verfügungen (Abs 2 S 2). In den Fällen der Konvaleszenz durch Erwerb und Beerbung gilt 12
bei mehreren kollidierenden Verfügungen das Prioritätsprinzip. Hiernach erlangt eine spätere Verfügung nur dann und nur insoweit Wirksamkeit, als sie der früheren nicht widerspricht. War die frühere Verfügung eine Übereignung, wird eine spätere Verpfändung nicht wirksam. Dagegen steht die frühere Verpfändung einer späteren Übereignung nicht entgegen, sondern führt zum Erwerb des mit einem Pfandrecht belasteten Eigentums. Für das Verhältnis mehrere Pfändungen (BaRoth/*Bub* Rz 13) und die gleichzeitige Genehmigung mehrere Verfügungen durch den Berechtigten (Palandt/*Heinrichs* Rz 12) gilt II 2 entspr.

D. Ermächtigung. Rspr und Lehre haben vielfältige Versuche unternommen, die Rechtsfigur der Ermächti- 13
gung über den Bereich der Einwilligung zu einer fremden Verfügung gem I hinaus auszudehnen und als ein allg Institut zu erweisen (Staud/*Schilken* Vorbem zu 164 ff Rz 62 ff). Die hM im Schrifttum wendet dagegen ein, dass die Konstruktion der Ermächtigung iwS keinen einheitlichen und selbständigen Rechtsbegriff bildet (Staud/*Gursky* Rz 111).

I. Ausübungsermächtigung. Unabhängig davon, ob man die Ausübung von Rechten als Verfügung über 14
diese Rechte versteht, ist heute gewohnheitsrechtlich anerkannt, dass der Inhaber eines subjektiven Rechts einem Dritten eine Ausübungsermächtigung erteilen kann, dh zustimmen kann, dass der Dritte das Recht in eigenem Namen ausübt. Auf die Ausübungsermächtigung werden die §§ 182 ff analog angewandt (*Bork* Rz 1732). Ein praktischer Anwendungsfall ist die Ermächtigung zur Ausübung eines Kündigungsrechts (BGH NJW 98, 896, 897).

II. Einziehungsermächtigung. Die Einziehungsermächtigung, die nach hM als Ergebnis richterlicher 15
Rechtsfortbildung Anerkennung verdient (Staud/*Schilken* Rz 67; abl *Medicus* AT Rz 1008 f), ist ein abgespaltenes Gläubigerrecht und verkörpert einen Fall der Einwilligung zur Verfügung über ein fremdes Recht iSv I (BGHZ 82, 283, 288; aA für den Sonderfall der Ausübungsermächtigung *Bork* Rz 1732 f; für eine analoge Heranziehung des in den §§ 1059 2 u 1092 I 2 niedergelegten Rechtsinstituts der Überlassung zur Ausübung Staud/*Schilken* Vorbem zu §§ 164 ff Rz 67). Hauptanwendungsfälle sind die Sicherungszession und die Zession der Kaufpreisforderung beim verlängerten Eigentumsvorbehalt. In Zweifelsfällen ist durch Auslegung vom Empfängerhorizont (§§ 133, 157) zu ermitteln, wozu eine Einziehungsermächtigung im Einzelnen berechtigt. IdR darf der Ermächtigte Leistungen nicht nur an den Rechtsinhaber, sondern auch an sich selbst verlangen. Dabei umfasst die Ermächtigung alle zur Realisierung der Forderung notwendigen außergerichtlichen Schritte, dh nicht nur das Einfordern, sondern auch die vorher nötige Kündigung, Fälligstellung oder Mahnung, nicht hingegen den Erlass oder die Übertragung der Forderung. Zur Abtretung der Forderung ist der Ermächtigte nur dann berechtigt, wenn dadurch deren Wert für den Rechtsinhaber realisiert wird, also zB bei der endgültigen Veräußerung der Forderung an den Faktor (BGH NJW 98, 3205, 3206; *Bork* Rz 1733). Einklagen darf der Ermächtigte die Forderung nur, wenn die Voraussetzungen der gewillkürten Prozessstandschaft erfüllt sind. Die Rspr verlangt hierfür über die Voraussetzungen einer wirksamen materiell-rechtlichen Einziehungsermächtigung gem § 185 hinaus, dass der Prozessstandschafter ein eigenes schutzwürdiges Interesse an der Durchsetzung des Rechts dartut (BGH NJW 03, 2231, 2232).

III. Die Erwerbsermächtigung. Mit Hilfe der Erwerbsermächtigung soll erreicht werden, dass beim Erwerb 16
dinglicher Rechte das Recht vom Übertragenden nicht auf dessen in eigenem Namen handelnden Vertragspartner, sondern direkt auf einen Dritten übergeht. Von der hM wird diese Konstruktion nicht anerkannt, weil sie mit dem Offenkundigkeitsgrundsatz (§ 164 Rn 30 ff) kollidiert und im Hinblick auf § 328 entbehrlich erscheint (Staud/*Schilken* Vorbem zu §§ 164 ff Rz 69).

IV. Die Verpflichtungsermächtigung. Mit der hM ist auch die Rechtsfigur der Verpflichtungsermächtigung 17
abzulehnen, weil der mit ihr verbundene Verstoß gegen den Offenkundigkeitsgrundsatz dem dt Recht fremd ist und zur Herbeiführung der erstrebten Rechtswirkungen die Schuldübernahme bzw der Schuldbeitritt als hinreichend anzusehen sind (BGHZ 114, 96, 100; Staud/*Schilken* Vorbem zu 164 § 164 ff Rz 70 f).

Abschnitt 4 Fristen, Termine

§ 186 Geltungsbereich. Für die in Gesetzen, gerichtlichen Verfügungen und Rechtsgeschäften enthaltenen Frist- und Terminsbestimmungen gelten die Auslegungsvorschriften der §§ 187 bis 193.

1 **A. Zweck.** Die Bestimmungen der §§ 187 bis 193 haben eine Auffangfunktion, um auch dann, wenn die Auslegung von Gesetz, gerichtlicher Verfügung oder Rechtsgeschäft kein eindeutiges Ergebnis liefert, exakte Terminbestimmungen zu ermöglichen.

2 **B. Anwendungsbereich.** Die §§ 187 bis 193 kommen nur dann zur Anwendung, wenn die Auslegung nach allg Grundsätzen nicht zu einem zweifelsfreien Ergebnis führt. Sie gelten für alle Frist- und Terminsbestimmungen des Bundesrechts (GemS-OGB BGHZ 59, 397), soweit nicht Sondervorschriften vorgehen, zB HGB 359, 361; WG 29, 30, 37, 72–74; ScheckG 29, 30, 55–57; StPO 42, 43; VVG 7; StGB 77b; FGG 17; ZPO 222 III; VwVfG 31; AO 108; SGG 64; InsO 139. Teilweise wird die Geltung in Gesetzen ausdrücklich geregelt, zB ZPO 222 I; VwGO 57 II; VwVfG 31 I; FGG 17 I; AO 108 I. Sie ist von der Rspr anerkannt worden im öffentlichen Recht (RGZ 161, 125), im Strafrecht (BGH NJW-RR 89, 629), im Tarifvertragsrecht (BGH ZIP 98, 428), im Abgabenrecht (BFH DB 97, 79), im Sozialversicherungsrecht (BSG NJW 74, 919), im Personenstandsrecht (BayObLG JW 29, 2450). Die Beweislast für die Vereinbarung einer abweichenden Bestimmung trifft denjenigen, der die Abweichung geltend macht.

3 **C. Begriffe.** Frist ist ein bestimmter oder jedenfalls bestimmbarer Zeitraum (RGZ 120, 362). Die Abgrenzbarkeit kann sich aus der Verwendung von Zeiteinheiten („binnen ... Monaten"), der Festlegung von Anfangs- und Endpunkten („vom ... bis zum...") oder auch aus unbestimmten Rechtsbegriffen („angemessen", „unverzüglich") ergeben. Fristen müssen nicht zusammenhängend verlaufen (§ 191). Termin ist ein bestimmter Zeitpunkt, an dem etwas geschehen soll oder eine Rechtswirkung eintritt (VGH München NJW 91, 1251). Die §§ 186 ff setzen den Gregorianischen Kalender voraus. Dessen Geltung ist anders als die der mitteleuropäischen Zeit (Zeitgesetz v 25.7.78, BGBl I 1110) sowie der Sommer- und Winterzeit (VO v 12.7.01, BGBl I 1591) nicht bundesgesetzlich verankert.

§ 187 Fristbeginn. (1) Ist für den Anfang einer Frist ein Ereignis oder ein in den Lauf eines Tages fallender Zeitpunkt maßgebend, so wird bei der Berechnung der Frist der Tag nicht mitgerechnet, in welchen das Ereignis oder der Zeitpunkt fällt.
(2) ¹Ist der Beginn eines Tages der für den Anfang einer Frist maßgebende Zeitpunkt, so wird dieser Tag bei der Berechnung der Frist mitgerechnet. ²Das Gleiche gilt von dem Tage der Geburt bei der Berechnung des Lebensalters.

1 Die sogenannte Naturalkomputation zählt vom Eintritt des die Frist in Gang setzenden Ereignisses an die natürliche Länge der Frist durch bis zu dem Zeitpunkt des letzten Tages der Frist, der dem Zeitpunkt des Fristbeginns entspricht. Das BGB folgt dagegen als Auslegungsregel dem Prinzip der Zivilkomputation. Es wird nur nach vollen Tagen gerechnet; ein „angebrochener" Tag zählt nicht. Folgerichtig zählt für den Fristbeginn der angebrochene Tag, in den das Ereignis des Fristbeginns fällt, nicht mit. Für den Fristbeginn ist es unerheblich, ob dieser auf einen Samstag, Sonntag oder Feiertag fällt, da § 193 nicht entspr anzuwenden ist (RG Recht 1937 Nr 1915). Fällt das den Fristanlauf auslösende Ereignis zufällig auf den Beginn eines Tages, gilt gleichwohl, dass die Frist erst am Folgetag zu laufen beginnt (BGH NJW-RR 89, 629; BGH ZIP 05, 310), was nicht mit dem Prinzip der Zivilkomputation (ganzer Tag), sondern damit zu begründen ist, dass der Wille der Beteiligten regelmäßig darauf gerichtet ist, den exakten Zeitpunkt des Fristbeginns innerhalb eines Tages nicht festhalten zu müssen. Auf Stunden- oder Minutenfristen bzw noch kleinere Zeiteinheiten ist dieses Prinzip grds nicht zu übertragen, da bereits deren Verwendung Indiz für die Vereinbarung des natürlichen Zeitablaufs ist.

2 II ordnet für solche Fristläufe, die nicht durch ein in den Lauf eines Tages fallendes Ereignis, sondern exakt durch den Beginn eines Tages definiert sind, abw von I an, dass der Tag des Fristbeginns mitzurechnen ist. Dabei handelt es sich um die konsequente Umsetzung der Zivilkomputation, da der Beginn des Tages einen vollen Zähl-Tag markiert. Für die Berechnung des Lebensalters bestimmt 2 die volle Zählung des Tages in den die Geburt fällt. Strukturell inkonsequent stellt diese Regelung eine Konzession an die tatsächlich geübte Praxis dar. Das jeweils nächste Lebensjahr beginnt damit bereits mit Beendigung des vorangegangenen Tages.

3 § 187 ist analog anzuwenden, wenn eine Frist von einem bestimmten Zeitpunkt zurück gerechnet werden muss. Fällt also das Ereignis, welches den Endzeitpunkt für eine Tages-, Wochen-, Monats- oder Jahresfrist bestimmt, in den Ablauf eines Tages, so ist im Zweifel dieser Tag nicht mitzuzählen, um den Beginn der Frist zu ermitteln. Eine 4-Wochen Rückfrist endet damit an dem Tag, der dem Tag in der Bezeichnung entspricht, der den Tag des Ereignisses des Fristbeginns vorangeht.

4 Bei einer Formulierung „in 14 Tagen ab heute" wird das „heute" idR nicht mitgezählt (Königsberg OLGE 40, 277); Gesetze, die vom Tag der Verkündung an gelten, gelten ab Beginn des Verkündungstages (RGZ 91,

339); eine um 24.00 oder 0.00 Uhr notierte Geburt ist dem neuen Tag zuzurechnen (Schlesw MDR 02, 522); Rechtshängigkeit als Ereignis nach § 291 1 fällt unter § 187 I, Zinslauf beginnt also erst ab folgendem Tag (BGH NJW-RR 90, 519, BAG E 96, 233); gleiches gilt für Beginn des Zinslaufs im Rahmen gesetzlicher Verzugszinsen nach Mahnung, Klagezustellung, Zustellung eines Mahnbescheids (str, bejahend: Staud/*Repgen* Rz 6); § 187 gilt nicht für den Beginn der Verjährungshemmung (RGZ 161, 127); Arbeitsrecht: Lohnfortzahlungspflicht beginnt am Tag nach dem Unfall (BAG NJW 61, 479); voraussichtlicher Entbindungstag zählt bei Ermittlung nach § 9 MuSchG nicht mit (BAG FamRZ 86, 901); erster Tag des Arbeitsverhältnisses zählt für Lauf der Probezeit mit (BAG DB 03, 614); § 187 II 2 gilt für die Berechnung des Ruhestandes und des Rentenalters (BVerwGE 30, 168, BAG DB 65, 1368, BSG DB 70, 1548); einzelfallabhängig ist der Beginn der Kündigungsfrist bei Kündigung des Arbeitsverhältnisses vor Dienstantritt (BAG E 26, 81 f); Baurecht: Tag der Auslegung eines Planes zählt mit (GmS-OGB BGHZ 59, 396); Darlehensvertrag: Tag der Widerrufsbelehrung zählt für Lauf der Frist nicht mit (BGHZ 126, 56, 62 f); Kaufvertrag: Tag der Übergabe/Ablieferung zählt für Verjährungsbeginn nicht mit, und zwar auch dann nicht, wenn Ereignis zufällig auf den Beginn des Tages gefallen ist (BGH NJW-RR 89, 629); Patentrecht: Bei § 17 III 2 PatG gilt § 187 II 1 (BPatG GRUR 83, 641); Reiserecht: Bei § 651g I wird der Tag der Beendigung der Reise nicht mitgezählt (Karlsr NJW-RR 91, 54, Celle NJW-RR 96, 372); Strafrecht: § 187 II 2 gilt auch für strafrechtliche Volljährigkeit (RGSt 35, 37); Versicherungsrecht: „Anzeige des Schadens innerhalb von 48 Stunden" entspricht im Zweifel Anzeige innerhalb von zwei Tagen, Tag des Versicherungsfalls zählt nicht mit (KG HansRZ 27, 97); Tag des Zugangs des Ablehnungsschreibens nach § 12 III VVG zählt nicht mit (BGH VersR 66, 723).

§ 188 Fristende.
(1) Eine nach Tagen bestimmte Frist endigt mit dem Ablauf des letzten Tages der Frist.
(2) Eine Frist, die nach Wochen, nach Monaten oder nach einem mehrere Monate umfassenden Zeitraum – Jahr, halbes Jahr, Vierteljahr – bestimmt ist, endigt im Falle des § 187 Abs. 1 mit dem Ablauf desjenigen Tages der letzten Woche oder des letzten Monats, welcher durch seine Benennung oder seine Zahl dem Tage entspricht, in den das Ereignis oder der Zeitpunkt fällt, im Falle des § 187 Abs. 2 mit dem Ablauf desjenigen Tages der letzten Woche oder des letzten Monats, welcher dem Tage vorhergeht, der durch seine Benennung oder seine Zahl dem Anfangstag der Frist entspricht.
(3) Fehlt bei einer nach Monaten bestimmten Frist in dem letzten Monat der für ihren Ablauf maßgebende Tag, so endigt die Frist mit dem Ablauf des letzten Tages dieses Monats.

Nach dem Prinzip der Zivilkomputation (§ 187 Rn 1) laufen Fristen ab mit Beendigung des letzten Tages, dh um Mitternacht. Dies bedeutet jedoch nicht, dass damit jede Handlung auch noch bis zum vollen Ende einer Frist vorgenommen werden könnte, da es jedenfalls dort, wo es auf die auch nur passive Mitwirkung eines anderen Teils ankommt, eine Bindung an die üblichen Geschäftsstunden gibt (BGHZ 23, 310; Staud/*Repgen* Rz 4). So kann eine Warenlieferung, um fristgerecht zu sein, nicht mehr um 23.00 Uhr erfolgen, es sei denn, dies wäre geschäftsüblich. Gleiches gilt für den Zugang von Willenserklärungen. Sind bestimmte Zeitpunkte innerhalb des Tagesablaufs vereinbart, zB „frühmorgens", dann kann die Lieferung nicht vor Geschäftsbeginn erfolgen (Hambg HansRGZ 25, 440). 1

I bestimmt für alle Fristen, die durch Zeiteinheiten von Tagen oder größeren Zeiträumen bestimmt sind, dass der Ablauf des letzten Tages der Frist das Fristende darstellt. Abgesehen von Besonderheiten (Rn 1) ist auch der letzte Zeitpunkt des letzten Tages der Frist, 23.59 Uhr, noch fristgerecht. Ist eine Leistung bis zu einem bestimmten Tag geschuldet, tritt Verzug erst mit dem Beginn des Folgetages ein. 2

II lässt bei Wochenfristen die Namensidentität des betreffenden Tages, bei Monats- und Jahresfristen die numerische Identität der jeweiligen Tagesbezeichnung entscheidend sein. Bei Fristen, die nach § 187 I mit dem Folgetag des Ereignisses des Fristbeginns zu laufen beginnen, bestimmt sich folgerichtig das Ende der Frist auf den Tag der in seiner Bezeichnung oder Nummerierung dem Tag des den Fristbeginn auslösenden Ereignisses entspricht. In den Fällen des § 187 II ist es jeweils der vorangegangene Tag. Fällt das Ereignis des Fristbeginns einer Wochenfrist auf einen Dienstag, so ist auch der Dienstag der Tag des Fristendes; ist es bei einer Monatsfrist der 15., so fällt das Fristende entspr auf den 15. des betreffenden Endmonats. Beginnt die Frist mit dem Beginn eines Tages, dann handelt es sich beim Fristende entspr um das Ende des in der Bezeichnung vorhergehenden Tages, bei einem Fristbeginn am Dienstag endet die Wochenfrist mit dem Ablauf des Montags, bei einem Fristbeginn mit Beginn des 15. eines Monats, endet die Monatsfrist mit dem Ende des 14. des betreffenden Endmonats. 3

Da die unterschiedliche Länge der Monate eine numerische Identität hinsichtlich der letzten Tage eines Monats nicht immer zulässt, bestimmt III dass Monatsfristen, die an einem Datum beginnen, für die im Endmonat kein numerisch entspr Pendant existiert, am letzten Tag des Monats enden. Eine am 31. Januar beginnende Ein-Monatsfrist endet damit am 28. Februar. Eine am 28. Februar beginnende Frist endet am 28. März (BGH NJW 84, 1358). 4

§ 189 Berechnung einzelner Fristen.
(1) Unter einem halben Jahr wird eine Frist von sechs Monaten, unter einem Vierteljahr eine Frist von drei Monaten, unter einem halben Monat eine Frist von 15 Tagen verstanden.
(2) Ist eine Frist auf einen oder mehrere ganze Monate und einen halben Monat gestellt, so sind die 15 Tage zuletzt zu zählen.

1 § 189 bietet Auslegungsregeln für den Fall, dass Fristen mit einem Bruchteil eines Jahres oder Monats angegeben sind. Danach gilt grds die Frist eines halben Monats als 15 Tage, gleichgültig ob die Frist in einen Monat mit 28, 29, 30 oder 31 Tagen fällt. Entspr ist für Bruchteile von Jahresbezeichnungen geregelt, wonach insb nicht nach Tagen abgezählt wird, bei einem Schaltjahr also nicht auf 183 Tage abgestellt wird, sondern vielmehr ganze Monatszeiträume entspr § 188 gemeint sind. Eine Frist, die in Wochen bestimmt ist, kann jedoch grds nicht im Wege der Auslegung in Monatsbruchteile umgedeutet werden. Vier Wochen sind nicht gleich einem Monat (RG Recht 1902 Nr 25); 10 Wochen nicht 2 $^1/_2$ Monate. Analoge Anwendung auf $^1/_3$ Jahr ist möglich, zweifelhaft bei $^1/_3$ Monat da ungebräuchlich. II trägt der unterschiedlichen Monatslänge Rechnung. Eine am 25. Januar beginnende Frist von 1 $^1/_2$ Monaten endet damit in einem normalen Jahr am 12. März, nicht wie bei umgekehrter Zählweise am 9. März, in einem Schaltjahr am 11. und nicht am 8. März.

§ 190 Fristverlängerung.
Im Falle der Verlängerung einer Frist wird die neue Frist von dem Ablauf der vorigen Frist an berechnet.

1 Als Auslegungsregel steht auch § 190 unter dem Vorbehalt, dass anderweitiger Wille der Beteiligten erkennbar ist. Dies dürfte im Bereich der Fristverlängerungen oftmals gegeben sein, sodass die gesetzliche Regelung hier mit besonderer Vorsicht anzuwenden ist. Wird der Lauf einer Frist durch eine neue ersetzt, so ist nicht § 190, sondern § 187 anzuwenden. Materiellrechtliche Fristen können auch noch nach ihrem Ablauf verlängert werden (BGHZ 21, 46; NJW 80, 52). Der Begriff der Fristverlängerung ist dabei wörtlich zu verstehen. Selbst dann, wenn eine Frist schon abgelaufen sein sollte, wird im Zweifel die Verlängerung so an die alte Frist angehängt, dass die Verlängerung nahtlos an das Ende der alten Frist anknüpft (Karlsr DB 71, 1410). Alte und neue Frist bilden eine Einheit, sodass § 193 hinsichtlich der alten Frist keine Anwendung findet. Dies gilt auch für das Aufeinanderfolgen zweier gesetzlicher Fristen (BAG DB 56, 598).

§ 191 Berechnung von Zeiträumen.
Ist ein Zeitraum nach Monaten oder nach Jahren in dem Sinne bestimmt, dass er nicht zusammenhängend zu verlaufen braucht, so wird der Monat zu 30, das Jahr zu 365 Tagen gerechnet.

1 Der Anwendungsbereich ist äußerst gering. Denkbare Anwendungen sind Bestimmungen, wonach die Nutzung eines Gegenstandes für einen bestimmten Zeitraum zur Verfügung steht, bspw das Recht, ein Ferienhaus zwei Monate im Jahr zu nutzen. Nicht anwendbar auf das Trennungsjahr nach § 1566.

§ 192 Anfang, Mitte, Ende des Monats.
Unter Anfang des Monats wird der erste, unter Mitte des Monats der 15., unter Ende des Monats der letzte Tag des Monats verstanden.

1 Auslegungsregel, wobei sich Anfang und Ende des Monats praktisch von selbst verstehen, während nur die Mitte des Monats regelungsbedürftig ist. Auch im Februar gilt im Zweifel als die Mitte des Monats der 15. und nicht der rechnerisch richtige 14. Nicht geregelt im § 192 ist die Auslegung der Begriffe Beginn oder Ende der Woche, womit jedoch regelmäßig der Montag bzw der Sonnabend, bei Bezugnahme auf Werktage der Freitag gemeint ist. Bei jahreszeitlichen Bestimmungen wie bspw Frühjahr oder Sommer ist auf die Verkehrssitte am Leistungsort abzustellen, fehlt eine solche auf den kalendermäßigen Zeitraum der Jahreszeit. Die Bezugnahme auf einen Kalendertag ohne Jahresangabe meint im Zweifel den nächstfolgenden Tag dieses Datums.

§ 193 Sonn- und Feiertag; Sonnabend.
Ist an einem bestimmten Tage oder innerhalb einer Frist eine Willenserklärung abzugeben oder eine Leistung zu bewirken und fällt der bestimmte Tag oder der letzte Tag der Frist auf einen Sonntag, einen am Erklärungs- oder Leistungsort staatlich anerkannten allgemeinen Feiertag oder einen Sonnabend, so tritt an die Stelle eines solchen Tages der nächste Werktag.

1 **A. Allgemeines.** Ursprünglich ging es va darum, den Gedanken der Heiligung von Sonn- und Feiertagen aufrechtzuerhalten, was in der Ursprungsfassung der Norm dazu geführt hatte, dass der Sonnabend nicht *erwähnt war*. Heute ist überwiegender Zweck die Rücksichtnahme darauf, dass an Sonnabenden, Sonn- und Feiertagen allg nicht gearbeitet wird, was die Einhaltung von auf diesen Tagen endenden Fristen erschwert. Ist aus tatsächlichen Gründen eine Leistungsbewirkung oder die Abgabe einer Willenserklärung an einem bestimmten Tag nicht möglich, führte ein auf solche Tage fallendes Fristende zu einer faktischen

Verkürzung der Fristen (Begründung zum Gesetzentwurf, BTDrs IV/3394, 3). Die Norm trifft keine Aussage dazu, ob es sich beim Sonnabend um einen Werktag handelt. Wird für eine Fristbestimmung der Begriff Werktag verwendet, bedarf es besonderer Aufmerksamkeit bei der Auslegung, ob damit auch ein Sonnabend gemeint ist oder nicht (vgl LG Hamburg WuM 81, 182). Im Bereich solcher Rechtsnormen allerdings, die zur Umsetzung von EG-Richtlinien geschaffen wurden, ist zu beachten, dass die EG-Ratsverordnung Nr 1182/71 einheitliche Interpretationsregeln für alle Rechtsakte, die Rat und Kommission aufgrund des EG-Vertrages erlassen, vorsieht. Die dortige, § 193 BGB entspr Bestimmung verwendet den Begriff des Arbeitstages, womit gerade nicht der Sonnabend gemeint ist. Fristen und Leistungsdaten im Bereich solche Richtlinien umsetzender Rechtsnormen lassen damit keinen Raum für die Grundregelung des § 193 abweichende Auslegungen, es sei denn, der deutsche Gesetzgeber hätte eine gänzlich andere Terminologie verwendet (s. dazu ausf MüKo/*Grothe* Rz 3).

B. Anwendungsbereich. I. Bestimmter Tag, Frist. Die Vorschrift findet Anwendung auf Fristen, wobei sie zumindest entspr auch auf solche Zeitspannen anzuwenden ist, die nur durch die Festsetzung eines Endtermins bestimmt sind (BVerwGE 44, 48). Für eine nach Stunden oder noch kürzeren Zeiträumen bemessene Frist ist die Vorschrift nicht anwendbar, da sich aus der Bestimmung solch kurzer Zeiteinheiten idR der Wille der Beteiligten ablesen lässt, für den Fristablauf den genauen Zeitpunkt zu vereinbaren. Ähnliches muss wohl gelten, wenn kurze Fristen bestimmt sind, und es für die Beteiligten offenbar ist, dass das Ende der Frist auf einen der in § 193 genannten Tage fällt. Vorsicht ist bei der Anwendung des § 193 auf bestimmte Tage geboten, wenn bei der Bestimmung des Termins feststand, dass dieser auf einen Sonnabend oder Sonn- oder Feiertag fallen wird. 2

II. Anwendungsbereich. Die Norm ist nicht nur für die Abgabe einer Willenserklärung oder die Bewirkung einer Leistung, sondern auch für die fälligkeits- oder verzugsauslösenden Fristen (BGH NJW 07, 1581, 1583) relevant. Damit hat sie keine Bedeutung für andere Ereignisse, bspw Eintritt einer Bedingung (RG SeuffA 86 Nr 59) oder die Berechnung einer Vertragsstrafe (BGH NJW 78, 2594) oder eines Zinslaufs (Frankf NJW 75, 1971). Entspr Anwendung findet § 193 auf geschäftsähnliche Handlungen, Mahnungen oder Anzeigen (Palandt/*Heinrichs* Rz 2; Staud/*Repgen* Rz 9). Gleiches gilt für Prozesshandlungen mit materiellrechtlichen Wirkungen, insb Klageerhebung zur Verjährungsunterbrechung (BGH WM 78, 464), Widerruf eines Prozessvergleichs (BGH RPfleger 78, 362; München NJW 75, 933), Klage aufgrund Insolvenzanfechtung (BGH NJW 84, 1559). Nicht in Betracht kommt eine Anwendung in solchen Fällen, in denen sich an einen bestimmten Termin oder das Ende einer Frist eine Schutzfrist zugunsten eines anderen anschließen, wie bspw bei gesetzlichen Kündigungsfristen (zuletzt BGHZ 162, 175 = MDR 05, 798). Dies gilt bspw bei Kündigungsfristen im Arbeitsvertrag (BAG NJW 70, 1470; DB 77, 639; LAG Düsseldorf DB 60, 1219), die Kündigung eines Handelsvertreterverhältnisses (BGHZ 59, 267) oder mietvertragliche Kündigungsfristen (Staud/*Repgen* Rz 14). Anderes gilt für Kündigungsfristen, die keinen solchen Schutzcharakter haben wie bspw im Versicherungsvertrag (AG Hamburg VersR 51, 125; LG Köln VersR 53, 185). Gesellschaftsrechtliche Ladungsfristen dulden ebenfalls keine Abkürzung (Hamm NJW-RR 01, 105). § 193 findet analoge Anwendung auf den Ablauf von Verjährungs- und Ausschlussfristen (RGZ 151, 345; BGH WM 78, 464; Ddorf NJW-RR 93, 1328), nach Oldbg v 31.10.06 – 2 U 28/06 – auch auf einen vereinbarten Verjährungseinredeverzicht, zweifelhaft. 3

C. Rechtswirkungen. § 193 verschiebt einen Termin bzw verlängert eine Frist, enthält jedoch keine Rückwirkungsfiktion (Frankf NJW 75, 1971). Sie verschiebt nicht den Tag des Fristbeginns (RG Recht 1937 Nr 1915). Auch Zwischenfristen, an deren Lauf sich dann die endgültige Leistungsfrist anschließt, werden nicht vom § 193 berührt (BSGE 5, 54; BFHE 101, 206; VGH München NJW 91, 1251). Keinen Einfluss auf das Fristende hat es ferner, wenn in den Lauf der Frist Sonn-, Feier- oder Samstage fallen (LG Wuppertal WuM 93, 450). Da § 193 nur dem Schutz des Erklärenden bzw Leistenden dient, räumt sie dem anderen Teil kein besonderes Ablehnungsrecht ein, dies mag jedoch nach § 242 oder anderen Normen ohnehin gegeben sein. 4

Abschnitt 5 Verjährung

Art. 229 EGBGB (Auszug) Übergangsrecht.

§ 6 Überleitungsvorschrift zum Verjährungsrecht nach dem Gesetz zur Modernisierung des Schuldrechts vom 26. November 2001. (1) ¹Die Vorschriften des Bürgerlichen Gesetzbuchs über die Verjährung in der seit dem 1. Januar 2002 geltenden Fassung finden auf die an diesem Tag bestehenden und noch nicht verjährten Ansprüche Anwendung. ²Der Beginn, die Hemmung, die Ablaufhemmung und der Neubeginn der Verjährung bestimmen sich jedoch für den Zeitraum vor dem 1. Januar 2002 nach dem Bürgerlichen Gesetzbuch in der bis zu diesem Tag geltenden Fassung. ³Wenn nach Ablauf des 31. Dezember 2001 ein Umstand eintritt, bei dessen Vorliegen nach dem Bürgerli-

Art 229 (Auszug)

chen Gesetzbuch in der vor dem 1. Januar 2002 geltenden Fassung eine vor dem 1. Januar 2002 eintretende Unterbrechung der Verjährung als nicht erfolgt oder als erfolgt gilt, so ist auch insoweit das Bürgerliche Gesetzbuch in der vor dem 1. Januar 2002 geltenden Fassung anzuwenden.
(2) Soweit die Vorschriften des Bürgerlichen Gesetzbuchs in der seit dem 1. Januar 2002 geltenden Fassung anstelle der Unterbrechung der Verjährung deren Hemmung vorsehen, so gilt eine Unterbrechung der Verjährung, die nach den anzuwendenden Vorschriften des Bürgerlichen Gesetzbuchs in der vor dem 1. Januar 2002 geltenden Fassung vor dem 1. Januar 2002 eintritt und mit Ablauf des 31. Dezember 2001 noch nicht beendigt ist, als mit dem Ablauf des 31. Dezember 2001 beendigt, und die neue Verjährung ist mit Beginn des 1. Januar 2002 gehemmt.
(3) Ist die Verjährungsfrist nach dem Bürgerlichen Gesetzbuch in der seit dem 1. Januar 2002 geltenden Fassung länger als nach dem Bürgerlichen Gesetzbuch in der bis zu diesem Tag geltenden Fassung, so ist die Verjährung mit dem Ablauf der im Bürgerlichen Gesetzbuch in der bis zu diesem Tag geltenden Fassung bestimmten Frist vollendet.
(4) ¹Ist die Verjährungsfrist nach dem Bürgerlichen Gesetzbuch in der seit dem 1. Januar 2002 geltenden Fassung kürzer als nach dem Bürgerlichen Gesetzbuch in der bis zu diesem Tag geltenden Fassung, so wird die kürzere Frist von dem 1. Januar 2002 an berechnet. ²Läuft jedoch die im Bürgerlichen Gesetzbuch in der bis zu diesem Tag geltenden Fassung bestimmte längere Frist früher als die im Bürgerlichen Gesetzbuch in der seit diesem Tag geltenden Fassung bestimmte Frist ab, so ist die Verjährung mit dem Ablauf der im Bürgerlichen Gesetzbuch in der bis zu diesem Tag geltenden Fassung bestimmten Frist vollendet.
(5) Die vorstehenden Absätze sind entsprechend auf Fristen anzuwenden, die für die Geltendmachung, den Erwerb oder den Verlust eines Rechts maßgebend sind.
(6) Die vorstehenden Absätze gelten für die Fristen nach dem Handelsgesetzbuch und dem Umwandlungsgesetz entsprechend.

1 **A. Allgemeines.** Durch das G zur Modernisierung des Schuldrechts v 26.11.01 ist in erheblichem Umfang in das bis dato bestehende Verjährungsrecht eingegriffen worden. Die Norm regelt das Verhältnis von neuen zu alten Verjährungsregeln für solche Ansprüche, die schon vor dem 1.1.02 bestanden aber noch nicht verjährt sind, und solche, die nach dem 31.12.01 entstehen und auf die trotz späterer Entstehung nach Art 229 § 5 EGBGB altes Recht anzuwenden ist. Die Norm findet damit keine Anwendung für solche Ansprüche, die zum 1.1.02 bereits verjährt waren oder erst nach dem 1.1.02 entstehen und sich nach neuem Recht richten. Die Regelungen sind damit allesamt zukunftsgewandt. Eine Rückwirkung haben die Neuregelungen nicht. Die praktische Bedeutung der Norm hat nach Auslaufen der Regelverjährung für Altverhältnisse (jedenfalls allerspätestens zum 31.12.05, s. zum Streit über die Auslegung des IV 1 bzgl der Formulierung „So wird die kürzere Frist vom 1.1.02 an berechnet" zum einen *Heß* NJW 02, 253, 258; *Schulte-Nölke/Hawxwell* NJW 05, 2117, andererseits *Kanndelhard* NJW 05, 630; Staud/*Peters* Rz 11) ihre Bedeutung verloren. In Zukunft wird sich diese nur noch auf diejenigen Ansprüche beschränken, die eine längere Verjährungsfrist als die Regelverjährung kennen.

2 **B. Beginn der Verjährungsfrist.** Nach I 2 gilt für die Regelungen zum Beginn der Verjährung das strenge Stichtagsprinzip. Unabhängig von der Begründung oder Entstehung des Anspruchs gilt für die Bestimmung des Verjährungsbeginns bei solchen Ansprüchen, deren Verjährungsfrist bis einschl 31.12.01 zu laufen begonnen hat, das alte Recht, für solche Ansprüche, deren Verjährung bis einschl zum 31.12.01 noch nicht begonnen hat, das neue Recht. Bei kenntnisabhängiger Verjährung läuft diese am 1.1.02 an, wenn Kenntnis schon zum 31.12.01 bestand (Karlsr IBR 07, 309), bei späterer Kenntniserlangung erst ab Kenntnis (NJW 07, 1584).

3 **C. Fristen.** Das Grundprinzip des I 1, wonach die Verjährungsregeln für zum 1.1.02 bestehende und nicht verjährte Ansprüche sich nach neuem Recht richten, ist in weitem Umfang durch die III und IV durchbrochen.

4 **1. Längere Verjährungsfristen nach neuem Recht, Abs 3.** In den Fällen, in denen das neue Recht die Verjährungsfristen für einen Anspruch ggü der Regelung des alten Rechts verlängert, insb also bei den kauf- und werkvertraglichen Mängelansprüchen, gelten nach III die alten, kurzen Verjährungsfristen weiter, so dass eine Verlängerung der Verjährung durch das neue Recht nicht eintritt. Dies gilt auch dann, wenn der Anspruch erst nach dem 1.1.02 fällig wird, soweit er nur aus einem bereits vor dem Stichtag begründeten Rechtsverhältnis herrührt, beispielsweise bei fehlerhafter Lieferung einer Kaufsache im Jahr 02 aufgrund eines im Jahr 01 geschlossenen Vertrages (BGH NJW 05, 739; aA *Wagner* ZIP 05, 558).

5 **2. Kürzere Verjährungsfristen nach neuem Recht, Abs 4.** Verjährt der Anspruch nach neuem Recht in einer kürzeren Frist als nach dem alten Recht, dann findet grds neues Recht mit der Maßgabe Anwendung, dass die neue, kürzere Verjährungsfrist mit dem 1.1.02 zu laufen beginnt. Zu dieser Regelung gibt es eine Rückausnahme für den Fall, dass die alte, längere Frist ausläuft, bevor die kürzere, am 1.1.02 beginnende Frist beendet ist. In diesem Fall bleibt es bei der alten Verjährungsfrist, so dass es in keinem Fall zu einer Verlängerung

der Verjährungsfristen kommt. Für den Vergleich der Fristen miteinander muss es bei den neuen Fristen immer zur Betrachtung sowohl der kurzen, subjektiven Fristen, wie auch der absoluten Höchstfristen (10 bzw 30 Jahre) kommen (*Heß* NJW 02, 258; *Gsell* NJW 02, 1298).

D. Unterbrechung und Hemmung. Nach I 1 und 2 gilt für die Hemmung der Verjährung wie auch für den Neubeginn das Stichtagsprinzip, wonach es für die Anwendung alten oder neuen Rechts darauf ankommt, wann das betreffende Ereignis, vor dem 1.1.02 oder nach dem 31.12.01, eintritt. Da bloße Verhandlungen über einen Anspruch nach altem Recht keine verjährungshemmende Wirkung hatten, kann eine diesbezüglich auf § 203 beruhende Hemmung erst frühestens mit dem 1.1.02 eintreten. Wegen der erheblichen Erweiterung der Hemmungs- und Verringerung der Unterbrechungstatbestände kann es zu wesentlichen Unterschieden kommen, je nachdem, wann ein Ereignis eingetreten ist. Was bis zum 31.12.01 noch die Verjährung unterbrach (= Neubeginn), kann nach dem 1.1.02 ggf nur noch zur Hemmung führen. Auch für die neuen Hemmungstatbestände gilt, dass deren Wirkung frühestens mit dem 1.1.02 eingreifen kann. **6**

Hat das Eintreten eines Umstands dafür, dass eine Verjährung nach altem Recht als unterbrochen bzw nicht unterbrochen gilt, rückanknüpfende Wirkung, dann bleibt es auch dann bei der Geltung alten Rechts, wenn dieser Umstand nach dem 31.12.01 eintritt, sich die rückanknüpfende Wirkung aber auf die Zeit vor dem 1.1.02 bezieht (BGH NJW 08, 1674). Wurde bspw eine Klageschrift am 28.12.01 bei Gericht eingereicht und dem Beklagten am 20.1.02 zugestellt, so wird die Verjährungsfrist mit dem 28.12.01 unterbrochen, obwohl der Umstand erst nach dem 31.12.01 eingetreten ist. Umgekehrt gilt die Verjährung als nicht unterbrochen, wenn eine entspr Klage alsdann zurück genommen wird. **7**

Wegen der weitgehenden Überführung der ehemaligen Unterbrechungs- in Hemmungstatbestände war es notwendig, im Übergangsrecht eine Regelung dazu zu treffen, wie mit diesen unterbrochenen, nach neuem Recht gehemmten Fristen weiter verfahren wird. II bestimmt dazu, dass die Unterbrechung mit dem Ablauf des 31.12.01 endet und die nunmehr neu beginnende Frist – strukturell im Wege der Anlaufhemmung – von Beginn an, also ab dem 1.1.02 gehemmt ist, soweit die Voraussetzungen des Hemmungstatbestandes bestehen. Die dann eingreifende Frist bestimmt sich nach den Regelungen des III und IV (MüKo/*Grothe* Rz 39). **8**

E. Ausschlussfristen. Nach V gelten die Übergangsregelungen für Ausschlussfristen entspr. **9**

Titel 1 Gegenstand und Dauer der Verjährung

§ 194 Gegenstand der Verjährung. (1) Das Recht, von einem anderen ein Tun oder Unterlassen zu verlangen (Anspruch), unterliegt der Verjährung.
(2) Ansprüche aus einem familienrechtlichen Verhältnis unterliegen der Verjährung nicht, soweit sie auf die Herstellung des dem Verhältnis entsprechenden Zustands für die Zukunft oder auf die Einwilligung in eine genetische Untersuchung zur Klärung der leiblichen Abstammung gerichtet sind.

A. Konzeption des Verjährungsrechts. Das SchRModG hat sich dafür entschieden, als regelmäßige Verjährung eine auf subjektiven Voraussetzungen beruhende kurze Frist von drei Jahren vorzusehen. Um die Schneidigkeit der kurzen Verjährungsfrist abzumildern, setzt deren Beginn neben der Fälligkeit des Anspruchs voraus, dass der Gläubiger sowohl von den den Anspruch begründenden Umständen wie auch von der Person des Schuldners Kenntnis erlangt. Es ist sachgerecht, dem Gläubiger die Verpflichtung aufzuerlegen, nach Kenntniserlangung vom Anspruch innerhalb kurzer Fristen den Schwebezustand des drohenden Anspruchs für den Schuldner zu beseitigen. Eine alleinige Anknüpfung an subjektive Elemente wird gleichwohl den Interessen der Rechtssicherheit und des Rechtsfriedens nicht gerecht, weshalb das Gesetz auch absolute Ausschlussfristen von 10 bzw 30 Jahren kenntnisunabhängig einführt. Der Kenntnis ist die grob fahrlässige Unkenntnis gleichgestellt. Daneben sieht das Gesetz für bestimmte Ansprüche (Mängelrechte) besondere Verjährungsfristen vor, die ausschl objektive Anknüpfungspunkte kennen und gleichwohl noch kürzerer Verjährung unterliegen, wie bei der 2-Jahres-Frist der §§ 438, 634a. Die Fälle möglicher Verjährungsunterbrechung wurden drastisch ggü dem alten Recht reduziert und weitestgehend in Hemmungsgründe überführt, deren Zahl stark ausgeweitet wurde. Das bisherige Verbot der verjährungsverlängernden Vereinbarung ist einer Höchstfrist von 30 Jahren ab dem gesetzlichen Verjährungsbeginn gewichen, die Verkürzung der Fristen ist außer im Fall der Haftung wegen Vorsatzes auch im vorhinein (**§ 202**) möglich. **1**

B. Allgemeines. I. Begriff der Verjährung. Unter dem Begriff der Verjährung versteht das Gesetz den Zeitablauf, der es dem Schuldner eines Anspruchs ermöglicht, die von ihm geschuldete Leistung zu verweigern. Die Verjährung begründet eine Einrede, die vom Schuldner geltend zu machen ist (§ 214 Rn 2), führt jedoch nicht zum Erlöschen des Rechts, sodass Leistungen auf eine verjährte Forderung grds nicht rechtsgrundlos erbracht sind. Die erwerbende Verjährung kennt das BGB in der Form der Ersitzung, in den Landesrecht vorbehaltenen Rechtsgebieten besteht sie darüber hinaus im Tatbestand der unvordenklichen Verjährung (BayOLGZ 82, 406). Die unvordenkliche Verjährung begründet eine widerlegliche Vermutung, wonach dann, wenn ein Recht für einen Zeitraum von mindestens 40 Jahren besessen wurde und in den vorangegangenen **2**

weiteren 40 Jahren keine Erinnerungen an einen abweichenden Zustand seit Menschengedenken bestanden haben, der gegenwärtige Zustand rechtmäßig begründet wurde.

3 II. Zweck der Verjährung. Das Recht der Verjährung trägt primär der Tatsache Rechnung, dass im Streitfall das Bestehen eines Anspruchs eine Frage der Beweisbarkeit ist. Obwohl nur ein bestehender Anspruch verjähren kann, schützen die §§ 194 ff damit primär den nur scheinbaren Schuldner (BGHZ 122, 244; ZIP 03, 526). Je länger das angebliche Entstehen eines Anspruchs zurückliegt, umso schwieriger wird es für den vermeintlichen Schuldner, zuverlässige Nachweise für seine Rechtsposition beizubringen. Da gerade der Nichtschuldner nicht mit einer Inanspruchnahme zu rechnen hat, besteht für diesen hinsichtlich durch Zeitablauf nicht mehr verfügbarer Beweismittel eine besondere Gefahr. Mit zunehmendem Zeitablauf verfestigt sich überdies der Vertrauenstatbestand, nicht wegen etwaiger Ansprüche durch den Gläubiger in Anspruch genommen zu werden. Ferner lässt der Zeitablauf im Fall der nur teilweisen Begründetheit des Anspruchs die Notwendigkeit zur Sicherung etwaiger (Teil-) Einwendungen oder Einreden immer weniger sinnvoll erscheinen. Ergänzend kommt hinzu, dass auf Seiten des echten Schuldners auch das Vertrauen auf die nicht mehr erfolgende Inanspruchnahme mit Zeitablauf wächst. Je länger der Zeitablauf, umso mehr darf sich auch der Schuldner darauf verlassen, dass von Seiten des Gläubigers keine Ansprüche mehr geltend gemacht werden (BGHZ 128, 82). Der Verjährung kommt ferner eine rechtsbefriedende Funktion zu. Nicht nur im Bereich der absoluten Rechte besteht ein öffentliches Interesse daran, über längere Zeiträume hindurch unangefochten bestehende tatsächliche Zustände als zutr behandeln zu können. Insoweit befriedigt die Verjährung das Bedürfnis des Rechtsverkehrs nach Rechtsklarheit (s. dazu auch BGHZ 59, 74; NJW-RR 93, 1060). Ausdruck dafür sind insb die von der kenntnisunabhängigen Höchstfristen von 10 bzw 30 Jahren sowie das Verbot einer Verlängerung von Verjährungsfristen über 30 Jahre hinaus. Die Schaffung von Rechtsklarheit hat allerdings für den Gläubiger den Verlust seiner Rechtsposition und damit einen Eingriff in seinen durch Art 14 I GG geschützten Rechtsbereich zur Folge. Diesen Belangen des Gläubigers trägt das Gesetz dadurch Rechnung, dass der Beginn der regelmäßigen Verjährungsfrist die Kenntnis des Gläubigers voraussetzt. Ihm wird damit ausreichend Gelegenheit gegeben, die Rechtsdurchsetzung zu betreiben. In den Fällen, in denen wie bspw beim Kauf- oder Werkvertragsrecht kurze objektive Verjährungsfristen bestehen, resultieren die Ansprüche aus Sonderverbindungen, auf deren Entstehen der Gläubiger Einfluss hat.

4 III. Gegenstand der Verjährung. 1. Legaldefinition des Anspruchs. § 194 I definiert den materiellrechtlichen Begriff des Anspruchs. Unter dem Begriff des Tuns versteht das Gesetz jede denkbare aktive Handlung, wie bspw eine Zahlung, Sachherausgabe, Erbringung von Dienstleistungen, Abgabe einer Willenserklärung uä Unterlassen ist demggü jedes denkbare Nichthandeln einschl des Duldens rechtlicher oder tatsächlicher Einwirkungen. Rechtsgrundlage des Anspruchs kann dabei jeder Bereich des Zivilrechts sein.

5 2. Verjährbarkeit. Der Verjährung unterworfen ist nicht ein Rechtsverhältnis als solches, sondern nur der daraus resultierende Anspruch. Dabei ergreift die Verjährung nur den materiellrechtlichen Anspruch, nicht das daraus resultierende prozessuale Klagerecht. Bei einem Dauerschuldverhältnis verjährt grds nicht das Schuldverhältnis als solches sondern nur die daraus resultierenden Ansprüche (BGH LM § 138 Nr 51 Bl 3). Für Leibrenten und ähnliche Rechtsverhältnisse ist in der Rspr anerkannt, dass auch das Stammrecht selbständig verjähren kann (RGZ 136, 432; BGH NJW 73, 1685, str). Die Klagbarkeit ist nicht Voraussetzung der Verjährung, sodass auch ggü unklagbaren Ansprüchen die Verjährungseinrede erhoben werden kann.

6 3. Abgrenzung. Andere Rechte und Rechtsstellungen, die nicht Anspruch sind, können grds nicht verjähren. Gestaltungsrechte, die dem Berechtigten einseitig die Befugnis geben, ein Recht zu begründen, aufzuheben oder zu ändern, bspw Kündigung, Anfechtung, Widerruf, Aufrechnung und Anfechtung unterliegen nicht der Verjährung. Aus der Ausübung von Gestaltungsrechten resultierende Ansprüche verjähren jedoch. IdR bestehen Ausschlussfristen. Um die Verjährungsfristen zur Ausübung von Mängelrechten nicht auszuhöhlen, bestimmt § 218, dass das gesetzliche Rücktrittsrecht als Gestaltungsrecht dann nicht ausgeübt werden kann, wenn der Anspruch auf Leistung oder Nacherfüllung verjährt ist. Ebenso wenig handelt es sich bei absoluten Rechten um Ansprüche. Diese gegen jedermann wirkenden Rechte können Ansprüche auslösen, die dann wiederum der Verjährung unterliegen. Die Möglichkeit, dass ein absolutes Recht dadurch faktisch ausgehöhlt wird, dass ein aus ihm resultierender Anspruch verjährt, hat der Gesetzgeber bewusst hingenommen (BTDrs 14/7052, 179). So kann durch Verjährung des Herausgabeanspruchs aus § 985 BGB dauerhaft Eigentum und Besitz an einer Sache auseinander fallen; jedoch verbleibt das Eigentum beim Eigentümer (RGZ 138, 300). Nach hM ist auch das Recht zum Besitz und nicht der Besitz selbst eine nicht verjährbare dauerhafte Befugnis, sodass bei einem Kaufvertrag, bei dem der Besitz übertragen wurde, der Eigentumsverschaffungsanspruch aber verjährt ist, ein Herausgabeanspruch des Eigentümers nicht besteht (RGZ 138, 296; BGHZ 90, 269). Diese Auffassung verdient insoweit Kritik, als es den Beteiligten eines Kaufvertrages den Willen zur *Übertragung eines vom Eigentumsverschaffungsanspruch unabhängigen Besitzrechts* unterstellt, was regelmäßig nicht der Fall sein dürfte. Nicht auf einem Gegenanspruch beruhende, sog selbständige Einreden, unterliegen nicht der Verjährung, wie bspw die Einrede der Verjährung selbst oder diejenige der Stundung. Aus verjährbaren Ansprüchen resultierende, sog unselbständige Einreden, sind ebenso der Verjährung unterworfen wie der diesen zugrunde liegende Anspruch, es sei denn, aufgrund besonderer gesetzlicher Anordnung (§§ 821, 853) bestünde ein gesetzliches Leistungsverweigerungsrecht. Bestand ein Leistungsverweigerungsrecht nach § 273 aufgrund eines unverjährten Anspruchs, so perpetuiert § 215 diese Lage.

IV. Unverjährbarkeit. 1. Familienrechtliche Verhältnisse. Ansprüche auf Herstellung familienrechtlicher Verhältnisse unterliegen nicht der Verjährung. Der Anspruch muss nicht zwingend gegen Familienmitglieder, sondern kann auch gegen Dritte gerichtet sein wie bspw der Anspruch auf Herausgabe des Kindes (§ 1632 I). Der Gesetzeswortlaut leitet insofern fehl, als nicht sämtliche Rechtsverhältnisse des Familienrechts unverjährbar sind. Als Bsp sind zu nennen der Anspruch auf Herstellung der ehelichen Lebensgemeinschaft nach § 1353 I 2, auf Unterhaltsgewährung für die Zukunft, §§ 1360 bis 1361, der Dienstanspruch der Eltern gegen im Haushalt lebende Kinder nach § 1619 und weitere (§§ 1596 ff; 1601 ff). Lebenspartner gelten als Familienangehörige. Neu eingeführt wurde die Unverjährbarkeit des Anspruchs auf genetische Untersuchung zur Klärung der leiblichen Abstammung, die aufgrund der Einführung des § 1598a erforderlich wurde.

2. Unverjährbarkeit im Übrigen. Eine Unverjährbarkeit kann sich nur auf gesetzlicher Grundlage ergeben, § 202 II schließt entspr Vereinbarungen aus. Bsp sind der Anspruch auf Aufhebung der Gemeinschaft nach § 758, Ansprüche auf Grundbuchberichtigungen nach § 894, Ansprüche aus eingetragenen Rechten nach § 902 I 1, bestimmte nachbarrechtliche Ansprüche (§§ 907 bis 909, 915, 917 I, 918 II, 919, 920, 923 II) sowie den Grundbuchrechten entspr Ansprüche hinsichtlich des Schiffs- oder Luftfahrtsregisters.

V. Sonstige zeitablaufbedingte Einwirkungen auf Rechte. 1. Ausschlussfristen. Während die Verjährung ein Leistungsverweigerungsrecht begründet, hat der Ablauf einer Ausschlussfrist die Rechtsvernichtung zur Folge, die im Prozess vAw zu beachten ist (BGHZ 122, 24). Im Gegensatz zur Verjährung bestehen Ausschlussfristen nicht nur für Ansprüche, sondern auch für Gestaltungsrechte (§§ 124 I und III, 148, 532, 622 II, 1944) und absolute Rechte (§ 64 UrhG); sie kann, insb auf vertraglicher Grundlage, auch ganze Rechtsverhältnisse erfassen. Die gesetzlichen Regelungen zur Verjährung finden auf Ausschlussfristen nur dann Anwendung, wenn dies gesetzlich angeordnet oder besonders vereinbart ist. Zweck der Ausschlussfristen ist weniger der Schuldnerschutz, für den eine Einrede ausreichend wäre, als vielmehr Aspekte der Rechtssicherheit und Rechtsklarheit. Aus diesem Grund können gesetzliche Ausschlussfristen grds nicht durch Vereinbarung verlängert werden (München HRR 1940, 27; Celle WM 75, 654). Soweit die entspr Geltung des Verjährungsrechts auf Ausschlussfristen nicht angeordnet ist, ist für die jeweilige Einzelregelung zu entscheiden, ob nach deren Sinn und Zweck eine Anwendung einzelner Regelungstatbestände des Verjährungsrechts in Betracht kommt (BGHZ 112, 101). Gesetzliche Teilverweisungen auf das Verjährungsrecht bestehen bspw bei den §§ 124 II, 204 III, 802, 1002, 1600b VI, 1944, 1954, 2082, 2083). Zur Anwendbarkeit einzelner Normen des Verjährungsrechts auf Ausschlussfristen gibt es eine reichhaltige Kasuistik (s. dazu MüKo/*Grothe* Rz 11 ff). Das BGB nennt Verjährungsregelungen beim Namen, während es bei Ausschlussfristen eine Vielzahl unterschiedlicher Formulierungen kennt, die jedoch alle gemeinsam haben, dass sie deutlich zum Ausdruck bringen, dass das betreffende Recht nach Fristablauf nicht mehr besteht („erlischt", „kann nur erfolgen", „ist ausgeschlossen" uä).

2. Verwirkung. Bei der Verwirkung handelt es sich um eine besondere Ausprägung der unzulässigen Rechtsausübung (RGZ 155, 152; BGHZ 122, 314; NJW-RR 96, 950). Als Einwendung im Prozess vAw zu berücksichtigen (BGH NJW 66, 345; Frankf MDR 74, 240; WM 77, 586), setzt sie voraus, dass neben dem bloßen Zeitablauf ein Umstandsmoment dergestalt hinzutritt, dass auf Seiten des Verpflichteten ein berechtigtes Vertrauen darauf entstanden ist, dass das verwirkte Recht nicht mehr geltend gemacht werde. Zu Einzelfragen s. § 242 Rn 59–65.

VI. Die Erhebung der Verjährungseinrede als unzulässige Rechtsausübung. Grds treffen den Schuldner keine Obliegenheiten, den Eintritt der Verjährung des Anspruchs zu verhindern oder den Gläubiger in besonderer Form auf das Risiko hinzuweisen, dies gilt selbst für Versicherungsverträge (BGH NJW 59, 241), und auch dann, wenn beide Beteiligten irrtümlich von einem späteren Verjährungseintritt ausgegangen sind (Celle NJW 75, 1604; VersR 78, 1121). Eine Berufung auf die Unzulässigkeit der Erhebung der Verjährungseinrede kommt nur dort in Betracht, wo ein wirklich grober Verstoß gegen Treu und Glauben vorliegt (BGH VersR 69, 858 f; NJW 98, 1490). Der Anwendungsbereich ist nach der Reform des Verjährungsrechts schon deshalb geringer geworden, weil mit § 203 (Hemmung bei Verhandlungen) sowie der nunmehrigen Möglichkeit der Vereinbarung über die Verlängerung der Verjährung (§ 202) wesentliche Anwendungsbereiche des § 242 im Verjährungsrecht entfallen sind. Die Berufung auf die Unzulässigkeit der Erhebung der Verjährungseinrede setzt ferner voraus, dass der Gläubiger unverzüglich nach Wegfall der Umstände, die die Nichterhebung der Verjährungseinrede rechtfertigten, Maßnahmen mit verjährungshemmender oder unterbrechender Wirkung ergreift. Regelmäßig darf sich der Schuldner nicht mehr als 4 Wochen Zeit lassen (BGH NJW 98, 903; 98, 1490). Nachdem nunmehr die meisten Absprachen zwischen Beteiligten, bspw über Erhebung eines Musterprozesses (BAG DB 75, 1420), Vereinbarung der Klärung im einstweiligen Verfügungsverfahren (Hamm WRP 77, 815) und ähnliches, zumindest konkludent eine Vereinbarung über die Verjährungsverlängerung enthalten und der Eintritt in Verhandlungen zu einer Hemmung der Verjährung führt, bleibt als wesentlicher Anwendungsbereich der unzulässigen Rechtsausübung die aktive Täuschung des Gläubigers durch den Schuldner im Wege der Identitätstäuschung (BGH NJW-RR 91, 1034; Ddorf OLG 72, 206), sowie der treuwidrige Verstoß gegen eine Aufklärungspflicht über eine Identitätsänderung (zur Umwandlung s. BGH NJW 02, 3111) übrig. Hinzu treten die Fälle, in denen die Verjährung durch Schadenersatzansprüche auslösende Pflichtverletzungen des Schuldners eingetreten ist, wie dies insb bei der Verletzung von Beratungspflichten (Rechtsanwalt/Steuerberater) vorkommt.

12 **VII. Beweislast.** Die Beweislast für den Beginn und den Ablauf der Verjährung trägt der Schuldner (BGH WM 80, 534). Damit obliegt ihm bei der Regelverjährung auch der Nachweis der subjektiven Voraussetzungen iSd § 199 I (MüKo/*Grothe* Rz 22). Dem Gläubiger obliegt dagegen der Nachweis des Vorliegens der Voraussetzung für die Hemmung oder den Neubeginn der Verjährungsfrist.

§ 195 Regelmäßige Verjährungsfrist. Die regelmäßige Verjährungsfrist beträgt drei Jahre.

1 **A. Allgemeines.** Das Schuldrechtsmodernisierungsgesetz hat die alte 30-jährige objektive Regelverjährungsfrist durch die nunmehr 3-jährige, kenntnisabhängige relative (§ 199 I) Frist ersetzt. Dem Gesetzgeber schien es ausreichend, dem Gläubiger ab Kenntnis der anspruchsbegründenden Tatsachen und des Anspruchsgegners die Verpflichtung zur Geltendmachung des Anspruchs innerhalb von drei Jahren aufzuerlegen. Dies trägt erheblich zur Rechtssicherheit bei.

2 **B. Anwendungsbereich. I. Ansprüche aus dem BGB.** Sofern nicht durch G oder Vereinbarung eine kürzere oder längere Frist bestimmt ist, ergreift die Regelverjährung grds alle privatrechtlichen Ansprüche. Sie gilt dabei gleichermaßen für Primär- wie auch für Sekundärleistungsansprüche. Abweichende gesetzliche Bestimmungen finden sich dabei sowohl in den Regelungen des Verjährungsrechts selbst wie auch bei den gesetzlichen Regelungen zu einzelnen Rechtsverhältnissen. Erfasst werden damit grds sowohl sämtliche vertraglichen wie auch quasi-vertraglichen Ansprüche, gleichgültig ob sie auf einem gesetzlich normierten Schuldverhältnis oder auf iRd Privatautonomie möglicher, gesetzlich nicht typisierter vertraglicher Grundlage beruhen. Wichtigste Ausnahme stellen hierbei die in §§ 438 und 634a geregelten Sonderverjährungen für Mängelrechte aus Kauf- und Werkverträgen dar. Dagegen gilt für die kaufvertragliche Primärleistungsverpflichtung die Regelverjährung nach § 195. Im Bereich des Deliktsrechts (§§ 823 ff) hat sich durch die Reform insoweit wenig geändert, als der bisherige § 852 aF Vorbildnorm der neuen Verjährungsregelungen der §§ 195, 199 war. Ansprüche aus ungerechtfertigter Bereicherung (§§ 812 ff) unterliegen ebenfalls der Regelverjährung. Im Bereich des Sachenrechts trifft § 197 für den Herausgabeanspruch aus Eigentum und anderen dinglichen Rechten eine eigenständige Regelung, iÜ findet auch auf sachenrechtliche Ansprüche die Regelverjährung Anwendung. Dagegen sind familien- und erbrechtliche Ansprüche nach § 197 I Nr 2 ausdrücklich der 30-jährigen Verjährung unterworfen, soweit nicht besondere Regelungen im Familien- und Erbrecht existieren oder es sich nach § 197 II um Ansprüche auf wiederkehrende Leistungen oder Unterhaltsleistungen handelt.

3 **II. Verweisung auf das Verjährungsrecht des BGB.** In zahlreichen Nebengesetzen wird auf die Regelverjährung verwiesen. Das Verjährungsanpassungsgesetz (BGBl I 04 3214) hat den Anwendungsbereich der Regelverjährung auf weitere Rechtsgebiete ausgedehnt. Dies gilt insb im Bereich von Schadenersatzansprüchen gegen Versorgungsunternehmen sowie bei solchen gegen Rechtsanwälte, Steuerberater und Patentanwälte. Die bisherigen objektiv anknüpfenden Fristen der §§ 51b BRAO, 68 StBG und 45a Patentanwaltsordnung wurden durch das Verjährungsanpassungsgesetz aufgehoben und sind nunmehr ersetzt durch die gesetzliche Verjährungsfrist des § 195. Die am 15.12.04 bestehenden Schadenersatzansprüche verjähren allerdings noch nach altem Recht, und zwar gleichgültig ob am Stichtag die Primär- oder die Sekundärverjährung lief. Die von der Rspr entwickelten Regelungen zur schadenersatzpflichtigen Verletzung einer Belehrungspflicht über das Bestehen von Schadenersatzansprüchen gegen diese Berufsträger haben sich damit faktisch erledigt.

4 **III. Analoge Anwendung.** Für das bis zur Schuldrechtsmodernisierung geltende Verjährungsrecht wurde in praktisch allen Fällen privatrechtlicher Ansprüche außerhalb des BGB, für die eine ausdrückliche Bestimmung zur Verjährung fehlte, die bisherige 30-jährige Regelverjährung angewendet. Die Übertragung der nunmehrigen kürzeren subjektiven Frist ist aber nicht immer sachgerecht, sodass bei der analogen Anwendung des § 195 auf außerhalb des BGB geregelte Ansprüche der Analogiefähigkeit besondere Bedeutung zukommt. Ggf kann sich daraus ergeben, dass eine für den Gläubiger günstigere Verjährungsregelung entspr herangezogen werden muss. Die stark diskutierte Frage, inwieweit Ansprüche auf Kapitalaufbringung der kurzen Regelverjährung unterliegen (*Müller* ZGS 02, 280; *Altmeppen* DB 02, 514 mwN), hat nunmehr der Gesetzgeber dadurch geregelt, dass er im Verjährungsanpassungsgesetz (BGBl I 04 3214) in §§ 54 IV, 62 III AktG, 9 II, 19 VI, 31 V GmbHG und 22 IV GenG eine einheitliche 10-jährige Verjährungsfrist vorgesehen hat.

5 **IV. Anwendung im öffentlichen Recht.** Bislang wurde dort, wo keine konkreten Regelungen des öffentlichen Rechts vorhanden sind, die regelmäßige 30-jährige Verjährung des § 195 aF analog angewandt. Nach der Neuregelung stellt sich die Frage, inwieweit diese analoge Anwendung bei den jeweils betroffenen Rechtsver-

hältnissen noch angemessen ist. Die überwiegende Literaturmeinung geht davon aus, dass die für die Neuregelung des Verjährungsrechts des BGB sprechenden Erwägungen im öffentlichen Recht in gleicher Weise.

V. Gesetzliche Sonderregelungen. Zu den Einzelfällen gesetzlich geregelter Sondervorschriften der Verjährung s. die Aufstellung von *Grothe* (MüKo/*Grothe* Rz 14 ff). 6

C. Geltungsbereich der jeweiligen Verjährungsfristen. Die Gefahr von Überschneidungen von Verjährungsfristen ist durch die Neuregelung des Verjährungsrechts erheblich gemindert, insb durch die Aufhebung der bisherigen Einzelregelungen in den §§ 196, 197 aF. 7

I. Entstehungstatbestand. Entscheidend für die Frage, welche Verjährungsfrist zur Anwendung kommt, ist der Sachverhalt zum Zeitpunkt der Entstehung des Anspruchs (Schlesw NJW-RR 03, 627). Nachträgliche Änderungen spielen keine Rolle. Bei gemischten Verträgen kommt es auf die Qualifikation des jeweiligen Einzelanspruchs an (BGHZ 70, 361), soweit auch hierbei mehrere Vertragstypen in Betracht kommen, entscheidet der wirtschaftliche Kern. 8

II. Ersatz-, Neben- und Hilfsansprüche. Nach § 217 verjähren Ansprüche auf abhängige Nebenleistungen mit dem Anspruch auf die Hauptleistung. Die unter der früheren Rechtslage begründete Auffassung, dass Sekundäransprüche der Verjährungsfrist des Hauptanspruchs unterliegen (BGHZ 73, 269; NJW 00, 2671), hat ihre Bedeutung verloren, da die meisten dieser Ansprüche mittlerweile ohnehin der Regelverjährung nach § 195 unterliegen. Nur dort, wo der Hauptanspruch nicht der Regelverjährung unterliegt, ist nunmehr besonders zu prüfen, ob sich für die Sekundäransprüche Anhaltspunkte bieten, diese einer anderen, insb der Regelverjährung, zu unterwerfen. Richtet sich danach ein Ersatzanspruch auf die gleiche geschuldete Leistung, wird eine Anwendung spezialgesetzlicher Verjährungsfristen in Betracht kommen, richtet er sich dagegen auf Schadenersatz, verjährt er innerhalb der Regelverjährung. Hilfsansprüche, insb solche auf Rechnungslegung oder Auskunft (s. BGHZ 33, 379; NJW 85, 384; aA Ddorf MDR 05, 981), unterliegen einer eigenständigen Verjährung, grds also der Regelverjährung. 9

III. Wechsel der Beteiligten und Novation. Soweit durch den Wechsel auf Gläubiger- oder Schuldnerseite keine Neubegründung des Anspruchs eintritt, lässt der Personenwechsel die Verjährung unberührt (BGHZ 60, 240; Köln ZMR 94, 117). Wird ein bestehendes Schuldverhältnis durch ein anderes Neues ersetzt, oder wird neben dem Bestehenden ein weiteres Schuldverhältnis geschaffen, so läuft die Verjährung für das neue Rechtsverhältnis grds neu an und zwar mit den dafür geltenden Verjährungsregeln. Dies gilt insb beim konstitutiven Schuldanerkenntnis (BGHZ 130, 288, 292). Anderes gilt dagegen für ein rein deklaratorisches Schuldanerkenntnis (BGH NJW 1982, 1809, 1810; BGHZ 130, 288, 291), der Hingabe eines Schuldscheins oder Abschluss eines außergerichtlichen Vergleichs (BGHZ 52, 39, 46; NJW-RR 1987, 1426, 1427). Entscheidend kommt es hierbei auf den Parteiwillen an. 10

D. Anspruchskonkurrenz. Gründen sich auf einen Lebenssachverhalt mehrere Ansprüche so gilt der Grundsatz, dass jeder der Ansprüche selbständig verjährt (RGZ 168, 301; BGHZ 24, 191; ZIP 04, 1810). Nach altem Recht sehr bedeutend, hat die Anspruchskonkurrenz wegen der weitgehenden Vereinheitlichung der Verjährungsfristen in vielen Bereichen für das Verjährungsrecht ihre Bedeutung verloren. Gleichwohl bestehen schon wegen der Möglichkeit der Kollision der kurzen objektiven Verjährungsfristen für Mängelrechte im Kauf- und Werkvertragsrecht sowie der konkurrierenden deliktischen Regelverjährung weiterhin nicht unbeträchtliche Anwendungsbereiche. Für die Frage, ob die kurze Verjährungsfrist auch etwaige konkurrierende Ansprüche erfassen soll, ist besonders auf den Sinn und Zweck der gesetzlichen Regelung zur kurzen Verjährung abzustellen. Lässt der konkurrierende Anspruch die gesetzlich vorgesehene kurze Verjährung praktisch leer laufen, ist die entspr Anwendung auch auf den konkurrierenden Anspruch geboten (BGHZ 66, 317). Dies wird bspw angenommen bei den kurzen Fristen der §§ 548, 591b, 606, 1057, die auch dann gelten, wenn der Ersatzanspruch wegen Verschlechterung der Sache auf unerlaubte Handlungen, Gefährdungshaftung oder Eigentum gestützt wird, und zwar selbst dann, wenn zwischen dem Partner der Sonderverbindung und dem Eigentümer keine Identität, sondern nur eine enge wirtschaftliche Verknüpfung besteht (BGHZ 116, 293). Von besonderer Bedeutung war unter altem Recht die Parallelität deliktischer Ansprüche und kauf- bzw werkvertraglicher Mängelrechte. Der Gesetzgeber hat es ausweislich der Gesetzesbegründung ausdrücklich der Rspr überlassen, diese Frage zu klären. Die Klärung der Frage hat dabei allerdings weniger im Verjährungsrecht als vielmehr dazu zu erfolgen, wie weit der Anwendungsbereich des § 823 gefasst wird (BaRoth/ *Henrich* Rz 13). 11

§ 196 Verjährungsfrist bei Rechten an einem Grundstück. Ansprüche auf Übertragung des Eigentums an einem Grundstück sowie auf Begründung, Übertragung oder Aufhebung eines Rechts an einem Grundstück oder auf Änderung des Inhalts eines solchen Rechts sowie die Ansprüche auf die Gegenleistung verjähren in zehn Jahren.

A. Allgemeines. Für Ansprüche auf dingliche Rechtsänderung hat der Gesetzgeber die Notwendigkeit erkannt, eine ggü der regelmäßigen Verjährung verlängerte Verjährungsfrist von 10 Jahren zu schaffen. Hintergrund war dabei va, dass bei der Begründung, Inhaltsänderung, Übertragung oder Aufhebung eines dinglichen Rechts wegen der (§ 873) regelmäßig notwendigen grundbuchlichen Eintragung sowie ggf weiterer von den Beteiligten nicht zu beeinflussender Erfordernisse, bspw Vermessung und katasteramtliche Fortschreibung, die regelmäßige Verjährungsfrist von 3 Jahren oftmals zu kurz ist. Die noch frische Erinnerung an die Verhältnisse in den neuen Bundesländern nach der Wende, als teilweise Eintragungszeiten von mehreren Jahren bestanden, ließen die 3-Jahresfrist erheblich zu kurz erscheinen. In solchen Situationen würden die Parteien ohne längere Fristen unnötig zu Maßnahmen der Anspruchsdurchsetzung gezwungen.

B. Anwendungsbereich. I. Anspruch auf dingliche Rechtsänderung. 1. Primärleistungsanspruch. Grds keine Rolle spielt es, auf welche rechtliche Grundlage sich der konkrete Anspruch auf dingliche Rechtsänderung stützt, insb ob es sich um einen aus einer vertraglichen Sonderbeziehung oder auf gesetzlicher Grundlage handelt. Das Bestehen einer Gegenleistung ist trotz Hs 2 nicht Voraussetzung der Anwendung des § 196, sodass insb auch Ansprüche aus einem Schenkungsversprechen in den Anwendungsbereich der Norm fallen. Der wichtigste dieser Ansprüche ist dabei derjenige auf Übereignung eines Grundstücks, wobei entspr § 311b Miteigentumsanteile, Wohnungseigentum und das Erbbaurecht gleichgestellt sind, nicht jedoch der Eigentumserwerb kraft Anwachsung. Erfasst ist auch jeder Anspruch auf Rechtsänderung an beschränkt dinglichen Rechten (§ 1018 bis 1203), die Norm gilt damit für die Einräumung eines Nießbrauchs, einer Grunddienstbarkeit, einer beschränkt persönlichen Dienstbarkeit, eines Vorkaufsrechtes, von Reallasten, Grundpfandrechten und sonstigen, insb landesrechtlichen, Rechten wie bspw einem Altenteil. Entgegen dringender Mahnungen von Seiten der Notare hat der Gesetzgeber auch für die Rückgewähransprüche nicht mehr valutierender Grundpfandrechte die 10-Jahresfrist vorgesehen. Angesichts der Vielzahl auch über Jahrzehnte stehen gelassener Grundpfandrechte geht dies an der Praxis vorbei, was dazu führt, dass nunmehr flächendeckend formularmäßig die Verjährungsfrist auf die Maximalfrist des § 202 verlängert wird. Beruht der Anspruch auf dingliche Rechtsänderung auf einem Vermächtnis, geht der speziellere § 197 I Nr 2 (30-jährige Verjährungsfrist) vor.

2. Sekundärleistungsansprüche. Entgegen einer teilweise in der Lit vertretenen Auffassung (dazu BaRoth/*Henrich* Rz 3; AnwK/*Mansel/Stürner* Rz 29) erfasst § 196 auch Sekundäransprüche, soweit sich diese wiederum auf dingliche Rechtsänderung an einem Grundstück oder grundstücksgleichem Recht beziehen. Die vom Gesetzgeber für die längere Verjährungsfrist angestellten Überlegungen greifen unabhängig vom Rechtsgrund des Anspruchs soweit der Anspruchsinhalt dem in § 196 genannten Rahmen entspricht (so auch Palandt/*Heinrichs* Rz 5; MüKo/*Grothe* Rz 4). Richtet sich der Sekundärleistungsanspruch dagegen auf eine andere Leistung, insb auf eine Geldleistung, bleibt es bei der Regelverjährung.

3. Teleologische Reduktion. Grds findet die lange Verjährungsfrist unabhängig von der Frage Anwendung, ob im Einzelfall eines der vom Gesetzgeber erkannten Verzögerungsprobleme bei der Erfüllung eines der in § 196 genannten Ansprüche eintritt oder nicht. Keine Anwendung findet § 196 allerdings dort, wo die vom Gesetzgeber erkannten Risiken schon per se nicht eintreten können, dies gilt insb in den Fällen, in denen die Rechtsänderung ohne Verfügung einhergeht (bspw Anwachsung) oder ein Mitwirken anderer Stellen als Schuldner und Gläubiger zur Herbeiführung der dinglichen Rechtsänderung nicht erforderlich ist. Um einen solchen Fall handelt es sich insb beim Anspruch auf Abtretung einer Briefgrundschuld nach § 1154 I.

4. Analoge Anwendung. Die analoge Anwendung des § 196 wird in der Lit für solche Besitzansprüche diskutiert, die parallel zu einem der in § 196 genannten Ansprüche bestehen, wenn das geschuldete dingliche Recht selbst einen Besitzanspruch vermittelt (so Erman/*Schmidt-Räntsch* Rz 7; AnwK/*Mansel/Stürner* Rz 20 f; MüKo/*Grothe* Rz 5; BaRoth/*Henrich* Rz 9; aA Palandt/*Heinrichs* Rz 6). Es sind weniger rechtsdogmatische als vielmehr rechtspraktische Erwägungen, die für dieses Ergebnis sprechen. Es machte wenig Sinn, den Inhaber eines Anspruchs auf Einräumung eines ein Besitzrecht konstituierenden dinglichen Rechts auf die Verjährung seines schuldrechtlichen Besitzanspruchs zu verweisen, um ihn alsdann nach Verwirklichung der dinglichen Rechtsänderung zur erneuten Klage aus dem dinglichen Recht zu zwingen.

II. Gegenleistungsansprüche. Soweit den Ansprüchen auf dingliche Rechtsänderung ein Gegenleistungsanspruch ggüsteht, wollte der Gesetzgeber ein zu starkes Auseinanderfallen der Verjährungen beider Ansprüche dadurch, dass auf den Gegenleistungsanspruch nur die Regelverjährung Anwendung findet, vermeiden. Als Gegenleistungsanspruch ist dabei allerdings nur ein solcher zu verstehen, der im Verhältnis zum Hauptanspruch in einem Synallagma stehen. Zwar gewährt § 215 dem Gegenleistungsgläubiger eine dauerhafte Einrede, ausweislich der Gesetzesbegründung wollte der Gesetzgeber aber dauerhaft nicht beendbare Verträge vermeiden. Daraus leitet ein Teil der Lit (MüKo/*Grothe* Rz 6) die Schlussfolgerung ab, dass eine teleologische Reduktion bei solchen Gegenleistungsansprüchen geboten ist, bei denen der Anspruch auf dingliche Rechtsänderung bereits befriedigt ist, mit der Konsequenz, dass alsdann die Regelverjährung eingreift. Die hM lehnt dies ab (Palandt/*Heinrichs* Rz 4; AnwK/*Mansel/Stürner* Rz 28; BaRoth/*Henrich* Rz 12).

§ 197 Dreißigjährige Verjährungsfrist.

(1) In 30 Jahren verjähren, soweit nicht ein anderes bestimmt ist,
1. Herausgabeansprüche aus Eigentum, anderen dinglichen Rechten, den §§ 2018, 2130 und 2362 sowie die Ansprüche, die der Geltendmachung der Herausgabeansprüche dienen,,
2. *(weggefallen)*,
3. rechtskräftig festgestellte Ansprüche,
4. Ansprüche aus vollstreckbaren Vergleichen oder vollstreckbaren Urkunden,
5. Ansprüche, die durch die im Insolvenzverfahren erfolgte Feststellung vollstreckbar geworden sind, und
6. Ansprüche auf Erstattung der Kosten der Zwangsvollstreckung.

(2) Soweit Ansprüche nach Absatz 1 Nr. 3 bis 5 künftig fällig werdende regelmäßig wiederkehrende Leistungen zum Inhalt haben, tritt an die Stelle der Verjährungsfrist von 30 Jahren die regelmäßige Verjährungsfrist.

A. Allgemeines. Mit der 30-jährigen Verjährung trägt der Gesetzgeber der Überlegung Rechnung, dass die regelmäßige Verjährungsfrist von 3 Jahren für bestimmte Ansprüche schlicht zu kurz ist. So würde das grds unverjährbare Eigentum entkernt, verjährte ein Herausgabeanspruch schon nach relativ kurzer Zeit. Für familien- und erbrechtliche Ansprüche galt bislang ebenfalls die Sonderverjährung. Diese ist weitgehend aufgrund des zum 1.1.10 in Kraft getretenen Gesetzes zur Änderung des Erb- und Verjährungsrechts weggefallen, soweit diese nicht ausdrücklich in I Nr 1 integriert wurde. In den Fällen, in denen Verjährungsfristen verkürzt werden, gelten diese Fristen ab Inkrafttreten des Gesetzes, wenn nicht die bisherige Verjährung ohnehin vorher eintritt. Damit entspricht die betreffende Regelung des Art 229 § 23 EGBGB dem üblichen intertemporalen Prozedere. Hinsichtlich der Regelungen für titulierte Ansprüche in I Nr 3 bis 6 wird der bisherige Rechtszustand nach § 218 aF aufrechterhalten. Hierbei spielt va eine Rolle, dass die Durchsetzung titulierter Ansprüche schon wegen zeitweise nicht bestehender Leistungsfähigkeit des Schuldners für enge zeitliche Grenzen nicht geeignet ist. Soweit der Entschuldungsgedanke eine Rolle spielt, wollte der Gesetzgeber dies ausdrücklich dem Insolvenz- und nicht dem Verjährungsrecht überlassen. Die in II geregelte Einschränkung hinsichtlich wiederkehrender Leistungen oder Unterhaltsleistungen aus dem Familien- und Erbrecht und künftig fällig werdender regelmäßig wiederkehrender Leistungen aus titulierten Forderungen stellen zum Schutz des Schuldners vor Kumulierungen solcher Leistungen die Regelverjährung wieder her.

B. Herausgabeansprüche. Der 30-jährigen Verjährung unterliegen nur solche Herausgabeansprüche, die aus dinglichen Rechten resultieren, allen voran also der Hausgabeanspruch aus § 985. Klargestellt hat der Gesetzgeber damit insb auch die Frage, ob der Herausgabeanspruch überhaupt verjähren kann. Herausgabeanspruch aufgrund dinglichen Rechts sind ferner § 1036 I, § 1093 I iVm 1036 I, § 1227, § 11 I ErbbauV, § 31 III und § 34 II WEG, § 9 I BBergG, hinzu tritt der Anspruch aus dem dinglichen Vermieterpfandrecht nach § 562b II 1. Beseitigungs- und Unterlassungsansprüche unterfallen dagegen der Regelverjährung. Gleiches gilt für Ansprüche auf Nutzungsherausgabe, da diese regelmäßig nicht auf dem dinglichen Recht selbst, sondern auf den entspr Begleitschuldverhältnissen (bspw §§ 987, 988, 990) beruhen. Rein schuldrechtliche Herausgabeansprüche unterliegen der Regelverjährung. Die Herausgabeansprüche des Besitzers (§ 861) und des früheren Besitzers (§ 1007) sind keine Ansprüche aus einem dinglichen Recht und unterliegen der Regelverjährung. Zu beachten ist ferner, dass für Ansprüche aus einem eingetragenen dinglichen Recht nach § 902 die Unverjährbarkeit angeordnet ist.

C. Familien- und erbrechtliche Ansprüche. Die Sonderverjährung der familien- und erbrechtlichen Ansprüche der bisherigen Nr 2 ist durch das Gesetz zur Änderung des Erb- und Verjährungsrechts ersatzlos weggefallen. Damit gilt für all diese Ansprüche, soweit diese nicht in den Sonderregeln der Nr 1 zugewiesen sind, die Regelverjährung der §§ 195, 199.

I. Familienrechtliche Ansprüche. Familienrechtliche Ansprüche sind vollständig der Sonderverjährung entzogen, bisherige Sonderregeln im Familienrecht selbst wurden aufgehoben. Angepasst wurde die Hemmung nach § 207 Rn 3.

II. Erbrechtliche Ansprüche. Die Ansprüche des Erbrechts unterfallen, soweit keine Sonderregelungen bestehen, vollständig der Soweit nicht im Erbrecht selbst Sonderregeln aufgestellt sind, so zum Beginn der Verjährung des Pflichtteilsanspruchs nach § 2332 und der Verjährung der Mängelrechte aus dem Erbschaftskauf und dem Vermächtnis, gilt für erbrechtliche Ansprüche die Regelverjährung, wobei zum Verjährungsbeginn § 199 IIIa zu beachten ist. Nr 1 ordnet die Sonderverjährung nur noch für den Herausgabeanspruch des Erben gegen den Erbschaftsbesitzer (§ 2018), des Nach- gegen den Vorerben (§ 2130) und bezüglich eines falschen Erbscheins an das Nachlassgericht (§ 2362) an. Dass die entsprechenden Hilfsansprüche, insb also derjenige auf Auskunft, gleich welcher rechtlichen Grundlage, ebenso verjähren, soweit diese der Geltendmachung des Anspruchs dienen, versteht sich an sich von selbst.

6 **III. Unterhalt, regelmäßig wiederkehrende Leistungen.** Die bisherige Sonderregel für familien- und erbrechtliche wiederkehrende Leistungen des II ist aufgrund des Wegfalls der Nr 2 überflüssig geworden.

7 **D. Titulierte Ansprüche. I. Rechtskräftig festgestellte Ansprüche.** Grundlage einer rechtskräftigen Feststellung können neben dem Leistungs-Endurteil sowohl Versäumnis- wie Freistellungsurteile (BGH NJW 91, 2015), Feststellungsurteile, soweit es um das Bestehen eines Anspruchs geht (BGH NJW-RR 89, 215), ebenso Vorbehaltsurteile und zwar selbst dann, wenn sie unter dem Vorbehalt bestimmter Haftungsbeschränkungsregime ergehen, sein; selbst durch Abweisung einer negativen Feststellungsklage kann der streitgegenständliche Anspruch rechtskräftig festgestellt werden (BGH NJW 75, 1321; WM 86, 954). Urteile bei Teilklagen entfalten Wirkung nur hinsichtlich des verfahrensgegenständlichen Teils (RGZ 66, 271). Mangels materieller Rechtskraft ist ein Grundurteil nicht ausreichend (BGH NJW 85, 792). Eine rechtskräftige Kostengrundentscheidung jedoch schon (BGH NJW 06, 1962). Nicht notwendig muss es sich um ein kontradiktorisches Urt handeln, auch ein Anerkenntnis oder Säumnisurteil reicht aus. Keine Rolle spielt es, in welcher Gerichtsbarkeit die rechtskräftige Feststellung ergangen ist. Entscheidungen ausländischer Gerichte können ebenfalls die Wirkung der rechtskräftigen Feststellung besitzen, wenn die Entscheidung in Deutschland anerkennungsfähig ist (Ddorf RIW 79, 59; *Looschelders* IPrax 98, 301). Der gerichtlichen Feststellung steht die eines Schiedsgerichts gleich. Der nach altem Recht anerkannten Gleichstellung privater Anerkenntnisse bedarf es nicht mehr, da anders als früher § 202 Vereinbarungen über die Verjährung eröffnet (AnwK/*Mansel/Stürner* Rz 59; aA Palandt/*Heinrichs* Rz 12).

8 **II. Sonstige Titel.** Gleiche Wirkung wie die rechtskräftige Feststellung hat die Titulierung eines Anspruchs in Form vollstreckbarer Vergleiche (§ 794 I Nr 1 ZPO), aus vollstreckbaren Urkunden (§ 794 I Nr 5 ZPO), die Feststellung zur Insolvenztabelle (§§ 201 II, 215 II 2, 257) sowie der Erstattungsansprüche hinsichtlich der Kosten der Zwangsvollstreckung. Der vollstreckbare Anwaltsvergleich fällt allerdings unter I Nr 3, da dieser nur durch gerichtlichen (§ 794b ZPO) oder notariellen (§ 796c ZPO) Akt vollstreckbar wird (s. dazu AnwK/*Mansel/Stürner* Rz 64; BaRoth/*Henrich* Rz 18; offenbar aA Palandt/*Heinrichs* Rz 12; MüKo/*Grothe* Rz 20). Die durch das Verjährungsanpassungsgesetz eingefügte Nr 6 beseitigt den bisherigen Streit zur Frage der Verjährung der Kosten der Zwangsvollstreckung. Voraussetzung der verjährungsverlängernden Wirkung vollstreckbarer Urkunden ist, dass die Zwangsvollstreckungsunterwerfung formell und auch materiell wirksam ist (BGH NJW 99, 52; Zweibr BauR 00, 1209). Der Streit um die verjährungsverlängernde Wirkung der Vollstreckbarerklärung notarieller Kostenrechnungen hat sich nach der ablehnenden Entscheidung des BGH (NJW-RR 04, 1578) erledigt.

9 **III. Art der Ansprüche.** Die gerichtliche Feststellung bzw Titulierung eines Anspruchs führt zur Ersetzung der bisher maßgeblichen Verjährungsfrist durch die 30-jährige Verjährung. Für nicht der Entscheidung zugrunde liegende bzw nicht titulierte Ansprüche gilt sie grds nicht (zum Verzugsschaden BGH LM § 286 Nr 3). Sie erstreckt sich allerdings auf Ansprüche, die den Festgestellten bzw Titulierten ersetzen, zB Schadenersatz statt Herausgabevollstreckung (RGZ 109, 237) oder anstelle Freistellungsanspruch (BGH NJW 91, 2014). Bei Feststellung einer Schadenersatzpflicht verjähren auch Ansprüche wegen später eingetretener Schadensfolgen in 30 Jahren (BGH NJW-RR 89, 215). Gleiches gilt für solche Ansprüche, die durch Gesetzesänderung erst nach rechtskräftiger Feststellung neu entstehen (BGH NJW 67, 563). Personenwechsel berühren die Verjährungswirkung grds dann nicht, wenn eine rechtskräftige Feststellung zum Zeitpunkt des Personenwechsels bereits bestand (BGH NJW 87, 2864). Gesellschafter einer Personenhandelsgesellschaft oder Inhaber eines Handelsgeschäfts können sich für solche Ansprüche, die vor ihrem Ausscheiden rechtskräftig festgestellt oder tituliert sind, nicht auf die zeitlichen Schranken der §§ 26 und 160 HGB berufen, da diese nicht vor schon vor Ausscheiden entspr festgestellten Ansprüchen schützen (Staud/*Peters* Rz 3; MüKo/*Grothe* Rz 15; Palandt/*Heinrichs* Rz 13; Erman/*Schmidt-Räntsch* Rz 19).

10 **IV. Künftig fällig werdende regelmäßig wiederkehrende Leistungen.** Es gilt die Regelverjährung für künftig fällig werdende regelmäßig wiederkehrende Leistungen. Ob die Leistung auf Gesetz oder Vertrag beruht ist gleichgültig. Es kann sich dabei um Zinsen einschl Verzugszinsen (BGHZ 98, 187; MDR 93, 574), Bereitstellungszinsen (Stuttg NJW 86, 437), Leibrenten und Schadenersatzrenten (BGH NJW-RR 89, 215), Überbaurenten und Notwegrenten, Leistungen aus einer Reallast oder einer Rentenschuld und auch Abgelegeneres wie Vereinsbeiträge oder Wohngeld (BGH DStR 05, 1620) handeln, es sei denn, solche Leistungen wären kumuliert in einer Summe aE einer Laufzeit zu zahlen (*Ricken* NJW 99, 1147). Bereits mittitulierte wiederkehrende Leistungen für die Vergangenheit verjähren in 30 Jahren.

§ 198 Verjährung bei Rechtsnachfolge. Gelangt eine Sache, hinsichtlich derer ein dinglicher Anspruch besteht, durch Rechtsnachfolge in den Besitz eines Dritten, so kommt die während des Besitzes des Rechtsvorgängers verstrichene Verjährungszeit dem Rechtsnachfolger zugute.

1 Bei einem persönlichen Anspruch hat ein Schuldnerwechsel keinen Einfluss auf die Verjährung, da sich die Identität des Anspruchs nicht ändert (BGHZ 60, 240). Der Besitzwechsel hinsichtlich einer Sache, an der ein

dinglicher Anspruch besteht, lässt, jedenfalls wenn es sich nicht um Gesamtrechtsnachfolge handelt (dazu MüKo/*Grothe* Rz 2), den gegen den früheren Besitzer bestehenden Anspruch untergehen und gegen den aktuellen Besitzer neu entstehen. § 198 stellt hinsichtlich abgeleiteten Besitzerwerbs verjährungsrechtlich die gleiche Situation wie beim persönlichen Anspruch her, sodass die unter dem (oder den, dazu BaRoth/*Henrich* Rz 3; Erman/*Schmidt-Räntsch* Rz 7; MüKo/*Grothe* Rz 2) Besitzvorgängern vergangene Zeit dem aktuellen Besitzer zugerechnet wird. Geschützt ist nur abgeleiteter Besitzerwerb, sodass originärer Besitzerwerb bspw durch Fund oder Besitzerwerb gegen den Willen des Besitzvorgängers die Verjährungsfrist neu beginnen lässt. Auf die Gutgläubigkeit des Besitzerwerbers kommt es dagegen nicht an. § 198 gilt nicht für Veränderungen in der Person des Inhabers des dinglichen Anspruchs, eine analoge Anwendung liegt jedoch nahe (so MüKo/*Grothe* Rz 5).

§ 199 Beginn der regelmäßigen Verjährungsfrist und Höchstfristen.
(1) Die regelmäßige Verjährungsfrist beginnt, soweit nicht ein anderer Verjährungsbeginn bestimmt ist, mit dem Schluss des Jahres, in dem
1. der Anspruch entstanden ist und
2. der Gläubiger von den den Anspruch begründenden Umständen und der Person des Schuldners Kenntnis erlangt oder ohne grobe Fahrlässigkeit erlangen müsste.

(2) Schadensersatzansprüche, die auf die Verletzung des Lebens, des Körpers, der Gesundheit oder der Freiheit beruhen, verjähren ohne Rücksicht auf ihre Entstehung und die Kenntnis oder grob fahrlässige Unkenntnis in 30 Jahren von der Begehung der Handlung, der Pflichtverletzung oder dem sonstigen, den Schaden auslösenden Ereignis an.

(3) ¹Sonstige Schadensersatzansprüche verjähren
1. ohne Rücksicht auf die Kenntnis oder grob fahrlässige Unkenntnis in zehn Jahren von ihrer Entstehung an und
2. ohne Rücksicht auf ihre Entstehung und die Kenntnis oder grob fahrlässige Unkenntnis in 30 Jahren von der Begehung der Handlung, der Pflichtverletzung oder dem sonstigen, den Schaden auslösenden Ereignis an.

²Maßgeblich ist die früher endende Frist.

(3a) Ansprüche, die auf einem Erbfall beruhen oder deren Geltendmachung die Kenntnis einer Verfügung von Todes wegen voraussetzt, verjähren ohne Rücksicht auf die Kenntnis oder grob fahrlässige Unkenntnis in 30 Jahren von der Entstehung des Anspruchs an.

(4) Andere Ansprüche als die nach Absätzen 2 bis 3a verjähren ohne Rücksicht auf die Kenntnis oder grob fahrlässige Unkenntnis in zehn Jahren von ihrer Entstehung an.

(5) Geht der Anspruch auf ein Unterlassen, so tritt an die Stelle der Entstehung die Zuwiderhandlung.

A. Allgemeines. § 199 gilt nur für die Regelverjährung gleich ob diese direkt oder durch Verweisung anzuwenden ist. Dabei stellt § 199 das Korrektiv zur kurzen 3-jährigen Verjährungsfrist dar. Nach I bedarf es für den Beginn der Verjährung des Anspruchs neben dem Entstehen (objektiv) auch der Kenntnis (subjektiv) des Anspruchsinhabers. Neu eingefügt wurde IIIa (dazu Rn 22), sowie die Klarstellung in I, dass durch Sonderregeln rein objektive Anknüpfungspunkte der Verjährung bestimmt sind und diese selbstverständlich vorgehen. 1

B. Beginn der regelmäßigen Verjährung. Der Beginn der regelmäßigen Verjährungsfrist bestimmt sich zum einen nach der Anspruchsentstehung, zum anderen nach der entspr Kenntnis bzw grob fahrlässigen Unkenntnis des Gläubigers. 2

I. Anspruchsentstehung. 1. Grundprinzip Fälligkeit. Ein Anspruch ist in dem Augenblick entstanden, in dem er erstmals geltend gemacht und ggf durch Klage durchgesetzt werden kann (BGHZ 55, 341; NJW-RR 00, 648). Dies entspricht dem Begriff der Fälligkeit (BGHZ 53, 225; ZIP 01, 613 stRspr). Völlig deckungsgleich sind die Begriffe der Fälligkeit und des Entstehens des Anspruchs allerdings deshalb nicht, da die Möglichkeit, schon vor Fälligkeit eine verjährungsunterbrechende Feststellungsklage zu erheben, eine Verjährungsfrist beginnen lassen kann (BGHZ 73, 365; NJW 82, 1288). Folgerichtig ist die Bezifferbarkeit eines etwaigen Anspruchs für dessen Entstehung irrelevant (BGHZ 79, 178). Die Möglichkeit der Erhebung einer Feststellungsklage lässt allerdings umgekehrt den Anspruch nicht immer entstehen (BGHZ 100, 233). Obwohl die nachträgliche Genehmigung nach § 184 I auf den Zeitpunkt der Vornahme des Rechtsgeschäfts zurückwirkt, beginnt die Verjährung eines so entstehenden Anspruchs frühestens mit der Genehmigung zu laufen (RGZ 65, 248; BaRoth/*Henrich* Rz 4; MüKo/*Grothe* Rz 5). Gleiches gilt für eine Rückdatierung, es sei denn, damit wäre die Vereinbarung einer verkürzten Verjährungsfrist nach § 202 II verbunden. Aufschiebend bedingte Ansprüche verjähren frühestens mit Bedingungseintritt (BGHZ 47, 391; NJW 87, 2745). 3

Soweit die Fälligkeit von einer vorangegangenen Kündigung bzw einer Anfechtungserklärung abhängt, gelten diese Ansprüche erst als entstanden, wenn die entspr Handlung wirksam geworden ist (BGH MDR 02, 1387; Palandt/*Heinrichs* Rz 4; BaRoth/*Henrich* Rz 4; MüKo/*Grothe* Rz 5). Abw vom bisherigen Recht reicht die bloße Möglichkeit der Kündigung oder Anfechtung nicht aus. Soweit im Ausnahmefall die Fälligkeit die 4

Erteilung einer Rechnung voraussetzt, bspw bei Honoraransprüchen nach § 12 II GOÄ oder nach § 8 HOAI, beginnt die Verjährung nicht vor Rechnungsstellung. In Betracht kommt in solchen Fällen aber Verwirkung (Erman/*Schmidt-Räntsch* Rz 6; Palandt/*Heinrichs* Rz 6). Hängt die Entstehung eines Anspruchs von einer vorhergehenden gerichtlichen oder behördlichen Entscheidung ab, bspw der Festsetzung einer Erbbauzinserhöhung analog § 315 III, entsteht der Anspruch mit der Rechts- bzw Bestandskraft der Entscheidung (BGH NJW 96, 1054).

5 **2. Verhaltene Ansprüche.** Verhaltene Ansprüche sind solche, die jederzeit, allerdings immer nur auf besonderes Verlangen des Berechtigten zu erfüllen sind. Nach altem Recht galten verhaltene Ansprüche dann als entstanden, wenn alle sonstigen Entstehungsvoraussetzungen gegeben waren und das Verlangen erstmals ausgeübt werden konnte (BGH MDR 00, 384). Nach Verkürzung der Regelverjährung auf drei Jahre ist dies nicht mehr sachgerecht, was der Gesetzgeber in Sonderregeln (§§ 604 V, 695 2, 696 2) dergestalt geregelt hat, dass die Anspruchsverjährung erst mit Ausübung des Verlangens läuft. Daraus ist nach herrschender Auffassung (s. nur MüKo/*Grothe* Rz 7; Palandt/*Heinrichs* Rz 8; BaRoth/*Henrich* Rz 10; AnwK/*Mansel/Stürner* Rz 22; aA *Rieple* NJW 04, 2272) ein Rechtsprinzip abzuleiten, das eine entspr Analogie für alle verhaltenen Ansprüche rechtfertigt.

6 **3. Wiederkehrende Leistungen und Dauerhandlungen.** Bei wiederkehrenden Leistungen entsteht der Anspruch für jede Teilleistung einzeln, wobei sich der Zeitpunkt des Entstehens wiederum nach allg Regeln richtet. Soweit die einzelnen Leistungen Nutzungen eines Stammrechts darstellen, kann auch dieses Stammrecht autonom verjähren. Begründet eine Dauerhandlung einen Anspruch immer wieder neu, beginnt die Verjährung nicht zu laufen, solange die Dauerhandlung fortwährt (BGH NJW 73, 2285). Handelt es sich dagegen um wiederholte Handlungen, verjährt der jeweils entstehende Anspruch autonom (BGHZ 97, 110).

7 **4. Unterlassungsansprüche.** Besonders geregelt ist in V der Beginn der Verjährung für Unterlassungsansprüche. Solange keine Zuwiderhandlung vorliegt, kann ein Unterlassungsanspruch schlechterdings nicht durchgesetzt werden. Eine Verjährung etwaiger Ansprüche kommt damit erst ab Zuwiderhandlung in Betracht. Jede Zuwiderhandlung löst eine neue Verjährung aus. Auf Ansprüche auf dauernde positive Leistung (Instandhaltungspflichten oä) ist § 199 V entspr anzuwenden (BGH NJW 95, 2549).

8 **5. Einzelfälle.** Die Verjährung vertraglicher Ansprüche beginnt regelmäßig mit Vertragsschluss, es sei denn die Fälligkeit wäre abw von § 271 bestimmt. Zur Fälligkeit bestehen sowohl im BGB als auch in Nebengesetzen zahlreiche Einzelvorschriften. Gewinnansprüche entstehen regelmäßig erst mit Feststellung der Bilanz (BGHZ 80, 358). Ein Anspruch auf Auszahlung eines Sparguthabens verjährt erst nach Kündigung, gleichgültig wie groß der Zeitablauf seit der letzten Kontenbewegung ist (BGHZ 151, 51 f; Frankf OLGR 05, 312), der Anspruch aus einem Verwaltungsakt mit dessen Wirksamkeit für den Berechtigten (Brandbg NJ 07, 527).

9 **6. Schadenersatzansprüche. a) Das Prinzip der Schadenseinheit.** Im Bereich der Schadenersatzansprüche gilt das sog Prinzip der Schadenseinheit. Danach gelten Schadenersatzansprüche bereits mit Schadenseintritt als entstanden und zwar auch, wenn sich bestimmte Schadensfolgen erst später zeigen. Voraussetzung ist alleine, dass zumindest ein Teilbetrag des Schadens im Wege der Leistungsklage geltend gemacht werden kann (BGHZ 50, 24 NJW 02, 1414 stRspr; aA Staud/*Peters* Rz 37 ff). Das Prinzip gilt nur dann nicht, wenn eine bestimmte Schadensfolge objektiv nicht vorhersehbar ist (BGH NJW 00, 861). Der BGH stellt hierbei auf den Horizont eines Fachmanns ab, richtiger erscheint es jedoch auf einen durchschnittlichen Betrachter abzustellen (so MüKo/*Grothe* Rz 11; Staud/*Peters* Rz 35). Anwendbar ist das Prinzip nur für einheitliche Schädigungshandlungen, nicht jedoch bei Schäden aus wiederholten Handlungen (BGHZ 97, 110; DB 02, 1657).

10 **b) Einzelfälle.** Der Schadenersatzanspruch wegen Pflichtverletzung aus § 280 einschl Verzugsschäden entsteht mit Schadenseintritt (BGHZ 73, 365). Der Schadenersatzanspruch statt der Leistung nach § 281 ff entsteht einheitlich mit der Entstehung des Primäranspruchs (MüKo/*Grothe* Rz 21; Palandt/*Heinrichs* Rz 15). Die für das alte Recht abweichende Rspr, wonach der Anspruch erst nach Ablauf der Fristsetzung für die Erfüllung des Primäranspruchs entsteht (BGH NJW 99, 2886), dürfte überholt sein, da sich ansonsten die Frist um weitere drei Jahre verlängerte. Ein deliktischer Schadenersatzanspruch entsteht frühestens wenn aus der unerlaubten Handlung ein klagbarer Teilschaden entstanden ist, nicht jedoch schon mit Setzung der Schadensursache. Prozessuale Schadenersatzansprüche, bspw nach § 717 II ZPO und § 945 ZPO entstehen mit Aufhebung des Urteils (Karlsr OLGR 79, 374) oder rechtskräftiger Abweisung der einstweiligen Maßnahme (BGH NJW 92, 2297). Bei bloßen Vermögensschäden bedarf es einer aktuellen Verschlechterung, auch wenn sich die Höhe noch nicht beziffern lässt, eine bloße Gefährdung reicht nicht (BGH NJW 00, 1264). Auch bei Ansprüchen gegen Rechtsanwälte oder Steuerberater ist ein Anspruch erst dann entstanden, *wenn die Pflichtverletzung einen Schaden verursacht hat* (BGHZ 100, 228; 124, 30). Bei fehlerhaftem Prozessverhalten entsteht der Anspruch mit Erlass der nachteiligen Entscheidung, bspw des Steuerbescheids (OLGR Celle 05, 489), beim Verstreichenlassen von Fristen, bspw Verjährungsfristen oder Rechtsmittelfristen, ist der Ablauf der Frist maßgebend (BGH NJW 94, 2822; 96, 50).

II. Kenntnis. § 199 I Nr 2 fordert neben dem objektiven Kriterium des Entstehens des Anspruchs als weitere **11** Voraussetzung des Verjährungsbeginns die Kenntnis bzw grob fahrlässige Unkenntnis des Gläubigers vom Anspruch. Mit diesem subjektiven Kriterium wird die Schärfe der Kürze der Regelverjährung kompensiert.

1. Kenntnis des Gläubigers. Die Kenntnis muss in der Person des Anspruchsberechtigten vorliegen. Bei **12** nicht Geschäftsfähigen kommt es auf das Wissen des gesetzlichen Vertreters an, insb also der Eltern oder eines Vormunds, ggf auch eines Betreuers an (BGH NJW 89, 2323; 96, 2934). Bei gemeinsam sorgeberechtigten Eltern reicht die Kenntnis eines Elternteils, ansonsten die des Sorgeberechtigten. Die Kenntnis eines gewillkürten Wissensvertreters reicht aus, wenn diesem die Ermittlung und Durchsetzung des Anspruchs übertragen ist (BGH NJW 07, 1584), nach zweifelhafter Auffassung aber nur, wenn die Bevollmächtigung nicht gegen das Rechtsberatungsgesetz verstößt (krit *Kesseler* BGHReport 07, 403). Im Fall der Drittschadensliquidation kommt es auf den Anspruchsinhaber, und nicht auf die Person des geschädigten Dritten an (BGH NJW 67, 930). Bei Verträgen zugunsten Dritter ist ebenfalls der Anspruchsberechtigte entscheidend, soweit im Ausnahmefall beide forderungsberechtigt sind, kann es zu unterschiedlichem Verjährungsbeginn kommen. Gleiches gilt im Fall einer Mehrheit von Gläubigern nach § 425 II. Bei Behörden und öffentlichen Körperschaften entscheidet die Kenntnis des jeweils zuständigen Mitarbeiters (BGHZ 134, 343; NJW 07, 834). Bei juristischen Personen entscheidet die Kenntnis des gesetzlichen Vertreters, insb also der Organe. Sind mehrere Personen organschaftliche Vertreter so genügt regelmäßig die Kenntnis eines von ihnen selbst wenn Gesamtvertretung besteht. Unternehmen müssen sich allerdings auch die Kenntnis solcher Personen zurechnen lassen, von denen die Weitergabe der Information an die organschaftlichen Vertreter erwartet werden durfte (BGHZ 132, 35). Ob die bisherige Ablehnung einer Wissenszurechnung nach den Grundsätzen des § 166 (s. dazu BGHZ 133, 139) angesichts der in § 199 I verankerten Verantwortung für grob fahrlässige Unkenntnis aufrechterhalten bleiben kann, ist fraglich. Im Fall der Rechtsnachfolge muss sich der neue Gläubiger grds die Kenntnis des Rechtsvorgängers zurechnen lassen, und zwar gleichgültig ob es sich um einen Fall der Gesamtrechtsnachfolge oder der Einzelrechtsnachfolge wie bspw der Abtretung (BGH NJW 96, 117) handelt. Hatte der Erblasser Kenntnis, wird dies auch einer Erbengemeinschaft zugerechnet, bei Kenntniserlangung erst nach dem Tod durch die Erben, bedarf es vor Auseinandersetzung der Erbengemeinschaft der Kenntnis aller Erben (Celle NJW 64, 870). Geht allerdings ein Anspruch sofort mit Entstehung über, bspw nach § 81a BVG oder § 5 Opferentschädigungsgesetz, kommt es nur auf die Kenntnis des Versicherungs- oder Leistungsträgers an (BGHZ 48, 192, stRspr). Hatte ein Zessionar schon vor dem Zedenten Kenntnis iSd § 199 I Nr 2, wird der Verjährungsbeginn nicht nach vorn verschoben, sondern beginnt mit der Zession.

2. Kenntnis der anspruchsbegründenden Umstände. a) Tatsachenkenntnis. Nr 2 verlangt nur die Kennt- **13** nis der Tatsachen nicht jedoch eine rechtliche Würdigung durch den Anspruchsinhaber (BGH NJW 96, 118 stRspr, zuletzt OLGR Bamberg 06, 663). Anderes gilt allenfalls bei Ansprüchen, die sich aus komplexen Rechtskonstruktionen bspw Kapitalanlagebetrug ergeben (BGH NJW 94, 3093). Das Verkennen von Anspruchsgrundlagen, eine Änderung der Rspr und ähnliches hindert Tatsachenkenntnis nicht.

b) Anspruchsbegründende Umstände. Erforderlich ist die Kenntnis der einen Anspruch begründenden **14** Umstände, dh derjenigen Tatsachen, die zusammen den Tatbestand eines gesetzlichen Anspruchstatbestandes ausfüllen. Erforderlich ist dafür zunächst die Kenntnis vom Schaden, wobei dieser nicht dem Umfang, sondern nur dem Grunde nach bekannt sein muss (BGHZ 67, 373, stRspr). Erkennt der Gläubiger eine eingetretene Beeinträchtigung allerdings nicht als Schaden, liegt keine Kenntnis vor. Eine detaillierte Kenntnis naturwissenschaftlicher Kausalverläufe ist nicht erforderlich, es reicht das Wissen um die zugrunde liegenden Tatsachen (BGH NJW 84, 661; 91, 2351). Lässt sich aus den Tatsachen allerdings für den Laien nicht das Vorliegen eines anspruchsbegründenden Merkmals erschließen, erkennt bspw der von Steinschlag verletzte Wanderer nicht den über ihm befindlichen Felskletterer, liegt keine Kenntnis vor. Nicht notwendig ist ferner umfassende Tatsachenkenntnis, es genügt wenn auf Grundlage der Tatsachenkenntnis eine hinreichend aussichtsreiche Klage erhoben werden kann (BGHZ 102, 246; 122, 317, stRspr). Unerheblich ist ferner die Kenntnis von etwaigen Rechtfertigungsgründen oder das Nichtvertretenmüssen auf Seiten des Schuldners, ebenso wenig, dass dem Gläubiger keine ausreichenden Beweismittel zur Verfügung stehen (Staud/*Peters* Rz 47). Gehört zum Tatbestand ein Verschulden des Anspruchsgegners, muss sich die Kenntnis auch darauf beziehen (BGH NJW 93, 2614). Für innere Tatsachen, bspw Vorsatz, reicht die Kenntnis äußerer Umstände, die auf das Vorhandensein der inneren Tatsachen schließen lassen (BGH NJW 64, 494). Sind mehrere Pflichtverletzungen jeweils eigenständig anspruchsbegründend, kommt es auf die jeweilige Kenntnis an (BGH NJW 08, 506).

Aus dem Grundsatz der Schadenseinheit (Rn 9) ergibt sich grds, dass auch für Spätschäden, die durch die **15** gleiche schädigende Handlung entstanden sind, Umstandskenntnis gegeben ist. Eine Ausnahme wird allerdings für solche Spätschäden gemacht, mit denen nach objektiven Maßstäben zunächst nicht zu rechnen war (BGHZ 100, 231; NJW 95, 1614). Dies ist bspw bei Dauerfolgen nur leichtester Verletzungen anerkannt (BGH NJW 79, 269).

3. Kenntnis von der Person des Verpflichteten. Kenntnis setzt auch die Kenntnis des Anspruchsschuldners **16** voraus, wobei dessen Identität so konkretisiert sein muss, dass eine Klage mit hinreichender Erfolgsaussicht anhängig gemacht werden kann (BGHZ 102, 248). Regelmäßig ist damit Kenntnis von Name und Anschrift erforderlich. Bloße Ermittlungsmöglichkeiten reichen dagegen nicht aus (BGH NJW 98, 2908). Kommen mehrere Personen als Schuldner in Betracht, läuft die Verjährungsfrist ggü dem tatsächlichen Schuldner erst dann, wenn keine substanziellen Zweifel mehr an dessen Identität bestehen. Bei Gesamtschuldnern kommt es auf die Kenntnis des Einzelnen an, sodass die Verjährung uU unterschiedlich laufen kann (BGH NJW 01, 964). Bei der Amtshaftung ist das Wissen um die Haftung des Staates unerheblich, für den Verjährungsbeginn erforderlich ist aber die Kenntnis, dass der Beamte entweder vorsätzlich gehandelt hat oder keine bzw keine hinreichende anderweitige Ersatzmöglichkeit besteht (BGHZ 121, 71). Gleiches gilt für die Notarhaftung (BGH NJW 93, 2741). Bei Ansprüchen gegen einen Geschäftsherrn wegen Gehilfenverschulden bedarf es nur des Wissens um den Geschäftsherrn, nicht jedoch um den Gehilfen (BGH NJW 99, 424).

17 **4. Grob fahrlässige Unkenntnis.** Neben der Kenntnis reicht die grob fahrlässige Unkenntnis des Gläubigers von den anspruchsbegründenden Umständen und der Person des Schuldners aus, um die Verjährung beginnen zu lassen. Grobe Fahrlässigkeit setzt voraus, dass der Gläubiger sich bei auch nur mäßiger Beachtung der im Verkehr erforderlichen Sorgfalt Kenntnis hätte verschaffen können. Es bedarf also eines ungewöhnlich großen Maßes der mangelnden Sorgfalt. Dies ist bspw dann gegeben, wenn ein Gläubiger aufgrund unzureichender Organisation nicht für eine strukturell ausreichende zeitnahe Erfassung von Forderungen Sorge trägt, ein- und ausgehende Beträge nicht kontrolliert, keine sorgfältige Kontrolle von Buchungsunterlagen durchführt. Grob fahrlässig verhält sich ferner, wer bei bestehenden Indizien diesen nicht nachgeht auch wenn sich aufdrängte, dass damit Kenntnis erlangt werden könnte (BGH NJW 90, 2808). Bei fehlenden Indizien besteht aber keine weitere Ermittlungspflicht, bspw braucht ein Patient nicht die Krankenhausunterlagen zu durchsuchen (BGH NJW 89, 2324). Weiß der Patient aber, dass ihm ein Schaden im Krankenhaus entstanden ist, muss er sich um die Identität des zuständigen Arztes bemühen. Ist ihm das Kfz-Kennzeichen des Schädigers bekannt, muss er Ermittlungen zu dessen Identität anstellen. Voraussetzung ist immer, dass greifbare Erkenntnismöglichkeiten ohne Not über längere Zeit ausgelassen wurden und naheliegende Ermittlungsmaßnahmen die notwendige Kenntnis erbracht hätten (BGH NJW 89, 2323).

18 **III. Ultimoverjährung.** Va aus Gründen der leichteren Handhabbarkeit ordnet I an, dass die Regelverjährung immer mit Jahresende beginnt. Verjährungsbeginn ist für die Regelverjährung daher immer der 31.12. um 24.00 Uhr, sodass das Verjährungsende ebenfalls auf den 31.12. fällt. Die Regel gilt nur für den Verjährungsbeginn, kommt es zu einer Hemmung oder zum Neubeginn der Verjährung, laufen diese ohne Beachtung der Ultimoregel taggenau (BGHZ 93, 294; BAG NJW 97, 3461).

19 **C. Höchstfristen.** Es sind Gründe der Rechtssicherheit die den Gesetzgeber dazu bewogen haben, neben die allg Regel des I in den II–IV Höchstfristen vorzusehen, nach deren Ablauf Ansprüche gleichgültig, wann sie entstanden sind bzw wann der Gläubiger Kenntnis von ihnen erlangte, nicht mehr geltend gemacht werden können. Allerdings kann sich die Höchstfrist dadurch verlängern, dass die Vorschriften über Hemmung, Ablaufhemmung und Neubeginn auch für diese gelten. Die Ultimoregel gilt für diese Fristen nicht, sie laufen taggenau. Soweit aufgrund eines Ereignisses mehrere Rechtsgüter nebeneinander betroffen sind, ist die Höchstfrist hinsichtlich jedes Rechtsguts einzeln zu ermitteln. Dabei kommt es auf Wertverhältnisse oder Ähnl nicht an.

20 **I. Höchstpersönliche Rechtsgüter.** Schadenersatzansprüche, gleichgültig ob diese auf vertraglicher oder gesetzlicher Grundlage stehen, aus der Verletzung des Lebens, des Körpers, der Gesundheit oder der Freiheit verjähren, unabhängig vom Vorliegen der Voraussetzungen des I in 30 Jahren ab dem den Schaden auslösenden Ereignis. II gilt nur für die genau bezeichneten Rechtsgüter, erfasst allerdings neben allen materiellen Schadenersatzansprüchen auch solche auf immateriellen Schaden, insb Schmerzensgeld. Die Frist beginnt dabei zu laufen mit der Setzung der Schadensursache, unabhängig davon, wann ein Schaden erstmals auftritt (BGHZ 117, 287). Ist der Kausalverlauf damit einmal in Gang gesetzt, läuft die Frist, gleichgültig ob der Schaden erst nach deren Ablauf eintritt. Fristbeginn ist damit bei deliktischen Ansprüchen die Vornahme der Schädigungshandlung, bei vertraglichen Ansprüchen der Zeitpunkt der Pflichtverletzung, bei pflichtwidrigen Unterlassungen der Zeitpunkt, zu dem die unterlassene Handlung letztmals schadensvermeidend hätte vorgenommen werden können.

21 **II. Andere Schadenersatzansprüche.** Ansprüche auf Ersatz von Schäden an anderen als den in II genannten Rechtsgütern unterliegen ebenfalls der 30-jährigen Verjährung ab dem schadensstiftenden Ereignis, zusätzlich verjähren sie aber in jedem Fall 10 Jahre nach Entstehung. Betroffen sind insb Ansprüche aus der Verletzung des Eigentums und des Vermögens, aber auch aller sonstigen nicht höchstpersönlichen Rechtsgüter. Ist ein Schadenersatzanspruch entstanden, verjährt dieser unabhängig von Kenntnis oder grob fahrlässiger Unkenntnis jedenfalls innerhalb einer Frist von 10 Jahren. Bsp: Werden an einem Bauwerk betonzersetzende Chemikalien freigesetzt, sind Ansprüche gegen den Schädiger sowohl dann verjährt, wenn der Schaden sofort entsteht, der Schädiger aber erst nach mehr als 10 Jahren bekannt wird, wie auch wenn der Schaden erst nach mehr als 30 Jahren auftritt.

III. Erbrechtliche Ansprüche. Der neue IIIa wurde aufgrund des Gesetzes zur Änderung des Erb- und Verjährungsrechts notwendig, um der kurzen kenntnisunabhängigen Verjährung nach IV in den Fällen, in denen typischerweise auf die Kenntnis des Erbfalls oder einer Verfügung von Todes wegen ankommt, vorzubeugen. Der Gesetzgeber ging davon aus, dass sich entsprechende Anspruchskenntnis in nicht seltenen Fällen erst nach Ablauf längerer Zeiträume ergibt, was die 10-jährige Frist als zu kurz erscheinen ließ. Entsprechend nimmt IV die Ansprüche nach IIIa aus. 22

IV. Sonstige Ansprüche. Alle sonstigen Ansprüche, die nicht Schadenersatzansprüche sind, verjähren unabhängig von der Kenntnis oder grob fahrlässigen Unkenntnis 10 Jahre nach ihrer Entstehung. 23

§ 200 Beginn anderer Verjährungsfristen. ¹Die Verjährungsfrist von Ansprüchen, die nicht der regelmäßigen Verjährungsfrist unterliegen, beginnt mit der Entstehung des Anspruchs, soweit nicht ein anderer Verjährungsbeginn bestimmt ist. ²§ 199 Abs. 5 findet entsprechende Anwendung.

§ 200 ist Auffangnorm für all diejenigen Ansprüche, die nicht der regelmäßigen Verjährung unterliegen. Der praktische Anwendungsbereich ist äußerst gering, da die nicht der regelmäßigen Verjährung unterliegenden Ansprüche meist Sondervorschriften zum Verjährungsbeginn kennen. Sie gilt damit maßgeblich für die in §§ 196, 197 I Nr 1 und 2 genannten Ansprüche. § 200 knüpft den Beginn der Verjährung rein objektiv an die Entstehung des Anspruchs. Das subjektive Kriterium der Kenntnis besteht nicht. Zum Begriff des Entstehens s. § 199 Rn 3 f. Eine andere Bestimmung iSd 1 besteht bspw in § 548 I 2 (BGHZ 162, 30). 1

§ 201 Beginn der Verjährungsfrist von festgestellten Ansprüchen. ¹Die Verjährung von Ansprüchen der in § 197 Abs. 1 Nr. 3 bis 6 bezeichneten Art beginnt mit der Rechtskraft der Entscheidung, der Errichtung des vollstreckbaren Titels oder der Feststellung im Insolvenzverfahren, nicht jedoch vor der Entstehung des Anspruchs. ²§ 199 Abs. 5 findet entsprechende Anwendung.

A. Allgemeines. Die Titulierung eines Anspruchs stellt diesen verjährungsrechtlich auf eine neue Grundlage. Damit kommt ein pauschaliertes Abstellen auf die Entstehung des Anspruchs entspr der Regelung des § 200 nicht in Betracht, da ansonsten durch Titulierung möglicherweise eine Verlängerung der Verjährungsfrist, nicht jedoch ein Neuentstehen erreicht werden könnte. 1

B. Fristbeginn. Unter der Voraussetzung, dass der Anspruch bereits entstanden ist, beginnt die Verjährung im Fall des § 197 I Nr 3 mit der formellen Rechtskraft des Urteils, gleichgültig ob bereits vollstreckt werden kann, im Fall des § 197 I Nr 4 mit der Errichtung des Titels und im Fall des § 197 I Nr 5 mit der vollstreckbaren Feststellung im Insolvenzverfahren. Ist der Anspruch zu diesem Zeitpunkt noch nicht entstanden, beginnt die Frist frühestens mit Anspruchsentstehung. Rechtskräftig ist eine Entscheidung, wenn sie nicht mehr mit Rechtsmitteln angegriffen werden kann. Vollstreckbare Vergleiche sind mit Protokollierung im Termin und Genehmigung durch die Beteiligten errichtet, vollstreckbare Urkunden wenn sie in der gesetzlich vorgeschriebenen Form aufgenommen sind und, falls der Gläubiger nicht Beteiligter der Urkunde ist, ein Publikationsakt in Form der Übersendung einer Ausfertigung hinzugetreten ist. Ein Anwaltsvergleich ist Entscheidung iSd § 197 I Nr 3 (§ 197 Rn 8). Vollstreckbare Feststellung im Insolvenzverfahren setzt neben der Aufnahme in die Tabelle und Feststellung auch die Bekanntmachung der Aufhebung oder der Einstellung des Insolvenzverfahrens voraus. Für Unterlassungsansprüche verweist § 201 auf § 199 V, sodass es für den Verjährungsbeginn auf die Zuwiderhandlung ankommt mit der Konsequenz, dass, solange keine Zuwiderhandlung auftritt, der Anspruch nicht verjährt. 2

§ 202 Unzulässigkeit von Vereinbarungen über die Verjährung. (1) Die Verjährung kann bei Haftung wegen Vorsatzes nicht im Voraus durch Rechtsgeschäft erleichtert werden.
(2) Die Verjährung kann durch Rechtsgeschäft nicht über eine Verjährungsfrist von 30 Jahren ab dem gesetzlichen Verjährungsbeginn hinaus erschwert werden.

A. Allgemeines. Abw vom bis zum 31.12.01 geltenden Recht ist das Verjährungsrecht nunmehr mit Ausn weniger Teilbereiche vollständig der Parteiautonomie zugänglich. Insb die Möglichkeit der Verjährungserschwerung beseitigt die Notwendigkeit früherer, teilweise rechtlich zweifelhafter Konstruktionen. Der Anwendungsbereich des § 202 ist mit § 194 identisch. Daraus ergibt sich aber gleichzeitig, dass Ansprüche, die nicht der Verjährung unterliegen, auch nicht dem Dispositionsrahmen des § 202 zuzuordnen sind (BaRoth/*Henrich* Rz 2; MüKo/*Grothe* Rz 5; Palandt/*Heinrichs* Rz 5). Hinsichtlich der in I und II gezogenen Grenzen handelt es sich bei der Norm um ein Verbotsgesetz iSd § 134, was Regelungen außerhalb der gezogenen Grenzen nichtig macht. Neben den durch § 202 gezogenen Grenzen bestehen darüber hinaus weitere gesetzliche Schranken, bspw im Verbrauchsgüterkauf nach § 476. 1

B. Rechtsgeschäftliche Erklärungen. Ausweislich der Überschrift bedarf es grds einer Vereinbarung zur Änderung der gesetzlichen Verjährungsregelungen. Einseitige Erklärungen genügen nur, wenn der Anspruch 2 selbst auf einem einseitigen Rechtsgeschäft beruht bzw ein Einredeverzicht des Schuldners vorliegt. Da Vereinbarungen über die Verjährung grds frei getroffen werden können, können sie sowohl die Länge der Verjährungsfristen, die abweichende Bestimmung des Verjährungsbeginns, die eigene Bestimmung von Hemmungsgründen oder die Tatbestände eines Neubeginns betreffen. Keine Rolle spielt, ob die Vereinbarung unmittelbar oder nur mittelbar, bspw Stundung, Einfluss auf die Verjährung nimmt. Eine Vereinbarung kann sowohl vor wie auch nach Entstehen des Anspruchs als auch vor Beginn, während und nach Ablauf der Verjährung getroffen werden. Es kann also auch eine bereits abgelaufene Frist noch verlängert werden. Wie der Inhalt der Vereinbarung insgesamt unterliegt auch deren Umfang der Parteidisposition, sodass es im Wesentlichen auf die Auslegung der Erklärung ankommt, auf welche Ansprüche sich diese beziehen soll. Im Zweifel wird wohl davon auszugehen sein, dass konkurrierende oder alternative Ansprüche von einer getroffenen Vereinbarung umfasst sind, sodass sich auch dort die Verjährung verändert. Vereinbarungen sind auch dergestalt möglich, dass sie als Vertrag zugunsten Dritter geschlossen werden (BGH BB 04, 179). Gleiches gilt für einen Vertrag mit Schutzwirkung für Dritte.

3 Eine bestimmte Form schreibt das Gesetz für die Verjährungsvereinbarungen nicht vor. Die hM (MüKo/*Grothe* Rz 4; Erman/*Schmidt-Räntsch* Rz 3; aA Palandt/*Heinrichs* Rz 2b) will dies auch bei Grundstückskaufverträgen gelten lassen. Dies ist für Vereinbarungen vor Vertragsschluss unzutreffend, da das Beurkundungserfordernis des § 311b I auch die wesentlichen Nebenabreden erfasst. Ferner muss es bei nachträglichen Vereinbarungen wohl auch dann gelten, wenn die Auflassung noch nicht erklärt ist, und im Fall verjährungserleichternder Vereinbarungen durch die Vereinbarung die Beeinträchtigung des Eigentumsverschaffungsanspruchs zu einem Zeitpunkt eintritt, zu dem nach der Rspr eine Rückabwicklung des Vertrages der notariellen Beurkundung bedürfte (s. dazu § 311b Rn 12).

4 Grds ist ein einseitiges Einwirken auf die Verjährung nicht zulässig (Rn 2). Anderes gilt nur für Ansprüche aus einseitigen Rechtsgeschäften, bspw Auslobung, Gewinnzusagen und Ansprüche aus Vermächtnissen, bei denen der Versprechende einseitig die Verjährung beeinflussen kann. Nichts hindert den Schuldner allerdings daran, einseitig auf die Erhebung der Verjährungseinrede zu verzichten (BGH NJW 73, 1690). Verzichte sind nunmehr anders als nach altem Recht sowohl vor wie nach Ablauf der Verjährung möglich. Der Verzicht bewirkt nach hM den Neubeginn einer Verjährung, nicht jedoch die Unverjährbarkeit des Anspruchs (Brandbg NJW-RR 05, 871; Palandt/*Heinrichs* Rz 3a; BaRoth/*Henrich* Rz 5; AnwK/*Mansel/Stürner* Rz 46). Nach zutreffender Auffassung (AnwK/*Mansel/Stürner* Rz 46; MüKo/*Grothe* Rz 10; aA Erman/*Schmidt-Räntsch* Rz 15) ist ein Verzicht auf die Verjährungseinrede vor Eintritt der Verjährung nur in den Grenzen des II möglich, nach Eintritt der Verjährung kann es allerdings zu einer Überschreitung der 30-Jahres-Frist kommen. Für die Wirksamkeit eines Verzichts spielt es keine Rolle mehr, ob der Schuldner Kenntnis vom Verjährungseintritt hat. Inwieweit eine Erklärung als Verjährungsverzicht anzusehen ist, ist eine Frage der Auslegung. Das bloße Fallenlassen der Verjährungseinrede im Prozess muss nicht Verzicht sein (BGHZ 22, 267). Ein nur der Form nach ungültiges Anerkenntnis kann einen Verzicht darstellen (BGH DB 74, 2005).

5 **C. Verjährungserleichterungen.** Für die individualvertragliche Vereinbarung einer Verjährungserleichterung besteht nach I nur die Einschränkung, dass die Haftung wegen Vorsatzes nicht im Voraus erleichtert werden kann. Auf die Rechtsnatur des Anspruches, deliktisch, vertraglich oder auf sonstiger Grundlage, kommt es nicht an. Das Verbot gilt jedoch nicht für nachträgliche Vereinbarungen. Sie gilt ferner nicht für fahrlässiges Handeln, auch nicht bei grober Fahrlässigkeit.

6 Eine ausdrückliche Grenze der Verjährungserleichterung enthält § 309 Nr 8 ff, wonach die Verjährungsfrist für Mängel an Bauwerken nicht, für sonstige Mängelrechte nicht unter ein Jahr abgekürzt werden kann. Der gesetzlichen Verjährungsregelung wird nach hM eine Leitbildfunktion iSd § 307 II Nr 1 zugeschrieben (s. § 307 Rn 20). Insofern müssen sich Regelungen in allg Geschäftsbedingungen an diesem Maßstab messen lassen. Akzeptabel dürfte dabei auch im nichtunternehmerischen Bereich die Verkürzung von Verjährungsfristen dann sein, wenn jedenfalls an den subjektiven Verjährungserfordernissen, Kenntnis oder grob fahrlässige Unkenntnis, im Bereich der Regelverjährung festgehalten wird. Unzulässig ist die Abkürzung bei vorsätzlichen Pflichtverletzungen (München NJW 07, 227).

7 **D. Verjährungserschwerung.** Als Höchstgrenze der Vereinbarungen über eine Verlängerung der Verjährung sieht II eine Frist von 30 Jahren ab dem gesetzlichen Verjährungsbeginn vor. Erfasst sind grds alle Vereinbarungen, die zu einer längeren Frist führen, gleichgültig, ob es sich um eine echte Fristverlängerung, ein Hinausschieben des Verjährungsbeginns, besondere Ablaufhemmungen und Ähnl handelt. Ein auf Dauer erklärter Verzicht ist regelmäßig als solcher auf 30 Jahre auszulegen (BGH ZIP 07, 2206). Einem Garantieversprechen über mehr als 30 Jahre steht § 202 nicht entgegen (BGH NJW 08, 2995).

8 Die rechtlichen Grenzen einer formularmäßigen Erschwerung der Verjährung sind weniger scharf umgrenzt. Klauselverbote ohne Wertungsmöglichkeit bestehen nicht, sodass auf die Generalklausel des § 307 zurückzugreifen ist. Eine *Verlängerung der Fristen* aus § 438 I Nr 3 um bis zu ein Jahr dürfte zulässig sein, gleiches gilt für eine Verlängerung der Fristen für Mängel an Bauwerken auf 10 Jahre (BGH NJW 96, 2155).

Titel 2 Hemmung, Ablaufhemmung und Neubeginn der Verjährung

§ 203 Hemmung der Verjährung bei Verhandlungen. ¹Schweben zwischen dem Schuldner und dem Gläubiger Verhandlungen über den Anspruch oder die den Anspruch begründenden Umstände, so ist die Verjährung gehemmt, bis der eine oder der andere Teil die Fortsetzung der Verhandlungen verweigert. ²Die Verjährung tritt frühestens drei Monate nach dem Ende der Hemmung ein.

A. Begriff der Hemmung. Die Hemmung der Verjährung hat zur Folge, dass eine angelaufene Verjährungsfrist zum Stillstand kommt und erst nach Wegfall der Hemmung weiterläuft. Der Eintritt eines Hemmungsgrundes kann allerdings vor Anlaufen der Verjährungsfrist, insb also im Fall der Regelverjährung vor dem Ablauf des 31.12., dazu führen, dass eine Verjährungsfrist zunächst nicht anläuft. Auch bei dieser bewirkt der Wegfall des Hemmungsgrundes das Anlaufen der Verjährung, soweit die sonstigen Voraussetzungen gegeben sind. Anders als bei der Ablaufhemmung (Rn 5) wird so aus der Verjährungsfrist nur ein bestimmter Zeitraum ausgeklammert, nicht jedoch die Frist als solche verlängert; es verschiebt sich nur der Ablaufzeitpunkt. Zu unterscheiden ist ferner der Neubeginn einer Verjährung, der nach jetzt geltendem Recht nur noch in wenigen Fällen angeordnet ist. Kommen Verhandlungen zustande, beginnt die Hemmung rückwirkend mit der ersten Geltendmachung des Anspruchs ggü dem Schuldner, es sei denn diese stünde in keinem Zusammenhang zur Verhandlung (BGH VersR 62, 616).

B. Verhandlungen. I. Begriff der Verhandlungen. Der Verhandlungsbegriff des § 203 ist weit auszulegen (BGH NJW 83, 2076; NJW-RR 01, 1169). Danach reicht praktisch jeder Meinungsaustausch über die Grundlagen oder den rechtlichen Bestand eines Anspruchs aus, es sei denn, von Seiten des Schuldners wird sofort und eindeutig eine Verhandlung abgelehnt (BGHZ 93, 66; NJW 07, 587). Eine objektive Erfolgsaussicht der Vergleichsverhandlungen ist nicht erforderlich, wobei allerdings der Grad zwischen offenbarer Ablehnung und Aufnahme von Gesprächen ohne jede Erfolgsaussicht erkennbar schmal ist. Soweit die Bereitschaft zur Findung einer einverständlichen Regelung von Seiten des Schuldners geäußert wird, ist entgegen der Rspr (BGHZ 97, 112) schon von Verhandlungen auszugehen (dazu MüKo/*Grothe* Rz 5; s.a. BGH NJW 01, 1723), nicht jedoch bei bloßer Darlegung der Gründe der iÜ eindeutigen Ablehnung des Anspruchs (Kobl OLGR 06, 569). Laufen Verhandlungen setzt die Erklärung des Schuldners, bis zu einem bestimmten Zeitpunkt die Verjährungseinrede nicht zu erheben, dem Hemmungstatbestand keine zeitliche Grenze (BGH NJW 04, 1654). Die gemeinschaftliche Prüfung von Mängeln führt ebenso zur Verhandlung (*Wagner* ZIP 02, 794) wie die Aufforderung zu Verhandlungen im Fall entspr vertraglicher oder gesetzlicher Verpflichtungen, ebenso ein Widerrufsvergleich bei Güteverhandlung (BGH NJW 05, 2006). Verhandeln des einen Gesamtschuldners wirkt nicht für den anderen (Kobl ZIP 07, 2021).

II. Verhandlungsgegenstand. Grds gilt, dass bei der Verhandlung über einen bestimmten Lebenssachverhalt alle diesen betreffenden Ansprüche gehemmt sind. Eine genaue Bezeichnung oder Bezifferung der Ansprüche ist nicht erforderlich. Eine Aufteilung ist nur da möglich, wo erkennbar nur ein Teilbereich eines Gesamtereignisses Gegenstand der Verhandlungen sein soll, iRe Verkehrsunfalls also bspw Körperschäden Verhandlungsgegenstand sind, während der entstandene Sachschaden nicht verhandelt wird. Soweit Verjährungsfristen unterschiedlich laufen (§ 199 Rn 14) kann auch die Hemmung unterschiedlich wirken. Allerdings führen Verhandlungen mit dem Kfz-Versicherer auch zur Hemmung der Ansprüche gegen den Halter (BGHZ 83, 166).

III. Ende von Verhandlungen. Beendet eine Partei durch Erklärung eindeutig die Verhandlung ist auch die Hemmung beendet (BGH NJW 98, 2820). Einer Erklärung steht entspr eindeutiges Verhalten eines Beteiligten gleich. Schwieriger festzulegen ist ein Ende von Verhandlungen, wenn diese von den Beteiligten nicht mehr fortgesetzt werden, ohne dass jedoch eine direkte Ablehnung erkennbar wäre. Hier wird angenommen, dass die Hemmung zu dem Zeitpunkt endet, zu dem unter Berücksichtigung aller Umstände mit dem nächsten Verhandlungsschritt zu rechnen gewesen wäre (BGH NJW 86, 1338; NJW-RR 90, 664; 01, 1169). Haben die Parteien dagegen eine Verhandlungspause vereinbart, liegt die Verpflichtung zur Wiederingangsetzung der Verjährung beim Schuldner (BGH NJW 86, 1337).

C. Ablaufhemmung. Die in 2 geregelte Ablaufhemmung dient va dazu, verjährungshemmende Verhandlungen auch noch zu einem Zeitpunkt zu ermöglichen, zu dem der Ablauf der Verjährung unmittelbar bevorsteht. Ein Gläubiger, der sich kurz vor Ende der Verjährung noch auf Verhandlungen einlässt, soll nicht durch einen plötzlichen Abbruch der Verhandlungen durch den Schuldner in zeitliche Bedrängnis geraten. Das Gesetz ordnet deshalb an, dass die Verjährung, auch wenn die ursprüngliche Frist nur noch geringere Zeit liefe, jedenfalls nicht vor Ablauf von drei Monaten nach dem Ende der Verhandlungen endet.

§ 204 Hemmung der Verjährung durch Rechtsverfolgung. (1) Die Verjährung wird gehemmt durch
1. die Erhebung der Klage auf Leistung oder auf Feststellung des Anspruchs, auf Erteilung der Vollstreckungsklausel oder auf Erlass des Vollstreckungsurteils,
2. die Zustellung des Antrags im vereinfachten Verfahren über den Unterhalt Minderjähriger,
3. die Zustellung des Mahnbescheids im Mahnverfahren oder des Europäischen Zahlungsbefehls im Europäischen Mahnverfahren nach der Verordnung (EG) Nr. 1896/2006 des Europäischen Parlaments und des Rates vom 12. 12. 2006 zur Einführung eines Europäischen Mahnverfahrens (ABl EU Nr. L 399 S. 1),
4. die Veranlassung der Bekanntgabe des Güteantrags, der bei einer durch die Landesjustizverwaltung eingerichteten oder anerkannten Gütestelle oder, wenn die Parteien den Einigungsversuch einvernehmlich unternehmen, bei einer sonstigen Gütestelle, die Streitbeilegungen betreibt, eingereicht ist; wird die Bekanntgabe demnächst nach der Einreichung des Antrags veranlasst, so tritt die Hemmung der Verjährung bereits mit der Einreichung ein,
5. die Geltendmachung der Aufrechnung des Anspruchs im Prozess,
6. die Zustellung der Streitverkündung,
7. die Zustellung des Antrags auf Durchführung eines selbständigen Beweisverfahrens,
8. den Beginn eines vereinbarten Begutachtungsverfahrens,
9. die Zustellung des Antrags auf Erlass eines Arrests, einer einstweiligen Verfügung oder einer einstweiligen Anordnung, oder, wenn der Antrag nicht zugestellt wird, dessen Einreichung, wenn der Arrestbefehl, die einstweilige Verfügung oder die einstweilige Anordnung innerhalb eines Monats seit Verkündung oder Zustellung an den Gläubiger dem Schuldner zugestellt wird,
10. die Anmeldung des Anspruchs im Insolvenzverfahren oder im Schifffahrtsrechtlichen Verteilungsverfahren,
11. den Beginn des schiedsrichterlichen Verfahrens,
12. die Einreichung des Antrags bei einer Behörde, wenn die Zulässigkeit der Klage von der Vorentscheidung dieser Behörde abhängt und innerhalb von drei Monaten nach Erledigung des Gesuchs die Klage erhoben wird; dies gilt entsprechend für bei einem Gericht oder bei einer in Nummer 4 bezeichneten Gütestelle zu stellende Anträge, deren Zulässigkeit von der Vorentscheidung einer Behörde abhängt,
13. die Einreichung des Antrags bei dem höheren Gericht, wenn dieses das zuständige Gericht zu bestimmen hat und innerhalb von drei Monaten nach Erledigung des Gesuchs die Klage erhoben oder der Antrag, für den die Gerichtsstandsbestimmung zu erfolgen hat, gestellt wird, und
14. die Veranlassung der Bekanntgabe des erstmaligen Antrags auf Gewährung von Prozesskostenhilfe; wird die Bekanntgabe demnächst nach der Einreichung des Antrags veranlasst, so tritt die Hemmung der Verjährung bereits mit der Einreichung ein.
(2) ¹Die Hemmung nach Absatz 1 endet sechs Monate nach der rechtskräftigen Entscheidung oder anderweitigen Beendigung des eingeleiteten Verfahrens. ²Gerät das Verfahren dadurch in Stillstand, dass die Parteien es nicht betreiben, so tritt an die Stelle der Beendigung des Verfahrens die letzte Verfahrenshandlung der Parteien, des Gerichts oder der sonst mit dem Verfahren befassten Stelle. ³Die Hemmung beginnt erneut, wenn eine der Parteien das Verfahren weiter betreibt.
(3) Auf die Frist nach Absatz 1 Nr. 9, 12 und 13 finden die §§ 206, 210 und 211 entsprechende Anwendung.

1 **A. Allgemeines zu Abs 1 und Abs 2.** § 204 fasst die Hemmungstatbestände bei Rechtsverfolgung zusammen. Der Gläubiger muss bei Einleitung eines Verfahrens, das der Anspruchsdurchsetzung dient, vor der Verjährung des Anspruchs geschützt werden. Ein berechtigtes Vertrauen des Schuldners ab Einleitung solcher Verfahren besteht nicht mehr. Die Hemmung der Verjährung endet grds sechs Monate nach Beendigung der nach I betriebenen Verfahren bzw nach Stillstand eines solchen Verfahrens. Verfahrensbeendigung idS ist auch die Rücknahme des Antrags, es kommt also gerade nicht zu einem rückwirkenden Wegfall der Hemmungswirkung. Naturgemäß stellt sich die Frage der Hemmung nur dort, wo das Verfahren nicht zu einer Entscheidung über den Anspruch geführt hat. Der Beendigung des Verfahrens gleichgestellt ist ein Verfahrensstillstand, der seine Ursache darin hat, dass die Beteiligten das Verfahren nicht mehr betreiben. Der mangelnde Fortgang des Verfahrens muss seine Ursache in der Untätigkeit der Beteiligten haben. Gesetzliche Unterbrechungen wie bspw Insolvenzverfahrenseröffnung (BGH NJW 63, 2019) oder Aussetzungen führen somit nicht zur Beendigung der Hemmung. Liegt die Ursache des Verfahrensstillstands dagegen bei der angerufenen Stelle, liegt kein Stillstand iSd Norm vor (BGH VersR 76, 36). Gleiches gilt, wenn das Gericht vAw tätig sein müsste, dies allerdings nicht tut (BGH NJW-RR 95, 1336; NJW 97, 2308). Nach hM führt ein Verfahrensstillstand allerdings dann nicht zu Beendigung der Hemmung, wenn ein triftiger Grund für das Nichtbetreiben des Verfahrens erkennbar ist (BGH NJW 99, 3775; BaRoth/*Henrich* Rz 76; Palandt/*Heinrichs* Rz 47; aA Erman/*Schmidt-Räntsch* Rz 55). Die Anordnung des Ruhens des Verfahrens nach § 251 I, 251a III ZPO ist jedoch zurechenbarer Stillstand (BGH NJW-RR 88, 279).

B. Abs 1 Nr 1: Klageerhebung. I. Klagearten. Die Erhebung der Leistungsklage hemmt die Verjährung bereits dann, wenn iRe Stufenklage zunächst nur der Auskunftsanspruch geltend gemacht wird (BGH NJW 99, 1101; NJW-RR 01, 865), anders für die reine Auskunftsklage oder andere vorbereitende Klagen (BAG NJW 96, 1693). Die Klage auf künftige Leistung ist ebenso ausreichend wie die auf wiederkehrende Leistungen, wobei letztere Wirkung allerdings nur zugunsten des eingeklagten Anspruchs, nicht jedoch hinsichtlich des Gesamtanspruchs hat (BGH VersR 63, 1161). Die Klage auf Freistellung ist Leistungsklage iSd Nr 1. Die Erhebung einer positiven Feststellungsklage hemmt die Verjährung, eine negative Feststellungsklage nur dann, wenn damit ein Leistungsanspruch des Klägers festgestellt würde. Die Verteidigung gegen eine negative Feststellungsklage hemmt nicht (BGH NJW 72, 1043), wie überhaupt die bloße Verteidigung keine Hemmungswirkung herbeiführt (BGHZ 72, 25; stRspr BGHZ 122, 293). Hemmungswirkung entfalten ferner Klagen auf Erteilung der Vollstreckungsklausel sowie solche auf Erlass eines Vollstreckungsurteils mit dem die Zulässigkeit der Zwangsvollstreckung aus einem ausländischen Urt ausgesprochen wird, wobei bereits der Antrag auf Vollstreckbarkeitserklärung nach dem AVAG ausreicht. Gleichgültig ist ferner ob ein Anspruch als Haupt- oder Hilfsanspruch geltend gemacht wird (BGH NJW 81, 679; stRspr NJW-RR 94, 515). Die im Ausland erhobene Klage hemmt nach früher hM die Verjährung nur dann, wenn das dortige Urt in Deutschland anerkennungsfähig wäre. Nach zutreffender, im Vordringen befindlicher Auffassung (MüKo/*Grothe* Rz 9; BaRoth/*Henrich* Rz 20; AnwK/*Mansel/Budzikiewicz* Rz 24 f; aA RGZ 129, 389; Palandt/*Heinrichs* Rz 3) ist auch die Auslandsklage generell geeignet, die Verjährung zu hemmen, da auch durch diese der Rechtsverfolgungswille des Klägers offenbar wird.

II. Klage des Gläubigers. Nur die Klage des Anspruchsberechtigten hemmt die Verjährung, wobei Berechtigter nicht notwendig der Rechtsinhaber sein muss, bspw bei Berechtigungen kraft Amtes (Insolvenzverwalter, Nachlassverwalter), Forderungspfändung oder Einziehungsermächtigung. Der Zedent einer Forderung ist nur dann Berechtigter, wenn es sich um fiduziarische Abtretungen handelt. Genehmigt ein tatsächlich Berechtigter die Klage eines Nichtberechtigten, so tritt die Hemmungswirkung ex nunc ein (BGHZ 46, 229; NJW-RR 89, 1269). Nur die Klage gegen den Schuldner hemmt die Verjährung (BGHZ 80, 222), Klagen gegen Handelsgesellschaften allerdings auch ggü dem Gesellschafter.

III. Wirksamkeit der Klage. Erforderlich ist eine wirksame Klage, sie muss damit den Mindestvoraussetzungen des § 253 II ZPO entspr (BGH NJW-RR 89, 508), die Klageschrift des Berechtigten muss damit formal als Klage zu erkennen sein. Ein bloßer Entwurf reicht nicht (Köln NJW 94, 3360), gleiches gilt für eine fehlende Unterschrift und für mangelnde Postulationsfähigkeit (Naumbg FamRZ 01, 1006; Braunschw MDR 57, 426; MüKo/*Grothe* Rz 22; Palandt/*Heinrichs* Rz 4; aA BaRoth/*Henrich* Rz 12; Staud/*Peters* Rz 28). Mängel in der Bezeichnung des Klagegegners schaden dann nicht, wenn dessen Person ermittelt werden kann (BGH NJW 77, 1686). Keine Rolle spielt dagegen, ob die Klage zulässig, schlüssig und begründet ist (BGH NJW 98, 3488; NJW-RR 03, 784).

IV. Eintritt der Hemmung – Klageerhebung. Hemmung tritt grds mit Zustellung der Klage, ggf mit Geltendmachung des Anspruchs in der mündlichen Verhandlung ein. Die Zustellung hat wirksam zu erfolgen, wird an einen Nichtbevollmächtigten zugestellt, hat eine etwaige Genehmigung Rückwirkung (RGZ 86, 246), gleiches gilt bei Verlust des Rügerechts (BGH VersR 67, 398). Die Hemmungswirkung der Zustellung tritt nach § 167 ZPO rückwirkend auf den Zeitpunkt der Klageeinreichung ein, wenn die Zustellung demnächst erfolgt. Grds gilt dabei, dass Verzögerungen, die auf dem Geschäftsablauf innerhalb des Gerichts beruhen, nicht dem Kläger zugerechnet werden und damit die Voraussetzung des „demnächst" nicht beeinträchtigen (BGHZ 103, 28, stRspr NJW 03, 2830). Verzögerungen, die auf den Kläger zurückgehen, hindern nur dann nicht die demnächstige Zustellung, wenn sie eine Verzögerung von weniger als 14 Tagen auslösen (BGH NJW 99, 3225; 00, 2282). Die Anforderung des Kostenvorschusses darf der Kläger abwarten, die Zahlung hat dann allerdings umgehend zu erfolgen (BGH NJW-RR 92, 471).

V. Umfang der Hemmung. Der Umfang der Hemmung ist grds auf den streitgegenständlichen Anspruch beschränkt (BGHZ 132, 243; NJW 99 2110; Köln ZIP 01, 565). Die Hemmung erstreckt sich dabei grds auf alle in Betracht kommenden Anspruchsgrundlagen, die von dem streitgegenständlichen Lebenssachverhalt getragen werden (BGH NJW 83, 2813; 96, 1743). § 213 bestimmt ferner ausdrücklich, dass solche Ansprüche, die wahlweise neben oder anstelle des eingeklagten Anspruchs gegeben sind, ebenfalls der Hemmung unterliegen. Bei Teilklagen tritt Hemmung nur in Höhe des jeweils eingeklagten Betrages ein (BGH NJW 88, 693; ZIP 02, 988), wobei es keine Rolle spielt, ob in der Klagebegründung der Anspruch seinem gesamten Umfang nach dargelegt wird oder sogar Geltendmachung des Rests vorbehalten wird (RGZ 57, 375). Hemmung tritt selbst dann nur teilweise ein, wenn es um eine sog verdeckte Teilklage handelt, bei der für niemanden der Beteiligten erkennbar ist, dass der eingeklagte Betrag den Schaden unterschreitet (BGH ZIP 02, 989). Eine Ausnahme gilt nur dann, wenn für den Klagegegner erkennbar der gesamte Anspruch vom Gläubiger geltend gemacht werden wollte, sich der Betrag nur nachträglich als zu niedrig herausstellt. Ist der Kläger erkennbar davon ausgegangen, dass der vom Sachverständigen bezifferte Betrag den gesamten Schaden abdeckt, dann hemmt die Klageerhebung auch dann, wenn sich im Nachhinein herausstellt, dass dieser Betrag zu niedrig angesetzt ist. Die Vorschussklage hemmt dagegen wegen des gesamten Anspruchs (BGH NJW-RR 05, 1037). Werden durch Teilklage Teilbeträge verschiedener Ansprüche ohne nähere Abgrenzung untereinander geltend gemacht, wird die Verjährung zunächst für jeden der Ansprüche hinsichtlich des gesamten eingeklagten Betrages gehemmt, die Hemmung entfällt allerdings nachträglich wenn die Aufgliederung bis zum Ende des Prozesses nicht nachgeholt wird (BGH NJW 84, 2346). Die unbezifferte Schmerzensgeld- oder Feststellungsklage führt dagegen zur Hemmung der Verjährung für den gesamten Anspruch (BGH NJW 74, 1551; 02, 3769).

7 **VI. Verfahrensbeendigung.** Die Beendigung eines Klageverfahrens ist der rechtskräftige Abschluss oder die sonstige anderweitige Erledigung. Teilurteile wirken nur hinsichtlich des entschiedenen Teils (BGHZ 65, 135). Grund- oder Zwischenurteile führen nicht zur Verfahrensbeendigung. Entscheidend ist formelle Rechtskraft (BGH NJW 87, 271). Anderweitige Erledigung tritt ein durch gerichtlichen Vergleich, Erledigungserklärung, Klägerwechsel (BGH NJW-RR 98, 1269) und auch im Fall der Klagerücknahme. § 269 III ZPO steht der Hemmung nicht entgegen.

8 **C. Abs 1 Nr 2: Vereinfachtes Unterhaltsverfahren.** Das vereinfachte Verfahren über den Unterhalt Minderjähriger nach den §§ 645 ff ZPO ersetzt funktionell eine Klageerhebung, weshalb der Einleitung dieses Verfahrens ebenfalls hemmende Wirkung zukommt. Soweit die Mindestvoraussetzungen nach § 646 I Nrn 1, 2, 4 und 6 ZPO vorliegen und damit eine ausreichende Individualisierung möglich ist, tritt Hemmung auch ein, wenn iÜ ein unzuständiges Gericht angerufen oder sonstige Anforderungen des § 646 ZPO nicht erfüllt sind. Bei demnächstiger Zustellung gelten die Ausführungen zur Klage entspr. Verfahrensende ist die formelle Rechtskraft des Festsetzungsbeschlusses nach § 649 ZPO oder der Mitteilung nach § 650 1 ZPO. Da auch bei diesem Verfahren eine Antragsrücknahme nicht zum rückwirkenden Fortfall der Hemmung führt, gilt dies gleichermaßen für die Rücknahmefiktion des § 651 VI ZPO.

9 **D. Abs 1 Nr 3: Mahnbescheid.** Der Eintritt der Hemmung durch die Zustellung des Mahnbescheides setzt voraus, dass der Mahnbescheid wirksam ist (BGH WM 00, 2378). Notwendig ist dazu eine ausreichende Individualisierung, um dem Schuldner die Möglichkeit zu geben zu erkennen, welcher Anspruch gegen ihn geltend gemacht wird (BGH NJW 92, 1111; 08, 1220); wie bei der Klage bedarf es des Vorliegens der Grundvoraussetzungen eines Mahnbescheides iSd § 690 I Nr 1 bis 3 ZPO, nicht jedoch der Zulässigkeit des Verfahrens überhaupt oder der Zuständigkeit des angerufenen Gerichts (BGHZ 86, 322). Mangelt es an der Individualisierbarkeit, wirkt eine Nachholung im Streitverfahren nur ex nunc (BGH NJW 01, 305). Für Teilmahnbescheide gelten die vorstehenden Ausführungen zur Klage (Rn 6) entspr. Die Hemmung beginnt grds mit der Zustellung des Mahnbescheides, erfolgt allerdings die Zustellung demnächst, so beginnt die Hemmung bereits mit der Antragseinreichung, Verzögerungen, die auf den Antragsteller zurückzuführen sind, gelten hier allerdings anders als bei der Klage noch dann als unschädlich, wenn sie zu einer Verzögerung von nicht mehr als einem Monat führen (BGH NJW 02, 2794). Rückwirkung kann auch dann eintreten, wenn ein Mangel des Mahnbescheidsantrags nach Zwischenverfügung beseitigt wird (BGH NJW 99, 3717). Wird ein Mahnbescheid erst nach Eröffnung des Insolvenzverfahrens zugestellt, kommt es nicht zur Hemmung der Verjährung (RGZ 129, 344). Für ausländische Verfahren gelten die Überlegungen zur Klage (Rn 2) entspr, so hemmt bspw ein schweizerischer Zahlungsbefehl die Verjährung ebenso wie der deutsche Mahnbescheid (BGH RIW 02, 557). Ausdrücklich angeordnet ist die Wirkung nunmehr auch für den Europäischen Zahlungsbefehl.

10 Das Mahnverfahren endet mit Rechtskraft des Vollstreckungsbescheids, ebenso mit Abgabe der Sache an das Prozessgericht. Mangels Zustellung kann der zurückgewiesene Mahnantrag schon keine Hemmungswirkung entfalten, so dass die Frage der Beendigung nicht relevant wird. Soweit verfahrensrechtlich erforderliche Anträge auf Abgabe oder Erlass eines Vollstreckungsbescheids nicht gestellt werden, kommt es zum Stillstand des Verfahrens (Rn 21).

11 **E. Abs 1 Nr 4: Güteantrag.** Die Vorschrift lässt Hemmung eintreten beim Güterantrag bei durch die Landesjustizverwaltung eingerichteten und anerkannten Gütestellen, dh, Gütestellen, die befugt sind, vollstreckbare Vergleiche iSd § 794 I Nr 1 ZPO zu errichten, solchen, die nach § 15a I EGZPO eingerichtet sind, als auch sonstigen Gütestellen, die Streitbeilegung betreiben iSd § 15a III EGZPO. Bei letzteren ist allerdings ein einvernehmlicher Einigungsversuch zur Herbeiführung der Hemmung notwendig, wobei für Verbraucher § 15a III 2 EGZPO zu beachten ist. Die örtliche (BGHZ 123, 337) oder sachliche Unzuständigkeit der Güterstelle hindert die Hemmung nicht. Str ist, inwieweit ein einvernehmliches Verfahren vor in- oder ausländischen Güterstellen Hemmungswirkungen entfaltet (s. dazu *Friedrich* NJW 03, 1781; *ders* MDR 04, 483; *Staud/Eidenmüller* NJW 04, 23). Der Antrag muss wie bei der Klage die notwendigen Formerfordernisse (Rn 4) erfüllen und vom Berechtigten gestellt werden (Rn 3). Für den Eintritt der Hemmung reicht die Veranlassung der Bekanntgabe des Güterantrags. Eine Zustellung oder sonstige Bekanntgabe ist nicht erforderlich. Eine demnächst erfolgende Bekanntgabe lässt die Verjährung bereits mit Antragstellung eintreten (Rn 5). Die Antragstellung allein durch den Schuldner reicht ebenso wie im Falle der negativen Feststellungsklage nicht aus. Ein Güteverfahren endet mit gütlicher Einigung oder dem Scheitern (BGHZ 123, 346), gleiches gilt, wenn die Anberaumung eines weiteren Termins abgelehnt wird (BGH NJW 02, 1488).

F. Abs 1 Nr 5: Aufrechnung. Die Aufrechnung muss im Verfahren erklärt werden, des Zugangs oder der Bekanntgabe der Erklärung an den Verfahrensgegner bedarf es nicht, da die Aufrechnung kein Sachantrag ist. Hemmungswirkung kann die erklärte Aufrechnung nur entfalten, wenn die Aufrechnung selbst bspw bei der Hilfsaufrechnung durch Klageabweisung (BGHZ 80, 225 f; NJW 90, 2681), der prozessual unzulässigen Aufrechnung (BGHZ 83, 271) oder der materiell wegen einem Aufrechnungsverbot unzulässigen Aufrechnung (BGHZ 80, 225) keinen Erfolg hat, da ansonsten der Anspruch ohnehin erloschen ist. Die Aufrechnung ggü dem falschen Schuldner hat keine Hemmungswirkung, eine Ausnahme gilt dann, wenn die Aufrechnung nur an gesamthänderischer Bindung scheitert, der Schuldner aber als Mitglied der Gesamthand von der Aufrechnungserklärung und damit dem Durchsetzungswillen des Anspruchsinhabers Kenntnis erlangt (BGHZ, 80, 227, str). Hemmung tritt mit der Geltendmachung ein, eine Rückbeziehung besteht nicht. Hemmungswirkung besteht ferner nur in Höhe der Klageforderung (BGH NJW 90, 2681; NJW-RR 86, 1097), werden mehrere Forderungen zur Aufrechnung gestellt, gilt die Hemmung für alle (BayOLGZ 66, 361). Auch der Kläger kann mittels Aufrechnung Hemmungswirkung herbeiführen, bspw dann, wenn er sich gegen eine Aufrechnung des Beklagten mit eigener Aufrechnung hinsichtlich einer weiteren Forderung wendet. Eine analoge Anwendung der Nr 5 auf Zurückbehaltungsrechte ist nicht möglich (Staud/*Peters* Rz 64). Zur Verfahrensbeendigung bei der Aufrechnung gelten die Ausführungen zur Klage entspr (Rn 7), das Fallenlassen des Aufrechnungseinwands steht der Rücknahme gleich.

G. Abs 1 Nr 6: Streitverkündung. Um Hemmungswirkung zu entfalten, muss die Streitverkündung den Formalerfordernissen des § 73 ZPO genügen (BGH MDR 00, 1271), nach hM (BGH NJW 08, 519; Palandt/*Heinrichs* Rz 21; Staud/*Peters* Rz 76; aA BaRoth/*Henrich* Rz 29) muss sie ferner den Zulässigkeitserfordernissen des § 72 ZPO genügen; nicht erforderlich ist, dass die Streitverkündung eine echte präjudizierende Wirkung. Sie erfasst den gesamten Anspruch und ist nicht beschränkt auf den Anspruch in dem Rechtsstreit, aus dem heraus sie erklärt wird (BGH NJW 02, 1414). Die Hemmungswirkung beginnt mit Zustellung der Streitverkündung, wirkt jedoch auf den Zeitpunkt der Einreichung der Streitverkündungsschrift zurück, sofern die Zustellung iSd § 167 ZPO demnächst erfolgt. Streitverkündung im selbständigen Beweisverfahren ist ausreichend (BGH NJW 97, 860), ebenso im Verfahren über Prozesskostenhilfe (Hamm NJW 94, 203). Eine Beiladung im Verwaltungsverfahren ist keine Streitverkündung (BGH VersR 03, 874). Bei funktionaler Äquivalenz reicht auch die Streitverkündung in einem ausländischen Prozess (RGZ 61, 393; MüKo/*Grothe* Rz 38; Palandt/*Heinrichs* Rz 21). Für die Beendigung der Streitverkündung gelten die Erläuterungen zur Klage entspr (Rn 7).

H. Abs 1 Nr 7: Selbständiges Beweisverfahren. Hemmungswirkung hat auch die Einleitung des selbständigen Beweisverfahrens nach den §§ 485 ff ZPO. Die Hemmungswirkung beginnt mit der Zustellung des Antrags an den Antragsgegner, wobei auch hier der demnächst erfolgende Zustellung die Hemmungswirkung mit Antragseingang bei Gericht eintreten lässt (Rn 5), nicht jedoch schon mit formloser Bekanntgabe der Antragstellung (AA Karlsr ZfBR 07, 787). Ein gegen einen unbekannten Antragsgegner gerichtetes Verfahren reicht nicht (BGH NJW 80, 1485). Notwendig ist der Antrag des Gläubigers (BGH NJW 93, 1916; 80, 1485), erlangt der Antragsteller erst später den Anspruch, tritt Hemmungswirkung ex nunc ein (BGH NJW 93, 1916). Kommt es im Beweisverfahren zu einem Gegenantrag, so ist für das Ende der Hemmung die Herstellung des letzten Gutachtens maßgeblich (BGH WM 01, 821; MüKo/*Grothe* Rz 40; aA Palandt/*Heinrichs* Rz 22). Unerheblich ist, ob die festzustellenden Tatsachen auch tatsächlich festgestellt werden (BGH NJW-RR 98, 1476). Keine Hemmung bewirkt ein Verfahren auf Feststellung der Mangelfreiheit (Saarbr OLGR 05, 849; Staud/*Peters* Rz 89). Soweit ausländische Verfahrensordnungen funktionell vergleichbare Verfahren kennen, gilt die Hemmungswirkung entspr. Das selbständige Beweisverfahren endet mit Schluss des Beweistermins bzw der Übermittlung des schriftlichen Gutachtens (BGH NJW 93, 851), es sei denn, es wäre von Seiten des Gerichts eine Stellungnahmefrist eingeräumt oder innerhalb angemessener Frist von Seiten der Beteiligten Einwendungen erhoben worden (BGH NJW 02, 1641). Der Beschl über die Ablehnung der Durchführung des Verfahrens ist Verfahrensbeendigung, ebenso die Antragsrücknahme.

I. Abs 1 Nr 8: Begutachtungsverfahren. Verjährungshemmende Wirkung hat auch der Beginn eines vereinbarten Begutachtungsverfahrens oder die Beauftragung des Gutachters im Verfahren nach § 641a. Beim Verfahren nach § 641a reicht die Beauftragung des Gutachters aus, der Gesetzgeber sah den Schuldner durch die Einladung zum Besichtigungstermin nach § 641a III 1 ausreichend geschützt. Für das parteivereinbarte Begutachtungsverfahren stellt das Gesetz ganz allg auf dem Begriff des Beginns an, um allen möglichen Vereinbarungen der Beteiligten Rechnung zu tragen, eines Schutzes bedarf es wegen der Vereinbarungsgebundenheit nicht. Hemmungswirkung kann das Begutachtungsverfahren neben ausdrücklich vereinbarten Ansprüchen nur für solche haben, für deren Durchsetzung es auf die Begutachtung ankommt oder ankommen kann. Das Verfahren endet mit der Fertigstellungsbescheinigung, Gutachtenerstellung oder Ablehnung oder mit Rücknahme des Antrags.

J. Abs 1 Nr 9: Einstweiliger Rechtsschutz. Die Einleitung von Verfahren des einstweiligen Rechtsschutzes wie der Antrag auf Erlass eines Arrests, einer einstweiligen Verfügung und einer einstweiligen Anordnung, hemmen die Verjährung. Gehemmt wird nur der gesicherte bzw durch Leistungsverfügung erfüllte Anspruch, nicht jedoch weitere Folgeansprüche. Wie bei der Klage ist Zulässigkeit oder Begründetheit des Antrags nicht erforderlich (Rn 4), die wesentlichen Formerfordernisse der §§ 945 ff ZPO müssen jedoch erfüllt sein. Soweit der Antrag dem Gegner zugestellt wird, beginnt die Verjährung mit der Zustellung, wobei wiederum die Rückwirkung auf den Zeitpunkt der Antragseinreichung nach § 167 ZPO greift (Rn 5), für den Fall, dass ohne mündliche Verhandlung entschieden und der Antrag nicht zugestellt wird, tritt Hemmungswirkung mit Einreichung des Antrags ein, jedoch nur unter der Voraussetzung, dass die ergangene Entscheidung dem Antragsgegner innerhalb der Monatsfrist zugestellt wird. Um dem abgewiesenen Antrag Hemmungswirkung zu verschaffen, ist deshalb dessen Zustellung erforderlich und sollte vom Antragsteller bei Gericht nachgesucht werden, da ansonsten keine Hemmung eintritt. Zur Beendigung gelten die Ausführungen zur Klage entspr (Rn 7).

17 **K. Abs 1 Nr 10: Anmeldung im Insolvenzverfahren bzw Schifffahrtsrechtlichen Verteilungsverfahren.** Die ordnungsgemäß erfolgte Anmeldung einer Forderung im Insolvenzverfahren nach den §§ 174 ff InsO hemmt die Verjährung, die Nichteinhaltung der Formvorschriften ist hemmungsschädlich, die Behebung von Anmeldungsmängeln wirkt nur ex nunc (RGZ 39, 45 ff; Frankf KTS 82, 483). Eine Anmeldung vor Verfahrenseröffnung kann es schon verfahrenstechnisch nicht geben (s. LSG Stuttg KTS 85, 568), ebenso wenig die Anmeldung von Masseverbindlichkeiten (LAG Hamburg ZIP 88, 1271). Hemmungswirkung tritt nur in Höhe des angemeldeten Betrages ein (RGZ 170, 278). Die Anmeldung im schifffahrtsrechtlichen Verteilungsverfahren steht der im Insolvenzverfahren gleich. Verfahrensende ist die öffentliche Bekanntmachung der Aufhebung oder Einstellung (BGHZ 64, 2) ebenso die Rechtskraft des Einstellungsbeschlusses, ferner die Rücknahme der Anmeldung und die Rücknahme des Insolvenzantrags oder dessen Erledigungserklärung vor Verfahrenseröffnung.

18 **L. Abs 1 Nr 11: Schiedsverfahren.** Die Hemmung nach Nr 11 beschränkt sich alleine auf Schiedsverfahren entspr §§ 1025 ff ZPO, Schiedsgutachterverfahren sind nicht erfasst. Die Hemmungswirkung, die grds alle Ansprüche, die im schiedsrichterlichen Verfahren geltend gemacht werden, erfasst, beginnt mit dem Beginn des schiedsrichterlichen Verfahrens. Dies ist nach der Grundregel des § 1044 ZPO der Empfang des Antrags durch den Schuldner, wegen der vielfältigen Möglichkeiten parteiautonom Regeln zu formulieren, reicht aber auch jeder andere verfahrensgerechte Beginn. Erfüllt der Antrag die formalen Voraussetzungen, insb die Bezeichnung der Parteien, die Angabe des Gegenstands sowie den Hinweis auf die Schiedsvereinbarung, tritt Hemmung auch bei Unzuständigkeit des Schiedsgerichts ein, nicht jedoch beim willkürlicher falscher Anrufung. Die Anrufung ausländischer oder internationaler Schiedsgerichte reicht grds aus. Beendigung tritt mit Übersendung des Schiedsspruchs oder Erlass eines Beschlusses nach § 1056 II ZPO ein, die spätere Entscheidung über die Kosten hat Auswirkungen auf die Hemmung nur hinsichtlich des Kostenerstattungsanspruchs (MüKo/*Grothe* Rz 97; aA Palandt/*Heinrichs* Rz 43). Vergleich und Rücknahme führen ebenfalls zur Beendigung.

19 **M. Abs 1 Nr 12: Verwaltungsbehördliches Vorverfahren und gerichtliche Zuständigkeitsbestimmung.** Hängt die Zulässigkeit, nicht jedoch die Begründetheit, einer Klage von einem behördlichen Vorverfahren ab (BGH WM 80, 1175), hemmt bereits die Einreichung des Antrags die Verjährung des geltend zu machenden Anspruchs. Ist das Verfahren vAw voran zu treiben, führt Untätigkeit des Gläubigers nicht zur Beendigung der Hemmung (BGH VersR 77, 647). Strukturell ähnl wie das verwaltungsbehördliche Vorverfahren hat auch der Antrag auf Zuständigkeitsbestimmung beim höheren Gericht nach § 36 ZPO hemmende Wirkung. Eine Sachentscheidung ist nicht erforderlich (BGHZ 160, 262; Staud/*Peters* Rz 110; AnwK/*Mansel/Budzikiewicz* Rz 105; aA Palandt/*Heinrichs* Rz 28; Soergel/*Niedernführ* Rz 91; MüKo/*Grothe* Rz 57; BaRoth/*Henrich* Rz 43). Die Hemmung bezieht sich grds auf alle Ansprüche, die sich dem im Antragsverfahren ggü der Behörde bzw im Zuständigkeitsbestimmungsverfahren dargelegten Lebenssachverhalt entnehmen lassen (BayOLGZ 56, 73). Weitere Bedingung der Hemmung ist, dass seit Zugang der Entscheidung beim Gläubiger nicht mehr als drei Monate vergangen sind. Der Klageerhebung gleichgestellt sind bei Gericht zu stellende Anträge, bspw auf Prozesskostenhilfe, oder solche bei einer Gütestelle iSd Nr 4. Beendigung tritt mit Zugang der Sachentscheidung beim Antragsteller ein, ebenso mit Antragsrücknahme.

20 **N. Abs 1 Nr 14: Prozesskostenhilfeantrag.** Die Veranlassung der Bekanntgabe des Antrags auf Gewährung von Prozesskostenhilfe hat nunmehr explizit verjährungshemmende Wirkung. Voraussetzung ist wie bei der Klage (Rn 4), dass die wesentlichen Erfordernisse der Verfahrenseinleitung erfüllt sind, so dass auch ein unzulässiger oder ein unbegründeter Antrag hemmende Wirkung hat. Grds gilt auch hier, dass bei Geltendmachung nur eines Teilanspruchs Hemmung nur insoweit eintritt (Rn 6), wie die Geltendmachung reicht. Hemmungswirkung hat nur der erste Antrag, nicht jedoch weitere gestellte Anträge auf Prozesskostenhilfe. Die Hemmung beginnt mit Veranlassung der Bekanntgabe an den Schuldner analog dem Güterantrag nach Nr 4 (Rn 11). Wird die Bekanntgabe demnächst veranlasst, wirkt die Hemmung analog § 167 ZPO auf den Zeitpunkt der Einreichung des Antrags zurück. Wird im Verfahren keine Bekanntgabe veranlasst, tritt keine Hemmungswirkung ein (BGH NJW 08, 1939), es kommt aber auch nicht zum Hemmungsverbrauch. Rechtskraft der Entscheidung, Rücknahme des Antrags und Vergleiche führen zur Beendigung.

O. Verfahrensstillstand. Der Beendigung des Verfahrens gleichgestellt ist ein Verfahrensstillstand, der seine 21
Ursache darin hat, dass die Beteiligten das Verfahren nicht mehr betreiben. Gesetzliche Unterbrechungen wie
bspw Insolvenzverfahrenseröffnung (BGH NJW 63, 2019) oder Aussetzungen führen somit nicht zur Beendigung der Hemmung. Hemmung dauert bei der Stufenklage fort, solange aus dem Hilfsanspruch vollstreckt
wird (BGH FamRZ 2006, 862). Liegt die Ursache des Verfahrensstillstands bei der angerufenen Stelle, liegt
kein Stillstand iSd Norm vor (BGH VersR 76, 36). Gleiches gilt, wenn das Gericht vAw tätig sein müsste, dies
allerdings versäumt (BGH NJW-RR 95, 1336; NJW 97, 2308). Nach hM führt ein Verfahrensstillstand allerdings dann nicht zu Beendigung der Hemmung, wenn ein triftiger Grund für das Nichtbetreiben des Verfahrens erkennbar ist (BGH NJW 99, 3775; BaRoth/*Henrich* Rz 76; Palandt/*Heinrichs* Rz 47; aA Erman/*Schmidt-
Räntsch* Rz 55). Die Anordnung des Ruhens des Verfahrens nach §§ 251 I, 251a III ZPO ist zurechenbarer
Stillstand (BGH NJW-RR 88, 279).

Liegen die Voraussetzung des hemmungsbeendenden Stillstands vor, dann ist zeitlicher Anknüpfungspunkt 22
des Fristlaufs die letzte Verfahrenshandlung der Beteiligten oder des Gerichts, bspw die Einreichung eines
Schriftsatzes (BGH VersR 76, 37) oder die Aufforderung zur Begründung des Anspruchs (BGH NJW-RR 95,
1336). Entscheidend ist das Wirksamwerden der Verfahrenshandlung, bei gerichtlichen Verfügungen also der
Zugang (BGHZ 134, 390).

P. Weiterbetreiben. Zur erneuten Hemmung der Verjährung führen Maßnahmen der Parteien, die das zum Still- 23
stand gekommene Verfahren wieder in Gang setzen, und zwar auch dann, wenn diese Handlung erfolglos bleibt
(BGH NJW 01, 220). Kenntnis des anderen Teils von der Maßnahme ist nicht erforderlich (BGH NJW 84, 2104),
reine Vorbereitungsmaßnahmen wie eine Ankündigung reichen jedoch nicht aus (Nürnbg NJW-RR 95, 1091).

Q. Hemmung der Fristen nach Abs 1 Nr 9, 12 und 13. Die Vorschriften über Hemmung bei höherer 24
Gewalt nach § 206, Ablaufhemmung bei voll Geschäftsfähigen nach § 210 und Ablaufhemmung in
Nachlassfällen nach § 211 finden auf die Monatsfrist des I Nr 9 und die Drei-Monats-Fristen des I Nr 12
und 13 entspr Anwendung.

§ 205 Hemmung der Verjährung bei Leistungsverweigerungsrecht. Die Verjährung ist gehemmt, solange der Schuldner auf Grund einer Vereinbarung mit dem Gläubiger vorübergehend zur Verweigerung der Leistung berechtigt ist.

A. Allgemeines. Der Anwendungsbereich der Norm ist denkbar gering, da fast alle Vereinbarungen über ein 1
Leistungsverweigerungsrecht andere Hemmungstatbestände auslösen. § 205 findet Anwendung nur auf vereinbarte, nicht jedoch auf gesetzliche Leistungsverweigerungsrechte. Voraussetzung ist ein vereinbartes vorübergehendes Leistungsverweigerungsrecht des Schuldners, auf dauernde Verweigerungsrechte findet die
Norm keine Anwendung. Rein einseitige Maßnahmen reichen nicht, es muss eine, ggf auch konkludente,
Vereinbarung getroffen werden. Wiederholt die Vereinbarung nur ein gesetzliches Leistungsverweigerungsrecht, ist § 205 nicht anwendbar (AnwK/*Mansel/Budzikiewicz* Rz 12; Erman/*Schmidt-Räntsch* Rz 2).

B. Vereinbarungen. Stundungsvereinbarung iSd § 205 ist nur die nach Verjährungsbeginn hinausgeschobene 2
Fälligkeit (BGHZ 86, 104; WM 77, 895), da anderenfalls die Verjährung erst gar nicht beginnt. Solche Vereinbarungen dürfen allerdings nicht als Anerkenntnis auszulegen sein, da ansonsten der neue Beginn der Verjährung
nach § 212 I Nr 1 eingreift. Der Abschluss eines Stillhalteabkommens wird in aller Regel bereits die Verjährungshemmung nach § 203 eintreten lassen. § 205 ist insofern Auffangtatbestand. Inhalt einer solchen Vereinbarung
muss die Begründung eines Leistungsverweigerungsrechts des Schuldners (BGH NJW 00, 2661) oder jedenfalls
der Ausschluss des Rechts des Gläubigers, die Anspruchsdurchsetzung zu betreiben, sein (BGH NJW 02,
1488 f). Werden solche Vereinbarungen ausdrücklich getroffen, enthalten sie regelmäßig eine Vereinbarung
über die Verjährung iSd § 202, so dass für § 205 va konkludente Stillhalteabkommen von Bedeutung sind. Bsp
sind die Vereinbarung, dass zunächst die Durchsetzung einer erfüllungshalber abgetretenen Forderung versucht
werden soll (RGZ 70, 37), die Vereinbarung zunächst mögliche Ansprüche Dritter gemeinsam zu bekämpfen
(BGH NJW 99, 1103), die Vereinbarung, einen Musterprozess abzuwarten (BGH VersR 79, 349), nicht jedoch,
wenn eine in AGB enthaltene Musterprozessvereinbarung nichtig ist (BGH NJW 88, 198). Bloße Vertragsverhandlungen stellen grds keine Stillhaltevereinbarung dar (BGH LM Nr 2 zu § 222 BGB aF), ebenso wenig die
Verteidigung im Beweissicherungsverfahren (Saarbr BauR 04, 1198).

C. Dauer. Der Beginn der Hemmung knüpft an den Abschluss der Vereinbarung bzw besondere dort getrof- 3
fene Regelungen an. Gleiches gilt für das Ende, wobei ggf durch Auslegung der diesbezügliche Inhalt der Vereinbarung ermittelt werden muss.

§ 206 Hemmung der Verjährung bei höherer Gewalt. Die Verjährung ist gehemmt, solange der Gläubiger innerhalb der letzten sechs Monate der Verjährungsfrist durch höhere Gewalt an der Rechtsverfolgung gehindert ist.

1 **A. Allgemeines.** Für die Dauer der letzten sechs Monate einer Verjährungsfrist ordnet § 206 einen besonderen Hemmungsgrund in Form des Rechtsverfolgungshindernisses wegen höherer Gewalt an. Die Norm findet kraft Verweisung entspr Anwendung auf eine Vielzahl gesetzlicher Ausschlussfristen. Eine weiter gehende analoge Anwendung wird von der hM (MüKo/*Grothe* Rz 2; Palandt/*Heinrichs* Rz 3; AnwK/*Mansel*/*Budzikiewicz* Rz 4. Staud/*Peters* Rz 31) abgelehnt. Hemmungswirkung hat höhere Gewalt nur innerhalb der letzten sechs Monate; bestand das Durchsetzungshindernis schon früher, beginnt die Hemmung mit dem Beginn des Sechs-Monats-Zeitraums (BGH NJW-RR 91, 574). Die hM geht davon aus, dass die Dauer der Hemmung auf maximal sechs Monate beschränkt ist und jedenfalls mit dem ohne Berücksichtigung des § 206 bestehenden Fristende endet (Staud/*Peters* Rz 2; BaRoth/*Henrich* Rz 2). Nach § 209 wird der Zeitraum der Hemmung allerdings nicht in die Verjährungsfrist eingerechnet, so dass sich das Ende der Frist entspr verschiebt. Solange die Rechtsverfolgung wegen höherer Gewalt gehindert ist, wird also das Fristende ebenfalls hinaus gezögert, so dass es zu einer Begrenzung der Wirkung des § 206 auf einen Sechs-Monats-Zeitraum nicht kommt.

2 **B. Vorliegen höherer Gewalt.** Die Behinderung der Rechtsverfolgung wegen höherer Gewalt ist dann gegeben, wenn Ereignisse vorliegen, die auch durch äußerste billigerweise zu erwartende Sorgfalt nicht verhindert werden konnten (stRspr BGH NJW 97, 3164; 94, 2753; BAG NJW 03, 2850). Schon geringes Verschulden des Gläubigers steht damit höherer Gewalt entgegen. Das Verschulden von Prozessbevollmächtigten (BGH NJW 97, 3164) oder eines gesetzlichen Vertreters (BGH LM § 254 (E) Nr 2 zu § 203 aF) wird dem Gläubiger zugerechnet, nicht jedoch das von Amtspersonen. Fälle höherer Gewalt sind bspw verzögerte oder falsche Sachbehandlung durch Gerichte oder Ämter (BGH NJW 95, 1420), Erteilung eines unrichtigen Erbscheins (BayObLG NJW-RR 98, 1091), nicht vorhersehbare Krankheit, die Vorsorge nicht erlaubt (BGH VersR 63, 94), nicht jedoch Beweisschwierigkeiten (BGH NJW 75, 1466), Insolvenzeröffnung über das Vermögen des Gläubigers (BGH NJW 63, 2019), Unkenntnis von der Verfassungswidrigkeit eines Gesetzes (Hamm NJW 80, 244), Vertrauen auf den Fortbestand einer Rspr (str BAG NJW 62, 1077 f; Palandt/*Heinrichs* Rz 7; BaRoth/*Henrich* Rz 6; aA BGH NJW 60, 283). Ebenso als höhere Gewalt eingestuft wird der Stillstand der Rechtspflege, wie er bspw bei Einstellung gerichtlicher Tätigkeit durch Krieg, Überschwemmungen uä eintritt. Bloße Erschwerungen der Rechtsverfolgungen reichen nicht, ebenso wenig, wenn nur der Berechtigte persönlich an der gerichtlichen Verfolgung gehindert ist (RGZ 128, 47).

§ 207 Hemmung der Verjährung aus familiären und ähnlichen Gründen.

(1) ¹Die Verjährung von Ansprüchen zwischen Ehegatten ist gehemmt, solange die Ehe besteht. ²Das Gleiche gilt für Ansprüche zwischen
1. Lebenspartnern, solange die Lebenspartnerschaft besteht,
2. dem Kind und
   a) seinen Eltern oder
   b) dem Ehegatten oder Lebenspartner eines Elternteils
   bis zur Vollendung des 21. ³Lebensjahres des Kindes,
3. dem Vormund und dem Mündel während der Dauer des Vormundschaftsverhältnisses,
4. dem Betreuten und dem Betreuer während der Dauer des Betreuungsverhältnisses und
5. dem Pflegling und dem Pfleger während der Dauer der Pflegschaft.
⁴Die Verjährung von Ansprüchen des Kindes gegen den Beistand ist während der Dauer der Beistandschaft gehemmt.
(2) § 208 bleibt unberührt.

1 **A. Allgemeines.** § 207 berücksichtigt die besonderen Beziehungen innerhalb von Familienstrukturen und ähnlichen Verhältnissen. Für die Norm ist es allerdings unerheblich, ob tatsächlich eine persönliche Nähe besteht, es ist ausreichend, dass die dort tatbestandlich genannten Voraussetzungen vorliegen. Sie ist nicht auf familienrechtliche Ansprüche beschränkt, sondern erfasst grds alle Ansprüche, auch solche aus Verkehrsunfällen einschl des Direktanspruchs gegen Haftpflichtversicherer (OLGR Celle 01, 185). Da die Hemmung nur an das persönliche Verhältnis zwischen Gläubiger und Schuldner anknüpft, führt ein Personenwechsel zur Beendigung der Hemmung, es sei denn, auch in Person des neuen Anspruchgegners lägen Hemmungsgründe vor. Wird die Beziehung erst nach Entstehung oder Fälligkeit des Anspruchs begründet, tritt die Hemmung mit dem Zeitpunkt der Herstellung des persönlichen Verhältnisses ein.

2 **B. Personenkreis.** Die Hemmung zwischen Ehegatten gilt, solange die Ehe besteht, auch soweit sie aufhebbar jedoch noch nicht aufgehoben ist (Palandt/*Heinrichs* Rz 2; BaRoth/*Henrich* Rz 2). Für Nichtehen und nichteheliche Lebensgemeinschaften gilt § 207 nicht (Köln NJW-RR 00, 558). Für Lebenspartner gelten die Ausführungen entspr.

3 *Ansprüche, gleich ob diese den Eltern oder den Kindern bzw Stiefkindern zustehen*, sind bis zur Vollendung des 21. Lebensjahres des Kindes gehemmt. Die Ehelichkeit des Kindes spielt keine Rolle (BGHZ 76, 295), ebenso wenig die elterliche Sorge. Adoptivkinder sind Kinder iSd Norm. Die bisherige Anknüpfung an die

Volljährigkeit des Kindes wurde iRd Änderungen des Gesetzes zur Änderung des Erb- und Verjährungsrechts eingeführt, um der Tatsache Rechnung zu tragen, dass Menschen oftmals trotz Volljährigkeit noch einige Jahre in persönlichen und tatsächlichen Abhängigkeitsverhältnissen leben.

Auch iRv Vormundschaften, Betreuungen und Pflegschaften sind Ansprüche beidseitig gehemmt, solange das Verhältnis besteht. Sie gilt auch für den Gegenvormund, den Ergänzungsbetreuer und den Ergänzungspfleger. Im Verhältnis zwischen Kind und Beistand tritt Hemmung nur für Ansprüche des Kindes gegen den Beistand ein, da Ziel der Regelung die Berücksichtigung der Unterlegenheit des Kindes und nicht etwa einer Nähebeziehung ist. 4

§ 208 Hemmung der Verjährung bei Ansprüchen wegen Verletzung der sexuellen Selbstbestimmung. ¹Die Verjährung von Ansprüchen wegen Verletzung der sexuellen Selbstbestimmung ist bis zur Vollendung des 21. Lebensjahrs des Gläubigers gehemmt. ²Lebt der Gläubiger von Ansprüchen wegen Verletzung der sexuellen Selbstbestimmung bei Beginn der Verjährung mit dem Schuldner in häuslicher Gemeinschaft, so ist die Verjährung auch bis zur Beendigung der häuslichen Gemeinschaft gehemmt.

A. Anwendungsbereich. § 208 findet Anwendung auf alle Ansprüche aus der Verletzung der sexuellen Selbstbestimmung, damit insb solche aus § 823 I, § 823 II iVm § 174 ff StGB, § 825. Nicht erforderlich ist jedoch, dass es sich um einen Verstoß gegen die §§ 174 ff StGB handelt (aA Palandt/*Heinrichs* Rz 2). 1

B. Voraussetzungen. § 208 setzt im Gegensatz zu § 207 kein persönliches Verhältnis voraus, sondern stellt allein auf die Person des Geschädigten ab. Beim Anspruchsgegner kann es sich also auch um einen völlig fremden Dritten handeln. Die Verjährungshemmung besteht jedenfalls bis zur Vollendung des 21. Lebensjahres des Opfers, liegen die sonstigen Voraussetzungen des Verjährungsbeginns vor, beginnt die Verjährungsfrist damit am 21. Geburtstag. 2

Entscheidend für das Vorliegen einer häuslichen Gemeinschaft sind die tatsächlichen Verhältnisse, insb das Wohnen in einer gemeinsamen Wohnung. Nicht dauernde Unterbrechungen sind unerheblich. Die Hemmung dauert bis zur Beendigung der häuslichen Gemeinschaft fort. Str ist, ob die häusliche Gemeinschaft schon zum Zeitpunkt der Anspruchsentstehung und Anspruchskenntnis iSd § 199 I gegeben sein muss, oder ob es entspr der Ultimo-Verjährung auf die Verhältnisse zum jeweiligen Jahresende ankommt. Die hM (Staud/*Peters* Rz 6; BaRoth/*Henrich* Rz 5; MüKo/*Grothe* Rz 7; Palandt/*Heinrichs* Rz 4) stellt dem Wortlaut entspr auf das Jahresende, eine Mindermeinung (AnwK/*Mansel/Budzikiewicz* Rz 22) dem Sinn der Norm besser gerecht werdend auf den genauen Tag der Entstehung und Kenntnis ab. Nach dem Wortlaut der Norm muss auch bei unter 21-jährigen die häusliche Gemeinschaft schon zum Zeitpunkt des Verjährungsbeginns gegeben sein, was ein Schutzdefizit in den Fällen begründet, in denen mit dem Schädiger vor Vollendung des 21. Lebensjahres eine häusliche Gemeinschaft begründet wird. Eine Ausweitung der Hemmungswirkung auf diese Fälle ist geboten (MüKo/*Grothe* Rz 7; Palandt/*Heinrichs* Rz 5; aA Staud/*Peters* Rz 6; AnwK/*Mansel/Budzikiewicz* Rz 24; Erman/*Schmidt-Räntsch* Rz 5). 3

C. Altansprüche. Der durch das Schuldrechtsmodernisierungsgesetz neu eingeführte Hemmungstatbestand erfasst auch zum 1.1.02 noch nicht verjährte Altansprüche (Hamm NJW 06, 2498). 4

§ 209 Wirkung der Hemmung. Der Zeitraum, während dessen die Verjährung gehemmt ist, wird in die Verjährungsfrist nicht eingerechnet.

Die Hemmung bringt eine Verjährungsfrist zeitweilig zum Stillstand bzw, falls sie nicht angelaufen sein sollte, verzögert sie ihren Beginn. Der Zeitraum der Hemmung wird bildlich gesprochen aus der Verjährungsfrist ausgeschnitten. Die Hemmung beginnt mit dem Tag des Eintritts des Hemmungsgrunds, nicht erst am Folgetag, und endet ebenso taggenau. Zeitliche Höchstgrenzen der Hemmung bestehen nicht (BGH NJW 90, 178). Bei einer Hemmung vor Fristbeginn läuft die Verjährungsfrist am auf den Tag des Wegfalls des Hemmungsgrundes folgenden Tag an, eine erneute Ultimozählung (§ 199 Rn 18) gibt es nicht. Hemmung wirkt nur zwischen den jeweiligen Personen, zwischen denen der Hemmungsgrund besteht. Beim Zusammentreffen von Hemmung und Neubeginn beginnt die neue Verjährungsfrist erst mit Beendigung des Hemmungszeitraums (BGH NJW 90, 826), beim Zusammentreffen mit einer Ablaufhemmung hat die Hemmung nur Bedeutung, wenn sie über die Ablaufhemmung hinausreicht (BGH VersR 01, 1270). 1

§ 210 Ablaufhemmung bei nicht voll Geschäftsfähigen. (1) ¹Ist eine geschäftsunfähige oder in der Geschäftsfähigkeit beschränkte Person ohne gesetzlichen Vertreter, so tritt eine für oder gegen sie laufende Verjährung nicht vor dem Ablauf von sechs Monaten nach dem Zeitpunkt ein, in dem die Person unbeschränkt geschäftsfähig oder der Mangel der Vertretung behoben wird. ²Ist die Verjährungsfrist kürzer als sechs Monate, so tritt der für die Verjährung bestimmte Zeitraum an die Stelle der sechs Monate.

(2) Absatz 1 findet keine Anwendung, soweit eine in der Geschäftsfähigkeit beschränkte Person prozessfähig ist.

1 **A. Allgemeines.** Zweck der Norm ist es, den Gläubiger eines Anspruchs davor zu schützen, dass allein wegen auf mangelnder Geschäftsfähigkeit seiner eigenen Personen oder der des Schuldners beruhender Nichtdurchsetzbarkeit einer Forderung Verjährung eintritt. Die Beweislast für den Mangel der Geschäftsfähigkeit trägt dabei immer der Gläubiger, gleich ob der Mangel in seiner oder in der Person des Schuldners besteht. Nach § 1903 I 2 ist die Norm entspr auf dem Betreuten mit Einwilligungsvorbehalt anzuwenden. Sie gilt nicht für juristische Personen (BGH NJW 68, 694).

2 **B. Fehlende Geschäftsfähigkeit und fehlender gesetzlicher Vertreter.** Geschäftsunfähigkeit und beschränkte Geschäftsfähigkeit richten sich nach §§ 104 und 106. § 210 gilt allerdings auch dann, wenn sich die Geschäftsunfähigkeit nur auf den konkreten Anspruch auswirkt, sie muss nicht allg gegeben sein (BGH VersR 69, 907). Gilt umgekehrt ein beschränkt Geschäftsfähiger bspw nach §§ 112, 113 als geschäftsfähig, ist § 212 unanwendbar.

3 Besonderen Schutzes bedarf der Gläubiger nur dann, wenn er aufgrund der Geschäftsunfähigkeit in der Anspruchsdurchsetzung gehindert ist, dh, wenn kein gesetzlicher Vertreter anstelle des Geschäftsunfähigen vorhanden ist. Das Fehlen muss nicht tatsächlich begründet sein, sondern kann auch eine rechtliche Ursache bspw §§ 181, 1629, 1795 haben (BGHZ 55, 271). Ist ein gesetzlicher Vertreter dagegen vorhanden und dieser nur tatsächlichen Gründen an der Ausübung gehindert, bspw im Fall der Krankheit oder Abwesenheit, greift § 210 nicht (MüKo/*Grothe* Rz 4).

4 **C. Wirkung.** Das Fehlen des gesetzlichen Vertreters ist nur dann von Bedeutung, wenn es innerhalb der letzten sechs Monate der Frist vorliegt. Ist das Vertretungsdefizit vorher beseitigt, kommt § 210 nicht zur Anwendung. Umgekehrt reicht es, wenn innerhalb dieses Zeitraums eine Vertretung, sei es auch nur kurzfristig, nicht gegeben war. Nach Beendigung der vertretungslosen Zeit endet die Verjährung nicht vor Ablauf von weiteren sechs Monaten, es sei denn, die Verjährungsfrist wäre kürzer, in welchem Fall dann diese kürzere Frist läuft.

5 **D. Abs 2.** Besteht das Rechtsdurchsetzungshindernis mangelnder Vertretung deshalb nicht, weil der nicht voll Geschäftsfähige gleichwohl prozessfähig ist, gilt § 210 nicht. II hat Bedeutung in den Fällen, in denen die Prozessfähigkeit über die Grenzen der Geschäftsfähigkeit hinaus erweitert ist, bspw in §§ 607 I und 640b 1 ZPO.

§ 211 Ablaufhemmung in Nachlassfällen.
(1) ¹Die Verjährung eines Anspruchs, der zu einem Nachlass gehört oder sich gegen einen Nachlass richtet, tritt nicht vor dem Ablauf von sechs Monaten nach dem Zeitpunkt ein, in dem die Erbschaft von dem Erben angenommen oder das Insolvenzverfahren über den Nachlass eröffnet wird oder von dem an der Anspruch von einem oder gegen einen Vertreter geltend gemacht werden kann. ²Ist die Verjährungsfrist kürzer als sechs Monate, so tritt der für die Verjährung bestimmte Zeitraum an die Stelle der sechs Monate.

1 In grds gleicher Zielrichtung wie § 210 schützt § 211 sowohl den oder die Erben wie auch den Nachlassgläubiger vor den erbfallbedingten Schwierigkeiten der Rechtsdurchsetzung durch Anordnung einer Ablaufhemmung. Zur Wirkung s. § 210 Rn 4. Die Sechs-Monats-Frist beginnt zu laufen mit der Erbschaftsannahme, gleichgültig, ob zu diesem Zeitpunkt ein für die Rechtsdurchsetzung erforderlicher Erbschein vorliegt oder nicht, bei einer Mehrheit von Erben allerdings erst, nachdem alle Miterben angenommen haben (MüKo/*Grothe* Rz 3; Palandt/*Heinrichs* Rz 1; AnwK/*Mansel/Budzikiewicz* Rz 10), wobei Peters (Staud/*Peters* Rz 4) die nicht durch den Wortlaut gedeckte Einschränkung vorsieht, dass in Aktivprozessen des Nachlasses die Klage eines Miterben für alle Hemmungswirkung hat und insoweit eine Einschränkung des § 211 geboten sei. Im Falle der Nachlassinsolvenz kann der Insolvenzverwalter ebenso die Anspruchsdurchsetzung betreiben bzw gegen diesen betrieben werden, wie im Fall der Einsetzung eines Vertreters in Form eines Nachlassverwalters, Nachlasspflegers, Abwesenheitspflegers oder Testamentsvollstreckers, wobei beim Testamentsvollstrecker die Frist mit der Annahme des Amtes beginnt, während sie bei den Vertretern kraft Amtes mit deren Bestellung läuft.

§ 212 Neubeginn der Verjährung.
(1) Die Verjährung beginnt erneut, wenn
1. der Schuldner dem Gläubiger gegenüber den Anspruch durch Abschlagszahlung, Zinszahlung, Sicherheitsleistung oder in anderer Weise anerkennt oder
2. eine gerichtliche oder behördliche Vollstreckungshandlung vorgenommen oder beantragt wird.

(2) Der erneute Beginn der Verjährung infolge einer Vollstreckungshandlung gilt als nicht eingetreten, wenn die Vollstreckungshandlung auf Antrag des Gläubigers oder wegen Mangels der gesetzlichen *Voraussetzungen* aufgehoben wird.

(3) Der erneute Beginn der Verjährung durch den Antrag auf Vornahme einer Vollstreckungshandlung gilt als nicht eingetreten, wenn dem Antrag nicht stattgegeben oder der Antrag vor der Vollstreckungshandlung zurückgenommen oder die erwirkte Vollstreckungshandlung nach Absatz 2 aufgehoben wird.

A. Allgemeines. Während nach früherem Recht der Neubeginn der Verjährung – damals als Unterbrechung bezeichnet – in weitaus größerem Umfang Anwendung fand, ist diese nunmehr beschränkt auf solche Fälle, in denen der Schuldner entweder das Bestehen des Anspruchs anerkennt oder der Gläubiger eine gerichtliche oder behördliche Vollstreckungshandlung vornehmen lässt oder beantragt hat.

B. Anerkenntnis. I. Begriff und Rechtsnatur. Ein Anerkenntnis ist jedes tatsächliche Verhalten, das unzweideutig darauf schließen lässt, dass dem Schuldner das Bestehen des Anspruchs bewusst ist und dem Gläubiger die berechtigte Erwartung gibt, eine Berufung auf Verjährung werde nicht erfolgen (BGH NJW 02, 2873, stRspr). Ein Anerkenntnis bedarf keiner Willenserklärung und kann auch allein im schlüssigen Verhalten zu sehen sein (BGH NJW 88, 254 f). Das Anerkenntnis ist damit als geschäftsähnliches Verhalten einzustufen (Staud/*Peters* Rz 7; MüKo/*Grothe* Rz 6). Gleichwohl können auch dann, wenn ein Anerkenntnis nicht in Form einer Willenserklärung abgegeben wird, bestimmte gesetzliche Regelungen zur Willenserklärung analog angewandt werden, so insb die Irrtums- oder Täuschungsanfechtung (MüKo/*Grothe* Rz 11; Staud/*Peters* Rz 9) oder das Erfordernis der Geschäftsfähigkeit (Staud/*Peters* Rz 9 mwN) sowie ferner §§ 133, 157 zur Auslegung etwaiger Erklärungen (BGH VersR 03, 251). Das Anerkenntnis muss sich nicht auf einen konkreten Betrag beziehen, ein Anerkenntnis dem Grunde nach lässt die Frist für den gesamten Betrag neu beginnen (BGH MDR 02, 1240). Auch wenn der Begriff des Anerkenntnisses nicht mit dem des konstitutiven oder deklaratorischen Schuldanerkenntnisses verwechselt werden darf, erfüllen gleichwohl beide Rechtsinstitute selbstverständlich auch die Voraussetzungen eines Anerkenntnisses iSd § 212. Abzugrenzen ist das Anerkenntnis zu sonstigen Vereinbarungen über die Verjährung nach § 202. Eine Anwendung früherer Rspr muss deshalb immer mit Rücksicht darauf vorgenommen werden, dass der Bereich der Hemmungstatbestände erheblich erweitert während der des Neubeginns stark eingeschränkt wurde, sodass tendenziell eine engere Auslegung des Begriffs des Anerkenntnisses geboten ist (Erman/*Schmidt-Räntsch* Rz 11; MüKo/*Grothe* Rz 6).

II. Beteiligte. Das Anerkenntnis ist von Seiten des Schuldners abzugeben, wobei sich dieser vertreten lassen kann (BGH WM 96, 35). Das Anerkenntnis eines Haftpflichtversicherers wird als auch für den Versicherten ausreichend angesehen (BGH VersR 72, 373) und zwar auch dann, wenn die Deckungssumme überschritten ist (BGH VersR 72, 399). Das Anerkenntnis muss ggü dem Gläubiger erfolgen, wobei auch hier Stellvertretung möglich ist. Da es des Zugangs der Erklärung grds nicht bedarf, reicht es, wenn ein Anerkenntnis nur ggü dem vermeintlichen Gläubiger abgegeben wird, soweit der Schuldner dabei annahm, ggü dem Berechtigten anzuerkennen.

III. Form des Anerkenntnisses. Das G benennt selbst drei Formen möglicher Anerkenntnishandlungen, nämlich Abschlagszahlung, Zinszahlung und Sicherheitsleistung. Á-Konto-Zahlungen sind damit regelmäßig Anerkenntnisse der Restschuld, Zahlungen auf einzelne Schadensfolgen die Anerkennung des Anspruchs aus dem gesamten Schaden (BGH NJW-RR 86, 324), Zahlungen auf einen nicht aufgeschlüsselten Gesamtsaldo, Anerkenntnis der Teilforderungen (BGH NJW 07, 2843), Zinsgutschriften im Sparbuch ein Anerkenntnis der Gesamtsumme. Zur weitreichenden Kasuistik s. MüKo/*Grothe* Rz 14 ff. Bei wiederkehrenden Leistungen stellt die Zahlung der einzelnen Raten grds das Anerkenntnis des Gesamtbetrages dar und bewirkt insoweit Unterbrechung der Verjährung (BGH VersR 60, 949). Ein Teilanerkenntnis unterbricht die Verjährung allerdings grds nur für den anerkannten Teil (BGH VersR 60, 832), es sei denn, der Anerkennende ginge fälschlich davon aus, es handele sich um die Gesamtforderung. Als Anerkenntnis werden dagegen regelmäßig nicht zu werten sein die Sicherheitsleistung zur Abwendung der Zwangsvollstreckung (BGH NJW 93, 1848), Zahlungen als Erfüllung einer Bewährungsauflage (Ddorf NJW-RR 64, 614) oder die Ankündigung einer Kulanzzahlung (München DAR 81, 13).

C. Vollstreckungshandlungen. Unterbrechungswirkung hat ferner jeder Antrag auf Vornahme einer Vollstreckungshandlung sowie zusätzlich (nochmals) deren tatsächliche Vornahme (BGHZ 93, 295). Keine Rolle spielt dabei die Zeitdauer, die zwischen Antragstellung und Vornahme der Vollstreckungshandlung vergeht. Die Unterbrechung wirkt hinsichtlich des jeweils mittels Vollstreckung durchgesetzten bzw gesicherten Anspruchs bzw zugrunde liegenden Rechtsverhältnisses; bei Vollstreckungsmaßnahmen, denen ein Arrest oder eine einstweilige Verfügung zugrunde liegt, wirkt der Neubeginn damit nicht zugunsten des Hauptsacheanspruchs (Ddorf BauR 80, 475). Vollstreckungshandlungen hinsichtlich der Kosten wirken entspr nicht zugunsten des Hauptanspruchs (Hamm GRUR 79, 326). Vollstreckungshandlungen idS sind alle die tatsächliche Vollstreckung fördernden Maßnahmen, nicht jedoch solche, die nur der Vorbereitung dienen, insb der Antrag auf Umschreibung der Vollstreckungsklausel (Brandbg NJW-RR 02, 362) oder die Zustellung des Titels (BGHZ 122, 294). Die bloße Erstreckung eines Pfändungspfandrechts auf künftig fällig werdende Leistungen nach § 832 ZPO ist keine Vollstreckungshandlung (BGHZ 137, 198). Wird durch gerichtliche Anordnung eine angekündigte Zwangsvollstreckung verhindert, gilt die Unterbrechungswirkung entspr (BGHZ 122, 295). Gleiches wird angenommen, wenn ein Drittschuldner aufgrund eines Pfändungs- und Überweisungsbeschlusses leistet. Irrelevant ist, ob die Vollstreckung nur aus einem vermeintlich titulierten Anspruch betrieben wird (Köln WM 95, 597). Der Neubeginn wirkt punktuell und hat keine gleichzeitig eintretende

Hemmung zur Folge. Nach entspr Antrag oder Vornahme einer Vollstreckungshandlung beginnt die Verjährungsfrist also sofort wieder neu zu laufen.

6 **D. Wirkung des Neubeginns.** Der Neubeginn wirkt grds nur für den Anspruch, auf den sich das Anerkenntnis bzw die Vollstreckungsmaßnahme konkret bezieht. Im Mehrpersonenverhältnis gilt dies insb nur hinsichtlich der konkreten Person, bei Gesamtschuldnern bspw nur in der Person des konkret Anerkennenden. Gleiches gilt für die Bürgenhaftung, wobei allerdings §§ 767, 768 zu beachten sind. Bei Rechtsnachfolge gilt der Neubeginn allerdings auch für den jeweiligen Rechtsnachfolger.

7 Bei Vorliegen der Voraussetzung des I Nrn 1 oder 2 wird die Verjährungsfrist vollständig wieder neu in Gang gesetzt. Für das Anlaufen der Frist gilt § 187, die Ultimoregelung des § 199 I (§ 199 Rn 18) greift jedoch nicht. Nach Eintritt der Verjährung haben die Maßnahmen des I Nr 1 und 2 keine Wirkung, es sei denn, das Anerkenntnis wäre tatsächlich als Verzicht auf die Erhebung der Verjährungseinrede auszulegen. Kommt es zum Zusammentreffen von Hemmung und Neubeginn, dann beginnt die Verjährungsfrist frühestens mit Beendigung des Hemmungszeitraums zu laufen. Im Fall der Ablaufhemmung beginnt sie sofort, da der Schutzzweck der Ablaufhemmung in diesem Fall nicht mehr eingreift. Durch das Eintreten mehrerer Ereignisse, die den Neubeginn auslösen, kann die Verjährung faktisch dauerhaft behindert werden.

8 **E. Wegfall des Neubeginns.** Es kommt zum rückwirkenden Wegfall des Neubeginns, wenn die vorgenommene Vollstreckungshandlung (II) oder der Antrag auf eine solche (III) auf Betreiben des Gläubigers oder mangels Vorliegens gesetzlicher Voraussetzung aufgehoben wird. Die Unterscheidung in II und 3 ist nur deshalb getroffen, um beide Fälle des Neubeginns der Verjährung des I Nr 2, nämlich den Antrag und die vorgenommene Vollstreckungshandlung, hinsichtlich der Voraussetzungen des Wegfalls der Unterbrechungswirkung zu regeln. Eine entspr Regelung für das Anerkenntnis besteht logisch konsequent nicht. Kommt es aus anderen Gründen als einem Antrag des Gläubigers zur Aufhebung, müssen die Voraussetzungen der Zwangsvollstreckung schlechthin fehlen, es reicht nicht aus, dass nur Einwendungen gegen die konkrete Art der Zwangsvollstreckung geltend gemacht werden, bspw wegen Unpfändbarkeit der gepfändeten Sache, Drittwiderspruchsklage oder im Verfahren nach §§ 766, 767 ZPO. Kommt es zur Aufhebung der Vollstreckungsmaßnahme, fällt nach III auch der durch den entspr Antrag ausgelöste Neubeginn rückwirkend fort. Teilweise wird in der Lit die Auffassung vertreten, dass es beim Neubeginn durch Vollstreckungshandlung oder entspr Antrag bleibe, wenn der Gläubiger innerhalb der Frist des § 204 II erneut eine Maßnahme iSd I Nr 2 ergreife (Palandt/*Heinrichs* Rz 12; Soergel/*Niederführ* Rz 33). Anders als nach altem Recht findet sich im Gesetz für diese Auffassung keine Grundlage mehr (AnwK/*Mansel/Budzikiewicz* Rz 24; Erman/*Schmidt-Räntsch* Rz 16; MüKo/*Grothe* Rz 20).

§ 213 Hemmung, Ablaufhemmung und erneuter Beginn der Verjährung bei anderen Ansprüchen.
Die Hemmung, die Ablaufhemmung und der erneute Beginn der Verjährung gelten auch für Ansprüche, die aus demselben Grunde wahlweise neben dem Anspruch oder an seiner Stelle gegeben sind.

1 **A. Allgemeines.** § 213 soll den Gläubiger, der bereits hemmende oder verjährungsunterbrechende Maßnahmen vorgenommen hat, davor schützen, dass gleichzeitig Ansprüche aus demselben Rechtsgrund, die wahlweise neben oder anstelle des durchgesetzten Anspruchs stehen, verjähren. § 213 hat insoweit sowohl rechtsbefriedende als auch rechtsentlastende Funktion, da ohne die Vorschrift die parallele Durchsetzung aller denkbaren Alternativansprüche notwendig wäre. § 213 stellt die Verallgemeinerung der bereits in §§ 477 III und 639 I 1 aF bestehenden Regelung dar.

2 **B. Voraussetzungen.** Voraussetzung ist das Vorliegen verschiedener Ansprüche, die denselben Anspruchsgrund haben. Dabei genügt eine Identität im Kern, da bei vollständiger Identität nur eine Anspruchsgrundlagenkumulation auftritt, die bereits von den allg Vorschriften erfasst ist.

3 Die anderen Ansprüche müssen schon ursprünglich dem Gläubiger zur Wahl gestanden haben oder anstelle des Durchgesetzten gegeben sein. Klassische Fälle sind dabei die Mängelrechte im Kaufvertrag nach § 437, Werkvertrag nach § 634 oder diejenigen gegen den falsus prokurator nach § 179 I.

4 Neben den vorgenannten Mängelrechten beim Kauf- und Werkvertrag sind anerkannt der Bereicherungsanspruch anstelle einer Werklohnforderung (BGH NJW 00, 3493); Zugewinnausgleichsklage auf Übertragung hälftigen Miteigentums zum Anspruch auf Zahlung des Zugewinnausgleichsbetrages (BGH NJW-RR 94, 515), Kapitalabfindung statt Geldrente (RGZ 77, 216), Freistellungsklage anstatt Zahlungsklage beim Schadensersatzanspruch (BGH NJW 85, 1154), nicht jedoch beim Übergang vom Vergütungsanspruch auf Schadensersatz wegen Nichterfüllung (BGH NJW 92, 1111), Pflichtteilsanspruch und Pflichtteilsergänzungsanspruch (BGHZ 132, 243) oder Erfüllungsanspruch und Verzugsschadensanspruch (Hamm VersR 81, 947).

Titel 3 Rechtsfolgen der Verjährung

§ 214 Wirkung der Verjährung. (1) Nach Eintritt der Verjährung ist der Schuldner berechtigt, die Leistung zu verweigern.
(2) ¹Das zur Befriedigung eines verjährten Anspruchs Geleistete kann nicht zurückgefordert werden, auch wenn in Unkenntnis der Verjährung geleistet worden ist. ²Das Gleiche gilt von einem vertragsmäßigen Anerkenntnis sowie einer Sicherheitsleistung des Schuldners.

A. Leistungsverweigerungsrecht. Ist die Verjährungsfrist endgültig abgelaufen, steht dem Schuldner ein dauerndes Leistungsverweigerungsrecht zu. Der Anspruch selbst erlischt, von wenigen Ausnahmen abgesehen (§§ 901, 1028 2, 1090 I), gerade nicht, sondern bleibt bestehen. Nichts hindert den Gläubiger am Versuch der Durchsetzung einschl Klageerhebung. Die Erhebung der Verjährungseinrede steht allein im Belieben des Schuldners, macht er diese nicht geltend, kann er zur Leistung verurteilt werden. Folgerichtig ist eine Feststellungsklage auf Nichtbestehen eines Anspruchs wegen Eintritts der Verjährung nicht begründet, allenfalls eine solche auf Nichtdurchsetzbarkeit (BGH NJW 83, 392). 1

Aus dem Charakter als Einrede ergibt sich, dass es grds Sache des Schuldners ist, die Verjährung in einem etwa gegen ihn gerichteten Verfahren geltend zu machen, vAw ist sie nicht zu berücksichtigen. Anderes gilt nur, wenn der Gläubiger selbst vorträgt, der Beklagte habe die Verjährungseinrede erhoben (Ddorf NJW 91, 2091). Einer ausdrücklichen Erwähnung des Wortes Verjährung bedarf es nicht, wenn erkennbar ist, dass der Schuldner den Zeitablauf als Grund für seine Leistungsunwilligkeit offen legt (Staud/*Peters* Rz 8). Umstr ist, inwieweit das Gericht auch die Möglichkeit zur Erhebung der Verjährungseinrede hinweisen darf (dafür BayObLG NJW 99, 1875; Köln NJW-RR 90, 192; KG NJW 02, 1732; Palandt/*Heinrichs* Rz 3; unentschieden BGH NJW 98, 612; ausf und differenziert Staud/*Peters* Rz 14 ff mwN; dagegen AnwK/*Mansel/Stürner* Rz 4; MüKo/*Grothe* Rz 3; im Ergebnis auch BGH NJW 04, 164). Auch wenn praktische Erwägungen für einen entspr Hinweis sprechen, sollte der Richter den Nachteil des durch den Hinweis erzeugten Anscheins der Parteilichkeit nicht unterschätzen. Zum Verzicht auf die Einrede der Verjährung gelten die Grenzen des § 202. Unter Umständen kann die Erhebung der Verjährungseinrede rechtsmissbräuchlich sein und deshalb gegen § 242 verstoßen (§ 242 Rn 58). 2

B. Rückforderungsrecht nach Abs 2. Dem Charakter der Verjährungswirkung entspr, bestimmt II, dass auf den Anspruch Geleistetes nicht zurückgefordert werden kann, da auf einen wirksamen Anspruch hin geleistet wurde. Der Leistung gleichgestellt ist das vertragsmäßige Anerkenntnis nach § 781 sowie die Sicherheitsleistung auf den verjährten Anspruch. Von dem in II geregelten Grundsatz macht die Rspr da eine Ausnahme, wo von Seiten Schuldners nicht freiwillig, sondern im Wege der Zwangsvollstreckung oder zu deren Abwendung geleistet wurde (BGH NJW 93, 3320). Gleiches gilt für Leistungen unter entspr Vorbehalt (BGH NJW 99, 496). Die Norm soll auf Betriebskostennachforderungen, die entgegen § 556 III 3 abgerechnet und bezahlt wurden, nicht anzuwenden sein (BGH NJW 06, 903), zweifelhaft. 3

§ 215 Aufrechnung und Zurückbehaltungsrecht nach Eintritt der Verjährung. Die Verjährung schließt die Aufrechnung und die Geltendmachung eines Zurückbehaltungsrechts nicht aus, wenn der Anspruch in dem Zeitpunkt noch nicht verjährt war, in dem erstmals aufgerechnet oder die Leistung verweigert werden konnte.

A. Aufrechnung. Entspr der Regelung des bish § 390 2 aF bestimmt § 215, dass die Aufrechnung auch noch auf eine verjährte Forderung gestützt werden kann, soweit die Aufrechnungslage bereits zu einem Zeitpunkt bestanden hat, als die zur Aufrechnung gestellte Forderung noch nicht verjährt war. Insofern handelt es sich bei § 215 um einen Vertrauensschutztatbestand, der dem durch die Aufrechnungslage geschützten Gläubiger die Durchsetzung der Forderung nur zur Abwendung der Verjährung ersparen soll. Ist die Aufrechnungslage erst nach Verjährungseintritt entstanden, greift § 215 nicht. Der Fälligkeit der Gegenforderung bedarf es jedoch nicht. Die Aufrechnung wird auch nicht dadurch gehindert, dass eine Klage aus der Forderung wegen Verjährung rechtskräftig abgewiesen wurde (BGH WM 71, 1367). 1

B. Zurückbehaltungsrecht. Parallel zur Aufrechnung sieht § 215 auch für das Zurückbehaltungsrecht die Möglichkeit der Geltendmachung noch dann vor, wenn die Forderung zwischenzeitlich verjährt ist, das Zurückbehaltungsrecht aber bereits zu einem Zeitpunkt, als die Verjährung noch nicht eingetreten war, hätte geltend gemacht werden können. Dass eine Berufung auf das Zurückbehaltungsrecht vor Verjährungseintritt tatsächlich stattgefunden hat, ist nicht erforderlich (BGHZ 53, 125), ebenso wenig, dass die Leistung des Zurückbehaltenden fällig war (BGH NJW 06, 2773). Die Regelung gilt sowohl für das Zurückbehaltungsrecht nach § 273 wie auch für die Einrede des nicht erfüllten Vertrages nach § 320 I. 2

§ 216 Wirkung der Verjährung bei gesicherten Ansprüchen. (1) Die Verjährung eines Anspruchs, für den eine Hypothek, eine Schiffshypothek oder ein Pfandrecht besteht, hindert den Gläubiger nicht, seine Befriedigung aus dem belasteten Gegenstand zu suchen.
(2) ¹Ist zur Sicherung eines Anspruchs ein Recht verschafft worden, so kann die Rückübertragung nicht auf Grund der Verjährung des Anspruchs gefordert werden. ²Ist das Eigentum vorbehalten, so kann der Rücktritt vom Vertrag auch erfolgen, wenn der gesicherte Anspruch verjährt ist.
(3) Die Absätze 1 und 2 finden keine Anwendung auf die Verjährung von Ansprüchen auf Zinsen und andere wiederkehrende Leistungen.

1   **A. Allgemeines.** § 216 stellt jedenfalls in seinem I eine Durchbrechung des Akzessorietätsprinzips dar, da die Durchsetzung einer hingegebenen Sicherheit auch dann noch möglich sein soll, wenn die gesicherte Verbindlichkeit wegen der Einrede der Verjährung nicht mehr durchgesetzt werden kann. Insofern sieht sich der dinglich gesicherte Gläubiger einer verjährungs-einredebehafteten Forderung privilegiert, vgl §§ 1137, 1169, 1211, 1254.

2   **B. Akzessorische Sicherheiten, Abs 1.** Akzessorische Sicherheiten iSd I sind die Hypotheken einschl der Schiffshypotheken und dem Registerpfandrecht an Luftfahrzeugen sowie die Pfandrechte an beweglichen Sachen und Rechten. I findet dabei Anwendung sowohl auf die vertraglichen wie auch die gesetzlichen Sicherheiten und der im Wege der Zwangsvollstreckung entstehenden einschl der des vorläufigen Rechtsschutzes wie die Arresthypothek und das Arrestpfandrecht (Celle WM 85, 548). Nicht unter § 216 fällt dagegen die Vormerkung, die dem strengen Akzessorietätsprinzip untersteht, so dass nach Verjährung der Forderung nach § 886 die Löschung verlangt werden kann. Ebenso gilt § 216 nicht für persönliche Sicherheiten wie die Bürgschaft. Es besteht weiterhin die Möglichkeit, vertraglich entspr Sicherheitsgestaltungen zu begründen, bspw Hinterlegung beim Notar (BGHZ 143, 397).

3   **C. Abstrakte Sicherheiten und Eigentumsvorbehalt, Abs 2.** Logisch konsequent stellt II 1 die abstrakten Sicherungsrechte wie insb Sicherungszession und Sicherungsübereignung den akzessorischen gleich. Nicht akzessorische Sicherheit idS ist auch die Sicherungsgrundschuld. Die Norm ist analog auf im Rahmen von Grundschuldbestellungen abgegebene abstrakte Schuldversprechen anzuwenden (Frankf WM 07, 2196). Der wirtschaftlich der Sicherungsübereignung entspr Eigentumsvorbehalt des Verkäufers wird durch II 2 dergestalt geschützt, dass der grds wegen Verjährung ausgeschlossene Rücktritt vom Vertrag trotz Verjährung möglich ist, um eine Befriedigung aus dem bedingt übereigneten Gegenstand zu ermöglichen. Ohne Rücktrittsmöglichkeit sähe sich der Vorbehaltseigentümer ansonsten dem weiter bestehenden Besitzrecht aus dem Kaufvertrag ausgesetzt.

4   **D. Zinsen und wiederkehrende Leistungen, Abs 3.** In struktureller Parallele zum § 197 I (§ 197 Rn 6) schließt III die Möglichkeit des Gläubigers aus, sich nach Verjährung etwaiger Forderungen auf Zinsen und andere wiederkehrende Leistungen aus einer dafür gestellten Sicherheit zu befriedigen. Hat eine Verwertung bereits stattgefunden, so kann er Auskehrung des Erlöses verlangen (BGH NJW 93, 3319). Neben Zinsen geschuldete Amortisationsbeträge erfasst III nicht (hM MüKo/*Grothe* Rz 5; AnwK/*Mansel/Stürner* Rz 10 mwN).

§ 217 Verjährung von Nebenleistungen. Mit dem Hauptanspruch verjährt der Anspruch auf die von ihm abhängenden Nebenleistungen, auch wenn die für diesen Anspruch geltende besondere Verjährung noch nicht eingetreten ist.

1   Hinsichtlich der Verjährung sind Ansprüche auf Nebenleistungen grds vom Hauptanspruch unabhängig, so dass Beginn, Dauer, etwaige Hemmungs- und Unterbrechungstatbestände und auch der Eintritt der Verjährung jeweils selbstständig angeknüpft sind. Abhängige Nebenleistungen idS sind Zinsen, insb Verzugszinsen, die Ansprüche auf die Nutzungen, Früchte sowie Kosten, ferner findet § 217 zumindest analog Anwendung auf sonstige Verzugsschäden (BGHZ 128, 77). Nicht abhängig sind dagegen Ansprüche auf Mietnebenkosten (Frankf MDR 83, 757) oder Schadenersatzansprüche statt der Leistung (MüKo/*Grothe* Rz 1). Ansprüche auf wiederkehrende Leistungen in Form von Unterhalt, Renten oder sonstigen Ansprüchen aus einem Dauerschuldverhältnis stellen schon keine Nebenleistungen idS dar.

2   Für die abhängigen Nebenleistungen stellt die Verjährung des Hauptanspruchs auch gleichzeitig den Zeitpunkt der eigenen Verjährung dar. Eine Ausnahme wird in den Fällen angenommen, in denen die Nebenleistungen zum Zeitpunkt der Verjährung des Hauptanspruchs bereits eingeklagt waren (BGHZ 128, 82) oder die Voraussetzung des § 212 I gegeben sind (MüKo/*Grothe* Rz 3; AnwK/*Mansel/Stürner* Rz 4). Gleiches gilt nach hM, wenn der Hauptanspruch bspw durch Erfüllung erloschen ist (MüKo/*Grothe* Rz 3; BaRoth/*Henrich* Rz 6; Staud/*Peters* Rz 8; aA Köln NJW 94, 2160).

§ 218 Unwirksamkeit des Rücktritts. (1) ¹Der Rücktritt wegen nicht oder nicht vertragsgemäß erbrachter Leistung ist unwirksam, wenn der Anspruch auf die Leistung oder der Nacherfüllungsanspruch verjährt ist und der Schuldner sich hierauf beruft. ²Dies gilt auch, wenn der Schuldner nach § 275

Abs. 1 bis 3, § 439 Abs. 3 oder § 635 Abs. 3 nicht zu leisten braucht und der Anspruch auf die Leistung oder der Nacherfüllungsanspruch verjährt wäre. ³§ 216 Abs. 2 Satz 2 bleibt unberührt.
(2) § 214 Abs. 2 findet entsprechende Anwendung.

A. Allgemeines. Da nach § 194 I nur Ansprüche der Verjährung unterliegen, würde das nach neuem 1 Recht auch im Bereich der Mängelrechte als Gestaltungsrecht ausgestaltete Rücktrittsrecht nicht der Verjährung unterliegen. § 218 verhindert die Geltendmachung dieses Gestaltungsrechts, wenn der Hauptleistungsanspruch verjährt ist. Insoweit wird an der Verjährungseinrede gleichstehende Einrede gegen das Gestaltungsrecht geschaffen. Die Norm findet Anwendung auf das gesetzliche Rücktrittsrecht wegen Pflichtverletzung aufgrund nicht oder nicht vertragsgemäßer Leistung. Insoweit deckt er sich mit § 323. Auf den Rücktritt nach § 324 wegen Verletzung vertraglicher Nebenpflichten ist § 218 unanwendbar (BaRoth/*Henrich* Rz 2; AnwK/*Mansel/Stürner* Rz 5 mwN). Auf vertragliche Rücktrittsrechte, gleich ob diese gesetzliche nachbilden oder über die sie hinausgehen, findet § 218 keine Anwendung (MüKo/*Grothe* Rz 2; AnwK/*Mansel/Stürner* Rz 4; **aA** BaRoth/*Henrich* Rz 2; Erman/*Schmidt-Räntsch* Rz 3). Ebenso wenig findet die Norm auf andere Gestaltungsrechte mit Ausnahme der Minderung (§§ 438 V, 634a V) Anwendung. Aufgrund ausdrücklicher Verweisung ist der Rücktritt beim Eigentumsvorbehaltskauf ausgeklammert. Auf Ansprüche aus dem Rücktritt findet § 218 keine Anwendung. Einer gerichtlichen Geltendmachung von Ansprüchen aus dem Rückgewährschuldverhältnis zu unverjährter Zeit des Leistungs- oder Nacherfüllungsanspruchs bedarf es nicht (BGH NJW 07, 674).

B. Voraussetzungen und Wirkung. Voraussetzung der Anwendung der Norm ggü einem bestehenden Rück- 2 trittsrecht ist, dass der Anspruch, dessen Verletzung das Rücktrittsrecht ausgelöst hat, bereits verjährt ist. Dies kann sowohl der Hauptleistungs- wie auch ein Anspruch auf Nacherfüllung sein. I 2 überträgt die Wirkung auf die Fälle des § 275 I, wenn der Anspruch wegen Unmöglichkeit untergegangen ist, sowie rein deklaratorisch auf § 275 II und III, wenn dem Schuldner bloß eine Einrede zusteht. Neben dem Vorliegen dieser Voraussetzungen ist es ferner notwendig, dass der Schuldner sich auf die Verjährung bzw im Fall des § 275 I auf die an sich eingetretene Verjährung beruft.
Ohne Berufung des Schuldners auf die Verjährung ist der erklärte Rücktritt zunächst wirksam. Er wird mit 3 Geltendmachung der Verjährung ex nunc unwirksam, womit die ursprünglichen Ansprüche wieder aufleben. Nach II gelten die Bestimmungen des § 214 II entspr, wonach Leistungen, die iRd Rückabwicklungsverhältnisses bis zur Geltendmachung der Verjährung geleistet wurden, nicht zurückgewährt werden müssen.

§§ 219–225 – *weggefallen* –

Abschnitt 6 Ausübung der Rechte, Selbstverteidigung, Selbsthilfe

§ 226 Schikaneverbot. **Die Ausübung eines Rechts ist unzulässig, wenn sie nur den Zweck haben kann, einem anderen Schaden zuzufügen.**

A. Allgemeines. Die Ausübung subjektiver Rechte stößt immer dort an Schranken, wo gleich- oder höher- 1 wertige Rechte anderer Personen durch die Rechtsausübung betroffen werden. Dem trägt das Gesetz zum einen dadurch Rechnung, dass es den Inhalt subjektiver Rechte insoweit bereits einschränkt. Zum anderen kennt es besondere Regelungen, die Missbrauchskonstellationen im Einzelfall verhindern § 226 steht dabei im Kontext der Regelungen der §§ 138, 242 und 826, die allesamt einen als unangemessen empfundenen Gebrauch von Rechten einschränken können. Der Anwendungsbereich der Norm ist im bürgerlichen Recht begrenzt, seit das Reichsgericht aus § 242 und § 826 den Begriff der unzulässigen Rechtsausübung (dazu § 242 Rn 31 ff) entwickelt hat (RGZ 146, 396). § 226 regelt faktisch nur noch einen Teilausschnitt dieses allg Rechtsbegriffs. § 226 beschränkt sich ebenso wie § 242 nicht nur auf den Bereich des bürgerlichen Rechts, sondern erfasst alle Rechtsgebiete einschl des Prozessrechts (RGZ 120, 50; Frankf NJW 79, 1613).

B. Tatbestand. Die Norm ist grds auf Rechte aller Art anwendbar. Eine Rechtsausübung kann nach § 226 nur 2 dann ausgeschlossen werden, wenn diese einzig und allein dem Zweck dient, einem anderen einen Schaden zuzufügen *bzw ein unlauteres*, vertragswidriges Ziel zu verfolgen (BGH ZIP 07 2074). Es darf sich bei objektiver Betrachtung der Gesamtsituation kein anderer möglicher Zweck als der der Schadensverursachung ergeben (RGZ 68, 424; BGH NJW 08, 3438; Frankf NJW 79, 1613). Nicht erforderlich ist allerdings, dass es sich um einen Vermögensnachteil handelt, die Zufügung eines rein immateriellen Nachteils ist ausreichend (RGZ 72, 253). § 226 fordert eine finale Verknüpfung zwischen Rechtsausübung und Schaden.

C. Rechtsfolgen. Das Vorliegen der Tatbestandsmerkmale des § 226 führt nicht dazu, dass das betreffende 3 Recht in seinem Bestand tangiert wäre. Allein die konkrete, nicht jedoch jede andere Ausübung entbehrt des rechtlichen Schutzes. Die schikanöse Durchsetzung eines Rechts wird vom Gericht als Einwendung berücksichtigt, sodass es nur eines entspr Vortrags und nicht der Berufung auf § 226 bedarf. Die Norm hat keine Drittwirkung (RG WarnR 30 Nr 4). Eigene Rechte des Belasteten vermag § 226 nicht zu begründen. Allerdings ist § 226 Schutzgesetz iSd § 823 II.

4 **D. Einzelfälle.** Herausgabeverlangen bezüglich wegen Insolvenz wertloser Aktien bestimmter Nummerierung statt angebotener gleichwertiger (RGZ 96, 186); Betretungsverbot für das Grundstück, auf dem das Grab der Mutter liegt (RGZ 72, 251; aA in einem ähnl gelagerten Fall AG Grevenbroich NJW 98, 2063); Benutzungsverbot ggü einem Einzelnen für einen Weg, den der Eigentümer grds der Allgemeinheit öffnet (Ddorf NJW-RR 01, 162); Verlangen der Abgabe der eidesstattlichen Versicherung wegen DM 2,10 (LG Köln RPfleger 91, 328); das vielfache Geltendmachung einer identischen Klage (LG Hamm MDR 66, 272); nicht dagegen die Beibehaltung eines Wegerechtes trotz Bestehens anderer Zuwegung (RGZ 169, 182).

§ 227 Notwehr.
(1) Eine durch Notwehr gebotene Handlung ist nicht widerrechtlich.
(2) Notwehr ist diejenige Verteidigung, welche erforderlich ist, um einen gegenwärtigen rechtswidrigen Angriff von sich oder einem anderen abzuwenden.

1 **A. Allgemeines.** § 227 ist wie die Parallelvorschrift des § 32 StGB Ausdruck des allg Rechtsprinzips, dass Recht dem Unrecht nicht zu weichen braucht. Jedenfalls für den zivilrechtlichen Bereich dient die Norm allein dem Individualrechtsschutz nicht dagegen einem objektiven Interesse nach Bewährung der Rechtsordnung (so aber Palandt/*Heinrichs* Rz 1). Wegen der inhaltlichen Nähe zum § 32 StGB können für die Auslegung des § 227 der dortigen Überlegungen weitestgehend entspr angewandt werden.

2 **B. Schutzgüter.** Notwehr kann geübt werden zum Schutz von Rechtsgütern aller Art. Dies ist nicht etwa beschränkt auf den Bereich der absoluten Rechte wie Leib, Leben, Gesundheit, Freiheit ua (Staud/*Repgen* Rz 9; BGB-RGRK/*Johannsen* Rz 17 Palandt/*Heinrichs* Rz 3). Geschützt sind bspw die Fortbewegungsfreiheit im Straßenverkehr (Schlesw NJW 84, 1470), das Recht zum Aufsuchen des Arbeitsplatzes (Löwisch/*Krauß* DB 85, 1330), das Hausrecht (Ddorf NJW 97, 3383), das allg Persönlichkeitsrecht (Ddorf NJW 94, 1972; Hambg NJW 72, 1290), auch die Abwehr von Rauchern in Nichtraucherabteilen der Bahn, da Passivrauchen eine erhebliche Gesundheitsgefährdung darstellt (so auch Staud/*Repgen* Rz 10; aA LG Berlin NJW 78, 2343 und Palandt/*Heinrichs* Rz 4).

3 **C. Die Notwehrlage. I. Der Angriff.** Der Begriff des Angriffs ist definiert als die von einem Menschen ausgehende drohende Verletzung rechtlich geschützter Individualinteressen, ohne dass es eines Verschuldens des Angreifers bedürfte. Angreifer iSd § 227 kann auch ein Schuldunfähiger wie bspw ein Kind oder ein Geisteskranker sein (BayObLG NJW 91, 2031; Staud/*Repgen* Rz 14). Sachen oder Tiere können keine Angreifer iSd Norm sein, gegen diese ist Notstand nach § 228 möglich. Notwehr greift allerdings dann, wenn die Sache oder das Tier als Werkzeug des menschlichen Angreifers dient. Soweit im Einzelfall juristische Personen einen Angriff ausüben, richtet sich die Notwehr gegen deren Organe. Nach herrschender Auffassung setzt der Begriff des Angriffs im Zivilrecht ein aktives Handeln ggü dem betroffenen Rechtsgut voraus (Staud/*Repgen* Rz 15; Palandt/*Heinrichs* Rz 2; zum Streitstand Erman/*Wagner* Rz 3). Die Nichterfüllung zivilrechtlicher Pflichten, bspw die Räumungspflicht des Mieters, die Pflicht des Arbeitnehmers zum Verlassen des Arbeitsplatzes, die Herausgabepflicht eines Werkunternehmers, begründet kein Notwehrrecht.

4 **II. Gegenwärtigkeit.** Der Begriff der Gegenwärtigkeit setzt voraus, dass der Angriff zwar nicht notwendig bereits begonnen hat, eine Gefährdung aber bereits so weit konkretisiert ist, dass das Umschlagen in eine Verletzung unmittelbar zu befürchten ist (BayObLG NJW 85, 2601; Staud/*Repgen* Rz 19). Abgeschlossen und damit nicht mehr gegenwärtig ist ein Angriff dann, wenn eine konkrete Gefährdung nicht mehr besteht oder aber die Verletzung bereits vollständig verwirklicht wurde. Für die Gegenwärtigkeit ist es allerdings ausreichend, wenn weitere Verletzungen ernsthaft zu befürchten sind (BGH VersR 64, 286; 71, 629), bei Beleidigungen also bspw mit weiteren Beleidigungen zu rechnen ist (BGH VersR 63, 37). Notwehr kann auch noch gegen den flüchtenden Dieb geübt werden, solange dieser die Beute nicht freigibt (RGZ 111, 370; Hamm VersR 77, 934). Ein von mehreren Personen ausgeübter Angriff ist erst dann beendet, wenn von Seiten sämtlicher Angreifer keine Gefahr mehr droht (Kiel Recht 22 Nr 1138).

5 **III. Rechtswidrigkeit.** Ist der Angriff selbst rechtmäßig, kommt eine Berufung auf Notwehr zu dessen Abwehr nicht in Betracht. Dabei gilt iRd § 227 die so genannte Lehre vom Erfolgsunrecht, wonach die Rechtswidrigkeit am Erfolg der Angriffshandlung und nicht an der Handlung selbst gemessen wird (ausf Staud/*Repgen* Rz 23 ff). Gegen einen selbst durch Notwehr gerechtfertigten Angriff ist daher Notwehr nicht zulässig. Ein selbst provozierter Angriff stellt damit keine Rechtfertigung für eine Abwehrhandlung dar (BGH NJW 83, 2267). Irrelevant ist, ob der Angreifer schuldhaft handelt. Entspr kann von Kindern und Geisteskranken *ein Angriff ausgehen, wobei* in diesen Fällen allerdings iRd Erforderlichkeit besondere Abwägungskriterien gelten. Notwehr ist auch gegen rechtswidrige Amtshandlungen möglich, soweit es sich dabei um einen Angriff im vorgenannten Sinne handelt (LG Berlin NJW 71, 620).

Um eine so genannte Putativnotwehr handelt es sich, wenn der Betroffene eine Handlung irrtümlich für **6** einen Angriff hält und sich entspr verteidigt. Unabhängig von der Frage des Verschuldens begründet die Putativnotwehr jedenfalls keine Rechtfertigung, sodass gegen diese Abwehrmaßnahme selbst wiederum Notwehr möglich ist. Zur Frage der Schadenersatzpflicht s. § 823 Rn 21.

D. Die Verteidigungshandlung. I. Verteidigungswille. Als Notwehr ist eine Maßnahme immer nur dann **7** gerechtfertigt, wenn sie vom Abwehrenden mit entspr Notwehrwillen vorgenommen wird. Trifft danach nur zufällig ein eigener Angriff mit einer Notwehrlage zusammen, so ist die eigene Handlung nicht durch § 227 gerechtfertigt. Der Abwehrwille muss allerdings nicht notwendig alleiniger Beweggrund sein; Wut, Rache und Ähnliches dürfen hinzutreten (BGHSt 3, 198; aA Braun NJW 98, 941). Zu Recht bei der Frage des Notwehrwillens wird der Fall der Notwehrprovokation angesiedelt (s. Staud/*Repgen* Rz 41). Wer einen Angriff absichtlich herbeiführt, um sich gegen diesen zu verteidigen, handelt nicht mit Notwehrwillen, sondern mit eigenem Angriffswillen. Geht der provozierte Angriff aber über das zulässige Maß hinaus, so ist gegen diesen wiederum Notwehr möglich, wobei allerdings ein erhöhtes Maß von Duldungsbereitschaft des Angegriffenen verlangt werden kann.

II. Erforderlichkeit. Der Angegriffene ist verpflichtet, von den ihm zur Verfügung stehenden Verteidigungs- **8** mitteln dasjenige auszuwählen, das dem Angreifer ggü am wenigsten schädlich oder gefährlich ist (BGH VersR 67, 478; BGH NJW 72, 1822). Die Beurteilung erfolgt dabei nach objektiven Kriterien und nicht danach, was der Handelnde für erforderlich hielt (RGZ 84, 307). Allerdings braucht sich der Angegriffene nicht auf unsichere Verteidigungsmittel einzulassen, nur unter den Sicheren ist das am wenigsten Einschneidende zu wählen (BGH NJW 76, 42; 91, 504). Dazu kann es auch erforderlich sein, anstelle eigener Maßnahmen hilfswillige Dritte oder staatliche Organe hinzuzurufen (RGSt 71, 133; BayObLG NJW 63, 825; aA AG Bensberg NJW 66, 733). Soweit dies zur Beendigung des Angriffs geeignet ist, kann auch die Flucht adäquates Verteidigungsmittel sein (RGZ 84, 308). Der Begriff der schimpflichen Flucht passt ebenso wenig in die heutige Zeit wie der der Satisfaktion durch Duell. Naturgemäß ist eine Typisierung für die Frage der Erforderlichkeit nicht möglich. So nützt bspw die grds Abfolgeregelung beim Schusswaffengebrauch erst Drohung, dann Warnschuss, dann Schuss in die Beine (BGH NStZ 87, 322) nichts, wenn der Angreifer im Begriff steht, mit dem Messer auf den Verteidigenden einzustechen. Dass bei einem Streit unter Ehegatten grds nicht von einer tödlichen Bedrohung auszugehen ist, dürfte bei intensiver Gewaltanwendung nicht zutr sein (so aber BGH NJW 69, 802). Wählt der Angegriffene nicht das mildeste Verteidigungsmittel, ist seine Verteidigungshandlung rechtswidrig. Beruht der Notwehrexzess auf einem Irrtum, kann ggf ein Schadenersatzanspruch mangels Verschuldens ausgeschlossen sein (BGH NJW 76, 42). Überschreitet er absichtlich die Grenzen der Notwehr, mangelt es hinsichtlich seiner Verteidigungshandlung am entspr Verteidigungswillen.

III. Grenzen der Rechtsausübung. Im Bereich der Notwehr findet grds eine Güterabwägung anders als beim **9** Notstand nicht statt (BGH NJW 76, 42). Es darf damit ein höherwertiges Rechtsgut des Angreifers zum Schutz eines geringwertigen Eigenen verletzt werden. Allerdings kennt auch das Notwehrrecht die Grenze des Rechtsmissbrauchs. Besteht zwischen angegriffenem und verteidigtem Rechtsgut ein krasses Missverhältnis, kann § 242 die Ausübung des Notwehrrechtes versagen (BayObLG NJW 95, 2644). So darf ggü dem Obstdieb alleine nicht tödlicher Schusswaffengebrauch geübt werden (s.a. Braunschw MDR 47, 205). Ggü Kindern und Geisteskranken wie auch innerhalb besonderer persönlicher Verhältnisse zB der Ehe (BGH NJW 69, 802; 75, 63) können besondere Einschränkungen des Notwehrrechts bestehen.

E. Nothilfe. Notwehr setzt nicht notwendig einen Angriff auf eigene Rechtsgüter des Verteidigenden voraus, **10** § 227 rechtfertigt auch die Nothilfe zum Schutz der Rechtsgüter anderer (RG WarnR 1913 Nr 102; BGH VersR 70, 375). Bedacht werden muss dabei allerdings, dass Nothilfe gegen den Willen des Verletzten nicht zulässig ist, da es insoweit dann an der Rechtswidrigkeit des Angriffs mangelt (Freiburg JZ 52, 334). Nothilfe zugunsten des Staates ist grds ausgeschlossen, es sei denn, es drohten schwerste Angriffe gegen dessen Integrität. Ein Angriff auf die öffentliche Ordnung ist nicht nothilfefähig (BGHSt 5, 247; BGHZ 64, 180).

F. Rechtsfolge und Beweislast. Geschieht ein Angriff auf die Rechtsgüter eines Dritten in Notwehr, ist dieser nicht **11** rechtswidrig. Es können insb keine Schadenersatzpflichten ausgelöst werden, ebenso kann es sich nicht um verbotene Eigenmacht handeln. Gegen eine gerechtfertigte Notwehrhandlung ist damit keine Notwehr möglich. Nicht gerechtfertigt ist allerdings die Schädigung Rechtsgüter Dritter, dies kann nur über andere Normen (Notstand) der Fall sein. Die rechtshindernde Einwendung des Vorliegens von Notwehr muss hinsichtlich der Notwehrlage durch den Verteidiger bewiesen werden (RGZ 159, 240; BGH NJW 76, 42; Kobl NJW-RR 94, 863). Die Beweislast für eine Überschreitung der Notwehr trägt allerdings regelmäßig der Angreifer (BGH VersR 71, 630; 76, 42).

§ 228 Notstand. ¹Wer eine fremde Sache beschädigt oder zerstört, um eine durch sie drohende Gefahr von sich oder einem anderen abzuwenden, handelt nicht widerrechtlich, wenn die Beschädigung oder die Zerstörung zur Abwendung der Gefahr erforderlich ist und der Schaden nicht außer Verhältnis zu der Gefahr steht. ²Hat der Handelnde die Gefahr verschuldet, so ist er zum Schadensersatz verpflichtet.

1 **A. Allgemeines.** Die gesetzlichen Regeln zum Notstand ergänzen diejenigen des Notwehrrechts. Während die Notwehr einen menschlichen Angriff voraussetzt, setzt der Notstand eine von einer Sache ausgehende Gefahr voraus. § 228 regelt den Defensivnotstand, der sich gegen die Sache richtet, von der die Gefahr ausgeht. Den sog aggressiven Notstand, bei dem auf eine Sache eingewirkt wird, von der die Gefahr gerade nicht ausgeht, regelt § 904. In § 34 StGB besteht eine Parallelvorschrift, die in ihren Tatbestandsvoraussetzungen allerdings enger ist als § 228. Die Einheit der Rechtsordnung gebietet es, dass die zivilrechtlichen Rechtfertigungstatbestände im Strafrecht und umgekehrt anerkannt werden. Durch die Einfügung des § 90a hat sich nichts daran geändert, dass Notstand auch gegen Tiere geübt werden kann (Hamm NJW-RR 97, 467). Notstandsfähig sind grds alle Rechtsgüter, nicht nur absolute Rechte. So können auch bloße Vermögensinteressen oder schuldrechtliche Ansprüche (RGSt 34, 297) im Wege des Notstands geschützt werden. Zu Notstandsexzessen und Fällen des Putativnotstands sowie der provozierten Notstandslagen gelten die Ausführungen zu § 227 (Rn 6) entspr.

2 **B. Notstandslage. I. Drohende Gefahr.** Hinsichtlich der Konkretisierung der Gefahr sind die Voraussetzungen des § 228 weiter als die des § 227. So setzt der Notstand nur eine drohende, nicht jedoch eine gegenwärtige Gefahr voraus. Diese ist gegeben, wenn eine auf tatsächlichen Umständen gegründete Wahrscheinlichkeit besteht, dass der Schaden eintritt (BGHSt 18, 272). Allerdings reicht die bloße Möglichkeit eines künftigen Schadenseintritts nicht.

3 **II. Sachgefahr.** In Abgrenzung zum § 904 ist es für § 228 erforderlich, dass die Gefahr für das zu schützende Rechtsgut von der Sache selbst ausgeht, gegen die die Maßnahme ergriffen wird. Umstr ist, ob die Gefahr von der Sache unmittelbar (so RGZ 71, 240; 88, 214; Palandt/*Heinrichs* Rz 6; Staud/*Repgen* Rz 15; Erman/*Wagner* Rz 4) oder auch mittelbar ausgehen kann (so Erman/*Hefermehl* Rz 10; *Allgaier* VersR 89, 789). Um nicht die Unterscheidung zwischen § 904 und 228 zu verwischen, erscheint eine Beschränkung auf unmittelbare Sachgefahren angezeigt, da ansonsten der Schadenersatzpflicht nach § 904 2 die Bedeutung genommen wird. Die Fälle der von einer Sache ausgehenden mittelbaren Gefahren sind sachgerechter durch die Regelungen zur Gefährdungshaftung zu lösen.

4 **C. Notstandshandlung. I. Abwehrwillen.** Ebenso wie die Notwehr setzt auch eine Notstandshandlung den notwendigen Abwehrwillen voraus (BGHZ 92, 359) und muss den Anforderungen der Erforderlichkeit genügen (s. dazu § 227 Rn 8). Aus dem Begriff der Erforderlichkeit ergeben sich iÜ keine Unterschiede zu § 227, da die Auffassung, dass eine zur Abwehr von Rechtsgutverletzungen geeignete Flucht bei der Notwehr nicht gefordert werden kann, obsolet ist (§ 227 Rn 8).

5 **II. Verhältnismäßigkeit.** Anders als bei der Notwehr ist es für den Notstand erforderlich, dass der durch die Notstandshandlung angerichtete Schaden nicht außer Verhältnis zu der dem bedrohten Rechtsgut drohenden Gefahr steht. Dies muss nicht unbedingt bedeuten, dass das geschützte Rechtsgut wertvoller als das geschädigte ist. Gewisse Wertabweichungen zu Ungunsten des geschützten Rechtsguts sind möglich. Generell ist aber davon auszugehen, dass Leib und Leben immer höherwertig einzuschätzen sind als Sachwerte (Hamm NJW-RR 01, 237). Auch insoweit ist aber eine Abwägung erforderlich, die es ggf rechtfertigen kann, zur Rettung einer besonders wertvollen Sache (Kronjuwelen) geringfügige Körperverletzungen hinzunehmen. Ideelle Gesichtspunkte können berücksichtigt werden, sodass ggf das Rassepferd dem geliebten Mischlingshund weichen muss. Wegen der besonderen Stellung von Tieren kann die Wertabwägung dort nur eingeschränkt vorgenommen werden.

6 **D. Rechtsfolgen und Beweislast.** Das Vorliegen der Notstandsvoraussetzungen rechtfertigt die Notstandshandlung, sie wird damit rechtmäßig und ist keine unerlaubte Handlung iSd §§ 823 ff. Hat der in Notstand Handelnde die Gefahr selbst verschuldet, so ist er nach § 228 2 zum Schadenersatz verpflichtet, ohne dass die Notstandshandlung dadurch rechtswidrig würde. Hinsichtlich des Verschuldens gelten die deliktsrechtlichen Vorschriften, §§ 827, 828 entspr. Wie bei § 227 trägt der in Notstand Handelnde die Beweislast für das Vorliegen der Notstandslage, umgekehrt der Geschädigte diejenige für den Notstandsexzess.

§ 229 Selbsthilfe.
Wer zum Zwecke der Selbsthilfe eine Sache wegnimmt, zerstört oder beschädigt oder wer zum Zwecke der Selbsthilfe einen Verpflichteten, welcher der Flucht verdächtig ist, festnimmt oder den Widerstand des Verpflichteten gegen eine Handlung, die dieser zu dulden verpflichtet ist, beseitigt, handelt nicht widerrechtlich, wenn obrigkeitliche Hilfe nicht rechtzeitig zu erlangen ist und ohne sofortiges Eingreifen die Gefahr besteht, dass die Verwirklichung des Anspruchs vereitelt oder wesentlich erschwert werde.

1 **A. Allgemeines.** Ein geordnetes Gemeinwesen setzt voraus, dass der Einzelne sich zur Durchsetzung oder Sicherung von Ansprüchen grds der staatlichen Organe bedient und nicht Eigenmacht übt. Unter Durchbrechung *dieses Grundsatzes* erlauben die §§ 229 bis 231, die von weiteren eng umgrenzten Tatbeständen erlaubter Selbsthilfe (§§ 562b, 859, 860, 910 und 962) flankiert werden, die Rechtsdurchsetzung im Wege der Selbsthilfe. Diese Normen sind ius strictum und können auch nicht durch Parteivereinbarung erweitert werden, da sie eine Durchbrechung des staatlichen Gewaltmonopols darstellen (RGZ 131, 222; 146, 186).

B. Voraussetzungen. I. Eigener Anspruch. IRd § 229 gilt der Anspruchsbegriff des § 194, nicht der des Prozessrechts, er muss allerdings erfolgreich durchsetzbar sein, unklagbare oder verjährte Ansprüche reichen nicht. Der bloße Glaube an das Bestehen des Anspruchs rechtfertigt nicht. Insoweit können Taschenkontrollen im Supermarkt nur gerechtfertigt sein, wenn tatsächlich ein Ladendiebstahl vorliegt. Selbsthilfe kann nur hinsichtlich eigener Ansprüche nicht jedoch zugunsten Dritter geübt werden (hM Staud/*Repgen* Rz 14; Palandt/*Heinrichs* Rz 3). Gesetzliche oder rechtsgeschäftliche Vertreter sowie beauftragte Dritte können Selbsthilfe zugunsten des Berechtigten üben, die entspr Anwendung einer Geschäftsführung ohne Auftrag kommt wegen des Ausnahmecharakters des § 229 nicht in Betracht.

II. Erlangung obrigkeitlicher Hilfe. Soweit die Inanspruchnahme staatlicher Organe zur Rechtsdurchsetzung möglich ist, scheidet Selbsthilfe aus. Kommt eine einstweilige Verfügung oder ein Arrest noch zeitig genug, so ist dieses Mittel zu wählen. In einem funktionierenden Rechtsstaat kommt ein Selbsthilfehandeln ggü staatlichen Organen damit praktisch nicht in Betracht (aA Staud/*Werner* (Bearb 01) Rz 8).

III. Vereitelungsgefahr. Entscheidend ist, dass die Durchsetzung des eigenen Anspruchs ohne die Selbsthilfe vereitelt oder zumindest erheblich erschwert wird. Bloße Beweisschwierigkeiten rechtfertigen die Selbsthilfe damit nicht (BGHSt 17, 328), ebenso wenig drohende Insolvenz. Ein die Zeche oder den Fahrpreis prellender Gast kann deshalb zur Feststellung seiner Personalien festgehalten werden (BGH VersR 71, 629; Hambg MDR 69, 759; Ddorf NJW 91, 2716), nicht jedoch wenn dessen Identität bekannt ist. Die Volldurchsetzung des Anspruchs bspw durch Griff in das Portemonnaie des Schuldners kann dann gerechtfertigt sein, wenn dessen Flucht ins Ausland droht.

C. Die Selbsthilfemaßnahmen. Grds kommen als Maßnahmen der Selbsthilfe nur solche in Betracht, die auch iRe hoheitlichen Verfahrens von staatlichen Organen vorgenommen werden können. Selbsthilfe erfordert Selbsthilfewillen. Dessen Fehlen führt zur Versagung der Rechtfertigung.

Objekte der Sachgewalt dürfen nur Sachen des Schuldners sein und als solche vollstreckungs- und arrestfähig sein. Wie im Zwangsvollstreckungsverfahren kann hinsichtlich eines Zahlungsanspruchs jede pfändbare Sache in Anspruch genommen werden, wegen eines Herausgabeanspruchs nur die herauszugebende Sache. Die Zerstörung oder Beschädigung von Sachen kommt grds nur als Nebenfolge der Anspruchsdurchsetzung in Betracht (Aufbrechen einer Tür) es sei denn, der Anspruch richtete sich gerade auf die Zerstörung einer Sache wie bspw bei der Beseitigung von Plagiaten.

Als Mittel gegen eine Flucht des Verpflichteten ist auch dessen Festnahme gerechtfertigt. Soweit jedoch mehr als Identitätsfeststellung vorgenommen wird, müssen die Voraussetzungen des persönlichen Arrests, s. § 230 III, gegeben sein (Staud/*Repgen* Rz 27; Palandt/*Heinrichs* Rz 7).

Widerstand des zu einer Duldung verpflichteten Schuldners darf gebrochen werden. Die Duldungspflicht kann sich aus dem zu sichernden Anspruch oder auch aus dem Selbsthilferecht ergeben, wenn sich der Schuldner zB der Festnahme widersetzt. Gewaltanwendung hat aber schonend zu erfolgen, da ansonsten Aufschaukelungsgefahr durch Notwehr gegen Widerstandsmaßnahmen des Schuldners besteht.

D. Rechtsfolgen. Das Vorliegen der Voraussetzung des § 229 lässt die Rechtswidrigkeit von Selbsthilfehandlungen entfallen. Damit sind Schadenersatzansprüche des Schuldners ausgeschlossen, ebenso ist eine Notwehr gegen diese nicht möglich. Zu den Konsequenzen des Selbsthilfeexzesses und der Putativselbsthilfe gelten § 227 Rn 6 f entspr. Beachte jedoch die Schadenersatzpflicht nach § 231.

§ 230 Grenzen der Selbsthilfe.

(1) Die Selbsthilfe darf nicht weiter gehen, als zur Abwendung der Gefahr erforderlich ist.
(2) Im Falle der Wegnahme von Sachen ist, sofern nicht Zwangsvollstreckung erwirkt wird, der dingliche Arrest zu beantragen.
(3) Im Falle der Festnahme des Verpflichteten ist, sofern er nicht wieder in Freiheit gesetzt wird, der persönliche Sicherheitsarrest bei dem Amtsgericht zu beantragen, in dessen Bezirk die Festnahme erfolgt ist; der Verpflichtete ist unverzüglich dem Gericht vorzuführen.
(4) Wird der Arrestantrag verzögert oder abgelehnt, so hat die Rückgabe der weggenommenen Sachen und die Freilassung des Festgenommenen unverzüglich zu erfolgen.

A. Erforderlichkeit. Rechtmäßig sind nur solche Selbsthilfemaßnahmen, die erforderlich sind, die Gefahr abzuwenden. Es gelten die gleichen Maßstäbe wie bei der Notwehr (§ 227 Rn 8). Reicht zur Anspruchsdurchsetzung die Identifizierung des Schuldners, so ist ein längeres Festhalten nicht erforderlich. Nach herrschender Auffassung bedarf es keiner Verhältnismäßigkeitsprüfung, sondern nur der Beachtung der Grenzen des Rechtsmissbrauchs (Erman/*Hefermehl* Rz 1; Staud/*Repgen* Rz 1; Palandt/*Heinrichs* Rz 1). Richtig ist es wohl, die Grenzen bei der Selbsthilfe deshalb enger zu stecken, da auch im Rahmen staatlicher Vollstreckungsmaßnahmen eine Verhältnismäßigkeitsabwägung erfolgen muss.

B. Maßnahmen. Das Selbsthilferecht vermittelt kein Besitzrecht, sondern soll nur der vorläufigen Sicherstellung dienen. Folgerichtig fordert II die hoheitliche Legitimierung der Besitzlage durch Zwangsvollstreckung bzw dinglichen Arrest. Dies gilt selbst dort, wo ein wirksamer Besitzanspruch existiert, da sonst die Grenzen des § 859 II (Besitzkehr) erweitert würden. Die fortgesetzte Festnahme des Verpflichteten setzt die Erwirkung des persönlichen Sicherheitsarrests nach den §§ 918, 920 ZPO voraus. Einzige Alternative ist die sofortige Freilassung.

3 **C. Ausbleiben hoheitlicher Maßnahmen.** Dass für den Fall, dass hoheitliche Maßnahmen wie der Arrest versagt werden, die sofortige Beendigung des durch Selbsthilfe entstandenen Zustands zu erfolgen hat, ist selbstverständlich. Das Gesetz duldet aber auch im Fall der Verzögerung hoheitlicher Maßnahmen keine Aufrechterhaltung dieses Zustands, dieser wird sofort widerrechtlich. Daran schließen sich alsdann mögliche eigene Notwehr- oder gar Selbsthilferechte des Verpflichteten sowie Schadenersatzansprüche an.

§ 231 Irrtümliche Selbsthilfe.
Wer eine der im § 229 bezeichneten Handlungen in der irrigen Annahme vornimmt, dass die für den Ausschluss der Widerrechtlichkeit erforderlichen Voraussetzungen vorhanden seien, ist dem anderen Teil zum Schadensersatz verpflichtet, auch wenn der Irrtum nicht auf Fahrlässigkeit beruht.

1 Das Selbsthilferecht stellt eine Durchbrechung des staatlichen Gewaltmonopols dar. Notwendiges Gegenstück ist die dogmatisch der Gefährdungshaftung zuzurechnende verschuldensunabhängige Haftung des Handelnden für den Fall, dass er irrtümlich die Voraussetzungen der Selbsthilfe annimmt. Verschuldensfähigkeit ist nicht erforderlich.

Abschnitt 7 Sicherheitsleistung

§ 232 Arten.
(1) Wer Sicherheit zu leisten hat, kann dies bewirken
durch Hinterlegung von Geld oder Wertpapieren,
durch Verpfändung von Forderungen, die in das Bundesschuldbuch oder in das Landesschuldbuch eines Landes eingetragen sind,
durch Verpfändung beweglicher Sachen,
durch Bestellung von Schiffshypotheken an Schiffen oder Schiffsbauwerken, die in einem deutschen Schiffsregister oder Schiffsbauregister eingetragen sind,
durch Bestellung von Hypotheken an inländischen Grundstücken,
durch Verpfändung von Forderungen, für die eine Hypothek an einem inländischen Grundstück besteht, oder durch Verpfändung von Grundschulden oder Rentenschulden an inländischen Grundstücken.
(2) Kann die Sicherheit nicht in dieser Weise geleistet werden, so ist die Stellung eines tauglichen Bürgen zulässig.

1 **A. Allgemeines.** Die §§ 232 ff haben nur recht geringe praktische Bedeutung. Sie greifen immer dort ein, wo nach gesetzlicher Regelung eine Sicherheitsleistung verlangt oder erbracht werden kann. §§ 232 ff regeln dabei nur das „Wie" der Sicherheitsleistung nicht das „Ob". Die Berechtigung bzw Verpflichtung Sicherheit zu leisten muss sich aus anderen gesetzlichen Vorschriften, richterlicher Anordnung oder Vereinbarung (BGH NJW 86, 1038) ergeben. Das Gesetz kennt die Stellung von Sicherheiten einmal im alleinigen Interesse des Gläubigers zur Sicherung seiner Rechtsposition (zB §§ 843 II, § 1039 I 2, 1051) zum anderen als Recht des Schuldners zur Abwendung von Rechtsnachteilen bzw der Gewährung von Rechtsvorteilen (zB §§ 52 II, § 257 2, 258 2, 273 III). Die Höhe der zu stellenden Sicherheiten richtet sich dabei grds nach dem Wert des zu sichernden Rechts. Auf die prozessualen Sicherheitsleistungsbestimmungen der ZPO sind die §§ 232 ff nur anzuwenden, wenn darauf ausdrücklich verwiesen wird.

2 **B. Wahlrecht.** § 232 räumt demjenigen, der eine Sicherheit zu leisten hatte, das Wahlrecht ein, in welcher Form er diese bewirken möchte. Dabei ist Vermischung möglich. Wird die Stellung einer Sicherheit im Wege der Zwangsvollstreckung durchgesetzt, geht das Wahlrecht nach § 264 analog auf den Gläubiger über (KG JW 36, 677; Ddorf FamRZ 84, 704). Eine Besonderheit stellt die in II vorgesehene Möglichkeit der Stellung eines tauglichen Bürgen dar. Diese steht dem Verpflichteten nur zur Verfügung, wenn ihm die in I genannten Möglichkeiten nicht zu Gebote stehen, wofür er die Beweislast trägt. Tatsächlich kommt der Stellung eines Bürgen in Form der Bankbürgschaft die praktisch größte Bedeutung zu.

3 § 232 bestimmt die allg Zulässigkeit bestimmter Sicherheitsmittel. Die folgenden Normen enthalten alsdann Regelungen zu einzelnen Sicherheitsformen. Die Hinterlegung von Geld und Wertpapieren erfolgt nach der Hinterlegungsordnung wobei unter Geld das inländische gesetzliche Zahlungsmittel zu verstehen ist. Ausländisches Geld ist Wertpapieren gleichzustellen, sodass dafür § 234 III entspr gilt (Palandt/Heinrichs Rz 3; Staud/Repgen Rz 2). An den übrigen im § 232 genannten Gegenständen muss ein Pfandrecht bzw eine Hypothek bestellt werden, wobei die Bestellung einer Sicherungshypothek ausreicht.

§ 233 Wirkung der Hinterlegung. Mit der Hinterlegung erwirbt der Berechtigte ein Pfandrecht an dem hinterlegten Geld oder an den hinterlegten Wertpapieren und, wenn das Geld oder die Wertpapiere in das Eigentum des Fiskus oder der als Hinterlegungsstelle bestimmten Anstalt übergehen, ein Pfandrecht an der Forderung auf Rückerstattung.

Bei Hinterlegung entsteht dem Sicherungsberechtigten ein gesetzliches Pfandrecht iSd § 1257 am hinterlegten Geld bzw den Wertpapieren. Soweit allerdings durch die Hinterlegung ein Eigentumswechsel zugunsten des Fiskus oder der Hinterlegungsstelle eintritt, erwirbt der Sicherungsberechtigte ein Pfandrecht an der entspr Rückerstattungsforderung. Zur Durchsetzung des Pfandrechts bedarf es verfahrensrechtlich der Freigabeerklärung des Hinterlegers bzw einer entspr rechtskräftigen Entscheidung. Str ist, inwieweit ein Pfandrechtserwerb auch dann in Frage kommt, wenn fremdes Geld oder Wertpapiere hinterlegt wurden. Herrschend ist die Auffassung, dass bei inländischen Zahlungsmitteln in jedem Fall, bei ausländischen Zahlungsmitteln und Wertpapieren nur bei Gutgläubigkeit ein Pfandrecht zugunsten des Sicherungsberechtigten entsteht (zum Streitstand Staud/*Repgen* Rz 5 f). 1

§ 234 Geeignete Wertpapiere. (1) ¹Wertpapiere sind zur Sicherheitsleistung nur geeignet, wenn sie auf den Inhaber lauten, einen Kurswert haben und einer Gattung angehören, in der Mündelgeld angelegt werden darf. ²Den Inhaberpapieren stehen Orderpapiere gleich, die mit Blankoindossament versehen sind.
(2) Mit den Wertpapieren sind die Zins-, Renten-, Gewinnanteil- und Erneuerungsscheine zu hinterlegen.
(3) Mit Wertpapieren kann Sicherheit nur in Höhe von drei Vierteln des Kurswerts geleistet werden.

Der Kreis der sicherheitsfähigen Wertpapiere wird durch § 234 eingeschränkt, es handelt sich nur um Inhaberpapiere wie Inhaberschuldverschreibungen und auch auf den Inhaber lautende Aktien sowie Orderpapiere mit Blankoindossament, die jeweils qualitativ das Erfordernis der Mündelsicherheit erfüllen müssen (dazu § 1807 Rn 1 ff). Aus II geht hervor, dass das Pfandrecht des Sicherungsberechtigten sich nicht nur auf die Hauptsumme, sondern auch auf entspr Ergänzungspapiere erstreckt. Der Begriff des Kurswertes fordert nicht, dass die Wertpapiere einer amtlichen Notierung unterliegen, es bedarf nur der Feststellbarkeit eines Marktpreises. Unabhängig von der Bonität des Schuldners bzw der Qualität der verbrieften Rechte sind diese als Sicherheit nur zu ¾ ihres Kurswertes anzusetzen. 1

§ 235 Umtauschrecht. Wer durch Hinterlegung von Geld oder von Wertpapieren Sicherheit geleistet hat, ist berechtigt, das hinterlegte Geld gegen geeignete Wertpapiere, die hinterlegten Wertpapiere gegen andere geeignete Wertpapiere oder gegen Geld umzutauschen.

§ 232 räumt zwar dem Verpflichteten der Sicherungsleistung die Auswahl über deren Art ein, nach erfolgter Sicherheitsstellung erlischt dieses jedoch. Grds ist damit ein Sicherungstausch nur mit Zustimmung des Berechtigten möglich. Wegen der besonderen Fungibilität von Geld und Wertpapieren eröffnet § 235 dagegen dem Sicherungsgeber einen Austausch auch ohne Zustimmung. 1

§ 236 Buchforderungen. Mit einer Schuldbuchforderung gegen den Bund oder gegen ein Land kann Sicherheit nur in Höhe von drei Vierteln des Kurswerts der Wertpapiere geleistet werden, deren Aushändigung der Gläubiger gegen Löschung seiner Forderung verlangen kann.

Die Norm bestimmt den Wertansatz für Buchforderungen gegen den Bund oder einen der Bundesstaaten. Dieser bestimmt sich auf ¾ des Kurswertes der Wertpapiere, die der Gläubiger gegen Löschung der Schuldbuchforderung erhält. 1

§ 237 Bewegliche Sachen. ¹Mit einer beweglichen Sache kann Sicherheit nur in Höhe von zwei Dritteln des Schätzungswerts geleistet werden. ²Sachen, deren Verderb zu besorgen oder deren Aufbewahrung mit besonderen Schwierigkeiten verbunden ist, können zurückgewiesen werden.

Bei Verpfändung beweglicher Sachen sieht das Gesetz im Vergleich zu Wertpapieren einen auf den Schätzwert der Sache reduzierten Sicherungswert vor. Bloße Liebhabergegenstände taugen danach nicht, da diese keinen Schätzwert besitzen. Die Beweislast für einen Schätzwert trägt der die Sicherheit Leistende. Nicht als Sicherheit geeignet sind Sachen, die verderblich (Obst, Gemüse uä) oder schwierig aufzubewahren sind. Tiere sind damit ungeeignet. 1

§ 238 Hypotheken, Grund- und Rentenschulden. (1) Eine Hypothekenforderung, eine Grundschuld oder eine Rentenschuld ist zur Sicherheitsleistung nur geeignet, wenn sie den Voraussetzungen entspricht, unter denen am Ort der Sicherheitsleistung Mündelgeld in Hypothekenforderungen, Grundschulden oder Rentenschulden angelegt werden darf.
(2) Eine Forderung, für die eine Sicherungshypothek besteht, ist zur Sicherheitsleistung nicht geeignet.

1 Grundpfandrechte bzw grundpfandrechtlich gesicherte Forderungen eignen sich nur dann zur Sicherheitsleistung, wenn es sich um mündelsichere Werte handelt (dazu § 1807 Rn 1 ff). Forderungen, für die eine Sicherungshypothek besteht, eignen sich deshalb nicht zur Sicherheitsleistung, da es für diese am besonderen Schutz des guten Glaubens an das Grundbuch hinsichtlich des Bestehens der Forderung mangelt. Die Bestellung einer originären Sicherungshypothek als Sicherheit ist damit jedoch nicht ausgeschlossen (str).

§ 239 Bürge.
(1) Ein Bürge ist tauglich, wenn er ein der Höhe der zu leistenden Sicherheit angemessenes Vermögen besitzt und seinen allgemeinen Gerichtsstand im Inland hat.
(2) Die Bürgschaftserklärung muss den Verzicht auf die Einrede der Vorausklage enthalten.

1 Das subsidiäre Sicherungsmittel des Bürgen setzt voraus, dass die betreffende Person angemessenes Vermögen besitzt oder zumindest ausreichende wiederkehrende Einkünfte hat (hM). Zum Geschäftsbetrieb in Deutschland zugelassene Kreditinstitute sind damit praktisch immer als Bürgen geeignet. Aufgrund Art 59 EuGVÜ ist es mittlerweile ausreichend, wenn der allg Gerichtsstand des Bürgen sich innerhalb der EU befindet (Kobl RIW 95, 775; Ddorf ZIP 95, 1667). Die Bürgschaftserklärung muss ferner den formgerechten Verzicht auf die Einrede der Vorausklage enthalten, die im Zweifel selbst dann zu erklären ist, wenn sie nach § 349 1 HGB ausgeschlossen wäre. Den Nachweis für die Tauglichkeit des Bürgen hat der die Sicherheit Leistende zu erbringen.

§ 240 Ergänzungspflicht.
Wird die geleistete Sicherheit ohne Verschulden des Berechtigten unzureichend, so ist sie zu ergänzen oder anderweitige Sicherheit zu leisten.

1 Sicherungsgegenstände können einem Wertverfall unterliegen, wie Absinken eines Kurswertes, Vermögensverfall des Bürgen, Beschädigung oder Wertverlust der verpfändeten Sache. Den Anspruch auf Ergänzung hat der Berechtigte, die Wahl zwischen Ergänzung und Ersetzung steht dem Verpflichteten zu. Der Berechtigte trägt die Beweislast für den Wertverlust der Sicherheit. Um einen mehr akademischen Streit handelt es sich, ob bei anfänglich unzureichender Sicherheit der Anspruch aus § 240 oder dem ursprünglichen Sicherungsrecht herrührt. Da es sich bei der Ergänzungspflicht um eine rein schuldrechtliche Verpflichtung handelt, ist der Berechtigte im Insolvenzfall des Pflichtigen auf eine Insolvenzforderung verwiesen. Wurde zwischen den Beteiligten einvernehmlich vereinbart, dass nur ein bestimmter Gegenstand als Sicherheit dienen sollte, so begründet dessen Wertminderung im Zweifel keine Ergänzungspflicht. Ebenso wenig besteht diese, wenn der Gegenstand durch Verschulden des Berechtigten im Wert gemindert wird.

Buch 2 Recht der Schuldverhältnisse

Abschnitt 1 Inhalt der Schuldverhältnisse

Titel 1 Verpflichtung zur Leistung

Vorbemerkungen vor §§ 241 ff

A. Bedeutung und Funktionen des Schuldrechts. Das Schuldrecht gehört zum Kern des zivilen Vermögensrechts, welchen es zusammen mit dem Allgemeinen Teil und dem Sachenrecht bildet. Regelungsgegenstand ist – wie auch die Überschrift zum zweiten Buch des BGB deutlich macht – das „Recht der Schuldverhältnisse". „Schuld" meint dabei keinen moralischen Vorwurf, sondern die Verpflichtung von Personen im Rechtsverkehr; „Schuld" ist deshalb „Pflicht". Dieser Pflicht einer Person, des Schuldners, steht das (subjektive) Recht einer anderen, des Gläubigers, ggü. Das zwischen beiden Personen bestehende Rechtsverhältnis wird international als „Obligation" bezeichnet. Den vor 1900 auch in Deutschland vorherrschenden Begriff der Obligation hat das BGB durch den Terminus „Schuldverhältnis" ersetzt (zum Begriff des Schuldverhältnisses s. § 241 Rn 4 ff). Der DCFR hat die Begriffsbedeutung von Obligation auf die Pflicht reduziert und damit das Element des Rechtsverhältnisses ausgeblendet. 1

Das Schuldrecht behandelt Rechtsverhältnisse zwischen – im Ausgangspunkt – gleichgeordneten Teilnehmern am Rechtsverkehr. Dabei ist es nicht auf natürliche und juristische Personen des Privatrechts beschränkt, sondern findet auch Anwendung, soweit juristische Personen des öffentlichen Rechts am Privatrechtsverkehr teilnehmen (zur Abgrenzung zum öffentlichen Recht Rn 12). Gleichordnung meint nicht, dass sich Hierarchien mit den Mitteln des Schuldrechts nicht organisieren ließen. So können insb unter § 315 Weisungsrechte vereinbart werden; für Arbeitsverhältnisse enthält § 106 GewO eine Sonderregelung dazu. 2

I. Funktionen des Schuldrechts. Das Schuldrecht organisiert **Güterbewegungen** am Markt. Außerdem dient es – auch außerhalb des rechtsgeschäftlichen Verkehrs – dem **Personen- und Güterschutz**. Zu diesem Zweck hält das Gesetz umfängliche Ausgleichsordnungen, nämlich das Schadensersatzregime nach §§ 823 ff sowie die Bewältigung unberechtigter Vermögensverschiebungen in den §§ 812 ff, vor. Eine Zwitterstellung nehmen in diesem Zusammenhang die Regeln über die Geschäftsführung ohne Auftrag (§§ 677 ff) ein, weil sie einerseits eine Ausgleichsordnung bilden und andererseits eine Schwäche der Vertragsordnung überwinden helfen. 3

Neben diesen beiden Kernfunktionen dient das Schuldrecht außerdem dazu, allgemeine Regeln für die entstehenden Rechte bereitzustellen: So finden sich etwa allgemeine Regeln über Geldschulden (§§ 244–248), über Schadensersatzansprüche (§§ 249–255) sowie über das Erlöschen entstandener Ansprüche durch Erfüllung (§§ 362–371), Hinterlegung und Selbsthilfeverkauf (§§ 372–386), Aufrechnung (§§ 387–396) und Erlass (§ 397). Ferner werden die Übertragung der Gläubigerstellung durch Abtretung (§§ 398–413) und der Schuldnerstellung durch Schuldübernahme (§§ 414–418) sowie die verschiedenen Konstellationen von Personenmehrheiten auf Gläubiger- oder Schuldnerseite (§§ 420–432) behandelt. Die genannten Regeln bilden zusammen mit einigen wenigen weiteren den wirklichen Allgemeinen Teil des Schuldrechts, weil sie ohne Rücksicht darauf Anwendung finden (sollen), welcher der genannten Kernfunktionen der jeweils entstandene Anspruch seine Existenz verdankt. 4

II. Schuldrecht und Vertragsrecht. Entspr den beschriebenen Funktionen des Schuldrechts, erfasst dieses Rechtsgebiet vertragliche und außervertragliche Schuldverhältnisse. Schuldrecht und Vertragsrecht sind **nicht deckungsgleich**: Einerseits ist das Vertragsschlussrecht – von wenigen Ausnahmen (etwa §§ 241a, 311 ff, 312 ff) abgesehen – nicht Teil des Schuldrechts, andererseits gilt dieses mit seinen allgemeinen Regeln (s. ua Rn 11 f) grds auch für das Deliktsrecht, das Bereicherungsrecht und für das Recht der Geschäftsführung ohne Auftrag. Diese Ordnungsidee des Schuldrechts steht jedoch in einem Spannungsverhältnis zu Tendenzen der europäischen und internationalen Rechtsvereinheitlichung (s. etwa die Unidroit Principles of International Commercial Contracts 2004 [PICC], die Principles of European Contract Law Parts I & II 2000, Part III 2003 [PECL] sowie die verschiedenen Mitteilungen der EG-Kommission zum Europäischen Vertragsrecht aus den Jahren 2001, 2002 und 2004; vgl *Schmidt-Kessel* RIW 03, 481 und *Schmidt-Kessel* GPR 05, 2; die an der Obligation orientierte Gliederung des Entwurfs zum Gemeinsamen Referenzrahmen (DCFR) wird den politischen Prozess vermutlich nicht überstehen). Die Ordnungsidee Schuldrecht führt auch innerhalb des deutschen Rechts zu Inkohärenzen, weil zahlreiche Regeln des allgemeinen Schuldrechts trotz ihrer grds generellen Anwendbarkeit auf vertragliche Schuldverhältnisse zugeschnitten sind. Unsicherheiten über die Anwendung der §§ 275 ff iRd Rückabwicklung nach §§ 818 ff etwa haben hier ihren Ursprung. Dementspr ist bei der Behandlung von Vorschriften des allgemeinen Schuldrechts immer auch danach zu fragen, ob sie auf außervertragliche Schuldverhältnisse einschränkungslos angewandt werden können. 5

B. Entwicklung des Schuldrechts unter dem BGB. Das 1896 verabschiedete und 1900 in Kraft getretene Schuldrecht des BGB beruht weitgehend auf dem Stand der wissenschaftlichen Erkenntnis zum römischen 6

Recht am Ende des 19. Jahrhunderts (*Zimmermann* The law of obligations 29 ff; *Wieacker* Privatrechtsgeschichte der Neuzeit 472 ff). Dass der Gesetzgeber dabei im Anschluss an *Mommsen* und *Windscheidt* auf eine ausdrückliche allgemeine Regelung der culpa-Haftung verzichtete (zur ursprünglichen Struktur des gesetzlichen Leistungsstörungsrechts s. Vor §§ 275 ff Rn 2), führte bereits in den Jahren 1902/03 zur Etablierung der positiven Forderungsverletzung als eigenständige aber ungeschriebene Anspruchsgrundlage (RGZ 52, 18, 19 f; *Staub* FS DJT 1902, 29-56; *Staub* Die positiven Vertragsverletzungen 1904). Fast von Anfang an fielen daher der Text des Gesetzes und die geltende Rechtslage auseinander. Es ist nicht zuletzt dieser Umstand, der es Rspr und Lehre leicht gemacht hat, auch an anderer Stelle vom Text und gelegentlich auch vom Geist des Gesetzes abzuweichen (vgl *Rüthers* Die unbegrenzte Auslegung 13 ff und passim). Prominentestes Beispiel dafür ist die formal auf § 242 gestützte Entwicklung der Geschäftsgrundlagenlehre (s. § 313 Rn 1). Zur Schuldrechtsmodernisierung von 2001/02 s. Vorauf Rz 8.

7 Zu den bestimmenden Faktoren der Entwicklung des Schuldrechts zählt seit der Mitte des 20. Jahrhunderts insb das **Verfassungsrecht** (grundlegend: *Ruffert* Vorrang der Verfassung und Eigenständigkeit des Privatrechts 2001 7 ff). Zwar gelten Art 2 I GG und die verschiedenen spezielleren Grundrechte ganz überwiegend nicht unmittelbar unter Privaten (für die Ausnahme Art 9 III GG s. BVerfGE 57, 220, 245), jedoch sind einerseits die Normen des Schuldrechts hinsichtlich ihrer Wirksamkeit am Maßstab der Grundrechte zu messen oder grundrechtskonform auszulegen und andererseits fließen die Grundrechte als Kern der verfassungsrechtlichen Werteordnung in die Konkretisierung der zivilrechtlichen Generalklauseln, insb §§ 138, 242, 826, mit ein (mittelbare Drittwirkung: grundlegend BVerfGE 7, 198, 205 f [*Lüth*]; s. § 242 Rn 13 ff). Seit Mitte der achtziger Jahre des zwanzigsten Jahrhunderts hat sich zudem das **europäische Gemeinschaftsrecht** zu einem entscheidenden Taktgeber für die Wandlungen des Schuldrechts entwickelt (s. Einleitung Rn 28 ff; sowie unten Rn 12–14).

8 **C. Regelungsorte und Regelungstechnik.** Der Kernbestand schuldrechtlicher Regeln findet sich im zweiten Buch des BGB, also in den §§ 241–853. Jedoch ist das Schuldrecht nicht auf diesen **Regelungsort** beschränkt; vielmehr finden sich schuldrechtliche Bestimmungen – vorwiegend Anspruchsgrundlagen – auch in sämtlichen anderen Büchern des Gesetzbuchs. Außerdem enthält das deutsche Recht schuldrechtliche Regelungen in einer Unzahl weiterer Gesetze. Insb enthält das HGB zahlreiche Sonderbestimmungen für handelsrechtliche Schuldverhältnisse. Eine Reihe von Sondergesetzen behandelt etwa Fragen der außervertraglichen Haftung für gefährliche Anlagen (HPflG), gefährliche Produkte (ProdHaftG), Umweltschäden (UmweltHG) und Unfälle im Straßenverkehr (StVG). Neben diesen nationalen Sondergesetzen können freilich auch einheitsrechtliche Regelungen wie EG-Verordnungen oder völkerrechtliche Verträge, wie das internationale UN-Kaufrecht, CISG, zur Anwendung gelangen.

9 Das BGB arbeitet mit der **Regelungstechnik**, allgemeine, in einer Vielzahl von Regelungsbereichen gleichartig auftretende Probleme „vor die Klammer zu ziehen" und abstrakt zu regeln. Diese Technik betrifft nicht nur das Verhältnis der verschiedenen Bücher des Gesetzes zueinander, sondern sie findet auch innerhalb des zweiten Buchs Anwendung: die §§ 241–432 behandeln den „Allgemeinen Teil" des Schuldrechts und enthalten idealiter allgemeine, dh für alle Schuldverhältnisse geltende Regeln. Diese Regelungstechnik erschwert freilich gelegentlich die Lesbarkeit der Normen, etwa wenn sich die Regeln über den Handelskauf, über den Allgemeinen Teil, das allgemeine Schuldrecht, das besondere Schuldrecht und die §§ 373 ff HGB verstreut finden.

10 **D. Anwendungsbereich.** Die Regeln des allgemeinen Schuldrechts gelten unmittelbar für die dort und im besonderen Schuldrecht aufgeführten sowie für die außerhalb des BGB geregelten Schuldverhältnisse, soweit sie sich mit den Besonderheiten der jeweiligen Regel vereinbaren lassen. Das gilt auch für solche Schuldverhältnisse, welche sich aus Vorschriften des Sachen- (Bsp: §§ 987 ff), des Familien- (Bsp: §§ 1601 ff) und des Erbrechts (Bsp: §§ 2174 ff) ergeben.

11 Auch das öffentliche Recht kennt Schuldverhältnisse, für welche die einschlägigen Kodifikationen (insb VwVfG des Bundes und der Länder, AO und SGB) in großem Umfang Sonderregeln enthalten. Soweit diese lückenhaft sind, werden die §§ 241 ff vielfach entspr herangezogen (RGZ 82, 206, 215 [Fuldaer Dombrand]; BGHZ 63, 167, 172). Teilweise finden sich auch ausdrückliche Verweisungen auf das BGB (Bsp: § 62 2 VwVfG des Bundes).

12 **E. Einfluss des Gemeinschaftsrechts.** Die Europäische Gemeinschaft verfügt bereits seit ihrer Gründung über Bestimmungen, welche in das Zivil- und besonders das Schuldrecht der Mitgliedsstaaten eingreifen (s. nur Art 101, 102 AEUV). Die **Grundfreiheiten** können jedenfalls die zwingenden Normen des Schuldrechts einschränken oder von der Anwendbarkeit ausschließen (s. dazu *Remien* Zwingendes Vertragsrecht und Grundfreiheiten des EG-Vertrages 178 ff). Für dispositive Bestimmungen ist dies umstr (dafür *Basedow* FS Mestmäcker 347, 354 ff). Private sind freilich nur ausnahmsweise selbst Adressaten der Grundfreiheiten. Einzelne können sich auf die Grundfreiheiten zwar ggü staatlichen Einrichtungen berufen, sind jedoch regelmäßig nicht zu deren Einhaltung verpflichtet. Eine **Drittwirkung** findet nur ausnahmsweise statt (Calliess/Ruffert/*Epiney* Art 28 Rz 57; Calliess/Ruffert/*Kluth* Art 50 Rz 44–49).

Praktisch erheblich wichtiger ist die umfangreiche Rechtssetzungstätigkeit des Gemeinschaftsgesetzgebers, die 13
vorwiegend durch von den Mitgliedstaaten umzusetzende Richtlinien erfolgt (für einen jüngeren Überblick
über das geltende Sekundärrecht s. *Riesenhuber* Europäisches Vertragsrecht 2006 18 ff). Das so entstehende
Umsetzungsrecht unterliegt in Auslegung und Anwendung besonderen Regeln, in deren Zentrum das Gebot der
richtlinienkonformen Auslegung steht (vgl auch Einleitung, Rn 31 f). Im Einzelnen müssen die Mitgliedstaaten zur Erfüllung ihrer Verpflichtungen aus einer Richtlinie alle erforderlichen Maßnahmen ergreifen, um die
vollständige Wirksamkeit der Richtlinie gem ihrer Zielsetzung zu gewährleisten (vgl EuGH, 17.6.99, Rs C-336/
97, Kommission/Italien, Slg 99, I-3771, Rz 19; EuGH, 5.12.02, Rs C-324/01, Kommission/Belgien, Slg 02, I-
11197, Rz 18). Jedoch hat der EuGH entschieden, dass eine Richtlinie nicht selbst Verpflichtungen für einen
Einzelnen begründen kann, so dass ihm ggü eine Berufung auf die Richtlinie als solche nicht möglich ist (vgl
EuGH Urteile vom 14.7.94, Rs C-91/92, Faccini Dori, Slg 94, I-3325, Rz 20; EuGH, 5.10.04, Rs C-397/01 bis C-
403/01, Pfeiffer ua, Slg 04, I-8835, Rz 108). Ein nationales Gericht, bei dem ein Rechtsstreit zwischen Privatpersonen anhängig ist, muss allerdings bei der Anwendung der Bestimmungen des innerstaatlichen Rechts, die zur
Umsetzung der in einer Richtlinie vorgesehenen Verpflichtungen erlassen worden sind, das gesamte nationale
Recht berücksichtigen und es so weit wie möglich anhand des Wortlauts und des Zweckes der Richtlinie auslegen, um zu einem Ergebnis zu gelangen, das mit dem von der Richtlinie verfolgten Ziel vereinbar ist (vgl EuGH,
5.10.04, Rs C-397/01 bis C-403/01, Pfeiffer ua, Slg 04, I-8835, Rz 120). Ggf kann auch eine gemeinschaftsrechtskonforme Rechtsfortbildung geboten sein (BGH NJW 09, 427).

Auch im Bereich des Privatrechts kann es zu einer Haftung von Mitgliedstaaten wegen mangelhafter Umsetzung oder Durchführung von Gemeinschaftsrecht kommen (vgl EuGH, 19.11.91, Rs C-6/90 und C-9/90, 14
Francovich, Slg 1991, I-5357; EuGH, 8.10.96, Rs C-178/94, Dillenkofer, Slg I-4845). Droht ein Zivilverfahren
mangels ordnungsgemäßer Richtlinienumsetzung verloren zu gehen, kann es daher angezeigt sein, der Bundesrepublik Deutschland zur Erleichterung des Haftungsprozesses bereits in diesem Verfahren den Streit zu
verkünden (idS bereits *Schmidt-Kessel* NJW 01, 97, 99 Fn 30).

F. Internationales Privatrecht. Das für schuldrechtliche Konstellationen einschlägige Internationale Privatrecht ist bislang weitgehend in den Art 27–37 EGBGB für vertragliche und war in den Art 38-42 EGBGB für 15
außervertragliche Schuldverhältnisse geregelt. Mit Inkrafttreten der EG-Verordnungen über das auf vertragliche Schuldverhältnisse anzuwendende Recht (Rom I-VO; ABlEU Nr L 177 v 4.7.08, 6) am 17.12.09 und über
das auf außervertragliche Schuldverhältnisse anzuwendende Recht (Rom II-VO; ABlEU Nr L 199 v 31.7.07,
40) am 11.1.09 werden diese Vorschriften verdrängt (für Einzelheiten s. die Kommentierungen zu diesen Vorschriften). Sonderregeln finden sich etwa in Art 7 ff EGVVG, § 130 II GWB, § 32 b UrhG. Neben diesen nationalen Vorschriften findet sich eine Reihe völkerrechtlicher Verträge, die jedoch ganz überwiegend nicht internationales Privatrecht, sondern internationales Einheitsrecht setzen. Die wichtigsten unter diesen sind das
internationale UN-Kaufrecht, **CISG**, v 11.4.80, sowie die verschiedenen transportrechtlichen Übereinkommen (ua CMR, COTIF [CIV u CIM], Abkommen von Warschau u Montreal), welche, soweit sie Regelungen
treffen, die entspr Regeln des nationalen Sach- und Kollisionsrechts verdrängen.

G. Übergangsrecht. Das deutsche **intertemporale Schuldrecht** folgt dem **allgemeinen Grundsatz**, dass neue 16
Vorschriften nur auf solche Rechtsverhältnisse anzuwenden sind, die nach dem Zeitpunkt des Inkrafttretens
der Änderung entstanden sind (Staud/*Löwisch* [2003] Art 229 § 5 Rz 1). Dieser Grundsatz hat bereits 1896
und späterhin in vielen weiteren Vorschriften seinen Niederschlag gefunden (s. nur Art 170, 232 § 1, 229
§ 5 1 EGBGB). Hinter ihm stehen die verfassungsrechtlichen Beschränkungen der Rückwirkung von Gesetzen
(BVerfGE 13, 261, 271; BVerfGE 72, 302; BGHZ 68, 113, 116). Erfasst wird das **Schuldverhältnis als Ganzes**
(iwS) nicht etwa nur die einzelnen aus diesem fließenden Verpflichtungen (Staud/*Löwisch* [2003] Art 229 § 5
Rz 7 f). Der Grundsatz findet insb dann Anwendung, wenn der Gesetzgeber keine eigenständige Übergangsvorschrift erlassen hat (s. MüKo/*Krüger* Art 170 Rz 3 [Analogie zu Art 170 EGBGB]). Die Mehrzahl übergangsrechtlicher Vorschriften behandelt **Abweichungen** von diesem Grundsatz.

Die bedeutsamste Gruppe von Abweichungen bilden die **Dauerschuldverhältnisse** (zum Begriff s. Vorauf 17
Rz 59–61 und unter www.bgb-pww.de). Einerseits soll hier vermieden werden, dass die Gerichte noch über
lange Zeit gezwungen sind, altes Recht anzuwenden (s. etwa BTDrs 14/6040 273), andererseits ist die
Anwendbarkeit neuen Rechts hier im Sinne einer unechten Rückwirkung weniger problematisch als bei abgeschlossenen Vorgängen der Vergangenheit (MüKo/*Krüger* Art 170 Rz 8 f). Auch bei Dauerschuldverhältnissen
wird neues Recht jedoch häufig nicht sofort auf Altfälle angewandt; vielmehr erhalten die Parteien vielfach
die Möglichkeit zur Anpassung des Vertrags im Laufe einer Übergangsfrist (s. BAG AP Nr 33 zu § 307 Rz 28;
Staud/*Löwisch* [2003] Art 229 § 5 Rz 32); diese schützt das Vertrauen der Parteien und steht idR einer ergänzenden Vertragsauslegung entgegen, wenn die Parteien keinen Versuch der Vertragsänderung unternommen
haben (s. BAG AP BGB § 307 Nr 40). Diese Ausnahmen von der Grundregel gelten jedoch nicht für solche
Dauerschuldverhältnisse, die vor dem maßgeblichen Stichtag bereits beendet waren (BGH NJW-RR 08, 172
Rz 9). Die Anwendung neuen Rechts auf laufende Dauerschuldverhältnisse bildet jedoch keine derart allgemeine Regel, dass sie ohne besondere Anordnung selbstverständlich wäre. Ganz allgemeine Vorschriften wie
Art 229 § 5 2 EGBGB sind – mit Recht – selten; typisch sind enumerativ gelistete Sonderregeln wie in

Art 171–173, 232 §§ 2–9 EGBGB. Allerdings kann eine entsprechende ungeschriebene Übergangsregel auch aus dem Gesetzeszweck abzuleiten sein (KG NJW 82, 2077, 2078; MüKo/*Krüger* Art 170 Rz 9). Die Abgrenzung, auf welche Sachverhalte noch altes und auf welche schon neues anzuwenden ist, kann Schwierigkeiten bereiten. Soweit keine Sonderregel eingreift (vgl Art 229 § 6 EGBGB vor § 194 Rn 1 ff), laufen jedenfalls Ausschluss- und Verjährungsfristen für altrechtliche Ansprüche noch nach altem Recht (BAG NZA 06, 259, Rz 21; BAG NJOZ 09, 2946 Rz 18 [Eingreifen der AGB-Kontrolle für vertragliche Ausschlussfristen erst für nach neuem Recht entstandene Ansprüche]). Für die **Verzinsung** entstandener Ansprüche kommt hingegen ab dem Stichtag jeweils neues Recht zur Anwendung (aA BAG AP Nr 46 zu § 15 BAT: Das Dauerschuldverhältnis wird ab diesem Zeitpunkt nämlich so behandelt, wie wenn es unter neuem Recht entstanden wäre.

18 **Schuldrechtliche Übergangsvorschriften** jüngeren Datums finden sich va in Art 229 §§ 18, 19, 22 EGBGB zu Art 229 §§ 1–5, 7–9, 11 s. Vorauf Rz 28–74 sowie im Internet Rz 1 ff. Zu Übergangsvorschriften betreffend die übrigen Bücher des BGB s. Einleitung Rn 22 Art 229 § 6 EGBGB vor § 194 Rn 1 ff, (für das Verjährungsrecht), sowie *Heß* Intertemporales Privatrecht. Zu den älteren Übergangsregeln s. Art 153–218 EGBGB für die Einführung des BGB (die Komm in Staud), für jüngere Änderungen Art 219–228 EGBGB (die Komm in Staud) und für das Übergangsrecht aus Anlass der Wiedervereinigung Art 230–237 (die Komm in Staud sowie Palandt). Zur Abgrenzung der verschiedenen intertemporalen Normen bedarf es – wie beim internationalen Privatrecht – der **Qualifikation** der betreffenden Rechtsnorm respective -frage (*Heß* Intertemporales Privatrecht 325; vgl Art 3 EGBGB Rn 34). Wegen des systematischen Bruchs zwischen Buch 3 und Buch 4 des BGB und der darauf folgenden Überlappung der beiden letzten Bücher mit dem Schuld- und dem Sachenrecht werden die Grenzen hier intertemporal häufig nicht sauber gezogen; so gilt etwa Art 229 § 5 EGBGB über das Schuldrecht hinaus auch für erb- und familienrechtliche Schuldverhältnisse. Darüber hinaus kann sich die Bedeutung schuldrechtlicher Übergangsvorschriften über das Schuldrecht hinaus erstrecken, wenn Verweisungen auf dieses – etwa § 62 2 VwVfG – idS dynamisch zu verstehen sind, dass sie Übergangsrecht mit einschließen (Staud/*Löwisch* [2003] Art 229 § 5 Rz 6).

19 Bei **Konkurrenz** mehrerer intertemporaler Bestimmungen gelten die allgemeinen Regeln, also va der Vorrang des späteren Gesetzes (*Schmidt-Kessel* NJW 03, 3748, 3749; im Grundsatz auch BGH NJW 05, 1572, 1573) sowie der des spezielleren Gesetzes (BGH NJW 05, 1572, 1573; BGH WM 2010, 34, 35 Rz 17). Ältere Übergangsregeln werden daher durch jüngere grds verdrängt, soweit diese jüngeren nicht Raum für den Fortbestand der älteren Bestimmungen lassen (BGH NJW 05, 1572, 1573; *Schmidt-Kessel* NJW 03, 3748, 3749); dieser Raum folgt nicht schon aus einer generellen Offenheit jüngerer Normen für ältere Spezialvorschriften (problematisch daher BGH NJW 05, 1572, 1573 [Regelungswille wird aus der älteren Norm hergeleitet]).

20 Hingegen ist nach der Grundregel des **intertemporalen Prozessrechts** das Zivilprozessrecht in der jeweils geltenden Fassung anzuwenden, wodurch Änderungen des Gesetzes auch schwebende Verfahren ergreifen (MüKo-ZPO/*Lüke* Einl Rz 291; Musielak/*Musielak* Einl Rz 13; Stein/Jonas/*Brehm* vor § 1 Rz 119). Ein gesetzlich geregelter Fall ist § 16 UKlaG, der nur für die prozessualen Regeln dieses Gesetzes gilt (s. Rn 23). Die allgemeine intertemporal prozessrechtliche Regel gilt freilich nicht für Prozesshandlungen oder Prozesslagen, die noch unter der Geltung des bisherigen Rechts abgeschlossen worden sind (BGHZ 114, 1, 3 f; Musielak/*Musielak* Einl Rz 13). Wichtigste Ausnahme vom Grundsatz ist jedoch die perpetuatio fori, welche nach Rechtshängigkeit die einmal begründete Zuständigkeit des angerufenen Gerichts aufrechterhält, soweit keine gegenteilige Anordnung getroffen wird (BGH NJW 1978, 427; Musielak/*Musielak* Einl Rz 13; Zöller/*Greger* § 261 Rz 12 f). Dasselbe gilt für die Statthaftigkeit des einmal eingelegten Rechtsmittels (BVerfGE 87, 48, 64; Musielak/*Musielak* Einl Rz 13).

21 Die Abgrenzung zum intertemporalen Schuldrecht kann besonders dort Schwierigkeiten bereiten, wo es um materielle Regeln geht, welche – wie §§ 291, 292, 818 IV, 987, 989, 994 II, 2023 – an die **Rechtshängigkeit** anknüpfen (vgl § 291 Rn 2). Richtigerweise handelt es sich insoweit um Regeln des zwischen den Parteien entstehenden – materiellen – **Prozessrechtsverhältnisses**. Diese sind richtigerweise nicht prozessual, sondern materiellrechtlich zu qualifizieren, so dass die Regeln intertemporalen Privatrechts Anwendung finden; grds gelten Änderungen der betreffenden Vorschriften daher nur für neue Verfahren, soweit nicht aus dem Charakter des Prozessrechtsverhältnisses etwas anderes folgt (für § 291 Rn 2).

22 Anknüpfungspunkt der intertemporalen Grundregel wie auch vieler der einzelnen Sonderregeln ist die **Entstehung** des Schuldverhältnisses. Bei **rechtsgeschäftlich begründeten Schuldverhältnissen** ist dies der Zeitpunkt des Eintritts der schuldrechtlichen Bindung (Staud/*Löwisch* [2003] Art 229 § 5 Rz 9), bei Verträgen also der Vertragsschluss (AnwK/*Budzikiewicz/Mansel* Art 229 § 5 Rz 26). Das gilt auch dann, wenn ein Altvertrag bedingt oder befristet ist und das betreffende Ereignis erst nach dem maßgebenden Zeitpunkt eintritt (Staud/*Löwisch* [2003] Art 229 § 5 Rz 13), ferner wenn das Angebot bereits vor dem für die Übergangsnorm entscheidenden Zeitpunkt abgegeben wurde (AnwK/*Budzikiewicz/Mansel* Art 229 § 5 Rz 27; aA Staud/*Hönle* [2005] Art 170 Rz 8), es sei denn der Offerent wollte nur zu Konditionen des alten Rechts anbieten (s. Staud/*Löwisch* [2003] Art 229 § 5 Rz 10). Das gilt auch für das als Festofferte ausgestaltete Optionsrecht, nicht aber bei Ausgestaltung als Angebotsvertrag (*Hertel* DNotZ 01, 742, 747). Auch bei Genehmigungserfordernissen

tritt eine schuldrechtliche Bindung bereits mit Vertragsschluss ein und hängt daher nicht von der Frage einer Rückwirkung der Genehmigung ab (Staud/*Löwisch* [2003] Art 229 § 5 Rz 14; differenzierend AnwK/*Budzikiewicz*/*Mansel* Art 229 § 5 Rz 32–38). Wird ein Vorkaufsrecht nach dem Stichtag ausgeübt, entsteht zwar ein neuer Vertrag (insoweit richtig MüKo/*Krüger* Art 229 § 5 Rz 6), jedoch enthält § 466 II den Verweis auf die Bestimmungen des in Bezug genommenen Vertrags, worin auch ein intertemporaler Verweis auf das alte Recht liegt.

Bei **gesetzlichen Schuldverhältnissen** ist zu differenzieren. Für die **culpa in contrahendo** wird im Anschluss an entsprechende Qualifikationsprobleme im IPR vielfach nach Funktionskreisen des Instituts unterschieden (etwa AnwK/*Budzikiewicz*/*Mansel* Art 229 § 5 Rz 41); richtigerweise ist hingegen einheitlich den Kriterien von § 311 II, III zu folgen (Staud/*Löwisch* [2003] Art 229 § 5 Rz 19; der Sache nach BAG AP Nr 41 zu § 242 BGB Auskunftspflicht sowie KG NJW 04, 2755). Für die **Geschäftsführung ohne Auftrag** kommt es auf den Beginn der Geschäftsführung an (allgM s. Palandt/*Heinrichs* Art 229 § 5 Rz 4). Bei Ansprüchen aus **Delikt** ist die Verletzungs**handlung** maßgebend und zwar auch dann, wenn der Verletzungserfolg ganz oder teilweise nach dem in Bezug genommenen Zeitpunkt liegt (BGHZ 127, 57 [für Art 232 § 1 EGBGB]; AnwK/*Budzikiewicz*/*Mansel* Art 229 § 5 Rz 40); das gilt auch für Spätschäden (MüKo/*Oetker* Art 229 § 8 Rz 13). Bei mehreren Teilhandlungen ist nach diesen zu differenzieren (MüKo/*Oetker* Art 229 § 8 Rz 14). Bei Dauerdelikten einschließlich Unterlassungen, die über den Stichtag hinausreichen, ist neues Recht anzuwenden (Staud/*Rauscher* [2003] Art 232 § 10 Rz 6-8; Staud/*Löwisch* [2003] Art 229 § 5 Rz 17), sofern die Schadensverursachung oder die gerichtliche Prüfung eines Unterlassungsanspruchs zeitlich nach dem Stichtag liegen; ein Wahlrecht zwischen altem und neuem Recht (dafür MüKo/*Oetker* Art 229 § 8 Rz 15) entsteht nur dann, wenn sich Ursachenketten sowohl zum Geschehen vor dem Stichtag als auch zu dem ab dem Stichtag erkennen lassen. Das gilt auch für Unterlassungsklagen nach §§ 1, 2 UKlaG (BGH NJW 02, 2386; BGH NJW 03, 1237, 1238). Die Anknüpfung an die Handlung passt auch für die **Gefährdungshaftung** (aA Staud/*Schiemann* Art 229 § 8 Rz 3), wobei mit Handlung hier die Setzung (bei punktuellem Einfluss auf die Gefahr, etwa Produkthaftung; s. Staud/*Schiemann* Art 229 § 8 Rz 4) oder Aufrechterhaltung der Gefahr (bei Dauer- und dauerhaft zu kontrollierenden Gefahren) meint: Maßgeblich ist die haftungsbegründende Gefahrenkontrollsituation. Bei Dauergefahren kann es ebenfalls zur Wählbarkeit des anwendbaren Rechts kommen, wenn Ursachenketten sowohl zum Geschehen vor dem Stichtag als auch zu dem ab dem Stichtag ablaufenden Geschehen feststellbar sind. Auf den Zeitpunkt der Rechtsgutsverletzung kommt es insoweit nicht an (aA MüKo/*Oetker* Art 229 § 8 Rz 16), wobei diese bei Dauergefahren regelmäßig mit dem maßgebenden Zeitpunkt zusammenfallen wird. **Bereicherungsrecht**liche Schuldverhältnisse entstehen grds durch das Erlangen des Vermögensvorteils des Bereicherten (BGH NJW 96, 990, 991 [für Art 232 § 1 EGBGB]; Palandt/*Heinrichs* Art 229 § 5 Rz 4). Bei späterem Eintritt der Rechtsgrundlosigkeit – Wegfall des Rechtsgrundes, Zweckverfehlung – ist der spätere Zeitpunkt ausschlaggebend; das gilt freilich nicht bei rückwirkender Vernichtung des Rechtsgrundes (Staud/*Löwisch* [2003] Art 229 § 5 Rz 20).

Bei **Änderungsverträgen** nach dem Stichtag beurteilen sich die geänderten Teile einschließlich eines sich etwa neu ergebenden Gesamtzusammenhangs des Schuldverhältnisses nach neuem Recht, während die unveränderten Teile nach wie vor altem Recht unterliegen (Palandt/*Heinrichs* Art 229 § 5 Rz 3); im Regelfall werden die Parteien freilich eine einheitliche rechtliche Behandlung des Vertrages wollen, die dann auch maßgebend ist. Das gilt freilich nicht für den Fall der Vertragsübernahme durch eine neue Partei, welche an der Anwendbarkeit alten Rechts nichts ändert (s. MüKo/*Schilling* Art 229 § 3 Rz 34 [für Abs X der Vorschrift]). Der **Aufhebungsvertrag** nach dem Stichtag unterliegt gänzlich neuem Recht (BGH NZG 99, 1179, 1182 [zu Art 232 § 1 EGBGB]; BAG NJW 04, 2401, 2403 [zu Art 229 § 5]). Dasselbe gilt auch für die Änderung eines Schuldverhältnisses durch **Vergleich** (Staud/*Löwisch* [2003] Art 229 § 5 Rz 26). Novation und Bestätigung nach dem Stichtag führen zur Anwendung neuen Rechts (Staud/*Löwisch* [2003] Art 229 § 5 Rz 24).

Neuem Recht lässt sich in zentralen Punkten nicht durch **Rechtswahl** begegnen: Eine kollisionsrechtliche Rechtswahl idS ist nicht möglich (Staud/*Löwisch* [2003] Art 229 § 5 Rz 48). Die materiellrechtliche Wahl alten Rechts überwindet zwingendes (neues) Recht nicht (s. MüKo/*Schilling* Art 229 § 3 Rz 35; AnwK/*Budzikiewicz*/*Mansel* Art 229 § 5 Rz 53 [Fall des § 134]); das gilt insb auch für die AGB-Kontrolle (s. Staud/*Löwisch* [2003] Art 229 § 5 Rz 49 f); als solche unwirksam ist eine materiellrechtliche Verweisung in AGB jedoch nicht (aA Vor §§ 305 ff Rn 4 für Abweichungen von Art 229 § 5 EGBGB). Die kollisionsrechtliche Wahl neuen Rechts ist hingegen möglich (allgM Staud/*Rauscher* [2003] Art 232 § 1 Rz 39; Staud/*Löwisch* [2003] Art 229 § 5 Rz 47).

Eine **Fortwirkung alten Rechts** ist auch iÜ regelmäßig ausgeschlossen. Das gilt auch für den Fall, dass im neuen Recht eine Sachfrage ungeregelt geblieben ist, welche das bisherige Recht noch behandelt hatte: insb sind die Bestimmungen des alten Rechts **nicht analogiefähig** (s. BGH WM 2010, 34, 35 Rz 16). Ausnahmsweise kommt aber die Anwendung alten Rechts auf vor dem Stichtag beendete, aber noch nicht vollständig abgewickelte Dauerschuldverhältnisse in Betracht (BGH NJW-RR 08, 172 Rz 9 [Fälligkeit der Abwicklungsansprüche vor Stichtag]).

Artikel 229 EGBGB (Auszug):
Weitere Überleitungsvorschriften

§ 18 Übergangsvorschrift zum Risikobegrenzungsgesetz

(1) § 498 des Bürgerlichen Gesetzbuchs ist in seiner seit dem 19. August 2008 geltenden Fassung nur auf Verträge anzuwenden, die nach dem 18. August 2008 geschlossen werden. Zudem ist § 498 des Bürgerlichen Gesetzbuchs in seiner seit dem 19. August 2008 geltenden Fassung auf bestehende Vertragsverhältnisse anzuwenden, die nach dem 18. August 2008 vom Darlehensgeber übertragen werden.
[...]

28 Die Kündigungsschutzbestimmungen zugunsten des säumigen Darlehensnehmers in **§ 498** sind durch das Risikobegrenzungsgesetz leicht modifiziert auf Immobiliardarlehensverträge erstreckt worden. Nach I 1 gilt dies jedoch grds **nur für Neuverträge**; es ist keine allgemeine Ausnahme für laufende Darlehensverträge vorgesehen. **Ausnahme** sind nach I 2 „Übertragungen" nach Inkrafttreten der Neuregelung; davon sind sowohl die Abtretung als auch sämtliche Formen eines rechtsgeschäftlich begründeten Wechsels in der Person des Darlehensgebers einschließlich Umwandlungen erfasst (BTDrs 16/9821 17 f). Diese begrenzte Ausnahme schließt die Annahme einer ungeschriebenen Sonderregel für Altverträge aus.

29 Das gilt freilich nicht für die **übrigen** darlehensrechtlichen **Änderungen** durch das Risikobegrenzungsgesetz in §§ 309 Nr 10, 492 Ia, 492a, 496 (dazu *Langenbucher* NJW 08, 3169), für die das Gesetz keine geschriebene Übergangsregelung vorsieht (unscharf Palandt/*Sprau* Art 229 § 18 (§ 18) Rz 1). § 492 Ia ist rein auf den Vertragsschluss bezogen, so dass eine Anwendung auf Altverträge ohnehin ausscheidet. Die Erweiterung von § 309 Nr 10 auf Darlehensverträge sollte wegen der einschneidenden Nichtigkeitsfolge in den von § 307 nicht erfassten Fällen ohne geschriebene Regelung nicht auf Altverträge angewendet werden. Zweck der § 492a, 496 ist es jedoch gerade, den Darlehensnehmer während des laufenden Vertrags zu informieren, so dass insoweit von einem gesetzgeberischen Willen zu sofortiger Anwendung auszugehen ist.

§ 19 Überleitungsvorschrift zum Forderungssicherungsgesetz

(1) Die Vorschriften der §§ 204, 632a, 641, 648a und 649 des Bürgerlichen Gesetzbuchs in der seit dem 1. Januar 2009 geltenden Fassung sind nur auf Schuldverhältnisse anzuwenden, die nach diesem Tag entstanden sind.
(2) § 641a des Bürgerlichen Gesetzbuchs ist auf Schuldverhältnisse, die vor dem 1. Januar 2009 entstanden sind, in der bis zu diesem Zeitpunkt geltenden Fassung anzuwenden.

31 Die Vorschrift (zur Nummerierung Palandt/*Sprau* Art 229 § 18 (§ 19) Rz 1) behandelt die intertemporale Anwendbarkeit der Bestimmungen des Forderungssicherungsgesetzes nach den allgemeinen Regeln (s. Rn 16) und ist damit rein deklaratorisch. Für die ebenfalls geänderten §§ 308-310 gilt auch ohne ausdrückliche Regelung nichts anderes und damit ebenfalls die Anwendung nur auf Neuverträge, ohne dass damit inhaltliche Änderungen verbunden wären.

§§ 20, 21
[...]

§ 22 Übergangsvorschrift zum Gesetz zur Umsetzung der Verbraucherkreditrichtlinie, des zivilrechtlichen Teils der Zahlungsdiensterichtlinie sowie zur Neuordnung der Vorschriften über das Widerrufs- und Rückgaberecht vom 29. Juli 2009

(1) Auf Schuldverhältnisse, die die Ausführung von Zahlungsvorgängen zum Gegenstand haben und die vor dem 31. Oktober 2009 entstanden sind, ist Artikel 248 §§ 4 und 13 nicht anzuwenden. Ist mit der Abwicklung eines Zahlungsvorgangs vor dem 31. Oktober 2009 begonnen worden, sind das Bürgerliche Gesetzbuch und die BGB-Informationspflichten-Verordnung jeweils in der bis dahin geltenden Fassung anzuwenden.
(2) Soweit andere als die in Absatz 1 geregelten Schuldverhältnisse vor dem 11. Juni 2010 entstanden sind, sind auf sie das Bürgerliche Gesetzbuch und die BGB-Informationspflichten-Verordnung jeweils in der bis dahin geltenden Fassung anzuwenden.
(3) Abweichend von Absatz 2 sind § 492 Abs. 5, § 493 Abs. 3, die §§ 499, 500 Abs. 1 sowie § 504 Abs. 1 und § 505 Abs. 2 des Bürgerlichen Gesetzbuchs auf unbefristete Schuldverhältnisse anzuwenden, die vor dem 11. Juni 2010 entstanden sind; § 505 Abs. 1 ist auf solche Schuldverhältnisse in Ansehung der Mitteilungen nach Vertragsschluss anzuwenden.

33 Die **Regelungsstruktur** der Vorschrift ist bedingt durch die unterschiedlichen Zeitpunkte des Inkrafttretens unübersichtlich. I ist am 31.10.09 in Kraft getreten und enthält die allgemeine Übergangsvorschrift für die Neuregelung des Rechts der Zahlungsdienste, die ebenfalls seit diesem Tage gilt. II enthält mit seinem Inkrafttreten am 11.06.10 die allgemeine Übergangsregelung für das gesamte Gesetz, zu der I dann lex specialis ist. III regelt die Anwendbarkeit einer Reihe von Einzelbestimmungen des neuen Verbraucherkreditrechts auf Altverträge.

34 **I** differenziert für die Anwendung der **Neuregelung des Recht der Zahlungsdienste** nach Schuldverhältnissen, welche die Ausführung von Zahlungsvorgängen zum Gegenstand haben (1), und Zahlungsvorgängen (2). Schuldverhältnisse iSv 1 sind **Zahlungsdiensteverträge** nach § 675f; für diese gilt – in Abweichung von den allgemeinen Regeln des intertemporalen Privatrechts (Rn 15 ff) – das neue Recht **grds sofort**, also seit

dem 31.10.09. Zweck ist die Herstellung des einheitlichen Europäischen Zahlungsraums für den Anwendungsbereich des deutschen Rechts auch insoweit, als Altverträge betroffen sind (BT-Drs 16/11643, 120) insb Zahlungsdiensterahmenverträge nach § 675f I. Im Wege **teleologischer Reduktion** gilt die Vorschrift jedoch richtigerweise nicht für solche Schuldverhältnisse, die **lediglich einen Zahlungsvorgang** zum Gegenstand haben (§ 675f II); der zu weit geratene Wortlaut entspricht weder der auf die Erfassung von Dauerschuldverhältnissen gerichteten Intention des Gesetzgebers (BT-Drs 16/11643, 120) noch der Wertung von 2; der Verweis auf Art 248 § 13 EGBGB steht dem nicht entgegen. Eine vertrauensschützende Übergangsfrist für Altverträge hat der Gesetzgeber für entbehrlich gehalten. Eine **Ausnahme** von der sofortigen Anwendbarkeit gilt für die auf den Vertragsschluss bezogenen Informationspflichten nach Art 248 §§ 4, 13 EGBGB. Insoweit gelten die allgemeinen Regeln (s. oben Rn 22).

Hinsichtlich der **Zahlungsvorgänge** kommt es – auch hier in Abweichung von den allgemeinen Regeln (Rn 16 ff) – hingegen nach I 2 darauf an, ob deren Abwicklung vor Inkrafttreten der Neuregelung begonnen worden ist. Das wird idR dazu führen, dass für einzelne Zahlungsvorgänge ein gespaltenes Regime – neues Recht für den Rahmenvertrag, altes Recht für den Zahlungsvorgang – gilt. Für nur auf eine einzelne Zahlung gerichtete Verträge läßt sich dieses durch die durch die teleologische Reduktion von 1 (Rn 35) ermöglichte Anwendbarkeit der allgemeinen Regeln (s. Rn 16) erreichen. 35

Das Gesetz im Übrigen – also va das **neue Verbraucherkreditrecht** – tritt erst am 11.06.2010 in Kraft und ist nach II auf **Altverträge nicht anzuwenden**; damit folgt die Bestimmung der allgemeinen Regel (s. Rn 16). Entscheidender Zeitpunkt ist die Entstehung des Schuldverhältnisses, also der Vertragsschluss; zu Einzelheiten s. Rn 22. 36

Abweichend von der Grundregel des II enthält III eine **Sonderregel für bestimmte Dauerschuldverhältnisse**. Erfasst werden jedoch nicht alle Altverträge, sondern nur solche die **unbefristet** sind. Der Sinn dieser Differenzierung, die in der Begründung keinen Niederschlag gefunden hat, ist unklar ebenso die Frage, was genau unter unbefristet zu verstehen ist. Dabei kann es nicht um die natürliche Grenze gehen, welche regelmäßige Tilgungen der Laufzeit eines Verbraucherkredits setzen; das würde der Anwendung neuen Rechts ohne erkennbaren Sachgrund enge Grenzen setzen. Richtigerweise sind daher nur solche Verbraucherkredite von der Anwendung neuen Rechts ausgenommen, bei denen von vornherein ein **fester Termin einer Gesamtfälligkeit** vereinbart ist. 37

III erfasst **lediglich einzelne Bestimmungen** des Verbraucherkreditrechts. Für Altverträge gilt danach das Textformerfordernis für Erklärungen nach Vertragsschluss ggü dem Darlehensnehmer (§ 492 V), das Unterrichtungserfordernis für Anpassungen des Zinssatzes (§ 493 III), die neugefassten Bestimmungen über Kündigungsrechte der Parteien (§§ 499, 500 I) sowie ein Teil der Sonderregelungen für Überziehungskredite (§§ 504 I, 505). Die übrigen Änderungen, also insb diejenigen im **allgemeinen Schuldrecht** und im Versicherungsvertragsrecht gelten für Altfälle **nicht**. 38

§§ 23, 24

[...]

§ 241 Pflichten aus dem Schuldverhältnis.
(1) ¹Kraft des Schuldverhältnisses ist der Gläubiger berechtigt, von dem Schuldner eine Leistung zu fordern. ²Die Leistung kann auch in einem Unterlassen bestehen.
(2) Das Schuldverhältnis kann nach seinem Inhalt jeden Teil zur Rücksicht auf die Rechte, Rechtsgüter und Interessen des anderen Teils verpflichten.

A. Allgemeines. Die Vorschrift ist durch die Schuldrechtsreform ergänzt worden: Während I den Text der ursprünglichen Fassung von 1896 unverändert wiedergibt, handelt es sich bei II um eine im Kern auf § 241 II 1 BGB-KE zurückgehende Ergänzung (zu den Gründen s. Abschlussbericht 113 ff; AnwK/*Krebs* § 241 Rz 18). Neu ist auch die amtliche Überschrift der Bestimmung. 1

Die Vorschrift enthält eine allg, in das Schuldrecht einführende Regelung. Sie gilt – zu Unrecht – als theoretisierende Regel ohne Aussagekraft (etwa MüKo/*Kramer* § 241 Rz 1; Palandt/*Heinrichs* § 241 Rz 1). § 241 entfaltet vielmehr nicht zu unterschätzende **konzeptionelle** und **begriffliche Wirkungen**: So definiert die Vorschrift implizit die wichtigsten Beteiligten des Schuldverhältnisses, Gläubiger und Schuldner (s. Rn 8 f), und leistet außerdem einen Beitrag zur Klärung des Begriffs „Schuldverhältnis" (Rn 4 ff). 2

Konzeptionell verharrt der Text von I bei der herkömmlichen Vorstellung vom Erfüllungsanspruch als „Rückgrat der Obligation" (s. *Rabel* Recht des Warenkaufs I 375): Einerseits bildet § 241 I 1 nämlich die Basis für die Durchsetzung vertraglicher Pflichten in Natur, den Erfüllungsanspruch (*Schlechtriem/Schmidt-Kessel* Schuldrecht AT Rz 465; s. Rn 22–24). Andererseits gehört dieser Satz zu der auch in den übrigen Teilen der Bestimmung sowie nach der amtlichen Überschrift im Mittelpunkt stehenden Beschreibung der vertypten Pflichteninhalte (*Schlechtriem/Schmidt-Kessel* Rz 159-165; s. Rn 10 ff). Die – als selbstverständlich empfundene – Zusammenschau von Pflicht und Erfüllungsanspruch entspr nach der Schuldrechtsreform nicht mehr der Systematik des Leistungsstörungsrechts, welches den Erfüllungsanspruch als eigenen Rechtsbehelf auffasst 3

(s. zunächst §§ 437 Nr 1, 634 Nr 1; Rn 22–24; Vor §§ 275 ff Rn 10). Es hätte daher nahe gelegen, die beiden Regelungsgegenstände – **Pflichtentypen und Rechtsbehelf Erfüllungsanspruch** – nunmehr in getrennten Vorschriften anzusiedeln; die geltende Gesetzesfassung mit der Doppelnatur von § 241 I 1 droht die Neuausrichtung des Erfüllungsanspruchs zu verdecken.

4 **B. Begrifflichkeiten. I. Schuldverhältnis im engeren und im weiteren Sinne.** § 241 definiert den Begriff des Schuldverhältnisses nicht, sondern beschreibt lediglich die Pflichten der Parteien als Wirkungen von Schuldverhältnissen. Die genaue Wortbedeutung bleibt jedoch unklar. Das entspricht der Mehrdeutigkeit, mit welcher der Begriff Schuldverhältnis auch sonst im G Verwendung gefunden hat: In einigen Vorschriften (etwa §§ 362, 364, 397) ist die einzelne rechtliche Forderungsbeziehung, die Obligation, angesprochen; man spricht insoweit vom **Schuldverhältnis im engeren Sinne**. Andere Bestimmungen (etwa §§ 280 I 1, 311 I, 425 I) verstehen unter Schuldverhältnis die gesamte Rechtsbeziehung zwischen den Parteien, das sog **Schuldverhältnis iwS**.

5 Die Bedeutungsvariante „im engeren Sinne" entspringt dem Versuch, das Wort Obligation durch eine deutschsprachige Formel zu ersetzen (Staud/*Olzen* [2005] § 241 Rz 4). Dementspr wird sie herkömmlich mit der einzelnen Leistungsbeziehung gleichgesetzt, also der Kombination aus dem Forderungsrecht des Gläubigers (Anspruch, § 194 I) und der entspr Leistungspflicht des Schuldners. Dabei ist freilich zu beachten, dass die Begriffe Obligation und Schuldverhältnis im engeren Sinne in ein Pflichtelement und ein Durchsetzungselement zerfallen, welche nach der Schuldrechtsreform auch getrennt gedacht werden müssen (s.o. Rn 3). Der Begriff des Schuldverhältnisses im engeren Sinne verweist also auf die überholte Engführung von Pflicht und Erfüllungsanspruch in der Konzeption der Obligation und sollte daher aufgegeben werden.

6 Hinter der Formel vom Schuldverhältnis „iwS" steht die Vorstellung, dass eine Gesamtheit von Rechtsbeziehungen zwischen Parteien durch einen Begriff beschrieben und zusammenfassend bezeichnet werden kann. Dieses, anderen Rechtsordnungen nicht immer leicht vermittelbare, Verständnis entspricht dem Bild vom Schuldverhältnis als „Organismus" (*Sieber*) oder „sinnhaftes Gefüge" (*Larenz*). Das Schuldverhältnis iwS ist die Basis der Pflichten der Parteien und der bei ihrer Verletzung eingreifenden Rechtsbehelfe. Mit einem solchen Schuldverhältnis sind nicht notwendig Erfüllungsansprüche iSv § 241 I 1 verbunden (zu Unrecht krit AnwK/*Krebs* § 241 Rz 9).

7 Auch die Wortbedeutung in § 241 ist nicht vollständig geklärt: Zwar entspr es allg Meinung, dass § 241 I 1 von einem Schuldverhältnis im engeren Sinne handelt (etwa Jauernig/*Mansel* § 241 Rz 2). Allerdings ist zu beachten, dass damit nach der Schuldrechtsreform sowohl der Pflichtentyp „Leistungspflicht" als auch der Rechtsbehelf Erfüllungsanspruch angesprochen sind (s.o. Rn 3). Für § 241 II ist die Einordnung hingegen umstr. Teilweise wird hier eine Bedeutung als Schuldverhältnis iwS angenommen (insb *Schapp* JZ 01, 583, 584; *ders* JA 02, 939, 941 ff). Das ist jedoch unrichtig: Wie bereits die Verweise in §§ 282, 311 II, III und 324 zeigen, geht es in der Bestimmung um die Vertypung bestimmter Pflichten. Die Verwendung des Wortes „Schuldverhältnis" erfolgt daher in der engeren Bedeutungsvariante und verdeutlicht damit lediglich, dass auch insoweit ein Erfüllungsanspruch als Rechtsbehelf in Betracht kommt.

8 **II. Gläubiger und Schuldner.** Die Begriffe Gläubiger und Schuldner werden in § 241 I 1 zwar nicht ausdrücklich definiert, jedoch implizit näher bestimmt, indem der Gläubiger als der Berechtigte der betreffenden Pflicht und der zugehörigen Forderung, also des Erfüllungsanspruchs angesprochen und zugleich der Schuldner zum Adressat von Pflicht und Forderung erklärt wird. Auch auf diese Begriffe schlägt also der in der Vorschrift enthaltene Dualismus von Pflicht und Erfüllungsanspruch durch, wobei die Worte Gläubiger und Schuldner – im Gegensatz zu Verpflichteter und Berechtigter – wiederum der überkommenen Konzeption entstammen.

9 § 241 I 1 verdeutlicht zudem das Erfordernis zweier unterschiedlicher Rechtsträger sowohl für die Pflicht als auch für den darauf basierenden Erfüllungsanspruch (RGZ 148, 65, 67; AnwK/*Krebs* § 241 Rz 7). Fällt etwa eine der Parteien ersatzlos weg, dh ohne dass es einen Rechtsnachfolger gibt, erlischt die Pflicht und mit ihr der Erfüllungsanspruch (RGZ 148, 65, 67 [hoheitliche Auflösung eines kommunistischen Vereins]). An zwei unterschiedlichen Rechtsträgern fehlt es auch im Falle der Konfusion, so dass die Pflicht und mit ihr der Erfüllungsanspruch erlischt, wenn sich die Positionen von Gläubiger und Schuldner in einer Person vereinigen (AnwK/*Krebs* § 241 Rz 7).

10 **C. Pflichten aus dem Schuldverhältnis.** Darstellungen zum Schuldrecht teilen die verschiedenen Pflichten, die aus Schuldverhältnissen erwachsen können, herkömmlich in verschiedene Kategorien ein. Solche Einteilungen sind jedenfalls dort unschädlich, wo sie lediglich der Darstellung dienen. Sobald an derartige kategoriale Differenzierungen jedoch unterschiedliche Rechtsfolgen geknüpft werden, ist Vorsicht geboten. Es stellt sich dann die Frage, ob das dadurch entstehende Geflecht tatbestandlicher Voraussetzungen lediglich dogmatisches Konstrukt ist oder im G eine Stütze findet.

11 **I. Erfolg und Verhalten als Gegenstände.** Das zentrale Kriterium bei der Unterscheidung verschiedenartiger Pflichten ist richtigerweise die Frage danach, ob die betreffende Pflicht das Erreichen eines Erfolgs einschließt oder ob der Schuldner lediglich ein Verhalten schuldet; letzteres mag zwar auch auf einen bestimmten Erfolg

gerichtet sein, dieser ist aber nicht geschuldet. Diese Unterscheidung, welche auf den Franzosen *René Demogue* (Traité des obligations Bd 5 Nr 1237: obligations de résultat und obligations de moyens) zurückgeht, findet sich als Grundmuster im gesamten Europäischen Vertragsrecht (Art 5.1.4 und 5.1.5 PICC; Komm D und Anm 2 zu Art 6: 102 PECL; vgl *Schmidt-Kessel* Standards vertraglicher Haftung nach englischem Recht 2003 202). Im deutschen Recht findet sich die Differenzierung va als Grenze zwischen Werk- und Dienstvertrag (s. § 611 Rn 5; vor §§ 631–651 Rn 1, 7). Außerdem war nach altem Schuldrecht die Beweislastverteilung bei der positiven Vertragsverletzung richtigerweise davon abhängig, ob die verletzte Pflicht erfolgsbezogen oder verhaltensbezogen war (grundl *Stoll* FS v Hippel, 517 ff u *ders* AcP 176 [1976], 145, 149 ff; ihm folgend Staud/*Löwisch* [2001] § 282 Rz 20 mwN). Dies gilt auch für das neue Recht (*Stoll* 2. FS Lorenz, 287, 296 f; sowie § 280 Rn 24–26). Die Differenzierung zwischen Erfolgs- und Verhaltenspflichten wohnt dem deutschen Recht aber ganz generell inne (grundlegend *Lobinger* Die Grenzen rechtsgeschäftlicher Leistungspflichten 2004 194 ff).

Konsequenzen hat diese Differenzierung zunächst für die ordentliche Vertragsdurchführung: So wird für das nach § 362 für die Erfüllung erforderliche „Bewirken" der Leistung regelmäßig verlangt, dass neben der bloßen Leistungshandlung auch der Leistungserfolg herbeigeführt werden müsse (etwa AnwK/*Avenarius* § 362 Rz 2; Palandt/*Heinrichs* § 362 Rz 2; Staud/*Olzen* [2000] § 362 Rz 11). Das ist jedoch nur für Erfolgspflichten zutr, während die Richtigkeit dieser Auffassung für Verhaltenspflichten voraussetzen würde, dass sich der Leistungserfolg auf die Leistungshandlung beschränken kann, beide also zusammenfallen (so etwa Jauernig/*Mansel* § 241 Rz 7). **12**

Unterschiede ergeben sich zudem bei den Rechtsbehelfen, welche dem Gläubiger bei Pflichtverletzungen zustehen: So beschränkt sich der Erfüllungsanspruch bei Verhaltenspflichten auf das geschuldete Verhalten selbst; das hat zur Folge, dass er nach § 275 nicht ohne weiteres dadurch ausgeschlossen wird, dass das mit dem Verhalten verfolgte Ziel, dessen Erreichung nicht geschuldet ist, nicht mehr erreicht werden kann. Bei Rücktritt und Kündigung bezieht sich die Nachfristsetzung gem §§ 314 II, 323 I bei Verhaltenspflichten lediglich auf die Vornahme der gebotenen Handlungen, womit sie selbst, wie auch die Fälle der Entbehrlichkeit der Fristsetzung, ein anderes Gewicht erhalten als bei Erfolgspflichten; dasselbe gilt auch für den Fristsetzungsmechanismus nach § 281 I 1. Konsequenzen zeigt die Differenzierung auch bei der Schadensersatzhaftung nach § 280 I: Abgesehen von der bereits angesprochenen Frage der Beweislast für das Vertretenmüssen (s.o. Rn 11), eröffnet sie die grds Frage nach der Grenze zwischen der Pflichtverletzung nach § 280 I 1 und dem Sorgfaltsverstoß nach §§ 280 I 2, 276 (*Schlechtriem/Schmidt-Kessel* Schuldrecht AT Rz 566). Bei Verhaltenspflichten gibt es kein sachliches Kriterium, diese von der im Verkehr erforderlichen Sorgfalt kategorial abzugrenzen. Bei Erfolgspflichten könnte man einen Unterschied immerhin noch darin erblicken, dass zur Entlastung ein den Erfolg vereitelndes Hindernis erforderlich ist. **13**

Die Einordnung der einzelnen Pflicht in die eine oder andere Kategorie erfolgt nach den allg Regeln der **Vertragsauslegung und Vertragsergänzung** (dazu allg § 133 Rn 2 ff; § 157 Rn 1 ff; § 242 Rn 25 f). Als wesentliche Kriterien kommen dabei neben der expliziten Parteivereinbarung das mit einer Erfolgsverwirklichung verbundene Risiko und dessen Steuerbarkeit durch den Schuldner in Betracht. Außerdem lässt sich darauf abstellen, ob die vereinbarte Gegenleistung oder sonstige Vertragsbestimmungen eine entspr Risikoprämie enthalten. Ungewöhnliche Erwartungen des Gläubigers sind hingegen nur dann berücksichtigungsfähig, wenn dieser sie hinreichend kundgetan hat. **14**

II. Leistung und Schutz als Gegenstände der Pflicht. § 241 unterscheidet zwei Gegenstände von Pflichten, nämlich die auf eine Leistung gerichteten Pflichten, Leistungspflichten iSv I 1, und diejenigen Pflichten, welche auf den Schutz der Rechte, Rechtsgüter und Interessen des anderen Teils gerichtet sind, Schutzpflichten iSv II. Diese Differenzierung hat zunächst einmal eine rein **beschreibende Funktion**. Bei ihr schwingt zugleich eine Aussage über die Funktion der betreffenden Pflicht für das Schuldverhältnis und die auf es anwendbaren Regeln mit: Während die Leistungspflichten das Schuldverhältnis typischerweise charakterisieren, sind die dem Rechtsgüterschutz dienenden Schutzpflichten weitgehend unabhängig vom konkreten Vertragstyp. Zu den einzelnen Schutzpflichten s. § 242 Rn 77 ff. **15**

Das Begriffspaar Leistungspflicht – Schutzpflicht kann allerdings zu **Missverständnissen** führen, insb, wenn mit der Qualifikation der jeweiligen Pflicht bestimmte Konsequenzen auf der Rechtsfolgenseite fest verbunden werden. Insb wird das Bestehen eines Erfüllungsanspruchs vielfach an die Qualifikation als Leistungspflicht geknüpft (etwa AnwK/*Krebs* § 241 Rz 38). Das ist freilich unrichtig: Einerseits begründet § 7 AGG eine Leistungspflicht, die freilich in Natur nicht durchsetzbar ist, § 15 VI AGG. Andererseits dienen §§ 541, 618 ausschl dem *begleitenden Rechtsgüterschutz*, sind aber in Natur durchsetzbar (§ 541 Rn 7; § 618 Rn 4). Die betroffenen Pflichten in solchen Fällen „umzuetikettieren" (so der Sache nach AnwK/*Krebs* § 241 Rz 38), entwertet die jedenfalls hinsichtlich ihrer beschreibenden Funktion wertvolle Begrifflichkeit. **16**

Außer Schutz- und Leistungspflichten spricht die Vorschrift in I 2 Pflichten an, welche auf ein Unterlassen gerichtet sind. Die Vorschrift stellt damit klar, dass das **Unterlassen** Gegenstand einer Leistungspflicht iSv I 1 sein kann und gibt damit einer puren Selbstverständlichkeit Ausdruck. Schutzpflichten sind ohnehin vielfach auf ein Unterlassen gerichtet, so dass eine entspr Klarstellung entbehrlich erscheint. Systematisch richtig hätte I 2 freilich als neuer III positioniert werden müssen. **17**

18 **III. Ordnung nach der Funktion im Schuldverhältnis.** Das Begriffspaar **Haupt- und Nebenpflichten** ordnet Vertragspflichten nach ihrer Funktion im Schuldverhältnis. Die Hauptpflichten bestimmen regelmäßig den Vertragstyp, während Nebenpflichten lediglich eine vorbereitende, begleitende und sichernde Funktion zukommt. Das jeweils anzuwendende Bündel von gesetzlichen Regeln hängt damit von der Qualifikation der jeweiligen Pflichten ab. Ist etwa neben der Lieferung die Montage eines Handwaschbeckens geschuldet, hängt der maßgebliche Vertragstyp (§§ 433, 631, 651) ua davon ab, welches Gewicht der Montageverpflichtung zukommt (vgl § 434 II 1).

19 Die Einordnung einer Pflicht als Haupt- oder Nebenpflicht hat zudem Einfluss auf die bei ihrer Verletzung zur Verfügung stehenden **Rechtsbehelfe** des Gläubigers. Anders als unter § 326 aF schlägt sich dieser Einfluss jedoch nicht in einer kategorialen Grenze nieder, von der insb das Rücktrittsrecht abhängt. Vielmehr lässt sich aus der Qualifikation der einzelnen Pflicht lediglich ein Indiz dafür gewinnen, ob ihre Verletzung den Vertrag so schwerwiegend tangiert, dass seine Aufhebung möglich ist. Insb enthebt die (vollständige) Verletzung einer Hauptpflicht den Rechtsanwender *de facto* der Notwendigkeit, die besonderen Voraussetzungen der **Vertragsaufhebung** bei partieller Vertragsstörung nach §§ 281 I 2 u 3, 282, 323 V, 324 zu prüfen; die dort vorgesehenen Schwellen werden jedenfalls erreicht sein. Hingegen schließt die Qualifikation als Nebenpflicht weder die Anwendbarkeit der Regeln des Schadensersatzes statt der ganzen Leistung noch das Rücktrittsrecht aus; die in §§ 281 I 2 u 3, 282, 323 V, 324 niedergelegten Schwellen belegen dies gerade.

20 Eine überflüssige Vermischung verschiedener Fragestellungen findet sich in dem Terminus der Nebenleistungspflicht. Hier wird die Frage der Funktion der betreffenden Pflicht im Vertrag mit derjenigen nach ihrer Durchsetzbarkeit in Natur verbunden. In einem System des Leistungsstörungsrechts, welches Pflichtenkanon und Rechtsbehelfe voneinander klar scheidet, kann eine solche Verbindung allenfalls zu Missverständnissen führen. Der Begriff Nebenleistungspflicht sollte daher aufgegeben werden.

21 **IV. Veraltet: Primäre und sekundäre Pflichten.** Als weitere Differenzierung findet sich nicht selten die Einteilung nach primären und sekundären Pflichten (oder Ansprüchen). Diese ist unter dem neuen Schuldrecht anachronistisch, weil sie den – als primär gesetzten – Erfüllungsanspruch noch zur Vertragsinhaltsseite schlägt. Mit der Etablierung des Erfüllungsanspruchs als Rechtsbehelf (s. Rn 22–24), der grds gleichrangig zu den übrigen Rechtsbehelfen, also insb Schadensersatz und Vertragsaufhebung ist, hat die Unterscheidung nach primären und sekundären Pflichten (oder Ansprüchen) ihren Sinn verloren und droht Missverständnisse hervorzurufen (s. etwa Celle NJW 05, 2094). Im Falle einer Pflichtverletzung stehen vielmehr sämtliche Rechtsbehelfe nebeneinander. Soweit dem Erfüllungsanspruch ausnahmsweise ein Vorrang eingeräumt wird, muss dies daher durch die ausdrückliche Anordnung des Fristsetzungserfordernisses geschehen. Die Gleichrangigkeit der Rechtsbehelfe (einschl des Erfüllungsanspruchs) wird in diesen Fällen mit dem Ablauf der Nachfrist wieder hergestellt. Wo es an einer ausdrücklichen Regelung des Fristsetzungserfordernisses fehlt (etwa §§ 478 II, 536a I u II, 543, 626, 628 II), lässt sich ein solches nicht mit dem schlichten Hinweis auf den Primat des Erfüllungsanspruchs begründen.

22 **D. Erfüllungsanspruch als Rechtsbehelf.** Nach § 241 I 1 ist der Gläubiger berechtigt, eine „Leistung zu fordern" und damit Inhaber eines Anspruchs iSv § 194 (zur Begrifflichkeit Staud/*Peters* [2004] § 194 Rz 1 ff). Der Gläubiger kann nicht nur die Erfüllung seines Anspruchs in Natur „verlangen", sondern diese auch durchsetzen. Das geschieht va mit Hilfe der Gerichte und Vollstreckungsorgane, aber uU auch durch Akte der Selbsthilfe wie Aufrechnung (s. § 387 Rn 1) oder Zurückbehaltung (s. § 273 Rn 1); auch der Selbsthilfeverkauf etwa dient letztlich der Rechtsdurchsetzung, nämlich von Kooperationspflichten des Gläubigers. Der Erfüllungsanspruch ist unter den verschiedenen Rechtsbehelfen, welche dem Gläubiger bei einer Pflichtverletzung des Schuldners zur Verfügung stehen, derjenige, mit dem die Pflicht des Schuldners in Natur (sub specie) durchgesetzt werden kann. Basis dieses Erfüllungsanspruchs ist heute § 241 I 1.

23 Die **Trennung der** auf eine Leistung gerichteten **Pflicht vom Rechtsbehelf** des Erfüllungsanspruchs ist eine Konsequenz der Neustrukturierung des Leistungsrechts durch die Schuldrechtsreform, welche die Konzeption des einheitlichen Forderungsrechts aufgegeben hat (*Stoll* JZ 01, 589, 599; *Schlechtriem/Schmidt-Kessel* Schuldrecht AT Rz 466; aA *Weller* JZ 08, 764 ff). Sie wird besonders augenfällig in den „Pfadfindernormen" der §§ 437 Nr 1, 634 Nr 1, die jeweils den Weg zu den (Nach-)Erfüllungsansprüchen weisen. Den Wandel des Erfüllungsanspruchs zum Rechtsbehelf verdeutlichen auch §§ 280 I, III, 281, 283, welche die Konkurrenz dieses Anspruchs zum Schadensersatz behandeln (s. § 280 Rn 40 ff). Diese Entwicklung entspr auch der Fließrichtung des Internationalen Einheitsrechts, welches etwa in Art 28, 45 I lit a, 46, 61 I lit a, 62 CISG sowie in Art 7.2.1 ff PICC und III.–3:302 DCFR die Durchsetzung in Natur als Rechtsbehelf einordnet.

24 Entgegen verbreiteter Auffassung (etwa AnwK/*Krebs* § 241 Rz 38; Jauernig/*Mansel* § 241 Rz 10) können auch **Schutzpflichten** grds mit dem Erfüllungsanspruch in Natur durchgesetzt werden (wie hier *Stürner* JZ 76, 384 ff; *Motzer* JZ 83, 884, 886); der Schutzstandard innerhalb von Schuldverhältnissen bleibt insoweit nicht hinter demjenigen von § 1004 zurück. Der Gläubiger ist nicht auf ein Dulden und Liquidieren beschränkt. Praktisch steht diese Frage jedoch häufig gar nicht zur Entscheidung, weil nach Eintritt des durch Verletzung der Pflicht entstandenen Schadens der Gläubiger vielfach kein Interesse mehr an der Durchsetzung hat. Außerdem kommt eine Durchsetzung von Schutzpflichten in Natur regelmäßig nur dann in Betracht, wenn

eine konkrete Gefährdung von Rechtsgütern vorliegt (*Schlechtriem/Schmidt-Kessel* Schuldrecht AT Rz 165). Die zu § 1004 I 2 entwickelten Standards (s. § 1004 Rn 7 sowie Staud/*Gursky* [1999] § 1004 Rz 206 ff) bieten hierzu einen guten Ausgangspunkt; sie können freilich in vertraglichen Schuldverhältnissen durch die – ggf richterlich ergänzten – Parteiabreden überspielt werden.

E. Schuld und Haftung. I. Bedeutung. Im Kontext von § 241 wird herkömmlich auch das Binom „Schuld und Haftung" behandelt. Mit Schuld wird die aufgrund des Schuldverhältnisses bestehende **Verbindlichkeit** bezeichnet, welche den Schuldner zu einem Verhalten verpflichtet. Haftung meint hingegen in diesem – nicht haftungsrechtlichen – Zusammenhang das **Einstehenmüssen** für die Verpflichtung. Schuld und Haftung müssen nicht immer gleichzeitig vorliegen: eine Haftung ohne persönliche Verbindlichkeit, also ohne Schuld, wird durch die Bestellung dinglicher Sicherheiten für eine fremde Schuld begründet (s. § 1147 Rn 1 ff; § 1204 Rn 1). Eine Schuld ohne Haftung liegt vor, wenn die betreffende Verbindlichkeit zwar vom Schuldner erfüllt, die Erfüllung vom Gläubiger aber nicht erzwungen werden kann; derartige Verbindlichkeiten werden als unvollkommene Verbindlichkeiten oder Naturalobligationen (s. Rn 27) bezeichnet. 25

Grds haftet der Schuldner mit seinem gesamten Vermögen. Das bedeutet, dass der Gläubiger die Verpflichtung gerichtlich durchsetzen und anschließend die Zwangsvollstreckung betreiben kann. Einschränkungen der Haftung können sich zum einen materiellrechtlich ergeben. So kann sich die Haftung auf bestimmte Vermögensgegenstände – etwa das verpfändete Grundstück bei einem für eine fremde Forderung bestellten Grundpfandrecht – oder auf ein Sondervermögen – etwa den Nachlass nach §§ 1975, 1990, 1991 – beschränken. § 1629a beschränkt zudem die Haftung des Kindes grds auf den Bestand des bei Eintritt der Volljährigkeit vorhandenen Vermögens des Kindes (zu Einzelheiten s. § 1629a Rn 4). Prozessuale Beschränkungen der Haftung ergeben sich aus den Regeln über den Vollstreckungsschutz (§§ 811, 850 ff ZPO). Hingegen beschränken §§ 888 I u III ZPO ganz überwiegend nicht die Haftung des Schuldners, sondern die Durchsetzung des gegen ihn gerichteten Anspruchs in Natur. 26

II. Unvollkommene Verbindlichkeiten. Verbindlichkeiten ohne Haftung werden als unvollkommene Verbindlichkeiten oder **Naturalobligationen** bezeichnet (mit Recht krit zum Begriff Jauernig/*Mansel* § 241 Rz 20). Das besondere Merkmal dieser Verbindlichkeiten ist, dass Naturalobligationen einen Behaltensgrund iSv § 812 darstellen. Basis für diesen Behaltensgrund ist nicht etwa eine sittliche Pflicht iSv § 814 Alt 2, sondern eine Verbindlichkeit im Rechtssinne, der es durch den Ausschluss der Haftung an der Durchsetzbarkeit fehlt (unrichtig Palandt/*Heinrichs* vor § 241 Rz 12). Gesetzlich geregelte Fälle sind Forderungen aus Spiel, Wette, soweit kein staatlich genehmigter Lotterie- oder Ausspielvertrag vorliegt (§§ 762, 763), der Ehemäklerlohn (§ 656), die Leistung auf die einer Restschuldbefreiung unterliegende Forderung (§ 301 III InsO) sowie die Erfüllung verjährter Ansprüche (§§ 214 II, 813 I 2). Eng verwandt ist die Unklagbarkeit des Verlöbnisses nach § 1297, ohne dass sich daraus ein Behaltensgrund ergäbe. 27

III. Pflichten und Obliegenheiten. Überwiegend nicht als Pflichten im strengen Sinne, sondern als Verhaltenserwartungen eigener Art werden Obliegenheiten aufgefasst (grundl für den Begriff *Schmidt* Obliegenheiten 1953). Diese sind nicht in Natur durchsetzbar und ihnen ist ein vom üblichen Leistungsstörungsrecht deutlich abweichendes Rechtsbehelfsarsenal zugeordnet. Richtigerweise handelt es sich freilich auch bei ihnen um **Pflichten im Rechtssinne**, denen aufgrund ihres besonderen Schutzzwecks besondere Rechtsfolgen zugeordnet sind (*Schmidt-Kessel* Gläubigerfehlverhalten § 15). Typische Rechtsfolge ist der – vollständige oder partielle – Rechts- oder Einwendungsverlust. Bsp sind etwa §§ 254 II 1, 651d II, § 377 HGB, §§ 28, 81 VVG (= §§ 6, 62 VVG aF). Sehr viel umfangreicher ist die Rechtsfolgenseite bei Verletzung von Kooperationspflichten nach §§ 293 ff (s. § 293 Rn 5). Der gelegentlich hier eingeordnete § 355 II 1 begründet hingegen eine auch mit Schadensersatzfolgen nach §§ 311 II, 280 I bewehrte Pflicht zur Belehrung über das Widerrufsrecht (s. EuGH 25.10.05 Rs C-350/03 – *Schulte* Rz 94 ff). 28

F. Dauerschuldverhältnisse. Das Schuldrecht ist in seinen Regeln ganz überwiegend auf die Erbringung und den Austausch von Leistungen zugeschnitten, welche in einem einmaligen und kurzfristigen Vorgang erbracht werden; der Kauf ist das Paradigma des allg Schuldrechts. Charakteristisch für Dauerschuldverhältnisse ist hingegen, dass sie über einen gewissen Zeitraum hinweg bestehen und dauernde oder fortlaufend neu entstehende Leistungs- und Schutzpflichten umfassen. Typischerweise hängt zudem der jeweilige Leistungsumfang von der zeitlichen Dauer des Schuldverhältnisses ab. Zur Abgrenzung iE s. § 314 Rn 4–6. 29

Die Regeln für Dauerschuldverhältnisse weichen in mehrfacher Hinsicht von den „gewöhnlichen" Regeln des allg Schuldrechts ab: Während das Pflichtenprogramm zu Beginn der Durchführung weitgehend demjenigen eines punktuellen Austauschvertrags entspricht – etwa Überlassung der Mietsache gegen Zahlung der ersten Miete –, ist es im weiteren Verlauf der Vertragserfüllung durch die Dauerhaftigkeit des Schuldverhältnisses gekennzeichnet. Typisch sind zudem Mechanismen für die Anpassung des Pflichtenprogramms an veränderte Umstände; § 313 enthält insoweit nur die allg Regel (s. § 313 Rn 4, 25, § 314 Rn 18). Anders als beim punktuellen Austausch stellt sich zudem die Frage nach einer ordentlichen Beendigung anders als durch Erfüllung; Dauerschuldverhältnisse enden entweder durch Zeitablauf oder durch Kündigung, wobei letztere zunächst noch kein Rechtsbehelf wegen Leistungsstörung ist und als ordentliche Kündigung auch ohne gesonderte 30

Vereinbarung möglich ist (BGH NJW 08, 1064 Rz 23). Besondere Bedeutung haben zudem nachlaufende Vertragspflichten, welche die Vertragsbeendigung überdauern oder durch diese ausgelöst werden (etwa Rückgabe der Mietsache oder nachvertragliche Wettbewerbsverbote; vgl KG NStZ-RR 08, 373, 375).

31 Besondere Regeln gelten zudem für die Rechtsbehelfe bei Pflichtverletzungen einer Seite. Wegen der Abhängigkeit der Leistungen von der Zeit können diese – über § 275 hinaus – zur Nichtnachholbarkeit der Leistung und damit zum Ausschluss des Erfüllungsanspruchs führen (vgl §§ 537, 615 1 aE). Ist das Dauerschuldverhältnis in Vollzug gesetzt, kommt grds ein Rücktritt nicht mehr in Betracht; einschlägig sind vielmehr die Regelungen über die Kündigung aus wichtigem Grund (§ 314; zu weiteren Vorschriften § 314 Rn 17), welche den Vertrag – auch funktional, vgl § 346 ff (s. § 346 Rn 3) – ex nunc beenden. Derselbe Gedanke liegt Beschränkungen der Rückabwicklung bei Anfechtung, Unwirksamkeit oder Nichtigkeit von Dauerschuldverhältnissen zugrunde (s. § 812 Rn 36; Palandt/*Sprau* § 812 Rz 79 f). Aus den Abweichungen bei der außerordentlichen Vertragsbeendigung ergeben sich ferner Besonderheiten hinsichtlich des Schadensersatzes im Kündigungsfall, dem sog Kündigungsschaden (§ 314 Rn 21 f). Diese schlagen sich insb bei den Regeln über den Schadensersatz statt der ganzen Leistung, §§ 281 I 2, 3, V, 282, 283 2, nieder (s. § 281 Rn 33).

32 **G. Gefälligkeitsverhältnisse.** Die Gefälligkeit ist keine kohärente rechtliche Kategorie. Sie umfasst nach herkömmlicher Auffassung einerseits vertragliche Schuldverhältnisse, welche unentgeltliche Leistungen zum Gegenstand haben (§§ 598, 662, 690). Alternativ dazu soll ein „Gefälligkeitsverhältnis" vorliegen können, welchem die Qualität als Rechtsverhältnis abgesprochen wird (Jauernig/*Mansel* § 241 Rz 23). Ob und inwieweit aus einem solchen Gefälligkeitsverhältnis über die Maßstäbe von § 823 hinaus gesteigerte Anforderungen an den Rechtsgüterschutz durch die Beteiligten zu stellen sind, wird abstrakt nicht einheitlich beantwortet; die Rspr ist insoweit unüberschaubar. Als zentrales Abgrenzungskriterium zwischen Gefälligkeitsverhältnis und Schuldverhältnis gilt der aus den Erklärungen und den sonstigen Umständen zu ermittelnde Rechtsbindungswille (Palandt/*Heinrichs* vor § 241 Rz 7). Tatsächlich geht es bei dieser klassischen Unterscheidung um **zwei voneinander zu trennende Sachfragen**, nämlich diejenige nach dem Entstehen von („Leistungs-") Pflichten, welche sich nur aus einer rechtsgeschäftlichen Bindung ergeben können und diejenige nach dem Maß der Verantwortung für die Rechtsgüter des anderen Teils. Spätestens nach der Einführung von § 311 II differieren die Kriterien, nach welchen diese beiden Sachfragen zu entscheiden sind.

33 Die Frage, ob ein Teil dem anderen ggü zur Erbringung einer (unentgeltlichen) **Leistung** verpflichtet ist, richtet sich in der Tat nach dem **Rechtsbindungswillen**. Dabei muss es nicht nur um Leistungen des Gefälligen gehen, vielmehr entscheidet der Rechtsbindungswille auch über dessen evtl Ansprüche des Begünstigten (BGH NJW 92, 498 [Aufwendungsersatz wegen Totalschaden am Kfz bei Gefälligkeitsfahrt]). Soweit sich der Rechtsbindungswille nicht unmittelbar aus den Erklärungen der Parteien ergibt, ist nach ihm unter Heranziehung der allg Auslegungsregeln zu fragen. Typischerweise sind dabei zu berücksichtigen Art und Zweck der Gefälligkeit sowie die Interessenlage der Beteiligten (BGHZ 21, 102, 107; BGHZ 92, 164, 168). Für die Annahme eines Rechtsbindungswillens spricht dabei insb ein eigenes wirtschaftliches oder rechtliches Interesse des Gefälligen (RGZ 65, 17, 19; BGHZ 88, 373, 382). Dasselbe gilt, wenn der Begünstigte sich erkennbar auf eine Zusage verlässt und für ihn erhebliche Werte auf dem Spiel stehen (BGHZ 56, 204, 210). Die praktische Bedeutung dieser Abgrenzungskriterien ist auf Dienstleistungen und Gebrauchsüberlassungen beschränkt: bei der unentgeltlichen Eigentumsübertragung ergibt sich der Rechtsbindungswille nämlich bereits aus der Einhaltung der Form nach § 518 I 1 oder der – durch Rechtsgeschäft erfolgenden – Übertragung des Schenkungsgegenstandes.

34 Für die Frage einer Begründung außerdeliktischer **Schutzpflichten** gelten hingegen andere Maßstäbe: Entscheidend sind hier die Kriterien, welche das Entstehen eines gesetzlichen Schuldverhältnisses nach § 311 II beherrschen (vgl Kobl NJW-RR 07, 1613; AnwK/*Krebs* § 241 Rz 12 f). Praktische Spitze dieser Entscheidung ist heute die durch die Anwendbarkeit von §§ 280 I 2, 278 eintretende Haftungsverschärfung. Die früher gelegentlich für Gefälligkeitsfahrten in Fahrgemeinschaften vertretene Auffassung einer Haftungsmilderung nach § 708 scheidet heute – unabhängig von der Qualifikation des Verhältnisses zwischen den Parteien – schon deshalb aus, weil diese Vorschrift wie §§ 1359, 1664 im Straßenverkehr keine Anwendung findet (s. § 708 Rn 4; § 1359 Rn 5; § 1664 Rn 8). S. generell zum Haftungsmaßstab bei Gefälligkeiten und anderen unentgeltlichen Leistungen § 276 Rn 19 ff. Die Entstehung von Schutzpflichten unter § 311 II setzt jedoch – selbstverständlich – keinen Vertragsschluss und damit keinen Rechtsbindungswillen voraus (§ 311 Rn 36 ff) und steht damit auch nicht zur einseitigen Disposition des Schutzpflichtigen (AnwK/*Krebs* § 241 Rz 13). Gemeinschaftlich können die Parteien sich jedoch gegen eine über § 823 hinausgehende Verrechtlichung ihres Verhältnisses entscheiden und damit das Entstehen eines Schuldverhältnisses nach § 311 II ausschließen. Letztlich begründet die Anwendbarkeit der Regeln über vorvertragliche Schuldverhältnisse daher eine **Umkehr des Regel-Ausnahmeverhältnisses**: während Pflichten zur Erbringung einer Leistung den Rechtsbindungswillen voraussetzen, ist bei Pflichten iSv §§ 311 II, III, 241 II der Wille zur Bindung entbehrlich.

§ 241a Unbestellte Leistungen.
(1) **Durch die Lieferung unbestellter Sachen oder durch die Erbringung unbestellter sonstiger Leistungen durch einen Unternehmer an einen Verbraucher wird ein Anspruch gegen diesen nicht begründet.**

(2) Gesetzliche Ansprüche sind nicht ausgeschlossen, wenn die Leistung nicht für den Empfänger bestimmt war oder in der irrigen Vorstellung einer Bestellung erfolgte und der Empfänger dies erkannt hat oder bei Anwendung der im Verkehr erforderlichen Sorgfalt hätte erkennen können.
(3) Eine unbestellte Leistung liegt nicht vor, wenn dem Verbraucher statt der bestellten eine nach Qualität und Preis gleichwertige Leistung angeboten und er darauf hingewiesen wird, dass er zur Annahme nicht verpflichtet ist und die Kosten der Rücksendung nicht zu tragen hat.

A. Allgemeines. Zweck von § 241a ist es, den Empfänger unbestellter Leistungen davor zu schützen, dass er gegen seinen Willen durch eine „falsche" Reaktion auf die unbestellte Leistung Schuldner von Forderungen des Leistungserbringers wird (*Schlechtriem/Schmidt-Kessel* Schuldrecht AT Rz 48). Darüber hinaus dient die Vorschrift zugleich dem Schutz des lauteren Wettbewerbs, indem sie die Absatztechnik der unbestellten Leistungserbringung so unattraktiv macht, dass ein solches Verhalten in Zukunft unterbleibt (AnwK/*Krebs* § 241a Rz 5). Dieser zweite Regelungszweck liefert die rechtspolitische Begründung dafür, den Leistungserbringer durch ersatzlosen Verlust seiner Leistung zu sanktionieren (s.a. Rn 7).

Die Vorschrift setzt zugleich **Art 9 FernabsRL** und **Art 9 FernabsFinDinRL** um; sie ist dementsprechend richtlinienkonform auszulegen (LG Gera CR 04, 543). Die beiden Richtlinienbestimmungen sind durch Art 15 UnlauterkeitsRL geändert worden, ohne dass sich daraus für § 241a in der vorliegenden Fassung ein zusätzlicher Umsetzungsbedarf ergeben würde; die Änderungen dienen lediglich der Übernahme des jeweils reinen lauterkeitsrechtlichen Teils der Vorschriften in die UnlauterkeitsRL (dort Art 8, 9), während der jeweils im Kern privatrechtliche Teil im Wortlaut nahezu unverändert erhalten geblieben ist. Die Vorgaben der Richtlinienbestimmungen divergieren: Während Art 9 FernabsRL es lediglich ausschließt, dass der Verbraucher zu einer Gegenleistung verpflichtet wird, verlangt Art 9 FernabsFinDinRL den Ausschluss jeder Verpflichtung. Indem § 241a I im Grundsatz jeden Anspruch gegen den Verbraucher ausschließt, entspr er den Anforderungen der zweitgenannten Vorschrift und geht über die Vorgaben – jedenfalls des Wortlauts – von Art 9 FernabsRL deutlich hinaus.

§ 241a wird regelmäßig eine sanktionsähnliche Wirkung zugeschrieben (AnwK/*Krebs* § 241a Rz 5). Darin allein erschöpft sich die **dogmatische Einordnung** der Vorschrift freilich nicht: Soweit es um die Lieferung unbestellter Sachen geht, begründet sie richtigerweise die gesetzliche **Fiktion einer Handschenkung** (*Schlechtriem/Schmidt-Kessel* Schuldrecht AT Rz 49); nur so lassen sich die Erfassung gesetzlicher Ansprüche und die Gegenausnahme nach II kohärent iSd allg Rechtsgeschäftslehre (s. § 145 Rn 1) erklären. Dasselbe gilt *cum grano salis* auch für unaufgefordert erbrachte Dienstleistungen, nur dass bei diesen die Einordnung als unentgeltlicher Dienstleistungsvertrag (nicht notwendig Auftrag, s. § 662 Rn 7) weniger spektakulär erscheint, weil unentgeltliche Dienstleistungen weitaus selbstverständlicher sind als unentgeltliche Sachleistungen. Diese Erklärung entspricht iÜ auch der Haltung des Unternehmers, der mit seiner Leistung bewusst das Risiko eingeht, keine Gegenleistung zu erhalten.

Nach dem Vorstehenden begegnet die Vorschrift auch **keinen verfassungsrechtlichen Bedenken** (wie hier AnwK/*Krebs* § 241a Rz 6). Das gilt auch im Hinblick darauf, dass bei der Lieferung unbestellter Sachen sogar § 985 gesperrt wird. Die billigende Inkaufnahme des Unentgeltlichkeitsrisikos macht die vielfach vorgeschlagene, auf den Erhalt der Vindikation gerichtete Reduktion von § 241a entbehrlich; dem Telos der Norm würde sie ohnehin zuwiderlaufen. **Bedenken** sind vielmehr lediglich **in rechtspolitischer Hinsicht** angebracht: Die Vorschrift ist nicht nur missbrauchsanfällig (AnwK/*Krebs* § 241a Rz 8), sie geht bei Sachleistungen auch deutlich über das gebotene Maß hinaus. Für diese hätte es genügt, dem Unternehmer das Entreicherungsrisiko, das Verschlechterungsrisiko sowie anfallende Kosten aufzuerlegen. Anders bei Dienstleistungen, deren Rückgewähr ihrer Natur nach von vornherein ausgeschlossen ist: Die Gewährung gesetzlicher Wertersatzansprüche aus Bereicherungsrecht oder Geschäftsführung ohne Auftrag (letztere gar iVm § 354 HGB) würde hier nämlich im Regelfalle funktional zu einer Gegenleistungspflicht des Verbrauchers führen.

B. Voraussetzungen. § 241a setzt die Erbringung einer Leistung durch einen **Unternehmer** iSv **§ 14 I** an einen **Verbraucher** iSv **§ 13** voraus. Da der Verbraucher nicht bestellt hat, ist § 13 nicht unmittelbar anwendbar; entscheidend ist die hypothetische Betrachtung, ob der Empfänger Verbraucher wäre, hätte er bestellt (s. Harte-Bavendamm/Henning-Bodewig/*Keller* § 2 II Rz 1 ff; *Oppermann/Müller* GRUR 05, 280, 288), nur dass bei § 241a der Verbraucher immer bereits individualisiert ist. Im Rechtsverkehr zwischen Unternehmern oder zwischen Verbrauchern findet die Vorschrift hingegen keine – entspr – Anwendung (Jauernig/*Mansel* § 241a Rz 1). Ganz überwiegend wird angenommen, § 241a erfasse Ansprüche des Unternehmers ggü **Dritten** nicht (Jauernig/*Mansel* § 241a Rz 2, 5). Das ist zwar zutr, soweit es um eine unmittelbare Anwendung der Vorschrift geht. Für den praktisch entscheidenden Fall der Weitergabe einer unversandten **Sache** durch den Verbraucher an einen Dritten schützt § 241a diesen jedoch mittelbar: Da der Verbraucher richtigerweise Eigentum erwirbt (s.u. Rn 12), erwirbt der Dritte vom Berechtigten. Dasselbe gilt letztlich auch, soweit man den Verbraucher mit der hA kein Eigentum erwerben lässt: Der Zweck von § 241a verlangt es, dass der Verbraucher in diesen Fällen auch gegen – etwa auf §§ 435, 523, 536 III, 633 III gestützte – Rückgriffe des nach §§ 985 oder 816 I 2 in Anspruch genommenen Dritten geschützt wird.

6 Die Vorschrift erfasst **Leistungen** aller Art und geht damit – jedenfalls dem Wortlaut nach – über die Richtlinienvorgaben („Waren und Dienstleistungen") hinaus. Ausdrücklich hervorgehoben wird im Gesetzestext zunächst die **Lieferung von Sachen**. Dazu zählen nicht nur Vorgänge mit welchen der Unternehmer auf den Abschluss eines Kaufvertrags abzielt, vielmehr sind auch Lieferungen mit sonstigen Zielrichtungen erfasst, etwa das Leasing (AnwK/*Krebs* § 241a Rz 15) oder die Mobiliarmiete (vgl für deren Erfassung durch die FernabsRL EuGH, v 10.3.05, C 336/03 m Anm *Telkamp* ecolex 2005, 583 f; *Baldus* GPR 2005, 124 ff). Sonstige Leistungen iSv § 241a sind va **Dienstleistungen**, also etwa Leistungen, welche gewöhnlich unter einem Dienstvertrag, einem Werkvertrag oder einem Geschäftsbesorgungsvertrag erbracht werden. Dazu zählen auch Leistungen von Telekommunikationsunternehmen, welche von einem heimlich beim Verbraucher eingerichteten Dialer abgerufen werden (LG Gera CR 04, 543, 544; *Lienhard* NJW 03, 3592 ff). Außerdem ist die Verschaffung **unkörperlicher Gegenstände**, etwa von Strom oder von Rechten wie etwa Softwarelizenzen, eine sonstige Leistung iSd Vorschrift (AnwK/*Krebs* § 241a Rz 17).

7 Die Wertung von § 241a beruht im Kern darauf, dass der Verbraucher keinen Anlass für die Erbringung der Leistung gegeben hat. Er soll in dieser Situation vor unzumutbaren Belästigungen (vgl § 7 UWG), vor aufgedrängten Leistungen und überraschenden Verpflichtungen geschützt werden. Das G fasst dies im **Merkmal „unbestellt"** und verlangt damit für jede vom Unternehmer erbrachte Leistung eine Basis. Entsprechend dem Zweck der Vorschrift, den lauteren Wettbewerb zu schützen (s. Rn 1), welcher durch Art 15 UnlauterkeitsRL nunmehr noch gesondert hervorgehoben ist (s.o. Rn 2), ist eine Leistung **nur** dann unbestellt, **wenn** sie zugleich als **unlauter** iSv §§ 3, 7 UWG anzusehen ist; § 241a enthält insoweit ein **ungeschriebenes Tatbestandsmerkmal**. Zu den Anforderungen einer Qualifikation unbestellter Leistungen als unlauter (s. Staud/*Olzen* § 241a Rz 9; Fezer/*Mankowski*, § 7 Rz 221 ff).

8 Die vom Unternehmer erbrachte Leistung ist bestellt, wenn der Unternehmer auf eine vorherige Anforderung des Verbrauchers leistet. Dies gilt, anders als nach § 312 III Nr 1, auch dann, wenn der Unternehmer eine derartige Aufforderung provoziert hat (AnwK/*Krebs* § 241a Rz 23; aA Erman/*Saenger* § 241a Rz 10). Keine solche Provokation sondern eine unbestellte Leistung liegt hingegen vor, wenn ein Mehrwertdienst durch einen sich selbst auf dem Computer des Verbrauchers installierenden „0190-Dialer" abgerufen wird (LG Gera CR 04, 543, 544). § 241a ist außerdem in solchen Fällen ausgeschlossen, in denen der Verbraucher generell – etwa als „Stammkunde" – sein Einverständnis mit derartigen Zusendungen erklärt hat (AnwK/*Krebs* § 241a Rz 22).

9 Auch bei Zusendungen unter Forderung eines **höheren Preises** hat der Verbraucher noch hinreichend Anlass für die erbrachte Leistung gegeben (AnwK/*Krebs* § 241a Rz 21); das der klassischen „Scheckfalle" (vgl § 362 Rn 8) entspr Problem des Versuchs, eine Vertragsänderung durch Angebot einer auf den Vertrag bezogenen Leistung zu erzwingen, kann nicht iRv § 241a gelöst werden. Anders steht es freilich, wenn die erbrachte Leistung vertraglich nicht geschuldet ist; sie ist dann unbestellt iSv § 241a, wenn das Unternehmerverhalten als unlauter zu qualifizieren ist. Das ergibt bereits der Umkehrschluss aus III der Vorschrift. Dieser Absatz macht von der Regel lediglich dann eine Ausnahme, wenn der Unternehmer seine Leistung (1.) statt einer bestellten erbringt, (2.) diese mit der geschuldeten Leistung nach Qualität im Preis gleichwertig ist, und (3.) er den Verbraucher darauf hinweist, dass dieser weder zur Annahme verpflichtet ist noch die Kosten einer Rücksendung zu tragen hat (an der Richtlinienkonformität zweifelnd Gebauer/Wiedmann/*Schinkels* Fernabsatzverträge Rz 83). Nur für diesen Fall eines offen gelegten gleichwertigen Ersatzangebots findet § 241a in derartigen Konstellationen keine Anwendung. Daraus ergibt sich zugleich, dass § 241a auch im Falle einer **aliud-Lieferung** iSv § 434 III Anwendung findet (Staud/*Olzen* [2005] § 241a Rz 26; Palandt/*Heinrichs* § 241a Rz 4. Abw wegen Spezialität der Gewährleistung Palandt/*Putzo* [62. Aufl] § 434 Rz 52). Das gilt freilich wegen des ungeschriebenen Unlauterkeitserfordernisses nicht, wenn der Verkäufer von einer vertragsgemäßen Lieferung ausgehen durfte (zu weit daher *Tachau* S 95). Zu möglichen Rückwirkungen von § 241a III auf die lauterkeitsrechtliche Beurteilung s. Köln NJOZ 01, 971 ff. § 241a schließt dann freilich nur die Rückgewähr der erbrachten Leistung aus, ohne auf §§ 434 ff ansonsten einzuwirken.

10 Über das Merkmal „unbestellt" werden schließlich auch die Fälle der **berechtigten GoA** aus dem Anwendungsbereich von § 241a ausgeschlossen: Das doppelte Erfordernis, dass die Geschäftsführung dem Interesse und dem – zumindest mutmaßlichen – Willen des Verbrauchers entspr muss, begründet zugleich einen dem Verbraucher zuzurechnenden Anlass, welcher die Tätigwerden des Unternehmers nicht unbestellt sein lässt; eine teleologische Reduktion von § 241a ist daher nicht erforderlich (so aber die Konstruktion der hA: AnwK/*Krebs* § 241a Rz 30; Staud/*Olzen* [2005] § 241a Rz 34; noch anders *Hau* NJW 01, 2863, 2865 [§ 241a I enthalte das Merkmal der Vertragsanbahnungsabsicht]); jedenfalls scheidet § 241a in diesen Konstellationen bereits deshalb aus, weil der berechtigte Geschäftsführer nicht unlauter handelt. Dieses Ergebnis ist auch richtlinienkonform (Gebauer/Wiedman/*Schinkels* Fernabsatzverträge Rz 88). Da das Vorliegen einer berechtigten GoA bereits die Einordnung einer Leistung als unbestellt ausschließt, kann der Geschäftsführer sogar eine ihm ggf nach § 354 HGB oder unter Heranziehung von § 1835 III zustehende Vergütung verlangen (aA Gebauer/Wiedman/*Schinkels Fernabsatzverträge* Rz 88). Auch dies ist im Grundsatz mit dem Zweck der Richtlinie vereinbar, weil es gewöhnlich an der wettbewerbsrechtlich bedenklichen Situation fehlt. Im Einzelfall – etwa in den viel zitierten Erbensucherfällen – mag es aber geboten sein, die Voraussetzungen der berechtigten GoA richtlinienkonform zuzuschneiden; § 683 dient insoweit der Richtlinienumsetzung.

C. Rechtsfolgen. § 241a schließt zunächst das Entstehen **vertraglicher Ansprüche** aus. Insb kommt § 151 **11** nicht zur Anwendung (Jauernig/*Mansel* § 241a Rz 6). Entgegen verbreiteter Auffassung (etwa Palandt/*Heinrichs* § 241a Rz 5) kommt jedoch auch durch ausdrückliche Annahmeerklärung des Verbrauchers kein Vertrag zustande. Das Angebot des Unternehmers ist nämlich nichtig § 134 iVm §§ 3, 7 UWG (vgl § 134 Rn 3), ohne dass dies den Verbraucher daran hindert, seinerseits durch ein eigenes Angebot einen Vertragsschluss herbeizuführen. Soweit der Verbraucher die Rücksendung von Sachen organisiert, führt er ein Geschäft des Unternehmers iSv § 683 (Palandt/*Heinrichs* § 241a Rz 9).

Wie der Rückschluss aus II ergibt, schließt § 241a außerdem das Entstehen **gesetzlicher Ansprüche** gegen den **12** Verbraucher aus (aber nicht aus berechtigter GoA, s.o. Rn 10). Dieser Ausschluss ist jedenfalls insoweit gemeinschaftsrechtlich geboten als die Richtlinie der Umsetzung von Art 9 FernabsFinDinRL dient (s.o. Rn 2). Dasselbe gilt soweit Dienstleistungen unter Art 9 FernabsRL von Anfang an nicht rückabwicklungsfähig sind und gesetzliche Ansprüche daher funktional eine Gegenleistungspflicht begründeten (s.o. Rn 4). § 241a II schließt dementspr va Ansprüche aus §§ 812 ff, 823 ff aus (insoweit wohl allgA: Palandt/*Heinrichs* § 241a Rz 7). Richtigerweise sind – partiell über die Richtlinienvorgaben hinaus – auch § 985 sowie dessen Fortsetzung in die Entgeltherausgabe nach § 816 I 1 ausgeschlossen (AnwK/*Krebs* § 241a Rz 24, 26; *Wendehorst* DStR 00, 1311, 1316 f. AA *Caspar* ZIP 00, 1602, 1605 ff). Das entspricht nicht nur dem Willen des Gesetzgebers (s. BTDrs 14/2658, 46), sondern folgt auch aus der oben entwickelten (so Rn 3) dogmatischen Einordnung der Vorschrift: Bei Lieferung unbestellter Sachen ist die Übereignung vom Unternehmer gerade gewollt.

Nach **§ 241a II** werden gesetzliche Ansprüche ausnahmsweise dann nicht ausgeschlossen, wenn die Leistung **13** irrtümlich erfolgte und der Verbraucher dies hätte erkennen können. Der Wortlaut erfasst zwar lediglich die Leistung an den falschen Empfänger und den Irrtum über das Vorliegen einer Bestellung, richtigerweise ist die Vorschrift jedoch auch auf solche Fälle auszudehnen, in welchen der Unternehmer irrtümlich eine falsche Leistung erbringt. Die Richtlinien sehen keine § 241a II vergleichbare Gegenausnahme vor. Allerdings liegt die Vorschrift exakt auf der Linie des Normzwecks von Art 9 FernabsRL und Art 9 FernabsFinDinRL, welche bereits gemeinschaftsrechtlich einer entspr teleologischen Reduktion bedürfen (Gebauer/Wiedmann/*Schinkels* Fernabsatzverträge Rz 95).

§ 242 Leistung nach Treu und Glauben.
Der Schuldner ist verpflichtet, die Leistung so zu bewirken, wie Treu und Glauben mit Rücksicht auf die Verkehrssitte es erfordern.

Inhaltsübersicht

		Rn			Rn
A.	Allgemeines	1–29		b) Subjektive Voraussetzungen?	33
I.	Bedeutung und Anwendungsbereich	4–6		c) Zurechnung des Verhaltens Dritter	34
II.	Treu und Glauben als Generalklausel und als allg Rechtsgrundsatz	7–21		d) Rechtsfolgenseite	35, 36
	1. Elemente der Norm	7–11		e) Drittwirkungen	37
	2. Gebot der Fairness im Rechtsverkehr	12		f) Darlegungs- und Beweislast	38
	3. Generalklausel als Einfallstor	13–21		2. Ausformungen	39–58
	a) Grundrechte und andere verfassungsrechtliche Maßstäbe	13–18		a) Unredlicher Erwerb der eigenen Rechtsposition	40–43
				b) Verletzung eigener Pflichten	44–46
	b) Gemeinschaftsrechtskonforme Auslegung	19		c) Fehlen des schutzwürdigen Eigeninteresses	47–50
	c) Wertordnungen anderer gesetzlicher Vorschriften	20		d) Unverhältnismäßigkeit	51, 52
	d) Vertragliche Risikoverteilung	21		e) Venire contra factum proprium	53–58
III.	Funktionen von Treu und Glauben	22–24	II.	Verwirkung	59–65
	1. Korrekturfunktion	23		1. Begriff und Gegenstand	59
	2. Ermächtigungsfunktion	24		2. Anwendungsbereich	60, 61
IV.	Wirkungen von Treu und Glauben im Schuldverhältnis	25–29		3. Voraussetzungen	62–64
				4. Rechtsfolgen	65
	1. Ergänzende Wirkung	25, 26	C.	Begründung von Pflichten (heteronome Vertragsergänzung)	66–81
	2. Begrenzende Wirkung	27–29			
B.	Überkommene Rechtsinstitute und Argumentationsformen	30–65	I.	Allgemeines	66, 67
I.	Unzulässige Rechtsausübung und Rechtsmissbrauch	31–58	II.	Aufklärung und Information	68–74
			III.	Kooperation	75
	1. Allg Fragen und Struktur	31–38	IV.	Treuepflichten	76
	a) Innentheorie versus Außentheorie	32	V.	Schutzpflichten	77–80
			VI.	Nachwirkende Vertragspflichten	81

1 **A. Allgemeines.** Der bescheiden elegante Wortlaut von § 242 lässt nicht erkennen, welche zentrale Bedeutung der Vorschrift wie dem mit ihr verknüpften Rechtsgrundsatz von Treu und Glauben im deutschen Recht zukommt. Nach diesem Wortlaut enthält § 242 lediglich Vorgaben für die Ausfüllung des schuldnerischen Pflichtenprogramms, genauer: für die Konkretisierung der von ihm geschuldeten Leistung. Rspr und Rechtslehre haben die Vorschrift über diesen engen Wortlaut hinaus zu dem umfassenden Prinzip entwickelt, dass jedermann in Ausübung seiner Rechte und Pflichten Treu und Glauben beachten muss (s. etwa BGHZ 85, 39, 48 [auch für nichtige Rechtsgeschäfte]; zur historischen Entwicklung der Vorschrift s. Staud/*Looschelders/Olzen* [2005] § 242 Rz 38–104, zur Vorgeschichte Rz 1–37). In der Lit wird regelmäßig auf die parallele Formulierung in Art 2 II schweizerisches ZGB verwiesen.

2 Das **Gemeinschaftsprivatrecht** hat bislang keine vergleichbare eigenständige Generalklausel entwickelt (so auch *Heiderhoff* Gemeinschaftsprivatrecht 123 f; *Riesenhuber* Europäisches Vertragsrecht Rz 572; *Pfeiffer* in: Baldus/Müller-Graff, 25, 26). Gleichwohl hat der Grundsatz von Treu und Glauben seinen Niederschlag in einer Reihe von Richtlinien gefunden, nämlich va in Art 3 I AGBRL, Art 3 I, 4 I HandelsvertreterRL und Art 6 lit a DatenschutzRL. Insoweit dient § 242 heute auch der Richtlinienumsetzung (s.a. Vor §§ 305 ff Rn 2, 11). Als allg Rechtsgrundsatz des Gemeinschaftsprivatrechts etabliert ist hingegen das allg Verbot des Rechtsmissbrauchs (*Schmidt-Kessel* JbJZivRWiss 00, 61 ff; unrichtig insoweit Staud/*Looschelders/Olzen* [2005] § 242 Rz 1138). Dieses erlaubt es insb gemeinschaftsrechtliche Rechtspositionen auch dann zu beschneiden, wenn sich aus dem Wortlaut des EG-Rechtsakts keine derartige Beschränkung ergibt (*Schmidt-Kessel* JbJZivRWiss 00, 61, 73). Die Konkretisierung dieser gemeinschaftsrechtlichen Generalklauseln nimmt der Europäische Gerichtshof überwiegend nicht selbst vor (zu Art 3 I AGBRL s. EuGH 1.4.04, Rs C-237/02 [*Freiburger Kommunalbauten*], dazu Anm *Röthel* ZEuP 05, 418 ff und *Schmidt-Kessel* WuB IV F. Art 3 RL 93/13/EWG 1.04).

3 Das **Einheitsrecht** ist mit der Regelung des Prinzips bislang sehr zurückhaltend. Bislang dienen Treu und Glauben in internationalen Konventionen va als Grundsatz der Konventionsauslegung (s. Art 7 I CISG, Art 4 I UNIDROIT-Übereinkommen zum internationalen Factoring). Ob die Konventionen darüber hinaus ein allg Prinzip von Treu und Glauben kennen, ist jeweils umstr (s. *Najork* Treu und Glauben im CISG, 165 f; Staud/*Magnus* [2005] Art 7 CISG Rz 10, 29; MüKo/HGB/*Ferrari* Art 4 FactÜ Rz 20). Der akademische Entwurf für einen **gemeinsamen Referenzrahmen** zum europäischen Vertragsrecht differenziert jedenfalls deutlich zwischen der in den Konventionen ausdrücklich geregelten Rechtsfortbildungsfunktion (I-1:102 DCFR) und den Ergänzungs- und Schrankenfunktionen des Prinzips (II-9.101 DCFR). Damit wird sich dieses Instrument deutlich von den Principles of European Contract Law und den UNIDROIT-Principles of International Commercial Contracts unterscheiden, welche in Art 1:201 I PECL und Art 1.7 PICC jeweils einen der heutigen Funktionen von § 242 entspr allg Rechtsgrundsatz etablieren (dazu *Castronovo* Europa e Diritto Privato 05, 589 ff; s. die Beiträge in *Baldus/Müller-Graff*).

4 **I. Bedeutung und Anwendungsbereich.** Der in § 242 enthaltene Rechtsgrundsatz hat einen umfassenden Anwendungsbereich und beherrscht die **gesamte Rechtsordnung** (BGHZ 85, 39, 48; BGHZ 118, 182, 191). Die Vorschrift wird wegen ihrer überragenden Bedeutung gelegentlich als „königliche Norm" bezeichnet (*Weber* JuS 92, 631). Zu der nur geringe Wirkungen entfaltenden Beschränkung von § 242 auf Sonderverbindungen s. Rn 8.

5 Über ihren Wortlaut hinaus gilt sie nicht nur für das Schuldrecht, sondern für das **Privatrecht insgesamt**. Das gilt namentlich für das Sachen- (BGHZ 88, 344, 351; BGH NJW 07, 2183), das Familien- (BGH NJW 03, 510) und das Erbrecht (BGHZ 4, 91, 96), ferner für das Arbeitsrecht (BAG AP Nr 29 zu § 40 BetrVG 1972) sowie für Rechtsverhältnisse mit Einrichtungen der Zusatzversorgung (Karlsr OLGR 05, 876 [VBL]), das Gesellschaftsrecht (RGZ 146, 385, 396; BGH DB 06, 328, 329 [für § 51a I GmbHG]) einschl der registerrechtlichen Bestimmungen (Saarbr BB 06, 1179), den gewerblichen Rechtsschutz und das Wettbewerbsrecht (BGH NJW 74, 2282; BGH NJW 71, 1749) sowie das Versicherungsrecht (BGHZ 100, 60, 64).

6 Der Anwendungsbereich des Grundsatzes von Treu und Glauben umfasst auch das **öffentliche Recht**, darunter insb das Verwaltungsrecht (BVerwG NJW 94, 954, 955; 98, 3135), das Steuerrecht (BFH NJW 90, 1251) und das Sozialrecht (BSG NJW 96, 1277, 1278 [zu § 89 BSHG aF entspricht § 91 SGB XII]; VG Aachen Urt v 27.9.05 Az 2 K 2512/02, juris [zu § 107 BSHG aF, in SGB XII entfallen]). Auch für die verschiedenen Registerrechte (Saarbr BB 06, 1179 [Handelsregister]), das Zivilverfahrensrecht sowie die übrigen Verfahrensrechte (BGH NJW 94, 1351, 1352; 97, 3377, 3379) und das Zwangsvollstreckungsrecht (BGHZ 57, 108, 111; BGH NJW 08, 3279; 08, 3287) lässt sich seine Anwendung belegen. Dass, wie häufig betont wird, dabei nicht § 242 selbst, sondern der dieser Vorschrift zu entnehmende Grundsatz angewandt wird, ist angesichts des geringen eigenständig normativen Gehalts (s. Rn 12) der Vorschrift eher irreführend.

7 **II. Treu und Glauben als Generalklausel und als allg Rechtsgrundsatz. 1. Elemente der Norm.** § 242 enthält keine subsumtionsfähigen Tatbestandsmerkmale und auch keine konkreten Rechtsfolgen; es handelt sich um eine **doppelte Generalklausel**, welche in Tatbestand und Rechtsfolgen offen ist. Dem Wortlaut der Vorschrift lassen sich nur sehr grobe Leitlinien entnehmen:

Nach hA gilt § 242 nur innerhalb von **Sonderverbindungen**; das ergibt sich aus dem Wortlaut und der systematischen Stellung der Vorschrift (RGZ 160, 349, 357; BGHZ 95, 279, 288; BFH NJW 90, 1251. Krit Erman/*Hohloch* § 242 Rz 15; offen BGHZ 102, 95, 102). Mit der Annahme derartiger Sonderverbindungen ist die Rspr allerdings großzügig; schon nach Auffassung des Reichsgerichts genügen „irgendwelche Rechtsbeziehungen" (RGZ 160, 349, 357). Die Vorabunterrichtung des Markeninhabers durch den Parallelimporteur genügt dafür jedenfalls ebenso wie eine Abmahnung (BGH GRUR 08, 156; 08, 614). Soweit die Annahme von § 242 am Fehlen einer Sonderverbindung scheitert, ließe sich dasselbe Ergebnis regelmäßig auch durch eine entspr Konkretisierung der Generalklausel erreichen (s. BFH NJW 90, 1251, 1252 [Verneinung von Vertrauensschutz]). 8

Die beiden sachlichen Elemente des Tatbestands, **Treu und Glauben** sowie die **Verkehrssitte**, sind heute (zur historischen Entwicklung grundlegend *Strätz* Treu und Glauben) inhaltlich kaum konturiert. Im Element der „Treue" schwingen die Gebote der Verlässlichkeit, des Wohlverhaltens und der Loyalität mit, auf deren Einhaltung sich der andere Teil verlässt – „Glauben". Das Element der Verkehrssitte verweist – bereits deutlich konkreter – auf die tatsächliche und sozial verbindliche Übung der am Rechtsverkehr beteiligten Kreise (AnwK/*Krebs* § 242 Rz 14). Auch unterhalb der Schwelle von § 346 HGB ist daher auf Gewohnheiten und Gebräuche Rücksicht zu nehmen. 9

§ 242 spricht zwar eine Verpflichtung des Schuldners aus, jedoch wird nicht festgelegt, welche Rechtsfolgen im Falle ihrer Verletzung eintreten. Eine eigenständige Anspruchsgrundlage ist § 242 deshalb nicht (etwa AnwK/*Krebs* § 242 Rz 17). Allerdings kann der § 242 zu entnehmende Grundsatz von Treu und Glauben auch zur Begründung von – überwiegend ergänzenden – Ansprüchen dienen (zur Ermächtigungsfunktion s. u. Rn 24). 10

Der Grundsatz von Treu und Glauben gilt als zwingend und der Parteidisposition entzogen (Jauernig/*Mansel* § 242 Rz 2). Daran ist richtig, dass die Parteien eines Rechtsverhältnisses sich den Wirkungen dieses Grundsatzes nicht gänzlich entziehen können. Das hindert sie freilich nicht generell daran, einzelne auf § 242 gestützte Ergänzungen oder Beschränkungen ihrer Rechte auszuschließen (AnwK/*Krebs* § 242 Rz 36). Die Mehrzahl von diesen ist nämlich dispositiv. 11

2. Gebot der Fairness im Rechtsverkehr. Zur Charakterisierung der in § 242 grundgelegten Generalklausel heißt es im Anschluss an *Larenz*, der Grundsatz von Treu und Glauben sei ein „rechtsethisches Prinzip" (*Larenz* Methodenlehre, 421 ff). Weniger überhöhend wird man die in der Generalklausel enthaltene Leitlinie als Gebot der Fairness im Rechtsverkehr einzuordnen haben. Weder mit der einen noch mit der anderen Beschreibung ist freilich viel gewonnen: Tatsächlich ist der eigene normative Gehalt von § 242 minimal. Die Vorschrift setzt ganz überwiegend keine eigenen Wertungen durch, sondern ist ein **Instrument zum Transport fremder Wertungen**. Soweit diese Wertungen nicht normativ verankert sind (dazu u Rn 13–20), ergeben sich diese unter Rückgriff auf die „in der sozialen Wirklichkeit akzeptierte(n) Normalmaßstäbe korrekten sozialen Verhaltens" (*Gernhuber* JuS 83, 764). Zuweilen wird, was heute von einem erkennenden Gericht als allg akzeptierter Maßstab behauptet wird, erst durch diese Entscheidungspraxis zur sozialen Norm. Auch diese präjudizielle Rechtssetzung kann aber auf Dauer nur dort und insoweit auf Wirkung und Akzeptanz hoffen, wo sie in der Entwicklungsrichtung bereits anerkannter Standards bleibt (*Schlechtriem/Schmidt-Kessel* Schuldrecht AT Rz 158). 12

3. Generalklausel als Einfallstor. a) Grundrechte und andere verfassungsrechtliche Maßstäbe. Das GG und insb die Grundrechte werden nicht unmittelbar zwischen Privaten angewandt (zur Drittwirkungsdebatte *Ruffert* Vorrang der Verfassung S 8 ff und öfter). Vielmehr wirkt die Verfassung mit ihren Wertentscheidungen über die privatrechtlichen Normen und insb über die Generalklauseln in das Privatrecht hinein (BVerfG NJW 94, 36; BAG NZA 86, 227). Das gilt auch für die Gewährleistungen der EMRK (s. BGH NJW 06, 1062, 1064). 13

Das **allg Persönlichkeitsrecht** wirkt über § 242 in die Privatrechtsordnung hinein. Daraus ergibt sich etwa die Notwendigkeit einer Inhaltskontrolle von Verträgen, die einen der beiden Vertragspartner ungewöhnlich stark belasten und das Ergebnis strukturell ungleicher Verhandlungsstärke sind (BVerfG NJW 94, 36). Gestützt auf § 242 kann ein psychisch Kranker einen Anspruch auf Aufklärung über seine Krankheit haben (BGH NJW 89, 764). Arbeitsrechtlich begründet das allg Persönlichkeitsrecht iVm § 242 einen Anspruch des Arbeitnehmers gegen den Arbeitgeber auf Entfernung unrichtiger Einträge aus der Personalakte (*BAG NZA 86, 227; LAG Hamm* NZA-RR 06, 290, 291 f); in besonderen Fällen kommt auch ein Anspruch auf Entfernung zutreffender Einträge in Betracht (BAG AP § 611 Abmahnung Nr 2 m Anm *Conze*). Ferner wird auf den durch Art 1, 2 GG garantierten Persönlichkeitsschutz der Beschäftigungsanspruch des Arbeitnehmers gestützt (BAG [GS] AP § 611 Beschäftigungspflicht Nr 14 [Nr 2 der Gründe]). Für eine mietvertragliche Abmahnung werden – der Sache nach mangels Persönlichkeitsrechtsrelevanz – entspr Ansprüche verneint (BGH NJW 08, 1303). 14

Die von Art 4 GG geschützte **Glaubens- und Gewissensfreiheit** wirkt nach allg Auffassung über § 242 (BAG NJW 86, 85; BGH NJW 08, 216). Grds kann echte Gewissensnot des Schuldners daher ein Leistungsverweigerungsrecht begründen (§ 275 Rn 29). Das gilt freilich nicht, soweit – wie in den Fällen der verweiger- 15 ten Begleichung von Stromrechnungen durch Kernkraftgegner – lediglich politische Ziele durchgesetzt werden sollen (Hamm NJW 81, 2473, 2475; LG Dortmund NJW 81, 764, 765). Bei § 315 und § 106 GewO kann jedoch anderes gelten, wenn dem Arbeitgeber der Einsatz eines anderen Arbeitnehmers zuzumuten ist (vgl BAG NJW 86, 85; 90, 203). Gebetspausen während der Arbeit können nur beansprucht werden, wenn dies nicht zu einer erheblichen Störung der Arbeitsabläufe führt (LAG Hamm NJW 02, 1970, 1972). War die aufgetretene Konfliktlage für die in ihrer Glaubens- oder Gewissensfreiheit betroffene Person jedoch vorhersehbar, ist von der Übernahme des betreffenden Risikos durch sie auszugehen (BAG NJW 86, 85).

16 Über § 242 lassen sich ferner Verstöße gegen **Gleichbehandlungsgebote** bekämpfen. Eine generelle Pflicht zur gleichmäßigen Behandlung – etwa als mittelbare Drittwirkung von Art 3 GG – widerspräche jedoch dem Grundsatz der Privatautonomie: **Vertrag ist Diskriminierung**. Gleichwohl lassen sich neben den speziellen Diskriminierungsverboten des AGG (dazu die Kommentierung in diesem Band), des Vereins- und Gesellschaftsrechts (§ 38 Rn 1, 7 sowie § 705 Rn 25 f) sowie des Wettbewerbsrechts (§ 20 GWB) vereinzelt Ungleichbehandlungen unter Hinweis auf § 242 bekämpfen: Das gilt etwa für die Diskriminierung nach der ethnischen Herkunft (Art 3 III 1 GG; BAG NJOZ 04, 1258) oder für Diskriminierungen Behinderter (Art 3 III 2 GG; Köln NJW 98, 764; BayObLG NJW-RR 02, 226 f). Zum allg arbeitsrechtlichen Gleichbehandlungsgrundsatz s. § 611 Rn 35, 38, zu dessen betriebsübergreifendem Anwendungsbereich BAG AP Nr 162 zu § 242 Gleichbehandlung m Anm *Richardi*.

17 Weitere über § 242 geschützte Grundrechtspositionen ergeben sich etwa aus Art 5 GG (BGH NJW 06, 1062, 1064; BGH NJW 08, 216 [jeweils Parabolantenne des Mieters]; BAG NZA 06, 917, 920 f), Art 12 GG (BAG NZA 06, 314, 315 [Zumutbarkeit der Aufnahme anderweitiger Arbeit, § 11 1 Nr 2 KSchG]; BAG NZA 06, 502, 504 [Kein Anspruch auf Förderung der Berufsausübungsfreiheit durch finanzielle Beiträge]; LAG Berlin ArbRB 06, 98 [Unternehmerfreiheit des ArbG]) und Art 14 GG (BGH NJW 06, 1062, 1064 [Eigentumsrecht des Vermieters]).

18 Auch das in Art 20 III GG niedergelegte Rechtsstaatsprinzip kann über § 242 Wirkungen für Schuldverhältnisse entfalten. Das gilt insb in Fällen der Rechts- und Rechtsprechungsänderung. Während bei Ersteren jedoch die Grundsätze des intertemporalen Privatrechts (s. Vor § 241 Rn 12 ff) eingreifen, fehlt es für **Rechtsprechungsänderungen** an vergleichbaren Regeln (zum Rückgriff auf Wertungen des intertemporalen Privatrechts BAG TVG § 1 Bezugnahme auf Tarifvertrag Nr 67 Rz 36). Eine Änderung einer lange geltenden höchstrichterlichen Rspr wirkt daher grds auf den Vertragsschluss zurück (BGHZ 132, 119, 129 f; vgl *Medicus* NJW 95, 2577; zur Zulässigkeit der Rechtsprechungsänderung allg BVerfGE 59, 128, 165; 74, 129, 155 f). Das gilt **auch** für **gemeinschaftsrechtlich** induzierte Rechtsprechungsänderungen (ArbG Berlin NZA-RR 06, 408, 410 [zur *Mangold*-Entscheidung des EuGH]). Zwischen Privaten greifen solche Änderungen jedoch nur, soweit die Grundsätze von Treu und Glauben nicht entgegenstehen (BGHZ 132, 119, 130). Eine über § 242 hinausgehende Einschränkung der Rückwirkung höchstrichterlicher Rspr setzt jedoch voraus, dass die von der Rückwirkung betroffene Partei auf die Fortgeltung der bisherigen Rspr vertrauen durfte und die Anwendung der geänderten Auffassung wegen ihrer Rechtsfolgen im Streitfall oder der Wirkung auf andere vergleichbar gelagerte Rechtsbeziehungen auch unter Berücksichtigung der berechtigten Interessen des Prozessgegners eine unzumutbare Härte bedeuten würde (BGHZ 132, 119, 131 f; BAG TVG § 1 Bezugnahme auf Tarifvertrag Nr 67 Rz 33). Der Umstand, dass die frühere Rspr bereits Gegenstand breiter Diskussionen war, kann diesen Vertrauensschutz ausschließen (ArbG Berlin NZA-RR 06, 408, 410 [Gemeinschaftsrechtswidrigkeit von § 14 III 1 TzBfG]).

19 **b) Gemeinschaftsrechtskonforme Auslegung.** Besondere Bedeutung wird § 242 zukünftig auch bei der Durchsetzung gemeinschaftsrechtlicher Vorgaben zukommen. Die insoweit meist einschlägigen EG-Richtlinien gelten unter Privaten grds nicht unmittelbar (*Calliess/Ruffert* Art 249 EGV Rz 78 ff). Allerdings hat der Europäische Gerichtshof das Gebot der richtlinienkonformen Auslegung in jüngster Zeit erheblich ausgeweitet (*Schlechtriem/ Schmidt-Kessel* Schuldrecht AT Rz 16, 154a). Insb verlangt der Gerichtshof, dass die nationalen Gerichte das gesamte nationale Recht berücksichtigen, zu prüfen, ob es so angewendet werden kann, dass es nicht zu einem der Richtlinie widersprechenden Ergebnis führt (EuGH, 25.2.99, Rs C-131/97, Slg 99, I-1103 [*Carbonari*], Rz 49 f). Zu den anzuwendenden Bestimmungen zählt zweifellos auch § 242. Dabei muss der deutsche Richter auch auf die Grundsätze zurückgreifen, nach denen die Wertungen des GG über die Generalklauseln des BGB in Privatrechtsverhältnisse hineinwirken. Ermöglicht es nämlich das nationale Recht durch die Anwendung seiner Auslegungsmethoden, eine innerstaatliche Bestimmung unter bestimmten Umständen so auszulegen, dass eine Kollision mit einer anderen Norm innerstaatlichen Rechts vermieden wird, so ist das nationale Gericht nach Auffassung des EuGH verpflichtet, die gleichen Methoden anzuwenden, um das von der Richtlinie verfolgte Ziel zu erreichen (EuGH, 5.10.04, Rs C-307/01 bis C-403/01 [*Pfeiffer*], Rz 116; dazu *Riesenhuber/Domröse* RIW 05, 47 ff und *Staffhorst* GPR 05, 89, 90 f). Dieses Gebot der Gleichbehandlung des Gemeinschaftsrechts zwingt neben der richtlinienkonformen Auslegung auch zur **richtlinienkonformen Rechtsfortbildung** (s. Vor §§ 241 ff Rn 13), welche für das Schuldrecht vorzugsweise auf § 242 zu stützen ist. Wegen der eingeschränkten Wirkung der Grundfreiheiten unter Privaten (s. Vor § 241 Rn 12) wird deren Heranziehung bei der Konkretisierung von Treu und Glauben nur selten geboten sein (s. aber BGH NJW 06, 1062, 1064 [Dienstleistungsfreiheit und Parabolantenne des Mieters]). Möglich ist aber ggf eine Durchsetzung von Art 102 AEUV (s. BGH GRUR 09, 694 [zu Art 82 EGV gegen den Patentinhaber]).

c) Wertordnungen anderer gesetzlicher Vorschriften. Leitlinie der Konkretisierung von § 242 ist schließlich 20
das **geltende Recht** iÜ. Auch jenseits der Voraussetzungen einer Analogie lassen sich auf diese Weise Wertungen gesetzlicher Vorschriften im Wege der Rechtsfortbildung auf von diesen nicht erfasste Fälle übertragen. Umgekehrt dienen – was va der Verweis auf das gesetzliche Leitbild in § 307 II zeigt (s. § 307 Rn 8) – die gesetzlichen Vorgaben nicht nur der Ergänzung, sondern auch als Maßstab für Beschränkungen von Rechtspositionen unter Rückgriff auf § 242. Besondere Zurückhaltung ist geboten, wo eindeutige Entscheidungen des Gesetzgebers und die zugrunde liegenden Wertungen geändert werden sollen (*Schlechtriem/Schmidt-Kessel* Schuldrecht AT Rz 156). Die unter Treu und Glauben entwickelten neuen Regeln greifen dementspr weitgehend auf die gesetzliche Risikoverteilung zurück; wichtigstes Bsp ist § 313 (s. § 313 Rn 14–16). IdS schließt etwa der Gleichrang von Rücktritt und Erfüllungszwang, wie er spätestens nach Ablauf der Frist nach § 323 I besteht, ein Erlöschen des Rücktrittsrechts durch schlichtes Erfüllungsverlangen aus (BGH NJW 06, 1198, 1199). Ferner stehen die Vorschriften über den Zugewinnausgleich der Entwicklung zusätzlicher Regeln für unbenannte Zuwendungen unter § 242 grds entgegen (BGHZ 115, 132, 138; Frankfurt FuR 06, 132). Die Formalien der Einberufung einer Gesellschafterversammlung einer GmbH können im Blick auf die sonst eintretende Nichtigkeit des in der Versammlung gefassten Beschlusses über eine Geschäftsführerbestellung nicht unter Berufung auf § 242 überwunden werden, weil die Formalien auch dem Verkehrsschutz dienen (Saarbr OLGR 06, 732). Besondere praktische Bedeutung hat die Orientierung an gesetzlichen Wertungen für den arbeitsrechtlichen Kündigungsschutz, dessen Umgehung mittels des Grundsatzes von Treu und Glauben entgegengewirkt werden kann (LAG Hamburg LAGE § 5 KSchG Nr 111 Rz 51; LAG Niedersachsen 29.5.06, 5 Sa 511/05 E, nv); wichtiger noch ist die in partieller Parallele zum KSchG erfolgte Entwicklung des „Kündigungsschutz light" für Kleinbetriebe (grdl: BVerfGE 97, 169, 178 f [auch zum „Respekt" vor der gesetzgeberischen Wertung]; BAG NZA 01, 833) sowie für Kündigungen vor Ablauf der Wartezeit gem § 1 I KSchG (BAG AP Nr 18 zu § 1 KSchG 1969 Wartezeit). Bedenklich ist es freilich, wenn auch ministerielle Erlasse zur Konkretisierung von § 242 herangezogen werden, zumal wenn es um Arbeitsverhältnisse mit dem betreffenden Land geht (s. aber LAG Niedersachsen 29.5.06, 5 Sa 511/05 E, nv [in BAG AP Nr 133 zu § KSchG unbeanstandet]); die Erlasskonformität lässt sich hier allenfalls gegen den Vorwurf der Willkür oder sonst ungerechtfertigten Ungleichbehandlung ins Feld führen.

d) Vertragliche Risikoverteilung. Die Konkretisierung von § 242 hat sich im vertraglichen Kontext schließ- 21
lich auch an der Risikoverteilung des einzelnen Vertrags zu orientieren. Das entspricht dem Verweis in § 313 (s. dort Rn 14–16). Dabei kommt auch ein Rückgriff auf Klauseln in Betracht, die wegen Verstoßes gegen gesetzliche Verbote nichtig sind (BGH NZBau 06, 571, 572 [Nichtige Lohngleitklausel]).

III. Funktionen von Treu und Glauben. Für die Beschreibung der Funktionen von Treu und Glauben fin- 22
den sich im Schrifttum unterschiedliche Ansätze. Dabei sind **zwei Ebenen** voneinander zu unterscheiden: Einerseits geht es um die Frage, welche Befugnisse § 242 den Gerichten zuschreibt. Andererseits wirkt die Ausübung dieser Befugnisse in unterschiedlicher Weise auf das Schuldverhältnis ein, indem es dieses entweder ergänzt oder die sich aus ihm ergebenden Rechtspositionen beschränkt (s.u. Rn 25–28). Die **richterlichen Befugnisse** sind danach zu unterscheiden, ob sie den Eingriff im Einzelfall (Korrekturfunktion) oder die rechtsfortbildende Entwicklung neuer Rechtssätze (Ermächtigungsfunktion) betreffen.

1. Korrekturfunktion. § 242 erlaubt dem Richter, unter bestimmten Voraussetzungen das in Anwendung des 23
übrigen positiven Rechts gefundene Ergebnis **im Einzelfall** zu korrigieren. Der Grundsatz von Treu und Glauben dient damit auch der Erzielung von Einzelfallgerechtigkeit. Voraussetzung dafür ist freilich, dass die Anwendung respektive Durchsetzung der an sich gegebenen Rechte im Einzelfall zu nicht tragbaren Ergebnissen führen würde (AnwK/*Krebs* § 242 Rz 63). Die Anforderungen an eine solche Korrektur im Einzelfall sind hoch, weil diese in einem Spannungsverhältnis zur Rechtssicherheit steht (s. etwa BGHZ 38, 61, 65; BGH NJW 85, 2579, 2580); eine allg Billigkeitsjustiz lässt sich auf § 242 nicht stützen (AnwK/*Krebs* § 242 Rz 63).

2. Ermächtigungsfunktion. Der in der Generalklausel verankerte Grundsatz von Treu und Glauben ent- 24
hält die Ermächtigung an die Rspr zur **Entwicklung allg Rechtssätze** des Billigkeitsrechts im Wege richterlicher Rechtsfortbildung (etwa BGHZ 108, 179, 186). Die Entstehung von und der weitere Umgang mit derartigen Fallnormen ist methodisch weitgehend ungeklärt. Zutr ist jedenfalls, dass die Rspr von dieser Befugnis nur in der Weise Gebrauch machen darf, dass sie eine Rechtsnorm formuliert (s. Art 1 II u III *SchwZGB*). *Durch die Schuldrechtsmodernisierung* sind einige der so entwickelten Rechtsnormen durch gesetzliche Tatbestände ersetzt worden (§§ 241 II, 311 II, III, 313, 314). Für entspr zum besonderen Schuldrecht sowie für die übrigen Bücher des BGB entwickelte Normen muss auf die betreffenden Kommentierungen verwiesen werden. Diese gesetzlichen Tatbestände verdrängen regelmäßig die zu § 242 entwickelten Regeln (vgl BGH FamRZ 07, 997, 1000 Rz 26).

IV. Wirkungen von Treu und Glauben im Schuldverhältnis. 1. Ergänzende Wirkung. Die ergänzende 25
Wirkung von § 242 trägt dem Umstand Rechnung, dass sowohl die Parteien als auch der Gesetzgeber den **Inhalt von Rechtsverhältnissen** nicht vollständig bestimmen können. Va beim Pflichtprogramm aber auch auf der Rechtsbehelfsseite sind daher Ergänzungen erforderlich, dies auch damit die betroffenen Ver-

träge nicht wegen Unbestimmtheit unwirksam sind (s. BGH NJW 06, 2843). Den Gerichten stehen dabei verschiedene Ergänzungstechniken zur Verfügung, die sich nicht immer klar und deutlich voneinander abgrenzen lassen: Soweit es um die Ergänzung der gesetzlichen Vorgaben geht, erfolgt diese etwa durch Analogieschlüsse, extensive Interpretationen oder auch unter offenem Rückgriff auf § 242. Insoweit gelten die allg Regeln richterlicher Rechtsfortbildung (vgl o Rn 23). Zu einzelnen unter § 242 entwickelten Pflichten s.u. Rn 66–81.

26 Neben der Entwicklung ergänzender Normen wird § 242 auch zur Ergänzung von Rechtsverhältnissen im Einzelfall herangezogen. Insb gilt die Vorschrift als eine Basis der zudem auf § 157 gestützten **ergänzenden Vertragsauslegung** (s. § 133 Rn 25 ff; § 157 Rn 15 ff), also der heteronomen Ergänzung von Verträgen durch den Richter (s. *Schmidt-Kessel* ZVglRWiss 96 [1997] 101, 139 ff). Dabei ist insb das Verhältnis zum dispositiven Recht umstr: Teilweise wird angenommen, die ergänzende Vertragsauslegung stehe hinter dem dispositiven Recht immer zurück (*Henckel* AcP 159 [60/61] 106, 122; *Mangold* NJW 61, 2284, 2286). Soweit eine Ergänzung allein mit den von den Parteien vorgenommenen Wertungen gerechtfertigt werden kann, geht sie dem dispositiven Recht jedoch bereits aufgrund der Privatautonomie vor (BGH NJW 75, 1116, 1117 [gesetzliche Regelung widerspricht dem Willen der Parteien]). Richtigerweise kommt der ergänzenden Vertragsauslegung wegen ihrer größeren Nähe zum Konsens und der § 242 eigenen Korrekturfunktion sogar generell Vorrang vor dem dispositiven Recht zu (s. BGH NJW 79, 1705, 1706). Zur ergänzenden Auslegung von Tarifverträgen s. BAG NZA 07, 759.

27 **2. Begrenzende Wirkung.** Der Grundsatz von Treu und Glauben entfaltet zudem begrenzende Wirkungen für die sich aus dem Rechtsverhältnis oder der Rechtsordnung ergebenden Rechtspositionen der Parteien (auch: Schrankenfunktion). Diese – gelegentlich auch bei § 826 verortete (s. § 826 Rn 2) – Funktion findet im Wortlaut von § 242 zwar keine Stütze, sie ist jedoch nach dem Vorbild von Art 2 SchwZGB heute allg anerkannt. Umstr ist hingegen, ob diese Funktion der betreffenden Rechtsposition von vornherein immanent ist (sog Innentheorie), oder ob sie als gegenläufiger, außerhalb der jeweiligen Rechtsposition angesiedelter Widerpart eingeordnet werden muss (sog Außentheorie; s.u. Rn 32).

28 In den Bereich der begrenzenden Wirkung von Treu und Glauben fallen va die verschiedenen überkommenen Rechtsinstitute und Argumentationsformen, welche sich unter der Bezeichnung unzulässige Rechtsausübung und Rechtsmissbrauch zusammenfassen lassen (s.u. Rn 39–58). Außerdem zählt die Verwirkung hierher (s.u. Rn 59–65). Schließlich ist auch die auf § 242 gestützte **Inhaltskontrolle** von Verträgen, soweit sie neben §§ 305 ff Anwendung findet (BGH NJW 08, 890 [nicht neben § 307]; s. vor § 305 Rn 11), Teil der begrenzenden Wirkung von Treu und Glauben. Dies gilt insb für die Kontrolle von Individualvereinbarungen, an denen Verbraucher nicht beteiligt sind (s. OLGR Celle 06, 478). Insoweit dient § 242 auch der Umsetzung von Art 3 III Zahlungsverzugsrichtlinie (dazu Gebauer/Wiedmann/*Schmidt-Kessel* Verzug Rz 29). Nach § 242 ist insb ein formelhafter Ausschluss der Gewährleistung für Sachmängel beim Erwerb neuerrichteter Häuser auch im notariellen Individualvertrag unwirksam, wenn die Freizeichnung nicht mit dem Erwerber unter ausführlicher Belehrung über die einschneidenden Rechtsfolgen eingehend erörtert worden ist (BGHZ 101, 350, 353; BGH NJW-RR 07, 895). Teilweise treten besondere Aufklärungspflichten an die Stelle der Inhaltskontrolle (BGH NJW 08, 987 [Stellvertretervereinbarung in Wahlleistungsabrede]). Zur Inhaltskontrolle von Verträgen im Bereich des Familien- und Erbrechts s. § 310 Rn 14 f, § 1408 Rn 23 ff, § 1585 c Rn 6, § 2346 Rn 1. Zur Inhaltskontrolle von Gesellschaftsverträgen und Vereinssatzungen vor § 305 Rn 11 sowie § 705 Rn 2. Ob wohnungseigentumsrechtliche Teilungserklärungen einer Inhaltskontrolle analog §§ 307 ff unterliegen oder an § 242 zu messen sind, ist umstr (s. BGHZ 151, 164, 173 f; BGH NJW 07, 213).

29 Die **Inhaltskontrolle von Arbeitsverträgen** richtet sich inzwischen nach § 307 (zum Übergang vom alten Recht s. BAG AP Nr 16 zu § 307, Rz 19 ff). Auch die in § 310 IV 1 ausgenommenen arbeitsrechtlichen **Kollektivvereinbarungen** unterliegen grds einer Inhaltskontrolle nach § 242, welche freilich aufgrund von Art 9 III GG jedenfalls für Tarifverträge kaum ausgeübt werden kann (vgl *Annuß* BB 02, 458, 459). § 310 IV 1 begründet hier kein Gegenargument, weil die Vorschrift es insoweit lediglich beim bisherigen Rechtszustand belässt (*Löwisch/Kaiser* BetrVG § 77 Rz 30; aA *Annuß* BB 02, 458, 459).

30 **B. Überkommene Rechtsinstitute und Argumentationsformen.** Unter dem Dach des Grundsatzes von Treu und Glauben haben sich mit der Zeit zahlreiche ältere Rechtsinstitute und Argumentationsformen versammelt, welchen die Rechtsfolge gemeinsam ist, dass sie der Begrenzung subjektiver Rechtspositionen dienen; sie repräsentieren den Kern der beschränkenden Wirkung von § 242 (rechtsvergleichend *Schmidt-Kessel* Gläubigerfehlverhalten § 11). IE geht es hierbei um die Figuren der **exceptio doli** (in ihren verschiedenen Ausprägungen), des Verbots des **Rechtsmissbrauchs** und des **widersprüchlichen Verhaltens** und schließlich das Institut der **Verwirkung**. Einige eng verwandte Rechtsfiguren haben im Gesetz eine ausdrückliche Regelung erfahren, sodass insoweit auf die betreffenden Kommentierungen zu verweisen ist. Das gilt insb für das Schikaneverbot (s. § 226 Rn 1), das Verbot der Manipulation der Bedingung (s. § 162 Rn 1), den Grundsatz nemo auditur propriam turpitudinem allegans (s. § 817 Rn 1 sowie unten Rn 40) sowie neuerdings teilweise für den tu-quoque-Einwand (§ 323 VI; dazu *Schmidt-Kessel* Gläubigerfehlverhalten § 11 VIII). Die meisten dieser älteren Rechtsinstitute und Argumentationsformen lassen sich unter der heute gängigen Überschrift **unzuläs-**

sige Rechtsausübung zusammenfassen. Eine Sonderrolle spielt allein die Verwirkung mit ihren spezifischen auf den Zeitablauf ausgerichteten Voraussetzungen.

I. Unzulässige Rechtsausübung und Rechtsmissbrauch. 1. Allg Fragen und Struktur. Die gegen § 242 verstoßende Rechtsausübung oder Ausnutzung einer Rechtslage ist unzulässig (RGZ 146, 385, 396; BGHZ 12, 154, 157). Wann das Verbot unzulässiger Rechtsausübung eingreift, ist also eine Frage der Konkretisierung des Gebots von Treu und Glauben. Diese geschieht nicht nur im Einzelfall (so aber Palandt/*Heinrichs* § 242 Rz 38), sondern va durch die Ausbildung und Festigung von Fallgruppen und Argumentationsformen. Zum Erfordernis der Sonderverbindung s.o. Rn 8. Maßgebender Zeitpunkt für die Beurteilung der Treuwidrigkeit ist die Geltendmachung des Rechts (BGHZ 13, 346, 350), im Prozess die letzte mündliche Verhandlung in der Tatsacheninstanz (Palandt/*Heinrichs* § 242 Rz 38). Die Unzulässigkeit der Rechtsausübung ist nicht notwendig unabänderlich, vielmehr kann sie erst zu einem späteren Zeitpunkt als der Entstehung des Rechts eintreten (MüKo/*Roth* § 242 Rz 198) oder nachträglich entfallen (BGHZ 52, 365, 368). Letzteres ist etwa der Fall, wenn der Verjährungseinrede des Schuldners zunächst ein auf § 242 gestützter Einwand entgegensteht, der Gläubiger den Anspruch jedoch nicht innerhalb einer kurz bemessenen Überlegungsfrist gerichtlich geltend macht (Karlsr VersR 06, 251). 31

a) Innentheorie versus Außentheorie. Die Unzulässigkeit der Ausübung eines Rechts stößt **logisch** auf **Schwierigkeiten**: Entweder das Recht besteht und kann ausgeübt werden, oder es besteht nicht und kann deshalb nicht ausgeübt werden. Um die Erklärung dieses scheinbaren Widerspruchs ringen zwei Ansätze. Nach der sog Innentheorie bildet die Unzulässigkeit der Ausübung eine immanente Begrenzung der betroffenen Rechtsposition (hA: BGHZ 30, 140, 145 [„Ein Handeln ohne Recht"]; zuletzt BGH NJW-RR 05, 619, 620; AnwK/*Krebs* § 242 Rz 63). Hingegen tastet die sog Außentheorie den Bestand des Rechts selbst nicht an, sondern erklärt die Unzulässigkeit seiner Ausübung als von außen an das Recht herantretende Ausübungsschranke (s. etwa BGH GRUR 01, 242, 244). Letzteres ist – jedenfalls für das Schuldrecht – vorzugswürdig, weil sich so das vom Berechtigten erwartete Verhalten selbständig und im Grundsatz unabhängig von der Rechtsposition beschreiben lässt. Die damit formulierten Pflichten respektive Obliegenheiten (s. § 241 Rn 28) des Berechtigten treten neben diejenigen des anderen Teils und sind somit originärer Bestandteil des Pflichtenprogramms des betreffenden Schuldverhältnisses (*Schmidt-Kessel* Gläubigerfehlverhalten § 11 I 2). Soweit derartige Erwartungen an den Berechtigten zum Gegenstand selbständiger gesetzlicher Regelungen werden – wichtigstes Bsp ist der Gläubigerverzug (s. § 293 Rn 1 f) – folgen diese ohnehin notwendig der Außentheorie. 32

b) Subjektive Voraussetzungen? In der exceptio doli, der klassischen Formulierung des Verbots unzulässiger Rechtsausübung, schwingt noch das alte Vorsatzerfordernis mit, weshalb diese Rechtsfigur früher vielfach auch § 826 zugeordnet wurde (s. § 826 Rn 6; s. BGH LM § 242 Nr 166 [§ 826 zu eng]). Heute besteht insoweit Einigkeit, als der Einwand unzulässiger Rechtsausübung ein **Verschulden** oder Vertretenmüssen **nicht** zwingend **voraussetzt** (BGHZ 64, 5, 9; Jauernig/*Mansel* § 242 Rz 35). Das schließt nicht aus, dass für einzelne verfestigte Fallgruppen gleichwohl ein subjektives Element verlangt wird (s.u. Rn 41, 62 ff). Jedenfalls sind derartige subjektive Elemente bei der Konkretisierung der Verbotsvoraussetzungen zu berücksichtigen (AnwK/*Krebs* § 242 Rz 65; Jauernig/*Mansel* § 242 Rz 35). 33

c) Zurechnung des Verhaltens Dritter. Spielt bei der Frage nach der Unzulässigkeit der Rechtsausübung das Verhalten eines Dritten herein, kommt es zunächst darauf an, ob die die Unzulässigkeit begründende Treuwidrigkeit im Verhalten des Berechtigten liegt; ist dies der Fall, kommt es auf eine Zurechnung nicht an. Ist bereits das Verhalten des Dritten als solches treuwidrig, stellt sich die Frage einer Zurechnung dieser Treuwidrigkeit an den Berechtigten. Hat der Dritte von vornherein im Pflichtenkreis des Berechtigten gehandelt, ergibt sich die Zurechnung **analog § 278** (vgl BGH NJW 73, 1604, 1605). Fehlt es an dieser Voraussetzung, schadet dem Berechtigten grds **positive Kenntnis** vom Fehlverhalten des Dritten (MüKo/*Roth* § 242 Rz 218); abweichende Entscheidungen von dieser Grundregel betreffen etwa die Zwangsvollstreckung (BGH LM § 242 Nr 166 [Kenntnis vom Bruch des Bankgeheimnisses schließt die erst durch diese Kenntnis ermöglichte Vollstreckung in das Bankguthaben nicht aus]) sowie Fälle, in denen die Kenntnis dem Erwerb der Rechtsposition nachfolgt (BGH LM § 826 Nr 3). Je nach Konstellation kann auch die **fahrlässige Unkenntnis** des Berechtigten genügen (BGH NJW 66, 1911 [Fahrlässige Unkenntnis des Vertragspartners vom Missbrauch der Vertretungsmacht durch den Vertreter der Gegenpartei]). 34

d) Rechtsfolgenseite. Der Einwand ist im Prozess vAw zu berücksichtigen (BGHZ 3, 94, 103 f; BGHZ 37, 147, 152). Die unzulässige Rechtsausübung genießt **keinen Rechtsschutz** (Art 2 II SchwZGB). Gleichwohl ist es missverständlich, wenn es heißt, das Rechtsinstitut begründe lediglich ein Abwehrrecht (so AnwK/*Krebs* § 242 Rz 70): Da sich der Einwand unzulässiger Rechtsausübung auch gegen Einwendungen zu richten vermag, kann ihm funktional auch eine offensive Wirkung zukommen (etwa BAG AP Nr 2 zu § 611 Wiedereinstellung, Rz 17; BAG AP Nr 87 zu § 1 KSchG; vgl Jauernig/*Mansel* § 242 Rz 36). Die unzulässige Rechtsausübung selbst kann jedoch nie zu Ersatz-, Beseitigungs- oder Unterlassungsansprüchen führen; diese können sich freilich aus dem jeweiligen Rechtsverhältnis, aus Geschäftsführung ohne Auftrag oder aus Delikt ergeben 35

(AnwK/*Krebs* § 242 Rz 70). Bei der Entwicklung einzelner Normen durch Konkretisierung von § 242 kann es auch zu weitaus differenzierteren Rechtsfolgen kommen; das gilt etwa für die Rechtsfolgen der Beweisvereitelung (s.u. Rn 43).

36 Eine mittelbar offensive Funktion kommt dem Einwand unzulässiger Rechtsausübung dort zu, wo er ausnahmsweise zur **Überwindung von Formerfordernissen** eingesetzt wird. Die Wirkungen von § 125 (s. dort Rn 19 ff, 27 ff) können etwa überspielt werden, wo eine Partei die Formwidrigkeit bewusst herbeigeführt (s. Rn 43) oder den anderen Teil erfolgreich über das Nichtbestehen des Formerfordernisses getäuscht hat (BGH NJW 69, 1170). Als schlechthin untragbar wird die Durchsetzung der Formnichtigkeit ferner in manchen Fällen der Existenzgefährdung angesehen (BGH BB 06, 1646). Schlicht widersprüchliches Verhalten kann jedoch schon deshalb nicht genügen, weil sich derjenige, der sich auf den Formmangel beruft immer in Widerspruch zu seiner – formnichtigen – Erklärung setzt und grds auch setzen darf (vgl Rn 57). Auch sonst kommt eine Anwendung von § 242 nur ausnahmsweise in Betracht (jeweils abgelehnt: BAG ArbuR 06, 332 [zu § 59 III BAT]; Köln NJW-RR 06, 225 [zu § 2352]; Saarbr BRAK-Mitt 4/06, 183, 186; LAG Düsseldorf LAGE § 623 BGB 2002 Nr 4 Rz 16 ff). Die zwanzigjährige Durchführung eines formnichtigen Treuhandvertrages schließt die Berufung auf die Nichtigkeit jedoch aus (BGH BB 06, 1646 [zu § 15 IV GmbHG]). Bei formwidrigen Verfügungen zeigt sich die Rspr bisweilen großzügiger (s. Köln FGPrax 07, 19 für einen Verstoß gegen §§ 873, 925, 313 iVm § 4 WEG). Der Überwindung von Formerfordernissen vergleichbar hat die Rspr im Einzelfall die Rückabwicklung eines **mangels Erlaubnis** nichtigen Vertrags gesperrt, wenn sich die Erlaubnispflichtigkeit erst nachträglich durch eine Rechtsprechungsänderung ergeben hat (BGH NJW 07, 1130). Entsprechend kann einer Partei ausnahmsweise die Berufung auf den Verstoß gegen ein gesetzliches Vertretungsverbot verwehrt sein (BGH BeckRS 09, 14815 Rz 30 ff [Art 1 § 1 RBerG]).

37 e) **Drittwirkungen.** Der Einwand unzulässiger Rechtsausübung wirkt selbstverständlich ggü Gesamtrechtsnachfolgern (BGHZ 44, 367, 370) und auch ggü Einzelrechtsnachfolgern, die freilich nach den Regeln über einen gutgläubigen oder gutgläubig lastenfreien Erwerb geschützt sein können (AnwK/*Krebs* § 242 Rz 72). IÜ kommt dem Einwand unzulässiger Rechtsausübung **grds keine Drittwirkung** zu (Palandt/*Heinrichs* § 242 Rz 41). Anders steht es, soweit dem Dritten die Treuwidrigkeit zugerechnet werden kann (s.o. Rn 34). Eine weitere Ausnahme ergibt sich beim echten Vertrag zugunsten Dritter (BGH MDR 70, 213 f).

38 f) **Darlegungs- und Beweislast.** Die Beweislast beim Einwand unzulässiger Rechtsausübung folgt der allg Regel, wonach den durch die Anwendung Begünstigten die Darlegungs- und Beweislast trifft (AnwK/*Krebs* § 242 Rz 38). Das gilt etwa für den gegen die aktienrechtliche Anfechtungsklage erhobenen Einwand (RGZ 146, 385, 396), für die Verteidigung gegen den Rückgriff des Unfallversicherungsträgers (BGHZ 12, 154, 160 f) und den Missbrauchseinwand gegen ein Vertragsstrafeversprechen zugunsten eines öffentlichen Auftraggebers (BGH NJW 06, 2555, 2557 [Behauptung der Unzulässigkeit wegen Verstoßes gegen § 12 Nr 1 1 VOB/A – kein Drohen erheblicher Nachteile durch Fristüberschreitung]). Werden vom Begünstigten Tatsachen vorgetragen und ggfs bewiesen, auf die sich der Einwand unzulässiger Rechtsausübung stützen lässt, obliegt es dem anderen Teil, Tatsachen darzulegen und zu beweisen, welche den Einwand ausnahmsweise ausschließen (BGH NJW 99, 352, 353 [§ 123 zur Beseitigung des den Rücktritt ausschließenden Einwands mangelnder Annahmebereitschaft, vgl § 323 VI nF]).

39 2. **Ausformungen.** Aus den zahlreichen Fallkonstellationen unzulässiger Rechtsausübung haben sich einige typische Fallgruppen herausgebildet, die freilich weder abschließend noch frei von Überschneidungen sind; auch eine einheitliche Terminologie hat sich bislang nicht durchgesetzt (s. AnwK/*Krebs* § 242 Rz 75–98; Jauernig/*Mansel* § 242 Rz 38–52; Palandt/*Heinrichs* § 242 Rz 42–57).

40 a) **Unredlicher Erwerb der eigenen Rechtsposition.** Niemand soll aus seinem eigenen unredlichen Verhalten rechtliche Vorteile ziehen dürfen (BGHZ 122, 163, 168): nemo auditur propriam turpitudinem allegans. Daher kann sich ein Berechtigter auf sein Recht nicht berufen, wenn er dieses unter Verstoß gegen § 242 erworben hat. Dieses Prinzip ergänzt die positiv-rechtlichen Regeln, insb §§ 134, 138, welche den rechtswidrigen Erwerb einer Rechtsposition unterbinden; es findet aber nur nachrangig Anwendung (s. § 134 Rn 30 u § 138 Rn 7). Als gesetzliche Ausprägung gilt § 162 II (s. § 162 Rn 1). Die unredliche Vereitelung von Rechten der Gegenpartei ist entspr zu behandeln: Die treuwidrig handelnde Seite muss sich so behandeln lassen, als sei die betreffende Rechtsposition entstanden (vgl § 162 I, § 815).

41 **Bsp** für den unredlichen Erwerb der eigenen Rechtsposition sind etwa der Fall der Berufung auf einen unter Missbrauch der Vertretungsmacht geschlossenen Vertrag bei Kenntnis des Missbrauchs (BGH NJW 02, 1497, 1498; NJW-RR 08, 977; s. § 164 Rn 67–73) oder der Rechtserwerb durch arglistige Täuschung, sofern das Recht nach Ablauf der Frist aus § 124 durchgesetzt werden soll (AnwK/*Krebs* § 242 Rz 76; Jauernig/*Mansel* § 242 Rz 45). Hierher gehört auch die treuwidrige Herbeiführung des Garantiefalls (BGH NJW 01, 282) oder des Sicherungsfalls bei anderen Sicherheiten (BGH NJW 02, 1493 [Bürgschaft]; BGH ZIP 04, 1589 [Bürgschaft]; s. § 765 Rn 60 f) sowie die Erhöhung des Ausfallrisikos durch Aufgabe anderer Sicherheiten seitens des Gläubigers (§ 776; *Schmidt-Kessel* Gläubigerfehlverhalten § 6 III 2, IV 2; anders für

Pfandrechte BGH BB 91, 500, 501). Zu nennen ist zudem das Erschleichen eines unanfechtbaren Gesellschafterbeschlusses (BGHZ 101, 113, 120) sowie für den prozessualen Bereich die Verhinderung rechtzeitiger Klageerhebung (BGH MDR 81, 737).

Die unredliche Inanspruchnahme aus einem rechtskräftigen Urt wird hingegen **nicht** als unzulässige Rechtsausübung angesehen, sondern nur unter den Voraussetzungen von § 826 untersagt (s. dort Rn 48; AnwK/ *Krebs* § 242 Rz 76); dasselbe Ergebnis ließe sich allerdings auch unter § 242 erreichen. Ebenfalls keine unzulässige Rechtsausübung stellt die Geltendmachung von Entgeltfortzahlung in dem Fall dar, dass die Krankheit auf einem Betriebsunfall während einer vertragswidrigen Nebentätigkeit des Arbeitnehmers beruht (LAG Hamm NZA-RR 06, 406, 408 [auch Verstoß gegen § 3 I 1 EFZG verneint]). Der fehlende Hinweis des Unfallversicherers auf der drohenden Ablauf der Frist für die ärztliche Invaliditätsfeststellung begründet jedenfalls dann keinen Einwand des Rechtsmissbrauchs, wenn dem Versicherer keine Anhaltspunkte vorgelegen haben, dass ein unfallbedingter Dauerschaden vorliegt (BGH NJW 06, 911). Auch das Abwarten mit dem Betriebsübergang nach § 613a bis zum Abschluss von Aufhebungsverträgen ist nicht unzulässig, wenn der Übernehmer nicht an deren Zustandekommen unredlich mitgewirkt hat (BAG BB 07, 1054). 42

Als unredliche Vereitelung von Rechten der Gegenpartei zu qualifizieren sind zB die Herbeiführung der eigenen Leistungsunfähigkeit durch den Unterhaltsschuldner (BGH NJW 88, 2239, 2241) oder die Herbeiführung der Formwidrigkeit eines Rechtsgeschäfts wider Treu und Glauben (RGZ 96, 313, 315; s. § 125 Rn 27). In den gleichen Kontext gehört auch die treuwidrige Herbeiführung des Vertragsbruchs des anderen Teils (BGH LM § 242 (Cd) Nr 55 [Ausschluss der Kündigung]; BGH NJW 71, 1126 [Ausschluss der Vertragsstrafe]) oder dessen Ausnutzung (BGH NJW 08, 3438 [in casu verneint]). Weitere Beispiele sind die Zugangsvereitelung (BGHZ 137, 205, 208; Saarbr OLGR 06, 705 [nicht bei Umzug unter ordnungsgemäßer Ummeldung]; s. § 130 Rn 30) sowie die Zustellungsvereitelung (BGH NJW-RR 08, 1310), wobei in letzterem Fall ein Ingangsetzen prozessualer Notfristen nicht erfolgt (BGH WM 70, 1106; BGH NJW 78, 426). Die Fälle der **Beweisvereitelung** zählen ebenfalls hierher (BGHZ 85, 212, 217 f; BGH NJW 06, 434, 436). Eine Beweisvereitelung liegt vor, wenn eine Partei ihrem beweispflichtigen Gegner die Beweisführung schuldhaft erschwert oder unmöglich macht. Als Folge der Beweisvereitelung kommen in solchen Fällen Beweiserleichterungen in Betracht, die uU bis zur Umkehr der Beweislast gehen können (BGH NJW 96, 315; BGH NJW 04, 222). Dies kann im Einzelfall auch zum Überspielen verbraucherschützender Regeln führen (BGH NJW 06, 434, 436 [zu § 476; wohl gemeinschaftsrechtskonform]). 43

b) Verletzung eigener Pflichten. Verletzt der Inhaber einer Rechtsposition eigene Pflichten, ergeben sich die Konsequenzen dieses Fehlverhaltens regelmäßig aus den geschriebenen Regeln des allg und des besonderen Schuldrechts, also insb § 254 (s. BGH VersR 06, 847, 850) sowie den §§ 293 ff, 273 f, 320 ff und §§ 314, 323 ff, 280 ff (s. *Schmidt-Kessel* Gläubigerfehlverhalten § 22); die Schuldrechtsmodernisierung hat dazu geführt, dass eine Reihe der früher über § 242 erzielten Lösungen nunmehr in den genannten Vorschriften enthalten sind (etwa BAG EzBAT § 49 BAT Nr 16 [Entbehrlichkeit der Mahnung nach Erfüllungsverweigerung]). Deren differenzierte Lösungen zeigen, dass es **keinen allg Grundsatz** des Inhalts gibt, dass nur derjenige Rechte durchsetzen könne, der sich seinerseits rechts- oder vertragstreu verhalten hat (so auch die hA BGH NJW 71, 1747, 1748; BAG NJW 75, 229, 230; AnwK/*Krebs* § 242 Rz 79; aA *Wieacker* Präzisierung 31). Soweit die genannten Vorschriften keine Lösungen bieten, kommt im Einzelfall eine Anwendung von § 242 in Betracht, so etwa im Falle der Berufung eines Betriebsunterbrechungsversicherers auf eine Kapitalmangelklausel, wenn der Kapitalmangel darauf beruht, dass der Versicherer auf die ebenfalls bei ihm abgeschlossene Maschinenschadensversicherung (BGH NJW-RR 06, 394, 396; auch zur Anwendung von § 254) verspätet geleistet hat. Eine Berufsunfähigkeitsversicherung kann sich auf eine nach dem Versicherungsfall geschlossene Vereinbarung, welche die Rechtsposition des Versicherungsnehmers einschränkt, nicht berufen, wenn sie den Versicherungsnehmer nicht auf diese Einschränkung deutlich hingewiesen hat (BGH NJW-RR 07, 753; 07, 1034). 44

Unter § 242 wird die Verletzung eigener Pflichten va auf zweierlei Weise sanktioniert: Zum einen kann der Ausübung von Rechtsbehelfen wegen Pflichtverletzungen des anderen Teils der **tu-quoque-Einwand** entgegenstehen. Das gilt insb für solche Rechtsbehelfe, die von einem Vertretenmüssen des anderen Teils unabhängig sind, also für §§ 314, 323 ff (vgl RGZ 67, 313, 318 f; RGZ 171, 297, 304; BGH NJW 90, 3008, 3009; BGHZ 138, 195, 209 f [in concreto verneint]), für Fälle einer verschuldensunabhängigen Vertragsstrafe (RGZ 147, 228, 233; BGH NJW 71, 1126; vgl Staud/*Rieble* [2004] § 339 Rz 169 [Analogie zu § 162]), bei – vereinbarten oder gesetzlichen – Fälligkeitszinsen (BGH DNotZ 78, 478, 479) sowie bei Ansprüchen nach §§ 906, 1004 (s. BGH NJW 08, 1810). Die Relevanz des tu-quoque-Einwands ist seit der Schuldrechtsreform durch die Unabhängigkeit der Gestaltungsrechte Kündigung, Rücktritt und Minderung von einem Vertretenmüssen erheblich gewachsen, jedoch hat die Regel insoweit einen ausdrücklichen gesetzlichen Niederschlag in § 323 VI gefunden (wie hier jetzt auch Brandbg 4 U 82/06 v 13.12.06, juris Rz 56). Diese Vorschrift, die entspr auch bei § 314 anzuwenden ist (*Schmidt-Kessel* Gläubigerfehlverhalten § 11 VIII), verdrängt in ihrem Anwendungsbereich den allg auf § 242 gestützten Grundsatz. 45

In extremen Fällen kann die Verletzung eigener Pflichten sogar zu einem Rechtsverlust führen (**„Verwirkung" durch Treueverstoß**). Beispiele sind etwa die Verwirkung von Unterhaltsansprüchen (Schlesw NJW-RR 87, 1481, 1482; s.a. § 1579 Rn 3 ff; § 1611 Rn 5), der Verlust von Ansprüchen auf Nutzungsentschädigung 46 aus §§ 987, 990 bei Verletzung der Pflicht zur Rücknahme (BGH NJW-RR 05, 743, 745), die Berufung auf eine ausschl Bezugsbindung bei unzulässiger Verweigerung der Belieferung (Nürnbg NJW 72, 2270, 2271), die Geltendmachung eines Honoraranspruchs durch den WE-Verwalter, der es pflichtwidrig unterlässt, eine Wohnungseigentümerversammlung mit dem Ziel seiner sofortigen Abberufung anzuberaumen (München NZM 06, 631), die Nachforderung von Architektenhonorar bei in besonderem Maße unlauteren und willkürlichem Abrechnungsverhalten (OLGR Saarbr 06, 330, 331 f) und der Verlust des Einwands nach § 537 II bei besonders grobem Vertragsbruch (BGH NJW 08, 1148 Rz 27 ff). Ein gesetzlich geregelter Anwendungsfall ist § 654 (s. dort Rn 1 ff); auch die Honoraransprüche von Rechtsanwälten und Ärzten entfallen allenfalls bei besonders schweren Pflichtverletzungen wie zB einem Parteiverrat (BGH NJW 63, 1301, 1303; BGH NJW 81, 1211, 1212). Solch ein isolierter Rechtsverlust darf freilich die allg Regeln des Leistungsstörungsrechts, die regelmäßig auch das Schicksal der Gegenleistung im Blick haben, nicht überspielen. Das wäre etwa der Fall, wenn der Versicherungsnehmer einer Berufsunfähigkeitsversicherung seiner Ansprüche dadurch verlustig ginge, dass die Berufsunfähigkeit sich aus Depressionen infolge verbüßter Strafhaft ergibt (Celle VersR 06, 394, 396).

47 **c) Fehlen des schutzwürdigen Eigeninteresses.** Die Ausübung eines Rechts ist unzulässig, wenn der Berechtigte **kein sachliches Eigeninteresse** verfolgt, sei es, dass die Rechtsausübung nur zweckfremden oder unlauteren Motiven dient (BGHZ 5, 186, 189), sei es, dass die Rechtsausübung mangels irgendeines sachlichen Eigeninteresses des Ausübenden völlig nutzlos ist (BGHZ 93, 338, 350; AnwK/*Krebs* § 242 Rz 84). Von dieser Ausformung des Verbots unzulässiger Rechtsausübung sind auch die Fälle des § 226 (s. dort Rn 1) sowie diejenigen einer Pflicht zur sofortigen Rückgewähr, „**dolo agit qui petit quod statim redditurus est**", erfasst. Gesetzliche Ausprägungen dieses Grundsatzes finden sich in §§ 273, 387 (s. § 273 Rn 2, § 387 Rn 23). Teilweise kann sogar die Möglichkeit der Ver- oder Aufrechnung die Berufung auf die Nichterfüllung treuwidrig sein lassen (Frankf VersR 06, 537). Auch der Rechtsgedanke der Vorteilsausgleichung wird idS aus § 242 abgeleitet (BGH NJW 07, 2695; 07, 2697; 08, 3359). Allerdings lassen sich auch viele der sonstigen seinem Anwendungsbereich zugeschriebenen Fälle richtigerweise mit den Mitteln des geschriebenen Rechts lösen (vgl BGHZ 74, 293, 299 f; BGH NJW-RR 08, 1050 [Lösung jeweils über § 139 möglich]; BGHZ 116, 200, 203 f [Ausschluss der außervertraglichen Haftung durch den Vertrag]; BGH WuM 06, 28, 30 [Anbringen der Parabolantenne des polnischen Mieters bereits nicht vertragswidrig]; BGH NJW 06, 3062 f [Anforderungen an den Nachweis durch einen Nachweismakler]; BGH NJW-RR 08, 612 [wichtiger Grund zur Aufhebung gem § 749 II]). Das gilt freilich nicht immer; der Rückgriff auf § 242 ist etwa erforderlich im Falle der Berufung auf eine mit der Insolvenzanfechtung erfolgreich bekämpfte Forderung (s. Naumbg ZIP 06, 716) und ebenso bei Ausschluss der Aufrechnung mangels Gleichartigkeit der Forderungen (s. BGH NJW-RR 07, 823 [Schadensersatz nach § 2 I HpflG gegen öffentlichrechtliche Erstattung der Unterhaltungskosten]).

48 Das schutzwürdige Eigeninteresse des Berechtigten fehlt bspw bei der Ausübung eines gesetzlichen Vorkaufsrechts nach BauGB, wenn kein öffentliches Kaufinteresse iSv § 24 III BauGB besteht, ferner bei Einleitung und Durchführung eines gerichtlichen Verfahrens zu verfahrensfremden Zwecken (BGHZ 95, 10, 19) oder bei Abgabe eines Eigengebots zur Überwindung der Schwelle von § 85a ZVG (BGH NJW 08, 3279). Zu letzteren Fällen zählen auch die sog räuberischen Aktionärsklagen (BGHZ 107, 296, 309 ff; 112, 9, 23 f). Außerdem ist die Ausübung von Informationsansprüchen unzulässig, wenn diese der Ausspähung von Geschäftsgeheimnissen dient (BGHZ 93, 191, 211) oder eigene Informationsbeschaffungsmöglichkeiten nicht ausgenutzt werden (in casu verneint durch München DB 06, 328, 329 [§ 51a GmbHG zugunsten des ehem Geschäftsführers]), und weiter die Weigerung, dem Austausch einer Prozessbürgschaft gegen eine gleichwertige andere zuzustimmen (BGH NJW 94, 1351, 1352). § 242 vermag hier sogar das Gestaltungsdogma zu überwinden, etwa wenn der bei einer Kündigung nach § 573 II Nr 2 vorliegende Eigenbedarf noch während einer gerichtlich gewährten Räumungsfrist nach § 721 ZPO entfällt (BGH NJW 06, 220, 222). Nicht hierher gehört nach neuem Schuldrecht hingegen die in den Kommentierungen häufig genannte Fall, in dem ein Käufer Rücktritt oder Minderung erklärt, nachdem der Mangel weggefallen ist (vgl BGHZ 90, 198, 204 f); §§ 323, 441 setzen das Vorliegen der Pflichtverletzung bei Ausübung des Gestaltungsrechts voraus.

49 **Weitere Fälle** eines fehlenden schutzwürdigen Eigeninteresses liegen vor, wenn der Versicherer eine Fortführung der als betriebliche Altersversorgung fondsgebundenen Direkt-Lebensversicherung iSv § 1 II Nr 1 BetrAVG mit dem neuen Arbeitgeber des versicherten Arbeitnehmers verweigert (Karlsr NJW-RR 06, 817), wenn der Vermieter den Mieter und nicht den – im Ergebnis vom Mieter vergüteten – Gebäudeversicherer in Anspruch nimmt, wo dieser keinen Rückgriffsanspruch gegen den Mieter hätte (BGH VersR 05, 498, 499), wenn der Vermieter vom Mieter Unterlassung eines zustimmungspflichtigen Gebrauchs verlangt, obwohl er zur Zustimmung verpflichtet ist (BGH NJW 06, 1062 [Parabolantenne]), wenn nachbarrechtlich die Untersagung einer grenznahen Terrasse angestrebt wird, obwohl deren Nutzung keinen relevanten Blickkontakt zum klägerischen Grundstück ermöglicht (OLGR Koblenz 06, 381, 383), wenn einem Aufrechnungsgegner, der zur Erfüllung der ihn selbst treffenden Verpflichtung nicht mehr instande ist, das Recht eingeräumt wird, unter Berufung auf das vereinbarte Aufrechnungsverbot die ihm geschuldete Leistung zu verlangen, und das Aufrechnungsverbot damit auf einen Forderungsverzicht hinausläuft (Hamm NJW-RR 93, 1082; Staud/*Coester-Waltjen* § 309 Nr 3 Rz 2; offen BGH VersR 08, 140, 142).

Besondere praktische Bedeutung kommt der Fallgruppe des fehlenden schutzwürdigen Eigeninteresses in **Wohnungseigentümergemeinschaften** zu: Das Eigeninteresse fehlt etwa, wenn die Teilungserklärung einer Wohnungseigentümergemeinschaft ein Vertretungsverbot vorsieht, das die effektive Ausübung des Stimmrechts einzelner Eigentümer ausschließt (OLGR Karlsruhe 06, 777 [Sitz in den USA]) und wenn ein Wohnungseigentümer vom Verwalter gegen Kostenerstattung die Zusendung von Kopien aller Belege eines Wirtschaftsjahres verlangt (München NZM 06, 512). Hingegen besteht ein eigenes schutzwürdiges Interesse jedes Wohnungseigentümers daran, die Einheitlichkeit in der Wohnanlage zu bewahren (OLGR München 06, 615 [Farbgebung und Gestaltung der Wohnungsabschlusstür]). 50

d) Unverhältnismäßigkeit. Das deutsche Recht kennt keinen allg Grundsatz, dass **geringfügige Pflichtverletzungen** stets ohne Folgen bleiben (BGHZ 88, 91, 95; BGH WM 85, 876, 877), vielmehr müssen weitere Umstände hinzukommen, um die Ausübung von Rechten in solchen Fällen als unzulässig erscheinen zu lassen. In den gesetzlich geregelten Fällen der §§ 281 I 3, 320 II, 323 V 2, 536 I 3 ergeben sich solche Umstände aus der Tatsache, dass dem verletzten Teil Alternativen zur Verfügung stehen, welche ihn nach der gesetzlichen Wertung hinreichend schützen (für § 273 muss dagegen § 242 bemüht werden: BGH BB 06, 517, 518). Entspr Wertungen liegen in den zahlreichen Fristsetzungs-, Abmahnungs- oder Mahnungserfordernissen (etwa §§ 250, 281 I 1, 286 I, 314 II, 323 I, 536a, 637 I), welche durch ihre wertungsoffenen Tatbestandsmerkmale die Verhältnismäßigkeit der jeweiligen Rechtsfolge ohne Rückgriff auf § 242 sicherstellen (vgl OLGR Naumburg 06, 563 [kaufrechtliche Minderung nach altem Recht ggfs erst nach Hinnahme des Mangels für einen Übergangszeitraum]). Ein solcher ist nur erforderlich, wo die einzuschränkende Rechtsposition selbst nicht über entspr Einfallstore verfügt: 51

Richtet sich etwa die Beseitigung eines Vergleichs mit Ratenzahlungsvereinbarung nicht nach §§ 314 II, 323, sondern haben die Parteien eine auflösende Bedingung dergestalt vereinbart, dass die verspätete Zahlung einer Rate den Vergleich hinfällig macht, kommt die Vermeidung dieser Rechtsfolge nur in Frage, wenn eine unzulässige Rechtsausübung vorliegt. Wegen der § 323 II Nr 2 vergleichbaren Funktion der Bedingungskonstruktion (BGH WM 85, 876, 877) sind hieran jedoch hohe Anforderungen zu stellen; möglich ist etwa, dass der Gläubiger insoweit einen Vertrauenstatbestand geschaffen hat (BGH NJW 03, 2448, 2449). Als unverhältnismäßig kann auch die sich aus der Rechtsausübung ergebende Existenzvernichtung einzuordnen sein (s. BGH NJW-RR 06, 615, 616 [Ausübung eines Zurückbehaltungsrechts]); das gilt insb für die Berufung auf das Fehlen der gesetzlich vorgeschriebenen Form (s. Rn 36). Als nicht unverhältnismäßig wird regelmäßig die Entfernung eines Fahrzeugs von privatem Grund nach § 859 angesehen (BGH NJW 09, 2530 Rz 16). Arbeitsrechtlich wird insb der „Kündigungsschutz light" auf die Unverhältnismäßigkeit der zu prüfenden Kündigung gestützt (s. Rn 20); auf derselben Basis ruht der vom BAG angenommene Vorrang der Änderungskündigung vor der Beendigungskündigung (s. BAG NZA 05, 1289). Eine der Kündigung vorausgehende Abmahnung wird jedoch nur hinsichtlich ihrer Form und Umstände, nicht jedoch in der Sache auf ihre Verhältnismäßigkeit geprüft (LAG Schleswig-Holstein NZA-RR 06, 180, 181). 52

e) Venire contra factum proprium. Die Rechtsordnung verlangt von den Teilnehmern am Rechtsverkehr **keine Widerspruchsfreiheit** des eigenen Handelns. Diese dürfen insb ihre eigene Rechtsauffassung ändern (BGH NJW 05, 1354, 1356; BAG AP Nr 32 zu § 1 TVG Vorruhestand) und dies auch noch nach Beginn eines Rechtsstreits (Palandt/*Heinrichs* § 242 Rz 55). Dies schließt etwa die Möglichkeit ein, sich auf die Nichtigkeit eigener Erklärungen oder die sonstige Unwirksamkeit eigener Rechtsgeschäfte zu berufen (BGHZ 87, 169, 177; BGH NJW 92, 834; BAG NJW 05, 2333); auch einen allg Rechtsgrundsatz, dass derjenige, der die Vorteile eines unwirksamen Rechtsgeschäfts endgültig genossen hat, die von ihm erbrachten Gegenleistungen nicht zurückfordern kann, gibt es nicht (BGH NJW-RR 07, 710). Diese Freiheit zur Inkohärenz bedeutet jedoch nicht, dass früheres Verhalten keine rechtlichen Bindungen erzeugen würde; der trivialste Fall einer solchen Bindung ist der Abschluss eines Vertrags. Auch sonst kennt die Rechtsordnung zahlreiche Fälle der Gebundenheit einer Partei an ihr früheres Verhalten, so etwa bei der Bindung an einen gesetzten Rechtsschein (BGH BB 76, 1479, 1480 [Rechtsschein im Widerspruch zum Handelsregister]; grundl *Canaris* Vertrauenshaftung 28 ff; Staud/*Looschelders/Olzen* [2005] § 242 Rz 320), in den Fällen der Heilung nichtiger Rechtsgeschäfte (Bsp §§ 311 b I 2, 766 3, 1310 III) oder bei der von der hA angenommenen Bindung an die Ausübung von Gestaltungsrechten (*Bötticher* FS Dölle 41, 71 f). Entspr nimmt § 203 (s. dort Rn 1 ff) dem Schuldner der Einrede der Verjährung zumindest für denjenigen Zeitraum, in dem er mit dem Gläubiger über den Anspruch verhandelt hat (s. Rn 58). 53

Außer in diesen etablierten Fällen, kann eine im **Widerspruch zu früherem Verhalten** stehende Rechtsausübung – venire contra factum proprium – unzulässig sein, wenn besondere Umstände die Ausübung treuwidrig erscheinen lassen (BGHZ 32, 273, 279; BGH NJW 92, 834; BGH NJW 97, 3377, 3379). Bei der Ermittlung der Treuwidrigkeit ist ein Verschulden der betreffenden Partei keine notwendige Voraussetzung, sondern geht lediglich in die erforderliche Abwägung mit ein (BGHZ 64, 5, 9). Auch eine sonstige Missbilligung des zeitlich früheren Verhaltens muss nicht gegeben sein (Jauernig/*Mansel* § 242 Rz 48), wohl aber eine Zurechnung des Verhaltens eines Dritten, auf welchem die Widersprüchlichkeit (mit-)beruht (s.o. Rn 34). Ergibt sich aus dem Sachverhalt ein rechtsgeschäftlicher Ausschluss der Rechtsposition, insb ein Verzicht, ist diese 54 vorrangig zu berücksichtigen; die durch widersprüchliches Verhalten unter § 242 eintretende Bindung ist hingegen nach hA keine rechtsgeschäftliche (AnwK/*Krebs* § 242 Rz 93). Anders als bei der Verwirkung (s.u. Rn 59–65) ist das Zeitmoment nicht von entscheidender Bedeutung. Zur Konkretisierung des offenen Tatbestandes haben sich Fallgruppen ausgebildet.

55 Der Einwand des venire contra factum proprium kann insb als Folge eines **vertrauensbegründenden Verhaltens** gegeben sein. Hat der Berechtigte durch sein Verhalten bei der Gegenseite ein schutzwürdiges Vertrauen darauf hervorgerufen, dass er sein Recht nicht oder nur zu bestimmten Modalitäten ausüben wird, kann dies die Ausübung ausschließen oder einschränken, wenn sich die Gegenseite darauf in einer Weise eingerichtet hat, dass ihr die Rechtsausübung nicht mehr zugemutet werden kann (BGHZ 94, 344, 351 f; BAG NZA 06, 502, 504; *Canaris* Vertrauenshaftung 287, 301 f). Der Schutz des anderen Teils geht über eine Haftung auf den bloßen Vertrauensschaden hinaus und kann im Einzelfall sogar anspruchsbegründend wirken (BGH BB 06, 1650, 1653; BAG AP Nr 1 zu § 620 Saisonarbeit; BAG AP Nr 2 zu § 611 Wiedereinstellung Rz 17 f [in casu verneint]). Die geforderte Ausübung des Vertrauens liegt va in einer Vermögensdisposition (*Singer* Widersprüchliches Verhalten 21 ff, 43 ff), ist aber nicht darauf beschränkt (AnwK/*Krebs* § 242 Rz 94). Schutzwürdiges Vertrauen kann sich insb aus Mitteilungen und nicht bindenden Zusagen des Berechtigten ergeben, etwa aus der Zusage, ein Dauerschuldverhältnis nur aus wichtigem Grund zu kündigen (München NJW-RR 92, 1037 f), aus der Erklärung, die Kündigung eines Arbeitsvertrages zurückzunehmen (BAG NJW 69, 1048) oder aus der Androhung einer bestimmten Maßnahme bei Fristsetzung (offengelassen BGH NJW 07, 2474, Rz 11 [Drohung mit Klage schließt im Fall Kündigung nicht aus]). Nicht immer bedarf es ausdrücklicher Erklärungen, vielmehr kann sich das schutzwürdige Vertrauen des anderen Teils auch aus dem Umfeld ergeben, in welchem sich der Berechtigte bewegt (s. BAG NJOZ 07, 2975, 2984 f). So kann der Teilnehmer an einem Verfahren der öffentlichen Auftragsvergabe auch unterhalb der Schwellenwerte grds darauf vertrauen, dass der Auftraggeber die Regeln der VOB/A einhalten wird (s. BGH ZfBR 06, 465, 466 f [Vertragsstrafenvereinbarung iRv § 12 Nr 1 VOB/A; in casu verneint]). Der Mieter von Wohnraum darf erwarten, dass er auf das Risiko möglichen künftigen Eigenbedarfs hingewiesen wird (BVerfGE 79, 292, 308 f; BGH NJW 09, 1139 Rz 17). Die widerspruchslose Hinnahme einer Leistungsbestimmung gem § 315 kann eine spätere Berufung auf die Unbilligkeit ausschließen (BGH NJW 2007, 2540, 2543 f). Die Schutzwürdigkeit des Vertrauens setzt voraus, dass der Vertrauenstatbestand dem anderen Teil zuzurechnen ist. Daran fehlt es etwa, wenn zunächst beide Parteien von der Wirksamkeit eines Rechtsgeschäfts ausgegangen sind und sich eine später auf die Nichtigkeit beruft (Karlsr ZIP 06, 1128, 1129 f [Nichtigkeit einer Treuhandvollmacht wegen Art 1 § 1 I 1 RBerG] aufgehoben durch BGH NJW 07, 1130, wo jedoch auf diese Sachfrage nicht eingegangen wird). Die Umstände, aus denen sich ein schützenswertes Vertrauen ergeben soll, sind von demjenigen vorzutragen und ggf zu beweisen, der sich auf den Vertrauenstatbestand beruft (zum Umfang der Vortragslast und der richterlichen Hinweispflicht nach § 139 ZPO s. BAG AP Nr 10 zu § 20 BMT-G II Rz 30-39). Wird ein zunächst schutzwürdiges **Vertrauen später beseitigt** – etwa durch eine ausdrückliche Klarstellung –, endet damit auch der durch § 242 begründete Vertrauensschutz (s. BAG NJOZ 07, 2975, 2984 f).

56 **Praktische Anwendungen** finden sich in großer Zahl: Besondere Bedeutung hat in dieser Hinsicht die Schlussrechnung des Architekten erlangt, welche diesen vielfach an späteren Nachforderungen hindert (BGHZ 120, 133, 135 ff; BGHZ 136, 1, 9 f; Köln NZBau 05, 467). Entspr kann das Erwecken des Eindrucks, es werde nicht aufgerechnet, zum Ausschluss der Aufrechnung (RGZ 121, 177, 178) oder des Anscheins, Schuldner einer Forderung zu sein, das Bestreiten der Passivlegitimation ausschließen (BGH NJW-RR 87, 335; BGH NJW-RR 90, 417, 418). Auf diese Weise kann ferner ein Vorkaufsberechtigter an der Ausübung seines Rechts gehindert sein, wenn er umfangreiche Investitionen der Vorkaufspflichtigen in das betroffene Grundstück untätig abwartet; im Blick auf § 469 sind jedoch hohe Anforderungen zu stellen (BGH WM 85, 876, 877 f). Auch zwingendes Recht kann so überwunden werden: So kann sich der Insolvenzverwalter auf die Anfechtbarkeit von Geschäften nur eingeschränkt berufen, welche nach der Anordnung von Sicherungsmaßnahmen mit Zustimmung des vorläufigen Insolvenzverwalters geschlossen worden sind (BGHZ 165, 283, 286 f [bei Personenidentität zw vorl InsV und InsV]). Die Unwirksamkeit von Wahlleistungsvereinbarungen wegen Verstoßes gegen § 22 II 1 BPflV kann ggf überspielt werden, wenn die betreffenden Leistungen über einen langen Zeitraum abgerufen, beanstandungsfrei erbracht und honoriert worden sind (BGH NJW-RR 07, 710). Auf die Nichtigkeit des Kaufvertrags über ein Grundstück wegen Geschäftsunfähigkeit kann sich der spätere Erbe des Geschäftsunfähigen nicht berufen, wenn er am Abschluss des Vertrags mitgewirkt hat (BGHZ 44, 367, 370 ff) und ebenso wird der sich bei Vertragsschluss als Unternehmer ausgebende Verbraucher mit der Berufung auf Verbraucherschutzrecht nicht gehört (BGH NJW 05, 1045 f); das gleiche gilt für einen freien Mitarbeiter, der sich auf seine Arbeitnehmerstellung berufen will, obwohl er gerade keinen Arbeitsvertrag abschließen wollte (BAG NJW 97, 2618, 2619), und für einen Arbeitnehmer, der sich auf die Unwirksamkeit einer fristlosen Eigenkündigung beruft (BAG NZA 09, 840 Rz 15 ff). Korrigiert der Arbeitgeber den von ihm zunächst mitgeteilten Zeitpunkt des Dienstjubiläums durch eine Vorverlegung, kann er sich nicht auf die zwischenzeitlich abgelaufene tarifliche Ausschlussfrist berufen (LAG Sachsen-Anhalt 8 Sa 856/05, 9.5.06 nv [Vorverlegung um fast drei Jahre]). Hat ein Arbeitgeber eine tarifliche Eingruppierung einmal durch Rückgruppierung des Arbeitnehmers korrigiert, ist eine erneute Rückgruppierung bei unveränderter

Tätigkeit und Tarifrechtslage regelmäßig unzulässig (BAG AP § 22 Rückgruppierung Nr 4 Rz 17). Der Erbringer mangelhafter Bauleistungen kann sich ggü Mängelansprüchen auf eine Nichtigkeit des Vertrags wegen Ohne-Rechnung-Abrede nicht berufen (BGH NJW-RR 08, 1050; 1051).

Eine unzulässige Rechtsausübung kann ferner bei einem **unauflösbaren Selbstwiderspruch** vorliegen, ohne dass es insoweit auf ein vertrauensbegründendes Verhalten ankäme (BGHZ 130, 371, 375). Gesetzlicher Anwendungsfall ist § 814 (s. § 814 Rn 1). Das Handeln auf eigene Gefahr kann einer Haftung des anderen Teils entgegenstehen, wenn sich der Geschädigte bewusst in eine Situation drohender Eigengefährdung begeben hat (BGHZ 34, 355, 363; BGH NJW-RR 06, 813, 814; BGH VersR 06, 663, 664). Umgekehrt handelt treuwidrig, wer zunächst eine Hilfeleistung erbittet und dann ggü dem geschädigten Helfer den Einwand des Handelns auf eigene Gefahr erhebt (BGH NJW 05, 418, 421). Mit der Schiedseinrede ist ausgeschlossen, wer sich vor dem Schiedsgericht auf die Zuständigkeit der ordentlichen Gerichte berufen hat (BGHZ 50, 191, 196) oder an wem das Schiedsverfahren wegen der eigenen finanziellen Leistungsunfähigkeit gescheitert ist (BGHZ 102, 199, 202 f; BGH NJW 99, 647, 648; anders Frankf NJW-RR 98, 778); umgekehrt kann die Zuständigkeit des Schiedsgerichts nicht bestreiten, wer die Streitigkeit vor den ordentlichen Gerichten durch seine Schiedseinrede hat scheitern lassen (BGH NJW-RR 09, 1582). Die Amtsniederlegung des einzigen Vorstands eines eingetragenen Vereins erst nach der Ladung zur eidesstattlichen Versicherung kann ebenfalls unbeachtlich sein (BGH NJW-RR 07, 185). Eine Vertragspartei, die sich bei Abgabe ihrer Erklärung im Irrtum befunden hat, kann ihre Erklärung nicht anfechten, wenn die Gegenpartei bereit ist, das tatsächlich Gewollte gelten zu lassen (*Flume* Allgemeiner Teil II § 21, 6). Soweit keine gesetzlichen Sonderregeln eingreifen (s. §§ 281 II Alt 1, 286 II Nr 3, 323 II Nr 1), begründet § 242 die Entbehrlichkeit der Geltendmachung von Ansprüchen als Voraussetzung anderer Rechtsbehelfe, wenn der Schuldner die Erfüllung verweigert (BAG EzBAT § 49 BAT Nr 16 Rz 41 und BAG NJOZ 06, 2610, 2616 Rz 41 [jeweils Erfordernis der Geltendmachung des Urlaubsanspruchs vor Ablauf der Ausschlussfrist]). Kein schädlicher Selbstwiderspruch liegt vor, wenn zwei einander widersprechende Klagen gegen unterschiedliche Beklagte erhoben werden (LAG Hessen 17.11.05 11 Sa 1890/04, nv [Kündigungsschutzklage und Feststellung eines fingierten Arbeitsverhältnisses nach § 10 I 1 AÜG]). Nicht gegen § 242 verstößt ferner, wer nach Vollziehung einer Unterlassungsverfügung zunächst eine Unterlassungserklärung abgibt und dann Schadensersatz nach § 945 ZPO verlangt (BGH NJW 06, 2767, 2770). Angesichts der Wertungen von §§ 281 I, 314 II, 323 I kommt ein Ausschluss der betreffenden Rechtsbehelfe, wenn nach Ablauf der Frist zunächst am Erfüllungsanspruch festgehalten wird, wegen Widersprüchlichkeit des Gläubigerverhaltens nur in Betracht, wenn zusätzliche Umstände hinzutreten, etwa ein Rücktritt „zur Unzeit" unmittelbar nach der letzten Leistungsaufforderung (BGH NJW 06, 1198, 1199, Rz 23 [gegen die Vorinstanz]; offen gelassen in BGH NJW 08, 2474 [Androhung der Mängelbeseitigungsklage statt Kündigung nach § 543]); s. Vor § 275 Rn 10, § 280 Rn 45, § 281 Rn 22).

Praktische Bedeutung haben insb Fälle einer **treuwidrigen Berufung auf Verjährung** oder auf den Ablauf einer Ausschlussfrist erlangt. Gesetzlich geregelter Fall ist § 214 II 1 (s. dort Rn 3). Hat der Schuldner den Gläubiger davon abgehalten, eine Hemmung oder einen Neubeginn der Verjährung herbeizuführen, kann ihm die Ausübung der Verjährungseinrede verwehrt sein (BGHZ 93, 64, 66 f; 123, 394, 400 f; 126, 88, 104 f; BGH VersR 06, 556, 557; BGH NJW 08, 2776). Entspr gilt für gesetzliche, vertragliche und tarifvertragliche Ausschlussfristen (BGH NJW-RR 87, 157 f; LAG Sachsen-Anhalt 8 Sa 856/05, 9.5.06 nv). Ein Verschulden des Schuldners ist jeweils nicht erforderlich (BGH NJW 02, 3110, 3111), reine Passivität genügt regelmäßig nicht (BAG NZA 06, 1001, 1003). § 203 ist ein gesetzlich geregelter Fall (s.o. Rn 53). Das einverständliche Abwarten der Entscheidung einer Parallelsache oder eines Musterprozesses gehört regelmäßig hierher (BAG BB 75, 881; BGH NJW 85, 1152) ebenso die ausdrückliche Zusage, sich auf die Ausschlussfrist nicht zu berufen (BAG AP Nr 22 zu § 1 TVG Tarifverträge Rz 54) oder das deklaratorische Anerkenntnis durch Gehaltsabrechnung (LAG Rheinland-Pfalz 8 Sa 413/05, 2.12.05, nv [Ausschlussfrist nach BRTV-Bau]). Die Berufung auf Mitteilungsfristen kann dem zu informierenden Teil versagt sein, wenn er auch ohne die Mitteilung Kenntnis von deren Inhalt erhalten hat (OLGR Schleswig 06, 153, 154 [Verstoß gegen § 13 III 1 EnWG]). Einem Versicherer konnte die Berufung auf die Ausschlussfrist des § 12 III VVG aF versagt sein, wenn der Versicherungsnehmer die Frist ohne Verschulden versäumt hat und weitere Umstände die Berufung auf die Frist als treuwidrig erscheinen lassen (BGHZ 43, 235, 238 f; BGH NJW-RR 05, 619, 620); die Vorschrift ist jedoch iRd großen VVG-Reform entfallen. Keine Treuwidrigkeit liegt hingegen vor, wenn der Mieter auf eine nach § 556 III 3 verfristete Betriebskostennachforderung in Unkenntnis der Verfristung (sonst § 814 Alt 1) zunächst zahlt und dann die Rückforderung betreibt (BGH WuM 06, 150, 151 [keine Analogie zu § 214 II 1]). Die Treuwidrigkeit der fristbezogenen Einwände entfällt, wenn der Berechtigte sein Recht nicht innerhalb einer kurz bemessenen Überlegungsfrist gerichtlich geltend macht (Karlsr VersR 06, 251).

II. Verwirkung. 1. Begriff und Gegenstand. Unter Verwirkung wird der Ausschluss der Rechtsausübung wegen **illoyaler Verspätung** verstanden (BGHZ 92, 184, 187; 105, 250, 256; BGH NJW-RR 03, 727, 728; BAG E 6, 165, 167; BAG AP Nr 6 zu § 108 InsO Rz 40); sie ist von der Verwirkung durch treuwidriges Verhalten (s.o. Rn 46) zu unterscheiden (AnwK/*Krebs* § 242 Rz 103). Die Verwirkung gilt als Unterfall der unzulässigen Rechtsausübung wegen widersprüchlichen Verhaltens (BGHZ 84, 280, 284; BGH NJW 07, 2183; BAG NZA 09, 1149 Rz 19; *Kegel* FS Pleyer 1986, 523) oder jedenfalls als mit dieser verwandt (BGHZ 21, 67, 79 f;

§ 242 Leistung nach Treu und Glauben

AnwK/*Krebs* § 242 Rz 99) und soll auf dem Gedanken des Vertrauensschutzes beruhen (*Canaris* Vertrauenshaftung 266). Richtigerweise handelt es sich bei der Verwirkung entgegen der hA in Deutschland jedoch um einen **stillschweigend erklärten Verzicht**, welcher sich aus dem **Erklärungswert des Verhaltens** des Berechtigten ergibt und von dessen Willen grds unabhängig ist (insoweit zutr BGHZ 25, 47, 52; BGH NJW 96, 588). Folglich haben – entgegen der hA – die Regeln der Rechtsgeschäftslehre zur Anwendung zu gelangen. Der Verwirkung unterliegt grds jeder Anspruch und **jedes Recht**; dazu zählt auch das Recht auf Feststellung eines Rechtsverhältnisses iSv § 256 I ZPO (BAG NZA 07, 396; offen gelassen in BAG NJOZ 07, 2854, 2860).

60 **2. Anwendungsbereich.** Der Verwirkung unterliegen grds **sämtliche Rechte, Rechtsstellungen und Befugnisse**. Sie findet im gesamten Bereich des Privatrechts als allg Regel Anwendung und zwar einschl des Familienrechts (BGH FamRZ 02, 1698 ff), des Erbrechts (München FamRZ 05, 1120; vgl BVerfG NJW 07, 1043), der gewerblichen Schutzrechte (BGH GRUR 01, 1161, 1163; Kobl GRUR-RR 06, 184), wobei ggf das gemeinschaftsrechtliche Verbot des Rechtsmissbrauchs (s. Rn 2) zu konkretisieren ist, und des Arbeitsrechts (BAG BB 88, 978), ferner im öffentlichen Recht (BVerwGE 6, 204, 205; BVerwGE 44, 339, 343) einschl des Sozialrechts (BSG NJW 69, 767) und der Prozessrechte (BGHZ 97, 212, 220 f; BAG NJW 83, 1443, 1444). An die Verwirkung dinglicher Rechte und der sie begleitenden Ansprüche sind wegen der enteignenden Wirkung besonders hohe Anforderungen zu stellen; das entspricht auch der Wertung von §§ 900, 902 (s. BGH NJW 07, 2183 f Rz 8 ff [„schlechthin unerträglich"]). Die Verwirkung ergänzt bestehende Verjährungs- und Ausschlussfristen und wird durch diese nicht verdrängt. Da der Verwirkungseinwand jedoch nicht zur Aushöhlung dieser Fristen führen darf, muss er auf Ausnahmefälle beschränkt sein (BGH NJW-RR 92, 1240, 1241). Die Verkürzung der regelmäßigen Verjährungsfrist auf drei Jahre hat den Anwendungsbereich der Verwirkung daher erheblich verkleinert (BGH NJW 07, 1273, 1275; Palandt/*Heinrichs* § 242 Rz 97).

61 Gelegentlich finden sich auch **gesetzliche Sondervorschriften** zur Verwirkung, deren Voraussetzungen kraft Spezialität an die Stelle der allg Verwirkungsregeln treten, vgl § 21 MarkenG, §§ 314 III, 626 II, 1587c (BGH FamRZ 07, 997, 1000); das gilt jedoch nicht für § 1585b II, III (BGH NJW 07, 1273, 1275) und § 613a VI (BAG NZA 07, 793, 797). Besonders im Arbeitsrecht finden sich auch **Verwirkungsausschlüsse**; dies gilt etwa für § 4 IV 2 TVG (ausdrücklicher Verwirkungsausschluss, der freilich nicht für einzelvertraglich begründete Ansprüche gilt, BAG NZA 07, 690, 691) sowie für Unterlassungsansprüche nach §§ 1, 2 UKlaG (BGH NJW 95, 1488 [zu § 13 AGBG aF]). Dasselbe nimmt das BAG für die elementaren Rechte des Arbeitnehmers aus dem Arbeitsverhältnis etwa für den Lohnanspruch, den gesetzlichen Urlaubsanspruch oder für Versorgungsbezüge an (BAG NJW 55, 157, 159; BAG BB 58, 117; BAG DB 70, 787, 788), jedoch nicht für die Berufung des Arbeitnehmers darauf, überhaupt zu einem Unternehmen in einem Arbeitsverhältnis zu stehen (BAG AP Nr 4 zu § 13 AÜG), für die Nichteinhaltung einer Kündigungsfrist (BAG NJW 06, 2284, 2287; vgl § 4 KSchG) sowie für den Widerspruch gegen den Betriebsübergang nach § 613a (BAG NZA 09, 1149 Rz 15 ff; bedenklich, da ohne Prüfung der EU-Richtlinie).

62 **3. Voraussetzungen.** Verwirkung setzt zunächst voraus, dass zwischen der ersten Möglichkeit der Geltendmachung des betreffenden Rechts und seiner tatsächlichen Geltendmachung ein längerer Zeitraum verstrichen ist, währenddessen der Berechtigte untätig geblieben ist: „**Zeitmoment**". Der Zeitablauf allein genügt für den Eintritt der Verwirkung jedoch nicht, vielmehr müssen weitere Umstände vorliegen, welche die späte Geltendmachung des Rechts als treuwidrige Härte erscheinen lassen: „**Umstandsmoment**" (BGHZ 146, 217, 220, 224 f; BGH NJW 03, 824; BAG AP Nr 6 zu § 108 InsO Rz 40). Das Verhältnis beider Momente zueinander ist letztlich offen; regelmäßig wird angenommen, dass eine kürzere Zeitspanne durch schwerwiegendere Umstände ausgeglichen werden könne und umgekehrt (BGH NJW 93, 918, 921; BGH GRUR 01, 323, 327). Der schlichte Zeitablauf genügt aber – anders als bei der Verjährung – gerade nicht (OLGR Saarbrücken 06, 613, Rz 31 ff [Freistellung von Erschließungsbeiträgen nach 13 Jahren]).

63 Die für das Zeitmoment maßgebende Frist beginnt mit Entstehen der Rechtsposition (BGH NJW-RR 06, 235, 236 [für wiederholte gleichartige Störungen daher in jedem Einzelfall; offen gelassen für Dauerstörungen]; BGH NJW 07, 1273, 1276). Die **Zeitspanne** lässt sich nicht in festen Zahlen ausdrücken. Sie richtet sich vielmehr nach den Umständen des Einzelfalls (BGHZ 146, 217, 224 f; BAG NZA-RR 03, 253, 254). Wichtiger Anhaltspunkt bei der Konkretisierung ist zunächst eine einschlägige Verjährungs- oder Ausschlussfrist (BGH NJW 07, 1273, 1275 zu § 1585b II, III); je kürzer eine solche Frist ist, desto weniger wird Raum für die Verwirkung sein (BGHZ 103, 62, 68), bei Unverjährbarkeit sind die Anforderungen an die Verwirkung extrem hoch (BGH NJW 07, 2183 „schlechthin unerträglich"). Praktische Bedeutung hat ferner der Ablauf von handels- und steuerrechtlichen Aufbewahrungsfristen (§ 257 HGB, § 147 II AO 1977); die Differenz zwischen diesen Fristen und den bisweilen längeren Bearbeitungszeiten der Rechnungshöfe des Bundes und der Länder für die Prüfung von Schlussrechnungen aus Bauaufträgen droht den Bauunternehmer als potentiellen Schuldner eines Rückforderungsanspruchs in eine schlechte prozessuale Lage zu bringen (*Hambg* BB 84, 14, 16; ausf zur Problematik *Hahn* ZfBR 82, 139 ff). Vergleichsweise kurze Fristen sind insb bei Ansprüchen aus Dauerschuldverhältnissen in Betracht zu ziehen (vgl § 556 III; zu den meist kurzen tariflichen Ausschlussfristen vgl *Löwisch/Rieble* TVG § 1 Rz 640 ff); das gilt insb in Fällen der Nichtgeltendmachung von Unterhaltsansprüchen (BGHZ 103, 62, 70; 105, 250, 256 f). Bei turnusmäßig anzu-

passenden Betriebsrenten kommt eine Verwirkung von Nachforderungen wegen zu geringer Anpassung hingegen regelmäßig nicht vor dem nächsten Anpassungsstichtag in Betracht (s. BAG AP Nr 55 zu § 16 BetrAVG). Bei Gestaltungsrechten kann eine Verwirkung sogar schon nach wenigen Wochen eintreten; §§ 314 III, 626 II sind gesetzliche Bsp dafür. Es gibt aber keinen allg Grundsatz, wonach Gestaltungsrechte generell nach kurzer Frist verwirkt sind (BGH NJW 02, 669).

Das **Umstandsmoment** ist gegeben, wenn zusätzlich zur Verspätung weitere Umstände vorliegen, die eine **64** verspätete Durchsetzung unzumutbar machen. Wichtigster Fall einer solchen Unzumutbarkeit ist ein entstandenes schutzwürdiges **Vertrauen**. Dieses kann sich etwa durch Nichtbetreibung eines gerichtlichen Verfahrens trotz mehrfacher Anfragen des Gerichts ergeben (BGH NJW 07, 1273, 1275 Rz 23, trotz Rechtshängigkeit des Stufenantrags im Scheidungsverbund). Allein die Untätigkeit des Berechtigten ist allerdings nicht ausreichend (BAG NJOZ 07, 2854, 2860). Ausgeschlossen ist das berechtigte Vertrauen auch dann, wenn bei mehreren gleichgelagerten Fällen nur einzelne Gläubiger im Wege eines Musterverfahrens vorgehen (BAG NZA 07, 690, 691). **Schutzwürdig** ist ein solches Vertrauen dann, wenn der Verpflichtete bereits eine darauf gestützte Vermögensdisposition getroffen hat (BGHZ 67, 56, 68; NJW 84, 1684; 03, 128). Neben Vertrauensschutzerwägungen kann sich das Umstandsmoment auch aus einer schlicht objektiven Verschlechterung der schuldnerischen Position ergeben, welche in der Zwischenzeit eingetreten ist. Dies gilt insb für den zwischenzeitlich eingetretenen Verlust von Beweismitteln (BGH NJW-RR 92, 1240, 1241; Hamm NJW-RR 03, 81, 82). Die Schutzwürdigkeit kann durch eigene Pflichtverletzung des Verpflichteten ausgeschlossen sein (BGH NJW 08, 2254 [keine Verwirkung der Berufung auf die Nichtigkeit von AGB wegen Verstoßes gegen vorvertragliche Pflichten]).

4. Rechtsfolgen. Die Verwirkung führt zur dauerhaften **Undurchsetzbarkeit** des betreffenden Rechts **65** (AnwK/*Krebs* § 242 Rz 111). Der Erhebung einer § 214 I vergleichbaren Einrede bedarf es nicht, vielmehr ist die Verwirkung – bei entspr Sachvortrag – vAw zu berücksichtigen (BGH NJW 66, 343, 345). Bei Ansprüchen führt die Verwirkung jedoch nicht zu deren vollständiger Vernichtung, sondern es kann dasjenige, was auf eine verwirkte Forderung geleistet wird, entspr § 214 II nicht zurückgefordert werden: der Anspruch bleibt insoweit Rechtsgrund (AnwK/*Krebs* § 242 Rz 112). Ein bestehender Verzug wird nicht beseitigt (BGH NJW 07, 1273, 1275). Die **Beweislast** für die Voraussetzungen der Verwirkung trägt der Verpflichtete, wobei der Berechtigte jedoch rechtserhaltende Maßnahmen substantiiert darzulegen hat (BGH NJW 58, 1188 f; 66, 343, 345; BGHZ 67, 56, 68).

C. Begründung von Pflichten (heteronome Vertragsergänzung). I. Allgemeines. Die **ergänzende Wir-** **66** **kung** von § 242 (o Rn 25 f) gestattet es, dem Rechtsverhältnis zwischen den Parteien unabhängig von deren Willen zusätzliche Pflichten hinzuzufügen. Dies kann entweder durch die Bildung ergänzender richterrechtlicher Normen oder im Wege ergänzender Vertragsauslegung geschehen. Die Grenze zwischen diesen beiden Ergänzungsmechanismen ist fließend. Immerhin lassen sich Fallgruppen herausarbeiten, welche die Ordnung des kaum noch zu übersehenden Entscheidungsmaterials erleichtern (s.u. Rn 68–81).

Die möglichen Ergänzungen betreffen auch die den **Typ** des Schuldverhältnisses **charakterisierenden** **67** **(Haupt-)Pflichten** (s. § 241 Rn 18). Solche Vorgänge meint der Wortlaut von § 242, der insoweit neben die §§ 243-274 tritt. Der Schuldner muss danach seine Pflichten nicht nur dem „Buchstaben", sondern auch dem Geist des Schuldverhältnisses nach erfüllen (so klassisch *Larenz* Schuldrecht I § 10 II). So darf der Schuldner etwa auch außerhalb von § 358 HGB nicht zur Unzeit leisten (RGZ 92, 208, 210 f). Ferner kann er ausnahmsweise zu einer Anpassung des Vertrages verpflichtet sein, wenn die unveränderte Durchführung bestimmter Vertragsteile nicht möglich oder dem Gläubiger ausnahmsweise nicht zumutbar ist; das ergibt sich heute aus § 313 I (Einordnung offen gelassen in BGH WuM 06, 440, 442; zum alten Recht: OGH NJW 49, 465, 467 [Notwendigkeit eines Wechsels des Erfüllungsortes]; vgl auch RGZ 107, 121, 122 f). Für Unterhaltsverzicht und Ausschluss des Versorgungsausgleichs stützt der BGH die von ihm entwickelte Ausübungskontrolle zu Unrecht nach wie vor auf § 242 (s. BGHZ 158, 81, 100 f; BGH NJW 09, 2124 Rz 15; vgl für die Einzelheiten § 1585c Rn 6). Umgekehrt muss **auch der Gläubiger** Rücksicht auf die Belange des Schuldners nehmen. Dieser kann zwar grds auf einer pflichtgemäßen Erfüllung bestehen, jedoch muss er einerseits in dem gebotenen Maße kooperieren (BGH NJW 77, 2358, 2359; s.u. Rn 75) und andererseits muss er im Einzelfall gewisse geringfügige, unerhebliche Abweichungen vom Leistungsprogramm des Schuldverhältnisses hinnehmen (etwa RGZ 78, 137, 142 [Scheck statt Barzahlung]; BGH NJW 69, 320, [Überweisung auf abweichendes Konto]). Bei derartigen Konstellationen, zu denen auch Einschränkungen von § 266 gehören (s. dort Rn 3), ist die Grenze zur beschränkenden Wirkung von § 242 fließend (vgl o Rn 27, 28).

II. Aufklärung und Information. Das deutsche Recht kennt **keine generelle Pflicht** der Parteien von **68** Schuldverhältnissen zur gegenseitigen Aufklärung (Auskunft, Anzeige, Hinweis, Mitteilung, Offenbarung, Information), und zwar weder vertraglich noch außervertraglich. Das gilt auch für Personen, die fremde Angelegenheiten zu betreuen haben (BGH NJW 88, 1906 f). Jedoch kennt das Gesetz zahllose einzelne Tatbestände, welche Pflichten zur Aufklärung und Information begründen (etwa §§ 312, 312c, 312e, 402, 477, 482, 492, 651a III, 666, 675a, 681, 713, 1379, 2057, 2127, 2130 II, 2218 sowie die BGB-InfoV). Neben diesen kann sich eine Auskunftspflicht auch aus § 242 ergeben (s.a. die Nachweise § 280 Rn 65–76). Das gilt etwa für die Widerrufsbelehrung nach § 312, welche zugleich eine Nebenpflicht des Unternehmers bei Vertragsschluss erfüllt (*Ehricke* ZBB 05, 443, 447 ff; *Wielsch* ZBB 06, 16, 19 f; s. Rz 58). Soweit eine solche Auskunftspflicht auch eine Pflicht zur Rechenschaft beinhaltet, richten sich die weiteren Einzelheiten nach §§ 259-261 (s. § 259 Rn 3). Von Pflichten zur Aufklärung und Information zu trennen ist die Pflicht zur **Wahrhaftigkeit** gegebener Auskünfte und Informationen. Auch wenn Erstere nicht besteht, dürfen keine falschen oder irreführenden Informationen gegeben werden (BGH NJW-RR 91, 178, 179; 91, 1246, 1247 f [Fehlerhafte Prospektangaben]). Das gilt etwa für Ertragsauskünfte bei Anbahnung eines Handelsvertreterverhältnisses (*Schipper* NJW 07, 734 f).

69 Die Ableitung einer Aufklärungspflicht aus § 242 setzt voraus, dass der Berechtigte über den Bestand und den Umfang seiner Rechte im Ungewissen ist und diese Ungewissheit nicht zu verantworten hat, sowie dass der Verpflichtete unschwer Auskunft erteilen kann (RGZ 108, 1, 7; BGHZ 81, 21, 24; 95, 285, 287 f). „Unschwer" kann die Auskunft erteilt werden, wenn die mit der Erteilung der Auskunft verbundenen Belastungen nicht ins Gewicht fallen oder dem Schuldner in Anbetracht der Darlegungs- und Beweisnot des Gläubigers und der Bedeutung der Auskunft für deren Beseitigung zumutbar sind (BGH NJW 07, 1806). Außerdem muss die Annahme einer Pflicht zumutbar und verhältnismäßig sein (BGHZ 10, 385, 387; 70, 86, 91; 95, 285, 288). Dem Richter obliegt eine **Abwägung** zwischen dem **Auskunftsinteresse** des Berechtigten und den legitimen gegenläufigen Interessen des anderen Teils (AnwK/*Krebs* § 242 Rz 50). Daher besteht keine Aufklärungspflicht, wenn sich der Berechtigte die Informationen in zumutbarer Weise selbst beschaffen kann (Hamm NJW-RR 01, 236, 237) oder vorrangig durchzusetzende Auskunftsansprüche hat (BAG AP Nr 5 zu BetrAVG § 1 Auskunft Rz 24). Häufig wird erst das Auskunftsverlangen die Pflicht auslösen (AnwK/*Krebs* § 242 Rz 50), während ohne ein solches erheblich höhere Anforderungen zu stellen sind (BGH NJW 88, 1965, 1966 [Schweigen offensichtlich unredlich]). Rechtsvergleichend und kollisionsrechtlich hierzu *Osthaus*, Informationszugang.

70 Bei Schuldverhältnissen aus **Vertragsanbahnung** liegt die Annahme einer von einem Auskunftsverlangen unabhängigen Aufklärungspflicht besonders nahe. Hierbei geht es um Pflichten, die für das Zustandekommen des Vertrags, seine ordnungsgemäße Durchführung oder für die Erreichung des Vertragszwecks erkennbar von entscheidender Bedeutung sind (BGHZ 60, 221, 224; 114, 87, 91; NJW 01, 2021, 2021 f; 07, 3057, 3059; Jauernig/*Mansel* § 242 Rz 19). Für die Annahme einer solchen Pflicht können etwa die Art des Geschäfts und der Geschäftsgegenstand sprechen (BGHZ 124, 151, 156 [Vermittlung von Börsentermingeschäften]), ferner ein Informationsungleichgewicht zwischen den Parteien wegen besonderer Sach- und Fachkunde oder besonderer Unerfahrenheit eines Teils (BGHZ 80, 80, 85; 168, 168; BGH NJW 07, 3057, 3059) oder weil eine Seite einen Irrtum der anderen erkannt hat (BGH ZfBR 06, 27, 28; BGH BB 06, 1650, 1653; OLGR Dresden 06, 939). Sie kann sich ferner aus gesetzlichen Wertungen, etwa Zwecksetzungen des Gemeinschaftsrechts ergeben (s. für die verbraucherschützende Widerrufsbelehrung EuGH 25.10.05, C-350/03 – *Schulte*; BGH NJW 06, 2099 [offen gelassen, Kausalität verneint] und Rz 50 ff [statt dessen erweiterte Aufklärungspflichten]; BGH BB 06, 1409 [Kausalität verneint]; *Ehricke* ZBB 05, 443, 447 ff; *Wielsch* ZBB 06, 16, 19 f; s. zum Ganzen § 280 Rn 68). Rechtsfolge der Verletzung von Aufklärungspflichten aus Vertragsanbahnung ist regelmäßig nur ein Ersatz des Vertrauensschadens, während eine Vertragsanpassung nicht verlangt werden kann (BGH BB 06, 1650, 1653); ausnahmsweise besteht ein Anspruch darauf, den Vertrag rückgängig zu machen (BGH NJW 07, 3057, 3059).

71 Für ergänzende Aufklärungs- und Informationspflichten **aus bestehendem Vertrag** gelten ebenfalls die Kriterien des Informationsgefälles. Entsprechende Pflichten beim **Arbeitsverhältnis** betreffen etwa die Unterrichtung bei Betriebsübergang (§ 613a V; s. dort Rn 35 ff) und sind ggf über § 242 zu ergänzen (BAG AP Nr 5 zu BetrAVG § 1 Auskunft Rz 23 [Informationspflichten des Veräußerers]). Generell muss der Arbeitgeber eine entschuldbare Unwissenheit des Arbeitnehmers beheben, wenn er dies unschwer kann (BAG NJOZ 08, 3171). Grds können den Arbeitgeber auch Belehrungspflichten bei einvernehmlicher Vertragsaufhebung treffen (s. BAG AP Nr 99 zu § 611 Fürsorgepflicht; BAG AP Nr 24 zu § 1 BetrAVG). IdR muss sich der Arbeitnehmer jedoch selbst einen Überblick über die Folgen der Beendigung des Arbeitsverhältnisses verschaffen (BAG NZA 06, 535, 538 [Sperrzeit wegen Arbeitsaufgabe]; LAG Berlin NZA-RR 06, 327 [anwartschaftsbegründende Zeiten beim Arbeitslosengeld]). Hingegen entstehen aus einem Auslandseinsatz des Arbeitnehmers idR keine Aufklärungspflichten hinsichtlich steuerlicher Folgen (BAG NJW 09, 2616). Aus dem **Behandlungsvertrag** mit dem **Krankenhaus** kann sich bei Behandlungsfehlern eine Pflicht zur Auskunft über Namen und Adressen der operierenden Ärzte ergeben (Frankf VersR 06, 81 [mit Einschränkungen des Personenkreises]). Der **Makler** hat gegen seinen Vertragspartner einen Anspruch auf Mitteilung des nach dem vermittelten Vertrag zu entrichtenden Entgelts, wenn sich seine Provision nach diesem richtet (BGH VersR 06, 506, 508). Beim Wohnraum**mietvertrag** ergibt sich der Anspruch auf Abrechnung der Betriebskosten bereits aus § 556 III Rn 32), der allerdings – auch auf der Basis von § 242 – keinen Anspruch auf Überlassung von Kopien der Abrechnungsbelege umfasst (BGH NJW 06, 1419, 1421). Der Vermieter von *nicht versicherungspflichtigen Fahrzeugen* muss uU über die versicherungsrechtliche Situation aufklären, wenn dem Mieter die Problematik nicht bekannt ist (BGH NJW-RR 07, 298). Bei Schäden beim Land- oder See**transport** muss der Transporteur trotz der Beweislast des Anspruchstellers wegen des unterschiedlichen Informationsstands der Vertragsparteien zu den näheren Umständen aus seinem Betriebsbereich soweit mög-

lich und zumutbar eingehend vortragen (BGHZ 127, 275, 283 f; BGH VersR 06, 389, 390). Aufklärungs- und Beratungspflichten ergeben sich – als Ausnahme vom Grundsatz der Eigenverantwortung des Versicherungsnehmers – schließlich auch beim **Versicherungsvertrag**: Das gilt etwa für die Ermittlung der richtigen Versicherungssumme zur Vermeidung der Unterversicherung (BGH VersR 89, 472, 473; Saarbr VersR 06, 923, 924 [in casu verneint]), für die – ggf auch wiederholte – Belehrung über den Verlust des Versicherungsschutzes bei vorsätzlicher Verletzung einer Aufklärungsobliegenheit (BGH NJW-RR 07, 907) oder die Belehrung über weitere Obliegenheiten nach Anzeige des Versicherungsfalls (BGH NJW 08, 3643 [Stehlgutliste]). Verfügt der Versicherer jedoch selbst nicht über die erforderlichen Informationen, kommt die Pflicht nicht zum Tragen (BGH VersR 06, 352 [Frist für Invaliditätsfeststellung; keine Anzeichen für unfallbedingten Dauerschaden]). Ist die Höhe des einem Teil zustehenden Anspruchs offen, kann dieser Umstand einen entspr **begleitenden Auskunftsanspruch** zu dessen Gunsten rechtfertigen (s. BGH NJW-RR 89, 450; BGH NJW 79, 1832; BGH NJW 71, 565), der freilich die Existenz des Hauptanspruchs voraussetzt (Staud/*Bittner* [2001] § 260 Rz 19). Dafür muss sich aus der Art des Verhältnisses zwischen den Parteien ergeben, dass der Auskunftsberechtigte in entschuldbarer Weise über den Übergang seines Rechts im Ungewissen, der Auskunftsverpflichtete aber in der Lage ist, die erforderlichen Auskünfte leicht zu erteilen (BGH NJW 54, 70, 71; BGH NJW 71, 656; BGH NJW 07, 1806, 1807; Staud/*Bittner* [2001] § 260 Rz 19). Besonders detaillierte Regeln gelten für Fälle der **Verletzung gewerblicher Schutzrechte**. Diese betreffen einerseits Auskünfte, insb die Vorlage von Beweismitteln, welche dem verletzten Teil die **Anspruchsbegründung** – Nachweis der Rechtsverletzung – ermöglichen sollen. Diese ergeben sich, wenn der Kläger die gewisse Wahrscheinlichkeit einer Schutzrechtsverletzung darlegt (BGH GRUR 02, 1046 – Faxkarte; BGH GRUR 06, 962 – Restschadstoffentfernung und dazu Anm *McGuire* GPR 07, 34; *Osthaus* Informationszugang). Zusätzliche Vorgaben ergeben sich hier aus dem TRIPS-Abkommen sowie den Bestimmungen zur Umsetzung der Richtlinie 2004/48/EG vom 29.4.04 zur Durchsetzung der Rechte geistigen Eigentums, sog Enforcement-Richtlinie (s. *McGuire* ÖBl 04, 232-235; *Schmidt-Kessel/Müller* 52 ff) in §§ 140b ff PatG, §§ 24a ff GebrMG, § 19 ff MarkenG, §§ 101 ff UrhG, §§ 46 ff GeschmMG, §§ 37b ff SortG. Hinzu kommt der Auskunftsanspruch, welcher der **Bezifferung des Ausgleichsanspruchs** dient (BGHZ 92, 62, 64 – Dampffrisierstab II; zuletzt BGH GRUR 06, 575, 578 – Melanie [§ 37 II SortG aF ergänzend]). Der Anspruch besteht bei gemeinschaftsrechtlich begründeten Schadensersatzansprüchen auch dann, wenn das Gemeinschaftsrecht ihn nicht vorsieht; dies folgt aus dem Gebot effektiver Rechtsdurchsetzung (BGH GRUR 06, 575, 578 – Melanie [zu Art. 94 II, 97 III GemSortV]). Der Anspruch beschränkt sich jedoch auf den Zeitraum, für den der Hauptanspruch dem Grunde nach feststeht (München GRUR-RR 06, 130, 133). Ob der haftungsausfüllende Auskunftsanspruch auch auf die Vorlage von Belegen gerichtet ist, ist bislang noch offen (dafür Hambg OLGR 06, 589, 592; dagegen Köln GRUR-RR 06, 159, 161).

Ihre **Grenzen** findet die Aufklärungspflicht regelmäßig an einer entgegenstehenden vertraglichen Risikoverteilung (BGHZ 114, 87, 90; 117, 280, 283 ff) sowie dann, wenn es am Informationsgefälle fehlt, etwa weil der andere Teil sachkundig beraten ist (Oldbg VersR 93, 1226; Saarbr VersR 06, 923, 924). Auch eine Rechtsberatung ist regelmäßig nicht geschuldet: So ist etwa ein Unternehmen, welches iRe geplanten Börsenganges Aktien an seine Mitarbeiter verkauft, nicht zur allgemeinen Rechtsberatung eines Käufers dahingehend verpflichtet, dass einmal erworbene Aktien – auch bei einem Scheitern des geplanten Börsengangs – nicht zurückgegeben werden können (BAG NJW 07, 2348, 2350). Hintergrund des Ringens um derartige Pflichten im vertraglichen Kontext ist die beschränkte Ersatzfähigkeit reiner Vermögensschäden unter § 823 (s. dort Rn 59). Mit einem „informationellen Vorsatzdogma" (so *Grigoleit* Vorvertragliche Informationshaftung 16 ff, 40 ff) hat dies nichts zu tun.

Besonderheiten gelten für **Unterlagen**, welche während einer Vertragsdurchführung bestimmungsgemäß erstellt werden und an deren Kenntnis die andere Partei ein schutzwürdiges Interesse hat (vgl BGHZ 150, 377; *Osthaus* Informationszugang 150 ff). Hier kann sich aus § 242 ggf ein Anspruch auf **Vorlage und Einsicht** iSd §§ 809–811 (s. dort) ergeben. Hierzu zählen insb Ansprüche auf Einsicht in Vertragsunterlagen (BGH NJW-RR 92, 1072, 1073) und Krankenakten (BGHZ 85, 327, 331; 106, 146, 148). Ggf können sich entspr Rechte auch aus § 34 BDSG ergeben.

III. Kooperation. Die Parteien sind verpflichtet, zur Erreichung des Vertragszwecks **zusammenzuwirken** und entgegenstehende **Hindernisse zu beseitigen** (BGH NJW-RR 89, 1393, 1395); erst recht ist es ihnen verboten, Obstruktion zu betreiben (zu den sog Leistungstreuepflichten s.u. Rn 76). Diese Pflichten treffen auch den Gläubiger, wobei §§ 293 ff zeigen, dass die Schutzzwecke dieser Pflichten von den gewöhnlichen abweichen (AnwK/*Schmidt-Kessel* § 293 Rz 2). Unter § 242 sind insoweit va zwei **Fallgruppen** von Bedeutung: Zum einen müssen die Parteien **zusammenwirken**, um die Erteilung einer für den Vertrag oder seine Durchführung erforderlichen behördlichen Genehmigung herbeizuführen; umgekehrt müssen sie unterlassen, was die Genehmigung vereiteln oder gefährden könnte (RGZ 129, 357, 376; BGHZ 14, 1, 2; 67, 34, 35; BVerwG NJW-RR 86, 756, 758). Ggf sind sie einander verpflichtet, den Vertrag iRd Zumutbaren so zu ändern, dass er genehmigungsfähig wird (BGHZ 67, 34, 35; 87, 156, 165) oder den mangels Genehmigung gescheiterten Vertrag neu abzuschließen (BGH MDR 63, 837 f; BGHZ 87, 156, 165). Zum anderen kann sich – auch unabhängig von einer Genehmigungspflichtigkeit – aus § 242 die Pflicht ergeben, den **Vertrag** an veränderte Umstände **anzupassen** (BGHZ 71, 276, 284; 98, 276, 279 f); bei wirksamem Vertrag sind diese Fälle jedoch heute durch § 313 abgedeckt, der so etwa auch § 275 überspielen kann (s. § 275 Rn 19). Bei Befolgung behördlicher Anordnungen durch einen Teil, kann den anderen eine Duldungspflicht treffen (BGH NJW 09, 1736 [Bauliche Maßnahmen beim Mietvertrag außerhalb von § 554]). Nicht um eine Kooperationspflicht sondern um die Konkretisierung der vorvertraglich begründeten Pflicht zum Abschluss des Hauptvertrags geht es, wenn § 242 zum Kontrollmaßstab für das von einer Seite abgegebene Angebot herangezogen wird (s. BGH NJW 06, 2843; s. aber *Krüger* ZNotP 06, 447, 448 ff). Zum Sonderfall der beiderseitigen Rücksichtnahmepflicht im nachbarschaftlichen Gemeinschaftsverhältnis s. BGH NJW-RR 03, 1313, 1314; 08, 610 sowie § 906 Rn 1 ff. Ein entsprechendes Gemeinschaftsverhältnis besteht zwischen Wohnungseigentümern (BGH NJW 07, 292, 293) und kann auch Ansprüche auf Änderung der Gemeinschaftsordnung und sogar der Teilungserklärung begründen (OLGR Schleswig 06, 432; Schlesw WuM 06, 407); bei der richterlichen Kontrolle des Stimmverhaltens in der Eigentümerversammlung ist hingegen Zurückhaltung geboten (s. OLGR München 06, 730). Zur gesellschaftsrechtlichen Treuepflicht s. Rn 76. Die Parteien eines Arbeitsverhältnisses sind verpflichtet, gegenseitig auf die Rechtsgüter und Interessen der jeweils anderen Partei Rücksicht zu nehmen (BAG AP BGB § 626 Nr 220 Rz 24).

76 **IV. Treuepflichten.** Die vertragliche Bindung verbietet es den Parteien grds, den Vertragszweck oder einen Leistungserfolg zu beeinträchtigen, zu vereiteln oder zu gefährden (BGH NJW 78, 260 f; 83, 998). Dieses Obstruktionsverbot ist das Komplement zur Mitwirkungspflicht der Parteien. Wichtigster Fall einer Verletzung dieses Verbots ist die in §§ 281 II Alt 1; 286 II Nr 3; 314 II 2; 323 II Nr 1, IV nunmehr ausdrücklich geregelte Vertragsaufsage; umgekehrt handelt eine Vertragspartei, die von der anderen Vertragspartei etwas verlangt, das nach dem Vertrag nicht geschuldet ist, oder ein Gestaltungsrecht ausübt, das nicht besteht, pflichtwidrig (BGH NJW 08, 1147; 09, 1262). Außerdem lassen sich aus der **allg Leistungstreuepflicht** zahlreiche Nebenpflichten ableiten, so etwa Pflichten des Vermieters, den Mieter vor Konkurrenz (Karlsr NJW-RR 90, 1234, 1235) oder vor Störungen des vertragsgemäßen Gebrauchs durch Dritte (BGHZ 99, 182, 191) zu schützen, oder die allgemeine Pflicht im Prozess gegen den anderen Vertragspartner nicht bewusst wahrheitswidrig vorzutragen (BAG AP Nr 209 zu § 626 Rn 17). Auch Beschränkungen von Vertragsbeendigungsrechten können sich aus ihr ergeben, etwa das nunmehr in § 314 II geregelte Abmahnungserfordernis oder das Verbot der Kündigung zur Unzeit (§§ 671 II, 676 1, 723 II; s. Jauernig/*Mansel* § 242 Rz 27). In besonderem Umfang hat die Rspr derartige Nebenpflichten aus der sog gesellschaftsrechtlichen Treuepflicht abgeleitet (s. BGHZ 129, 136, 142 ff; zu Einzelheiten § 705 Rn 22–24 sowie AnwK/*Krebs* § 242 Rz 56–62). Zum Gemeinschaftsverhältnis zwischen Wohnungseigentümern s. Rn 75. Zur Fürsorgepflicht des Arbeitgebers s. BAG NZA 89, 339; BAG NZA 06, 502, 504 sowie § 611 Rn 96.

77 **V. Schutzpflichten.** Die Parteien eines Schuldverhältnisses haben sich so zu verhalten, dass Person, Eigentum und sonstige Rechtsgüter des anderen Teils nicht verletzt werden (BVerfG NJW 83, 32; BGH NJW-RR 04, 481, 483). Bei diesen **Schutzpflichten** handelt es sich um Pflichten iSv § 241 II (s. § 241 Rn 15 f). Sie dienen vornehmlich dem Integritätsschutz und decken sich insoweit mit den Verkehrssicherungspflichten des Deliktsrechts (s. § 823 Rn 107 ff). Gesetzlich geregelt sind solche Pflichten etwa in §§ 535 I 2, 569 I 1, 618, 701, § 62 HGB. § 530 ist – auch hinsichtlich der Rechtsfolgenseite – lex specialis. Hauptquelle ist jedoch der in § 242 verankerte und in § 241 II angesprochene Grundsatz, dass jede Partei die gebotene Sorgfalt für die Integrität der anderen aufzuwenden hat (RGZ 78, 239, 240). Schutzpflichten auf dieser Grundlage kann jedes bestehende Schuldverhältnis enthalten; außerhalb des Vertrags ist dies im Blick auf die Lückenhaftigkeit der Haftung nach §§ 823 ff insb im Stadium der Vertragsanbahnung von Bedeutung (s. § 311 Rn 37 f). Das gilt umso mehr, als Pflichten dieser Art über den deliktischen Rechtsgüterschutz hinaus auch das Vermögen als solches schützen können.

78 Die Rechtfertigung für die Annahme von Schutzpflichten liegt in der durch das Schuldverhältnis begründeten besonderen Einwirkungsmöglichkeit auf die zu schützenden Rechtsgüter (vgl Saarbr NJW-RR 95, 23), bei Verträgen zusätzlich in der Annahme, die Parteien hätten sich gegenseitig zum Rechtsgüterschutz verpflichten wollen. So ist die persönliche Ehre des Vertragspartners und seiner Mitarbeiter auch vertraglich geschützt (BAG NZA 06, 917, 920). Besondere Einwirkungsmöglichkeiten ggü Personen bestehen ferner bei **Dienst-, Miet- und Geschäftsräumen**; diese müssen sich in einem für die beteiligten Kunden, Mieter und Arbeitnehmer gefahrlosen Zustand befinden (s. §§ 535 I 2, 618, § 62 HGB; RGZ 78, 239, 240; BGHZ 66, 51, 53 ff). Im Arbeitsverhältnis werden die Pflichten aus § 618 durch das ArbSchG konkretisiert (BAG NZA 07, 262, 263). Entspr gilt für die möglicherweise von geleisteten oder überlassenen **beweglichen Gegenständen** ausgehenden Gefahren (§ 694; §§ 410, 564b HGB), die sich freilich überwiegend mit dem jeweiligen Leistungsinteresse decken (vgl §§ 434 I 2, 524 [str, s. Rn 2], 535 I 2, 633 II 2 [vgl RGZ 148, 148, 150]).

79 Umgekehrt treffen besondere Schutzpflichten denjenigen, der eine dem anderen Teil gehörende Sache in seine **Obhut** nimmt (s. § 425 ff HGB; vgl §§ 536c, 538, 602 f, 690; RGZ 108, 341, 343 [während Annahmeverzug]; *BGH NJW 79*, 811, 812 [Empfänger einer mangelhaften Sache vor Rücksendung]; BGH NJW 83, 113 [zu reparierende Sache]); das diesen Konstellationen innewohnende Verwahrungselement hat freilich bislang nicht zu einer generellen Anwendung der §§ 688 ff geführt (vgl § 688 Rn 5).

Vermögensschützende Pflichten ergeben sich insb bei vermögensbezogenen Dienstleistungen; so ist etwa die 80 darlehensgewährende Bank dem Kreditnehmer ggü zur Verschwiegenheit verpflichtet (München ZIP 04, 19, 21) und sie darf dessen Kreditwürdigkeit weder durch Tatsachenbehauptungen, auch wenn sie wahr sind, noch durch Werturteile und Meinungsäußerungen gefährden (BGH NJW 06, 830 [Kirch Media vs Deutsche Bank und Breuer]). Dasselbe gilt für die klassischen Beratungsberufe (s. § 42a II BRAO für Rechtsanwälte u § 9 BOStB für Steuerberater). Entspr kann sich bei anderen Dienstleistungen mit der Gefahr größerer Vermögensschäden ergeben: Bspw sind der Telefondienstanbieter und der Netzbetreiber gehalten, Schutzvorkehrungen vor unbeabsichtigten Kosten zu treffen (LG Heidelberg NJW 02, 2960 [Einrichtung einer automatischen Abschaltung einer 0190-Telefonverbindung nach einer Stunde]; vgl §§ 43b IV aF, 66 IV, 152 TKG).

VI. Nachwirkende Vertragspflichten. Ergänzende Pflichten können sich auf der Basis von § 242 auch für die 81 **Zeit nach Vertragsbeendigung** ergeben. Die Möglichkeit solcher Fortwirkungen ist nach der neueren Dogmatik zur Vertragsbeendigung (vgl §§ 346 ff, 546, 628, 630, § 109 GewO sowie § 346 Rn 2) nicht weiter überraschend. Einer gesonderten Figur nach Art der **culpa post contractum finitum** (vgl *v Bar* AcP 179 [1979] 452, 463) bedarf es daher nicht mehr (s. § 346 IV). Die Begründung derartiger Pflichten unter § 242 richtet sich nach den vorgestellten allg Regeln. Sie betreffen insb die Rückgabe überlassener Gegenstände (vgl etwa § 546; LAG Schleswig-Holstein 14.2.06, 2 Sa 551/05 nv [Gesellenstück nach Beendigung des Ausbildungsverhältnisses]), die Rückabwicklung von Vorleistungen (s. §§ 547, 628 I 3), Wettbewerbsverbote (etwa RGZ 117, 176, 179; BGHZ 84, 125, 127) sowie sonstige nachvertragliche Schutz- und Treuepflichten (etwa BGHZ 80, 25, 28; 99, 167, 173; BGH NJW 09, 1947 Rz 16 [in concreto verneint]; BAG E 79, 258, 261 f). Ansprüche aus nachwirkenden Pflichten können neben solchen aus §§ 812 ff bestehen (s. Naumbg NJOZ 07, 2380, 2385 [Analogie zu § 546a für die Leihe aber nicht geprüft]).

§ 243 Gattungsschuld. (1) Wer eine nur der Gattung nach bestimmte Sache schuldet, hat eine Sache von mittlerer Art und Güte zu leisten.
(2) Hat der Schuldner das zur Leistung einer solchen Sache seinerseits Erforderliche getan, so beschränkt sich das Schuldverhältnis auf diese Sache.

A. Bedeutung. § 243 enthält Regelungen für die häufig vorkommende **Gattungsschuld als Gegenbegriff zur** 1 das Grundmodell des Schuldrechts bildenden **Stückschuld**. Ergänzende Vorschriften finden sich in §§ 300 II, 524 II, 2155, 2182 f und für das Handelsrecht in §§ 360, 373 ff HGB. Ihre Funktion erhält diese Begrifflichkeit insb bei der Verteilung der **Leistungsgefahr** nach § 275: Diese trägt nach dem Grundmodell der Gläubiger (s. § 275 Rn 4), während der Schuldner die Leistungsgefahr trägt, soweit er aus einer Gattung schuldet. Ferner übernimmt der Schuldner, wiederum soweit er aus der Gattung schuldet, das **Beschaffungsrisiko** iSv § 276 I 1, sodass er grds unabhängig von Fahrlässigkeit auf Schadensersatz haftet (s. § 276 Rn 27). Nach § 434 III begründet die Abweichung von der Gattung beim Kauf zudem einen **Sachmangel**; das gilt freilich nur, soweit der Verkäufer davon ausgeht, mit der angebotenen Leistung erfüllen zu können (zu den Einzelheiten § 434 Rn 87 ff). Umstr ist die Frage, ob das Begriffspaar Gattungs- und Stückschuld auch die Auswahl des Käufers zwischen 2 den verschiedenen **Arten der Nacherfüllung** nach § 439 I steuert (dazu auch § 439 Rn 26 f); nimmt man dies an, bedarf es jedoch zur Herstellung einer mit Art 3 II, III Verbrauchsgüterkaufrichtlinie zu vereinbarenden Lösung (s. *Gebauer/Wiedmann/Leible* Kaufvertrag Rz 77) einer Veränderung der bewährten Abgrenzungskriterien (so konsequent *Ackermann* JZ 02, 378 [wenn Neulieferung möglich, dann Gattungsschuld]). Richtigerweise hat die Entscheidung über die Neulieferung daher unabhängig von den Kategorien des § 243 zu erfolgen: Diese scheidet nicht schon deshalb aus, weil ein Stückkauf vorliegt (BGH BB 06, 1984, 1986). Ob eine Ersatzlieferung in Betracht kommt, ist vielmehr nach dem durch Auslegung zu ermittelnden Willen der Parteien zu beurteilen, wie er bei Vertragsschluss vorlag (BGH BB 06, 1984, 1986; s. § 439 Rn 27).
Obwohl sich der Wortlaut des § 243 lediglich auf Sachleistungsschulden bezieht, ist die **Vorschrift entspr** 3 auch auf den Kauf sonstiger Gegenstände (AnwK/*Tettinger* § 243 Rz 9 [Forderungen mit bestimmten Nennwert]), Dienst- und Werkleistungen (*Koller* VersR 95, 1385, 1386 [Lagerhaltung]; BGHZ 100, 157, 174 [Reisevertrag]), Leasingverträge (BGH NJW 82, 873) oder auf die Bestellung von Sicherheiten (AnwK/*Tettinger* § 243 Rz 9 [Sicherungsabtretung von Forderungen zu einem Gesamtnennwert]) **anzuwenden**. Dasselbe gilt für den Urlaubsanspruch des Arbeitnehmers auf Freistellung nach §§ 1 BUrlG, der bis zur Konkretisierung nur der Gattung nach – Werktage – bestimmt ist (BAG NZA 06, 439, 441). Nicht um einen Fall der Gattungsschuld geht es hingegen, wenn es um die nähere Bestimmung des Schuldinhalts durch Weisung oder durch zwischen den Parteien entstandenen Gepflogenheiten geht; soweit insb im Arbeitsrecht in derartigen Zusammenhängen von einer Konkretisierung der Arbeitsleistung die Rede ist (ErfK/*Preis* § 611 Rz 270 [Betriebliche Übung], Rz 799 ff [Direktionsrecht des Arbeitgebers]), wird vom schuldrechtlichen Sprachgebrauch abgewichen.

B. Begriff und Voraussetzungen der Gattungsschuld. Gattungsschulden (oder: Genusschulden) unterscheiden sich von Stückschulden (oder: Speziesschulden) dadurch, dass der Leistungsgegenstand nicht individuell festgelegt, sondern nur **nach generellen Merkmalen** (etwa Typ, Sorte, Serie) **bestimmt** ist; auch Qualitätsmerkmale (s. RGZ 86, 90, 91; vgl § 434 III u dazu § 434 Rn 87 ff) oder sonstige Sacheigenschaften (BGH NJW 89, 218, 219 [Prädikatsstufen bei Wein]; Ddorf NJW-RR 00, 1654 [Glasurrisse in Dachziegeln]) können die Gattung beschreiben. Über die Abgrenzung im Einzelnen entscheidet der Parteiwille (BGH NJW 89, 218, 219; Karlsr NJW-RR 07, 1210 [Foto bei eBay]), hilfsweise die Verkehrsauffassung (BGH NJW 75, 2011; 84, 1955). Die Vertretbarkeit iSv § 91 ist keine Voraussetzung der Gattungsschuld.

5 Die Gattungsschuld unterscheidet sich von der **Wahlschuld** einerseits durch die notwendige Gleichartigkeit der möglichen Leistungsgegenstände und andererseits dadurch, dass deren Zahl nicht regelmäßig beschränkt ist (s. § 262 Rn 5). Vom Leistungsbestimmungsrecht nach § 315 sowie dem Direktionsrecht des Arbeitgebers nach § 106 GewO (s.o. Rn 3) lässt sich die Situation der Gattungsschuld dadurch abgrenzen, dass bei dieser zur Herbeiführung des bestimmten Leistungsinhalts ein Realakt, die Konkretisierung (s.u. Rn 10 ff) ausreicht und es keiner Erklärung des Bestimmungs- respective Weisungsberechtigten bedarf (Staud/*Rieble* § 315 Rz 165); anders als bei § 243 ist dort zudem regelmäßig nicht der Schuldner zur näheren Bestimmung berechtigt. Die **Geldschuld** ist keine Sachschuld und kann damit auch keine Gattungsschuld sein (§§ 244, 245 Rn 9).

6 **C. Inhalt der Gattungsschuld.** Bei der Gattungsschuld bestimmt der Schuldner den Leistungsgegenstand im Wege der Konkretisierung (s. Rn 10 ff). Er ist darin jedoch nicht frei, sondern hat aus der vereinbarten Gattung nach § 243 I **mangelfreie Sachen mittlerer Art und Güte** auszuwählen. Die Vorschrift wird weitgehend durch die speziellen Regeln der §§ 434 I, 524 II, 535, 600, 633 II, 651c verdrängt; eigenständige Bedeutung kann sie etwa bei § 536 haben (LG München I NJW 10, 161, 162). Für den Handelsverkehr gilt § 360 HGB.

7 **Regelfall** der Gattungsschuld ist die **marktbezogene Gattungsschuld**. Das deutsche Recht geht davon aus, dass sich der Schuldner die geschuldete Leistung am Markt beschafft. Die marktbezogene Gattungsschuld begründet daher eine **Beschaffungspflicht** des Schuldners (BGH NJW-RR 04, 50, 52; grdl *Ballerstedt* FS Nipperdey 1955, 261, 272; sehr krit hierzu *Gsell* Beschaffungsnotwendigkeit 12 ff, 205 ff). Das vom Schuldner übernommene Risiko umfasst daher sämtliche am Markt verfügbare Ware. Diese Risikoübernahme ist die Rechtfertigung, den Schuldner die Leistungsgefahr iSv § 275 und das Beschaffungsrisiko iSv § 276 tragen zu lassen; der umgekehrte Schluss des alten Rechts (§§ 275, 279 aF) trägt heute nicht mehr (s. aber Jauernig/*Mansel* § 243 Rz 5). Wer aus der Gattung schuldet, wird nur frei, wenn die gesamte Gattung vom Markt verschwunden ist (Palandt/*Heinrichs* § 243 Rz 3).

8 Das Risiko des Schuldners wird vielfach durch die Vereinbarung einer **beschränkten Gattungsschuld** zurückgeschnitten. Das ist etwa der Fall, wenn die Zugehörigkeit der zu leistenden Ware zu einem bestimmten Vorrat zu den die Gattung beschreibenden Merkmalen zählt (**Vorratsschuld**; RGZ 108, 419, 420 [bestimmter Lagerplatz]; BGH WM 73, 363, 364 [bestimmte Schiffsladung]; krit zur Begrifflichkeit *Gsell* Beschaffungsnotwendigkeit 202–204). Praktisch häufiger ist die Beschränkung der Gattungsschuld auf eine **bestimmte Quelle** (RGZ 84, 125, 126 [Produkte eines bestimmten Hofs]; Karlsr JZ 72, 120 [Kohlen aus einer bestimmten Zeche]; München OLGZ 73, 454 [Bier einer bestimmten Brauerei]). Eine solche Beschränkung ist im Zweifel anzunehmen, wenn der Produzent der geschuldeten Ware verkauft (RGZ 88, 287, 288). Eine entspr Beschränkung kann sich auch nachträglich in Anwendung von § 300 II (AnwK/*Schmidt-Kessel* § 300 Rz 7; aA Staud/*Löwisch* [2004] § 300 Rz 20) oder bei Erfüllung von Schickschulden im Wege des Sammelversands (Palandt/*Heinrichs* § 243 Rz 5) ergeben.

9 Ob bei **teilweisem Untergang** des Vorrats oder Versiegen der Quelle der Schuldner berechtigt ist, die Forderungen seiner Gläubiger anteilig zu kürzen (dazu RGZ 84, 125, *Ernst* GS Knobbe-Keuk 1997, 49, 97 ff; *Schmidt-Kessel* Standards vertraglicher Haftung 150 ff), ist eine Frage der Risikoverteilung im Einzelfall und dürfte für § 275 und für § 276 unterschiedlich zu entscheiden sein: Für einen Ausschluss des Erfüllungsanspruches nach § 275 I genügt es nämlich, dass der Schuldner den verbliebenen Rest des Vorrats bereits verteilt hat; ein Anspruch auf Rückbeschaffung von den zuerst bedienten Gläubigern wird in aller Regel an § 275 I-III scheitern. Für die Frage der Haftung auf Schadensersatz kommt es hingegen darauf an, ob die vom Schuldner gewählte Verteilung mit Blick auf sämtliche betroffene Vertragsverhältnisse angemessen ist; das wird regelmäßig bei einer anteiligen Kürzung der Forderungen der Fall sein.

10 **D. Konkretisierung.** Der Schuldner kann das übernommene Risiko durch eine Konkretisierung nach § 243 II beschränken. Sie führt zum **Übergang der Leistungsgefahr** auf den Gläubiger, der im Falle von § 275 seinen Erfüllungsanspruch verliert. Zugleich erlischt bei der marktbezogenen Gattungsschuld die Beschaffungspflicht des Schuldners (Ausnahme: § 439 I bei nach Konkretisierung eingetretener Mangelhaftigkeit). Ferner bewirkt die Konkretisierung eine **Absenkung des Haftungsstandards**: Der Schuldner haftet nicht mehr für den Eintritt des Beschaffungsrisikos, sondern nur noch für Vorsatz und Fahrlässigkeit; häufig wird sogar § 300 I eingreifen und die Haftung damit auf grobe Fahrlässigkeit beschränkt sein.

11 Voraussetzung der Konkretisierung ist, dass der Schuldner das zur Leistung „seinerseits erforderliche" tut (zur teilw abw Begrifflichkeit im Arbeitsrecht s. Rn 3). Nicht erforderlich ist, dass dieser Vorgang den Annahmeverzug begründet (hM s. AnwK/*Schmidt-Kessel* § 300 Rz 6). Es genügt daher, dass der Schuldner die Sache von den übrigen der Gattung **absondert** und die nach Art der Schuld **erforderliche Leistungshandlung vornimmt**, soweit ihm dies ohne Mitwirkung des Gläubigers möglich ist. Bei Bringschulden muss die Sache dem Gläubiger an seinem Sitz körperlich angeboten werden (Jauernig/*Mansel* § 243 Rz 9). Bei Schickschulden

genügt die Übergabe der Sache an den ersten Transporteur (RGZ 57, 138, 141; BGH BB 65, 349; Köln NJW 95, 3128); das gilt freilich nicht für Verbrauchsgüterkäufe, bei denen § 474 II einer Risikoverteilung nach Schickschuldregeln ganz generell im Wege steht (aA § 474 Rn 13; AnwK/*Tettinger* § 243 Rz 29). Bei Hohlschulden genügen Ausscheidung und Bereitstellung, wobei eine Benachrichtigung des Gläubigers analog § 299 richtigerweise nur erforderlich ist, wenn eine Leistungszeit nicht vereinbart wurde oder vorzeitig geleistet wird (aA Palandt/*Heinrichs* § 243 Rz 5 [Benachrichtigung nicht erforderlich]). Der bloße Abschluss eines Kaufvertrages genügt hingegen nie zur Herbeiführung der Konkretisierung (s. BGH VersR 06, 261, 269). Bei der Freistellungs(gattungs)schuld des Arbeitgebers auf Freistellung für den Urlaub (s.o. Rn 3) erfolgt die Konkretisierung mit Festlegung durch den Arbeitgeber nach oder entspr § 7 BUrlG (BAG NZA 06, 439, 441; BAG AP BUrlG § 7 Nr 19; BAG AP BildungsurlaubsG NRW § 1 Nr 3; anders noch BAG AP BUrlG § 9 Nr 10 [für den von § 9 BUrlG nicht erfassten Fall des Nichtantritts wegen Krankheit]).

Zu dem seitens des Schuldners Erforderlichen gehört auch die **Mangelfreiheit** der Leistung. Erfüllt sie die durch die Bestimmungen des besonderen Vertragsrechts konkretisierten Anforderungen von § 243 I nicht, tritt keine Konkretisierung ein. Das gilt jedenfalls dann, wenn der Gläubiger die mangelhafte Sache in Unkenntnis des Mangels annimmt (BGH NJW 99, 2884, 2885; s.a. § 362), sie zurückweist (s. RGZ 95, 116, 119) oder die Zurückweisung ausgeschlossen ist (s. AnwK/*Schmidt-Kessel* §§ 294-296 Rz 10 ff). Ausnahmsweise ist die Konkretisierung trotz Mangel möglich, wenn dieser nicht die Sache selbst sondern eine zusätzliche Pflicht betrifft. Das gilt insb in den Fällen von § 434 II 1 u III Alt 2, sofern es nicht zur Zurückweisung kommt. Insoweit besteht kein Grund, Leistungsgefahr und Beschaffungsrisiko generell beim Schuldner zu belassen. Das schließt freilich nicht völlig aus, dass der Käufer Neulieferung nach § 439 I Alt 2 verlangt. Dasselbe gilt für solche Mängel, die nach der Begrenzung der Leistungsgefahr durch die Konkretisierung, aber vor dem Übergang der Verschlechterungsgefahr eintreten (insoweit zutr AnwK/*Tettinger* § 243 Rz 29). 12

Umstr ist, ob der Schuldner **an** die einmal eingetretene **Konkretisierung gebunden** ist. Sachlich geht es insoweit va um Versendungskäufe, bei denen der Verkäufer daran gehindert werden soll, auf Kosten des Käufers zu spekulieren. Außerdem wird darauf hingewiesen, dass der Verkäufer dem Käufer im Falle der Mangelhaftigkeit nicht das Wahlrecht nach § 439 I soll aus der Hand schlagen können (AnwK/*Tettinger* § 243 Rz 28); dies ist freilich ohnehin nur in den wenigen Fällen denkbar, in denen es trotz Mangels zur Konkretisierung kommen kann (s. Rn 12). Hinsichtlich des Versendungskaufs ist die Lösung an den Pflichten des Verkäufers im Blick auf den Transport zu bestimmen: Soweit er sich nach dem Kaufvertrag das Weisungsrecht ggü dem Transporteur vorbehalten darf, kann er dieses auch entspr ausüben, so dass die Wirkungen der Gattungsschuld restituiert werden (Jauernig/*Mansel* § 243 Rz 11; aA Köln NJW 95, 3128, 3129). Zu Sonderfällen s. RGZ 91, 110, 112 f; 108, 184, 187 (jeweils Zurückweisung durch den Gläubiger) und BGH WM 64, 1023, 1024 f (Annahme der stattdessen angebotenen Leistung). 13

§ 244 Fremdwährungsschuld. (1) **Ist eine in einer anderen Währung als Euro ausgedrückte Geldschuld im Inland zu zahlen, so kann die Zahlung in Euro erfolgen, es sei denn, dass Zahlung in der anderen Währung ausdrücklich vereinbart ist.**
(2) **Die Umrechnung erfolgt nach dem Kurswert, der zur Zeit der Zahlung für den Zahlungsort maßgebend ist.**

S Kommentierung zu § 245. 1

§ 245 Geldsortenschuld. **Ist eine Geldschuld in einer bestimmten Münzsorte zu zahlen, die sich zur Zeit der Zahlung nicht mehr im Umlauf befindet, so ist die Zahlung so zu leisten, wie wenn die Münzsorte nicht bestimmt wäre.**

A. Allgemeines. Das BGB regelt **Geldschulden** nur sehr bruchstückhaft. Die §§ 244, 245 betreffen lediglich die Sonderformen der Fremdwährungsschuld (Rn 12 ff) und der unechten Geldsortenschuld (Rn 8). Außer dem hier näher zu behandelnden Geldschuldrecht werden Geldschulden in großem Maße durch währungsrechtliche Regelungen (dazu Rn 12–17, 18–30) bestimmt, für die Europäische Gemeinschaft inzwischen die ausschl Gesetzgebungskompetenz hat (*Grote* WM 02, 22; *Grote* Fremdwährungsverbindlichkeiten 288; *Hafke* WM 97, 693, 969 f; s. iE *Gruber* Geldwertschwankungen 328 ff). Im Zuge der Euro-Einführung wurde die frühere Bezugnahme auf die „inländische Währung" in § 244 durch eine auf Euro ersetzt; die ergangene Rspr bezieht sich regelmäßig noch auf DM-Zahlungen. 1

Seiner **wirtschaftlichen Funktion** nach ist Geld Wertmesser, Tauschmittel respective Mittel zur Wertübertragung, Mittel zur Wertbewahrung sowie Rechnungseinheit (s. etwa MüKo/*Grundmann* §§ 244, 245 Rz 1–4). Rechtlich wird zwischen dem institutionellen Geldbegriff, dem Bargeld und dem Buchgeld unterschieden (dazu und zu weiteren Konzeptionen *Proctor* Mann on the Legal Aspect of Money 5 ff). Nach dem (schuldrechtlichen) **institutionellen Geldbegriff** ist Geld als Gegenstand der Geldschuld eine in Währungseinheiten ausgedrückte abstrakte Vermögensmacht (Staud/*K. Schmidt* [1997] Vorbem zu § 244 Rz A15). Geschuldet werden daher nicht körperliche Gegenstände – daher liegt auch keine Gattungsschuld vor –, sondern die Ver- 2 schaffung solcher Vermögensmacht. Verkörpertes Geld (**Bargeld** oder „Geld im gegenständlichen Sinn") sind die Geldzeichen (Banknoten und Münzen) des Euro oder einer anderen Währung. Unverkörpertes Geld (**Buchgeld**) sind Forderungen gegen Kreditinstitute; Zahlung durch Buchgeld erfolgt idR mit den Mitteln des bargeldlosen Zahlungsverkehrs (Überweisung, Lastschrift, Kreditkarte, Scheck etc).

3 **Bargeld** und **Buchgeld** werden im Rechtsverkehr vielfach gleichbehandelt; gleichwohl bestehen **Unterschiede**: Für Bargeld besteht ein währungsrechtlicher Annahmezwang (AnwK/*Bergdolt* § 245 Rz 5), beim Buchgeld nicht. Daraus wird ganz überwiegend abgeleitet, dass der Gläubiger auch schuldrechtlich zur Annahme grds nicht verpflichtet sei (§ 362 Rn 11). Obwohl die bargeldlose Zahlung ganz überwiegend der Praxis entspricht, bedarf es daher nach hA einer entspr Vereinbarung zwischen Gläubiger und Schuldner; die Anforderungen an die Annahme einer solchen Vereinbarung sind jedoch sehr gering (§ 362 Rn 11).

4 Für den **Wert des Geldes** ist zu unterscheiden: Der **Nennwert** ausgegebener Geldzeichen wird durch das Währungsrecht festgelegt; er ist kein Wert im wirtschaftlichen Sinn. Der **Außenwert** (Valutakurs) ergibt sich aus dem Wertverhältnis zu fremden Währungen. Der **Binnenwert** des Geldes entspricht seiner Kaufkraft im Währungsgebiet.

5 **B. Währungsrechtliche Basis des Euro.** Die währungsrechtliche Basis des Euro ergibt sich aus dem **Gemeinschaftsrecht**, nämlich va aus Art 119, 127 ff AEUV, der Verordnung (EG) Nr 1103/97 des Rates vom 17.6.97 über bestimmte Vorschriften im Zusammenhang mit der Einführung des Euro (**Euro I VO**) und der Verordnung (EG) Nr 974/98 des Rates vom 3.5.98 über die Einführung des Euro (**Euro II VO**). Diese Regeln gelten als allg Teil des europäischen Währungsrechts auch für spätere Beitritte zum Euro. Die Umrechnungskurse zu den früheren nationalen Währungen regelt die Verordnung (EG) Nr 2866/98 vom 31.12.98 über die Umrechnungskurse zwischen dem Euro und den Währungen der Mitgliedstaaten, die den Euro einführen (**Euro III VO**). Zum Euroraum gehören – soweit nicht besonders gekennzeichnet seit 1.1.99 – Belgien, Deutschland, Finnland, Frankreich, Griechenland (1.1.02), Irland, Italien, Luxemburg, Malta (1.1.08), Niederlande, Österreich, Portugal, Slowakei (1.1.09), Slowenien (1.1.07), Spanien und Zypern (1.1.08).

6 Seit dem 1.1.02 ist der **Euro alleiniges gesetzliches Zahlungsmittel** (Art 10, 15 Euro II VO). Alle Bezugnahmen in „Rechtsinstrumenten" (Art 1 Euro II VO: Rechtsvorschriften, Verwaltungsakte, gerichtliche Entscheidungen, Verträge, einseitige Rechtsgeschäfte, Zahlungsmittel [außer Banknoten und Münzen] sowie sonstige Instrumente mit Rechtswirkung) sind nach Art 14 Euro II VO zum 1.1.02 entspr dem jeweiligen Umrechnungskurs auf Euro umgestellt worden (zur für die richtige Rundung entscheidenden Bestimmung der maßgebenden Bezugnahme in einem Pachtvertrag s. BGH NZM 05, 720 [Jahrespacht, nicht Quadratmeterpreis]). Der Umrechnungskurs beträgt 1,95583 DM = 1 Euro (Art 1 Euro III VO). Zu den Einzelheiten der Umrechnung s. Art 4, 5 Euro I VO (dazu EuGH, C-19/03 v 14.9.04 Slg 2004 I S 8183; BGH NZM 05, 720). Bezugnahmen auf den ECU (s. Art 118 EGV aF) sind im Verhältnis 1:1 auf Euro umgestellt worden (zu den Einzelheiten Art 2 Euro I VO). Der deutsche Gesetzgeber hat diese Umstellung in zehn Euro-Einführungsgesetzen nachvollzogen. Nach Art 16 Euro I VO müssen die teilnehmenden Mitgliedsstaaten ihre früheren Geldzeichen auch weiterhin zum Umrechnungskurs in Euro umtauschen.

7 Bei **Verträgen** begründet die Einführung des Euro keinen Wegfall der Geschäftsgrundlage. Vielmehr ordnet Art 3 Euro I VO **Vertragskontinuität** an. Das gilt richtigerweise auch dann, wenn das Recht eines Drittstaats Anwendung findet; Art 3 Euro I VO enthält insoweit eine versteckte Kollisionsnorm, welche die Frage der Vertragskontinuität gesondert anknüpft. Die Vorschrift ist nach ihrem 2 allerdings dispositiv; zu Umstellungsklauseln und deren Inhaltskontrolle EuGH, C-19/03 v 14.9.04 EuZW 04, 629 (Rundungsklauseln bei Telefontarifen) sowie *Schmidt-Kessel* WM 97, 1732 ff.

8 **C. Geldschuld.** Die Geldschuld ist das auf Geld als Leistungsobjekt gerichtete Schuldverhältnis. Sie ist gerichtet auf Verschaffung der durch das Geld abstrakten Vermögensmacht; sie ist damit **Wertverschaffungsschuld**. Im Gegensatz dazu ist die auf eine einzelne Münze oder auf eine bestimmte Münzsorte gerichtete Schuld eine Sachschuld und letztere damit eine Gattungsschuld. Solche **Geldsortenschulden** kommen heute – außer zu Sammlerzwecken – kaum noch vor. Denkbar ist aber immerhin die Annahme einer Geldsortenschuld bei in DM ausgewiesenen Ansprüchen, wenn deren Erfüllung – etwa aus technischen Gründen bei einem Automaten – auch nur mit den alten DM-Geldzeichen möglich ist; diese waren nach Art 6 I Euro II VO zuletzt Sorten des Euro. Für Geldsortenschulden bestimmt **§ 245**, dass im Zweifel eine unechte Geldsortenschuld vorliegt, also eine Geldschuld, deren Erfüllung soweit möglich in einer bestimmten Münzsorte zu erfolgen hat (s. Palandt/*Heinrichs* § 245 Rz 13); für die geschilderte Konstellation der aus technischen Gründen nur in DM erfüllbaren Altverbindlichkeiten wird § 245 hingegen nicht ausreichen, so dass allenfalls eine Vertragsanpassung nach § 313 in Betracht kommt. Außer Geldsortenschulden können auch auf Herausgabe von Geld gerichtete Ansprüche Sachschulden sein (AnwK/*Bergdolt* § 245 Rz 12). Jedenfalls gelten für diese vielfach nicht die allg Regeln der Geldschuld (BGHZ 165, 299, 301 [zum Haftungsstandard bei § 667]; s. § 276 Rn 32).

9 Im Regelfall ist die Geldschuld eine **Geldsummenschuld** (auch Betragsschuld; zum Gegenstück, der Geldwertschuld s.u. Rn 11). Die geschuldete Leistung wird ausschl ziffernmäßig in Bezug auf bestimmte Währungseinheiten festgelegt. Geldsummenschulden sind etwa Ansprüche auf den Preis oder die Vergütung einer

Leistung (Bsp §§ 433 II, 611 I, 631 I) oder vertragliche oder gesetzliche Ansprüche auf Rückzahlung (BGHZ 101, 296, 306 f) oder Herausgabe (Bsp § 667). Die Leistungspflicht des Schuldners richtet sich nur nach dem Nennbetrag der Schuld, nicht etwa nach dem inneren Wert des Geldbetrags. Dieser Grundsatz des **schuldrechtlichen Nominalismus** gilt als ungeschriebener Grundsatz des Privatrechts der Europäischen Gemeinschaft (vgl *Proctor* Mann on the Legal Aspect of Money 227 ff sowie für das frühere deutsche Recht BVerfGE 50, 57; BGHZ 61, 31, 38; 79, 187, 194).

Die Annahme einer Geldsummenschuld hat zur **Folge**, dass die Vorschriften über Sachschulden zwar grds anwendbar sind (richtig *Kähler* AcP 206 [2006] 805 ff), jedoch gelten – va in Konkretisierung der Standards des allgemeinen Schuldrechts – zahlreiche Besonderheiten. Insb wird der Schuldner vom Anspruch auf Leistung von Geld nicht dadurch nach § 275 befreit, dass ihm diese unmöglich ist (§ 275 Rn 6; anders uU bei Valutaschulden, s. Rn 13). Außerdem hat er für seine finanzielle Leistungsfähigkeit unabhängig von der geübten Sorgfalt einzustehen (§ 276 Rn 32–34). Allerdings trägt – entspr der Grundidee des Nominalismus – der Gläubiger das **Risiko der Geldentwertung**. Gegen dieses kann er sich nur in gewissen Grenzen vertraglich durch eine Wertsicherungsklausel schützen (s. Rn 18 ff). In extremen Fällen kommt auch eine Vertragsanpassung nach § 313 in Betracht (§ 313 Rn 27).

Bei **Geldwertschulden** fehlt es an der Festlegung eines bestimmten Nennbetrags; die Höhe des zu leistenden Betrags richtet sich nach dem Zweck der Schuld (BGHZ 123, 65, 75). Geldwertschulden sind etwa Ansprüche auf Schadens-, Aufwendungs- oder Wertersatz (AnwK/*Bergdolt* § 245 Rz 19), Ansprüche auf Zugewinnausgleich und Pflichtteil (BGHZ 61, 385, 391; 65, 75, 77) sowie nach hA Unterhaltsansprüche, deren Höhe sich freilich weniger nach dem Wert als vielmehr nach der Bedürftigkeit des Unterhaltsgläubigers und der Leistungsfähigkeit des Unterhaltsschuldners richtet. Geldwertschulden sind bis zur vertraglichen oder gerichtlichen Fixierung der Schuldhöhe wertbeständig (**Valorismus**; vgl BGHZ 79, 187, 194); eine spätere Anpassung des fixierten Betrags nach § 323 ZPO oder § 313 liegt vielfach nahe. Das Risiko der Geldentwertung trägt idR der Schuldner, der sich – wie bei der Geldsummenschuld – auch nicht auf § 275 berufen kann und unabhängig von Fahrlässigkeit haftet (s.o. Rn 10).

D. Fremdwährungsschuld. Die Fremdwährungs- oder **Valutaschuld** (zu ihr ausf *Grothe* Fremdwährungsverbindlichkeiten) ist eine in ausländischer Währung, dh nicht in Euro, ausgedrückte Geldschuld (BGHZ 101, 296, 302). Eine bloße Abrede über die Art der Zahlung, die vor der Euro-Einführung wegen der Genehmigungsbedürftigkeit von Valutaschulden häufig vorkam, begründet keine Fremdwährungsschuld (RGZ 168, 240, 245 f). Fremdwährungsschulden können sich aus Vereinbarung oder auch aus Gesetz (BGH WM 69, 26 [§ 667]; NJW-RR 98, 680 [Kosten der Rückbeförderung aus dem Ausland nach Rücktritt]) ergeben. Geldwertschulden entstehen nach deutschem Recht in inländischer Währung; Beträge in ausländischer Währung fließen lediglich in die Berechnung des in Euro festzusetzenden Betrages ein (BGHZ 14, 212; NJW-RR 98, 1426, 1429; abw für den Aufwendungsersatzanspruch gegen den Kreditkarteninhaber Hambg NJW 96, 1902, 1903).

Eine **echte Valutaschuld** ist nicht nur in ausländischer Währung ausgedrückt, sondern kann auch nur durch Zahlung in ausländischer Währung erfüllt werden (etwa Jauernig/*Mansel* § 245 Rz 15). Eine Zahlung in inländischer Währung ist aber denkbar, wenn devisenrechtliche Vorschriften entgegenstehen; nach deutschem Recht wird der Schuldner in diesem Fall nämlich von seiner Verpflichtung nicht frei, diese ist vielmehr nach § 313 I anzupassen, was die Umwandlung in eine Euro-Schuld einschließen kann (BGH LM § 275 Nr 5; Palandt/*Heinrichs* § 245 Rz 22). Wegen § 244 I (s.u. Rn 14) muss sich ein entspr Parteiwille idR ausdrücklich im Vertrag niederschlagen (s. RGZ 153, 384, 385). Entspr Formulierungen sind etwa „effektiv" oder „zahlbar in". Im Zweifel ist ein auf eine effektive Valutaschuld gerichteter Parteiwille außerdem anzunehmen, wenn der Erfüllungsort der Geldschuld außerhalb der Euro-Zone liegt; § 244 findet insoweit keine Anwendung (RGZ 96, 270, 272; Palandt/*Heinrichs* § 245 Rz 22).

Der Regelungsgegenstand von **§ 244** beschränkt sich auf **unechte Valutaschulden**, also auf solche Geldschulden, die außer in Valuta auch in der Währung des Zahlungsorts erfüllt werden können. Die Vorschrift setzt voraus, dass für die Schuld ein **inländischer** (zur Anwendung auf den Euro-Raum s. Rn 16) **Erfüllungsort** besteht. Rechtsfolge von **§ 244 I** ist dann, dass eine unechte Valutaschuld vorliegt, der Schuldner also wahlweise in der ausländischen Vertragswährung oder in Euro zahlen darf. Technisch handelt es sich um eine Ersetzungsbefugnis des Schuldners (RGZ 101, 312, 313; BGHZ 104, 268, 272; Köln WM 97, 2031), die ihm auch im Falle der Aufrechnung zusteht (RGZ 167, 60, 63; KG NJW 88, 2181). Der Gläubiger kann hingegen keine Zahlung in Euro verlangen (BGH NJW 80, 2017; WM 93, 2011, 2012). § 244 ist jedoch **dispositiv**, sodass die Parteien auch eine Ersetzungsbefugnis oder eine Wahlschuld zugunsten des Gläubigers vereinbaren können (RGZ 136, 127, 129; 168, 240, 247). Bei Zahlung in Euro bestimmt sich die Umrechnung nach **§ 244 II**: Maßgebend ist der Tageskurs am Zahlungsort zum Zeitpunkt der tatsächlich erfolgenden Zahlung (BGH WM 93, 2011, 2012) respective des Zugangs der Aufrechnungserklärung (RGZ 167, 60, 63) oder der Eröffnung des Insolvenzverfahrens (BGHZ 108, 123, 128). Auf die Fälligkeit des Zahlungsanspruchs kommt es hingegen nicht an (RGZ 101, 312, 313); etwaige Verspätungsschäden sind nach §§ 280 I, II, 286 auszugleichen (Palandt/*Heinrichs* § 245 Rz 20). Abzustellen ist auf den Briefkurs als denjenigen Kurs, den der Gläubiger für die Beschaffung der Valuta aufwenden muss (BGH WM 93,

2011, 2012). Auf Geldwertschulden findet § 244 II keine Anwendung (Jauernig/*Mansel* § 245 Rz 17); zu Besonderheiten bei Unterhaltsschulden s. Staud/*K. Schmidt* [1997] § 244 Rz 33 ff.

15 Gesichert ist die Anwendung der Regeln von § 244 jedenfalls bei Anwendung deutschen Rechts als *lex causae* und Zahlungsort in Deutschland. Darüber hinaus soll die Vorschrift nach verbreiteter Auffassung eine **versteckte** einseitige **Kollisionsnorm** enthalten (LG Braunschweig NJW 85, 1169; *Kropholler* Internationales Privatrecht 107; Palandt/*Heinrichs* § 245 Rz 19) und damit vor deutschen Gerichten unabhängig von der *lex causae* immer dann zur Anwendung kommen, wenn der Zahlungsort im Inland liegt. Die Gegenauffassung sieht § 244 als **Teil des auf den Vertrag anwendbaren Rechts** (*Grothe* Fremdwährungsverbindlichkeiten 148 ff) und plädiert für eine entspr Anwendung der Norm bei ausländischen Zahlungsorten (*Grothe* aaO 553-555 [Ersetzungsbefugnis Vertragswährung gegen Ortswährung]). Letztere Lösung ist vorzugswürdig: Der Gläubiger ist nicht schutzwürdig, weil er die Ersetzungsbefugnis durch eine Effektivklausel ausschließen kann. Deutsche Interessen zur Förderung der Zahlung in deutscher Währung sind nach der Euro-Einführung nicht mehr von entscheidendem Gewicht, zumal die frühere Genehmigungsbedürftigkeit der Vereinbarung von Valutaschulden nach § 3 WährungsG aF entfallen ist (MüKo/*Martiny* Anh I zu Art 34 EGBGB Rz 25). In Betracht kommt allerdings außerdem eine Berücksichtigung von § 244 nach Art 12 II Rom-I VO (BaRoth/*Spickhoff* Art 32 Rz 17).

16 Die kollisionsrechtliche Behandlung von § 244 hat auch Auswirkungen auf den **Inlandsbegriff** der Vorschrift: Die bislang überwiegende Auffassung gerät nämlich in selten erkannte Schwierigkeiten, wenn sie die Norm nunmehr richtigerweise (*Grothe* Fremdwährungsverbindlichkeiten 556) auf die **gesamte Euro-Zone** (s. Rn 5) ausweiten will (Palandt/*Heinrichs* § 245 Rz 19). Dies hätte zur Folge, dass die Zweifelsregel des § 244 I auch für Zahlungen in Dublin, Lissabon, Heraklion und Helsinki zur Anwendung käme, wenn nur deutsche Gerichte zur Entscheidung berufen wären. Mit der hier vertretenen Ablehnung einer Sonderanknüpfung, ergibt sich hingegen die kohärente Lösung, dass zwar einerseits ein Zahlungsort im Euro-Raum genügt, andererseits jedoch die Anwendung deutschen Rechts als *lex causae* erforderlich ist.

17 Im Anwendungsbereich des Internationalen UN-Kaufrechts, **CISG**, gelten § 244 und entspr nationale Normen nicht (öst OGH 22.10.01 CISG-online 613; iE ebenso Kobl 17.9.93 CISG-online 91; *Schlechtriem/Schwenzer/Hager/Maultzsch* Art 54 Rz 10; Staud/*Magnus* [2005] Art 53 Rz 26; zur gegenteiligen Auffassung unter dem EKG s. *Dölle/von Caemmerer* Art 57 EKG Rz 23); etwas anderes kann sich freilich im Einzelfall – aber nicht für § 244 – aus der Qualifikation einer solchen Vorschrift als Bestimmung über die Gültigkeit iSv Art 4 CISG ergeben. Für die Frage, ob dem Schuldner unter einem internationalen Kaufvertrag eine § 244 vergleichbare Ersetzungsbefugnis zukommt, ist – von den unter Art 4 CISG fallenden Konstellationen abgesehen – auf die Mittel der Vertragsinhaltsbestimmung (Art 8, 9 CISG) zurückzugreifen.

18 **E. Wertsicherung von Geldschulden.** *Preisklauselgesetz (§§ 1-8) vom 7.9.07:*

§ 1 Preisklauselverbot

(1) Der Betrag von Geldschulden darf nicht unmittelbar und selbsttätig durch den Preis oder Wert von anderen Gütern oder Leistungen bestimmt werden, die mit den vereinbarten Gütern oder Leistungen nicht vergleichbar sind.

(2) Das Verbot nach Absatz 1 gilt nicht für Klauseln,
1. die hinsichtlich des Ausmaßes der Änderung des geschuldeten Betrages einen Ermessensspielraum lassen, der es ermöglicht, die neue Höhe der Geldschuld nach Billigkeitsgrundsätzen zu bestimmen (Leistungsvorbehaltsklauseln),
2. bei denen die in ein Verhältnis zueinander gesetzten Güter oder Leistungen im Wesentlichen gleichartig oder zumindest vergleichbar sind (Spannungsklauseln),
3. nach denen der geschuldete Betrag insoweit von der Entwicklung der Preise oder Werte für Güter oder Leistungen abhängig gemacht wird, als diese die Selbstkosten des Gläubigers bei der Erbringung der Gegenleistung unmittelbar beeinflussen (Kostenelementeklauseln),
4. die lediglich zu einer Ermäßigung der Geldschuld führen können.

(3) Die Vorschriften über die Indexmiete nach § 557b des Bürgerlichen Gesetzbuches und über die Zulässigkeit von Preisklauseln in Wärmelieferungsverträgen nach der Verordnung über Allgemeine Bedingungen für die Versorgung mit Fernwärme bleiben unberührt.

§ 2 Ausnahmen vom Verbot

(1) Von dem Verbot nach § 1 Abs. 1 ausgenommen sind die in den §§ 3 bis 7 genannten zulässigen Preisklauseln. Satz 1 gilt im Fall
1. der in § 3 genannten Preisklauseln,
2. von in Verbraucherkreditverträgen im Sinne der §§ 491, 499 des Bürgerlichen Gesetzbuches verwendeten Preisklauseln (§ 5)

nur, wenn die Preisklausel im Einzelfall hinreichend bestimmt ist und keine Vertragspartei unangemessen benachteiligt.

(2) Eine Preisklausel ist nicht hinreichend bestimmt, wenn ein geschuldeter Betrag allgemein von der künftigen Preisentwicklung oder von einem anderen Maßstab abhängen soll, der nicht erkennen lässt, welche Preise oder Werte bestimmend sein sollen.

(3) Eine unangemessene Benachteiligung liegt insbesondere vor, wenn

1. einseitig ein Preis- oder Wertanstieg eine Erhöhung, nicht aber umgekehrt ein Preis- oder Wertrückgang eine entsprechende Ermäßigung des Zahlungsanspruchs bewirkt,
2. nur eine Vertragspartei das Recht hat, eine Anpassung zu verlangen, oder
3. der geschuldete Betrag sich gegenüber der Entwicklung der Bezugsgröße unverhältnismäßig ändern kann.

§ 3 Langfristige Verträge

(1) Preisklauseln in Verträgen
1. über wiederkehrende Zahlungen, die zu erbringen sind
   a) auf Lebenszeit des Gläubigers, Schuldners oder eines Beteiligten,
   b) bis zum Erreichen der Erwerbsfähigkeit oder eines bestimmten Ausbildungszieles des Empfängers,
   c) bis zum Beginn der Altersversorgung des Empfängers,
   d) für die Dauer von mindestens zehn Jahren, gerechnet vom Vertragsabschluss bis zur Fälligkeit der letzten Zahlung, oder
   e) auf Grund von Verträgen, bei denen der Gläubiger für die Dauer von mindestens zehn Jahren auf das Recht zur ordentlichen Kündigung verzichtet oder der Schuldner das Recht hat, die Vertragsdauer auf mindestens zehn Jahre zu verlängern,
2. über Zahlungen, die zu erbringen sind
   a) auf Grund einer Verbindlichkeit aus der Auseinandersetzung zwischen Miterben, Ehegatten, Eltern und Kindern, auf Grund einer Verfügung von Todes wegen oder
   b) von dem Übernehmer eines Betriebes oder eines sonstigen Sachvermögens zur Abfindung eines Dritten, sofern zwischen der Begründung der Verbindlichkeit und der Endfälligkeit ein Zeitraum von mindestens zehn Jahren liegt oder die Zahlungen nach dem Tode eines Beteiligten zu erfolgen haben,

sind zulässig, wenn der geschuldete Betrag durch die Änderung eines von dem Statistischen Bundesamt oder einem Statistischen Landesamt ermittelten Preisindexes für die Gesamtlebenshaltung oder eines vom Statistischen Amt der Europäischen Gemeinschaft ermittelten Verbraucherpreisindexes bestimmt werden soll.

(2) Preisklauseln in Verträgen über wiederkehrende Zahlungen, die für die Lebenszeit, bis zum Erreichen der Erwerbsfähigkeit oder eines bestimmten Ausbildungszieles oder bis zum Beginn der Altersversorgung des Empfängers zu erbringen sind, sind zulässig, wenn der geschuldete Betrag von der künftigen Einzel- oder Durchschnittsentwicklung von Löhnen, Gehältern, Ruhegehältern oder Renten abhängig sein soll.

(3) Preisklauseln in Verträgen über wiederkehrende Zahlungen, die zu erbringen sind
1. für die Dauer von mindestens zehn Jahren, gerechnet vom Vertragsabschluss bis zur Fälligkeit der letzten Zahlung, oder
2. auf Grund von Verträgen, bei denen der Gläubiger für die Dauer von mindestens zehn Jahren auf das Recht zur ordentlichen Kündigung verzichtet, oder der Schuldner das Recht hat, die Vertragsdauer auf mindestens zehn Jahre zu verlängern,

sind zulässig, wenn der geschuldete Betrag von der künftigen Einzel- oder Durchschnittsentwicklung von Preisen oder Werten für Güter oder Leistungen abhängig gemacht wird, die der Schuldner in seinem Betrieb erzeugt, veräußert oder erbringt, oder wenn der geschuldete Betrag von der künftigen Einzel- oder Durchschnittsentwicklung von Preisen oder Werten von Grundstücken abhängig sein soll und das Schuldverhältnis auf die land- oder forstwirtschaftliche Nutzung beschränkt ist.

§ 4 Erbbaurechtsverträge

Zulässig sind Preisklauseln in Erbbaurechtsbestellungsverträgen und Erbbauzinsreallasten mit einer Laufzeit von mindestens 30 Jahren. § 9a der Verordnung über das Erbbaurecht, § 46 des Sachenrechtsbereinigungsgesetzes und § 4 des Erholungsnutzungsrechtsgesetzes bleiben unberührt.

§ 5 Geld- und Kapitalverkehr

Zulässig sind Preisklauseln im Geld- und Kapitalverkehr, einschließlich der Finanzinstrumente im Sinne des § 1 Abs. 11 des Kreditwesengesetzes sowie die hierauf bezogenen Pensions- und Darlehensgeschäfte.

§ 6 Verträge mit Gebietsfremden

Zulässig sind Preisklauseln in Verträgen von gebietsansässigen Unternehmern (§ 14 des Bürgerlichen Gesetzbuches) mit Gebietsfremden.

§ 7 Verträge zur Deckung des Bedarfs der Streitkräfte

Zulässig sind Preisklauseln bei Verträgen, die der Deckung des Bedarfs der Streitkräfte dienen, wenn der geschuldete Betrag durch die Änderung eines von dem Statistischen Bundesamt, einem Statistischen Landesamt oder dem Statistischen Amt der Europäischen Gemeinschaften ermittelten Preisindex bestimmt wird.

§ 8 Unwirksamkeit der Preisklausel

Die Unwirksamkeit der Preisklausel tritt zum Zeitpunkt des rechtskräftig festgestellten Verstoßes gegen dieses Gesetz ein, soweit nicht eine frühere Unwirksamkeit vereinbart ist. Die Rechtswirkungen der Preisklausel bleiben bis zum Zeitpunkt der Unwirksamkeit unberührt.

I. Allgemeines. Bei Geldsummenschulden trägt der Gläubiger wegen des herrschenden schuldrechtlichen Nominalismus das **Risiko der Geldentwertung** (s.o. Rn 10). Dieser von § 313 nur für Extremfälle eingeschränkte (§ 313 Rn 27) Effekt lässt sich grds durch die Vereinbarung einer Wertsicherungsklausel (auch Preis- oder Indexklausel) vermeiden. Wegen der damit verbundenen Durchbrechung des Nennwertprinzips zugunsten des Valorismus hat der Gesetzgeber die Möglichkeiten zur Vereinbarung von Wertsicherungsklau- 19 seln früher durch § 3 WährungsG aF, durch § 2 PaPkG aF (dazu 2. Aufl Rz 21 ff) und heute durch **§§ 1 ff PrKG** (Rn 21 ff) erheblich eingeschränkt (rechtsvergleichend dazu *Proctor* Mann on the Legal Aspect of Money 293 ff). Anders als das repressive Verbot mit Ausnahmevorbehalt nach § 3 WährungsG aF und § 2 PaPkG aF (Jauernig/*Mansel* § 245 Rz 18; *Gruber* Geldwertschwankungen 315; *Kirchhoff* Wertsicherungsklauseln 147) statuiert die Neuregelung ein **Verbot mit Legalausnahme**. Das frühere Genehmigungsverfahren (zuletzt) beim Bundesamt für Wirtschaft ist damit ebenso weggefallen, wie die in ihren rechtlichen Konsequenzen umstrittene Praxis des Negativattests (für eine Bindung der Zivilgerichte Rostock NZM 06, 742 sowie *Kirchhoff* DNotZ 07, 913, 914; dagegen zutr *Gerber* EWiR 06, 697). Mit der Neuregelung ist zugleich die Preisklauselverordnung (PrKV) aufgehoben worden. Die zum **Indexierungsverbot** veröffentlichten Entscheidungen sind überwiegend noch zu § 3 WährungsG aF ergangen.

20 Zweifelhaft ist die **Gemeinschaftsrechtskonformität** der Regelung. Zwar hat der Gesetzgeber bei der Begründung die verbraucherschützende Funktion der Regelung hervorgehoben (BRDrs 68/07, 68; ebenso schon für das PaPkG BTDrs 13/10334, 41), diese fand sich jedoch bereits unter dem PaPkG nur in der verordnungsrechtlichen Konkretisierung der Genehmigungsvoraussetzungen durch §§ 2 II, 6 PrKV aF. Auch die Ressortierung im Geschäftsbereich des Bundesministeriums für Wirtschaft sprach gegen eine verbraucherschützende Einordnung. Diese Bedenken hat die Neuregelung, die auf Verbraucher – von Verbraucherkrediten abgesehen – nicht einmal mehr ausdrücklich Bezug nimmt, noch verstärkt; die über § 307 praktisch kaum hinausgehende Inhaltskontrolle nach § 2 PrKG steht dem auch deshalb nicht entgegen, weil sie auch zugunsten von Nichtverbrauchern wirkt. Hinzu kommt die ausschließlich auf Preisstabilität gemünzte und ggf auch zu Lasten des Verbrauchers wirkende (zutr *Kirchhoff* DNotZ 07, 913, 919) – neue Ausnahme des § 1 II Nr 4 PrKG (s. Rn 26). Tatsächlich ging und geht es um eine Fortschreibung des bisherigen § 3 WährungsG aF (*Gruber* Geldwertschwankungen 324), dessen währungsrechtliche Einordnung unumstr war. Ohne eine eigenständige Legitimation außerhalb des Währungsrechts fällt die Regelung jedoch in den Bereich ausschl Zuständigkeit der Gemeinschaft (s.o. Rn 1) und kann daher – wegen entgegenstehenden, vorrangigen Gemeinschaftsrechts – die Nichtigkeit entspr Klauseln nicht begründen; die **Klauseln sind** trotz der Unvereinbarkeit mit § 1 PrKG **wirksam** (vgl *Grote* Fremdwährungsverbindlichkeiten 288). Gleichwohl ist im Folgenden auf die Einzelheiten der Vorschrift einzugehen. Mit dem Grundgesetz ist die Vorschrift hingegen vereinbar (*Gruber* Geldwertschwankungen 205 ff).

21 Das Indexierungsverbot des § 1 I PrKG erfasst die auf Wertsicherung gerichteten Vertragsklauseln, welche den „Betrag von Geldschulden … unmittelbar und selbständig durch den Preis oder Wert von anderen Gütern oder Leistungen" bestimmen; das Verbot gilt also nur, wenn die Klausel zu einer **automatischen Preisanpassung (Gleitklausel)** führt. Einschränkend ist zudem erforderlich, dass die in Bezug genommenen Güter und Leistungen „mit den vereinbarten Gütern oder Leistungen nicht vergleichbar sind". Das Verbot gilt auch für einseitige Rechtsgeschäfte; das ergibt im Umkehrschluss aus § 3 I Nr 2 lit a PrKG aE (abw *Kirchhoff* DNotZ 07, 913, 920). **Keine Anwendung** findet die Vorschrift richtigerweise auf Geldwertschulden (BGH WM 75, 55; unzutreffend *Kirchhoff* DNotZ 07, 913, 915 f mit schwierigen Folgefragen), auf Klauseln, welche nur die Bindung der Offerte einschränken (*Kirchhoff* DNotZ 07, 913, 915 für „Preis freibleibend" und Tagespreisklauseln), auf Valutawertklauseln, weil diese funktional der Vereinbarung einer Valutaschuld entsprechen (im Ergebnis ebenso *Kirchhoff* DNotZ 07, 913, 918) sowie auf wertgesicherte Vereinbarungen über die Höhe eines künftigen Zugewinnausgleichs (*Kirchhoff* DNotZ 07, 913, 915; anders bei Auseinandersetzungsvereinbarungen, s. § 3 I Nr 2 lit a PrKG). § 1 II PrKG macht zudem von vornherein vier Ausnahmen für Klauseln, die überwiegend den genehmigungsfreien Klauseln alten Rechts entsprechen (s. Rn 23–25). Ferner bleiben die Vorschriften über die Indexmiete nach § 557b und über die Zulässigkeit von Preisklauseln in Wärmelieferungsverträgen nach der Verordnung über Allgemeine Bedingungen für die Versorgung mit Fernwärme unberührt, § 1 III. Außerdem macht das Gesetz in §§ 2-7 eine Reihe von **Ausnahmen** vom Indexierungsverbot, die im Wesentlichen den Vorgaben der aufgehobenen PrKV und der früheren Genehmigungspraxis entsprechen.

22 Die Neuregelung von 2007 hat eine Reihe von Konstellationen **neu dem Verbot unterworfen**, welche zuvor noch durch Genehmigung des Bundesamts für Wirtschaft der Unwirksamkeit entzogen werden konnten: Das gilt insb für die Genehmigung wegen besonderer Gründe des nationalen oder internationalen Wettbewerbs (früher § 2 I 2 PaPkG, § 5 PrKV). Auch die bislang nach § 3 V PrKV mögliche Genehmigung weiterer Klauseln, wenn schutzwürdige Interessen eines Beteiligten dies erfordern, ist entfallen (*Kirchhoff* DNotZ 07, 913, 920). Entfallen ist ferner die ausdrückliche Privilegierung von Miet- und Pachtverträgen über Räume, die nicht Wohnräume sind, durch den früheren § 4 PrKV; diese Regelung ist ohne sachliche Änderungen in § 3 PrKG aufgegangen (*Kirchhoff* DNotZ 07, 913, 919, s. Rn 28). Zum Übergangsrecht für § 4 PrKV aF s. Brandbg NZM 09, 860, 861.

23 **II. Wertsicherungsklauseln außerhalb des Anwendungsbereichs des Verbots.** Nach § 1 II Nr 1 PrKG gilt das Verbot des I nicht für **Leistungsvorbehaltsklauseln**. Diese Klauseln lassen nach der in der Vorschrift enthaltenen Definition hinsichtlich des Ausmaßes der Änderung des geschuldeten Betrages einen Ermessensspielraum, der es ermöglicht, die neue Höhe der Geldschuld nach Billigkeitsgrundsätzen zu bestimmen. Bei diesen fehlt es nämlich an der verbotenen automatischen Anpassung (vgl zum alten Recht BGHZ 63, 132,

136). Daher darf eine angesprochene Bezugsgröße zwar Voraussetzung der Neufestsetzung, nicht aber deren alleiniger Maßstab sein. Die Anpassung erfolgt regelmäßig durch einseitige Leistungsbestimmung des Gläubigers gem §§ 315 ff (BGH NJW 74, 1464); die Auslegung kann aber auch ergeben, dass die Leistungsbestimmung durch Urt (BGHZ 71, 276, 282 f) oder durch einen Schiedsgutachter (vgl *Bulla* BB 76, 389) erfolgen soll. Ob diese zu § 3 WährG aF ergangene Rspr noch Bestand hat, oder ob es auf den Ermessensspielraum nicht mehr ankommt, ist zweifelhaft (*Reul* MittBayNot 07, 445, 446 f).

Auch **Spannungsklauseln** fallen bereits aus dem Tatbestand von § 1 I PrKG heraus. Zwar wirken sie automa- 24 tisch, jedoch sind – entspr der Definition in § 1 II Nr 2 PrKG – die Bezugsgrößen mit den zu vergütenden Gütern oder Leistungen im Wesentlichen gleichartig oder zumindest vergleichbar (stRspr, zuletzt BGH NJW 06, 2978, 2979). Eine solche Gleichartigkeit liegt etwa vor bei der Anknüpfung der Entwicklung von Gehältern, Ruhegehältern oder familienrechtlichen Ausgleichszahlungen an Beamtenbesoldung oder Tariflöhne (BAG DB 77, 503; BGH NJW 80, 1741; *Reul* MittBayNot 07, 445, 447) oder der Bindung von Miet- oder Pachtzinsen an die Preis- oder Wertentwicklung für vergleichbare Objekte (BGH NJW-RR 86, 877; München NJW-RR 94, 469), während deren Bindung an die Entwicklung der Löhne und Gehälter (BGHZ 14, 306, 311; NJW 83, 1909) oder den Verbraucherpreisindex (unrichtig Celle NZM 08, 301, 302) nicht zur Unanwendbarkeit von § 1 I PrKG führt. Weder gleichartig noch miteinander vergleichbar sind auch nach Einheitspreisen abgerechnete Werkleistungen mit der Bezugsgröße des Lohns einer bestimmten Lohngruppe für Arbeitsleistungen (BGH NJW 06, 2978, 2979 [für eine sog Pfennigklausel]).

Aus denselben Gründen sind auch **Kostenelementeklauseln** schon nach § 1 II Nr 3 PrKG nicht verboten; 25 dabei handelt es sich um Klauseln, die an die Entwicklung der Selbstkosten des Gläubigers anknüpfen. Nicht verboten ist dies freilich nur insoweit, als die Selbstkosten des Gläubigers unmittelbar beeinflusst werden, also nur im Umfang des Anteils der betreffenden Kostenfaktoren an den Gesamtkosten (*Morsch* BB 04, 1803, 1806): Lediglich die effektiv entstehenden Kostenveränderungen sollen sich dabei anteilig auf den Preis des Endprodukts auswirken (BGH NJW 06, 2978, 2979 [verneint für die verbreitete „Pfennigklausel"]). Eine unangemessene Kostenumlage macht die Klausel genehmigungspflichtig und zugleich regelmäßig genehmigungsunfähig.

Erst mit der Neufassung der Regelung 2007 ist die Ausnahme des § 1 II Nr 4 PrKG ausdrücklich aufgenom- 26 men worden: Klauseln, die **lediglich zu einer Ermäßigung** der Geldschuld führen können und damit der Preisstabilität nicht abträglich sind, unterfallen nicht dem Verbot nach I. Teilweise werden Zweifel an der systematischen Einordnung der Ausnahme in § 1 II PrKG geäußert (*Kirchhoff* DNotZ 07, 913, 919).

III. Bereichsausnahmen (§§ 4-7 PrKG). Ausgenommen vom Verbot ist nach § 4 PrKG der Bereich der Ver- 27 träge zur Bestellung eines **Erbbaurechts**, wenn diese bei der – auch nachträglich möglichen (*Kirchhoff* DNotZ 07, 913, 921) – Vereinbarung der Klausel eine Laufzeit von mindestens 30 Jahren aufweisen; die einschlägigen Sonderregeln (§ 9a ErbbauVO [jetzt ErbbaurechtsG], § 46 SachenrechtsbereinigungsG, § 4 Erholungsnutzungsrechtsg) bleiben unberührt. Bei kürzerer Laufzeit muss die Klausel den allgemeinen Regeln der §§ 1 II, 2, 3 PrKG genügen (Celle NZM 08, 301). § 5 PrKG nimmt zudem den **Geld- und Kapitalverkehr**, einschl der Finanzinstrumente iSd § 1 I 1 des KWG sowie die hierauf bezogenen Pensions- und Darlehensgeschäfte vom Verbot aus; § 2 I Nr 2 PrKG schränkt diese Bereichsausnahme freilich für **Verbraucherkredite** iSv §§ 491, 499-504 (jedoch nicht mehr für Ratenlieferverträge und Existenzgründer, vgl 2. Aufl Rz 25) teilweise wieder ein und verlangt für jeden Einzelfall – entsprechend den zusätzlichen Anforderungen bei langfristigen Verträgen iSv § 3 PrKG – die hinreichende Bestimmtheit der Klausel sowie, dass diese keine Vertragspartei unangemessen benachteiligt (s. zu den Einzelheiten Rn 29). Vom Verbot nicht erfasst werden zudem Verträge im **Außenhandel** inländischer Unternehmer mit Gebietsfremden (§ 6 PrKG; keine Beschränkung auf Kaufleute, s. *Kirchhoff* DNotZ 07, 913, 921 f; inl Zweigniederlassung schließt Gebietsfremdheit aus: *Reul* MittBayNot 07, 445, 449) sowie – abw von der bisherigen Rechtslage – Verträge zur **Deckung des Bedarfs der Streitkräfte**, wenn der geschuldete Betrag durch die Änderung eines vom Statistischen Bundesamt, einem Statistischen Landesamt oder dem Statistischen Amt der Europäischen Gemeinschaften ermittelten Preisindex bestimmt wird (§ 7 PrKG). Die bisherige Sonderregelung für Miet- und Pachtverträge über Immobilien (bislang § 4 PaPkG) ist nunmehr in die Regelung über Langfristige Verträge eingegangen.

IV. Langfristige Verträge (§§ 2, 3 PrKG). § 3 PrKG nimmt für drei verschiedene Konstellationen bestimmte 28 Klauseln in langfristigen Verträgen vom Verbot nach § 1 I PrKG aus. Zunächst ist die Anknüpfung an einen – vom *Statistischen Bundesamt* oder einem *Statistischen Landesamt* ermittelten – **Preisindex für die Gesamtlebenshaltung** oder einen – vom *Statistischen Amt der Europäischen Gemeinschaft* ermittelten – **Verbraucherpreisindex** (Klauselbeispiel bei *Reul* MittBayNot 07, 445, 448) nach § 3 I PrKG nicht verboten in **Verträgen mit Versorgungscharakter** (Nr 1 lit a: auf Lebenszeit des Gläubigers, Schuldners oder eines Beteiligten, Nr 1 lit b: bis zum Erreichen der Erwerbsfähigkeit oder eines bestimmten Ausbildungszieles des Empfängers, Nr 1 lit c: bis zum Beginn der Altersversorgung des Empfängers, Nr 2 lit b: Abfindungen bei Betriebsübernahmen und in ähnlichen Fällen mit hinausgeschobener Fälligkeit), Verträge mit **Laufzeiten von zehn Jahren** und mehr (Nr 1 lit d, e; vgl Celle NZM 08, 301, 302) und schließlich bei Verbindlichkeiten aus Erb- und ähnlichen Auseinandersetzungen sowie aufgrund Verfügung von Todes wegen (Nr 2 lit a). Bei bestimmten Verträgen mit Versorgungscharakter (wiederkehrende Zahlungen, die für die Lebenszeit, bis zum Erreichen der Erwerbsfähigkeit oder eines bestimmten Ausbildungszieles oder bis zum Beginn der Altersversorgung) ist zudem nach § 3 II PrKG die Anknüpfung an die **künftige Entwicklung der Löhne** und Gehälter zulässig. § 3 III PrKG gestattet bei Verträgen mit Laufzeiten von mindestens zehn Jahren ferner die **Anknüpfung an die Preisentwicklung der vom Schuldner** in seinem Betrieb **erbrachten Leistungen** sowie – beschränkt auf Schuldverhältnisse, die auf eine land- oder forstwirtschaftliche Nutzung gerichtet sind – an die **Preisentwicklung bei Grundstücken** (vgl § 4 Nr 1 lit b, c PrKV).

29 Erlaubt sind die nach § 3 PrKG nicht verbotenen Klauseln nach § 2 I 2 Nr 1 PrKG aber nur dann, wenn sie **hinreichend bestimmt** sind und **nicht** eine Vertragspartei **unangemessen benachteiligen**. Nach § 2 II PrKG ist eine Preisklausel nicht hinreichend bestimmt, wenn ein geschuldeter Betrag allgemein von der künftigen Preisentwicklung oder von einem anderen Maßstab abhängen soll, der nicht erkennen lässt, welche Preise oder Werte bestimmend sein sollen. Nach § 2 III PrKG liegt eine unangemessene Benachteiligung insb vor, wenn einseitig ein Preis- oder Wertanstieg eine Erhöhung, nicht aber umgekehrt ein Preis- oder Wertrückgang eine entsprechende Ermäßigung des Zahlungsanspruchs bewirkt (Nr 1), nur eine Vertragspartei das Recht hat, eine Anpassung zu verlangen (Nr 2), oder der geschuldete Betrag sich ggü der Entwicklung der Bezugsgröße unverhältnismäßig ändern kann (Nr 3). Die Vorschrift geht dadurch über die allgemeinen Regeln der Inhaltskontrolle nach §§ 307, 310 III hinaus, dass es nicht darauf ankommt, ob die Klauseln zwischen den Parteien ausgehandelt worden sind oder nicht.

30 **V. Wirkungen des Verstoßes gegen § 1 PrKG (§ 8 PrKG).** Abw von § 134 (s. dort Rn 25; vgl zum alten Recht *Gruber* Geldwertschwankungen 203 f) begründet das Verbot **keine Nichtigkeit ex tunc** und auch keine schwebende Unwirksamkeit (so das alte Recht: BGHZ 101, 296, 303) mehr. Erforderlich ist vielmehr eine rechtskräftige Feststellung des Verstoßes gegen § 1 PrKG, die allerdings nur **ex nunc** wirkt. Die Rechtswirkungen der Klausel bleiben bis zu diesem Zeitpunkt unberührt (so ausdrücklich 2), so dass entsprechend erhöhte Zahlungen nicht nur nicht zurückgefordert, sondern auch noch durchgesetzt werden können (*Kirchhoff* DNotZ 07, 913, 923). Es handelt sich um eine – im deutschen Recht seltene – **Nichtigkeitsklage mit Gestaltungswirkungen**. Richtigerweise ist allerdings die Nichtigkeitswirkung abw vom Wortlaut auf den Zeitpunkt der **Rechtshängigkeit der Klage** vorzuverlegen. Die Parteien können freilich den Zeitpunkt der Nichtigkeit durch Vereinbarung weiter vorverlegen und damit auch die Gestaltungsklage entbehrlich machen. Hingegen können sie den Bereich der Wirksamkeit problematischer Klauseln nicht ausdehnen (s. *Kirchhoff* DNotZ 07, 913, 923 für ein – unzulässiges – *pactum de non petendo*). Die Nichtigkeit ist im Zweifel auf die Klausel beschränkt (Palandt/*Heinrichs* § 8 PrKG Rz 1). § 8 PrKG hindert schon wegen der AGBRL eine Nichtigkeit nach § 306 nicht (aA Palandt/*Heinrichs* § 8 PrKG Rz 1).

31 Verstößt die Klausel gegen das Verbot des § 1 PrKG, ist sie im Wege der ergänzenden Vertragsauslegung durch eine erlaubte zu ersetzen (entspr zum alten Recht BGHZ 63, 132). Dabei ist eine eventuelle Bagatell- und Selbstbeteiligungsklausel, welche die Preisanpassung auf den über einen bestimmten Vomhundertsatz hinausgehenden Betrag beschränkt, bei der Vertragsergänzung auch weiterhin zu beachten (BGH NJW 06, 2978, 2980). Falls eine Vertragsergänzung nicht möglich ist, besteht regelmäßig ein Anpassungsanspruch nach § 313 II, I wegen Fehlens der Geschäftsgrundlage (entspr zum alten Recht BGHZ 81, 135, 138). Nur wenn beides scheitert, kommt eine – auf die Zukunft beschränkte – Anwendung von § 139 in Betracht (BGHZ 63, 132, 135 f; NJW 83, 1909, 1910). Wegen der fehlenden Rückwirkung der Nichtigkeitsklage dürfte dies häufiger der Fall sein als bisher, weil die Schwellen der Vertragsergänzung oder -anpassung schwerer zu überwinden sind (s. *Kirchhoff* DNotZ 07, 913, 923). Allein die Tatsache, dass die eine Partei die Angebote der anderen iRe Verfahrens der öffentlichen Auftragsvergabe geprüft hat und dabei die Verbotswidrigkeit der Klausel hätte feststellen können, begründet nicht den Einwand der Rechtsmissbräuchlichkeit ggü einer späteren Nichtigkeitsklage (entspr für die Rückforderungsklage nach altem Recht BGH NJW 06, 2978, 2980).

§ 246 Gesetzlicher Zinssatz.
Ist eine Schuld nach Gesetz oder Rechtsgeschäft zu verzinsen, so sind vier vom Hundert für das Jahr zu entrichten, sofern nicht ein anderes bestimmt ist.

1 **A. Allgemeines.** § 246 gewährt keinen eigenständigen Zinsanspruch, sondern bestimmt lediglich den **Inhalt einer** bereits **anderweitig** durch G oder Vertrag **begründeten Zinsschuld**. Die Vorschrift findet nur dann Anwendung, wenn gesetzlich oder vertraglich nichts anderes bestimmt ist (AnwK/*Bergdolt* § 246 Rz 1 [Auffangtatbestand]). Anwendungsfälle des § 246 sind etwa die Verzinsung von Aufwendungen (§ 256), die vorzeitige Zahlung bei Teilzahlungsgeschäften (§ 504 [bis 11.6.10]), der Werklohn (§ 641), die Nutzung fremden Geldes (§§ 668, 698), die verschärfte Herausgabehaftung (§ 820), die Verzinsung einer Ersatzsumme (§ 849) sowie die Verwendung von Geld des Mündels durch den Vormund (§ 1834). Auch außerhalb des BGB finden sich entspr Vorschriften, etwa § 169 InsO (BGHZ 166, 215 Rz 28–31). In korrigierender Auslegung seines Wortlauts wird auch § 20 GmbHG richtigerweise als Verweis auf § 246 verstanden (s.a. § 288 Rn 4).

2 Bei der Funktion des Zinses ist danach zu unterscheiden, ob dieser dem Ausgleich eines Schadens oder einer Bereicherung dient; die Funktionszuordnung gibt Aufschluss darüber, welcher Posten durch den als Zins zu zahlenden Betrag ersetzt werden soll und ist deshalb ein Ansatzpunkt für die Bestimmung der gesetzlichen

Zinshöhe (vgl en detail *Königer* Bestimmung der gesetzlichen Zinshöhe 43 ff; s.u. Rn 7, 9). Eine **schadenersatzrechtliche Funktion** kommt dem Zins etwa beim Anspruch auf Verzinsung einer Geldschuld im Verzug des Schuldners nach § 288 I, II zu (RGZ 92, 283, 284; BGHZ 74, 231, 234 f; 77, 60, 62). Ist der Zinsanspruch hingegen darauf gerichtet, bei dem Schuldner den Gewinn abzuschöpfen, den dieser aus der Verfügungsmöglichkeit über das Kapital der Vermutung nach gezogen hat, so hat er **bereicherungsrechtliche Funktion**: Dies galt etwa für § 347 3 aF; letztlich ist auch der niedrige Zinssatz bei § 246 nur mit der Vorstellung des Ausgleiches einer in Form der Möglichkeit der Kapitalnutzung eingetretenen Bereicherung zu erklären.

B. Anwendungsvoraussetzungen. § 246 setzt eine **zu verzinsende Schuld** voraus. Als solche kommt praktisch zwar nur eine Geldschuld in Betracht (s. hierzu §§ 244, 245 Rn 8–11), theoretisch können aber kraft rechtsgeschäftlicher Vereinbarung auch andere, auf die Leistung vertretbarer Sachen gerichtete Schulden verzinslich sein; der Wortlaut des § 246 ist zumindest nicht auf Geldschulden beschränkt (*Schmidt* Geldrecht, § 246 Rz 10). 3

I. Zinsschuld. Eine Zinsschuld liegt vor, wenn das betreffende Schuldverhältnis ausdrücklich durch G oder Rechtsgeschäft auf die Leistung von Zinsen gerichtet ist (Jauernig/*Mansel* § 246 Rz 5). Sie ist eine sich ständig erneuernde **Nebenschuld** (BGH LM Nr 2 zu § 248), da sie immer neben eine (verzinsliche) Hauptschuld tritt; zwar kann auch die Zahlung von „Zinsen" ohne bestehende Hauptschuld vereinbart werden, allerdings handelt es sich dann nicht um eine Zinsschuld im von § 246 gemeinten Sinne, sondern um eine Rentenschuld (s. Rn 6). Die Zinsschuld ist insoweit **akzessorisch**, als sie in ihrer **Entstehung** von der Hauptschuld abhängig ist (Ausnahme für Zinsscheine in § 803). Auch erfassen Sicherheiten der Hauptschuld die Zinsschuld mit (s. §§ 1118, 1192, 1210, 1289; Jauernig/*Mansel* § 246 Rz 5; zur Bürgschaft s. § 767 Rn 3). Hinsichtlich ihres **Fortbestandes** jedoch ist die Zinsschuld **selbständig**: Sie kann isoliert und damit ohne die Hauptforderung abgetreten, ge- und verpfändet sowie gesondert eingeklagt werden und unterliegt einer eigenständigen Verjährung (vgl einschr hierzu § 217; RGZ 94, 137 f; jurisPK-BGB/*Toussaint* § 246 Rz 28 [Formelle Selbständigkeit]). Für die Zinsen eines entgeltlichen Darlehens ergibt sich hingegen aus § 488, dass diese im Gegenseitigkeitsverhältnis (§§ 320 ff) zur Kapitalüberlassung stehen (Jauernig/*Mansel* § 488 Rz 18), weshalb für sie weder der Grundsatz der Akzessorietät noch § 217 gilt (*Müller* WM 02, 465, 469 f). 4

II. Zinsbegriff. Das BGB selbst definiert den Begriff des Zinses nicht. Heute gebräuchlich (grundl *Canaris* NJW 78, 1891, 1892; ihm folgend etwa BGH NJW 79, 540, 541; 805, 806; Jauernig/*Mansel* § 246 Rz 2; Staud/*Blaschczok* [1997] § 246 Rz 6) ist folgende Definition: Danach sind **Zinsen** eine gewinn- und umsatzunabhängige, laufzeitabhängige, in Geld oder anderen vertretbaren Sachen zu entrichtende Vergütung für die Möglichkeit des Gebrauchs von Kapital. Die Voraussetzung der „wiederkehrenden Entrichtung" findet sich in dieser Definition zu Recht nicht mehr – die hierauf bedachte frühere Rspr bedingte eine zu starke Verengung des Zinsbegriffs (zB RGZ 168, 284, 285; s. Jauernig/*Mansel* § 246 Rz 2). Auch ist es nicht erforderlich, dass die Zinsen einen „im Voraus bestimmten Bruchteil" des Kapitals ausmachen; vielmehr kann die Zinshöhe von wechselnden Umständen, wie etwa dem Basiszinssatz (§ 247) abhängen (BGH LM § 247 Nr 2; Palandt/*Heinrichs* § 246 Rz 2). Obwohl als **Kapital** zumeist lediglich Geld angesehen wird, kommen hierfür auch sonstige vertretbare Sachen in Betracht (s.o. Rn 3; AnwK/*Bergdolt* § 246 Rz 8). 5

Entscheidend für die Charakterisierung einer Leistung als Zins ist ihr **wahrer wirtschaftlicher Zweck**; die Bezeichnung (zB „Gebühr", „Provision", „Spesen" etc) ist ohne Bedeutung. Zwingende Zinsvorschriften, wie etwa §§ 248, 289 1, 489, können nicht durch eine abweichende Bezeichnung umgangen werden (Jauernig/*Mansel* § 246 Rz 2); die Qualifikation als Zins unterliegt nicht der Parteidisposition (vgl jurisPK-BGB/*Toussaint* § 246 Rz 10). **Keine Zinsen** sind zB: wiederkehrende Leistungen, die allein geschuldet werden, ohne dass daneben ein Kapital als solches geschuldet wird, wie zB Renten (BGH LM Nr 2 zu § 248; s. Rn 4); Vergütungen für andere Vorteile als den Gebrauch eines Kapitals wie zB Miet-, Pacht- und Erbau„zinsen" (s. jedoch § 9 I ErbbauRG iVm § 1107); die Verzinsung einer Enteignungsentschädigung, da diese kein Entgelt für die Überlassung eines in Geld oder anderen vertretbaren Sachen bestehenden Kapitals ist (BGH NJW 64, 294). **Zinsen sind** hingegen zB: Kreditgebühren beim Teilzahlungskredit (BGH NJW 79, 805, 806; 89, 222, 223; *Canaris* NJW 78, 1891, 1893 [Einbeziehung in den Darlehensbetrag stellt nur besondere Zahlungsabrede dar]); Überziehungsentgelte (BGHZ 118, 126) sowie einmalige Sonderleistungen (Jauernig/*Mansel* § 246 Rz 4 [verschleierte Zinsen], wenn es sich hierbei in Wahrheit um eine Kapitalüberlassungsvergütung handelt (*Canaris* NJW 78, 1891, 1892). In letzterem Zusammenhang ist im Wege der Auslegung zumeist auch das idR zu einer Senkung des Nominalzinses führende Disagio einzuordnen (BGHZ 133, 358; NJW 00, 352 [wirtschaftliche Funktion von Zinsen]; Jauernig/*Mansel* § 246 Rz 4). 6

III. Keine anderweitige Bestimmung. § 246 findet nur dann Anwendung, wenn keine andere gesetzliche oder vertragliche Bestimmung eingreift (s.o. Rn 1). Von § 246 **abweichende gesetzliche Regelungen** finden sich va in §§ 288 I, II, 291 2 (fünf bzw acht Prozentpunkte über dem jeweiligen Basiszinssatz § 247) sowie in § 497 I 2 (zweieinhalb Prozentpunkte über dem jeweiligen Basiszinssatz [bis 11.6.10]) für Zinsschulden aus Verzug und Rechtshängigkeit (Jauernig/*Mansel* § 246 Rz 1 [Bedeutungsverlust des § 246]) und in § 676b I 2 (fünf Prozentpunkte über dem jeweiligen Basiszinssatz). Für Handelsgeschäfte gilt § 352 (5%), für Rückgriffs- 7 ansprüche nach dem Scheck- und Wechselgesetz Art 45 Nr 2, 46 Nr 2 ScheckG und Art 28 II, 48 I Nr 2, 49 Nr 6 WG (6% bzw 2 Prozentpunkte über dem jeweiligen Basiszinssatz, mindestens aber 6%). Für die Entschädigung aus einer Sachversicherung ergibt sich ein gesetzlicher Zinssatz iHv 4% aus § 91 VVG.

8 Möglich sind auch **vertragliche Abreden über die Zinshöhe** von gesetzlichen als auch von vertraglichen Zinsansprüchen (AnwK/*Bergdolt* § 246 Rz 3 [**Zinsfußabreden**]). Grenzen ergeben sich aus § 138, insb unter dem Aspekt des Wuchers. Das für § 138 I in objektiver Hinsicht erforderliche auffällige Missverhältnis von Leistung und Gegenleistung wird idR dann anzunehmen sein, wenn der vertragliche Effektivzins den marktüblichen Vergleichszins um 100% übersteigt (zu den Einzelheiten s. *Bunte/Lwowski/Schimansky* Bankrechts-Handbuch Bd II § 82, 2145 ff sowie § 138 Rn 54).

9 **C. Rechtsfolge.** Gelangt § 246 zur Anwendung, so ist der Zinsschuldner zur Entrichtung von **4% der verzinslichen Schuld** verpflichtet – der Zinsbetrag bezieht sich, wie dies zumeist auch bei rechtsgeschäftlich vereinbarten Zinsen der Fall ist, auf das Jahr. Werden die Zinsen nicht für ein ganzes Jahr, sondern nur für einen Teil geschuldet, so bedarf es einer entspr Umrechnung (zu Einzelheiten der Zinsberechnung s. jurisPK-BGB/*Toussaint* § 246 Rz 36 f). **Fällig** werden gesetzliche Zinsen zugleich mit der Hauptforderung, was bedeutet, dass sie, erfüllt der Schuldner die Hauptforderung nicht, mit ihrer täglichen Entstehung laufend sofort fällig werden. Die Fälligkeit vertraglicher Zinsen hängt von der Parteivereinbarung ab. **Gesetzlich beschränkt** wird der Zinsanspruch **durch** die **Zinseszinsverbote** aus §§ 248, 289, 291 2 (s. jeweils dort).

§ 247 Basiszinssatz.

(1) ¹Der Basiszinssatz beträgt 3,62 Prozent. ²Er verändert sich zum 1. Januar und 1. Juli eines jeden Jahres um die Prozentpunkte, um welche die Bezugsgröße seit der letzten Veränderung des Basiszinssatzes gestiegen oder gefallen ist. ³Bezugsgröße ist der Zinssatz für die jüngste Hauptrefinanzierungsoperation der Europäischen Zentralbank vor dem ersten Kalendertag des betreffenden Halbjahrs.
(2) Die Deutsche Bundesbank gibt den geltenden Basiszinssatz unverzüglich nach den in Absatz 1 Satz 2 genannten Zeitpunkten im Bundesanzeiger bekannt.

1 **A. Allgemeines.** Der Basiszinssatz nach § 247 ist die zentrale Bezugsgröße für Zinsen (s. 1. u 2. VO zur Ersetzung von Zinssätzen v 5.4. u 13.5.02, BGBl I 1250 und 1582; *Petershagen* NJW 02, 1455); im Gegensatz zu § 246 (starre 4%; s. § 246 Rn 9) handelt es sich um einen **dynamisierten Zinssatz**, der nur dann anzuwenden ist, wenn eine gesetzliche Vorschrift oder eine rechtsgeschäftliche Vereinbarung ausdrücklich auf ihn als **Referenzgröße** verweisen. Durch Regelung im DÜG v 9.6.98 sowie in der Basiszinssatz-Bezugsgrößen-Verordnung (BazBV) v 10.2.99 war der Basiszinssatz zunächst lediglich als **Übergangslösung für** den mit der Euro-Einführung nicht fortgeführten **Diskontsatz** der Deutschen Bundesbank gedacht. Nach erheblichen Modifizierungen zwecks Anpassung an die RL 2000/35/EG zur Bekämpfung von Zahlungsverzug im Geschäftsverkehr (ABlEG Nr L 200 v 8.8.00, 35), wurde die Regelung schließlich durch das SchRModG mit Wirkung zum 1.1.02 als (neuer) § 247 in das BGB eingefügt (zu den gemeinschaftsrechtlichen Vorgaben Gebauer/Wiedmann/*Schmidt-Kessel* Verzug Rz 26; Überleitungsvorschrift: Art 229 § 7 EGBGB). Das DÜG und die BazBV wurden durch Art 4 § 1 Nr 1 VersKapAG (BGBl I, 1219) mit Wirkung zum 4.4.02 aufgehoben; in der Zeit vom 1.1.02 bis zum 3.4.02 existierten damit zwei unterschiedliche Basiszinssätze – nach DÜG und nach § 247 – nebeneinander (zu den sich hieraus ergebenden Anwendungsproblemen s. *Petershagen* NJW 02, 1455). Fragwürdig bleibt, warum der Gesetzgeber nicht jeweils unmittelbar auf die EZB-Zinssätze Bezug nimmt.

2 Insb für die Bemessung der Verzugs- und Prozesszinsen nach **§§ 288 I, II, 291 2** (fünf bzw acht Prozentpunkte über dem Basiszinssatz) sowie für prozessuale und zwangsvollstreckungsrechtliche Kostenerstattungsansprüche nach §§ 104 I, 788 II ZPO (fünf Prozentpunkte über dem Basiszinssatz) kommt dem Basiszinssatz große Bedeutung zu. Daneben verweisen etwa §§ 497 I 2, 676b I, § 688 II ZPO, § 28 I EGZPO, §§ 305 III, 320b I, 327b III AktG, §§ 45 II, 46 Nr 2 ScheckG, §§ 28, 48 I, 49 WG, § 49a III VwVfG, §§ 44 III, 64 II, 99 III BauGB, § 28r II, III SGB IV, § 50 II (a) SGB X sowie die in der VO zur Ersetzung von Zinssätzen v 5.4.02 (BGBl I 1250) aufgezählten Vorschriften auf den Basiszinssatz. Liegt eine vertragliche Bezugnahme auf den Basiszinssatz vor, so ist auch diese als auf den **jeweiligen Basiszinssatz** Bezug nehmend zu verstehen (Palandt/*Heinrichs* § 247 Rz 4).

3 **B. Höhe und Anpassung des Basiszinssatzes.** § 247 I 1 bestimmt den Prozentsatz des Basiszinssatzes, der bei Inkrafttreten des SchRModG galt; da die erste Veränderung nach Art 229 § 7 III EGBGB bereits gleichzeitig mit dem Inkrafttreten von § 247 zum 1.1.02 erfolgte (Jauernig/*Mansel* § 248 Rz 2 [nach einer logischen Sekunde]), handelt es sich allerdings **lediglich** um eine **Ausgangsgröße**, an der sich die künftigen Veränderungen des Satzes zu orientieren haben. Aus I 2 geht hervor, dass der Basiszinssatz zweimal im Jahr – am 1.1. und am 1.7. – angepasst wird. Die Anpassung ist von der in II vorgeschriebenen Bekanntgabe im Bundesanzeiger unabhängig; letztere hat rein deklaratorische Bedeutung (AnwK/*Bergdolt* § 247 Rz 5, 7). Die **Bezugsgröße für den Basiszinssatz** ergibt sich aus I 3 der Vorschrift: Dem Basiszinssatz nach Art 2 Nr 4 der RL 2000/35/EG zur Bekämpfung von Zahlungsverzug im Geschäftsverkehr (ABlEG Nr L 200 v 8.8.00, 35) liegt der marginale Zinssatz (nicht: die *minimum bid rate*, vgl jurisPK-BGB/*Toussaint* § 247 Rz 8) für die jüngste Hauptrefinanzierungsoperation der

Europäischen Zentralbank zugrunde (maßgebend ist der letzte Stand vor dem ersten Kalendertag des betreffenden Halbjahres). Er betrug am 30.12.08 2,50%; hieraus errechnet sich mit dem Beginn des **1.7.09** ein **Basiszinssatz von 0,12%**. Davor galten **1,62%** (1.1.– 30.6.09), **3,19%** (1.7.– 31.12.08), **3,32%** (1.1.– 30.6.08), **3,19%** (1.7.– 31.12.07), **2,70%** (1.1.– 30.6.07), **1,95%** (1.7.– 31.12.06), **1,37%** (1.1.–30.6.06), **1,17%** (1.7.–31.12.05), **1,21%** (1.1.–30.6.05), **1,13%** (1.7.–31.12.04), **1,14%** (1.1.–30.6.04), **1,22%** (1.7.–31.12.03), **1,97%** (1.3.–1.6.03), **2,47%** (1.7.02–28.2.03), **2,57%** (1.1.–30.6.02.), **3,62%** (1.9.–31.12.01).

§ 248 Zinseszinsen.
(1) Eine im Voraus getroffene Vereinbarung, dass fällige Zinsen wieder Zinsen tragen sollen, ist nichtig.
(2) ¹Sparkassen, Kreditanstalten und Inhaber von Bankgeschäften können im Voraus vereinbaren, dass nicht erhobene Zinsen von Einlagen als neue verzinsliche Einlagen gelten sollen. ²Kreditanstalten, die berechtigt sind, für den Betrag der von ihnen gewährten Darlehen verzinsliche Schuldverschreibungen auf den Inhaber auszugeben, können sich bei solchen Darlehen die Verzinsung rückständiger Zinsen im Voraus versprechen lassen.

A. Allgemeines. § 248 verbietet die **rechtsgeschäftliche Vereinbarung eines Zinseszinses** (Anatozismus) und bezweckt damit den Schutz des Schuldners vor mangelnder Zinsklarheit und vor einer Ausbeutung durch Zinskumulation (Köln NJW-RR 92, 682). Ein entspr Verbot enthält § 289 1 für die Vereinbarung eines Zinseszinses auf Verzugszinsen (§ 289 Rn 1). Ausschlüsse des Zinseszinses für gesetzliche Zinsansprüche finden sich in §§ 289 1 (insoweit Beschränkung von § 288, s. § 289 Rn 1), 291 2, § 353 2 HGB. Zur Geltung des Verbots in Schiedsverfahren s. § 289 Rn 1. **1**

B. Anwendungsbereich. Die Vorschrift erfasst die **Vereinbarung von Zinseszinsen** sowohl für **vertragliche** als auch für **gesetzliche Zinsen**; der Zinsbegriff entspricht dem des § 246 (s. dort Rn 5, 6). Ist ein **Disagio** – wie im Regelfall (s. hierzu § 246 Rn 6) – als Zinsvereinbarung auszulegen, so verstößt dessen Verzinsung wegen transparenter Bestimmung der Zinsschuld nicht gegen § 248 (BGH NJW 00, 352; Köln NJW-RR 92, 682; *Bezzenberger* WM 02, 1617, 1623 f; aA AnwK/*Bergdolt* § 248 Rz 3). Bei Kreditgebühren (s. § 246 Rn 6) ist zwischen Tilgungs- und Zinsanteil zu trennen (*Emmerich* WM 86, 541, 542). Das Verbot des § 248 bezieht sich nur auf eine im Voraus, dh **vor Fälligkeit** getroffene Vereinbarung (AnwK/*Bergdolt* § 248 Rz 4); Abreden nach Fälligkeit sind deshalb zulässig. Die vorherige Abrede einer Vertragsstrafe mit dem Inhalt, dass sich der Zinsfuß bei nicht fristgerechter Zahlung erhöht, wird ebenfalls als wirksam angesehen (*K. Schmidt* JZ 82, 829, 832); zu beachten ist dann jedoch § 309 Nr 6. **2**

Eine **Ausnahme vom Zinseszinsverbot** des § 248 besteht nach II für bestimmte Bankgeschäfte; die hier verwendeten Begriffe Sparkasse, Kreditanstalt, Bankgeschäft werden durch §§ 1, 39, 40 KWG inhaltlich bestimmt (zur Schuldverschreibung auf den Inhaber s. § 793 Rn 8). Erfasst werden nicht nur inländische Institute iSv § 1 KWG, sondern auch solche aus anderen EWR-Staaten (s. § 53b KWG); dies ergibt sich bereits aus dem mit der Dienstleistungsfreiheit nach Art 56 AEUV verbundenen Diskriminierungsverbot. II gilt für § 289 1 entspr (§ 289 Rn 1). Eine weitere Ausnahme findet sich in § 355 I HGB für die Verzinsung des Überschusses eines kaufmännischen Kontokorrents. Für beide Fälle enthält § 497 II 1 für Verbraucherkredite eine Gegenausnahme (§ 497 Rn 7). **3**

Vorbemerkungen vor §§ 249 bis 255

A. Anwendungsbereich. Die §§ 249 bis 255 regeln Umfang und Art des zu leistenden Schadensersatzes. Dagegen sagen sie über den Grund von Schadensersatzansprüchen nichts. Solche Vorschriften finden sich über das ganze BGB und seine Nebengesetze verstreut; die wichtigsten im BGB sind die §§ 280 und 823. Erst iVm einer solchen Vorschrift erlangen die §§ 249 ff Bedeutung. **1**

Dabei gelten die §§ 249 ff auch für alle auf Schadensersatz gerichteten Ansprüche, auch für solche außerhalb des Schuldrechts, sogar außerhalb des BGB (etwa BGH NJW 06, 2767, 2768 für § 945 ZPO). Doch gibt es einige Sondervorschriften. Sie bringen aber nur vereinzelt wirkliche Abweichungen von den §§ 249 ff, wie zB die §§ 414 I 2, 429 ff HGB oder die für die Gefährdungshaftung bestimmten Haftungshöchstbeträge (zB StVG §§ 12 ff). Die §§ 249 ff bilden Vorschriften von höchstem Allgemeinheitsgrad. **2**

B. Abgrenzungen. I. Die Vertragsstrafe. Die Vertragsstrafe beruht auf einem besonderen Strafversprechen, § 339. Sie ist im Grundsatz unabhängig von der Entstehung eines Schadens beim Gläubiger. Vielmehr soll sie die Vertragserfüllung gerade auch dort erzwingen, wo ein Schaden iSd §§ 249 ff rechtlich zweifelhaft (zB Ausfall der Eigennutzung, vgl § 249 Rn 37 ff) oder schwer zu beweisen ist. Nur über § 340 II sind die Vertragsstrafe und ein nachweisbarer Schaden miteinander verbunden. **3**

II. Der pauschalierte Schaden. Wenn ein Schaden schwer zu beziffern ist (wie häufig bei Verdienstausfall), wird seine Höhe oft durch Vertrag pauschal festgelegt (zB auf 10% des vereinbarten Preises). Hier ist die Abgrenzung zur Vertragsstrafe wichtig, weil nur Schadenspauschalen dem § 309 Nr 5 unterliegen. Anderer- **4**

Vor §§ 249 bis 255

seits sind Vertragsstrafen durch § 309 Nr 6 in bestimmten Fällen verboten; auch unterliegen sie der richterlichen Herabsetzung nach § 343. Grob gesagt gilt: Je stärker der Betrag sich von dem zu erwartenden Schaden entfernt, umso näher liegt die Annahme einer Vertragsstrafe. Denn sie will weniger den entstandenen Schaden ersetzen, als vielmehr einen Zwang zu pünktlicher Erfüllung ausüben.

5 **C. Beweisfrage. I. Grundsatz.** Die Beweislast für die den Ersatzpruch begründenden Umstände einschließlich des Schadens liegt beim Geschädigten. Ausnahmen iSe Beweislast des Schädigers gelten im Bereich des Schadens nach § 251 II (unverhältnismäßige Höhe der Herstellungskosten), § 252 2 (entgangener Gewinn unter dem zu erwartenden) und va § 254 (mitwirkendes Verschulden). Dazu kommen noch schadensmindernde Umstände, die ohne gesetzliche Grundlage berücksichtigt werden können (mit dem Schaden verbundene Vorteile, s. § 249 Rn 78 ff; Reserveursachen, s. § 249 Rn 109 ff).

6 **II. Anscheinsbeweis.** Gemildert wird die Beweislast für den Geschädigten bei typischen Geschehensabläufen insb hinsichtlich der **Kausalität**: Wenn sich unter Berücksichtigung aller unstr oder festgestellten Umstände und besonderen Merkmale des Einzelfalls ein für die zu beweisende Tatsache nach der Lebenserfahrung typischer Geschehensablauf ergibt, kann von diesem ausgegangen werden (etwa BGHZ 143, 268, 281). Das gilt zB bei Auffahrunfällen (BGH VersR 64, 263, vgl *Metz* NJW 08, 2806): Diese beruhen idR auf einem Verschulden des Auffahrenden. Oder in dem Fall von BGH NJW 98, 79: Der Sturz einer Kiste von einen Transportwagen legt den Schluss nahe, dass eine Beschädigung der in der Kiste verpackten Schaltkästen auf dem Sturz beruht. Dagegen gilt der Anscheinsbeweis nicht bei individuellen Verhaltensweisen, weil es hier an einer Typik fehlt (BGHZ 143, 268, 281). BGH NJW 06, 2262, 2263 formuliert: Typizität sei gegeben, „wenn die Wahrscheinlichkeit, einen solchen (typischen) Fall vor sich zu haben, sehr groß ist". Dabei kehrt der Anscheinsbeweis nicht etwa die Beweislast um. Vielmehr ist er schon entkräftet, wenn der Gegner Tatsachen behauptet und beweist, aus denen sich die ernsthafte Möglichkeit eines anderen, untypischen Ablaufs ergibt (BGH NJW 91, 230, 231; 98, 79, 81). Wer aber diesen gegen den typischen Ablauf gerichteten Beweis schuldhaft vereitelt, kann sich auf den Anscheinsbeweis nicht berufen (BGH NJW 98, 79, 81).

7 Bedeutung hat der Anscheinsbeweis überall, wo es typische Geschehensabläufe gibt, etwa im Straßenverkehr (vgl. *Metz* NJW 08, 2806) und bei der Arzthaftung. Insb kommt er bei Schutzgesetzen, technischen Normen, Unfallverhütungsvorschriften, Verkehrspflichten oder auch Vertragspflichten in Betracht, die vor bestimmten Gefahren schützen sollen: Verwirklicht sich dann eine solche Gefahr, so wird Kausalität zwischen der Pflichtverletzung und dem Verletzungserfolg kraft Anscheinsbeweises angenommen (zB bestimmte Verletzungen bei Nichtanlegen des Sicherheitsgurtes).

8 Doch kann auch umgekehrt aus einem bestimmten Erfolg auf ein bestimmtes Verhalten geschlossen werden. So darf aus bestimmten typischen Verletzungen das Nichtanlegen des Sicherheitsgurts gefolgert werden (BGH NJW 91, 230, 231).

9 **III. § 287 I ZPO.** Weiter kann dem Geschädigten § 287 I ZPO helfen: Bei Streit über die Entstehung eines Schadens oder seine Höhe darf das Gericht unter Würdigung aller Umstände nach freier (dh pflichtgemäßer) Überzeugung ohne die Bindung an Beweisanträge entscheiden. Das gilt für die haftungsausfüllende Kausalität, die über den Umfang des ersatzfähigen Schadens entscheidet (BGH NJW 00, 509), nicht dagegen für die haftungsbegründende, also zwischen verschiedenen Tatbestandsmerkmalen der Anspruchsnorm bestehende Kausalität (BGH NJW 04, 777, 778). Auch ist bei § 287 ZPO das Beweismaß ggü § 286 ZPO gemindert: Zumindest genügt „eine deutlich überwiegende, auf gesicherter Grundlage beruhende Wahrscheinlichkeit" (BGH NJW 93, 734).

10 **D. Verjährung.** Die Verjährung wurde bis zum SchRModG nicht durch den Schaden bestimmt, sondern allein vom Grund des Anspruchs. Das trifft nach wie vor für die regelmäßige Dauer der Verjährungsfrist zu (§§ 195 bis 197). Dagegen gelten für die kenntnisunabhängigen Höchstfristen bei Schadensersatzansprüchen Besonderheiten: Nach § 199 II beträgt diese Frist 30 Jahre bei Verletzung von Leben, Körper, Gesundheit oder Freiheit, und zwar beginnend mit dem schadensstiftenden Umstand. Sonstige Schadensersatzansprüche aus der Verletzung niedriger bewerteter Rechtsgüter (Eigentum, Vermögen) verjähren nach § 199 III Nr 1 in 10 Jahren seit ihrer Entstehung oder in 30 Jahren seit dem schadensstiftenden Umstand; nach § 199 III Nr 2 entscheidet die früher endende Frist. Zum Zeitpunkt der Schadensentstehung s. BGH NJW 02, 888, 890: Der Schaden muss mindestens dem Grunde nach erwachsen oder es muss durch die Verletzungshandlung eine schädliche Verschlechterung der Vermögenslage eingetreten sein. Genügen soll weiter, dass eine solche Verschlechterung oder auch ein endgültiger Teilschaden entstanden ist und mit der nicht entfernt liegenden Möglichkeit des künftigen Auftretens bisher noch nicht erkennbarer, adäquat verursachter Nachteile bei vernünftiger Würdigung gerechnet werden kann. Es genügt die Möglichkeit zur Erhebung einer aussichtsreichen Feststellungsklage (BGH NJW 07, 830 Tz 28).

11 **E. Zeitpunkt und Dauer der Schadensberechnung.** Die Dauer der Schadensberechnung (genauer der Durchsetzbarkeit von Ersatzansprüchen) wird materiellrechtlich durch die Verjährung begrenzt (s.o. Rn 10). Daher ist es zweckmäßig, bei ungewissem künftigen Schadensverlauf mit der Leistungsklage eine Feststellungsklage hinsichtlich der Ersatzpflicht für künftige Schadensfolgen zu verbinden (mit der Folge von § 197 I Nr 3). Doch vgl dazu *Hess/Burmann* NJW Spezial 05, 255.

Zeitpunkt der Schadensberechnung ist die idR die letzte mündliche Tatsachenverhandlung (BGH NJW 96, 2652, 2654). Doch ist auch eine hinreichend substantiiert vorgetragene künftige Entwicklung zu berücksichtigen, wenn sie eine Schätzung nach § 287 ZPO ermöglicht. Das steht für Renten ausdrücklich in § 844 II, gilt aber auch sonst. Neu auftretende Umstände sind ggf vom Geschädigten durch eine Nachforderungsklage oder vom Schädiger nach § 767 ZPO geltend zu machen. Bei wiederkehrenden Leistungen gilt § 323 ZPO. Diesen idR zeitlich unbegrenzt geltenden Korrekturmöglichkeiten steht aber ggf die Verjährung (s.o. Rn 10) entgegen. Zudem muss der Erfüllung eine befriedende Wirkung zugeschrieben werden (vgl *Lange/Schiemann* Schadensersatz § 1 IV 2 b aa). Hat etwa der Geschädigte den für die Herstellung erforderlichen Betrag entgegengenommen (§ 249 II 1), wird er nachträglich nicht mehr geltend machen können, die Herstellung sei teurer gekommen (einschränkend aber BGHZ 169, 263, dazu § 249 Rn 35). Umgekehrt ist auch eine Teilrückforderung des Schädigers deshalb ausgeschlossen, weil die Herstellung billiger gelungen sei.

F. Schadensumfang und Haftungsbeschränkungen. Zur Gewinnherausgabe *Koziol* FS Medicus 09, 237. Die Klauselverbote in § 309 Nr 5 betreffen die Pauschalierung des Schadens (s.o. Rn 4). Dagegen verbietet die Nr 7 neben dem Ausschluss der Haftung auch jede Begrenzung. IÜ verbietet § 276 III bei Vorsatz auch eine Haftungsbegrenzung sogar in Individualverträgen.

G. Literatur. Grundl für alle Fragen der §§ 249 ff ist die Behandlung durch *Lange/Schiemann* Schadensersatz, 3. Aufl 2003, zudem Staud/*Schiemann* BGB §§ 249 bis 254 Neubearb 2005; *C. Huber* Das neue Schadensersatzrecht, 2003, spezieller *Küppersbusch* Ersatzansprüche bei Personenschaden, 10. Aufl 2010; *Sanden/Völz* Sachschadensrecht des Kraftverkehrs, 8. Aufl 2006.

§ 249 Art und Umfang des Schadensersatzes. (1) Wer zum Schadensersatz verpflichtet ist, hat den Zustand herzustellen, der bestehen würde, wenn der zum Ersatz verpflichtende Umstand nicht eingetreten wäre.
(2) ¹Ist wegen Verletzung einer Person oder wegen Beschädigung einer Sache Schadensersatz zu leisten, so kann der Gläubiger statt der Herstellung den dazu erforderlichen Geldbetrag verlangen. ²Bei der Beschädigung einer Sache schließt der nach Satz 1 erforderliche Geldbetrag die Umsatzsteuer nur mit ein, wenn und soweit sie tatsächlich angefallen ist.

Inhaltsübersicht

	Rn
A. Entwicklung der Vorschrift	1
B. Die beiden Grundprinzipien des Abs 1	2–6
I. Herstellung	3, 4
II. Totalersatz	5, 6
C. Die Herstellung	7–23
I. Inhalt	7
II. Die Herstellung bei Sachschäden	8–13
1. Reparatur oder Ersatzbeschaffung	8–10
2. Ersatzwagen	11–13
III. Die Herstellung bei Personenschäden	14
IV. Die Herstellung bei anderen vermögensrechtlichen Schädigungen	15–22
1. Geldzahlung	15–19
2. Positives und negatives Interesse	20–22
V. Die Herstellung bei Nichtvermögensschäden	23
D. Ersatz der Herstellungskosten, Abs 2	24–45
I. Wahlrecht des Geschädigten	24
II. Ersatz der zur Herstellung erforderlichen Kosten	25–36
1. Möglichkeit der Herstellung	25
2. Die Verwendungsfreiheit des Geschädigten	26–36
III. Insbes der Ersatz von Nutzungsausfall	37–44
1. Problematik	37, 38
2. Die Rspr zu Kraftfahrzeugen	39–41
3. Die Rspr zu anderen Sachen oder Nutzungsrechten	42–44
IV. Die Anrechnung des Restwertes	45
E. Normative Einschränkungen des Schadensersatzes	46–77
I. Kausalität und Zurechnung	48–64
1. Ausgangspunkt: Äquivalente Kausalität	48, 49
2. Die Adäquanztheorie	50–53
3. Die psychisch vermittelte Kausalität	54–61
4. Die Berufung auf rechtmäßiges Alternativverhalten	62–64
II. Der Schutzbereich der Norm	65–73
1. Ausgangspunkt	65, 66
2. Gesetzliche Pflichten	67–70
3. Vertragliche Pflichten	71–73
III. Weitere Gründe für eine Ersatzbeschränkung	74–77
F. Die Vorteilsausgleichung	78–96
I. Ausgangspunkt	78
II. Die Zessionsfälle	79, 80
III. Andere gesetzliche Regelungen	81
IV. Weitere Fallgruppen	82–91
1. Erbschaft	82, 83
2. Versicherungsleistungen	84–86
3. Ersparnis von Aufwendungen	87
4. Andere Vorteile	88–91
V. Grundsätze der Vorteilsausgleichung	92
VI. Ersatz neu für alt	93–96
G. Der Ersatz von Drittschaden	97–108
I. Ausgangspunkt	97–99
II. Gesetzliche Ansätze für eine Drittschadensliquidation	100
III. Einzelne Fallgruppen nach Richterrecht	101–107
1. Vereinbarungen	101, 102

	Rn		Rn
2. Mittelbare Stellvertretung	103	I. Ausgangspunkt	109
3. Treuhandverhältnisse	104	II. Problembeschreibung	110
4. Obhutsverhältnisse	105	III. Fallgruppen	111–114
5. Obligatorische Gefahrentlastung	106	1. Anderer Ersatzpflichtiger	111
6. Keine weiteren Folgerungen	107	2. Anlagefälle	112
IV. Rechtsfolgen der Drittschadensliquidation	108	3. Übrige Fälle	113
		4. Zeitliche Grenze	114
H. Reserveursachen	109–115	IV. Beweislast	115

1 **A. Entwicklung der Vorschrift.** § 249 war von dem SchRModG nicht betroffen. Geändert worden ist er aber seit dem 1.8.02 durch das Zweite Gesetz zur Änderung schadensersatzrechtlicher Vorschriften vom 19.7.02: Aus § 249 1 aF ist I geworden und aus § 249 2 aF ist § 249 II 1 entstanden. § 249 II 2 ist neu hinzugefügt worden (s.u. Rn 34).

2 **B. Die beiden Grundprinzipien des Abs 1.** § 249 I enthält die beiden Grundprinzipien des deutschen Schadensersatzrechts.

3 **I. Herstellung.** In I und II 1 (ebenso in den §§ 250, 251) spricht das Gesetz von der Herstellung eines bestimmten (schadensfreien) Zustands. Das ist die sog **Naturalrestitution**: Regelmäßig wird nicht Geldersatz als Ausgleich für die Wertminderung geschuldet, die das Vermögen des Geschädigten durch den zum Ersatz verpflichtenden Umstand erlitten hat. Vielmehr soll auch die konkrete Zusammensetzung des Vermögens erhalten bleiben: Die beschädigte Sache ist zu reparieren, der verletzte Mensch ist zu heilen. Das kann durch den Ersatzpflichtigen selbst geschehen. Viel häufiger wird aber der Geschädigte diese Herstellung besorgen; dann sind ihm nach § 249 II 1 die dazu erforderlichen Kosten zu ersetzen. Auch dieser Kostenersatz ist also eine Form der Herstellung (zB BGHZ 92, 85, 87). Bis zur Höhe der Wiederbeschaffungskosten (s.u. Rn 9) sind die entstandenen Reparaturkosten ohne Rücksicht auf ein besonderes Integritätsinteresse zu ersetzen (BGH NJW 07, 588 Tz 9f). Der Geschädigte braucht nicht erst die Sechsmonatsfrist von o. Rn. 29 abzuwarten, BGHZ 178, 338 Tz. 8ff.

4 Dagegen bildet der **Schadensersatz in Geld**, der nur den geminderten Geldwert des Vermögens ausgleicht, nach § 251 die Ausnahme bei Unmöglichkeit, Ungenügen oder unverhältnismäßig hohen Kosten der Herstellung. Bei Nichtvermögensschäden passt § 251 naturgemäß überhaupt nicht; hier kommt aber nach § 253 II eine (anders zu ermittelnde) „billige Entschädigung in Geld" in Betracht. Ihr steht die bei Verletzung des allg Persönlichkeitsrechts nach Richterrecht geschuldete „Genugtuung" nahe (s. § 253 Rn 25ff).

5 **II. Totalersatz.** Nach dem zweiten in § 249 I verkörperten Grundprinzip umfasst der zu leistende Natural- oder Geldersatz **allen Schaden**, der auf den zum Ersatz verpflichtenden Umstand zurückgeht. Gesetzliche Ausnahmen hiervon bilden bei Nichtvermögensschäden § 253 I und für alle Schäden die verhältnismäßige Minderung des Ersatzes nach § 254. Daneben gibt es aber noch einige richterrechtlich anerkannte Korrekturen. Diese setzen teils beim Kausalzusammenhang an (s.u. Rn 50), teils beim Normzweck (s.u. Rn 65) oder bei weiteren Gesichtspunkten (s.u. Rn 74). Dadurch wird die sog **Differenzhypothese** (Schaden als Differenz zwischen zwei Vermögenszuständen) durch Wertungen (normativ) verändert. Man gelangt so zu einem **normativen Schadensbegriff** (letztens *Medicus* FS Nobbe 09, 995). Dagegen wird eine Proportionalhaftung (entsprechend der Wahrscheinlichkeit der Verursachung) überwiegend abgelehnt (vgl *Taupitz* FS Canaris 07 I 1231ff).

6 Nicht Teil des Totalersatzes ist eine **Abschöpfung des Verletzergewinns**. Diese wird zwar bei der Genugtuung wegen Persönlichkeitsverletzung unter dem Gesichtspunkt der Prävention ansatzweise befürwortet (s. § 253 Rn 27) und mag auch darüber hinaus rechtspolitisch wünschenswert sein (s. *Medicus* JZ 06, 805, 809). Aber nach geltendem Recht bedarf sie einer eigenen Anspruchsgrundlage (allg §§ 687 II, 681 2, 667 und im Immaterialgüterrecht, s. dazu BGH NJW 07, 1524 mit *M. Loschelder* ebda 1503). IÜ ist die Gewinnabschöpfung Sache des Strafrechts (s. §§ 73 ff StGB, dann aber zugunsten des Fiskus!).

7 **C. Die Herstellung. I. Inhalt.** Auch die Herstellung ist dem Grundsatz des Totalersatzes (s.o. Rn 5) unterworfen. Sie richtet sich daher nicht, wie oft gesagt wird, auf die Herstellung des Zustandes vor dem Schadensereignis. Vielmehr ist der Zustand herzustellen, der jetzt ohne den zum Ersatz verpflichtenden Umstand bestünde. Dieser hypothetische Zustand braucht real nie bestanden zu haben, was sich etwa beim entgangenen Gewinn zeigt: Hier wird Gewinn ersetzt, der nicht wirklich bezogen worden ist. Insb kann sich die Herstellung auch auf die Aufhebung oder Veränderung eines Vertrages richten, wie es etwa bei § 311 II in Betracht kommt (§ 311 Rn 3). Insb beim durch Täuschung veranlassten Erwerb von Aktien kann der Käufer nicht etwa nur ersetzt verlangen, was er zuviel gezahlt hat. Vielmehr ist (gegen Rückgabe der Aktien) der volle Kaufpreis zu ersetzen, wenn ohne die Täuschung nicht gekauft worden wäre (BGHZ 160, 149; NJW 05, 2450, 2451).

II. Die Herstellung bei Sachschäden. 1. Reparatur oder Ersatzbeschaffung. Die nächstliegende Art der Herstellung ist bei einer Beschädigung von Sachen die **Reparatur**. Diese ist aber in mehrfacher Hinsicht problematisch (s. für Kraftfahrzeuge *Heß/Burmann* NJW Spezial 07, 207 ff):
Sie kann **verhältnismäßig teuer** sein, was bei Massenprodukten häufig vorkommt. So werden etwa beschädigte Teile eines Kraftfahrzeugs regelmäßig nicht repariert, sondern durch neue ersetzt. An sich gewährt § 251 II dem Schädiger in solchen Fällen eine Befugnis zur Leistung von Geldersatz. Der Anwendungsbereich dieser Befugnis hängt aber davon ab, was man unter Herstellung versteht: Die Rspr wertet auch die Lieferung einer gleichartigen und gleichwertigen Ersatzsache als Herstellung (etwa BGH NJW 07, 1674 Tz 6 mN). Das gilt insb bei der erheblichen Beschädigung von Kraftfahrzeugen: Hier soll die Bereitstellung eines gleichartigen und gleichwertigen Gebrauchtwagens noch zur Herstellung gehören (im Grundsatz BGHZ 115, 364, 368 mwN; ZIP 03, 1156, 1157). Folglich fällt auch eine Beschädigung, deren Reparatur verhältnismäßig teuer wäre (sog **wirtschaftlicher Totalschaden** idR bei mehr als 130% der Wiederbeschaffungskosten, BGHZ 115, 364; 375, zur Berechnung BGHZ 155, 1: Kosten einer markengebundenen Fachwerkstatt), bei der Möglichkeit zur Beschaffung eines Ersatzwagens nicht unter § 251 II, sondern unter § 249. Vollends gilt das bei der (üblichen) Neubeschaffung einzelner Ersatzteile. Doch ist das Wahlrecht des Geschädigten beschränkt durch **den Grundsatz der Wirtschaftlichkeit** (BGHZ 162, 161, 164 mN, jetzt BGH NJW 08, 1941 Tz 14: Bei Übersteigen der 130%-Grenze ist auch bei einer Teilreparatur nur der Wiederbeschaffungswert ersatzfähig). Trotz höherer Kosten kann die Reparatur idR einer markengebundenen Fachwerkstatt übertragen werden, BGH NJW 08, 2656.
Übersteigen die Kosten der hypothetischen Reparatur diejenigen einer Wiederbeschaffung um mehr als 130% und benutzt der Geschädigte sein fahrtaugliches und verkehrssicheres Fahrzeug einstweilen weiter, so ist von den zu ersetzenden Wiederbeschaffungskosten der sachverständig ermittelte Restwert abzuziehen (BGHZ 171, 287 Tz 10, dazu *C. Huber* NJW 07, 1625 ff, ergänzend BGH NJW 07, 2918 f). Dagegen soll der Abzug idR entfallen, wenn der Geschädigte sein Fahrzeug – ggf unrepariert – noch mindestens 6 Monate nach dem Unfall weiterbenutzt (BGHZ 168, 43 Tz 11).

2. Ersatzwagen. Insb der Ersatzwagen ist idR (nämlich wenn nicht ein neuwertiger Wagen beschädigt worden ist; die Grenze liegt bei einer Fahrleistung von ca 1.000 km, BGH VersR 83, 658) ein Gebrauchtwagen. Der Geschädigte wird dem oft mit Misstrauen begegnen, schon weil er die Eigenarten des ihm fremden Fahrzeugs nicht kennt. Daher hat der BGH der Reparatur einen Vorrang vor der Ersatzbeschaffung zuerkannt: Reparatur soll verlangt werden können, wenn ihre Kosten nicht mehr als 130% der Ersatzbeschaffungskosten ausmachen (s.o. Rn 9).
Der Geschädigte kann einem Ersatzwagen noch aus zwei weiteren Gründen krit gegenüberstehen: weil dieser nicht so gut gepflegt worden sei wie sein eigener, und weil dieser Wagen einen Zweithandwagen darstelle. Der BGH hat jedoch sowohl einen **Risiko**- (NJW 66, 1454) wie einen **Zweithandzuschlag** (NJW 78, 1373) abgelehnt. Stattdessen soll der Wiederbeschaffungswert so hoch bemessen werden, dass der Geschädigte „einen ähnlichen Wagen nach einer gründlichen technischen Überprüfung von einem seriösen Gebrauchtwagenhändler erwerben und sich von diesem Händler für eine gewisse Zeit eine Werkstättengarantie geben lassen" kann (BGH NJW 66, 1454, 1455).
Trotzdem kann die **Reparatur zur vollen Entschädigung** nicht genügen, § 251 I Alt 2. Das kommt schon deshalb in Betracht, weil die Reparatur bestimmte Folgeschäden nicht beseitigen kann, etwa den entgangenen Gewinn oder den Nutzungsausfall. Deswegen sind dann zusätzliche Geldzahlungen zu erbringen (§ 251 Rn 4). Bei umfangreichen Reparaturen wird der Wagen zudem zum Unfallwagen: Solche Reparaturen muss der Geschädigte bei einem Verkauf offen legen, so dass der erzielbare Preis sinkt (Ausnahme Bagatellschäden, BGH NJW 08, 53). Das ist der sog **merkantile Minderwert**: Der BGH hat ihn zunächst nur bei einem wirklich erfolgten Wiederverkauf ersetzen wollen (BGHZ 27, 181). Seit BGHZ 35, 396 soll der Geschädigte den merkantilen Minderwert aber auch ohne Verkauf sofort verlangen können. Denn wenn er den reparierten Wagen weiter benutze, begnüge er sich mit einem stärker reparaturanfälligen und daher geringerwertigen Fahrzeug. Auch sei nur so eine rasche Abwicklung des Schadens möglich. Das ist jetzt hM. Dagegen kommt bei nicht marktgängigen Sachen (wie etwa Straßenbahnwagen oder Kampffahrzeugen der Bundeswehr) ein merkantiler Minderwert nicht in Betracht (Palandt/*Grüneberg* § 251 Rz 15). Geschätzt wird die Höhe des merkantilen Minderwerts üblicherweise nach der Methode von *Ruhkopf* und *Sahm* VersR 62, 593, vgl BGH NJW 80, 280, 281. Bei einer Fahrleistung von mehr als 100.000 Kilometern wird idR kein merkantiler Minderwert mehr angenommen, BGH aaO, auch BGHZ 161, 151, 160.

III. Die Herstellung bei Personenschäden. Bei einer Verletzung von Körper oder Gesundheit besteht die Herstellung in der Heilung. Doch wird die Herstellung durch den Schädiger hier noch weniger in Betracht kommen als bei Sachschäden: Der Verletzte wird sich nicht ausgerechnet dem Verletzer anvertrauen wollen, vgl daher u Rn 27.

IV. Die Herstellung bei anderen vermögensrechtlichen Schädigungen. 1. Geldzahlung. Andere vermögensrechtliche Schädigungen (zB durch Betrug, Untreue, Nichtleistung, vielfach auch die Nichterfüllung von Schutzpflichten) betreffen von vornherein das Vermögen. Hier besteht die Herstellung in einer Geldzahlung, ohne dass diese auf § 251 gestützt werden müsste. Denn diese Geldzahlung stellt genau den Zustand her, der ohne den zum Ersatz verpflichtenden Umstand bestünde. Bekämpft dagegen der Schuldner selbst die Forderung, von der er Befreiung verlangt, mit einem Rechtsbehelf, kann er vom Ersatzpflichtigen nicht Zahlung fordern, sondern nur die Feststellung der Ersatzpflicht (BGH NJW 07, 1809 Tz 20).

16 Herstellung ist insb auch möglich, wenn der Schaden in der Belastung mit einer Verbindlichkeit besteht, und zwar selbst bei einem vermögenslosen Verein (BGHZ 59, 148 gegen das RG). Die Herstellung besteht hier in der Befreiung von der Verbindlichkeit (§ 257). Ist der Schädiger zugleich der Gläubiger, so darf er seine Forderung nicht geltend machen, und zwar ohne Rücksicht auf Aufrechnungsverbote (BGHZ 71, 240, 245 mwN).

17 Einen Sonderfall bildet die Belastung mit dem **Unterhalt für ein nicht gewolltes Kind**. Hier hatte schon RGZ 108, 87 eine Ersatzpflicht ohne weiteres bejaht, ebenso noch LG Itzehoe FamRZ 69, 90. Im Anschluss an dieses Urt hat sich aber eine teils emotionale Debatte darüber ergeben, ob eine familienrechtlich begründete Pflicht auf den Verursacher übertragbar sei und ob dies nicht den Interessen des Kindes schade (Übersicht in BGHZ 76, 249, 252 f). Doch ist der VI. ZS des BGH aaO diesen Bedenken nicht gefolgt. In seinem Abtreibungsurteil hat dann der 2. Senat des BVerfG die Bedenken wieder aufgegriffen: Eine Qualifikation des Kindes als Schadensquelle sei von Verfassungs wegen (Art 1 I GG) ausgeschlossen; die zivilrechtliche Rspr sei daher zu überprüfen (BVerfGE 88, 203 Ls 14, 296 [Begründung] = NJW 93, 1751). Diese Überprüfung hat in BGHZ 124, 128, 136 f. stattgefunden: Das Schadensrecht solle Lasten feststellen und sie entspr der Verantwortung verteilen. Die Bewertung der Unterhaltspflicht als vermögensmäßige Differenz bedeute keine Herabwürdigung. Der Akzeptanz des Kindes könne es sogar nützen, wenn sein Unterhalt durch einen Schadensersatzanspruch gesichert sei. Dieser Standpunkt ist auf eine Verfassungsbeschwerde hin vom 1. Senat des BVerfG gebilligt worden (NJW 98, 519). Die vom 2. Senat (NJW 98, 523) geforderte Anrufung des Plenums (§ 16 BVerfGG) hat der 1. Senat mit Recht abgelehnt: Die genannten Bedenken des 2. Senats gehörten nicht zu den tragenden Gründen seiner Entscheidung und hierüber brauche das Plenum nicht zu befinden. Damit dürfte die Ersatzpflicht für die Praxis feststehen.

18 Fraglich ist dagegen der **Umfang der Ersatzpflicht**. Nach BGHZ 76, 259, 267 soll der familienrechtlich bestimmte Unterhalt „nicht schlechthin einem Schaden gleichgesetzt werden können", weil er von der Leistungsfähigkeit und auch von Entscheidungen der Eltern abhänge. Zu ersetzen sei nur der „eigentliche Planungsschaden", nämlich der nach durchschnittlichen Anforderungen für das Auskommen eines Kindes erforderliche Betrag. Andererseits soll nach BGHZ 124, 128, 144 bei der Geburt eines kranken Kindes statt eines erwünschten gesunden der gesamte Unterhalt ersetzt werden statt nur die krankheitsbedingten Mehrkosten.

19 Hier beachtet BGHZ 76 aaO jedoch den sonst anerkannten Grundsatz nicht, der Schädiger müsse den Geschädigten so nehmen, wie er nun einmal sei (s.u. Rn 48). Damit wäre bei wohlhabenden Eltern ein höherer Schaden ohne weiteres zu begründen. BGHZ 124 aaO ist schwer vereinbar mit der Schutzzwecklehre (s.u. Rn 65): Der durch die Beratung zu verhindernde Vermögensschaden bestand ja nur in der besonderen Belastung durch die Krankheit des Kindes.

20 **2. Positives und negatives Interesse.** Allerdings kann bei der Pflichtverletzung in Schuldverhältnissen dieser **schadensfreie Zustand in verschiedener Weise bestimmt werden**, nämlich als Schadensersatz statt der Leistung (früher Schadensersatz wegen Nichterfüllung) oder als Ersatz desjenigen Schadens, den der Gläubiger durch das enttäuschte Vertrauen auf die Erfüllung erlitten hat. Das erste ist das positive **(Erfüllungs)interesse**, das zweite, das negative **(Vertrauens)interesse**. Beide bringen Totalersatz (s.o. Rn 5). Nur wird der herzustellende Zustand in verschiedener Weise bestimmt.

21 Dabei soll das **positive Interesse** die ausgebliebene Leistung ersetzen. Es kommt also nur in Betracht, wenn die Leistung bei pflichtgemäßen Verhalten des Schädigers erbracht worden wäre, insb bei Wirksamkeit des Schuldverhältnisses (mögliche Ausnahme § 311a II 1, vgl § 311a Rn 8). Dagegen betrifft das **negative Interesse** (hierzu *Ackermann* Der Schutz des negativen Interesses, 07) idR unwirksame oder unwirksam gewordene Schuldverhältnisse (v.a. §§ 122, 179 II und viele Fälle der cic, s. § 311 Rn 61). Dieses umfasst vergebliche Aufwendungen, die der Schädiger für den Vertrag und in Erwartung der Leistung gemacht hat, also um Frustrationsschäden (s.u. § 251 Rn 19). Doch kann es sich auch um entgangenen Gewinn handeln, nämlich wenn der Gläubiger im Vertrauen auf die Wirksamkeit des Vertrages den Abschluss eines anderen, gewinnbringenden Geschäfts unterlassen hat.

22 IdR ergibt das positive Interesse einen höheren Betrag als das negative. Es kann aber auch anders sein, weshalb etwa § 122 I den zu ersetzenden Betrag des negativen Interesses durch den Betrag des positiven begrenzt. Das trifft zu, wenn die Vertragserfüllung für den Gläubiger ungünstig gewesen wäre. Doch ist diese Beschränkung des negativen Interesses keine allg und insb auch für die culpa in contrahendo geltende Regel (etwa BGHZ 57, 191, 193; 69, 53, 56; NJW 88, 2234, 2236).

23 **V. Die Herstellung bei Nichtvermögensschäden.** Auch bei Nichtvermögensschäden kann Herstellung verlangt werden; § 253 beschränkt nur einen Anspruch auf Entschädigung in Geld. Zur Herstellung gehören etwa Operationen zur Beseitigung oder Verdeckung von Unfallnarben (BGHZ 63, 295, 300 ff). Bei unverhältnismäßig hohen Kosten (etwa auch, weil die Beeinträchtigung kaum sichtbar ist) kann freilich § 242 entgegenstehen; ggf ist dann aber das Schmerzensgeld des Verletzten zu erhöhen; § 251 II kommt nicht in Betracht

(alles BGH aaO). Ersatzfähig sind auch die Kosten für Maßnahmen zur Linderung der Folgen (zB rollstuhlgeeigneter Umbau des Hauses, BGH NJW 82, 757, 758). Bei beeinträchtigenden Äußerungen kommt ein Widerruf (aber keine Abbitte) in Betracht (vgl BGH NJW 53, 1386). Die Kosten der Anzeige zur Richtigstellung einer Falschmeldung können nach § 249 II verlangt werden (BGHZ 70, 39, 43).

D. Ersatz der Herstellungskosten, Abs 2. I. Wahlrecht des Geschädigten. II gibt dem Geschädigten bei 24 Verletzung einer Person oder Beschädigung einer Sache die Wahl, statt der Herstellung den Ersatz der dazu erforderlichen Kosten verlangen. Hier von „Geldersatz" zu sprechen, vermischt aber den Unterschied zu § 251. Das ist schon deshalb gefährlich, weil der zu zahlende Geldbetrag verschieden berechnet wird: Die Herstellungskosten (§ 249 II) können anders und va auch höher sein (vgl § 251 II) als die Verminderung des Vermögenswerts (§ 251 I).

II. Ersatz der zur Herstellung erforderlichen Kosten. 1. Möglichkeit der Herstellung. Der Anspruch auf 25 Ersatz der Herstellungskosten setzt unzweifelhaft voraus, dass die Herstellung überhaupt einmal möglich gewesen ist. Das folgt schon aus dem Gesetzeswortlaut „statt der Herstellung"; wenn diese nicht möglich war, ist sie auch nicht geschuldet worden, sondern von vornherein nur Geldersatz nach § 251 I. Zudem lassen sich für eine unmögliche Herstellung keine erforderlichen Kosten angeben. Ob die Möglichkeit bei dem Verlangen der Herstellungskosten noch fortbestehen muss, kann eher zweifelhaft sein (s. sogl Rn 26 ff).

2. Die Verwendungsfreiheit des Geschädigten. Die Frage nach der Möglichkeit der Herstellung hängt 26 zusammen mit der anderen Frage nach der Verwendungsfreiheit des Geschädigten: Muss er den Betrag der erforderlichen Kosten wirklich für die Herstellung verwenden oder kann er darüber frei verfügen? Im ersten Fall müsste ihm die Herstellung noch möglich sein; im zweiten käme es darauf nicht an. Für die Antwort dürfte zu unterscheiden sein.

Bei Personenschäden (s.o. Rn 14) kann nur verlangt werden, was wirklich an Kosten für die Herstellung ent- 27 steht. Anders hat zwar BGH NJW 58, 627 entschieden (bejaht wurde dort der Ersatz der Kosten für ein wegen Geldmangels nicht gekauftes Stärkungsmittel, dagegen etwa *Medicus/Lorenz* SchuldR AT Rz 642). Richtig dann aber BGHZ 97, 14, 18 ff: Die für eine Operation nötigen Kosten könnten nur bei deren Durchführung verlangt werden. Andernfalls geriete man in Konflikt mit § 253 I. So sind auch nicht die Kosten für einen „eigentlich" nötigen Krankenhausaufenthalt zu ersetzen, wenn der Verletzte sich zu Hause von seinen Angehörigen hat pflegen lassen. Vgl etwa *Zeuner* JZ 86, 640; *Grunsky* JuS 87, 441.

Einen Sonderposten bilden bei Personenverletzungen die **Kosten für Besuche im Krankenhaus**. Diese müs- 28 sen heilungsfördernd sein, was va im Verhältnis zu Ehegatten, Eltern oder Kindern zutreffen kann. Doch entstehen diese Kosten nicht dem Verletzten selbst und sind auch von ihm nicht zu ersetzen. Trotzdem bejaht der BGH (zB NJW 90, 1037) einen Anspruch des Verletzten auf Ersatz der hierbei entstehenden Fahrtkosten und des Verdienstausfalls, auch der Kosten für einen Babysitter. Immerhin sollen nach BGH NJW 91, 2340 Fortkommensschäden des Besuchers unersetzt bleiben. Unzweifelhaft nicht ersatzfähig ist auch die (nicht mit Kosten verbundene) vermehrte elterliche Zuwendung für das verletzte Kind (BGHZ 106, 28, 30).

Bei Sachschäden insb an Kraftfahrzeugen hat der BGH überwiegend die bei Körperschäden verneinte Ver- 29 wendungsfreiheit des Geschädigten bejaht (etwa BGHZ 99, 81). BGH NJW 07, 1674 Tz 10 mN spricht geradezu von „einem gesetzlichen Bild des Schadensersatzes, nach dem der Geschädigte Herr des Restitutionsgeschehens ist und grds selbst bestimmen darf, wie er mit der beschädigten Sache verfährt". Einschr aber der V. ZS BGHZ 81, 385, 392 für Grundstücke, dies dann aber wieder einschr BGHZ 147, 320, 322: Verwendungsfreiheit soll auch dann gelten, wenn der Geschädigte den beschädigten Wagen inzwischen verkauft und sich dadurch zu einer Herstellung außerstande gesetzt hat. Weiter einschr BGH NJW 08, 1941 Tz 9: Ein Anspruch auf die fiktiven Reparaturkosten soll idR die Weiterbenutzung des Fahrzeugs über mindestens 6 Monate voraussetzen. Bei Grundstücken soll der Anspruch nach 249 II 1 wenigstens dann erhalten bleiben, wenn er bis zum Wirksamwerden der Übereignung an den Erwerber abgetreten worden ist (BGHZ 147, 320, 323). Nach meiner Ansicht sollte der Streit seit dem Änderungsgesetz vom 19.7.02 (s.o. Rn 1) entschieden sein: Indem der Gesetzgeber durch II 2 nur die nicht wirkliche entstandene Umsatzsteuer vom Ersatz ausgeschlossen hat, ist iÜ der Ersatz fiktiver Herstellungskosten bis zur Grenze von § 251 II anerkannt (*Schiemann* VersR 06, 160, 166). Das gilt aber nicht für einen Deckungskauf: Dieser beendet allemal zugunsten des Schädigers die Entstehung eines künftigen Schadens (BGH NJW 08, 2430 Tz 11).

Nach BGHZ 162, 161, 166 sollen Reparaturkosten bis zu 130% über dem Wiederbeschaffungswert nur ver- 30 langt werden können, wenn die Reparatur fachgerecht und in einem Umfang durchgeführt wird, wie ihn der Sachverständige zur Grundlage seiner Kostenschätzung gemacht hat. Nach BGH NJW 09, 3222 soll auf Neuwagenbasis nur bei Vorliegen eines Deckungsgeschäfts abgerechnet werden können. Nach BGHZ 115, 364, 372 f darf bei der Berechnung der 130% der Restwert des beschädigten Fahrzeugs unbeachtet bleiben.

Der nötige **Nachweis der Kosten** gelingt am leichtesten durch die **Vorlage einer Rechnung** über die ausge- 31 führte Reparatur. Nicht selten stellt sich auch erst während der Arbeiten heraus, was alles nötig ist. Das ist die **Abrechnung auf Rechnungsbasis**. Hier bereitet auch der nach II 2 nötige Nachweis der Umsatzsteuer keine Schwierigkeit, sofern nicht ein Nichtunternehmer repariert hat (sog Hinterhofreparatur, s.u. Rn 34).

32 Str kann die Frage der **Erforderlichkeit** sein. Erforderlich sind generell diejenigen „Aufwendungen, die ein verständiger, wirtschaftlich denkender Mensch in der Lage des Geschädigten für zweckmäßig und notwendig halten darf" (BGHZ 162, 161, 165). Zweifel können entstehen, wenn die vom Geschädigten beauftragte Werkstatt unwirtschaftlich gearbeitet hat. Für eine solches Verschulden hat dann idR nicht etwa der Geschädigte nach §§ 254 II 2, 278 I einzustehen (s. § 254 Rn 26). Vielmehr ist die Herstellung nach I Sache des Schädigers, so dass er das Risiko eines Versagens der Werkstatt tragen muss. Diese Risikoverteilung will II 1 nicht ändern. Daher trägt der Schädiger auch die Risiken einer vom Geschädigten veranlassten Herstellung (BGHZ 63, 182). Freilich muss der Geschädigte dann seine Ansprüche gegen den Werkstattinhaber an den Schädiger abtreten.

33 Entspr muss auch für das **Prognoserisiko** gelten, nämlich wenn die Wirksamkeit einer bestimmten Herstellungsmaßnahme oder die Wirtschaftlichkeit der Herstellung (§ 251 II) irrig bejaht worden sind: Auch diese Risiken trägt der Schädiger (BGHZ 63, 182, 185 f; 115, 364, 370).

34 Der zweite Weg zum Nachweis der erforderlichen Kosten führt über **Sachverständigengutachten** (Abrechnung auf Gutachtenbasis). Für den Ersatz der Gutachterkosten (dazu BGH NJW 06, 2472; *Meinel* VersR 05, 201) gewährt BGH NJW 05, 356, 357 dem Tatrichter ein weites Ermessen (§ 287 I ZPO). Der Weg über ein Gutachten oder bei Bagatellschäden über einen Kostenvoranschlag kommt va in Betracht, wenn der Geschädigte die Reparatur nicht wirklich ausführen lassen, sondern von seiner Verwendungsfreiheit (s.o. Rn 29) Gebrauch machen will. Bei dieser Abrechnungsart erlangt der neue (s.o. Rn 1) II 2 Bedeutung: Bloß fiktive (also in dem Gutachten für die Reparaturkosten zwar angesetzte, aber nicht wirkliche angefallene) **Umsatzsteuer** soll nicht ersetzt werden. Doch kann auch (insb für die Beschaffung von Ersatzteilen) bei Hinterhof- oder Teilreparaturen Umsatzsteuer anfallen, wenngleich in geringerer Höhe; diese ist dann zu ersetzen (teils anders BGHZ 162, 170, 175, dagegen *Schiemann* VersR 06, 160, 165 und klarstellend BGH NJW 06, 285, 286, für die bloß fiktive Wiederbeschaffung BGH NJW 06, 2181).

35 Fraglich sein kann das Recht des Geschädigten, seine **Abrechnung zu ändern**: Wenn er zunächst auf Gutachterbasis abgerechnet hat, kann er dann noch die höheren Kosten einer später wirklich ausgeführten Reparatur ersetzt verlangen? BGHZ 169, 263 Tz 16 ff bejaht das, wenn nicht schon die erste Zahlung zu einer endgültigen Erledigung führen sollte. Gleiches kann für ein Urt gelten (Rn 17). Um solche Nachforderungen zu vermeiden, möge der Schädiger auf eine Erklärung des Geschädigten über die Endgültigkeit hinwirken. Krit hierzu *C. Huber* JZ 07, 639 ff.

36 Auch die Ersatzbeschaffungskosten (also der für einen Gebrauchtwagen zu zahlende Preis) können auf der Basis einer Schätzung abgerechnet werden. Dazu ist oft kein Gutachten nötig, weil laufend aktualisierte Marktberichte für Gebrauchtfahrzeuge der Eurotax Schwacke GmbH (sog *Schwacke*-Liste) zur Verfügung stehen. Die **Umsatzsteuerpflicht** hängt beim Kauf eines Gebrauchtwagens von der Unternehmereigenschaft des Verkäufers ab. Nach dem Sinn von II 2 wird der Geschädigte daher auch bei einer Ersatzbeschaffung das wirkliche Entstehen einer Umsatzsteuerpflicht nachweisen müssen. Nach BGHZ 162, 170, 174 soll der Netto-Wiederbeschaffungsaufwand die Obergrenze für den Ersatzbetrag bilden, wenn der Geschädigte nicht nachweislich einen höheren Betrag aufgewendet hat.

37 **III. Insbes der Ersatz von Nutzungsausfall. 1. Problematik.** Insb bei Kraftfahrzeugen kann bis zur Vollendung der Reparatur oder Ersatzbeschaffung einige Zeit vergehen. Zur vollständigen Herstellung würde gehören, dass der Geschädigte für diese Zeit einen Ersatzwagen erhält. Daher würde II 1 die für einen **Mietwagen** erforderlichen Kosten umfassen. Doch vgl zur Problematik der Ersatzfähigkeit der höheren **Unfallersatztarife** zunehmend strenger BGH NJW 05, 51; 135; 1041; 06, 360; 2693; 07, 2181; 3782 und weitere. Doch hat der BGH das aus dieser Strenge folgende Risiko für den Geschädigten auf den Vermieter abgewälzt: Dieser solle den Mieter darüber aufklären müssen, der höhere Mietpreis werde womöglich nicht erstattet (BGHZ 168, 168 Tz 19 ff, zu Einzelheiten BGH NJW 07, 2758; 2759). Dazu aus der Lit etwa *G. Wagner* NJW 06, 2289; *ders* 07, 2149; *Haertlein* JZ 07, 68; *Rehm* JZ 07, 786; *Vuia* NJW 08, 2369, s.a. § 254 Rn 20): Der höhere Tarif muss durch zusätzliche Leistungen begründet sein; Einzelheiten in BGH NJW 07, 2916 Tz 8 ff; 08, 2910. Ausnahmsweise werden Mietkosten überhaupt nicht für ersatzfähig gehalten, wenn der Geschädigte sich bei geringem Fahrbedarf ohne wesentliche Beeinträchtigung mit Taxis oder öffentlichen Verkehrsmitteln behelfen kann. Dann soll er nach § 254 nur den dafür erforderlichen Betrag verlangen können (§ 254 Rn 20).

38 Nicht selten verzichten die Geschädigten aber auf einen Mietwagen, schon weil sie über die Höhe des zu erwartenden Ersatzes unsicher sind (§ 254!). Dann wird fraglich, ob und wie viel Geld trotzdem verlangt werden kann. Eine entspr Frage stellt sich für andere Sachen, deren Nutzung einen Marktwert hat.

39 **2. Die Rspr zu Kraftfahrzeugen.** BGHZ 40, 345 hat eine abstrakte Nutzungsentschädigung dem Grund nach bejaht: Die Möglichkeit, jederzeit und sofort ein Kraftfahrzeug, das in der Garage oder vor der Tür steht, benutzen zu können, werde heute allg als wirtschaftlicher Vorteil angesehen; die Benutzungsmöglichkeit *werde durch Vermögensaufwendungen* „erkauft" und sei daher kommerzialisiert (aaO 349 f). Doch hat das schon BGHZ 45, 212 eingeschränkt: Die Nutzungsbeeinträchtigung müsse für den Geschädigten **fühlbar** geworden sein. Sie entfällt also, wenn dieser selbst noch eine weiteres Kraftfahrzeug zur Verfügung hat (BGH NJW 76, 286) oder wenn er selbst verletzt worden ist und daher das Kraftfahrzeug nicht verwenden

kann (BGH NJW 68, 1778). Gleiches gilt, wenn das Kraftfahrzeug aus anderen, unfallunabhängigen Gründen während der Reparaturzeit nicht eingesetzt worden wäre (BGH NJW 85, 2471).

Weitere Einschränkungen hat BGHZ 45, 212 hinsichtlich der **Höhe der Entschädigung** gemacht: Von dem 40 üblichen Mietpreis sollten außer der ersparten Abnutzung des eigenen Wagens auch der Unternehmergewinn und die allg Betriebskosten eines gewerblichen Fahrzeugvermieters abgezogen werden. Der Anspruch auf Nutzungsentschädigung beruhe wegen der Unmöglichkeit einer Herstellung auf § 251 (aaO 220 f).

Auf dieser Grundlage sind dann **Tabellen für den Nutzungswert** der verschiedenen Modelle berechnet wor- 41 den, die nur gut 30% des üblichen Mietpreises ergeben (*Sanden/Danner* VersR 66, 697; 69, 483). BGHZ 56, 214 hat ausdrücklich gebilligt, selbst wenn die erwähnten Beträge die gebrauchsunabhängigen Gemeinkosten (Vorhaltekosten) nur maßvoll übersteigen. Die Praxis verfährt nach diesen Sätzen (etwa Beilage zu NJW 10 Heft 1/2 für PKW, Geländewagen und Transporter). Nach BGH NJW 05, 277, 278 können die Tabellen auch dann nach § 287 ZPO verwendet werden, wenn das Kraftfahrzeug dort wegen seines hohen Alters nicht mehr aufgeführt ist. BGHZ 85, 11; 88, 11, 13 (erg BGH NJW 83, 2139) hat sie auch auf die vertragswidrige Vorenthaltung eines Kraftfahrzeugs erstreckt. BGH NJW 05, 277, 278 berücksichtigt bei älteren Fahrzeugen aber zutr, dass die Tabellen von *Sanden/Danner/Küpersbusch* von fabrikneuen Wagen ausgehen. Das kann der Tatrichter iRv § 287 ZPO pauschalierend durch eine Herabstufung um eine (BGH NJW 05, 1044) oder zwei (BGH NJW 05, 277, 278) Fahrzeuggruppen berücksichtigen. Bei langer Dauer des Nutzungsausfalls soll der so ermittelte Betrag sogar den Wert des Kraftfahrzeugs übersteigen können (BGH NJW 05, 1044). Naumbg NJW 08, 2511 will den Nutzungsentgang auch für ein gewerblich genütztes Fahrzeug nach der Tabelle entschädigen, doch dürfte hier § 252 genügen.

3. Die Rspr zu anderen Sachen oder Nutzungsrechten. Die eben dargestellte Berechnung des Nutzungswer- 42 tes von Kraftfahrzeugen ist von der Kommerzialisierung immer stärker in die Nähe eines Frustrationsschadens (vgl § 251 Rn 19) gerückt: Die Entschädigung nähert sich dann dem Betrag der Aufwendungen des Geschädigten, die wegen des Schadensereignisses ihren Zweck verfehlen. Andererseits hat BGHZ 55, 146, 151 f eine solche Schadensberechnung wegen der Gefahr einer unübersehbaren Ausdehnung der Ersatzpflicht zutr abgelehnt (dort für eine Körperverletzung, derentwegen ein teuer erkauftes Jagdrecht nicht ausgeübt werden konnte). Nicht zuletzt wegen dieser dogmatischen Unsicherheit ist auch die Frage nach der Erstreckung der abstrakten Nutzungsentschädigung auf andere Sachen oder Nutzungsrechte sehr zweifelhaft geworden. Die Praxis der Gerichte war uneinheitlich.

Der V. ZS des BGH hat einen solchen Fall (Unbenutzbarkeit eines eigengenutzten Wohnhauses) mit einem 43 vorzüglich begründeten Beschl dem GSZ vorgelegt (NJW 86, 2037, Anm *Zeuner* JZ 86, 395). Dieser hat entgegen dem V. ZS für eine Erweiterung votiert (BGHZ 98, 212 ff): Dass die Nutzung zeitweilig verhindert werde, dürfe „nicht bloß monetär" gesehen werden. Denn sonst sei im Nachteil, wer sein Gut nicht erwerbswirtschaftlich einsetze und daher nicht über § 252 entgangenen Gewinn liquidieren könne. Doch müsse dieser Nutzungsersatz auf Wirtschaftgüter von allg, zentraler Bedeutung für die Lebenshaltung beschränkt werden. Danach war der Anspruch wegen des Wohnhauses zu bejahen.

Diese wohl nur als Richterrecht begreifbare Umschreibung schließt va einen Nutzungsersatz für **Luxusgüter** 44 aus: etwa für eine privates Schwimmbad, BGH NJW 80, 1386; für einen Pelzmantel, BGH NJW 75, 733; für eine Privatflugzeug, Oldbg NJW-RR 93, 1437; für ein Reitpferd, LG Augsburg ZfS 88, 42; für ein Motorboot, BGH NJW 84, 72. Bejaht worden ist die Entschädigung dagegen etwa für einen Elektrorollstuhl, LG Hildesheim NJW-RR 91, 798, Blindenhund, AG Marburg, NJW-RR 98, 931, eine Kücheneinrichtung, LG Osnabrück NJW RR 99, 349. Ausgeschlossen sein soll der Anspruch aber bei Beeinträchtigungen, die sich kurzfristig durch Umdispositionen auffangen lassen (BGH NJW 93, 1794). Für eine Garage hat der BGH die Entschädigung einmal bejaht (NJW 86, 427) und einmal verneint (NJW 93, 1794). Hier bleiben also viele Unsicherheiten.

IV. Die Anrechnung des Restwertes. Wenn der Geschädigt auf Dauer ein Ersatzfahrzeug erhält, muss er im 45 Prinzip das eigene beschädigte Fahrzeug herausgeben. Er kann es aber auch selbst verwerten; dann wird der Erlös von den zu ersetzenden Kosten des Ersatzfahrzeugs abgezogen. An die Bemühungen des Geschädigten zur Verwertung werden keine hohen Anforderungen gestellt: BGH NJW 05, 357 f verpflichtet idR nicht zur Inanspruchnahme eines Sondermarktes für Restwertaufkäufer im Internet. Wenn dort aber ohne besondere Mühe wirklich ein höherer Erlös erzielbar ist, muss dieser angerechnet werden (vgl BGHZ 154, 395, 398; NJW 05, 2541, 2542, s.o. Rn 36). Doch kann der wirklich erzielte Erlös idR auch bei der Schadensberechnung *auf Gutachtenbasis zugrunde gelegt werden* (BGH NJW 06, 2320). Ein Angebot des Haftpflichtversicherers der Gegenseite braucht der Geschädigte nicht abzuwarten. Dagegen lehnt BGH NJW 06, 2179 bei Weiterbenutzung des beschädigten Wagens und bloßem Ersatz der Reparaturkosten einen Abzug wegen des Restwertes mit Recht ab. Dazu NJW-Spezial 08, 105.

E. Normative Einschränkungen des Schadensersatzes. Der Totalersatz nach I (s.o. Rn 5) kann sehr weit rei- 46 chen. Der schadensbringende Umstand kann – zusammen mit anderen Ursachen – zu mannigfachen **Folgeschäden** führen. Daher sind Korrekturen nötig. Sie werden mit mehreren Instrumenten erreicht (abgesehen von zahlenmäßig bestimmten Obergrenzen, die es nur außerhalb des BGB gibt). Zur Kausalität bei **Massenschäden** *J. Hager* FS Canaris 07 I, 403 ff.

47 Bisweilen kann man freilich das Korrektiv schon in der Anspruchsnorm selbst suchen, insb in deren **Verschuldenserfordernis**: Dieses kann eine über die Adäquanz hinausgehende Wahrscheinlichkeit des ersten Verletzungserfolgs verlangen, so etwa Köln NJW 07, 1757 f: Bei einem geringfügigen Angriff soll hinsichtlich einer dauernden Dienstunfähigkeit das Verschulden fehlen (Konstruktion zweifelhaft).

48 **I. Kausalität und Zurechnung. 1. Ausgangspunkt: Äquivalente Kausalität.** Bei der Anwendung des Zustandsvergleichs iRd Differenzhypothese (s.o. Rn 5) stehen alle Ursachen gleich; es kommt nur darauf an, ob sie wirksam geworden sind. So ist vielfach ausgesprochen worden, der Schädiger müssen den Geschädigten so nehmen wie er ist, also mit allen seinen schadensfördernden oder -vergrößernden Schwächen und auch psychischen Anlagen (BGHZ 20, 137, 139, 141; 132, 341, 345 mN): Wer einen gesundheitlich schon geschwächten Menschen verletzt, kann nicht verlangen, so gestellt zu werden, als wenn der Betroffene gesund gewesen wäre (zu Ausnahmen s.u. Rn 74). Man kann hier von äquivalenter Kausalität sprechen. Sie bildet für die Schadensermittlung den Ausgangspunkt: Es wird nur gefragt, ob der Schaden bei Wegdenken des schädigenden Ereignisses entfiele. Bei pflichtwidrigen Unterlassungen wird dagegen das geschuldete Tun hinzugedacht. Für einen Schaden durch einen Anwaltsfehler entscheidet über die Kausalität das „richtige" und nicht dasjenige Urt, zu dem das Gericht ohne den Fehler gelangt wäre, BGHZ 163, 223 m Anm *Mäsch* JZ 06, 201.

49 Die **Beweislast** für die Kausalität liegt idR beim Geschädigten. Davon gilt auch dann keine Ausn, wenn eine individuelle Anlageentscheidung mit einer „extrem einseitigen Kapitalmarktinformation" begründet wird, BGH ZIP 07, 679 ff, s.u. Rn 57.

50 **2. Die Adäquanztheorie.** Die Adäquanztheorie will ganz unwahrscheinliche („inadäquate") Kausalverläufe ausschalten. Hierfür gibt es verschiedene Formulierungen. Am gebräuchlichsten ist wohl: Das schädigende Ereignis müsse im Allgemeinen und nicht nur unter besonders eigenartigen, unwahrscheinlichen und nach dem gewöhnlichen Verlauf der Dinge außer Betracht zu lassenden Umständen geeignet sein, einen Erfolg der eingetretenen Art herbeizuführen (etwa BGHZ 7, 198, 204; 137, 11, 19 mwN).

51 Bei dem Urt über diese Wahrscheinlichkeit sollen berücksichtigt werden alle zur Zeit des Schadenseintritts dem optimalen Beobachter erkennbaren und zusätzlich die dem Täter noch darüber hinaus bekannten Umstände (BGHZ 3, 261, 267). Tatfolgen, die dem Täter bekannt oder sogar von ihm gewollt sind, sind also immer adäquat (BGH NJW 92, 1381, 1382).

52 Die Formulierung für die Adäquanz hat aber nur selten eine wesentliche Beschränkung des zu ersetzenden Schadens bewirkt. Bsp bilden BGH NJW 52, 1010: Jemand hatte 1937 bei einem Verkehrsunfall ein Bein verloren; er konnte deshalb 1945 einen rettenden Bunker nicht mehr erreichen und wurde daher von einem Splitter tödlich getroffen. Oder BGHZ 25, 86, 91: Während einer unfallbedingten Operation entdeckt ein Arzt eine Anomalie des Patienten und will diese beheben; das führt zum Tod. Weitere Fälle bei *Lange/Schiemann* § 3 VI 4b. In letzter Zeit werden diese Fälle aber noch seltener, wohl wegen des Vordringens anderer Argumentationen (va der Schutzzwecklehre, u. Rn 65). Aus neuester Zeit vgl immerhin den exotischen Fall von AG Regensburg NJW 00, 1047.

53 Die geringe Wirksamkeit der Adäquanz hängt gewiss mit der Kunstfigur des „optimalen Beobachters" (s.o. Rn 51) zusammen: Von ihm kann man kaum sagen, was er angeblich nicht weiß. Aber selbst wenn man mit *Larenz* (SchuldR AT 324) an seine Stelle einen „erfahrenen" Beobachter setzt, bleibt die Filterwirkung der Adäquanztheorie gering. Sie ist noch dadurch vermindert worden, dass die Voraussehbarkeit nur für den Schadenseintritt und nicht auch für den konkreten Ablauf der Schädigung gefordert worden ist (so in dem „Spitzhackenfall" von BGH VersR 61, 465). Vgl aber zur sog „Unterbrechung des Kausalzusammenhangs" noch u. Rn 61.

54 **3. Die psychisch vermittelte Kausalität.** Statt durch die Naturgesetze kann der Kausalzusammenhang auch durch Entschlüsse des Geschädigten selbst oder Dritter vermittelt werden. Dann sind diese Entschlüsse auf ihre Adäquanz (s.o. Rn 50) und auch darauf zu prüfen, ob der durch sie vermittelte Schaden noch im Schutzbereich der Anspruchsnorm liegt (s.u. Rn 65). Darüber hinaus hat die Rspr bei solchen Entschlüssen aber noch eine weitere Kontrolle eingeführt: Der Entschluss wird – grob gesagt – auf seine Vernünftigkeit geprüft.

55 Entwickelt worden sind die maßgeblichen Kriterien va an den **Verfolgungsfällen**: Jemand veranlasst durch seine Flucht eine gefährliche Verfolgung; der Verfolger verunglückt und verlangt von dem Verfolgten Ersatz. Dieser soll nicht schon dann gewährt werden, wenn der Verfolgte die Verfolgung adäquat kausal verursacht hat. Vielmehr wird zudem verlangt, dass der Verfolger „sich zum Eingreifen herausgefordert fühlen durfte, und zwar überhaupt und ggf in der gewählten Art und Weise" (BGHZ 57, 25, 31). Eine solche **Herausforderung** hat der BGH etwa bejaht für einen Fahrkartenkontrolleur durch einen flüchtenden Schwarzfahrer (aaO) oder unter Berufung auf die „Kameradschaftlichkeit der Straße" für einen Kraftfahrer, der einen Unfallflüchtigen stellen will (BGH NJW 64, 1363). Argumente für die als hinreichend bejahten Herausforderungen sind § 127 StPO, § 229 BGB und für den Kontrolleur auch die dienstliche Verpflichtung zum Eingreifen.

56 *Andere Fallkonstellationen* mit bejahter Herausforderung begegnen in **Rettungsfällen** (etwa im Nierenfall von BGHZ 101, 215). Auch **Kosten der Rechtsverfolgung** (etwa durch Beauftragung eines Anwalts oder Inkassobüros, sogar durch eine schließlich erfolglose Klage) können vom wirklichen oder vermeintlichen Schuldner in einer zum Ersatz verpflichtenden Weise herausgefordert worden sein.

Durch falsche Angaben über wertbildende Umstände bei einem börsennotierten Unternehmen kann eine **Anlagenstimmung** geschaffen werden (vgl. BGH ZiP 06, 568). Dann ist zunächst auf Grund des alten BörsenG vermutet worden, dass der Erwerb einer Beteiligung an diesem Unternehmen auf den Falschangaben beruht. Diese Stimmung sollte längstens ein Jahr dauern, aber schon vorher enden, wenn andere Fakten für die Wertschätzung bestimmend geworden sind (BGHZ 139, 225, 233 f). Jetzt verlangen BGH ZIP 07, 1560 ff; 1564 ff (Comroad II und IV) einen konkreten Nachweis dafür, dass der Anlageentschluss gerade auf der Falschinformation beruht hat; das enttäuschte allgemeine Anlegervertrauen in die Integrität eines vorgelagerten Börsenzulassungsverfahrens soll nicht genügen (dazu auch BGHZ 160, 134, 146 und BGH ZIP 08, 829 Tz 16 ff: Der Kausalitätsbeweis ist auch bei § 826 nötig, Comroad VIII mit *Leuschner* ZIP 08, 1050). Zur Berechnung eines **Kursdifferenzschadens** *C. Schäfer/M. Weber/P. Wolff* ZIP 08, 197; zur Schadensberechnung im Kapitalmarktrecht *Wagner* ZGR 37, 08, 495). 57

Abgelehnt worden ist eine Herausforderung dagegen in Fällen eines **gemeinsamen gefährlichen Tuns** (BGH NJW 86, 1865: Zwei Jungendliche experimentieren gemeinsam mit Sprengstoff; einer verliert ein Auge und will den anderen mit verantwortlich machen). Der BGH spricht hier von „entschädigungslosem allg Lebensrisiko", wenn nicht der andere durch Inanspruchnahme einer übergeordneten Rolle eine Garantenstellung übernommen habe. 58

Abgelehnt hat der BGH eine Herausforderung auch in folgendem Fall: Jemand verursacht schuldhaft einen Verkehrsunfall, der zur **Straßensperrung** und einem langen Stau führt. Andere Kraftfahrer umfahren das Hindernis und zerstören dabei den Gehsteig: Diese seien nicht herausgefordert worden, sondern selbst Herr des Geschehens geblieben; für die Schäden an dem Gehweg seien allein sie der Stadtgemeinde haftbar. LG Düsseldorf (NJW 55, 1031) hatte für eine Zerstörung des Autobahngrünstreifens entgegengesetzt entschieden. Für den BGH hat anscheinend den Ausschlag gegeben, dass die Umfahrung rechtswidrig war. 59

Ähnl liegt der von BGH NJW 04, 1375 entschiedene **Zweitunfall**: Jemand verschuldet einen Unfall, der zwei Spuren der dreispurigen Autobahn versperrt. Die Unfallstelle wird jedoch optimal abgesichert und von mehreren anderen Fahrern unfallfrei passiert. Ein weiterer Fahrer fährt dennoch ungebremst in die Unfallstelle. Er soll von dem an dem Erstunfall Schuldigen keinen Ersatz verlangen können: Wegen der guten Absicherung der Unfallstelle sei es für den Zweitunfall gleichgültig gewesen, ob das Hindernis aus einem Erstunfall stamme. 60

Insgesamt kann man sagen: Die für die psychisch vermittelte Kausalität nötige Herausforderung beruht wesentlich auf der Größe des mit dem Entschluss übernommenen Risikos sowie der Dringlichkeit und der rechtlichen Bewertung des bezweckten Erfolges. Hierin zeigt sich wie bei der Adäquanz ein Übergang von der bloß logischen zur rechtlichen Bewertung: Aus dem logisch verstandenen Kausalzusammenhang wird ein rechtlich geprägter **Zurechnungszusammenhang**. Die frühere Übung, in den kritischen Fällen nach einer Unterbrechung des Kausalzusammenhangs zu fragen, erweist sich so als ungenau; vielmehr geht es um die Grenze der Zurechnung eines Schadens an eine bestimmte Person. 61

4. Die Berufung auf rechtmäßiges Alternativverhalten. Entlastend wirken kann weiter die Berufung des Schädigers darauf, er hätte die schädigende Handlung anders als unrechtmäßig auch rechtmäßig vornehmen dürfen: Vor einem Eingriff, der ohne ärztlichen Behandlungsfehler zu einem Schaden geführt hat, möge der Patient nicht ordnungsgemäß aufgeklärt worden sein. Der auf Schadensersatz belangte Arzt macht geltend, der Patient würde dem Eingriff auch nach Aufklärung zugestimmt haben. Oder der vertragsbrüchige Dienstverpflichtete beruft sich darauf, er hätte sich auch durch eine Kündigung von seiner Pflicht befreien können. 62

Der BGH hat im Gegensatz zur RGZ 163, 129, 138 dem Arzt Recht gegeben (etwa BGHZ 90, 103, 111 mN). Freilich hat er dabei das Selbstbestimmungsrecht des Patienten durch eine strenge **Beweisbelastung des Arztes** zu sichern gesucht. Insb genüge nicht der Nachweis, ein vernünftiger Patient würde zugestimmte haben, denn dieses Selbstbestimmungsrecht schütze auch aus medizinischen Gründen unvertretbare Entscheidungen. Wenn die Gründe für die Ablehnung einer anerkannten Therapie plausibel begründen (BGH aaO 112, mit NJW 05, 2072). – Zur Problematik des Dienstverpflichteten u. Rn 73. – Jedenfalls unzulässig ist die Berufung auf ein unrechtmäßiges Alternativverhalten (BGH NJW 06, 2767, 2769 Rz 23). Die Beweislast für ein regelgemäßes Alternativverhalten als Reserveursache liegt beim Schädiger (BGH NJW aaO Rz 25 mN). 63

Auch bei **fehlerhaftem Verhalten einer Behörde** ist der (von ihr zu führende) Nachweis zugelassen worden, derselbe Erfolg wäre auch bei rechtmäßigem Verhalten eingetreten; dass er lediglich hätte eintreten können, genügt dagegen nicht (BGHZ 120, 281, 287 mN). IÜ ist aber hier (wie auch bei anderer Verteidigung mit einem Alternativverhalten) zu bedenken, dieser Einwand dürfe nicht zur Aushöhlung wichtiger Verfahrensnormen führen (hM, vgl *Lange/Schiemann* Schadensersatz § 4 XII 5e mwN). 64

II. Der Schutzbereich der Norm. 1. Ausgangspunkt. Im Gegensatz zur Adäquanztheorie (s.o. Rn 50) will die Schutzbereichslehre Schäden nicht deshalb vom Ersatz ausschließen, weil der Eintritt ganz unwahrscheinlich war. Vielmehr geht es dieser Lehre um den Zweck der den Ersatzanspruch begründenden Norm: Ersetzt werden sollen nur die Schäden, deren Verhinderung die Norm bezweckt. Damit können auch einigermaßen wahrscheinliche Schäden ausgeschlossen werden wie in BGH NJW 81, 1606: Vorgeschrieben (und unterlassen) war eine Hinweis auf die Gefahren aus der Anwendung eines Pflanzenschutzmittels; nicht gehaftet wird für dessen Wirkungslosigkeit. 65

66 Eine **gesetzliche Beschränkung des Schutzzwecks** ist in den §§ 823 II, 839 I 1 ausdrücklich vorgesehen; in anderen Normen lässt sie sich durch Auslegung ermitteln (zB §§ 989, 990: Nach BGH NJW 90, 909 umfassen diese Vorschriften nicht den Vorenthaltungsschaden, sondern nur den Schaden aus der Unmöglichkeit der Herausgabe, s. § 989 Rn 7). Auch bei Verträgen kann die Auslegung einen beschränkten Schutzbereich ergeben, ebenso wie umgekehrt eine Erweiterung auf Dritte (Vertrag mit Schutzwirkung für Dritte, vgl vor § 328 Rn 2 ff). Zum Schutzbereich eines Sperrvertrages mit einer Spielbank BGHZ 165, 276.

67 **2. Gesetzliche Pflichten.** Bei § 823 II geht es häufig schon um die Eignung eines Schutzgesetzes als Anspruchsgrundlage überhaupt. So dient nach BGH NJW 04, 356, 357 (mwN) ein Halteverbot nach § 12 StVO in erster Linie der Sicherheit und Leichtigkeit des Verkehrs. Zwar kann es zB auch Fußgänger schützen sollen, wenn es die Sichtverhältnisse an einem Fußgängerüberweg verbessert (vgl BGH NJW 83, 1326). Dagegen dient es nicht den Vermögensinteressen eines Bauunternehmers, der durch einen verbotswidrig geparkten Wagen am Erreichen seiner Baustelle gehindert wird.

68 Auch bei § 839 geht es bei der Erörterung des Schutzzwecks der verletzten Amtspflicht häufig schon um die Anspruchsgrundlage. So verhält es sich etwa bei der umfangreichen Rspr zur Überplanung von Altlasten. Dabei handelt es sich um pflichtwidrige Bebauungspläne für Grundstücke, die wegen ihrer Altlasten die Gesundheit gefährden. Im Schutzbereich sollen die Vermögensinteressen derjenigen Personen liegen, die solche Grundstücke erworben oder bebaut haben. Nicht geschützt werden dagegen die Eigentümer angrenzender Grundstücke (BGHZ 109, 380, 390) oder diejenigen, deren Grundstücke bebaubar, aber im Wert gemindert sind (BGHZ 121, 65, 68 f).

69 Bei 823 I liegen die Dinge komplizierter. Hier geht es nach dem Wortlaut um den Eintritt einer Verletzung an bestimmten Rechtsgütern oder Rechten. Eine Beschränkung des Normzwecks lässt sich allein hieraus nicht begründen. Doch wird bei sog mittelbaren Verletzungen auf den Verstoß gegen Verkehrspflichten abgestellt (vgl § 823 Rn 107 ff). Diese Pflichten können durchaus einen beschränkten Schutzzweck haben. So soll nach einem Schulbeispiel die zahlenmäßige Beschränkung der für einen Autobus zugelassenen Fahrgäste diese vor der Gefährdung an Körper und Gesundheit, aber nicht auch vor (durch das Gedränge begünstigten) Taschendieben schützen.

70 In der Rspr viel behandelt worden ist der **Schutzbereich von Sicherungspflichten** etwa auf Baustellen (BGH BB 56, 771), in einem Internat (BGH NJW 80, 1745) oder ggü Unbefugten, insb ggü Kindern (BGH NJW-RR 89, 219, Badesee) und BGH NJW 95, 2631 (Eisenbahnwagen unter Oberleitung).

71 **3. Vertragliche Pflichten.** Eine mehrfach behandelte Fallgruppe ergibt sich im **Arzthaftungsrecht**, insb wegen einer **ungewollten Schwangerschaft**. So hat BGHZ 143, 389, 394 ff einen Ersatzanspruch verneint, wenn bei einem Behandlungsvertrag eine Schwangerschaft der Patientin schuldhaft nicht erkannt worden ist: Der Vertrag habe nur der Heilung gedient und nicht die Vermögenslasten aus der Geburt eines Kindes verhindern sollen. Ebenso soll kein Anspruch bestehen, wenn ein zum Schutz der Mutter vorgenommener Eingriff misslingt (BGH NJW 85, 2749). Weiter kann kein Unterhaltsersatz verlangt werden, wenn die soziale Notlage behoben wird, derentwegen der Abbruch vergeblich versucht worden ist (BGH NJW 92, 1556). Bei einer misslungenen Sterilisation nimmt der BGH (NJW 81, 630, 632; 95, 2407) freilich an, der Vertrag diene zumindest auch der Vermeidung von Unterhaltslasten (so allg fraglich).

72 Auch bei der **Auskunftshaftung** ist der Schutzbereich des Vertrages von Bedeutung: Wenn eine Sparkasse falsch über die Fortdauer der Sozialbindung von Wohnraum informiert, haftet sie nicht für Schäden des Käufers aus Mängeln des Hauses und der schlechten wirtschaftlichen Lage des Verkäufers (BGHZ 116, 209, 212 für cic: Der Schaden stamme nach Art und Entstehungsweise nicht aus dem Bereich derjenigen Gefahren, zu deren Abwehr die verletzte Pflicht bestimmt war. Andererseits hat aber BGHZ 123, 106, 114, wenn volle Beratung und Aufklärung geschuldet werden, Schadensersatz auch dann zugebilligt, wenn andere als die unrichtig dargestellten Risiken zum Wertverfall der Anlage geführt haben (fraglich).

73 Auch die o. in Rn 62 erwähnten Fälle des **Bruchs von Dienstverträgen** sind mit der Schutzbereichslehre zu lösen: Die verletzte Pflicht zum Dienstantritt sollte nicht vor einer alsbaldigen Kündigung schützen; der Vertragsbrüchige braucht daher nur den „**Verfrühungsschaden**" zu ersetzen, der durch die Nichtarbeit während der Kündigungsfrist entstanden ist (BAG E 35, 179 = NJW 81, 2340; NJW 84, 2846 mN).

74 **III. Weitere Gründe für eine Ersatzbeschränkung.** Es gibt wenigstens noch eine Gruppe von Fällen, bei denen der Schadensersatz beschränkt werden muss. Ein Beispiel bildet BGH NJW 76, 1143, 1144: Jemand erleidet einen Stammhirnschaden mit der Folge von Lähmungen und Sprachstörungen durch bloße Beleidigungen und leichte Tätlichkeiten, oder ein Unfallverletzter wird vom Arzt grob fehlerhaft behandelt, dazu *Wertenbruch* NJW 08, 2962. Hier könnte man das Fehlen von Adäquanz annehmen (o Rn 50), doch mag das wegen der Unbestimmtheit des „optimalen Beobachters" zweifelhaft sein (o Rn 53). Zudem erfasst die Annahme von Inadäquanz eine Besonderheit mancher Fälle nur unvollkommen: Der Schaden entsteht aus *einer extremen dauernden Schwäche des Geschädigten*; er wäre wahrscheinlich ohnehin einmal entstanden, und zwar womöglich ohne das Verschulden eines anderen. Der deutlichste Fall dieser Gruppe ist BGH NJW 68, 2287 f. (Schadensersatz dort abgelehnt, weil der Schaden nicht im Schutzbereich des § 823 I liege): Bei der Behandlung eines Unfallverletzten wird eine schon vorhandene Hirnarteriosklerose entdeckt und dieser

daher in den Ruhestand versetzt. Andere Anwendungsfälle sind etwa Karlsr VersR 66, 741: Ein versehentlicher Tritt auf den Fuß führt wegen einer arteriellen Störung zur Notwendigkeit einer Oberschenkelamputation; Karlsr MDR 93, 29; KG VersR 87, 105 Herzinfarkt eines Tierhalters wegen einer Balgerei zwischen Hunden. Diese Fälle bedeuten eine Einschränkung der Regel, der Schädiger müsse den Geschädigten mit allen seinen Schwächen hinnehmen (vgl BGHZ 132, 341, 345 und o Rn 48).

Auch bei Sachgütern kann eine **extreme Empfindlichkeit** zur Vereinung eines Ersatzanspruchs führen. So hatte schon RGZ 158, 34 einen Ersatzanspruch verneint, wenn Silberfüchse auf ein normales Flugzeuggeräusch schädlich reagieren. Gleiches gilt für eine durch das Geräusch eines Verkehrsunfalls ausgelöste „Panik im Schweinestall" bei Massentierhaltung (BGHZ 115, 84, 87). 75

Weiter gehören hierhin die Schockschäden durch die Nachricht über einen oder durch Anblick von einem Unfall, bei dem ein naher Angehöriger verletzt oder getötet wird, wenn diese Beeinträchtigungen den Rahmen nicht überschreiten, den solche Nachrichten oder Wahrnehmungen gewöhnlich mit sich bringen (zeitweilige Schlafstörungen uÄ), so BGH NJW 89, 2317 f mN. 76

Erklären kann man die Nichtgewährung von Schadensersatz in derartigen Fällen (seit o. Rn 74) mit einer Nichterfüllung der Anspruchsnorm (so wohl *Lange/Schiemann* § 3 X 1c): Solche Beeinträchtigungen würden im Verkehr nicht als Verletzung von Körper oder Gesundheit aufgefasst (sie seien „sozialadäquat"). Vorzugswürdig dürfte aber die Bildung einer **Kategorie des ersatzlos bleibenden allg Lebensrisikos** sein (vgl schon o. Rn 58). 77

F. Die Vorteilsausgleichung. I. Ausgangspunkt. Der für die Schadensermittlung nach § 249 I anzustellende Zustandsvergleich braucht für den Geschädigten nicht bloß Nachteile zu ergeben. Vielmehr können ihnen Vorteile gegenüberstehen. Ob und wie diese auf den geschuldeten Schadensersatz anzurechnen sind, ist eine praktisch sehr wichtige und weithin zweifelhafte Frage. Das BGB beantwortet sie nur in Ansätzen. 78

II. Die Zessionsfälle. In vielen Fallgruppen erlangt der Geschädigte neben dem Schadensersatz einen Anspruch gegen einen Dritten, etwa gegen einen Arbeitgeber auf Lohnfortzahlung oder gegen einen Schadensversicherer auf die Versicherungssumme. Dann wird regelmäßig der Übergang des Anspruchs gegen den Schädiger an den leistenden oder auch nur zur Leistung verpflichteten Dritten bestimmt. Am wichtigsten sind die §§ 6 EFZG, 86 VVG, 110 SGB VII (zur Beweislast für den Schaden BGHZ 175, 153) sowie die entspr Vorschriften des Beamtenrechts. Diese Zessionsanordnungen setzen voraus, dass der Anspruch des Geschädigten gegen den Schädiger von der Leistungspflicht oder Leistung des Dritten unberührt bleibt. Das bedeutet eine gesetzliche Verweigerung der Vorteilsausgleichung: Statt einer Entlastung des Schädigers soll die Leistung des an der Schädigung unbeteiligten Dritten ausgeglichen werden. 79

Allerdings umfasst dieser Übergang nur den Ersatz wegen derjenigen Schadensteile, für die der Dritte Ersatz leistet oder leisten muss (**Kongruenzerfordernis**). Wenn der Dritte zB nur den Vermögensschaden ersetzt, bleibt also der Anspruch auf Schmerzensgeld beim Geschädigten. 80

III. Andere gesetzliche Regelungen. Den Zessionsanordnungen steht **§ 843 IV** (mit vielen Verweisen hierauf bei der Gefährdungshaftung) nahe: Ein Unterhaltsanspruch des Geschädigten soll den Deliktsanspruch nicht berühren; es besteht auch keine Gesamtschuldverhältnis (BGH NJW 04, 2892, 2893). Gleiches gilt, wenn der Unterhalt inzwischen geleistet worden ist (BGH aaO). Der Rückgriff des Unterhaltspflichtigen gegen den Schädiger muss sich hier freilich auf eine besondere Anspruchsgrundlage stützen (zB §§ 1648, 683, 670, vgl BGH NJW 79, 598). Entspr angewendet wird § 843 IV auf Fälle, in denen die Familiengemeinschaft den Ausfall einer Betreuungsperson (insb der Hausfrau und Mutter) durch Verzicht oder gesteigerte eigene Mithilfe ausgleicht (BGH NJW 86, 715, 717). 81

IV. Weitere Fallgruppen. 1. Erbschaft. Eine Tötung kann dazu führen, dass den nach §§ 844, 845 ersatzberechtigten Angehörigen zugleich eine Erbschaft ganz oder zT anfällt. Dann ist die völlige Anrechnung dieses Vorteils offenbar ungerecht, weil und soweit die Angehörigen die Erbschaft später ohnehin erhalten hätten. Die Rspr (BGHZ 8, 325, 329; NJW 74, 1236, 1237) rechnet daher idR nur den **„Verfrühungsvorteil"** an, nicht dagegen den Stamm der Erbschaft. Verfrühungsvorteile sind die Mehrerträge, die dem Erben aus der Erbschaft zufallen, weil er früher erworben worden ist als nach dem Alter des Erblasses zu erwarten war. Doch wird auch das noch korrigiert: Nicht angerechnet werden sollen Erträge, die der Erblasser nicht konsumiert, sondern erspart (und damit dem Vermögensstamm hinzugefügt) hätte (BGH NJW 74, 1236, 1237). Nicht angerechnet werden sollen weiter Erträge, die der Geschädigte durch eigene, nicht nach § 254 ihm obliegende Anstrengungen aus der Erbschaft erzielt hat (BGHZ 58, 14, 18). 82

Dem würde umgekehrt die volle Anrechnung einer Erbschaft entsprechen, die der Geschädigte ohne das schädigende Ereignis nicht erhalten hätte, weil er nämlich den Erblasser überlebt hätte. Der BGH ist dieser Konsequenz aber ausgewichen (VersR 67, 1154; NJW 57, 905). Ebenso scheint die derzeit sehr nahe liegende Gefahr unberücksichtigt zu bleiben, dass der Stamm der Erbschaft bei unfallfreiem Ablauf durch die Kosten für Krankheit oder Pflege vermindert worden wäre. Dass solche Konsequenzen teils nicht gezogen werden und dass die Spekulationen über den schadensfreien Ablauf stets zweifelhaft bleiben müssen, spricht gegen die ganze Konstruktion. Vorzugswürdig dürfte die generelle Nichtanrechnung von Erbschaften sein (vgl 83

Lange/Schiemann § 9 IV 4c aa mN) und sogar von Verfrühungsvorteilen (vgl *Medicus* ZGS 06, 103, 105 f). Für Pflichtteilsansprüche gilt Entspr wie für Erbschaften (BGH NJW 61, 119).

84   **2. Versicherungsleistungen.** Das zum Ersatz verpflichtende Ereignis kann auch zu Vorteilen aus Versicherungsleistungen führen. Wenn diese aus einer **Schadensversicherung** stammen, gilt ohnehin Nichtanrechnung wegen § 86 VVG (o Rn 79).

85   Bei der **Lebensversicherung** hat die Rspr geschwankt: Bei der Risikolebensversicherung ist niemals angerechnet worden, weil es sich um eine Vorsorge des Versicherungsnehmers für seine Hinterbliebenen handle (vgl BGHZ 39, 249, 250). Bei der Sparlebensversicherung (die Versicherungssumme wird außer beim Tod auch beim Erreichen eines bestimmten Lebensalters des Versicherungsnehmers ausbezahlt) hatten das RG (etwa RGZ 146, 281) und zunächst auch BGHZ 19, 94 die Versicherungssumme nicht angerechnet. BGHZ 39, 249, 252 hatte entgegengesetzt entschieden. Doch ist BGHZ 73, 109, 111 wieder zu der alten Nichtanrechnung zurückgekehrt: Der Geschädigte wolle auch hier (sogar mit noch höherem Aufwand) seinen Angehörigen und nicht dem Schädiger einen Vorteil verschaffen. Das überzeugt, trägt aber auch die Nichtanrechnung der Erbschaft (vgl jedoch *Lange/Schiemann* § 9 VIII 3).

86   Entspr wie die Lebensversicherung ist idR auch für eine vom Geschädigten abgeschlossene **Unfallversicherung** zu behandeln (BGHZ 10, 107, stRspr). Eine Ausn gilt für die vom Halter abgeschlossene Insassenunfallversicherung und für andere Versicherungen, wenn sie die eigene Haftpflicht des Versicherungsnehmers verringern sollen (BGHZ 64, 260, 264; 80, 8, 11 f).

87   **3. Ersparnis von Aufwendungen.** Der Tod einer Person kann dem Ersatzberechtigten Aufwendungen ersparen. BGHZ 56, 389, 393; VersR 84, 875, 876 haben einem Ehemann auf dessen Ersatzanspruch nach § 844 II den Wegfall der Unterhaltslast für seine getötete Ehefrau als Vorteil angerechnet (unentschieden noch BGHZ 4, 133, 137 f bei Tötung eines Kindes). Dagegen spricht, dass so der Unterhalt gleichsam als Gegenleistung für die Arbeitsleistung der Ehefrau mißverstanden wird (abw *Lange/Schiemann* § 9 IV 4b).

88   **4. Andere Vorteile.** Wenn der an Körper oder Gesundheit Verletzte seine **Erwerbstätigkeit fortsetzt** (vielleicht in geringerem Umfang) oder eine andere Erwerbstätigkeit aufnimmt, ist der so erzielte Verdienst idR anzurechnen. Die Grenze wird durch § 254 bestimmt (vgl dort Rn 17 f): Anzurechnen ist nur, soweit der Erwerb dem Geschädigten zur Schadensminderung obliegt. Darüber hinausgehender Verdienst wird nicht angerechnet (BGHZ 55, 329). Diese Frage stellt sich etwa bei einer Erwerbstätigkeit der Unfallwitwe.

89   Ein **Deckungsgeschäft** (etwa des nicht belieferten Käufers) begrenzt jedenfalls seinen Schaden (BGH NJW 08, 2430 Tz 11) und obliegt dem Geschädigten daher idR auch nach § 254 (vgl dort Rn 22). Doch kann das Geschäft zusätzlichen Gewinn bringen, etwa wenn die Ware zu einem günstigeren Preis beschafft werden kann. Dem ersatzpflichtigen Verkäufer wird dieser Zusatzgewinn idR nicht zugute kommen, wenn er dem Käufer nicht mühelos durch eine Änderung der Marktbedingungen zugefallen ist (*Lange/Schiemann* § 9 V 4). Das gilt etwa für eine Bank, die sich günstiger refinanzieren konnte. Die Verletzung von Aufklärungspflichten bei der **Vermögensanlage** darf nicht allemal zu einer Saldierung der daraus folgenden Schäden und Vorteile führen, vgl Köln ZIP 07, 1599. Hat eine schädliche Anl zugleich endgültig einen **Steuervorteil** gebracht, soll dieser angerechnet werden (BGHZ 172, 147 Tz 26 f, auch ZIP 07, 1911 Tz 14, einschränkend NJW 08, 2773 Tz 6 ff).

90   Wer auf Kosten des Schädigers einen Mietwagen nimmt, muss sich die ersparte Abnutzung des eigenen Wagens anrechnen lassen (idR mit 10% der Mietwagenkosten, Frankf VersR 78, 1044). Ähnl sind dem in einem Krankhaus Untergebrachten die ersparten Kosten der häuslichen Verpflegung anzurechnen, aber nur bis zum Wert der Verpflegung im Krankenhaus (*Lange/Schiemann* § 49 IV 2b) und bei Arbeitsunfähigkeit die ersparten Kosten von Fahrten zur Arbeitsstelle (BGH NJW 80, 1787 f).

91   Wenn in einer **werkvertraglichen Leistungskette** der Nachunternehmer (etwa wegen Verjährung) von seinem Auftraggeber nicht mehr für Werkmängel haftbar gemacht werden kann, soll er nach dem „Rechtsgedanken der Vorteilsausgleichung" uU auch seinerseits nicht mehr gegen seinen Auftragnehmer vorgehen können (BGHZ 173, 83 Tz 15 ff; NJW 07, 2697 Tz 15 ff, krit *Schiemann* NJW 07, 3037; *A. Mezger* JZ 08, 498).

92   **V. Grundsätze der Vorteilsausgleichung.** Die Aufzählung von Anwendungsfällen der Vorteilsausgleichung könnte noch weit fortgesetzt werden. Eine aussagekräftige Formel für die Lösung ist bisher nicht gefunden worden. Es lassen sich nur **drei Grundgedanken** angeben. (1) Der Vorteil muss auf den Schaden zurückgehen. Die Rspr (etwa BGHZ 136, 52, 54, auch noch NJW 07, 3130 Tz 20) verlangte zudem Adäquanz (zweifelnd BGHZ 77, 152, 153), was die Lit fast einhellig ablehnt (ihr zust BGH NJW 79, 760). (2) Die Anrechnung muss dem Sinn und Zweck der Schadensersatzpflicht entsprechen, dh den Geschädigten nicht unzumutbar belasten und den Schädiger nicht unbillig begünstigen (BGHZ 136, 52, 54 mN, zuletzt NJW 07, 3130 Tz 21, wo Billigkeit verneint wird). (3) Wenn der Vorteil sich nur auf einzelne Schadenspositionen bezieht, kann er nur diese mindern; der Vorteil muss also mit bestimmten Nachteilen korrespondieren (BGHZ aaO). Die **Darlegungs- und Beweislast** für die Voraussetzungen der Anrechnung liegt beim Schädiger (BGH ZIP 07, 1911 Tz 15 mN).

Art und Umfang des Schadensersatzes § 249

VI. Ersatz neu für alt. Der Ersatz neu für alt wird idR im Zusammenhang mit der Vorteilsausgleichung 93
behandelt (vgl etwa BGHZ 30, 29, 33 f). Doch stellt er einen eigenen Problembereich dar: Der mögliche Vorteil hängt nicht mit dem Schaden zusammen, sondern mit dessen Ersatz, weil nämlich dieser den Schaden an Wert übersteigt: Das abgebrannte alte Haus wird neu aufgebaut, das beschädigte Kraftfahrzeug erhält einen neuen Motor statt des alten. Das kommt va in Betracht, wenn es für gleichwertige alte Teile keinen Markt gibt oder wenn diese dem Geschädigten nicht zumutbar sind (zB getragene Kleidung). Die Frage lautet dann, ob der Geschädigte den notwendig erzielten Vorteil ausgleichen muss. Dabei ist zu unterscheiden:
Möglicherweise erhöht der neuwertige Ersatzteil den Wert der reparierten Sache nicht, zB ein neuer Kotflügel 94
an einem alten Kraftfahrzeug. Dann kommt ein Ausgleichsanspruch des Schädigers nicht in Betracht (KG VersR 85, 272). Tritt dagegen eine solche Werterhöhung ein, so ist sie grds auszugleichen (BGHZ 30, 29). Das gilt insb, wenn an einem Kraftfahrzeug Verschleißteile wie Reifen, Bremsbeläge oder Stoßdämpfer durch neue ersetzt werden und sich so die Lebensdauer des Fahrzeugs erhöht oder der durch Abnutzung bedingte Erneuerungsbedarf erst später auftritt (vgl BGHZ 30, 29, 34; NJW 96, 584, 585 f).
Der Ausgleich, der den Vorteil des Geschädigten abschöpfen soll, erfolgt idR durch einen Abzug bei den nach 95
§ 249 II zu ersetzenden Reparaturkosten. Bei einem neu errichteten Gebäude ist die Höhe des Abzugs nicht nach der Wertsteigerung ggü dem alten Gebäude zu berechnen, sondern nach der Wertsteigerung des Grundstücks durch das neue Bauwerk (BGHZ 102, 322, 331 f). Bei wenig getragenen Kleidungsstücken ist der Preis für die Wiederbeschaffung um 10% gemindert worden (BGH VersR 64, 257).
Problematisch bleibt bei einem solchen Abzug freilich, dass er auf einem **Vermögenszuwachs** beruht, der 96
dem Geschädigten erst durch die Herstellung **aufgedrängt** worden ist. So bleibt in dem Fall von BGHZ 102, 322, 331 f. der Geschädigte zunächst auf einem Teil der für den Neubau aufzuwendenden Kosten sitzen. Durch diesen drohenden Nachteil darf er weder zu einem Verzicht auf die Herstellung noch gar zu einem Verkauf des Grundstücks gezwungen werden. Daher muss er zunächst die vollen Herstellungskosten ersetzt verlangen können; den Ausgleich braucht er erst zu leisten, wenn er den Mehrwert realisiert (durch Verkauf oder das Ersparen von Aufwendungen). Vgl hierzu *Lange/Schiemann* § 6 V 3.

G. Der Ersatz von Drittschaden. I. Ausgangspunkt. In aller Regel braucht der Schädiger dem Gläubiger 97
des Schadensersatzes nur denjenigen Schaden zu ersetzen, der diesem Gläubiger selbst entstanden ist. Das folgt zB aus § 251 I (Entschädigung „des Gläubigers"), zudem aus vielen Anspruchsnormen (zB § 823 I „dem anderen"), wird aber auch sonst allg als Regel vorausgesetzt (sog **Dogma vom Gläubigerinteresse**). Dieses Dogma verdient selbst in Leistungsketten den Vorzug vor einer „Direktliquidation" (*Langenbucher/Adolff* FS Canaris 07 I, 679 ff). Wenn ausnahmsweise im Deliktsrecht der Schaden eines Dritten ersetzt werden soll, der nicht selbst verletzt worden ist, wird diesem idR ein eigener Anspruch gewährt (va § 844, 845, anwendbar auch nach § 618 III). Entspr Vorschriften finden sich in den Gesetzen über eine Gefährdungshaftung (zB § 10 II StVG, § 5 II HaftPflG, § 35 II LuftVG).
Außerhalb dieser Drittansprüche bleibt ein Drittschaden idR unersetzt. So haftet, wer einen Erblasser töd- 98
lich verletzt hat, den Erben nur für den beim Erblasser entstandenen Schaden. Dagegen kann der Erbe nicht eigenen Schaden geltend machen, zB weil ein zu einem Nachlass gehörendes Unternehmen liquidiert werden muss (BGH VersR 72, 460). Selbst wenn der Anspruch des Verletzten durch Legalzession auf einen Dritten übergeleitet wird (o Rn 79), umfasst dieser Anspruch doch bloß den Schaden des Verletzten. So kann der Arbeitgeber des Verletzten nur den bei diesem fiktiv entstehenden Lohnausfall ersetzt verlangen. Ob sein eigener Schaden größer (zB Betriebsstillstand) oder kleiner war (die Arbeit des Verletzten wird durch dessen Kollegen ohne besondere Vergütung miterledigt), spielt keine Rolle.
Für einen wirklichen Ersatz des Drittschadens gibt es daher nur **zwei Wege**: (1.) Dem Dritten wird ein eige- 99
ner Anspruch gewährt; das geschieht beim **Vertrag mit Schutzwirkung für Dritte** (vgl vor § 328 Rn 2 ff). (2.) Der Gläubiger des Ersatzanspruchs kann den Schaden des Dritten liquidieren. Das ist die im Folgenden zu erörternde **Drittschadensliquidation**. Sie wird oft mit einer zufälligen Schadensverlagerung begründet: Dass der Schaden in untypischer Weise nicht beim Verletzten selbst eingetreten ist, sondern bei einem Dritten, soll den Schädiger nicht entlasten. Doch ist hier der Begriff „zufällig" zweifelhaft, selbst wenn man ihn nur auf die Sicht des Schädigers bezieht: zB das Eingreifen der schadensverlagernden Norm ist ja kein Zufall!

II. Gesetzliche Ansätze für eine Drittschadensliquidation. Das Privatrecht enthält immerhin einige Ansätze 100
für die Drittschadensliquidation. So verlangt § 700 I wegen der vom Gast eingebrachten und dann beeinträchtigten Sachen nicht, dass diese dem Gast gehört haben; der Gast kann also den Schaden des dritten Eigentümers geltend machen. Noch deutlicher gibt § 421 I 2 HGB dem Empfänger das Recht, aus dem (idR vom Absender geschlossenen) Frachtvertrag zu klagen; dabei kann er ebenso wie der Absender auch in fremdem Interesse handeln (§ 421 I 3 HGB).

III. Einzelne Fallgruppen nach Richterrecht. 1. Vereinbarungen. Kraft der Vertragsfreiheit kann vereinbart 101
werden, dass ein Vertragspartner einen Schaden Dritter soll geltend machen können. So hat RGZ 170, 246 eine Stadtgemeinde für berechtigt gehalten, die Schäden von Einlagerern geltend zu machen, deren Fleisch durch unsachgemäße Reparaturen in dem Städtischen Kühlhaus verdorben war. Ähnl hat BGH NJW 74, 502 für einen Lizenzvertrag entschieden, der einem Dritten bestimmte Exklusivrechte vorbehielt: Hier habe auch

der Dritte geschützt werden sollen. *Lange/Schiemann* § 8 III 2 bemerkt aber mit Recht, dass man heute dem Dritten wohl eigene Ansprüche aus einer Drittwirkung des Vertrages zu seinen Gunsten gewähren würde.

102 BGH NJW 58, 1838, 1839 hat allg anerkannt, dass sich eine Ermächtigung zur Geltendmachung fremden Schadens auch aus der Interessenlage ergeben kann.

103 **2. Mittelbare Stellvertretung.** Bei der va im Handelsrecht verbreiteten mittelbaren Stellvertretung tritt der Vertreter zwar im eigenen Namen, aber für fremde Rechnung (in fremdem Interesse) auf. Daher kann bei von ihm abgeschlossenen Geschäften eine Pflichtverletzung des anderen Teils va den dritten Interessenträger schädigen. Zur Abwicklung des von dem Stellvertreter abgeschlossenen Geschäfts gehört es dann auch, dass dieser den Schaden des Dritten geltend macht. RGZ 107, 132, 135 hat das so formuliert: Der Dritte sei der wirklich und endgültig Geschädigte, während der Handelnde nur nach außen hin zur Klage berufen sei. Dass dies rechtens ist, braucht nicht mehr weiter begründet zu werden; man darf es für Gewohnheitsrecht halten (*Lange/Schiemann* § 8 III 4). Es entspricht auch einer stRspr (etwa BGH NJW 89, 3099 für den Spediteur). Dagegen verneint BGHZ 133, 36, 41 die Drittschadensliquidation, wenn eine Auskunft für einen Dritten in verdeckter Stellvertretung eingeholt wird.

104 **3. Treuhandverhältnisse.** Auch der Treunehmer klagt gegen Dritte, die das Treugut beeinträchtigen, aus eigenem Recht (zB Sicherungseigentum). Bei der Sicherungstreuhand nimmt er auch eigene Interessen wahr, weil er wegen des Sicherungszwecks zugleich selbst an der Unversehrtheit interessiert ist. Daneben geht es aber auch um Interessen des Treugebers. Beispiele sind BGHZ 128, 371, 376 (Schuldnerverzug bei Sicherungszession), aber auch die Inkassozession (RGZ 107, 132, 135).

105 **4. Obhutsverhältnisse.** Der zur Obhut über eine fremde Sache Verpflichtete setzt diese vertraglich der Einwirkung eines Dritten aus; dieser beeinträchtigt die Sache. Dann soll der Obhutspflichtige aus dem Vertrag den Schaden des Eigentümers liquidieren dürfen, so RGZ 93, 39 (über einen gemieteten Kahn wird ein Schleppvertrag geschlossen; der Schlepper beschädigt den Kahn) oder BGH NJW 85, 2411 (Einlagerung fremder Waren in ein Lagerhaus; diese gehen verloren). Hier soll eine Drittschadensliquidation auch nicht daran scheitern, dass der Eigentümer eigene Deliktsansprüche aus § 823 hat (BGH aaO 2412, zweifelhaft). Die Drittschadensliquidation lässt sich hier bisweilen auch mit einer Analogie zu § 991 II begründen.

106 **5. Obligatorische Gefahrentlastung.** Der Eigentümer oder sonstige Berechtigte, der idR von einer Verletzung seiner Rechtsposition betroffen wird, ist durch ein Schuldverhältnis zu einem Dritten von der Sachgefahr entlastet. Dann soll er den Schaden dieses Dritten geltend machen können. Schulbeispiel ist der Versendungsverkäufer (§ 447), der die Kaufsache ordentlich abgesendet hat; die Sache geht durch das Verschulden eines Dritten unter. Hier kann der Verkäufer nach wie vor den Kaufpreis fordern; den Schaden hat also der Käufer, der aber weder Eigentümer noch Besitzer der Sache war und daher keinen eigenen Schadensersatzanspruch gegen den Dritten hat. Ähnliche Sachlagen ergeben sich wegen § 644 beim Werkvertrag. Hier soll der Verkäufer oder Unternehmer zur Drittschadensliquidation berechtigt sein, so etwa BGH NJW 70, 38, 41. Die Begründung folgt aus dem Zweck der §§ 447, 644: Sie wollen nur die Gefahrtragung zwischen den Vertragsparteien regeln, aber nicht einen dritten Schädiger entlasten (vgl *Lange/Schiemann* § 8 III 6). Eine aA hält hier die Drittschadensliquidation für entbehrlich, weil die vertragliche Gefahrentlastung den Schädiger ohnehin nichts angehe (etwa *Büdenbender* NJW 00, 986).

107 **6. Keine weiteren Folgerungen.** Die Drittschadensliquidation lässt sich nicht über die genannten Teilgruppen hinaus erweitern, weil sonst das Dogma vom Gläubigerinteresse allzu stark entwertet würde (BGHZ 51, 91, 93 ff, wo die Drittschadensliquidation für die Produkthaftung abgelehnt wird, wenn der Verkäufer beim Händler den Schaden des Käufers liquidierten will). Auch bei Kettenverträgen (A verkauft an B, dieser weiter an C) soll nicht B den Schaden des C bei A liquidieren dürfen. Ähnl ist es beim Leasing (vgl dazu BGHZ 116, 22 mit *Lange/Schiemann* § 8 III 8d).

108 **IV. Rechtsfolgen der Drittschadensliquidation.** Der Liquidationsberechtigte kann Ersatz des Drittschadens verlangen. Dabei gibt es keine Begrenzung auf die Höhe des Schadens, der ohne die Schadensverlagerung bei dem Liquidationsberechtigten selbst entstanden wäre (BGHZ 128, 371, 377; VersR 72, 1140): Bei einer abtretungsfähigen Forderung muss der Schuldner eben mit einem Wechsel des Gläubigers und auch mit hieraus folgenden Änderungen der Schadensanfälligkeit rechnen. Die allg Grenzen des Schadensersatzes bleiben aber auch hier maßgeblich. Der Liquidationsberechtigte kann Leistung an sich selbst verlangen (BGH NJW 89, 450, 451). Der Anspruch oder das daraus Erlangte wird aber nach §§ 255, 285 idR an den wirtschaftlich betroffenen Dritten zu übertragen sein.

109 **H. Reserveursachen. I. Ausgangspunkt.** Bei der Berücksichtigung von Reserveursachen geht es idR ebenso wie bei den o. Rn 46 ff behandelten Fragen um ein Kausalitätsproblem (bisweilen wohl auch bloß um die Schadensberechnung). Doch kann man dieses nicht eindeutig als eine normative Einschränkung des Schadensersatzes auffassen. Vielmehr kann man hierin uU auch eine Erweiterung der Ersatzpflicht finden, nämlich wenn man Reserveursachen schon nach § 249 I grds für beachtlich hält. Von der Berufung auf rechtmäßiges Alternativverhalten (o. Rn 62) unterscheidet sich die Berücksichtigung von Reserveursachen dadurch,

dass diese nicht in einem hypothetischen Sich-anders-Verhalten des Schädigers selbst bestehen, vgl *Gebauer* Hypothetische Kausalität als Haftungsgrund, 07.

II. Problembeschreibung. Fraglich ist, ob sich der Schädiger darauf berufen kann, dass der von ihm zu verantwortende Schaden später aus einem anderen Grund (nämlich der Reserveursache) ohnehin eingetreten wäre? Das BGB gibt hierauf keine klare Antwort: Beim Ersatz der Bestattungskosten nach § 844 I bleibt außer Betracht, dass diese später allemal angefallen wären. Andererseits kann nach §§ 287 2, 346 III 1 Nr 2, 848 der Schädiger geltend machen, der Schaden würde auch bei rechtzeitiger Leistung eingetreten sein. Ähnl sind Spezialfälle in den §§ 565, 705 HGB, 44 BinnenSchG geregelt. Ein einheitliches Prinzip folgt hieraus nicht; man muss wohl unterscheiden. 110

III. Fallgruppen. 1. Anderer Ersatzpflichtiger. Nicht streitig sind die Fälle, in denen die Reserveursache zur Ersatzpflicht eines Dritten geführt hätte: Das kann den realen Schädiger nicht entlasten, soweit er durch seine Schädigung das Wirksamwerden der Reserveursache und damit die Haftung des bloß hypothetisch gebliebenen dritten Schädigers verhindert hat (etwa BGHZ 29, 207, 215 f; NJW 67, 551, 552). 111

2. Anlagefälle. Beachtlich sind dagegen Reserveursachen, die im Zeitpunkt der realen Schädigung bereits als Schadensursache angelegt waren. Dabei geht es va um Krankheiten (etwa BGH VersR 69, 802). Oder ein Notar zahlt zum Schaden einer Bank vorzeitig einen Betrag aus, den die Bank ohnehin aus einer Bürgschaft hätte zahlen müssen (BGH VersR 97, 371, 374). 112

3. Übrige Fälle. In den übrigen Fällen unterscheidet die hM (etwa Palandt/*Grüneberg* vor § 249 Rz 60–62) nach der Art des Schadens: Der schon fertig vorliegende Objektschaden (etwa durch Beschädigung eines Fahrzeugs) bleibt auch dann zu ersetzen, wenn es für ihn später eine Reserveursache gegeben hätte, die nicht schon in der Anlage vorhanden war (BGH NJW 94, 999, 1000). Dagegen kann ein Schaden, der sich erst im Lauf der Zeit entwickelt (v.a. entgangener Gewinn), nicht ohne Rücksicht auf veränderte Umstände ermittelt werden (wie ja auch umgekehrt das Fortkommen nicht berücksichtigt wird, § 842 I). In gleichem Sinn berücksichtigt § 844 II 1 die „mutmaßliche Dauer seines (des Getöteten) Lebens", also gewissermaßen den natürlichen Tod als Reserveursache. Ebenso BGH DB 79, 352. 113

4. Zeitliche Grenze. Reserveursachen können idR nicht mehr berücksichtigt werden, wenn der Schaden bezahlt, abgeurteilt oder verglichen worden ist. Dagegen bleiben bei Rentenansprüchen die Rechte aus § 323 ZPO erhalten (hM, etwa Palandt/*Grüneberg* vor § 249 Rz 63). 114

IV. Beweislast. Die Beweislast für eine beachtliche Reserveursache trägt der Schädiger (BGH NJW 83, 1053 mN, s.a. o. Rn 63). Dagegen ist der Geschädigte beweisbelastet, wenn str ist, welches von zwei Ereignissen den Schaden real verursacht hat (BGH VersR 87, 179). Zur Abgrenzung der Reserveursache von der durch den Geschädigten zu beweisenden Schadensentstehung BGHZ 175, 58 Tz 20 ff. 115

§ 250 Schadensersatz in Geld nach Fristsetzung. ¹Der Gläubiger kann dem Ersatzpflichtigen zur Herstellung eine angemessene Frist mit der Erklärung bestimmen, dass er die Herstellung nach dem Ablauf der Frist ablehne. ² Nach dem Ablauf der Frist kann der Gläubiger den Ersatz in Geld verlangen, wenn nicht die Herstellung rechtzeitig erfolgt; der Anspruch auf die Herstellung ist ausgeschlossen.

A. Voraussetzungen. Die kaum je angewendete Vorschrift ermöglicht es dem Geschädigten, von dem Herstellungsanspruch (gemeint ist wohl § 249 I) auf einen Geldanspruch überzugehen (was zB die Zwangsvollstreckung erleichtern kann). Hierzu bedarf es der Setzung einer angemessenen Frist mit Ablehnungsandrohung (diese ist hier durch das SchRModG versehentlich nicht getilgt worden). Die Fristsetzung dürfte analog §§ 281 II, 323 II Nr 1 entbehrlich sein, wenn der Schädiger die Herstellung ernsthaft und endgültig verweigert. Verschulden des Schädigers ist unnötig, ebenso Schuldnerverzug. 1

B. Rechtsfolgen. Jedenfalls kann nach 2 am Ende der Geschädigte nach Fristablauf die Herstellung nicht mehr verlangen. Zweifelhaft ist aber, ob er dann Kostenersatz nach § 249 II oder Geldersatz nach § 251 zu fordern hat. Nach dem Gesetzeswortlaut ist beides denkbar. Die Rspr hat die Frage meist unentschieden gelassen (Zitate bei *Lange/Schiemann* § 5 Fn 123). BGH NJW 54, 345, 346 spricht obiter eher für § 249 II; das dürfte vorzugswürdig sein. Die neuen amtlichen Überschriften von § 250 und 251 sprechen freilich eher für § 251. Doch sollte die Frage mit diesen Überschriften schwerlich entschieden werden. 2

§ 251 Schadensersatz in Geld ohne Fristsetzung. (1) Soweit die Herstellung nicht möglich oder zur Entschädigung des Gläubigers nicht genügend ist, hat der Ersatzpflichtige den Gläubiger in Geld zu entschädigen.
(2) ¹Der Ersatzpflichtige kann den Gläubiger in Geld entschädigen, wenn die Herstellung nur mit unverhältnismäßigen Aufwendungen möglich ist. ²Die aus der Heilbehandlung eines verletzten Tieres entstandenen Aufwendungen sind nicht bereits dann unverhältnismäßig, wenn sie dessen Wert erheblich übersteigen.

§ 251

1 **A. Funktionen.** Die Vorschrift verfolgt drei sehr verschiedene Zwecke: I hilft dem Geschädigten, der bei Unmöglichkeit oder nicht genügender Herstellung mit § 249 nicht zum Erfolg kommt. Dagegen hilft II 1 dem Schädiger, der sich vor den Kosten einer unverhältnismäßig teuren Herstellung soll schützen können. Der später im Zusammenhang mit § 90a eingefügte II 2 endlich soll dem Tierschutz dienen, begünstigt aber unmittelbar gleichfalls nur den Eigentümer des Tieres.

2 **B. Der Schutz des Geschädigten, Abs 1. I. Voraussetzungen. 1. Unmöglichkeit der Herstellung.** § 249 I erfordert die fortdauernde Möglichkeit der Herstellung (etwa BGHZ 92, 85, 87). Bei § 249 II 1 muss diese zumindest einmal bestanden haben (vgl § 249 Rn 25; 29). Wenn es daran fehlt, eröffnet § 251 I dem Geschädigten den Weg zum Geldersatz wegen seiner Vermögensminderung (vgl Rn 5 f). Beispiele bilden eine nicht heilbare Verletzung, die Tötung eines Tieres, die Zerstörung einer auch durch ein Ersatzstück nicht ersetzbaren Sache (vgl für Kraftfahrzeuge § 249 Rn 9), die Unmöglichkeit der Erfüllung eines Vertrages. Beim Anspruch auf Schadensersatz statt der Leistung (§§ 281, 283) ist die Herstellung unmöglich, soweit sie auf die ausgeschlossene (§ 281 IV) Leistung hinausliefe. Bei § 839 soll die Verurteilung zur Herstellung einen unzulässigen (wirklich?) Eingriff in die Zuständigkeit der Verwaltungsgerichte bedeuten (BGHZ 34, 99, 105).

3 **2. Ungenügen der Herstellung.** Hierhin gehört etwa, dass eine technisch mögliche Herstellung unzumutbar lange dauert (zB RGZ 76, 146: Trockenlegung der durch Bergbau abgesunkenen Wiesen erst in 5 Jahren). Auch kann die Herstellung mit unzumutbaren Belästigungen oder Spätfolgen für den Geschädigten verbunden sein (zB bei der Beseitigung von Altlasten oder der sichtbar bleibenden Reparatur eines Abendkleides).

4 Zudem kann man das Ungenügen auch quantitativ verstehen: Die Herstellung vermag oft nur einen Teil des Schadens auszugleichen. So lässt die Reparatur von Kraftfahrzeugen häufig noch einen merkantilen Minderwert zurück (§ 249 Rn 13). Auch der Nutzungsausfall bis zum Abschluss der Reparatur muss gesondert ausgeglichen werden (§ 249 Rn 37 ff). So kommt dann § 251 neben § 249 in Betracht.

5 **II. Rechtsfolgen.** Die in § 251 I vorgesehene Rechtsfolge ist die Entschädigung des Gläubigers in Geld. Ersetzt wird damit das Kompensations-, Geld- oder Summeninteresse statt des bei § 249 maßgeblichen Herstellungs- oder Integritätsinteresses. Auch für das Geldinteresse gilt aber die Formel von § 249 I, soweit sie sich auf den Totalersatz bezieht. Auszugleichen ist also jede Vermögensminderung, die der Geschädigte durch das Schadensereignis erlitten hat. Dabei sind wieder alle die Gesichtspunkte zu berücksichtigen, die den Totalersatz auch bei § 249 I bestimmen, also Zurechnungsschranken (§ 249 Rn 46 ff) und andere Besonderheiten (§ 249 Rn 78 ff).

6 Bei Kraftfahrzeugen und ähnlichen Gebrauchsgütern (zB Kleidung) kann zu berücksichtigen sein, dass diese wiederbeschafft werden müssen, weil der Geschädigte sie für seine Lebenshaltung benötigt. Dann ist nicht der (geringere) Betrag anzusetzen, zu dem der Geschädigte die Sache hätte verkaufen können. Vielmehr entscheidet der Wiederbeschaffungswert. Dann führt die Schadensberechnung zum selben Ergebnis wie nach § 249 II (vgl § 249 Rn 29 ff). Insoweit ist der Übergang zwischen beiden Vorschriften fließend.

7 **C. Der Schutz des Schädigers, Abs 2. I. Die Unverhältnismäßigkeit der Herstellungskosten, Abs 2 S 1 u 2. 1. Regel.** Der Gläubiger soll nach II 1 in Geld entschädigt werden können, wenn die Herstellung den Schädiger unverhältnismäßig teuer käme (§ 249 I) oder die nach § 249 II geschuldeten Herstellungskosten unverhältnismäßig hoch sind. Hierfür gilt bei **Kraftfahrzeugen** die 130%-Grenze (§ 249 Rn 9). Diese kann aber auf **andere Sachen** nicht schematisch übertragen werden. Vielmehr bedarf es dort einer Abwägung der beiderseitigen Interessen und sogar des beiderseitigen Verschuldensgrades (vgl BGHZ 59, 365, 368; NJW 88, 699, 700). Wenn die Herstellung nur immateriellen Interessen dient, passt II 1 überhaupt nicht (BGHZ 63, 295, 297 f Unfallnarbe).

8 In der Nähe dieser Problematik steht auch der **Modellbootfall** von BGHZ 92, 85: Ein vom Geschädigten in jahrelanger Arbeit hergestelltes Modellboot war nicht reparaturfähig zerstört worden. Hier soll nur Geldersatz nach I Alt 1 verlangt werden können. Hierfür ist der Wert der aufgewendeten Arbeit und des Materials keine geeignete Schätzungsgrundlage für § 287 ZPO (BGHZ aaO 92). Der BGH (aaO 93) weicht daher aus „auf einen Vergleich mit ähnlichen Objekten, die einen Marktpreis haben" (das hilft nicht immer!).

9 Die Beschädigung eines auf Dauer gepflanzten **Baumes** bedeutet wegen § 94 I 2 rechtlich eine Beschädigung des Grundstücks (BGH NJW 06, 1424 mN). Zu ersetzen ist also der oft schwer feststellbare Minderwert des Grundstücks. Die Kosten einer früher nötigen Neuanpflanzung sollen erst zu ersetzen sein, wenn sie wirklich entstanden sind (BGH aaO 1426).

10 **2. Ausnahmen, Abs 2 S 2.** II 2 ist 1990 im Zusammenhang mit der „gefühligen Deklamation" (Palandt/*Heinrichs/Ellenberger* § 90a Rz 1) zur Sonderstellung von Tieren in § 90a eingeführt worden. Danach kann die Herstellung (Heilung) eines verletzten Tieres nicht allein deshalb abgelehnt werden, weil ihre Kosten den Wert des Tieres erheblich übersteigen. Das berücksichtigt aber letztlich nur die Bindungen des Eigentümers *an das Tier und nicht den Tierschutz selbst*, für den solche Bindungen unbeachtet bleiben müssen. Die Anrufung von Art 20a GG (vgl LG Essen NJW 04, 527, 528) ist daher wohl übertrieben. Immerhin werden für Tiere fast ohne Marktwert Behandlungskosten bis 2.000 Euro noch für angemessen gehalten (etwa LG Bielefeld NJW 97, 3320; LG Baden-Baden NJW-RR 99, 609).

Ähnliches wie nach § 251 II 2 gilt nach UmweltHG § 16 und GenTG § 32 VII: Es sollen ökologische Interessen 11
berücksichtigt werden. Freilich geht es auch hier wieder letztlich um die Interessen des geschädigten Eigentümers, der ja idR zur Herstellung nicht verpflichtet ist. Abweichendes gilt rückwirkend seit dem 30.4.07 durch das auf eine EG-RL (2007/35/EG v 30.4.07) zurückgehende USchadG v 10.5.07 (BGBl I 666), dazu *L. Diederichsen* NJW 07, 3377 ff). Denn hier sind bestimmte Umweltschäden (§ 2 Nr 1 USchadG) zwingend durch Sanierung zu beheben; eine Geldablösung ist ausgeschlossen. Das wird nach den §§ 10, 11 aaO durch eine Verbandsklage gesichert.

II. Das Wahlrecht des Schädigers. Die für II maßgebliche Unverhältnismäßigkeit der Herstellungskosten 12
muss vom Schädiger geltend gemacht werden; er hat eine Ersetzungsbefugnis (hM, Palandt/*Heinrichs* Rz 5). Solange der Schädiger diese nicht ausgeübt hat, schuldet er also die Herstellung oder den Ersatz der Herstellungskosten. Nach der Ausübung schuldet er nur den Sachwert und nicht etwa den Geldbetrag, bis zu dessen Höhe die Herstellungskosten ersatzfähig gewesen wären. Das gilt selbst dann, wenn der Geschädigte die hohen Herstellungskosten wirklich aufgewendet hat (BGH NJW 72, 1800).

D. Einzelne Fallgruppen. I. Kraftfahrzeugunfälle. Speziell zu Kraftfahrzeugunfällen findet sich Vieles 13
schon bei § 249, weil es mit der Herstellung zusammenhängt (etwa Rn 11 f Ersatzbeschaffung, Rn 29 Verwendungsfreiheit des Geschädigten, Rn 32 Werkstattfehler, Rn 33 Prognoserisiko, Rn 36 Schätzung der Kosten, Rn 45 Restwertanrechnung). Anderes, was an sich zu § 251 gehört, ist bei § 249 zT mitbehandelt worden (Rn 13 merkantiler Minderwert, Rn 36 f, 90 Mietwagenkosten, Rn 39 ff Nutzungsausfall, Rn 55, 59 f Herausforderung, Rn 93 f Ersatz neu für alt).

Zu erwähnen bleibt noch der **Versicherungsschaden** durch Rückstufung des Unfallverletzten auch bei bloß 14
anteiliger Schadensverursachung (BGH NJW 06, 2397). Nicht ersatzfähig ist insoweit der Nachteil aus der Rückstufung bei der eigenen Haftpflichtversicherung: Dieser Schaden beruht auf der eigenen Verantwortlichkeit des Geschädigten (BGHZ 66, 398 gegen BGHZ 44, 382, 387). Als ersatzfähig kommt aber der Schaden bei der Kaskoversicherung in Betracht, wenn der Geschädigte Anlass hatte, zunächst diese in Anspruch zu nehmen (BGHZ 44, 382, 387 f).

Weiter ersatzfähig sind etwa Abschleppkosten, Verdienstausfall des Geschädigten, notwendige Kreditkosten 15
(BGHZ 61, 347) und die Kosten der Rechtsverfolgung. Nach BGH NJW 97, 865 soll die Haftung sogar den Wert von Sachen umfassen können, die aus dem unfallgeschädigten Fahrzeug gestohlen worden sind.

II. Vorsorgekosten. Unter Vorsorgekosten versteht man Aufwendungen, die der Geschädigte schon vor einer 16
konkreten Schädigung macht, um den aus solchen Schädigungen drohenden Schaden gering zu halten oder ganz zu verhindern (vgl *Lange/Schiemann* Schadensersatz, § 6 VIII). Die Rspr hierzu ist nicht einheitlich. Bei der Verletzung musikalischer Urheberrechte ist der GEMA ein 100%-iger Zuschlag zu den gewöhnlichen Lizenzgebühren zugesprochen worden (BGHZ 17, 376, 383 und 59, 286), mit dem der Verletzer an den Überwachungskosten beteiligt werden soll. Andererseits hat BGHZ 97, 37 aber eine Ausdehnung der GEMA-Rspr abgelehnt. Auch sollen ertappte Ladendiebe nicht mit den Kosten der Überwachung belastet werden (BGHZ 75, 230, 237). Gleiches soll für die Kosten des vorsorglichen Einbaus einer gasdichten Haustür wegen eines nahen Chemiewerks gelten (BGH NJW 92, 1043).

Die Kosten der Reservehaltung von Verkehrsunternehmen (**Vorhaltekosten**) sollen nach BGHZ 32, 280 auf 17
Personen umgelegt werden können, die durch eine haftbar machende Beschädigung eines regulären Fahrzeugs den Einsatz der Reserve nötig machen. Doch ist das wohl unrichtig: Es fehlt an dem kausalen Bezug der Reservehaltung zu bestimmten Unfällen; das kann auch durch betriebswirtschaftliche Erwägungen nicht überwunden werden (ausf *Lange/Schiemann* Schadensersatz, § 6 VIII 2). Anders liegt es selbstverständlich für Kosten, die der Geschädigte zur Vermeidung oder Milderung konkreter Schäden aufwendet (und nach § 254 vielleicht sogar aufwenden muss).

III. Kosten der Schadensfeststellung. Im Vorfeld jedes Ersatzanspruchs (auch bei § 249) können dem 18
Geschädigten Kosten für die Ermittlung des ersatzfähigen Schadens und des zum Ersatz verpflichteten Schädigers entstehen. BGHZ 66, 112, 115 hat diesen Aufwand jedoch „aus Erwägungen des Verantwortungsbereichs und der Praktikabilität" idR für nicht ersatzfähig gehalten. Das soll nicht nur für einen Aufwand an Freizeit gelten, sondern auch für eigens angestellte und zu bezahlende Arbeitskräfte. Eine Ausnahme wird freilich unter Berufung auf RGZ 150, 37 für „ganz ungewöhnliche" Belastungen angenommen, „die sich über *viele Jahre hingezogen und sogar (die)* wirtschaftliche Existenz gefährdet hatten" (BGHZ aaO). IÜ hat der BGH seine grds Haltung noch mehrfach bestätigt (etwa BGHZ 75, 230, 231 f; 127, 348). Dagegen hat er in BGHZ 76, 216 die Kosten für infolge von Diebstahl nötig gewordene Revisionsarbeiten in einer Bibliothek ersetzen wollen. Hieran ist richtig, dass die Kosten auf konkrete Schadensfälle bezogen und abgrenzbar sein müssen. Wenn das vorliegt, dürfte aber der Ersatz nicht zu versagen sein; ein bloßer Verlust an Freizeit genügt freilich schon wegen § 253 I nicht. Vgl *Lange/Schiemann* Schadensersatz, § 6 XIV 3 386 f mN.

IV. Frustrationsschaden und Rentabilitätsvermutung. Die Berechnung des ersatzfähigen Schadens nach den 19
durch das Schadensereignis nutzlos gewordenen Aufwendungen des Geschädigten wird überwiegend abgelehnt, weil die Kausalität des Ereignisses für die Aufwendungen fehlt (etwa BGHZ 55, 146 Jagdpacht, s. § 249 Rn 41).

Auch soll die Höhe des Schadens nicht von der Selbsteinschätzung durch den Geschädigten abhängen dürfen (*Lange/Schiemann* Schadensersatz, § 6 IV 257 f). Abgeschwächt wird das aber durch die für gegenseitige Verträge entwickelte Rentabilitätsvermutung: Die von einer Partei für den Vertrag gemachten Aufwendungen sollen eine widerlegliche Vermutung für einen „ersten handgreiflichen Schaden" begründen (etwa RGZ 127, 245, 248; BGHZ 143, 41). Diese Vermutung versagt aber, wenn der Geschädigte mit dem Vertrag keinen wirtschaftlichen Zweck verfolgt (wie in dem Stadthallenfall von BGHZ 99, 182, 189). Das hat das SchRModG mit § 284 korrigieren wollen, der sich aber nur auf den Schadensersatz statt der Leistung bezieht. Vgl jüngst *Weitemeyer* AcP 205, 05, 275 und *Ackermann* Der Schutz des negativen Interesses, 07, 367 ff.

§ 252 Entgangener Gewinn. ¹Der zu ersetzende Schaden umfasst auch den entgangenen Gewinn. ²Als entgangen gilt der Gewinn, welcher nach dem gewöhnlichen Lauf der Dinge oder nach den besonderen Umständen, insbesondere nach den getroffenen Anstalten und Vorkehrungen, mit Wahrscheinlichkeit erwartet werden konnte.

1 **A. Zweck der Vorschrift. I. Ersatzfähigkeit, S 1.** Entgangener Gewinn sind diejenigen Vorteile, deren Zufluss in das Vermögen des Geschädigten der zum Ersatz verpflichtende Umstand verhindert hat. Dieser Gewinnentgang ist schon von § 249 I umfasst (Totalersatz, s. dort Rn 5); § 252 soll also insoweit nur Zweifel beheben, die sich aus früheren Kodifikationen hätten ergeben können (s. Mot II 17 f).

2 Dem 1 sind gleichwertig die §§ 842, 843 I bis III sowie die entspr Vorschriften in den Haftpflichtgesetzen. Das gilt auch für das in § 842 genannte „Fortkommen", also die Möglichkeit zu einer Verbesserung des Einkommens (durch Beförderung, Vergrößerung des Geschäfts usw). Auch dies ist nämlich in dem Zustand enthalten, der jetzt ohne das Schadenereignis bestünde (§ 249 I); Fortkommensschäden sind also nicht bloß nach Deliktsrecht zu ersetzen.

3 **II. Die Bedeutung des S 2.** Größere Bedeutung hat 2. Er will die Beweisschwierigkeiten mildern, die beim entgangenen Gewinn oft besonders belastend sind. Dabei enthält die Vorschrift trotz des entgegenstehenden Wortlauts („gilt") keine Fiktion, sondern nur eine widerlegbare Vermutung (BGH NJW 59, 1079, jetzt wohl allg Ansicht). S.u. Rn 8.

4 **B. Einzelheiten. I. Die Vermutung in S 2. 1. Allgemeines.** Die Vermutung in 2 gleicht weitgehend dem § 287 I ZPO (vgl vor § 249 Rn 9). Die „freie Überzeugung" von § 287 I 1 ZPO führt nämlich kaum zu einem anderen Ergebnis als zu dem in 2 geforderten Wahrscheinlichkeitsurteil (BGHZ 29, 393, 398 f).

5 Hinsichtlich des für die Erwartung **maßgeblichen Zeitpunktes** verweist der Wortlaut von 2 auf die Vergangenheit („erwartet werden konnte"). Das müsste wohl der Zeitpunkt des Schadensereignisses sein. Doch widerspricht das der allg Regel von der Maßgeblichkeit des derzeitigen Wissensstandes (also in der letzten mündlichen Tatsachenverhandlung). Daher legt die hM (etwa BGHZ 29, 393, 398; NJW 64, 661, 662) den 2 auch in dieser Hinsicht berichtigend aus: Entscheidend ist die Beurteilung aus der Sicht der Gegenwart.

6 **2. Der gewöhnliche Lauf der Dinge.** Der gewöhnliche Lauf der Dinge bildet nach 2 die Grundlage für die Gewinnschätzung. Dieser braucht, eben weil er wahrscheinlich ist, vom Geschädigten nicht bewiesen zu werden (BGH NJW 64, 661, 663). Insb liegt es nach BGH NJW 00, 3287, 3288 nahe, „nach dem gewöhnlichen Lauf der Dinge von einem voraussichtlich durchschnittlichen Erfolg des Geschädigten in seiner Tätigkeit auszugehen".

7 In manchen Situationen lässt sich freilich ein solcher gewöhnlicher Lauf der Dinge nicht feststellen. Das gilt etwa für die verhinderte Teilnahme an einem Preisausschreiben (BGH NJW 83, 442, 443; nicht einmal die Aufwendungen sollen hier als Mindestschaden angesetzt werden können). Auch bei einem Pferderennen gibt es keine hinreichende Wahrscheinlichkeit dafür, dass der Favorit gewonnen hätte (Ddorf NJW-RR 86, 517).

8 Nach der Rspr ermöglicht § 252 2 eine **abstrakte Schadensberechnung** (etwa RGZ 101, 217; BGH NJW 88, 2234, 2236): Im Handelsverkehr entspreche es dem gewöhnlichen Lauf der Dinge, dass ein Kaufmann marktgängige Ware zum Marktpreis hätte verkaufen können; das Vorhandensein eines Abnehmers brauche nicht nachgewiesen zu werden. Während aber das RG aaO 219 f einen Gegenbeweis (Mangel der Verkaufsabsicht) nicht zugelassen hat, entscheidet der BGH aaO 2236 f und auch schon in NJW 64, 661, 662 f entgegengesetzt. Damit sind die Bedenken der Lit (etwa *Steindorff* AcP 158, 58/59, 431; *Knobbe-Keuk* VersR 76, 411) weitgehend ausgeräumt: Die sog abstrakte Schadensberechnung reduziert sich auf die Anwendung von § 252 2. Weiter geht nur § 376 III HGB für den Fixhandelskauf.

9 **3. Die besonderen Umstände.** Die Maßgeblichkeit des gewöhnlichen Laufs endet, wenn ein anderer Verlauf nach den besonderen Umständen erwartet werden konnte. Als Beispiele nennt 2 die „getroffenen Anstalten und Vorkehrungen". Danach kann der gewöhnlich zu erwartende Gewinn sowohl über- wie auch unterschritten werden. Je nach dem, welches Ziel erstrebt wird, liegt hier die Beweislast bei dem Geschädigten oder dem Schädiger.

10 Zu den getroffenen Vorkehrungen gehört insb der **Beginn einer Ausbildung**. Hier sollen an die Behauptungs- und Beweislast wenigstens dann keine hohen Anforderungen gestellt werden, wenn der Geschädigte sich noch am Anfang seiner beruflichen Entwicklung befindet (BGH NJW 00, 3287, 3288, vgl *Steffen* DAR

94, 1 ff; *Medicus* DAR 94, 442 ff). So hat der BGH aaO einer (auch wohl nur vorübergehend) berufsunfähig gewordenen 17-Jährigen unterstellt, sie hätte ohne den Unfall eine Lehre als Pferdewirtin begonnen, diese erfolgreich absolviert und danach das durchschnittliche Einkommen einer Pferdewirtin erzielt. Allgemein könne bei jüngeren Menschen ohne konkrete Anhaltspunkte angenommen werden, sie würden auf Dauer die ihnen zu Gebote stehenden Möglichkeiten für eine gewinnbringende Erwerbstätigkeit nutzen (BGH aaO). Ähnl hat schon BGH NJW 98, 1633, 1634 für einen verhinderten Fußballtrainer entschieden. Insb sollen die §§ 252, 842 auch den Verzögerungsschaden umfassen, der durch die vom Schadensereignis verursachte Verspätung des Berufseintritts oder des beruflichen Fortkommens entsteht (BGH NJW 00, 3287, 3288 mN).

Weniger großzügig ist die Rspr hinsichtlich eines entgangenen Gewinns durch **gewerbliche Tätigkeit**. Hier hat etwa BGH NJW 64, 661, 662 den Nachweis verlangt, der wegen des Gewinnentgangs aus einem verhinderten Fabrikbau Klagende habe wirklich über die für den Bau nötigen Mittel verfügt. Auch soll der Schaden nicht nach dem Gehalt berechnet werden können, das für eine in Wahrheit nicht angestellte Ersatzkraft aufzubringen gewesen wäre (BGHZ 54, 45; VersR 92, 973). Das wird in der Lit ganz überwiegend abgelehnt: Im Zweifel sei die Arbeitskraft des Verletzten ebenso viel wert wie für eine Ersatzkraft hätte bezahlt werden müssen (etwa *Lange/Schiemann*, Schadensersatz § 6 IX 4d). Immerhin soll der Verletzte aber iÜ bei der Schätzung des Gewinnentgangs großzügig behandelt werden (BGH NJW 98, 1634, 1636): Selbst wenn die Fortführung seines Unternehmens wahrscheinlich nicht gelungen wäre, soll ersetzt werden, was er bei dem Ausweichen in eine unselbständige Tätigkeit hätte verdienen können. 11

II. Insbes der Verdienst aus unselbständiger Tätigkeit. Bei Tätigkeiten, die durch Lohn, Gehalt oder bei Beamten durch die Dienstbezüge abgegolten werden, spielen mehrere Besonderheiten eine Rolle. 12

1. Die Fortzahlung des Entgelts. Solange das Entgelt fortgezahlt wird (§§ 1 EFZG, 63 HGB, 87a BBG, 52 BRRG), entsteht streng genommen kein Verdienstausfall. Doch wird bei den Vorschriften über die Fortzahlung jeweils ein Anspruchsübergang auf den Fortzahlenden ausgesprochen. Damit wird kraft gesetzlicher Wertung ein Schaden des Entgeltsberechtigten fingiert (normativer Schaden). Dieser umfasst nach § 6 I EFzG auch die Arbeitgeberanteile an Beiträgen zur Bundesagentur für Arbeit, zur Sozialversicherung, zur Pflegeversicherung und zu Einrichtungen der zusätzlichen Alters- und Hinterbliebenenversorgung. Weiter zu ersetzen sind anteiliges Weihnachts- und Urlaubsgeld (BGHZ 133, 1). Es ist also im weitesten Sinn der Bruttolohn zu ersetzen, der idR alle Aufwendungen des Arbeitgebers umfasst. Man kann das auch so sehen, dass letztlich der Arbeitgeber seinen frustrierten Aufwand ersetzt bekommt. Entspr gilt auch für Beamte. 13

2. Nach der Fortzahlung. Nach dem Ende der Fortzahlung (o. Rn 13) liegt der Ausfallschaden beim Verletzten selbst. Hier war zwischen dem III. und dem VI. ZS des BGH streitig, ob vom Brutto- oder vom Nettogehalt auszugehen sei. Doch waren unstr im ersten Fall Abzüge und im zweiten Zuschläge erforderlich. Inzwischen hat der VI. ZS anerkannt, dass auch die Bruttolohnmethode einen geeigneten Weg darstellt (BGHZ 127, 391, 393 ff; NJW 99, 3711). Sowohl die steuer- wie auch die sozialversicherungsrechtliche Gesetzgebung unterliegen aber starken Schwankungen. Daher können hier nur Grundsätze angegeben werden, die nach dem Gesetzesstand im Zeitpunkt des Verdienstausfalls konkretisiert werden müssen. Zu beachten ist auch, dass den BGH-Entscheidungen bisweilen ein anderer Rechtszustand als der jetzige zugrunde liegt. 14

Steuern entfallen nach § 24 I EStG auch auf Einkommensersatzleistungen. Danach ist der Ersatzbetrag vom Geschädigten noch zu versteuern; insoweit muss der Schädiger also brutto leisten. Dabei können die Vorteile, die der Geschädigte aus der Minderung seines steuerpflichtigen Einkommens hat, gegen die Steuerpflicht für die Schadensersatzleistung aufgehoben werden (BGH NJW 99, 3711, 3712). Weitergehende steuerliche Vorteile können jedoch nach der Regel über die Vorteilsanrechnung (§ 249 Rn 92 ff) anzurechnen sein, soweit sie nicht gerade den Geschädigten entlasten sollen (BGH aaO). Das gilt insb sogar dann, wenn wegen der Steuervorteile die Ersatzleistung netto den sonst erzielbaren Nettolohn übersteigt (BGH aaO). 15

Bei den **Sozialversicherungsbeiträgen** kommt es zunächst darauf an, ob die Versicherung trotz der Arbeitsunfähigkeit beitragspflichtig fortgesetzt werden kann: Wenn das zutrifft, muss der Schädiger die hierfür nötigen Beträge zahlen. Besteht die Möglichkeit dagegen nicht, ist der Schädiger erst ersatzpflichtig, wenn und soweit dem Geschädigten durch Ausfall oder Kürzung von Versicherungsleistungen ein konkreter Schaden entsteht (BGH NJW 83, 1669). Insoweit ist Feststellungsklage ratsam, vgl vor § 249 Rn 11. Bisweilen geht aber der Schadensersatzanspruch hinsichtlich der Beiträge auch auf den Versicherungsträger über (etwa nach § 116 SGB X); dann muss der Schädiger (nur) an diesen zahlen. Überhaupt keine Ersatzpflicht besteht, wenn durch die Arbeitsunfähigkeit zugleich das zu versichernde Risiko wegfällt; das gilt für die Versicherung gegen Arbeitsunfälle. 16

3. Nach der Wiederherstellung der Arbeitsfähigkeit. Wenn die Arbeitsfähigkeit wieder hergestellt ist, endet regelmäßig auch die Entstehung weiterer Schäden. Doch gibt es Ausnahmen: Das berufliche Fortkommen kann durch die Unterbrechung verzögert sein; dafür wird Schadensersatz geschuldet. Bei langen Unterbrechungen kann es sogar zum Verlust des Arbeitsplatzes kommen. Auch das bedeutet einen ersatzfähigen Schaden, zumal heute vielfach kein Ersatz gefunden werden kann. 17

18 **III. Verletzung von Hausfrauen oder -männern.** Bei der Verletzung des einen Haushalt führenden Teils (im Folgenden kurz: Hausfrau) entgeht diesem nicht eigentlich ein Anspruch auf Verdienst. Doch erbringt nach Art 3 II GG die Hausfrau ihre Dienste nicht unentgeltlich. Vielmehr leistet sie damit den von ihr geschuldeten Teil des Familienunterhalts, § 1360 (Entspr gilt für Partner einer Eingetragenen Lebenspartnerschaft, § 5 LPartG). Daher wird seit BGHZ 38, 55 ein eigener Schaden der Hausfrau angenommen. BGHZ 50, 304 hat diesen Schaden dann normativ aufgefasst: Die Kosten für eine Ersatzkraft, auch wenn keine genommen worden ist, sollen einen Anhaltspunkt für die Berechnung bilden (im wertungswidrigen Gegensatz zu BGHZ 54, 45 bei Selbständigen, o. Rn 11). Doch soll nach BGHZ 86, 372 von der Nettovergütung ausgegangen werden; dem könne bei der gebotenen Pauschalierung ein Abschlag von 30% vom Bruttolohn entsprechen.

19 **IV. Anstößiger Erwerb.** Dass ein entgangener Erwerb nicht zu ersetzen ist, der nur unter Verstoß gegen Gesetz oder gute Sitten hätte erzielt werden können, bildet eine alte Rechtsregel (Mot II 18). Das gilt unzweifelhaft bei Hehlerei, Rauschgifthandel und Steuerhinterziehung, auch für unzulässige Werbemaßnahmen (BGH NJW 64, 1181, 1183), für Wettbewerbsverstöße (BGH NJW 05, 1789, 1790) oder einen Verstoß gegen die AZO (BGH NJW 86, 1486). Auch Schwarzarbeit wird hier einzuordnen sein (Palandt/*Grüneberg* Rz 2).

20 Zu dem früher als klassisches Bsp angeführten entgangenen Gewinn aus **Prostitution** (BGHZ 67, 119) muss jetzt wohl Abweichendes gelten, seitdem das ProstG einen Lohnanspruch bejaht. Doch mag die Frage nach dem versteuerten oder zur Versteuerung erklärten Einkommen übermäßige Forderungen am Mangel des nötigen Nachweises scheitern lassen.

21 **V. Gewinne aus Kapitalanlagen.** Unter § 252 fällt auch der durch das Schadensereignis verhinderte Gewinn aus Kapitalanlagen. Bei Schuldnerverzug des Schädigers bilden die Verzugszinsen nach § 288 die Untergrenze. Doch kann nach § 288 IV auch ein weiterer Schaden ersetzt verlangt werden. Hierunter fällt grds auch der Gewinn aus Spekulationsgeschäften (so schon RG JW 11, 35, jetzt BGH ZIP 02, 895, 896). Doch ist für den Nachweis zu beachten, dass sich im Nachhinein mit den erst später erlangten Kenntnissen leicht erfolgreich spekulieren lässt. Daher tut der Geschädigte gut daran, wenn er seine Absichten dem Schuldner beizeiten mitteilt (BGH WM 60, 861). Allerdings ist dies (auch unter dem Gesichtspunkt von § 254 II 1) idR nicht notwendig (BGH ZIP 02, 895, 897). Denn die nötige Wahrscheinlichkeit für vom Geschädigten geplante Geschäfte lässt sich auch anders beweisen, etwa dadurch, dass er entspr Geschäfte mit seinem verfügbaren Kapital wirklich ausgeführt hat (BGH aaO). Auch das Unterlassen einer Kreditaufnahme für die durch den Verzug gehinderten Geschäfte verletzt idR keine Obliegenheit des Gläubigers (BGH NJW 89, 290, 291 mN; ZIP aaO 898).

22 **VI. Prozessuales.** An die Darlegungspflicht des Klägers dürfen nach stRspr „jedenfalls keine zu hohen Anforderungen gestellt werden" (BGH NJW 05, 830, 832 mN).

§ 253 **Immaterieller Schaden.** (1) Wegen eines Schadens, der nicht Vermögensschaden ist, kann Entschädigung in Geld nur in den durch das Gesetz bestimmten Fällen gefordert werden.
(2) Ist wegen einer Verletzung des Körpers, der Gesundheit, der Freiheit oder der sexuellen Selbstbestimmung Schadensersatz zu leisten, kann auch wegen des Schadens, der nicht Vermögensschaden ist, eine billige Entschädigung in Geld gefordert werden.

1 **A. Entwicklung.** Vor dem SchRModG hatte in § 253 aF nur der Ausschluss des immateriellen Schadens vom Geldersatz gestanden. Dagegen war die wichtige Ausnahme, nämlich das Schmerzensgeld, in § 847 aF geregelt und daher auf Deliktsansprüche beschränkt. Der neue § 253 führt in I den § 253 aF fort. Dagegen hat er in II das Schmerzensgeld geregelt und dabei zusätzlich die Verletzung der sexuellen Selbstbestimmung aufgeführt. Durch die Übernahme des Schmerzensgeldes in das allg Schuldrecht ist der Anwendungsbereich erheblich und insb auch auf Vertragsansprüche erweitert worden.

2 **B. Abs 1. I. Bedeutung. 1. Regel.** I schließt für einen „Schaden, der nicht Vermögensschaden ist", eine Entschädigung in Geld aus. Das bezieht sich auf den Schadensersatz nach § 251, nicht dagegen auf die Herstellung nach § 249 (vgl dort Rn 23). Wo diese aber unmöglich ist, führt I zur Verneinung eines Schadensersatzanspruchs überhaupt, wenn nicht eine Ausnahme eingreift. Der wichtigste Regelfall ist der Schmerz über den Verlust naher Angehöriger: Er selbst gibt anders als in vielen fremden Rechten (*Kadner* ZEuP 96, 135; *Janssen* ZRP 03, 156) den Hinterbliebenen keinen Ersatzanspruch (ausführl *Odersky* Schmerzensgeld bei Tötung naher Angehöriger, 1989). Anders ist es nur, wenn der Tod die Gesundheit des Hinterbliebenen selbst über das gewöhnliche Maß (zu diesem gehören etwa Schlafstörungen) hinaus beeinträchtigt (BGHZ 56, 163: **„Schockschäden"**, stRspr). Das bloße **Miterleben eines Unfalls** soll eine Haftung idR nur ggü den an dem Unfall unmittelbar beteiligten Personen begründen, BGH JZ 07, 1134 ff m krit Anm *Teichmann* (zum posttraumatischen Belastungssyndrom).

3 **2. Abgrenzung.** Für I war ua der Gedanke maßgeblich, die bei Nichtvermögensschäden nahezu unvermeidbare Freiheit der Schätzung sei bedenklich (Mot II 22 f). Dieser Gedanke trifft aber nicht zu, wenn ein Nichtvermögensgut (zB der Genuss einer Opernaufführung) einen festen Preis hat, also **kommerzialisiert** ist.

Größte praktische Bedeutung hat dieser Gesichtspunkt bei der Nutzungsentschädigung für Kraftfahrzeuge und anderer Sachgüter erlangt (§ 249 Rn 39 ff).

Es gibt aber eine nicht geringe Zahl von Gütern, die (noch?) nicht kommerzialisiert sind. Dazu gehört va der **Liebhaberwert (das Affektionsinteresse)**: Das ist das Interesse, das allein der Berechtigte an einer Sache hat und das daher deren Marktpreis nicht steigert. Doch sind schon hier die Grenzen fließend: Wenn es eine Mehrzahl von Liebhabern gibt, kann das zu einem Markt mit höheren Preisen führen (zB bei Oldtimern): Das genügt für einen Vermögensschaden. Dieser liegt auch vor, wenn aus einer vollständigen Sammlung ein Stück verloren geht und dadurch der Wert sinkt (zB bei einem Satz Briefmarken). 4

IdR nur einen Nichtvermögensschaden begründen **Unlustgefühle**, etwa der Ärger über verdorbene Freizeit (BGHZ 69, 34, 36; 106, 28, 32; anders BGHZ 86, 212, 216 für eine vertraglich geschuldete Freizeitgestaltung). Daran ändert nichts, dass die Unlust durch Geld oder die mit ihm zu beschaffenden Annehmlichkeiten gemindert werden könnte. Das ist insb auch keine Herstellung durch Ersatzbeschaffung iSv § 249 I. 5

Zweifelhafter ist die Beeinträchtigung eines mit Geld erkauften Genusses: In BGH NJW 56, 1234 war durch ein Verschulden der Zollverwaltung das Gepäck von Eheleuten nicht an Bord eines Schiffes für eine 10-tägige Seereise gekommen. Die Eheleute hätten, so sagt der BGH, mit dem Preis für die Passage nicht nur die Beförderung gekauft, sondern auch die mit einem Kleiderwechsel verbundenen Annehmlichkeiten an Bord. Die Beeinträchtigung dieses Genusses betreffe auch das mit der Preiszahlung erstrebte vermögenswerte Äquivalent. Diese Argumentation läuft aber auf die vom BGH später deutlich abgelehnte Frustrationslehre hinaus (§ 249 Rn 42; § 251 Rn 19). Zudem kann man schwerlich sagen, die Möglichkeit zur Mitnahme von Gepäck auf einer Seereise sei kommerzialisiert; sie hat ja keinen eigenen Preis. Übrigens können jetzt bei einem Fehler des Veranstalters die §§ 651d, f II in Betracht kommen. 6

Eher von Kommerzialisierung kann man bei **entgeltlichen Veranstaltungen** sprechen: Wird hier in einer zum Schadensersatz verpflichtenden Weise die Teilnahme verhindert (so dass zB die Eintrittskarte verfällt), ist deren Preis zu ersetzen, wenn man den Kommerzialisierungsgedanken nicht vollständig ablehnt (wie *Martens* AcP 209, 09, 445). Ein Affektionsinteresse (o. Rn 4) bleibt aber auch dann ohne Ersatz. 7

3. Ausnahmen. Die wichtigsten Ausnahmen von der Regel in I stehen in II (u. Rn 9 ff) und anderen Vorschriften über ein Schmerzensgeld: va § 11 2 StVG, § 6 HaftpflG, § 8 ProdHaftG, § 53 II LuftVG, § 29 II AtomG und § 84 AMG. Eine Art von Schmerzensgeld gewähren auch die §§ 651 f II BGB; 21 II 3 AGG. Dagegen begründet der von der Rspr entwickelte Anspruch auf Genugtuung wegen Verletzung des allg Persönlichkeitsrechts wohl einen Anspruch eigener Art (vgl u. Rn 25 ff). 8

C. Abs 2. I. Anwendungsbereich. Die „Verletzung des Körpers, der Gesundheit oder der Freiheit" entsprechen den gleichen Merkmalen in § 823 I (vgl dort Rn 24 ff). Dagegen entspricht die „Verletzung der sexuellen Selbstbestimmung" dem neu gefassten § 825. Dabei sind ggü dem § 825 aF die Beschränkungen auf „Frauenspersonen" und die „Gestattung der außerehelichen Beiwohnung" aufgegeben worden. Wegen dieser Übereinstimmung mit den Anspruchsgrundlagen des Deliktsrechts brauchen neben Ansprüchen aus § 280 Deliktsansprüche nicht mehr eigens wegen des Schmerzensgeldes geprüft zu werden. 9

II. Rechtsfolgen. 1. Formulierung. Nach II sollen Verletzte „auch wegen des Schadens, der nicht Vermögensschaden ist", eine „billige Entschädigung in Geld" verlangen können. Dabei ist die Formulierung für die zu entschädigenden **Nachteile ganz weit**; sie geht erheblich über körperliche Schmerzen hinaus. Insb umfasst sie auch Unbehagen, Wesensänderungen, Ängste; überhaupt den Entgang von Lebensfreude durch den Verlust der Fähigkeit, eigenen Neigungen nachzugehen (zB Sport, Musik usw) oder den Verlust der Wahrnehmungsfähigkeit (zB Erblindung). Jedenfalls ist die Bezeichnung „Schmerzensgeld" verkürzend ungenau. Freilich ist dabei zu bedenken, dass nicht wenige der so entstandenen Nachteile schon nach den §§ 249, 251 ausgeglichen oder doch gemildert werden können, etwa durch Maßnahmen der Betreuung oder Anschaffung von Hilfsgeräten (Rollstuhl, Blindenführhund). Die hierfür entstehenden Kosten sind außerhalb von § 253 II zu ersetzen (BGH NJW 82, 1589). Die so erreichbaren Milderungen mindern dann allerdings das Schmerzensgeld. Außerhalb von § 253 II bleibt auch eine Minderung der Erwerbsfähigkeit; sie ist nach § 252 zu ersetzen. 10

2. Funktion der Entschädigung. Der BGH hatte als Zweck des Schmerzensgeldes zunächst die Ausgleichsfunktion betont: Die Bemessung sollte nur Intensität und Dauer der erlittenen Beeinträchtigung berücksichtigen; sie sollte dem Geschädigten gleichsam ein Äquivalent an Lebensfreude gewähren (BGHZ 7, 223, 226, 229). An dieser Entscheidung war gewiss richtig, dass sie eindringlich auf die Bedeutung immaterieller Schäden und ihrer Entschädigung hingewiesen hat. 11

Trotzdem hat schon wenig später der GSZ (BGHZ 18, 149) entgegengesetzt entschieden: Das Schmerzensgeld könne nicht allein nach dem Ausgleichsgedanken bemessen werden; man könne nicht „sozusagen die Schmerzen mit den Freuden saldieren, durch die der Verletzte die Erinnerung an die Schmerzen tilgen soll". Zu berücksichtigen sein könnten vielmehr unter dem Gesichtspunkt der Genugtuung alle Umstände des Falles: der Grad des Verschuldens beim Schädiger, der Anlass der Schädigung (zB eine Gefälligkeit) und die wirtschaftlichen Verhältnisse der Beteiligten. Doch sollen diese Umstände je nach Lage des Falles nur berücksichtigt werden können, aber nicht müssen. 12

13 3. Bemessung. Die genannte Plenarentscheidung hat sich aber anscheinend kaum ausgewirkt (vgl *A. Diederichsen* VersR 05, 433 f). Der Genugtuungsfunktion steht nämlich schon entgegen, dass die große Mehrzahl der Verletzungsfälle über Haftpflichtversicherer abgewickelt wird, so dass der Verletzer selbst das höhere Schmerzensgeld nicht zu spüren bekommt; diese Funktion ist (außer bei Vorsatztaten) inzwischen weithin aufgegeben worden. Höhere Schmerzensgelder für Wohlhabende kommen anscheinend richtigerweise nicht vor. Und die Berücksichtigung des Verschuldensgrades scheitert wenigstens da, wo auch ohne Verschulden gehaftet wird. Dass das Schmerzensgeld dort ebenso bemessen werden soll wie bei leichter Fahrlässigkeit (so Celle NJW 04, 1185), ist zweifelhaft (vgl *Pauker* VersR 04, 1391). Was sich an Gerechtigkeit bei der Bemessung des Schmerzensgeldes erreichen lässt, ist außer einer absolut angemessenen Höhe bloß eine vernünftige Abstufung nach Umfang und Dauer der Beeinträchtigung sowie eine Gleichbehandlung gleichliegender Fälle.

14 Daraus erklärt sich die in der Praxis große Bedeutung der **Schmerzensgeldtabellen**: Etwa *Hacke/Rings/Böhm*, 27. Aufl 09; *Slizyk/Schlindtwein*, CD-ROM; *Jaeger/Luckey*, 4. Aufl 07 (weit über eine bloße Tabelle hinausreichend). Bei dem Vergleich mit älteren Fällen ist die inzwischen eingetretene Geldentwertung zu berücksichtigen. Derzeit liegen die Schmerzensgelder etwa zwischen 50 (u. Rn 15) und über einer Million Euro.

15 4. Einzelfragen. Bei nach Intensität und Dauer **geringfügigen Beeinträchtigungen** kann ein Schmerzensgeld ganz entfallen (etwa BGH NJW 93, 2173, 2175); Schmerzensgelder unter etwa 50,– Euro dürften daher kaum vorkommen. Dass dies bei der Neufassung des § 253 II nicht ausdrücklich gesagt worden ist, beruht nur darauf, dass der BGH es ohnehin schon anerkannt hatte (BTDrs 14/8780 35). Beispiele bilden geringfügige Platz- oder Schürfwunden (BGH aaO) oder vorübergehende Kopfschmerzen und Schleimhautreizungen (BGH NJW 92, 1043). Ein Grenzfall ist die Bedrängnis durch die zweistündige Unbenützbarkeit einer Bahntoilette (AG Frankfurt NJW 02, 2253).

16 Den Gegensatz bilden **schwerste Verletzungen**, die den Geschädigten sogar an der Wahrnehmung seiner Beeinträchtigung hindern. Der BGH hatte zunächst (NJW 76, 1147) nur eine symbolische Entschädigung zuerkannt, das aber später mit Recht aufgegeben (BGHZ 120, 1, 6): Zu entschädigen sei „die Einbuße an Persönlichkeit, der Verlust an personaler Qualität" (aaO 7, vgl jetzt *A. Diederichsen* VersR 05, 433, 438).

17 Der Tod selbst löst keinen Anspruch auf Schmerzensgeld aus. In Betracht kommt nur ein vererblicher Anspruch für die vor dem Tod erlittenen Schmerzen. Das setzt aber voraus, dass der tödlich Verletzte zunächst noch eine nennenswerte Zeit gelebt hat. So hat BGHZ 138, 388 bei einem tödlich Verletzten, der nach dem Unfall noch ca 35 Minuten bei Bewusstsein war und dann nach 10 Tagen Koma gestorben ist, ein Schmerzensgeld von 28.000 DM nicht beanstandet.

18 Das Schmerzensgeld darf nicht deshalb gemindert werden, weil der Verletzen **kriminell bestraft** worden ist (BGHZ 128, 117). Die abweichende Ansicht (etwa Ddorf NJW 74, 1289) mag zwar unter dem Gesichtspunkt der Genugtuung konsequent sein, ist aber im Ergebnis unerträglich: Die Kriminalstrafe trifft gerade die schwersten Fälle; sie kann daher nicht zu Lasten des Verletzten gehen.

19 Das Schmerzensgeld wird idR als **Einmalbetrag** zugesprochen (s. *C. Huber* JZ 07, 639, 640). Auf Antrag des Geschädigten kann aber bei Dauerschäden daneben auch eine **Rente** verlangt werden (BGHZ 113, 284; NJW 98, 3411). Das gilt insb bei einem in der Entwicklung schwer überschaubaren Schaden (BGH VersR 68, 475) mit der Möglichkeit zur Korrektur nach § 323 ZPO (*A. Diederichsen* VersR 05, 433, 442). Auf die Rente dürfte § 843 II entspr anwendbar sein.

20 Bei **Mitverschulden des Verletzten** (§ 254) soll dieses einen Bemessungsfaktor für ein einheitliches, nicht noch quotal zu minderndes Scherzensgeld bilden (BGH WM 91, 1776). Diese aus dem G kaum zwingend abzuleitende Praxis erschwert die Vergleichbarkeit von Schmerzensgeldern bei gleichartigen Verletzungsfolgen; sie ist fragwürdig.

21 Auch **innerhalb einer Familie** kann es Schmerzensgeldforderungen geben. Bei leichter Fahrlässigkeit des Verletzers im Straßenverkehr (für den § 1359 unanwendbar sein soll, vgl dort Rn 5) wird aber in Betracht gezogen, ob nicht die Pflicht zur gegenseitigen Rücksichtnahme auch die Pflicht umfasst, solche Ansprüche nicht geltend zu machen (nicht entschieden in BGHZ 53, 352, 356; NJW 73, 1654).

22 5. Prozessuale Besonderheiten. Welchen Betrag das Gericht als Schmerzengeld zusprechen wird, lässt sich schwer vorhersehen. Der Kläger braucht daher bloß die für die Berechnung maßgeblichen Umstände darzutun und für ein angemessenes Schmerzensgeld einen **Mindestbetrag** anzugeben (BGH NJW 02, 3769, und zwar auch außerhalb des Klagantrags, BGHZ 132, 341, 350). Erreicht das Urt diesen Betrag nicht, so besteht insoweit eine Beschwer (BGHZ 132, 341, 351). Doch bleibt das Gericht auch durch eine solche Angabe trotz § 308 I ZPO nach oben frei (BGH aaO; *A. Diederichsen* VersR 05, 433, 439). Der Streitwert richtet sich nach dem Mindestbetrag oder dem höheren im Urt festgesetzten Betrag. Erreicht dagegen das Urt den Mindestbetrag, so fehlt eine Beschwer (BGH NJW 99, 1339).

23 Eine Klage auf Schmerzensgeld umfasst idR auch **alle Zukunftsfolgen**. Doch soll, wenn der der Festsetzung zugrunde liegenden Prognose auf einen bestimmten Zeitraum beschränkt ist, eine entspr Beschränkung auch für das Schmerzensgeld zulässig sein (BGH VersR 61, 727, 728). BGH VersR 04, 1334 erlaubt darüber hinaus auch eine sog **offene Schmerzensgeldteilklage**: Sie berücksichtigt alle bereits eingetretenen Schäden (ggf auch für die Zukunft) und klammert nur bestimmte Verschlechterungen aus, die für die Zukunft nur als möglich erscheinen. Vgl dazu *Terbille* VersR 05, 37; *A. Diederichsen* VersR 05, 433, 439 f.

Eine Schmerzensgeldrente darf nicht durch die Bindung an einen Index der Lebenshaltungskosten dynamisiert werden (BGH VersR 73, 1067, 1068). Wohl aber kann eine wesentliche, 25% übersteigende **Geldentwertung** eine wesentliche Änderung der Verhältnisse iSv § 323 ZPO darstellen. Freilich soll diese Grenze nicht automatisch gelten; vielmehr sollen insb auch die schon früher erbrachten Leistungen berücksichtigt werden. Entscheidend sei, ob die Rente insgesamt noch die Funktion eines „billigen" Schadensausgleichs erfülle (BGH NJW 07, 2475 Tz 8 f m teils krit Anm *Teichmann*). 24

D. Die Genugtuung wegen Persönlichkeitsverletzung. Seit BGHZ 13, 334 (Leserbrief) ist das allg Persönlichkeitsrecht als Schutzgut von § 823 I anerkannt. Bei dessen Verletzung ist aber ein Ersatz durch Herstellung vielfach nicht möglich, und für § 251 fehlt es oft an einem Vermögensschaden. Daher hat seit BGHZ 26, 349 (Herrenreiter) die Rspr eine eigene Sanktion entwickelt, nämlich eine Geldentschädigung für Nichtvermögensschäden. Zur Begründung hat sich BGHZ 35, 363 erstmals auf die Menschenwürde in Art 1 I GG berufen: Diese fordere bei schwerwiegenden Verletzungen (dazu etwa BVerfG NJW 04, 591) eine wirksame Sanktion. BVerfGE 34, 269 hat diese Korrektur des § 253 aF mit dem GG für vereinbar gehalten. Vgl dazu § 12 Rn 31 ff. 25

Der Gesetzgeber des 2. SchErsÄndG (s. § 249 Rn 1) hat das allg Persönlichkeitsrecht nicht unter die Schutzgüter des neuen § 253 II aufgenommen, andererseits aber offenbar auch die richterliche Neuschöpfung nicht abschaffen wollen. Die dort entwickelte **Buße** steht also jetzt ohne Anhalt im BGB neben dem Schmerzensgeld von § 253 II (so auch bereits BGHZ 128, 1, 15 – Caroline von Monaco, vgl *A. Diederichsen* VersR 05, 433, 437 f.). 26

Wirklich decken sich auch die Bemessungskriterien dieser Buße nicht mit denen des Schmerzensgeldes (zu Einzelheiten Ddorf NJW 05, 1791, 1797 ff). Das wird am deutlichsten durch die Berücksichtigung des **Präventionsgedankens**. Denn neben dem (mit § 249 I vereinbaren, aber meist auf eine Analogie zu § 1004 gestützten) Anspruch auf Widerruf (BGHZ 128, 6 ff) wird ein Anspruch auf „Geldentschädigung" gesetzt. Bei Vorsatz des Verletzers und dessen Absicht zur Auflagensteigerung und Gewinnerzielung soll das Gericht diese Umstände zur Prävention in die Entscheidung über die Höhe der Geldentschädigung einbeziehen (BGHZ 128, 1, 12 ff, Ergänzung in BGH NJW 05, 215). Das soll zwar **keine „Gewinnabschöpfung"** bedeuten (dafür käme auch eher die Eingriffskondiktion nach § 812 I 1 Alt 2 in Betracht). Doch müsse die Höhe der Geldentschädigung einen „echten Hemmungseffekt" gegen unbefugte Vermarktung der Persönlichkeit bewirken. Nach diesen Leitlinien können sich viel höhere Beträge ergeben als nach den Regeln über Schmerzensgelder (vgl o. Rn 14). Dass so der Ärger einer Prinzessin teurer werden kann als eine lebenslange Lähmung, ist nicht recht einzusehen. 27

§ 254 Mitverschulden. (1) Hat bei der Entstehung des Schadens ein Verschulden des Beschädigten mitgewirkt, so hängt die Verpflichtung zum Ersatz sowie der Umfang des zu leistenden Ersatzes von den Umständen, insbesondere davon ab, inwieweit der Schaden vorwiegend von dem einen oder dem anderen Teil verursacht worden ist.
(2) ¹Dies gilt auch dann, wenn sich das Verschulden des Beschädigten darauf beschränkt, dass er unterlassen hat, den Schuldner auf die Gefahr eines ungewöhnlich hohen Schadens aufmerksam zu machen, die der Schuldner weder kannte noch kennen musste, oder dass er unterlassen hat, den Schaden abzuwenden oder zu mindern. ²Die Vorschrift des § 278 findet entsprechende Anwendung.

A. Funktion. § 254 (und viele Spezialvorschriften entspr Inhalts wie § 9 StVG, § 4 HaftpflG, § 34 LuftVG, § 6 ProdhaftG, § 27 AtomG, § 85 AMG, § 11 UmweltHG, § 32 GenTG) durchbricht mit größter praktischer Bedeutung das Prinzip des Totalersatzes (§ 249 Rn 5): Der Geschädigte soll nur einen Teil seines Schadens ersetzt verlangen können, wenn er selbst an dessen Entstehung zurechenbar mitgewirkt hat. Das wird mit § 242 in Verbindung gebracht: Es verstoße gegen das Verbot widersprüchlichen Verhaltens, den vollen Ersatz eines Schadens zu verlangen, an dessen Entstehung oder Ausweitung man selbst zurechenbar beteiligt war (mit Recht krit zur Aussagekraft dieser Herleitung MüKo/*Oetker* Rz 4 u Rn 4). 1

B. Anwendungsbereich. I. Schadensersatzansprüche. Nach Wortlaut und Stellung im BGB bezieht sich § 254 auf Schadensersatzansprüche aller Art, also ebenso wie § 249 unabhängig von der Anspruchsgrundlage. *Sinngemäß* wird er auch im öffentlichen Recht angewendet (zB BGHZ 151, 337, 352 zu § 14 PostG aF oder BGH NJW 64, 1670 zum SchulR). § 93 III 2 BauGB verweist sogar ausdrücklich auf § 254. Weiter gilt § 254 bei Aufopferungsansprüchen (BGHZ 45, 290, 294 ff) und beim enteignungsgleichen Eingriff für das Unterlassen der Schadensminderung (BGHZ 90, 17, 32 ff). 2

II. Ansprüche anderen Inhalts. Entspr gilt § 254 insb für Ausgleichsansprüche unter gesamtschuldnerisch haftenden Schädigern nach § 426 (dort Rn 12); zum Ausgleich zwischen mehreren Kraftfahrzeughaltern bei Haftung ggü einem Dritten (so ausdrücklich § 17 StVG). Auch für Ausgleichsansprüche anderer Art nach § 906 II 2 gilt § 254 entspr (BGH NJW-RR 88, 136). Bei einem Vollmachtsmissbrauch soll entspr § 254 zu beachten sein, dass der Vertretene den Missbrauch durch zumutbare Kontrollen des Vertreters hätte verhin- 3 dern können (BGHZ 50, 112, 114 f, zweifelhaft). Zum Beseitigungsanspruch aus § 1004, wo der BGH § 254 wegen der vom Gestörten aufgewendeten Beseitigungskosten anwendet, vgl § 1004 Rn 6. Bei einem fehlgegangenen Auszahlungsauftrag soll der Erstattungsanspruch aus § 667 entspr § 254 gekürzt werden, wenn der Auftraggeber und die auszahlende Bank auf einen Betrüger hereingefallen sind (BGHZ 130, 87, 95 mN). Der Anspruch auf Aufwendungsersatz aus § 670 passt wenigstens dann zu § 254, wenn die zu ersetzenden Aufwendungen schadensähnlich sind (etwa BAG NJW 81, 702).

4 **Unanwendbar** dagegen ist § 254 auf Erfüllungsansprüche (BGH NJW 67, 248, 250 zu § 615). Gleiches gilt für Herausgabeansprüche aus § 985 etwa mit der Begründung, der Eigentümer habe seinen Besitzverlust selbst verschuldet (MüKo/*Medicus* § 985 Rz 45) oder § 812 (BGHZ 14, 7, 10; 37, 363, 370). Doch hat BGHZ 57, 137, 152 auch Bereicherungsansprüche „dem allgemeinen Grundsatz des § 242" unterstellt, „von dem § 254 nur eine besonders geregelte Ausprägung ist", und hat so eine Anspruchsteilung für möglich gehalten. Das ist aber fraglich: Der Bereicherungsschuldner wird idR ausreichend durch § 818 III geschützt.

5 **III. Abweichende Regeln.** Keine Schadensteilung, sondern einen Ausschluss des Anspruchs bestimmen die §§ 122 II, 179 III 1. Doch wendet BGH NJW 69, 1382 den § 254 analog an, wenn der Geschädigte den Irrtum des Anfechtenden schuldlos veranlasst hat (wohl unrichtig: der besonderen Erklärungshaftung des Anfechtenden entspricht keine gleiche Verantwortlichkeit des Erklärungsempfängers).

6 **C. Voraussetzungen. I. Mitwirkung bei der Schädigung. 1. Verletzung von Pflicht oder Obliegenheit.** Eine Mitwirkung des Geschädigten kann schon die Entstehung oder erst den Umfang des zu ersetzenden Schadens betreffen. I nennt nur die Entstehung, doch ist unstr auch die Mitwirkung bei der weiteren Entwicklung des Schadens gemeint. Davon geht auch II 1 am Ende aus, der ausdrücklich die Verpflichtung zur Minderung des Schadens nennt.

7 Irgendwie wirkt der Geschädigte fast immer an der Schadensentstehung mit, und sei es nur dadurch, dass er sich zur kritischen Zeit am Ort der Schädigung aufgehalten hat. Die nötige Einschränkung ergibt sich durch die Bezugnahme auf ein **Verschulden** des Geschädigten. IdR setzt ein Verschulden eine Rechts- oder Pflichtverletzung voraus. Das kommt auch bei § 254 in Betracht; Bsp für Rechtsverletzung ist etwa überhöhte Geschwindigkeit oder Nichtanlegen des Sicherheitsgurts (vgl § 21a StVO). Bsp. für die Verletzung einer Pflicht aus einer Sonderverbindung ist das Unterlassen der Abnahme der ordnungsgemäß gelieferten Ware, wenn diese dann gestohlen wird.

8 Vielfach fehlt es aber an einer gesetzlichen oder vertraglichen Pflicht. Das gilt schon bei den beiden Fallgruppen von II 1, nämlich der Pflicht zur Warnung oder Schadensabwendung bzw -minderung (s.u. Rn 14 ff). In solchen Fällen spricht man von „Pflichten des Geschädigten gegen sich selbst" oder **Obliegenheiten**.

9 **2. Andere Zurechnungskriterien.** Weiter müssen Eintritt oder Umfang des Schadens kausal auf der Verletzung einer Pflicht oder Obliegenheit beruhen. Das ergibt sich schon aus dem Wort „Mitwirkung". Es muss also zB die Trunkenheit des Fahrers für den Unfall ursächlich geworden sein (BGH VersR 60, 479), ebenso das Fehlen der Fahrerlaubnis (s. BGH NJW 07, 506 Tz 18); dieses soll nicht einmal einen Anscheinsbeweis begründen (aaO Tz 19). Adäquanz (§ 249 Rn 50) ist schon deshalb nötig, weil die Mitwirkungsanteile nach der Wahrscheinlichkeit des Umstandes für das Schadensereignis gewichtet werden (u. Rn 33 f): Wo diese nur ganz geringfügig ist, bleibt der Umstand also außer Betracht.

10 Weiter muss der **Schutzzweck der verletzten Obliegenheit** betroffen sein. So soll der Schadensersatzanspruch eines Unfallverletzten gegen den ihn fehlerhaft behandelnden Arzt nicht deshalb gemindert werden, weil der Verletzte den Unfall selbst verschuldet hatte: „Es macht für das Rechtsverhältnis zwischen Arzt und Patient keinen Unterschied, ob der Patient durch eigene Schuld behandlungsbedürftig geworden ist oder nicht" (BGH NJW 72, 334, 335). Ähnl darf sich der Abschleppunternehmer nicht auf das Verschulden des Abzuschleppenden bei dessen Falschparken berufen (BGH NJW 78, 2502, 2504). Wer die Behandlung oder Behütung eines Suizidgefährdeten übernimmt, kann nicht ein Mitverschulden des Gefährdeten an einem Suizidversuch geltend machen (BGHZ 96, 98, 101). Wer aus der Verletzung einer Beratungspflicht haftet, kann idR nichts daraus herleiten, dass der zu Beratende selbst das Richtige hätte erkennen können (BGH NJW 04, 1868, 1870).

11 Fraglich ist, ob es auf die **zeitliche Reihenfolge** zwischen der Schädigung und der für § 254 maßgeblichen Mitwirkung ankommt. Nach BGH ZIP 90, 315, 318 soll ggü einem Anspruch auf Schadensersatz wegen Nichterfüllung einer Vertragspflicht nur ein Verhalten relevant sein, das dem Vertragsschluss zeitlich nachfolgt. Das dürfte aber zumindest nicht allg zutreffen: Schadensvermeidende Obliegenheiten können ebenso wie Schutzpflichten schon im Verhandlungsstadium bestehen (vgl § 311 II).

12 **II. Verschulden.** Die Obliegenheitsverletzung muss regelmäßig verschuldet sein. Hierfür gelten § 276 und ebenso die §§ 827, 828. Kinder bis zum 7. Lebensjahr können also wegen eigenen Verschuldens nicht unter § 254 fallen; zwischen dem 7. und dem 18. Lebensjahr kommt es darauf an, ob der Verletzte die zur Erkenntnis seiner Mitverantwortlichkeit erforderliche Einsicht hat. Die Sonderregelung für den fließenden (BGHZ 161, 180) Straßenverkehr in § 828 II hat sogar den hauptsächlichen Zweck, Kinder bis zum vollendeten 10. Lebensjahr vor einer Kürzung ihrer Ersatzansprüche zu bewahren.

Die hM hält § 829 für anwendbar (etwa BGHZ 37, 102, 105 ff mN). Doch soll der Anspruch des Minderjährigen nicht schon bei einer wesentlichen Mitbeteiligung an der Verletzung gemindert werden. Vielmehr soll § 829 ein entspr Verhältnis der finanziellen Leistungsfähigkeit beider Teile verlangen (BGH NJW 69, 1762: Die Billigkeit müsse eine Beteiligung des Minderjährigen „fordern"). Hieran wird § 829 bei § 254 für Minderjährige idR scheitern. 13

III. Einzelne Obliegenheiten. 1. Die Warnungsobliegenheit aus Abs 2 S 1 Alt 1. Eine Obliegenheit zur Warnung nach II 1 kommt nur in Betracht, wenn die Beteiligten sich irgendwie nahe stehen. Das kann auf einem Vertrag beruhen (zB Warnung des Wartungspflichtigen vor dem ungewöhnlich hohen Ausfallschaden einer Druckerei, Hamm NJW-RR 98, 380). Die Nähe kann weiter aus der schon entstandenen Schadensersatzpflicht stammen, zB Warnung an den Verursacher eines Unfalls, der Geschädigte könne die Reparaturkosten nicht aufbringen und müsse bei Ausfall des Fahrzeugs hohen Schaden fürchten (Schlesw VersR 67, 68). Die Nähe kann endlich auch daraus stammen, dass ein konkreter Schaden droht. So muss der Betreiber einer Schifffahrtsstraße darauf hinweisen, dass wegen Bauarbeiten große Schäden durch Schleifenlassen des Ankers drohen (BGH NJW 88, 94). 14

Die Warnpflicht entfällt, wenn der Ersatzpflichtige den Schaden ebenso gut voraussehen konnte (BGH VersR 53, 14). Ebenso entfällt sie, wenn die Warnung erfolglos geblieben wäre (BGH DB 56, 110; VersR 94, 380, doch geht es hier wohl eher um das Fehlen der Kausalität einer Unterlassung). 15

2. Die Obliegenheit zur Schadensabwendung oder -minderung, Abs 2 S 1 Alt 2. a) Körper- und Gesundheitsschäden. Bei **Körper- oder Gesundheitsschäden** muss der Geschädigte sich sachgerecht um Heilung bemühen. Doch braucht er sich nicht mit einer Nachbehandlung gerade durch den ersatzpflichtigen Arzt zu begnügen (Köln VersR 87, 620). Ggf muss der Geschädigte sich einer Rehabilitation unterziehen (BGH VersR 70, 272). Dazu muss der Schädiger die nötigen Mittel vorschießen (BGH VersR 61, 1125). Eine Operation, deren Kosten der Schädiger gleichfalls vorzuschießen hat, muss der Geschädigte auf sich nehmen, wenn sie Erfolg verspricht und nicht mit besonderen Gefahren oder Schmerzen verbunden ist (BGHZ 10, 18, 19 und ständig; eine Grenze zieht BGH NJW 94, 1592). Bei einer Meinungsverschiedenheit unter Ärzten besteht diese Obliegenheit nicht (RGZ 129, 398). 16

Wenn die Berufsfähigkeit nicht wieder hergestellt werden kann, muss der Geschädigte in einen zumutbaren **anderen Beruf wechseln**, dessen Vergütung und soziale Wertschätzung nicht spürbar unter derjenigen des alten Berufs liegt (Hamm VersR 92, 1120). Die Eröffnung einer eigenen Praxis kann aber unzumutbar sein (BGH NJW 74, 602). 17

Dem Geschädigten kann auch eine **Umschulung** zuzumuten sein, selbst wenn diese mit einer Trennung von seiner Familie und einem Wechsel des Wohnsitzes verbunden ist (BGHZ 10, 18, 20). Auch hier muss der Schädiger die Finanzierung übernehmen. Die Inanspruchnahme einer vorgezogenen Altersgrenze (also das In-Rente-Gehen) ist dem Geschädigten nicht zuzumuten (BGH NJW 82, 984). 18

b) Sachschäden. Bei **Sachschäden** muss sich der Geschädigte, wenn er die Herstellung selbst übernimmt, um eine rasche und sachverständige Reparatur bemühen (Celle VersR 80, 633); die Entscheidung der Haftpflichtversicherung des Schädigers soll er nicht abwarten dürfen (Celle VersR 62, 1212). 19

Während einer längeren Reparaturzeit darf (und muss ggf) er einen Mietwagen nehmen oder sogar ein Interimsfahrzeug erwerben, wenn ein größerer Fahrbedarf besteht (Frankf VersR 80, 45). Bei geringem Fahrbedarf muss er auf Taxis oder öffentliche Verkehrsmittel ausweichen (BGHZ 45, 212, 219; NJW 69, 1477). Zur Inanspruchnahme von Mietwagen, die zu einem Unfallersatztarif teurer angeboten werden, s. § 249 Rn 37: Der Mehraufwand wird nur dann durch § 249 II gedeckt, wenn er auf besonderen Leistungen des Vermieters beruht. Doch kommt es andernfalls darauf an, ob der Geschädigte die Übersteuerung erkennen konnte (BGHZ 132, 373, 378: Der Geschädigte braucht nicht erst „eine Art Marktforschung" zu betreiben, um das günstigste Angebot herauszufinden). Strenger aber wohl BGH NJW 06, 2621, 2622. Doch muss der Vermieter ggf auf die Gefahr einer nicht vollen Erstattung hinweisen (BGH NJW 06, 2619). 20

Nach der Herstellung durch Beschaffung eines Ersatzwagens (§ 249 Rn 11) gibt es nicht selten Streit um die **Verwertung des Unfallwagens**. Hierfür mag der Versicherer des Schädigers ein Angebot machen, auf das der Geschädigte idR eingehen muss. Dagegen genügt ein bloßer Hinweis des Versicherers auf eine Verwertungsmöglichkeit nicht, dem der Geschädigte erst nachgehen müsste (BGH NJW 00, 800). Vielmehr darf er den Unfallwagen zu dem sachverständig ermittelten Wert veräußern, ohne zuvor eine günstigere Verwertungsmöglichkeit suchen zu müssen (BGH NJW 93, 1849, 1850 f). 21

c) Andere Schäden. Bei Nichtleistung kann dem Käufer (durch anderweitige Beschaffung) oder dem Verkäufer (durch anderweitige Veräußerung) ein Deckungsgeschäft obliegen; das soll nach den Umständen des Einzelfalls zu entscheiden sein (etwa BGH NJW 97, 1231, 1232 mN). Der Reisende kann iRd § 651c II mit einer gleichwertigen Ersatzunterkunft vorlieb nehmen müssen. Der Geschädigte darf die Herstellung nicht deshalb verzögern, weil er die Kosten aus eigenen verfügbaren Mitteln vorfinanzieren soll (BGHZ 61, 350). 22

3. Die Mitwirkung bei der Verursachung des Schadens, Abs 1. Wo es gesetzliche Verhaltenspflichten gibt, wie für den **Straßenverkehr**, fällt deren schuldhafte Nichteinhaltung idR (nämlich bei Mitursächlichkeit) 23 unter § 254 (bzw § 9 StVG). Doch kann selbst eine schuldlose Nichteinhaltung die maßgebliche Betriebsgefahr erhöhen. Diese tritt aber bei Auffahrunfällen idR zurück, wenn der Geschädigte verkehrsgerecht gebremst hat (BGH NJW 88, 58, freilich noch zu § 7 II StVG aF). Selbst eine Überschreitung der in der VO vom 21.11.78 (BGBl I 1824) bloß empfohlenen **Richtgeschwindigkeit** auf Autobahnen (130 km/h) kann über eine Erhöhung der Betriebsgefahr die Mithaftung nach §§ 254 BGB, 9 StVG begründen (BGHZ 117, 337). Bei ausreichenden Anhaltspunkten für eine Gefahr ist besondere Vorsicht anzuwenden (etwa BGH NJW 85, 482: Vereisung eines Weges bei Frost). Fußgänger müssen zum Überqueren der Fahrbahn einen nahe gelegenen Fußgängerübergang benutzen (BGH VersR 77, 337). Sicherheitsgurte und Sturzhelme sind anzulegen (§ 21a I, II StVO).

24 Aber auch außerhalb gesetzlicher Vorschriften kommt ein Mitverschulden durch die Verletzung bloßer **Obliegenheiten** in Betracht; das Verschulden ist dann ein sog Verschulden gegen sich selbst. Ein Bsp bildet schon der eben genannte, einen gesicherten Übergang verschmähende Fußgänger. Entspr Obliegenheiten finden sich in fast allen Lebensbereichen. So darf man sich auf eine mündliche Auskunft nicht verlassen, die im Widerspruch zu gleichzeitig ausgehändigten schriftlichen Unterlagen steht (BGH NJW 80, 2576). Der Bankkunde muss seine Scheckformulare sorgsam aufbewahren (RGZ 81, 254) und den Verlust der Formulare oder der Scheckkarte rasch anzeigen (BGH NJW 68, 37). Seine Kontobewegungen muss er überwachen (BGH NJW 68, 742). Auch müssen wertvolle Sachen sorgfältig behütet werden (BGH NJW 69, 789). Die Aufzählung solcher Obliegenheiten lässt sich fast beliebig fortsetzen.

25 Es gibt aber auch einen wichtigen Bereich, in dem Obliegenheiten weitgehend verneint werden: Wer beruflich Rat zu erteilen oder Fristen zu überwachen hat, darf nicht erwarten, dass der Gläubiger dem Rat misstraut oder die Fristwahrung selbst überwacht (BGH NJW 92, 307; 820; BGH WM 78, 948). Dies gilt auch ggü behördlichen Auskünften (BGH NJW 80, 2576, 2577).

26 **IV. Insbes die Problematik von Abs 2 S 2. 1. Anwendung auch bei Abs 1.** II 2 bestimmt die entspr Anwendung von § 278. Diese Anwendung bezieht sich nach ihrer Stellung nur auf den ihr vorangehenden II 1. Es gibt aber keinen Grund, die Spezialfälle von II 1 anders zu behandeln als die Regelfälle von I. Daher besteht Einigkeit: II 2 ist wie ein selbständiger III zu lesen. Er bezieht sich also auch auf I (etwa RGZ 62, 107; BGHZ 3, 46, 48).

27 **2. Das Erfordernis der Sonderverbindung.** § 278 spricht von „Schuldner" und „Verbindlichkeit", setzt also eine **Sonderverbindung** voraus. Eine solche besteht regelmäßig in den Fällen II 1 Alt 1 (sonst kann der Geschädigte kaum warnen) und Alt 2 (es gibt ja meist schon einen Schadensersatzanspruch). Dagegen ist bei I eine Sonderverbindung zwar insb bei Haftung aus Vertragsverletzung oder cic gegeben, nicht aber bei der Deliktshaftung. Wenn der Ersatzanspruch aus Delikt stammt, wird also insb Kindern ein Aufsichtsverschulden ihrer Eltern bei der Schadensentstehung nicht angerechnet. Wohl aber müssen sie ein Verschulden an der Ausweitung des Schadens gegen sich gelten lassen, also wenn zB eine ärztliche Behandlung verzögert wird (RGZ 156, 193, 205).

28 Die eben geschilderte Auffassung des II 2 als **Rechtsgrundverweisung** auf § 278 wird aber durch den Wortlaut nicht zwingend gefordert. Vielmehr kann man die ja bloß „entspr" Anwendung auch als **Rechtsfolgeverweisung** verstehen: Dann kommt es auf eine Sonderverbindung zwischen Schädiger und Geschädigtem im Zeitpunkt der Schädigung nicht an.

29 Während in der Lit nicht selten die Ansicht von o. Rn 28 vertreten wird, hat die Rspr die (va für Kinder günstigere) Ansicht von o. Rn 27 vorgezogen: etwa BGHZ 24, 325, 327; 116, 60, 74. Freilich sollen dann auch die §§ 31, 831 entspr anwendbar sein (BGHZ 3, 46; 8, 142, 151), die aber für Kinder nicht in Betracht kommen. Da wirklich überzeugende Gegengründe nicht ersichtlich sind, ist II 2 in der Praxis als Rechtsgrundverweisung (mit der Konsequenz von o. Rn 27) zu verstehen.

30 Bei Annahme einer Rechtsgrundverweisung gilt für den Gehilfen auch das weitere Merkmal des § 278 entspr, nämlich das der **Einschaltung** (vgl § 278 Rn 13). Anzurechnen ist also nur ein Verschulden von Gehilfen, die der Geschädigte in die Erfüllung seiner Obliegenheiten eingeschaltet hat, zB die Ehefrau wird mit der Begleitung eines Transports betraut (BGHZ 3, 46, 51). Nicht Erfüllungsgehilfe ist dagegen der Architekt des Bauherrn bei der Kontrolle des Bauunternehmers: Diese Kontrolle obliegt dem Bauherrn nicht, so dass er den Architekten nicht eingeschaltet hat (Karlsr VersR 62, 188).

31 Einige Sondervorschriften (wie § 9 StVG, § 6 I ProdhaftG, § 11 UmwHaftG, § 34 LuftverkG, § 27 AtomG) stellen bei der Beschädigung einer Sache ein Verschulden des **Sachbewahrungsgehilfen** dem Verschulden des Geschädigten gleich. Hier wird also ohne die Erfordernisse von § 278 zugerechnet.

32 **V. Die Anrechnung von Betriebsgefahren.** Nach dem Wortlaut des § 254 muss ein Verschulden des Geschädigten mitgewirkt haben. Ausnahmsweise stellen Spezialvorschriften im Recht der Gefährdungshaftung (§ 17 I 2 StVG, § 13 I 2 HaftpflG, § 41 2 LuftverkG) aber auf „die Umstände" ab, die nicht notwendig ein Verschulden des Geschädigten erfordern. Die Rspr hat das unter Zustimmung großer Teile der Lehre ausgeweitet: Wenn an der Schädigung eine Betriebsgefahr auf der Seite des Geschädigten mitgewirkt hat, die dieser als Schädiger vertreten müsste, soll sie ihm auch analog § 254 schadensmindernd angerechnet werden (etwa BGHZ 67, 129, 134 Verletzung unter Luxustieren, ausf Staud/*Schiemann* § 254 Rz 10 ff). Die Betriebsgefahr

des Geschädigten wird auch auf verschuldensabhängige Ansprüche des Geschädigten angerechnet (BGHZ 20, 159). Die Anrechnung von Betriebsgefahren, für die keine gesetzliche Haftung besteht (zB bei einem beladenen Fahrrad), ist aber abzulehnen.

D. Rechtsfolgen. I. Die Schadensteilung. 1. Mitwirkung. Die Verantwortlichkeit von Schädiger und 33 Geschädigten für einen Schaden führt idR zu einer Schadensteilung. Dafür kommt es nach I insb auf die **Verursachungsanteile** an (BGH NJW 03, 1929, 1931). Diese müssen also gewichtet werden. Dem scheint entgegenzustehen, dass sonst alle Ursachen als äquivalent behandelt werden (§ 249 Rn 48). Doch gilt das für § 254 nicht: Dort wird nach der **Wahrscheinlichkeit** unterschieden, mit der einerseits die schädigende Handlung und andererseits die Obliegenheitsverletzung den Schaden herbeigeführt hat (BGH VersR 88, 1238; NJW 94, 379): Eine Mitwirkung wiegt umso schwerer, je wahrscheinlicher sie den Schaden gemacht hat.

Diese Wahrscheinlichkeit kann sich für mehrere Schadensposten unterscheiden. So macht etwa das Nichtan- 34 legen des Sicherheitsgurtes Kopfverletzungen sehr wahrscheinlich, hat aber auf Sachschäden idR keinerlei Einfluss. Trotzdem arbeitet die Rspr oft nur mit einer auf den ganzen Schaden bezogenen einheitlichen Schadensverteilung (Ausnahme vielleicht BGH NJW 79, 980). Das kann unschädlich sein, wenn man schon den vollen Schaden übersieht; freilich erschwert dann die „Durchschnittsquote" die Vergleichbarkeit. Daher ist es auch in solchen Fällen vorzugswürdig, ggf für verschiedene Schadensposten jeweils eigene Quoten zu bilden (vgl Staud/*Schiemann* Rz 129).

2. Verschulden oder Gefährdung. Ggü der Mitwirkung bilden das Verschulden und das etwa zu vertre- 35 tende Gefährdungspotenzial (o. Rn 32) idR nur einen Korrekturfaktor. So sagt etwa BGH NJW 69, 789, 790, die Prüfung des Verschuldensgrades beider Teile sei erst dann nötig, wenn die Abwägung der Mitwirkungsanteile kein Überwiegen ergeben habe (weniger eng BGH NJW 98, 1137, 1138: Das Verschulden sei nur „ein Faktor" der Abwägung). Freilich wird das Verschulden häufig nicht viel ändern: Auch dieses wiegt idR umso schwerer, je wahrscheinlicher es den Schaden gemacht hat. Dem widerspricht freilich, dass bei Vorsatz der Schädiger den Schaden idR allein tragen soll (u. Rn 37). IE bleibt das Verhältnis von Mitwirkung und Verschulden unklar.

3. Die Quoten. Die Abwägung bei § 254 bildet also weithin ein Ergebnis der Schätzung durch den Tatrichter 36 (u. Rn 49). Daher tut die Praxis gut daran, bei der Festsetzung der Quoten nicht eine Genauigkeit vorzutäuschen, die es nicht geben kann. Folglich sollten nur runde %-Sätze (10, 20% usw) oder Brüche mit kleinem Nenner ($^1/_2$, $^1/_3$, $^1/_4$, $^1/_5$) angegeben werden. Zu den im Verkehrsrecht angewendeten Quoten *Grüneberg* Haftungsquoten bei Verkehrsunfällen, 10. Aufl 07.

II. Alleinige Schadenstragung. Aus dem Gesagten folgt, dass kleine Mitwirkungsanteile des Geschädigten 37 (etwa unter 10%) unberücksichtigt bleiben sollen. Der Schädiger hat dann vollen Ersatz zu leisten. Gleiches gilt idR, wenn ihm ein den Schaden umfassender Vorsatz zur Last fällt, während der Geschädigte nur Fahrlässigkeit zu verantworten hat (BGH NJW 84, 921, 922 mN). Doch darf der Vorsatz des Schädigers „nicht schlechthin zum Freibrief für jeden Leichtsinn des Geschädigten werden" (BGH NJW 02, 1643, 1646 mN). Berücksichtigt werden kann insb, dass der Geschädigte (vorsätzlich) elementare Vorsichtsmaßnahmen unterlassen hat (BGH aaO). Für einen Schadensersatzanspruch aus § 826 soll Abweichendes gelten, idR auch für einen Anspruch aus unrichtiger Auskunft (BGH NJW 98, 302, 305). Der Vorsatz eines Gehilfen soll aber milder behandelt werden (BGH NJW 97, 2236, 2237 f).

Umgekehrt kann auch der Schadensbeitrag des Geschädigten so groß sein, dass er seinen Schaden allein tra- 38 gen muss (zB beim Aufspringen auf eine anfahrenden Eisenbahnzug, Stuttg VersR 86, 147, ebenso für das Abspringen Frankf VersR 87, 1118).

E. Handeln auf eigene Gefahr. Wer sich wissentlich und willentlich in eine erhöhte Gefahr begibt, erklärt so 39 sein Einverständnis mit einer daraus folgenden Verletzung und hat daher keinen Schadensersatzanspruch. Dieser Satz war seit RGZ 141, 262 bis zum Jahr 1961 weithin anerkannt. Doch hat BGHZ 34, 355 eine Wende eingeleitet: Das **Einverständnis** mit der Verletzung fehle idR, weil der Handelnde auf einen schadensfreien Verlauf hoffe (aaO 360 ff). Das gilt va für nicht besonders gefährliche Sportarten und die Teilnahme am Straßenverkehr. Eine Ausnahme ist nur für besonders gefährliche Sportarten erwogen worden (aaO 363).

Einen anderen Weg wählt die Rspr jedoch bei **Kampfsportarten**, insb bei Fußballspielen: Jeder Teilnehmer 40 wisse, dass es trotz Einhaltung der Regeln (oder auch bei leicht fahrlässigen Regelverstößen) zu Verletzungen kommen könne. Dabei sei jeder Spieler potenziell sowohl Täter wie auch Opfer. Er verstoße daher gegen das Verbot des Selbstwiderspruchs (§ 242 Rn 53 ff), wenn er aus einer so zustande gekommenen Verletzung Ansprüche herleiten (BGHZ 63, 140, 144 ff). In dieser Konstellation gelangt man also nicht mehr zu § 254.

F. Mehrheit von Schädigern. Bei einer Mehrheit von Schädigern hat der Geschädigte idR Ersatzansprüche 41 gegen jeden von ihnen. Der Umfang dieser Ansprüche wird zweifelhaft, wenn den Geschädigten eine zu verantwortende Mitwirkung trifft, deren Abwägung gegen die Mitwirkung der Schädiger zu verschiedenen Ergebnissen führt.

42 Sind die Schädiger Mittäter, Anstifter oder Gehilfen einer unerlaubten Handlung nach § 830 I 1, II, so ist jeder (unabhängig von seinem Mitwirkungsanteil) für den Schaden verantwortlich. Die Tatbeiträge sind also **zu kumulieren**; ihre Summe steht der Mitwirkung des Geschädigten ggü. Sofern diese nach o. Rn 37 f überhaupt Bedeutung erlangt, mindern sich die Ersatzansprüche also nur verhältnismäßig wenig (vgl BGHZ 30, 203, 206). Das ist die für den Geschädigten günstigste Lösung: Jeder Schädiger haftet gesamtschuldnerisch (§ 840) auch für die Schadensbeiträge der übrigen.

43 Sonst (also idR bei fahrlässigen Nebentätern) hatte BGHZ 12, 213, 220 eine **isolierte Einzelbetrachtung** der mehreren Ersatzansprüche angewendet: Jeder Schädiger hafte auf die Quote, die sich aus dem Vergleich der ihm zur Last fallenden Mitwirkung mit derjenigen des Geschädigten ergebe. Insgesamt erhielt der Geschädigte so Ersatz der für ihn günstigsten Einzelquote; die übrigen Schädiger hafteten mit ihren geringeren Quoten gesamtschuldnerisch daneben.

44 BGHZ 30, 204, 207 ff hat dies durch eine **Gesamtschau des Unfallgeschehens** ergänzt: Die Verantwortungsanteile aller Schädiger werden gegen den Anteil des Geschädigten abgewogen; die hieraus folgende Quote erhält der Geschädigte insgesamt, doch soll jeder einzelne Schädiger höchstens so viel leisten müssen, wie sich aus der Einzelbetrachtung nach o. Rn 43 ergibt (insoweit dann als Gesamtschuldner).

45 BGHZ 54, 283, 285 hat aber diese **Gesamtschau wieder eingeschränkt**: Dem Geschädigten solle die bloße Zahl der Schädiger keinen Nutzen bringen, wenn die Zahl zu keiner Erhöhung der Gefährlichkeit führe. So liege es, wenn die Ursachenbeiträge der Schädiger sich vereinigt hätten, ehe sie auf den Beitrag des Geschädigten träfen. Der Mitwirkungsanteil einer solchen **Haftungseinheit** sei dann dem Anteil des Geschädigten gegenüberzustellen. Die wichtigsten Haftungseinheiten sind Fahrer und Halter sowie Gehilfe (§ 278 oder § 831) und Geschäftsherr. Das ist aber str, vgl Staud/*Schiemann* Rz 145 ff mN.

46 G. Prozessuales. § 254 begründet keine Einrede, sondern eine vAw zu beachtende Einwendung. Das wird aus der Verwandtschaft der Vorschrift mit § 242 gefolgert (BGH NJW 00, 217, 219 mN).

47 Die **Beweislast** für die eine Anspruchsminderung begründenden Umstände trifft den Schädiger (BGHZ 91, 243, 260; BGH NJW 00, 664, 667). Doch soll der Geschädigte an der Beweisführung mitzuwirken haben, wenn es um Tatsachen aus seiner Sphäre geht (BGHZ 91, 243, 260). Für den Beweis selbst ist § 286 ZPO maßgeblich; dagegen richtet sich die Bewertung der erwiesenen Umstände nach § 287 ZPO (BGH NJW 68, 985).

48 Ein **Grundurteil** nach § 304 ZPO kann bereits die Haftungsquote feststellen. Doch darf diese Feststellung auch dem Betragsverfahren überlassen werden, wenn § 254 zweifellos nur zu einer Minderung und nicht zur Beseitigung einer Haftung führen kann (BGHZ 76, 397, 400).

49 Voll **revisibel** ist die Anwendung oder Nichtanwendung des § 254. Dagegen ist die Bewertung und damit die Feststellung der maßgeblichen Quote grds Sache des Tatrichters. Doch kann das Revisionsgericht prüfen, ob dieser „alle in Betracht kommenden Umstände vollständig und richtig berücksichtigt und der Abwägung rechtlich zulässige Erwägungen zugrunde gelegt hat" (BGH NJW 03, 1929, 1931).

§ 255 Abtretung der Ersatzansprüche.
Wer für den Verlust einer Sache oder eines Rechts Schadensersatz zu leisten hat, ist zum Ersatz nur gegen Abtretung der Ansprüche verpflichtet, die dem Ersatzberechtigten auf Grund des Eigentums an der Sache oder auf Grund des Rechts gegen Dritte zustehen.

1 **A. Funktion.** Die Vorschrift geht davon aus, dass Schadensersatz für den Verlust einer Sache oder eines Rechts auch verlangen kann, wer möglicherweise (BGHZ 6, 55, 61) auch Ansprüche aus dem Sacheigentum (insb aus § 985, der im Ergebnis eine Übertragung des Eigentums an den Schädiger bedeutet, s.u. Rn 5) oder aufgrund des Rechts gegen einen Dritten hat. Dabei soll § 255 einen Verstoß gegen das schadensrechtliche Bereicherungsverbot (vgl BGHZ 60, 353, 357) verhindern: Der Geschädigte soll nicht zugleich Schadensersatz erhalten und Ansprüche aus Sachen oder Recht behalten können. Vgl dazu Herb. *Roth* FS Medicus, 99, 495 ff.

2 **B. Anwendungsbereich. I. Konkurrenzen.** § 255 soll einen Regress des Schädigers (= Ersatzpflichtigen) gegen einen Dritten ermöglichen. Er steht daher neben den Regressvorschriften, die mit einer Legalzession arbeiten (zB §§ 86 VVG, 116 SGB X) und insb neben den Regressregeln, die einen doppelten Regress über § 426 vermitteln (vgl dort Rn 16 ff). Diese Regeln sollen dem § 255 vorgehen (BGHZ 52, 39, 43, 45, str). Dadurch wird der Anwendungsbereich von § 255 stark eingeengt. Das gilt umso mehr, je stärker der Anwendungsbereich der Gesamtschuldregeln auf verschiedenartige Leistungen (wie Schadensersatz und Erlösherausgabe nach § 816 I 1) ausgeweitet wird (vgl § 421 Rn 5). Die Tendenz zu einer Ausschaltung des § 255 bringt Vorteile, weil § 426 im Gegensatz zu § 255 keine eigene Abtretung verlangt und iVm § 254 (vgl dort Rn 3) elastische Lösungen ermöglicht.

3 **II. Voraussetzungen.** Abgesehen von der Konkurrenzfrage (o Rn 2) betrifft § 255 beim **Verlust einer Sache** va *den Herausgabeanspruch des Geschädigten* aus § 985 und ggf auch Ansprüche aus den §§ 987 ff, 823 I, soweit sie nach der Schadensersatzleistung an den Eigentümer fortbestehen. BGHZ 52, 39, 42 nennt weiter den Anspruch auf Erlösherausgabe aus § 816 I 1, räumt aber ein, dass dessen Abtretung an den Verkäufer sinnlos ist. Die weiteren nicht selten genannten Ansprüche aus den §§ 1007, 861 sind dagegen keine Ansprü-

che aus dem Eigentum. Dass der Dritte (als Regressschuldner) dem Schaden näher stehen müsse als der Ersatzschuldner, wie vielfach behauptet wird, ist nicht richtig: Der Schaden des Alteigentümers wird ja durch den Ersatzberechtigten voll ersetzt; der Regress gegen den Dritten betrifft nur Ansprüche, die nach dem Wegfall dieses Schadens noch übrig bleiben (das ist eben in ersten Linie § 985, wenn die Sache noch existiert). Der **Verlust eines Recht**s ist selten. Angewendet worden ist die Vorschrift auf den Verlust einer Wechselurkunde (RG JW 1906, 109) und analog auf die verspätete Vorlegung eines Schecks (BGHZ 6, 55). Weiter in Betracht kommen die Verjährung oder eine andere Entwertung des Rechts.

C. Rechtsfolgen. Der Ersatzschuldner braucht den Ersatz nur Zug um Zug (§§ 273, 274) gegen Abtretung der Ansprüche zu leisten. Ob diese wirklich durchsetzbar sind, spielt keine Rolle (BGHZ 6, 55, 61). Hat er den Ersatz ohne die Berufung auf § 255 geleistet, kann er über den Wortlaut der Vorschrift hinaus die Abtretung noch nachträglich fordern (RGZ 117, 335, 338; BGHZ 52, 39, 42); § 255 wird dann also zur Anspruchsgrundlage. Die Abtretung des § 985 meint die Übereignung der Sache nach §§ 929, 931 (§ 985 kann ja nicht vom Eigentum getrennt werden, vgl § 985 Rn 19).

§ 256 Verzinsung von Aufwendungen.
¹Wer zum Ersatz von Aufwendungen verpflichtet ist, hat den aufgewendeten Betrag oder, wenn andere Gegenstände als Geld aufgewendet worden sind, den als Ersatz ihres Wertes zu zahlenden Betrag von der Zeit der Aufwendung an zu verzinsen. ²Sind Aufwendungen auf einen Gegenstand gemacht worden, der dem Ersatzpflichtigen herauszugeben ist, so sind Zinsen für die Zeit, für welche dem Ersatzberechtigten die Nutzungen oder die Früchte des Gegenstands ohne Vergütung verbleiben, nicht zu entrichten.

A. Normzweck. § 256 begründet keinen Aufwendungsersatzanspruch, sondern ergänzt den aufgrund anderer Vorschriften gegebenen Ersatzanspruch um einen Anspruch auf Verzinsung (BGH NJW 89, 2818; Soergel/*Wolf* § 256 Rz 1; MüKo/*Krüger* § 256 Rz 1). § 256 ist damit Anspruchsgrundlage für den Anspruch auf Verzinsung, der einen Neben- und Ergänzungsanspruch zum eigentlichen Aufwendungsersatzanspruch darstellt (Soergel/*Wolf* § 256 Rz 1; AnwK/*Knöfler* § 256 Rz 1).

§ 256 bezweckt, dem zum Aufwendungsersatz Berechtigten einen **Ausgleich** dafür zu geben, dass er den aufgewendeten Geldbetrag oder den ihm zustehenden Wertersatz für aufgewendete Gegenstände nicht selbst zur Verfügung hat (Staud/*Bittner* § 256 Rz 1; Soergel/*Wolf* § 256 Rz 2). Der Anspruch nach § 256 ist dementspr von den **Voraussetzungen des Verzugs unabhängig** und entfällt nach 2, solange und soweit der Ersatzberechtigte die Nutzungen des Gegenstandes, auf den er die Aufwendungen gemacht hat, unentgeltlich behalten darf.

B. Begriff der Aufwendungen. Aufwendungen sind **freiwillig** erbrachte Aufopferungen von Vermögenswerten, die im Interesse eines anderen liegen (BGHZ 59, 329). Freiwillig bedeutet die willentliche Selbstauferlegung des Vermögensopfers. Nicht erforderlich ist, dass die Aufwendung „aus freien Stücken" vorgenommen wurde (MüKo/*Krüger* § 256 Rz 2, 3). Unter den Begriff der Aufwendungen fallen auch die so genannten **Verwendungen** (vgl §§ 459, 850, 994, 996, 1049). Darunter fallen Aufwendungen, die den Zweck haben, einer Sache zugute zu kommen, zB eine Sache zu erhalten, zu verbessern oder wiederherzustellen (AnwK/*Knöfler* § 256 Rz 2; BaRoth/*Unberath* § 256 Rz 5). Keine Aufwendungen sind Schäden, die der Betroffene ohne oder gegen seinen Willen erleidet (MüKo/*Krüger* § 256 Rz 2).

C. Anwendungsbereich. Die Verpflichtung zum Aufwendungsersatz kann aufgrund einer **vertraglichen Vereinbarung** (vgl § 652 II) oder einer **gesetzlichen Vorschrift** bestehen. Einen Aufwendungsersatzanspruch gewähren zB die §§ 284, 304, 347 II 2, 536a, 478 II, 637, 670, 683, 693, 970, einen Ersatzanspruch für „Verwendungen" erwähnen zB die §§ 459, 601, 850, 994, 995, 996, 999, 1049 I.

Aus dem Begriff der Aufwendungen folgt, dass der **familienrechtliche Ausgleichsanspruch** (s. § 1601 Rn 1 ff) ebenso wenig einen Aufwendungsersatzanspruch iSd § 256 darstellt (BGH NJW 89, 2816), wie der **prozessuale Kostenerstattungsanspruch** oder der Anspruch auf Ersatz von **Vorsorgekosten**, die mit Rücksicht auf mögliche Schädigungen Dritter aufgewendet wurden, zB Versicherungen (Soergel/*Wolf* § 256 Rz 5; MüKo/*Krüger* § 256 Rz 6). In all diesen Fällen fehlt es an dem für den Aufwendungsersatzanspruch charakteristischen Handeln im fremden Interesse.

D. Verzinsungspflicht. § 256 1 gewährt dem Ersatzberechtigten einen Anspruch auf Zinsen auf den Betrag der Ersatzforderung mit der Entstehung des Aufwendungsersatzanspruchs, also von der Zeit der Aufwendung an (BGH NJW 00, 3062). Die Höhe der Zinsen ergibt sich aus § 246 (4%) oder § 352 HGB (5%).

§ 256 2 statuiert eine Ausnahme von der Verzinsungspflicht für den Fall, dass dem Ersatzberechtigten die Nutzungen oder die Früchte des Gegenstandes, auf den die Aufwendungen gemacht worden sind, unentgeltlich verbleiben (Erman/*Ebert* § 256 Rz 7; AnwK/*Knöfler* § 256 Rz 5; BaRoth/*Unberath* § 256 Rz 9). Derjenige, der den Nutzen aus der Sache zieht, soll entspr dem Normzweck des § 256 (s. Rn 2) nicht auch noch Zinsen beanspruchen können.

8   **E. Verjährung, Zurückbehaltungsrecht.** Für den Anspruch auf Verzinsung ist die dreijährige Regelverjährung des § 195 anwendbar. Zu berücksichtigen ist allerdings, dass der Anspruch nach § 217 spätestens mit dem Aufwendungsersatzanspruch verjährt (Staud/*Bittner* § 256 Rz 14). Dem Ersatzberechtigten steht ein Zurückbehaltungsrecht zu (§ 273 II).

§ 257 Befreiungsanspruch. ¹Wer berechtigt ist, Ersatz für Aufwendungen zu verlangen, die er für einen bestimmten Zweck macht, kann, wenn er für diesen Zweck eine Verbindlichkeit eingeht, Befreiung von der Verbindlichkeit verlangen. ²Ist die Verbindlichkeit noch nicht fällig, so kann ihm der Ersatzpflichtige, statt ihn zu befreien, Sicherheit leisten.

1   **A. Normzweck.** § 257 1 konkretisiert den Inhalt eines Aufwendungsersatzanspruchs, wenn die Aufwendung in der Eingehung einer Verbindlichkeit besteht. Der Ersatzberechtigte kann iSe Naturalrestitution die Befreiung von der übernommenen, aber noch nicht erfüllten Pflicht verlangen. § 257 2 räumt dem Schuldner das Recht ein, vor Fälligkeit der Verbindlichkeit statt der uU noch gar nicht möglichen Befreiung Sicherheit zu leisten.

2   **B. Anwendungsbereich.** Wie § 256 setzt auch § 257 einen aufgrund eines Vertrags oder Gesetzes bestehenden fälligen Aufwendungsersatzanspruch voraus (BGH NZI 06, 582). § 257 konkretisiert nur den Inhalt des Aufwendungsersatzanspruchs, stellt für diesen aber keine eigene Anspruchsgrundlage dar. Soweit sich der Anspruch auf Befreiung der eingegangenen Verbindlichkeit oder der Anspruch auf Sicherheitsleistung bereits aus anderen Rechtsgrundlagen ergibt (zB §§ 415 III 1, 738 I 2, 775 I), kommt § 257 nicht zur Anwendung. Besteht ein vertraglich vereinbarter Befreiungsanspruch, ist § 257 2 für die Möglichkeit der Sicherheitsleistung analog anzuwenden (MüKo/*Krüger* § 257 Rz 2; Soergel/*Wolf* § 257 Rz 1; aA für vertragliche, noch nicht fällige Befreiungsansprüche BGHZ 91, 77 f). Die Aufwendung muss in der Eingehung einer Verbindlichkeit im Interesse des Ersatzverpflichteten bestehen (MüKo/*Krüger* § 257 Rz 3). Allerdings setzt ein Befreiungsanspruch nicht notwendigerweise einen begründeten Anspruch des Dritten voraus; die Pflicht zur Freistellung umfasst grds die Abwehr unbegründeter Forderungen (BGH NJW-RR 08, 258; *Muthorst* AcP 209, 223 f).

3   **C. Inhalt des Befreiungsanspruchs.** Der Berechtigte kann Befreiung der eingegangenen, aber noch nicht erfüllten Verbindlichkeit fordern, nicht aber den zur Tilgung der Verbindlichkeit notwendigen Geldbetrag (BaRoth/*Unberath* § 257 Rz 4). Anderes gilt nur, wenn die Inanspruchnahme durch den Dritten mit Sicherheit zu erwarten ist (RGZ 78, 34). Wie der Schuldner die Befreiung bewirkt, ist ihm überlassen (BGHZ 91, 77), zB durch Leistung als Dritter (§ 267), befreiende Übernahme der Verbindlichkeit (§§ 414, 415) oder durch Vereinbarung eines Erlassvertrags mit dem Gläubiger zugunsten des Schuldners (MüKo/*Krüger* § 257 Rz 4; Soergel/*Wolf* § 257 Rz 5; aA Staud/*Bittner* § 257 Rz 7). Um dem Schuldner sein diesbezügliches Wahlrecht zu erhalten, lautet der Klageantrag auf Verurteilung zur Befreiung von der Verbindlichkeit. Das Begehren ist im Wege einer Leistungsklage zu verfolgen (*Bischoff* ZZP 120, 240 f; aA für noch nicht fällige Verbindlichkeiten BGH NJW 01, 156). Durch die Verurteilung des Schuldners auf Freistellung hat der Gläubiger nicht das Recht, durch Ersatzvornahme Zahlung an sich selbst zu verlangen (Celle OLGR 98, 58). Die Zwangsvollstreckung erfolgt nach § 887 ZPO, setzt allerdings voraus, dass der Geldbetrag des auf Befreiung von einer Geldschuld gerichteten Anspruchs nach Grund und Höhe eindeutig bestimmt ist (Soergel/*Wolf* § 257 Rz 8).

4   Der Befreiungsanspruch ist grds nicht abtretbar, da er mit der Abtretung seinen Inhalt ändern würde, vgl § 399 Fall 1 (BGHZ 25, 7; PG/*Olzen*, ZPO, § 887 Rz 4). Eine Ausnahme ist nur dort zu machen, wo der Befreiungsanspruch gerade an den Gläubiger des Ersatzberechtigten abgetreten wird (BGHZ 71, 170). In diesem Fall verwandelt sich der Befreiungsanspruch in eine Forderung auf die geschuldete Leistung (MüKo/*Krüger* § 257 Rz 8). In der Insolvenz des Gläubigers fällt der Befreiungsanspruch in die Masse und verwandelt sich in einen Zahlungsanspruch (BGHZ 57, 78; NJW 94, 49), bei Insolvenz des Schuldners des Befreiungsanspruchs gilt § 45 1 InsO (BaRoth/*Unberath* § 257 Rz 16).

5   **D. Sicherheitsleistung.** Ist die Verbindlichkeit des Dritten ggü dem Gläubiger noch nicht fällig, dann eröffnet § 257 2 dem Schuldner die Wahlmöglichkeit, statt der Befreiung des Gläubigers diesem nur Sicherheit zu leisten. Diese facultas alternativa des Schuldners ist erforderlich, wenn der Dritte zu einer Schuldübernahme oder zu einem Erlass nicht bereit ist und der Schuldner mangels Fälligkeit nicht als Dritter leisten kann. Die Art der Sicherheit richtet sich nach den §§ 232 ff.

§ 258 Wegnahmerecht. ¹Wer berechtigt ist, von einer Sache, die er einem anderen herauszugeben hat, eine Einrichtung wegzunehmen, hat im Falle der Wegnahme die Sache auf seine Kosten in den vorigen Stand zu setzen. ²Erlangt der andere den Besitz der Sache, so ist er verpflichtet, die Wegnahme der Einrichtung zu gestatten; er kann die Gestattung verweigern, bis ihm für den mit der Wegnahme verbundenen Schaden Sicherheit geleistet wird.

A. Normzweck. Das BGB billigt demjenigen, der Verwendungen auf die herauszugebende Sache gemacht hat, neben oder anstatt des Aufwendungsersatzes in bestimmten Fällen ein Wegnahmerecht zu. Damit soll den Interessen des Herausgabepflichtigen Rechnung getragen werden, der mit der herauszugebenden Sache eine „Einrichtung" verbunden hat, die für ihn auch nach der Trennung einen eigenständigen Wert besitzt (MüKo/*Krüger* § 258 Rz 1). § 258 regelt nur den Inhalt des Wegnahmerechts; das Wegnahmerecht selbst ergibt sich aus anderen Rechtsgrundlagen, zB gesetzlich für den Mieter (§ 539 II; hierzu *Horst* MDR 09, 477), Pächter (§ 581 II), Entleiher (§ 601 II 2), unrechtmäßigen Besitzer (§ 997 I; hierzu Zweibr OLGR 06, 613) und Vorerben (§ 2125 II) oder aus Vertrag (BaRoth/*Unberath* § 258 Rz 2; AnwK/*Knöfler* § 258 Rz 2). 1

B. Einrichtung. Gegenstand des Wegnahmerechts ist eine Einrichtung. Darunter ist eine Sache zu verstehen, die mit einer anderen körperlich verbunden ist und deren wirtschaftlichen Zwecken dient (Palandt/*Grüneberg* § 258 Rz 1), unabhängig davon, ob sie wesentlicher Bestandteil der Hauptsache geworden ist oder ob die Verbindung nur einem vorübergehenden Zweck dient (Staud/*Bittner* § 258 Rz 3). Einrichtungen sind zB Anbauten (BGHZ 81, 146), Einbaumöbel (Ddorf MDR 72, 147), sonstiges Mobiliar (BGH NJW 91, 3031), Badewannen, Beleuchtungsanlagen, Heizungsinstallationen (RGZ 106, 52), sanitäre Anlagen (Frankf ZMR 86, 358), Teppichböden (KG ZMR 72, 80), Bahnanschlussgleise (BGH BB 66, 304) oder Pflanzen (Ddorf NJW-RR 99, 160). 2

C. Wegnahmerecht. Das Wegnahmerecht besteht unabhängig davon, ob der Berechtigte noch Eigentümer der Einrichtung ist. Ist der Berechtigte Eigentümer, bedeutet Wegnahme die Trennung der Einrichtung von der Hauptsache (Staud/*Bittner* § 258 Rz 1). Ist der Berechtigte nicht mehr Eigentümer (§§ 946, 93), steht dem Berechtigten neben dem Trennungsrecht auch ein dingliches Aneignungsrecht zu (BGHZ 81, 150; MüKo/*Krüger* § 258 Rz 6; AnwK/*Knöfler* § 258 Rz 4). 3

Hat der andere Besitz an der Sache, verwandelt sich das Trennungsrecht nach § 258 2 in einen Anspruch auf Gestattung der Wegnahme, der ebenfalls dinglich ist (BGHZ 101, 42; 81, 150). Den Besitzer trifft nach § 258 2 aber keine Herausgabepflicht hinsichtlich der Sache oder der Einrichtung, er hat bis zur Wegnahme ein Recht zum Besitz (§ 986), weshalb er auch nicht zur Herausgabe der Nutzungen verpflichtet ist (BGHZ 81, 151; Staud/*Bittner* § 258 Rz 7). 4

Wer das Wegnahmerecht ausübt, hat die Sache nach § 258 1 nach Wegnahme der Einrichtung auf seine Kosten in den vorigen Stand zu setzen, also in den Stand, in dem sich die Sache vor der Verbindung mit der Einrichtung befunden hat (Naturalherstellung). Mit dem Wegnahmerecht korrespondiert also eine Wegnahmepflicht (Staud/*Bittner* § 258 Rz 4). Wer Gleise wegnimmt, darf den Schotter nicht liegen lassen (BGH BB 66, 304), wer ein Gebäude abreißt, darf nicht nur die verwertbaren Bauteile wegnehmen und den Rest liegenlassen (BGH NJW 70, 755). Ist die Naturalherstellung nicht oder nur mit unverhältnismäßigen Aufwendungen möglich (vgl § 251), besteht zwar das Wegnahmerecht, doch hat der Berechtigte Schadensersatz für die Wertminderung der Hauptsache zu leisten (MüKo/*Krüger* § 258 Rz 8). 5

Hat der Berechtigte einen Anspruch auf Gestattung der Wegnahme, weil sich die Sache im Besitz des anderen befindet, kann dieser die Gestattung gem §§ 273 f verweigern, bis ihm für den mit der Wegnahme verbundenen Schaden Sicherheit geleistet wird (§ 258 2). Gleiches gilt für den Duldungsanspruch gem 2 (Bamberg NJW-RR 04, 227). Die Sicherheitsleistung kann nur vor Ausübung des Wegnahmerechts einredeweise verlangt werden, die Art der Sicherheitsleistung richtet sich nach den §§ 232 ff (Soergel/*Wolf* § 258 Rz 18; AnwK/*Knöfler* § 258 Rz 6). 6

Die Verjährung der sich aus § 258 ergebenden Ansprüche richtet sich nach allg Regeln; das Wegnahmerecht des Mieters oder Pächters verjährt allerdings innerhalb von 6 Monaten (§§ 548 II, 581 II, 591b I). 7

§ 259 Umfang der Rechenschaftspflicht.

(1) Wer verpflichtet ist, über eine mit Einnahmen oder Ausgaben verbundene Verwaltung Rechenschaft abzulegen, hat dem Berechtigten eine die geordnete Zusammenstellung der Einnahmen oder der Ausgaben enthaltende Rechnung mitzuteilen und, soweit Belege erteilt zu werden pflegen, Belege vorzulegen.
(2) Besteht Grund zu der Annahme, dass die in der Rechnung enthaltenen Angaben über die Einnahmen nicht mit der erforderlichen Sorgfalt gemacht worden sind, so hat der Verpflichtete auf Verlangen zu Protokoll an Eides statt zu versichern, dass er nach bestem Wissen die Einnahmen so vollständig angegeben habe, als er dazu imstande sei.
(3) In Angelegenheiten von geringer Bedeutung besteht eine Verpflichtung zur Abgabe der eidesstattlichen Versicherung nicht.

A. Normzweck. Um dem Gläubiger die Durchsetzung von Ansprüchen zu erleichtern, gewährt ihm das Gesetz in verschiedenen Fällen einen Anspruch auf Rechenschaftslegung. § 259 bestimmt, wie die Rechenschaftspflicht zu erfüllen ist, begründet den Anspruch aber nicht (AnwK/*Knöfler* § 259 Rz 1). Durch die in § 259 normierte Verpflichtung, eine geordnete Zusammenstellung der Einnahmen und Ausgaben der Verwaltung mitzuteilen und ggf Belege vorzulegen, wird der Gläubiger in die Lage versetzt, die Ordnungsmäßigkeit der Verwaltung zu überprüfen, um bei allfälligen Pflichtverletzungen Ansprüche geltend zu machen (MüKo/ 1

§ 259

Krüger § 259 Rz 1). Bei Zweifeln an der Sorgfalt der Rechenschaftslegung gewährt § 259 II dem Gläubiger das Recht, eine eidesstattliche Versicherung zu verlangen, sofern es sich nicht nur um Angelegenheiten von geringer Bedeutung handelt (§ 259 III).

2 **B. Anwendungsbereich.** § 259 findet unabhängig davon Anwendung, ob der Anspruch auf Rechenschaftslegung auf **Vertrag**, **Gesetz** oder allg Rechtsgrundsätzen (§ 242) beruht. Eine gesetzliche Rechenschaftspflicht sehen zB die §§ 27 III, 86 1, 556 III, 666, 675 I, 681 2, 687 II 1, 713, 740 II, 1214 I, 1698 II, 1890, 2130 II, 2218 vor. Auch für die Pflicht zur Rechenschaftslegung ggü dem Vormundschafts- oder Familiengericht (§§ 1840, 1841, 1667, 1908i) gilt § 259 (Soergel/*Wolf* § 259 Rz 4; aA MüKo/*Krüger* § 259 Rz 4) mit den dort geregelten Besonderheiten. Diesen gesetzlichen Regeln ist der **allg Rechtsgrundsatz** zu entnehmen, dass jedermann zur Rechnungslegung verpflichtet ist, der fremde oder zumindest auch fremde Angelegenheiten besorgt (MüKo/*Krüger* § 259 Rz 6; Staud/*Bittner* § 259 Rz 9). Da es aber keinen allg Anspruch auf Rechnungslegung über Umstände gibt, die der eine kennt und die für den anderen bedeutsam sind, erfordert die Verpflichtung zur Rechnungslegung stets eine bestehende Sonderrechtsverbindung, die auch über den Inhalt und den Umfang der Rechenschaftspflicht entscheidet (BGH MDR 03, 1430; MüKo/*Krüger* § 259 Rz 6). Eine solche, auf allgemeinen Grundsätzen beruhende Rechenschaftspflicht ist bei Gewinnbeteiligungen (BGH NJW 57, 1026), Umsatzbeteiligungen eines Arbeitnehmers (BAG AP KSchG § 3 Nr 18), bei Berechnung der Arbeitnehmererfindervergütung (BGH NJW 98, 1305) oder bei Treuhändern (BGH BB 76, 1193) zu bejahen. Auch rechtswidriges Verhalten kann eine Rechenschaftspflicht begründen, zB bei Vereitelung eines Vertrags, der zu einer Rechenschaftspflicht geführt hätte (BGH MDR 63, 300), bei Verletzung von Urheberrechten (§ 97 I UrhG) oder gewerblichen Schutzrechten (BGHZ 92, 64). **Keine** Rechenschaftspflicht besteht bei der Pflicht zur Herausgabe von Nutzungen (BGHZ 19, 68) oder hinsichtlich tatsächlich entstandener Kosten, wenn sie keinen Einfluss auf die Höhe des Entgelts haben (BGH NJW 79, 1304).

3 **C. Inhalt der Rechenschaftspflicht.** Erforderlich ist eine übersichtliche Zusammenstellung der Einnahmen und Ausgaben (BGH NJW 06, 1419; MüKo/*Krüger* § 259 Rz 21; AnwK/*Knöfler* § 259 Rz 8). Dabei ist für die Transparenz des Zahlenwerkes nicht nur der derzeitige Zustand zu berücksichtigen, sondern die gesamte Entwicklung. Eine formell ordnungsgemäße Abrechnung muss detailliert und aus sich heraus verständlich sein, so dass der Berechtigte ohne fremde Hilfe die Möglichkeit hat, seine Ansprüche ggü dem Verpflichteten zu überprüfen. Abzustellen ist auf das Verständnis eines durchschnittlich gebildeten, juristisch und betriebswirtschaftlich nicht geschulten Adressaten. ZB muss die Betriebskostenabrechnung bei Gebäuden mit mehreren Wohneinheiten in Ermangelung einer besonderen Abrede mindestens eine Zusammenfassung der Gesamtkosten, die Angabe und Erläuterung der zu Grunde gelegten Verteilerschlüssel, die Berechnung des Anteils des Mieters sowie den Abzug seiner Vorauszahlungen enthalten (BGH NJW 08, 2258). Einer selbstständigen Erläuterung bedarf es unter dem Gesichtspunkt der formellen Richtigkeit nicht (BGH NJW 08, 2260; aA Ddorf NJOZ 01, 295). Darüber hinaus besteht weder ein Anspruch auf Herausgabe von Originalunterlagen noch auf die Anfertigung von Kopien (München MDR 07, 770). Eine bloße Vorlage von Belegen, auch unter Zusage einer mündlichen Erläuterung, reicht zur Erfüllung der Pflicht nicht aus (BGHZ 39, 95).

4 **D. Verhältnis zum Hauptanspruch.** Der Anspruch auf Rechnungslegung steht, wenn auch nur als Hilfsanspruch, selbstständig neben dem Hauptanspruch (Staud/*Bittner* § 259 Rz 17; MüKo/*Krüger* § 259 Rz 16). Wenn der Hauptantrag ausscheidet, so besteht auch kein Anspruch auf Rechnungslegung. Beide Ansprüche verjähren jedoch grds unabhängig voneinander (Soergel/*Wolf* § 259 Rz 20). Eine Abtretung des Anspruchs auf Rechenschaftslegung ist grds nur zusammen mit dem Hauptanspruch möglich (BGHZ 107, 110; MüKo/*Krüger* § 259 Rz 17; BaRoth/*Unberath* § 259 Rz 14). Ebenso wenig ist der Anspruch nach §§ 851 I ZPO, 1274 II selbstständig pfändbar.

5 **E. Eidesstattliche Versicherung.** Voraussetzung für einen Anspruch auf eidesstattliche Versicherung ist stets, dass eine in formaler Hinsicht vollständige Auskunft erteilt wurde. Wenn Grund zur Annahme besteht, die Rechnungslegung sei nicht mit der erforderlichen Sorgfalt erstellt worden, so ist es Sinn und Zweck der eidesstattlichen Erklärung, diese zu berichtigen oder zu vervollständigen (BGH NJW-RR 05, 221; Soergel/*Wolf* § 259 Rz 41; MüKo/*Krüger* § 259 Rz 38). Den Grund zur Annahme der Unrichtigkeit der Rechnungslegung hat der Verlangende der eidesstattlichen Versicherung zu beweisen (Staud/*Bittner* § 259 Rz 36). Besteht ein Anspruch auf eine eidesstattliche Versicherung, so hat der Verpflichtete zu versichern, dass die Angaben nach bestem Wissen gemacht worden sind. Obwohl die Verpflichtung höchstpersönlicher Natur ist und daher nur vom Verpflichteten und nicht von Hilfspersonen oä erfüllt werden kann (KG NJW 72, 2093), geht sie bei Tod des Verpflichteten auf dessen Erben über (BGHZ 104, 371). Der Erbe kann die Richtigkeit und Vollständigkeit aber nur auf der Grundlage seines Wissensstandes versichern (BGHZ 104, 373; MüKo/*Krüger* § 259 Rz 41).

6 Der Anspruch auf eidesstattliche Versicherung ist nach § 253 III ausgeschlossen, wenn die Angelegenheit von geringer Bedeutung ist (Soergel/*Wolf* § 259 Rz 47; BaRoth/*Grüneberg* § 259 Rz 28). Von geringer Bedeutung ist die Angelegenheit bei geringfügigen Werten oder bei unbedeutenden Mängeln (Soergel/*Wolf* § 259 Rz 48; AnwK/*Knöfler* § 259 Rz 20).

F. Verfahren. In der Regel ist der Anspruch auf Rechnungslegung oder eidesstattliche Versicherung im zivilprozessualen Erkenntnisverfahren geltend zu machen (Staud/*Bittner* § 259 Rz 44). Dies ist im Wege der Stufenklage nach § 254 ZPO möglich (MüKo/*Krüger* § 259 Rz 45). Da die Rechnungslegung eine unvertretbare Handlung darstellt (BGH NJW-RR 06, 1088 f), erfolgt eine Vollstreckung nach § 888 ZPO (BGH NJW 06, 1419). 7

§ 260 Pflichten bei Herausgabe oder Auskunft über den Inbegriff von Gegenständen.

(1) Wer verpflichtet ist, einen Inbegriff von Gegenständen herauszugeben oder über den Bestand eines solchen Inbegriffs Auskunft zu erteilen, hat dem Berechtigten ein Verzeichnis des Bestands vorzulegen.
(2) Besteht Grund zu der Annahme, dass das Verzeichnis nicht mit der erforderlichen Sorgfalt aufgestellt worden ist, so hat der Verpflichtete auf Verlangen zu Protokoll an Eides statt zu versichern, dass er nach bestem Wissen den Bestand so vollständig angegeben habe, als er dazu imstande sei.
(3) Die Vorschrift des § 259 Abs. 3 findet Anwendung.

A. Normzweck. Besteht ein Herausgabeanspruch, der eine Mehrheit von Gegenständen umfasst, soll der Anspruchsberechtigte überprüfen können, auf welche Gegenstände sich sein Anspruch bezieht. Regelmäßig hat der Verpflichtete besseren Zugang zu den Informationen, die den Anspruchsinhalt konkretisieren. Neben dem spezielleren Anspruch auf Rechnungslegung (§ 259) regelt § 260 die Pflichten bei Herausgabe oder Auskunft über Tatsachen, die dem Hauptanspruch dienlich sind (Soergel/*Wolf* § 260 Rz 1; Staud/*Bittner* § 260 Rz 1; AnwK/*Knöfler* § 260 Rz 2). Die Vorschrift hat also eine dienende Funktion (MüKo/*Krüger* § 260 Rz 3) und soll die Geltendmachung des Hauptanspruchs erleichtern (Erman/*Ebert* § 260 Rz 1). 1

B. Herausgabe oder Auskunft über den Inbegriff von Gegenständen. Unter den **Inbegriff von Gegenständen** fallen solche, die durch ein einheitliches Rechtsverhältnis und nicht durch bloße Willkür zusammengefasst werden (Staud/*Bittner* § 260 Rz 4). Der Begriff der Gegenstände ist im weitesten Sinne zu verstehen und beschränkt sich nicht auf körperliche, sondern bezieht auch Forderungen und Rechte ein (BGHZ 49, 11; RGZ 90, 139). 2

§ 260 regelt die Pflichten des Schuldners, begründet den Anspruch auf Herausgabe oder Auskunft aber nicht (Staud/*Bittner* § 260 Rz 2; Soergel/*Wolf* § 260 Rz 14; AnwK/*Knöfler* § 260 Rz 5). **Herausgabe** ist in einem umfassenden Sinn zu verstehen. Der Anspruch muss gerade ggü dem Gläubiger bestehen und kann gesetzlich (zB §§ 285 I, 985 ff, 812 ff) oder vertraglich begründet sein. Ein Anspruch auf **Auskunft** besteht aufgrund des Gesetzes (zB §§ 1435 2, 2027 f; 2314), ist in gesetzlich vorgesehenen Rechenschaftspflichten enthalten (zB §§ 666, 681 2, 1698) oder beruht auf Vertrag. Nach der Rspr besteht ein Auskunftsanspruch nach dem Grundsatz von Treu und Glauben (§ 242), wenn zwischen den Parteien eine Sonderverbindung besteht, der Auskunftsberechtigte sich nicht in zumutbarer Weise selbst informieren kann, seine Unkenntnis entschuldbar ist und der Auskunftsverpflichtete die Auskunft unschwer erteilen kann (*Lorenz* JuS 95, 572; Bsp BGHZ 95, 279; 81, 24; 55, 203; 10, 385; BGH LM § 242 Nr 5, Nr 23). 3

C. Art und Weise der Auskunftserteilung. Der Verpflichtete kommt seiner Verbindlichkeit durch Vorlage eines Bestandsverzeichnisses (Inventar) nach, dessen Inhalt und Umfang durch den Zweck der Auskunft konkretisiert wird. Hierbei können Schweigepflichten und Geheimhaltungsinteressen den Umfang der Auskunft beschränken (BGH NJW 89, 1602; Soergel/*Wolf* § 260 Rz 52). Als Wissenserklärung ist die Auskunftserteilung höchstpersönlicher Natur (BGH FamRZ 86, 254). Sie ist schriftlich zu fixieren (München FamRZ 95, 737), erfordert weder Schriftform iSv § 126 noch eine eigenhändige Unterschrift des Auskunftspflichtigen (BGH NJW 08, 917 f; Nürnbg NJW-RR 05, 809; aA Köln FamRZ 03, 235; Hamm FamRZ 01, 763). 4

D. Eidesstattliche Versicherung. Hat der Anspruchsschuldner eine Auskunft abgegeben und zieht der Berechtigte deren Wahrheitsgehalt oder Vollständigkeit in Zweifel, hat er das Recht, die Richtigkeit der Auskunft eidesstattlich versichern zu lassen. Dies soll der Verwendung einer den Parteiinteressen angemessenen Sorgfalt Vorschub leisten (MüKo/*Krüger* § 260 Rz 45). Materielle Unrichtigkeit der Auskunft, die insb auf Unvollständigkeit beruhen kann, führt jedoch nicht zu einem Anspruch auf Ergänzung (BGH MDR 61, 571; aA Hambg NJW-RR 02, 1292). Der Anspruch auf eidesstattliche Versicherung ist nach § 253 III ausgeschlossen, wenn die Angelegenheit von geringer Bedeutung ist (§ 259 Rn 6). 5

§ 261 Änderung der eidesstattlichen Versicherung; Kosten.
(1) Das Gericht kann eine den Umständen entsprechende Änderung der eidesstattlichen Versicherung beschließen.
(2) Die Kosten der Abnahme der eidesstattlichen Versicherung hat derjenige zu tragen, welcher die Abgabe der Versicherung verlangt.

A. Normzweck. Die Vorschrift regelt verfahrensrechtliche Fragen für eine freiwillig abzugebende eidesstattliche Versicherung. Anzuwenden ist die Norm auf die in §§ 259 II, 260 II geregelten eidesstattlichen Versicherungen (Palandt/*Heinrichs* § 261 Rz 2; Bamberger/Roth/*Unberath* § 261 Rz 1). Sie wurde durch FGG-Reform- 1

§ 262

gesetz vom 17.12.08 (BGBl I 2586) mWv. 1.9.09 neu gefasst, vgl Art 50 Nr 1 a) FGG-ReformG. Der ehemalige § 261 I BGB aF, der die örtliche Zuständigkeit für eine nicht vor dem Vollstreckungsgericht zu erklärende eidesstattliche Versicherung regelte, ist nun in § 411 I iVm § 410 Nr 1 FamFG aufgegangen (vgl Schulte-Bunert/Weinreich/*Tschichoflos*, FamFG § 411 Rz 3).

2 **B. Zuständigkeit.** Bei der Abnahme der nach den §§ 259 II, 260 II geschuldeten Auskunft handelt es sich um einen Akt der freiwilligen Gerichtsbarkeit, auf den die §§ 410 Nr 1, 361 FamFG (früher §§ 163, 79 FGG) Anwendung finden. Im Anwendungsbereich des § 261 I ist das AG des Leistungsorts örtlich und sachlich zuständig, § 23 II Nr 5 GVG. IRd freiwilligen Gerichtsbarkeit ist der Rechtspfleger nach § 3 Nr 1b RPflG für die Abnahme der Versicherung zuständig. Nach § 411 I 2 FamFG wird daneben auch eine Zuständigkeit des Gerichts begründet, an dem der Verpflichtete seinen Wohnsitz hat. Muss die Verurteilung zur Abgabe der Erklärung zwangsweise durchgesetzt werden, ist das Vollstreckungsgericht am Wohnsitz des Schuldners nach Maßgabe des § 889 ZPO zuständig.

3 **C. Änderung der Versicherung durch das Gericht (Abs 1).** Der Wortlaut der vom Schuldner abzugebenden Erklärung ergibt sich aus §§ 259 II, 260 II. Das Gericht kann nach § 261 I Änderungen der Versicherungsformel vorsehen, wenn dies Besonderheiten des Einzelfalles erfordern (BGH MDR 04, 1444). Durch einen Beschl des zuständigen Gerichts wird der Inhalt der gesetzlich vorgesehenen Formulierung konkretisiert und für den Schuldner verbindlich (BGH NJW-RR 05, 222). In welchem Umfang auch das Vollstreckungsgericht zu Änderungen der Formel befugt ist, ist str (vgl Bambg NJW 69, 1305; MüKo/*Krüger* § 261 Rz 5; Staud/*Bittner* § 261 Rz 5; Zöller/*Stöber* § 889 ZPO Rz 3). Jedenfalls darf der Streitgegenstand nicht geändert oder erweitert werden (AnwK/*Arnold* § 261 Rz 3).

4 **D. Kosten (Abs 2).** Die Kostenregelung erstreckt sich ausschließlich auf die Kosten der eidesstattlichen Versicherung. Nicht von Belang ist, ob die Erklärung vor einem Vollstreckungsgericht oder einem Gericht der freiwilligen Gerichtsbarkeit abgegeben wurde (BGH NJW-RR 00, 2014). Da die Vorschrift demjenigen die Kostentragung auferlegt, der die Abgabe der Erklärung fordert, statuiert sie eine Ausnahme zum Grundsatz, dass die Kosten einer gerichtlich durchzusetzenden Handlung vom Pflichtigen zu tragen sind (AnwK/*Arnold* § 261 Rz 4). Die Kostenpflicht für ein der Abgabe der Erklärung vorausgehendes gerichtliches Verfahren wird nach §§ 91 ff ZPO bestimmt und fällt nicht unter § 261 II (Erman/*Ebert* § 261 Rz 3; MüKo/*Krüger* § 261 Rz 7).

§ 262 Wahlschuld; Wahlrecht.
Werden mehrere Leistungen in der Weise geschuldet, dass nur die eine oder die andere zu bewirken ist, so steht das Wahlrecht im Zweifel dem Schuldner zu.

1 **A. Normzweck.** Die §§ 262–265 enthalten Regeln für gesetzlich oder rechtsgeschäftlich begründete Wahlschulden. § 262 definiert die Wahlschuld (Rn 2) und bestimmt, dass das Wahlrecht im Zweifel dem Schuldner zusteht. Die §§ 262 ff werden allg als praxisferne (MüKo/*Krüger* § 262 Rz 1), wenig überzeugende Regeln (Palandt/*Grüneberg* § 262 Rz 4) angesehen, mitunter auch als „in Gesetzesform gegossene schlechte Begriffsjurisprudenz" bezeichnet (*Ziegler* AcP 171, 207). Kritisiert wird zum einen, dass die hier geregelten Wahlschulden keine praktische Bedeutung haben, bedeutsame verwandte Rechtsfiguren (Ersetzungsbefugnis, elektive Konkurrenz, s. Rn 7, 8) hingegen keine Regelung erfahren haben, was mit Abgrenzungsschwierigkeiten verbunden ist, zum anderen, dass die § 262 ff inhaltlich den Interessen der Beteiligten regelmäßig nicht entspr. Da die §§ 262 ff dispositiv sind (AnwK/*Arnold* § 262 Rz 1), ergibt die (ergänzende) Vertragsauslegung häufig das Gegenteil der gesetzlichen Anordnung.

2 **B. Wahlschuld.** Eine Wahlschuld liegt vor, wenn mehrere verschiedene Einzelleistungen in der Weise geschuldet werden, dass nach der Wahl nur eine von ihnen zu erbringen ist (Palandt/*Grüneberg* § 262 Rz 1). Die Wahlschuld kann also auf die eine oder andere Art erfüllt werden (Alternativobligation), die Verbindlichkeit ist auf die eine oder andere Leistung gerichtet, von denen aber nur eine zu bewirken ist: „duae (res) sunt in obligatione, sed una est in solutione". Das Wahlschuldverhältnis ist ein einheitliches Schuldverhältnis, es besteht nur ein **einheitlicher Anspruch**, der bis zur Wahl relativ unbestimmt, aber bestimmbar ist (MüKo/*Krüger* § 262 Rz 2; BaRoth/*Unberath* § 262 Rz 2). Durch die Wahl konkretisiert sich das Schuldverhältnis rückwirkend (§ 263 II) auf den gewählten Leistungsgegenstand, weshalb sie als **Gestaltungsrecht** zu begreifen ist. Das Wahlrecht kann sich auf verschiedene Leistungsgegenstände (es wird wahlweise ein Schimmel oder ein Rappen gekauft) oder verschiedene Leistungsmodalitäten (Lieferzeitpunkt, Transportart) beziehen. Keine Wahlschuld liegt vor, wenn es um die Wahl verschiedener Berechnungsmethoden einer Leistung geht (BGH NJW 96, 826). Dies gilt auch für die Abrechnung eines Rechtsanwaltes nach Maßgabe des § 1835 III (Hamm FamRZ 07, 1187).

3 Eine Wahlschuld entsteht durch **Vertrag**, zB Wahlrecht zwischen verschiedenen Währungen (RGZ 168, 247), Wahlrecht zwischen Geld- und Naturalpacht (BGHZ 81, 137), Wahlrecht des Sicherungsnehmers, welche von verschiedenen Sicherheiten er bei Übersicherung freigeben will (BGH NJW-RR 03, 45; WM 02, 1643; Palandt/*Grüneberg* § 262 Rz 3; MüKo/*Krüger* § 262 Rz 13), **gesetzlicher Anordnung** oder einer **Verfügung von Todes wegen** („Wahlvermächtnis" § 2154).

C. Wahlrecht. Das **Wahlrecht** steht im Zweifel dem Schuldner zu. Die Zweifelsregel greift ein, wenn sich weder aus der (ausdrücklichen oder konkludenten) Parteienvereinbarung noch aus dem Zweck der Regelung das Wahlrecht des Gläubigers ableiten lässt. Dass entgegen der Zweifelsregel das Wahlrecht dem Gläubiger zusteht, hat dieser zu beweisen (MüKo/*Krüger* § 262 Rz 15; Staud/*Bittner* § 262 Rz 20). Die Parteien können das Wahlrecht auch einem Dritten überlassen, es gelten die §§ 317–319 entspr (Staud/*Bittner* § 262 Rz 21; MüKo/*Krüger* § 262 Rz 4; aA *Gernhuber* § 11 2 c). 4

D. Abgrenzung zu verwandten Rechtsfiguren. Wie bei der Wahlschuld ist auch bei der **Gattungsschuld** der Leistungsgegenstand zunächst relativ unbestimmt, doch wählt der Schuldner bei der Gattungsschuld aus einer Menge gleichartiger Gegenstände, bei der Wahlschuld hingegen aus einer Menge verschiedener, individuell bestimmter Gegenstände aus (Palandt/*Grüneberg* § 262 Rz 5; Staud/*Bittner* § 262 Rz 4). Entscheidend für die Abgrenzung ist der Parteiwille. Hat zumindest eine der Parteien an der endgültigen Entscheidung über den konkreten Leistungsgegenstand noch ein besonderes Interesse, ist also der Bestimmungsakt für eine der Parteien bedeutsam, liegt Wahlschuld vor. Kommt es den Parteien hingegen nicht auf die Auswahl und damit auch nicht auf die individuelle Beschaffenheit der Stücke, sondern nur auf die Gattungseigenschaft an, liegt Gattungsschuld vor (*Rabl*, Gefahrtragung 345 f). Indizien für das Vorliegen einer Wahlschuld sind daher kleine Mengen, individuell bezeichnete Gegenstände und unvertretbare (§ 91) Sachen (MüKo/*Krüger* § 262 Rz 5; AnwK/*Arnold* § 262 Rz 5). Die Abgrenzung der Wahlschuld von der Gattungsschuld ist notwendig, weil der Schuldner bei der Gattungsschuld Sachen mittlerer Art und Güte auszuwählen hat (§ 243 I), bei der Wahlschuld aber in den Grenzen des § 242 frei ist (§ 263 Rn 3) und die Ausübung des Wahlrechts zur rückwirkenden Konkretisierung führt (§ 263 II), bei der Gattungsschuld nur zu einer Wirkung ex nunc (vgl § 243 II, Staud/*Bittner* § 262 Rz 4). 5

Beim **Spezifikationskauf** kann der Gläubiger die nähere Bestimmung über Form, Maß oder ähnl Verhältnisse der Kaufsache treffen (§ 375 HGB). Es handelt sich dabei um eine Schuld mit Bestimmungsvorbehalt (§ 315), die regelmäßig Gattungsschuld ist (*Rieble/Gutfried* JZ 08, 595; Soergel/*Wolf* § 262 Rz 13; Palandt/*Grüneberg* § 262 Rz 5). 6

Bei der **Ersetzungsbefugnis** (**facultas alternativa**) schuldet der Schuldner nur eine Leistung, nur sie kann der Gläubiger fordern. Das Schuldverhältnis ist damit anders als bei der Wahlschuld von Anfang an bestimmt (Staud/*Huber* Eckpfeiler 145). Der Schuldner hat aber das Recht, sich durch eine andere als die an sich geschuldete Leistung von seiner Verbindlichkeit zu befreien. Die Ersetzungsbefugnis des Schuldners beruht auf dem Gesetz (zB §§ 244 I, 251 II, 528 I 2, 775 II, 2170 II 2) oder der vertraglichen Vereinbarung, zB wenn der Schuldner statt Barzahlung Wertpapiere leisten darf (RGZ 132, 14) oder wenn dem Käufer eines Kfz gestattet wird, statt des Kaufpreises seinen Gebrauchtwagen als Leistung an Erfüllungsstatt in Zahlung zu geben (BGHZ 46, 340, 89, 128; Soergel/*Wolf* § 262 Rz 19). Bei der Ersetzungsbefugnis des Gläubigers hat der Gläubiger das Recht, statt der geschuldeten Leistung eine andere zu fordern. Sie beruht ebenfalls auf dem Gesetz, zB § 249 II (Soergel/*Wolf* § 262 Rz 21; Palandt/*Grüneberg* § 262 Rz 9; MüKo/*Krüger* § 262 Rz 10), oder einer vertraglichen Vereinbarung, die va bei langfristigen Verträgen getroffen wird, um dem Gläubiger die Anpassung an veränderte Interessen zu ermöglichen, zB Wertsicherungsklauseln, die dem Gläubiger das Recht einräumen, bei Geldentwertung statt der Zahlung eine Sachleistung zu verlangen (BGHZ 81, 137; BGH NJW 62, 1568; Soergel/*Wolf* § 262 Rz 10). Auf die Ersetzungsbefugnis sind die §§ 262–265 weder direkt noch analog anwendbar (Palandt/*Grüneberg* § 262 Rz 7). 7

Elektive Konkurrenz liegt vor, wenn dem Gläubiger mehrere, inhaltlich verschiedene Rechte (Forderungen, Gestaltungsrechte) wahlweise zustehen, die einander aber wechselseitig ausschließen (Staud/*Huber* Eckpfeiler 145). Bsp: Wahlrecht des Gläubigers zwischen Rücktritt und Minderung nach §§ 437 Nr 2, 634 Nr 3, zwischen Nachbesserung und Ersatzlieferung nach § 439 (*Spickhoff* BB 03, 589; *Schröter* NJW 06, 1761), zwischen Erfüllung und Schadensersatz nach § 179 I, zwischen Erfüllung und Rücktritt nach § 323 (BGH NJW 06, 1198; *Althammer* NJW 06, 1179 mwN), zwischen Schadensersatz und Aufwendungsersatz nach § 284 oder zwischen vereinbarter und ortsüblicher Miete nach § 546 a I (Palandt/*Grüneberg* § 262 Rz 6; MüKo/*Krüger* § 262 Rz 12). Gerade die dem Gläubiger zustehenden Wahlrechte nach § 179 I, 439 und § 564 a I werden zT aber auch als Beispiele einer gesetzlich angeordneten Wahlschuld mit Wahlrecht des Gläubigers genannt (Staud/*Bittner* § 262 Rz 18 für § 541 a I; Soergel/*Wolf* § 262 Rz 24 für § 179 I). Richtig erscheint, diese Fälle grds zur elektiven Konkurrenz zu zählen, weil die jeweiligen Gläubigerrechte, auch wenn sie einem Schuldverhältnis entspringen und nicht gleichzeitig geltend gemacht werden können, mehrere Forderungs- oder Gestaltungsrechte sind, bei der Wahlschuld hingegen ein einheitlicher Anspruch (Rn 2) vorliegt (BGH NJW 06, 1198). Dies schließt aber die analoge Anwendung der §§ 262–265 nicht von vornherein aus (aA offenbar Soergel/*Wolf* § 262 Rz 9). Ob der Gläubiger zB an den gewählten Anspruch oder das ausgeübte Gestaltungsrecht wie bei der Wahlschuld gebunden ist (§ 263) oder ob er ein ius variandi hat, ist dem Inhalt und Zweck der Norm zu entnehmen, die die konkurrierenden Gläubigerrechte begründet (Palandt/*Grüneberg* § 262 Rz 6). Wegen des Entfalls des Erfordernisses der Ablehnungsandrohung geht daher ein einmal begründetes Rücktrittsrecht nach § 323 I nicht dadurch unter, dass der Gläubiger zunächst weiterhin Erfüllung verlangt (BGH NJW 06, 1198). Ist der Gläubiger mit der Wahl des konkurrierenden Rechts im Verzug, kann mangels einschlägiger Sonderregelung § 264 II entspr angewendet werden (*Heinrichs* FS Derleder 107; *Schwab* JR 03, 135; Palandt/*Grüneberg* § 262 Rz 6). 8

§ 263 Ausübung des Wahlrechts; Wirkung.

(1) Die Wahl erfolgt durch Erklärung gegenüber dem anderen Teile.
(2) Die gewählte Leistung gilt als die von Anfang an allein geschuldete.

1 **A. Ausübung des Wahlrechts.** Das Wahlrecht wird durch einseitige, empfangsbedürftige Willenserklärung ausgeübt, für deren Wirksamwerden die §§ 130 ff gelten. Die Erklärung ist als einseitige rechtsgestaltende Willenserklärung bedingungs- und befristungsfeindlich (BGHZ 97, 267; Staud/*Bittner* § 263 Rz 6; AnwK/*Arnold* § 264 Rz 2). Sie kann ausdrücklich oder konkludent erfolgen, zB wenn der wahlberechtigte Schuldner eine Leistung anbietet, übergibt, versendet oder wenn der wahlberechtigte Gläubiger eine angebotene Leistung vorbehaltslos annimmt oder auf eine bestimmte Leistung klagt (RGZ 154, 62). Steht das Wahlrecht mehreren Personen gemeinsam zu, muss es von allen oder gegen alle ausgeübt werden (BGHZ 59, 190 f; Soergel/*Wolf* § 263 Rz 6).

2 Der Wahlberechtigte ist nach Wirksamwerden der Willenserklärung (§ 130 I) an die Wahl gebunden. Die Wahl kann nicht widerrufen oder geändert werden (RGZ 154, 63), wohl aber nach Maßgabe der §§ 119 ff angefochten werden (BaRoth/*Unberath* § 263 Rz 3). Leistet der wahlberechtigte Schuldner in Unkenntnis seines Wahlrechts und darf der Gläubiger dies als konkludente Ausübung des Wahlrechts verstehen (s. Rn 1), kommt eine Anfechtung nach § 119 I in Betracht. Erkennt aber der Gläubiger den Irrtum, liegt keine konkludente Wahlerklärung und damit keine Erfüllung des Wahlschuldverhältnisses vor (AnwK/*Arnold* § 262 Rz 2). Der Schuldner kann die erbrachte Leistung kondizieren, §§ 812 ff (MüKo/*Krüger* § 263 Rz 4; Erman/*Ebert* § 263 Rz 2). § 263 ist dispositiv, die Parteien können daher auch ein ius variandi vereinbaren (RGZ 136, 130; Staud/*Bittner* § 263 Rz 2).

3 Der Wahlberechtigte ist bei Ausübung der Wahl frei. Insb findet § 243 I keine Anwendung. Er kann auch den Zeitpunkt der Wahl grds frei bestimmen, die Wahl also auch vor dem Zeitpunkt der Fälligkeit treffen (*Jud*, Schadenersatz 168). Auch hier ist der Berechtigte an die Wahl gebunden (Palandt/*Grüneberg* § 263 Rz 1). Eine allg Grenze bei der Ausübung des Wahlrechts ergibt sich aus Treu und Glauben. So darf die Wahl zB nicht zur Unzeit ausgeübt werden (BGH LM § 263 BGB Nr 1).

4 **B. Rechtsfolgen.** Durch die Wahl konkretisiert sich das Schuldverhältnis auf die gewählte Leistung. Die Konzentration wirkt nach II zurück, es wird fingiert, dass die gewählte Leistung die von Anfang an (allein) geschuldete war. Die Wahl der einen Leistung bedeutet gleichzeitig auch die „Abwahl" der anderen Leistung, die dann nie geschuldet war. Man kann daher die Ausübung des Wahlrechts auch negativ als Ausschluss der Leistungspflicht für das nicht gewählte Stück sehen (*Jud*, Schadenersatz 169). Daraus folgt, dass auf das „abgewählte" Stück auch bei Unmöglichkeit der Leistung des gewählten Stücks oder iRd Ersatzlieferung (§ 439) nicht zurückgegriffen werden kann. Dies gilt auch dann, wenn man den Ersatzlieferungsanspruch beim Stückkauf (s. § 439 Rn 27) bejaht (*Jud*, Schadenersatz 166 ff).

§ 264 Verzug des Wahlberechtigten.

(1) Nimmt der wahlberechtigte Schuldner die Wahl nicht vor dem Beginn der Zwangsvollstreckung vor, so kann der Gläubiger die Zwangsvollstreckung nach seiner Wahl auf die eine oder auf die andere Leistung richten; der Schuldner kann sich jedoch, solange nicht der Gläubiger die gewählte Leistung ganz oder zum Teil empfangen hat, durch eine der übrigen Leistungen von seiner Verbindlichkeit befreien.
(2) ¹Ist der wahlberechtigte Gläubiger im Verzug, so kann der Schuldner ihn unter Bestimmung einer angemessenen Frist zur Vornahme der Wahl auffordern. ²Mit dem Ablauf der Frist geht das Wahlrecht auf den Schuldner über, wenn nicht der Gläubiger rechtzeitig die Wahl vornimmt.

1 **A. Normzweck.** § 264 regelt den Fall, dass der Schuldner (§ 264 I) oder der Gläubiger (§ 264 II) das ihm zustehende Wahlrecht nicht ausübt. Da mangels spezieller Vereinbarung (Soergel/*Wolf* § 264 Rz 1) keine Pflicht zur Wahl besteht, kann auf die Ausübung des Wahlrechts nicht geklagt werden. Der Verzug des Wahlberechtigten wird unterschiedlich geregelt, je nach dem, ob das Wahlrecht dem Schuldner oder dem Gläubiger zusteht.

2 **B. Wahlrecht des Schuldners.** Der Verzug des Schuldners mit der Ausübung des Wahlrechts ist vom Leistungsverzug zu trennen. Es bleibt bis zur Erfüllung beim Schuldner, auch dann, wenn der Gläubiger ihn ergebnislos zur Wahl auffordert oder in Leistungsverzug setzt, und geht anders als nach § 264 II nicht auf den Gläubiger über (MüKo/*Krüger* § 264 Rz 2). Der Gläubiger kann den Schuldner nur alternativ auf Bewirkung der einen oder anderen Leistung klagen und nach Erlass eines entspr Urteils die Zwangsvollstreckung auf eine bestimmte Leistung bewirken (Staud/*Bittner* § 264 Rz 6). Bis zu diesem Zeitpunkt besteht das Wahlrecht des Schuldners unverändert fort, kann also durch Erklärung ausgeübt werden (§ 263). Trotz Beginns der auf eine bestimmte Leistung bezogenen Zwangsvollstreckung bleibt das Wahlrecht beim Schuldner, doch kann es nun *nicht mehr durch Erklärung, sondern nur mehr durch Vornahme der Leistung* ausgeübt werden (RGZ 53, 82; Staud/*Bittner* § 264 Rz 7). Das Wahlrecht des Schuldners endet, wenn der Gläubiger die Leistung ganz oder teilw empfängt. Dem steht der Empfang der Leistung durch den Gerichtsvollzieher gleich (BGH NJW 95, 3190; Soergel/*Wolf* § 264 Rz 6).

C. Wahlrecht des Gläubigers. Voraussetzung für den Verzug des Gläubigers mit der Ausübung des Wahlrechts ist mangels anderer Vereinbarung, dass ihn der Schuldner nach den §§ 293 ff in Annahmeverzug gesetzt hat (MüKo/*Krüger* § 264 Rz 10), also die zur Wahl stehenden Leistungen wörtlich (§ 295) anbietet. Nimmt der Gläubiger die Wahl nicht vor, kann ihm der Schuldner eine angemessene Frist zur Vornahme der Wahl setzen, die auch mit dem wörtlichen Angebot der Leistungen verbunden werden kann. Es gelten die zu § 326 aF entwickelten Grundsätze (MüKo/*Krüger* § 264 Rz 11), dh, das Setzen einer zu kurzen Frist setzt eine angemessene Frist in Gang (Soergel/*Wolf* § 264 Rz 9; MüKo/*Krüger* § 264 Rz 11) und die Fristsetzung ist bei endgültiger und ernsthafter Verweigerung der Wahl oder Leistung entbehrlich (RGZ 129, 145; Palandt/*Grüneberg* § 264 Rz 3). Mit Ablauf der Frist geht das Wahlrecht auf den Schuldner über. Nimmt nun der Schuldner die Wahl nicht vor, gilt § 264 I.

§ 264 II 1 ist als ein allg Grundsatz (Palandt/*Grüneberg* § 262 Rz 6) analogiefähig (MüKo/*Krüger* § 264 Rz 13; zur Anwendbarkeit im Werkvertragsrecht BGH NJW 03, 1526 f), zB auf die Fälle der elektiven Konkurrenz (Palandt/*Grüneberg* § 264 Rz 3; vgl auch BAG DB 91, 709 für ein arbeitsrechtliches Wettbewerbsverbot). Übt allerdings der Käufer das ihm nach § 439 I zustehende Wahlrecht zwischen Ersatzlieferung und Nachbesserung nicht aus, wird die Anwendung des § 264 II wegen des Gebots der richtlinienkonformen Interpretation bezweifelt (so *Schröter* NJW 06, 1763 f; für eine Anwendung hingegen *Heinrichs* FS Derleder, 108; *Büdenbender* AcP 205, 417). Richtig erscheint, in der Nichtausübung einen (konkludenten) Verzicht des Käufers auf das Wahlrecht zu sehen (*Jud*, Schadenersatz 185).

§ 265 Unmöglichkeit bei Wahlschuld.

¹Ist eine der Leistungen von Anfang an unmöglich oder wird sie später unmöglich, so beschränkt sich das Schuldverhältnis auf die übrigen Leistungen. ²Die Beschränkung tritt nicht ein, wenn die Leistung infolge eines Umstands unmöglich wird, den der nicht wahlberechtigte Teil zu vertreten hat.

A. Normzweck. § 265 regelt den Fall, dass eine der geschuldeten Leistungen aus der Wahlschuld unmöglich ist. Umfasst werden die anfängliche und die nachträgliche Unmöglichkeit, die zufällige und die zu vertretende Unmöglichkeit. Der Grundgedanke ist, dem Gläubiger bei Unmöglichkeit einer Leistung die noch mögliche Leistung zu sichern (Soergel/*Wolf* § 265 Rz 1). Die Unmöglichkeit der einen Leistung bewirkt also abw von § 263 II die Konzentration auf die noch mögliche Leistung (AnwK/*Schwab* § 265 Rz 2). Gerade dies entspricht aber häufig nicht den Interessen der Parteien (*Ziegler* AcP 171, 211). Die Wahlschuld wird ja gerade deshalb vereinbart, weil zumindest eine der Parteien ein besonderes Interesse an der späteren Bestimmung des Leistungsgegenstandes hat (§ 262 Rn 5). Die Beschränkung des Schuldverhältnisses auf die noch mögliche Leistung trägt diesem Interesse nicht Rechnung, wenn der Wahlberechtigte die unmögliche Leistung gewählt hätte (Bsp bei Staud/*Bittner* § 265 Rz 4). Daher bestimmt zB § 907 öABGB, dass der Wahlberechtigte bei (zufälliger) Unmöglichkeit einer Leistung an den Vertrag nicht gebunden ist. § 265 ist dispositiv; eine stillschweigende Abbedingung ist anzunehmen, wenn § 265 den Interessen der Parteien widerstreitet (RGZ 90, 395; Palandt/*Grüneberg* § 265 Rz 1).

B. Anwendungsbereich. § 265 setzt voraus, dass eine der geschuldeten Leistungen vor Ausübung des Wahlrechts unmöglich wird. Er findet daher keine Anwendung, wenn alle Leistungen unmöglich sind oder wenn das Wahlrecht bereits ausgeübt wurde. Wird in diesem Fall die gewählte Leistung unmöglich, gelten nach § 263 II (Rückwirkung der Konzentration) die allg Regeln (§§ 275, 283 iVm 280 III, 326); wird das nicht gewählte Stück unmöglich, hat dies auf das Schuldverhältnis keinen Einfluss (Palandt/*Grüneberg* § 265 Rz 4). § 265 findet entspr Anwendung, wenn eine der Leistungen gegen ein gesetzliches Verbot verstößt, sittenwidrig ist oder an einem Formmangel leidet, sofern dasselbe nicht auch für die andere Leistung gilt oder die verbleibende Leistung nicht auch ohne die unmögliche vereinbart worden wäre (Köln VersR 93, 323; RG JW 1904, 405; Palandt/*Grüneberg* § 265 Rz 1; MüKo/*Krüger* § 265 Rz 14). § 265 findet ferner entspr Anwendung, wenn die Leistung nicht unmöglich, sondern unzumutbar iSd § 275 II, III ist (BaRoth/*Unberath* § 265 Rz 2; AnwK/*Schwab* § 265 Rz 2; aA Staud/*Bittner* § 265 Rz 15, 16). § 265 findet auf die Ersetzungsbefugnis keine Anwendung (MüKo/*Krüger* § 265 Rz 15).

C. Inhalt der Norm. Nach § 265 1 bewirkt die Unmöglichkeit der einen Leistung die Konzentration des Schuldverhältnisses auf die andere Leistung. Fraglich ist, ob die Konzentration auf die noch mögliche Leistung nach 1 auch dann eintritt, wenn an die Stelle der unmöglichen Leistung ein Anspruch auf das stellvertretende Commodum (§ 285) oder ein Schadensersatzanspruch tritt. Dies ist wegen des ohnehin fragwürdigen Regelungsinhalts zu verneinen (so im Ergebnis auch MüKo/*Krüger* § 265 Rz 2; Staud/*Bittner* § 265 Rz 7, 8; aA AnwK/*Schwab* § 265 Rz 2 für den Schadensersatzanspruch). Tritt ein Sekundäranspruch an die Stelle der unmöglichen Leistung, kann der Wahlberechtigte zwischen diesem und der noch möglichen Leistung wählen.

Nach 2 tritt die Konzentration nicht ein, wenn der nicht wahlberechtigte Teil die Unmöglichkeit zu vertreten hat. Hat der wahlberechtigte Teil die Unmöglichkeit zu vertreten, bleibt es bei der Rechtsfolge des 1. Dass die Konzentration nach 2 nicht eintritt, wenn der nicht wahlberechtigte Teil die Unmöglichkeit zu vertreten hat, bedeutet, dass dem anderen Teil das Wahlrecht weiterhin zusteht. Steht dem Schuldner das Wahlrecht zu, kann er die noch mögliche Leistung wählen und zusätzlich für die Vereitelung der Wahl Schadensersatz nach § 280 I verlangen, sofern ihm ein Schaden entstanden ist (MüKo/*Krüger* § 265 Rz 10). Wählt er die unmöglich gewordene Leistung, wird er nach § 275 I frei und behält unter den Voraussetzungen des § 326 II 1 den Anspruch auf die Gegenleistung. Steht das Wahlrecht aber dem Gläubiger zu und hat der Schuldner die Unmöglichkeit der einen Leistung zu vertreten, kann der Gläubiger wie nach § 265 1 zwischen der noch möglichen Leistung und dem Sekundäranspruch (§§ 280 III, 281 oder § 285) wählen (MüKo/*Krüger* § 265 Rz 11).

§ 266 Teilleistungen. Der Schuldner ist zu Teilleistungen nicht berechtigt.

1 **A. Normzweck.** § 266 ordnet im Interesse des Gläubigers an, dass der Schuldner nicht zu Teilleistungen berechtigt ist und korrespondiert insofern mit § 294, nach welchem dem Gläubiger die Leistung so angeboten werden muss, „wie sie zu bewirken" ist. Dadurch soll der Gläubiger vor Belastungen geschützt werden, die eine unvollständige Leistung mit sich bringen (RGZ 79, 361; Palandt/*Grüneberg* § 266 Rz 1; Staud/*Bittner* § 266 Rz 1; Staud/*Huber* Eckpfeiler 146), wie zB, dass sich der Gläubiger mehrmals zur Entgegennahme der Leistung bereit halten muss, mehrfach den Waren- oder Zahlungseingang kontrollieren muss oder die Ware im Hinblick auf § 377 HGB mehrfach untersuchen muss (AnwK/*Schwab* § 266 Rz 1). Aus § 266 folgt, dass der Gläubiger die Teilleistung zurückweisen kann, ohne in Annahmeverzug zu geraten und den Schuldner die Rechtsfolgen der vollständigen Nichterfüllung treffen (s. Rn 7 f). Der Rechtsgedanke der Norm findet auch im öffentlichen Recht Anwendung (OVG Niedersachsen v 27.9.07 – 5 ME 224/07).

2 **B. Anwendungsbereich.** § 266 findet keine Anwendung, wenn die Parteienvereinbarung oder das Gesetz etwas anderes bestimmen. Eine abweichende **Parteienvereinbarung** stellt va der Sukzessivlieferungsvertrag dar (Staud/*Bittner* § 266 Rz 19). Bei Dauerschuldverhältnissen, wie zB einem Mietvertrag, ist die Leistung von vornherein periodisch zu erbringen, so dass § 266 insofern keine Anwendung findet (AnwK/*Schwab* § 266 Rz 3; aA offenbar Staud/*Bittner* § 266 Rz 19). Der (monatliche) Mietzins muss allerdings vollständig erbracht werden. Abweichende **gesetzliche Regeln** sind zB § 497 III 2 (Verbraucherdarlehensvertrag), § 1382 (Zugewinngemeinschaft), § 2331a (Pflichtteilsansprüche) oder Art 39 II WG (Inhaber eines Wechsels darf angebotene Teilzahlungen nicht zurückweisen). Eine an den Leistungsphasen des § 3 HOAI orientierte vertragliche Vereinbarung begründet im Regelfall, dass der Architekt die vereinbarten Arbeitsschritte als Teilerfolg des geschuldeten Gesamterfolges schuldet (BGHZ 159, 376; dazu *Ziegler* ZfBR 06, 424). Eine weitere Ausnahme ergibt sich aus den §§ 387 ff, insb § 389, die die Aufrechnung auch dann zulassen, wenn sich die Forderungen der Höhe nach nicht decken (Staud/*Huber* Eckpfeiler 146). Verwendet daher der Schuldner eine geringere Forderung zur Aufrechnung, so tilgt er die dem Gläubiger zustehende Forderung teilweise, was zu einer Ausnahme von § 266 führt (Staud/*Bittner* § 266 Rz 21).

3 § 266 wird durch den Grundsatz von **Treu und Glauben** (§ 242) eingeschränkt (BGHZ 61, 245; Staud/*Bittner* § 266 Rz 30 ff; Staud/*Huber* Eckpfeiler 146). Der Gläubiger ist trotz Unvollständigkeit der Leistung zur Entgegennahme verpflichtet, wenn zB nur ein geringfügiger Spitzenbetrag fehlt (Bremen NJW-RR 90, 7; weitere Bsp bei Palandt/*Grüneberg* § 266 Rz 8).

4 **C. Begriff der Teilleistung.** Eine Teilleistung liegt immer dann vor, wenn die angebotene Leistung hinter der geschuldeten Leistung zurückbleibt, also objektiv unvollständig ist (MüKo/*Krüger* § 266 Rz 3). Unerheblich ist, ob der Schuldner die objektiv unvollständige Leistung subjektiv für vollständig hält (Palandt/*Grüneberg* § 266 Rz 2) oder ob ein Teil der Hauptleistung oder die Nebenleistung nicht erbracht wird. Der Begriff der teilbaren Leistung (s. § 420 Rn 2) stimmt daher nicht mit dem Begriff der Teilleistung überein, ist also für die Auslegung des § 266 unergiebig (Palandt/*Grüneberg* § 266 Rz 3).

5 Eine Teilleistung liegt va dann vor, wenn die angebotene Leistung **quantitativ unvollständig** ist, die vollständige Leistung aber noch erbracht werden kann (**Teilverzug**). Kann die Leistung nur mehr teilweise erbracht werden (**Teilunmöglichkeit**), wird der Schuldner teilweise nach § 275 I von der Leistungspflicht befreit (arg „soweit"). Daraus zieht die hM den Schluss, dass § 266 keine Anwendung finde (*Lorenz* NJW 03, 3097; MüKo/*Krüger* § 266 Rz 2; Palandt/*Grüneberg* § 266 Rz 7), der angebotene Teil wegen des Ausschlusses der Leistungspflicht hinsichtlich des unmöglichen Teils insofern Vollleistung ist (AnwK/*Schwab* § 266 Rz 7). Diese Auffassung darf allerdings nicht zu dem Fehlschluss verleiten, der Gläubiger müsse den möglichen Leistungsteil annehmen (so auch hM, vgl nur Palandt/*Grüneberg* § 266 Rz 7). Im Hinblick auf das dem Gläubiger zustehende Rücktrittsrecht (§§ 326 V, 323) darf der Gläubiger die angebotene Leistung zurückweisen, weil er sie auch bei Geltendmachung des Rücktritts zurückzugewähren hätte (*Jud* JuS 04, 843; zum Ausschluss des Rücktrittsrechts s. Rn 8).

6 Wird die Leistung in **qualitativer Hinsicht** unvollständig erbracht (**Sachmangel**) (zur Abgrenzung bei nur *teilweiser Räumung* einer Wohnung Berlin, Grundeigentum 06, 53), muss die im neuen Schuldrecht vorgenommene Verknüpfung des Gewährleistungsrechts mit dem Nichterfüllungsrecht beachtet werden. Die Pflicht zur Verschaffung einer mangelfreien Sache und die gesetzliche Verankerung des Nacherfüllungsanspruchs des Käufers zwingen dazu, die Gewährleistung als Fall der Nichterfüllung zu begreifen. Die weitge-

hende Harmonisierung der Rechtsfolgen der Nicht- und Schlechterfüllung legen es nahe, behebbare Mängel als Fall des Teilverzugs und unbehebbare Mängel als Fall der Teilunmöglichkeit zu begreifen (*Lorenz* JZ 01, 743). Insofern kommt § 266 auch für die Schlechterfüllung Bedeutung zu, was sich insb im Zurückweisungsrecht des Käufers einer mangelhaften Sache zeigt (*Jud* JuS 04, 842 ff; unten Rn 8).

D. Rechtsfolgen. Der Gläubiger ist nicht verpflichtet, den angebotenen Leistungsteil anzunehmen; ihm steht also ein **Zurückweisungsrecht** zu (hM Palandt/*Grüneberg* § 266 Rz 10; Staud/*Bittner* § 266 Rz 2; MüKo/*Krüger* § 266 Rz 18; AnwK/*Schwab* § 266 Rz 12; AnwK/*Schmidt-Kessel* § 296 Rz 10 ff). Macht der Gläubiger von seinem Zurückweisungsrecht Gebrauch, treten für den Schuldner die Nichterfüllungsfolgen in vollem Umfang ein. Der Gläubiger kann hinsichtlich der gesamten Leistung nach fruchtlosem Ablauf der Nachfrist vom Vertrag zurücktreten (§ 323) oder Schadensersatz statt der Leistung verlangen (§§ 280, 281, 286). Der Gläubiger gerät wegen des Zurückweisungsrechts auch hinsichtlich des angebotenen Leistungsteils nicht in Annahmeverzug. Anderes gilt nur, wenn der Schuldner ausnahmsweise zur Teilleistung berechtigt ist (Rn 2, 3). 7

Das dem Gläubiger zustehende Recht, eine in quantitativer oder qualitativer Hinsicht unvollständige Leistung zurückzuweisen, ist jedoch gewissen **Einschränkungen** zu unterwerfen. Diese resultieren aus der Notwendigkeit, nach der Reform des Schuldrechts das Zurückweisungsrecht des Gläubigers vor Gefahrenübergang mit dem System der Rechtsbehelfe nach Gefahrenübergang zu harmonisieren (*Jud* JuS 04, 842; AnwK/*Schmidt-Kessel* § 296 Rz 11). Für die Teilunmöglichkeit entspricht dies auch der hM zum alten Schuldrecht (*Ernst* NJW 97, 897). In welchen Fällen das Zurückweisungsrecht des Gläubigers im neuen Recht einzuschränken ist, ist im Detail str. Dies gilt insb für die mangelhaft angebotene Leistung (dazu *Jansen* ZIP 02, 877; *Lamprecht* ZIP 02, 1790; AnwK/*Schwab* § 266 Rz 6; ausf AnwK/*Schmidt-Kessel* § 296 Rz 10 ff). ME ist der Gläubiger immer dann zur Zurückweisung berechtigt, wenn ihm wegen der Pflichtverletzung des Schuldners ein sofortiges Rücktrittsrecht oder Schadensersatz statt der Leistung zusteht, weil er bei Geltendmachung des Rücktritts oder des Schadensersatzes die Sache zurückzugewähren hätte. Dasselbe gilt, wenn die vollständige oder mangelfreie Leistung noch erbracht werden kann, sei es durch Nachlieferung, Ersatzlieferung oder Nachbesserung (§ 439 I). Ist vollständige (mangelfreie) Erfüllung möglich, ist der Gläubiger auch dann zur Zurückweisung berechtigt, wenn die Schwelle für den Rücktritt (§ 323 V) oder den Schadensersatz statt der ganzen Leistung (§ 281 I 2, 3) nicht erreicht ist, der Gläubiger also an der angebotenen Teilleistung ein Interesse hat oder die Pflichtverletzung unerheblich ist. Andernfalls würde dem Gläubiger nämlich die Möglichkeit genommen, auf den Schuldner Druck zur ordnungsgemäßen und vollständigen Erfüllung auszuüben. Der Ausschluss des Rücktritts (§ 323 V) setzt bei behebbaren Pflichtverletzungen daher voraus, dass der Gläubiger die mangelhafte Sache oder die Teilleistung angenommen hat. Nur bei unbehebbaren Pflichtverletzungen (quantitative Teilunmöglichkeit, unbehebbare Mängel), die die Schwelle für den Rücktritt nicht erreichen, ist der Gläubiger zur Annahme der in quantitativer oder qualitativer Hinsicht unvollständigen Leistung verpflichtet, sein Zurückweisungsrecht also ausgeschlossen (ausf *Jud* JuS 04, 843 ff mwN). 8

E. Teilforderungen. Da für den Gläubiger eine dem § 266 entspr Regel fehlt, ist er berechtigt, Teilforderungen (auch gerichtlich) geltend zu machen (MüKo/*Krüger* § 266 Rz 21; Palandt/*Grüneberg* § 266 Rz 11). 9

§ 267 Leistung durch Dritte.

(1) ¹Hat der Schuldner nicht in Person zu leisten, so kann auch ein Dritter die Leistung bewirken. ²Die Einwilligung des Schuldners ist nicht erforderlich.
(2) Der Gläubiger kann die Leistung ablehnen, wenn der Schuldner widerspricht.

A. Allgemeines. § 267 privilegiert den Schuldner, indem er ihm das Recht zubilligt, die Erfüllung seiner Verbindlichkeit auch durch einen Dritten bewirken zu können (*Medicus* JuS 74, 620; BaRoth/*Unberath* § 267 Rz 1; Staud/*Huber* Eckpfeiler 147). Der Gläubiger kann die Leistung hingegen nur vom Verpflichteten einfordern, vgl § 241. § 267 ist auf alle Arten von Schuldverhältnissen anwendbar (MüKo/*Krüger* § 267 Rz 3; BaRoth/*Unberath* § 267 Rz 2). Die Bestimmung ist dispositiv (Staud/*Bittner* § 267 Rz 4; Soergel/*Wolf* § 267 Rz 14; Erman/*Ebert* § 267 Rz 2). 1

B. Keine höchstpersönliche Leistungspflicht. Regelmäßig hat der Gläubiger ein vorrangiges Interesse an der Leistung und nicht an der Person des Leistenden (Soergel/*Wolf* § 267 Rz 1; MüKo/*Krüger* § 267 Rz 1). Aus dem Inhalt des Schuldverhältnisses kann jedoch folgen, dass die Leistung **höchstpersönlich** zu erbringen ist. Wann dies der Fall ist, ergibt sich aus dem Gesetzeszweck (BGHZ 23, 224) oder dem positiv erklärten oder durch Auslegung ermittelten Parteiwillen. Die persönliche Leistungsverpflichtung kann sich aus besonderer Sachkunde, spezifischem Können oder individueller Geschicklichkeit ergeben. Für gewisse Bereiche bestehen Auslegungsregeln, die die Höchstpersönlichkeit der Schuld vermuten (zB Dienstvertrag § 613 1, Auftrag § 554 I, Verwahrung § 691 1, Pflichten geschäftsführender Gesellschafter § 713 und des Testamentsvollstreckers § 2218 I). Höchstpersönlich zu erbringende Leistungen sind auch nach § 888 ZPO unvertretbar (Soergel/*Wolf* § 267 Rz 3). Bei der Erfüllung höchstpersönlicher Leistungsverpflichtungen können gesetzliche oder rechtsgeschäftlich bestellte Vertreter jedenfalls dann hinzugezogen werden, wenn sich deren Tätigkeit auf die Unterstützung der Leistungshandlung beschränkt (MüKo/*Krüger* § 267 Rz 4; BaRoth/*Unberath* § 267 Rz 3; Soergel/*Wolf* § 267 Rz 3). 2

3 **C. Dritter.** Dritte sind ausschließlich solche Personen, die aus eigenem Willen an den Gläubiger leisten, um eine fremde Schuld zu erfüllen (MüKo/*Krüger* § 267 Rz 9; Palandt/*Grüneberg* § 267 Rz 2; BaRoth/*Unberath* § 267 Rz 5; AnwK/*Schwab* § 267 Rz 4). Bedient sich der Schuldner bei der Erfüllung seiner Pflichten Hilfspersonen gem § 278 I Fall 2, sind diese nicht Dritte (BGH VersR 07, 404; Staud/*Bittner* § 267 Rz 5; Soergel/*Wolf* § 267 Rz 3; zum Begriff des Erfüllungsgehilfen vgl § 278 Rn 12 ff). Leisten Dritte durch einen Schadensfall veranlasst Hilfe, kann der § 267 zugrunde liegende Gedanke herangezogen werden (*Büdenbender* JZ 95, 923).

4 Die Norm ist nicht auf Leistungen von Personen zugeschnitten, die **eigene Zwecke** verfolgen. Insb wenn der Dritte die Forderung erwerben will, liegt keine Drittleistung vor (Staud/*Bittner* § 267 Rz 6; Soergel/*Wolf* § 267 Rz 13; MüKo/*Krüger* § 267 Rz 13). Ein gesetzlicher Forderungsübergang auf den Dritten (zB nach §§ 774 I, 268 III, 1225) hindert die Freiwilligkeit jedoch nicht (BGH ZIP 98, 602).

5 Ob eine **fremde Schuld** getilgt werden soll, ist anhand der §§ 133, 157 aus dem objektiven Empfängerhorizont zu ermitteln (BGHZ 137, 95; NJW 95, 129; Kobl NJW-RR 05, 1491; Soergel/*Wolf* § 267 Rz 9; Palandt/*Grüneberg* § 267 Rz 3; aA MüKo/*Krüger* § 267 Rz 11). Dies gilt auch dann, wenn der Leistende sich selbst für den Schuldner hält, die Leistung sich aber aus Sicht des Gläubigers als solche des Schuldners darstellt (Staud/*Bittner* § 267 Rz 41 f). Bei einer Erfüllungsübernahme nach § 329 wird ebenfalls auf eine fremde Schuld geleistet, auch wenn der Übernehmende im Innenverhältnis zur Tilgung der Schuld verpflichtet ist (Staud/*Bittner* § 267 Rz 10; aA AnwK/*Schwab* § 267 Rz 9). Der Leistende kann die Zweckrichtung seiner Tilgungshandlung nicht nachträglich ändern (Staud/*Bittner* § 267 Rz 45; MüKo/*Krüger* § 267 Rz 12; *Medicus/Petersen* BürgR Rz 951; aA BGH NJW 86, 2700 f; *Flume* AcP 199, 26; Palandt/*Grüneberg* § 267 Rz 3; Soergel/*Wolf* § 267 Rz 9). Der Fremdtilgungswille ist jedoch unabhängig davon, ob er als Willenserklärung oder geschäftsähnliche Handlung (Soergel/*Wolf* § 267 Rz 9) zu verstehen ist, nach den §§ 119 ff (analog) anfechtbar.

6 **D. Widerspruch des Schuldners (Abs 2).** Einer Einwilligung der am Schuldverhältnis Beteiligten bedarf es für die Drittleistung nicht (Staud/*Bittner* § 267 Rz 2; Soergel/*Wolf* § 267 Rz 14). Da der Gläubiger über den ihm zustehenden Anspruch verfügen kann, ist nach § 267 I 2 auch eine Erfüllung gegen den Willen des Schuldners möglich. Es steht ihm jedoch gem § 267 II frei, die Leistung des Dritten abzulehnen, wenn der Schuldner widerspricht, ohne dadurch in Annahmeverzug zu geraten. Ob der Leistung jedoch Tilgungswirkung zukommt, wird vom Gläubiger bestimmt. Nimmt dieser die Leistung vorbehaltlos an, erzeugt der Widerspruch des Schuldners keine Wirkung (Staud/*Bittner* § 267 Rz 48; Soergel/*Wolf* § 267 Rz 19; MüKo/*Krüger* § 267 Rz 16). Praktische Relevanz besitzen diese als lebensfremd bezeichneten Regelungen (so Staud/*Bittner* § 267 Rz 3) nur durch die dinglichen Anwartschaften.

7 **E. Rechtsfolgen.** Grds erfordert § 267, dass die geschuldete Leistung an den Gläubiger bewirkt wird. Leistet der Dritte auf die Verbindlichkeit des Schuldners, so erlischt diese gem § 362 I (BGH NJW-RR 04, 983) ebenso wie für den Gläubiger bestellte Sicherheiten (BGH DB 75, 2432). Nicht nur Befriedigung des Gläubigers selbst, sondern auch Zahlung an Dritte rufen unter den Voraussetzungen des § 185 Erfüllungswirkung hervor.

8 Allgemein gilt, dass sich der Gläubiger Erfüllungssurrogate nicht von Dritten aufdrängen lassen muss (RGZ 119, 4). Hinterlegt der Dritte die Schuld oder rechnet mit einer anderen Forderung auf, erlischt die Schuld nur bei Zustimmung des Gläubigers (Staud/*Bittner* § 267 Rz 28). Eine Leistung an Erfüllungs statt ist ebenfalls nur in dieser Weise möglich (Staud/*Bittner* § 267 Rz 28; Soergel/*Wolf* § 267 Rz 15; MüKo/*Krüger* § 267 Rz 14; Erman/*Ebert* § 267 Rz 6; Palandt/*Grüneberg* § 267 Rz 4). Leistet der Dritte eine mangelhafte Sache, so erlischt die Leistungsverpflichtung nicht, sondern der Erfüllungsanspruch wandelt sich in einen Nacherfüllungsanspruch um. Wählt der Gläubiger Ersatzlieferung, haftet der Verkäufer, der Anspruch auf Mängelbeseitigung richtet sich gegen den Dritten (*Kreße* VersR 07, 454; zum Ganzen *Schlinker* AcP 207, 399 ff).

9 Durch die Leistung auf die fremde Schuld erwirbt der Dritte nach § 267 keine Rechte. Die Wirkungen auf das Innenverhältnis zwischen dem die Schuld tilgenden Dritten und dem Schuldner bestimmen sich nach dem Innenverhältnis (Staud/*Bittner* § 267 Rz 30 ff; Soergel/*Wolf* § 267 Rz 22; Erman/*Ebert* § 267 Rz 8).

10 Besteht zwischen dem Schuldner und dem Gläubiger keine Verbindlichkeit, müssen die Leistungen nach §§ 812 ff zurückgewährt werden. Leistet der Dritte nach § 267 auf eine fremde Schuld, ist trotz des bereicherungsrechtlichen Dreiecksverhältnisses von einer Leistung des Dritten auszugehen, so dass der Dritte auch direkt vom Gläubiger kondizieren kann (Staud/*Bittner* § 267 Rz 33 ff; Soergel/*Wolf* § 267 Rz 25; Erman/*Ebert* § 267 Rz 10 f; aA *Flume* AcP 199, 23 f). Nur eine Anweisung des Schuldners an den Dritten gibt Anlass, die Vornahme der Tilgungshandlung als Leistung des Schuldners zu bewerten.

§ 268 Ablösungsrecht des Dritten.

(1) ¹Betreibt der Gläubiger die Zwangsvollstreckung in einen dem Schuldner gehörenden Gegenstand, so ist jeder, der Gefahr läuft, durch die Zwangsvollstreckung ein Recht an dem Gegenstand zu verlieren, berechtigt, den Gläubiger zu befriedigen. ²Das gleiche *Recht steht dem Besitzer einer Sache zu, wenn er Gefahr läuft, durch die Zwangsvollstreckung den Besitz zu verlieren.*

(2) Die Befriedigung kann auch durch Hinterlegung oder durch Aufrechnung erfolgen.

(3) ¹Soweit der Dritte den Gläubiger befriedigt, geht die Forderung auf ihn über. ²Der Übergang kann nicht zum Nachteil des Gläubigers geltend gemacht werden.

A. Normzweck. § 268 gewährt einem Dritten, der ein besonderes Interesse an dem Gegenstand der Forderung hat, ein eigenes Recht auf Befriedigung des Gläubigers (BGH NJW-RR 07, 166; Erman/*Ebert* § 268 Rz 1; Staud/*Bittner* § 268 Rz 1). Durch das Ablösungsrecht soll der Dritte davor geschützt werden, ein Recht oder den Besitz an dem Gegenstand, in den die Zwangsvollstreckung betrieben wird, zu verlieren (MüKo/*Krüger* § 268 Rz 2; AnwK/*Schwab* § 268 Rz 1). Ein Widerspruch des Schuldners, der die Rechtsfolgen dieser Leistung durch den Dritten zu verhindern sucht, bleibt wirkungslos. Der Gläubiger muss die Leistung unter den Voraussetzungen des § 268 akzeptieren, um nicht nach §§ 293 ff in Annahmeverzug zu geraten. Insofern stellt § 268 eine besondere Ausgestaltung der in § 267 geregelten Befugnis dar, eine fremde Schuld zu erfüllen (Soergel/*Wolf* § 268 Rz 1; AnwK/*Schwab* § 267 Rz 29; Staud/*Bittner* § 267 Rz 6; MüKo/*Krüger* § 268 Rz 1; Erman/*Ebert* § 268 Rz 1). 1

Wenn eine Abtretung der Forderung nach §§ 399, 400, 412 ausgeschlossen ist, besteht grds kein Ablösungsrecht (MüKo/*Krüger* § 268 Rz 13; aA Staud/*Bittner* § 268 Rz 16). 2

B. Voraussetzungen. I. Betreibung der Zwangsvollstreckung wegen einer Geldforderung. Die Vorschrift greift nur ein, wenn die Zwangsvollstreckung wegen einer Geldforderung bereits begonnen hat. Wann die Zwangsvollstreckung beginnt, bestimmt sich nach der ZPO (§§ 808 ff, 828 ff, 866 ff) und dem ZVG (§§ 15 ff, 146 ff, 162 ff). Dass eine Zwangsvollstreckung droht oder unmittelbar bevorsteht, reicht nicht aus (MüKo/*Krüger* § 268 Rz 3; Soergel/*Wolf* § 268 Rz 5). Abw davon sehen die §§ 1142, 1143, 1150, 1223 II, 1224, 1249, 1273 II vor, dass ein Ablösungsrecht auch schon vor Beginn der Zwangsvollstreckung besteht. Die Zwangsvollstreckung endet idR mit Erteilung des Zuschlages (BaRoth/*Unberath* § 268 Rz 3; AnwK/*Schwab* § 268 Rz 3); ab diesem Zeitpunkt besteht kein Ablösungsrecht mehr (Rn 6). 3

II. Dem Schuldner gehörender Gegenstand. § 268 ist nur dann anzuwenden, wenn in Gegenstände vollstreckt wird, die dem Schuldner zuzuordnen sind (RGRK/*Alff* § 267 Rz 1; Staud/*Bittner* § 268 Rz 6). Dieser muss also Inhaber eines dinglichen Rechtes oder einer Anwartschaft sein (MüKo/*Krüger* § 268 Rz 5; Soergel/*Wolf* § 268 Rz 6). Wenn der Gläubiger die Zwangsvollstreckung nur in einen Teil des Gegenstandes betreibt, kann der Dritte auch ausschließlich für diesen Teil das Ablösungsrecht ausüben. Wird in schuldnerfremde Gegenstände vollstreckt, ist § 268 wegen der hinreichenden Schutzmechanismen von § 267 und § 771 ZPO nicht anzuwenden (Soergel/*Wolf* § 268 Rz 6; AnwK/*Schwab* § 268 Rz 5). 4

III. Rechts- oder Besitzverlust des Dritten. Das durch die Zwangsvollstreckung gefährdete Recht muss ggü jedem geschützt sein, also ein absolutes (dingliches) Recht darstellen (Soergel/*Wolf* § 268 Rz 4; MüKo/*Krüger* § 268 Rz 6; Staud/*Bittner* § 268 Rz 7). Neben allen dinglichen Rechten sind auch die Auflassungsvormerkung nach § 883 (BGH NJW 94, 1475; Soergel/*Wolf* § 268 Rz 4; Erman/*Ebert* § 268 Rz 2), Anwartschaftsrechte und die Zwangshypothek erfasst. § 268 I 2 gewährt bei drohendem Besitzverlust zusätzlich dem berechtigten Besitzer ein Ablösungsrecht (Palandt/*Grüneberg* § 268 Rz 4; MüKo/*Krüger* § 268 Rz 8; Soergel/*Wolf* § 268 Rz 4), unabhängig davon, ob es sich um mittelbaren oder unmittelbaren Besitz handelt. 5

IV. Beseitigung der aus der Zwangsvollstreckung drohenden Gefahren. Die Norm findet nur dann Anwendung, wenn die drohende Gefahr des Rechts- oder Besitzverlustes noch abgewendet werden kann. § 268 dient der Erhaltung des Haftungsgegenstandes (RGZ 123, 339 f; MüKo/*Krüger* § 268 Rz 9). Ist die Zwangsvollstreckung bereits beendet, kann dieser Zweck nicht mehr erreicht werden (Soergel/*Wolf* § 268 Rz 8), weshalb auch kein Ablösungsrecht (mehr) besteht. Aus demselben Grund besteht auch dann kein Ablösungsrecht, wenn „nur" die Zwangsverwaltung angeordnet wird (Erman/*Ebert* § 268 Rz 6). Nicht erforderlich ist, dass der Dritte den Willen gebildet hat, die Vollstreckung abzuwenden (AnwK/*Schwab* § 268 Rz 19; Staud/*Bittner* § 268 Rz 11; aA Soergel/*Wolf* § 268 Rz 7 f). 6

C. Ausübung des Ablösungsrechts (Abs 1). Der Dritte übt sein Ablösungsrecht aus, indem er den Gläubiger befriedigt. Abw von § 267 (Rn 8) kann der Schuldner die Befriedigung des Gläubigers auch durch Hinterlegung oder Aufrechnung bewirken, wenn deren spezielle Voraussetzungen gegeben sind. Die Zweckrichtung des § 268 macht lediglich die Gegenseitigkeit der Forderungen iRd Aufrechnung entbehrlich (MüKo/*Krüger* § 268 Rz 11; AnwK/*Schwab* § 268 Rz 11; Palandt/*Grüneberg* § 268 Rz 5). 7

D. Rechtsfolgen. Befriedigt der ablösungsberechtigte Dritte den Gläubiger, erlischt das Schuldverhältnis nicht, sondern die Forderung geht nach § 268 III 1 auf ihn über. Bei dieser cessio legis folgen dem Hauptanspruch dienende Nebenrechte nach §§ 401, 412 (BGHZ 46, 14; MüKo/*Krüger* § 268 Rz 12; AnwK/*Schwab* § 268 Rz 12 f). Bei Ausübung des Ablösungsrechts gehen auch öffentlich-rechtliche Forderungen über, die der Erwerber dann auf dem ordentlichen Rechtsweg geltend machen kann (BGHZ 75, 24 f; RGRK/*Alff* § 268 Rz 7). Strittig ist, ob ein gutgläubig einredefreier Erwerb der Forderung in Betracht kommt (dafür *Hager* ZIP 97, 137; *Canaris* NJW 86, 1488 f; *Medicus/Petersen* BürgR Rz 547; dagegen BGH NJW 86, 1488; 97, 190; Staud/*Bittner* § 268 Rz 15). 8

9 **E. Gläubigerschutz (Abs 3 S 2).** Wenn die Forderung auf den Dritten übergeht, darf der Gläubiger nach § 268 III 2 nicht schlechter gestellt werden, als er bei Tilgung durch den Schuldner stünde. Der gesetzliche Forderungsübergang darf also nicht zum Nachteil des Gläubigers geltend gemacht werden. Dieser Grundsatz hat insb für den Rang dinglicher Sicherungsrechte Bedeutung (BGH NJW 05, 2399; dazu *Kesseler* EWiR § 1150 BGB 1/05, 631; vgl auch Soergel/*Wolf* § 268 Rz 13). Grds tritt das übergegangene Forderungsrecht des Dritten mit den Rechten des Gläubigers in Konkurrenz (MüKo/*Krüger* § 268 Rz 15). Ein Vorrang der Gläubigerforderung besteht ausschließlich für die Sicherungs- und Nebenrechte nach §§ 401, 412 (*Gernhuber* Erfüllung § 21 II 6). Wird zB nur ein Teil einer Hypothek abgelöst, geht der dem Gläubiger verbleibende Teil dem Recht des Dritten im Rang vor (RGZ 131, 325). In der Insolvenz bestimmt sich die Reihenfolge der Befriedigung allein nach dem Vorgaben der InsO (MüKo/*Krüger* § 268 Rz 17). Auch bestehen gegen den Gläubiger keine Rechte wegen eines eventuellen Rechtmangels nach §§ 435, 437, da der Übergang des Rechts durch Legalzession erfolgt und kein Rechtskauf vorliegt.

§ 269 Leistungsort.
(1) Ist ein Ort für die Leistung weder bestimmt noch aus den Umständen, insbesondere aus der Natur des Schuldverhältnisses, zu entnehmen, so hat die Leistung an dem Orte zu erfolgen, an welchem der Schuldner zur Zeit der Entstehung des Schuldverhältnisses seinen Wohnsitz hatte.
(2) Ist die Verbindlichkeit im Gewerbebetrieb des Schuldners entstanden, so tritt, wenn der Schuldner seine gewerbliche Niederlassung an einem anderen Orte hatte, der Ort der Niederlassung an die Stelle des Wohnsitzes.
(3) Aus dem Umstand allein, dass der Schuldner die Kosten der Versendung übernommen hat, ist nicht zu entnehmen, dass der Ort, nach welchem die Versendung zu erfolgen hat, der Leistungsort sein soll.

1 **A. Normzweck.** § 269 bestimmt den Ort zur Erbringung der Leistung für den Fall, dass ein Leistungsort nicht bereits durch gesetzliche Sonderregeln, Parteivereinbarung oder die Umstände festgelegt ist. Nur an diesem kann der Schuldner seine Verbindlichkeit erfüllen und Folgen wie Annahmeverzug des Gläubigers, Vermeidung des Schuldnerverzuges und Konkretisierung der Gattungsschuld auslösen. Anzuwenden ist § 269 auf Schuldverhältnisse aller Art sowie auf sachenrechtliche (zB § 985, BGHZ 79, 214) und familien- und erbrechtliche Ansprüche (Palandt/*Grüneberg* § 269 Rz 6).

2 **B. Leistungsort. I. Begriff.** Der Leistungsort ist der Ort, an dem die Leistungshandlung, jedenfalls ihr letzter Abschnitt (*Larenz* I § 14 IVa), durch den Schuldner zu erbringen ist (Staud/*Bittner* § 269 Rz 2). Hiervon zu trennen ist der Erfolgsort, an welchem der Leistungserfolg eintritt (MüKo/*Krüger* § 269 Rz 2). In der Praxis fallen beide Orte häufig zusammen, zB bei der **Holschuld**, bei der der Gläubiger die Leistung am Wohnort des Schuldners abzuholen hat, bei der **Bringschuld**, bei der die Leistung beim Gläubiger zu erbringen ist, sowie bei der Vereinbarung eines neutralen Leistungsortes, wodurch Elemente der Hol- und Bringschuld kombiniert werden (MüKo/*Krüger* § 269 Rz 8). Im Unterschied dazu fallen bei der **Schickschuld**, bei der die Leistung vom Schuldner an den Gläubiger versandt wird, Leistungs- und Erfolgsort auseinander: Leistungsort ist der Wohnsitz des Schuldners, Erfolgsort dagegen erst der Ablieferungsort, an den die Leistung zu übersenden ist; Bsp hierfür ist der Versendungskauf, § 447.

3 Soweit das Gesetz vom „Erfüllungsort" (vgl §§ 447 I, 448 I, 644 II, Art 5 Nr 1 lit b EuGVO; sowie nach allgM § 29 ZPO, vgl Staud/*Bittner* § 269 Rz 2) spricht, ist darunter der Leistungsort zu verstehen (Staud/*Huber* Eckpfeiler 149).

4 Bei einer Mehrzahl von Verpflichtungen können unterschiedliche Leistungsorte bestimmt werden (BayObLG NJW-RR 97, 699), so zB bei der Bürgschaft (RGZ 137, 11) oder bei der Gesamtschuld. Dies gilt auch für Leistung und Gegenleistung (BGH NJW-RR 07, 778; RGZ 49, 75; 140, 69). Es besteht jedoch eine Tendenz, eine solche Spaltung zu vermeiden (Karlsr NJW-RR 86, 351). Bei gegenseitigen Verträgen wird teilw auf den Ort der vertragscharakteristischen Leistung als regelmäßigen Leistungsort für beide Vertragspflichten abgestellt (BGH WM 81, 411; NJW 86, 1178; NJW 91, 3095; München VersR 01, 395; MüKo/*Krüger* § 269 Rz 19). Die Rspr lehnt es nunmehr allerdings ab, alleine aus dem Schwerpunkt des Vertrages auf den Leistungsort für sämtliche Vertragspflichten zu schließen, und verlangt das Hinzutreten weiterer Umstände (BGH NJW 04, 55; so auch Palandt/*Grüneberg* § 269 Rz 13; Staud/*Bittner* § 269 Rz 48), so va für Honoraransprüche aus dem Anwalts- (BGH NJW 04, 55; Karlsr NJW 03, 2175) und Steuerberatervertrag (Berlin NJW-RR 02, 207). Nebenpflichten sind im Zweifel am Leistungsort der Hauptverpflichtung zu erbringen (RGZ 70, 199), so zB Rechenschaftspflichten (BGH NJW 02, 2703; Karlsr NJW 69, 1969) und Vertragsstrafen (RGZ 69, 12).

5 **II. Bestimmung des Leistungsortes.** Der Ort der Leistung wird, wenn keine gesetzliche Sonderregelung besteht (zB §§ 261 I, 374, 697, 700 I 3, 811 I, 1194, 1200 I BGB; 36 VVG; Art 2 II, III ScheckG; 2 III, 75 Nr 4, 76 III WG), durch Parteivereinbarung oder die Umstände des Vertrags festgelegt.

6 **1. Parteivereinbarung.** Den Parteien steht es frei, den Leistungsort ausdrücklich oder konkludent zu bestimmen. Bei der ausdrücklichen Vereinbarung in Allg Geschäftsbedingungen ist der Vorrang der Individualabrede nach der Auslegungsregel des § 305c zu beachten. Nach den allg Auslegungsregeln des BGB kann eine

Parteivereinbarung über den Leistungsort auch durch schlüssiges Verhalten begründet werden, so zB bei Erfüllung durch beide Parteien unmittelbar nach Vertragsschluss am selben Ort (RGZ 102, 283). Nach § 269 III ist aber nicht bereits aus der Übernahme der Versandkosten durch den Schuldner eine Verlegung des Leistungsortes an den Versendungsort zu folgern; das Gleiche gilt für die Übernahme der Versendungsgefahr (RGZ 68, 78; 114, 408); beides auch unter Verwendung der hierfür handelsüblichen Klauseln wie „cif" (cost, insurance, freight), „fob" (free on board) oder den sog „Frei-Klauseln" (zB „frei Haus" – ausnahmsweise Bestimmung des Leistungsortes: BGH NJW 84, 567; 97, 872), sowie bei bloßer Vereinbarung eines Ablieferungsortes (Schlesw NJW-RR 93, 314). Keine Vereinbarung des Leistungsortes liegt außerdem bei einer Akkreditivabrede vor (BGH NJW 81, 1905).

Der einmal bestimmte Leistungsort kann durch die Parteien nachträglich verändert werden (RGZ 106, 211; Schlesw IPRax 93, 95). Eine einseitige Änderung des Leistungsortes ist aber iR ständiger Geschäftsbeziehungen ausgeschlossen (RGZ 52, 135; 57, 411; 65, 331), es sei denn, der andere stimmt zu oder einem Schweigen ist ausnahmsweise Erklärungsgehalt beizumessen (RGZ 57, 410).   **7**

2. Umstände. Als Umstände des Vertrags zu beachten sind Natur und Charakter des Schuldverhältnisses, besondere Begebenheiten des Einzelfalls sowie Verkehrssitte und Handelsbrauch (BGH NJW-RR 07, 778; Staud/*Bittner* § 269 Rz 18). Für Unterlassungsansprüche bestimmt sich der Leistungsort nicht nach dem Ort der Zuwiderhandlung, sondern nach dem Wohnsitz des Schuldners (BGH NJW 74, 411). Schadensersatzansprüche sind im Fall der Naturalrestitution, § 249 I, am Ort der Schädigung zu leisten, Schadensersatz statt der Leistung oder wegen Verletzung einer Nebenpflicht an dem Ort, an dem die geschuldete Leistung hätte erbracht werden müssen bzw an dem die Nebenpflicht verletzt wurde (MüKo/*Krüger* § 269 Rz 43). Bei Gewährleistungsansprüchen ist für den Nacherfüllungsanspruch idR auf den Leistungsort des Erfüllungsanspruchs (München [20. ZS] MDR 07, 1189; Köln Schaden-Praxis 07, 302; *Reinking* NJW 08, 3612; aA obiter BGH NJW-RR 08, 724 f; München [15. ZS] NJW 06, 449), bei der Minderung auf den Wohn- bzw Niederlassungssitz des Verkäufers (RGZ 66, 76) und für die Rückgewähransprüche sowie den Rücktritt selbst auf den Ort, an dem sich die Sache vertragsgemäß befindet, abzustellen (BGH NJW 83, 1479; Saarbr NJW 05, 906; MüKo/*Krüger* § 269 Rz 41).   **8**

Beispiele: Beim Kaufvertrag ist die Bestimmung des Leistungsortes nach den Umständen des Vertrags stark inhaltsabhängig, von der bloßen Zug-um-Zug-Leistung kann aber noch kein Rückschluss auf einen einheitlichen Leistungsort gezogen werden (MüKo/*Krüger* § 269 Rz 19); bei alltäglichen Ladengeschäften ist Leistungsort der Ladenraum (Stuttg OLGE 41, 244); im Falle der Warenanlieferung wie zB für Heizöl, Kohle oder Möbel (Oldbg NJW-RR 92, 1527) ist idR eine Bringschuld anzunehmen, so dass Leistungsort der Wohnsitz des Käufers ist (Palandt/*Grüneberg* § 269 Rz 12); ebenso beim Versandhandel (Stuttg NJW-RR 99, 1577); für den Arbeitsvertrag richtet sich der Ort der Leistung grds am Ort der Arbeitsstätte als Mittelpunkt der Leistung aus (BAG DB 83, 395; 04, 2483), doch ist hinsichtlich der Art der jeweiligen Arbeitsleistung zu differenzieren, so zB für Monteure, Bauarbeiter und Handelsreisende (LAG Baden-Württemberg DB 66, 746); für den Anwaltsvertrag ist mittlerweile nicht mehr regelmäßig vom Kanzleisitz als Erfüllungsort der Verpflichtungen beider Seiten auszugehen (BGH NJW 04, 54; Palandt/*Grüneberg* § 269 Rz 13; Staud/*Bittner* § 269 Rz 48; aA MüKo/*Krüger* § 269 Rz 21); ebenso wenig für den Steuerberatervertrag (LG Berlin NJW-RR 02, 207); für den Architektenvertrag ist Leistungsort idR das Bauwerk (BGH NJW 01, 1936), für Bauwerksverträge einheitlich der Ort des Bauvorhabens (BGH NJW 86, 935). Grds kein einheitlicher Leistungsort besteht für privatärztliche Honorarforderungen iRv Krankenhausaufnahmeverträgen (BGH NJW 04, 54), Architektenverträge (BGH NJW 86, 935) sowie Energielieferungsverträge (BGH NJW 03, 3418).   **9**

3. Zweifelsregel des § 269. Ist der Leistungsort nicht durch Gesetz, Parteivereinbarung oder die Umstände bestimmt, greift § 269 subsidiär ein und legt als Leistungsort den Wohnsitz des Schuldners bei Entstehung des Schuldverhältnisses (§ 269 I) oder für gewerbliche Verpflichtungen den Ort der Niederlassung (§ 269 II) fest. Da § 269 eine Zweifelsregel ist, trägt derjenige die Beweislast, der aus einer Vereinbarung oder den Umständen einen anderen Leistungsort als den Wohnsitz des Schuldners behauptet (Palandt/*Grüneberg* § 269 Rz 19).   **10**

§ 269 I bestimmt als Leistungsort den Wohnsitz, §§ 7–12. „Wohnsitz" ist im politischen Sinne zu verstehen. Gemeint ist die kleinste politische Einheit, in der sich die Wohnung befindet; zumeist die Gemeinde oder Stadt (BGHZ 87, 111; Palandt/*Ellenberger* § 7 Rz 1). Direkt (RGZ 78, 141) oder analog (Erman/*Ebert* § 269 Rz 2) wird § 269 auch auf das sog Platzgeschäft, ein innerörtliches Geschäft, zur Bestimmung der konkreten Leistungsstelle innerhalb der Gemeinde angewendet. Existiert kein fester Wohnsitz, so tritt an seine Stelle der Aufenthaltsort; bei mehreren Wohnsitzen besteht ein Wahlrecht des Schuldners (Palandt/*Grüneberg* § 269 Rz 17) bei Entstehung des Schuldverhältnisses (für den Maklervertrag ist daher auf dessen Abschluss, nicht auf den des provisionspflichtigen Geschäfts abzustellen, Stuttg NJW-RR 87, 1076). Eine nachträgliche Änderung des Wohnsitzes wirkt sich nicht auf den bereits bestimmten Leistungsort aus (BGHZ 36, 15; BGH NJW 62, 110). Bei juristischen Personen ist, wenn kein Fall des § 269 II vorliegt, der Sitz, also der Ort, an dem die Verwaltung geführt wird, § 24, als Wohnsitz zu werten.   **11**

12 **C. Rechtsfolgen.** Unmittelbare Auswirkungen hat der Leistungsort für die Frage der ordnungsgemäßen Leistung des Schuldners (s. Rn 1). Mittelbar erlangt er Bedeutung für die Bestimmung der Kostentragung: Liegt der Leistungsort am Wohnsitz des Gläubigers, so hat der Schuldner die Kosten der Versendung der Leistung zu tragen, befindet er sich beim Schuldner, sind die Kosten vom Gläubiger zu übernehmen (MüKo/*Krüger* § 269 Rz 53).

13 Der Gerichtsstand bestimmt sich nach dem gesetzlichen Erfüllungsort, § 29 I ZPO. Vereinbarungen zum Leistungsort sind für den Gerichtsstand ohne Belang (Palandt/*Grüneberg* § 269 Rz 3); lediglich Kaufleuten, juristischen Personen des öffentlichen Rechts oder öffentlich-rechtlichen Sondervermögen ist eine Vereinbarung des Gerichtsstands durch Festlegung des Erfüllungsortes möglich, § 29 II ZPO (MüKo/*Krüger* § 269 Rz 12). Keine Vereinbarung des Leistungsortes liegt dagegen bei der abstrakten Erfüllungsortvereinbarung vor, also bei der bloßen Einigung über den Gerichtsstand und das anzuwendende Recht (BGH NJW-RR 98, 755; RGZ 41, 361).

§ 270 Zahlungsort.

(1) Geld hat der Schuldner im Zweifel auf seine Gefahr und seine Kosten dem Gläubiger an dessen Wohnsitz zu übermitteln.
(2) Ist die Forderung im Gewerbebetrieb des Gläubigers entstanden, so tritt, wenn der Gläubiger seine gewerbliche Niederlassung an einem anderen Orte hat, der Ort der Niederlassung an die Stelle des Wohnsitzes.
(3) Erhöhen sich infolge einer nach der Entstehung des Schuldverhältnisses eintretenden Änderung des Wohnsitzes oder der gewerblichen Niederlassung des Gläubigers die Kosten oder die Gefahr der Übermittlung, so hat der Gläubiger im ersteren Falle die Mehrkosten, im letzteren Falle die Gefahr zu tragen.
(4) Die Vorschriften über den Leistungsort bleiben unberührt.

1 **A. Normzweck, Schick- oder Bringschuldcharakter der Geldschuld.** Nach seinem Wortlaut stellt § 270 eine **Auslegungsregel** für die Fälle auf, bei denen zweifelhaft ist, wo der Zahlungsort für Geldschulden liegt. Auf diese gesetzliche Auslegungshilfe ist auch zurückzugreifen, wenn die Parteien gar keine Vereinbarung getroffen haben (Soergel/*Wolf* § 270 Rz 1). Der Leistungsort liegt mangels anderer Regelung gem §§ 269 I, 270 IV am Wohnsitz des Schuldners, doch trifft den Schuldner nach § 270 I die Verpflichtung, Geld auf eigene Kosten und Gefahr an den Wohnsitz des Gläubigers zu übermitteln. Auf dieser Grundlage wurde die Geldschuld von der hA lange Zeit als **qualifizierte Schickschuld** verstanden, die einer Bringschuld angenähert ist, aber Unterschiede hinsichtlich des Gerichtsstands (§ 29 ZPO) und der Rechtzeitigkeit der Leistung aufweist: Es genüge das rechtzeitige Absenden des Geldes (Rn 7); die Verzögerungsgefahr treffe den Gläubiger (MüKo/*Krüger* § 270 Rz 1; AnwK/*Schwab* § 270 Rz 1; Jauernig/*Stadler* § 270 Rz 1). Der EuGH hat nun aber entschieden, dass Art 3 I lit c) Ziff ii) der Zahlungsverzugs RL 2000/35/EG dahingehend auszulegen sei, dass bei Zahlung durch Banküberweisung der geschuldete Betrag dem Konto des Gläubigers rechtzeitig (bei Fälligkeit) gutgeschrieben sein müsse, wenn das Entstehen von Verzugszinsen vermieden werden soll (C-306/06 *Telecom*, WM 08, 678; dazu *Gsell* GPR 08, 165; *Herresthal* ZGS 08, 259; Gebauer/Wiedmann/*Schmidt-Kessel* Rz 21; *Aspöck* ecolex 08, 873). Daraus folgert die nun hA, dass Geldschulden jedenfalls im Anwendungsbereich der RL – entsprechend der ursprünglichen Intention des Gesetzgebers des BGB – als **modifizierte Bringschuld** zu qualifizieren sind (*Gsell* GPR 08, 169 ff; *Herresthal* ZGS 08, 263 ff; *Aspöck* ecolex 08, 875; s. bereits *Schön* AcP 198, 442 ff; Staud/*Bittner* § 270 Rz 2 f; Palandt/*Grüneberg* § 270 Rz 1). Richtig erscheint, dass das Gemeinschaftsrecht die Frage des Leistungsortes gar nicht aufgreift (*Scheuren-Brandes*, ZIP 08, 1463). Das vom EuGH vertretene Auslegungsergebnis ist nämlich unabhängig von der Qualifikation der Geldschuld als (qualifizierte) Schick- oder (modifizierte) Bringschuld möglich; bei Qualifikation als Schickschuld muss unter Gefahr iSd § 270 I eben auch die Verzögerungsgefahr verstanden werden (Gebauer/Wiedmann/*Schmidt-Kessel* Rz 22; vgl nunmehr auch den österr OGH 4 Ob 90/09b). IsD Rechtssicherheit sollte aber die Geldschuld nach nationalem Recht nunmehr als modifizierte Bringschuld qualifiziert werden. Die Unterscheidung in Verlust- und Verzögerungsgefahr ist entbehrlich (Rn 7); für den Gerichtsstand ist dennoch auf den Wohnsitz des Schuldners abzustellen (*Schön* AcP 198, 443; Staud/*Bittner* § 270 Rz 2).

2 **B. Anwendungsbereich.** § 270 bezieht sich nur auf Geldschulden, dh auf schuldrechtliche Verbindlichkeiten, die auf Zahlung von unkörperlichen Vermögensgegenständen gerichtet sind und in Geld ausgedrückt werden (*K. Schmidt* JuS 84, 740). Es werden sowohl Geldwert-, als auch Geldsummenschulden erfasst (Soergel/*Wolf* § 270 Rz 2). So wie § 269 ist auch § 270 auf Platzgeschäfte anwendbar (BGH NJW 69, 875; RGZ 78, 140). Keine Anwendung findet § 270 auf die Herausgabeverpflichtung des Kommissionärs nach § 384 HGB, die des Beauftragten nach § 667 (BGHZ 28, 128; NJW 03, 745; MüKo/*Krüger* § 270 Rz 5; *Medicus* JuS 83, 902) sowie auf Ansprüche aus ungerechtfertigter Bereicherung (RGZ 96, 347), soweit es sich hierbei nicht um eine verschärfte Haftung nach §§ 818 II, 819 handelt (BGHZ 83, 297).

3 **C. Zahlungsort.** § 270 I, II legt mit dem Zahlungsort den Ort fest, an dem der Leistungserfolg der Geldschuld eintreten soll (MüKo/*Krüger* § 270 Rz 7). Nach § 270 ist die Geldschuld an den Wohnsitz des Gläubigers (I), bei Forderungen im Gewerbebetrieb an den Ort der gewerblichen Niederlassung des Gläubigers (II) zu übermitteln.

Anders als § 269 stellt § 270 nicht auf den Wohnsitz zum Zeitpunkt der Entstehung der Verbindlichkeit ab, **4**
sondern auf den Zeitpunkt der Übermittlung, § 270 III. Entstehen dem Schuldner durch die Veränderung des
Wohnsitzes nach Begründung der Verbindlichkeit zusätzliche Kosten oder eine Gefahrenerhöhung, so hat der
Gläubiger die Mehrkosten oder die Gefahr im Ganzen zu tragen. Hiervon nicht erfasst werden aber Fälle der
nachträglichen Kontoverlagerung (BGHZ 6, 127), da es dem Schuldner weiterhin möglich ist, am Wohnsitz
des Gläubigers zu erfüllen (AnwK/*Schwab* § 270 Rz 15).

Die **Art der Übermittlung** steht dem Schuldner grds frei. Die Leistung kann sowohl bar als auch bargeldlos **5**
bewirkt werden. Die Banküberweisung ist jedenfalls dann zulässig, wenn der Gläubiger eine Bank- oder Postverbindung angegeben hat (Frankf JW 22, 511; Palandt/*Grüneberg* § 270 Rz 5). Die Überweisung ist nicht
Leistung an die Bank, sondern unmittelbar an den Gläubiger (BGHZ 53, 142; 72, 319). Die Zusendung eines
Schecks erfolgt dagegen im Zweifel erfüllungshalber (Palandt/*Grüneberg* § 270 Rz 4).

Die Zahlung per **Nachnahme** ist keine Geldversendung des Schuldners, vielmehr zahlt er bereits schuldtilgend an die Post und der Gläubiger trägt die Übermittlungs- und Verlustgefahr (Karlsr WM 96, 1960; AnwK/ **6**
Schwab § 270 Rz 5; Staud/*Bittner* § 270 Rz 14). Ebenfalls nicht unter § 270 fallende Arten der Übermittlung
sind das **Lastschriftverfahren** (BGH NJW 84, 872; WM 85, 462; Palandt/*Grüneberg* § 270 Rz 4; AnwK/
Schwab § 270 Rz 21; BaRoth/*Unberath* § 270 Rz 7; aA *Gernhuber*, Erfüllung, § 2 VII 4c) und Zahlung durch
Kreditkarte. Hierbei handelt es sich jeweils um eine Holschuld, der Zahlungsort liegt also beim Schuldner
(BGH NJW 84, 872; WM 85, 462).

D. Verzögerungsgefahr. Nach bisher hA hat der Schuldner die Leistung rechtzeitig erbracht, wenn die kon- **7**
toführende Bank den Überweisungsauftrag am Fälligkeitstag angenommen hatte (§ 676a; Palandt/*Heinrichs*
§ 270 Rz 7; MüKo/*Krüger* § 270 Rz 24; AnwK/*Schwab* § 270 Rz 10; *v Westphalen* BB 00, 160; aA Karlsr NJWRR 98, 1484; Köln NJW-RR 92, 1529; Ddorf DB 84, 2686; Soergel/*Wolf* § 270 Rz 18; Erman/*Kuckuk* § 270
Rz 7, die bei gedecktem Schuldnerkonto auf den Zeitpunkt der bloßen Auftragserteilung abstellen); es kam
weder auf den Zeitpunkt der tatsächlichen Abbuchung noch auf die Gutschrift am Gläubigerkonto an
(BGH NJW 64, 499; Karlsr NJW-RR 98, 1483). Die Verzögerungsgefahr nach rechtzeitiger Übermittlung war
nicht von § 270 I erfasst und daher vom Gläubiger zu tragen (krit bereits *Schön* AcP 198, 443). Diese Auffassung kann im Hinblick auf die Entscheidung des EuGH in der Rs 306/06 *Telecom* – jedenfalls im Anwendungsbereich der RL – nicht aufrechterhalten werden. Der Überweisungsauftrag ist auf Grund des Gemeinschaftsrechts so rechtzeitig vorzunehmen, dass bei normaler Durchführung mit der Entstehung des
Anspruchs aus der Gutschrift spätestens zum Fälligkeitszeitpunkt zu rechnen ist (so bereits unabhängig von
den gemeinschaftsrechtlichen Vorgaben *Canaris*, Bankvertragsrecht Rz 480). Außergewöhnliche Verzögerungen hat nämlich der Schuldner auch nach der RL 2000/35/EG nicht zu tragen (Art 3 II lit c) ii); EuGH Rs C-306/06 *Telecom* Rz 30). Damit wäre es mit der RL vereinbar, die gewöhnliche Verzögerung dem Schuldner,
die außergewöhnliche Verzögerung aber dem Gläubiger aufzulasten. Qualifiziert man aber die Geldschuld
nach nationalem Recht als Bringschuld (Rn 1), fällt auch die außergewöhnliche Verzögerung dem Schuldner
zur Last. Dies ist zumutbar, weil er sich nach §§ 676 b, 676 c ohnehin beim Kreditinstitut schadloshalten kann
(Staud/*Bittner* § 270 Rz 38).

E. Verlustgefahr und Kosten. Die Verlustgefahr liegt beim Schuldner und geht erst dann auf den Gläubiger **8**
über, wenn dieser das Geld in Empfang genommen hat bzw wenn er nach § 300 II in Annahmeverzug gerät
(AnwK/*Schwab* § 270 Rz 4). Im Geltungsbereich des § 815 III ZPO geht hingegen die Verlustgefahr bereits
durch die Wegnahme des Geldes durch den Gerichtsvollzieher auf den Gläubiger über. Dies gilt bei freiwilliger Zahlung des Schuldners an den Gerichtsvollzieher entsprechend (BGH NJW 09, 1087). Die Kosten der
Übermittlung sind im Zweifel vom Schuldner zu tragen, § 270 I, so zB die Überweisungsgebühren (Erman/
Ebert § 270 Rz 10; AnwK/*Schwab* § 270 Rz 7). Hiervon nicht erfasst werden die Kosten, die der Gläubiger für
die Bereitstellung eines Girokontos zu zahlen hat (BAG BB 77, 443).

F. Beweislast. Die Beweislast dafür, dass das geschuldete Geld abgesendet und eingetroffen ist, trifft den **9**
Schuldner (Köln NJW 06, 1600 für Barzahlungen in Hausbriefkästen; dazu *Wiese* NJW 06, 1569; allg MüKo/
Krüger § 270 Rz 27; Palandt/*Grüneberg* § 270 Rz 10). Die Bescheinigung über eine Einschreibesendung ist
jedoch als Anscheinsbeweis nicht ausreichend (BGHZ 24, 312). Eine tatsächliche Vermutung begründen
dagegen Postanweisungsabschnitte oder Wertbriefeinlieferungsscheine (BaRoth/*Unberath* § 270 Rz 19; MüKo/
Krüger § 270 Rz 27).

§ 271 Leistungszeit.
(1) Ist eine Zeit für die Leistung weder bestimmt noch aus den Umständen zu entnehmen, so kann der Gläubiger die Leistung sofort verlangen, der Schuldner sie sofort bewirken.
(2) Ist eine Zeit bestimmt, so ist im Zweifel anzunehmen, dass der Gläubiger die Leistung nicht vor dieser Zeit verlangen, der Schuldner aber sie vorher bewirken kann.

A. Normzweck. Die Leistungszeit bezeichnet den Zeitpunkt, in dem der Schuldner zur Leistung berechtigt **1**
ist, und ab dem der Gläubiger die Leistung fordern kann. Die Norm umfasst daher auf der einen Seite die
Fälligkeit der Leistung, also den Zeitpunkt, ab dem der Gläubiger fordern kann, und auf der anderen Seite

die **Erfüllbarkeit** der Leistung, also den Zeitpunkt, ab dem der Schuldner mit Annahmeverzugswirkung zu leisten befähigt ist (Palandt/*Grüneberg* § 271 Rz 1; AnwK/*Schwab* § 271 Rz 1; Staud/*Huber* Eckpfeiler 145). Der Begriff der Leistungszeit des § 271 ist als ergänzende Regelung zum Leistungsort, § 269, zu verstehen (MüKo/*Krüger* § 271 Rz 1).

2 § 271 ist auf alle Schuldverhältnisse anwendbar (Palandt/*Grüneberg* § 271 Rz 3). In öffentlich-rechtlichen Rechtsverhältnissen findet § 271 entspr Anwendung (BaRoth/*Unberath* § 271 Rz 3).

3 **B. Bestimmung der Leistungszeit.** Die Leistungszeit kann durch Gesetz oder durch Parteivereinbarung bestimmt sein. Haben die Parteien nichts vereinbart und fehlt es an gesetzlichen Vorschriften, so ist die Leistung nach § 271 I sofort fällig und erfüllbar. Bei dem Begriff „sofort" ist ausschließlich auf den objektiven Maßstab abzustellen.

4 **I. Gesetzliche Regelungen.** Die Leistungszeit ergibt sich für bestimmte Verpflichtungen aus dem Gesetz, wie zB nach §§ 556 b, 579 (Miete), 608 f (Darlehen), 614 (Dienstvertrag), 641 (Werkvertrag), 695 f (Verwahrung), 721 (Gesellschaft), 760 (Leibrente), 1361 IV, 1585 I, 1612 III (Unterhalt), 2181 (Vermächtnis). Nicht im BGB enthaltene Leistungszeiten ergeben sich zB aus §§ 11 VVG, 23 VerlagsG, 61 GKG, 798 ZPO, 11 ZVG.

5 **II. Parteivereinbarung.** Die Fälligkeit kann vertraglich vereinbart werden, soweit sie nicht zwingend gesetzlich vorgeschrieben ist (BaRoth/*Unberath* § 271 Rz 5). Bei Wendungen, wie zB „In Kürze", „Umgehend" oder ähnlichen unbestimmten Formulierungen dieser Art, ist der Beurteilungsspielraum nach billigem Ermessen auszufüllen (Soergel/*Wolf* § 271 Rz 7). So beträgt zB die Leistungszeit beim Möbelkauf unter der Verwendung der Formulierung „baldigst" ca 6 bis 8 Wochen (Nürnbg NJW 81, 1104). Sofern AGB Regelungen über die Leistungszeit beinhalten, sind die §§ 305 ff einschlägig. Ist jedoch eine Klausel wegen Verstoßes gegen § 308 Nr 1 unwirksam, so ist gem § 306 II die Regelung des § 271 anwendbar (Soergel/*Wolf* § 271 Rz 8; BaRoth/*Unberath* § 271 Rz 5; MüKo/*Krüger* § 271 Rz 7).

6 Wenn der **Gläubiger** nach der Vereinbarung zur Bestimmung der Leistungszeit berechtigt ist, hat er sie gem § 315 im Zweifel nach billigem Ermessen festzusetzen (AnwK/*Schwab* § 271 Rz 24). Das Bestimmungsrecht des Gläubigers darf von ihm nicht rechtsmissbräuchlich ausgeübt werden (MüKo/*Krüger* § 271 Rz 10). Die Bestimmung muss innerhalb angemessener Zeit erfolgen, wenn der Gläubiger zur Bestimmung nicht nur berechtigt, sondern auch verpflichtet ist, wie zB beim Kauf auf Abruf (Naumbg OLGE 20, 166). Unterbleibt ein solcher Abruf, führt dies zum Gläubigerverzug, § 295 (Soergel/*Wolf* § 271 Rz 20; Palandt/*Grüneberg* § 271 Rz 6).

7 Ist der **Schuldner** nach der Vereinbarung zur Bestimmung der Leistungszeit berechtigt, hat er sie ebenfalls im Zweifel nach billigem Ermessen (§ 315) festzusetzen (s. Rn 6). Es sind die Grenzen des § 242 einzuhalten, sofern die Bestimmung in das freie Belieben des Schuldners gestellt wurde (Palandt/*Grüneberg* § 271 Rz 6; Erman/*Ebert* § 271 Rz 14).

8 Wurde das Bestimmungsrecht auf Dritte übertragen, gelten die §§ 317–319 (Staud/*Bittner* § 271 Rz 6; Erman/*Ebert* § 271 Rz 14).

9 **C. Regelung des § 271 Abs 2.** Bei einer bestimmten Leistungszeit wird die Leistungspflicht des Schuldners zwar hinausgeschoben, doch ist er nicht daran gehindert, vorzeitig zu leisten (Erman/*Ebert* § 271 Rz 15; Soergel/*Wolf* § 271 Rz 24). Nimmt der Gläubiger die frühzeitige Leistung des Schuldners nicht an, gerät er (unter Berücksichtigung des § 299) in Annahmeverzug (BaRoth/*Unberath* § 271 Rz 23). § 271 II ist nach der Rspr auf Ruhegehaltsansprüche nur beschränkt anwendbar (BGH NZG 06, 590 mwN).

10 **D. Rechtsfolgen.** Wird die Leistungszeit vom Schuldner nicht eingehalten, kommt dieser unter den Voraussetzungen des § 286 in Schuldnerverzug. Der Gläubiger gerät unter den Voraussetzungen der §§ 293 ff in Annahmeverzug (Staud/*Bittner* § 271 Rz 19; BaRoth/*Unberath* § 271 Rz 22).

§ 272 Zwischenzinsen.
Bezahlt der Schuldner eine unverzinsliche Schuld vor der Fälligkeit, so ist er zu einem Abzug wegen der Zwischenzinsen nicht berechtigt.

1 **A. Normzweck.** Nach dem Wortlaut der Norm darf ein Schuldner die Zwischenzinsen einer vor Fälligkeit bezahlten Schuld nicht abziehen (AnwK/*Schwab* § 272 Rz 1). Die vorzeitige Zahlung des Schuldners gewährt dem Gläubiger einen Vorteil, da dieser das Geld bereits vor der eigentlichen Fälligkeit zinsbringend anlegen kann. Da die frühzeitige Zahlung aber vom Schuldner freiwillig bewirkt wurde, belässt das Gesetz den Vorteil dem Gläubiger (BGH NJW 02, 2640; Soergel/*Wolf* § 272 Rz 1; MüKo/*Krüger* § 272 Rz 1).

2 **B. Ausnahmen.** Es bestehen jedoch hinsichtlich des Verbots des Abzugs von Zinsen auch Ausnahmen. Ist der Schuldner gesetzlich zur Leistung gezwungen, wie zB bei Gefährdung der Sicherheit der Hypothek nach § 1133 3 oder bei vorzeitiger Rückgabe des Pfandes bei einer Rechtsverletzung seitens des Pfandgläubigers nach § 1217 (Staud/*Bittner* § 272 Rz 3; Erman/*Ebert* § 272 Rz 1), lässt das Gesetz einen Abzug von Zwischenzinsen ausdrücklich zu. Eine andere Ausnahme stellen abw Vereinbarungen dar. Die Beweislast liegt bei demjenigen, der eine von der gesetzlichen Regel des § 272 abweichende Vereinbarung behauptet (Staud/*Bittner* § 272 Rz 7).

C. Berechnung der Zwischenzinsen. Für den Fall, dass Zwischenzinsen abgezogen werden dürfen (s. Rn 2) 3
ist nach allgM auf die sog Hoffmannsche Methode abzustellen, um die Zwischenzinsen zu berechnen (BGHZ
115, 310; BGH NJW 91, 3274; Staud/*Bittner* § 272 Rz 6). Diese Berechnungsgrundlage lässt zwar den Zinses-
zinseffekt unberücksichtigt, entspricht aber dem gesetzgeberischen Willen (vgl MüKo/*Krüger* § 272 Rz 7; so
auch die Wertung in §§ 41 II InsO, 111 ZVG).

$$x = \frac{100 \cdot s}{100 + z \cdot a}$$

„x" stellt den nach Abzug der Zwischenzinsen zu zahlenden Betrag dar, während „s" für die Schuldsumme,
„a" für die Anzahl der Jahre und „z" für den gesetzlichen Zinssatz (§ 246) steht.

§ 273 Zurückbehaltungsrecht.
(1) Hat der Schuldner aus demselben rechtlichen Verhältnis, auf dem seine Verpflichtung beruht, einen fälligen Anspruch gegen den Gläubiger, so kann er, sofern nicht aus dem Schuldverhältnis sich ein anderes ergibt, die geschuldete Leistung verweigern, bis die ihm gebührende Leistung bewirkt wird (Zurückbehaltungsrecht).
(2) Wer zur Herausgabe eines Gegenstands verpflichtet ist, hat das gleiche Recht, wenn ihm ein fälliger Anspruch wegen Verwendungen auf den Gegenstand oder wegen eines ihm durch diesen verursachten Schadens zusteht, es sei denn, dass er den Gegenstand durch eine vorsätzlich begangene unerlaubte Handlung erlangt hat.
(3) ¹Der Gläubiger kann die Ausübung des Zurückbehaltungsrechts durch Sicherheitsleistung abwenden. ²Die Sicherheitsleistung durch Bürgen ist ausgeschlossen.

A. Normzweck. § 273 I definiert das Zurückbehaltungsrecht als Recht des Schuldners, seine Leistung zu ver- 1
weigern, bis die ihm gebührende Leistung vom Gläubiger bewirkt wird. Die beiderseitigen Leistungspflichten
werden also miteinander verknüpft, so dass der Schuldner seine Leistung so lange zurückhalten kann, bis er
vom Gläubiger wegen seiner Forderung befriedigt wird und umgekehrt (MüKo/*Krüger* § 273 Rz 1). Das Zurückbehaltungsrecht ist eine anspruchsbeschränkende Einrede (*Larenz* AT § 14 II), durch deren Geltendmachung
der Schuldner rechtsgestaltend auf den Anspruch des Gläubigers in der Form einwirkt, dass er nur noch auf
Leistung Zug-um-Zug gegen Empfang der Gegenleistung gerichtet ist (Soergel/*Wolf* § 273 Rz 1; s. Rn 19).
Das allg Zurückbehaltungsrecht ist nicht Folge des Synallagmas (für gegenseitige Verträge geht § 320 als lex 2
specialis vor, Staud/*Bittner* § 273 Rz 2), sondern eine besondere Ausformung von **Treu und Glauben** (hM
BGHZ 91, 83; Palandt/*Grüneberg* § 273 Rz 1; MüKo/*Krüger* § 273 Rz 2; AnwK/*Schmidt-Kessel* § 273 Rz 3;
Staud/*Bittner* § 273 Rz 8; Soergel/*Wolf* § 273 Rz 2): Derjenige, der aus einem einheitlichen Rechtsverhältnis
eine Leistung fordert, ohne die ihm obliegende Gegenleistung zu erbringen, handelt treuwidrig (RGZ 68, 34;
152, 73; BGHZ 38, 126).
Aus dem Verständnis des Zurückbehaltungsrechts als Ausdruck des allg Grundsatzes von Treu und Glauben 3
ergeben sich gewisse **Einschränkungen** (Palandt/*Grüneberg* § 273 Rz 17; Soergel/*Wolf* § 273 Rz 48 ff): § 242
schließt das Zurückbehaltungsrecht zB aus, wenn der Schuldner für seine Ansprüche genügend Sicherheiten
besitzt (BGHZ 7, 127; BAG ZIP 85, 304), wenn wegen einer geringen Gegenforderung die ganze Leistung
zurückbehalten werden soll (RGZ 61, 128), wenn ggü einer unbestrittenen Forderung ein Gegenanspruch
geltend gemacht wird, dessen Klärung so schwierig ist, dass die Durchsetzung der unbestrittenen Forderung
auf unabsehbare Zeit verhindert wird (BGH NJW-RR 05, 969; BGHZ 91, 83; NJW 00, 948; 90, 1172; weitere
Bsp bei Palandt/*Grüneberg* § 273 Rz 18) oder wenn die Rechnung nicht den Vorgaben des UStG entspricht
(*Heeseler* BB 06, 1137). Umgekehrt erfährt das Zurückbehaltungsrecht durch § 242 auch gewisse **Erweiterungen**, besteht also, obwohl die Voraussetzungen des § 273 (s. Rn 9 ff) nicht erfüllt sind („*dolo facit, qui petit,
quod statim redditurus est*", AnwK/*Schmidt-Kessel* § 273 Rz 8; Palandt/*Grüneberg* § 273 Rz 1).
Dem Zurückbehaltungsrecht kommen zwei wesentliche Funktionen zu. Zum einen bezweckt das Zurückbe- 4
haltungsrecht den Schutz des Schuldners, indem es seine Gegenansprüche sichert, **Sicherungsmittel**
(BGH NJW 87, 3255; MüKo/*Krüger* § 273 Rz 3; AnwK/*Schmidt-Kessel* § 273 Rz 3), zum anderen stellt es ein
mittelbares **Druckmittel** zur Durchsetzung der Gegenansprüche dar, weil der Gläubiger leisten muss, wenn
er seine Forderung befriedigt haben will (MüKo/*Krüger* § 273 Rz 3; Soergel/*Wolf* § 273 Rz 3; Staud/*Bittner*
§ 273 Rz 4; AnwK/*Schmidt-Kessel* § 273 Rz 2). Anders als das kaufmännische Zurückbehaltungsrecht (§§ 369,
371 HGB) gewährt es allerdings **kein Befriedigungsrecht**.

B. Anwendungsbereich. § 273 findet grds auf **alle Schuldverhältnisse** Anwendung, also auch auf dingliche 5
(BGHZ 64, 124; 41, 33) und auf erb- (vgl BGHZ 92, 198) oder familienrechtliche Rechtsverhältnisse
(BGH NJW 07, 1879 ff), sofern die Sinn und Zweck des Anspruchs nicht einen Ausschluss des Zurückbe-
haltungsrechts erfordert, wie zB bei Unterhaltsansprüchen (Hambg OLGE 21, 241; MüKo/*Krüger* § 273
Rz 4; *Diederichsen* FS Heinrichs 181), beim Anspruch auf Herausgabe eines Kindes (Hambg OLGE 8, 431)
oder beim Anspruch auf Herstellung der ehelichen Lebensgemeinschaft. Bejaht wurde aber zB das Recht
des Schiedsrichters, seine Tätigkeit unter Berufung auf § 273 auszusetzen, wenn der Vorschuss ausbleibt
(BGHZ 55, 347).

6 § 273 findet grds auch im **öffentlichen Recht** entspr Anwendung, wobei freilich die Besonderheiten des Einzelfalls zu berücksichtigen sind (MüKo/*Krüger* § 273 Rz 5). Das Zurückbehaltungsrecht wird zB am abgeschleppten Fahrzeug wegen der Kosten der Abschleppung bejaht, nicht aber bei Abgabenforderungen unter Hinweis auf § 226 III AO (AnwK/*Schmidt-Kessel* § 273 Rz 6 mwN).

7 Gegenüber **Feststellungsklagen** und **Gestaltungsklagen**, wie zB ggü einer Vollstreckungsgegenklage kommt das Zurückbehaltungsrecht nach hM nicht in Betracht (BGHZ 71, 22; RGZ 163, 63; MüKo/*Krüger* § 273 Rz 7; AnwK/*Schmidt-Kessel* § 273 Rz 7; Palandt/*Grüneberg* § 273 Rz 2).

8 **C. Gegenstand der Zurückbehaltung.** Gegenstand der Zurückbehaltung kann grds jede Leistung sein, also nicht nur Gegenstände (§ 273 II), sondern auch die Befreiung von einer Verpflichtung (BGH NJW 84, 2152), die Freigabe von hinterlegtem Geld (BGHZ 90, 196), Versicherungsscheine, Hypothekenbriefe uä (Palandt/ *Grüneberg* § 273 Rz 4). Auch die Erfüllung von Duldungs- und Unterlassungspflichten kann zurückbehalten werden (BGH DB 76, 2399), doch ist bei den Unterlassungspflichten zu beachten, dass eine Zurückbehaltung bei nur einmaligem Verstoß idR nicht möglich und ausgeschlossen ist, wenn dadurch der Unterlassungsanspruch endgültig vereitelt würde (BAG NJW 83, 2898; AnwK/*Schmidt-Kessel* § 273 Rz 5).

9 **D. Voraussetzungen. I. Gegenseitigkeit.** Voraussetzung des Zurückbehaltungsrechts ist zunächst, dass der zurückbehaltende Schuldner Gläubiger des Gegenanspruchs ist und der Gläubiger zugleich dessen Schuldner. Ein Gegenanspruch nur gegen einen Mitgläubiger reicht nicht aus (BGH DNotI 85, 551), wohl aber, dass der Schuldner nur Mitgläubiger der Gegenforderung ist (MüKo/*Krüger* § 273 Rz 8 ff; Staud/*Bittner* § 273 Rz 13 ff; zu den Ausnahmen vom Erfordernis der Gegenseitigkeit s. AnwK/*Schmidt-Kessel* § 273 Rz 14 mwN).

10 **II. Konnexität.** Die Ansprüche des Schuldners und des Gläubigers müssen auf demselben rechtlichen Verhältnis beruhen. Nicht erforderlich ist, dass die Ansprüche auf demselben Schuldverhältnis oder demselben Vertrag beruhen, es genügt vielmehr, wenn ihnen ein innerlich zusammenhängendes **einheitliches Lebensverhältnis** zugrunde liegt (BGHZ 115, 103; 92, 196; Palandt/*Grüneberg* § 273 Rz 9). Die Rspr umschreibt dieses einheitliche Lebensverhältnis häufig damit, dass zwischen den Ansprüchen ein **natürlicher** oder **wirtschaftlicher Zusammenhang** bestehen muss, so dass es gegen Treu und Glauben verstieße, wenn der eine Anspruch ohne Rücksicht auf den anderen geltend gemacht werden kann (BGHZ 47, 167; NJW 97, 2945).

11 **Beispiele** (vgl auch AnwK/*Schmidt-Kessel* § 273 Rz 17 ff; MüKo/*Krüger* § 273 Rz 13 ff; Staud/*Bittner* § 273 Rz 38 ff): Konnexität ist gegeben bei vermögensrechtlichen Ansprüchen bei Auflösung der Ehe oder einer eheähnlichen Lebensgemeinschaft (BGHZ 92, 196), bei abhanden gekommener Kaution ggü durch den Zwangsverwalter geltend gemachten Mietforderungen (BGH NJW 09, 1673), bei geleisteten Abschlagszahlungen des Mieters auf Betriebs- und Heizkosten und den laufenden Nebenkostenvorauszahlungen, wenn der Vermieter über die Betriebskosten nicht fristgerecht abrechnet (BGH NJW 06, 2552); bei vertragsnahen Konstellationen, wie zB einem auf Grund eines nichtigen Vertrages erfolgten Leistungsaustausch (Staud/*Bittner* § 273 Rz 39) oder bei Ansprüchen, die iR ständiger Geschäftsbeziehungen entstehen (BGHZ 54, 250). Keine Konnexität besteht zB bei Ansprüchen aus verschiedenen Bauvorhaben (Naumbg BauR 97, 1049) oder einem Anspruch aus einem Versicherungsverhältnis und einem Gegenanspruch aus einem versicherungsfremden Geschäft (RGZ 158, 15).

12 **III. Wirksamkeit, Fälligkeit, Durchsetzbarkeit.** Die Gegenforderung muss wirksam, fällig und durchsetzbar sein. Nicht erforderlich ist die liquide Beweisbarkeit (AnwK/*Schmidt-Kessel* § 273 Rz 21; vgl aber BGH NJW 81, 2802). Das Erfordernis der Wirksamkeit ist zB bei bedingten oder künftigen Forderungen nicht erfüllt (BGH NJW-RR 86, 543; Ddorf NJW-RR 99, 444 für den Zugewinnausgleich). Fälligkeit ist auch dann gegeben, wenn die Gegenforderung gleichzeitig mit der Hauptforderung fällig wird (BGHZ 116, 248; ausf Staud/ *Bittner* § 273 Rz 24 f; AnwK/*Schmidt-Kessel* § 273 Rz 22). Auch ein bereits verjährter Anspruch begründet das Zurückbehaltungsrecht, wenn die Verjährung noch nicht vollendet war, als der Anspruch des Gläubigers entstand (§ 215, BGH NJW 06, 2773; vgl Palandt/*Grüneberg* § 273 Rz 8).

13 Das Zurückbehaltungsrecht setzt weiter voraus, dass die Leistung noch zurückbehalten werden kann, also noch nicht bewirkt ist. § 273 II verlangt für das Zurückbehaltungsrecht an einem Gegenstand überdies den Besitz des Schuldners. Hat der Schuldner in Unkenntnis des Zurückbehaltungsrechts geleistet, kann er nicht die Rückgewährung der Leistung nach § 813 verlangen (RG 139, 21; Palandt/*Grüneberg* § 273 Rz 19), weil das Zurückbehaltungsrecht nur eine aufschiebende Einrede begründet (Rn 15).

14 **E. Ausschluss des Zurückbehaltungsrechts.** Das Zurückbehaltungsrecht kann aus den verschiedensten Gründen ausgeschlossen sein. Dabei sind zunächst einmal die **gesetzlichen** Ausschließungsgründe zu beachten, zB § 175 (Vollmachtsurkunde), §§ 570, 581 II, 596 II für den Mieter und Pächter oder § 19 II GmbHG für die Stammeinlage des GmbH-Gesellschafters.

15 Da § 273 dispositiv ist, kann das Zurückbehaltungsrecht auch **vertraglich ausgeschlossen** sein. Bei Verbraucherverträgen sind allerdings die §§ 309 Nr 2, 310 III zu beachten, die eine Individualvereinbarung voraussetzen. Allgemeinen Grundsätzen entspr kann das Zurückbehaltungsrecht auch konkludent ausgeschlossen werden, was zB bei Vereinbarung einer Vorausleistungspflicht, einer Barzahlungsklausel (Palandt/*Grüneberg* § 273 Rz 13; AnwK/*Schmidt-Kessel* § 273 Rz 10) oder dann anzunehmen ist, wenn ein neues Rechtsverhältnis

in Kenntnis des Bestehens von Gegenforderungen begründet wird (BGH NJW-RR 90, 49). Auch die Vereinbarung eines vertraglichen Aufrechnungsverbotes inkludiert den Ausschluss des Zurückbehaltungsrechts, soweit die Zurückbehaltung in ihrer Wirkung der Aufrechnung gleichkommt (BGH NJW 84, 129; Palandt/*Grüneberg* § 273 Rz 14).

Aus dem Verständnis des § 273 als besondere Ausformung von **Treu und Glauben** folgen weitere Ausschlüsse (Rn 3), vor allem, wenn dem Zurückbehaltungsrecht überschießende Wirkung zukäme, etwa die dauernde und gänzliche Vereitelung des Gläubigerrechts, wenn es gegen den generellen Grundsatz der Verhältnismäßigkeit verstieße (vgl § 320 II) oder wenn sich die Ausübung als rechtsmissbräuchlich darstellte (AnwK/*Schmidt-Kessel* § 273 Rz 32 ff). 16

Schließlich kann sich der Ausschluss des Zurückbehaltungsrechts aus der **Natur des Schuldverhältnisses** ergeben, wobei eine abschließende Systematisierung der Fälle praktisch unmöglich ist (AnwK/*Schmidt-Kessel* § 273 Rz 23 ff; Palandt/*Grüneberg* § 273 Rz 15 ff mwN). 17

F. Ausübung des Zurückbehaltungsrechts. Das Zurückbehaltungsrecht muss vom Schuldner mit **Einrede** ausgeübt werden. Es ist daher nicht vAw wahrzunehmen, sondern muss ausdrücklich oder konkludent geltend gemacht werden. Dies beruht auf der Überlegung, dass der Gläubiger in die Lage versetzt werden soll, von seiner Abwendungsbefugnis nach § 273 III Gebrauch zu machen (BGH NJW 83, 565; WM 71, 1021; Palandt/*Grüneberg* § 273 Rz 19; Staud/*Bittner* § 273 Rz 121). 18

G. Wirkungen. Das Zurückbehaltungsrecht gewährt dem Schuldner eine aufschiebende (dilatorische) Einrede, der **rechtsgestaltende Wirkung** zukommt (BGH NJW-RR 86, 992; hM, vgl nur Palandt/*Grüneberg* § 273 Rz 20). Sie schränkt das Recht des Gläubigers, die Leistung zu fordern, dahingehend ein, dass der Gläubiger nur mehr zur Forderung der Leistung Zug-um-Zug gegen Bewirkung der Gegenleistung verpflichtet ist. Macht der Schuldner das Zurückbehaltungsrecht geltend, so hindert diese verzögerliche Einrede nicht die Fälligkeit der betreffenden Forderung (so aber BGH NJW 71, 615 f; dazu *Böttcher/Steinberger* MDR 08, 481), sondern deren Durchsetzbarkeit. 19

Strittig ist, ob das Zurückbehaltungsrecht dem Schuldner ein **Recht zum Besitz** (§ 986) gewährt. Die Rspr bejaht dies (BGHZ 64, 124; BGH WM 85, 1421; NJW 95, 2627; so auch Palandt/*Grüneberg* § 273 Rz 20; vgl auch § 986 Rn 6), verneint aber gleichzeitig das Recht des Schuldners, den zurückbehaltenen Gegenstand (unentgeltlich) zu nutzen (BGH NJW 61, 453; 75, 1773). Richtiger erscheint daher die Auffassung, dass die Einrede dem Schuldner kein Recht zum Besitz iSd § 986 gewährt (MüKo/*Krüger* § 273 Rz 92; Staud/*Bittner* § 273 Rz 122). 20

Das Zurückbehaltungsrecht hat **keine dingliche Wirkung**, weshalb es im Insolvenzverfahren außer Betracht bleibt (BGH NJW 05, 884; 02, 2313; Staud/*Bittner* § 273 Rz 124; Palandt/*Grüneberg* § 273 Rz 20). Zu den **prozessualen Wirkungen** s. § 274. 21

H. Abwendung durch Sicherheitsleistung. Da das Zurückbehaltungsrecht dem Schuldner kein Befriedigungsrecht gewährt, sondern va ein Sicherungsmittel darstellt (Rn 4), räumt § 273 III dem Gläubiger das Recht ein, das Zurückbehaltungsrecht des Schuldners durch Sicherheitsleistung abzuwenden. Darin liegt ein wesentlicher Unterschied zu § 320, der eine Abwendung durch Sicherheitsleistung nicht zulässt. Voraussetzung ist, dass der Gläubiger die Sicherheit tatsächlich leistet, das bloße Angebot reicht nicht aus (RGZ 137, 355; hM Palandt/*Grüneberg* § 273 Rz 24). 22

Die Art der Sicherheitsleistung richtet sich nach § 232 ff (BGH NJW 88, 484), doch ist abw davon die Sicherheitsleistung durch Bürgen ausgeschlossen. 23

I. Verwandte Sicherungsmittel. Neben dem allg Zurückbehaltungsrecht nach § 273 kennt das Gesetz noch Sonderfälle, wie zB § 1000 für den unrechtmäßigen Besitzer, § 2022 für den Erbschaftsbesitzer und das kaufmännische Zurückbehaltungsrecht nach §§ 369 ff HGB. Zur Einrede des nicht erfüllten Vertrages nach § 320 s. § 320 Rn 1 ff. 24

§ 274 Wirkungen des Zurückbehaltungsrechts.

(1) Gegenüber der Klage des Gläubigers hat die Geltendmachung des Zurückbehaltungsrechts nur die Wirkung, dass der Schuldner zur Leistung gegen Empfang der ihm gebührenden Leistung (Erfüllung Zug um Zug) zu verurteilen ist.
(2) Auf Grund einer solchen Verurteilung kann der Gläubiger seinen Anspruch ohne Bewirkung der ihm obliegenden Leistung im Wege der Zwangsvollstreckung verfolgen, wenn der Schuldner im Verzug der Annahme ist.

Die Regelung der „Wirkung des Zurückbehaltungsrechts" in § 274 ist unvollständig (AnwK/*Schmidt-Kessel* § 274 Rz 1), weil sie nur die Auswirkungen auf die Erfüllungsklage des Gläubigers (§ 274 I) und die Vollstreckung aus dem Zug-um-Zug-Titel betrifft. Die sonstigen Wirkungen der Erhebung der Zurückbehaltungseinrede, nämlich die rechtsgestaltende Wirkung, die den Anspruch des Gläubigers mit dem des Schuldners dahingehend verknüpft, dass der Schuldner nur noch zur Zug-um-Zug-Leistung verpflichtet ist, ergibt sich (mittelbar) aus § 273 (s. § 273 Rn 19). 1

Vor §§ 275 ff

2   § 274 I transportiert die materiellrechtliche Wirkung der Einrede des Zurückbehaltungsrechts (Verknüpfung der Ansprüche zur Zug-um-Zug-Erfüllung) in das Prozessrecht und bestimmt die Wirkungen im Erkenntnisverfahren (MüKo/*Krüger* § 274 Rz 1). Das der Klage stattgebende Urt hat bei Erhebung der Einrede auf Leistung Zug-um-Zug gegen Erfüllung der Gegenleistung zu lauten. Technisch handelt es sich aber auch bei der Geltendmachung des Zurückbehaltungsrechts im Prozess um eine Einrede. Das Zurückbehaltungsrecht wird also nicht vAw wahrgenommen, sondern muss vom Beklagten geltend gemacht werden. Nicht erforderlich ist, dass der Beklagte formell einen Antrag auf Verurteilung Zug-um-Zug stellt; es reicht aus, wenn sich aus den Umständen ergibt, dass der Beklagte das Zurückbehaltungsrecht geltend machen will (BGH NJW-RR 86, 992; Palandt/*Grüneberg* § 274 Rz 1). Selbst die außergerichtlich erhobene Einrede reicht aus, wenn dieser Umstand in den Prozess einfließt (Staud/*Bittner* § 274 Rz 3; MüKo/*Krüger* § 274 Rz 4).

3   Die Verurteilung Zug-um-Zug gegen Empfang der Gegenleistung ist ggü der unbeschränkten Verurteilung ein minus, kein aliud (Palandt/*Grüneberg* § 274 Rz 2; Staud/*Bittner* § 274 Rz 4). Besteht der Kläger trotz der Zurückbehaltungseinrede auf eine unbeschränkte Verurteilung, so wird die Klage teilweise abgewiesen (BGHZ 117, 3) mit der Folge, dass die Kosten nach § 92 ZPO zu teilen sind (Staud/*Bittner* § 274 Rz 4; MüKo/*Krüger* § 274 Rz 7).

4   Die Zwangsvollstreckung aus einem auf Leistung Zug-um-Zug lautenden Urt richtet sich nach den §§ 726 II, 756, 765 ZPO, die durch § 274 II ergänzt werden (Staud/*Bittner* § 274 Rz 6). Das Zug-um-Zug-Urteil gibt zunächst einmal nur dem Gläubiger die Möglichkeit, die Zwangsvollstreckung zu betreiben, nicht aber dem zurückhaltenden Schuldner (AnwK/*Schmidt-Kessel* § 274 Rz 10). Die Vollstreckung setzt aber den Beweis voraus, dass der Gegenanspruch erfüllt ist oder der Schuldner hinsichtlich der Gegenleistung in Annahmeverzug ist (§ 274 II). Dabei kommt dem Nachweis der Erfüllung der Gegenforderung oder des Annahmeverzugs entscheidende Bedeutung zu (AnwK/*Schmidt/Kessel* § 274 Rz 11), der sich nach den §§ 756, 765 ZPO richtet: Der Nachweis muss regelmäßig durch öffentliche oder öffentlich beglaubigte Urkunden erbracht werden; bei Vollstreckung durch den Gerichtsvollzieher kann der Annahmeverzug durch diesen begründet werden (AnwK/*Schmidt-Kessel* § 274 Rz 11). Der Gläubiger kann den erforderlichen Nachweis aber auch dadurch erbringen, dass er vor oder während des Prozesses den Annahmeverzug herbeiführt und im Erkenntnisverfahren einen entspr Feststellungsantrag stellt (MüKo/*Krüger* § 274 Rz 10). Das Feststellungsurteil erfüllt die Beweisform (AnwK/*Schmidt-Kessel* § 274 Rz 11), doch reicht es aus, wenn sich der Annahmeverzug aus den Urteilsgründen ergibt (Köln JurBüro 89, 873; Palandt/*Grüneberg* § 274 Rz 4).

Vorbemerkungen vor §§ 275 ff

1   **A. Überblick.** Schuldrecht ist das Recht der durch Pflichten zwischen Personen konstituierten und gestalteten Rechtsverhältnisse zwischen diesen Personen. Das durch das SchRModG neugestaltete Schuldrecht baut deshalb folgerichtig für Störungen, dh nicht dem Pflichtenplan entspr Entwicklungen, auf dem **zentralen Begriff der „Pflichtverletzung"** auf (s. Rn 5–8). Die Gliederung folgt dann den verschiedenen Konsequenzen, die eine solche Pflichtverletzung haben kann, den Rechtsbehelfen des Gläubigers. Im allgemeinen Schuldrecht sind dies va der Erfüllungsanspruch, der Anspruch auf Schadensersatz und die Rechte zur Aufhebung des Vertrags durch Rücktritt oder Kündigung (s. Rn 9–12).

2   Die Auffassungen darüber, welchem **System** das Recht der Abweichungen vom Pflichtenplan (Leistungsstörungsrecht) folgt, gehen zT weit auseinander. Zum alten Recht s. insoweit die Nachweise bei Schlechtriem/*Schmidt-Kessel* Schuldrecht AT Rz 447. Für das neue Recht hat va dessen wechselvolle Entstehungsgeschichte dazu geführt, dass erneut Unsicherheiten über das dem Gesetz zugrunde liegende System bestehen. Wenig hilfreich sind dabei zunächst solche Auffassungen, die versuchen, die Gliederung nach Störungstypen auch unter dem neuen Recht fortzuschreiben (insb *Wilhelm* JZ 04, 1055). Ihr Ansatzpunkt ist der Begriff der Pflichtverletzung, in den sie bestimmte weitere Voraussetzungen einzelner Rechtsbehelfe hineinlesen wollen. Solche Versuche, die ihre Wurzel teilweise noch in dem früheren Bemühen haben, die Reform durch den Vorwurf der Absurdität insgesamt zu verhindern, werden dem geltenden Schuldrecht nicht gerecht. Im Gesetzestext lassen sich die entstandenen Unsicherheiten insb an der Aufgliederung der Regelungskomplexe zum Schadensersatz (§§ 280–286, 311a II) und zur Vertragsaufhebung (§§ 323–326, 314) sowie am Ausschluss des Erfüllungsanspruchs nach § 275 festmachen. Im Blick auf diese Vorschriften wird daher nicht selten davon gesprochen, das neue Recht verbinde rechtsfolgenorientierte Elemente mit tatbestandsorientierten zu einem Mischsystem (idS bspw *Looschelders* Schuldrecht AT Rz 454 ff; ähnl MüKo/*Ernst* vor § 275 Rz 11 ff, noch anders *Huber* in *Huber/Faust* 10 ff). Die später eingefügten Unterscheidungen bei den Voraussetzungen der verschiedenen Rechtsbehelfe sind jedoch lediglich ein – nicht immer gelungener – Versuch, Klarstellungen zu erreichen und dem unter dem alten Schuldrecht ausgebildeten Juristen die Lektüre des Gesetzes zu erleichtern.

3   Wie schon vom *Abschlussbericht der Schuldrechtsreformkommission* und dem *DiskE* vorgeschlagen, erfolgt **die Ausdifferenzierung des Systems allein auf der Rechtsfolgenseite**: An den **Zentraltatbestand der Pflichtverletzung** knüpfen die drei wichtigsten Rechtsbehelfe an: der (im allgemeinen Schuldrecht va hinsichtlich seiner Grenzen geregelte) Erfüllungsanspruch, der Schadensersatz mit seiner Anspruchsgrundlage in § 280 sowie

die Vertragsaufhebung, deren allgemeine Voraussetzungen in den §§ 314, 323 geregelt sind. Gegen dieses System lässt sich insb § 275 IV nicht ins Treffen führen: Die Vorschrift stellt lediglich klar, dass § 275 I–III nur den Erfüllungsanspruch, nicht aber die diesem zugrunde liegende Pflicht beseitigen (s. § 275 Rn 5).

Gleich welcher Auffassung vom System des neuen Rechts man auch folgen mag: Immer kommt es zum **Auseinanderfallen von äußerem und innerem System des Gesetzes**, also von der Gliederung des Gesetzestextes und seiner dogmatischen Aufarbeitung. Die Ursache dafür liegt neben der bewegten Entstehungsgeschichte des neuen Schuldrechts in der Ordnungsidee, die mit dem Schuldrecht verbunden ist (dazu auch vor § 241 Rn 5): Bestimmte Rechtsbehelfe sind von vornherein nur vertragsrechtlicher Art oder verlangen darüber hinaus das Vorliegen gegenseitiger vertraglicher Pflichten. Diese Rechtsbehelfe, insb die Aufhebung des Vertrags durch Rücktritt oder Kündigung, regelt das Gesetz nicht iRd allgemeinen Vorschriften über Pflichtverletzungen (§§ 275 ff), sondern davon getrennt im Abschnitt 3 über Schuldverhältnisse aus Verträgen. Wäre nicht das **Schuldrecht als Ganzes**, sondern lediglich das **Vertragsrecht** Gegenstand des 2. Buches des BGB, wäre hingegen eine zusammenfassende Regelung geboten, die derjenigen in Kap 9 der Principles of European Contract Law vergleichbar wäre. Bei der Regelungskonzeption des geltenden BGB ist hingegen immer zu beachten, dass die §§ 275 ff auch auf nichtvertragliche Schuldverhältnisse Anwendung finden. Gleichwohl sind auch diese Regeln primär auf ihre Anwendung in vertraglichen Schuldverhältnissen angelegt. Dasselbe gilt für Book III Chapter 3 DCFR. **4**

B. Pflichtverletzung. Pflichtverletzung ist die **unberechtigte Abweichung einer Partei vom Vertragsprogramm**. Sie ist **Voraussetzung für sämtliche Rechtsbehelfe**, also insb den Erfüllungsanspruch (s. § 275 Rn 1), die Kündigung und den Rücktritt (§ 314 Rn 9; § 323 Rn 12 ff) sowie den Schadensersatz (§ 280 Rn 10). Erforderlich ist daher zunächst die Feststellung des Vertragsprogramms mit den einzelnen Pflichten der Parteien; sodann werden deren Verhalten und die erreichten Erfolge an diesem Programm gemessen. Regelfall ist damit die bloße Nichterfüllung bei Fälligkeit (unrichtig Jauernig/*Stadler* vor §§ 275–292 Rz 3). Auf den Grund der Nichterfüllung kommt es dabei nicht an (*Riehm*, FS Canaris 1079, 1092). Zu den Gründen für die Wahl des Begriffs Pflichtverletzung s. *Schlechtriem/Schmidt-Kessel* Schuldrecht AT Rz 454. Das Vertretenmüssen (s. § 276 Rn 1) ist nach geltendem Schuldrecht weitgehend auf die Funktion einer zusätzlichen Voraussetzung des Schadensersatzes beschränkt (Palandt/*Heinrichs* vor § 275 Rz 8). **5**

Das Schuldrecht in seiner seit dem 1.1.02 geltenden Fassung kennt selbstverständlich verschiedene Pflichteninhalte, es **unterscheidet** jedoch **nicht** grds **nach verschiedenen Pflichtentypen** (missverständlich etwa Palandt/*Heinrichs* zu § 280 Rz 12). Soweit etwa in den §§ 281, 282, 323, 324 verschiedene Arten der Verletzung angesprochen werden, handelt es sich nicht um dogmatische, sondern um heuristische Kategorien, die eine klare Abgrenzung untereinander nicht erlauben. Das neue Schuldrecht unterscheidet – von den Sonderregeln zu den einzelnen Vertragstypen abgesehen – **nicht zwischen der Nichterfüllung, der Schlechterfüllung und der Verletzung von Nebenpflichten**. **6**

Unrichtig ist vor diesem Hintergrund das gelegentlich geforderte Hineinlesen der weiteren Voraussetzungen der §§ 281-283 in den Begriff der Pflichtverletzung (idS etwa *Wilhelm* JZ 04, 1055, 1056; Jauernig/*Stadler* vor §§ 275-292 Rz 6; zumindest missverständlich Palandt/*Heinrichs* vor § 275 Rz 9). Die Vorschriften dienen gerade umgekehrt der **Loslösung des Gesetzes von der anachronistischen Vorstellung einer Typologie der Leistungsstörungen**. Wie § 280 III zeigt, regeln sie lediglich zusätzliche Voraussetzungen für die Ersatzfähigkeit einzelner Schadensposten (s. § 280 Rn 3). Das zeigt auch, dass die Unmöglichkeit als solche keine Pflichtverletzung, sondern allenfalls die Ursache einer solchen ist (s. BGH NJW 06, 986, 987,; aA etwa Jauernig/*Stadler* vor §§ 275-292 [Unmöglichkeit als Erscheinungsform der Pflichtverletzung]). Erst recht wird dem Gesetz eine Auffassung nicht gerecht, die § 280 I auf die Verletzung von Schutzpflichten zu beschränken sucht (so insb *Ehmann/Sutschet* JZ 04, 62, 67). **7**

Die **Wege zur Begründung der Pflicht** sind vielfältig (s. die Übersicht § 280 Rn 11–17): Sie kann aufgrund Vertrages – evtl auch zugunsten Dritter – und seiner Auslegung im Lichte von Treu und Glauben (s. § 242 Rn 26) oder aufgrund Gesetzes bei Vorliegen bestimmten tatsächlicher Voraussetzungen, zB Vertragsanbahnung, Geschäftsführung ohne Auftrag für einen anderen, Erbfall, usw entstanden sein. Sie kann Leistungspflicht iSv § 241 I sein oder Schutzpflicht iSv § 241 II (s. § 241 Rn 15); die typischerweise mit einer solchen Klassifizierung verbundenen Zwecke können bei Verletzungen zu unterschiedlichen Rechtsfolgen führen. Natürlich entstehen mit einem Schuldverhältnis zumeist nicht nur eine einzelne Pflicht, sondern mehrere und entspr mehrere Möglichkeiten einer Störung durch Verletzung der Pflichten. **8**

C. System der Rechtsbehelfe. Das System der gesetzlichen Rechtsbehelfe bildet sozusagen das **Rückgrat des Schuldrechts** für Fälle von pflichtverletzenden Ereignissen, insbes – bei Leistungspflichten – von sog Leistungsstörungen. Hier können die Ursachen und Gründe der Pflichtverletzung erheblich werden, denn sie können zusätzlich zur Pflichtverletzung als negative oder positive Voraussetzungen für die Begründung eines bestimmten Rechtsbehelfs von Bedeutung sein. Als allgemeine Rechtsbehelfe sind die Ansprüche auf Erfüllung und Schadensersatz zu sehen, ferner – bei vertraglichen Schuldverhältnissen – die Rechte zur Aufhebung des Vertragsbandes durch Rücktritt oder Kündigung. Für bestimmte Konstellationen oder für bestimmte Vertragstypen stellt das Gesetz weitere, spezielle Rechtsbehelfe zur Verfügung, etwa einen Anspruch auf Ersatz **9**

von Aufwendungen oder das Recht zur Minderung der (eigenen) Gegenleistung, etwa bei Kauf-, Miet-, Werk- und Reisevertrag, aber auch bei Durchführung eines Vertrages durch Leistung (Ersatzherausgabe) eines minderwertigen Surrogates im Falle des § 326 III (s. § 326 Rn 19). Hier wie etwa im Miet- und Reisevertragsrecht tritt die Minderung freilich ipso iure ein, so dass der Gläubiger diesen Rechtsbehelf nicht „ausüben" muss. Richtigerweise lässt sich aus den Regelungen der einzelnen Vertragstypen sowie aus §§ 323, 326 ein allgemeines Recht zur Minderung herleiten (s. *Schlechtriem/Schmidt-Kessel* Schuldrecht AT Rz 556 f).

10 Das Gesetz betrachtet diese **Rechtsbehelfe grds** als **gleichrangig** und gibt damit die überkommene Vorstellung vom Erfüllungszwang als Kehrseite der Pflicht, vom Erfüllungsanspruch als dem selbstverständlichen „Rückgrat der Obligation" auf (*Schlechtriem/Schmidt-Kessel* Schuldrecht AT Rz 459, 465 f). Der **Erfüllungsanspruch ist ein Rechtsbehelf unter mehreren**; das zeigt nicht zuletzt der Umkehrschluss aus §§ 281 I 1, 323 I, 637 I, 651c III, 651e II. Dass der Gesetzgeber gleichwohl primär auf eine Durchführung von Verträgen und sonstigen Schuldverhältnissen in Natur setzt, lässt sich daran ablesen, dass er vom Gläubiger eines solchen mehrfach verlangt, dem Schuldner mittels Setzung einer angemessenen Frist zunächst noch einmal die Möglichkeit einzuräumen, seine Pflichten zu erfüllen (§§ 281 I 1, 323 I, 637 I, 651c III, 651e II). Der so begründete **Vorrang des Erfüllungsanspruchs** bedarf jedoch – darin zeigt sich gerade die Gleichrangigkeit der Rechtsbehelfe – **im Einzelfall** der **ausdrücklichen Anordnung** für den jeweiligen Rechtsbehelf. Das zeigt sich auch daran, dass die einmal erfolgte Beseitigung des Vorrangs durch Fristsetzung endgültig ist; nicht etwa stellt das weitere Drängen des Gläubigers auf Erfüllung den Vorrang wieder her (*Schlechtriem/Schmidt-Kessel* Schuldrecht AT Rz 459; unrichtig daher Celle NJW 05, 2094).

11 **Praktische Bedeutung** erlangt diese Regelungsstruktur va bei solchen Rechtsbehelfen, für die **keine ausdrückliche Anordnung des Fristsetzungserfordernisses** gegeben ist, etwa bei den Aufwendungsersatzansprüchen nach §§ 478 II (s. dort Rn 17), 536a II (s. *Schlechtriem/Schmidt-Kessel* Schuldrecht AT Rz 459) oder bei den besonders geregelten Aufhebungsrechten nach §§ 543 (s. dort Rn 24 für den Mietrückstand), 626 (zu dem inzwischen vielfach aus § 314 II abgeleiteten Erfordernis einer Abmahnung vgl § 620 Rn 57 ff), und Schadensersatzansprüchen nach §§ 536a I, 628 II (s. BGH NJW 02, 3237 [zum alten Schuldrecht]). Die Begründung eines zusätzlichen Fristsetzungs- oder Abmahnungserfordernisses lässt sich in diesen Fällen jedenfalls nicht auf einen allgemeinen Vorrang des Erfüllungsanspruchs stützen.

12 Neben den genannten Rechtsbehelfen kommt gelegentlich eine Rechtsdurchsetzung durch den Gläubiger im Wege der **Selbsthilfe** oder ähnlicher Formen in Betracht (s. *Schlechtriem/Schmidt-Kessel* Schuldrecht AT Rz 460). Va räumt das Gesetz dem Schuldner, der seinerseits vom Gläubiger etwas fordern kann, in einer Reihe von Bestimmungen **Zurückbehaltungsrechte** ein (etwa §§ 273, 359, 1000 oder §§ 369 ff HGB). Durch Zurückhaltung der eigenen Leistung soll der Gläubiger zur Erfüllung seiner Pflicht angehalten werden. Die Ausübung eines Zurückbehaltungsrechts soll und kann also Erfüllungszwang bewirken. Freilich erlauben Zurückbehaltungsrechte primär nur eine Verteidigung des Schuldners gegen Ansprüche seines Gläubigers; ihre Funktion als Rechtsbehelf ist deshalb eher sekundär und mittelbar.

§ 275 Ausschluss der Leistungspflicht.

(1) Der Anspruch auf Leistung ist ausgeschlossen, soweit diese für den Schuldner oder für jedermann unmöglich ist.

(2) ¹Der Schuldner kann die Leistung verweigern, soweit diese einen Aufwand erfordert, der unter Beachtung des Inhalts des Schuldverhältnisses und der Gebote von Treu und Glauben in einem groben Missverhältnis zu dem Leistungsinteresse des Gläubigers steht. ²Bei der Bestimmung der dem Schuldner zuzumutenden Anstrengungen ist auch zu berücksichtigen, ob der Schuldner das Leistungshindernis zu vertreten hat.

(3) Der Schuldner kann die Leistung ferner verweigern, wenn er die Leistung persönlich zu erbringen hat und sie ihm unter Abwägung des seiner Leistung entgegenstehenden Hindernisses mit dem Leistungsinteresse des Gläubigers nicht zugemutet werden kann.

(4) Die Rechte des Gläubigers bestimmen sich nach den §§ 280, 283 bis 285, 311a und 326.

1 **A. Erfüllungsanspruch als Rechtsbehelf.** Der Erfüllungsanspruch (s. § 241 Rn 22–24) ist **einer von mehreren Rechtsbehelfen**, mit denen die Pflicht(en) des Schuldners in Natur (sub specie) durchgesetzt werden kann. Nach der Grundkonzeption des neuen Schuldrechts ist der Erfüllungsanspruch nicht mehr von vornherein der „primäre" Rechtsbehelf; er muss jedoch häufig geltend gemacht werden, bevor auf andere Rechtsbehelfe zurückgegriffen werden kann (s. vor § 275 Rn 10). Er ist nicht mehr das Rückgrat der Obligation (vgl *Rabel* Recht des Warenverkaufs I 375).

2 Die **terminologische Behandlung** des Erfüllungsanspruchs durch das G ist **sehr unglücklich**. Das G bezeichnet ihn in § 275 als „**Leistungspflicht**" und stiftet damit überflüssige Verwirrung. Es geht nämlich gerade nicht um eine Pflicht iSd §§ 280, 323, sondern um die Folge der Verletzung einer solchen.

3 *Die Vorschrift gilt auch für gesetzliche* **Erfüllungsansprüche**, insb solche aus § 1004 (BGH NJW 08, 3122 Rz 17; 08, 3123 Rz 19 [keine Verdrängung durch § 912]; aA Staud/*Gursky* [2006] § 1004 Rz 154; Gsell LMK 08, 266937; anders für § 985 Palandt/*Heinrichs* § 275 Rz 2). Wegen des abw zu bestimmenden Gläubigerinteresses dürften jedoch bei Ansprüchen aus dinglichen Rechten die Zumutbarkeitsschwellen bei § 275 II, III erheblich

über denjenigen des Vertragsrechts liegen (vgl BGH NJW 07, 2183 f Rz 8 ff [Verwirkung von § 985 nur wenn „schlechthin unerträglich"]). Bei der schadensersatzrechtlichen Naturalrestitution geht § 251 II 1 vor.

B. Wirkungen von Leistungshindernissen im Allgemeinen (§ 275). Das materielle Recht (zu vollstreckungsrechtlichen Grenzen s. §§ 887, 888 ZPO sowie *Neufang* Erfüllungszwang 278 ff) muss berücksichtigen, dass sich **der Erfüllung Hindernisse entgegenstellen** können, die für den Schuldner unüberwindbar sind und die deshalb einer Durchsetzung, insb einer gerichtlichen Durchsetzung, des Anspruchs auf Naturalerfüllung Schranken setzen müssen. Das SchRModG hat diese Sachfrage allg in dem neugefassten § 275 zu lösen versucht (zur Vorgeschichte AnwK/*Dauner-Lieb* § 275 Rz 3; *Schlechtriem/Schmidt-Kessel* Schuldrecht AT Rz 470): Der Erfüllungsanspruch entfällt oder ist undurchsetzbar; darin liegt auch die grds Zuweisung der **Leistungsgefahr** an den Gläubiger. Die Vorschrift ist freilich in der letzten Phase durch bestimmte, am alten Recht orientierte Ausdifferenzierungen eher schwer verständlich geworden und dürfte auch in der praktischen Anwendung Schwierigkeiten bereiten. Umso wichtiger ist es, bei der Auslegung von § 275 darauf zu achten, dass die Grundidee der ursprünglichen Vorschläge erhalten geblieben ist.

Die Vorschrift behandelt nur die Grenzen von Ansprüchen auf Erfüllung in Natur und lässt die jeweils **zugrunde liegenden Pflichten unberührt** (s. Rn 13 f). Dies ergibt sich bereits aus dem Wortlaut von § 275 I, der nicht mehr davon spricht, dass der Schuldner „von der Verpflichtung zur Leistung frei" wird (§ 275 I aF), sondern ausdrücklich den Anspruch auf die Leistung ausschließt. Der (unvollständige) § 275 IV hat demgegenüber nur deklaratorische Bedeutung (s. Rn 13). Die dem Erfüllungsanspruch gezogenen Grenzen sind nach den **Wirkungen** des bestehenden Hindernisses **abgestuft**: Schließt dieses die Erbringung der Leistung überhaupt oder auch nur für den Schuldner aus, besteht der Erfüllungsanspruch nach I nicht (Unmöglichkeit); stehen die zur Erfüllung erforderlichen Aufwendungen wirtschaftlich außer Verhältnis zum Interesse des Gläubigers, kann der Schuldner die Erfüllung in Natur nach II einredeweise verweigern (wirtschaftliche Unzumutbarkeit); III enthält ein entspr Verweigerungsrecht in Fällen der persönlichen Unzumutbarkeit. Anders als nach § 306 aF kann Unmöglichkeit auch nicht mehr zur Nichtigkeit des Vertrags führen, § 311a I; das hat auch zur Folge, dass nach neuem Recht eine rückwirkende Vertragsänderung möglich ist und damit ggf auch die Verurteilung zu einer solchen (BAG NZA 04, 1225).

§ 275 erfasst schon seinem Wortlaut nach auch **Teilstörungen**. Der Schuldner kann dann Naturalerfüllung auch nur für den Teil verweigern, dessen Erfüllung unmöglich oder unzumutbar ist, respective geworden ist; Ausnahmen sind die rechtliche Unteilbarkeit (BGH NJW 00, 1256) oder die tatsächliche Sinnlosigkeit der Teilleistung (BGH NJW-RR 95, 853, 854). Ist die Unmöglichkeit oder Unzumutbarkeit nur eine **vorübergehende**, kann nach ihrer Behebung wieder Naturalerfüllung verlangt und durchgesetzt werden. Das ergibt sich freilich nicht aus § 275 I (BGH NJW 07, 3777 Rz 24 f; Jauernig/*Stadler* § 275 Rz 10; aA offenbar BAG NZA-RR 08, 418 Rz 24), sondern erst aus einer entspr Anwendung der Vorschrift (aA *Kaiser* FS Hadding 121 ff). Freilich kann ein nur vorübergehendes Leistungshindernis gleichwohl endgültige Unmöglichkeit oder Unzumutbarkeit bewirken, etwa bei einem **absoluten Fixgeschäft**, wenn der Leistungstermin verstrichen und wegen des Charakters als absolutes Fixgeschäft Nachholung der Leistung nicht möglich ist (s. Rn 8). Ebenso kann das Verstreichen des Leistungstermins zu einer signifikanten Absenkung des Gläubigerinteresses oder erheblichen Steigerung des Aufwands für die Nachholung iS von § 275 II führen (s. Rn 8, 26); nur in seltenen Fällen wird insoweit noch ein Rückgriff auf § 275 I in Betracht kommen (ungenau Karlsr NJW 05, 989, 990). Bei **Geldschulden** kommt eine Anwendung von § 275 **nicht** in Betracht, solange nicht die Vertrags- und Zahlungswährung ohne rekurrenten Anschluss entfällt (vgl *Kähler* AcP 206 [2006] 805, 821 ff, der zusätzlich die Fälle einer bestimmten Finanzierungsquelle und der absoluten Fixschuld nennt, die freilich kaum einmal eingreifen werden); die Herausgabe eines Surrogats nach § 285 (BGHZ 140, 223, 239 f) oder des durch den Beauftragten Erlangten nach § 667 (BGHZ 165, 299, 301) ist keine Geldschuld idS. Keine eigenständige Kategorie, sondern schlicht **irreführend** ist die sog **qualitative Unmöglichkeit** (s. *Lorenz* JZ 01, 742, 743). Tatsächlich geht es auch insoweit um den Ausschluss von Erfüllungsansprüchen, welche sich auf die Beseitigung von Qualitätsdefiziten beziehen.

C. Unmöglichkeit als Einwendung gegen den Anspruch auf Naturalerfüllung. Nach § 275 I kann ein Anspruch auf Naturalerfüllung nicht durchgesetzt werden, wenn die Leistung in Natur entweder „für jedermann", also **objektiv**, oder „für den Schuldner", also **subjektiv, unmöglich** ist. Die Unmöglichkeit kann **faktische oder rechtliche Gründe** haben. Ob der Schuldner sie verursacht und/oder zu verantworten hat, spielt hier keine Rolle. Unerheblich ist auch, ob die Unmöglichkeit bei vertraglichen Pflichten bereits bei Abschluss des Vertrages, also **anfänglich**, bestand **oder nachträglich** eingetreten ist. Alle diese nach altem Recht wichtigen **Distinktionen haben** für die aus § 275 I folgende Undurchsetzbarkeit des Anspruchs auf Naturalerfüllung ihre **Bedeutung verloren**. Bei § 311a II geht es richtigerweise nur noch um einen besonderen Haftungsstandard für bei Vertragsschluss vorliegende Pflichtverletzungen (s. § 276 Rn 17). Ob die Leistung jedermann oder dem Schuldner unmöglich ist, richtet sich allein nach dem vertraglich Geschuldeten. Maßgeblich ist daher **primär** der **Parteiwille** (*Himmelschein* AcP 135 [1932] 255, 282). So vermag dieser etwa beim Stückkauf dem Käufer die Neulieferung zu eröffnen, obwohl dies mit der Qualifikation als Stückkauf nur schwer zu vereinbaren ist (BGH BB 06, 1984, 1986; s. § 243 Rn 2).

Beim Gebrauchtwagenkauf begründet die mangelnde Herstellbarkeit des Originalzustands idR keine Unmöglichkeit der Herstellung von Mangelfreiheit (BGH NJW 09, 2807 Rz 8).

8 I. Fallgruppen. Die früher entwickelten Fallgruppen lassen sich auch unter dem neuen Recht weitgehend fortschreiben, wenngleich ihre Bedeutung erheblich reduziert ist: Ist eine angemessene Nachfrist gesetzt und verstrichen, kommt es für den Rücktritt und den Schadensersatz statt der Leistung auf die Voraussetzungen des § 275 nicht mehr an (s. § 281 Rn 14, § 283 Rn 4). Für die vertragliche Haftung gleichwohl von einer gewissen Bedeutung sind zum einen diejenigen Fälle, in denen die Leistung nach den Naturgesetzen oder nach dem Stand von Wissenschaft und Technik nicht erbracht werden kann (**naturgesetzliche oder physische Unmöglichkeit**). Paradigmatisch dafür steht der Untergang des Vertragsgegenstands, etwa der Kauf- oder Mietsache (BGHZ 2, 268, 270 [Kaufsache]; Karlsr NJW-RR 95, 849 [Mietsache]). Das Versiegen der einzig möglichen Bezugsquelle für die geschuldete Ware begründet ebenfalls einen Fall der Unmöglichkeit und schließt also den Erfüllungsanspruch aus (RGZ 57, 116, 119). Dasselbe gilt für den Ausfall des Schuldners bei höchstpersönlich zu erbringenden Leistungen (RGZ 5, 278, 279; LG Berlin, NJW 63, 513; vgl zur Leistung des Arbeitnehmers *Löwisch* NZA 01, 465, 466 f); hingegen gehören die früher hier vielfach diskutierten Fälle der Pflichtenkollisionen, soweit diese nicht schon die dem Anspruch zu Grunde liegende Pflicht selbst ausschließen, und Gewissenskonflikte (vulgo „sittliche" oder „moralische Unmöglichkeit") in den Anwendungsbereich von § 275 III (s. Rn 29). Der Beschäftigungsanspruch eines Arbeitnehmers kann wegen fehlender Möglichkeit einer leidensgerechten Beschäftigung ausgeschlossen sein (LAG Hamm 20.12.05, 19 Sa 1375/05, Rz 60 ff, nv (juris) [Markumar-Patient; iE verneint]). Schließlich zählt hierher auch das Verstreichen des maßgeblichen Zeitpunkts oder Zeitraums bei nicht nachholbaren Leistungen, insb beim absoluten Fixgeschäft (BGHZ 60, 14, 16 [Urlaubsreise]; 99, 182, 189 [Stadthallenvermietung für Veranstaltung]; BAG AP BGB § 611 Sachbezüge Nr 21 Rz 41 [Überlassung des Dienstwagens für die Vergangenheit]; BAG NJW 08, 872 Rz 47 [Festlegung von Zielen einer Zielvereinbarung für die Vergangenheit]; Kobl MDR 06, 1351 [Änderung des Abflugflughafens wg Schnee; offen gelassen]; MüKo/*Ernst* § 275 Rz 45 ff; s. aber BGH NJW 09, 2743 [Flugbeförderung idR kein absolutes Fixgeschäft]). Für die früher bei der Unmöglichkeit eingeordneten Fälle der durch Verschlechterung wirtschaftlich völlig veränderten Sachen s.u. Rn 26.

9 Zum anderen spielt die sog **rechtliche Unmöglichkeit** eine erhebliche Rolle, also die Konstellation, in welcher die Leistung aus rechtlichen Gründen nicht erbracht werden kann. Hierzu zählt zunächst die Nichtexistenz eines zu übertragenden Rechts (BGHZ 96, 385, 388 [noch zu bestellendes Erbbaurecht an einem Grundstück, dessen planungsrechtliche Bebaubarkeit entfällt]). Von deutlich größerer praktischer Bedeutung sind freilich die Fälle des gesetzlichen Verbots der Leistung (RGZ 102, 203, 205 [Verkauf von Kriegsschiffen scheitert am Vertrag von Versailles]; RGZ 146, 60, 64 [Verbot der Errichtung von Verkaufsstellen]; BGH NJW 83, 2874 [Importverbot]; BGHZ 122, 117 und BGH NJW 95, 2026 [jeweils: Abtretungsverbot einer Honorarforderung eines Rechtsanwalts]; BAG NZA-RR 08, 418 Rz 24 [arbeitszeitrechtliches Verbot]), ihrer Untersagung durch Verwaltungsakt (etwa RGZ 140, 378, 381) und der Versagung einer erforderlichen behördlichen Genehmigung (RGZ 149, 348, 349; BGH NJW-RR 97, 686, 688). Bei einem Handelsembargo wird heute zumeist ein gesetzliches Verbot des Vertrags oder seiner Erfüllung durch EG-Verordnung vorliegen (vgl *Bittner* RIW 94, 458, 459 f; *Bittner* ZVglRWiss 93 [94] 268, 271-275). Die bisherige arbeitsgerichtliche Rechtsprechung zur rechtlichen Unmöglichkeit des Urlaubsanspruchs eines Arbeitnehmers nach §§ 1 ff BUrlG bei Unmöglichkeit der Freistellung (s. VorauflRz 8) verstößt zumindest teilweise gegen Art 7 Arbeitszeitrichtlinie 2003/88/EG, weil das Erlöschen des Urlaubsanspruchs die vorherige Möglichkeit der Inanspruchnahme voraussetzt (EuGH NJW 09, 495 Rz 43). Jedenfalls bei dauerhafter Erkrankung erlischt der Urlaubsanspruch daher nicht nach § 275 I (BAG NZA 09, 538 Rz 44 ff). Dasselbe gilt richtigerweise auch, wenn der Arbeitnehmer einer vorrangigen öffentlich-rechtlichen Dienstpflichten nachkommen muss (anders BAG NZA 06, 439, 441) oder ein Beschäftigungsverbot nach §§ 3, 4 MuSchG eingreift (anders BAG AP BUrlG § 7 Nr 19). Unmöglichkeit kann hingegen noch eintreten, wenn der Urlaubsanspruch mangels rechtzeitiger Übertragung oder Ablauf des Übertragungszeitraums nach § 7 III 3 BUrlG entfällt (BAG NZA 06, 439, 441, Rz 36 [auch zu § 47 VII Uabs II 1 BAT]). Zur Haftung bei Verzug mit der Urlaubsgewährung s. § 287 Rn 3.

10 Nicht als Fall der Unmöglichkeit gilt hingegen das **gesetzliche Verbot des Verpflichtungsgeschäfts** iSv § 134 BGB (Staud/*Löwisch* [2004] § 275 Rz 38). Für die Haftung des Schuldners nach altem Recht war die Differenzierung zwischen dem Verbot der Verpflichtung und dem Verbot ihrer Erfüllung allerdings nicht von Interesse: § 309 aF stellte beide Fälle insoweit durch den Verweis auf § 307 aF gleich. Im neuen Recht ist diese Gleichstellung entfallen; die Haftung des Schuldners bei Scheitern des Verpflichtungsgeschäfts nach § 134 kann sich nunmehr aus den §§ 280 I, 311 II (culpa in contrahendo) ergeben. Für den Fall eines **nachträglichen gesetzlichen Verbots des Verpflichtungsgeschäfts** wird hingegen wegen des Zuschnitts von § 134 auf anfänglich bestehende Verbote angenommen, dass dieses nicht zur endgültigen Nichtigkeit des Vertrags führe; für die Zeiträume vor Erlass und nach Aufhebung des Verbots kann daher Erfüllung verlangt werden (BGHZ 45, 322, 326-329; vgl *Medicus* NJW 95, 2577, 2578; MüKo/*Ernst* § 275 Rz 44 außerdem *Canaris* DB 02, 930 ff [zur Aufhebung von § 103 GWB aF]). Damit findet im Ergebnis § 275 I – unmittelbar oder wegen vorübergehender Unmöglichkeit – Anwendung (anders noch RGZ 102, 203, 205 für einen Anspruch aus § 281 aF [§ 285]).

Auch bei **Wegfall des Leistungssubstrats und Zweckverfehlung** tritt Unmöglichkeit ein. Beim Wegfall des **11**
Leistungssubstrats schließt das Hindernis nicht die Leistungshandlung des Schuldners, sondern nur den Eintritt des Leistungserfolges aus. Existiert etwa der Gegenstand, an welchem die Leistung erbracht werden soll, nicht mehr oder ist eine begünstigte Person verstorben, kann die Leistung nicht erbracht werden, weil das Leistungssubstrat weggefallen ist (etwa Hamm NJW-RR 96, 1360 [private Pflegeleistungen können nicht mehr erbracht werden, da der Gläubiger stationär in ein Pflegeheim aufgenommen wurde]); der Ausschluss ihrer Durchsetzung in Natur liegt auf der Hand. Ferner zählen hierher Fälle, in denen der vertraglich anvisierte Erfolg unabhängig von der Leistung des Schuldners eintritt (Schulfall: Das festliegende Schiff ist bei Eintreffen des Bergeunternehmens durch Seegang wieder frei geworden; BGH NJW 07, 3488 Rz 21 [direkte Leistung des Subunternehmers an den Besteller]); praktische Relevanz erhält diese Fallgruppe inzwischen in den Fällen der eigenmächtigen Nachbesserung des Käufers oder Bestellers vor Ablauf einer Frist nach §§ 281, 323, 637 (s. § 439 Rn 33, § 637 Rn 4). Richtigerweise tritt hier Unmöglichkeit ein, so dass es zur Ermäßigung des Entgeltanspruchs nach § 326 II 2 kommt (iE unrichtig BGH NJW 05, 1348, 1349). Unmöglichkeit kann unter bestimmten Umständen außerdem vorliegen, wenn der Zweck nicht erreicht werden kann, zu dem die Leistung dem Gläubiger dienen sollte (BGHZ 37, 319, 329 f [Entfallen einer – rechtlich vielleicht möglichen – Verpflichtung zur Erklärung eines Erbverzichts mit Eintritt des Erbfalls]; 74, 370 [Kauf von Bauerwartungsland]; Bremen NJW 53, 1393 [abgesagtes Gastspiel und Mietvertrag über den Veranstaltungsort]; Hamm WM 72, 1323 [beabsichtigte aber nicht mögliche Betreibung einer Gaststätte und Pachtvertrag]; Stuttg BB 74, 199 [Verwendung gekaufter Ware]). Im Regelfall trägt jedoch der Gläubiger das Verwendungsrisiko, so dass jedenfalls § 326 I nicht zur Anwendung gelangen kann.

Ob nach der Schuldrechtsreform der in § 275 I Alt 1 geregelten **subjektiven Unmöglichkeit** (Unvermögen) **12**
überhaupt noch ein **Anwendungsbereich** verbleibt, ist allerdings **fraglich**: Kein Fall des Unvermögens liegt insb vor, soweit der Schuldner zur persönlichen Leistungserbringung verpflichtet ist. Fällt der Schuldner aus, ist die Erbringung der an seine Person geknüpften Leistung nämlich für jedermann ausgeschlossen (s. Rn 8). Ist der Schuldner hingegen zwar selbst an der Erbringung der Leistung gehindert und könnte er sie am Markt „einkaufen", ist ihm die Leistung letztlich nicht unmöglich (vgl § 243 Rn 7 f). Das **behebbare Unvermögen** ist **kein Fall von § 275 I** (s. BGH NJW 07, 3777 Rz 24). Vielmehr stellt sich dann die nach § 275 II, III zu beantwortende Frage, wie weit der Schuldner mit seinen Anstrengungen gehen muss (s. Rn 20 ff, 28 ff). Für § 275 I Alt 1 verbleiben daher kaum noch Anwendungsfälle (wie hier AnwK/*Dauner-Lieb* § 275 Rz 12). Vorstellbar sind va noch Konstellationen auf eng regulierten Märkten, welche es dem Verpflichteten nicht erlauben, sich die geschuldete Leistung am Markt oder von dem die Leistung vorhaltenden Dritten zu verschaffen (*Schlechtriem/Schmidt-Kessel* Schuldrecht AT Rz 475; vgl BGH LM § 275 Nr 3 [Verlust der Gewerbeerlaubnis]). Auch andere rechtliche Hindernisse, deren Beseitigung dem Schuldner nicht möglich ist, kommen in Betracht (s. zu weitgehend wohl BGH NJW 05, 3284 [Mängelbeseitigungsanspruch des Mieters scheitert am fehlenden Zustimmungsanspruch des Vermieters gg übrige Wohnungseigentümer]).

II. Rechtsfolgen der Einwendung. Die Unmöglichkeit begründet eine **Einwendung** (verkannt durch LAG **13**
Hamm 20.12.05, 19 Sa 1375/05, Rz 55f, nv (juris)); sie ist also **vAw** zu beachten (Staud/*Löwisch* [2004] § 275 Rz 67). Das hat in den ersten Erläuterungen oft zu der Formulierung geführt, der Schuldner würde im Falle der Unmöglichkeit „von seiner Pflicht befreit" (Palandt/*Heinrichs* § 275 Rz 1). Soweit man dabei im Auge behält, dass nur der dem Anspruch des Gläubigers auf Naturalerfüllung korrespondierende Teilaspekt der Pflicht des Schuldners gemeint sein kann, ist es unschädlich, den Schuldner insoweit (evtl nur temporär) befreit zu sehen. Zuweilen lassen die diesbezüglichen Aussagen aber erkennen oder doch vermuten, dass die Autoren noch dem dogmatischen Konzept des § 275 aF und dem va in § 306 aF festgeschriebenen Grundsatz, dass bei Unmöglichkeit überhaupt keine Pflicht des Schuldners (mehr) besteht, folgen (s. etwa *Pfeiffer* ZGS 02, 23, 28; *Mattheus* JuS 02, 209, 212). Erfüllungspflicht und Obligation werden damit wieder gleichgesetzt, obwohl sie durch die Reform entkoppelt werden sollten (*Lorenz/Riehm* Rz 318, 319). **§ 275 IV** benennt eine Reihe der Rechtsfolgen, ist jedoch **nicht abschließend**; der Absatz ist ohne eigenen Regelungsgehalt (aA *Kaiser* FS Hadding 121, 136).

Der **Fortbestand der** dem Anspruch zugrunde liegenden **Pflicht** erklärt einige Konsequenzen, welche sich **14**
über den Ausschluss des Erfüllungsanspruchs hinaus ergeben und vermeidet überflüssige Hilfskonstruktionen: Der Anspruch auf ein Surrogat (stellvertretendes commodum) nach **§ 285** setzt einen Fortbestand der Schuldnerpflicht voraus (s. § 285 Rn 1). Da die Pflichtverletzung Grundvoraussetzung (auch) für andere Rechtsbehelfe des Gläubigers ist, könnte nicht gleichzeitig der Wegfall der Schuldnerpflicht angenommen, aber gleichwohl **Rücktritt** erklärt oder **Schadensersatz** wegen ihrer Verletzung verlangt werden (s. aber *Pfeiffer* ZGS 02, 23, 28 [„Begrifflich seltsame, aber gewollte Konsequenz"]), wie § 275 IV ausdrücklich vorsieht. Schließlich verschärft die unterschiedliche Behandlung der Rechtsfolgen aus § 275 I, wenn man hier einen Wegfall der Schuldnerpflicht annehmen müsste, und § 275 II, III, wo der Konstruktion der Verteidigungsmöglichkeit des Schuldners als Einrede (s. Rn 27, 28) zweifellos Fortbestand der Pflicht zugrunde liegt, die Notwendigkeit der Grenzziehung zwischen I einerseits und II andererseits (dazu Rn 18).

Die Pflicht des Schuldners besteht nicht nur fort, das die Unmöglichkeit begründende Hindernis **löst** zudem **15**
regelmäßig **weitere Pflichten aus**. Diese sind – entspr Art 79 I CISG – darauf gerichtet, das Hindernis zu

umgehen oder jedenfalls dessen Folgen zu vermeiden. Können etwa Passagiere eines Flugs aus technischen Gründen nicht befördert werden, entstehen für die Fluggesellschaft Betreuungs-, Fürsorge- und Unstützungspflichten, die auch die Organisation einer anderweitigen Beförderung einschließen (s. Kobl MDR 07, 1351).

16 Die Einwendung nach § 275 I führt beim gegenseitigen Vertrag grds zum **Erlöschen** des Anspruchs auf die **Gegenleistung** nach § 326 I Rn 8 ff. Außerdem macht der Ausschluss des Erfüllungsanspruchs nach §§ 283, 326 V sonst möglicherweise erforderliche **Fristsetzungen** entbehrlich (s. § 283 Rn 1); dasselbe gilt für § 311a II, sofern man in der Vorschrift zu Unrecht eine eigene Anspruchsgrundlage sieht (vgl *Schlechtriem/Schmidt-Kessel* Schuldrecht AT Rz 575 ff sowie § 276 Rz 14). Über die in § 275 IV genannten Rechtsfolgen hinaus begründet § 275 I für Verspätungsschäden nach §§ 280 I, II, 286 die Entbehrlichkeit der Mahnung (s. § 286 Rn 22).

17 **D. Einrede der wirtschaftlichen Unzumutbarkeit (§ 275 II).** § 275 II normiert einen zum Schuldrecht aF von der Rspr (BGHZ 59, 365, 367; 62, 388, 391, 394; 114, 383, 389) entwickelten Gedanken: Das Recht des Gläubigers auf Naturalerfüllung endet dort, wo die Leistung unmöglich ist oder vom Schuldner unzumutbare Anstrengungen erfordert (sog „**Opfergrenze**"; s. zur Übernahme der bisherigen Rspr BGH NJW 05, 3284). Man spricht – ohne sachlichen Gewinn und mit der Gefahr der Irreführung – auch von „faktischer" oder „praktischer" Unmöglichkeit (vgl *Canaris* JZ 01, 499, 501; Jauernig/*Stadler* § 275 Rz 24). Das G gebietet hier eine vergleichende **Abwägung** zwischen dem für den Schuldner **erforderlichen Aufwand und** dem **Gläubigerinteresse** („unter Beachtung des Inhalts des Schuldverhältnisses und der Gebote von Treu und Glauben"), deren Ergebnis bei einem „groben Missverhältnis" den Schuldner zur Leistungsverweigerung berechtigen kann. Auch ideelle Gläubigerinteressen, also nicht nur Vermögensinteressen, sind mE zu berücksichtigen. In die Abwägung einzubeziehen ist auch, ob der Schuldner das Leistungshindernis zu vertreten hat, § 275 II 2. Neben § 275 II können §§ 439 III, 635 III, 651c II 2 zur Anwendung gelangen.

18 **I. Abgrenzungen.** Die **Grenze zwischen § 275 I u II** kann im Einzelfall schwer zu ziehen sein (vgl etwa *Lobinger* Leistungspflichten 362 und öfter; *Picker* JZ 03, 1035, 1036 ff). Die praktische Spitze in diesen Fällen liegt freilich (nur) darin, dass bei Unmöglichkeit eine vAw zu berücksichtigende Einwendung eingreift, bei Unzumutbarkeit iSv § 275 II der Schuldner dagegen eine Einrede erheben muss, wenn er sich erfolgreich gegen einen Erfüllungsanspruch verteidigen will.

19 Das Verhältnis von § 275 II zu § 313 wird vielfach als problematisch gesehen (*Zimmer* NJW 02, 1, 11 f; *Mattheus* JuS 02, 213), was auf einem Missverständnis der unterschiedlichen Funktionen beider Vorschriften beruht: Während § 275 II lediglich den Anspruch auf Erfüllung in Natur sperrt, kann die Regelung über den **Wegfall der Geschäftsgrundlage** zu einer Umgestaltung des gesamten Vertrages führen. Ggü einem Erfüllungsanspruch des Gläubigers bei Leistungshindernissen, die nur mit unzumutbaren Anstrengungen überwunden werden können, findet daher zunächst § 275 II Anwendung, dh der Schuldner kann die Leistung verweigern (*Kindl* WM 02, 1313, 1316). Beide Seiten können dann jedoch Vertragsanpassung nach § 313 verlangen, welche die Voraussetzungen der Einrede nach § 275 II regelmäßig beseitigen wird (wie hier Jauernig/*Stadler* § 275 Rz 3). § 313 ist daher geeignet, die Regelung des § 275 (auch von I!) zu überspielen.

20 **II. Voraussetzungen.** Ausgangspunkt der nach § 275 II erforderlichen Abwägung ist das **Gläubigerinteresse**. Freilich bereitet dessen Bestimmung Schwierigkeiten. Da es um die Frage der Begrenzung des Anspruchs auf Erfüllung in Natur wegen Unzumutbarkeit für den Schuldner geht, kann es nicht um das Erfüllungsinteresse des Gläubigers im schadensrechtlichen Sinne gehen (so offenbar BGH NJW 05, 3284). Vielmehr geht es um das Interesse des Gläubigers **an der Leistung in Natur durch den Schuldner selbst** (s. *Schlechtriem/Schmidt-Kessel* Schuldrecht AT Rz 483; unklar Palandt/*Heinrichs* § 275 Rz 27). Das stützt auch der Wortlaut: Der Wortteil „Leistung" bezieht sich – wie auch sonst in § 275 und in §§ 280–285, 323, 326 – auf den Anspruch auf Erfüllung in Natur und nicht etwa auf das gesamte Interesse, welches der Gläubiger an der Einhaltung der schuldnerischen Pflicht hat. Das große Missverhältnis nach § 275 II 1 muss sich daher gerade daraus ergeben, dass der Aufwand des Schuldners völlig außer Verhältnis steht zu dem – vom Vertrag gedeckten – Interesse des Gläubigers, gerade von ihm Erfüllung in Natur zu erhalten. Dieses Interesse kann auch immateriell sein (AnwK/*Dauner-Lieb* § 275 Rz 15) und sich gerade auf die Leistung dieses Schuldners (Bsp: Maler, Architekten) beziehen. Unerheblich ist die dem Schuldner zustehende Gegenleistung (Jauernig/*Stadler* § 275 Rz 25), auch wenn diese ein Indiz für das Gläubigerinteresse sein kann.

21 Der auf der Gegenseite einzustellende **Aufwand** des Schuldners ist wegen § 275 III rein materiell. Es geht um aufzuwendendes **Geld und Material** sowie um die vorzunehmenden **Tätigkeiten** (Jauernig/*Stadler* § 275 Rz 25). Nicht zu berücksichtigen ist, dass der Schuldner noch andere Lasten zu tragen hat (BGH NJW 02, 3543, 3545 [Ausgleich bereits eingetretener Mangelfolgeschäden]; Palandt/*Heinrichs* § 275 Rz 28). Der Gläubiger kann sich am Aufwand des Schuldners beteiligen und diesen dadurch senken (*Huber/Faust* Schuldrechtsmodernisierung 36 f).

22 Die Einrede nach § 275 II verlangt ein **grobes Missverhältnis** zwischen Gläubigerinteresse und Aufwand des Schuldners. Diese gesteigerten Anforderungen stellen sicher, dass die betreffenden Fälle als der Unmöglichkeit unter Wertungsgesichtspunkten zumindest nahekommend eingeordnet werden können (vgl *Lorenz/Riehm* Rz 310). Wegen der zusätzlich mit der Erhebung der Einrede verbundenen Beurteilung der Lage durch

den Schuldner als unzumutbar genügen aber auch weniger einschneidende Störungen. Zu beachten ist, dass lediglich die Naturalerfüllung aber gerade nicht die Pflicht (und damit der Schadensersatz) ausgeschlossen wird. Bei der Abwägung ist die gesamte vertragliche und gesetzliche Risikoverteilung zu berücksichtigen (*Huber* FS Schlechtriem 521 ff; Jauernig/*Stadler* § 275 Rz 26). So kann § 275 II etwa nicht dazu führen, dass im Falle der objektiven Arbeitsunfähigkeit eines Arbeitnehmers die Unzumutbarkeit einer leidensgerechten Beschäftigung für den Arbeitgeber die Regeln und Wertungen des Kündigungsschutzrechtes für die krankheitsbedingte Kündigung unterläuft (s. LAG Hamm 20.12.05, 19 Sa 1375/05, Rz 64, nv (juris) [§ 275 II jedoch übersehen]).

Die Unzumutbarkeit ist va eine **Frage des Einzelfalls**, daher sind erste Faustformeln (etwa Jauernig/*Stadler* 23 § 275 Rz 26 [110% des Erfüllungsinteresses]; Palandt/*Heinrichs* § 275 Rz 28 [Wert der Sache; strenger bei Mietverträgen]) mit praktischen Gefahren verbunden. Ein Umkehrschluss aus § 275 II 2 zeigt, dass der Schuldner generell also unabhängig vom Vertretenmüssen Aufwand zur Überwindung von Hindernissen treiben muss; die Frage der Einseitigkeit bestehender Erfüllungsansprüche ist insoweit ohne Belang (aA *Huber* FS Schlechtriem 521, 552; Palandt/*Heinrichs* § 275 Rz 28).

Nach § 275 II 2 hängt die Beurteilung des Missverhältnisses auch davon ab, ob der Schuldner das die 24 Zumutbarkeit tangierende **Hindernis zu vertreten** hat; ist dies der Fall, können von ihm grds höhere Anstrengungen erwartet werden als im Falle der Gefahrverwirklichung (BTDrs 14/6040, 131). Auch hier sind Faustformeln (etwa Palandt/*Heinrichs* § 275 Rz 28 [Aufwendungen bis zur Grenze des zu leistenden Schadensersatzes jedenfalls nicht unverhältnismäßig]) mit Vorsicht zu betrachten, zumal ein Vergleich mit dem Erfüllungsinteresse des Gläubigers nicht dem generellen Maßstab von § 275 II 1 entspricht (s. Rn 20). Keinesfalls lässt das Vertretenmüssen des Schuldners die Einrede von vornherein entfallen (so in der Tendenz aber BGH NJW 08, 3122 Rz 19 ff); dieses muss vielmehr seiner Art nach höhere Anstrengungen des Schuldners rechtfertigen (leicht abw die Rspr zu § 633 II 2 aF zuletzt BGH NJW-RR 02, 661, 663 „IRd Abwägung ... auch zu berücksichtigen, ob und in welchem Ausmaß ... verschuldet hat."). Insb führt die mangelnde finanzielle Leistungsfähigkeit des Schuldners, die er immer zu vertreten hat (§ 276 Rn 32), nicht zu einer generellen Unanwendbarkeit von § 275 II 1 (*Schlechtriem/Schmidt-Kessel* Schuldrecht AT Rz 480). Bedenken begegnet auch die Annahme, grobe Fahrlässigkeit lasse die Einrede nach § 275 II (stets) entfallen (vgl BGH NJW 08, 3123 Rz 23).

Besondere Schwierigkeiten bereitet die Anwendbarkeit von § 275 II auf **Gattungsschulden**. Auf den ersten 25 Blick könnte es so scheinen, als könne Erfüllung in Natur in diesem Falle fast immer verlangt werden: Bei Gattungsschulden übernimmt nämlich der Schuldner typischerweise das Beschaffungsrisiko iSv § 276 I 1 und hat daher das Ausbleiben der Leistung unabhängig von Fahrlässigkeit zu vertreten (s. § 276 Rn 27). Teilweise wird daher die Auffassung vertreten, § 275 II 2 führe dazu, dass sich der Gattungsschuldner ggü dem Erfüllungsanspruch auf eine wirtschaftliche Unzumutbarkeit typischerweise nicht berufen kann (AnwK/*Dauner-Lieb* § 275 Rz 17). Dem ist jedoch nicht so: Das große Missverhältnis nach § 275 II 1 muss sich gerade daraus ergeben, dass der Aufwand des Schuldners völlig außer Verhältnis steht zum Interesse des Gläubigers, gerade von ihm Erfüllung in Natur zu erhalten (s. Rn 20). Bei Gattungsschulden wird es daran – auch unter Berücksichtigung der Übernahme eines Beschaffungsrisikos – in aller Regel fehlen. Gattungsschulden sind mithin nach neuem Schuldrecht nur noch ausnahmsweise in Natur durchsetzbar (*Schlechtriem/Schmidt-Kessel* Schuldrecht AT Rz 483).

Anwendungsfälle sind etwa das Schulbeispiel der Verschaffung des Rings vom Boden eines Sees (Schulfall: 26 *Heck* Grundriss des Schuldrechts S 89), die Veräußerung einer bei einem Dritten abhandengekommenen Sache (LG Augsburg NJW 78, 2034, 2035) oder die Wiederherstellung nach wirtschaftlichem Totalschaden (s. BGH NJW-RR 91, 204, 205). Hierher gehören auch die nach altem Recht bei der Unmöglichkeit eingeordneten (vgl Rn 8) Fälle solcher Verschlechterungen, welche die betroffene Sache wirtschaftlich zu einer völlig anderen machen (Oldbg NJW 75, 1788 [verrotteter Gebrauchtwagen]; Frankf NJW 98, 84 [veraltete Software]). Nach neuem Recht sind diese Fälle weitgehend über § 275 II und die Unzumutbarkeit der Nachbesserung zu bewältigen: die Beseitigung der Verschlechterung muss daher nur dann nicht erfolgen, wenn das Interesse des Gläubigers daran außer Verhältnis zum Aufwand des Schuldners steht.

III. Rechtsfolgen der Einrede. Die Verteidigung muss vom Schuldner **als Einrede** erhoben werden. Als 27 Grund für den Unterschied zu § 275 I gilt, dass man dem Schuldner die Möglichkeit lassen wollte, trotz der an sich unzumutbaren Anstrengungen zu erfüllen (*Schlechtriem/Schmidt-Kessel* Schuldrecht AT Rz 481). Die übrigen Rechtsfolgen entsprechen im Wesentlichen denen bei § 275 I. Zu beachten ist allerdings, dass es der Schuldner nach dem herrschenden Verständnis von § 311a II (vgl dort Rn 9 u 13) durch die Erhebung der Einrede in der Hand hat, den Maßstab für das Vertretenmüssen zu ändern.

E. Einrede der Persönlichen Unzumutbarkeit (§ 275 III). § 275 III gibt dem Schuldner eine weitere, eben- 28 falls technisch als Einrede ausgestaltete Verteidigungsmöglichkeit, wenn eine **persönliche Naturalerfüllung** in Abwägung mit dem Gläubigerinteresse **unzumutbar** ist. Es geht va um Pflichtkollisionen bei Dienstleistungen iwS. Grundvoraussetzung ist, dass der Schuldner die Leistung persönlich zu erbringen hat (dazu *Löwisch* NZA 01, 465 f; AnwK/*Dauner-Lieb* § 275 Rz 19). Daher scheidet eine Anwendung der Vorschrift auf juristische Personen, insb solche des öffentlichen Rechts, aus (vgl BGHZ 99, 182 [Überlassung der Stadthalle an eine rechtsextreme Vereinigung durch die Gemeinde]).

29 **Bsp:** Eine Sängerin kann etwa wegen Erkrankung ihres Kindes nicht auftreten (*Löwisch* NZA 01, 465 f); der Arbeitnehmer erscheint nicht zur Arbeit, weil er seinen Wehrdienst (dessen Verweigerung unter Androhung der Todesstrafe steht) in seinem Heimatland ableistet (AnwK/*Dauner-Lieb* § 275 Rz 19). Die Arbeiterin in einer Druckerei lehnt die Mitarbeit bei der Herstellung pornografischer, Frauen entwürdigender Schriften ab; der Arzt verweigert aufgrund religiöser Überzeugung im Krankenhaus die Vornahme eines Schwangerschaftsabbruchs (jeweils *Schlechtriem/Schmidt-Kessel* Schuldrecht AT Rz 486). In den Stromboykott-Fällen (etwa Hamm NJW 81, 2473) wurde jeweils um ein behauptetes Recht der Kunden zur (Atom-)Stromrechnungskürzung aus Gewissensgründen gestritten, die Unzumutbarkeit jedoch zu Recht verneint. Größere praktische Bedeutung haben die Grenzen des Direktionsrechts des Arbeitgebers (BAG AP § 611 – Direktionsrecht – Nr 27 Anm *Brox* BAG AP § 611 – Gewissensfreiheit – Nr 1 Anm *Kraft/Raab* und *Berger-Belhey*).

30 Freilich geht es in § 275 III nur um die Berechtigung, Naturalerfüllung zu verweigern, was es erlauben dürfte, die Schwelle der Zumutbarkeit eher abzusenken. **Schadensersatzansprüche** gegen den Nacherfüllung Verweigernden **bleiben möglich**, sofern nicht die Pflichtenkollision auch auf der Verantwortungsebene, dh bei der Voraussetzung, dass der Schuldner seine Pflichtverletzung zu vertreten hat, entlastend wirkt. Haftung ist etwa bei voraussehbaren Pflichtenkollisionen als bei Vertragsschluss erkennbaren Leistungshindernissen – s. § 311a II 2 – möglich, etwa wenn dem Arzt bei Abschluss seines Dienstvertrages bekannt war, dass im Krankenhaus (straffreie) Schwangerschaftsabbrüche durchgeführt werden. Die Leistungsweigerung ist auch hier stets eine Frage der Abwägung im Einzelfall: Steht das Leben eines Menschen auf dem Spiel, sollte eine vom Arzt als Erfüllung seines Dienstvertrages verlangte Leistung kaum je nach § 275 III verweigert werden dürfen.

31 Mit Hilfe von § 275 III lassen sich schließlich auch solche Fälle lösen, in welchen die vom Schuldner zu erbringende **Leistung am Markt** zwar vorhanden ist, also **beschafft werden kann**, der betreffende Anbieter sich jedoch weigert, dem Schuldner behilflich zu sein. Während § 275 II in Fällen dieser Art die Frage beantwortet, welchen wirtschaftlichen Aufwand der Schuldner betreiben muss, zieht § 275 III seinem persönlichen Einsatz eine Grenze: Der Schuldner muss sich keinesfalls so verausgaben, dass die Grenzen des ihm persönlich zumutbaren – insb seine Würde – in Mitleidenschaft gezogen werden (s. *Schlechtriem/Schmidt-Kessel* Schuldrecht AT Rz 488). Insoweit kann auch eine entspr Anwendung der Vorschrift auf juristische Personen angezeigt sein.

32 **F. Sonstige Ausschlüsse des Erfüllungsanspruchs.** Außer § 275 kennt das G eine ganze Reihe weiterer Fälle, in denen der Erfüllungsanspruch ausgeschlossen ist. Dies gilt zum einen für die Fälle des Erlöschens und der Beendigung von Schuldverhältnissen. Erlischt der Anspruch des Gläubigers etwa durch Erfüllung, Aufrechnung, Hinterlegung oder Selbsthilfeverkauf oder finden Erlass, Konfusion, Novation oder Aufhebungsvertrag statt, kommt eine spätere Klage auf Erfüllung nicht in Betracht. Dasselbe gilt, wenn der Vertrag durch Kündigung beendet oder durch Rücktritt in ein Rückabwicklungsverhältnis umgesteuert wird. Soweit eine solche Vertragsaufhebung eine Reaktion auf eine Pflichtverletzung darstellt, ergibt sich daraus eine Konkurrenzregel für die betreffenden Rechtsbehelfe: Rücktritt und Kündigung sind mit dem weiteren Betreiben einer Durchsetzung des Vertrages in Natur unvereinbar.

33 Solche Regeln über die **Konkurrenz von Rechtsbehelfen** finden sich auch an weiteren Stellen. So schließt insb das Verlangen von Schadensersatz statt der Leistung nach § 281 IV den Erfüllungsanspruch aus; insoweit entspricht das Schadensersatzverlangen funktional der Erklärung eines (Teil-)Rücktritts (s. § 281 Rn 23, 34 f). Ähnl wirkt § 340 I 2: Der Gläubiger kann nicht zugleich die Vertragsstrafe und die Erfüllung der strafbewehrten Verbindlichkeit verlangen (s. §§ 340, 341 Rn 3). Wie § 275 haben auch diese Fälle des Ausschlusses des Erfüllungsanspruchs eine Nebenfunktion: Sie ergänzen §§ 281 II, 323 II um zusätzliche Fälle der Entbehrlichkeit der Fristsetzung; wo kein Erfüllungsanspruch mehr besteht, kann dieser auch nicht vorrangig sein (s. § 281 Rn 16). Ein wenig anders ist die Lage bei § 376 I 2 HGB (Fixhandelskauf), weil dort Rücktritt und Schadensersatz ohnehin keiner Fristsetzung bedürfen. Das Erlöschen des Erfüllungsanspruchs ergibt sich hier aus einer weitgehenden Gleichsetzung von relativem und absolutem Fixgeschäft für den auf eine schnelle Abwicklung angewiesenen Handelsverkehr; ohne rechtzeitigen Widerspruch des Käufers wird die Verspätung daher der Unmöglichkeit gleichgestellt.

34 Im Einzelfall hat die Rechtsprechung außerdem unter Hinweis auf § 254 II 1 einen Ausschluss des Erfüllungsanspruchs auch jenseits der Grenzen von § 275 II angenommen, wenn der Gläubiger mit der Erhebung des Anspruchs zuwartet und dadurch selbst wesentlich zu dem Missverhältnis zwischen den Vorteilen für ihn und Aufwendungen des Schuldners beiträgt (BGH NJW 08, 3123 Rz 24). Derselbe Gedanke findet sich in III.-3:302 IV DCFR.

§ 276 Verantwortlichkeit des Schuldners.
(1) ¹Der Schuldner hat Vorsatz und Fahrlässigkeit zu vertreten, wenn eine strengere oder mildere Haftung weder bestimmt noch aus dem sonstigen Inhalt des Schuldverhältnisses, insbesondere aus der Übernahme einer Garantie oder eines Beschaffungsrisikos, zu entnehmen ist. ²Die Vorschriften der §§ 827 und 828 finden entsprechende Anwendung.

(2) **Fahrlässig handelt, wer die im Verkehr erforderliche Sorgfalt außer Acht lässt.**
(3) **Die Haftung wegen Vorsatzes kann dem Schuldner nicht im Voraus erlassen werden.**

A. Allgemeines. Die Verletzung einer Pflicht des Schuldners löst Schadensersatzansprüche nur aus, wenn er 1
die Pflichtverletzung – respektive den Umstand, der sie verursacht hat – zu verantworten hat. Das deutsche
Zivilrecht verwendet für diese Verantwortung zumeist den Begriff „**Vertretenmüssen**". Nach neuem Schuldrecht ist dieser Topos weitgehend auf Schadensersatzansprüche beschränkt: § 280 I 2. Zusätzlich wird er etwa
in §§ 275 II 2, 286 IV, 309 Nr 8 lit a, 536a I Var 2, 651 f in Bezug genommen; weitere Vorschriften finden sich
außerhalb des BGB etwa in § 7 II EFZG. **§ 276 I 1** ist die **zentrale Norm** für das Vertretenmüssen. Daraus
ergibt sich, dass das Gesetz hier gleichsam eine **Variable** setzt: Dem Vertretenmüssen können verschiedene
Werte zugewiesen werden, wobei § 276 I 1 zugleich bestimmt, dass der Schuldner regelmäßig – sozusagen als
Standardwert – Vorsatz und Fahrlässigkeit zu vertreten hat. **Bezugspunkt** der Verantwortung des Schuldners
ist die **Pflichtverletzung**. Unschädlich ist, dass diese dem Vertretenmüssen vorausgeht (s. § 280 Rn 20, § 281
Rn 4). Allenfalls ausnahmsweise spielt dabei die Art der Pflichtverletzung noch eine Rolle; zu § 311a II 2
s. u. Rn 17, 37. Zur Beweislastverteilung s. § 280 Rn 24–26.
§ 276 gilt lediglich für die Bewertung von **Verhalten in Schuldverhältnissen**, also auch für solche im 2
Umfeld der Vertragsanbahnung nach § 311 II, III. Für das **Deliktsrecht** gilt die Vorschrift **nicht** (Jauernig/
Stadler § 276 Rz 4), weil durch das Delikt das Schuldverhältnis erst entsteht. Soweit zur Bestimmung der
Begriffe Vorsatz und Fahrlässigkeit oder der im Verkehr erforderlichen Sorgfalt (s. §§ 823 I, 826, 831 I 2,
833 2, 834 2, 836 I 2, II, 839, 839a und die Kommentierungen dazu) auf § 276 verwiesen wird (s. § 823
Rn 19), ist dies mit **großer Vorsicht** zu behandeln: Die Basis der Haftung aus dem Schuldverhältnis ist –
va beim Vertrag – eine gänzlich andere als diejenige des Deliktsrechts. Eine Anwendung in **öffentlichrechtlichen Rechtsverhältnissen** ist möglich, sofern das mit deren Eigenart zu vereinbaren ist (BGHZ 61,
7, 11; BGHZ 135, 341, 346).
In der Rechtslehre wird als Kern der Regelung des § 276 vielfach das **sog Verschuldensprinzip** angesprochen 3
und zugleich die Haftung wegen Pflichtverletzung in Zusammenhang mit der Frage gebracht, ob diese dem
Schuldner vorzuwerfen sei (AnwK/*Dauner-Lieb* § 276 Rz 2; *Deutsch* AcP 202 [02] 889, 892 f; vgl BGHZ 119,
152, 168; BGH NJW 06, 47, 49, Rz 30). Das ist **unrichtig**: Die Haftung wegen Verletzung einer vertraglichen
Pflicht ist nicht mit einem persönlichen Vorwurf gegen den Haftenden verbunden noch von einem solchen
Vorwurf abhängig (*Schlechtriem/Schmidt-Kessel* Schuldrecht AT Rz 564). Nur die fehlende Verschuldensfähigkeit schließt nach §§ 276 I 2, 827, 828 die Verantwortlichkeit aus (s. u. Rn 16). IÜ richtet sich das Vertretenmüssen **ausschl** nach **objektiven Maßstäben**; das gilt insb für die Konkretisierung der Fahrlässigkeit nach
§ 276 II. Die gelegentlich zusätzlich geforderte „innere" Sorgfalt handelt letztlich nur von der – wiederum an
objektiven Standards zu messenden – Vergewisserung über die eigene Leistungsfähigkeit, beschreibt also
lediglich einen Unterfall des allgemeinen Sorgfaltsverstoßes (*Schlechtriem/Schmidt-Kessel* Schuldrecht AT
Rz 565). Zur Abgrenzung des Vertretenmüssens von der Pflichtverletzung s. § 280 Rn 22.
Teilweise wird in der Literatur die **Rechtswidrigkeit** des schuldnerischen Verhaltens als eigenständige Voraus- 4
setzung der Haftung angesehen (etwa *Nipperdey* NJW 57, 1780; *Schapp* JZ 01, 583, 585). Der vertragsbrüchige Teil verletzt jedoch nicht die Rechtsordnung, sondern die individuelle Vertragsordnung. Soweit die
Rechtswidrigkeit mit der Pflichtwidrigkeit gleichgesetzt wird (etwa Jauernig/*Stadler* § 276 Rz 13) besteht die
Gefahr eines Missverständnisses, weil diese nicht Teil des Vertretenmüssens, sondern dessen Bezugspunkt ist.
Eine gesonderte Rechtswidrigkeit als Haftungsvoraussetzung **fordert das Vertragsrecht** daneben **nicht**. Dasselbe gilt richtigerweise auch für das Deliktsrecht (*v Bar* Gemeineuropäisches Deliktsrecht II 234 ff; vgl § 823
Rn 10 ff) jedoch nicht für die Haftung nach § 839. Für das Vertragsrecht lässt sich erst recht nicht generell der
Lehre vom **Verhaltensunrecht** oder der Lehre vom **Erfolgsunrecht** folgen; ob das Fehlverhalten allein oder
erst der fehlende Erfolg die Vertragshaftung auslöst, hängt von der jeweiligen Pflicht ab, ob es sich nämlich
um eine Erfolgspflicht (*obligation de résultat*) oder um eine Verhaltenspflicht (*obligation de moyens*) handelt
(s. § 241 Rn 11–14).

B. Regelfall: Haftung für Vorsatz und Fahrlässigkeit. Vereinfachend wird der zentrale Haftungsstandard 5
des BGB einer Haftung für Vorsatz und Fahrlässigkeit oft als „**Verschulden**" umschrieben (zum Verschuldensprinzip s. o. Rn 3) und dazu auf § 276 I 1 verwiesen. **Gegenbegriffe** sind **Zufall** (§§ 287 2 [s dort Rn 3],
848) und (Leistungs- oder Gegenleistungs-)**Gefahr** (etwa §§ 270, 300 II [s dort Rn 5 ff], 446 [s dort Rn 14],
447, 644); zur höheren Gewalt s. Rn 35, 36. Freilich zeigt der 2. Hs, dass es auf Verschulden in der Form des
Vorsatzes oder der Fahrlässigkeit nur ankommt, wenn nicht andere – strengere oder mildere – Verantwortungsvoraussetzungen gesetzlich (zB §§ 521, 600, 708) oder vertraglich geregelt sind; insb die „**aus dem sonstigen Inhalt des Schuldverhältnisses**" möglicherweise zu entnehmende „Übernahme einer Garantie oder
eines Beschaffungsrisikos" kann zu verschuldensunabhängiger Haftung führen. § 276 I 1 hat also **Auffangfunktion**: Man haftet jedenfalls für Vorsatz und Fahrlässigkeit (sofern nicht eine Haftungsmilderung vorgesehen ist), vielfach aber schärfer. Diese Auffangfunktion führt dazu, dass die Haftung für Verschulden nicht die
Regel und eine strengere Haftung nicht die Ausnahme ist, so dass sich die mildere Haftung bei ungeschriebenen Haftungstatbeständen nicht automatisch durchsetzt (für das neue Recht nicht mehr haltbar daher BGH

NJW 07, 357, 360 Rz 42; BGH NJOZ 07, 3210, 3213 Rz 19); das gilt erst recht dort nicht, wo die Haftung gemeinschaftsrechtlich veranlasst ist (s. *Kulke* NJW 07, 360, 361; vgl *Schmidt-Kessel* FS Löwisch 325, 330 ff). Fehlt es an einer Verschärfung und genügt der Schuldner den Regelstandards nach § 276 I 1, trägt der Gläubiger das Risiko eines eintretenden Schadens (BGH VersR 06, 982). Der letztgenannte Bereich lässt sich – zynisch – als derjenige des „allgemeinen Lebensrisikos" begreifen (*Schmidt-Kessel/Müller* S 9)

6 **I. Vorsatz.** Vorsatz wird definiert als „**Wissen und Wollen** des Erfolges **im Bewusstsein der Pflichtwidrigkeit**" (RGZ 72, 4, 6). Zivilrechtlich relevante Formen sind der direkte Vorsatz, wenn der Erfolg als notwendige Folge eines bestimmten Verhaltens vom Handelnden vorausgesehen und gewollt ist (Staud/*Löwisch* [2004] § 276 Rz 21), und der bedingte Vorsatz, wenn der Handelnde sich den Erfolg nur als möglich vorgestellt und für den Fall seines Eintritts billigend in Kauf genommen hat (Staud/*Löwisch* [2004] § 276 Rz 22). Bedingter Vorsatz ist von der bewussten Fahrlässigkeit abzugrenzen: Beim bedingten Vorsatz wird die als möglich erkannte Folge vom Handlungswillen umfasst, während bei der bewussten Fahrlässigkeit der Täter nicht gehandelt hätte, wenn er den Eintritt der Folge, die ihm an sich als Möglichkeit bewusst war, erwartet hätte.

7 Die **Bedeutung der Abgrenzung** von der Fahrlässigkeit ist vergleichsweise **gering**, da regelmäßig auch für Fahrlässigkeit gehaftet wird (s. BGH VersR 06, 106, 107 f, Rz 24 [aber keine Bindungswirkung der Verurteilung wegen Fahrlässigkeit im Deckungsprozess gegen den Haftpflichtversicherer]). § 276 III wird praktisch durch § 309 Nr 7 weitgehend überspielt. Besonderheiten gelten jedoch bei der Freizeichnung bzw Haftungsbeschränkung bestimmter Dienstleistungsberufe (vgl § 51 BRAO, § 67 StBerG, § 54 WPO) sowie für einige verjährungsrechtliche Vorschriften (etwa § 439 HGB [dazu Frankf VersR 06, 390]). IÜ ist die entscheidende Grenze vielfach diejenige zwischen einfacher und grober Fahrlässigkeit (s. Rn 20, 21). Bedeutung hat die Unterscheidung von Vorsatz und Fahrlässigkeit va noch für die deliktische Haftung im Zusammenhang mit § 823 II, da bei einem Schutzgesetz, das nur vorsätzlich verletzt werden kann, auch die zivilrechtliche Haftung Vorsatz voraussetzt (s. § 823 Rn 233).

8 Das **Bewusstsein der Pflichtwidrigkeit** ist im Zivilrecht nach der sog **Vorsatztheorie** grds Voraussetzung einer vorsätzlichen Pflichtverletzung (vgl RGZ 72, 4, 6; BGH NJW 85, 134, 135 m Anm *Deutsch*; BGHZ 115, 286, 299). Ein Verbotsirrtum schließt den Vorsatz daher aus. Wer etwa irrig davon ausgeht, ein Zurückbehaltungsrecht zu haben, hat die dadurch verursachte Leistungsverzögerung jedenfalls nicht vorsätzlich verursacht (*Schlechtriem/Schmidt-Kessel* Schuldrecht AT Rz 570). Allerdings macht die Rspr eine **Ausnahme** und wendet die Schuldtheorie bei § 823 II an, falls das verletzte Schutzgesetz eine Strafnorm ist und für die strafrechtliche Verantwortung des Täters deshalb die Schuldtheorie gelten würde (BGH NJW 85, 134, 135 [zu § 5 GSB]). Abw hat früher auch das BAG entschieden (BAG E 1, 69, 79).

9 **II. Fahrlässigkeit.** Fahrlässigkeit ist **tatsächlich** der **regelmäßige Haftungsstandard**; sie wird als „Außerachtlassen der im Verkehr erforderlichen Sorgfalt" definiert (§ 276 II). Aufzubringen ist also die „erforderliche", nicht nur die „übliche" Sorgfalt; im Verkehr eingerissene Unsitten entlasten nicht, mögen sie auch im jeweiligen Verkehrskreis üblich sein (RGZ 128, 39, 44 [„in Jägerkreisen herrschende Übung" nicht maßgeblich]; BGHZ 30, 7, 15; BGH NJW 06, 2336, Rz 7). Das gilt etwa auch für die personelle Unterversorgung einer Klinik hinsichtlich des vom Klinikbetreiber geforderten Sorgfaltsstandards (BGHZ 95, 63, 73).

10 Nach hA ist die verkehrserforderliche Sorgfalt **objektiviert** (BGHZ 24, 21, 28; BGHZ 129, 226, 232, BGH VersR 06, 228, 229) und verlangt Einhaltung der Standards, die in dem betreffenden Berufskreis oder Verkehrskreis gelten (BGHZ 113, 297, 303; BGH NJW 03, 2022, 2024). Der Schuldner **garantiert** damit letztlich, dass er über **die erforderlichen Fähigkeiten** verfügt (*Huber* Leistungsstörungen I 671). Es gilt deshalb kein individueller Maßstab, nach dem sich der Verpflichtete darauf berufen könnte, die in seinem Berufskreis geltenden Standards selbst nicht erreichen zu können, etwa weil er mangelhaft ausgebildet ist (BGH NJW-RR 03, 1454, 1455 [fehlende Vermittlung bestimmter Fachkenntnisse an der Universität schützt den Architekten nicht]). Die Figur des sog **Übernahmeverschuldens** ist insoweit nicht mehr als eine Erklärung, welche bei Verzicht auf die Merkmale Vorwerfbarkeit oder innere Sorgfalt (s. Rn 3) **entbehrlich** ist.

11 Wie bereits § 311a II 2 zeigt, gehört zur im Verkehr erforderlichen Sorgfalt auch die gebotene **Vergewisserung** über Tatsachen und die Rechtslage. Tatsachenirrtümer und Rechtsirrtümer entlasten den Schuldner nur, soweit sie nicht ihrerseits auf Fahrlässigkeit beruhen (Staud/*Löwisch* [2004] § 276 Rz 52; s.o. Rn 3). Die Standards für die entstehenden Nachforschungs„pflichten" folgen denselben Regeln wie bei der Fahrlässigkeit im Allgemeinen (s. Karlsr NJW 05, 989, 990 f [Nachforschungspflicht des Autohändlers betreffend die Eigentumslage des KFZ]). Bei Rechtsirrtümern sind die Anforderungen an die Entlastung allerdings sehr hoch: Zwar entlastet der trotz Einhaltung der erforderlichen Sorgfalt vorliegende Rechtsirrtum (RGZ 146, 133, 144 f; 156, 113, 120; BGHZ 17, 266, 295; BAG NZA 08, 1285 Rz 47), jedoch ist die Unkenntnis einschlägiger Rechtsvorschriften oder des Vertragsinhalts stets als fahrlässig anzusehen (Staud/*Löwisch* [2004] § 276 Rz 57 f; *Neumann* BB 00, 1138, 1140 [für öffentliche Rechtsträger]). Bei Rechtsprechungsänderungen ist eine Entlastung aber möglich (BGHZ 145, 265). Auch die Unkenntnis einer ständigen Rechtsprechung zu einer komplizierten Rechtslage begründet nicht notwendig Fahrlässigkeit (BGH NJW 09, 2590 Rz 11 ff. [handschriftliche Endrenovierungsabrede nur als AGB unwirksam und als AGB qualifiziert]). Bei einer zweifelhaften Rechts-

frage handelt bereits fahrlässig, wer sich erkennbar in einem Grenzbereich des rechtlich Zulässigen bewegt, in dem er eine von der eigenen Einschätzung abweichende Beurteilung der rechtlichen Zulässigkeit des fraglichen Verhaltens in Betracht ziehen muss (BGH NJW 98, 2144; BGH NJW 07, 428 Rz 25). Der Schuldner darf nicht das Risiko einer zweifelhaften Rechtslage dem Gläubiger zuschieben (BGH, GRUR 87, 564, 565; BGH NJW 07, 428 Rz 25). Erforderlichenfalls muss der Schuldner Rechtsrat einholen (BGH BB 06, 1819 Rz 19); für Fehler des Ratgebers gilt § 278 (s. § 278 Rn 24). In Betracht kommt eine Entlastung hingegen bei divergierenden Entscheidungen von Gerichten in derselben Sache (OLGR KG 08, 449) und bei Rechtsprechungsänderungen (BGH NJW 08, 840 Rz 17). Zur Entlastung bei Irrtümern betreffend die Auslegung des Gemeinschaftsrechts s. BGH NJW 06, 2099 Rz 37.

Bei **unberechtigter Ausübung von Rechtsbehelfen** entspricht der Gläubiger der erforderlichen Sorgfalt, wenn er prüft, ob die Vertragsstörung auf eine Ursache zurückzuführen ist, die dem eigenen Verantwortungsbereich zuzuordnen, der eigene Rechtsstandpunkt mithin plausibel ist (BGH NJW 08, 1147; 09, 1262; *Kaiser*, NJW 08, 1709, 1712). Bleibt dabei ungewiss, ob eine Pflichtverletzung der anderen Partei vorliegt, darf der Gläubiger die sich aus einer Pflichtverletzung ergebenden Rechte geltend machen, ohne Schadensersatzpflichten wegen Vertragsverletzung befürchten zu müssen (BGH NJW 09, 1262; Haertlein MDR 09, 1, 2). Andernfalls würde ihm die Durchsetzung seiner Rechte unzumutbar erschwert. 12

Es ergeben sich **gruppentypische Maßstäbe**: Für den Kaufmann wird das in § 347 HGB ausdrücklich festgehalten: Er hat die Sorgfalt eines ordentlichen Kaufmanns zu beachten (BGHZ 92, 396, 402); entspr Vorschriften finden sich für den Frachtführer (§ 429 HGB), den Geschäftsführer, Vorstand oder ein ähnliches Organmitglied (§§ 93 I, 116 AktG, § 43 I GmbHG, § 34 GenG) und für Prozessparteien (§ 282 I ZPO). Die Rspr hat weitere Gruppen entwickelt, die sich jedoch heute weitgehend mit der Pflichttypik unter § 280 I 1 decken (s. daher va § 280 Rn 65–76). Bsp sind der Gewerbetreibende (BGHZ 31, 358, 366 f), der Bauherr (BGH NJW 94, 2232, 2233), der erfahrene Facharzt oder Operateur (BGHZ 88, 248, 259) oder – zweifelhaft – die Hausfrau (Hamm NJW 85, 332). 13

Zur Konkretisierung der Maßstäbe ist auch auf die verschiedenen einschlägigen **Regelwerke** zurückzugreifen: Das gilt für gesetzliche Regelwerke wie das Gerätesicherheitsgesetz, baurechtliche Vorschriften (BGH NJW 06, 2326f, Rz 6 ff [zu §§ 36 VII, 40 II NWBauO]), die Arbeitsstättenverordnung oder für lebensmittelrechtliche Vorschriften ebenso wie für die Unfallverhütungsvorschriften der Berufsgenossenschaften (BGH NJW 57, 499; VersR 62, 358, 360; VersR 74, 780, 782; Hambg VersR 82, 561). Ferner kann auf einschlägige DIN- respective ISO-Normen oder auf VDE-Bestimmungen (BGH NJW 80, 1219, 1221; BGHZ 103, 338, 341) Bezug genommen werden. Bei solchen Regelwerken begründen Verstoß oder Befolgung jedoch nicht notwendig die Qualifikation des schuldnerischen Verhaltens als unsorgfältig oder sorgfältig. Insb kann sich aus den Umständen ergeben, dass die Einhaltung der Regelwerke nicht ausreicht, um die Haftung abzuwenden. Diese Abweichung von der **Indizwirkung** kann sich etwa aus der erkennbaren Mangelhaftigkeit der Regelwerke oder dem Eintritt einer dort nicht bedachten Situation ergeben. Umgekehrt begründet nicht jeder Verstoß gegen ein solches Regelwerk die Fahrlässigkeit. Insb steht dem Schuldner der Nachweis offen, dass er den vorgegebenen Standard durch einen anderen, aber gleichwertigen, ersetzt hat (Staud/*Löwisch* [2004] § 276 Rz 41). Unbeachtlich sind solche Regelwerke, die rechtswidrig sind oder gegen höherrangiges Recht verstoßen; das gilt insb für Verstöße von Produkt- und Dienstleistungsstandards gegen das Gemeinschaftsrecht (s. EuGH 30.4.96, C-194/94, Slg 1996, I-2201 – CIA Security International; EuGH 26.9.00, C-443/98, Slg. 2000, I-7535 – Unilever Italia Spa). Für die Teilnahme an Sportwettkämpfen gelten Besonderheiten: Die Einhaltung von Wettkampfregeln wirkt hier nicht nur indiziell, sondern haftungsausschließend (BGHZ 63, 140, 142 ff; 154, 316, 323). Dies gilt jedoch nicht, wenn der ausgeübte Sport kein (Wett-)Kampfsport, sondern ein Individualsport ist (BGH VersR 06, 228, 229 [Klettern in Kletterhalle]). 14

Abw von der Grundregel muss der Schuldner vorhandene höhere Fähigkeiten und überlegene Kenntnisse einsetzen: Hat der behandelnde Arzt Spezialkenntnisse, kann er sich nicht darauf berufen, jedenfalls wie ein normaler Facharzt behandelt, diagnostiziert usw zu haben (BGH NJW 87, 1479, 1480). Dieser höhere Standard folgt daraus, dass die Parteien eines Vertrages typischerweise vom Einsatz der tatsächlich vorhandenen Fähigkeiten ausgehen, also aus der Auslegung des Vertrags; **§ 276 II** begründet demggü **nur einen Mindeststandard**. Zu einer solchen Berücksichtigung höherer Fähigkeiten kommt es auch dann, wenn sie nur bei einem Erfüllungsgehilfen oder gesetzlichen Vertreter iSv § 278 vorliegen, dessen Einsatz zum Inhalt des Schuldverhältnisses gehört (vgl § 278 Rn 7). 15

III. Verschuldensfähigkeit. Nach § 276 setzt Verschuldenshaftung Vorsatz oder Fahrlässigkeit und Verschuldensfähigkeit voraus (§ 276 I 2 iVm §§ 827, 828). Danach sind verschuldensunfähig alle Personen bis zur Vollendung des **7. Lebensjahres**, § 828 I, sowie derjenige, der im Zustand der Bewusstlosigkeit oder in einem die freie Willensbestimmung ausschließenden Zustand krankhafter **Störung der Geistestätigkeit** gehandelt hat, § 827 1. Ausgenommen ist der Fall, in dem sich jemand vorübergehend in diesen Zustand durch vorwerfbare Einnahme geistiger Getränke oder ähnl berauschender Mittel, zB Drogen, versetzt hat, § 827 2. Wer das 7., aber noch nicht das **18. Lebensjahr** vollendet hat, ist beschränkt verschuldensfähig. Für bestimmte Schäden im Straßen- oder Schienenverkehr ist er bis zur Vollendung des **10. Lebensjahres** nur verantwortlich, wenn er vorsätzlich gehandelt hat, § 828 II. IÜ hängt seine Verantwortlichkeit davon ab, ob er bei der 16

Verletzung einer Pflicht die zur Kenntnis der Verantwortlichkeit erforderliche Einsicht hatte, § 828 III. Einsichtsfähigkeit genügt; auf Steuerungsfähigkeit soll es nicht ankommen. Die fehlende Vorhersehbarkeit der Schadensentwicklung ist unerheblich (Nürnbg NJW-RR 06, 1170). Auf § 829 verweist § 276 I 2 nicht; eine entspr Anwendung (dafür etwa Palandt/*Heinrichs* § 276 Rz 6) ist abzulehnen, weil die Billigkeitshaftung dem typischen Parteiwillen nicht entspricht (wie hier Jauernig/*Stadler* § 276 Rz 12).

17 **C. Haftung für Kenntnis oder zu vertretende Unkenntnis einer Leistungsstörung.** Bei Verletzung vertraglicher Pflichten aufgrund einer Störung, die schon bei Vertragsschluss vorlag, trifft § 311a II 2 eine Sonderregelung für den Standard der Haftung (vgl dort Rn 16), welcher in seinem Anwendungsbereich den Standardwert des Vertretenmüssens verdrängt. Richtigerweise erfasst § 311a II über die Fälle des § 275 I–III hinaus im Wege einer teleologischen Extension **jegliche anfängliche Pflichtverletzung** (*Schlechtriem/Schmidt-Kessel* Schuldrecht AT Rz 577). Bei nicht zu vertretender Unkenntnis ist eine Haftung für spätere Sorgfaltsverstöße nicht ausgeschlossen (vgl *S. Lorenz* NJW 02, 2497, 2500 ff). § 276 I gilt auch für die Konkretisierung von § 311a II 2 (Karlsr NJW 05, 989, 990; zu den Standards der gebotenen Vergewisserung s. Rn 11): Die Verletzung der vorvertraglichen Pflicht, sich über die eigene Leistungsmöglichkeit zu vergewissern, kann deshalb durchaus auch ohne Verschulden zu vertreten sein, etwa wenn der Schuldner insoweit eine Garantie oder ein Beschaffungsrisiko übernommen hat (*Zimmer* NJW 02, 1, 3; in concreto verneint durch Karlsr NJW 05, 989, 990). Andererseits müssen auch Haftungsmilderungen, die für den jeweiligen Vertrag und die Verantwortung des Schuldners für sein Leistungsvermögen gelten, auf die vorvertragliche Verantwortung, sich über dieses Leistungsvermögen zu vergewissern, durchschlagen. Nimmt der Schenker leicht fahrlässig an, er sei Miteigentümer eines Nachlassgegenstandes, den er deshalb verschenken könne, dann sollte er nur für grob fahrlässige Unkenntnis oder Kenntnis haften – es sei denn, er hat wirklich eine Garantie übernommen (anders zum alten Recht BGHZ 144, 118; dagegen wiederum *U. Huber* ZIP 00, 1372; *Löwisch* JZ 01, 355).

18 **D. Haftungsmilderungen.** Ein abweichender Standard der Haftung iS einer Haftungsmilderung kann sich sowohl **aus Gesetz** als auch **aus Vertrag** ergeben. Grenzen vertraglicher Haftungsmilderungen setzen va §§ 276 III, 309 Nr 7. Gesetzliche Haftungsmilderungen sind insb solche, welche die Haftung des Schuldners auf die eigenübliche Sorgfalt oder grobe Fahrlässigkeit des Schuldners beschränken (s. Rn 19). Eine richterrechtlich entwickelte Besonderheit des Arbeitsrechts bildet daneben die Beschränkung der Arbeitnehmerhaftung (s. Rn 23, 24). Für das Transportrecht findet sich außerdem in §§ 435, 461 I, 607a IV, 660 III HGB sowie in einer Reihe internationaler Transportrechtskonventionen der Maßstab einer „Leichtfertigkeit im Bewusstsein der Schadenswahrscheinlichkeit". Er ist richtigerweise noch enger als der Maßstab grober Fahrlässigkeit (*Rabe* Seehandelsrecht § 607a Rz 21). Auf diesen Maßstab kommt es insb dort an, wo ein Transporteur über die im Transportrecht regelmäßig vorgesehenen Haftungshöchstbeträge hinaus in Anspruch genommen werden soll.

19 **I. Haftung nur für grobe Fahrlässigkeit oder eigenübliche Sorgfalt.** Die Haftung für grobe Fahrlässigkeit ist ein Fall milderer Haftung iSv § 276 I 1. **Anwendungsfälle** sind die Haftungsmilderungen für den Schenker, § 521, den Verleiher, § 599, den Notgeschäftsführer, § 680, und für den Finder, § 968. Auch im Annahmeverzug des Gläubigers (§§ 293 ff) ist die Haftung des Schuldners gemildert, § 300 I (s. dort Rn 2 ff). Da der Begriff der groben Fahrlässigkeit in über 100 verschiedenen Normen und richterlich entwickelten Rechtsinstituten des Zivilrechts – zB auch bei der Haftung von Arbeitnehmern bei betriebsbezogener Arbeit – verwendet wird, liegt es nahe, diesen Begriff je nach der Norm, in der er verwendet wird, zu differenzieren; die hA definiert jedoch einheitlich (ausdrücklich BGH NJW 07, 2988).

20 Grobe Fahrlässigkeit liegt vor, wenn die im Verkehr erforderliche Sorgfalt **in besonders schwerem und ungewöhnlich hohem Maße** vernachlässigt worden ist (vgl die Legaldefinition in § 45 II 3 Nr 3 SGB X): Vorausgesetzt wird eine das gewöhnliche Maß der Fahrlässigkeit erheblich übersteigende Schwere des Sorgfaltsverstoßes sowie nach hA in subjektiver Hinsicht persönliche Vorwerfbarkeit (BGH NJW 88, 1265, 1266; BGHZ 119, 147, 149; BAG AP § 611 BGB Haftung des Arbeitnehmers Nr 117). Das ist freilich schon deshalb unrichtig, weil das Zivilverfahren auf die Feststellung eines subjektiven Vorwurfs nicht ausgelegt ist (vgl auch *König* Grobe Fahrlässigkeit 150 ff, 194 f [je nach betroffener Norm]). Als **Faustformel** für das Vorliegen des besonders groben Sorgfaltsverstoßes lässt sich mit der Formulierung arbeiten, der Schuldners habe einfachste Anforderungen an seine Sorgfalt nicht eingehalten sowie diejenigen Standards verletzt, die jedermann als offensichtlich einzuhalten ansehen würde (s. BGHZ 77, 274, 276; 89, 153, 161). Zu diesen Standards zählen etwa allgemeingültige Sicherheitsregeln, wenn deren Kenntnis nach dem Grad der Verbreitung allgemein vorausgesetzt werden kann (BGH VersR 77, 465).

21 Die **Grenze zur einfachen Fahrlässigkeit** lässt sich über die üblichen Formeln hinaus abstrakt nicht beschreiben (vgl BGHZ 129, 136, 163). Die Entscheidung des Tatrichters ist nur insoweit revisibel, als es um eine Verkennung des Rechtsbegriffs der groben Fahrlässigkeit geht (BGHZ 89, 153, 160 f; 131, 288, 296; BAG AP § 611 BGB Haftung des Arbeitnehmers Nr 8, 42). Einfache Fahrlässigkeit liegt etwa vor, wenn Assistenzärzte in der Fachausbildung sich der fachlichen Weisungen eines ihnen vorgesetzten, höher qualifizierten und wesentlich erfahreneren Oberarztes nicht widersetzt haben und die grobe Fahrlässigkeit nicht ohne weiteres erkennbar war (BAG 4.5.06, 8 AZR 311/05, nv).

Die grobe Fahrlässigkeit ist zugleich die Grenze der entlastenden Wirkung der **eigenüblichen Sorgfalt**; dazu 22
die Kommentierung zu § 277.

II. Haftungsmilderung für Arbeitnehmer. Schädigt bei **betriebsbezogenen Tätigkeiten** der Arbeitnehmer 23
den Arbeitgeber (s. § 611 Rn 88 ff), haftet der Arbeitnehmer bei leichtester Fahrlässigkeit unter bestimmten
Voraussetzungen nicht, während bei mittlerer, ausnahmsweise sogar bei grober Fahrlässigkeit eine Schadens-
teilung eintritt (vgl BAG NJW 90, 468, 469 f. [Missverhältnis zwischen Schadensrisiko und Verdienst];
BAG AP § 254 Nr 15 Rz 41 [einkalkulierter und versicherter Verlust]); der vorsätzlich handelnde und – von
Ausnahmen abgesehen – auch der grobfahrlässig handelnde Arbeitnehmer haften hingegen voll (BAG AP
§ 254 Nr 15 Rz 30). Das Verschulden muss sich nicht nur auf die Pflichtverletzung, sondern auch auf den
Eintritt eines Schadens beziehen (BAG AP § 611 Haftung des Arbeitnehmers Nr 122; BAG AP § 254 Nr 15
Rz 34). Der Gefahrentlastung des Arbeitnehmers liegt der Gedanke zugrunde, dass das mit seiner Tätigkeit
verbundene Schädigungsrisiko letztlich ein Betriebsrisiko des Arbeitgebers ist. Konsequenterweise ist dieses
Betriebsrisiko gleich einem Mitverschulden des entstandenen Schadens analog § 254 in Rechnung zu stel-
len; das schließt die Berücksichtigung eines echten Mitverschuldens nicht aus (ErfK/*Preis* § 619a Rz 8).
Die (umstr) Voraussetzung, dass die Schädigung in Ausführung einer **„gefahrgeneigten Arbeit"** geschehen 24
war (BAG BB 90, 64), ist **aufgegeben** (BAG (GS) AP Nr 103 zu § 611 Haftung des Arbeitnehmers; BGH NJW
94, 856; vgl zu weiteren Einzelheiten *Schaub* Arbeitsrechts-Handbuch 428 ff; *Löwisch* Arbeitsrecht 310 ff).
„Gefahrgeneigt" spielt jetzt nur noch bei **Abwägung von Verschulden und Betriebsrisiko** eine Rolle
(s. BAG AP § 611 Haftung des Arbeitnehmers Nr 106). Außerdem sind bei der Ermittlung des Risikos die folgenden Gesichtspunkte zu berücksichtigen: Die Höhe des Schadens (ErfK/*Preis* § 619a Rz 16), ein vom
Arbeitgeber einkalkuliertes oder durch Versicherungen deckbares Risiko (BAG AP § 611 Haftung des Arbeit-
nehmers Nr 92) und die Stellung des Arbeitnehmers im Betrieb (ErfK/*Preis* § 619a Rz 16). Die Höhe des
Arbeitsentgelts kann nur insoweit Bedeutung erlangen, als darin möglicherweise eine – die Haftungsmilderung dann ausschließende – Risikoprämie für den Arbeitnehmer enthalten ist (BAG AP § 611 Haftung des
Arbeitnehmers Nr 106). Hingegen haben persönliche Verhältnisse des Arbeitnehmers wie die Dauer seiner
Betriebszugehörigkeit, seine Familienverhältnisse, sein bisheriges Verhalten und sein Lebensalter keinen Einfluss auf die betriebliche Risikostruktur; entgegen der Auffassung der Rspr bleiben sie daher richtigerweise
außer Betracht (*Löwisch* Arbeitsrecht 311). Dasselbe gilt für die wirtschaftliche Leistungsfähigkeit des Arbeitnehmers (BGH AP § 611 Haftung des Arbeitnehmers Nr 1).

E. Haftungsverschärfungen. Das BGB kennt eine Reihe schärferer Haftungsstandards, welche vom Schuld- 25
ner mehr verlangen als die Fahrlässigkeit. Teilweise wird eine Verschärfung bereits durch eine **Beweislastumkehr** erreicht (s. § 280 Rn 24). Als haftungsverschärfend wird regelmäßig auch § 278 angesehen (etwa AnwK/
Dauner-Lieb § 276 Rz 16; Jauernig/*Stadler* § 276 Rz 9); tatsächlich handelt es sich aber darum, den Schuldner
an einer Haftungsentlastung durch Delegation zu hindern (*Schmidt-Kessel* Standards vertraglicher Haftung
410; s. § 278 Rn 1). Neben diesen Elementen findet sich jedoch eine Reihe echter Haftungsverschärfungen.
Diese können sich aus Gesetz oder aus dem entspr auszulegenden Vertrag ergeben. Zu den Fällen einer fahr-
lässigkeitsunabhängigen Haftung zählt auch § 126 1 GWB (BGH WM 08, 494 Rz 22 ff). Der Gedanke einer
Haftung nach Risikosphären oder **Gefahrenbereichen** hat bislang va iRd AGB-Kontrolle eine Rolle gespielt
(BGHZ 114, 138, 243 ff [Missbrauchsrisiko bei Kreditkarten]; BGHZ 115, 38, 45 [Risiko der Geschäftsunfähigkeit des Kunden]; BGHZ 119, 152, 168 f [verschuldensunabhängige Haftung des Mieters für Schäden der
Mietsache]).
Unabhängig davon, worauf sich eine Haftungsverschärfung gründet, kann sich der **Gläubiger** auf diese nicht 26
berufen, wenn er die haftungsbegründende Situation durch **vertragswidriges Verhalten** erst herbeigeführt
hat (s. RGZ 96, 6, 10 sowie § 242 Rn 40). Dafür genügt freilich noch nicht, dass der Gläubiger bei Vertragsschluss ein bestimmtes Risiko bereits kennt, so die Auslegung ergibt, dass es der Schuldner – gleichwohl –
übernommen hat (vgl BGH NJW 72, 1702, 1703; BGH LM § 279 Nr 4; Staud/*Löwisch* [2004] § 276 Rz 153).
Ist der Schuldner hingegen auf Grund mangelnder Kooperation des Gläubigers daran gehindert, seine Pflicht
zu erfüllen, haftet er nicht (Schlesw OLGR 06, 345, Rz 23 ff [Kontoänderung ohne Mitteilung an den Schuld-
ner]; *Kähler* AcP 206 [2006] 805, 831).

I. Übernahme von Beschaffungsrisiken. Hat der Schuldner ein Beschaffungsrisiko übernommen, haftet er 27
für die davon erfassten Pflichtverletzungen **unabhängig von Fahrlässigkeit** (Staud/*Löwisch* [2004] § 276
Rz 146). Die Übernahme von Beschaffungsrisiken geschieht durch **ausdrückliche Vereinbarung**, aber va
auch durch **Auslegung** oder Ergänzung eines Schuldverhältnisses nach §§ 157, 242 (s. § 157 Rn 15 ff, § 242
Rn 26). Damit besteht hier eine Einfallspforte für rechtspolitisch erwünschte Haftungsverschärfungen, etwa
um das deutsche Schuldrecht an internationale Standards heranzuführen, aber auch für die Korrektur von
Haftungsabschwächungen durch den neuen § 311a II 2 (s.o. Rn 17).
Eine Übernahme eines Beschaffungsrisikos ist **regelmäßig bei Gattungsschulden** anzunehmen (AnwK/*Dau-* 28
ner-Lieb § 276 Rz 28), solange es Gegenstände der Gattung, aus der der Schuldner zu leisten hat, noch gibt.
Ergibt sich aus dem Vertrag eine **Einschränkung der Verpflichtung** auf bestimmte Teilmengen einer Gattung,
etwa auf einen bestimmten **Vorrat** (AnwK/*Dauner-Lieb* § 276 Rz 32), eine bestimmte Produktions**quelle** oder

bestimmte Herstellungskapazitäten (*Schmidt-Kessel* Standards vertraglicher Haftung 71 ff), dann ist die Nichtbeschaffung keine Pflichtverletzung, und der Schuldner kann nicht nur nicht auf Erfüllung in Anspruch genommen werden (s. § 243 Rn 8), sondern haftet auch nicht auf Schadensersatz. „Vertretenmüssen" ist im Hinblick auf die Nichtbeschaffung nicht mehr zu prüfen; hinsichtlich der Nichtlieferung ist es ausgeschlossen. Auch bei Stückschulden ist die Vereinbarung eines Beschaffungsrisikos möglich (Palandt/*Heinrichs* § 276 Rz 31). Ohne besondere Vereinbarung wird dies aber kaum der Fall sein (Karlsr NJW 05, 989, 990).

29 Der Schuldner kann **entlastet** sein, soweit eine Leistungsstörung nicht mit der **Eigenart der Übernahme des Risikos**, aus der Gattung beschaffen zu können, zusammenhängt. Außer im Fall des Gläubigerfehlverhaltens (Rn 26) kann dies zB bei Krankheit oder unverschuldeter Freiheitsbeschränkung des Schuldners der Fall sein (RGZ 99, 1, 2; *Coester-Waltjen* AcP 183 [1983] 279, 289). Das Beschaffungsrisiko wird regelmäßig außerdem solche Verzögerungen nicht erfassen, die durch überraschende und vom Schuldner auch sonst nicht zu vertretende Notwendigkeiten einer Neu- oder Ersatzbeschaffung entstehen. Freizeichnung durch eine sog Selbstbelieferungsklausel („rechtzeitige und richtige Selbstbelieferung vorbehalten") ist zulässig (BGHZ 92, 396, 399). Schließlich kann der Schuldner einer Gattungsschuld jedenfalls von der Verpflichtung zur Naturalerfüllung entlastet sein, wenn infolge nicht vorhersehbarer Umstände so erhebliche Leistungshindernisse eingetreten sind, dass dem Schuldner die Beschaffung nicht mehr zugemutet werden kann (§ 275 II); eine Schadensersatzhaftung ist damit aber nicht ausgeschlossen (s. zum alten Recht BGH NJW 94, 515, 516 [Haftung trotz Ausschlusses des Erfüllungsanspruchs möglich]).

30 Umstr ist, ob sich das Beschaffungsrisiko beim Gattungskauf auch auf die **Fehlerfreiheit der Kaufsache** bezieht. Anwendbar ist die Haftungsverschärfung jedenfalls hinsichtlich solcher Schäden, die dem Käufer dadurch entstehen, dass der Verkäufer die Mangelfreiheit nicht rechtzeitig im Wege der Nacherfüllung bewirkt (so iE auch BaRoth/*Faust* § 437 Rz 81). Zu einer massiven Haftungsverschärfung würde es hingegen führen, wenn die fahrlässigkeitsunabhängige Haftung sich auch auf solche Fälle bezöge, in denen der Käufer Schäden an anderen Rechtsgütern erleidet. Ganz überwiegend wird daher angenommen, die verschärfte Haftung erstrecke sich auf derartige Schäden nicht (s. *Sailer* Schadensersatzhaftung 48; Palandt/*Heinrichs* § 276 Rz 32 mwN). In der Tat wird der Schutzzweck der Risikoübernahme hier insb die Haftung für Integritätsverletzungen („Mangelfolgeschäden") vielfach ausschließen. Allerdings muss man dafür mit dem Dogma der hA brechen, dass sich das Vertretenmüssen nicht auf den Schaden zu beziehen hat. Eine pauschale Ablehnung der Erfassung der Haftung für Mängel entspricht jedenfalls nicht dem Text des Gesetzes (vgl *v Westphalen* ZIP 01, 2258, 2262).

31 **II. Garantien.** Garantien werden in der Praxis häufig gegeben und können verschiedene Inhalte und Funktionen haben (vgl zB §§ 443, 477). In der Bedeutung des § 276 I 1 begründen sie eine von **Fahrlässigkeit unabhängige** Haftung des Schuldners. Entscheidendes Kriterium für die Garantie ist der **Einstandswille** des Schuldners (BGHZ 59, 158, 160; BGH NJW 96, 1465, 1466; BGHZ 170, 86, 92 Rz 20; AnwK/*Dauner-Lieb* § 276 Rz 22), der iRd tatrichterlichen Vertragsauslegung festzustellen ist (BGHZ 170, 86, 92). Diese Auslegung ist mit der Revision nur beschränkt überprüfbar (BGHZ 170, 86, 92 f). Der Grundsatz einer nach beiden Seiten hin interessengerechten Auslegung schließt jedoch regelmäßig eine stillschweigende Garantie unter Privatleuten aus (BGHZ 170, 86, 95). Eine Entlastung ist nur möglich, soweit die Nichterfüllung auf Umständen beruht, für welche der Schuldner nicht einstehen wollte und die Garantie daher nicht gilt; das wird regelmäßig bei einem Fehlverhalten des Gläubigers der Fall sein (s. Rn 26). Entspr Erklärungen betreffen etwa den Fall mangelhafter Kaufgegenstände und Werke oder die Umsatzangaben beim Unternehmenskauf. Die Abgrenzung derartiger Garantien von der klassischen Herstellergarantie iSd §§ 443, 477 bereitet erhebliche Schwierigkeiten (s. § 433 Rn 8). Bei Sachmängeln entspricht die Funktion der Garantie iSv § 276 I 1 der bisherigen **Zusicherungshaftung** (BGHZ 170, 86; AnwK/*Dauner-Lieb* § 276 Rz 21).

32 **III. Finanzielle Leistungsfähigkeit des Schuldners.** Für sein finanzielles Leistungsvermögen hat der Schuldner grds **immer einzustehen** (*Medicus* AcP 188 [1988] 490-510; *Lorenz/Riehm* Rz 177). Dies ergibt sich aus dem Prinzip der unbeschränkten Vermögenshaftung (Palandt/*Heinrichs* § 276 Rz 28). Auch der gesetzlich zu einer Geldzahlung Verpflichtete, etwa der Schadensersatz- oder Unterhaltsschuldner, haftet idR fahrlässigkeitsunabhängig (s. Staud/*Löwisch* [2004] § 276 R 160 f). Der Geldschuldner kann sich nicht nur nicht auf § 275 berufen (s. §§ 244, 245 Rn 10), um einer Verurteilung zur Naturalerfüllung zu entgehen, sondern das „Vertretenmüssen" seiner finanziellen Leistungsunfähigkeit bewirkt va auch Verzug, sofern die anderen Voraussetzungen des Verzugs gegeben sind (s. § 286 Rn 4 ff).

33 Die Haftung für die eigene finanzielle Leistungsfähigkeit erstreckt sich **auch** auf die **Verpflichtung zu Nicht-Geldleistungen**, etwa Lieferung von Sachen oder Herstellung eines Werkes, wenn sie den Einsatz finanzieller Ressourcen verlangen, die dem Schuldner fehlen: Eine Fluggesellschaft ist ggü ihren Passagieren nicht entlastet, wenn ihre Flugzeuge deshalb am Boden bleiben, weil sie ihre Kerosinlieferanten nicht rechtzeitig bezahlen *konnte*.

34 Allenfalls in **Ausnahmefällen**, etwa dem eines verwahrten Geldbetrages, kann Nicht-Vertretenmüssen in Betracht kommen, doch handelt es sich insoweit nicht um eine echte Geldsummenschuld, sondern eine auf Sachen (Münzen, Scheine) oder ein bestimmtes Bankguthaben gerichtete **Herausgabeschuld** (*Lorenz/Riehm*

Rz 178) nach § 667 (BGHZ 143, 373, 378 [Anspruch des Fiskus nach Art 233 §§ 11 III, 12 EGBGB]; BGH NJW 03, 743, 744 f [Rückzahlung von Anzahlungen durch das Reisebüro als Verletzung des Agenturvertrags]). Bsp ist treuhänderisch zu verwahrendes Geld, welches vereinbarungsgemäß auf ein Treuhandkonto eingezahlt wird; im Falle der Insolvenz der Bank haftet der Treuhänder für den die Einlagensicherung übersteigenden Betrag nur bei Fahrlässigkeit (*Schlechtriem/Schmidt-Kessel* Schuldrecht AT Rz 595), die aber anzunehmen ist, wenn die Einlagensicherung auf den gesetzlichen Mindestumfang beschränkt ist (BGH NJW 06, 986). Die Rspr hat den Geldschuldner außerdem in bestimmten eng umgrenzten Ausnahmefällen für entlastet gehalten, wenn er – **bei eigener Leistungsfähigkeit** – Zahlungen aufgrund eines **Rechtsirrtums** nicht pünktlich erbracht hat (wN bei Staud/*Löwisch* [2004] § 286 Rz 144–165, s. Rz 10 a). Ebenfalls vorübergehend entlastend können fehlerhafte Rechnungen des Gläubigers wirken (BGH BB 06, 1819, 1820, Rz 11); das schließt eine Haftung für Fahrlässigkeit nicht aus (BGH BB 06, 1819, 1820, Rz 12 [fehlende Vergewisserung über den tatsächlichen Umfang der Schuld]). Zur Entlastung durch Gläubigerfehlverhalten generell Rn 26. S. die weiteren Überlegungen bei *Kähler* AcP 206 [2006] 805, 828 ff.

IV. Weitere Fälle eines sorgfaltsunabhängigen Vertretenmüssens. 1. Höhere Gewalt. Die Haftung der Parteien nach **Art 79 I CISG** ist ebenfalls verschuldensunabhängig. Auf persönliche Verschuldensfähigkeit kommt es nicht an. Aber auch die Einhaltung der objektiv geforderten Sorgfalt reicht zur Entlastung nicht aus, vielmehr muss der Schuldner beweisen, „dass die Nichterfüllung auf einem außerhalb [seines] Einflussbereichs liegenden Hinderungsgrund beruht und dass [von ihm] vernünftigerweise nicht erwartet werden konnte, den Hinderungsgrund bei Vertragsabschluss in Betracht zu ziehen oder den Hinderungsgrund oder seine Folgen zu vermeiden oder zu überwinden" (zu Einzelheiten s. Schlechtriem/*Schwenzer* Art 79 CISG Rz 10 ff). Diese Entlastung ist allerdings nur für die Haftung auf Schadensersatz möglich (vgl Art 79 V CISG). Anderen Rechtsbehelfen des Gläubigers kann sich der Schuldner nicht entziehen; für Naturalerfüllung s. jedoch Art 28 CISG. 35

Der Sache nach handelt es sich bei Art 79 CISG um einen Haftungsausschluss wegen höherer Gewalt. Dieser **Standard** einer strengen, verschuldensunabhängigen Haftung **war dem BGB** in seiner ursprünglichen Fassung weitgehend **fremd** (Ausnahme §§ 206 [ex § 203 II] und 1996 I 1). Inzwischen hat dieser Standard freilich in Umsetzung der Richtlinien über Pauschalreisen und Überweisungen sowie des Europaratsübereinkommens über die Gastwirtehaftung Einzug gehalten: §§ 651j I, 676b IV, 676e V 2, 701 III Var 5. Unter höherer Gewalt ist ein **externes Hindernis** der Pflichterfüllung zu verstehen, das der Schuldner **weder vermeiden noch überwinden** kann (s. RGZ 117, 12, 13; BGHZ 100, 185, 188). Mit der Externalität des Störungsursprungs ist nicht gemeint, dass es sich um ein menschlich nicht beherrschbares Ereignis handeln muss. Vielmehr soll dieses Erfordernis lediglich Hindernisse aus der Sphäre des Schuldners ausschließen. An die Vermeidbarkeit und Überwindbarkeit sind die Anforderungen des Fahrlässigkeitsmaßstabes (§ 276 II) zu stellen. Häufig wird auch die Unvorhersehbarkeit der Störung gefordert (s. etwa den Wortlaut von § 651j I). Freilich handelt es sich dabei nicht um eine eigenständige Voraussetzung der höheren Gewalt, vielmehr ist die Vorhersehbarkeit der Störung ein bei der Auslegung des Vertrages zu berücksichtigender Umstand, der auf eine Risikoübernahme durch den Schuldner hindeutet (*Schmidt-Kessel* Standards vertraglicher Haftung 127 f, 450 f). Eine solche Risikoübernahme, die sich auch aus anderen Umständen ergeben kann, schließt die Berufung auf höhere Gewalt aus. 36

2. Anfängliche Störungen. Nach altem Schuldrecht führte zudem der Umstand, dass eine Störung des Vertrages bereits bei Vertragsschluss vorlag, im Grundsatz zu einer von Fahrlässigkeit unabhängigen Haftung (s. *Schlechtriem/Schmidt-Kessel*, Schuldrecht AT Rz 600; Ausn: Sachmängel beim Kauf). Während diese Haftung durch den neuen **§ 311a** erheblich gemildert worden ist (s.o. Rn 17), ist es für anfängliche Mängel der Mietsache bei der alten Rechtslage geblieben: Nach § 536a I Var 1 haftet der Vermieter für derartige Mängel unabhängig davon, ob er diesbezüglich unsorgfältig gehandelt hat oder den Mangel hätte erkennen können. Die Vorschrift ist lex specialis zu § 311a II 2 und zu § 276 I 1. Für die sonstigen Konstellationen ist die Rückkehr zum alten Recht in AGB regelmäßig ausgeschlossen (BGH NJW 06, 47, 50 [Rechtsmängel beim Kauf]). 37

3. Vorangegangene Pflichtverletzung. In bestimmten Situationen tritt eine Verschärfung der Verantwortung aufgrund einer vorangegangenen Pflichtverletzung ein: Ist der Schuldner mit der Leistung in Verzug (s. § 286 Rn 4 ff), dann hat er eine während des Verzugs durch Zufall, dh ohne sein Verschulden, eintretende Unmöglichkeit stets zu vertreten, § 287 2; eine Entlastung ist nur möglich, wenn der Schaden auch bei rechtzeitiger Leistung eingetreten wäre, § 287 2 aE (§ 287 Rn 5). Für Zufall, dh unabhängig von Verschulden, haftet auch der Deliktsschuldner, der aufgrund seiner unerlaubten Handlung zur Rückgabe einer Sache verpflichtet ist, die er durch die unerlaubte Handlung erlangt hat, (§ 848 Rn 1). Der Gedanke, dass das Fehlverhalten eines Teils, welches eine Risikoerhöhung nach sich zieht, bei diesem zu einer **Haftungsverschärfung** führt, ist ein **allgemeiner Grundsatz des Schuldrechts**, welcher sich auch an anderer Stelle niedergeschlagen hat (vgl *Schmidt-Kessel* Standards vertraglicher Haftung 330 ff). Das gilt etwa für § 447 II, welcher eine zusätzliche Haftung des Verkäufers für den Fall begründet, dass dieser von Versendungsanweisungen des Käufers zu Unrecht abweicht (s. § 447 Rn 15). 38

39 F. Abdingbarkeit. Die verschiedenen unter § 276 zur Anwendung gelangenden Haftungsstandards sind grds **dispositiv** (s. BGHZ 9, 295, 301, 306), insb kann die Haftung durch Vertrag ausgeschlossen, beschränkt und erweitert werden; das zeigt bereits der Wortlaut von § 276 I 1. **Haftungsausschlüsse** sind im Zweifel **eng auszulegen** (BGHZ 22, 90, 96; BGHZ 54, 299, 305); für AGB gilt § 305c II Rn 13 ff. Grenzen finden insoweit insb Gewährleistungsausschlüsse: Diese erfassen insb keine Mängel, die nach Vertragsschluss entstehen (BGH NJW 03, 1316) und idR auch keine Ansprüche aus Delikt (BGHZ 67, 359, 366). Ein Haftungsausschluss kann auch **konkludent** erklärt werden (s. BGH NJW 65, 907), jedoch ist eine entspr **ergänzende Vertragsauslegung** nur ausnahmsweise möglich (BGH NJW 03, 578; NJW 09, 1482 Rz 16 ff).

40 § 276 kann **nicht schrankenlos** abbedungen werden. **§ 276 III** schließt zunächst die Freizeichnung von Vorsatz aus; daneben greift ggf § 138 (in concreto abgelehnt Saarbr NJW 99, 873 [vom Patienten gewünschte, aber nicht indizierte Amputation]). III schließt die Vereinbarung von Ausschlussfristen nicht aus (BAG AP Nr 5 zu § 611 Mobbing Rz 42). Für Haftungsbeschränkungen in AGB ergeben sich weitere Schranken aus §§ 307 I, II Nr 2, 309 Nr 7 (s. § 307 Rn 26 ff, § 309 Rn 39 ff); für Verbraucherverträge wird deren Anwendungsbereich durch § 310 III erweitert. Die besonderen gesetzlichen Verbote oder Einschränkungen von Haftungsbeschränkungen etwa in §§ 619, 651h, 676g V, § 2 V Nr 3 FernUSG, § 51a BRAO tangieren jeweils auch Vereinbarungen über den Standard des Vertretenmüssens. Eine Ausweitung der Haftung ist ebenfalls am Maßstab von § 307 zu messen. Dabei wird insb die Beseitigung des Fahrlässigkeitserfordernisses durch AGB allenfalls ausnahmsweise möglich sein (BGH NJW 06, 47, 49f [Rechtsmängel beim Kauf]).

§ 277 Sorgfalt in eigenen Angelegenheiten.
Wer nur für diejenige Sorgfalt einzustehen hat, welche er in eigenen Angelegenheiten anzuwenden pflegt, ist von der Haftung wegen grober Fahrlässigkeit nicht befreit.

1 A. Allgemeines. Der Standard der eigenüblichen Sorgfalt hat Bedeutung va für das Rücktrittsfolgenrecht: Nach **§ 346 III 1 Nr 3** steuert er die Wertersatzpflicht des Berechtigten eines gesetzlichen Rücktrittsrechts, soweit dieser seinerseits der ordnungsgemäßen Rückgewähr nicht in der Lage ist (s. Karlsr NJW 08, 925 und § 346 Rn 15 ff); die Vorschrift findet nach § 357 I 1 grds auch auf den verbraucherschützenden Widerruf Anwendung, Ausnahme: § 357 III 3. Weitere **Anwendungsfälle** finden sich etwa in §§ 347 I 2, 357 I, III 3, 690, 708, 1359, 1664, § 4 LPartG. Grds haften auch die Partner einer nichtehelichen Lebensgemeinschaft einander nur für eigenübliche Sorgfalt (Oldbg NJW 86, 2259). Die **Gründe** für die Anordnung dieses Haftungsmaßstabes sind unterschiedlich: Bei §§ 346 III 1 Nr 3, 347 I 2 etwa geht es um den Schutz des Rückgewährschuldners, der von seinem Rücktrittsrecht (noch) nichts weiß (zu § 357 Rn 9). Eher romantisierende Vorstellungen liegen den §§ 708, 1359, 1664 zugrunde: Die – für die Gesellschaft allenfalls noch ausnahmsweise – zutreffende Personalisierung dieser Beziehungen soll hier dazu führen, dass jeder den anderen zu nehmen hat, wie er eben ist. Für die letztgenannten Fälle gilt der Haftungsstandard daher nicht, soweit – außerhalb der persönlichen Sphäre – ein Fehlverhalten im Straßenverkehr in Rede steht (BGHZ 53, 352, 355; BGH NJW 09, 1482 Rz 13). Daran haben §§ 7 II, 8a StVG nF nichts geändert (Palandt-*Heinrichs* § 277 Rz 2; aA *Kunschert* NJW 03, 950 ff). Für straßenverkehrsbedingte Störungen der Rückabwicklung nach § 346 gilt diese Einschränkung freilich nicht (Karlsr NJW 08, 925, 926). Die Rechtsprechung ist auf Unfälle beim Wasserski übertragbar (BGH NJW 09, 1875).

2 B. Eigenübliche Sorgfalt. Bei der Haftung für die eigenübliche Sorgfalt (diligentia quam in suis) handelt es sich um eine **Haftungsmilderung ggü der Haftung für Fahrlässigkeit**, von welcher derjenige Schuldner profitiert, dessen Sorgfalt gewöhnlich eine geringere ist als die von § 276 II geforderte. Die Sorgfalt wird nicht objektiv, sondern **subjektiv** nach dem **für den Schuldner Üblichen** bestimmt (BGHZ 103, 338, 346). Hat der Schuldner nicht einmal objektiv fahrlässig gehandelt, haftet er folglich auch dann nicht, wenn er mit seiner üblichen Sorgfalt die im Verkehr erforderliche Sorgfalt regelmäßig übertrifft (Palandt/*Heinrichs* § 277 Rz 2); Grund: Die eigenübliche Sorgfalt ist nur Haftungsmilderung. Die Grenze der Haftungsmilderung ergibt sich aus § 277: Handelt der Schuldner **grob fahrlässig**, ist er auch dann nicht von der Haftung entlastet, wenn sein Verhalten dabei der von ihm üblicherweise geübten Sorgfalt – besser: Nachlässigkeit – entspricht. Diese **Grenzziehung** ist der **einzige Regelungsinhalt** von § 277.

§ 278 Verantwortlichkeit des Schuldners für Dritte.
¹Der Schuldner hat ein Verschulden seines gesetzlichen Vertreters und der Personen, deren er sich zur Erfüllung seiner Verbindlichkeit bedient, in gleichem Umfang zu vertreten wie eigenes Verschulden. ²Die Vorschrift des § 276 Abs. 3 findet keine Anwendung.

1 A. Allgemeines. Nach § 278 hat der Schuldner für seine gesetzlichen Vertreter und sog Erfüllungsgehilfen einzustehen, **ohne** dass es auf **Fahrlässigkeit** hinsichtlich deren Auswahl oder Überwachung ankommt. Als Gründe für diese Zurechnung gelten Arbeitsteilung und Risikozurechnung (BGH NJW 96, 451; MüKo/*Grundmann* § 278 Rz 3), Sicherung der Gefahren- und Beweislage, Übernahme einer Garantie (s. *Lüderitz* NJW 75, 1 ff; *Kronke* Transportrecht 88, 90; Staud/*Löwisch* [2004] § 278 Rz 1; zur Entstehung des § 278

K. Schmidt FS Raisch 189, 199 f). Tatsächlich handelt es sich aber darum, den Schuldner an einer **Haftungsentlastung durch Delegation** zu **hindern** (*Schmidt-Kessel* Standards vertraglicher Haftung 410). § 278 ist der regelmäßige Preis dafür, dass sich der Schuldner der Hilfsperson überhaupt bedienen darf. Einer Mitteilung durch den Schuldner bedarf es jedoch grds nicht (BGH ZIP 08, 2208). Wo es – unabhängig von der Berechtigung zur Delegation – allein auf das persönliche Fehlverhalten des Schuldners selbst ankommt, scheidet die Anwendung von § 278 aus (im Ausgangspunkt zutr BGHZ 29, 275; BGH NJW 07, 3068); allerdings zählt § 89b III Nr 2 HGB nicht zu diesen Vorschriften, weil Art 18 lit a Richtlinie 86/653/EWG als Kriterium zur Konkretisierung von „schuldhaft" allein die fristlose Beendigkeit des Vertrags benennt (aA BGH NJW 07, 3068; BGH r + s. 08, 44). Auch bei § 573 II Nr 1 ist die Anwendung von § 278 nicht ausgeschlossen (BGH NJW 07, 428, 429). Der Gehilfe wird – anders als im Regelfall des § 164 – durch die Zurechnung nicht von einer eigenen Haftung befreit, soweit dafür ein eigener Haftungsgrund vorliegt (BAG NZA 06, 729, 731). Ggfs kann aber das Einrücken in die Gehilfenstellung die Pflichten aus einem eigenen Vertrag enden lassen (s. BGH NJW 06, 2321, 2322 Rz 9 ff [Reisebüro bei Abschluss des Vertrags mit dem Veranstalter]). Darf sich der Schuldner dritter Personen überhaupt nicht bedienen, kommt es auf eine Anwendung des § 278 nicht an. Die Haftung richtet sich dann danach, ob er die pflichtwidrige Übertragung zu vertreten hat (vgl RGZ 152, 125, 128; Staud/*Löwisch* [2004] § 278 Rz 31). Ein Vertretenmüssen kann sich außerdem aus anderen Gründen ergeben, etwa wegen Mängeln in der Organisation des eigenen Betriebs, zu der die Auswahl zuverlässiger Energielieferanten und das Offenhalten von Ersatzlieferquellen gehört hätte, oder die Übernahme eines Beschaffungsrisikos.

Zum **Anwendungsbereich** der Vorschrift gehören va Verträge sowie gesetzliche Schuldverhältnisse. Darüber 2 hinaus kommt § 278 nur zur Anwendung, wenn ein den Genannten vergleichbares Sonderrechtsverhältnis besteht (BGHZ 1, 248, 249; BGHZ 58, 207, 212; BGH NJW-RR 07, 457). Das gilt auch für die Zurechnung des Verhaltens gesetzlicher Vertreter (MüKo/*Grundmann* § 278 Rz 15). Eine Zurechnung nach § 278 bei der Verübung unerlaubter Handlungen ist daher ausgeschlossen (RGZ 160, 310, 314; BGH NJW 80, 2080 entsprechend BGH VersR 06, 985, 986 [für § 906]), anders hingegen bei Schuldverhältnissen aus begangenem Delikt (BGH NJW-RR 87, 225, 226). Vorvertragliche (BGHZ 15, 204, 205; BGH NJW-RR 90, 229, 230) und nachwirkende (vgl BGH NJW 52, 867) Schuldverhältnisse genügen, ebenso das auf einem Kontrahierungszwang beruhende Rechtsverhältnis (BGH NJW 74, 1903, 1904). Weitergehend kann sogar eine ständige Geschäftsbeziehung ausreichen (BGHZ 21, 102, 107). Im Prozessrechtsverhältnis ergeben sich Einschränkungen: Eine Partei haftet zwar nach § 85 II ZPO für das Verschulden des Prozessbevollmächtigten, nicht jedoch für dessen Mitarbeiter (BGH VersR 06, 860, 862).

Aus **sachenrechtlichen** Positionen kann sich die Anwendbarkeit von § 278 ergeben, sofern das entstandene 3 Rechtsverhältnis eng genug erscheint (MüKo/*Grundmann* § 278 Rz 18). Das gilt etwa für das Eigentümer-Besitzer-Verhältnis (Staud/*Gursky* § 989 Rz 16; MüKo/*Grundmann* § 278 Rz 18), das Verhältnis zwischen Wohnungseigentümern (BGH NJW 99, 2108, 2110), sowie zwischen Eigentümer und Inhaber eines beschränkt dinglichen Rechts (BGHZ 95, 144, 145 ff [Dienstbarkeit]). Das schlichte nachbarschaftliche Gemeinschaftsverhältnis genügt hingegen nicht (BGHZ 42, 63, 69 [für § 912]; BGH VersR 06, 985, 986 [für § 906]), soweit es nicht – etwa bei Mietern desselben Hauses (BGHZ 61, 227, 233) – eine rechtliche Verfestigung erfahren hat (MüKo/*Grundmann* § 278 Rz 18).

Eine Anwendung kommt auch bei schuldrechtsähnlichen **öffentlich-rechtlichen Beziehungen** in Betracht 4 (BGHZ 21, 214, 218 ff; BGHZ 121, 161, 166 ff; MüKo/*Grundmann* § 278 Rz 19). Dazu zählen richtigerweise auch das Fürsorgeverhältnis zwischen Jugendamt und dem nach §§ 42, 43 SGB VIII bei einer Pflegefamilie untergebrachten Kind (aA BGHZ 166, 268 [im Ergebnis aber richtig: Verhalten der Pflegefamilie gehört als solches nicht zum Pflichtenkreis]), sowie das Rechtsverhältnis zwischen Vormund respective Betreuer und Staatskasse bei einem Vergütungsanspruch gegen diese nach § 1 II 2 VBVG (unrichtig wegen Verstoß gegen Gemeinschaftsrecht OLGR Schlesw 06, 279, 282; vgl § 286 Rn 3). Auch beim Betrieb einer gemeindlichen Abwasserkanalisation besteht zwischen der Gemeinde und dem einzelnen Anschlussnehmer ein solches öffentlich-rechtliches Schuldverhältnis (BGH NJW 07 1061), ebenso bei einer Eisenbahnkreuzung zwischen Straßenbaulastträger und Eisenbahnunternehmer (BGH NJW-RR 07, 457). Unanwendbar ist § 278 hingegen im Verhältnis zwischen Wohnungseigentümer und Behörde bei (Wieder-)Einweisung eines Obdachlosen in die Wohnung (BGH NJW-RR 06, 802, 803).

Grds haftet der Schuldner auch für alle seine Gehilfen, welche sich im Zuge ihrer Tätigkeit nach § 278 falsch 5 verhalten und dadurch bei einem Vertragspartner Schäden an dessen sonstigen Rechtsgütern anrichten (BGH LM § 278 BGB Nr 39; BGH NJW-RR 90, 308, 309). Freilich ist die Reichweite der **Schutzpflichten** für jeden Vertrag gesondert im Wege der Auslegung zu bestimmen (Staud/*Löwisch* [2004] § 278 Rz 41). Für den Arbeitsvertrag werden sie sich etwa nicht nur auf die Person des Arbeitnehmers, sondern regelmäßig auch auf das von ihm üblicherweise auf dem Betriebsparkplatz abgestellte Kraftfahrzeug beziehen. Wird das Fahrzeug durch auf dem Betriebsgelände vorgenommene Arbeiten gefährdet, so entstehen dem Arbeitgeber entspr Schutzpflichten. Erfolgt die Gefährdung nicht durch eigene Leute des Arbeitgebers, sondern durch einen von diesem zu den betreffenden Arbeiten eingesetzten Dritten, kann dies den Arbeitgeber nicht von einer Zurechnung nach § 278 entlasten. Das dort festgehaltene Benachteiligungsverbot lässt dieses nicht zu (aA BAG NJW 00, 3369, 3371). Dass die gefährdende Tätigkeit in keiner Weise auf den Arbeitnehmer bezogen war (so das Argument des BAG aaO), ist unerheblich.

6 Auf **Obliegenheiten** findet § 278 bisweilen keine Anwendung, obwohl dies nicht zwingend ist (s. BGH NJW 08, 145 [in concreto verneint, da reine Organisationsobliegenheit]). Wegen § 254 II 2 Rn 26 gilt § 278 insb für die Schadensminderung. Beim Gläubigerverzug ist für Zurechnungsfragen regelmäßig kein Raum (s. AnwK/ *Schmidt-Kessel* § 293 Rz 15). Ausgeschlossen ist die Anwendung von § 278 ferner bei versicherungsrechtlichen Obliegenheiten iSv § 28 VVG sowie bei der Herbeiführung des Versicherungsfalls § 81 VVG (BGHZ 107, 229, 230; BGH NJW 09, 2881). Stattdessen arbeitet die Rechtsprechung mit der bislang gesetzlich nicht geregelten Figur des Repräsentanten (dazu Looschelders/*Pohlmann* § 28 Rz 62 ff). Dieselben Lösungen hätten sich freilich auch mit § 278 erzielen lassen (Looschelders/Pohlmann/*Schmidt-Kessel* § 81 Rz 45-47; vgl BGH NJW 08, 145).

7 Während der Schuldner selbst verschuldensunabhängig einzustehen hat, muss der **Gehilfe** bzw gesetzliche Vertreter selbst die Pflichtverletzung zu verantworten haben: Das Gesetz spricht von **Verschulden** der gesetzlichen Vertreter oder Erfüllungsgehilfen. Daher gelten die §§ 276 I 2, 827, 828: Verschuldensfähigkeit ist erforderlich (Ddorf NJW-RR 95, 1165, 1166; *v Caemmerer* FS Hauß 39; Staud/*Löwisch* [2004] § 278 Rz 62; aA *Deutsch* Fahrlässigkeit 313; *Larenz* Schuldrecht I 303 f). Da der erforderliche Sorgfaltsmaßstab jedoch beim Erfüllungsgehilfen der für den Schuldner selbst geltende ist („**in gleichem Umfange**"), sind nicht nur Haftungserleichterungen zu berücksichtigen (Staud/*Löwisch* [2004] § 278 Rz 58), sondern auch Haftungsverschärfungen aufgrund der objektiven Standards, die etwa für den Berufskreis des Schuldners gelten. Das gilt im Grundsatz auch für den gesetzlichen Vertreter (Staud/*Löwisch* [2004] § 278 Rz 114; aA Jauernig/*Stadler* § 278 Rz 18): der Schuldner, nicht der Vertreter ist Partei des Schuldverhältnisses; allerdings wird das Auftreten eines besser qualifizierten gesetzlichen Vertreters oder Erfüllungsgehilfen, entspr den allgemeinen Regeln zur Konkretisierung von § 276 II (s. dort Rn 15), regelmäßig zur Anhebung des Fahrlässigkeitsstandards führen (BGHZ 114, 263, 272; *Spiro* Erfüllungsgehilfen 248; zurückhaltender BGH ZIP 08, 2208). Der Schuldner muss sich nämlich die Kenntnisse und Fähigkeiten seiner Gehilfen auch insoweit zurechnen lassen (Soergel/ *Wolf* § 278 Rz 57).

8 § 278 wirkt nicht allein auf der Ebene des Vertretenmüssens, sondern **auch** bei der **Begründung von Pflichten** und der Zurechnung ihrer Verletzung. Letzteres zeigt etwa § 434 II 1 s. Rn 71 ff. Die Begründung von Pflichten kommt insb dort in Betracht, wo es um Schutzpflichten iSv § 241 geht. Das Verhalten und die Erkenntnisse von Erfüllungsgehilfen können hier ggf auch erst die Grundlage für das Entstehen einer Pflicht schaffen. Das kann etwa in den Schrottimmobilienfällen zu Lasten der finanzierenden Bank gegeben sein, wenn das institutionalisierte Zusammenwirken von Bank und Verkäufer des finanzierten Objekts den die Auskunftspflicht auslösenden Wissensvorsprung begründet (BGH NJW 06, 2099, 2104 [ohne Eingehen auf § 278]). Nicht nach § 278 richtet sich hingegen die Zurechnung einer Haustürsituation iSv § 312 (vgl dort Rn 3 ff); vielmehr genügt auch ohne vorherige Sonderbeziehung und Einverständnis des Unternehmers die schlichte Abgabe der Vertragserklärungen in einer Haustürsituation (BGH BB 06, 346, 347; BGH NJW 06, 1340, 1341im Anschluss an EuGH 25.10.05, C-229/04 – *Crailsheimer Volksbank*).

9 Die Anwendung von § 278 auf Fragen der **Wissenszurechnung** ist nicht gesichert. Vielfach wird vertreten, § 166 verdränge die Vorschrift vollständig (BGHZ 117, 104, 106; BGH NJW 96, 1205; MüKo/*Grundmann* § 278 Rz 9). Allerdings finden sich auch abweichende Entscheidungen (etwa BGH NJW-RR 90, 750, 751). Bereits §§ 123 II, 311a II 2 zeigen allerdings, dass § 166 nicht abschließend sein kann. Richtigerweise ist daher zu differenzieren: Wo das Wissen einer Partei isoliertes Tatbestandsmerkmal ist, findet § 278 keine Anwendung. Geht es hingegen um kognitive Elemente der Fahrlässigkeit oder um die besondere Haftungsentlastung wegen „Entschuldbarkeit" des Irrtums nach § 311a II 1, ist die Vorschrift einschlägig.

10 Verantwortungsbegründend wirken für einen Schuldner, der nicht selbst handelt, auch die **§§ 31** (Haftung für Organe, s. Rn 27 sowie § 31 s. Rn 1 ff) **und 831** (Haftung für Verrichtungsgehilfen im außervertraglichen Bereich, § 831 Rn 3). Va der Unterschied zu § 831, nach dem sich der Geschäftsherr für seinen Gehilfen unter bestimmten Voraussetzungen entlasten kann, also an sich nur für eine eigene Pflichtverletzung bei der Auswahl, Anleitung und Überwachung des Gehilfen haftet, hat zu einer **Ausweitung des Anwendungsbereichs** der Garantiehaftung aus **§ 278** geführt. Schuldbeziehungen aus sozialem Kontakt, Begünstigung Dritter aus Verträgen, an denen sie selbst nicht beteiligt sind, sowie eine Vielzahl von Schutzpflichten dienen va dem Zweck, Verantwortung für Leute nach § 278 zu begründen.

11 Von der Haftung nach § 278 kann er sich in individuellen Vereinbarungen **freizeichnen**, § 278 2, zu Freizeichnungen in AGB s. jedoch § 309 Nr 7: Danach ist allenfalls Freizeichnung von der Haftung für leichte Fahrlässigkeit von Gehilfen zulässig, und auch das nicht bei Verletzung des Lebens, des Körpers oder der Gesundheit, § 309 Nr 7 lit a s. Rn 39 ff. Eine weitere Kontrollschranke für Freizeichnungen von Gehilfenverschulden bildet § 307, insb bei der Verletzung von sog Kardinalpflichten (BGHZ 89, 363, 367; BGHZ 103, 316, 320 f).

12 **B. Erfüllungsgehilfen.** Nach dem Wortlaut von § 278 1 ist Erfüllungsgehilfe derjenige, dessen sich der Schuldner „*zur Erfüllung seiner Verbindlichkeiten bedient*". Die von der Rechtslehre entwickelte Definition des Erfüllungsgehilfen ist erheblich detaillierter: Erfüllungsgehilfe ist hiernach, wer mit Wissen und Wollen des Geschäftsherrn in dessen **Pflichtenkreis** tätig wird. Wo die Pflichten des Schuldners vor der Schadensverursachung enden – etwa mit der Vermittlung des späteren Schädigers (s.u. Rn 20) – oder erst danach einset-

zen (s. OLGR Stuttg 06, 233, 234 [Einsatz nur als Beteiligungs- und Abwicklungstreuhänderin schließt Zurechnung von Beratungsfehlern aus]), fehlt es an dieser Voraussetzung. Von dem Einsatz von Erfüllungsgehilfen ist die sog Substitution zu unterscheiden (vgl § 664 Rn 2 ff): Darf der Schuldner die Ausführung der Verpflichtung einem anderen übertragen, haftet er nur für die ordentliche Auswahl des Substituten, nicht aber für dessen Ausführung (§ 664 I 2). Bei Organisationspflichten werden die organisierten Personen idR nicht zu deren Erfüllung tätig (BGH NJW 08, 145 Rz 18).

Erforderlich ist zunächst, dass der Gehilfe **zur Erfüllung einer Verbindlichkeit** des Schuldners **eingesetzt** ist, 13
also bereits ein Schuldverhältnis besteht, aus dem Verbindlichkeiten für den Schuldner erwachsen sind. Erforderlich ist also ein Schuldverhältnis iwS (s. § 241 Rn 6) oder ein vergleichbares Rechtsverhältnis (s.o. Rn 2). Bei Krankenhausbehandlungen bereitet das Schwierigkeiten (s.u. Rn 22). Der Schuldner muss **sich des Erfüllungsgehilfen bedienen**; § 278 erfasst also nur das Verhalten solcher Personen, welche bei der Erfüllung mit Willen des Schuldners mitwirken (BGHZ 13, 111; BGHZ 50, 32, 35; BGHZ 62, 119, 124; BGHZ 98, 330, 334; *Huber* Leistungsstörungen I 697).

Grds hat der Schuldner auch die **Untätigkeit von Erfüllungsgehilfen** nach § 278 zu vertreten: Der Schuldner 14
setzt nämlich den Gehilfen zur Erfüllung seiner vertraglichen Pflichten ein. Werden diese Pflichten nicht erfüllt, haftet der Schuldner, sofern dem kein Hindernis entgegensteht. § 278 macht gerade deutlich, dass allein die Notwendigkeit sich eines Dritten zu bedienen, kein relevantes Hindernis ist. Die schlichte Untätigkeit des Erfüllungsgehilfen schließt daher eine Haftung wegen der Verletzung derjenigen Pflichten aus, für deren Erfüllung der Gehilfe vorgesehen war (BGHZ 23, 319, 323; *Kaiser/Rieble* NJW 90, 218 ff; Staud/ *Löwisch* [2004] § 278 Rz 32; anders noch *Löwisch* AcP 174 [1974] 202, 250–252).

Das BGB etabliert **keine allgemeine Leutehaftung**, also keine allgemeine Haftung für die Arbeitnehmer des 15
Schuldners (*Huber* Leistungsstörungen I 679 f). Gefordert ist vielmehr immer ein Bezug zu dessen vertraglichen Pflichten. Da § 278 keine allgemeine Leutehaftung begründet, kommt es für die von der Vorschrift erfassten Personen auch nicht darauf an, ob sie weisungsgebunden (BGH NJW 96, 451) oder sonst der Kontrolle des Schuldners unterworfen (BGH NJW 93, 1704, 1705) sind. Bei einem kombinierten Miet- und Dienstverschaffungsvertrag können im Blick auf § 254 II 2 sogar Arbeitnehmer des Schuldners als Erfüllungsgehilfen des Gläubigers eingeordnet werden (Frankf VersR 06, 83, 85 [Miete eines Krans + Überlassung des – in casu geeigneten – Bedienpersonals]). Für das Transport- und Speditionsgeschäft begründen die §§ 428 I, 462 I, 607 I HGB hingegen ausnahmsweise eine Leutehaftung, welche jedoch kaum zu praktischen Unterschieden führt, soweit durch das Erfordernis des Handelns in Ausübung der Verrichtungen jedenfalls für §§ 428 I, 462 I HGB sichergestellt ist, dass ein hinreichend enger Zusammenhang zu dem betroffenen Vertrag besteht.

Ob der Gehilfe ein **abhängiger Arbeitnehmer oder** ein **unabhängiger Dritter**, zB ein Subunternehmer ist, 16
spielt keine Rolle (BGH NJW 93, 1704, 1705; Frankf VersR 06, 83, 85). Der Bauunternehmer haftet für Mängel des Bauwerks unabhängig davon, ob sie seine Leute oder ein beigezogener Nachunternehmer verursacht haben. Auch der Notar kann, jedenfalls im Rahmen betreuender Tätigkeit auf dem Gebiet vorsorgender Rechtspflege, Erfüllungsgehilfe eines Beteiligten sein (BGH NJW 84, 1748), ebenso der Prozessbevollmächtigte einer Partei (BGH BB 06, 1819, 1821). Hat der Verkäufer direkt an den Abnehmer seines Käufers zu liefern, so kann der Abnehmer Erfüllungsgehilfe des Käufers für dessen Abnahmepflicht sein (BGHZ 90, 302). Sogar ein Monopolbetrieb wie die Deutsche Bahn kann Erfüllungsgehilfe sein, zB bei der Erfüllung einer Transportverpflichtung (s. BGHZ 50, 32, 37; entsprechend für die Post BGH NJW 09, 2197). Auch Gerichte kommen als Erfüllungsgehilfen in Betracht, so richtigerweise das Vormundschaftsgericht im Falle eines Vergütungsanspruchs von Vormund respective Betreuer gegen die Staatskasse gem § 1 II 2 VBVG (unrichtig wegen Verstoß gegen Gemeinschaftsrecht OLGR Schlesw 06, 279, 282 Rz 4; s.o. Rn 3; vgl § 286 Rn 3).

Auch ein **Amtsträger** kann Erfüllungsgehilfe sein (BGHZ 62, 119 [Notar]; BGH NJW 84, 1748 [Notar]). Bei 17
einer Behörde, die iRd Daseinsvorsorge staatliche Transferleistungen an einen Bürger dadurch erbringt, daß sie direkt an dessen Gläubiger leistet, sind die Voraussetzungen hingegen nicht erfüllt: Ihrer bedient sich der Schuldner nicht; die Direktzahlung beruht allein auf hoheitlichen Erwägungen (BGH NJW 09, 3781 Rz 30 [Zahlung der Miete durch Jobcenter nach § 22 IV SGB II]).

Nach verbreiteter Auffassung sind hingegen Personen, die vom Schuldner zur **Leistungsvorbereitung** heran- 18
gezogen werden, keine Erfüllungsgehilfen, wenn die Leistungsvorbereitung noch nicht zu den Pflichten des Schuldners ggü dem Gläubiger gehört (Soergel/*Wolf* § 278 Rz 36 mwN). Diese Auffassung ist wiederum sichtlich von der unrichtigen Vorstellung geprägt, dass es vor Vertragsschluss mangels entspr Pflichten kein Vertretenmüssen des Schuldners geben könne. Zutr ist vielmehr, dass – soweit nur ein hinreichender Bezug zum späteren Leistungsprogramm gegeben ist – der Zeitpunkt des Einsatzes des Gehilfen keine Rolle spielt (Staud/ *Löwisch* [2004] § 278 Rz 34). Fehler von Hilfspersonen bei Vorbereitungshandlungen vor Vertragsschluss sind folglich nach § 278 zuzurechnen (RGZ 108, 221, 224; 171, 333, 350; BGHZ 47, 312). Damit gilt die Vorschrift insb auch für § 311a II 2.

Weitere Voraussetzung ist, dass sich der Gehilfe **iRd ihm übertragenen Aufgaben** bewegt hat: Nur ein Fehl- 19
verhalten bei Erfüllung führt zur Haftung des Geschäftsherrn, nicht eine **nur bei Gelegenheit** der Erfüllung begangene Pflichtwidrigkeit (RGZ 63, 343 f; BGHZ 23, 319, 323; BGHZ 31, 358, 366; BGHZ 84, 141, 145;

BGHZ 123, 1, 14; BAG NJW 00, 3369). Die vertragliche Bindung des Schuldners reicht nämlich regelmäßig nicht so weit, auch für solche Schädigungen seines Gehilfen einstehen zu müssen, welche nicht in hinreichendem Zusammenhang mit der Vertragserfüllung stehen (s. aber *Picker* AcP 183 [1983] 369, 486–489; *Spiro* Erfüllungsgehilfen 233 ff). Der Pflichtenkreis wird freilich weit zu fassen sein: Erfasst werden auch Schutzpflichten iSv § 241 II hinsichtlich anderer Rechtsgüter und Sachen des Vertragspartners (s.o. Rn 5) und ebenso Obhutspflichten etwa aus einem Scheckbegebungsvertrag (BGH ZIP 07, 904). § 278 wirkt insb hier auch pflichtenbegründend (s. Rn 8). Anders steht es jedoch bei der Zurechnung nach § 607 I HGB, wo auch der Diebstahl bei Gelegenheit der Vertragsdurchführung vom Verfrachter zu vertreten ist (*Rabe* Seehandelsrecht § 607 Rz 1). Ob der Erfüllungsgehilfe noch in Ausführung oder schon bei Gelegenheit der Erfüllung gehandelt hat, richtet sich danach, wie weit die Pflichten des Schuldners *in concreto* reichen; maßgebend ist wiederum der objektive Empfängerhorizont des Gläubigers (Staud/*Löwisch* [2004] § 278 Rz 51). Die Abweichung von Weisungen des Schuldners führt jedenfalls nicht dazu, dass eine Zurechnung nach § 278 ausscheidet (RGZ 101, 348, 350; BGH NJW 65, 962, 963 f; BGH NJW 91, 3208; BGH NJW 97, 1233, 1234 f): Entscheidend ist letztlich das äußere Bild des Pflichtenkreises des Schuldners (BGHZ 31, 358, 366; BGH NJW 97, 1233, 1234; *Larenz* Schuldrecht I 301). Eine aus Sicht des Richters gebotene Risikoverteilung hat bei dessen Ermittlung allenfalls indizielle Bedeutung (s. aber Soergel/*Wolf* § 278 Rz 37).

20 **C. Einzelfälle.** Ist lediglich die **Vermittlung** der Leistungen Dritter geschuldet – etwa bei der Kommission, der Spedition oder bei der Tätigkeit als Handelsvertreter – sind diese Dritten keine Erfüllungsgehilfen des Schuldners (*Huber* Leistungsstörungen I 681 f). Das kann anders sein, wenn ein Fall institutionalisierten Zusammenwirkens von Vermittler und Leistungserbringer vorliegt (s. BGH NJW 07, 361, 363 [Immobilien-Strukturvertrieb]). Die Grenzen der eigenen Pflichten sind freilich nicht immer leicht zu ziehen. Insb im Bereich der Organisation von Reisen ist etwa häufig von Vermittlung die Rede, wo es um eigene Leistungen des Schuldners geht (BGHZ 61, 275; BGH NJW 74, 1046; BGHZ 119, 152, 166). Für den Pauschalreisevertrag hat sich der Gesetzgeber zu einer entspr Klarstellung durch § 651a II genötigt gesehen. Wo es tatsächlich nur um Vermittlung geht, kann umgekehrt der Vermittler Erfüllungsgehilfe des Veranstalters sein (BGH NJW 06, 2321, 2322 [die Pflichten nach §§ 4, 5 BGB-InfoV treffen den Veranstalter, nicht das Reisebüro]). In gleicher Weise stellt nunmehr § 675y – entgegen der früheren Rechtsauffassung des BGH und der herrschenden Lehre (BGH NJW 91, 2210, 2211; Staub/*Canaris* Bankvertragsrecht Rz 390; anders bereits zuvor *Huber* Leistungsstörungen I 682; deutlicher noch früher § 676c I 3 aF) – klar, dass das überweisende Kreditinstitut zur Erledigung der vollständigen Überweisung verpflichtet ist. Entsprechend der Grundlinie zum bloß vermittelnd tätigen Schuldner gehört das Verhalten der Pflegefamilie nach §§ 42, 43 SGB VIII als solches nicht zum Pflichtenkreis des Jugendamts (nur im Ergebnis richtig BGHZ 166, 268 [s.o. Rn 3]).

21 Nach verbreiteter Auffassung sind **Zulieferer eines Verkäufers** nicht dessen Erfüllungsgehilfen (BGH NJW 08, 2837 [ohne Begründung]; OLGR Frankf 06, 756; Palandt/*Heinrichs* § 278 Rz 13 f). Die herkömmliche Begründung lautet dabei, der Verkäufer sei nicht zur Herstellung der Kaufsache verpflichtet (Leitentscheidung: BGHZ 48, 118, 121 [TREVIRA]; ebenso zum neuen Recht BGHZ 177, 224; BGH NJW 09, 2674 Rz 19). Dasselbe nehmen Rspr und hL etwa für den Lieferanten des Werkunternehmers (BGH NJW 78, 1157; Karlsr ZIP 98, 1689; *Huber* Leistungsstörungen I 680), sowie für vom behandelnden Arzt eingeschaltetes externes Labor (BGH NJW 99, 2731; Staud/*Löwisch* [2004] § 278 Rz 36) an. Dies ist freilich **nach neuem Recht nicht zu halten**: Wie sich aus dem Nachbesserungsanspruch nach §§ 433 I 2, 439 I Alt 1 ergibt, muss der Verkäufer im Zweifel auch für die Herstellung sorgen. Die Haftung für Zulieferer ist darüber hinaus auch rechtspolitisch geboten: andernfalls erlaubte man dem Verkäufer seine Haftung allein dadurch zu reduzieren, dass er nicht selbst herstellt, sondern die Herstellung insgesamt oder Teile davon an Dritte delegiert (**Haftungsentlastung qua Delegation**). Beauftragt eine Weberei mit einem Produktionsschritt für den zu liefernden Stoff einen Dritten, ist dieser hinsichtlich der Pflichten nach § 651 Erfüllungsgehilfe (anders zum alten Recht BGHZ 48, 118, 121 [die Betrauung des Dritten war erst in zweiter Instanz vorgetragen worden]). Die Arbeitsteilung würde sonst eine Haftungserleichterung begründen (für den Hersteller ebenso BaRoth/*Faust* § 437 Rz 86). Dogmatisch ist zudem auf § 311a II 2 zu verweisen, auf den § 437 Nr 3 Bezug nimmt: Den Verkäufer trifft nach neuem Recht eine Pflicht zur Vergewisserung über die Qualität der Kaufsache. Von dieser kann er sich nicht durch Delegation an seinen Lieferanten oder den Hersteller befreien (wie hier MüKo/*Grundmann* § 278 Rz 31; aA für den Händler BGHZ 177, 224; BGH NJW 09, 2674 Rz 19; BaRoth/*Faust* § 437 Rz 86).

22 Bei Behandlungen im **Krankenhaus** ist zu differenzieren: Bei ambulanten Behandlungen wird regelmäßig nicht das Krankenhaus Vertragspartner, sondern der behandelnde, zur kassenärztlichen Versorgung berechtigte (BGH VersR 06, 409 f [nach Gesundheitsstrukturgesetz 1992]; BGH VersR 06, 791, 792 [vor Gesundheitsstrukturgesetz 1992]) oder zur Liquidation vertraglich befugte Chefarzt (BGHZ 105, 189, 192 ff); § 278 zulasten des Krankenhausträgers scheidet daher aus. Wird der Kassenpatient vom Hausarzt zur ambulanten Behandlung „an das Krankenhaus" überwiesen, kommt der Vertrag ebenfalls mit dem zur kassenärztlichen Versorgung berechtigten Chefarzt, nicht aber mit dem Krankenhausträger zustande, auch wenn die Behandlung durch einen nachgeordneten Arzt erfolgt (BGHZ 100, 363, 370 ff; 124, 128, 132 f). Dieser ist dann Erfüllungsgehilfe des zur kassenärztlichen Versorgung berechtigten Arztes. Sucht hingegen der Kassenpatient in den Fällen des § 115b SGB V das Krankenhaus ohne Überweisung auf, kommt bei Behandlung durch nach-

geordnete Ärzte seit dem 1.1.93 der Vertrag mit dem Krankenhausträger zustande (BGH VersR 06, 409, 410), so dass diesem ein Fehlverhalten des behandelnden Arztes nach § 278 zuzurechnen ist (zur früheren Beschränkung dieser Konstellation auf Notfälle s. BGHZ 100, 363, 366; BGHZ 105, 189, 194). Bei stationärer Behandlung in einem Krankenhaus, das kein Belegkrankenhaus ist, wird hingegen der Krankenhausträger Vertragspartner (BGHZ 95, 63, 67 ff; BGHZ 121, 107, 110 ff) und hat für die behandelnden Ärzte nach § 278 einzustehen. Das gilt auch dann, wenn der Patient sich durch einen (privaten) Arztzusatzvertrag mit dem liquidationsberechtigten Chefarzt einen zusätzlichen Schuldner verschafft; der Krankenhausträger wird dadurch nicht aus der Haftung entlassen (BGH VersR 06, 791, 792).

Bei **rechtmäßigem Streik** in seinem eigenen Unternehmen führt der Schuldner selbst einen Arbeitskampf. Er kann sich vertraglich nicht dazu verpflichten, dies zu unterlassen (*Schmidt-Kessel* FS Löwisch 325 ff). Allein wegen des rechtmäßigen Streiks seiner Arbeitnehmer haftet dieser folglich nicht. In Betracht kommt allenfalls die Haftung für die pflichtwidrige Übernahme in Kenntnis des drohenden Streiks oder für die fehlende Vorsorge oder Abwendung der Folgen desselben (*Huber* Leistungsstörungen I 685; *Staud/Löwisch* [2004] § 278 Rz 33; aA *Kaiser/Rieble* NJW 90, 218, 220 f). Hingegen hat der Schuldner für den rechtswidrigen Streik seiner Arbeitnehmer einzustehen (BGH NJW 77, 1875, 1876 [zu § 839]; Palandt/*Heinrichs* § 278 Rz 8). Gegen einen solchen kann sich der Schuldner nämlich wehren und muss dies im Drittinteresse auch tun. Dass mit dem Beginn des Ausstands die Erfüllungsgehilfeneigenschaft ende (so Staud/*Löwisch* [2004] § 278 Rz 33), trifft nicht zu. Der Streik und seine Wirkungen beruhen gerade darauf, dass sich der Schuldner der Arbeitnehmer zur Erfüllung bedienen will. 23

Der Arbeitgeber haftet dem betroffenen Arbeitnehmer ggü für schuldhaft begangene Persönlichkeitsrechts- oder Gesundheitsverletzungen („**Mobbing**") durch von ihm als Erfüllungsgehilfen eingesetzte andere Arbeitnehmer und Vorgesetzte (BAG AP Nr 5 zu § 611 Mobbing Rz 80; Nr 6 zu § 611 Mobbing Rz 79). Eine Zurechnung kommt allerdings – mangels inneren sachlichen Zusammenhangs mit den übertragenen Aufgaben – regelmäßig nicht in Betracht, wenn gleichgestellte Kollegen den anderen Arbeitnehmer beschimpfen oder ignorieren (BAG AP Nr 5 zu § 611 Mobbing Rz 81). 24

Die Einordnung von **Beratern**, die nicht an der Erfüllungshandlung selbst mitwirken ist umstr: Teilweise wird die Auffassung vertreten, der Beratene hafte nur für ein Auswahlverschulden (so LG Karlsruhe WuM 90, 294). Richtigerweise unterfällt der eingeschaltete Berater hingegen § 278. Das gilt insb für Rechtsanwälte (BGH NJW 06, 3271, 3273; BAG ZIP 87, 1339), aber auch etwa für einen vom Mieter beigezogenen Mieterverein (BGH NJW 07, 428, 430). 25

D. Gesetzliche Vertreter. Gesetzliche Vertreter sind va die **Vertreter natürlicher Personen** (etwa Eltern, § 1626, Vormund, §§ 1793 ff, Betreuer, § 1902). Nach hM stehen Testamentsvollstrecker, Insolvenzverwalter und ähnliche Personen gleich. Ein Betreuer, dessen Einwilligung zu Rechtsgeschäften des Betreuten erforderlich ist – s. §§ 1896 ff, 1903 I –, dürfte ebenfalls einem gesetzlichen Vertreter iSd § 278 gleichstehen. 26

E. Organe und Vertretenmüssen. Besonderheiten gelten für Organe von privatrechtlichen Körperschaften (etwa der Geschäftsführer einer GmbH, der Vorstand einer AG) sowie von juristischen Personen des öffentlichen Rechts (§ 89). Sie gelten für die Personengesellschaften des bürgerlichen und des Handelsrechts (GbR, oHG, KG) entspr. Für derartige Organe gilt § 31, wonach die Körperschaft für den Schaden verantwortlich ist, den ein Organ einem Dritten zufügt. Umstr ist freilich, ob diese Vorschrift auch im Rahmen schuldhafter Sonderverbindungen gilt und insoweit § 278 jedenfalls partiell verdrängt (s. etwa MüKo/*Reuter* § 31 Rz 31). Da auch § 31 eine Zurechnung fremden Fehlverhaltens vorsieht, hat dieser Streit praktische Konsequenzen nur für die Frage, ob die betreffende Körperschaft sich von der Haftung für Vorsatz des Organs freizeichnen kann, vgl § 278 2. Da Körperschaften überhaupt nur über ihre Organe handlungsfähig sind, muss es jedoch mit der hA bei der Regel des § 31 und damit dem Verbot nach § 276 III verbleiben (s. *Schlechtriem/ Schmidt-Kessel* Schuldrecht AT Rz 615). 27

§ 279 – *weggefallen* –

§ 280 Schadensersatz wegen Pflichtverletzung. (1) ¹Verletzt der Schuldner eine Pflicht aus dem Schuldverhältnis, so kann der Gläubiger Ersatz des hierdurch entstehenden Schadens verlangen. ²Dies gilt nicht, wenn der Schuldner die Pflichtverletzung nicht zu vertreten hat.
(2) Schadensersatz wegen Verzögerung der Leistung kann der Gläubiger nur unter der zusätzlichen Voraussetzung des § 286 verlangen.
(3) Schadensersatz statt der Leistung kann der Gläubiger nur unter den zusätzlichen Voraussetzungen des § 281, des § 282 oder des § 283 verlangen.

§ 280

Inhaltsübersicht

	Rn		Rn
A. Allgemeines	1–8	III. Rechtsfolge der Qualifikation	50
B. Der zentrale Tatbestand des § 280 I	9–26	E. Schadensersatz statt der ganzen Leistung	51–55
I. Schuldverhältnis	9	F. Besondere Schäden	56–64
II. Pflichtverletzung	10–18	I. Mangelfolge- oder Begleitschäden	57, 58
III. Vertretenmüssen der Pflichtverletzung	19–22	II. Schäden aus Schutzpflichtverletzungen?	59
IV. Rechtsfolgen	23	III. Fehlen von Sonderregeln zur Mangelhaftigkeit der Leistung	60–62
V. Beweislast	24–26	IV. Betriebsausfall	63, 64
C. Verzögerungsschäden (§ 280 II)	27–39	G. Einzelfälle	65–76
I. Begriff	27–32	I. Finanzdienstleistungen	65–69
II. Voraussetzungen der Ersatzfähigkeit	33–35	II. Kauf-/Werk-/Miet-/Reisevertrag	70
III. Rechtsfolgen	36–39	III. Rechtsanwalts-/Steuerberaterhaftung	71, 72
D. Schadensersatz statt der Leistung	40–50	IV. Sonstige	73–76
I. Grundgedanken	40–45		
II. Anwendungsbereich	46–49		

1 **A. Allgemeines.** Für den Rechtsbehelf des Schadensersatzes arbeitet das Gesetz mit einer **zentralen Norm**: § 280 I ist – jedenfalls der Idee nach die einzige – **Anspruchsgrundlage** für Schadensersatzansprüche aufgrund jeglicher Pflichtverletzungen in Schuldverhältnissen. Die Vorschrift kommt grds **unabhängig von der Art der Pflichtverletzung und der Art des Schuldverhältnisses** zur Anwendung. § 280 I gilt damit bei der Verletzung sowohl von Leistungs- als auch von Schutzpflichten (s. § 241 Rn 15, 16), wie sie sich – ggf im Wege der Auslegung oder Ergänzung (s. § 242 Rn 26) – aus dem jeweiligen Schuldverhältnis ergeben. Die Vorschrift betrifft vertragliche wie gesetzliche Schuldverhältnisse und ist damit insb auch Anspruchsgrundlage für Ansprüche aus Verletzung vorvertraglicher Pflichten (culpa in contrahendo; s. § 311 Rn 33) sowie für die Verletzung von Pflichten aus laufender Geschäftsverbindung (*Graff* JZ 76, 153), die heute auf § 311 II Nr 3 zu stützen ist. Erfasst ist auch das zwischen Wohnungseigentümern bestehende gesetzliche Schuldverhältnis (s. BGHZ 163, 154, 175 f). Nicht erfasst wird das zwischen Arbeitgeber und Zugang zum Betrieb fordernder Gewerkschaft bestehende Rechtsverhältnis (LAG München NZA-RR 01, 662; aA LAG Hamm 21.7.06, 10 TaBV 11/06, nv). Eine Anwendung auf **öffentlich-rechtliche** Rechtsverhältnisse ist grds (s. vor § 241 Rn 12) möglich (OLGR Saarbr 06, 643 [in casu verneint; Nachfolge als Bezirksschornsteinfegermeister begründet kein Schuldverhältnis]; s. zur pFV des alten Schuldrechts BGHZ 61, 7, 11; 135, 341, 344).

2 Für die **Beendigung des Vertrags** wegen Pflichtverletzung gilt § 280 grds **nicht**. Deren Voraussetzungen ergeben sich vielmehr aus §§ 314, 323, 324, 326 V sowie entspr Spezialtatbeständen. Im Wege des **Schadensersatzes statt der ganzen Leistung** (s. Rn 51–55) lassen sich jedoch in großem Umfang kündigungs- respective rücktrittsgleiche Wirkungen erzielen.

3 **Idealiter** verweisen Vorschriften, welche an anderer Stelle auf Schadensersatzansprüche Bezug nehmen, auf die Zentralnorm und begründen **keine eigenen Anspruchsgrundlagen**. Das gilt insb für §§ 437 Nr 3 und 634 Nr 4, die – anders als gelegentlich zu lesen – keine eigene Anspruchsgrundlage enthalten (s. § 437 Rn 28 ff; § 634 Rn 8). Ebenso enthalten die §§ 281–283 lediglich zusätzliche Voraussetzungen der Ersatzfähigkeit des eingetretenen Schadens; nicht etwa gewähren sie selbst einen Anspruch auf Schadensersatz. Die Regelungen der einzelnen Schuldverhältnisse enthalten jedoch eine ganze Reihe weiterer Anspruchsgrundlagen, die vielfach noch nicht auf die §§ 280 ff abgestimmt sind. S. etwa §§ 122, 179 II, III, 523 I, II 1, 524 I, II 2, 536a I, 600, 628 II, 651f, 694, 701 sowie §§ 89 II, 375, 376, 390, 414, 425, 455, 468, 475, 564, 606 HGB. Außerhalb des BGB finden sich gelegentlich verdrängende Tatbestände (s. BAG AP Nr. 23 zu § 2a ArbGG [Kosten des arbeitsgerichtlichen Beschlussverfahrens]).

4 Während in den meisten Fällen über die Einordnung einzelner Vorschriften weitestgehend Einigkeit besteht, ist das Verhältnis zu **§ 311a II** umstr: Vielfach schreibt sich hier der Auffassung, es handele sich um eine eigenständige Anspruchsgrundlage (BTDrs 14/6040, 166; Jauernig/*Stadler* § 311a Rz 1; unkritisch übernommen von Karlsr NJW 05, 989, 991). Dem ist jedoch entgegenzutreten: § 311a II 1 begründet lediglich einen besonderen Maßstab des Vertretenmüssens für anfängliche Leistungsstörungen (s. § 276 Rn 17; *Schlechtriem/Schmidt-Kessel* Schuldrecht AT Rz 559 ff).

5 Für das richtige Verständnis von § 280 ist der Blick auf **Funktion und Regelungstechnik von § 280 II, III** entscheidend. Sie betreffen zusätzliche Voraussetzungen für die **Ersatzfähigkeit bestimmter Schäden**. Dementspr erfolgen die erforderlichen Abgrenzungen nicht nach Art der Pflichtverletzung (so aber *Medicus* Bürgerliches Recht Rz 279), sondern nach Art des Schadens (wie hier Jauernig/*Stadler* § 280 Rz 3; *Grigoleit/Riehm* AcP 203 [2003] 727, 730). Die richtige **Qualifikation des Schadens** ist nach neuem Recht **Hauptaufgabe** des Rechtsanwenders. Sie erfolgt für jeden Schadensposten gesondert (Jauernig/*Stadler* § 280 Rz 4). Grundlage der Schadensersatzpflicht des Schuldners im Falle einer zu vertretenden Pflichtverletzung bleibt in den Fällen allein § 280 I.

Das Gesetz arbeitet mit drei verschiedenen Kategorien von besonderen Schadensarten, nämlich dem **Scha-** 6
densersatz statt der Leistung (§§ 280 III, 281 I 1, II, III, IV, 283 1), dem Schadensersatz **statt der ganzen
Leistung** (§§ 281 I 2 u 3, V, 283 2 und richtigerweise §§ 280 III, 282) sowie dem **Schadensersatz wegen Ver-
zögerung der Leistung** (§ 280 II). Die Kategorie Schadensersatz statt der Leistung hat die Konkurrenz von
Schadensersatz und Erfüllungsanspruch zum Gegenstand (s. Rn 40); beim Schadensersatz statt der ganzen
Leistung geht es zusätzlich darum, andere von der Pflichtverletzung nicht betroffene Teile des Schuldverhält-
nisses – bis hin zu einer Beendigung des Vertrags – in den Schadensersatz mit einzubeziehen (s. Rn 51). Beim
Schadensersatz wegen Verzögerung der Leistung geht es darum, dass zum Schutzzweck der Regeln über die
Leistungszeit (s. § 271) regelmäßig nicht der Schutz vor Verspätungsschäden gehört (§ 271 Rn 1), sondern
dass dafür zusätzlich die Voraussetzungen des Verzugs nach § 286 I–III vorliegen müssen (s. Rn 33).

Außer diesen Dreien findet sich in der Rechtslehre zunehmend der Begriff des **Schadensersatzes neben der** 7
Leistung. Bei diesem Begriff, den das Gesetz nicht kennt, handelt es sich um eine **reine Komplementärkate-
gorie**, die nicht mehr aussagt, als dass die von ihr erfassten Schadenspositionen zu ihrer Ersatzfähigkeit nicht
der Voraussetzungen nach §§ 280 III, 281-283 bedürfen; vom Gebrauch des Begriffs ist wegen der **Gefahr
von Missverständnissen** abzuraten. Gemeint sind damit neben dem Verzögerungsschaden (§ 280 II), insb
Schäden an anderen Rechtsgütern des Gläubigers (va „Mangelfolgeschäden", dazu Rn 57, 58) sowie Schäden
aus der Verletzung einer Schutzpflicht. Eine sichere Abgrenzung von den Fällen der §§ 280 III, 281–283 wird
durch den Begriff nicht geleistet. So sind durchaus Fälle denkbar, in denen die letztgenannten Vorschriften
auch bei Schutzpflichtverletzungen und Mangelfolgeschäden zur Anwendung gelangen, weil die betreffenden
Leistungspflichten zugleich auf Rechtsgüterschutz ausgerichtet sind.

Inhalt und Umfang des Schadensersatzes richten sich iÜ nach den allgemeinen Regeln der **§§ 249 ff**. Aller- 8
dings führt § 280 vielfach **nicht** zur **Naturalrestitution**, weil die betreffenden Regeln der §§ 249 ff durch das
Regime der §§ 280 III, 281–283 weitgehend überlagert werden (s. *Schlechtriem/Schmidt-Kessel* Schuldrecht AT
Rz 248). Naturalrestitution ist jedoch möglich und kann in Fällen rechtlicher Unmöglichkeit funktional den
ursprünglichen Erfüllungsanspruch ersetzen, wenn dies den Wertungen der die Unmöglichkeit begründenden Bestimmungen nicht zuwiderläuft (BAG AP Nr 27 zu § 7 BUrlG [Anspruch auf Ersatzurlaub nach Verfristung des Urlaubsanspruchs]). Der Schuldner haftet für den gesamten Schaden (BAG NZA 06, 734, 735)
einschl aller Folgeschäden, soweit dies dem **Schutzzweck der verletzten Pflicht** entspricht. Daran fehlt es bei
der Rechtsschutzversicherung für Folgeschäden aus zu Unrecht verweigerter Deckungszusage nicht schon
deshalb, weil sich das übernommene Risiko auf die Prozesskosten beschränkt (BGH NJW 06, 2548, 2549).
Schützt die verletzte Pflicht lediglich das negative Interesse des Gläubigers, ist der Anspruch aus § 280 auf
dessen Ersatz beschränkt (Karlsr OLGR 06, 256, 257 [cic]; BAG NZA 06, 734, 735 [§ 311 III]). Dies kann
auch zum Anspruch auf Vertragsaufhebung samt nachfolgender Rückabwicklung führen (§ 311 Rn 61). Vorteile, welche der Geschädigte erhalten hat, sind – entsprechend den allgemeinen Regeln (s. § 249 Rn 78 ff) –
auszugleichen (s. BAG NZA 06, 734, 735 Rz 19 [Insolvenzausfallgeld bei SE wg nicht rechtzeitiger Warnung
vor der Insolvenz]).

B. Der zentrale Tatbestand des § 280 I. I. Schuldverhältnis. Die Haftung nach § 280 I setzt – anders als 9
§ 823 – ein bestehendes Schuldverhältnis voraus (s. Rn 1). Dieses **beherrscht** – ggf iRd Grenzen der Parteiautonomie – den gesamten **weiteren Tatbestand**.

II. Pflichtverletzung. Pflichtverletzung ist die **unberechtigte Abweichung** einer Partei **vom Vertragspro-** 10
gramm respective Programm des Schuldverhältnisses. Sie ist Voraussetzung für sämtliche Rechtsbehelfe.
Erforderlich ist daher zunächst die Feststellung des Vertragsprogramms mit den einzelnen Pflichten der Parteien, worin eine Hauptaufgabe bei der Anwendung der Vorschrift liegt (s. den notwendig rudimentären
Katalog Rn 65–76). Primär sind dafür die Abreden zwischen den Parteien in den Blick zu nehmen und auszulegen. Ggf kann eine richterliche Vertragsergänzung angebracht sein, und schließlich ist auf die gesetzlichen und richterrechtlich entwickelten allgemeinen oder vertragstypspezifischen Pflichten zurückzugreifen
(s. Rn 11–17). Neben den im Gesetzestext fixierten Pflichten wird daher auf die langen Kataloge der Kommentierungen der alten positiven Vertragsverletzung und von § 242 zurückzugreifen sein. Anders als manche
Kommentierung dies suggerieren (s. insbes Palandt/*Heinrichs* § 280 Rz 12), **unterscheidet** § 280 **nicht nach
verschiedenen Pflichtentypen**. Entspr Einteilungen (s. Rn 11–17) haben lediglich **heuristischen Wert** (generell zur Pflichtverletzung vor § 275 Rn 5–8). Nach Feststellung des Pflichtenprogramms werden das Verhalten
der Parteien und die erreichten Erfolge an diesem Programm gemessen.

Als *Pflichten* iSv § 280 sind zunächst diejenigen zu nennen, welche den Kern des betreffenden **Schuldverhält-** 11
nisses ausmachen und dieses **charakterisieren**. Diese sind nur teilweise gesetzlich niedergelegt und eben vom
jeweiligen Vertragstyp abhängig. Dementspr ist auf die einzelnen Kommentierungen zu verweisen: s. § 433
Rn 16 f, 35 f; § 481 Rn 1 ff; § 488 Rn 1 f; § 516 Rn 1; § 535 Rn 30; § 581 Rn 1 ff; § 585; § 598 Rn 1 f; § 607
Rn 2; § 611 Rn 1; § 631 Rn 19 f, 30 f; § 651a Rn 21; § 652 Rn 26, 30 f; § 655a Rn 2; § 662 Rn 1; § 675 Rn 8;
§ 676a Rn 16 ff, 21; § 676d Rn 4; § 676f Rn 5 f, 17; § 677 Rn 1; § 688 Rn 1; § 705 Rn 21 ff; § 765 Rn 1; § 818
Rn 3. S. außerdem für das Leasing § 535 Rn 9.

§ 280 — Schadensersatz wegen Pflichtverletzung

12 Unabhängig von den typenspezifischen Pflichten und damit **von allgemeiner Bedeutung** sind va drei Gruppen von Pflichten: Pflichten zur **begleitenden Information** des anderen Teils (Rn 13), Pflichten betreffend den Rechtsgüterschutz des anderen Teils (**Schutzpflichten**; Rn 15) sowie Pflichten betreffend die **Vertragstreue** (Rn 17). Diese Gruppen überschneiden sich sämtlich in gewissen Teilbereichen mit den jeweils maßgebenden charakteristischen Pflichten und auch insoweit haben die Abgrenzungen va **heuristischen** Wert.

13 **Leistungsbegleitende Nebenpflichten** sind regelmäßig auf Anleitung, Aufklärung, Warnung, Hinweise und andere Arten **informierender Kooperation** gerichtet. Wegen der großen Nähe zur Leistungsbeschreibung, gibt es regelmäßig – je nach Vertragstyp unterschiedlich große – Abgrenzungsschwierigkeiten (BGHZ 107, 331, 336 ff; 132, 175, 178 [jeweils Weiterbelieferung in einer Dauerlieferbeziehung ohne Hinweis auf Änderung der Beschaffenheit]; BGH NJW 97, 3227; BGH NJW 99, 3192 [jeweils Falschberatung über Verwendungsmöglichkeiten der Leistung]; BGH WM 02, 875 [unterbliebener Hinweis, dass Werkleistung noch nicht fertig gestellt]). Soweit Überschneidungen bestehen, haben Sonderregeln zur Mangelhaftigkeit von Leistungen als *lex specialis* Vorrang (s. Jauernig/*Stadler* § 280 Rz 15); die Formulierung der Nebenpflicht kann dann bei der Konkretisierung von § 276 II wieder aufscheinen (richtig Jauernig/*Stadler* § 280 Rz 15). Teilweise hat der Gesetzgeber die Regeln der Vertragswidrigkeit bewusst auf vormalige Nebenpflichten erstreckt (zu Montageanleitungen s. § 434 II 2; anders für eine Bedienungsanleitung BGHZ 47, 312). Die **praktische Spitze** der Einordnungsfrage sind die **Verjährung** (vgl §§ 438, 634a) sowie die unterschiedlichen Schwellen in § 281 I 2 u 3 Rn 26–33.

14 Bei **Dienstleistungen** und **Arbeitsverträgen** werden leistungsbegleitende Nebenpflichten häufig nicht von Sonderregeln zur Mangelhaftigkeit von Leistungen erfasst. Die Sanktionierung von Pflichtverletzungen erfolgt regelmäßig allein nach dem Regime der §§ 280 ff. Dazu zählt etwa die Pflicht des Arbeitgebers, den Arbeitnehmer auf die Notwendigkeit hinzuweisen, dass die in einem Drittstaat genutzte Diensterfindung dort als Schutzrecht angemeldet werden muss (BGH NJW-RR 06, 1123). Auslöser entsprechender Pflichten sind ferner Leistungshindernisse, welche zusätzliche Aktivitäten eines Teils verlangen. So trifft eine Fluggesellschaft die Verpflichtung, Passagieren, die wegen Schneefalls nicht weiterbefördert werden (können), Unterstützungs- und Hilfeleistungen anzubieten (Kobl OLGR 06, 485). Dieselbe Verpflichtung ergibt sich im Falle der Nichtbeförderung von Fluggästen nach Art 8, 9 der Verordnung (EG) 261/04. Ebenfalls Schwierigkeiten der Abgrenzung bereiten Interessenwahrungs- und Loyalitätspflichten etwa im Rahmen ständiger Geschäftsbeziehungen (BGH NJW 06, 830, 833 f [Kirch v Deutsche Bank AG und Breuer]). Entsprechende Pflichten ergeben sich bei Dienstleistungen mit Verwahrungselementen (s. §§ 667 f; vgl BGH VersR 06, 360, 361 [Treuhandvertrag; § 667]) sowie bei **Gebrauchsüberlassungen** (s. §§ 536c, 541, 546, 582, 590a, 596, 603 f).

15 § 241 II verdeutlicht die generelle Verpflichtung der Parteien eines Schuldverhältnisses auf den gegenseitigen Rechtsgüterschutz (s. § 241 Rn 15). Entspr **Schutzpflichten** treffen die Parteien jedenfalls auch insoweit, als abweichendes Verhalten zugleich eine unerlaubte Handlung iSv §§ 823 ff begründet; die **deliktischen Verkehrspflichten** sind der – grds dispositive – **Mindeststandard** des vertraglichen Schutzpflichtenkanons. Vertragsrechtliche Anordnungen von Schutzpflichten sind selten (s. § 241 Rn 14). Der praktische Grund für ihre Annahme liegt regelmäßig in der Eröffnung der Zurechnung nach **§ 278** Rn 10. Überschneidungen mit Regelungen einzelner Vertragstypen sind – außer bei Verwahrungselementen (s. *Schmidt-Kessel*, Standards vertraglicher Haftung 316 ff; vgl BGH VersR 06, 360, 361 [Treuhandvertrag; § 667]) – va dort möglich, wo vertragliche Qualitätsstandards dem Rechtsgüterschutz – und dh hier auch Vermögensschutz – dienen (vgl § 434 Rn 54; § 536 Rn 7 f; § 633 Rn 18; vgl § 3 ProdHG).

16 Bei den zu den **Schutzpflichten** entschiedenen **Fällen** handelt es sich vorwiegend um **Sachschäden**, die im Zuge der Vertragsdurchführung entstanden sind (BGHZ 66, 208 [Brandschaden durch falsche Verpackung]; BGHZ 107, 249 [Schädigung bei Einfüllen von Kraftstoff]; Ddorf NJW 97, 3320 [Nichtentfernen von Farbsicherungsetiketten]). Seltener sind – glücklicherweise – **Personenschäden**, die vorwiegend durch den unsicheren Zustand der, iRd Schuldverhältnisses vom Geschädigten aufgesuchten, Räumen und Einrichtungen entstehen (RGZ 78, 239; BGHZ 66, 51; BGH NJW 94, 2617; BGH WuM 06, 388). Im Kontext möglicher **Vertragsschlüsse** geht es häufig um Pflichten, zum – deliktisch nicht gewährleisteten – Schutz vor **Vermögensschäden** zielen (s. § 311 Rn 42 ff, 55 ff); die Anwendbarkeit von § 280 auch im vorvertraglichen Kontext macht auch alte Streitigkeiten um die genaue Einordnung des Ladendiebstahls überflüssig (s. Hambg NJW 77, 1347; Jauernig/*Stadler* § 280 Rz 16). Beispiele für den Vermögensschutz im laufenden Vertrag sind die Fälle der „Schockwerbung" durch den Hersteller mit Umsatzeinbußen der Vertriebshändler als Folge (s. BGHZ 136, 295), der vom DFB-Sportgericht verhängten Geldstrafen für einen Verein, deretwegen dieser von den störenden Zuschauern Schadensersatz verlangt (Rostock NJW 06, 1819, 1820) sowie die wunschgemäß von der Spielbank erteilte aber nicht hinreichend durchgesetzte Spielsperre gegen einen Spielsüchtigen (BGHZ 165, 276; anders noch BGHZ 131, 136).

17 Pflichten betreffend die **Vertragstreue** haben durch die Schuldrechtsmodernisierung an eigenständiger *Bedeutung* eingebüßt. Die **Erfüllungsverweigerung** und die **Vertragsaufsage** sind im Regelfall lediglich – für § 280 I unbeachtliche – *modi* der Verletzung der nicht erfüllten Pflicht (bei unterschiedlicher Begründung im Einzelnen hM: *U. Huber* Leistungsstörungen II 577; *Huber/Faust* 120, 125; *Leser* FS Rheinstein II 643, 649); das zeigen bereits §§ 281 II Alt 1, 286 II Nr 3, 323 II Nr 1; die Konstruktion einer **eigenständigen Pflicht** ist

Schadensersatz wegen Pflichtverletzung § 280

regelmäßig **überflüssig** und **irreführend** (unrichtig daher auch *Lorenz/Riehm* 180 [Fall des § 282]). Die zugrunde liegende Pflicht verletzt der Schuldner nicht nur durch ausdrückliche Verweigerung, sondern auch dadurch, dass er deren Erfüllung vertragswidrig von zusätzlichen Bedingungen abhängig macht (s. BGHZ 65, 372, 375; 99, 182, 189; BGH NJW 94, 1653, 1654). Die Vertragsaufsage, das unberechtigte Lossagen vom Vertrag, liegt etwa im Bestreiten von dessen Wirksamkeit (BGHZ 50, 175, 177) oder in der unberechtigten – und damit regelmäßig unwirksamen – Ausübung vertragsbeendigender Gestaltungsrechte (RGZ 57, 113 [„Annullierung"]; BGHZ 89, 296, 302 und BGH NJW 09, 2059 [jeweils Kündigung]; BGH NJW 09, 1262 [Rücktritt]; vgl § 671 II 2: Kündigung zur Unzeit). Fraglich kann insoweit allein sein, welche Folgen die betreffende Vorgänge haben, wenn sie **vor Fälligkeit** respective erforderliche Erfüllungszeitpunkt erfolgen; anders als § 323 IV treffen die §§ 280 ff insoweit keine besondere Regelung. § 323 IV enthält jedoch die allgemeine Regel, dass vor Fälligkeit des Erfüllungsanspruchs die diesem zugrunde liegende Pflicht bereits verletzt werden kann. Dies gilt auch für § 280 I unter der in § 323 IV genannten Voraussetzung der **Offensichtlichkeit der Pflichtverletzung auch bei Fälligkeit** (iE hM: *U. Huber* Leistungsstörungen II 577; *Huber/Faust* 120, 125). Keine eigenständige Pflichtverletzung liegt außerdem vor, wenn die iÜ ordnungsgemäße Leistung vertragswidrigerweise vor einer auch den Schuldner bindenden Leistungszeit erfolgt (OLGR Köln 06, 436, 437); dieser Fall ist nämlich das Gegenstück zu den von § 286 II erfassten Konstellationen.

Der Schuldner muß die betreffende **Pflicht** auch **verletzt** haben. Auch wenn eine derartige Verletzung tatsächlich vorliegt, kann der Gläubiger an der Berufung auf diese gehindert sein. So kann sich der Arbeitgeber etwa nicht im Schadensersatzprozess auf eine behauptete Pflichtverletzung des Arbeitnehmers berufen, hinsichtlich welcher er im Prozessvergleich zur Beilegung des Kündigungsschutzprozesses eine Ehrenerklärung abgegeben hat (LAG Berlin BB 05, 948). Ausgeschlossen ist die Pflichtverletzung ferner dann, wenn der Schuldner die Erfüllung der Pflicht verweigern durfte und – ggf – auch verweigert hat; das gilt insb für Fälle des Vorliegens einer Einrede nach §§ 273, 320 (für weitere Fälle s. § 273 Rn 9; vor § 275 Rn 12; für die Wirkungen beim Verzug s. § 286 Rn 6 f). Daher schließt auch die berechtigte, auf §§ 273, 313 zu stützende Berufung auf eine Störung der Geschäftsgrundlage die Pflichtverletzung aus. Die Durchsetzbarkeit ist aber nicht generell Voraussetzung (s. § 281 Rn 5). 18

III. Vertretenmüssen der Pflichtverletzung. Für das Vertretenmüssen gelten die **allgemeinen Regeln**, so dass regelmäßig wenigstens Fahrlässigkeit vorliegen muss (s. § 276 Rn 5). Das Vertretenmüssen ist keine – auch keine „materielle" – Haftungsvoraussetzung, vielmehr ist dem Schuldner lediglich die Verteidigung durch **Entlastungsbeweis** (s. Rn 24–26) gestattet; für die Schlüssigkeit bedarf es daher keines gesonderten Vortrags (s. *Kohler* ZZP 05, 25, 28; *Zieglmeier* JuS 07, 701 f). Praktische Bedeutung kann der Entlastungsbeweis jedoch nur bei erfolgsbezogenen Pflichten entfalten (s. Rn 25). 19

Die Ausgestaltung der §§ 280 ff hat teilweise zu **Unsicherheiten hinsichtlich des Bezugspunktes** des Vertretenmüssens geführt. Richtigerweise ist dieser **immer die Pflichtverletzung** und nie die weiteren Voraussetzungen der §§ 280 II, III, 281-283, 286; bei § 311a II 2 ist hingegen ausnahmsweise an den Vertragsschluss anzuknüpfen (s. BGH NJW 05, 2852, 2853 u 2854), weil es um die entlastende Berücksichtigung eines „entschuldbaren" Irrtums bei Vertragsschluss geht. Vergleichsweise unproblematisch ist noch die Formulierung, dass beim Verspätungsschaden die Verspätung zu vertreten sei (vgl Palandt/*Heinrichs* § 286 Rz 39). Tatsächlich geht es um die Pflichtverletzung, welche seit dem Leistungszeitpunkt fortwirkt; ein später hinzutretendes Vertretenmüssen ist ausreichend (s. LG Frankfurt aM NJW-RR 04, 1238; MüKo/*Ernst* § 286 Rz 114). Vor Eintritt der Verzugsvoraussetzungen nach § 286 I-III verhindert allerdings § 287 die Entlastung durch Zufall nicht (s. Rn 34 u § 286 Rn 23, 25). Zumindest missverständlich ist die auf § 281 bezogene Formulierung, es gehe um ein Vertretenmüssen des Ausbleibens der Nacherfüllung (s. Köln ZGS 06, 77, 78): Vornehmlich geht es vielmehr um das Vertretenmüssen der ursprünglichen Pflichtverletzung. Fehlt es daran, kann das zu vertretende Ausbleiben der Nacherfüllung – etwa deren vorsätzliche Verweigerung (Köln ZGS 06, 77 [in concreto Vertretenmüssen verneint]; vgl BGH NJW 05, 2852, 2854) – allerdings ebenfalls den Schadensersatzanspruch begründen; funktional entspricht dies § 536a I Var 3. Unrichtig ist es schließlich, wenn in den Fällen des § 283 das Vertretenmüssen auf den Umstand nach § 275 bezogen wird (so aber Palandt/*Heinrichs* § 283 Rz 4); vielmehr stehen Unmöglichkeit und zu vertretende Pflichtverletzung nebeneinander (richtig BGH BB 06, 291, 292). Die Vorschrift greift nämlich auch in dem Fall, dass der Schuldner zunächst seine Pflicht in zu vertretender Weise verletzt und nachträglich unabhängig davon Unmöglichkeit oder Unzumutbarkeit eintritt (§ 283 Rn 3; vgl § 287 Rn 3). 20

Kein allgemeiner eigenständiger Entlastungsgrund neben dem Vertretenmüssen ist das **Fehlverhalten des Gläubigers** (BGH NJW 71, 1747). Insoweit kennt das deutsche Recht keine generelle *unclean hands doctrine* (s. BGH NJW 62, 2198, 2199). Etwas anderes gilt freilich für Fälle sorgfaltsunabhängiger Haftung, soweit das Fehlverhalten für die Pflichtverletzung des Schuldners ursächlich ist (s. § 242 Rn 45 u § 276 Rn 26). Die Erhöhung des schuldnerischen Risikos, bei längerer Vertragsdauer eine Unsorgfältigkeit zu begehen, wird von § 300 I aufgefangen, soweit eine eingetretene Verzögerung auf den Gläubiger zurückzuführen ist (s. § 300 Rn 2). 21

Die va von der Praxis vorangetriebene und in der Rechtslehre vielfach nicht hinreichend nachvollzogene Objektivierung des Vertretenmüssens hat insb für den Maßstab der Fahrlässigkeit ein neues Problem auftreten lassen: Wo liegt der **Unterschied zwischen** der **Pflichtverletzung** nach § 280 I 1 **und** dem **Sorgfaltsver-** 22 stoß nach §§ 280 I 2, 276 (s. *Canaris* JZ 01, 499, 512; *Huber* Leistungsstörungen I 1, 6 f; *Schapp* JZ 01, 583, 584; *Riehm*, FS Canaris 1079, 1082 ff)? Die – nicht eben befriedigende – Antwort dazu lautet: **auf der Rechtsfolgenseite**: Wird eine Verhaltenserwartung als Pflicht eingeordnet, muss der Gläubiger, der Schadensersatz verlangt, ihre Verletzung vortragen und ggf beweisen. Begründet die Verhaltenserwartung hingegen eine Sorgfaltsanforderung iSv §§ 280 I 2, 276, ist es Sache des Schuldners, deren Maßgeblichkeit und Einhaltung darzutun und – wiederum – ggf zu beweisen (s. jeweils Rn 24). Die weitgehende Austauschbarkeit der Einordnungen gibt dem Richter hier **große Spielräume**. *Heinrichs* hat diese Spielräume dazu genutzt, die bis 2001 bei § 276 II behandelten Fälle in die Kommentierung der Pflichtverletzung bei § 280 zu verschieben (s. Palandt/*Heinrichs* [64. Aufl] § 276 Rz 1); beide Kategorien sind heute **weitgehend austauschbar** und damit nicht von einander abgrenzbar. Soweit Schuldverhältnisse überhaupt nur zu sorgfältigem Verhalten verpflichten, insb im Falle von Schutzpflichten nach § 241 II, aber auch bei vielen Dienstleistungen, ist dies weitgehend selbstverständlich (s. etwa Jauernig/*Stadler* § 280 Rz 20; *Zieglmeier* JuS 07, 701, 703). Letztlich gilt aber auch für erfolgsbezogene Pflichten nichts anderes: Bei diesen ist lediglich zusätzlich erforderlich, dass der Schuldner dartut, dass der Erreichung des Erfolges ein Hindernis entgegensteht, welches er entweder nicht überwinden kann oder nach dem Vertrag nicht überwinden muss (s. *Schlechtriem/Schmidt-Kessel* Schuldrecht AT Rz 566). Diese Unüberwindbarkeit unterfällt richtigerweise ebenfalls § 280 I 2 (das von *Harke* JR 06, 485 ff behandelte Problem existiert also gar nicht). Konsequenz der Austauschbarkeit ist auch die Neigung zur Etablierung fahrlässigkeitsunabhängiger Haftung, wo das Pflichtenprogramm detailliert festgeschrieben ist (s. für § 126 GWB BGH WM 08, 494 [Haftung für Verletzung bieterschützender Bestimmungen]).

23 **IV. Rechtsfolgen.** Rechtsfolge von § 280 I ist der **Ersatz des** durch die Pflichtverletzung **verursachten Schadens**. Zu Inhalt und Umfang s.o. Rn 8. Vor Schadenseintritt ergibt sich regelmäßig ein Anspruch auf Unterlassung, der freilich als Erfüllungsanspruch (s. § 241 Rn 22) nicht auf § 280 zu stützen ist (s. aber zum alten Recht BGH NJW 95, 1284, 1285). Die Verjährung des Schadensersatzanspruchs richtet sich nach den allgemeinen Regeln der §§ 195, 199, soweit keine Sondervorschriften (Bsp §§ 438, 558, 606, 634a) eingreifen.

24 **V. Beweislast.** § 280 I 2 ordnet die Beweislast für das **Vertretenmüssen** dem pflichtverletzenden **Schuldner** zu; die **Pflichtverletzung** als solche hat jedoch grds der **Gläubiger** zu beweisen (vgl schon zum alten Schuldrecht BGH NJW 78, 584 [Arzthaftung]; Hambg NJW-RR 92, 207, 208 [Kündigung eines Mietvertrages aus wichtigem Grund bei Pflichtverletzungen im Gefahrenbereich des Mieters]); *Stoll* AcP 176 [1976] 145-166; zum neuen Schuldrecht *Canaris* JZ 01, 499, 512; *Kohler* ZZP 05, 25–46). Diese Verteilung gilt auch für Pflichtverletzungen durch Unterlassen (s. BGH NJW-RR 90, 1423; BGH NJW 93, 1139, 1140) sowie bei unentgeltlichen Leistungen und Gefälligkeiten (*Zieglmeier* JuS 07, 701, 704); sie gilt nicht für den Nachweis der Arglist bei § 123 (BGH NJW 08, 2912) wohl aber des Vorsatzes bei § 280 (BGH NJW 09, 2298 Rz 17). Bei typischen Geschehensabläufen kann dem Gläubiger der Beweis des ersten Anscheins offen stehen (BGH NJW 06, 2262 [verneint für Fremdkörper im Grillteller und Abbrechen eines Zahns]). Schließt die verletzte Pflicht die Erreichung eines bestimmten Erfolges ein, kommt es prima vista zu einem Konflikt mit der Beweislastverteilung bei § 362 f Rn 17; vgl BGH WM 06, 1288). Er ist richtigerweise dadurch zu lösen, dass Letztere nur auf den Erfüllungsanspruch Anwendung findet. In einigen Bereichen führt die Neuregelung zur Haftungsverschärfung, insb wo die zuvor hA von der Beweislastverteilung nach Gefahrenbereichen durch die Neuregelung überspielt wird. Das gilt insb für die **Arzthaftung** (dazu noch unten Rn 66), wo wichtige Teile des Kernbereichs ärztlichen Handelns bislang der Beweislastumkehr entzogen waren, während hinsichtlich anderer Verantwortungsfelder – etwa Gerätschaften, Medikamenten und Blutkonserven – von einer Beweislastumkehr hinsichtlich des Vertretenmüssens ausgegangen wurde (s. zu den Einzelheiten etwa BGH NJW 81, 2002, 2004; 91, 1540, 1541; BGHZ 114, 284, 296 ff). Allerdings sind die Pflichten des Arztes überwiegend verhaltensbezogen, so dass für die Beweislastumkehr nur ein geringer Anwendungsbereich verbleibt (*Zieglmeier* JuS 07, 701, 703 f). Soweit Pflichten des Arztes – etwa betreffend die sachgerechte Organisation und Koordination des Behandlungsgeschehens – hingegen erfolgsbezogen sind, greift die Beweislast nach § 280 I 2 voll ein (BGH NJW 07, 1682 f). Für das Arbeitsverhältnis s. § 619a Rn 3 sowie Rn 74.

25 Für das Vertretenmüssen sind die bislang herrschende Auffassung einer Beweislastverteilung nach **Gefahrenbereichen** (s. BGHZ 8, 239, 241; 126, 124; BGH NJW 00, 2812) sowie die bereits früher vorzugswürdige Differenzierung nach **Erfolgs- und Verhaltenspflichten** nicht überholt, wobei freilich Erstere heute nur noch als Kriterium der Pflichtenqualifikation dienen kann (optimistischer *Zieglmeier* JuS 07, 701, 703 [Abgrenzung zw Pflichtverletzung und Fahrlässigkeit]). Muss der Schuldner einen **bestimmten Erfolg** erreichen, kann er den Entlastungsbeweis hinsichtlich der Fahrlässigkeit nur führen, wenn er zeigt, dass dessen Erreichung ein **Hindernis entgegensteht**, dessen Überwindung ihm unter Anwendung der von ihm nach § 276 II zu erwartenden Sorgfalt nicht möglich war (hierin liegt der auch heute noch gültige Kern von BGHZ 59, 303, 309; BGHZ 66, 349, 351; BGH NJW 80, 2186, 2187 [jeweils „Kausalität der zu vertretenden Umstände für die Pflichtverletzung"]). Diesen Beweis muss der Gläubiger nur deshalb nicht führen, weil das Hindernis die Pflicht nicht erlöschen lässt, es also nicht um eine Frage des Vorliegens der Pflichtverletzung geht. Ohne ein solches Hindernis liegt ohnehin Vorsatz vor; der entscheidende Unterschied zur Haftungsentlastung wegen *force majeure* (s. § 276 Rn 35) liegt in der Möglichkeit der Berufung auf Hindernisse aus der Sphäre des Schuldners, also

insb auf fehlende eigene Verschuldensfähigkeit (s. § 276 Rn 24). **Praktisch** bedeutet dieser Standard eine **Garantiehaftung** für die in bestimmten Berufskreisen zu erwartenden Fähigkeiten und Anstrengungen.
Die **Ursächlichkeit** der Pflichtverletzung für den Schaden hat gleichfalls der **Gläubiger nachzuweisen** (OLGR München 06, 443), dem allerdings vielfach ein Beweis des ersten Anscheins helfen wird (s. BGH NJW 78, 2197; abw Naumburg 29.12.05, 2 W 14/05, nv [Beschädigung des verwahrten Gegenstands]). Es genügt freilich der Nachweis, dass nur Ursachen aus dem Verantwortungsbereich des Schuldners für den Schaden in Frage kommen (s. BGH NJW 80, 2187). Bisweilen kommt es auch hier zur Umkehr oder Erleichterung der Beweislast: Standardfall ist die **grobe Verletzung von Berufspflichten**. Paradigma ist insoweit wiederum die **Arzthaftung** (s. Rn 73), jedoch lassen sich deren Regeln dort verallgemeinern, wo es um den Schutz vor **Personenschäden** geht (BGH NJW 62, 959 [Bademeister]; 71, 243 [Krankenpflege, Infektion mit Staphylokokken]). Für **Vermögensschäden** werden derartige Erleichterungen hingegen im Grundsatz abgelehnt (s. BGHZ 126, 217, 223 f [Haftung des Rechtsanwalts für Untätigkeit bei der erforderlichen Interessenwahrnehmung]). Allerdings finden sich auch insoweit Ausnahmen (s. zu den Einzelfällen u Rn 65 ff). 26

C. Verzögerungsschäden (§ 280 II). I. Begriff. Für den Anspruch auf Ersatz des Verzögerungsschadens müssen nach § 280 II die zusätzlichen Voraussetzungen des Verzugs nach § 286 gegeben sein. Anschaulicher lässt sich insoweit vom **Schadensersatz statt der Rechtzeitigkeit der Leistung** sprechen. Nach dem Tatbestandsaufbau kann für die nähere Bestimmung dieses Begriffs und damit die Schadensqualifikation ausschlaggebend nicht § 286 sein – es geht **nicht** mehr um einen Verzugsschaden iSd alten Rechts –, vielmehr geht es nach neuem Recht um die Frage, unter welchen Voraussetzungen bei Überschreitung des Zeitpunkts der Pflichterfüllung die Ersatzfähigkeit eintretender Schäden gegeben sein soll (unrichtig *Haberzettl* NJW 07, 1328, 1329 [§ 286 konkretisiere die Pflichtverletzung]). **Maßgebliches Kriterium** ist daher nicht die Verursachung durch die Verspätung (so aber Palandt/*Heinrichs* § 280 Rz 13), sondern die **fortlaufende Erneuerung und Ausweitung des** eintretenden **Schadens** allein mit der Zeit (anders zum alten Recht BGH NJW 06, 687 [Verzögerungsschaden bei verspäteten ärztlichen Zeugnis für eine Risikolebensversicherung]). Solche Schäden können auch auf der Mangelhaftigkeit einer bereits erbrachten Leistung beruhen (unrichtig Palandt/*Heinrichs* § 280 Rz 13). § 280 II setzt teilweise die Zahlungsverzugsrichtlinie um; der fehlende amtliche Hinweis auf diesen Umstand (vgl amtl Fn zu § 286) führt zur mangelnden Transparenz der Richtlinienumsetzung und damit zur partiellen **Gemeinschaftsrechtswidrigkeit** der Vorschrift. 27

Als Schadensersatz kann der Gläubiger dann **bspw** Mahnkosten (BGHZ 52, 393, 398; nicht für eine erst verzugsbegründende Mahnung: BGH NJW 85, 320, 324; München NJW-RR 06, 768, 770) und sonstige Kosten der gerichtlichen Rechtsverfolgung (s. BGHZ 66, 112, 114; BGH NJW-RR 01, 170; zur RL: Gebauer/Wiedmann/*Schmidt-Kessel* Verzug Rz 27) und zwar grds einschl der Mehrkosten, die durch die Beauftragung eines anderen Rechtsbeistands im Mahnverfahren angefallen sind (aA BGH NJW 06, 446 [zu § 91 ZPO]), außergerichtliche Rechtsverfolgungskosten (s. *Steenbuck* MDR 06, 423 ff [zum RVG]), Inkassokosten bei Geldschulden (s. BGH NJW 90, 1905 f; Oldbg JurBüro 06, 481; *Löwisch* NJW 86, 1725-1728; Gebauer/Wiedmann/*Schmidt-Kessel* Verzug Rz 27) usw verlangen. Im Anwendungsbereich der Zahlungsverzugsrichtlinie, dh bei Entgeltansprüchen, sind auch die internen Verwaltungskosten des Gläubigers zu ersetzen (Gebauer/Wiedmann/*Schmidt-Kessel* Verzug Rz 27). Zu den ersatzfähigen Aufwendungen zählt dabei unter den Voraussetzungen der § 1835 III respective § 354 HGB auch die eigene Arbeitskraft und -zeit (aA Frankf NJW 76, 1320). Keine Verzögerungsschäden entstehen hingegen bei der Verletzung von auf Unterlassung gerichteten Pflichten (s. Rn 41). 28

Unter § 280 II fallen **Wert- und Kursverluste** sowie ein daraus folgender entgangener Gewinn durch Sinken eines Verkaufs- oder Steigen eines Einkaufspreises. Das gilt insb für Spekulationsgeschäfte (BGH NJW 02, 2553) aber auch für den mit der Verzögerung einhergehenden Wertverlust einer zurückzugebenden Sache (BGH NJW 01, 3114, 3115). Hierher zählt auch eine eintretende Geldentwertung oder Währungsschwankung (BGH MDR 76, 661; Frankf MDR 81, 1016; München RIW 88, 297, 299; Frankf NJW-RR 88, 1109; WM 89, 57). Umgekehrt sind Wert- und Kursgewinne schadensmindernd anzurechnen (BGHZ 77, 151, 154 f). 29

Ebenfalls Verspätungsschaden sind zusätzliche Finanzierungskosten des Gläubigers (BGHZ 121, 210, 213 [Folge einer Bauverzögerung]). Zinsen von Verzugszinsen können als Verzögerungsschaden verlangt werden, wenn der Schuldner insoweit (auch) in Verzug gesetzt worden ist (s. BGH NJW 93, 1260, 1261 sowie § 289 Rn 2). Der Steuerschaden wegen verspäteter Vergütungszahlung ist ebenfalls Verzögerungsschaden (LAG Düsseldorf FA 06, 250). Die aufgrund der Verzögerung vom Gläubiger an einen Dritten zu leistende Vertragsstrafe wird regelmäßig unter § 280 II fallen (zurückhaltend Dresden NJW-RR 97, 83), soweit nicht § 340 I 2 den Erfüllungsanspruch des Dritten ausschließt. Verzögerungsschäden sind regelmäßig auch solche Betriebsausfallschäden, welche durch verspätete Leistung oder durch die nicht rechtzeitige Herstellung der Mangelfreiheit verursacht werden. Diese werden nicht etwa iRd Schadensersatzes statt der (ganzen) Leistung oder schlicht nach § 280 I ersetzt, sondern bedürfen des Vorliegens der zusätzlichen Voraussetzungen nach § 286 (s.u. Rn 63, 64). Weit entfernte Folgeschäden sind ggf durch Eingrenzung der Deckungsreichweite der verletzten Pflicht von der Ersatzpflicht auszunehmen (s. *Honsell* FS Lange 509, 517 ff). 30

31 **Nutzungsausfälle** sind ebenfalls Verzögerungsschäden (aA BGH NJW 09, 2674 [gestützt auf § 437]; BAG AP BGB § 611 Sachbezüge Nr 21 Rz 41). Soweit sich die Gegenauffassung auf § 437 stützt, hat dies für das allgemeine Schuldrecht keine Relevanz. Die Einordnung als Verzögerungsschaden ist selbstverständlich, soweit dem Gläubiger insoweit auch Einnahmeausfälle entstehen (s. BGH NJW 93, 2674, 2675 f [Mietausfall]). Ihre Ersatzfähigkeit iÜ ist jedoch wegen der grds Eigenschaft als immaterieller Schaden vielfach nach § 253 I ausgeschlossen (s. § 249 Rn 37 ff und § 253 Rn 3), was die Einordnung als Verzögerungsschaden nicht ausschließt. Anerkannt ist sie nur für Wirtschaftsgüter von allgemeiner, zentraler Bedeutung für die eigenwirtschaftliche Lebenshaltung (s. BGHZ [GS] 98, 212, 220 ff; 117, 260, 262). Paradigma ist der Nutzungsausfall beim KfZ (BGHZ 85, 11, 14 ff; BGH NJW 88, 484, 485 f). Geeignete Gegenstände sind ferner die – zur Eigennutzung bestimmten – Räume eines Hauses oder einer Wohnung (BGHZ 98, 212, 216 f; 117, 260, 262; BGH NJW 93, 1793, 1794), ein Ferienhaus (BGHZ 101, 325, 332) sowie Gegenstände zur Wohnungseinrichtung (LG Kiel NJW-RR 96, 559). Abgelehnt wird die Ersatzfähigkeit von der Rspr hingegen bei Luxusgütern (s. BGHZ 76, 179, 186; 89, 60, 64). Soweit Nutzungsausfälle ersatzfähig sind, überspielen §§ 280 I, II, 286 auch die Nutzungsherausgabe nach § 346 (*Herresthal* JuS 07, 798, 800). Insb schließt der Rücktritt – schon wegen § 325 – den betreffenden Schadensersatz nicht aus (insoweit zutr BGH NJW 08, 911). Werden Nutzungen durch Bezifferung gem § 346 materialisiert, ist die Ersatzfähigkeit ohnehin gegeben (vgl § 281 Rn 35).

32 **Nicht** als **Verzögerungsschäden** einzuordnen sind solche Schäden, die nur aus Anlass einer Verzögerung entstehen, aber der Sache nach an die Stelle des Erfüllungsanspruchs treten: Das gilt insb für Kosten einer Ersatzvornahme (nach neuem Recht anders zu entscheiden ist daher BGH 87, 104, 109 ff) oder für die Mehrkosten eines Deckungsgeschäfts (s. München NJW 95, 2363; anders für einen Sonderfall BGH NJW 89, 1215), soweit dieses kein vorübergehendes ist (s. *Haberzettl* NJW 07, 1328, 1329 [Anmieten einer Ersatzsache beim Kauf]). Die fehlende Ersatzfähigkeit gilt auch bei drohenden großen Verzugsschäden; richtigerweise ist dann § 281 II Alt 2 zu bemühen (s. § 281 Rn 20 a; unrichtig *Haberzettl* NJW 07, 1328, 1330). Zweifelhaft ist die Einordnung von **Haftungsschäden**; herkömmlich werden diese als Verzugsschäden behandelt (BGH NJW 89, 1215; Jauernig/*Stadler* § 280 Rz 51). Als Verzögerungsschäden sind sie jedoch nur dann sicher einzuordnen, wenn die Haftung ihrerseits wiederum auf einen Verzögerungsschaden geht. IÜ wird nicht selten ein Schadensersatz statt der Leistung vorliegen, weil die Konkurrenz zum Erfüllungsanspruch (s. Rn 40) in Rede steht.

33 **II. Voraussetzungen der Ersatzfähigkeit.** Die **zusätzlichen Voraussetzungen** der Ersatzfähigkeit des Verzögerungsschadens ergeben sich aus § 286. Wegen der – vom Verzugsschaden des alten Rechts abweichenden – Natur des Schadens ist es dabei unschädlich, ob die Leistung in Natur noch möglich ist oder nicht (s. § 286 Rn 8; aA etwa Jauernig/*Stadler* § 280 Rz 33), am beschränkten Schutzweck der Leistungszeitpunkte ändert dies nämlich nichts. Auch der Rücktritt schließt die Ersatzfähigkeit nicht aus (BGH NJW 08, 911 [für Nutzungsausfallschäden]). Schäden, welche vor Vorliegen der Voraussetzungen von § 286 eintreten – etwa auch vorübergehende Deckungsgeschäfte – sind nicht ersatzfähig (insoweit zutr *Haberzettl* NJW 07, 1328, 1329 f).

34 Die Anwendbarkeit von §§ 280 II, 286 ändert an den **übrigen Voraussetzungen der Haftung**, insb an den Maßstäben des **Vertretenmüssens**, nichts. Bezugspunkt des Vertretenmüssens ist die Verzögerung als die maßgebliche (Dauer-)Pflichtverletzung; vor Eintritt der Verzugsvoraussetzungen nach § 286 I-III verhindert allerdings § 287 die Entlastung durch Zufall nicht (s. Rn 20 und § 286 Rn 23, 25). Jedoch haben für letztere bestimmte Fragen va im Zusammenhang mit Verzögerungsschäden Bedeutung: Entlastend wirken insoweit insb Leistungshindernisse tatsächlicher oder rechtlicher Art. Ist Fahrlässigkeit der maßgebende Haftungsstandard, kann zu diesen Hindernissen auch die Unkenntnis des Schuldners von der Verpflichtung zählen (s. Jauernig/*Stadler* § 280 Rz 41). In Kriegs- und Krisenzeiten wird es vielfach zur Haftungsentlastung durch höhere Gewalt kommen (s. § 276 Rn 35, 36). Bei Räumungspflichten können Schwierigkeiten bei der Beschaffung von Ersatzraum dem Schuldner uU helfen (s. Celle MDR 67, 1013). Bedient sich der Schuldner zur Feststellung des Umfangs seiner Leistungspflicht eines Gutachters, so hat er für dessen Fehler nach § 278 einzustehen (Karlsr MDR 05, 811 [Gutachter bei Gebrauchtwagengarantie]; zum Parallelproblem beim Rechtsirrtum s. Rn 35). Andere entlastende Umstände sind etwa die Verzögerung der rechtzeitig beantragten Genehmigung (BGH NJW 74, 1080; s.a. BGH NJW 02, 1568, 1569 [iE keine Entlastung, weil Schuldner das Risiko übernommen hat]) oder vorübergehende Beschränkungen des internationalen Waren- oder Zahlungsverkehrs (RGZ 161, 100, 105). Letztere vermögen grds auch bei der Übernahme eines Beschaffungsrisikos durch Vereinbarung einer Gattungsschuld (s. § 276 Rn 27–30) zu entlasten, so der Schuldner nicht ausnahmsweise die Beschaffung auch unter derartigen Umständen garantiert hat.

35 Besondere tatsächliche Fragen stellen sich bei **Verspätung mit** der Erfüllung von **Geldforderungen**. Zu den Anforderungen der Richtlinie an den Haftungsstandard s. § 286 Rn 24. Von geldrechtlichen Beschränkungen und der vorübergehenden Unkenntnis des Zahlungspflichtigen abgesehen kommt insoweit eine Haftungsentlastung nur in seltenen Fällen des nicht fahrlässigen **Rechtsirrtums** in Frage (allg zum Rechtsirrtum s. § 276 Rn 11): Die Anforderungen daran sind sehr hoch (BGHZ 89, 296, 303; 131, 354; BGH NJW 01, 3114, 3115). Va muss der Schuldner die Rechtslage sorgfältig prüfen und ggf Rechtsrat einholen (BGHZ 131, 346, 354 f; 140, 223, 238 f; BGH NJW 01, 3114, 3115). Fehler des Rechtsberaters werden ihm jedoch regelmäßig nach § 278 zugerechnet (BGHZ 74, 281; LAG Düsseldorf BB 93, 1149; *von Caemmerer* FS Weitnauer 262, 266, 273 ff). Der Schuldner trägt zudem das erkennbare Risiko einer abweichenden Beurteilung durch das Gericht

(BGHZ 89, 296, 303; BGH NJW-RR 90, 160, 161); eine überraschende Rechtsprechungsänderung, die auch noch von der hA in der Lehre abweicht, vermag hingegen zu entlasten (BGH NJW 72, 1045; BAG DB 93, 1037). Das ist richtlinienkonform (s. § 286 Rn 24).

III. Rechtsfolgen. Für den **Inhalt des Schadensersatzanspruchs** gelten die §§ 249–255. Im Regelfall kann der Verzögerungsschaden nur in Geld ausgeglichen werden (BGH NJW 86, 987 f). Ist der Gläubiger aufgrund der Verzögerung seinerseits ggü einem Dritten schadensersatzpflichtig geworden, kann Naturalrestitution aber auch durch Freistellung von der Haftungsverbindlichkeit erreicht werden (Jauernig/*Stadler* § 280 Rz 50). Auch das Risiko, dass der Gläubiger infolge der Zahlungsverzögerung des Schuldners selbst in Zahlungsverzug gerät und zahlungsunfähig wird und dass infolge dessen gegen ihn Insolvenzantrag gestellt und das Insolvenzverfahren eröffnet wird, gehört zu den typischen Gefahren, welche die Verspätung herbeiführen kann und ist daher vom Schutzzweck des § 280 II umfasst (Köln WM 07, 2209 [auch zur Anwendung von § 254 in diesem Fall]). 36

Der Gläubiger kann seinen Schaden in den Grenzen der §§ 251, 254 unter bestimmten Voraussetzungen unterschiedlich **berechnen** (s. BGH NJW-RR 90, 980; *Schlechtriem/Schmidt-Kessel*, Schuldrecht AT Rz 641): Möglich ist sowohl die Geltendmachung entstehender Mehrkosten (etwa Kreditzinsen), als auch die der entgangenen Einnahmen (s. § 252 nebst Beweiserleichterung dort in 2). Allerdings können nur die Nettoerträge verlangt werden, die nach Abzug der Bewirtschaftungskosten, Betriebskosten und des Finanzierungsaufwandes verbleiben (s. BGH NJW-RR 90, 980 [nicht Zinsaufwand + entgangene Erträge]). Verzögerungsbedingte Vorteile sind jedenfalls anzurechnen (BGH NJW 83, 2137, 2138). Nach Abtretung kommt es für die Höhe des Verzögerungsschadens grds auf den Zessionar an (BGH NJW-RR 92, 219), anders bei der Sicherungsabtretung, für die die Berechnung nach der Person des Zedenten vorzunehmen ist (BGH NJW 06, 1662 Rz 11); das gilt aber nur für die Zeit bis zum Eintritt des Sicherungsfalls. Bei der einfachen Abtretung kann ein für den Schuldner unvorhersehbarer Schaden, als vom Schutzzweck der verletzten Pflicht nicht erfasst, ausscheiden. 37

Besondere Schwierigkeiten hat die Berechnung des Verzögerungsschadens einer Bank im Falle der **nicht rechtzeitigen Zahlung von Zinsen und Tilgungsraten** eines Kredits bereitet (s. *Honsell* FS Lange 509, 511 f; *Löwisch* BB 85, 959–962; *Reifner* Verzugszinsen der Banken im Konsumentenkredit 22 ff). Grds kann der Kreditgeber seinen Schaden **konkret** berechnen, indem er darlegt und ggf nachweist, dass er sich zu einem höheren Zins refinanzieren musste (BGHZ 77, 151, 154; BGH NJW 83, 1420, 1423). Eine Bank kann jedoch, ausgehend von der Darlegung, dass sie die rechtzeitig zurückgezahlten Beträge auf dem Markt zinsbringend angelegt hätte, als **abstrakte** Schadensberechnung die marktüblichen Sollzinsen zzt des Verzuges ihrer Schadensberechnung zugrunde legen. Sie kann aber auch den ursprünglichen Vertragszins als Schaden verlangen, wenn sie einen für längere Zeit geschlossenen Kreditvertrag wegen schuldhafter Vertragsverletzung des Kreditnehmers vorzeitig gekündigt hat und der Kreditnehmer mit der Rückzahlung der vorzeitig fällig gewordenen Restschuld in Verzug gerät. Allerdings beschränkt sich dieser Schadensersatzanspruch in Höhe der Vertragszinsen auf die Restkapitalschuld und endet, auch wenn der Verzug andauert, mit dem Ablauf der ursprünglichen Vertragszeit oder dem nächsten Termin, zu dem der Kreditnehmer seinerseits hätte kündigen können (BGHZ 104, 337, 344 ff [damit Beschränkung auf unkündbare Laufzeit des Kredits]). Besonderheiten gelten jedoch bei Verbraucherkrediten, s. § 497 I Rn 4 sowie BGH WM 91, 1983 [noch zu § 11 I VerbrKrG aF]). 38

Der Ersatzanspruch wegen des Verspätungsschadens **verjährt** auch nach neuem Recht **selbständig** nach den Regeln, welche für den Erfüllungsanspruch der zugrunde liegenden Pflicht gelten (s. BGH MDR 59, 910). 39

D. Schadensersatz statt der Leistung. I. Grundgedanken. Die Regelung der §§ 280 III, 281–283 beruht auf zwei **Grundgedanken**: Zunächst bedeutet Schadensersatz statt der Leistung Liquidation des Schuldverhältnisses, soweit es auf Erfüllung der verletzten Pflicht in Natur gerichtet war, durch Ersatz des „Erfüllungsinteresses" oder „positiven Interesses". Schadensersatz statt der Leistung ist also **Schadensersatz anstelle des Erfüllungsanspruchs**. §§ 280 III, 281–283 behandeln damit in erster Linie die **Konkurrenz** von Schadensersatz und Erfüllungsanspruch, welche das neue Schuldrecht dogmatisch bei der Ersatzfähigkeit des mit dem Erfüllungsanspruch konkurrierenden Schadens verortet. Zugleich behandeln die §§ 280 III, 281–283 eine zweite Sachfrage: Da auch beim Schuldner ein Interesse an der Durchführung des Schuldverhältnisses durch Erfüllung in Natur besteht bzw angenommen werden kann, soll er grds zunächst eine „zweite Chance" zur Erfüllung haben: **Recht zur zweiten Andienung** (überbetont in BGH NJW 05, 1348, 1350). Diese Gelegenheit zur (Nach-)Erfüllung ist Teil des gesetzlichen Leitbildes iSv § 307 II Nr 1 (BGH ZGS 06, 26, 30). Das soll auch dann gelten, wenn lediglich § 478 I in das Verhältnis zwischen Unternehmern übertragen wird (BGH ZGS 06, 26, 31, zweifelhaft). Diese Grundsätze gelten auch beim Kauf eines Tieres (BGH NJW 06, 988, 989 Rz 10 [Pferd]). 40

Zentrales Kriterium für die **Qualifikation** als Schadensersatz statt der Leistung ist die **Konkurrenz von Schadensposten und Erfüllungsanspruch**. Die häufig zu lesende Überlegung, ob eine Fristsetzung oder eine **Nachbesserung sinnvoll** sei (so etwa *Canaris* Karlsruher Forum 03, 5, 34; *St. Lorenz* NJW 02, 2497, 2500), bezeichnet zwar die **praktisch** entscheidende **Frage**, ist im Hinblick auf die zahlreichen Fälle der Entbehrlichkeit, die großteils diesem Kriterium auch genügen (s. nur §§ 281 II Alt 1, 283), aber eher irreführend. Schadensersatz statt der Leistung sind insb der Mehraufwand respective der Verlust beim Deckungsgeschäft 41

(s. BGHZ 126, 131 ff [Deckungsverkauf]; BGHZ 126, 305, 308 [Deckungsverkauf]; BGH NJW 98, 2901, 2903 [Deckungskauf]) respective bei abstrakter Berechnung die Differenz zum Marktpreis (BGHZ 107, 67, 69 f), die freilich regelmäßig einen Schadensersatz statt der ganzen Leistung bedeuten, die Kosten der Beseitigung von Mängeln (BGH NJW 06, 988, 989; jedoch nicht für bei der Mängelbeseitigung verursachten Schäden: Saarbr NJW 07, 3503, 3504), der Haftungsschaden ggü Drittabnehmern, soweit es nicht um Verspätungsschäden geht (Köln NJW-RR 93, 949 zweifelhaft; s. Rn 32), und beim Darlehen der Zinsverlust bis zum nächstmöglichen Kündigungstermin (BGH NJW 91, 1817). Der Schadensersatzanspruch des Gläubigers einer harten Patronatserklärung mit Ausstattungsverpflichtung bei Nichterfüllung durch den Patron fällt ebenfalls unter § 280 III (s. zum alten Recht Rostock MDR 05, 1277). Weitere Fälle: Aufwendungen iSv § 284 (s. dort Rn 2); Schäden aus der Verletzung von Unterlassungspflichten (s. OLGR Frankf 06, 783 [Anwendung von § 340 II auf Rechtsverfolgungskosten wegen Verletzung einer Unterlassungserklärung]); Schäden aus Nichtfestlegung von Zielen unter einer Zielvereinbarung (BAG NJW 08, 872). Nicht erfasst sind hingegen überwiegend (s. Rn 57–59) reine Integritätsverletzungen (Saarbr NJW 07, 3503, 3504 f).

42 Soweit eine **abstrakte Schadensberechnung** zulässig ist (s. § 252 Rn 1 ff), ist maßgeblicher **Zeitpunkt** der des **Entfallens des Erfüllungsanspruchs** (*Huber/Faust* 151; aA Jauernig/*Stadler* § 281 Rz 19 [Fristablauf]; Palandt/*Heinrichs* § 281 Rz 34 [Wahlrecht zwischen Pflichtverletzung und Fristablauf]; *Haberzettl* NJW 07, 1328, 1330 [Fristablauf]), also regelmäßig der Zeitpunkt des Verlangens nach § 281 IV; denn für diesen letzteren Fall gelegentlich angeführten Gefahren der Spekulation durch den Gläubiger kann der Schuldner, so er noch in Natur leisten muss, durch ein Angebot der Leistung begegnen. Verzögerungsschäden fallen nach neuem Recht nicht unter § 280 III (s. Jauernig/*Stadler* § 281 Rz 16; *Grigoleit/Riehm* AcP 203 [2003] 727, 750; s. zum alten Recht BGH NJW 97, 1231; BGH NJW 98, 1303, 1304) und ebenso wenig die zusätzlichen Kosten des Gläubigers aus der Verwendung der später wegen Mangelhaftigkeit zurückgewährten Sache (Köln ZGS 06, 77, 78).

43 Anders ist die Lage bei einer **konkreten Schadensberechnung** insb mittels Deckungsgeschäft: Maßgebend ist hier der **Zeitpunkt der Pflichtverletzung**, so dass nach Fälligkeit vorgenommene Deckungsgeschäfte richtigerweise der Schadensberechnung zugrunde gelegt werden können (aA *Haberzettl* NJW 07, 1328, 1329 f). Das folgt aus der Natur der §§ 281–283 als Konkurrenzregeln. Allerdings handelt der **Gläubiger** insoweit auf **eigenes Risiko**, als der Schuldner die Leistung vor Fristablauf noch erbringen darf und der Gläubiger dann auf seinen zusätzlichen Kosten sitzen bleibt. Das gilt auch für ein nach Fristablauf noch wirksames Angebot, dass vom Gläubiger nicht in der gebotenen Weise zurückgewiesen wird (s. AnwK/*Schmidt-Kessel* § 294–296 Rz 17; zurückhaltender MüKo/*Ernst* § 281 Rz 85). Diese Risikoverteilung entspricht derjenigen bei der abstrakten Schadensberechnung und dadurch, dass sich der Gläubiger Nachteile, die durch die frühe Vornahme des Deckungsgeschäfts zusätzlich entstehen, gem § 254 selbst zurechnen lassen muss.

44 Das **Verhältnis zum Rücktrittsrecht** ergibt sich zunächst aus § 325 s. Rn 1, so dass der erklärte Rücktritt den Schadensersatz statt der Leistung nicht mehr ausschließt (anders im alten Recht, s. zuletzt BGH BB 05, 2152, 2153). IÜ ist die Relation nicht sofort erkennbar, zumal diese weitgehend auch durch die weitere Kategorie des Schadensersatz statt der ganzen Leistung bestimmt wird (s. Rn 51–55); die Regelungstechnik einer weitgehend parallelen Formulierung der Normen verdeckt mehr, als sie hilft. Nur hinsichtlich des Rechts zur zweiten Andienung besteht nämlich Identität mit den Regelungszwecken des Rücktrittsrechts, §§ 323 ff. Anders steht es, soweit §§ 281–283 als Regelung der Konkurrenz aufgefasst werden: Anders als beim Rücktrittsrecht wird mit der Ausfüllung der wertungsoffenen Begriffe dieser Vorschriften nicht (notwendig) über den Fortbestand des Vertrags entschieden. In Frage steht lediglich, ob der Gläubiger – bei idR fortbestehendem Vertrag – statt zur Erfüllungsklage zum Ersatz des Erfüllungsinteresses greifen kann. Obwohl die Regeln der §§ 281–283, 323–326 in Teilen identisch formuliert und weitgehend gleich strukturiert sind, kann es daher zu durchaus **unterschiedlichen Konkretisierungen der wertungsoffenen Begriffe**, zB „angemessene Frist", „besondere Umstände", „Abwägung der beiderseitigen Interessen", kommen.

45 Die **Lösung** beider Sachfragen erfolgt in den §§ 281-283 dadurch, dass der Gläubiger grds dem Schuldner zunächst eine angemessene **Frist zur Erfüllung** setzen muss, ehe er mit einem Schadensersatzanspruch das Schuldverhältnis (ieS) liquidieren und statt der Erfüllung sein Erfüllungsinteresse verlangen kann. Der Fristsetzungsmechanismus führt nicht zum Erlöschen des Erfüllungsanspruchs (anders noch § 326 I 2 Hs 2 aF), sondern stellt diesen und den Schadensersatz nebeneinander dem Gläubiger zur Wahl (BGH NJW 06, 1198; unrichtig insoweit die Vorinstanz Celle NJW 05, 2094; s. § 281). Erst wenn der Gläubiger Schadensersatz statt der Leistung verlangt hat, kann er nicht mehr zum Erfüllungsanspruch zurückkehren, § 281 IV.

46 **II. Anwendungsbereich.** Zentraler Anwendungsbereich des Schadensersatzes statt der Leistung sind **vertragliche Ansprüche** aus § 280 I, und zwar typischerweise solche aus gegenseitigem Vertrag. Soweit in § 311a II zu Unrecht eine Anspruchsgrundlage gesehen wird (s. § 276 Rn 17), kommen die Regeln auch dort zur Anwendung. Auch bei Leistungspflichten aus **gesetzlichen Schuldverhältnissen** kann das Erfüllungsinteresse über einen Schadensersatzanspruch statt der Leistung durchgesetzt werden. Das gilt etwa für den Herausgabeanspruch gegen den auftragslosen Geschäftsführer (*Schlechtriem/Schmidt-Kessel* Schuldrecht AT Rz 622). Anwendbar sind die einschlägigen Vorschriften auch auf Rückgewähransprüche nach Rücktritt (s. § 346 IV).

Zudem stellt sich die Frage, inwieweit die §§ 281–283 auch bei eigenständig gebliebenen **Anspruchsgrundla-** 47
gen der besonderen Schuldverhältnisse zur Anwendung gelangen; zur Anwendung von § 284 s. dort Rn 4.
Für eine Reihe von Fällen lässt sich dies im Blick auf die besonderen – den §§ 281–283 teilweise äquivalenten – Anspruchsvoraussetzungen verneinen; das gilt insb für §§ 523 II 1, 524 II 2, 651f. Bei den besonderen
Regelungen des Kündigungsschadens § 628 II, § 89a II HGB handelt es sich letztlich um Sonderfälle des (auf
die Zukunft beschränkten) Schadensersatzes statt der ganzen Leistung (s. § 281 Rn 29), von dessen Voraussetzungen das jeweils nicht geschriebene Erfordernis der Abmahnung jedoch nicht § 281 III, sondern wegen der
Akzessorietät dieser Ansprüche zur Kündigung selbst § 314 II 1 entnommen werden kann. Der Kündigungsschaden unter § 314 selbst ergibt sich freilich aus §§ 280 ff (s. § 314 IV).

Ein **Durchschlagen der §§ 281–283** auf die Tatbestände des besonderen Schuldrechts kommt insb dort in 48
Betracht, wo ein Schadensersatz statt der (ganzen) Leistung entsprechend § 326 aF auf den **Verzug** des Schuldners gestützt wird, namentlich bei § 536a Var 3 sowie §§ 375 II, 376 HGB. Hier stellt sich jeweils die Frage, wie
wörtlich diese Voraussetzung nach der Änderung des allgemeinen Schuldrechts noch zu nehmen ist. Für
§ 536a Var 3 ist davon auszugehen, dass die Vorschrift mit ihren ggü §§ 281–283 schwächeren Anforderungen
eine zusätzliche – mietrechtliche – Ausnahme vom Fristsetzungserfordernis nach § 281 I 1 begründet; das
Merkmal Verzug ist mithin auch zukünftig im technischen Sinne zu lesen. Bei **§ 376 HGB** beschränkt sich die
Funktion des Verweises auf § 286 auf das dadurch begründete Erfordernis des Vertretenmüssens (*Hopt* HGB
§ 376 Rz 11). Damit aber weicht § 376 I 1 HGB hinsichtlich der Voraussetzungen des Schadensersatzes nicht
von der Lösung ab, welche sich richtigerweise nach §§ 280, 281 ohnehin ergibt (s. zum Fixgeschäft § 281 Rn 19;
wie hier *Hopt* HGB § 376 Rz 11). Merkwürdig mutet der trotz der Änderung der Vorschrift in **§ 375 II HGB**
verbliebene Verweis auf den Verzug an, zumal dieser für den Rücktritt zu einem sachlich nicht erklärlichen
Verbleiben bei der Lösung des § 326 aF einschl des Erfordernisses des Vertretenmüssens führen würde. Richtigerweise ist daher der Verweis auf den Verzug nicht technisch, sondern iSe Ausbleibens der Bestimmung zur
gebotenen Zeit zu verstehen (anders offenbar *Hopt* HGB § 375 Rz 6).

Sehr umstr ist die Frage, ob die §§ 281–283 auch auf **dingliche Ansprüche**, insb § 985, angewandt werden 49
können (dafür *Gebauer/Huber* ZGS 05, 103 ff [soweit § 990 II die Sperrwirkung der Regeln des Eigentümer-
besitzerverhältnisses einschränkt]; dagegen *Gursky* Jura 04, 433 ff sowie *Katzenstein* AcP 206 [2006] 96 ff).
Eine Anwendung, insb von § 281, könnte die ausgewogene Risiko- und Haftungsverteilung der §§ 985 ff
gefährden, weshalb hier Zurückhaltung geboten erscheint. Freilich ist die Streitfrage nur dort von praktischer
Bedeutung, wo dem Gläubiger der Übergang vom Rückgewähr- zum Schadensersatzanspruch nicht ohnehin
offen steht. Auf den Rückgabeanspruch des Vermieters nach § 546 I etwa finden die §§ 281–283 richtigerweise
Anwendung mit der Konsequenz, dass das Schadensersatzverlangen nicht nur den Erfüllungsanspruch nach
§ 281 IV ausschließt, sondern zugleich bewirkt, dass dem Mieter aus dem ablaufenden Mietverhältnis ein
Recht zum Besitz iSv § 986 I entsteht (*Schlechtriem/Schmidt-Kessel* Schuldrecht AT Rz 622). Dasselbe gilt etwa
in den Fällen der §§ 818 IV, 819; §§ 280 ff zählen zu den allgemeinen Vorschriften iSd Regelung (s. BGH NJW
00, 1032; offen Jauernig/*Stadler* § 818 Rz 46).

III. Rechtsfolge der Qualifikation. Rechtsfolge der Qualifikation eines Schadenspostens als Schadensersatz 50
statt der Leistung ist die Anwendung der §§ 281–283, mithin das grds **Erfordernis einer Nachfristsetzung**
(s. § 281 Rn 5–10). §§ 281 II, 282, 283, 325 sowie eine Reihe weiterer Vorschriften begründen allerdings zahlreiche **Ausnahmen** davon (s. § 281 Rn 11–17).

E. Schadensersatz statt der ganzen Leistung. Als **Sonderfall des Schadensersatzes statt der Leistung** kennt 51
das Gesetz in §§ 281 I 2 u 3, V, 283 2 und richtigerweise in § 282 den Schadensersatz statt der ganzen Leistung. Um einen solchen Schadensersatz geht es immer dann, wenn der verlangte Schadensersatz **über das
Maß der Pflichtverletzung hinaus** auf das Schuldverhältnis ausgreift (s. *Schlechtriem/Schmidt-Kessel* Schuldrecht AT Rz 631). Die mit den zusätzlichen Voraussetzungen des Schadensersatzes statt der ganzen Leistung
verbundene Sachfrage ist also, inwieweit auch solche Teile des Schuldverhältnisses, die von der Pflichtverletzung nicht unmittelbar betroffen sind, durch diese „**kontaminiert**" werden. Da auf diese Weise hinsichtlich
der weiteren Teile Schadensersatz anstelle der Erfüllung in Natur verlangt wird, müssen außerdem jedoch
immer die Voraussetzungen des Schadensersatzes statt der Leistung erfüllt sein.

Vielfach wird der Schadensersatz statt der ganzen Leistung im Ergebnis einer **Kombination aus Rücktritt** 52
oder Kündigung **und Schadensersatz** gleichkommen (s. § 281 Rn 29, 33). Das zeigt nicht zuletzt die in
§ 281 V niedergelegte Rechtsfolge, dass der Gläubiger seinerseits zur Rückabwicklung nach Rücktrittsregeln
verpflichtet ist. Allerdings muss sich diese Funktionsäquivalenz **nicht in jedem Fall** ergeben: Denkbar ist
auch, dass der geltend gemachte Schadensersatz zwar über das Maß der Pflichtverletzung hinausgreift, jedoch
gleichwohl unterhalb der Schwelle der Aufhebung des gesamten Vertrags bleibt. Hat etwa ein Käufer für seinen Fuhrpark zehn Pkw gleicher Bauart erworben und ist einer davon mangelhaft, ist Schadensersatz statt der
ganzen Leistung sowohl die Abrechnung des Vertrags hinsichtlich aller zehn Pkw, als auch hinsichtlich des einen
mangelhaften. Die verbreitete **Gleichsetzung** des Schadensersatzes statt der ganzen Leistung **mit** dem herkömmlichen „**großen Schadensersatz**" ist daher **irreführend**.

53 Mit dem Schadensersatz statt der ganzen Leistung hat das Gesetz klargestellt, dass der Gläubiger seinen Schaden **sowohl** nach der **Surrogations- als auch** nach der **Differenzmethode** berechnen kann, wenn die Voraussetzungen des Schadensersatzes statt der ganzen Leistung vorliegen. Dh, er kann seine eigene Leistung erbringen und das gesamte Erfüllungsinteresse statt der Schuldnerleistung verlangen oder seine Leistung behalten und ihren Wert von seinem Schaden statt der Leistung abziehen. Auch wenn er schon geleistet hat, kann er wählen, ob er seine erbrachte Leistung zurückverlangt (§§ 281 V, 346) und ihren Wert bei Berechnung seines Erfüllungsinteresses abzieht, oder ob er sie dem Schuldner belässt und den vollen Schaden statt der Leistung des Schuldners verlangt.

54 In der Literatur wird für den Schadensersatz bei derartigen Teilstörungen häufig mit dem Begriffspaar „**großer" und „kleiner" Schadensersatz** gearbeitet (s. *Lorenz/Riehm* Rz 216 ff). Diese Begrifflichkeit entstammt dem alten Schuldrecht (etwa BGHZ 108, 156, 159 f) und hatte ihren Ursprung in dem – erfolgreichen – Bemühen, die strikte Alternativität von Rücktritt und Schadensersatz in §§ 325, 326 im Wege der Schadensberechnung zu überwinden: Der große Schadensersatz schloss die Rückabwicklung und damit funktional den Rücktritt mit ein. Unter dem neuen Schuldrecht beschwört die fortgesetzte Verwendung dieser Begrifflichkeiten die **Gefahr von Missverständnissen** hinauf. Es erscheint daher angezeigt, sich auf die gesetzliche Terminologie zu beschränken.

55 Die **Voraussetzungen** der Ersatzfähigkeit unterscheiden sich je nachdem, wie das mögliche Ausgreifen der begrenzten Pflichtverletzung auf andere Vertragsteile erfolgen kann: In § 281 I 2 geregelter **Grundfall** ist die partielle oder **Teilstörung** des Schuldverhältnisses (s. § 281 Rn 26). Zu deren Anwendungsfällen zählt auch die in die Schadensabrechnung integrierte Kündigung (s. § 281 Rn 29); insoweit wird der Vertrag nicht beeinträchtigt. Als ersten Sonderfall regelt § 281 I 3 für die „**Leistung nicht wie geschuldet**[e]" eine erheblich geringere Schwelle des Ausgreifens auf weitere Vertragsteile oder den gesamten Vertrag (s. § 281 Rn 30, 31). Ebenfalls einen Sonderfall des Schadensersatzes statt der ganzen Leistung regelt – trotz seiner irreführenden Terminologie – **§ 282** Rn 1. Abweichende Regeln greifen schließlich für den neben Rücktritt und Kündigung geltend gemachten Schadensersatz (s. § 281 Rn 33).

56 **F. Besondere Schäden.** Wegen der nach § 280 II, III zusätzlich erforderlichen Voraussetzungen, wird die richtige **Qualifikation** des Schadens zur **zentralen Frage** der §§ 280 ff. In einer Reihe von Fällen bestehen hier erhebliche Unsicherheiten, die freilich überwiegend von der unreflektierten Fortschreibung alter Texte herrühren.

57 **I. Mangelfolge- oder Begleitschäden.** Aus dem alten Recht – ohne Not – übernommen ist der Begriff des **Mangelfolgeschaden**s, auch Begleitschaden. Die Begrifflichkeit sollte unter dem neuen Recht nicht weiter verwandt werden (Jauernig/*Stadler* § 280 Rz 12; *Grigoleit/Riehm* AcP 203 [2003] 727, 732; *Schubel* JuS 02, 313, 319). Als Mangelfolgeschaden wird nach herkömmlicher Auffassung der vom Mangelschaden abzugrenzende Schaden an anderen Rechtsgütern des Gläubigers einer mangelhaften Leistung bezeichnet (Palandt/*Heinrichs* § 280 Rz 18). Bsp sind etwa ein durch einen Mangel der Elektroinstallationen eines Neubaus ausgelöster Brand oder eine Haftungsbelastung des Käufers einer mangelhaften Maschine zur Herstellung von Papiertüchern ggü seinen Kunden, die ihn wegen Rostflecken in den Papiertüchern, die durch den Mangel verursacht worden sind, in Anspruch genommen haben.

58 Schäden dieser Art werden nach verbreiteter Auffassung nicht von **§§ 280 III, 281 ff** erfasst, sondern nur auf der Basis von § 280 I abgerechnet (Jauernig/*Stadler* § 280 Rz 4; Palandt/*Heinrichs* § 280 Rz 18). Wird der Vertrag ohnehin insgesamt „liquidiert", sei es, dass der Gläubiger vom Vertrag zurücktritt und Schadensersatz oder nach § 281 I Schadensersatz statt der Leistung verlangt, dann gehen die Mangelfolge- oder Begleitschäden wohl auch nach hA im Schadensersatzanspruch statt der Leistung auf (vgl Jauernig/*Stadler* § 280 Rz 12). An dieser Lösung ist zutr, dass insoweit eine Nachfristsetzung für die Ersatzfähigkeit des Schadens vielfach nicht erforderlich ist. Allerdings lässt sich dieses Ergebnis auch durch die Anwendung von § 283 1 erreichen, weil die Beseitigung des Schadens im Wege der (Nach-)Erfüllung nicht möglich ist. Auf die Frage der Qualifikation kommt es daher im Ergebnis regelmäßig überhaupt nicht an. Eine **Ausnahme** davon ist jedenfalls dort denkbar, wo es bei der erbrachten **Leistung gerade um Eingriffe** in weitere Rechtsgüter des Gläubigers geht: So stellt sich im Falle einer – auf einem Mangel des verwandten Mittels beruhenden – fehlerhaften Haarfärbung durch einen Friseur (§ 633 II Rn 13 ff) durchaus die Frage einer Nachbesserung, die dann nach den allgemeinen Regeln insb zur Entbehrlichkeit der Fristsetzung zu beantworten ist. Das kann sogar für einen nach § 253 II ersatzfähigen, immateriellen Schaden gelten. Die Kategorie des Mangelfolgeschadens ist daher nicht mehr als ein starkes Indiz für die Entbehrlichkeit der Fristsetzung.

59 **II. Schäden aus Schutzpflichtverletzungen?** Für die Verletzung von Schutzpflichten wird vielfach die **Auffassung** vertreten, auf diese seien **§§ 281, 283** generell **nicht anwendbar**; es komme lediglich § 282 zur Anwendung (s. Saarbr NJW 07, 3503, 3505; Jauernig/*Stadler* § 281 Rz 4; Staud/*Otto* [2004] § 281 Rz C22). Das ist in dieser Allgemeinheit freilich unzutreffend. Zwar wird bei der Verletzung von Schutzpflichten häufig keine Setzung einer Nachfrist respektive keine Abmahnung erforderlich sein, jedoch liegt dies nicht daran, dass insoweit keine Leistung und mithin auch kein Anspruch auf Erfüllung in Natur in Betracht käme (s. § 241 Rn 24). § 618 ist auch hier ein treffendes Gegenbeispiel. Entbehrlich ist die Nachfristsetzung viel-

mehr regelmäßig deshalb, weil die Erfüllung der verletzten Schutzpflicht im Blick auf den bereits eingetretenen Schaden gar nicht mehr möglich ist, § 283 I. Somit ist auch bei den Schutzpflichtverletzungen die genaue Qualifikation des Schadens im Ergebnis häufig entbehrlich. Wie das Bsp von § 618 zeigt, ergibt sich daraus freilich keine generelle Unanwendbarkeit der §§ 281, 283 auf Schutzpflichtverletzungen, vielmehr taugt diese These **nur als „Daumenregel"** für den Regelfall.

III. Fehlen von Sonderregeln zur Mangelhaftigkeit der Leistung. §§ 280 III, 281–283 gelten auch für den 60 Fall, dass eine Leistung unter einem Vertrag oder sonstigen Schuldverhältnis nicht wie geschuldet erbracht wird, für das es an einer besonderen gesetzlichen Regelung zur Schlechterfüllung fehlt (aA Palandt/*Heinrichs* § 280 Rz 16; Jauernig/*Stadler* § 280 Rz 11). Nicht Wortlaut, nicht Zweck, nicht Entstehungsgeschichte und nicht das System erfordern diese Beschränkung; vielmehr widerspricht die Gegenauffassung der §§ 280 ff zugrunde liegenden Idee einer von Vertrags- und Störungstyp unabhängigen allgemeinen Regel. Entscheidend ist allein die Qualifikation des Schadens und damit die Frage, ob ein Erfüllungsanspruch auf Beseitigung des Leistungsdefizits besteht.

In der Sache geht es va um die von den §§ 611 ff, 662 ff, 675, 677 ff, 688 ff, 705 ff geregelten Rechtsverhältnisse. 61 Für bereits eingetretene Schäden aus **ärztlichen Kunstfehlern** oder Falschberatungen (s. BGHZ 124, 128, 138) wird es für die Ersatzfähigkeit vielfach schon mangels Nachholbarkeit (s. § 283 sowie § 281 Rn 14) daher keiner Fristsetzung mehr bedürfen. Das dürfte freilich bei einer zunächst nur teilweise gelungenen Schönheitsoperation regelmäßig anders sein, sofern die Nachbesserung dem Patienten nicht unzumutbar ist (§ 281 II Alt 2; s. dort Rn 18). Schlechte Prozessführung oder falsche Beratung durch einen **Rechtsanwalt** sind ebenso erfasst, wie die falsche Beratung durch eine **Bank**, die Verletzung bestimmter Beitragspflichten (s. BGH NJW 83, 1188) eines **Gesellschafters** oder die Überschreitung seiner Geschäftsführungsbefugnisse (s. Köln NJW-RR 95, 547, 548).

Zu beachten ist freilich, dass bei einer vielfach denkbaren Verbindung des Schadensersatzes mit einer **Ver-** 62 **tragsbeendigung** iRe **Schadensersatzes statt der ganzen Leistung** dessen Voraussetzungen (Fristsetzung oder Entbehrlichkeit + Überwindung der Geringfügigkeitsschwelle; s. § 281 Rn 26–33) erfüllt sein müssen; nicht selten wird eine Abmahnung nach § 281 III Rn 8 erforderlich sein. Auch insoweit ist die Ersatzfähigkeit für jeden Schadensposten einzeln zu beurteilen.

IV. Betriebsausfall. Besonders umstr ist die Einordnung von Betriebsausfallschäden, va solcher, die als Folge 63 der Mangelhaftigkeit einer Kaufsache oder eines Werkes entstehen. Nach altem Schuldrecht gingen solche Schäden häufig im Schadensersatz wegen Nichterfüllung auf (vgl BGH NJW 97, 1231); dementspr findet sich auch zum neuen Recht die Auffassung, es gehe um **Schadensersatz statt der Leistung** (*Huber/Faust* 352). Das ist unrichtig, weil der Betriebsausfallschaden nicht mit einem Erfüllungsanspruch konkurriert (s.o. Rn 30, 41). Die verbreitete Einordnung von Betriebsausfallschäden in einen **schlichten § 280 I** (BTDrs 14/ 6040, 225; BGH NJW 09, 2674; ebenso *Canaris* ZIP 03, 321, 326 f; *Dauner-Lieb/Dötsch* DB 01, 2535, 2537; *Kaiser*, FS Westermann 351, 361; Palandt/*Heinrichs* § 280 Rz 13), vernachlässigt die beim Betriebsausfall **typische Steigerung** des Schadens **mit der Zeit**: Es handelt sich **daher um Verzögerungsschäden** (zutr *Grigoleit/ Riehm* AcP 203 (2003) 727, 754 ff; *Sailer* Schadensersatzhaftung des Verkäufers 33).

Hinter den Versuchen einer Vermeidung von § 280 II steht offenbar auch die Sorge darum, dass die **Verzugs-** 64 **voraussetzungen** zT zu streng sein könnten um sachgerechte Lösungen zu erreichen (s. etwa *Dauner-Lieb/ Dötsch* DB 01, 2535, 2537; *Gruber* ZGS 03, 130). Dabei wird freilich übersehen, dass sich insb die diskutierten Fälle des bereits mit Lieferung eintretenden Betriebsausfall(schaden)s vielfach mit den Mitteln von § 286 II lösen lassen. Bei **mangelhaften Leistungen vor Fälligkeit** (s. § 271 II) muss der Ersatz des Schadens für die Zeit vor dem Fälligkeitszeitpunkt grds ausgeschlossen sein (übersehen durch BGH NJW 09, 2674). Eine mögliche Ausnahme davon ist etwa der sofortige Eintritt des Verzugs mit der Nacherfüllung nach § 286 II Nr 4 (s.a. *Sailer* Schadensersatzhaftung des Verkäufers 34 sowie § 286 Rn 22) bei vorzeitiger Lieferung einer mangelhaften Sache, wenn bei den Vertragsverhandlungen deutlich geworden ist, dass beim Gläubiger im Falle des Mangels sofort nach Lieferung Verspätungsschäden – etwa Betriebsausfall – eintreten würden. Das nicht angenommene **Angebot zur Nachbesserung** lässt die Ersatzfähigkeit des Betriebsausfallschadens enden.

G. Einzelfälle. I. Finanzdienstleistungen. Anlageberatung: Wendet sich ein Interessent wegen einer kon- 65 kreten Anlageentscheidung an ein Kreditinstitut/Beratungsunternehmen und lässt dieses sich auf die Beratung ein, so kommt auch ohne ausdrückliche Vereinbarung ein Beratungsvertrag zustande (BGHZ 123, 126, 128; 100, 117, 122; BGH NJW 00, 3275). Dies gilt auch dann, wenn der Kunde sich nach bereits getroffener Anlageentscheidung bei der Bank erkundigt, wie er sich angesichts fallender Kurse verhalten soll (BGH NJW 06, 2041). Die Bank hat den Kunden über alle für seine Anlageentscheidung wesentlichen Umstände zu informieren (BGHZ 123, 126, 131 [dort auch zur Verpflichtung, über kritische Stimmen in der Wirtschaftspresse zu unterrichten]; BGHZ 178, 149 [zur Frage, wann über kritische Stimmen berichtet werden muss]); die Informationspflicht des Beraters kann auch auf § 31 WpHG (Schutzgesetz iSv § 823 II) gestützt werden. Der BGH spricht in diesem Zusammenhang von einer **„anleger- und objektgerechten" Beratung** (BGHZ 123, 126), einem Grundsatz, der uneingeschränkt nur für die professionelle Anlageberatung, nicht aber für die Beratung im (erweiterten) Familienkreis gilt (BGH ZIP 07, 1160). Die Bank hat das Anlageziel des Kunden und sein einschlägiges Fachwissen abzuklären (anlegergerechte Beratung) und ihn über alle Umstände und Risiken, die für die Anlageentscheidung Bedeutung haben, richtig und vollständig zu informieren (objektgerechte Beratung). Hierzu gehört etwa die Information über die bestehende Einlagensicherung (BGH NJW 09, 3429), die Aufklärung über eine begrenzte Wiederverkäuflichkeit bestimmter Gesellschaftsanteile (BGH NJW-RR 07, 621) sowie ggf auch über das Risiko eines Totalausfalls (BGH NZG 09, 1393), ferner der Hinweis darauf, dass und in welcher Höhe die Bank Rückvergütungen aus Ausgabeaufschlägen und Verwaltungskosten von einer Fondsgesellschaft erhält, deren Fondsanteile sie dem Kunden empfohlen hat (BGHZ 170, 226; BGH NJW 2009, 1416). Eine Bank darf einem Kunden, der ein besonderes Interesse an der Nominalsicherheit einer Geldanlage offenbart hat, keine Einlage bei ihr selbst empfehlen, wenn bei ihr nur das gesetzliche Mindestmaß an Einlagensicherung besteht (BGH NJW 09, 3429). Keine Beratungspflicht übernimmt die Bank im Zweifel dann, wenn der Kunde bestimmte Wertpapiere zum Kauf vorgibt (BGH ZIP 98, 1183). Im Gegensatz zum bloßen Anlagevermittler (s.u. Rn 66) hat die Bank die erteilten Informationen zudem fachkundig zu bewerten und zu beurteilen (BGH NJW-RR 93, 1114); eine bloße Plausibilitätsprüfung ist dafür nicht ausreichend (BGH ZIP 08, 2208 Rz 10ff). Anders als die ihr iRd anleger- und objektgerechten Beratung obliegende Verpflichtung zur Richtigkeit und Vollständigkeit, muss die Bewertung und Empfehlung eines Anlageobjekts unter Berücksichtigung der genannten Gegebenheiten jedoch ex ante betrachtet lediglich vertretbar sein. Dass sich die aufgrund anleger- und objektgerechter Beratung getroffene Bewertung und Empfehlung im Nachhinein als falsch erweist, fällt deshalb in den Risikobereich des Kunden (BGH NJW 06, 2041 [Kursverfall im Zeitpunkt der Raterteilung objektiv nicht vorhersehbar]). Für die falsche Anlageberatung durch einen Handelsvertreter haften der Finanzdienstleister wie auch eine Anlagegesellschaft selbst, wenn der Handelsvertreter für sie im Wege des Strukturvertriebs tätig geworden ist (OLG Celle DB 06, 1841). Hinsichtlich der **Verjährung** von Ansprüchen gegen einen Wertpapierdienstleister aus der Verletzung einer Aufklärungspflicht ist § 37a WpHG zu beachten, der die nach §§ 195, 199 geltende Regelverjährung auf 3 Jahre kenntnisunabhängig beginnend mit Entstehung des Anspruchs verkürzt.

66 **Anlagevermittlung:** Der Anlagevermittler vertreibt eine bestimmte Kapitalanlage im Interesse des Kapitalsuchenden. Bei dem Verhältnis zwischen ihm und dem Anlageinteressenten handelt es sich idR um einen stillschweigend zustande gekommenen Auskunftsvertrag (BGHZ 74, 103, 106; BGH NJW 90, 2461, 2463; BGH NJW-RR 03, 1690; 05, 1120; 07, 348; BGH ZIP 07, 1160). Für dessen Zustandekommen reicht es aus, dass der Interessent deutlich macht, dass er, auf eine bestimmte Anlageentscheidung bezogen, die besonderen Kenntnisse und Verbindungen des Vermittlers in Anspruch nehmen will (BGH NJW-RR 07, 925); weitere besondere Umstände müssen nicht festgestellt werden (BGH NJW 07, 1362). Auch der Anlagevermittler muss den Kunden richtig und vollständig über alle für die Anlage wichtigen tatsächlichen Umstände informieren (BGHZ 74, 103; BGH NJW 82, 1095; 83, 1730; 04, 1868). Hierzu gehört etwa die Information über Seriosität und Bonität des Kapitalsuchenden sowie über die Wirtschaftlichkeit der Kapitalanlage (Saarbr WM 06, 1720; Bremen OLGR 06, 556). Seine Pflichten reichen freilich nicht so weit wie die des Beraters (BGH NJW-RR 07, 621): Im Vergleich zum Anlageberater (s.o. Rn 65) schuldet der Anlagevermittler nämlich **keine Bewertung** dieser Umstände (BGH NJW-RR 93, 1114). Er muss das Anlagekonzept auf seine wirtschaftliche Plausibilität hin überprüfen (BGH NZG 09, 471). Vertreibt er die Anlage anhand eines Prospekts, so beinhaltet die geschuldete Plausibilitätsprüfung die Überprüfung des Prospekts dahingehend, ob dieser ein in sich schlüssiges Gesamtbild über das Beteiligungsobjekt gibt und ob die darin enthaltenen Informationen, soweit der Anlagevermittler das mit zumutbarem Aufwand überprüfen kann, sachlich vollständig und richtig sind (BGHZ 158, 110, 116; BGH NJW-RR 07, 925 [Pflicht zur Offenlegung einer im Prospekt nicht aufgeführten Innenprovision]). Der Anlagevermittler darf dem Anleger ggü Fondsanteile nicht als „sicher" bezeichnen, obwohl sie nach der Zuordnung durch die Kapitalanlegegesellschaft dem Risikoprofil „gewinnorientiert" und „risikobewusst" unterfallen (BGH NJW-RR 07, 348). Auch darf er Risiken nicht abw vom Prospekt darstellen und mit seinen Erklärungen ein Bild zeichnen, dass die Hinweise im Prospekt entwertet oder für die Entscheidungsbildung des Anlegers mindert (BGH NJW-RR 07, 1690). Will der Anlageinteressent den Vermittler auf Schadensersatz wegen unzureichender Risikoaufklärung in Anspruch nehmen, so trifft ihn die Beweislast für die behauptete Schlechterfüllung des Auskunftsvertrages (BGH WM 06, 1288 [Nichtaushändigung eines Anlageprospekts als ein Element der geschuldeten Unterrichtung des Interessenten]). Schließt der Anlagevermittler seine Haftung für die Verletzung einer Beratungspflicht (Kardinalpflicht; Palandt/*Heinrichs* § 280 Rz 52; s. § 307 Rn 26ff) in Allgemeinen Geschäftsbedingungen aus, so verstößt dies gegen § 307 II (BGH ZIP 00, 355).

67 **Finanztermingeschäfte:** Zu beachten sind seit dem 1.7.02 die §§ 37 d ff WpHG. Neben den hier ua geregelten – aber nur ggü einem Verbraucher geltenden – Informationspflichten gelten die von der Rspr für Finanztermin- und ähnliche Risikogeschäfte entwickelten Aufklärungs- und Hinweispflichten weiter; diese sind strenger als die für die Anlageberatung und -vermittlung geltenden Grundsätze (BGH NJW-RR 06, 627 [gesteigerte schriftliche Aufklärungspflicht]; Palandt/*Heinrichs* § 280 Rz 53; s.o. Rn 65–66) und geben eine Berücksichtigung der individuellen Verhältnisse des Anlegers bzw der Eigenart des konkreten Geschäfts vor (BGHZ 133, 82). Nur eingeschränkte Geltung entfaltet die Aufklärungsverpflichtung im Bereich des bankenmäßigen Wertpapierhandels (BGH NJW 98, 2675 [schriftlicher Hinweis nicht erforderlich]) sowie bei Kun-

den, die keine Beratung wünschen oder sich termingeschäftserfahren geben (BGH NJW 00, 359; BGH ZIP 03, 2295, 2296; 04, 111 [Direkt-Banking/Discount-Broker]. Die mangelnde Aufklärung führt bei hierauf gestützten Schadensersatzansprüchen gegen den Anbieter oder Vermittler (BGHZ 80, 80; 105, 108) grds zu einer **widerlegbaren Vermutung** dahingehend, dass der Kunde von dem Geschäft bei ordnungsgemäßer Aufklärung abgesehen hätte (BGH NJW-RR 98, 1271).

Banken: Geht es um eine Kreditgewährung, so hat die Bank den Kunden vollständig und richtig über das ins Auge gefasste Finanzierungsmodell zu beraten (Celle WM 93, 2085). Sie **haftet für fehlerhafte Berechnungen** (München NJW-RR 90, 438 [Betrag für eine Umschuldung]; BGH ZIP 91, 645; BGH NJW 00, 3275 [Belastung beim Hauserwerb]). Da sich aus § 18 KWG nur eine öffentlich-rechtliche Verpflichtung ergibt, ist die Bank ggü dem Kunden nicht verpflichtet, dessen Kreditwürdigkeit oder den Wert des zu belastenden Objekts zu prüfen (Stuttgart WM 03, 343). Sie ist zudem grds nicht verpflichtet, den Kunden ohne Nachfrage über etwaige Risiken der geplanten Verwendung des als Kredit aufgenommenen Geldes zu unterrichten (BGHZ 107, 92, 101; BGH NJW-RR 92, 879; BGH NJW 07, 361 Rz 26; BGH ZIP 07, 954). Allerdings trifft die Bank immer dann eine Aufklärungspflicht, wenn sie einen **konkreten Wissensvorsprung** hinsichtlich der Risiken der geplanten Anlage hat (BGH NJW 89, 2881; 99, 2032; BGH ZIP 07, 954) oder die sittenwidrige Übervorteilung des Objekts sich ihr aufdrängen musste (BGH NJW 08, 1226; vgl BGH NJW 08, 640). In Fällen eines institutionalisierten Zusammenwirkens der kreditgebenden Bank mit dem Verkäufer oder Vertreiber des finanzierten Objekts können Anleger nach jüngster BGH-Rspr unter erleichterten Voraussetzungen einen solchen die Aufklärungspflicht auslösenden konkreten Wissensvorsprung der finanzierenden Bank im Zusammenhang mit einer arglistigen Täuschung des Anlegers durch unrichtige Angaben der Vermittler, Verkäufer oder Fondsinitiatoren bzw. des Fondsprospekts über das Anlageobjekt geltend machen (BGHZ 168, 1). Über die eine eigene Aufklärungspflicht der Bank begründende Fallgruppe des konkreten Wissensvorsprungs hinaus besteht eine widerlegliche Vermutung **für die Kenntnis der Bank von der arglistigen Täuschung** durch den Verkäufer oder Fondsinitiator sowie der von ihnen eingeschalteten Vermittler bzw des Verkaufs- oder Fondsprospekts (BGHZ 168, 1; BGH NJW 08, 644; anders noch BGH NJW 03, 424) unter den folgenden Voraussetzungen: (1) Verkäufer oder Fondsinitiatoren, die von ihnen beauftragten Vermittler und die finanzierende Bank wirken in institutionalisierter Art und Weise zusammen. (2) Die Finanzierung der Kapitalanlage wurde vom Verkäufer oder Vermittler, sei es auch nur über einen von ihm benannten besonderen Finanzierungsvermittler, angeboten. (3) Die Unrichtigkeit der fehlerhaften Angaben ist nach den Umständen des Falles evident, so dass sich aufdrängt, die Bank habe sich der Kenntnis der arglistigen Täuschung geradezu verschlossen (zu dieser obj Evidenz BGH NJW-RR 08, 1495). Diese Rechtsprechung ist die Reaktion auf die sog. **„Schrottimmobilien"-Rechtsprechung des EuGH** vom 25.10.05 (C 350/03 [*Schulte/Badenia*] und C 229/04 [*Crailsheimer Volksbank/Conrads u.a.*]; dazu *Rott* GPR 06, 25). Danach kann eine Bank, die im Falle eines Haustürgeschäfts ihre Belehrungspflicht nicht erfüllt hat, auch dann zum Schadensersatz verpflichtet sein, wenn die Haftungsvoraussetzungen nach den bisherigen auf nationaler Ebene höchstrichterlich entwickelten Grundsätzen nicht vorlagen. Zu konkreten Auswirkungen dieser „Schrottimmobilien"-Rechtsprechung auf nationale Verfahren s.a. Celle NJW-RR 06, 1817 [Fehlende Erfolgsaussicht der Feststellung unzulässiger Zwangsvollstreckung]). Neben der Fallgruppe des konkreten Wissensvorsprungs kann eine Aufklärungspflicht der Bank auch dadurch ausgelöst werden, dass sie im Zusammenhang mit der Planung, Durchführung oder dem Vertrieb des Projekts **über ihre Rolle als Kreditgeberin hinausgeht**, dass sie einen zu den allgemeinen wirtschaftlichen Risiken hinzutretenden besonderen **Gefährdungstatbestand** für den Kunden schafft oder dessen Entstehung begünstigt oder dass sie sich im Zusammenhang mit Kreditgewährungen sowohl an den Bauträger als auch an einzelne Erwerber in **schwerwiegende Interessenkonflikte** verwickelt (BGH ZIP 07, 954). Das zumeist vertraglich vereinbarte **Bankgeheimnis** umfasst nur kundenbezogene Tatsachen und Wertungen, die dem Kreditinstitut auf Grund, aus Anlass bzw iRd Geschäftsverbindung zum Kunden bekannt geworden sind (BGHZ 27, 241, 246). Seine Verletzung begründet Schadensersatzansprüche nach § 280, schließt aber die Wirksamkeit einer Abtretung nicht aus (s. BGHZ 171, 180 Rz 19 [Kollision mit § 402; vgl. § 354a HGB nF]). Erforderlich ist dafür ein innerer Zusammenhang zwischen der Kenntniserlangung von dem Geheimnis durch das Kreditinstitut und dem Bestehen der Geschäftsverbindung. Auch wenn dieser im Falle kundenschädigender Äußerungen nicht eindeutig ausgemacht werden kann, unterfallen diese idR den sich aus der von besonderem Vertrauen geprägten vertraglichen Beziehung zum Kunden ergebenden Interessenswahrungs-, Schutz- und Loyalitätspflichten (BGH NJW 06, 830, 834 [Schadensersatzpflichtige Verletzung des Bankgeheimnisses durch kundenschädigendes Fernsehinterview]). Im **bargeldlosen Zahlungsverkehr** müssen sich Banken grds nicht um die beteiligten Interessen der Kunden kümmern (BGH NJW 08, 2245 [Ausnahme: ersichtlich unmittelbar bevorstehender Zusammenbruch des Überweisungsempfängers ist bekannt]).

Prospekthaftung: Die Rspr hat für den sog „grauen Kapitalmarkt" eine **allgemeine zivilrechtliche Haftung** für die Richtigkeit und Vollständigkeit von Prospekten entwickelt, welche die bereits bestehenden Regelungen in Spezialgesetzen (etwa §§ 44 ff, 55 BörsG, § 13 VerkProspG iVm WpPG, § 127 InvG) ergänzt (MüKo/*Emmerich* § 311 Rz 162). Mit dem AnlegerschutzverbesserungsG (AnSVG) wurde deren Anwendungsbereich allerdings erheblich eingeschränkt (Palandt/*Heinrichs* § 280 Rz 54): Die allgemeine Haftung beschränkt sich nunmehr auf solche Anlagen, die nicht unter § 8 f VerkProspG fallen, auf solche Beteiligten, die nicht von § 44 I BörsG erfasst werden, sowie auf Altfälle (*Janert/Schuster* BB 05, 987, 991). Ansonsten besteht seit dem 1.7.05 auch für die nicht in Wertpapieren verbrieften Anlagen unter bestimmten Umständen eine Prospektpflicht nach § 8 f VerkaufsprospG; wird diese verletzt, so begründen § 13 VerkProspG, §§ 44 ff BörsG eine Verpflichtung zum Schadensersatz. Es wird nun auch bei Fehlen eines Verkaufsprospekts gehaftet, § 55 BörsG (*Barta* NZG 05, 305). Für die bürgerlich-rechtliche Prospekthaftung gilt, dass sie nicht formularmäßig ausgeschlossen werden kann, § 307 II Nr 2 (BGH NJW 02, 1711). Sie ist auf das negative Interesse beschränkt (Karlsr OLGR 06, 256). Hinsichtlich der an einen Prospekt gestellten **Anforderungen** gilt, dass dieser über sämtliche Umstände, die für die Entscheidung zur Anlage von Bedeutung sind, richtig und vollständig informieren muss (BGHZ 123, 106; BGH NJW 00, 3346; BGH NJW 04, 2228; BGH NJW-RR 06, 611, 613 [„wesentliche Aussagen"]; BGH NJOZ 08, 2440 [Altrisiken]). Ein rechtlich relevanter Prospektmangel liegt etwa vor, wenn „weiche" Kosten bei einem Anlagemodell in nicht unerheblicher Höhe anfallen und ein Anleger dem Prospekt nicht ohne weiteres entnehmen kann, in welchem Umfang durch die Einlagemittel solche Kosten und nicht die Anschaffungs- und Herstellungskosten abgedeckt werden sollen (BGH NJW 06, 2042 [Immobilienfonds]). Ergeben sich nachträglich Änderungen, so verpflichtet die Rspr zu entspr Richtigstellung/Ergänzung (BGHZ 123, 106; BGH ZIP 04, 312; Jena ZIP 05, 904). Für den Ursachenzusammenhang zwischen Unrichtigkeit des Prospekts und dem Schaden hat die Rechtsprechung eine tatsächliche Vermutung entwickelt (BGH NJW-RR 09, 689). Der **Kreis der Personen**, die für Richtigkeit und Vollständigkeit des Prospekts haftungsrechtlich verantwortlich gemacht werden können, wird von der Rspr weit gezogen: Gründer, Initiatoren und Gestalter der Gesellschaft (BGHZ 71, 284; 115, 213; BGH NJW 95, 1025; BGH ZIP 04, 606) sowie alle Personen, die hinter der Gesellschaft stehen und auf Geschehen und Gestaltung des konkreten Modells entscheidenden Einfluss ausüben (BGHZ 79, 337; 115, 213; BGH NJW 95, 1025; 01, 360; BGH NZG 07, 660). Erfasst sind zudem alle Garanten des Prospekts wie Wirtschaftsprüfer, Steuerberater und Rechtsanwälte für die Informationen, für die sie eine Garantie übernommen haben (BGHZ 77, 172, 178 [Rechtsanwälte]; BGH NJW-RR 06, 611, Rz 19 [Wirtschaftsprüfer, Haftung in casu verneint]). Eine Haftung als Garant besteht bei Personen, die mit Rücksicht auf ihre allgemein anerkannte und hervorgehobene berufliche und wirtschaftliche Stellung oder ihre Eigenschaft als berufsmäßige Sachkenner durch ihr nach außen in Erscheinung tretendes Mitwirken am Emissionsprospekt einen besonderen – zusätzlichen – Vertrauenstatbestand schaffen und Erklärungen abgeben, wobei ihre Einstandspflicht auf die ihnen selbst zuzurechnenden Prospektaussagen beschränkt ist (BGH NJOZ 08). Für die sog **uneigentliche Prospekthaftung** solcher Personen, welche nicht zum genannten Personenkreis zählen, sondern unter Verwendung eines fehlerhaften Prospekts in besonderem Maße Vertrauen für sich in Anspruch genommen und dadurch das weitere Geschehen erheblich beeinflusst haben, kommt eine Haftung nach §§ 280, 311 III in Betracht (s. BGH NZG 09, 280 [Aufklärung über regelwidrige Auffälligkeiten] sowie § 311 Rn 63). Zur am 31.12.03 in Kraft getretenen europäischen **Prospektrichtlinie** (RL 2003/71/EG, ABl L 345 v 31.12.03, 64) s. *König* GPR 03-04, 152.

70 **II. Kauf-/Werk-/Miet-/Reisevertrag.** Der **Verkäufer** verletzt seine Pflichten, wenn er eine mangelhafte Sache liefert (§ 433 I 2, Rn 5); der **Unternehmer**, wenn er ein mangelhaftes Werk liefert (§ 633 I, s. dort Rn 11). Eine Untersuchungspflicht hinsichtlich der Kaufsache trifft den Verkäufer nach hA grds nicht (vgl BGH NJW 68, 2238; 81, 1269; Ausnahme: Besonders hochwertige oder fehleranfällige Produkte bzw besondere Sachkunde des Verkäufers, Palandt/*Heinrichs* § 280 Rz 19). Allerdings verlangt § 311a II nunmehr doch ein gewisses Maß an Vergewisserung (s. § 276 Rn 17) und ggfs auch zusätzliche Aufklärung (BGH NJW 07, 3057 [Erfordernis von Fachkenntnissen bei Selbstmontage]). Zwischen Verkäufer und Käufer kann ein zusätzlicher Beratungsvertrag zustande gekommen sein, der im Falle einer Verletzung der hieraus resultierenden Beratungspflichten zu einem konkurrierenden Anspruch ebenfalls aus § 280 I führen kann (s. BGH NJW 97, 3227; 99, 3192; 07, 1874 sowie oben Rn 13). Die Haftung des **Vermieters** und des **Reiseveranstalters** für Mängel ist in §§ 536a u 651f geregelt. § 280 greift hier nur dann ein, wenn es sich um eine nicht § 536a, 651f unterfallende Pflichtverletzung handelt. Dem Vermieter obliegt grds eine Aufklärungspflicht ggü dem Mieter hinsichtlich derjenigen Umstände und Rechtsverhältnisse mit Bezug auf die Mietsache, die – für den Vermieter erkennbar – von besonderer Bedeutung für den Entschluss des Mieters zur Eingehung des Vertrags sind und deren Mitteilung nach Treu und Glauben erwartet werden kann (BGH NJW 06, 2618; 07, 2759 [Autovermietung; Ersatz des Unfallersatztarifs eines Autovermieters]). Den **Wohnungsverwalter** trifft die Sorgfaltspflicht, im Falle des Abschlusses neuer Mietverträge alles zu unterlassen, was die bestehenden Mietverhältnisse gefährden kann (Kobl WuM 06, 409). Ein **Reisebüro** kann vertraglich zur Auswahlberatung verpflichtet sein – eine Pflicht zur Beratung hinsichtlich Pass und Visum erwächst hieraus jedoch idR nicht (BGH NJW 06, 2321).

71 **III. Rechtsanwalts-/Steuerberaterhaftung. Rechtsanwälte:** Der Rechtsanwalt ist zu einer **umfassenden** und **möglichst erschöpfenden Belehrung** des Mandanten verpflichtet (BGH NJW 88, 563, 566; 91, 2079; BGH NJW-RR 90, 1241), es sei denn, dass dieser zu erkennen gegeben hat, dass er nur hinsichtlich einer bestimmten Richtung der Beratung bedarf (BGH NJW 96, 2931; 97, 2168, 2169); die Rechtskundigkeit des Mandanten schränkt die Aufklärungsverpflichtung des Rechtsanwalts indes nicht ein (BGH NJW 92, 820). Der Rechtsanwalt ist auch zur Aufklärung über etwaige konkrete wirtschaftliche Gefahren des beabsichtigten Vor-

Schadensersatz wegen Pflichtverletzung § 280

gehens sowie über erforderliche Vorsichtsmaßnahmen verpflichtet (BGH NJW 98, 900). Insofern gilt allerdings eine Einschränkung, wenn der Anwalt etwa einem Kostengesichtspunkt bei den Entscheidungen seines Mandanten lediglich untergeordnete Bedeutung beimessen darf (BGH NJW-RR 06, 557, 558 [Unterlassener Hinweis auf Kostenvermeidung durch unaufgefordert abgegebene Abschlusserklärung in einer Urheberrechtssache]). Von Bedeutung ist zudem die Verpflichtung des Rechtsanwalts, sicherzustellen, dass seinem Mandanten keine Rechtsnachteile durch eine **Verjährung** des Anspruchs entstehen können – er muss daher den Beginn und die Länge der Verjährungsfrist prüfen (Ddorf VersR 89, 850) und für rechtzeitige Hemmung oder einen Neubeginn der Verjährung sorgen (BGH NJW 81, 2741; 92, 840). Begehrt der Mandant die Geltendmachung eines bereits verjährten Anspruchs, so ist der Rechtsanwalt verpflichtet, ihn von der Rechtsverfolgung abzuraten (Celle MDR 06, 479). Es gilt – wie für die gesamte Mandatsbetreuung – das **Gebot des sichersten Weges** (BGH NJW 81, 2741, 2742; 88, 487, 566; BGH NJW-RR 90, 204, 205), wenn der Rechtsanwalt Zweifel hinsichtlich des Endes der Verjährungsfrist hat (BGH NJW 81, 2741); die Rspr geht so weit, dass sie die Haftung des Erstanwalts nicht entfallen lässt, obwohl auch der erst später tätig gewordene Rechtsanwalt die Verjährung noch hätte verhindern können (BGH NJW-RR 05, 1146). Der Rechtsanwalt ist zur Kenntnis aller einschlägigen, auch aus neuester Zeit stammenden Gesetze, verpflichtet (BGH NJW 71, 1704; 78, 1486; 82, 96, 97). Zudem muss er sich über den Stand der höchstrichterlichen Rspr durch die fortlaufende Lektüre von Fachzeitschriften informieren (BGH NJW 52, 425; 79, 877; 01, 675). Im Interesse des Mandanten soll der Rechtsanwalt sich an den Ergebnissen der höchstrichterlichen Rspr orientieren (BGH NJW 93, 3323, 3324). Er ist verpflichtet, **Weisungen des Mandanten** zu befolgen (Köln NJW-RR 94, 955, 956), vgl §§ 675 I, 665. Wird ein Prozess eingeleitet, so hat der Rechtsanwalt **alle für einen Prozesserfolg notwendigen Maßnahmen** zu treffen, etwa die notwendigen Beweisanträge zu stellen und Beweise im Interesse seines Mandanten zu sichern (BGH NJW 93, 2676) oder das Gericht auf Fehler hinzuweisen (BGH NJW 10, 73). Hierzu gehört auch die Sicherstellung der **Fristenkontrolle**, an deren Organisation sowohl für die internen Zuständigkeiten (BGH NJW 07, 1453 Rz 12 f) als auch für Mechanismen zur Fehlervermeidung (BGH NJW 07, 2778 Rz 6 ff) hohe Anforderungen zu stellen sind. Geht es um die Annahme eines **Vergleichsvorschlags**, so hat der Rechtsanwalt sorgfältig über das Für und Wider zu beraten (BGH NJW 09, 1589 [auch zum Umfang des Schutzes]); er darf den Vergleich ohne Einholung der Zustimmung des Mandanten nicht abschließen, falls eine von diesem für wichtig gehaltene Rechtsposition in dem Vergleich nicht gewahrt würde (BGH NJW 93, 1325; BGH NJW-RR 96, 567; Ausnahme: Widerrufsvorbehalt, Hamm FamRZ 97, 939). Der Mandant ist in geeigneten Fällen auf die Möglichkeit hinzuweisen, dass PKH beantragt werden kann (BVerfG NJW 00, 2494). Besteht eine Rechtsschutzversicherung, so muss die Deckungspflicht geklärt werden (Nürnbg NJW-RR 89, 1370). Auf die fehlende Kostenerstattungspflicht im Arbeitsgerichtsverfahren ist hinzuweisen (Ddorf AnwBl 87, 283). Zur Verjährung der gegen den Rechtsanwalt wegen Pflichtverletzung gerichteten Ansprüche und insb zur sog Sekundärverjährung § 195 Rn 3.

Steuerberater: Das Tätigkeitsfeld des Steuerberaters und damit einhergehend auch seine jeweiligen Verpflichtungen, orientieren sich an Inhalt und Umfang des erteilten Mandats (BGHZ 128, 358, 361). Er ist verpflichtet, die iRd Auftrags liegenden steuerlichen Interessen seines Mandanten umfassend wahrzunehmen (BGH NJW 98, 1221) und – ebenso wie der Rechtsanwalt (s.o. Rn 71) – den für seinen Mandanten **sichersten Weg** zu wählen (BGH NJW-RR 92, 1110, 1112). Seine Belehrungs- und Hinweispflicht umfasst alle auftretenden steuerlichen Fragen und die Möglichkeit von Steuerersparnissen (Stuttg NJW-RR 90, 791, 792). Der Steuerberater hat jede unrichtige Beurteilung einer steuerlichen Frage zu vertreten (BGH NJW-RR 95, 620, 621). Er muss die einschlägige Rspr des BFH kennen (BGH NJW-RR 93, 212; 95, 620, 621; 07, 857). Für die Abgabe von Steuererklärungen maßgebende Fristen sind für das Vertragsverhältnis Steuerberater – Mandant nur dann verbindlich, wenn diese zum Vertragsinhalt gemacht wurden (BGHZ 115, 382). Es gilt die Vermutung, dass sich der Mandant bei ordnungsgemäßer Beratung aufklärungsrichtig verhalten hätte (Palandt/*Heinrichs* 280 Rz 77). Den Steuerberater trifft die Darlegungs- und Beweislast, wenn er geltend machen will, dass ein durch eine von ihm empfohlene Maßnahme entstandener Steuernachteil auch ohne diese Maßnahme entstanden wäre (BGH NJW 83, 1053). Zur Verjährung und auch hier zur sog Sekundärverjährung vgl § 195 Rn 3. 72

IV. Sonstige. Ärzte: Neben seinen allgemeinen (va Aufklärungs-)Pflichten, die zumeist unter § 823 fallen werden (§ 823 Rn 207 ff), können den Arzt auch Pflichten zur Wahrung der Vermögensinteressen des Patienten treffen, so zB, wenn Zweifel hinsichtlich der Eintrittspflicht des Versicherers bestehen (BGH NJW 83, 2630); allerdings muss sich dem Arzt die Möglichkeit einer wirtschaftlichen Schädigung aufdrängen (Köln NJW 87, 2304; Hamm NJW-RR 91, 1141; Bremen, NJW 92, 2366; Ddorf NJW-RR 00, 906). Der Arzt unterliegt einer Schweigeverpflichtung (BGH NJW 68, 2288). Zur Beweislast für das Vertretenmüssen s.o. Rn 24–26 sowie *Spickhoff* NJW 02, 2530 ff. Hinsichtlich der **Kausalität** kommt es zur Beweislastumkehr, wenn der Arzt einen **groben Behandlungsfehler** (zum Begriff: BGHZ 138, 1, 6; BGH NJW 96, 2428; BGH NJW-RR 07, 744 Rz 9 ff) zu vertreten hat, und dieser geeignet war, den tatsächlich eingetretenen Schaden herbeizuführen (BGHZ 72, 132, 136; BGHZ 126, 217, 223 und stRspr). Dem groben Behandlungsfehler hat die Rspr die Behandlung durch einen nicht hinreichend qualifizierten Mediziner (BGHZ 88, 248, 257 und BGH NJW 94, 3008 f [jeweils Assistenzarzt]) **gleichgestellt**. In einer Reihe weiterer Fälle kommen dem Patienten Beweiser- 73 leichterungen zugute, nämlich bei Mängeln der ärztlichen Dokumentation (BGHZ 72, 132, 139; BGH NJW 96, 780), bei groben Organisationsfehlern (BGH NJW 94, 1594, 1595) sowie beim Fehlen einer gebotenen Befunderhebung und Befundsicherung (BGHZ 132, 47; BGHZ 138, 1). Zur Person des Haftenden bei Krankenhausbehandlungen s. § 278 Rn 22.

74 **Arbeitsverhältnisse:** Die Fürsorgepflicht des **Arbeitgebers** (s. hierzu und zu den anderen sich aus dem Arbeitsverhältnis ergebenden Verpflichtungen des Arbeitgebers § 611 Rn 91 ff, § 242 Rn 71, § 3 AGG Rn 19 ff sowie § 12 AGG Rn 2 ff) umfasst die ordnungsgemäße Einrichtung und Organisation des Arbeitsablaufs; der Arbeitnehmer muss im Falle einer Verletzung lediglich den ordnungswidrigen Zustand der Betriebsräume oder des Arbeitsablaufs beweisen, der Arbeitgeber hingegen hat nachzuweisen, dass ihn an dieser Ordnungswidrigkeit kein Verschulden trifft (BAG AP Nr 1 zu § 618 = BAG BB 56, 692). Verletzt der **Arbeitnehmer** eine sich für ihn aus dem Arbeitsverhältnis ergebende Pflicht (s. hierzu § 611 Rn 62 ff), so trifft den Arbeitgeber, der einen Anspruch aus § 280 geltend machen will, die volle Darlegungs- und Beweislast (Staud/*Otto* [2004] § 280 Rz F 38). Im Blick auf § 619a Rn 2 gilt dies abw von § 280 I 2 auch für ein Verschulden des Arbeitnehmers, da der Arbeitgeber das Organisationsrisiko trägt. Eine Beschränkung dieses Grundsatzes auf solche Fallgestaltungen, in denen der Schaden durch eine betriebliche Tätigkeit verursacht wird, erscheint geboten (so auch Staud/*Otto* [2004] § 280 Rz F 39). Im Falle der **Mankohaftung** ergibt sich die Pflichtverletzung des Arbeitnehmers bei alleinigem Zugriff auf den Kassenbestand daraus, dass er den Fehlbetrag und damit den Vermögensschaden des Arbeitgebers hat entstehen lassen (BAG AP Nr 1 zu § 611). Ansonsten gilt für die Darlegungs- und Beweislast des Arbeitgebers das soeben gesagte (Staud/*Otto* [2004] § 280 Rz F 39).

75 **Architekten:** Auch die Pflichten des Architekten bestimmen sich nach dem mit seinem Auftraggeber abgeschlossenen Vertrag (BGHZ 133, 399; BGH NJW 99, 427). Der Architekt muss die für die Durchführung seiner Aufgabe erforderliche Fachkenntnis haben (BGH NJW-RR 03, 1454). Hat er diese (in Teilbereichen) nicht, dann muss er Fachleute hinzuziehen bzw den Auftraggeber in Kenntnis setzen und ihm ggü auf die Einschaltung von Fachleuten hinwirken (BGH NJW 01, 1276). Als Sachwalter seines Auftraggebers (Palandt/*Sprau* § 631 Rz 19) ist er diesem ggü zur umfassenden Information, Betreuung und Beratung (Ddorf NZBau 02, 457; BGH NJW 07, 365) sowie – auch mit Blick auf die eigene Stundenlohnvergütung – zur wirtschaftlichen Betriebsführung (BGH NJW 09, 2199; 09, 3426) verpflichtet.

76 **Weitere Einzelfälle:** Ein **Beförderungsvertrag** beinhaltet regelmäßig die Verpflichtung des den Geschehensablauf beherrschenden Transporteurs, den Fahrgast oder die beförderten Güter unversehrt an ihr Ziel zu bringen (etwa BGHZ 8, 239 [Personenbeförderung]). Ein Gastwirt wird durch den **Beherbergungs- und Gastaufnahmevertrag** verpflichtet, für den gefahrlosen Zustand der überlassenen Einrichtungen und Räume zu sorgen (Staud/*Otto* [2004] § 280 Rz F 53). Hierzu gehört etwa die Sicherung vor randalierenden Gästen (KG VersR 72, 157), aber auch der Hinweis auf ohne weiteres für den Gast nicht erkennbare Sicherheitsmängel eines Zimmersafes, wenn der Gastwirt damit zu rechnen hat, dass seine Gäste wertvollen Schmuck mit sich führen (Karlsr VersR 06, 368 [Hotelier eines Luxushotels]). Zu den Pflichten beim **Ehemakler-, Eheanbahnungs-** und **Partnerschaftsvermittlungsvertrag** s. Kobl NJW-RR 06, 419 f sowie § 656 Rn 3 f. Der **Heimpflegevertrag** verpflichtet den Träger, für die körperliche Unversehrtheit der Heimbewohner zu sorgen (BGH NJW 05, 1937; 05, 2613). Ein **Makler** darf Informationen, die er von dem Veräußerer erhalten hat, grds ungeprüft weitergeben (BGH NJW 82, 1147). Voraussetzung ist allerdings, dass er die betreffenden Informationen mit der erforderlichen Sorgfalt einholt und sondiert; dazu gehört, dass er keine Angaben der Verkäuferseite in sein Exposé aufnimmt, die nach den in seinem Berufsstand vorauszusetzenden Kenntnissen ersichtlich als unrichtig, nicht plausibel oder sonst als bedenklich einzustufen sind (BGH NJW 07, 711). Ein **Mobilfunkunternehmen** muss im Falle der Versendung einer Telefonkarte zusammen mit der PIN-Nummer Schutzmaßnahmen ergreifen, um zu verhindern, dass eine unkontrollierte Aushändigung an unberechtigte Personen erfolgt (LG Rottweil NJW-RR 05, 1187). Der nach einem Verkehrsunfall mit der Erstellung des Restwertgutachtens beauftragte **Sachverständige** ist nicht verpflichtet, Angebote der sog Online-Börse einzuholen, da der Geschädigte selbst das Fahrzeug auf diesem Markt nicht anzubieten braucht (Celle OLGR 06, 544 unter Verweis auf BGH NJW 05, 3134 [Keine Pflicht des Geschädigten zur Inanspruchnahme eines Sondermarkts für Restwertaufkäufer im Internet]). Zu den anderen einem Sachverständigen obliegenden Pflichten s. darüber hinaus § 839a Rn 1–4. Ein **Treuhänder** haftet im Falle des auf die Insolvenz der Anlagebank zurückzuführenden Verlustes angelegter Gelder nicht nach § 667, sondern im Falle des Vorliegens einer Pflichtverletzung nur nach § 280. Eine solche Pflichtverletzung ist idR zu bejahen, wenn der Treuhänder die ihm anvertrauten Beträge bei einer Bank anlegt, die im Gegensatz zu den meisten anderen Kreditinstituten lediglich die gesetzliche Mindesteinlagensicherung bietet, welche die anvertraute Summe weit unterschreitet (BGH NJW 06, 986). Auch in einem solchen Fall haftet der Treuhänder allerdings nicht unabhängig von Fahrlässigkeit, da er ein Beschaffungsrisiko iSv § 276 I 1 nicht übernimmt (BGH NJW 06, 986). Der **Wirtschaftsprüfer** haftet ggü dem Kreditgeber für die Richtigkeit des von ihm geprüften Abschlusses (Palandt/*Heinrichs* § 280 Rz 87). Ist der Wirtschaftsprüfer als Mittelverwendungskontrolleur in ein Anlagemodell eingebunden, so ist er grds nicht verpflichtet, den Anlageinteressenten, der vor seinem Beitritt einen Prospekt ua mit dem – allgemein verständlichen – Text des abzuschließenden Mittelverwendungskontrollvertrages erhalten hat, über Reichweite und Risiken dieses Vertrages aufzuklären (BGH ZIP 07, 873).

§ 281 Schadensersatz statt der Leistung wegen nicht oder nicht wie geschuldet erbrachter Leistung.

(1) ¹Soweit der Schuldner die fällige Leistung nicht oder nicht wie geschuldet erbringt, kann der Gläubiger unter den Voraussetzungen des § 280 Abs. 1 Schadensersatz statt der Leistung verlangen, wenn er dem Schuldner erfolglos eine angemessene Frist zur Leistung oder Nacherfüllung bestimmt hat. ²Hat der Schuldner eine Teilleistung bewirkt, so kann der Gläubiger Schadensersatz statt der ganzen Leistung nur verlangen, wenn er an der Teilleistung kein Interesse hat. ³Hat der Schuldner die Leistung nicht wie geschuldet bewirkt, so kann der Gläubiger Schadensersatz statt der ganzen Leistung nicht verlangen, wenn die Pflichtverletzung unerheblich ist.
(2) Die Fristsetzung ist entbehrlich, wenn der Schuldner die Leistung ernsthaft und endgültig verweigert oder wenn besondere Umstände vorliegen, die unter Abwägung der beiderseitigen Interessen die sofortige Geltendmachung des Schadensersatzanspruchs rechtfertigen.
(3) Kommt nach der Art der Pflichtverletzung eine Fristsetzung nicht in Betracht, so tritt an deren Stelle eine Abmahnung.
(4) Der Anspruch auf die Leistung ist ausgeschlossen, sobald der Gläubiger statt der Leistung Schadensersatz verlangt hat.
(5) Verlangt der Gläubiger Schadensersatz statt der ganzen Leistung, so ist der Schuldner zur Rückforderung des Geleisteten nach den §§ 346 bis 348 berechtigt.

A. Allgemeines. § 281 enthält sowohl den Kern der Regelung der **Konkurrenz von Schadensersatz- und Erfüllungsanspruch** als auch der **Schadensabrechnung über** den von der **Pflichtverletzung** betroffenen Vertragsteil **hinaus**. Der Gläubiger kann sich durch Fristsetzung nach § 281 I die Möglichkeit verschaffen, zwischen den Rechtsbehelfen Schadensersatz- und Erfüllungsanspruch zu wählen (s. Rn 22). Die endgültige Umwandlung in den Schadensersatzanspruch bewirkt allerdings erst das „Verlangen" des Schadensersatzes (unscharf Jauernig/*Stadler* § 281 Rz 1). Zum Anwendungsbereich der Regelung s. § 280 Rn 1. **Anspruchsgrundlage** bleibt **§ 280**.

Die Vorschrift erfasst **alle Schuldverhältnisse**, bei denen eine Konkurrenz von Schadensersatz und Erfüllungsanspruch in Betracht kommt (s. § 280 Rn 46–49). Dazu zählen auch Rückgewähransprüche nach Rücktritt oder Kündigung; die Rückgabe überlassener Gegenstände nach ordentlicher Kündigung wie insb § 546 ist ebenfalls umfasst (BGHZ 56, 308, 312). § 281 gilt selbstverständlich auch für Geldansprüche (unrichtig Palandt/*Heinrichs* § 281 Rz 5). Das ist insb in Fällen der Annahmeverweigerung der durch diese zu entgeltenden Leistung von Interesse, wenn der Preisgläubiger keine Zug-um-Zug-Verurteilung anstrebt, sondern sich vom Vertrag lösen will. Zu dinglichen Ansprüchen s. § 280 Rn 49.

B. Schadensersatz statt der Leistung. Die **Grundgedanken** des Schadensersatz statt der Leistung – die Konkurrenz von Schadensersatz und Erfüllung sowie das Recht zur zweiten Andienung (s. § 280 Rn 40) – beherrschen nicht nur die Frage der Qualifikation des Schadens (s. § 280 Rn 41), sondern auch die Ausfüllung der zusätzlichen Voraussetzungen der Ersatzfähigkeit. Das gilt sowohl für die Angemessenheit der Frist (Rn 6) als auch für die Klärung der Frage nach der Entbehrlichkeit der Fristsetzung (Rn 11 ff) und dabei insb für die Konkretisierung der Generalklausel in § 281 II Alt 2 (Rn 18–20).

I. Voraussetzungen. § 281 begründet zusätzliche Voraussetzungen nur für solche Fälle, in denen der **Tatbestand des § 280** erfüllt ist. Nur insoweit kommt es auf Pflichtverletzung und Vertretenmüssen an. Aus dem Umstand, dass Schadensersatz statt der Leistung verlangt wird, ergeben sich keine abweichenden Anforderungen an die **Pflichtverletzung**; diese bleibt jeweils **identisch** (s. § 280 Rn 10 ff). Nicht etwa werden die Voraussetzungen von § 281 in § 280 I 1 hineingelesen (s. vor § 275 Rn 7; problematisch daher Jauernig/*Stadler* § 281 Rz 16 [„Schaden, dass der Schuldner bei Fristablauf nicht geleistet hat"]). Auf diese Pflichtverletzung bezieht sich auch das **Vertretenmüssen** (unrichtig Celle ZGS 06, 429, 431). Liegt dieses erst später vor als die (besser: der Beginn der) Pflichtverletzung ist dies hinreichend (Köln ZGS 06, 77 [in concreto Vertretenmüssen verneint]; vgl BGH NJW 05, 2852); dabei geht es freilich nicht um das Vertretenmüssen des Ausbleibens der Nacherfüllung (missverständlich *Tiedtke/Schmidt* 178 f; unrichtig Celle ZGS 06, 429, 431; offen gelassen in BGH NJW 05, 2854) als vielmehr der Pflichtverletzung, die sowohl dem ursprünglichen Erfüllungsanspruch als auch dessen Modifikation im Nacherfüllungsanspruch zugrunde liegt. Keine Voraussetzung von § 281 ist der Verzug des Schuldners (Jauernig/*Stadler* § 281 Rz 16; unrichtig OLGR Ddorf 06, 217 f), der aber vielfach vorliegen wird (s. Palandt/*Heinrichs* § 281 Rz 7 [iE freilich missverständlich]).

1. Fristsetzungserfordernis. Will der Gläubiger wegen Verletzung der Pflicht hinsichtlich einer Leistung seinen Schaden, dh sein Erfüllungsinteresse geltend machen, dann muss er nach § 281 I 1 zunächst **erfolglos** eine angemessene (Nach-) **Frist** gesetzt haben (generell zum Nachfristmodell *Wolf/Lange* FS Kilian, 801-815). Dabei handelt es sich um eine geschäftsähnliche Erklärung, auf die die §§ 104 ff Anwendung finden; sie ist lediglich rechtlich vorteilhaft iSv § 107 (Palandt/*Heinrichs* § 281 Rz 9). Die Fristsetzung muss hinreichend bestimmt eine Frist mit zumindest berechenbarem Ende bezeichnen – mehrfaches oder ständiges Mahnen genügt nicht; ausnahmsweise soll die Aufforderung zu „unverzüglicher Leistung" genügen können (RGZ 75,

354, 357), derartige Fälle sollten jedoch unter § 281 II Alt 2 als solche der Entbehrlichkeit der Frist behandelt werden (s. Rn 18, 19). Die vom BGH vertretene Gegenauffassung (BGH NJW 09, 3153 [„umgehende Mängelbeseitigung"]) entspricht – va im Blick auf den Schutz des Rechts zur zweiten Andienung – nicht dem Regelungszweck. Die Erklärung des Gläubigers muss den betroffenen Anspruch hinreichend genau bezeichnen (*Huber/Faust* 118).

6 Eine Fristsetzung **vor Fälligkeit** ist **grds unwirksam** (AnwK/*Dauner-Lieb* § 281 Rz 21); unschädlich ist jedoch, wenn mit der Fristsetzung zugleich die Fälligkeit begründet wird (*Derleder/Zänker* NJW 03, 2777, 2778). Daher muss es dem Gläubiger auch möglich sein, vor Fälligkeit eine Frist so zu setzen, dass sie innerhalb angemessener Zeit nach Fälligkeit endet. Zulässig ist außerdem im Falle einer Leistungsverweigerung vor Fälligkeit (s. § 280 Rn 17) die fristbewehrte Aufforderung an den Schuldner, seine Leistungsbereitschaft zu erklären (s. BGH NJW 83, 989, 990); im Blick auf § 281 II Alt 1 (s.u. Rn 12), ist diese jedoch für die Ersatzfähigkeit des Schadens weder erforderlich noch schädlich. Auf eine Durchsetzbarkeit des mit der Pflicht verbundenen Erfüllungsanspruchs kommt es hingegen nicht an (aA *Herresthal* Jura 08, 561). Die Fristsetzung ist – unabhängig von den Voraussetzungen des § 531 II 1 Nrn 1 bis 3 ZPO – auch dann beachtlich, wenn sie erst im Berufungsrechtszug erfolgt (BGH NJW 09, 2532).

7 Die gesetzte **Frist muss angemessen** sein. Die angemessene Länge hängt von den Umständen, insb vom Inhalt der Pflicht und der Art ihrer Verletzung ab; diese Maßstäbe sind objektive (BGH NJW 85, 2640, 2641). Da die Frist nur die letzte Gelegenheit sein soll, die Erfüllung zu vollenden, ist die Nachfrist keine „Ersatzleistungsfrist" (BGH NJW 85, 855, 857; 85, 2640; 85, 320, 323), sondern „letzte Chance" (BGH NJW 05, 1348, 1350). Bei der Prüfung der Angemessenheit der Fristsetzung kann aber ins Gewicht fallen, dass zuvor Gläubigerverzug bestand; der Schuldner muss sich nicht ständig in gleicher Weise leistungsbereit halten (BGH NJW 07, 2761). Außerdem ist zu beachten, dass – jedenfalls beim einfachen Schadensersatz statt der Leistung – keine Aufhebung des Vertrages, sondern lediglich die Beseitigung des Vorrangs der Erfüllung in Natur in Rede steht. Damit erscheint es jedenfalls denkbar, dass eine Frist nach § 281 I 1 kürzer ist als eine solche nach § 323 I (*Schlechtriem/Schmidt-Kessel* Schuldrecht AT Rz 625). Die unangemessen kurze Frist setzt eine angemessene Frist in Lauf (s. BGH NJW 96, 1814).

8 Wo nach der Art der Pflichtverletzung eine Fristsetzung zur Leistung nicht in Betracht kommt, etwa bei Unterlassungspflichten oder manchen Schutzpflichten, tritt nach § 281 III an die Stelle der Fristsetzung eine **Abmahnung**. Dies entspricht der allgemeinen Erkenntnis, dass der Mechanismus der Fristsetzung für manche Pflichtentypen und Verletzungskonstellationen ungeeignet ist (s. §§ 314 II, 323 III), va weil sich eine einmal erfolgte Pflichtverletzung nicht wieder beseitigen lässt. Das gilt va für **Unterlassungspflichten**. Aber auch eine einmal eingetretene Verspätung lässt sich durch eine spätere Nachholung der Leistung nicht mehr aus der Welt schaffen. Dieses ua für **Dauerschuldverhältnisse** bedeutsame (vgl § 314 II) – und im Arbeitsvertragsrecht bis in feinste Verästelungen hinein entwickelte (ErfK/*Müller-Glöge* § 626 Rz 45) – Instrument, greift ferner bei der Verletzung von **Schutzpflichten** (s. § 241 Rn 15 ff, § 242 Rn 77 ff) ein. Sind bspw bei einem Sukzessivlieferungsvertrag acht Teillieferungen vereinbart und kommt bereits die erste verspätet, aber noch innerhalb der vom Käufer gesetzten Nachfrist, dann kann die Abmahnung dem Käufer für den Wiederholungsfall den Weg zum Schadensersatz statt der Leistung öffnen. Die Abmahnung ist die **ernsthafte Aufforderung** an den Schuldner, **weitere Pflichtverletzungen zu unterlassen**. Sie ist – anders als im Arbeitsrecht – idR nicht gesondert angreifbar (§ 242 Rn 14).

9 Fristsetzung und Abmahnung bedürfen **keiner besonderen Form** und **keines festgelegten Inhalts** – jedenfalls nicht im allgemeinen Schuldrecht (vgl Staud/*Otto* § 323 Rz B 40). Die Frist kann wohl auch nach § 255 ZPO durch Urt bestimmt werden (*Wieser* NJW 03, 2432). Anders als nach § 326 aF ist **keine Androhung**, dass der Gläubiger nach Fristablauf nicht mehr abnehmen werde, oder anderer rechtlicher Konsequenzen, erforderlich. Man hat auf die Ablehnungsandrohung verzichtet, weil ihre Notwendigkeit Nichtjuristen offenbar vielfach nicht bekannt war, va aber allzu freundliche Formulierungen – wie unter Vertragspartnern, die ihre Geschäftsbeziehung nicht gefährden wollen, üblich und ratsam – Auslegungsprobleme verursacht haben. Gleichwohl ist dem Gläubiger zu empfehlen, seine Fristsetzung auch nach neuem Recht nicht nur als freundliche Erinnerung zu formulieren, wenn sie eindeutigen Nachfristcharakter haben soll, etwa durch deutliches Verlangen der Erfüllung bis zum gesetzten Termin. Die Vereinbarung einer **Ablehnungsandrohung in AGB** soll nach Auffassung Mancher gegen § 307 II Nr 1 verstoßen (etwa *Schwab* JR 03, 133, 138 f). Das ist in dieser Allgemeinheit freilich unrichtig, zumal die immerhin im Verordnungsrang stehenden §§ 4 Nr 7, 5 Nr 4 VOB/B eine Ablehnungsandrohung nach wie vor vorsehen. Jedenfalls muss die Fristsetzung deutlich machen, auf welche Pflichtverletzungen des Schuldners sie sich bezieht (KG NJW-RR 07, 1601).

10 Die **Frist** ist **gewahrt**, wenn der Schuldner bis zum bezeichneten Termin leistet; insoweit gelten die allgemeinen Regeln der §§ 269-271. Die rechtzeitige Vornahme der **Leistungshandlung** soll dabei auch dann ausreichen, wenn der Erfolg erst nach Fristablauf eintritt (s. BGHZ 12, 267, 268 f); das gilt freilich dann nicht, wenn der Schuldner von vornherein den Erfolg schuldet und es nicht ausnahmsweise für die Rechtzeitigkeit dennoch auf die Leistungshandlung ankommt; eine dieser Ausnahmen ist auch der Versendungskauf (s. BGHZ 12, 267, 268 f). Bei unvollständigen oder mangelhaften Leistungen hängt die Fristwahrung vom Bestehen eines Zurückweisungsrechts und dessen Ausübung ab (s. § 266 Rn 8; AnwK/*Schmidt-Kessel* §§ 294–

Schadensersatz statt der Leistung wegen nicht oder nicht wie geschuldet erbrachter Leistung § 281

296 Rz 10 ff). Nimmt der Gläubiger in einem solchen Fall die defizitäre Leistung – ohne Rechtsverlust – an, ist umstr, ob es einer erneuten Frist bedarf (dafür Palandt/*Heinrichs* § 281 Rz 12; dagegen AnwK/*Dauner-Lieb* § 281 Rz 15). Richtigerweise ist das Erfordernis einer erneuten Fristsetzung abzulehnen, weil das Fristsetzungserfordernis angesichts der durch die Schuldrechtsreform bewirkten Gleichrangigkeit der Rechtsbehelfe (s. vor § 275 Rn 10) als Ausnahme vom Regelfall eng auszulegen ist.

2. Entbehrlichkeit der Fristsetzung. Fristsetzung, dh eine **letzte Chance** für den Schuldner, kann in bestimmten Situationen **entbehrlich** sein, so dass sofort mit Eintritt der zu vertretenden Pflichtverletzung Schadensersatz statt der Leistung verlangt werden kann. Die einschlägigen Fallkonstellationen entsprechen weitestgehend denjenigen beim Rücktritt (s. § 323 Rn 27 sowie *Schlechtriem/Schmidt-Kessel* Schuldrecht AT Rz 519 ff). Das in der Entbehrlichkeit der Fristsetzung verschlüsselte **besondere Gewicht der Vertragsstörung** nach § 323 I, muss erst recht die Beseitigung des Vorrangs der Naturalerfüllung ggü dem Schadensersatz nach sich ziehen. Zugleich steht hinter vielen Fällen der Entbehrlichkeit der Gedanke, dass eine Fristsetzung dann auch sinnlos, eine „nutzlose Förmelei", wäre (s. Naumbg NJW 04, 2022). Die einschlägigen Regelungen sind va in den §§ 281 II, 282, 283 enthalten; darüber hinaus finden sich einige weitere Regelungen. **11**

a) Gesetzlich genannte Fälle. § 281 II Alt 1 ordnet dies zunächst für den Fall der **ernsthaften und endgültigen Erfüllungsverweigerung** durch den Schuldner an; eine Fristsetzung wäre in diesem Fall überflüssig (BGH NJW 02, 1571, 1573). Hier sind – va an die Endgültigkeit der Verweigerung – strenge **Anforderungen** zu stellen, die jedoch im Blick auf die Aufwertung des Schadensersatzanspruchs ggü dem alten Recht (s. dazu BGHZ 104, 6, 13; 115, 286, 297) **etwas zu lockern** sind (anders offenbar Bambg DAR 06, 456, 457); jedenfalls kann die Verweigerung konkludent erfolgen (s. BGH MDR 06, 677, 678). Aus dem Verhalten des Schuldners muss deutlich werden, dass er sich über das Erfüllungsverlangen des Gläubigers im Klaren ist und seine Weigerung gewissermaßen „sein letztes Wort" ist (Celle ZGS 06, 428; MüKo/*Ernst* § 281 Rz 99). Grds muss die Verweigerung vor einer Mängelbeseitigung oder sonstigen Ersatzvornahme durch den Gläubiger erfolgen; das spätere Verhalten des Schuldners kann insoweit nur als Indiz für eine frühere Verweigerung dienen (BGH NJW-RR 09, 667). **12**

Ausreichend sind die ernsthafte Erklärung des Schuldners, den Vertrag zu beenden (s. BGH NJW 00, 506, 507), die Stellung eines Antrags auf Klageabweisung (BGH NJW 84, 1460), sofern sich dieser auf die Erfüllung selbst und nicht etwa auf die Kosten der Selbstvornahme bezieht (Celle ZGS 06, 428, 429), oder das Bestreiten, Vertragspartei zu sein (s. BGH NJW 05, 1348 [in casu verneint]). Nicht ausreichend ist hingegen das schlichte Bestreiten eines Mangels als Verweigerung der Nachbesserung (BGH BB 06, 686, 689 [weitere Umstände erforderlich]) oder die Ankündigung, den Leistungstermin nicht einhalten zu können (Hamm NJW-RR 96, 1098; anders bei § 286 Rn 3 Nr 19); letzteres gilt freilich nicht, wenn die angekündigte Verspätung die – sonst zu setzende – angemessene Frist übersteigt (BGH NJW-RR 03, 13). Die Erklärung des Gebrauchtwagenvermittlers, ein Mangel falle nicht unter die vereinbarte Garantie, genügt nicht als Verweigerung der Nacherfüllung (BGH NJW 05, 1348 f). Die Verweigerung vor Fälligkeit genügt (Jauernig/*Stadler* § 281 Rz 9). Nach zutreffender Auffassung kommt es nicht darauf an, ob der Schuldner berechtigterweise verweigert hat (s. Jauernig/*Stadler* § 281 Rz 9), sofern ein Verweigerungsrecht, etwa §§ 273, 320, nicht bereits die Pflichtverletzung als solche ausschließt. Damit kommt § 281 II Alt 1 insb auch dann zur Anwendung, wenn sich der Schuldner – zu Recht oder zu Unrecht – auf ein Hindernis iSv § 275 I–III beruft (s. *Schlechtriem/Schmidt-Kessel* Schuldrecht AT Rz 520; aA *Herresthal* Jura 08, 561, 567). **13**

Entbehrlich ist die Fristsetzung außerdem, wenn dem Schuldner eine **Einwendung oder Einrede nach § 275** zusteht, § 283 Rn 1. Freilich ist diese Vorschrift **weitgehend entbehrlich**, weil in der Berufung des Schuldners auf § 275 stets eine ernsthafte und endgültige Erfüllungsverweigerung zu sehen ist. Praktische Relevanz entfaltet § 283 allenfalls dann, wenn sich der Schuldner auf einen Fall des § 275 I nicht beruft; bei den Einreden nach § 275 II und III ist die Berufung auf die Unzumutbarkeit hingegen ohnehin erforderlich, so dass § 281 II Alt 1 stets erfüllt ist. Die Fälle des § 275 I ließen sich mit § 281 II Alt 2 ohne weiteres lösen. Das gilt auch für die Fälle des Untergangs des Urlaubsanspruchs wegen Fristablaufs (§ 275 Rn 9, § 287 Rn 3) sowie der Unmöglichkeit der Herausgabe des Erlangten nach § 667 (s. BGHZ 165, 298). **14**

Unabhängig von der richtigen Einordnung der Vorschrift (s.u. Rn 32) enthält schließlich auch **§ 282** die Regelung, dass die Fristsetzung keine Voraussetzung für den Ersatz des von der Vorschrift erfassten Schadens darstellt (s. § 282 Rn 5). **15**

Das G enthält eine Reihe **weiterer Fälle**, in welchen die Setzung einer Frist entbehrlich ist. Das gilt zunächst für die weiteren Fälle neben § 275, in welchen der Vorrang des Erfüllungsanspruchs bereits dadurch entfällt, dass dieser ausgeschlossen ist: Einschlägig ist insb **§ 340 I 2**. Da der Erfüllungsanspruch danach durch das Strafverlangen erlischt, bedarf es für den Schadensersatz statt der Leistung keiner zusätzlichen Nachfrist. Entbehrlich ist die Frist außerdem nach **§ 325**, wenn der Gläubiger vom Vertrag zurückgetreten ist: Ist der Gläubiger vom Vertrag zurückgetreten, hat er keinen Erfüllungsanspruch mehr, der mit dem Schadensersatz konkurrieren könnte. **16**

Daneben ergänzt das **besondere Schuldrecht** die geschriebenen Fälle einer Entbehrlichkeit der Fristsetzung an einigen Stellen durch eine **bewusste Erweiterung des Katalogs** nach §§ 281 II, 282, 283, namentlich in §§ 440 (dazu BGH BB 06, 686, 688), 478 I, 636. Sehr viel zahlreicher noch sind die Vorschriften, in welchen **17** das Fristsetzungserfordernis bereits dadurch entfällt, dass sie eigene Schadensersatzansprüche ohne ein solches gewähren. Hier ist letztlich die Anpassung an das neue Schuldrecht noch nicht vollzogen. Das gilt etwa für die Schadensersatzansprüche nach § 536a (wegen Mängeln der Mietsache) oder nach §§ 375, 376 I 2 HGB (für den Handelskauf).

18 **b) Ausfüllung der Generalklausel in § 281 II Alt 2.** Wie beim Rücktritt ist die **Liste der Entbehrlichkeitsfälle** beim Schadensersatz statt der Leistung **nicht abschließend**. Dies verdeutlicht die **Generalklausel in § 281 II Alt 2**. Sie erklärt die Fristsetzung in solchen Fällen für entbehrlich, die dem Gewicht der Störung nach den geschriebenen Fällen gleichkommen. Ein Interesseverlust des Gläubigers iSv § 286 II aF ist dafür ausreichend (s. Celle ZGS 06, 428, 429 [in concreto verneint]) aber nicht erforderlich (zumindest missverständlich Ddorf BB 06, 1329, 1331). Das **arglistige Verschweigen** eines Mangels genügt ebenfalls, weil dann die für die weitere Erfüllung des Vertrags erforderliche Vertrauensbasis entfallen ist (BGH NJW 07, 835, 836f).

19 In Anwendung der Generalklausel lassen sich solche Fälle bewältigen, für welche beim Rücktrittsrecht die Entbehrlichkeit der Fristsetzung gesichert ist: Das gilt insb für das **Fixgeschäft**, welches in § 281 II anders als in § 323 II Nr 2 keine ausdrückliche Erwähnung gefunden hat (*Jaensch* NJW 03, 3613, 3614 f; *Hopt* HGB § 376 Rz 11; aA MüKo/*Ernst* § 281 Rz 59; Palandt/*Heinrichs* § 281 Rz 15). Auch insoweit greift die generelle Überlegung, dass die Entbehrlichkeit der Fristsetzung beim Rücktritt erst recht geeignet sein muss, den Vorrang der Erfüllung vor dem Schadensersatz zu beseitigen. Die Bindung des „Leistungsinteresses an die Rechtzeitigkeit der Leistung" hat die Rspr früher mit der einprägsamen Formel umschrieben, der Vertrag solle mit der Rechtzeitigkeit „stehen oder fallen" (BGHZ 110, 88, 96 f). **Standardfall eines** solchen **Fixgeschäfts** ist der Verkauf von Saisonware, die nicht rechtzeitig – schlimmstenfalls am Saisonende – geliefert wird. Dasselbe gilt etwa für Termingeschäfte (RGZ 108, 156, 158). Außerdem kann sich der Fixcharakter eines Geschäfts auch aus entspr Vereinbarungen insb aus entspr Klauseln (fix, präzis, prompt) ergeben. Hierher gehört auch der im Regierungsentwurf angesprochene Fall des Just-in-time-Vertrags (BTDrs 14/6040, 140; Celle ZGS 06, 428, 429 [in concreto verneint]). Während nach altem Recht zwischen dem sog relativen Fixgeschäft, welches ohne Fristsetzung ein Rücktrittsrecht nach § 361 aF eröffnete, und dem absoluten Fixgeschäft als Fall der Unmöglichkeit zu unterscheiden war, ist diese Unterscheidung nunmehr ohne Belang: Auf die Nachholbarkeit der Leistung zu einem späteren Termin kommt es für die Entbehrlichkeit der Fristsetzung nicht an. Eine Sondervorschrift für den Handelskauf enthält § **376 HGB** (dazu *Herresthal* ZIP 06, 883 ff). Hinsichtlich des Rücktritts unterscheidet sich die Vorschrift vor allem dadurch, dass der Gläubiger auch ohne Rücktritt seinen Erfüllungsanspruch verliert, wenn er sein Bestehen auf der Erfüllung nicht rechtzeitig nach § 376 I 2 HGB anzeigt.

20 Die künftige Entwicklung wird zeigen, ob auch im Hinblick auf **Art 3 V Verbrauchsgüterkaufrichtlinie** eine Fristsetzung dann entbehrlich ist, „wenn der Verkäufer nicht innerhalb einer angemessenen Frist Abhilfe geschaffen hat". Das Gemeinschaftsrecht, welches den Schadensersatz wegen Sachmängeln gerade nicht regelt, verlangt dies nicht. Jedoch lässt sich der angesprochene Erstrechtschluss vom Rücktritt auch hier ziehen. Für den Rücktritt verlangt Art 3 V der Richtlinie, dass der Verbraucher bei Mangelhaftigkeit der Kaufsache eine „Vertragsauflösung" ua dann verlangen kann, „wenn der Verkäufer nicht innerhalb einer angemessenen Frist Abhilfe geschaffen hat." Damit verlangt die Richtlinie weniger als nach §§ 323, 437 Nr 2, 440 erforderlich ist: Der **Setzung einer Frist** durch den Gläubiger **bedarf es nicht**; es genügt, dass der Verkäufer Kenntnis von der Mangelhaftigkeit hat und nicht innerhalb angemessener Zeit nacherfüllt. Dieses **Umsetzungsdefizit** lässt sich – jedenfalls inter partes – durch Anwendung der Generalklausel des § 323 II Nr 3 bewältigen, was über § 325 auf § 281 II Alt 2 zurückwirkt (Bamb/Roth/*Faust* § 437 Rz 18; abw Gebauer/Wiedmann/*Leible* §§ 433–480 Rz 82 [Lösung über § 440]).

21 Ein weiterer Grund für die Entbehrlichkeit der Fristsetzung kann auch in dem Umstand liegen, dass der mit der Fristsetzung verbundene Zeitverlust mit dem **Risiko eines wesentlich größeren Schadens** verbunden ist (BGH ZGS 05, 433, 434; Palandt/*Heinrichs* § 281 Rz 15). Das gilt etwa für den Fall des ins Ausland verzogenen Schuldners (Köln NJW-RR 03, 802) oder den der verspätungsbedingten Nichtabnahme von Ware durch die Abnehmer des Gläubigers, so der Weiterverkauf dem Vertrag zugrunde lag (s. BGH NJW-RR 98, 1489, 1491). Auch die Fälle drohender hoher Verzögerungsschäden gehören hier her (aA *Haberzettl* NJW 07, 1328, 1330, der §§ 280 II, 286 anwenden will). Die (Putativ-)Lebensgefahr für ein zuvor gekauftes Tier rechtfertigt eine tierärztliche Notfallbehandlung ohne Fristsetzung im Blick auf die Infektion (BGH ZGS 05, 433 f; BGH ZGS 06, 113, 114), nicht jedoch soweit kein Notfall vorliegt (BGH NJW 06, 988, 989); bei einmal legitimerweise begonnener Behandlung muss der Tierarzt auch nicht mehr gewechselt werden (BGH ZGS 05, 433, 434). Der Umstand allein, dass ein Tier, welches nicht aus wirtschaftlichem, sondern aus persönlichem Interesse erworben wird, Gegenstand des Vertrags ist, schließt das Fristsetzungserfordernis nicht aus (BGH ZGS 06, 113, 114; BGH NJW 06, 988, 989). Die Entbehrlichkeit der Fristsetzung kann sich ferner daraus ergeben, dass die schuldnerische Leistung eine Vielzahl von Nacherfüllungsaktionen erforderlich macht; das ergibt sich für einen Sonderfall aus § 440 2 (s. dort Rn 10–14), gilt aber auch darüber hinaus (s. Bambg DAR 06, 456, 457 f [in concreto verneint]). Dabei ist auch zu berücksichtigen, ob der Schuldner allfälligen Nutzungsentgang vermeiden hilft (Bambg DAR 06, 456, 458 [kostenloses Ersatzfahrzeug]). Auch

aus der **Kumulation verschiedener Mängel** oder anderer Pflichtverletzungen kann sich die Entbehrlichkeit der Fristsetzung ergeben. Jedenfalls über § 281 II Alt 2 sind die Folgen einer Insolvenzeröffnung für das Fristsetzungserfordernis zu behandeln: Die **Insolvenz überwindet das Fristsetzungserfordernis,** sofern nicht der Verwalter für die Erfüllung optiert, der Gläubiger kann die Entscheidung darüber nach § 103 II 2 und 3 InsO herbeiführen; bei Insolvenz eines Dritten soll § 283 anwendbar sein (s. BGH BB 06, 291, 292). Hingegen genügt die Erklärung des Gebrauchtwagenvermittlers, ein Mangel falle nicht unter die vereinbarte Garantie nicht für die Entbehrlichkeit der Fristsetzung (s. BGH NJW 05, 1348 [§ 281 II Alt 2 allerdings nicht geprüft]).

II. Rechtsfolgen. Rechtsfolge von § 281 I 1, II, III ist die **Ersatzfähigkeit des Schadens,** der mit dem Erfüllungsanspruch konkurriert (s. § 280 Rn 41). Dessen Vorrang wird beseitigt; der Schadensersatz tritt nunmehr neben den Erfüllungsanspruch (s. vor § 275 Rn 10). Dieser Vorgang ist **irreversibel**: Ist die Frist einmal verstrichen oder hat einmal Entbehrlichkeit vorgelegen, bleibt es – abgesehen von gegenteiligen Vereinbarungen der Parteien – bei der Ersatzfähigkeit des Schadens. Daran ändert auch der Umstand nichts, dass der Gläubiger auch nach Fristablauf noch auf Erfüllung drängt; er muss nicht etwa eine neue Frist setzen (BGH NJW 06, 1198; unrichtig noch die Vorinstanz: Celle NJW 05, 2094). Allerdings kann der Schuldner eine Entscheidung des Gläubigers erzwingen, indem er Erfüllung anbietet (s. AnwK/*Schmidt-Kessel* §§ 294–296 Rz 17; Jauernig/*Stadler* § 281 Rz 15). Außerdem kann das Beharren auf der Erfüllung den späteren Übergang zum Schadensersatz als widersprüchliches Verhalten erscheinen lassen (insoweit im Ansatz zutr Celle NJW 05, 2094; s. BGH NJW 06, 1198, 1199; § 242 Rn 57).

Die Schwebelage des Wahlrechts zwischen den verschiedenen Rechtsbehelfen endet erst durch das „**Verlangen**" des Schadensersatzes statt der Leistung nach **§ 281 IV**. Dieses führt zum **Erlöschen des Erfüllungsanspruchs** und hat damit Gestaltungswirkungen. Zugleich enden Ansprüche auf Fälligkeitszinsen (BGH NJW 00, 71, 72). Zeitlich maßgebend ist insoweit der Zugang der Erklärung beim Schuldner (s. BGH NJW 99, 3115). Zum Schadensersatz statt der ganzen Leistung s.u. Rn 34, 35. § 281 IV kann nicht entspr auf das Verlangen der Erfüllung angewandt werden, mit der Folge, dass der Gläubiger einer erneuten Fristsetzung bedarf (BGH NJW 06, 1198). Beim Schadensersatz statt der Leistung erlischt der Anspruch auf die Gegenleistung nicht (aA Jauernig/*Stadler* § 281 Rz 14). Eine Umdeutung des Schadensersatzverlangens in eine Rücktrittserklärung gem § 349 kommt beim Schadensersatz statt der Leistung, anders als bei dem statt der ganzen Leistung (s. Rn 34), nicht in Betracht; der Wille zur Lösung vom Vertrag ist dem Verlangen gem § 281 IV dann nicht zu entnehmen (nur insoweit zutr OLGR Frankfurt 06, 756).

C. Schadensersatz statt der ganzen Leistung. Um einen Schadensersatz statt der ganzen Leistung geht es immer dann, wenn der verlangte Schadensersatz **über das Maß der Pflichtverletzung hinaus** auf das Schuldverhältnis ausgreift (s. *Schlechtriem/Schmidt-Kessel* Schuldrecht AT Rz 631). Die entscheidende Sachfrage ist also, inwieweit auch solche Teile des Schuldverhältnisses, die von der Pflichtverletzung nicht unmittelbar betroffen sind, durch diese „**kontaminiert**" werden (s. § 280 Rn 51, 55). Die verbreitete **Gleichsetzung** des Schadensersatzes statt der ganzen Leistung **mit** dem herkömmlichen „**großen Schadensersatz**" ist **irreführend** (s. § 280 Rn 52).

I. Voraussetzungen. Der Schadensersatz statt der ganzen Leistung setzt wie der statt der Leistung und §§ 280 I, II, 286 voraus, dass der **Tatbestand des § 280 I** erfüllt ist. Da mit ihm – zumindest hinsichtlich der weiteren Teile des Schuldverhältnisses – Schadensersatz anstelle der Erfüllung in Natur verlangt wird, müssen außerdem jedoch immer die Voraussetzungen des Schadensersatzes statt der Leistung erfüllt sein. Kern der Regelungen zu den Voraussetzungen der Ersatzfähigkeit ist die Schwelle, deren Übersteigen es erlaubt, andere Teile des Vertrags in die Schadensabrechnung einzubeziehen:

1. Partielle Störung. Die **Grundregel** enthält **§ 281 I 2**: Bei nur teilweiser Verletzung des Pflichtenprogramms kommt Schadensersatz statt der ganzen Leistung nur in Betracht, soweit der **Gläubiger** an den übrigen Teilen des Pflichtenprogramms **kein Interesse** hat. Dieses zusätzliche Erfordernis kann auf den Grundgedanken zurückgeführt werden, der auch der Regelung des Rücktrittsrechts für diese Situationen zugrunde liegt (§ 323 V 1, Rn 33): Liquidation des ganzen Erfüllungsinteresses, dh Schadensersatz statt der ganzen Leistung (und nicht nur wegen der Teilstörung) kann nur verlangt werden, wenn die Pflichtverletzung hinreichend schwerwiegend ist.

Nach verbreiteter Auffassung setzt § 281 I 2 **Teilbarkeit** der Leistung und der Gegenleistung voraus (s. BGH NJW 00, 1256; Kobl NJW-RR 92, 689; *Huber/Faust* 128; Jauernig/*Stadler* § 281 Rz 21). Diese Auffassung ist freilich unter dem neuen Recht aufzugeben, es sei denn, es geht ihm nur noch um die **Unterscheidbarkeit verschiedener Pflichten** geht. Auch bei Unteilbarkeit bestimmt das Kriterium nach § 281 I 2 über die Berechtigung zum Schadensersatz statt der ganzen Leistung. Dementspr kommt es beim einfachen Schadensersatz statt der Leistung auch nicht zu einer Auftrennung (vgl zum alten Recht BGHZ 36, 316, 318).

Das maßgebende Kriterium ergibt sich aus der **Interessenlage des Gläubigers, soweit** sie auf der Basis des Vertragsinhalts **legitimerweise berücksichtigungsfähig** ist. Am Interesse des Gläubigers kann es etwa fehlen, wenn der vertragsgemäß durchgeführte Teil allein funktionslos ist (BGH NJW 90, 2549 [Überwachungslücken bei beauftragtem Privatdetektiv]; BGH NJW 90, 3011 [EDV-Anlage ohne Software]) oder wenn ein vollständiger Neuabschluss des Vertrages für ihn günstiger ist (BGH NJW 90, 2549, 2550).

29 Ein praktisch bedeutsamer Fall des Schadensersatz statt der ganzen Leistung ist der **Kündigungsschaden**, der bislang nur vereinzelt (§ 628 II, § 314 IV verweist lediglich) geregelt ist. § 281 I 2 erlaubt seine Abrechnung ohne Erklärung der Kündigung, wobei das Verlangen nach § 281 IV an die Stelle der Kündigungserklärung tritt. Die zu beendigenden Dauerschuldverhältnisse (auch Sukzessivlieferungsverträge) werden in aller Regel bis zum Kündigungszeitpunkt vollständig aufrechterhalten, weil **kein Interessenverlust für die Vergangenheit** eintritt. Soweit für die Kündigung zusätzliche Voraussetzungen gelten (vgl §§ 623, 626 II, KSchG) sind diese auch Voraussetzungen des wirksamen Schadensersatzverlangens.

30 **2. Sonderfall: Leistung „nicht wie geschuldet".** In § 281 I 3 enthält das G eine Regelung für den Fall, dass der Schuldner die „Leistung nicht wie geschuldet bewirkt". Ausgeschlossen ist der Schadensersatz statt der ganzen Leistung in diesen Fällen nur dann, wenn die Pflichtverletzung unerheblich ist; dadurch legt das G die **Latte erheblich niedriger** als in § 281 I 2. Über die **Unerheblichkeit** ist durch eine umfassende Abwägung der beteiligten Interessen – auch der des Schuldners – zu entscheiden. Die Schwelle ist jedenfalls deutlich höher anzusetzen als bei § 459 I 2 aF (Ddorf MDR 06, 442, 443; Bambg DAR 06, 456; *Reinking/Eggert* Autokauf Rz 1440). Anwendungsfälle der Unerheblichkeit sind gleichwohl selten: Der Maßstab ist objektiv, wobei zu fragen ist, ob Marktteilnehmer in Kenntnis der Mangelhaftigkeit vom Vertrag typischerweise Abstand nehmen würden (BGH NJW 09, 508; resriktiver *Jud* Schadensersatz bei mangelhafter Leistung 297 f [„Was kein vernünftiger Mensch als Mangel empfindet"]; zu ersten öst Entscheidungen s. *Jud* GPR 06, 72 f). Genannt werden etwa Mängel an leicht austauschbaren Zubehörteilen oder Ausstattungsgegenständen (s. Palandt/*Heinrichs* § 281 Rz 48). Für den Gebrauchtwagenkauf soll Unerheblichkeit jedenfalls dann vorliegen, wenn die Beseitigungskosten 10% des Kaufpreises nicht überschreiten (Bambg DAR 06, 456, 458) oder wenn die Seitentüren in optisch kaum wahrnehmbarer Weise nicht bündig schließen (Ddorf MDR 06, 442, 443). Komfortmängel von KfZ sind als solche hingegen nicht unerheblich (Ddorf NJW-RR 08, 1230 [ruckelndes Automatikgetriebe]). Erhebliche Mängel sind hingegen etwa ein Kraftstoffmehrverbrauch des gekauften KfZ von mehr als 10% (BGHZ 136, 94) oder die unterbliebene Montage der Kaufsache (vgl § 434 II 1 [und dort Rn 71 f] sowie BGH NJW 98, 3197). Eine Unerheblichkeit der Pflichtverletzung ist schließlich bei arglistiger Täuschung über das Vorhandensein eines Mangels idR zu verneinen (BGH NJW 06, 1960).

31 Die von § 281 I 3 erfassten Fälle sind als partielle Störungen an sich auch von § 281 I 2 erfasst, jedoch geht 3 für die Fälle der **Mangelhaftigkeit der erbrachten Leistung** als lex specialis vor. Hauptanwendungsbereich von § 281 I 3 sind Sach- und Rechtsmängel bei Kauf- und Werkvertrag. Anders als § 323 V 2 beruht die Vorschrift freilich nicht auf der Kaufrechtsrichtlinie, sondern dient lediglich der systematischen Kohärenz, die ansonsten auf dem Umweg über § 325 erzwungen würde. Das gilt auch für die in § 434 III erfassten Fälle, die durch diese Vorschrift dem Regime von § 281 I 2 entzogen werden (aA *Heiderhoff/Skamel* JZ 06, 383, 389).

32 **3. Sonderfall Schutzpflichtverletzung, § 282.** Ebenfalls einen Sonderfall des Schadensersatzes **statt der ganzen Leistung** regelt § 282: Bei Verletzung einer Schutzpflicht soll das Erfüllungsinteresse hinsichtlich einer selbst nicht verletzten Pflicht (nur) ausnahmsweise beansprucht werden können, nämlich die Leistung dem Gläubiger wegen der Pflichtverletzung nicht mehr zuzumuten ist. Entgegen dem Wortlaut geht es damit nicht um einen Schadensersatz statt der Leistung, sondern statt der ganzen Leistung (s. § 282 Rn 1).

33 **4. Zusammenspiel mit Rücktritt und Kündigung.** Um Schadensersatz statt der ganzen Leistung geht es auch, wenn der Gläubiger neben einem Rücktritt oder einer Kündigung aus wichtigem Grund Schadensersatz fordert. Ein solcher Schadensersatz ist nicht nur nicht ausgeschlossen, §§ 314 IV, 325, Rücktritt und Kündigung lassen vielmehr die Ersatzfähigkeit der betreffenden Schäden nicht unberührt. So macht der wirksame Rücktritt nicht nur eine **gesonderte Fristsetzung nach § 281 I 1 entbehrlich**, weil ein konkurrierender Erfüllungsanspruch nicht mehr besteht, sondern er überspringt **auch die Schwellen für den Schadensersatz statt der ganzen Leistung**: Ist die Pflichtverletzung so schwerwiegend, dass der Rücktritt möglich ist, ergibt sich die Ersatzfähigkeit jenes Schadens im Wege des Erstrechtschlusses (s. § 325 Rn 4). Dasselbe gilt im Grundsatz auch für das Zusammenspiel von Kündigung und Schadensersatz (s. § 314 IV Rn 21), wenngleich hier nur ausnahmsweise Rückgewähransprüche nach § 281 V in Betracht kommen (s. § 314 Rn 22). Schadensersatz statt der ganzen Leistung ist hier regelmäßig auf die Zukunft beschränkt (zur Berechnung s. Ddorf ZMR 06, 363, 365 [Finanzierungsleasing]).

34 **II. Rechtsfolgen.** Rechtsfolge des Vorliegens der Voraussetzungen des Schadensersatz statt der ganzen Leistung ist zunächst die **Ersatzfähigkeit des betreffenden Schadens**, sobald der Gläubiger diesen nach § 281 IV (s. Rn 23) verlangt. Bei dessen Berechnung sind die **vom Gläubiger** bereits **erbrachten** (Gegen-)**Leistungen** mit einzubeziehen, so dass der Anspruch insoweit mit § 346 I konkurriert: Die erfolgten Zahlungen und anderen Leistungen **sind Schaden** iSd Schadensersatzes statt der ganzen Leistung (Ddorf BB 06, 1329, 1330); die Äquivalente der Nebenansprüche nach §§ 346, 347 fließen – als weitere Schadens- oder als Abzugsposten – in die Schadensberechnung mit ein. § 281 V ist nicht – auch nicht entspr – anwendbar. Ein eigens erklärter Rücktritt ist nicht erforderlich (aA Jauernig/*Stadler* § 281 Rz 32).

35 Mögliche Gegen**ansprüche des Schuldners auf Rückabwicklung** bereits erbrachter (Teil-)Leistungen werden nicht in die Schadensberechnung einbezogen, sie richten sich vielmehr wegen des Verweises in **§ 281 V** nach

Rücktrittsfolgenrecht, §§ 346–348. Das gilt auch soweit der Schaden nach § 284 berechnet wird (§ 284 Rn 5). Auch hier zeigt sich, dass Liquidation einer Leistungspflicht durch Schadensersatz statt der Leistung und Rücktritt + Schadensersatz funktional vergleichbar sind. Soweit der Schadensersatz statt der ganzen Leistung jedoch **nur einen Teil** des Schuldverhältnisses betrifft (s. § 280 Rn 52), führen §§ 281 V, 346–348 auch nur zu einer teilweisen Rückabwicklung; soweit es um Zahlungen geht, gelten §§ 326 I 1 Hs 2 u 2, 441 III, soweit der betreffende Vertragstyp keine abweichende Berechnung der **Minderung** vorsieht (s. § 536 I 2). Der Schuldner ist zur Rückforderung des Geleisteten berechtigt; soweit dies bei §§ 346, 347 I auch Nutzungen umfasst, wird die Nutzungsherausgabe regelmäßig durch den Schadensersatz überspielt: Der Schaden entgangener Nutzungen – es handelt sich richtigerweise um einen Verzögerungsschaden (s. § 280 Rn 31) –, die etwa dem Käufer nach § 446 1 zustehen, wird durch den Rücktritt nicht beseitigt; ggf entsteht der Schaden sogar erst dadurch, dass der Schuldner einen Anspruch auf Nutzungsersatz aus § 346 geltend macht (nicht gesehen von BGH NJW 08, 911; vgl *Gsell* JZ 04, 643, 646; Soergel/*Gsell* § 325 Rz 11; *Herresthal* JuS 07, 798 ff).

§ 282 Schadensersatz statt der Leistung wegen Verletzung einer Pflicht nach § 241 Abs. 2.

Verletzt der Schuldner eine Pflicht nach § 241 Abs. 2, kann der Gläubiger unter den Voraussetzungen des § 280 Abs. 1 Schadensersatz statt der Leistung verlangen, wenn ihm die Leistung durch den Schuldner nicht mehr zuzumuten ist.

A. Allgemeines. § 282 regelt – abw vom irreführenden Wortlaut – einen Sonderfall des **Schadensersatzes** 1 **statt der ganzen Leistung.** Bei Verletzung einer Schutzpflicht soll das **Erfüllungsinteresse hinsichtlich einer selbst nicht verletzten Pflicht** (nur) ausnahmsweise beansprucht werden können, nämlich wenn die ganze Leistung dem Gläubiger wegen der Pflichtverletzung nicht mehr zuzumuten ist. Damit ist das **allgemeine Prinzip** der §§ 281–283 angesprochen, wonach die aus jedweder Pflichtverletzung folgende Unzumutbarkeit der weiteren schuldrechtlichen Bindung den Gläubiger dazu berechtigt, zum Schadensersatz überzugehen. Der Tatbestand der Vorschrift ist mit der Bezugnahme auf § 241 II folglich zu eng geraten (s. Rn 2). Der Anwendungsbereich entspricht § 281 Rn 1.

Entgegen dem Wortlaut geht es damit nicht um einen Schadensersatz statt der Leistung, also um den Ersatz 2 des Erfüllungsinteresses bzgl der verletzten Pflicht selbst. Vielmehr greift der Schadensersatz nach § 282 über das **Maß der Pflichtverletzung hinaus** auf die übrigen Teile des Vertrags aus und ist damit als **Schadensersatz statt der ganzen Leistung** zu qualifizieren (s.a. *Schwab* ZGS 03, 73, 75). Die Verfasser des Gesetzes haben sich dennoch – das heißt trotz der aufgezeigten Äquivalenz – gescheut, auch in § 282 von Schadensersatz statt der ganzen Leistung zu sprechen; dies dürfte seine Ursache darin finden, dass sich bei den – nach der insoweit zweifelhaften Vorstellung der Verfasser in den Anwendungsbereich der Vorschrift fallenden – Nebenpflichten ohne Leistungsbezug (vgl *Huber/Faust* 16) der hinreichende Zusammenhang mit der Leistung erst daraus ergibt, dass die Verletzung dieser Pflicht die Unzumutbarkeit begründet. Die Schwelle der Unzumutbarkeit der Annahme der schuldnerischen Leistung weicht im Kern nicht von der Grundregel des § 281 I 2 ab. Die **Abgrenzung von § 281** richtet sich daher abw von einer verbreiteten Auffassung (etwa Jauernig/*Stadler* § 282 Rz 3) nur insoweit nach dem Typus der verletzten Pflicht, als § 282 für Schutzpflichten *lex specialis* zu § 281 ist (iE ebenso Palandt/*Heinrichs* § 282 Rz 1); für die Anwendung hilfreich ist es, § 282 **lediglich** als **Konkretisierung von § 281 I 2, II Alt 2** aufzufassen.

B. Voraussetzungen. Erforderlich ist die Verwirklichung des **Tatbestands von § 280 I.** Der Schuldner muss 3 dabei eine Pflicht iSv § 241 II verletzt haben. Die Abgrenzung solcher Schutzpflichten von Pflichten, welche den Kern des Schuldverhältnisses bilden, ist vielfach schwierig (s. § 241 Rn 15, 16), kann aber für den Zivilprozess im Regelfalle offen bleiben (vgl Palandt/*Heinrichs* § 282 Rz 1). Bsp sind etwa der Versuch, Arbeitnehmer des anderen Teils zu illoyalem Verhalten zu bewegen (RGZ 149, 187, 189) oder die Beleidigung oder schwere Kränkung der anderen Partei (RGZ 140, 378, 385; BGH LM § 276 (Hd) Nr 1). Verstöße gegen Pflichten zur Leistungstreue fallen hingegen idR nicht unter § 282 (Jauernig/*Stadler* § 282 Rz 4; aA *Lorenz/Riehm* Rz 361 und offenbar BAG NZBau 07, 775, 778 ff Rz 43 ff), weil sie typischerweise keine sonstigen Rechtsgüter betreffen.

Nach dem Wortlaut von § 282 ist der Anwendungsbereich auf Schutzpflichtverletzungen vor Erfüllung der 4 sonstigen Pflichten aus dem Schuldverhältnis beschränkt (Jauernig/*Stadler* § 282 Rz 4). Seinem Zweck nach ist er freilich auch auf **nachträgliche Pflichtverletzungen** anzuwenden (iE ebenso *Knocke/Höller* ZGS 03, 26 ff [Analogie]). Allerdings steigen dann die Anforderungen an die Unzumutbarkeit, weil die mit dem Schadensersatz ggf verbundene Rückabwicklung ein gesteigertes Maß an Störung voraussetzt. Bei **Dauerschuldverhältnissen** führt § 282 in aller Regel nur zur Beendigung ex nunc iRd Schadensersatzes statt der ganzen Leistung und wirkt damit wie eine Kündigung zuzüglich Schadensersatz (s. § 281 Rn 29).

Vorausgesetzt ist ferner die **Unzumutbarkeit der weiteren Bindung** für den Gläubiger. Das Merkmal hat die 5 Doppelfunktion, sowohl den Übergang zum Schadensersatz als auch das Ausgreifen auf die nicht von der Pflichtverletzung betroffenen Teile des Schuldverhältnisses zu steuern. Sein Vorliegen ist dementspr gesondert festzustellen (Jauernig/*Stadler* § 282 Rz 5). Unzumutbarkeit ist nicht schon dadurch gegeben, dass eine Kaufsache im Zuge von Nacherfüllungsbemühungen beschädigt wird (Saarbr NJW 07, 3503, 3505). **Grds** ist wegen dieses Kriteriums eine **Abmahnung nicht erforderlich**. Bei Pflichtverletzungen von geringerem Gewicht kann sich deren Notwendigkeit freilich entspr § 281 III (ein Rückgriff auf eine Analogie zu § 314 II ist entbehrlich) ergeben (vgl BGH DB 68, 1575). Bei der Feststellung der Unzumutbarkeit bedarf es zudem einer Orientierung an den Kriterien von § 281 I 2 u 3, um den Schadensersatz statt der ganzen Leistung zu rechtfertigen (anders Jauernig/*Stadler* § 282 Rz 7, die freilich offenbar nicht davon ausgeht, dass es sich bei § 282 immer um einen Schadensersatz statt der ganzen Leistung handelt). Ist der Gläubiger wirksam vom Vertrag zurückgetreten oder hat er diesen wirksam außerordentlich gekündigt (§§ 314 II, 323, 324), kommt es auf die Unzumutbarkeit nicht an (s. § 325; § 281 Rn 33).

6   C. **Rechtsfolgen.** § 282 führt regelmäßig zur vollständigen **Umwandlung des Schuldverhältnisses** in ein Abrechnungsverhältnis. Die Umwandlung erfolgt durch das Verlangen iSv § 281 IV, dem auch hier Gestaltungswirkungen zukommen (s. § 281 Rn 23). Ebenfalls wie bei § 281 Rn 35 kann es auch dazu kommen, dass nur ein abtrennbarer Teil des Schuldverhältnisses erfasst ist; die Abtrennbarkeit wird freilich mit Blick auf die eingetretene Rechtsgutsverletzung nur selten vorliegen. Soweit Leistungen bereits erbracht sind, sind diese nach §§ 281 V, 346 ff rückabzuwickeln. Bei Dauerschuldverhältnissen ist § 281 V hingegen regelmäßig – dh von Vorleistungen eines Teils abgesehen (vgl § 628 I 3 Rn 4) – unanwendbar; es kommt zur Beendigung ex nunc (§ 281 Rn 33, 35).

§ 283 Schadensersatz statt der Leistung bei Ausschluss der Leistungspflicht.

¹Braucht der Schuldner nach § 275 Abs. 1 bis 3 nicht zu leisten, kann der Gläubiger unter den Voraussetzungen des § 280 Abs. 1 Schadensersatz statt der Leistung verlangen. ²§ 281 Abs. 1 Satz 2 und 3 und Abs. 5 findet entsprechende Anwendung.

1   Die **Funktion** von § 283 ist **beschränkt**. Eigenen (geringen) Regelungsgehalt hat letztlich nur 1, in dem in Ergänzung zu § 281 II ein Fall der **Entbehrlichkeit der Fristsetzung** festgehalten wird (*Altmeppen* DB 01, 1131); 2 hat nur deklaratorische Bedeutung. Die mit der Vorschrift gleichwohl verbundenen Gefahren von Missverständnissen lassen rechtspolitisch ihre Streichung als ratsam erscheinen (vgl auch *Kupisch* NJW 02, 1401), zumal sie letztlich überflüssig ist (Rn 4). Der Anwendungsbereich entspricht demjenigen von § 281 Rn 1. Eine Überschneidung mit § 311a II gibt es nicht, sofern man der Auffassung folgt, dieser beschränke sich auf die Anordnung eines besonderen Haftungsstandards (s. § 276 Rn 17).

2   Hinsichtlich seiner **Voraussetzungen** knüpft § 283 wie §§ 281, 282 an das Vorliegen des **Tatbestands** von § 280 I an. Pflichtverletzung ist nicht die Unmöglichkeit oder Unzumutbarkeit iSv § 275 (missverständlich Jauernig/*Stadler* § 283 Rz 1). Letztere schließen nur und ggf auch nachträglich den Erfüllungsanspruch (auch den Nacherfüllungsanspruch s. §§ 437 Nr 3, 634 Nr 4) aus und sind ohne Bezug zum Haftungsgrund.

3   § 283 setzt voraus, dass der „Schuldner nach § 275 I–III nicht zu leisten" braucht. Erforderlich ist also eine **Unmöglichkeit oder Unzumutbarkeit**, welche den Erfüllungsanspruch ausschließt und damit die Fristsetzung nach § 281 I 1 entbehrlich macht. Bei § 275 II u III setzt das die Erhebung der Einrede voraus (Palandt/ *Heinrichs* § 283 Rz 3). Ihrem Wortlaut nach ist die Vorschrift nicht auf Fälle nachträglicher Störungen beschränkt; der richtigerweise eng aufzufassende § 311a II (s. Rn 1 und § 276 Rn 17) liefert dagegen auch kein systematisches Argument. Richtigerweise ist § 283 daher für **anfängliche Störungen** (aA Karlsr NJW 05, 989, 990; Palandt/*Heinrichs* § 283 Rz 3) und damit erstreckt auf solche anwendbar, bei denen die Voraussetzungen von § 275 II oder III bereits bei Vertragsschluss vorlagen, die Einrede aber erst danach erhoben wurde (aA Jauernig/*Stadler* § 283 Rz 5). Jeder Fall von § 275 macht die Fristsetzung entbehrlich.

4   Selbst in ihrer beschränkten Funktion ist die **Vorschrift** letztlich **entbehrlich** (*Sailer* Schadensersatzhaftung des Verkäufers 31). Beruft sich der Schuldner nämlich auf Unmöglichkeit oder Unzumutbarkeit nach § 275, dann liegt stets Erfüllungsweigerung nach § 281 II Alt 1 vor (s. § 281 Rn 12). Auch hier zeigt sich der Bedeutungsverlust der früher zentralen Kategorie „Unmöglichkeit": Auf die Ursache der Erfüllungsweigerung des Schuldners und ihre Berechtigung kommt es für den sofortigen Rücktritt nicht an. Fehlt es an der Berufung auf die Einrede, wird in allen relevanten Fällen § 281 II Alt 2 eingreifen (s. § 281 Rn 18).

§ 284 Ersatz vergeblicher Aufwendungen.

Anstelle des Schadensersatzes statt der Leistung kann der Gläubiger Ersatz der Aufwendungen verlangen, die er im Vertrauen auf den Erhalt der Leistung gemacht hat und billigerweise machen durfte, es sei denn, deren Zweck wäre auch ohne die Pflichtverletzung des Schuldners nicht erreicht worden.

1   A. **Allgemeines.** Mit § 284 versucht das Gesetz, das viel diskutierte Problem der **frustrierten Aufwendungen** zu lösen: Im Vertrauen auf den Erhalt einer Leistung, die der Schuldner unter Verletzung seiner Pflichten nicht – oder nicht rechtzeitig – erbringt, kann der Gläubiger Aufwendungen gemacht haben, die sich aufgrund der Pflichtverletzung als nutzlos erweisen. Zumeist handelt es sich um Aufwendungen in Hinblick auf vertraglich vereinbarte Leistungen, aber auch gesetzlich geschuldete Leistungen können Anlass für den Gläubiger sein, in Erwartung ihrer pflichtgemäßen Erbringung Aufwendungen zu machen. Das maßgebliche

Instrument des alten Schuldrechts hierzu ist die sog **Rentabilitätsvermutung** (s. § 251 Rn 19), die jedoch nur eingreift, wenn von einer möglichen Rentabilität überhaupt die Rede sein kann, der verfolgte Zweck also ein wirtschaftlicher ist; für immaterielle Zwecke ist die Rentabilitätsvermutung ungeeignet (s. BGHZ 99, 182 [Bruch des Mietvertrags über eine Stadthalle mit einer rechtsextremistischen Partei durch die Gemeinde; keine Ersatzfähigkeit des Vorbereitungsaufwands für die abgesagte Veranstaltung]). Zu den erfassten Zwecken s. Rn 8.

Nach § 284 können Aufwendungen **unabhängig davon**, dass sie **nicht durch eine Pflichtverletzung** des Schuldners **verursacht** worden sind – der Gläubiger hat sie freiwillig und oft schon vor der Pflichtverletzung unternommen – und ob sie einen nach der Differenzhypothese nachweisbaren Schaden darstellen, ersetzt verlangt werden. Bsp solcher **Aufwendungen** sind etwa Vertragskosten (s. *Dehner* NJW 02, 3747 [Maklerkosten]) oder Kosten der Finanzierung der Gegenleistung (s. BGHZ 114, 193, 197), Abschluss von Verträgen mit Vorlieferanten und Subunternehmern in Hinblick auf einen Werkvertrag, Anmietung von Lagerraum für bestellte Ware oder eines Liegeplatzes für ein gekauftes Schiff, die Kosten der Inempfangnahme der Leistung (LG Lüneburg NJW 02, 614 [Reise- und Übernachtungskosten bei Konzertbesuch]), Herrichten vermieteter Räume oder eines verpachteten Geländes, Werbeausgaben für ein neues Produkt, das wegen Mängeln eines von einem Zulieferer bezogenen Grundstoffs vom Markt genommen werden muss. Zu den ersatzfähigen Aufwendungen zählt unter den Voraussetzungen der § 1835 III respective § 354 HGB auch die eigene Arbeitskraft (Jauernig/*Stadler* § 284 Rz 4). Für diese Fälle begründet § 284 eine **zusätzliche Möglichkeit** des Geschädigten, seinen **Schaden zu berechnen**. § 284 ist dementspr **keine Anspruchsgrundlage** (aA BGH NJW 05, 2848, 2850; Jauernig/*Stadler* § 284 Rz 1). § 254 findet unmittelbare Anwendung (Palandt/*Heinrichs* § 284 Rz 6; aA Jauernig/*Stadler* § 284 Rz 8 [analoge Anwendung]). Das gilt auch für den Fall anderweitiger Nutzbarkeit der Aufwendungen (*Fischinger/Wabnitz* ZGS 07, 139, 140 [für Anwendung des Rechtsgedankens]). Bestehen die Aufwendungen in eingegangenen Verpflichtungen, dann kann der Gläubiger auch Freistellung von seinen Verbindlichkeiten verlangen, § 257 1. Als reine Schadensberechnungsregel richtet sich das **Verhältnis** zu anderen Rechtsbehelfen und insb **zum Rücktrittsrecht** nach allgemeinen Regeln also va § 325 (s. *Fischinger/Wabnitz* ZGS 07, 139, 140 sowie § 280 Rn 44); dementsprechend können Ansprüche aus § 284 und § 347 II einander überlappen (BGHZ 163, 381, 385; BGH NJW 07, 674, 677).

§ 284 ist in grds gleichem Maße **dispositiv** wie §§ 280-283. Auf den Ausschluss in AGB findet § 309 Nr 8b und 12 sowie richtigerweise auch § 309 Nr 7b Anwendung (wie hier *Fischinger/Wabnitz* ZGS 07, 139, 144; Staud/*Otto* § 284 Rz 14; gegen eine Anwendung von § 309 Nr 7b va aus rechtspolitischen Gründen MüKo/ *Ernst* § 284 Rz 38).

B. Anwendungsbereich. Die Vorschrift erfasst wie § 280 **sämtliche** bereits bestehenden **Schuldverhältnisse**; für das Deliktsrecht gilt sie nicht. Der Eingangshalbsatz verweist auf die Voraussetzungen des **Schadensersatzes statt der Leistung**. Die einzelnen Voraussetzungen des Schadensersatz statt der Leistung, va Vertretenmüssen der Pflichtverletzung und regelmäßig Fristsetzung, müssen also vorliegen. Dh außerdem, dass die Schadensberechnungsmöglichkeit nach § 284 nur besteht, soweit der Gläubiger **grds auch** einen **Erfüllungsanspruch** hinsichtlich der verletzten Pflicht hat. Das bedeutet auch, dass ggf Schutzpflichtverletzungen die Möglichkeit des Ersatzes frustrierter Aufwendungen begründen können; eine zu enge Auslegung des Anwendungsbereichs von §§ 280 III, 281–283 rächt sich hier. § 284 gestattet den Ersatz frustrierter Aufwendungen unabhängig von der Anspruchsgrundlage und findet daher etwa in den Fällen der §§ 523 II 1, 524 II 2, 536a, 651f ebenfalls – unmittelbare (*Huber/Faust* 160 f), nicht entspr (aA Jauernig/*Stadler* § 284 Rz 2) – Anwendung. Dasselbe gilt außerhalb des BGB etwa für §§ 15, 21 II AGG (s. Palandt/*Weidenkaff* § 15 AGG Rz 5).

Die Aufwendungen können „**anstelle des Schadensersatzes statt der Leistung**" verlangt werden. „Anstelle" bedeutet **auch Alternativität**, so dass bei Geltendmachung eines Schadensersatzanspruchs statt der Leistung ein zusätzlicher Anspruch aus § 284 ausscheidet (AnwK/*Arnold* § 284 Rz 37). Die Schwierigkeiten, die verlorenen Aufwendungen als Schaden auszuweisen, die durch § 284 ausgeräumt werden sollen, tauchen dann wieder auf (s. AnwK/*Arnold* § 284 Rz 10 [kein Rückgriff auf Rentabilitätsvermutung] anders *Canaris* JZ 01, 499, 517 [Anwendung der Rentabilitätsvermutung]). Zu beachten ist freilich, dass die Konkurrenz zwischen beiden Berechnungsarten **für jeden Schadensposten einzeln** zu klären ist (BGH NJW 05, 2848, 2850; *Gsell* NJW 06, 125, 126). Die Gefahr einer Überkompensation, welche durch die Alternativität beider Berechnungsarten vermieden werden soll, besteht dann nämlich nicht (vgl auch *Weitemeyer* AcP 205 [2005] 275, 287 ff). So kann etwa der Käufer eines Pkw bei Unmöglichkeit der Eigentumsverschaffung als Schaden sowohl den *gezahlten Kaufpreis als auch die mit der Abwicklung des Vertrages verbundenen Aufwendungen* ersetzt verlangen (unrichtig Karlsr NJW 05, 989, 991 [nicht § 284 sondern Rentabilitätsvermutung]). Die Gefahr einer Überkompensation besteht in diesen Fällen nämlich nur, wenn der Käufer außer dem Kaufpreis auch einen entgangenen Gewinn geltend macht, soweit sich die Auswirkungen auf diesen Gewinn bezogen haben. Soweit § 284 zur Berechnung eines Schadensersatzes statt der ganzen Leistung herangezogen wird, findet § 281 V Anwendung mit der Folge, dass §§ 346-348 die Rückabwicklung von Leistungen durch den Schuldner regeln und der Aufwendungsersatz im Gegenseitigkeitsverhältnis zu dieser Rückabwicklung steht (so iE auch BGH NJW 05, 2848, 2851 [§ 281 V übersehen]).

6 § 284 gilt auch dann, wenn der Gläubiger aufgrund der Pflichtverletzung vom Vertrag zurücktritt. Der Anspruch ist nicht nach § 347 II auf den Ersatz notwendiger Verwendungen oder solcher Aufwendungen beschränkt, durch die der Schuldner bereichert wird (BGHZ 163, 381, 385). Dies ist die Folge des freien Nebeneinanders von Rücktritt und Schadensersatz (§ 325). Bei teilweiser Zweckverfehlung sind die Aufwendungen anteilig zu erstatten (Stuttg ZGS 04, 434, 436; *Fischinger/Wabnitz* ZGS 07, 139, 141). Dasselbe gilt wenn von mehreren verfolgten Zwecken nur ein Teil verfehlt wird (*Fischinger/Wabnitz* ZGS 07, 139, 143).

7 **C. Weitere Voraussetzungen.** Die Aufwendungen (s. hierzu Rn 2) müssen **im Vertrauen auf den Erhalt der Leistung** gemacht worden sein. Das Vertrauen des Gläubigers ist notwendiges Glied des Kausalnexus zwischen der aufgrund der Pflicht des Schuldners erwarteten Leistung und den Aufwendungen. Hätte der Gläubiger die Aufwendung(en) ohnehin gemacht, erhält er sie nicht erstattet. Außerdem müssen das Schuldverhältnis und der maßgebende Zweck zum Zeitpunkt der Tätigung der Aufwendungen bereits bestanden haben (Jauernig/*Stadler* § 284 Rz 5; s. BGH NJW 99, 2269) oder jedenfalls ein berechtigtes Vertrauen in den – später erfolgten – künftigen Vertragsschluss bestanden haben, wobei es nicht darauf ankommt, dass der künftige Vertragspartner bereits feststeht. Aufwendungen eines Maklers geschehen nicht im berechtigten Vertrauen auf die Provision; bei arglistiger Täuschung durch den Auftraggeber ist aber eine Analogie zu § 284 erwägenswert. Aufwendungen zur Mängelbeseitigung erfolgen nicht im Vertrauen auf den Erhalt der Leistung; eine diesbezügliche Analogie zu § 284 scheidet aus (BGH NJW 08, 2837).

8 Erforderlich ist ferner die **Verfehlung des** mit den Aufwendungen verbundenen **Zwecks** (Vergeblichkeit der Aufwendung). Unschädlich ist dabei, dass der Gläubiger iRv Rücktritt oder Schadensersatz statt der ganzen Leistung den Zweck selbst aufgibt. In Abweichung von der Rentabilitätsvermutung stellt § 284 auch Aufwendungen für **immaterielle Zwecke** ersatzfähig. Insoweit enthält die Vorschrift eine geschriebene **Ausnahme zu § 253**, weil mit Aufwendungen für einen immateriellen Zweck ein immaterieller Schaden ersetzt wird (*Grundmann* AcP 204 [2004] 569, 598 ff; weitergehend *Stoppel* AcP 204 [2004] 87, 114 [§ 284 führt immer zu einem immateriellen Schaden]). Für einen weiteren Ausbau des Schutzes immaterieller Leistungsinteressen *Wagner* djt-Gutachten 2006 D IV 1; ihm folgend *Staudinger* NJW 06, 2433, 2434. § 284 ist jedoch nicht auf immaterielle Zwecke beschränkt (BGH NJW 05, 2848, 2850). Zu den erfassten Zwecken gehören abw von den Regeln der Rentabilitätsvermutung (s. BGH NJW-RR 06, 1309, 1310, Rz 23 f) auch erwartete Erträge aus Folgegeschäften. Hingegen genügt eine Zwecksetzung nach Vertragsschluss respective nach entstehen der verletzten Pflicht nicht.

9 Ersetzt werden nur solche Aufwendungen, die der Gläubiger **billigerweise** machen durfte. Art und Umfang müssen in einer vernünftigen Relation zur erwarteten Leistung stehen. Für überzogene Aufwendungen kann grds kein Aufwendungsersatz verlangt werden (aA *Canaris* JZ 01, 499, 517 [Entscheidungsfreiheit des Gläubigers]); das ergibt sich bereits aus der Wertung von § 254. Soweit der Gläubiger aus den Aufwendungen bereits Vorteile gezogen hat, sind diese auszugleichen. Das gilt etwa für die Nutzung von Fahrzeugzubehör, welches in ein später wegen Mangelhaftigkeit zurückgegebenes Fahrzeug eingebaut worden ist (BGH NJW 05, 2848, 2850). Ob solche Gebrauchsvorteile nur bezogen auf die Aufwendungen selbst zu berechnen sind oder die Nutzungsvergütung sich etwa als anteilige Nutzungsvergütung aus der gesamten schuldnerischen Leistung ergibt, ist offen (BGH NJW 05, 2848, 2850; *Gsell* NJW 06, 125, 127 zu weiteren Einzelheiten).

10 Hätten die Aufwendungen ihren Zweck ohnehin verfehlt, sind sie nicht zu erstatten, § 284 Hs 2. Wären sie also ohnehin verloren gewesen, weil der Gläubiger ein Verlustgeschäft gemacht hat, sollen sie nicht ersetzt werden (AnwK/*Arnold* § 284 Rz 31). Das entspricht der Widerleglichkeit der herkömmlichen Rentabilitätsvermutung. Die Beweislast trägt der Schuldner (*Gsell* NJW 06, 125). Ob die Aufwendungen oder die durch sie erworbenen Gegenstände für den Gläubiger anderweit verwendbar wären, ist nicht etwa ohne Bedeutung (so aber BGH NJW 05, 2848, 2850), vielmehr führt die anderweitige Verwendung zu einem auszugleichenden Vorteil des Gläubigers (s. Rn 2).

§ 285 Herausgabe des Ersatzes.

(1) Erlangt der Schuldner infolge des Umstands, auf Grund dessen er die Leistung nach § 275 Abs. 1 bis 3 nicht zu erbringen braucht, für den geschuldeten Gegenstand einen Ersatz oder einen Ersatzanspruch, so kann der Gläubiger Herausgabe des als Ersatz Empfangenen oder Abtretung des Ersatzanspruchs verlangen.
(2) Kann der Gläubiger statt der Leistung Schadensersatz verlangen, so mindert sich dieser, wenn er von dem in Absatz 1 bestimmten Recht Gebrauch macht, um den Wert des erlangten Ersatzes oder Ersatzanspruchs.

1 **A. Allgemeines.** § 285 begründet einen Anspruch des Gläubigers auf Herausgabe des sog **stellvertretenden commodum**. Die Vorschrift enthält eine eigene Anspruchsgrundlage. Sie beruht darauf, dass die Möglichkeit *des Schuldners*, eine Verurteilung zur Naturalerfüllung unter Berufung auf § 275 I, II oder III abzuwehren, ihn von seiner Verpflichtung nicht insgesamt frei werden lässt (s. § 275 Rn 13). § 285 ist – neben Schadensersatz und Rücktritt – eine der wichtigsten Konsequenzen davon und entspricht zudem dem mutmaßlichen Parteiwillen (BGHZ 99, 385, 388; 135, 284, 289): Der Schuldner muss leisten, was in seinem Vermögen an die Stelle des nicht (mehr) Leistbaren getreten ist (s. BGH NJW-RR 88, 903); man spricht insoweit von einer schuldrechtlichen Surrogation (s. Jauernig/*Stadler* § 285 Rz 2 mN). Ziel der Vorschrift ist es, die unrichtige Zuordnung von Vermögenswerten auszugleichen (BGH NJW-RR 06, 736, 738). Ggf kann sich aus einer ergänzenden Auslegung des Vertrags ergeben, dass auch solche Surrogate herauszugeben sind, die nicht von § 285 erfasst werden (s. BGHZ 25, 1, 10).

Die Vorschrift gilt grds für **alle Schuldverhältnisse** auf Leistung bestimmter Gegenstände. Diese Gegenstände sind nicht auf Sachleistungen oder übertragbare Vermögenswerte beschränkt, sondern erfassen **auch Dienstleistungen** (*Löwisch* NJW 03, 2049 f) und ferner einen Leistungsannex (s. BGHZ 135, 284, 288 f). Damit kann die Vorschrift bei sämtlichen vertraglichen Leistungen zur Anwendung gelangen. Sie kommt auch in Fällen der unmöglichen oder unzumutbaren Nacherfüllung zur Mängelbeseitigung und richtigerweise auch bei den **Verweigerungsrechten nach §§ 439 III, 635 III** zur Anwendung, soweit beide Arten der Nacherfüllung ausgeschlossen sind (Jauernig/*Stadler* § 285 Rz 6). Dasselbe gilt für die Haftung für Rechtsmängel nach § 536 III (BGH NJW-RR 86, 234 [entsprechende Anwendung]). Sofern der Schenker den versprochenen Gegenstand unter dem Schutz von § 519 verkauft, ist § 285 ebenfalls einschlägig. Darüber hinaus zählt § 285 zu den allgemeinen Regeln iSv §§ 818 IV, 819 (BGHZ 75, 203, 207 [Leistungen aus nicht zustande gekommenen Vertrag]; Naumbg ZIP 06, 716, 718 [Insolvenzanfechtung]). Richtigerweise muss die Vorschrift jedoch im Normalfalle der Bereicherungshaftung außer Anwendung bleiben; § 818 II, III sind lex specialis (hM; anders noch RGZ 138, 45, 47 f). Hingegen findet § 285 neben dem Regime von § 346 II-IV Anwendung (s. zum alten Recht BGH NJW 83, 929, 930; aA mit beachtlichen Gründen Staud/*Löwisch* [2004] § 285 Rz 12). Die Vorschrift gilt auch beim Vermächtnis (s. KG ZEV 99, 494) jedoch nicht bei erloschenen Ansprüchen aus § 985 (s. RGZ 115, 31, 33 f; BGH NJW 62, 587, 588). Sondervorschriften enthalten §§ 667, 681, 687 II, 816 I, § 384 II HGB.

B. Voraussetzungen. Erforderlich ist zunächst ein **Leistungshindernis** nach § 275. Bei § 275 II oder III ist zusätzlich Voraussetzung, dass der Schuldner seine Einrede geltend macht. Zu §§ 439 III, 635 III s. Rn 2. Nach verbreiteter Auffassung gilt § 285 entspr, wenn die Haftung für Sachmängel ausgeschlossen ist (s. Jauernig/*Stadler* § 285 Rz 6). Es kommt nicht darauf an, ob der Schuldner die Pflichtverletzung zu vertreten hat (arg § 285 II).

Der Schuldner muss außerdem ein **stellvertretendes commodum**, also einen Ersatz oder Ersatzanspruch, erwerben. Erfasst ist jeder Vermögensnachteil, der an die Stelle der nach § 275 nicht mehr in Natur durchsetzbaren Leistung tritt. Es genügt ein Surrogat im wirtschaftlichen Sinne. Ein stellvertretendes commodum iSv § 285 kann etwa eine Versicherungsleistung oder ein Anspruch gegen eine Versicherung sein (BGHZ 99, 385, 388 f; 114, 34 ff; 129, 103, 106), aber auch ein Schadensersatzanspruch gegen einen Dritten, der den Untergang des Leistungsgegenstandes verursacht hat. Weitere Fälle sind Entschädigungen wegen Enteignung oder nach dem VermG (BGH LM § 281 aF Nr 12) sowie der Versteigerungsübererlös in der Zwangsvollstreckung (BGH WM 87, 986, 988).

Str war bereits zu § 281 aF, ob auch ein Surrogat, dass der Schuldner durch rechtsgeschäftliche Verfügung über den Leistungsgegenstand – den er deshalb nicht mehr leisten kann – erlangt hat, als stellvertretendes commodum herausgeben muss. Die Verfasser des BGB haben aufgrund römischrechtlicher Vorbilder nur das sog. commodum ex re, nicht auch das **commodum ex negotiatione** (das rechtsgeschäftlich erworbene Surrogat) gemeint; die Verfasser des Schuldrechtsmodernisierungsgesetzes haben diese Frage nicht geklärt, doch ist sie heute wohl anders zu entscheiden (Staud/*Löwisch* § 285 Rz 38; s. zu § 281 aF *Köndgen* RabelsZ 56 [1992] 696, 738 ff [zwischen schuldhafter und schuldloser Unmöglichkeit der Naturalerfüllung unterscheidend]). Neuerdings wird allerdings in der Literatur die Frage diskutiert, ob § 285 insb in diesen Fällen auf den beim Gläubiger entstandenen Schaden zu begrenzen sei (dafür etwa Staud/*Löwisch* § 285 Rz 42; *Stoll* FS Schlechtriem 677, 694 f).

§ 285 erfasst auch **Ersatzeinkünfte bei persönlicher Unzumutbarkeit** der Leistungserbringung für den Schuldner, § 275 III (s. *Löwisch* NJW 03, 2049-2053). Damit muss insb der Arbeitnehmer, der seine Leistung nach § 275 III verweigern kann, einen parallel dazu anderweitig erzielten Verdienst an den Arbeitgeber abführen, wenn ihm diese Verdienstmöglichkeit respective die dazu erforderliche Kapazität erst durch die Unzumutbarkeit eröffnet worden ist (*Schlechtriem/Schmidt-Kessel* Schuldrecht AT Rz 492).

Der weiter erforderliche **Kausalzusammenhang** zwischen Leistungshindernis und Ersatzerlangung wird großzügig gehandhabt – wirtschaftlich zusammengehöriges gilt als Einheit (s. BGH LM § 281 aF Nr 1); das gilt insb für das commodum ex negotiatione (s. Rn 5). Damit verwandt ist das Erfordernis der Qualifikation des Erlangten **als Ersatz**, das sog **Identitätserfordernis**. Daran fehlt es etwa, wenn die weitere Durchführung eines Miet- oder Pachtvertrags daran scheitert, dass die Miet- oder Pachtsache nicht mehr zur Verfügung steht, im Blick auf die vom Vermieter-/Verpächter dafür erlangte Enteignungsentschädigung (s. BGHZ 25, 1, 10) und die bei Doppelvermietung aus dem zweiten Verhältnis erzielte Miete (BGH NJW 06, 2323; krit *Wackerbarth* ZGS 06, 369-371).

C. Rechtsfolgen. Liegen die Voraussetzungen von § 285 vor, hat der Gläubiger ein Wahlrecht. Wird dies entspr ausgeübt, muss der Schuldner den erlangten Ersatz **vollständig herausgeben**. Entscheidend ist, was dem Schuldner tatsächlich zugeflossen ist oder zusteht (BGHZ 114, 34, 39). Abzüge darf der Schuldner nicht machen (RGZ 138, 45, 48 [vollständiger Veräußerungserlös]; BGH NJW 83, 929, 930 [Zinserträge]), soweit ihm nicht ein Gegenanspruch zur Aufrechnung zur Verfügung steht (BGH DtZ 97, 224, 226). Das gilt auch dann, wenn der Wert des Surrogats den Wert der Leistung übersteigt. § 254 findet keine Anwendung.

9 Die **Abwicklung** erfolgt nach allgemeinen Regeln; es gelten die §§ 275 ff. Die Verjährung richtet sich nach dem ursprünglichen Anspruch (BGH NJW-RR 88, 902, 904), das gilt auch für §§ 438, 634 a bei Unmöglichkeit oder Unzumutbarkeit der Nacherfüllung. Das Schicksal der Gegenleistung richtet sich nach § 326 III Rn 19. Verlangt der Gläubiger Schadensersatz statt der Leistung, wird zwar ggf § 326 III ausgeschlossen (in den Fällen des § 281 V, 282) jedoch nicht der Anspruch nach § 285 I. Der Gläubiger muss sich jedoch nach § 326 II das Surrogat anrechnen lassen. Letzteres kann er dadurch vermeiden, dass er vor Erfüllung des Anspruchs aus § 285 I zum Schadensersatz zurückkehrt (s. RGZ 108, 184, 187). Zur Verjährung s. BGH NJW-RR 06, 736, 738 (für einen Fall von Art 233 § 16 II 2 EGBGB).

§ 286 Verzug des Schuldners.

(1) ¹Leistet der Schuldner auf eine Mahnung des Gläubigers nicht, die nach dem Eintritt der Fälligkeit erfolgt, so kommt er durch die Mahnung in Verzug. ²Der Mahnung stehen die Erhebung der Klage auf die Leistung sowie die Zustellung eines Mahnbescheids im Mahnverfahren gleich.
(2) Der Mahnung bedarf es nicht, wenn
1. für die Leistung eine Zeit nach dem Kalender bestimmt ist,
2. der Leistung ein Ereignis vorauszugehen hat und eine angemessene Zeit für die Leistung in der Weise bestimmt ist, dass sie sich von dem Ereignis an nach dem Kalender berechnen lässt,
3. der Schuldner die Leistung ernsthaft und endgültig verweigert,
4. aus besonderen Gründen unter Abwägung der beiderseitigen Interessen der sofortige Eintritt des Verzugs gerechtfertigt ist.
(3) ¹Der Schuldner einer Entgeltforderung kommt spätestens in Verzug, wenn er nicht innerhalb von 30 Tagen nach Fälligkeit und Zugang einer Rechnung oder gleichwertigen Zahlungsaufstellung leistet; dies gilt gegenüber einem Schuldner, der Verbraucher ist, nur, wenn auf diese Folgen in der Rechnung oder Zahlungsaufstellung besonders hingewiesen worden ist. ²Wenn der Zeitpunkt des Zugangs der Rechnung oder Zahlungsaufstellung unsicher ist, kommt der Schuldner, der nicht Verbraucher ist, spätestens 30 Tage nach Fälligkeit und Empfang der Gegenleistung in Verzug.
(4) Der Schuldner kommt nicht in Verzug, solange die Leistung infolge eines Umstands unterbleibt, den er nicht zu vertreten hat.

1 **A. Allgemeines.** Die Regeln zum Verzug haben ggü dem alten Recht erheblich **an Bedeutung verloren**. Pflichten sind regelmäßig zu einem bestimmten oder bestimmbaren Termin oder innerhalb eines bestimmten Zeitraums zu erfüllen (**Fälligkeit**). Verzögerungen, dh **Überschreitung** solcher Termine für die Leistung (s. § 271) sind bis zur vollständigen Erfüllung **Pflichtverletzung** (Palandt/*Heinrichs* § 286 Rz 6; anders nach altem Recht *Schur* Leistung und Sorgfalt 48, 89; *Wahl* Schuldnerverzug 196). Auch eine im Leistungszeitpunkt dem Inhalt der Leistungspflicht nicht voll entspr – etwa mangelhafte, später nachgebesserte – Leistung ist eine (doppelte) Pflichtverletzung: Der Schuldner hat schlecht und verspätet geleistet. An Rechtsbehelfen stehen va der Erfüllungsanspruch (s. § 241 Rn 22), Rücktritt und Kündigung (§§ 314, 323 ff) sowie Schadensersatz statt der Leistung oder statt der ganzen Leistung (§§ 280 I, III, 281–283) zur Verfügung. Für diese bedarf es keines Rückgriffs auf die Regeln zum Verzug (Ausnahme § 536a Var 3).

2 **Voraussetzung** ist der – hinsichtlich seiner Voraussetzungen in § 286 geregelte – Verzug **nur noch für** die Haftungsverschärfungen nach §§ 287, 290, für die Verzinsung nach §§ 288 f und für die Ersatzfähigkeit des Verzögerungsschadens nach § 280 II (dazu § 280 Rn 27–39). Bei der Anknüpfung an den Verzug in § 375 II Var 2 HGB handelt es sich um ein übersehenes Relikt des alten Rechts, das im Wege systematischer Auslegung (s. §§ 280 I, III, 281 ff) aufzugeben ist. Eine gesonderte Klage auf Feststellung des Verzugs ist regelmäßig unzulässig (BGH NJW 00, 2280, 2281 auch zu Ausnahmen). Trotz Bedeutungsverlust und – in ihrer Form – Systemwidrigkeit hat der Gesetzgeber jedoch an besonderen Regeln für den Verzug des Schuldners festgehalten; es handelt sich um ein **systematisches Fossil** (zust *Schroeter* EWiR 06, 745, 746). Der Fortbestand hat seine Ursache wohl auch darin, dass die gesetzlichen Regelung teilweise zugrundeliegende Zahlungsverzugsrichtlinie der Europäischen Gemeinschaft (RL 2000/35/EG zur Bekämpfung von Zahlungsverzug im Geschäftsverkehr, AblEG Nr L 200 8.8.00, 33 ff; dazu Gebauer/Wiedmann/*Schmidt-Kessel* Verzug) eben diesem Störungstyp gilt.

3 Der **Anwendungsbereich** von § 286 geht über vertragliche Schuldverhältnisse weit hinaus und umfasst alle Schuldverhältnisse, auch solche sachenrechtlichen Ursprungs (BGHZ 49, 263, 265 [für § 990 II Rn 5]; BGHZ 85, 11, 13 [für § 990 II]; abl BGH NJW-RR 87, 74, 76 [für § 888]). Für das Bereicherungsrecht begründen §§ 818 IV, 819 f ein Sonderregime, das die Anwendung der §§ 286 ff jedenfalls beim unverklagten, gutgläubigen Bereicherungsschuldner ausschließt (*Larenz/Canaris* § 73 II 4 a, s. iÜ § 818 Rz 39). Ohne derartige Sonderklauseln verbleibt es jedoch bei der Anwendung von § 286 auf alle Schuldverhältnisse, etwa auch dem Anspruch auf Urlaubsgewährung nach §§ 1 ff BUrlG (BAG NZA 06, 439, 441). Der weite Anwendungsbereich

der **Zahlungsverzugsrichtlinie** (dazu Gebauer/Wiedmann/*Schmidt-Kessel* Verzug Rz 8–10) macht eine **Ausweitung** auf bislang nach hA nicht erfasste Bereiche erforderlich, soweit es um (auch nicht-vertragliche) Entgelte für Güter oder Dienstleistungen geht. Gemeint sind Personen, die als **amtliches Organ** oder ein **Träger eines privaten Amtes** gegen Entgelt tätig werden, wie der Vormund (§§ 1773, 1836-1836e; dazu BayObLG FamRZ 02, 767; Zweibr Rpfleger 02, 477; s. § 1835 Rn 1; zu § 1 II 2 VBVG s.a. § 278 Rn 16), der Betreuer (§§ 1896, 1908e, 1908i; zu § 1 II 2 VBVG s. § 278 Rn 16), der Nachlassverwalter (§§ 1975, 1987), der Testamentsvollstrecker (§§ 2197, 2221) sowie der Insolvenzverwalter (§§ 56, 63 InsO; dazu BGH NJW-RR 04, 1132, 1133). Voraussetzung ist zwar jeweils, dass auch auf Seiten des jeweiligen Treugebers die von Art 2 Nr 1 Zahlungsverzugsrichtlinie geforderte Unternehmereigenschaft vorliegt; das ist insb beim **Insolvenzverwalter** über das Vermögen eines solchen Unternehmers der Fall (Gebauer/Wiedmann/*Schmidt-Kessel* Verzug Rz 15; nicht gesehen von BGH NJW-RR 04, 1132, 1133). Das Gebot einheitlicher Auslegung der Umsetzungsbestimmungen erfordert eine Anwendung jedoch grds auch in den übrigen Fällen. Entspr zur Lage bei den Organen oder Amtsträgern sind auch die Vergütungsansprüche von **Sachverständigen, Dolmetschern und Übersetzern (§§ 8–14 JVEG)** vom Schutz der Richtlinie erfasst (*Pfeiffer* ZEuP 04, 878, 879 f; Gebauer/Wiedmann/*Schmidt-Kessel* Verzug Rz 15). Insoweit kommt außer einer Anwendung der Verzugsregeln auch eine **unmittelbare Anwendung der Richtlinie** in Betracht (richtig *Pfeiffer* ZEuP 04, 878, 879) und zwar wegen der besonderen öffentlichen Funktion des Insolvenzverwalters wohl auch zu dessen Gunsten. Im Falle des Verzugs der Krankenkasse ist der seit dem 1.1.00 öffentlich-rechtliche Vergütungsanspruch eines Apothekers in entsprechender Anwendung der zivilrechtlichen Bestimmungen zu verzinsen (BSG NJOZ 07, 124, 129 ff; ohne Bezugnahme auf die Richtlinie). Auf sonstige öffentlich-rechtliche Rechtsverhältnisse sind die Verzugsregeln häufig nicht anwendbar (s. § 3 VI BBesG; BGH NJW 82, 1277 f [öffentlich rechtliche Entschädigung]; BFH DStRE 06, 1092, 1093 [keine Verzinsung von Kindergeldnachzahlungen durch die Familienkasse]; s. aber § 233a BBesG). Es bedarf jedoch einer Prüfung im Einzelfall (BGHZ 108, 268, 270 f).

B. Voraussetzungen des Verzugs. Unter bestimmten Voraussetzungen **qualifiziert das Gesetz** die Verzögerung der Erfüllung einer Pflicht **als** eine besondere Form der Pflichtverletzung – **Verzug** –, die spezielle und zusätzliche Rechtsbehelfe des Gläubigers auslösen kann. Diese Voraussetzungen sind nach hA Fälligkeit (Rn 5) und Durchsetzbarkeit (Rn 6–8), Nichtleistung (Rn 9 f), Möglichkeit der Leistung (Rn 8), Vertretenmüssen der Nichtleistung (Rn 23–25) und grds, aber nicht stets Mahnung (Rn 11–22). Der Verzug entfällt nicht dadurch, dass die zugrunde liegende Forderung abgetreten wird (BGH NJW 06, 1662). 4

I. Fälligkeit. Voraussetzung für den Schuldnerverzug ist die Fälligkeit der Leistung. Die Pflicht ist fällig, wenn der Schuldner sie erfüllen muss, nicht, wenn er sie schon erfüllen darf (s. § 271). Die Fälligkeit kann durch eine Frist oder ein Datum bestimmt sein. Möglich ist auch, dass der Gläubiger die Fälligkeit als Bestimmung des Leistungsinhalts selbst festlegen kann, also zB „zahlbar mit Zugang der Rechnung", „Lieferung der Ware auf Abruf des Käufers". Zum Verzugseintritt bei notarieller Fälligkeitsmitteilung beim Grundstückskauf s. Saarbr OLGR Saarbrücken 06, 705 Rz 34; *Grziwotz* DB 05, 2064-2066. Ist über die Fälligkeit keine Vereinbarung getroffen worden, ist nach § 271 I die Leistung sofort fällig, wobei freilich dem Schuldner bisweilen eine Prüffrist zugebilligt wird (Saarbr MDR 07, 1190; s. § 16 Nr 3 I VOB/B; ausf *Leuschner*, AcP 207 [2007] 64 ff). Soweit Fälligkeitsfristen gelten, kommen §§ 186-193 zur Anwendung (BGH NJW 07, 1581). Bei Bestimmung nach billigem Ermessen gem § 315 tritt die Fälligkeit mit der Erklärung nach § 315 II (BGH NJW 06, 2472) oder mit der Rechtskraft des Gestaltungsurteils nach § 315 III 2 (BGH NJW 05, 2919; BGH NJW 06, 2472) ein. Unterlässt der Gläubiger die gebotene Mitwirkung, ist der Verzug ausgeschlossen (BGH NJW 96, 1745, 1746; *Gursky* AcP 173 [1973] 450 ff); dies ist richtlinienkonform (Gebauer/Wiedmann/*Schmidt-Kessel* Verzug Rz 18). Richtigerweise wird durch Gläubigerverzug sogar die Fälligkeit beseitigt (AnwK/*Schmidt-Kessel* § 293 Rz 23). Zum Fälligkeitserfordernis bei III s. Rn 20. Der Dienstherr eines Beamten kann mit der Zahlung von Besoldungsleistungen – wenn überhaupt, s. § 3 VI BBesG – erst nach In-Kraft-Treten des Besoldungsgesetzes, aus dem sich der Zahlungsanspruch ergibt, in Verzug geraten (BVerwG NVwZ 06, 605 [für einen ggf auf Art 3 GG zu stützenden Zinsanspruch]). 5

II. Durchsetzbarkeit des Anspruchs. Der Anspruch muss voll wirksam und durchsetzbar sein. Hat der Schuldner eine dauernde (zerstörende) oder aufschiebende (hemmende) **Einrede** (etwa §§ 214, 379, 438 IV 2, 771, 821, 853, 2014 f), dann tritt Verzug grds nicht ein (BGHZ 104, 6, 11; Jauernig/*Stadler* § 286 Rz 13). Der Schuldner muss sich jedoch spätestens im Prozess auf die Einrede berufen; andernfalls bleibt sie unberücksichtigt (offen gelassen in BGHZ 113, 232, 236; wie hier *H. Roth* Einrede des Bürgerlichen Rechts 157 ff). Einzelheiten sind umstr (s. Palandt/*Heinrichs* § 286 Rz 12). 6

Besonderheiten gelten für die **Einrede des nichterfüllten Vertrages** nach § 320 I 1: Beim gegenseitigen Vertrag tritt automatisch für keine Partei Leistungsverzug ein, solange sie nicht vorleistungspflichtig ist und die andere Partei die ihr obliegende Leistung nicht bei der Mahnung anbietet (BGH NJW 87, 251, 252; BGH NJW-RR 03, 1318; OLGR Düsseldorf 06, 217 f). Diese Lösung gebietet auch die **Zahlungsverzugsrichtlinie** (*Freitag* EuZW 98, 559, 561; anders AnwK/*Schulte-Nölke* Verzugs-RL Art 3 Rz 22, *Gsell* ZIP 00, 1861, 1866; *Huber* JZ 00, 957, 958). Das **Zurückbehaltungsrecht** aus § 273 muss der Schuldner dagegen regelmäßig ausüben, um den Eintritt des Verzugs zu verhindern (RGZ 77, 436, 438; Ddorf ZMR 88, 304; Jauernig/*Stadler* 7

§ 280 Rz 36); richtigerweise ist dies jedoch bei gegenläufigen Pflichten aus demselben Vertrag nicht erforderlich (AnwK/*Schmidt-Kessel* § 274 Rz 6). Ein solches Zurückbehaltungsrecht steht dem Schuldner etwa zu, wenn er nur deswegen verspätet zahlt, weil er zunächst die Rückabwicklung einer vom Gläubiger verursachten Fehlüberweisung abwartet (OLGR Schleswig 06, 705).

8 Nach weit überwiegender Auffassung hindern außerdem **Unmöglichkeit und Unzumutbarkeit** den Verzugseintritt (BGH NJW 88, 251, 252; Palandt/*Heinrichs* § 286 Rz 12). Tritt Unmöglichkeit während des Verzuges ein, so endet dadurch nach hA der Verzug. Für die Zeit bis zur Verzugsbeendigung gelten die Vorschriften über den Verzug, danach die Normen zur Unmöglichkeit. Freilich sind nach neuem Schuldrecht **Zweifel** angebracht, ob es in Fällen dieser Art auf die Verzugsvoraussetzungen nach § 286 tatsächlich nicht mehr ankommt. Das gilt insb für die Frage der Ersatzfähigkeit von Verzögerungsschäden. Die betreffenden Pflichten, die bei § 275 gerade nicht erlöschen (§ 275 Rn 13, 14), haben hier im Blick auf Leistungsverspätungen nur einen bestimmten Schutzzweck, welcher den Ersatz derartiger Schäden nur dann gestattet, wenn die Pflichtverletzung hinreichend qualifiziert ist. Das muss richtigerweise auch für Fälle gelten, in denen der **Verspätungsschaden** entsteht, nachdem der Schuldner nach § 275 nicht mehr erfüllen muss. Insoweit gehört die Möglichkeit der Leistung nicht zu den Verzugsvoraussetzungen (*Schlechtriem/Schmidt-Kessel* Schuldrecht AT Rz 660). Ist etwa ein Pkw verkauft worden, der vor der Lieferung auf Grund von Fahrlässigkeit des Verkäufers untergeht, sind die Kosten für die vorübergehend erforderliche Beförderung mit öffentlichen Verkehrsmitteln nur ersatzfähig, wenn die Voraussetzungen von § 286 vorliegen. Zu Nutzungsausfallschäden (s. § 280 Rn 31).

9 **III. Nichtleistung.** Voraussetzung ist zunächst, dass der Schuldner eine Leistung, zu der er gesetzlich oder aufgrund Vertrages verpflichtet ist, **nicht erbracht hat**, sei es, dass er die nach dem Inhalt der Pflicht erforderliche Leistungshandlung nicht vorgenommen hat, sei es, dass trotz Leistungshandlung ein geschuldeter Leistungserfolg (noch) ausgeblieben ist. Ob Nichthandeln oder Ausbleiben eines Leistungserfolges als Leistungsverzögerung zu sehen ist, hängt vom Inhalt der jeweiligen Leistungspflicht ab (s. § 241 Rn 11 ff). Für Rechtzeitigkeit der Erfüllung einer Geldschuld kommt es anders als nach früherer Rechtslage (s. 3. Aufl sowie § 270 Rn 7) auf die Ankunft des Geldes beim Gläubiger an (s. EuGH 3.4.08, C-306/06, dazu Anm *Gsell* GPR 08, 165; vgl Köln ZIP 06, 1986 [unrichtig NJW 07, 1024: „Hamm"]). § 270 lässt eine entsprechende richtlinienkonforme Auslegung zu (vgl Staud/*Bittner* [2004] § 276 Rz 36; *Gsell* GPR 08, 165). Da die Zahlungsverzugsrichtlinie nicht allein Zinsansprüche regelt (so aber offenbar *Schröter* EWiR 06, 745, 746), genügt eine richtlinienkonforme Auslegung allein von § 288 nicht.

10 Die Notwendigkeit richtlinienkonformer Auslegung reduziert auch die bisherigen Schwierigkeiten beim **bargeldlosen Zahlungsverkehr** (s. 3. Aufl). Erforderlich für die Rechtzeitigkeit ist nunmehr, dass der Betrag dem Konto des Gläubigers rechtzeitig gutgeschrieben ist (EuGH 3.4.08, C-306/06).

11 **IV. Mahnung.** Regelmäßig genügt nach § 286 I **Fälligkeit** der Forderung **allein nicht**, um aus der Säumnis rechtlich Verzug werden zu lassen. Der Gläubiger muss vielmehr dem Schuldner nach Eintritt der Fälligkeit durch eine **Mahnung** deutlich machen, dass die Säumnis für ihn nachteilige Folgen haben kann (zu gemeinschaftsrechtlichen Bedenken Gebauer/Wiedmann/*Schmidt-Kessel* Verzug Rz 19). Die Mahnung ist eine einseitige, empfangsbedürftige Aufforderung, die geschuldete Leistung zu erbringen (*Schlechtriem/Schmidt-Kessel* Schuldrecht AT Rz 662). Der Streit, ob die Mahnung eine Willenserklärung oder eine geschäftsähnliche Handlung (hA: BGH NJW 87, 1546, 1547) ist, darf als theoretisch offen bleiben, weil auch bei Annahme einer geschäftsähnlichen Handlung die Vorschriften über Willenserklärungen analog anzuwenden sind (BGHZ 47, 352, 357). Die Mahnung muss daher zugehen, kann ggf angefochten werden (s. *Schlechtriem/Schmidt-Kessel* Schuldrecht AT Rz 662) und ist auch bei Erklärung durch einen Minderjährigen nach § 107 wirksam, weil sie ihm lediglich einen rechtlichen Vorteil bringt (Köln NJW 98, 320). Bei Stellvertretung gelten die Regeln des § 180 (BGH NJW 06, 687, 688 [Verneinung von Vertretungsmacht und Genehmigung in diesem Fall jedoch sehr zweifelhaft]). Eine vor Fälligkeit erfolgte Mahnung ist wirkungslos (BGHZ 103, 62, 66). Die Mahnung kann jedoch mit der die Fälligkeit begründenden Erklärung verbunden werden (RGZ 50, 255, 261; BGH NJW 01, 3114, 3115; BGH NJW 08, 50) und wird regelmäßig in den Fristsetzungen nach § 281 I 1 oder § 323 I (s. § 281 Rn 5, § 323 Rn 15 ff) zu sehen sein. Mit Zugang der Mahnung beginnt der Verzug (*Schneider* NJW 80, 1375).

12 Die Mahnung muss **hinreichend bestimmt** (anders bei unbestimmten Forderungen: BGH NJW-RR 90, 323, 325 [Schmerzensgeld]) und eindeutig sein sowie erkennen lassen, dass das Ausbleiben der Leistung Folgen haben kann (BGH NJW 98, 2132, 2133). Als verzugsbegründende Mahnung genügt jede eindeutige und bestimmte Aufforderung, mit welcher der Gläubiger unzweideutig zum Ausdruck bringt, dass er die geschuldete Leistung verlangt (Jauernig/*Stadler* § 286 Rz 18); die erstmalige Rechnungszusendung ist jedoch keine Mahnung (BGH NJW 08, 50). Die Ankündigung bestimmter Rechtsnachteile oder gar eine Rechtsfolgenbelehrung ist *nicht erforderlich* (BGH NJW 98, 2132, 2133); eine Ausnahme davon bildet § 38 I VVG. Die Anmahnung eines nur hilfsweise geltend gemachten Anspruchs ist möglich (BGH NJW 81, 1732). Die Mahnung kann **formlos** (LG Frankfurt NJW 82, 650 [Versform]), uU auch durch **schlüssiges Verhalten** erfolgen (BGHZ 80, 269, 277 und 96, 182, 194 [jeweils Vorlage des Wechsels zur Zahlung]; BGH NJW 85, 2526

[berechtigtes Nachlieferungsverlangen wegen Mangel der Kaufsache]). Bei § 536a I Var 3 soll die Mängelanzeige nach §§ 536c I 1, II 2 Nr 2 nicht genügen (s. § 536a Rn 6 sowie Palandt/*Weidenkaff* § 536a Rz 12).

Die Mahnung muss sich grds auf den richtigen **Umfang der Forderung** beziehen; Mahnungen, mit denen zuviel gefordert wird, sind grds unwirksam (BGH NJW 06, 769). Geringfügige Überschreitungen des geschuldeten Betrags sind im Blick auf § 242 unschädlich (s. BGH NJW 91, 1823; abw BGH VersR 85, 533 [für die qualifizierte Mahnung nach § 39 I VVG aF = § 38 I VVG nF]). IÜ wirkt eine „Zuvielmahnung" verzugsbegründend, wenn der Schuldner sie als Aufforderung zur Bewirkung des tatsächlich geschuldeten Betrags versteht oder verstehen muss und der Gläubiger zur Annahme des geringeren Betrags bereit ist (BGHZ 146, 24, 35; BGH NJW 06, 3271, 3272). Entspr gilt, wenn eine Leistung zu abweichenden Bedingungen angemahnt wird (BGH WM 89, 1897, 1898 [Leistung an Rechtsanwalt statt auf Notaranderkonto]). Ist der angemahnte Betrag zu gering, kann nur über diesen geringeren Betrag Verzug eintreten (BGH NJW 82, 1983, 1985). 13

Der Mahnung gleichgestellt sind nach § 286 I 2 die Erhebung der **Leistungsklage** (§§ 253, 254 ZPO; s. BGHZ 96, 182, 194) und die Zustellung eines **Mahnbescheids** (§§ 688 ff ZPO). Bei der gerichtlichen Leistungsbestimmung nach § 315 III 2 wirkt erst die Rechtskraft des Gestaltungsurteils hinsichtlich der dadurch bestimmten Leistung verzugsbegründend (BGH NJW 05, 2919; BGH NJW 06, 2472, 2474); allerdings kann der zur Bestimmung berechtigte Schuldner auch mit der Bestimmung selbst in Verzug geraten (Staud/*Rieble* [2004] § 315 Rz 283). Die Zustellung eines Antrags auf **einstweilige Anordnung** nach § 620 ZPO sowie die Zustellung eines Urteils, wenn die Leistung erst mit Zustellung des Urteils fällig wird, soll in entspr Anwendung des § 286 I 2 ebenfalls ausreichen (BGH NJW 88, 2239, 2240). Dasselbe soll für den Antrag auf **Prozesskostenhilfe** gelten (BGH NJW-RR 90, 323, 325). Nicht ausreichend sind Verfahren nach §§ 256, 257 ff ZPO, § 174 InsO. 14

Der Schuldner kann im Vertrag auf die Mahnung als Voraussetzung des Verzugseintritts **verzichten**, uU auch schlüssig. Die Zusage „schnellstmöglicher Reparatur" kann etwa Verzicht auf Mahnung bedeuten (vgl BGH NJW 63, 1823). Ein Verzicht auf Mahnung ist jedoch in AGB-Klauseln grds nicht zulässig, vgl § 309 Nr 4 (für den kaufmännischen Rechtsverkehr offen gelassen in BGH NJW 86, 2049, 2050). 15

V. Entbehrlichkeit der Mahnung. Mahnung kann unter bestimmten Voraussetzungen entbehrlich sein, insb, wenn für die Leistung ein **kalendermäßig festgesetztes Datum** bestimmt ist (**§ 286 II Nr 1**; „dies interpellat pro homine"). Dazu muss ein Kalendertag wenigstens mittelbar bezeichnet sein (BGH NJW 92, 1628, 1629), was auch nachträglich durch einvernehmliche Festlegung (BGHZ 149, 283, 288) oder durch Ausübung eines einseitigen Bestimmungsrechts (BGHZ 110, 74, 76) geschehen kann; eine unbillige Bestimmung der Leistungszeit ist nach § 315 III 2 unwirksam und kann den Verzug daher nicht herbeiführen (BGH BB 06, 1819), jedoch kann in der unbilligen Bestimmung eine wirksame Mahnung zu sehen sein (BGH BB 06, 1819, Rz 10). Die einseitige Festlegung einer Leistungszeit durch den Gläubiger reicht, sofern dieser nicht nach § 315 zur Bestimmung der Leistung berechtigt ist, für § 286 II Nr 1 nicht aus (BGH NJW 06, 3271; 08, 50). Bloße Berechenbarkeit des Leistungstermins genügt nicht (Jauernig/*Stadler* § 286 Rz 27). Fordert der Gläubiger mehr als im zusteht, kann dies den Verzugseintritt infrage stellen; es gelangen dann die bei der Zuvielmahnung entwickelten Regeln (s. Rn 13) zur Anwendung (BGH NJW 06, 3271) 16

Entbehrlich ist die Mahnung ferner dann, wenn eine kalendermäßige Berechnung des Termins deshalb möglich ist, weil der Leistung ein Ereignis wie Kündigung, Leistungsabruf, Rechnung (BGH NJW 07, 1581, 1582), Beginn von Bauarbeiten, Aufhebung eines Vertrages, notarielle Beurkundung (vgl BGH LM § 284 Nr 46), notarielle Fälligkeitsmitteilung beim Grundstückskauf oder Kauf vom Bauträger (Saarbr OLGR Saarbrücken 06, 705; *Bambring* DnotZ 01, 590, 611; *Hertel* DNotZ 01, 910, 914) usw vorauszugehen hat und eine **Frist ab diesem Ereignis** zu laufen beginnt (**§ 286 II Nr 2**). Bsp sind „20 Tage nach Lieferung" oder „10 Tage ab Abnahme". Die vereinbarte Frist muss nach dem Wortlaut der Vorschrift freilich **angemessen** sein, sonst läuft eine angemessene Frist, was freilich eine sichere Bestimmung des Verzugseintritts nicht ermöglicht. Für den Lauf der Frist gelten §§ 186-193 (BGH NJW 07, 1581, 1582). Für **Verbraucherverträge** tritt § 286 II Nr 2 in ein Spannungsverhältnis zu § 309 Nr 4 Rn 23. Die Vereinbarung von Fristen, welche für ihren Beginn an ein aus dem Vertrag nicht ersichtlichen Verhältnis anknüpfen, stellt dem Unternehmer nämlich von der Obliegenheit frei, den Verbraucher zu mahnen (U/B/H/*Hensen* § 309 Nr 4 Rz 5). Im Blick auf § 310 III verbleibt § 286 II Nr 2 **bei Verbraucherverträgen** damit **praktisch kein Anwendungsbereich**. Das ist richtlinienkonform. Ausgeschlossen ist damit auch der Verzugseintritt mit Ablauf einer angemessenen Frist nach notarieller Fälligkeitsvereinbarung beim Grundstückskauf oder Kauf vom Bauträger durch Verbraucher (*Grziwotz* DB 05, 2064, 2065 f). 17

Ob auch eine sog **Nullfrist** (etwa „Zahlung bei Lieferung") ausreicht, ist umstr. Jedenfalls im Anwendungsbereich der Zahlungsverzugsrichtlinie wird man nicht umhin können, hier großzügig zu verfahren. Richtigerweise genügt nach dem Zweck von Art 3 I lit a der Richtlinie bereits die Bestimmbarkeit des Termins für den Verzugseintritt ohne Mahnung (Gebauer/Wiedmann/*Schmidt-Kessel* Verzug Rz 19; Jauernig/*Stadler* § 286 Rz 28; aA Staud/*Löwisch* [2004] § 286 Rz 79 f), so dass entweder § 286 II Nr 2 wird richtlinienkonform ausgelegt werden müssen oder eine Lösung über die Generalklausel des § 286 II Nr 4 (s. Rn 22) anzustreben wäre. 18

19 Als Mahnungssurrogat gilt auch der in § 286 II Nr 3 geregelte Fall einer **ernsthaften und endgültigen Erfüllungsverweigerung**, welcher einen großen Teil der Rspr (etwa BGH NJW 86, 842; 88, 485) zur Entbehrlichkeit der Mahnung in § 284 aF „einfangen" soll (Palandt/*Heinrichs* § 286 Rz 24). Die Endgültigkeit muss sich nur auf eine hinreichende Sicherheit beziehen, dass der Schuldner nicht rechtzeitig leisten wird. Die Vorschrift ist damit weiter auszulegen als §§ 281 II Alt 1, 323 II Nr 1 und erfasst **auch** den Fall der **angekündigten Leistungsverspätung**. So genügt etwa die grundlose Einstellung jeder Unterhaltsleistung (Schlesw FamRZ 85, 735). Auch eine Erfüllungsverweigerung vor Fälligkeit kann die Folgen von Nr 3 auslösen; Verzug tritt in diesem Fall zugleich mit Fälligkeit ein (BAG NJOZ 06, 2610 Rz 38).

20 Nach § 286 III 1 tritt der Verzug mit einer Entgeltforderung außerdem **30 Tage** nach Zugang einer **Rechnung** oder einer gleichwertigen Zahlungsaufforderung ein. Das entspricht im Wesentlichen der Regelung von Art 3 I lit b) Zahlungsverzugsrichtlinie (*Leible* in: Europäisches Vertragsrecht 151, 158; *Gsell* ZIP 99, 1281, 1282): Der Eingang der Rechnung beim Schuldner setzt nach der in lit b) Ziff i) niedergelegten Grundregel eine dreißigtägige Frist in Lauf, nach deren Ende der Schuldner automatisch in Verzug gerät. Ist der Zeitpunkt des Eingangs unsicher, beginnt die Frist mit der Leistung durch den Preisgläubiger (Ziff ii); wenn § 286 III 3 hier statt „Eingang" von „Zugang" spricht, dürfte diese Anknüpfung an den Begriff der allgemeinen Rechtsgeschäftslehre einer späteren Konkretisierung des Begriffs „Eingang" durch den EuGH genügen. Den Eingang respective Zugang als solchen muss jedenfalls der Gläubiger nachweisen (Gebauer/Wiedmann/*Schmidt-Kessel* Verzug Rz 21; *Oepen* ZGS 02, 351). Bei Unsicherheit über den Zeitpunkt lässt § 286 III 2 die Frist mit dem Empfang der Gegenleistung beginnen, sofern der Schuldner kein Verbraucher ist. Für den Fristbeginn gilt § 187, für das Fristende §§ 188, 193 analog (wie hier BGH NJW 07, 1581, 1583 f; aA *U. Huber* JZ 00, 743, 744 [§ 193 unanwendbar]). Die Interessenlage bei § 286 III entspricht derjenigen der dort geregelten Leistungs- und Erklärungsfristen. Vom Gläubiger ausdrücklich für unverbindlich erklärte Rechnungen genügen für § 286 III nicht (BGH NJW 09, 3227 Rz 15).

21 Während die Richtlinie die 30-Tage-Frist frühestens mit der Erbringung der eigenen Leistung durch den Gläubiger beginnen lässt (Ziff iii), knüpfen § 286 III 1 statt dessen und 3 **zusätzlich** an die **Fälligkeit** des Entgelts an (s. BGH NJW 07, 1581, 1584). Damit hängt die Richtlinienkonformität der Regelung von den auf diese Weise in Bezug genommenen Regeln über die Fälligkeit ab (s. *Krebs* DB 00, 1697, 1700; *Gsell* ZIP 00, 1861, 1865). **Richtlinienwidrig** ist daher das Fälligkeitserfordernis etwa iVm der nach §§ 87a IV, 87c I HGB hinausgeschobenen Fälligkeit der Handelsvertreterprovision. Nur soweit Art 10 Handelsvertreter-RL eingreift, ist die Richtlinienumsetzung gemeinschaftskonform; soweit ein Handelsvertreter hingegen Dienstleistungen verübt oder an Handelsbörsen oder auf Rohstoffmärkten tätig ist (vgl Art 1 I, 2 I HandelsvertreterRL), ist Gemeinschaftsrecht verletzt. Insgesamt richtlinienwidrig ist das Fälligkeitserfordernis iVm § 24 VerlG: Die Richtlinie sieht eine Anknüpfung der Vergütung an Geschäftsjahre nicht vor.

22 Abgerundet wird die Vorschrift in II **Nr 4** durch eine **Generalklausel**, welche in den nicht ausdrücklich normierten Fällen eine Überwindung des Mahnungserfordernisses gestattet, wenn der sofortige Eintritt des Verzugs „aus besonderen Gründen unter Abwägung der beiderseitigen Interessen … gerechtfertigt ist." Hiermit lassen sich eine Reihe problematischer Fälle lösen, etwa der gemeinschaftsrechtlich gebotene Verzugseintritt nach einer **„Nullfrist"** (s. Rn 18). Ein weiterer Fall einer solchen Rechtfertigung ist etwa der sofortige Eintritt des Verzugs mit der Nacherfüllung bei Lieferung einer mangelhaften Sache vor dem ursprünglich vereinbarten Leistungszeitpunkt, wenn bei den Vertragsverhandlungen deutlich geworden ist, dass beim Gläubiger im Falle des Mangels sofort nach Lieferung Verzögerungsschäden – etwa durch **Betriebsausfall** – eintreten würden (übergangen bei *Dauner-Lieb*/*Dötsch* DB 01, 2535, 2537 und *Gruber* ZGS 03, 130). Bei periodisch wiederkehrenden Leistungen, insb Unterhaltsleistungen, kann nach II Nr 4 eine einmalige Mahnung ausreichend sein (BGHZ 103, 62, 67 ff; 105, 250, 256). Bei terminierten Leistungen, die zunächst ohne Vertretenmüssen des Schuldners nicht erbracht werden, kann die später erst eintretende Fahrlässigkeit die Mahnung ebenfalls entbehrlich machen (anders zum alten Recht BGH DB 03, 2223, 2224). Ferner zählen die sog Selbstmahnung, die Nichteinhaltung eines angekündigten Leistungstermins, (BGH NJW 08, 1216) sowie die Entziehung von Geldbeträgen iRe existenzvernichtenden Eingriffs (BGH NJW-RR 08, 918). Scheitert ein Lastschrifteinzug auf Grund vom Schuldner zu vertretender Umstände, gerät dieser ebenfalls ohne weitere Mahnung in Verzug (AG Ludwigsburg WM 07, 2198). Soweit § 275 die Anwendbarkeit von § 286 nicht ausschließt (s.o. Rn 8), ergibt sich die Entbehrlichkeit der Mahnung ebenfalls aus II Nr 4, sofern nicht bereits Nr 3 eingreift.

23 **VI. Vertretenmüssen. Verzug** tritt nicht ein, wenn der Schuldner die fehlende Rechtzeitigkeit der Leistung nicht **zu vertreten** hat, § 286 IV. Bereits aus dem Wortlaut des Absatzes ergibt sich, dass sich das Vertretenmüssen auf die Verzögerung bezieht und damit von den Voraussetzungen der I–3 unabhängig ist (aA offenbar Erman/*Hager* § 286 Rz 56). Allerdings muß das Vertretenmüssen für den Eintritt der Verzugsfolgen andauern, was erst nach Eintritt der Voraussetzungen der I–3 durch § 287 auch bei Zufall gewährleistet ist. Zuvor kommt – je nach Haftungsstandard – eine Entlastung durch Zufall noch in Betracht (aA offenbar MüKo/*Ernst* § 286 Rz 4). Maßstab für das Vertretenmüssen ist grds § 276, bei vertraglichen Pflichten mE ev auch § 311a II 2. Der Schuldner haftet also grds für vorsätzliche oder fahrlässige Verspätung der Leistung, doch kann seine Haftung gemildert, aber auch verschärft sein, zB aufgrund einer Garantie oder Übernahme

eines Beschaffungsrisikos (§ 276 Rn 27–31) sowie insb bei einer Geldschuld. Allgemein hat der Schuldner sein finanzielles Leistungsunvermögen zu vertreten (s. § 276 Rn 32 sowie *Coester-Waltjen* AcP 183 [1983] 279, 287 f; grds aA *Ahrens* Der mittellose Geldschuldner 236). Leistet er mit Verzögerung, weil es ihm an Geldmitteln mangelt, dann hat er die Verzögerung zu vertreten (zu Ausn s. § 276 Rn 34). Auf Rechtsirrtum kann sich der Schuldner zwar berufen, doch muss er die Rechtslage sorgfältig prüfen und ggf Rechtsrat einholen (BGH BB 06, 1819, 1820); unrichtige anwaltliche Auskunft muss sich der Schuldner über § 278 zurechnen lassen (BGH BB 06, 1819, 1820; *v Caemmerer* FS Weitnauer, 266, 273 ff). Beruht die Leistungsverzögerung auf einem Fehler des Gläubigers, scheidet das Vertretenmüssen regelmäßig aus (s. § 276 Rn 26); das gilt bei Zahlungen insb, wenn der Gläubiger ein falsches Konto mitgeteilt hat (OLGR Schleswig 06, 345 Rz 24). Dasselbe kann gelten, wenn der Gläubiger durch eine übersetzte Rechnung Unklarheit über die tatsächliche Höhe der Forderung verursacht hat; die Regeln über die „Zuvielmahnung" (Rn 13) gelten entsprechend (BGH BB 06, 1819 f [für einen Fall von § 286 II Nr 1]). Entlastungsgründe, also etwa fehlendes Verschulden, hat der Schuldner zu beweisen, § 286 IV (Beweislast in der Formulierung „... nicht ..., solange ..." zum Ausdruck gebracht).

Im Anwendungsbereich der **Zahlungsverzugsrichtlinie** sind bei der Konkretisierung des Vertretenmüssens 24 zusätzlich deren Anforderungen zu beachten: Deren Art 3 I lit c Ziff ii und lit e 1 fordern für den Verzugseintritt zusätzlich, dass der Schuldner für die Verzögerung „verantwortlich" ist. Die Mitgliedstaaten können also eine Entlastungsmöglichkeit für den Schuldner vorsehen, soweit diese dem Zweck der Richtlinie nicht zuwiderläuft. Der europäische Gesetzgeber hatte jedoch bei der Formulierung des Erfordernisses der Verantwortlichkeit des Schuldners Art 79 CISG im Blick (AnwK/*Schulte-Nölke* Verzugs-RL, Art 3 Rz 42; *Leible* in: Europäisches Vertragsrecht 151, 160; *Gsell* ZIP 99, 1281, 1282; *Schulte-Braucks* NJW 01, 103, 105). In der Literatur ist daher Streit darüber entstanden, ob dieser Standard eng iSd UN-Kaufrechts oder weit iSv § 276 aufzufassen ist. Die **praktische Spitze** hinsichtlich des anzuwendenden Maßstabs liegt in der Frage der **Entlastung durch Rechtsirrtum** (Gebauer/Wiedmann/*Schmidt-Kessel* Verzug Rz 25; s. § 280 Rn 35; allg zum Rechtsirrtum s. § 276 Rn 11): Die deutsche Rspr gewährt sie bislang in seltenen Fällen auch bei Zahlungsansprüchen (s. Rn 23). Art 79 CISG böte hier hingegen keine Hilfe, da er ganz nach Art einer klassischen force majeure-Klausel nur bei externen Hindernissen entlastet (*Schmidt-Kessel* Standards vertraglicher Haftung, 433, 445 f). Jedoch reicht die Prägung der Richtlinie durch Art 79 CISG nicht so weit, so dass eine Entlastung wegen Rechtsirrtums nicht gänzlich ausgeschlossen ist.

Soweit es um den Ersatz eines **Verzögerungsschadens** geht, ergibt sich die Möglichkeit der Entlastung 25 mangels Vertretenmüssens allerdings bereits aus § 280 I 2 (*Kohler* JZ 04, 961, 962). § 286 IV begründet daher keine zusätzliche Voraussetzung. Praktische Bedeutung kommt diesem Umstand etwa bei § 619 a zu, welcher lediglich auf § 280 I 2 verweist und gleichwohl auch für Verzögerungsschäden gilt (aA *Löwisch* FS Wiedemann, 311, 329). Vor Eintritt der Verzugsvoraussetzungen nach Abs I–III verhindert allerdings § 287 die Entlastung durch Zufall nicht (s.o. Rn 23). Bei fehlendem Vertretenmüssen können besondere Anzeige- oder Mitteilungspflichten bestehen, deren Verletzung wiederum Schadensersatzansprüche auslösen kann (vgl Art 79 IV CISG).

VII. Beendigung des Verzugs. Der Verzug endet mit dem **Wegfall** einer **seiner Voraussetzungen**, in erster 26 Linie also durch Erfüllung (BAG AP Nr 11 zu § 305 Nr 16 [Zahlung zur Abwendung der Zwangsvollstreckung]) oder durch sonstiges Erlöschen der Forderung. Das gilt freilich nur bei Rückwirkung (BGH NJW 07, 1273, 1275 Rz 26) sowie – richtigerweise – für die nachträglich eintretende Unmöglichkeit oder Unzumutbarkeit nach § 275 II, III (s. Rn 8). Ein nachträglicher Wegfall der Fälligkeit lässt den Verzug ebenfalls enden. Das gilt auch bei mangelnder Kooperation des Gläubigers, die richtigerweise sogar die Fälligkeit beseitigt (AnwK/*Schmidt-Kessel* § 293 Rz 23; s.o. Rn 5) – **purgatio morae** (BGH NJW 07, 2761); auch dies ist richtlinienkonform (Gebauer/Wiedmann/*Schmidt-Kessel* Verzug Rz 18). Eine Rücknahme der Mahnung soll hingegen wegen der mit ihr verbundenen Gestaltungswirkungen nicht möglich sein (BGH NJW 87, 1546; BGH NJW 07, 1273, 1275).

C. Abweichende Vereinbarungen. § 286 ist, wie auch von der Zahlungsverzugsrichtlinie angestrebt, grds **dispositiv**. Spezifische Grenzen vertraglicher Abweichungen von diesen Regeln hat der deutsche Gesetzgeber – 27 anders als iRd Schuldrechtsmodernisierung zunächst noch vorgesehen – den Parteien nicht gesetzt; vielmehr bleibt es bei den allgemeinen Mechanismen der Inhaltskontrolle in den §§ 138, 242, 307 (Jauernig/*Stadler* § 286 Rz 36). Hingegen hat der Gemeinschaftsgesetzgeber in Art 3 III–IV **Zahlungsverzugsrichtlinie** Sonderregelungen zur Inhaltskontrolle abweichender Vereinbarungen angeordnet. Art 3 III 2 Zahlungsverzugs-RL erhebt für die Beurteilung der groben Benachteiligung die Regelung von I lit b–d), II zum gesetzlichen Leitbild (*Schmidt-Kessel* NJW 01, 97, 100; AnwK/*Schulte-Nölke* Verzugs-RL, Art 3 Rz 36) und verlangt vom Gericht unter anderem die Prüfung, ob der Schuldner einen objektiven Grund für die Abweichung von diesem Leitbild hat. Dieser Maßstab ist für den deutschen Richter bei der Konkretisierung von § 307 aber auch von §§ 138, 242 verbindlich (Gebauer/Wiedmann/*Schmidt-Kessel* Verzug Rz 29). Art 3 II der Richtlinie gibt zudem einen Hinweis darauf, dass längere Zahlungsfristen als 60 Tage kaum je und allenfalls bei anschließend drastisch höheren Verzugszinsen zulässig sein dürften (ähnl AnwK/*Schulte-Nölke* Verzugs-RL, Art 3

Rz 36). Angesichts der Zielrichtung der Richtlinie kann insb die **öffentliche Hand** nicht mit dem Einwand gehört werden, sie bedürfe aus institutionellen Gründen mehr Zeit für die Prüfung (Gebauer/Wiedmann/ *Schmidt-Kessel* Verzug Rz 29). Zur ferner erforderlichen Möglichkeit einer Unterlassungsklage s. Gebauer/ Wiedmann/*Schmidt-Kessel* Verzug Rz 31.

§ 287 Verantwortlichkeit während des Verzugs. [1]Der Schuldner hat während des Verzugs jede Fahrlässigkeit zu vertreten. [2]Er haftet wegen der Leistung auch für Zufall, es sei denn, dass der Schaden auch bei rechtzeitiger Leistung eingetreten sein würde.

1 **A. Allgemeines.** § 287 ist keine eigenständige Anspruchsgrundlage, sondern legt lediglich bestimmte **Standards für die Haftung des sich im Verzug befindenden Schuldners** fest. Die Vorschrift trägt der Tatsache Rechnung, dass sich bei rechtzeitiger Leistung die in der Sphäre des (nunmehr säumigen) Schuldners bestehenden Gefahren nicht mehr auf die Leistung ausgewirkt hätten (s. BTDrs 14/6040, 148) und verlagert aus diesem Grunde Risiken auf seine Seite. Der Regelungsgehalt der Vorschrift beinhaltet zum einen die Haftung des säumigen Schuldners für jede Fahrlässigkeit (1) und zum anderen für Zufall (2).

2 **B. Erweiterte Verantwortlichkeit nach S 1.** Mit der in 1 der Vorschrift statuierten Haftungsverschärfung wird klargestellt, dass der säumige Schuldner trotz einer eigentlich einschlägigen Haftungserleichterung (etwa nach §§ 521, 690; zu weiteren Fällen s. etwa § 277 Rn 1) für **jede Fahrlässigkeit** einzustehen hat. Hierdurch wird er – ebenso wie nach § 300 I ein sich im Verzug befindender Gläubiger – von Gesetzgeber für seine Säumnis sanktioniert (s.o. Rn 1). Dies gilt grds auch, wenn eine nach AGB grds zulässige (vgl § 309 Nr 7 b, Nr 8) vertragliche Beschränkung der Haftung auf grobe Fahrlässigkeit eingreifen würde; allerdings kann eine solche – § 287 ist **dispositiv** – dahingehend auszulegen sein, dass auch 1 abbedungen sein soll (AnwK/ *Schulte-Nölke* § 287 Rz 2). Mit Blick auf die in 2 normierte verschuldensunabhängige Haftung des Schuldners „wegen der Leistung", ist 1 allerdings nur dann von praktischer Relevanz, wenn es um Pflichtverletzungen geht, die nicht selbst zum Untergang bzw zu einer Verschlechterung des Leistungsgegenstandes führen, dh im Falle der bloßen **Verzögerung** und im Falle **sonstiger Pflichtverletzungen nach § 241 II** (Jauernig/*Stadler* § 287 Rz 1). 1 ist nicht auf die Fälle beschränkt, in denen der Schuldner etwas Bestimmtes herauszugeben hat, sondern gilt etwa auch für Dienstleistungspflichten (BTDrs 14/6040, 148) oder Unterhaltsansprüche (s. Rn 3).

3 **C. Haftung für Zufall nach S 2.** Ein **Zufall** iSv 2 liegt vor, wenn das jeweilige Ereignis weder vom Schuldner noch vom Gläubiger zu vertreten ist (s. § 276 Rn 38; *Hirsch* Jura 03, 42, 45); auch höhere Gewalt ist Zufall (*Knütel* NJW 93, 900; vgl § 276 Rn 35 f). Die selbständige Bedeutung von 2 ist indes beschränkt. Stellt sich nämlich die Verhinderung der Leistungserbringung als adäquate Folge der Pflichtverletzung dar, so haftet der Schuldner unmittelbar aus § 280, ohne dass es auf ein weiteres Vertretenmüssen ankäme: Der Eintritt des Leistungshindernisses wird dann zur haftungsausfüllenden Kausalität gezählt, für die ein Vertretenmüssen keine Rolle spielt (s. Jauernig/*Stadler* § 287 Rz 2; jedoch geht es insoweit nach neuem Recht nicht [mehr] um einen Verzögerungsschaden, sondern um einen Schadensersatz statt der Leistung, s. § 280 Rn 32). Damit kommt 2 nur dann eigenständige Bedeutung zu, wenn kein adäquater Kausalzusammenhang zwischen Verzug und Leistungshindernis besteht (AnwK/*Schulte-Nölke* § 287 Rz 4), etwa wenn ein Arbeitgeber mit der Pflicht zur Gewährung von Urlaub und der ersatzweisen Abgeltung im Verzug ist und der Arbeitnehmer während des Verzugs stirbt (BAG AP Nr 57 zu § 7 BUrlG Abgeltung; BAG AP Nr 71 zu § 7 BUrlG Abgeltung; BAG NZA 06, 439, 441, Rz 36; krit: *Hohmeister* BB 97, 1901, 1902) oder insolvent wird (BAG NZA 07, 696, 698).

4 In allen diesen Fällen begründet § 287 2 allerdings für alle Umstände, die eine Pflichtverletzung nach sich ziehen, ein von Fahrlässigkeit unabhängiges Vertretenmüssen, und zwar auch dann, wenn der Leistungsgegenstand beschädigt wurde (BTDrs 14/6040, 148) oder wenn das Leistungshindernis sich nur auf einen Leistungsteil bezieht (Palandt/*Heinrichs* § 287 Rz 3); vorübergehende Hindernisse sind ebenfalls umfasst (BGH LM § 286 Nr 3 [zeitweilig gesetzte Zahlungsverbote]). Auf Pflichten aus § 241 II findet 2 zumeist keine Anwendung (BTDrs 14/6040, 148), hier verbleibt es vielmehr bei der verschuldensabhängigen Haftung des Schuldners (s.o. Rn 2); eine Anwendung kommt jedoch in Betracht, wo sich der Verzug auf die Pflicht nach § 241 II selbst bezieht.

5 Die Zufallshaftung des säumigen Schuldners wird nach 2 Hs 2 ausgeschlossen, wenn der Schaden bei hypothetischer Betrachtung auch bei **rechtzeitiger Leistung** eingetreten wäre: Das zurückzugebende Kfz, mit dessen Rückgabe der Mieter in Verzug war, ist durch einen Hagelschlag schwer beschädigt worden; die gleiche Beschädigung wäre allerdings auch bei rechtzeitiger Rückgabe an den Vermieter geschehen, weil dort der Wagen ebenfalls unter freiem Himmel abgestellt worden wäre (*Schlechtriem*/*Schmidt-Kessel* Schuldrecht AT Rz 601). Es kommt nicht darauf an, ob dasselbe oder ein anderes Ereignis zum Schaden geführt hätte (Palandt/*Heinrichs* § 287 Rz 4). Das Vorliegen einer entspr „Reserveursache" hat der Schuldner zu beweisen (AnwK/*Schulte-Nölke* § 287 Rz 5).

§ 288 Verzugszinsen. (1) ¹Eine Geldschuld ist während des Verzugs zu verzinsen. ²Der Verzugszinssatz beträgt für das Jahr fünf Prozentpunkte über dem Basiszinssatz.
(2) Bei Rechtsgeschäften, an denen ein Verbraucher nicht beteiligt ist, beträgt der Zinssatz für Entgeltforderungen acht Prozentpunkte über dem Basiszinssatz.
(3) Der Gläubiger kann aus einem anderen Rechtsgrund höhere Zinsen verlangen.
(4) Die Geltendmachung eines weiteren Schadens ist nicht ausgeschlossen.

A. Allgemeines. Die Vorschrift bezweckt, den säumigen Schuldner zur alsbaldigen Erfüllung anzuhalten und ihm typischerweise aus der Pflichtverletzung entstehende Vorteile abzuschöpfen (BTDrs 14/1246, 5); II soll generalpräventiven Abschreckungscharakter im Rechtsverkehr haben. Da die I und II dazu dienen, den **objektiven Mindestschaden** des Gläubigers zu ersetzen, kommt es nicht darauf an, ob ihm tatsächlich ein entspr Schaden entstanden ist oder nicht (BGHZ 74, 231, 235; BAG NJW 01, 3570, 3573 f); einen entspr Gegenbeweis lässt die Vorschrift nicht zu (Jauernig/*Stadler* § 288 Rz 2; zur Ausnahme beim Verbraucherdarlehen s.u. Rn 7). § 288 dient auch der Umsetzung von Art 3 I (d) der Zahlungsverzugsrichtlinie RL 2000/35/EG des Europäischen Parlaments und des Rates v 29.6.00. Zum Übergangsrecht s. www.bgb-pww.de. Zur Sonderregelung für Verbraucherdarlehensverträge in § 497 Rn 1 ff. **1**

B. Anspruch auf Verzugszinsen (Abs 1). Der frühere gesetzliche Zinssatz von 4% führte zu missbräuchlichem Verhalten seitens der Schuldner, die sich hiermit besser standen als bei Inanspruchnahme eines tatsächlichen Kredits (Palandt/*Heinrichs* § 288 Rz 2); I wirkt dem entgegen. Der Anspruch aus I erfordert nicht, dass er zusammen mit der Hauptforderung erhoben wird, sondern kann selbständig mit einer nachfolgenden Klage geltend gemacht werden; die grundsätzliche Abhängigkeit vom Bestehen der Hauptforderung hindert dies nicht (BAG AP ZPO § 322 Nr. 41 Rz 17). **2**

Der **Anwendungsbereich** erstreckt sich auf **Geldschulden** jeder Art (s. §§ 244, 245 Rn 8 ff), auch auf einen auf die Herausgabe von Geld gerichteten Anspruch aus § 667 Alt 2 (BGH NJW 05, 3709) sowie auf die Pflicht zum Kostenvorschuss iRd Mängelbeseitigung nach § 637 III und nach § 13 Nr 5 VOB/B (BGHZ 77, 60, 62); die Zinsen können nicht in die Abrechnung des Vorschusses einbezogen werden (BGHZ 94, 330, 333). Auch Schadensersatz- sowie Rückforderungsansprüche (§ 346) sind zu verzinsen (Rostock 11.7.07, 6 U 2/07 nv Rz 7) und ebenso Bereicherungsansprüche bei verschärfter Haftung des Bereicherungsschuldners (BGH NJW-RR 07, 557 [für § 143 I 3 InsO]); gleiches gilt für die Unterhaltsschuld (BGH NJW 08, 2710). Bei verzögerter Freigabe eines hinterlegten Geldbetrags findet § 288 entsprechende Anwendung (BGHZ 167, 268). Der Anspruch zur Zustimmung zur Mieterhöhung ist hingegen nicht umfasst (BGH NJW 05, 2310, 2312). Hinsichtlich eines auf Gehalt gerichteten Anspruchs ist der gesamte Bruttobetrag zu verzinsen (BAG GrS NJW 01, 3570; aA *Löwisch* RdA 02, 182; *Hanau* AP BGB § 288 Nr 4); Lohnersatzleistungen sind allerdings abzuziehen (Palandt/*Heinrichs* § 288 Rz 6). I gilt nicht für die Schenkung (§ 522 Rn 1) und wegen der gesonderten Regelung in Art 48 WG nicht für Wechselunkosten und Provision (BGH NJW 77, 1396). Für § 20 GmbHG, der eine eigene Rechtsgrundlage für Zinsen im Falle der versäumten Zahlung von Stammeinlagebeträgen enthält, ist I 2 ebenfalls nicht maßgeblich. Vielmehr ist § 20 GmbHG im Blick auf den Zweck der Vorschrift korrigierend iS eines Verweises auf den Fälligkeitszinssatz von 4% iSd § 246 auszulegen (Brandbg MDR 01, 588; Baumbach/Hueck/*Hueck/Fastrich* § 20 Rz 6; Michalski/*Ebbing* § 20 Rz 30; *Roth/Altmeppen* § 20 Rz 11; aA *Wachter* GmbHR 02, 665, 667 und wohl auch Rowedder/Schmidt-Leithoff/*Pentz* § 20 Rz 9; s.a. § 246 Rn 1). § 20 GmbHG dient insoweit nicht dem Ausgleich eines pauschalierten Schadens, sondern der Vermeidung einer verdeckten Gewinnausschüttung (s. FG Mecklenburg-Vorpommern DStRE 99, 667, 668). Zu öffentlich-rechtlichen Ansprüchen s. § 286 Rn 3. **3**

Die nach I 2 zu bestimmende **Zinshöhe** knüpft an den Basiszinssatz und zwar trotz des insoweit fehlenden Verweises an den **jeweiligen Basiszinssatz** an (Palandt/*Heinrichs* § 288 Rz 7); sie ist damit **variabel**. Ein auch auf die Zahlung künftiger Zinsen gerichteter Klageantrag würde korrekt daher wie folgt lauten: „... nebst Zinsen iHv fünf Prozentpunkten über dem jeweiligen Basiszinssatz seit dem ..." (*Reichenbach* MDR 01, 13). Die eventuelle Verwendung des Begriffs „Prozente" ist in diesem Zusammenhang nach den Grundsätzen des § 133 iSd richtigen Begriffs „Prozentpunkte" auszulegen (Hamm NJW 05, 2238; aA *Hartmann* NJW 04, 1358). Da der Basiszinssatz seit dem 1.7.09 0,12% beträgt (s. § 247 Rn 3), hat der Verzugszins zZt – und zunächst bis zum 30.6.10, § 247 I 2 – eine Höhe von **5,12%**. **4**

C. Höhe des Zinsanspruches für den Geschäftsverkehr (Abs 2). II der Vorschrift bezieht sich auf der Zahlungsverzugsrichtlinie (s.o. Rn 1) entstammenden Begriff der **Entgeltforderung** und damit ebenso wie § 286 III Rn 20 nur auf Forderungen, die auf Zahlung eines Entgelts für die Lieferung von Gütern oder die Erbringung von Dienstleistungen gerichtet sind (Hambg ZGS 04, 237; Karlsr ZGS 05, 279, *Schermaier* NJW 04, 2501; Staud/*Löwisch* [2004] § 286 Rz 93; zur Richtlinie Gebauer/Wiedmann/*Schmidt-Kessel* Verzug Rz 8, 15; s. außerdem § 286 Rn 3). Erfasst sind damit etwa der Kaufpreis, der Werklohn sowie auch Abschlagszahlungen auf den Entgeltanspruch (Jauernig/*Stadler* § 288 Rz 7). Keine Entgeltforderungen sind hingegen zB Darlehensforderungen, die deshalb nur nach I zu verzinsen sind und der Anspruch eines ausscheidenden Gesellschafters auf Abfindung (Karlsr ZGS 05, 279 mit Anm *Mankowski* EWiR § 288 BGB 1/05, 663). **5**

6 Um den **persönlichen Anwendungsbereich** des II auf den Geschäftsverkehr zwischen Unternehmen (§ 14) unter Einschluss juristischer Personen des öffentlichen Rechts oder des öffentlich-rechtlichen Sondervermögens zu beschränken, werden nur **Rechtsgeschäfte** erfasst, **an denen keine Verbraucher (§ 13) beteiligt sind** (s. Art 2 Nr 1 RL 2000/35/EG; Gebauer/Wiedmann/*Schmidt-Kessel* Verzug Rz 9). Obwohl Arbeitsverträge keine Verbraucherverträge idS sind (s. Palandt/*Heinrichs* § 288 Rz 9), sind im Wege teleologischer Reduktion (Jauernig/*Stadler* § 288 Rz 7) auch **arbeitsvertragliche Ansprüche des Arbeitnehmers** nur nach I zu verzinsen (BAG AP InsO § 55 Nr 9; AP KSchG 1969 Nr 152 Rz 59; *Boemke* BB 02, 96); das gilt freilich nur, soweit der Arbeitnehmer nicht Unternehmer iSd Zahlungsverzugsrichtlinie ist. Besteht eine gesamtschuldnerische Haftung eines Unternehmers mit einem Verbraucher, so gilt I für den Verbraucher und II für den Unternehmer, § 425 (Palandt/*Heinrichs* § 288 Rz 9 [Gemeinsames Leasen eines Pkw]). Auch die durch II festgelegte **Zinshöhe** ist variabel (s. hierzu o Rn 4): Sie liegt 8% über dem (jeweiligen) Basiszinssatz (s. hierzu § 247 Rn 3) und beträgt damit zzt (und zunächst bis zum 30.6.09, s.o. Rn 4) **8,12%**.

7 D. Anspruch auf höhere Zinsen (Abs 3). III kann nur bei Vorliegen einer **Individualabrede** (BGHZ 104, 337, 339) zum Tragen kommen: Die gesetzlich in anderen Vorschriften festgelegten Zinssätze stimmen entweder mit I 2 überein (§§ 104 I 2 ZPO, 352 HGB) oder sind niedriger (§§ 246, Art 48 I Nr 2, 49 Nr 2 WG, Art 45 Nr 2, 46 Nr 2 ScheckG; § 497 I 2 aF mit 31.10.09 aufgehoben worden), und die Fortzahlung eines Vertragszinses kann weder formularmäßig noch im Verbrauchervertrag vereinbart werden (BGHZ 104, 337, 339 f; BGHZ 115, 268, 269; s. §§ 307 II Nr 1, 309 Nr 5 a, 6; 310 III Nr 2; 497, 506 1; Jauernig/*Stadler* § 288 Rz 9); gleiches gilt für einen (verzugsbedingt) überhöhten Überziehungszins (s. BGH NJW 03, 1801).

8 E. Weiterer Schaden (Abs 4). Gestützt auf §§ 280, 286 kann der Gläubiger nach § 288 IV auch einen über I 2 hinausgehenden Zinssatz als **Verzögerungsschaden** geltend machen. Dieser Zinsschaden liegt entweder (1) in einem **Verlust von Anlagezinsen** (s. BGHZ 104, 337, 344 f) oder (2) in der **Aufwendung von Kreditzinsen**. Während Banken ihren Schaden iSv (1) abstrakt nach ihrem durchschnittlichen Bruttosollzinssatz berechnen dürfen (BGHZ 62, 103; 104, 337, 347), müssen alle anderen Gläubiger ihren Zinsverlust konkret darlegen und beweisen (Palandt/*Heinrichs* § 288 Rz 13). Allerdings kommen hier die Anwendung der Grundsätze der allgemeinen Lebenserfahrung (Jauernig/*Stadler* § 288 Rz 10 [Anlage von Großbeträgen]) sowie § 287 ZPO (BGHZ 80, 269, 279) zum Tragen. Im Fall (2) ist eine konkrete Darlegung erst dann erforderlich, wenn der Schuldner die allgemeine Behauptung des Gläubigers, dieser habe einen mit einem bestimmten Prozentsatz verzinslichen Bankkredit in Anspruch genommen, bestreitet (BGH DB 77, 582; BGH NJW-RR 91, 1406). Es wird nicht vorausgesetzt, dass der Gläubiger den Kredit gerade wegen des Verzugs aufgenommen hat (BGH NJW 84, 371, 372 [Kaufmann]; BGH LM Nr 7 [öffentliche Hand]; Karlsr VersR 92, 173 [Rentner]); vielmehr genügt es, dass der Gläubiger im Zeitpunkt des Verzugsbeginns einen Bankkredit in einer den rückständigen Betrag übersteigenden Höhe in Anspruch genommen hat (BGH NJW-RR 91, 793 [Kaufleute]). Einem Kaufmann kann eine tatsächliche Vermutung dahingehend zugute kommen, dass er eingehende Zahlungen zur Rückführung des Kredits verwendet (BGH NJW-RR 91, 793). Die **Mehrwertsteuer** kann als weiterer Verzugsschaden nicht geltend gemacht werden, da auf Verzugszinsen eine solche nicht zu entrichten ist (s. EuGH NJW 83, 505; BGHZ 88, 228, 230; 90, 198, 206). **Überziehungszinsen** indes sind zu ersetzen (Karlsr VersR 92, 174).

§ 289 Zinseszinsverbot. ¹Von Zinsen sind Verzugszinsen nicht zu entrichten. ²Das Recht des Gläubigers auf Ersatz des durch den Verzug entstehenden Schadens bleibt unberührt.

1 A. Zinseszinsverbot. § 289 1 dehnt das in § 248 aufgestellte Verbot der Erhebung eines Zinseszinses aus, indem es (gesetzlich oder vertraglich) geschuldete Zinsen vom Anwendungsbereich des § 288 ausnimmt. § 248 II Rn 3 gilt richtigerweise für § 289 1 entspr. Der Zinsbegriff der Vorschrift entspricht dem des § 246 (s. dort Rn 5 f); auf dingliche Erbbauzinsen findet § 289 entspr Anwendung (§ 9 I ErbbauRG iVm § 1107; BGH NJW-RR 92, 591, 592; Ddorf NJW-RR 01, 1310, 1311; vgl § 246 Rn 6). Ebenso wie § 248 Rn 3 entfaltet auch § 289 1 keine Wirkung für die Verzinsung des Überschusses eines kaufmännischen Kontokorrents, soweit dort Verzugszinsen eingestellt worden sind, § 355 I HGB. Eine Ausnahme hiervon gilt (genauso wie für § 248 II, s. dort Rn 3) für Verbraucherkredite, § 497 II 1 Nr 7). Auch im Rahmen internationaler Schiedsverfahren werden Zinseszinsen gelegentlich gewährt (s. *Hammes* SchiedsVZ 02, 169, 172 [im Rahmen von Investitionsschutzabkommen]).

2 B. Verzugsschaden. Mit § 289 2 wird klargestellt, dass 1 lediglich die Erhebung eines Zinseszinses, nicht aber den Anspruch wegen eines gem § 288 IV nachweislich entstandenen **weiteren Schadens wegen der Verzögerung von Zinszahlungen** ausschließt (BGH NJW 93, 1260). Allerdings müssen dazu die Verzugsvoraussetzungen (vgl §§ 280 I, II, 286 I-III, s. § 280 Rn 27, 33) auch hinsichtlich der Zinsforderung vorliegen (BGH NJW 93, 1260, 1261) und der Schaden konkret dargelegt und bewiesen werden (RGZ 152, 166, 174 f). Für Banken lässt die höchstrichterliche Rspr in diesem Zusammenhang eine abstrakte Berechnung des Schadens zu (BGH NJW-RR 86, 205, 207; BGH NJW 88, 1967, 1969; 93, 1260; krit: *Reifner* NJW 92, 337 ff), dh, dass sie den Verlust von Anlagezinsen, Kreditträgen oder die Aufwendung von Kreditzinsen geltend machen können, ohne iE darlegen und beweisen zu müssen, dass sie gerade mit dem vom Schuldner verspätet gezahlten Geldbetrag eine bestimmte Investition getätigt hätten (AnwK/*Schulte-Nölke* § 289 Rz 4). Im Falle von Verbraucherdarlehensverträgen nach § 491 I oder Finanzierungshilfen nach § 499 I, II wird die Höhe des Schadensersatzanspruches durch § 497 II 2 auf den gesetzlichen Zinssatz des § 246 (4%, s. § 246 Rn 9) begrenzt.

§ 290 Verzinsung des Wertersatzes. ¹Ist der Schuldner zum Ersatz des Wertes eines Gegenstands verpflichtet, der während des Verzugs untergegangen ist oder aus einem während des Verzugs eingetretenen Grund nicht herausgegeben werden kann, so kann der Gläubiger Zinsen des zu ersetzenden Betrags von dem Zeitpunkt an verlangen, welcher der Bestimmung des Wertes zugrunde gelegt wird. ²Das Gleiche gilt, wenn der Schuldner zum Ersatz der Minderung des Wertes eines während des Verzugs verschlechterten Gegenstands verpflichtet ist.

A. Allgemeines. § 290 ordnet an, dass der Schuldner, dessen ursprünglich bestehende, nicht verzinsliche **Herausgabeverpflichtung** sich aufgrund seines Verzugs **in eine Verpflichtung zum Wertersatz** gewandelt hat – wegen Untergangs (1) oder Verschlechterung (2) des Gegenstandes –, diese Wertersatzschuld wie eine Geldschuld verzinsen muss. § 290 bestimmt nicht, wann eine solche Wertersatzschuld vorliegt; dies ergibt sich vielmehr aus §§ 280, 281, 283 iVm 287. Weitere **Anwendungsfälle** sind richtigerweise etwa §§ 346 II, 347, 818 II. Der in § 289 1 für die Berechnung der Zinsen angesprochene Zeitpunkt der Wertermittlung richtet sich nach den allgemeinen Regeln des Schadensersatzrechts (s. vor § 249 Rn 12). § 290 hat damit einen ähnlichen Regelungsgehalt wie die deliktsrechtliche Vorschrift des § 849 (s. § 849 Rn 1). Vertreten wird, dass § 290 nicht nur die Verpflichtung des Schuldners zur Herausgabe, sondern auch zur **Übergabe eines Gegenstandes** umfasst (s. AnwK/*Schulte-Nölke* § 290 Rz 1 mwN). 1

B. Anspruchsinhalt. Die **Höhe** des sich aus § 290 ergebenden Zinsanspruches beurteilt sich nach **§ 288 I, II**: Der Gläubiger kann also den gesetzlich geregelten Mindestschaden iHv fünf oder acht Prozentpunkten über dem Basiszinssatz (s. § 247 Rn 3) geltend machen. Ein weitergehender Schadensersatzanspruch ist auch hier nicht ausgeschlossen (§ 288 IV Rn 8). 2

§ 291 Prozesszinsen. ¹Eine Geldschuld hat der Schuldner von dem Eintritt der Rechtshängigkeit an zu verzinsen, auch wenn er nicht im Verzug ist; wird die Schuld erst später fällig, so ist sie von der Fälligkeit an zu verzinsen. ²Die Vorschriften des § 288 Abs. 1 Satz 2, Abs. 2, Abs. 3 und des § 289 Satz 1 finden entsprechende Anwendung.

A. Allgemeines. § 291 stellt eine **selbständige**, neben § 288 tretende **Anspruchsgrundlage** dar. Prozesszinsen sind kein Unterfall des Verzugszinses, vielmehr wird der Schuldner deshalb einer Zinspflicht unterworfen, weil er es zum Prozess hat kommen lassen und für das damit verbundene Risiko einstehen soll (BGH NJW 06, 2472, 2474 f; BAG AP ZPO § 322 Nr 42 Rz 11 [reiner Risikozuschlag]). Die Vorschrift begründet eine prozessuale Nebenforderung (BAG AP Nr 42 zu § 322 ZPO Rz 11; MüKo/*Ernst* § 291 Rz 1). Im Gegensatz zu § 288 kommt es daher nicht auf den Verzug des Schuldners, sondern auf die Rechtshängigkeit des Anspruchs des Gläubigers an; unabhängig von den technischen Voraussetzungen des Verzugs muss sich hiernach der Schuldner, der es zu einem Prozess hat kommen lassen, so behandeln lassen, als ob er mit der Leistungserbringung vorwerfbar säumig ist (*Schlechtriem/Schmidt-Kessel* SchuldR AT Rz 680). Trotz der Eigenständigkeit ergibt sich aus der Vorschrift nur selten ein über § 288 hinausgehender Anspruch, da sich der Schuldner nach § 286 I 2 idR spätestens mit Rechtshängigkeit auch im Verzug befindet und der Gläubiger für den gleichen Zeitraum Verzugs- und Prozesszinsen nicht verlangen kann (RGZ 92, 283, 285; Saarbr NJW-RR 87, 470, 471). Relevanz hat § 291 deshalb nur für die Fälle, in denen der Schuldner die Verspätung der Leistung (zB wegen eines entschuldbaren Rechtsirrtums) nicht zu vertreten hat (§ 286 IV Rn 23) sowie bei der Klage auf künftige Leistung gem § 257 ZPO, die noch keinen Verzug begründet hat (Palandt/*Heinrichs* § 291 Rz 1). Die praktische Relevanz ergibt sich jedoch zusätzlich daraus, dass die Anforderungen an einen substantiierten zusätzlichen Tatsachenvortrag denkbar gering sind. 1

Zusätzliche praktische Bedeutung hat § 291 durch den Übergang zum neuen Schuldrecht erhalten, weil insoweit eine Anwendung des neuen Zinssatzes des § 288 II auch auf **altrechtliche Schuldverhältnisse** in Betracht kommt (dazu erstmals *Wilske/Schweda* MDR 06, 191). In manchen Fällen ist – in Abweichung von Art 229 § 1 I 3 EGBGB – sogar eine Anwendung von § 288 I auf Prozesszinsen aus Forderungen denkbar, die vor dem 1.5.00 fällig geworden sind. Zur Wahl stehen drei Lösungen: (1) Sieht man in § 291 eine (rein) prozessuale Vorschrift, kommt die Neufassung nach den allgemeinen intertemporalen Regeln für Verfahrensvorschriften (MüKo-ZPO/*Lüke* Einl Rz 291; Stein/Jonas/*Brehm* vor § 1 Rz 119) ab dem Zeitpunkt des Inkrafttretens für alle schwebenden Verfahren zur Anwendung; die Zinssätze nach § 288 nF wären dann unabhängig vom geltend gemachten Anspruch einschlägig. (2) Sieht man in § 291 eine Regel der materiellen Risikoverteilung innerhalb des der Klage zugrunde liegenden Schuldverhältnisses für den Rechtshängigkeitsfall, richtet sich die Anwendung der aktuellen Zinssätze danach, ob, respective ab wann das zugrunde liegende Schuldverhältnis 2 in Anwendung von Art 229 § 5 EGBGB dem neuen Schuldrecht unterliegt. (3) Richtigerweise kommt es jedoch nicht auf das zugrunde liegende Schuldverhältnis an, vielmehr kommen §§ 291, 288 auf **alle ab dem 1.1.02 rechtshängig gewordenen Ansprüche** zur Anwendung (Art 229 § 5 1 EGBGB); **seit** dem **1.1.03** gelten die neuen Zinssätze auch für bereits früher rechtshängig gewordene Ansprüche (vgl *Wilske/Schweda* MDR 06, 191, 193 f, die offenbar §§ 291, 288 nF für alle rechtshängigen Ansprüche ab 1.1.02 zur Anwendung bringen wollen). Das (materielle) Prozessrechtsverhältnis ist nämlich ein eigenständiges (insoweit zutr *Wilske/Schweda* MDR 06, 191, 193 f) Dauerschuldverhältnis iSv Art 229 § 5 2 EGBGB. Zugleich lässt sich diese Lösung als eine durch Vertrauensschutz gerechtfertigte Ausnahme von der allgemeinen Regel des intertemporalen Prozessrechts (Lösung [1]) begreifen.

3 **B. Voraussetzungen.** § 291 setzt zunächst eine **Geldschuld** voraus (s. hierzu §§ 244, 245 Rn 8 ff). Unerheblich ist, auf welchem Rechtsgrund diese beruht – zB auf einer Unterhalts- (BGH NJW 08, 2710 Rz 16) oder auf einer Rückgewährverpflichtung (Jauernig/*Stadler* § 291 Rz 2: §§ 346, 357, 437 Nr 2) – oder ob sie bezifferbar ist (BGH NJW 65, 531, 532 [Schmerzensgeldanspruch]). Auch Geldschulden aus einem **öffentlich-rechtlichen Rechtsverhältnis** sind umfasst (BVerwG NJW 95, 3135; BGH NJW 98, 3368; BVerwG NVwZ 06, 605; BSGE 92, 223, 231; 95, 141; BSG NVwZ-RR 07, 34, 35 f [jeweils für Ansprüche von Leistungserbringern gegen Krankenkassen auch ohne vertragliche Vereinbarung; in Abweichung von der früheren Rspr des BSG]), es sei denn, es besteht eine abweichende oder speziellere Vorschrift (etwa § 49a III u IV VwVfG). Dies gilt auch für Erstattungsansprüche zwischen Sozialleistungsträgern (BVerwGE 114, 61 ff). **Keine Anwendung** findet § 291 auf Wechselunkosten und Provision, da hierfür in Art 48 WG eine Sonderregelung besteht (BGH NJW 77, 1396, 1397). Keine Geldschuld ist die Pflicht des Arbeitgebers eine betriebliche Altersversorgung durch Zahlung an eine Zusatzversorgungskasse zu bewirken (BAG AP Nr 47 zu § 1 BetrAVG).

4 Aus 1 ergibt sich weiter, dass der Anspruch des Gläubigers **fällig** (KG Berlin NJW-RR 02, 1591) und **durchsetzbar** sein muss. Klagt deshalb der Gläubiger gem § 257 ZPO auf künftige Leistung (s.o. Rn 1), so macht er einen noch nicht fälligen Anspruch geltend und die Zinspflicht beginnt erst mit der Fälligkeit. Beansprucht der Gläubiger einen künftigen entgangenen Gewinn, so ist dieser erst ab dem Zeitpunkt zu verzinsen, zu dem der Gewinn erzielt worden wäre (BGHZ 115, 307 ff). Ist die Forderung einredebehaftet (etwa § 273 oder § 320), so schließt auch dies die Geltendmachung von Prozesszinsen aus (BGHZ 55, 198), es sei denn dass zugleich Annahmeverzug vorliegt (*Böttcher/Steinberger* MDR 08, 480, 482). Indes erfordert der Anspruch auf Prozesszinsen nicht, dass er zusammen mit der Hauptforderung erhoben wird (BAG AP ZPO § 322 Nr 42 Rz 11). Vielmehr kann er unbeschadet seiner Abhängigkeit vom Bestehen der Hauptforderung selbstständig mit nachfolgender Klage geltend gemacht werden (BVerwGE 38, 49, 51). Dem Urt ist die rechtskräftige Entscheidung über die Hauptforderung als präjudizielle Voraussetzung für den Anspruch auf Prozesszinsen zugrundezulegen (BAG AP ZPO § 322 Nr 42 Rz 10 ff).

5 Der Zinsanspruch aus § 291 wird durch Erhebung einer **Leistungsklage** (§ 253 ZPO) oder Stellung eines **Mahnantrags** (§ 690 ZPO) begründet. Das Stellen eines Hilfsantrages (BGH NJW-RR 90, 518, 519) sowie richtigerweise die Stufenklage reichen ebenfalls aus. Eine Feststellungsklage hingegen vermag nach höchstrichterlicher Rspr den Zinsanspruch nicht zu begründen (BGH 93, 183, 186; Ausnahmen: BVerwGE 114, 61, 62 ff; NVwZ 06, 605 [jeweils Feststellungsklage als der Leistungsklage gleichwertige Rechtsschutzform gegen die öffentliche Hand, jedenfalls wenn der Anspruch nur dem Grunde nach str ist]; nicht die Eingruppierungsklage BAG AP § 291 Nr 1 [Klage auf arbeitsrechtliche Eingruppierung]) und ebenso wenig der Feststellungsantrag nach § 647 I ZPO (BGH NJW 08, 2710). Gleiches gilt für Gestaltungsklagen, etwa iSv § 315 III 2, bei welchen die Fälligkeit des geltend gemachten Anspruchs erst mit Rechtskraft des Gestaltungsurteils eintritt (BGH NJW 06, 2472, 2475). Die für § 291 erforderliche **Rechtshängigkeit** des Anspruchs beurteilt sich nach §§ 253, 261, 696 III, 700 II ZPO. § 291 findet ferner kraft Verweisung auf die Folgen der Rechtshängigkeit Anwendung, s. insbes § 818 IV (s. BGH NJW-RR 07, 557 [zu § 143 I 2 InsO]).

6 **C. Rechtsfolgen.** Als Rechtsfolge ergibt sich für den Gläubiger aus § 291 ein Anspruch auf Prozesszinsen iHv fünf (2 iVm **§ 288 I 2**) bzw acht Prozentpunkten (2 iVm **§ 288 II**) über dem Basiszinssatz; unter den Voraussetzungen des **§ 288 III** kann der Gläubiger auch einen höheren Zinssatz ersetzt verlangen (2 iVm § 288 III). Die Verzinsungspflicht beginnt am Tag nach Eintritt der Rechtshängigkeit, § 187 I (BAG AP Nr 11 zu § 305 BGB Nr 19). Ein Zinseszinsverbot auch für Prozesszinsen ergibt sich aus 2 iVm § 289 1. Daraus, dass 2 nicht auf § 289 2 verweist, folgert der BGH zudem ein Verbot, einen wegen der Verzögerung der Zinszahlungen entstandenen weiteren Schaden geltend zu machen (BGH NJW 93, 1260, 1261).

§ 292 Haftung bei Herausgabepflicht.
(1) Hat der Schuldner einen bestimmten Gegenstand herauszugeben, so bestimmt sich von dem Eintritt der Rechtshängigkeit an der Anspruch des Gläubigers auf Schadensersatz wegen Verschlechterung, Untergangs oder einer aus einem anderen Grunde eintretenden **Unmöglichkeit der Herausgabe** nach den Vorschriften, welche für das Verhältnis zwischen dem Eigentümer und dem Besitzer von dem Eintritt der Rechtshängigkeit des Eigentumsanspruchs an gelten, soweit nicht aus dem Schuldverhältnis oder dem Verzug des Schuldners sich zugunsten des Gläubigers ein anderes ergibt.

(2) Das Gleiche gilt von dem Anspruch des Gläubigers auf Herausgabe oder Vergütung von Nutzungen und von dem Anspruch des Schuldners auf Ersatz von Verwendungen.

A. Allgemeines. Mit § 292 wird eine **Mindesthaftung** des auf Herausgabe verklagten Schuldners begründet, welche immer dann eingreift, wenn der Schuldner nicht nach der Art des Schuldverhältnisses (etwa § 848) oder wegen Verzugs (§ 287) weitergehend haftet, § 292 I aE. Wie bei § 291 geht es darum, dass der Schuldner, der es zum Prozess hat kommen lassen, damit verbundene Risiken trägt. Da nach § 286 I 2 mit der Klageerhebung regelmäßig auch der Verzug des Schuldners eintritt (Ausnahmen: §§ 280 I 2, 286 IV sowie die Klage auf künftige Leistung), wird auf den sich aus § 292 ergebenden Haftungsstandard (s.u. Rn 4) nur selten zurückgegriffen werden müssen; die praktische Bedeutung der Vorschrift ist daher gering (Jauernig/*Stadler* § 292 Rz 1). Sie folgt va aus der Verweisungskette der § 819 I, 818 IV (s. § 818 Rn 39). Das zu § 291 (s. dort Rn 2) erörterte Übergangsproblem stellt sich auch für § 292, jedoch haben sich dessen Rechtsfolgen nicht geändert, so dass hier keine Vergrößerung der praktischen Relevanz eintreten kann. 1

§ 292 umfasst **alle schuldrechtlichen Herausgabeansprüche** (s. BGH NZM 09, 701 Rz 21 [Rückgabe der Mietsache; Herausgabe von Nutzungen]) inkl der Bereicherungsansprüche, wie die Verweisung auf die „allgemeinen Vorschriften" in § 818 IV bestätigt (§ 818 Rn 39); für dingliche Herausgabeansprüche existieren hingegen gesonderte Regelungen (etwa §§ 1065, 1227). Die Vorschrift führt zu einer Gleichbehandlung der zwischen Gläubiger und Schuldner eines rechtshängigen Herausgabeanspruchs und zwischen Eigentümer und Besitzer seit Rechtshängigkeit des Eigentumsherausgabeanspruchs bestehenden Rechtsverhältnisse (vgl AnwK/*Schanbacher* § 292 Rz 1). 2

B. Voraussetzungen. § 292 setzt eine **Herausgabeverpflichtung** des Schuldners voraus, die sich auf einen – nicht lediglich gattungsmäßig – bestimmten Gegenstand beziehen muss. Als Gegenstand idS gilt all das, was Objekt von Rechten sein kann (Palandt/*Heinrichs* § 292 Rz 2), also neben Sachen und Sachgesamtheiten (BGH LM § 987 Nr 3 [Apotheke]; Staud/*Löwisch* [2004] § 292 Rz 4, 12) zB auch das Eigentum an einem Grundstück (BGHZ 144, 323, 325 [Rückauflassungsanspruch als Herausgabeverpflichtung]) oder ein Patentrecht (RGZ 62, 320, 321). Je nachdem, um was für einen Gegenstand es sich handelt, fällt auch die Verpflichtung des Schuldners zur Herausgabe unterschiedlich aus: eine gekaufte Sache etwa ist zu übergeben, eine gemietete oder geliehene zurückzugeben, eine Forderung abzutreten. Die Verpflichtung zur Vorlegung von Sachen nach §§ 809, 810 unterfällt dem Begriff der Herausgabe iSv § 292 indes nicht; die Vorschrift findet hierauf keine Anwendung (Staud/*Löwisch* [2004] § 292 Rz 6). 3

Als weitere Voraussetzung verlangt § 292 den **Eintritt der Rechtshängigkeit** des Herausgabeanspruchs, der sich nach §§ 261, 253 ZPO beurteilt. Im Falle der Verweisung aus § 819 I tritt an die Stelle der Rechtshängigkeit der Zeitpunkt der Kenntnis vom Mangel des rechtlichen Grundes (s. § 819 Rn 10). 4

C. Rechtsfolgen. In der Rechtsfolge erklärt § 292 I kraft ausdrücklicher Verweisung die **für das Eigentümer-Besitzer-Verhältnis ab Rechtshängigkeit unmittelbar geltenden Vorschriften** für anwendbar. Das bedeutet konkret, dass der Schuldner wegen einer Verschlechterung, des Untergangs oder einer anderweitigen Unmöglichkeit der Herausgabe unter den Voraussetzungen des § 989 Rn 1 ff Schadensersatz zu leisten hat. Zudem folgt aus § 292 II eine Haftung des Schuldners für gezogene und schuldhaft nicht gezogene Nutzungen nach Maßgabe des § 987 Rn 2 ff. Ein Verwendungsersatzanspruch des Schuldners, § 292 II, beurteilt sich nach §§ 994 II, 995. Die Verwendungen müssen deshalb notwendig gewesen sein sowie nach den Regeln der GoA im Interesse des Gläubigers gelegen und seinem wirklichen oder mutmaßlichen Willen entsprochen haben (s. § 994 Rn 2). Entspr anwendbar sind zudem das Wegnahmerecht des § 997 im Falle nützlicher Verwendungen sowie die aus §§ 1000 ff folgenden Befugnisse (AnwK/*Schanbacher* § 292 Rz 10). 5

Titel 2 Verzug des Gläubigers

§ 293 Annahmeverzug. Der Gläubiger kommt in Verzug, wenn er die ihm angebotene Leistung nicht annimmt.

A. Allgemeines. Der Gläubigerverzug ist das Gegenstück zum Schuldnerverzug (§§ 286 ff), erfordert jedoch kein Verschulden des Gläubigers. Er tritt ein, wenn der Gläubiger die seinerseits erforderliche Mitwirkung an der Erfüllung des Schuldverhältnisses unterlässt. Dies ist nicht nur dann der Fall, wenn der Gläubiger die ihm angebotene Leistung nicht annimmt, sondern auch, wenn er die Erfüllung einer sonstigen Leistungspflicht des Schuldners vereitelt (Palandt/*Grüneberg* § 293 Rz 1). Die §§ 293 ff finden daher auch auf sachen-, familien- und erbrechtliche Ansprüche Anwendung (Palandt/*Grüneberg* § 293 Rz 2), auf Grund der Verweisung in § 62 2 VwVfG auf Ansprüche aus öffentlich-rechtlichen Verträgen und modifizieren die Regeln des Eigentümer-Besitzer-Verhältnisses, wenn der Eigentümer die ordnungsgemäß angebotene Sache nicht zurücknimmt (AnwK/*Schmidt-Kessel* § 293 Rz 3). Die Regeln des Gläubigerverzugs umfassen daher sämtliche **Mitwirkungspflichten des Gläubigers**, wie zB die Ausübung des Wahlrechts nach § 262, die Abgabe der Erklärung nach § 315 II (BGH NJW 02, 1

3541), die Spezifikation nach § 375 HGB (RGZ 43, 103) oder die Vornahme von Vorbereitungshandlungen, wie zB die Bereitstellung von Transporthilfsmitteln (RG JW 1904, 168), der zu bearbeitenden Stoffe (Stuttg NJW 47/48, 565) oder auch das Zugänglichmachen des Leistungsorts (weitere Bsp bei AnwK/*Schmidt-Kessel* § 293 Rz 13). Bedarf der Schuldner keiner Mitwirkung oder Kooperation des Gläubigers, wie zB bei Unterlassungspflichten oder Pflichten, die auf die Abgabe einer Willenserklärung gerichtet sind, spielen die Regeln des Gläubigerverzugs hingegen keine praktische Rolle (AnwK/*Schmidt-Kessel* § 293 Rz 4).

2 Nach hM ist der Gläubiger zur Annahme der Leistung nur berechtigt, nicht aber verpflichtet (BGH NJW-RR 88, 1265; Palandt/*Heinrichs* § 293 Rz 1). Der Gläubigerverzug stellt daher grds keine Verletzung einer Rechtspflicht, sondern bloß den Verstoß gegen eine **Obliegenheit** dar (*R. Schmidt* Obliegenheiten 146 ff; Palandt/*Grüneberg* § 293 Rz 1; differenzierend AnwK/*Schmidt-Kessel* § 293 Rz 2, der von Pflichten mit beschränktem Schutzzweck spricht), begründet daher auch keine Schadensersatzpflicht, setzt umgekehrt aber auch kein Vertretenmüssen voraus (AnwK/*Schmidt-Kessel* § 293 Rz 15 f). Anderes gilt aber dann, wenn das Gesetz oder die Vereinbarung die Annahme der Leistung durch den Gläubiger oder seine Mitwirkung als echte Rechtspflicht ausgestalten, wie dies zB nach den § 433 II oder § 640 I für den Kauf- und Werkvertrag der Fall ist. Der Gläubiger kommt in diesen Fällen zugleich auch in Schuldnerverzug, der unter den Voraussetzungen des § 280 auch schadensersatzrechtlich sanktioniert ist (Palandt/*Grüneberg* § 293 Rz 6 mwN).

3 **B. Voraussetzungen.** Die Voraussetzungen des Gläubigerverzugs sind in den §§ 293–299 geregelt. Der Gläubiger gerät demnach nur in Verzug, wenn der Schuldner die Leistung tatsächlich so anbietet, wie sie zu bewirken ist (§ 294), der Schuldner zur Leistung imstande (§ 297) und auch berechtigt ist. Bedarf es daher für die Leistung zB einer öffentlich-rechtlichen Genehmigung, setzt der Annahmeverzug voraus, dass die Genehmigung vorliegt (BGHZ 13, 329; NJW 52, 743; Palandt/*Grüneberg* § 293 Rz 8).

4 Da der Gläubigerverzug die Leistungsbereitschaft und -fähigkeit des Schuldners voraussetzt, schließen **Unmöglichkeit** der Leistung (§ 275 I) und Unvermögen des Schuldners den Gläubigerverzug grds aus (BGHZ 24, 96; Palandt/*Grüneberg* § 293 Rz 3; aA *Schmidt-Kessel* Gläubigerfehlverhalten § 7 II 1b; AnwK/*Schmidt-Kessel* § 293 Rz 29; *Dötterl* Unmöglichkeit 100, 107 ff; vgl schon *Picker* JZ 79, 292 ff). Fraglich ist aber, welche Fälle dem Gläubigerverzug und welche der Unmöglichkeit zuzuordnen sind. Nach heute hM ist für die Abgrenzung von Unmöglichkeit und Annahmeverzug darauf abzustellen, ob die Leistung noch erbracht werden kann. Annahmeverzug liegt vor, wenn der Gläubiger die Leistung nicht annehmen kann oder will, Unmöglichkeit, wenn der Leistung ein dauerndes Hindernis entgegensteht (BGHZ 60, 17; *Beuthien* Zweckerreichung 230 ff; Palandt/*Grüneberg* § 293 Rz 5; Staud/*Löwisch* vor § 293 Rz 5; MüKo/*Ernst* § 293 Rz 8; Erman/*Hager* § 293 Rz 5). Beim Arbeitsvertrag grenzt die Rspr nach der Sphärentheorie ab und stellt darauf ab, in wessen Gefahrenkreis die Störungsursache liegt (RGZ 106, 275; s. § 615 Rn 1 ff).

5 **C. Rechtsfolgen.** Die Rechtsfolgen des Gläubigerverzugs werden zunächst in den §§ 300 ff geregelt, bestehen also in der Haftungsminderung und dem Gefahrenübergang bei Gattungsschulden (§ 300), dem Wegfall der Verzinsungspflicht (§ 301), der Beschränkung der Verpflichtung zur Nutzungsherausgabe (§ 302), dem Recht zur Besitzaufgabe bei Grundstücken oder eingetragenen Schiffen oder Schiffsbauwerken (§ 303) und dem Anspruch des Schuldners auf Ersatz von Mehraufwendungen (§ 304). Darüber hinaus steht dem Schuldner regelmäßig das Recht zur Hinterlegung (§§ 372–382, § 373 I HGB) und unter den Voraussetzungen der §§ 383–386, 373 II–V HGB das Recht zum Selbsthilfeverkauf zu.

6 Der Gläubigerverzug befreit den Schuldner allerdings nicht von seiner Leistungspflicht, auch ein Rücktritts- oder Kündigungsrecht steht dem Schuldner alleine wegen des Gläubigerverzugs nicht zu (§ 300 Rn 2; differenzierend AnwK/*Schmidt-Kessel* § 293 Rz 22). Allerdings muss der Schuldner keine Rechtsbehelfe fürchten, wenn seine Pflichtverletzung auf dem Fehlverhalten des Gläubigers beruht. Den Regeln des Gläubigerverzugs kommt daher eine Verteidigungsfunktion zu (AnwK/*Schmidt-Kessel* § 293 Rz 6).

7 **D. Beendigung des Annahmeverzugs.** Da der Gläubigerverzug den Schuldner nicht von seiner Leistungspflicht befreit, der Schuldner aber an seiner Leistung durch das Fehlverhalten des Gläubigers gehindert ist, tritt das Schuldverhältnis in einen **Schwebezustand**. Der **Gläubiger** kann diesen Schwebezustand und damit auch seinen Annahmeverzug mit Wirkung ex nunc beenden, wenn er die Leistung annimmt oder die sonst erforderliche Mitwirkungspflicht erfüllt (Palandt/*Grüneberg* § 293 Rz 11). Die nach §§ 300 ff bereits eingetretenen Rechtsfolgen, wie zB die Konkretisierung (§ 300 II), bleiben freilich bestehen (AnwK/*Schmidt-Kessel* § 293 Rz 17). Bedarf es zur Erfüllung einer weiteren Erfüllungshandlung des Schuldners, muss der Gläubiger seine Abnahmebereitschaft erklären. Der Gläubigerverzug endet erst nach Ablauf der Zeit, die der Schuldner zur Bewirkung der Leistung tatsächlich benötigt (Staud/*Löwisch* § 293 Rz 31). Den Ersatz der Mehraufwendungen nach § 304 muss der Gläubiger zwar nicht anbieten (MüKo/*Ernst* § 293 Rz 20), doch kann der Schuldner wegen der ihm zustehenden Ansprüche ein Zurückbehaltungsrecht geltend machen und dadurch nach § 298 die Beendigung des Annahmeverzuges verhindern (BGHZ 116, 249; Staud/*Löwisch* § 293 Rz 31; Palandt/*Grüneberg* § 293 Rz 12; AnwK/*Schmidt-Kessel* § 293 Rz 18).

8 Der **Schuldner** kann den Schwebezustand durch Hinterlegung oder Selbsthilfeverkauf beenden, sofern er dazu berechtigt ist (Rn 5). Der Annahmeverzug endet überdies, wenn die Schuld aus anderen Gründen

erlischt, zB durch Aufrechnung (§ 389) oder Erlass (§ 397), wenn die Leistung unmöglich wird (BGHZ 117, 6) oder wenn der Schuldner sein Angebot zur Leistung zurücknimmt (Palandt/*Grüneberg* § 293 Rz 13).

§ 294 Tatsächliches Angebot. Die Leistung muss dem Gläubiger so, wie sie zu bewirken ist, tatsächlich angeboten werden.

A. Allgemeines. Durch die Vorschriften der §§ 294 ff sollen die beiderseitigen Interessen der Vertragsparteien bei der Durchführung des Schuldverhältnisses in Einklang gebracht werden (Soergel/*Wiedemann* § 294 Rz 1). § 294 statuiert den Grundsatz, dass der Schuldner einer Leistung diese tatsächlich andienen muss. Dadurch wird die Grundnorm des § 293 konkretisiert (BaRoth/*Grüneberg* § 294 Rz 1; MüKo/*Ernst* § 294 Rz 1). Außerdem wird festgelegt, dass der Gläubigerverzug nur durch ein zur Erfüllung taugliches Angebot begründet werden kann (Palandt/*Grüneberg* § 294 Rz 1). 1

B. Tatsächliches Angebot. Der Schuldner ist nach § 294 verpflichtet, alles zu tun, was zur Bewirkung der Leistung erforderlich ist (BGHZ 116, 244; Staud/*Löwisch* § 294 Rz 11). Es obliegt ihm, alle zur Erbringung der Leistung erforderlichen Handlungen einzuleiten (Soergel/*Wiedemann* § 294 Rz 4). Das tatsächliche Angebot ist dabei der Beginn der Leistungshandlung des Schuldners (BaRoth/*Unberath* § 294 Rz 2). Es ist seiner Rechtsnatur nach ein in der Leistungshandlung enthaltener Realakt (*Huber*, Leistungsstörungen I 203 f; Palandt/*Grüneberg* § 294 Rz 2; Erman/*Hager* § 294 Rz 1; MüKo/*Ernst* § 292 Rz 2; Soergel/*Wiedemann* § 294 Rz 2), auf den § 130 keine Anwendung findet (Staud/*Löwisch* § 294 Rz 18; Soergel/*Wiedemann* § 294 Rz 2; aA RGRK/*Alff* § 293 Rz 3). Der Gläubiger kommt daher auch dann in Verzug, wenn er wegen Ortsabwesenheit zunächst keine Kenntnis vom Angebot erlangt (Palandt/*Grüneberg* § 294 Rz 2, vgl aber § 299). 2

Der Schuldner muss zur Erbringung der vertraglich geschuldeten Leistung ernsthaft bereit sein (BAG NJW 06, 1022). Der Gläubiger soll zur Erfüllung der Schuld nichts anderes beitragen müssen, als die tatsächlich angebotene Leistung entgegenzunehmen (BGHZ 90, 359; RGZ 109, 328; RGRK/*Alff* § 294 Rz 1). Der Leistungswille des Schuldners kann nur im Rückblick festgestellt werden (BAG AP § 615 Nr 30). Wird beim Leistungsangebot ein Vorbehalt erklärt, wird kein Annahmeverzug begründet (BGH ZIP 94, 1840), es sei denn der Vorbehalt soll lediglich die Rechtsfolgen des § 814 ausschließen (BGH NJW 82, 2302; AnwK/*Schmidt/Kessel* § 296 Rz 7; MüKo/*Ernst* § 294 Rz 4; Erman/*Hager* § 294 Rz 3). 3

Wird eine **Sache** geschuldet, ist der Charakter der Schuld für die Modalitäten des tatsächlichen Angebotes maßgebend. Die Leistung muss in der richtigen Weise, am richtigen Ort (§§ 269, 270), zur richtigen Zeit (§ 271) und durch die richtige Person angeboten werden. Bei einer Bringschuld muss der Schuldner die Sache beim Gläubiger vorzeigen. Auch bei einer Schickschuld muss die Sache beim Gläubiger abgeliefert werden (BGHZ 90, 359; München NJW 97, 945; Erman/*Hager* § 294 Rz 3; Staud/*Löwisch* § 294 Rz 14; RGRK/*Alff* § 294 Rz 1). Nachnahmesendungen sind beim Empfänger vorzuweisen (RGZ 102, 372). Da bei der Holschuld eine Mitwirkungshandlung des Gläubigers erforderlich ist, reicht ein wörtliches Angebot der Leistung nach § 295 aus. 4

Ist die Vornahme einer **Handlung** geschuldet, muss sich der Schuldner am vorgesehenen Ort befinden und bereit sein, die Handlung vorzunehmen (Staud/*Löwisch* § 294 Rz 15). So hat sich auch ein **Arbeitnehmer** an seiner Arbeitsstelle zu melden und die Weisungen seiner Arbeitgebers entgegenzunehmen (BAG DB 83, 396). 5

Bei **Geldschulden** liegt ein tatsächliches Angebot dann vor, wenn der Schuldner des Geld persönlich zum Gläubiger bringt und deutlich macht, dass er es aushändigen will (RGZ 85, 416). Auch wenn das Geld auf dem Konto des Gläubigers eingeht, bedeutet dies ein tatsächliches Angebot (Staud/*Löwisch* § 294 Rz 12). Der Gläubiger muss also die Verfügungsmöglichkeit über die Summe erlangen (Soergel/*Wiedemann* § 294 Rz 4). Die bloße Anweisung der eigenen Bank reicht indes nicht aus (RGZ 109, 328). 6

Die **Abgabe einer Willenserklärung** muss der Schuldner nach Mitteilung durch den Gläubiger bei der zur Entgegennahme vorgesehenen Stelle vornehmen (BGHZ 116, 250). 7

C. Ordnungsgemäßes Angebot. Der Schuldner muss die Leistung so anbieten, „wie sie zu bewirken ist". Die Ordnungsgemäßheit des Angebotes bezieht sich auf den **Leistungsort**, die **Leistungszeit** und die Leistung selbst. Hinsichtlich der Leistungszeit ist zu beachten, dass der Schuldner die Leistung im Zweifel nach § 271 II bereits vor Fälligkeit erbringen kann (AK-BGB/*Dubischar* § 294 Rz 1). Umgekehrt tritt bei einer nur vorübergehenden Annahmeverhinderung nach § 299 trotz des tatsächlichen Angebotes kein Annahmeverzug ein, vgl § 299. Eine Leistung ist im Zweifel nach § 271 bereits vor Fälligkeit möglich (AK-BGB/*Dubischar* § 294 Rz 1). Bei einer nur vorübergehenden Annahmeverhinderung nach § 299 tritt trotz des tatsächlichen Angebotes kein Annahmeverzug ein, vgl § 299 Rn 1. 8

Auch die **Leistung selbst** muss ordnungsgemäß, also wie geschuldet angeboten werden. Die Leistung muss nach Art, Güte und Menge dem Inhalt des Schuldverhältnisses entspr. Das Angebot einer Leistung an Erfüllung statt oder einer Leistung erfüllungshalber genügt daher ebenso wenig (BGH WM 83, 864; Palandt/*Grüneberg* § 294 Rz 3), wie eine unvollständige Leistung (Staud/*Löwisch* § 294 Rz 2). Das Angebot einer Teilleistung begründet aber dann den (teilweisen) Annahmeverzug des Gläubigers, wenn die Teilleistung ausnahmsweise zulässig ist (§ 266 Rn 3, 8). Bietet der Schuldner eine mangelhafte Leistung an, ist der Gläubiger grds zur 9

Zurückweisung berechtigt, ohne in Annahmeverzug zu geraten (BGHZ 114, 40; *Jud* JuS 04, 841). Dabei ist nicht erforderlich, dass sich der Gläubiger auf die Mangelhaftigkeit beruft, es reicht aus, wenn diese tatsächlich besteht. Anderes gilt dann, wenn die Mangelhaftigkeit weder durch Nacherfüllung oder Nachlieferung beseitigt werden kann und unerheblich iSd § 326 V ist, weil sonst die dort vorgesehene Rücktrittsschwelle unterlaufen werden könnte (str, s. § 266 Rn 8).

§ 295 Wörtliches Angebot.
¹Ein wörtliches Angebot des Schuldners genügt, wenn der Gläubiger ihm erklärt hat, dass er die Leistung nicht annehmen werde, oder wenn zur Bewirkung der Leistung eine Handlung des Gläubigers erforderlich ist, insbesondere wenn der Gläubiger die geschuldete Sache abzuholen hat. ²Dem Angebot der Leistung steht die Aufforderung an den Gläubiger gleich, die erforderliche Handlung vorzunehmen.

1 **A. Allgemeines.** Hat der Gläubiger erklärt, die Leistung nicht anzunehmen oder muss er an der Leistung mitwirken, ist die tatsächliche Andienung des Leistungsgegenstandes nicht erforderlich; es reicht ein wörtliches Angebot (BaRoth/*Unberath* § 295 Rz 1; MüKo/*Ernst* § 295 Rz 1). Das wörtliche Angebot dokumentiert die Leistungsbereitschaft des Schuldners ggü dem Gläubiger in hinreichender Art und Weise. Hinter dieser Ausnahmeregel steht der Gedanke, dass dem Schuldner ein tatsächliches Angebot nur dann zuzumuten ist, wenn er nach den Umständen davon ausgehen kann, dass seine Leistung auch angenommen wird. Dies ist aber nicht der Fall, wenn der Gläubiger die Annahme der Leistung bereits abgelehnt hat und zu ungewiss, wenn es seiner Mitwirkung bedarf (Staud/*Löwisch* § 295 Rz 1).

2 Voraussetzung ist freilich auch iRd § 295, dass der Schuldner zur Leistung bereit und im Stande ist (BGH NJW 03, 1601; BAG NJW 75, 1336). Bei Gattungsschulden ist allerdings eine vorherige Aussonderung nicht erforderlich (BGH WM 75, 920; Palandt/*Grüneberg* § 295 Rz 3; Staud/*Löwisch* § 295 Rz 17). Ohne Aussonderung geht allerdings die Gefahr nicht auf den Gläubiger über (§ 300 Rn 7).

3 Anders als das tatsächliche Angebot (vgl § 294 Rn 2) ist das wörtliche Angebot eine rechtsgeschäftsähnliche Handlung (*Huber* Leistungsstörungen I § 9 I 2), auf die die §§ 130 ff Anwendung finden (Palandt/*Grüneberg* § 295 Rz 1; Erman/*Hager* § 295 Rz 2; MüKo/*Ernst* § 295 Rz 2; BaRoth/*Unberath* § 295 Rz 6). Das Angebot bedarf keiner Form, kann daher ausdrücklich oder schlüssig erfolgen.

4 Das wörtliche Angebot kann grds nur vom Schuldner selbst abgegeben werden. Ein Dritter ist dazu nur unter den Voraussetzungen der §§ 268, 1150, 1249 befugt (RGZ 83, 393; BaRoth/*Unberath* § 295 Rz 7; Staud/*Löwisch* § 295 Rz 24; Soergel/*Wiedemann* § 295 Rz 3; MüKo/*Ernst* § 295 Rz 3).

5 **B. Voraussetzungen. I. Ablehnung der Annahme (S 1 Fall 1).** Der Gläubiger muss nach § 295 1 Fall 1 deutlich machen, dass er die Leistung des Schuldners nicht als Erfüllung einer Schuld annehmen will (Staud/*Löwisch* § 295 Rz 3; MüKo/*Ernst* § 295 Rz 6). Auch die Erklärung des Gläubigers ist wie das wörtliche Angebot selbst eine zugangsbedürftige rechtsgeschäftsähnliche Handlung (BGH ZIP 99, 441). In der Erklärung des Gläubigers muss eindeutig und bestimmt zum Ausdruck kommen, dass er die Annahme der Leistung ablehnt (BGH ZIP 06, 904 ff). Dies ist der Fall, wenn der Gläubiger (unberechtigt) den Rücktritt erklärt (RGZ 57, 112 f) oder eine Kündigung (BAG NJW 04, 316) ausspricht. Ein bloßer Vorbehalt oder ein Schweigen auf die Anzeige der Leistungsbereitschaft reicht indes nicht aus (Braunschw OLGE 43, 28; Palandt/*Grüneberg* § 295 Rz 4; BaRoth/*Unberath* § 295 Rz 2; Staud/*Löwisch* § 295 Rz 3).

6 Die Ablehnung der Annahme durch den Gläubiger muss dem Angebot vorausgehen (BaRoth/*Unberath* § 295 Rz 3; Staud/*Löwisch* § 295 Rz 7; Soergel/*Wiedemann* § 295 Rz 12; MüKo/*Ernst* § 295 Rz 6). § 765 II ZPO modifiziert diesen Grundsatz in seinem Anwendungsbereich dergestalt, dass der Gerichtsvollzieher mit der Zwangsvollstreckung bereits dann beginnen darf, wenn der Schuldner erklärt hat, er werde die Leistung nicht annehmen.

7 **II. Unterbliebene Mitwirkung (S 1 Fall 2).** Das wörtliche Angebot des Schuldners reicht auch dann aus, wenn zur Bewirkung der Leistung eine Handlung des Gläubigers erforderlich ist. Ob und ggf welche Mitwirkungspflichten des Gläubigers bestehen, ergibt sich aus dem Inhalt der Parteivereinbarungen. Zu denken ist hier insb an die Pflicht des Gläubigers zur Abholung der Sache (Holschuld, Köln ZMR 02, 423), aber auch an eine Leistungskonkretisierung nach § 315 (BGH NJW 02, 3541), die Wahl des Leistungsgegenstandes bei der Wahlschuld (§ 262), die Abnahme beim Werkvertrag (§ 640), den Kauf auf Abruf (BGH NJW 54, 385) und den Spezieskauf (§ 375 HGB). Ist nach der Parteivereinbarung erforderlich, Verpackungsmaterial zur Verfügung zu stellen, begründet auch dies eine Mitwirkungspflicht (MüKo/*Ernst* § 295 Rz 7). Auch kann ausnahmsweise in einem Anspruch auf Rechnungslegung eine notwendige Mitwirkungshandlung bestehen, wenn der geschuldete Betrag noch nicht eindeutig beziffert ist (Celle NJW 86, 327). Nicht hinreichend ist trotz § 368 die Pflicht zur Erteilung einer Quittung (Staud/*Löwisch* § 295 Rz 15).

8 **III. Aufforderung zur Mitwirkung (S 2).** Ist der Gläubiger zur Mitwirkung verpflichtet, muss ihn der Schuldner zur Vornahme der erforderlichen Handlung auffordern. Eines Leistungsangebotes bedarf es nicht (BaRoth/*Unberath* § 295 Rz 9). Die Aufforderung zur Leistung steht insoweit einem wörtlichen Angebot gleich (Staud/*Löwisch* § 295 Rz 25; Soergel/*Wiedemann* § 295 Rz 13).

§ 296 Entbehrlichkeit des Angebots. ¹Ist für die von dem Gläubiger vorzunehmende Handlung eine Zeit nach dem Kalender bestimmt, so bedarf es des Angebots nur, wenn der Gläubiger die Handlung rechtzeitig vornimmt. ²Das Gleiche gilt, wenn der Handlung ein Ereignis vorauszugehen hat und eine angemessene Zeit für die Handlung in der Weise bestimmt ist, dass sie sich von dem Ereignis an nach dem Kalender berechnen lässt.

Parallel zur Vorschrift des § 286 II gerät der Gläubiger dann ohne weiteres in Annahmeverzug, wenn seine erforderliche Mitwirkungshandlung nach dem Kalender bestimmt oder bestimmbar ist (BaRoth/*Unberath* § 296 Rz 1; Soergel/*Wiedemann* § 296 Rz 1; MüKo/*Ernst* § 296 Rz 1; Jakobs/*Schubert* 340). In diesen Fällen kann der Gläubiger auch ohne Anzeige erkennen, dass der Schuldner die Leistung nicht selbstständig erbringen kann („*Dies interpellat pro homine*"). Es bedarf also weder eines tatsächlichen noch eines wörtlichen Angebotes des Schuldners, § 296 ergänzt insofern § 295 Fall 2. Der Gläubiger kommt nach Ablauf des festgelegten Zeitpunktes ohne weiteres in Annahmeverzug (BGH WM 95, 439), sofern die allg Voraussetzungen des Annahmeverzugs vorliegen (MüKo/*Ernst* § 296 Rz 2). Nimmt der Gläubiger die erforderliche Mitwirkungshandlung nachträglich vor, so erlischt der Annahmeverzug mit Wirkung ex nunc, wenn die Leistung des Schuldners trotz der Säumnis noch möglich ist (Soergel/*Wiedemann* § 296 Rz 2; RGRK/*Alff* § 296 Rz 1; MüKo/*Ernst* § 296 Rz 3).

Das Angebot des Schuldners ist va dann entbehrlich, wenn eine kalendermäßig fixierte Holschuld vereinbart wurde (BGH NJW-RR 91, 268; BAG NZA 99, 925). Auch wenn der Schuldner die Leistung nur innerhalb eines bestimmten Zeitraumes erbringen kann, dessen Ende aber eindeutig festgelegt ist, liegt eine kalendermäßige Bestimmung vor (BGH NJW 92, 1629; WM 95, 440 f; MüKo/*Ernst* § 296 Rz 2; Erman/*Hager* § 296 Rz 1). Die Berechnung der Frist erfolgt wie bei § 286 (BaRoth/*Unberath* § 296 Rz 2; Erman/*Hager* § 296 Rz 1; Palandt/*Grüneberg* § 296 Rz 1). § 296 findet aber zB auch dann Anwendung, wenn dem Schuldner der Verladeort beim fob-Kauf nicht termingerecht mitgeteilt wird (AnwK/*Schmidt-Kessel* § 298 Rz 19), wenn der Gläubiger einen Beurkundungstermin (BGHZ 116, 250), einen Arzt- oder Operationstermin (str, Nachweise bei *Schinnenburg* MDR 08, 838) versäumt oder wenn er nicht zu Beginn der Oper oder des Theaterstücks anwesend ist (*Deckers* JuS 99, 1160).

Die Rspr hält das Angebot des Schuldners auch dann für entbehrlich, wenn es nur „leere Form" oder für den Schuldner „unzumutbar" wäre (BGH NJW 01, 287; so auch Palandt/*Grüneberg* § 295 Rz 4). Dies soll va in den Fällen einer unberechtigten Kündigung gelten. Der Arbeitgeber gerät demnach auch dann in Annahmeverzug, wenn der unwirksam gekündigte Arbeitnehmer seine Leistungsbereitschaft nicht erklärt. Dem ist nicht zu folgen, weil es zum einen der Wertung des § 295 widerspricht, der ja gerade für den Fall der unberechtigten Verweigerung der Annahme durch den Gläubiger das wörtliche Angebot verlangt, zum anderen aber auch der Notwendigkeit der Erhebung einer Kündigungsschutzklage nach § 7 KSchG (so auch AnwK/*Schmidt-Kessel* § 296 Rz 23, 33). Die Rspr begründet die Entbehrlichkeit des Angebotes des Arbeitnehmers, trotz der unberechtigten Kündigung weiter leistungsbereit zu sein, aber auch direkt mit § 296 1 (BAG NZA 99, 925; 01, 1020; NJW 85, 935, 2662). Die nach dem Kalender bestimmte Mitwirkungshandlung des Arbeitgebers liege darin, dass dem Arbeitnehmer für jeden Arbeitstag ein funktionsfähiger Arbeitsplatz zur Verfügung zu stellen und laufend Zuweisungen zu erteilen seien. Auch diese Begründung überzeugt letztlich nicht, weil die Zuweisung ja an Ort und Stelle erfolgen müsste, was voraussetzt, dass sich der Arbeitnehmer an der Arbeitsstelle einfindet. Daraus folgt, dass der zu Unrecht gekündigte Arbeitnehmer seine Leistung zumindest wörtlich anbieten muss, um den Arbeitgeber in Gläubigerverzug zu setzen (AnwK/*Schmidt-Kessel* § 296 Rz 33). Dies ist nach neuester Rspr jedenfalls dann der Fall, wenn der Arbeitgeber von einem vermeintlichen Recht Gebrauch macht, die Arbeitszeitdauer flexibel zu gestalten (BAG NZA 07, 803).

§ 297 Unvermögen des Schuldners. Der Gläubiger kommt nicht in Verzug, wenn der Schuldner zur Zeit des Angebots oder im Falle des § 296 zu der für die Handlung des Gläubigers bestimmten Zeit außerstande ist, die Leistung zu bewirken.

Ist die Leistung unmöglich (§ 275 I) oder hat der Schuldner die Leistung endgültig verweigert (§ 275 II, III), gelten die Regeln über den Ausschluss der Leistungspflicht und § 297 findet keine Anwendung (Staud/*Löwisch* § 297 Rz 1; differenzierend AnwK/*Schmidt-Kessel* § 297 Rz 1). § 297 bezieht sich daher nur auf die **vorübergehende Unmöglichkeit** und das **vorübergehende Unvermögen** (MüKo/*Ernst* § 297 Rz 1): Kann der Schuldner die Leistung vorübergehend nicht erbringen, obwohl er leisten will, gerät der Gläubiger auch dann nicht in Verzug, wenn er eine erforderliche Mitwirkungshandlung nicht vorgenommen hat (BAG NJW 06, 1022; Palandt/*Grüneberg* § 297 Rz 1; Soergel/*Wiedemann* § 297 Rz 2; MüKo/*Ernst* § 297 Rz 1).

Bsp: Versäumt ein Schüler die festgesetzte Unterrichtsstunde, gerät er nicht in Verzug, wenn der Lehrer den Unterricht wegen Krankheit ohnehin nicht hätte erteilen können (*Larenz* I § 25 I c); unterbleibt die Hausrenovierung, weil der Auftraggeber auf Urlaub ist, gerät er nicht in Verzug, wenn der Auftragnehmer die Leistung ohnehin nicht erbringen kann, weil er Baumaterial zu spät bestellt hat (vgl MüKo/*Ernst* § 297 Rz 2). Wird aber einem Lkw-Fahrer der Führerschein entzogen, kommt der Arbeitgeber in Annahmeverzug, wenn eine andere Beschäftigung möglich und zumutbar ist (BAG DB 87, 1359; Palandt/*Grüneberg* § 297 Rz 1; weitere Bsp bei Staud/*Löwisch* § 297 Rz 4 ff).

3 **Maßgebender Zeitpunkt** für die Leistungsfähigkeit und Leistungswilligkeit des Schuldners ist der Zeitpunkt des Angebotes (MüKo/*Ernst* § 293 Rz 3), also beim tatsächlichen Angebot (§ 294) dessen Vornahme, beim wörtlichen Angebot (§ 295) der Zeitpunkt der Erklärung an den Gläubiger und im Fall des § 286 der für die Mitwirkungshandlung des Gläubigers maßgebende Zeitpunkt (AnwK/*Schmidt-Kessel* § 297 Rz 4).

4 Die **Beweislast** für das vorübergehende Unvermögen und die fehlende Leistungsbereitschaft des Schuldners trifft den Gläubiger (BAG BB 68, 1383; MüKo/*Ernst* § 297 Rz 4; Staud/*Löwisch* § 293 Rz 22).

§ 298 Zug-um-Zug-Leistungen.
Ist der Schuldner nur gegen eine Leistung des Gläubigers zu leisten verpflichtet, so kommt der Gläubiger in Verzug, wenn er zwar die angebotene Leistung anzunehmen bereit ist, die verlangte Gegenleistung aber nicht anbietet.

1 **A. Normzweck.** § 298 ist eine Sonderreglung des Gläubigerverzugs für Zug-um-Zug-Leistungen. Er setzt das Nichtanbieten der verlangten Gegenleistung der Annahmeverweigerung der Leistung gleich. Geregelt wird nicht der Leistungsverzug des Gläubigers hinsichtlich der von ihm dem Schuldner geschuldeten Leistung, sondern sein Annahmeverzug in Bezug auf die ihm vom Schuldner geschuldete Leistung (Staud/*Löwisch* § 298 Rz 1).

2 **B. Anwendungsbereich.** § 298 findet nicht nur auf gegenseitige Verträge (§§ 320 ff), sondern auch auf alle sonstigen Fälle von Zug-um-Zug-Leistungen, wie zB §§ 255, 273, 285, 348, 371, 785, 797, 1144, 1223, § 812 I HGB, Anwendung, auch wenn diese lediglich Nebenleistungen darstellen wie zB §§ 368, 371 (Palandt/*Grüneberg* § 298 Rz 1; MüKo/*Krüger* § 298 Rz 1). Die zu erstattenden Kosten eines Rechtsstreits fallen dagegen nicht unter § 298. § 298 ist anzuwenden, wenn der Gläubiger im Voraus zu leisten hat, da es sich hierbei um eine über die Zug-um-Zug-Leistung hinausgehende Verpflichtung handelt (BGHZ 90, 359; MüKo/*Ernst* § 298 Rz 1; AnwK/*Schmidt-Kessel* § 298 Rz 2; Palandt/*Grüneberg* § 298 Rz 1).

3 **C. Voraussetzungen.** Voraussetzung für den Annahmeverzug des Gläubigers ist, dass der Schuldner die Leistung des Gläubigers verlangt hat, sie durch den Gläubiger aber nicht angeboten wurde. Ein ausdrückliches Verweigern durch den Gläubiger ist nicht erforderlich (Erman/*Hager* § 298 Rz 3; MüKo/*Ernst* § 298 Rz 2); die Art der zu verlangenden Anbietung ist nach den entspr anwendbaren §§ 294, 295 zu bestimmen und kann somit auch nur wörtlich sein (BGHZ 90, 359; Palandt/*Grüneberg* § 298 Rz 2). Ein evtl Verschulden des Gläubigers bleibt entspr § 293 unbeachtlich (MüKo/*Ernst* § 298 Rz 2; Staud/*Löwisch* § 298 Rz 7; BaRoth/*Unberath* § 298 Rz 5). § 299 ist in den Fällen, in denen der Gläubiger wegen des vorzeitigen Angebots des Schuldners nicht leistungsbereit ist, entspr anzuwenden (Erman/*Hager* § 298 Rz 3; MüKo/*Ernst* § 298 Rz 2).

4 **D. Rechtsfolgen und Beweislast.** Die Rechtsfolgen des Annahmeverzugs richten sich allg nach denen des Gläubigerverzugs, §§ 300–304. Durch den Annahmeverzug des Gläubigers gerät der Schuldner seinerseits nicht in Schuldnerverzug (BaRoth/*Unberath* § 298 Rz 6). Kann der Gläubiger die geschuldete Gegenleistung aufgrund eines durch ihn zu vertretenden Umstands nicht rechtzeitig erbringen, so gerät er gleichzeitig in Schuldnerverzug, § 286 I, IV (MüKo/*Ernst* § 298 Rz 4).

5 Bringt der Schuldner den Annahmeverzug des Gläubigers iSd § 298 vor, so muss er darlegen und beweisen, dass er selbst ein ordnungsgemäßes Angebot der geschuldeten Leistung abgegeben hat. Steht dies fest, so ist es Aufgabe des Gläubigers, sein Angebot der Gegenleistung darzulegen und zu beweisen (MüKo/*Ernst* § 298 Rz 5).

§ 299 Vorübergehende Annahmeverhinderung.
Ist die Leistungszeit nicht bestimmt oder ist der Schuldner berechtigt, vor der bestimmten Zeit zu leisten, so kommt der Gläubiger nicht dadurch in Verzug, dass er vorübergehend an der Annahme der angebotenen Leistung verhindert ist, es sei denn, dass der Schuldner ihm die Leistung eine angemessene Zeit vorher angekündigt hat.

1 **A. Normzweck.** § 299 schränkt den Grundsatz, dass Annahmeverzug kein Verschulden des Gläubigers voraussetzt, dahingehend ein, dass es bei nur zeitweiliger Verhinderung des Gläubigers im Falle der unbestimmten Leistungszeit unbillig wäre, den Gläubiger in Annahmeverzug zu versetzen. Als Sonderregelung stellt § 299 somit eine Ausgestaltung des Grundsatzes von Treu und Glauben, § 242, dar (Hambg OLGE 28, 71; Palandt/*Grüneberg* § 299 Rz 1).

2 **B. Voraussetzungen. I. Unbestimmtheit der Leistung.** Voraussetzung des § 299 ist, dass die Leistungszeit entweder unbestimmt ist, so dass der Schuldner die Leistung gem § 271 I sofort erbringen kann, oder zwar eine Bestimmung der Leistungszeit vorliegt, der Schuldner aber auch zu einem früheren Zeitpunkt leisten *kann, § 271 II (MüKo/Ernst § 299 Rz 2; Staud/Löwisch § 299 Rz 1).*

3 **II. Annahmehinderung.** Liegt eine solche Unbestimmtheit vor, versetzt eine vorübergehende Annahmehinderung den Gläubiger nicht in Annahmeverzug. Unter einem vorübergehenden Annahmeverzug sind solche Umstände zu verstehen, die den Gläubiger nur zeitweilig von der Annahme hindern, wie etwa zufällige Abwe-

senheit (Hambg OLGE 28, 71), schwere Erkrankung (RG JW 1903 Beilage Nr 251) oder vorübergehender Platzmangel (Staud/*Löwisch* § 299 Rz 3). Der Gläubiger kann sich nicht auf derartige Gründe berufen, wenn er sie selbst absichtlich herbeigeführt hat (Soergel/*Wiedemann* § 299 Rz 2; BaRoth/*Unberath* § 299 Rz 4).

III. Ankündigung der Leistung. Trotz Unbestimmtheit der Leistungszeit gerät der Gläubiger in Annahmeverzug, wenn die Leistung vorher angekündigt war. Die Ankündigung ist eine empfangsbedürftige geschäftsähnliche Mitteilung (Palandt/*Grüneberg* § 299 Rz 3; Erman/*Hager* § 299 Rz 4); sie muss eine angemessene Zeit vor der Leistung stattfinden, so dass sich auf die Annahme vorbereiten kann; es ist also stark auf Art und Umfang der geschuldeten Leistung abzustellen (AnwK/*Schmidt-Kessel* § 299 Rz 3; BaRoth/*Unberath* § 299 Rz 5). Eine Ankündigung zu einer unpassenden Zeit führt den Annahmeverzug erst zu dem Zeitpunkt herbei, an dem die Annahme durch den Gläubiger billigerweise erwartet werden konnte (Staud/*Löwisch* § 299 Rz 6; Erman/*Hager* § 299 Rz 4). Die Grundsätze von Treu und Glauben, § 242, finden überdies besondere Beachtung, so dass trotz rechtzeitiger Ankündigung ein Annahmeverzug dennoch ausgeschlossen sein kann, so zB bei einem Todesfall in der Familie oder plötzlicher Krankheit des Gläubigers (MüKo/*Ernst* § 299 Rz 4; Palandt/*Grüneberg* § 299 Rz 3). Ist der Gläubiger allerdings dauerhaft an der Annahme verhindert, tritt auch ohne eine rechtzeitige Vorankündigung bei frühzeitigem Angebot Annahmeverzug ein (MüKo/*Ernst* § 299 Rz 4; Erman/*Hager* § 299 Rz 3).

C. Beweislast. Der Gläubiger hat die vorübergehende Behinderung, der Schuldner die rechtzeitige Ankündigung darzulegen und zu beweisen (Erman/*Hager* § 299 Rz 6; Palandt/*Grüneberg* § 299 Rz 4).

§ 300 Wirkungen des Gläubigerverzugs.

(1) Der Schuldner hat während des Verzugs des Gläubigers nur Vorsatz und grobe Fahrlässigkeit zu vertreten.
(2) Wird eine nur der Gattung nach bestimmte Sache geschuldet, so geht die Gefahr mit dem Zeitpunkt auf den Gläubiger über, in welchem er dadurch in Verzug kommt, dass er die angebotene Sache nicht annimmt.

A. Normzweck. § 300 regelt einen Teil der Rechtsfolgen des Gläubigerverzugs (§ 293 Rn 5). Im Gegensatz zum Schuldnerverzug löst der Gläubigerverzug grds keine Schadensersatzpflicht des Gläubigers aus, es sei denn, er gerät zugleich in Schuldnerverzug (§ 286) oder es ist ein Anspruch aus § 280 I gegeben (Palandt/*Grüneberg* § 300 Rz 1; MüKo/*Ernst* § 300 Rz 1). § 300 I ordnet eine Haftungserleichterung für den Schuldner an, § 300 II regelt den Übergang der Leistungsgefahr bei Gattungsschulden.

B. Die Haftungserleichterung nach § 300 I. Trotz des Annahmeverzugs des Gläubigers wird der Schuldner von seiner Leistungspflicht nicht befreit (Palandt/*Grüneberg* § 300 Rz 1). Ausnahmen von diesem Grundsatz ergeben sich aus dem Gesetz (§ 615, hierzu *Schreiber* JURA 09, 295) oder Treu und Glauben. Der Schuldner erhält aber grds nur die Möglichkeit, die Schuld nach §§ 372, 383, 303 zum Erlöschen zu bringen; ein Rücktritts- oder Kündigungsrecht steht dem Schuldner nur zu, wenn im Verhalten des Gläubigers zugleich eine Pflichtverletzung liegt. § 300 I ordnet daher im Interesse des Schuldners eine Haftungserleichterung an; er hat im Gläubigerverzug nur Vorsatz und grobe Fahrlässigkeit zu vertreten.
Die Haftungserleichterung bezieht sich auf den Untergang oder die Beschädigung des Leistungsgegenstandes, aber auch auf die in den Schranken des § 302 herauszugebenden Nutzungen (AnwK/*Schmidt-Kessel* § 300 Rz 3). § 300 I ist auf alle Schuldverhältnisse anwendbar (MüKo/*Ernst* § 300 Rz 2); einschließlich des Rückgewährschuldverhältnisses (RGZ 56, 270; Köln NJW-RR 95, 53; Palandt/*Grüneberg* § 300 Rz 2) und der Obhutspflichten des Mieters (BGHZ 86, 208; BaRoth/*Grüneberg* § 300 Rz 2), Pächters oder Werkunternehmers (BGH MDR 58, 335; MüKo/*Ernst* § 300 Rz 2; aA Soergel/*Wiedemann* § 300 Rz 9). Auch allenfalls konkurrierende Ansprüche aus unerlaubter Handlung fallen in den Anwendungsbereich (Köln NJW-RR 95, 53; MüKo/*Ernst* § 300 Rz 2). § 300 I kommt demgegenüber nicht zur Anwendung bei der Verletzung von Nebenpflichten iSd § 241 II (BGH LM § 651 Nr 3 Bl 2 R, Saarbr NJW-RR 02, 529; Palandt/*Grüneberg* § 300 Rz 2; MüKo/*Ernst* § 300 Rz 2 mwN; aA RG 57, 107) oder Handlungspflichten wie Dienst- oder Arbeitsleistungen (AnwK/*Schmidt-Kessel* § 300 Rz 4).
Keine Auswirkung hat die Haftungsbeschränkung des § 300 I auf die Verteilung der Beweislast nach § 280 I 2. Der Schuldner trägt im Falle des Annahmeverzugs lediglich die Beweislast für solche Umstände, aus denen sich ergibt, dass weder Vorsatz noch grobe Fahrlässigkeit zur Unmöglichkeit der Leistung führten (MüKo/*Ernst* § 300 Rz 3; Erman/*Hager* § 300 Rz 4).

C. Der Gefahrübergang nach § 300 II. Ist der Gläubiger im Verzug, weist ihm § 300 II die Leistungsgefahr zu. § 300 II gilt hinsichtlich aller Arten von Gattungsschulden, einschließlich der Vorratsschuld; eine entspr Anwendung ist bzgl der Geldschuld möglich (BaRoth/*Grüneberg* § 300 Rz 4). Betroffen ist aber ausschließlich die **Leistungsgefahr**, nicht dagegen die Preisgefahr, die von § 326 I, II erfasst wird (RGZ 103, 15; Palandt/*Grüneberg* § 300 Rz 3). Insgesamt ist der Anwendungsbereich von § 300 II beschränkt, da die Leistungsgefahr bei Gattungsschulden bereits gem §§ 243 II, 275 durch Konkretisierung auf den Gläubiger übergeht, diese aber regelmäßig schon in dem Angebot des Schuldners zu sehen ist (*Coester-Waltjen* Jura 07, 831; Staud/

Huber Eckpfeiler 142). Geht die ganze Gattung oder bei der Vorratsschuld der ganze Vorrat unter, wird der Schuldner nach § 275 von der Leistungspflicht befreit, so dass § 300 II ebenfalls unanwendbar ist. Nicht erfasst von § 300 II ist außerdem das Geldwertrisiko (AnwK/*Schmidt-Kessel* § 300 Rz 8).

6 § 300 II kommt in den folgenden Fällen in Betracht: Wird der Gläubiger einer Bring- oder Schickschuld durch ein wörtliches Angebot nach § 295 oder durch ein fehlendes Erfordernis zum Angebot nach § 296 (Palandt/*Grüneberg* § 300 Rz 6; BaRoth/*Unberath* § 300 Rz 5; aA Staud/*Löwisch* § 300 Rz 22; Erman/*Hager* § 300 Rz 8) in Annahmeverzug versetzt und hat die Konkretisierung des Leistungsgegenstandes bereits stattgefunden, wurde die Leistung dem Gläubiger aber nicht übermittelt, findet § 243 II keine Anwendung, so dass § 300 II eingreifen kann (Palandt/*Grüneberg* § 300 Rz 6; BaRoth/*Unberath* § 300 Rz 5; Erman/*Hager* § 300 Rz 8; aA MüKo/*Ernst* § 300 Rz 4). Dies soll auch dann gelten, wenn der Annahmeverzug durch eine Unterlassung der Mitwirkungshandlung des Gläubigers verursacht wird (Staud/*Löwisch* § 300 Rz 17; BaRoth/*Unberath* § 300 Rz 5; aA Erman/*Hager* § 300 Rz 8; MüKo/*Ernst* § 300 Rz 4). Eine weitere Konstellation liegt nach hM in der Übermittlung eines Geldbetrags, der vom Gläubiger nicht angenommen wird und auf dem Rücktransport verloren geht oder gestohlen wird; aufgrund des § 270 I finde ein Gefahrübergang nach §§ 243 II, 275 auch hier nicht statt (Staud/*Löwisch* § 300 Rz 18; Erman/*Hager* § 300 Rz 8; BaRoth/*Unberath* § 300 Rz 5; Palandt/*Grüneberg* § 300 Rz 7; aA MüKo/*Ernst* § 300 Rz 4). Als dritte Fallgruppe ist § 300 II bei einer vertraglichen Abbedingung des § 243 II anzuwenden (BaRoth/*Unberath* § 300 Rz 5; MüKo/*Ernst* § 300 Rz 4; Erman/*Hager* § 300 Rz 8).

7 Voraussetzung der Gefahrtragungsregel ist zum einen der Gläubigerverzug, der sowohl auf §§ 294, 295 als auch auf § 296 beruhen kann (Erman/*Hager* § 300 Rz 6; Palandt/*Grüneberg* § 300 Rz 4), zum anderen die Aussonderung des Leistungsgegenstands (RGZ 57, 404; BGH WM 75, 920), unabhängig davon, ob dies für den Eintritt des Annahmeverzugs notwendig war (Palandt/*Grüneberg* § 300 Rz 4). Eine Reihenfolge dieser beiden Bedingungen ist nicht vorgegeben, so dass die Aussonderung auch erst nach Eintritt des Annahmeverzugs erfolgen kann (BGH WM 75, 920; Erman/*Hager* § 300 Rz 4; Palandt/*Grüneberg* § 300 Rz 4); eine gesonderte Benachrichtigung des Gläubigers über die erfolgte Aussonderung ist dabei nach mittlerweile wohl hM nicht erforderlich (Staud/*Löwisch* § 300 Rz 21; Erman/*Hager* § 300 Rz 4; Palandt/*Grüneberg* § 300 Rz 4; AnwK/*Schmidt-Kessel* § 300 Rz 7; aA RGZ 57, 404).

§ 301 Wegfall der Verzinsung.
Von einer verzinslichen Geldschuld hat der Schuldner während des Verzugs des Gläubigers Zinsen nicht zu entrichten.

1 Der Schuldner einer verzinslichen Geldschuld wird während des Gläubigerverzugs von der Verpflichtung zur Entrichtung der Zinsen befreit. Dies ist nicht als Stundung zu verstehen, sondern als endgültige Befreiung (Palandt/*Grüneberg* § 301 Rz 1; Staud/*Löwisch* § 301 Rz 1). Die Vorschrift regelt nicht die Entstehung und die Höhe eines Zinsenanspruchs, sondern lediglich einen Beendigungsgrund (BGHZ 104, 341; MüKo/*Ernst* § 301 Rz 1).

2 Anzuwenden ist die Norm auf alle Arten von Zinsen (MüKo/*Ernst* § 301 Rz 2). Der Rechtsgrund, auf dem die Zahlungspflicht basiert, kann sich aus Gesetz, aber auch aus einem Rechtsgeschäft ergeben (Erman/*Hager* § 301 Rz 2). §§ 668, 698, 1834 sehen eine Verzinsungspflicht bei Fremdgeldern vor. Diese Normen gehen nach hM § 301 vor (Palandt/*Grüneberg* § 301 Rz 2).

§ 302 Nutzungen.
Hat der Schuldner die Nutzungen eines Gegenstands herauszugeben oder zu ersetzen, so beschränkt sich seine Verpflichtung während des Verzugs des Gläubigers auf die Nutzungen, welche er zieht.

1 Die Norm begünstigt den Schuldner im Annahmeverzug des Gläubigers im Hinblick auf die Nutzungen (Erman/*Hager* § 302 Rz 1). Anzuwenden ist § 302 auf Schuldverhältnisse, welche eine Herausgabe von Nutzungen begründen, wie zB § 346 (BaRoth/*Unberath* § 302 Rz 2). Beendet wird die Pflicht zur Nutzungsherausgabe durch den Gläubigerverzug (Soergel/*Wiedemann* § 302 Rz 1). Der Schuldner hat auch nur die Nutzungen eines Gegenstands herauszugeben, welche er tatsächlich gezogen hat (Staud/*Löwisch* § 302 Rz 1). § 302 begründet selbst keine Anspruchsgrundlage, da ein Anspruch auf Nutzungsersatz vorausgesetzt wird (AnwK/*Schmidt-Kessel* § 302 Rz 3).

§ 303 Recht zur Besitzaufgabe.
[1]**Ist der Schuldner zur Herausgabe eines Grundstücks oder eines eingetragenen Schiffs oder Schiffsbauwerks verpflichtet, so kann er nach dem Eintritt des Verzugs des Gläubigers den Besitz aufgeben.** [2]**Das Aufgeben muss dem Gläubiger vorher angedroht werden, es sei denn, dass die Androhung untunlich ist.**

1 Zweck dieser Norm ist die Entlastung des Schuldners (MüKo/*Ernst* § 303 Rz 1; BaRoth/*Unberath* § 303 Rz 1). Befindet sich der Gläubiger im Annahmeverzug, ist es dem Schuldner nicht zumutbar, sich weiterhin um die herauszugebende Sache zu kümmern (Staud/*Löwisch* § 303 Rz 1). Daher berechtigt § 303 den Schuldner zur Besitzaufgabe eines Grundstücks oder eines eingetragenen Schiffs oder Schiffsbauwerks.

Befreien kann sich der Schuldner nicht von der Verpflichtung der Eigentumsübertragung, da er nur zur **2**
Besitzaufgabe, dh zur Aufgabe der tatsächlichen Gewalt über die Sache, und nicht zur Aufgabe des Eigentums berechtigt ist (Soergel/*Wiedemann* § 303 Rz 2; AnwK/*Schmidt-Kessel* § 303 Rz 1). Die Aufgabe des Besitzes befreit den Schuldner lediglich von der Pflicht zur Besitzübertragung und von der Haftung für das Schiff oder Grundstück (Palandt/*Grüneberg* § 303 Rz 2; MüKo/*Ernst* § 303 Rz 2). Eine Übereignungspflicht bleibt indes weiterhin bestehen. Wenn der Schuldner den Besitz noch nicht aufgegeben hat, besteht seine Obhutspflicht unter Berücksichtigung der Haftungsbeschränkung aus § 300 I fort (BGHZ 86, 208; BaRoth/*Unberath* § 303 Rz 6).

Der Besitzaufgabe hat eine **Androhung** vorauszugehen. Eine Androhung ist eine rechtsgeschäftsähnliche **3**
Erklärung, auf die die §§ 130 ff anzuwenden sind (RGZ 73, 70 f; MüKo/*Ernst* § 303 Rz 3). Die Androhung hat vor der Besitzaufgabe zu erfolgen, so dass der Gläubiger rechtzeitig einen möglichen Schaden von der Sache abwenden kann (Soergel/*Wiedemann* § 303 Rz 3). Die Androhung kann auch entbehrlich sein, wenn sie **untunlich** ist. Das ist der Fall, wenn die Androhung mit einem erheblichen Aufwand von Kosten, Mühen oder Zeit verknüpft ist, die dem Schuldner nicht zugemutet werden kann (§ 242). Die Beweislast der Untunlichkeit hat der Schuldner zu tragen.

§ 304 Ersatz von Mehraufwendungen. Der Schuldner kann im Falle des Verzugs des Gläubigers Ersatz der Mehraufwendungen verlangen, die er für das erfolglose Angebot sowie für die Aufbewahrung und Erhaltung des geschuldeten Gegenstands machen musste.

§ 304 bestimmt, dass der Schuldner nicht die Kosten zu tragen hat, welche durch den Annahmeverzug des **1**
Gläubigers entstehen. Der Gläubiger hat Mehraufwendungen, die objektiv erforderlich waren und tatsächlich getätigt wurden (BGH NJW 96, 1465), dem Schuldner zu ersetzen (Erman/*Hager* § 304 Rz 2; MüKo/*Ernst* § 304 Rz 1). § 304 stellt eine selbstständige Anspruchsgrundlage für den Ersatz der Mehraufwendungen dar.

Unter **Mehraufwendungen** sind Kosten zu verstehen, welche der Schuldner dadurch erleidet, dass der Gläu- **2**
biger in Annahmeverzug ist. Ersatzfähige Positionen sind zB Personal- und Materialkosten, Mahnkosten oder Erhaltungskosten (AnwK/*Schmidt-Kessel* § 304 Rz 3; MüKo/*Ernst* § 304 Rz 2), sowie iVm § 354 HGB die ortsüblichen Lagerkosten (BGH NJW 96, 1464). Aufgrund seines Anspruchs (Rn 1) steht dem Schuldner ein Zurückbehaltungsrecht iSd § 273 zu (BaRoth/*Unberath* § 304 Rz 4).

Abschnitt 2 Gestaltung rechtsgeschäftlicher Schuldverhältnisse durch Allgemeine Geschäftsbedingungen

Vorbemerkungen vor §§ 305 ff

A. Schutzzweck. Der Grund für die über §§ 138, 242 hinausgehende richterliche Inhaltskontrolle von AGB **1**
liegt im einseitigen Ausnutzen der Vertragsgestaltungsfreiheit durch den Verwender (BGH NJW 03, 890). Dies birgt die **Gefahr der unangemessenen Risikoabwälzung** auf den Kunden (BGHZ 130, 50). Die richterliche Kontrollkompetenz dient als Korrektiv dafür, dass aufgrund des meist fehlenden Konditionenwettbewerbs die Richtigkeitsgewähr des Vertragskonsenses nicht gewährleistet ist (*Lieb* AcP 178, 203). Sie kann nur bei freiem Aushandeln (§ 305 I 3) der Vertragsbedingungen durch die Vertragsparteien angenommen werden (s. § 305 Rn 11). S. zu den Besonderheiten des **unternehmerischen Geschäftsverkehrs** § 305 Rn 13, § 307 Rn 29 ff, § 310 Rn 2 f.

B. Entwicklung der Inhaltskontrolle. Das AGBG v 1.4.77 (BTDrs 7/3919) wurde durch das SchRModG **2**
(dazu *Ulmer* JZ 01, 491) in die §§ 305 ff eingegliedert. Mit Wirkung v 25.7.96 wurde die RL 93/13/EWG über missbräuchliche Klauseln in Verbraucherverträgen v 5.4.93 (AblEG Nr L 95, 29; *Brandner/Ulmer* BB 91, 701) in das deutsche AGB-Recht umgesetzt (BGBl 96 I, 1013; *Heinrichs* NJW 96, 2190). Der **Verbraucherschutz** gehört damit heute zum Schutzzweck des AGB-Rechts (BGH NJW 03, 890). Die §§ 305 ff sind richtlinienkonform auszulegen, soweit es um einen Verbrauchervertrag nach § 310 III geht (EuGH ZIP 00, 1165; *Hau* IPRax 01, 96 ff). Vgl allg Einl Rn 35. Das formelle AGB-Recht, also die früher in § 13 AGBG enthaltenen Regelungen zum *Verbandsklageverfahren*, wurde mit der Schuldrechtsreform in das **UKlaG** (BGBl 01 I, 3138 ff) übernommen. § 1 UKlaG schützt abstrakt gegen den Inhalt von AGB, die nach §§ 307-309 unwirksam sind (Köln NJW-RR 03, 316).

C. Anwendungsbereich. I. Sachlich; Persönlich. Der sachliche Anwendungsbereich wird positiv durch **3**
§ 305 I 1 und negativ durch § 305 I 3 (§ 305 Rn 11), § 305b und § 310 IV 1 (§ 310 Rn 14) festgelegt. Umgehungskonstruktionen, etwa auf der Grundlage gesellschaftsrechtlicher Beziehungen oder interner Anweisungen, werden von § 306a erfasst (§ 306a Rn 2). Der persönliche Anwendungsbereich einiger Vorschriften wird, bspw für den unternehmerischen Geschäftsverkehr, durch § 310 I, II eingeschränkt (§ 310 Rn 2 ff).

4 **II. Zeitlich.** Nach Art 229 § 5 EGBGB gelten die §§ 305 ff für alle Schuldverhältnisse, die nach dem 31.12.01 entstanden sind. Vor diesem Zeitpunkt abgeschlossene Verträge unterfallen dem AGBG (BGH NJW 04, 1104). Auf vor dem 1.1.02 abgeschlossene **Dauerschuldverhältnisse** sind ab dem 1.1.03 die §§ 305 ff anwendbar. Bei Arbeitsverträgen kann dies die ergänzende Vertragsauslegung als Maßnahme des Vertrauensschutzes rechtfertigen (§ 305c Rn 20 aE). Klauseln, die den zeitlichen Anwendungsbereich abw von Art 229 § 5 EGBGB regeln, sind nach § 307 II Nr 1 unwirksam (BaRoth/J Becker § 305 Rz 6).

5 **III. International. 1. Verträge mit Auslandsbezug.** Die §§ 305 ff sind aufgrund ausdrücklicher oder stillschweigender (BGH NJW 03, 2605) Wahl des deutschen Rechts durch die Parteien (Art 3 I, II Rom I-VO), aufgrund objektiver Anknüpfung nach Art 4 Rom I-VO oder aufgrund der Sonderanknüpfung der Art 6 I Rom I-VO, Art 46b EGBGB (**kollisionsrechtlicher Verbraucherschutz**) anwendbar, s. Art 6 Rom I-VO Rn 8, Art 46b EGBGB Rn 6, ex Art 29a EGBGB Rn 9.

6 Im unternehmerischen Geschäftsverkehr sind die §§ 305 ff **keine international zwingenden Normen** iSv Art 9 Rom I-VO (*Schlechtriem* FS Lorenz, 571 f; *Wolf* ZHR 89, 302 f zu *ex Art 34 EGBGB*). Zu Verträgen, die dem CISG unterliegen, s. § 305 Rn 18, 32.

7 Auf **Individualarbeitsverträge** finden die zwingenden AGB-rechtlichen Bestimmungen (s. § 310 IV 2) auch bei abw Rechtswahl unter den Voraussetzungen des Art 8 I Rom I-VO Anwendung.

8 **2. Verträge ohne Auslandsbezug.** Bei Binnensachverhalten kommen über Art 3 III Rom I-VO die zwingenden AGB-rechtlichen Regelungen auch dann zur Anwendung, wenn diese Verträge einem fremden Recht unterstellt werden (*Stoffels* Rz 235).

9 **D. Verhältnis zu anderen Vorschriften.** § 134 ist anwendbar, wenn AGB gegen ein gesetzliches Verbot verstoßen (MüKo/*Kieninger* Vor § 307 Rz 9). In einem Verstoß gegen § 134 liegt zugleich eine unangemessene Benachteiligung nach § 307 I, denn von zwingendem Gesetzesrecht darf durch AGB nicht abgewichen werden (BGHZ 153, 16; NJW 03, 293).

10 § 138 ist anwendbar, wenn die Sittenwidrigkeit auf anderen als den in §§ 307 ff genannten Umständen beruht (BGH ZIP 96, 960). Das Urt der Sittenwidrigkeit nach § 138 I kann durch die Verwendung unwirksamer AGB mit beeinflusst werden (BGH NJW 81, 1209; 04, 163 für Arbeitnehmerbürgschaft; MüKo/*K.P. Berger* § 488 Rz 114 für Gelddarlehensvertrag). In Fällen insgesamt krass einseitiger AGB kann der Vertrag ausnahmsweise nach § 138 nichtig sein (BGH NJW-RR 03, 1060; NJW 01, 2468). Zur Unwirksamkeit einzelner Klauseln nach § 138 in einem ansonsten unbedenklichen Vertrag s. § 306 Rn 3. Zu **§ 139** s. § 306 Rn 1.

11 § 242 ist anwendbar, wenn die Berufung auf eine an sich gültige AGB-Klausel im Einzelfall, etwa wegen Verstoßes gegen das Verbot des widersprüchlichen Verhaltens (**Ausübungskontrolle**, s. § 242 Rn 31 ff), treuwidrig ist (BGHZ 105, 88; WM 09, 1742; ZIP 00, 78). § 242 hat auch Bedeutung für die Bereiche, für die nach § 310 IV 1 eine Inhaltskontrolle nach den §§ 305 ff ausgeschlossen ist oder für die nach der Rspr eine **offene Inhaltskontrolle** zulässig ist (BGHZ 64, 238; NJW 01, 1270 zu Publikumspersonengesellschaften; BGH NJW 04, 3708 zu Auslandskapitalanlagegesellschaften; BGH NJW 05, 306 und Ddorf NJW 08, 1451 zu Vereinssatzungen; BGHZ 101, 353 ff; 108, 164 zu notariellen Verträgen; Frankf NJW-RR 98, 1707 zu Gemeinschaftsordnungen der Wohnungseigentümer; BGHZ 128, 101 zu sportlichen Regelwerken).

12 Eine auf die Einbeziehung von AGB bezogene Anfechtung durch den Kunden nach **§ 123** kommt neben der AGB-rechtlichen Inhaltskontrolle ebenso in Betracht (*Laas* JZ 97, 67) wie eine Anfechtung nach **§ 119** (*Stoffels* Rz 395). Für den Verwender gilt dies nicht (W/L/P/*Wolf* § 307 Rz 10). S. für das Verhältnis zum **UWG** Köln NJW 07, 3647; KG GRUR-RR 07, 291 und 08, 308; *Ernst/Seichter* DB 07, 1573.

§ 305 Einbeziehung Allgemeiner Geschäftsbedingungen in den Vertrag.

(1) ¹Allgemeine Geschäftsbedingungen sind alle für eine Vielzahl von Verträgen vorformulierten Vertragsbedingungen, die eine Vertragspartei (Verwender) der anderen Vertragspartei bei Abschluss eines Vertrags stellt. ²Gleichgültig ist, ob die Bestimmungen einen äußerlich gesonderten Bestandteil des Vertrags bilden oder in die Vertragsurkunde selbst aufgenommen werden, welchen Umfang sie haben, in welcher Schriftart sie verfasst sind und welche Form der Vertrag hat. ³Allgemeine Geschäftsbedingungen liegen nicht vor, soweit die Vertragsbedingungen zwischen den Vertragsparteien im Einzelnen ausgehandelt sind.

(2) Allgemeine Geschäftsbedingungen werden nur dann Bestandteil eines Vertrags, wenn der Verwender bei Vertragsschluss

1. die andere Vertragspartei ausdrücklich oder, wenn ein ausdrücklicher Hinweis wegen der Art des Vertragsschlusses nur unter unverhältnismäßigen Schwierigkeiten möglich ist, durch deutlich sichtbaren Aushang am Orte des Vertragsschlusses auf sie hinweist und

2. der anderen Vertragspartei die Möglichkeit verschafft, in zumutbarer Weise, die auch eine für den Verwender erkennbare körperliche Behinderung der anderen Vertragspartei angemessen berücksichtigt, von ihrem Inhalt Kenntnis zu nehmen,

und wenn die andere Vertragspartei mit ihrer Geltung einverstanden ist.

(3) Die Vertragsparteien können für eine bestimmte Art von Rechtsgeschäften die Geltung bestimmter Allgemeiner Geschäftsbedingungen unter Beachtung der in Absatz 2 bezeichneten Erfordernisse im Voraus vereinbaren.

A. Begriff der AGB (Abs 1 S 1). I. Vertragsbedingungen. Vertragsbedingungen sind alle Regelungen, die nach ihrem objektiven Wortlaut bei den Empfängern den Eindruck hervorrufen, es solle damit der Inhalt eines vertraglichen Rechtsverhältnisses gestaltet werden (BGHZ 133, 187; WM 05, 875). Die **Art und Rechtsnatur des Rechtsverhältnisses**, etwa die Frage, ob es sich um ein vertragliches, vorvertragliches (BGH NJW 96, 2574) oder gesetzliches Schuldverhältnis, ein delikts- (BGHZ 100, 157; NJW 86, 2757), sachen-, börsen- (LG Frankfurt/M NJW-RR 02, 124) bzw wertpapierrechtliches (BGHZ 119, 312 zu Genussscheinen; BGH ZIP 09, 1559; BGH WM 05, 1567; zu Anleihebedingungen, s. Rn 17) Verhältnis oder eine sonstige Vereinbarung handelt, die ausschließlich Verfügungswirkung hat, wie zB eine Abtretung (§ 398) oder Schuldübernahme (§ 414), ist irrelevant (BaRoth/*J Becker* § 305 Rz 11). Erfasst werden auch prozess- und vollstreckungsrechtliche Verträge (BGHZ 101, 271; NJW 87, 904) sowie Rechtsverhältnisse aus dem Bereich der Daseinsvorsorge (BGH NJW 87, 1828 zu Ergänzenden Bestimmungen zur AVBGasV; NJW-RR 05, 960 zur AVBWasserV; s.a. § 307 Rn 1, 2). Auf den **Inhalt** der jeweiligen Bestimmung (abgesehen von den Bereichsausnahmen des § 310 IV) oder ihre AGB-rechtliche Wirksamkeit kommt es nicht an (*Stoffels* Rz 109). Die weltweite Verwendung (Luftfracht) und behördliche Genehmigung schaden nicht (BGH NJW 07, 997; s.a. § 307 Rn 1, 2); s.a. für einen preisregulierten Markt § 307 Rn 34. Erfasst werden auch Klauseln, die den **Vertragsschluss** (zB Zustandekommen durch Schweigen) regeln (BGHZ 104, 99; Ddorf NJW 05, 1515) sowie Klauseln, die nur „im Zusammenhang mit einer vertraglichen Beziehung stehen" (BGH ZIP 09, 2447). Zur Abgrenzung von reinen **Werbeaussagen** BGH NJW 09, 1337. 1

Auch die inhaltliche Gestaltung von **einseitigen Rechtsgeschäften des Kunden**, die der Ausgestaltung des Vertragsinhalts dienen (Vollmachtserteilung, Ermächtigung, Empfangsbestätigung oder Einwilligung, etwa im Grundbuch- und Verfahrensrecht), fällt in den sachlichen Anwendungsbereich der §§ 305 ff (BGH NJW 00, 2677; 87, 2011). Die einseitige rechtsgeschäftliche Erklärung des Kunden muss im Zusammenhang mit einer Vertragsbeziehung stehen, nicht aber notwendigerweise auch deren rechtlicher Bestandteil sein (BGH NJW 99, 1864). Einseitige Rechtsgeschäfte des Verwenders werden dagegen nicht erfasst (BGH NJW 81, 2822). 2

Keine Vertragsbedingungen sind **unverbindliche Hinweise**, Bitten oder bloße Informationen ohne rechtlichen Regelungsgehalt. Eine Vertragsbedingung nach I 1 liegt nur dann vor, wenn ein allg Hinweis des Verwenders nach seinem objektiven Wortlaut (s. Rn 1) bei einem durchschnittlichen, rechtlich nicht vorgebildeten Kunden (Empfängerhorizont) den Eindruck erweckt, es solle damit der Inhalt eines (vor-)vertraglichen Rechtsverhältnisses bestimmt werden (BGH NJW 09, 1338 zu „Änderungen u Irrtümer vorbehalten"; NJW 96, 2574). 3

II. Vorformulierte Vertragsbedingungen. Ausreichend ist, dass die Vertragsbedingungen zeitlich vor dem Vertragsschluss fertig formuliert vorliegen, um in künftige Verträge einbezogen zu werden (MüKo/*Basedow* § 305 Rz 13). Das Gesetz verlangt keine Schriftform (BGH NJW 99, 2180). Auch die als Textbaustein im PC (BGH NJW 88, 410) oder nur „**im Kopf des Verwenders**" gespeicherte, immer wieder (handschriftlich) verwendete Vertragsbestimmung fällt unter I 1 (BGH NJW 99, 2180; 92, 2759). Die Formulierung der Klausel muss nicht in jedem Verwendungsfall exakt übereinstimmen, solange nur das in der Klausel enthaltene materielle Regelungsmodell in jedem Verwendungsfall gleich bleibt (BGH NJW 00, 1110). Erfasst werden diese Klauseln auch dann, wenn die Einfügung gelegentlich unterbleibt (BGH NJW 99, 2180; Palandt/*Grüneberg* § 305 Rz 8). Keine „AGB aus dem Kopf" sind **interne Betriebsanweisungen** (Köln ZIP 04, 1496; Hamm BKR 02, 1016). Sie können jedoch einen Umgehungstatbestand darstellen, s. § 306a Rn 2. 4

III. Vielzahl von Verträgen. Der Verwender muss die **Absicht** haben, die Klausel für **mindestens drei** Verträge zu verwenden (BGH NJW 02, 138; München WM 05, 931). Unerheblich ist, ob dies dann auch tatsächlich geschieht. Bereits beim ersten Verwendungsfall handelt es sich um AGB (BGH NJW 04, 1454; ZIP 01, 2288). Dagegen wird eine Klausel, die allein mit der Absicht entworfen wurde, in einen konkreten Einzelvertrag Eingang zu finden, nicht dadurch AGB, dass sie später in weiteren Verträgen verwendet wird und erst dann als AGB einzustufen ist (BGH NJW 97, 135). Die Mehrfachverwendung muss nicht ggü verschiedenen Vertragspartnern beabsichtigt sein (BGH NJW 04, 1454). Es genügt, wenn ein **Dritter** (Verband, Autor eines Formularbuches usw) die Klausel für eine Vielzahl von Verträgen vorformuliert hat, auch wenn der Verwender sie nur in einem *Einzelfall* verwenden will (BGH ZIP 05, 1604; Dresd WM 01, 2169), vorausgesetzt, sie wird vom Verwender gestellt (Rn 6 f). Für Verbraucherverträge genügt nach § 310 III Nr 2 die einmalige Verwendung, s. § 310 Rn 10. Zu Beweiserleichterungen s. Rn 15. 5

IV. Vom Verwender gestellte Vertragsbedingungen. Entscheidend ist, dass eine der Parteien selbst oder durch eine Hilfsperson die Einbeziehung der von ihr oder einem Dritten (Rn 7) vorformulierten Bedingungen verlangt, also ein konkretes Einbeziehungsangebot macht und auf diese Weise unter Ausschluss des anderen Teils einseitig rechtsgeschäftliche Gestaltungsmacht in Anspruch nimmt (BGHZ 130, 57; Hamm NJW-RR 99, 999). Verlangen beide Parteien unabhängig voneinander die Einbeziehung derselben AGB, sind diese nicht einseitig gestellt (Köln NJW 94, 59; W/L/P/*Pfeiffer* § 305 Rz 32). 6

7 Bedient sich der Notar oder Wirtschaftsprüfer, der nicht im Lager einer der Parteien steht, eines vorformulierten Klauselwerkes, so fehlt es am Merkmal des Stellens (BGH NJW 92, 2817). „**Drittbedingungen**" sind nur dann von einer Partei gestellt, wenn das Stellen durch den Dritten einer Partei zuzurechnen ist, etwa weil ihm die entspr Klausel oder das Formular von einer Partei zur Verfügung gestellt wurde (BGHZ 83, 58), weil er in ihrem Auftrag handelt (BGH NJW 95, 2034), als „Hausnotar" regelmäßig für eine Partei (Bauträger) tätig ist (BGHZ 118, 239; NJW 85, 2477) oder eine Klausel übernimmt, die eine Partei ständig verwendet (Köln VersR 00, 730; Palandt/*Grüneberg* § 305 Rz 11). Eine tatsächliche Vermutung für das Stellen gilt dann, wenn eine Klausel eine Vertragspartei in eindeutiger und offensichtlicher Weise begünstigt (BGHZ 118, 240). Dagegen kann nicht diejenige Vertragspartei als Verwender angesehen werden, die in der jeweiligen Klausel begünstigt wird (BGHZ 130, 57). § 310 III Nr 1 fingiert für Verbraucherverträge das Tatbestandsmerkmal des „Stellens", s. § 310 Rn 8.

8 Gestellt sind AGB auch in den Fällen des „**vorauseilenden Gehorsams**" des Vertragspartners, der in der Erwartung, der Verwender werde dem Vertragsschluss entspr seiner üblichen Praxis und seiner Marktmacht nur unter Einbeziehung seiner AGB zustimmen, diese Bedingungen von vornherein in sein Angebot aufnimmt (BGH NJW 97, 2043; Erman/*Roloff* § 305 Rz 12).

9 Gestellt ist eine Vertragsbedingung auch dann, wenn der Kunde befugt ist, in der Klausel **unselbständige Ergänzungen** vorzunehmen. Unselbständig ist die Ergänzung immer dann, wenn sich die Unangemessenheit der Klausel unabhängig vom Inhalt der Ergänzung (Name, Mindestbeträge, Vertragsbeginn usw) nur aus dem vorformulierten Teil der Klausel ergibt (BGHZ 102, 158; 99, 205; BaRoth/*J. Becker* § 305 Rz 17). **Selbständige Ergänzungen** sind gestellt, wenn dem Kunden zwar scheinbar die Auswahl zwischen mehreren Ergänzungsmöglichkeiten gelassen wird, dieser aber durch den iÜ vorformulierten Vertragstext oder durch den Verwender bzw dessen Mitarbeiter so stark in seiner Entscheidungsfreiheit begrenzt wird, dass seine Wahlfreiheit hinter dem vorformulierten Text zurücktritt (BGH NJW 98, 1066 f; 96, 1676). Dies gilt dann, wenn der Verwendergegenseite nur eine eng begrenzte Zahl von Alternativen für die Vertragslaufzeit vorgegeben wird (BGH NJW 98, 1066). Hat die Vertragspartei dagegen die freie Auswahl, kann auch ein Aushandeln iSv I 3 gegeben sein, s. Rn 11.

10 **B. Irrelevanz von äußerer Gestaltung, Umfang, Schriftart und Form (Abs 1 S 2).** 2 stellt klar, dass die §§ 305 ff für AGB iSv 1 unabhängig von der äußeren Gestaltung (Vertragsbestandteil, „Mustervertrag" oder separates Klauselwerk), dem Umfang, der Schriftart (handschriftlich, maschinengeschrieben, gedruckt) und der Form (formfreier oder notariell beurkundeter Vertrag, s. BGHZ 62, 253) gelten. In einem ausgehandelten (s. Rn 11) Vertrag kann auch eine einzelne Klausel als AGB zu qualifizieren sein (BGHZ 75, 21; Palandt/*Grüneberg* § 305 Rz 15) wie auch umgekehrt in einem AGB-Vertrag eine Klausel ausgehandelt sein kann.

11 **C. Keine ausgehandelte Individualvereinbarung (Abs 1 S 3).** Aushandeln ist das Gegenteil von Stellen. Dies ist für jede einzelne Klausel („soweit", s. BGHZ 97, 215; 84, 112) anhand der Umstände des Einzelfalls zu prüfen. Aushandeln ist mehr als Verhandeln. Der Verwender muss den gesetzesfremden Kerngehalt seiner AGB ernsthaft zur **Disposition** stellen und dem anderen Teil **Gestaltungsfreiheit** zur Wahrung eigener Interessen einräumen. Zugleich muss er dem Kunden die **reale Möglichkeit** verschaffen, den Inhalt der Vertragsbedingungen zu beeinflussen (BGHZ 153, 321; NJW 05, 2543; 04, 1454). Der Verwender muss also tatsächlich zu Verhandlungen bereit sein und dies dem Kunden ggü unzweifelhaft zum Ausdruck bringen (BGHZ 143, 112; Palandt/*Grüneberg* § 305 Rz 20). Allein die Tatsache, dass der Kunde über die Bedeutung bestimmter Klauseln belehrt wurde, genügt nicht (BGHZ 74, 209; NJW 05, 2543). Gleiches gilt für die formularmäßige Erklärung des Verwenders, er sei zur Abänderung bereit gewesen (BGH NJW 87, 1634; MüKo/*Basedow* § 305 Rz 37), oder eine vom Kunden unterzeichnete Erklärung, wonach der Vertragsinhalt in allen Einzelheiten ausgehandelt worden sei (BGH NJW 77, 432). Eine Klausel, die zwischen zwei Parteien ausgehandelt wurde, kann im Verhältnis der einen Partei zu Dritten (§ 328 I) AGB sein, BGH ZIP 09, 2447.

12 Sind dagegen die genannten strengen Anforderungen erfüllt, wird das Aushandeln nicht dadurch ausgeschlossen, dass die betr Klausel während der Vertragsverhandlungen nicht tatsächlich abgeändert oder ergänzt wurde (BGHZ 84, 111; NJW 92, 2285). Auch eine **unveränderte Klausel** kann „ausgehandelt" sein, vorausgesetzt, der andere Teil hat ihren Inhalt in seinen Vertragsabschlusswillen aufgenommen. Dies kann aber nur dann angenommen werden, wenn er sich nach gründlicher inhaltlicher Erörterung mit dem Text ausdrücklich einverstanden erklärt und das in der Klausel manifestierte Risiko als sachgerecht akzeptiert hat (BGHZ 143, 112; München WM 05, 931). In aller Regel schlägt sich daher das Aushandeln in einer erkennbaren Änderung des Klauseltextes nieder (BGHZ 143, 112; NJW 04, 1454). Eine Vertragsbedingung kann auch dann ausgehandelt sein, wenn sie der Verwender als eine von **mehreren Alternativen** anbietet, unter denen der Kunde frei auswählen kann (zB Vertragslaufzeit zwischen 12 und 25 Jahren frei wählbar), wenn es sich also um eine selbständige Ergänzung (Rn 9) handelt (BGHZ 153, 151). Ist die Klausel nach den §§ 307 ff *wirksam*, kann offenbleiben, ob sie ausgehandelt wurde (BGHZ 154, 183).

13 Im **unternehmerischen Geschäftsverkehr** (Vor § 305 Rn 1) sind an das Aushandeln geringere Anforderungen zu stellen (Palandt/*Grüneberg* § 305 Rz 22). Dies folgt schon daraus, dass für die Frage des Aushandelns auch die berufliche Position der Verhandlungspartner und die Frage des wirtschaftlichen Machtgefälles maß-

geblich sind (Staud/*Schlosser* § 305 Rz 36a). Ein Aushandeln kann auch dann angenommen werden, wenn eine unternehmerische Partei, um eine von ihr vorformulierte Vertragsklausel unverändert durchzusetzen, Preiszugeständnisse oder Konzessionen bei anderen Klauseln macht (MüKo/*Basedow* § 305 Rz 39; Palandt/*Grüneberg* § 305 Rz 23; enger BGHZ 153, 322 f). Auch muss der Verwender eine Klausel nicht von Grund auf zur Disposition stellen (BGH NJW 98, 3488; Köln ZIP 95, 1636). Besteht zwischen den Parteien kein Machtgefälle (s. § 307 Rn 32), muss für 3 auch das **Verhandeln** genügen (Staud/*Schlosser* § 305 Rz 36a; ICC Schiedsspruch Nr 10279 SchiedsVZ 05, 111; *Müller/Griebeler/Pfeil*, BB 09, 2660; *Berger* ZIP 06, 2152; *ders* NJW 01, 2152 f; aA BGHZ 153, 322 ff; *v Westphalen* ZIP 07, 149; sehr str). Dies muss jedenfalls dann gelten, wenn die Gegenseite zu einer Kundengattung gehört, von der typischerweise erwartet werden kann, dass sie ihre Interessen durch Verhandlungen eigenverantwortlich wahrnimmt (*Berger/Kleine* BB 07, 2140). **Unternehmenskaufverträge** werden daher typischerweise individuell ausgehandelt (*Liese/Theusinger* BB 07, 1077; vgl auch *Habersack/Schürnbrand* FS Canaris I, 359.

Auch die **nachträgliche Einbeziehung** von AGB iRv Vertragsänderungen unterliegt grds den Voraussetzungen des § 305 (BaRoth/*J. Becker* § 305 Rz 75). Hier wird es sich aber häufig um individuell ausgehandelte Abreden handeln. Dies gilt auch dann, wenn die Änderungsvereinbarung darauf abzielt, einer unwirksamen AGB-Klausel nachträglich einen anderen Inhalt zu geben (Hamm NJW-RR 94, 531; NJW 81, 1049). 14

D. Beweislast. Die Voraussetzungen der §§ 305 ff muss derjenige beweisen, der sich darauf beruft – also die Verwendergegenseite (BGHZ 118, 238). Für die Vorformulierung spricht ein **Beweis des ersten Anscheins**, wenn ein Formularvertrag verwendet wurde, dessen Klauseln nicht auf die individuelle Vertragssituation abgestimmt sind (BGH NJW-RR 04, 814; NJW 00, 1110). Gleiches gilt, wenn eine Klausel drei- oder mehrfach verwendet wurde (BGH NJW 02, 138 f). Sind Verträge nach Aufbau, Inhalt und Wortlaut im Wesentlichen identisch, so spricht der äußere Anschein für eine mehrfache Verwendung (BGH NJW 04, 502; 04, 1454; *v Westphalen* NJW 04, 1993). Für das Aushandeln (Rn 11) trägt der Verwender die Beweislast (BGHZ 153, 152). 15

E. Einbeziehungsvereinbarung (Abs 2). Das gem § 305 II Hs 1 Nr 1 und 2 besonders ausgestaltete Einbeziehungsangebot des Verwenders und die, auch stillschweigend mögliche, Einverständniserklärung des Kunden (§ 305 II Hs 2) bilden zusammen die rechtsgeschäftliche Einigung der Parteien über die Einbeziehung der AGB. Diese Voraussetzungen müssen im Zeitpunkt des Vertragsschlusses erfüllt sein. Besteht der Vertrag ausschl aus AGB (**Formularvertrag**), bedarf es keiner gesonderten Einbeziehung nach II, weil die Unterschrift des Vertragspartners unter dem gesamten Vertrag bereits dessen vollen Inhalt deckt (BGH NJW 95, 190; 88, 2465). II gilt nicht in den Fällen des § 305a und § 310 I 1, s. § 310 Rn 2 ff. 16

II ist in den Fällen unanwendbar, in denen es einer Einbeziehungsvereinbarung nicht bedarf, etwa weil der Vertrag unmittelbar durch **Rechtsnormen** (Gesetz, VO, Satzung) bestimmt wird (MüKo/*Basedow* § 305 Rz 52). In diesen Fällen liegen aber zumeist ohne keine AGB vor (*Stoffels* Rz 112). II gilt nicht für Anleihebedingungen von **Inhaberschuldverschreibungen** (BGH WM 05, 1567). 17

Unterliegt der Vertrag dem CISG, richtet sich die Einbeziehung von AGB nach den Vertragsabschlussvorschriften des Üb (Art 14, 18 CISG) sowie der Auslegungsregel des Art 8 CISG (BGH NJW 02, 370). S.a. Rn 32. 18

I. Einbeziehungsangebot des Verwenders (Hs 1 Nr 1, 2). 1. Ausdrücklicher Hinweis oder Aushang (Nr 1). 19
Nr 1 verlangt einen ausdrücklichen, schriftlichen, mündlichen oder fernmündlichen Hinweis des Verwenders auf die hinreichend individualisierten AGB im Zeitpunkt des Vertragsschlusses (BGH NJW 88, 1212). Dies gilt auch für die Änderung von AGB (Hamm BB 79, 1789). Ist der Vertrag schriftform- oder beurkundungsbedürftig, erstreckt sich dieses Formerfordernis auch auf den Hinweis (Staud/*Schlosser* § 305 Rz 120; BaRoth/*J. Becker* § 305 Rz 46). Der Hinweis muss so **klar, übersichtlich und lesbar** sein, dass er von einem Durchschnittskunden auch bei flüchtiger Betrachtung nicht übersehen werden kann (BGH NJW-RR 87, 113; zu den drucktechnischen Anforderungen vgl BGH BB 83, 2074). Der bloße Abdruck auf der Rückseite des Vertragstextes reicht nicht aus. Es muss auf der **Vorderseite** ein Hinweis auf die AGB auf der Rückseite erfolgen (Ddorf VersR 82, 872; LG Münster VersR 80, 100). Der Hinweis auf „umseitige AGB" erfasst aber nur denjenigen Teil des auf der Rückseite abgedruckten Textes, der die Überschrift „AGB" trägt (BGH NJW 87, 2432). Der ausdrückliche Hinweis muss **bei Vertragsschluss** erfolgen. Ein nachträglicher Hinweis, zB auf der Rechnung, dem Lieferschein oder der Eintrittskarte, erfüllt die Einbeziehungsvoraussetzungen des II nicht (BaRoth/*J. Becker* § 305 Rz 45).

Der ausdrückliche Hinweis kann durch einen entspr **deutlich sichtbaren Aushang** am Ort des Vertragsabschlusses (nicht der Erfüllungshandlung!) ersetzt werden, vorausgesetzt, ein solcher ist wegen der Art des Vertragsschlusses nur unter unverhältnismäßigen Schwierigkeiten möglich. Der Kunde muss ihn ohne weiteres erkennen können (BaRoth/*J. Becker* § 305 Rz 51; U/B/H/*Ulmer* § 305 Rz 144). Der Aushang muss nur den Hinweis, nicht aber die AGB selbst enthalten (Palandt/*Grüneberg* § 305 Rz 31; str). Gemeint sind damit va die typischen, zumeist konkludent abgeschlossenen Massengeschäfte des täglichen Lebens, bei denen entweder ein Hinweis mangels persönlichen Kontakts ausgeschlossen ist (Parkhaus, Schließfächer usw, LG Frankfurt/M NJW-RR 88, 955; LG Essen VersR 95, 1198) oder jedenfalls eine unverhältnismäßige und im Grunde überflüssige Erschwerung der (automatisierten) Massenabfertigung darstellen würde, wie etwa im Theater, bei Sportveranstaltungen, in Kinos oder Kfz-Waschanlagen (BGH NJW 05, 424). 20

21 **2. Möglichkeit der Kenntnisnahme (Nr 2). a) Distanzgeschäfte.** Nach Nr 2 muss der Verwender in Abweichung von den §§ 145 ff (s. aber § 305a) seinem Vertragspartner in zumutbarer Weise die Möglichkeit der Kenntnisnahme der AGB geben. Diese Möglichkeit (auf die tatsächliche Kenntnisnahme kommt es nicht an, BGH NJW 02, 372) ist immer gegeben, wenn der Vertragspartei die AGB **ausgehändigt** werden (BGH NJW 06, 1587). Muss der Vertragspartner dagegen selbst tätig werden, um sich die AGB erst zu verschaffen, ist ihm die Kenntnisnahme in aller Regel nicht zumutbar (BGH MDR 99, 1061; BaRoth/*J. Becker* § 305 Rz 58). Zu Lotto und Toto BGH NJW 91, 1745. Für **Reiseverträge** verschärft § 6 III, IV BGB-InfoVO die Anforderungen noch (BGH NJW 09, 1486).

22 Das Angebot, die AGB kostenlos zu übersenden, genügt nicht (BGH NJW-RR 99, 1246; MDR 99, 1061). Der Kunde muss aber das Recht haben, durch Individualvereinbarung auf diese Möglichkeit und damit auf die Einhaltung von Nr 2 zu **verzichten** (LG Braunschweig NJW-RR 86, 639; MüKo/*Basedow* § 305 Rz 63). Allerdings muss der Verzicht tatsächlich **individualvertraglich** vereinbart worden sein. Der Kunde muss für ihn erkennbar die Möglichkeit haben, die vorherige Zusendung der AGB zu verlangen (*Borges* 296 f). Daraus folgt zugleich, dass alle Arten von vorformulierten Klauseln, in denen der Kunde „bestätigt", eine Druckfassung der AGB erhalten oder den Inhalt der AGB zur Kenntnis genommen zu haben, unwirksam sind (s. § 309 Rn 97). Diese Lösung ist auch auf den **Vertragsabschluss per Internet** übertragbar, falls man es nicht mit der hM genügen lässt, dass die AGB durch Anklicken eines „AGB"-Links aufgerufen und ausgedruckt werden können (BGH BB 06, 1991; Hamm NJW 01, 1142 f; U/B/H/*Ulmer* § 305 Rz 149a).

23 **b) Transparenzgebot als Einbeziehungsschranke.** Trotz der Erwähnung in der für die Inhaltskontrolle maßgeblichen Generalklausel des § 307 I 2 (§ 307 Rn 13) ist das Transparenzgebot als Einbeziehungsschranke ebenfalls in Nr 2 verortet (Schlesw NJW 95, 2858; Palandt/*Grüneberg* § 305 Rz 41). Danach werden nur solche Klauseln in den Vertrag einbezogen, die für einen Durchschnittskunden **mühelos lesbar und verständlich** sind und ein **Mindestmaß an Übersichtlichkeit** sowie einen im Verhältnis zur Bedeutung des Geschäfts **vertretbaren Umfang** aufweisen (BGHZ 106, 49 f; 104, 92; NJW 00, 651). Diese Anforderungen sind etwa dann nicht erfüllt, wenn eine Klausel lediglich einen Verweis auf eine nicht mit abgedruckte, gesetzliche Bestimmung enthält („**Verweisungsklausel**") und daher nur für einen Juristen verständlich ist (Schlesw NJW 95, 2859; aA Rostock NJW 06, 3217). Generell sind in AGB enthaltene Verweise auf andere Regelwerke (**Staffelverweisung**) nur dann zulässig, wenn die durch die Verweisung geschaffene Konstruktion nicht so komplex ist, dass sie wegen des unklaren Verhältnisses konkurrierender Regelungen für den Vertragspartner nicht mehr zu durchschauen ist (BGHZ 111, 390 f; NJW 05, 1183). Außerdem muss der Verwender dem Vertragspartner die Kenntnisnahme der verwiesenen Bedingungen nach § 305 II Nr 2 (s. Rn 21) ermöglichen (BGH NJW 05, 1183); vgl zu **Bezugnahmeklauseln** in Arbeitsverträgen BAG NJW 06, 2571.

24 **c) Einbeziehung von AGB ggü sprachunkundigen Ausländern.** Ist Verhandlungs- und Vertragssprache Deutsch, trägt der Ausländer das **Sprachrisiko** (BGHZ 87, 114 f). Dies gilt erst recht, wenn er sich von einem Sprachkundigen vertreten lässt (BGH NJW 95, 190; Bremen WM 73, 1228). Zur Schadensersatzhaftung des Verwenders aus § 311 II Nr 1 wegen Verletzung einer sich aus dem Transparenzgebot (§ 307 Rn 13) ergebenden Informationspflicht *v Westphalen* NJW 02, 14.

25 Werden die Vertragsverhandlungen in **ausländischer Sprache** geführt, muss auf die AGB in dieser Sprache hingewiesen und eine Übersetzung der AGB in die Verhandlungssprache übermittelt werden (BGHZ 87, 114). Ein Hinweis und eine Übersetzung in einer „Weltsprache", die nicht die Verhandlungssprache ist, genügt jedenfalls ggü Verbrauchern (s.a. Rn 32) im Regelfall nicht (Frankf NJW-RR 03, 706; BaRoth/*J. Becker* § 305 Rz 61). Liegen mehrere, inhaltlich voneinander abw AGB-Fassungen in verschiedenen Sprachen vor, so wird nur die mit der Verhandlungssprache übereinstimmende Fassung Vertragsinhalt (BGH NJW 86, 1819).

26 **II. Einverständniserklärung des Kunden (Hs 2).** Das Einverständnis des Kunden kann wie jede Willenserklärung **konkludent** erklärt werden (Erman/*Roloff* § 305 Rz 41; W/L/P/*Pfeiffer* § 305 Rz 105 § 2 Rn 43). Es ist an keine Form gebunden. Dies setzt aber voraus, dass die Voraussetzungen des II Hs 1 eingehalten wurden, also insb der Kunde im Zeitpunkt des Vertragsschlusses die Möglichkeit hatte, von den AGB Kenntnis zu nehmen. IdR genügt es, wenn der Kunde der Einbeziehung nicht ausdrücklich widerspricht (BaRoth/*J. Becker* § 305 Rz 66).

27 Wird auf die AGB erst nach Vertragsschluss Bezug genommen, bedeutet **Schweigen** des Kunden bei der Entgegennahme der Leistung iGgs zum unternehmerischen Geschäftsverkehr (BGH NJW 95, 1671; NJW-RR 00, 1154) idR keine Zustimmung (Palandt/*Grüneberg* § 305 Rz 43). Ist der Vertrag nicht wirksam zustande gekommen, kommt nur eine Einbeziehung über III in Betracht (BaRoth/*J. Becker* § 305 Rz 68). Möglich ist auch, die Geltung von AGB für die Phase der Vertragsanbahnung zu vereinbaren (Celle NJW-RR 88, 833; Palandt/*Grüneberg* § 305 Rz 44).

28 **III. Einbeziehung von Neufassungen; Änderungsklauseln.** Die Voraussetzungen des II gelten auch für die Einbeziehung von **Neufassungen** der AGB in einen bereits unter Einbeziehung von AGB geschlossenen Vertrag (Stuttg WM 94, 630; Saarbr VersR 89, 245). § 308 Nr 5 erlaubt aber dem Verwender für diese Fälle, unter den

dort genannten Voraussetzungen die nach § 305 II Hs 2 notwendige Einverständniserklärung des Kunden durch eine AGB-Klausel zu fingieren. Dies gilt etwa für Ziff 1 (2) AGB-Banken (Bankrechts-Hdb/*Bunte* § 6 Rz 10 ff).

Wird dagegen ein Vertrag durch Individualvereinbarung **geändert** bzw **erweitert**, bedarf es keiner neuen Einbeziehungsvereinbarung (Palandt/*Grüneberg* § 305 Rz 47). Klauseln, die dem Verwender ein uneingeschränktes Abänderungsrecht zugestehen, sind unzulässig (BGHZ 136, 402). Anlass und Umfang der Änderung müssen vielmehr in der Klausel in einer den Anforderungen des Transparenzgebots (s. § 307 Rn 13) genügenden Weise konkretisiert werden. Die Ausübung des Rechts muss zudem auf triftige Gründe beschränkt werden (MüKo/*Basedow* § 305 Rz 80 f). 29

IV. Einbeziehung ggü Unternehmern. 1. Einbeziehungsvereinbarung. Für die Einbeziehung von AGB in Verträge mit Unternehmern iSv § 14 finden § 305 II, III keine Anwendung (§ 310 I 1). Für sie gelten insoweit die allg rechtsgeschäftlichen Grundsätze. 30

Erforderlich ist eine ausdrückliche oder stillschweigende Willensübereinstimmung der Vertragspartner über die Geltung der AGB. Der eine Teil muss zum Ausdruck bringen, dass neben dem individualvertraglich vereinbarten „Vertragskern" auch bestimmte, klar und unzweideutig bezeichnete (BGHZ 102, 304) AGB Vertragsinhalt werden sollen. Der andere Teil muss hiermit einverstanden sein (BGHZ 117, 194) bzw der Geltung der AGB nicht widersprechen, etwa durch Verweis auf eine eigene Abwehrklausel (BGH NJW-RR 01, 484; *v Westphalen* NJW 02, 1689). Hierfür ist nicht erforderlich, dass die AGB dem zum Vertragsschluss führenden Schreiben des Verwenders beigefügt sind, solange klar und eindeutig auf sie hingewiesen wird und der Vertragspartner des Verwenders, etwa durch den Hinweis, dass die AGB auf Wunsch übersandt werden, in der Lage ist, sich über die AGB ohne weiteres Kenntnis zu verschaffen (BGH NJW 02, 372). 31

Bei **grenzüberschreitenden Wirtschaftsverträgen** genügt es im Hinblick auf die Bedeutung der englischen Sprache als lingua franca des internationalen Wirtschaftsverkehrs, wenn Hinweis und Text der AGB in Englisch vorliegen, auch wenn diese nicht Verhandlungs- und Vertragssprache ist (Karlsr DZWiR 94, 70; Hambg NJW 80, 1232). Im internationalen Handel ist allerdings erforderlich, dass der Verwender seinem Vertragspartner die AGB übersendet oder anderweitig zugänglich macht (BGH NJW 02, 370 für einen dem CISG unterliegenden Vertrag). Dies gilt nicht im grenzüberschreitenden Inter-Banken-Verkehr (BGH WM 04, 1177). 32

2. Geltung von AGB aus besonderem Grund. Die bloße Tatsache, dass ein Vertrag ohne Bezugnahme auf AGB in engem **zeitlichen Zusammenhang** zu einem anderen Vertrag geschlossen wird, der auf Grundlage dieser Bedingungen zustande gekommen ist, genügt nicht für die Einbeziehung der AGB auch in den zeitlich nachfolgenden Vertrag (BGHZ 117, 197). 33

Eine Klausel, wonach die betr AGB auch zukünftigen Verträgen zwischen den Parteien zugrunde liegen sollen (**Erstreckungsklausel**), ist nur wirksam, wenn der darin zum Ausdruck kommende Einbeziehungswille des Verwenders dem Kunden ggü unmissverständlich zum Ausdruck gebracht wird. Der Vertragspartner muss also von dieser Klausel positive Kenntnis haben (BGHZ 117, 198). 34

Für die Einbeziehung von AGB in die iRe **Geschäftsverbindung** abgeschlossenen Einzelverträge ist neben einer gewissen Häufigkeit von Vertragsabschlüssen (so Köln IPRax 94, 465; Zweibr OLGZ 68, 391; Ddorf BB 60, 422; aA BGHZ 117, 196; NJW 78, 2243; WM 73, 1198) erforderlich, dass die abgeschlossenen Verträge stets zu den AGB der einen Seite abgeschlossen worden sind. Diese Partei muss unmissverständlich, dh durch auch für den flüchtigen Leser ohne weiteres erkennbaren Hinweis (BGHZ 42, 55; NJW-RR 91, 571), zu erkennen gegeben haben, dass sie regelmäßig Geschäfte nur auf der Grundlage ihrer eigenen Geschäftsbedingungen tätigen will. Diesem Ansinnen darf die andere Partei nicht ausdrücklich oder stillschweigend – etwa durch eine Abwehrklausel in ihren eigenen AGB – widersprochen haben (BGHZ 117, 195; Hambg NJW 80, 1232). Diese letzte Voraussetzung ist nicht erfüllt, wenn die betr Partei in allen Geschäften erst nachträglich, etwa in Lieferscheinen, auf ihre AGB Bezug genommen hat, denn hierdurch werden die AGB nicht Bestandteil des bereits abgeschlossenen Vertrages (Hambg aaO; MüKo/*Basedow* § 305 Rz 94). 35

Die Bezugnahme auf AGB in einem **kaufmännischen Bestätigungsschreiben** (s. § 148 Rn 5) muss ausdrücklich sein. Die kommentarlose Beifügung oder der Abdruck auf der Rückseite des Bestätigungsschreibens genügt nicht (Ddorf NJW 65, 761). Enthält das Bestätigungsschreiben eine ausdrückliche Bezugnahme auf die AGB des Absenders, werden diese durch das Schweigen des Empfängers selbst dann in den Vertrag einbezogen, wenn die AGB dem Schreiben nicht beigefügt waren und dem Empfänger auch sonst nicht bekannt waren (BGHZ 20, 151; 11, 4), vorausgesetzt, der Inhalt der AGB weicht vom mündlich Vereinbarten nicht so erheblich ab, dass der Absender redlicherweise nicht mit einer Billigung durch den Vertragspartner rechnen konnte (BGHZ 18, 216; 7, 190 f). Dies gilt etwa dann, wenn der Verwender aufgrund der klaren und eindeutigen Formulierung des Bestellschreibens des Kunden oder aufgrund langjähriger Geschäftsbeziehung die in den AGB der Gegenseite enthaltene Abwehrklausel kennt und daher weiß, dass die andere Seite nicht auf der Grundlage seiner AGB abschließen will (BGH NJW 82, 1751). 36

Im bloßen Schweigen auf eine **Auftragsbestätigung**, in der auf AGB Bezug genommen wird, liegt, anders als beim kaufmännischen Bestätigungsscheiben (Rn 36), noch keine stillschweigende Annahmeerklärung der Gegenseite (BGHZ 61, 285; NJW 95, 1671). Erst in der Entgegennahme der Leistung durch die andere Seite kann ein stillschweigendes Einverständnis mit den AGB gesehen werden, vorausgesetzt, der Verwender hat in 37 der Auftragsbestätigung deutlich zum Ausdruck gebracht, dass er nur unter seinen Bedingungen zur Leistung bereit ist (BGH NJW 95, 1671; NJW-RR 00, 1154).

38 Bei **branchenüblichen AGB** kann angenommen werden, dass sich der Kunde diesen allg bekannten Bedingungen als einer bereitliegenden Vertragsordnung stillschweigend unterwirft, ohne dass es eines besonderen Hinweises bedarf (BGHZ 42, 55). Die Branchenüblichkeit ist aber nur ein (widerlegbares) Indiz für das Einverständnis der anderen Seite (BGH NJW 85, 1840). Dies gilt etwa für die ADSp (BGH NJW-RR 96, 1313; NJW 85, 2412) und die AGB-Banken im Verkehr der Banken untereinander, gleich ob im nationalen (BGH NJW 90, 513) oder internationalen (BGH WM 04, 1177) Bereich. Auch eine branchenübliche **Eigentumsvorbehaltsklausel** (s.a. Rn 41) kann zum Vertragsbestandteil werden, wenn zugleich im laufenden Geschäftsverkehr zwischen den Parteien Rechnungen auf den Eigentumsvorbehalt verweisen und die Gegenseite keine Abwehrklausel verwendet, mit der sie deutlich macht, dass sie den Eigentumsvorbehalt des Lieferanten nicht akzeptiert (BGH NJW 85, 1840).

39 AGB, wenn auch nicht die ganzen, so aber einzelne Klauseln, können gar ohne Einbeziehungsvereinbarung kraft Gesetzes Vertragsbestandteil werden, wenn sie zu einem **Handelsbrauch** erstarkt sind (§ 346 HGB). Dies kommt allerdings nur sehr selten in Betracht (BGH NJW-RR 87, 94), etwa beim einfachen (LG Marburg NJW-RR 93, 1505) oder verlängerten (BGH NJW-RR 04, 555) Eigentumsvorbehalt, vorausgesetzt, dieser ist in der betr Branche die Regel, nicht jedoch bei einer Schiedsklausel (wegen der Formvorschrift des § 1031 ZPO; aA zum alten Schiedsrecht BGH NJW 93, 1798).

40 3. **Kollision sich widersprechender AGB („battle of forms")**. Verweisen im unternehmerischen Rechtsverkehr beide Parteien auf ihre AGB, so gilt das „**Prinzip der Kongruenzgeltung**". Sie werden nur insoweit Vertragsbestandteil, als sie sich decken. Dies gilt auch dann, wenn beide AGB Abwehrklauseln enthalten (BGH NJW 91, 1606; 85, 1840). Die Abwehrklausel schließt auch ergänzende Klauseln des anderen Vertragsteils aus (BGH NJW-RR 01, 484). Ansonsten ist die fehlende Kongruenz der AGB durch Auslegung aufgrund einer Gesamtwürdigung aller einschlägigen Regelungen zu ermitteln (BGH NJW 02, 1653; 85, 1839). Zum Verhältnis von **Gerichtsstands-** und **Schiedsklausel** BGH SchiedsVZ 07, 273.

41 Soweit sich die AGB widersprechen, gilt in Anlehnung an den in § 306 II enthaltenen Rechtsgedanken das **dispositive Gesetzesrecht**, wenn die Parteien trotz der fehlenden Übereinstimmung der AGB einverständlich mit der Durchführung des Vertrages beginnen (BGHZ 61, 288 f; NJW 91, 1606). Auf der sachenrechtlichen Ebene kann sich eine **Eigentumsvorbehaltsklausel** auch dann durchsetzen, wenn sie wegen Kollision mit anders lautenden AGB nicht wirksam in den schuldrechtlichen Vertrag einbezogen wurde (BGHZ 104, 137; NJW 82, 1749). Zu internationalen Verträgen (CISG) s. BGH NJW 02, 1653.

42 F. **Rahmenvereinbarungen (Abs 3)**. Die Einbeziehung von AGB durch Rahmenvereinbarungen (s. zB Ziff 1 (1) AGB-Banken sowie §§ 5, 7, 8 VVG nF) ist nur unter **drei Voraussetzungen** zulässig. Die Rahmenvereinbarung muss eine Einbeziehungsvereinbarung enthalten, für die die Voraussetzungen des II genügt (BGH NJW-RR 87, 112). Diese Einbeziehungsvereinbarung muss sich auf „bestimmte" AGB beziehen. Die Geltungserstreckung in die Zukunft kann also nicht auf zukünftige, im Zeitpunkt des Abschlusses der Rahmenvereinbarung noch unbestimmte Fassungen („in ihrer jeweils geltenden Fassung") dieser AGB ausgedehnt werden (*Berger* ZGS 04, 334). Schließlich kann die Rahmenvereinbarung AGB nur für eine „bestimmte Art von Rechtsgeschäften" einbeziehen. Im Einklang mit der durch die Rahmenvereinbarung angestrebten Rationalisierungsfunktion muss es genügen, wenn es sich um mehrere Arten verwandter Geschäfte handelt (U/B/H/ *Ulmer* § 305 Rz 207; *Stoffels* Rz 311).

43 Im Verkehr mit Unternehmern müssen nach § 310 I die Voraussetzungen des III nicht eingehalten werden.

§ 305a Einbeziehung in besonderen Fällen.

(1) Auch ohne Einhaltung der in § 305 Abs. 2 Nr. 1 und 2 bezeichneten Erfordernisse werden einbezogen, wenn die andere Vertragspartei mit ihrer Geltung einverstanden ist,
1. die mit Genehmigung der zuständigen Verkehrsbehörde oder auf Grund von internationalen Übereinkommen erlassenen Tarife und Ausführungsbestimmungen der Eisenbahnen und die nach Maßgabe des Personenbeförderungsgesetzes genehmigten Beförderungsbedingungen der Straßenbahnen, Obusse und Kraftfahrzeuge im Linienverkehr in den Beförderungsvertrag,
2. die im Amtsblatt der Bundesnetzagentur für Elektrizität, Gas, Telekommunikation, Post und Eisenbahnen veröffentlichten und in den Geschäftsstellen des Verwenders bereitgehaltenen Allgemeinen Geschäftsbedingungen
    a) in Beförderungsverträge, die außerhalb von Geschäftsräumen durch den Einwurf von Postsendungen in Briefkästen abgeschlossen werden,
    b) in Verträge über Telekommunikations-, Informations- und andere Dienstleistungen, die unmittel*bar durch Einsatz von Fernkommunikationsmitteln* und während der Erbringung einer Telekommunikationsdienstleistung in einem Mal erbracht werden, wenn die Allgemeinen Geschäftsbedingungen der anderen Vertragspartei nur unter unverhältnismäßigen Schwierigkeiten vor dem Vertragsschluss zugänglich gemacht werden können.

A. Amtlich genehmigte bzw veröffentlichte AGB. Nur für bestimmte, in § 305a abschließend aufgezählte 1
Vertragsbedingungen gelten die strengen Anforderungen an das Einbeziehungsangebot des Verwenders (§ 305
II Nr 1 und 2) nicht. Der Wortlaut der Norm macht deutlich, dass es auch in diesen Fällen einer rechtsgeschäftlichen Einbeziehung der AGB, insb eines Einverständnisses des Kunden bedarf. Dieses liegt regelmäßig
(§§ 133, 157) in der Inanspruchnahme der Beförderungsleistung (*v Westphalen* NJW 00, 14 f).

B. Beförderungsbedingungen (Nr 1). Erfasst werden Beförderungsbedingungen, die nach § 12 VI AllgEisen- 2
bahnG und § 39 VI PBefG amtlich genehmigt und veröffentlicht wurden. Die EVO und die VO v 27.2.70
(BGBl I 230) unterfallen dagegen wegen ihres Normcharakters (§ 305 Rn 17) nicht § 305a (AG Frankfurt/M
NJW 01, 132).

C. Post- und Telekommunikationsbedingungen (Nr 2). Die Einbeziehungserleichterung für amtlich veröf- 3
fentlichte und in den Geschäftsstellen bereitgehaltene AGB für Postbeförderungsverträge (lit a) gilt nur dann,
wenn der Vertrag außerhalb von Geschäftsstellen durch Einwurf von Sendungen in Briefkästen zustande
kommt. An Postkästen innerhalb einer Geschäftsstelle muss also ein Aushang (s. § 305 Rn 20) angebracht sein
(Palandt/*Grüneberg* § 305a Rz 4).

Für Dienstleistungsverträge, bei denen die Leistung über oder durch Bereitstellung von Fernkommunikati- 4
onsmitteln erbracht wird (lit b), gilt die Freistellung von § 305 II Nr 1 und 2 nur, wenn die Dienstleistung
gerade und unmittelbar durch Einsatz von Fernkommunikationsmitteln erbracht wird. Gemeint sind damit
etwa Informationsdienste wie die Telefonauskunft (BTDrs 14/1640, 153; *v Westphalen* NJW 02, 15). Nicht
erfasst werden alle Dienstleistungen, die erst nach Beendigung des Telekommunikationsvorgangs erbracht
werden, wie zB die Aufgabe eines Telegramms. Hierfür gelten die formalisierten Einbeziehungsvoraussetzungen des § 305 II (*v Westphalen* NJW 02, 16).

§ 305b Vorrang der Individualabrede. Individuelle Vertragsabreden haben Vorrang vor Allgemeinen Geschäftsbedingungen.

A. Regelungszweck; Reichweite. Individuelle Parteivereinbarungen haben wegen ihres Einzelfallbezugs einen 1
stärkeren Geltungsanspruch als abstrakt-generelle AGB (*Zoller* JZ 91, 850). In den (praktisch die Regel bildenden) Fällen, in denen die Parteien hierzu keine Regelung getroffen haben, entscheidet das Gesetz daher
das **funktionelle Rangverhältnis** (W/L/P/*Lindacher* § 305b Rz 1) zwischen beiden iSe vorrangigen Geltung
derartiger Individualabreden, wenn sie mit Regelungen in (wirksam einbezogenen) AGB in Konflikt stehen.
Dieses allg Prinzip gilt auch für den unternehmerischen Geschäftsverkehr (BGH NJW-RR 90, 613). Auf
§ 305b kann sich auch der Verwender berufen (BGH NJW 95, 1496). In Verfahren nach §§ 1, 3 UKlaG kann
§ 305b nicht geltend gemacht werden (BGH NJW 82, 333).

B. Begriff der Individualabrede. Individualabreden sind ausdrücklich oder stillschweigend (BGH NJW 86, 2
1807), mündlich oder schriftlich (BGH NJW-RR 95, 180), vor, bei oder nach Vertragsabschluss getroffene
(*Stoffels* Rz 347) Vereinbarungen der Parteien, die zwischen ihnen ausgehandelt (§ 305 Rn 11) oder verhandelt wurden (Palandt/*Grüneberg* § 305b Rz 2). Die Individualabrede muss selbst wirksam sein (U/B/H/*Ulmer*
§ 305b Rz 11). Es kommt nicht darauf an, ob sich die Parteien der Abweichung von den AGB bewusst waren
oder die Abweichung gar beabsichtigten (BGH NJW 87, 2011) oder ob die Individualabrede zugunsten oder
zulasten des Kunden von den AGB abweicht (BGH NJW 95, 1494). Die bloße Tatsache, dass sich der Vertragspartner über den Inhalt des Vertrages vollständig im Klaren ist, genügt nicht (BGH NJW 88, 2465).

C. Regelungswiderspruch. Der Regelungswiderspruch zwischen der Individualabrede und der wirksam ein- 3
bezogenen (BaRoth/*H Schmidt* § 305b Rz 6) AGB-Klausel kann sich unmittelbar aus dem **Wortlaut** oder mittelbar aus dem durch **Auslegung** (s. § 305c Rn 11) zu ermittelnden Sinn der Abreden ergeben. So gehen individualvertragliche Beschaffenheitsvereinbarungen formularmäßigen Haftungsausschlüssen vor (BGHZ 54,
242; NJW 76, 43). Individuelle Haftungsregeln haben Vorrang vor in AGB vereinbarten Haftungsbeschränkungen (BGH VersR 77, 516). Die formularmäßige Bezeichnung als Alleinauftrag wird durch abw Abreden
der Parteien verdrängt (BGHZ 49, 87). Eine Klausel, wonach **Lieferfristen** und Termine unverbindlich sind,
gilt nicht, wenn die Parteien eine konkrete Lieferfrist oder einen festen Termin vereinbart haben (BGH WM
07, 703; 84, 48 f). Wurde ein bestimmter Betrag als Mietzins vereinbart, wird dadurch eine AGB-Klausel,
wonach zusätzlich MwSt zu zahlen ist, verdrängt (BaRoth/*H Schmidt* § 305b Rz 14). Eine Festpreisabrede hat
Vorrang vor einer in AGB enthaltenen Lohngleitklausel (Celle NJW 66, 507) oder einem in AGB in Bezug
genommenen Kostenanschlag (Nürnbg MDR 77, 137; Palandt/*Grüneberg* § 305b Rz 4). Eine Klausel, die
einen Skonto-Abzug vorsieht, wird durch eine Zahlungsvereinbarung „ohne Abzug" verdrängt (U/B/H/*Ulmer*
§ 305b Rz 21).

D. Schriftformklauseln. Der Grundsatz des Vorrangs der höherrangigen Individualabrede ist an keine spezi- 4
ellen Formanforderungen geknüpft (Rn 1). Daraus folgt, dass Schriftformklauseln (*Michalski* DStR 98, 771 f;
Teske S 90) außer Kraft gesetzt werden, wenn die Vertragschließenden deutlich den Willen zum Ausdruck
bringen, die mündlich getroffene Abrede solle ungeachtet dieser Klausel gelten (BGH NJW-RR 95, 179; NJW

86, 3132). Die mündliche Abrede muss allerdings auch hier (s. Rn 2) rechtlich wirksam sein, was problematisch ist, wenn die Schriftformklausel zugleich die Vertretungsmacht einschränkt (*Stoffels* Rz 352). Zur Unwirksamkeit von Schriftformklauseln nach § 307 s. § 307 Rn 12; zur Wirksamkeit von Vollständigkeitsklauseln § 309 Rn 97.

§ 305c Überraschende und mehrdeutige Klauseln.
(1) Bestimmungen in Allgemeinen Geschäftsbedingungen, die nach den Umständen, insbesondere nach dem äußeren Erscheinungsbild des Vertrags, so ungewöhnlich sind, dass der Vertragspartner des Verwenders mit ihnen nicht zu rechnen braucht, werden nicht Vertragsbestandteil.
(2) Zweifel bei der Auslegung Allgemeiner Geschäftsbedingungen gehen zu Lasten des Verwenders.

1 **A. Normzweck.** I enthält eine negative gesetzliche Einbeziehungsvoraussetzung (U/B/H/*Ulmer* § 305c Rz 4) für überraschende Vertragsklauseln. Die Norm setzt also voraus, dass es sich um wirksam einbezogene AGB handelt. II normiert eine Auslegungsregel für unklar formulierte AGB. Der überraschende Charakter einer AGB-Klausel kann häufig erst nach Ermittlung ihres Sinns im Wege der **Auslegung** bestimmt werden, wobei verbleibende Mehrdeutigkeiten unter Rückgriff auf die Unklarheitenregel aufzulösen sind. Eine zunächst bedenklich erscheinende Klausel kann sich daher nach Anwendung der Unklarheitenregel als nicht überraschend erweisen (BGHZ 103, 80).

2 **B. Überraschende Klauseln (Abs 1).** I beruht auf dem Gedanken, dass der Kunde, der unter den Voraussetzungen des § 305 II (§ 305 Rn 16 ff) auch dann an AGB gebunden ist, wenn er sie nicht gelesen hat, in seinem Vertrauen darauf zu schützen ist, dass sich die in den AGB enthaltenen Einzelregelungen im Großen und Ganzen iR dessen halten, was der redliche Geschäftsverkehr nach den Umständen bei Abschluss des Vertrages erwarten konnte (BGH DB 75, 2366; Köln NJW-RR 03, 706). Die Norm gilt auch für Klauseln, die nach § 307 III der Inhaltskontrolle entzogen sind (BaRoth/*H. Schmidt* § 305c Rz 3), sowie für Einmalklauseln nach § 310 III Nr 2 (s. § 310 Rn 10). Im Verfahren nach §§ 1, 3 UKlaG ist die Norm nicht anwendbar (BGH NJW 01, 635).

3 I findet auch im unternehmerischen Geschäftsverkehr Anwendung (BGHZ 102, 162; NJW 90, 576). Im Hinblick auf die erhöhten Anforderungen, die an Unternehmer gestellt werden können (s. § 307 Rn 29), ist allerdings der Überraschungseffekt weniger leicht zu bejahen, wenn die Gegenseite mit derartigen Geschäften vertraut ist (BGHZ 100, 85; 102, 162).

4 **I. Voraussetzungen.** Die betr Klausel muss **objektiv** ungewöhnlich und **subjektiv** für den Vertragspartner des Verwenders überraschend sein (Ddorf BB 86, 1464; U/B/H/*Ulmer* § 305c Rz 11).

5 **1. Ungewöhnlich.** Eine Klausel ist ungewöhnlich, wenn sie nach dem äußeren Erscheinungsbild des Vertrages und den gesamten Umständen von den Erwartungen abweicht, die der redliche Geschäftsverkehr typischerweise an den Vertragsinhalt knüpft, so dass mit einer solchen Klausel nach den Umständen vernünftigerweise nicht zu rechnen ist (BGH NJW-RR 04, 780; NJW 00, 1181). Ausschlaggebend ist also die Perspektive des **vertragstypischen Durchschnittskunden** (BGH NJW-RR 01, 439; NJW 95, 2637). Maßgebende Kriterien sind dabei neben dem Grad der Abweichung von dispositivem Gesetzesrecht und der für den Geschäftskreis üblichen Gestaltung (BGHZ 102, 158 f; NJW 01, 1416 f) auch die Abweichung vom vertraglichen Leitbild (BGHZ 121, 113) und konkrete Umstände wie die Höhe des Entgelts (Hambg VersR 79, 134). Dieser strenge Maßstab geht über die bloße Unüblichkeit oder inhaltliche Unangemessenheit hinaus (*Stoffels* Rz 329).

6 **2. Überraschend.** Eine Klausel ist überraschend, wenn zwischen dem Klauselinhalt und den berechtigten Erwartungen des Kunden eine solch erhebliche Diskrepanz besteht, dass der Klausel ein „**Überrumpelungs- oder Übertölpelungseffekt**" innewohnt (BGH NJW-RR 02, 485; NJW 01, 1416 f). Die Klausel muss also Regelungen enthalten, mit denen der Kunde vernünftigerweise nicht zu rechnen brauchte. Neben dem Grad der Abweichung der Vorstellung der Gegenseite von der Ausgestaltung der Klausel (BGHZ 100, 85) sind va der ungewöhnliche äußere Zuschnitt der betr Klausel, ihre Stellung im Vertrag (etwa an unerwarteter oder gar versteckter Stelle), der Gang und Inhalt der Vertragsverhandlungen sowie der äußere Zuschnitt des Vertrages (Aufmachung, drucktechnische Anordnung, Schriftbild, MüKo/*Basedow* § 305c Rz 6) zu berücksichtigen (BGHZ 102, 158 f; NJW 01, 1416). Dabei kommt es auf die Erkenntnismöglichkeiten des für derartige Verträge typischerweise zu erwartenden Durchschnittskunden (BGHZ 121, 113) an, es sei denn, die enttäuschte Kundenerwartung stützt sich gerade auf individuelle Umstände bei Vertragsschluss (BGHZ 102, 159; WM 81, 117).

7 Die berechtigten Erwartungen des Kunden schließen einen Überrumpelungseffekt aus, wenn während der Vertragsverhandlungen ein klarer und deutlicher **Hinweis** (auch durch besondere drucktechnische Gestaltung, *BGH NJW-RR 02, 485*) *auf die Klausel* erfolgte (BGH NJW 78, 1519, hier kann aber auch ein Fall von §§ 305 I 3, 305b gegeben sein) oder der Klauselinhalt anderweitig zum Inhalt der vertraglichen Vereinbarung gemacht wurde (MüKo/*Basedow* § 305c Rz 7). Gleiches gilt, wenn beide Parteien die Klausel übereinstimmend in einem bestimmten Sinn auslegen (BGH NJW 02, 2102; Palandt/*Grüneberg* § 305c Rz 4).

II. Beweislast. Derjenige, der sich auf I beruft, trägt die Beweislast für dessen tatbestandliche Voraussetzun- 8
gen. Für Umstände, die trotz des Vorliegens der Voraussetzungen des I seine Anwendung ausschließen (Hinweis, sonstige Kenntnis usw), trägt der Verwender die Beweislast (BGHZ 83, 60).

III. Beispiele. Überraschend +, nicht –: Automatische Vertragsverlängerung bei gleichzeitiger Regelung einer 9
Vertragslaufzeit von jeweils einem Jahr (+BGH NJW 89, 2255); Eigentumsvorbehalt, einfach und verlängert
(–Palandt/*Grüneberg* § 305c Rz 6); Haftungsbegrenzungsklausel für Dritte (Anlagevermittler, Anlageberater)
in Immobilienfondsprospekt (+BGH NJW-RR 04, 780); Konzernverrechnungsklausel (–Frankf NJW-RR 04,
56); Leistungsvorbehalt im Einheitspreisvertrag (+BGH NJW 07, 3423); Limitierung der Auftragssumme bei
Einheitspreisvertrag (+BGH NJW 05, 246); Nichtabnahmeentschädigung im Kreditvertrag (–es sei denn,
Bank behält sich Entschädigung bei Kreditvergabe durch zwei Banken auch für den Fall der Ablehnung der
Restfinanzierung durch die andere Bank vor, BGH NJW 98, 683); Provisionsklausel im Arbeitnehmerüberlassungsvertrag (–BGH DB 07, 526); Schuldanerkenntnis/Zwangsvollstreckungsunterwerfung (–BGH NJW-RR
06, 490); Selbstbelieferungsvorbehalt bei Handelskauf (–BGHZ 92, 397); Vergütungspflicht für Kostenvoranschlag bei Werkvertrag (+BGH NJW 82, 765).

C. Unklarheitenregel (Abs 2). Die Vorschrift ergänzt die für die Auslegung von AGB maßgeblichen Grund- 10
sätze. Die Auslegung muss der Inhaltskontrolle immer vorausgehen (BGH NJW 99, 1633). Die Norm gilt
auch für Klauseln, die nach § 307 III 1 der Inhaltskontrolle entzogen sind.

I. Grundsatz der objektiven Auslegung. Der vom Verwender mit AGB verfolgte Zweck erfordert einen von 11
den allg, für sonstige, einzelfallbezogene Vertragsbedingungen geltenden Auslegungsprinzipien (§ 133
Rn 31 ff; § 157 Rn 1 ff) abw, aber letztlich doch in ihnen verankerten, objektiven Auslegungsansatz. Wegen
ihrer Rationalisierungs- und Typisierungsfunktion muss sich das Auslegungsergebnis als allg Lösung des in
der Klausel geregelten, stets wiederkehrenden Interessengegensatzes darstellen (BGHZ 60, 380).
AGB sind daher losgelöst von den Zufälligkeiten des Einzelfalls und den individuellen Vorstellungen der Par- 12
teien (BGHZ 49, 88; NJW-RR 99, 1105) unter Beachtung ihres wirtschaftlichen Zwecks, der gewählten Ausdrucksweise und des allg Sprachgebrauchs im Zeitpunkt der Einbeziehung in den Vertrag (MüKo/*Basedow*
§ 305c Rz 25) einheitlich so auszulegen, wie sie von **verständigen und redlichen Vertragsparteien** unter
Abwägung der Interessen der normalerweise beteiligten Verkehrskreise (zB typischerweise von den AGB
betroffene Kundengruppen, Hambg DB 81, 1718) verstanden werden, wobei die Verständnismöglichkeiten
eines Durchschnittskunden zugrunde zu legen sind (BGH NJW 09, 3716; 07, 2051; 08, 2173; BAG DB 07,
2093). Eine Differenzierung nach unterschiedlichen Verkehrskreisen kann danach geboten sein (BGH NJW-
RR 04, 1248).
Individuelle Umstände, die dem typischen, juristisch nicht vorgebildeten Durchschnittskunden nicht zugäng- 13
lich sind (zB Entstehungsgeschichte der Klausel, systematische Stellung im Vertrag) dürfen nicht berücksichtigt werden (BGH NJW 02, 2102; NJW-RR 96, 857). Maßgeblich ist aber eine von der objektiven Bedeutung
abw, von beiden Parteien so verstandene Bedeutung der Klausel (BGH NJW 02, 2102). **Fachspezifischen
Bezeichnungen** ist grds ihre in Fachkreisen geläufige Bedeutung zugrunde zu legen, auch wenn diese von der
Umgangssprache abweicht (BaRoth/*H. Schmidt* § 305c Rz 37). Juristische Fachtermini, die erkennbar dem
Gesetz entnommen wurden, sind in dem Sinn auszulegen, den sie in dem betr Gesetz haben (BGH ZIP 03,
1095; Hamm NJW-RR 04, 58 für den Begriff „unverzüglich" aus § 121; München IHR 07, 30 zu „EAG",
„EKG" und „CISG"). Haftungsfreizeichnungen sind grds eng auszulegen (BGH NJW 92, 2016). Zu Gerichtsstandsklauseln BGH NJW 72, 1671; Schlesw NJW 06, 3360; zum Verhältnis von Gerichtsstands- und Schiedsklausel BGH SchiedsVZ 07, 273.
In **Verbraucherverträgen** werden individuelle Umstände nach § 310 III Nr 3 (s. § 310 Rn 12) nur bei der 14
Inhaltskontrolle, nicht jedoch bei der Auslegung berücksichtigt (*Stoffels* Rz 363).
Die Auslegung von AGB ist nach § 545 ZPO **revisibel**, sofern ihr Anwendungsbereich über den Bezirk eines 15
OLG hinausgeht (BGH NJW 04, 1104). Dies gilt nicht für ausländische AGB (BGHZ 104, 181).
II. Verbleibende Zweifel nach Auslegung. 1. Grundsatz. Die Unklarheitenregel des II kommt nicht zur 16
Anwendung, wenn eine Klausel eindeutig und damit nicht auslegungsbedürftig ist (BGH NJW-RR 04, 1247).
In sonstigen Fällen kommt II erst dann zur Anwendung, wenn nach Ausschöpfung der in Betracht kommenden Auslegungsmöglichkeiten (Rn 11) ein nicht behebbarer Zweifel bleibt, so dass mindestens zwei Auslegungsergebnisse rechtlich vertretbar sind (BGH NJW-RR 04, 1247; NJW 02, 2102). Wird hingegen einer Auslegung der Vorzug eingeräumt, weil sie weitaus näher liegt als eine andere, dann ist diese der Inhaltskontrolle
zugrunde zu legen (BGH NJW 93, 658). Die Unklarheitenregel gilt auch im **unternehmerischen Geschäftsverkehr** (BGH NJW-RR 88, 113). Ist die Klausel nicht nur auslegungsbedürftig, sondern intransparent,
kommt sowohl die Nichteinbeziehung nach § 305 II Nr 2 (s. § 305 Rn 23) als auch die Unwirksamkeit nach
§ 307 I 2 (s. § 307 Rn 13) in Betracht (Palandt/*Grüneberg* § 305c Rz 18). Führt die Einbeziehung mehrerer
Klauseln in ein und denselben Vertrag dazu, dass auch nach Auslegung unklar ist, welche der darin enthaltenen **konkurrierenden Klauseln** gelten sollen, kann keine dieser Bestimmungen angewendet werden, so dass
die gesetzlichen Vorschriften zur Anwendung kommen (BGH NJW-RR 06, 1350); für den Vorrang der für

den Verwender ungünstigeren Klausel BGHZ 150, 226. Auf dynamische Verweise in **Arbeitsverträgen** auf das jeweils gültige Tarifrecht findet II keine Anwendung (BAG ZIP 09, 2076).

17 **2. Rechtsfolge.** Ist eine Klausel mehrdeutig (Rn 16), so ist sie „zu Lasten des Verwenders" iSv II ausgelegt, wenn die **kundenfeindlichste Alternative** gewählt wird, also die, die am ehesten gegen die §§ 307 ff verstößt. Sie ist die für den Kunden günstigste Alternative. Dies ist für den Verbandsprozess nach §§ 1, 3 UKlaG allg anerkannt (BGH NJW 08, 2495 und 2173). Im Hinblick auf den Schutzzweck von II und das Interesse einheitlicher Auslegungsergebnisse ist von diesem Ansatz der kundenfeindlichsten Auslegung auch im Individualprozess auszugehen (BGH NJW 08, 2172; Palandt/*Grüneberg* § 305c Rz 20). Sind alle denkbaren Alternativen nach §§ 307 ff wirksam, so ist von derjenigen auszugehen, die den Kunden am meisten begünstigt (W/L/P/*Lindacher* § 305c Rz 133; MüKo/*Basedow* § 305c Rz 35).

18 Die Anwendung der so verstandenen Unklarheitenregel im Individualprozess muss dazu führen, den Grundsatz der restriktiven Auslegung von den Kunden belastenden Bestimmungen wie Freizeichnungsklauseln oder Gewährleistungsausschlüssen (BGHZ 62, 251; NJW 86, 2757) aufzugeben. Die restriktive Auslegung verstellt den Blick auf die kundenfeindlichste Auslegung und gerät zudem mit dem Verbot der geltungserhaltenden Reduktion (§ 306 Rn 4) in Konflikt (BaRoth/*H. Schmidt* § 305c Rz 46; *Sambuc* NJW 81, 315).

19 **3. Beispiele.** Unklar +, nicht –: „gekauft wie besichtigt" (–BGH NJW 79, 1886); „zahlbar sofort netto ohne Abzug" (–Celle NJW-RR 93, 1334); „soweit gesetzlich zulässig" (–*Roth* WM 91, 2087); Haftung für Fahrtleistung im gewerblichen Gebrauchtwagenverkauf, „soweit ihm bekannt" (+BGH NJW 98, 2207; –Köln NJW 99, 2601 bei privatem Verkauf aus zweiter Hand); Darlehen gegen Stellen einer Bankbürgschaft als Vertragspflicht oder aufschiebende Bedingung (+BGH NJW-RR 97, 304); Hinweis auf nicht existierende „Widerrufsmöglichkeit" (+BGH NJW 82, 2313); Fehlerfreiheit „während eines Jahres seit Auslieferung" (+BGH NJW 96, 2504); abgetretene Rechte als „weitere Sicherheiten" in Grundschuldzweckerklärung (+BGHZ 110, 113); Umfang einer Mietgarantie bei Bauherrenmodell (+Celle NJW-RR 88, 119); Umfang der Versicherungsdeckung (+BGH NJW-RR 96, 857); Ausschluss von EAG und EKG einerseits und CISG andererseits (+München IHR 07, 30); Unterrichtungspflichten bei Mängelbeseitigung an fabrikneuem Kfz (+BGH BB 07, 234); Gerichtsstandsklausel bzgl Zulässigkeit eines Schiedsgerichts (+BGH NJW-RR 07, 1719).

20 **III. Ergänzende Auslegung.** Enthält ein Vertrag, der unter Zugrundelegung von AGB geschlossen wurde, eine Lücke, so ist zu unterscheiden: Wenn die AGB wirksam einbezogen und auch nach §§ 307 ff als wirksam anzusehen sind, ist der Richter befugt, eine (anfängliche) Lücke nach den Grundsätzen über die **ergänzende Vertragsauslegung** nach § 157 (s. § 157 Rn 15 ff) zu schließen (BGHZ 119, 325; NJW-RR 04, 262). Die Lücke kann auch darauf beruhen, dass sich die bei Vertragsschluss bestehenden wirtschaftlichen oder rechtlichen Verhältnisse nachträglich ändern (BGH NJW 93, 3193; NJW-RR 89, 1490). Beruht die (nachträgliche) Lücke darauf, dass die Klausel(n) nicht wirksam in den Vertrag einbezogen wurde(n), oder auf der Unwirksamkeit einer Klausel nach §§ 307 ff, so gilt zunächst § 306 I, II. Nur mangels dispositiven Gesetzesrechts kommt hier die Lückenfüllung durch ergänzende Vertragsauslegung in Betracht, soweit der ersatzlose Wegfall der Klausel nicht dem Parteiwillen entspricht (BaRoth/*H. Schmidt* § 305c Rz 45; s. § 306 Rn 14).

21 Zu ermitteln ist in jedem Fall die Gestaltung, die die Parteien bei sachgerechter Abwägung ihrer beiderseitigen Interessen gewählt hätten, wenn ihnen die Lücke bei Vertragsschluss bewusst gewesen wäre (BGHZ 119, 325; NJW 06, 999; 02, 3098). Dabei ist ein **objektiv-generalisierender**, auf den in den AGB zum Ausdruck kommenden, typischen Interessenkonflikt fokussierter und an den Interessen der typischerweise an Geschäften der betr Art beteiligten Verkehrskreise ausgerichteter Maßstab anzulegen (BGHZ 164, 297, 317; 107, 277; NJW-RR 04, 262). Der tatsächliche Wille der Parteien ist nur insoweit zu berücksichtigen, als er die äußerste Grenze der Auslegung bildet (BGHZ 90, 77). Kommen verschiedene Gestaltungsmöglichkeiten gleichermaßen in Betracht, scheidet eine ergänzende Vertragsauslegung aus (BGHZ 90, 80; NJW 06, 999; 00, 1114; aA W/L/P/*Lindacher* § 306 Rz 21; BaRoth/*H. Schmidt* § 306 Rz 13). Gleiches gilt, wenn eine Vielzahl von AGB-Klauseln unwirksam ist und die ergänzende Vertragsauslegung einer Vertragsgestaltung durch das Gericht gleichkäme (BGHZ 51, 58; NJW 71, 1034; s.a. § 306 Rn 18). Zur Abgrenzung zum Verbot der geltungserhaltenden Reduktion § 306 Rn 5; zur **ergänzenden Auslegung des Vertrages** bei Wegfall einer Klausel wegen Unwirksamkeit nach § 307 BGH DB 09, 2657.

22 Beispiele: Bürgenhaftung (BGHZ 137, 157); Freigabeanspruch bei revolvierenden Globalsicherheiten (BGHZ 137, 218 ff); Genussscheine (BGHZ 119, 325); Kündigungsausschluss in Langzeitvertrag (BGHZ 120, 122); Tagespreisklauseln (BGHZ 90, 74 ff; NJW 84, 1181); Preisanpassungsklausel (BGH NJW 90, 116); Preiserhöhungsklausel und Festpreisvereinbarung (BGHZ 94, 342); Vergütungsanspruch bei vorzeitiger Vertragsbeendigung (BGHZ 54, 115); Vertragserfüllungsbürgschaft auf erstes Anfordern (BGH NJW 02, 2388; 02, 3098).

§ 306 Rechtsfolgen bei Nichteinbeziehung und Unwirksamkeit.

(1) Sind Allgemeine Geschäftsbedingungen ganz oder teilweise nicht Vertragsbestandteil geworden oder unwirksam, so bleibt der Vertrag im Übrigen wirksam.

(2) Soweit die Bestimmungen nicht Vertragsbestandteil geworden oder unwirksam sind, richtet sich der Inhalt des Vertrags nach den gesetzlichen Vorschriften.

(3) Der Vertrag ist unwirksam, wenn das Festhalten an ihm auch unter Berücksichtigung der nach Absatz 2 vorgesehenen Änderung eine unzumutbare Härte für eine Vertragspartei darstellen würde.

A. Regelungszweck. Hauptzweck der Vorschrift ist es, wegen der ggü individuell getroffenen Abreden anderen Interessenlage der Parteien eine von § 139 abw Lösung für den Fall der gescheiterten Einbeziehung oder Unwirksamkeit von AGB bereitzustellen (I, II). Der ansonsten nach § 139 geltende Regelfall der Gesamtnichtigkeit kommt bei AGB nur in sehr begrenzten Ausnahmefällen in Betracht (III). § 306 enthält somit im Vergleich zu § 139 ein **umgekehrtes Regel-Ausnahme-Verhältnis** und ist daher lex specialis zu dieser Norm (BGH NJW 07, 3568; 95, 2556; 92, 896). Dies gilt auch dann, wenn sich die Unwirksamkeit einer AGB-Klausel aus anderen gesetzlichen Vorschriften (zB EU-Recht) ergibt (BGH NJW 07, 3568). § 306 gilt auch für den unternehmerischen Geschäftsverkehr. 1

B. Vertragslücke und Wirksamkeit des Vertrages (Abs 1). I. Vorliegen einer Lücke. I erfasst die Fälle der ganz oder teilweise gescheiterten Einbeziehung ebenso wie der Unwirksamkeit. Die Gründe hierfür werden in I nicht erwähnt und damit auch nicht beschränkt. Die gescheiterte Einbeziehung kann also sowohl die AGB im Ganzen (§ 305 II) als auch einzelne Klauseln (§ 305c) betreffen. Sie kann auch auf einer formunwirksamen Einbeziehungsvereinbarung (§ 305 Rn 19) beruhen (Palandt/*Grüneberg* § 306 Rz 2). Der Vorrang einer Individualabrede folgt dagegen ohne weiteres aus dem in § 305b zum Ausdruck kommenden funktionalen Rangverhältnis (§ 305b Rn 1). 2

Die Unwirksamkeit einzelner Klauseln wird zumeist auf den §§ 307 ff beruhen, kann sich aber auch aus einem Verstoß gegen Formvorschriften (§ 125), gegen gesetzliche Vorschriften (§§ 134, 138) oder aus einer Anfechtung nach § 123 oder § 119 (Vor § 305 Rn 9 ff) ergeben (BGHZ 129, 306; NJW 92, 896). Bei einem Dissens über die Einbeziehung von AGB gilt nicht § 154 I, sondern I jedenfalls dann, wenn die Parteien die Wirksamkeit des Vertrages nicht in Zweifel gezogen und mit Erfüllungshandlungen begonnen haben (BGHZ 61, 288 f; aA Palandt/*Grüneberg* § 306 Rz 4). Zur Gesamtunwirksamkeit des Vertrages nach § 138 Vor § 305 Rn 10; BaRoth/*H. Schmidt* § 306 Rz 6. I kann nicht durch AGB abbedungen werden (U/B/H/*Schmidt* § 306 Rz 23). Die Unwirksamkeit des Vertrages kann aber durch Individualvereinbarung bestimmt werden (MüKo/*Basedow* § 306 Rz 9). 3

II. Verbot der geltungserhaltenden Reduktion. 1. Grundsatz. Die Annahme einer Lücke kann nicht dadurch vermieden werden, dass die betr Klausel durch richterliche Gestaltung auf einen gerade noch zulässigen Inhalt zurückgeführt wird. Dem steht das Verbot der geltungserhaltenden Reduktion (VgR) entgegen (BGH NJW 00, 1113; 91, 2141). So kann eine Haftungsfreizeichnungsklausel, die auch die Haftung für Kardinalpflichten (s. § 307 Rn 26) einschließt, nicht auf das noch zulässige Maß zurückgeführt werden (BGH NJW 99, 1031; 93, 335). Das VgR gilt sowohl im Individual- als auch im Verbandsprozess (BGH NJW 01, 294; 82, 2309; aA MüKo/*Basedow* § 306 Rz 12) und auch im unternehmerischen Geschäftsverkehr (BGH NJW-RR 04, 1498). 4

2. Ausnahmen. Die Rspr lässt allerdings verschiedene Ausnahmen von diesem Verbot zu. Darüber hinaus ist auch die ergänzende Vertragsauslegung von AGB zulässig (s. § 305c Rn 20). Zur Abgrenzung vom VgR BGH DB 09, 2657; BGHZ 137, 221 f; 90, 81. 5

a) Abtrennbarkeit. Eine Ausnahme vom VgR gilt dann, wenn die beanstandete Klausel einen **sachlich und sprachlich abtrennbaren**, für sich wirksamen Teil aufweist (BGH NJW 01, 294; 97, 3437). Dies setzt voraus, dass der unwirksame Klauselteil ohne weiteres gestrichen werden kann („*blue pencil test*", BayObLGZ 97, 159; Palandt/*Grüneberg* Vor § 307 Rz 11). Dies gilt etwa für Klauseln über Fristbeginn und -länge (BGH NJW 88, 2106), Voraussetzungen und Folgen einer Kündigung (BGH NJW 88, 200), Abgabe und Empfang von Erklärungen (BGH NJW 97, 3437), Schönheitsreparaturen und Reparaturkosten (BayObLG NJW-RR 97, 1373), Gefahrtragungsregeln für den Fall der Beschädigung oder des Untergangs (BGH BB 98, 1126), dagegen nicht für die Regelung einer zu langen Frist (BGH NJW 84, 2817). 6

b) Personelle Teilbarkeit. Schon aus dem im b2b-Geschäft eingeschränkten Schutzzweck (§ 307 Rn 30) folgt, dass eine Klausel, die in b2c-Verträgen unwirksam ist, in b2b-Verträgen als wirksam angesehen werden kann (BGH NJW 00, 660). Auch bleibt eine für beide Seiten getroffene und dem Kunden ggü unangemessene Klausel **dem Verwender ggü** wirksam (BGH NJW 87, 2506; Ddorf NJW-RR 00, 284). 7

c) Fertig bereitliegende Rechtsordnung. Die geltungserhaltende Reduktion soll bei Klauselwerken zulässig sein, die als **kollektiv ausgehandelte Vertragswerke** unter Mitwirkung der beteiligten Verkehrskreise zustande gekommen sind und damit als „fertig bereitliegende Rechtsordnung" nicht ohne weiteres mit einseitig aufgestellten AGB vergleichbar sind (BGH NJW 95, 3117 für die ADSp; BGH NJW 95, 2224 für die AGNB; aA U/B/H/*Schmidt* § 306 Rz 15). 8

d) Fernliegender Ausnahmefall. Die Wirksamkeit einer Klausel ist zu bejahen, wenn sie nur in ganz **fernliegenden und untypischen**, vom Verwender nicht bedachten Ausnahmefällen gegen die §§ 307 ff verstößt (BGH NJW 93, 658; U/B/H/*Schmidt* § 306 Rz 15). Dies gilt etwa für das Stornorecht der Banken (BGH NJW 83, 250), Selbstbelieferungsvorbehalte (BGHZ 92, 398) und Zinsänderungsklauseln (BGHZ 97, 212). 9

10 **e) Vertrauensschutz.** Grds ist dem Verwender von AGB, die sich aufgrund einer Änderung der Rspr als unwirksam erweisen, **kein Vertrauensschutz** zuzubilligen (BGH NJW 08, 1438). Nur in **besonders gelagerten Ausnahmefällen** kann in Anlehnung an die Rspr des BGH zur Aufrechterhaltung von Bürgschaftsverpflichtungen bei an sich unwirksamer Ausdehnung der Bürgenhaftung auf alle bestehenden und künftigen Ansprüche (BGHZ 137, 153; s. § 307 Rn 21) und bei Vertragsstrafen in Höhe von 10% der Abrechnungssumme bei Bauverträgen bis zu einem Volumen von 15 Mio DM (BGHZ 153, 327 einerseits, BGH WM 05, 894 andererseits; s.a. § 307 Rn 21) trotz sprachlicher Unteilbarkeit der Klausel bei einer Neuorientierung der Inhaltskontrolle durch die Rspr derjenige Teil der Klausel aufrechterhalten werden, der im Zeitpunkt der Verwendung dem Stand der Rspr entsprach (Palandt/*Grüneberg* Vor § 307 Rz 10; *Medicus* NJW 95, 2577 ff; vgl auch BGH NJW 03, 1805; 02, 3098).

11 **III. Abtrennbarkeit der unwirksamen Klausel.** Die Regel des I gilt nur dann, wenn die als wirksam anzusehenden Rest-AGB sinnvoll von der unwirksamen Klausel bzw einem Klauselteil zu trennen sind (BGH NJW 08, 3422; BGHZ 106, 25; 93, 48 ff). Dies ist nicht der Fall, wenn ohne diese Klausel(n) von einer gänzlich neuen, von der bisherigen völlig abw Vertragsgestaltung gesprochen werden muss (BGHZ 107, 191; NJW 92, 896) oder nur ein nicht ergänzungsfähiger Torsovertrag verbleibt (*Stoffels* Rz 587).

12 **IV. Vertragliche Vermeidung von Lücken.** Eine Klausel, wonach im Fall der Unwirksamkeit von AGB eine Regelung mit (annähernd) gleichem wirtschaftlichen Erfolg gilt oder von den Parteien vereinbart werden soll (**salvatorische Klausel**), ist als vertraglich vereinbarte geltungserhaltende Reduktion nach § 307 II Nr 1 unwirksam (BGH NJW 02, 894; NJW-RR 96, 789). Auch ein Zusatz, wonach die Klausel nur „soweit gesetzlich zulässig" gelten soll, ist unwirksam (BaRoth/*H Schmidt* § 306 Rz 17). Bei unklarer Rechtslage muss eine Ersatzklausel, die im Zeitpunkt der Verwendung den Stand der Rspr wiedergibt (s. Rn 4 ff), zulässig sein (U/B/H/*Schmidt* § 306 Rz 40; Staud/*Schlosser* § 306 Rz 17; str).

13 **C. Rechtsfolge. I. Grundsatz: Lückenfüllung durch gesetzliche Vorschriften (Abs 2).** Die nach I entstandene Lücke wird durch das dispositive Recht, einschl der von Rspr und Lehre entwickelten Rechtsgrundsätze geschlossen (BGHZ 124, 389; NJW 96, 2093). Fehlen entspr gesetzliche Regelungen (etwa im Fall eines gesetzlich nicht geregelten Vertragstyps), so kann die Klausel ersatzlos entfallen (BGH NJW-RR 96, 1009; NJW 85, 852; 83, 159). Dies gilt auch, wenn die in der Klausel enthaltene Regelung bei objektiver Betrachtung als vom Verwender bewusst abschließend gewählt anzusehen ist (BGH NJW 00, 3096; 85, 1835).

14 Stellt der ersatzlose Wegfall jedoch keine angemessene, den typischen Interessen der Parteien Rechnung tragende Lösung dar, insb weil die Lücke dem Vertragspartner des Verwenders einen Vorteil belässt, der das Vertragsgefüge einseitig zu seinen Gunsten verschiebt, ist die Lücke durch ergänzende Vertragsauslegung (§ 157) zu schließen (BGH NJW 02, 3098; 00, 1114); s. § 305c Rn 20.

15 II gilt nur für den Individualprozess, nicht für Verbandsklagen nach §§ 1, 3 UKlaG (vgl Vor § 305 Rn 2).

16 **II. Ausn: Unwirksamkeit des Vertrages (Abs 3).** III hat ggü der in I enthaltenen Grundregel (s. Rn 1) Ausnahmecharakter und daher nur einen engen Anwendungsbereich (W/L/P/*Lindacher* § 306 Rz 60). Es müssen besondere Gründe („unzumutbare Härte") vorliegen, damit die Vorschrift eingreift.

17 Aus der Sicht des **Verwenders** genügt dafür nicht die Unwirksamkeit einzelner Klauseln nach §§ 307 ff. Unzumutbar kann das Festhalten am Vertrag für den Verwender jedoch dann sein, wenn infolge der Unwirksamkeit einer AGB-Klausel das Vertragsgleichgewicht grundl gestört ist. Allerdings reicht dafür nicht schon jeder wirtschaftliche Nachteil des Verwenders. Es ist eine einschneidende Störung des Äquivalenzverhältnisses erforderlich, das das Festhalten am Vertrag für ihn unzumutbar macht (BGH NJW-RR 02, 1136; München NJW 04, 2532). Unterhalb dieser Schwelle kommt die Schließung der entstandenen Lücke durch ergänzende Vertragsauslegung in Betracht (BGH WM 05, 744 für unwirksame Verwertungsregel bei Lohn- bzw Gehaltsabtretung; s.a. § 305c Rn 20).

18 Aus der Sicht des **Kunden** kann die Gesamtunwirksamkeit ganz ausnahmsweise dann in Betracht kommen, wenn bei einem gesetzlich nicht geregelten Vertragstyp die Mehrzahl der AGB unwirksam sind (s. § 305c Rn 21) und daher völlige Unklarheit über die beiderseitigen Rechte und Pflichten droht (BGH NJW-RR 03, 1060).

19 Die Rechtsfolge des III ist nicht durch AGB, wohl aber individualvertraglich abdingbar (BaRoth/*H. Schmidt* § 306 Rz 22).

20 **III. Weitere Rechtsfolgen.** Im Falle eines Verstoßes gegen die §§ 307 ff kann von der gem **§ 3 UKlaG** zuständigen anspruchsberechtigten Stelle ein Unterlassungs- und ggf Widerrufsanspruch nach § 1 UKlaG vor dem nach § 6 UKlaG zuständigen LG geltend gemacht werden. Bei dauerhafter Verwendung unwirksamer AGB kommt auch ein Unterlassungsanspruch nach **§ 1 UWG** in Betracht (Stuttg BB 87, 2394). Die Verwendung unwirksamer Klauseln kann zudem einen Anspruch des Kunden auf Schadensersatz nach §§ 280, 311 II begründen (BGH NJW 94, 2754).

§ 306a Umgehungsverbot.
Die Vorschriften dieses Abschnitts finden auch Anwendung, wenn sie durch anderweitige Gestaltungen umgangen werden.

A. Voraussetzungen. Ob eine Umgehung vorliegt, ist auf der Grundlage einer wirtschaftlichen Betrachtung unter Abwägung des Interesses der Parteien an der Wahl der Gestaltung und dem Schutzzweck der AGB-rechtlichen Normen zu entscheiden (MüKo/*Basedow* § 306a Rz 3). Ein Verstoß liegt vor, wenn eine als AGB unwirksame Regelung bei gleicher Interessenlage durch eine andere rechtliche Gestaltung erreicht werden soll, die nur den Sinn haben kann, dem gesetzlichen Verbot zu entgehen (BGH WM 05, 874). Eine **Umgehungsabsicht** ist nicht erforderlich (Staud/*Schlosser* § 306a Rz 2). 1

Wegen der Weite der Generalklausel des § 307 und der Klauselkataloge der §§ 308 f zielt das Umgehungsverbot in erster Linie auf Konstruktionen, die den sachlichen Anwendungsbereich des 2. Abschn unterlaufen, etwa durch Wahl von, in § 310 IV 1 von der Anwendung des 2. Abschn ausgenommenen, vereins- oder gesellschaftsrechtlichen Gestaltungen (*Stoffels* Rz 96). Auch in einer **internen Anweisung** (s. § 305 Rn 4) kann ein Umgehungstatbestand liegen, wenn damit die Absicht verfolgt wird, unwirksame AGB zu vermeiden, der Inhaltskontrolle nach §§ 307 ff zu entgehen und ebenso effizient wie bei gestellten AGB eine AGB-rechtlich unzulässige Gebühr zu erheben (BGH WM 05, 876; *Berger* ZGS 04, 330). In seltenen Fällen kann sich die Umgehung auch auf Klauselverbote beziehen (BGH NJW 85, 852). 2

B. Rechtsfolge. Die Rechtsfolge der Umgehung ist die Kontrolle der betr Klausel(n) anhand der Bestimmungen des 2. Abschn (BGH WM 05, 876). 3

§ 307 Inhaltskontrolle.
(1) ¹Bestimmungen in Allgemeinen Geschäftsbedingungen sind unwirksam, wenn sie den Vertragspartner des Verwenders entgegen den Geboten von Treu und Glauben unangemessen benachteiligen. ²Eine unangemessene Benachteiligung kann sich auch daraus ergeben, dass die Bestimmung nicht klar und verständlich ist.
(2) Eine unangemessene Benachteiligung ist im Zweifel anzunehmen, wenn eine Bestimmung
1. mit wesentlichen Grundgedanken der gesetzlichen Regelung, von der abgewichen wird, nicht zu vereinbaren ist oder
2. wesentliche Rechte oder Pflichten, die sich aus der Natur des Vertrags ergeben, so einschränkt, dass die Erreichung des Vertragszwecks gefährdet ist.
(3) ¹Die Absätze 1 und 2 sowie die §§ 308 und 309 gelten nur für Bestimmungen in Allgemeinen Geschäftsbedingungen, durch die von Rechtsvorschriften abweichende oder diese ergänzende Regelungen vereinbart werden. ²Andere Bestimmungen können nach Absatz 1 Satz 2 in Verbindung mit Absatz 1 Satz 1 unwirksam sein.

A. Anwendungsbereich. Die Inhaltskontrolle erstreckt sich auf AGB iSv § 305 (§ 305 Rn 1 ff), nicht dagegen auf vertragliche Verhältnisse, deren Inhalt unmittelbar durch **Rechtsnormen** (Gesetz, VO, Satzung) bestimmt wird, wie etwa im Bereich der Daseinsvorsorge (vgl aber BGHZ 93, 364; 91, 86; s.a. zu den „Ergänzenden Bestimmungen" § 305 Rn 1) oder bei **öffentlich-rechtlich** ausgestalteten Nutzungsverhältnissen. Wird die öffentliche Hand mit den Mitteln des Privatrechts tätig, unterliegen die von ihr verwendeten AGB der Inhaltskontrolle (BGH NJW 90, 2686). Eine indirekte Normenkontrolle wird durch den Ausschluss deklaratorischer Klauseln von der Inhaltskontrolle (III 1) vermieden, s. Rn 33 ff. Für **öffentlich-rechtliche Verträge** gelten über § 62 VwVfG die §§ 305 ff entspr, für privatrechtlich ausgestaltete Nutzungsverhältnisse unmittelbar. Aus § 8 II UKlaG folgt, dass auch mit behördlicher Genehmigung erlassene AGB der Inhaltskontrolle unterliegen (BGH NJW 89, 225; 83, 1324; s. aber zum preisregulierten Markt Rn 34). Zur Prüfungskompetenz des **Grundbuchamtes** s. BayObLG NJW 80, 2818. 1

B. Prüfungsreihenfolge; Prüfungsgegenstand. Die Inhaltskontrolle setzt zunächst voraus, dass es sich um AGB iSv § 305 I (uU iVm § 310 III Nr 1 und 2) handelt, die nach § 305 II (Ausn: § 310 I, IV 2 Hs 2) und § 305c I wirksam in den Vertrag einbezogen wurden, nicht von einer Individualabrede verdrängt werden (§ 305b), nicht unter die Ausnahmevorschrift des III (uU iVm § 310 IV 3) fallen und dem Transparenzgebot des I 2 entspr. Die Klauselkataloge der §§ 309, 308 sind sodann in dieser **Reihenfolge** stets vor den gesetzlichen Regelbeispielen des II und der Auffangklausel des I zu prüfen. Eine Klausel, die nach §§ 309, 308 aus tatbestandlichen Gründen nicht zu beanstanden ist, kann nur aus anderen Gründen nach § 307 unwirksam sein (BGH NJW 03, 507; KG NJW-RR 03, 1062). Ist die Klausel umgekehrt nach §§ 309, 308 unwirksam, kann dieses Urt nicht über § 307 revidiert werden (BGH NJW 97, 739). In den Fällen des § 310 I, II findet die Inhaltskontrolle ausschl nach § 307 statt. 2

Gegenstand der Inhaltskontrolle ist der, uU zunächst durch objektive Auslegung (s. § 305c Rn 11) und ggf unter Rückgriff auf die Unklarheitenregel des § 305c II (s. § 305c Rn 16) zu ermittelnde, Inhalt der Klausel, nicht ihre praktische Handhabung im Einzelfall (BGHZ 82, 128). Die Auslegung geht also der Inhaltskontrolle stets vor (BGH NJW 04, 2589; s. § 305c Rn 1). Maßgebend sind im Individualprozess die Umstände und rechtlichen Anschauungen im Zeitpunkt der Einbeziehung in den Vertrag (BGH NJW 00, 1113). Im Verbandsprozess ist der Zeitpunkt der letzten mündlichen Verhandlung maßgebend (U/B/H/*Fuchs* § 307 Rz 119). 3

4 Auch **kollektiv ausgehandelte Regelwerke** wie die VOB/B als „fertig bereitliegende Vertragsordnung", die einen im Ganzen einigermaßen ausgewogenen Ausgleich der Interessen beider Seiten beinhalten, sind der Inhaltskontrolle einzelner Bestimmungen zugänglich, wenn eine Verwendung ggü Verbrauchern erfolgt (BGHZ 178, 1, 7; s. aber § 310 I 3).

5 Die Frage der unangemessenen Benachteiligung ist eine **revisible Rechtsfrage** (BGH NJW 99, 276).

6 **C. Verbot der unangemessenen Benachteiligung (Abs 1).** Im Verbot der unangemessenen Benachteiligung manifestiert sich der Schutzzweck des AGB-Rechts (s. Vor § 305 Rn 1). I schützt den Kunden davor, dass der Verwender missbräuchlich eigene Interessen auf Kosten des Vertragspartners durchzusetzen versucht, ohne von vornherein die Interessen seines Vertragspartners hinreichend zu berücksichtigen und ohne ihm einen angemessenen Ausgleich zuzugestehen (BGHZ 147, 282; NJW 03, 886). Die Benachteiligung muss daher, unmittelbar oder mittelbar, den Vertragspartner treffen, nicht einen Dritten oder die Allgemeinheit (Palandt/ *Grüneberg* § 307 Rz 7). Eine Inhaltskontrolle zugunsten des Verwenders kommt ebenfalls nicht in Betracht (BGH NJW 98, 2280).

7 **I. Unangemessene Benachteiligung (S 1).** 1 verlangt eine **zweistufige Prüfung**. Im ersten Schritt (Rn 8) ist der Maßstab für die Angemessenheitsprüfung zu ermitteln. Im zweiten Schritt (Rn 9 f) ist die Frage der unangemessenen Benachteiligung zu prüfen (*Stoffels* Rz 466; *Fastrich* 280 f). Zum Zusammenhang von 1 und § 134 s. Vor §§ 305 ff Rn 9. Die Unangemessenheit wird nicht dadurch in Frage gestellt, dass die betr Klausel weithin üblich ist (BGHZ 114, 15; 106, 267).

8 **1. Benachteiligung.** Die Benachteiligung des Vertragspartners ist durch Vergleich des Regelungsgehalts der Klausel mit der ohne die Klausel geltenden Rechtslage als **gesetzlichem Leitbild** der Inhaltskontrolle zu ermitteln (BGH NJW 94, 1070). Der so ermittelte Grad der Benachteiligung kann für die nachfolgende Interessenabwägung bedeutsam sein (s. Rn 9). Eine nur geringfügige Benachteiligung wird von 1 nicht erfasst (W/L/P/*Wolf* § 307 Rz 177; Palandt/*Grüneberg* § 307 Rz 8; str).

9 **2. Unangemessenheit. a) Interessenabwägung.** Ob die so ermittelte Benachteiligung des Vertragspartners unangemessen ist, muss iRe umfassende Abwägung der Interessen des Verwenders (an der Aufrechterhaltung der Klausel) und des Vertragspartners (am Wegfall der Klausel) ermittelt werden (BGHZ 153, 154; 120, 118). Bei dieser Abwägung sind nicht nur die auf Seiten des Verwenders getätigten Investitionen, sondern der **gesamte Vertragsinhalt** zu berücksichtigen; notwendig ist eine Gegenüberstellung der insgesamt begründeten gegenseitigen Rechte und Pflichten (BGHZ 143, 114; NJW 03, 886). Ähnl wie für die Auslegung (s. § 305c Rn 11 ff) gilt dabei ein **überindividuell-generalisierender** und typisierender, von den konkreten Umständen des Einzelfalls losgelöster Maßstab (BGH NJW 02, 1715; 00, 2106; BAG ZIP 07, 1673). Maßgeblich sind also die, uU in Berufs- oder Standesrichtlinien oder sonstigen Verhaltensregeln zum Ausdruck kommenden, Anschauungen der beteiligten Verkehrskreise (BGH NJW 90, 1601; 87, 487). Die Abwägung kann daher für unterschiedliche Verkehrs- oder Berufskreise (zB b2c und b2b) unterschiedlich ausfallen (BGH NJW 00, 660). S. aber für Verbraucherverträge § 310 III Nr 3, dazu § 310 Rn 12. Die jeweilige Klausel ist dabei im Kontext des Gesamtvertrages zu bewerten, wobei stets auch Gegenstand, Zweck und Charakter des Vertrages sowie individuelle Absprachen der Parteien zu berücksichtigen sind (BGHZ 82, 240).

10 **b) Abwägungsregeln.** Auf der Grundlage des unter a) Gesagten haben sich folgende (s. *Stoffels* Rz 484 ff) Abwägungsregeln herausgebildet (unangemessen +, nicht –): **Summierungseffekt/„Klauselinfektion"** von nachteiligen Klauseln iVm benachteiligender Wirkung einer noch hinnehmbaren Klausel (+BGH NJW 07, 997; 03, 2234) oder Individualvereinbarung (BGH NJW 06, 2116); **Kompensationswirkung** anderer, mit der beanstandeten Klausel im sachlichen Zusammenhang iSe Wechselbeziehung stehender, unbedenklicher Klauseln (–BGH NJW 03, 891; 02, 894; 97, 2598); Verstoß gegen das **Äquivalenzprinzip** (+BGH NJW 09, 578; NJW-RR 04, 273; NJW 01, 2635; Hamm WM 07, 2012); hohes Interesse des Verwenders an Rationalisierung (–BGH NJW 96, 988); bessere und kostengünstigere **Kontrollierbarkeit eines Risikos** durch Verwender (+BGH NJW 05, 424 für Haftungsausschluss bei Autowaschstraße; NJW 84, 2460; 71, 1036); Risiko wird typischerweise durch Verwender kostengünstig **versichert** (–BGH NJW 02, 675); **geringerer Preis** bei Aufrechterhaltung der benachteiligenden Klausel (+BGHZ 120, 226; 77, 131; Ausnahme: offene Tarifwahl, BGHZ 77, 134; Palandt/*Grüneberg* § 307 Rz 14); Erbringung **eigener gesetzlicher Verpflichtungen**, für die das Gesetz kein Entgelt vorsieht (+BGHZ 141, 383; WM 07, 1893; 05, 276).

11 **c) Beweislast.** Der **Vertragspartner des Verwenders** trägt die Darlegungs- und Beweislast dafür, dass ihn die Klausel unangemessen benachteiligt (BGH WM 96, 56; 91, 1642). Der **Verwender** muss aber die sein Angebot bestimmenden und für die Beurteilung der Unangemessenheit relevanten (etwa für die Amortisation bei Laufzeitklauseln) Daten offenlegen und ihre Marktkonformität darstellen (BGHZ 153, 156). Das Gericht hat die *Unangemessenheit* vAw zu prüfen (EuGH NJW 09, 2367).

12 **3. Beispiele.** Wirksam +, nicht –: Abtretungsausschluss (+BGH WM 06, 2142; BGHZ 108, 52); Berechtigung zur vorzeitigen Lieferung bei unverbindlichem Liefertermin (–BGH WM 07, 703; s.a. Rn 21); Beteiligung von Erdgeschoss-Mietern an Aufzugskosten (+BGH NJW 06, 3557); Schiedsklausel mit Vorbenennung des Ein-

zelschiedsrichters (+BGH NJW-RR 07, 1466); Schriftformklausel (–wenn sie beim anderen Vertragsteil den Eindruck erweckt, eine lediglich mündliche Abrede sei entgegen allg Rechtsgrundsätzen (dazu § 305b Rn 4) unwirksam BGH NJW 01, 292; 95, 1488); doppelte Schriftformklausel (–BAG NJW 09, 316); Haftungsfreizeichnung für durch leichte Fahrlässigkeit verursachte Beschädigung von Kfz-Zubehörteilen durch Autowaschanlagenbetreiber (–BGH NJW 05, 424); Haftungsfreistellung bei Polizeihinzuziehung nach Mietwagenunfall (+BGH NJW 09, 3229); unverzügliche Anzeigepflicht (–BGH NJW 99, 1031) oder 2wöchige Ausschlussfrist (–BGH NJW-RR 05, 247) für Gewährleistungsansprüche des Auftraggebers im Bauvertrag; CPU-Klausel in Softwarelizenzvertrag (+BGH NJW 03, 2014); deklaratorisches Schuldanerkenntnis (+BGH NJW 03, 2386); Sicherheitseinbehalt des Bauauftraggebers, der durch selbstschuldnerische Bürgschaft ablösbar ist (–BGH NJW-RR 06, 389; WM 05, 268; 06, 122; BGH NJW-RR 04, 814); Haftungsfreizeichnung des Leasinggebers durch bedingte und nicht vorbehaltlose Abtretung werkvertraglicher Gewährleistungsansprüche (–BGH NJW-RR 03, 51); Haftungsfreizeichnung für alle Beratungspflichten des Versicherungsmaklers (–BGH NJW 05, 1360); Kündigungsausschluss bei Mietvertrag ohne Staffelmietcharakter (–BGH NJW 09, 912); 2jähriger Kündigungsverzicht in Mietvertrag über Studentenbude (–BGH NJW 09, 3506); Parabolantennenverbot in Miet-AGB (–BGH NJW-RR 07, 1243); Laufzeit von 10 Jahren bei Gerätemiete (–BGH NJW-RR 08, 818); Preisanpassungsklausel ohne Beschränkung auf konkrete Kostensteigerungen (–BGH NJW 09, 2053; 07, 1054); Preisanpassungsklausel in Gasliefervertrag (–BGH NJW 08, 2172); Rückzahlung von Ausbildungskosten bei Beendigung des Arbeitsvertrages (–BAG MDR 07, 38); Schiedsvereinbarung (+BGH NJW 05, 1125; auch ggü Verbraucher, wenn Form des § 1031 V ZPO erfüllt, BGH NJW 92, 575; anders wenn zu befürchten ist, dass zwingende Bestimmungen des deutschen Rechts missachtet werden, BGH NJW 91, 2215); undifferenzierte Rückerstattung von Ausbildungskosten nach vorzeitiger Auflösung des Arbeitsverhältnisses (–BGH NJW 10, 57); Vertragsstrafe ohne Verschulden (–BGH NJW-RR 08, 616); Verzehrklausel in Sportstudiovertrag (–BGH NJW-RR 04, 273); Verwertungsregelung bei Lohn- und Gehaltsabtretung (–BGH WM 05, 744; NJW 92, 2626).

II. Transparenzgebot (S 2). 1. Verstoß gegen Transparenzgebot als unangemessene Benachteiligung.
2 stellt wegen EuGH NJW 01, 2244 klar, dass sich eine unangemessene Benachteiligung auch aus der Intransparenz der Klausel ergeben kann. Das Transparenzgebot verlangt, dass eine Klausel für den typischerweise bei Verträgen der betr Art zu erwartenden Durchschnittskunden (BGHZ 115, 115; 106, 49; NJW 06, 998, Sonderwissen der betr Vertragspartei bleibt außer Betracht, s. aber § 310 III Nr 3) verständlich, klar und durchschaubar formuliert wird. Dazu gehört, dass die wirtschaftlichen Nachteile und Belastungen für den Kunden so weit erkennbar werden, wie dies nach den Umständen gefordert werden kann (BGH WM 07, 1477; BGHZ 164, 16).

Bereits aus der Unklarheit einer Klausel kann danach ihre Unangemessenheit folgen, wenn, etwa durch die Art der Formulierung oder die Regelung von Einzelheiten an versteckten oder nur schwer miteinander in Zusammenhang zu bringenden Stellen des Regelwerkes, die wirtschaftlichen Vertragsfolgen (etwa von Preisnebenabreden) verschleiert werden (**Verständlichkeitsgebot**, BGHZ 140, 31 f; NJW 01, 300; aA Palandt/*Grüneberg* § 307 Rz 20). Dies gilt auch für Verweise auf andere Regelwerke, wobei statische Verweise weniger problematisch sind als dynamische (BGH NJW 02, 507; 98, 383; 95, 589). Das aus dem Transparenzgebot abgeleitete **Bestimmtheitsgebot** verlangt, dass die tatbestandlichen Voraussetzungen und die Rechtsfolgen in der Klausel so genau beschrieben werden, dass für den Verwender keine ungerechtfertigten Beurteilungsspielräume entstehen (BGH NJW 06, 998; 04, 1600). Möglich ist auch, dass die Klausel so unbestimmt ist, dass der Vertragspartner nicht erkennen kann, unter welchen Voraussetzungen der Verwender von den ihm eingeräumten Befugnissen (etwa iRv Zinsanpassungs- oder anderen einseitigen Bestimmungsvorbehalten) Gebrauch machen wird (BGH NJW 00, 651). Das Transparenzgebot ist auch dann verletzt, wenn der Vertragspartner durch die Formulierung der Klausel davon abgehalten wird, seine berechtigten Ansprüche ggü dem Verwender geltend zu machen, und so dem Verwender die Möglichkeit eröffnet wird, begründete Ansprüche unter Hinweis auf die Klauselgestaltung abzuwehren (**Täuschungsverbot**, BGH NJW-RR 05, 1500; 01, 2637). Eine nach 1 gerade noch akzeptable Klausel kann wegen ihrer intransparenten Formulierung unangemessen werden (MüKo/*Kieninger* § 307 Rz 53).

Der Verwender muss die Anforderungen des Transparenzgebots nur iRd Möglichen erfüllen, solange er bei mehreren möglichen Klauselfassungen diejenige wählt, die die kundenbelastende Wirkung nicht unterdrückt, sondern deutlich macht (BGHZ 112, 119; ZIP 99, 103). Der Verwender muss also nicht seine AGB umfassend kommentieren, um sie für den Vertragspartner verständlich zu machen (BGHZ 112, 119). Eine allg Pflicht des Klauselverwenders, gesetzliche oder vertragliche Rechte ausdrücklich zu regeln oder den Vertragspartner darüber zu belehren, gibt es nicht (BGH NJW 99, 276; 97, 3022). Im **b2b-Verkehr** sind die Anforderungen geringer. Eine Klausel ist hier soweit hinreichend klar und verständlich, wie ein typischer Vertragspartner der betr Kundengruppe ihren Inhalt mit zumutbaren Erkenntnisanstrengungen wahrnehmen, durchschauen und bewerten kann (*Berger/Kleine* NJW 07, 3526; s.a. Rn 30).

Zum Transparenzgebot iRd Einbeziehungskontrolle s. § 305 Rn 23.

17 **2. Beispiele.** Verstoß +, nein –: Abgeltungsklausel für Schönheitsreparaturen in Mietvertrag (+BGH NJW 08, 1438); Abrechnung bei vorzeitiger Beendigung des Leasingvertrages (+BGH NJW 96, 455); Befristung der Gültigkeit eines Telefonkartenvertrages (–BGH NJW 01, 2635); Bonusregelung im Arbeitsvertrag (+BAG NJW 08, 680); CPU-Klausel in Softwarelizenzvertrag (–BGH NJW 03, 2014); Schönheitsreparaturklausel (–BGH NJW 08, 2499; 05, 3416); Endrenovierungsklausel unabhängig vom Zeitpunkt der Schönheitsreparatur (+BGH NJW 07, 3776); eingeschränkte Endrenovierungsklausel mit flexiblen Schönheitsreparaturfristen (–BGH NJW 04, 2087); Entgeltklausel bei Kontenpfändung (+BGHZ 136, 402; NJW 00, 651); Geltung der „jeweils gesetzlich zulässigen Miete" in Wohnungsmietvertrag (–BGH NJW 04, 1600); „garantiemäßige Einstandspflicht" (+BGH NJW 06, 998); Haftungsfreizeichnung für vermittelte Reiseleistungen (+BGH NJW 04, 683); Haftungsfreistellung gegen Entgelt nach „Grundsätzen einer Vollkaskoversicherung" bei Kfz-Miete (+BGH NJW 05, 1183); Ausschluss der Haftung, „soweit gesetzlich zulässig" (+BGH NJW 96, 1407); Ladenöffnungszeiten in Einkaufszentren (+BGH WM 07, 1477); Mehrwertsteuerklausel (+BGH NJW 06, 2545); Preisvorbehalt (+BGH NJW 03, 507); Preisanpassungsklausel (+BGH DB 05, 2813; NJW 03, 509); Preisänderungsklauseln der Stromversorgungswirtschaft (+/–*Schöne* WM 04, 264 ff); Preisanpassungsklauseln in Gaslieferungsverträgen (+BGH NJW 09, 578; 09, 2665; 09, 2667); Leistungsbestimmungsrecht ohne Festlegung von Anlass und Grenzen (+BGH NJW-RR 05, 1501); Darstellung der zeitlichen Voraussetzungen eines Rücktrittsrechts in Neuwagen-Verkaufsbedingungen (+BGH NJW 01, 296); Skontoregelung (+BGHZ 131, 392); Trennung vom Tank- und Shopgeschäft im Tankstellenagenturvertrag (+BGH NJW-RR 07, 1286); Tilgungsverrechnungsklauseln in Darlehensverträgen (+BGH NJW 89, 224); Verfall eines Telefonkartenguthabens (–BGH NJW 01, 2635); Verwendung des Begriffs „Kardinalpflichten" (+BGH NJW-RR 05, 1505; aA *Kappus* NJW 06, 15; *Berger/Kleine* NJW 07, 3526); Werkstattbindung bei Kfz-Herstellergarantie (–BGH NJW 08, 843); bei Gebrauchtwagengarantie (+BGH NJW 09, 3714; 08, 214).

18 **D. Regelbeispiele (Abs 2).** II enthält Regelbeispiele für eine unangemessene Benachteiligung iSv I (BGHZ 153, 155). Die Unwirksamkeit entfällt ausnahmsweise dann, wenn eine **Gesamtwürdigung** aller Umstände ergibt, dass die Klausel den Kunden nicht unangemessen benachteiligt (BGH NJW 03, 1447; Palandt/*Grüneberg* § 307 Rz 25).

19 Wie bei I (s. Rn 11) trägt der Vertragspartner des Verwenders die **Beweislast** dafür, dass ihn die Klausel unangemessen benachteiligt. Anders als bei I begründen die Regelbeispiele aber eine widerlegbare Vermutung der unangemessenen Benachteiligung (BGHZ 153, 155; WM 05, 276).

20 **I. Unvereinbarkeit mit gesetzlichem Leitbild (Nr 1). 1. Gang der Prüfung.** Die Prüfung hat in **drei Schritten** zu erfolgen. Zunächst ist das durch wesentliche Grundgedanken der gesetzlichen Regelung bestimmte **gesetzliche Leitbild** zu ermitteln (vgl zum Leitbild des Kaufvertrages BGH NJW 81, 117; des Maklervertrages BGH WM 70, 392; des Mietvertrages Hamm NJW 81, 1049; der Rücktrittsfolgen beim Mietvertrag BGH NJW 09, 577; des Automatenaufstellvertrages Hambg NJW 83, 1502; des Partnerschaftsvermittlungsvertrages BGH NJW 89, 1479; des Telefonbuch-Werbevertrages BGH NJW-RR 03, 836; des Veranstaltungsvertrages über die Bereitstellung von Ferienunterkünften BGH NJW 92, 3160; des Mobilfunkvertrages BGH NJW 02, 2386). Es wird bestimmt durch dispositive gesetzliche Bestimmungen, soweit diese nicht nur auf Zweckmäßigkeitserwägungen beruhen, sondern dem Gerechtigkeitsgebot als dem Bedürfnis nach angemessenem Schutz des Vertragspartners Ausdruck verleihen (BGHZ 89, 210; NJW 99, 635). Dispositive Regelungen idS sind nicht nur Gesetze im formellen und materiellen Sinn sowie das Gewohnheitsrecht und die durch Analogie und Rechtsfortbildung entwickelten Rechtssätze (va bei Verträgen ohne gesetzliches Leitbild, BGH NJW 84, 1186), sondern auch das **Richterrecht** und die dem Gerechtigkeitsgebot entspr **allg anerkannten Rechtsgrundsätze** (BGHZ 93, 362 f; NJW 98, 1642; 93, 721). Ein solcher Grundsatz ist etwa das Prinzip, dass eine Verpflichtung zum Schadensersatz regelmäßig nur bei schuldhaftem Verhalten besteht (BGHZ 115, 42; NJW 92, 3161), das in §§ 320 ff manifestierte Prinzip der Äquivalenz von Leistung und Gegenleistung (BGHZ 96, 109; NJW 01, 2637) und das Gegenseitigkeitsverhältnis von Leistung u Gegenleistung (BGH VuR 09, 72) sowie die Pflicht, eigene gesetzliche Verpflichtungen zu erfüllen und Tätigkeiten im ausschl eigenen Interesse durchzuführen, ohne hierfür ein spezielles Entgelt verlangen zu können (BGH NJW 02, 2386; 01, 1419; s. Rn 10). Die auf der zweiten Stufe vorzunehmende Prüfung der „**Abweichung**" erfolgt wie die iRv I vorzunehmende Prüfung der Benachteiligung (Staud/*Coester* § 307 Rz 243), s. Rn 8. Die abschließende Prüfung der **Unvereinbarkeit mit dem gesetzlichen Leitbild** ist durch die Abweichung vom gesetzlichen Gerechtigkeitsmodell „vorbelastet" (*Stoffels* Rz 518). Je nach Gerechtigkeitsgehalt der betr Normen bedarf es eines mehr oder weniger starken Interesses des Verwenders, um die Klausel dennoch als wirksam anzusehen (BGH NJW 90, 2065).

21 **2. Beispiele.** Unvereinbar +, nicht –: Abbedingung von § 286 III 1 (+Köln MDR 06, 808; *Stoffels* Rz 521; BaRoth/*H. Schmidt* § 307 Rz 54; str); §§ 311 II, 313 (–BGH NJW 93, 2738 f), § 314 (+BGH NJW-RR 03, 1638), § 320 (+BGH NJW-RR 05, 919), § 321 (+BGH NJW 85, 1220), § 340 II (+BGH NJW 75, 163), § 341 III (+München BB 84, 1386), §§ 346 ff (+BGH NJW 09, 577); § 366 (–BGHZ 91, 380), § 439 II (+BGH NJW 96, 389), § 449 II (+BGH NJW-RR 08, 818); § 478 (+BGH NJW 06, 05), § 535 I 2 (+BGHZ 108, 6), § 536 (+BGH NJW 08, 2254; NJW 08, 2497); §§ 537 I 2/615 2 (+BGHZ 148, 233), § 573c (+BGH NJW 01, 3482),

§ 620 II (–BGHZ 175, 102); § 627 (+BGH ZIP 99, 72; WM 05, 1667), § 632 III (+Karlsr NJW-RR 06, 419), §§ 634, 635 (+BGHZ 169, 1), § 641 III (+BGH NJW-RR 05, 919), § 649 2 (+BGH NJW 07, 3423), § 770 II (+BGH NJW 03, 1521, sofern der Ausschluss auch dann gilt, wenn Gegenforderung unbestritten oder rechtskräftig festgestellt ist), § 776 (+BGH NJW 02, 295; 00, 1568), § 87a III, V HGB (+BGH DB 09, 2653) § 354 HGB (–BGH WM 07, 703); Abbedingung der Ausschlussfrist für Mängelanzeige bei nicht offensichtlichen Mängeln (+BGH NJW-RR 86, 52), der Nachfristsetzung in §§ 281, 323 (+BGH NJW 87, 2506; Palandt/*Grüneberg* § 307 Rz 30); erfolgsunabhängige Provision im Maklervertrag (+BGHZ 119, 33; NJW 09, 1199; Gebühr für Ein- und Auszahlungen am Bankschalter (+BGH NJW 94, 318), für Bearbeitung einer Pfändung (+BGH NJW 00, 651), eines Freistellungsauftrags (+BGH NJW 97, 2752), einer Löschungsbewilligung bei Grundpfandrechten (+BGH NJW 91, 1953); Gerichtsstandsklausel (+BGH BB 83, 527); Gültigkeitsbefristung von Telefonkarten (+BGH NJW 01, 2637), von Geschenkgutscheinen (+München NJW-RR 08, 1233); Einverständnis mit Telefonwerbung (+Hamm, VuR 08, 54); Einverständnis mit Werbung in Rabattsystemvertrag (+BGH NJW 08, 3055); Haftung für unverschuldete Rechtsmängel (+BGH NJW 06, 49); Ausdehnung der Bürgenhaftung auf „anlassfremde" Forderungen gegen Hauptschuldner (+BGH NJW 02, 343; 00, 2582); Verpflichtung des Mieters zu turnusmäßigen Schönheitsreparaturen und Endrenovierung (+BGH ZIP 03, 1848; NJW 98, 710); eingeschränkte Endrenovierungsklausel verbunden mit flexiblen Schönheitsreparaturfristen (–BGH NJW 04, 2087); „starre" Fristen für Schönheitsreparaturen in Mietvertrag (+BGH NJW 06, 2113; 06, 1728; NJW-RR 05, 13; anders, wenn Fristen erst mit Anfang des Mietverhältnisses zu laufen beginnen, BGH NJW 05, 425 oder durch AGB-Regelung flexibilisiert werden, BGH NJW 05, 1188); Kleinreparaturklausel im Mietvertrag (–BGH NJW 89, 2247); Kurzfristkündigungsklausel in Festnetzanschlussvertrag (–BGH NJW 09, 1334); Bürgschaft für künftige Forderungen ohne summenmäßige Begrenzung (+BGH NJW 00, 659); Verpflichtung eines Bauunternehmers zur Stellung einer selbstschuldnerischen Vertragserfüllungsbürgschaft (–BGH NJW 02, 3098; NJW-RR 00, 1331); unverhältnismäßige, undifferenzierte und unbegrenzte Vertragsstrafe (+BGHZ 85, 312 ff; NJW 97, 3234; 94, 1060); Verfallklausel im Mobilfunkvertrag (+München NJW 06, 2416); maßvolle Verlängerung der Verjährungsfrist (–BGH NJW 06, 47); Vertragsabschlussklausel (–Ddorf NJW 05, 1515); Vertragsstrafe mit Höchstgrenze von über 5% in Bauverträgen (+BGHZ 153, 324 ff; anders bei Vertragsstrafen in Mietverträgen, BGHZ 154, 184 f); Vorleistungsklausel (–wenn sachlich gerechtfertigter Grund bzw berechtigtes Interesse BGH NJW 06, 3134; 99, 2180; +bei um 8 Monate vorgezogener Fälligkeit für Telefonbuchwerbung, BGH NJW-RR 03, 836); Berechtigung zur vorzeitigen Lieferung trotz verbindlichen Liefertermins (+BGH WM 07, 703; s.a. Rn 12); 15-Minuten-Zeittaktklausel im Anwaltsvertrag (+BGH NJW-RR 07, 129).

II. Aushöhlungsverbot (Nr 2). 1. Gang der Prüfung. Nr 2 lässt sich kaum trennscharf von Nr 1 abgrenzen. 22 Die Einschränkung wesentlicher Rechte und Pflichten ist fast immer auch mit wesentlichen Grundgedanken der gesetzlichen Regelung unvereinbar. Auch hier ist eine umfassende Abwägung der beiderseitigen Interessen vorzunehmen (BGHZ 155, 137), wobei die Prüfung in **drei Schritten** durchzuführen ist.
Die **Natur des Vertrages** wird zunächst durch die gesetzlich geregelten oder von der Rspr herausgearbeiteten, 23 Zweck und Inhalt des Vertrages bestimmenden Leistungspflichten der Parteien gekennzeichnet. Zusätzlich ist der durch verkehrsübliche Klauselpraxis bzw die Verkehrsanschauung und Handelsbräuche und die konkrete Vereinbarungen der Parteien bestimmte, berechtigte Erwartungshorizont des objektiven Durchschnittskunden (s. Rn 9) zu berücksichtigen (Palandt/*Grüneberg* § 307 Rz 32).
Wesentliche, sich aus dem so ermittelten Vertragszweck ergebende **Rechte und Pflichten** werden ausgehöhlt, 24 wenn dem Vertragspartner Rechtspositionen genommen oder eingeschränkt werden, die ihm der Vertrag nach seinem Inhalt und Zweck zu gewähren hat und auf dessen Gewährung er daher berechtigterweise vertraut (BGHZ 103, 324; 89, 367). Dabei geht es nicht nur um die im Gegenseitigkeitsverhältnis stehenden Hauptpflichten des Verwenders (BGH NJW 02, 673; s. zu „Kardinalpflichten" Rn 26), sondern auch um Nebenpflichten, die für den Schutz des Vertragspartners (Person, Vermögen) von grundl Bedeutung sind oder deren Erfüllung die ordnungsgemäße Vertragsdurchführung erst möglich macht (mit denen der Vertrag „steht und fällt"), auf deren Einhaltung der Vertragspartner also berechtigterweise vertrauen durfte (BGH NJW 93, 335; 88, 1785; Palandt/*Grüneberg* § 307 Rz 33).
Die Aushöhlung ist aber nur relevant, wenn durch sie im Einzelfall die **Erreichung des Vertragszwecks** auch 25 tatsächlich **gefährdet** wird (BGHZ 103, 324; BB 84, 1449). Gefährdung bedeutet weniger als die totale Vereitelung des Vertragszwecks (BaRoth/*H. Schmidt* § 307 Rz 60). Wie bei I (s. Rn 10) können unbedenkliche Klauseln die Gefährdung durch eine Klausel kompensieren (*Stoffels* Rz 548).

2. Kardinalpflichten; Haftungsfreizeichnung. Nr 2 hat va für die Freizeichnung von Kardinalpflichten 26 große Bedeutung. So ist eine formularmäßige Freizeichnung von der Haftung für einfache Fahrlässigkeit des Klauselverwenders zwar gem § 309 Nr 7 nicht grds ausgeschlossen (s. § 309 Rn 44). Sie darf jedoch nicht zur **Aushöhlung von vertragswesentlichen Rechtspositionen** des Vertragspartners führen (BGH NJW-RR 05, 1505). Für die formularmäßige Begrenzung der Haftung gilt dies in gleichem Maße. Eine Haftungsfreizeichnung oder -beschränkung ist daher regelmäßig dann nach Nr 2 unwirksam, wenn sie sich auch auf **vertragstypische, vorhersehbare Schäden**, die aus der Verletzung vertragswesentlicher Pflichten entstehen, erstreckt (vgl BGH NJW 01, 302; 93, 335, auch bei summenmäßiger Haftungsbegrenzung, BGHZ 138, 133; NJW 01, 295) oder wenn der Verwender in besonderem Maße Vertrauen für sich in Anspruch genommen hat (BGH NJW-RR 86, 272). Zum Zusammenhang von Haftungsfreizeichnung und Versicherbarkeit des Risikos s. Rn 10 sowie BGHZ 103, 326; 77, 133; NJW-RR 98, 1426. Zum Reisevertrag s. § 651h.

27 Im Kaufrecht stellt der Anspruch auf mangelfreie Leistung nach § 433 I 2 eine Kardinalpflicht dar (*Arnold* ZGS 04, 20; *Pfeiffer* ZGS 02, 177; *v Westphalen* BB 02, 214; vgl auch BGH NJW 01, 302). Die Haftung für Mangel- und Mangelfolgeschäden kann daher ebenso wie die Haftung für nicht fristgerechte Lieferung (BGH NJW 94, 1063) auch bei einfacher Fahrlässigkeit nicht vollständig ausgeschlossen, sondern nur auf die Haftung für voraussehbare, vertragstypische Schäden beschränkt werden (*Arnold* ZGS 04, 20; str, differenzierend zwischen Verkauf neuer und gebrauchter Sachen Palandt/*Grüneberg* § 307 Rz 34a; großzügiger *Litzenburger* NJW 02, 1245; *Fliegner* AnwBl 01, 677). Für den **Verbrauchsgüterkauf** sind nach § 475 I ohnehin die wesentlichen Bestimmungen zwingender Natur (s. § 475 Rn 1) und bestimmte Käuferrechte nach § 309 Nr 7 und 8b nicht abdingbar, s. § 309 Rn 39 ff, 52 ff.

28 **3. Beispiele.** Haftungsausschlüsse und -begrenzungen (s. Rn 26) (unvereinbar +, nicht −): Vermieterhaftung für mängelbedingte Schäden des Mieters (+BGH NJW 02, 673); Desinfektion eingebrachter Sachen im Krankenhausvertrag (+BGH NJW 90, 764); Haftung für Konstruktionsfehler (+BGH NJW 71, 1797); Haftung für Produktionsausfall gleich aus welchem Rechtsgrund (+BGH NJW-RR 01, 342); fristgerechte Lieferung des Verkäufers (+BGH NJW 94, 1062); grundl Organisationsmängel (+BGH NJW 73, 2154); Haftung für Wertminderung, entgangenen Gewinn, Abschleppkosten usw bei Neuwagenkauf (+BGH NJW 01, 302); Preisbindungsbestimmungen in Kommissionsvertrag (−BGH NJW-RR 03, 1059); Subsidiaritätsklausel in Bauträgervertrag (+BGH NJW 02, 2470); Haftung für Organe, leitende Angestellte, sonstige Erfüllungsgehilfen im unternehmerischen Geschäftsverkehr (+BGH NJW-RR 98, 1426); Haftung für Auskunft und Beratung von Anlagevermittlern und Banken (+BGH NJW-RR 00, 998; NJW 00, 3275); Information in Fondsprospekt (+BGH NJW-RR 02, 915); Wirtschaftlichkeitsberechnung bei finanziertem Immobilienerwerb (+BGH NJW 00, 3275); s. zu Haftungsbegrenzungen im Transportrecht §§ 449 II, 451h II, 452d I, II, 466 II HGB sowie Art 23, 41 CMR.

29 **III. Verträge zwischen Unternehmen.** Nach § 310 I 1 bildet im unternehmerischen Geschäftsverkehr und ggü Unternehmen und juristischen Personen des öffentlichen Rechts § 307 die alleinige Grundlage der Inhaltskontrolle. IRd auch hier gebotenen überindividuellen Betrachtungsweise (s. Rn 9, 23) ist zu berücksichtigen, dass der Gesetzgeber generell von einer erhöhten Selbstverantwortung des Unternehmers für seine geschäftlichen Angelegenheiten ausgeht. Unternehmern wird grds die Fähigkeit zur privatautonomen Gestaltung ihrer Rechtsverhältnisse unterstellt (Handelsgeschäfte-Hdb/*Pfeiffer* § 1 Rz 8; vgl auch zum EU-Recht *Lehne* ZEuP 07, 3). Dies ist auch iRv § 307 zu berücksichtigen (BGH NJW 03, 886).

30 Der unternehmerische Kunde verdient daher nicht im gleichen Maße Schutz durch den Gesetzgeber, wie dies im b2c-Verkehr der Fall ist (*Wackerbarth* AcP 200, 82 ff; *Wolf* 50 Jahre BGH, I, 120 ff). § 310 I 2 Hs 2 verlangt zudem, dass **Handelsbräuche** ebenso wie unternehmerische Interessen und Bedürfnisse bei der Inhaltskontrolle angemessen berücksichtigt werden (AnwK/*Hennrichs* § 307 Rz 13). Dies gilt auch für die Interessenabwägung iRv § 308, dessen Katalog auf die Wertung iRv § 307 ausstrahlt (U/B/H/*Ulmer* § 310 Rz 31). Nach stRspr liefert ein Verstoß gegen § 309 ein Indiz für die Unangemessenheit nach § 307 (BGHZ 174, 5; 103, 328; NJW 03, 886). Eine Klausel kann aber im b2c-Verkehr als unangemessen, im b2b-Verkehr dagegen als angemessen gelten (Palandt/*Grüneberg* § 307 Rz 40 aE; BaRoth/*H. Schmidt* § 307 Rz 76). Innerhalb des b2b-Verkehrs ist danach zu unterscheiden, ob die Gegenseite einer Kundengruppe mit typischerweise dem Verbraucher vergleichbarer Schutzbedürftigkeit angehört oder einer Kundengruppe zuzuordnen ist, die typischerweise zur Selbstvorsorge in der Lage ist, so dass eine AGB-typische Gefährdungslage nicht vorliegt (*Berger/Kleine* BB 07, 2139; vgl auch BGH NJW 90, 1602). S.a. zum Transparenzgebot Rn 15; zum Aushandeln § 305 Rn 13; zur Indizwirkung der Handelsüblichkeit einer nicht unter §§ 308 f fallenden Klausel § 310 Rn 3. Zu Haftungsfreizeichnungen § 309 Rn 47.

31 Die Leitbildfunktion der Regelungen zum **Verbrauchsgüterkauf** (§§ 474 ff) kann nicht auf den unternehmerischen Verkehr übertragen werden (s. Vor §§ 433 ff Rn 9, 13 aE; *Stoffels* Rz 65; *Dauner-Lieb* NJW 04, 1432; *Westermann* JZ 01, 535). Zu Haftungsbegrenzungsklauseln *Arnold* ZGS 04, 16.

32 All dies gilt jedenfalls dann, wenn zwischen den Parteien kein erhebliches **Machtungleichgewicht** besteht. Bei den früheren Minderkaufleuten oder Kleinstgewerbetreibenden (*Pfeiffer* NJW 99, 169) ebenso wie in extremen Machtungleichgewichtslagen (Industrieproduzent-Zulieferer) kann dagegen durchaus eine dem b2c-Geschäft vergleichbare Interessenlage bestehen.

33 **E. Deklaratorische Klauseln; Leistungsbeschreibungen (Abs 3).** III 1 entzieht deklaratorische Klauseln und solche, die nur der Leistungsbeschreibung dienen, der Inhaltskontrolle. Die §§ 305 II, 305b, 305c I sowie das Transparenzgebot nach I 2 (s.a. III 2) sind dagegen auch auf solche Klauseln anwendbar.

34 **I. Deklaratorische Klauseln.** Klauseln, die lediglich die anwendbaren gesetzlichen Vorschriften (zum Gesetzesbegriff s. Rn 20) wiedergeben, unterliegen nicht der Inhaltskontrolle (BGH NJW 01, 2015). Dies gilt

etwa für die Regelung in den AGB eines Kreditkartenunternehmens, durch die lediglich ein ohnehin nach § 812 I bestehender Bereicherungsanspruch geregelt wird (BGH NJW-RR 04, 1124). Kündigungsentgeltklauseln sind in einem **preisregulierten Markt** auch dann nicht kontrollfähig, wenn die Regulierung durch behördliche Genehmigung erfolgt (BGH NJW 07, 3344; NJW 98, 3188). Es genügt, wenn die Klausel die Rechtslage sinngemäß, inhaltsgleich und richtig wiedergibt (BGH ZIP 02, 884; 01, 1052). Die Inhaltskontrolle ist aber zulässig, wenn eine Klausel einen allg gehaltenen Rechtssatz ausfüllt oder ergänzt (BGH NJW 03, 507; 01, 2016; Brandbg NJW-RR 03, 991) oder vom Gesetz für einen bestimmten Vertrag vorgesehene Regeln auf einen anderen Vertragstyp überträgt (BGHZ 91, 57). Aus Sinn und Zweck einer Norm kann folgen, dass sie die Ausfüllung oder Ergänzung gerade erlaubt („**Erlaubnisnorm**") und daher eine Inhaltskontrolle vom Gesetzgeber gerade nicht gewollt ist (Palandt/*Grüneberg* § 307 Rz 67; aA MüKo/*Kieninger* § 307 Rz 11). S. für Verträge des Kollektivarbeitsrechts § 310 IV 3.

II. Leistungsbeschreibungen. 1. Allgemeine Grundsätze. Abreden über den unmittelbaren Gegenstand der Hauptleistung (Leistungsbeschreibungen) sind ebenso wie Vereinbarungen über das vom anderen Teil zu erbringende Entgelt (Rn 37) der Inhaltskontrolle entzogen (BGH NJW 01, 751; 01, 2635; 99, 2440). Dieser Ausnahmebereich ist **eng gefasst**. Leistungsbeschreibungen sind nur solche Bestimmungen, die Art, Umfang und Güte der geschuldeten Leistung festlegen (Kataloge, Beschaffenheitsvereinbarungen usw), ohne die also mangels Bestimmbarkeit oder Bestimmtheit des wesentlichen Vertragsinhalts ein wirksamer Vertrag nicht mehr angenommen werden kann (BGH NJW 03, 2014; 01, 2016). Kontrollfähig sind dagegen Klauseln, die das Hauptleistungsversprechen einschränken, ausgestalten oder modifizieren (BGH NJW 04, 2591; 01, 2636), sowie alle Bestimmungen (Hauptleistungspflichten, Nebenpflichten aus §§ 241 II, 242), die durch dispositives Recht ersetzt werden könnten, wenn die Parteien sie nicht getroffen hätten (BGH NJW 03, 2015; BaRoth/*H. Schmidt* § 307 Rz 68). Dies gilt etwa für Einschränkungen des Zugangs zu Provider- und Webhostingverträgen, Mobilfunkdienstleistungen und Online-Banking-Systemen (BGH NJW 01, 751) sowie für Klauseln, die den Umfang einer Garantieleistung regeln (MüKo/*Kieninger* § 307 Rz 14). S. zu Gültigkeitsbefristungen BGH NJW 01, 2635; Köln CR 01, 232; allg zu Laufzeitregelungen BGHZ 127, 41; Palandt/*Grüneberg* § 307 Rz 57. 35

2. Preis(neben)abreden. Aus dem oben Gesagten folgt, dass Abreden über den Preis, also die für vertraglich vereinbarte Hauptleistungen zu zahlende Vergütung, mangels gesetzlicher Fixierung nicht kontrollfähig sind (BGH WM 02, 70; NJW 00, 577 (Zinsen); BGHZ 116, 119 (Werklohnabrede); *Nobbe* WM 08, 185). Hierzu zählen auch Klauseln, die den Preis indirekt dadurch bestimmen oder bestimmbar machen, dass sie für die **Preisfindung maßgebliche Faktoren** festlegen (BGH NJW 01, 2636) oder ein Nachbewertungsrecht vorsehen (BGH NJW 01, 2401 zu Verträgen mit der Treuhandanstalt; anders bei Freistellungsklausel im Restitutionszusammenhang, BGH NJW-RR 04, 263). Liegen gesetzliche Preisregelungen (feste Sätze oder Rahmengebühren) vor, unterliegt die Klausel dagegen der Inhaltskontrolle (BGHZ 115, 391; NJW 92, 746). Das Gleiche gilt für Fälligkeits- und sonstige Zahlungsklauseln, bei deren Fehlen dispositives Gesetzesrecht gelten würde (Preisnebenabreden) wie Klauseln über Preisänderungen (BGH WM 83, 731), Zahlungsbedingungen, Zinsanpassungsklauseln (BGHZ 93, 255; Hamm WM 03, 1170), Fälligkeits- und Wertsicherungsklauseln (BGHZ 81, 242), Kostenerhöhungsklauseln/Kostenelementeklauseln (BGH NJW 07, 1054; NJW-RR 05, 1717), die Vereinbarung besonderer Preiszuschläge (BGHZ 93, 361) sowie Klauseln, die Höhe und zugleich Voraussetzungen des Entstehens des Anspruchs regeln (BGHZ 93, 365). Gleiches gilt für Erhöhungsvorbehalte nach § 651a (BGH NJW 03, 508), Skonti und Rabatte (BGH NJW 94, 1063), Deaktivierungsgebühr bei Stilllegung eines Telefonanschlusses (BGH NJW 02, 2386), Wertstellungsklauseln (BGHZ 106, 263) oder Klauseln, die im Fall der Nichtzuteilung von Aktien bei Neuemissionen eine Zahlung durch den Kunden vorsehen (BGH NJW 03, 1447 f). 36

3. Entgeltregelungen für Neben- und Zusatzleistungen. Kontrollfrei sind auch Entgeltregelungen für Neben- oder Zusatzleistungen, wenn sie sich nicht auf rechtlich fixierte Leistungsbestandteile beziehen (BGHZ 137, 30; 116, 119; NJW 02, 2386). Kontrollfähig sind dagegen **Klauseln über Entgelte für Leistungen**, die nicht im Interesse des Vertragsgegners erfolgen oder denen keine vertraglich vereinbarte Leistung an den Vertragspartner zugrunde liegt, etwa weil es nur um die gesetzlich vorgesehene Begründung, Erfüllung oder Abwicklung eines Vertragsverhältnisses oder um die Erfüllung sonstiger, gesetzlich vorgesehener und vom Gesetz nicht mit einer besonderen Entgeltpflicht versehener eigener Pflichten des Verwenders geht (Deaktivierungsgebühren bei Mobilfunkverträgen BGH NJW 02, 2386; Ein- und Auszahlungen am Bankschalter BGHZ 124, 254; Bankentgelte für die Erteilung von Löschungsbewilligungen BGHZ 114, 333; Postenpreisklauseln für Giroverträge BGHZ 133, 10; Entgelte für die Bearbeitung von Pfändungs- und Überweisungsbeschlüssen BGHZ 136, 261; Entgelt für Kundenbenachrichtigung bei Nichteinlösung von Schecks und Lastschriften BGH NJW 01, 1419; Entgelt für Wertpapierübertragung in ein anderes Depot BGH WM 05, 274). Diese Wertung folgt letztlich aus dem eigentlich erst iRd Inhaltskontrolle nach I Nr 1 relevanten (s. Rn 10 aE) Rechtsprinzip, wonach jeder seine gesetzlichen und im eigenen Interesse liegenden Verpflichtungen zu erfüllen hat, ohne hierfür ein Entgelt verlangen zu können (allg *Nobbe* WM 08, 185; zum Abschlussentgelt bei Bausparverträgen *Habersack* WM 08, 1857). 37

38 **III. Transparenzgebot (Abs 3 S 2).** Nach 1 kontrollfreie Klauseln unterliegen nach 2 der Transparenzkontrolle (BGHZ 130, 153; NJW 95, 2553; BAG DB 08, 134), s. Rn 13. Die durch 1 verbotene Preiskontrolle darf aber nicht auf dem Umweg des Transparenzgebotes vorgenommen werden (BaRoth/*H. Schmidt* § 307 Rz 74).

§ 308 Klauselverbote mit Wertungsmöglichkeit. In Allgemeinen Geschäftsbedingungen ist insbesondere unwirksam

1. (Annahme- und Leistungsfrist)
   eine Bestimmung, durch die sich der Verwender unangemessen lange oder nicht hinreichend bestimmte Fristen für die Annahme oder Ablehnung eines Angebots oder die Erbringung einer Leistung vorbehält; ausgenommen hiervon ist der Vorbehalt, erst nach Ablauf der Widerrufs- oder Rückgabefrist nach § 355 Abs 1 bis 3 und § 356 zu leisten;
2. (Nachfrist)
   eine Bestimmung, durch die sich der Verwender für die von ihm zu bewirkende Leistung abweichend von Rechtsvorschriften eine unangemessen lange oder nicht hinreichend bestimmte Nachfrist vorbehält;
3. (Rücktrittsvorbehalt)
   die Vereinbarung eines Rechts des Verwenders, sich ohne sachlich gerechtfertigten und im Vertrag angegebenen Grund von seiner Leistungspflicht zu lösen; dies gilt nicht für Dauerschuldverhältnisse;
4. (Änderungsvorbehalt)
   die Vereinbarung eines Rechts des Verwenders, die versprochene Leistung zu ändern oder von ihr abzuweichen, wenn nicht die Vereinbarung der Änderung oder Abweichung unter Berücksichtigung der Interessen des Verwenders für den anderen Vertragsteil zumutbar ist;
5. (Fingierte Erklärungen)
   eine Bestimmung, wonach eine Erklärung des Vertragspartners des Verwenders bei Vornahme oder Unterlassung einer bestimmten Handlung als von ihm abgegeben oder nicht abgegeben gilt, es sei denn, dass
   a) dem Vertragspartner eine angemessene Frist zur Abgabe einer ausdrücklichen Erklärung eingeräumt ist und
   b) der Verwender sich verpflichtet, den Vertragspartner bei Beginn der Frist auf die vorgesehene Bedeutung seines Verhaltens besonders hinzuweisen;
6. (Fiktion des Zugangs)
   eine Bestimmung, die vorsieht, dass eine Erklärung des Verwenders von besonderer Bedeutung dem anderen Vertragsteil als zugegangen gilt;
7. (Abwicklung von Verträgen)
   eine Bestimmung, nach der der Verwender für den Fall, dass eine Vertragspartei vom Vertrag zurücktritt oder den Vertrag kündigt,
   a) eine unangemessen hohe Vergütung für die Nutzung oder den Gebrauch einer Sache oder eines Rechts oder für erbrachte Leistungen oder
   b) einen unangemessen hohen Ersatz von Aufwendungen verlangen kann;
8. (Nichtverfügbarkeit der Leistung)
   die nach Nummer 3 zulässige Vereinbarung eines Vorbehalts des Verwenders, sich von der Verpflichtung zur Erfüllung des Vertrags bei Nichtverfügbarkeit der Leistung zu lösen, wenn sich der Verwender nicht verpflichtet,
   a) den Vertragspartner unverzüglich über die Nichtverfügbarkeit zu informieren und
   b) Gegenleistungen des Vertragspartners unverzüglich zu erstatten.

1 **A. Allgemeines.** Der Klauselkatalog des § 308 konkretisiert die in § 307 I, II enthaltenen Rechtsgedanken (Palandt/*Grüneberg* § 308 Rz 1). Im Gegensatz zu § 309 ist stets ein **richterlicher Wertungsakt** erforderlich. Zur Bedeutung der Vorschrift im unternehmerischen Geschäftsverkehr vgl jeweils die Kommentierung der einzelnen Nrn sowie § 307 Rn 29 f, zur Prüfungsreihenfolge § 307 Rn 2.

2 **B. Annahme- und Leistungsfrist (Nr 1).** Nr 1 gilt für alle Vertragsarten – Hs 1 auch für dingliche Verträge (W/L/P/*Dammann* § 308 Nr 1 Rz 3; BaRoth/*J. Becker* § 308 Nr 1 Rz 4). Hs 2 gilt mit dem abgedruckten Wortlaut ab dem 11.6.10 (G zur Umsetzung der VerbraucherkreditRL v 29.7.09).

3 **I. Annahmefrist.** Nr 1 schützt die Verwendergegenseite vor unangemessen langen und unbestimmten Annahmefristen, durch die sie über das Zustandekommen des Vertrages im Unklaren gelassen wird (BTDrs 7/3919, 24). Die Vorschrift setzt voraus, dass die Annahmefrist vom **Verwender als Antragsempfänger**, nicht aber als Antragendem (W/L/P/*Dammann* § 308 Nr 1 Rz 5), festgesetzt wird; sie ist auf die in Nr 1 geregelten Vertragsabschlussklauseln ohne weiteres (vgl § 305 Rn 1) und auf aufschiebende Bedingungen entspr anwendbar (Karlsr NJW-RR 95, 504 mwN; aA U/B/H/*Schmidt* § 308 Nr 1 Rz 4). Sie gilt daher auch für formularmäßig vereinbarte Optionsrechte des Verwenders (bspw Andienungsrecht des Leasinggebers) – und zwar unabhängig davon, ob diese sich konstruktiv als Vertragsannahme oder Bedingungseintritt darstellen (MüKo/*Kieninger* § 308 Nr 1 Rz 4).

1. Unangemessene Länge. Unangemessen lang ist eine Frist, die wesentlich über den Tatbestand des § 147 II (s. § 148 Rn 16) einschl einer sachlich gebotenen **Überlegungszeit** hinausgeht (BGH NJW 01, 303). Ob dies der Fall ist, ist im Wege einer Interessenabwägung zu bestimmen, die sich grds an den für den Vertragsgegenstand typischen Umständen orientiert (BGH NJW 01, 303; 86, 1808) und im Ergebnis zu einer branchenspezifischen Konkretisierung führt (MüKo/*Kieninger* § 308 Nr 1 Rz 7). Gegenstand der Kontrolle ist – unabhängig von etwaigen Festlegungen in der Klausel – der Zeitraum zwischen der Abgabe des Angebotes und dem Zugang der Annahmeerklärung (BaRoth/*J. Becker* § 308 Nr 1 Rz 10).

Einzelfälle (unangemessen +, nicht –): höchstens 14 Tage bei Alltagsgeschäften (–Palandt/*Grüneberg* § 308 Rz 4); 4 Wochen/1 Monat beim Neuwagenverkauf (–BGH NJW 90, 1785; s.a. Frankf NJW-RR 98, 567), beim Kauf eines hochwertigen technischen Gerätes (–Ddorf NJW 05, 1515), im Möbelversand (–Celle *Bunte* I § 10 Nr 1 Rz 4; 3 Wochen beim Kauf vorrätiger Möbel +, vgl BGH NJW 01, 303), bei Darlehensverträgen mit Hypothekenbanken (–BGH NJW 88, 2107), bei Verbraucherkreditverträgen (–BGH VuR 05, 155); 6 Wochen bei Darlehensverträgen (+BGH NJW 86, 1808), beim Abschluss einer Lebensversicherung (–Hamm NJW-RR 86, 388; aA Naumbg MDR 98, 855); 8 Wochen bei Bauverträgen (+Nürnbg *Bunte* I § 10 Nr 1 Rz 5); 2 Monate bei Leasingverträgen (+Hamm NJW-RR 86, 928).

2. Bestimmtheitsgebot. Hinreichend bestimmt ist eine Frist, die für einen Durchschnittskunden nach Beginn, Dauer und Ende (einschl etwaiger Verlängerungstatbestände) **berechenbar** ist (MüKo/*Kieninger* § 308 Nr 1 Rz 8; Palandt/*Grüneberg* § 308 Rz 5). Dies ist dann der Fall, wenn der Kunde ohne Schwierigkeiten und ohne rechtliche Beratung feststellen kann, wie lange er gebunden ist (vgl BGH NJW 85, 856; W/L/P/*Dammann* § 308 Nr 1 Rz 19). Beginn und Ende der Frist müssen nicht kalendermäßig bestimmt sein. Der Beginn einer Frist ist auch dann berechenbar, wenn er von einem Ereignis in der Sphäre des Kunden abhängt (BGH NJW 85, 856), nicht aber, wenn das Ereignis allein in der Einfluss- oder Kenntnissphäre des Verwenders liegt (BGH VuR 05, 156; NJW 88, 2106).

Einzelfälle (bestimmt +, nicht –): Fristbeginn mit Aufgabe der Annahmeerklärung zur Post (–BGH NJW 88, 2106); Annahme innerhalb der „gewerbeüblichen Fristen" (–Köln BB 82, 638); Annahme 4 Wochen nach dem Besuch eines Technikers des Verwenders (–LG Dortmund MDR 81, 759 f); Fristbeginn „nach schriftlicher Bestätigung durch den Hersteller" (–vgl BGH NJW 85, 856); Fristbeginn mit Zugang bei der Bank; Zustandekommen des Vertrages mit Unterschrift der Bank (–BGH VuR 05, 156); „Circa-Fristen" (+Palandt/*Grüneberg* § 308 Rz 8 aE).

II. Leistungsfristen. Durch Nr 1 soll die Verwendergegenseite in ihrer Dispositionsfreiheit geschützt und die Effektivität der ihr nach dem Gesetz zustehenden Sekundäransprüche sichergestellt werden (BGH NJW 84, 2469). Leistungsfristen iSv Nr 1 sind alle Fristen, die nach dem Inhalt der AGB verstrichen sein müssen, ehe die Leistung – bzw wichtige Nebenleistung (W/L/P/*Dammann* § 308 Nr 1 Rz 31) – **fällig** ist (MüKo/*Kieninger* § 308 Nr 1 Rz 16). Die Vorschrift betrifft allein vom Verwender gesetzte Fristen für von ihm geschuldete Leistungen (*Stoffels* Rz 761). Sie gilt unabhängig von der Art der geschuldeten Leistung (BaRoth/*J. Becker* § 308 Nr 1 Rz 19). Erfasst werden daher alle Klauseln, die den Beginn der Leistungsfrist hinausschieben, die Frist unterbrechen (BGH NJW 82, 333) oder im Anschluss an eine vereinbarte Leistungsfrist eine weitere **Zusatz-** oder **unechte Nachfrist** vorsehen (BGH NJW 01, 294; 83, 1320). Nicht erfasst werden echte Nachfristklauseln, die die Fälligkeit des Anspruchs voraussetzen (vgl dazu Nr 2).

1. Unangemessene Länge. Ob eine Leistungsfrist angemessen ist, muss im Wege einer **Abwägung** der gegenseitigen typischen Interessen im Hinblick auf die jeweilige Geschäftsart ermittelt werden (BGH NJW 84, 2468). Maßgeblich ist die branchenübliche Frist (MüKo/*Kieninger* § 308 Nr 1 Rz 18), die um einen gewissen **Sicherheitszeitraum** zu verlängern ist (BGH NJW 84, 2469). Gegen außergewöhnliche Risiken muss sich der Verwender durch eine Individualabrede absichern (BaRoth/*J. Becker* § 308 Nr 1 Rz 21).

Einzelfälle (unangemessen +, nicht –): 3 Wochen im Möbelhandel (–Bambg *Bunte* III § 10 Nr 4 Rz 25; 6 Wochen +Hamm NJW-RR 87, 315; 3 Monate +BGH NJW 84, 48); 4 Wochen beim Kauf von Einbauküchen (–BGH WM 07, 703); 6 Wochen beim Neuwagenkauf (–BGH NJW 01, 292); 6 Monate für die Werkabnahme ggü Subunternehmern (+BGH NJW 89, 1602).

2. Bestimmtheitsgebot. Die für Annahmefristen dargestellten Grundsätze (s. Rn 6) gelten entspr: Nicht hinreichend bestimmt ist eine Frist, wenn der Leistungszeitpunkt vom Vertragspartner des Verwenders nicht ohne besondere Mühe und Aufwand berechnet werden kann (BGH WM 89, 1603).

Einzelfälle (bestimmt +, nicht –): Beginn der Lieferzeit „mit schriftlicher Bestätigung der Maße durch den Hersteller" (–BGH NJW 85, 855); Lieferung „in branchenüblicher Frist" (–Köln BB 82, 638); „Lieferfristen und Termine sind unverbindlich" (–Kobl WM 83, 1272); „Abnahme bei Übergabe des Hauses an den Kunden" im Subunternehmervertrag (–BGH NJW 97, 395); Lieferfristangabe „idR" (–KG NJW 07, 2266); Fristbeginn am „Ende der Widerrufsfrist" (–Kobl NJW-RR 93, 1081); „Vom Verkäufer nicht zu vertretende Störungen [...], die auf einem unvorhersehbaren und unverschuldeten Ereignis beruhen, verlängern die Lieferzeit entspr" (+Köln NJW-RR 01, 198 im Zusammenspiel mit anderen Bestimmungen); Verlängerung der Lieferfrist bei Streiks und ähnlichen Ereignissen (–Stuttg NJW 81, 1105).

13 **III. Ausnahme bei Verträgen mit Widerrufs- und Rückgaberecht.** Nr 1 ermöglicht es dem Verwender, unnötige Rückabwicklungskosten durch eine formularmäßige Vereinbarung zu vermeiden, die es ihm erlaubt, seine Leistung erst nach Ablauf der Widerrufs- und Rückgabefrist zu erbringen. Beginnt die Widerrufsfrist erst mit der Erbringung der Leistung (vgl etwa § 312d, § 4 I 2 FernUSG), verstößt eine solche Klausel gegen § 307 (Palandt/*Grüneberg* § 308 Rz 9). Die Ausnahmeregelung ist daher für Fernabsatz- und Fernunterrichtsverträge ohne Bedeutung.

14 **IV. Verträge zwischen Unternehmern.** Aufgrund der vergleichbaren Interessenlage finden die für Nr 1 geltenden Grundsätze über § 307 auch im unternehmerischen Geschäftsverkehr Berücksichtigung (Erman/*Roloff* § 308 Rz 12). Branchenspezifische Bräuche und Gewohnheiten führen hier eher zu Verkürzungen der Annahme- (MüKo/*Kieninger* § 308 Nr 1 Rz 11) und Leistungsfristen (BaRoth/*J. Becker* § 308 Nr 1 Rz 31). Handelsübliche Klauseln wie „Lieferung baldmöglichst" sind zulässig (U/B/H/*Schmidt* § 308 Nr 1 Rz 23), auch wenn sie dem Kunden die Berechnung der Leistungszeit erschweren (Palandt/*Grüneberg* § 308 Rz 10).

15 **C. Nachfrist (Nr 2).** Nr 2 ergänzt Nr 1 und soll verhindern, dass der Verwender Gläubigerrechte des Kunden (etwa § 281 I) durch die formularmäßige Vereinbarung unangemessen langer oder unbestimmter Nachfristen beeinträchtigt (BaRoth/*J. Becker* § 308 Nr 2 Rz 2). Dieser Schutzzweck gebietet es, Nr 2 auf alle Vorschriften (etwa §§ 281, 323, 637, 651c III, 651e II) anzuwenden, die die Geltendmachung von Kundenrechten von einer Nachfrist abhängig machen (Erman/*Roloff* § 308 Rz 13). Die Vorschrift gilt nur für Nachfristen, die der Verwender als Schuldner für die Erbringung eigener Leistungen bestimmt (MüKo/*Kieninger* § 308 Nr 2 Rz 3). Für die sog unechten Nachfristen vgl Rn 8.

16 **I. Unangemessen lange Frist.** Die Angemessenheit einer Nachfrist ist im Wege einer **typisierenden Betrachtung** der beteiligten Interessen zu bestimmen (vgl MüKo/*Kieninger* § 308 Nr 2 Rz 4). Dabei sind insb die im jeweiligen Geschäftszweig üblichen Beschaffungs- und Herstellungszeiten – ggf verlängert um einen gewissen Sicherheitszeitraum –, aber auch die Interessen des Kunden an alsbaldiger bzw fristgerechter Leistung zu berücksichtigen (BGHZ 92, 28). Die im Einzelfall angemessene Nachfrist darf überschritten werden, wenn die Lieferfrist dadurch nicht erheblich verlängert oder erneuert wird (BGH NJW. 85, 857). Da die Nachfrist **keine „Ersatzlieferungsfrist"** ist und die Lieferfristen nicht erheblich verlängern darf, gilt im Grundsatz: Je großzügiger die Lieferfrist, desto knapper ist die zu gewährende Nachfrist zu bemessen (BGH NJW 85, 320). Eine Klausel, die entgegen gesetzlichen Ausnahmetatbeständen (§§ 281 II, 323 II) eine Nachfrist verlangt, ist nach § 307 II Nr 1 unwirksam (BaRoth/*J. Becker* § 308 Nr 2 Rz 5).

17 **Einzelfälle** (unangemessen +, nicht –): 2 Wochen bei normalen Verbrauchergeschäften (–BGH NJW 85, 323); 4 Wochen bei Maßanfertigungen in kleinen Betrieben (–Frankf DB 81, 884); pauschal 4 Wochen im Möbelhandel (+BGH NJW 85, 323); 6 Wochen im Neuwagengeschäft (–BGH NJW 01, 294; 82, 333), bei der Lieferung von Fenstern oder Fassadenverkleidungen (+BGH NJW 85, 857), im Fassadenbau (+Stuttg NJW-RR 88, 788).

18 **II. Nicht hinreichend bestimmte Frist.** Die bei Nr 1 dargestellten (s. Rn 6) Anforderungen gelten entspr.

19 **III. Verträge zwischen Unternehmern.** Über §§ 307 II Nr 1, 310 I finden die Wertungen von Nr 2 auch im unternehmerischen Geschäftsverkehr Berücksichtigung, die Fristen können aber kürzer bemessen sein (BaRoth/*J. Becker* § 308 Nr 2 Rz 13; Palandt/*Grüneberg* § 308 Rz 13).

20 **D. Rücktrittsvorbehalt (Nr 3).** Nr 3 will die Vertragsbindung des Verwenders sicherstellen und verhindern, dass dieser sich grundlos durch die Aufhebung seiner Leistungspflicht den Freizeichnungsverboten des § 309 Nr 7 und 8 entzieht (U/B/H/*Schmidt* § 308 Nr 3 Rz 1). Der Begriff „Lösungsrecht" ist **umfassend** zu verstehen. Er umfasst alle Fälle, in denen die Ausübung des dem Verwender zustehenden Rechts – unabhängig von dessen Bezeichnung – zum Wegfall seiner vertraglichen Leistungspflicht führen soll, etwa Anfechtungs-, Widerrufs- oder Kündigungsrechte (vgl MüKo/*Kieninger* § 308 Nr 3 Rz 4; *Stoffels* Rz 773). Darüber hinaus gilt Nr 3 für Klauseln, die eine teilweise Änderung des Leistungsumfangs ermöglichen (Erman/*Roloff* § 308 Rz 17), schuldrechtliche Ansprüche auf Vertragsaufhebung (BaRoth/*J. Becker* § 308 Nr 3 Rz 3), auflösende Bedingungen (W/L/P/*Dammann* § 308 Nr 3 Rz 17) und sonstige Konstruktionen, die zu einem ipso facto-Wegfall der Leistungspflicht des Verwenders führen (Palandt/*Grüneberg* § 308 Rz 14). Nicht anwendbar ist Nr 3 dagegen auf die Rückkaufvereinbarung, die einen gesonderten Vertrag mit neuen Leistungspflichten begründet (BGH NZG 05, 354).

21 **I. Bestimmtheitsgebot.** Die (vertraglichen oder gesetzlichen) Lösungsgründe sind in der Klausel so genau anzugeben, dass ein Durchschnittskunde ohne Schwierigkeiten feststellen kann, wann der Verwender vom Vertrag Abstand nehmen darf (BGH NJW 83, 1320).

22 **Einzelfälle** (bestimmt +, nicht –): Beschränkung der Rücktrittsmöglichkeit auf „höhere Gewalt, Streiks und Rohstoffmangel" (+Kobl NJW-RR 89, 1459); Rechtsbegriffe wie „Unmöglichkeit" (+Palandt/*Grüneberg* § 308 Rz 15); „Betriebsstörungen jeder Art" (–Kobl WM 83, 1272); „Erkrankungen" (–Hamm BB 83, 1305); „zwingender Grund" (–Köln NJW-RR 98, 926); „wenn es die Umstände erfordern" (–BGH NJW 83, 1322).

II. Sachlich gerechtfertigter Grund. Ein Lösungsgrund ist sachlich gerechtfertigt, wenn eine **Interessenab-** 23
wägung ergibt, dass das Interesse des Verwenders an der Auflösung des Vertrages das Interesse des Vertragspartners am Fortbestand des Vertrages überwiegt (BGH NJW 87, 833; vgl BaRoth/*J. Becker* § 308 Nr 3 Rz 7). Eine sachliche Rechtfertigung kann sich insb aus Leistungshindernissen in der Sphäre des Verwenders, vertragswidrigem Verhalten oder Kreditunwürdigkeit der Verwendergegenseite ergeben. Keine sachliche Rechtfertigung ist dann gegeben, wenn sich der Rücktritt auf Gründe stützt, die der Verwender bei Beachtung der gebotenen Sorgfalt schon vor Vertragsschluss hätte erkennen können (BGH NJW 87, 831; MüKo/*Kieninger* § 308 Nr 3 Rz 6).

1. Leistungshindernisse im Bereich des Verwenders. Einzelfälle (gerechtfertigt +, nicht –): Vorübergehende 24
Leistungshindernisse (idR –BGH NJW 83, 1321; –Kobl NJW-RR 89, 1460; +MüKo/*Kieninger* § 308 Nr 3 Rz 7, wenn es sich um ein Fixgeschäft handelt); schuldhaft herbeigeführte Leistungshindernisse (–BGH NJW 83, 1321, muss in der Klausel klargestellt werden); „erhebliche Verteuerung der Lieferung" (–BGH NJW 83, 1321); eingeschränkte Selbstbelieferungsvorbehalte des Verwenders (+BGHZ 92, 397; NJW 83, 1320; zu uneingeschränkten Selbstbelieferungsvorbehalten vgl BGH NJW 85, 857); „Lieferungsmöglichkeit vorbehalten" (idR –Stuttg ZIP 81, 875); „solange der Vorrat reicht" (–Palandt/*Grüneberg* § 308 Rz 18).

2. Vertragswidriges Verhalten des Kunden. Einzelfälle (gerechtfertigt +, nicht –): Bestimmte Pflichtverletzungen 25
(etwa Nichtwahrung des Vorbehaltseigentums) im Möbelhandel (+BGH NJW 85, 325); Verstoß des Käufers eines Neuwagens gegen ein Weiterveräußerungsverbot (+BGH NJW 82, 180); Verletzung einer dem Kunden obliegenden Mitwirkungshandlung (+BGH NJW 92, 1629 f zum Schlüsseldienst); falsche Selbstauskunft in Bezug auf unerhebliche Tatsachen (+BGH NJW 85, 325; 85, 2272); Verdacht einer Pflichtverletzung (–Hamm BB 79, 1427).

3. Kreditunwürdigkeit. Vermögensverschlechterungen oder -gefährdungen der Verwendergegenseite können 26
einen Rücktritt rechtfertigen, wenn sie zugleich eine (ernsthafte) Gefährdung des Gegenleistungsanspruchs des Verwenders begründen (vgl BGH NJW 01, 298).
Einzelfälle (gerechtfertigt +, nicht –): Abgabe einer eidesstattlichen Versicherung (+BGH NJW 01, 298); 27
„erhebliche Verschlechterung der Vermögensverhältnisse" (–Ddorf ZIP 84, 719); falsche Angaben des Käufers über seine Vermögensverhältnisse (+BGH NJW 85, 325); „ungünstige Kreditauskunft" (–Erman/*Roloff* § 308 Rz 21; Palandt/*Grüneberg* § 308 Rz 17).

III. Dauerschuldverhältnisse. Nr 3 gilt nicht für Dauerschuldverhältnisse – zu denen auch Sukzessivliefe- 28
rungs- (MüKo/*Kieninger* § 308 Nr 3 Rz 13), nicht aber Ratenlieferungsverträge (U/B/H/*Schmidt* § 308 Nr 3 Rz 10) gehören –, es sei denn, dass mit dem vertraglichen Leistungsaustausch noch nicht begonnen wurde (BGHZ 99, 193).

IV. Verträge zwischen Unternehmern. Die Nr 3 zugrunde liegenden Wertungen gelten im unternehmeri- 29
schen Geschäftsverkehr unter Einschränkungen (vgl BGH NJW 85, 738; *Stoffels* Rz 787). Vor dem Hintergrund unternehmerischer Gepflogenheiten ist der Begriff „sachlich gerechtfertigter Grund" weiter auszulegen als in b2c-Verträgen (BaRoth/*J. Becker* § 308 Nr 3 Rz 39); auch sind an die Angabe des konkreten Lösungsgrundes geringere Anforderungen zu stellen (Palandt/*Grüneberg* § 308 Rz 21). Zulässig sind daher handelsübliche Klauseln, deren Grenzen sich aus kaufmännischer Verkehrssitte ergeben (BaRoth/*J. Becker* § 308 Nr 3 Rz 39; zu Selbstbelieferungsklauseln vgl BGH NJW 94, 1062; 85, 738 f; NJW-RR 92, 611; zum „Vorbehalt der Liefermöglichkeit" München WM 85, 363).

V. Rechtsfolgen. Beinhaltet eine Klausel mehrere Rücktrittsgründe, von denen nur einzelne unwirksam sind, 30
tritt lediglich **Teilunwirksamkeit** ein, wenn die einzelnen Gründe inhaltlich voneinander trennbar und einzeln aus sich heraus verständlich sind (BGH NJW 85, 325; 85, 2272; vgl auch § 306 Rn 6).

E. Änderungsvorbehalt (Nr 4). Durch die Einschränkung der Möglichkeit, formularmäßig Änderungsvor- 31
behalte zu vereinbaren, soll Störungen des Äquivalenzverhältnisses entgegengewirkt und Sekundäransprüche des Kunden wegen der ursprünglich geschuldeten Leistung gesichert werden (MüKo/*Kieninger* § 308 Nr 4 Rz 1). Nr 4 betrifft nur Leistungen des Verwenders und erfasst alle Klauseln, die unmittelbar oder mittelbar – etwa durch den Ausschluss von Sekundäransprüchen, durch Irrtumsklauseln oder die Fiktion, die Abweichung gelte nicht als Mangel (Palandt/*Grüneberg* § 308 Rz 22) – zu nachträglichen Änderungen der versprochenen Leistung (auch Nebenleistung, W/L/P/*Dammann* § 308 Nr 4 Rz 7) oder Abweichungen hiervon berechtigen (MüKo/*Kieninger* § 308 Nr 4 Rz 4; BaRoth/*J. Becker* § 308 Nr 4 Rz 8; vgl auch LG Dortmund *Bunte* V § 10 Nr 4 Rz 18).
Einzelfälle (Änderungsvorbehalt +, nein –): Ersetzungsbefugnisse (+BGH WM 05, 2250; NJW 70, 992); Frei- 32
willigkeitsvorbehalt bzgl Sonderzahlungen im Arbeitsvertrag (–BAG NJW 08, 3592); Befugnis zur Erbringung von Teilleistungen (+Stuttg NJW-RR 95, 117; *Stoffels* Rz 795); Toleranz- und Circa-Klauseln des Warenhandels (+MüKo/*Kieninger* § 308 Nr 4 Rz 5); Modellnachfolgeklauseln (+Kobl ZIP 81, 511); Verlegung des Erfüllungsortes (+LG Dortmund VuR 95, 140; Hamm NJW-RR 92, 445); Befugnis zur Änderung von AGB, die beiderseitige Leistungen betreffen (+BGH NJW 99, 1865); Änderungsvorbehalt in einem Kreditvermittlungsvertrag bzgl Höhe und Laufzeit eines Darlehens (–LG Berlin ZIP 81, 1087 f).

33 I. Zumutbarkeit. Zumutbar ist der Änderungsvorbehalt, wenn das Interesse des Verwenders an der Änderung das Interesse des Kunden daran überwiegt, gerade die versprochene Leistung zu erhalten (BGH NJW-RR 08, 134; MüKo/*Kieninger* § 308 Nr 4 Rz 7). Es gilt ein **generalisierend typisierender Maßstab** (W/L/P/*Dammann* § 308 Nr 4 Rz 24). Nach der Rspr muss die Änderungsklausel Voraussetzungen und Umfang möglicher Änderungen hinreichend konkretisieren (BGH NJW-RR 08, 134) und solche Änderungen ausschließen, die auf eine erhebliche Störung des Äquivalenzverhältnisses hinauslaufen würden (BGH NJW-RR 90, 1233; NJW 83, 1325). Die Beweislast für die Zumutbarkeit des Änderungsvorbehalts obliegt dem Verwender.

34 Einzelfälle (zumutbar +, nicht –): Wiedergabe des Wortlauts von Nr 4 (–Hambg NJW-RR 86, 1440); Änderung der Flugmodalitäten „nach pflichtgemäßem Ermessen unter Berücksichtigung der Interessen des Fluggasts" (–BGH NJW 83, 1325); Berechtigung, „notwendige" Reparaturarbeiten ohne Zustimmung des Kunden vorzunehmen (–BGH NJW 87, 2818); Änderungsvorbehalt bzgl offens Irrtümer in Emissionsbed (–BGH ZIP 09, 1559); Zulässigkeit der Verlegung der Räume eines Sportcenters bei gleichzeitigem Ausschluss der Kündigungsmöglichkeit (–Hamm NJW-RR 92, 445); Recht der Bank, einen Teil der Darlehensvaluta einzubehalten (–Frankf VersR 90, 526); Zulässigkeit „unwesentlicher Abweichungen" bei Ergänzungsstücken im Möbelhandel (–Kobl NJW-RR 93, 1079); „handelsübliche Abweichungen in Struktur und Farbe ggü dem Ausstellungsstück" (+BGH NJW 87, 1886); Berechtigung des Verwenders, „bei Modell- und Konstruktionsänderungen das Nachfolgemodell zu liefern" (–Kobl ZIP 81, 509).

35 II. Verträge zwischen Unternehmern. Nr 4 findet auch im unternehmerischen Geschäftsverkehr über §§ 307 II Nr 1, 310 I Anwendung (vgl BGH NJW 85, 626; 84, 1183; *Stoffels* Rz 802). Abänderungsvorbehalte, die sich in den Grenzen handelsüblicher Mengen- und Qualitätstoleranzen halten, sind zulässig (Palandt/*Grüneberg* § 308 Rz 24).

36 Einzelfälle (zumutbar +, nicht –): Freie Abänderung von Rabatten und Boni (–BGH NJW 94, 1063); Recht einer Messegesellschaft, eine Platzzuweisung zu ändern (–Köln NJW-RR 90, 1232); Recht des Herstellers, das Gebiet des Vertragshändlers nachträglich unter bestimmten Voraussetzungen zu ändern (+/–vgl BGH NJW 84, 1182 f) bzw seine Gewährleistungsrechte ggü den Händlern bei Vorliegen unbestimmter Voraussetzungen zu ändern (–BGH NJW 85, 626 ff); Vorbehalt der Produktionseinstellung oder -umstellung (+BGH NJW 85, 627 f).

37 F. Fingierte Erklärungen (Nr 5). Nr 5 will die Verwendergegenseite vor Abweichungen von dem Grundsatz, dass ihr Schweigen (nicht dagegen das des Verwenders) idR keine Willenserklärung darstellt (s. § 148 Rn 3 f), schützen. Sie regelt insoweit allein die **Mindestvoraussetzungen**; weitere Schranken können sich aus § 307 ergeben (BGH NJW 90, 763 f; Ddorf NJW-RR 88, 886), so etwa, wenn die Zustimmung der Gegenseite zur Vertragsänderung nicht fingiert, sondern für entbehrlich erklärt wird (BGH NJW 09, 778). Nr 5 gilt allein iRd Vertragsdurchführung (vgl BGH NJW 01, 299; W/L/P/*Dammann* § 308 Nr 5 Rz 15) und für Erklärungen von materiell-rechtlicher Bedeutung (Palandt/*Grüneberg* § 308 Nr 5 Rz 25). Die Vorschrift ist auch dann anwendbar, wenn das Ergebnis eines bestimmten rechtsgeschäftlichen Handelns unwiderleglich vermutet wird (BaRoth/*J Becker* § 308 Nr 5 Rz 7). Sie gilt auch für sog Umdeutungsklauseln (vgl BGH NJW 92, 3161), nicht aber für ausdrückliche Willenserklärungen des Kunden (BGH NJW 01, 1243) und Tatsachenfiktionen (*Stoffels* Rz 648; hier gilt § 309 Nr 12b).

38 Einzelfälle (Erklärungsfiktion +, nein –): Schweigen der Verwendergegenseite führt zur Vertragsverlängerung (+BGH NJW 85, 617); Abnahme mit Ingebrauchnahme des Werkes (+BGH NJW 84, 726); Umbuchungswunsch führt zu Reiserücktritt und Neuanmeldung (+BGH NJW 92, 3161).

39 I. Angemessene Erklärungsfrist (Nr 5a). Die Fristlänge muss in der Klausel **konkret bezeichnet** werden. Angemessen ist eine Erklärungsfrist nur dann, wenn die Verwendergegenseite für ihre Entscheidungsfindung nach den Umständen des Einzelfalls ausreichend Zeit hat, das Für und Wider abzuwägen (BaRoth/*J. Becker* § 308 Nr 5 Rz 15). Je nach Bedeutung der Erklärung kann eine Mindestfrist von 5 bis 6 Wochen angemessen sein (BGH NJW 99, 1865; vgl Ziff 1 (2) AGB-Banken).

40 Einzelfälle (angemessen +, nicht –): 1 Monat für Einwendungen gegen Kontoabschlussrechnungen (+Frankf WM 81, 912 f); 6 Wochen für die Geltendmachung von Einwänden gegen die Rechnung eines Mobilfunkanbieters (+Köln VersR 97, 1110); 12 Wochen in einem Krankenhausaufnahmevertrag für das Abholen vergessener Sachen (+BGH NJW 90, 761); 2 Wochen für die Umschuldung größerer Darlehen (–LG Dortmund NJW-RR 86, 1171).

41 II. Hinweispflicht (Nr 5b). Die Klausel muss klarstellen, dass die Erklärungsfiktion nur dann eintritt, wenn der Verwender den erforderlichen Hinweis tatsächlich erteilt hat (BaRoth/*J. Becker* § 308 Nr 5 Rz 18). Fehlt eine solche Klarstellung, ist die Klausel unwirksam. Aus den für das Verbot der geltungserhaltenden Reduktion maßgeblichen Überlegungen (s. § 306 Rn 4) folgt, dass ein dennoch erteilter Hinweis weder zur Heilung der Klausel noch dazu führt, dass sich der Kunde nicht auf ihre Unwirksamkeit berufen kann (BaRoth/*J. Becker* § 308 Nr 5 Rz 7; letzteres offengelassen von BGH NJW 85, 618).

42 Die Privilegierung der **VOB/B** ist durch das ForderungssicherungsG v 23.10.08 (BGBl I, 2022) entfallen. S. zur Inhaltskontrolle der VOB/B § 307 Rn 4; s. aber bei Verwendung ggü Unternehmern § 310 I 3.

III. Verträge zwischen Unternehmern. Nr 5 findet über § 307 im unternehmerischen Geschäftsverkehr 43 Berücksichtigung (BGHZ 101, 365; NJW 89, 2124); doch kann im b2b-Bereich die Hinweispflicht (Nr 5b) entfallen (vgl *Stoffels* Rz 658). Unberührt bleiben die Grundsätze über das Schweigen auf ein kaufmännisches Bestätigungsschreiben.

G. Fiktion des Zugangs (Nr 6). Vor dem Hintergrund des allg Verbots formularmäßiger Beweislaständerun- 44 gen zuungunsten der Verwendergegenseite (§ 309 Nr 12) statuiert Nr 6 einen „verdeckten Erlaubnistatbestand". Dieser gestattet es, den Zugang von Erklärungen des Verwenders ohne besondere Bedeutung – abw von der in § 130 niedergelegten Beweislastverteilung – zu fingieren. Der Begriff der Erklärung iSv Nr 6 erfasst nicht nur Willenserklärungen und geschäftsähnliche Erklärungen (W/L/P/*Dammann* § 308 Nr 6 Rz 2) des Verwenders, sondern auch Erklärungen und Mitteilungen Dritter, aus deren Zugang der Verwender für sich günstige Rechtsfolgen ableiten will oder die dem Verwender zugerechnet werden (W/L/P/*Dammann* § 308 Nr 6 Rz 2). Eine Zugangsfiktion liegt dabei unabhängig davon vor, ob die Klausel das „Ob" oder lediglich den Zeitpunkt des Zugangs fingiert (BaRoth/*J. Becker* § 308 Nr 6 Rz 10). Wird auf den Zugang ganz verzichtet, ist die Klausel idR nach § 307 II Nr 1 unwirksam (MüKo/*Kieninger* § 308 Nr 6 Rz 4).

Einzelfälle (Zugangsfiktion +, nein –): Zugangsvermutungen (+MüKo/*Kieninger* § 308 Nr 6 Rz 3); Abbedin- 45 gung des Zugangs, zB Erklärung soll mit Übergabe an die Post wirksam sein (+LG Koblenz DNotZ 88, 496; aA § 307, LG München I NJW-RR 92, 244); Abgabefiktionen (–W/L/P/*Dammann* § 308 Nr 6 Rz 8–9; aA Hambg VersR 81, 126); Abgabevermutungen (–Palandt/*Grüneberg* 308 Rz 32); Empfangsbevollmächtigung (–BGH NJW 97, 3439; 89, 2383: iRv § 307 gelten die Grundsätze von Nr 6); Bestellung zum Empfangsboten (+KG NJW-RR 92, 861); Zugangsersatz (zB Aushang) (–W/L/P/*Dammann* § 308 Nr 6 Rz 10); Absendevermutungen (–MüKo/*Kieninger* § 308 Nr 6 Rz 4).

I. Erklärungen von besonderer Bedeutung. Erklärungen von besonderer Bedeutung sind alle Erklärungen 46 des Verwenders, die für den Vertragspartner mit nachteiligen Rechtsfolgen verbunden sind (Oldbg NJW 92, 1839; *Stoffels* Rz 668). Das Verbot greift damit sehr weit.

Einzelfälle (besondere Bedeutung +, nein –): Tagesauszüge der Banken (–BGH NJW 85, 2699); Rechnungs- 47 abschlüsse für Girokonten (+BGH NJW 85, 2699; Oldbg NJW 92, 1839); Androhung des Pfandverkaufs (+LG Stuttgart *Bunte* I Nr 6 Rz 56); Mahnungen (+Stuttg BB 79, 909); Setzen einer Frist oder Nachfrist (+U/B/H/*Schmidt* § 308 Nr 6 Rz 7); Kündigungen und andere Gestaltungserklärungen (+W/L/P/*Dammann* § 308 Nr 6 Rz 4).

II. Verträge zwischen Unternehmern. Nr 6 hat im Verkehr zwischen Unternehmern gem §§ 307 I, 310 I 48 indizielle Bedeutung. Auch dort ist also die Zugangsfiktion von Erklärungen von besonderer Bedeutung unwirksam (*Stoffels* Rz 671).

H. Abwicklung von Verträgen (Nr 7). Nr 7 verbietet unangemessen hohe Ansprüche des Verwenders für 49 den Fall der Rückabwicklung eines (tatsächlich bestehenden) Vertrages. Die Vorschrift gilt unabhängig davon, wie das Lösungsrecht bezeichnet wird (MüKo/*Kieninger* § 308 Nr 7 Rz 4) und welche Seite es ausübt (Palandt/*Grüneberg* § 308 Rz 35). Nr 7 findet entspr Anwendung auf **Anfechtung** und **Widerruf** (U/B/H/*Schmidt* § 308 Nr 7 Rz 7) und ist auf alle Entgeltansprüche anzuwenden, die dem Verwender nach gesetzlichen oder vertraglichen Regeln bei vorzeitiger Beendigung des Vertrages zustehen (LG Köln NJW-RR 87, 1531; vgl auch BGH WM 92, 940). **Entgeltansprüche** idS sind Vergütungsansprüche für erbrachte Leistungen und Nutzungen (Köln NJW-RR 86, 1435); gesetzliche Aufwendungsersatzansprüche; Ansprüche aus § 649 (BGH NJW 85, 632), § 645 (BGH NJW 85, 633), § 628; nicht aber (wegen § 307 III 1) Aufwendungsersatzansprüche ohne gesetzliche Grundlage (Hambg NJW-RR 90, 910; MüKo/*Kieninger* § 308 Nr 7 Rz 4; aA U/B/H/*Schmidt* § 308 Nr 7 Rz 6) sowie Schadens- und Wertminderungspauschalen iSv § 309 Nr 5, s. § 309 Rn 27.

I. Unangemessenheit. Die Angemessenheit des Entgelts ist vor dem Hintergrund dessen zu beurteilen, was 50 **nach dispositivem Recht typischerweise geschuldet** würde (BGH ZIP 05, 493; NJW 91, 2764). Die Prüfung muss sich an den Vorgaben der gesetzlichen Anspruchsgrundlage orientieren (Palandt/*Grüneberg* § 308 Rz 37). In analoger Anwendung von § 309 Nr 5b muss die Klausel der Verwendergegenseite ausdrücklich gestatten, nachzuweisen, dass der im konkreten Fall angemessene Betrag wesentlich niedriger ist, als der auf der Grundlage der Klausel pauschalierte Betrag (BGH NJW 85, 632; Palandt/*Grüneberg* § 308 Rz 38). Die Darlegungs- und Beweislast für die Unangemessenheit trägt die Verwendergegenseite (BGH NJW 91, 2764).

Einzelfälle (unangemessen +, nicht –): Anspruch auf volle Vergütung beim Werkvertrag (+BGH NJW 85, 51 633); 5% der Auftragssumme (–BGH WM 85, 93); 7,5% der Gesamtauftragssumme als Vergütung beim Bauvertrag (–BGH ZIP 00, 1057; 10% –, BGH WM 06, 1736); 10% des Gesamtpreises (–BGH MDR 06, 1101); 3% Bearbeitungsgebühr bei Nichtabnahme des Darlehensbetrages beim Darlehensvertrag (+BGH NJW 82, 2435); Anspruch des Dienstverpflichteten auf volle Vergütung bei vorzeitiger Beendigung des Dienstvertrages (+BGH NJW 85, 633 f); völliger Ausschluss der Rückforderung der gezahlten Vergütung bei vorzeitiger Kündigung des Ehemaklervertrages (+BGH NJW 83, 2817); pauschalierter Abzug iHv 40% nach § 649 für ersparte Aufwendungen bei Kündigung des Architektenvertrages durch den Bauherrn (+BGH NJW 97, 260);

pauschale Vergütungen für Einzelleistungen des Reiseveranstalters im Falle der Vertragsaufhebung ohne Berücksichtigung der Vorteile des Verwenders aufgrund der Vertragsauflösung (+BGH NJW 85, 633).

52 **II. Verträge zwischen Unternehmern.** Die Wertungen der Nr 7 gelten auch im unternehmerischen Geschäftsverkehr (BGH NJW 94, 1067).

53 **III. Rechtsfolgen.** Unangemessen hohe Abwicklungsvergütungen zugunsten des Verwenders führen zur Unwirksamkeit der Klausel. Hierdurch entstehende Lücken im Vertragstext sind im Wege der ergänzenden Vertragsauslegung zu schließen (BGH NJW 73, 1192; MüKo/*Kieninger* § 308 Nr 7 Rz 12). Ist die Pauschale im Einzelfall für den Kunden günstiger als eine dem Gesetz entspr Anwendung, kann sich der Verwender auf die Unwirksamkeit der Klausel nicht berufen (BGH NJW-RR 98, 594).

54 **I. Nichtverfügbarkeit der Leistung (Nr 8).** Nr 8 ergänzt Nr 3. Klauseln, nach denen der Verwender bei Nichtverfügbarkeit nicht leisten muss (in der Praxis häufig: Liefervorbehalte, Selbstbelieferungsvorbehalte und Vorratsklauseln), sind unwirksam, wenn sie nicht die Voraussetzungen beider Nrn erfüllen (LG Hamburg ZGS 04, 80). Der Verwender kann einen Verstoß gegen Nr 8 auch nicht dadurch heilen, dass er unverzüglich informiert und gestattet (MüKo/*Kieninger* § 308 Nr 8 Rz 4). Entspricht die Klausel den Anforderungen von Nr 8 und kommt er seinen Pflichten nicht nach, ist die Klausel wirksam (in Betracht kommen Schadensersatzansprüche der Verwendergegenseite nach § 286).

55 Nr 8 entfaltet im **unternehmerischen Geschäftsverkehr** wegen der Handelsüblichkeit entspr Klauseln idR keine Indizwirkung (Erman/*Roloff* § 308 Rz 69; U/B/H/*Schmidt* § 308 Nr 8 Rz 8).

§ 309 Klauselverbote ohne Wertungsmöglichkeit.
Auch soweit eine Abweichung von den gesetzlichen Vorschriften zulässig ist, ist in Allgemeinen Geschäftsbedingungen unwirksam
1. (Kurzfristige Preiserhöhungen)
   eine Bestimmung, welche die Erhöhung des Entgelts für Waren oder Leistungen vorsieht, die innerhalb von vier Monaten nach Vertragsschluss geliefert oder erbracht werden sollen; dies gilt nicht bei Waren oder Leistungen, die im Rahmen von Dauerschuldverhältnissen geliefert oder erbracht werden;
2. (Leistungsverweigerungsrechte)
   eine Bestimmung, durch die
   a) das Leistungsverweigerungsrecht, das dem Vertragspartner des Verwenders nach § 320 zusteht, ausgeschlossen oder eingeschränkt wird oder
   b) ein dem Vertragspartner des Verwenders zustehendes Zurückbehaltungsrecht, soweit es auf demselben Vertragsverhältnis beruht, ausgeschlossen oder eingeschränkt, insbesondere von der Anerkennung von Mängeln durch den Verwender abhängig gemacht wird;
3. (Aufrechnungsverbot)
   eine Bestimmung, durch die dem Vertragspartner des Verwenders die Befugnis genommen wird, mit einer unbestrittenen oder rechtskräftig festgestellten Forderung aufzurechnen;
4. (Mahnung, Fristsetzung)
   eine Bestimmung, durch die der Verwender von der gesetzlichen Obliegenheit freigestellt wird, den anderen Vertragsteil zu mahnen oder ihm eine Frist für die Leistung oder Nacherfüllung zu setzen;
5. (Pauschalierung von Schadensersatzansprüchen)
   die Vereinbarung eines pauschalierten Anspruchs des Verwenders auf Schadensersatz oder Ersatz einer Wertminderung, wenn
   a) die Pauschale den in den geregelten Fällen nach dem gewöhnlichen Lauf der Dinge zu erwartenden Schaden oder die gewöhnlich eintretende Wertminderung übersteigt oder
   b) dem anderen Vertragsteil nicht ausdrücklich der Nachweis gestattet wird, ein Schaden oder eine Wertminderung sei überhaupt nicht entstanden oder wesentlich niedriger als die Pauschale;
6. (Vertragsstrafe)
   eine Bestimmung, durch die dem Verwender für den Fall der Nichtabnahme oder verspäteten Abnahme der Leistung, des Zahlungsverzugs oder für den Fall, dass der andere Vertragsteil sich vom Vertrag löst, Zahlung einer Vertragsstrafe versprochen wird;
7. (Haftungsausschluss bei Verletzung von Leben, Körper, Gesundheit und bei grobem Verschulden)
   a) (Verletzung von Leben, Körper, Gesundheit)
   ein Ausschluss oder eine Begrenzung der Haftung für Schäden aus der Verletzung des Lebens, des Körpers oder der Gesundheit, die auf einer fahrlässigen Pflichtverletzung des Verwenders oder einer vorsätzlichen oder fahrlässigen Pflichtverletzung eines gesetzlichen Vertreters oder Erfüllungsgehilfen des Verwenders beruhen;
   b) (Grobes Verschulden)
   ein Ausschluss oder eine Begrenzung der Haftung für sonstige Schäden, die auf einer grob fahrlässigen Pflichtverletzung des Verwenders oder auf einer vorsätzlichen oder grob fahrlässigen Pflichtverletzung eines gesetzlichen Vertreters oder Erfüllungsgehilfen des Verwenders beruhen;

die Buchstaben a und b gelten nicht für Haftungsbeschränkungen in den nach Maßgabe des Personenbeförderungsgesetzes genehmigten Beförderungsbedingungen und Tarifvorschriften der Straßenbahnen, Obusse und Kraftfahrzeuge im Linienverkehr, soweit sie nicht zum Nachteil des Fahrgastes von der Verordnung über die Allgemeinen Beförderungsbedingungen für den Straßenbahn- und Obusverkehr sowie den Linienverkehr mit Kraftfahrzeugen vom 27. Februar 1970 abweichen; Buchstabe b gilt nicht für Haftungsbeschränkungen für staatlich genehmigte Lotterie- oder Ausspielverträge;

8. (Sonstige Haftungsausschlüsse bei Pflichtverletzung)
   a) (Ausschluss des Rechts, sich vom Vertrag zu lösen)
      eine Bestimmung, die bei einer vom Verwender zu vertretenden, nicht in einem Mangel der Kaufsache oder des Werkes bestehenden Pflichtverletzung das Recht des anderen Vertragsteils, sich vom Vertrag zu lösen, ausschließt oder einschränkt; dies gilt nicht für die in der Nummer 7 bezeichneten Beförderungsbedingungen und Tarifvorschriften unter den dort genannten Voraussetzungen;
   b) (Mängel)
      eine Bestimmung, durch die bei Verträgen über Lieferungen neu hergestellter Sachen und über Werkleistungen
      aa) (Ausschluss und Verweisung auf Dritte)
          die Ansprüche gegen den Verwender wegen eines Mangels insgesamt oder bezüglich einzelner Teile ausgeschlossen, auf die Einräumung von Ansprüchen gegen Dritte beschränkt oder von der vorherigen gerichtlichen Inanspruchnahme Dritter abhängig gemacht werden;
      bb) (Beschränkung auf Nacherfüllung)
          die Ansprüche gegen den Verwender insgesamt oder bezüglich einzelner Teile auf ein Recht auf Nacherfüllung beschränkt werden, sofern dem anderen Vertragsteil nicht ausdrücklich das Recht vorbehalten wird, bei Fehlschlagen der Nacherfüllung zu mindern oder, wenn nicht eine Bauleistung Gegenstand der Mängelhaftung ist, nach seiner Wahl vom Vertrag zurückzutreten;
      cc) (Aufwendungen bei Nacherfüllung)
          die Verpflichtung des Verwenders ausgeschlossen oder beschränkt wird, die zum Zwecke der Nacherfüllung erforderlichen Aufwendungen, insbesondere Transport-, Wege-, Arbeits- und Materialkosten, zu tragen;
      dd) (Vorenthalten der Nacherfüllung)
          der Verwender die Nacherfüllung von der vorherigen Zahlung des vollständigen Entgelts oder eines unter Berücksichtigung des Mangels unverhältnismäßig hohen Teils des Entgelts abhängig macht;
      ee) (Ausschlussfrist für Mängelanzeige)
          der Verwender dem anderen Vertragsteil für die Anzeige nicht offensichtlicher Mängel eine Ausschlussfrist setzt, die kürzer ist als die nach dem Doppelbuchstaben ff zulässige Frist;
      ff) (Erleichterung der Verjährung)
          die Verjährung von Ansprüchen gegen den Verwender wegen eines Mangels in den Fällen des § 438 Abs. 1 Nr. 2 und des § 634a Abs. 1 Nr. 2 erleichtert oder in den sonstigen Fällen eine weniger als ein Jahr betragende Verjährungsfrist ab dem gesetzlichen Verjährungsbeginn erreicht wird;
9. (Laufzeit bei Dauerschuldverhältnissen)
   bei einem Vertragsverhältnis, das die regelmäßige Lieferung von Waren oder die regelmäßige Erbringung von Dienst- oder Werkleistungen durch den Verwender zum Gegenstand hat,
   a) eine den anderen Vertragsteil länger als zwei Jahre bindende Laufzeit des Vertrags,
   b) eine den anderen Vertragsteil bindende stillschweigende Verlängerung des Vertragsverhältnisses um jeweils mehr als ein Jahr oder
   c) zu Lasten des anderen Vertragsteils eine längere Kündigungsfrist als drei Monate vor Ablauf der zunächst vorgesehenen oder stillschweigend verlängerten Vertragsdauer;
   dies gilt nicht für Verträge über die Lieferung als zusammengehörig verkaufter Sachen, für Versicherungsverträge sowie für Verträge zwischen den Inhabern urheberrechtlicher Rechte und Ansprüche und Verwertungsgesellschaften im Sinne des Gesetzes über die Wahrnehmung von Urheberrechten und verwandten Schutzrechten;
10. (Wechsel des Vertragspartners)
    eine Bestimmung, wonach bei Kauf-, Darlehens-, Dienst- oder Werkverträgen ein Dritter anstelle des Verwenders in die sich aus dem Vertrag ergebenden Rechte und Pflichten eintritt oder eintreten kann, es sei denn, in der Bestimmung wird
    a) der Dritte namentlich bezeichnet oder
    b) dem anderen Vertragsteil das Recht eingeräumt, sich vom Vertrag zu lösen;

11. (Haftung des Abschlussvertreters)
eine Bestimmung, durch die der Verwender einem Vertreter, der den Vertrag für den anderen Vertragsteil abschließt,
   a) ohne hierauf gerichtete ausdrückliche und gesonderte Erklärung eine eigene Haftung oder Einstandspflicht oder
   b) im Falle vollmachtsloser Vertretung eine über § 179 hinausgehende Haftung
   auferlegt;
12. (Beweislast)
eine Bestimmung, durch die der Verwender die Beweislast zum Nachteil des anderen Vertragsteils ändert, insbesondere indem er
   a) diesem die Beweislast für Umstände auferlegt, die im Verantwortungsbereich des Verwenders liegen, oder
   b) den anderen Vertragsteil bestimmte Tatsachen bestätigen lässt;
   Buchstabe b gilt nicht für Empfangsbekenntnisse, die gesondert unterschrieben oder mit einer gesonderten qualifizierten elektronischen Signatur versehen sind;
13. (Form von Anzeigen und Erklärungen)
eine Bestimmung, durch die Anzeigen oder Erklärungen, die dem Verwender oder einem Dritten gegenüber abzugeben sind, an eine strengere Form als die Schriftform oder an besondere Zugangserfordernisse gebunden werden.

1 **A. Allgemeines.** § 309 ergänzt den Katalog des § 308, erfordert aber **keinen richterlichen Wertungsakt**. Die Mehrzahl der Verbote sind Konkretisierungen der in § 307 II enthaltenen Rechtsgedanken. Zur Bedeutung der Vorschrift im unternehmerischen Geschäftsverkehr vgl jeweils die Kommentierung der einzelnen Nrn sowie § 307 Rn 29 ff. Zur Prüfungsreihenfolge s. § 307 Rn 2.

2 **B. Kurzfristige Preiserhöhungen (Nr 1).** Nr 1 beruht auf dem Gedanken, dass der Kunde auf den ausgehandelten Preis vertrauen können soll (**Preisklarheit bzw Preistransparenz**). Nr 1 ergänzt § 1 I, IV PAngV, soweit Waren und Dienstleistungen Letztverbrauchern angeboten werden. Nr 1 erfasst ausgenommen von Dauerschuldverhältnissen (s. Rn 7) grds alle entgeltlichen Verträge (BaRoth/*J. Becker* § 309 Nr 1 Rz 6).

3 **I. Entgelt für Waren oder Leistungen.** Das Entgelt, das in einem Sach- oder Geldbetrag bestehen kann, muss zumindest vorläufig ziffernmäßig festgesetzt sein. Bestimmbarkeit zB durch Hinweis auf taxmäßige oder übliche Vergütung reicht aus (Erman/*Roloff* § 309 Rz 2; U/B/H/*Hensen* § 309 Nr 1 Rz 4; MüKo/*Kieninger* § 309 Nr 1 Rz 15). Entgelt ist nur die vereinbarte Gegenleistung in gegenseitigen Verträgen, nicht dagegen der Aufwendungsersatz (MüKo/*Kieninger* § 309 Nr 1 Rz 11).

4 Die Gegenleistung muss für Waren oder Leistungen geschuldet sein. Der Leistungsbegriff umfasst alle vertraglichen Leistungen. Auf Grundstücke kann Nr 1 analog Anwendung finden (BaRoth/*J. Becker* § 309 Nr 1 Rz 6).

5 **II. Preiserhöhungsklauseln.** Nr 1 verbietet jede Form der direkten nachträglichen Entgelterhöhung (BGH NJW 80, 2134), sofern sie eine zukünftig zu erbringende Leistung betrifft (W/L/P/*Dammann* § 309 Nr 1 Rz 34–39). Unwirksam sind danach **Änderungsvorbehalte**, die auf Kosten- oder Lohnerhöhungen im Bereich des Verwenders abstellen (BGH NJW 90, 116); Klauseln, wonach der Verwender berechtigt ist, das Entgelt nach dem späteren Tages- oder Listenpreis bei Lieferung zu berechnen (BGH NJW 85, 854; MüKo/*Kieninger* § 309 Nr 1 Rz 14); **Anpassungsklauseln**, bei denen der Eintritt der Preiserhöhung durch bestimmte Ereignisse oder Umstände „automatisch" ausgelöst wird (sog Gleit- und Spannungsklauseln; MüKo/*Kieninger* § 309 Nr 1 Rz 12 f); Klauseln, die den Parteien bei Eintritt bestimmter Umstände eine **Neuverhandlungspflicht** auferlegen und notfalls eine Neufestsetzung des Entgelts durch Gerichte vorsehen (MüKo/*Kieninger* § 309 Nr 1 Rz 13); **Umsatzsteuerklauseln**, die dem Verwender für diesen Fall die entspr Erhöhung der vereinbarten Brutto- bzw Inklusivpreise gestatten (BGH NJW 80, 2134).

6 **III. Viermonatsfrist.** Die Frist beginnt mit Zustandekommen des Vertrages, nicht bereits mit der Unterzeichnung eines Vertragsangebots (Frankf DB 81, 884). Die Vereinbarung eines festen Liefertermins ist nicht erforderlich. Nr 1 ist auch anwendbar, wenn keine Lieferfrist vereinbart und somit die Leistung sofort geschuldet ist (§ 271 I). Wann die Leistung tatsächlich erbracht wird, ist für die Wirksamkeit nach Nr 1 unerheblich (Palandt/*Grüneberg* § 309 Rz 4), kann aber nach Treu und Glauben zur Vertragsänderung durch Einwilligung des Kunden führen (BGH NJW 75, 1108 m Anm *Bulla*). Eine Erhöhungsklausel, die unterschiedslos für Verträge mit kürzeren und längeren Lieferfristen als 4 Monate verwandt wird, ist insgesamt unwirksam (BGH NJW 85, 855).

7 **IV. Dauerschuldverhältnisse.** Vom Verbot der Nr 1 ausgenommen sind Dauerschuldverhältnisse, deren Gesamtliefermenge bei Vertragsschluss nicht feststeht (BaRoth/*J. Becker* § 309 Nr 1 Rz 13). Das sind insb Abonnementsverträge (BGH NJW 80, 2519), Darlehensverträge (Köln ZIP 99, 22), Dienstverträge, Sukzessivlieferungsverträge (BGH NJW-RR 86, 211), Wartungsverträge (BGH NJW-RR 88, 821), Wiederkehrschuldverhältnisse (BTDrs 7/5422, S 8) sowie sonstige Bezugsverträge (BGH NJW 85, 854). Miet- und Versiche-

rungsverträge werden nur dann von Nr 1 erfasst, wenn sie auf Abwicklung in kurzer Zeit angelegt sind (Palandt/*Grüneberg* § 309 Rz 6).

V. Inhaltskontrolle nach § 307. Preiserhöhungsklauseln (zB Tagespreisklauseln im Kfz-Handel), die nach Nr 1 nicht zu beanstanden sind, können gegen § 307 verstoßen (BGH NJW 85, 2270; *Führich* NJW 00, 3676). Das gilt zB für Klauseln, die einseitig dem Verwender eine nicht kurzfristige Preiserhöhung erlauben. Nach § 307 unwirksam sind Klauseln, die das **Äquivalenzprinzip** nicht wahren (BGH NJW 85, 2270; 82, 332), die Preiserhöhung nach Grund und Umfang nicht transparent konkretisieren (BGH NJW 00, 652; 85, 855) und dem Kunden für den Fall hoher Preissteigerungen kein Lösungsrecht (Kündigung oder Rücktritt) einräumen (BGH NJW 98, 456). Insb bei **Verträgen mit Verbrauchern** sind an Ausgewogenheit und Klarheit der Klausel strenge Anforderungen zu stellen (Palandt/*Grüneberg* § 309 Rz 8). Zur Kasuistik s. MüKo/*Kieninger* § 309 Nr 1 Rz 23. Nachbewertungsklauseln sind dagegen nach § 307 III 1 der Inhaltskontrolle entzogen (BGH NJW 01, 2399). 8

VI. Verträge zwischen Unternehmern. Das starre Verbot der Nr 1 lässt sich auf den Geschäftsverkehr nicht übertragen, wenngleich die Überlegungen zur Angemessenheit von Preiserhöhungsklauseln iRv § 307 bedeutsam sind (MüKo/*Kieninger* § 309 Nr 1 Rz 25). Im b2b-Bereich sind Umsatzsteuergleitklauseln grds zulässig und Tagespreisklauseln nicht grds unwirksam (MüKo/*Kieninger* § 309 Nr 1 Rz 25; U/B/H/*Hensen* § 309 Nr 1 Rz 22). Bedenklich sind Änderungsvorbehalte in Vertriebsmittlerverträgen (BGH NJW 00, 520). 9

C. Leistungsverweigerungsrechte (Nr 2). Nr 2 will das in §§ 320, 273 verankerte Gebot vertraglicher Abwicklungsgerechtigkeit gewährleisten (Frankf NJW 86, 1618) und sichert dem Kunden das mit dem Weigerungsrecht verbundene wirtschaftliche Druckmittel zur vollständigen Leistungserbringung durch den Verwender (BGH NJW 95, 1554). Von Nr 2 geschützt wird nur, was dem Kunden durch das dispositive Recht gewährt wird; darüber hinaus kann die Frage der Wirksamkeit der Klausel dahingestellt bleiben (insb Teilleistungsrecht Stuttg VuR 96, 277). 10

I. Schutz des Leistungsverweigerungsrechts (Nr 2a). Nr 2a untersagt jede Änderung oder Einschränkung des Leistungsverweigerungsrechts aus § 320, das dem Kunden ggü dem Verwender nach dispositivem Recht ohne die Klausel zustehen würde. Ein Kunde, der grundlos oder endgültig die Leistung verweigert, wird dagegen nicht geschützt (BGH NJW 68, 1873). Das Verbot der Nr 2a gilt auch bei der **Rückabwicklung** von Verträgen nach § 348 und in ähnlichen Fällen (BGH NJW 80, 1632). Nicht anwendbar ist Nr 2a bei einer gesetzlichen Vorleistungspflicht des Kunden, § 320 I 1 (hM; BGH NJW 85, 851). 11

1. Unzulässige Beschränkung des § 320. Unzulässig sind Beschränkungen, wenn das Leistungsverweigerungsrecht auf die Geltendmachung vom Verwender anerkannter oder rechtskräftig festgestellter Mängel (BGH NJW 92, 2163) oder auf die voraussichtlichen Mangelbeseitigungskosten **begrenzt** wird (Palandt/*Grüneberg* § 309 Rz 12; U/B/H/*Hensen* § 309 Nr 2 Rz 9). Gleiches gilt, wenn die Ausübung des Leistungsverweigerungsrechts von der schriftlichen **Anzeige** (Celle WuM 90, 111; Erman/*Roloff* § 309 Rz 20; aA U/B/H/*Hensen* § 309 Nr 2 Rz 9) oder einem **Anerkenntnis** (Palandt/*Grüneberg* § 309 Rz 12; W/L/P/*Dammann* § 309 Nr 2 Rz 41) abhängig gemacht wird. Unzulässig sind Klauseln, wonach zum Nachweis der gesicherten Finanzierung eine unwiderrufliche Zahlungsgarantie der Bank vorzulegen ist (BGH NJW 93, 3264), die Schecksperrung für den Fall der Fehllieferung untersagt ist (BGH NJW 85, 857) oder Abschlagzahlungen per unwiderruflicher Banklastschrift zu leisten sind (BGH NJW-RR 86, 959). 12

2. Vorleistungspflicht. Wegen seiner weiten Ausgestaltung muss das Verbot der Nr 2a **restriktiv interpretiert** werden (MüKo/*Kieninger* § 309 Nr 2 Rz 7, 11 f), so dass nicht jede Statuierung einer Vorleistungspflicht des Kunden unzulässig ist. Nur wenn die formularmäßige Vereinbarung der Vorleistungspflicht des Kunden einzig der Umgehung des Klauselverbots der Nr 2a dient, ist Nr 2 und nicht § 307 Maßstab (BGH NJW 01, 294; 87, 1932). Vorleistungsklauseln sind zulässig, wenn sachlich berechtigte Gründe gegeben sind und überwiegende Belange des Kunden nicht entgegenstehen (BGH aaO). Das ist der Fall beim Kauf von Eintrittskarten (MüKo/*Kieninger* § 309 Nr 2 Rz 11; Palandt/*Grüneberg* § 309 Rz 13), bei Briefmarkenauktionen (BGH NJW 85, 850), bei der Heiratsvermittlung (BGH NJW 83, 2819) und uU bei Erschließungskosten (Hamm NJW-RR 92, 22), aber nicht beim Kauf von Möbeln usw (BGH NJW 99, 2182). 13

Die Unzulässigkeit der Klausel ergibt sich auch aus **Umfang oder Zeitpunkt der Vorleistungspflicht.** Die Vorauszahlung des Kunden kann somit unzulässig sein beim Heimvertrag (Zweibr NJW-RR 98, 1753), Informationsdienstvertrag (LG Aachen NJW-RR 94, 60), Sport-/Fitnessclubvertrag (Ddorf MDR 99, 735; Hamm NJW-RR 92, 244), Wartungsvertrag (München OLGZ 91, 356) sowie bei der Schneebeseitigung (KG NJW-RR 94, 1266), Steuerberatung (MüKo/*Kieninger* § 309 Nr 2 Rz 16) oder Telefonbucheintragung (BGH NJW-RR 03, 834). Bei Werkverträgen ist die Abschlagzahlung nach § 632a zulässig, diese darf aber nicht in eine Vorleistungspflicht des Bestellers umgewandelt werden (BGH NJW 93, 3264; Zweibr NJW-RR 02, 274). Beim Reisevertrag gilt § 651k. 14

II. Schutz des Zurückbehaltungsrechts (Nr 2b). Nr 2b schützt, anders als § 273, nur Ansprüche aus demselben Vertragsverhältnis, derentwegen dem Kunden die Zurückbehaltung seiner Leistung untersagt oder eingeschränkt werden soll. Erweitert eine Klausel dagegen das Zurückbehaltungsrecht des Verwenders, ist sie an 15

§ 307 zu messen, nicht an Nr 2b (MüKo/*Kieninger* § 309 Nr 2 Rz 19). Unzulässig sind Ausschlussklauseln beim Rücktritt vom Eigenheimbewerbervertrag (BGH NJW 75, 165). Gleiches gilt für die Klauseln „Kasse gegen Faktura" oder „Kasse gegen Dokumente" bei Nichtkaufleuten (RGZ 132, 306; BGHZ 14, 62) sowie „Zahlung ohne Garantienachweis" (LG Frankfurt/M NJW-RR 87, 1003) oder „Rechnungsbetrag sofort ohne Abzug zu bezahlen" (Köln VuR 96, 259; aA MüKo/*Kieninger* § 309 Nr 2 Rz 20).

16 **III. Verträge zwischen Unternehmern.** Wegen des besonderen Sicherheitsbedürfnisses des Verwenders und der Handelsbräuche (§ 310 I 2 Hs 2) lässt sich das Verbot der Nr 2 auf den unternehmerischen Geschäftsverkehr nicht übertragen (BGH NJW 70, 30; MüKo/*Kieninger* § 309 Nr 2 Rz 21). Unzulässig ist es aber, die Geltendmachung der Leistungsverweigerungsrechte auch für unbestr oder rechtskräftig festgestellte Gegenansprüche auszuschließen (BGH NJW 92, 577; 85, 320).

17 **D. Aufrechnungsverbot (Nr 3).** Nach Nr 3 sind nicht nur ausdrückliche, sondern auch faktische Aufrechnungsausschlüsse (zB Barzahlungs- und Nachnahmeklauseln) unwirksam (BGH NJW 98, 3119). Unwirksam sind Klauseln, die die Aufrechnung in den von Nr 3 genannten Fällen erschweren (Celle NJW-RR 98, 586) oder die Aufrechnungsbefugnis des Verwenders erweitern (W/L/P/*Dammann* § 309 Nr 3 Rz 44). Sonstige Erschwerungen der Aufrechnungsbefugnis sind an § 307 zu messen, sofern sie nicht einem völligen Ausschluss gleichkommen (MüKo/*Kieninger* § 309 Nr 3 Rz 6). Klauseln, wonach die gem § 215 zulässige Aufrechnung mit einer verjährten Forderung ausgeschlossen ist, verstoßen zwar nicht gegen Nr 3, aber gegen § 307 (Hamm NJW-RR 93, 1082; aA BaRoth/*J. Becker* § 309 Nr 3 Rz 13). Nicht von Nr 3 erfasst, aber uU nach § 307 zu beanstanden ist es, wenn die Aufrechnung der schriftlichen Erklärung oder einer vorherigen Anzeige bedarf (BGH NJW 95, 254; Celle NJW-RR 98, 585). Das Erfordernis der öffentlichen Beglaubigung oder notariellen Beurkundung ist eine unzumutbare Erschwernis (W/L/P/*Dammann* § 309 Nr 3 Rz 8). Zum formularmäßigen Ausschluss von § 770 II s. § 307 Rn 21.

18 **I. Unbestr oder rechtskräftig festgestellte Forderung.** Unbestr ist eine Forderung, wenn die Parteien **über Grund und Höhe einig** sind (BGH NJW 78, 2244). Bestreitet der Verwender die Gegenforderung als unsubstantiiert, ist das Aufrechnungsverbot der Nr 3 nicht anwendbar (BGH NJW 86, 1757). Sonderfall der unbestr ist die rechtskräftig festgestellte Forderung, die formell wie materiell in Rechtskraft erwachsen ist (W/L/P/*Dammann* § 309 Nr 3 Rz 32).

19 **II. Rechtsfolgen.** Der Verstoß gegen Nr 3 führt zur Gesamtnichtigkeit der Klausel (BGH NJW 85, 319; NJW-RR 86, 1281). Gesetzliche Aufrechnungsverbote werden von der Unwirksamkeit der Klausel nicht beeinträchtigt (MüKo/*Kieninger* § 309 Nr 3 Rz 9). Im Falle der Insolvenz des Kunden tritt das Aufrechnungsverbot im Wege der einschränkenden Auslegung zurück, wenn sonst die Durchsetzbarkeit der Gegenforderung endgültig vereitelt wird (BGH NJW 84, 357; 75, 442).

20 **III. Wertungswiderspruch zu Nr 2.** Bei konnexen Gegenansprüchen auf Geld ist die Leistungsverweigerung als Aufrechnung zu werten, deren Ausschluss Nr 3 großzügiger als Nr 2 nur in begrenzten Fällen untersagt (BGH NJW 84, 129). Dies führt zu einer sachlich nicht gerechtfertigten Unterscheidung von Geld- und Sachleistungsforderung. Das Aufrechnungsverbot muss gem der Wertung in Nr 2 zumindest dann zurücktreten, wenn es sich um einen **konnexen Gegenanspruch** handelt, der auf einer zur Leistungsverweigerung berechtigenden Sachleistungsforderung basiert (Ddorf NJW-RR 97, 629; MüKo/*Kieninger* § 309 Nr 2 Rz 4).

21 **IV. Verträge zwischen Unternehmern.** Die Wertung in Nr 3 ist auf den unternehmerischen Geschäftsverkehr übertragbar (BGH NJW 94, 658; 84, 2405). Nach § 307 kann sich die Unangemessenheit solcher Klauseln insb aus unzumutbaren Auswirkungen auf die Beleihungsfähigkeit der Forderungen des Vertragspartners ergeben (*Stoffels* Rz 855). Kontokorrentabreden (§ 355 I HGB) und die Skontration sind grds mit § 307 vereinbare Erweiterungen der Aufrechnungsbefugnis, da sie der Vereinfachung des Abrechnungsverkehrs dienen (W/L/P/*Dammann* § 309 Nr 3 Rz 45–49).

22 **E. Mahnung; Fristsetzung (Nr 4).** Nr 4 soll die Warnfunktion von Mahnung und Fristsetzung erhalten (MüKo/*Kieninger* § 309 Nr 4 Rz 2). Das Verbot erfasst auch beiderseitige, konkludente oder mittelbare Befreiungen von der Obliegenheit (Schlesw NJW-RR 98, 57). Sind Mahnung oder Fristsetzung schon nach allg Regeln entbehrlich, kommt es auf die Wirksamkeit der Klausel nicht an (BGH NJW 95, 1490; 92, 1629). Allerdings dürfen diese Ausnahmen nicht erweitert werden (BGH NJW 95, 1490). Nicht an Nr 4, sondern an § 307 zu messen sind Klauseln, die dem Verwender eine Rechtsfolge gewähren, die das Gesetz sonst von Mahnung oder Fristsetzung abhängig macht (BGH NJW 88, 258; MüKo/*Kieninger* § 309 Nr 4 Rz 10).

23 **I. Obliegenheit der Mahnung.** Nach Nr 4 unwirksam sind Klauseln, wonach der Verzug des Kunden (§ 286) auch ohne Mahnung des Verwenders allein durch Überschreiten der Leistungsfrist eintritt (U/B/H/*Hensen* *§ 309 Nr 4 Rz 5*), zB die Klausel „Verzug 14 Tage nach Rechnungsdatum" (Stuttg NJW-RR 88, 788), wonach der Kunde die Kosten für die verzugsbegründende Mahnung trägt (BGH NJW 85, 324), wonach er pauschalierte Verzugszinsen ohne vorherige Mahnung zahlt (Staud/*Blaschczok* (1997) § 246 Rz 180) oder bei Nicht- oder nicht rechtzeitiger Abnahme der Ware eine Lagergebühr zu begleichen hat (LG München I BB 79, 702;

aA MüKo/*Kieninger* § 309 Nr 4 Rz 6). Unzulässig sind ferner Klauseln, die dem Verwender ein Recht auf Lösung vom Vertrag ohne vorherige Mahnung zugestehen (BGH NJW 95, 1490; 83, 1322).

II. Obliegenheit der Fristsetzung. Nr 4 macht §§ 281, 323, 637, 651c III und 651e II klauselfest. Das gilt 24 auch für den Vorbehaltsverkäufer (Palandt/*Grüneberg* § 309 Rz 22). Nach Nr 4 sind Klauseln unwirksam, wonach dem Verwender bereits bei Nichtabnahme bestellter Ware oder unterlassener Benennung eines Abnahmetermins ein Anspruch auf Abstandszahlung oder Schadensersatz statt der Leistung zusteht (Frankf BB 84, 1967; LG Mannheim VuR 96, 58; anders BGH NJW 70, 31). Ferner sind Klauseln unwirksam, wonach der Verwender ein Rücktrittsrecht schon bei Verzug des Kunden oder bei Zweifeln an dessen Kreditwürdigkeit hat (Celle BB 84, 809; Hamm BB 83, 1304).

III. Unternehmerischer Geschäftsverkehr. Im b2b-Verkehr kann (arg § 353 HGB) das Erfordernis der ver- 25 zugsbegründenden Mahnung in Ausnahmefällen abdingbar sein (Köln NJW 91, 301; Karlsr NJW-RR 89, 331; str), bspw wenn der Schuldner bei Überschreitung des Zahlungsziels auch ohne Mahnung banküblichen Zinsen zu zahlen hat (BGH NJW-RR 91, 997; Karlsr NJW-RR 87, 498). Der formularmäßige Ausschluss der (Nach-)Fristsetzung ist im unternehmerischen Verkehr unwirksam (BGH NJW 90, 2067; 86, 843).

F. Pauschalierung von Schadensersatzansprüchen (Nr 5). Nr 5 dient dem Schutz des schadensersatzrechtli- 26 chen Bereicherungsverbots (BGH NJW 77, 382; 70, 32). Ist der Inhalt der Klausel nach Nr 5 nicht zu beanstanden, ist § 307 Prüfungsmaßstab (BGH NJW-RR 01, 343). Unter Nr 5 fallen Schadensersatzansprüche aller Art, insb solche aus §§ 280, 281, 651i (BGH NJW-RR 90, 115); insofern ist Nr 5 ggü § 308 Nr 7 spezieller, auch wenn der Anspruch durch Kündigung oder Rücktritt begründet wird (MüKo/*Kieninger* § 309 Nr 5 Rz 4). Gleiches gilt für Nr 12 (BaRoth/*J. Becker* § 309 Nr 5 Rz 12). Zur Abgrenzung von der Vertragsstrafe (Nr 6) s. Vor §§ 249 bis 255 Rn 4.

I. Schadens- und Wertminderungspauschalierungen (Nr 5a). Nr 5a betrifft den Umfang der Schadenspau- 27 schale, setzt also die Existenz des Anspruchs (zB aus §§ 280, 281) und einen Schaden voraus (BGH ZIP 05, 800). Nicht erfasst werden Pauschalierungen der gem § 818 I herauszugebenden Nutzungen (BGH NJW 88, 258). Wertminderung meint solche Werteinbußen, die eine Sache während der Dauer ihrer Überlassung beim anderen Vertragsteil erlitten hat und die Gegenstand eines isoliert geltend gemachten Anspruchs sein können (BaRoth/*J. Becker* § 309 Nr 5 Rz 23). Nr 5a ist (analog) anwendbar, wenn der Verwender als Einkäufer oder Besteller eine pauschalierte Wertminderung nach §§ 441, 638 geltend machen kann (Palandt/*Grüneberg* § 309 Rz 25; aA U/B/H/*Hensen* § 309 Nr 5 Rz 13). Dagegen sind Wertminderungspauschalen in den Verkäufer-AGB an § 307 zu messen (MüKo/*Kieninger* § 309 Nr 5 Rz 14).

Maßstab für Nr 5a ist der objektiv festzustellende **branchenübliche Durchschnittsschaden** bzw Bruttoge- 28 winn, vgl § 252 2 (BGH NJW 96, 1210; 84, 2094). Werden Schadensposten pauschaliert, die nach allg Regeln nicht ersatzfähig sind, ist die Klausel unwirksam (Palandt/*Grüneberg* § 309 Rz 26). Dem Verwender obliegt die Darlegungs- und Beweislast, dass der Umfang der Pauschale branchenüblich ist (BGH NJW 77, 382).

Einzelfälle (wirksam +, nicht –):Nichtabnahmeentschädigung iHv 2%, uU bis 4,5%, für den Nichtabruf 29 eines bereitgestellten Kredits (+BGH NJW 90, 981); Rückbelastungspauschale iHv 50 € (–Hamm VuR 09, 75), Vorfälligkeitsentschädigung von jährlich 1% des fälligen Darlehensvertrags (–BGH NJW-RR 99, 842; NJW 98, 592); Verzugspauschalen bei Kreditverträgen, die Refinanzierungskosten und den entgangenen Gewinn umfassen (+BGH NJW 95, 1954; 92, 110); Vergütung nach § 649 iHv mehr als 30% des vereinbarten Werklohns (–Stuttg NJW 81, 1106); Pauschale iHv 3% der Auftragssumme bei Submissionsabsprachen im Bauhandwerk (+BGH NJW 96, 1210); Schadenspauschale iHv 50% der Restmiete beim Mietvertrag über eine Fernsprechnebenstellenanlage (+BGH NJW-RR 88, 1490; KG MDR 97, 1019); Nichtabnahmeentschädigung iHv 15% des vereinbarten Kaufpreises im Neuwagengeschäft (+BGH NJW 82, 2316; Naumbg NJW-RR 00, 721), im Gebrauchtwagengeschäft des Neuwagenhändlers (–Köln NJW-RR 93, 1405; LG Hamburg NJW-RR 97, 560); Pauschale iHv 100% des Tagesmietsatzes für reparaturbedingten Nutzungsausfall beim Kfz-Vermieter (–BGH BB 76, 571; Saarbr NJW-RR 91, 313); Rückbuchungspauschale in Beförderungsbedingungen (–Hamm, WM 08, 1217); Schadenspauschale iHv 30% im Möbelhandel (+Hamm NJW-RR 87, 313).

II. Gegenbeweis (Nr 5b). Nr 5b erfordert einen ausdrücklichen, unzweideutigen, für den rechtsunkundigen 30 Durchschnittskunden ohne weiteres verständlichen Hinweis darauf, dass ihm der Nachweis offen steht, es sei im konkreten Einzelfall kein oder ein wesentlich geringerer Schaden (bzw Wertminderung) entstanden (BGH NJW 06, 1056, 1059; Palandt/*Grüneberg* § 309 Rz 30; MüKo/*Kieninger* § 309 Nr 5 Rz 21 f). Demnach verstoßen starre Schönheitsreparaturfristen, die dem Mieter unabhängig vom tatsächlichen Zustand der Mieträume Renovierungspflichten auferlegen, gegen Nr 5 (BGH NJW 04, 2587). Eine Ausschlussfrist von 8 Tagen für die Erbringung des Gegenbeweises ist unzulässig (BaRoth/*J. Becker* § 309 Nr 5 Rz 36). Eine nach § 307 unwirksame Entgeltklausel kann zugleich gegen Nr 5b verstoßen (BGH WM 05, 874, 876). Der Kunde trägt die Beweislast für die wesentliche Abweichung des Schadens von der Pauschale (Zweibr VuR 96, 305 m Anm *Veit*). Wesentlichkeit ist anzunehmen (je nach Höhe der Pauschale) bei Abweichungen von über 10% bzw 5% (W/L/P/*Dammann* § 309 Nr 5 Rz 93). Zur analogen Anwendung iRv § 308 Nr 7 s. § 308 Rn 50.

31 **III. Verträge zwischen Unternehmern.** Die in Nr 5 zum Ausdruck kommenden Gedanken sind im Verkehr zwischen Unternehmern über §§ 310 I, 307 grds zu berücksichtigen (BGH NJW-RR 00, 720). Nr 5a sollte im b2b-Geschäft keine Indizwirkung zukommen (*Berger* ZIP 06, 2154). Anders als bei Nr 5b muss der Gegenbeweis nicht ausdrücklich offengehalten werden. Er darf aber weder ausdrücklich noch konkludent ausgeschlossen sein (BGH NJW 94, 1068).

32 **G. Vertragsstrafe (Nr 6).** Nr 6 erklärt Klauseln für unwirksam, durch die der Verwender dem Kunden eine (un-)selbständige Vertragsstrafe iSd §§ 339 ff für den Fall der dort genannten Vertragsstörungen auferlegt. Klauseln, wonach allg bei „Nichteinhaltung des Vertrages" eine Vertragsstrafe zu zahlen ist, sind unwirksam (Hambg NJW-RR 88, 651). Nr 6 erfasst auch Klauseln, die die Vertragsstrafe als Abstand, Reueprovision oÄ bezeichnen (BGH NJW 82, 872; 79, 367). Nr 6 ist (entspr) anwendbar auf selbständige Strafversprechen (W/L/P/*Dammann* § 309 Nr 6 Rz 15), Reugeld (W/L/P/*Dammann* § 309 Nr 6 Rz 20) und Verfallklauseln (BGH VuR 09, 74; NJW-RR 93, 464). Vorfälligkeitsklauseln und Garantieerklärungen sind an § 307 zu messen (BGH NJW 86, 46). Das Klauselverbot ist unabhängig von Höhe und Angemessenheit der Vertragsstrafe anwendbar (MüKo/*Kieninger* § 309 Nr 6 Rz 11). Zur Abgrenzung der Schadenspauschalierung (Nr 5) s. Vor §§ 249 bis 255 Rn 4. Zu Vertragsstrafen in Arbeitsverträgen s. § 310 Rn 22.

33 **I. Erfasste Vertragsstörungen. 1. Nichtabnahme; verspätete Abnahme.** Nimmt der Kunde die Leistung (gleich welcher Art) nicht oder verspätet ab, ist für Nr 6 unerheblich, ob die Abnahme der Leistung für den Kunden Haupt-, Nebenpflicht oder nur eine Obliegenheit darstellt (BGH NJW-RR 86, 212). Die Nichtabnahme muss aber der eigentliche Strafgrund sein (W/L/P/*Dammann* § 309 Nr 6 Rz 31–35, 50). Die Gründe für die Nichtabnahme sind gleichgültig (Palandt/*Grüneberg* § 309 Rz 34).

34 **2. Zahlungsverzug.** Nr 6 erfasst nur den Zahlungsverzug. Eine Vertragsstrafe ist in diesen Fällen auch dann unzulässig, wenn die Klausel nicht ausdrücklich, sondern nur indirekt darauf abhebt oder statt auf Verzug auf Nichtzahlung abstellt (BGH NJW 94, 1533; Hambg NJW-RR 88, 651). Unwirksam sind etwa Klauseln, wonach der Kunde eine Überziehungsprovision unabhängig von der Höhe und Dauer der Überziehung zu zahlen hat (BGH NJW 94, 1533).

35 **3. Vertragslösung.** Eine Lösung vom Vertrag liegt vor, wenn der Kunde ausdrücklich (zB durch Rücktritt, Kündigung oder Widerruf) oder konkludent (gleich ob berechtigt oder nicht) erklärt, dass er den Vertrag nicht zu erfüllen gedenkt (MüKo/*Kieninger* § 309 Nr 6 Rz 14). Nr 6 greift auch, wenn die Vertragsverletzung derart ist, dass eine weitere Fortsetzung des Vertrages nach Lage des Falles sinnlos wird (MüKo/*Kieninger* § 309 Nr 6 Rz 14).

36 **4. Verwender als Zahlungsschuldner.** Ist der Verwender Zahlungsschuldner und der Kunde Sachschuldner, verbietet Nr 6 Strafklauseln nur dann, wenn sie dem Kunden die Zahlung der Vertragsstrafe für den Fall der Lösung vom Vertrag oder der Nichtannahme des Entgelts androhen (Palandt/*Grüneberg* § 309 Rz 37).

37 **II. Verträge zwischen Unternehmern.** Vertragsstrafeklauseln sind im b2b-Verkehr grds wirksam (hM; BGH NJW 76, 1887; MüKo/*Kieninger* § 309 Nr 6 Rz 16; *Berger* ZIP 06, 2154), unterliegen aber der Inhaltskontrolle gem § 307. Das Verschuldenserfordernis kann nur bei Vorliegen besonders gewichtiger Gründe durch AGB abbedungen werden (BGH NJW 99, 2663), sonst wie auch im b2c-Verkehr nur durch Individualvereinbarung (BGH NJW 98, 3488; 85, 57). Die Rspr schränkt den Gestaltungsspielraum der Parteien stark ein (*Derlin* MDR 09, 597).

38 **Einzelfälle** (zulässig +; nicht –): Formularmäßige Minderung des Vorbehaltserfordernisses (§ 341 III) (+BGH NJW 79, 212); verschuldensunabhängige Vertragsstrafe entgegen § 339 (grds –BGH NJW 99, 2662); Ausschluss der Anrechnung der Vertragsstrafe auf den Schadensersatz (§ 340) (–BGH NJW 85, 56; 75, 163); Vertragsstrafe für den Fall der einvernehmlichen Vertragsaufhebung (–BGH NJW 85, 57); Vertragsstrafe für geringfügige Vertragsverletzungen (–BGH NJW-RR 90, 1076); unbegrenzte Vertragsstrafenklausel in Handelsvertreterverträgen (–BGH NJW 97, 3234); Vertragsstrafe in Vertragshändlerverträgen bei Veräußerung an nicht autorisierte Weiterveräußerer (+München BB 97, 2399); 3000 DM Strafe für Verletzung eines Automatenaufstellungsvertrages (–Celle NJW-RR 88, 946); Klauseln im Baugewerbe, wonach ein bestimmter Prozentsatz der Auftragssumme pro Kalender-/Arbeitstag der Terminüberschreitung ohne zeitliche Begrenzung zu zahlen ist (0,15% +; 1,5% –BGH NJW 83, 385; zur Höchstgrenze des Tagessatzes BGH BauR 02, 790; zur Obergrenze von 5% BGHZ 153, 326); Strafgeldklauseln für die Beteiligung an Submissionskartellen (+BGH NJW 96, 1209); das 20fache Entgelt für vertragswidriges Nutzen und Zurückhalten von Adressenmaterial (–BGH NJW 93, 1786).

39 **H. Haftungsausschluss bei Verletzung von Leben, Körper, Gesundheit und bei grobem Verschulden (Nr 7).** Nr 7 gilt grds für **alle Vertragstypen** (MüKo/*Kieninger* § 309 Nr 7 Rz 7; W/L/P/*Dammann* § 309 Nr 7 Rz 4–9) und erfasst **alle Arten schuldhafter Pflichtverletzungen** (§ 241), aus denen Schadensersatzansprüche erwachsen können (zB §§ 280f, 536a), seien es vertragliche oder vorvertragliche (BaRoth/*J. Becker* § 309 Nr 7 Rz 4). Auch auf Schadensersatzansprüche aus unerlaubter Handlung findet Nr 7 Anwendung (BGH NJW 95, 1489; 87, 1931). Zunächst ist jedoch durch (enge, § 305c Rn 13 aE) Auslegung unter Berücksichtigung der Unklarheitenregel (§ 305c II) zu ermitteln, ob die Freizeichnungsklausel deliktische Ansprüche überhaupt erfasst (BGH NJW 92, 2016). Nr 7a betrifft auch Ansprüche auf Schmerzensgeld (§ 253 II) (Palandt/*Grüneberg* § 309 Rz 42).

Zum Begriff des gesetzlichen Vertreters und des Erfüllungsgehilfen s. § 278 Rn 12 ff. Verrichtungsgehilfen sind 40 keine Erfüllungsgehilfen iSv Nr 7 (BaRoth/*J. Becker* § 309 Nr 7 Rz 10). Nr 7 erfasst nur das eigene Auswahl- und Überwachungsverschulden des Verwenders. Gleiches gilt für den Substituten (BaRoth/*J. Becker* § 309 Nr 7 Rz 11; s.a. § 664 I 2).

Zum Begriff des Vorsatzes und der (leichten/groben) Fahrlässigkeit s. § 276. 41

I. Haftungsausschluss/Haftungsbegrenzung. Klauseln iSv Nr 7 können den **haftungsbegründenden** oder 42 **haftungsausfüllenden** Tatbestand betreffen. Dem Haftungsausschluss (einschl des Ausschlusses der Pflicht selbst) sind jegliche Arten der Haftungsbeschränkung, zB bzgl Höhe, Umfang, Zeit (Ausschlussfristen, Verjährungsverkürzung, s. BGH WM 07, 261; s.a. § 202 I, § 439 IV HGB) oder Art der Geltendmachung (Subsidiaritätsklausel) des Schadens, gleichgestellt (Ddorf NJW-RR 95, 440; MüKo/*Kieninger* § 309 Nr 7 Rz 23). Es genügt, wenn die Klausel nach Sinn und Zweck den Eindruck erweckt, die Haftung des Verwenders auszuschließen oder zu beschränken (BGH NJW 01, 751; 87, 2818). Eine Haftungsbegrenzung liegt auch in der Abkürzung von gesetzlichen **Verjährungsfristen** (BGH NJW 09, 1486; BGHZ 170, 37).

Die Begriffe Leben, Körper und Gesundheit sind wie in § 823 auszulegen (s. § 823 Rn 23 ff). Nr 7 erfasst jede 43 Art von Fahrlässigkeit. Für vorsätzliches Handeln des Verwenders s. § 276 III. Ebenso werden Erfüllungsgehilfen jeder Art erfasst, gleich ob diese selbständig oder unselbständig tätig sind (BGH NJW 83, 1325). Zur transportrechtlichen Leutehaftung s. §§ 436, 461 I HGB.

Nr 7b lässt zwar eine formularmäßige Haftungsfreizeichnung für leicht fahrlässige Pflichtverletzungen bei 44 sonstigen Schäden zu. Solche Klauseln können aber nach § 307 II Nr 2 unwirksam sein, wenn sie Kardinalpflichten betreffen, s. § 307 Rn 26.

Einzelfälle (zulässig +, nicht −): Haftungsfreizeichnung im Krankenhausaufnahmevertrag für Verlust und 45 Beschädigung der von Patienten mitgebrachten Sachen (+BGH NJW 90, 764); Klausel eines Paketbeförderungsdienstes, wonach sich der Kunde einverstanden erklärt, dass der Transportweg gänzlich unkontrolliert bleibt (−München NJW-RR 04, 1064 f).

II. Ausnahmen. Durch die Ausnahme in Nr 7 soll die Regelung des § 14 ABB, wonach der Beförderungsun- 46 ternehmer für Sachschäden des Fahrgastes nur in beschränktem Umfang haftet, auch in Besonderen Beförderungsbedingungen (als AGB) wirksam sein (MüKo/*Kieninger* § 309 Nr 7 Rz 13). Die Ausnahme von Nr 7 für Lotterie- und Ausspielverträge (§ 763) greift nur soweit, wie das Unternehmen und die Mitspieler gegen betrügerische Manipulationen geschützt werden müssen (W/L/P/*Dammann* § 309 Nr 7 Rz 4–9). Der Schutz beginnt bei Lotto und Toto mit Einreichen des Spielscheins (BGH NJW 91, 1745).

III. Verträge zwischen Unternehmern. Die Verbote der Nr 7 (insb Nr 7b) sind auf den unternehmerischen 47 Geschäftsverkehr gem §§ 310 I, 307 übertragbar (hM; BGH WM 07, 2261; NJW 99, 1031). Dies gilt auch für das Verbot der Freizeichnung für leicht fahrlässige Verletzungen von Kardinalpflichten (s. § 307 Rn 26) durch den Verwender oder seine Erfüllungsgehilfen (BGH NJW 94, 1063). Wirksam sind derartige Klauseln auch hier (s. § 307 Rn 26) nur, wenn sie sich nicht auf vertragstypische, vorhersehbare, aus der Verletzung vertragswesentlicher Pflichten entstehende Schäden erstrecken (BGH NJW 93, 335; *Arnold* ZGS 04, 20; aA *Berger* ZIP 06, 2154 f; *Langer* WM 06, 1237; *Michel/Hilpert* DB 00, 2516; ausdrücklich offengelassen für Haftungsbeschränkung bei grober Fahrlässigkeit BGH WM 07, 2261). Branchentypische Freizeichnungen sind vom Verbot der Nr 7b ausgenommen (Palandt/*Grüneberg* § 309 Rz 50).

I. Sonstige Haftungsausschlüsse bei Pflichtverletzung (Nr 8). Nr 8a schützt gesetzliche Vertragslösungs- 48 rechte des Kunden im Fall von nicht mängelbedingten Pflichtverletzungen (§ 280) des Verwenders. Nr 8b schützt (nur) kauf- und werkvertragliche Mängelgewährleistungsrechte des Kunden vor formularmäßigen Einschränkungen. Der **Anwendungsbereich** von Nr 8b ist seit dem SMG **stark eingeschränkt**, s. Rn 52. § 307 ist Prüfungsmaßstab, wenn sich der Verwender als Einkäufer besonders vorteilhafte Gewährleistungsrechte in seinen Bedingungen einräumt (MüKo/*Kieninger* § 309 Nr 8 Rz 6; W/L/P/*Dammann* Klauseln Rz E 99 ff).

I. Ausschluss des Lösungsrechts (Nr 8a). Nr 8a gilt für **alle Verträge** (BGH NJW-RR 90, 157; München 49 NJW-RR 89, 1499) und verbietet den formularmäßigen Ausschluss sowie jede Einschränkung der gesetzlichen (nicht: vertraglichen) Rücktritts-, Kündigungs- und Widerrufsrechte, die eine vom Verwender nach § 276 zu vertretende Pflichtverletzung als Lösungsgrund betreffen. Der Ausschluss muss nicht ausdrücklich erfolgen, sondern kann sich auch der Sache nach ergeben (BGH NJW-RR 03, 1059). Wird das Lösungsrecht für nicht zu vertretende Pflichtverletzungen ausgeschlossen, ist § 307 zu prüfen (Palandt/*Grüneberg* § 309 Rz 52). Für Kauf- und Werkverträge geht Nr 8b vor (BTDrs 14/6857, 53). Keine Anwendung findet Nr 8a auf Beförderungsbedingungen und Tarifvorschriften (Nr 7, s. Rn 46).

Unzulässige Einschränkungen iSv Nr 8a sind Ausschlussfristen und Bedingungen (BGH NJW-RR 89, 625) 50 sowie Abstandszahlungen (Palandt/*Grüneberg* § 309 Rz 52). Unwirksam sind ferner Klauseln, die den Maßstab des Vertretenmüssens verschärfen, indem sie nur grobe Fahrlässigkeit ausreichen lassen (BaRoth/*J. Becker*

§ 309 Nr 8 Rz 13) oder das Lösungsrecht vom Vorliegen höherer Gewalt abhängig machen (W/L/P/*Dammann* § 309 Nr 8a Rz 31) sowie Klauseln, die eine zusätzliche Nachfrist oder Mahnung fordern (Stuttg BB 79, 1468) oder die 2wöchige Widerrufsfrist des § 355 I verkürzen (BaRoth/*J. Becker* § 309 Nr 8 Rz 13). Aus Nr 13 folgt, dass es zulässig ist, für die Erklärung der Lösung Schriftform zu verlangen (BGH NJW-RR 89, 625).

51 Die Wertungen in Nr 8a gelten grds auch im **b2b-Verkehr** (BGH NJW-RR 03, 1060). In Verträgen zwischen Unternehmern ist der vollständige Ausschluss der Lösungsrechte auch bei leichter Fahrlässigkeit (BGH NJW-RR 93, 561) sowie der Ausschluss des Rücktrittsrechts unter gleichzeitiger Abbedingung der Schadensersatzansprüche des Kunden nicht mit §§ 307, 310 I vereinbar (MüKo/*Grüneberg* § 309 Nr 8 Rz 11). Unwirksam ist auch der formularmäßige Ausschluss des Rechts zur außerordentlichen Kündigung (BGH NJW 86, 3134). Eine geltungserhaltende Reduktion kommt nur in Ausnahmefällen (zB VOB/B, ADSp und AGNB) in Betracht (BGH NJW-RR 98, 1427; NJW 95, 3117).

52 **II. Beschränkung der Mängelgewährleistung (Nr 8b).** Nr 8b findet nur auf AGB in Lieferungs- und Werkleistungsverträgen über **neu hergestellte Sachen** Anwendung. Wegen §§ 475, 651 ist der Anwendungsbereich auf Verträge über neu hergestellte unbewegliche Sachen, Werkleistungen außerhalb von § 651 und Verträge zwischen Verbrauchern beschränkt (Palandt/*Grüneberg* § 309 Rz 53).

53 **Lieferung einer Sache** meint Besitzverschaffung zu Übereignungszwecken (BGH NJW 85, 1549). Der Sachbegriff in Nr 8b entspricht dem gewährleistungsrechtlichen (vgl § 433 Rn 7). Erfasst werden Gegenstände jeder Art, also auch Sachgesamtheiten, Software und Know-how (BGH NJW 88, 408; Frankf DB 98, 2216), nicht jedoch Rechte und Forderungen. Eine Sache ist neu, solange sie noch nicht bestimmungsgemäß verwendet wurde (BGH WM 85, 1146; Frankf NJW-RR 01, 780). Neu hergestellt sind danach auch natürliche Produkte wie Wein, Tiere, Pflanzen (BGH NJW-RR 86, 52). Von Nr 8b ausgenommen, aber an § 307 zu messen, sind Gewährleistungsausschlüsse bei gebrauchten Sachen (MüKo/*Kieninger* § 309 Nr 8 Rz 14), allerdings kann eine mit gebrauchten Teilen hergestellte Sache neu sein (Erman/*Roloff* § 309 Rz 87). Unbebaute Grundstücke können nicht neu hergestellt sein (LG Ravensburg NJW-RR 92, 1277; Erman/*Roloff* § 309 Rz 88). Dagegen fallen Verträge über neu gebaute oder im Bau befindliche **Häuser** oder **Eigentumswohnungen** in den Anwendungsbereich der Nr 8b, wenn nach Inhalt und Zweck des Vertrages und den sonstigen Umständen von der Veräußerung eines neu errichteten Hauses gesprochen werden kann (Oldbg NJW-RR 04, 1499). Auch eine vollständige Sanierung eines Altbaus kann eine Neuherstellung sein, wenn der Verkäufer Herstellungspflichten übernimmt (BGH NJW 88, 490). Liegt keine Neuherstellung vor, findet Nr 8b aber ggf auf den Werkvertrag über die Renovierung Anwendung (Hamm NJW-RR 02, 415; Hambg BauR 97, 835).

54 Nr 8b erfasst auch **Werkverträge**, die nicht auf die Herstellung neuer Sachen gerichtet sind (Hamm NJW-RR 02, 415), jedoch ist der Leistungsbegriff in Nr 8b eng auszulegen (Erman/*Roloff* § 309 Rz 89). Er umfasst weder Gebrauchsüberlassungsverträge noch Finanzierungsleasingverträge, soweit sie durch die entgeltliche Gebrauchsgewährung auf Zeit charakterisiert sind (BGH ZIP 88, 977; NJW 85, 1549).

55 **1. Ausschluss und Verweisung auf Dritte (Nr 8b aa).** Nr 8b aa Var 1 verbietet den Ausschluss gesetzlicher Gewährleistungsrechte nach §§ 437, 634. Mit Nr 8b aa vereinbar ist die Beschränkung der Gewährleistung auf Rücktritt unter Ausschluss der Minderung (BGH NJW-RR 90, 1141; München NJW 94, 1661), nicht aber der umgekehrte Fall (MüKo/*Kieninger* § 309 Nr 8 Rz 24). Ferner nicht mit Nr 8b aa vereinbar sind: Klauseln, wonach sich der Verwender das Wahlrecht zwischen Rücktritt und Minderung entgegen § 437 selbst vorbehält (U/B/H/*Christensen* § 309 Nr 8 Rz 38); Gewährleistungsausschlüsse bezüglich einzelner Teile der Vertragsleistung oder bestimmter Fehlerkategorien (BGH NJW 71, 1795 m Anm *Giesen*; Kobl NJW-RR 93, 1078), das Aufstellen zusätzlicher Voraussetzungen sowie ausschließender Bedingungen (BGH NJW-RR 90, 856; Hamm NJW-RR 00, 1224), das Freizeichnen für versteckte Mängel (U/B/H/*Christensen* § 309 Nr 8 Rz 37) sowie der Vorbehalt eigener Rückgriffsansprüche des Verwenders (BGH NJW 76, 1934).

56 Nr 8b aa **Var 2** verbietet die (rechtlich oder faktisch) verdrängende Verweisung des Kunden auf Dritte, zu denen dieser in keiner vertraglichen Beziehung steht. Zulässig ist es aber, dem Kunden ein Wahlrecht zwischen der Haftung eines Dritten oder derjenigen des Verwenders einzuräumen. Die Vorschrift ist insb anwendbar beim Operating-Leasing und Mietkauf (MüKo/*Kieninger* § 309 Nr 8 Rz 27).

57 Unvereinbar mit Nr 8b aa **Var 3** sind bereits Klauseln, die beim Kunden nur den Eindruck erwecken, die Eigenhaftung des Verwenders erfordere eine vorherige gerichtliche (nicht auch: außergerichtliche!) Inanspruchnahme des Dritten oder greife nur in Ausnahmefällen (BGH NJW 98, 904; 95, 1675). Subsidiaritätsklauseln sind unzulässig, wenn sie auf einen Dritten verweisen, der für den Sachmangel nicht verantwortlich ist (BGH NJW 74, 1135). Bei (zulässiger) Verweisung auf außergerichtliche Inanspruchnahme ruht die Eigenhaftung des Verwenders erst, wenn er dem Kunden die Ansprüche an den Dritten abgetreten sowie die erforderlichen Auskünfte und Dokumente an die Hand gegeben hat (MüKo/*Kieninger* § 309 Nr 8 Rz 29). Sie lebt wieder auf, wenn die Inanspruchnahme des Dritten unter Anwendung der im Verkehr erforderlichen *Sorgfalt* erfolglos bleibt (BGH NJW-RR 91, 342; NJW 82, 169).

58 Auf den **unternehmerischen Geschäftsverkehr** ist das Verbot der Nr 8b aa übertragbar (BGH NJW-RR 93, 561; NJW 91, 2632). Der Verwender kann seine Eigenhaftung nicht durch die Einräumung von Ansprüchen gegen Dritte ersetzen, es sei denn, die Klausel sieht ausdrücklich eine subsidiäre Eigenhaftung des Verwenders

vor (Palandt/*Grüneberg* § 309 Rz 60). Der vollständige Ausschluss kommt allenfalls bei besonderen Verkehrssitten in Betracht (Kobl NJW-RR 88, 1306). Der Ausschluss des Rücktrittsrechts (BGH NJW 93, 2438) und die Beschränkung der Haftung auf nachweislich schuldhaft verursachte Schäden unter Ausschluss verschuldensunabhängiger Gewährleistungspflichten (BGH NJW-RR 90, 856) sind unwirksam.

2. Beschränkung auf Nacherfüllung (Nr 8b bb). Nach Nr 8b bb erfordert die (partielle) Beschränkung der Gewährleistungsrechte aus §§ 437 Nr 1, 634 Nr 1 auf Nacherfüllung oder Ersatzlieferung („ein Recht auf Nacherfüllung") den ausdrücklichen Vorbehalt von Minderung und Rücktrittsrecht für den Fall des Fehlschlagens. Der Nacherfüllungsanspruch muss umfassend sein und darf keine Einschränkungen enthalten, die das Gesetz nicht kennt (BGH NJW 80, 831; Frankf DB 98, 2216). Das Wahlrecht des Käufers zwischen Mangelbeseitigung und Ersatzlieferung (§ 439 I) ist abdingbar (Palandt/*Grüneberg* § 309 Rz 61; aA BaRoth/*J. Becker* § 309 Nr 8 Rz 33). Schadensersatzansprüche können durch die Klausel nur im Hinblick auf Schadensersatz statt der Leistung (§ 281) abbedungen werden (BaRoth/*J. Becker* § 309 Nr 8 Rz 35). Wird die Minderung ausgeschlossen, ist die Klausel schon deswegen insgesamt unwirksam (BGH WM 06, 2188). 59

Für die Wirksamkeit der Klausel ist die für den Durchschnittskunden (s. § 307 Rn 9) verständliche und eindeutige **Belehrung** des Kunden erforderlich (BGH BB 90, 950). Verzichtet der Verwender auf die Wiedergabe des Wortlauts von Nr 8b bb, sind alle Gründe des Fehlschlagens vollständig aufzuführen oder durch eine entspr weite Formulierung abschließend zu umschreiben (BGH NJW 98, 679; 96, 2506). 60

Die Nacherfüllung ist **fehlgeschlagen** bei objektiver oder subjektiver Unmöglichkeit, Unzulänglichkeit, unberechtigter Verweigerung, ungebührlicher Verzögerung und bei Misslingen des zweiten Nachbesserungsversuchs (§ 440 2) (BGH NJW 94, 1004). Die Nacherfüllung gilt ferner als fehlgeschlagen, wenn der Verwender sie von der Unterzeichnung eines Reparaturvertrages abhängig macht (Köln NJW-RR 86, 151) oder wenn sie erfolglos geblieben ist und weitere Erfüllungsversuche dem Kunden unzumutbar sind (BGH NJW 98, 677). Drei Versuche können nur unter besonderen Umständen zumutbar sein (BGH NJW 98, 677). Die Beweislast für das Fehlschlagen der Nachbesserung trägt der Kunde (BGH NJW-RR 90, 888; aA Karlsr BB 88, 1209). 61

Schlägt die Nacherfüllung fehl, leben Minderungs- und Rücktrittsrecht wieder auf. Bei Bauleistungen (§ 1 VOB/A) kann der Verwender nach Nr 8b bb das Recht auf Rücktritt wegen der damit verbundenen Rückgewährproblematik ausschließen; dies gilt nicht für Leistungen von Bauträgern (BGH WM 06, 2188; NJW 02, 511). 62

Die Rechtsgedanken der Nr 8b bb gelten auch im **unternehmerischen Verkehr** (BGH NJW 98, 677; 93, 2438). Allerdings ist ein ausdrücklicher Hinweis auf den Vorbehalt von Minderung und Rücktritt entbehrlich (BaRoth/*J. Becker* § 309 Nr 8 Rz 37; W/L/P/*Dammann* § 309 Nr 8b bb Rz 56). 63

3. Aufwendungen bei Nacherfüllung (Nr 8b cc). Nach Nr 8b cc können die Kosten der Nacherfüllung (§§ 439 II, 635 II) in AGB nicht auf den Kunden abgewälzt werden, sondern sind in voller Höhe und in vollem Umfang vom Verkäufer/Werkunternehmer zu tragen (BGH BB 86, 761; NJW 81, 867). Gleiches gilt für erhöhte Aufwendungen (Erman/*Roloff* § 309 Rz 106). Ausgenommen vom Verbot sind unverhältnismäßige Aufwendungen (BGH NJW 91, 1606) und Aufwendungen, die nicht zum Zwecke der Nacherfüllung erforderlich sind (MüKo/*Kieninger* § 309 Nr 8 Rz 53). 64

Auf **Verträge zwischen Unternehmern** sind die Rechtsgedanken der Nr 8b cc übertragbar (BGH NJW 81, 1510). Beim Verbrauchsgüterkauf ist in § 478 für den Fall der Nacherfüllung ein unabdingbarer Rückgriffsanspruch gegen den Hersteller geregelt, der aber pauschaliert werden kann (*Matthes* NJW 02, 2507). Zulässig ist es, dem unternehmerischen Kunden verhältnismäßig unbedeutende Kostenarten (BGH NJW 81, 1510) oder die Kosten für erhöhte Aufwendungen aufzubürden (Erman/*Roloff* § 309 Rz 108). 65

4. Vorenthalten der Nacherfüllung (Nr 8b dd). Nr 8b dd verbietet es, die Nacherfüllung (§§ 437 Nr 1, 634 Nr 1) von der vorherigen Zahlung des Kunden abhängig zu machen, und verhindert so eine klauselartige Erweiterung der Leistungsverweigerungsrechte des Verwenders. Zulässig sind aber Klauseln, die formularmäßig die Zahlung des Kaufpreises bzw der Vergütung Zug-um-Zug gegen Vornahme der Nacherfüllung vorschreiben (W/L/P/*Dammann* § 309 Nr 8b bb Rz 15). Auf zusätzliche vertragliche Nacherfüllungspflichten findet die Inhaltskontrolle gem § 307 III keine Anwendung. Das Verbot klauselartiger Beschränkungen der Leistungsverweigerungsrechte des Kunden ist in Nr 2 geregelt (Erman/*Roloff* § 309 Rz 109). 66

Nach Nr 8b dd verboten sind Klauseln, die zur Vorleistung des vollständigen Entgelts oder eines unter Berücksichtigung des Mangels unverhältnismäßig hohen, dh über den (aus der Sicht des Kunden zu beurteilenden und daher möglicherweise auf „Null" reduzierten) Wert der mangelhaften Leistung hinausgehenden (Palandt/*Grüneberg* § 309 Rz 68) Teils des Entgelts verpflichten. § 641 III kann einen weitergehenden Einbehalt rechtfertigen. Ist die Klausel danach unangemessen, bleibt sie dennoch in Höhe der verhältnismäßigen Vorleistung wirksam (BGH NJW 84, 727; MüKo/*Kieninger* § 309 Nr 8 Rz 60). IÜ gelten §§ 273, 323. 67

Das Verbot der Nr 8b dd hat im **Verkehr zwischen Unternehmern** über § 307 grds Geltung (U/B/H/*Christensen* § 309 Nr 8 Rz 93). Nach § 307 sind deshalb Vorauszahlungsklauseln unwirksam, wenn der Verwender die eigene Verpflichtung zur Nacherfüllung nicht anerkennt (BGH DB 69, 2270). 68

69 **5. Ausschlussfrist für Mängelanzeige (Nr 8b ee).** Ausschlussfristen für die Geltendmachung nicht offensichtlicher Mängel unterliegen den in Nr 8b ee genannten Beschränkungen. **Offensichtlich** sind Mängel, die auch dem durchschnittlichen nichtkaufmännischen Kunden ohne besonderen Aufwand auffallen müssen (MüKo/*Kieninger* § 309 Nr 8 Rz 64). Erkennbarkeit oder Sichtbarkeit genügen nicht (Stuttg BB 79, 908). Klauseln, die eine Ausschlussfrist (idR 2 Wochen entspr § 355, Palandt/*Grüneberg* § 309 Rz 71) für offensichtliche Mängel regeln, sind nach § 307 wirksam, wenn sie dem Kunden eine angemessene Prüfungs- und Überlegungszeit einräumen (BGH NJW 98, 3119). Klauseln, die sich unterschiedslos auf alle Mängel beziehen, sind unwirksam (BGH NJW 85, 858). Im Geltungsbereich spezialgesetzlicher Anzeigefristen (§ 651g I) tritt Nr 8b ee zurück (MüKo/*Kieninger* § 309 Nr 8 Rz 63). Klauseln über Form und Inhalt der Mängelrüge unterliegen der Kontrolle nach § 307.

70 Im **unternehmerischen Geschäftsverkehr** findet Nr 8b ee keine Anwendung. Die Verhältnismäßigkeit der Rügefrist ist an § 307 II Nr 1 iVm § 377 HGB zu messen (BGH NJW 92, 575; Palandt/*Grüneberg* § 309 Rz 73). Im Bauwesen ist der Verlust des Rechts zur Mängelrüge demnach grds nur dann gerechtfertigt, wenn der Auftraggeber Obliegenheiten nicht nachkommt, die zumutbar und zur redlichen Vertragsabwicklung geboten sind (BGH ZGS 05, 46).

71 **6. Erleichterung der Verjährung (Nr 8b ff).** Nr 8b ff schützt den Kunden vor der formularmäßig verkürzten Verjährung seiner gesetzlichen Gewährleistungsrechte. Bei Mängeln von Bauwerken, Baustoffen und Bauteilen sowie Werkleistungen darf die gesetzliche Mindestfrist von 5 Jahren (§§ 438 I Nr 2, 643a I Nr 2) nicht verkürzt werden. In allen anderen Fällen darf die Verjährungsfrist 1 Jahr nicht unterschreiten. Zum Verbrauchsgüterkauf s. § 475 II. Beim Verkauf gebrauchter Sachen sind §§ 309 Nr 7, Nr 8, 307 Prüfungsmaßstab (Palandt/*Grüneberg* § 309 Rz 78).

72 Eine Verkürzung liegt in jeder Maßnahme, die die Verjährungsfrist unmittelbar oder mittelbar unter die gesetzliche Fristdauer senkt (BGH NJW 93, 2054). Hierzu zählt auch die Vorverlegung des Verjährungsbeginns (BGH NJW 92, 2759), die Modifizierung von Unterbrechungs- oder Hemmungsvorschriften (BGH NJW 92, 1236; 81, 867) oder die fälschliche Bezeichnung eines Bauvertrages als Kaufvertrag (BGH NJW 79, 2207).

73 Die Privilegierung der **VOB/B** ist durch das ForderungssicherungsG v 23.10.08 (BGBl I, 2022) entfallen. S. zur Inhaltskontrolle der VOB/B § 307 Rn 4; s. aber bei Verwendung ggü Unternehmern § 310 I 3.

74 Die Rechtsgedanken der Nr 8b ff sind grds nicht auf den **unternehmerischen Verkehr** übertragbar, zur Unwirksamkeit nach § 307 in Sonderfällen BGH NJW 99, 2434; 93, 2054.

75 **J. Laufzeit bei Dauerschuldverhältnissen (Nr 9).** Entgegen seiner zu weiten Überschrift erfasst Nr 9 **nicht alle Dauerschuldverhältnisse**, sondern nur Kauf-, Werk- und Dienstverträge, die auf regelmäßige Erbringung von Leistungen durch den Verwender gerichtet sind (*Stoffels* Rz 719). Der Umfang der Leistung und ihr zeitlicher Abstand können variieren (BGH NJW 93, 1133; KG NJW-RR 94, 1267). Die Leistung kann auch aus Einzelleistungen bestehen, die sich über einen längeren Zeitraum erstrecken, sofern die Gesamtmenge nicht festgelegt ist (Sukzessivlieferungsvertrag, BGH NJW 81, 679).

76 Nr 9 erfasst zunächst Verträge über die regelmäßige Lieferung von **Waren**. Gemeint sind Kaufverträge über den regelmäßigen Bezug von Lebensmitteln (zB Bier Frankf NJW-RR 88, 177, falls Kunde nicht Unternehmer, § 310 I), von Werbeaufklebern (BGH NJW 82, 2309), von Flüssiggas (U/B/H/*Christensen* § 309 Nr 9 Rz 8; *Martinek* BB 89, 1284), von Zeitungen, Zeitschriften und Büchern, auch wenn der Kunde dazu zunächst Mitglied in einem „Club" werden muss (BaRoth/*J. Becker* § 309 Nr 9 Rz 8). Auch Teillieferungsverträge sind erfasst (LG Saarbrücken NJW 88, 347; offengelassen in BGH NJW 93, 2053). Für Verträge der Elektrizitäts- und Gasversorgungsunternehmen gilt Nr 9 wegen § 310 II nicht (W/L/P/*Dammann* § 309 Nr 9 Rz 14).

77 Verträge über die regelmäßige Erbringung von **Dienst- und Werkleistungen** umfassen Unterrichtsverträge aller Art (Frankf NJW-RR 87, 438; LG Wuppertal NJW-RR 89, 1524), Partner- und Ehevermittlungsverträge (MüKo/*Kieninger* § 309 Nr 9 Rz 6), Steuerberatungsverträge, Betreuungs- oder Pflegeverträge (LG Lüneburg NJW-RR 01, 1637), Wartungsverträge (BGH NJW-RR 97, 942) und Verträge über Reinigungsleistungen (BaRoth/*J. Becker* § 309 Nr 9 Rz 11), Verträge über das Aufstellen von Werbetafeln (LG Gießen NJW-RR 90, 566; LG Frankfurt/M NJW-RR 89, 177) und Franchise-Verträge (MüKo/*Kieninger* § 309 Nr 9 Rz 8; aA Palandt/*Grüneberg* § 309 Rz 79; *Erdmann* BB 92, 795).

78 Keine Anwendung findet Nr 9 auf **Mietverträge, Pacht, Leasing** oder sonstige Gebrauchsüberlassungsverträge oder gemischte Verträge, bei denen das mietvertragliche Element überwiegt (BGH NJW 93, 1133). Bei Fitnessverträgen hängt die Anwendbarkeit der Nr 9 von der konkreten Ausgestaltung ab (BGH NJW 97, 739). Verwalterverträge fallen wegen § 26 I WEG (BGH NJW 02, 3240; aA KG NJW-RR 91, 274) und Fernunterrichtsverträge wegen des spezielleren § 5 I FernUSG nicht unter Nr 9 (BaRoth/*J. Becker* § 309 Nr 9 Rz 9). Wegen *§ 310 IV 2* ist Nr 9 auch auf Arbeitsverträge nicht anwendbar (*Stoffels* Rz 724).

79 Ausdrücklich von Nr 9 ausgenommen sind Verträge über die Lieferung als zusammengehörig verkaufter Sachen (vgl § 505 I Nr 1; BGH NJW 93, 2052), Versicherungsverträge sowie Lizenz- und Know-how-Verträge zwischen urheberrechtlichen Verwertungsgesellschaften (BaRoth/*J. Becker* § 309 Nr 9 Rz 14). Diese Vertrags-

arten werden an § 307 gemessen (BVerfG NJW 86, 243), ggf unter Berücksichtigung der Wertungen in Nr 9 (LG Frankfurt/M NJW-RR 89, 176; 89, 888).

I. Laufzeitklauseln (Nr 9a). Klauseln, die die Erstlaufzeit auf mehr als 2 Jahre festlegen, verstoßen gegen Nr 9a. Die Frist beginnt mit Vertragsabschluss und nach Ablauf einer vereinbarten Probezeit (BGH NJW 93, 326; 93, 1651). Es genügt, dass der Anschein einer längeren Bindung als 2 Jahre hervorgerufen wird (Frankf NJW-RR 89, 958). Bei Verträgen mit einer Laufzeit unter 2 Jahren kann die ordentliche Kündigung, nicht aber die Kündigung aus wichtigem Grund ausgeschlossen werden (BGH NJW 90, 1075; NJW 86, 3134). Der Ausschluss des ordentlichen Kündigungsrechts bei einer Ausbildung, die mehr als 2 Jahre dauert, ist unwirksam (Frankf NJW-RR 87, 438). Bei Verträgen auf unbestimmte Zeit muss dem Kunden ein Kündigungsrecht zustehen, das ihn nicht länger als 2 Jahre an den Vertrag bindet (MüKo/*Kieninger* § 309 Nr 9 Rz 13; aA Vertragsauflösung nach 2 Jahren ohne Zutun der Verwendergegenseite U/B/H/*Christensen* § 309 Nr 9 Rz 11).

2jährige oder kürzere Laufzeiten sind nicht generell zulässig, sondern der Inhaltskontrolle nach § 307 zu unterziehen (BGH NJW 93, 326; 87, 2012). Solche Klauseln sind nur wirksam bei Vorliegen triftiger Gründe unter Berücksichtigung der vertragstypischen Besonderheiten (MüKo/*Kieninger* § 309 Nr 9 Rz 16). Nr 9 hat insoweit für die darin erfassten Verträge Indizwirkung (BGH NJW 87, 2012; BaRoth/*J. Becker* § 309 Nr 9 Rz 18).

II. Verlängerungsklauseln (Nr 9b). Die stillschweigende, automatisch eintretende oder von einer Erklärung des Verwenders abhängige (Palandt/*Grüneberg* § 309 Rz 85) Verlängerung des Vertragsverhältnisses um mehr als ein Jahr ist nach Nr 9b unzulässig. Für die Angemessenheit von Vertragsverlängerungen unter einem Jahr ist § 307 Prüfungsmaßstab, wobei auf die finanzielle oder sonstige Belastung des Kunden abzustellen ist (MüKo/*Kieninger* § 309 Nr 9 Rz 18). Danach sind bei Fitnessverträgen 6 Monate angemessen (BGH NJW 97, 739), bei EDV-Wartungsverträgen bis zu einem Jahr (Oldbg CR 92, 722), beim Abonnement einer Wochenzeitung ein Jahr (BGH NJW 87, 2012). Bei Partnervermittlungsverträgen sind 6 Monate schon unangemessen (Ddorf NJW-RR 95, 369).

III. Kündigungsfristklauseln (Nr 9c). Nach Nr 9c darf die dem Kunden formularmäßig auferlegte Kündigungsfrist nicht länger als 3 Monate sein. Dabei kommt es lediglich auf den Zeitraum zwischen dem Ausspruch der Kündigung und dem sich aus der Kündigung ergebenden Vertragsende an (KG NJW-RR 03, 1062). Die Höchstfrist gilt gleichermaßen für Kündigungen zum Ende der Erstlaufzeit wie für solche zum Ende der verlängerten Laufzeit (BaRoth/*J. Becker* § 309 Nr 9 Rz 23). Gleiches gilt, wenn der Kunde, anstatt zu kündigen, der Vertragsverlängerung widersprechen muss (vgl Anh zur KlauselRL Nr 1h; Palandt/*Grüneberg* § 309 Rz 86). Mit Nr 9c unvereinbar ist auch eine 3monatige Kündigungsfrist, die der Kunde nur an wenigen Terminen in Gang setzen kann (AG Hamburg NJW-RR 98, 1593; aA AG Gütersloh MDR 84, 404). Eine kürzere Kündigungsfrist ist gem § 307 zulässig, wenn ihre Dauer angemessen zur Laufzeit des Vertrages ist (MüKo/*Kieninger* § 309 Nr 9 Rz 19). Die Kündigung aus wichtigem Grund (§ 314) ist als zwingendes Recht klauselfest, § 307 II 1 (BGH NJW 93, 1135). Bestimmungen über Form und Zugang der Kündigungserklärung sind an Nr 13 zu messen.

IV. Rechtsfolgen. Unzulässige Erstlaufzeitklauseln führen zum Wegfall der Befristung insgesamt und können nicht auf eine zulässige Höchstfrist reduziert werden (BGH NJW 00, 1113). Die Lücke ist gem § 306 II durch dispositives Gesetzesrecht (insb §§ 649, 620 II, 621, 622) oder im Wege der ergänzenden Vertragsauslegung (s. § 305c Rn 20) zu schließen (BGH NJW 93, 330; Köln NJW-RR 97, 751). Ist jedoch eine ersatzlose Streichung der Befristung angemessen und interessengerecht, ist der Vertrag auf unbestimmte Zeit geschlossen und jederzeit kündbar (BGH NJW 00, 1114; 98, 450). Entspr gilt für überlange Verlängerungsklauseln (BaRoth/*J. Becker* § 309 Nr 9 Rz 29).

Unwirksame Kündigungsfristen sind idR vom Rest der Klausel abtrennbar mit der Folge, dass dem Kunden nur ein jederzeitiges Kündigungsrecht zum Ende der ggf verlängerten Laufzeit zusteht (BaRoth/*J. Becker* § 309 Nr 9 Rz 31).

V. Verträge zwischen Unternehmern. Die Rechtsgedanken der Nr 9 sind nicht auf den b2b-Verkehr übertragbar (BGH NJW 03, 886; NJW-RR 97, 942; aA LG Bochum NJW-RR 02, 1713). Die Vereinbarkeit einer langfristigen Vertragsbindung mit § 307 ist (bei einer überindividuell-generalisierenden Betrachtungsweise) unter Abwägung der Investitionen des Verwenders (Amortisationsinteresse, BGH NJW 93, 1133) mit der Dispositionsfreiheit des Kunden zu beurteilen (BGH NJW 03, 1315; 00, 1110). Längere Laufzeiten als 10 Jahre verstoßen im Zweifel gegen § 307 (Palandt/*Grüneberg* § 309 Rz 89).

K. Wechsel des Vertragspartners (Nr 10). I. Anwendungsbereich. Nr 10 schützt vor Eintrittsklauseln, die dem Kunden einen neuen, ihm unbekannten Vertragspartner aufzwingen. Nr 10 gilt auch für Werklieferungs- und Geschäftsbesorgungsverträge (Saarbr NJW-RR 99, 1397; U/B/H/*Hensen* § 309 Nr 10 Rz 4). Seit der Änderung durch das RisikobegrenzungsG v 12.8.08 (BGBl I, 1666) sind auch Darlehensverträge erfasst. Nicht erfasst sind Leasingverträge sowie andere Gebrauchsüberlassungsverträge und Verträge mietvertraglichen Charakters (arg § 566). Diese sind an § 305c und § 307 zu messen (MüKo/*Kieninger* § 309 Nr 10 Rz 5).

Eintrittsklauseln in Verbraucherverträgen (§ 310 III) unterliegen unabhängig vom Vertragstyp der Kontrolle nach § 307 iVm dem Anh zur KlauselRL Nr 1p (MüKo/*Kieninger* § 309 Nr 10 Rz 3). Sie sind schon dann unwirksam, wenn die Vertragsübernahme möglicherweise eine Verringerung der Sicherheit für den Verbraucher bewirkt (Erman/*Roloff* § 309 Rz 138).

88 Nr 10 erfasst die Fälle der Vertragsübernahme, die eine Zustimmung oder Genehmigung des Kunden voraussetzt (BaRoth/*J. Becker* § 309 Nr 10 Rz 6). Auf die befreiende Schuldübernahme (§§ 414, 415) ist Nr 10 analog anzuwenden (Erman/*Roloff* § 309 Rz 135). Keine Anwendung findet Nr 10 auf die vollständige oder teilweise Abtretung der Ansprüche (§ 398), die Erfüllungsübernahme, den Schuldbeitritt, die Schuldmitübernahme (Erman/*Roloff* § 309 Rz 135) oder den bloßen Einsatz eines Erfüllungsgehilfen (Palandt/*Grüneberg* § 309 Rz 91). Ferner nicht erfasst sind die Fälle der Gesamtrechtsnachfolge wie Erbschaft, Verschmelzung und Spaltung (BaRoth/*J. Becker* § 309 Nr 10 Rz 7). AGB-Klauseln, die den Verwender nicht als Vertragspartner, sondern zum Stellvertreter des Kunden erklären, fallen nicht unter Nr 10, können aber nach § 305b unwirksam sein (BGH NJW 91, 1420; NJW-RR 90, 613).

89 **II. Ausnahmen.** Eine Eintrittsklausel hält der AGB-Prüfung nach Nr 10a stand, wenn der eintretende Dritte im Vertrag vollständig durch Angabe von Name und Anschrift angegeben wird (BGH NJW 80, 2518). Nach § 305c ist eine **deutliche Hervorhebung** der Klausel unerlässlich (BaRoth/*J. Becker* § 309 Nr 10 Rz 1). Alternativ kann dem Kunden nach Nr 10b ein Recht auf sofortige und voraussetzungslose Beendigung des Vertrages (Kündigungs- oder Rücktrittsrecht) für den Fall eingeräumt werden, dass der Dritte tatsächlich in den Vertrag eintritt (LG Köln NJW-RR 87, 885). Die Ausübung des Lösungsrechts darf weder erschwert noch mit Nachteilen verbunden sein (BGH NJW 85, 53).

90 **III. Verträge zwischen Unternehmern.** Die Wertung in Nr 10 ist auf den unternehmerischen Geschäftsverkehr übertragbar, wenn berechtigte Interessen des Kunden (zB an der Zuverlässigkeit und Solvenz seines Vertragspartners oder an der Vermeidung von Störungen der Vertragsdurchführung bei Partnerwechsel) das Interesse des Verwenders überwiegen (BGH NJW 85, 53). Ein auflösend bedingtes Lösungsrecht für den Fall, dass dieses Interesse des unternehmerischen Kunden nachträglich wegfällt, kann die Klausel wirksam machen (BaRoth/*J. Becker* § 309 Nr 10 Rz 12). Identity-of-Carrier-Klauseln aus dem Seeschifffahrtsrecht sind an § 305b zu messen (BGH NJW 91, 1420; NJW-RR 90, 613).

91 **L. Haftung des Abschlussvertreters (Nr 11). Nr 11a** erklärt Klauseln für nichtig, die dem rechtsgeschäftlichen wie gesetzlichen Vertreter eine eigene Haftung oder Einstandspflicht auferlegen, sei es in Form einer gesamtschuldnerischen Haftung neben dem Vertretenen oder in Form einer subsidiären Haftung (BGH NJW 01, 3186). Derartige Klauseln werden häufig schon nach § 305c I nicht Vertragsbestandteil (Palandt/*Grüneberg* § 309 Rz 94). **Nr 11b** erfasst den Vertreter ohne Vertretungsmacht. Unterzeichnet der Vertreter den Vertrag zugleich im eigenen Namen als Vertragspartei mit, findet Nr 11 keine Anwendung (BGH NJW 06, 997); eine entspr AGB-Klausel kann aber an § 305c I scheitern (BGH NJW 88, 1908). Fälle der mittelbaren Stellvertretung und des Handelns unter fremden Namen fallen nicht unter Nr 11 (Erman/*Roloff* § 309 Rz 140). Haftet der Vertreter aus cic (§ 311 III), ist Nr 11 nicht berührt.

92 **I. Voraussetzungen.** Die nach Nr 11a notwendige **unterschriebene Haftungserklärung** des Vertreters muss sich in Schrift und Aufbau erkennbar (klar und deutlich ins Auge fallend) vom Hauptvertrag absetzen (BGH NJW 02, 3464; vgl § 355 II 2). Eine besondere Urkunde (BGH NJW 01, 3186) oder eine getrennte Erklärung (BGH NJW 88, 2465) sind nicht erforderlich. Nr 11b verbietet jede formularmäßige Erweiterung der gesetzlichen Haftung des (rechtsgeschäftlichen oder gesetzlichen) Vertreters ohne Vertretungsmacht (§ 179) (vgl LG Nürnberg/Fürth NJW 62, 1513). Die Unwirksamkeit solcher Klauseln wird nicht dadurch behoben, dass sich der Verwender das Bestehen einer Vollmacht formularmäßig versichern lässt (U/B/H/*Hensen* § 309 Nr 11 Rz 11). Eine Klausel, die Nr 11 entspricht, kann wegen Verstoßes gegen §§ 307 I, II oder § 307 I 2 unwirksam sein (BGH NJW 88, 2465).

93 **II. Verträge zwischen Unternehmern.** Nr 11a ist als Ausprägung des § 305b (*Stoffels* Rz 715), Nr 11b wegen § 307 II 1 auf den unternehmerischen Geschäftsverkehr übertragbar (Palandt/*Grüneberg* § 309 Rz 98). Die formularmäßige Pflicht zur Mithaftung des Geschäftsführers bei Vertretung der GmbH fällt unmittelbar unter Nr 11 (vgl BGH NJW 88, 2465).

94 **M. Beweislast (Nr 12).** Nr 12 enthält das umfassende Verbot einer Änderung der sich aus Gesetz oder Richterrecht ergebenden (objektiven oder subjektiven) Beweislast zum Nachteil des Kunden (BGH NJW 88, 258). Es genügt allein die Möglichkeit, dass der Richter aufgrund der Klausel die Anforderungen an den Beweis erhöht (BGH NJW 90, 765). Auch Beweismittelbeschränkungen und Änderungen des Beweismaßes oder der Grundsätze des Anscheinsbeweises sind gem Nr 12 unzulässig (BGH NJW 88, 258; W/L/P/*Dammann* § 309 Nr 12 Rz 14 f). Klauseln, welche die gesetzliche oder richterrechtliche Beweislastverteilung nur **wiederholen**, sind wegen § 307 III 1 wirksam (BGH NJW-RR 05, 1498).

95 Nicht vom Verbot der Nr 12 erfasst, aber an § 307 zu messen, sind vertragliche Abweichungen vom dispositiven Recht, die Änderungen der Beweislast mit sich bringen, wie bspw vorformulierte abstrakte oder deklara-

torische Schuldanerkenntnisse (BGH NJW 03, 2388). Ebenfalls nur der Kontrolle nach § 307 unterliegen Zwangsvollstreckungsunterwerfungsklauseln (BGH NJW 02, 138; aA München BauR 00, 1760).

I. Regelbeispiele. Nach **Nr 12a** sind Klauseln in Lagerverträgen unwirksam, wonach der Einlagerer die Beschädigung des Lagerguts und das Verschulden des Lagerhalters beweisen muss (BGH NJW 73, 1192; 64, 1123). Vorformulierte **Wissensbestätigungen**, in denen sich der Kunde mit gewissen Besonderheiten des Geschäfts vertraut erklärt, führen zwar nicht zur Beweislastumkehr, erschweren dem Kunden aber den Gegenbeweis und verstoßen somit gegen **Nr 12b** (BGH NJW 91, 1753). Nr 12b gilt für alle vorformulierten Bestätigungen rechtlich relevanter **Tatsachen**, welche die Beweislast umkehren oder faktisch nachteilig verschieben (BGH NJW 87, 1634). Der Tatsachenbegriff ist weit zu verstehen. Er umfasst sowohl Bestätigungen über tatsächliche Vorgänge oder Zustände als auch wertende Bestätigungen (BaRoth/*J. Becker* § 309 Nr 12 Rz 8) wie zB die Bestätigung, dass die AGB dem Kunden **ausgehändigt**, von ihm gelesen und verstanden (BGH NJW 88, 2108) oder mit ihm individuell ausgehandelt wurden (BGH NJW 87, 1634). Unzulässig sind ferner Klauseln, wonach der Kunde bestätigt, dass der Verwender ihn über sein Widerrufsrecht als Verbraucher iSv § 355 belehrt hat (BGH NJW 93, 1133) oder dass alle Maßangaben in einer von Angestellten eines Möbelhauses angefertigten Skizze richtig sind (BGH NJW 86, 2574), sowie Klauseln, in denen der Minderjährige erklärt, er handele mit Einverständnis der Eltern (MüKo/*Kieninger* § 309 Nr 12 Rz 18). In Fitnessverträgen sind Klauseln unwirksam, wonach der Kunde seine Gesundheit, Leistungsfähigkeit und umfassende Einweisung in das Trainingsprogramm bestätigt (BGH NJW-RR 89, 817). **Vollständigkeitsklauseln**, in denen bestätigt wird, dass „mündliche Nebenabreden nicht getroffen wurden", sind dagegen wirksam (BGH NJW 00, 207; 85, 2329).

II. Empfangsbekenntnisse (Nr 12 Hs 2). Gem Nr 12 Hs 2 sind vorformulierte Empfangsbekenntnisse (Wissenserklärung, § 368) vom Verbot der Nr 12b ausgenommen, sofern sie gesondert unterschrieben oder mit einer gesonderten qualifizierten Signatur versehen sind (U/B/H/*Hensen* § 309 Nr 12 Rz 23). Danach ist keine besondere Urkunde erforderlich (MüKo/*Kieninger* § 309 Nr 12 Rz 20). Jedoch muss sich die Erklärung klar vom eigentlichen Vertragstext absetzen und eindeutig den Bestätigungswillen des Kunden erkennen lassen (BGH NJW 88, 2108; 87, 2014). Zum Erfordernis der gesonderten Unterschrift BGH NJW 93, 2868; 87, 2012 f. Enthält das Empfangsbekenntnis eine beweislaständernde Tatsachenbestätigung oder rechtliche Würdigungen, ist die Klausel nach Nr 12 unwirksam (Kobl NJW 95, 3392).

III. Verträge zwischen Unternehmern. Der Rechtsgedanke der Nr 12a ist mit Rücksicht auf die handelsrechtlichen Gewohnheiten und Gebräuche auf den unternehmerischen Geschäftsverkehr übertragbar (BGH NJW 06, 49). Für die Bestätigung rein tatsächlicher Vorgänge und Zustände iSv Nr 12b kann sich im b2b-Verkehr ein praktisches Bedürfnis ergeben (BaRoth/*J. Becker* § 309 Nr 12 Rz 13). Wertende Bestätigungen sind aber auch im unternehmerischen Verkehr unzulässig (BGH NJW 87, 1634).

N. Form von Anzeigen und Erklärungen (Nr 13). Nr 13 betrifft vorformulierte Form- und Zugangsvorschriften für jegliche Anzeige und Erklärung, die der Kunde ggü dem Verwender (nicht aber umgekehrt) oder einem Dritten abzugeben hat. Dabei erfasst Nr 13 **alle rechtsgeschäftlichen, geschäftsähnlichen oder rein tatsächlichen Äußerungen**, die für die Rechtsentstehung, Rechtsausübung oder sonstige Rechtswahrnehmung von Bedeutung sind (BaRoth/*J. Becker* § 309 Nr 13 Rz 2), nicht aber vertragliche (Neben-)Abreden (*Stoffels* Rz 673).

I. Schriftform. Nr 13 verbietet (nur) eine strengere Form als Schriftform (§§ 127, 126). Unzulässig sind neben Abreden, die notarielle Beurkundung (§ 128) oder öffentliche Beglaubigung (§ 129) vorschreiben, auch das Vorschreiben der elektronischen Form (§ 126a), der Übermittlung per Fax oder per (eingeschriebenen) Brief (W/L/P/*Dammann* § 309 Nr 13 Rz 25) sowie Klauseln, wonach eine weitere Urkunde oder das Benutzen bestimmter Formulare des Verwenders erforderlich ist (Schlesw NJW-RR 01, 818; München NJW-RR 87, 664). Zulässig ist das Vorschreiben der milderen Textform (§ 126b) und das Erfordernis der eigenhändigen Unterschrift durch den Kunden (MüKo/*Kieninger* § 309 Nr 13 Rz 4).

II. Zugangserfordernis. Nach Nr 13 sind besondere Zugangserfordernisse, die von §§ 130, 131 zum Nachteil des Kunden abweichen, unwirksam. Unzulässig sind daher Klauseln, die den Zugang nur per (eingeschriebenen) Brief (BGH NJW 85, 2587; Ddorf NJW-RR 92, 55) oder zu eingeschränkter Empfangszeit erlauben (München NJW-RR 87, 664). Im Falle der Benennung einer bestimmten Zugangsstelle sind Klauseln nicht zu beanstanden, wonach Versicherungsvermittler keine Empfangsvollmacht besitzen sollen (BGH NJW 99, 1635; 99, 2283).

III. Verträge zwischen Unternehmern. Nr 13 findet hier keine Anwendung. Hiergegen spricht das kaufmännische Bedürfnis nach Rechtsklarheit sowie effizienter und schnellerer Bearbeitung von Anzeigen und Erklärungen (hM; MüKo/*Kieninger* § 309 Nr 13 Rz 6; BaRoth/*J. Becker* § 309 Nr 13 Rz 12).

§ 310 Anwendungsbereich. (1) ¹§ 305 Abs. 2 und 3 und die §§ 308 und 309 finden keine Anwendung auf Allgemeine Geschäftsbedingungen, die gegenüber einem Unternehmer, einer juristischen Person des öffentlichen Rechts oder einem öffentlich-rechtlichen Sondervermögen verwendet werden. ²§ 307 Abs. 1

und 2 findet in den Fällen des Satzes 1 auch insoweit Anwendung, als dies zur Unwirksamkeit von in den §§ 308 und 309 genannten Vertragsbestimmungen führt; auf die im Handelsverkehr geltenden Gewohnheiten und Gebräuche ist angemessen Rücksicht zu nehmen. ³In den Fällen des Satzes 1 findet § 307 Abs. 1 und 2 auf Verträge, in die die Vergabe- und Vertragsordnung für Bauleistungen Teil B (VOB/B) in der jeweils zum Zeitpunkt des Vertragsschlusses geltenden Fassung ohne inhaltliche Abweichungen insgesamt einbezogen ist, in Bezug auf eine Inhaltskontrolle einzelner Bestimmungen keine Anwendung.
(2) ¹Die §§ 308 und 309 finden keine Anwendung auf Verträge der Elektrizitäts-, Gas-, Fernwärme- und Wasserversorgungsunternehmen über die Versorgung von Sonderabnehmern mit elektrischer Energie, Gas, Fernwärme und Wasser aus dem Versorgungsnetz, soweit die Versorgungsbedingungen nicht zum Nachteil der Abnehmer von Verordnungen über Allgemeine Bedingungen für die Versorgung von Tarifkunden mit elektrischer Energie, Gas, Fernwärme und Wasser abweichen. ²Satz 1 gilt entsprechend für Verträge über die Entsorgung von Abwasser.
(3) Bei Verträgen zwischen einem Unternehmer und einem Verbraucher (Verbraucherverträge) finden die Vorschriften dieses Abschnitts mit folgenden Maßgaben Anwendung:
1. Allgemeine Geschäftsbedingungen gelten als vom Unternehmer gestellt, es sei denn, dass sie durch den Verbraucher in den Vertrag eingeführt wurden;
2. § 305c Abs. 2 und die §§ 306 und 307 bis 309 dieses Gesetzes sowie Artikel 46b des Einführungsgesetzes zum Bürgerlichen Gesetzbuche finden auf vorformulierte Vertragsbedingungen auch dann Anwendung, wenn diese nur zur einmaligen Verwendung bestimmt sind und soweit der Verbraucher auf Grund der Vorformulierung auf ihren Inhalt keinen Einfluss nehmen konnte;
3. bei der Beurteilung der unangemessenen Benachteiligung nach § 307 Abs. 1 und 2 sind auch die den Vertragsschluss begleitenden Umstände zu berücksichtigen.
(4) ¹Dieser Abschnitt findet keine Anwendung bei Verträgen auf dem Gebiet des Erb-, Familien- und Gesellschaftsrechts sowie auf Tarifverträge, Betriebs- und Dienstvereinbarungen. ²Bei der Anwendung auf Arbeitsverträge sind die im Arbeitsrecht geltenden Besonderheiten angemessen zu berücksichtigen; § 305 Abs. 2 und 3 ist nicht anzuwenden. ³Tarifverträge, Betriebs- und Dienstvereinbarungen stehen Rechtsvorschriften im Sinne von § 307 Abs. 3 gleich.

1 **A. Normzweck.** Die Vorschrift normiert zusammen mit § 305 den Anwendungsbereich des 2. Abschn (dazu Vor § 305 Rn 3). I und II schränken den persönlichen Anwendungsbereich ein, IV begrenzt den sachlichen. III erweitert den durch § 305 normierten Anwendungsbereich für Verbraucherverträge sowohl im Hinblick auf die Einbeziehungs- (Nr 1 und 2) als auch die Inhaltskontrolle (Nr 3).

2 **B. Unternehmer; juristische Personen des öffentlichen Rechts (Abs 1).** Es gilt der **Unternehmerbegriff des § 14** (s. § 14 Rn 6 ff). I betrifft auch Verträge zur **Vorbereitung** oder **Abwicklung** einer unternehmerischen Tätigkeit (BaRoth/*H. Schmidt* § 307 Rz 75; vgl auch BGH NJW 05, 1273). Auf die Unternehmereigenschaft des Verwenders kommt es im Gegensatz zu III nicht an (BGH NJW 81, 1509). Sie wird aber wegen der Weite des § 14 meist gegeben sein. Juristische Personen des öffentlichen Rechts sind Gebietskörperschaften, Rundfunkanstalten, Hochschulen, Sozialversicherungsträger, Religionsgemeinschaften, öffentlich-rechtliche Kammern, die BVS sowie Anstalten und Stiftungen des öffentlichen Rechts.

3 Diesen Vertragsparteien ggü findet § 305 II, III keine Anwendung (s. § 305 Rn 30). Die Inhaltskontrolle erfolgt allein nach § 307; s. zum b2b-Verkehr § 307 Rn 29. Der Verweis auf die im Handelsverkehr geltenden Gewohnheiten und Gebräuche führt dazu, dass die Handelsgebräuchlichkeit einer von den §§ 308 f (zu deren Wirkung iRv § 307 s. § 307 Rn 30) nicht erfassten Klausel deren Wirksamkeit indiziert, so dass dem Vertragspartner die Begründungslast dafür obliegt, dass ihn die Klausel gleichwohl unangemessen benachteiligt (MüKo/*Basedow* § 310 Rz 10).

4 Die Privilegierung der VOB/B als „fertig bereitliegende Vertragsordnung" gilt nach dem durch das ForderungssicherungsG v 23.10.08 (BGBl I, 2022) eingefügten 3 nur noch bei Verwendung ggü Unternehmern. Möglich bleibt aber die Inhaltskontrolle der **VOB/B als Ganzes** (Palandt/*Grüneberg* § 310 Rz 5). S. zur Verwendung ggü Verbrauchern § 307 Rn 4.

5 **C. Öffentliche Versorgungsunternehmen (Abs 2).** II betrifft nur die Versorgung von Sonderabnehmern. Diese fallen aber praktisch immer unter I, so dass schon aus diesem Grund die §§ 308 f nicht gelten. II ist daher praktisch bedeutungslos (Palandt/*Grüneberg* § 310 Rz 6). Zur Einschränkung der Kontrolldichte in diesen Fällen BGH NJW 04, 2161.

6 **D. Verbraucherverträge (Abs 3).** III ist eine Verbraucherschutznorm. Sie enthält die durch Umsetzung der KlauselRL (s. Vor §§ 305 ff Rn 2) für das deutsche AGB-Recht notwendigen Änderungen. Die Vorschrift ist daher richtlinienkonform auszulegen (s. Einl Rn 35). Der persönliche Anwendungsbereich ist auf Verträge beschränkt, bei denen der Vertragspartner **Verbraucher iSv § 13** (s. § 13 Rn 8 ff) und, insoweit in Abweichung vom allg AGB-Recht (s. Rn 2), der **Verwender Unternehmer** iSv § 14 (s. § 14 Rn 6 ff) ist. Als Unternehmer gelten auch Einrichtungen der öffentlichen Hand, wenn sie privatrechtliche Verträge abschließen (U/B/H/*Hensen* § 310 Rz 53; wohl auch BGH NJW 03, 890).

Der **sachliche Anwendungsbereich** erstreckt sich auf alle Arten von Verträgen (s. § 305 Rn 1), nicht nur auf 7
solche über Waren oder Dienstleistungen, wie dies die RL vorsieht. Auch der Arbeitsvertrag ist Verbrauchervertrag (BAG NJW 05, 3305). Erfasst werden auch für den Verbraucher vorformulierte einseitige Erklärungen (s. § 305 Rn 2) sowie alle allg Hinweise des Verwenders, die nach ihrem objektiven Wortlaut bei einem durchschnittlichen, rechtlich nicht vorgebildeten Kunden den Eindruck erwecken, es solle damit der Inhalt eines (vor-)vertraglichen Rechtsverhältnisses bestimmt werden (§ 305 Rn 3; weitergehend *Heinrichs* NJW 96, 2194). In Abgrenzung zu IV werden auch Konstellationen erfasst, in denen Gesellschaftsverträge allein zu Zwecken der privaten Vermögensanlage abgeschlossen werden (Frankf NJW-RR 04, 991; *Heinrichs* NJW 96, 2192). Zum zeitlichen und internationalen Anwendungsbereich Vor § 305 Rn 4 ff.

I. Fiktion des „Stellens" (Nr 1). Nr 1 führt dazu, dass als AGB auch solche Vertragsbedingungen gelten und 8
den Vorschriften des 2. Abschn unterliegen, die von niemandem gestellt wurden (BGH NJW 99, 2180; *Wille* VersR 95, 1416). Vertragsbedingungen, die von dritter Seite in den Vertrag eingeführt werden (**Drittbedingungen**, *Heinrichs* NJW 95, 157) gelten also nicht nur unter den bei § 305 Rn 7 erläuterten Voraussetzungen, sondern grds immer als AGB, dh auch dann, wenn sie von einer neutralen dritten Person stammen, die dem Verwender nicht zuzurechnen ist. Dies betrifft va Vertragsformulare und von einem neutralen Notar eingeführte Vertragsklauseln. Die sonstigen Voraussetzungen des § 305 müssen vorliegen, die betr Klausel muss also für eine Vielzahl von Verträgen (§ 305 Rn 5) vorformuliert (s. § 305 Rn 4) worden sein.

Nr 1 greift dagegen nicht ein, wenn die AGB vom Verbraucher selbst oder einer dritten Person in dessen Auf- 9
trag in den Vertrag eingeführt wurden oder wenn sie iE ausgehandelt wurden (s. § 305 Rn 11). Die **Beweislast** hierfür trägt der Unternehmer, die sonstigen Tatbestandsvoraussetzungen von Nr 1 muss der Verbraucher beweisen (BGH NJW 08, 2251).

II. Vorformulierte Einmalbedingungen (Nr 2). Nr 2 erfasst vorformulierte (§ 305 Rn 4) Vertragsbedingun- 10
gen, die entgegen den unter § 305 Rn 5 erläuterten Grundsätzen nur zur einmaligen Verwendung bestimmt sind. Für das „Stellen" gilt Nr 1 (s. Rn 8). Es kommt folglich nicht darauf an, durch wen die betr Klausel in den Vertrag einbezogen wurde (Palandt/*Grüneberg* § 310 Rz 16). Nr 2 erfasst daher auch notarielle Einzelverträge (MüKo/*Basedow* § 310 Rz 65). Der **Verbraucher muss beweisen**, dass es sich um vorformulierte Vertragsbedingungen handelt und dass er gerade aufgrund (Kausalität!) der Vorformulierung auf den Klauselinhalt keinen Einfluss nehmen konnte (BGH NJW 08, 2250). Der Beweis des ersten Anscheins (erfahrungsgemäß bestehendes Unverständnis und Desinteresse des Verbrauchers ggü AGB) sowie die Tatsache, dass die Möglichkeit der Einflussnahme den strengen Anforderungen der Rspr an das Aushandeln iSv § 305 I 3 genügen muss (*Wackerbarth* AcP 200, 85), erleichtern dem Verbraucher diese Beweisführung erheblich.

Nr 2 erklärt § 305c II (Unklarheitenregel, s. § 305c Rn 16), § 306 (Rechtsfolgen bei Nichteinbeziehung und 11
Unwirksamkeit, s. § 306 Rn 13), die Vorschriften über die Inhaltskontrolle einschl des Transparenzgebotes (§§ 307–309) und Art 29a EGBGB für anwendbar. Die Aufzählung ist zwar abschließend (MüKo/*Basedow* § 310 Rz 69), im Wege richtlinienkonformer Auslegung ist jedoch auch das Überraschungsverbot des § 305c I auf Einmalklauseln anwendbar (*Heinrichs* NJW 96, 2190).

III. Individualisierte Inhaltskontrolle (Nr 3). Nr 3 modifiziert den für die Inhaltskontrolle geltenden über- 12
individuell-generalisierenden Maßstab (§ 307 Rn 9). Bei der Inhaltskontrolle von AGB in Verbraucherverträgen nach § 307 und § 308 (§ 309 scheidet mangels Wertungsmöglichkeit aus) sind zusätzlich die den Vertragsschluss begleitenden individuellen Umstände zu berücksichtigen. Diese Prüfung kann das zunächst gewonnene Ergebnis zugunsten oder zulasten des Verbrauchers beeinflussen (U/B/H/*Fuchs* § 310 Rz 410; *Bunte* DB 96, 1340; str, für eine teleologische Reduktion auf Umstände, die zugunsten des Verbrauchers wirken, BaRoth/*J. Becker* § 310 Rz 20). Dies gilt etwa für die vorhandene oder mangelnde Geschäftserfahrung des Verbrauchers oder die Erläuterung bzw Bagatellisierung des Klauselinhalts durch den Verwender (Palandt/*Grüneberg* § 310 Rz 21). Weitere Umstände folgen aus dem 16. Erwägungsgrund und Art 4 I der RL (MüKo/*Basedow* § 310 Rz 72).

Die Kombinationslösung gilt nicht für **Einmalbedingungen** (Rn 10), die naturgemäß nur auf der Grundlage 13
konkret-individueller Umstände zu überprüfen sind (*Michalski* DB 99, 677). Im auf abstrakte Inhaltskontrolle angelegten Verbandsklageverfahren ist Nr 3 nicht anwendbar (BGH NJW 01, 2973; 99, 2182).

E. Bereichsausnahmen (Abs 4). I. Erb-, Familien-, Gesellschaftsrecht (S 1). 1. Erb- und Familienrecht. 14
Die Freistellung erb- und familienrechtlicher Verträge von der Geltung des 2. Abschn beruht auf dem durch eine Vielzahl zwingender Vorschriften gewährleisteten gesetzlichen Schutz der Parteien sowie darauf, dass die auf den einfachen Austauschvertrag abzielenden AGB-Vorschriften für derartige Verträge nicht passen (BTDrs 7/3919, 41).

Hieraus folgt zugleich die Grenze der Bereichsausnahme. Sie gilt nicht, wenn der **schuldrechtliche Charakter** 15
des Vertrages das familien- bzw erbrechtliche Element **überwiegt**. Die Bereichsausnahme gilt daher nicht für Schenkungsverträge auf den Todesfall, wenn diese sich als Rechtsgeschäfte unter Lebenden darstellen (MüKo/*Basedow* § 310 Rz 79), und für Erbschaftskaufverträge nach § 2371 (W/L/P/*Schmidt* § 310 IV Rz 6; U/B/H/*Ulmer* § 310 Rz 113; aA BaRoth/*J. Becker* § 310 Rz 26). Allein die Tatsache, dass Darlehens-, Schenkungs-,

Dienst- oder Mietverträge zwischen Familienangehörigen abgeschlossen werden, lässt diese nicht unter die Bereichsausnahme fallen, es sei denn, sie regeln genuin erb- oder familienrechtliche Rechtspflichten (BaRoth/ J. Becker § 310 Rz 25). Auf AGB für Lebenspartnerschaftsverträge (§ 1 LPartG) ist IV analog anzuwenden (Palandt/Grüneberg § 310 Rz 49).

16 **2. Gesellschaftsrecht.** Die Bereichsausnahme beruht auf der Erwägung, dass Verträge auf dem Gebiet des Gesellschaftsrechts nicht auf dem Austausch von Leistungen, sondern auf die Begründung von mitgliedschaftsrechtlichen und/oder organisationsrechtlichen Strukturen zielen, für deren Kontrolle die §§ 305 ff nicht passen (BGH NJW 95, 192). Deshalb gilt die Bereichsausnahme für alle Gesellschaftsformen, also GbR (U/B/ H/Ulmer § 310 Rz 121), stille Gesellschaft (BGH NJW 95, 192), OHG, KG, GmbH, AG, KGaA, Genossenschaft (BGH NJW 88, 1729), Verein (BGH NJW 98, 454), Partnerschaftsgesellschaft und EWIV (MüKo/Basedow § 310 Rz 80), nicht dagegen für die Bruchteilsgemeinschaft (W/L/P/Schmidt § 310 IV Rz 11 aE) und partiarische Rechtsverhältnisse (BGH NJW 95, 192), auch nicht für Berechtigungsverträge mit der GEMA (BGH NJW 09, 778).

17 Die Bereichsausnahme gilt nicht für Verträge, die zwar im Zusammenhang mit einem gesellschaftsrechtlichen Rechtsverhältnis stehen, aber nicht die gemeinsame Zweckförderung, sondern die Regelung einer vertraglichen Austauschbeziehung zum Gegenstand haben (BGH NJW 93, 57). Dies gilt etwa für Depotstimmrechtsverträge (BTDrs 7/3919, 41), Genussrechtsbedingungen (BGHZ 119, 312), Anstellungsverträge mit einem Gesellschafter-Geschäftsführer (BaRoth/J. Becker § 310 Rz 31) und sonstige Austauschverträge zwischen Gesellschaft und Gesellschafter (BGH NJW-RR 92, 379), auf das Versicherungsverhältnis bezogene Regelungen in AVB eines Versicherungsvereins auf Gegenseitigkeit (BGH NJW 98, 454), vertragliche Vereinbarungen zwischen einem Verein und ihm nicht angehörigen Dritten (BGH BB 72, 1073) sowie sonstige Klauseln in Satzungen oder Gesellschaftsverträgen, soweit sie im Kern nicht mitgliedschafts-, sondern vertragsrechtlicher Natur sind (BaRoth/J. Becker § 310 Rz 31). S. zum Erwerb einer gesellschaftsrechtlichen Beteiligung zum Zweck der privaten Vermögensanlage Rn 7; zur Inhaltskontrolle von Vereinssatzungen und Gesellschaftsverträgen von Publikums-KGen Vor § 305 Rn 11.

18 **II. Arbeitsrecht (S 2, 3). 1. Kollektivarbeitsrecht.** Verträge auf dem Gebiet des Kollektivarbeitsrechts (Tarifverträge, Betriebs- und Dienstvereinbarungen) sind nach 1 von der Anwendung des 2. Abschn ausgenommen. Werden Bestimmungen, die in einem für das Arbeitsverhältnis der Parteien geltenden Tarifvertrag enthalten sind, in einen Individualarbeitsvertrag aufgenommen, findet wegen 1 ebenfalls keine Inhaltskontrolle statt (BAG DB 08, 133). Dies gilt auch, wenn der tarifgebundene Arbeitgeber im Arbeitsvertrag auf den Tarifvertrag nur Bezug nimmt (BAG MDR 07, 1202).

19 **2. Individualarbeitsrecht.** Ansonsten unterliegen nicht individuell ausgehandelte AGB in Individualarbeitsverträgen der Inhaltskontrolle, wobei – wie bei AGB, die ggü Unternehmern verwendet werden (Rn 3) – die Einbeziehungsvorschriften des § 305 II und III nicht anwendbar sind. Arbeitnehmer sind durch das NachwG (§ 611 Rn 51) ausreichend geschützt. Die §§ 305 ff werden hinsichtlich der Befristung einzelner Arbeitsbedingungen nicht durch die §§ 14 ff TzBfG verdrängt (BAG MDR 06, 455).

20 Arbeitsverträge sind Verträge zwischen Arbeitgebern und Arbeitnehmern, also Personen, die in weisungsgebundener persönlicher Abhängigkeit fremdbestimmte Arbeit für einen anderen verrichten (BAG E 18, 54; 11, 225). Dies gilt auch für **leitende Angestellte und arbeitnehmerähnliche Personen** (§ 5 I 2 ArbGG, BaRoth/ J. Becker § 310 Rz 40). Keine Arbeitnehmer sind Organe juristischer Personen, Richter, Beamte, Soldaten (MüKo/Basedow § 310 Rz 97) und Personen, deren Mitarbeit nur auf familiärer Verbundenheit beruht (BGHZ 77, 161 ff). Der Inhaltskontrolle unterliegen alle Verträge zwischen Arbeitgeber und Arbeitnehmer, die keine Arbeitsverträge sind, wie etwa Darlehensverträge, Mietverträge über Werkswohnungen oder Kaufverträge (BAG NJW 94, 213). Dies muss entspr dem zum Gesellschaftsrecht Gesagten (Rn 17) auch dann gelten, wenn derartige Bestimmungen in einem Arbeitsvertrag enthalten sind.

21 Die Inhaltskontrolle nach §§ 305 ff tritt an die Stelle der von der Rspr entwickelten (BAG NJW 04, 1754) Billigkeitskontrolle von Arbeitsverträgen (zur Ähnlichkeit zwischen Billigkeits- und Inhaltskontrolle Preis ZIP 89, 885). Die Inhaltskontrolle gilt entspr dem Rechtsgedanken des III Nr 2 und in Fortsetzung der bisherigen Kontrollpraxis des BAG (Fastrich 165) auch für Einzelarbeitsverträge (Palandt/Grüneberg § 310 Rz 51; aA Hromadka NJW 02, 2523).

22 Nach 2 sind die Besonderheiten des Arbeitsrechts bei der Inhaltskontrolle stets angemessen zu berücksichtigen (BAG DB 05, 2136; Annuß BB 06, 1334). Dies gilt etwa bei **Vertragsstrafen** für den Fall der vorzeitigen Lösung des Arbeitnehmers vom Vertrag. Sie sind wegen der arbeitsvertraglichen Besonderheiten (§ 888 III ZPO steht Vollstreckung entgegen) trotz § 309 Nr 6 zulässig, so dass Klauselverbote „ohne" Wertungsmöglichkeit in § 309 im Arbeitsrecht zu solchen „mit" Wertungsmöglichkeit werden (BAG BB 06, 720; ZIP 04, 1277; Wensing/Niemann NJW 07, 401). Vgl zu **Versetzungsklauseln** BAG 07, 289; zum **Widerrufsvorbehalt** hinsichtlich übertariflicher Leistungen BAG NJW 07, 536 und hinsichtlich Privatnutzung von **Dienstwagen** BAG BB 07, 1624; zum **Freiwilligkeitsvorbehalt** bei monatlicher Leistungszulage BAG ZIP 07, 1673; zur **Rückzahlungsklausel** bzgl außertariflichen Zuwendungen BAG NJW 07, 2279; allg Hromadka/Schmitt-Rolfes NJW 07, 1777; Junker BB 07, 1274.

Abschnitt 3 Schuldverhältnisse aus Verträgen

Titel 1 Begründung, Inhalt und Beendigung

Untertitel 1 Begründung

§ 311 Rechtsgeschäftliche und rechtsgeschäftsähnliche Schuldverhältnisse. (1) Zur Begründung eines Schuldverhältnisses durch Rechtsgeschäft sowie zur Änderung des Inhalts eines Schuldverhältnisses ist ein Vertrag zwischen den Beteiligten erforderlich, soweit nicht das Gesetz ein anderes vorschreibt.
(2) Ein Schuldverhältnis mit Pflichten nach § 241 Abs. 2 entsteht auch durch
1. die Aufnahme von Vertragsverhandlungen,
2. die Anbahnung eines Vertrags, bei welcher der eine Teil im Hinblick auf eine etwaige rechtsgeschäftliche Beziehung dem anderen Teil die Möglichkeit zur Einwirkung auf seine Rechte, Rechtsgüter und Interessen gewährt oder ihm diese anvertraut, oder
3. ähnliche geschäftliche Kontakte.
(3) ¹Ein Schuldverhältnis mit Pflichten nach § 241 Abs. 2 kann auch zu Personen entstehen, die nicht selbst Vertragspartei werden sollen. ²Ein solches Schuldverhältnis entsteht insbesondere, wenn der Dritte in besonderem Maße Vertrauen für sich in Anspruch nimmt und dadurch die Vertragsverhandlungen oder den Vertragsschluss erheblich beeinflusst.

Inhaltsübersicht

	Rn		Rn
A. Entstehung und Funktion	1, 2	IV. Schäden aus dem Fehlen eines wirksamen Vertrags	41–54
B. Abs 1 (Bedeutung des Vertrages)	3–32	1. Anschein eines wirksamen Vertrags	42–47
I. Die Notwendigkeit eines Vertrages	3, 4	2. Das enttäuschte Vertrauen auf den Abschluss eines Vertrags	48–53
II. Das Ausreichen eines Vertrages	5–32	3. Fehlverhalten bei öffentlichen Ausschreibungen	54
1. Die Abschlussfreiheit	6–14	V. Schäden aus der Belastung mit einem unerwünschten Vertrag	55–61
a) Inhalt	6	1. Ausgangspunkt	55, 56
b) Kontrahierungszwang	7–12	2. Die Pflichtverletzung	57
c) Das AGG	13, 14	3. Vorrang der Mängelhaftung	58–60
2. Die Inhaltsfreiheit	15–18	4. Rechtsfolgen	61
3. Insbes Gemischte Verträge	19–31	VI. Vertretenmüssen	62
a) Vertragsverbindung nach §§ 358 f	20	D. Abs 3 (Dritthaftung)	63–70
b) Andere Verbindungen	21	I. Ausgangspunkt	63
c) Typenkombination	22–24	II. Haftungsvoraussetzungen	64–70
d) Typenverschmelzung	25–27	1. Das Regelbeispiel	64–67
e) Verträge mit anderstypischer Gegenleistung	28–30	2. Weitere Fallgruppen	68, 69
f) Geschäftsgrundlage	31	3. Verschulden	70
4. Die Formfreiheit	32	E. Randfragen zur cic	71, 72
C. Abs 2 (culpa in contrahendo)	33–62	I. Verjährung	71
I. Einführung	33, 34	II. Beweislast	72
II. Fallgruppenbildung	35		
III. Schäden unabhängig vom Vertragsschluss	36–40		

A. Entstehung und Funktion. § 311 I übernimmt wörtlich den § 305 aF; die Verschiebung beruht nur 1 darauf, dass zuvor die Regelung der AGB (§§ 305 bis 310) ntergebracht werden sollte. Dagegen enthalten II und III eine formal neue, aber in der Sache schon vorher ntwickelte Teilregelung der cic (des Verschuldens bei Vertragsverhandlungen). Beide Gegenstände haben kam miteinander zu tun: Beim Vertrag geht es in erster Linie um Leistungspflichten (§ 241 I), dagegen bei er cic um Schutzpflichten (§ 241 II). Die Verbindung beider Gegenstände in einer Vorschrift ist daher ein hlgriff. Auch das Verständnis der cic als „rechtsgeschäftsähnlich" trifft wenigstens teilweise nicht zu, weils auch deliktsähnliche Fälle der cic gibt. In der Rechtsanwendung müssen also I einerseits und II und III idererseits streng voneinander getrennt werden. Zudem hätte die wichtige Generalnorm in I einen eigenen verdient.
Wegen der Gleichheit mit § 305 aF kann für I die alte Rsp und Lit unbedenklich weiter verwendet werden; 2 zu den Grundfreiheiten der EG *W.-H. Roth* FS Medicus 0993. Aber auch II und III übernehmen weithin nur alte Rspr, die also weiter verwendbar bleibt. Doch si bei II und III jetzt einige Klarstellungen zu beachten.

§ 311 Rechtsgeschäftliche und rechtsgeschäftsähnliche Schuldverhältnisse

3 **B. Abs 1 (Bedeutung des Vertrages). I. Die Notwendigkeit eines Vertrages.** Der Wortlaut von I betont als Regel die Notwendigkeit eines Vertrages zur Begründung oder Inhaltsänderung eines nicht auf Gesetz beruhenden Schuldverhältnisses. Das ist eine Folge der **Privatautonomie**: Niemand soll ohne seinen rechtsgeschäftlich erklärten Willen in ein solches Schuldverhältnis verwickelt werden. Das gilt ausnahmslos für Verpflichtungen. Aber auch bloß begünstigende Berechtigungen sollen idR nicht ohne Willen des Begünstigten begründet werden. Daher sind auch der Erlass (§ 397) und die Schenkung (§§ 516 ff) als Vertrag ausgestaltet.

4 Ausnahmsweise ohne Vertrag können begründet werden eine Berechtigung aus (echtem) Vertrag zugunsten Dritter (Vor § 328 Rn 2 ff), Auslobung (§ 657 ff) und Vermächtnis (§§ 2147 ff). Doch können die so erworbenen Ansprüche nach den §§ 334 und 2180 mit Rückwirkung ausgeschlagen werden; für die Auslobung wird Entspr angenommen. Ohne vertragliche Mitwirkung des alten Schuldners tritt auch dessen Schuldbefreiung bei einer Schuldübernahme nach § 414 ein. Hier wird die Möglichkeit einer nachträglichen Ausschlagung durch den befreiten Schuldner mit Recht überwiegend verneint (§ 414 Rn 2): Der Schuldner muss ja nach § 267 auch eine Befreiung durch die von ihm nicht veranlasste Leistung eines Dritten hinnehmen.

5 **II. Das Ausreichen eines Vertrages.** Über den Gesetzeswortlaut hinaus wird aber in I auch das Prinzip der im Schuldrecht herrschenden **Vertragsfreiheit** gefunden: Der Vertrag soll also für Entstehung oder Änderung eines Schuldverhältnisses nicht nur notwendig, sondern auch ausreichend sein. Diese Regel umfasst mehrere wichtige Einzelregeln, die freilich alle nicht ohne weittragende Ausnahmen gelten.

6 **1. Die Abschlussfreiheit. a) Inhalt.** Jeder kann frei bestimmen, ob er überhaupt einen Vertrag schließen will. Diese Freiheit wird zwar faktisch durch viele Bedürfnisse eingeschränkt, die legal (also außer durch Delikt) nur durch Vertrag befriedigt werden können. Trotzdem bringt die Abschlussfreiheit weithin den Vorteil vielfacher Wahlmöglichkeiten; sie trägt daher zur Entfaltung der Persönlichkeit (Art 2 I GG) bei.

7 **b) Kontrahierungszwang.** Den Gegensatz zur Abschlussfreiheit bildet der **Kontrahierungszwang**. Er kann va auf Rechtsgeschäft oder auf Gesetz beruhen.

8 Der wichtigste **Kontrahierungszwang durch Rechtsgeschäft** liegt in der Einräumung einer **Option**: Diese berechtigt den anderen Teil, durch einseitige Willenserklärung einen Vertrag mit dem Optionsgeber zustande zu bringen. Dabei kann man die Verkaufsoption (Put-Option) und die Ankaufsoption (Call-Option) unterscheiden (Einzelh vor § 145 Rn 34 ff). Doch ist dieses einseitige Gestaltungsrecht durch die Abschlussfreiheit des Optionsgebers insoweit gedeckt, als ja die Einräumung des Optionsrechts frei war.

9 Ähnl liegt es beim **Vorkaufsrecht**: Dieses kann zwar einseitig ausgeübt werden, sobald der Verpflichtete einen Kaufvertrag mit einem Dritten abgeschlossen hat (§§ 463 ff, dort auch zu den Einzelheiten). Aber die Abschlussfreiheit besteht hier sowohl bei der Einräumung des Vorkaufsrechts wie beim Abschluss des Vertrages mit dem Dritten. Die erste Freiheit fehlt zwar beim gesetzlichen Vorkaufsrecht (etwa nach §§ 577, 2034 f); frei bleibt aber auch hier der Verkauf an einen Dritten.

10 Der **Kontrahierungszwang kraft Gesetzes** greift immer weiter um sich. Zunächst war er bei Versorgungsleistungen zum Ausgleich von Monopolstellungen auf der Anbieterseite gedacht (Eisenbahn § 453 HGB mit §§ 3, 9 EVO; Post § 8 PostG; Energieversorgung § 17 EnergieWiG, auch StromeinspeisungsG §§ 2, 3; Personenbeförderung § 22 PBefG; Güterverkehr §§ 13a IV 3, 90 I 3 GüKG; Luftverkehr § 21 II LuftVG, Pflegeversicherung § 110 I SGB XI). Unabhängig von Versorgungsleistungen sind die §§ 15 PatG, 5 PflVersG.

11 Dazu kommen **allg Regeln**, die auf einen Kontrahierungszwang hinauslaufen. Die Allgemeinste ist § 826 iVm § 249 I (vgl § 826 Rn 25): Die Abschlussverweigerung kann eine sittenwidrige Schädigung darstellen, so dass der Verweigernde als Naturalrestitution den Abschluss schuldet. § 20 GWB verbietet eine Diskriminierung durch marktbeherrschende und ähnliche Unternehmen; § 33 GWB verpflichtet bei Verstößen zum Schadensersatz und damit uU zum Abschluss nichtdiskriminierender Verträge.

12 Viele Fallgruppen dagegen stehen im Grenzbereich des § 826. So soll die **Tagespresse** Anzeigen politischen Inhalts nicht zu veröffentlichen brauchen (BVerfG 42, 53, 62 = NJW 76, 1627). Anderes mag aber für tendenzfreie Anzeigen zumal dann gelten, wenn die Zeitung ein lokales Monopol hat (Erman/*Armbrüster* § 145 Rz 29). Eine **Sparkasse** (BGH NJW 03, 1638) und die **Postbank** (BGH NJW 04, 1031; Dresd NJW 01, 1433) dürfen den Girovertrag mit einer politischen Partei nicht deshalb kündigen, weil diese verfassungsfeindliche Ziele verfolge. Umstr ist die Pflicht von **Kreditinstituten** zur Eröffnung eines Girokontos auf Guthabenbasis für Arbeitslose (mit guten Gründen bejahend *Köhte* FS Derleder 05, 405). Auch dürfte es unzulässig sein, einen missliebigen Kritiker vom **Theaterbesuch** auszuschließen (anders RGZ 133, 388), schon weil dessen Berufsausübung (Art 12 GG) in Frage steht und die Theater überwiegend erhebliche Subventionen aus Steuergeldern erhalten. Ob außerhalb des AGG die grundlose Vorenthaltung auch **weniger wichtiger Leistungen** unzulässig ist, hat der BGH mehrfach offen gelassen (NJW 90, 761, 763; ZIP 94, 1274, 1276).

13 **c) Das AGG.** Seit dem 18.8.06 gilt zudem das Allgemeine GleichbehandlungsG (AGG) v 14.8.06 (= Art. 1 des G zur Umsetzung europäischer Richtlinien zur Wirklichung des Grundsatzes der Gleichbehandlung). Dieses G kann zu einem Kontrahierungszwang unter dem Gesichtspunkt einer Folgenbeseitigung führen (*Thüsing/von Hoff* NJW 07, 21). Sachlich betrifft es das **Arbeitsrecht**, wo ja die Abschluss- (und Inhalts-)freiheit durch die (jetzt vom AGG ersetzten) §§ 61, 611b, 612 III schon vorher stark eingeschränkt war. Das

AGG wird daher als Ganzes im Anhang besonders kommentiert. Doch stehen va in den §§ 1 bis 3, 19 bis 22 AGG auch das **Zivilrecht** betreffende Vorschriften (s. *Maier/Reimer* NJW 06, 2577; *Ring* ZGS 06, 371).
Dazu sei hier nur bemerkt: Von den in Rn 12 genannten Fallgruppen wird durch das AGG wohl keine einzige 14 wirklich zweifelsfrei erfasst. Denn die Merkmale der durch § 1 AGG verbotenen Diskriminierung sind im Wesentlichen durch den Gedanken bestimmt, ein nach den am Zeitgeist ausgerichteten Wertungen politisch unkorrektes Verhalten zu unterbinden. Damit wird die sog **political correctness** zur Rechtspflicht gemacht (zutr *Adomeit* NJW 06, 2166). Unberücksichtigt bleibt dagegen etwa die eher zeitlose Sorge einer Familie, die wegen der Zahl ihrer Kinder keinen Wohnungsvermieter findet. Insofern hat das neue Gesetz seine Qualifizierung als „allgemein" nicht verdient. Das Zivilrecht wird es schwer haben, die Wertungswidersprüche auszugleichen, die sich zwischen der Vertragsfreiheit des BGB und dem AGG ergeben.

2. Die Inhaltsfreiheit. Außer der Abschlussfreiheit wird von § 311 I (ebenso wie von § 305 aF) für Schuldver- 15 träge in den Grenzen von §§ 134, 138 und des AGG auch die Inhaltsfreiheit gewährt.
Dazu gehört zunächst die **Typenfreiheit:** Die in den §§ 433 ff vorgesehenen Vertragstypen bedeuten keine 16 abschließende Regelung. Vielmehr können diese Typen miteinander kombiniert werden (**gemischter Vertrag**). Zudem können die Parteien auch ganz außerhalb solcher Typen Verträge schließen (**atypischer Vertrag**). Endlich können die vorhandenen Typen abgeändert werden.
Anders gesagt bedeutet das: Die Schuldrechtsnormen sind **idR abdingbar (dispositiv).** Freilich finden sich in 17 zunehmender Zahl Ausnahmen, va **einseitig zwingendes Recht:** Von ihm kann nur zum Nachteil der als stärker vorgestellten Partei (Unternehmer, Wohnungsvermieter, Arbeitgeber, Versicherer) abgewichen werden. Zwingendes Recht wird oft ausdrücklich als solches bezeichnet (etwa §§ 276 III, 312 f, 475 I, II). Nicht selten ergibt sich der zwingende Charakter aber erst aus dem (meist auf Schutz gerichteten) Zweck (zB Übereilungsschutz bei Formvorschriften). Das Nähere gehört jeweils zu den einzelnen Normen.
Eine bedeutsame Unterart bilden die **ggü AGB beständigen Vorschriften,** von denen zu Lasten des Kunden 18 also nur durch Individualvertrag wirksam abgewichen werden kann. Dies ist in den §§ 305 ff geregelt.

3. Insbes Gemischte Verträge. Aus der Typenfreiheit ergibt sich zugleich die Möglichkeit zur **Häufung oder** 19 **Vermengung** mehrerer, auch typenverschiedener Verträge. Einzelne solche Fälle sind gesetzlich geregelt (zB §§ 576 ff Werkwohnungen). Dagegen fehlt eine allg gesetzliche Regelung.

a) Vertragsverbindung nach §§ 358 f. Mehrere Verträge können rechtlich zusammenhängen. Das gilt nur 20 ausnahmsweise für Verträge zwischen verschiedenen Personen. Dazu gehört va das mit einer Bank vereinbarte Darlehen, dessen Valuta die Kaufpreisforderung eines Dritten befriedigen soll (BGH ZIP 05, 69, 73). Die Rechtsfolgen derart im technischen Sinn unter besonderen Voraussetzungen „verbundener Verträge" sind für Verbraucher in den §§ 358 f. geregelt.

b) Andere Verbindungen. Aber auch außerhalb der §§ 358 f. können mehrere Verträge rechtlich zusammen- 21 hängen: Der Parteiwille kann ergeben, dass die Wirksamkeit jedes Vertrages von der des anderen abhängen soll, so dass beide Verträge „miteinander stehen und fallen" (BGHZ 101, 393, 396 mit *Schwarze* AcP 207, 07, 437 ff). Dabei ist Identität der Beteiligten häufig, aber nicht unbedingt erforderlich (BGH aaO für einen Grundstückskauf und einen Treuhandvertrag: Auch dieser soll der Form des § 311b I bedürfen, vgl § 125 Rn 17, wenn ein „Verknüpfungswille" vorliegt).

c) Typenkombination. Voraussetzung der genannten Verbindungen ist freilich, dass überhaupt mehrere Ver- 22 träge vorliegen. Indizien dafür sind die Beteiligung verschiedener Personen, der Abschluss zu verschiedener Zeit oder die Verwendung verschiedener Urkunden. Dagegen läßt sich bei gleichzeitigem Abschluss zwischen denselben Personen in derselben Urkunde **Einheit des Vertrages** vermuten. Verpflichtet sich eine Partei zu Leistungen, die verschiedenen Typen unterfallen, liegt ein **Typenkombinationsvertrag** vor.
Solche Kombinationen sind vereinzelt gesetzlich geregelt (zB Reisevertrag, §§ 651a ff), kommen aber auch 23 sonst häufig vor (zB Besuch eines Kinos). Kombinationen begegnen nicht bloß bei verschiedenen Typen, sondern auch bei der **Häufung von Untertypen,** zB Vermietung eines Geschäftslokals mit Wohnung (etwa BGH ZIP 08, 2271). Auch hier tritt die für Typenkombinationen typische Frage auf: Nach welchen Normen sollen die verschiedenen Vertragsteile behandelt werden; erfasst zB der Kündigungsschutz für den Wohnungsmieter auch die Geschäftsräume oder gilt bloß § 578?
Regelmäßig wird jede Leistung nach den Vorschriften über den Typ beurteilt, dem sie angehört (vgl BGHZ 173, 24 344 Tz 19). Soweit eine Trennung nicht möglich ist, muss der rechtliche oder wirtschaftliche **Schwerpunkt** entscheiden (BGH NJW 95, 324, 326; BGHZ 173, 314 Tz 19). Lässt sich ein solcher nicht feststellen, soll die dem Vertragszweck am besten entspr Lösung angewendet werden (Palandt/*Grüneberg* vor § 311 Rz 26).

d) Typenverschmelzung. liegt vor, wenn es nicht um eine Mehrzahl von Leistungen geht, sondern nur um 25 eine einzige, die aber zwischen zwei gesetzlichen Typen steht. Häufigster Fall ist die **gemischte Schenkung**: Eine Leistung wird für einen Preis versprochen, der nach dem Willen der Parteien den Wert nur zu einem Teil abgedeckt; iÜ soll die Leistung geschenkt sein. Vgl zu dieser **„gemischten Schenkung"** § 516 Rn 25; 31; § 518 Rn 6; 525 Rn 6; 528 Rn 12; § 530 Rn 2; § 531 Rn 5:

26 Für die **Rechtsfolgen** ist hier nach der Teilbarkeit oder Urteilbarkeit der „halb geschenkten" Leistung zu unterscheiden, wenn nicht einer der beiden Teile eindeutig überwiegt, zB BGHZ 30, 120.

27 Ähnl liegt es bei den sog **partiarischen Verträgen**: Die Gegenleistung wird nach dem Umsatz oder Ertrag bemessen, den die andere Partei mit der Leistung erzielt (zB Vermietung eines Ladenlokals gegen 10% Beteiligung des Vermieters am Umsatz). Hier ist insofern ein gesellschaftsrechtliches Element enthalten, als beide Parteien an einem hohen Gewinn interessiert sind. Daher können einige Vorschriften der §§ 705 ff entspr angewendet werden (zB § 716).

28 **e) Verträge mit anderstypischer Gegenleistung.** Die meisten entgeltlichen Typenverträge sehen als Gegenleistung Geld vor. Die Inhaltsfreiheit erlaubt aber auch die Vereinbarung von Gegenleistungen, die zu einem anderen Vertragstyp gehören. Das Gesetz erwähnt den Tausch (§ 480: Sache gegen Sache). Weiter gehören hierhin der Hausmeistervertrag (Wohnung gegen Dienste) und Ähnliches.

29 Hier ist jede Leistung nach dem für sie geltenden Typ zu beurteilen. Schwierigkeiten können freilich entstehen, wenn es um die **Beendigung** geht. Diese ergreift regelmäßig beide Teile des Vertrages. Dass sich die beendete Pflicht bei Fortbestand der anderen in eine Geldleistungspflicht verwandelt, ist nur bei deutlichen Anzeichen für einen entsprechenden Parteiwillen anzunehmen. Außerdem bleibt eine solche Annahme als Notbehelf, wenn die Beendigung des ganzen Vertrages zB am Mieterschutz scheitert.

30 Für die ordentliche Kündigung bei **Wohnraum**, der iRe Dienstverhältnis überlassen worden ist, vgl die zugunsten des Mieters zwingende Vorschrift in § 576b.

31 **f) Geschäftsgrundlage.** Bei getrennten Verträgen ist endlich möglich, dass Wirksamkeit oder Fortbestand des einen Vertrages Geschäftsgrundlage (§ 313) für den anderen sein soll (etwa BGH NJW 77, 950 für ein nach § 2302 nichtiges Versprechen eines Testaments mit bestimmtem Inhalt). Dann ist nach § 313 I in erster Linie eine Anpassung dieses anderen Vertrages zu prüfen.

32 **4. Die Formfreiheit.** Endlich lässt sich aus § 311 I noch der Grundsatz der Formfreiheit herleiten. Denn die Vorschrift verlangt nur einen Vertrag, und die §§ 145 ff wissen nichts von einem gesetzlichen Formzwang. Doch gibt es hiervon **zahlreiche Ausnahmen,** die nach dem Inhalt des Versprochenen (zB § 311b) oder bei einzelnen Vertragstypen (zB §§ 492 ff, 518) bestimmt sind. Eine allg Regel, dass Formfehler durch Erfüllung geheilt werden (wie nach § 311b I 2), gibt es nicht.

33 **C. Abs 2 (culpa in contrahendo). I. Einführung.** In II und 3 enthält § 311 eine Teilregelung für die cic (das Verschulden bei Vertragsverhandlungen), s. letztens *Heinrichs* FS Canaris 07 I 421, 425 ff. Nur eine Teilregelung bildet dies aus mehreren Gründen: (1.) Die Vorschrift enthält nur Bestimmungen über die Verletzung gewisser Schutzpflichten (§ 241 II), die mit der Aufnahme von Vertragsverhandlungen im weitesten Sinn zusammenhängen, aber nicht auch über die Rechtsfolgen. Diese sind den §§ 280 ff zu entnehmen. (2.) Insoweit enthält die Vorschrift nichts zu der umstrittenen Frage, ob der Schadensersatz auch die Aufhebung eines Vertrages oder die Minderung der Gegenleistung umfassen kann. Daher bleibt auch das zweifelhafte Verhältnis zu den §§ 123 f. ungeklärt (u. Rn 61). (3.) Die Vorschrift arbeitet mehrfach mit unbestimmten Rechtsbegriffen, etwa II Nr 2 Anbahnung, Nr 3 ähnliche geschäftliche Kontakte. (4.) Die Vorschrift lässt das Konkurrenzverhältnis von § 311 II und III zu mehreren speziell geregelten Arten eines nicht regelgerechten Verhaltens bei Vertragsverhandlungen unbeachtet.

34 Diese Unbestimmtheiten sind gewollt: Die cic ist als allg Rechtsinstitut von Rspr und Lit vorsichtig aus einzelnen Ansätzen im BGB (etwa § 307 aF) entwickelt worden. Der Gesetzgeber des SchRModG hat bloß den so erreichten Stand registrieren, aber nicht die Fortentwicklung abschneiden oder wesentliche Streitfragen entscheiden wollen. Für diese Entwicklung bildet § 311 II und III bloß einen weiten Rahmen (vgl etwa u. Rn 65 f zur Expertenhaftung).

35 **II. Fallgruppenbildung.** Die Erfahrung hat für die cic bisher **drei Fallgruppen** (teils mit Untergruppen) ergeben. Ansatzpunkt hierfür ist die Art der Verbindung des Schadens mit dem intendierten Vertrag. Die Schutzpflichten folgen dann aus dem Zweck der Vermeidung solcher Schäden. Der Schaden kann nämlich (1.) unabhängig von einem Vertragsschluss sein, zB eine körperliche Verletzung des Käufers in Räumen des Verkäufers; (2.) auf dem Nichtzustandekommen eines wirksamen Vertrags beruhen, zB durch vergebliche Aufwendungen für den Abschluss des Vertrags oder dessen Ausführung; endlich (3.) in der Belastung mit einem wirksamen nachteiligen Vertrag bestehen, zB weil der Verkäufer den Käufer fahrlässig falsch über die Brauchbarkeit des Kaufgegenstandes beraten hat. Diese Fallgruppenbildung liegt dem Folgenden zugrunde.

36 **III. Schäden unabhängig vom Vertragsschluss.** Der Vertragsschluss kann erfordern, dass der eine Teil sich selbst, seine Rechte, Rechtsgüter oder Interessen in den Gefahrenbereich des anderen Teils bringt. Das trifft zu für *alle Ladengeschäfte* einschließlich der Kaufhäuser, aber auch für viele andere Verträge, die unter Anwesenden abgeschlossen werden. Hier trifft den anderen Teil die Schutzpflicht (§ 241 II), die Gefahren möglichst gering zu halten. Diese Schutzpflichten werden, da idR Schutzgüter von § 823 I betroffen sind, weithin mit den dort beheimateten Verkehrspflichten übereinstimmen (vgl § 823 Rn 107 ff). Vorteile von Ansprüchen aus

cic bestehen dann hinsichtlich der Gehilfenhaftung (§ 278 statt § 831; so schon RGZ 78, 239 Umfallen einer Linoleumrolle durch Ungeschick des Gehilfen) und der Beweislast für das Verschulden (§ 280 I 2, vgl BGH NJW 62, 33, 34 Sturz wegen Bananenschale sowie § 280 Rn 24 ff).

Nötig ist nach II Nr 2 die **Anbahnung eines Vertrages**, und Nr 3 läßt schon **ähnliche geschäftliche Kontakte** 37 genügen (dazu *Heinrichs* FS Canaris 07 I 421, 436 ff), die nicht auf einen Vertragsschluss gerichtet zu sein brauchen. Zur Anwendung auf bloße **Gefälligkeitsverhältnisse** *Heinrichs* aaO 439 ff (im Ansatz bejahend). Diese „Anbahnung" setzt weniger voraus als die „Aufnahme von Vertragsverhandlungen" des II Nr 1. Insb genügt schon das Betreten eines Ladengeschäfts in Kaufabsicht (BGH NJW 62, 33). Offen gelassen hat BGHZ 66, 51, 54 f, ob es bei einem Selbstbedienungsladen bereits ausreicht, dass der Kunde zunächst nur einen Überblick über das Angebot oder einen Preisvergleich mit Konkurrenzunternehmen anstrebt. Das wird jetzt bejaht durch die „etwaige rechtsgeschäftliche Beziehung" in II Nr 2. Dagegen soll es nach BGH aaO nicht genügen, dass jemand die Geschäftsräume für andere Zwecke aufsucht (zB Schutz vor Regen, Durchgang zu anderer Straße oder als Treffpunkt). Doch wird man Ausnahmen zulassen müssen: Die Dekorationen speziell in Kaufhäusern sollen häufig die Kauflust erst wecken und damit der Anbahnung von Vertragsschlüssen dienen. Ob auch der Ladendiebstahl eine cic bedeutet, lässt BGHZ 75, 230, 231 offen. Eine Verneinung liegt schon wegen der regelmäßigen Nutzlosigkeit einer weiteren Anspruchsgrundlage nahe.

Jedenfalls sollen nach BGHZ 66, 51, 56 ff auch Dritte in den durch die Vertragsananbahnung geschaffenen 38 Schutzbereich einbezogen werden können, nämlich dort eine minderjährige, ihre Mutter beim Einkauf begleitende Tochter ohne eigene Kaufabsicht. Das entspricht einer Fallgruppe des Vertrags mit **Schutzwirkung für Dritte** (vgl vor § 328 Rn 2 ff); eine solche Wirkung kann also auch der cic zukommen.

In Betracht kommt ein Schadensersatzanspruch aus cic endlich auch, wenn ein Kaufinteressent das Fahrzeug 39 des Verkaufswilligen bei einer **Probefahrt** schuldhaft beschädigt. Doch ist für diese Haftung BGH NJW 72, 1363 zu beachten: Ein Kfz-Händler kann von dem nur leicht fahrlässigen Kunden keinen Ersatz verlangen, wenn die Beschädigung mit den einer Probefahrt eigentümlichen Gefahren zusammenhängt (dort: die dem Fahrer unbekannten Eigenarten einer Servolenkung). Begründet wird das mit der Möglichkeit des Händlers, eine Fahrzeugvollversicherung abzuschließen, während sich der Kunde gegen Schäden aus einer Probefahrt kaum versichern können. Zumindest hätte der Händler aaO das Fehlen von Versicherungsschutz hinweisen müssen (BGH aaO 1364). Auf einen nicht gewerblichen Verkäufer kann das aber nicht übertragen werden. Auch die Rspr zum stillschweigenden Haftungsausschluss bei Gefälligkeitsfahrten (vgl § 276 Rn 18) passt wegen der geschäftlichen Veranlassung einer Probefahrt nicht.

Der **Schadensersatzanspruch** des Geschädigten aus § 280 I richtet sich in diesen Fällen (ebenso wie der häu- 40 fig konkurrierende Deliktsanspruch) idR auf Ersatz des vollen Körper- oder Sachschadens einschl der adäquaten Folgeschäden, bei Körperschäden einschl eines Schmerzensgeldes (§ 253 II). Doch kommt § 254 in Betracht, wenn etwa der körperlich Verletzte selbst unachtsam war.

IV. Schäden aus dem Fehlen eines wirksamen Vertrags. Die Fallgruppe der Schäden aus dem Fehlen eines 41 wirksamen Vertrags oder aus dem enttäuschten Vertrauen auf einen wirksamen Vertrag lässt sich in zwei unter § 311 II Nr 1 fallende Untergruppen teilen: Entweder hat der Geschädigte fälschlich einen (dauerhaft) wirksamen Vertrag angenommen, oder er hat bei weit fortgeschrittenen Verhandlungen auf den künftigen Vertragsschluss vertraut und entspr disponiert. Danach ist im Folgenden zu unterscheiden.

1. Anschein eines wirksamen Vertrags. In der ersten Untergruppe liegt der äußere Anschein eines Vertrags- 42 schlusses vor, doch ist dieser wenigstens mit dem beabsichtigten Inhalt unwirksam. Als Grund hierfür kommen alle Nichtigkeitsgründe in Betracht, etwa §§ 105, 125, 134, 138 usw. Anerkannt ist die cic-Haftung hier seit RGZ 104, 265 (Weinsteinsäure). Auch § 306 III genügt. Sonderregeln für die Schadensersatzpflicht finden sich in §§ 122 (für die §§ 118, 119, 120) und 179 (für die Vertretung ohne Vertretungsmacht). Hier wird iS einer Erklärungshaftung auf das Verschuldenserfordernis verzichtet.

Das Problem dieser Untergruppe besteht darin, dass der Unwirksamkeitsgrund (anders als bei den §§ 122, 43 179) idR beide Parteien betrifft. So ist etwa die Einhaltung der Form von § 311b I (häufigster Anwendungsfall!) Sache sowohl des Verkäufers wie auch des Käufers. Es müssen also Gründe vorliegen, derentwegen **die Unwirksamkeit einer Partei besonders zuzurechnen** ist. Die Rspr hat hierzu keine einheitliche Formulierung verwendet. So bedurfte in BGHZ 18, 248, 252 f. ein Vertrag einer devisenrechtlichen Genehmigung, weil eine Partei Devisenausländer war, was die andere Partei nicht wusste. Hier hat der BGH mit einer aus dem *Wissensvorsprung* stammenden Aufklärungspflicht argumentiert und deren schuldhafte Verletzung als cic bewertet (ähnl etwa BGHZ 142, 51, 60 ff). Dagegen hat RGZ 104, 265, 268 das haftungsbegründende Verschulden in der mehrdeutigen Ausdrucksweise einer Partei gefunden. Ganz abw versagt etwa BGHZ 92, 164, 172 dem Nichtigkeitsgrund § 125 überhaupt die Wirksamkeit, wenn das Ergebnis trotz eines Schadensersatzanspruchs aus cic nicht nur hart, sondern „schlechthin untragbar" wäre (s. § 125 Rn 27 ff).

Zusammenfassend wird man sagen dürfen: Die Beachtung der Wirksamkeitserfordernisse eines Vertrags- 44 schlusses gehört idR zum Risikobereich beider Vertragsteile (so auch BGHZ 116, 251, 257 f für § 313 aF; Palandt/*Grüneberg* Rz 39). Daher gibt es idR keine allg Schutzpflicht mit dem Ziel, eine Unwirksamkeit des Vertrags zu vermeiden. Doch kommen folgende **Ausnahmen** in Betracht:

45 **Wirksamkeitshindernisse aus persönlichen Verhältnissen einer Partei**, die der anderen nicht bekannt sind: Hier besteht eine Aufklärungspflicht und ggf eine Pflicht, das Hindernis zu beseitigen. Beispiele sind BGHZ 18, 248 (Devisenausländer) oder BGHZ 142, 51 (Pflicht einer Gemeinde, auf das Erfordernis einer Genehmigung und deren Einzelheiten hinzuweisen).

46 **Wirksamkeitshindernisse aus dem Verhalten einer Partei**: Diese verwendet etwa sittenwidrige (BGHZ 99, 101, 107) Vertragsbedingungen; Gleiches muss bei Gesetzeswidrigkeit gelten. Oder eine Partei stellt der anderen AGB, deren Unzulässigkeit nach den §§ 307 ff wegen § 306 III zur Nichtigkeit führt (sonst bleibt nach § 306 II der Vertrag ohne die unzulässige Klausel wirksam, so dass kein Schaden für den Gegner entsteht). Auch eine mehrdeutige und zum Dissens führende Ausdrucksweise (RGZ 104, 265) gehört hierher. Weiter sind zu nennen Fälle einer **Betreuungspflicht** für den anderen Teil, die zur Verhinderung unwirksamer Verträge verpflichtet. Diese kann auf Vertrag beruhen. Dann wird sie aber (zB bei einem Anwalt oder Notar) idR eine Leistungspflicht darstellen, deren Verletzung schon nach § 280 I zum Schadensersatz verpflichtet. Als Schutzpflicht kommt sie bei Verträgen mit anderen Zielen in Betracht (zB Baubetreuung). Gesetzliche Schutzpflichten zur Vermeidung unwirksamer Verträge sind zB für gesetzliche Vertreter anzunehmen. Endlich können sich solche Schutzpflichten aus vorangegangenem Tun ergeben, zB wenn der eine Teil den anderen durch eine unrichtige Auskunft von der Einhaltung einer Form abgehalten hat.

47 Der **Inhalt des Schadensersatzes** dürfte analog §§ 122 I, 179 II auf das negative Interesse gehen, begrenzt durch den Betrag des Schadensersatzes statt der Leistung. Denn die verletzte Schutzpflicht zielt nicht auf den Abschluss wirksamer Verträge, sondern auf den Schutz vor den Folgen eines enttäuschten Vertrauens auf die Vertragswirksamkeit. Die Begrenzung durch das positive Interesse ist deshalb sinnvoll, weil der Geschädigte nicht besser zu stehen braucht, als er bei Vertragswirksamkeit stünde. Dass die Vertrauensgrundlage erkennbar brüchig war, ist nach § 254 zu berücksichtigen (etwa BGHZ 99, 101, 109).

48 **2. Das enttäuschte Vertrauen auf den Abschluss eines Vertrags. Ausgangspunkt:** In der zweiten Untergruppe von o. Rn 41 weiß der andere Teil, dass der Vertrag noch nicht geschlossen ist, zB weil es noch an der Einhaltung einer Form fehlt. Er vertraut aber auf den erfolgreichen Abschluss der schon **weit fortgeschrittenen Verhandlungen** und macht Aufwendungen. Hier soll es uU Ersatzansprüche aus cic geben, gestützt auf einen unbegründeten **Verhandlungsabbruch**. Ausgangspunkt ist jedoch: Die Vertragsfreiheit umfasst in aller Regel das Recht, den in Aussicht genommenen Abschluss noch zu verweigern. Aufwand des anderen Partners in Erwartung des Abschlusses wird daher nicht ersetzt (BGH NJW 01, 2713, 2714 mN). Andernfalls könnte ja auch jeder Verhandlungspartner den anderen durch Aufwand in eine Ersatzpflicht zwingen.

49 Eine **Bindung durch die Vertragsverhandlungen** besteht ausnahmsweise nur, wenn der Vertragsschluss nach den Verhandlungen zwischen den Parteien als sicher anzunehmen ist und im Vertrauen hierauf Aufwendungen gemacht worden sind (BGHZ 76, 343, 349; BGH NJW 96, 1884, 1885). Diese Bindung bedeutet aber keinen Kontrahierungszwang, sondern erzeugt nur eine Pflicht zum Ersatz der frustrierten Aufwendungen (u. Rn 52). Zudem entfällt die Ersatzpflicht, wenn für den Verhandlungsabbruch **ein triftiger Grund** besteht. Hieran sind keine strengen Anforderungen zu stellen (Palandt/*Grüneberg* Rz 32). So mag schon ein günstigeres Angebot von dritter Seite genügen (Palandt/*Grüneberg* aaO). **Ein Widerruf des Verbrauchers**, der ja sogar nach dem Vertragsschluss keiner Begründung bedarf (§ 355 I 2), kann ohnehin nicht zu einer Ersatzpflicht führen (BGHZ 131, 1, 3).

50 Das Vertrauen in den Abschluss kann insb begründet werden, indem der Abschluss als sicher hingestellt wird (BGH NJW-RR 89, 627) oder Vorleistungen des anderen Teils veranlasst werden (BGHZ 92, 164, 175 Planungskosten) oder wenn die Parteien mit der Ausführung des Vertrages beginnen (BGH LM § 276 [Fa] Nr 11). Auch ein **Letter of Intent** kann bei entspr Inhalt ein Vertrauen auf den Abschluss begründen (vgl *Bergjan* ZIP 04, 395).

51 **Gesetzliche Formvorschriften** hindern grds eine formlose Bindung nach Rn 49. Denn sie dienen va dem Übereilungsschutz. Dieser Zweck wäre beeinträchtigt, wenn die Verhandlungen schon vor Erfüllung der Form Verpflichtungen (zum Aufwendungsersatz) begründen könnten. Davon geht auch der BGH aus. Er macht aber eine Ausnahme bei schwerwiegenden (idR vorsätzlichen) Verstößen gegen die Pflicht zu redlichem Verhalten, insb auch bei Gefährdung der Existenz des anderen Teils (BGH NJW 96, 1884, 1885, weniger deutlich BGHZ 92, 164, 175 f).

52 **Rechtsfolge** ist in erster Linie eine Pflicht zum Ersatz der durch den Verhandlungsabbruch frustrierten Aufwendungen. Doch müssen diese nach der Entstehung des Vertrauenstatbestands gemacht worden sein, weil sonst die haftungsbegründende Kausalität fehlt.

53 Darüber hinaus kann das **Vertrauensinteresse** aber auch entgangenen Gewinn umfassen, nämlich aus Geschäften, die der Geschädigte im Vertrauen auf die Wirksamkeit des ersten Geschäfts nicht abgeschlossen hat. Dieser Posten wird neben den Aufwendungen oft nicht erwähnt, auch er ist aber ersatzfähig (etwa BGH NJW 84, 866, 867). Dieser Schadensposten kommt ebenfalls bei bloßen Verzögerungen des Abschlusses in Betracht (BGH aaO). Vereinzelt erwägt der BGH (etwa BGHZ 120, 281; BGH ZGS 06, 358, 359 f) einen Anspruch auf das positive Interesse, nämlich wenn bei pflichtgemäßen Verhandlungsverhalten der Vertrag zustande gekommen wäre. Ein anspruchsminderndes Mitverschulden nach § 254 kommt va in Betracht, wenn die Vertrauensgrundlage brüchig war oder die Aufwendungen unnötig hoch waren.

3. Fehlverhalten bei öffentlichen Ausschreibungen. Ein zum Verlust eines Vertragsschlusses führendes Fehl- 54
verhalten kommt schließlich auch bei Ausschreibungen in Betracht. Hier enthalten die §§ 97 ff GWB für
öffentliche Auftraggeber umfangreiche Verhaltensregeln. Dort sieht § 126 GWB beim Verstoß gegen eine
unternehmensschützende Vorschrift für den Verlust einer „echten Chance" (gibt es auch unechte?) auf den
Zuschlag einen Ersatzanspruch vor. Umfassen soll dieser die Kosten der Vorbereitung des Angebots oder der
Teilnahme an dem Vergabeverfahren. Nach 2 sollen aber weiterreichende Ansprüche unberührt bleiben. Dazu
gehören auch Ansprüche auf das positive Interesse (vgl *Ackermann* ZHR 164, 00, 394 und die drei Entscheidungen in BGHZ 139, 259; 273; 280 m Anm *Jebens* DB 99, 1741, einschr aber BGH NJW 04, 2165: Der ausgeschriebene Auftrag muss wirklich einem Dritten erteilt worden sein).

V. Schäden aus der Belastung mit einem unerwünschten Vertrag. 1. Ausgangspunkt. In der letzten Fall- 55
gruppe zu § 311 II entsteht der Schaden nicht aus der Unwirksamkeit eines Vertrages, sondern im Gegenteil
gerade aus dessen Wirksamkeit: Die Belastung mit dem Vertrag bedeutet deshalb einen Schaden, weil dieser
einer Partei unerwartete Nachteile bringt; die cic liegt hier darin, dass die andere Partei bei den Vertragsverhandlungen gegen eine Schutzpflicht zur Aufklärung verstoßen hat. Der Schadensersatzanspruch kann dann
nach § 249 I in einer Aufhebung oder Änderung des Vertrags bestehen.

Für das **Verhältnis Unternehmer – Verbraucher** hat der neue Gesetzgeber das Problem weithin und noch 56
über die cic-Fälle hinaus durch ein verbraucherschützendes Widerrufsrecht gelöst. Dahin gehört insb der
Schutz vor Überrumpelung durch das HWiG und jetzt durch die §§ 312 f. Anderseits besteht ohne die
Beschränkung auf Verbraucherverträge seit alters die Möglichkeit zur Anfechtung bei arglistiger Täuschung
oder widerrechtlicher Drohung (§§ 123 f). Dazu kommt bei wichtigen Vertragstypen noch eine dritte Möglichkeit: Wenn zB bei einem Kauf das Fehlverhalten des Verkäufers in unrichtigen Angaben über den Kaufgegenstand besteht, bestimmen diese idR die Sollbeschaffenheit. Die Unrichtigkeit begründet dann einen Mangel (§§ 434 ff) und löst die Haftung nach §§ 437 ff aus. Diese speziellen Rechtsbehelfe sind idR zeitlich
enger begrenzt als die nach §§ 195, 199 verjährenden Schadensersatzansprüche aus cic (vgl §§ 355 II, III 1;
124, 438). Daher ist fraglich, ob und inwieweit man diese Grenzen durch dasselbe Ziel verfolgende Ansprüche überschreiten darf. Die Rspr hierzu ist uneinheitlich: BGHZ 60, 319 (ebenso etwa BGHZ 114, 263, 266)
hat Ansprüche aus cic durch die Sachmängelhaftung des Verkäufers für ausgeschlossen gehalten (vgl u.
Rn 58). Für § 123 hat BGH NJW 98, 302 angenommen, diese Vorschrift schütze die Willensfreiheit, der
Ersatzanspruch aus cic aber das Vermögen (ähnl *Schubert* AcP 168, 68, 504). Doch kann der Anspruch auf
Naturalrestitution nach § 249 I auch Nichtvermögensschäden erfassen, so dass die Unterscheidung nicht
zutrifft. Die Frage nach der Verdrängung der cic durch den verbraucherschützenden Widerruf ist jetzt nach
BGHZ 169, 109 zu verneinen (s. § 355 Rn 10). Bedeutung hat das va, wenn die kurzen Widerrufsfristen (§ 355
II und III) verstrichen sind. Allerdings erfordert die cic einen vom Kläger zu beweisenden Schaden und ein
Vertretenmüssen des anderen Teils (§ 280 I). IÜ aber wird ein Anspruch aus cic auf Vertragsaufhebung grds
ganz überwiegend und insb von der Rspr anerkannt (etwa *Canaris* AcP 200, 00, 273, 304 mN). Nur das Män-
gelrecht soll solche Ansprüche ausschließen (u. Rn 58 ff).

2. Die Pflichtverletzung. Die für den Anspruch nötige Verletzung einer Schutzpflicht besteht meist in einer 57
unrichtigen Information; zu Verstößen gegen das UWG *Köhler* FS Medicus 08, 188. Bloßes Verschweigen von
Tatsachen genügt aber nur dann, wenn nach der Verkehrssitte oder Treu und Glauben (§ 242) mit einer
Information zu rechnen war (vgl *U. Huber* KF 01, 5 ff). Auch die Zahlung von Schmiergeldern (BGH NJW
01, 1065) oder die Überrumpelung (Bambg NJW-RR 97, 694) bilden eine Pflichtverletzung. Nach BGH ZIP
07, 518 Tz 20 ff (m Anm *Lang/Balser*) muß eine Bank den Kunden über **Rückvergütungen** aufklären, die sie
wegen der Fondsanteile bezieht, entspr nach BGH ZIP 08, 369 ein Anwalt seinen Mandanten über Beziehungen zur Gegenpartei.

3. Vorrang der Mängelhaftung. Ausnahmsweise sollen falsche Angaben jedoch nicht als cic behandelt wer- 58
den können, nämlich im Anwendungsbereich der **Mängelhaftung** bei **Kauf, Werkvertrag und Miete**, wohl
auch beim Reisevertrag, § 651e ff. Denn hier können falsche Informationen durch den Verkäufer, Unternehmer oder Vermieter die Sollbeschaffenheit seiner Leistung bestimmen, so dass dann die §§ 434 ff, 633 ff, 536 ff
wirksam werden. Diese Beschaffenheit wird regelmäßig schon in den Vertragsverhandlungen festgelegt.
Daher muss die Mängelhaftung auch den Bereich der Vertragsverhandlungen abdecken; andernfalls wären
insb die §§ 438, 634a weithin gegenstandslos. Dieser Ansicht folgt die ganz hM, aus der Rspr etwa BGHZ 60,
314; 114, 263, 266 (Kauf ab Gefahrübergang); BGH DB 76, 985 (Werkvertrag, gleichfalls ab Gefahrübergang);
BGH NJW 97, 2813 (Miete, ab Übergabe der Mietsache).

Eine **Unterausnahme** wird allerdings für vorsätzlich falsche Informationen angenommen: etwa für den Kauf 59
BGH NJW 92, 2564; 95, 2159, 2160, für die Miete BGHZ 136, 102, 109. Der Geschädigte soll dann also aus
cic das negative Interesse ohne Beschränkung auf das positive Interesse beanspruchen können. Dem ist vielfach mit guten Gründen widersprochen worden, die teils aus dem SchRModG abgeleitet worden sind (vgl
Palandt/*Grüneberg* Rz 15).

Der eben genannte Vorrang gilt freilich nur für Informationen über Umstände, die eine Mängelhaftung begrün- 60
den können. Diesen Informationen über die Beschaffenheit stehen Informationen über andere **wertbildende**

Merkmale ggü, für welche die cic unbeschränkt anwendbar ist. Die Abgrenzung ist oft schwierig, vgl die Zusammenstellung bei Palandt/*Grüneberg* Rz 41 ff. Doch bezieht sich diese Rspr fast allein auf das alte Recht vor dem SchRModG. Seitdem reicht nach § 434 die Mängelhaftung weiter. Daher muss sich auch der Ausschluss der cic erweitern. Zudem hat die Verlängerung der kaufrechtlichen Verjährung das Problem entschärft.

61 **4. Rechtsfolgen.** Rechtsfolge eines Anspruchs ist in dieser Fallgruppe va die **Vertragsaufhebung**, § 249 I. Statt dieser hat der BGH aber auch eine Minderung der Gegenleistung zugelassen. Das soll ohne Rücksicht darauf möglich sein, ob sich die Gegenpartei zu einem Vertragsschluss mit der geringeren Gegenleistung bereit gefunden hätte (so BGHZ 69, 53, 58 f und öfter). Das ist wegen des Fehlens von Kausalität angezweifelt worden (vgl *Tiedtke* JZ 89, 569; *S. Lorenz* NJW 99, 1001; *Kersting* JZ 08, 714, dagegen aber *Canaris* AcP 200, 00, 273, 315, der mit den §§ 251 I, 441 III argumentiert). Jetzt (BGHZ 168, 35 Tz 21 f m Anm *Theisen* NJW 07, 3102) hat der BGH seine Auffassung eingeschränkt und präzisiert: Der Geschädigte könne nicht ohne weiteres Vertragsanpassung verlangen, sondern bei Festhalten am Vertrag nur den Ersatz seines Vertrauensschadens. Dieser bestehe darin, dass er zu teuer erworben habe. Die Behandlung wie bei Abschluss eines günstigeren Vertrages könne nur verlangt werden, wenn ein solcher Vertrag bei erfolgter Aufklärung zustande gekommen wäre. Das muß der Geschädigte darlegen und beweisen (aaO Rn 23). Dadurch wird zugleich ein Unterschied zu § 123 geschaffen, der eine solche Vertragsanpassung nicht ermöglicht. Dazu jetzt *H. Honsell* FS Medicus 09, 181.

62 **VI. Vertretenmüssen.** In allen eben genannten Fallgruppen muss der Verhandlungspartner seine Pflichtverletzung zu vertreten haben. Das betrifft nach § 276 I zunächst eigenes Verschulden. Dabei wird man eine für den intendierten Vertrag geltende Haftungsminderung idR auf das Verhandlungsverhältnis übertragen müssen (sehr str, vgl etwa BGHZ 93, 23 mit Lit bei *Medicus* BürgR Rz 209a: Haftungsmilderung wenigstens auch für Schutzpflichten, die „im Zusammenhang mit dem Vertragsgegenstand stehen", bejaht für die unterlassene Auskunft über die Giftigkeit des geschenkten Viehfutters bei Verfütterung im Übermaß). Zudem muss der Verhandlungspartner nach § 278 für das Verschulden seiner Verhandlungsgehilfen einstehen. Dazu gehören auch Personen, die ohne Abschlussvollmacht mit Willen des Verhandlungspartners an den Verhandlungen mitgewirkt haben.

63 **D. Abs 3 (Dritthaftung). I. Ausgangspunkt.** Das die Schutzpflicht (§ 241 II) begründende Schuldverhältnis besteht idR zwischen den Parteien des intendierten Vertrags (etwa BGHZ 159, 94, 102). Stellvertreter oder andere Verhandlungsgehilfen haften daher idR nicht aus cic, wohl aber uU aus Delikt (zB Beihilfe zum Betrug mit § 823 II). Doch soll nach BGHZ 114, 253, 272 ein Verhandlungsgehilfe durch persönliche Vertrauenswerbung mit besonderer Sachkunde (dort in Steuersachen) die Sorgfaltspflichten des Schuldners entsprechend verstärken können, so dass diesem ein Fehler des Gehilfen über § 278 zugerechnet wird. Denn die vom Verhandlungsgehilfen behauptete Sachkunde komme in ihrer werbenden Wirkung dem Schuldner selbst zugute. Weitergehend hat die Rspr aber schon seit langem (etwa RGZ 120, 249, 252, BGHZ 14, 313, 318) auch die **persönliche Haftung eines Dritten** angenommen, der zwar nicht selbst Vertragspartei werden sollte, aber auf die Vertragsverhandlungen maßgeblich Einfluss genommen hat. Als Grund für diese Haftung ist teils ein eigenes wirtschaftliches Interesse an dem Vertragsschluss genannt worden (etwa BGHZ 14, 313, 318), teils auch die Inanspruchnahme von Vertrauen für sich – den Dritten – selbst, wie es etwa der gesetzliche Vertreter (vgl *Ballerstedt* AcP 151, 50/51, 501) oder eine besonders sachkundige Person tun kann. Solche Dritten sind oft (wenig aussagekräftig) als „Sachwalter" bezeichnet worden und ihre persönliche Verpflichtung als **Sachwalterhaftung**. Das SchRModG hat sie ohne diese Bezeichnung in § 311 III übernommen.

64 **II. Haftungsvoraussetzungen. 1. Das Regelbeispiel.** Wann eine Haftung des Dritten entsteht, ist in III 2 nur durch ein Regelbeispiel angedeutet. Dieses folgt aus der Begründung der cic-Haftung aus enttäuschtem Vertrauen. Danach muss der Dritte **Vertrauen für sich selbst** (und nicht für die künftige Vertragspartei) in Anspruch genommen haben. Nach BGH NJW 04, 2523, 2525 muss der Dritte dazu an den Vertragsverhandlungen selbst beteiligt oder in deren Rahmen mit einem Anspruch auf Vertrauen hervorgetreten sein. Dieses Vertrauen muss sich gerade auf die besondere Qualifikation des Dritten stützen (vgl u. Rn 65).

65 **In besonderem Maße** muss dieses Vertrauen in Anspruch genommen worden sein; nicht genügt das „normale Verhandlungsvertrauen" (BGH ZIP 03, 571, 573). Es muss also eine zusätzliche, von ihm persönlich ausgehende Gewähr für die Seriosität und Erfüllung des Geschäfts geboten worden sein (BGHZ 88, 67, 69; 126, 181, 189). Bloßes Überreden zum Abschluss einen Optionsgeschäfts unter Berufung auf die Erfahrung und das berufliche Wissen als ehemaliger Bankkaufmann und der Vergleich mit der Sicherheit einer ärztlichen Diagnose sollen nicht genügen. Gleichfalls nicht genügen soll das Auftreten als ausgewiesener Fachmann (BGH ZIP 93, 1785, 1787 „ausgewiesener Werbefachmann mit guten kaufmännischen Erfahrungen"). Die Erklärung des Dritten müssen sich geradezu „im Vorfeld einer Garantie" bewegen (BGH ZIP 03, 571, 573, auch 08, 1526 Tz 13 für organschaftliche Vertreter). Ausreichen lassen hat es BGHZ 87, 27, 31 dagegen, wenn ein Bruder des Kreditnehmers die Kreditwürdigkeit bestätigt (zweifelhaft).

66 Diese Fallgruppe der cic umfasst also auch Fälle einer **Expertenhaftung**. Weitere solche Fälle finden sich traditionell beim Vertrag mit Schutzwirkung für Dritte: Dort wird gefragt, welche Dritten sich noch im Schutzbereich des Vertrags mit dem Experten befinden. Der sachliche Unterschied besteht wohl darin, dass beim

Vertrag mit Schutzwirkung für Dritte der Dritte räumlich und oft auch zeitlich weit von den Vertragsverhandlungen entfernt ist. Der Gesetzgeber des SchRModG (BTDrs 14/6040 163) hat erwogen, künftig könnten auch diese Fälle nach III behandelt werden. Doch ist dies auf Widerstand gestoßen (etwa Palandt/*Grüneberg* Rz 60 und u. Vor § 328 Rn 24).

Durch das Vertrauen müssen die Vertragsverhandlungen oder der Vertragsschluss **erheblich beeinflusst** worden sein. Das („erheblich") geht über das allg Erfordernis der Kausalität hinaus; es genügt zB nicht, dass das Eingreifen des Dritten sozusagen der letzte Tropfen war, der das Fass zum Überlaufen gebracht hat. 67

2. Weitere Fallgruppen. Die eben genannte Haftungsgrundlage ist in III 2 nur als Regelbeispiel formuliert. Daher bleibt Raum für andere Haftungsbegründungen. Dabei hat zeitweise das **Eigeninteresse** des Dritten an dem Geschäft eine Rolle gespielt (etwa BGHZ 87, 27, 33, obiter noch in BGHZ 159, 94, 102). Das verträgt sich aber nicht mit der Herleitung der cic-Haftung aus enttäuschtem Vertrauen; die Erklärungen von selbst interessierten Personen verdienen eher Misstrauen als besonderes Vertrauen (so die hM seit BGHZ 126, 181, 186 ff). Darum ist auch das Eigeninteresse nicht als weiteres Regelbeispiel in III 2 aufgenommen worden. Zur Eigenhaftung von organschaftlichen Vertretern BGH ZiP 08, 1526 Tz 13. 68

Abweichendes gilt nur, wenn der Dritte das **Geschäft gleichsam als eigenes behandelt** hat. Ein solcher Fall findet sich schon in RGZ 120, 249: Jemand hat einen Verkauf zunächst im eigenen Namen und danach als Vertreter eines Dritten verhandelt. Jetzt geht es va um Kraftfahrzeughändler, die einen in Zahlung genommenen Altwagen als Vertreter des Vorbesitzers verkaufen (zeitweise aus steuerlichen Gründen, jetzt womöglich zur Vermeidung der §§ 474 ff): Hier werden dem Händler (zumal wenn er eine eigene Werkstatt betreibt) wesentliche eigene Prüfungspflichten zugeschrieben, deren Verletzung eine eigene cic darstellt (seit BGHZ 63, 382, 385 mit BGHZ 79, 281: Der Händler sei ein Quasi-Verkäufer). 69

3. Verschulden. Für das Verschulden des Dritten gilt das in Rn 62 Gesagte. Insb kann auch der Dritte durch Hilfspersonen auftreten und dann über § 278 selbst verpflichtet werden. 70

E. Randfragen zur cic. I. Verjährung. Die Verjährung von Schadensersatzansprüchen aus cic richtet sich nach §§ 195, 199. Bei der Haftung wegen unrichtiger Angaben hat der BGH eine Angleichung dieser Frist an diejenige von § 124 abgelehnt: NJW 84, 2014, 2015. 71

II. Beweislast. Die Beweislast für die Voraussetzungen der cic liegt beim Geschädigten. Eine Ausnahme macht wegen § 280 I 2 nur der Nachweis des Vertretenmüssens: Insoweit muss sich der Schädiger exkulpieren. 72

§ 311a Leistungshindernis bei Vertragsschluss.

(1) Der Wirksamkeit eines Vertrags steht es nicht entgegen, dass der Schuldner nach § 275 Abs. 1 bis 3 nicht zu leisten braucht und das Leistungshindernis schon bei Vertragsschluss vorliegt.
(2) ¹Der Gläubiger kann nach seiner Wahl Schadensersatz statt der Leistung oder Ersatz seiner Aufwendungen in dem in § 284 bestimmten Umfang verlangen. ²Dies gilt nicht, wenn der Schuldner das Leistungshindernis bei Vertragsschluss nicht kannte und seine Unkenntnis auch nicht zu vertreten hat. ³§ 281 Abs. 1 Satz 2 und 3 und Abs. 5 findet entsprechende Anwendung.

A. Funktion der Vorschrift. I. Altes und neues Recht. § 311a betrifft den Regelungsbereich der §§ 306 bis 309 aF. Dabei ergeben sich die folgenden wesentlichen Unterschiede: § 306 aF hatte nur die **objektive**, also für jedermann bestehende **anfängliche Unmöglichkeit** der Leistung betroffen; in diesem Fall sollte der Vertrag nichtig sein. Dagegen erfasst § 311a I auch die subjektiven (gerade für den Schuldner bestehenden) Leistungshindernisse. 1

I bestimmt im Gegensatz zu § 306 aF die **Wirksamkeit** des auf die gestörte Leistung gerichteten Vertrags. Dass die gestörte Primärleistung nicht erbracht zu werden braucht, ergibt sich jetzt aus § 275 (der sich ja nicht mehr auf die nachträgliche Unmöglichkeit beschränkt). 2

II bestimmt im Gegensatz zu § 307 aF eine **Ersatzpflicht des Schuldners** auf Schadensersatz statt der Leistung. Die Pflichtverletzung des Schuldners wird also in der Nichteinhaltung seines Leistungsversprechens gesehen (u. Rn 8). Demgegenüber wurde § 307 aF als Fall der cic aufgefasst: Der Schuldner hatte nur das negative Interesse zu ersetzen, weil er den Vertrag nicht hätte abschließen sollen. 3

Bei § 307 II 1 aF musste der auf Schadensersatz klagende Gläubiger das Vertretenmüssen des Schuldners beweisen. Demgegenüber ergibt die Fassung des II 2 deutlich, dass sich jetzt der Schuldner entlasten muss. Das entspricht der Beweislastverteilung in § 280 I 2; die Haftung des Schuldners wird also bei objektiver Unmöglichkeit weiter verschärft. 4

Nach § 307 I 2 aF sollte die Ersatzpflicht des Schuldners ganz entfallen, wenn auch der Gläubiger die Unmöglichkeit gekannt hatte oder hätte kennen müssen. In dem neuen II fehlt eine entspr Vorschrift. Es bleibt also bei der Anwendbarkeit des § 254. 5

§ 306 aF hatte die Vertragswirksamkeit verneint. Das passte nicht für objektiv unmögliche **Qualitätszusagen insb des Verkäufers (oder Werkunternehmers)**, weil hier § 463 aF von einem wirksamen Kauf ausging. § 306 aF ist daher auf Qualitätszusagen auch dann nicht angewendet worden, wenn niemand die zugesagte 6

Qualität hätte herstellen können. Demggü passt jetzt § 311a auch für solche Zusagen (ausf MüKo/*Ernst* Rz 76 ff; § 311a wird ja auch in den §§ 437 Nr 3 und 634 Nr 4 ausdrücklich genannt).

7 Vor allem **beendet § 311a die Unterscheidung** des alten Rechts zwischen anfänglicher objektiver Unmöglichkeit (Vertragsnichtigkeit; Haftung des Schuldners nur bei Verschulden auf das negative Interesse) und anfänglicher subjektiver Unmöglichkeit (nicht geregelt, aber nach hM Garantiehaftung des Schuldners auf das positive Interesse).

8 **II. Eigene Anspruchsgrundlage?** II ist vom Gesetzgeber als eigene Grundlage für Ansprüche auf Schadensersatz statt der Leistung (neben § 280 I) aufgefasst worden, vgl §§ 437 Nr 3, 634 Nr 4. An der Richtigkeit dieser Annahme kann man zweifeln, weil die Haftung aus § 311a II derjenigen aus § 280 I weitgehend angeglichen ist. Nach Palandt/*Grüneberg* Rz 2 soll daher idR offen bleiben können, auf welche Norm der Anspruch gestützt wird. Doch besteht eine Besonderheit von II 2 hinsichtlich des Verschuldensbezugs: Während sich das Verschulden in § 280 I auf die Pflichtverletzung bezieht, stellt II 2 auf die Kenntnis oder fahrlässige Unkenntnis des Schuldners von dem Leistungshindernis ab. Diese Unterschied bedeutet eine gewisse Eigenart des II 2, derentwegen man die Eigenständigkeit als Anspruchsgrundlage bejahen sollte.

9 **B. Die Vertragswirksamkeit, Abs 1. I. Umfang.** Nach I soll die Vertragswirksamkeit nur daran nicht scheitern, dass der Schuldner nach § 275 I bis III nicht zu leisten braucht. Andere Unwirksamkeitsgründe (etwa §§ 105, 116 bis 118, 125, 134, 138, 154) bleiben also unberührt. Soweit ein Anfechtungsgrund nach den §§ 119, 120, 123 vorliegt, kann der Vertrag also angefochten werden (MüKo/*Ernst* Rz 24, anders beim Eigenschaftsirrtum, Rz 79). Dann richtet sich bei den §§ 119, 120 die Ersatzpflicht nicht mehr nach II, sondern nach § 122 (was für den Schuldner günstiger, aber wegen des Fehlens eines Verschuldenserfordernisses bei § 122 auch ungünstiger sein kann).

10 Die anfängliche Unmöglichkeit der Leistung kann auch ein **Fehlen der Geschäftsgrundlage** bedeuten (§ 313 II). Dann will MüKo/*Ernst* Rz 23 dem Schuldner ein Wahlrecht zwischen der in § 313 I bestimmten Vertragsanpassung und § 311a geben. Ein Wahlrecht ergibt sich aber in den Fällen von § 275 II und III schon daraus, dass der Schuldner die Unmöglichkeit nicht geltend zu machen braucht und statt dessen Vertragsanpassung nach § 313 verlangen kann. Dagegen ist bei § 275 I ein Wahlrecht des Schuldners zweifelhaft.

11 § 306 aF ist auch dazu verwendet worden, für **abergläubische oder sonstwie unseriöse Verträge** (zB auf Lieferung eines perpetuum mobile) den Rechtsschutz zu versagen. Der neue § 311a I scheint hierfür keine Handhabe zu bieten. Die Regierungsbegründung (BTDrs 14/6040 164) hat gemeint, solche Verträge würden häufig schon nach § 138 nichtig sein. Aber es kann objektiv an der Sittenwidrigkeit fehlen, ebenso an dem zusätzlich nötigen subjektiven Element (s. § 138 Rn 33 ff). Dann würde zwar § 275 I eine Pflicht zur Leistung (und § 326 I 1 zur Gegenleistung) ausschließen. Es bliebe aber der Anspruch nach II auf das positive Interesse, das sich in solchen Fällen kaum sinnvoll ermitteln lässt. MüKo/*Ernst* Rz 31 schlägt hier vorzugswürdig eine Reduktion auf das nach § 284 geschuldete negative Interesse vor (ebenso Palandt/*Grüneberg* Rz 5, anders *Schwarze* Jura 02, 74).

12 **II. Voraussetzungen.** Der Schuldner darf nach § 275 I bis III **nicht zur Leistung verpflichtet** sein. Das erfordert bei 275 II und III, dass der Schuldner das Leistungshindernis mit dem Ziel der Befreiung geltend gemacht hat.

13 Das Hindernis muss „**bei Vertragsschluss**" vorgelegen haben. Dabei sind zwei Fragen zu unterscheiden: Soll es wirklich auf den **Zeitpunkt des Vertragsschlusses** (idR auf den Zugang der Annahmeerklärung) ankommen oder – wie eine Mindermeinung zu § 306 aF angenommen hat – auf das **Fälligwerden** der nach § 275 unmöglichen Leistung? Vorzuziehen ist die erste Alt. Doch ist eine Ausnahme für die in § 308 aF geregelten Fälle anzunehmen, nämlich dass der Vertrag für den Fall des Möglichwerdens der zunächst für unmöglich gehaltenen Leistung geschlossen worden ist. Hier tritt Unmöglichkeit erst dann ein (mit der Folge aus II), wenn das Möglichwerden der Leistung erkennbar ausgeschlossen ist.

14 Fraglich kann zweitens sein, **nach welcher Wissenslage** die Unmöglichkeit zu beurteilen ist. Hierfür wird man ebenso wie bei § 275 nicht den Vertragsschluss wählen dürfen. Denn es wäre sinnlos, eine nur scheinbar unmögliche Leistungspflicht zu verneinen. Daher bleibt nur ein späterer Zeitpunkt, beim gerichtlichen Streit derjenige der letzten mündlichen Verhandlung (ebenso MüKo/*Ernst* Rz 32). Haben sich die Parteien jedoch einmal auf die Annahme von Unmöglichkeit geeinigt, solte es dabei sein Bewenden haben.

15 Besonderes gilt für den Fall, dass die Unmöglichkeit nach einem bindenden Antrag des Schuldners, aber vor dessen Annahme (also vor dem Vertragsschluss) eintritt (s. *Tettinger* ZGS 06, 452). Dann stellt sich zunächst die Frage, ob der Schuldner seinen Antrag noch widerrufen kann, ggf mit der Folge einer Haftung aus cic. Andernfalls ist § 311a mit der Möglichkeit einer Haftung auf das positive Interesse anzuwenden.

16 **C. Der Schadensersatzanspruch, Abs 2. I. Grund.** Nach II 1 wird Schadensersatz statt der (unmöglichen) *Leistung geschuldet, also das **positive Interesse**.* Stattdessen soll der Gläubiger aber auch Aufwendungsersatz nach § 284 verlangen können, also ein modifiziertes negatives Interesse (u. Rn 22). Grund dafür ist die Nichterbringung der von Anfang an unmöglichen Leistung. Eine Garantiehaftung folgt hieraus aber entgegen *Sutschet* NJW 05, 1404 nicht (vgl *Canaris* FS Heldrich 05, 11, 28 ff).

Nach II 2 soll der Schuldner nicht haften, wenn er die **Unmöglichkeit kannte und seine Unkenntnis** 17
nicht zu vertreten hat. Dafür wird es idR auf Fahrlässigkeit des Schuldners ankommen. Diese setzt die Verletzung einer Pflicht (oder Obliegenheit) voraus. Der Schuldner muss also nach § 242 unter bestimmten Umständen verpflichtet sein, vor Vertragsschluss zu prüfen, ob er die versprochene Leistung auch wirklich erbringen kann. Dass er dies getan hat, steht zu seiner **Beweislast**.

Wenn Kenntnis oder Kennenmüssen bei **Hilfspersonen des Schuldners** vorliegen, kommt eine Zurechnung 18
an diesen nach den §§ 166, 278 in Betracht. Dabei gelangt man zu der allg Frage, inwieweit Hilfspersonen in die Erfüllung von Schutzpflichten eingeschaltet sind (vgl § 278 Rn 23). Das ist wohl ziemlich weitgehend zu bejahen, da nach dem Sinn des § 278 die Arbeitsteilung beim Schuldner nicht zu Lasten des Gläubigers gehen soll. Daneben kommt aber auch ein eigenes Organisationsverschulden des Schuldners in Betracht: Dieser muss in gewissem Umfang dafür Vorsorge treffen, dass er Hinderungsgründe rechtzeitig vor Vertragsschluss erfährt. Auch kann ihm Aktenwissen zuzurechnen sein, also Wissen aus Datenträgern, die sich in seinem Organisationsbereich befinden (vgl § 166 Rn 12).

Welche Umstände den Schuldner zu einer Vergewisserung über sein Leistungsvermögen verpflichten, lässt 19
sich wie häufig bei Schutzpflichten nicht allg sagen. Erheblich ist regelmäßig der Wert des Vertragsgegenstandes und das erkennbare Interesse des Gläubigers an der Leistung. Auch bei verhältnismäßig geringwertigen Ersatzteilen kann der Schuldner zu sorgfältigen Erkundigungen über seine Lieferfähigkeit verpflichtet sein, wenn sie für den Betrieb des Gläubigers unentbehrlich sind.

Nicht mehr direkt um Kenntnis oder Kennenmüssen des Schuldners handelt es sich, wenn dieser **vor Ver-** 20
tragsschluss mit dem Vertragsgegenstand sorglos umgeht und so die Unmöglichkeit selbst herbeiführt. Dies bedeutet keine Pflichtverletzung, solange er weder vertraglich zur Leistung noch (ausnahmsweise, vgl § 311 Rn 49) schon vorvertraglich zum Vertragsschluss verpflichtet ist. Aber sein eigenes Vorverhalten wird der Schuldner regelmäßig beim Vertragsschluss kennen oder wenigstens kennen müssen. Daher kann auch der sorglose Umgang mit dem Vertragsgegenstand die Ersatzpflicht nach II 2 auslösen. Eine verschuldensunabhängige Haftung analog § 122 (dafür *Canaris* JZ 01, 507, doch vgl jetzt FS Heldrich 05, 11, 28 ff) dürfte zu verneinen sein (Palandt/*Grüneberg* Rz 15; MüKo/*Ernst* Rz 41, krit *H. Schmidt* NJW 07, 2832, 2833).

II. Umfang. Regelmäßig geht der Schadensersatzanspruch aus II 1 auf **Schadensersatz statt der Leistung**. 21
Dieser umfasst wie bei §§ 280, 281 außer dem Wert der Leistung auch alle Folgeschäden, die durch die Nichtleistung für den Gläubiger entstehen, einschließlich des Betriebsausfallschadens. Allerdings braucht der Gläubiger nach § 326 I wegen der Unmöglichkeit der Leistung die Gegenleistung nicht zu erbringen. Deren Wert muss also von dem Schadensersatz statt der Leistung abgezogen werden. Doch wird man dem Gläubiger das Recht zugestehen müssen, die Gegenleistung zu erbringen und dann entspr der Surrogationstheorie den Schadensersatz statt der Leistung ungemindert zu fordern.

Anstelle des Schadensersatzes statt der Leistung kann der Gläubiger nach II 1 auch den in § 284 bestimmten 22
Aufwendungsersatz verlangen. Dieser entspricht va deshalb nicht genau dem negativen Interesse, weil er nicht den entgangenen Gewinn aus anderen Vertragsschlüssen umfasst, die der Gläubiger im Vertrauen auf den Vertrag mit dem Schuldner versäumt hat. Daraus folgt die Frage, ob nicht aus cic das volle negative Interesse verlangt werden kann. Denn häufig wird in den Fällen von II 1 zugleich ein cic vorliegen. Die weitergehende Haftung wird zu bejahen sein (vgl MüKo/*Ernst* Rz 21). Denn es ist kein Grund ersichtlich, dessentwegen der Gläubiger bei dieser Fallgruppe der cic schlechter stehen sollte als sonst. *Ackermann* Schutz des negativen Interesses 07, 382 ff hält nach § 284 überhaupt auch alle Schäden für ersatzfähig, die keine Aufwendungen darstellen. Jedenfalls aber muß der Vorrang des Mängelrechts bei der Verjährung berücksichtigt werden (vgl u Rn 26).

Für die **Teilunmöglichkeit** (dazu *Canaris* FS Medicus 09, 17) verweist II 3 auf § 281 I 2. Das bedeutet: Bei 23
anfänglicher Teilunmöglichkeit kann der Gläubiger Schadensersatz statt der ganzen Leistung nur verlangen, wenn er an der möglichen Teilleistung kein Interesse hat. Das entspricht der Problematik von § 281 I 2 (vgl dort Rn 26 ff). Der Schadensersatz (oder Aufwendungsersatz nach § 284) wegen des unmöglichen Teils kann dagegen ohne weiteres gefordert werden.

Ähnl wirkt die Verweisung auf § 281 I 3 in II 3: Bei einer **Schlechtleistung** kann Schadensersatz statt der gan- 24
zen Leistung bei einer unerheblichen Pflichtverletzung (vgl § 281 Rn 30) nicht gefordert werden. Hier zeigt sich, dass § 311a auch für nicht behebbare Qualitätsmängel gedacht ist (vgl Rn 6). Zweck des § 281 I 3 ist, das Schuldverhältnis soweit möglich zu retten. Dagegen kann Schadensersatz wegen des Mangels und seiner Folgen unbeschränkt gefordert werden.

Ergänzt werden die beiden Verweisungen in I 3 durch diejenige auf **§ 281 V:** Soweit der Gläubiger bei Teil- 25
oder Schlechtleistung Schadensersatz statt der ganzen Leistung fordern kann, mag ja der Schuldner schon geleistet haben (nämlich den möglichen Teil oder in der minderen Qualität). Dann soll der Gläubiger diese Leistung (selbstverständlich) nicht behalten dürfen. Daher soll der Schuldner sie nach Rücktrittsrecht (§§ 346 bis 348) zurückfordern dürfen. Den Schadensersatz braucht er nur Zug um Zug gegen Rückgabe zu leisten, §§ 281 V, 348, 320, 322.

26 **III. Verjährung.** Der Schadensersatzanspruch aus II 2 verjährt idR nach §§ 195, 199. Soweit es um Fehler der Kaufsache oder Werkleistung geht, haben jedoch die §§ 437 Nr 3, 438 oder 634 Nr 4, 634a Vorrang.

27 **D. Abdingbarkeit.** § 311a ist idR abdingbar. So kann I etwa dadurch abbedungen werden, dass die Möglichkeit der Leistung zur Bedingung gemacht oder für den Fall der Unmöglichkeit ein Rücktrittsrecht vereinbart wird. Bei Verwendung von AGB durch den Schuldner der gestörten Leistung dürfte § 308 Nr 3 nicht entgegenstehen, weil die Unmöglichkeit wohl stets einen sachlich gerechtfertigten Grund darstellt. Doch ist dann § 308 Nr 8 zu beachten.

28 Auch der Schadensersatzanspruch nach II kann idR abbedungen werden. Nach § 276 III gilt das aber nicht, wenn der die Leistung Versprechende deren Unmöglichkeit und seine Pflicht zur Offenbarung kennt. Verwendet der Versprechende AGB, so ist zusätzlich § 309 Nr 7 zu beachten.

§ 311b Verträge über Grundstücke, das Vermögen und den Nachlass. (1) ¹Ein Vertrag, durch den sich der eine Teil verpflichtet, das Eigentum an einem Grundstück zu übertragen oder zu erwerben, bedarf der notariellen Beurkundung. ²Ein ohne Beachtung dieser Form geschlossener Vertrag wird seinem ganzen Inhalt nach gültig, wenn die Auflassung und die Eintragung in das Grundbuch erfolgen.
(2) Ein Vertrag, durch den sich der eine Teil verpflichtet, sein künftiges Vermögen oder einen Bruchteil seines künftigen Vermögens zu übertragen oder mit einem Nießbrauch zu belasten, ist nichtig.
(3) Ein Vertrag, durch den sich der eine Teil verpflichtet, sein gegenwärtiges Vermögen oder einen Bruchteil seines gegenwärtigen Vermögens zu übertragen oder mit einem Nießbrauch zu belasten, bedarf der notariellen Beurkundung.
(4) ¹Ein Vertrag über den Nachlass eines noch lebenden Dritten ist nichtig. ²Das Gleiche gilt von einem Vertrag über den Pflichtteil oder ein Vermächtnis aus dem Nachlass eines noch lebenden Dritten.
(5) ¹Absatz 4 gilt nicht für einen Vertrag, der unter künftigen gesetzlichen Erben über den gesetzlichen Erbteil oder den Pflichtteil eines von ihnen geschlossen wird. ²Ein solcher Vertrag bedarf der notariellen Beurkundung.

1 **A. Entstehung.** § 311b stammt aus dem SchRModG. Er fasst die Form- und Nichtigkeitsvorschriften der §§ 310 bis 313 aF ohne sachliche Änderungen zusammen. Weitaus die größte Bedeutung hat § 311b I (früher § 313).

2 **B. Grundstücksgeschäfte, Abs 1. I. Anwendungsbereich, Abs 1 S 1. 1. Vertragsgegenstand.** Der Vertrag muss eine **Verpflichtung zur Änderung des Eigentums** (auch von Miteigentumsanteilen) an einem Grundstück enthalten, also zur Übertragung oder zum Erwerb von Eigentum an einem Grundstück verpflichten. Einem Grundstück stehen gleich das Wohnungseigentum (§ 4 III WEG) und das Erbbaurecht (§ 11 ErbbauRG), auch das Sondereigentum an Gebäuden nach dem ZGB der DDR (Art 231 § 5 EGBGB). Nicht anwendbar ist I auf Verpflichtungen zur Belastung des Eigentums. Eine Ausnahme bildet hier das Vorkaufsrecht (BGH DNotZ 03, 426), weil dieses eine Verpflichtung zur Übereignung herbeiführen kann. Die Verpflichtung zur Übertragung eines Gesellschaftsanteils fällt idR nicht unter § 311b I, selbst wenn das Gesellschaftsvermögen im Wesentlichen aus Grundstücken besteht (BGHZ 86, 367). Dagegen passt I für einen Gesellschaftsvertrag, der zur Einbringung eines Grundstücks verpflichtet. Ebenso fällt unter I die Verpflichtung zu einer Änderung der Eigentumsform, etwa zur Umwandlung von Gesamthandseigentum in Miteigentum nach Bruchteilen oder Alleineigentum (etwa bei einer Erbauseinandersetzung, RGZ 129, 122, 123).

3 Die bloße Verpflichtung zur **Abtretung eines Anspruchs auf Grundstücksübertragung** ist formfrei, weil sie nur die Person des Erwerbers ändert (BGHZ 57, 394, 397). Dagegen soll nach BGHZ 49, 197, 202 (obiter) für die Übertragung des Anwartschaftsrechts eines Auflassungsempfängers § 925 gelten; dann dürfte auf die entspr Verpflichtung auch § 311b anzuwenden sein (vgl aber u. Rn 12).

4 Eine **Bedingung** ändert an der Formbedürftigkeit nichts (BGHZ 57, 394, 397). **Vorverträge** sind formbedürftig, wenn sie schon eine Partei (womöglich bedingt) verpflichten und nicht bloß Absichten erklären (BGHZ 82, 398, 403; 97, 147, 153). Formbedürftig ist auch die Einräumung einer **Option** auf den Erwerb von Grundstückseigentum, regelmäßig auch die Erklärung der Ausübung dieses Rechts (sie verpflichtet ja ebenso zum Erwerb wie die Annahme eines Verkaufsantrags). Doch kann die Auslegung des Vertrags über die Option ergeben, dass diese schon einen aufschiebend bedingten Kaufvertrag darstellt: Dann ist die den Bedingungseintritt bewirkende Ausübungserklärung formfrei (BGH NJW 91, 2698).

5 **2. Mittelbarer Zwang.** Nach einer verbreiteten Rspr soll schon ein bloß mittelbarer Zwang zu Veräußerung oder Erwerb von Grundstückseigentum für die Formbedürftigkeit genügen. Hierfür soll es nämlich ausreichen, dass für das Unterlassen von Veräußerung oder Erwerb wesentliche wirtschaftliche Nachteile vereinbart werden. Das gilt etwa für das Versprechen einer Vertragsstrafe (BGH NJW 70, 1915, 1916), ebenso für erhebliche Vergütungen, die einem Makler für den Fall versprochen werden, dass der Auftraggeber einen Abschluss verweigert. Hierzu gibt es eine umfangreiche Rspr. Danach soll I anwendbar sein, wenn die Zahlungspflicht „einen unangemessenen Druck in Richtung auf die Grundstücksveräußerung (oder den Erwerb) bedeutet"; dabei sei die Bezeichnung der geschuldeten Leistung bedeutungslos (BGH NJW 80, 1622, 1623). Schon ein

Betrag, der 10–15% der vereinbarten Provision übersteigt, soll zur Formbedürftigkeit führen (BGH aaO). Formbedürftig ist endlich die Vereinbarung einer Verfallklausel (BGH NJW 79, 307).
Doch soll ein Vertrag über den **Kauf eines Fertighauses** nicht schon deshalb der Form bedürfen, weil der Käufer für die Aufstellung irgendein Grundstück erwerben muss (BGHZ 76, 43). Anderseits soll der Vertrag über den Bau einer Doppelhaushälfte der Form bedürfen, wenn sich der Unternehmer zur Beschaffung des für den Bau benötigten Grundstücks verpflichtet (BGHZ 78, 346). **6**

3. Umfang des Formerfordernisses. Der Beurkundung bedarf der Vertrag, also Antrag und Annahme. Dabei beschränkt sich das Formerfordernis nicht auf die das Grundstück betreffenden Abreden. Formbedürftig sind vielmehr alle Vereinbarungen, die nach dem erkennbaren und von der Gegenpartei hingenommenen Willen auch nur einer Partei zusammen mit der Grundstücksübertragung gelten sollen (BGHZ 74, 340, 348). Anders gesagt sind formbedürftig alle Vertragsteile, die miteinander stehen und fallen sollen (BGHZ 101, 393, 396). Zu der von BGH NJW 00, 951, 952 teils anders beurteilten einseitigen Abhängigkeit (der eine Vertrag soll nicht ohne den anderen, aber der andere ohne den einen gelten) vgl *Maier/Reimer* NJW 04, 3741. Der weiten Beurkundungspflicht können die Beteiligten auch nicht durch eine Verteilung auf mehrere Vertragsurkunden entgehen; diese mag allenfalls eine Vermutung gegen einen rechtlichen Zusammenhang begründen (BGHZ 101, 393, 396). **7**

Für § 311b I kommen **fast alle Vertragstypen** in Betracht, **ebenso untypische Verträge**, etwa über eine Erbauseinandersetzung. Insb bei Bauherrenmodellen bildet idR der Treuhandvertrag eine rechtliche Einheit mit den Vereinbarungen über die Errichtung eines Bauwerks und dem Grundstückserwerb (BGHZ 101, 393, 397). Dabei kommt es nicht darauf an, ob die verschiedenen Parteien miteinander rechtlich verflochten sind (BGH aaO). **8**

Auch hinsichtlich der **Einzelheiten** wird das Formerfordernis streng gehandhabt. So genügt die Angabe der Grundstücksgröße allein nicht (BGH NJW 69, 132), auch nicht die Versicherung, die Parteien seien über die Abgrenzung einig (BGH NJW 79, 1350). Doch kann bei einem noch nicht vermessenen Grundstück die Angabe von Merkmalen in der Natur (Gräben, Bäume, Hecken, sogar Pflöcke) genügen, wenn mit einer gewissen Bestandsdauer zu rechnen ist und diese Kennzeichen im Zeitpunkt der Beurkundung wirklich vorhanden sind (BGH NJW 89, 898). Soweit die Pflichten erst durch einen Teilungsplan oder eine Baubeschreibung konkretisiert werden, bedürfen auch diese der Beurkundung (BGH NJW 02, 1050, 1051). Die Textteile solcher Pläne müssen verlesen, die nicht verlesbaren Teile müssen den Beteiligten zur Durchsicht vorgelegt werden (BGHZ 138, 160, 162); vgl §§ 9 I 2, 13 I BeurkG. **9**

4. Spätere Vertragsänderungen. Auch spätere Änderungen oder Ergänzungen des Vertrages unterliegen regelmäßig dem Formzwang. Die früher vertretene Ansicht, nur Verschärfungen der Übereignungspflicht seien formbedürftig, ist durch Aufnahme der Erwerbspflicht in § 313 aF (im Jahr 1973) überholt. Insb gilt der Formzwang auch für unwesentliche Änderungen, wenn sie nicht die Veräußerungs- und Erwerbspflicht ganz unberührt lassen (aber BGHZ 66, 270, 272: Verlängerung einer Rücktrittsfrist formlos möglich). Sonst werden für formfrei gehalten im Wesentlichen nur Vereinbarungen zur Behebung von Abwicklungsschwierigkeiten, die den Inhalt der beiderseitigen Pflichten nicht im Kern betreffen (BGH NJW 01, 1932, 1933 für die Vereinbarung einer Frist für den Baubeginn und eines Rücktrittsrechts für den Gläubiger). **10**

5. Vollmachten. Nach § 167 II ist eine Vollmacht zu einem formbedürftigen Geschäft idR formlos gültig. Das ist anders, wenn die Vollmacht einen Teil eines schon für sich betrachtet formbedürftigen Vertrages bildet (RGZ 94, 147, 150). UU ist aber eine Heilung des Mangels einer solchen Vollmacht nach I 2 möglich (vgl u. Rn 15 ff), so BGH NJW 90, 1721, 1722, anders wohl BGHZ 93, 147, 150, vgl *Wolfsteiner* DNotZ 03, 626). § 167 II wird aber nicht angewendet auf eine unwiderrufliche Vollmacht (RGZ 110, 319, 320, BGH LM § 167 BGB Nr 18). Das gilt auch für eine zeitlich begrenzte Vollmacht und für die Verpflichtung zur Erteilung einer solchen Vollmacht: Schon hierdurch läuft der Vollmachtgeber oder Verpflichtete Gefahr, das Grundstück zu verlieren. Formbedürftig ist aber auch eine widerrufliche Vollmacht, wenn sie eine rechtliche oder tatsächliche Bindung des Vollmachtgebers zu Erwerb oder Veräußerung eines Grundstücks mit sich bringt (BGH NJW 75, 39). Dafür genügt aber nicht schon allemal, dass der Bevollmächtigte von der Beschränkung aus § 181 freigestellt ist (BGH NJW 79, 2306, 2307). **11**

6. Vertragsaufhebung. Für die Aufhebung eines Grundstücksgeschäfts ist zu unterscheiden: Wenn der Vertrag schon durch Übereignung erfüllt ist, begründet die Aufhebung eine Pflicht zur Rückübereignung; der Aufhebungsvertrag ist daher formbedürftig (BGHZ 83, 395, 397, im Ergebnis idR auch BGHZ 127, 168, 173 f). Ist der Vertrag dagegen noch nicht erfüllt, kann er idR formfrei aufgehoben werden (BGHZ 83, 395, 398). Dazwischen soll der Fall liegen, dass der Erwerber schon durch Auflassung und Eintragung einer Auflassungsvormerkung eine Anwartschaft auf den Eigentumserwerb hat. Da diese ein dem vollen Eigentum ähnliches Recht sei, bedürfe es hier der Form (BGHZ aaO 399). Doch wenn zunächst formlos das Anwartschaftsrecht aufgehoben werden kann, etwa durch formlose Aufhebung der Auflassung, soll das Formerfordernis entfallen (vgl BGH NJW 93, 3323, 3325). Das zeigt die Fragwürdigkeit der Folgerungen aus dem angeblich eigentumsähnlichen Anwartschaftsrecht (vgl *Medicus* BürgR Rz 469a). **12**

13 **7. Die falsa demonstratio und der Schwarzkauf.** Fraglich ist die Erfüllung des Formerfordernisses, wenn der notarielle Vertrag das Grundstück unrichtig bezeichnet (insb Parzellenverwechslung), die Parteien aber über das wirklich Gemeinte einig sind. Die Rspr bejaht hier die Wirksamkeit wenigstens dann, wenn das Beurkundete Anhaltspunkte für das Gemeinte ergibt (zB Größe und Bebauung des Grundstücks sind richtig angegeben, bloß die Parzelle ist falsch bezeichnet). Zudem sollen auch Anhaltspunkte außerhalb der Urkunde berücksichtigt werden. Das ist die sog **Andeutungstheorie**. Doch ist der BGH gerade bei § 311b I noch einen Schritt weiter gegangen und hat auf eine solche Andeutung verzichtet (BGHZ 87, 150, 153 mit ausf Begründung).

14 Diese Großzügigkeit gilt aber nur **für versehentliche Falschangaben**, nicht dagegen bei absichtlichen: Es wird etwa einverständlich der Kaufpreis zu niedrig angegeben, um Steuern und Gebühren zu sparen (sog **Schwarzkauf**). Hier ist das Beurkundete nichtig nach § 117 I, das Gewollte ebenfalls nichtig nach § 125. Diese Nichtigkeit kann jedoch nach § 311b I 2 unter den Voraussetzungen von u. Rn 16 durch Auflassung und Eintragung des Erwerbers behoben werden; der Kauf gilt dann zu dem gewollten höheren Preis.

15 **II. Das Wirksamwerden durch Erfüllung, Abs 1 S 2.** Nach I 2 wird der formnichtige Vertrag seinem ganzen Inhalt nach gültig, wenn zur Erfüllung des Vertrages (vgl BGHZ 160, 368) die Auflassung und die Eintragung in das Grundbuch erfolgen. Diese Heilung betrifft aber nur die Formnichtigkeit nach § 125, nicht anderer Unwirksamkeitsgründe wie Willensmängel oder das Fehlen einer Genehmigung. Beruht die Unwirksamkeit der Auflassung auf der Unwirksamkeit der in dem formnichtigen Grundstücksvertrag enthaltenen Vollmacht, wird diese nicht rückwirkend geheilt (s.u. Rn 17).

16 IE muss sich die Auflassung **auf den ganzen Vertragsgegenstand** beziehen, also ggf auf alle dort genannten Grundstücke. Das gilt sogar dann, wenn es sich um mehrere Verträge handelt, selbst wenn die Verknüpfung nicht beurkundet ist (BGH NJW 00, 2017). Die Willensübereinstimmung bei den Parteien muss bis zur Auflassung fortbestehen (BGHZ 127, 129, 136 f), und zwar hinsichtlich des ganzen Vertragsinhalts. Dieser Fortbestand wird vermutet, wenn nicht eine Partei ihre Willensänderung erkennen lässt (BGHZ 54, 56, 63 f). Die nicht mehr einverstandene Partei kann dann die Auflassung nach § 812 zurückfordern, wenn nicht die §§ 814 f eingreifen (RGZ 108, 329). Diese Partei kann auch durch einstweilige Verfügung ein Erwerbsverbot erwirken; die Eintragung ist dann entspr §§ 136, 135 relativ unwirksam und genügt zur Heilung nicht; das Verbot soll sogar ein Eintragungshindernis begründen (RGZ 117, 287, 291 f).

17 Die Heilung **wirkt nicht zurück**. Daher ist eine davor eingetragene Auflassungsvormerkung zunächst wirkungslos (BGHZ 54, 56, 63) und ein Verzug ergreift nicht den früheren Zeitraum (BGH DB 79, 938). Wenig konsequent hat demgeg BGH NJW 82, 759, 761 (nicht in BGHZ 82, 398) den Verfall einer Vertragsstrafe schon für die Nichtleistung vor der Heilung angenommen.

18 Bei Verträgen, die **nicht direkt die Übertragung** von Grundstückeigentum zum Inhalt haben, wird § 311b I 2 vielfach analog angewendet. So tritt die Heilung eines formnichtigen Vorvertrages schon mit dem förmlichen Abschluss des Hauptvertrages ein (BGHZ 82, 398, 403). Ähnl soll bei einer Verpflichtung zum Verkauf an einen Dritten der Formmangel schon durch formgültigen Abschluss des Kaufvertrages mit diesem Dritten geheilt werden (BGH NJW 82, 759). Zur Heilung formunwirksamer **Vorverträge** durch Abschluß eines förmlichen Hauptvertrages vgl BGHZ 160, 368: Auch hier muß ein Erfüllungszusammenhang zwischen beiden Verträgen bestehen. Dieser fehlt, wenn der Hauptvertrag mit einem Dritten abgeschlossen wird, ohne dass der Vorvertrag dazu verpflichtet hätte.

19 **C. Verträge über das Gesamtvermögen, Abs 2 und 3. I. Zweck der Regelung.** Die ohne sachliche Änderung aus den §§ 310, 311 aF übernommene Regelung erfasst Verpflichtungsverträge über das Vermögen im Ganzen (einheitliche Verfügungen über das Vermögen als Ganzes gibt es ohnehin nicht). Dabei wird unter „Vermögen" die Summe der Aktiva verstanden; eine Erstreckung auf die Schulden ändert aber nichts (vgl RGZ 69, 413, 420 zu § 311 aF).

20 Die Gefahren, denen II und III wehren wollen, unterscheiden sich je nach dem, ob es sich um das künftige oder das gegenwärtige Vermögen handelt: Das in II enthaltene Verbot von Geschäften über das künftige Vermögen soll verhindern, dass sich jemand seiner Vermögensfähigkeit begibt und dadurch den Antrieb zum Erwerb verliert (Mot II 186). Dass auch Bruchteile nicht sollen übertragen werden können, erklärt sich am ehesten aus dem spekulativen Charakter solcher Geschäfte: Das künftige Vermögen ist ja ungewiss. Ähnl will III vor der Übereilung beim Eingehen einer besonders gefährlichen Verpflichtung schützen (Mot II 188). Da die Gefahr hier weniger schwer wiegt, wird aber nur notarielle Beurkundung und nicht Nichtigkeit vorgeschrieben.

21 **II. Das künftige Vermögen, Abs 2.** Die Verpflichtung muss hier das künftige Vermögen als solches (oder einen Bruchteil davon) erfassen. Es genügen nicht Verpflichtungen über einen Gegenstand, der praktisch das ganze Vermögen ausmacht (zB ein Grundstück), BGHZ 25, 1, 4. Schon gar nicht genügt die Eingehung von Verpflichtungen, die höher sind als der Wert des gegenwärtigen oder künftigen Vermögens (BGHZ 107, 92, 100, 103; BGH ZIP 91, 987, 989). Auch die Verpflichtung zur Abtretung aller künftiger Geschäftsforderungen fällt nicht unter II (ganz hM, abw RGZ 67, 166, 168). Andererseits scheitert II nicht daran, dass einige geringwertige Gegenstände ausgeschlossen sein sollen (RGZ 137, 324, 349 zu III). Auch eine Gegenleistung ändert an der Anwendbarkeit nichts.

Gegenstand der Verpflichtung müssen die Übertragung (des Eigentums) oder die Bestellung eines Nießbrauchs (vgl § 1085) sein. Es genügt auch die Verpflichtung zur Sicherungsübereignung. 22
Juristische Personen unterfallen dem Abtretungsverbot gleichfalls; *Kiem* NJW 06, 2363, 2366 f bezeichnet das 23
(kaum mit Recht) als „blanken Formalismus". Freilich gelten für sie viele Spezialvorschriften, etwa für Vermögensübertragungen bei einer Umwandlung der Rechtsform oder bei einer Verschmelzung.
Rechtsfolge von II ist die Nichtigkeit der Verpflichtung. Wenn das Vermögen aber erst beim Tod des Verpflichteten übergehen soll, kommt nach § 140 die Umdeutung in einen formbedürftigen, aber nicht schon 24
wegen seines Inhalts nichtigen Erbvertrag in Betracht (BGHZ 8, 23, 34).

III. Das gegenwärtige Vermögen, Abs 3. Für Verpflichtungen zur Übertragung des gegenwärtigen Vermögens 25
oder zur Bestellung eines Nießbrauchs hieran gilt mit Ausn der Rechtsfolge Entsprechendes wie für das künftige Vermögen, vgl daher Rn 21 bis 23. Rechtsfolge ist bei III das Erfordernis der notariellen Beurkundung und bei deren Fehlen die Nichtigkeit nach § 125. Formbedürftig ist der ganze Vertrag. Bei einer Schenkung heilt der Vollzug nach § 518 II nur das Fehlen der Schenkungsform; dagegen bleibt die Nichtigkeit nach III mit § 125 bestehen.

D. Verträge über den Nachlass eines lebenden Dritten, Abs 4 und 5. I. Die Regel, Abs 4. Regelmäßig sind 26
Verträge über den Nachlass eines noch lebenden Dritten nichtig, IV 1. Dem stehen gleich Verträge über den Pflichtteil oder ein Vermächtnis aus einem solchen Nachlass. Als anstößig erscheint hier schon die in solchen Verträgen liegende Spekulation auf den Tod des Dritten. Va aber soll verhindert werden, dass solche Verträge zu leichtsinniger Vermögensverschleuderung und zur Ausbeutung von Leichtsinn führen (Mot II 184; BGHZ 26, 320, 324 f; 104, 279, 281). Betroffen ist zwar die Verpflichtung, eine erwartete Erbschaft anzunehmen, auszuschlagen oder auch zu übertragen; ebenso die Verpflichtung, keine Pflichtteilsansprüche geltend zu machen oder eine Testamentsanfechtung zu unterlassen. Dagegen sollen Verträge über die Anwartschaft eines Nacherben gültig sein (BGHZ 37, 319, 326). Nichtig soll aber ein Vertrag sein, in dem sich die Verpflichtung zur Leistung nach dem Nachlasswert richtet (BGHZ 26, 320, 324).
Anders als bei II und III soll sich die Nichtigkeit bei IV **auch auf die Vollzugsgeschäfte** (Verfügungen) erstrecken (BGHZ 37, 319, 324). Dagegen sind erbrechtliche Verträge mit dem Erblasser selbst wirksam, soweit das 27
Erbrecht sie zulässt.

II. Die Ausnahme, Abs 5. Nach V ist ein sog **Erbschaftsvertrag**, nämlich ein Vertrag zwischen künftigen 28
gesetzlichen Erben über den gesetzlichen Erbteil oder den Pflichtteil eines von ihnen nicht nichtig; er bedarf aber der notariellen Beurkundung. Das soll vorweggenommene Erbauseinandersetzungen möglich machen. Verträge über testamentarische Zuwendungen sind wirksam bis zur Höhe des gesetzlichen Erbteils (BGHZ 104, 279, 282 mit guten Gründen gegen RGZ 98, 330).
V betrifft aber **nur schuldrechtliche Verpflichtungen**. Deren Ausführung unterliegt dann den Regeln des 29
Erbrechts (etwa § 2033 I Übertragung eines Erbanteils).

§ 311c Erstreckung auf Zubehör. Verpflichtet sich jemand zur Veräußerung oder Belastung einer Sache, so erstreckt sich diese Verpflichtung im Zweifel auch auf das Zubehör der Sache.

Die abdingbare Vorschrift (vor dem SchRModG § 314) betrifft den Umfang der **schuldrechtlichen Verpflich-** 1
tung zur Veräußerung oder Belastung einer Sache. § 311c wird auf Miete und Pacht analog angewendet (BGH NJW 00, 354, 357). Er betrifft das im Zeitpunkt des Vertragsschlusses vorhandene Zubehör (BGH aaO). Auf das Eigentum an den Zubehörstücken kommt es nicht an. Bedeutung hat § 311c va bei § 311b I, also beim Grundstücksverkauf. Hier bedarf die Verpflichtung hinsichtlich des Zubehörs nicht der Form von § 311 I (BGH aaO). Für das Vermächtnis gilt Entsprechendes nach § 2164. Das Zubehör bestimmt sich nach §§ 97, 98. Nicht dazu gehören aber etwa ein Recht auf die Lieferung von Zuckerrüben (BGHZ 111, 110, 116), jedenfalls beim Verkauf eines Teils der Anbaufläche, sowie der Anspruch auf Freistellung von Erschließungskosten (BGH NJW 93, 2232).
Der **Umfang der dinglichen Übertragung** regelt sich nach § 926. Hier spielt dann auch die Eigentumslage 2
eine Rolle. Der Übergang einer Marke bei der Übertragung eines Geschäftsbetriebs bestimmt sich nach § 27 II Markengesetz.

Untertitel 2   Besondere Vertriebsformen

Vorbemerkungen vor §§ 312 ff

Der durch das SchRModG eingefügte Untertitel 2 enthält va das alte G über den Widerruf von Haustürge- 1
schäften und ähnlichen Geschäften v 16.1.86 (HWiG) in den §§ 312, 312a und das FernabsatzG v 27.6.00 in den §§ 312b bis d. Beide Vorschriftengruppen wie auch § 312e beruhen auf **EG-Richtlinien**. Sie enthalten ein wesentliches Stück des Verbraucherschutzes (streng genommen außer § 312e, der von „Kunden" statt von

„Verbrauchern" spricht). Insb auf die §§ 312 bis 312d beziehen sich die §§ 13, 14 mit den Definitionen von „Verbrauchern" und „Unternehmern" sowie die §§ 355 bis 359 über Wirkungen und Fristen von Widerrufs- und Rückgaberechten. Diese Vorschriften sind also stets mit zu beachten.

2 Wegen der europarechtlichen Fundierung der Vorschriften gilt für sie die **Regel der richtlinienkonformen Auslegung** (zu Einzelheiten BGHZ 150, 248, 253 ff). Soweit eine nationale Vorschrift über das durch die Richtlinie zum Schutz des Verbrauchers Gebotene hinausgeht, gilt diese Auslegungsregel freilich nicht direkt (BGHZ 150, 248, 260 f). Doch brächte eine „gespaltene Auslegung" erhebliche Nachteile. Daher kann die Auslegung einer der Richtlinie unterfallenden Vorschrift aus Gründen der Systemgerechtigkeit auch die Auslegung weiterer Vorschriften beeinflussen (BGHZ 150, 248, 258 f).

3 Beim Verbrauchsgüterkauf soll nach BGH NJW 05, 1045 mN ein Verbraucher durch die §§ 474 ff nicht geschützt werden, wenn er **einen gewerblichen Verwendungszweck vorgetäuscht** hat. Ob man das für andere Regeln des Verbraucherschutzes gleichfalls anwenden kann, ist noch offen, aber wohl idR zu bejahen. Eine Sondervorschrift über die Erstreckung des Verbraucherschutzes auf **Existenzgründer** ist nicht verallgemeinerungsfähig (BGH ZIP 05, 622, 623; NJW 07, 435).

§ 312 Widerrufsrecht bei Haustürgeschäften. (1) ¹Bei einem Vertrag zwischen einem Unternehmer und einem Verbraucher, der eine entgeltliche Leistung zum Gegenstand hat und zu dessen Abschluss der Verbraucher
1. durch mündliche Verhandlungen an seinem Arbeitsplatz oder im Bereich einer Privatwohnung,
2. anlässlich einer von Unternehmer oder von einem Dritten zumindest auch im Interesse des Unternehmers durchgeführten Freizeitveranstaltung oder
3. im Anschluss an ein überraschendes Ansprechen in Verkehrsmitteln oder im Bereich öffentlich zugänglicher Verkehrsflächen

bestimmt worden ist (Haustürgeschäft), steht dem Verbraucher ein Widerrufsrecht gemäß § 355 zu. ²Dem Verbraucher kann anstelle des Widerrufsrechts ein Rückgaberecht nach § 356 eingeräumt werden, wenn zwischen dem Verbraucher und dem Unternehmer im Zusammenhang mit diesem oder einem späteren Geschäft auch eine ständige Verbindung aufrechterhalten werden soll.
(2) Die erforderliche Belehrung über das Widerrufs- oder Rückgaberecht muss auf die Rechtsfolgen des § 357 Abs. 1 und 3 hinweisen.
(3) Das Widerrufs- oder Rückgaberecht besteht unbeschadet anderer Vorschriften nicht bei Versicherungsverträgen oder wenn
1. im Fall von Absatz 1 Nr. 1 die mündlichen Verhandlungen, auf denen der Abschluss des Vertrags beruht, auf vorhergehende Bestellung des Verbrauchers geführt worden sind oder
2. die Leistung bei Abschluss der Verhandlungen sofort erbracht und bezahlt wird und das Entgelt 40 Euro nicht übersteigt oder
3. die Willenserklärung des Verbrauchers von einem Notar beurkundet worden ist.

1 **A. Funktion. I. Europarechtliche Grundlage.** Die §§ 312, 312a dienen der Umsetzung der RL 85/577/EWG des Rates vom 20.12.85 betreffend den Verbraucherschutz im Falle von außerhalb von Geschäftsräumen geschlossenen Verträgen (ABl EG Nr L 372 31). Diese ist freilich insofern enger als § 312, als sie nur auf den Ort des Vertragsschlusses oder eines bindenden Angebots durch den Verbraucher abstellt (Art 1 I, III, IV), während nach § 312 I 1 der Ort der Verhandlungen entscheidet (einschl der Anbahnung, vgl u. Rn 9). Zur Problematik eines solchen Überschusses der nationalen Regelung ggü der RL vgl vor § 312 Rn 2.

2 **II. Schutzzweck.** Durch § 312 (ähnl schon durch § 1 HWiG) soll der Verbraucher vor einer Überrumpelung geschützt werden (unabdingbar nach § 312g). Diese wird pauschalierend aus dem Ort der Verhandlungen gefolgert: an der Haustür, auf Freizeitveranstaltungen usw sind typischerweise eine gründliche Überlegung und auch ein Preisvergleich unmöglich. BGH ZIP 07, 1852 Tz 11 formuliert, der Verbraucher müsse in eine Lage gebracht worden sein, die seine Entschließungsfreiheit beeinträchtigt habe, den ihm angetragenen Vertrag zu schließen oder abzulehnen. Nicht geschützt wird der Verbraucher dagegen vor der Zwangssituation durch das Drängen naher Angehöriger (BGH NJW 07, 2106 Tz 41; s.u. Rn 8). Soweit eine Überrumpelung dem Unternehmer zuzurechen und ein Schaden eingetreten ist, liegt häufig zugleich eine cic vor. Das Widerrufsrecht ist aber für den Verbraucher in mehrfacher Hinsicht günstiger als ein Schadensersatzanspruch aus cic (zB entfällt eine Anspruchskürzung nach § 254).

3 **B. Voraussetzungen. I. Beteiligte. 1. Persönliches Handeln.** § 312 behandelt den Vertrieb von Sachen oder Dienstleistungen, bei denen idR auf der Anbieterseite ein Unternehmer (§ 14) und auf der Abnehmerseite ein Verbraucher (§ 13) steht. Doch wird auch die umgekehrte Konstellation erfasst. Unanwendbar ist § 312 dagegen bei Geschäften zwischen Verbrauchern oder zwischen Unternehmern. Hier kommt aber cic nach § 311 II in der Form der Belastung mit einem unerwünschten (aufgedrängten) Vertrag in Betracht (vgl § 311 Rn 55 ff). Zur Überrumpelung beim Realkredit *Benedikt* AcP 206, 06, 56; zum Widerruf bei ebay-Auktionen KG ZGS 06, 394 mit *Bonke/Gellmann* NJW 06, 3169.

2. Stellvertretung. Bei Stellvertretung kommt es darauf an, in wessen Person die Überrumpelungssituation 4
vorgelegen haben muss. **a)** Bei einer **Vertretung des Verbrauchers durch einen Verbraucher** ist zwischen der
Vollmachtserteilung und dem vom Vertreter abgeschlossenen Geschäft zu trennen: Für dieses Geschäft entscheidet allein, ob der Vertreter sich in einer Haustürsituation befunden hat. Nur wenn das bejaht wird, kann
der Verbraucher das Geschäft widerrufen. Andernfalls kommt nur ein Widerruf der Vollmacht in Betracht,
wenn diese einem **Unternehmer** in einer Haustürsituation erteilt worden ist (st Rspr, etwa BGHZ 144, 223,
227; ZIP 05, 69, 75, vgl auch BVerfG NJW 04, 151, 152). Aber selbst wenn man die Vollmachtserteilung als
Vertrag über eine entgeltliche Leistung iSv § 312 I 1 ansieht, bleibt § 172 zu beachten: Eine schriftlich erteilte
Vollmacht, die dem Geschäftspartner vorgelegen hat, gilt nach den §§ 171, 173 ggü einem Redlichen fort.
Und diese Redlichkeit ist zu vermuten: IdR braucht der Geschäftspartner nicht damit zu rechnen, die Vollmacht sei in einer Haustürsituation erteilt und dann widerrufen worden (BGHZ 144, 223, 230).
Wird ein **Verbraucher durch einen Unternehmer vertreten**, ist nach hM § 312 nicht anzuwenden (etwa 5
Palandt/*Grüneberg* Rz 5). Denn dann fehlt es bei den Verhandlungen an dem situativen Ungleichgewicht zwischen Unternehmer und Verbraucher (s.o. Rn 3); ein Unternehmer lässt sich nicht so leicht überrumpeln.
Bei einem Vertragsschluss durch einen **Ehegatten** kommt es für den nach § 1357 Mitverpflichteten nur auf 6
die Überrumpelungssituation bei dem Abschließenden an.
Bei einer **Stellvertretung des Unternehmers** ist gefragt worden, ob sich dieser die von der für ihn handeln- 7
den Person geschaffene Haustürsituation zurechnen lassen muss. Das ist für seine Vertreter oder Vermittler
bejaht worden, auch für Sammelbesteller und Partyverkäufer. Bei Dritten sollten die zu § 123 II entwickelten
Regeln (§ 123 Rn 27 ff) entspr gelten (BGH NJW 03, 424, 425; ZIP 05, 67, 68 f, beide XI. ZS). BGHZ 159,
280, 285 (II. ZS) ließ es für fahrlässige Unkenntnis genügen, dass die Umstände den Unternehmer zu Erkundigungen über das Auftreten des Dritten veranlassen mussten, enger insoweit der XI. ZS. Nach BGH NJW 05,
2545 (II. ZS) sollte es unerheblich sein, ob der Unternehmer die Rechtserheblichkeit der Haustürsituation
erkennen konnte. Dem hat aber **EuGH NJW 05, 3555** widersprochen: Die RL erfordere nur das objektive
Vorliegen einer Haustürsituation. Dieser Auslegung hat sich der BGH angeschlossen (BGH NJW 06, 497).
Die entspr Anwendung von § 123 II ist damit überholt. Das dürfte auch gelten, soweit § 312 über die RL
hinausgeht (vgl Rn 1; anders *Hoffmann* ZIP 05, 1985, 1988).
Die vom Unternehmer veranlasste Mitwirkung von nahen Angehörigen des Verbrauchers fällt aber wohl 8
auch weiter nicht unter § 312, weil die Vorschrift nicht den Schutz vor den Überredungskünsten von Angehörigen bezweckt (BGH NJW 96, 191, 192, nicht in BGHZ 131, 55, 57). Abweichendes soll nur gelten, wenn der
Angehörige allg werbend für den Unternehmer tätig ist (BGHZ 133, 254, 258). Nicht genügt idR auch die
Beeinflussung des Verbrauchers durch dessen eigenen Steuerberater, BGH NJW 08, 3423.

II. Orte der Überrumpelung. I 1 knüpft die rechtserhebliche Überrumpelung an bestimmte Orte der Ver- 9
handlung. Dafür genügt, dass der Verbraucher dort mit dem Ziel eines Vertragsschlusses angesprochen, also
der Vertrag dort angebahnt wird (BGHZ 131, 385, 390 f). Dieses Ansprechen braucht nur eine unter mehreren Ursachen für den späteren Vertragsschluss darzustellen (BGH aaO 392). Dass dieser dann schließlich in
den Geschäftsräumen eines Unternehmers stattfindet, ändert an der Anwendbarkeit von § 312 nichts
(BGH aaO 391). Nach Dresd ZGS 07, 237, 238 soll eine Haustürsituation auch bei Fortführung von in
Geschäftsräumen begonnenen Verhandlungen in einer Privatwohnung vorliegen. Allerdings wird die Ursächlichkeit des ersten Ansprechens für einen späteren Vertragsschluss mit zunehmendem zeitlichen Abstand
immer unwahrscheinlicher (BGH WM 03, 1370; ZiP 09, 1054), doch gibt es keine bestimmte Höchstfrist.
Eine **notarielle Beurkundung** des Beitritts zu einer Fondsgesellschaft soll den Kausalzusammenhang zwischen der Haustürsituation und dem Finanzierungsvertrag nicht allemal unterbrechen (Stuttg ZIP 06, 1859,
anders aber Karlsr ZIP 06, 2074 bei einem zeitlichen Abstand von etwa 3 Wochen).

1. Arbeitsplatz, Abs 1 S 1 Nr 1 Alt 1. Es muss sich gerade um den Arbeitsplatz des Verbrauchers handeln 10
(„seinem"), BGHZ 171, 180 Tz 38 ff. Doch genügt jeder Ort im Betriebsgelände, zB auch die Kantine. Nur
Vereinbarungen über den Arbeitsvertrag fallen nicht hierunter: Erstens bilden sie keine „Vertriebsform"
(Überschrift vom Untertitel 2), und zweitens indiziert für solche Verhandlungen der Arbeitsplatz keine Überrumpelung (BAG NJW 04, 2401).

2. Privatwohnung, Abs 1 S 1 Nr 1 Alt 2. Hier braucht es sich nicht gerade um die Wohnung des Verbrau- 11
chers zu handeln („eine", BGH ZIP 05, 67, 68). Zur Wohnung gehört auch ihr Umfeld (Treppe, Garten). Entsprechend anwendbar ist die Vorschrift auch auf Zimmer in einem Seniorenheim oder ein Hotelzimmer.
Sogar die Privatwohnung des Unternehmers genügt, wenn der Verbraucher sie nicht gerade zu Vertragsverhandlungen aufsucht (BGHZ 144, 133, 135 f.: Dann ist die Situation des Verbrauchers nicht anders als beim
Besuch des Geschäftslokals, BGH ZIP 06, 1626, 1628). Genügen kann auch, dass in einem Geschäftsraum
begonnene Verhandlungen in der Privatwohnung oder am Arbeitsplatz des Verbrauchers zum Abschluss führen (Dresd ZGS 07, 237, 238 f).

3. Freizeitveranstaltung, Abs 1 S 1 Nr 2. Veranstalter müssen nach dem Gesetzeswortlaut der Unternehmer 12
selbst oder ein Dritter sein, der zumindest auch im Interesse des Unternehmers tätig wird. Hauptbsp. sind die

sog Kaffeefahrten oder Fahrten zu einer Weinprobe, die ein Busunternehmer durchführt, der einem anderen Unternehmer Gelegenheit zum Verkauf gewährt. I 1 Nr 2 will den Verbraucher vor der Bindung an einen Vertrag schützen, der in einer Situation abgeschlossen worden ist, die vom Verbraucher als Freizeitveranstaltung aufgefasst wird. Dieser soll nicht durch das Freizeitangebot vom eigentlichen Zweck der Veranstaltung abgelenkt und unter Beeinträchtigung seiner rechtsgeschäftlichen Entschließungsfreiheit für den Verkauf gewogen gemacht werden. Ziel ist also der Schutz vor unüberlegten Geschäftsabschlüssen anlässlich einer solchen Veranstaltung (alles nach BGH NJW 90, 3265 f im Anschluss an die Begründung zum HWiG, ähnl BGH NJW 02, 3100, 3101). Maßgeblich sind die Ankündigung (häufig als „Einladung" bezeichnet) und der tatsächliche Ablauf, insb dass der Verbraucher sich dem Verkaufsteil der Veranstaltung nur schwer entziehen kann (BGH NJW 02, 3100, 3101). Dass in der Einladung auf ein verbundenes Kaufangebot hingewiesen wird, hindert die Anwendung von I 1 Nr 2 nicht. Doch ist die „Grüne Woche" (1999) in Berlin keine Freizeitveranstaltung iSv I 1 Nr 2, weil der angekündigte Schwerpunkt auf den ausgestellten Waren und nicht auf dem Unterhaltungsprogramm liegt (BGH NJW 02, 3100).

13 Der Vertrag muss **anlässlich der Veranstaltung** abgeschlossen worden sein. Es ist also ein Kausalzusammenhang nötig, der durch die örtliche und zeitliche Nähe zu der Veranstaltung indiziert wird.

14 **4. Überraschendes Ansprechen in Verkehrsmitteln oder auf öffentliche zugänglichen Verkehrsflächen, Abs 1 S 1 Nr 3.** Das Ansprechen muss nach der Art des Ortes nicht zu erwarten gewesen sein, daher zB keine Anwendung auf Wochenmärkte und Ähnliches, auch nicht auf das für Verkehrsmittel übliche Angebot (zB Bewirtung auf Schiffen).

15 Die Haustürsituation wirkt häufig auch gegen die **finanzierende Bank**. Will diese das Vorliegen einer solchen Situation bestreiten, kann ihr das Substantiieren schwer fallen, soweit sie die Einzelheiten nicht kennt. Daher soll regelmäßig ein bloß **pauschales Bestreiten** genügen, BGH ZIP 07, 762 Tz 11.

16 **III. Vertrag über entgeltliche Leistung.** Nach I 1 am Anfang muss der in der Überrumpelungssituation abgeschlossene Vertrag eine „entgeltliche Leistung" zum Gegenstand haben. Darunter fallen alle gegenseitigen Verträge (vgl vor §320 Rn 7), insb Kauf (auch von Grundstücken, BGH NJW 07, 1947 Tz 13 f), Reisevertrag, Werkvertrag (auch Bauvertrag, BGHZ 171, 364) und Miete, aber auch typenfremde, zB Leasing. Betroffen ist weiter der Vertrag über die Beteiligung an einer Anlage- oder Publikumsgesellschaft, auch über einen Treuhänder und zum Zweck der Steuerersparnis (BGHZ 133, 254, 261 f). Ausreichend ist endlich ein Sicherungsvertrag, wenn der Sicherungsgeber für sich oder einen Dritten daraus einen Vorteil erwartet (vgl *Kuhlke* NJW 06, 2223). Unnötig ist Wirksamkeit des Vertrages, BGH ZiP 10, 136.

17 Umstr war die Einordnung der **Bürgschaft**. BGHZ 113, 287 hatte die Entgeltlichkeit verneint. EuGH NJW 98, 1295 hat insoweit entgegengesetzt entschieden. Doch hat er verlangt, nicht nur der Bürge, sondern auch der Hauptschuldner müsse Verbraucher sein und die Hauptschuld aus einer Haustürsituation stammen. Diese aus der Akzessorietät der Bürgschaft abgeleitete Lösung wird mit Recht ganz überwiegend missbilligt (vgl Palandt/*Grüneberg* Rz 8): Der Schutz des überrumpelten Bürgen darf nicht von einer Überrumpelung des Hauptschuldners abhängen. Anders als der EuGH entscheidet für eine Verpfändung auch der XI. ZS (BGH ZIP 06, 363, dazu *Zahn* ZIP 06, 1069), was auch für die Bürgschaft gilt (XII. ZS: NJW 07, 2110 Tz 27).

18 Zweifeln kann man, ob auch Aufhebungs- oder Änderungsverträge über eine entgeltliche Leistung gehen und daher unter § 312 fallen. *Franz* JuS 07, 14 ff bejaht das für Aufhebungsverträge stets und für Änderungsverträge dann, wenn die Änderung den Verbraucher belastet; dem wird man folgen können.

19 **C. Ausnahmen, Abs 3.** Die Aufzählung in Nr 1 bis 3 besteht „vorbehaltlich anderer Vorschriften". Es kann also weitere Ausnahmen geben, zB nach § 312a.

20 **I. Versicherungsverträge.** Zum Begriff § 1 VVG; hier gibt es Sondervorschriften in §§ 8 f VVG.

21 **II. Vorhergehende Bestellung, Abs 3 Nr 1.** Danach soll die Haustürsituation nach I Nr 1 außer Betracht bleiben, wenn die für den Vertragsschluss kausalen mündlichen Verhandlungen auf eine vorhergehende Bestellung des Verbrauchers zurückgehen: Wenn der Verbraucher den Unternehmer selbst in seine Wohnung bestellt hat, fehlt idR die Überrumpelung. Der Verbraucher muss aber Zeit zur Vorbereitung haben und zuvor wissen, worum es sich handelt. Die Bestellung darf nicht durch den Unternehmer provoziert worden sein (BGHZ 109, 127, 131, 134): „Nur eine freie und Beeinflussungsmöglichkeiten durch die Gegenseite soweit wie möglich entzogene Entscheidung des Kunden rechtfertigt es, ihm die ... Widerrufsmöglichkeit zu versagen". Die Überrumpelungsgefahr bestehe auch bei einer unerbetenen, den Kunden unvorbereitet treffenden telefonischen Anfrage des Anbieters. Keine Bestellung sind auch die Kataloganforderung oder die Mitteilung der Telefonnummer auf eine Werbewurfsendung, ebensowenig die Nachfrage auf eine Anzeige oder Werbekarte (Palandt/*Grüneberg* Rz 25).

22 **III. Beiderseits vollzogene Bargeschäfte, Abs 3 Nr 2.** Hier darf das Entgelt einschl aller Nebenkosten 40 Euro nicht übersteigen; die Leistung muss sofort nach Vertragsabschluss erbracht worden sein.

23 **IV. Beurkundung durch einen Notar, Abs 3 Nr 3.** Der Beurkundung bedarf nur die Willenserklärung des Verbrauchers. Nach einer mehrfach vertretenen Ansicht soll aber III Nr 3 nur bei Verträgen über Immobilien

gelten, weil die EG-RL (vgl Rn 1) in Art 32 Lit a nur insoweit eine Ausnahme vorsehe. BGH NJW 04, 154, 155 hat aber eine solche Reduktion wegen der Eindeutigkeit des Wortlauts von III Nr 3 abgelehnt, so auch MüKo/*Masuch* Rz 108.

IÜ gibt es Bestrebungen, III Nr 3 teleologisch auf die Fälle zu beschränken, in denen die notarielle Beurkundung wirklichen Übereilungsschutz gewährt (vgl Palandt/*Grüneberg* Rz 28). Daran soll es insb fehlen, wenn der Verbraucher die Beurkundung als bloße Formalie ansieht. Das Auftreten von „Mitternachtsnotaren" kann diese Auffassung fördern. Insgesamt liegt hier ein noch nicht bewältigtes Problem. Denn zu beachten ist andererseits auch das besondere Vertrauen, das der Rechtsverkehr notariellen Beurkundungen entgegenbringt. 24

D. Rechtsfolgen, Abs 1. Als Rechtsfolge aus dem Vorliegen eines Haustürgeschäfts und dem Nichtvorliegen von Ausnahmen bestimmt I 1 ein Widerrufsrecht des Verbrauchers; die Folgen ergeben sich aus den §§ 355, 357 ff. Nach I 2 kann dem Verbraucher statt des Widerrufs auch ein Rückgaberecht nach § 356 eingeräumt werden. Die nach § 355 II nötige Belehrung des Verbrauchers über seine Rechte (BGH ZiP 07, 1067) ist nach II durch den Hinweis auf die Rechtsfolgen von § 357 I und III zu ergänzen. 25

Daneben kommen Unterlassungsansprüche nach §§ 2 II Nr 1 und ggf auch 1, 3 UWG in Betracht. Diese Ansprüche können auch von Verbänden und ähnlichen Institutionen geltend gemacht werden; zudem ist eine kostenpflichtige Abmahnung des Unternehmers möglich. 26

§ 312a Verhältnis zu anderen Vorschriften. Steht dem Verbraucher zugleich nach Maßgabe anderer Vorschriften ein Widerrufs- oder Rückgaberecht nach § 355 oder § 356 dieses Gesetzes oder nach § 126 des Investmentgesetzes zu, ist das Widerrufs- oder Rückgaberecht nach § 312 ausgeschlossen.

A. Entwicklung. § 5 II HWiG hatte die Anwendung des HWiG ausgeschlossen, wenn die Voraussetzungen eines anderen Verbraucherschutzgesetzes gegeben waren. Das umfasste nach zunächst hM auch Fälle, in denen nach dem anderen Gesetz konkret kein Widerruf möglich war. EuGH NJW 02, 281 („Heininger") hatte das als Verstoß gegen die RL (vgl § 312 Rn 1) angesehen, und BGHZ 150, 248, 254 ff hat eine berichtigende richtlinienkonforme Auslegung für möglich erklärt. Daraufhin ist der durch das SchRModG eingeführte, dem § 5 II HWiG entspr § 312a durch G vom 23.7.02 zur Klarstellung in die jetzige Fassung geändert worden. 1

B. Inhalt. Nach dieser Neufassung ist das Widerrufs- oder Rückgaberecht aus § 312 nur dann ausgeschlossen, wenn dem Verbraucher aus anderen Vorschriften ein Widerrufs- oder Rückgaberecht wirklich zusteht. Damit wird das paradoxe Ergebnis vermieden, dass das Eingreifen eines weiteren Schutzgesetzes den Verbraucher uU schutzlos stellt. 2

Nicht geregelt ist das **Verhältnis zu weiteren Vorschriften**, die wie die cic oder § 826 zwar kein Recht zu Widerruf oder Rückgabe gewähren, aber doch in anderer Weise zur Lösung vom Vertrag führen können. Ein Ausschluß des § 312 scheidet hier aus, weil § 312a ihn nur für die dort genannten Rechte vorsieht. Daher bleibt die Frage, ob § 312 als lex specialis nicht umgekehrt jene anderen Vorschriften ausschließt. Das ist aber zu verneinen: Der Verbraucher stünde sonst in vieler Hinsicht schlechter als ohne den zu seinem Schutz bestimmten § 312. Vgl ausf *Medicus* in: Artz (Hrsg), Entwicklungen im Verbraucherrecht, Symposion P. Bülow 07, 55, 57 ff; 67 sowie BGHZ 169, 109 Tz 41 ff mit BGH ZIP 08, 686: Zur Widerrufsbelehrung bestehe eine „echte Rechtspflicht" des Unternehmers; bei Unterlassen gebe es aber keine Vermutung für eine Ausübung des Widerrufsrechts. 3

§ 312b Fernabsatzverträge. (1) ¹Fernabsatzverträge sind Verträge über die Lieferung von Waren oder über die Erbringung von Dienstleistungen einschließlich Finanzdienstleistungen, die zwischen einem Unternehmer und einem Verbraucher unter ausschließlicher Verwendung von Fernkommunikationsmitteln abgeschlossen werden, es sei denn, dass der Vertragsschluss nicht im Rahmen eines für den Fernabsatz organisierten Vertriebs- oder Dienstleistungssystems erfolgt. ²Finanzdienstleistungen im Sinne des Satzes 1 sind Bankdienstleistungen sowie Dienstleistungen im Zusammenhang mit einer Kreditgewährung, Versicherung, Altersversorgung von Einzelpersonen, Geldanlage oder Zahlung.
(2) Fernkommunikationsmittel sind Kommunikationsmittel, die zur Anbahnung oder zum Abschluss eines Vertrags zwischen einem Verbraucher und einem Unternehmer ohne gleichzeitige körperliche *Anwesenheit der Vertragsparteien* eingesetzt werden können, insbesondere Briefe, Kataloge, Telefonanrufe, Telekopien, E-Mails sowie Rundfunk, Tele- und Mediendienste.
(3) Die Vorschriften über Fernabsatzverträge finden keine Anwendung auf Verträge
1. über Fernunterricht (§ 1 des Fernunterrichtsschutzgesetzes),
2. über die Teilzeitnutzung von Wohngebäuden (§ 481),
3. über Versicherungen sowie deren Vermittlung,
4. über die Veräußerung von Grundstücken und grundstücksgleichen Rechten, die Begründung, Veräußerung und Aufhebung von dinglichen Rechten an Grundstücken und grundstücksgleichen Rechten sowie über die Errichtung von Bauwerken,

5. über die Lieferung von Lebensmitteln, Getränken oder sonstigen Haushaltsgegenständen des täglichen Bedarfs, die am Wohnsitz, am Aufenthaltsort oder am Arbeitsplatz eines Verbrauchers von Unternehmern im Rahmen häufiger und regelmäßiger Fahrten geliefert werden,
6. über die Erbringung von Dienstleistungen in den Bereichen Unterbringung, Beförderung, Lieferung von Speisen und Getränken sowie Freizeitgestaltung, wenn sich der Unternehmer bei Vertragsschluss verpflichtet, die Dienstleistungen zu einem bestimmten Zeitpunkt oder innerhalb eines genau angegebenen Zeitraums zu erbringen,
7. die geschlossen werden
   a) unter Verwendung von Warenautomaten oder automatisierten Geschäftsräumen oder
   b) mit Betreibern von Telekommunikationsmitteln auf Grund der Benutzung von öffentlichen Fernsprechern, soweit sie deren Benutzung zum Gegenstand haben.

(4) ¹Bei Vertragsverhältnissen, die eine erstmalige Vereinbarung mit daran anschließenden aufeinander folgenden Vorgängen oder eine daran anschließende Reihe getrennter, in einem zeitlichen Zusammenhang stehender Vorgänge der gleichen Art umfassen, finden die Vorschriften über Fernabsatzverträge nur Anwendung auf die erste Vereinbarung. ²Wenn derartige Vorgänge ohne eine solche Vereinbarung aufeinander folgen, gelten die Vorschriften über Informationspflichten des Unternehmers nur für den ersten Vorgang. ³Findet jedoch länger als ein Jahr kein Vorgang der gleichen Art mehr statt, so gilt der nächste Vorgang als der erste Vorgang einer neuen Reihe im Sinne von Satz 2.

(5) Weitergehende Vorschriften zum Schutz des Verbrauchers bleiben unberührt.

1 **A. Funktion. 1. Europarechtliche Grundlagen.** Die §§ 312b bis d dienen der Umsetzung der RL 97/7/EG des Europäischen Parlaments und des Rates vom 20.5.97 über den Verbraucherschutz bei Vertragsabschlüssen im Fernabsatz (ABl EG Nr L 144 19). Ein weiteres deutsches G vom 7.2.04 hat dann zusätzlich die Finanzdienstleistungen berücksichtigt. Damit ist die RL 02/65/EG über den Fernabsatz von Finanzdienstleistungen v 23.9.02 umgesetzt worden (ABl EG 02 L 271 16). Das Übergangsrecht findet sich in Art 229 § 11 EGBGB. Einzelheiten zur Entstehung und Zielsetzung der RL finden sich bei *Schinkels* in: Gebauer/Wiedemann, Zivilrecht unter europäischen Einfluss, 2005, 230 ff.

2 **2. Schutzzweck.** Im Gegensatz zu § 312 reagiert § 312b nicht auf eine vom Unternehmer geschaffene Gefahr für den Verbraucher (Überrumpelung). Vielmehr kann das Verhalten des Unternehmers beim Fernabsatz untadelig und dieser vom Verbraucher selbst gewählt worden sein. Dass der Verbraucher trotzdem das Recht auf besondere Informationen (§ 312c) und auf Widerruf oder Rückgabe (§ 312d) haben soll, beruht auf der Annahme einer besonderen **Gefährlichkeit des Fernabsatzes**: Anbieter und Verbraucher begegnen sich nicht physisch und der Verbraucher kann die Ware oder Dienstleistung idR nicht vor Vertragsschluss in Augenschein nehmen (BTDrs 14/2658 15). Zudem entziehen sich die Informationen zu dem Geschäft häufig einer zuverlässigen Speicherung durch den Verbraucher. Zur Unabdingbarkeit vgl § 312g.

3 **B. Voraussetzungen. I. Beteiligte.** Es müssen sich wie bei § 312 (vgl dort Rn 3) ein Unternehmer und ein Verbraucher gegenüberstehen (I 1). Für die Stellvertretung gilt hier ebenso wie bei § 312, dass die situativen Erfordernisse bei dem handelnden Vertreter vorliegen müssen. Doch schließt analog § 166 II ein persönlicher Kontakt des vertretenen Verbrauchers mit dem Unternehmer den § 312b aus, wenn der Vertreter nach bestimmten Weisungen handelt (MüKo/*Wendehorst* Rz 65): Es soll verhindert werden, dass zB der Verbraucher die Ware im Laden untersucht und dann den Vertreter zu einer telefonischen Bestellung veranlasst und sich so ein Widerrufsrecht verschafft.

4 **II. Eigenart des Vertragsschlusses. 1. Vertragsgegenstand, Abs 1 S 1.** Der Gegenstand des Fernabsatzvertrages wird ganz allg angegeben als „die Lieferung von Waren oder die Erbringung von Dienstleistungen einschl Finanzdienstleistungen". Diese letzteren werden in I 2 definiert als Bankdienstleistungen und Dienstleistungen anlässlich einer Kreditgewährung, Versicherung, Altersversorgung von Einzelpersonen, Geldanlage oder Zahlung. Dabei beschränkt sich „Dienstleistung" nicht auf Dienstverträge iSv §§ 611 ff, sondern umfasst auch andere Vertragstypen (vgl BGHZ 123, 380, 385 zu Art 29 I EGBGB).

5 **2. Die Art des Vertragsschlusses.** Charakteristisch für den Fernabsatzvertrag ist also nicht sein Gegenstand, sondern die Art seines Abschlusses: Nach I 1 ist nötig die „ausschließliche Verwendung von Fernkommunikationsmitteln, es sei denn, dass der Vertragsschluss nicht iRe für den Fernabsatz organisierten Vertriebs- oder Dienstleistungssystems erfolgt". Daraus ergeben sich drei Tatbestandsmerkmale.

6 **Fernkommunikationsmittel** werden in II definiert. Es handelt sich danach nicht bloß um neuartige elektronische Mittel, sondern auch um die altvertrauten Briefe, Kataloge (Versandhandel!) und Telefonanrufe. Ihnen gemeinsam ist, dass sie „ohne gleichzeitige körperliche Anwesenheit der Vertragsparteien eingesetzt werden können". Unterschiede bestehen wohl bei der Einordnung eines Boten je nach dem, ob dieser über die Vertragsleistung des Unternehmers Bescheid weiß, vgl *Schinkels* (o. Rn 1) Rz 28 und BGHZ 160, 393 = JZ 05, 357 m Anm *Wendehorst* sowie MüKo/*Wendehorst* Rz. 50.

Ausschließlich muss die Verwendung dieser Fernkommunikationsmittel beim Vertragsschluss sein, I. Hieran 7
knüpfen zwei bisher noch nicht höchstrichterlich entschiedene Zweifelsfragen (vgl MüKo/*Wendehorst* Rz 54 f):
Kann der **Vertragsschluss eng** iSd §§ 145 ff verstanden werden, also beschränkt auf Antrag und Annahme, 8
oder spielen auch persönlichen Kontakte der Parteien bei der bloßen Anbahnung des Vertrages (die II ausdrücklich nennt) eine Rolle? Zumindest wenn bei dieser Anbahnung schon das Vertragsobjekt offen gelegt worden ist (zB sogar Probefahrt mit dem zu verkaufenden Pkw), ist die Ausschließlichkeit der Verwendung von Fernkommunikationsmitteln zu verneinen, selbst wenn der eigentliche Vertragsschluss erst in einem Telefongespräch erfolgt. Denn es kann keinen Unterschied machen, ob der Vertrag gleich bei dem persönlichen Kontakt oder erst später durch Fernkommunikationsmittel geschlossen wird. Im zweiten Fall ist das Schutzbedürfnis des Kunden sogar eher geringer, weil er noch Zeit zur Überlegung hatte; ihn gerade dann durch die §§ 312b ff zu schützen wäre sinnlos. Eine entspr Frage entsteht auch bei persönlichen Kontakten der Parteien nach dem vorläufigen Vertragsschluss: Hindern diese noch die Annahme, der Vertrag sei „ausschl" durch Fernkommunikationsmittel geschlossen worden? ZB möge ein Reparaturvertrag telefonisch geschlossen und dann erst im persönlichen Kontakt geklärt werden, ob und wie und zu welchem Preis repariert werden kann. In solchen Fällen einer sukzessiven Konkretisierung des Vertrages wird man die Anwendbarkeit von § 312b gleichfalls zu verneinen haben, wenn vor der endgültigen Festlegung ein persönlicher Kontakt stattgefunden hat. Bedeutung hat das etwa auch für Verträge mit einem Arzt oder Anwalt, bei denen regelmäßig die zu erbringende Leistung gleichfalls erst nach einem persönlichen Kontakt konkretisiert werden kann.

Ein für den Fernabsatz organisiertes Vertriebs- oder Dienstleistungssystem wird schließlich in I 1 für die 9
Anwendung des § 312b gefordert. Die Bedeutung dieses Tatbestandselements ist wenig klar. Nach dem RegE BTDrs 14/2658 30 muss der Unternehmer in seinem Betrieb die personellen, sachlichen und organisatorischen Voraussetzungen dafür geschaffen haben, regelmäßig Geschäfte im Fernabsatz durchzuführen. Die nur vereinzelte Durchführung genügt also nicht („System"): Es sollten nicht Unternehmer, die gewöhnlich in ihrem Ladenlokal abschließen, durch die hohen Anforderungen der §§ 312b ff davon abgehalten werden, ausnahmsweise auf Bestellung zu liefern (HK-BGB/*Schulte-Nölke* Rz 6).

Zweifelhaft ist weiter, ob das geforderte System sich bloß auf den Vertragsschluss oder auch auf die Leistungs- 10
erbringung beziehen muss: Ist § 312b unanwendbar, wenn die durch Fernkommunikationsmittel vereinbarte Leistung im persönlichen Kontakt erbracht werden soll (Arzt, Anwalt, zu ihnen schon in Rn 8, aber etwa auch Friseur)? MüKo/*Wendehorst* Rz 57 f neigen zur Bejahung: Die intendierten Geschäfte müssten sich „ihrem Gesamtbild nach als typische Distanzgeschäfte darstellen". Mir ist die Vereinbarkeit mit dem Gesetzestext zweifelhaft: Auch II spricht nur von Anbahnung und Abschluss, aber nicht zugleich von der Erfüllung des Vertrags.

C. Ausnahmen, Abs 3. § 312b enthält in III eine lange Liste von auf verschiedenen Gründen beruhenden 11
Ausnahmen. Es sind dies Nr 1 **Fernunterrichtsverträge** nach § 1 I FernUSG. Für die Abgrenzung von dem Direktunterricht kommt es darauf an, ob die wesentlichen Inhalte mit oder ohne persönlichen Kontakt vermittelt werden (zB durch Lernbriefe usw). MüKo/*Wendehorst* Rz 70 fordert für den „Unterricht" eine Kontrolle des Lernerfolgs durch den Unterrichtenden.

Teilzeitnutzung von Wohngebäuden (§ 481): Hier wird ein umfassender Schutz des Verbrauchers schon 12
durch die §§ 482 ff gesichert.

Versicherung und deren Vermittlung: Hier gelten die §§ 8 f VVG. 13

Grundstücke und Grundstücksrechte: Hier sind sowohl schuldrechtliche wie dingliche Geschäfte erfasst. Bei 14
den weiter genannten Verträgen über die Errichtung von Bauwerken geht es aber nicht um Verträge über Erneuerung, Umbau oder Erweiterung. Bei Fertighäusern muss außer der Lieferung auch die Errichtung geschuldet sein.

Gegenstände des täglichen Bedarfs, nämlich Lebensmittel, Getränke oder sonstige Haushaltsgegenstände 15
des täglichen Bedarfs, die an den Verbraucher zu seinem Wohnsitz, Aufenthaltsort oder Arbeitsplatz vom Unternehmer „im Rahmen häufiger und regelmäßiger Fahrten geliefert werden": Hier wird der Verbraucher schon durch die §§ 474 ff geschützt. Für Häufigkeit und Regelmäßigkeit soll es nicht auf das individuelle Bestellverhalten des Verbrauchers ankommen, sondern auf die Gestaltung des Angebots durch den Unternehmer. Heizöl soll nicht unter Nr 5 fallen, weil es nicht häufig geliefert zu werden pflegt (zweifelhaft).

Unterbringung, Beförderung, Gastronomie, Freizeitgestaltung: Hier muss sich der Unternehmer bei Ver- 16
tragsschluss verpflichten, „die Dienstleistungen zu einem bestimmten Zeitpunkt oder innerhalb eines genau angegebenen Zeitraums zu erbringen". Beispiele sind die Bestellung eines Hotelzimmers, der „Kauf" einer Fahr- oder Theaterkarte, die Buchung eines Fluges oder einer Pauschalreise, auch die Anmietung einer Ferienwohnung für verhältnismäßig kurze Zeit (vgl MüKo/*Wendehorst* Rz 85). Die Aufzählung in Nr 6 ist teils willkürlich und führt zu nicht einleuchtenden Unterschieden. ZB ist das Fitnessstudio privilegiert („Freizeitgestaltung"), der Masseur dagegen nicht. Es muss sich zeigen, inwieweit hier durch (teils richtliniengebundene) Auslegung geholfen werden kann.

Automatenverträge: Hier wären die Informationspflichten nach § 312c oder des Widerrufsrecht nach § 312d 17
nicht sinnvoll durchzuführen. Auch werden solche Verträge idR sofort erfüllt (RE BTDrs 14/2658 32). Der

Ausschluss soll aber nicht greifen, wenn der Vertrag eine spätere Nutzung der technischen Einrichtung betrifft (zB „Kauf" von Telefonkarte, MüKo/*Wendehorst* Rz 88).

18 **D. Mehrheit von Vereinbarungen, Abs 4.** Der erst durch das G v 7.12.04 (vgl o. Rn 1) angefügte IV schränkt die §§ 312c, d in eigenartiger Weise ein: In 1 geht es um eine erstmalige Vereinbarung mit daran anschließenden „Vorgängen", 2 behandelt mehrere in einem zeitlichen Zusammenhang stehende Vorgänge der gleichen Art. In beiden Fällen sollen die §§ 312c, d nur für die erste Vereinbarung oder den ersten Vorgang gelten. Diese Kette soll jedoch nach III unterbrochen sein, wenn länger als ein Jahr kein Vorgang der gleichen Art mehr stattgefunden hat; dann soll der nächste Vorgang als der erste Vorgang einer neuen Reihe nach 2 gelten.

19 Ziel dieser hoch abstrakt formulierten und daher sehr unanschaulichen Regelung ist vor allem, dass die Umständlichkeiten von § 312c nicht ständig wiederholt werden müssen. Beispiele sind für 1 der Giro- oder Depotvertrag, für 2 aufeinander folgende gleichartige Getränkelieferungen.

20 **E. Rechtsfolgen.** Die Rechtsfolgen aus der Annahme eines Fernabsatzvertrages stehen nicht in § 312b, sondern erst in §§ 312c (Informationspflichten des Unternehmers) und 312d (Widerrufs- oder Rückgaberecht des Verbrauchers). Beide Vorschriften sind dadurch miteinander verbunden, dass die Frist für Widerruf oder Rückgabe nach § 312d II idR nicht vor der Erfüllung der Informationspflichten nach § 312c II beginnt. Zu den Einzelheiten vgl dort. Der gleichfalls erst durch das G v 7.12.04 angefügte V lässt weitergehende Verbraucherschutzrechte unberührt. Gemeint sind etwa Schutzrechte aus dem UWG, dem TeledienstG oder aus den §§ 10 ff AMG (Informationspflichten bei Arzneimitteln).

§ 312c Unterrichtung des Verbrauchers bei Fernabsatzverträgen.

(1) ¹Der Unternehmer hat dem Verbraucher rechtzeitig vor Abgabe von dessen Vertragserklärung in einer dem eingesetzten Fernkommunikationsmittel entsprechenden Weise klar und verständlich und unter Angabe des geschäftlichen Zwecks die Informationen zur Verfügung zu stellen, für die dies in der Rechtsverordnung nach Artikel 240 des Einführungsgesetzes zum Bürgerlichen Gesetzbuche bestimmt ist. ²Der Unternehmer hat bei von ihm veranlassten Telefongesprächen seine Identität und den geschäftlichen Zweck des Kontakts bereits zu Beginn eines jeden Gesprächs ausdrücklich offen zu legen.

(2) ¹Der Unternehmer hat dem Verbraucher ferner die Vertragsbestimmungen einschließlich der Allgemeinen Geschäftsbedingungen sowie die in der Rechtsverordnung nach Artikel 240 des Einführungsgesetzes zum Bürgerlichen Gesetzbuche bestimmten Informationen in dem dort bestimmten Umfang und der dort bestimmten Art und Weise in Textform mitzuteilen, und zwar

1. bei Finanzdienstleistungen rechtzeitig vor Abgabe von dessen Vertragserklärung oder, wenn auf Verlangen des Verbrauchers der Vertrag telefonisch oder unter Verwendung eines anderen Fernkommunikationsmittels geschlossen wird, das die Mitteilung in Textform vor Vertragsschluss nicht gestattet, unverzüglich nach Abschluss des Fernabsatzvertrags;
2. bei sonstigen Dienstleistungen und bei der Lieferung von Waren alsbald, spätestens bis zur vollständigen Erfüllung des Vertrags, bei Waren spätestens bis zur Lieferung an den Verbraucher.

²Eine Mitteilung nach Satz 1 Nr. 2 ist entbehrlich bei Dienstleistungen, die unmittelbar durch Einsatz von Fernkommunikationsmitteln erbracht werden, sofern diese Leistungen in einem Mal erfolgen und über den Betreiber der Fernkommunikationsmittel abgerechnet werden. ³Der Verbraucher muss sich in diesem Falle aber über die Anschrift der Niederlassung des Unternehmers informieren können, bei der er Beanstandungen vorbringen kann.

(3) Bei Finanzdienstleistungen kann der Verbraucher während der Laufzeit des Vertrags jederzeit vom Unternehmer verlangen, dass ihm dieser die Vertragsbestimmungen einschließlich der Allgemeinen Geschäftsbedingungen in einer Urkunde zur Verfügung stellt.

(4) Weitergehende Einschränkungen bei der Verwendung von Fernkommunikationsmitteln und weitergehende Informationspflichten auf Grund anderer Vorschriften bleiben unberührt.

1 **A. Funktion. I. Europarechtliche Grundlagen.** Vgl § 312b Rn 1. Nach dem VerbrKrRL-UG sollen I und II seit dem 11.6.10 lauten:

(1) Der Unternehmer hat den Verbraucher bei Fernabsatzverträgen nach Maßgabe des Art 246 §§ 1 und 2 des EGBGB zu unterrichten.
(2) Der Unternehmer hat bei von ihm veranlassten Telefongesprächen seine Identität und den geschäftlichen Zweck des Kontakts bereits zu Beginn eines jeglichen Gesprächs ausdrücklich offenzulegen.

2 **II. Schutzzweck.** Die Norm knüpft an bei § 312b und bestimmt zusammen mit der BGB-InfoV (u. Rn 17) die Informationspflichten eines Unternehmers bei einem Fernabsatzgeschäft. Durch die Informationen soll der *Verbraucher* in die Lage versetzt werden, die angebotene Leistung zu beurteilen und über das Geschäft in Kenntnis aller Umstände zu entscheiden (Fernabsatzfinanzdienstleistungs-RL Erwägungsgrund Nr 21).

3 **B. Einzelheiten. I. Abs 1.** Zunächst muss der Unternehmer bei von ihm veranlassten Telefonaten ausdrücklich seine **eigene Identität** (nicht auch diejenige der anrufenden Person!) und den geschäftlichen Zweck des

Kontakts offen legen, I 2. Dadurch wird es dem Verbraucher ermöglicht, über einen von ihm nicht gewünschten Gegenstand oder mit einer unerwünschten Person erst gar nicht weiter zu reden.

Für den Inhalt der weiteren Informationen verweist I 1 auf die Info-V nach Art 240 EGBGB (abgedruckt u. Rn 17). Allg bestimmt I 1 lediglich: Die Informationen müssten rechtzeitig vor Abgabe der Vertragserklärung des Verbrauchers mitgeteilt werden; sie müssten in einer dem eingesetzten Fernkommunikationsmittel entspr Weise klar und verständlich sein (dazu gehört nach richtiger Ansicht von Palandt/*Grüneberg* Rz 2, dass sie in deutscher Sprache abgefasst sind, wenn sich nicht der Verbraucher einer anderen Sprache bedient hat; dann kann diese andere Sprache verwendet werden; zum Sprachrisiko im Verbraucherschutzrecht allg *Mankowski* VuR 01, 359). Endlich muss der geschäftliche Zweck der Information offen gelegt werden. Daran fehlt es zB, wenn die Leistung fälschlich als zu erwartender Gewinn einer Verlosung dargestellt wird, vgl dazu § 661a. **4**

II. Abs 2. II 1 ergänzt die Pflichten von I noch durch eine **Mitteilungspflicht in Textform**, also nach § 126b. Diese Mitteilung umfasst außer den Informationen nach I auch die Vertragsbestimmungen und die AGB. Hinsichtlich des Zeitpunkts der Mitteilungen unterscheidet II: Bei Finanzdienstleistungen rechtzeitig vor der Vertragserklärung des Verbrauchers oder, wenn dies nicht möglich ist, unverzüglich (§ 121 I 1) nach dem Vertragsschluss; bei sonstigen Dienstleistungen und bei Waren alsbald, spätestens bis zur vollständigen Vertragserfüllung, bei Waren spätestens bis zur Lieferung an den Verbraucher. **5**

Nach II 2 ist die Mitteilung nach II 1 bei Dienstleistungen entbehrlich, die unmittelbar durch den Einsatz von Fernkommunikationsmitteln erbracht werden (also zB bei Telefondienstleistungen). Diese müssen aber „in einem Mal" (also als einmalige Leistung) erbracht und über den Betreiber abgerechnet werden. Wenigstens die Anschrift des Unternehmers muss der Verbraucher aber erfahren können. **6**

III. Abs 3. Bei Finanzdienstleistungen soll der Verbraucher jederzeit (aber nach § 242 idR nur einmal) zusätzlich noch eine (nicht notwendig unterschriebene) Urkunde verlangen können, die den Vertragsinhalt einschließlich der AGB enthält. **7**

IV. Abs 4. Nach IV sollen weitergehende Einschränkungen bei der Verwendung von Fernkommunikationsmitteln und weitergehende Informationspflichten aus anderen Vorschriften unberührt bleiben. Zu denken ist etwa wieder an das AMG. **8**

C. Rechtsfolgen. Die Informationspflichten aus § 312c und der BGB-InfoV (vgl unter Rn 17) sind überaus umfangreich: Palandt/*Grüneberg* Rz 8 hat für Finanzdienstleistungen außer dem eigentlichen Vertragsinhalt noch 22 weitere eine Informationspflicht begründende Umstände gezählt! Zudem ist die Regelung ungewohnt (sie erfasst ja nach § 312b II sogar gewöhnliche Briefe!) und bisweilen unklar (zB II 2). Daher ist mit massenhafter Nichtbeachtung zu rechnen. Umso wichtiger sind die Rechtfolgen von Verstößen (dazu etwa *J. Hoffmann* ZIP 05, 829 ff). **9**

I. Fristbeginn. Die wichtigste Sanktion steht in § 312d II: Die Frist für das dort in I bestimmte Widerrufsrecht des Verbrauchers beginnt nicht vor vollständiger Erfüllung der Informationspflichten von § 312c II (einschl der Informationen nach der BGB-InfoV). Die weiter in § 312d II genannten Erfordernisse (Eingang der zu liefernden Ware, Vertragsschluss) treten kumulativ neben die Informationspflichten, ersetzen diese also nicht. Auch die Sechsmonatsfrist von § 355 III schützt den Unternehmer nicht in allen Fällen. Wegen der erheblichen Nachteile für den Unternehmer aus einem Widerruf (s. § 357 Rn 6 ff) kommt aber dessen Unwirksamkeit nach § 242 in Betracht, wenn die fehlende Information für den Abschlusswillen offenbar keine Rolle gespielt hat. Vgl auch u. Rn 14 zur haftungsbegründenden Kausalität bei Ersatzansprüchen. **10**

II. Culpa in contrahendo. Das Unterbleiben einer gesetzlich geforderten Information kann auch eine cic bedeuten. Deren Rechtsfolgen gehen in doppelter Hinsicht über diejenigen eines Widerrufs hinaus. **11**

1. Schadensersatzanspruch. Der Schadensersatzanspruch aus cic umfasst mehr als bloß die Lösung vom Vertrag mit leicht modifizierten Rücktrittsfolgen (§ 355 ff). Denn das zu ersetzende negative Interesse (vgl § 311 Rn 53) umfasst auch die Nachteile, die dem Verbraucher durch das enttäuschte Vertrauen auf den Fortbestand des später widerrufenden Geschäfts entstanden sind (zB durch das Versäumen eines anderen Vertragsschlusses). **12**

2. Fristen. Wenn der Informationsmangel nicht gerade das Widerrufsrecht selbst betrifft, erlischt dieses spätestens *6 Monate nach Vertragsschluss*, § 355 III 1. Dagegen verjährt der Anspruch des Verbrauchers auf Vertragsaufhebung aus cic nach den §§ 195, 199, also jedenfalls wesentlich später. Auch insoweit könnte demnach ein Anspruch aus cic die Verbraucherrechte erheblich erweitern. **13**

3. Einschränkungen. Ggü diesen Folgen der Bejahung von cic sind aber folgende drei Einschränkungen zu beachten: (1) Für einen Schadensersatzanspruch aus cic bedarf es der **haftungsbegründenden Kausalität**. Diese fehlt, wenn die unterlassene Information für den Verbraucher so unwesentlich war, dass er den Vertrag auch bei vollständiger Information wie geschehen abgeschlossen hätte. In solchen Fällen bleibt nur der Widerruf. **14**

15 (2) Angesichts der Fülle der gesetzlich geforderten Informationen kann es va bei kleineren Unternehmen vereinzelt auch **am Verschulden fehlen**, wenn eine Information unterbleibt. Auch dann gibt es nur den Widerruf.

16 (3) Endlich ist auch die Ansicht nicht ganz abwegig, § 312d II enthalte für Informationsfehler eine **abschließende**, wenigstens die allg cic ausschließende **Regelung**. Denn ein Verschulden wird sich bei § 312c nur schwer verneinen lassen (Ausn o. Rn 15). Dann erscheint der Informationsfehler weitgehend als ein Spezialfall der cic, und dieser Spezialfall kann durch § 312d II abschließend geregelt sein.

17 **D. Die BGB-InfoV § 1.** § 1 der Verordnung über Informations- und Nachweispflichten nach bürgerlichem Recht lautet:

(1) Der Unternehmer muss dem Verbraucher gemäß § 312c Abs. 1 des Bürgerlichen Gesetzbuchs folgende Informationen zur Verfügung zu stellen:
1. seine Identität, anzugeben ist auch das öffentliche Unternehmensregister, bei dem der Rechtsträger eingetragen ist, und die zugehörige Registernummer oder gleichwertige Kennung,
2. die Identität eines Vertreters des Unternehmers in dem Mitgliedstaat, in dem der Verbraucher seinen Wohnsitz hat, wenn es einen solchen Vertreter gibt, oder die Identität einer anderen gewerblich tätigen Person als dem Anbieter, wenn der Verbraucher mit dieser geschäftlich zu tun hat, und die Eigenschaft, in der diese Person ggü dem Verbraucher tätig wird,
3. die ladungsfähige Anschrift des Unternehmers und jede andere Anschrift, die für die Geschäftbeziehung zwischen diesem, seinem Vertreter oder einer anderen gewerblich tätigen Person gemäß Nummer 2 und dem Verbraucher maßgeblich ist, bei juristischen Personen, Personenvereinigungen oder -gruppen auch den Namen eines Vertretungsberechtigten,
4. wesentliche Merkmale der Ware oder Dienstleistung sowie darüber, wie der Vertrag zustande kommt,
5. die Mindestlaufzeit des Vertrags, wenn dieser eine dauernde oder regelmäßig wiederkehrende Leistung zum Inhalt hat,
6. einen Vorbehalt, eine in Qualität und Preis gleichwertige Leistung (Ware oder Dienstleistung) zu erbringen, und einen Vorbehalt, die versprochene Leistung im Fall ihrer Nichtverfügbarkeit nicht zu erbringen,
7. den Gesamtpreis der Ware oder Dienstleistung einschließlich aller damit verbundenen Preisbestandteile sowie alle über den Unternehmer abgeführten Steuern oder, wenn kein genauer Preis angegeben werden kann, über die Grundlage für seine Berechnung, die dem Verbraucher eine Überprüfung des Preises ermöglicht,
8. gegebenenfalls zusätzlich anfallende Liefer- und Versandkosten sowie einen Hinweis auf mögliche weitere Steuern oder Kosten, die nicht über den Unternehmer abgeführt oder von ihm in Rechnung gestellt werden,
9. Einzelheiten hinsichtlich der Zahlung und der Lieferung oder Erfüllung,
10. das Bestehen oder Nichtbestehen eines Widerrufs- oder Rückgaberechts sowie die Bedingungen, Einzelheiten der Ausübung, insbesondere Namen und Anschrift desjenigen, gegenüber dem der Widerruf zu erklären ist, und die Rechtsfolgen des Widerrufs oder der Rückgabe, einschließlich Informationen über den Betrag, den der Verbraucher im Falle des Widerrufs oder der Rückgabe gemäß § 357 Abs. 1 des Bürgerlichen Gesetzbuchs für die erbrachte Dienstleistung zu zahlen hat,
11. alle spezifischen, zusätzlichen Kosten, die der Verbraucher für die Benutzung des Fernkommunikationsmittels zu tragen hat, wenn solche zusätzlichen Kosten durch den Unternehmer in Rechnung gestellt werden, und
12. eine Befristung der Gültigkeitsdauer der zur Verfügung gestellten Informationen, beispielsweise die Gültigkeitsdauer befristeter Angebote, insbesondere hinsichtlich des Preises.

(2) Bei Fernabsatzverträgen über Finanzdienstleistungen muss der Unternehmer dem Verbraucher gemäß § 312c Abs. 1 des Bürgerlichen Gesetzbuchs ferner folgende Informationen zur Verfügung stellen:
1. die Hauptgeschäftstätigkeit des Unternehmens und die für seine Zulassung zuständige Aufsichtsbehörde,
2. gegebenenfalls den Hinweis, dass sich die Finanzdienstleistung auf Finanzinstrumente bezieht, die wegen ihrer spezifischen Merkmale oder der durchzuführenden Vorgänge mit speziellen Risiken behaftet sind oder deren Preis Schwankungen auf dem Finanzmarkt unterliegt, auf die der Unternehmer keinen Einfluss hat, und dass in der Vergangenheit erwirtschaftete Erträge kein Indikator für künftige Erträge sind,
3. die vertraglichen Kündigungsbedingungen einschließlich etwaiger Vertragsstrafen,
4. die Mitgliedstaaten der Europäischen Union, deren Recht der Unternehmer der Aufnahme von Beziehungen vom Verbraucher vor Abschluss des Fernabsatzvertrags zugrunde legt,
5. eine Vertragsklausel über das auf den Fernabsatzvertrag anwendbare Recht oder über das zuständige Gericht,
6. die Sprachen, in welchen die Vertragsbedingungen und die in dieser Vorschrift genannten Vorabinformationen mitgeteilt werden, sowie die Sprachen, in welchen sich der Unternehmer verpflichtet, mit Zustimmung des Verbrauchers die Kommunikation während der Laufzeit dieses Vertrags zu führen,
7. einen möglichen Zugang des Verbrauchers zu einem außergerichtlichen Beschwerde- und Rechtsbehelfsverfahren und gegebenenfalls die Voraussetzungen für diesen Zugang und
8. das Bestehen eines Garantiefonds oder anderer Entschädigungsregelungen, die nicht unter die Richtlinie 94/19/EG des Europäischen Parlaments und des Rates vom 30.5.1994 über Einlagensicherungssysteme (ABL EG Nr L 135 S 5) und die RLinie 97/9/EG des Europäischen Parlaments und des Rates vom 3.3.1997 über Systeme für die Entschädigung der Anleger (ABL EG Nr L 84 S 22) fallen.

(3) Bei Telefongesprächen hat der Unternehmer dem Verbraucher gemäß § 312c Abs. 1 des Bürgerlichen Gesetzbuchs nur Informationen nach Absatz 1 zur Verfügung zu stellen, wobei eine Angabe gemäß Absatz 1 Nr 3 nur erforderlich ist, wenn der Verbraucher eine Vorauszahlung zu leisten hat. Satz 1 gilt nur, wenn der Unternehmer den Verbraucher darüber informiert hat, dass auf Wunsch weitere Informationen übermittelt werden können und welcher Art diese Informationen sind, und der Verbraucher ausdrücklich auf die Übermittlung der weiteren Informationen vor Abgabe seiner Vertragserklärung verzichtet hat.

(4) Der Unternehmer hat dem Verbraucher gemäß § 312c Abs. 2 des Bürgerlichen Gesetzbuchs folgende Informationen in Textform mitzuteilen:
1. die in Absatz 1 genannten Informationen,
2. bei Finanzdienstleistungen auch die in Absatz 2 genannten Informationen,
3. bei der Lieferung von Waren und sonstigen Dienstleistungen ferner
   a) die in Absatz 2 Nr. 3 genannten Informationen bei Verträgen, die ein Dauerschuldverhältnis betreffen und für eine längere Zeit als ein Jahr oder für unbestimmte Zeit geschlossen sind, sowie
   b) Informationen über Kundendienst und geltende Gewährleistungs- und Garantiebedingungen.

Zur Erfüllung seiner Informationspflicht nach Absatz 1 Nr. 10 über das Bestehen des Widerrufs- oder Rückgaberechts kann der Unternehmer das in § 14 für die Belehrung über das Widerrufs- oder Rückgaberecht bestimmte Muster verwenden. Soweit die Mitteilung nach Satz 1 durch Übermittlung der Vertragsbestimmungen einschließlich der Allgemeinen Geschäftsbedingungen erfolgt, sind die Informationen nach Absatz 1 Nr. 3 und 10, Absatz 2 Nr. 3 sowie Satz 1 Nr. 3 Buchstabe b in einer hervorgehobenen und deutlich gestalteten Form mitzuteilen.

Nach LG Kassel NJW 07, 3136, 3137 soll die InfoV, obwohl nur als VO erlassen, durch das G zur Änderung der Vorschriften über Fernabsatzverträge bei Finanzdienstleistungen v 2.12.04 (BGBl I 3102) **Gesetzesrang** erhalten haben. Das wird als Argument für die Wirksamkeit von unrichtigen Belehrungen verwendet, die aber der BGB-InfoV entsprechen; zweifelhaft! Ab 11.6.10 sollen Teile der InfoV in Art 246 EGBGB sowie einen neuen § 360 überführt werden, vgl dort und Palandt/*Grüneberg* vor BGB-InfoV Rz 2 (S 2781). 18

E. Unterlassungsansprüche. Unterlassungsansprüche gegen den Unternehmer, die auch von Verbänden und ähnlichen Institutionen geltend gemacht werden können, ergeben sich aus § 2 II Nr 1 UKlaG und bei Handeln im Wettbewerb aus den §§ 1, 3 UWG. 19

§ 312d Widerrufs- und Rückgaberecht bei Fernabsatzverträgen.
(1) ¹Dem Verbraucher steht bei einem Fernabsatzvertrag ein Widerrufsrecht nach § 355 zu. ²Anstelle des Widerrufsrechts kann dem Verbraucher bei Verträgen über die Lieferung von Waren ein Rückgaberecht nach § 356 eingeräumt werden.
(2) Die Widerrufsfrist beginnt abweichend von § 355 Abs. 2 Satz 1 nicht vor Erfüllung der Informationspflichten gemäß § 312c Abs. 2, bei der Lieferung von Waren nicht vor dem Tage ihres Eingangs beim Empfänger, bei der wiederkehrenden Lieferung gleichartiger Waren nicht vor dem Tage des Eingangs der ersten Teillieferung und bei Dienstleistungen nicht vor dem Tage des Vertragsschlusses.
(3) Das Widerrufsrecht erlischt bei einer Dienstleistung auch dann, wenn der Vertrag auf ausdrücklichen Wunsch des Verbrauchers vollständig erfüllt ist, bevor der Verbraucher sein Widerrufsrecht ausgeübt hat.
(4) Das Widerrufsrecht besteht, soweit nicht ein anderes bestimmt ist, nicht bei Fernabsatzverträgen
1. zur Lieferung von Waren, die nach Kundenspezifikation angefertigt werden oder eindeutig auf die persönlichen Bedürfnisse zugeschnitten sind oder die auf Grund ihrer Beschaffenheit nicht für eine Rücksendung geeignet sind oder schnell verderben können oder deren Verfalldatum überschritten würde,
2. zur Lieferung von Audio- oder Videoaufzeichnungen oder von Software, sofern die gelieferten Datenträger vom Verbraucher entsiegelt worden sind,
3. zur Lieferung von Zeitungen, Zeitschriften und Illustrierten,
4. zur Erbringung von Wett- und Lotterie-Dienstleistungen, es sei denn, dass der Verbraucher seine Vertragserklärung telefonisch abgegeben hat,
5. die in der Form von Versteigerungen (§ 156) geschlossen werden oder
6. die die Lieferung von Waren oder die Erbringung von Finanzdienstleistungen zum Gegenstand haben, deren Preis auf dem Finanzmarkt Schwankungen unterliegt, auf die der Unternehmer keinen Einfluss hat und die innerhalb der Widerrufsfrist auftreten können, insbesondere Dienstleistungen im Zusammenhang mit Aktien, Anteilsscheinen, die von einer Kapitalanlagegesellschaft oder einer ausländischen Investmentgesellschaft ausgegeben werden, und anderen handelbaren Wertpapieren, Devisen, Derivaten oder Geldmarktinstrumenten, oder
7. zur Erbringung telekommunikationsgestützter Dienste, die auf Veranlassung des Verbrauchers unmittelbar per Telefon oder Telefax in einem Mal erbracht werden, sofern es sich nicht um Finanzdienstleistungen handelt.
(5) ¹Das Widerrufsrecht besteht ferner nicht bei Fernabsatzverträgen, bei denen dem Verbraucher bereits auf Grund der §§ 495, 499 bis 507 ein Widerrufs- oder Rückgaberecht nach § 355 oder § 356 zusteht. ²Bei solchen Verträgen gilt Absatz 2 entsprechend.
(6) Bei Fernabsatzverträgen über Finanzdienstleistungen hat der Verbraucher abweichend von § 357 Abs. 1 Wertersatz für die erbrachte Dienstleistung nach den Vorschriften über den gesetzlichen Rücktritt nur zu leisten, wenn er vor Abgabe seiner Vertragserklärung auf diese Rechtsfolge hingewiesen worden ist und wenn er ausdrücklich zugestimmt hat, dass der Unternehmer vor Ende der Widerrufsfrist mit der Ausführung der Dienstleistung beginnt.

§ 312d

1 A. Voraussetzungen. Es braucht kein Informationsfehler vorzuliegen, sondern es genügt des Vorliegen eines Fernabsatzvertrages iSv § 312b I. Denn nach der Auffassung der zugrunde liegenden EG-RL (vgl § 312b Rn 1) ist schon der Fernabsatz als solcher für den Verbraucher gefährlich, weil Vertragspartner und Vertragsgegenstand nicht körperlich präsent sind (vgl § 312b Rn 2). Nach dem VerbrKrRL-UG lauten seit dem 11.6.10 die Absätze 2 und 5:

(2) Die Widerrufsfrist beginnt abweichend von § 353 III 1 nicht vor Erfüllung der Informationspflichten gemäß Art 246 II iVm § 1 I und II des EGBGB, bei der Lieferung von Waren nicht vor deren Eingang beim Empfänger, bei der wiederkehrenden Lieferung gleichartiger Waren nicht vor Eingang der ersten Teillierung und bei Dienstleistungen nicht vor Vertragsschluss.

(5) Das Widerrufsrecht besteht ferner nicht bei Fernabsatzverträgen, bei denen dem Verbraucher auf Grund der §§ 495, 506 bis 512 ein Widerrufs- oder Rückgaberecht nach § 355 oder § 356 zusteht. Bei Ratenlieferungsverträgen gilt Abs. 2 entsprechend.

2 B. Das Widerrufs- oder Rückgaberecht. I. Grundsatz, Abs 1. Nach I 1 hat der Verbraucher eine Widerrufsrecht nach § 355; stattdessen kann ihm nach I 2 bei Verträgen über die Lieferung von Waren ein Rückgaberecht nach § 356 eingeräumt werden. Der beschränkte Anwendungsbereich für das Rückgaberecht folgt notwendig daraus, dass nur bei körperlichen Sachen eine Rückgabe nach § 356 II in Betracht kommt.

3 II. Fristen, Abs 2 und 3. Die Frist für den Widerruf ist allg in den § 355 II und III sowie 356 II geregelt. Hiervon bestimmt jedoch II **Abweichungen für den Fristbeginn** bei Fernabsatzverträgen: (1.) Dieser Beginn ist bis zur Erfüllung der Informationspflichten von § 312c II aufgeschoben (§ 312c Rn 10); (2.) bei der Lieferung von Waren beginnt die Frist nicht vor dem Eingang beim Empfänger; bei der wiederkehrenden Lieferung gleichartiger Waren entscheidet die erste Teillieferung; (3.) bei Dienstleistungen liegt der Fristbeginn nicht vor dem Tag des Vertragsschlusses; vorher soll der Verbraucher also wohl einen ihn bindenden Antrag widerrufen können.

4 Andererseits hat III auch Gründe für ein **früheres Ende der Frist**, die letztlich auf das Verbot des Selbstwiderspruchs zurückgehen (vgl § 242 Rn 53 ff): Das Widerrufsrecht erlischt, wenn der Vertrag auf ausdrücklichen Wunsch des Verbrauchers vollständig erfüllt ist. Eine Schlechtleistung wird nicht als vollständige Erfüllung angesehen; sie lässt also das Widerrufsrecht unberührt (Palandt/*Grüneberg* Rz 7). Dagegen steht ein Informationsfehler (vgl § 312c) dem Erlöschen nicht entgegen.

5 III. Inhalt, Abs 6. Für Finanzdienstleistungen enthält VI eine von den §§ 357 I, 346 II Nr 1 abw Regelung für die aus dem Widerruf idR folgende **Wertersatzpflicht des Verbrauchers**: Diese soll nur bestehen, wenn er darauf vor Abgabe seiner Vertragserklärung hingewiesen worden ist und wenn er ausdrücklich zugestimmt hat, dass der Unternehmer vor Ablauf der Widerrufsfrist mit der Ausführung der Dienstleistung beginnt. Damit soll verhindert werden, dass der Verbraucher im Ergebnis eine ihm vor dem Widerruf aufgedrängte Dienstleistung vergüten muss.

6 C. Ausschluss des Widerrufs- oder Rückgaberechts, Abs 4 und 5. In IV und 5 enthält § 312d eine umfangreiche Liste von Fallgruppen, in denen das Widerrufsrecht (und folglich auch das Rückgaberecht) ausgeschlossen ist (mit Beweislast des Unternehmers, BGHZ 154, 239, 246). Dafür sind sehr verschiedene Gründe und ist teils auch die Wirkung einer Lobby maßgeblich. Nach IV am Anfang darf aber „nichts anderes bestimmt" sein. Dafür kommen etwa die §§ 495, 505 in Betracht. IE geht ist um **folgende Gruppen**:

7 IV Nr 1 nennt Waren, die sich anderswo nicht oder nur mit erheblichen Nachlässen absetzen lassen, weil sie nach Kundenspezifikation angefertigt oder eindeutig auf die persönlichen Bedürfnisse zugeschnitten sind. Das trifft nicht zu, wenn die Sache auf Bestellung des Verbrauchers aus vorgefertigten Standardbauteilen zusammengefügt wird, die mit verhältnismäßig geringem Aufwand ohne Beeinträchtigung ihrer Substanz- oder Funktionsfähigkeit wieder getrennt werden können (BGHZ 154, 239, 242 für ein Notebook; Trennungskosten von 5% des Warenwertes seien unerheblich).

8 Weiter nennt **IV Nr 1 Waren, die sich nach ihrer Beschaffenheit nicht für eine Rücksendung eignen** (zB Heizöl wegen der Vermischung mit Restmengen im Tank) oder schnell verderben können (zB bestimmte Lebensmittel) oder deren Verfallsdatum überschritten würde. Doch darf dieses Verfallsdatum nicht willkürlich kurz festgesetzt worden sein.

9 IV Nr 2 nennt **Audio-, Videoaufzeichnungen oder Software**, wenn der Verbraucher die gelieferten Datenträger entsiegelt hat. Hier besteht die Gefahr, dass der Kunde sich ein Duplikat hergestellt hat. Von vornherein nicht versiegelte Datenträger fallen aber nicht unter diesen Ausschlusstatbestand.

10 IV Nr 3 nennt Zeitungen, Zeitschriften oder Illustrierten, nicht aber Kalender (Hambg NJW 04, 1114, 1115), obwohl auch diese durch Veraltung an Wert verlieren.

11 IV Nr 4 erfasst Wett- und Lotteriedienstleistungen. Hier muss nach der Entscheidung oder Ausspielung ein *Widerruf* schon nach dem Grundgedanken von Nr 1 weichen, weil Gegenstand des Geschäfts eine Chance darstellt, die dann erloschen ist. Palandt/*Grüneberg* Rz 12 verlangt zudem einen nach staatlicher Genehmigung wegen § 763 wirksamen Vertrag.

IV Nr 5 nennt Versteigerungen (§ 156). Nach BGH NJW 05, 53, 54 fallen hierunter nicht Internet-Auktionen, die durch Antrag und Annahme nach §§ 145 ff und nicht durch Zuschlag nach § 156 zustande kommen (vgl BGHZ 149, 129, 133, weiter *Mankowski* JZ 05, 444 ff): Der die Internetauktion beendende Zeitablauf könne nicht mit der Willenserklärung „Zuschlag" gleichgesetzt werden. Auch komme eine erweiternde Auslegung der Nr 5 nicht in Betracht. 12

IV Nr 6 erfasst Waren (zB Edelmetalle und Rohstoffe) und Finanzdienstleistungen, **deren Preis auf dem Finanzmarkt Schwankungen unterliegt**, auf die der Unternehmer keinen Einfluss hat und die innerhalb der Widerrufsfrist auftreten können. Das Gesetz nennt als Beispiel Aktien, bestimmte Anteilsscheine, andere handelbare Wertpapiere, Devisen, Derivate und Geldmarktinstrumente. Der Verbraucher soll hier nicht zu Lasten des Unternehmers spekulieren, also einen ungünstigen Verlauf durch Widerruf auf den Unternehmer abschieben können. Bei einer Verletzung der Aufklärungspflichten des Unternehmers aus BGB oder WpHG soll der Verbraucher aber Schadensersatzansprüche aus § 280 I (ggf iVm § 311a II) haben, Palandt/*Grüneberg* Rz 14. 13

IV Nr 7: Beruht auf den Schwierigkeiten einer Belehrung des Verbrauchers bei solchen Verträgen (BT-Drs 16/12 406). 14

V endlich schließt das Widerrufsrecht nach § 312d aus, wenn der Verbraucher **bereits ein Widerrufs- oder Rückgaberecht nach den §§ 495, 499 bis 507 hat**. Doch soll auch dann entspr II Hs 1 die Frist für dieses Recht nicht vor Erfüllung der Informationspflichten nach § 312c II beginnen.

§ 312e Pflichten im elektronischen Geschäftsverkehr.

(1) ¹Bedient sich ein Unternehmer zum Zwecke des Abschlusses eines Vertrags über die Lieferung von Waren oder über die Erbringung von Dienstleistungen eines Tele- oder Mediendienstes (Vertrag im elektronischen Geschäftsverkehr), hat er dem Kunden
1. angemessene, wirksame und zugängliche technische Mittel zur Verfügung zu stellen, mit deren Hilfe der Kunde Eingabefehler vor Abgabe seiner Bestellung erkennen und berichtigen kann,
2. die in der Rechtsverordnung nach Artikel 241 des Einführungsgesetzes zum Bürgerlichen Gesetzbuche bestimmten Informationen rechtzeitig vor Abgabe von dessen Bestellung klar und verständlich mitzuteilen,
3. den Zugang von dessen Bestellung unverzüglich auf elektronischem Wege zu bestätigen und
4. die Möglichkeit zu verschaffen, die Vertragsbestimmungen einschließlich der Allgemeinen Geschäftsbedingungen bei Vertragsschluss abzurufen und in wiedergabefähiger Form zu speichern.

²Bestellung und Empfangsbestätigung im Sinne von Satz 1 Nr. 3 gelten als zugegangen, wenn die Parteien, für die sie bestimmt sind, sie unter gewöhnlichen Umständen abrufen können.
(2) ¹Absatz 1 Satz 1 Nr. 1 bis 3 findet keine Anwendung, wenn der Vertrag ausschließlich durch individuelle Kommunikation geschlossen wird. ²Absatz 1 Satz 1 Nr. 1 bis 3 und Satz 2 findet keine Anwendung, wenn zwischen Vertragsparteien, die nicht Verbraucher sind, etwas anderes vereinbart wird.
(3) ¹Weitergehende Informationspflichten auf Grund anderer Vorschriften bleiben unberührt. ²Steht dem Kunden ein Widerrufsrecht gemäß § 355 zu, beginnt die Widerrufsfrist abweichend von § 355 Abs. 2 Satz 1 nicht vor Erfüllung der in Absatz 1 Satz 1 geregelten Pflichten.

A. Funktion. I. Europarechtliche Grundlage. Europarechtlich sind maßgeblich die Art 10, 11 und 18 der RL 00/31/EG des Europäischen Parlaments und des Rates vom 8.6.00 über bestimmte rechtliche Aspekte der Dienste der Informationsgesellschaft, insb des elektronischen Geschäftsverkehrs im Binnenmarkt (E-commerce-RL, ABl EG Nr L 178 1). Diese RL wird als gesetzestechnisch extrem schlecht beurteilt, ua wegen der überlangen Erwägungsgründe sowie zahlreicher Widersprüche und Unklarheiten (MüKo/*Wendehorst* Rz 5). Der nationale Gesetzgeber hätte hier mehr redaktionelle Sorgfalt anwenden und sich gesetzestechnisch nicht auf das Niveau der E-commerce-RL herab begeben sollen (MüKo/*Wendehorst* aaO). Da diese Sorgfalt unterblieben ist, finden sich einige Mängel der RL in § 312e wieder – I und III sind seit dem 11.6.10 durch das VerbrKrRL-UG redaktionell neu gefasst. 1

II. Schutzzweck. § 312e stellt dem Unternehmer **nicht den Verbraucher** ggü, **sondern den Kunden** (zB I 1). Die Vorschrift ist also im strengen Sinn kein Verbraucherschutzgesetz. Trotzdem wird sie in § 2 II Nr 2 UKlaG als „Verbraucherschutzgesetz im Sinne dieser Vorschrift" bezeichnet. Daran ist sachlich richtig, dass elektronische Geräte zunehmend auch im Verkehr mit Verbrauchern verwendet werden (schon weil diese immer häufiger geeignete Empfangsgeräte haben). Verbraucher sind aber im Umgang mit der Elektronik häufig weniger erfahren und daher den daraus drohenden Gefahren besonders ausgesetzt. Aus diesem Ungleichgewicht erklären sich viele Einzelheiten des § 312e. Als weitere Zwecke werden genannt (Erwägungsgrund 7 der RL), das Vertrauen der Verbraucher in den elektronischen Geschäftsverkehr sowie (Erwägungsgrund 2) das Wirtschaftswachstum zu fördern. Solche vollmundigen Zielsetzungen wie auch das modische Schlagwort von der Informationsgesellschaft sind freilich juristisch fast ohne jeden Ertrag. 2

3 **B. Anwendungsbereich.** § 312e I definiert den **elektronischen Geschäftsverkehr**: Der Unternehmer muss sich zum Vertragsschluss über die Lieferung von Waren oder die Erbringung von Dienstleistungen eines Tele- oder Mediendienstes bedienen. Dieser Begriff ist erheblich enger als die Fernkommunikationsmittel von § 312b, die zB auch Briefe und Telefonate umfassen (vgl § 312b Rn 6). § 312e definiert die Tele- oder Mediendienste nicht. In Erwägungsgrund 17 der RL vom 8.6.00 (vgl Rn 1) wird gesprochen von „Geräten für die elektronische Verarbeitung (einschl digitaler Kompression) und Speicherung von Daten", die Dienstleistungen auf individuellen Abruf eines Empfängers erbringen. Nach Erwägungsgrund 18 gehen die Tätigkeiten Online vonstatten; Offlinedienste seien nicht erfasst. Im Wesentlichen geht es wohl um Angebote und Bestellungen durch Computer im Internet, nicht dagegen um telefonische Bestellungen.

4 Nicht erfasst werden sollen nach Anhang 5 Nr 2 – 1 und 2 der RL 98/34/EG Dienste, die zwar mit elektronischen Geräten, aber in materieller Form erbracht werden, zB durch Geldausgabe- oder Fahrkartenautomaten. Dass insoweit ganz unpraktikable Abgrenzungsschwierigkeiten entstehen (vgl MüKo/*Wendehorst* Rz 32), ist angesichts der miserablen Gesetzeslage unvermeidlich.

5 **C. Pflichten des Unternehmers. I. Bereitstellung von Korrekturmöglichkeiten, Abs 1 S 1 Nr 1.** Fehlt es hieran, soll der Unternehmer als Schadensersatz aus cic (§§ 280 I, 249 I) aus dem Eingabefehler keine Rechte herleiten dürfen (Palandt/*Grüneberg* Rz 5).

6 **II. Informationspflichten, Abs 1 S 1 Nr 2 bis 4, Abs 3 S 1.** I 1 Nr 2 bestimmt die Pflicht, die Informationen nach **BGB-InfoV** vor Abgabe der Bestellung „klar und verständlich" mitzuteilen. Einschlägig ist **§ 3 dieser Vorschrift**:

„Bei Verträgen im elektronischen Geschäftsverkehr muss der Unternehmer den Kunden gem § 312e I 1 Nr. 2 BGB informieren
1. über die einzelnen technischen Schritte, die zu einem Vertragsschluss führen,
2. darüber, ob der Vertragstext nach dem Vertragsschluss von dem Unternehmer gespeichert wird und ob er dem Kunden zugänglich ist,
3. darüber, wie er mit den gemäß § 312e I 1 Nr 1 BGB zur Verfügung gestellten technischen Mitteln Eingabefehler vor Abgabe der Bestellung erkennen und berichtigen kann,
4. über die für den Vertragsschluss zur Verfügung stehenden Sprachen und
5. über sämtliche einschlägige Verhaltenscodices, denen sich der Unternehmer unterwirft, sowie die Möglichkeit eines elektronischen Zugangs zu diesen Regelwerken."

Dabei sind unter den Verhaltenscodices nur Bestimmungen zu verstehen, denen sich der Unternehmer freiwillig unterworfen hat, also nicht gesetzliche Vorschriften.

7 **I 1 Nr 3**: Der Unternehmer muss den **Zugang der Bestellung unverzüglich** auf elektronischem Weg **bestätigen**. Für den Zugang dieser Erklärung gilt I 2: Es soll genügen, dass der Empfänger sie unter gewöhnlichen Umständen abrufen kann.

8 **I 1 Nr 4**: Der Unternehmer muss den Kunden die Möglichkeit verschaffen, die Vertragsbestimmungen einschließlich der AGB bei Vertragsschluss abzurufen und in wiedergabefähiger Form zu speichern.

9 Nach III 1 bleiben weitergehende Pflichten aufgrund anderer Vorschriften unberührt. Dahin gehören va die Pflichten beim Fernabsatz nach § 312c einschließlich § 1 der BGB-InfoV.

10 **III. Ausnahmen.** Nach II 1 findet I 1 Nr 1 bis 3 keine Anwendung bei einem Vertragsschluss „ausschl durch individuelle Kommunikation". RegE BTDrs 14/640 172 sieht nämlich hier keinen wesentlichen Unterschied zu einem Vertragsschluss durch Brief oder Telefon. Diese Ähnlichkeit dürfte auch bei der Begriffsbestimmung der „individuellen Kommunikation" helfen, über die es Streit und berechtigte Zweifel gibt: Soll der Begriff technisch-formal oder inhaltlich-materiell verstanden werden? Vgl MüKo/*Wendehorst* Rz 45, die sich (Rn 48) für eine Kombination („zweistufige Prüfung") entscheidet.

11 Der ganze I mit Ausn von 1 Nr 4 soll **nach II 2 abdingbar sein**, wenn **Vertragsparteien, die nicht Verbraucher sind**, etwas anderes vereinbaren. In diesem Fall unterliegt der Vertragsschluss (abgesehen von dem nicht abdingbaren I 1 Nr 4) den gewöhnlichen Regeln.

12 **D. Rechtsfolgen. I. Widerrufsfrist.** Ein Verstoß gegen die Unternehmerpflichten und überhaupt der elektronische Geschäftsverkehr allein begründen kein Widerrufsrecht. Besteht ein solches nach anderen Vorschriften (zB § 312d), so beginnt die für den Widerruf nach § 355 II geltende Frist nicht vor Erfüllung der in I 1 geregelten Pflichten (vgl Rn 5 ff). Die beim Fernabsatz für den Fristbeginn nach § 312d II geltenden weiteren Voraussetzungen treten dann noch hinzu.

13 **II. Schadensersatzansprüche.** Schadensersatzansprüche des Kunden können sich bei Verletzung einer Pflicht des Unternehmers aus cic oder anderen Pflichtverletzungen ergeben (§§ 280 I, 311 II, 241 II). Ob diese nach § 249 I auch auf Vertragsaufhebung gerichtet werden können, hängt davon ab, ob die Pflichtverletzung für den Vertragsabschluss kausal geworden ist (vgl § 312c Rn 13).

14 **III. Irrtumsanfechtung.** Der fehlerhafte Gebrauch elektronischer Geräte kann dazu führen, dass der Kunde etwas erklärt, was er nicht oder doch nicht mit diesem Inhalt erklären wollte. Dann kommt eine Irrtumsan-

fechtung nach § 119 I in Betracht. Allerdings scheint der Kunde dann nach § 122 ersatzpflichtig zu werden. Doch verstieße ein solcher Anspruch des Unternehmers gegen § 242, wenn er selbst durch einen Informationsfehler zu dem Bedienungsfehler beigetragen hat (MüKo/*Wendehorst* Rz 121).

IV. Weitere Rechtsfolgen. Unabhängig von Individualansprüchen des Kunden kommen auch Unterlassungsansprüche in Betracht, zu denen Verbände und andere Institutionen berechtigt sind: § 2 II Nr 2 UKlaG und bei Handeln im Wettbewerb auch die §§ 1, 3 UWG. Dazu tritt die Möglichkeit zu einer kostenpflichtigen Abmahnung. MüKo/*Wendehorst* Rz 125 sieht hierin die vermutlich relevanteste Rechtsfolge. 15

§ 312f Kündigung und Vollmacht zur Kündigung.
Wird zwischen einem Unternehmer und einem Verbraucher nach diesem Untertitel ein Dauerschuldverhältnis begründet, das ein zwischen dem Verbraucher und einem anderen Unternehmer bestehendes Dauerschuldverhältnis ersetzen soll, und wird anlässlich der Begründung des Dauerschuldverhältnisses von dem Verbraucher
1. die Kündigung des bestehenden Dauerschuldverhältnisses erklärt und der Unternehmer oder ein von ihm beauftragter Dritter zur Übermittlung der Kündigung an den bisherigen Vertragspartner des Verbrauchers beauftragt oder
2. der Unternehmer oder ein von ihm beauftragter Dritter zur Erklärung der Kündigung gegenüber dem bisherigen Vertragspartner des Verbrauchers bevollmächtigt,

bedarf die Kündigung des Verbrauchers oder die Vollmacht zur Kündigung der Textform.

§ 312g Abweichende Vereinbarungen.
¹Von den Vorschriften dieses Untertitels darf, soweit nicht ein anderes bestimmt ist, nicht zum Nachteil des Verbrauchers oder Kunden abgewichen werden. ²Die Vorschriften dieses Untertitels finden, soweit nicht ein anderes bestimmt ist, auch Anwendung, wenn sie durch anderweitige Gestaltungen umgangen werden.

A. Zwingendes Recht, S 1. Nach 1 sind die §§ 312 bis 312f zugunsten des Verbrauchers (oder Kunden) einseitig zwingend. Eine solche Anordnung findet sich im Verbraucherschutzrecht durchgehend (etwa §§ 475 I, 487, 506, 651m, 655e). Weitere Vorschriften, auf die in den §§ 312 bis 312e verwiesen wird, werden von dem halbzwingenden Charakter miterfasst. Das gilt va für die §§ 357 ff, soweit sie den Verbraucher schützen sollen. 1

Der Schutzzweck steht nicht nur einer abweichenden Vereinbarung entgegen, sondern auch einem einseitigen Verzicht des Verbrauchers. Zweifelhaft ist, inwieweit der Verbraucher in einem Vergleich einen Teil seiner Rechte aufgeben kann. Wenn der Vergleich ernsthafte Zweifel beheben soll und einigermaßen angemessen ist, wird man das bejahen müssen. Palandt/*Grüneberg* Rz 1 weist mit Recht auf die Lösung für die gleichliegende Problematik im Arbeitsrecht hin (etwa BAG NJW 77, 1213). Bei Teilnichtigkeit ist diese nach § 312f 1 entgegen § 139, aber mit § 306 auf den zu beanstandenden Vertragsteil zu beschränken. 2

B. Umgehung, S 2. Auch das Umgehungsverbot des 2 gehört zum ständigen Repertoire des Verbraucherschutzes. Dabei versteht man unter einer Gesetzesumgehung ein Verhalten, dass zwar nicht gegen den Wortlaut des Gesetzes verstößt, wohl aber gegen seinen Sinn. Das Umgehungsverbot ist also unnötig für Verhaltensweisen, die schon durch Auslegung unter das G gebracht werden können. Da die Auslegung nach dem Zweck des Gesetzes heute sehr großzügig gehandhabt wird, kann man zweifeln, ob es einer Regel für die Gesetzesumgehung überhaupt noch bedarf (vgl *Flume* II § 17, 5). Einen Grenzfall hat gebildet zB BGH NJW 97, 1069: Veräußerung von Ferienwohnrechten im Genossenschaftsmodell als verdecktes Haustürgeschäft. Die Vorschrift umfasst etwa das Vorschieben eines Verbrauchers als Verkäufer, wenn der Verkauf in Wahrheit ein Geschäft des Unternehmers darstellt (BGHZ 170, 67 Tz 15 f zu § 475 I 2). Die Ansprüche des anderen Teils richten sich dann gegen den Hintermann (Unternehmer), BGH aaO. 3

Untertitel 3 Anpassung und Beendigung von Verträgen

§ 313 Störung der Geschäftsgrundlage.
(1) Haben sich Umstände, die zur Grundlage des Vertrags geworden sind, nach Vertragsschluss schwerwiegend verändert und hätten die Parteien den Vertrag nicht oder mit anderem Inhalt geschlossen, wenn sie diese Veränderung vorausgesehen hätten, so kann Anpassung des Vertrags verlangt werden, soweit einem Teil unter Berücksichtigung aller Umstände des Einzelfalls, insbesondere der vertraglichen oder gesetzlichen Risikoverteilung, das Festhalten am unveränderten Vertrag nicht zugemutet werden kann.
(2) Einer Veränderung der Umstände steht es gleich, wenn wesentliche Vorstellungen, die zur Grundlage des Vertrags geworden sind, sich als falsch herausstellen.
(3) ¹Ist eine Anpassung des Vertrags nicht möglich oder einem Teil nicht zumutbar, so kann der benachteiligte Teil vom Vertrag zurücktreten. ²An die Stelle des Rücktrittsrechts tritt für Dauerschuldverhältnisse das Recht zur Kündigung.

A. Herkunft. § 313 stammt aus dem SchRModG (§ 313 aF über die Form von Grundstücksgeschäften bildet jetzt den § 311b I). Die Vorschrift versucht eine Kodifikation der in der Lit aus § 242 entwickelten und seit 1922 (RGZ 103, 328, 332) von der Rspr übernommenen Lehre. Eine sachliche Neuerung war durch § 313 nicht beabsichtigt (mit bloß einer wirklichen Ausnahme, vgl u. Rn 19 sowie *Heinrichs* FS Heldrich 05, 183, 187 ff) Nach wie vor gilt letztlich die Formulierung von *H. Köhler* Festgabe 50 Jahre BGH I 00, 295, 296: „Die Stärke der Lehre von der Geschäftsgrundlage liegt in ihrer Schwäche, nämlich in ihrer Unbestimmtheit sowohl hinsichtlich des Tatbestandes als auch hinsichtlich der Rechtsfolgen". Daher ist die diese Schwäche etwas konkretisierende alte Rspr idR noch verwendbar.

B. Funktion. Die Berücksichtigung von Grundlagenstörungen wird häufig als Aufweichung der Vertragstreue (also der Regel pacta sunt servanda) verstanden (etwa BGH NJW 76, 565, 566; 77, 2262, 2263). Doch ist das weithin zweifelhaft (*Medicus* FS Flume I, 78, 629 ff): Wenn die Parteien einen Umstand nicht oder nicht richtig bedacht haben, kann die Auslegung ergeben, dass dieser Umstand nur vom Wortlaut und nicht auch vom Willen erfasst wird. Dann durchbrechen die Regeln über die Geschäftsgrundlage den Vertrag nicht wirklich, sondern beschränken ihn nur sinngerecht.

C. Anwendungsbereich. I. Beschränkung auf Verträge. Nach Stellung, Wortlaut und Sinn gilt § 313 nur für Verträge (die Bezeichnung als „Geschäfts-" grundlage ist insoweit ungenau). Doch muss es sich dabei nicht notwendig um Schuldverträge handeln. Für öffentlich-rechtliche Verträge gilt § 60 VwVfG. Unanwendbar ist § 313 dagegen auf einseitige Rechtsgeschäfte, etwa die Anfechtung oder Kündigung, auch nicht die Verfügung von Todes wegen (BGHZ 37, 233, 241; NJW 93, 850). Hier hilft nur die ergänzende Auslegung (BGH aaO). Der Vertrag kann auch unentgeltlich sein (freilich passt dann die Fallgruppe der Äquivalenzstörung nicht, vgl u. Rn 26). Auch für nach dem Recht der DDR geschlossene Verträge passt § 313 (BGHZ 120, 10, 22; 128, 320, 321 f).

II. Ausschluss durch Spezialvorschriften. Etwa die §§ 321, 437, 519, 527 f, 574c I, 593, 650, 775, 779, 1301, 2077, 2079 BGB; 36 UrhG; 29 UStG schließen § 313 aus. Doch reicht dieser Ausschluss nur so weit wie die Spezialregelung selbst (etwa BGHZ 150, 102, 105 ff zu § 23 SchuldrAnpG betr ein Datschengrundstück; BGH NJW 00, 2497, 2498 zu § 779). Zum Verhältnis zwischen § 313 und § 314 bei Dauerschuldverhältnissen vgl § 314 Rn 18, zum Verhältnis zu § 275 II und III u. Rn 29.

III. Ausschluss durch Vereinbarung. § 313 ist weithin nicht direkt abdingbar, weil der zugrunde liegende § 242 als zwingend angesehen wird (§ 242 Rn 11). Doch kann vertraglich geregelt werden, dass eine Partei das Risiko bestimmter Veränderungen tragen soll; das ergibt schon der Hinweis auf die vertragliche Risikoverteilung in I (dazu u. Rn 16). Auch können die Parteien iRv § 138 Zumutbarkeitsgrenzen bestimmen (zB die Unerheblichkeit von Kostensteigerungen bis zu einem gewissen Betrag).

IV. Verhältnis zu § 812 I 2 Alt 2. Der Nichteintritt eines nach dem Inhalt des Rechtsgeschäfts bezweckten Erfolgs soll nach der Rspr vorrangig von § 313 erfasst werden: Der Anpassungsanspruch nach § 313 bedeute einen Vertragsanspruch, der Bereicherungsansprüche ausschließe (BGHZ 84, 1, 10 f; 108, 147, 149). Doch werden sich die Anwendungsbereiche beider Vorschriften idR ohnehin gegenseitig ausschließen: Was nach § 812 I 2 Alt 2 Inhalt des Rechtsgeschäfts geworden ist, kann schwerlich bloß Geschäftsgrundlage iSv § 313 sein (HK–BGB/*Schulze* Rz 11 mit u. Rn 8).

D. Anwendungsvoraussetzungen. I. Vertragsgrundlage. Die Umstände, die sich verändert haben, müssen nach I zur Grundlage des Vertrages geworden sein. Gleiches gilt nach II für die „wesentlichen Vorstellungen", die sich als falsch herausstellen.

Negativ bedeutet das, dass die wesentlichen Umstände **nicht Vertragsinhalt** geworden sein dürfen (etwa als Bedingung nach § 158). Denn dann enthält der Vertrag selbst die maßgebliche Regelung, und ein Rückgriff auf § 313 ist unnötig (BGH ZIP 91, 1599, 1600). Das gilt auch, wenn eine solche Regelung erst durch ergänzende Vertragsauslegung gewonnen werden kann (BGHZ 81, 135, 143 „Roggenklausel"). Allerdings sind die Grenzen fließend, wenn die Vertragsauslegung nur zu einem hypothetischen Parteiwillen führt (BGHZ 90, 69, 74 ff „Tagespreisklausel"). Zurückhaltend bleibt BGHZ 84, 361, 368 beim Scheitern einer Ehe: Hierfür werde bei der Heirat idR kein Wille gebildet, so dass statt einer Auslegung nur ein Wegfall der Geschäftsgrundlage in Betracht komme (u. Rn 30 ff). Für die nichteheliche Lebensgemeinschaft jetzt viel elastischer BGH NJW 08, 3277. Zum Leasingvertrag *Rolland* FS Medicus 09, 353, 364 ff.

Ein weiterer Vorrang des Vertrages ergibt sich nach I aus der vertraglichen Risikoverteilung (u. Rn 16).

Positiv fordert § 313 für die Bejahung eines Umstandes als Geschäftsgrundlage: Dieser müsse für die Parteien so wichtig gewesen sein, dass sie **bei Kenntnis oder Voraussicht des Wegfalls oder des Fehlens den Vertrag nicht oder mit anderem Inhalt geschlossen hätten.** Zur Geschäftsgrundlage gehören also nur die Vorstellung über Umstände, die für Abschluss oder Inhalt des Vertrages **kausal geworden** sind.

Allerdings begünstigt der in seiner Grundlage gestörte Vertrag oft eine Partei (zB eine Geldentwertung den Kreditnehmer oder den Mieter). Daher mag diese den ihr günstigen oder günstig gewordenen Vertrag durchaus wie geschehen haben schließen wollen. Ein solcher **einseitiger Wille** muss aber **unbeachtlich** sein. Das ergibt sich entweder schon daraus, dass für den Vertragsschluss die Übereinstimmung beider Parteien nötig ist. Vielfach wird aber auch darauf abgestellt, wie die begünstigte Partei sich **redlicherweise** verhalten hätte. Das hängt insb davon ab, wie stark der unveränderte Vertrag die Gegenpartei benachteiligt.

II. Störung der Vertragsgrundlage. Diese besteht bei I in einer „schwerwiegenden Veränderung" nach Vertragsschluss und bei II darin, dass sich „wesentliche Vorstellungen" als falsch herausstellen. Die Zusätze „schwerwiegend" und „wesentlich" bedeuten, dass **nicht jede Veränderung genügt**. Vielmehr muss sie dazu führen, dass der benachteiligten Partei „das Festhalten am unveränderten Vertrag nicht zugemutet werden kann" (I aE). Die Rechtserheblichkeit der Störung wird also nach der **Zumutbarkeit ihrer Folgen beurteilt**. BGHZ 121, 378, 393 formuliert: Die Änderung müsse derart einschneidend sein, dass „ein Festhalten an der ursprünglichen Regelung zu einem untragbaren, mit Recht und Gerechtigkeit nicht zu vereinbarenden Ergebnis führen würde". Eine drohende Existenzvernichtung ist dafür aber weder nötig noch allemal ausreichend (*Medicus* AT Rz 871). 12

Für die Zumutbarkeit spielt die **Vorhersehbarkeit der Störung** eine Rolle: Je eher diese zu bejahen ist, umso weniger lässt sich Unzumutbarkeit annehmen. Das gilt insb für erkennbar riskante Geschäfte. So ist die Geschäftsgrundlage idR nicht gestört, wenn beim Kauf einer erst zum Patent angemeldeten Erfindung das Patent später nicht erteilt wird oder nachträglich wegfällt (BGHZ 83, 283, 288). Der Käufer von Bauerwartungsland muss idR (doch vgl BGHZ 74, 370) hinnehmen, dass die Bebauung nicht erlaubt wird (BGHZ 101, 143, 152). Auch die Erwartung des Bürgen, nicht in Anspruch genommen zu werden, wird durch § 313 nicht geschützt (BGHZ 104, 240, 242). Das gilt selbst dann, wenn der Grund für die Zahlungsunfähigkeit des Hauptschuldners unvorhersehbar war (BGH aaO). Wegen der bekannten Unbeständigkeit der Steuergesetzgebung kommt eine steuerliche Änderung nur dann als Grundlagenstörung in Betracht, wenn sich die beiderseitige Erwartung des Fortbestandes aus den Verhandlungen ergibt (BGH NJW 67, 1081). 13

III. Insbes die vertragliche oder gesetzliche Risikoverteilung. Diese wird in I ausdrücklich als „insb" zu berücksichtigender Umstand erwähnt. Sie deckt sich teilweise mit den schon eben für die Vorhersehbarkeit genannten Beispielen. So kann man in dem Verkauf als bloßes „Bauerwartungsland" eine vertragliche Zuweisung des Risikos, die Erwartung werde sich nicht erfüllen, an den Käufer sehen. Zur Verwendung von MAC-Klauseln (material adverse change) in Unternehmenskaufverträgen vergleiche *Hasselbach/Wirtz* BB 05, 842 ff. 14

Gesetzliche Risikozuweisungen finden sich etwa in § 537 I 1: Der Mieter trägt das Risiko, die (mangelfreie) Mietsache aus einem in seiner Person liegenden Grund nicht verwenden zu können. Auch die Vorschriften über die Gewährleistung schließen § 313 aus (BGHZ 89, 100, 103) und zwar selbst dann, wenn sie im Einzelfall keinen Anspruch begründen (BGH aaO 104). Viel allgemeiner regelt § 276 I 1 das Risiko aus der Übernahme einer Garantie- oder Beschaffungspflicht (vgl *Canaris* FS Wiegand 05, 179 ff). Ähnl werden auch dem Geldschuldner die Risiken bei der Beschaffung zugeteilt (dazu *Medicus* AcP 188, 88, 489 ff). 15

Danach kann ein Risiko von einer Vertragspartei auch bloß mit **Einschränkung auf bestimmte Gründe oder Beträge** übernommen werden. Dann kommt eine Störung der Geschäftsgrundlage nur aus anderen Gründen oder bei Überschreiten der Grenze in Betracht. So entscheidet BGHZ 129, 236, 253 f bei der Vereinbarung einer festen Lizenzgebühr für den Vertrieb von Waren im Ostblock: Hier soll der Lizenznehmer nicht auch das Risiko tragen, dass dieser Markt durch politische Umwälzungen völlig wegbricht. Auch sonst schließt die in Festpreisvereinbarungen geschaffene Risikoverteilung die Berücksichtigung einer unbedachten Störung nicht allemal aus, vgl etwa BGH LM § 242 (Bb) BGB Nr 61. 16

E. Besondere Ausschlussgründe. I. Selbstwiderspruch. Auf eine Grundlagenstörung kann sich idR nicht berufen, wer diese selbst vorsätzlich herbeigeführt hat (BGH ZIP 04, 2384, 2388); das wäre nach § 242 unzulässig (dort Rn 53 ff). 17

II. Erfüllung. Die Erfüllung der ggf beiderseitigen Verpflichtungen soll die nachträgliche Berufung auf Grundlagenstörungen idR ausschließen (BGHZ 131, 209, 216). Denn bei einem Austauschvertrag entspreche es den typischen Parteivorstellungen, dass spätestens nach Erbringung der Gegenleistung den Leistenden deren Schicksal künftig nichts mehr angehe und deshalb der Leistungsempfänger das Risiko aber auch die Chance der künftigen Weiterentwicklung trage. Diese Entscheidung dürfte jedoch mitgeprägt sein durch die Besonderheiten bei der deutschen Wiedervereinigung: Rechtssicherheit und Rechtsfrieden könnten durch die nachträgliche Berücksichtigung einer Grundlagenstörung weithin tiefgreifend gestört werden. Dagegen kann in anderen Fällen insb das schon anfängliche Fehlen der Geschäftsgrundlage zumindest bei einer ungewöhnlichen Abweichung noch nach der Erfüllung berücksichtigt werden (BGHZ 113, 310, 314 f, auch BGH NJW 92, 2690). 18

F. Rechtsfolgen. I. Anpassung des Vertrages. Sie ist nach I die idR eintretende Rechtsfolge. Sie soll „verlangt werden können". Damit entscheidet der Gesetzgeber die alte Streitfrage, ob die Änderung von selbst eintritt oder erst verlangt werden muss, im zweiten Sinn. Es liegt also in der Hand der benachteiligten Partei, ob sie die Folgen der Grundlagenstörung geltend machen will (ebenso wie bei Rücktritt oder Kündigung nach III). Das passt auch zu § 275 II, III, der im gleichen Sinn mit einer Einrede arbeitet. Zugleich ermöglicht die Vertragsanpassung im Einzelfall sachgerechte Lösungen. 19

20 Der **Anspruch auf Vertragsanpassung** braucht aber nicht zuvor geltend gemacht zu werden, etwa durch eine Klage auf Zustimmung zu einer geforderten Vertragsänderung. Vielmehr soll unmittelbar auf die angepasste Leistung geklagt werden können (BTDrs 14/6040 176 und die ganz hM, auch *Heinrichs* FS Heldrich 05, 182, 198). Das ist der **Anspruch aus der Anpassung**. Ob daneben der **Anspruch auf Anpassung** eigens eingeklagt werden kann, ist zweifelhaft. Nach *Heinrichs* aaO soll sich freilich der Kläger zunächst um eine Einigung mit dem Beklagten bemüht haben (anders etwa MüKo/*G.H. Roth* Rz 93). Eine so zu erzielende Einigung der Parteien ist zwar wünschenswert, kann aber wohl idR schon mangels eines Rechtsschutzbedürfnisses nicht eingeklagt werden. § 313 gibt folglich keinen einklagbaren Anspruch auf Neuverhandlungen (HK-BGB/*Schulze* Rz 26, im Ergebnis auch *Wiesner* JZ 04, 654, freilich mit einer unnötigen Unterscheidung).

21 Entspr wie der Kläger muss auch der durch die Grundlagenstörung benachteiligte Beklagte behandelt werden: Er muss sich durch **Einrede** wehren können, wenn von ihm etwas verlangt wird, was er nach der Anpassung nicht zu leisten bräuchte. Vgl MüKo/*G.H. Roth* Rz 87; *Wiesner* JZ 04, 655 f).

22 **II. Möglichkeiten der Anpassung.** Oft ist die Anpassung auf mehreren Wegen denkbar. So kann bei der Äquivalenzstörung (u. Rn 26) entweder die Leistung vermindert oder die (entwertete) Gegenleistung erhöht werden; zudem kommen noch vermittelnde Lösungen in Betracht. Richtschnur hierfür wird idR der hypothetische Parteiwille sein: Ziel der Anpassung ist das, was die Parteien in Kenntnis der Wirklichkeit vereinbart haben würden. So kann im Bsp eine Erhöhung der Gegenleistung ausscheiden, wenn der Käufer sie nicht aufbringen kann und daher auch nicht vereinbart hätte. Doch gehen gesetzliche Vorgaben vor (BGHZ 163, 42, 50).

23 Daneben gibt es aber auch vereinzelt **Billigkeitsentscheidungen**, die auf eine Teilung des Risikos hinauslaufen, so etwa, wenn die VW-Sparer nach dem Zweiten Weltkrieg einen Wagen zwar nicht zu dem vereinbarten, aber doch zu einem ermäßigten Preis sollten verlangen können (BGH NJW 52, 137 f und in anderem Auszug JZ 52, 145 ff mit Anm *Kegel*). Auch die Rspr zur Anpassung von Versorgungsbezügen (vgl u. Rn 28) hat keineswegs einen vollen Ausgleich für den Kaufkraftverlust gewährt (vgl *Medicus* FS Flume I, aaO 643 f). Hier wird die Vereinbarkeit mit einem hypothetischen Parteiwillen zweifelhaft; es überwiegt das Element einer richterlichen Gestaltung nach der kompromissbetonten Billigkeit.

24 **III. Der Klageantrag.** Angesichts der denkbaren Mannigfaltigkeit der Möglichkeiten einer Anpassung kann das Erfordernis eines bestimmten Klageantrags (§ 253 II Nr 2 ZPO) zu Schwierigkeiten führen. Diese mögen sich (auch wie schon bisher) häufig mit Hilfe von § 139 ZPO überwinden lassen (vgl *Heinrichs* FS Heldrich aaO 200 f). In Ausnahmefällen mag man aber an ähnliche Lockerungen des Bestimmtheitserfordernisses denken wie beim Schmerzensgeld (jetzt § 253 II Rn 22 sowie MüKo/*G.H. Roth* Rz 94).

25 **IV. Rücktritt oder Kündigung.** Rücktritt (oder nach § 314 die Kündigung) ist in III nachrangig vorgesehen, wenn eine Vertragsanpassung nicht möglich oder für einen Teil unzumutbar ist. Die Nachrangigkeit beruht darauf, dass die Auflösung des Vertrags ggü seiner Anpassung tiefer in die Privatautonomie eingreift. An eine Auflösung ist insb dann zu denken, wenn der Vertrag bei Voraussicht oder Kenntnis der Grundlagenstörung überhaupt nicht und insb auch nicht mit anderem Inhalt abgeschlossen worden wäre. Hier entspricht die Auflösung sogar der in Rn 22 betonten Maßgeblichkeit des hypothetischen Parteiwillens.

26 **G. Einzelne Fallgruppen. I. Äquivalenzstörungen.** Diese sind bei gegenseitigen Verträgen in den Grenzen des Zumutbaren unbeachtlich. Das gilt sowohl für eine Wertminderung des Entgelts (insb durch **Geldwertschwund**, etwa BGHZ 86, 167, 186 f) wie auch für Kostensteigerungen bei der Leistungserbringung. Doch ist bei Dauerschuldverhältnissen § 314 zu beachten, nach dem die Bindung an den ungleichgewichtig gewordenen Vertrag wenigstens für die Zukunft uU leichter beendet werden kann.

27 **Ausnahmsweise beachtlich** sind dagegen Äquivalenzstörungen, bei denen das Gleichgewicht von Leistung und Gegenleistung so stark gestört ist, dass die Grenze des übernommenen Risikos überschritten und das Interesse der benachteiligten Partei auch nicht mehr annähernd gewahrt ist (so etwa BGHZ 77, 194, 198 f). Beim Erbbauzins soll dafür eine Geldentwertung von 60% genügen (BGHZ 90, 227, 229; 119, 220, 222). Dazu passt freilich kaum BGH NJW 66, 105, wo für einen 1901 vereinbarten Förderzins eine Geldentwertung bis 1963 auf ein Drittel unbeachtlich bleiben sollte.

28 Eher ist eine Grundlagenstörung bei einer Vereinbarung über **Ruhegelder oder Pensionen** bejaht worden, die also einem Versorgungszweck dienen: Hier hat BAG NJW 73, 959 ff eine Steigerung der Lebenshaltungskosten von 40% genügen lassen, und BGHZ 61, 31, 35 hat sich dem unter Aufgabe seiner früheren abweichenden Rspr angeschlossen. Später ist dieselbe Problematik durch § 16 des G zur Verbesserung der betrieblichen Altersversorgung vom 19.12.74 speziell geregelt worden. Entspr haben auch BGHZ 79, 184, 194 ff; 97, 52, 61 ff erlaubt, bei der Bemessung einer nach § 843 III geschuldeten Kapitalabfindung wegen Arbeitsunfähigkeit die voraussichtlich kommende Geldentwertung zu berücksichtigen.

29 Umgekehrt kann die Äquivalenz aber auch dadurch gestört sein, dass die Leistung nur mit einem **unvorhergesehenen Mehraufwand** oder großen Schwierigkeiten erbracht werden kann. Solche Fälle sind früher oft bei der **wirtschaftlichen Unmöglichkeit** untergebracht worden. Dorthin passen sie aber nicht mehr ohne weiteres, weil der neue § 275 II, III eine Abwägung mit dem Leistungsinteresse des Gläubigers fordert. Bejaht

worden ist eine Grundlagenstörung etwa bei einer Steigerung der Herstellungskosten auf das 15-fache (RGZ 101, 79, 81) oder bei Eingriffen durch die staatliche Wirtschaftslenkung (*P. Ulmer* AcP 175, 74, 167 ff). Zu Äquivalenzstörungen durch Änderungen der Gesetzgebung etwa BAG NJW 80, 1912, 1914 f einerseits und BGH WM 00, 1198 andererseits.

II. Scheitern einer Ehe. Zuwendungen zwischen den Ehegatten werden idR auf der Annahme des Fortbestehens der Ehe beruhen. Daher kommt eine Grundlagenstörung in Betracht, wenn sich diese Erwartung nicht erfüllt. Im **gesetzlichen Güterstand** (und analog nach § 6 I 1 LPartG) wird § 313 jedoch idR durch den Zugewinnausgleich verdrängt (BGHZ 65, 320, 324; 115, 132 ff). Doch kommen Ausnahmen in Betracht, wenn das Ergebnis des Zugewinnausgleichs „schlechthin unangemessen und (für den Zuwendenden) unannehmbar ist" (BGHZ 115, 132). Daran ist zu denken, wenn der Zuwendende gerade an der Rückgewähr des gegebenen Gegenstandes und nicht an bloßem Geldausgleich besonders interessiert ist (BGH aaO 138 f). Auch ist ein den Zugewinnausgleich ergänzender Anspruch wegen Zuwendungen schon während der Verlöbniszeit möglich (BGHZ 115, 261, 265 f). 30

Außerhalb des gesetzlichen Güterstandes und des damit verbundenen Zugewinnausgleichs soll ein Ausgleich nach den Regeln der Geschäftsgrundlage stattfinden, wenn „bei Scheitern der Ehe die Früchte der geleisteten Arbeit in Gestalt einer messbaren Vermögensmehrung beim andern Partner noch vorhanden sind" (BGHZ 84, 361, 368, ähnl BGHZ 127, 48, 50 f). Doch sind hier auch andere Konstruktionen angewendet worden, wie etwa die Annahme einer BGB-Innengesellschaft (BGH NJW 82, 170 ff, dazu krit *K. Schmidt* AcP 182, 481 ff) oder die analoge Anwendung der §§ 730 ff (BGHZ 84, 384 ff; NJW 86, 51 ff). Großzügig bei nichteheliche Lebensgemeinschaft jetzt BGH NJW 08, 3277. 31

Zuwendungen durch die Schwiegereltern können gleichfalls auf der Erwartung der Fortdauer der Ehe beruhen (was der Anspruchsteller beweisen muss, BGH NJW 03, 510). Auch bei ihnen hat aber der güterrechtliche Ausgleich zwischen den Ehegatten Vorrang (BGHZ 129, 259, 263). Nur wenn dieser Ausgleich im Ergebnis „schlechthin unangemessen ist und für den Zuwendenden unzumutbar unbillig erscheint", soll der Zuwendende selbst einen Ausgleichsanspruch haben (BGH aaO 266 f). 32

III. Gemeinsame Grundlagenirrtümer. Solche Irrtümer sind bei o. Rn 30 ff in Gestalt der Erwartung des Fortbestehens einer Ehe begegnet, doch kommen sie auch in anderen Zusammenhängen in Betracht. Dabei handelt es sich idR um bloße nach §§ 119 f unbeachtliche Motivirrtümer. Doch bewirkt die Subsumtion unter die engen Voraussetzungen des § 313 (schwerwiegend, Wesentlichkeit, Unzumutbarkeit), dass ein umfassender Wertungskonflikt mit dem Ausschluss von Motivirrtümern durch die §§ 119 f vermieden bleibt. 33

Kalkulationsirrtümer werden vom BGH (seit BGHZ 139, 177, 180 ff) als bloße Motivirrtümer angesehen. Das soll selbst dann gelten, wenn der Gegner den Irrtum erkannt hat (BGH aaO 182 ff). Doch soll dem Irrenden dann mit Rechtsbehelfen aus cic oder der Unzulässigkeit der Rechtsausübung geholfen werden können (BGH aaO 184). Dagegen wird die Annahme einer Grundlagenstörung nicht genannt. Das trifft zu: Die Kalkulation eines Angebotspreises ist idR allein Sache des Anbietenden. Das gilt auch, wenn sie dem Gegner mitgeteilt wird (sog offener Kalkulationsirrtum). Eine Ausnahme kommt nur bei einer gemeinsam erarbeiteten Kalkulation in Betracht. 34

Auch beim **gemeinsamen Irrtum über andere** Umstände ist zunächst zu fragen, ob dieser Umstand auch die nicht benachteiligte Partei „etwas angeht", also insb auch aus ihrer Sphäre stammt. Das gilt va für den von einer Partei verfolgten Zweck: Ist dieser nicht erreichbar (zB der Patient, für den das gekaufte Medikament bestimmt ist, stirbt oder wird von selbst wieder gesund), so bleibt § 313 unanwendbar (etwa BGHZ 74, 370, 374). Wird dagegen der Zweck zum Vertragsinhalt gemacht, so liegt Unmöglichkeit vor. In der Wirklichkeit dürfte es Fälle, in denen der Verwendungszweck Geschäftsgrundlage iSv § 313 ist, kaum geben. 35

Anerkannt ist aber die Möglichkeit eines rechtserheblichen Grundlagenirrtums bei einem beiderseitigen **Irrtum über die für den Vertrag maßgeblichen Rechtslage** (etwa BGHZ 25, 390, 392 f: Umstellungsverhältnis nach der Währungsreform, oder BGH NJW 05, 2069: Bestehen von Versicherungsschutz). Allerdings scheidet auch hier § 313 aus, wenn der Vertrag nach § 779 verbleibende Zweifel beheben sollte. 36

Dagegen ist die Anwendbarkeit von § 313 **abzulehnen beim beiderseitigen Irrtum über Eigenschaften, die nach § 119 II zur Anfechtung berechtigen** (bejahend aber etwa HK–BGB/*Schulze* Rz 6). Denn hier ist es sachgerecht, dass die durch den Irrtum benachteiligte Partei nach § 119 II (ggf mit der Folge aus § 122) anficht. Denn es war idR ihre Sache, den ihr nachteiligen Irrtum (zB darüber, dass der verkaufte Ring massiv *Gold und nicht bloß vergoldet ist*) zu vermeiden. 37

§ 314 Kündigung von Dauerschuldverhältnissen aus wichtigem Grund.

(1) ¹Dauerschuldverhältnisse kann jeder Vertragsteil aus wichtigem Grund ohne Einhaltung einer Kündigungsfrist kündigen. ²Ein wichtiger Grund liegt vor, wenn dem kündigenden Teil unter Berücksichtigung aller Umstände des Einzelfalls und unter Abwägung der beiderseitigen Interessen die Fortsetzung des Vertragsverhältnisses bis zur vereinbarten Beendigung oder bis zum Ablauf einer Kündigungsfrist nicht zugemutet werden kann.

(2) ¹Besteht der wichtige Grund in der Verletzung einer Pflicht aus dem Vertrag, ist die Kündigung erst nach erfolglosem Ablauf einer zur Abhilfe bestimmten Frist oder nach erfolgloser Abmahnung zulässig. ²§ 323 Abs. 2 findet entsprechende Anwendung.
(3) Der Berechtigte kann nur innerhalb einer angemessenen Frist kündigen, nachdem er vom Kündigungsgrund Kenntnis erlangt hat.
(4) Die Berechtigung, Schadensersatz zu verlangen, wird durch die Kündigung nicht ausgeschlossen.

1   **A. Funktion.** Bei Dauerschuldverhältnissen (u. Rn 4) wird der Umfang der (meist gegenseitigen) Leistungen vom Zeitablauf bestimmt; sie reichen daher in die Zukunft. Deren Entwicklung kann bei Vertragsschluss idR nur unsicher vorausgesehen werden; bei unverändertem Fortgeltung des Vertrages mag es also ein erhebliches Prognoserisiko geben. Dieses können die Parteien selbst durch Anpassungs- (ggf Neuverhandlungs-) klauseln oder die Vereinbarung kurzfristiger Kündigungsmöglichkeiten abmildern. Andererseits leidet darunter aber die Verlässlichkeit des Vertrages, so dass solche Vereinbarungen häufig unterbleiben.

2   Um die Bindung an unzumutbar gewordene Dauerschuldverhältnisse erträglich zu machen, hat schon das BGB für Dienstvertrag (§ 626) und Gesellschaft (§ 723) eine fristlose Kündigung aus wichtigem Grund vorgesehen. Die Rspr hat das unter Berufung auf eine Analogie oder auf § 242 auf andere Dauerschuldverhältnisse erweitert. Diese Rspr sollte durch das SchRModG ohne sachliche Änderung übernommen werden (BTDrs 14/6040 177).

3   Nach dieser Zweckbestimmung ist § 314 wenigstens in seinem Kern unabdingbar, obwohl der Text das im Gegensatz zu den §§ 565 V, 723 III BGB, 89a I 2 HGB nicht sagt (etwa AnwK/*Krebs* Rz 28). Zulässig können aber Vereinbarungen sein, nach denen bestimmte Umstände stets einen wichtigen Grund bilden sollen (BGH NJW-RR 88, 381). Auch kann man einen wichtigen Grund speziell regeln (zB eine Erhöhung der Beschaffungspreise durch eine Anpassungsklausel) und damit insoweit § 314 ausschalten.

4   **B. Anwendungsbereich. I. Dauerschuldverhältnisse.** Der Begriff Dauerschuldverhältnis stammt aus der Rechtslehre und ist gesetzlich erstmals in den §§ 10 Nr 3, 11 Nr 1 und 12 AGBG aufgenommen worden. Charakteristisch für ein Dauerschuldverhältnis ist: Während seiner Laufzeit entstehen für die Parteien fortlaufend neue Leistungs- und Schutzpflichten; der Gesamtumfang der zu erbringenden Leistung ist also zunächst unbestimmt und hängt von der zeitlichen Dauer ab. Hierzu können insb Miete, Pacht, Leihe, Verwahrung, Gesellschaft, Versicherungsvertrag, Schiedsvertrag (BGHZ 51, 79, 82) gehören, bei unbestimmter Laufzeit auch Dienstvertrag (BGHZ 106, 341, 343), zudem Darlehen (vgl BGH NJW 01, 1136, 1137) und Bürgschaften auf unbestimmte Zeit (BGH NJW 86, 2308, 2309). Weiter kommen auch untypische Verträge als Dauerschuldverhältnisse in Betracht, insb Bierbezugsverträge, Faktoring, Franchising, Leasing, Lizenzverträge, Unterrichtsverträge, Wartungs- und Pflegeverträge.

5   Ein Vertrag wird aber nicht allein dadurch zu einem Dauerschuldverhältnis, dass er über eine längere Zeit läuft. Das gilt insb für **Raten- und Teillieferungsverträge**, weil hier der Leistungsumfang von vornherein feststeht, auch bei sukzessiver Lieferung (vgl BGHZ 81, 90, 91 für einen Strombezugsvertrag als Sonderkundenvertrag). Anders ist es dagegen bei einem Dauerlieferungsvertrag, nach dem ein im Umfang noch unbestimmter Bedarf gedeckt werden soll: Hier hängen der Bedarf und damit auch der Leistungsumfang von der Zeitdauer ab. Hierunter fallen insb die Verträge über die Lieferung von Gas, Wasser, Elektrizität, Fernwärme oder elektronische Leistungen (Telefon usw).

6   Die eben genannten Bezugsverträge sind früher als **Wiederkehrschuldverhältnisse** bezeichnet worden. Dieser mit Rücksicht auf den alten § 17 KO gebildete Begriff ist aber aufzugeben: Die mit ihm verbundene Vorstellung, mit jeder Inanspruchnahme werde ein neues Schuldverhältnis begründet, ist lebensfremd. Zudem lässt sie unberücksichtigt, dass schon die ständige Lieferungsbereitschaft des einen Teils eine Leistung darstellt (MüKo/*Gaier* Rz 7).

7   **II. Wichtiger Grund zu Kündigung. 1. Ausgangspunkt.** Die Kündigung nach § 314 beruht nicht auf einer Vereinbarung, sondern auf Gesetz. Sie stellt daher eine außerordentliche Kündigung dar, so dass sie eines Grundes bedarf, den I als „**wichtigen Grund**" umschreibt: Dem kündigenden Teil muss die Fortsetzung des Vertrags bis zum Ablauf der vereinbarten Zeit oder der Frist für eine ordentliche Kündigung „unter Berücksichtigung aller Umstände des Einzelfalls und unter Abwägung der beiderseitigen Interessen" unzumutbar sein. Das ähnelt der Beschreibung in § 626 I. Ähnlichkeit besteht auch zu § 313 I, wenn man zu den „Umständen" in § 314 I auch die Besonderheiten des jeweiligen Vertragstyps rechnet (s. BTDrs 14/6040 178).

8   Ein **Vertretenmüssen** des Kündigungsgegners ist nicht erforderlich (BGH NJW 86, 3134, 3135). Andererseits stellt aber Verschulden einen Umstand dar, der bei der Interessenabwägung bedeutsam sein kann; das gilt für beide Vertragsteile (BGHZ 44, 271, 275). Umstände, die in den Risikobereich allein einer Partei fallen, müssen außer Betracht bleiben (vgl BGHZ 136, 161, 164 für die weitere Verwendbarkeit eines Darlehens). Gleiches gilt für Umstände, deren Rechtsfolge besonders (etwa iSe Sicherheitsleistung) geregelt ist (BGHZ 150, 365, 369 ff).

9   **2. Pflichtverletzungen.** Insb **Pflichtverletzungen** können einen wichtigen Grund darstellen. Das setzt § 314 II voraus: Dann sollen nach II 1 eine erfolglose Fristsetzung oder eine erfolglose Abmahnung Voraussetzung für die Kündigung sein. Die in II 2 bestimmte entspr Anwendung von 323 II bedeutet, dass in den dort genannten Fallgruppen Fristsetzung oder Abmahnung unnötig (weil nicht erfolgversprechend oder zumutbar) sind.

Überhaupt werden Pflichtverletzungen, die nach § 323 zum Rücktritt berechtigen, bei Dauerschuldverhältnissen regelmäßig einen Kündigungsgrund bilden. Denn was bei einem einfachen Schuldverhältnis zum Rücktritt berechtigt, muss bei einem in Vollzug gesetzten Dauerschuldverhältnis idR wenigstens einen Grund zur Beendigung für die Zukunft bilden (MüKo/*Gaier* Rz 11). Entspr wie bei § 324 muss auch eine Schutzpflichtverletzung als wichtiger Grund genügen, wenn sie dem Gläubiger ein Festhalten am Vertrag unzumutbar macht (MüKo/*Gaier* aaO). So werden die Rücktrittsmöglichkeiten nach §§ 323 f und die außerordentliche Kündigung nach § 314 miteinander in Einklang gebracht. 10

Als Besonderheit für Dauerschuldverhältnisse muss ein Mangel bei einer einzigen Teilleistung in Beziehung gesetzt werden zu dem uU viel umfassenderen Leistungsaustausch. Dadurch kann entspr § 323 V 2 die für die Teilleistung erhebliche Pflichtverletzung womöglich als für den ganzen Vertrag unerheblich erscheinen, so dass ein Kündigungsrecht entfällt. Anders aber, wenn eine Pflichtverletzung ein Indiz für die Gefahr einer Wiederholung bildet: Dann kann dem Gläubiger ein weiteres Festhalten am Vertrag unzumutbar und folglich ein Kündigungsrecht zu bejahen sein, auch wenn die einzelne Pflichtverletzung weniger schwer wiegt. Denn entscheidend ist die irreparable Zerstörung des erforderlichen Vertrauensverhältnisses (etwa BGH NJW 00, 3491, 3492 zu § 723 I 2). 11

3. Andere wichtige Gründe. Andere wichtige Gründe hängen gleichfalls mit der erwähnten Zerstörung des Vertrauensverhältnisses zusammen. Dabei kommt auch eine **Verdachtskündigung** in Betracht, insb bei dringendem Verdacht einer schweren Pflichtverletzung (etwa BGH NJW 95, 1110, 1111). Eine Betriebseinstellung zur Insolvenzvermeidung bildet aber idR keinen wichtigen Grund (BGH NJW 05, 1360). Für den Eintritt unvorhergesehener Umstände, insb einer Störung des Äquivalenzverhältnisses, ist der Vorrang von § 313 (u. Rn 18) zu beachten: Hier muss zunächst eine Anpassung des Vertrages an die veränderten Verhältnisse versucht werden. 12

III. Fristsetzung oder Abmahnung. Dazu § 314 II mit der Verweisung auf § 323 II; vgl Rn 9. Hier gilt Entsprechendes wie bei § 323, vgl dort Rn 15 ff. 13

IV. Kündigungserklärung. Die Kündigung ist einseitige, empfangsbedürftige Willenserklärung; sie kann auch in einem konkludenten Verhalten liegen. Sie ist als Gestaltungsrecht bedingungsfeindlich. Eine Änderungskündigung kann nicht zu einer einseitigen Vertragsänderung führen, sondern lediglich den alten Vertrag beenden und den Antrag zu einem Neuabschluss enthalten. Gleiches gilt für eine sog **objektive Teilkündigung**, die auf einen Vertragsteil beschränkt ist. Dagegen soll eine **subjektive Teilkündigung** (Kündigung ggü einem von mehreren Vertragspartnern) möglich sein (MüKo/*Gaier* Rz 19). 14

Die Kündigung ist formlos möglich; auch soll sie keinen Grund anzugeben brauchen (MüKo/*Gaier* Rz 18). Doch wird sich der Grund regelmäßig aus der Nachfristsetzung oder Abmahnung (§ 314 II 1) ergeben. Wo das (etwa wegen II 2, § 323 II) nicht zutrifft, kann aber doch die nach I 2 vorgeschriebene Interessenabwägung die Angabe eines Grundes wenigstens ratsam machen. 15

Nach III muss innerhalb einer angemessenen Frist seit Kenntnis von dem Kündigungsgrund gekündigt werden. Diese Angemessenheit bestimmt sich nicht starr (etwa analog § 626 II, vgl BGHZ 133, 331, 335 mN), sondern nach den Umständen. Wo zunächst eine rechtliche Klärung nötig ist, soll die Frist „grds großzügig, dh in Monaten" bemessen werden (BGH aaO). Wenn erst die Beschlussfassung eines Gremiums (zB der Wohnungseigentümerversammlung) herbeigeführt werden muss, kann sich die Frist entspr verlängern (BGH NJW-RR 00, 676, 678). Doch darf durch die Verzögerung nicht der Eindruck eines Verzichts auf das Kündigungsrecht entstehen. Bei Handelsvertreterverträgen ist ein Abwarten von zwei Monaten idR schon zu lang (BGH WM 99, 1986, 1989). 16

V. Konkurrenzen. Die zahlreichen **Sonderregelungen** für eine außerordentliche Kündigung (etwa §§ 490, 543, 569, 626, 723 BGB, 89a, 133 HGB, 297 AktG) schließen den allgemeineren § 314 aus (BTDrs 14/6040 177; MüKo/*Gaier* Rz 9; Palandt/*Grüneberg* Rz 4, zu seiner Erweiterung *Grunsky/Kupka* FS Medicus 09, 155). 17

§ 313 über Störungen der **Geschäftsgrundlage** hat ggü § 314 Vorrang (BTDrs 14/6040 177; *v Haase* NJW 02, 2278, 2279; MüKo/*Gaier* Rz 14 aE; *Hirsch* Kündigung aus wichtigem Grund und Geschäftsgrundlage, dazu *Schöpflin* AcP 205, 911). Denn er ermöglicht vor einer Auflösung des Vertrages dessen Anpassung an die wirklichen Verhältnisse. Doch bleibt bei Dauerschuldverhältnissen als subsidiäre Rechtsfolge bei § 313 III 2 statt des Rücktritts idR die Kündigung. 18

Soweit sich der wichtige Grund aus einer **Pflichtverletzung** ergibt (Rn 9), liegt idR eine **Konkurrenz** mit §§ **323, 324, 326** vor. Hierbei geht idR § 314 als Sonderregelung für in Vollzug gesetzte Dauerschuldverhältnisse vor; statt des (auf gänzliche Rückabwicklung gerichteten) Rücktritts gibt es also die (nur für die Zukunft wirkende) Kündigung (BGHZ 50, 312, 315; NJW 02, 1870 mN; MüKo/*Gaier* Rz 3). Doch kommt auch bei bereits vollzogenen Dauerschuldverhältnissen ein Rücktritt in Betracht, wenn eine vollständige Rückabwicklung möglich und nach der Interessenlage der Parteien sachgerecht ist (BGH NJW 02, 1870 mN). Gleiches gilt, wenn das berechtigte Interesse einer Partei die Rückgängigmachung bereits erbrachter Leistungen fordert (BGH NJW 98, 2004, 2006). 19

20 **C. Rechtsfolgen. I. Kündigung.** Die fristlose Kündigung beseitigt das Rechtsverhältnis mit Wirkung für die Zukunft. Es brauchen also keine weiteren Leistungen mehr erbracht zu werden. Der Kündigungsberechtigte kann (aber muss nicht) dem anderen Teil eine Auslauffrist einräumen (BGH NJW 99, 946; MüKo/*Gaier* Rz 22). Die schon für die Zeit vor dem Wirksamwerden der Kündigung erbrachten Leistungen bleiben unberührt. Vorleistungen für die Zeit nach diesem Wirksamwerden sind zu erstatten. Dafür kann man analog § 628 I 3 Rücktrittsrecht anwenden; Bereicherungsrecht gilt dann nur, wenn der Gegner den Rücktrittsgrund nicht zu vertreten hat (MüKo/*Gaier* Rz 23).

21 **II. Schadensersatzansprüche.** Nach § 314 IV sollen Schadensersatzansprüche durch die Kündigung nicht ausgeschlossen werden (vgl § 325). Das umfasst neben den schon vor der Kündigung entstandenen Ansprüchen auch einen auf Schadensersatz statt der Leistung gerichteten Anspruch aus der Vertragsauflösung. Doch muss dann der Kündigungsgegner den Kündigungsgrund zu vertreten haben. Dabei ist im Wege der Vorteilsausgleichung anzurechnen, was der Gläubiger wegen der Kündigung spart, also insb die nicht mehr zu erbringende Gegenleistung (BGHZ 94, 180, 194 mN). Doch kann dieser **Auflösungsschaden** nur bis zu dem Zeitpunkt verlangt werden, zu dem der Schuldner ordentlich hätte kündigen können oder der Vertrag ohnehin ausgelaufen wäre (BGHZ 122, 9, 14 f).

22 Über § 281 I 2 kann der Gläubiger nach einer **Teilleistung**, an der er kein Interesse hat, auch Schadensersatz statt der ganzen Leistung verlangen. Dann wird also Schadensersatz auch wegen des schon erbrachten Teils der Leistung geschuldet, und diese ist nach Rücktrittsrecht zurückzugewähren, § 281 V. Bei Dauerschuldverhältnissen wird das freilich selten vorkommen.

23 **D. Prozessuales.** Die **Beweislast** für den Grund und die Rechtzeitigkeit der Kündigung trifft den Kündigenden. Beim Nachweis einer objektiven Pflichtverletzung soll aber das für die Wichtigkeit des Grundes etwa nötige Verschulden nach § 280 I 2 zu vermuten sein (BGHZ 150, 366, 372).

24 Die Kündigung bedarf idR **keiner Begründung** (Rn 15). Im Prozess muss der Kündigende aber den Grund vortragen. Dabei können weitere Gründe nachgeschoben werden, wenn sie bei der Kündigungserklärung schon vorgelegen haben; sonst können sie nur die Bewertung des früheren Verhaltens des Kündigungsgegners beeinflussen (MüKo/*Gaier* Rz 26).

Untertitel 4   Einseitige Leistungsbestimmungsrechte

Vorbemerkungen vor §§ 315 bis 319

1 Die durch das SchRModG unverändert gebliebenen §§ 315 bis 319 setzen voraus, dass einer Vertragspartei (§§ 315, 316) oder einem Dritten (§§ 317 bis 319) vertraglich ein Recht zur Leistungsbestimmung eingeräumt worden ist. Das liegt nicht schon dann vor, wenn Einzelheiten der geschuldeten Leistung im Vertrag nicht geregelt sind, vielmehr kommen dann vorrangig und in der Praxis wohl überwiegend die folgenden Möglichkeiten in Betracht (vgl BGHZ 167, 139 für den Werkvertrag):

2 Die Parteien verlassen sich hinsichtlich der von ihnen nicht geregelten Punkte auf die gesetzliche Regelung. Das betrifft etwa Vorschriften über das Entgelt (wie §§ 612 II, 632 II, 653 II BGB, 354 II HGB), über Leistungszeit und -ort (§§ 269, 270) oder die Folgen von Leistungsstörungen. Dann gelten diese Vorschriften.

3 Lücken im Vertrag können oft durch (ergänzende) Auslegung geschlossen werden. So kann bei üblicherweise entgeltlichen Alltagsgeschäften nach der Verkehrssitte davon ausgegangen werden, das Geschäft solle zu dem vom Anbieter auch sonst geforderten Preis gelten. Zur Entgeltklausel in Sparkassen-AGB BGH NJW 09, 2051.

4 Möglich ist weiter, dass die Parteien einen für regelungsbedürftig gehaltenen Punkt versehentlich offen gelassen haben. Dann, wenn auch ergänzende Auslegung nicht hilft, der Vertrag nach § 154 im Zweifel nicht geschlossen.

5 Wenn nur zwischen wenigen Alternativen zu wählen ist, wird regelmäßig eine Wahlschuld nach den §§ 262 f. vorliegen.

6 Auf untergeordnete Modalitäten der Leistung sind die §§ 315 ff idR unanwendbar (zB für die Stunde der Leistung, vgl MüKo/*Gottwald* § 315 Rz 25). Insoweit ist also der Schuldner frei.

7 Beim Bestimmungskauf nach § 375 HGB ist der Käufer zur Bestimmung nicht bloß berechtigt, sondern auch verpflichtet.

§ 315 Bestimmung der Leistung durch eine Partei.
(1) Soll die Leistung durch einen der Vertragschließenden bestimmt werden, so ist im Zweifel anzunehmen, dass die Bestimmung nach billigem Ermessen zu treffen ist.
(2) Die Bestimmung erfolgt durch Erklärung gegenüber dem anderen Teil.
(3) ¹Soll die Bestimmung nach billigem Ermessen erfolgen, so ist die getroffene Bestimmung für den anderen Teil nur verbindlich, wenn sie der Billigkeit entspricht. ²Entspricht sie nicht der Billigkeit, so wird die Bestimmung durch Urteil getroffen; das Gleiche gilt, wenn die Bestimmung verzögert wird.

A. Voraussetzung. Der Vertrag muss einer Partei das Recht einräumen, durch einseitige, zugangsbedürftige (II mit § 130) Willenserklärung den Inhalt einer Vertragsleistung zu bestimmen. Diese Befugnis bildet ein Gestaltungsrecht und unterliegt die für solche Rechte geltenden Einschränkungen: Sie ist bedingungs- und befristungsfeindlich (§ 388 2 analog), damit der Erklärungsgegner keiner übermäßigen Ungewissheit ausgesetzt wird. Auch ist sie unwiderruflich.

B. Hauptanwendungsbereich. Vielfach begegnet § 315 im **Arbeitsrecht**: Der Arbeitgeber kann (in den durch den Vertrag gezogenen Grenzen) kraft seines Direktionsrechts die vom Arbeitnehmer zu erbringende Leistung bestimmen (MüKo/*Gottwald* § 315 Rz 62 ff). Bei manchen höheren Diensten (zB von Ärzten, vgl BGHZ 174, 101) kann die Vergütung in gewissen Grenzen vom Dienstverpflichteten bestimmt werden. Unter § 315 gehören auch die **Zinsanpassungsklauseln** der Kreditinstitute (u. Rn 18). Die Rspr (etwa BGH NJW 03, 1949, 1950 mN, einschr NJW 07, 1672 Stromtarife, NJW 03, 3131 Wasserversorgung, NJW 87, 1828 Gasversorgung, vgl *Hanau* ZIP 06, 1281) hat die Anwendung von § 315 III erweitert auf die **Tarife von Monopolbetrieben der Daseinsvorsorge** (dazu letztens *Ehricke* JZ 05, 599 mN; JZ 07, 841; *Büdenbender* NJW 07, 2945; ders ZIP 09, 3125, *Kunth/Tüngler* NJW 05, 1313, 1314; *F. Graf von Westphalen* ZIP 08, 669; *Linsmeier* NJW 08, 2162; *Wielsch* JZ 08, 68, zur Fernwärmeversorgung ein Gutachten von *Büdenbender* (05). Die Kontrolle beschränkt sich aber auf nachträgliche Preiserhöhungen (BGH ZIP 07, 2222). Ausgeschlossen ist § 315 jedoch, wenn die Berechnungsfaktoren für eine Preisänderung vertraglich so bestimmt sind, dass sich der geänderte Preis ohne einen Ermessensspielraum berechnen läßt (**automatische Preisgleitklausel**, BGH NJW 07, 210). Freilich kann eine Preiskontrolle über § 315 mit anderen, wirtschaftsrechtlichen Prüfungsmöglichkeiten kollidieren (vgl BGHZ 164, 336 zu §§ 19 IV, 20 I, II GWB, dazu *Kühne* NJW 06, 2520). Nach BGH NJW 05, 1772 sollen dann für das Entgelt öffentlich-rechtliche Maßstäbe gelten. Sogar bei einer Auslobung kommt § 315 in Betracht, obwohl sie kein Vertrag bildet (etwa beim Versprechen einer „angemessenen Belohnung"), RGZ 167, 225, 235. Entspr soll § 315 gelten, wenn ein Recht zu einseitiger Leistungsbestimmung auf G beruht (BGH NJW 07, 2540 Tz 14 mit 17).

Besonderheiten bestehen für die **in AGB enthaltenen Anpassungsklauseln** (s. *Borges* ZIP 07, 1437). Hier wird verlangt, dass der Kunde die maßgebenden Kostenelemente prüfen könne, dass das Gewicht dieser Elemente für den Preis angegeben sei und dass die Erhöhung eines Kostenfaktors durch die Verringerung anderer Kosten ausgeglichen werden könne (BGH DB 05, 2813; ZIP 07, 914, dort auch zu der Frage nach einem Ausgleich durch ein Lösungsrecht des Kunden; NJW 09, 2662 Tz 26 f).

C. Der Ausübungsberechtigte. Wer zur Ausübung berechtigt ist, muss sich aus der Vereinbarung von Rn 1 ergeben. Gelingt das auch durch Auslegung nicht, ist der Vertrag nach § 154 I im Zweifel unwirksam. Doch enthält hinsichtlich der Gegenleistung § 316 eine die Unwirksamkeit vermeidende Sondervorschrift.

D. Form. Die Bestimmung ist nach dem G formfrei möglich. Insb passt § 311b I schon deshalb nicht, weil die Ausübung des Bestimmungsrechts keinen Vertrag darstellt. Wohl aber kann der Vertrag, aus dem das Bestimmungsrecht folgt, einer Form bedürfen (MüKo/*Gottwald* Rz 34). Das gilt etwa, wenn einer der Beteiligten Gefahr läuft, durch die Bestimmung des anderen Teils ein Grundstück veräußern oder erwerben zu müssen.

E. Begründung. Die Bestimmung bedarf idR keiner Begründung. Doch kann im Streit um die Billigkeit der Bestimmung eine Begründung nachzuholen sein.

F. Die Kontrolle der Rechtsausübung. Hinsichtlich des Billigkeitsspielraums bei der Rechtsausübung lassen sich drei Stufen unterscheiden: **Billiges Ermessen**. Hierauf soll es nach I im Zweifel ankommen. Dieses eröffnet dem Bestimmenden einen gewissen Spielraum; möglich ist also nicht bloß eine „richtige" Entscheidung (BGHZ 41, 271, 280; NJW-RR 91, 1248, 1249). Aber sie muss doch die wesentlichen Umstände und insb auch die Interessen des Bestimmungsgegners berücksichtigen. Etwa eine Bestimmung ist dann „billig", wenn sie iRd Üblichen liegt (BGH NJW-RR 92, 183, 184). Zum Kontrollmaßstab einer Tariferhöhung durch Versorgungsunternehmen BGHZ 172, 315 mit *Büdenbender* NJW 07, 2945, 2949 ff.

Freies Ermessen: Hier hat der Bestimmungsberechtigte mehr Spielraum. Das Ermessen soll dann nur durch die §§ 138, 242 begrenzt sein. Eine Ersetzung durch Urt nach III 2 wird nicht zugelassen (etwa RGRK/*Ballhaus* Rz 12, aA etwa MüKo/*Gottwald* Rz 32).

Freies Belieben: Hier soll die Bestimmung keinerlei Schranken unterliegen. Doch ist eine solche grenzenlose Ermächtigung für unwirksam zu halten (anders als bei § 319 II für die Bestimmung durch einen Dritten). Denn der Schuldner könnte sich von jeder Verpflichtung befreien; es fehlt dann also an einem durch die Leistungspflicht bestimmten Schuldverhältnis (§ 241 I). Dagegen könnte der Gläubiger die Verpflichtung ins Unermessliche steigern; das verstößt gegen § 138 I.

G. Gerichtliche Kontrolle. I. Billiges Ermessen. Soll die Bestimmung (wie nach I im Zweifel) billigem Ermessen entsprechen und tut sie das nicht, so ist sie nach III 1 für den anderen Teil unverbindlich. Nach hM (etwa BAG E 18, 54, 59; MüKo/*Gottwald* Rz 44) bedeutet die Unverbindlichkeit aber nicht automatisch die Unwirksamkeit. Vielmehr soll der Bestimmungsgegner nach III 2 eine abw gerichtliche Bestimmung herbeiführen können; erst das daraufhin ergehende Gestaltungsurteil soll die unbillige Bestimmung unwirksam machen. Für diese dem Gesetzeswortlaut eher fremde Ansicht spricht, dass sonst ein regelungsloser Zeitraum entstünde. Zur Verjährung von Rückforderungsansprüchen *Hempel* ZIP 07, 1196 ff.

11 Doch wird diese Annahme einstweiliger Wirksamkeit wesentlich korrigiert: Der Beklagte soll sich gegen eine vom Klägerin unbillig bestimmte Forderung wehren können, ohne dass diese Forderung zunächst gerichtlich herabgesetzt worden wäre; das Gericht weist dann die Klage ab, soweit es nach III 2 selbst korrigiert hätte (BGH NJW 00, 2986); es gestaltet also inzident. Entspr kann der Kläger, dem ggü der Beklagte unbillig bestimmt hat, die für billig gehaltene Leistung einklagen. Auch hier gestaltet das Gericht inzident, indem es das von ihm für billig Gehaltene zuspricht (BGHZ 41, 271, 280). Daneben bleibt freilich die Möglichkeit für den Bestimmungsgegner, die gerichtliche Bestimmung unabhängig von einer Leistungsklage vorsorglich herbeizuführen.

12 **II. Verzögerung.** Wird die Bestimmung durch den Berechtigten verzögert, führt das nach III 2 am Ende gleichfalls zu einer gerichtlichen Entscheidungsbefugnis. Dabei erfordert die Verzögerung keinen Schuldnerverzug iSv § 286. Vielmehr genügt, dass die Bestimmung durch den Berechtigten nicht innerhalb einer objektiv angemessenen Zeit erfolgt (BGHZ 74, 341, 345). Eine Mahnung durch den anderen Teil ist zwar unnötig, kann aber die für das Abwarten nötige Zeit abkürzen.

13 **III. Der Inhalt der gerichtlichen Leistungsbestimmung.** Inhaltlich entspricht die gerichtliche Bestimmung nach III 2 nicht dem, was der Bestimmungsberechtigte hätte tun können. Denn der diesem zustehende Ermessensspielraum (Rn 7) wird dem Gericht weithin versagt. Vielmehr soll sich dieses „tunlich in der Mitte halten" (MüKo/*Gottwald* Rz 30, im Ergebnis auch BGHZ 94, 98, 104 für die Vergütung eines Immobilienmaklers). Nicht vor der gerichtlichen Bestimmung beginnt die Verjährung (BGH NJW 95, 1054, 1055).

14 **IV. Beweislast.** Die Beweislast liegt für die Einräumung eines Bestimmungsrechts bei demjenigen, der dieses in Anspruch nimmt. Zusätzlich beweisen muss er ggf, dass ihm mehr Spielraum eingeräumt worden ist als das nach I im Zweifel gewährte billige Ermessen (s.o. Rn 8). Endlich muss er die Tatsachen beweisen, aus denen sich die Billigkeit seiner Bestimmung herleiten soll (BGHZ 115, 311, 322). Das gilt auch bei der Anwendung von § 315 III gegen Monopolunternehmern der Daseinsvorsorge (Rn 2) für die Angemessenheit der Bestimmung „kraft Sachnähe". Abweichendes gilt dagegen für eine Rückforderungsklage (BGH NJW 03, 1449, 1450, vgl *Kunth/Tüngler* NJW 05, 1313). Misslingt der Beweis des Bestimmungsrechts, so sind die o. Rn 1 vor § 315 genannten Rechtsgestaltungen zu erwägen. Bei Misslingen des Beweises für ein freieres Ermessen gilt das Billigkeitserfordernis. Bleiben die für die Billigkeit maßgeblichen Tatsachen unbewiesen, so tritt die in III (vgl Rn 10 f) genannte Rechtsfolge ein.

15 **H. Bestimmungsrecht und AGB.** Für eine in AGB dem Verwender gewährtes Bestimmungsrecht gibt es drei weitere Grenzen.

16 **I. § 309.** Für die Verwendung, die nicht ggü einem Unternehmer (vgl § 14), einer juristischen Person des öffentlichen Rechts oder einem öffentlich-rechtlichen Sondervermögen stattfindet (§ 310 I 1), gilt § 309 Nr 1. Unzulässig ist danach die Einräumung eines Bestimmungsrechts für die Erhöhung des Entgelts für Waren oder Dienstleistungen, die innerhalb von vier Monaten nach Vertragsschluss geliefert oder erbracht werden sollen. Ausnahmen gelten jedoch für Dauerschuldverhältnisse (§ 309 Nr 1 aE) sowie für die in § 310 II genannten Ver- und Entsorgungsverträge (die freilich meist ohnehin Dauerschuldverhältnisse darstellen).

17 § 309 Nr 1 reicht erheblich über den Anwendungsbereich der §§ 315 f hinaus. Denn die AGB-widrigkeit erfasst auch Gleitklauseln, bei denen die Erhöhung des Entgelts derart festgelegt ist, dass es einer Bestimmung durch den Entgeltsgläubiger nicht bedarf und auch keine Raum für ein Ermessen bleibt (vgl § 309 Nr 1 Rn 5).

18 **II. § 308.** Gleichfalls nur für die Verwendung ggü einem Nichtunternehmer usw (vgl Rn 16) gilt § 308 Nr 4. Danach soll ein Änderungsvorbehalt des Verwenders unzulässig sein, wenn er auch unter Berücksichtigung der Interessen des Verwenders für den anderen Vertragsteil unzumutbar ist. So kann bei langfristigen Sparverträgen dem Kreditinstitut im Passivgeschäft nicht etwa eine inhaltlich unbegrenzte Möglichkeit zur Zinsänderung eingeräumt werden (BGHZ 158, 149). Entspr gilt für das Aktivgeschäft, also für die von dem Kreditinstitut zu fordernden Zinsen: Eine Anpassung an die geänderten Refinanzierungsbedingungen muss sowohl nach oben wie auch nach unten vorgesehen sein. Maßgeblich für die Zinsen für vergleichbare Kredite sein; auch müssen die Kreditnehmer innerhalb des eigenen Hauses gleich behandelt werden (BGHZ 97, 212). Das Zins-Grundgefüge darf nicht zum Vorteil der Bank geändert werden (BGH ZIP 93, 1700). Endlich müssen die Änderungen für den Kunden nach Grund und Umfang voraussehbar sein (BGH ZIP 00, 16). Dieses letzte Erfordernis wäre jetzt auch mit dem Transparenzgebot von § 307 I 2 zu begründen.

19 **III. § 307.** Für die Verwendung der AGB ggü Jedermann und insb auch ggü einem Unternehmer sowie für *Dauerschuldverhältnisse* gilt zusätzlich die Generalklausel in § 307. Dem steht § 307 III 1 selbst dann nicht entgegen, wenn sich das Bestimmungsrecht des AGB-Verwenders auf den Preis (etwa auf den Darlehenszins) bezieht: Zwar ist dessen Höhe der AGB-Kontrolle regelmäßig entzogen. Aber in den Anwendungsfällen des § 315 handelt es sich nicht darum, sondern um die sehr wohl kontrollfähige Art seiner Festsetzung.

Eine unangemessene Benachteilung iSv § 307 I 1 wird sich im Wesentlichen aus denselben Kriterien ergeben 20
wie aus den in Rn 18 Genannten. Nur ist der Maßstab bei § 307 etwas weniger streng; etwa mag der Kreis der
vergleichbaren Kredite ein wenig weiter gezogen werden. Damit ist der Spielraum für die Bestimmung hier
etwas elastischer.

IV. Reihenfolge der Prüfung. Die verschiedenen Möglichkeiten zum Vorgehen gegen eine einseitige Leis- 21
tungsbestimmung stehen in der folgenden Reihenfolge:
(1.) Zunächst ist zu prüfen, ob das in Anspruch genommene Bestimmungsrecht wirklich besteht. Das kann 22
an der Unwirksamkeit der Vereinbarung (etwa nach § 138) oder auch daran scheitern, dass eine andere
Gestaltung vorliegt wie vor § 315 Rn 2 ff angegeben.
(2.) Bei Bejahung von (1.) ist, wenn das Bestimmungsrecht dem Verwender von AGB zustehen soll, die Wirk- 23
samkeit nach den §§ 309 Nr 1, 308 Nr 4 und 307 zu prüfen. Der Unterschied zu (1.) besteht darin, dass die
Unwirksamkeit nach den §§ 307 ff den Vertrag nach § 306 I regelmäßig iÜ wirksam sein lässt (anders als nach
§ 139). Die nach § 306 II dann eingreifenden gesetzlichen Vorschriften führen beim Wegfall von Änderungs-
vorbehalten zur Verbindlichkeit der unveränderten Leistung. Fehlt dagegen eine bestimmte Leistungsverein-
barung überhaupt, so ist der Vertrag in den Grenzen von § 306 III ohne die Leistung wirksam, wenn diese
nicht die Gegenleistung darstellt (dann § 316) oder sonst einen unentbehrlichen Vertragsbestandteil bildet
(zB die Höhe des zu gewährenden Darlehens).
(3.) Weiter ist die formal wirksame Ausübung des Bestimmungsrechts zu prüfen, also die Voraussetzungen 24
von § 315 II.
(4.) Erst an letzter Stelle steht die gerichtliche Billigkeitskontrolle, die aber nicht vor einem Streit um die 25
angemessene Leistung angerufen werden muss (Rn 11).

§ 316 Bestimmung der Gegenleistung. **Ist der Umfang der für eine Leistung versprochenen Gegenleistung nicht bestimmt, so steht die Bestimmung im Zweifel demjenigen Teil zu, welcher die Gegenleistung zu fordern hat.**

A. Funktion. § 316 will die Nichtigkeit von Verträgen verhindern, die aus dem Fehlen einer Bestimmung über 1
die Gegenleistung folgen müsste. Voraussetzung ist, dass die Gegenleistung weder durch gesetzliche Vorschriften (§§ 612 II, 632 II, 653 II) noch durch Vertragsauslegung bestimmt werden kann (BGHZ 94, 98, 101).

B. Anwendungsbereich. § 316 spricht von der Gegenleistung; das lässt an gegenseitige Verträge denken. 2
Doch steht die Vorschrift nicht bei den §§ 320 ff. Daher reicht der Anwendungsbereich weiter und erfasst zB
auch den Maklervertrag (BGHZ 94, 98, 100). Doch soll für Immobilienmakler ein einseitiges Bestimmungsrecht gerade nicht dem Parteiwillen entsprechen (BGH aaO 102), weil der Kunde sich dann mit jeder Vergütung abfinden müsste, die gerade noch nicht unbillig ist. Hier soll daher das Gericht den angemessenen
Betrag auf einen Mittelwert festlegen dürfen, ohne dass zuvor ein Beteiligter bestimmt hat (BGH aaO 104).
Analog soll § 316 gelten, wenn nicht der Umfang der Gegenleistung offen ist, sondern deren Art oder Quali- 3
tät (MüKo/*Gottwald* Rz 4). Ebenso soll die Vorschrift anwendbar sein, wenn die Parteien über die Höhe der
Vergütung eine „spätere Einigung" treffen wollten (und diese misslingt, so MüKo/*Gottwald* Rz 5 mN, str).

C. Rechtsfolgen. Da § 316 nur eine Ergänzung des § 315 bildet, gelten die dort bestimmten Rechtsfolgen: 4
Insb ist im Zweifel nach der Billigkeit zu bestimmen (§ 315 I), und die Bestimmung unterliegt der gerichtlichen Kontrolle und ggf Ersetzung (§ 315 III).

§ 317 Bestimmung der Leistung durch einen Dritten. **(1) Ist die Bestimmung der Leistung einem Dritten überlassen, so ist im Zweifel anzunehmen, dass sie nach billigem Ermessen zu treffen ist. (2) Soll die Bestimmung durch mehrere Dritte erfolgen, so ist im Zweifel Übereinstimmung aller erforderlich; soll eine Summe bestimmt werden, so ist, wenn verschiedene Summen bestimmt werden, im Zweifel die Durchschnittssumme maßgebend.**

A. Abgrenzung. Der zur Bestimmung der Leistung berechtigte Dritte ist in zweifacher Hinsicht abzugrenzen. 1

I. Schiedsrichter. Der durch förmliche (§ 1031 ZPO) Schiedsvereinbarung (§ 1029 ZPO) bestellte Schieds- 2
richter soll einen Streit zwischen zwei Parteien anstelle des staatlichen Gerichts durch Schiedsspruch (§ 1054
ZPO) entscheiden. Dieser hat die Wirkung eines rechtskräftigen Urt (§ 1055 ZPO). Nur aus eng begrenzten
Gründen kann dessen gerichtliche Aufhebung verlangt werden (§ 1059 ZPO); sonst wird er für vollstreckbar
erklärt (§ 1060 ZPO).

II. Schiedsgutachter. Auch der Schiedsgutachter wird privatrechtlich aufgrund einer Parteivereinbarung 3
tätig. Er soll aber nicht einen Rechtsstreit entscheiden, sondern kraft seiner Sachkunde einzelne Tatbestandselemente einer Rechtsnorm feststellen (zB die Größe eines Grundstücks oder den Verkehrswert eines Kraftfahrzeugs). Diese Feststellung kann oft den Streit zwischen den Parteien erledigen, weil dann die Rechtsfolge
klar ist. Zur Vollstreckung bedarf es aber noch eines Gerichtsverfahrens mit Urt. In diesem Verfahren wird

regelmäßig die Feststellung des Schiedsgutachters zugrunde gelegt. Doch ist sie analog § 319 I ausnahmsweise unverbindlich, wenn sie „offenbar unrichtig" ist (BGHZ 43, 374, 376). Die Unrichtigkeit muss sich einem sachkundigen Beobachter ggf nach gründlicher Prüfung sofort aufdrängen (BGH NJW 79, 1885). Haften soll der Gutachter aber nur bei groben Verstößen gegen anerkannte fachwissenschaftliche Regeln (BGHZ 43, 374, 377; RG JW 33, 217), vgl jetzt auch § 839a.

4 **III. Der Dritte nach § 317.** Der Dritte nach § 317 hat weder wie ein Schiedsrichter die Rechtslage zu erkennen, noch wie ein Schiedsgutachter eine Tatsache festzustellen. Vielmehr soll er die Rechtslage durch die Bestimmung einer Leistung gestalten, und zwar durch Erklärung ggü einem Vertragsschließenden, § 318 I. Häufig begegnet das bei einer Neufestsetzung des Erbauzinses, vgl § 9a ErbbRVG.

5 **B. Das Bestimmungsrecht des Dritten. I. Entstehung.** Das Bestimmungsrecht des Dritten ergibt sich aus einer **vertraglichen Ermächtigung** durch die Parteien, in deren Verhältnis die Leistung bestimmt werden soll. Doch scheidet das zuständige Gericht als Dritter aus, weil sein gesetzlicher Aufgabenbereich nicht der Parteidisposition unterliegt (BGH NJW 95, 1360, auch schon RGZ 139, 232, 237). Möglich ist aber eine Anpassungsklausel, der zufolge die Anpassung (eines Erbbauzinses) entspr §§ 315 III, 319 I 2 durch Urt erfolgen soll (BGHZ 71, 276, 284; NJW aaO).

6 Die Person des oder der (vgl § 317 II) Dritten muss **bestimmt oder wenigstens bestimmbar** sein. Die Benennung kann auch einer Behörde übertragen werden (etwa dem Präsidenten des OLG). Dagegen soll nicht mehr § 317 anwendbar sein, sondern der strengere § 315, wenn der Dritte einer Partei erkennbar nahe steht, zB im Arbeitsrecht einem Arbeitgeberverband (BAG DB 88, 1273). Das ist richtig, weil sich das BGB den Dritten als neutral vorstellt (vgl § 319 II).

7 **II. Ausübung.** Nach I ist die Bestimmung durch den Dritten im Zweifel nach billigem Ermessen zu treffen. Da dieses uU mehrere „richtige" Entscheidungen zulässt (vgl § 315 Rn 7), können mehrere Bestimmungsberechtigte verschieden entscheiden. Dann soll nach II Hs 1 im Zweifel Übereinstimmung nötig sein, also nicht Stimmenmehrheit genügen. Gelingt keine Einigung, entscheidet nach § 319 I 2 das Gericht.

8 Bei verschieden bestimmten Summen soll nach II Hs 2 im Zweifel der Durchschnitt gelten. BGH NJW 64, 2401 nimmt jedoch den Fall aus, dass die bestimmten Summen so stark voneinander abweichen, dass entweder eine oder alle beide offenbar unbillig sein müssen: Dann ist die Bestimmung misslungen, so dass nach § 319 I 1 das Gericht zu entscheiden hat.

§ 318 Anfechtung der Bestimmung.
(1) Die einem Dritten überlassene Bestimmung der Leistung erfolgt durch Erklärung gegenüber einem der Vertragschließenden.
(2) ¹Die Anfechtung der getroffenen Bestimmung wegen Irrtums, Drohung oder arglistiger Täuschung steht nur den Vertragschließenden zu; Anfechtungsgegner ist der andere Teil. ²Die Anfechtung muss unverzüglich erfolgen, nachdem der Anfechtungsberechtigte von dem Anfechtungsgrund Kenntnis erlangt hat. ³Sie ist ausgeschlossen, wenn 30 Jahre verstrichen sind, nachdem die Bestimmung getroffen worden ist.

1 **A. Funktion.** I entspricht für die Ausübung des Bestimmungsrechts im Wesentlichen dem § 315 II Rn 5. Dagegen behandelt II eine Besonderheit, die sich durch die Einschaltung eines Dritten ergibt: Dieser wird von Mängeln seiner die Bestimmung enthaltenden Willenserklärung nicht selbst betroffen. Daher fehlt ihm auch ein eigenes Interesse an einer Anfechtung. Das will II ausgleichen.

2 **B. Einzelheiten zu Abs 2.** II lässt eine Anfechtung nach §§ 119, 120, 123 nur durch den (benachteiligten) Vertragsschließenden zu. Diese muss entgegen § 124 nicht in Jahresfrist, sondern unverzüglich nach der Entdeckung erfolgen. Dabei soll § 123 II unanwendbar sein (Palandt/*Grüneberg* Rz 2). Ist die Bestimmung zugleich nach § 319 I unverbindlich, soll die Partei die Wahl zwischen der Anfechtung und dem Vorgehen nach § 319 I haben (RG DR 43, 296). Bei mehreren Bestimmungsberechtigten genügt ein Anfechtungsgrund bei einem von ihnen (RG SeuffA 97, 13).

§ 319 Unwirksamkeit der Bestimmung; Ersetzung.
(1) ¹Soll der Dritte die Leistung nach billigem Ermessen bestimmen, so ist die getroffene Bestimmung für die Vertragschließenden nicht verbindlich, wenn sie offenbar unbillig ist. ²Die Bestimmung erfolgt in diesem Falle durch Urteil; das Gleiche gilt, wenn der Dritte die Bestimmung nicht treffen kann oder will oder wenn er sie verzögert.
(2) Soll der Dritte die Bestimmung nach freiem Belieben treffen, so ist der Vertrag unwirksam, wenn der Dritte die Bestimmung nicht treffen kann oder will oder wenn er sie verzögert.

1 **A. Funktion.** § 319 berücksichtigt, dass die Leistungsbestimmung durch einen nicht betroffenen Dritten weniger bedenklich ist als diejenige durch eine betroffene Vertragspartei selbst. Daher soll nach I 1 (anders als nach § 315 III 1) die Bestimmung nur dann unverbindlich sein, wenn sie offenbar unbillig ist. Auch soll dem Dritten ein Bestimmungsrecht nach freien Belieben eingeräumt werden können, II.

B. Einzelheiten. Offenbare Unbilligkeit liegt (wie beim Schiedsgutachten, vgl § 317 Rn 3) nur dann vor, 2 wenn „die Leistungsbestimmung in grober Weise gegen Treu und Glauben verstößt und sich dies bei unbefangener sachkundiger Prüfung sofort aufdrängt" (BGH NJW 91, 2761). Es muss sich um eine erhebliche Abweichung von dem für richtig gehaltenen Ergebnis handeln. Eine Abweichung von ca 18% erfüllt dieses Erfordernis nicht (BGH LM § 317 BGB Nr 8).
Eine offenbar unbillige Bestimmung kann nach I 2 durch Urt ersetzt werden. Hierfür gilt Entspr wie für 3 § 315 III 2 Rn 10 ff.
Bei einer (gefährlichen) Ermächtigung zu einer **Leistungsbestimmung nach freien Belieben** (s. § 315 Rn 9) 4 kann diese nicht durch Urt ersetzt werden, weil die Parteien sich hier gerade dem Dritten anvertrauen wollten. Doch kann auch diese Bestimmung nach § 134 oder § 138 nichtig sein. Dann oder wenn die Bestimmung durch den Dritten unmöglich ist (zB der Dritte ist gestorben) oder verzögert wird (s. § 315 Rn 12), ist nach § 139 im Zweifel der ganze Vertrag mit der nicht wirksam bestimmten Leistung unwirksam.

Titel 2 Gegenseitiger Vertrag

Vorbemerkungen vor §§ 320 ff

I. Funktion der §§ 320 ff. Am wichtigsten unter den seit § 311 behandelten vertraglichen Schuldverhältnissen 1 sind diejenigen aus **gegenseitigen Verträgen** (u. Rn 3). Bei diesen verspricht jede Partei ihre Leistung, damit auch die andere Partei die Gegenleistung verspricht. Leistung und Gegenleistung stehen hier also in einem auch als Synallagma bezeichneten Zusammenhang.
Dieser Zusammenhang zeigt sich schon bei der **Entstehung der Verpflichtungen** daran, dass ohne die Ver- 2 pflichtung zur Leistung auch diejenige zur Gegenleistung nicht entsteht. Denn die Unwirksamkeit des Versprechens der einen Partei macht den ganzen Vertrag und damit auch das Versprechen der anderen Partei unwirksam. Die §§ 320 bis 326 tragen diesem Zusammenhang zudem beim **weiteren Schicksal des gegenseitigen Vertrages** Rechnung nach der Maxime: Ohne Leistung keine Gegenleistung (Ausnahmen §§ 323 VI, 326 II). Technische Mittel zur Durchsetzung dieser Maxime sind Leistungsverweigerungsrechte (§ 320 bis 322) und die Auflösung des Vertrages idR durch Rücktritt (§§ 323, 324, 326 V). Alternativ kann die gestörte Leistung – und zwar unabhängig vom Vorliegen eines gegenseitigen Vertrages – auch surrogiert werden, und zwar durch Schadensersatz statt der Leistung (§§ 280 I, III, 281 bis 283) oder Aufwendungsersatz (§ 284), endlich durch einen vom Schuldner erlangten Ersatz oder Ersatzanspruch (§ 285).

II. Gegenseitige Verträge. Gegenseitige Verträge sind unter den Typenverträgen des BGB Kauf, Tausch, Teil- 3 zeit-Wohnrechtsverträge, Miete, Pacht, Dienst- und Werkvertrag mit Reisevertrag, weiter die Geschäftsbesorgungsverträge nach §§ 675 I, 676c, 676d und 676f bei Entgeltlichkeit auch Darlehen und Verwahrung.
Notwendig nicht gegenseitig sind dagegen die Schenkung, die Leihe und der (echte) Auftrag, auch der Mäk- 4 lervertrag in seiner Ausgestaltung durch die §§ 652 ff: Danach ist der Mäkler nicht zum Tätigwerden verpflichtet; er erlangt seinen Lohnanspruch aber erst durch die Herbeiführung des Vermittlungserfolges. Doch ist hier eine andere vertragliche Gestaltung möglich und nicht selten; dann kann der Mäklervertrag gegenseitiger Vertrag sein vgl (§ 652 Rn 4).
Außerhalb der Typenverträge des BGB sind gegenseitig die Typenverträge des HGB (Kommission, Spedi- 5 tion, Lager- und Frachtvertrag), weiter der Verlagsvertrag und nach richtiger Ansicht auch der Versicherungsvertrag (vgl MüKo/*Emmerich* Rz 28). Auch die nicht gesetzlich vertypten „modernen" Vertragsarten wie Leasing, Faktoring, Franchising, Sponsoring sind in aller Regel gegenseitig, ebenso der Vertrag über ein zu entgeltendes Wettbewerbsverbot.
Die **Bürgschaft** kennt in ihrer gesetzlichen Ausgestaltung durch § 765 kein Entgelt; sie verpflichtet den Bür- 6 gen nur einseitig. Die Vereinbarung eines Entgelts zwischen dem Bürgen und dem Gläubiger kommt wohl auch kaum vor. Dagegen wird ihr häufig ein entgeltlicher Vertrag zwischen dem Bürgen und dem Schuldner zugrunde liegen, doch ist die Bürgschaft selbst dadurch nicht ein gegenseitiger Vertrag.
Beim **Vergleich** (§ 779) ist zweifelhaft, ob schon das nötige „gegenseitige Nachgeben" zum Vorliegen eines 7 gegenseitigen Vertrages führt (vgl *Bork* Der Vergleich, 88, 170 ff mN). Jedenfalls ist Gegenseitigkeit anzunehmen, wenn jede Partei ihre Leistung gerade wegen der Leistung der anderen verspricht (BGHZ 116, 319, 330 mN für einen Sanierungsvergleich).
Am heftigsten umstr ist der Charakter als gegenseitiger Vertrag bei der **Gesellschaft**, § 705. Ausgleichend wird 8 formuliert, auch Gesellschaftsverträge seien grds gegenseitige Verträge; von Fall zu Fall könnten aber bei der Anwendung der §§ 320 bis 326 mit Rücksicht auf die Eigenart von Gesellschaftsverträgen Modifikationen erforderlich sein (so MüKo/*Emmerich* Rz 7). Das lässt aber den Umfang dieser Modifikationen im Dunkeln. So entmt MüKo/*Emmerich* aaO § 320 bei mehr als zweigliedrigen Gesellschaften nur in Ausnahmefällen zur Anwendbarkeit (§ 320 Rn 21). Dagegen unterscheidet *K. Schmidt* (GesR § 20 III 2, 3, 5) für die Einforderung der Beiträge zwischen organisierten und nicht organisierten Gesellschaften: Nur bei den Letzteren soll

§ 320 passen. Für andere Fragen soll zwischen dem Beitragsverhältnis (zwischen den Gesellschaftern und der Gesellschaft) und dem Verbandsverhältnis (dem Gesellschaftsverhältnis im Ganzen) unterschieden werden. Die Frage wird dadurch weiter kompliziert, dass die Rspr seit BGHZ 142, 315 eine Teilrechtsfähigkeit für (manche?) BGB-Gesellschaften anerkennt. Danach werden Rechtsbeziehungen der Gesellschafter zueinander stark abgeschwächt; es dominiert das Verhältnis Gesellschafter – Gesellschaft, was zu noch stärkeren Modifikationen bei der Anwendbarkeit der §§ 320 ff führen würde. Die Frage nach der Gegenseitigkeit des Gesellschaftsvertrages kann in der Tat kaum im Ganzen beantwortet werden, sondern stets nur für einzelne Problemlagen (so unbequem das auch sein mag).

§ 320 Einrede des nicht erfüllten Vertrags.

(1) [1]Wer aus einem gegenseitigen Vertrag verpflichtet ist, kann die ihm obliegende Leistung bis zur Bewirkung der Gegenleistung verweigern, es sei denn, dass er vorzuleisten verpflichtet ist. [2]Hat die Leistung an mehrere zu erfolgen, so kann dem einzelnen der ihm gebührende Teil bis zur Bewirkung der ganzen Gegenleistung verweigert werden. [3]Die Vorschrift des § 273 Abs. 3 findet keine Anwendung.

(2) Ist von der einen Seite teilweise geleistet worden, so kann die Gegenleistung insoweit nicht verweigert werden, als die Verweigerung nach den Umständen, insbesondere wegen verhältnismäßiger Geringfügigkeit des rückständigen Teils, gegen Treu und Glauben verstoßen würde.

1 **A. Funktion.** Entspr der Maxime „ohne Leistung keine Gegenleistung" (Vor § 320 Rn 2) muss der (nicht vorleistungspflichtige, vgl u. Rn 3) Gläubiger schon vor dem Auftreten von Leistungsstörungen davor geschützt werden, die Leistung erbringen zu müssen, ohne die Gegenleistung zu erhalten. Der Gläubiger soll daher einredeweise eine Erfüllung Zug um Zug (§ 322) verlangen können (§ 320 ist durch das SchRModG nicht verändert). Dieses Leistungsverweigerungsrecht übt auf den Schuldner Druck aus, die Gegenleistung wenigstens anzubieten. Auch wird der Gläubiger vor dem Risiko aus einer (nicht geschuldeten) Vorleistung geschützt.

2 **B. Voraussetzungen. I. Gegenseitigkeit der Forderungen.** I 1 spricht von Leistung und Gegenleistung. Daraus folgt, dass hier die fraglichen, aus einem wirksamen gegenseitigen Vertrag stammenden Pflichten miteinander in einem synallagmatischen Zusammenhang stehen müssen (vgl § 323 Rn 2; RGZ 54, 123, 125). Bei anderen Pflichten kann sich ein Leistungsverweigerungsrecht aus dem (schwächeren) § 273 ergeben (MüKo/*Emmerich* Rz 31; Soergel/*Wiedemann* Rz 32 ff). Nicht unter § 320 fällt zB die Rückgabepflicht des Mieters aus § 546 (RGZ 108, 137, 138). Der Mieter kann also die Rückgabe nicht nach § 320 verweigern, weil er noch Forderungen aus dem Mietvertrag habe.

3 **II. Keine Vorleistungspflicht.** Nach Wortlaut und Sinn des § 320 wird ein Leistungsverweigerungsrecht des Gläubigers durch seine Pflicht zur Vorleistung ausgeschlossen. Eine solche Pflicht kann auf **Gesetz oder Vereinbarung** beruhen. Gesetzliche Vorschriften über Vorleistungspflichten sind etwa die §§ 556b, 579, 581 II, 587 I, 614, 640, 641. Dabei hat der Werkunternehmer freilich nur insofern vorzuleisten, als er das Werk zunächst ohne Gegenleistung fertigstellen muss; die Vergütung kann er dann Zug um Zug gegen die Abnahme verlangen, § 641. Doch wird die Vorleistungspflicht jetzt durch § 632a abgeschwächt. Vorleistungspflichten aufgrund einer Vereinbarung liegen insb in einer Kreditierung der Gegenleistung, zB bei Abzahlungsgeschäften.

4 **Bei Vorleistungspflichten** ist zu unterscheiden zwischen **beständigen und unbeständigen**. Bei letzteren sind für Leistung und Gegenleistung voneinander verschiedene feste Termine bestimmt. Nach Eintritt des früheren Termins ist der betroffene Schuldner zunächst vorleistungspflichtig; das endet aber, sobald auch der spätere Termin eingetreten ist. Danach gilt also wieder § 320. Dagegen besteht bei der beständigen Vorleistungspflicht stets ein Abstand zwischen den Terminen (zB „Zahlung vier Wochen nach Lieferung"); hier gilt § 320 für die später zu erbringende Leistung ausnahmslos.

5 Für die Vereinbarung über eine Vorleistungspflicht sind **im Handelsverkehr vielfach Klauseln** üblich, so etwa „Netto Kasse gegen Faktura"; danach muss sofort nach Eingang der Rechnung gezahlt werden, entspr bei „Kassa gegen Konnossement" (RGZ 59, 23, 25). Häufig sind Vorleistungspflichten des Bestellers bei umfangreichen Werkverträgen, wo bestimmte Teile schon nach deren Fertigstellung bezahlt werden müssen (vgl jetzt § 632a).

6 **Unwirksam wird eine Vorleistungspflicht** nach § 321 (vgl dort). Darüber hinaus kommt § 242 in Betracht. So soll eine Vorleistung etwa unzumutbar sein, wenn der Empfänger die ihm obliegende Gegenleistung ernsthaft und endgültig verweigert (vgl BGHZ 50, 175, 177), zB weil er die Vertragswirksamkeit leugnet (BGHZ 88, 240, 248 mN; MüKo/*Emmerich* Rz 27). Gleiches gilt, wenn er sich mit einem Rücktritt verteidigt. Doch lebt die Vorleistungspflicht wieder auf, wenn der Vorleistungsgläubiger seine eigene Verpflichtung doch noch vorbehaltlos anerkennt (BGHZ 88, 91, 97).

7 Str ist dagegen, ob in solchen Fällen der Beklagte regelmäßig nach §§ 320, 322 zur Leistung Zug um Zug zu verurteilen (so MüKo/*Emmerich* Rz 29) oder ob die Klage abzuweisen ist (so bisweilen die Rspr: Es sei sinnlos, dem Kläger ein Recht zuzusprechen, dessen Ausübung er von vornherein abgelehnt habe, BGHZ 50, 175,

177 f). Wenigstens idR dürfte der ersten Ansicht zu folgen sein. Doch kann der zunächst Vorleistungspflichtige die Auflösung des Vertrages nach § 323 betreiben (eine Fristsetzung kann nach § 323 II 1 unnötig sein); vgl MüKo/*Emmerich* Rz 37 f.

III. Wirksamkeit der Gegenforderung. Die Forderung auf die Gegenleistung, derentwegen sich der Schuldner mit § 320 verteidigt, muss wirksam sein. **Verjährung** schadet aber wenigstens dann nicht, wenn die beiden Ansprüche sich einmal unverjährt gegenübergestanden haben, § 215. BGH NJW 06, 2773, 2775 mN verzichtet bei § 320 sogar auf dieses Erfordernis. Ist zweifelhaft, ob der Gläubiger die ihm obliegende Leistung erbringen kann, darf der Schuldner sich mit § 320 wehren und so den Gläubiger zum Nachweis seiner Leistungsfähigkeit zwingen (BGH WM 56, 314; MüKo/*Emmerich* Rz 35). 8

IV. Kein Ausschlusstatbestand. Ebenso wie bei der Frage nach der Vorleistungspflicht (Rn 6) kommt § 242 auch für die Ausübung des Einrederechts in Betracht. Den Spezialfall der Unverhältnismäßigkeit nennt II: Bei einer Teilleistung kann die Gegenleistung insoweit verweigert werden, als ein Verstoß gegen Treu und Glauben vorläge, insb wegen verhältnismäßiger Geringfügigkeit des noch rückständigen Teils. Hieraus ergibt sich umgekehrt als Regel, dass auch nach einer Teilleistung noch die ganze Gegenleistung verweigert werden kann (vgl MüKo/*Emmerich* Rz 51, 53). Aus dem Wortlaut von II („insoweit") folgt aber, dass bei Unzulässigkeit einer Verweigerung der ganzen Gegenleistung eine verhältnismäßige Teilverweigerung zulässig sein soll. Ganz unzulässig ist nach § 242 die Einrede, wenn die Verweigerung der Gegenleistung dem Gläubiger **nicht wieder gutzumachenden Schaden** zufügen würde. Das kommt insb bei Unterlassungspflichten in Betracht, wenn das Zuwiderhandeln (zB ein Geheimnisverrat) nicht wieder rückgängig gemacht werden kann (BGH WM 74, 369; BAG NJW 83, 2896, 2897: „§ 320 gewährt eine Zurückbehaltungsrecht, erlaubt es aber nicht, einen Anspruch unmöglich zu machen"). Vereinzelt ist auch auf die besondere Lästigkeit für den Gläubiger abgestellt worden (Frankf MDR 85, 502, 503). Dabei ist jedoch zu bedenken, dass die Leistungsverweigerung den anderen Teil zur Gegenleistung veranlassen soll und daher einen gewissen Druck ausüben muss. Keinen Ausschlusstatbestand stellt es dagegen dar, wenn sich der Schuldner hinsichtlich der Gegenleistung in Gläubigerverzug befindet (BGH BB 95, 1209; MüKo/*Emmerich* Rz 36). Denn durch den Verzug wird das Synallagma nicht aufgehoben. Wenn das Urt den Annahmeverzug feststellt, kann der Gläubiger aber aus dem Urt ohne weiteres vollstrecken (§§ 726 II, 756, 765 ZPO). Gleichfalls keinen Ausschlusstatbestand bildet eine Sicherheitsleistung durch den Schuldner, I 3. 9

10

11

C. Rechtsfolgen. I. Verurteilung nur nach § 322. § 320 begründet eine Einrede, auf die sich der Schuldner zur Vermeidung eines unbeschränkten Urt berufen muss (kann ... verweigern). Entspr verlangt § 322 I die Geltendmachung des Leistungsverweigerungsrechts (BGHZ 116, 244, 251). Die Einrede kann auch konkludent (etwa durch das Bestreiten des Erbringens der Gegenleistung) oder außerprozessual erhoben werden, doch muss das (gleich durch welche Partei) in den Prozess eingeführt worden sein (MüKo/*Emmerich* Rz 57). Unterlässt der Schuldner die Geltendmachung, so ist er ohne Einschränkung zu verurteilen. Er kann auch nicht nach § 813 kondizieren, weil dort eine dauernde Einrede verlangt wird. 12

13

II. Der Ausschluss von Schuldnerverzug. Während nach den §§ 320, 322 die Einrede erhoben werden muss, genügt schon ihre bloße Existenz für den Ausschluss von Schuldnerverzug beim Einredeberechtigten (etwa BGHZ 116, 244, 248 mN, zum Unterschied zu § 273 BGH NJW 06, 2773 Tz 21). Der andere Teil kann den Verzug nur dadurch herbeiführen, dass er seine Gegenleistung in einer Weise anbietet, die nach §§ 294, 295 Gläubigerverzug herbeiführt (BGH aaO, ausf *U. Huber* I § 12 III 1). Ob der Schuldner sich wenigstens nachträglich auf § 320 berufen muss, ist str (vgl *U. Huber* I § 12 III 1c). Eine Gegenansicht zur hM lässt es genügen, dass der Schuldner zur Gegenleistung „bereit und imstande" ist. Aber allein hierdurch wird die Erbringung der Gegenleistung nicht ausreichend sichergestellt. 14

III. Mehrheit von Gläubigern, Abs 1 S 2. I 2 behandelt den Fall, dass bei einer Gläubigermehrheit jeder der Gläubiger einen Teil der Leistung verlangen kann (§ 420): Dann soll der Schuldner die Einrede aus I 1 ggü jedem bis zur Bewirkung der ganzen Gegenleistung haben; er soll sich also nicht auf eine Teilung der Gegenleistung einlassen müssen. In den Fällen von §§ 428, 432, also wenn ein Gläubiger oder alle Gläubiger nur die ganze Leistung verlangen können, tritt die Folge von I 2 ohnehin ein, wenn noch ein Teil der Gegenleistung aussteht (vorbehaltlich von II). 15

Bei Gesamtschuldnern folgt die Anwendbarkeit von I 1 schon bei Ausstehen noch eines Teils der Gegenleistung aus § 421 (MüKo/*Emmerich* Rz 42). 16

IV. Wechsel oder Scheck. Auch ggü der Inanspruchnahme aus einem Wechsel oder Scheck für die Leistung aus einem gegenseitigen Vertrag gilt idR I 1: Diese Inanspruchnahme muss sich iRd zwischen den Parteien vereinbarten Zwecks halten, wenn nicht aus den Umständen ein Verzicht des Begebers auf die Einrede folgt (BGHZ 57, 292, 300 f; 85, 346, 348 f; MüKo/*Emmerich* Rz 43). 17

D. Einzelne Anwendungsbereiche. Beim **Kauf** sind frühere Streitfragen (zu ihnen MüKo/*Emmerich* Rz 5) durch das SchRModG überholt: Unzweifelhaft darf jetzt der Käufer auch nach Lieferung einer mangelhaften Sache noch den Kaufpreis nach § 320 verweigern, weil er nach §§ 437 Nr 1, 439 zunächst Nacherfüllung fordern kann. 18

19 Bei **Sukzessivlieferungsverträgen und Dauerlieferungsverträgen** handelt es sich auch bei verschiedenen Lieferungsteilen doch um Verpflichtungen aus demselben Vertrag. Daher kann jede Partei § 320 einwenden, selbst wenn der Leistungsrückstand des anderen Teils eine frühere Leistungseinheit oder Periode betrifft.

20 Bei der **Miete** ist zwar der Raummieter nach §§ 556b I, 579 II vorleistungspflichtig. Doch bleibt es trotzdem bei § 320, wenn der Vermieter seine Überlassungspflicht nach § 535 I 2 nicht erfüllt (BGH NZM 98, 766; MüKo/*Emmerich* Rz 9). Gleiches gilt bei Mangelhaftigkeit der Mietsache wegen des Mängelbeseitigungsanspruchs aus § 535 I 2. Freilich wird § 320 hier nur benötigt, soweit nicht der Mietzins schon nach § 536 gemindert ist.

21 Bei **Dienstverträgen** kommt § 320 grds für beide Vertragsparteien in Betracht. Doch kann die Leistungsverweigerung des Dienstverpflichteten nach § 242 unzulässig sein, wenn sie zur Unmöglichkeit führt (Rn 10). Str ist dagegen, ob der Dienstberechtigte das Entgelt wegen bloßer Schlechtleistung zurückbehalten kann (vgl MüKo/*Emmerich* Rz 12; *Canaris* FS K. Schmidt 09, 177). Das Problem liegt darin, dass diese Zurückbehaltung auf eine für den Dienstvertrag nicht vorgesehene Minderung hinauslaufen könnte (für Zurückbehaltung wenigstens bei freien Dienstverträgen etwa MüKo/*Emmerich* Rz 12, dagegen *Ulrich* NJW 84, 585 und implizit auch BGH NJW 04, 2817).

22 Bei **Arbeitsverträgen** soll eine Zurückbehaltung des Lohns wegen Schlechtleistung auch nach *Emmerich* aaO wegen der besonderen Schutzbedürftigkeit des Arbeitnehmers unzulässig sein. Diese Unterscheidung befriedigt aber kaum, weil auch Selbständige auf ihr Entgelt angewiesen sein können.

23 Bei **Werkverträgen** spielt § 320 insb für den Bauvertrag eine große Rolle. Hierfür finden sich Sonderregeln außer in der VOB/B in den §§ 632a (Abschlagszahlungen) und 641 III (nach der Abnahme kann nur ein „angemessener Teil der Vergütung" verweigert werden, und zwar mindestens das Dreifache der Kosten für die Mängelbeseitigung), also im Gegensatz zu § 320 nicht der ganze Werklohn. Vgl dazu § 641 Rn 12.

§ 321 Unsicherheitseinrede.

(1) ¹Wer aus einem gegenseitigen Vertrag vorzuleisten verpflichtet ist, kann die ihm obliegende Leistung verweigern, wenn nach Abschluss des Vertrags erkennbar wird, dass sein Anspruch auf die Gegenleistung durch mangelnde Leistungsfähigkeit des anderen Teils gefährdet wird. ²Das Leistungsverweigerungsrecht entfällt, wenn die Gegenleistung bewirkt oder Sicherheit für sie geleistet wird.

(2) Der Vorleistungspflichtige kann eine angemessene Frist bestimmen, in welcher der andere Teil Zug um Zug gegen die Leistung nach seiner Wahl die Gegenleistung zu bewirken oder Sicherheit zu leisten hat. Nach erfolglosem Ablauf der Frist kann der Vorleistungspflichtige vom Vertrag zurücktreten. § 323 findet entsprechende Anwendung.

1 **A. Funktion.** § 320 versagt für den Vorleistungspflichtigen (§ 320 Rn 3 f). Eine Vorleistungspflicht wird idR im Vertrauen darauf übernommen, der Anspruch auf die Gegenleistung werde nicht durch Zahlungsunfähigkeit des Schuldners gefährdet sein. Diese Annahme kann sich als unbegründet herausstellen. Dann will der (durch das SchRModG wesentlich veränderte) § 321 dem Vorleistungspflichtigen helfen.

2 **B. Voraussetzungen. I. Vorleistungspflicht aus gegenseitigem Vertrag.** Es muss sich wie bei § 320 um gegenseitige Forderungen aus einem gegenseitigen Vertrag handeln (§ 320 Rn 2) und es muss hinsichtlich einer solchen Forderung eine Vorleistungspflicht bestehen (vgl § 320 Rn 3 ff). Ob diese auf G oder Vereinbarung beruht, bleibt gleich.

3 **II. Gefährdung des Anspruchs auf die Gegenleistung.** Der Anspruch auf die Gegenleistung muss objektiv gefährdet sein, und zwar durch mangelnde Leistungsfähigkeit des anderen Teils, I 1. Worauf der Mangel der Leistungsfähigkeit beruht, bleibt gleich. So kommen neben schlechten Vermögensverhältnissen etwa in Betracht auch Leistungshindernisse aus Export- oder Importverboten, Kriegsereignissen, Zusammenbrüchen von Zulieferern sowie aus Krankheit des Schuldners oder seiner unentbehrlichen Mitarbeiter (BTDrs 14/6040 179).

4 **III. Erkennbarwerden der Gefährdung nach Vertragsabschluss.** Diese Gefährdung darf erst nach dem Vertragsabschluss erkennbar geworden sein. Das erfasst sowohl die erst nach Vertragsabschluss eingetretene Gefährdung (sie allein war von § 321 aF erfasst) wie auch die schon vorhandene, aber noch nicht erkennbare.

5 Nach dem Zweck des § 321 entscheidet die Erkennbarkeit gerade für den Vorleistungspflichtigen. Andererseits bedeutet aber „Erkennbarkeit", dass es nicht auf das wirkliche Erkennen ankommt. Welche Mühe der Vorleistungspflichtige aufwenden muss, um ein Gefährdung seines Anspruchs zu bemerken, lässt sich nur nach den Umständen konkretisieren. Dazu gehören einerseits die Geschäftsgewandtheit des Vorleistungspflichtigen wie andererseits das geschäftliche Ansehen des anderen Teils (zB infolge staatlicher Aufsicht etwa bei einer Bank oder Versicherung).

6 **IV. Kein Ausschlusstatbestand.** Nach I 2 soll das **Leistungsverweigerungsrecht entfallen**, wenn die Gegenleistung bewirkt oder für sie Sicherheit geleistet wird. Das ist für das Bewirken der Gegenleistung selbstverständlich: Dann handelt es sich ja auch nicht mehr um eine Vorleistung. Für die Sicherheitsleistung gelten die §§ 232 ff; nach §§ 232 II, 239 genügt also (anders als nach § 273 III 2) auch die Stellung eines tauglichen Bürgen.

Ein **nachträglicher Wegfall der Anspruchsgefährdung** lässt auch die Einrede nach I 1 entfallen (Palandt/ 7
Grüneberg Rz 7).
Endlich dürfte auch der gemeinsame **Grundgedanke der §§ 323 VI, 326 II** analog anzuwenden sein: I 8
1 scheidet aus, wenn der Vorleistungspflichtige für die Gefährdung seines Gegenanspruchs allein oder weit
überwiegend verantwortlich ist (etwa dadurch, dass er die Leistungsunfähigkeit seines Gläubigers durch die
Nichterfüllung einer anderen Verpflichtung selbst herbeigeführt hat). Darüber hinaus kommt in Betracht,
dass die Gefährdung erst zu einem Zeitpunkt eingetreten ist, in dem sich der Vorleistungspflichtige im
Schuldnerverzug befunden hat. Denn dann wäre die Gefährdung durch pflichtgemäßes Verhalten des Vorleistungspflichtigen vermieden worden (vgl MüKo/*Emmerich* Rz 18).

C. Rechtsfolgen. I. Unsicherheitseinrede. Nach I 1 kann der Vorleistungspflichtige seine Pflicht durch die 9
Erhebung der Einrede nach I 1 suspendieren, bis die Gegenleistung bewirkt oder Sicherheit für sie geleistet
wird (I 2, vgl Rn 6). Zuvor ist also der Vorleistungspflichtige auf die Einrede hin nur zur Leistung Zug um
Zug gegen Bewirkung der Gegenleistung (§ 322 I) zu verurteilen. Für die Geltendmachung der Einrede gilt
Gleiches wie nach § 320 Rn 12.
Leistet der Vorleistungspflichtige nicht termingerecht, so kann man zweifeln, ob hier ebenso wie bei § 320 10
Rn 14 der Eintritt von Schuldnerverzug schon durch das bloße Bestehen der Einrede aus § 321 I 1 ausge-
schlossen ist. Die differenzierende Lösung von MüKo/*Emmerich* Rz 23 nach der zeitlichen Reihenfolge von
Verzug des einen und Sichtbarwerden der Leistungsunfähigkeit des anderen Teils hat viel für sich; vgl auch
Huber I §§ 13 II 5; 15 II 4.
Durch die Einrede nach I 1 entfällt die Vorleistungspflicht nicht völlig. Der Vorleistungspflichtige kann also 11
nicht seinerseits auf Leistung Zug um Zug gegen Erbringung der Gegenleistung klagen (außer nach § 322 II
Rn 7. Wenn der Vorleistungsberechtigte nicht seinerseits klagt (der ja ein Urt nach § 322 erhalten kann, vgl
o. Rn 9), entsteht also ein Schwebezustand, um den vor dem SchRModG viel Streit bestanden hat (vgl *Huber*
I § 15 I 4b).

II. Rücktrittsrecht. Das SchRModG hat durch den neuen II diese Situation bereinigt: Auch der Vorleistungs- 12
pflichtige soll den Schwebezustand auflösen können, indem er dem Gläubiger eine angemessene Frist für das
Bewirken der Gegenleistung (Zug um Zug) oder für Sicherheitsleistung setzt. Nach erfolglosem Fristablauf
soll der Vorleistungspflichtige zwar nicht seinerseits Leistung Zug um Zug verlangen können. Er soll aber
zum Rücktritt vom Vertrag berechtigt sein. Dass nach II 2 § 323 entspr anzuwenden ist, zielt va auf § 323 II:
In den dort bestimmten Fällen soll auch bei § 321 II die Fristsetzung unnötig sein.

D. Konkurrenzen. Der von I miterfasste Irrtum über die Leistungsfähigkeit des Vorleistungsgläubigers fällt idR 13
unter § 119 II (wesentliche Eigenschaft). Daher dürfte dem Vorleistungspflichtigen das (freilich unverzüglich
auszuübende, § 121 I) Anfechtungsrecht nach § 119 II zur Wahl stehen (BTDrs 14/6040 179). Dagegen dürfte
§ 321 als Spezialvorschrift den uU gleichfalls zutreffenden § 313 ausschließen (MüKo/*Emmerich* Rz 39).

§ 322 Verurteilung zur Leistung Zug-um-Zug.
(1) Erhebt aus einem gegenseitigen Vertrag
der eine Teil Klage auf die ihm geschuldete Leistung, so hat die Geltendmachung des dem anderen Teil
zustehenden Rechts, die Leistung bis zur Bewirkung der Gegenleistung zu verweigern, nur die Wirkung,
dass der andere Teil zur Erfüllung Zug um Zug zu verurteilen ist.
(2) Hat der klagende Teil vorzuleisten, so kann er, wenn der andere Teil im Verzug der Annahme ist, auf
Leistung nach Empfang der Gegenleistung klagen.
(3) Auf die Zwangsvollstreckung findet die Vorschrift des § 274 Abs. 2 Anwendung.

A. Funktion. Der durch das SchRModG nicht geänderte § 322 will die aus § 320 I 1 folgende Leistungser- 1
bringung Zug um Zug bei der Verurteilung und in der Zwangsvollstreckung sichern (I). Zugleich erweitert
II die Rechte eines Vorleistungspflichtigen ggü § 321.

B. Regelfall, Abs 1. Im Anschluss an § 320 I 1 verlangt I zunächst einen **gegenseitigen Vertrag** (vor § 320 2
Rn 3 ff). Ein Vertragspartner muss Klage auf die ihm zustehende Leistung erhoben haben und der andere
muss ein Recht aus § 320 geltend machen (also die Einrede wirklich erheben, BGH NJW 99, 53). Dann wird
die Klage nicht etwa abgewiesen. Vielmehr kommt es zu einem Urt auf Leistung Zug um Zug.
Dieses muss weder vom Kläger noch vom Beklagten **ausdrücklich beantragt** worden sein. Vielmehr genügt 3
seitens des Klägers ein uneingeschränkter Verurteilungsantrag, dem ggü sich das Zug-um-Zug-Urteil nicht als
Aliud darstellt, sondern als Minus (BGHZ 117, 1, 3). Entspr kann der Beklagte uneingeschränkt Klagabwei-
sung beantragen, wenn er eindeutig erkennen lässt, dass er die Leistung (auch) wegen des Ausbleibens der
Gegenleistung verweigert. Dafür genügt schon die Behauptung, der Kläger könne oder wolle die von ihm
geschuldete Gegenleistung nicht erbringen (BGH NJW 99, 53, 54; MüKo/*Emmerich* Rz 5 ff).
Klagt der Kläger nur einen **Teil der** beanspruchten **Leistung** ein, so wird idR die Zug um Zug zu erbringende 4
Gegenleistung gleichwohl nicht entspr geteilt (BGHZ 56, 312, 316). Eine Ausn kommt aber mit Rücksicht auf
Treu und Glauben nach § 320 II in Betracht.

5 In **Rechtskraft** erwächst nur die Entscheidung über den erhobenen Anspruch, nicht auch über die Zug um Zug zu erbringende Gegenleistung (BGHZ 117, 1, 2, vgl § 322 I ZPO). Folglich kann auch der Kläger noch in einem neuen Prozess unter Verzicht auf die Zwangsvollstreckung aus dem ersten Urt eine Verurteilung zur Leistung schlechthin oder auf Zulassung der Zwangsvollstreckung ohne Gegenleistung erstreben (BGHZ 117, 1, 3 mN, zudem MüKo/*Emmerich* Rz 11).

6 Der **Streitwert** richtet sich idR allein nach der Höhe der eingeklagten Forderung; ein Abzug wegen der Gegenforderung oder des durch sie geminderten Interesses des Klägers findet nicht statt. Umgekehrt erhöht aber auch ein größerer Betrag der Gegenleistung den Streitwert nicht (BGH JZ 96, 636). Betrifft ein Rechtsmittel bloß die einredeweise erhobene Gegenforderung, so entscheidet deren Wert mit dem Wert der Klageforderung als Obergrenze (BGH NJW 82, 1048, 1049).

7 **C. Vorleistungspflicht, Abs 2.** Bei einer Vorleistungspflicht kann der Pflichtige die Leistung nicht verlangen, sondern nur unter den Voraussetzungen des § 321 I nach § 321 II vom Vertrag zurücktreten. Dadurch zerstört er aber seine Erfüllungsansprüche. Das kann er über II vermeiden, indem er den Vorleistungsgläubiger in Annahmeverzug (§§ 293 ff) setzt: Dann kann er auf Leistung nach Empfang der Gegenleistung klagen. Klagt er unbeschränkt, so ist er gleichwohl mit der genannten Einschränkung, die bloß ein Minus darstellt, zu verurteilen (BGHZ 117, 1, 3). Das gilt auch, wenn die Fertigstellung eines Werks nur deshalb scheitert, weil der Besteller die vom Unternehmer angebotene Mängelbeseitigung nicht annimmt (BGHZ 149, 289, 292). Dieses Urt wird in der Zwangsvollstreckung wie ein Zug-um-Zug-Urteil behandelt (BGHZ aaO).

8 **D. Zwangsvollstreckung, Abs 3.** § 322 III verweist für die Zwangsvollstreckung auf § 274 II. Nach dieser Vorschrift kann der Gläubiger aus einem Zug-um-Zug-Urteil ohne Bewirkung der ihm obliegenden Leistung vollstrecken, wenn der Schuldner sich in Annahmeverzug befindet (§§ 293 ff). Andernfalls wird – außer bei Urteilen nach § 894 ZPO – nach § 726 II ZPO die Vollstreckungsklausel ohne weiteres erteilt. Nach § 756 ZPO darf jedoch der Gerichtsvollzieher die Zwangsvollstreckung nicht beginnen, bevor er den Schuldner durch ein Angebot der Leistung in Annahmeverzug gesetzt hat. Unnötig ist das nur, wenn die Befriedigung oder der Annahmeverzug des Schuldners durch öffentliche oder öffentlich beglaubigte Urkunden nachgewiesen sind und eine Abschrift dieser Urkunde zugestellt wird. Entspr gilt nach § 765 ZPO für die gerichtliche Anordnung von Vollstreckungsmaßnahmen.

9 Der Nachweis von Annahmeverzug des Schuldners kann aber auch dadurch geführt werden, dass dieser Verzug in dem Vollstreckungstitel oder einem anderen Urt „liquide" (dh ohne die Notwendigkeit komplizierter rechtlicher Erwägungen) festgestellt wird (BGH NJW 82, 1048, 1049). Dieses Urt wird dann wie ein uneingeschränktes Urt vollstreckt (MüKo/*Emmerich* Rz 22 mN).

Vorbemerkungen vor §§ 323 bis 326

1 **A. Bedeutung der §§ 323–326.** Die meisten primären Vertragsansprüche stammen aus gegenseitigen Verträgen (vgl vor § 320 Rn 1). Für das Erlöschen oder die Undurchsetzbarkeit von Ansprüchen wegen Unmöglichkeit gilt § 275. Für ersetzende („Schadensersatz statt der Leistung") oder ergänzende Schadensersatzansprüche gelten die §§ 280 ff, 276 ff. Beim gegenseitigen Vertrag stellt sich aber noch eine weitere Frage: Kann der Gläubiger des gestörten Anspruchs sich von dem Vertrag lösen, also seine Pflicht zur Gegenleistung beenden? Diese Frage behandeln mit nur einer kurzen Bemerkung zur Schadenersatzpflicht die §§ 323–326.

2 **B. Wirkungen der Schuldrechtsmodernisierung.** Das SchRModG hat den alten, in den §§ 323 bis 327 aF geregelten Rechtszustand erheblich geändert. Dadurch ist dem Gläubiger die Lösung vom Vertrag teils erheblich erleichtert worden. Außerdem hat die Neufassung der §§ 323 ff sich überwiegend auf den Rücktritt konzentriert und die Regelung von Schadensersatzansprüchen den §§ 280 ff überlassen. In Bezug auf den Rücktritt bestehen die wichtigsten Änderungen in Folgendem:

3 (1.) Nach § 323 setzt das Rücktrittsrecht des Gläubigers **kein Vertretenmüssen des Schuldners** an der Pflichtverletzung mehr voraus. Dem ggü hatten die §§ 325, 326 aF eine vom Schuldner zu vertretende Unmöglichkeit oder Schuldnerverzug verlangt. Ohne ein Vertretenmüssen des Schuldners war nur nach § 323 aF eine nach Bereicherungsrecht auszugleichenden Vertragslösung („Abstandnahme vom Vertrag") möglich.

4 (2.) Für Sachmängel beim Kauf oder für Werkmängel gab es eine Vertragslösung früher nur über die als Anspruch konstruierte **Wandelung** (§§ 462, 634 aF). Dieses Rechtsinstitut ist **abgeschafft** worden; auch die mangelhafte Leistung fällt jetzt unter § 323.

5 (3.) Die früher in § 327 2 aF enthaltene Beschränkung der Rücktrittshaftung auf die Rechtsfolgen des Bereicherungsrechts ist jetzt in § 346 eingearbeitet worden. Zugleich hat sich durch die geänderte Fassung des § 346 I die Verweisung von § 327 1 aF auf das Rücktrittsrecht erübrigt. **§ 327 aF konnte daher ganz wegfallen**.

6 (4.) Die **Verletzung von Schutzpflichten** ist jetzt in § 324 besonders geregelt.

(5.) Die nach § 326 aF regelmäßig nötige Fristsetzung bedarf **jetzt nicht mehr** der Ergänzung durch eine **Ablehnungsandrohung**.
(6.) Den nach § 326 I 2 aF bei Fristablauf **von selbst eintretenden Ausschluss des Erfüllungsanspruchs** gibt es nicht mehr. Jetzt schafft der Fristablauf nach § 323 I 1 nur ein Rücktrittsrecht des Gläubigers.
(7.) Das früher nur von der Rspr praktizierte Rücktrittsrecht bei einem **erst drohenden Vertragsbruch** steht jetzt in § 323 IV.

§ 323 Rücktritt wegen nicht oder nicht vertragsgemäß erbrachter Leistung. (1) Erbringt bei einem gegenseitigen Vertrag der Schuldner eine fällige Leistung nicht oder nicht vertragsgemäß, so kann der Gläubiger, wenn er dem Schuldner erfolglos eine angemessene Frist zur Leistung oder Nacherfüllung bestimmt hat, vom Vertrag zurücktreten.
(2) Die Fristsetzung ist entbehrlich, wenn
1. der Schuldner die Leistung ernsthaft und endgültig verweigert,
2. der Schuldner die Leistung zu einem im Vertrag bestimmten Termin oder innerhalb einer bestimmten Frist nicht bewirkt und der Gläubiger im Vertrag den Fortbestand seines Leistungsinteresses an die Rechtzeitigkeit der Leistung gebunden hat oder
3. besondere Umstände vorliegen, die unter Abwägung der beiderseitigen Interessen den sofortigen Rücktritt rechtfertigen.
(3) Kommt nach der Art der Pflichtverletzung eine Fristsetzung nicht in Betracht, so tritt an deren Stelle eine Abmahnung.
(4) Der Gläubiger kann bereits vor dem Eintritt der Fälligkeit der Leistung zurücktreten, wenn offensichtlich ist, dass die Voraussetzungen des Rücktritts eintreten werden.
(5) ¹Hat der Schuldner eine Teilleistung bewirkt, so kann der Gläubiger vom ganzen Vertrag nur zurücktreten, wenn er an der Teilleistung kein Interesse hat. ²Hat der Schuldner die Leistung nicht vertragsgemäß bewirkt, so kann der Gläubiger vom Vertrag nicht zurücktreten, wenn die Pflichtverletzung unerheblich ist.
(6) Der Rücktritt ist ausgeschlossen, wenn der Gläubiger für den Umstand, der ihn zum Rücktritt berechtigen würde, allein oder weit überwiegend verantwortlich ist oder wenn der vom Schuldner nicht zu vertretende Umstand zu einer Zeit eintritt, zu welcher der Gläubiger im Verzug der Annahme ist.

A. Funktion. Die § 320, 322 schützen beim gegenseitigen Vertrag den Gläubiger nur vorläufig: Dieser kann bei Nichtleistung durch den Schuldner die Gegenleistung verweigern, bleibt aber an den Vertrag gebunden. Daher muss er die Gegenleistung weiter bereithalten. Er kann sich auch nicht anderweitig eindecken, weil er damit rechnen muss, die Leistung des Schuldners doch noch zu erhalten. Dieser Schwebezustand mag den Gläubiger oft sehr belasten. Ihn zu beenden ermöglicht va § 323.

B. Voraussetzungen. I. Gegenseitiger Vertrag. Die verletzte Pflicht muss aus einem gegenseitigen Vertrag stammen (vor § 320 Rn 3 ff). Für § 326 aF war angenommen worden, es müsse sich um eine Hauptpflicht handeln. Daher sollte die Verletzung einer nicht im Synallagma stehenden bloßen **Nebenleistungspflicht** (das Schulbsp war idR die Abnahmepflicht des Käufers nach § 433 II; s. BGH NJW 72, 99) dem Gläubiger kein Rücktrittsrecht gewähren. Diese Einschränkung ist nicht unverändert nach § 323 übernommen worden, kehrt aber dort doch weithin wieder.
Als Nebenleistungspflichten sind Pflichten bezeichnet worden, an deren Erfüllung dem Gläubiger weniger dringend gelegen war. Das findet eine Parallele jetzt in V 1: Der Gläubiger kann beim Ausbleiben bloß eines Leistungsteils vom ganzen Vertrag nur dann zurücktreten, wenn er an der Teilleistung kein Interesse hat. Bei einer nicht vertragsgemäßen Leistung ist der Rücktritt wegen einer bloß unerheblichen Pflichtverletzung ausgeschlossen, V 2. Das Eine oder das Andere wird idR bei den früher sog Nebenpflichten vorliegen. Insoweit ist auch jetzt § 323 nicht unbeschränkt anwendbar. Freilich können die Parteien wie schon vor dem SchRModG bei einer untypischen Interessenlage Abweichendes vereinbaren und damit zur vollen Anwendbarkeit von § 323 gelangen (vgl MüKo/*Ernst* Rz 10 ff, auch *Grigoleit* FS Canaris 07 I, 275, 294). Für die Verletzung bloßer **Schutzpflichten** (§ 241 II) bringt § 324 eine den § 323 verdrängende Sonderregel.

II. Fälligkeit der Leistung. Das Rücktrittsrecht aus § 323 bedeutet eine Reaktion auf eine **Pflichtverletzung** des Schuldners. Daran fehlt es idR vor Fälligkeit (§ 271).
In Anknüpfung an Art 62 CISG (übereinstimmend Art 7.3.3 UNIDROIT und Art 9.304 der Lando-Prinzipien) bestimmt IV jedoch (abdingbar) eine **Ausnahme von dem Fälligkeitserfordernis**: Der Gläubiger soll schon vor Eintritt der Fälligkeit zurücktreten können, „wenn offensichtlich ist, dass die Voraussetzungen des Rücktritts eintreten werden" (sog **vorweggenommener oder antizipierter Vertragsbruch**, dazu *Weidt* 08). Dabei geht es va um **zwei Fallgruppen:** (1) Die Erfüllungsverweigerung oder Vertragsaufsage von II Nr 1, nämlich, wenn der Schuldner ernsthaft und endgültig erklärt, er werde nicht vertragsgemäß leisten (insb auch, weil er die Wirksamkeit des Vertrages leugnet). – (2) Va beim Werkvertrag die Fälle, in denen der Hersteller die Leistungsvorbereitungen derart verzögert, dass die rechtzeitige Leistung nicht mehr zu erwarten ist.

In diesen beiden und in ähnlichen Fallgruppen wäre es sinnlos, den Gläubiger zunächst weiter an einen Vertrag zu binden, der mit hoher Wahrscheinlichkeit doch nicht erfüllt werden wird. Die Gefährdung der Erfüllung wird hier zu einem eigenen Störungstatbestand (MüKo/*Ernst* Rz 132).

7 Voraussetzung für den Rücktritt vor Fälligkeit ist, dass der Rücktrittstatbestand „**offensichtlich**" später eintreten wird. Danach muss eine Nicht- oder Schlechtleistung sicher zu erwarten sein (MüKo/*Ernst* Rz 134). Palandt/*Grüneberg* Rz 23 verlangt – wohl ohne sachlichen Unterschied – eine „an Sicherheit grenzende Wahrscheinlichkeit". Das ist erheblich mehr als die Erkennbarkeit einer Gefährdung bei § 321 I 1. Dieser Unterschied ist sinnvoll: Bei § 321 I 1 geht es nur um eine Abmilderung der Vorleistungspflicht, bei IV dagegen um die endgültige Vertragsbeendigung durch Rücktritt.

8 Die **Prognoseentscheidung** nach IV muss objektiv und nach den Verhältnissen zur Zeit des Rücktritts getroffen werden. Fehlt dennoch die nötige Sicherheit, so geht das zu Lasten des Gläubigers; insb ist sein Rücktritt unwirksam.

9 Eine **Fristsetzung oder vorherige Androhung** des Rücktritts sind hier im G nicht vorgesehen. Doch liegt es oft im Interesse des mit dem Prognoserisiko belasteten Gläubigers, vor dem Rücktritt mit dem Schuldner Kontakt aufzunehmen, etwa mit der Frage, wie dieser die vertragsgemäße Erfüllung noch erreichen wolle (im selben Sinn MüKo/*Ernst* Rz 135).

10 **Rechtsfolge** von IV ist ein Rücktrittsrecht (zur Kündigung bei Dauerschuldverhältnissen s. § 314 Rn 19). Dieses kann vor Fälligkeit nicht weiter reichen als danach. Folglich müssen die beiden Grenzen von V (Interessewegfall bei Teilleistung, vgl u. Rn 33) und Erheblichkeit der Pflichtverletzung bei Schlechtleistung (u. Rn 37) auch bei IV gelten (MüKo/*Ernst* Rz 141).

11 **Schadensersatzpflichten** kommen bei Vertretenmüssen (§ 280 I 2) für den Gläubiger wegen eines unberechtigten Rücktritts und für den Schuldner dann in Betracht, wenn dieser den drohenden Leistungsmangel und damit den Rücktritt pflichtwidrig veranlasst hat.

12 **III. Nicht- oder Schlechtleistung.** Weitere Voraussetzung nach I ist, dass der Schuldner eine Leistung „nicht oder nicht vertragsgemäß" erbringt. Das bezieht sich nur auf **Leistungspflichten** iSv § 241 I. Dagegen ist die Verletzung von **Schutzpflichten** (§ 241 II) in § 324 abw geregelt. Zur früher bei § 326 aF getroffenen Unterscheidung von Haupt- und Nebenpflichten vgl Rn 2 f. Daraus folgt, dass die verletzte Pflicht häufig im Gegenseitigkeitsverhältnis stehen wird (MüKo/*Ernst* Rz 13), aber nach hM (Palandt/*Grüneberg* Rz 10) keineswegs notwendig stehen muss.

13 **Nichtleistung** bezeichnet das gänzliche oder teilweise (V, vgl dazu u. Rn 33) Ausbleiben der Leistung, so dass keine Erfüllung (§ 362) eintritt. Wenn zur Erfüllung auch ein Erfolg gehört (zB Übereignung), ist auch dieser nötig. Für die Unmöglichkeit finden sich Sonderregeln in § 326.

14 „**Nichtvertragsgemäß**" ist eine Leistung, die nicht den durch Vertrag oder ergänzendes Gesetzesrecht gestellten Anforderungen entspricht. Dazu gehört insb auch das Vorliegen von Sach- oder Rechtsmängeln beim Kauf. Nicht vertragsgemäß ist an sich auch die verspätete Leistung. Aber wenn sie noch aussteht, handelt es sich um eine Nichtleistung. Hat der Gläubiger sie dagegen trotz der Verspätung angenommen, so scheidet ein Rücktritt wohl idR (Verbot widersprüchlichen Verhaltens) aus.

15 **IV. Fristsetzung und Ablauf. 1. Allgemeines.** Nach I muss der Gläubiger, um das Rücktrittsrecht zu erhalten, idR dem Schuldner eine **angemessene Frist** zur Leistung oder Nacherfüllung bestimmt haben und diese Frist muss **erfolglos abgelaufen** sein. Von diesem Erfordernis gibt es freilich nach II mehrere Ausnahmen.

16 **2. Die Fristsetzung.** Sie erfolgt durch empfangsbedürftige Willenserklärung des Gläubigers. Sie muss eine **eindeutige Aufforderung** zur Leistung enthalten und dem Schuldner deutlich machen, dass er eine letzte Chance erhält. Ein bloß höfliches Drängen auf Leistung genügt nicht. Statt einer Fristsetzung (nach Tagen, Wochen, Monaten) genügt auch die Bestimmung eines Endtermins („Leistung bis zum 31.5.") mit angemessenem zeitlichem Abstand.

17 Was der Gläubiger **im Einzelnen verlangt**, braucht idR nicht angegeben zu werden, wenn der Schuldner keine Zweifel haben kann. Soweit es sich nur um einen Teil oder die Vertragsgemäßheit der Leistung handelt, wird man dagegen eine nähere Bestimmung durch den Gläubiger verlangen müssen (MüKo/*Ernst* Rz 61). Zuvielforderung schadet ebenso wie bei der Mahnung nach § 286 Rn 13).

18 Im Gegensatz zu § 326 I 1 aF braucht die Fristsetzung **keine Ablehnungsandrohung** mehr zu enthalten. Auf diese ist verzichtet worden, weil sie in der Praxis oft misslungen ist. Folgerichtig schließt auch der erfolglose Fristablauf (anders als nach § 326 I 2 aF) den Erfüllungsanspruch noch nicht aus (vgl u. Rn 44).

19 **3. Angemessenheit der Frist.** Die vom Gläubiger bestimmte Frist (dh ihre Dauer) muss angemessen sein. Ein Verlangen nach sofortiger Leistung bedeutet mangels Dauer überhaupt keine Fristsetzung (MüKo/*Ernst* Rz 68). Auch eine Aufforderung zu unverzüglicher Leistung dürfte nicht genügen (MüKo/*Ernst* aaO, anders wohl BGH NJW 09, 3153). Die Frist muss nicht so reichlich bemessen sein, dass der Schuldner die noch nicht vorbereitete Leistung überhaupt erst beginnen und danach fristgemäß fertig stellen kann. Vielmehr soll dem Schuldner nur eine letzte Gelegenheit gewährt werden, die schon begonnene Erfüllung noch zu beenden (RGZ 89, 123, 125; BGH NJW 85, 320, 323; 855, 857; MüKo/*Ernst* Rz 71). Doch soll eine unangemessen

kurze Frist idR die angemessene Frist in Lauf setzen (stRspr, etwa BGH NJW 85, 2640). Eine Ausnahme gilt aber, wenn der Gläubiger die Frist nur zum Schein gesetzt hat oder zu erkennen gibt, dass er die Leistung nach einer längeren, aber angemessenen Frist nicht mehr annehmen will (BGH aaO).

Bei der Fristbemessung sind nicht nur die Interessen des Schuldners zu berücksichtigen, sondern auch diejenigen des Gläubigers (MüKo/*Ernst* Rz 70, vgl auch II Nr 3). Ebenso spielt eine Rolle, dass der Schuldner für seine finanzielle Leistungsfähigkeit einzustehen hat (§ 276 Rn 32 ff); Schwierigkeiten bei der Kreditbeschaffung führen daher idR nicht zu einer Verlängerung (BGH NJW 85, 2640). 20

4. Zeitpunkt der Fristsetzung. Die Fristsetzung muss idR **nach Fälligkeit** erfolgen. Doch lässt die Praxis zu, die Fristsetzung mit einer Erklärung (zB Kündigung) zu verbinden, die erst die Fälligkeit herbeiführt (etwa BGH NJW-RR 90, 442, 444). Eine Fristsetzung vor Fälligkeit wird durch deren nachträglichen Eintritt nicht wirksam (BGH NJW 96, 1814). 21

Über das in I genannte Fälligkeitserfordernis hinaus muss der Anspruch bei der Fristsetzung auch sonst durchsetzbar sein (MüKo/*Ernst* Rz 47 f; Palandt/*Grüneberg* Rz 11). Insb gilt dies auch für § 320: Hat der Gläubiger eine geschuldete Vorleistung nicht erbracht oder muss er die Gegenleistung Zug um Zug leisten, so muss er sie in einer den Annahmeverzug begründenden Weise anbieten (BGHZ 116, 244, 249; MüKo/*Ernst* Rz 47; Palandt/*Grüneberg* Rz 15). 22

5. Fruchtloser Fristablauf. Fruchtlos ist die Frist abgelaufen (oder der Termin verstrichen), wenn der Schuldner die Leistung nicht vor dem Ablauf bewirkt hat. Das wird aber nicht als Herbeiführung des geschuldeten Leistungserfolgs verstanden. Vielmehr soll es nach der ganz hM genügen, dass der Schuldner die geschuldeten Leistungshandlungen vorgenommen hat (so schon BGHZ 12, 267, 269: für den Versendungskauf genüge das Absenden; weiter etwa U. *Huber* II, § 43 III 1a, Palandt/*Grüneberg* Rz 16). Ist zur Erfüllung eine Mitwirkung des Gläubigers nötig, so genügt ein den Annahmeverzug begründendes Angebot durch den Schuldner (*Huber* aaO). 23

Wenn die Nachfrist so formuliert ist, dass die Leistung bis zum Fristende beim Gläubiger eingetroffen sein soll, muss der Schuldner die Leistungshandlung so zeitig vornehmen, dass der Gläubiger bei normalem Ablauf die Leistung vor dem Fristende erhält (RGZ 68, 329, 333). 24

Str ist, ob der Schuldner die Frist nur durch eine in jeder Hinsicht vertragsgemäße Leistung wahren kann oder ob er bloß den gerügten Mangel beseitigt haben muss. Das Erste vertritt *Canaris* BB 01, 1816, das Zweite *Ernst* (MüKo Rz 88 f, „Prinzip der Einzelbetrachtung"). Ich neige der ersten Ansicht zu, weil sonst durch das Sichtbarwerden immer neuer Mängel immer neue Fristsetzungen nötig werden könnten. 25

6. Abmahnung statt Fristsetzung, Abs 3. Nach III soll eine Abmahnung genügen, wenn nach der Art der Pflichtverletzung eine Fristsetzung nicht in Betracht kommt (vgl § 281 III). Das betrifft va den nicht mehr rückgängig zu machenden Verstoß gegen Unterlassungspflichten. Dabei bedeutet „Abmahnung" die ernsthafte Aufforderung, weitere Zuwiderhandlungen zu unterlassen. Einer solchen Abmahnung muss aber schon (wenigstens) eine Zuwiderhandlung vorausgegangen sein (Palandt/*Grüneberg* Rz 17). Als „gesetzgeberischen Missgriff ohne Anwendungsbereich" wird man III kaum bezeichnen dürfen (so aber MüKo/*Ernst* Rz 79). 26

V. Entbehrlichkeit der Fristsetzung, Abs 2. 1. Leistungsverweigerung, Abs 2 Nr 1. Dem Schuldner, der die vertragsgemäße Leistung ernsthaft und endgültig verweigert, braucht keine Frist gesetzt zu werden, da er sie doch nicht einhalten würde. Das ist die Erfüllungsverweigerung (vgl §§ 281 II Alt 1, 286 II Nr 3) oder bei § 323 Vertragsaufsage. Sie ist vor dem SchRModG als (gesetzlich nicht geregelte) positive Vertragsverletzung aufgefasst worden, steht jetzt aber sachgerecht in konkreteren Zusammenhängen. Auch der Gläubiger braucht bei II Nr 1 nicht mehr zur Erfüllung mitzuwirken (BGH NJW-RR 90, 444). Auf ein Vertretenmüssen des Schuldners kommt es nicht an (MüKo/*Ernst* Rz 105). 27

Wegen der weittragenden Rechtsfolgen sind bei II Nr 1 **strenge Anforderungen** zu stellen: Der Schuldner muss eindeutig zum Ausdruck bringen, er werde seinen Vertragspflichten nicht nachkommen (BGHZ 104, 6, 13); es muss sich gewissermaßen um das letzte Wort des Schuldners handeln (Palandt/*Grüneberg* Rz 18). 28

2. Fixgeschäft, Abs 2 Nr 2. Nach § 361 aF sollte der Gläubiger ohne weiteres zum Rücktritt berechtigt sein, wenn die Leistung „genau zu einer fest bestimmten Zeit oder innerhalb einer fest bestimmten Frist" bewirkt werden sollte. Dieses „Fixgeschäft" kehrt jetzt mit etwas anderer Formulierung in II Nr 2 wieder. Danach muss die Leistung nicht bloß frist- oder termingebunden sein. Vielmehr muss zusätzlich der Gläubiger den Fortbestand seines Leistungsinteresses an die Rechtzeitigkeit der Leistung gebunden haben, so dass das Geschäft mit der zeitgerechten Leistung „stehen und fallen" soll, wobei sich jeder Zweifel gegen die Annahme eines Fixgeschäfts auswirkt (BGHZ 110, 88, 96 zu § 361 aF). Ausgedrückt wird die Wichtigkeit pünktlicher Leistung oft durch Klauseln wie fix, präzise, genau, prompt. *Schwarze* AcP 207, 07, 438, 454 will genügen lassen, dass die Pflichtverletzung den Fortfall des Erfüllungsinteresses „überwiegend wahrscheinlich" gemacht hat (zweifelhaft). 29

Von diesem „relativen" Fixgeschäft zu unterscheiden ist das sog „absolute": Dort führt die Nichteinhaltung des Termins oder der Frist zur Unmöglichkeit. Beispiele sind Leistungen in einem Team (zB das Spiel eines Flötisten in einem Orchester), die Bestellung eines Taxis zu einem bestimmten Flug, uU auch die Lieferung von Saisonware, die später unverkäuflich ist (Weihnachtsmänner, Osterhasen). 30

31 **3. Besondere Umstände, Abs 2 Nr 3.** Anschließend an die konkreteren Tatbestände der Erfüllungsverweigerung und des Fixgeschäfts bringt II Nr 3 noch eine Generalklausel, gekennzeichnet durch eine Abwägung der beiderseitigen Interessen (ähnl §§ 281 II Alt 2, 286 II Nr 4). Als Anwendungsbsp wird in der Begründung das just-in-time-Geschäft genannt (BTDrs 14/6040 140). Doch ist dies wohl eher bei Nr 2 unterzubringen. In der Lit dominiert meist der Hinweis auf einen Interesseverlust des Gläubigers wegen einer Leistungsverzögerung (früher § 326 II aF), etwa MüKo/*Ernst* Rz 123 ff; Palandt/*Grüneberg* Rz 20. Doch ist insoweit die Grenze zum absoluten Fixgeschäft (Rn 30) undeutlich.

32 Es ist nämlich auch an Fälle zu denken, in denen es gar **nicht um einen Interesseverlust** des Gläubigers geht, sondern um sein Interesse an einer besonders schnellen Leistung. Wenn etwa ein Klempner zu einem Wasserrohrbruch gerufen wird, verliert auch seine verspätete Leistung ihren Nutzen nicht notwendig. Aber wenn die Leistung auch ohne Verschulden erst später möglich ist, muss der Überschwemmte von dem Fristsetzungserfordernis befreit sein, wenn er sich anderswo schneller Hilfe verschaffen kann. Allerdings liegen auch solche Fälle an der Grenze zum (hier relativen) Fixgeschäft.

33 **VI. Beschränkungen und Ausschluss des Rücktrittsrechts (Abs 5 und 6). 1. Teilleistungen, Abs 5 S 1.** Wenn der Schuldner nur eine Teilleistung (dazu *Canaris* FS Medicus 09, 17) bewirkt, richtet sich der Rücktritt wegen des nicht geleisteten Restes nach § 323 I–III. Demgegenüber behandelt V 1 die Frage, ob der Gläubiger vom ganzen Vertrag (also auch von dem schon durch die Teilleistung erfüllten Teil) zurücktreten kann. Diese Problematik wird für den Schadensersatz statt der Leistung in § 281 I 2 geregelt. Ebenso wie dort lässt auch V 1 das Interesse des Gläubigers an der Teilleistung entscheiden: Fehlt dieses, so ist ein Totalrücktritt möglich, andernfalls nur ein Teilrücktritt (vgl die partial avoidance von Art 51 CISG). Das entspricht auch den Regelungen in den §§ 325 I 2, 326 I 3 aF.

34 Bei einem **Teilrücktritt** ist der Leistungsteil, den der Gläubiger behält, anteilsmäßig zu vergüten. Ist die Gegenleistung nicht teilbar, gilt Gleiches wie bei einer unteilbaren Leistung, nämlich das Recht zum Totalrücktritt (BGH NJW 00, 1332, 1333 für die Zustimmung zur Löschung einer Auflassungsvormerkung; NJW 10, 346). Übrigens kann der Gläubiger idR auch dadurch zu einem Totalrücktritt kommen, dass er die ihm angebotene Teilleistung nach § 266 zurückweist.

35 Dabei behandelt V 1 (im Gegensatz zu V 2) nur die **quantitative Teilleistung**. Die Schlechtleistung, also ein qualitativer Mangel, wird in § 323 nicht als Teilleistung angesehen (Celle ZGS 04, 74; MüKo/*Ernst* Rz 197; Palandt/*Grüneberg* Rz 24). Andererseits gilt als Teilleistung auch, wenn von mehreren Pflichten aus einem Vertrag nicht alle erfüllt werden, zB bei einem Grundstückskauf nur die Pflicht zur Übereignung, nicht aber auch diejenige zur Übergabe (MüKo/*Ernst* Rz 226 ff).

36 Streitig ist beim Kauf die Abgrenzung zu § 434 III. Dort wird eine **Mankolieferung** einem Sachmangel gleichgestellt, also einem Qualitätsmangel, der unter § 323 V 2 fiele (MüKo/*Ernst* Rz 213 mit Streitstand). Vorzugswürdig ist die von *Ernst* aaO Rz 216 angegebene Lösung: § 434 III meint nur den Fall, dass die zu geringe Menge als volle Leistung geliefert wird. Dagegen ist die Vorschrift unanwendbar, wenn die Parteien bei der Lieferung darüber einig sind, dass diese nur einen Teil des Geschuldeten darstellt.

37 **2. Unerheblicher qualitativer Mangel, Abs 5 S 2.** Bei einer nicht vertragsgemäßen Leistung (was im Gegensatz zu V 1 einen Qualitätsmangel meint) soll der Gläubiger wegen einer unerheblichen Pflichtverletzung nicht zurücktreten können, V 2. Das findet für den Schadensersatz statt der Leistung eine Parallele in § 281 I 3. Beides steht im Gegensatz zu § 459 I 2 aF, wonach eine unerhebliche Minderung des Wertes oder der Tauglichkeit nicht als Mangel in Betracht kommt, also dem Gläubiger keinerlei Rechte gewährt. Demgegenüber ist die neue Regelung vorzugswürdig: Es ist sachlich gerechtfertigt, die besonders scharfen Sanktionen Rücktritt und Totalschadensersatz statt der Leistung an strengere Voraussetzungen zu binden als etwa die Minderung oder den Nacherfüllungsanspruch.

38 Für die Frage nach der **Unerheblichkeit** dürfen wegen der geänderten Bedeutung die strengen Maßstäbe von § 459 I 2 aF nicht übernommen werden (MüKo/*Ernst* Rz 243 gegen BTDrs 14/6040 231). Ob man freilich mit *Ernst* aaO bei der „erheblichen Beeinträchtigung" von § 651d Rat suchen soll, ist mir fraglich: Hier sind in § 651d III und IV die Kündigungsfolgen teils anders geregelt als nach allgemeinem Rücktrittsrecht. Eher dürften die bei § 281 I 3 verwendeten Kriterien passen (vgl dort Rn 30). Bei **Arglist** des Schuldners soll nach BGH ZIP 06, 904 idR Erheblichkeit vorliegen, vgl auch BGH ZGS 08, 195 mit *Kulke* ebda 169.

39 **3. Ausschluss wegen Verantwortlichkeit des Gläubigers, Abs 6 Alt 1.** Ausgeschlossen sein soll der Rücktritt weiter, wenn der Gläubiger für den Rücktrittsgrund „**allein oder weit überwiegend verantwortlich ist**". Diese Formulierung (zum Begriff Verantwortlichkeit vgl § 326 Rn 13) kehrt in § 326 II 1 wieder. Sachlich entspricht sie im Wesentlichen dem § 324 I 1 aF. „Weit überwiegen" soll die Verantwortlichkeit des Gläubigers dann, wenn bei Schadensersatzansprüchen die Abwägung nach § 254 zum Anspruchswegfall führen würde (BTDrs 14/6040 187, vgl § 254 Rn 38).

40 Allerdings kann vorrangig geprüft werden, ob in solchen Fällen **das Verhalten des Gläubigers** nicht schon den Rücktrittsgrund entfallen lässt. Das kommt insb bei Verzug des Gläubigers mit der Gegenleistung oder bei deren Nichtangebot in Betracht: Dann ist der Eintritt von Schuldnerverzug mit der Leistung ohnehin ausgeschlossen (vgl § 320 Rn 14).

4. Ausschluss wegen Unmöglichwerden im Annahmeverzug, Abs 6 Alt 2. Endlich soll der Rücktritt wegen 41
eines vom Schuldner nicht zu vertretenden Umstandes ausgeschlossen sein, der während eines Gläubigerverzugs (§§ 293 ff) eintritt. Das Schulbsp. ist der Bringschuldner, der den Gläubiger zur vereinbarten Zeit nicht
antrifft und auf dem Heimweg durch einen nicht zu vertretenden Umstand (§ 300 I) den angebotenen Leistungsgegenstand einbüßt: Er soll die Gegenleistung verlangen dürfen, weil er sie ohne das Verhalten des
Gläubigers durch Erfüllung verdient hätte (mit anderen Worten: Der Gläubiger trägt nicht nur die Leistungs-, sondern auch die Gegenleistungsgefahr). Damit übernimmt das neue Recht die Lösung von § 324 II
aF; Gleiches steht in § 326 II 1 Alt 2, vgl § 326 Rn 16.

5. Ausschluss durch Erfüllungsverlangen? Zweifeln kann man, ob der Gläubiger auch dann noch zurück- 42
treten darf, wenn er zunächst weiterhin Erfüllung verlangt hat (nämlich nach fruchtlosem Fristablauf), oder
ob er dann zunächst eine weitere Nachfrist setzen und deren Ablauf abwarten muß. BGH JZ 06, 1028 (mit
Streitstand) hält eine solche weitere Fristsetzung idR für unnötig, doch seien nach § 242 Ausnahmen denkbar.
Differenzierend dazu *M. Schwab* JZ 06, 1030.

C. Rechtsfolgen. I. Wahl des Rücktritts. Für den vom Gläubiger erklärten Rücktritt gelten die Rechtsfolgen 43
der §§ 346 ff (gesetzlicher Rücktritt). Im Gegensatz zum Recht vor dem SchRModG ist aber nach § 325 jetzt
ein ergänzender Anspruch auf Schadensersatz nicht mehr ausgeschlossen (vgl dort). Ausgeschlossen sind
dagegen Erfüllungsansprüche.

II. Andere Rechtsbehelfe. Der Gläubiger kann aber nach Ablauf der dem Schuldner gesetzten Frist (vgl 44
Rn 15 ff) auch zunächst von einem Rücktritt absehen und auf seinem Leistungsanspruch bestehen; hierin
liegt kein Verzicht auf das Rücktrittsrecht (Rn 42 und MüKo/*Ernst* Rz 270). Neben den Leistungsanspruch
treten dann Ansprüche auf Ersatz von Verzugs- und Begleitschäden sowie auf Verzugszinsen. So der entstehende Schwebezustand kann für den Schuldner sehr belastend sein, weil er sich einerseits weiter um
die Erbringung der Leistung bemühen und andererseits stets mit einem (jetzt fristlosen) Rücktritt rechnen muss
(krit MüKo/*Ernst* Rz 147 mw Angaben zur Kritik, dazu jetzt *H. Hanau* NJW 07, 2806). Auch § 350 nutzt dem
Schuldner nichts, weil es sich um kein vertragliches Rücktrittsrecht handelt. Gegen eine Verzögerung des
Rücktritts durch den Gläubiger hilft außer der Verwirkung am ehesten § 314 III analog, wenn noch Leistungen zu erbringen sind (MüKo/*Ernst* Rz 150, zust Palandt/*Grüneberg* Rz 33).

Wegen der Verjährung gilt § 218: Der Rücktritt kann als Gestaltungsrecht zwar nicht selbst verjähren. Er ist 45
aber unwirksam, wenn der das Rücktrittsrecht begründende Anspruch verjährt ist und der Schuldner sich
hierauf beruft.

D. Abweichungen durch AGB. Die Nachgiebigkeit des § 323 ggü Individualvereinbarungen wird ggü AGB 46
mehrfach eingeschränkt: Ggü Nichtunternehmern (vgl § 310 I) darf nach **§ 308 Nr 2** der Verwender nicht
keine unangemessen lange oder nicht hinreichend bestimmte Nachfrist vorbehalten. Auch darf nach **§ 309
Nr 4** sich der Verwender nicht von der Obliegenheit zur Fristsetzung freistellen; nach **Nr 8a** darf das Rücktrittsrecht gegen den Verwender unter bestimmten Voraussetzungen nicht ausgeschlossen oder eingeschränkt
werden, ähnl **Nr 8b bb**.

Allg geltende Einschränkungen folgen aus **§ 307 II.** Hiernach müssen zu Lasten des Verwenders jedenfalls die 47
Grundsätze erhalten bleiben, die auf der Gegenseitigkeit des Vertrags beruhen (vgl vor § 320 Rn 2, § 323
Rn 1). Andererseits kann es aber berechtigte Interessen des Verwenders geben, den § 323 an individuelle
Bedürfnisse anzupassen. Danach können zulässig sein etwa die Ergänzung des Rücktritts durch die Notwendigkeit einer Ablehnungsandrohung oder durch eine bestimmte angemessene Frist für die Ausübung des
Rücktrittsrechts (MüKo/*Ernst* Rz 267 f).

E. Prozessuales. Der Gläubiger muss die Voraussetzungen des § 323 beweisen, zudem seine Fähigkeit und 48
Bereitschaft zur Erbringung der Gegenleistung. Zur Beweislast des Schuldners steht dagegen, dass er trotz seiner Vorleistungspflicht nicht zu leisten braucht (vgl BGH NJW 05, 1276). Bei V 2 hat der Schuldner die
Unerheblichkeit der Pflichtverletzung zu beweisen, ebenso die Voraussetzungen von VI für einen Ausschluss
des Rücktrittsrechts.

Ergänzend zu beachten sind die **§§ 255 I, 510b ZPO.** Die erste Vorschrift ermöglicht bei der Klage auf Pri- 49
märleistung den Antrag auf eine Fristbestimmung durch Urt; der Gläubiger entgeht so Zweifeln an der Angemessenheit einer von ihm selbst bestimmten Frist. Der nur für das amtsgerichtliche Verfahren geltende
§ 510b ZPO sieht bei der Verurteilung zur Vornahme einer Handlung die Häufung mit einem bei Nichtleistung entstehenden Anspruch auf „Entschädigung" vor. Nach MüKo/*Ernst* Rz 274a wird man das auf die nach
einem Rücktritt gegebenen Rückgabeansprüche erweitern können.

§ 324 Rücktritt wegen Verletzung einer Pflicht nach § 241 Abs. 2. Verletzt der Schuldner bei einem gegenseitigen Vertrag eine Pflicht nach § 241 Abs. 2, so kann der Gläubiger zurücktreten, wenn ihm ein Festhalten am Vertrag nicht mehr zuzumuten ist.

§ 325

1 **A. Funktion.** § 323 beschränkt sich auf die Verletzung von Leistungspflichten, also solche, die eine Veränderung der Güterlage herbeiführen sollen (vgl § 241 Rn 15 ff). Daneben gibt es aber in Verträgen auch Schutzpflichten, durch die das Integritätsinteresse des Gläubigers gewahrt werden soll (vgl § 241 Rn 15). Eine Verletzung dieser Pflichten braucht das Leistungsinteresse des Gläubigers nicht zu beeinträchtigen, so dass § 323 unanwendbar ist. Er passt aber auch sachlich nicht: Eine Fristsetzung wäre bei der Verletzung von Schutzpflichten idR sinnlos, und der Gläubiger benötigt oft auch kein Rücktrittsrecht, wenn er die Leistung mangelfrei erhält. Daher stellt § 324 (viel enger) darauf ab, ob dem Gläubiger ein Festhalten am Vertrag nicht mehr zumutbar ist (vgl für Dauerschuldverhältnisse § 314 I 2). Für Schadensersatzansprüche findet sich eine entspr Vorschrift in § 282.

2 **B. Anwendungsbereich.** Das o. Rn 1 Gesagte ergibt Anhaltspunkte für den Anwendungsbereich von § 324: Dieser deckt sich im Wesentlichen mit einem Teilbereich der inzwischen überholten positiven Vertragsverletzung, nämlich demjenigen außerhalb der Schlechtleistung (die jetzt unter § 323 fällt, § 323 Rn 14). Auch bei § 324 ist aber kein Vertretenmüssen nötig. Die Vorschrift tritt jedoch hinter § 323 zurück, wenn der Inhalt der Schutzpflicht zugleich eine Leistung bedeutet, etwa beim Bewachungsvertrag (*Grigoleit* FS Canaris 07, I 275, 296 f). Zum Kündigungsrecht bei Dauerschuldverhältnissen vgl § 314 Rn 19.

3 Ergiebiger ist das weitere Erfordernis der **Unzumutbarkeit eines Festhaltens am Vertrag**. Dieses folgt aus einer Störung der Vertrauensgrundlage. Allerdings ist eine solche Grundlage bei einfachen Austauschverträgen weniger wichtig als bei Dauerschuldverhältnissen (vgl § 314). Doch können auch Austauschverträge länger laufen, etwa wenn die Leistung sehr umfangreich (zB ein Großbau) oder über längere Zeit in Teilen zu erbringen ist. Dann wiegt jede Beeinträchtigung der Vertrauensgrundlage schwerer.

4 Unzumutbarkeit setzt idR keine Abmahnung voraus (MüKo/*Ernst* Rz 8). § 314 II passt nicht entspr. Eher kann man Wiederholungsgefahr für nötig halten, doch liefert auch diese nur ein Indiz für die Unzumutbarkeit. Denn bei schweren Pflichtverletzungen kann das nötige Vertrauen auch bei Einmaligkeit zerstört sein. Jedenfalls aber mag eine Wiederholung Unzumutbarkeit auch dann begründen, wenn der erste Verstoß dafür nicht genügt hätte. Umgekehrt ist zu berücksichtigen, inwieweit das verletzte Integritätsinteresse des Gläubigers schon durch Schadensersatzansprüche ausgeglichen werden kann.

5 **Mögliche Anwendungsfälle** für § 324 sind etwa: Beleidigungen; Schädigungen von Körper oder Eigentum des Gläubigers; Bestechungen oder Bestechungsversuche; Betrug; beim Anwaltsvertrag die Erregung des Verdachts strafbarer Handlungen (BGH NJW 95, 1954 f).

6 Wenn der Vertrag bei der Entstehung des Rücktrittsrechts schon teilweise abgewickelt ist, kommt ein nur auf den übrigen Teil sich beziehender kündigungsähnlicher **Teilrücktritt** in Betracht (MüKo/*Ernst* Rz 12), weil nur insoweit die Vertrauensgrundlage noch nötig ist. Doch kann sich uU das Misstrauen auch auf die schon erbrachten Leistungen beziehen; dann umfasst der Rücktritt auch diese.

7 Eine **Mitverantwortlichkeit** oder ein **Annahmeverzug** des Gläubigers können analog § 323 VI berücksichtigt werden. Ist die Leistung vollständig erbracht, scheidet ein Rücktritt wegen Verletzung einer Schutzpflicht ganz aus (*Grigoleit* FS Canaris 07 I 275, 294).

§ 325 Schadensersatz und Rücktritt. Das Recht, bei einem gegenseitigen Vertrag Schadensersatz zu verlangen, wird durch den Rücktritt nicht ausgeschlossen.

1 **A. Funktion.** Der Rücktritt schließt hinsichtlich der Primärleistung Erfüllungsansprüche aus. Es scheint daher logisch nötig, dass auch Schadensersatzansprüche statt der Erfüllung ausgeschlossen sind (hiergegen aber *Gsell* JZ 04, 643 f). Dementsprechend hatten vor dem SchRModG Rücktritt und Schadensersatz wegen Nichterfüllung alternativ zur Wahl des Gläubigers gestanden (§§ 325 I 1, 326 I 2 aF). Das hat oft zu Schwierigkeiten geführt, weil die vorschnelle Wahl des Rücktritts den Weg zum Ersatz des positiven Interesses versperrt hat. Dem will § 325 abhelfen (BTDrs 14/6040 188). Eine ähnl Kumulation von Rücktritt und Schadensersatz findet sich in Art 45 II, 61 II CISG, in den Lando-Principles Art 8: 102 und in UNIDROIT Art 7.3.5 II.

2 Fraglich ist aber, wie der Rücktritt den Inhalt des Schadensersatzanspruchs beeinflusst. Denn dass der Gläubiger sowohl die erbrachte Gegenleistung zurückverlangen wie auch den vollen, nach der Surrogationsmethode berechneten Schadensersatz statt der Leistung soll verlangen können, wäre sachlich verfehlt und wird auch von § 325 nicht vorgeschrieben (MüKo/*Ernst* Rz 3 und ausf *Herresthal* JuS 07, 798 ff).

3 **B. Die Berechnung des Schadens nach Rücktritt. I. Der Schadensersatz statt der Leistung.** Der Schadensersatz statt der Leistung (§ 280 III, 281 – 283, 311a II) ist richtigerweise nach der Differenzmethode zu berechnen (vgl § 281 Rn 34): Zu ersetzen ist nur die Differenz zwischen dem vollen Erfüllungsinteresse und dem Wert der wegen des Rücktritts nicht mehr zu erbringenden oder zurückzuerstattenden Gegenleistung (etwa *Gsell* JZ 04, 643, 645; MüKo/*Ernst* Rz 6; Palandt/*Grüneberg* Rz 2). Der Gläubiger erhält also den Ersatz des Nettogewinns, den er aus dem Vertrag hätte ziehen können.

4 Fraglich ist allerdings, ob der Gläubiger diesen Differenzschaden mit einem Rückaustausch der gegenseitigen Leistungen auch ohne den Rücktritt (also allein über die §§ 280 III, 281) erhalten kann. Das wird von vielen

bejaht, etwa *Arnold* ZGS 03, 427, 429 f; Palandt/*Grüneberg* § 281 Rz 20; AnwK/*Dauner-Lieb* § 291 Rz 29. Dagegen hat aber MüKo/*Ernst* Rz 8 f. gewichtige und wohl überzeugende Gründe vorgebracht, in gleichem Sinn etwa *Gsell* JZ 04, 643, 647; BaRoth/*Grothe* Rz 6.

Fraglich ist weiter, ob bei einer Häufung von Rücktritt und Schadensersatz die Rücktrittsfolgen nach den 5 Regeln des Schadensrechts (§ 249 I) korrigiert werden müssen (vgl *Gsell* aaO 647 f, MüKo/*Ernst* Rz 10): Kann der Gläubiger, der für seine Leistung nach § 346 II nur Wertersatz erhält, einen darüber hinausgehenden Schaden ersetzt verlangen? Und kann umgekehrt der Gläubiger nach den §§ 346 I, 347 I den Ersatz von Nutzungen verlangen, die er selbst nicht gezogen hätte, so dass er deren Ersatz nach § 249 I nicht fordern könnte? Die Lösung ist str (vgl *Gsell* und *Ernst* aaO); ich neige für beide Fragen zur Bejahung einer schadensrechtlichen Korrektur.

II. Andere Schadensposten. Als weitere Schadensposten kommen in Betracht Verzögerungs- (§ 280 II, § 286) 6 und Begleitschäden (§ 280 I). Dann sind die Verzögerungsschäden zu ersetzen, soweit sie bis zum Rücktritt entstanden waren; später entstandene nur bei Verzug mit den Pflichten aus dem Rücktritt und der Schadensersatzforderung; Einzelheiten bei *Herresthal* JZ 07, 798 ff. Die Begleitschäden laufen neben den übrigen Schadensposten her; ihre Ersatzfähigkeit bleibt daher unberührt (Palandt/*Grüneberg* Rz 3).

§ 326 Befreiung von der Gegenleistung und Rücktritt beim Ausschluss der Leistungspflicht.

(1) ¹Braucht der Schuldner nach § 275 Abs. 1 bis 3 nicht zu leisten, entfällt der Anspruch auf die Gegenleistung; bei einer Teilleistung findet § 441 Abs. 3 entsprechende Anwendung. ²Satz 1 gilt nicht, wenn der Schuldner im Falle der nicht vertragsgemäßen Leistung die Nacherfüllung nach § 275 Abs. 1 bis 3 nicht zu erbringen braucht.
(2) ¹Ist der Gläubiger für den Umstand, auf Grund dessen der Schuldner nach § 275 Abs. 1 bis 3 nicht zu leisten braucht, allein oder weit überwiegend verantwortlich oder tritt dieser vom Schuldner nicht zu vertretende Umstand zu einer Zeit ein, zu welcher der Gläubiger im Verzug der Annahme ist, so behält der Schuldner den Anspruch auf die Gegenleistung. ²Er muss sich jedoch dasjenige anrechnen lassen, was er infolge der Befreiung von der Leistung erspart oder durch anderweitige Verwendung seiner Arbeitskraft erwirbt oder zu erwerben böswillig unterlässt.
(3) ¹Verlangt der Gläubiger nach § 285 Herausgabe des für den geschuldeten Gegenstand erlangten Ersatzes oder Abtretung des Ersatzanspruchs, so bleibt er zur Gegenleistung verpflichtet. ²Diese mindert sich jedoch nach Maßgabe des § 441 Abs. 3 insoweit, als der Wert des Ersatzes oder des Ersatzanspruchs hinter dem Wert der geschuldeten Leistung zurückbleibt.
(4) Soweit die nach dieser Vorschrift nicht geschuldete Gegenleistung bewirkt ist, kann das Geleistete nach den §§ 346 bis 348 zurückgefordert werden.
(5) Braucht der Schuldner nach § 275 Abs. 1 bis 3 nicht zu leisten, kann der Gläubiger zurücktreten; auf den Rücktritt findet § 323 mit der Maßgabe entsprechende Anwendung, dass die Fristsetzung entbehrlich ist.

A. Funktion. § 323 passt nicht für alle Fälle des Ausbleibens der Leistung, nämlich nicht für die **Unmöglichkeit**. 1 Denn erstens ist dort die in § 323 vorgesehene Fristsetzung sinnlos: Die Leistung wird ja idR auch während des Fristablaufs nicht möglich. Und zweitens fehlt wegen § 275 der erst durch den Rücktritt des Gläubigers zu beendende Erfüllungsanspruch; der Gläubiger hat also nicht die für § 323 charakteristische Wahl zwischen Erfüllung und Rücktritt. Diesen Besonderheiten trägt § 326 Rechnung.

In der Formulierung bedeutet § 326 eine Neuerung durch das SMG. In der Sache finden sich dort aber viele 2 Rechtsgedanken der §§ 323 bis 325 aF wieder. Insoweit bleibt dann auch die alte Rspr verwendbar.

B. Die Regel für die Unmöglichkeit. I. Anwendungsbereich. § 326 I 1 erfasst die Fälle der **Nichtleistung** 3 **und (quantitativen) Teil-Nichtleistung** durch den Schuldner wegen Unmöglichkeit. Dagegen enthält I 2 eine Ausnahme für die Unmöglichkeit der Nacherfüllung bei einer nicht vertragsgemäßen Leistung; hier ergibt sich die Rechtsfolge aus V.

Die **Unmöglichkeit der Leistung** regelt sich nach § 275. Dass der Schuldner nicht zu leisten braucht, ergibt 4 sich bei 275 I von selbst; bei 275 II und III tritt diese Folge erst ein, wenn der Schuldner sie einredeweise geltend macht (vgl dazu § 275 Rn 17).

§ 323 I 1 unterscheidet für das Freiwerden des Gläubigers von der Pflicht zur Gegenleistung ebenso wie § 275 5 nicht nach der Art der Unmöglichkeit: Er umfasst die objektive und die subjektive, die ursprüngliche und die nachträgliche, die zu vertretende und die nicht zu vertretende Unmöglichkeit (anders insoweit § 325 aF).

Das Fehlen einer Sonderregelung für die vom Schuldner zu vertretende Unmöglichkeit wird von manchen 6 (repräsentativ MüKo/*Ernst* Rz 13 ff) als sachlich verfehlt und daher korrekturbedürftig aufgefasst. Das führt aber zu komplizierten Unterscheidungen (etwa *Ernst* Rz 26 f; 29; 94 ff) und zu einer im Gesetz nicht vorgesehenen Entscheidung des Gläubigers (*Ernst* aaO Rn 14). Das Vertretenmüssen hat nach dem Gesetz bei § 275 nur in II 2 Bedeutung, dagegen nicht bei §§ 323, 326. Vom Vertretenmüssen abhängige Rechtsfolgen sind daher beim Schadensersatz und nicht beim Rücktritt unterzubringen (vgl u. Rn 9).

7   **II. Rechtsfolge. 1. Vollunmöglichkeit.** § 326 I 1 Hs 1 lässt, wenn der Schuldner wegen der Unmöglichkeit nicht leistet, dessen Anspruch auf die Gegenleistung ohne weiteres entfallen (wenn nicht III wegen § 285 Abweichendes anordnet). Nach Spezialvorschriften gelten aber Ausnahmen, die den Gläubiger beim Eintritt der Unmöglichkeit bereits die **Gegenleistungsgefahr (Preisgefahr)** trägt. Das meint die Gefahr, die Gegenleistung auch dann erbringen zu müssen, wenn kein Anspruch auf die Leistung besteht. Die wichtigsten Vorschriften hierfür sind die §§ 326 II 1 Alt 2 (Annahmeverzug des Gläubigers, vgl u. Rn 16), 446, 447 (Kauf), 640, 644, 645 (Werkvertrag), 2380 BGB (Erbschaftskauf) und § 56 1 ZVG (Grundstückserwerb in der Zwangsversteigerung), außerdem beim Dienst- und Arbeitsvertrag.

8   Wenn die nach I 1 nicht geschuldete **Gegenleistung schon erbracht** worden ist, soll sie gem IV nach den §§ 346 bis 348 zurückverlangt werden können. Diese Rechtsfolgenverweisung war notwendig, weil der Wegfall der Pflicht zur Gegenleistung nicht auf Rücktritt beruht, sondern kraft Gesetzes eintritt.

9   Die oben Rn 6 geschilderte Ansicht will die Fälle berücksichtigen, in denen dem Gläubiger daran gelegen ist, die von ihm geschuldete **Gegenleistung** wirklich zu erbringen, also sie **loszuwerden**. Soweit der Gläubiger ein Rücktrittsrecht hat, kann er dieses Ziel durch Nichterklärung des Rücktritts erreichen; dass er dann die Gegenleistung erbringen muss, ist bei Vertretenmüssen des Schuldners durch die Schadensberechnung nach der Surrogations-Methode auszugleichen. Ich sehe keinen einleuchtenden Grund, warum das nicht auch bei I 1 gelten soll (ebenso Palandt/*Grüneberg* Rz 2a).

10 **2. Teilunmöglichkeit.** Bei einer Teilleistung (wegen einer Teilunmöglichkeit, dazu *Canaris* FS Medicus 09, 17) soll nach I 1 Hs 2 § 441 III entspr gelten. Die Gegenleistung ist also in dem Verhältnis herabzusetzen, in dem zur Zeit des Vertragsschlusses der Wert der ganzen Leistung zur vereinbarten Gegenleistung gestanden haben würde. Bsp: Wert der ganzen Leistung 120, vereinbarte Gegenleistung 90; es wird nur die Hälfte geliefert. Dann beträgt die Gegenleistung 45; das dem Gläubiger günstige Wertverhältnis bleibt also zu dem Teil erhalten, zu dem das Geschäft ausgeführt wird; iÜ beim Schadensersatz statt der Leistung.

11 Das bisher Gesagte lässt aber unberücksichtigt, dass dem Gläubiger an dem möglichen Teil der Leistung nicht gelegen zu sein braucht, weil er die Leistung nur als Ganzes verwenden will. Nach § 323 V 1 besteht in solchen Fällen bei der **Teil-Nichtleistung ein Recht zum Totalrücktritt**. Das kann man bei § 326 I 1 Hs 2 entspr anwenden (so MüKo/*Ernst* Rz 24). Im Ergebnis gleicht dem die Annahme zu § 275, bei einem Gläubigerinteresse nur an der ganzen Leistung liege eine unteilbare Leistung mit der Folge vor, dass die Unmöglichkeit eines Teils eine Vollunmöglichkeit bedeute.

12 **3. Fortdauer der Pflicht zur Gegenleistung.** In Abweichung von I 1 lässt II unter bestimmten Umständen den Anspruch des Schuldners der unmöglichen Leistung auf die Gegenleistung bestehen bleiben, so dass also der Gläubiger die Gegenleistungsgefahr tragen soll (vgl o. Rn 7). Das entspricht weithin dem Ausschluss des Rücktritts nach § 323 VI.

13 Dabei geht es erstens um den Fall, dass **der Gläubiger** für den Unmöglichkeitsgrund allein oder weit **überwiegend verantwortlich** ist. § 324 I 1 aF hatte nicht von „Verantwortlichkeit" gesprochen, sondern vom Vertretenmüssen. Daran hatte sich die Frage geknüpft, was ein Gläubiger überhaupt zu vertreten hat (die §§ 276, 278 sprachen und sprechen nur von Schuldnern; sie passen daher allenfalls analog).

14 MüKo/*Ernst* Rz 55 stellt für die Verantwortung wesentlich auf eine notwendige Mitwirkung des Gläubigers an der Erfüllung ab, zB durch Annahme der ihm angebotenen Leistung: Für das Unterlassen einer solchen Mitwirkung sei der Gläubiger auch ohne Verschulden verantwortlich. Indessen betrifft dies nur den in II 1 Alt 2 ohnehin geregelten Annahmeverzug. Zudem spricht II 1 Alt 1 von einem Umstand, der die Unmöglichkeit herbeigeführt hat: Etwa der Gläubiger hat die zu leistende Sache selbst zerstört oder den Schuldner so verletzt, dass er nicht leisten kann. In solchen Fällen wird man die analoge Anwendung der §§ 276, 278 kaum entbehren können.

15 Mit der „weit überwiegenden" Verantwortlichkeit meint II 1 Alt 1 ebenso wie § 323 VI 1 Alt 1 Fälle, in denen für Schadensersatzansprüche eine Abwägung nach § 254 zur gänzlichen Entlastung des Schuldners führen würde (vgl § 323 Rn 39).

16 Zweitens nennt II 1 in Alt 2 den Fall, dass der vom Schuldner nicht zu vertretende Umstand während eines **Annahmeverzugs** des Gläubigers eingetreten ist. Das entspricht § 323 VI Alt 2 (vgl § 323 Rn 41).

17 Anders als § 323 VI bestimmt § 326 II 2 eine **Anrechnung von Vorteilen**, die dem Schuldner durch die Befreiung von seiner Leistungspflicht (§ 275) entstanden sind oder die zu erwerben er böswillig unterlassen hat (entspr § 324 I 2 aF). Bei § 323 ist eine solche Vorschrift unnötig, weil dort der Schuldner seine Leistung behält oder zurückerhält (§§ 323 I, 346 I, II). Die Anrechnung erfolgt, wenn es auf beiden Seiten um Geld geht, durch einen Abzug von dem Anspruch des Schuldners auf die Gegenleistung; andernfalls ist ein selbständiger Ausgleichsanspruch anzunehmen (MüKo/*Ernst* Rz 85).

18 II 2 spricht von **Ersparnissen** und vom **Erwerb aus der anderweitigen Verwendung der Arbeitskraft** des Schuldners. Die Ersparnisse betreffen etwa die Kosten der Anschaffung und Übermittlung der Leistung. Der weitere Erwerb ist über die Verwendung der Arbeitskraft hinaus zu erweitern, zB durch anderweitigen Verkauf der nicht an den Gläubiger zu liefernden Leistung (BGH BB 58, 312). Das Unterlassen solchen Erwerbs ist böswillig schon dann, wenn der Schuldner in Kenntnis aller Umstände einen zumutbaren Erwerb ablehnt (BAG E 25, 344, 347 f).

4. Rechtsfolgen bei Anspruch auf das Surrogat, Abs 3. Nach § 285 I kann der Gläubiger anstelle der 19
unmöglichen Leistung ein durch den Schuldner etwa erworbenes Surrogat verlangen. Tut er das, soll er nach
III 1 zur Gegenleistung verpflichtet bleiben. Doch soll sich diese wegen III 2 nach Maßgabe von § 441 III
mindern, soweit der Wert des Surrogats hinter dem Wert der versprochenen Leistung zurückbleibt. Der
Gläubiger hat also etwa nur 80% der Gegenleistung zu erbringen, wenn das Surrogat nur 80% der Leistung
wert ist.
Wegen Art und Umfang der von § 285 erfassten Surrogate vgl dort Rn 4 ff. 20

C. Die Ausnahme für die Nacherfüllung, Abs 5. Nach V soll der Gläubiger ohne Fristsetzung zurücktreten 21
können, wenn der Schuldner nach § 275 I–III nicht zu leisten braucht. Das ist nur sinnvoll, wenn die Leistungspflicht des Gläubigers nicht schon nach I 1 von selbst erloschen ist. Zur Kündigung statt des Rücktritts
bei Dauerschuldverhältnissen vgl § 314 Rn 19.

I. Funktion der Ausnahme. Der Hauptanwendungsfall des Rücktrittsrechts nach V ergibt sich aus I 2: 22
Danach gilt I 1 nicht, wenn der Schuldner bei nicht vertragsgemäßer Leistung **die Nacherfüllung nach § 275
I bis III nicht zu erbringen braucht**, also wenn die Nacherfüllung nach § 275 I nicht geschuldet wird oder
der Schuldner sie nach II oder 3 mit Recht verweigert. Hier kann zumindest bei Kauf- und Werkvertrag der
Gläubiger schon deshalb nicht automatisch von der Gegenleistungspflicht befreit sein, weil er damit auf die
Rechtsfolgen des Rücktritts (der alten Wandlung) beschränkt wäre. Insb die Wahl der Minderung (§§ 441,
638) wäre damit ausgeschlossen.
Als **weitere Anwendungsfälle** von V, die aber viel weniger wichtig sind, werden genannt (MüKo/*Ernst* 23
Rz 103 f): Die Vorschrift eröffne bei Teilunmöglichkeit über I 1 Hs 2 hinaus die Möglichkeit eines Totalrücktritts (s.o. Rn 11); der Gläubiger könne die Frage nach der Anwendbarkeit von § 275 offenlassen und nach
Fristsetzung gem. § 323 zurücktreten (aber braucht man dazu § 326 V wirklich?); der Gläubiger soll Zweifel
beheben können, ob durch I 1 wirklich das Vertragsverhältnis im Ganzen erledigt sei (aber können solche
Zweifel überhaupt ernsthaft entstehen?).

II. Einzelheiten. V bedeutet eine **Rechtsgrundverweisung auf § 323** (m Ausn der dort regelmäßig geforder- 24
ten Fristsetzung oder Abmahnung). Folglich ist der Rücktritt ausgeschlossen, soweit die Voraussetzungen von
§ 323 VI vorliegen (vgl § 323 Rn 39 ff). Auch kommt ein Totalrücktritt nur dann in Betracht, wenn ein Interesse des Gläubigers an der schon erhaltenen Teilleistung fehlt (§ 323 V 1, vgl § 323 Rn 35 f). Bei einer geringfügigen qualitativen Unmöglichkeit ist der Rücktritt ausgeschlossen (§ 323 V 2, vgl dort Rn 38).

D. Abweichungen durch AGB. § 326 ist grds auch ggü AGB nachgiebig. Insb kann die Gegenleistungsgefahr 25
ggü den §§ 326 I, 446, 447 usw verschoben werden. Das geschieht im Handelsverkehr häufig durch Klauseln
wie cif, fob, ab Werk oder frei Waggon. Doch kann nach § 307 II 1 nicht bestimmt werden, der Verwender
dürfe entgegen § 326 I die Gegenleistung auch dann behalten, wenn er seine eigene Leistung nicht oder nur
ganz geringfügig erbringt (BGH NJW 84, 2162, 2163). Auch darf sich der Verwender nur unter besonderen
Voraussetzungen von seiner Leistungspflicht lösen, § 308 Nr 3. Das passt auch für eine Vertragsauflösung, die
sich nach § 326 I 1 von selbst vollzieht (MüKo/*Ernst* Rz 111). Gleiches gilt für § 309 Nr 8.

E. Beweislast. Wenn der **Gläubiger** nach § 326 zurücktreten will, muss er die Unmöglichkeit beweisen. 26
Gelingt ihm das nicht, wird er nach §§ 320, 322 zur Leistung Zug um Zug verurteilt. Dieses Urt kann aber
nicht vollstreckt werden. Daher ist der Weg über § 323 anzuraten.
Dagegen muss **der Schuldner** bei II 1 Alt 1 beweisen, dass die Unmöglichkeit vom Gläubiger verursacht wor- 27
den ist. Doch war für § 324 I aF streitig, wer das Vertretenmüssen des Gläubigers beweisen muss (vgl BGHZ
116, 278, 288). Der BGH hat hier eine Analogie zu § 282 aF abgelehnt, also die Beweislast beim Schuldner
gelassen. Dem wird im neuen Recht zu folgen sein, teils anders MüKo/*Ernst* Rz 118. Ebenso muss der Schuldner das Überwiegen der Verantwortlichkeit des Gläubigers beweisen. Bei II 1 Alt 2 hat der Schuldner den
Eintritt des die Unmöglichkeit begründenden Umstandes während des Annahmeverzuges und auch ein Fehlen seines Vertretenmüssens zu beweisen (BGH WM 75, 917, 920).

§ 327 – *weggefallen* –

Titel 3   Versprechen der Leistung an einen Dritten

Vorbemerkungen vor §§ 328 bis 335

A. Einführung. Das Versprechen der Leistung an einen Dritten wird häufig, jetzt auch in der amtlichen 1
Überschrift des § 328, als „**Vertrag zugunsten Dritter**" bezeichnet. Das kann zu dem Eindruck verleiten, als
handele es sich um einen eigenen Vertragstyp. Doch wäre das unrichtig, wie schon die Stellung der §§ 328 ff
im Allgemeinen Schuldrecht zeigt. Vielmehr geht es um eine Variante, die prinzipiell bei allen Typenverträ-

gen vorkommen kann: Die Leistung wird zwar dem Vertragspartner versprochen, sie soll aber an einen Dritten erbracht werden und ihm zugute kommen (MüKo/*Gottwald* § 328 Rz 4). Häufig soll dieser Dritte auch einen eigenen Anspruch auf die Leistung haben (vgl § 328 II, sog echter Vertrag zugunsten Dritter). Doch ist das nicht notwendig (sog unechter Vertrag zugunsten Dritter, vgl dazu § 328 Rn 11 ff). In beiden Fällen entsteht ein Drei-Personen-Verhältnis; das kann zu Schwierigkeiten bei der Rückabwicklung nach Bereicherungsrecht führen (vgl § 812 Rn 76 ff).

2 Neben diese gesetzlich geregelte Konstellation ist durch ein auf den (oft nur hypothetischen) Parteiwillen gestütztes Richterrecht (vgl etwa BGHZ 138, 257, 261) eine weitere getreten, die im Kern inzwischen zum Gewohnheitsrecht verfestigt sein dürfte (vgl die Darstellung in BGHZ 133, 168, 170 ff): Ein Dritter soll zwar nicht die Leistung erhalten, doch sollen ihm ggü die Schutzpflichten nach § 241 II bestehen; insb soll sein Integritätsinteresse vor Schäden aus einer schlechten Leistung geschützt sein. Man spricht hier von einem **Vertrag mit Schutzwirkung für Dritte**. Diese Rechtsfigur hat inzwischen namentlich bei der Expertenhaftung große Bedeutung erlangt, insb weil sie über § 823 I hinaus auch bei bloßen Vermögensverletzungen schützt.

3 Begrifflich bedeutet der Vertrag mit Schutzwirkung für Dritte einen **Einbruch in das Dogma vom Gläubigerinteresse** (§ 249 Rn 97), ähnl wie das auch für die Drittschadensliquidation zutrifft (§ 249 Rn 100 ff). Ein Unterschied besteht aber darin, dass der Dritte selbst seinen eigenen Schaden geltend macht, nur leitet er seinen Ersatzanspruch aus einem fremden Vertrag (oder aus fremden Vertragsverhandlungen, vgl u. Rn 14) her.

4 Der Vertrag mit Schutzwirkung für Dritte kann die **Belastung des Schuldners vermehren** (zB wenn außer dem Mieter selbst auch noch dessen in der Mietwohnung wohnenden Angehörige ersatzberechtigt sein sollen). Daher kann eine Drittschutzwirkung nur unter besonderen Voraussetzungen bejaht werden. Sie sollen hier vorweg erörtert werden, weil die §§ 328 ff allenfalls ausnahmsweise für den Vertrag mit Schutzwirkung für Dritte passen.

5 **B. Der Vertrag mit Schutzwirkung für Dritte. I. Voraussetzungen. 1. Leistungsnähe des Dritten.** Der Dritte muss sich bestimmungsgemäß **in der Nähe (im Gefahrenbereich) der Leistung befinden** (BGHZ 70, 323, 329). Dabei wird bisweilen formuliert, der Dritte müsse den Gefahren aus der Leistung in gleicher Weise ausgesetzt sein wie der Gläubiger (etwa BGHZ 129, 136, 168, allgemeiner BGHZ 133, 168, 173; ZIP 06, 317, 322). Das trifft aber in einigen Fallgruppen nicht zu. So kann ein vom Verkäufer bestelltes unrichtiges, weil einen zu hohen Wert angebendes Gutachten für den Verkäufer sogar günstig sein; trotzdem sind spätere Käufer in den Schutzbereich des Gutachtervertrages einbezogen worden (u. Rn 8). Richtig ist wohl nur, dass der Dritte auch statt des Gläubigers den Vertragsgefahren ausgesetzt sein kann (*Schlechtriem* FS Medicus, 99, 529 ff).

6 Häufig gehen aber Gefahren für Dritte nicht von der Leistung aus, sondern von **sonstigen Einwirkungen** auf den Dritten. So ist das seine Mutter beim Einkauf begleitende Kind von BGHZ 66, 51 (Rn 14) nicht durch den Erwerb der Mutter geschädigt worden, sondern durch den Zustand des Geschäftsraums. In solchen Fällen kann man nicht auf die Leistungsnähe abstellen, sondern muss etwa von **Einwirkungsnähe** sprechen (*Canaris* ZIP 04, 1781, 1787).

7 **2. Einbeziehungsinteresse des Gläubigers.** Insb wenn man den Drittschutz mit der Vertragsauslegung begründet, muss man konsequenterweise ein Interesse des Gläubigers an der Einbeziehung des Dritten in den vertraglichen Schutzbereich verlangen. Das hat der BGH zunächst mit der Formulierung getan, der Gläubiger müsse **„sozusagen für das Wohl und Wehe des Dritten mitverantwortlich"** sein (etwa BGHZ 51, 91, 96). Diese Mitverantwortlichkeit ist gefolgert worden für nahe Angehörige aus der Unterhaltspflicht des Versprechensempfängers und für Dienstverpflichtete aus § 618; es geht dabei im Wesentlichen um Körperverletzungen (s. *Wertenbruch* FS U. Huber 06, 637, 639 f).

8 Aber auch dieses Erfordernis ist **nicht überall durchgehalten worden**. Denn insb beim Vertrauen eines Dritten auf eine berufliche (sachverständige) Auskunft soll dieser Dritte sogar dann geschützt werden können, wenn seine Interessen denen des Gläubigers gegenläufig sind, so dass dem Gläubiger am Schutz des Dritten nicht gelegen ist (etwa BGHZ 127, 378, 380 f). Hier lässt sich auch durch Vertragsauslegung nicht mehr die Annahme begründen, der Gläubiger habe den Dritten begünstigen wollen. In solchen Fällen liegt jetzt aber auch die Anwendung von § 313 III nahe: Der Gutachter hat, gestützt auf sein Fachwissen (und ggf auch eine staatliche Anerkennung), in besonderem Maß Vertrauen in Anspruch genommen und dadurch den Inhalt des Vertrags zwischen dem Gläubiger und dem Dritten erheblich beeinflusst (zB durch die unrichtig hohe Wertangabe den von dem Dritten gebotenen Kaufpreis in die Höhe getrieben). Vgl u. Rn 24 und § 311 Rn 65.

9 **3. Erkennbarkeit für den Schuldner.** Dem Schuldner muss erkennbar gewesen sein, dass infolge eines Fehlers bei der Vertragserfüllung ein Dritter zu Schaden kommen kann (etwa BGHZ 75, 321, 323 mN). Denn er muss das Risiko einer durch den Drittschutz eintretenden Haftungserweiterung abschätzen können um, ggfs auch durch einen entspr Versicherungsschutz Vorsorge zu treffen (BGHZ 51, 91, 96; ZIP 04, 1814, 1817). Auf diese Erkennbarkeit kann man am ehesten verzichten, wenn der Schaden dem Dritten statt dem Gläubiger droht, so dass nur der Gläubiger und nicht der Umfang der Ersatzpflicht in Frage steht. Gleiches gilt nach BGHZ 159, 1, 9 f auch, wenn die Zahl der Dritten ungewiss ist, aber das Haftungsrisiko insgesamt (etwa durch den geschätzten Grundstückswert) beschränkt wird.

4. Schutzbedürfnis des Dritten. BGHZ 133, 168, 172 fordert zusätzlich ein Schutzbedürfnis des Dritten. **10** Dieses sei im Allgemeinen zu verneinen, wenn dem Dritten – gleich gegen wen – eigene Vertragsansprüche zustehen, die zumindest einen gleichwertigen Inhalt haben wie die Ansprüche aus der Drittschutzwirkung. Daher hat BGHZ 70, 327, 330 eine Drittschutzwirkung des Hauptmietvertrages für den Untermieter verneint, weil dieser Ansprüche gleichen Inhalts gegen seinen Untervermieter habe. Auf die Leistungsfähigkeit des weiteren Schuldners soll es dabei nicht ankommen (BGH NJW 04, 3630, 3632). Ansprüche aus der vertraglichen Drittschutzwirkung wären so gewissermaßen subsidiär. Dagegen, aber kaum überzeugend *Schwarze* AcP 203, 03, 348 ff.

5. Die Person des Dritten. Hinsichtlich der Person des zu schützenden Dritten ist die Rspr großzügig: Er **11** kann bei Vertragsabschluss noch unbestimmt sein (zB wer als Käufer wegen des unrichtigen Wertgutachtens einen zu hohen Preis bewilligen wird, BGHZ 159, 1, 4 f mN); auch können sehr viele Personen in Betracht kommen (BGH aaO für ein Wertgutachten, mit dem unbestimmt viele Anleger geworben werden sollen).

II. Rechtsfolgen. 1. Schadensersatzansprüche. Der Dritte hat aus der zu seinen Gunsten bestehenden **12** Schutzwirkung Schadensersatzansprüche gegen den Schuldner. Dabei muss er sich nach dem Rechtsgedanken der §§ 334, 846 ein Mitverschulden des Gläubigers anrechnen lassen (BGHZ 127, 378, 385 mN als Grundsatz, nicht als „unverrückbares Prinzip"). Ausnahmen soll es insb aus der „Natur des Deckungsverhältnisses" geben. So soll der Käufer auf ein sachverständiges Wertgutachten trotz der Arglist des Verkäufers vertrauen dürfen (BGH aaO 385 f): Der Sachverständige hätte in seinem Gutachten deutlich machen müssen, dass er sich auf nicht selbst überprüfte Angaben des Verkäufers stützt.

2. Verjährung. Soweit Dritte in den Schutzbereich eines Vertrages einbezogen werden, müssen sie auch eine **13** ggü dem Gläubiger geltende abgekürzte Verjährung gegen sich gelten lassen (BGHZ 61, 227, 233 f).

3. Erweiterungen. Die Drittschutzwirkung eines Vertrages ist va in zwei Richtungen erweitert worden. (1.) **14** Schon die **Anbahnung von Vertragsverhandlungen** kann eine Schutzwirkung für Dritte entfalten, die durch diese Anbahnung in den Gefahrenbereich des Vertrages geraten. So hat BGHZ 66, 51 einer minderjährigen Tochter Ansprüche gewährt, die ohne eigene Kaufabsicht ihre Mutter in einen Selbstbedienungsladen begleitet und dort einen Unfall erlitten hatte.

(2.) Vereinzelt ist die Ersatzpflicht auf **Nichterfüllungsschäden** erstreckt worden: Im Fall von BGH JZ 66, **15** 141 war durch die schuldhafte Untätigkeit eines vom Erblasser beauftragten Rechtsanwalts die Errichtung eines Testaments unterblieben (und dann durch den Tod des Erblassers unmöglich geworden): Der BGH hat demjenigen, der durch das Testament Erbe werden sollte, einen Ersatzanspruch gegen den Rechtsanwalt gewährt. Hier kann der Anspruch aus dem Anwaltsvertrag durch Auslegung abgeleitet werden (BGH aaO, ebenso *von Caemmerer* FS Wieacker, 78, 311, 321 ff, vgl auch BGH JZ 85, 951, 952 m Anm *H. Honsell*).

4. Einzelne Fallgruppen (Auswahl). Der **Anwaltsvertrag** kann Schutzwirkung für Dritte entfalten, wenn **16** diese von dem Gegenstand der Beratung oder des Verfahrens erkennbar betroffen sind und wenn sie dem Mandanten nahe stehen, die von ihm begünstigt werden sollen. Das betrifft die Kinder, die durch Enterbung des Ehegatten Vorteil haben sollen. Verlangt wird hier aber, dass die zu schützende Personengruppe objektiv abgrenzbar ist (BGH NJW 95, 51, 52). Ebenso werden etwa die als Erben Vorgesehenen durch die Pflicht zur Prüfung eines Testamentsentwurfs geschützt (BGH NJW 95, 2551, 2552).

Der **Arztvertrag** schützt das zu behandelnde Kind (BGHZ 89, 263, 266); hier kann sogar ein Vertrag auf Leis- **17** tung an das Kind iSv § 328 bejaht werden. Geschützt werden aber auch die Eltern des zu behandelnden Kindes in den durch dessen Schaden gezogenen Grenzen (BGHZ 106, 153, 161). Ebenso geschützt wird auch der Ehegatte bei einem Vertrag über eine Sterilisation (BGHZ 76, 259, 261). Weiter kommt zudem ein Schutz des nichtehelichen Vaters in Betracht, wenn die Empfängnisverhütung auch der Familienplanung dienen sollte (BGH NJW 07, 989 Tz 24). Vgl *Mörsdorf-Schulte* NJW 06, 3105; zweifelhaft.

Der **Bankvertrag** schützt bei einer unrichtigen Auskunft auch den Dritten, für den die Auskunft bestimmt **18** war, die für ihn die Grundlage wesentlicher Vermögensdispositionen bilden sollte (BGH LM § 676 Nr 42). Dagegen schützen im bargeldlosen Zahlungsverkehr die Verträge zwischen den beteiligten Banken Dritte nicht (BGH NJW 08, 2245 gegen ältere Rspr). Ob sich bei einer Verletzung des Bankgeheimnisses auch die Muttergesellschaft im Schutzbereich eines Bankvertrages der Tochter befindet, ist zweifelhaft (Ja: München ZIP 03, 19, 24; Nein: *Canaris* ZIP 04, 1781 und BGH ZIP 06, 317, 322).

Der **Darlehensvertrag** zwischen einer Bank und einer GmbH hat keine Schutzwirkung für einen GmbH- **19** Gesellschafter: Zumindest bei bloßen Sach- und Vermögensschäden genüge eine bloß mittelbare Betroffenheit keinesfalls (Celle WM 07, 740).

Mietverträge über Wohnräume schützen auch die zur Hausgemeinschaft des Mieters gehörenden Personen, **20** insb Angehörige und Hauspersonal (BGHZ 61, 227, 233). Geschützt werden auch die dritten Eigentümer von Sachen, die sich berechtigterweise in den Miträumen befinden (BGHZ 49, 350, 354 f für Geschäftsräume). Dagegen hat der Mieter keine Schutzpflicht ggü Mitmietern (BGH NJW 69, 41).

Prüfverträge etwa im Zusammenhang mit einer **Börseneinführung** haben idR keine Schutzwirkung zuguns- **21** ten späterer Erwerber (BGHZ 167, 155 Tz 13f wegen § 323 I HGB, vgl *Lettl* NJW 06, 2817). Anders kann es sich aber verhalten, wenn der geschädigte Erwerber in direkten Kontakt zu dem Prüfer getreten ist (BGHZ 138, 257, 261: § 323 I 3 HGB entfalte nicht allemal eine Sperrwirkung, ebenso BGH NJW 04, 3420).

22 **Reisevertrag nach § 651a**: Hier kann der Veranstalter die Verträge mit den Leistungsträgern (§ 651a II) je nach Sachlage als Verträge nach § 328 (auf Leistung an den Reisenden) abschließen, so für den Chartervertrag mit Fluggesellschaften BGHZ 93, 271, 275. Wenigstens aber befindet sich der Reisende im Schutzbereich solcher Verträge.

23 **Werkverträge**: In dem Schutzbereich eines Bauvertrages sind Familienangehörige des Bestellers nur einbezogen, wenn sie gerade in dieser Eigenschaft mit der Bauleistung in Berührung kommen. Dagegen genügt es nicht, wenn sie das bloß als spätere Erwerber von Wohneigentum tun (BGH NJW 94, 2231). Bei Reparaturverträgen sind die Arbeitnehmer des Bestellers von den Schutzpflichten des Unternehmers erfasst (BGHZ 33, 247 mN; 55, 11, 18). Im Schutzbereich eines von der Polizei abgeschlossenen Abschleppvertrages befindet sich der Eigentümer des Fahrzeuges (BGH NJW 78, 2502). Keine Schutzwirkung für die durch Stromausfall Geschädigten soll der Vertrag der Stadt mit dem Bauunternehmer über Erdarbeiten entfalten (BGH NJW 77, 2208).

24 Eine Gruppe von zunehmender Bedeutung bilden die **Verträge über Gutachten**. Hier wird Drittschutz weithin bejaht, wenn (1) das Gutachten ersichtlich für Dritte bestimmt ist, (2) der Gutachter in besonderem Maß für sich Vertrauen in Anspruch nimmt (vgl Rn 8 und etwa BGHZ 127, 378; 145, 187, 197, ausf *Plötner* Die Rechtsfigur des Vertrages mit Schutzwirkung für Dritte und die sog Expertenhaftung, 03, dazu *Schlechtriem* AcP 203, 03, 855) und (3) der Geschädigte sich auf das Gutachten verlassen hat (BGH ZiP 07, 1993 Tz 28). Das erfüllt jetzt den Tatbestand von § 311 III 2. BTDrs 14/1640 163 weist ausdrücklich auf den neuen Begründungsweg hin; empfehlend etwa auch *Ackermann* Der Schutz des negativen Interesses, 07, 536 ff. Ob die Gerichte von der alten Herleitung abweichen werden, ist aber fraglich, vgl (Palandt/*Grüneberg* § 328 Rz 34, krit auch *Brors* ZGS 05, 142; *Pinger/Behme* JuS 08, 675). Dass das falsche Gutachten keine Pflichtverletzung ggü dem Besteller bedeutet, ändert an der Ersatzpflicht ggü dem Dritten nichts (BGHZ 127, 378); ein entgegenstehender Parteiwille sei sittenwidrig und daher unbeachtlich (BGHZ 159, 1, 5). Sogar bei Sachverständigen ohne besonders anerkannte Kompetenz kommt eine Drittwirkung des Gutachtens in Betracht (BGHZ 159, 1, 5).

§ 328 Vertrag zugunsten Dritter. (1) Durch Vertrag kann eine Leistung an einen Dritten mit der Wirkung bedungen werden, dass der Dritte unmittelbar das Recht erwirbt, die Leistung zu fordern. (2) In Ermangelung einer besonderen Bestimmung ist aus den Umständen, insbesondere aus dem Zwecke des Vertrags, zu entnehmen, ob der Dritte das Recht erwerben, ob das Recht des Dritten sofort oder nur unter gewissen Voraussetzungen entstehen und ob den Vertragschließenden die Befugnis vorbehalten sein soll, das Recht des Dritten ohne dessen Zustimmung aufzuheben oder zu ändern.

1 **A. Funktion.** §§ 328 ff regeln die Einbeziehung Dritter, die am Vertragsschluss nicht beteiligt sind, in das Leistungsgefüge von Verträgen (aller Art, vgl vor § 328 Rn 1). Dabei werden dem Dritten, soweit an ihn zu leisten ist, idR die Schutzpflichten nach § 241 II zugute kommen. Dagegen liegt ein Vertrag mit Schutzwirkung für Dritte vor (vgl vor § 328 Rn 2 ff), wenn ggü dem Dritten nur Schutzpflichten bestehen, also bloß sein Integritätsinteresse geschützt werden soll.

2 Die §§ 328 ff führen also zu einem **Drei-Personen-Verhältnis**. Die Beteiligten heißen Versprechender (= Schuldner), Versprechensempfänger und Dritter (vgl § 332). Dabei kann der Versprechensempfänger im Zweifel selbst die Leistung an den Dritten verlangen, § 335. Ob dieser Dritte einen eigenen Anspruch haben soll, folgt aus dem Versprechen; das G gibt aber in den §§ 328 II, 329, 330, 331 I Auslegungsregeln. Bei einem eigenen Anspruch des Dritten spricht man von einem echten, sonst von einem unechten Vertrag zugunsten Dritter.

3 Beim **echtem Vertrag zugunsten Dritter** soll der Dritte sein Forderungsrecht „unmittelbar" erwerben, I. Das bedeutet „ohne eigenes Zutun", also ohne seine Mitwirkung an dem Vertrag und ohne Annahmeerklärung. Er braucht von dem Vertrag nicht einmal zu wissen. Die Vereinbarkeit mit dem Vertragsprinzip von § 311 I stellt das Zurückweisungsrecht des Dritten nach § 333 her. „Unmittelbar" bedeutet aber auch, dass das Recht originär bei der Dritten entsteht, also ohne dass ein Durchgangserwerb eines zunächst beim Versprechensempfänger entstandenen Rechts stattfände.

4 **B. Abgrenzungen. I. Stellvertretung.** Auch bei der direkten Stellvertretung kann ein am Vertragsschluss Unbeteiligter vertragliche Leistungsansprüche erhalten. So können etwa die **Eltern einen Vertrag über die ärztliche Behandlung ihres Kindes** als Vertreter des Kindes oder im eigenen Namen auf Leistung an das Kind schließen. Für die erste Alternative ist Vertretungsmacht nötig; andererseits können dem Dritten aber auch Verpflichtungen auferlegt werden. Dies spricht für die Bejahung der zweiten Alternative: Der Arzt wird idR eine Eigenverpflichtung der Eltern wollen, und diese werden damit redlicherweise einverstanden sein, weil sie dem Kind die Behandlung als Unterhalt schulden.

5 Gleiches gilt auch bei anderen Verträgen der Eltern für das Kind über eine als Unterhalt geschuldete Leistung (zB Beförderung, Ferienaufenthalt usw). Anders liegt es dagegen bei Verträgen über die Verwaltung des Kindesvermögens.

II. Abtretung. Nur berechtigt werden kann der Dritte durch die Abtretung des von dem Versprechensempfänger zunächst selbst erworbenen Anspruchs (§ 398). Doch erwirbt der Dritte dann nicht unmittelbar; insb muss er auch an der Abtretung mitwirken.

III. Empfangsermächtigung. Bei ihr kann der Versprechende nach § 362 II, 185 an den Dritten leisten, doch ist er dazu nicht verpflichtet. Einen Spezialfall einer solchen Ermächtigung bildet die Anweisung nach § 783. An einer den Anweisungsempfänger berechtigenden Annahme der Anweisung (§ 784 I) muss dieser mitwirken.

IV. Verfügungen. Sehr zweifelhaft ist, ob § 328 **auf Verfügungen erweitert** werden kann. **1. Sachenrechtliche Verfügungen zugunsten Dritter**, also zB eine Übereignung, scheitern für den Erwerb von Grundstücken schon an § 925 II. Denn das Zurückweisungsrecht des Dritten nach § 333 würde ähnl wie eine Bedingung zu einer Ungewissheit führen, die § 925 II gerade verhindern soll (MüKo/*Gottwald* Rz 206).
Bei anderen sachenrechtlichen Verfügungen (zB Mobiliar-Übereignung, Bestellung von Grundpfandrechten) passt die Argumentation mit § 925 II zwar nicht. Auch mag man hier von einer „Leistung an den Dritten" sprechen. Aber § 328 I fährt fort, der Dritte solle das Recht erwerben, die Leistung zu fordern. Dahinter steht die Vorstellung, die Leistung müsse erst noch erbracht werden; das passt für Verfügungen gerade nicht. Die Rspr (etwa RGZ 148, 257, 262; BGHZ 41, 95, 96 mN) erkennt daher „dingliche Verträge zugunsten Dritter" nicht an. Demggü ist die Lit teils großzügiger: So soll nach einer Mindermeinung (*Westermann* Sachenrecht § 3 II 4 mN) ein Mobiliarerwerb des Dritten nach den §§ 929 ff analog § 328 möglich sein, wenn der Dritte den Besitz oder ein ausreichendes Surrogat erlangt. Auch soll bei Grundstücken für den Dritten wenigstens ein Recht begründet werden können, aufgrund dessen „Leistungen aus dem Grundstück" zu erbringen sind (*Wolff/Raiser* Sachenrecht § 38 II 3; *Baur/Stürner* Sachenrecht § 5 II 2 b, wohlwollend auch MüKo/*Gottwald* Rz 206 mN). Danach kann für die einem Dritten zugewendete Forderung auch eine Hypothek bestellt werden. Freilich bedarf es dafür der Eintragung des Dritten als Gläubiger.

2. Schuldrechtliche Verfügungen zugunsten Dritter werden von der Rspr gleichfalls überwiegend abgelehnt. Das gilt für die Forderungsabtretung zugunsten Dritter und für andere unter § 413 fallende Übertragungen etwa von Mitgliedschaftsrechten (BGHZ 41, 95 f; 68, 225, 231, anders MüKo/*Gottwald* Rz 206 mN). Das gilt weiter für einen Erlass zugunsten Dritter (BGHZ 126, 261, 266), doch wird ein Vertrag zugelassen, durch den der Gläubiger auf die Inanspruchnahme eines Dritten verzichtet (RGZ 127, 126, 128 f, BGHZ aaO). Hieraus kann dann der Dritte seine Inanspruchnahme abwehren (MüKo/*Gottwald* Rz 188 mit Rz 22) und wohl sogar den Vollzug des Erlasses fordern.

V. Verträge. Verträge zu Lasten Dritter mit der Folge, dass dieser ohne seine Mitwirkung verpflichtet wird, gibt es naturgemäß nicht (MüKo/*Gottwald* Rz 188 ff). Dagegen kann der Versprechende sich selbst verpflichten, die Leistung eines Dritten herbeizuführen (zB Dienstverschaffungsvertrag). Allein hieraus schuldet aber der Dritte dem Versprechensempfänger nichts.

C. Die Rechtsstellung des Dritten. I. Echter und unechter Vertrag zugunsten Dritter. Hinsichtlich der Rechtsstellung des Dritten unterscheiden sich der echte und der unechte Vertrag zugunsten Dritter (vgl schon vor § 328 Rn 1): Beim echten Vertrag zugunsten Dritter hat der Dritte, wie das I voraussetzt, einen eigenen Anspruch auf die Leistung. Dagegen kann beim unechten Vertrag zugunsten Dritter der Dritte die Leistung nicht verlangen; er ist also darauf angewiesen, dass der Versprechensempfänger dies tut.
Welche der beiden Gestaltungen vorliegen sollen, unterliegt primär der **Vereinbarung der Vertragsparteien**. Fehlt – wie häufig – eine solche Bestimmung, so verweist II auf die **Vertragsauslegung** nach den Umständen und insb dem Zweck des Vertrages. Für eine Berechtigung des Dritten spricht namentlich eine beabsichtigte Versorgung oder andere Hilfe (vgl § 330 und MüKo/*Gottwald* Rz 32). Gleiches gilt für eine Leistung, die erst nach dem Tod des Versprechensempfängers erfolgen soll, so dass dieser sich nicht mehr selbst um die Durchsetzung des Anspruchs kümmern kann (vgl § 331 I). Dagegen wird bei der Erfüllungsübernahme (§ 415 III) im Zweifel ein eigener Anspruch des Gläubigers gegen den Übernehmer verneint (§ 329): Der Gläubiger kann den Anspruch ja idR nach § 415 I durch Genehmigung der mitgeteilten Übernahme erlangen.

II. Die Person des Dritten. Hinsichtlich der Person des Dritten ist die Rspr großzügig; jedenfalls genügt ein Nasciturus (vgl § 331 II). Darüber hinaus braucht der Dritte beim Abschluss des ihn berechtigenden Vertrages noch nicht einmal gezeugt zu sein (BGHZ 129, 297, 305 mN); auch eine erst noch zu gründende juristische Personen kann genügen. Zudem brauchen Namen und Zahl der Dritten zunächst nicht festzustehen. Entspr dem vor § 328 Rn 9 Gesagten wird man auch eine Vielzahl von Personen zulassen können, wenn sich dadurch das erkennbar geschuldete Ausmaß der Leistung nicht erhöht (vgl BGHZ 159, 1, 9 f). Allerdings müssen die erfassten Dritten spätestens bei Fälligkeit der Leistung bestimmbar sein (zB der „jeweilige Endabnehmer", BGHZ 75, 75, 78 f).

III. Fallgruppen der Drittberechtigung. Neben den in den §§ 330, 331 erwähnten Fällen kommt eine Drittberechtigung auch sonst häufig vor. Erwähnt seien die folgenden:

16 Der **Anwaltsvertrag**, der vom Haftpflichtversicherer für den Versicherungsnehmer abgeschlossen wird, berechtigt idR diesen. Dagegen kontrahiert der Rechtsschutzversicherer mit dem Anwalt nach § 16 II ARB namens des Versicherungsnehmers.

17 **Im Arbeitsrecht** berechtigen Verträge des Arbeitgebers mit Betriebs- oder Unterstützungskassen zur Altersversorgung der Arbeitnehmer diese (und ggf auch deren Angehörige) direkt (BAG NJW 73, 936 Nr 12 Leitsatz f; BAG E 19, 100, 102 f). Auch ein Tarifvertrag kann in seinem schuldrechtlichen Teil Ansprüche der Tarifunterworfenen begründen (BAG E 6, 340). Aus einem Sozialplan können eigene Ansprüche auch der leitenden Angestellten folgen (BAG NJW 79, 1621, 1622 mN).

18 **Bei ärztlicher Behandlung** hat idR der Patient eigene Ansprüche gegen den Arzt, auch wenn der Patient den Vertrag nicht selbst geschlossen hat (BGHZ 89, 263, 266, auch 250, 253). Für den Kassenpatienten ergibt sich Gleiches aus § 76 IV SGB V; zu Einzelheiten ausf MüKo/*Gottwald* Rz 45 ff. Bei einer heterologen Insemination bedeutet die entspr Vereinbarung zwischen Eheleuten regelmäßig zugleich ein Versprechen des Ehemanns zugunsten des Kindes, für dessen Unterhalt wie ein ehelicher Vater zu sorgen (BGHZ 129, 297, 303).

19 **Bei Banken und Sparkassen** berechtigt allein der Scheckvertrag zwischen Aussteller und Bank den Schecknehmer nicht (BGH NJW 74, 456 f). Auch der Überweisungsempfänger wird nicht schon durch den Überweisungsauftrag berechtigt, sondern erst durch die Gutschrift auf seinem Konto nach § 676 f.

20 Insbes die **Anlage von Konten oder Sparbüchern** auf den Namen eines Dritten kann schon diesen berechtigen. Maßgeblich ist der erkennbare und für die Bank konsentierte (BGH NJW 84, 480, 481) Wille des die Anlage beantragenden Kunden (BGH NJW 94, 931). Doch verlangt der BGH aaO, der Wille zur Berechtigung des Dritten müsse aus den schriftlichen Kontounterlagen hervorgehen, soweit mündliche Nebenabreden formnichtig sind. Gegen den sofortigen Anspruchserwerb des Dritten spricht es aber, dass der Anleger die Anlage dem Begünstigten nicht mitteilt oder sich die Verfügung und insb auch den Besitz des Sparbuchs vorbehält (MüKo/*Gottwald* Rz 58 mN).

21 **Beim Kauf** kann eine **Herstellergarantie** zwischen dem Hersteller und dem Händler zugunsten des Endabnehmers vereinbart werden (BGHZ 75, 75, 78). Insb bei der Ausstellung von für den Endabnehmer bestimmten Garantieurkunden kann aber eher ein Vertragsschluss direkt zwischen dem Hersteller und dem Endabnehmer angenommen werden.

22 Beim **Versicherungsvertrag** soll häufig (auch) ein Dritter Ansprüche haben. Das gilt bei der Versicherung für fremde Rechnung (§§ 43 ff VVG). Doch weicht die Regelung hier teils vom BGB ab (vgl *Bayer* KF 98, 51, 52 ff). Häufig sind bei der Schadensversicherung Familien- oder Betriebsangehörige mitversichert. Zudem gibt es Versicherungen für wen es angeht. Zu Einzelheiten MüKo/*Gottwald* Rz 80 ff

23 Nicht zu Gunsten Dritter wirkt die **Haftpflichtversicherung**. Sie ersetzt idR nur das Haftungsinteresse des Versicherungsnehmers und nicht den Schaden des Drittgeschädigten. Bei der Kfz-Haftpflichtversicherung hat zwar der Dritte einen Direktanspruch gegen den Versicherer, § 3 Nr 1 PflVersiG. Doch besteht dieser Anspruch uU unabhängig von der Wirksamkeit des Versicherungsvertrages.

24 Ebenfalls nicht unter § 328 fallen **geschäftsplanmäßige Erklärungen des Versicherers** (vgl § 13 VAG), zB über Einschränkungen des Rückgriffs gegen den Versicherten; hier fehlt schon eine Vertrag. Doch soll die Frage, ob der Versicherte sich auf solche Erklärungen berufen darf, analog § 328 I beantwortet werden (BGHZ 105, 140, 150 ff mN, str, vgl MüKo/*Gottwald* Rz 6).

25 **IV. Umfang der Drittberechtigung.** Nach II soll durch Auslegung auch festgestellt werden, ob das Recht des Dritten sofort oder nur unter gewissen Voraussetzungen entstehen soll. Das Recht kann also unter Bedingungen oder Befristungen begründet werden. Eine solche Bedingung kann etwa in der Übernahme einer Gegenleistungspflicht oder in der Erbringung einer Gegenleistung liegen.

26 Weiter soll die Auslegung nach II ergeben, ob den Vertragsschließenden das Recht vorbehalten sein soll, das Recht des Dritten ohne dessen Zustimmung aufzuheben oder zu ändern. Dabei kann es sich etwa um die Vereinbarung handeln, der Käufer solle die vom Verkäufer geschuldete Maklerprovision bezahlen. Doch mag dies eine Erfüllungsübernahme nach § 329 bedeuten, die durch eine Genehmigung nach § 415 I bindend geworden sein kann (BGH NJW 86, 1165, 1166). Jedenfalls zeigt § 328 II, dass sogar beim echten Vertrag zu Gunsten Dritten das Recht des Dritten noch nicht sicher zu sein braucht.

§ 329 Auslegungsregel bei Erfüllungsübernahme.
Verpflichtet sich in einem Vertrag der eine Teil zur Befriedigung eines Gläubigers des anderen Teils, ohne die Schuld zu übernehmen, so ist im Zweifel nicht anzunehmen, dass der Gläubiger unmittelbar das Recht erwerben soll, die Befriedigung von ihm zu fordern.

1 § 329 enthält **zwei Aussagen**: Die erste ist trivial: Wenn derjenige, der einem Schuldner verspricht, dessen Gläubiger zu befriedigen, die Schuld nicht übernimmt, dann bleibt nur eine **Erfüllungsübernahme** denkbar. Ein gesetzlich angeordneter Fall findet sich in § 415 III bei der nicht genehmigten befreienden Schuldübernahme.

2 Die zweite Aussage ist angesichts von § 415 III konsequent: Im Zweifel soll der Gläubiger aus der Erfüllungsübernahme **keinen eigenen Anspruch haben**, so dass ein unechter Vertrag zu Gunsten Dritter vorliegt. Denn andernfalls erhielte der Gläubiger einen weiteren Schuldner, was auf eine (im Zweifel nicht gewollte) Schuld-

mitübernahme hinausliefe. Allerdings kann auch Abweichendes gewollt sein (sog **berechtigende Erfüllungsübernahme**); das ist nach der allg Auslegungsregel von § 328 II zu ermitteln (MüKo/*Gottwald* Rz 6).
Die Erfüllungsübernahme bedarf als solche keiner Form, auch nicht ggü einem Bürgen (BGH NJW 72, 576). **3**
Doch gilt für eine Erfüllungsübernahme durch abstraktes Schuldversprechen § 780 (RGZ 58, 200, 201) und bei schenkweiser Erteilung § 518 (MüKo/*Gottwald* Rz 2).
Praktische Anwendungsfälle der Erfüllungsübernahme sind etwa die Übernahme der Vergütung für einen **4** von der anderen Partei beauftragten (und daher zu bezahlenden) Dienstleister. Gleiches gilt, wenn der Nachmieter dem ausziehenden Vormieter die Übernahme der von diesem geschuldeten Renovierung der Wohnung verspricht.

§ 330 Auslegungsregel bei Leibrentenvertrag.
¹Wird in einem Leibrentenvertrag die Zahlung der Leibrente an einen Dritten vereinbart, so ist im Zweifel anzunehmen, dass der Dritte unmittelbar das Recht erwerben soll, die Leistung zu fordern. ²Das Gleiche gilt, wenn bei einer unentgeltlichen Zuwendung dem Bedachten eine Leistung an einen Dritten auferlegt oder bei einer Vermögens- oder Gutsübernahme von dem Übernehmer eine Leistung an einen Dritten zum Zwecke der Abfindung versprochen wird.

A. Funktion. § 330 vermutet für drei Fallgruppen einen eigenen Anspruch des Dritten (also einen echten **1** Vertrag zu Gunsten Dritter, vgl § 328 Rn 12): (1.) die Leibrente (§§ 759 ff); (2.) dem Empfänger einer unentgeltlichen Zuwendung sind Leistungen an einen Dritten auferlegt; (3) der Übernehmer eines Vermögens (vgl § 311b II und III) oder Landguts soll eine Abfindung an einen Dritten leisten.
Die in § 330 aF ursprünglich an erster Stelle genannte **Lebensversicherung** ist mit Rücksicht auf die Neurege- **2** lung im VVG (vgl insb §§ 159 f VVG aF) durch Art 3 des G v 23.11.07 (BGBl I 2631) gestrichen worden. Doch kann die zur Lebensversicherung ergangene Rspr auf die verbliebenen drei Anwendungsfälle übertragen werden.

B. Der Anspruch des Dritten. 1 vermutet idR einen eigenen Anspruch des Dritten, der dann auch in dessen **3** Nachlass fällt. Dabei beruht der Erwerb nicht auf Erbrecht, sondern bedeutet eine **Zuwendung unter Lebenden** (so für die Lebensversicherung BGHZ 130, 373, 380 f; 156, 350, 353, zust *Petersen* AcP 204, 04, 832, 839 f). Der Anspruch ist idR unabhängig von einer Ausschlagung der Erbschaft (vgl § 160 II 2 VVG). Ein Bezugsrecht „der Ehefrau" meint idR die Ehefrau im Zeitpunkt der Zuwendung; § 2077 soll nicht entspr anwendbar sein (BGH NJW 87, 3131, krit *Petersen* aaO 852 f; anders jetzt aber für die Lebensversicherung § 160 II 1 VVG).

C. Das schuldrechtliche Behaltendürfen. Nach der Rspr zur Lebensversicherung (etwa BGHZ 128, 125; **4** NJW 87, 3131 f) ist die Zuweisung durch die Bezugsberechtigung aber **nicht endgültig**. Vielmehr soll der Rechtsgrund für das Bezugsrecht und den durch dieses vermittelten Erwerbs entfallen können, wenn das Valutaverhältnis zwischen dem Versicherungsempfänger und dem Begünstigten gestört wird. Dafür kommt insb ein Wegfall der Geschäftsgrundlage (§ 313) durch ein vorzeitiges Ende der Ehe in Betracht: Dieses beseitigt uU die Grundlage für die ehebedingte Zuwendung, die in der Einräumung des Bezugsrechts gelegen hat. Dann sollen die Erben die Herausgabe des Erlangten fordern können (vgl krit MüKo/*Gottwald* Rz 8).
Da der Dritte außerhalb des Erbrechts erwirbt, geht der Wert des Erwerbs an den **Nachlassgläubigern und** **5** **Pflichtteilsberechtigten** vorbei. Hieraus folgt eine Möglichkeit zur **Anfechtung** (vgl zur Lebensversicherung BGHZ 156, 350, 354). Bei Insolvenz des Dritten soll sogar ein Aussonderungsrecht nach § 47 InsO bestehen (BGH aaO 358). Das vermindert in rechtspolitisch erwünschter Weise die Möglichkeit, den Nachlass durch Zuwendungen außerhalb des Erbrechts dauerhaft gering zu halten.

D. Einzelheiten. Bei 2 Alt 1 muss die **Unentgeltlichkeit** der Zuwendung im Deckungsverhältnis (also zwi- **6** schen Versprechendem und Versprechensempfänger) liegen. Bei der Vermögens- und Gutsübernahme (2 Alt 2) kommt die Abfindung eines Dritten va in Betracht, wenn dieser möglicher Miterbe ist, insb weichende Geschwister des Versprechensempfängers. Bei der Übernahme eines **Gewerbebetriebs** hat schon RG JW 05, 717 2 Alt 2 entspr angewendet.

§ 331 Leistung nach Todesfall.
(1) Soll die Leistung an den Dritten nach dem Tode desjenigen erfolgen, welchem sie versprochen wird, so erwirbt der Dritte das Recht auf die Leistung im Zweifel mit dem Tode des Versprechensempfängers.
(2) Stirbt der Versprechensempfänger vor der Geburt des Dritten, so kann das Versprechen, an den Dritten zu leisten, nur dann noch aufgehoben oder geändert werden, wenn die Befugnis dazu vorbehalten worden ist.

A. Funktion und Problematik. Die wesentliche Bedeutung des § 331 liegt in I. Dieser stellt seinem Wortlaut **1** nach nur eine Vermutung für den Zeitpunkt auf, zu dem der Dritte das ihm zugewendete Recht erwerben soll: Wird die Leistung erst nach dem Tod des Versprechensempfängers fällig, soll der Dritte seinen Anspruch auch erst mit diesem Tod erwerben. Er hat also vorher noch keine Rechtsstellung, die er seinerseits vererben könnte (MüKo/*Gottwald* Rz 1). Doch vgl jetzt § 159 III VVG.

2 Viel wichtiger als diese Vermutung ist aber eine andere Folgerung, welche die hM und insb eine stRspr aus I zieht: Der **Erwerb des Dritten vollziehe sich nach Schuldrecht, nicht nach Erbrecht**. Daher brauche bei schenkweiser Zuwendung die Form von § 2301 nicht eingehalten zu werden; der Anspruch bleibe außerhalb des Nachlasses (so etwa BGZ 41, 95, 96 mN; 157, 79, 82 ff; MüKo/*Gottwald* Rz 4; Palandt/*Grüneberg* Rz 1).

3 Gegen diese hM sprechen mehrere starke Gründe (vgl *Medicus* BürgR Rz 396 f). Denn sie höhlt die Formstrenge des Erbrechts aus und macht es möglich, Zuwendungen an eine andere Person durch mündliche Vereinbarung des Erblassers mit einem Dritten zu bewirken. Va aber stört sie die Rangfolge der Nachlassverbindlichkeiten gem den §§ 39, 325 ff InsO: Der durch § 331 Begünstigte geht sogar den Pflichtteilsberechtigten vor, die sich erst über die §§ 2325, 2329 behelfen müssen. Endlich führt die Rückabwicklung über das Valutaverhältnis (u. Rn 7) zu Zufallsergebnissen.

4 BGHZ 66, 8, 12 f sieht diese Bedenken allerdings und räumt auch ein, das Gesetz habe die Abgrenzung ggü § 2301 nicht eindeutig geregelt (vgl weiter BGHZ 98, 226, 232 f). Zwar nimmt der BGH für seine Lösung noch nicht den Rang von Gewohnheitsrecht in Anspruch. Aber er sieht in der Rspr einen „Vertrauenstatbestand, den zu beseitigen sich nur aus ganz schwerwiegenden Gründen rechtfertigen ließe" (aaO 13). Weil danach eine Änderung der Rspr kaum zu erwarten ist, lege ich sie „zähneknirschend" der folgenden Kommentierung zu Grunde.

5 **B. Abs 1. I. Die Auslegungsregeln.** Dass der Dritte im Zweifel den Anspruch erst mit dem Tod des Versprechensempfängers erwerben soll (vgl o. Rn 1), setzt zunächst voraus, dass überhaupt ein echter Vertrag zugunsten Dritter beabsichtigt ist. Das muss nach § 328 II entschieden werden (vgl dort Rn 13). Dabei kann ggf die Auslegungsregel von § 330 helfen. Soweit I eingreift, hat der Dritte vor dem Tod nur eine rechtlich ungesicherte Chance. Insb können die Vertragsparteien seine künftige Berechtigung wieder einschränken oder ganz aufheben (MüKo/*Gottwald* Rz 1); allerdings kann der Dritte dann Auskunft verlangen (BGH NJW 82, 1807, 1808).

6 **II. Das schuldrechtliche Behaltendürfen.** Ebenso wie bei § 330 (vgl dort Rn 4) bedarf der Erwerb des Anspruchs gegen den Versprechenden (und des daraufhin Erlangten) eines Rechtsgrundes. Bei unentgeltlicher Zuwendung ist also im Valutaverhältnis ein Schenkungsvertrag nötig. Das bereitet keine Schwierigkeit, wenn eine entspr Einigung zwischen dem Versprechensempfänger und dem Dritten vor dem Tod stattgefunden hat. Ein Formmangel wird durch den Rechtserwerb des Dritten geheilt, § 518 II.

7 Schwierigkeiten entstehen dagegen, wenn eine lebzeitige Vereinbarung fehlt, etwa weil der Versprechensempfänger dem Begünstigten ggü geschwiegen hat. Hier kann man zwar in der späteren Mitteilung durch den Versprechenden einen durch Boten übermittelten Schenkungsantrag des Versprechensempfängers sehen (§ 130 II). Auf die Erklärung der Annahme könnte nach § 151 verzichtet worden sein. Aber bis zum Zugang des Schenkungsantrags könnte dieser durch die Erben widerrufen werden, § 130 I 2 (BGH NJW 75, 382, 383 f). Freilich ist den Erben ein solcher Widerruf nur möglich, wenn sie rechtzeitig von dem noch nicht zugegangenen Antrag erfahren. Das führt zu der in Rn 3 gerügten Zufälligkeit (vgl auch MüKo/*Gottwald* Rz 11).

8 **C. Abs 2.** II trägt dem Umstand Rechnung, dass dem noch nicht geborenen (auch nicht einmal gezeugten) Dritten die Rechtsfähigkeit fehlt. Er kann also zunächst entgegen I das Recht auf die Leistung nicht erwerben. Wie dieser Schwebezustand dogmatisch zu erfassen ist, muss zweifelhaft bleiben (vgl MüKo/*Gottwald* Rz 13). Jedenfalls aber schützt II die Erwerbsaussicht ebenso, wie wenn der Dritte schon geboren wäre. Nach §§ 1912, 1913 soll für die Zwischenzeit ein Pfleger bestellt werden (Staud/*Jagmann* 01, Rz 24). Sobald feststeht, dass der Dritte nicht geboren wird, gilt Gleiches wie bei einer Zurückweisung nach § 333 (vgl dort Rn 3).

§ 332 Änderung durch Verfügung von Todes wegen bei Vorbehalt.

Hat sich der Versprechensempfänger die Befugnis vorbehalten, ohne Zustimmung des Versprechenden an die Stelle des in dem Vertrag bezeichneten Dritten einen anderen zu setzen, so kann dies im Zweifel auch in einer Verfügung von Todes wegen geschehen.

1 **A. Die Befugnis zu einseitiger Änderung.** § 332 stellt zunächst klar, dass es zu einer Änderung nicht (wie man nach § 328 II annehmen könnte) allemal einer Vereinbarung zwischen dem Versprechenden und dem Versprechensempfänger bedarf. Vielmehr kann vertraglich auch das Recht zu einseitiger Änderung vorbehalten werden. Dem entspricht § 159 I VVG.

2 **B. Die Ausübung der Befugnis.** Darüber hinaus erlaubt § 332 im Zweifel, eine solche Befugnis auch durch Verfügung von Todes wegen (Testament oder Erbvertrag) auszuüben, also durch eine nicht an den Versprechenden gerichtete und nicht zugangsbedürftige Willenserklärung. Dies kann der einzige Inhalt einer solchen Verfügung sein (MüKo/*Gottwald* Rz 2). Eine Leistung durch den Versprechenden in Unkenntnis eines derart bewirkten Wechsels kann analog § 407 befreien (BGH VersR 63, 917). Doch bringt § 13 II und IV ALB 86 wesentliche Änderungen.

Auch der Erwerb des durch Verfügung von Todes wegen bestimmten Dritten ist nach hM (vgl § 331 Rn 2 ff) 3
ein **Erwerb durch Rechtsgeschäft unter Lebenden**, also außerhalb des Erbrechts. Bei einer schenkweisen
Zuwendung muss daher zur bereicherungsrechtlichen Beständigkeit ein Schenkungsversprechen geschlossen
werden. Hier entsteht dieselbe Problematik wie die bei § 331 Rn 6 f behandelte.

§ 333 Zurückweisung des Rechts durch den Dritten. Weist der Dritte das aus dem Vertrag erworbene Recht dem Versprechenden gegenüber zurück, so gilt das Recht als nicht erworben.

A. Funktion. § 333 korrigiert gem dem Vertragsprinzip (§ 311 Rn 3) den Umstand, dass der Dritte beim ech- 1
ten Vertrag zu Gunsten Dritten sein Forderungsrecht ohne seinen Willen („unmittelbar") erwirbt: Er soll das
erworbene Recht zurückweisen können. Dazu bedarf es einer einseitigen empfangsbedürftigen Willenserklärung ggü dem Versprechenden (BGHZ 140, 84, 92). Doch lässt sich die Vorschrift auf den bargeldlosen Zahlungsverkehr nicht übertragen; hier ist vielmehr allein der Girovertrag maßgeblich (BGHZ 128, 135, 138 f).
Eine Frist für die Zurückweisung gibt es nicht. Doch erlischt das Recht durch ausdrücklichen oder konklu- 2
denten Verzicht des Dritten, insb durch eine Annahme (RGZ 119, 1, 3). Ob die Zurückweisung schon vor
dem Anfall erfolgen kann, ist str (ja Erman/*Westermann* Rz 2).

B. Rechtsfolgen. Nach der Zurückweisung gilt das Recht als von Anfang an nicht erworben. Im Deckungs- 3
verhältnis zwischen dem Versprechenden und dem Versprechensempfänger kann das verschiedene, durch
Auslegung zu ermittelnde Rechtsfolgen haben: (1) Der Versprechensempfänger selbst hat das Recht (so
§ 160 III VVG). – (2) Der Versprechensempfänger kann einen neuen Berechtigten bestimmen (so § 159 I
VVG). – (3) Die Zurückweisung macht die Leistung unmöglich mit den Folgen gem §§ 275 I, 326 I 1, ausnahmsweise auch II.

§ 334 Einwendungen des Schuldners gegenüber dem Dritten. Einwendungen aus dem Vertrag stehen dem Versprechenden auch gegenüber dem Dritten zu.

A. Funktion. Der Vertrag zwischen dem Versprechenden und dem Versprechensempfänger bildet die Grund- 1
lage für die Leistung an den Dritten. Insb ist dort entweder Unentgeltlichkeit vereinbart oder eine vom Versprechensempfänger zu erbringende Gegenleistung vorgesehen. Verteidigungsmöglichkeiten aus diesem
Deckungsverhältnis sollen dem Versprechenden daher auch gegen den Dritten zustehen: Dass er Leistung an
den Dritten versprochen hat, soll ihn iÜ nicht schlechter stellen.
Doch ist § 334 **abdingbar**. So soll er „nach der Natur des Vertrages mit Schutzwirkung für Dritte" abbedun- 2
gen sein bei gegenläufigen Interessen von Versprechensempfänger und Drittem (MüKo/*Gottwald* Rz 2). Das
läßt sich aber wohl nicht auf Leistungsversprechen erweitern (vgl Vor § 328 Rn 8). Nach BGHZ 93, 271, 275 f
soll gleichwohl die „Natur des Deckungsverhältnisses" ergeben können, dass die Fluggesellschaft dem Reisenden nicht entgegenhalten kann, der Reiseveranstalter habe den Flugpreis nicht bezahlt (§ 320). Doch dürfte
diese nicht sehr überzeugende Entscheidung inzwischen durch § 651k überholt sein.
Andere Einwendungsausschlüsse lassen sich besser begründen, so wenn ein Konnossement (BGHZ 98, 284, 3
286) oder bei der Sachversicherung ein Sicherungsschein ohne Einschränkung ausgestellt worden sind (vgl
MüKo/*Gottwald* Rz 2).

B. Einwendungen. „Einwendung" in § 334 meint im weitesten Sinn **jedes Leistungsverweigerungsrecht** aus 4
dem Deckungsverhältnis, sogar Einreden aus prozessualen Vereinbarungen (Palandt/*Grüneberg* Rz 3). Erfasst
werden auch Mängel der Geschäftsgrundlage (BGHZ 54, 145, 156). Ausgeschlossen sind dagegen Einreden
aus dem Valutaverhältnis zwischen dem Versprechensempfänger und dem Dritten (BGHZ 54, 145, 147;
MüKo/*Gottwald* Rz 18). Doch kann dieses uU die Geschäftsgrundlage für das Deckungsverhältnis bilden.
Die Einwendung muss im Zeitpunkt des Rechtserwerbs durch den Dritten **„im Keim angelegt"** sein. Hier gilt 5
Gleiches wie bei dem funktionsähnlichen § 404 Rn 3 ff. Das betrifft bei einem gegenseitigen Vertrag im
Deckungsverhältnis auch alle Einreden, die sich erst später aus der Entwicklung dieses Vertrages ergeben (zB
Widerruf nach § 355, Rücktritt, Fristsetzung, Unsicherheitseinrede nach § 321, Mitverschulden, Verjährung).
Dagegen fallen erst später entstandene Einwendungen noch nicht im Keim angelegte Einwendungen nicht unter 6
§ 334. Hier kommt in Betracht, ob die Vertragsparteien (oder eine von ihnen) sich ein Recht zur Aufhebung
der Drittberechtigung vorbehalten haben: Durch eine solche Aufhebung kann auch eine erst später entstandene Einwendung wirksam gemacht werden (Palandt/*Grüneberg* Rz 3).

§ 335 Forderungsrecht des Versprechensempfängers. Der Versprechensempfänger kann, sofern nicht ein anderer Wille der Vertragschließenden anzunehmen ist, die Leistung an den Dritten auch dann fordern, wenn diesem das Recht auf die Leistung zusteht.

Beim unechten Vertrag zu Gunsten Dritter (§ 328 Rn 12) muss der Versprechensempfänger die Leistung ver- 1
langen können, weil der Dritte es nicht kann; andernfalls würde überhaupt ein Gläubiger fehlen. Dagegen

besteht diese Notwendigkeit beim echten Vertrag zu Gunsten Dritter nicht, weil dort dem Dritten ein Anspruch zusteht. Trotzdem vermutet § 335 auch beim echten Vertrag zu Gunsten Dritter ein Forderungsrecht auch des Versprechensempfängers.

2 Dieses Recht umfasst nach hM **auch Sekundäransprüche** auf Schadensersatz statt der Leistung und den Ersatz von Verzögerungs- und Schlechterfüllungsschäden (BGH NJW 94, 502; Palandt/*Grüneberg* Rz 2). Davon zu unterscheiden ist die Frage, ob der Versprechensempfänger auch Leistung an sich wegen Schäden verlangen kann, die nur ihm selbst entstanden sind. Das ist idR zu verneinen. BGHZ 89, 263, 267 macht aber zutr eine Ausnahme für Schäden, die iRd dem Dritten zu ersetzenden Schadens liegen, den insgesamt zu leistenden Ersatz also nicht erweitern (konkret: die Eltern verlangen den Mehraufwand für Pflege und Versorgung ihres durch einen ärztlichen Behandlungsfehler geschädigten Kindes).

3 In den von § 335 erfassten Fällen stehen der Dritte und der Versprechensempfänger als Gläubiger nebeneinander. Diese **Gläubigermehrheit** passt weder unter § 428 noch unter § 432, weil die Leistung allein an den Dritten zu erbringen ist. Es handelt sich also um eine Gläubigermehrheit eigener Art (MüKo/*Gottwald* Rz 1 mN). Dennoch wendet BGHZ 3, 385, 389 die §§ 429 III, 425 I analog an: Ein von einem Gläubiger erstrittenes Urt soll nicht auch für oder gegen den anderen wirken (ebenso MüKo/*Gottwald* Rz 3; anders *K. H. Schwab* ZZP 77, 64, 124, 149).

4 Ob auch Gestaltungsrechte (zB Rücktritt) vom Versprechensempfänger geltend gemacht werden können, ist eine Frage der Auslegung. Jedenfalls zu bejahen ist das für die Anfechtung nach §§ 119 ff, weil sie sich auf Willensmängel des Versprechensempfängers gründet.

Titel 4   Draufgabe, Vertragsstrafe

§ 336 Auslegung der Draufgabe. (1) Wird bei der Eingehung eines Vertrags etwas als Draufgabe gegeben, so gilt dies als Zeichen des Abschlusses des Vertrags.
(2) Die Draufgabe gilt im Zweifel nicht als Reugeld.

§ 337 Anrechnung oder Rückgabe der Draufgabe. (1) Die Draufgabe ist im Zweifel auf die von dem Geber geschuldete Leistung anzurechnen oder, wenn dies nicht geschehen kann, bei der Erfüllung des Vertrags zurückzugeben.
(2) Wird der Vertrag wieder aufgehoben, so ist die Draufgabe zurückzugeben.

§ 338 Draufgabe bei zu vertretender Unmöglichkeit der Leistung. ¹Wird die von dem Geber geschuldete Leistung infolge eines Umstands, den er zu vertreten hat, unmöglich oder verschuldet der Geber die Wiederaufhebung des Vertrags, so ist der Empfänger berechtigt, die Draufgabe zu behalten. ²Verlangt der Empfänger Schadensersatz wegen Nichterfüllung, so ist die Draufgabe im Zweifel anzurechnen oder, wenn dies nicht geschehen kann, bei der Leistung des Schadensersatzes zurückzugeben.

1 **A. Einordnung der Draufgabe.** Die Draufgabe war früher in der Landwirtschaft und bei der Anheuerung von Seeleuten verbreitet; heute **kommt sie kaum noch vor**. Ihr Name erweckt den Eindruck, als bedeute sie eine zusätzliche Leistung. Dem Gesetz liegt aber eine andere Auffassung zu Grunde: Sie soll **nur ein Zeichen für den Vertragsabschluss und kein Reugeld** (§ 353) darstellen (§ 336); sie ist auf die Leistung anzurechnen und bei Aufhebung des Vertrages zurückzugeben (§ 337). Behalten darf der Empfänger die Draufgabe nur bei einer von Geber zu vertretenden Nichtdurchführung des Vertrages, selbst dann aber ggf nur unter Anrechnung auf einen Schadensersatzanspruch (§ 338). Insgesamt schützt diese Regelung den Geber.

2 Zu unterscheiden ist die Draufgabe von der bei Teilzahlungsgeschäften vielfach üblichen **Anzahlung**; Diese ist gleichsam nur die erste Rate der Gegenleistung.

3 **B. Einzelheiten.** Nach § 336 I gilt die Hingabe einer Draufgabe „als Zeichen des Abschlusses des Vertrags". Das meint aber nur eine widerlegliche Vermutung; der Vertragsschluss kann auch anders bewiesen werden. Die Vereinbarung einer Draufgabe bedeutet gleichfalls keine Formabrede mit der Folge von § 126.

4 Da die Draufgabe im Zweifel **nicht als Reugeld** gelten soll (§ 336 II), führt sie zu keinen Rücktrittsvorbehalt nach § 353; bei einem Rücktritt aus anderem Grund verfällt auch die Draufgabe nicht.

5 Nach § 337 bildet die Draufgabe im Zweifel keine zusätzlich geschuldete Leistung, sondern ein **Angeld**, das anzurechnen oder zurückzugeben ist.

6 Demgegenüber behandelt § 338 die einzige Fallgruppe, bei der dem Geber die **Draufgabe verloren gehen kann**: Dieser hat die Unmöglichkeit der Leistung (§ 275) zu vertreten oder er verschuldet die Wiederaufhebung des Vertrags, etwa indem er schuldhaft einen Rücktritt des anderen Teils veranlasst. Hier nähert sich die Draufgabe funktionell einer Vertragsstrafe, so dass § 343 analog angewendet werden kann (MüKo/*Gottwald* § 338 Rz 1). In Parallele zu § 340 II soll nach § 338 2 die Draufgabe auf den Schadensersatz statt der Leistung angerechnet werden oder zurückzugeben sein (hier tritt ja der Schadensersatz an die Stelle der Leistung).

Vorbemerkungen vor §§ 339 bis 345 (Vertragsstrafe)

A. Funktion. Die Vertragsstrafe verfolgt **zwei Ziele**: Sie soll den Schuldner zur ordnungsgemäßen Erbringung der versprochenen Leistung anhalten, und sie soll dem Gläubiger bei einer Zuwiderhandlung eine erleichterte Schadloshaltung ohne einen Schadensnachweis ermöglichen (so schon Mot bei Mugdan II 152, jetzt BGHZ 85, 305, 312 f. mN; 105, 24, 27). Dabei gelten die §§ 339 ff (Ausn § 343 II) für das unselbständige (akzessorische) Strafversprechen, das also eine primäre Leistungspflicht voraussetzt und deren Erfüllung sichern soll. Diese Primärpflicht kann auch eine gesetzliche sein (BGH NJW 93, 1786, 1787 für § 667). Häufigster Anwendungsfall für die Vertragsstrafe sind zu befürchtende Schwierigkeiten beim Schadensnachweis, etwa bei entgangenem Gewinn (vgl aber u. Rn 4). Zur Gestaltung von Strafversprechen *Schramm* NJW 08, 1494.

Aus der **Akzessorietät** der unselbständigen Vertragsstrafe folgt, dass der Anspruch auf die (noch nicht verfallene) Strafe nur gemeinsam mit der Primärpflicht auf einen Dritten übergehen kann (*K. Schmidt* FS Heinrichs 98, 529, 531). Auch lässt die Unwirksamkeit der Primärpflicht kein wirksames Strafversprechen zu. Fällt dagegen die Primärpflicht etwa durch Kündigung nur für die Zukunft weg, bleibt der Anspruch auf schon verfallene Strafen erhalten. Doch kann die Strafe später nicht mehr verwirkt werden (BGH NJW 62, 1340, 1341).

B. Abgrenzungen. I. Garantie. Die Vertragsstrafe soll ein künftiges Verhalten des Schuldners erzwingen. Dagegen liegt sie nicht vor, wenn eine Strafe für eine in der Vergangenheit vorgefallene Verfehlung versprochen wird (BGHZ 105, 24, 28: Beteiligung an früheren Kartellabsprachen). Hier handelt es sich um ein „Garantieversprechen oder eine ihm ähnl Erklärung" (BGH aaO).

II. Schadenspauschalierung. Bei voraussehbaren Schwierigkeiten des Schadensnachweises wird oft vorsorglich die Zahlung einer bestimmten Summe als Pauschale vereinbart. Hierfür ist kennzeichnend, dass die Parteien sich an einer möglichst realistischen Schätzung des wirklich zu erwartenden Schadens orientieren (vgl § 309 Nr 5). Hier wird also nur der Schadensnachweis erleichtert und nicht unmittelbar – wie bei der Vertragsstrafe – ein zusätzlicher Druck auf den Schuldner beabsichtigt (BGHZ 49, 84, 89).

III. Verwirkungsklauseln. Kraft einer Verwirkungsklausel braucht der Schuldner nicht – wie bei der Vertragsstrafe – eine zusätzliche Leistung zu erbringen. Vielmehr verliert er eigene Rechte. Beim vereinbarten Verlust aller Rechte deutet § 354 das in einem Rücktrittsvorbehalt um. Für eine weniger weitgehende Sanktion gilt das nicht. Doch ist dann der Unterschied zur Vertragsstrafe nicht so gewichtig, dass eine (entspr) Anwendung der §§ 339 ff ausgeschlossen sein müsste (BGH NJW 60, 1568). Anwendbar sind etwa das Verschuldenserfordernis von § 339 (RGZ 95, 199, 203) und die Minderungsbefugnis nach § 343 (BGH NJW 68, 1625). Dagegen sollen die §§ 339 ff für Vereinbarungen über eine vorzeitige Fälligkeit bei Zahlungsverzug nicht passen (BGH NJW 86, 46, 48).

IV. Strafen in Gemeinschaftsverhältnissen. Insb bei Vereinsstrafen und Betriebsbußen ist die Rechtsnatur str. Die Problematik ergibt sich aus den Besonderheiten von Vereins- und Arbeitsrecht und ist dort zu erörtern, doch vgl MüKo/*Gottwald* vor § 339 Rz 48 f.

C. Ausschluss von Vertragsstrafen. Die Vertragsstrafe ist für den Versprechenden insofern gefährlich, als er regelmäßig davon ausgeht, es werde nicht zu einem Verfall kommen. Daher gibt es **Beschränkungen**: Nach § 555 kann sich der Wohnungsvermieter vom Mieter keine Vertragsstrafe versprechen lassen. § 344 erklärt Strafversprechen für unwirksam, wenn die Primärleistung selbst nicht wirksam versprochen werden kann (vgl § 1297 II und § 2302). Durch AGB kann nach § 309 Nr 6 ein Nichtunternehmer einem Unternehmer eine Vertragsstrafe nicht wirksam versprechen. Das gilt aber trotz § 310 IV 2 nicht für das Verhältnis Arbeitnehmer – Arbeitgeber, BAG ZIP 04, 1277. Für den Widerruf von Verbraucherverträgen schließt § 357 IV Vertragsstrafen aus, ähnl § 723 III. Zu überhöhten Vertragsstrafen vgl § 343.

Kein Konflikt besteht dagegen zwischen der Vertragsstrafe und einem **Ordnungsgeld** nach § 890 ZPO. Insb wird der Gläubiger durch den Verfall einer Vertragsstrafe nicht gehindert, die Festsetzung eines Ordnungsgeldes nach § 890 ZPO zu beantragen (BGHZ 138, 67, 70). Allerdings mag die früher eingetretene Sanktion bei der Bemessung der späteren mit berücksichtigt werden (BGH aaO 70 f, vgl zum Unterschied auch BGH NJW 94, 45, 46).

D. Vereinbarung der Vertragsstrafe. Die Vertragsstrafe wird (entgegen dem Wortlaut von § 339) nicht vom Schuldner einseitig versprochen, sondern mit dem Gläubiger vereinbart (s. BGH ZIP 06, 1779 f). Dafür genügen im Grundsatz auch AGB. Die Bestimmung der Höhe der Strafe kann dem Gläubiger oder einen Dritten (§ 315 ff) überlassen werden. Dann wird die Strafe nicht automatisch verwirkt, sondern sie muss erst verhängt werden (MüKo/*Gottwald* § 339 Rz 6). Gleiches gilt idR für Vereinsstrafen und Betriebsbußen (*Gottwald* aaO Rn 8). Dagegen soll die Festsetzung der Strafhöhe nicht dem Gericht überlassen werden können, weil die Parteien die Vervollständigung ihrer Vereinbarung nicht auf das Gericht abschieben dürfen (BGH BB 78, 12 m krit Anm *Lindacher* 270; DB 81, 531; BAG NJW 81, 1799). Das ist aber str, vgl MüKo/*Gottwald* § 339 Rz 31.

10 Als Vertragsstrafe auszulegen sind auch sog „Gebühren" insb für eine Bearbeitung, wenn die Höhe unabhängig von den wirklich entstandenen Kosten ist.

§ 339 Verwirkung der Vertragsstrafe.
¹Verspricht der Schuldner dem Gläubiger für den Fall, dass er seine Verbindlichkeit nicht oder nicht in gehöriger Weise erfüllt, die Zahlung einer Geldsumme als Strafe, so ist die Strafe verwirkt, wenn er in Verzug kommt. ²Besteht die geschuldete Leistung in einem Unterlassen, so tritt die Verwirkung mit der Zuwiderhandlung ein.

1 **A. Die beiden Sätze des § 339.** 1 erfordert für den Verfall einer Vertragsstrafe, die für die Nichterfüllung oder nicht gehörige Erfüllung versprochen worden ist, den Verzug des Schuldners. Verzug setzt nach § 286 IV **Vertretenmüssen** (also idR ein Verschulden) voraus. Demgegenüber lässt 2 bei einer Pflicht zum Unterlassen schon die Zuwiderhandlung genügen. Das erweckt den Eindruck, als sei hier ein Vertretenmüssen unnötig.

2 Über den Sinn dieser Unterscheidung ist lange gestritten worden. Durchgesetzt hat sich mit Recht seit BGH NJW 72, 1893 die Ansicht, auch bei Unterlassungspflichten sei für den Verfall der Strafe ein Vertretenmüssen nötig; das für § 339 maßgebliche Schutzbedürfnis des Schuldner sei hier nicht geringer als bei Handlungspflichten. Die Verschiedenheit der Gesetzesfassung erklärt sich daraus, dass bei Zuwiderhandlung gegen eine Unterlassungspflicht von einem „eigentlichen" Schuldnerverzug nicht gesprochen werden kann (sondern von Unmöglichkeit).

3 **B. Einzelheiten. 1. Schuldnerverzug.** Dass 1 den Verfall der Vertragsstrafe an Schuldnerverzug knüpft, ist irreführend. Vielmehr genügt auch Unmöglichkeit, obwohl diese den Verzug ausschließt (vgl § 286 Rn 8). Ebenfalls genügt schon nach dem Gesetzwortlaut eine Erfüllung in nicht gehöriger Weise. Ob eine Mahnung erforderlich ist, ergibt sich aus § 286 I bis III. Doch dürfte sie zusätzlich bei Unmöglichkeit und einem nicht behebbaren Erfüllungsmangel entbehrlich sein.

4 Zudem können die Parteien die **Verfallvoraussetzungen anders vereinbaren**. So können sie auf das Verschuldenserfordernis verzichten (BGH NJW 82, 759, 760); das Versprechen nähert sich dann einer Garantiezusage, doch bleiben die §§ 339 ff anwendbar (BGH aaO). Umgekehrt kann auch ein qualifiziertes Verschulden verlangt werden. Das ist im Zweifel anzunehmen, wenn ein **„Vertragsbruch"** des Arbeitnehmers vorausgesetzt wird (MüKo/*Gottwald* Rz 34).

5 Die Auslegung des Strafversprechens kann auch ergeben, dass es **gleichwertige Verstöße** (etwa gegen Werbeverbote) mit umfasst (vgl BGHZ 5, 189, 193 zur Auslegung eines Unterlassungsurteils). Im Zweifel soll das Versprechen nur künftiges Zuwiderhandeln erfassen (BGH ZIP 06, 1777, 1778 f). Nach § 242 darf der Gläubiger die Vertragsstrafe nicht fordern, wenn er selbst zurechenbar den Verstoß des Schuldners veranlasst hat (BGH NJW 71, 1126, abgrenzend NJW 84, 919, 920). Ob bei beiderseitigem Mitverschulden § 254 angewendet werden kann, ist str (MüKo/*Gottwald* Rz 46 mN), aber eher zu verneinen. Eine „Verfallbereinigung" durch nachträgliche Leistung des Schuldners ist nur ausnahmsweise nach § 242 anzunehmen (vgl *Gottwald* aaO Rz 44; *Knütel* AcP 175, 75, 44 ff).

6 **2. Mehrheit von Verstößen.** Ein Strafversprechen kann so abgefasst sein, dass mehrfache Verstöße möglich sind, insb bei Unterlassungspflichten („für jeden Fall der Zuwiderhandlung"). Dann wird fraglich, ob jeder einzelne Verstoß den Verfall der Vertragsstrafe auslösen soll, oder ob mehrere Verstöße zu einer Einheit zusammenzufassen sind. Hierfür hat BGHZ 33, 163, 168 die Regel entwickelt, mehrere Einzelakte seien dann zu einer rechtlichen Einheit zusammenzufassen und könnten die Strafe nur einmal auslösen, wenn sie eine sog **rechtliche Handlungseinheit** bildeten. Dieser Begriff sei nicht mit dem strafrechtlichen Fortsetzungszusammenhang identisch. Insb verlange er keinen Gesamtvorsatz, sondern passe auch bei bloß fahrlässigen oder sogar schuldlos begangenen Pflichtverletzungen.

7 Im Strafrecht ist zwar die Lehre vom Fortsetzungszusammenhang im Jahr 1994 durch BGHSt 40, 138 aufgegeben worden (vgl *Tausch* NJW 97, 2656). Doch hat dies für das Zivilrecht keine Bedeutung, weil dort ein Begriff mit einem eigenen, vom Strafrecht losgelösten Sinn verwendet wird, nämlich dem einer Zusammenfassung hierfür geeigneter Einzelhandlungen ohne Rücksicht auf einen verbindenden Gesamtvorsatz auch bei nur fahrlässiger Begehung (BGHZ 120, 13, 16). Dies entspricht der hM auch in der Lit (etwa MüKo/*Gottwald* Rz 40, Erman/*Westermann* Rz 3, Palandt/*Grüneberg* Rz 18, anders Staud/*Rieble* 01, Rz 114 ff). Wann eine solche rechtliche Handlungseinheit vorliegt, ist durch **Auslegung des Strafversprechens** zu ermitteln (BGHZ 146, 318, 322 ff). Doch kann bei Unklarheit hierüber ein Strafversprechen in AGB nach §§ 305c, 307 I 2 unwirksam sein, BAG NJW 08, 458.

8 Bei dieser Auslegung sei nicht davon auszugehen, dass die Parteien die Regeln über die Verhängung von Ordnungsmitteln bei der **Unterlassungsvollstreckung nach § 890 ZPO** angewendet sehen wollten (BGHZ 146, 318, 323). Doch sollen die Parteien im Allgemeinen durch die Unterlassungsverpflichtung nicht schlechter stehen als durch ein entspr Urt. Regelmäßig werde auch dann, wenn nicht ohnehin von einer natürlichen *Handlungseinheit* auszugehen sei, die Vertragsstrafe nicht durch jede einzelne Tat verwirkt sein sollen. Die ausnahmslose Verwirkung weiterer Vertragsstrafen für die Einzelakte werde also in aller Regel nicht gewollt sein (BGH aaO 326). Daher hat der BGH aaO bei der mehrfachen Verwendung eines verbotenen Formulars eine Häufung der Strafen verneint.

Nach BGHZ 121, 13, 15 ff können die Parteien die **Berücksichtigung eines Fortsetzungszusammenhangs** grds wirksam **ausschließen**. Doch kann die damit bewirkte Häufung von Einzelstrafen das Versprechen unwirksam machen, wenn sie nicht durch besondere Umstände zu rechtfertigen wäre (BGH aaO 19). Das gilt namentlich nach § 307 auch für AGB, weil die Lehre von der Handlungseinheit eine Rechtsvorschrift oder gesetzliche Regelung iSv § 307 II, III darstellt (BGH aaO 18). Ein Ausschluss der „Einrede des Fortsetzungszusammenhangs" ist also gefährlich. Einen Fall der zulässigen Häufung von Strafen betrifft BGH NJW 93, 1786 (250 DM für jede von einem Handelsvertreter vertragswidrig zurückbehaltene Kundenanschrift).

§ 340 Strafversprechen bei Nichterfüllung.
(1) ¹Hat der Schuldner die Strafe für den Fall versprochen, dass er seine Verbindlichkeit nicht erfüllt, so kann der Gläubiger die verwirkte Strafe statt der Erfüllung verlangen. ²Erklärt der Gläubiger dem Schuldner, dass er die Strafe verlange, so ist der Anspruch auf Erfüllung ausgeschlossen.
(2) ¹Steht dem Gläubiger ein Anspruch auf Schadensersatz wegen Nichterfüllung zu, so kann er die verwirkte Strafe als Mindestbetrag des Schadens verlangen. ²Die Geltendmachung eines weiteren Schadens ist nicht ausgeschlossen.

S Kommentierung zu § 341.

§ 341 Strafversprechen für nicht gehörige Erfüllung.
(1) Hat der Schuldner die Strafe für den Fall versprochen, dass er seine Verbindlichkeit nicht in gehöriger Weise, insbesondere nicht zu der bestimmten Zeit, erfüllt, so kann der Gläubiger die verwirkte Strafe neben der Erfüllung verlangen.
(2) Steht dem Gläubiger ein Anspruch auf Schadensersatz wegen der nicht gehörigen Erfüllung zu, so findet die Vorschrift des § 340 Abs. 2 Anwendung.
(3) Nimmt der Gläubiger die Erfüllung an, so kann er die Strafe nur verlangen, wenn er sich das Recht dazu bei der Annahme vorbehält.

A. Funktion. Die §§ 340, 341 behandeln das Verhältnis zwischen den Ansprüchen auf Leistung, Schadensersatz und Vertragsstrafe. Dabei geht es um die Frage, ob diese Ansprüche gehäuft werden oder sich gegenseitig ausschließen. § 340 regelt die Strafe für Nichterfüllung und § 341 diejenige für nicht gehörige Erfüllung, und zwar mit teils verschiedenen Rechtsfolgen.

B. Die Unterscheidung. Im Prinzip bestimmt § 340 die Alt zwischen Vertragsstrafe und Schadensersatz, § 341 dagegen die Häufung. Der Grund hierfür ist, dass der Schadensersatz in beiden Vorschriften eine verschiedene Funktion hat: In § 340 handelt es sich um Schadensersatz statt der Leistung: Hier soll der Gläubiger bei Interessenidentität (BGH NJW 08, 2849 Tz 9) nicht das Surrogat der Leistung und die Vertragsstrafe verlangen können. Dagegen geht es bei § 341 um den Ersatz von Schäden außerhalb des eigentlichen Leistungsinteresses, namentlich um Verzögerungs- und Begleitschäden. Der Ersatz solcher Schäden lässt das Leistungsinteresse unbefriedigt, so dass der Gläubiger die Leistung neben der Strafe weiter muss verlangen können.

C. Einzelheiten zu § 340. Nach I 1 hat der **Gläubiger ein Wahlrecht** iSv elektiver Konkurrenz (MüKo/*Gottwald* Rz 9, Palandt/*Grüneberg* Rz 4; vgl § 262 Rn 8) zwischen der Vertragsstrafe und der Erfüllung. Die Wahl erfolgt durch einseitiges Rechtsgeschäft. Nach 2 ist der Gläubiger an die erklärte Wahl der (wirklich verfallenen, RGZ 77, 290, 292) Strafe gebunden und kann Erfüllung nicht mehr verlangen. Dagegen soll das Verlangen der Erfüllung den Anspruch auf die Strafe noch nicht ausschließen; hier tritt der Ausschluss erst durch die Annahme der Erfüllung ein (MüKo/*Gottwald* Rz 10).

Aus dem Wahlrecht des Gläubigers bei I ergibt sich eine Folgerung für die **Fälligkeit des Anspruchs** auf die Vertragsstrafe: Dieser entsteht zwar durch die Verwirkung nach § 339, wird aber erfüllbar und damit fällig erst durch die Wahl des Gläubigers.

Dagegen betrifft II den Fall, dass der Gläubiger statt des primären Leistungsanspruchs nur (noch) einen Anspruch auf Schadensersatz statt der Leistung hat (nach den §§ 280 III, 281 bis 283). Dann kann sich der Gläubiger jeden Schadensnachweis ersparen, indem er die Strafe verlangt. Dieses Verlangen schließt jedoch nach 2 die Geltendmachung eines weiteren (dann aber nachzuweisenden) Schadens nicht aus.

Bei **gegenseitigen Verträgen** entfällt mit dem Erfüllungsanspruch (I 2) idR nach § 323 I auch der Anspruch auf die Gegenleistung. Doch kann die (geringe) Höhe der Vertragsstrafe zu dem Schluss führen, die Parteien hätten den Anspruch auf die Gegenleistung unberührt lassen wollen (MüKo/*Gottwald* Rz 13).

§ 340 ist **idR abdingbar** (Ausnahmen § 75c, § 75d HGB zu Gunsten von Handlungsgehilfen). Doch kann wegen § 307 II Nr 1 durch AGB nicht entgegen II vereinbart werden, die Vertragsstrafe solle nicht auf den Schadensersatz statt der Leistung angerechnet werden (BGHZ 63, 256, 258, 260 und für Handelsvertreterverträge BGH NJW 92, 1096, 1097).

D. Einzelheiten zu § 341. I. Vorbehalt bei der Annahme. Nach I kann bei § 341 (anders als bei § 340 I) der Gläubiger die Strafe neben der Erfüllung verlangen (zum Grund s.o. Rn 2). Doch muss sich der Gläubiger nach III die Strafe bei der Annahme der Leistung als Erfüllung vorbehalten. Tut er das nicht, so erlischt der

Anspruch auf die Strafe. Diese Rechtsfolge tritt auch bei Rechtsunkenntnis des Gläubigers und ohne Rücksicht auf einen Verzichtswillen und ein Erklärungsbewusstsein ein (BGHZ 97, 224, 227). Daher ist auch eine Anfechtung nach § 119 nicht möglich (MüKo/*Gottwald* Rz 6).

9 Der Vorbehalt muss **bei der Annahme erklärt worden** sein. Dieses Erfordernis wird zu Lasten des Gläubigers streng gehandhabt (vgl BGHZ 33, 236, 237; 85, 305, 309, beide mN; NJW 97, 1982, 1983). Ein nach der Annahme erklärter Vorbehalt ist allemal unwirksam. Ein vor der Annahme erklärter soll gleichfalls selbst dann nicht wirken, wenn er bei der Annahme erkennbar fortwirkt, etwa weil der Gläubiger seinen Anspruch auf die Strafe schon zur Aufrechnung verwendet hat (BGHZ 85, 240, 243, str, vgl MüKo/*Gottwald* Rz 8 mit Fn 24). Dies wird freilich kritisiert, weil ein rechtsunkundiger Gläubiger die Notwendigkeit einer Wiederholung des Vorbehalts kaum kennen wird (MüKo/*Gottwald* Rz 7 f mN). Unnötig soll der Vorbehalt dagegen sein, wenn bei der Annahme der Anspruch auf die Strafe schon rechtshängig war (BGHZ 62, 328, 329 f) oder wenn der Gläubiger den Mangel schon durch Ersatzvornahme nach § 637 beseitigt hat (BGH NJW 97, 1982, 1983). Bei einer fingierten Abnahme nach § 640 I muss der Vorbehalt innerhalb einer angemessenen Frist erklärt werden (MüKo/*Gottwald* Rz 13 zur VOB/B).

10 **Die Annahme iSv III** ist die Hinnahme der Leistung als im Wesentlichen den vertraglichen Anforderungen entspr (wie bei der Abnahme nach § 640), BGH NJW 75, 1701 f. Danach fehlt es an einer Annahme, wenn die Leistung in wesentlichen Punkten als nicht vertragsgemäß gerügt wird; dann bedarf es auch keines Vorbehalts hinsichtlich der Vertragsstrafe. Doch ist ein solcher auch hier ratsam, weil die Grenzen der Wesentlichkeit oft zweifelhaft sind. Bei einer Leistung ohne Mitwirkung des Gläubigers muss dieser den Vorbehalt unverzüglich erklären, nachdem er von der Leistung Kenntnis erlangt hat (MüKo/*Gottwald* Rz 10). Dass der Gläubiger bei Zusendung durch die Post eine Annahme nur durch sofortige Rücksendung vermeiden könne (so MüKo/*Gottwald* aaO), ist aber nicht begründbar; für III genügt unverzüglich übermittelter Vorbehalt. Bei Teilleistungen gilt III idR für jeden Leistungsteil (BGHZ 82, 398, 402).

11 III kann individualvertraglich **abbedungen** werden (BGHZ 72, 174, 178; 82, 398, 402). Durch AGB kann immerhin vereinbart werden, dass der Vorbehalt noch bis zur Schlussabnahme geltend gemacht werden darf (BGHZ 72, 222, 226). Ein völliger Verzicht auf den Vorbehalt soll dagegen durch AGB nicht möglich sein (BGHZ 85, 305, 310 ff).

12 **II. Anrechnung auf Schadensersatzansprüche.** Wegen der Anrechnung der Vertragsstrafe auf Schadensersatzansprüche verweist § 341 II auf § 340 II. Es gilt also das in Rn 5 Gesagte.

§ 342 Andere als Geldstrafe. Wird als Strafe eine andere Leistung als die Zahlung einer Geldsumme versprochen, so finden die Vorschriften der §§ 339 bis 341 Anwendung; der Anspruch auf Schadensersatz ist ausgeschlossen, wenn der Gläubiger die Strafe verlangt.

1 Die §§ 339–341 gehen davon aus, die Vertragsstrafe bestehe in Geld. Sie sollen aber nach § 342 I auch bei anderen Strafleistungen anwendbar sein (die §§ 343–345 gelten für sie ohnehin). Unanwendbar sollen nur die §§ 340 II, 341 II sein, weil eine Verrechnung des Schadensersatzes gegen eine nicht in Geld bestehende Strafleistung schwierig sein könnte. Doch ist das abdingbar (MüKo/*Gottwald* Rz 4).

§ 343 Herabsetzung der Strafe. (1) ¹Ist eine verwirkte Strafe unverhältnismäßig hoch, so kann sie auf Antrag des Schuldners durch Urteil auf den angemessenen Betrag herabgesetzt werden. ²Bei der Beurteilung der Angemessenheit ist jedes berechtigte Interesse des Gläubigers, nicht bloß das Vermögensinteresse, in Betracht zu ziehen. ³Nach der Entrichtung der Strafe ist die Herabsetzung ausgeschlossen.
(2) Das Gleiche gilt auch außer in den Fällen der §§ 339, 342, wenn jemand eine Strafe für den Fall verspricht, dass er eine Handlung vornimmt oder unterlässt.

1 **A. Funktionen des § 343 I.** Eine Vertragsstrafe wird typischerweise im Vertrauen darauf versprochen, es werde schon alles gut gehen. Dieser Gefahr wird (anders als bei der insoweit ähnlichen Bürgschaft) nicht durch eine Formvorschrift begegnet; das Versprechen wird nur vereinzelt von einer Formbedürftigkeit der zu sichernden Verbindlichkeit (zB nach § 311b I) erfasst. Vielmehr hilft § 343 hier unabdingbar durch die richterliche Herabsetzung einer unverhältnismäßig hohen Strafe. Das läuft entgegen dem sonst im BGB Üblichen auf eine **geltungserhaltende Reduktion** hinaus.

2 Nach **§ 348 HGB** gilt § 343 nicht für Strafversprechen, die ein **Kaufmann** im Betrieb seines Handelsgewerbes (vgl § 344 I HGB) abgegeben hat. Dabei entscheidet, ob der Versprechende im Zeitpunkt seines Versprechens und nicht beim Verfall der Strafe Kaufmann war (BGHZ 5, 133, 134). Der BGH hat aaO den § 348 HGB unter ganz besonderen Umständen auch auf Nichtkaufleute angewendet, nämlich auf Gesellschafter und Geschäftsführer einer GmbH. Das dürfte aber kaum verallgemeinerungsfähig sein. Wenigstens kommen die allg Schutzmittel gegen überhöhte Vertragsstrafen (u. Rn 13 ff) auch Kaufleuten zugute (MüKo/*Gottwald* Rz 4).

B. Voraussetzungen für eine Herabsetzung. I. Verfall der Strafe. Nach I 1 („verwirkte Strafe") muss die 3
Strafe bereits verfallen sein. Eine **vorsorgliche richterliche Herabsetzung** des noch nicht verfallenen Strafversprechens kommt also nicht in Betracht; auch eine Feststellungsklage ist unzulässig (RG JW 13, 604).
Die Strafe muss **noch verlangt werden können**. Daher scheidet eine Herabsetzung aus, wenn der Gläubiger 4
den Strafanspruch nach § 341 III durch vorbehaltlose Annahme der Leistung verloren hat.
Ebenso ist nach I 3 die Herabsetzung ausgeschlossen, wenn und soweit die **Strafe entrichtet worden ist**. 5
Maßgeblich war die Erwägung, ein allzu großes Übermaß werde nicht bestanden haben, wenn der Schuldner
gutwillig die ganze Strafe bezahlt habe (Prot I 786). Daher wird eine Herabsetzung noch gestattet, wenn der
Schuldner bei der Zahlung ausdrücklich die Herabsetzung vorbehalten hat (MüKo/*Gottwald* Rz 16; Palandt/
Grüneberg Rz 5). Auch soll ein Beitreiben der Strafe aufgrund eines nur vorläufig vollstreckbaren Titels die
Herabsetzung nicht hindern, ebenso wenig eine Zahlung zur Abwendung dieser Vollstreckung (MüKo/*Gottwald* Rz 16). Dagegen hindert ein rechtskräftiges Urt die Herabsetzung.
Voraussetzung des Verfalls ist weiter, dass **überhaupt ein wirksames Strafversprechen** vorliegt, und dass die 6
Strafe auch sonst wirksam gefordert werden kann. Daran fehlt es insb bei Eingreifen der §§ 125, 134, 138, 242
(unten Rn 13 ff).

II. Unverhältnismäßige Höhe der Strafe. Schon bei der Entscheidung über die unverhältnismäßige Höhe 7
sind die in I 2 genannten Gesichtspunkte zu beachten. Maßgeblich ist also insb **jedes berechtigte Interesse
des Gläubigers**, nicht bloß das Vermögensinteresse am Unterbleiben der pönalisierten Pflichtverletzung. Die
Regeln für die Bemessung eines nach § 890 ZPO festzusetzenden Ordnungsgeldes spielen dabei allenfalls eine
beschränkte Rolle, weil dieses nicht auch dem Schadensersatz dient (BGH NJW 94, 45, 46). Der BGH aaO 47
nennt als regelmäßig maßgeblich den Sanktionscharakter der Vertragsstrafe und deren Funktion, Zuwiderhandlungen zu verhindern. Dafür sollen erheblich sein Schwere und Ausmaß der Zuwiderhandlung, deren
Gefährlichkeit für den Gläubiger, das Verschulden des Verletzers und ggf die Funktion der Strafe als pauschalierter Schadensersatz; das Interesse des Schuldners an einer Verletzung soll beseitigt werden. Bei Versprechen
durch Arbeitnehmer soll auch die Höhe des monatlichen Bruttoentgelts zu berücksichtigen sein (MüKo/
Gottwald Rz 17a). In Betracht kommen soll weiter, dass der Schaden auch ohne die Pflichtverletzung des
Schuldners eingetreten wäre (BGH NJW 74, 2089, 2091, fragl).
Problematisch sind unter dem Gesichtspunkt der unverhältnismäßigen Höhe insb Strafversprechen, die nach 8
Tagen etwa einer Verspätung beim Bau oder **der (hohen) Zahl von Zuwiderhandlungen** bemessen sind. Hier
kann durch die Häufung eine unverhältnismäßige Höhe erreicht werden (zu § 307 vgl Rn 15).
Str ist der für die Unverhältnismäßigkeit **maßgebliche Zeitpunkt** (Vereinbarung, Verwirkung, Geltendma- 9
chung durch den Gläubiger und letzte mündliche Verhandlung, vgl MüKo/*Gottwald* Rz 18). Da sich die
Herabsetzung nicht auf die versprochene Strafe bezieht, sondern auf die verwirkte, kommt am ehesten der
Zeitpunkt der Verwirkung in Betracht.

C. Herabsetzung der Strafe. Die Herabsetzung der Strafe **muss vom Schuldner beantragt** werden; sie 10
erfolgt also nicht vAw. Der Antrag kann in einem eigenen Verfahren gestellt werden, wird aber wohl meist als
Einrede gegen die Klage des Gläubigers auf Zahlung der ungeminderten Strafe geltend gemacht. Dafür soll
jede (auch unbezifferte) Äußerung genügen, die erkennen lässt, dass der Schuldner von der als unangemessen
hoch eingeschätzten Vertragsstrafe befreit werden will (BGH NJW 68, 1626). Nach hM ist das kein Verteidigungsmittel, das wegen Verspätung präkludiert werden könnte (MüKo/*Gottwald* Rz 12).
Das Gericht **entscheidet durch Urt**. Dabei wird idR in Höhe des Betrages, den das Gericht für unverhältnis- 11
mäßig hält, die Klage des Gläubigers abgewiesen (**verdecktes Gestaltungsurteil**, MüKo/*Gottwald* Rz 1). Für
die Entscheidung über die angemessene Höhe sind dieselben Umstände maßgeblich, die nach dem o. Rn 7 ff
Gesagten die unverhältnismäßige Höhe ergeben. Diese Entscheidung hat der Tatrichter zu treffen; das Revisionsgericht prüft idR nur, ob der Tatrichter von falschen Rechtssätzen ausgegangen ist oder die Umstände des
Falles unvollständig oder widerspruchsvoll gewürdigt hat (BAG NJW 71, 2007). Die Beweislast für die
Umstände, aus denen sich die unangemessene Höhe ergeben soll, trägt der Schuldner.
„**Herabsetzung**" passt idR direkt also nur für eine Strafe in Geld. § 343 gilt aber auch für Strafverspre- 12
chen anderen Inhalts und insb auch für Verfallklauseln (MüKo/*Gottwald* Rz 5). Wie hier die Strafe
gemindert werden kann, muss sich aus den Umständen ergeben. Haben die Parteien selbst eine Abstufung von Strafen vereinbart, wird der Richter eine niedriger eingestufte Strafe wählen können (vgl
MüKo/*Gottwald* Rz 6).

D. Andere Hilfsmittel. Neben § 343 I gibt es noch weitere Hilfsmittel gegen überhöhte Strafversprechen. 13
Dabei kommt allg ein Verstoß gegen **§ 138 I** in Betracht. Dieser wird aber nicht allein wegen der Höhe der
Strafe anzunehmen sein; insoweit geht § 343 I als Sondervorschrift vor. Vielmehr müssen weitere Umstände
hinzukommen (RGZ 107, 298, 307) wie Knebelung etwa durch die Vielzahl strafbedrohter Verhaltensweisen
oder Monopolmissbrauch.
Auch kann die Geltendmachung hoher Vertragsstrafen gegen **Treu und Glauben** verstoßen, vgl etwa BGH 14
NJW 98, 1144, 1147, wo der Gläubiger Verstöße gesammelt hatte, um so einen möglichst hohen, wirtschaftlich bedrohlichen Strafanspruch entstehen zu lassen. Denn „der Sinn der Vertragsstrafe ... besteht nicht

darin, den Schuldner in wirtschaftliche Schwierigkeiten zu treiben, sondern ihm frühzeitig vor Augen zu führen, dass der Gläubiger auf der Einhaltung der Unterlassungsverpflichtung besteht" (BGH aaO). Weiteres Bsp. für § 242 BGH NJW 09, 1882.

15 Bei der **AGB-Verwendung** ggü gewöhnlichen, nicht von § 310 I erfassten Kunden sind Vertragsstrafen für bestimmte Verhaltensweisen ganz unzulässig, § 309 Nr 6. Daneben kommt allg eine Unzulässigkeit nach § 307 in Betracht. Insb muss bei **Bausparverträgen** eine tageweise berechnete Strafe wegen Leistungsverspätung regelmäßig durch eine Obergrenze beschränkt werden. Dabei sind sowohl der Tagessatz wie auch diese Grenze kontrollfähig (BGH NJW 00, 2106, 2107). Als Obergrenzen sind bis zu BGH NJW 87, 380 0,1% täglich, höchstens 10% für zulässig gehalten worden. BGH NJW 00, 2106, 2107 billigt 5% als absolute Höchstgrenze, missbilligt aber einen Tagessatz von 0,5%. BGHZ 153, 311 hält 10% als absolute Obergrenze für unzulässig, gewährt aber für Altverträge einen gewissen Vertrauensschutz. Zudem kommt es stets auch auf das Erfüllungsinteresse des Gläubigers an.

16 **E. Das selbständige Strafversprechen, § 343 II.** Das selbständige Strafversprechen unterscheidet sich von der echten Vertragsstrafe durch das Fehlen einer Primärpflicht und also auch der Akzessorietät (vgl vor § 339 Rn 1): Die Strafe wird nicht für die Nicht- oder Schlechterfüllung einer Verbindlichkeit (also für eine Pflichtverletzung) versprochen, sondern für die (nicht geschuldete) Vornahme oder Unterlassung einer Handlung. Erheblich eingeschränkt wird diese Möglichkeit freilich durch den (anwendbaren, BGH NJW 80, 1622, 1623) § 344.

17 In der Praxis begegnet das selbständige Strafversprechen wohl va im **Arbeitsrecht**. MüKo/*Gottwald* Rz 24 will dort arbeitsrechtliche Rückzahlungsklauseln bei Gratifikationen und ähnlichen Sonderleistungen des Arbeitgebers unterbringen, die bei einer baldigen Kündigung des Arbeitnehmers wirksam werden sollen. Einen Anwendungsfall können auch Verfallabreden bilden (zB für die Nichtannahme eines Verkaufsantrags, RGZ 95, 199). Dass es auch Zusagen im Bereich gesellschaftsrechtlicher Konventionen sichern soll (so MüKo/*Gottwald* Rz 24), ist mir noch nie begegnet (zB eine Strafe für die Ablehnung einer Einladung): Hier wirken eher gesellschaftliche Sanktionen.

18 Geregelt wird für das selbständige Strafversprechen in II nur die Anwendbarkeit von I. Doch können uU für selbständige Strafversprechen auch andere Normen aus den §§ 339 ff entspr angewendet werden (so § 339, RGZ 95, 199).

§ 344 Unwirksames Strafversprechen. Erklärt das Gesetz das Versprechen einer Leistung für unwirksam, so ist auch die für den Fall der Nichterfüllung des Versprechens getroffene Vereinbarung einer Strafe unwirksam, selbst wenn die Parteien die Unwirksamkeit des Versprechens gekannt haben.

1 Die Vorschrift will verhindern, dass durch ein Strafversprechen indirekter Rechtszwang ausgeübt wird, wo ein unmittelbarer Erfüllungszwang ausgeschlossen ist. Deutlichstes Beispiel bildet § 1297 II: Die Eheschließung, zu der man sich nicht wirksam verpflichten kann, soll auch durch ein Strafversprechen nicht mittelbar erzwungen werden können. Das sagt zugleich, dass es sich nicht um ein rechtswidriges (zB die Begehung einer Straftat) oder sonst wie unangemessenes Verhalten zu handeln braucht. Unwirksam sind etwa auch Strafversprechen, mit denen die Erfüllung einer Spiel- oder Wettschuld, eines formnichtigen Vertrages (BGH NJW 70, 1915) oder einer versprochenen Erbeinsetzung (§ 2302) gesichert werden sollen.

§ 345 Beweislast. Bestreitet der Schuldner die Verwirkung der Strafe, weil er seine Verbindlichkeit erfüllt habe, so hat er die Erfüllung zu beweisen, sofern nicht die geschuldete Leistung in einem Unterlassen besteht.

1 BGH NJW 69, 875 mN bezeichnet es als eine „allg anerkannte Beweislastregel, dass der Verpflichtete die Erfüllung einer ihm obliegenden Leistung, die in einem positiven Tun besteht, beweisen muss, und zwar auch dann, wenn sich an die Nichterfüllung oder die nicht rechtzeitige Erfüllung ungünstige Rechtsfolgen knüpfen, die der Gläubiger geltend macht". Dem entspricht § 345. Ebenso ergibt er, dass der Gläubiger die Zuwiderhandlung zu beweisen hat, wenn ein Unterlassen geschuldet ist.

2 Allemal zu beweisen hat der Gläubiger das Versprechen der Strafe und die objektiven Voraussetzungen des Verfalls nach § 339. Gleichfalls beweisen muss er bei § 340 II, § 341 II einen von ihm eingeklagten, über die Strafe hinausgehenden Schaden.

Titel 5 Rücktritt; Widerrufs- und Rückgaberecht bei Verbraucherverträgen

Vorbemerkungen vor §§ 346 ff

Der Rücktritt bedeutet die **Ausübung eines Gestaltungsrechts**: Dieses verwandelt den Inhalt eines Vertrages derart, dass dieser in ein Abwicklungsschuldverhältnis übergeht. Die §§ 346 ff regeln va diese Rückabwicklung. Dagegen sagen sie nichts über den **Grund des Rücktritts**: Dieser kann auf Vereinbarung oder auf Gesetz beruhen. Wichtige gesetzliche Anwendungsfälle finden sich in den §§ 313 III 1, 323, 324, 326 V, beim Kauf iVm §§ 440, 437 Nr 2, beim Werkvertrag iVm §§ 636, 634 Nr 3. Auf einzelne Vorschriften des Rücktrittsrechts wird etwa in den §§ 281 V, 283 2 verwiesen. **Zwingend** sind die §§ 346 ff nur, soweit das in der Vorschrift über den Rücktrittsgrund bestimmt ist, etwa in § 475; zudem in AGB nach § 309 Nr 2. 1

Vom Rücktritt eines auf Erfüllung gerichteten Vertrages durch Umwandlung in ein Rückgewährschuldverhältnis sind zu unterscheiden (1) die **Kündigung**, die bei Dauerschuldverhältnissen weithin den Rücktritt verdrängt; sie wirkt nur für die Zukunft und ist nicht allg geregelt; (2) die **Anfechtung** nach §§ 142 f; sie vernichtet den Vertrag rückwirkend und führt zur Abwicklung nach Bereicherungsrecht; (3) der Eintritt einer **auflösenden Bedingung**, § 158 II; seine Folgen sind in den §§ 159 ff geregelt, wenn man nicht schon dem bedingten Geschäft eine Regelung entnehmen kann; (4) der **Widerruf einer Schenkung**, § 530, der nach § 531 II ins Bereicherungsrecht führt; (5) die Ausübung eines **Wiederkaufsrechts** (s. BGH NJW 02, 505), doch können hier uU die Vorschriften des Rücktrittsrechts entspr angewendet werden (BGH NJW 72, 1191); (6) die **Rückabwicklung** eines „schädlichen" Vertrages **nach Schadensersatzrecht**, insb wegen cic (§ 311 II mit 249 I, s. § 311 Rn 61). 2

Der in den §§ 355 bis 361 geregelte **verbraucherschützende Widerruf** (und an seiner Stelle das **Rückgaberecht**, § 356) ähneln dem Rücktritt nach den §§ 346 ff, § 357 I 1. Diese Vorschriften beruhen weithin auf EG-Richtlinien und sind insoweit zugunsten des Verbrauchers **zwingend**. Die Widerrufsgründe sind anderswo geregelt, nämlich in den §§ 312 I, 312 d, 485, 495, dazu in § 4 FernUSG. 3

Insgesamt beruht die Fassung der §§ 346 bis 359 weitgehend auf dem SchRModG: Dieses hat va einen Anspruch auf Wertersatz eingeführt (§ 346 II) und Gründe für das Erlöschen des Rücktrittsrechts abgeschafft (§§ 351–353 aF). Zudem sind Verweisungen auf die §§ 987 ff aufgelöst worden. Die alte Regelung für das Fixgeschäft (§ 361 aF) findet sich jetzt etwas verändert in § 323 II Nr 2. Die neuen Vorschriften über den verbraucherschützenden Widerruf (§§ 355 ff) haben die kurzlebige Regelung in den §§ 361a, b und in Sondergesetzen (HWiG, FernAbsG, VerbrKrG) ersetzt. Hier ist die Formulierung durch den höheren Abstraktionsgrad (Abstellen auf den Verbrauchervertrag) vereinheitlicht, aber teils auch schwerer lesbar geworden. 4

Untertitel 1 Rücktritt

§ 346 Wirkungen des Rücktritts. (1) Hat sich eine Vertragspartei vertraglich den Rücktritt vorbehalten oder steht ihr ein gesetzliches Rücktrittsrecht zu, so sind im Fall des Rücktritts die empfangenen Leistungen zurückzugewähren und die gezogenen Nutzungen herauszugeben.
(2) ¹Statt der Rückgewähr oder Herausgabe hat der Schuldner Wertersatz zu leisten, soweit
1. die Rückgewähr oder die Herausgabe nach der Natur des Erlangten ausgeschlossen ist,
2. er den empfangenen Gegenstand verbraucht, veräußert, belastet, verarbeitet oder umgestaltet hat,
3. der empfangene Gegenstand sich verschlechtert hat oder untergegangen ist; jedoch bleibt die durch die bestimmungsgemäße Ingebrauchnahme entstandene Verschlechterung außer Betracht.
²Ist im Vertrag eine Gegenleistung bestimmt, ist sie bei der Berechnung des Wertersatzes zugrunde zu legen; ist Wertersatz für den Gebrauchsvorteil eines Darlehens zu leisten, kann nachgewiesen werden, dass der Wert des Gebrauchsvorteils niedriger war.
(3) ¹Die Pflicht zum Wertersatz entfällt,
1. wenn sich der zum Rücktritt berechtigende Mangel erst während der Verarbeitung oder Umgestaltung des Gegenstands gezeigt hat,
2. soweit der Gläubiger die Verschlechterung oder den Untergang zu vertreten hat oder der Schaden bei ihm gleichfalls eingetreten wäre,
3. wenn im Fall eines gesetzlichen Rücktrittsrechts die Verschlechterung oder der Untergang beim Berechtigten eingetreten ist, obwohl dieser diejenige Sorgfalt beobachtet hat, die er in eigenen Angelegenheiten anzuwenden pflegt.
²Eine verbleibende Bereicherung ist herauszugeben.
(4) Der Gläubiger kann wegen Verletzung einer Pflicht aus Absatz 1 nach Maßgabe der §§ 280 bis 283 Schadensersatz verlangen.

A. Anwendungsbereich. § 346 aF hatte sich auf den vertraglich vorbehaltenen Rücktritt beschränkt; die Anwendung auf den gesetzlichen Rücktritt musste daher eigens bestimmt werden (so in dem missglückten § 327 aF). Demggü umfasst der neue § 346 I ausdrücklich beide Arten des Rücktritts. Nur einige Spezialvor- 1 schriften betreffen bloß den vertraglich vorbehaltenen (§ 350, 353) oder den gesetzlichen Rücktritt (§§ 346 III Nr 3, 347 I 2). Der maßgebliche Unterschied besteht darin, dass die Beteiligten idR mit einem vorbehaltenen Rücktritt rechnen können, mit einem gesetzlichen dagegen nicht.

2 **B. Rechtsfolgen. I. Erlöschen nicht erfüllter Pflichten.** Die nächstliegende Wirkung des Rücktritts wird als selbstverständlich in § 346 nicht eigens ausgesprochen: Die noch nicht erfüllten **Primärleistungspflichten erlöschen**, so dass Erfüllung nicht mehr verlangt werden kann. Schon entstandene Sekundäransprüche (zB auf Ersatz von Begleit- oder Verzugsschäden, differenzierend aber *Herresthal* JuS 07, 798 ff) bleiben dagegen idR bestehen. Für gegenseitige Verträge stellt § 325 jetzt zudem klar, dass nach dem Rücktritt auch noch Schadenersatz statt der Leistung verlangt werden kann (zur Abwicklung vgl dort).

3 **II. Rückgewähr der schon erbrachten Leistungen, § 346 I. 1. Rückgewähr.** Der Rücktritt verändert nur den Schuldvertrag und hat **keine dingliche Wirkung** hinsichtlich der schon erbrachten Leistungen. Wenn die Leistung in einer Übereignung bestanden hat, ist also neben der Rückgabe eine Rückübereignung nötig; für gezahltes Geld ist eine gleiche Summe zurückzuzahlen. BGHZ 87, 104, 109 f bejaht für die alte Wandelung beim Kauf sogar eine Verpflichtung des Verkäufers zur Rücknahme des Leistungsgegenstandes.

4 **2. Herausgabe von Nutzungen.** Zugleich hat nach § 346 I der Rückgewährschuldner „die gezogenen Nutzungen (§§ 100, 99) herauszugeben". Diese Herausgabepflicht entspricht § 987 I, freilich ohne Beschränkung auf die nach Rechtshängigkeit gezogenen Nutzungen. Soweit Nutzungen nicht mehr vorhanden sind, kommt II 1 Nr 2 oder Nr 3 in Betracht. Zu einer Besonderheit beim **Verbrauchsgüterkauf** vgl § 357 Rn 7.

5 **III. Wertersatz. a) Anwendungsbereich.** Statt der Rückgewähr oder Herausgabe kommt nach II 1 Wertersatz in drei Fallgruppen in Betracht: 1. **Die Natur des Erlangten** schließt eine Rückgewähr oder Herausgabe aus, Nr 1. Das trifft zB zu für Dienstleistungen, Unterlassungen oder manche Werkleistungen, auch für die bloße Nutzung einer Sache, vgl § 346 2 aF.

6 2. Der Empfänger hat den **Gegenstand verbraucht, veräußert**, belastet, verarbeitet oder umgestaltet, Nr 2. Bei Verschulden hatte das früher idR den Rücktritt ausgeschlossen, § 351 aF, nach § 352 aF auch ohne Verschulden. Der neue Text ergibt, dass der Rücktritt möglich bleibt und der Gläubiger mit dem Wertersatz vorlieb nehmen muss.

7 3. Der empfangene **Gegenstand hat sich verschlechtert oder ist untergegangen**, ohne dass dies durch den Empfänger veranlasst zu sein braucht. Dem stehen gleich andere Gründe für die Unmöglichkeit der Herausgabe, etwa ein Verlust der Sache. Ausgenommen ist lediglich die Verschlechterung, die durch die bestimmungsgemäße Ingebrauchnahme (nicht den späteren Gebrauch) entstanden ist. Diese kann zB bei Kleidung oder Möbeln den Wert erheblich mindern.

8 **b) Wertberechnung.** Auszugehen ist vom **objektiven Marktwert** und nicht vom Nutzen der Leistung gerade für den Gläubiger; insoweit bleibt der Wertersatz also ggf unter dem Schadensersatz.

9 Eine **Sonderregelung** trifft II 2 Alt 1 für den Fall, dass der durch den Rücktritt beendete Vertrag eine **Gegenleistung bestimmt** hat: Diese soll bei der Ermittlung des Wertersatzes zugrunde gelegt werden (vgl § 346 2 aF a E). Das gilt auch bei Rücktritt eines Geldgläubigers wegen Schuldnerverzuges, wenn der Geldwert der zu ersetzenden Leistung den Wert der Gegenleistung übersteigt, BGH ZIP 09, 81 Tz 13 ff. Bei einer minderwertigen Leistung soll die vereinbarte Gegenleistung entspr § 441 gemindert werden (Palandt/*Grüneberg* Rz 10). Beim vertraglichen Rücktritt will Palandt/*Grüneberg* aaO das vereinbarte Entgelt auch um den Gewinnanteil des Gläubigers kürzen; dagegen aber zutr die aaO Genannten.

10 Eine weitere Sonderregelung findet sich in II 2 für den **Gebrauchsvorteil eines Darlehens**: Wenn hier der vereinbarte Zins den marktüblichen überschreitet, soll der Schuldner diese Überschreitung nachweisen dürfen; er braucht dann nur die marktüblichen Zinsen zu bezahlen.

11 Häufig ist ein Wert nicht für die Nutzungen selbst vereinbart, sondern für den nutzbaren Gegenstand (zB ein Kraftfahrzeug). Dann ist der Nutzungswert nach § 287 ZPO zu schätzen, idR in Anlehnung an die zeitanteilige lineare Wertminderung. Das ergibt für Kraftfahrzeuge bei 1.000 km 0,4% bis 1% des Anschaffungspreises, bei Nutzfahrzeugen 0,5% (vgl Palandt/*Grüneberg* Rz 10).

12 **IV. Ausschluss des Wertersatzes, Abs 3 S 1.** Auch für den Ausschluss des Wertersatzes gibt es drei Fallgruppen. 1. Der zum Rücktritt berechtigende **Mangel hat sich erst während der Verarbeitung oder Umgestaltung gezeigt**, Nr 1 (vgl § 467 1 Hs 2 aF). Denn wenn sich der Mangel schon vorher gezeigt hätte, wäre der Empfänger wahrscheinlich schon vor der Verarbeitung zurückgetreten und hätte dann seine Pflicht durch die einfache Rückgabe des mangelhaften Gegenstandes erfüllen können. Soweit er durch die verarbeitete oder umgestaltete Sache bereichert ist, haftet er aber nach III 2 mit § 818.

13 2. **Der Gläubiger hat** die Verschlechterung oder den Untergang **zu vertreten** oder der Schaden wäre bei ihm *gleichfalls eingetreten*. „Zu vertreten" hat der Gläubiger nicht nur ein technisches Verschulden. Vielmehr gilt analog § 326 II, dass der Gläubiger allein oder weit überwiegend verantwortlich ist oder sich im Gläubigerverzug befindet (MüKo/*Gaier* Rz 51, Erman/*Bezzenberger* Rz 16). Insb fällt hierunter, dass Verschlechterung oder Untergang auf einem Empfänger zum Rücktritt berechtigenden Mangel beruhen.

Dass der **Schaden beim Gläubiger gleichfalls eingetreten** wäre (zB das Rennpferd wäre auch bei ihm gestorben; das Haus wäre jedenfalls durch den Blitz getroffen worden), berücksichtigt eine überholende Kausalität: Der Gläubiger hätte die Sache auch ohne die Leistung an den Schuldner verloren. 14

3. Den krit Fall enthält die Nr 3: Die Pflicht zum Wertersatz entfällt, wenn beim gesetzlichen Rücktrittsrecht **Verschlechterung oder Untergang beim Berechtigten trotz Einhaltung der eigenüblichen Sorgfalt** (doch vgl § 277) **eingetreten** sind. Hier springt also mit dem Rücktritt die Sachgefahr auf den Rücktrittsgegner zurück, obwohl diese aus der Sphäre des Rücktrittsberechtigten stammt und vielleicht sogar auf dessen leichte Fahrlässigkeit zurückgeht. Diese Regelung ist vielfach auf Ablehnung gestoßen (vgl MüKo/*Gaier* Rz 53 ff, Erman/*Bezzenberger* Rz 19, jetzt auch *Herb. Roth* FS Canaris 07 I, 1131 ff) wie schon die ähnliche nach § 350 aF. Vgl. jetzt *Singer* FS Medicus 09, 487, 506 ff). 15

Zum Verständnis der Regelung ist zunächst die Begründung des Gesetzgebers zu bedenken: Das Rückspringen der Gefahr durch den Rücktritt (bspw) auf den Verkäufer sei sachgerecht, wenn der Käufer wegen einer Pflichtverletzung (Sachmangel) von dem Kauf zurücktrete. Denn hier dürfe der Verkäufer nicht darauf vertrauen, dass der Gefahrenübergang auf den Käufer (§ 446 I) endgültig sei. Das Dilemma, von zwei (womöglich) schuldlosen Beteiligten einem den Verlust auferlegen zu müssen, müsse entspr der hM im bisher geltenden Recht zugunsten des Rücktrittsberechtigten gelöst werden (BTDrs 14/6040 196, ebenso schon Abschlussbericht 188). 16

Dieser Standpunkt ist wohlüberlegt und vertretbar; ihn gänzlich und sogar entrüstet abzulehnen (etwa *D. Kaiser* JZ 01, 1057; *Kohler* JZ 02, 682; 1127) übersieht das in der Tat vorliegende Dilemma. Freilich ergeben sich aus ihm zwei Beschränkungen ggü dem Wortlaut: Erstens ist die Belastung des Rücktrittsgegners nur da berechtigt, wo dieser den Rücktritt durch eine Pflichtverletzung (insb durch mangelhafte Lieferung) veranlasst hat. Dagegen passt sie nicht für das subsidiäre Rücktrittsrecht nach § 313 III, wo an es an einer solchen Veranlassung fehlt (*Heinrichs* Liber Amicorum Eike Schmidt, 05, 178). 17

Zweitens ist die Haftungsbeschränkung auf die eigenübliche Sorgfalt des Rücktrittsberechtigten sinngemäß nur begründet, solange dieser sein Rücktrittsrecht noch nicht kennt (und erst recht noch nicht ausgeübt hat). Denn nur dann kann er annehmen, den ihm geleisteten Gegenstand auf die Dauer behalten zu dürfen und nicht zurückgeben zu müssen (ebenso MüKo/*Gaier* Rz 57 mit Belegen). Weiß er das dagegen, so muss er den Gegenstand zur Vermeidung einer Schadensersatzpflicht mit aller Sorgfalt behandeln (vgl u. Rn 30 ff). 18

Weitere Einschränkungen des III 1 Nr 3 lassen sich kaum rechtfertigen. Im Gegenteil ist die Vorschrift noch auf Fälle einer nicht durch Verschlechterung oder Untergang des Gegenstandes der Rückgabepflicht eingetretene Hindernisse zu erweitern, zB Verlust durch Diebstahl (etwa MüKo/*Gaier* Rz 55). IdR aber muss es dabei bleiben: Der Rücktritt wird nicht dadurch ausgeschlossen, dass der Berechtigte die empfangene Leistung nicht zurückgeben kann; auch tritt ggf nach III 1 Nr 3 keine Wertersatzpflicht ein. Zur Problematik einer Schadensersatzpflicht vgl u. Rn 22 ff. 19

V. Haftung nach Bereicherungsrecht, Abs 3 S 2. Auch soweit nach III 1 kein Wertersatz geschuldet wird, soll nach III 2 eine verbleibende Bereicherung herauszugeben sein (s. *J. Kohler* AcP 208, 417). Das bedeutet eine Rechtsfolgeverweisung auf die §§ 818, 819. So ist etwa der verschlechterte Leistungsgegenstand herauszugeben, auch wenn nach III 1 Nr 3 keine Pflicht zum Wertersatz besteht. Die gezogenen Nutzungen fallen aber schon unter I am Ende; wegen der schuldhaft nicht gezogenen gilt § 347. 20

VI. Schadensersatzpflicht des Rückgewährschuldners, Abs 4. Nach IV soll der Gläubiger „wegen der Verletzung einer Pflicht aus I" Schadensersatz nach Maßgabe der §§ 280 bis 283 verlangen können. Das bedeutet eine Rechtsgrundverweisung insb auf § 280 I. Zunächst muss also eine Pflichtverletzung des Rückgewährschuldners vorliegen. Hierzu gibt es einen Streit in der Lit mit erheblichen Auswirkungen für das Ergebnis. 21

1. Verletzung nach Entstehung der Rückgewährpflicht. Die erste Ansicht argumentiert mit dem Wortlaut von IV: Die „Pflichten aus I" seien die Rückgewährpflichten, und diese entstünden erst mit der Erklärung des Rücktritts. Eine vorher erfolgte Beeinträchtigung des zurückzugewährenden Gegenstandes falle daher selbst bei Kenntnis des Rücktrittsgrundes nicht unter IV. So etwa *D. Kaiser* JZ 01, 1063; Erman/*Bezzenberger* Rz 34. 22

2. Verletzung nach Kenntnis oder Kennenmüssen des Rücktrittsgrundes. Die zweite Ansicht unterscheidet zwischen vertraglichem und gesetzlichem Rücktrittsrecht. Beim vertraglichen Rücktrittsrecht müsse jede Partei mit dessen Ausübung rechnen und daher mit dem empfangenen Leistungsgegenstand sorgsam umgehen. Dagegen entstehe beim gesetzlichen Rücktrittsrecht die Pflicht zur sorgsamen Behandlung erst, wenn die Partei den Rücktrittsgrund kenne oder kennen müsse. So etwa *M. Schwab* Jus 02, 630, 636; Huber/Faust Schuldrechtsmodernisierung (2002) Kap 10 Rz 47. 23

3. Pflichtverletzung durch Verletzung der Rückgewährpflicht. Die dritte Ansicht stellt nicht primär auf eine Beeinträchtigung des Gegenstandes der Rückgewährpflicht ab. Vielmehr sieht sie die Pflichtverletzung darin, dass der Schuldner die Rückgewähr „nicht oder nicht wie geschuldet" (§ 281 I 1) leistet. Insoweit kommt es also nicht darauf an, wann der Grund für die Nicht- oder Schlechtleistung entstanden ist. Vielmehr spielt das erst für das Vertretenmüssen eine Rolle (u. Rn 25). So etwa MüKo/*Gaier* Rz 59 ff; Palandt/*Grüneberg* Rz 15, ausf *Heinrichs* (Rn 17) 159, 166 ff mit Widerlegung des Einwandes, eine Pflicht könne erst verletzt werden, wenn sie entstanden und fällig geworden sei. 24

25 Nach dieser Ansicht kommt der Zeitpunkt der Entstehung des Leistungshindernisses (also etwa der schlechten Behandlung des zurückzugewährenden Gegenstandes) erst über das (nach § 280 I 2 vermutete) Vertretenmüssen ins Spiel. Denn solange der Schuldner beim gesetzlichen Rücktritt den Rücktrittsgrund weder kennt noch kennen muss, braucht er mit einer Rückgewährpflicht nicht zu rechnen. Ihm fehlt daher ein Verschulden. Beim vereinbarten Rücktritt dagegen müsse mit einem Rücktritt (und daher auch mit einer Rückgewährpflicht) jederzeit gerechnet werden. Der Schuldner hafte daher bei Verschulden ohne Rücksicht auf den Zeitpunkt des Leistungshindernisses.

26 **4. Kritik.** Der Rückgewährgläubiger ist primär nur daran interessiert, den geleisteten Gegenstand nach dem Rücktritt unversehrt und pünktlich zurückzuerhalten. Hierdurch wird der Inhalt der Pflicht des Schuldners bestimmt. Daher ist es konsequent, mit der Ansicht von Rn 24 die Pflichtverletzung bei der mangelhaften Rückgewähr zu suchen. Für die Verzögerung der Rückgewähr ist das nach §§ 346 IV, 280 I, II, 286 ohnehin unvermeidlich. Auch den Schadensersatz statt der Leistung nach § 280 III kann nur nach diesem Zeitpunkt bestimmt werden. Folglich muss, was sachgerecht ist, auch der Schuldner das Fehlen seines Verschuldens nach § 280 I 2 beweisen. Dass dieses untechnische Verschulden schon vor der Entstehung der Rückgabepflicht liegen kann, ist nichts Besonderes. Zu folgen ist also der dritten Ansicht von Rn 24 f. Doch wird man für das Kennenmüssen des Rücktrittsgrundes eine Pflicht zu Nachforschungen nur ausnahmsweise annehmen können; sonst droht ein Wertungswiderspruch zu § 990 I.

27 **5. Das Gebrauchsrecht des Schuldners.** Für das Recht des Schuldners, den empfangenen Gegenstand zu gebrauchen und damit möglicherweise zu verschlechtern oder zu gefährden, ist zwischen dem vertraglichen und dem gesetzlichen Rücktrittsrecht zu unterscheiden.

28 **Beim vertraglichen Rücktrittsrecht** muss sich durch Auslegung des die Überlassung regelnden Vertrages ergeben, was der Schuldner tun darf. Insb kann gerade die Erprobung der Sache sogar unter extremen Umständen Vertragszweck und damit erlaubt sein (zB bei einem Geländewagen). Wird die Sache dabei ohne weiteres Verschulden beeinträchtigt, so hat der Schuldner die daraus folgenden Mängel bei der Rückgabe nicht zu vertreten. Umgekehrt kann die Überlassung aber auch nur zur Ansicht erfolgen sein; dann mag schon die bloße Ingebrauchnahme ein Verschulden bedeuten.

29 **Beim gesetzlichen Rücktritt** wird der Überlassungsvertrag idR keine Beschränkung des erlaubten Gebrauchs enthalten (zB beim Kauf). Dann kommt bis zum Kennenmüssen des Empfängers von dem Rücktrittsgrund ein Verschulden nicht in Betracht (*Heinrichs* o. Rn 17, 175). Nach Kennenmüssen, aber vor dem Rücktritt kann er nach hM die Sache weiter benutzen, wenn auch mit Ausschluss einer besonderen Gefährdung. Nach *Heinrichs* aaO 179 ff soll dann aber die Haftungsmilderung von III 1 Nr 3 analog gelten. Das endet erst mit der Erklärung des Rücktritts: Dann hat der Schuldner nach § 280, 276 I jede Sorgfalt zu beachten. Sein Recht zum Weitergebrauch der Sache kann aber ausnahmsweise fortbestehen, etwa wenn die nach § 348 zu vollziehende Rückabwicklung durch den Rückgewährgläubiger verzögert wird (MüKo/*Gaier* Rz 65). Dann kann sogar eine Haftungsbeschränkung des Schuldners nach den §§ 298, 300 I eintreten.

30 **6. Inhalt der Schadensersatzpflicht.** § 346 IV verweist auf die §§ 280 bis 283. Das bedeutet: Ersatz eines Schadens aus der Verzögerung der Rückgewähr kann nur nach §§ 280 II, 286 verlangt werden. Für einen Schadensersatz „in Geld" statt der Rückgewähr sind die §§ 281 bis 283 maßgeblich; regelmäßig muss der Gläubiger also nach § 281 I 1 zunächst eine Frist setzen. Für eine Teilrückgewähr gilt § 281 I 2 und 3. Insb kann also nach 3 Schadensersatz statt der ganzen Leistung nur bei einer erheblichen Pflichtverletzung verlangt werden.

§ 347 Nutzungen und Verwendungen nach Rücktritt.
(1) ¹Zieht der Schuldner Nutzungen entgegen den Regeln einer ordnungsmäßigen Wirtschaft nicht, obwohl ihm das möglich gewesen wäre, so ist er dem Gläubiger zum Wertersatz verpflichtet. ²Im Falle eines gesetzlichen Rücktrittsrechts hat der Berechtigte hinsichtlich der Nutzungen nur für diejenige Sorgfalt einzustehen, die er in eigenen Angelegenheiten anzuwenden pflegt.
(2) ¹Gibt der Schuldner den Gegenstand zurück, leistet er Wertersatz oder ist seine Wertersatzpflicht gemäß § 346 Abs. 3 Nr. 1 oder 2 ausgeschlossen, so sind ihm notwendige Verwendungen zu ersetzen. ²Andere Aufwendungen sind zu ersetzen, soweit der Gläubiger durch diese bereichert wird.

1 **A. Anwendungsbereich.** Die mehrdeutige Überschrift kann zu der Annahme verleiten, § 347 meine nur die nach der Rücktrittserklärung nicht gezogenen Nutzungen und entstandenen Verwendungen. Das täuscht aber: Zweck des § 347 ist die Ergänzung der in § 346 I am Ende bestimmten Herausgabepflicht hinsichtlich der wirklich gezogenen Nutzungen sowie des Ersatzes von Aufwendungen. Betroffen sind also insb auch die Nutzungen und Aufwendungen vor der Rücktrittserklärung.

2 **B. Nutzungen.** I 1 erweitert die in § 346 I angeordnete Herausgabepflicht des Rückgabeschuldners für die wirklich gezogenen Nutzungen: Zusätzlich soll eine Wertersatzpflicht für diejenigen Nutzungen gelten, die der Schuldner entgegen den Regeln einer ordnungsmäßigen Wirtschaft nicht gezogen hat, obwohl ihm das

möglich gewesen wäre. Das ähnelt dem bis zum SchRModG kraft Verweisung (§ 347 S. II aF) geltenden § 987 II. Dort wird allerdings Verschulden des Besitzers verlangt. Dieses beim Rücktritt ohnehin nur untechnisch zu verstehende Erfordernis wird in I 1 durch die Worte „obwohl ihm das möglich gewesen wäre" übernommen. Der sachliche Unterschied zum Verschulden dürfte gering sein.

Das Verschuldenserfordernis erscheint aber auch insofern in I 2, als dort für das gesetzliche Rücktrittsrecht 3 auf die Nichtbeachtung der eigenüblichen Sorgfalt (doch vgl § 277) abgestellt wird. Das passt zu § 346 III 1 Nr 3 und ist ebenso wie dort zu verstehen (vgl § 346 Rn 18).

Wegen der **Nutzungen** vgl § 100 mit § 99, zu den **Regeln einer ordnungsmäßigen Wirtschaft** § 987 MüKo/ 4 *Medicus* § 987 Rz 1, 22 f.

C. Aufwendungen, insbes Verwendungen. I. Anspruchsumfang. Im Gegensatz zu § 347 2 aF, §§ 994 ff 5 erweitert der neue II die Gegenansprüche des Rücktrittsschuldners: Die **notwendigen Verwendungen** (§ 994 Rn 2) sind ihm allemal zu ersetzen. Dabei sind Verwendungen alle sachbezogenen Vermögensaufwendungen, die unmittelbar der Erhaltung, Wiederherstellung oder Verbesserung der Sache dienen (etwa BGHZ 131, 220, 222 f mN). Notwendig sind sie, wenn sie zur Erhaltung oder ordnungsmäßigen Bewirtschaftung der Sache erforderlich sind und nicht bloß Sonderzwecken des Besitzers dienen (BGH aaO 223). Der Streit, ob und inwieweit auch sachändernde Verwendungen in Betracht kommen (zB eine Bebauung), hat bei § 347 II nur geringe Bedeutung. Denn selbst wenn man die Frage mit der Rspr (etwa BGHZ 41, 157, 160 f) verneint, bleibt immer noch der Ersatz von den Gläubiger bereichernden Aufwendungen nach II 2.

Aufwendungen sind idR alle freiwilligen Vermögensopfer für Interessen eines anderen (BGHZ 59, 328, 329 f 6 mN). Allerdings können in § 347 II 2 die „Interessen eines anderen" nicht subjektiv verstanden werden, weil Aufwendungen vor dem Rücktritt idR in eigenem Interesse gemacht werden. Daher muss genügen, dass die Aufwendungen letztlich dem Gläubiger zugute kommen. Das deckt sich mit dem Erfordernis einer Bereicherung des Gläubigers.

Dieses Erfordernis bedeutet eine Rechtsfolgeverweisung insb auf § 818. Dabei kann sich das Problem der auf- 7 gedrängten Bereicherung stellen (vgl § 818 Rn 13), wenn die Vermögensmehrung dem Gläubiger unerwünscht ist. Vgl dazu etwa *Larenz/Canaris* § 72 IV 2, 3; *Medicus* BürgR Rz 899.

Aufwendungen können insb auch Vermögensopfer sein, die keine Verwendungen auf bestimmte Sachen dar- 8 stellen, zB Transportkosten oder Zölle. Doch wird ein Ersatzanspruch hier häufig daran scheitern, dass es an einer Bereicherung des Gläubigers fehlt.

II. Gläubiger. Als Gläubiger des Aufwendungsersatzes nennt II 1 ausdrücklich nur drei Personenkreise: 9 1. Wer nach § 346 I **den Gegenstand zurückgibt**, 2. wer nach § 346 II **Wertersatz leistet**, 3. wer **nach § 346 III Nr 1 und 2 keinen Wertersatz zu leisten braucht**. Dagegen hat der nach § 346 III Nr 3 vom Wertersatz Befreite keinen Anspruch auf Aufwendungsersatz: Es sei unbillig, den Rücktrittsgegner mit notwendigen Verwendungen zu belasten, obwohl er aus Gründen außerhalb seines Risikobereichs weder Rückgabe seiner Leistung noch Wertersatz erhalte (Palandt/*Grüneberg* Rz 3). Andere wollen diese Ausnahme einschränken, weil sie keinen plausiblen Grund sehen (MüKo/*Gaier* Rz 16).

III. Geltendmachung. Ansprüche nach II werden nach dem Wortlaut erst mit der Leistung von Rückgabe 10 oder Wertersatz fällig. Doch wird man auch auf sie § 348 anzuwenden haben, so dass Rückgabe oder Wertersatz analog §§ 320, 322 nur Zug um Zug gegen den Aufwendungsersatz zu leisten sind.

§ 348 Erfüllung Zug-um-Zug. ¹Die sich aus dem Rücktritt ergebenden Verpflichtungen der Parteien sind Zug um Zug zu erfüllen. ²Die Vorschriften der §§ 320, 322 finden entsprechende Anwendung.

Die durch das SchRModG nicht geänderte Vorschrift will die Abwicklung der sich aus dem Rücktritt erge- 1 benden Pflichten regeln. Dabei handelt es sich um Pflichten aller Art, nicht nur die um Rückgewähr von Leistung und Gegenleistung. Erfasst werden insb auch die Pflichten aus den §§ 346 III 2, IV, 347: Stets sind die §§ 320, 322 entspr anwendbar.

Dagegen macht § 348 aus dem Rückgewährschuldverhältnis (vgl vor § 346 Rn 2) **keinen gegenseitigen Ver-** 2 **trag**. Insb sind also die §§ 323 bis 326 unanwendbar. Daher kann zB bei Säumnis des einen Rückgewährschuldners der andere nicht nach § 323 vom Rücktritt zurücktreten (vgl BGH NJW 02, 506, 507). Die Folgen einer Leistungsstörung ergeben sich im Rücktrittsstadium vielmehr nur aus den §§ 346 II, IV mit 280 bis 283 sowie aus §§ 280, 286.

§ 349 Erklärung des Rücktritts. Der Rücktritt erfolgt durch Erklärung gegenüber dem anderen Teil.

Der Rücktritt bildet ein **Gestaltungsrecht** des Rücktrittsberechtigten. Dieser hat den Rücktritt durch einsei- 1 tige, empfangsbedürftige Willenserklärung zu erklären. Sie wird mit dem Zugang an den Rücktrittsgegner wirksam (vgl §§ 130 ff). Die Umdeutung einer Rücktrittserklärung in ein Verlangen nach Schadensersatz (vgl BGH NJW 88, 2877) ist durch den neuen § 325 weithin unnötig geworden, weil der Rücktritt Schadensersatzansprüche nicht mehr ausschließt. Die Angabe des Rücktrittsgrundes ist unnötig, BGHZ 99, 182, 193; wird ein Grund angegeben, kann der Rücktritt trotzdem aus einem anderen Grund wirksam sein (BGH aaO).

2 Als Gestaltungserklärung ist der Rücktritt **unwiderruflich und bedingungsfeindlich** (vgl § 388 2 und BGHZ 32, 375, 383). Eine Ausn hiervon gilt aber, wenn die Bedingung keine für den Rücktrittsgegner unzumutbare Unklarheit schafft. Das kann zutreffen etwa für Rechtsbedingungen oder Bedingungen, deren Eintritt allein vom Willen des Rücktrittsgegners abhängt (BGHZ 97, 264).

§ 350 Erlöschen des Rücktrittsrechts nach Fristsetzung. ¹Ist für die Ausübung des vertraglichen Rücktrittsrechts eine Frist nicht vereinbart, so kann dem Berechtigten von dem anderen Teil für die Ausübung eine angemessene Frist bestimmt werden. ²Das Rücktrittsrecht erlischt, wenn nicht der Rücktritt vor dem Ablauf der Frist erklärt wird.

1 **A. Vertragliche Rücktrittsrechte.** Schon wegen der Vertragsfreiheit kann für die Ausübung eines vertraglichen Rücktrittsrechts eine Frist vereinbart werden, und das ist zur Vermeidung langdauernder Unsicherheit idR auch zweckmäßig. Wenn eine solche Vereinbarung unterblieben ist, hilft aber § 350: Der Gegner kann dem Berechtigten eine angemessene Frist bestimmen, nach deren Ablauf das Rücktrittsrecht erlischt. Eine unangemessen kurze Frist setzt idR die angemessene längere in Lauf (vgl § 323 Rn 19).

2 **B. Gesetzliche Rücktrittsrechte.** Auf die wichtigeren gesetzlichen Rücktrittsrechte bezieht sich § 350 nicht. Das beruht auf einer bewussten Entscheidung des Gesetzgebers (BTDrs 14/6040 185) und bedeutet daher keine durch analoge Anwendung von § 350 zu füllende planwidrige Gesetzeslücke. Eine Abhilfe ist auch in den wichtigsten Fällen unnötig, nämlich bei denen der alten Wandlung: Dort hilft § 218 I nach **Verjährung des Nacherfüllungsanspruchs** dem Rücktrittsgegner, §§ 438 IV, 634a IV. Ob in den übrigen Fällen § 264 II entspr angewendet werden kann (vgl Palandt/*Grüneberg* Rz 1 sowie *Heinrichs* (§ 346 Rn 17) 159, 161), ist zweifelhaft.

3 **C. Verzicht, Verwirkung.** Unabhängig von § 350 kann auch auf ein vertragliches oder gesetzliches Rücktrittsrecht verzichtet werden. Ein solcher Verzicht ist auch konkludent möglich, etwa durch ein mit den Rücktrittsfolgen unvereinbares Verhalten. Weiter ist nach allgemeinen Regeln (vgl § 242 Rn 59 ff) eine Verwirkung möglich, insb wenn beim Rücktrittsgegner ein zu Investitionen führendes Vertrauen auf die Nichtausübung des Rücktrittsrechts geweckt worden ist.

§ 351 Unteilbarkeit des Rücktrittsrechts. ¹Sind bei einem Vertrag auf der einen oder der anderen Seite mehrere beteiligt, so kann das Rücktrittsrecht nur von allen und gegen alle ausgeübt werden. ²Erlischt das Rücktrittsrecht für einen der Berechtigten, so erlischt es auch für die übrigen.

1 **A. Ausübung, S 1.** § 351 (früher § 356 aF) bestimmt in 1 (abdingbar) die Einheitlichkeit des Rücktrittsrechts, wenn bei einem Vertrag auf der einen oder der anderen Seite mehrere Personen beteiligt sind. Dabei genügt es, wenn das Rücktrittsrecht durch das Verhalten nur eines der Beteiligten geschaffen worden ist (BGH NJW 76, 1931, 1932). Gleich zu behandeln ist der Fall des Vertragsverbundes, nämlich wenn nach dem erkennbaren Willen auch nur eines Beteiligten mehrere Vereinbarungen nicht für sich allein gelten, sondern gemeinsam miteinander stehen und fallen sollen (BGH aaO). Doch muss bei mehreren Rücktrittsgegnern der Rücktritt ggü allen erklärt werden (BGHZ 97, 264, 266). Ob eine von mehreren Personen allein (mit Wirkung auch gegen die übrigen) zurücktreten kann, entscheidet sich nach dem Innenverhältnis (zB nicht bei Erbengemeinschaft, RGZ 151, 304, 312). Von einem Vergleich kann idR ein Einzelner allein zurücktreten (BGH NJW 92, 967, 971 unter Hinweis auf RGZ 153, 395, 398).

2 **B. Erlöschen, S 2.** 2 will die Einheitlichkeit des Rücktrittsrechts auch hinsichtlich des Erlöschens wahren: Erlischt eines von mehreren selbständigen Rücktrittsrechten (zB durch Verzicht oder nach § 350), so erlöschen auch die übrigen.

3 **C. Spezialvorschriften.** Speziell bestimmt wird die Einheitlichkeit anderer Gestaltungsrechte in §§ 441 II, 461 1 (mit einer Abweichung in 2), 472 1 (wieder Abweichung in 2), 638 II.

§ 352 Aufrechnung nach Nichterfüllung. Der Rücktritt wegen Nichterfüllung einer Verbindlichkeit wird unwirksam, wenn der Schuldner sich von der Verbindlichkeit durch Aufrechnung befreien konnte und unverzüglich nach dem Rücktritt die Aufrechnung erklärt.

1 § 352 (früher § 357) erweitert die Rückwirkung der Aufrechnung (§ 389). Diese Erweiterung ist nötig, weil *durch den (zeitlich früheren) Rücktritt* die nicht erfüllte Forderung bereits erloschen war, so dass eine Aufrechnung scheitern würde. § 352 macht sie möglich und beseitigt so rückwirkend den Rücktrittsgrund.

§ 353 **Rücktritt gegen Reugeld.** ¹Ist der Rücktritt gegen Zahlung eines Reugelds vorbehalten, so ist der Rücktritt unwirksam, wenn das Reugeld nicht vor oder bei der Erklärung entrichtet wird und der andere Teil aus diesem Grunde die Erklärung unverzüglich zurückweist. ²Die Erklärung ist jedoch wirksam, wenn das Reugeld unverzüglich nach der Zurückweisung entrichtet wird.

§ 353 (früher § 359) erfasst den Fall, dass eine Partei zwar nach Belieben zurücktreten kann, zum Ausgleich aber ein „Reugeld" zahlen muss (keine Vertragsstrafe, weil von einer Pflichtverletzung unabhängig). Dann soll dieses Reugeld spätestens bei der Erklärung des Rücktritts entrichtet werden müssen; andernfalls kann der Gegner die Erklärung wegen der Nichtzahlung unverzüglich (§ 121 I 1) zurückweisen. Hierdurch wird der Rücktritt unwirksam. Das kann der Erklärende aber verhindern, indem er die Zahlung unverzüglich nachholt. 1

§ 354 **Verwirkungsklausel.** Ist ein Vertrag mit dem Vorbehalt geschlossen, dass der Schuldner seiner Rechte aus dem Vertrag verlustig sein soll, wenn er seine Verbindlichkeit nicht erfüllt, so ist der Gläubiger bei dem Eintritt dieses Falles zum Rücktritt von dem Vertrag berechtigt.

§ 354 (früher § 360) beabsichtigt einen Schuldnerschutz: Entgegen dem Wortlaut der Verwirkungs- (Verfall-) klausel soll der Gläubiger, der nicht (oder schlecht) erfüllten Verbindlichkeit nur ein Rücktrittsrecht haben. Doch ist das abdingbar (BGH NJW 72, 1893, 1894, für AGB gelten aber die §§ 308 Nr 3 und für Vertragsstrafen § 309 Nr 6). Eine Vertragsstrafe ist anzunehmen, wenn der Schuldner nicht alle Rechte verliert, sondern nur einzelne Rechtsnachteile erleiden soll. 1

Untertitel 2   Widerrufs- und Rückgaberecht bei Verbraucherverträgen

Vorbemerkungen vor §§ 355 bis 359 (Widerruf)

Vgl zunächst Vor § 346 Rn 3. 1
Der in den §§ 355 ff geregelte **verbraucherschützende Widerruf** hat nichts mit zahlreichen anderen im BGB geregelten Widerrufsrechten zu tun, nämlich etwa § 130 I 2 (Willenserklärung), §§ 109, 168 3, 183 (Einwilligung oder Vollmacht), § 530 (Schenkung), § 658 (Auslobung), § 671 I (Auftrag), § 790 (Anweisung) und viele andere. Gemeinsam ist allen Fällen nur, dass eine Willenserklärung oder ein Rechtsgeschäft entkräftet werden soll. 2
Der Widerruf der §§ 355 ff bezieht sich auf **Verbraucherverträge**. Die gesetzliche Definition hierfür findet sich in § 310 III am Anfang: Verträge zwischen einem Unternehmer (§ 14) und einem Verbraucher (§ 13). Allerdings ist diese Bezeichnung hauptsächlich für diejenigen Vertragstypen sinnvoll, für die bei Beteiligung eines Verbrauchers Sonderrecht gilt: also zB für den Verbrauchsgüterkauf (§ 474 ff), nicht aber für eine Verbrauchermiete. Denn bei der Miete wird ein besonderer Schutz idR nicht an die Beteiligung eines Verbrauchers geknüpft, sondern schlechthin an die Rolle als Wohnungsmieter. 3

§ 355 **Widerrufsrecht bei Verbraucherverträgen.** (1) ¹Wird einem Verbraucher durch Gesetz ein Widerrufsrecht nach dieser Vorschrift eingeräumt, so ist er an seine auf den Abschluss des Vertrags gerichtete Willenserklärung nicht mehr gebunden, wenn er sie fristgerecht widerrufen hat. ²Der Widerruf muss keine Begründung enthalten und ist in Textform oder durch Rücksendung der Sache innerhalb von zwei Wochen gegenüber dem Unternehmer zu erklären; zur Fristwahrung genügt die rechtzeitige Absendung.
(2) ¹Die Frist beginnt mit dem Zeitpunkt, zu dem dem Verbraucher eine deutlich gestaltete Belehrung über sein Widerrufsrecht, die ihm entsprechend den Erfordernissen des eingesetzten Kommunikationsmittels seine Rechte deutlich macht, in Textform mitgeteilt worden ist, die auch Namen und Anschrift desjenigen, gegenüber dem der Widerruf zu erklären ist, und einen Hinweis auf den Fristbeginn und die Regelung des Absatzes 1 Satz 2 enthält. ²Wird die Belehrung nach Vertragsschluss mitgeteilt, beträgt die Frist abweichend von Absatz 1 Satz 2 einen Monat. ³Ist der Vertrag schriftlich abzuschließen, so beginnt die Frist nicht zu laufen, bevor dem Verbraucher auch eine Vertragsurkunde, der schriftliche Antrag des Verbrauchers oder eine Abschrift der Vertragsurkunde oder des Antrags zur Verfügung gestellt werden. ⁴Ist der Fristbeginn streitig, so trifft die Beweislast den Unternehmer.
(3) ¹Das Widerrufsrecht erlischt spätestens sechs Monate nach Vertragsschluss. ²Bei der Lieferung von Waren beginnt die Frist nicht vor dem Tag ihres Eingangs beim Empfänger. ³Abweichend von Satz 1 erlischt das Widerrufsrecht nicht, wenn der Verbraucher nicht ordnungsgemäß über sein Widerrufsrecht belehrt worden ist; bei Fernabsatzverträgen über Finanzdienstleistungen ferner nicht, wenn der Unternehmer seine Mitteilungspflichten gemäß § 312c Abs. 2 Nr. 1 nicht ordnungsgemäß erfüllt hat.

§ 355

1 **A. Der Widerruf. I. Wirkung.** Infolge eines fristgerechten (u. Rn 6 ff) Widerrufs ist der Verbraucher „an seine auf den Abschluss des Vertrags gerichtete Willenserklärung nicht mehr gebunden", I 1. Damit geht das Gesetz entgegen der früher hM davon aus, der **Vertrag sei zunächst wirksam zustande gekommen**. Beide Parteien können also vorerst Erfüllung verlangen, und hinsichtlich einer Sachleistung hat der Empfänger wenigstens ein Recht zum Besitz (§ 986). Der Widerruf bedeutet dann ähnl der Rücktrittserklärung (§ 349) eine **Gestaltungsrecht**, das die Wirksamkeit der Erklärung des Verbrauchers (und damit idR des durch diese begründeten Vertrages) beendet. Als Gestaltungsrecht ist der Widerruf ebenso wie die Erklärung des Rücktritts selbst unwiderruflich und bedingungsfeindlich (vgl § 349 Rn 2).

2 Das Widerrufsrecht will **den Verbraucher vor übereilten** oder in den Konsequenzen schwierig zu beurteilenden **Verträgen schützen**. Es bedarf daher im Gegensatz zum Rücktritt keines eigenen Grundes, I 2. Beruft sich der Verbraucher aber auf einen Sachmangel oder auf Verzug, so kann unabhängig von den gewählten Worten auch ein Rücktritt nach den §§ 323, 326 V gemeint sein. Bedeutung hat das va bei Versäumung von Form oder Frist nach I 2, aber etwa auch wegen § 357 III.

3 **Neufassung** von II bis IV (neu) durch VerbrKrRL-UG, wirksam seit dem 11.6.10:

(2) ¹Die Widerrufsfrist beträgt 14 Tage, wenn dem Verbraucher spätestens bei Vertragsschluss eine den Anforderungen des § 360 Abs. 1 entsprechende Widerrufsbelehrung in Textform mitgeteilt wird. ²Bei Fernabsatzverträgen steht eine unverzüglich nach Vertragsschluss in Textform mitgeteilte Widerrufsbelehrung einer solchen bei Vertragsschluss gleich, wenn der Unternehmer den Verbraucher gemäß Artikel 246 § 1 Abs. 1 Nr. 10 des Einführungsgesetzes zum Bürgerlichen Gesetzbuche unterrichtet hat. ³Wird die Widerrufsbelehrung dem Verbraucher nach dem gemäß Satz 1 oder Satz 2 maßgeblichen Zeitpunkt mitgeteilt, beträgt die Widerrufsfrist einen Monat. ⁴Dies gilt auch dann, wenn der Unternehmer den Verbraucher über das Widerrufsrecht gemäß Artikel 246 § 2 Abs. 1 Satz Nr. 2 des Einführungsgesetzes zum Bürgerlichen Gesetzbuche zu einem späteren als dem in Satz 1 oder Satz 2 genannten Zeitpunkt unterrichten darf.

(3) ¹Die Widerrufsfrist beginnt, wenn dem Verbraucher eine den Anforderungen des § 360 Abs. 1 entsprechende Belehrung über sein Widerrufsrecht in Textform mitgeteilt worden ist. ²Ist der Vertrag schriftlich abzuschließen, so beginnt die Frist nicht, bevor dem Verbraucher auch eine Vertragsurkunde, der schriftliche Antrag des Verbrauchers oder eine Abschrift der Vertragsurkunde oder des Antrags zur Verfügung gestellt wird. ³Ist der Fristbeginn streitig, so trifft die Beweislast den Unternehmer.

(4) ¹Das Widerrufsfrist erlischt spätestens sechs Monate nach Vertragsschluss. ²Diese Frist beginnt bei der Lieferung von Waren nicht vor deren Eingang beim Empfänger. ³Abweichend von Satz 1 erlischt das Widerrufsrecht nicht, wenn der Verbraucher nicht entsprechend den Anforderungen des § 360 Abs. 1 über sein Widerrufsrecht in Textform belehrt worden ist, bei Fernabsatzverträgen über Finanzdienstleistungen ferner nicht, wenn der Unternehmer seine Mitteilungspflichten gemäß Artikel 246 § 2 Abs. 1 Satz 1 Nr. 1 und Satz 2 Nr. 1 bis 3 des Einführungsgesetzes zum Bürgerlichen Gesetzbuche nicht ordnungsgemäß erfüllt hat.

4 **II. Form.** Nach I 2 bedarf der Widerruf der „Textform" von § 126b. Statt dessen genügt aber auch die Rücksendung der (gekauften) Sache. Das Wort „Widerruf" braucht nicht verwendet zu werden; es muss aber deutlich werden, dass der Verbraucher an dem Vertrag nicht mehr festhalten will.

5 **III. Berechtigter.** Zum Widerruf berechtigt ist in erster Linie der Verbraucher als Vertragspartner, auch wenn er beim Vertragsschluss vertreten worden ist. Bei § 1357 (oder § 8 II LPartG) soll auch der Mithaftende widerrufen können. Gleiches soll sogar für den nach § 179 I haftenden vollmachtlosen Vertreter gelten (BGH NJW-RR 91, 1079, auch Palandt/*Grüneberg* Rz 3).

6 **IV. Frist.** Die Dauer der Frist beträgt **idR zwei Wochen**, wobei die rechtzeitige Absendung genügt, I 2. Die Frist beginnt idR im Zeitpunkt der Mitteilung einer gesetzmäßigen Belehrung (in Textform, wofür das bloße Einstellen ins Internet nicht genügen soll: KG NJW 06, 3215, 3216), II 1. Bei schriftlichem Vertragsschluss beginnt die Frist nicht, bevor der Verbraucher eine Vertragsurkunde oder etwas Ähnliches erhält, II 3. Bei Mitteilung der Belehrung erst nach dem Vertragsschluss beträgt die Frist **einen Monat**, II 2. Das gilt regelmäßig für Geschäfte im Internet (ebay), da dort der Vertragsschluss der Belehrung vorausgeht (KG NJW 06, 3215, 3216, vgl *Bonke/Gellmann* NJW 06, 3169; *Neuß/Vollmer* ZGS 06, 448). Bei Streit über den Fristbeginn ist der Unternehmer beweisbelastet, II 4.

7 Diese an sich schon komplizierte Rechtslage wird durch III noch unklarer: Nach III 1 und 2 aF sollte die Frist **spätestens nach sechs Monaten enden**, bei der Lieferung von Waren freilich erst beginnend mit deren Eingang beim Empfänger. EuGH NJW 02, 281 („Heininger") hatte bei Haustürgeschäften eine ähnliche Befristung des Widerrufsrechts jedoch für **richtlinienwidrig** erklärt (doch vgl jetzt EuGH ZIP 07, 2306 Tz 26 ff; NJW 08, 1865, dazu *Kroll* NJW 08, 1999; *Häublein* ZIP 08, 2005). BGHZ 150, 248 hat dann einen Widerruf von Haustürgeschäften auch nach Ablauf der 6-Monats-Frist zugelassen.

8 Dem hat (ohne Rückwirkung: BGH ZIP 06, 1942) ein G vom 23.7.02 Rechnung getragen: Nach **dem neu angefügten III 3 soll** entgegen III 1 das Widerrufsrecht nicht erlöschen, wenn der Verbraucher nicht *ordnungsgemäß über sein Widerrufsrecht* belehrt worden ist. Für Fernabsatzverträge über Finanzdienstleistungen gilt Gleiches, wenn der Unternehmer seine Mitteilungspflichten nach § 312c II Nr 1 nicht ordnungsgemäß erfüllt hat.

Damit ist **der wesentliche Anwendungsbereich von III 1 so stark eingeengt**, dass III in seiner derzeitigen Fassung als das Muster einer irreführenden Vorschrift gelten kann. Denn III 1 beschränkt sich auf weniger bedeutende Belehrungsfehler: Die Erfüllung der verletzten Informationspflicht muss zwar Voraussetzung für den Beginn der Widerrufsfrist sein; sonst wird III nicht benötigt. Ein Informationsfehler darf aber weder das Widerrufsrecht noch (bei Finanzdienstleistungen) die Anforderungen des § 312c II Nr 1 betreffen. Dabei ist III 3 nicht bloß für Haustürgeschäfte anwendbar, für die der EuGH die Verletzung von Gemeinschaftsrecht gerügt hat, sondern für alle verbraucherschützenden Widerrufsrechte (Palandt/ *Grüneberg* Rz 22). Diese Unklarheit wird durch die Neufassung (o. Rn 3 nicht wirklich beseitigt. Vgl in Zukunft § 360 nF.

B. Die Widerrufsbelehrung. I. Die gesetzlichen Vorgaben. Nach dem eben zu § 355 II, III Gesagten beginnt die Widerrufsfrist nicht vor Erteilung einer Widerrufsbelehrung. Zu ihr hat BGHZ 169, 109 Tz 41 im Anschluss an den EuGH für § 2 HWiG eine echte **Rechtspflicht** bejaht. Daher kann eine zu vertretende Verletzung Ersatzansprüche des Verbrauchers begründen (aaO Tz 42; BGH ZiP 08, 686). Das wird man auf Widerrufsrechte aus anderen Gründen übertragen können. Denn solche Rechte nützen dem Verbraucher nichts, wenn er nicht von ihnen erfährt. Doch läßt ein Unterlassen des Widerrufs nicht die Vermutung zu, dieser wäre wirklich erklärt worden: Es gibt kein „belehrungsgerechtes" Verhalten (BGH aaO Tz 43; *Medicus* FS Richardi 07, 1133). Zu den Unsicherheiten über das Widerrufsrecht und die Belehrung bei **ebay-Geschäften** s. *Martin Berger* ZGS 07, 414 und bei **Franchise-Verträgen** *Flohr* ebda 421; 08, 289.

1. Inhalt. Die Belehrung muss nach II 1 ergeben (1.) die Möglichkeit eines Widerrufs; (2.) Namen und Anschrift dessen, dem ggü der Widerruf zu erklären ist; (3.) den Fristbeginn (II 1 Belehrung, II 3 ggf Verschaffung einer schriftlichen Vertragsurkunde); (4.) die Unnötigkeit einer Begründung (II 2); (5.) die für den Widerruf nötige Form (Textform oder Rücksendung der Sache, I 2); (6.) die Dauer der Frist (I 2 zwei Wochen, II 2 einen Monat); (7.) das Genügen der rechtzeitigen Absendung (I 2). **IE** ist anzumerken: Bei (2.) soll die Angabe eines Postfachs nicht genügen, sondern die ladungsfähige Anschrift nötig sein, § 14 IV BGB-InfV. Bei (3.) braucht das konkrete Datum nicht angegeben zu werden (das kennt der Unternehmer häufig auch gar nicht). „Fristbeginn ab heute" genügt aber schon wegen § 187 I nicht (BGHZ 126, 56, 62 zu § 1b II 2 AbzG). Auch „Datum des Poststempels" genügt schon deshalb nicht, weil dieser nicht den maßgeblichen Termin des Zugangs nennt. Beim Kauf auf Probe muss die Belehrung zusätzlich ergeben, dass die Frist erst mit dem Ende der Billigungsfrist beginnt (BGH NJW-RR 04, 1058). Bei (7.) soll der Hinweis „Datum des Poststempels" irreführend sein und also die Frist nicht in Lauf setzen, weil es in Wahrheit auf den Einwurf in den Briefkasten ankommt (Oldbg ZIP 06, 1292 f).

Zusätzlich verlangt II 1, die Belehrung müsse **„deutlich gestaltet"** sein. Das soll einen „unübersehbaren Hinweis" verlangen, etwa durch Sperrschrift, Fett- oder Farbdruck (BGH NJW 96, 1964, 1965 zu § 1b II 2 AbzG). Auch darf die Belehrung keine ablenkenden oder verwirrenden Zusätze enthalten; zulässig sind nur erklärende Zusätze (BGH NJW 02, 3396, 3398; ZIP 07, 1152). Schon aus allgemeinen Regeln ergibt sich, dass die Belehrung idR in deutscher Sprache abgefasst sein muss. Allgemein zum „Sprachrisiko" bei der Belehrung *Mankowski* VuR 01, 359.

Der Widerruf muss den Verbraucher **„über seine Rechte"** belehren. Schon deshalb genügt eine Belehrung nicht, die sich auf die durch den Widerruf entstehenden Pflichten des Verbrauchers beschränkt (BGH ZIP 07, 1067 Tz 11 ff), weil sonst eine umfassende Information fehlt. Unschädlich ist dagegen der Hinweis, bei Widerruf des Darlehensvertrages werde auch der Beitritt in die zu finanzierende Fondsgesellschaft nicht wirksam (BGHZ 172, 157 Tz 11 ff; NJW 08, 1728 Tz 14): Dieser Hinweis bildet eine sinnvolle und richtige Ergänzung der Information.

2. Form. Für die Form die Belehrung verlangt II 1 die den Erfordernissen des eingesetzten Kommunikationsmittels entspr Mitteilung in Textform (§ 126b). Dabei meint „Mitteilung", dass der Verbraucher ein Exemplar zum dauerhaften Verbleib erhält (BGHZ 137, 115, 119 zu § 7 II 2 VerbrKrG). Denn nur hierdurch wird gesichert, dass der Verbraucher sich jederzeit über sein Recht informieren kann. Nach §§ 484, 492 ist bei Teilzeitwohnrechten und Verbraucherdarlehen zusätzlich die Aushändigung einer Vertragsurkunde nötig.

II. Das Muster des BMJ. Die eben genannten Erfordernisse an eine Widerrufsbelehrung sind so vielfältig, dass selbst ein Volljurist kaum wird sicher sein können, sie alle beachtet zu haben. Daher sieht der mehrfach geänderte § 14 I der BGB-InfV vor, dass die textförmliche Verwendung des Musters der Anl 2 zu der InfV den Anforderungen genügen soll. Die Verwendung des Musters ist also anzuraten. Der Grund für die zahlreichen Komplikationen liegt in der beklagenswert uneinheitlichen und verwirrenden Beliebigkeit der darzustellenden Rechtslage. Vgl *Masuch* NJW 08, 1700.

Muster des BMJ für die Widerrufsbelehrung.

Widerrufsrecht
Sie können Ihre Vertragserklärung innerhalb von 2 Wochen[(1)] ohne Angabe von Gründen in Textform (zB Brief, Fax, E-Mail [oder – wenn Ihnen die Sache vor Fristablauf überlassen wird – durch Rücksendung der

Sache][2] widerrufen. Die Frist beginnt nach Erhalt dieser Belehrung in Textform[3]. Zur Wahrung der Widerrufsfrist genügt die rechtzeitige Absendung des Widerrufs [oder der Sache][2]. Der Widerruf ist zu richten an:[4]

Widerrufsfolgen
Im Falle eines wirksamen Widerrufs sind die beiderseits empfangenen Leistungen zurückzugewähren und ggf[5] gezogene Nutzungen (z.B. Zinsen) herauszugeben[6]. Können Sie uns die empfangene Leistung ganz oder teilweise nicht oder nur in verschlechtertem Zustand zurückgewähren, müssen Sie uns insoweit ggf Wertersatz leisten.[7] [Bei der Überlassung von Sachen gilt dies nicht, wenn die Verschlechterung der Sache ausschl auf deren Prüfung – wie sie Ihnen etwa im Ladengeschäft möglich gewesen wäre – zurückzuführen ist. IÜ können Sie die Pflicht zum Wertersatz für eine durch die bestimmungsgemäße Ingebrauchnahme der Sache entstandene Verschlechterung vermeiden, indem Sie die Sache nicht wie ihr Eigentum in Gebrauch nehmen und alles unterlassen, was deren Wert beeinträchtigt.[8] Paketversandfähige Sachen sind auf unsere [Kosten und][9] Gefahr] zurückzusenden. Nicht paketversandfähige Sachen werden bei Ihnen abgeholt.][2] Verpflichtungen zur Erstattung von Zahlungen müssen innerhalb von 30 Tagen erfüllt werden. Die Frist beginnt für Sie mit der Absendung Ihrer Widerrufserklärung [oder der Sache][2], für uns mit deren Empfang.

Besondere Hinweise[10]
Finanzierte Geschäfte[11]

_____
(Ort), (Datum), (Unterschrift des Verbrauchers)[11]

(1) Wird die Belehrung nicht spätestens bei, sondern erst nach Vertragsschluss mitgeteilt, lautet der Klammerzusatz „einen Monat". In diesem Fall ist auch Gestaltungshinweis 8 einschlägig, wenn der dort genannte Hinweis nicht spätestens bei Vertragsschluss in Textform erfolgt.
(2) Der Klammerzusatz entfällt bei Leistungen, die nicht in der Überlassung von Sachen bestehen.
(3) Liegt einer der nachstehenden Sonderfälle vor, ist Folgendes einzufügen:
   a) bei schriftlich abzuschließenden Verträgen: „ , jedoch nicht, bevor Ihnen auch eine Vertragsurkunde, Ihr schriftlicher Antrag oder eine Abschrift der Vertragsurkunde oder des Antrags zur Verfügung gestellt worden ist";
   b) bei Fernabsatzverträgen (§ 312b Abs. 1 Satz 1 BGB) über die
      aa) Lieferung von Waren: „ , jedoch nicht vor Eingang der Ware beim Empfänger (bei der wiederkehrenden Lieferung gleichartiger Waren nicht vor Eingang der ersten Teillieferung)";
      bb) Erbringung von Dienstleistungen: „ , jedoch nicht vor Vertragsschluss";
      in beiden Fällen ist der Zusatz wie folgt zu vervollständigen: „und auch nicht vor Erfüllung unserer Informationspflichten gem § 312c Abs. 2 BGB iVm § 1 Abs. 1, 2 und 4 BGB-InfoV";
   c) bei Verträgen im elektronischen Geschäftsverkehr (§ 312e Abs. 1 Satz 1 BGB): „ , jedoch nicht vor Erfüllung unserer Pflichten gem § 312e Abs. 1 Satz 1 BGB in Verbindung mit § 3 BGB-InfoV";
   d) bei einem Kauf auf Probe (§ 454 BGB): „ , jedoch nicht, bevor der Kaufvertrag durch Ihre Billigung des gekauften Gegenstandes für Sie bindend geworden ist";
   e) bei Teilzeit-Wohnrechteverträgen (§ 481 Abs. 1 Satz 1 BGB): „ , jedoch nicht, bevor wir Ihnen sämtliche in § 2 Abs. 1 und 3 BGB-InfoV bestimmten Angaben schriftlich mitgeteilt haben".
   Wird für einen Vertrag belehrt, der unter mehrere der vorstehenden Sonderfälle fällt (z. B. ein Fernabsatzvertrag über die Lieferung von Waren im elektronischen Geschäftsverkehr), sind die jeweils zutreffenden Ergänzungen zu kombinieren (in dem genannten Beispiel wie folgt: „ , jedoch nicht vor Eingang der Ware beim Empfänger (bei der wiederkehrenden Lieferung gleichartiger Waren nicht vor Eingang der ersten Teillieferung) und auch nicht vor Erfüllung unserer Informationspflichten gemäß § 312c Abs. 2 BGB in Verbindung mit § 1 Abs. 1, 2 und 4 BGB-InfoV sowie unserer Pflichten gemäß § 312e Abs. 1 Satz 1 BGB in Verbindung mit § 3 BGB-InfoV").
(4) Einsetzen: Namen/Firma und ladungsfähige Anschrift des Widerrufsadressaten.
   Zusätzlich können angegeben werden Telefaxnummer, E-Mail-Adresse und/oder, wenn der Verbraucher eine Bestätigung seiner Widerrufserklärung an den Unternehmer erhält, auch eine Internet-Adresse.
(5) Bei Widerrufsrechten nach § 485 Abs. 1 BGB sind die Wörter „von uns" einzufügen.
(7) Bei Fernabsatzverträgen über Dienstleistungen ist folgender Satz einzufügen:
   „Dies kann dazu führen, dass Sie die vertraglichen Zahlungsverpflichtungen für den Zeitraum bis zum *Widerruf gleichwohl erfüllen müssen."*
(8) Wenn ein Hinweis auf die Wertersatzpflicht gem § 357 Abs. 3 Satz 1 BGB und eine Möglichkeit zu ihrer Vermeidung nicht spätestens bei Vertragsschluss in Textform erfolgt, ist anstelle dieses Satzes folgender Satz einzufügen: „Für eine durch die bestimmungsgemäße Ingebrauchnahme der Sache entstandene Ver-

schlechterung müssen sie keinen Wertersatz leisten". Bei Fernabsatzverträgen steht ein unverzüglich nach Vertragsschluss in Textform mitgeteilter Hinweis einem solchen bei Vertragsschluss gleich, wenn die Unterrichtung den Verbraucher rechtzeitig vor der Abgabe von dessen Vertragserklärung in einer dem eingesetzten Kommunikationsmittel entsprechenden Weise über die Wertersatzpflicht und eine Möglichkeit zu ihrer Vermeidung unterrichtet hat.

(9) Ist entsprechend § 357 Abs. 2 Satz 3 BGB eine Übernahme der Versandkosten durch den Verbraucher vereinbart worden, kann der Klammerzusatz weggelassen werden. Stattdessen ist hinter „zurückzusenden". Folgendes einzufügen:

„Sie haben die Kosten der Rücksendung zu tragen, wenn die gelieferte Ware der bestellten entspricht und wenn der Preis der zurückzusendenden Sache einen Betrag von 40 Euro nicht übersteigt oder wenn Sie bei einem höheren Preis der Sache zum Zeitpunkt des Widerrufs noch nicht die Gegenleistung oder eine vertraglich vereinbarte Teilzahlung erbracht haben. Anderenfalls ist die Rücksendung für Sie kostenfrei."

(10) Bei einem Widerrufsrecht gem § 312d Abs. 1 BGB, das bei einem Fernabsatzvertrag über die Erbringung einer Dienstleistung gilt, ist hier folgender Hinweis aufzunehmen:

„Ihr Widerrufsrecht erlischt vorzeitig, wenn der Vertrag von beiden Seiten auf Ihren ausdrücklichen Wunsch vollständig erfüllt ist, bevor Sie Ihr Widerrufsrecht ausgeübt haben."

Bei einem Widerrufsrecht nach § 485 Abs. 1 BGB ist hier folgender Hinweis aufzunehmen:

„Die Widerrufsfrist verlängert sich auf einen Monat, wenn Ihnen nicht bereits vor Vertragsschluss ein Prospekt über das Wohnungsobjekt ausgehändigt worden ist oder wenn der Prospekt nicht in der Sprache des Staates, dem Sie angehören oder in dem Sie Ihren Wohnsitz haben, abgefasst ist. Ist der Prospekt in Deutsch abgefasst, gilt dies, wenn Sie Bürger oder Bürgerin eines Mitgliedstaats der Europäischen Union oder eines Vertragsstaats des Abkommens über den Europäischen Wirtschaftsraum sind, nur, wenn Sie um einen Prospekt in der oder einer der Amtssprachen ihres Heimatlandes gebeten und ihn nicht erhalten haben.

Bei Widerruf müssen Sie ggf. auch die Kosten einer notariellen Beurkundung erstatten, wenn dies im Vertrag ausdrücklich bestimmt ist."

Diese Rubrik entfällt, wenn keiner der vorgenannten Fälle einschlägig ist.

(11) Der nachfolgende Hinweis für finanzierte Geschäfte kann entfallen, wenn ein verbundenes Geschäft nicht vorliegt.

Wenn für das finanzierte Geschäft belehrt werden soll, lautet der Hinweis wie folgt:

„Haben Sie diesen Vertrag durch ein Darlehen finanziert und widerrufen Sie den finanzierten Vertrag, sind Sie auch an den Darlehensvertrag nicht mehr gebunden, wenn beide Verträge eine wirtschaftliche Einheit bilden. Dies ist insbesondere anzunehmen, wenn wir gleichzeitig Ihr Darlehensgeber sind oder wenn sich Ihr Darlehensgeber im Hinblick auf die Finanzierung unserer Mitwirkung bedient. Wenn uns das Darlehen bei Wirksamwerden des Widerrufs oder der Rückgabe bereits zugeflossen ist, tritt Ihr Darlehensgeber im Verhältnis zu Ihnen hinsichtlich der Rechtsfolgen des Widerrufs oder der Rückgabe in unsere Rechte und Pflichten aus dem finanzierten Vertrag ein. Letzteres gilt nicht, wenn der vorliegende Vertrag den Erwerb von Finaninstrumenten (z.B. von Wertpapieren oder Devisen) zum Gegenstand hat. Wollen Sie eine vertragliche Bindung so weitgehend wie möglich vermeiden, widerrufen Sie beide Vertragserklärungen gesondert."

Wird mit diesem Darlehensvertrag die Überlassung einer Sache finanziert, gilt Folgendes: Wenn Sie diese Sache im Falle des Widerrufs ganz oder teilweise nicht oder nur in verschlechtertem Zustand zurückgeben können, haben Sie dafür ggf. Wertersatz zu leisten. Dies gilt nicht, wenn die Verschlechterung der Sache ausschließlich auf deren Prüfung – wie sie Ihnen etwa im Ladengeschäft möglich gewesen wäre – zurückzuführen ist. IÜ können Sie die Pflicht zum Wertersatz für eine durch die bestimmungsgemäße Ingebrauchnahme der Sache entstandene Verschlechterung vermeiden, indem Sie die Sache nicht wie ihr Eigentum in Gebrauch nehmen und alles unterlassen, was deren Wert beeinträchtigt.[7] Paketversandfähige Sachen sind auf [Kosten und][8] Gefahr Ihres Vertragspartners zurückzusenden. Nicht paketversandfähige Sachen werden bei Ihnen abgeholt."

Bei einem finanzierten Erwerb eines Grundstücks oder eines grundstücksgleichen Rechts sind die vorstehenden Hinweise wie folgt zu ändern:

Satz 2 wird durch den folgenden Satz ersetzt:

„Dies ist nur anzunehmen, wenn die Vertragspartner in beiden Verträgen identisch sind oder wenn der Darlehensgeber über die Zurverfügungstellung von Darlehen hinausgeht und Ihr Grundstücksgeschäft durch Zusammenwirken mit dem Veräußerer fördert, indem er sich dessen Veräußerungsinteressen ganz oder teilweise zu Eigen macht, bei der Planung, Werbung oder Durchführung des Projekts Funktionen des Veräußerers übernimmt oder den Veräußerer einseitig begünstigt."

Außerdem entfallen in dem Hinweis für den Darlehensvertrag die Sätze 11 und 12 sowie der Zusatz in Gedankenstrichen in Satz 9.

Wird mit diesem Darlehensvertrag die Überlassung einer Sache finanziert, gilt Folgendes: Wenn Sie diese Sache im Falle des Widerrufs ganz oder teilweise nicht oder nur in verschlechtertem Zustand zurückgeben können, haben Sie dafür ggf. Wertersatz zu leisten. Dies gilt nicht, wenn die Verschlechterung der Sache ausschließlich auf deren Prüfung – wie sie Ihnen etwa im Ladengeschäft möglich gewesen wäre – zurückzuführen ist. IÜ können Sie die Pflicht zum Wertersatz für eine durch die bestimmungsgemäße Ingebrauchnahme der Sache entstandene Verschlechterung vermeiden, indem Sie die Sache nicht wie ihr Eigentum in Gebrauch nehmen und alles unterlassen, was deren Wert beeinträchtigt.[7] Paketversandfähige Sachen sind auf [Kosten und][8] Gefahr Ihres Vertragspartners zurückzusenden. Nicht paketversandfähige Sachen werden bei Ihnen abgeholt."

Bei einem finanzierten Erwerb eines Grundstücks oder eines grundstücksgleichen Rechts sind die vorstehenden Hinweise wie folgt zu ändern:

Satz 2 wird durch den folgenden Satz ersetzt:

„Dies ist nur anzunehmen, wenn die Vertragspartner in beiden Verträgen identisch sind oder wenn der Darlehensgeber über die Zurverfügungstellung von Darlehen hinausgeht und Ihr Grundstücksgeschäft durch Zusammenwirken mit dem Veräußerer fördert, indem er sich dessen Veräußerungsinteressen ganz oder teilweise zu Eigen macht, bei der Planung, Werbung oder Durchführung des Projekts Funktionen des Veräußerers übernimmt oder den Veräußerer einseitig begünstigt."

Außerdem entfallen in dem Hinweis für den Darlehensvertrag die Sätze 11 und 12 sowie der Zusatz in Gedankenstrichen in Satz 9.

(12) Ort, Datum und Unterschriftsleiste können entfallen. In diesem Fall sind diese Angaben entweder durch die Wörter „Ende der Widerrufsbelehrung" oder durch die Wörter „Ihr(e) (einsetzen: Firma des Unternehmers)" zu ersetzen.

§ 356 Rückgaberecht bei Verbraucherverträgen.

(1) ¹Das Widerrufsrecht nach § 355 kann, soweit dies ausdrücklich durch Gesetz zugelassen ist, beim Vertragsschluss auf Grund eines Verkaufsprospekts im Vertrag durch ein uneingeschränktes Rückgaberecht ersetzt werden. ²Voraussetzung ist, dass
1. im Verkaufsprospekt eine deutlich gestaltete Belehrung über das Rückgaberecht enthalten ist,
2. der Verbraucher den Verkaufsprospekt in Abwesenheit des Unternehmers eingehend zur Kenntnis nehmen konnte und
3. dem Verbraucher das Rückgaberecht in Textform eingeräumt wird.

(2) ¹Das Rückgaberecht kann innerhalb der Widerrufsfrist, die jedoch nicht vor Erhalt der Sache beginnt, und nur durch Rücksendung der Sache oder, wenn die Sache nicht als Paket versandt werden kann, durch Rücknahmeverlangen ausgeübt werden. ²§ 355 Abs. 1 Satz 2 findet entsprechende Anwendung.

1 **A. Funktion.** Nach § 355 I 2 kann der Widerruf außer durch eine textförmige Willenserklärung auch durch „Rücksendung der Sache" erfolgen. § 356 behandelt als Ersatz für das Widerrufsrecht das Rückgaberecht mit gleicher Funktion. Dieses ist für den Unternehmer vorteilhaft, weil er idR die gelieferte Sache sogleich durch Paket zurück erhält, II 1. Nur wenn ein solcher Versand nicht möglich ist, genügt ein Rücknahmeverlangen, II 1. Soweit die Sache sich zum Postversand eignet, muss der Verbraucher diesen also vornehmen. Zweck des § 356 ist eine rationalisierte Rückabwicklung von Verträgen im Direktvertrieb (MüKo/*Ulmer* Rz 1 f).

2 **B. Anwendungsbereich.** Nach I 1 muss das Rückgaberecht **„ausdrücklich durch G zugelassen"** sein. Das findet sich etwa für Haustürgeschäfte in § 312 I 2, wenn zwischen den Parteien eine ständige Verbindung aufrechterhalten werden soll, und für Fernabsatzverträge ohne solche Einschränkung in § 312d I 2.

3 Außer dieser Zulassung bedarf es einer Ersetzung des Widerrufsrechts durch das Rückgaberecht beim Vertragsschluss **aufgrund eines Verkaufsprospektes im Vertrag**, I 1. Die Ersetzung kann also nicht einseitig vom Unternehmer angeordnet werden. Dabei versteht man unter Verkaufsprospekten va Druckerzeugnisse (Kataloge, Werbeprospekte, bei entspr Inhalt auch Zeitungsanzeigen), aber wohl auch sonstige Datenträger (CD-Rom oder Internetkataloge). Wesentlich sind der Informationsgehalt und die Dauerhaftigkeit des Datenträgers.

4 **Weitere Voraussetzungen** für das Rückgaberecht ergeben sich aus I 1 Nr 1 bis 3: (1.) Über das Rückgaberecht muss **deutlich belehrt** werden, vgl dazu § 355 Rn 11, 12. (2.) Der Verbraucher muss den Verkaufsprospekt in Abwesenheit des Unternehmers **eingehend zur Kenntnis nehmen können** (ob er das wirklich tut, bleibt gleich). (3.) Die Einräumung des Rückgaberechts bedarf der **Textform** (§ 126b). Hierzu ist ebenso wie zu § 355 Rn 15, 16 auf der Grundlage von § 14 II BGB-InfV als Anlage 3 ein amtliches Muster veröffentlicht worden, das unter Rn 7 abgedruckt ist.

5 Dogmatisch bedeuten die Nr 1 bis 3 die Voraussetzungen für eine **AGB-mäßige Vereinbarung** des Rückgaberechts. Ist diese unwirksam, so bleibt es nach § 306 bei dem Widerrufsrecht nach § 355.

6 **C. Die Rückgabe.** Soweit die Rückgabe durch Paket möglich ist, muss der Verbraucher diese Form auf Kosten und Gefahr des Unternehmers (§ 355 II 2) einhalten. Ein bloßes Rücknahmeverlangen ist dann unwirksam. *Dieses ist dagegen möglich bei* Untauglichkeit zum Versand als Paket, also bei schweren (über 20 kg) oder gefährlichen Sachen. Das Verlangen muss nach II 2 in Textform erklärt werden. Die Fristen entsprechen den Widerrufsfristen nach § 355 Rn 6 ff).

D. Das Muster des BMJ: Vgl zunächst § 355 Rn 15 zu Wirkungen und Änderung des BMJ-Musters. Dieses lautet: **7**

Rückgabebelehrung
Rückgaberecht
Sie können die erhaltene Ware ohne Angabe von Gründen innerhalb von [zwei Wochen][1] durch Rücksendung der Ware zurückgeben. Die Frist beginnt frühestens mit Erhalt der Ware und dieser Belehrung. Nur bei nicht paketversandfähiger Ware (zB bei sperrigen Gütern) können Sie die Rückgabe auch durch Rücknahmeverlangen in Textform, also z. B. per Brief, Fax oder E-Mail erklären. Zur Wahrung der Frist genügt die rechtzeitige Absendung der Ware oder des Rücknahmeverlangens. In jedem Falle erfolgt die Rücksendung auf unsere Kosten und Gefahr. Die Rücksendung oder das Rücknahmeverlangen hat zu erfolgen an:[2] [3] [4]

Rückgabefolgen
Im Falle einer wirksamen Rückgabe sind die beiderseits empfangenen Leistungen zurückzugewähren und ggf. gezogene Nutzungen (z. B. Gebrauchsvorteile) herauszugeben. Bei einer Verschlechterung der Ware kann Wertersatz verlangt werden. Dies gilt nicht, wenn die Verschlechterung der Ware ausschließlich auf deren Prüfung – wie sie Ihnen etwa im Ladengeschäft möglich gewesen wäre – zurückzuführen ist. Im Übrigen können Sie die Wertersatzpflicht vermeiden, indem Sie die Ware nicht wie ein Eigentümer in Gebrauch nehmen und alles unterlassen, was deren Wert beeinträchtigt.

Finanziertes Geschäft[5]

(Ort), (Datum), (Unterschrift des Verbrauchers)[6]

Gestaltungshinweise:
(1) Wird die Belehrung erst nach Vertragsschluss mitgeteilt, lautet der Klammerzusatz „einem Monat".
(2) Einsetzen: Namen/Firma und ladungsfähige Anschrift des Rückgabeadressaten.
   Zusätzlich können angegeben werden Telefaxnummer, E-Mail-Adresse und/oder, wenn der Verbraucher eine Bestätigung seines Rückgabeverlangens an den Unternehmer erhält, auch eine Internet-Adresse.
(3) Hier kann der Hinweis hinzugefügt werden:
   „Die Rückgabe paketfähiger Ware kann auch an (einsetzen: Namen/Firma und Telefonnummer einer Versandstelle) erfolgen, die die Ware bei Ihnen abholt."
(4) Hier kann der Hinweis hinzugefügt werden:
   „Bei Rücknahmeverlangen wird die Ware bei Ihnen abgeholt."
(5) Der nachfolgende Hinweis für finanzierte Geschäfte kann entfallen, wenn ein verbundenes Geschäft nicht vorliegt:
   „Haben Sie diesen Vertrag durch ein Darlehen finanziert und machen Sie von Ihrem Rückgaberecht Gebrauch, sind Sie auch an den Darlehensvertrag nicht mehr gebunden, wenn beide Verträge eine wirtschaftliche Einheit bilden. Dies ist insbesondere anzunehmen, wenn wir gleichzeitig Ihr Darlehensgeber sind oder wenn sich Ihr Darlehensgeber im Hinblick auf die Finanzierung unserer Mitwirkung bedient. Wenn uns das Darlehen bei Wirksamwerden des Widerrufs oder der Rückgabe bereits zugeflossen ist, können Sie sich wegen der Rückabwicklung nicht nur an uns, sondern auch an Ihren Darlehensgeber halten."
(6) Ort, Datum und Unterschriftsleiste können entfallen. In diesem Falle sind diese Angaben entweder durch die Wörter „Ende der Rückgabebelehrung" oder durch die Wörter „Ihr(e) (einsetzen: Firma des Unternehmers)" zu ersetzen.

§ 357 Rechtsfolgen des Widerrufs und der Rückgabe.
(1) ¹Auf das Widerrufs- und das Rückgaberecht finden, soweit nicht ein anderes bestimmt ist, die Vorschriften über den gesetzlichen Rücktritt entsprechende Anwendung. ²§ 286 Abs. 3 gilt für die Verpflichtung zur Erstattung von Zahlungen nach dieser Vorschrift entsprechend; die dort bestimmte Frist beginnt mit der Widerrufs- oder Rückgabeerklärung des Verbrauchers. ³Dabei beginnt die Frist im Hinblick auf eine Erstattungsverpflichtung des Verbrauchers mit Abgabe dieser Erklärung, im Hinblick auf eine Erstattungsverpflichtung des Unternehmers mit deren Zugang.
(2) ¹Der Verbraucher ist bei Ausübung des Widerrufsrechts zur Rücksendung verpflichtet, wenn die Sache durch Paket versandt werden kann. ²Kosten und Gefahr der Rücksendung trägt bei Widerruf und Rückgabe der Unternehmer. ³Wenn ein Widerrufsrecht nach § 312d Abs. 1 Satz 1 besteht, dürfen dem Verbraucher die regelmäßigen Kosten der Rücksendung vertraglich auferlegt werden, wenn der Preis der zurückzusendenden Sache einen Betrag von 40 Euro nicht übersteigt oder wenn bei einem höheren Preis der Sache der Verbraucher die Gegenleistung oder eine Teilzahlung zum Zeitpunkt des Widerrufs noch nicht erbracht hat, es sei denn, dass die gelieferte Ware nicht der bestellten entspricht.
(3) ¹Der Verbraucher hat abweichend von § 346 Abs. 2 Satz 1 Nr. 3 Wertersatz für eine durch die bestimmungsgemäße Ingebrauchnahme der Sache entstandene Verschlechterung zu leisten, wenn er spätestens bei Vertragsschluss in Textform auf diese Rechtsfolge und eine Möglichkeit hingewiesen worden ist, sie zu vermeiden. ²Dies gilt nicht, wenn die Verschlechterung ausschließlich auf die Prüfung der Sache

zurückzuführen ist. ³§ 346 Abs. 3 Satz 1 Nr. 3 findet keine Anwendung, wenn der Verbraucher über sein Widerrufsrecht ordnungsgemäß belehrt worden ist oder hiervon anderweitig Kenntnis erlangt hat. (4) Weitergehende Ansprüche bestehen nicht.

1 **A. Die Verweisung auf Rücktrittsrecht.** Die Verweisung auf das gesetzliche Rücktrittsrecht müsste außer den §§ 346 bis 348 auch die §§ 349, 351, 352 umfassen. Die amtliche Überschrift spricht aber bloß von den „Rechtsfolgen", die nur in den §§ 346 bis 348 geregelt sind. Hier verdient aber der Gesetzestext den Vorrang ggü der weniger überlegten Überschrift. Die §§ 349, 351, 352 bieten bei § 357 keine besonderen Schwierigkeiten. Wegen der §§ 346 bis 348 darf auf die Kommentierung dieser Vorschriften verwiesen werden. Zur erörtern bleiben hier also nur in § 357 bestimmten Abweichungen.

2 § 357 setzt für die §§ 312 I 1 und 312d I 1 eine EG-RL um. Dagegen ist das Widerrufsrecht nach § 495 I (Verbraucherdarlehen) nicht von der EG vorgegeben; insoweit gibt es daher weder eine richtlinienkonforme Auslegung noch eine Zuständigkeit des EuGH. Allerdings ist str., ob die Wertersatzpflicht nach III für Fernabsatzverträge richtlinienkonform (Art 6 II der Fernabsatz-RL) geregelt ist. Vgl dazu MüKo/*Masuch* Rz 4 f; die Konformität wird dort verneint. Dass § 357 zu Gunsten des Verbrauchers zwingend ist, ergibt sich jedenfalls aus IV. Zur Haftung des Erwerbers von „Schrott-Immobilien" s. § 358 Rn 24.

3 **B. Sondervorschriften. I. Verzinsung von Geldschulden.** Nach I 2 soll § 286 III entspr anwendbar sein, soweit es sich um die Erstattung von Zahlungen (meist des Verbrauchers) handelt. Der Schuldnerverzug (und damit die Verzinsungspflicht nach § 288) tritt also bei Entgeltforderungen spätestens 30 Tage nach Fälligkeit der Rückzahlungspflicht ein. Dabei beginnt die Frist von 30 Tagen für den Verbraucher schon mit der Abgabe seiner Widerrufs- oder Rückgabeerklärung, die Frist für den Unternehmer erst mit dem Zugang der Erklärung des Verbrauchers, I 3.

4 **II. Die Rückgabepflicht des Verbrauchers.** Die Rückgabepflicht selbst folgt aus §§ 357 I 1, 346 I. Bei Eignung zum Versand als Paket bestimmt II 1 eine Pflicht des Verbrauchers zur Rücksendung (also Schickschuld), nach II 2 auf Kosten (unfrei) und Gefahr des Unternehmers. Bei Unmöglichkeit der Rücksendung durch Paket genügt analog § 356 II 1 ein Rücknahmeverlangen des Verbrauchers (also entsteht eine Holschuld).

5 Ausnahmsweise können bei einem Widerrufsrecht nach § 312d I 1 nach II 3 die regelmäßigen Kosten der Rücksendung insb bei einer Bestellung bis zu 40 Euro vertraglich dem Verbraucher auferlegt werden. Voraussetzung dafür ist freilich ein Widerrufsrecht; ein Rückgaberecht nach § 356 genügt nicht (MüKo/*Masuch* Rz 20). Auch muss die gelieferte Sache der bestellten entsprochen haben. Daran fehlt es nicht nur bei einem Aliud, sondern auch bei einem Sachmangel (MüKo/*Masuch* Rz 21). In diesen Fällen geht die Rücksendung auf Kosten des Unternehmers.

6 Für den Höchstbetrag von 40 Euro ist der Vertrag maßgeblich, dessen Inhalt idR durch die Bestellung des Verbrauchers bestimmt wird. Die Ausn in II 3 trifft also nicht zu, wenn der Unternehmer eine über 40 Euro hinausgehende Bestellung in Teilen mit einem geringeren Wert ausliefert. Eine Unterausnahme für den Fall, dass der Unternehmer „sachliche Gründe" für die Aufteilung hat, ist mit dem Gesetzeswortlaut und dem Sinn von II 3 schwerlich zu vereinbaren: Lieferschwierigkeiten des Unternehmers dürfen nicht zu Lasten des Verbrauchers gehen. Mangels Nachweisbarkeit dürfte auch der umgekehrte Fall kaum Bedeutung haben, nämlich dass ein Verbraucher für mehr als 40 Euro bestellt, um einen Teil auf Kosten des Unternehmers wieder zurückzuschicken. Wenn das geschähe, wäre es allerdings Rechtsmissbrauch.

7 **III. Die Wertersatzpflicht des Verbrauchers. 1. Die Regel.** Eine Wertersatzpflicht des Verbrauchers folgt regelmäßig aus den §§ 357 I, 346 II und III. Sie betrifft va nicht gegenständliche Leistungen (Dienste usw), aber auch den Nutzen aus der Überlassung von Sachen. Nach EuGH NJW 08, 1433 Tz 34 ff soll jedoch der Verbraucher für die Nutzung der mangelhaften Kaufsache keinen Wertersatz schulden; das steht jetzt, obwohl es wenig überzeugt, in § 474 II. Dabei ist die vertragliche Wertbestimmung nach § 346 II 2 anwendbar (MüKo/*Masuch* Rz 21). Dagegen gilt für die durch den Gebrauch verursachte Wertminderung § 346 II 1 Nr 3.

8 **2. Sondervorschriften.** Umfassende Sondervorschriften finden sich für **Teilzeit-Wohnrechte** in § 485 V 1 und für **Fernunterricht** in § 4 III FernUSG: Hier wird eine Vergütungspflicht für die vom Unternehmer bis zum Widerruf erbrachten Leistungen entgegen § 346 II 1 Nr 1 ausgeschlossen.

9 Einzelne Sondervorschriften für die übrigen Widerrufsfälle stehen in § 357 III. Dabei geht es in III 1 um eine Verschärfung der Haftung des Verbrauchers: Dieser soll entgegen § 346 II 1 Nr 3 Wertersatz auch für diejenige Verschlechterung leisten, die durch die bestimmungsgemäße Ingebrauchnahme der Sache entstanden ist. Verlangt wird dafür in III 1 freilich, dass der Verbraucher spätestens bei Vertragsschluss auf diese Ersatzpflicht hingewiesen worden ist; auch muss ihm eine Möglichkeit angegeben werden, wie er die Ersatzpflicht *vermeiden* kann. Ohne weiteres soll nach III 2 die Ersatzpflicht nicht Verschlechterungen betreffen, die ausschl auf die Prüfung der Sache zurückgehen. Andererseits soll nach III 3 die Haftungsmilderung nach § 346 III Nr 3 (eigenübliche Sorgfalt) für denjenigen Verbraucher nicht gelten, der über sein Widerrufsrecht ordnungsgemäß (§ 355 II) belehrt worden ist oder sonst davon Kenntnis erhalten hat.

Insgesamt ist III der wenig geglückte Versuch eines Ausgleichs der Interessen von Verbraucher und Unterneh- 10
mer. Dabei geht es insb um die Wertminderung der (ja vielleicht mangelfreien) Sache dadurch, dass sie
womöglich nicht mehr „fabrikneu" an den Unternehmer zurückgelangt. Etwa bei Kraftfahrzeugen, Möbeln
und Kleidungsstücken kann das einen erheblichen Verlust bedeuten. Vielfach wird die dem Verbraucher
zugestandene Prüfung aber gar nicht möglich sein, ohne dass wenigstens die Originalverpackung geöffnet
und dabei teilweise zerstört wird.

In dem amtlichen Muster der Widerrufsbelehrung (Anl 2 zu § 14 I BGB-InfoV, vgl § 355 Rn 16) heißt es 11
dazu: „Bei der Überlassung von Sachen gilt dies (nämlich die Pflicht zum Wertersatz) nicht, wenn die Verschlechterung der Sache ausschl auf deren Prüfung – wie sie Ihnen etwa im Ladengeschäft möglich gewesen
wäre – zurückzuführen ist. IÜ können Sie die Pflicht zum Wertersatz vermeiden, indem Sie die Sache nicht
wie Ihr Eigentum in Gebrauch nehmen und alles unterlassen, was deren Wert beeinträchtigt." Gleiches steht
auch in dem amtlichen Muster für die Rückgabebelehrung (vgl 356 Rn 7).

Diese Musterbelehrung ist aber keineswegs klar. Denn erstens passt sie nicht für Sachen, die nicht in einem 12
Ladengeschäft gekauft zu werden pflegen (zB Gebrauchtwagen oder Pferde). Zweitens ist zudem die Bereitschaft der Geschäftsinhaber sehr verschieden, eine Prüfung durch Zerstörung der Verpackung oder dann
zuzulassen, wenn sie Gebrauchsspuren hinterlässt. Fraglich ist, wer das Risiko zu tragen hat, wenn die danach
unklaren Grenzen überschritten worden sind. Das muss wohl regelmäßig der Verbraucher tragen. Denn von
dem Unternehmer darf man schwerlich mehr Klarheit bei seiner Belehrung verlangen, als sie das BMJ aufbringen konnte.

Ist der Verbraucher nicht ordnungsgemäß auf sein Widerrufsrecht hingewiesen worden, so gilt III 1 nicht. Es 13
bleibt dann also beim Ausschluss der Wertersatzpflicht für eine Ingebrauchnahme der Sache nach § 346 II 1
Nr 3. Außerdem ist dann regelmäßig auch die Haftungsmilderung nach § 346 III 1 Nr 3 anwendbar; der Verbraucher haftet also in den Grenzen von § 277 nur für die eigenübliche Sorgfalt.

IV. Der Ausschluss weitergehender Ansprüche, Abs 4. IV kann den Eindruck erwecken, als sollten zwin- 14
gend alle weitergehenden Ansprüche ausgeschlossen sein. Das ist aber wenigstens zu verneinen, soweit es sich
um Ansprüche des Verbrauchers gegen den Unternehmer handelt. Ein Bsp bildet BGHZ 174, 290 Tz 9 ff mit
Anm *Gsell* NJW 08, 912: Nutzungsausfallschaden des Käufers bei Rücktritt oder Widerruf. Zudem hat BGH
VIII ZR 268/07 v 1.10.08 beim EuGH angefragt, ob bei § 312b der Verbraucher nicht auch die Kosten für
die Zusendung der bestellten Ware ersetzt verlangen kann. Denn die kurzlebige Vorgängerregelung in § 361a II
7 aF hatte sich nur auf Ansprüche gegen den Verbraucher bezogen und der Gesetzgeber hat insoweit anscheinend nichts ändern wollen (ebenso MüKo/*Masuch* Rz 52; Erman/*Sänger* Rz 21; zudem EuGH NJW 09, 3015
(Notebook: Wertersatz für Nutzung).

Weiter ist IV auf Ansprüche zu beschränken, die sich aus den in I 1 in Bezug genommenen §§ 346 ff ergeben. 15
Daher sind insb auch Schadensersatzansprüche gegen den Verbraucher nach §§ 346 IV, 280 bis 283 möglich
(§ 346 Rn 21 ff). Und für Bereicherungsansprüche (etwa wegen Verwendungen) gilt § 346 III 2 (§ 346 Rn 20).
Nur dürfen diese Ansprüche nicht zu Lasten des Verbrauchers verschärft werden, etwa durch die Vereinbarung von Vertragsstrafen oder eines das gesetzliche Maß übersteigenden Wertersatzes.

Nicht ausgeschlossen sind insb auch Schadensersatzansprüche des Verbrauchers aus cic wegen unzureichen- 16
der Belehrung über die Chancen und Risiken bei Einlagen als stiller Gesellschafter. Hier werden zwar grds die
Regeln über die fehlerhafte Gesellschaft (vgl § 705 Rn 17 f) angewendet. Doch kann der getäuschte Gesellschafter als Schadensersatz verlangen, so gestellt zu werden, als hätte er den Gesellschaftsvertrag nicht abgeschlossen. Dieser Anspruch richtet sich dann auch auf Rückgewähr der geleisteten Einlagen (BGH ZIP 04,
1706; NJW 05, 1784, 1786 ff).

V. Neufassung von III auf Grund des VerbrKrRL-UG seit dem 11.6.10: 17

(3) Der Verbraucher hat abweichend von § 346 II 1 Nr. 3 Wertersatz für eine durch die bestimmungsgemäße
Ingebrauchnahme der Sache entstandene Verschlechterung zu leisten, wenn er spätestens bei Vertragsschluss in
Textform auf diese Rechtsfolge und eine Möglichkeit hingewiesen worden ist, sie zu vermeiden. Bei Fernabsatzverträgen steht ein unverzüglich nach Vertragsschluss in Textform mitgeteilter Hinweis einem solchen bei Vertragsschluss gleich, wenn der Unternehmer den Verbraucher rechtzeitig vor Abgabe von dessen Vertragserklärung in
einer dem eingesetzten Fernkommunikationsmittel entsprechenden Weise über die Wertersatzpflicht und eine
Möglichkeit zu ihrer Vermeidung unterrichtet hat. Satz 1 gilt nicht, wenn die Verschlechterung ausschließlich auf
die Prüfung der Sache zurückzuführen ist. § 346 III 1 Nr. 3 findet keine Anwendung, wenn der Verbraucher über
sein Widerrufsrecht ordnungsgemäß belehrt worden ist oder hiervon anderweitig Kenntnis erlangt hat.

§ 358 Verbundene Verträge. (1) Hat der Verbraucher seine auf den Abschluss eines Vertrags über
die Lieferung einer Ware oder die Erbringung einer anderen Leistung durch einen Unternehmer gerichtete
Willenserklärung wirksam widerrufen, so ist er auch an seine auf den Abschluss eines mit diesem Vertrag
verbundenen Verbraucherdarlehensvertrags gerichtete Willenserklärung nicht mehr gebunden.
(2) ¹Hat der Verbraucher seine auf den Abschluss eines Verbraucherdarlehensvertrags gerichtete Willenserklärung wirksam widerrufen, so ist er auch an seine auf den Abschluss eines mit diesem Verbraucherdarlehensvertrag verbundenen Vertrags über die Lieferung einer Ware oder die Erbringung einer ande-

§ 358 Verbundene Verträge

ren Leistung gerichtete Willenserklärung nicht mehr gebunden. ²Kann der Verbraucher die auf den Abschluss des verbundenen Vertrags gerichtete Willenserklärung nach Maßgabe dieses Untertitels widerrufen, gilt allein Absatz 1 und sein Widerrufsrecht aus § 495 Abs. 1 ist ausgeschlossen. ³Erklärt der Verbraucher im Falle des Satzes 2 dennoch den Widerruf des Verbraucherdarlehensvertrags, gilt dies als Widerruf des verbundenen Vertrags gegenüber dem Unternehmer gemäß Absatz 1.
(3) ¹Ein Vertrag über die Lieferung einer Ware oder die Erbringung einer anderen Leistung und ein Verbraucherdarlehensvertrag sind verbunden, wenn das Darlehen ganz oder teilweise der Finanzierung des anderen Vertrags dient und beide Verträge eine wirtschaftliche Einheit bilden. ²Eine wirtschaftliche Einheit ist insbesondere anzunehmen, wenn der Unternehmer selbst die Gegenleistung des Verbrauchers finanziert, oder im Falle der Finanzierung durch einen Dritten, wenn sich der Darlehensgeber bei der Vorbereitung oder dem Abschluss des Verbraucherdarlehensvertrags der Mitwirkung des Unternehmers bedient. ³Bei einem finanzierten Erwerb eines Grundstücks oder eines grundstücksgleichen Rechts ist eine wirtschaftliche Einheit nur anzunehmen, wenn der Darlehensgeber selbst das Grundstück oder das grundstücksgleiche Recht verschafft oder wenn er über die Zurverfügungstellung von Darlehen hinaus den Erwerb des Grundstücks oder grundstücksgleichen Rechts durch Zusammenwirken mit dem Unternehmer fördert, indem er sich dessen Veräußerungsinteressen ganz oder teilweise zu Eigen macht, bei der Planung, Werbung oder Durchführung des Projekts Funktionen des Veräußerers übernimmt oder den Veräußerer einseitig begünstigt.
(4) ¹§ 357 gilt für den verbundenen Vertrag entsprechend. ²Im Falle des Absatzes 1 sind jedoch Ansprüche auf Zahlung von Zinsen und Kosten aus der Rückabwicklung des Verbraucherdarlehensvertrags gegen den Verbraucher ausgeschlossen. ³Der Darlehensgeber tritt im Verhältnis zum Verbraucher hinsichtlich der Rechtsfolgen des Widerrufs oder der Rückgabe in die Rechte und Pflichten des Unternehmers aus dem verbundenen Vertrag ein, wenn das Darlehen dem Unternehmer bei Wirksamwerden des Widerrufs oder der Rückgabe bereits zugeflossen ist.
(5) Die erforderliche Belehrung über das Widerrufs- oder Rückgaberecht muss auf die Rechtsfolgen nach den Absätzen 1 und 2 Satz 1 und 2 hinweisen.

1 **A. Funktion.** Häufig erreicht der Verbraucher sein Ziel nicht mit einem einzigen Vertrag. Vielmehr muss er **zwei Verträge schließen**: Einen Vertrag über die letztlich erstrebte Leistung (meist Kauf- oder Werkvertrag, aber nach BGHZ 156, 46, 50 auch Erwerb einer Beteiligung an einer Anlagegesellschaft) und einen zweiten Vertrag zur Finanzierung der aus dem ersten Vertrag geschuldeten Gegenleistung. Dieser zweite Vertrag stellt idR ein Verbraucherdarlehen (§ 491 ff) dar und wird mit einem anderen Partner abgeschlossen. Diese Aufspaltung in zwei Verträge bringt dem Verbraucher Gefahren: Ihm nützt zB ein Widerruf des Darlehens (§ 495) wenig, wenn er nicht auch den Kauf lösen kann. Umgekehrt bringt ein Widerruf des Kaufs (zB nach § 312) kaum Nutzen, wenn der Verbraucher an das Darlehen gebunden bleibt. Dabei steht dem Widerruf ein vertragslösendes Rückgaberecht gleich (vgl V, wo beides aufgeführt wird).

2 Diese Problematik war **früher** in § 9 VerbrKrG, § 4 FernAbsG, § 4 Teilzeit-WohnRG geregelt. Insb zu § 9 III VerbrKrG gibt es eine umfangreiche Rspr und Lit zu dem fremdfinanzierten „Strukturvertrieb" sog „Schrottimmobilien". Dabei bestanden zunächst Unterschiede zwischen dem II. und XI. ZS des BGH (vgl etwa BGH XI. ZS ZIP 04, 606; II. ZS ZIP 04, 1394, in der Lit etwa *Bungeroth* WM 04, 1505). Jetzt findet sich eine Regelung in den §§ 358, 359 und seit dem 11.6.10 mit Ergänzungen in den §§ 359a, 360: § 358 I und II lässt den Widerruf eines Vertrages unter bestimmten Voraussetzungen auch gegen den anderen wirken (**Widerrufsdurchgriff**); § 359 lässt Einwendungen aus dem verbundenen Vertrag auch gegen das Darlehen zu (**Einwendungsdurchgriff**). Dieser idR für den Darlehensgeber gefährliche Durchgriff bedeutet eine zT überschießende Umsetzung von Art 6 V FernAbsRL, Art 11 II 1, Art 7 VerbrKrRL und Art 7 der TeilzeitnutzungsRL. Insgesamt ist die Regelung in § 358 kompliziert und teils schwer zu verstehen. Zu Gunsten des Verbrauchers ist sie einseitig zwingend.

3 **B. Verbundene Verträge.** Voraussetzung für den Durchgriff ist das Vorliegen verbundener Verträge. Dieses Merkmal wird allg definiert in III 1 und 2 mit wichtigen Sonderregeln für den Erwerb von Immobilien in III 3.

4 **I. Allgemeine Regeln, Abs 3 S 1 und 2.** Allg gelten zwei Voraussetzungen: (1.) **Zweck des Darlehens** muss es sein, ganz oder teilweise einen Vertrag des Verbrauchers (im Folgenden: „Beschaffungsvertrag") zu finanzieren, II 1. Dabei bleibt gleich, ob der Kredit direkt an den Partner des Beschaffungsvertrages ausbezahlt wird oder ob diese Zahlung über den Verbraucher läuft. Doch muss der Darlehensgeber den Finanzierungszweck kennen; die bloße Weiterleitung durch den Verbraucher allein genügt nicht. Beim Finanzierungsleasing (§ 500) liegt aber III 1 nicht vor, wenn der Leasingnehmer den Lieferanten selbst auswählt (*Canaris* ZIP 93, 401, 411). Gleiches kann gelten, wenn der Kauf des Leasingobjekts allein durch den Leasinggeber erfolgt (Palandt/*Grüneberg* Rz 11).

5 (2.) **Eine wirtschaftliche Einheit** müssen die beiden Verträge bilden; III 1 mit 2. Das Gesetz bringt hier in 2 zwei **Regelbeispiele** („insb"): Der Unternehmer und der Kreditgeber müssen dem Verbraucher (für den Kreditgeber erkennbar) gemeinsam als Vertragspartner gegenüberstehen (BGH NJW 92, 2560, 2562 mN). Denn nur dann kann es gerechtfertigt sein, den Verbraucher von den Nachteilen aus der Aufteilung in zwei Ver-

614 | Medicus PWW

träge zu entlasten. Dem entsprechen die Regelbeispiele von III 2: Der Unternehmer finanziert die Gegenleistung des Verbrauchers selbst oder der Darlehensgeber bedient sich für den Darlehensvertrag der Mitwirkung des Unternehmers. Ein Gegenbeweis zur Darlegung des Fehlens einer Geschäftsverbindung ist hier nicht möglich (BGHZ 156, 46, 51).

Andere Gestaltungen, die auf eine wirtschaftliche Einheit hindeuten, sind etwa: Der Verbraucher wird im Vertrag als „Käufer und Darlehensnehmer" bezeichnet und von der freien Verfügung über das Darlehen ausgeschlossen (BGH NJW 83, 2250, 2251). Gleiches gilt, wenn die Formulare vom Unternehmer und Kreditgeber einheitlich sind oder aufeinander Bezug nehmen (BGH NJW 87, 1698, 1700). 6

II. Sonderregeln für Immobiliengeschäfte, Abs 3 S 3. Anwendungsbereich ist sachlich der finanzierte Erwerb eines Grundstücks oder grundstücksgleichen Rechts. Das sind Wohnungseigentum (WEG § 4 III) und Miteigentumsanteile. Zeitlich ist von Bedeutung, dass III 3 aufgrund der Heininger-Entscheidung (EuGH NJW 02, 281) nachträglich eingefügt worden ist. Er gilt daher erst für Verträge, die nach dem 1.8.02 geschlossen worden sind. Für frühere Verträge gilt noch § 3 II Nr 2 VerbrKrG, der idR die Annahme einer Geschäftsverbindung ausschließt (str). 7

Inhaltlich verneint III 3 für finanzierte Immobiliengeschäfte idR das Vorliegen einer Geschäftsverbindung; III 1 und 2 werden also ausgeschlossen. Das entspricht der überwiegenden Gerichtspraxis (vgl BGH ZIP 05, 69, 73 mN). Sie wird damit begründet, beim Grundstückskauf sei die Verschiedenheit von Kauf und Darlehen auch dem Laien ohne weiteres erkennbar. Zudem gewähre § 311b I durch das Erfordernis der notariellen Beurkundung eine Information des Verbrauchers (BGH aaO). 8

Doch bringt § 358 III 3 **Ausnahmen**. Sie lassen sich unter dem Gesichtspunkt zusammenfassen, dass der Darlehensgeber über diese seine Rolle hinaustritt und insb auch Aufgaben des Verkäufers wahrnimmt („rollenwidriges Verhalten", so MüKo/*Habersack* Rz 53). 9

Die **Rollenwidrigkeit** ist besonders deutlich, wenn der Darlehengeber selbst die Immobilie verschafft (Fall 1 von III 3). Dafür genügt, dass als Veräußerer eine Tochtergesellschaft des Darlehensgebers auftritt oder dieser den Veräußerer vertritt (Palandt/*Grüneberg* Rz 15). Dem soll gleichstehen, dass er über die Darlehensgewährung hinaus den Immobilienerwerb „im Zusammenwirken mit dem Unternehmer fördert, indem es sich dessen Veräußerungsinteressen ganz oder teilweise zu eigen macht, bei der Planung, Werbung oder Durchführung des Projekts Funktionen des Veräußerers übernimmt oder den Veräußerer einseitig begünstigt" (III 3 am Ende). 10

Diese Aufzählung des zu einer Geschäftsverbindung führenden rollenüberschreitenden Verhaltens ist **abschließend** (MüKo/*Habersack* Rz 54). Andere oder geringere Formen eines solchen Verhaltens genügen also nicht. Das gilt etwa, wenn der Darlehensgeber außer den Verbraucher auch den Unternehmer finanziert (BTDrs 14/9266 47). Auch die Überlassung von Darlehensformularen an den Vertreiber oder der Hinweis auf die Finanzierung durch den Darlehensgeber genügen nicht (MüKo/*Habersack* Rz 54). 11

Überdies verlangt III 3 ein **Zusammenwirken mit dem Unternehmer**. Bloß einseitige Handlungen eines der Beteiligten genügen also für die Annahme der Geschäftsverbindung nicht (BGH NJW 07, 3200 Tz 20 zu § 9 I 2 VerbrKrG: Die Bank muß die Tätigkeit des Verkäufers kennen und billigen). Sie kommen aber als cic (§ 311 II) oder sogar als arglistige Täuschung (§ 123) in Betracht. 12

Inzwischen hat der XI. ZS durch Urt v 16.5.06 bei **nicht verbundenen Geschäften** einen Ersatzanspruch des Verbrauchers (=Käufers) gegen den Kreditgeber wegen Verletzung einer Aufklärungspflicht unter bestimmten Voraussetzungen bejaht (BGHZ 168, 1 Tz 53 ff, später NJW 07, 3200 Tz 22 ff; 08, 640, 644): Bei einem **institutionalisierten Zusammenwirken** des Kreditgebers mit dem Anbieter der Immobilie (oder dessen Vermittler, oft einem Strukturvertrieb, s. BGH NJW 07, 2404) kann die Kenntnis des Kreditgebers von einer arglistigen Täuschung des Verbrauchers durch den Verkäufer usw widerleglich vermutet werden. Grundlage ist ein **konkreter Wissensvorsprung** des Kreditgebers ggü dem Verbraucher, der zur Aufklärung verpflichten soll. Bei schuldhafter Verletzung dieser Pflicht haftet der Kreditgeber aus cic auf Schadensersatz. Die Kausalität der Täuschung für den Abschluss des Beschaffungsvertrages soll „nach der Lebenserfahrung" (BGH NJW 07, 3200 Tz 27) widerleglich vermutet werden können. Damit wird in besonders schlimmen Fällen außerhalb von § 358 geholfen, vgl *Jungmann* NJW 07, 1562. 13

C. Rechtsfolgen, Abs 1, 2, 4. I. Widerruf des Beschaffungsvertrages, Abs 1, 4. Nach I soll der Widerruf des Beschaffungsvertrages zB nach § 312, 355 auch den damit verbundenen Verbraucherdarlehensvertrag erfassen; das Darlehen ist gleichsam bestandsakzessorisch ggü dem Beschaffungsvertrag. Für die Rückabwicklung dieses widerrufenen Vertrages gilt § 357 direkt, für diejenige des Darlehens entspr, IV 1. Dabei findet die Rückabwicklung idR für jedes Vertragsverhältnis getrennt zwischen den jeweiligen Vertragsparteien statt (Ausn u. Rn 16). 14

Nach IV 2 sollen gegen den Verbraucher **Ansprüche auf Zinsen und Kosten** aus der Rückabwicklung des Verbraucherdarlehens ausgeschlossen sein. Der Darlehensgeber steht also ggü den allgemeinen Regeln nicht nur dadurch schlechter, dass ihm ggü ein Widerruf nicht erklärt zu werden braucht. Vielmehr wird er durch IV 2 zusätzlich bei der Rückabwicklung benachteiligt. 15

IV 3 regelt die Rückabwicklung abw für den **Sonderfall, dass das Darlehen dem Unternehmer** bei Wirksamwerden des Widerrufs **bereits zugeflossen war**: Dann soll nicht etwa eine **Durchgriffskondiktion** des Darlehensgebers gegen den Unternehmer stattfinden (vgl MüKo/*Habersack* Rz 82). Vielmehr wird die Rückab- 16 wicklung auf das Verhältnis zwischen dem Darlehensgeber und dem Verbraucher konzentriert: **Im Verhältnis zum Verbraucher tritt der Darlehensgeber in die Rechte und Pflichten des Unternehmers** (also idR des Verkäufers) **ein**. Damit bleibt es dem Verbraucher erspart, den Nettobetrag dem Darlehensgeber erstatten und sich seinerseits an den Unternehmer halten zu müssen (MüKo/*Habersack* Rz 79). Statt dessen muss der Darlehensgeber dies tun. Er erhält dann (in der Rolle des Unternehmers) die finanzierte Leistung; Wertersatz schuldet der Verbraucher nach den §§ 357 I 1, 346 II und III, 357 III; Nutzungsersatz nach den §§ 357 I 1, 346 I, 347. Demgegenüber kann der Verbraucher Rückzahlung der dem Darlehensgeber erbrachten Tilgungs- und Zinszahlungen sowie einer an den Unternehmer geleisteten Anzahlung fordern. Auch das ist für den Darlehensgeber überaus ungünstig. Denn idR kann er die finanzierte Leistung nicht verwenden und zudem trägt er das Verschlechterungsrisiko im Umfang von §§ 357 II, 346 III 3. Vgl MüKo/*Habersack* Rz 84 mwN. Bedenklich ist weiter, dass der Käufer auf Kredit hier besser steht als jemand, der den Kaufpreis aus eigenen Mitteln bezahlt (vgl BGH ZIP 04, 606, 609).

17 Beim finanzierten **Beitritt zu einer Gesellschaft** erhält der Darlehensgeber idR zunächst bloß den Abfindungsanspruch des Verbrauchers gegen die Gesellschaft. Diese sowie ggf die Gesellschafter schulden die Rückzahlung des Darlehens Zug um Zug gegen Übertragung des Abfindungsanspruchs (MüKo/*Habersack* Rz 90 am Ende). Doch vgl für Schadensersatzansprüche o. § 357 Rn 12 f und speziell zum Beitritt zu einem geschlossenen Immobilienfonds BGH ZIP 05, 565 mN; krit Schlesw ZIP 05, 1127.

18 Der Eintritt des Darlehensgebers in die Pflichten des Unternehmers beschränkt sich bei IV 3 auf die Rückabwicklung. Dagegen müssen zB **Schadensersatzansprüche** wegen Mängeln der verkauften Sache nach wie vor gegen den Unternehmer (=Verkäufer) geltend gemacht werden (BTDrs 11/5462 24). Eine Haftung des Darlehensgebers kommt insoweit (über § 278) nur in Betracht, soweit er selbst Verkäuferpflichten übernommen hat.

19 **II. Widerruf des Verbraucherdarlehens, Abs 2.** II behandelt den **Gegenfall von I**: Der Verbraucher widerruft nicht den Beschaffungsvertrag, sondern das Verbraucherdarlehen. Auch dann soll nach II 1 der verbundene (vgl o. Rn 3 ff) Beschaffungsvertrag unverbindlich werden. Allerdings soll nach II 2 der Widerruf des Verbraucherdarlehens gem § 495 I ausgeschlossen sein, wenn der Verbraucher den Beschaffungsvertrag nach I widerrufen kann; die Regelung von II wird also durch diejenige von I verdrängt. Doch wird dies durch II 3 abgeschwächt: Ein (nach II 2 ausgeschlossener) Widerruf des Verbraucherdarlehens gilt als Widerruf des Beschaffungsvertrages (mit der Folge, dass dann nach I auch das Verbraucherdarlehen nicht mehr bindet). Dabei bleibt unschädlich, dass der Widerruf des Darlehens nur ggü dem Darlehensgeber erklärt worden ist.

20 Str ist, ob der Verbraucher den **Widerruf auf das Darlehen beschränken** kann, weil er an dem Beschaffungsvertrag festhalten will (nein MüKo/*Habersack* Rz 20, 22, ja Palandt/*Grüneberg* Rz 8). Ich möchte die Möglichkeit einer Beschränkung bejahen, weil sich der Schutz des Verbrauchers nicht gegen diesen selbst richten soll.

21 **D. Die Widerrufsbelehrung, Abs 5.** Nach V muss die Widerrufsbelehrung in jedem der verbundenen Verträge auf die Rechtsfolgen aus I und II 1 und 2 hinweisen. Der Verbraucher muss also (neben den in § 355 II 1 bis 3 genannten Umständen) erfahren, dass sein gegen den Beschaffungsvertrag gerichteter Widerruf auch die Bindung an das Darlehen beendet (I). Ebenso ist ihm mitzuteilen, dass die entspr Wirkung bei einem Widerruf des Darlehens eintritt (II 1), und dass bei Widerruflichkeit des Beschaffungsvertrages allein dieser zu widerrufen ist (II 2). Die amtlichen Muster für die Widerrufs- und die Rückgabebelehrung (vgl §§ 355 Rn 16, 356 Rn 7) enthalten entspr Formulierungen.

22 Voraussetzung für diese erweiterte Belehrungsobliegenheit ist, dass **wirklich verbundene Verträge vorliegen**. Das kann angesichts der komplizierten Regeln in III nicht selten zweifelhaft sein. Das **Risiko einer Falschbeurteilung** trägt diejenige Person, der die Belehrung obliegt. Das ist bei I der Unternehmer und bei II 1 der Darlehensgeber (MüKo/*Habersack* Rz 71). Dabei darf die Belehrung nicht allg bleiben, etwa in dem Sinn, der Widerruf wirke auch für einen etwa verbundenen Vertrag. Denn damit würde die Last der Entscheidung darüber, ob eine Vertragsverbindung vorliegt, auf den Verbraucher abgeschoben, der die maßgeblichen Umstände kaum kennen kann.

23 Die **Rechtsfolge** einer Unvollständigkeit oder Unrichtigkeit der Belehrung ergibt sich aus § 355 III 3: Das Widerrufsrecht erlischt nicht durch Fristablauf. Das gilt insb auch bei einer unbestimmten oder unvollständigen Belehrung über das Vorliegen und die Rechtsfolgen einer Vertragsverbindung.

24 **E. Das EuGH-Urteil v 25.10.05.** Im Zusammenhang mit den sog „Schrottimmobilien" (s. § 357 Rn 2) hat EuGH ZIP 05, 1959, „Schulte", zu den Widerrufsfolgen entschieden: Es verstoße nicht gegen die RL 85/577/EWG v 20.12.85 (s. § 312 Rn 1), bestimmte drittfinanzierte Kaufverträge über Immobilien von der Geschäftsverbindung auszunehmen. Daher könnten die Rechtsfolgen eines Widerrufs auf den Kreditvertrag beschränkt werden. Insb sei regelmäßig auch nicht zu beanstanden, wenn ein Widerruf des Darlehensvertrages durch den Verbraucher für diesen ungünstige Rechtsfolgen habe. Das gelte aber nicht, wenn das Kreditinstitut eine geschuldete Belehrung über das Widerrufsrecht unterlassen habe und der belehrte Verbraucher die Risiken aus dem Geschäft hätte vermeiden können (Tz 99 ff des Urt).

25 Diese **dunkle Ausnahme** hat zu einer lebhaften Diskussion geführt (etwa *Hoffmann* ZIP 05, 1985; *Habersack* JZ 06, 91; *F. Limbach* ZGS 06, 66; Palandt/*Grüneberg* § 357 Rz 4 mN). Am ehesten wird ein Schadensersatzanspruch des Verbrauchers gegen das Kreditinstitut aus cic (§ 311 II Nr 2) anzunehmen sein, der aber wohl

nach dem EuGH kein Verschulden erfordern darf. Doch setzt dieser Anspruch voraus, dass der Schaden des Verbrauchers kausal auf dem Unterlassen der Belehrung (über das Widerrufsrecht, nicht über die Gefahren aus dem Immobilienkauf wie nach Rn 13) beruht. Danach ist die Wirkung der Ausnahme wohl eng begrenzt. Eine Korrektur schon rechtskräftig gegen den Verbraucher ergangener Urteile sollte allenfalls ausnahmsweise möglich sein (zu weit wohl *M. Schwab* JZ 06, 170).

F. Unanwendbarkeit von § 358. Unanwendbar ist § 358 II, IV und V nach § 491 III Nr 1 bei Verbraucherdarlehensverträgen unter bestimmten weiteren Voraussetzungen, wenn sie gerichtlich protokolliert oder notariell beurkundet worden sind. Hier fehlt nämlich schon eine Möglichkeit zum Widerruf. Unanwendbarkeit gilt nach III Nr 2 zudem für Verbraucherdarlehen, mit denen präsumtiv spekulative Geschäfte finanziert werden sollen (Erwerb von Wertpapieren, Devisen, Derivaten oder Edelmetallen). Hier kann zwar ggf nach § 495 das Darlehen widerrufen werden, doch schlägt dieser Widerruf nicht auf das zu finanzierende Geschäft durch: Der Verbraucher soll das aus diesem Geschäft folgende Risiko nicht mittelbar abwälzen dürfen. 26

§ 359 Einwendungen bei verbundenen Verträgen. Der Verbraucher kann die Rückzahlung des Darlehens verweigern, soweit Einwendungen aus dem verbundenen Vertrag ihn gegenüber dem Unternehmer, mit dem er den verbundenen Vertrag geschlossen hat, zur Verweigerung seiner Leistung berechtigen würden. Dies gilt nicht, wenn das finanzierte Entgelt 200 Euro nicht überschreitet, sowie bei Einwendungen, die auf einer zwischen diesem Unternehmer und dem Verbraucher nach Abschluss des Verbraucherdarlehensvertrags vereinbarten Vertragsänderung beruhen. Kann der Verbraucher Nacherfüllung verlangen, so kann er die Rückzahlung des Darlehens erst verweigern, wenn die Nacherfüllung fehlgeschlagen ist.

A. Funktion. § 358 Rn 1 regelt für verbundene Verträge nur die Wirkung von Widerruf und Rückgaberecht. 1
Die Aufspaltung eines Geschäfts in einen Darlehens- und einen Beschaffungsvertrag kann aber auch in anderer Hinsicht den Verbraucher gefährden: Einwendungen aus dem Beschaffungsvertrag (insb wegen Verletzung der Pflicht zur mangelfreien Übereignung) wirken ja nicht ohne weiteres ggü den Ansprüchen des Darlehensgebers. Dem will § 359 abhelfen. Vorläufer für den danach geregelten **Einwendungsdurchgriff** sind § 9 III VerbKrG und die Rspr zu § 6 AbzG.
Durch § 359 umgesetzt wird Art 11 II 1 Lit a und b der VerbrKrRL. Dabei ist von der in Art 11 II 2 eingeräumten Gestaltungsfreiheit weiter Gebrauch gemacht worden (vgl MüKo/*Habersack* Rz 5): Der Verbraucher 2
soll **so gestellt werden, als hätte er ein einziges Teilzahlungsgeschäft geschlossen**. Die Regelung ist entspr ihrem Schutzzweck zu Gunsten des Verbrauchers einseitig zwingend.

B. Voraussetzungen. I. Verbundener Vertrag. Nach 1 muss ein Verbraucherdarlehen (das ergibt sich aus 2) 3
mit einem anderen Vertrag mit einem Unternehmer verbunden sein, also idR zur Finanzierung dieses Vertrages dienen. Die erforderlichen Einzelheiten für eine solche Verbindung ergeben sich aus § 358 III Rn 3 ff.

II. Abgeleitetes Leistungsverweigerungsrecht ggü dem Unternehmer. Dem Verbraucher muss gegen seinen 4
Partner aus dem anderen Vertrag ein Leistungsverweigerungsrecht zustehen. Dieses kann **eine Einwendung oder eine Einrede** darstellen (der Wortlaut von 1 ist ungenau, MüKo/*Habersack* Rz 37). Nicht genügt ein Gestaltungsrecht (zB zur Anfechtung), solange es nicht ausgeübt worden ist.
Insb ist an folgende Leistungsverweigerungsrechte zu denken: **Mängelhaftung bei Kauf- und Werkvertrag:** 5
Hierfür ist zunächst 3 zu beachten: Wenn der Verbraucher Nacherfüllung verlangen kann (nach §§ 439, 635), soll er erst diese (bzw deren Fehlschlagen) abwarten müssen; er kann also bei einem behebbaren Mangel die Einrede aus § 320 dem Darlehensgeber ggü zunächst nicht geltend machen (Begründung BTDrs 11/5462 24). Zum Fehlschlagen vgl § 440 2; gleichstehen müssen die Fälle von §§ 439 III und 440 I sowie § 635 III.
Kommt eine **Nacherfüllung nicht (mehr) in Betracht**, so hat der Käufer/Besteller idR ein Wahlrecht nach 6
§ 437 oder § 634. Diese Wahl entscheidet dann, ob er die Gegenleistung überhaupt nicht mehr (bei Rücktritt) oder nur noch zT (bei Minderung) schuldet. Je nach dem bestimmt sich auch seine endgültige Position ggü dem Darlehensgeber. Vorläufig hat er wegen des Mangels die Einrede aus § 320.
Der verjährungsähnliche Ausschluss der Gewährleistungsrechte nach §§ 438, 634a, 218 lässt das Leistungsverweigerungsrecht nicht ohne weiteres entfallen. Denn nach §§ 438 IV 2, V, 634a IV 2, V bleibt der Käufer/Besteller zur 7
Verweigerung der Preiszahlung insoweit berechtigt, als er durch Rücktritt oder Minderung dazu berechtigt wäre. Dieses Recht wirkt auch ggü dem Darlehensgeber (MüKo/*Habersack* Rz 39, aber str, Nachweise in Fn 109).
Weitere Leistungsverweigerungsrechte des Verbrauchers kommen bei sonstiger Nicht- oder Schlechtleistung des Unternehmers in Betracht, insb nach den §§ 273, 320. Ob die bloße Möglichkeit zur Aufrechnung 8
gegen den Unternehmer zur Leistungsverweigerung ggü dem Darlehensgeber genügen soll (die ja von der in § 273 verlangten Konnexität unabhängig ist), dürfte zu verneinen sein (vgl MüKo/*Habersack* Rz 41): Mag der Verbraucher doch die Aufrechnung erklären (vgl Rn 4).

III. Andere Verteidigungsmöglichkeiten ggü dem Darlehensgeber. Der Verbraucher kann sich unabhängig 9
von § 359 auch auf die **Einreden** berufen, die ihm **hinsichtlich des Darlehensvertrages direkt** zustehen (mangelnde Einigung, Nichtigkeit usw). Das ist selbstverständlich.

10 Bei Nichtzustandekommen des Beschaffungsvertrags ist kraft einer auflösenden Bedingung auch das Darlehen unwirksam, wenn eine **Vertragsverbindung** von vorneherein gewollt war; ein Rückgriff auf die Lehre von der Geschäftsgrundlage ist daher unnötig (MüKo/*Habersack* Rz 30). War dagegen diese Verbindung nicht gewollt, so bleibt das Darlehen idR wirksam.

11 **Arglistige Täuschung oder widerrechtliche Drohung** (§ 123) können zugleich bei dem Darlehen wie auch bei dem Beschaffungsvertrag vorliegen. Dann ist das Darlehen nach einer umfassenden Anfechtung schon wegen Fehleridentität nichtig. Beschränkt sich dagegen der Fehler (wie wohl häufig) auf den anderen Vertrag, so ist nur dieser anfechtbar; das wirkt dann nach § 359 auch ggü dem Darlehen. In Betracht kommt aber auch, dass der über den Beschaffungsvertrag täuschende Unternehmer bezüglich des Darlehens nicht Dritter iSv § 123 II ist; dann kann auch das Darlehen nach § 123 angefochten werden (MüKo/*Habersack* Rz 33). Nur wenn § 359 nicht eingreift, muss die Anfechtung auch gegen den Darlehensgeber gerichtet werden.

12 **C. Ausnahmen, §§ 359, 491. Bagatellverträge:** Nach § 359 2 Alt 1 versagt der Einwendungsdurchgriff, wenn das finanzierte Entgelt 200,– Euro nicht übersteigt (vgl § 491 II Nr 1). Doch kommt es in § 491 auf den Gesamtbetrag des auszuzahlenden Darlehens an, bei § 359 nur auf den durch das Darlehen finanzierten Teil. Bedeutung hat der Unterschied, wenn der insgesamt gewährte Kreditrahmen größer ist als der zur Finanzierung eines Einzelgeschäfts verwendete Anteil.

13 **Nachträglich vereinbarte Änderungen** des Beschaffungsvertrags (etwa auch dessen Aufhebung, MüKo/*Habersack* Rz 37) können nach § 359 2 Alt 2 dem Darlehensgeber nicht entgegengehalten werden. Das hat denselben Grund wie § 767 I 2: Die Partner des anderen Geschäfts sollen die Stellung des Darlehensgebers nicht verschlechtern können. Ist dagegen die Einwendung schon im Keim in dem anderen Vertrag angelegt, so fällt sie nicht unter 2 Alt 2.

14 Bei **Identität von Darlehensgeber und Unternehmer** passt 2 Alt 2 gleichfalls nicht. Wenn der Darlehensgeber selbst an einer Änderung des anderen Vertrages mitwirkt, muss er diese auch bei seinen Darlehensansprüchen gegen sich gelten lassen.

15 **Wertpapiergeschäfte und Ähnliches**, § 491 III Nr 2: Dort wird ausdrücklich die Unanwendbarkeit des § 359 bestimmt auf Darlehen, die der Finanzierung des Erwerbs von Wertpapieren, Devisen, Derivaten oder Edelmetallen dienen: Bei solchen Geschäften soll der Verbraucher einen Misserfolg nicht auf andere abwälzen können.

16 **Verträge nach § 491 II?** Dieser spricht von den „folgenden Vorschriften" und nicht – wie III 2 – ausdrücklich auch von § 359. Trotzdem folgern viele (etwa MüKo/*Habersack* Rz 13, Palandt/*Grüneberg* Rz 2) aus der Entstehungsgeschichte, § 491 II müsse auch für § 359 geltend. Doch spielt die Frage angesichts der Eigenart der in § 491 II genannten Darlehen wohl kaum eine Rolle.

17 **D. Rechtsfolge.** Rechtsfolge des § 359 ist ein Leistungsverweigerungsrecht des Verbrauchers ggü dem Darlehensgeber. Nicht eigens geregelt ist dagegen in § 359 eine Rückabwicklung für den Fall, dass der Verbraucher schon Leistungen auf das Darlehen erbracht hat, so dass ihm insoweit sein Leistungsverweigerungsrecht nichts mehr nützt. Diese Rückabwicklung erfolgt dann nach Bereicherungsrecht, uU § 813. Zu Einzelheiten BGHZ 174, 334 Tz 28 ff; NJW 08, 2912 Tz 15 f (§ 813) sowie MüKo/*Habersack* Rz 55 ff; Palandt/*Grüneberg* Rz 5 ff und für einen Sonderfall *Seidel* JZ 05, 497 ff.

18 **E. Abschließende Regelung.** Der Einwendungsdurchgriff von § 359 beruht ua auf der alten, letztlich auf § 242 gestützten Rspr. Auf diese kann aber bei Unanwendbarkeit des § 359 nicht zurückgegriffen werden; dieser bildet also eine abschließende Regelung (MüKo/*Habersack* Rz 20, Palandt/*Grüneberg* Rz 1, vgl BGH NJW 04, 1376, 1378). Dagegen bleiben Aufklärungspflichten des Darlehensgebers unberührt, soweit diese sich nicht auf das Aufspaltungsrisiko beziehen (das ja allein durch die §§ 358, 359 geregelt wird), sondern auf das Anlagerisiko (MüKo/*Habersack* Rz 21 f). Als Sanktion kommt dann ein Schadensersatzanspruch aus cic (§ 311 II) in Betracht, vgl § 358 Rn 13.

19 **F. Die Belehrung.** Über die Widerrufsbelehrung enthält § 359 (im Gegensatz zu § 358 V) keine eigene Vorschrift. Auch das amtliche Muster des BMJ (vgl §§ 355 Rn 16; 356 Rn 7) weist nicht auf die Möglichkeit eines Einwendungsdurchgriffs hin. Man wird einen solchen Hinweis daher für unnötig halten dürfen; zumindest beeinflusst sein Fehlen den Beginn der Widerrufsfrist nicht.

§ 359a nF Anwendungsbereich.

(1) Liegen die Voraussetzungen für ein verbundenes Geschäft nicht vor, ist § 358 Abs. 1 und 4 entsprechend anzuwenden, wenn die Ware oder die Leistung des Unternehmers aus dem widerrufenen Vertrag in einem Verbraucherdarlehensvertrag genau angegeben ist.
(2) § 358 Abs. 2 und 4 ist entsprechend auf Verträge über Zusatzleistungen anzuwenden, die der Verbraucher im unmittelbaren Zusammenhang mit dem Verbraucherdarlehensvertrag abgeschlossen hat.
(3) § 358 Abs. 2, 4 und 5 sowie § 359 sind nicht anzuwenden auf Verbraucherdarlehensverträge, die der *Finanzierung des Erwerbs* von Finanzinstrumenten dienen.
(4) § 359 ist nicht anzuwenden, wenn das finanzierte Entgelt weniger als 200 Euro beträgt.

§ 360 – *ursprünglich weggefallen* –

§ 360 nF Widerrufs- und Rückgabebelehrung. (1) ¹Die Widerrufsbelehrung muss deutlich gestaltet sein und dem Verbraucher entsprechend den Erfordernissen des eingesetzen Kommunikationsmittels seine wesentlichen Rechte deutlich machen. ²Sie muss Folgendes enthalten:
1. einen Hinweis auf das Recht zum Widerruf,
2. einen Hinweis darauf, dass der Widerruf keiner Begründung bedarf und in Textform oder durch Rücksendung der Sache innerhalb der Widerrufsfrist erklärt werden kann,
3. den Namen und die ladungsfähige Anschrift desjenigen, gegenüber dem der Widerruf zu erklären ist, und
4. einen Hinweis auf Dauer und Beginn der Widerrufsfrist sowie darauf, dass zur Fristwahrung die rechtzeitige Absendung der Widerrufserklärung oder der Sache genügt.

(2) ¹Auf die Rückgabebelehrung ist Absatz 1 Satz 1 entsprechend anzuwenden. ²Sie muss Folgendes enthalten:
1. einen Hinweis auf das Recht zur Rückgabe,
2. einen Hinweis darauf, dass die Ausübung des Rückgaberechts keiner Begründung bedarf,
3. einen Hinweis darauf, dass das Rückgaberecht nur durch Rücksendung der Sache oder, wenn die Sache nicht als Paket versandt werden kann, durch Rücknahmeverlangen in Textform innerhalb der Rückgabefrist ausgeübt werden kann,
4. den Namen und die ladungsfähige Anschrift desjenigen, an den die Rückgabe zu erfolgen hat oder gegenüber dem das Rücknahmeverlangen zu erklären ist, und
5. einen Hinweis auf Dauer und Beginn der Rückgabefrist sowie darauf, dass zur Fristwahrung die rechtzeitige Absendung der Sache oder des Rücknahmeverlangens genügt.

(3) ¹Die dem Verbraucher gemäß § 355 Abs. 3 Satz 1 mitzuteilende Widerrufsbelehrung genügt den Anforderungen des Absatzes 1 und den diesen ergänzenden Vorschriften dieses Gesetzes, wenn das Muster der Anlage 1 zum Einführungsgesetz zum Bürgerlichen Gesetzbuche in Textform verwendet wird. ²Die dem Verbraucher gemäß § 356 Abs. 2 Satz 2 in Verbindung mit § 355 Abs. 3 Satz 1 mitzuteilende Rückgabebelehrung genügt den Anforderungen des Absatzes 2 und den diesen ergänzenden Vorschriften dieses Gesetzes, wenn das Muster der Anlage 2 zum Einführungsgesetz zum Bürgerlichen Gesetzbuche in Textform verwendet wird. ³Der Unternehmer darf unter Beachtung von Absatz 1 Satz 1 in Format und Schriftgröße von den Mustern abweichen und Zusätze wie die Firma oder ein Kennzeichen des Unternehmers anbringen.

1. **Die §§ 359a, 360** sind durch das VerbrKrRL-UG neu eingeführt worden; sie **treten aber erst am 11.6.10 in Kraft**. Dabei ändert **§ 359a** den Anwendungsbereich der §§ 358, 359 (I und II erweiternd, III und IV einschränkend). Hier erfasst § 358 II etwa die (aus der Kreditvaluta erbrachten) Prämien für eine Restschuldversicherung und III anstelle von § 491 III Nr 2 spekulative Geschäfte, deren Fehlschlagen der Verbraucher nicht soll abwälzen dürfen. „Finanzinstrumente" kommen auch in § 1 IX KWG vor.

2. **§ 360** betrifft die Widerrufs- und Rückgabebelehrung und damit die §§ 355 II 1, 356 II 1 BGB sowie 14 BGB-InfoV. Wichtig sind III 1 und 2: Eine Belehrung, die den amtlichen Mustern zur Belehrung über einen Widerruf oder eine (vertragslösende) Rückgabe entspricht (Anlagen 1 und 2 zum EGBGB), soll jedenfalls genügen. Eine Verwendung dieser Muster (Text: § 355 Rn 16, § 356 Rn 7) ist daher dringend zu empfehlen.

§ 361 – weggefallen –

Abschnitt 4 Erlöschen der Schuldverhältnisse

Titel 1 Erfüllung

§ 362 Erlöschen durch Leistung. (1) Das Schuldverhältnis erlischt, wenn die geschuldete Leistung an den Gläubiger bewirkt wird.
(2) Wird an einen Dritten zum Zwecke der Erfüllung geleistet, so findet die Vorschrift des § 185 Anwendung.

1. **A. Grundlagen. I. Überblick und Normstruktur.** Die Zivilrechtsordnung kennt unterschiedliche Tatbestände des Erlöschens des Schuldverhältnisses. **Grundtatbestand** hierfür ist die in § 362 geregelte Erfüllung. Diese Vorschrift enthält die grdle Anordnung, dass das Schuldverhältnis erlischt, wenn die geschuldete Leistung bewirkt wird. Neben der Erfüllung kennt das BGB die erfüllungsähnlichen Fälle der Leistung an Erfüllungs statt und der Leistung erfüllungshalber. Ferner kann der Schuldner das Schuldverhältnis durch Erfüllungssurrogate zum Erlöschen bringen. Das Gesetz regelt als Erfüllungssurrogate namentlich die Aufrechnung (§§ 387–396) und die Hinterlegung unter Rücknahmeverzicht (§§ 372–386). Schließlich kann der Gläubiger dem Schuldner die Forderung erlassen (§ 397 I) oder deren Nichtbestehen durch ein negatives Schuldanerkenntnis vertraglich anerkennen (§ 397 II).

2. Nach dem Grundsatz der **Vertragsfreiheit** steht es den Parteien frei, **weitere Erlöschenstatbestände** für das Schuldverhältnis zu vereinbaren. Dies kann etwa in Form einer Verrechnungsabrede (teilw auch als Aufrech-

nungsvertrag bezeichnet) geschehen (BGHZ 94, 132; NJW-RR 03, 1358). Ebenso kann die „Hinterlegung", dh Einzahlung, auf einem Notaranderkonto Erfüllungswirkung haben, wenn die Parteien dies ausnahmsweise verabreden (BGHZ 87, 156). Möglich ist auch die Variante, dass nicht schon die Zahlung auf das Notaranderkonto, aber auch nicht erst die Vornahme der Auszahlung an den Gläubiger, sondern der dazwischen liegende Zeitpunkt des Eintritts der Auszahlungsreife zur Erfüllung führt (BGH NJW 94, 1403). Auch durch Aufhebungsvertrag, der über den Erlassvertrag hinausgehend das Schuldverhältnis iwS betrifft, können die Parteien die Forderung zum Erlöschen bringen. Vereinigen sich Forderung und Verbindlichkeit in einer Person, so erlöschen die gegenseitigen Ansprüche durch Konfusion (Köln NJW-RR 92, 1337). Die bloße Annahme einer unzureichenden Leistung führt aber nicht zum Erlöschen, sondern nach § 363 nur zu einer Beweislastumkehr (BGH NJW 96, 1207).

3 Grds ist es auch vorstellbar, dass die Parteien den Eintritt der **Erfüllungswirkung hinauszögern**. Auf eine solche Wirkung können namentlich sog Tilgungsverrechnungsklauseln zielen, sofern sie – insb bei Darlehensverträgen – der Zahlung erst mit Verzögerung Tilgungswirkung zukommen lassen (zur Begriffsbildung in Abgrenzung zur bloßen Zinsberechnung und zu AGB-rechtlichen Schranken BGH NJW 92, 1097). Der gänzliche Ausschluss des Erfüllungseintritts kann wegen seines perplexen (widersprüchlichen) Inhalts nicht wirksam vereinbart werden, weil die Forderung auf das Bewirken der Leistung gerichtet ist.

4 **II. Anwendungsbereich.** Die Vorschrift gilt im Schuldrecht und darüber hinaus für alle **auf Erbringung einer Leistung gerichtete Ansprüche**, also Forderungen (§ 241 I). Dies umfasst sowohl Hauptpflichten als auch Nebenpflichten, soweit diese auf eine Leistung, zB Auskunft (Zweibr WM 98, 1776), gerichtet sind. Von Leistungspflichten zu unterscheiden sind Schutzpflichten, die zwar beachtet, aber nicht iSd § 362 erfüllt werden können. Die Vorschrift gilt vorbehaltlich etwaiger Besonderheiten oder besonderer Regeln auch für **öffentlich-rechtliche Forderungen**, etwa für die Zahlung von Gerichtskosten (Brandbg NJW 07, 1470).

5 **B. Bewirken der geschuldeten Leistung. I. Geschuldete Leistung.** Welche Leistung geschuldet wird, bestimmt sich nach dem Inhalt des Schuldverhältnisses (BGH LM § 305 Nr 3). Die Leistung muss, mit anderen Worten, so erbracht werden, wie sie geschuldet ist (BGHZ 10, 391). Soweit der Inhalt der Leistung durch das Gesetz bestimmt wird, ist die Rechtslage zum Zeitpunkt der Erfüllung unter Berücksichtigung der Grundsätze und Vorschriften des intertemporalen Privatrechts maßgebend (vgl BGHZ 10, 391). All dies gilt zunächst für die Leistung als solche; der Schuldner muss die richtige Leistung erbringen. Vereinbaren die Parteien als Erfüllung eine Hinterlegung bei einem Notar, so liegt eine Abweichung vor, wenn der Schuldner die Auskehrung an den Gläubiger von weiteren, im Vertrag nicht vorgesehenen Bedingungen abhängig macht (BGH NJW 97, 2104). Die Leistung muss ferner an den richtigen Gläubiger erfolgen. Im Falle der Mitgläubigerschaft (§ 432) ist an alle zu leisten (Saarbr OLGR 04, 316). Nichts anderes ist maßgebend für die **Leistungsmodalitäten**. Mangels anderer Vereinbarung sind für den Leistungsort die §§ 269, 270 maßgebend; die Leistungszeit bestimmt sich nach § 271.

6 **II. Bewirken der Leistung. 1. Grundlagen.** Die Vorschrift setzt das objektive Vorliegen der Leistung, die sog **reale Leistungsbewirkung**, voraus. Es reicht demgemäß aus, dass die Leistung einer bestimmten Forderung zugeordnet werden kann (BGH NJW 07, 3488: unmittelbare Leistung des Subunternehmers an Auftraggeber). Ein weiteres subjektives Merkmal muss nicht vorliegen. Insb bedarf es keiner vertraglichen Vereinbarung, dass ein bestimmter Gegenstand oder eine bestimmte Handlung als Erfüllung dienen soll. Ebenso bedarf es nicht des Elements der finalen Zweckbestimmung der Erfüllungshandlung, wie dies die Theorie von der finalen Leistungsbewirkung annimmt. Die erforderliche Zweckbestimmung ist, soweit der Rechtsverkehr auf sie angewiesen ist, zunächst schon im Leistungsbegriff selbst enthalten (hiervon ausgehend etwa BGH NJW 84, 721, wo es allerdings deshalb einer Abrede bedurfte, weil der Gläubiger zunächst eine Überweisung verlangte und erst bei Zahlung Bargeld akzeptierte). Außerdem sieht das Gesetz zugunsten des Schuldners wie des Gläubigers voluntative Elemente vor, die aber am grds Ausreichen der realen Leistungsbewirkung nichts ändern. So kann der Schuldner den Eintritt der Erfüllungswirkung durch eine Tilgungsbestimmung nach § 366 I final steuern. Das schließt die Befugnis ein, den Eintritt der Erfüllungswirkung einer Zahlung durch eine negative Zweck- oder Tilgungsbestimmung zu verhindern. Erklärt der Schuldner, die zur Erfüllung einer bestimmten Forderung geeignete Leistung solle nicht deren Erfüllung dienen, so bleibt die Forderung bestehen (BGH WM 72, 1276). Demgegenüber kann der Gläubiger den Eintritt der Erfüllungswirkung beeinflussen, indem er sich iSv § 363 für oder gegen die Annahme einer Leistung als Erfüllung entscheidet.

7 **2. Leistung. a) Grundlagen.** Die Leistung muss objektiv erbracht worden sein. Regelmäßig umfasst der Leistungsbegriff sowohl die Leistungshandlung als auch den Leistungserfolg. Maßgebend für den Eintritt der Erfüllung ist der **Leistungserfolg**. Die Vornahme der Leistungshandlung genügt hingegen nicht ohne weiteres (BGHZ 87, 156; NJW 99, 210). So bedarf es beim Versendungskauf nicht nur der Übergabe an einen Spediteur, sondern der Übergabe durch die Transportperson an den Käufer (BGHZ 1, 4). Beschränkt sich die geschuldete Pflicht auf die Vornahme einer Handlung, so tritt mit der Handlung zugleich der Leistungserfolg ein. Soweit dies nach dem Inhalt des Schuldverhältnisses erforderlich ist (was regelmäßig der Fall sein wird), muss der Gläubiger über die Leistung (bei der Überweisung: über den Gutschriftbetrag) uneingeschränkt

verfügen können und diese insb auch behalten dürfen (BGH NJW 96, 1207; NJW 99, 210; DStR 05, 297; Nürnbg WM 09, 1191). Deshalb genügt der Einwurf von Bargeld in den Gläubiger-Briefkasten nicht; erforderlich ist, dass der Gläubiger dasselbe tatsächlich erlangt (AG Köln NJW 06, 1600). Das Erlangen der Verfügungsgewalt wird nicht dadurch ausgeschlossen, dass der Gläubiger dem Schuldner bei der Verschaffung von zur Erfüllung verwendeten Kreditmitteln behilflich ist und dem Kreditgeber ggü haftet (BGHZ 97, 197: Akzeptantenwechselverfahren). Nimmt der Schuldner mehrere Handlungen vor, die jede für sich zur Erfüllung führen können, so sind diese grds getrennt zu betrachten; Erfüllung tritt ein, wo der Leistungserfolg herbeigeführt wird (Stuttg ZIP 85, 238). Nach Eintritt der Erfüllungswirkung eingetretene, zumal unvorhersehbare Entwicklungen müssen aber unberücksichtigt bleiben (vgl LG Halle 3.12.09, 4 0 1119/09).

Zur Leistung verpflichtet und berechtigt ist der **Schuldner**. Der Schuldner kann Hilfspersonen (etwa Erfüllungsgehilfen, § 278) einschalten, soweit er nach dem Inhalt des Schuldverhältnisses nicht ausnahmsweise höchstpersönlich leisten muss. Die Zulässigkeit der eigenen Leistung eines **Dritten** richtet sich nach §§ 267, 268, 1150, 1249 (zur Unterscheidung BGH ZIP 08, 1911). **8**

Grds ist an den **Gläubiger** zu leisten. Ihm steht die **Empfangszuständigkeit** zu. Sie fehlt, wenn dem Gläubiger die Verfügungsmacht über die Forderung entzogen ist (arg ex §§ 362 II, 185 u §§ 1813, 1812), etwa bei §§ 136, 2211; § 829 ZPO; § 23 ZVG; §§ 80, 82 InsO. Geschäftsunfähigen fehlt die Empfangszuständigkeit. Beschränkt Geschäftsfähigen ggü ist zwar nach § 107 eine Übereignung möglich; das Erlöschen der Forderung ist hingegen ein rechtlicher Nachteil, der in entspr Anwendung von § 107 eine Einwilligung (§ 182) voraussetzt. Erfüllungswirkung tritt ein, wenn die Leistung an den gesetzlichen Vertreter weitergeleitet oder der Empfang durch den Minderjährigen als Leistung an Erfüllungs statt genehmigt wird (zum Ganzen *Gernhuber* Erfüllung 115 ff; teilw str). **9**

Eine Leistung an den Gläubiger liegt auch vor, wenn die Leistung an seine **Empfangs- oder Zahlstelle** erfolgt. Das kann etwa eine Bank oder ein mit **Empfangsvollmacht** ausgestatteter Vertreter sein. Die Erteilung einer Empfangsvollmacht, aber auch der Widerruf und die Beschränkung (Brandbg NJW 07, 1470), bestimmen sich nach den für § 167 geltenden Grundsätzen. Eine Duldungs- oder Anscheinsvollmacht ist möglich (vgl Oldbg VersR 99, 884). Eine Leistung an Dritte liegt unter dieser Voraussetzung nicht vor (Saarbr OLGZ 88, 45; Frankf NJW 98, 387; Dresd MDR 00, 1306; vgl auch BGH ZIP 07, 2273). Das Vorliegen einer Empfangsvollmacht entbindet den Schuldner allerdings nicht davon, eine Überweisung ggf auf ein ganz bestimmtes Gläubigerkonto vorzunehmen (Karlsr NJW 97, 1587). Bei einem Ehegattenarbeitsverhältnis reicht es zur Erfüllung des Entgeltanspruchs nicht aus, wenn der Arbeitnehmer-Ehegatte zur Verfügung über das gemeinsame Konto befugt ist und eine Entgeltzahlung selbst bewirken kann (LAG Schlesw NZA-RR 07, 9). Die Zulässigkeit einer **Leistung an Dritte** bestimmt sich nach II. Über II hinaus kann sich die Befugnis zur Leistung an einen Dritten aus einem Anspruchsübergang ergeben. Neben der Abtretung kommt hierfür auch ein gesetzlicher Anspruchsübergang in Betracht. Das Gleiche hat die Rspr auch ohne ausdrücklich angeordneten zivilrechtlichen Anspruchsübergang in steuerrechtlichen Fällen angenommen. Es entfaltet daher Erfüllungswirkung ggü dem Werkunternehmer, wenn der Besteller aufgrund einer ausnahmsweisen Inanspruchnahme durch das Finanzamt die Umsatzsteuer direkt an das Finanzamt abführt (BGH BB 01, 2024). Ebenso liegt es bei Abführung der Lohn- und Kirchensteuer durch den Arbeitgeber (BGH WM 66, 758). Hiervon zu unterscheiden ist die Befreiungswirkung der Leistung an einen Nichtgläubiger in besonderen Fällen (§§ 370, 407, 408, 893, 2367; § 354a HGB). **10**

b) Inhalt und Vornahme der Leistung. Geldschulden sind grds durch **Barzahlung** zu erfüllen. Auch die Auszahlung am Geldautomaten ist Barzahlung (Ddorf ZIP 09, 2239). Eine Verkehrssitte, nach der eine Überweisung auf ein dem Schuldner bekanntes Girokonto Erfüllungswirkung entfaltet, besteht nicht. Die Parteien können aber vereinbaren, dass die Geldschuld (auch) durch **Überweisung** und die daraufhin erfolgende Gutschrift auf dem Gläubigerkonto getilgt wird (BGHZ 6, 121). Maßgebend ist also die Gutschrift (Hamm WM 77, 1238). Eine dahingehende Abrede unterliegt allgemeinen Regeln der Rechtsgeschäftslehre und kann daher auch stillschweigend getroffen werden. Ob der Überweisung Erfüllungswirkung zukommen soll, hängt davon ab, ob nur eine Ersetzungsbefugnis zugunsten des Schuldners vereinbart wurde (dann Leistung an Erfüllungs statt) oder ob der Schuldinhalt schon durch die Abrede geändert wird. Letzteres dürfte typisch sein (anders noch BGH NJW 53, 897); denn nach der Interessenlage werden die Vertragsparteien die bargeldlose Zahlung als risikoärmere Zahlungsform regelmäßig bevorzugen. Praktisch hat die Frage aber keine Bedeutung. Die bloße Eröffnung eines Girokontos begründet noch kein Einverständnis mit einer Erfüllung durch Überweisung (BGH NJW 53, 897). Ein Einverständnis liegt aber regelmäßig darin, dass der Gläubiger dem Schuldner *auf seinen Geschäftsbriefen*, Rechnungen, Mahnschreiben oder auf vergleichbaren Dokumenten eine Bankverbindung mit Kontonummer angibt. Teilt der Gläubiger dem Schuldner jedoch lediglich ein bestimmtes Girokonto mit, liegt darin grds nicht das Einverständnis mit der Überweisung auch auf ein anderes Konto des Gläubigers. Folglich hat die Überweisung auf ein anderes als das angegebene Konto grds keine Tilgungswirkung (BGHZ 98, 24; NJW-RR 04, 1281; auch nicht aufgrund des § 354a HGB, Köln WM 06, 1144), sofern der Gläubiger diese Zahlung nicht nachträglich als Leistung an Erfüllungs statt iSd § 364 I genehmigt (Köln NJW-RR 91, 50). Das Gleiche gilt, wenn auf eine bestimmte Art von Konto (zB Hausgeldkonto als Treuhandkonto bei der WEG oder Privatkonto statt Geschäftskonto) zu zahlen ist und der Schuldner dies nicht beachtet (Ddorf NJW-RR 06, 267; München OLGR 94, 253). Noch weniger ist das Konto eines Dritten geeignet. **11**

Das einmal erteilte Einverständnis ist grds bis zur Vornahme der Überweisung (Leistungshandlung) frei widerruflich (BGH NJW-RR 04, 1281). Ein solcher Widerruf kann auch in der Mitteilung einer bestimmten, nunmehr abweichenden Bankverbindung auf einer Rechnung liegen (BGH NJW-RR 04, 1281; einschränkend Hamm VersR 07, 485). Unterbleibt der Widerruf, ist das Konto aber aufgelöst, so tritt Erfüllung ein, sobald in der Bank eine Buchung vorgenommen wird, die einen von der Bank als berechtigt angesehenen Auszahlungsanspruch des Gläubigers ausweist (Hamm VersR 07, 485; FG Hannover WM 95, 1020). Ausnahmsweise kann eine besondere Hinweispflicht des Gläubigers auf das neue Konto bestehen (Frankf NJW 98, 387). Die Berufung auf das Vorliegen einer Zahlung auf ein „falsches" Konto kann ferner treuwidrig sein, wenn der Gläubiger erkennen lässt, dass er die Zahlung als seinem Vermögen zugeflossen betrachtet (BGH NJW-RR 04, 1281). Ebenso wie die Überweisung auf ein nicht angegebenes Konto reicht eine nur vorläufige Gutschrift auf einem Konto nicht aus, solange die Bank den Überweisungsbetrag noch nicht freigegeben hat (BGHZ 145, 45). Bei einem Sparkonto wird ein Einverständnis des Schuldners typischerweise fehlen (Hamm NJW 87, 70). Erfolgt die Überweisung auf ein Konto des Schuldners, über das der Gläubiger lediglich mit verfügen kann, ist es eine Frage der Auslegung der Abreden, ob bereits mit der Gutschrift oder erst mit Auszahlung an den Gläubiger Erfüllung eintritt (BGH NJW 99, 210). Bucht eine Bank eine Darlehensschuld vom Girokonto eines Schuldners auf ein Darlehenskonto um, so kann eine Erfüllung oder eine bloße Umbuchung vorliegen. Maßgebend ist der Zweck des Vorgangs unter Berücksichtigung der Umstände (Kobl WM 90, 1063). Andere Formen der **bargeldlosen Zahlung** entfalten grds keine Erfüllungswirkung, sondern sind – vorbehaltlich abweichender Vereinbarung – eine Leistung erfüllungshalber (BGH NJW-RR 01, 1430: Schecks; BGHZ 96, 182: Wechsel; *Pfeiffer* NJW 97, 1036: Geldkarte). Die **Lastschrift** zielt als rückläufige Überweisung wie diese auf Erfüllung. Sie weist aber insofern Züge einer Leistung erfüllungshalber auf, als der Schuldner den Gläubiger auf die Einzugsermächtigung verweisen kann. Einzelheiten § 364 Rn 13.

12 Bei **Werkverträgen** muss der werkvertragliche Erfolg herbeigeführt werden. Die mangelhafte Leistung führt – wie im Kaufrecht – nicht zur Erfüllung. Erst nach Abnahme oder bei Herstellung des nicht abnahmefähigen Werkes ist der Besteller auf Mangelrechte beschränkt.

13 Die Leistung vor der Entstehung des Anspruchs kann entweder die Funktion einer **Vorausleistung** (teilw auch Vorschuss, § 669) oder einer Sicherheitsleistung haben. Die Vorausleistung bewirkt, dass der Anspruch im Moment seiner Entstehung (in derselben logischen Sekunde) infolge der Anrechnung bereits erlischt, sofern die Parteien dies vereinbart haben (BGHZ 85, 315; NJW 84, 974; NJW 86, 248). Die Vereinbarung einer Vorausleistung kann unwirksam sein, wenn sie mit der zwingenden Ausgestaltung des betreffenden Anspruchs unvereinbar ist (vgl BGH NJW 72, 477; NJW 87, 3181).

14 Bei **Leistung unter Vorbehalt** ist nach dem Inhalt des Vorbehalts zu differenzieren. IA will der Schuldner bei Leistung „unter Vorbehalt" nur die Einordnung seiner Leistung als Anerkenntnis ausschließen und die Wirkung des § 814 vermeiden. Zudem kann er dem Gläubiger bei einer zu Unrecht erfolgten Zahlung die Möglichkeit nehmen, sich auf einen Wegfall der Bereicherung (§§ 818 III, IV, 820 I 2 analog) zu berufen (BGH NJW 89, 161). Ein solcher Vorbehalt steht der Ordnungsmäßigkeit der Erfüllung nicht entgegen (BGH NJW 84, 2826). Anders liegt es, wenn der Schuldner seinen Vorbehalt so formuliert, dass in einem späteren Rückforderungsstreit der Gläubiger die Beweislast für das Bestehen des Anspruchs tragen soll. Ein derartiger Fall ist namentlich dann anzunehmen, wenn ein Beklagter während eines Rechtsstreits zahlt, jedoch den Rechtsstreit unvermindert fortsetzt (BGHZ 139, 357), etwa weil es sich lediglich um eine Zahlung zur Abwendung der Zwangsvollstreckung aus einem vorläufig vollstreckbaren Urt oder aus einem (rechtskräftigen) Vorbehaltsurteil handelt, das die Ausführung der Rechte im Nachverfahren vorbehält (BGHZ 86, 267; NJW 81, 2244). Eine Erfüllungswirkung tritt unter dieser Voraussetzung nicht ein, vielmehr bleibt die Erfüllungswirkung bis zur rechtskräftigen Entscheidung in der Schwebe (BGH NJW 90, 2756). Die Forderung erlischt, wenn der Titel in Rechtskraft erwächst (BGH WM 64, 1168; aA Köln NJW-RR 92, 237). Ebenso tritt Erfüllung ein, wenn der Schuldner den Schwebezustand beseitigt, indem er seinen Vorbehalt nicht aufrechterhält und seine uneingeschränkte Erfüllungsbereitschaft erklärt (Frankf OLGR 94, 37).

15 Die Befriedigung im Wege der **Zwangsvollstreckung** ist zwar keine Erfüllung iSd § 362. Sie steht der Zahlung oder Übergabe der geschuldeten Sache aber gleich (§§ 815 III, 819, 897 ZPO) und führt deshalb zum Erlöschen der Forderung. Auch außerhalb der Zwangsvollstreckung führt die Befriedigung aus einer vom Schuldner erlangten **Sicherheit** zum Erlöschen der Forderung (§ 1247), soweit sie nicht auf den Sicherungsgeber übergeht (§§ 1249, 268 III; 774, 1143, 1192).

16 **C. Erlöschen des Schuldverhältnisses. Sinn und Rechtsfolge** des § 362 liegen darin, dass die Forderung von selbst vollständig, vorbehalts- und bedingungslos erlischt, dh untergeht und vernichtet wird, der Schuldner damit also endgültig von seiner Schuld befreit wird, wenn die Leistung so, wie sie nach dem zur Zeit der Erfüllung geltenden Recht zu leisten war, bewirkt wurde. Dem Wortlaut der Vorschrift nach erlischt das *„Schuldverhältnis"*. Damit ist die einzelne **konkrete Forderung** des Gläubigers bzw Schuld des Schuldners iSd § 241 gemeint, nicht aber das ihr zugrunde liegende Schuldverhältnis im weiteren Sinn, nämlich die Gesamtheit der schuldrechtlichen Beziehungen zwischen Gläubiger und Schuldner als „Bündel von Rechten und Pflichten" (BGHZ 10, 391). Kommen mehrere Forderungen in Betracht, bestimmt § 366, welche Forderung

erlischt. Da das Schuldverhältnis iwS nicht erlischt, können auch im Anschluss an die Erfüllung der gegenseitigen Hauptpflichten nachwirkende Pflichten bestehen (BGH NJW 52, 867).

Die **Darlegungs- und Beweislast** für das Erlöschen eines Schuldverhältnisses durch Erfüllung als anspruchsvernichtende Tatsache trägt, wenn nicht ein Fall des § 363 vorliegt, grds der Schuldner (BGH WM 75, 593). Dies gilt auch im Fall einer Verrechnungsabrede (BGH NJW-RR 07, 705). Der Schuldner genügt dem grds, wenn er eine obj pflichtgemäße Leistung beweist. Für Umstände, die dem Eintritt des Leistungserfolgs entgegenstehen, kann den Gläubiger eine sekundäre Darlegungslast treffen (vgl Ddorf BauR 09, 1158). Die Beweislast für die reale Leistungsbewirkung bleibt aber beim Schuldner. In jedem Fall erfordert der Vortrag eines Erlöschens des Schuldverhältnisses mehr als nur die pauschale Erlöschensbehauptung (BGH NJW 97, 128). Dem Schuldner können aber Beweiserleichterungen zugutekommen (BGH NJW 07, 3067). Der bloße Umstand, dass es um die Zahlung durch einen Dritten geht, reicht hierfür nicht (BGH VuR 07, 385). Ebenso wenig genügt idR ein bloßer Zeitablauf nach Fälligkeit (Frankf NJW-RR 05, 1627). Allerdings kann der Schuldner bei besonders langem Zeitablauf seiner Beweislast oft auch mit einem Indizienbeweis genügen (LG Münster NJW-RR 07, 124). Ausreichend ist ferner: der Ablauf handelsrechtlicher Aufbewahrungsfristen (Bambg OLGR 06, 554; Ausn: Sparbücher, BGHZ 151, 47); bei Erfüllung durch Banküberweisung: der Beweis für die Ausführung durch die Schuldnerbank (Brandbg 6.3.07, 10 UF 206/06). Ein Anscheinsbeweis, dass dem Schuldner übergebene Nachnahme-Ware bei der Übergabe bezahlt wurde, greift nur, wenn feststeht, dass die Ware bei Übergabe noch als Nachnahmesendung ausgewiesen war (BGH NJW 06, 300). **17**

D. Leistung an einen Dritten. Die Erfüllung bewirkt ein Erlöschen der Forderung. Ihre Vornahme steht deshalb der Verfügung über die Forderung gleich. II verweist deshalb folgerichtig auf den Maßstab des § 185, um die Erfüllungswirkung der an den Dritten erfolgten Leistung zu bestimmen. Die Zustimmung als Verfügungsgeschäft ist von der Wirksamkeit damit verbundener weiterer Geschäfte unabhängig (Ddorf VersR 71, 1176). Maßgebend ist damit, inwieweit der Gläubiger als der Berechtigte der Leistung an den Dritten zugestimmt hat. Andere Personen sind hierzu grds nicht befugt (BGH NJW 88, 2100). Das Einverständnis kann im Wege der **vorherigen** Zustimmung, also einer **Einwilligung** gem § 185 I, erfolgen. Sie wird bei der Darlehensvalutierung darin gesehen, dass die Valuta auf Veranlassung und im Interesse des Darlehensnehmers an einen Dritten ausbezahlt wurde (vgl BGH NJW-RR 97, 1460). Wirksam ist aber grds auch eine **nachträgliche Genehmigung** gem § 185 II (BGH NJW 02, 1417). Für die Zustimmung gelten allgemeine Grundsätze. Sie kann ausdrücklich, aber auch stillschweigend erfolgen (BGH NJW 02, 1417; vgl noch BGHZ 109, 171 zum Ausreichen eines potentiellen Erklärungsbewusstseins), sich im Wege der Auslegung aus den ausdrücklichen Parteiabreden ergeben (BGH NJW 94, 2947) oder in einem verbreiteten Klauselwerk enthalten sein, zB § 16 Nr 6 VOB/B (vgl Schlesw ZIP 03, 1360). Die Genehmigung kann mit Bedingungen verbunden werden, ohne deren Verwirklichung die Wirkungen des II nicht eintreten (BGHZ 145, 45). Sonderregelungen, die § 362, insb seinen II, verdrängen, enthalten die §§ 7 II, 8 II GmbHG (BGH NJW 86, 989). **18**

§ 363 Beweislast bei Annahme als Erfüllung.
Hat der Gläubiger eine ihm als Erfüllung angebotene Leistung als Erfüllung angenommen, so trifft ihn die Beweislast, wenn er die Leistung deshalb nicht als Erfüllung gelten lassen will, weil sie eine andere als die geschuldete Leistung oder weil sie unvollständig gewesen sei.

A. Überblick. Die **wesentliche Wirkung** des § 363 besteht darin, dass der Gläubiger die mangelnde Erfüllungseignung einer Leistung beweisen muss, nachdem er eine ihm als Erfüllung angebotene Leistung als solche angenommen hat, und diese anschließend nicht als Erfüllung gelten lassen will, weil sie eine andere als die geschuldete Leistung oder unvollständig gewesen sei (Saarbr OLGR 2002, 183). Die Vorschrift gilt über ihren Wortlaut hinaus nicht nur für die unvollständige und die andersartige, sondern auch für die **mangelhafte Leistung** (BGH JZ 64, 425; NJW 09, 3099). **1**

B. Annahme als Erfüllung. I. Erfüllung. Der **Anwendungsbereich** der Vorschrift knüpft mit dem Merkmal der Erfüllung an § 362 an. Sie gilt für alle Forderungen, die iSd § 362 erfüllt werden können. Erfasst werden nicht nur einmalige Sach- oder Geldleistungen. Die Vorschrift ist auch auf die dauerhafte Gebrauchsüberlassung iRe Miet-, Pacht-, Leasing- oder Leihvertrags anwendbar. Ihr Anwendungsbereich umfasst hier insb die anfängliche Besitzüberlassung an den Gläubiger (BGH NJW 85, 2328: Miete; NJW 88, 204; NJW 89, 3222; NJW-RR 90, 1462: Leasing). Sie gilt ferner für unkörperliche Leistungen werk- oder dienstvertraglicher Art, zB Beratungsleistungen (BGH NJW 86, 2570). Im Falle der §§ 437 Nr 1, 439 u §§ 634 Nr 1, 635 kommt es darauf an, ob die zum Zwecke der Nacherfüllung angediente Leistung angenommen wurde (Hamm VersR 82, 171). **2**

II. Annahme. Der **Begriff der Annahme** in § 363 ist gleichbedeutend mit demselben Merkmal in § 341 III und demjenigen der Abnahme in § 640 (BGH NJW 61, 115; RGZ 57, 337). Eine Annahme als Erfüllung setzt zweierlei voraus, nämlich erstens, soweit erforderlich, die körperliche Hinnahme der Leistung, etwa der Besitzübertragung, sowie zweitens die Billigung als im Wesentlichen ordnungsgemäße Erfüllung. Die Annahme ist kein Rechtsgeschäft; sie wird – weil sich ihre Wirkung auf eine Beweislastumkehr beschränkt – auch nicht als geschäftsähnliche Handlung qualifiziert (*Gernhuber* Erfüllung 28). **3**

4 Ob eine Leistung **als Erfüllung angenommen**, dh gebilligt wird, ist eine Frage der Auslegung des Erklärungsverhaltens des Gläubigers. Entscheidend ist, dass der Gläubiger erkennen lässt, dass er die Leistung als solche entgegenzunehmen bereit ist (RGZ 59, 378). Häufig kommen als Verkörperung einer Annahme auch Quittungen, Empfangsbestätigungen, Übernahmebescheinigungen oder ähnliche Dokumente in Betracht. Hier kommt es darauf an, ob das Dokument über die Bestätigung des Empfangs hinaus auch die erforderliche Billigung zum Ausdruck bringt. Dies ist typischerweise dann der Fall, wenn der Gläubiger bestätigt, einen Gegenstand für eine bestimmte Schuld ordnungsgemäß erhalten zu haben. So hat die Rspr § 363 angewandt auf Übernahmebestätigungen bei Leasingverträgen (BGH NJW 88, 204; NJW 89, 3222; NJW-RR 90, 1462). Bescheinigt der Gläubiger den Empfang verpackter Ware, so liegt hierin keine Bestätigung, dass der Inhalt unbeschädigt ist (Naumbg OLGR 05, 109). Die Annahme zur Prüfung des Leistungsgegenstands reicht nicht aus (Karlsr OLGZ 91, 370). Eine bestimmte Form oder eine ausdrückliche Erklärung ist nicht erforderlich.

5 Bei **Geldschulden** deutet der Verkehr die Entgegennahme eines geschuldeten Geldbetrages und dessen Nachzählen als Annahme der zur Schuldtilgung angebotenen Leistung als Erfüllung (BGH NJW 84, 721). Im Falle der Gebrauchsüberlassung wird meist der widerspruchsfreie Gebrauch ausreichen (BGH NJW 85, 2328). Bei Beratungsleistungen kann die Billigung des Beratungsgesprächs genügen (BGH NJW 86, 2570). Die bloße Bezahlung einer Sachleistung, zumal wenn sie mit deren Entgegennahme zeitlich nicht zusammenfällt, reicht nicht ohne weiteres als Annahme (Frankf OLGR 00, 329). Ausnahmsweise kann eine mangelnde Rüge oder Mahnung ausreichen (Zweibr FamRZ 84, 1089).

6 **C. Umkehr der Beweislast.** § 363 setzt im Zusammenwirken mit § 362 voraus, dass **bis zur Annahme einer Leistung** als Erfüllung grds der Schuldner beweisen muss, dass er durch seine Leistungshandlung eine mangelfreie Leistung angeboten oder erbracht hat (BGH NJW 86, 2570). Anders liegt es freilich, wenn die Gegenseite vorleistungspflichtig ist. Verweigert sie die Vorleistung, so muss sie die Mangelhaftigkeit der angebotenen Gegenleistung beweisen (BGH NJW 65, 1275).

7 Die **Rechtsfolge** des § 363 besteht in der Umkehr der Beweislast für das Vorliegen einer ordnungsgemäßen Erfüllung. Sie steht im engen Zusammenhang zu der sonst bestehenden Beweislast des Schuldners für die ordnungsgemäße Leistung. Bei der Anwendung des § 363 sind daher die möglichen Wirkungen auf die Beweislast nach § 362 wertungssystematisch zu berücksichtigen (vgl BGH NJW 86, 2570). Grds aber ist festzuhalten: Wer nach der Annahme einer Leistung als Erfüllung Rechte geltend macht, muss die unzureichende Erfüllung beweisen. Das gilt über den Wortlaut hinaus auch im Falle der Schlechterfüllung (BGH JZ 64, 425). Behauptet der Gläubiger nachträglich die Unvollständigkeit der Leistung, so muss er das Fehlen bestimmter Leistungsteile beweisen. Ein allgemeiner Satz, dass negative Tatsachen nicht bewiesen werden müssen, wird jedenfalls so lange nicht anerkannt, wie noch Aufklärungsmöglichkeiten bestehen (BGH NJW 89, 3222: fehlendes Computerhandbuch). Zudem können den Schuldner sekundäre Substantiierungslasten treffen (allg Kobl NJW-RR 06, 419): Um die anfängliche Beweisbelastung des Schuldners für die ordnungsgemäße Beratung nicht auszuhöhlen, muss der Inhalt des als Erfüllung gebilligten Beratungsgesprächs durch den Schuldner substantiiert dargelegt werden (BGH NJW 86, 2570).

8 Eine weitere Wirkung, insb ein **materiell-rechtlicher Verzicht auf Einwendungen** gegen die Ordnungsgemäßheit ist mit der Annahme nicht verbunden (BGH NJW 88, 204; vgl auch RGZ 57, 337); schon gar nicht bewirkt die bloße Billigung ein Erlöschen iSd § 362 (BGH NJW 96, 1207). Dem Gläubiger steht es frei, nachträglich die fehlende Erfüllungseignung einer Leistung zu behaupten, die er aber im Streitfall beweisen muss.

9 § 363 gilt nur im Verhältnis zwischen Gläubiger und Schuldner. In **Dreipersonenverhältnissen** bleiben Dritte unberührt. Der Lieferant kann sich ggü dem Leasinggeber nicht auf die Übernahmebestätigung des Leasingnehmers berufen (BGH NJW 88, 204).

§ 364 Annahme an Erfüllungs statt. (1) Das Schuldverhältnis erlischt, wenn der Gläubiger eine andere als die geschuldete Leistung an Erfüllungs statt annimmt.
(2) Übernimmt der Schuldner zum Zwecke der Befriedigung des Gläubigers diesem gegenüber eine neue Verbindlichkeit, so ist im Zweifel nicht anzunehmen, dass er die Verbindlichkeit an Erfüllungs statt übernimmt.

1 **A. Leistung an Erfüllungs statt.** Die Leistung an Erfüllungs statt ist zulässig, wenn dies entweder mit dem Gläubiger **vereinbart** wurde oder der Gläubiger ohne solche Vereinbarung statt der geschuldeten Leistung eine andere an deren Stelle **annimmt**. Die Vereinbarung kann, wie in I geregelt, bei der Erfüllung getroffen werden oder aber der Leistung vorausgehen und schon bei der Begründung der Schuld zustande kommen (BGHZ 89, 126). Wird die Vereinbarung vor der Erfüllung getroffen, so begründen die Parteien damit eine **Ersetzungsbefugnis** des Schuldners, also die Befugnis, anstelle des eigentlich Geschuldeten (oder eines Teils davon) einen anderen Gegenstand zu leisten (§ 262 Rn 7). Macht der Schuldner hiervon Gebrauch, so liegt eine Leistung an Erfüllungs statt und keine Erfüllung vor (BGHZ 46, 338; 89, 126). Ein praktisch häufiger Anwendungsfall ist die Inzahlungnahme eines Gebrauchtwagens als an die Stelle der Kaufpreiszahlung tretende Leistung an Erfüllungs statt (BGHZ 46, 338; 89, 126; aA Oldbg NJW-RR 95, 689). Außerhalb einer Vereinbarung braucht sich der Gläubiger auf eine Leistung an Erfüllungs statt nicht einzulassen.

Während bei der Ersetzungsbefugnis der **Rechtsnatur** nach klar ist, dass es sich um eine Vertragsergänzung 2
in der Gestalt einer auf die Erfüllung bezogenen Hilfsabrede handelt (vgl BGH NJW 84, 329), ist die Rechtsnatur der Annahme als Leistung an Erfüllungs statt nicht abschließend geklärt. ZT findet sich die These, es handele sich um einen Austauschvertrag, bei dem der Gläubiger den an Erfüllungs statt gegebenen Gegenstand im Austausch gegen seine Forderung erwirbt (BGH NJW 67, 553). Das erscheint konstruktiv freilich unnötig kompliziert. Zwischen der vorherigen und späteren Vereinbarung über die Zulässigkeit einer Leistung an Erfüllungs statt braucht nicht differenziert zu werden (BGH NJW 84, 329), so dass auch insoweit eine auf die Erfüllung bezogene Ergänzungsabrede anzunehmen ist.

Ob ein **Dritter** zur Vereinbarung einer Leistung an Erfüllungs statt befugt ist, hängt von der Reichweite sei- 3
ner Vertretungsmacht ab. Auch der zum Forderungseinzug iRe Einzugsermächtigung Berechtigte bedarf einer Befugnis zu einer solchen Abrede. Maßgebend ist der Inhalt seiner Ermächtigung, wobei typischerweise zu prüfen ist, inwieweit eine solche Befugnis mit dem Zweck seiner Beschränkung auf eine bloße Einzugsermächtigung vereinbar ist (BGH NJW 02, 1417).

Die Erfüllungswirkung des an Erfüllungs statt hingegebenen Gegenstands bestimmt sich bei etwaigen Leis- 4
tungsstörungen in Bezug auf den Ersatzgegenstand nach allgemeinen Regeln und beseitigt die Erfüllungswirkung nicht ohne weiteres. Vielmehr haftet der Schuldner hierfür nach Leistungsstörungs-, Sach- und Rechtsmangelvorschriften, § 365 (dort Rn 7; Hamm NJW-RR 88, 266). Im Falle der **Rückabwicklung** des Vertrags infolge eines Rücktritts des Schuldners in seiner Eigenschaft als Sachleistungsgläubiger (§§ 323, 437 Nr 2) kann dieser grds nur den an Erfüllungs statt hingegebenen Gegenstand zurückverlangen (BGHZ 89, 126). Das schließt aber weitergehende Schadensersatzansprüche unter Einschluss des Anspruchs auf Schadensersatz statt der Leistung nicht aus (*Binder* NJW 03, 393). Der zufällige Untergang des Ersatz-Leistungsgegenstands entbindet den Schuldner nicht von der Vertragserfüllung. Scheitert deswegen die vereinbarte Inzahlungnahme eines Gebrauchtwagens, muss der Käufer den vollen Kaufpreis zahlen (BGH NJW 84, 329; *Binder* NJW 03, 393). Diese in der Rspr anerkannte Maßgabe bedarf allerdings dann der Einschränkung, wenn ein überhöhter Inzahlungnahmepreis vereinbart wurde, dem wirtschaftlich die Funktion eines Rabatts beim Neuwagenpreis zukommt.

B. Leistung erfüllungshalber. Die Leistung erfüllungshalber ist im Gesetz nicht geregelt. Ihre Zulässigkeit 5
kann aber von den Parteien im Rahmen ihrer Vertragsfreiheit zu jedem Zeitpunkt, bei Vertragsschluss oder nachträglich, **vereinbart** werden. Diese Vereinbarung bewirkt, dass der Schuldner befugt ist, dem Gläubiger eine andere als die geschuldete Leistung anzudienen und der Gläubiger verpflichtet ist, zunächst aus diesem anderen Leistungsgegenstand Befriedigung zu suchen. Bei der Frage, welchen Gegenstand die Parteien als Leistung erfüllungshalber vorsehen, sind sie aufgrund ihrer Vertragsfreiheit nicht gebunden. Es kann sich um Instrumente des bargeldlosen Zahlungsverkehrs oder bspw um eine erfüllungshalber abgetretene Forderung (§ 398) handeln. Auch Instrumente, die in erster Linie als Sicherheit in Betracht kommen wie die Gestellung einer Bankgarantie, können eine Leistung erfüllungshalber sein (vgl Schlesw NJW-RR 97, 1415). Welche **Art der Berechtigung** an dem erfüllungshalber hingegebenen Gegenstand besteht, hängt von den Parteiabreden ab. Typischerweise wird eine fiduziarische Vollrechtsübertragung erforderlich sein. Für welche Forderungen die Leistung erfüllungshalber hingegeben wurde, ist im Zweifel durch Auslegung der Parteiabreden zu ermitteln. Dies kann sich auch aus der Art des erfüllungshalber hingegebenen Leistungsgegenstands ergeben (BGHZ 116, 278). Der Gläubiger braucht sich grds nicht auf eine Leistung erfüllungshalber einzulassen; er kann also zB die Annahme eines ihm angebotenen Schecks oder Wechsels verweigern (Frankf NJW 87, 455). Anders liegt es, wenn eine Verpflichtung hierzu begründet wurde. So liegt es beim Kreditkartenverfahren, weil sich die Akzeptanzstelle ggü dem Kartenherausgeber zur Annahme der Kartenzahlung iRe Vertrags zugunsten der Karteninhaber verpflichtet hat.

Die Hingabe dieses anderen Leistungsgegenstands begründet **keine Erfüllungswirkung**; die Schuld bleibt 6
zunächst bestehen. Der Gläubiger muss mit verkehrsüblicher Sorgfalt versuchen, aus dem hingegebenen Gegenstand Befriedigung zu erlangen. In dem Zeitpunkt und in dem Maße, in dem der Gläubiger Befriedigung aus dem erfüllungshalber hingegebenen Leistungsgegenstand erlangt, tritt dann allerdings Erfüllungswirkung ein (BGHZ 44, 178; 131, 66). Die Hingabe des erfüllungshalber begebenen Leistungsgegenstands begründet regelmäßig zunächst eine dilatorische Einrede gegen die Hauptforderung (BGHZ 116, 278; NJW-RR 01, 1430). Auch die Aufrechnung mit ihr wird dadurch ausgeschlossen (Hambg WM 78, 338). Das Leistungsverweigerungsrecht entfällt, wenn der Gläubiger das zur Erlangung der Befriedigung aus dem erhaltenen Gegenstand nach verkehrsüblicher Sorgfalt Erforderliche erfolglos unternommen hat (BGH WM 69, 371). Der Gläubiger kann dann wieder das eigentlich Geschuldete Zug um Zug gegen Rückgabe des erfüllungshalber begebenen Gegenstands verlangen. Das Fehlschlagen der Befriedigung aus dem erfüllungshalber begebenen Gegenstand begründet nicht ohne weiteres den Verzug mit der Hauptforderung (BGHZ 96, 182). Allerdings kann die Auslegung auch ergeben, dass von vornherein keine Stundung gewollt ist, weil der Gläubiger keinen Anlass hat, auf die Rechte aus einem bereits vorliegenden oder drohenden Verzug zu verzichten. Dann ist mit der Hinnahme erfüllungshalber lediglich ein Ausschluss der Klagbarkeit oder Vollstreckbarkeit verbunden.

7 **Erledigt** sich der Anspruch, zu dessen Befriedigung eine Leistung erfüllungshalber hingegeben wurde, anderweitig, so ist es eine Frage der Vereinbarung, ob der Gegenstand ohne weiteres an den Schuldner zurückfällt, ob es einer Rückübertragung bedarf, oder ob es einer anderen Form der Kompensation (etwa der Ausstellung eines Gutschriftbelegs bei Kreditkartenzahlung) bedarf. Handelt es sich um einen übertragenen Leistungsgegenstand, so wird man im Zweifel vom Erfordernis einer Rückübertragung ausgehen müssen (BGH-Report 01, 613 zur Rückabtretung bei erfüllungshalber abgetretener Forderung).

8 Wer die **Kosten der Befriedigung** aus dem erfüllungshalber hingegebenen Gegenstand zu tragen hat, richtet sich nach den Vereinbarungen, die erforderlichenfalls unter Berücksichtigung der Interessenlage auszulegen sind. Hierfür ist häufig ausschlaggebend, in wessen Interesse die Hingabe erfüllungshalber erfolgt (BGH NJW 65, 1853).

9 **C. Abgrenzung.** Ob ein Leistungsgegenstand erfüllungshalber, an Erfüllungs statt oder als vereinbarte Erfüllung hingegeben wird, hängt von den Vereinbarungen der Parteien ab. Diese bedürfen im Zweifel der Auslegung (zB Karlsr NJW 03, 2322). Bei der Abgrenzung kommt es namentlich darauf an, ob die Forderung unmittelbar durch Hingabe des ersatzweise vorgesehenen Leistungsgegenstands erlöschen soll (dann Erfüllung oder Leistung an Erfüllungs statt) oder ob erst die Befriedigung aus dem Gegenstand zum **Erlöschen** der Forderung führt; dann handelt es sich um eine Leistung erfüllungshalber (BGHReport 01, 613). So liegt es etwa, wenn aufgrund des Befriedigungserlöses eine Abrechnung zu erfolgen hat, nicht hingegen, wenn ein fester Anrechnungsbetrag vereinbart wurde (vgl BGH NJW 84, 429). Bei einem Darlehen, dessen Tilgung aus einer Lebensversicherungssumme erfolgen soll, ist demgemäß idR nur eine Abtretung erfüllungshalber und nicht an Erfüllungs statt gewollt (LG Freiburg WM 05, 2090; LG Göttingen WM 05, 2092; LG Mainz WM 05, 2093; vgl auch Köln NJW-RR 01, 260; LG Hannover WM 06, 89), soweit nicht die Auslegung des Darlehensvertrags anderes ergibt (Karlsr NJW 03, 2322).

10 In II sieht das Gesetz eine **Auslegungsregel** vor, die eingreift, wenn der Schuldner ggü dem Gläubiger eine neue Verbindlichkeit übernimmt. Tatbestandlich setzt diese Vorschrift die Begründung einer neuen Verbindlichkeit voraus. Dabei kann es sich bspw um ein Schuldanerkenntnis oder Schuldversprechen oder um eine wertpapierrechtliche Verbindlichkeit (Scheck oder Wechsel) handeln. Die neue Verbindlichkeit muss zwischen dem Gläubiger und dem Schuldner bestehen. Die Vorschrift greift also nicht ein, wenn eine Forderung mit dem Ziel der Gläubigerbefriedigung abgetreten wird (Schlesw DZWIR 02, 256).

11 Anders liegt es im Falle der **Novation**. Hier wird keine zusätzliche Verbindlichkeit begründet, sondern die bisherige durch eine neue ersetzt. Dies geschieht typischerweise an Erfüllungs statt. Allerdings erlischt die bisherige Verbindlichkeit nur, wenn die neue wirksam begründet wird (Palandt/*Heinrichs* Rz 5).

12 **D. Einzelne Konstellationen. I. Abtretung.** Die Abtretung einer Forderung gegen einen Dritten wird idR **erfüllungshalber** erfolgen (Schlesw DZWIR 02, 256; Stuttg 21.10.09, 3 U 64/09; s. auch BGH NJW 93, 1578, 1579). Das gilt auch bei Abtretung einer Grundschuld (Frankf MDR 79, 313). Ein Gläubiger, dem eine Forderung erfüllungshalber abgetreten wurde, hat zunächst aus der neuen Forderung mit verkehrsüblicher Sorgfalt seine Befriedigung zu erreichen. Wenn sich diese Forderung aus irgendwelchen Gründen als nicht einziehbar erweist, also der Versuch der Einziehung fehlschlägt, kann der Gläubiger Zahlung Zug um Zug gegen Rückabtretung der erfüllungshalber an ihn abgetretenen Forderung verlangen (BGH WM 69, 371; vgl auch Dresd MDR 02, 817: erstinstanzlich erfolglose Klage gegen den Drittschuldner ausreichend). Auf eine Klage mit zweifelhaften Erfolgsaussichten gegen den Drittschuldner muss sich der Gläubiger nicht einlassen (Dresd MDR 02, 817). Hierfür kann es ausreichen, wenn der Drittschuldner ernsthafte Einwendungen gegen die abgetretene Forderung erhebt (Nürnbg WM 76, 967).

13 **II. Lastschrift und Überlassung eines unterzeichneten Überweisungsträgers.** Bei Zahlung per **Lastschrift** wird dem Gläubiger die Befugnis eingeräumt, über die Buchposition des Kontoinhabers zu verfügen. Er muss versuchen, aus dieser Berechtigung heraus Befriedigung zu erlangen. Insofern weist die Einräumung einer Einzugsermächtigung oder Abbuchungsbefugnis Züge einer Leistung erfüllungshalber auf. Als „rückläufige Überweisung" zielt sie aber unmittelbar auf Erfüllung. Diese tritt erst mit der **endgültigen Gutschrift** auf dem Konto des Gläubigers ein (LG Regensburg NJW-RR 92, 718; vgl auch Schlesw WM 98, 2057). Sie liegt im Abbuchungsverfahren vor, wenn der Betrag dem Gläubigerkonto gutgeschrieben und das Schuldnerkonto belastet wurde, weil alsdann kein Widerspruch gegen die Abbuchung möglich ist (vgl BGH DB 78, 1826). Im verbreiteteren **Einzugsermächtigungsverfahren** kommt es auf die Genehmigung der Lastschrift durch den Kontoinhaber an (BGHZ 167, 171). Abweichende Vereinbarungen sind möglich, ergeben sich aber noch nicht aus der Lastschriftvereinbarung als solcher (BGHZ 174, 84). Ferner kann sich die Endgültigkeit daraus ergeben, dass die Schuldnerbank das Einlösungsrisiko übernommen hat, wobei ein Wille der Schuldnerbank zu einer solchen Risikoübernahme regelmäßig nicht vorliegt (BGH NJW 79, 2143). In der Insolvenz ist die Genehmigung des (vorläufigen) Verwalters maßgebend (BGHZ 177, 69).

14 Bei **Überlassung eines unterzeichneten Überweisungsträgers** übernimmt der Gläubiger die Obliegenheit, die Leistung durch Überbringung der hierin liegenden Willenserklärung des Schuldners an dessen Bank herbeizuführen. Der Schuldner darf die im Überweisungsauftrag liegende Willenserklärung nicht widerrufen. Erfüllung tritt aber erst mit Gutschrift ein. Da der Überweisungsträger kein Wertpapier darstellt, kann der

Schuldner dem Gläubiger im Falle des Verlusts des Überweisungsträgers nicht entgegenhalten, zur Leistung nur gegen Rückgabe des Überweisungsträgers verpflichtet zu sein (LG Kaiserslautern 24.2.09, 1 O 52/08).

III. Scheck. Die Hingabe eines Schecks ist **grds als Leistung erfüllungshalber** einzuordnen (BGH 131, 66). Gleichgültig ist, ob es sich um einen Bar- oder Verrechnungsscheck handelt. Der Gläubiger ist verpflichtet zunächst aus dem Scheck vorzugehen. Die Begebung des Schecks begründet die Einrede der Scheckhingabe (BGH NJW 96, 1961). Sie entfällt, wenn Befriedigung aus dem Scheck nicht vertragsgemäß erlangt werden kann. Das ist insb bei einer Nichteinlösung des Schecks bei Vorlage der Fall (zum Ganzen BGH NJW-RR 01, 1430). Will der Gläubiger dann das eigentlich Geschuldete verlangen, so besteht dieser Anspruch Zug um Zug gegen Rückgabe des Schecks. Der Gläubiger trägt insofern nach § 270 I die Verlustgefahr. Geht ihm der Scheck verloren, so kann dem Anspruch des Gläubigers eine dauernde Einrede entgegenstehen. Das ist insb dann der Fall, wenn der Scheck durch die bezogene Bank mit Wirkung gegen den Aussteller eingelöst wurde (BGH NJW 00, 3344). Auf ein Verschulden des Gläubigers hinsichtlich des Scheckverlusts kommt es nicht an (BGH NJW 96, 1961). 15

IV. Wechsel. Auch der Wechsel wird regelmäßig **erfüllungshalber** begeben. Der Gläubiger, der einen Wechsel in Zahlung genommen hat, ist verpflichtet, seine Befriedigung zunächst aus diesem zu suchen. Demgemäß kann der Schuldner ggü der Kausalforderung die – der Stundung entspr – Einrede der Wechselhingabe erheben. Dieser Einwand entfällt erst, wenn der Versuch der Befriedigung aus dem Wechsel fehlschlägt. Dies ist, weil die Wechselschuld eine Holschuld ist, erst dann der Fall, wenn der Wechsel nach Verfall ohne Erfolg zur Zahlung vorgelegt wird (BGHZ 96, 182). Anders liegt es beim sog **Akzeptantenwechselverfahren**, bei dem der Schuldner einen vom Gläubiger ausgestellten Wechsel annimmt und sich durch Diskontierung Barmittel verschafft. Der Erfüllungswirkung der Barzahlung steht es nicht entgegen, dass der Gläubiger der diskontierenden Bank als Wechselschuldner haftet (BGHZ 97, 197). 16

V. Zahlungskarten. Die Zahlung mit **Kreditkarten** ist grds als Leistung erfüllungshalber zu qualifizieren. Der Zahlungsvorgang verschafft dem Gläubiger („Akzeptanzstelle") gegen den Kartenherausgeber, also die Bank oder das Kreditkartenunternehmen, einen eigenständigen, vom Rechtsverhältnis zum Schuldner unabhängigen Zahlungsanspruch, dessen Grundlage ein bedingtes abstraktes Schuldversprechen des Kartenherausgebers ist (BGHZ 150, 286; NJW-RR 05, 1570). Danach verspricht der Kartenherausgeber dem Akzeptanzunternehmen diejenigen Zahlungen zu leisten, denen eine formell ordnungsgemäße Kartenzahlung zugrunde liegt. Dem Schuldner steht daraufhin die Einrede der Kartenzahlung zu. Der Gläubiger muss versuchen, Befriedigung aus dem abstrakten Schuldversprechen zu erlangen. Nicht anders liegt es trotz der Anonymisierung bei der Geldkarte oder bei der Verwendung von sog Netzgeld, obschon diese Zahlungsvorgänge häufig anonym erfolgen. Denn auch hier verschafft der Schuldner lediglich einen Anspruch gegen einen Dritten, die herausgebende Bank (*Pfeiffer* NJW 97, 1036). 17

Bei der **EC-Karte** ist zwischen dem Einsatz im POS-Verfahren (Point of sale) und im POZ-Verfahren zu unterscheiden. Im **POS-Verfahren** begründet der ordnungsgemäße Einsatz der EC-Karte am elektronischen Zahlungsterminal unter Verwendung der Geheimzahl ein Einzahlungsversprechen des Kreditinstituts ggü der Akzeptanzstelle. Dieses wird erfüllungshalber angenommen (*Häde* ZBB 94, 33, 41; *Harbecke* WM 94, Sonderbeil 1, 7; *Reiser* WM 89, Sonderbeil 3, 15; Graf Westphalen/*Pfeiffer* Vertragsrecht und AGB-Klauselwerke, EC-Karten Rz 149). Beim **POZ-Verfahren** (Point-of-sale-Verfahren ohne Zahlungsgarantie) wird lediglich eine Einzugsermächtigung erteilt (Graf v Westphalen/*Pfeiffer* Vertragsrecht und AGB-Klauselwerke, EC-Karten Rz 156). Es gelten die allgemeinen Grundsätze bei Lastschriftverfahren. 18

§ 365 Gewährleistung bei Hingabe an Erfüllungs statt.
Wird eine Sache, eine Forderung gegen einen Dritten oder ein anderes Recht an Erfüllungs statt gegeben, so hat der Schuldner wegen eines Mangels im Recht oder wegen eines Mangels der Sache in gleicher Weise wie ein Verkäufer Gewähr zu leisten.

A. Überblick und Zweck. Bei der Annahme einer Leistung an Erfüllungs statt wird eine andere als die geschuldete Leistung erbracht. § 365 ist zunächst die Wertung zu entnehmen, dass die **Erfüllungswirkung** des an Erfüllungs statt hingegebenen mangelhaften Gegenstands von etwaigen Leistungsstörungen in Bezug auf den Ersatzgegenstand grds unberührt bleibt. Allerdings muss der Schuldner wie ein Verkäufer Gewähr leisten. Nach der Schuldrechtsreform kennt das Gesetz jedenfalls begrifflich keine von der Nichterfüllung zu unterscheidende Gewährleistung mehr. § 365 ist deshalb nun als Verweis auf die Leistungsstörungs-, Sach- und Rechtsmängelhaftung des Verkäufers zu lesen (so schon Hamm NJW-RR 88, 266). 1

B. Anwendungsbereich und Voraussetzungen. Die Vorschrift gilt für Fälle der Leistung **an Erfüllungs statt**. Auf die Vereinbarung einer Leistung erfüllungshalber ist sie nicht, auch nicht analog anwendbar. 2

Sie setzt ferner voraus, dass es sich bei dem betreffenden **Leistungsgegenstand** um eine Sache, eine Forderung oder ein anderes Recht handelt. Nur für solche ersatzweise gegebenen Leistungsgegenstände ist der Verweis auf die Verkäuferhaftung sinnvoll. § 365 gilt nicht, wenn die Leistung in der Herstellung eines unkörperlichen Werks oder in der Erbringung von Diensten besteht. 3

4 Auf die **Rechtsnatur der zu tilgenden Schuld** kommt es nicht an. Schließlich gilt die Vorschrift zwar grds nur für den Rechts- oder Sachmangel. Für die gänzliche Nichterfüllung kann sie aber entspr gelten, soweit diese darauf beruht, dass dem Gläubiger der an Erfüllungs statt verschaffte Gegenstand nicht rechtsmangelfrei verschafft werden konnte (vgl BAG E 22, 92; s. noch Rn 5).

5 **C. Verkäuferhaftung.** Den Schuldner trifft die **allgemeine Verkäuferhaftung**. Das schließt nicht nur die Haftung für Sach- und Rechtsmängel (§§ 437, 434, 435), sondern auch die sonstige Haftung für Pflichtverletzungen nach §§ 280 ff ein (*Binder* NJW 03, 393). Leistet der Schuldner indessen überhaupt nicht (§§ 281 I, 323 I), so fehlt es gänzlich an einer Leistung an Erfüllungs statt. Es bleibt bei den für die eigentlich geschuldete Leistung geltenden Pflichtverletzungsregeln (s. aber noch Rn 4).

6 IRd Sachmangelhaftung ist im häufigen Fall der Inzahlungnahme von Gebrauchtwaren der für diese geltende spezifische Fehlerbegriff zu beachten. Gebrauchte Waren sind trotz **verschleißbedingter Mängel** nicht fehlerhaft iSd § 434 I, wenn es sich um einen Verschleiß handelt, mit dem der Gläubiger nach Alter und allgemein ersichtlichem Zustand rechnen musste (vgl AG Langen ZfSch 95, 457).

7 Erklärt der Gläubiger wegen der Mangelhaftigkeit der hingegebenen Sache nach §§ 323, 437, 434, 365 den **Rücktritt**, so erfasst dieses Gewährleistungsrecht im häufigen Fall der Inzahlungnahme eines Gebrauchtwagens (vgl auch § 364 Rn 5) beim Neuwagenkauf nur das Gebrauchtwagengeschäft. Die **Rückabwicklung** beschränkt sich auf die Rückgängigmachung der mit der Hingabe des Altwagens eingetretenen Rechtsfolgen (Celle OLGR 96, 182). Ist beim Kauf eines Kraftfahrzeugs der vom Käufer in Zahlung gegebene Gebrauchtwagen mangelhaft, so kann der Verkäufer grds gegen Rückgabe des Gebrauchtwagens Zahlung des Kaufpreises deshalb auch insoweit verlangen, als er durch die Inzahlungnahme des Fahrzeugs des Käufers getilgt werden sollte (BGHZ 46, 338).

§ 366 Anrechnung der Leistung auf mehrere Forderungen.
(1) Ist der Schuldner dem Gläubiger aus mehreren Schuldverhältnissen zu gleichartigen Leistungen verpflichtet und reicht das von ihm Geleistete nicht zur Tilgung sämtlicher Schulden aus, so wird diejenige Schuld getilgt, welche er bei der Leistung bestimmt.
(2) Trifft der Schuldner keine Bestimmung, so wird zunächst die fällige Schuld, unter mehreren fälligen Schulden diejenige, welche dem Gläubiger geringere Sicherheit bietet, unter mehreren gleich sicheren die dem Schuldner lästigere, unter mehreren gleich lästigen die ältere Schuld und bei gleichem Alter jede Schuld verhältnismäßig getilgt.

1 **A. Allgemeines. I. Zweck.** Die Vorschrift regelt den Fall, dass derselbe Gläubiger **verschiedene Forderungen**, die auf eine gleichartige Leistung gerichtet sind, gegen denselben Schuldner hat. Sie ordnet an, welche dieser Forderungen durch eine Leistung getilgt wird oder getilgt werden, wenn diese Leistung nicht zur Erfüllung sämtlicher Forderungen ausreicht. Vorrang hat dabei nach I die Bestimmung durch den Schuldner. Trifft dieser keine Bestimmung, so greift die gesetzliche Regelung in II ein. Vor diesem Hintergrund stellt sich I als Vergünstigung für den Schuldner dar, deren Grund seine freiwillige Leistung bildet (BGH 28.6.00 – XII ZR 55/98). Zugleich zieht § 366 I die praktische Konsequenz daraus, „dass das Zahlungsgeschäft vom Schuldner ausgeht" (vgl RGZ 66, 54, 59; zum Ganzen BGH NJW 08, 2842).

2 **II. Allgemeine Voraussetzungen. 1. Parteiidentität.** Die Vorschrift setzt voraus, dass es sich um Forderungen **desselben Gläubigers gegen denselben Schuldner**, also einer identischen natürlichen oder juristischen Person oder Personenmehrheit gegen eine andere natürliche oder juristische Person oder Personenmehrheit handelt. Der Erwerbsgrund ist gleichgültig. Die Vorschrift gilt auch, soweit die Gläubiger- oder Schuldnerstellung auf Abtretung oder Schuldbeitritt beruht.

3 Sind Dritte, insb als **Sicherungsgeber**, von der Tilgungsverrechnung berührt, müssen sie das Ergebnis der Anwendung des § 366 im Gläubiger-Schuldner-Verhältnis hinnehmen (BGH NJW 93, 2043).

4 Bei der **stillen Teilabtretung**, wie sie auch beim **verlängerten Eigentumsvorbehalt** vorliegt, wird die ursprünglich einheitliche Forderung aufgespalten, ohne dass dies für den Schuldner erkennbar ist. Er kann mit befreiender Wirkung an den Zessionar leisten (§ 407). Für die Verrechnung auf die Teilforderungen gilt § 366 (BGHZ 47, 168; NJW 91, 2629; NJW 08, 985). Da der Schuldner in diesem Fall im Moment der Leistung von der Aufspaltung keine Kenntnis hat, kann er unverzüglich nach Kenntnis hiervon nachträglich eine Tilgungsbestimmung treffen (BGHZ 167, 337; NJW 08, 985).

5 **2. Mehrere Schuldverhältnisse.** Der Begriff des Schuldverhältnisses in § 366 entspricht demjenigen der §§ 362, 241. Gemeint ist die einzelne, **konkrete Forderung**, nicht das Schuldverhältnis iwS als Gesamtheit („Bündel") von Rechten und Pflichten. Die Vorschrift gilt damit auch für die Frage, welchem von mehreren beim Gläubiger geführten Konten eine Zahlung gutgeschrieben wird (BGH ZIP 82, 424). Bei der Kfz-Versicherung handelt es sich um verschiedene Einzelversicherungen mit dementspr verschiedenen Forderungen – Haftpflicht und Kasko (BGH NJW 78, 1524).

6 Die Vorschrift gilt im Falle mehrerer unterschiedlicher **Hauptforderungen**. Für das Verhältnis der Hauptforderungen zu den Nebenforderungen auf Zinsen und Kosten ist § 367 maßgebend.

Wie bei § 362 erfasst der Anwendungsbereich auch Forderungen **außerhalb des Schuldrechts**. Die Vorschrift gilt etwa für die Frage, ob bei einer Sicherungsgrundschuld auf die Forderung oder auf die Grundschuld gezahlt wird (BGH NJW 97, 2046; Saarbr OLGR 05, 139) oder wenn eine Grundschuld mehrere Forderungen gegen verschiedene Schuldner sichert (BGH NJW-RR 89, 1036; NJW-RR 95, 1257; NJW 99, 2043). Sie ist auch auf öffentlich-rechtliche Forderungen entspr anwendbar (BayVGH 11.5.07, 21 ZB 06.1399), etwa auf die Zahlung von Sozialversicherungsforderungen. Das gilt auch dann, wenn die Zahlung durch einen Insolvenzverwalter erfolgt (BGH NJW 85, 3064). Im Steuerrecht gilt § 225 AO.

Ob eine **Mehrheit von Forderungen** vorliegt, ist nicht dogmatisch-konstruktiv, sondern nach der **Interessenlage** zu beurteilen. Deshalb kann die Vorschrift zumindest entspr auf in sich gegliederte Forderungen angewandt werden, wenn rechtlich eine einheitliche Schuld vorliegt und es um die Anrechnung auf unterschiedliche Teile derselben geht. Das ist bspw der Fall, wenn ein Teil einer ursprünglich einheitlichen Forderung durch Teilklage rechtliche Selbständigkeit erlangt hat (BGH NJW-RR 91, 169), wenn für einen Teil die Mithaftung weiterer Gesamtschuldner besteht (Kobl NJW 08, 3006) oder im Verhältnis der einzelnen Mietzinsraten aus demselben Mietvertrag (BGH NJW 65, 1373; NJW 04, 2230, 2232) oder bei monatlichen Unterhaltszahlungen (Saarbr 24.8.09, 9 WF 65/08). Auch im Verhältnis des gesicherten zum ungesicherten Teil einer Forderung gilt § 366. Wird bei einem Grundstücksverkauf eine Schwarzgeldabrede getroffen, so findet § 366 auf das Verhältnis des beurkundeten (und hypothekarisch gesicherten) zum nicht beurkundeten Kaufpreisanteil Anwendung (BGH NJW 73, 1689). Ist der Schuldner eine GbR, deren Gesellschafter kraft Vereinbarung nicht als Gesamtschuldner, sondern nur anteilig haften, so ist nach § 366 II zu beurteilen, welche Gesellschafter von ihrer Haftung durch Zahlung der GbR frei werden (BGHZ 134, 2240; aA *K Schmidt* NJW 97, 21). Beim Kontokorrent fließen Zahlungen des Schuldners aufgrund der Kontokorrentabrede in den Saldo ein und dienen nicht zur Befriedigung bestimmter Einzelforderungen (BFH NV 07, 1503). Abweichende Abreden sind möglich (BGH NJW-RR 91, 562).

3. Gleichartigkeit. Der Begriff der Gleichartigkeit entspr § 387. Sie bezieht sich auf den Leistungsgegenstand, der bei **Gattungsschulden** derselben Gattung angehören muss. Der Hauptfall des § 366 sind Forderungen, die auf Geldzahlung gerichtet sind.

4. Leistung des Schuldners. Die Vorschrift erfasst dem Wortlaut nach die Erfüllung durch Leistung. § 366 gilt für alle Fälle, in denen dieselbe **objektiv** zur Tilgung verschiedener Forderungen geeignet ist. Darunter fallen etwa auch Abschlagszahlungen (Zweibr OLGR 05, 26). Das Merkmal der Leistung umfasst schon dem Wortlaut nach auch die Leistung an Erfüllungs statt und erfüllungshalber. Ebenso kann § 366 bei Erfüllungssurrogaten anwendbar sein (BGH-Report 04, 1140: Aufrechnung). **§ 366 I gilt aber nicht bei der Verwertung von Sicherheiten** (BGH 28.6.00 – XII ZR 55/98) oder in der Zwangsvollstreckung. Dort steht dem Schuldner kein Bestimmungsrecht zu (BGHZ 140, 391). Ein Forderungseinzug im Wege der Zwangsvollstreckung liegt allerdings nicht vor, soweit ein Drittschuldner im Anschluss an einen Pfändungs- und Überweisungsbeschluss die gepfändete Forderung freiwillig erfüllt (Ddorf ZMR 00, 605).

Dagegen enthält **§ 366 II** einen auch für die **Sicherheitenverwertung** geltenden Rechtsgedanken (BGH NJW 08, 2842). Sind mehrere Forderungen gesichert, kann der Gläubiger den Verwertungserlös zunächst auf diejenige Forderung verrechnen, welche die geringere Sicherheit bietet (BGH NJW 97, 2514). Auch auf die Verrechnung von Vollstreckungserlösen kann § 366 II dementspr herangezogen werden, soweit keine Spezialregeln eingreifen (Karlsr NJW-RR 02, 1158; Köln WM 03, 1468).

B. Bestimmung durch den Schuldner. I. Rechtsnatur. Die Tilgungsbestimmung ist ihrem eigenen Erklärungsgehalt nach auf die Herbeiführung bestimmter Rechtsfolgen, nämlich die Zuordnung der Erfüllungswirkung zu einer bestimmten von mehreren Forderungen gerichtet. Deshalb ist sie richtigerweise als **Willenserklärung** zu qualifizieren. Die Regeln über Willenserklärungen sind anwendbar (BGHZ 106, 163). So ist bspw die Anfechtung der Tilgungsbestimmung wegen Irrtums nach § 119 möglich. Zumindest ergibt sich dies aus einer Einordnung der Tilgungsbestimmung als geschäftsähnliche Erklärung (vgl BGHZ 106, 163). Will der Schuldner eine bestimmte Forderung tilgen, ergibt sich aber aus dem objektiven Gehalt seiner Tilgungsbestimmung die Anrechnung auf eine andere Forderung, so begründet dies regelmäßig einen Inhalts- und keinen bloßen Motivirrtum (vgl BGHZ 106, 163). Auch die rechtsgeschäftliche Stellvertretung bei der Bestimmung nach Maßgabe der §§ 164 ff ist möglich.

Die Tilgungsbestimmung ergibt sich regelmäßig aus dem **Leistungszweck**. Die Bestimmung kann auch konkludent erfolgen. Welche Tilgungsbestimmung vorliegt, ist nach dem durch den Gläubiger erkannten wirklichen Willen zu bestimmen. Verkennt dieser den subjektiv verfolgten Leistungszweck, so kommt es auf den objektiven Empfängerhorizont an (Hambg OLGR 00, 464; Köln NJW-RR 02, 394). Es reicht aus, wenn der Gläubiger bei mehreren offenen Forderungen aus den Umständen ersehen kann, welche getilgt werden soll. Diese Erkennbarkeit kann sich bspw aus der betragsmäßigen Übereinstimmung einer Zahlung mit einer der offenen Forderungen (BGH WM 82, 1032; NJW 01, 3781) oder aus dem Kontext vorausgegangener Verhandlungen ergeben (BGH NJW-RR 91, 169). Jedenfalls ist § 366 II nicht anzuwenden, wenn dessen Anwendung der Interessenlage der Parteien ganz offensichtlich widerspricht (BGH BB 71, 1433; Ddorf ZMR 00, 605). Bei der Deutung des Schuldnerverhaltens ist die **Interessenlage** von besonders großer Bedeutung (BGH NJW-RR

87, 1350; NJW-RR 95, 1257). Leistet bspw ein mit dem Schuldner identischer Eigentümer auf Grundschulden, die neben den persönlichen Verpflichtungen des Eigentümers auch noch eine Forderung gegen einen Dritten sichern, ist mit der Zahlung auf die Grundschulden regelmäßig konkludent der Wille erklärt, zunächst die eigenen Schulden und nicht vorrangig die Schuld des Dritten tilgen zu wollen (BGH NJW 99, 2043). Aus der Interessenlage kann sich auch ergeben, dass eine bestimmte Anrechnung einen Erfolg zugunsten des Schuldners herbeiführt, der sonst nicht erreicht wird (BGH NJW 78, 1524: Anrechnung auf diejenige Versicherungsprämie, die durch die Zahlung gedeckt wird). Sofern sich eine Tilgung keiner bestimmten Forderung zuordnen lässt oder keine Bestimmung vorliegt, greift II ein. Nur wenn auch unter Berücksichtigung von §§ 366, 367 offen bliebe, welche Forderung getilgt wird, ist eine Tilgungsbestimmung erforderlich, um überhaupt eine Erfüllungswirkung auszulösen (Frankf OLGR 97, 293; Kobl OLGR 02, 464). Das Vorliegen eines solchen Falles kann sich aus den Abreden der Parteien ergeben (BGHZ 51, 157). Bei Leistung eines Dritten gem § 267 steht diesem ein Bestimmungsrecht zu (Brandbg AgrarR 96, 126); anders liegt es, wenn es sich bei der Zahlung des Dritten um eine Leistung des Schuldners handelt (BGH NJW 97, 2046).

14 Eine **abweichende Verrechnung durch den Gläubiger** oder ein **Widerspruch des Gläubigers** ist grds unbeachtlich (BGH NJW 83, 2773). Weigert sich der Gläubiger, die Leistung bestimmungsgemäß entgegenzunehmen, so begründet dies grds das Vorliegen von **Annahmeverzug** (§ 293).

15 **II. Inhalt der Bestimmung.** Der Schuldner ist bei der Bestimmung grds frei. Er kann eine vollständige oder teilweise Bestimmung treffen. Bei einer Akontozahlung kann er sich die spätere Bestimmung vorbehalten (Zweibr OLGR 05, 26). Hat der Schuldner eine Bestimmung getroffen und besteht die zu tilgende Schuld nicht, so kann das zwecks Erfüllung einer nicht bestehenden Verbindlichkeit Geleistete zurückgefordert werden, auch wenn eine andere Schuld in gleicher Höhe bestand, die der Leistende nicht tilgen wollte; der Gläubiger kann ggü dem Rückforderungsanspruch des Leistenden lediglich mit der ihm zustehenden Forderung aufrechnen, nicht aber eine andere Anrechnung verlangen (BGH NJW 00, 2896).

16 Der Schuldner kann eine **negative Bestimmung** treffen. Dies hat zur Konsequenz, dass eine Schuld nicht erlischt, obschon die Leistung zur Erfüllung einer Forderung geeignet ist (BGH WM 72, 1276). Welche andere Forderung sie alsdann tilgt, bestimmt sich nach II.

17 Eine **unzureichende Bestimmung** steht dem Fehlen einer Bestimmung nicht gleich. Eine unzureichende Bestimmung liegt vor, wenn der Schuldner zwar erklärt, dass die Tilgungswirkung von der gesetzlichen Reihenfolge nach § 362 II abweichen soll, aber nicht hinreichend erkennbar wird, welche Reihenfolge stattdessen gelten soll. In diesem Fall ist die Geltung der gesetzlichen Reihenfolge durch die Bestimmung des Schuldners gesperrt. Der Schuldner muss dann eine Zuordnung vornehmen, damit eine Erfüllungswirkung eintritt (BGH LM § 362 BGB Nr 7).

18 **III. Zeitpunkt der Bestimmung.** Die Tilgungsbestimmung muss „**bei der Leistung**" erfolgen (BGHZ 140, 391; NJW-RR 04, 405). Ist es wegen der fehlenden Bestimmung bereits zu einer Tilgung nach der gesetzlichen Tilgungsreihenfolge des § 366 gekommen, so ist die Leistung „verbraucht" und das Bestimmungsrecht erloschen. Die Parteien können eine abweichende Regelung verabreden, auch indem sie dem Schuldner bei der Leistung eine spätere Bestimmung einverständlich vorbehalten. Hierfür reicht es, wenn sich der Schuldner die spätere Bestimmung einseitig vorbehält und der Gläubiger stillschweigend zustimmt (BGHZ 51, 157). Das kann auch durch Entgegennahme der Leistung geschehen (Frankf VersR 71, 186). Im Falle einer dem Schuldner unbekannten Aufspaltung einer ursprünglich einheitlichen Forderung, namentlich bei der verdeckten Teilabtretung, ist dem Schuldner die Möglichkeit einer nachträglichen Bestimmung einzuräumen (Hamm WM 02, 451). Er muss dieses Bestimmungsrecht allerdings nach dem Rechtsgedanken des § 121 I unverzüglich ausüben (BGH NJW 06, 2845; NJW 08, 985).

19 **IV. Bestimmung durch beide Parteien.** Sind die Parteien sich bei der Leistung über die Anrechnung einig, so gilt ihr **übereinstimmender Wille**. Eine Anrechnungsabrede schließt das Bestimmungsrecht des Schuldners aus (BGHZ 91, 375; NJW-RR 95, 1257). Der Abschluss der Vereinbarung unterliegt allgemeinen Grundsätzen. Eine danach mögliche **stillschweigende Abrede** kann auch dadurch getroffen werden, dass der Schuldner eine Anrechnungserklärung des Gläubigers widerspruchslos hinnimmt (BGH NJW-RR 95, 1257). In AGB ist eine von § 366 II abweichende Bestimmung aber auch im Unternehmensverkehr nur wirksam, wenn sie die Reihenfolge der Tilgung in hinreichend bestimmter Weise festlegt (BGHZ 91, 375).

20 **V. Ausnahmsweise Bestimmung durch den Gläubiger.** Die Parteien können iRd schuldrechtlichen **Vertragsfreiheit** individualvertraglich ein Bestimmungsrecht des Gläubigers vereinbaren. Dies kann sich ausnahmsweise auch aus der Auslegung eines Vertrags ergeben. So kann es bei einem gerichtlichen Vergleich liegen, der mehrere Forderungen gegen den Schuldner erledigt und offen lässt, welche von diesen auch zugunsten anderer Gesamtschuldner getilgt werden sollen (BGH WM 78, 348). Auch die Vereinbarung eines unspezifisch dem Gläubiger zur Verfügung gestellten Vorschusses kann die stillschweigende Vereinbarung eines Bestimmungsrechts des Gläubigers enthalten (BGH ZIP 85, 996).

21 **C. Gesetzliche Tilgungsreihenfolge. I. Allgemeines.** Trifft der Schuldner keine Bestimmung und liegt auch keine Vereinbarung der Parteien vor, so geht das Bestimmungsrecht nicht auf den Gläubiger über (Brandbg

NJW-RR 07, 1310). Vielmehr gilt die gesetzliche Tilgungsreihenfolge nach II. Sie enthält eine Leiter von Merkmalen, nach der die Tilgungswirkung zu bestimmen ist. Die Kriterien sind mithin der Reihe nach zu prüfen (vgl BGH WM 80, 744). Ein nachrangiges Kriterium kann, auch wenn es in besonderer Deutlichkeit vorliegt, das vorrangige nicht verdrängen.

§ 366 II gilt allerdings nicht, soweit gesetzliche **Spezialregeln** bestehen (für die Abführung von Sozialbeiträgen § 2 BeitrZV, BGH NJW 98, 1484; ferner § 225 AO). Bei der Zwangshypothek bestimmt zwar der Gläubiger die Verteilung des Hypothekenbetrags auf mehrere Grundstücke (§ 867 II ZPO). Für die Tilgung bleibt es aber beim Bestimmungsrecht des Schuldners (BGH NJW 91, 2022). Insolvenzrechtlichen Bevorrechtigungen kommt ein Vorrang zu (BGH NJW 81, 761). 22

II. Kriterien der Tilgungsreihenfolge. Da der redliche Schuldner idR zunächst die fällige Forderung befriedigen wird, kommt es primär auf die **Fälligkeit** an, die nach dem Maßstab des § 271 zu ermitteln ist. 23

Sind bereits **mehrere Forderungen** fällig und reicht die Leistung nicht zur Befriedigung des Gläubigers aus, so verdient sein Tilgungsinteresse den Vorrang, zumal der Schuldner eine Tilgungsbestimmung hätte treffen können. Maßgebend ist daher, welche Forderung dem Gläubiger die geringste Sicherheit bietet. Wann eine **höhere Sicherheit** besteht, ist nicht nach einem absoluten Maßstab, sondern durch einen Vergleich unter den Forderungen zu bestimmen. Maßgebend ist eine wirtschaftliche Betrachtung unter Berücksichtigung der hierfür maßgebenden rechtlichen Faktoren. Die höhere Sicherheit wird sich häufig aus dem Bestehen eines Sicherungsrechts ergeben. Ob die Sicherheit durch den Schuldner oder einen Dritten gestellt wurde, ist gleichgültig (BGH JZ 76, 64). Höhere Sicherheit besteht: bei Mithaftung einer weiteren Person (BGHZ 146, 37), bspw im Falle des Bestehens einer Bürgschaft (BGH NJW 84, 2455; NJW-RR 86, 518) oder der Mithaftung mehrerer Gesamtschuldner (BGH 23.10.90 – XI ZR 16/90); wenn zwar alle Forderungen gesichert sind, aber für eine Forderung eine zusätzliche Sicherheit besteht (BGH NJW 97, 2514); bei Vorliegen eines Titels für die Forderung (BGH JZ 84, 151); bei einer erst später drohenden Verjährung oder sonstigen Ausschlussfrist (BGH BB 57, 767; MDR 76, 387; NJW 87, 181, 182); wenn kein Auflösungstatbestand im Raum steht (BGH MDR 76, 387). Bei Sozialversicherungsbeiträgen besteht oft die größere Sicherheit bei den vom Arbeitgeber abzuführenden Arbeitnehmeranteilen, weil der Arbeitgeber diese nur treuhänderisch einbehält und ihre Nichtabführung deshalb unter besonderer Strafdrohung steht (BGH WM 82, 1032; vgl auch WM 80, 744). 24

Die **Lästigkeit** einzelner Forderungen für den Schuldner ist nach den mit der Nichterfüllung verbundenen Rechtsfolgen, insb der Schwere der damit verbundenen Nachteile, zu beurteilen. Besonders nachteilig kann eine Vertragsstrafe oder die drohende Kündigung eines Dauerschuldverhältnisses sein (Jena RdL 98, 36). Grds käme zwar auch eine titulierte Forderung als die lästigere in Betracht (vgl BGH NJW 83, 2773). Allerdings kann die Titulierung schon zum Vorliegen einer höheren Sicherheit führen, so dass für eine Berücksichtigung bei der Lästigkeit kein Raum mehr ist (vgl Rn 24). Größere Lästigkeit begründet aber die bereits vorliegende Rechtshängigkeit. 25

Für das **Alter** einer Schuld ist auf den Entstehungsgrund abzustellen, nicht auf die Fälligkeit oder den Zeitpunkt des Erwerbs durch Abtretung. Deshalb kommt den durch Aufspaltung einer ursprünglich einheitlichen Forderung entstandenen Forderungen grds der gleiche Rang zu (BGH NJW 91, 2629). Für die **verhältnismäßige Befriedigung** der Gläubiger ist die Höhe ihrer jeweiligen Forderung zueinander im Verhältnis zu setzen (BGHZ 46, 242, 244; NJW 91, 2629), so dass jede Forderung zu einem gleichen prozentualen Anteil getilgt wird. 26

D. Beweislast. Die Beweislast für das Eingreifen des § 366 ergibt sich erst aus dem Zusammenwirken mit § 362. Hat der Schuldner iRd aus § 362 folgenden Beweislast für die Erfüllung die Befriedigung einer bestimmten Forderung schlüssig vorgetragen, so hat der Gläubiger zu beweisen, dass zwischen denselben Parteien mehrere gleichartige Forderungen vorliegen. Bei einem Streit darüber, ob eine Zahlung auf eine bestimmte Forderung anzurechnen ist, trägt also der **Gläubiger** die Darlegungs- und Beweislast dafür, dass ihm noch eine weitere Forderung zusteht. Erst alsdann muss der **Schuldner** seinerseits darlegen und beweisen, warum gerade die streitige Forderung getilgt sein soll (BGH NJW-RR 93, 1015; München OLGR 99, 59). Das gilt auch, wenn ursprünglich eine einheitliche Forderung vorlag, von der ein Teil durch Teilklage rechtliche Selbständigkeit erlangt hat (BGH NJW-RR 91, 169). 27

§ 367 Anrechnung auf Zinsen und Kosten.
(1) Hat der Schuldner außer der Hauptleistung Zinsen und Kosten zu entrichten, so wird eine zur Tilgung der ganzen Schuld nicht ausreichende Leistung zunächst auf die Kosten, dann auf die Zinsen und zuletzt auf die Hauptleistung angerechnet.
(2) Bestimmt der Schuldner eine andere Anrechnung, so kann der Gläubiger die Annahme der Leistung ablehnen.

A. Anwendungsbereich und Voraussetzungen. Während § 366 das Verhältnis mehrerer Hauptforderungen untereinander bestimmt, regelt § 367 das **Verhältnis von Hauptforderung, Zinsen und Kosten** im Falle der nicht zureichenden Tilgung. Abgesehen hiervon entspricht der Anwendungsbereich des § 367 demjenigen des § 366 (BGHZ 134, 224), namentlich des § 366 II. So gilt § 367 im öffentlichen Recht, insb für Sozialversicherungsbeiträge (BGH BB 68, 953), und dem Rechtsgedanken nach auch für die Verwertung von Sicherheiten 1 und in der Zwangsvollstreckung (BGH NJW 56, 1594). Insolvenzrechtlichen Verteilungsregeln kommt der Vorrang zu (BGH NJW 85, 3064), soweit sie reichen (BGH NJW 56, 1594). Wie § 366 ist § 367 innerhalb eines Kontokorrents nicht anwendbar, weil die Zahlungen aufgrund der Kontokorrentabrede als Einzelposten in den Saldo einfließen (BGHZ 77, 256). Für **Verbraucherdarlehen** gilt die zwingende Vorschrift des § 497 III. Danach gilt die abweichende Reihenfolge Kosten, Hauptforderung und Zinsen bei der Verrechnung.

2 § 367 ist nur im Fall der **unzureichenden Leistung** anwendbar, wenn der gezahlte Betrag zur Tilgung der gesamten fälligen Schuld nicht ausreicht. Die Norm besagt dagegen nicht, dass eine Zahlung, die zur Deckung der fälligen Haupt- und Kostenschuld ausreicht, vorrangig auf bereits begründete, aber noch nicht fällige Kosten angerechnet werden soll (BGHZ 91, 55).

3 § 367 ist nur anwendbar, wenn die geltend gemachten Kosten oder Zinsen wirklich beansprucht werden können. Erweist sich ein **Vertrag** im Rechtsstreit als **nichtig**, so können vertraglich vereinbarte Kosten nicht verlangt werden und eine – scheinbar – entgegen § 367 II erfolgte Tilgungsbestimmung ist als von Anfang an wirksam zu behandeln (BGH NJW 87, 830).

4 Bestehen **mehrere Forderungen**, können sowohl § 366 als auch § 367 anwendbar sein. § 366 hat Vorrang und bestimmt, auf welche der Forderungen die Zahlung anzurechnen ist. § 367 gilt innerhalb derjenigen bevorrechtigten Forderung, die nicht vollständig getilgt wird. Reicht die Zahlung nicht einmal zur vollständigen Tilgung einer einzigen Forderung, so ist innerhalb dieser Forderung § 367 maßgebend. Sonst kommt § 367 innerhalb derjenigen Forderung zur Anwendung, die nach vollständiger Tilgung aller vorrangigen Forderungen nur noch teilweise getilgt wird und der unter den verbleibenden Forderungen der beste Rang zukommt.

5 **B. Tilgungsverrechnung.** Im Anwendungsbereich des § 367 gilt die Reihenfolge Kosten, Zinsen, Hauptforderung. Unter **Zins** ist für die Überlassung des Kapitals verlangte gewinn- und umsatzunabhängige, aber von der Laufzeit bestimmte geldliche Vergütung zu verstehen (BGH NJW 79, 540). **Kosten** sind Aufwendungen, die dem Gläubiger aus der Durchsetzung der Forderung entstanden sind, sofern der Gläubiger deren Ersatz verlangen kann.

6 **C. Abweichende Bestimmung.** II schließt nur die einseitige Bestimmung durch den Schuldner aus. Die Vorschrift enthält aber dispositives Recht. Die Parteien können ein Bestimmungsrecht einer Partei auch hinsichtlich der Zinsen und Kosten oder einen von § 367 abweichenden Verrechnungsmodus durch **Vereinbarung** vorsehen (BGHZ 91, 55). Das kann auch stillschweigend geschehen. Die Vereinbarung eines unspezifisch dem Gläubiger zur Verfügung gestellten Vorschusses kann die stillschweigende Vereinbarung eines Bestimmungsrechts des Gläubigers auch hinsichtlich der Verrechnung auf Zinsen und Kosten enthalten (BGH ZIP 85, 996). Ein Ratenkreditvertrag, bei dem die Zinsen nach einem gleich bleibenden monatlichen Prozentsatz vom ursprünglichen Kreditbetrag berechnet und aus der Gesamtsumme von Kapital und Zinsen gleiche Zahlungsraten gebildet werden, ist dahin auszulegen, dass auch jede Einzelrate einen dem Verhältnis der Gesamtbeträge entspr Teil der Kapital- und der Kostenschuld enthalten soll (BGHZ 91, 55).

7 § 367 II gibt dem Gläubiger nur das Recht, die Teilleistung des Schuldners **abzulehnen**, ohne dadurch in Annahmeverzug zu geraten. Nimmt der Gläubiger an, so gilt die Bestimmung durch den Schuldner. Deshalb kann der Gläubiger nicht zunächst die Teilleistung annehmen und dann erst eine von der Bestimmung des Antragsgegners abweichende Anrechnung vornehmen (BGH NJW 83, 2773). Die Bestimmung des Schuldners muss aber, wie bei § 366, bei der Leistung erfolgen (vgl BGHZ 80, 269).

§ 368 Quittung.
¹Der Gläubiger hat gegen Empfang der Leistung auf Verlangen ein schriftliches Empfangsbekenntnis (Quittung) zu erteilen. ²Hat der Schuldner ein rechtliches Interesse, dass die Quittung in anderer Form erteilt wird, so kann er die Erteilung in dieser Form verlangen.

1 **A. Überblick und Zweck.** Der Schuldner benötigt ein **Beweismittel**, um das Erlöschen der Schuld durch Erfüllung nachweisen zu können. § 368 gibt dem Schuldner einen echten **Anspruch** auf Erteilung einer Quittung oder eines Empfangsbekenntnisses. Allerdings handelt es sich um einen unselbständigen Anspruch, der nur dem Leistenden gegen den Gläubiger zusteht und der kein selbständiger Gegenstand des Rechtsverkehrs ist.

2 Der Anspruch auf Quittung ist ein **verhaltener Anspruch**, was bedeutet, dass er nur auf Verlangen des Schuldners zu erfüllen ist. Seine Befriedigung kann Zug um Zug gegen die Erbringung der Leistung verlangt werden. Dem Schuldner kann, auch wenn seine eigene Leistungspflicht nicht von einer Gegenleistung des Gläubigers abhängt, ein Zurückbehaltungsrecht aus § 273 zustehen, wenn sich der Gläubiger weigert, eine Quittung auszustellen (RGZ 82, 25, 27). Demgegenüber besteht kein Zurückbehaltungsrecht des Gläubigers an der Quittung, selbst wenn noch andere, zusammenhängende Forderungen offen sind.

3 Eine selbständige **Klage** auf Erteilung der Quittung ist möglich. Das Vorliegen einer Erfüllung ist hierfür (nur) materiell-rechtlich vorgreiflich; seine Feststellung erwächst also nicht in Rechtskraft. Ggf muss der Schuldner negative Feststellungsklage erheben (vgl etwa Palandt/*Heinrichs* Rz 7).

4 **B. Quittung. I. Rechtsnatur und Wirkung.** Die Ausstellung einer Quittung ist keine Willenserklärung und keine geschäftsähnliche Erklärung, sondern ein **Realakt** (Frankf WM 90, 2036; Karlsr MDR 78, 667; LG Frankfurt WM 88, 1664).

Durch die Unterzeichnung einer Quittung schafft der Gläubiger ein **Beweismittel** gegen sich selbst. Eine 5
Quittung enthält eine außergerichtliche Tatsachenbestätigung ("Geständnis") hinsichtlich des Leistungsempfangs. Sie erbringt den vollen Beweis dafür, dass die in ihr enthaltene Erklärung tatsächlich abgegeben wurde, nicht hingegen für die quittierte Tatsache. Insofern wirkt sie aber als ein Indiz für die Wahrheit der zugestandenen Tatsache (BGH WM 79, 1157; NJW-RR 88, 881). Die Beweiskraft einer Quittung hängt jedoch von den Umständen des Einzelfalles ab. Je verlässlicher der Unterzeichner (zB eine Bank), desto verlässlicher die Quittung (Frankf WM 91, 725). Das gilt besonders, wenn Dritten ggü ein Beweis erbracht werden soll (Dresd ZInsO 00, 673). In jedem Fall unterliegt die Quittung der freien richterlichen Beweiswürdigung und kann durch jeden Gegenbeweis entkräftet werden (BGH WM 79, 1157; NJW-RR 88, 881). Das gilt auch für eine Quittung, die ein Geschäftsunfähiger ausgestellt hat (Karlsr MDR 78, 667). Macht der Gläubiger geltend, die Quittung sei nur zum Schein erteilt worden, so trägt er hierfür ebenso die Beweislast (Ddorf OLGR 01, 466).

Eine in Erwartung der künftigen Leistung erteilte Quittung bezeichnet man als **Vorausquittung**. Keine 6
Vorausquittung liegt vor, wenn eine im Vorgriff auf einen späteren Vertrag erbrachte Leistung quittiert wird (München NJW-RR 93, 123). Das Vorliegen einer Vorausquittung muss der Schuldner beweisen (Ddorf OLGR 01, 466). Gelingt der Beweis, so entfaltet die Quittung grds nicht den Beweis für die Erbringung der Leistung (RGZ 108, 50, 56). Allerdings kann es ein Indiz für die nachträgliche Leistungserbringung sein, wenn der Gläubiger die Vorausquittung längere Zeit in den Händen des Schuldners lässt (RGZ 108, 50, 56 f).

II. Inhalt. Eine **Quittung** oder ein **Empfangsbekenntnis** ist, unabhängig von der Form, jedes Dokument, 7
welches den Empfang der Leistung bestätigt. Der Begriff der Quittung entspricht dem des Empfangsbekenntnisses in § 309 Nr 12b (Kobl NJW 95, 3392). Empfangsbekenntnisse (Quittungen) können sowohl über den Empfang von Geldzahlungen als auch über denjenigen von Sachleistungen ausgestellt werden, nicht aber für eine Aufrechnung (BGH NJW-RR 08, 1512). Auf die Bezeichnung des Dokuments kommt es nicht an. Eine ordnungsgemäße Quittung muss erkennen lassen, für welche Forderung sie ausgestellt wird (RGZ 79, 191, 192). Die in Leasingverträgen üblicherweise vereinbarte Übernahmebestätigung stellt kein Schuldanerkenntnis (§ 781), sondern lediglich eine Quittung iSd § 368 dar (BGH NJW 88, 204; NJW 93, 1381). Gleiches gilt bei Mietverträgen allg (Ddorf ZMR 89, 300). Nach der Privatisierung der Deutschen Post ist ein Posteinlieferungsschein nicht mehr als öffentliche Urkunde iSd § 418 ZPO anzusehen. Es handelt sich bei einem Einlieferungsschein nur noch um eine Quittung gem § 368, deren Beweiswirkung sich nach § 416 ZPO beurteilt (Hamm OLGR 01, 9). Bestätigt der Gläubiger, einen rückzahlbaren Betrag erhalten zu haben (etwa beim Darlehen), so kann ein Schuldanerkenntnis vorliegen (BGH NJW 86, 2571).

Die Quittung unterscheidet sich von der Rechnung. **Rechnung** ist jedes Dokument, mit dem über eine Liefe- 8
rung oder sonstige Leistung abgerechnet wird, gleichgültig, wie dieses Dokument im Geschäftsverkehr bezeichnet wird (vgl § 15 I UStG). Die Quittung kann auf der Rechnung erteilt werden, etwa durch einen Vermerk „Betrag erhalten".

Über die bloße Quittung hinaus geht ein **negatives Schuldanerkenntnis** in seinen verschiedenen Erschei- 9
nungsformen (§ 397 Rn 17). Es fällt nicht unter § 368; eine generelle Verkehrssitte aufgrund derer seine Erteilung verlangt werden kann, besteht nicht (BGH WuM 09, 647 zur Bescheinigung der Mietschuldenfreiheit).

III. Adressat. Adressat der Quittung ist der **Schuldner**. Welche Bedeutung eine Erklärung ggü Dritten hat, 10
hängt von den Umständen ab. Die Versicherung des GmbH-Geschäftsführers ggü dem Notar bzw dem Registergericht als Letztempfänger, dass die Stammeinlagen vollständig erbracht seien, ist aber kein Leistungsnachweis, sondern eine bloße Angabe und hat deshalb nicht die Wirkung einer Quittung (Ddorf NZG 02, 577).

IV. Zusätze. Ein Zusatz oder Vorbehalt lässt die **Qualität eines Dokuments als Quittung** unberührt, solange 11
der Erklärungswert des Dokuments nicht ihren auf den Empfang der Leistung bezogenen Bestätigungsgehalt nimmt. Ein Dokument, das einen generellen Prüfungsvorbehalt enthält, ist keine Quittung: Der Schuldner kann damit die Leistung nicht beweisen; der Gläubiger hat seiner Quittungspflicht nicht genügt.

Die Quittung kann aber diejenigen Zusätze oder Vorbehalte aufweisen, die sich aus der **Art der Leistung** 12
oder dem **Inhalt des Schuldverhältnisses** ergeben. Nimmt der Gläubiger eine Leistung erfüllungshalber, zB eine Scheck- oder Kartenzahlung, entgegen, kann er dies auf der Quittung vermerken („Betrag per Scheck erhalten"). Er kann eine Zahlung unter Vorbehalt des Scheckeingangs quittieren.

Geht der Inhalt eines Dokuments über die Bescheinigung des Leistungsempfangs hinaus, so handelt es sich 13
nicht mehr um eine bloße Quittung. Das bedeutet (wenn es keine zwei Unterschriften enthält) insb, dass kein **gesondert geschriebenes Empfangsbekenntnis** iSd § 309 Nr 12b vorliegt (Kobl NJW 95, 3392).

V. Form. Der Gläubiger hat die Quittung in **Schriftform** gem § 126 zu erteilen. Sie ist also vom Aussteller 14
eigenhändig durch Namensunterschrift zu unterzeichnen. Die elektronische Form ist zulässig, da sie nicht ausgeschlossen ist (§§ 126 III, 126a). Durch ein gestempeltes oder mit einer faksimilierten Unterschrift versehenes Dokument genügt der Gläubiger seiner Quittungspflicht nicht (BGH NJW-RR 88, 881). Die Einhaltung der Schriftform ist iÜ aber nur von Bedeutung für die Vermutungswirkung des § 416 ZPO. Es gilt, wie

auch sonst für ihre Bedeutung, dann auch für die Ausstellung der Grundsatz freier Beweiswürdigung. Das Fehlen der Unterschrift ist für die Beweiskraft unerheblich, wenn der Gläubiger nicht bestreitet, die Erklärung abgegeben zu haben (BGH NJW-RR 88, 881).

15 Die Quittung ist in **anderer Form** zu erteilen, wenn ein besonderes rechtliches Interesse hieran besteht. Dessen Vorliegen kann sich aus dem Gesetz ergeben. So liegt es nach § 1144 bei der Erteilung einer **löschungsfähigen Quittung**. Bei der löschungsfähigen Quittung handelt es sich um eine Quittung iSd § 368 in öffentlicher oder öffentlich beglaubigter Form. Sie bestätigt die Tilgung des darin bezeichneten Grundpfandrechts durch den Grundstückseigentümer. Mit einer löschungsfähigen Quittung kann der Eigentümer die Löschung des Grundpfandrechts oder die Berichtigung des Grundbuchs durch seine Eintragung als neuer Grundpfandgläubiger erreichen. Hiervon zu unterscheiden ist die bloße **Löschungsbewilligung**. Sie beschränkt sich inhaltlich auf die Erklärung des Gläubigers, er bewillige die Löschung eines bestimmten Grundpfandrechts. Sie ermöglicht damit zwar die Löschung dieses Rechts. Sie ist aber ggü einer löschungsfähigen Quittung sowohl ihrem Inhalt als auch ihrer rechtlichen Wirkung nach ein Minus und unterfällt nicht dem § 368 (BGHZ 114, 330).

16 Anspruch auf die Verwendung des von ihm **vorgedruckten Formulars** hat der Schuldner idR nicht. Der Gläubiger genügt seiner Quittungspflicht auch dann, wenn er einen eigenen Quittungstext verfasst, der dem vom Schuldner zu beanspruchenden Text inhaltlich entspricht (BGH NJW 93, 1381). Die Berufung auf eine Abweichung von dem vertraglich vereinbarten Wortlaut wird bei inhaltlicher Übereinstimmung oft rechtsmissbräuchlich sein (vgl BGH NJW 93, 1381).

§ 369 Kosten der Quittung.
(1) Die Kosten der Quittung hat der Schuldner zu tragen und vorzuschießen, sofern nicht aus dem zwischen ihm und dem Gläubiger bestehenden Rechtsverhältnis sich ein anderes ergibt.
(2) Treten infolge einer Übertragung der Forderung oder im Wege der Erbfolge an die Stelle des ursprünglichen Gläubigers mehrere Gläubiger, so fallen die Mehrkosten den Gläubigern zur Last.

1 Der Schuldner kann, muss aber keine Quittung verlangen. Ihre Ausstellung dient seinen Beweisinteressen. Deshalb hat er die Kosten der Quittung zu tragen. Nach § 369 I beschränkt sich der Anspruch des Gläubigers für das Ausstellen einer Quittung auf Beglaubigungsgebühren, Übersendungskosten und ähnliche **Aufwendungen**. Ein zusätzliches Entgelt kann er hingegen nicht verlangen (BGHZ 114, 330; 124, 254).

2 Eine **abweichende Kostentragungspflicht** kann sich aus einer Vereinbarung oder einer gesetzlichen Regelung ergeben. In solcher Fall liegt vor, wenn der Gläubiger dem Schuldner sämtliche Aufwendungen aus dem Rechtsverhältnis zu erstatten hat (zB §§ 670, 693). Die Gläubigervermehrung aufgrund einer Übertragung oder Vererbung des Anspruchs geht nach II zu Lasten der Gläubigerseite.

§ 370 Leistung an den Überbringer der Quittung.
Der Überbringer einer Quittung gilt als ermächtigt, die Leistung zu empfangen, sofern nicht die dem Leistenden bekannten Umstände der Annahme einer solchen Ermächtigung entgegenstehen.

1 **A. Zweck und Überblick.** Die Vorschrift regelt einen Fall der Haftung aus verursachtem **Rechtsschein** (BGHZ 40, 297). Trotz der Formulierung „gilt" liegt damit weder eine Fiktion noch eine widerlegliche Vermutung vor. Der Rechtsscheintatbestand ist zweiteilig ausgestaltet: Er setzt positiv voraus, dass der Leistungsempfänger Überbringer einer Quittung ist. Negativ wird § 370 ausgeschlossen durch Vorliegen von dem Leistenden bekannten Umständen, die zur Beseitigung des Rechtsscheins geeignet sind.

2 **B. Schutz des Leistenden.** Geschützt wird der Leistende. Das ist neben dem Schuldner auch ein iRd §§ 267, 268 leistender **Dritter**, wobei es dann auf dessen Kenntnis ankommt. Andere Personen, die mit Blick auf eine Quittung Vermögensdispositionen vornehmen, fallen nicht in den Schutzbereich der Vorschrift. Wird anderen Personen eine unrichtige oder unechte Quittung vorgelegt, so können Schadensersatzansprüche aus dem insoweit betroffenen Rechtsverhältnis oder aus § 826 eingreifen (Hamm BB 93, 680).

3 § 370 verlangt, dass **die Leistung** erbracht wird. Die Vorschrift greift nicht im Falle der Aufrechnung. Zur Annahme einer Leistung an Erfüllungs statt wird im Schrifttum formuliert, § 370 greife nicht ein (Palandt/*Grüneberg* Rz 5; MüKo/*Wenzel* Rz 5). Richtigerweise ist allerdings zu differenzieren: § 370 berechtigt den Überbringer nicht, eine nicht vereinbarte Leistung an Erfüllungs statt anzunehmen (Staud/*Olzen* Rz 9). Ist dagegen eine Ersetzungsbefugnis des Schuldners (und damit die Möglichkeit einer Leistung an Erfüllungs statt) vereinbart und legt der Überbringer eine Quittung hierfür vor, ist er als zu deren Empfang ermächtigt anzusehen.

4 **C. Überbringer einer Quittung. I. Überbringer.** Positive Rechtsscheingrundlage ist das Überbringen einer Quittung. Überbringer ist derjenige, der dem Schuldner die Quittung vorlegen kann. Auf eine bereits von einer anderen Person übergebene oder später übersandte Quittung kann sich deshalb niemand berufen (Staud/*Olzen* Rz 5; vgl auch RGZ 102, 344).

II. Quittung. Das Merkmal der Quittung ist einmal Bestandteil des Rechtsscheintatbestands. Es dient 5
zugleich dazu, die **Zurechenbarkeit** des Rechtsscheins zu gewährleisten. Es muss sich um eine Quittung iSd
§ 368 handeln. Hierzu muss sie dem Schriftlichkeitserfordernis dieser Vorschrift genügen und echt sein, also
durch den Gläubiger oder eine sonst berechtigte Person ausgestellt sein. Ein abredewidrig ausgefülltes Blankett reicht für die Zurechenbarkeit des Rechtsscheins aus (BGHZ 40, 297). Wer auf eine falsche oder verfälschte Quittung zahlt, wird hingegen nicht frei (RGZ 73, 347). Er kann aber gegen den Vertragspartner bei
fahrlässiger Mitverursachung der Fälschung einen Ersatzanspruch aus § 280 I haben (RGZ 160, 310). Da der
Zurechnungstatbestand in der Ausstellung der Quittung liegt, reicht auch eine gestohlene oder abhanden
gekommene Quittung aus. Dies folgt auch im Umkehrschluss aus dem Erfordernis der Widerlegung des
Rechtsscheins durch dem Leistenden bekannte Umstände.
Der Rechtsschein kann nicht durch **Anfechtung** beseitigt werden. Vorrang vor dem Rechtsschein haben die 6
Regeln zum Schutz Geschäftsunfähiger und beschränkt **Geschäftsfähiger** nach den allg für Rechtsscheintat-
bestände geltenden Grundsätzen (zu diesen BGH NJW 77, 622; ferner MüKo/*Wenzel* Rz 3).

D. Widerlegung durch die Umstände. Der durch das Überbringen der Quittung hervorgerufene Rechts- 7
schein kann durch andere Umstände beseitigt werden. Die Vorschrift stellt auf **objektive Umstände** und
deren **positive Kenntnis** durch den Schuldner ab. Das Kennenmüssen der Umstände genügt nicht. Hingegen
kommt es bei Kenntnis der Umstände nicht darauf an, ob der Leistende den zutreffenden Schluss auf die
mangelnde Berechtigung des Überbringers gezogen hat.
Gutgläubigkeit im Hinblick auf die Berechtigung wird nicht ausdrücklich verlangt. Allerdings kann die Vor- 8
schrift nach allgemeinen Rechtsscheingrundsätzen wegen mangelnder Schutzbedürftigkeit nicht eingreifen,
wenn der Schuldner **bösgläubig** ist und positiv weiß, dass der Überbringer der Quittung nicht berechtigt ist,
die Leistung entgegenzunehmen. Zudem können die der positiven Kenntnis der fehlenden Berechtigung
zugrunde liegenden Umstände der Annahme einer Ermächtigung zum Leistungsempfang entgegenstehen
und damit auch schon nach dem Wortlaut der Vorschrift die Rechtsscheinwirkung entfallen lassen.

§ 371 Rückgabe des Schuldscheins.
¹Ist über die Forderung ein Schuldschein ausgestellt wor-
den, so kann der Schuldner neben der Quittung Rückgabe des Schuldscheins verlangen. ²Behauptet der
Gläubiger, zur Rückgabe außerstande zu sein, so kann der Schuldner das öffentlich beglaubigte Anerkenntnis verlangen, dass die Schuld erloschen sei.

A. Überblick und Zweck. § 371 ergänzt § 368. Das Beweisinteresse des Schuldners ist nicht nur positiv 1
darauf gerichtet, eine Quittung zu erhalten. Er hat ein ebenso berechtigtes Interesse, vom Gläubiger noch
eine in dessen Hand befindliche **Schuldurkunde** für die Forderung zu erhalten, um negativ den Anschein des
Weiterbestehens der Forderung zu beseitigen. Hierfür ist er auf einen schuldrechtlichen Anspruch angewiesen, da das Eigentum an dem Schuldschein nicht mit Erfüllung auf den Schuldner übergeht (München NJW-
RR 98, 992).
Die Rückgabe kann „neben" der Ausstellung einer Quittung verlangt werden. Das bedeutet, dass für § 371 2
grds sämtliche **Voraussetzungen des § 368** vorliegen müssen. Ein Rückgabeanspruch besteht aber (zumindest
aus § 812) auch dann, wenn das Schuldverhältnis nicht entstanden ist (vgl Frankf OLGR 00, 7). Ebenso kann
Rückgabe verlangt werden, wenn die Schuld anders als durch Erfüllung, etwa durch Aufrechnung, erloschen
ist (BGH NJW-RR 08, 1512). Voraussetzung für den Anspruch ist, dass die Schuld vollständig erloschen ist
(Celle 2.12.04, 11 U 12/04).

B. Schuldschein. Ein Schuldschein iSd § 371 ist jede die **Schuldverpflichtung begründende oder auch** 3
nur bestätigende Urkunde, die der Schuldner zum Beweis für das Bestehen der Schuld ausstellt (BGH
WM 76, 974). Auf die Rechtsnatur der zugrunde liegenden Forderung kommt es nicht an. Der Schuldschein kann, muss aber keinesfalls ein abstraktes oder kausales Schuldanerkenntnis enthalten. Ein Grundsatz der sog Einheit des Schuldscheins, den das Reichsgericht für Schuldscheindarlehen iSd §§ 40, 30 des
Gesetzes vom 16.7.25 über die Ablösung öffentlicher Anleihen aufgestellt hatte (vgl RGZ 116, 166, 173;
117, 59, 60), wird im Anwendungsbereich des BGB nicht anerkannt. Deshalb ist auch nicht notwendig,
dass der Schuldschein den Inhalt der Schuldverpflichtung zumindest im Wesentlichen wiedergibt und
somit schon für sich allein geeignet ist, den Beweis ihres wesentlichen Inhalts zu erbringen. So bedarf es
bspw bei einem Darlehensschuldschein nicht zwingend einer Angabe über die Fälligkeit der Darlehensschuld oder über die Art der Rückzahlung des Darlehens. Erforderlich ist aber eine hinreichende Beweis-
eignung für die Schuld als solche. Beim Darlehen muss der Schuldschein daher wenigstens hinreichend
deutlich erkennen lassen, dass sich sein Aussteller zum Empfang eines Darlehens bekennt (BGH WM 76,
974). Das ist dann der Fall, wenn die Darlehenssumme genannt und der Empfang des Darlehens durch
den Darlehensnehmer quittiert wird. Die Bezeichnung als Darlehensvereinbarung steht dem der Einordnung als Schuldschein nicht entgegen (Köln NJW-RR 97, 381). Urkunden über eine Sicherungsabtretung
oder -übereignung sind zwar keine Schuldscheine, § 371 ist aber entspr anzuwenden, weil der Sicherungsgeber sonst die Vorlage bei Dritten befürchten müsste (für unmittelbare Anwendung AG Mönchenglad-

bach NJW-RR 97, 997). Eine Bürgschaftsurkunde steht einem Schuldschein ebenfalls gleich (Stuttg OLGR 01, 317; Ddorf NJW-RR 03, 668; Köln OLGR 08, 695).

4 Die Vorschrift wird analog auf die Herausgabe der **vollstreckbaren Ausfertigung** eines Titels angewandt, wenn die Zwangsvollstreckung aufgrund einer Vollstreckungsabwehrklage (§ 767 ZPO) für unzulässig erklärt wurde und die Schuld mit Sicherheit erloschen ist oder von Anfang an nicht bestanden hat (BGHZ 127, 146). Der Anspruch auf Titelherausgabe kann jedenfalls neben einer Vollstreckungsabwehrklage geltend gemacht werden (Celle 2.12.04, 11 U 12/04). Solange die Zwangsvollstreckung aus dem Titel vollstreckungsrechtlich nicht für unzulässig erklärt wird, steht der Titel dem Gläubiger vollstreckungsrechtlich zu. Deshalb ist die erfolgreiche Vollstreckungsabwehrklage Voraussetzung für den Anspruch aus § 371 (Karlsr OLGR 07, 412; Hamm OLGR 09, 61; offen lassend BGH NJW 94, 1161; NJW-RR 08, 1512), wobei die Klagen verbunden geltend gemacht werden können. Die Herausgabe kann aber zudem dann beansprucht werden, wenn das Erlöschen der titulierten Forderung und die Unzulässigkeit der Vollstreckung unstr sind (BGH NJW 94, 1161; NJW-RR 08, 1512).

5 **C. Rückgabeanspruch.** Wie der Anspruch aus § 368, so ist auch derjenige aus § 371 ein **verhaltener Anspruch**, der nur bei Geltendmachung durch den Schuldner fällig wird. Es handelt sich um eine Nebenleistungspflicht des Gläubigers (Stuttg OLGR 01, 317).

6 Die **Anspruchsberechtigung** steht grds dem Schuldner zu. Bei der Bürgschaft kann der Schuldner nach deren Erledigung Rückgabe an den Bürgen, nicht an sich selbst verlangen, wobei hierfür zT auf den Sicherungsvertrag, also die Kautionsabrede, zT auf § 371 abgestellt wird (BGH NJW 89, 1482; Celle OLGR 02, 163; Ddorf NJW-RR 03, 668; Stuttg OLGR 01, 317). Der Anspruch besteht auch gegenüber dem Gläubiger.

7 Hat ein **Dritter** den Schuldschein in Besitz, ohne Gläubiger zu sein, so kann von diesem die Herausgabe verlangt werden. Befindet sich der Schuldschein nur treuhänderisch in Verwahrung eines anderen, etwa des **Prozessbevollmächtigten**, so bleibt der Gläubiger zur Herausgabe verpflichtet (Köln AnwBl 80, 505; LG Darmstadt NJW-RR 99, 584; aA München MDR 05, 900). Erlischt die treuhänderische Bindung und behält der Dritte den Titel, so ist er als Besitzer nunmehr selbst zur Herausgabe verpflichtet (Naumbg AnwBl 01, 376). Grundlage des Anspruchs gegen den Dritten kann aber stets nur § 812 I 2, nicht aber § 371 (analog) sein (Staud/*Olzen* Rz 12; str, aA etwa Naumbg AnwBl 01, 376).

8 Der Anspruch besteht, wie bei § 368, **Zug um Zug** gegen die Erbringung der Leistung (Ddorf OLGR 05, 31). Eine Verknüpfung mit weiteren Forderungen besteht im Regelfall nicht. Allerdings enthält § 348 für das durch **Rücktritt** begründete Abwicklungsverhältnis eine die Herausgabepflicht aus § 371 modifizierende Spezialvorschrift. Im Falle des Rücktritts besteht der Anspruch des Schuldners damit nur Zug um Zug gegen die Erfüllung der eigenen Rückgewährpflichten des Schuldners (BGH NJW 94, 1161).

9 Eine besondere Vorschrift enthält Art 39 WG. Danach kann der Bezogene vom Inhaber gegen Zahlung die Aushändigung des quittierten **Wechsels** verlangen. Haben Ersteher und Grundschuldgläubiger nach § 91 II ZVG im Zwangsversteigerungstermin das **Bestehenbleiben der Grundschuld** vereinbart, so erlischt die Schuld nicht. Deshalb ist der Grundschuldgläubiger nicht zur Herausgabe des Vollstreckungstitels an den früheren persönlichen Schuldner verpflichtet. Der ehemalige persönliche Schuldner kann jedoch verlangen, dass der Grundschuldgläubiger erklärt, auf seine Inanspruchnahme des Schuldners aus der Urkunde zu verzichten (Köln WM 92, 622).

10 **D. Anerkenntnisanspruch.** Kann der Gläubiger die Urkunde nicht herausgeben, so kann der Schuldner eine Erklärung des Gläubigers verlangen, dass die Schuld erloschen ist. Die Erklärung muss in öffentlich beglaubigter Form abgegeben werden (§ 129).

Titel 2 Hinterlegung

§ 372 Voraussetzungen. ¹Geld, Wertpapiere und sonstige Urkunden sowie Kostbarkeiten kann der Schuldner bei einer dazu bestimmten öffentlichen Stelle für den Gläubiger hinterlegen, wenn der Gläubiger im Verzug der Annahme ist. ²Das Gleiche gilt, wenn der Schuldner aus einem anderen in der Person des Gläubigers liegenden Grund oder infolge einer nicht auf Fahrlässigkeit beruhenden Ungewissheit über die Person des Gläubigers seine Verbindlichkeit nicht oder nicht mit Sicherheit erfüllen kann.

1 **A. Grundlagen. I. Überblick und Zweck.** Die Hinterlegung unter Rücknahmeverzicht (§§ 372, 378) ist ein **Erfüllungssurrogat**. Sie soll dem Schuldner ermöglichen, sich der Leistung durch Hinterlegung bei der hierfür zuständigen öffentlichen Stelle zu entledigen, wenn die Schuld aus vom Gläubiger zu verantwortenden Gründen oder wegen einer vom Schuldner unverschuldeten Unsicherheit über die Person des Gläubigers nicht oder *nicht sicher erfüllt werden kann*. Insb soll der Schuldner nicht aus von ihm nicht zu verantwortenden Gründen in die Lage geraten, zweimal leisten zu müssen (BGHZ 145, 352). Die §§ 372 ff regeln die materiell-rechtliche Erfüllungswirkung der Hinterlegung, in verfahrensrechtlicher Hinsicht ist die HintO vom 10.3.37 maßgebend. § 372 regelt die Voraussetzungen, die zur Hinterlegung berechtigen, ohne den Schuldner hierzu zu verpflichten

(BGHZ 145, 352). Die Vorschriften der §§ 372 ff sind materiell-rechtlicher Natur (BGH NJW 93, 55). Das Gebot von Treu und Glauben ist auf sie anwendbar und kann den Gläubiger ausnahmsweise verpflichten, eine Teilhinterlegung als Surrogat einer Teilerfüllung anzunehmen (BGH BB 62, 3).

Zur Hinterlegung befugt ist der **Schuldner**. Ein Dritter kann dann hinterlegen, wenn er auch zur Erfüllung 2 berechtigt ist, etwa aufgrund des § 268 I iVm II (RGZ 120, 205, 211).

II. Sonderfälle: Hinterlegung ohne Wirkung als Erfüllungssurrogat. 1. Hinterlegung als Erfüllung. Nach 3 dem Inhalt der Forderung kann der Schuldner zur Hinterlegung als Erfüllung verpflichtet sein. Dies kann vereinbart werden und ist **gesetzlich** ausnahmsweise in den § 432 I 2, § 660 II Hs 2, § 1077 I 2 Hs 2, § 1281 2 Hs 2, § 2039 2, § 2114 2 vorgesehen. Der Anspruch ist in diesen Fällen auf Hinterlegung gerichtet; der Schuldner ist zur Hinterlegung verpflichtet. Es handelt sich allerdings um einen verhaltenen Anspruch: Die Pflicht zur Hinterlegung besteht nur, wenn der Gläubiger sie verlangt (RGZ 52, 141, 144). Für die Erfüllung gilt alsdann § 362. Die §§ 372 ff können entspr angewandt werden (Celle 10.7.03, 5 U 45/03). Die Hinterlegung hat regelmäßig unter Rücknahmeverzicht zu erfolgen (Palandt/*Grüneberg* vor § 372 Rz 2).

2. Hinterlegung als Sicherheit. Diese unterliegt den §§ 232 ff. Verfahrensrechtlich gilt die HintO. Die 4 §§ 372–386 finden auf die Hinterlegung als Sicherheit weder unmittelbar noch entspr Anwendung (BGH NJW-RR 05, 712). Die Umwandlung in eine Hinterlegung zur Erfüllung ist auf Antrag des Schuldners möglich. Für die Bestellung einer prozessualen Sicherheit sind die §§ 108 ff ZPO maßgebend.

3. Hinterlegung an anderer Stelle. a) Hinterlegung beim Notar. Auch die Übergabe von Geld an einen 5 Notar (§ 54a ff BeurkG) oder die Überweisung eines Geldbetrages auf ein **Notaranderkonto** („Hinterlegung beim Notar") zwecks Aufbewahrung oder Ablieferung an Dritte (§ 23 BNotO) ist keine Hinterlegung iSd §§ 372 ff und entfaltet nicht die in §§ 378, 379 genannten Wirkungen, wirkt also nicht als Erfüllungssurrogat (BGHZ 87, 156; NJW 64, 836). Die Parteien können aber ausnahmsweise vereinbaren, dass schon diese Zahlung die vertraglich geschuldete Erfüllung bewirkt und die Wirkungen des § 362 herbeiführt (BGHZ 87, 156). Die Vereinbarung kann auch besagen, dass nicht schon die Zahlung auf das Notaranderkonto, aber auch nicht erst die Vornahme der Auszahlung an den Gläubiger, sondern der dazwischen liegende Zeitpunkt des Eintritts der Auszahlungsreife zur Erfüllung führt (BGH NJW 94, 1403). Eine solche Vereinbarung kann sich auch aus der Auslegung des maßgebenden Vertrags unter Berücksichtigung der Interessenlage ergeben (BGH NJW 94, 1403; Hambg NJW 96, 1289; Stuttg ZIP 98, 1834). Dies kann jedoch nicht ohne weiteres unterstellt werden, auch dann nicht, wenn die Hinterlegung im Interesse beider Parteien erfolgt ist (dazu offen lassend BGH NJW 94, 1403; krit *Reithmann* NJW 96, 3327). Der öffentlich-rechtliche Anspruch des Berechtigten gegen den Notar auf Auszahlung des hinterlegten Betrags (BGH NJW 98, 2134) ist hierfür ebenfalls keine ausreichende Grundlage. Erfolgt die Hinterlegung allerdings im überwiegenden Interesse des Gläubigers, so kann eine stillschweigende Vereinbarung über den Erfüllungseintritt bei Auszahlungsreife vorliegen (BGH NJW 94, 1403; Stuttg ZIP 98, 1834; weitergehend *Reithmann* NJW 96, 3327). In jedem Fall erfüllt die Hinterlegung beim Notar die Leistungspflicht nur dann, wenn sie nicht mit Vorbehalten versehen ist, die die Auskehrung an den Verkäufer von weiteren, nicht vereinbarten Voraussetzungen abhängig machen (BGH NJW 97, 2104). Eine zweckwidrige Auszahlung an den Gläubiger kann dem Eintritt der Erfüllungswirkung entgegenstehen (Hambg NJW 96, 1289). Bei einem Prätendentenstreit ist der Notar grds gehalten, die Rechtslage zu klären (Hamm OLGZ 94, 115).

b) Sonstiges. Nicht hinterlegungsgeeignete Sachen kann der Schuldner bei Annahmeverzug öffentlich ver- 6 steigern lassen (§ 383). Nach § 373 HGB kann der Verkäufer beim **Handelskauf** im Falle des Annahmeverzugs „die Ware", also jede Ware unabhängig von ihrer Hinterlegungseignung nach § 372, in einem öffentlichen Lagerhaus oder in sonst sicherer Weise hinterlegen.

4. Hinterlegungsvereinbarung. S. hierzu Rn 21. 7

B. Hinterlegungsgegenstand. I. Geld. Unter das Merkmal Geld fallen alle gesetzlichen und gesetzlich zuge- 8 lassenen Zahlungsmittel. Auch **ausländisches Geld** kann nach § 7 II HintO hinterlegt werden.

II. Wertpapiere. Wertpapiere sind Urkunden, durch die ein privates Recht in der Weise verbrieft ist, dass die 9 Innehabung des Papiers Voraussetzung für die Ausübung des Rechts ist. Schuldscheine und andere Beweisurkunden sind ebenso wie bloße Legitimationspapiere (§ 808) dementspr keine Wertpapiere. Nur das Wertpapier selbst ist zur Hinterlegung geeignet, nicht das verbriefte Recht. Eine Hinterlegung girosammelverwahrter oder sonst nicht verbriefter Aktien ist ausgeschlossen (Celle NdsRpfl 03, 217; Hambg Rpfleger 03, 672).

III. Sonstige Urkunden. Unter einer Urkunde versteht man eine verkörperte Gedankenerklärung, die im 10 Rechtsverkehr zum Beweis bestimmt und geeignet ist. Hierunter fallen zunächst die vom Wertpapierbegriff nicht erfassten Legitimationspapiere und Beweisurkunden, auch Vollmachtsurkunden (KG NJW 57, 754, 755) oder anwaltliche Handakten. Eine Urkunde liegt nicht vor, wenn ein beliebiger, zur Hinterlegung nicht geeigneter Gegenstand in einem Bankschließfach verwahrt wird und der Schuldner Mietvertrag und Schlüssel hinterlegen will (Frankf NJW-RR 88, 443).

11 IV. Kostbarkeiten. Kostbarkeiten sind bewegliche Sachen, deren Wert im Verhältnis zu ihrem Volumen oder Gewicht besonders hoch ist. Darunter fallen Gold, Edelsteine, Schmuck, Kunstwerke oder vergleichbare Gegenstände, nicht aber Videokassetten (Frankf NJW-RR 88, 443).

12 C. Hinterlegungsrecht. Als Erfüllungssurrogat wirkt die Hinterlegung nur, wenn sie als solche berechtigt erfolgt und eine **Hinterlegungsbefugnis** des Schuldners bestand. Hierzu müssen die in § 372 bestimmten Voraussetzungen objektiv vorliegen. Eine etwaige unrichtige Vorstellung des Schuldners, er sei aus irgendwelchen Gründen, die nicht den gesetzlichen Voraussetzungen in § 372 entspr, zur Hinterlegung berechtigt, kann den objektiven Mangel der gesetzlichen Voraussetzungen der Hinterlegungsbefugnis nicht ersetzen, gleichgültig, ob der Schuldner sich seine Meinung schuldlos oder schuldhaft gebildet hat (BGH NJW 53, 19; WM 85, 912). Auch eine formal wirksame Annahmeverfügung der Hinterlegungsstelle (§ 6 I HintO) ist kein Ersatz für die mangelnde Rechtmäßigkeit der Hinterlegung (BGH NJW-RR 89, 200).

13 I. Annahmeverzug. Es muss Annahmverzug iSd §§ 293 ff vorliegen (BGH NJW 90, 761).

14 II. Prätendentenstreit. Ein zur Hinterlegung berechtigender Fall ist bei einer nicht vorwerfbaren (dh unverschuldeten) Ungewissheit des Schuldners über die Person des Gläubigers gegeben. Anlass für eine Ungewissheit wird es oft sein, dass mehrere Forderungsprätendenten die Leistung beanspruchen. Die Gläubiger müssen **dieselbe Forderung** beanspruchen. Dies kann beim Factoring auch der Anspruch auf Zahlung des Umsatzsteueranteils sein, wenn dieser nicht nur vom Gläubiger, sondern auch direkt vom Finanzamt beansprucht wird (BGHZ 170, 311). Verlangen mehrere Gläubiger aus verschiedenen Rechtsgründen vom Schuldner dieselbe Leistung, ist der Schuldner selbst dann nicht zur Hinterlegung berechtigt, wenn er sich schuldlos darüber im Unklaren ist, welcher der beiden Ansprüche begründet ist (BGH BB 55, 111; ZIP 81, 65; NJW 03, 1809). Ein Zweifel über die Grundforderung reicht nicht aus, um auch Zweifel hinsichtlich einer Scheckforderung zu begründen, selbst wenn der Schuldner einen Scheck erfüllungshalber begeben hat (BGH ZIP 85, 208).

15 Als Prätendentenstreit kommt häufig in Betracht, dass die Prätendenten über das maßgebende Rangverhältnis zwischen einer Pfändung und einer Abtretung streiten (BGH NJW-RR 05, 712; vgl auch RGZ 144, 391, 393). Ein solcher Streit alleine reicht allerdings nicht aus (BGH BB 60, 459; NJW 97, 1501). Es müssen vielmehr beim Schuldner **objektiv verständige Zweifel** über die Person des berechtigten Gläubigers vorliegen (BGHZ 7, 302). Diese Zweifel können rechtlicher oder tatsächlicher Art sein. Rechtliche Zweifel können auf einer schwer zu ermittelnden Rechtslage oder auf Auslegungszweifeln bei einem Rechtsgeschäft beruhen. Bei einer unklaren Abtretung schließt die Geltung einer Schutzvorschrift zugunsten eines redlichen Schuldners, etwa § 409, die Befugnis zur Hinterlegung nicht aus; denn diese begründet nur eine Erfüllungswirkung zugunsten des Schuldners, nicht aber die Pflicht, an eine Person mit unklarer Berechtigung zu leisten (BGHZ 145, 352; NJW 97, 1501; NJW-RR 04, 656).

16 Für die Beurteilung, an wen zur Herbeiführung der Erfüllungswirkung zu zahlen ist, kommt es nach Art 12 I lit d der Verordnung EG 593/08 (Rom I Verordnung) grds auf die Beurteilung durch das auf das Schuldverhältnis anwendbare Recht an (vgl BGHZ 7, 302). Allerdings ist es als sachliche Unsicherheit anzusehen, wenn der Schuldner die Inanspruchnahme vor einem Forum befürchten muss, dessen **IPR** das Schuldverhältnis abw anknüpft mit der Folge, dass ein anderer Gläubiger berechtigt ist.

17 Die Zweifel dürfen nicht auf **Fahrlässigkeit** beruhen. Deshalb ist der Schuldner zur Vermeidung eines Schuldvorwurfs zunächst gehalten, sich bei einer schwierigen oder unübersichtlichen Sach- oder Rechtslage zu erkundigen. Er hat die Sach- und Rechtslage mit verkehrsüblicher Sorgfalt zu überprüfen. Bleiben danach begründete Zweifel, so werden die Obliegenheiten des Schuldners durch Zumutbarkeitsgesichtspunkte begrenzt. Der Schuldner ist zur Hinterlegung berechtigt, wenn es dem Schuldner nach verständigem Ermessen nicht zugemutet werden kann, den Zweifel auf seine Gefahr hin auszuräumen (BGHZ 7, 302; NJW-RR 05, 712). Was vom Schuldner zu erwarten ist, hängt von den Umständen ab. Zu berücksichtigen sind zunächst die Kenntnisse und Möglichkeiten des Schuldners. Handelt es sich um ein Unternehmen mit einer eigenen Rechtsabteilung, so ist er in jedem Fall verpflichtet, diese einzuschalten (BGH NJW 03, 1809). Dementspr ist anzuerkennen, dass sich der Schuldner auf eingeholten Rechtsrat (wenn dieser die Rechtslage als unklar bezeichnet) prinzipiell verlassen darf. Ferner kommt es noch auf die Ursache der Unklarheit an. Für die Annahme einer begrenzten Klärungspflicht spricht es, wenn die Unsicherheit durch den Gläubiger, etwa durch eine unklare Abtretung (BGHZ 145, 352; NJW 97, 1501; NJW-RR 04, 656; NJW-RR 05, 712) oder unklare Vertragsdokumente aus der Gläubigersphäre (BGH NJW-RR 04, 656), verursacht wurde. Auch die Komplexität der zu beantwortenden Rechtsfragen kann von Bedeutung sein (BGH NJW 97, 1501). Zu berücksichtigen ist schließlich, dass dem Schuldner nicht die Erkenntnismöglichkeiten eines Gerichts zur Verfügung stehen (BGH NJW-RR 05, 712). Ein Notar muss die Rechtslage idR klären und ist daher allenfalls ausnahmsweise zur Hinterlegung befugt (Hamm DNotZ 83, 61).

18 Im Falle des **prozessualen Prätendentenstreits** sieht § 75 ZPO ein Hinterlegungsrecht vor. Ob dort ein eigenständiges, von den Voraussetzungen des § 372 unabhängiges Hinterlegungsrecht begründet oder nur ein möglicher Anwendungsfall des § 372 umschrieben wird, ist nach dem Wortlaut der Vorschrift unklar und demgemäß umstr (offen lassend BGH NJW 97, 1501). Die prozessuale Sondersituation rechtfertigt indes eine Einordnung als selbständiges Hinterlegungsrecht.

Bei **Mehrfachpfändung** einer Geldforderung ordnet § 853 ZPO ein Recht – und auf Verlangen eines beitreibenden Gläubigers eine Pflicht – des Drittschuldners zur Hinterlegung an. Sie hat bei dem AG zu erfolgen, dessen Beschl zuerst zugestellt wurde. Die Hinterlegung hat schuldbefreiende Wirkung nach § 378 ggü denjenigen Gläubigern, die in der Anzeige des Schuldners nach § 853 ZPO genannt wurden (Köln OLGR 98, 38). Beim Zusammentreffen von Abtretung und Pfändung gilt § 372. 19

III. Weitere Gründe aus der Gläubigersphäre. Hierunter fallen Geschäftsunfähigkeit (auch beschränkte Geschäftsfähigkeit, wenn ein Vertreter fehlt), ein unbekannter Aufenthalt oder Verschollenheit (Frankf NJW-RR 88, 681), sofern sie objektiv zu einer Unsicherheit über den möglichen Erfüllungserfolg führen. 20

IV. Hinterlegungsvereinbarung. Die §§ 372 ff enthalten, soweit sie materiell-rechtlicher Natur sind, **dispositives Recht**. Diese Dispositionsbefugnis kommt auch in der in § 376 II Nr 2 geregelten Möglichkeit des Gläubigers zum Ausdruck, eine unberechtigte Hinterlegung anzunehmen und dadurch rechtmäßig werden zu lassen. Die Parteien können deshalb eine Hinterlegungsbefugnis des Schuldners vereinbaren (BGH NJW 93, 55). 21

D. Hinterlegung für den Gläubiger. Rechtsfolge des § 372 ist es, dass der **Schuldner zur Hinterlegung berechtigt** ist. Die Hinterlegung muss für den Gläubiger erfolgen. An der Wirksamkeit der Hinterlegung ändert sich nichts, wenn der Schuldner beim Prätendentenstreit für den Kreis der möglichen berechtigten Empfänger neben den in Betracht kommenden Gläubigern eine weitere Person benennt, die ersichtlich nicht (mehr) Gläubiger sein kann (BGH NJW-RR 05, 712). Ausreichend ist, dass der berechtigte Gläubiger auch unter den Benannten ist. Auch die spätere Benennung weiterer Gläubiger ist zulässig (BGH NJW 60, 1003). Zur Hinterlegung ist auch der Insolvenzverwalter zugunsten der um eine auf eine Forderung entfallende Quote streitenden Gläubiger berechtigt (BGH NJW 97, 1014). 22

Durch die Hinterlegung erlangt der vom Schuldner benannte Gläubiger ohne Rücksicht auf seine tatsächliche Berechtigung die Stellung eines Verfahrensbeteiligten. Die Hinterlegung ist kein **Anerkenntnis** und ändert die Beweislast für die Forderungsberechtigung jedenfalls nicht ohne weiteres (Dresd WiB 97, 200 – LS). Allerdings kann ein Anerkenntnis in der Hinterlegungsanzeige nach § 374 II liegen. Ist die Forderung zugunsten mehrerer Forderungsprätendenten hinterlegt, so steht dem wirklichen Rechtsinhaber gegen den anderen Prätendenten ein **Anspruch aus § 812 I 1 Fall 2** auf Einwilligung in die Auszahlung zu, denn letzterer hat durch das vom Schuldner gewählte Vorgehen auf Kosten des wahren Gläubigers rechtsgrundlos die Stellung eines Hinterlegungsbeteiligten erlangt (BGHZ 35, 165; 109, 240; WM 80, 1383). Ein Bereicherungsanspruch besteht auch dann, wenn – etwa wegen der rechtlichen Verschiedenheit der von beiden Prätendenten geltend gemachten Ansprüche – kein Hinterlegungsgrund gem § 372 2 vorliegt (BGH NJW 00, 291). Für das Bestehen dieses bereicherungsrechtlichen Anspruchs ist die Gläubigerstellung ggü dem hinterlegenden Schuldner und nicht das Innenverhältnis zwischen den Prätendenten maßgebend (BGH NJW-RR 97, 495; NJW 00, 291). 23

Dem Gläubiger steht gegen die Hinterlegungsstelle ein öffentlich-rechtlicher **Anspruch auf Herausgabe der Hinterlegungsmasse** zu, wobei die Herausgabe aufgrund einer Verfügung der Hinterlegungsstelle auf Antrag erfolgt (§ 12 HintO). Hierzu muss das Rücknahmerecht des Schuldners nach § 376 II ausgeschlossen und der Nachweis der Empfangsberechtigung nach Maßgabe der §§ 13 ff HintO erbracht sein. Für den Anspruch auf Hinterlegungszinsen bedarf es keines gesonderten Nachweises, soweit die Herausgabevoraussetzungen für die Hinterlegungsmasse selbst vorliegen (Köln OLGR 97, 289). 24

E. Maßgaben nach der Hinterlegungsordnung. Die verfahrensrechtliche und justizverwaltungsrechtliche Seite der Hinterlegung ist in der HintO vom 10.3.37 geregelt. Zweck des hiernach begründeten **öffentlich-rechtlichen Rechtsverhältnisses** (Rn 26) ist es, die Rechte aller Beteiligten, so wie sie bei der Hinterlegung bestanden oder nach den Bestimmungen des Hinterlegers zukünftig bestehen sollen, durch Einschaltung des Staates als Rechtswahrer zu sichern (BGHZ 95, 109, 114). 25

Zuständig für Hinterlegungsgeschäfte sind nach § 1 HintO die **Amtsgerichte** als Hinterlegungsstellen und die **Justizverwaltungskasse**n als Hinterlegungskassen. § 5 HintO ordnet in Übereinstimmung mit § 372 an, dass zur Hinterlegung Geld, Wertpapiere, sonstige Urkunden sowie Kostbarkeiten angenommen werden. Durch die Hinterlegung wird eine öffentlich-rechtliche (justizverwaltungsrechtliche) Rechtsbeziehung zwischen der Hinterlegungsstelle und den Beteiligten des Hinterlegungsverfahrens (Schuldner und Gläubiger) begründet. 26

Hinsichtlich des zivilrechtlichen Schicksals des hinterlegten Gegenstands ist zu unterscheiden: **Gesetzliche und gesetzlich zugelassene Zahlungsmittel** gehen mit der Hinterlegung in Staatseigentum über (§ 7 I HintO). Andere Zahlungsmittel werden nach § 7 II HintO unverändert aufbewahrt. Sie können mit Zustimmung der Verfahrensbeteiligten in gesetzliche oder gesetzlich zugelassene Zahlungsmittel umgewechselt werden. Diese gehen dann in Staatseigentum über. Demgegenüber werden Wertpapiere, sonstige Urkunden sowie Kostbarkeiten unverändert aufbewahrt (§ 9 I). Die **Eigentumsverhältnisse** bleiben also bei diesen Gegenständen von der Hinterlegung unbeeinflusst. In Staatseigentum übergegangenes Geld wird nach Maßgabe des § 8 HintO **verzinst**. Die Zinsen werden nach Kalendermonaten berechnet. Ihr Lauf beginnt mit dem ersten Tag des auf die Einzahlung folgenden Monats. Er endet mit dem Ablauf des der Auszahlungsverfügung vorhergehenden Monats. Fällig werden die Zinsen mit Ablauf des Kalenderjahres oder, wenn das Geld vorher herausgegeben wird, mit der Heraus- 27 gabe. Beträge unter 50 € sowie Cent-Beträge werden nicht verzinst. Auch Zinseszinsen werden nicht berechnet. Bei Wertpapieren übernimmt die Hinterlegungsstelle iRd in § 10 HintO genannten Voraussetzungen und Grenzen eine **Geschäftsbesorgungsfunktion**, zu der die Einlösung fälliger oder der Umtausch und die Abstempelung aufgerufener Wertpapiere, die Einlösung fälliger Zins- und Gewinnanteilscheine oder die Beschaffung von neuen Zins- und Gewinnanteilscheinen sowie hierzu herausgegebenen Erneuerungsscheinen gehören. Die **Herausgabe** an einen Berechtigten bedarf in verfahrensrechtlicher Hinsicht einer Verfügung der Hinterlegungsstelle. Hierzu muss die Berechtigung des Empfängers nachgewiesen werden, und zwar entweder durch ein den Anforderungen der §§ 13, 14 HintO entspr Anerkenntnis oder die Vorlage einer rechtskräftigen Entscheidung mit Wirkung gegen die Beteiligten. Eine Aufrechnung ist der Hinterlegungsstelle aufgrund ihrer treuhänderischen Funktion nicht gestattet (BGHZ 95, 109, 114). In verfahrensrechtlicher Hinsicht ist ein Antrag des Empfängers notwendig. Der Hinterleger ist demgegenüber zur Rücknahme nach § 376 berechtigt.

§ 373 Zug-um-Zug-Leistung. Ist der Schuldner nur gegen eine Leistung des Gläubigers zu leisten verpflichtet, so kann er das Recht des Gläubigers zum Empfang der hinterlegten Sache von der Bewirkung der Gegenleistung abhängig machen.

1   Die Hinterlegung ist ihrem Zweck als Erfüllungssurrogat nach darauf ausgerichtet, die Parteien möglichst nicht anders zu behandeln als im Falle der Erfüllung. § 373 dient diesem Ziel in den Fällen der **Zug-um-Zug-Leistung** und soll eine Schlechterstellung des Schuldners verhindern. Der Schuldner kann daher den Hinterlegungsantrag mit der Bedingung versehen, dass die Empfangsberechtigung des Gläubigers nur besteht, wenn dieser die Gegenleistung bewirkt hat. Diese Wirkung des § 373 greift nicht schon kraft Gesetzes ein. Der Schuldner muss seinen Hinterlegungsantrag entspr fassen. Die Befugnis zur Beschränkung der Empfangsberechtigung ist als Minus im Rücknahmerecht des § 376 enthalten. Diese Befugnis besteht daher auch nachträglich, sofern das Rücknahmerecht nicht nach § 376 II erloschen ist.

2   § 373 setzt voraus, dass der Schuldner nur gegen eine Leistung des Gläubigers seinerseits leisten muss. Dem auf Sicherung des Zurückbehaltungsrechts zielenden Zweck der entspr Vorschrift erfasst sie neben den Fällen des § 320 auch die Fälle eines **Zurückbehaltungsrechts** des Schuldners nach § 273 oder nach § 369 HGB, auch wenn das Zurückbehaltungsrecht nur wegen einer Nebenleistungspflicht des Gläubigers besteht.

3   **Andere Vorbehalte** sind grds unzulässig. Die Hinterlegungsstelle weist den Hinterlegungsantrag zurück; unterlässt sie dies, ist sie allerdings zur Beachtung verpflichtet. Anderes wird für Bedingungen oder Vorbehalte angenommen, die dem Inhalt des Schuldverhältnisses entsprechen, und für den Vorbehalt des Bestehens der Forderung. Dieser Vorbehalt schließt allerdings, wie bei der Leistung unter Vorbehalt des Bestehens, die Erfüllungswirkung (§§ 378, 379) aus (Staud/*Olzen* Rz 3 f).

4   Das Hinterlegungsrecht des Schuldners ergibt sich bereits aus § 372. Die Hinterlegungsstelle braucht die Berechtigung zur Beifügung einer Bedingung daher nicht nachzuprüfen. Die **unmittelbare Rechtsfolge** des § 373 besteht darin, dass der Schuldner zur Beifügung einer Bedingung bei der Hinterlegung berechtigt ist, ohne dass dies eine etwaige Erfüllungswirkung der Hinterlegung beeinträchtigt. Mittelbar bewirkt § 373, dass der Gläubiger die hinterlegte Sache oder Geldsumme nur unter der Bedingung der Erbringung der Gegenleistung erhält. Obschon der Gläubiger damit die Gegenleistung erbringen muss, bevor er die Leistung erhält, führt § 373 nicht etwa zu einer indirekten Vorleistungspflicht des Gläubigers. Der Schuldner hat die Leistungshandlung vollständig vorgenommen; der Gläubiger ist hinreichend durch seinen Auskehrungsanspruch gegen die Hinterlegungsstelle gesichert.

5   Die nach § 373 erforderliche Gegenleistung muss der Hinterlegungsstelle **nachgewiesen** werden. Maßgebend sind §§ 13, 14 HintO. Dem Gläubiger kann nach Erbringung der Gegenleistung das Recht aus § 380 zustehen.

§ 374 Hinterlegungsort; Anzeigepflicht. (1) Die Hinterlegung hat bei der Hinterlegungsstelle des Leistungsorts zu erfolgen; hinterlegt der Schuldner bei einer anderen Stelle, so hat er dem Gläubiger den daraus entstehenden Schaden zu ersetzen.
(2) ¹Der Schuldner hat dem Gläubiger die Hinterlegung unverzüglich anzuzeigen; im Falle der Unterlassung ist er zum Schadensersatz verpflichtet. ²Die Anzeige darf unterbleiben, wenn sie untunlich ist.

1   **A. Hinterlegung am Leistungsort.** Der Leistungsort ist derjenige Ort, an dem der Schuldner die Leistungshandlung vornehmen muss, grds also der Wohnort des Schuldners (§ 269). Für qualifizierte Schickschulden, zu denen nach § 270 insb **Geldschulden** zählen, liegt zwar der Leistungsort ebenfalls am Schuldnerwohnsitz. Doch muss der Schuldner das Geld auf seine Kosten und Gefahr dem Gläubiger übermitteln. Deshalb muss die das gesamte Hinterlegungsrecht prägende Wertung durchschlagen, dass die Hinterlegungsmöglichkeit keine Partei bevorzugen oder benachteiligen soll. Für qualifizierte Schickschulden ist also gegen den Wortlaut auf den Erfolgsort abzustellen (Staud/*Olzen* Rz 3; sehr str, aA MüKo/*Wenzel* Rz 1).

2   **Die Hinterlegung an anderer Stelle** ist wirksam und entfaltet insb die Wirkungen der §§ 378, 379. Der Schuldner muss aber, soweit ein Schaden entsteht, **Schadensersatz** leisten. Der Anspruch erfasst insb den erhöhten Aufwand des Gläubigers. Auf ein Verschulden des Schuldners kommt es nicht an.

B. Anzeigepflicht. Die **Anzeige** ist keine Wirksamkeitsvoraussetzung für die Hinterlegung. Sie kann formfrei 3
erfolgen. Die Anzeige ist nicht auf Herbeiführung von Rechtsfolgen gerichtet und damit kein Rechtsgeschäft
(aA JPKZ/*Habermeier* Rz 4; Staud/*Olzen* Rz 6). Sie stellt aber eine geschäftsähnliche Handlung dar. Sie kann
ferner als Anerkenntnis iSd § 212 I Nr 1 zu werten sein. Bei mehreren Forderungsprätendenten ist eine
Anzeige ggü allen erforderlich. Untunlich ist die Anzeige, wenn die Erfüllung der Anzeigepflicht unverhältnismäßige Schwierigkeiten bereitet, namentlich wenn die Anschrift des Gläubigers nicht zu ermitteln ist.
Die **Rechtsfolge** einer Verletzung der Anzeigepflicht liegt in der Begründung eines **Schadensersatzanspruchs** 4
nach § 374 II 1 Hs 2. Die Erfüllungswirkung des § 378 bleibt von einer Verletzung unberührt (AG Worms
DGVZ 97, 60).

§ 375 Rückwirkung bei Postübersendung. Ist die hinterlegte Sache der Hinterlegungsstelle durch die Post übersendet worden, so wirkt die Hinterlegung auf die Zeit der Aufgabe der Sache zur Post zurück.

Bei Übersendung an die Hinterlegungsstelle durch die Post wirkt die Hinterlegung auf den Zeitpunkt der 1
Aufgabe zur Post zurück. Die **Rückwirkung** tritt nur ein, wenn die Hinterlegung tatsächlich erfolgt. Die
Gefahr des zufälligen Untergangs trägt der Schuldner, soweit sich nicht aus dem Gesetz etwas anderes ergibt.
Das Verzögerungsrisiko trägt nach § 375 der Gläubiger.
Die Vorschrift gilt dem Wortlaut nach für die Aufgabe zur **Post**. Daran ist im Bereich des Postmonopols fest- 2
zuhalten. Sonst stehen andere Zustelldienste der Post gleich.

§ 376 Rücknahmerecht. (1) Der Schuldner hat das Recht, die hinterlegte Sache zurückzunehmen.
(2) Die Rücknahme ist ausgeschlossen:
1. wenn der Schuldner der Hinterlegungsstelle erklärt, dass er auf das Recht zur Rücknahme verzichte,
2. wenn der Gläubiger der Hinterlegungsstelle die Annahme erklärt,
3. wenn der Hinterlegungsstelle ein zwischen dem Gläubiger und dem Schuldner ergangenes rechtskräftiges Urteil vorgelegt wird, das die Hinterlegung für rechtmäßig erklärt.

A. Rücknahmerecht. Der Hinterleger kann die Hinterlegungsmasse jederzeit zurücknehmen, soweit das 1
Rücknahmerecht nicht nach II erloschen ist. Eines Nachweises seiner Empfangsberechtigung bedarf es dann
grds nicht. Seiner Rechtsnatur nach ist das Rücknahmerecht ein **Gestaltungsrecht**, das durch Erklärung ggü
der Hinterlegungsstelle ausgeübt wird. Das öffentlich-rechtliche Hinterlegungsrechtsverhältnis wird in ein Abwicklungsrechtsverhältnis umgestaltet und ein von den dinglichen Rechtsverhältnissen unabhängiger öffentlichrechtlicher Herausgabeanspruch des Schuldners gegen die Hinterlegungsstelle begründet. Solange das Rücknahmerecht besteht, tritt die Erfüllungswirkung nach § 378 nicht ein. Der Schuldner kann aber das Leistungsverweigerungsrecht nach § 379 geltend machen. Die Rechtsfolgen der Rücknahme regelt § 379 III.

B. Ausschluss der Rücknahme. I. Voraussetzungen. 1. Verzicht. Der Verzicht ist eine empfangsbedürftige 2
Willenserklärung des Schuldners ggü der Hinterlegungsstelle. Er ist unwirksam, wenn ein Verfügungsverbot
nach §§ 135, 136 eingreift (München OLGR 97, 183). Eine nachträgliche Verzichtserklärung ist möglich
(Naumbg OLGR 08, 455).

2. Annahme durch den Gläubiger. Die Annahme ist eine empfangsbedürftige **Willenserklärung** des Gläubi- 3
gers ggü der Hinterlegungsstelle. Bei mehreren Gläubigern reicht die Annahme durch einen von ihnen, weil
die Empfangsberechtigung alsdann zwischen den Gläubigern zu klären ist und damit das Beteiligungsinteresse des Schuldners erlischt. Der Gläubiger kann auch im Falle einer unberechtigten Hinterlegung die Hinterlegung annehmen. Damit wird die Hinterlegung nachträglich mit einem Hinterlegungsgrund unterlegt
und, falls es an diesem fehlte, rechtmäßig (BGH NJW 93, 55).

3. Rechtskräftiges Urteil. Das Urt muss die Hinterlegung für rechtmäßig erklären. Dementspr kann es sich 4
um ein Feststellungs- oder Zwischenfeststellungsurteil handeln. Auch eine inzidente Feststellung der Rechtmäßigkeit reicht aus, wenn der Schuldner mit der Einrede des § 379 ggü der Leistungsklage eines Gläubigers
durchdringt. Da § 376 II nur das Ausscheiden des Schuldners aus dem Hinterlegungsverfahren im Blick hat,
reicht es aus, wenn die Hinterlegung im Verhältnis zu mindestens einem Gläubiger rechtmäßig und geeignet
zur Herbeiführung der Erfüllungswirkung des § 378 ist. Deshalb ist ein Urt in einem Verfahren zwischen
einem Schuldner und einem von ggf mehreren Gläubigern erforderlich, aber auch ausreichend. Ein Urt in
einem Prätendentenstreit genügt nicht, weil der Schuldner hieran nicht beteiligt ist. Schuldner und Gläubiger
können in diesem Fall nach Nr 1 oder Nr 2 vorgehen. Die Rechtmäßigkeit der Hinterlegung ist zu unterscheiden von der Empfangsberechtigung, für deren Nachweis der Empfänger eine gegen alle (verbleibenden)
Beteiligten wirkende rechtskräftige Entscheidung benötigt (§ 13 II Nr 2 HintO).

II. Wirkungen des Ausschlusses. Durch den Ausschluss des Rücknahmerechts endet grds die **Verfahrensbe-** 5
teiligung des Schuldners. Sein Gestaltungsrecht nach § 376 I erlischt. Er scheidet aus dem Kreis der nach

§§ 12 ff HintO Empfangsberechtigten aus. Allerdings bleibt der Schuldner auch nach einem Rücknahmeverzicht befugt, weitere Empfangsberechtigte zu benennen (BGH NJW 60, 1003). Außerdem kann der Schuldner die Einhaltung einer etwaigen Bedingung nach § 373 verlangen. Spätestens mit der Annahme der Hinterlegung erwirbt der Gläubiger mittelbaren Besitz an einem hinterlegten Gegenstand; die Hinterlegungsstelle ist Besitzmittler (RGZ 135, 271, 274).

§ 377 Unpfändbarkeit des Rücknahmerechts. (1) Das Recht zur Rücknahme ist der Pfändung nicht unterworfen.
(2) Wird über das Vermögen des Schuldners das Insolvenzverfahren eröffnet, so kann während des Insolvenzverfahrens das Recht zur Rücknahme auch nicht von dem Schuldner ausgeübt werden.

1 Das **Rücknahmerecht** ist als Gestaltungsrecht (§ 376 Rn 1) unpfändbar und damit nicht abtretbar (§§ 400, 413). Damit soll verhindert werden, dass Gläubiger die Erfüllungswirkung der Hinterlegung beeinträchtigen können, ohne dass die Voraussetzungen der Gläubigeranfechtung vorliegen. Vom Rücknahmerecht als Gestaltungsrecht zu unterscheiden ist der öffentlich-rechtliche Herausgabeanspruch. Dieser entsteht, wenn der Schuldner das Rücknahmerecht ausgeübt hat, und er ist der Pfändung unterworfen. Gleiches gilt für einen etwaigen Anspruch aus § 812 I, wenn der Gläubiger die Hinterlegungsmasse erlangt hat, ohne dass eine Forderung bestand.

2 Das Rücknahmerecht fällt als unpfändbares Recht **nicht in die Insolvenzmasse** (§ 36 InsO) und unterliegt nicht der Verwaltungsbefugnis des Insolvenzverwalters (§ 80 InsO). Deshalb ordnet § 377 II an, dass auch der Schuldner das Rücknahmerecht während des Insolvenzverfahrens nicht ausüben kann. Auf diese Weise wird sichergestellt, dass die hinterlegungsbeteiligten Gläubiger empfangsberechtigt bleiben. Das Recht zur Insolvenzanfechtung bleibt aber unberührt. Die Ausübungssperre des II gilt nur für die Ausübung des Rücknahmerechts. Ein Rücknahmeverzicht (§ 376 II Nr 1) bleibt hiervon unberührt, zumal er nur zu einer Verbesserung der Gläubigerrechtsstellung führt und im Verhältnis zu den Insolvenzgläubigern die Regeln der Insolvenzanfechtung maßgebend werden lässt. Ohnehin unberührt bleibt die Annahmebefugnis des Gläubigers nach § 376 II Nr 2.

§ 378 Wirkung der Hinterlegung bei ausgeschlossener Rücknahme. Ist die Rücknahme der hinterlegten Sache ausgeschlossen, so wird der Schuldner durch die Hinterlegung von seiner Verbindlichkeit in gleicher Weise befreit, wie wenn er zur Zeit der Hinterlegung an den Gläubiger geleistet hätte.

1 **A. Überblick.** Nach § 378 wirkt die berechtigte Hinterlegung als **Erfüllungssurrogat**, sobald die Rücknahme gem § 376 ausgeschlossen ist (BGH BB 62, 3). § 378 regelt (mit §§ 372, 376) die Voraussetzungen, aber auch weitere Rechtsfolgen dieser Wirkung.

2 **B. Hinterlegung unter Rücknahmeausschluss. I. Hinterlegung.** Es muss eine Hinterlegung iSd § 372 vorliegen. Die Hinterlegung auf einem Notaranderkonto ist keine Hinterlegung idS, s. § 372 Rn 5.

3 Die Hinterlegung muss **rechtmäßig** erfolgen. Sie muss also die Hinterlegungsvoraussetzungen des § 372 erfüllen (BGH NJW-RR 05, 712). Es muss sich um einen zur Hinterlegung geeigneten Gegenstand handeln. Ferner muss ein Hinterlegungsfall vorliegen. Die Hinterlegung muss schließlich für den Gläubiger erfolgen (zum Ganzen § 372 Rn 8 ff).

4 **II. Rücknahmeausschluss.** Die Wirkung als Erfüllungssurrogat tritt ein, wenn die Rücknahme nach § 376 II ausgeschlossen ist (BGH NJW-RR 05, 712).

5 **C. Erfüllungswirkung.** Die rechtmäßige Hinterlegung befreit den Schuldner **wie eine Erfüllung** von der Verbindlichkeit, sobald die Rücknahme ausgeschlossen ist (BGHZ 145, 352; NJW-RR 05, 712). Die Befreiung des Schuldners tritt „in gleicher Weise" wie bei einer Erfüllung ein. Sie tritt somit ggü demjenigen ein, der sich als der wahre Gläubiger herausstellt (BGH BB 62, 3), sofern dieser Empfangsberechtigter ist. Für die Erfüllung geltenden Maßgaben, die sich etwa aus Treu und Glauben ergeben, gelten grds auch für die Erfüllungswirkung der Hinterlegung (BGH BB 62, 3). Die im Moment des Rücknahmeausschlusses herbeigeführte Erfüllung wirkt zurück auf den Zeitpunkt der Hinterlegung, im Falle des § 375 auf den Zeitpunkt der Aufgabe zur Post. Bei zulässiger nachträglicher Benennung des wahren Gläubigers tritt die Erfüllungswirkung im Zeitpunkt der Nachbenennung ein (BGH NJW-RR 89, 200). Die Hinterlegung entfaltet alle Wirkungen der Erfüllung, auch zugunsten etwaiger Sicherungsgeber. Das Verwertungsrecht des Insolvenzverwalters erstreckt sich daher nicht auf Beträge, die ein Drittschuldner vor der Verfahrenseröffnung zugunsten des Schuldners und eines Sicherungszessionars hinterlegt hat (BGH NJW-RR 06, 334). Die Beweislastumkehr des § 363 setzt *über die Erfüllung hinaus* deren Annahme durch den Gläubiger voraus. Hierfür bedarf es der Übergabe an den Gläubiger und der Billigung als Leistung.

§ 379 Wirkung der Hinterlegung bei nicht ausgeschlossener Rücknahme.
(1) Ist die Rücknahme der hinterlegten Sache nicht ausgeschlossen, so kann der Schuldner den Gläubiger auf die hinterlegte Sache verweisen.
(2) Solange die Sache hinterlegt ist, trägt der Gläubiger die Gefahr und ist der Schuldner nicht verpflichtet, Zinsen zu zahlen oder Ersatz für nicht gezogene Nutzungen zu leisten.
(3) Nimmt der Schuldner die hinterlegte Sache zurück, so gilt die Hinterlegung als nicht erfolgt.

A. Überblick und Zweck. § 379 knüpft an § 378 an. Die Vorschrift regelt die Wirkung der rechtmäßigen 1
Hinterlegung auf das Schuldverhältnis, solange noch das **Rücknahmerecht** (§ 376 I) besteht und nicht durch Ausschluss (§ 376 II) erloschen ist. Die Vorschrift setzt wie § 378 eine rechtmäßige Hinterlegung iSd § 372 voraus (RGZ 59, 14, 18).

B. Leistungsverweigerungsrecht. Das Recht des Schuldners zur Verweisung auf die Hinterlegungsmasse 2
erfordert keine empfangsbedürftige Willenserklärung, sondern begründet eine **Einrede** (RGZ 59, 14, 17). Die Ausübung des Leistungsverweigerungsrechts enthält nicht notwendig einen Ausschluss des Rücknahmerechts; der Gläubiger kann die Hinterlegung jedoch annehmen (§ 376 II Nr 1 u 2).

C. Gefahrtragung, Zins und Nutzungsersatz. I. Gefahrtragung des Gläubigers. Die Gefahrtragung meint 3
die **Gegenleistungsgefahr** (Preisgefahr); denn die Leistungsgefahr trägt der Gläubiger ohnehin nach § 275 (ggf mit 243 II) und im Falle des Annahmeverzugs nach § 300 II. Im letztgenannten Fall trägt der Gläubiger zugleich nach § 326 II stets die Gegenleistungsgefahr.

II. Verzug, Verzinsung und Nutzungen. Die nach § 379 begründete Einrede schließt bereits nach allgemei- 4
nen Grundsätzen den **Verzugseintritt** aus (vgl BGHZ 104, 6, 11). In Übereinstimmung hiermit ordnet § 379 II den Ausschluss einer Verzinsungspflicht sowie der Pflicht zur Vergütung eines Nutzungsersatzes an. Allerdings stehen dem Gläubiger im Hinblick auf die Rückwirkung einer späteren Erfüllungswirkung nach § 378 im Falle der Geldhinterlegung die Hinterlegungszinsen zu. Bei Annahmeverzug des Gläubigers ergibt sich das Nichtbestehen einer Pflicht zur Zahlung von Zinsen und Nutzungsvergütung schon aus §§ 301, 302.

D. Rechtsfolgen der Rücknahme. Im Falle der Rücknahme fallen sämtliche Wirkungen der Hinterlegung 5
rückwirkend weg. Ergibt sich aus der Hinterlegungsanzeige nach § 374 II ein Anerkenntnis, so handelt es sich allerdings nicht um eine Wirkung der Hinterlegung, die wegfallen könnte. Das Merkmal der Rücknahme wird als Anknüpfung an § 376 II Nr 1 verstanden, so dass es auf die Ausübung des Rücknahmerechts und nicht auf die tatsächliche Herausgabe durch die Hinterlegungsstelle ankommt (Palandt/*Grüneberg* Rz 4; Staud/*Olzen* Rz 13).

§ 380 Nachweis der Empfangsberechtigung.
Soweit nach den für die Hinterlegungsstelle geltenden Bestimmungen zum Nachweis der Empfangsberechtigung des Gläubigers eine diese Berechtigung anerkennende Erklärung des Schuldners erforderlich oder genügend ist, kann der Gläubiger von dem Schuldner die Abgabe der Erklärung unter denselben Voraussetzungen verlangen, unter denen er die Leistung zu fordern berechtigt sein würde, wenn die Hinterlegung nicht erfolgt wäre.

A. Fallgestaltungen. I. Rücknahmerecht ausgeschlossen. Nach § 13 I Nr 1 HintO kann der Gläubiger seine 1
Empfangsberechtigung durch ein **Anerkenntnis** der anderen Beteiligten des Hinterlegungsverfahrens nachweisen. Allerdings endet die Verfahrensbeteiligung des Schuldners mit dem Ausschluss des Rücknahmerechts, also insb mit einem Rücknahmeverzicht oder mit einer Annahme der Hinterlegungsmasse durch den Gläubiger (§ 376 II Nr 1 u 2). Ein Anerkenntnis ist dann weder erforderlich noch hinreichend, um die Herausgabe an den Gläubiger zu erreichen. Anders liegt es, wenn der Schuldner die Berechtigung des Gläubigers nachträglich bestreitet oder die Berechtigung sonst zweifelhaft geworden ist (RGZ 87, 375, 382).

II. Rücknahmerecht besteht noch. Solange das **Rücknahmerecht** noch besteht (§ 376 I), ist der Schuldner 2
noch Verfahrensbeteiligter. § 381 gibt dem Gläubiger in diesem Fall einen Anspruch gegen den Schuldner auf Erteilung einer seine Berechtigung anerkennenden Erklärung. In der Geltendmachung des Herausgabeanspruchs liegt allerdings idR zugleich die Annahme der Hinterlegung durch den Gläubiger, die das Rücknahmerecht zum Erlöschen bringt (§ 376 II Nr 2).

III. Abhängigkeit von einer Gegenleistung. In den Fällen der Abhängigkeit der Herausgabe von einer 3
Gegenleistung (§ 373) muss der Gläubiger ggü der Hinterlegungsstelle den Nachweis führen, die Gegenleistung erbracht zu haben. Hauptsächlich für diesen Fall ist § 380 bedeutsam.

B. Voraussetzungen des Anerkenntnisanspruchs. Der Anspruch besteht unter denselben Voraussetzungen, 4
unter denen – ohne Hinterlegung – ein **Leistungsanspruch** bestünde, in den Fällen der §§ 373, 320 also Zug um Zug gegen die Erbringung der Gegenleistung. IE hängt der Anspruch davon ab, dass erstens der Anspruchsteller Gläubiger ist, zweitens der Anspruch – die Hinterlegung weggedacht – vollwirksam, insb einredefrei ist und drittens ggf Bedingungen der Hinterlegungsstelle (insb im Hinblick auf § 373) erbracht sind

§ 381 Kosten der Hinterlegung

(RGZ 87, 374, 377). Die Klage ist auf Abgabe der Erklärung zu richten, dass der Schuldner die Empfangsberechtigung des Gläubigers anerkenne oder in die Herausgabe der Hinterlegungsmasse an den Gläubiger einwillige (RGZ 87, 374, 377 f).

§ 381 Kosten der Hinterlegung. Die Kosten der Hinterlegung fallen dem Gläubiger zur Last, sofern nicht der Schuldner die hinterlegte Sache zurücknimmt.

1 Die Vorschrift regelt die Kostentragungspflicht im Verhältnis der Parteien untereinander. Sie beruht auf der Erwägung, dass ein Hinterlegungsrecht in Fällen besteht, in denen sich ein Leistungshindernis aus der **Sphäre** des Gläubigers ergibt. Demgemäß gilt sie nur für die Hinterlegung, deren Rechtmäßigkeit sich aus dem Gesetz oder aus einer Vereinbarung oder Annahme des Gläubigers ergibt.

2 Im Falle der **Rücknahme** würde die Unanwendbarkeit des § 381 ohnehin aus § 379 III folgen. Bei **Annahmeverzug** des Gläubigers ergibt sich seine Kostentragungspflicht schon aus § 304. Die Kostentragungspflicht ggü der **Hinterlegungsstelle** und die Kosten der Hinterlegung bestimmen sich nach den maßgebenden Justizverwaltungskostengesetzen der Länder.

§ 382 Erlöschen des Gläubigerrechts. Das Recht des Gläubigers auf den hinterlegten Betrag erlischt mit dem Ablauf von 30 Jahren nach dem Empfang der Anzeige von der Hinterlegung, wenn nicht der Gläubiger sich vorher bei der Hinterlegungsstelle meldet; der Schuldner ist zur Rücknahme berechtigt, auch wenn er auf das Recht zur Rücknahme verzichtet hat.

1 Die Vorschrift betrifft den öffentlich-rechtlichen Herausgabeanspruch ggü der Hinterlegungsstelle. Sie sieht eine **materiell-rechtliche Ausschlussfrist** für den Gläubiger, keine bloße Verjährungsfrist vor. Die Verjährungsvorschriften sind nicht, auch nicht analog, anwendbar. Die Regelung gilt entgegen dem Wortlaut „Betrag" als anwendbar auch auf die Hinterlegung von anderen Gegenständen als Geld (Soergel/*Zeiss* Rz 1).
2 Die **Frist** beginnt mit dem Empfang der Anzeige von der Hinterlegung an den Gläubiger, § 374 II. Ist die Anzeige nach dieser Vorschrift untunlich und ist sie deshalb unterblieben, so beginnt sie mit der Hinterlegung (arg ex § 19 II Nr 1 HintO; KG Rpfleger 08, 478). Unterbleibt die Anzeige irrtümlich oder wegen Schwierigkeiten infolge der Ungewissheit über die Person des Gläubigers, so kann der Schuldner den Fristlauf durch Nachholung der Anzeige auslösen (RGZ 87, 375, 381).
3 Zur **Hinderung des Fristablaufs** muss sich der Gläubiger bei der Hinterlegungsstelle „melden", also seine **Empfangsberechtigung anzeigen**, nicht jedoch begründen oder nachweisen.
4 Der **Herausgabeanspruch des Schuldners** lebt nach Hs 2 wieder auf, wenn die Frist verstrichen ist (RGZ 87, 375, 381). Ein Bereicherungsanspruch des Gläubigers gegen den Schuldner ist mit dem Zuweisungsgehalt der Vorschrift im Interesse endgültiger Rechtsklarheit nicht vereinbar. Der Schuldner muss nach § 19 I HintO innerhalb eines Zeitraums von insgesamt 31 Jahren nach Fristbeginn, also innerhalb eines weiteren Jahres, einen begründeten Antrag auf Rückgabe stellen. Anschließend verfällt die Hinterlegungsmasse nach § 23 HintO zugunsten des Staates.

§ 383 Versteigerung hinterlegungsunfähiger Sachen. (1) ¹Ist die geschuldete bewegliche Sache zur Hinterlegung nicht geeignet, so kann der Schuldner sie im Falle des Verzugs des Gläubigers am Leistungsort versteigern lassen und den Erlös hinterlegen. ²Das Gleiche gilt in den Fällen des § 372 Satz 2, wenn der Verderb der Sache zu besorgen oder die Aufbewahrung mit unverhältnismäßigen Kosten verbunden ist.
(2) Ist von der Versteigerung am Leistungsort ein angemessener Erfolg nicht zu erwarten, so ist die Sache an einem geeigneten anderen Orte zu versteigern.
(3) ¹Die Versteigerung hat durch einen für den Versteigerungsort bestellten Gerichtsvollzieher oder zu Versteigerungen befugten anderen Beamten oder öffentlich angestellten Versteigerer öffentlich zu erfolgen (öffentliche Versteigerung). ²Zeit und Ort der Versteigerung sind unter allgemeiner Bezeichnung der Sache öffentlich bekannt zu machen.
(4) Die Vorschriften der Absätze 1 bis 3 gelten nicht für eingetragene Schiffe und Schiffsbauwerke.

1 **A. Erweiterte Hinterlegungsmöglichkeit. I. Sinn und Zweck.** § 383 will dem Schuldner eine **erweiterte Möglichkeit der Hinterlegung** verschaffen, obwohl die als Leistung geschuldete Sache nach § 372 zur Hinterlegung nicht geeignet ist. Zu diesem Zweck werden dem Schuldner der **Selbsthilfeverkauf** im Wege der **öffentlichen Versteigerung** und die Hinterlegung des Gelderlöses gestattet. Da hierin eine erhebliche Beeinträchtigung des Gläubigers liegt, muss diese Regelung auf Fälle mangelnder Schutzbedürftigkeit des Gläubigers oder eines überwiegenden Veräußerungsinteresses des Schuldners beschränkt bleiben.

2 **II. Voraussetzungen.** Die Versteigerungsbefugnis besteht nur für bewegliche Sachen, nicht aber für eingetragene Schiffe und Schiffsbauwerke. Sie gilt nach § 383 I 1 im Falle des Annahmeverzugs des Gläubigers (§ 372 1, §§ 293 ff) und nach § 383 I 2 bei Unsicherheit über die Person des Gläubigers (§ 373 2) sowie dann, wenn

der Verderb der Sache zu besorgen ist oder die Aufbewahrung mit unverhältnismäßigen Kosten für den Schuldner verbunden ist. Beim **Handelskauf** gilt im Falle des Annahmeverzugs des Gläubigers die erweiterte Selbsthilfeverkaufsmöglichkeit nach § 373 HGB.

Die Versteigerung hat am **Leistungsort** (vgl § 374 Rn 1 ff) zu erfolgen, es sei denn, dort ist ein angemessener **3** Erfolg nicht zu erwarten. Angemessenheit des Erfolgs ist unter Zugrundelegung eines Vergleichs mit dem möglichen Erlös an anderen Orten zu bestimmen. Mithin kommt es auf die örtlichen Marktverhältnisse an. Eine mangelnde Erlöserwartung kann insb bei Gegenständen bestehen, die am Leistungsort vielfach hergestellt oder gewonnen werden, für die aber dort keine nennenswerte Nachfrage besteht. Welcher andere Ort geeignet ist (§ 383 II), bestimmt sich nach der dort bestehenden Erlöserwartung. Kommen mehrere andere Orte in Betracht, so kann der Schuldner hieraus „einen geeigneten anderen" Ort wählen. Die Kosten des Transports sind bei der Geeignetheitsbeurteilung zu berücksichtigen.

III. Rechtsfolgen. Der Selbsthilfeverkauf ist **rechtmäßig**, wenn er den Voraussetzungen des § 383 entspricht. **4** Werden diese verletzt, so bleibt der Selbsthilfeverkauf im Falle der Verletzung bloßer Ordnungsvorschriften, etwa einer Versteigerung an einem anderen als dem Leistungsort, rechtmäßig. Der Schuldner ist aber schadensersatzpflichtig (RGZ 96, 116; 110, 268) und trägt die Beweislast, dass am richtigen Ort kein höherer Erlös hätte erzielt werden können (RGZ 110, 268, 270). Nur bei Verletzung wesentlicher Vorschriften ist der Selbsthilfeverkauf **rechtswidrig** und führt nicht zum Freiwerden nach § 378, sondern allenfalls nach § 275 I.
Die Hinterlegung des Erlöses unter Rücknahmeverzicht (§§ 376 II Nr 1, 378) führt bei rechtmäßigem Selbst- **5** hilfeverkauf zum **Erlöschen der Verbindlichkeit** (Frankf NJW-RR 88, 443; AG Hamburg NJW 90, 125). Schon die rechtmäßige Ausführung der Versteigerung soll dazu führen, dass sich der Anspruch des Gläubigers an der Sache am Erlös fortsetzt (Palandt/*Grüneberg* Rz 6). Hierfür fehlt in § 383 aber eine ausdrückliche Grundlage. Die Wohltat des Freiwerdens von der Leistungspflicht setzt deshalb die Ausführung der Erlöshinterlegung voraus. Ein vorhergehendes Freiwerden ist nicht berechtigt, weil der Schuldner die Hinterlegung selbst jederzeit vornehmen kann. Nach § 242 ist der Schuldner aber befugt, den Erlös ohne Hinterlegung, jedoch mit Erfüllungswirkung gegen den Gläubiger zur Tilgung (im Wege der Aufrechnung oder Zahlung) seiner eigenen Gegenforderung gegen den Gläubiger zu verwenden, wenn dieser mit der Erfüllung der Gegenleistungspflicht in Verzug ist (RGZ 64, 366, 374).
Die rechtswidrige Ausführung des Selbsthilfeverkaufs kann zum **Unvermögen** des Schuldners zur Leistung **6** (§ 275 I Fall 1) führen (Köln NJW-RR 95, 52). Auch bei der Ausführung der Versteigerung gilt die beim Gläubigerverzug nach § 300 I geltende Begrenzung der Haftung auf Vorsatz und grobe Fahrlässigkeit (RGZ 57, 105, 107; Köln NJW-RR 95, 52), allerdings nur, soweit es um die Haftung für den Verlust des Liefergegenstandes geht, nicht für die Verletzung von Nebenpflichten (§ 300 Rn 3). Ein Anspruch des Gläubigers auf Schadensersatz statt der Leistung aus §§ 280 I u III, 283, 275 IV besteht nur im Falle eines groben Verschuldens bei der Ausführung der Versteigerung.

B. Öffentliche Versteigerung. § 383 III definiert die öffentliche Versteigerung, auch über § 383 hinaus. Merk- **7** male der öffentlichen Versteigerung idS sind die Ausführung der Versteigerung durch eine hierzu befugte, öffentlich bestellte Person (Gerichtsvollzieher, anderer befugter Beamter oder öffentlich bestellter Versteigerer) und die Öffentlichkeit der Versteigerung selbst. Öffentlich ist eine Versteigerung, die für jedermann zugänglich ist (BGH NJW 90, 899). Es gilt § 156. Auf § 383 III verweisen etwa §§ 445, 474 I 2 (dazu BGH NJW 06, 613, str), §§ 935 II (dazu BGH NJW 90, 899), 1219 I u 1235.

§ 384 Androhung der Versteigerung.
(1) Die Versteigerung ist erst zulässig, nachdem sie dem Gläubiger angedroht worden ist; die Androhung darf unterbleiben, wenn die Sache dem Verderb ausgesetzt und mit dem Aufschub der Versteigerung Gefahr verbunden ist.
(2) Der Schuldner hat den Gläubiger von der Versteigerung unverzüglich zu benachrichtigen; im Falle der Unterlassung ist er zum Schadensersatz verpflichtet.
(3) Die Androhung und die Benachrichtigung dürfen unterbleiben, wenn sie untunlich sind.

Die **Androhung** soll dem Schuldner Gelegenheit geben, die Versteigerung noch zu verhindern und sich die **1** Sache zu erhalten. Sie hat rechtzeitig zu erfolgen und ist eine **geschäftsähnliche, empfangsbedürftige Erklärung**, die den allgemeinen Regeln über Willenserklärungen unterliegt (RGZ 94, 140, 143 zur Auslegung und Empfangsvollmacht des Adressaten). Das Erfordernis der vorherigen Androhung gilt unabhängig von der Frage, durch wen die Versteigerung durchgeführt wird (vgl AG Schopfheim DGVZ 77, 79). Eine besondere Form schreibt das Gesetz nicht vor. Die Androhung ist Voraussetzung für die Rechtmäßigkeit des Selbsthilfeverkaufs.
Die **Benachrichtigung** von der erfolgten Versteigerung ist ein Realakt, keine geschäftsähnliche Handlung **2** (Soergel/*Zeiss* Rz 2; aA Staud/*Olzen* Rz 4). Ihre Vornahme ist keine Voraussetzung für die Rechtmäßigkeit des Selbsthilfeverkaufs. Erfolgt sie nicht unverzüglich, ist der Schuldner vielmehr nach § 383 II Hs 2 zum Schadensersatz verpflichtet.

3 Androhung und Benachrichtigung sind **untunlich**, wenn sie mit unverhältnismäßigen Kosten, unzumutbaren Verzögerungen oder sonst unzumutbaren Schwierigkeiten verbunden sind, die dem Schuldner insb wegen ihrer Unverhältnismäßigkeit nicht zuzumuten sind.

§ 385 Freihändiger Verkauf.
Hat die Sache einen Börsen- oder Marktpreis, so kann der Schuldner den Verkauf aus freier Hand durch einen zu solchen Verkäufen öffentlich ermächtigten Handelsmakler oder durch eine zur öffentlichen Versteigerung befugte Person zum laufenden Preis bewirken.

1 Die Regelung greift, sofern die Sache einen Börsenpreis oder einen Marktpreis hat. Die Parteien können aber eine freihändige Verwertung auch **vereinbaren** (BGHZ 77, 139). Für das Bestehen eines Marktpreises ist es nicht ohne weiteres ausreichend, dass es sich um marktgängige Ware handelt. Vielmehr muss die Ware in so großem Umfang gehandelt werden, dass sich aus der Menge der geschlossenen Geschäfte auf einen bestimmten Marktpreis schließen lässt (RGZ 34, 117, 120).

2 Die Regelung des § 385, dass nur besonders qualifizierte Personen den Verkauf durchführen dürfen, soll sicherstellen, dass ein Gegenstand **nicht unter Preis verschleudert** und ein angemessener Erlös erzielt wird. Ein Verstoß gegen diese Vorschrift führt zur Rechtswidrigkeit des Selbsthilfeverkaufs. Dies vereitelt nicht nur die Erfüllungswirkung, sondern kann zudem einen Schadensersatzanspruch des Schuldners nach §§ 280 I, 283, 275 I u IV auslösen. Allerdings kommt dem Schuldner bei Annahmeverzug des Gläubigers die Haftungsbegrenzung auf grobes Verschulden nach § 300 I zugute, soweit es um den Ersatz für den Verlust oder teilweisen Verlust (Beschädigung) der Sache geht (Köln NJW-RR 95, 52). Die Veräußerung muss zum laufenden Preis, also zu dem am Ort und zur Zeit des Verkaufs geltenden Börsenpreis oder durchschnittlichen Marktpreis erfolgen.

§ 386 Kosten der Versteigerung.
Die Kosten der Versteigerung oder des nach § 385 erfolgten Verkaufs fallen dem Gläubiger zur Last, sofern nicht der Schuldner den hinterlegten Erlös zurücknimmt.

1 Es handelt sich um eine **Parallelregelung zu § 381**, so dass dorthin zu verweisen ist. Zu den Kosten der Verwertung zählen auch das Honorar des eingeschalteten Maklers oder Versteigerers und ferner die bei einer Veräußerung auf die Lieferung entfallende **Umsatzsteuer** (vgl BGHZ 77, 139, 147).

Titel 3 Aufrechnung

§ 387 Voraussetzungen.
Schulden zwei Personen einander Leistungen, die ihrem Gegenstand nach gleichartig sind, so kann jeder Teil seine Forderung gegen die Forderung des anderen Teils aufrechnen, sobald er die ihm gebührende Leistung fordern und die ihm obliegende Leistung bewirken kann.

1 **A. Aufrechnung als Erfüllungssurrogat. I. Grundlagen.** Die Aufrechnung ist ihrer Rechtsnatur nach ein **schuldrechtliches Gestaltungsgeschäft** und ihrer Wirkung nach ein **Erfüllungssurrogat**. Sie ist nach dem BGB dadurch gekennzeichnet, dass sie erstens ein materiell-rechtliches und (obschon die Ausübung im Prozess möglich ist) nicht nur – wie in anderen Rechtsordnungen – ein prozessuales Rechtsinstitut darstellt, dass sie zweitens keine Saldierung kraft Gesetzes vorsieht, sondern ein Rechtsgeschäft (die Aufrechnung) verlangt und drittens durch einseitige rechtsgestaltende Erklärung einer Partei erfolgt (§ 388), ohne einen Vertrag vorauszusetzen (zum Verrechnungsvertrag s. Rn 4). Treten sich zwei gegenseitige, gleichartige Forderungen als erfüllbar ggü, so kann der Inhaber einer vollwirksamen Forderung mit dieser „Aufrechnungsforderung" die Forderung der anderen Seite („Hauptforderung") durch Aufrechnung ganz oder teilweise zum Erlöschen bringen. Dem **wirtschaftlichen Zweck** nach ist die Aufrechnung auf eine vereinfachte, abgekürzte Erfüllung gegenseitiger gleichartiger Ansprüche gerichtet. Sie dient dem Aufrechnenden damit zugleich als ein Mittel privater Forderungsdurchsetzung („Selbstexekution"), das mit dem staatlichen Gewaltmonopol vereinbar ist (vgl BGHZ 99, 36).

2 Die Aufrechnung ist auch im **öffentlichen Recht** und gegen eine öffentlich-rechtliche Forderung möglich (BGHZ 5, 352; BVerwG NJW 83, 776; BFH NVwZ 84, 199; BSGE 75, 283). Die Vorschriften des BGB gelten entspr, soweit sie nicht durch Besonderheiten oder Sondervorschriften des öffentlichen Rechts verdrängt werden; maßgebend ist im Zweifel das für die zu tilgende Forderung maßgebende Recht (BSG ZfS 68, 153; BVerwG NVwZ 84, 168). Über die Gläubigerstellung bestimmt demnach das öffentliche Recht; der Bund ist danach Teilgläubiger des Umsatzsteueranspruchs (BGH DB 07, 1860). Erfolgt die Aufrechnung danach öffentlich-rechtlich, kann sie ähnl wie ein öffentlich-rechtlicher Vertrag aus einer Position der Gleichordnung – als *verwaltungsrechtliches Gestaltungsgeschäft durch Willenserklärung* – heraus erklärt werden oder hoheitlich in einen Verwaltungsakt eingekleidet werden (BGH NJW-RR 04, 1432; BVerwG NJW 83, 776; BFHE 149, 482).

II. Abgrenzung zu ähnlichen Instituten. 1. Unselbständige Rechnungsposten. Eine Aufrechnung setzt voraus, dass sich zwei selbständige Forderungen gegenüberstehen. Einer Aufrechnung bedarf es dann nicht, wenn lediglich einzelne Abrechnungsposten innerhalb eines **einheitlichen Anspruchs** einander gegenüberstehen, wie dies etwa aufgrund der Saldotheorie bei der bereicherungsrechtlichen Rückabwicklung gegenseitiger Verträge der Fall ist. Kein bloßes Abrechnungsverhältnis liegt zB bei Zahlungsansprüchen des Lieferanten und demgegenüber geltend gemachten Schadensersatzansprüchen des Bestellers oder Käufers vor, sofern die Leistung als solche als (wenn auch mangelhafte) Erfüllung angenommen wurde (BGH NJW 05, 2771; Karlsr OLGR 04, 69; aA Köln OLGR 01, 71 zum Architektenvertrag).

2. Verrechnungsabrede und Aufrechnungsvertrag. Von der Aufrechnung zu unterscheiden ist die sog **Verrechnung**. Nach dem Grundsatz der Vertragsfreiheit steht es den Parteien frei, über die im Gesetz vorgesehenen Fälle des Erlöschens eines Schuldverhältnisses hinaus weitere Tatbestände zu vereinbaren („Erfüllungsersetzungsvertrag"). Hierunter fällt auch eine Verrechnungsabrede, teilweise auch als **Aufrechnungsvertrag** bezeichnet. Die Verrechnung führt regelmäßig nur zum Erlöschen der Forderung. Dies lässt, wenn nicht weitere Vereinbarungen hinzutreten, die sonstigen Modalitäten der Erfüllung unberührt (Jena OLGR 01, 515). Welche Modalitäten für die Verrechnung gelten, hängt von den Abreden der Parteien ab. Regelmäßig ist im Falle einer vereinbarten Verrechnung gewollt, dass einander gegenüberstehende Forderungen zu dem von den Parteien vereinbarten Zeitpunkt erlöschen, ohne dass es hierfür einer weiteren Erklärung einer Seite bedarf (BGHZ 94, 132; NJW-RR 03, 1358). Sind künftige Forderungen betroffen, so ist die Erlöschenswirkung aufschiebend bedingt (Jena OLGR 01, 515).

Für die Verrechnung kommt es auf die Voraussetzungen der Aufrechnung nicht an. Das Einverständnis der Parteien schafft die **rechtliche Grundlage** für das Erlöschen der zu verrechnenden Forderungen, auch wenn die Voraussetzungen des § 387 nicht vorliegen. Denkbar ist auch der vertraglich vereinbarte Verzicht auf einzelne Aufrechnungsvoraussetzungen, namentlich auf das Erfordernis der Gegenseitigkeit (BGH WM 77, 760). Entscheidend ist, dass an der Vereinbarung diejenigen Personen beteiligt sind, die über die zu tilgenden Forderungen verfügen können (BGHZ 94, 132). Allerdings hat die Rspr angenommen, dass Aufrechnungsverträge bei Nichtbestehen der Forderung einer Seite unwirksam sind (BGH NJW-RR 91, 744). Richtigerweise ist vom anfänglichen Fehlen einer objektiven Geschäftsgrundlage iSd § 313 II auszugehen.

Derartige Abreden kommen insb in Form der sog **Konzernverrechnungsvereinbarungen** vor. Dies gilt sowohl für den Fall, dass ein konzernangehöriges Unternehmen zur Aufrechnung mit eigenen Forderungen auch gegen Forderungen des Vertragspartners anderer konzernangehöriger Unternehmen berechtigt sein soll, wie auch für den umgekehrten Fall, dass ein Konzernunternehmen befugt ist, eigene Verbindlichkeiten durch Verrechnung mit Forderungen anderer konzernangehöriger Unternehmen gegen denselben Vertragspartner zu tilgen (BGHZ 81, 15, 17; 94, 132; WM 66, 651, 652; NJW-RR 03, 1358). Insolvenzrechtliche Aufrechnungsschranken sind entspr heranzuziehen (BGHZ 81, 15).

3. Kontokorrent. Das Kontokorrent nach § 355 HGB bewirkt, dass die hiervon erfassten Einzelforderungen in eine laufende Rechnung eingestellt und dort verrechnet werden. Die Einzelforderungen werden hierdurch während der laufenden Rechnungsperiode „gelähmt". Sie können also grds nicht einzeln geltend gemacht und zur Aufrechnung genutzt werden. Alsdann fließen sie in das am Ende der Rechnungsperiode zu erteilende Saldoanerkenntnis ein. Eine Aufrechnungsmöglichkeit, die hinsichtlich einer Einzelforderung im Kontokorrent ggü einer Forderung außerhalb des Kontokorrents bestand, bleibt aber als Sicherheit nach dem weiten Sicherheitsbegriff des § 356 HGB für die Saldoforderung erhalten (BGH BB 55, 715).

4. Zurückbehaltungsrecht. Soweit die Voraussetzungen einer Aufrechnung vorliegen, ist für ein Zurückbehaltungsrecht nach § 273 kein Raum. Die Ausübung eines Zurückbehaltungsrechts wird dann regelmäßig in eine Aufrechnungserklärung **umgedeutet** (BGH NJW 00, 278).

B. Voraussetzungen. Die Aufrechnung setzt eine sog **Aufrechnungslage** voraus, zu der die Gegenseitigkeit der zur Aufrechnung stehenden Forderungen, ihre Gleichartigkeit, die Vollwirksamkeit der Aufrechnungsforderung sowie die Erfüllbarkeit der Gegenforderung zählen. Maßgebend ist der Zeitpunkt der Aufrechnungserklärung (BAG NJW 68, 813).

I. Gegenseitigkeit. 1. Allgemeines. Gegenseitigkeit setzt voraus, dass sich eine Hauptforderung des Gläubigers gegen den Schuldner richtet und mit einer eigenen Forderung desselben Schuldners gegen denselben Gläubiger aufgerechnet wird. Ausnahmsweise wird das Gegenseitigkeitserfordernis **gesetzlich überbrückt**, etwa in § 35 VVG (Köln VersR 97, 1265), nach zT vertretener Auffassung auch in § 45 VVG (*Lorenz* VersR 97, 1266). Mit der Abtretung verliert der Zedent zwar seine Gläubigerstellung. Die Aufrechnung mit einer nunmehr gegen den Zessionar jedoch bestehenden Forderung ist ggü dem Zessionar unter den Voraussetzungen des § 406 weiterhin zulässig. Über § 406 hinaus kann eine Berufung auf den formalen Verlust der Gläubigerstellung treuwidrig sein, wenn die Abtretung iRe Treuhandverhältnisses oder als Inkassovollzession erfolgt (BGH NJW 58, 18). Generell gilt: der Schuldner darf mit seiner Forderung, die er gegen den Treugeber hat, ggü der des Treuhänders aufrechnen, wenn dessen Stellung im Treuhandverhältnis unselbständig ist und die Berufung auf die formelle Rechtslage Treu und Glauben widerspricht (BGH NJW 89, 2386, 2387).

11　**2. Aufrechnungsforderung des Schuldners.** Es muss sich um eine **eigene Forderung** des Schuldners handeln. § 267 ist nicht anwendbar, wie aus der Formulierung „leisten" und einem Umkehrschluss aus § 268 II folgt. Ein Aufrechnungsrecht des ablösungsberechtigten Dritten ist in § 268 II in §§ 1142 II, 1150, 1249 vorgesehen. Umgekehrt kann der Schuldner nicht mit der Forderung eines Dritten aufrechnen, auch wenn dieser eingewilligt hat (BGH NJW-RR 88, 1146, 1150). Der Nebenintervenient kann nicht mit einer Forderung der Hauptpartei aufrechnen (BGH WM 66, 277), ein Gesamtschuldner nicht mit der Forderung eines anderen Gesamtschuldners (§ 422 II). Der Bürge kann zwar ebenfalls nicht mit einer Forderung des Schuldners aufrechnen, aber nach § 770 II die Einrede der Aufrechenbarkeit erheben und seine eigene Verpflichtung als Bürge durch Aufrechnung tilgen (BGH NJW 57, 986; RGZ 53, 403, 404 f; 120, 146 f). Anders liegt es bei einem Pfandgläubiger an einer Forderung, dem ein Einziehungsrecht zusteht (RGZ 58, 105, 109; offen lassend aber RGZ 97, 36, 39). An der Inhaberschaft fehlt es, wenn die Forderung dem Schuldner nur in gesamthänderischer Verbundenheit mit anderen zusteht. Der Miterbe kann daher mit einer in den Nachlass fallenden Forderung nicht gegen einen gegen ihn persönlich bestehenden Anspruch aufrechnen (BGH NJW-RR 05, 375; in Betracht kommt ein Zurückbehaltungsrecht, BGH NJW 63, 244). Ebenso liegt es im Falle der Mitgläubigerschaft, wenn die Leistung nach § 432 nur an alle Mitgläubiger gemeinsam erbracht werden kann (BGH NJW 92, 435). Gegenseitigkeit ist dagegen zu bejahen, wenn eine Personenmehrheit zugleich Schuldner der Hauptforderung und Gläubiger der Aufrechnungsforderung ist. Die Aufrechnung mit zum Gesamtgut nach § 1416 zählenden Forderungen gegen Gesamtgutsverbindlichkeiten (§ 1437) ist möglich (BGHZ 58, 32). Mit der Abtretung verliert der Zedent die Forderung, auch bei der Sicherungsabtretung. Allerdings kann dem Zedenten ein Zurückbehaltungsrecht zustehen, sofern er zur Geltendmachung der Forderung (Leistung an den Zessionar) ermächtigt ist (BGH NJW 00, 278).

12　**3. Hauptforderung des Gläubigers.** Auch auf Gläubigerseite müssen die **Aktiv- und Passivberechtigten identisch** sein. Dafür reicht es aus, wenn sich die Forderung des Schuldners gegen einen von mehreren Gesamtschuldnern richtet (BGH NJW-RR 88, 1104), selbst wenn ein anderer bereits Klage erhoben hat (BGH NJW 79, 2038). Gegen eine Forderung mehrerer Mitgläubiger kann der Schuldner nicht mit einer Forderung gegen einen von ihnen aufrechnen (BGH NJW 69, 839; NJW 08, 1807), mit Forderungen ggü einem Verwalter nicht mit solchen ggü den Wohnungseigentümern (BayObLG MDR 80, 57). Ebenso wenig kann der Verwalter gegen Forderungen eines einzelnen Eigentümers mit Forderungen gegen die partiell rechtsfähige Wohnungseigentümergemeinschaft aufrechnen (Hamm NZM 06, 632). Bei der Wohnungseigentümergemeinschaft können die einzelnen Eigentümer nicht mit der ganzen Gemeinschaft zustehenden Mängelansprüchen gegen Forderungen aufrechnen, die gegen einzelne von ihnen bestehen (BGH NJW 92, 435). Im Falle des Nießbrauchs an einer Forderung kann der Schuldner nicht mit einer Forderung gegen den Nießbraucher aufrechnen (RGZ 103, 29). Ggü der Forderung einer GmbH kann nicht mit einer Forderung gegen den sie beherrschenden Gesellschafter aufgerechnet werden (BGHZ 26, 31). Ein aufrechungsrechtlicher Durchgriff auf den Eigner einer Kapitalgesellschaft, den die Rspr in bestimmten Fällen der Kriegswirtschaft wegen missbräuchlicher Berufung auf die formale Selbständigkeit zugelassen hat (BGHZ 10, 205; 17, 19; BB 55, 303), ist regelmäßig ausgeschlossen. Für Personengesellschaften gilt § 719 II, für das Gesamtgut bei der Gütergemeinschaft § 1419 II, ggü der Erbengemeinschaft § 2040 II.

13　Keine eigene Rechtspersönlichkeit hat die **Insolvenzmasse**. Die Aufrechnung durch einen Insolvenzverwalter mit einer Masseforderung ist zunächst unzulässig; sie kann erst im Verteilungsverfahren gegen die Masse geltend gemacht werden (BGH NJW 87, 1691). Der Kommanditist kann jedenfalls mit einer Drittgläubigerforderung grds auch gegen den Hafteinlageanspruch des Konkursverwalters aufrechnen, soweit ihn dies nicht im Insolvenzfall ungerechtfertigt vom Risiko des Hafteinlageverlusts befreit (BGHZ 58, 72).

14　**II. Gleichartigkeit.** Zwei Forderungen sind gleichartig, wenn Sie auf Leistungen gerichtet sind, die **derselben Gattung** angehören. Der Anspruchsgrund und die Rechtsnatur des Anspruchs sind gleichgültig, ebenso grds die Leistungsmodalitäten. Auch auf die Gleichwertigkeit kommt es nicht an; auch eine Insolvenzforderung und eine Masseforderung können gleichartig sein (BGHZ 100, 222). Danach sind gleichartig: Zahlungsansprüche des Privatrechts und des öffentlichen Rechts (BGHZ 5, 352; WM 65, 346) unabhängig von der Verfahrensart (streitige oder freiwillige Gerichtsbarkeit, BGHZ 78, 57; Nürnbg OLGZ 80, 46), der sachlichen Zuständigkeit (BGHZ 40, 338; NJW-RR 89, 173; FamRZ 96, 1067) und vom Rechtsweg, wobei im letztgenannten Fall eine Aussetzung geboten sein kann (BGHZ 16, 124; BB 59, 424); ein Zahlungsanspruch und ein auf Herausgabe von Geld gerichteter Anspruch sind gleichartig (BGHZ 71, 380, 382; NJW 93, 2041), nicht hingegen ein Zahlungsanspruch und ein Anspruch auf Duldung der Zwangsvollstreckung. Brutto- und Nettobeträge sind zwar, soweit auf Geld gerichtet, gleichartig; allerdings kann die Vermengung von Brutto- und Nettoberechnung zur Unklarheit der Erklärung führen (vgl LAG Köln, LAGE § 138 ZPO 2002 Nr 1). Ebenso kommt es nicht auf die äußere Einkleidung des Anspruchs an, wenn das Ziel beider Ansprüche auf einen gleichartigen Gegenstand gerichtet ist. Demgemäß sind auch ein Anspruch auf Einwilligung in die Auszahlung eines hinterlegten Betrages und ein Zahlungsanspruch gleichartig (BGH NJW-RR 89, 173). Hingegen soll es zwischen einem Zahlungsanspruch einer Bank und dem Anspruch auf Gutschrift eines eingegangenen Betrags auf dem Kundenkonto (§§ 676f, 676g) an der Gleichartigkeit zwar fehlen, so dass erst mit der Kontogutschrift einer Überweisung Gleichartigkeit vorliege. Doch reicht es für die Aufrechnung aus, wenn der Auszahlungsanspruch aus der Gutschrift seinen Voraussetzungen nach gegeben ist, was bereits mit Entstehung des Anspruchs auf Gutschrift zu bejahen ist (BGH NJW 78, 699), zumal die Forderung des Kunden auch ohne Buchposition bestehen kann. Nicht gleichartig sind: der Zahlungsanspruch des Verkäufers und der Nacherfüllungsanspruch des Käufers (BGH NJW 96, 1056); ein Zahlungsanspruch und ein Anspruch auf Befreiung von einer Verbindlichkeit, weil der Befreiungsschuldner an den Drittgläubiger zahlen muss, womit nach § 270 zusätzliche Risiken und Schwierigkeiten verbunden sein können (BGHZ 25, 1; NJW 83, 2438; MDR 09, 1251). Hat sich ein Befreiungsanspruch infolge der – zulässigen – Abtretung an den Gläubiger dieser Verbindlichkeit in eine Geldforderung umgewandelt, so steht der Aufrechnung mit einer Geldforderung nicht entgegen, dass die beiden Forderungen im Zeitpunkt der Abtretung noch nicht gleichartig waren (BGHZ 12, 136).

III. Vollwirksamkeit und Fälligkeit der Aufrechnungsforderung. Die Forderung muss **voll wirksam** sein (BAG NJW 68, 813). Hierzu muss die Forderung zunächst bestehen. Die Aufrechnung mit einem prozessualen Kostenerstattungsanspruch ist möglich, wenn dieser der Höhe nach feststeht (BGH NJW 63, 714). Hängt die Entstehung des Anspruchs von der Ausübung eines Gestaltungsrechts ab, so muss dieses wirksam ausgeübt worden sein. Auf die Werthaltigkeit der Aufrechnungsforderung kommt es nicht an (BGHZ 100, 222). Hat der Schuldner sie bereits für eine andere Aufrechnung genutzt und dadurch objektiv verbraucht, so kann sie – auch wenn die Wirksamkeit dieser ersten Aufrechnung umstr ist – nicht nochmals zur Aufrechnung genutzt werden (BGHR 03, 263). Ferner dürfen der Forderung keine Einwendungen entgegenstehen. Dazu gehört auch die mangelnde Klagbarkeit (BGH NJW 81, 1897). Außerdem muss die Forderung einredefrei (§ 390) und fällig sein. Die **Fälligkeit** bestimmt sich nach allgemeinen Grundsätzen, namentlich § 271. Ist die Forderung gestundet, so schließt das auch die Aufrechnung mit ihr aus (BGHZ 137, 267). 15

Die **Beweisbarkeit** einer Forderung ist keine Voraussetzung der Aufrechnung. Ihr Bestehen kann inzident geklärt werden, wenn der Gläubiger der Hauptforderung diese geltend macht. Nur ausnahmsweise ist es treuwidrig, wenn der Schuldner mit einer Forderung die Aufrechnung erklärt, deren Feststellung langwierige Beweisaufnahmen erfordert, obschon er verpflichtet ist, für eine klare Abrechnung zu sorgen (BGHZ 54, 244, 248). Die Beweislast für das Bestehen, die Vollwirksamkeit und die Inhaberschaft der Forderung trifft im Grundsatz den Schuldner (BGHZ 137, 267), soweit sich nicht aus der gesetzlichen Ausgestaltung von Voraussetzungen und Einwendungen etwas anderes ergibt (BGH NJW 83, 2018). 16

IV. Erfüllbarkeit der Hauptforderung. Die Hauptforderung muss entstanden und erfüllbar sein. **Erfüllbarkeit** liegt vor, wenn der Schuldner leisten kann, so dass der Gläubiger die Annahme der Leistung nicht verweigern darf, ohne in Annahmeverzug zu geraten (BGHR 02, 925). Sie fällt nach § 271 I oft mit der Fälligkeit zusammen, kann jedoch früher eintreten (§ 271 II). Vollwirksamkeit und Fälligkeit der Hauptforderung sind demgegenüber nicht erforderlich (BGHZ 103, 362). Auch auflösend bedingte Forderungen sind erfüllbar. Tritt die auflösende Bedingung ein, kann dem Aufrechnenden ein Bereicherungsanspruch zustehen (BGH JZ 78, 348). Da es auf die Vollwirksamkeit nicht ankommt, kann auch gegen eine unvollkommene Verbindlichkeit aufgerechnet werden. 17

Die Erfüllbarkeit einer Forderung tritt nach § 271 II grds sofort ein. Etwas anderes kann sich aus dem aus Gesetz oder Vereinbarung folgenden Zweck des Schuldverhältnisses ergeben (BGHZ 123, 49: 6 Monate im Voraus bei nachehelichem Unterhalt; ebenso für andere Ansprüche mit Versorgungscharakter BGH NJW-RR 06, 1185). Aufschiebend bedingte oder befristete Forderungen sind noch nicht entstanden. Gegen sie kann nicht aufgerechnet werden (BGHZ 103, 362; BGHR 02, 925). Der Insolvenzverwalter darf eine Forderung, bis sie im Konkurs angemeldet, geprüft und zur Tabelle festgestellt ist, nicht befriedigen und kann jedenfalls bis zur Feststellung die ihm obliegende Leistung nicht bewirken (vgl BGHZ 100, 222). 18

C. Aufrechnungsausschluss und Aufrechnungsschranken. I. Gesetzliche Regelungen. Gesetzliche **Schranken der Aufrechnung oder einen Aufrechnungsausschluss** enthalten ua: §§ 390–395, 556b II, 566d 2; § 66 I 2, § 114 II 2 Hs 2 AktG; § 19 II 2 GmbHG; §§ 22 V (RGZ 148, 225, 235), 105 GenG; § 59 II BNotO, § 43 RVG; § 26 VAG, § 31 AVBEltV (Schlesw MDR 99, 469); § 51 II BRRG. Einen Ausschluss bewirkt ferner das Verstreichen der Beschwerdefrist des § 156 III 1 KostO bei der notariellen Kostenforderung, sofern die Aufrechnungsforderung bereits vorher entstanden war (Ddorf OLGR 01, 27). Das Aufrechnungsverbot in § 96 InsO ist abschließend. Aus vorläufigen Maßnahmen des Insolvenzgerichts nach § 21 II InsO folgt daher auch im Zusammenwirken mit § 394 kein zusätzliches Aufrechnungsverbot (BGHZ 159, 392). 19

II. Vertraglicher Ausschluss. Ein vertraglicher Aufrechnungsausschluss ist möglich. Er kann sich aus dem ausdrücklichen Wortlaut als **Barzahlungsklausel** oder dem stillschweigend Vereinbarten ergeben. Beispiele bilden Klauseln wie „Kasse gegen Dokumente", „Kasse gegen Verladedokumente", „Kasse gegen Faktura", „Netto Kasse gegen Rechnung und Verladepapiere", „cash against documents", „cash on delivery" oder das Dokumentenakkreditiv (BGHZ 14, 61; 23, 131; 60, 262; NJW 76, 852; NJW 79, 1046; NJW 85, 550). Auch sonst kann in einer Abrede über eine bestimmte Art und Weise der Leistung ein Aufrechnungsausschluss liegen, etwa wenn eine Sachleistung gegen Scheckübergabe vereinbart wird (Celle OLGR 94, 218). **Formularmäßige Aufrechnungsbeschränkungen** auf Fälle einer rechtskräftig festgestellten oder unbestrittenen Auf- 20 rechnungsforderung hat die Rspr iRd § 309 Nr 3, § 307 I innerhalb wie außerhalb des Unternehmensverkehrs (§ 310 I) im Allgemeinen für wirksam gehalten (BGHZ 91, 375; 103, 185; NJW-RR 87, 883; NJW-RR 93, 519; NJW-RR 99, 1335). Der Aufrechnungsausschluss für bestrittene oder nicht rechtskräftig festgestellte Ansprüche greift mangels Bestreitens nicht, wenn das Bestehen der Gegenforderung bereits bewiesen ist (BGH WM 77, 311) oder wenn der Aufrechnungsgegner nur eine bereits früher zur Gegenaufrechnung gestellte Forderung geltend macht, deren Bestehen aber nicht einmal schlüssig behauptet (BGH NJW 85, 1556). Den Rechtsfolgen nach untersagt das vertragliche Aufrechnungsverbot nicht nur die Berufung auf die Aufrechnung, sondern begründet ihre Unwirksamkeit mit **"dinglicher" Wirkung** (BGH NJW 84, 357). Der Aufrechnungsausschluss schließt auch ein Zurückbehaltungsrecht aus, wenn dessen Ausübung denselben Effekt wie eine Aufrechnung hätte (BGH WM 67, 988).

21 Die Berufung auf ein vertragliches Aufrechnungsverbot kann ihrerseits **treuwidrig** sein. Das ist etwa zu bejahen, wenn Haupt- und Gegenforderung in einem untrennbaren Zusammenhang stehen, weil sie rechtlich und tatsächlich von denselben Voraussetzungen und Einwendungen abhängen (BGH WM 78, 620). Führt das Aufrechnungsverbot dazu, dass der Schuldner seine Gegenforderungen wegen eines nachträglichen Vermögensverfalls (auch bereits vor einer Insolvenz) des Gläubigers später nicht mehr durchsetzen kann, wird jener regelmäßig ungeachtet des Verbots aufrechnen können (BGH NJW 75, 442; NJW-RR 87, 883). Hierzu kann ggf die Wiederholung einer bereits abgegebenen unwirksamen Aufrechnungserklärung erforderlich sein (BGH NJW 84, 357). Auch eine Abtretung lässt die Barzahlungsabrede nicht wieder Wirkung entfalten (BGH WM 66, 218). Anders liegt es, wenn das Verbot gerade auch für den Fall der Insolvenz gelten sollte, die Vertragspartner also in Kauf nahmen, dass der Schuldner mit seinen Gegenforderungen ausfällt. Hingegen bleibt ein Aufrechnungsverbot regelmäßig wirksam, wenn es als Mittel der Kreditsicherung dienen sollte (BGH NJW-RR 89, 124). Treuwidrig kann die Berufung auf einen Aufrechnungsausschluss auch sein, wenn er gegen die Aufrechnung aufgrund einer Forderung aus einer vorsätzlich begangenen unerlaubten Handlung geltend gemacht wird (BGH WM 61, 1357; WM 76, 1332). Auch bei einem vorsätzlichen Vertragsbruch ist das möglich, aber nicht ohne weiteres zu bejahen (BGH WM 66, 1452).

22 Im Anwendungsbereich der ZPO hat der BGH die Auffassung vertreten, die Vereinbarung der **ausschl Zuständigkeit** eines anderen Gerichts schließe die Aufrechnung aus (vgl BGH NJW 93, 2753). Demgegenüber stellt der EuGH im Anwendungsbereich des Art 23 EuGVVO auf die Auslegung der Gerichtsstandsabrede ab und nimmt kein grds Aufrechnungsverbot an, wenn die Geltendmachung der Aufrechnung nach dem maßgebenden Prozessrecht ein Verteidigungsmittel darstellt (EuGH Slg 95, I-2053). Diese Lösung verdient generell den Vorrang (*Pfeiffer* Handbuch der Handelsgeschäfte § 22 Rz 158). Im Falle einer **Schiedsabrede** kann mit der in die Zuständigkeit eines Schiedsgerichts fallenden Forderung nicht vor staatlichen Gerichten aufgerechnet werden, wenn diese streitig ist (BGHZ 38, 254; Ddorf WM 83, 771). Ob im Schiedsverfahren mit einer schiedsverfahrensfremden Forderung aufgerechnet werden kann, bestimmt sich primär nach der Schiedsabrede unter Einschluss der ggf geltenden institutionellen Schiedsordnung, als dann nach dem anwendbaren Schiedsverfahrensrecht. Nach deutschem Schiedsverfahrensrecht ist eine Aufrechnung nur dann zulässig, wenn das Schiedsgericht für die Entscheidung über die geltend gemachten Gegenforderungen aufgrund der Auslegung der Schiedsabrede zuständig ist, es sei denn, die Gegenforderung ist unstr oder rechtskräftig festgestellt oder der Schiedskläger lässt sich auf die Aufrechnung rügelos ein.

23 **III. Treu und Glauben.** Der Schuldner ist zur Aufrechnung unter ihren gesetzlichen Voraussetzungen befugt. Die Ausnutzung dieser Möglichkeit ist grds nicht treuwidrig. Eine besondere Ankündigung der bevorstehenden Aufrechnung ist nicht erforderlich (BGH NJW 53, 1479). Unabhängig von einem vertraglichen Aufrechnungsausschluss kann jedoch eine an sich zulässige Aufrechnung im Einzelfall gegen Treu und Glauben verstoßen. Grundlage hierfür kann der besondere Inhalt des Schuldverhältnisses, die Natur der Rechtsbeziehungen oder der Zweck der geschuldeten Leistung sein, sofern sie eine Erfüllung im Wege der Aufrechnung als mit Treu und Glauben unvereinbar erscheinen lassen (zB BGHZ 71, 380; 95, 109; NJW-RR 99, 1192). Das wird etwa angenommen, wenn die erhobene Forderung liquide ist, die Gegenforderung dagegen langwieriger Aufklärung bedarf, obwohl der Beklagte aufgrund des zwischen den Parteien bestehenden Rechtsverhältnisses verpflichtet gewesen wäre, für Klarheit der Abrechnungsverhältnisse zu sorgen (BGHZ 54, 244, 248) oder wenn nach den Umständen eines Vergleichsabschlusses ein Aufrechnungsvorbehalt zu erwarten gewesen wäre, der aber nicht erklärt wurde (BGHZ 120, 387; vgl auch LM § 387 BGB Nr 63; Ddorf OLGR 05, 56; Köln OLGR 02, 387). Ein für bestimmte Konstellationen im Grundsatz anzuerkennendes Aufrechnungsverbot greift nicht ein, soweit der Aufrechnungsgegner hieran kein rechtlich schutzwürdiges Eigeninteresse hat, etwa weil das Aufrechnungsverbot unredlichen Zwecken dienen würde (BGH NJW 93, 2041).

24 **IV. Einzelne Rechtsverhältnisse. 1. Banken.** Eine Bank darf gegen Forderungen ihres Kunden nur mit Forderungen aufrechnen, die sie iRe **bankmäßigen Geschäftsverbindung** erworben hat (BGH NJW-RR 88, 173). Ob eine Bank mit der „Freigabe" einer Forderung nur auf formularmäßiges Sicherungsrecht verzichtet oder auch die Aufrechnung ausgeschlossen wird, ist durch Auslegung zu ermitteln (BGH WM 83, 873). Zu Treuhandkonten s. Rn 30.

In der Vereinbarung über die Gestellung eines befristeten unwiderruflichen **Dokumentenakkreditivs** liegt für dessen Laufzeit zugleich eine Barzahlungsabrede und damit ein vertraglicher Aufrechnungsausschluss zwischen Lieferant und Käufer/Besteller vor. Nach Verfall des Akkreditivs wirkt die Barzahlungsabrede fort, wenn die Gründe für die Nichtausnutzung des Akkreditivs zumindest überwiegend in den Verantwortungsbereich des Käufers oder Bestellers fallen (BGHZ 60, 262).

2. Eheliches Güterrecht und Zugewinnausgleich. Bei der Abwicklung vermögensrechtlicher Beziehungen zwischen früheren Ehegatten ist die Aufrechnung mit einem Zugewinnausgleichsanspruch trotz entstehender Komplexität nicht durch Treu und Glauben grds ausgeschlossen, obwohl das Zugewinnausgleichsverfahren etwa langwierig und kompliziert sein kann. Für den Inhaber einer unbestrittenen, ebenfalls in der ehelichen Lebensgemeinschaft wurzelnden Forderung ist es im Interesse einer Gesamtbereinigung der gegenseitigen Ansprüche zumutbar, den Ausgang des Zugewinnausgleichsverfahrens abzuwarten (BGH NJW 00, 948; NJW 02, 1130).

3. Miet- und Leasingverträge, WEG. Der Vermieter verabredet ein Aufrechnungsverbot ggü seinem **Mietzinsanspruch**, um dessen zeitnahe Durchsetzbarkeit zu sichern. Hierauf kann er sich nach dem Ende des Mietverhältnisses regelmäßig nicht mehr berufen (BGH NJW-RR 00, 530). Ebenso liegt es hinsichtlich einer Klausel, die eine Vorankündigungsfrist für eine Aufrechnung bestimmt (BGH NJW-RR 88, 329; zur Wirksamkeit der Klausel Ddorf NZM 02, 953). Die **Kaution** dient der Sicherung des Vermieters, damit sich dieser wegen offener Forderungen aus dem Mietverhältnis nach dessen Beendigung durch Aufrechnung ggü dem Rückzahlungsanspruch des Mieters befriedigen kann. Trotz der treuhänderischen Bindung des Vermieters kann dieser auch nach Ablauf der Frist des § 548 ggü dem Rückzahlungsanspruch des Mieters aufrechnen (vgl auch BGH NJW 85, 267). Bei der Wohnungseigentumsgemeinschaft ist ggü dem Wohngeldanspruch nur eine Aufrechnung mit gemeinschaftsbezogenen Gegenforderungen zulässig, soweit nicht die Gegenforderung unstr oder rechtskräftig festgestellt wurde (Frankf 30.3.06, 20 W 189/05; Ddorf OLGR 07, 580).

Fließt beim **Leasing** eine Sachversicherungsleistung an den durch Sicherungsschein in den Versicherungsvertrag einbezogenen Leasinggeber, so kann der Leasingnehmer Auszahlung dieses Betrags an den mit der Reparatur des Leasinggegenstandes beauftragten Unternehmer verlangen. Gegen diesen Anspruch darf der Leasinggeber nicht mit dem Anspruch auf Zahlung offener Leasingraten aufrechnen (BGHZ 93, 391).

4. Sicherungsgeschäfte. Ein Sicherungsnehmer darf ggü dem Anspruch des Sicherungsgebers auf Auskehrung eines Mehrerlöses nicht mit anderen ungesicherten Forderungen aufrechnen, weil dies den Sicherungszweck entgegen der Sicherungsabrede einseitig erweitern würde (BGH NJW 94, 2885). Ebenso liegt es beim Rückforderungsanspruch des Bürgen im Falle der Bürgschaft auf erstes Anfordern, wenn sich die Anforderung als unberechtigt erwiesen hat (BGHZ 139, 325).

5. Treuhandverhältnis. Ein fremdnütziger Treuhänder darf gegen den Herausgabeanspruch des Treugebers aus §§ 667, 675 grds nicht mit Gegenforderungen aufrechnen, die ihren Grund nicht in dem Treuhandvertrag haben (BGHZ 14, 342; 95, 109, 113; WM 65, 1209; NJW 93, 2041, 2042; 94, 2885, 2886). Das gilt insb für **Rechtsanwälte** hinsichtlich der von ihren Mandanten empfangenen Fremdgelder. Ist dem Anwalt allerdings nur ein Einziehungsauftrag erteilt, so begründet dies nicht ohne weiteres ein der Aufrechnung entgegenstehendes Treuhandverhältnis (BGHZ 71, 380, 383). Deshalb kann sich ein Rechtsanwalt wegen seiner Honoraransprüche durch Aufrechnung aus nicht zweckgebundenen Fremdgeldern befriedigen. Diese Befugnis besteht auch dann, wenn die Honoraransprüche nicht gerade den Auftrag betreffen, der zu dem Geldeingang geführt hat (BGH NJW 95, 1425, 1426; NJW 03, 140). Unzulässig ist die Aufrechnung mit Geldern, die der Anwalt zweckgebunden zur Auszahlung an Dritte entgegengenommen hat (§ 4 III BORA) oder die er nicht nur entgegennehmen, sondern treuhänderisch verwalten soll (vgl BGHZ 71, 380, 383). Das soll auch für Gelder gelten, die dem Unterhalt des Mandanten dienen (Ddorf FamRZ 06, 636). Um zweckgebundene Fremdgelder handelt es sich auch, wenn ein **Transportunternehmen** die Kaufpreiszahlung durch den Empfänger treuhänderisch für den Auftraggeber/Verkäufer entgegennimmt. Mit seinem Vergütungsanspruch darf der Transporteur nur ggü denjenigen Herausgabeansprüchen aufrechnen, die aus der Erledigung desselben Vertragverhältnisses stammen, auf dem auch der Vergütungsanspruch beruht (BGH NJW-RR 99, 1192). Bei einem **Treuhandkonto** ist es der Bank (bei offener Treuhand) verwehrt, gegen Kontoforderungen mit Forderungen gegen den treuhänderischen Kontoinhaber aufzurechnen (BGH NJW 87, 3250). Bei der Insassen-Unfallversicherung hat der Versicherungsnehmer grds eine treuhandähnliche Stellung zugunsten verletzter Mitfahrer und muss die ihm zugeflossene Versicherungsleistung in bar auskehren. Er darf allerdings mit einem Schadensersatzanspruch aufrechnen, der auf demselben Ereignis beruht wie die Versicherungsleistung (BGH NJW 73, 1368; VersR 74, 125). **Ausnahmen** sind anzuerkennen, wenn der Treugeber mit dem Treuhandverhältnis rechtlich missbilligte Zwecke verfolgt (BGH NJW 93, 2041: Schutz eines Verbrechensgewinns vor dem Gläubigerzugriff).

6. Vorschuss. Vorschussansprüche sollen vermeiden, dass eine Seite wirtschaftlich in Vorleistung treten muss. Damit ist die **Aufrechnung in beide Richtungen** meist vereinbar, denn sie führt nur zu einer abgekürzten Erfüllung beiderseitiger Ansprüche. Der Werkbesteller, dem ein Anspruch auf Vorschuss für die Kosten der Mängelbeseitigung zusteht, kann damit gegen die restliche Werklohnforderung aufrechnen, ohne dass der Vorschusszweck entgegensteht (BGHZ 54, 244, 247). Das gilt auch dann, wenn der Vorschussanspruch durch Abtretung erlangt wurde (BGH NJW-RR 89, 406).

32　**7. Zwangsversteigerung.** Die Eigenart des Zwangsversteigerungsverfahrens hindert den Ersteher nicht daran, gegen den berechtigten Gläubiger nach **Übertragung der Bargebotsforderung** (§ 118 ZVG) aufzurechnen (BGH NJW-RR 87, 950; NJW 08, 1807).

§ 388 Erklärung der Aufrechnung.
¹Die Aufrechnung erfolgt durch Erklärung gegenüber dem anderen Teil. ²Die Erklärung ist unwirksam, wenn sie unter einer Bedingung oder einer Zeitbestimmung abgegeben wird.

1　**A. Aufrechnungserklärung. I. Bedeutung.** Nach § 388 wird die Aufrechnung durch die Aufrechnungserklärung bewirkt, nicht schon durch den Eintritt der Aufrechnungslage (BGHZ 155, 392). Die Aufrechnungserklärung ist deshalb immer dann erforderlich, wenn sich zwei selbständige Forderungen gegenüberstehen, die keinen bloßen Rechnungsposten innerhalb eines einheitlichen Anspruchs bilden (Karlsr OLGR 04, 69).

2　**II. Rechtsnatur.** Die Aufrechnungserklärung ist eine **empfangsbedürftige Willenserklärung**, die ggü dem Gläubiger abzugeben ist. Mit ihrer Rechtsnatur als **Gestaltungserklärung** ist ein Schwebezustand nicht vereinbar. Deshalb ist die Aufrechnungserklärung nach § 388 2 bedingungsfeindlich (Frankf NJW-RR 97, 526). Eine ohne die erforderliche behördliche Genehmigung erklärte Aufrechnung ist dementspr ebenfalls unwirksam (BGH NJW 54, 266). Ist die Aufrechnung danach unwirksam, so muss sie bei späterem Vorliegen der Voraussetzungen wiederholt werden (BGH NJW 84, 357). Die Erklärung unterliegt keinen bestimmten Formerfordernissen.

3　Zulässig ist allerdings die **Hilfsaufrechnung**, die für den Fall erklärt wird, dass die in erster Linie bestrittene Hauptforderung sich als bestehend erweisen sollte (RGZ 97, 269, 273). § 388 2 steht einer solchen Eventualaufrechnung nicht entgegen. Die Aufrechnungserklärung hängt hier nicht von einem zukünftigen ungewissen Ereignis, also einer echten Bedingung, sondern von einer bloßen Rechtsbedingung ab.

4　**III. Auslegung.** Die Aufrechnung kann auch **stillschweigend** erklärt werden (BGH NJW 84, 357), muss aber dem Erklärungsgehalt nach hinreichend deutlich zum Ausdruck kommen (BGHZ 26, 239; München NZG 05, 311). Die zur Aufrechnung gestellten Forderungen müssen bestimmbar sein und die Aufrechnung als gewollt erkennbar sein. Hierfür kann die (verfehlte) Geltendmachung eines Zurückbehaltungsrechts ausreichen, wenn die Verbindlichkeiten gleichartig und fällig sind (BGH NJW 74, 367), weil dann die Ausübung des Zurückbehaltungsrechts dieselben Rechtswirkungen wie die Aufrechnung herbeiführt (RGZ 85, 108, 110 f).

5　Die Erklärung der Aufrechnung mit einer in Wahrheit nicht bestehenden Forderung gegen eine bestehende Forderung ist nicht ohne weiteres als die Verjährung unterbrechendes **Anerkenntnis** zu deuten. Maßgebend ist der sich in Würdigung der Gesamtumstände ergebende Erklärungsgehalt (BGHZ 58, 103; 107, 395).

6　**B. Aufrechnung im Prozess.** Die im Prozess erklärte Aufrechnung ist **materielles Rechtsgeschäft und prozessuale Geltendmachung eines Verteidigungsmittels** zugleich (Doppeltatbestand, BGH NJW 57, 591). Um prozessuale Wirkungen zu entfalten, muss sie daher prozessrechtlich wirksam sein und den maßgebenden Substantiierungserfordernissen genügen (LAG Düsseldorf 20.3.07, 12 Sa 306/07). Sie führt ggf zur Klageabweisung (BGH NJW 53, 1589). Im Zweifel ist die im Prozess erklärte Aufrechnung eine bloße Hilfsaufrechnung. Das Gericht darf sie erst berücksichtigen, wenn es die Klageforderung nicht nur für schlüssig, sondern auch für begründet hält (RGZ 167, 257, 258). Die Aufrechnung kann auch in einer Rechtsmittelschrift erklärt werden, soweit dies prozessual zulässig ist (BGH NJW 84, 357). Allerdings enthält die Geltendmachung der Aufrechnung in einem vorbereitenden Schriftsatz in aller Regel lediglich eine Ankündigung, die Aufrechnung in der mündlichen Verhandlung materiell-rechtlich erklären und prozessual geltend machen zu wollen; anders liegt es im schriftlichen Verfahren (Brandbg 12.7.07, 5 U 132/06). Bei der Prozessaufrechnung ist trotz der materiell-rechtlichen Rückwirkung der Aufrechnung nicht der Eintritt der Aufrechnungslage, sondern der Zeitpunkt der Aufrechnungserklärung als das **erledigende Ereignis** anzusehen (BGHZ 155, 392).

7　Die **Präklusionswirkung** des rechtskräftigen Urteils eines Vorprozesses steht der prozessualen Geltendmachung der Aufrechnung dann entgegen, wenn die Aufrechnungslage schon zu dem für die Rechtskraft des Vorprozesses maßgebenden Zeitpunkt bestand. Das ist bei einem Feststellungsurteil, das den Schuldner zum Ersatz künftiger Schäden verpflichtet, nicht der Fall (BGHZ 103, 362). Im Verfahren über die Vollstreckbarerklärung eines ausländischen Schiedsspruchs ist dementspr eine Aufrechnungserklärung des Schuldners dann eine beachtliche Einwendung, wenn die Gründe, auf denen sie beruht, erst nach dem Zeitpunkt entstanden sind, in dem sie im Verfahren spätestens hätten geltend gemacht werden müssen (BGH NJW-RR 97, 1289).

8　Wird die Prozessaufrechnung als **unzulässig** erachtet, etwa weil ein Aufrechnungsverbot eingreift, so liegt keine rechtskräftige Entscheidung über die Aufrechnungsforderung vor und diese kann erneut selbständig geltend gemacht werden (BGH NJW 01, 3616). Das gilt auch, wenn das Gericht die Aufrechnung zu Unrecht für unzulässig hält (BGH NJW 97, 743). Ist die Aufrechnung prozessual nicht zulässig, so bleibt die Aufrechnungserklärung wirkungslos, sei es, dass man eine durch die prozessuale Zulassung aufschiebend bedingte Aufrechnung annimmt, sei es, dass sich – was näher liegt – die prozessuale Unwirksamkeit der Erklärung nach § 139 auf das materiell-rechtliche Geschäft erstreckt (BGH NJW 94, 2769, 2770). Der Schuldner kann die (hilfsweise) Prozessaufrechnung auch zurücknehmen mit der Folge, dass die materiell-rechtliche Aufrechnungserklärung entfällt (BGH NJW-RR 91, 156, 157; Schlesw MDR 09, 889; Zweibr NJW-RR 04, 651; aA Kobl WuM 07, 545). Die Forderung ist also nicht verbraucht und kann erneut zur Aufrechnung genutzt werden.

Infolge einer zulässigen Prozessaufrechnung kann es zu einer **rechtskräftigen Entscheidung** über die Aufrechnungsforderung kommen. Maßgebend sind prozessuale Grundsätze, namentlich gilt § 322 II ZPO. Entscheidend ist, ob das Urt die Aufrechnungsforderung inzident aberkennt oder zuerkennt – im Überblick: Eine rechtskräftige Entscheidung über die Aufrechnungsforderung ergeht, wenn das Gericht die Klageforderung für begründet, aber die Aufrechnungsforderung für unbegründet erachtet (§ 322 II) oder wenn es die Klageforderung, aber auch die Aufrechnungsforderung für begründet erachtet. In jedem Fall ergeht eine rechtskräftige Entscheidung über die Höhe der Aufrechnungsforderung nur bis zur Höhe der Klageforderung (§ 322 II direkt bzw analog). Keine rechtskräftige Entscheidung über die Aufrechnungsforderung ergeht, wenn das Gericht die Klage wegen Unzulässigkeit oder wegen Unbegründetheit der Klageforderung abweist. 9

Ist bei einem Anspruch nur **Teilklage** erhoben, so kann der Beklagte gerade gegen den eingeklagten Teilanspruch die Aufrechnung erklären. Der Aufrechnungsgegner (Kläger) kann ihn nicht auf den nicht eingeklagten Teil verweisen (BGH NJW-RR 94, 120). Anders liegt es, wenn der Kläger selbst den nicht eingeklagten Teil bereits zur Aufrechnung gegen die Forderung des Beklagten benutzt und diese dadurch zum Erlöschen gebracht hat (BGHR 03, 263). 10

§ 389 Wirkung der Aufrechnung. Die Aufrechnung bewirkt, dass die Forderungen, soweit sie sich decken, als in dem Zeitpunkt erloschen gelten, in welchem sie zur Aufrechnung geeignet einander gegenübergetreten sind.

A. Überblick. § 389 enthält neben der Anordnung der **Erfüllungswirkung** va eine Regelung des **Zeitpunkts** der Aufrechnungswirkung. Obschon die Aufrechnung gesetzlich als Gestaltungsgeschäft konzipiert ist (§ 388), wirkt die Aufrechnungserklärung auf den Zeitpunkt des Eintritts der Aufrechnungslage (§ 387) zurück. Ist die Aufrechnung erklärt, so ist der für das Erlöschen maßgebende Zeitpunkt derjenige, in dem sich beide Forderungen als gegenseitige, gleichartige, vollwirksame Forderungen gegenübergetreten sind. Das gilt gleichermaßen für die Hauptforderung wie für die Aufrechnungsforderung. 1

B. Voraussetzungen. I. Allgemeines. Die Voraussetzungen für die in § 389 geregelte Aufrechnungswirkung bestehen in einer Aufrechnungslage gem § 387 und dem Vorliegen einer Aufrechnungserklärung nach § 388. Da die Aufrechnung nicht kraft Gesetzes eintritt, sondern einer rechtsgestaltenden Erklärung bedarf, muss die Aufrechnung grds bis zur Aufrechnungserklärung fortbestehen. Dieses Prinzip wird allerdings durch eine Vielzahl von Einzelregelungen korrigiert, die auf den Eintritt der Aufrechnungslage abstellen (BGH NJW 51, 599). 2

II. Deckung der Forderungen. Die Aufrechnungswirkung greift ein, soweit sich die gegenseitigen Forderungen decken. Bleibt bei einer Geldforderung die Aufrechnungsforderung hinter der Hauptforderung zurück, erlischt diese nur in der Höhe der Aufrechnungsforderung und bleibt iÜ bestehen. Geht die Aufrechnungsforderung über die Hauptforderung hinaus, so erlischt die Hauptforderung vollständig. Die Aufrechnungsforderung wird nur in Höhe der Hauptforderung „verbraucht" und bleibt iÜ bestehen. 3

C. Rechtsfolgen. Die Aufrechnung bewirkt das **Erlöschen** der Aufrechnungsforderung wie der Hauptforderung. Eine **Gegenaufrechnung** des Gläubigers ggü der mit der Aufrechnung erloschenen Aufrechnungsforderung des Schuldners geht ins Leere (RGZ 143, 382, 388). Allerdings kann das Widerspruchsrecht nach § 396 eingreifen. 4

Die erklärte Aufrechnung wirkt auf den Zeitpunkt des **Eintritts der Aufrechnungslage** zurück. Auf die Rechtskraft des Urteils kommt es bei der Prozessaufrechnung nicht an (BGH NJW-RR 88, 1104). Ein etwa eingetretener Verzug und die Verzugswirkungen, namentlich eine Verzinsungspflicht, werden bei beiden Forderungen rückwirkend beendet (BGHZ 80, 269; NJW 81, 1729; NJW-RR 91, 568, 569). Bis zur erklärten Aufrechnung steht die Aufrechnungslage dem Verzugseintritt jedoch nicht entgegen. Die Rückforderung etwa erbrachter Leistungen bestimmt sich nach Bereicherungsrecht. Sonstige Rechtsfolgen der Aufrechnungslage regeln §§ 215, 352, 406, 543 II 3, §§ 770 II, 1137 I, 1211 I 1, § 129 III HGB, § 94 InsO. 5

Im **öffentlichen Recht** hängt die Wirkung einer gegen die in einem VA festgesetzte Abgabe erklärte Aufrechnung vom Inhalt der Festsetzung ab: Beschränkt sich der VA auf die Festsetzung der Abgabe, so bleibt diese Festsetzung von einer Aufrechnung unberührt; anders liegt es, wenn auch Zahlungsmodalitäten festgelegt werden (BVerwG NVwZ 84, 168). 6

D. Einschränkungen. Im Prozess wird die Rückwirkung von prozessrechtlichen Schranken überlagert. Erklärt der Beklagte nach Klagezustellung die Prozessaufrechnung mit einer bereits vor Klageerhebung vollwirksamen Aufrechnungsforderung, so ist trotz der materiell-rechtlichen Rückwirkung der Aufrechnung 7

(§ 389) erst die Aufrechnungserklärung das erledigende Ereignis für eine bis dahin zulässige und begründete Klage (BGHZ 155, 392). Erhöht sich der Umfang einer Forderung, etwa bei einer nachträglichen Erhöhung eines Schadens, so kommt es grds auf den Zeitpunkt der Aufrechnungslage an (BGHZ 27, 123; einschränkend MüKo/*Schlüter* Rz 8 f). Ist jedoch nur eine Seite zur Aufrechnung befugt, kann ein Anwachsen ihrer Forderung bis zur Aufrechnung berücksichtigt werden.

§ 390 Keine Aufrechnung mit einredebehafteter Forderung. Eine Forderung, der eine Einrede entgegensteht, kann nicht aufgerechnet werden.

1 **A. Überblick.** § 390 ergänzt und konkretisiert das in § 387 enthaltene Prinzip, dass eine Forderung vollwirksam sein muss, um als Aufrechnungsforderung genutzt zu werden. Die als Aufrechnungsverbot ausgestaltete Regelung ordnet an, dass mit einer einredebehafteten Forderung nicht aufgerechnet werden kann.

2 § 390 gilt für sämtliche Leistungsverweigerungsrechte des bürgerlichen Rechts, auch solche außerhalb des BGB (BGHR BRAGO § 18 I 1 Aufrechnung 1; AnwBl 85, 257). § 390 greift ein, wenn der Forderung eine Einrede **entgegensteht**. Es kommt nicht darauf an, ob sie erhoben wurde (BGH NJW 01, 287; NJW-RR 03, 1421).

3 **B. Dilatorische und peremptorische Einreden.** Die Vorschrift gilt für Einreden des materiellen Rechts, nicht für prozessrechtlich begründete Einreden (RGZ 123, 348, 349). Das umfasst zunächst **peremptorische Einreden**, etwa § 615 2 (BGH NJW 01, 287). Die Regelung erfasst ferner **dilatorische Einreden**, zB die Einrede des nicht erfüllten Vertrags (BGH NJW-RR 03, 1421). Zu den möglichen Einreden gehört auch das Bestehen eines Zurückbehaltungsrechts iSd § 273. Sichert das Zurückbehaltungsrecht aber gerade die Forderung, gegen die nun aufgerechnet wird, steht es der Aufrechnung nicht entgegen (BGH NJW 90, 3210), ebenso nicht, wenn sich der Gläubiger hinsichtlich derjenigen Forderung, auf die er sein Zurückbehaltungsrecht stützt, in Annahmeverzug befindet (RGZ 94, 309). Richtet sich die Aufrechnung ausnahmsweise, etwa nach § 406, nicht gegen den Schuldner der Aufrechnungsforderung, kann der Aufrechnungsadressat sich auf dem Schuldner zustehende Einreden iRd § 390 berufen (BGHZ 35, 317; LM § 390 BGB Nr 1). Nach §§ 410, 390 ist eine ohne Vorlage einer Abtretungsurkunde erfolgte Aufrechnung durch den Zessionar unwirksam (BGHZ 26, 241).

4 Bei **dilatorischen Einreden** kann allerdings eine Aufrechnungslage noch entstehen, wenn die Einrede wegfällt. Die Ausnahme für **verjährte Forderungen**, wonach es ausreicht, wenn die Verjährung bei Entstehen der Aufrechnungslage noch nicht eingetreten war, findet sich seit der Schuldrechtsreform in § 215. Ist die Aufrechnungslage erst nach der Verjährung der Aufrechnungsforderung eingetreten, bleibt es bei der Regel des § 390.

§ 391 Aufrechnung bei Verschiedenheit der Leistungsorte. (1) ¹Die Aufrechnung wird nicht dadurch ausgeschlossen, dass für die Forderungen verschiedene Leistungs- oder Ablieferungsorte bestehen. ²Der aufrechnende Teil hat jedoch den Schaden zu ersetzen, den der andere Teil dadurch erleidet, dass er infolge der Aufrechnung die Leistung nicht an dem bestimmten Orte erhält oder bewirken kann.
(2) Ist vereinbart, dass die Leistung zu einer bestimmten Zeit an einem bestimmten Orte erfolgen soll, so ist im Zweifel anzunehmen, dass die Aufrechnung einer Forderung, für die ein anderer Leistungsort besteht, ausgeschlossen sein soll.

1 **A. Aufrechnung trotz Verschiedenheit der Leistungs- oder Ablieferungsorte.** Leistungs- und Ablieferungsort liegen dem vertraglichen Äquivalenzverhältnis zugrunde, das durch die Aufrechnung nicht verschoben werden soll. Auf der anderen Seite dient die Aufrechnung der Erleichterung des Rechtsverkehrs. § 391 I löst diesen Interessenkonflikt, indem trotz Verschiedenheit der Leistungsorte die Aufrechnung zugelassen wird, dem Gläubiger der Hauptforderung aber ein Schadensersatzanspruch zuerkannt wird, sofern ihm Schaden daraus erwächst, dass er die Leistung nicht an dem vorgesehenen Ort erhält oder seine Gegenleistung nicht am vorgesehenen Ort bewirken kann.

2 Der Leistungsort ist nach allgemeinen Grundsätzen zu bestimmen. Die Einbeziehung des Ablieferungsortes ist für die Schickschuld von Bedeutung. Sie trägt dem Umstand Rechnung, dass für das wirtschaftliche Äquivalenzverhältnis oft weniger das Transportrisiko als die Transportkosten ausschlaggebend sind. Verschiebungen des Äquivalenzverhältnisses können sich daher schon aus der Abweichung vom vereinbarten Ablieferungsort ergeben.

3 **B. Vereinbarter Leistungsort.** § 391 II setzt voraus, dass für die Hauptforderung ein anderer Leistungsort vereinbart ist als derjenige, der für die Aufrechnungsforderung maßgebend ist. Damit soll die Durchsetzbarkeit *der vereinbarten Leistungsmodalitäten*, zu denen auch der Leistungsort gehört, gewahrt werden. Die Vorschrift gilt allerdings nicht, soweit sich der Leistungsort aus dem Gesetz ergibt (BGH NJW 99, 1179).

§ 392 Aufrechnung gegen beschlagnahmte Forderung.
Durch die Beschlagnahme einer Forderung wird die Aufrechnung einer dem Schuldner gegen den Gläubiger zustehenden Forderung nur dann ausgeschlossen, wenn der Schuldner seine Forderung nach der Beschlagnahme erworben hat oder wenn seine Forderung erst nach der Beschlagnahme und später als die in Beschlag genommene Forderung fällig geworden ist.

A. Überblick. Mit der Beschlagnahme einer Forderung geht das Interesse des Drittgläubigers einher, sich aus der Forderung zu befriedigen. Deshalb verbietet § 829 I 1 ZPO dem Schuldner einer beschlagnahmten Forderung die Erfüllung. Hingegen lässt § 392 dem Schuldner die Aufrechnungsmöglichkeit, soweit er **auf eine eingetretene Aufrechnungslage vertrauen** kann. Aus der Beschlagnahme erwächst dann nur in bestimmten Fällen einer nach dem Erwerbs- oder Entstehungsablauf mangelnden Schutzbedürftigkeit des Schuldners ein Aufrechnungsverbot. 1

B. Geltung für die Aufrechnung. Die Vorschrift gilt für eine **Aufrechnung** durch den Schuldner. Sie ist nicht anwendbar, wenn der Gläubiger durch einen Aufrechnungsvertrag (hierzu s. § 387 Rn 4) schon vor der Beschlagnahme über eine Forderung selbst verfügt hat, selbst wenn die Aufrechnungsforderung erst nach der Beschlagnahme und nach Eintritt der Fälligkeit der beschlagnahmten Forderung ihrerseits fällig wurde (BGH NJW 68, 835). Anderes hat das BAG für Arbeitseinkommen nach dem Rechtsgedanken des § 850h ZPO angenommen (BAG AP Nr 2 zu § 392). Hat der (Dritt-)Schuldner entgegen § 829 ZPO eine beschlagnahmte Forderung erfüllt, ist dies dem Pfändungsgläubiger ggü zwar unwirksam. Das Recht, unter den Voraussetzungen des § 392 aufzurechnen, bleibt hiervon aber unberührt (BGH NJW 72, 428). 2

C. Alt 1. Nach § 392 Alt 1 ist der Schuldner ggü einer Beschlagnahme **nicht schutzbedürftig**, wenn er die Aufrechnungsforderung erst nach der Beschlagnahme erworben hat. In diesem Falle durfte er zu keinem Zeitpunkt auf die Möglichkeit einer Aufrechnung vertrauen. Für einen Erwerb reicht es aus, wenn die Aufrechnungsforderung dem Grunde nach entstanden ist (BGH NJW 80, 584). Bei Verletzung vertraglicher Pflichten hat es die Rspr ausreichen lassen, wenn der maßgebende Vertrag vor der Beschlagnahme geschlossen wurde und damit die Rechtsgrundlage für den späteren Schadensersatzanspruch geschaffen war (Ddorf NJW-RR 00, 231; Köln OLGZ 78, 320). 3

D. Alt 2. Die Einschränkung der Aufrechnungsbefugnis in § 392 Alt 2 richtet sich gegen den Schuldner, der eine voll durchsetzbare Forderung bis zu dem Zeitpunkt nicht erfüllt hat, zu dem seine zur Aufrechnung gestellte Gegenforderung fällig wird. Ihm soll durch die **unberechtigte Verweigerung** der Zahlung kein Vorteil erwachsen. Alt 2 steht der Aufrechnung daher nur dann entgegen, wenn die Hauptforderung vollwirksam war, bevor die Aufrechnungsmöglichkeit entstanden ist (BGH NJW-RR 04, 525). 4

§ 393 Keine Aufrechnung gegen Forderung aus unerlaubter Handlung.
Gegen eine Forderung aus einer vorsätzlich begangenen unerlaubten Handlung ist die Aufrechnung nicht zulässig.

A. Zweck. Die Vorschrift soll gewährleisten, dass das Opfer einer vorsätzlichen unerlaubten Handlung in angemessener Frist ohne Erörterung von Gegenansprüchen des Schädigers zu seinem Recht kommt (BGH NJW-RR 88, 173; RGZ 154, 334, 339). Daneben wird verhindert, dass der Schädiger ggü seinem zahlungsschwachen Schuldner sanktionslos Rache üben kann (dies als ausschl Zweck sehend und deshalb für einschränkende Auslegung *Deutsch* NJW 81, 735). 1

B. Anwendungsbereich und Voraussetzungen. § 393 gilt nur für die **Aufrechnung**, entbindet jedoch ggf nicht von der Notwendigkeit, einen Schaden durch Gegenüberstellung einzelner Schadensposten, namentlich bei einer gebotenen Vorteilsausgleichung, zu berechnen (BGH NJW 67, 2012). Die Vorschrift meint den Fall, dass die Hauptforderung auf einer vorsätzlich begangenen unerlaubten Handlung beruht. Die Nutzung einer Forderung aus vorsätzlicher unerlaubter Handlung als Aufrechnungsforderung ist nicht ausgeschlossen. Bei einer juristischen Person steht das Handeln ihrer Organe ihrem eigenen gleich, so dass § 393 gilt, wenn die juristische Person für das vorsätzliche Deliktsverhalten eines Organs haftet (BGH NJW 07, 2490). Die Vorschrift stellt allein auf den **Entstehungsgrund der Forderung**, nicht auf die Person des Schuldners ab. Sie gilt deshalb auch für Fälle der Rechtsnachfolge und Mithaftung (zu §§ 25, 27 HGB RGZ 154, 334, 339). 2

Unerlaubte Handlungen sind die Deliktstatbestände des BGB und die außerhalb desselben geregelten außervertraglichen Haftungsvorschriften, soweit sie rechtssystematisch eine deliktsrechtliche Funktion haben (verneinend zu § 717 II ZPO RGZ 76, 406, 408). Die Vorschrift gilt auch bei Staatshaftungsansprüchen (BGH § 393 BGB LM Nr 6; BFHE 83, 607). Das Vorsatzerfordernis bezieht sich nicht auf den tatbestandlichen Haftungstatbestand, sondern auf das konkrete Verhalten des Schuldners. § 393 greift damit auch ohne Rücksicht darauf ein, ob es sich um eine Verschuldens- oder Gefährdungshaftung handelt. Zwischen unmittelbaren Schäden und Folgeschäden wird in § 393 nicht unterschieden, so dass auch letztere umfasst sind, soweit sie deliktisch zu ersetzen sind. Das schließt Kostenerstattungsansprüche aus einer wegen der unerlaubten Handlung erhobenen Unterlassungsklage ein (Köln NJW-RR 90, 929). 3

4 In **erweiternder teleologischer Auslegung** erfasst die Vorschrift auch Ansprüche aus anderen Anspruchsgrundlagen, soweit das anspruchsbegründende Verhalten des Schuldners zugleich die Voraussetzungen einer vorsätzlich begangenen unerlaubten Handlung erfüllt (BGH BB 54, 172; NJW 67, 2012; NJW 94, 252, 253; NJW 99, 714). Die Rspr hat sie auch auf andere Fälle schweren Verschuldens angewandt, wenn der Präventionszweck der Haftungsnorm dies gebietet (BGH VersR 09, 1664; Karlsr VersR 09, 360). Demgegenüber erstreckt sich § 393 nicht auf den Fall einer vorsätzlichen Vertragsverletzung, soweit nicht zugleich ein Delikt verwirklicht wird (BGH NJW 75, 1119, 1120). Die Anwendbarkeit ist dem Rechtsgedanken nach ferner dann zu bejahen, wenn ein gesetzlicher Anspruch an die Stelle eines sonst zu bejahenden Anspruchs aus vorsätzlich begangener unerlaubter Handlung getreten ist, so etwa beim Anspruch aus § 852 (BGH NJW 77, 529; ferner LM § 393 Nr 6: zum BEG).

5 Eine einschränkende Auslegung, wonach die Aufrechnung zulässig ist, wenn auch die Aufrechnungsforderung auf einer vorsätzlichen unerlaubten Handlung beruht, hat im Gesetz keine ausreichende Stütze (RGZ 123, 6, 7; Celle NJW 81, 766; aA *Deutsch* NJW 81, 735). Das gilt auch dann, wenn die wechselseitigen Ansprüche einem einheitlichen Lebensverhältnis entspringen, etwa bei einer Prügelei (BGH NJW 09, 3508).

6 Gegen strafrechtliche **Geldstrafen** ist eine Aufrechnung nicht zulässig; der Fiskus kann mit seinem Geldstrafenanspruch aufrechnen (Braunschw NJW 51, 247; AG Hannover NJW 75, 178).

7 C. Beweislast. Für das Eingreifen des Aufrechnungsverbots ist grds der Gläubiger beweispflichtig (BGH NJW 94, 252, 253). Soweit bei der Feststellung des Deliktstatbestands Beweiserleichterungen eingreifen, kommen ihm diese auch iRd § 393 zugute (BGH NJW 99, 714).

§ 394 Keine Aufrechnung gegen unpfändbare Forderung.
[1]Soweit eine Forderung der Pfändung nicht unterworfen ist, findet die Aufrechnung gegen die Forderung nicht statt. [2]Gegen die aus Kranken-, Hilfs- oder Sterbekassen, insbesondere aus Knappschaftskassen und Kassen der Knappschaftsvereine, zu beziehenden Hebungen können jedoch geschuldete Beiträge aufgerechnet werden.

1 A. Überblick. Die Aufrechnung entfaltet die Wirkung einer privaten Selbstexekution. Folgerichtig ordnet § 394 ein Aufrechnungsverbot ggü unpfändbaren Forderungen an. Das gilt grds für alle Pfändungsverbote mit Ausnahme der in 2 angesprochenen Aufrechnung mit Ansprüchen auf Zahlung von Beiträgen gegen an sich unpfändbare Ansprüche gegen Kranken-, Hilfs- oder Sterbekassen. Mit der Grundregel in 1 soll va **im öffentlichen Interesse** erreicht werden, dass der Gläubiger der unpfändbaren Forderung nicht den Sozialkassen und der Allgemeinheit zur Last fällt. Der Staat darf für die wirtschaftliche Existenzvernichtung des Schuldners nicht die Hand reichen (RGZ 105, 105; 133, 249, 256). Die Vorschrift enthält deshalb zwingendes Recht (BGH NJW 99, 3264; RGZ 146, 398, 401) und gilt ihrer Zwecksetzung gem auch nur zugunsten des Schuldners, nicht nach einem Anspruchsübergang auf den Sozialleistungsträger (BGH NJW 61, 1966; LG Heilbronn NJW-RR 90, 197; aA für § 115 SGB X BAG EzA § 115 GewO Nr 5; AP Nr 1 zu § 115 SGB X). Über die sozialen Pfändungsschutzvorschriften hinaus bezieht sich die Bestimmung nach ihrem Wortlaut und Zweck damit zugleich auf andere Pfändungsverbote. Das sind insb solche, die wegen des höchstpersönlichen Charakters einer Forderung erlassen sind oder die im allgemeinen Interesse liegen (BGHZ 130, 76). Letzteres gilt auch, soweit durch das Pfändungsverbot Forderungen haftungsrechtlich allein der Gesamtheit aller Gläubiger zur gemeinschaftlichen Befriedigung zugewiesen werden sollen. Die Aufrechnung soll – von den Fällen des Verstoßes gegen Treu und Glauben abgesehen – regelmäßig nicht in weitergehendem Umfange erlaubt sein als die Pfändung. Gegen bedingt pfändbare Forderungen kann grds nicht aufgerechnet werden (BGH NJW 60, 572, 573; Bambg FamRZ 96, 1487). Nach § 850 III ZPO lässt das Vollstreckungsgericht die Pfändung zu, wenn dies der Billigkeit entspricht. Liegt eine solche Entscheidung vor, greift auch § 394 nicht.

2 B. Geltung für Aufrechnung. § 394 gilt für die Aufrechnung. Aufgrund ihres zwingenden Charakters gilt die Vorschrift auch für **Aufrechnungs- oder Verrechnungsabreden** (BGH NJW 99, 3264). Anders liegt es, wenn die Vereinbarung nach Eintritt der Fälligkeit geschlossen wird (BAG NJW 77, 1168 einschränkend auch BGH NJW-RR 03, 696), denn der Schuldner kann auch mit der geschützten Forderung aufrechnen. Weder eine Aufrechnung noch eine Verrechnungsvereinbarung liegt vor, soweit lediglich ein bereits gezahlter Vorschuss auf eine Forderung angerechnet wird (RGZ 133, 249, 252; s.a. BAG NJW 56, 926).

3 C. Unpfändbarkeit. I. Vollstreckungs- und Insolvenzrecht. Maßgebend für die Pfändbarkeit ist zunächst das **Vollstreckungsrecht**. Die Pfändungsverbote und -schranken des Zwangsvollstreckungsrechts wirken nach § 394 grds auch als Aufrechnungsverbote, zB: § 850a Nr 3 ZPO (LAG Hamm ArbuR 06, 74); § 850b I ZPO (BGHZ 35, 317; NJW 97, 1441; NJW-RR 02, 1513); § 850c ZPO (BGH NJW-RR 07, 1553); auch § 1629 III mit § 850 ZPO (BGHZ 113, 90), § 850i ZPO (BGH NJW-RR 02, 1513); §§ 851, 852 ZPO (BGHZ 94, 316; 130, 76; NJW-RR 07, 1553).

4 Um im **Interesse der Gläubigergesamtheit** bestehende Pfändungsverbote handelt es sich auch, soweit durch das Pfändungsverbot Forderungen haftungsrechtlich allein der Gesamtheit aller Gläubiger zur gemeinschaftlichen Befriedigung zugewiesen werden sollen. Zu den im Interesse der Befriedigung der Gesamtheit aller Gläubiger erlassenen Aufrechnungsverboten zählen insb solche des Insolvenzrechts: § 2 IV GesO (BGHZ

130, 76; 140, 170; 159, 388). Auch höchstpersönliche Ansprüche sind nicht übertragbar und damit unpfändbar (BVerwG NJW 97, 3256: Beihilfeanspruch).

Aus einem vom Insolvenzgericht gem § 21 II Nr 3 InsO angeordneten Vollstreckungsverbot folgt keine Unwirksamkeit der Aufrechnung nach § 394 (BGHZ 159, 388). Aus § 294 I InsO resultiert, auch im Zusammenwirken mit § 394, kein generelles Aufrechnungsverbot während der Wohlverhaltensperiode (BGH NJW 05, 2988). 5

II. Pfändungsverbote des öffentlichen Rechts. Beachtlich iRd § 394 sind auch Pfändungsverbote des öffentlichen Rechts, etwa § 55 SGB I (BGH NJW 88, 709) oder § 226 AO (BFH NV 06, 1447). Der Schutz aus § 55 SGB I greift aber nicht, wenn die Zahlung auf ein Konto des **Ehegatten** des Empfängers überwiesen wird und die Bank gegen die Gutschrift aufrechnet (BGH NJW 88, 709). Eine besondere Vorschrift findet sich in § 51 SGB I. 6

D. Schranken aus Treu und Glauben. Die Berufung auf § 394 unterliegt der Schranke der unzulässigen Rechtsausübung. Eine Berufung auf das Aufrechnungsverbot des § 394 1 kann dann treuwidrig sein, wenn der Gläubiger der unpfändbaren Forderung iRe **einheitlichen Lebensverhältnisses**, va eines Unterhalts-, Dienst- oder Arbeitsverhältnisses, schadensersatzpflichtig geworden ist (BGHZ 30, 36; NJW-RR 90, 1499; ferner BGH WM 62, 1090, sowie BAG E 16, 228; NJW 60, 1589; AP Nr 8 zu § 394 BGB und §§ 51 II BRRG, 84 II BBG). Das wurde bspw bei Aufrechnung des Rückforderungsanspruchs wegen überzahlten Unterhalts ggü dem Unterhaltsanspruch angenommen (Hamm FamRZ 99, 436; NJW-RR 04, 437). Gegen eine an sich unpfändbare Unterhaltsforderung kann deshalb auch mit einer Schadensersatzforderung aus einer iRd Unterhaltsverhältnisses begangenen vorsätzlichen unerlaubten Handlung aufgerechnet werden. Dem Unterhaltsberechtigten muss jedoch das Existenzminimum verbleiben (BGHZ 123, 49; Karlsr NJW-RR 02, 1158). Liegt kein einheitliches Lebensverhältnis vor, so kann das Aufrechnungsverbot nicht überwunden werden (BGH NJW-RR 90, 1499). Ebenso reicht eine bloße Vertragsverletzung nicht aus, um die Berufung auf das Aufrechnungsverbot treuwidrig erscheinen zu lassen (BGHZ 30, 36). Auch ein Vertragsstrafenanspruch bricht das Aufrechnungsverbot nicht (Rostock NJW-RR 95, 173). 7

§ 395 Aufrechnung gegen Forderungen öffentlich-rechtlicher Körperschaften.
Gegen eine Forderung des Bundes oder eines Landes sowie gegen eine Forderung einer Gemeinde oder eines anderen Kommunalverbands ist die Aufrechnung nur zulässig, wenn die Leistung an dieselbe Kasse zu erfolgen hat, aus der die Forderung des Aufrechnenden zu berichtigen ist.

Die Regelung schränkt die Aufrechnungsmöglichkeit des Schuldners ggü der öffentlichen Hand über das Gegenseitigkeitserfordernis des § 387 hinaus ein. Die Aufrechnung durch den öffentlichen Gläubiger wird nicht geregelt. Maßgebend sind dabei die Verhältnisse zum Zeitpunkt der Aufrechnungserklärung (RGZ 124, 155, 158 f). Die Regelung setzt die Aufrechenbarkeit gegen öffentlich-rechtliche Forderungen grds voraus (näher § 387 Rn 2); auch öffentliche und privatrechtliche Forderungen können unabhängig vom Rechtsweg gleichartig sein (§ 387 Rn 14). Selbst im Falle des Bestehens einer Aufrechnungsforderung gegen denselben Hoheitsträger, dem die Hauptforderung zusteht, kann der Schuldner aber nach § 394 nur im Falle einer **qualifizierten Gegenseitigkeit** aufrechnen. Hierzu muss sich die Aufrechnungsforderung gegen dieselbe Kasse richten, bei der auch die Hauptforderung zu begleichen ist. Auf die öffentlich-rechtliche oder privatrechtliche Rechtsnatur der Hauptforderung kommt es nicht an. Die Vorschrift dient der Verwaltungsvereinfachung im öffentlichen Interesse. Ist die ursprünglich bestehende Kasse weggefallen, kann nach Treu und Glauben eine erweiterte Aufrechnungsbefugnis in Betracht kommen (BGHZ 2, 300). 1

Der Begriff der **Kasse** iSd § 395 meint nicht die maßgebende juristische Person des öffentlichen Rechts, sondern ist im natürlichen Sprachsinne zu verstehen. Kasse ist danach jede Dienststelle, die selbständig Gelder verwaltet, also Einnahmen entgegennimmt und Ausgaben bewirkt und hierüber amtliche Bücher führt (RGZ 82, 232, 235). 2

Im **Steuerrecht** gilt die besondere Vorschrift des § 226 AO. Das Erfordernis der Kassenidentität ist nicht anwendbar (BFHE 157, 8). 3

§ 396 Mehrheit von Forderungen.
(1) ¹Hat der eine oder der andere Teil mehrere zur Aufrechnung geeignete Forderungen, so kann der aufrechnende Teil die Forderungen bestimmen, die gegeneinander aufgerechnet werden sollen. ²Wird die Aufrechnung ohne eine solche Bestimmung erklärt oder widerspricht der andere Teil unverzüglich, so findet die Vorschrift des § 366 Abs. 2 entsprechende Anwendung.
(2) Schuldet der aufrechnende Teil dem anderen Teil außer der Hauptleistung Zinsen und Kosten, so findet die Vorschrift des § 367 entsprechende Anwendung.

A. Überblick. § 396 regelt die Forderungsmehrheit bei der Haupt- und bei der Aufrechnungsforderung. Die Vorschrift enthält für die Aufrechnung parallele Regelungen zu den **Erfüllungsvorschriften der §§ 366, 367**. Dabei trägt § 396 aber dem Umstand Rechnung, dass bei der Aufrechnung die Initiative zur Tilgung der Auf- 1 rechnungsforderung vom Schuldner (auch als Gläubiger der Aufrechnungsforderung) ausgeht. Das Bestimmungsrecht des § 366 I wird daher in § 396 I 2 Alt 2 zum Widerspruchsrecht des Gläubigers (auch als Schuldner der Aufrechnungsforderung). Folgerichtig besteht es nur, wenn auch der Gläubiger zur Aufrechnung befugt ist (Palandt/*Grüneberg* Rz 1). Die Ausübung des Widerspruchsrechts führt allerdings nicht dazu, dass der Gläubiger nun seinerseits bestimmen darf, welche Forderung als Aufrechnungsforderung herangezogen wird.

2 § 396 I regelt das Verhältnis mehrerer Forderungen zueinander, § 396 II das Verhältnis zwischen einer Forderung und einer hieraus resultierenden Nebenforderung. Stehen dem Schuldner mehrere Hauptforderungen zu, mit denen Nebenforderungen einhergehen, so ist der **Anwendungsbereich beider Absätze** des § 396 berührt. In diesem Fall ist zunächst nach § 396 I zu ermitteln, welche Forderung zur Aufrechnung heranzuziehen ist. Ist diese Forderung ermittelt, so gilt im Verhältnis dieser Forderung zu den zugehörigen Nebenforderungen § 396 II. Insofern kann man von einem Vorrang von § 396 I sprechen. Die Vorschrift gilt nicht für Aufrechnungsvereinbarungen (RGZ 132, 118, 221).

3 **B. Mehrere Forderungen.** § 396 regelt dem Wortlaut nach sowohl den Fall des Bestehens mehrerer Hauptforderungen wie den Fall mehrerer Aufrechnungsforderungen. Die Vorschrift erfasst aber auch den Fall, dass sich mehrere Hauptforderungen und mehrere Aufrechnungsforderungen gegenüberstehen (BGH NJW 04, 2230, 2232). Wie § 366 gilt § 396 auch dann, wenn mehrere Einzelforderungen auf demselben Schuldverhältnis iwS beruhen (BGH NJW 04, 2230, 2232). Im Falle mehrerer möglicher Aufrechnungsforderungen hat zunächst der Schuldner ein **Wahlrecht**, welche er zur Aufrechnung nutzt. Eine vertragliche Beschränkung dieser Auswahlbefugnis des Schuldners ist möglich (hiervon ausgehend BGH NJW 84, 2455). Macht der Schuldner von seiner Auswahlbefugnis keinen Gebrauch oder widerspricht der Gläubiger unverzüglich (ohne schuldhaftes Zögern, § 121 I), so gilt sowohl im Verhältnis mehrerer Hauptforderungen untereinander als auch im Verhältnis mehrerer Aufrechnungsforderungen die gesetzliche Tilgungsreihenfolge nach der Kriterienleiter des § 366 II (Fälligkeit, geringere Sicherheit, Lästigkeit, Alter, verhältnismäßige Tilgung der verbleibenden Forderungen). So kommt bei mehreren Aufrechnungsforderungen die nach § 215 zulässige Aufrechnung mit einer verjährten Forderung vorrangig zum Zuge, weil sie die geringere Sicherheit bietet (BGH NJW 87, 181, 182). Entspr gilt bei mehreren Hauptforderungen.

4 Für die **Bestimmung durch den Schuldner** gilt nach Rechtsnatur und Voraussetzungen das Gleiche wie für eine Tilgungsbestimmung nach § 366 I (§ 366 Rn 12 ff). Der Schuldner muss die Ausübung des Bestimmungsrechts aus § 396 I 1 beweisen (Brandbg ZInsO 09, 522).

5 Im Falle der Bestimmung durch den Schuldner steht dem Gläubiger ein **Widerspruchsrecht** zu. Der Widerspruch wird ausgeübt durch eine empfangsbedürftige Erklärung des Gläubigers. Der Rechtsnatur nach handelt es sich um eine Willenserklärung, namentlich eine Gestaltungserklärung, die unmittelbar auf die Rechtsfolge gerichtet ist, den Eintritt der Wirkung der Bestimmung durch den Schuldner zu verhindern. Der Widerspruch kann ausdrücklich oder stillschweigend erklärt werden. Es muss dem Schuldner ggü zum Ausdruck gebracht werden, dass der Gläubiger die durch den Schuldner erklärte Bestimmung nicht hinnimmt. Dies kann dadurch geschehen, dass der Gläubiger dem Schuldner eine Forderungsaufstellung übersendet, aus der sich der Widerspruch des Schuldners ersehen lässt. Nicht ausreichend ist eine solche Aufstellung allerdings dann, wenn für den Schuldner nicht ersichtlich ist, ob der Gläubiger nur die Bestimmung nicht hinnehmen will oder ob er die Aufrechnung gar nicht zur Kenntnis genommen bzw berücksichtigt hat. Der Widerspruch muss unverzüglich, also ohne schuldhaftes Zögern erfolgen.

6 **C. Nebenforderungen.** § 396 II regelt den Fall einer zur vollständigen Tilgung aller Haupt- und Nebenforderungen **unzureichenden Aufrechnung**, wenn Nebenforderungen bestehen. Diese werden entspr § 367 nach der Reihenfolge Kosten, Zinsen verrechnet. Reicht die Aufrechnungsforderung zur Deckung der Nebenforderungen nicht aus, so bleibt die Hauptforderung in vollem Umfang bestehen (BGHR ZPO § 4 I Hauptforderung 2). Auch hier kann der Schuldner eine abweichende Bestimmung treffen und die Aufrechnung primär gegen die Hauptforderung statt gegen die Nebenforderungen richten; der Gläubiger kann dem aber widersprechen. Für eine abweichende Bestimmung durch den Schuldner reicht es dabei nicht aus, wenn dieser die Aufrechnung pauschal gegen die Forderung richtet (BGH NJW 81, 1729). Widerspricht der Gläubiger, so besteht die Rechtsfolge nicht in der Unwirksamkeit der Aufrechnung, sondern in der Geltung der gesetzlichen Regelung in §§ 396 II, 367 (offen lassend BGH NJW 81, 1729). Anders liegt es nur dann, wenn der Schuldner eine unzulässige bedingte Aufrechnung unter dem Vorbehalt erklärt, dass der Gläubiger nicht widerspricht.

Titel 4 Erlass

§ 397 *Erlassvertrag, negatives Schuldanerkenntnis.* (1) Das Schuldverhältnis erlischt, wenn der Gläubiger dem Schuldner durch Vertrag die Schuld erlässt.
(2) **Das Gleiche gilt, wenn der Gläubiger durch Vertrag mit dem Schuldner anerkennt, dass das Schuldverhältnis nicht bestehe.**

A. Grundlagen. I. Überblick.
§ 397 regelt zwei Tatbestände, nämlich den Erlassvertrag in I und das negative **1** Schuldanerkenntnis in II. Entscheidend beim Erlass ist der Wille der Parteien, die betroffene Forderung zum Erlöschen zu bringen. Der Gläubiger muss **verzichten** wollen. Das ist nach allgemeinen Regeln (§§ 133, 157) zu ermitteln und kann sich daher auch aus dem Empfängerhorizont ergeben (München WM 94, 21).

Der Erlassvertrag ist ein **abstraktes Rechtsgeschäft**, mit dem die an einem Schuldverhältnis Beteiligten über **2** dessen Inhalt verfügen. Der Erlassvertrag als Verfügungsgeschäft wird mithin typischerweise aufgrund eines anderen, für den Erlass kausalen Rechtsgeschäfts, abgeschlossen (BGH NJW 02, 429). Fehlt dieser Rechtsgrund, so kann der Erlass kondiziert und die Wiederbegründung des getilgten Schuldverhältnisses verlangt werden. Bei dem kausalen Grundgeschäft wird es sich häufig um einen Vergleich (§ 779) oder eine Schenkung (§ 516) handeln (BGH NJW-RR 98, 590). Beim schenkweise erfolgten Erlass liegt im Abschluss des Erlassvertrags der Vollzug der Schenkung iSd § 518 II (Stuttg NJW 87, 782). Hierunter fällt auch der mit einer Versicherung geschlossene Abfindungsvergleich (BGH NJW 96, 3418). Auch auf eine zukünftige Verbindlichkeit kann durch Erlassvertrag verzichtet werden (BGH NJW-RR 93, 1111; aA RGZ 148, 257, 262; RGZ 124, 325, 326), wobei zT statt eines Erlasses eine Vereinbarung über die Nichtentstehung der Forderung angenommen wird (Palandt/*Grüneberg* Rz 3). Der Erlass einer bereits erloschenen Forderung geht ins Leere und kann ggf in ein konstitutiv-kausales negatives Schuldanerkenntnis umgedeutet werden.

Gegenstand eines Verzichts nach § 397 I ist eine Forderung, also ein auf eine Leistung gerichteter Anspruch. **3** Ein vorweggenommener Erlass künftiger Ansprüche ist möglich (BGH NJW 07, 2556, 2557). Auch auf andere schuldrechtliche Rechte kann verzichtet werden, etwa auf Gestaltungsrechte oder das Vorkaufsrecht (BGH BB 63, 453; BB 66, 636).

Die **Beweislast** für den Erlass trägt der Schuldner (BGH NJW-RR 92, 1388). Nichts anderes gilt für das negative Schuldanerkenntnis. **4**

II. Abgrenzung von ähnlichen Erscheinungen.
1. Aufhebungsvertrag. Durch den Erlass wird nicht das **5** Schuldverhältnis als Ganzes (iwS) beseitigt, sondern lediglich eine Forderung, also ein Schuldverhältnis im engeren Sinne zum Erlöschen gebracht. Demgegenüber können die Parteien, namentlich – aber keineswegs nur – bei Dauerschuldverhältnissen, auch ein **Schuldverhältnis als Ganzes** vertraglich beseitigen. Eine solche Abrede wird idR als Aufhebungsvertrag bezeichnet.

2. Aufhebung dinglicher Rechte. Der Erlassvertrag bewirkt die Aufhebung von Forderungen, also von **6** Ansprüchen, die auf eine Leistung gerichtet sind. Dingliche Rechte werden nach den hierfür geltenden Regeln aufgehoben; regelmäßig reicht eine einseitige Erklärung (§§ 875, 928, 959, 1064, 1255). Auch auf einen **Eigentumsvorbehalt** kann der Inhaber einseitig verzichten (BGH NJW 58, 1231). § 397 ist auf die den dinglichen Rechten zugrunde liegenden schuldrechtlichen Pflichten anwendbar (BGH NJW 02, 429; vgl auch JZ 57, 307).

3. Pactum de non petendo. Das Pactum de non petendo (Stillhaltevereinbarung) bewirkt – anders als der **7** Erlass – kein Erlöschen des Schuldverhältnisses, sondern lediglich eine (idR) vorübergehende **Einrede**. Wird ein dauerndes Stillhalten vereinbart, so kann ein Erlass vorliegen.

4. Prozessualer Verzicht. Der auch im Prozess mögliche materiell-rechtliche Verzicht ist vom prozessualen **8** Verzicht zu unterscheiden. Dieser führt auf Antrag des Beklagten nach § 306 zum Verzichtsurteil; andere Fälle regeln die §§ 295, 346, 515 ZPO.

B. Erlass. I. Beteiligte.
Der Erlassvertrag wird zwischen **Gläubiger und Schuldner** geschlossen. Auf den **9** Erlass als Verfügungsgeschäft ist § 185 anwendbar, wenn ein Dritter verfügt. Ein Dritter kann mit dem Gläubiger iRd § 328 ein dauerndes Stillhalten zugunsten des Schuldners vereinbaren (BGH JZ 56, 119). Dagegen ist aufgrund des Verfügungscharakters des Erlassgeschäfts ein Erlassvertrag zugunsten eines Dritten nicht wirksam möglich (BGHZ 126, 261; VuR 07, 385). Es kommt aber eine Umdeutung in ein wirksames Pactum de non petendo in Betracht.

II. Angebot und Annahme.
Der Erlass ist nach § 397 I kein einseitiges Rechtsgeschäft des Gläubigers, son- **10** dern kommt durch Vertrag zustande (BGH NJW 87, 3203). IRe Vergleichsvertrags können auch einseitige Verzichtserklärungen ausgetauscht werden (LG Frankf WM 08, 405). Auch auf Gestaltungsrechte kann einseitig verzichtet werden (BGH BB 63, 453); beim Vorkaufsrecht ist ein Vertrag erforderlich (BGH BB 66, 636; RGZ 110, 409, 418). Es gelten die Regeln der §§ 145 ff, so dass Angebot und Annahme erforderlich sind (BGH NJW-RR 02, 1613). Im Einzelfall kann der Zugang der Annahme gem § 151 entbehrlich sein. Das Vorliegen eines Erlassvertrags kann sich auch aus einem kaufmännischen Bestätigungsschreiben ergeben (vgl BGH NJW-RR 01, 1044). Da der Erlass auch in der Form eines **Teilerlasses** möglich ist, enthält die nachträgliche Erklärung des Gläubigers, nur eine geringere Vergütung zu beanspruchen, rechtlich das Angebot zum Abschluss eines Teilerlassvertrags (BGH NJW 87, 3203). Das gilt auch für bereits eingetretene Verzugsfolgen; eine einseitige Rücknahme der Mahnung reicht nicht (BGH NJW 87, 1546).

III. Entbehrlichkeit der Annahme.
Der Erlass ist ein für den Schuldner günstiges Geschäft, so dass der **11** Zugang der Annahme häufig nach § 151 entbehrlich sein wird. Eine allgemeine Regel oder Verkehrssitte, dass

der Gläubiger beim Erlass stets auf den Zugang der Annahme seines Erlassangebots durch den Schuldner verzichtet, besteht aber nicht. Die Übersendung einer Unterwerfungserklärung, die den Verzicht auf die weitere Erhebung einer Behauptung enthält, enthält nur dann den Verzicht auf den Zugang der Annahmeerklärung, wenn die Unterwerfungserklärung nicht oder zumindest nicht in einem wesentlichen Punkt vom Unterlassungsbegehren des Anspruchstellers abweicht (BGH NJW-RR 02, 1613).

12 **IV. Deutlichkeitserfordernis. 1. Allgemeines.** Der Erlass enthält den Verzicht des Gläubigers auf eine Forderung. Umgekehrt setzt der Verzicht einen Erlassvertrag voraus. Ein solcher Verzicht setzt den Willen voraus, auf eine bestehende Forderung zu verzichten. Dieser Wille kann auch im Prozess erklärt werden (BGH NJW 79, 720). Er ist im Allgemeinen **nicht zu vermuten** (BGH NJW 02, 1788). Wenn feststeht oder davon auszugehen ist, dass eine Forderung entstanden ist, verbietet dieser Umstand im Allgemeinen die Annahme, der Gläubiger habe sein Recht einfach wieder aufgegeben. Es bedarf daher einer, auch im Lichte der Umstände, unzweideutigen Bekundung des Verzichtswillens durch den Gläubiger; er muss deshalb mit hinreichender Deutlichkeit erklärt werden (BGH NJW 97, 3019; NJW 01, 2325; Rostock OLGR 08, 933). Ein stillschweigender Verzicht ist möglich (zB München NJW-RR 90, 20). Er wird aber nur ausnahmsweise („unter strengen Voraussetzungen") zu bejahen sein. Bei der Gefälligkeitsfahrt kann deshalb nicht ohne weiteres unterstellt werden, dass der verletzte Mitfahrer von vornherein auf seine Haftungsansprüche verzichtet (BGH VersR 66, 693). Insb kann nicht unterstellt werden, dass der Gläubiger auf Forderungen verzichtet, die ihm unbekannt sind oder mit deren Bestehen er nicht einmal rechnet. Hier gelten nochmals gesteigerte Deutlichkeitsanforderungen (BGH NJW 84, 1346; NJW 94, 379). Bei Einbeziehung unbekannter Forderungen begründet die Fehlvorstellung über deren Bestehen keinen rechtlich erheblichen Willensmangel (Köln MDR 00, 140). Sogar im Falle einer eindeutig erscheinenden Erklärung des Gläubigers darf ein Verzicht indes nach alledem nicht bejaht werden, ohne dass bei der Feststellung des Verzichtswillens sämtliche auslegungsrelevanten Begleitumstände berücksichtigt worden sind (BGH WM 94, 267; NJW 02, 1044; NJW 06, 1511). Das gilt auch für einen bereits eingetretenen Verzug und etwaige Verzugsfolgen (BGH FamRZ 88, 478).

13 Bei der **verdeckten Teilklage** kann ein materiell-rechtlicher Verzicht auf Mehrforderung vorliegen. Das ist aber nicht ohne weiteres zu bejahen. Deshalb bedarf es im Regelfall keines ausdrücklichen Vorbehalts der Mehrforderung, um einen Erlass auszuschließen (BGH NJW 97, 3019). Ausnahmsweise kann es ausreichen, wenn der Gläubiger erklärt, er begnüge sich mit einer bestimmten Forderungshöhe (BGH NJW 79, 720).

14 Bei der **Bürgschaft** kann der Gläubiger dem Bürgen zwar dessen Schuld erlassen, aber gleichwohl Inhaber der Hauptforderung bleiben. Für den Forderungsübergang nach § 774 reicht es nicht aus, dass nach dem Willen von Gläubiger und Bürgen nur die Bürgschafts-, aber auch die Hauptschuld erlassen wird, um die Forderung auf den Bürgen übergehen zu lassen. Vielmehr muss der Wille zum Übergang der Hauptforderung auf den Bürgen hinreichend deutlich werden (BGH NJW 90, 1301). Bei der Bürgschaft ergibt sich aus der Rücksendung der Bürgschaftsurkunde dann ein Verzicht, wenn der Rücksendung nach den Umständen ein entspr Erklärungsgehalt zukommt (Dresd BB 99, 497).

15 **2. Erlassfalle.** Als Erlassfalle bezeichnet man die **Übersendung eines geringwertigen Schecks**, verbunden mit der Erklärung, dass der Scheck vergleichsweise zur Erledigung eines noch offenen, weit über die Schecksumme hinausgehenden Betrags übersandt werde und dass man auf eine Annahmeerklärung hinsichtlich dieses Angebots zum Abschluss eines Erlassvertrags verzichte. Allerdings wird bei verständiger Würdigung eine Scheckeinlösung durch den Gläubiger allenfalls ausnahmsweise als Ausdruck eines Willens zum Verzicht auf die noch offene Forderung zu verstehen sein (BGH NJW 01, 2324).

16 **V. Weitere Wirksamkeitserfordernisse.** Der Vertragsschluss ist grds, dh vorbehaltlich des Eingreifens besonderer Vorschriften, **formfrei** wirksam (NJW 02, 429). In inhaltlicher Hinsicht können der Wirksamkeit eines Erlasses bindende Preisvorschriften entgegenstehen oder der Anspruch ist sonst **nicht verzichtbar** (BGH NJW-RR 01, 1044).

17 **C. Negatives Schuldanerkenntnis.** Das negative Schuldanerkenntnis setzt wie der Erlass einen Vertrag voraus. Inhaltlich ist wie beim positiven Schuldanerkenntnis zu **unterscheiden** zwischen der bloßen Begründung eines Beweismittels gegen den Anerkennenden (zB in Form einer Mietschuldenfreiheitsbescheinigung, BGH WuM 09, 647), einem deklaratorischen und einem konstitutiv-abstrakten Schuldanerkenntnis (§ 781). Rechtssystematisch erhellt aus der abstrakten Rechtsnatur des Erlasses nach § 397 I, dass auch § 397 II nur das konstitutiv-abstrakte negative Schuldanerkenntnis ausdrücklich regelt. Die Bedeutung dieser vom positiven Anerkenntnis bekannten Unterscheidung ist jedoch beim negativen Anerkenntnis weitaus geringer, weil auch das abstrakte negative Schuldanerkenntnis nach § 397 II formfrei erteilt werden kann. Welche Wirkung im Einzelnen gewollt ist, muss durch Auslegung ermittelt werden. Soweit die Parteien einen bestimmten bestehenden kausalen Schuldgrund konstitutiv beseitigen wollen (Gegenstück zum positiven konstitutiv-kausalen Schuldanerkenntnis), liegt ein Erlass nach § 397 I vor. Beim konstitutiven negativen Schuldanerkenntnis ist der Wille der Parteien darauf gerichtet, alle oder eine bestimmte Gruppe von bekannten oder unbekannten Ansprüchen zum Erlöschen zu bringen (BAG NZA 08, 1066). Als abstraktes Rechtsgeschäft bedarf es eines Rechtsgrundes. Dieser kann in einer Schenkung, einem Vergleich oder in einer auf das bestehende Rechtsver-

hältnis bezogenen Durchführungsabrede liegen. Ein negativ deklaratorisches Schuldanerkenntnis wird vorliegen, wenn die Parteien das Nichtbestehen eines bestimmten Schuldverhältnisses annehmen und lediglich klarstellen wollen (BAG NZA 08, 1066).

Wie beim Erlass ist auch beim negativen Schuldanerkenntnis eine **stillschweigende Erteilung** möglich. Auch hier gelten aber die schon für den Erlass maßgebenden strengen Anforderungen an die Feststellung eines Verzichtswillens des Gläubigers (Ddorf ZIP 92, 1460; s.a. Rn 12). Eine stillschweigende Erteilung kann vorliegen, wenn bewusst eine Quittung trotz Bestehens einer Schuld erteilt wird (Ddorf ZIP 92, 1460), sofern sie nicht als Vorausquittung in Erwartung der künftigen Leistung erteilt wird. Auch anderen Erklärungen, etwa in einer Kontogutschrift (Ddorf ZIP 92, 1460) oder einem Übernahmeprotokoll bei Leasingverträgen im Hinblick auf Schäden (Celle DB 97, 2215), kann im Zusammenwirken mit weiteren Umständen ein entspr Erklärungsgehalt zukommen. Der Umfang der Verzichtswirkung ist im Zweifel durch Auslegung zu ermitteln. **Ausgleichsklauseln**, wonach alle gegenseitigen Ansprüche ausgeglichen sind, etwa in einem Prozessvergleich, erstrecken sich im Zweifel auch auf von den Parteien nicht bedachte Ansprüche (Ddorf BB 97, 2237; Köln MDR 00, 140; Brandbg 13.6.07, 13 U 4/07). 18

Die **Rechtswirkung** des negativen abstrakten Schuldanerkenntnisses besteht darin, dass bestehende Forderungen konstitutiv beseitigt werden. Das deklaratorische negative Schuldanerkenntnis bewirkt, dass der Gläubiger mit rechtlichen oder tatsächlichen Einwendungen gegen das Erlöschen der Forderung ausgeschlossen wird, die er bei Abgabe kannte, mit denen er rechnete oder rechnen musste (Ddorf NJW-RR 95, 1524). 19

Ein **Anspruch auf Erteilung** eines negativen Schuldanerkenntnisses, gleichviel welcher Art, besteht nicht ohne weiteres, sondern bedarf einer besonderen Grundlage (BGH WuM 09, 647). Das negative abstrakte Schuldanerkenntnis kann **kondiziert** werden, wenn es trotz des Bestehens von Forderungen erteilt wurde. Allerdings ist es für den Ausschluss der Kondiktion des negativen Anerkenntnisses ausreichend, wenn die Forderung bei der Erteilung des Anerkenntnisses berücksichtigt wurde (§§ 518, 779, 814). Dies ist dann der Fall, wenn der Gläubiger das Bestehen der Forderung kannte. Es reicht aber auch aus, dass der Gläubiger das Bestehen der Forderung für möglich hielt (BGH WM 82, 671). Ist dies nicht der Fall, besteht ein Kondiktionsanspruch auch beim deklaratorischen negativen Schuldanerkenntnis (Ddorf NJW-RR 95, 1524, 1525). Ein Bereicherungsanspruch besteht, falls das Anerkenntnis aufgrund eines unwirksamen Kausalgeschäfts erteilt wurde (RGZ 108, 105, 107 f). 20

Die **Entlastung** im Vereins- und Gesellschaftsrecht ist die durch das zuständige Organ beschlossene Billigung der Amtsführung eines anderen Organs, soweit diese für das billigende Organ ersichtlich ist. Sie erfolgt durch Beschl nach Maßgabe von Gesetz und Satzung, also als Rechtsgeschäft in der Form des Gesamtakts. Eines Vertragsschlusses bedarf es daher nicht. Ob auf die Entlastung ein Anspruch besteht, richtet sich nach dem Rechtsverhältnis, in dem sie zu erteilen ist (BGHZ 94, 324; RGZ 115, 368, 371). Das Nichtbestehen von Ansprüchen kann die Entlastung begehrende Seite im Streitfall stattdessen durch negative Feststellungsklage klären lassen. Die Entlastung schließt dem Inhalt nach einen Verzicht auf Ersatzansprüche wegen der Amtsführung ein, soweit sie dem Organ aufgrund eines sorgfältigen Studiums der ihm vorliegenden Berichte erkennbar sind oder von denen seine Mitglieder sonst Kenntnis haben (BGHZ 94, 324; NJW 59, 192; NJW 69, 131). Ausreichend ist es, wenn die zur Beschlussfassung erschienenen Organmitglieder Kenntnis haben (BGH NJW 59, 192). Das gilt auch zugunsten des Verwalters nach dem WEG (BayObLG NJW-RR 89, 840, 841). Typischerweise hat der Beschl nicht zum Inhalt, dass auf Ersatzansprüche wegen strafbaren Verhaltens verzichtet wird (Celle NJW-RR 91, 979). Die Verzichtswirkung greift aber nur, soweit diese zulässiger Beschlussinhalt ist: nicht bei der AG (§ 120 II 2 AktG) und bei öffentlich-rechtlichen Körperschaften (BGHZ 106, 199 zu Rechtsanwaltskammern). Der Entlastungsbeschluss kann rechtsmissbräuchlich gefasst sein und ohne Wirkung bleiben, wenn die Voraussetzungen einer Entlastung ersichtlich nicht vorliegen (Hamm ZIP 93, 119). Soweit die Entlastung nicht durch Beschl erfolgen kann, etwa im Verhältnis zwischen Vormund und Mündel, unterliegt sie § 397 II (RGZ 115, 368, 371). 21

Abschnitt 5 Übertragung einer Forderung

§ 398 Abtretung. Eine Forderung kann von dem Gläubiger durch Vertrag mit einem anderen auf diesen übertragen werden (Abtretung). Mit dem Abschluss des Vertrags tritt der neue Gläubiger an die Stelle des bisherigen Gläubigers.

Inhaltsübersicht

	Rn		Rn
A. Bedeutung	1–3	II. Rechtsgrund	5, 6
I. Inhalt und Normzweck	1	III. Parteien	7
II. Forderungsübergang kraft Gesetzes	2	IV. Form	8
III. Öffentlich-rechtliche Forderungen	3	V. Inhalt	9
B. Abtretungsvertrag	4–9		
I. Grundlagen	4		

		Rn			Rn
C.	Die abzutretende Forderung	10–16	E.	Sicherungsabtretung	20
	I. Bestehen der Forderung/Verfügungs-		F.	Inkassozession	21
	befugnis des Zedenten	10	G.	Einzugsermächtigung	22, 23
	II. Abtretbarkeit	11	H.	Factoring	24–30
	III. Teilabtretung	12		I. Vertragsübernahme	27–30
	IV. Künftige Forderungen	13, 14	J.	Vertragsbeitritt	31
	V. Bestimmbarkeit der Forderung	15, 16	K.	Beweislast	32
D.	Rechtsfolgen der Abtretung	17–19			

1 **A. Bedeutung. I. Inhalt und Normzweck.** Die Vorschrift betrifft die **rechtsgeschäftliche Übertragung** einer Forderung. Sie ermöglicht die Auswechselung der Person des Gläubigers ohne Zustimmung des Schuldners. Die Forderung als relatives Recht wird damit zu einem Gegenstand des Rechtsverkehrs. Die Abtretung hat verfügende Wirkung (Verfügungsgeschäft): Der neue Gläubiger tritt gem § 398 2 an die Stelle des bisherigen Gläubigers.

2 **II. Forderungsübergang kraft Gesetzes.** Neben die Abtretung als rechtsgeschäftlich begründetem Forderungsübergang tritt die Übertragung kraft Gesetzes (cessio legis). Für diese verweist § 412 weitgehend auf die §§ 398 ff. Dem Forderungsübergang kraft Gesetzes wird derjenige kraft gerichtlicher Anordnung und Verwaltungsakt gleichgestellt (§ 412 Rn 4).

3 **III. Öffentlich-rechtliche Forderungen.** Auch öffentlich-rechtliche Ansprüche sind abtretbar (BSG NJW 59, 2087; BFH WM 73, 1007, 1008; BVerwG NJW 93, 1610; BGH ZIP 95, 1698). Die §§ 398 ff gelten jedoch – Ausn: § 411 – nicht unmittelbar. Vielmehr sind hier spezielle Vorschriften (zB § 46 AO; § 53 SGB I) zu beachten. Fehlen solche Spezialregelungen, so können die §§ 398 ff unter Beachtung der Besonderheiten der jeweils einschlägigen Rechtsmaterie entspr herangezogen werden (BVerwGE 28, 254, 258; 39, 273, 275), und zwar, sofern es sich um Forderungen landesrechtlichen Ursprungs handelt, als irreversibles Landesrecht (BVerwG NJW 93, 1610). Auch die Übertragung öffentlich-rechtlicher Forderungen an Private ist möglich (BGHZ 75, 23, 24; aA VG Ddorf NJW 81, 1283; *Stober* JuS 82, 740 ff). Mit dem Übergang der Forderung erhält diese privatrechtlichen Charakter (BGH aaO; *Walz* ZIP 90, 1405, 1410 ff).

4 **B. Abtretungsvertrag. I. Grundlagen.** Die Abtretung ist ein **Verfügungsvertrag** zwischen dem bisherigen Gläubiger (Zedent) und dem neuen Gläubiger (Zessionar). Da die Vereinbarung grds keiner Form bedarf, kann sie auch stillschweigend abgeschlossen werden (BGH MDR 67, 398; NJW 97, 729). Es gelten die allg Auslegungsregeln der §§ 133, 157. Bei sachlich zusammenhängenden Ansprüchen kann die Auslegung ergeben, dass sie, sofern sie nicht ohnehin gem § 401 automatisch übergehen, mit abgetreten werden sollen. Diese Annahme liegt insb bei nicht akzessorischen Sicherungsrechten nahe (§ 401 Rn 3). So kann bei einer Sicherungszession in der Tilgung des gesicherten Anspruchs zugleich eine Rückabtretung liegen (BGH NJW 86, 977). Übernimmt der Grundstückskäufer eine Sicherungsgrundschuld, so liegt darin regelmäßig eine Abtretung des Rückgewähranspruchs (BGH NJW 91, 1821). Keine stillschweigende Abtretung liegt vor, wenn der Abtretende für sein Ggü erkennbar lediglich eine von ihm irrig angenommene Legalzession bestätigen wollte (BGH LM Nr 20 zu § 398). In der Übergabe der einen Schadensfall betreffenden Unterlagen an den Versicherer, kann eine konkludente Übertragung der intrikaten Schadensersatzansprüche zu sehen sein (BGH NJW 97, 729). Die Abtretung von Gehaltsforderungen umfasst auch die Lohnsteuererstattungsansprüche (BFH AP Nr 4 zu § 398; anders für die Abtretungserklärung ggü dem Insolvenzgericht nach § 287 II InsO BGHZ 163, 391, 392 ff; WM 06, 539), aber bei fehlender ausdrücklicher Festlegung nicht Abfindungsansprüche des Arbeitnehmers (LAG Köln NZA-RR 06, 365). Werden aus einer kapitalbildenden Lebensversicherung nur die Ansprüche auf den Todesfall zur Sicherung abgetreten und bezwecken Zedent und Zessionar mit dieser Beschränkung, dem Sicherungsgeber steuerliche Vorteile zu erhalten, so ist im Regelfall der Anspruch auf den Rückkaufswert nicht mit übertragen (BGH NJW 07, 2320). Im Zweifel erfasst die Abtretung einer Gesamtschuldforderung die Forderungen gegen sämtliche Gesamtschuldner (Hamm NJW-RR 98, 486). Wird das jeweilige Guthaben auf einem Bankkonto abgetreten, so erstreckt sich die Vereinbarung auch auf Beträge, die auf ein Festgeldkonto unter neuer Kontonummer umgebucht wurden (BGH NJW 99, 3776). Eine Abtretung kann auch im Wege von **AGB** erfolgen, doch sind dann die Schutzregeln der §§ 305 ff zu beachten.

5 **II. Rechtsgrund.** Von der Abtretung als Verfügung zu unterscheiden, ist das zugrunde liegende **schuldrechtliche Geschäft**. In der Praxis erfolgt allerdings die Abtretung oftmals stillschweigend zusammen mit dem Grundgeschäft (BGH NJW 69, 40). Als Kausalgeschäft kommen insb Kauf, Schenkung, Geschäftsbesorgung und Sicherungsabrede in Betracht. Verfügungs- und Verpflichtungsgeschäft sind nach dem Abstraktionsprinzip in ihrer Wirksamkeit unabhängig voneinander. Etwas anderes gilt aber, wenn die Abtretung nach dem Willen der Parteien von der Gültigkeit des Grundgeschäfts abhängig gemacht werden soll. § 139 ist anzuwenden, wenn beide Geschäfte Teile einer einheitlichen Vereinbarung und auch in eine Vertragsurkunde aufgenommen worden sind (BAG NJW 67, 751; aA Hamm ZIP 88, 300, 301). Wird die Abtretung im Hinblick auf ein unwirksames Verpflichtungsgeschäft vorgenommen, so bestimmen sich die Rechtsfolgen nach Bereicherungsrecht.

Aus dem Grundgeschäft können sich über die §§ 402, 403 hinausgehende **Nebenpflichten** ergeben. Der Zedent hat nach § 242 alles zu unterlassen, was die Einziehung der Forderung durch den Zessionar behindern könnte. Für den Zessionar ergeben sich Pflichten zur Rücksichtnahme auf die Belange seines Vertragspartners va bei der Sicherungszession. Auch die Haftung der Beteiligten richtet sich nach dem Grundgeschäft. Beruht die Abtretung bspw auf einem Kaufvertrag, so muss der Zedent gem §§ 453, 433 ff für das Bestehen der Forderung (Verität), nicht aber für die Zahlungsfähigkeit des Schuldners (Bonität) einstehen (BGH NJW 05, 359, 361). 6

III. Parteien. Parteien des Abtretungsvertrages sind Zedent und Zessionar. Der Mitwirkung des Schuldners bedarf es nicht, er wird nach Maßgabe der §§ 404–410 geschützt. Legt er Wert auf einen bestimmten Gläubiger, so kann er nach § 399 Alt 2 ein Abtretungsverbot vereinbaren (§ 399 Rn 9 ff). Eine Abtretung zugunsten Dritter nach hM nicht möglich (§ 328 Rn 6). Zulässig ist aber eine Blankozession. Dabei wird der Name des Zessionars zunächst offen gelassen und der Empfänger der Abtretungsurkunde zur Bestimmung des Berechtigten ermächtigt. Über das Schicksal des Anspruchs in der Zwischenzeit besteht Streit. Die Qualifizierung als „subjektlose Forderung" (*Dölle* FS M. Wolff, 53, 23, 27 ff) ist mit unserer Rechtsordnung nicht zu vereinbaren. Der Zessionar kann vor seiner Bestimmung nicht Forderungsinhaber sein, regelmäßig ist aber auch ein vorläufiger Verbleib beim Zedenten nicht gewollt, da dessen Gläubiger in der Schwebezeit nicht auf die Forderung zugreifen sollen. Reichlich konstruiert erscheint es, den Empfänger der Urkunde als vollmachtlosen Vertreter des noch unbekannten Zessionars anzusehen, der mit seiner Bestimmung rückwirkend nach §§ 177, 184 I die Verfügung genehmigt (so aber Jauernig/*Stürner* § 398 Rz 6). Vielmehr entspricht es regelmäßig dem Parteiwillen, dass die Forderung zunächst treuhänderisch an den Empfänger der Urkunde abgetreten wird, der sie dann weiter überträgt. Für eine Rückwirkung der Verfügung zugunsten des Letzterwerbers ist kein Raum (MüKo/*Roth* § 398 Rz 31 f; Palandt/*Grüneberg* § 398 Rz 3). Bei formbedürftigen Abtretungen geht die Forderung mit ex nunc Wirkung unmittelbar auf die in der Urkunde benannte Person über (insoweit unstr, vgl BGHZ 22, 128, 132; Jauernig/*Stürner* § 398 Rz 6; MüKo/*Roth* § 398 Rz 32; Palandt/*Grüneberg* § 398 Rz 3). Bei einer Abtretung an den **Schuldner** geht die Forderung grds durch Konfusion unter (Frankf WM 92, 569, 571); anders im Wertpapierrecht (Art 11 III WG) und bei der Sicherungsabtretung (Ddorf NJW-RR 99, 1406). 7

IV. Form. Der Abtretungsvertrag ist grds **formfrei**. Er bedarf insb nicht der für das zugrunde liegende Kausalgeschäft oder der zur Begründung der abzutretenden Forderung notwendigen Form (BGHZ 89, 41, 46; NJW 94, 1344, 1346). Alt- und Neugläubiger können jedoch im Kausalgeschäft eine bestimmte Form für die Zession vereinbaren (§ 125 2). Als Minus zu dem in § 399 Alt 2 anerkannten vollständigen Abtretungsverbot steht es ferner Schuldner und Altgläubiger frei, Formerfordernisse vorzusehen (BGH WM 79, 771, 773; MüKo/*Roth* § 398 Rz 34). Gesetzliche Ausnahmen vom Grundsatz der Formfreiheit gelten für Rückübertragungsansprüche in den neuen Bundesländern (§ 3 I 2 VermG), hypothekarisch gesicherte Forderungen (§ 1154) und Anweisungen (§ 792 I 2). Bei **Wertpapieren** ist wie folgt zu differenzieren: **Inhaberpapiere** werden allein nach sachenrechtlichen Grundsätzen übertragen, das Recht aus dem Papier folgt dem Recht am Papier. Eine Abtretung der Forderung ist daneben nicht möglich. Bei Orderpapieren (Wechsel, Scheck) kann außer durch Indossament auch die Übereignung des Papiers iVm einer Abtretung nach § 398 die Forderung übergehen lassen. Die Übergabe des Papiers ist unerlässlich (BGH NJW 79, 1704), lediglich beim präjudizierten Wechsel ist sie entbehrlich (BGHZ 104, 145, 150). Bei Rektapapieren wird die Forderung grds formlos abgetreten, der Übergabe der Urkunde bedarf es nicht. Deshalb können Sparguthaben auch ohne Herausgabe des Sparbuchs übertragen werden (BGH NJW 63, 1630, 1631), die Übergabe kann aber als konkludente Abtretung zu verstehen sein (BGH DB 72, 1226). Die Abtretung von Steuerrückerstattungsansprüchen muss nach § 46 AO bei der zuständigen Finanzbehörde unter Verwendung des amtlichen, von beiden Parteien zu unterschreibenden Vordrucks angezeigt werden (zur Verfassungsmäßigkeit der Regelung BVerfG NJW 83, 2435). IÜ ist eine Anzeige an den Schuldner zwar zweckmäßig (vgl §§ 406, 407, 410 II), aber zur Wirksamkeit der Abtretung nicht erforderlich. 8

V. Inhalt. Der Abtretungsvertrag zielt auf die Übertragung der Gläubigerstellung. Allerdings kann die Abtretung aufschiebend oder auflösend bedingt werden (BGHZ 4, 163; 20, 131, 132). Mit dem Charakter der Abtretung als Verfügungsgeschäft unvereinbar ist es, dem Zedenten das gläubigertypische Einziehungsrecht dauerhaft zu belassen (RG JW 38, 1329, 1330) oder es dem Zessionar nur für den Fall zuzubilligen, dass gegen den Zedenten Vollstreckungsmaßnahmen eingeleitet werden (BGH LM Nr 9 zu § 398). Von der Rechtsprechung gebilligt wird jedoch die stille Zession (BGHZ 26, 185, 191 f; NJW 99, 2110, 2111). Der Zessionar erhält die volle Gläubigerstellung, ermächtigt aber den Zedenten zur Einziehung und verpflichtet sich, von der Gläubigerstellung nur im Sicherungsfall Gebrauch zu machen. Vereinbart werden kann auch eine **Globalzession**, dh die Übertragung sämtlicher Forderungen. Allerdings kann sich hier das Problem der Übersicherung stellen (§ 138 Rn 142 ff). 9

10 **C. Die abzutretende Forderung. I. Bestehen der Forderung/Verfügungsbefugnis des Zedenten.** Eine wirksame Abtretung setzt das Bestehen der Forderung (zur Vorausabtretung s.u. Rn 13 f) und die Verfügungsbefugnis des Zedenten voraus. Bei **mehrfacher Abtretung** derselben Forderung gilt das Prioritätsprinzip. Wirksamkeit entfaltet allein die erste Abtretung, da der Zedent bei Vornahme der späteren Verfügungen nicht mehr Inhaber der Forderung ist (BGHZ 32, 361, 363; NJW 68, 1516, 1517). Der Schuldner wird nach § 408 geschützt. Der Erstzessionar kann die Abtretung an den Zweitzessionar gem § 185 genehmigen und ihr dadurch zur Wirksamkeit verhelfen (BGH NJW 90, 2678, 2680). Das Prioritätsprinzip wird durch § 392 II HGB durchbrochen. Tritt der Kommissionär Forderungen aus dem Kommissionsgeschäft an seinen Gläubiger ab, so ist dies im Verhältnis zum Kommittenten relativ unwirksam, so dass eine spätere Abtretung an ihn wirksam wird (BGHZ 104, 123, 126). Ein **gutgläubiger Erwerb** der Forderung ist mangels einer Rechtsscheinbasis grds ausgeschlossen. Eine begrenzte Ausn enthält § 405, ferner wird bei in Wertpapieren verbrieften Forderungen Gutglaubensschutz gewährt (Art 16 WG, Art 19 iVm Art 21 ScheckG).

11 **II. Abtretbarkeit.** Forderungen sind grds übertragbar. Ausnahmen können sich aus dem Inhalt des Schuldverhältnisses oder einem vertraglichen Abtretungsausschluss (§ 399) oder kraft Gesetzes ergeben (§§ 400, 473, 717). Forderungen sind auch übertragbar, wenn sie auf sog unvollkommenen Schuldverhältnissen beruhen oder bereits verjährt sind (MüKo/*Roth* § 398 Rz 62). Die Rechtshängigkeit einer Forderung hindert deren Abtretbarkeit nicht (§ 265 I ZPO), umgekehrt hat die Abtretung keine Auswirkung auf den Prozess (§ 265 II 1 ZPO).

12 **III. Teilabtretung.** Die Abtretung einer Teilforderung ist zulässig, sofern die Forderung teilbar ist und die Parteien keinen Abtretungsausschluss vereinbart haben (BGHZ 23, 53 ff; krit MüKo/*Roth* § 398 Rz 65 f). Sie führt zum Entstehen von zwei selbstständigen Forderungen, die – wenn nicht etwas anderes vereinbart wird – gleichen Rang haben (BGHZ 46, 242, 243 f; NJW 91, 2629). Die Tilgungsbestimmung bei Teilzahlungen trifft der Schuldner, Minderung kann er nur anteilig geltend machen (BGHZ 46, 242, 244; NJW 83, 1902, 1903). Die Verjährung der Teilforderungen läuft getrennt (BGHZ 44, 382, 388). Die Teilabtretung ist nach § 242 ausgeschlossen, wenn der Schuldner durch sie unzumutbar beschwert würde. Dabei muss es sich jedoch um schwerwiegende Ausnahmefälle handeln. Allein der Mehraufwand, der einem Arbeitgeber durch die Teilzession von Lohnforderungen entsteht, genügt nicht (BGHZ 23, 53, 56). Unzumutbar ist die Teilabtretung während eines anhängigen Rechtsstreits über die Forderung (Ddorf MDR 81, 669; zweifelhaft wegen §§ 265, 325 ZPO). Unselbstständige Aktivposten einer saldierten Abrechnung können nicht abgetreten werden (BGH NJW 99, 417). Bei Anspruchskonkurrenz ist die auf einen Anspruch beschränkte Abtretung allenfalls mit Zustimmung des Schuldners zulässig, da sie zur Bildung einer Gesamtgläubigerschaft (§ 428) führen würde und der Schuldner Gefahr liefe, wegen desselben Sachverhalts von verschiedenen Gläubigern in Anspruch genommen zu werden (BGH NJW 99, 715, 716; gänzlich abl MüKo/*Roth* § 398 Rz 90). Auch Gesamtgläubigerschaft an derselben Forderung kann ohne das Einverständnis des Schuldners vertraglich nicht begründet werden (BGHZ 64, 67, 69 ff).

13 **IV. Künftige Forderungen.** Auch die Abtretung künftiger Forderungen ist zulässig. Die Rechtsgrundlage für den Anspruch braucht noch nicht zu bestehen (BGH NJW 65, 2197), der Schuldner muss ebenfalls noch nicht feststehen (BAG NJW 67, 751). Es genügt vielmehr, dass das Entstehen der Forderung im Zeitpunkt der Abtretung möglich erscheint und sie hinreichend bestimmt oder bestimmbar bezeichnet wird (s. Rn 15 f). Entsteht die Forderung nicht, so geht die Abtretung ins Leere (BGH WM 73, 489). Gleiches gilt, wenn die Forderung wider Erwarten nicht dem Zedenten zufällt. Tritt ein Gesellschafter seinen Auseinandersetzungsanspruch im Voraus ab und überträgt er dann vor Entstehung des Anspruchs seine Gesellschafterstellung auf einen Dritten, so wird die Abtretung gegenstandslos (BGHZ 88, 205, 207 ff; 104, 351, 353). Dagegen lässt die Erbfolge in die Gesellschafterstellung die Vorausabtretung des Erblassers unberührt (BGH NJW 97, 3370, 3371). Die Zession einer künftigen Forderung kann erst mit deren Entstehung Wirksamkeit entfalten (BGHZ 30, 238, 240 f; 88, 205, 206; 167, 363, 365). Die Willensübereinstimmung der Parteien muss zu diesem Zeitpunkt allerdings nicht mehr fortbestehen. Der Zessionar kann die künftige Forderung bereits weiter veräußern und vererben (BaRoth/*Rohe* § 398 Rz 32; MüKo/*Roth* § 398 Rz 79). Spätere Verfügungen des Zedenten sind vorbehaltlich der §§ 406, 407 ohne Wirkung (**Prioritätsprinzip**, BGHZ 32, 361, 363; 104, 351, 353; NJW 05, 1192, 1193; krit *Neef* WM 05, 2365 ff mwN; zur Kollision von Globalzession und zeitlich nachfolgendem verlängerten EV s. vor § 1273 Rn 23 ff).

14 Die **Insolvenz** des Zedenten (vgl § 91 InsO) und die Pfändung durch dessen Gläubiger lassen die Stellung des Zessionars unberührt, wenn er bereits eine gesicherte Rechtsposition erlangt hat, die der Zedent durch einseitiges Verhalten nicht mehr zerstören kann. Das ist bei Dauerschuldverhältnissen der Fall, wenn die Ansprüche lediglich in ihrer Durchsetzbarkeit vom Beginn oder vom Ablauf einer bestimmten Frist abhängig („betagt") sind, nicht aber, wenn sie gem §§ 163, 158 I erst mit der Inanspruchnahme der jeweiligen Gegenleistung entstehen (BGHZ 167, 363, 365 f).

15 **V. Bestimmbarkeit der Forderung.** Die abzutretende Forderung muss aufgrund der Parteivereinbarung hinreichend bestimmt oder doch bestimmbar sein. Dabei genügt es, dass sie im Zeitpunkt ihrer Entstehung hinsichtlich Gegenstand, Umfang und Person des Schuldners individualisiert werden kann (BGHZ 7, 365, 367 ff;

NJW 00, 276, 277). Bei der Auslegung der Erklärungen der Parteien sind auch außerhalb der Abtretungsurkunde liegende Umstände heranzuziehen (BGH NJW 00, 276, 277). Die Abtretung „der Ansprüche" eines Zedenten bezieht sich im Zweifel nur auf bestehende Forderungen. Die Annahme, dass auch künftige Forderungen mit einbezogen sein sollen, bedarf besonderer Anhaltspunkte (BGH NJW 95, 1668, 1669; NJW-RR 03, 1690, 1691). Die formularmäßige Vorausabtretung der „gegenwärtigen und zukünftigen Ansprüche aus dem Geschäftsverkehr" des Zedenten erstreckt sich nicht auf die von seinem Gesamtrechtsnachfolger in dessen Geschäftsbetrieb begründeten Forderungen (BGH WM 08, 65). Kann unter mehreren in Betracht kommenden Forderungen die abgetretene Forderung nicht bestimmt werden, so ist die Abtretung nicht wirksam. Daran ändert sich nichts, wenn der Zedent zur Abtretung verpflichtet war und sich schadensersatzpflichtig gemacht hat (MüKo/*Roth* § 398 Rz 68).

Die Abtretung einer **Forderungsmehrheit** ist hinreichend bestimmt bei Übertragung aller Forderungen aus einem bestimmten Geschäftsbetrieb (RG JW 32, 3760, 3761), aller Forderungen aus einer bestimmten Art von Rechtsgeschäften (RGZ 155, 26, 30; BGH WM 61, 350; Stuttg NJW 64, 666), der Forderungen aus einem bestimmten Zeitraum, auch wenn einzelne Forderungen ausgenommen werden (BGH WM 66, 13, 14 f), sowie der Gewährleistungsansprüche gegen die „am Bau beteiligten Bauunternehmer, Bauhandwerker und sonstige Dritte" (BGH NJW 78, 634). Hingegen fehlt es an der hinreichenden Bestimmbarkeit bei der Abtretung einer Mehrheit von Forderungen in Höhe eines Teilbetrags, wenn unklar ist, auf welche Forderungen oder Teilforderungen die Zession sich bezieht (RGZ 98, 200, 201 ff; BGH WM 70, 848, 849). Ebenfalls unwirksam ist die Abtretung aller Forderungen bis zu einem Höchstbetrag, sofern nicht bestimmt ist, welche Forderungen jeweils „nachrücken" sollen (BGHZ 71, 75, 78 f). Die Abtretung nach der jeweiligen Höhe einer anderen Forderung ist nur dann zulässig, wenn nicht nur Zedent und Zessionar, sondern auch der Schuldner sich Gewissheit über den Umfang der Abtretung verschaffen kann (BGH NJW 65, 2197; 00, 276; Dresd NJW-RR 97, 1070, 1071 f). Als unproblematisch angesehen wird eine Gehaltsabtretung in Höhe der jeweils pfändbaren Bezüge (BAG AP Nr 3; WM 80, 661, 662). Zulässig ist auch die sog Mantelzession. Dabei verpflichtet sich der Zedent, dem Zessionar Forderungen in bestimmbarer oder variabler Höhe abzutreten und diesem in bestimmten Intervallen die abgetretenen Forderungen genau aufzulisten. Die Abtretung wird erst mit der Übergabe der Listen wirksam, so dass dem Bestimmtheitserfordernis Genüge getan ist (LG Berlin WM 84, 224, 225). Allerdings ist der Zessionar bis zu diesem Zeitpunkt vor Abtretungen oder Pfändungen nicht geschützt (Staud/*Busche* § 398 Rz 57). 16

D. Rechtsfolgen der Abtretung. Rechtsfolge der Abtretung ist, dass der Zessionar in die Gläubigerstellung des Zedenten eintritt. Bereits zuvor begründete Einreden und Einwendungen des Schuldners muss er sich entgegenhalten lassen, § 404. Für Neben- und Sicherungsrechte gilt § 401. Die Forderung bleibt inhaltlich identisch. Der Leistungsort ändert sich nicht, da § 269 auf die Verhältnisse zum Zeitpunkt der Entstehung des Schuldverhältnisses abstellt. Schiedsvereinbarungen (BGHZ 71, 162, 165 f; NJW 98, 371) und Gerichtsstandsklauseln (Köln VersR 92, 1152) gelten weiter, die Zuständigkeit der Arbeitsgerichte bleibt erhalten (BAG ZIP 93, 848), dagegen entfällt der Verbrauchergerichtsstand des Art 15 EuGVO (EuGH ZIP 93, 826 zu Art 13 EuGVÜ). Der Zessionar kann nunmehr mit der Forderung gegen eine Forderung des Schuldners aufrechnen (BGH ZIP 99, 446, 447). 17

Bei **Leistungsstörungen** stehen ihm die Ansprüche nach §§ 280 ff zu. Dies schließt die Befugnis zur Abgabe solcher Erklärungen ein, die wie die Fristsetzung nach §§ 281, 323 oder die Mahnung nach § 286 Voraussetzung für die Geltendmachung solcher Ansprüche ist (vgl BGH NJW 85, 2640, 2641; 87, 2075; anders für die Sicherungsabtretung BGH NJW 02, 1568, 1569). Ein Verzugsschaden bemisst sich nunmehr grds nach der Person des Zessionars (BGHZ 128, 371, 376; NJW-RR 92, 219). Dies gilt auch dann, wenn der ihm entstandene Schaden höher ist als dies bei dem Zedenten mutmaßlich der Fall gewesen wäre (*Dörner* Dynamische Relativität, 85, 257 ff; *Hoffmann* WM 94, 1464, 1465; BaRoth/*Rohe* § 398 Rz 64; Staud/*Busche* § 398 Rz 64). Allerdings kommt eine Schadensminderung gem § 254 II in Betracht, wenn der Zessionar es unterlassen hat, auf die Möglichkeit eines erhöhten Schadens hinzuweisen (*Dörner* aaO 259; *Hoffmann* WM 94, 1464, 1465 f; BaRoth/*Rohe* § 398 Rz 64; Staud/*Busche* § 398 Rz 64). Anders liegt es bei der Inkassozession und – zumindest bis zum Eintritt der Verwertungsreife – auch bei der Sicherungszession. Wirtschaftlich ist hier allein der Zedent geschädigt. Deshalb muss bei der Ermittlung des Verzugsschadens auf seine Person abgestellt werden. Der Zessionar kann den entstandenen Schaden im Wege der Drittschadensliquidation geltend machen (BGHZ 128, 371, 376 ff; NJW 06, 1662). 18

Selbstständige **Gestaltungsrechte**, die das Schuldverhältnis insgesamt betreffen wie Anfechtung, Rücktritt, Widerruf oder Kündigung, stehen nach wie vor dem Zedenten zu, sofern sie nicht mit übertragen worden sind (BGH NJW 85, 2640, 2641 f). Jedoch kann der Zedent diese Rechte nur im Einverständnis mit dem Zessionar ausüben (MüKo/*Roth* § 398 Rz 99; Palandt/*Grüneberg* § 398 Rz 20). Bei gegenseitigen Verträgen bleibt die synallagmatische Verbindung der Ansprüche erhalten. Die Einrede des nicht erfüllten Vertrages (§ 320) kann deshalb weiterhin der Zedent geltend machen (BGHZ 55, 354, 356; NJW 78, 634, 635). 19

E. Sicherungsabtretung. Zur Sicherungsabtretung s. vor § 1273 Rn 7 ff; zum verlängerten EV als Sonderfall der Sicherungsabtretung zugunsten von Warenlieferanten § 929 Rn 27. 20

21 **F. Inkassozession.** Der Zessionar erhält im Außenverhältnis die volle Rechtsstellung unter Einschluss der Prozessführungsbefugnis (BGH NJW 80, 991). Im Innenverhältnis ist er verpflichtet, die übertragene Forderung auf Rechnung des Zedenten einzuziehen und den Erlös an ihn abzuführen (§§ 675, 667). Der Zessionar genießt vermögensrechtlichen Schutz über § 771 ZPO und § 47 InsO. Die Eröffnung des Insolvenzverfahrens über das Vermögen des Zedenten beendet nach §§ 115, 116 InsO das Treuhandverhältnis. Zur gewerbsmäßigen Einziehung fremder Forderungen bedarf es einer Erlaubnis nach § 10 I Nr 1 RDG. Das Fehlen der Erlaubnis führt zur Nichtigkeit der Abtretung gem § 134 (BGHZ 61, 317, 324).

22 **G. Einzugsermächtigung.** Anders als bei der Inkassozession bleibt der Auftraggeber Inhaber der Forderung, der Auftragnehmer wird gem § 185 ermächtigt, den Anspruch in eigenem Namen geltend zu machen (BGHZ 4, 153, 164; 82, 283, 288). Die Ermächtigung kann sich auf Leistung an den Auftraggeber oder an den Auftragnehmer richten. Sie ist frei widerruflich, sofern nicht etwas anderes vereinbart oder den Umständen zu entnehmen ist (BGHZ 82, 283, 290), und erlischt mit Eröffnung des Insolvenzverfahrens, nicht aber bereits beim Eintritt der Krise (BGHZ 144, 192, 198 ff; NJW-RR 06, 1134, 1135). Zur gerichtlichen Geltendmachung (sog **gewillkürte Prozessstandschaft**) ist der Ermächtigte nur befugt, wenn er hieran ein schutzwürdiges Interesse hat (BGH NJW 80, 991). Es fehlt idR, wenn eine vermögenslose GmbH zur Einziehung ermächtigt wird (BGHZ 96, 151 ff; NJW 03, 2231). Das Urt entfaltet Rechtskraft für und gegen den Auftraggeber (BGH NJW 57, 1635, 1636). Ist eine Forderung nicht abtretbar, so ist es eine Frage der Auslegung des gesetzlichen oder vertraglichen Abtretungsverbots, ob es auch die Einzugsermächtigung erfassen soll (BGH NJW 69, 1110; 92, 1881, 1883).

23 **Hauptanwendungsfälle** der Einzugsermächtigung sind das Einziehungsrecht des Zedenten iRd Sicherungsabtretung (vor § 1273 Rn 31–34) und des verlängerten EV (§ 929 Rn 27), die Ermächtigung des Bauträgers zur Verfolgung von Mängelansprüchen des Bauherrn (BGHZ 70, 389, 393 ff), des Verwalters bei Ansprüchen einer Wohnungseigentümergemeinschaft (BGHZ 74, 258, 267; 81, 35, 37), des Forderungsverkäufers zur Durchsetzung der abgetretenen Forderung (BGH NJW 79, 924) sowie des herrschenden Gesellschafters zur Einziehung von Ansprüchen der beherrschten Gesellschaft (BGH NJW 65, 1962).

24 **H. Factoring.** Das Factoring ist dadurch gekennzeichnet, dass der Gläubiger (Anschlusskunde) die Forderung gegen Entgelt auf den Factor überträgt, der sie seinerseits einzieht. Es dient dem Ziel, dem Kunden bereits vor Fälligkeit seiner Forderung Liquidität zu verschaffen. Das RDG ist nicht anwendbar.

25 Beim **echten Factoring** übernimmt der Factor das Risiko der Uneinbringlichkeit (Delkredere-Risiko). Es handelt sich um einen Forderungskauf (BGHZ 69, 254, 257). Die Kollision mit einem verlängerten EV (§ 929 Rn 27) führt nicht zur Sittenwidrigkeit, da der Warenlieferant wirtschaftlich nicht schlechter steht, als hätte der Vorbehaltskäufer die Forderung selbst eingezogen (BGHZ 69, 254, 258 f). Wird der Vorbehaltskäufer zur Einziehung ermächtigt, so berechtigt ihn dies im Zweifel, die Forderung nochmals iR eines echten Factoring-Geschäfts an den Factor abzutreten, sofern die Gewinnspanne das Sicherungsinteresse des Zessionars nicht beeinträchtigt (BGHZ 72, 15, 20 ff; 75, 391, 393 ff).

26 Im Falle eines **unechten Factorings** verbleibt das Delkredere-Risiko beim Anschlusskunden. Die Gutschrift für die Forderung erfolgt unter dem Vorbehalt der Erfüllung. Rechtlich ist dies als Kreditgeschäft einzuordnen (BGH NJW 78, 1520, 1521). Die Abtretung der Forderung erfolgt zur Sicherung des Kredits und zugleich erfüllungshalber (BGHZ 58, 364, 367). Die Kollision mit einem verlängerten EV führt nach der Vertragsbruchtheorie (§ 929 Rn 27, vor § 1273 Rn 23) grds zur Sittenwidrigkeit (BGHZ 82, 50, 64 ff). Ein einziehungsermächtigter Zedent kann nicht an den unechten Factor abtreten, da der Verbleib des Erlöses bei ihm nicht gewährleistet ist (BGHZ 82, 50, 60).

27 **I. Vertragsübernahme.** Das BGB regelt nur den Erwerb einzelner Forderungen (§§ 398 ff) und die Übernahme einzelner Schulden (§§ 414 ff), nicht aber den Eintritt in ein Vertragsverhältnis als Ganzes. Ein gesetzlicher Vertragsübergang ist in verschiedenen Vorschriften vorgesehen (§§ 566, 613a; ferner § 95 VVG, § 20 I Nr 1 UmwG). Mittlerweile ist jedoch anerkannt, dass auch die Auswechselung einer Vertragspartei durch **einheitliches Rechtsgeschäft** zulässig ist. Praktische Bedeutung hat die Vertragsübernahme insb beim Unternehmenskauf, bei dem sie den Eintritt des Erwerbers in bestehende Vertragsverhältnisse des Veräußerers ermöglicht.

28 **Beispiele** aus der Rspr für Vertragsübernahmen: Arbeitsvertrag (BAG NJW 73, 822), Bierbezugsvertrag (BGH NJW 98, 2286; NJW-RR 93, 562), Elektrizitätsversorgungsvertrag (BGH NJW 61, 453), Eintritt des Leasinggebers in den vom Leasingnehmer abgeschlossenen Kaufvertrag (BGHZ 96, 302 ff), Mietvertrag (BGH NJW 78, 2504; 98, 531; MDR 05, 920), Pachtvertrag (BGH LM Nr 16 zu § 581), Personengesellschaftsvertrag (BGHZ 44, 229 ff); Sukzessivlieferungsvertrag (BGH WM 73, 489).

29 Die Vertragsübernahme bedarf der Mitwirkung aller Beteiligten. Sie kann entweder durch dreiseitigen Vertrag (BGHZ 65, 49, 52 f; 142, 23, 30 f; NJW 99, 2664) oder durch einen Vertrag zwischen zwei Beteiligten, der dann durch den Dritten genehmigt wird, herbeigeführt werden (BGHZ 72, 394, 398; MDR 05, 920; aA Erman/*Röthel* vor § 414 Rz 4, 7). Die Zustimmung kann auch im Voraus erteilt werden (BGH DtZ 96, 56, 57), in AGB ist allerdings § 309 Nr 10 zu beachten; vgl zur unangemessenen Benachteiligung iSd § 307 (§ 9 AGBG aF) durch die Nachfolgeklausel in einem Bierlieferungsvertrag ferner BGH NJW 98, 2286. Fehlt die erforderliche Zustimmung des verbleibenden Vertragsteils, so kann die in der Vertragsübernahme enthaltene Abtretung dennoch

wirksam sein (Ddorf NJW-RR 98, 1063, 1064). Die Vereinbarung über die Vertragsübernahme bedarf der für den zu übernehmenden Vertrag vorgesehenen Form (BGHZ 72, 394, 396 ff), die Zustimmung des nicht an der Vereinbarung Beteiligten ist allerdings formfrei möglich (BGH DtZ 96, 56, 57; NJW 03, 2158, 2160; MDR 05, 920). Verbraucherschützende Vorschriften gelten auch zugunsten des Übernehmers, selbst wenn dieser kein Verbraucher ist (BGHZ 129, 371, 376). Umgekehrt kann der Übernehmer, der Verbraucher ist, sich hinsichtlich der Vertragsübernahme auf Verbraucherschutzbestimmungen auch berufen, wenn der übernommene Vertrag nicht in den Anwendungsbereich dieser Bestimmungen fällt (BGHZ 142, 23, 28 ff; *Röthel/Heßeler* WM 08, 1001, 1004 ff). Die Anfechtung des Vertrages muss ggü allen Beteiligten erklärt werden (BGHZ 96, 302, 309; *Wagemann* AcP 205, 547, 572 f; aA *Dörner* NJW 86, 2916 ff). Eine Arglistanfechtung nach § 123 kommt nur in Betracht, wenn die Täuschung beiden Erklärungsempfängern zuzurechnen ist. Hat nur einer getäuscht, so muss daher der andere die Täuschung gekannt oder infolge von Fahrlässigkeit nicht gekannt haben (BGH NJW 98, 531; aA MüKo/*Roth* § 398 Rz 194). Die Unwirksamkeit der Vertragsübernahme kann nur auf Mängel des Übernahmevertrages gestützt werden, nicht aber auf Mängel des Grundgeschäfts, da die Vertragsübernahme als Verfügung abstrakt ist (Palandt/*Grüneberg* § 398 Rz 44).

Die §§ 398 ff, 414 ff sind entspr anwendbar. Insb stehen der verbleibenden Partei gem § 404 die gegen die ausgeschiedene Vertragspartei begründeten Einwendungen auch weiterhin zu, der Übernehmer kann sich seinerseits auf § 417 berufen. Die §§ 406–410 laufen dagegen weitgehend leer, da die verbleibende Vertragspartei idR von der Übernahme Kenntnis erlangt. Bedeutung haben die genannten Vorschriften jedoch bei einer im Voraus erklärten Zustimmung (MüKo/*Roth* § 398 Rz 195). § 418 ist ebenfalls anwendbar (Hamm NJW-RR 91, 48, 49 f). **30**

J. Vertragsbeitritt. Beim Vertragsbeitritt wird nicht eine Partei ausgewechselt, vielmehr tritt die neue Partei an der Seite einer Altpartei in das Vertragsverhältnis ein (BGHZ 65, 49, 52 f). Der Beitretende wird regelmäßig Gesamtschuldner für sich aus dem Vertragsverhältnis ergebenden Verpflichtungen, die Form der Mitberechtigung hängt von dem Innenverhältnis der Mitgläubiger ab. Der Vertragsbeitritt bedarf der Mitwirkung aller Beteiligten, entweder durch dreiseitigen Vertrag oder in Form einer zweiseitigen Vereinbarung unter Zustimmung des anderen Teils. Auch ansonsten gelten im Wesentlichen die gleichen Wirksamkeitsvoraussetzungen wie bei der Vertragsübernahme. **31**

K. Beweislast. Der Zessionar trägt die Beweislast für die Abtretung, für Unwirksamkeitsgründe ist beweispflichtig, wer sich auf einen solchen beruft (BGH NJW 83, 2018). Hat der Zedent die Verfügungsbefugnis verloren, so muss der Zessionar nachweisen, dass die Abtretung vor diesem Zeitpunkt erfolgt ist (BGH NJW 86, 1925, 1926). **32**

§ 399 Ausschluss der Abtretung bei Inhaltsänderung oder Vereinbarung.

Eine Forderung kann nicht abgetreten werden, wenn die Leistung an einen anderen als den ursprünglichen Gläubiger nicht ohne Veränderung ihres Inhalts erfolgen kann oder wenn die Abtretung durch Vereinbarung mit dem Schuldner ausgeschlossen ist.

A. Bedeutung. § 399 statuiert zwei Ausnahmen vom Grundsatz der Übertragbarkeit von Forderungen. Der Schuldner ist nach der Norm vor einem Gläubigerwechsel geschützt, wenn durch den Forderungsübergang sich der Inhalt der Leistungspflicht ändern würde (§ 399 Alt 1) oder er mit dem Gläubiger einen Abtretungsausschluss vereinbart hat (§ 399 Alt 2). Der Abtretungsausschluss wegen Inhaltsänderung erfasst Ansprüche, deren Identität durch die Person des Gläubigers bestimmt werden (personenbezogene Ansprüche) sowie rechtlich unselbstständige Neben- und Hilfsrechte. Beruht die Unabtretbarkeit der Forderung auf einer besonderen Zweckbindung, so kann die Abtretung gleichwohl zulässig sein, wenn der Zessionar den Leistungserfolg (zB Unterhalt des Zedenten) im Ergebnis sicherstellt. Die Möglichkeit eines pactum de non cedendo dient dem Interesse des Schuldners an einer klaren und übersichtlichen Vertragsabwicklung. Außerdem kann ihm daran gelegen sein, über die § 399 Alt 1 unterfallenden Konstellationen hinaus, die von ihm geschuldete Leistung an einen bestimmten Gläubiger zu erbringen. **1**

§ 399 ist nicht abschließend. So ergibt sich ein Ausschluss etwa aus § 134 iVm Verbotsgesetzen wie § 203 StGB (§ 134 Rn 35, 40), §§ 400, 473, 717 BGB. Im Einzelfall kann sich die Unzulässigkeit der Abtretung aus § 242 ergeben, wenn der Schuldner durch die Zession unzumutbar belastet würde (vgl § 398 Rn 12). **2**

Kraft der Verweisung des § 412 gilt § 399 auch für den gesetzlichen Forderungsübergang. Aus dem Zweck der die cessio legis anordnenden Vorschrift kann sich aber ergeben, dass sie auch unabtretbare Forderungen erfassen soll (BGHZ 141, 173, 176 f; BAG NJW 66, 1727; BFH NJW 05, 1308). **3**

B. Abtretungsausschluss wegen Inhaltsänderung (§ 399 Alt 1). I. Personenbezogene Ansprüche. Als personenbezogene Ansprüche **nicht abtretbar** sind Ansprüche auf Ausführung eines Auftrags (§ 664 II), Beihilfe (BVerwG NJW 97, 3256 f; Ausn: Abtretung an den Gläubiger der beihilfefähigen Forderung, BAG DB 70, 1327; BGH WM 08, 87, 88), Berufsunfähigkeitsrente (KG VersR 03, 490; Oldbg NJW-RR 94, 479), Dienstleistung (§ 613 2), Entschädigung nach Art 41 EMRK (KG ZIP 09, 1873), Erschließungsbeiträge (Hamm NJW-RR 92, 22), Freistellung von einer Verbindlichkeit – anders bei Abtretung an den Gläubiger der geschuldeten **4**

Leistung, in dessen Hand sich der Befreiungsanspruch dann in einen Zahlungsanspruch verwandelt (BGHZ 12, 136, 141; 23, 17, 22; 41, 203, 205), Gebrauchsüberlassung (BGH NJW 72, 2036; 03, 2987), Mietkaution (Ddorf ZMR 00, 211), Prozesskostenvorschuss gem § 1360a IV – Ausn: Abtretung an Anwalt oder Gerichtskasse (BGHZ 94, 316, 322), Rückzahlung wegen Bedürftigkeit des Schenkers (Köln NJW 00, 295) – anders, wenn der Zessionar dem Zedent eine gleichwertige Leistung zur Unterhaltssicherung gewährt (BGHZ 127, 354, 357), Schenkung, Unterhalt in Natur, soweit nicht ohnehin § 400 eingreift, Urlaub (BAG AP § 611 (Urlaubsrecht) Nr 7, 17, 42), vermögenswirksame Leistung (LAG Hamm DB 82, 1523, 1524), Versorgungsausgleich (BGH NJW-RR 07, 1553, 1554), Vertragsschluss aus einem Vorvertrag, zweckgebundene Leistung des Treugebers an Treuhänder (BGH NJW 91, 2906).

5 Für **abtretbar** erklärt wurden Ansprüche auf Arbeitnehmersparzulage (BAG DB 76, 2116, 2117), Auslagenersatz des Beschuldigten im Strafverfahren (Kobl AnwBl 75, 100), Belegung von Wohnungen aus einem Werkförderungsvertrag jedenfalls an den Geschäftsnachfolger (BGH NJW 72, 2036), Darlehensvalutierung (RGZ 38, 308, 311; 77, 407, 408) – anders aber bei Zweckbindung (BGH NJW 01, 1938), Eigentumsverschaffung (BGH NJW 94, 2947, 2948), Zahlung aus einer Garantie (BGHZ 90, 287, 291), Miete (BGH NJW 03, 2987), Minderung (BGHZ 95, 250, 253 ff), Nachbesserung (BGHZ 96, 146, 147 ff), Einsichtnahme in Patientenunterlagen (BGH NJW 83, 2627, 2628; LG Duisburg NJW-RR 08, 1502), Schadensersatz bei Schadensliquidation im Drittinteresse (Celle VersR 75, 838), Zahlung der Stammeinlage, sofern die Gesellschaft einen vollwertigen Erlös erhält (BGHZ 69, 274, 282; NJW 99, 2188, 2190), Aufstellen von Werbetafeln auf einem Golfplatz (BGH NJW-RR 94, 558), Urlaubsentgelt und Urlaubsabgeltung (BAG BB 01, 2378), Rücktrittsrecht (BGH NJW 73, 1793), Wiederkaufsrecht (BGH NJW-RR 91, 526, 527). Die Beteiligung an einer Gesellschaft kann nach §§ 398, 413 übertragen werden, bei Personengesellschaften bedarf es hierzu jedoch der Zustimmung sämtlicher Mitgesellschafter oder der Zulassung im Gesellschaftsvertrag (BGHZ 13, 179 ff; § 719 Rn 6). Zur Abtretbarkeit von **Gestaltungsrechten** s. § 413 Rn 6 ff.

6 **II. Neben- und Hilfsrechte. Akzessorische Ansprüche und bloße Hilfsrechte** zur Durchsetzung einer Forderung können nicht selbstständig abgetreten werden, sie gehen gem § 401 mit dem Hauptanspruch über. Dies betrifft die Ansprüche aus Bürgschaft (BGHZ 115, 177, 180 f; ZIP 02, 886, 888) – anders, wenn die Hauptschuldnerin (GmbH) infolge Vermögenslosigkeit untergeht (BGHZ 82, 323, 326 ff), Hypothek (§ 1153 II), Pfandrecht (§ 1250 I), Vormerkung (BGH NJW 94, 2947), auf Auskunftserteilung, Rechnungslegung (RG JW 31, 525) und Quittung (Köln OLGZ 71, 151, 153). Abtretbar sind dagegen Ansprüche auf Zinsen und Vertragsstrafen, selbst wenn sie noch nicht fällig sind (RGZ 86, 218, 219).

7 **Folgeansprüche** aus absoluten dinglichen Rechten wie etwa der Herausgabeanspruch nach § 985 sowie der Grundbuchberichtigungsanspruch gem § 894 können nicht von diesen Rechten getrennt werden.

8 Ebenso wenig lassen sich Ansprüche auf **Unterlassung** von dem Gegenstand, auf den sie sich beziehen, lösen. Handelt es sich um höchstpersönliche Rechtsgüter wie die Ehre, so sind sie nicht übertragbar, ansonsten nur zusammen mit dem geschützten Rechtsgut (Eigentum, Patent, Unternehmen). Bei wettbewerblichen Unterlassungsansprüchen kommt eine Abtretung nicht in Betracht, da dies zu einer § 8 III UWG widersprechenden Vermehrung der Verfolgungsberechtigten führen würde (BGH NJW 07, 3570, 3573).

9 **C. Abtretungsausschluss durch eine Vereinbarung (§ 399 Alt 2). I. Vereinbarung.** Die Parteien des Schuldverhältnisses können vor, bei oder nach Begründung der Forderung deren Unabtretbarkeit vereinbaren. Abtretungsverbote können auch in Tarifverträgen und Betriebsvereinbarungen enthalten sein (BAG AP § 399 Nr 1, 4, 8; LAG Köln NZA-RR 06, 365). Ob ein Abtretungsausschluss gemeint ist, muss mitunter durch Auslegung ermittelt werden, die Formulierung „Abtretungen an Dritte werden nicht anerkannt" deutet auf einen darauf gerichteten Parteiwillen (BGH WM 68, 195). Auch eine stillschweigende Abrede ist möglich. Sie liegt regelmäßig in der Einstellung von Forderungen in ein Kontokorrent (BGHZ 70, 86, 92 ff; NJW 02, 2865, 2866; aA – Unabtretbarkeit ergibt sich bereits aus § 399 Alt 1 – Staud/*Busche* § 399 Rz 55). Der Sicherungsabrede bei einer Grundschuld kann nicht ohne weiteres ein stillschweigendes Zessionsverbot entnommen werden (BGH NJW-RR 91, 305), es besteht auch nicht bei Lohnforderungen (BGHZ 23, 53, 54 f).

10 Von einem Abtretungsverbot ist bei einer vertraglich vereinbarten **Verschwiegenheitspflicht** auszugehen (Ddorf NJW-RR 94, 438). Das Bankgeheimnis steht hingegen einer Abtretung nicht entgegen (BGHZ 171, 180 ff; BVerfG NJW 07, 3707), dies gilt auch für Sparkassen (BGH WM 09, 2307). Bereits aus § 203 StGB iVm § 134 folgt nach der Rspr (zur Kritik *Wagner* NJW 95, 1584 ff) wegen der Informationspflicht nach § 402 die Unwirksamkeit der Übertragung der Honorarforderungen von Ärzten und Zahnärzten (BGHZ 115, 123 ff), Rechtsanwälten (BGHZ 122, 115 ff, NJW 93, 2795), Rechtsbeiständen (LG München NJW-RR 94, 437) und Steuerberatern (BGH NJW 96, 2087), regelmäßig aber nicht von Tierärzten (Celle NJW 95, 786; aA LG Bochum NJW 93, 1535 f). Das Abtretungsverbot gilt nicht, wenn der Klient/Mandant zustimmt oder dem Zessionar die Geheimnisse bereits rechtmäßig bekannt geworden waren. Die Abtretung unter Rechtsanwälten *ist*, wie § 49b IV 1 BRAO nF nunmehr ausdrücklich klarstellt (vgl aber schon BGH NJW 07, 1196), erlaubt. Die Abtretung von Gehaltsforderungen eines GmbH-Geschäftsführers wird trotz § 85 GmbHG für zulässig erachtet, da hier typischerweise keine Betriebsgeheimnisse offenbart werden müssen (BGH ZIP 96, 1341), dies gilt auch für Tantiemen (BGH NJW 00, 1329).

Von § 399 als Minus zum vollständigen Ausschluss gedeckt ist es, die Abtretbarkeit an bestimmte **Erforder-** 11
nisse zu knüpfen, etwa der Einhaltung einer bestimmten Form der Abtretungserklärung, die Anzeige an den
Schuldner oder dessen Zustimmung (BGHZ 108, 172, 174 f; 112, 387 ff; NJW 97, 3434, 3435). Im letztgenannten Fall darf die Zustimmung nicht unbillig verweigert werden (BGH ZIP 00, 78, 79). § 399 greift nicht,
wenn die Vereinbarung nach dem Willen der Parteien keine dingliche, sondern nur schuldrechtliche Wirkung
haben soll (BGH NJW 82, 2768).

II. Grenzen. Nach § 354a I HGB (BGBl 94 I 1692) ist die Abtretung von Geldforderungen aus einem bei- 12
derseitigen Handelsgeschäft ungeachtet eines vertraglichen Abtretungsverbots wirksam. Der Schuldner
kann aber, auch wenn er von der Abtretung weiß, mit befreiender Wirkung an den bisherigen Gläubiger
leisten (BGH WM 05, 429), nicht aber mit diesem jenseits von § 407 noch einen Vergleich abschließen
(BGH NJW 09, 438). Zustimmungsvorbehalte und andere Beschränkungen der Abtretbarkeit sind auch
iRd § 354a HGB einem vollständigen Abtretungsverbot gleichzustellen (BGH aaO). Für Darlehensforderungen von Kreditinstituten gilt die Vorschrift nach dem neu eingefügten II (BGBl 08 I 1666) nicht. Nach
§ 16 I FMStBG stehen zivilrechtliche Abtretungs- und Übertragungshindernisse der Übertragung von Risikopositionen durch Banken auf den Sonderfonds Finanzmarktstabilisierung („Soffin") nicht entgegen
(näher *Diem/Neuberger* BKR 09, 177 ff).

Mit § 138 wie auch **§ 307** (= § 9 I AGBG aF) sind Vinkulierungsklauseln wegen des legitimen Interesses des 13
Schuldners an einer vereinfachten Vertragsabwicklung idR vereinbar (BGHZ 51, 113, 116 ff; 108, 172, 175;
NJW 06, 3486). Bei einer Kollision mit einem verlängerten Eigentumsvorbehalt kann das Abtretungsverbot
jedoch zu einem Scheitern des Eigentumserwerbs führen und zu einer Haftung nach §§ 990, 823 (BGHZ 77,
274, 277 ff); seit dem Inkrafttreten des § 354a HGB ist das Problem wesentlich entschärft (*K. Schmidt* NJW
99, 400 f). Wegen der weiten Verbreitung von Vinkulierungsklauseln sind sie jedenfalls in Einkaufsbedingungen nicht überraschend iSd § 305c I (BGH NJW-RR 91, 763 zu § 3 AGBG aF). § 309 Nr 10 (Wechsel des Vertragspartners) greift nicht ein.

Unwirksam nach § 307 ist eine Klausel in Allg Reisebedingungen, dass die Abtretung nur vom Anmelder gel- 14
tend zu machender Ansprüche aus dem Reisevertrag ausgeschlossen ist (BGHZ 108, 52, 54 ff). Eine unangemessene Benachteiligung liegt ferner vor, wenn gegen einen Frachtführer gerichtete Schadensersatzansprüche
wegen Verlusts oder Beschädigung der Güter nur mit dessen Zustimmung an den Transportversicherer abgetreten werden dürfen (BGHZ 82, 162, 171 f). § 87 VVG schließt Vereinbarungen aus, die dem in § 86 I VVG
vorgesehenen Übergang von Ersatzansprüchen auf den Versicherer entgegen stehen (s. schon BGHZ 65, 364,
366 f). Die Abtretung des Freistellungsanspruchs gegen den Haftpflichtversicherer kann formularmäßig gem
§ 108 II VVG nicht ausgeschlossen werden.

Die Berufung auf ein wirksam vereinbartes Abtretungsverbot kann im Einzelfall treuwidrig sein. Tritt der nur 15
subsidiär leistungspflichtige Reiseversicherer auf Grund einer Verpflichtung zur Vorleistung für Krankheitsu Rücktransportkosten in Vorlage, so kann sich der private Krankenversicherer ihm ggü nicht auf ein in der
Krankenversicherungspolice enthaltenes Abtretungsverbot berufen (BGH NJW-RR 04, 1100). Dem Leasinggeber, der die zur Reparatur bestimmte Leistung des Kaskoversicherers bereits erhalten hat, ist es nach § 242
verwehrt, sich ggü der Abtretung des Entschädigungsanspruchs durch den Leasingnehmer an die Werkstatt
auf ein Abtretungsverbot zu berufen (BGHZ 93, 391, 399 f).

D. Rechtsfolgen der Unabtretbarkeit. Folge des Verstoßes ist die absolute Unwirksamkeit der Abtretung, 16
dies gilt auch bei Verletzung eines vertraglichen Zessionsverbots iSd § 399 Alt 2 (BGHZ 40, 156, 160; 56, 228,
231; 108, 172, 176; 112, 387, 389 ff; aA *Armgardt* RabelsZ 73, 314 ff; *Canaris* FS Serrick, 92, S 9 ff; *E. Wagner*
Vertragliche Abtretungsverbote im System zivilrechtlicher Verfügungshindernisse, 94, 77 ff, 403 ff). Daher
kann sich jedermann in den Grenzen des § 242 auf die Unwirksamkeit berufen. Die Forderung verbleibt im
Vermögen des Zedenten und unterliegt dem Zugriff seiner Gläubiger. Abtretungsverbote sind insolvenzfest,
sie gelten auch für den Verwalter (BGHZ 56, 228, 230 ff; NJW 97, 3434). Wird ein Abtretungsausschluss im
Hinblick auf eine künftige Forderung vereinbart, so wird sie von einer vorherigen Abtretung (Globalzession,
verlängerter Eigentumsvorbehalt) nicht erfasst, da die Forderung als von vornherein unabtretbar entsteht
(BGHZ 27, 306, 309; aA *Hennrichs* JZ 93, 225, 230).

Auf ein vertragliches Abtretungsverbot kann der Schuldner verzichten, allerdings nur mit Wirkung ex nunc 17
(BGHZ 70, 299, 303; 102, 293, 301); eine Rückwirkung kommt auch dann nicht in Betracht, wenn die Abtre-
tung nicht gänzlich ausgeschlossen, sondern von der Zustimmung des Schuldners abhängig sein soll (BGHZ
108, 172, 175 ff). Im Falle der Mehrfachabtretung kann der Schuldner aussuchen, welche Abtretung er genehmigt (Kobl WM 92, 73).

Die Unabtretbarkeit einer Forderung steht auch einer Sicherungszession oder Verpfändung (§ 1274 II) entge- 18
gen, allerdings kann sich im Falle des § 399 Alt 2 aus der Parteiabsprache etwas anderes ergeben (MüKo/*Roth*
§ 399 Rz 48). Ein vertragliches Abtretungsverbot hindert die Pfändung der Forderung nicht (§ 851 II ZPO).
Im Einzelfall kommt eine Umdeutung (§ 140) einer unwirksamen Abtretung in eine Einzugsermächtigung in
Betracht (Hamm NJW-RR 92, 22, 23). Jedoch darf dadurch der Zweck des Abtretungsverbots nicht umgangen werden (BGHZ 56, 228, 236; NJW 96, 3273, 3275; 97, 3434, 3437). Aus der Unabtretbarkeit der Forde-

rung folgt nicht automatisch, dass diese nicht im Wege der Gesamtrechtsnachfolge (Vererbung, Umwandlung) übergehen kann, dies ist vielmehr selbstständig zu beurteilen (MüKo/*Roth* § 399 Rz 45). Die Wirkungen des § 399 werden durch § 405 eingeschränkt.

§ 400 Ausschluss bei unpfändbaren Forderungen. Eine Forderung kann nicht abgetreten werden, soweit sie der Pfändung nicht unterworfen ist.

1 **A. Allgemeines.** Die Vorschrift normiert neben § 399 ein weiteres Abtretungsverbot. Es beruht auf denselben sozialpolitischen Erwägungen wie § 394. Die als unpfändbar deklarierten Forderungen sollen dem Gläubiger unter allen Umständen erhalten bleiben, um zu verhindern, dass er und seine Familie der öffentlichen Fürsorge anheim fallen (BGHZ 125, 116, 122).

2 § 400 enthält zwingendes Recht. Abtretungen und Verpfändungen unpfändbarer Forderungen sind gem § 134 nichtig (BGHZ 4, 153, 155; NJW 88, 819; BAG NJW 01, 1443). Die Vorschrift erfasst grds auch Einzugsermächtigung, Inkassozession (BGHZ 4, 153, 165 ff) oder Vereinbarungen über die Verwaltung des Einkommens (Celle OLGZ 71, 344, 345) sowie über § 1274 II auch Verpfändungen.

3 **B. Unpfändbarkeit.** Das Verbot bezieht sich auf die einzelgesetzlich normierten Pfändungsverbote, s. dazu § 394 Rn 1, 6 und *Walker* FS Musielak, 04, 654 ff. Besondere Bedeutung haben die §§ 850 ff ZPO. Das Vollstreckungsverbot des § 89 InsO begründet kein Abtretungshindernis iSd § 400 (BGHZ 125, 116, 123 f zu § 14 I KO; aA LAG Tübingen NJW 70, 349; zu § 2 IV GesO auch BGH ZIP 96, 2080). Steuererstattungsansprüche sind gem § 46 AO abtretbar und pfändbar.

4 Ist eine Forderung nur in bestimmter Höhe unpfändbar (§ 850c ZPO), so ist der darüber hinausgehende Teil auch abtretbar. Soweit eine Forderung wegen bestimmter Ansprüche, zB gesetzlicher Unterhaltsansprüche (§ 850d ZPO), für pfändbar erklärt wird, so ist iRd Zweckbindung auch eine Abtretung an den privilegierten Personenkreis zulässig. Verändern sich die für die Pfändbarkeit maßgeblichen Tatsachen, so ist auf die Umstände zum Zeitpunkt der Fälligkeit abzustellen.

5 Über eine Änderung des pfändungsfreien Betrags (§ 850 f ZPO) entscheidet das Prozessgericht, nicht das Vollstreckungsgericht (BGH NJW-RR 03, 1367; Köln NJW-RR 98, 1689); und zwar im Verfahren zwischen Zedent und Zessionar, nicht aber im Rechtsstreit zwischen Zedent und Schuldner (BAG NJW 91, 2038, 2039).

6 **C. Einschränkungen.** § 400 ist nach Sinn und Zweck unanwendbar, wenn der Zedent vom Zessionar eine seiner Forderung wirtschaftlich gleichwertige Leistung erhält (so auch § 53 II SGB I), sei es freiwillig (BGHZ 4, 153, 156 f) oder aufgrund einer gesetzlichen Verpflichtung (BGHZ 13, 360, 367 ff; 59, 109, 115), sofern hierdurch diejenigen Bedürfnisse befriedigt werden, deren Sicherung die Unpfändbarkeitsregel dient.

7 Abgetreten werden können daher Rentenansprüche an den Arbeitgeber, sofern der Berechtigte vor der Zession den vollen Gegenwert erhalten hat oder die Abtretung durch die jeweils termingemäß zu leistenden Zahlungen bedingt ist (BGHZ 13, 360, 367 ff; 21, 112, 120), Lohnforderungen an die Gewerkschaft, die Streikunterstützung zahlt (BAG NJW 80, 1642, 1652; LAG Mecklenburg-Vorpommern NZA-RR 97, 163), der Rückgewähranspruch nach § 528 I an den Sozialhilfeträger (BGHZ 127, 354 ff), der Anspruch auf ausstehende Unterhaltsleistungen an die Mutter, wenn diese das Kind betreut und versorgt hat (Bremen NJW-RR 02, 361), sowie Insolvenzausfallgeld an die vorfinanzierende Bank (BSG ZIP 95, 935, 936).

8 Ausgeschlossen ist hingegen die Abtretung des unpfändbaren Gehaltsanteils an den Vermieter (BAG NJW 01, 1443), von Unterhaltsansprüchen an den behandelnden Arzt (LG München II NJW 76, 1796; aA für den Fall einmaligen Unterhaltssonderbedarfs LG Frankenthal NJW-RR 89, 1352) und des Anspruchs auf Blindengeld zum Zwecke einer unzulässigen Anrechnung (BGH NJW 88, 819).

9 **D. Gesetzlicher Forderungsübergang.** Grds führt § 400 gem § 412 zur Unmöglichkeit eines Forderungsübergangs kraft Gesetzes. Dieser Grundsatz ist jedoch teleologisch auf die Fälle zu begrenzen, in denen es im Interesse des Gläubigerschutzes erforderlich ist. Dies ist nicht gegeben bei der cessio legis nach § 116 SGB X, §§ 93, 94 SGB XII, § 6 EFZG. Ist eine unpfändbare Forderung auf einen Dritten übergegangen, so ist ihre Verkehrsfähigkeit nicht mehr durch § 400 beschränkt (BGHZ 35, 317, 327; NJW 96, 3273, 3274).

§ 401 Übergang der Neben- und Vorzugsrechte. (1) Mit der abgetretenen Forderung gehen die Hypotheken, Schiffshypotheken oder Pfandrechte, die für sie bestehen, sowie die Rechte aus einer für sie bestellten Bürgschaft auf den neuen Gläubiger über.
(2) Ein mit der Forderung für den Fall der Zwangsvollstreckung oder des Insolvenzverfahrens verbundenes Vorzugsrecht kann auch der neue Gläubiger geltend machen.

1 **A. Bedeutung.** Die Vorschrift sorgt dafür, dass der Zessionar zusammen mit der Forderung die zugehörigen Neben- und Vorzugsrechte erhält. Die Parteien können von der Regelung abweichen und den Übergang ausschließen (Ausn: Hypothek, § 1153 II, RGZ 85, 363, 364) oder erweitern. Auf den gesetzlichen Forderungsübergang ist § 401 anwendbar gem § 412. Im Falle der Überweisung durch gerichtliche Anordnung erfolgt der

Übergang der Nebenrechte nach Maßgabe von §§ 830, 830a, 835 ff ZPO. Bei Überweisung an Zahlung statt ist § 401 uneingeschränkt anwendbar, da diese die Wirkung einer Abtretung hat (Staud/*Busche* § 401 Rz 51).

B. Nebenrechte des Abs 1. Unter § 401 I fallen aufgrund ihrer **Akzessorietät** Hypothek, Schiffshypothek, vertragliches und gesetzliches Pfandrecht einschl des Pfändungspfandrechts (RGZ 67, 214, 220 f), Registerpfandrecht an Luftfahrzeugen (§ 98 II LuftfzRG) und Bürgschaften. Wird der Übergang des Pfandrechts ausgeschlossen, so erlischt dieses gem § 1250 II, auf die Bürgschaft ist die Vorschrift analog anzuwenden (RGZ 85, 363, 364; BGHZ 115, 177, 181 ff). § 401 gilt auch für die Bürgschaft auf erstes Anfordern, das Erklärungsrecht zur Fälligkeitsstellung geht hier mit auf den Zessionar über (BGH NJW 87, 2075; Köln NJW-RR 98, 1393, 1394). Ist eine Bürgschaft für alle Forderungen aus einer Geschäftsverbindung bestellt, so erstreckt sie sich nicht ohne weiteres auf die Forderungen des Zessionars aus seiner Geschäftsverbindung (BGHZ 26, 142, 147 f), etwas anderes gilt bei Gesamtrechtsnachfolge in die Rechtsstellung des Gläubigers (BGHZ 77, 167, 169 ff). Wird dem Zedenten eine Bürgschaft zu einem Zeitpunkt erteilt, in dem die zu sichernde Forderung bereits an den Zessionar abgetreten ist, so ist dieser aus der Bürgschaft berechtigt, sofern in der Abtretungsvereinbarung der Übergang künftiger Sicherheiten vorgesehen war (BGH NJW 02, 3461). 2

C. Andere Neben- und Hilfsrechte. I. Analogie zu Abs 1. Über die in § 401 I genannten Rechte hinaus gehen in analoger Anwendung der Vorschrift zusammen mit dem Hauptanspruch auch andere unselbständige Sicherungsrechte über wie die Vormerkung (BGHZ 25, 16, 23; NJW 94, 2947, 2948), der Anspruch auf Einräumung einer Sicherungshypothek nach § 648 (Dresd NJW-RR 00, 96), aus schuldrechtlicher Schuldmitübernahme (BGH NJW 72, 437, 439; 00, 575), Erfüllungsübernahme (MüKo/*Roth* § 401 Rz 9), auf Auszahlung des auf ein Notaranderkonto eingezahlten Kaufpreises (BGHZ 138, 179, 184). 3

Anerkannt ist ferner, dass Hilfsrechte, die zur Durchsetzung der Forderung erforderlich sind, ebenfalls in entspr Anwendung des § 401 auf den Zessionar übergehen (BGHZ 138, 179, 184; NJW 73, 1793, 1794; 87, 2075). Dies gilt etwa für den Anspruch auf Auskunftserteilung und Rechnungslegung (Köln ZEV 00, 231; München VersR 85, 846); die Genehmigungsbefugnis im Hinblick auf den Anspruch nach § 816 I (BGH NJW 71, 1452), forderungsbezogene Gestaltungsrechte (s. § 413 Rn 7) wie das Recht zur Setzung einer Nachfrist gem §§ 281, 323 (zu § 326aF BGHZ 114, 360, 365 f; NJW 85, 2640, 2641; anders für die Sicherungsabtretung BGH NJW 02, 1568), das Wahlrecht und die Ersetzungsbefugnis des Gläubigers sowie das Recht zur Fälligkeitskündigung (BGH NJW 73, 1793, 1794; München WM 08, 1151, 1154). Bei mehrfacher Abtretung gehen die Ansprüche des Vorzessionars aus §§ 402, 403 mit über (MüKo/*Roth* § 401 Rz 13). Zu Schiedsklauseln und Gerichtsstandsvereinbarungen s. § 398 Rn 17. Auf das kaufmännische Zurückbehaltungsrecht ist § 401 analog anzuwenden, wenn der Zedent dem Zessionar mit der Abtretung der Forderung gleichzeitig den Besitz an dem Gegenstand verschafft, ohne damit gegen seine Verpflichtungen ggü dem Schuldner zu verstoßen. 4

II. Kein automatischer Übergang. Selbstständige Sicherungsrechte wie Rechte aus Sicherungsübereignung, Sicherungsabtretung (BGHZ 78, 137, 143), EV gem § 449 (BGHZ 42, 53, 56), Sicherungsgrundschuld (RGZ 135, 272, 274; BGH NJW 74, 100, 101), Sicherungsrentenschuld (Köln NJW 90, 3214), Bankgarantie (BGH NJW 97, 461) und der gesetzlichen Einlagesicherung (BGHZ 176, 67 ff) gehen nicht automatisch über. Der Neugläubiger erhält aber regelmäßig nach dem Gedanken des § 401 einen schuldrechtlichen Anspruch auf Übertragung der Sicherheit (BGHZ 42, 53, 56 f; 80, 228, 233; 110, 41, 43; NJW-RR 95, 589; aA MüKo/*Roth* § 401 Rz 14), der Zedent ist ggü dem Sicherungsgeber verpflichtet, die ihm durch den Sicherungsvertrag auferlegten Bedingungen weiterzugeben (BGH NJW 97, 461, 463). Für Mietsicherheiten gilt § 566a. 5

Es gehen ebenfalls nicht automatisch über andere selbstständige Rechte aus demselben Schuldverhältnis wie bereits entstandene Schadensersatzansprüche, Zinsen, Vertragsstrafen, vertragsbezogene Gestaltungsrechte (s. § 413 Rn 8) wie das Rücktritts- und Kündigungsrecht. IdR wird aber eine Abtretungsvereinbarung dahin auszulegen sein, dass sie Ansprüche auf künftige Zinsen (BGHZ 35, 172, 173 f; BFH NJW 08, 1180, 1182) und Vertragsstrafeansprüche (RG JW 07, 171) mit umfasst. 6

D. Vorzugsrechte nach Abs 2. Vorzugsrechte iSv II sind insb die in § 804 II ZPO, §§ 49–51 InsO aufgeführten Rechte. Einordnung und Rangfolge einer Forderung im Insolvenzverfahren gelten auch für den Zessionar. Bei Überleitung einer Forderung gem §§ 93, 94 SGB XII (früher §§ 90, 91 BSHG) geht das Vorzugsrecht aus § 850d ZPO mit über (BAG NJW 71, 2094; BGH NJW 86, 1688). Durchgriffsansprüche des Fiskus gegen gesetzliche Vertreter des Steuerschuldners nach §§ 34, 69 AO unterfallen nicht § 401 II (BGHZ 75, 23, 24 ff). 7

§ 402 Auskunftspflicht; Urkundenauslieferung.
Der bisherige Gläubiger ist verpflichtet, dem neuen Gläubiger die zur Geltendmachung der Forderung nötige Auskunft zu erteilen und ihm die zum Beweis der Forderung dienenden Urkunden, soweit sie sich in seinem Besitz befinden, auszuliefern.

A. Bedeutung. Die Rechte aus §§ 402, 403 sollen den Zessionar in die Lage versetzen, die erworbene Forderung durchzusetzen. Der Zedent (bzw im Insolvenzfall der Verwalter, BGH NJW 00, 3777; Karlsr ZIP 90, 187; Köln ZIP 88, 1346) ist ihm ggü zur Auskunft (§ 402 Alt 1), Urkundenauslieferung (§ 402 Alt 2) und Beurkundung der Abtretung (§ 403) verpflichtet. Es handelt sich um Nebenpflichten, die ihre Grundlage nicht im 1

Verfügungsgeschäft, sondern im Kausalgeschäft haben. Sie entfallen daher, wenn das Kausalgeschäft nichtig ist (MüKo/*Roth* § 402 Rz 2). Die Parteien können die Nebenpflichten erweitern, einschränken oder ausschließen. Die Nebenpflichten sind klageweise durchsetzbar, ihre schuldhafte Verletzung kann eine Schadensersatzhaftung begründen (Hamm ZfIR 99, 826). § 402 gilt gem § 412 auch für den gesetzlichen Forderungsübergang, es entsteht, falls nicht schon ein anderweitiges Schuldverhältnis existiert, ein auf die Nebenpflichten beschränktes Schuldverhältnis (MüKo/*Roth* § 402 Rz 3).

2 **B. Auskunft.** Die Auskunftspflicht bezieht sich auf alle Umstände, die zur Geltendmachung der Forderung von Bedeutung sind. Dazu gehören auch Hinweise zur Entkräftung von Einwendungen (MüKo/*Roth* § 402 Rz 5). Nach Ansicht des BGH (NJW 00, 3777, 3780) muss der Zedent im Regelfall (Ausn: Erfüllung) nicht im Voraus mitteilen, welche Einwendungen der Schuldner ihm ggü bereits erhoben hat. Vielmehr genügt er seiner Auskunftspflicht, indem er dann, wenn der Schuldner ggü dem Zessionar Einwendungen erhebt, die dieser aus eigenem Wissen nicht entkräften kann, auf gezielte Nachfrage mitteilt, was er zur Entgegnung auf jene Einwendungen beitragen kann. Soweit dies zur Rechtsdurchsetzung notwendig ist, hat der Zedent dem Zessionar auch Angaben über die persönlichen und geschäftlichen Verhältnisse des Schuldners zu machen. Auch rechtserhebliche Tatsachen, von denen der Zedent erst nach der Abtretung erfahren hat oder die erst nach diesem Zeitpunkt eingetreten sind, unterliegen der Auskunftspflicht.

3 **C. Auslieferung von Urkunden.** § 402 Alt 2 bezieht sich auf alle Urkunden, die dem Beweis der Forderung dienen. Dazu gehören auch Korrespondenz, Verträge, Leistungsverzeichnisse, Berechnungsunterlagen, Konstruktionszeichnungen, Pläne und Abnahmeprotokolle (so für Baumängelrechte BGH NJW-RR 89, 467; Hamm MDR 76, 43). Die Vorschrift setzt voraus, dass der Zedent unmittelbaren oder mittelbaren Besitz an den Urkunden hat, begründet also keine Pflicht, die Unterlagen bei Dritten zu beschaffen. § 402 Alt 2 begründet nur eine Pflicht zur Besitzübertragung, nach § 242 ist darüber hinaus eine Pflicht zur Eigentumsverschaffung zu bejahen, wenn keine berechtigten Interessen des Zedenten entgegenstehen. Wird nur ein Teil einer Forderung abgetreten oder hat die Urkunde noch einen zusätzlichen Inhalt, steht dem Zessionar ein Anspruch auf eine beglaubigte Abschrift zu.

§ 403 Pflicht zur Beurkundung. ¹Der bisherige Gläubiger hat dem neuen Gläubiger auf Verlangen eine öffentlich beglaubigte Urkunde über die Abtretung auszustellen. ²Die Kosten hat der neue Gläubiger zu tragen und vorzuschießen.

1 Zweck der Vorschrift (s. schon § 402 Rn 1) ist es, den Zedenten als neuen Gläubiger auszuweisen, und es ihm insb zu ermöglichen, den Anforderungen des § 410 I zu entsprechen. Der Anspruch besteht aber auch dann, wenn der Zedent dem Schuldner die Abtretung nach § 409 I 1 schriftlich angezeigt hat. § 403 gilt auch bei gesetzlichem Forderungsübergang, § 412 (RG HRR 32, 2141).

2 Die vom Zedenten auszustellende Urkunde muss die Forderung genau identifizieren und Zeugnis über den Abtretungsvorgang geben. Öffentliche Beglaubigung erfolgt nach Maßgabe von § 129. Der Zedent hat wegen der Kosten ein Zurückbehaltungsrecht nach § 273 (RG HRR 32, 2141). Hinsichtlich der Kostenfrage enthält § 1154 I 2 für die Abtretung einer hypothekarisch gesicherten Forderung eine von § 403 2 abw Sonderregelung.

§ 404 Einwendungen des Schuldners. Der Schuldner kann dem neuen Gläubiger die Einwendungen entgegensetzen, die zur Zeit der Abtretung der Forderung gegen den bisherigen Gläubiger begründet waren.

1 **A. Bedeutung.** Die Vorschrift bezweckt den Schutz der Interessen des Schuldners, da der Gläubigerwechsel ohne seine Mitwirkung vollzogen wird. Sie ist zugleich Ausfluss des Grundsatzes, dass die Identität der abgetretenen Forderung erhalten bleibt (§ 398 Rn 17). § 404 betrifft nur die Einwendungen aus der Rechtsbeziehung zwischen Zedent und Schuldner. Einwendungen aus dem der Abtretung zugrunde liegenden Kausalgeschäft sind ausgeschlossen, sofern die Mängel nicht ausnahmsweise auf die Abtretung als Verfügungsgeschäft durchschlagen (so für den Fall, dass Grundgeschäft u Lohnabtretung Teil einer einheitlichen Vereinbarung sind BAG NJW 67, 751). Einwendungen gegen die Wirksamkeit der Abtretung kann der Schuldner uneingeschränkt geltend machen. Ebenso wenig schließt § 404 die Geltendmachung von eigenen Einwendungen des Schuldners ggü dem Zessionar aus, etwa aus § 242 (BGH NJW 01, 1859, 1862). Die Gutgläubigkeit des Zedenten wird nur im Ausnahmefall des § 405 geschützt. § 406 enthält eine Sonderregel für die Aufrechnung ggü dem Zessionar. Auf den gesetzlichen Forderungsübergang findet § 404 über § 412 entspr Anwendung.

2 **B. Einwendungen. I. Begriff.** Der Begriff der Einwendung iSv § 404 ist weit zu verstehen. Er umfasst alle rechtshindernden und rechtsvernichtenden Einwendungen sowie peremptorische und dilatorische Einreden. Zu den rechtshindernden Einwendungen gehören die aus §§ 104, 125, 134, 138. Als rechtsvernichtende Einwendung zu nennen sind insb Anfechtung, Erfüllung, Erlass, Aufrechnung – vgl aber § 406 –, Rücktritt (BGH NJW 86, 919), Widerruf, Ablauf einer Ausschlussfrist (BAG VersR 69, 337, 338; EzA § 4 TVG Ausschlussfristen Nr 164), Freihalteverpflichtung (BGH NJW 85, 1768, 1769), Erfordernis einer spezifischen

Rechnungslegung (BAG DB 94, 2295, 2297), Haftungsausschluss (Braunschw NJW-RR 03, 1187, 1188), gesellschaftliche Beschränkungen bei Ansprüchen unter Mitgesellschaftern (BGH NJW 83, 749). Der Einwand der unzulässigen Rechtsausübung kann ggü dem Zessionar entfallen, wenn die den Missbrauchsvorwurf begründenden Tatsachen nicht auch in seiner Person gegeben sind. Umgekehrt kann es sein, dass die Voraussetzungen des § 242 erstmals durch den Zessionar erfüllt werden (BGHZ 151, 236, 243; NJW 01, 1859, 1862; München NJW 70, 663, 664). § 404 umfasst darüber hinaus Einreden wie die Verjährung, Stundung, die Bereicherungseinrede nach § 821 sowie die Zurückbehaltungsrechte gem §§ 273, 320, 321. Auch prozessuale Einreden gehen dem Schuldner nicht verloren, so etwa aus Schiedsvereinbarungen (BGHZ 71, 162, 165 f; NJW 98, 371), Gerichtsstandsklauseln (Köln VersR 92, 1152) sowie Abreden, die Zwangsvollstreckung wegen der Forderungen nicht zu betreiben (Staud/*Busche* § 404 Rz 32). Die Rechtskraft eines Urteils wirkt gem § 325 ZPO für und gegen den Zessionar.

II. Begründetheit im Zeitpunkt der Abtretung. Einwendungen und Einreden müssen bereits zum Zeitpunkt der Abtretung begründet sein. Dafür genügt es, dass bei Abtretung ihr Rechtsgrund in dem Schuldverhältnis gelegt war; nicht erforderlich ist, dass schon alle Tatbestandsvoraussetzungen vorgelegen haben (BGHZ 25, 27, 29; 93, 71, 79; NJW-RR 04, 1347, 1348). Bei gegenseitigen Verträgen kann sich der Schuldner ggü dem Zessionar auch auf Einwendungen stützen, die sich aus der Weiterentwicklung des Schuldverhältnisses ergeben (BGH NJW 83, 1903, 1905; WM 89, 1009, 1010). Sie wirken sich auf die Forderung so aus, als wäre sie nicht abgetreten worden. Ein Anspruch auf Schadensersatz nach der Leistung kann nach der Differenzmethode unmittelbar mit der Forderung des Zessionars verrechnet und diesem als Einwendung entgegen gehalten werden (BGH NJW 58, 1915; 83, 1903, 1905). Will der Schuldner nach § 281 oder § 323 vorgehen, so muss er die Frist dem Zedenten setzen. Bei der Abtretung von Ansprüchen aus einem Girovertrag kann die Bank dem Zessionar Lastschriften aus der Rückbelastung von Wechseln entgegen halten (München NJW-RR 92, 1136). Vereinbarungen zwischen Zedent und Schuldner, durch die das Schuldverhältnis zu Lasten des Zessionars verändert oder aufgehoben wird, wirken jedoch nur unter den Voraussetzungen des § 407 I gegen den Zessionar. 3

Gestaltungsrechte des Schuldners bestehen weiter (BGH NJW 86, 919; NJW-RR 04, 1347, 1348). Sie können auch auf ein Verhalten des Zedenten nach der Abtretung gestützt werden und sind diesem ggü auszuüben (RGZ 86, 305, 310). Ist der Schuldner daran gehindert, die Erklärung ggü dem Zedenten abzugeben, weil dieser nicht mehr existiert oder unerreichbar ist, so kann er analog § 770 I dem Zessionar das Bestehen des Gestaltungsrechts einredeweise entgegen halten (Brandbg NJW-RR 98, 1584; aA *Köhler* JZ 86, 516, 517 f). 4

Die **Verjährungsfrist** läuft ohne Rücksicht auf die Abtretung weiter. Kommt es für den Verjährungsbeginn auf subjektive Momente an (§ 199), ist vor dem Forderungsübergang auf die Person des Zedenten, danach auf die des Zessionars abzustellen (BGHZ 48, 181, 183; NJW 73, 702 f). 5

Das **Zurückbehaltungsrecht** nach § 273 wegen eines Anspruchs gegen den Zedenten kann der Schuldner ggü dem Zessionar geltend machen, wenn sein Gegenanspruch vor Abtretung bereits fällig war (BGHZ 19, 153, 162; NJW 91, 1821) oder entspr § 406 dem Rechtsgrund nach bereits gegeben war und spätestens mit der abgetretenen Forderung im selben Zeitpunkt fällig wurde (BGHZ 58, 327, 331; 64, 122, 126; NJW-RR 94, 880). Die Einrede des § 320 entsteht mit Vertragsschluss und kann dem Zessionar unabhängig davon entgegen gehalten werden, ob die Umstände, die die Einrede bedeutsam werden lassen, vor oder nach der Abtretung eingetreten sind (BGH NJW-RR 04, 1135, 1136). 6

C. Abweichende Vereinbarungen. § 404 ist dispositiv, anders für das Verbraucherdarlehen § 496 I. Der Schuldner kann vor oder nach der Abtretung ggü dem Zessionar oder dem Zedenten ganz oder teilw auf die Geltendmachung von Einwendungen verzichten (BGH BB 64, 1396; NJW 70, 321). Bei der Annahme eines Einwendungsausschlusses ist Zurückhaltung geboten. Durch die Erklärung, Kenntnis von der Abtretung erlangt zu haben, verzichtet der Schuldner idR nicht auf den Schutz des § 404 (BGH ZIP 02, 886, 887). In der „Anerkennung", „Bestätigung" oder „Annahme" der Forderung bzw Abtretung liegt typischerweise ein Verzicht auf die ihm bekannten oder zumindest erkennbaren Einwendungen, eine Erstreckung auf noch nicht erkennbare Einwendungen muss hingegen klar und deutlich zum Ausdruck kommen (BGH NJW 70, 321; 73, 2019; 83, 1903, 1904). 7

§ 405 Abtretung unter Urkundenvorlegung.
Hat der Schuldner eine Urkunde über die Schuld ausgestellt, so kann er sich, wenn die Forderung unter Vorlegung der Urkunde abgetreten wird, dem neuen Gläubiger gegenüber nicht darauf berufen, dass die Eingehung oder Anerkennung des Schuldverhältnisses nur zum Schein erfolgt oder dass die Abtretung durch Vereinbarung mit dem ursprünglichen Gläubiger ausgeschlossen sei, es sei denn, dass der neue Gläubiger bei der Abtretung den Sachverhalt kannte oder kennen musste.

A. Bedeutung. Die Vorschrift statuiert eine eng begrenzte Ausn von dem Grundsatz, dass Forderungen nicht kraft guten Glaubens erworben werden können. Sie findet keine Anwendung auf den gesetzlichen Forderungsübergang, wohl aber auf die Verpfändung und die rechtsgeschäftliche Übertragung sonstiger Rechte 1 nach § 413 (so für die Abtretung eines übertragbaren Vertragsangebots RGZ 111, 46, 47). § 405 gilt auch für Neben- und Vorzugsrechte, sofern diese nach § 401 mit übergehen.

2   **B. Voraussetzungen. I. Urkunde.** Bei der Urkunde iSd § 405 muss es sich um eine schriftlich verkörperte Gedankenerklärung handeln, aus der sich die Identität der Forderung und die Legitimation des Zedenten ergibt. Sie muss zum Nachweis der Forderung bestimmt sein, ein Lagerschein genügt (BGH DB 75, 831). Voraussetzung ist ferner, dass der Schuldner sie ausgestellt und willentlich in den Verkehr gebracht hat. Bei abhanden gekommenen Urkunden greift § 405 nicht (*Weimar* MDR 68, 556, 557; MüKo/*Roth* § 405 Rz 6).

3   **II. Vorlage der Urkunde.** Der Zessionar muss die Urkunde im Original sinnlich wahrgenommen und sein Vertrauen auf sie gegründet haben. Erforderlich ist, dass die Vorlage in unmittelbarem zeitlichen Zusammenhang mit der Abtretung erfolgt. Eine spätere Vorlage ist unbeachtlich. Eine unvorhergehende Vorlage wird man dann ausreichen lassen können, wenn die Urkunde und der auf sie gegründete Vertrauenstatbestand bei Abtretung unverändert fortbesteht (MüKo/*Roth* § 405 Rz 7; Staud/*Busche* § 405 Rz 11; aA RGZ 111, 46, 48).

4   **III. Guter Glaube des Neugläubigers.** Der Schutz des § 405 setzt Gutgläubigkeit des Zessionars voraus. Es gilt der Maßstab des § 122 II; bereits einfache Fahrlässigkeit schadet.

5   **C. Wirkungen.** Liegen die Voraussetzungen des § 405 vor, so kann sich der Schuldner nicht mehr darauf berufen, dass die Forderung auf einem Scheingeschäft (§ 117 I) beruht oder ein vertraglicher Abtretungsausschluss iSd § 399 Alt 2 vorliegt, andere Einwendungen bleiben unberührt (*Kuhn* AcP 208, 101, 106 ff). Ein Scheingeschäft iSd § 405 ist auch anzunehmen, wenn die Parteien bewusst eine rechtliche Konstruktion wählen, die von Anbeginn die Forderung nicht entstehen lässt, etwa durch Vorausabtretung an den Schuldner zum Zwecke der Konfusion (Frankf NJW-RR 92, 684). Den Abtretungsausschluss erfasst § 405 unabhängig davon, ob er vor oder nach Ausstellung der Urkunde vereinbart wurde (MüKo/*Roth* § 405 Rz 10). Die Forderung entsteht ohne die genannten Einwendungen in der Person des Zessionars. Er kann daher die Forderung nunmehr abtreten ohne Rücksicht auf die Gutgläubigkeit des Nächsterwerbers, dies soll aber nicht für den Rückerwerb durch den bösgläubigen Erstzedenten gelten (*Weimar* JR 73, 277, 278; Staud/*Busche* § 405 Rz 21; aA MüKo/*Roth* § 405 Rz 8). Bei mehrfacher Abtretung wird nur der Ersterwerber geschützt. Der Schuldner kann mit einer gegen den Neugläubiger gerichteten Forderung aufrechnen (RGZ 87, 420, 424).

6   § 405 findet entspr Anwendung, wenn der Gläubiger zum Schein eine Abtretungsurkunde ausstellt und der Scheinzessionar weiter zediert (RGZ 115, 303, 308; 90, 273, 279; *Weimar* JR 73, 277, 279). Wird durch die Errichtung einer Urkunde über eine in Wirklichkeit nicht bestehende Forderung der Anschein der Kreditwürdigkeit erweckt, so lassen sich Schadensersatzansprüche auf Vertrag oder Delikt, nicht aber auf § 405 stützen (BGHZ 12, 105, 109 f).

7   **D. Beweislast.** Der neue Gläubiger muss darlegen und ggf beweisen, dass der Schuldner eine Urkunde über die Schuld ausgestellt hat und ihm diese bei der Abtretung vorgelegt wurde. Der Schuldner trägt die Darlegungs- und Beweislast für eine etwaige Bösgläubigkeit des Zessionars.

§ 406 Aufrechnung gegenüber dem neuen Gläubiger.

Der Schuldner kann eine ihm gegen den bisherigen Gläubiger zustehende Forderung auch dem neuen Gläubiger gegenüber aufrechnen, es sei denn, dass er bei dem Erwerb der Forderung von der Abtretung Kenntnis hatte oder dass die Forderung erst nach der Erlangung der Kenntnis und später als die abgetretene Forderung fällig geworden ist.

1   **A. Bedeutung.** Die Vorschrift dient wie § 404 u §§ 407 ff dem Schutz des Schuldners. In dessen Interesse durchbricht die unnötig kompliziert geratene Regelung (zur Kritik *Eidenmüller* AcP 204, 457, 484 ff) das Prinzip der Gegenseitigkeit der Forderungen iSd § 387. § 406 betrifft allein die Aufrechnung des Schuldners ggü dem Zessionar, die nach der Abtretung erklärt wird. Hat der Schuldner schon vor der Abtretung wirksam ggü dem Zedenten aufgerechnet, so kann er dies dem Zessionar nach § 404 entgegen halten (BGHZ 19, 153, 156; NJW 02, 2865). § 407 I ist einschlägig, wenn der Schuldner ggü dem Zedenten nach der Abtretung, aber ohne Kenntnis von ihr, aufrechnet (BGH NJW-RR 86, 536, 538). Hat der Schuldner eine Forderung gegen den Zessionar, so handelt es sich um eine ganz normale Aufrechnung ohne jede Besonderheit. Auf einen Aufrechnungsvertrag findet § 406 ebenfalls keine Anwendung, hier gelten § 404 bzw § 407. Macht der Schuldner bei einem gegenseitigen Vertrag Schadensersatz statt der Leistung im Wege der Verrechnung geltend, so ist nicht § 406, sondern § 404 heranzuziehen (§ 404 Rn 2).

2   § 406 ist dispositiv, sofern nicht wie in § 496 etwas anderes bestimmt ist. Im Falle eines vertraglichen Ausschlusses der Aufrechnungsbefugnis des Schuldners kann dieser auch ggü dem Zessionar nicht aufrechnen (BGH WM 75, 852). Umgekehrt ist die Aufrechnung möglich, selbst wenn an sich der Ausschlusstatbestand des § 406 Hs 2 vorliegt, sofern der Gläubiger der Hauptforderung sich damit (uU auch konkludent) einverstanden erklärt hat (BFH BStBl 86, 506; FG Hannover EFG 03, 1433). Die Aufrechnung des Schuldners im Prozess ggü dem Zessionar hemmt nach § 204 I Nr 5 auch die Verjährung ggü dem Zedenten (BGHZ 176, 128 ff). § 406 gilt gem § 412 auch für den gesetzlichen Forderungsübergang (BGHZ 35, 317,

325). Bei Zwangsvollstreckung in Forderungen ist § 392 die maßgebliche Norm. Im Falle des § 354a HGB findet § 406 keine Anwendung (BGH WM 05, 429).

B. Regelungsinhalt. I. Aufrechnungsbefugnis. § 406 erhält dem Schuldner die Aufrechnungsmöglichkeit, sofern die Aufrechnungslage schon bei der Abtretung bestand. Er kann sich darüber hinaus auch auf solche Umstände berufen, die später eingetreten sind und die ihm ohne die Abtretung das Recht zur Aufrechnung ggü dem früheren Gläubiger gegeben hätten (BGHZ 19, 153, 156 f; 58, 327, 329; NJW 03, 1182, 1183). § 406 Hs 2 schließt die Aufrechnung allerdings mit solchen Forderungen aus, die erst in Kenntnis des Schuldners von der Abtretung erworben worden sind (Alt 1) oder die nach Kenntnis und später als die abgetretene Forderung fällig geworden sind (Alt 2). Die entscheidende Zäsur für die Aufrechnung ist die Kenntnis des Schuldners von der Abtretung und nicht die Abtretung selbst. 3

II. Aufrechnungsausschluss wegen Kenntnis der Abtretung. Der **Kenntnis** der Abtretung (§ 407 Rn 5 ff) steht die Kenntnis der Vorausabtretung gleich (BGHZ 66, 384, 386 f; NJW 02, 2865; aA Köln NJW-RR 01, 539). Der **Erwerb** der Gegenforderung ist bereits dann erfolgt, wenn der Rechtsgrund für sie gelegt ist, so dass etwa für Forderungen aus Vertrag auf den Zeitpunkt des Vertragsschlusses abzuheben ist (BGHZ 58, 327, 330; NJW 90, 2544). Mit einer Gegenforderung aus dem Vertragsverhältnis, auf welchem die abgetretene Hauptforderung beruht, kann der Schuldner ggü dem Zessionar aufrechnen, auch wenn er die Abtretung der Forderung aus dem Vertrag bei dessen Abschluss kannte (BGH NJW 96, 1056). Bei Gegenforderungen aus abgeleitetem Recht kommt es auf den Zeitpunkt des Forderungserwerbs seitens des Schuldners an (Hamm NJW-RR 89, 51). Die Aufrechnung wird nicht dadurch ausgeschlossen, dass Fälligkeit, Unbedingtheit und Gleichartigkeit der Forderung nicht schon bei Abtretung vorliegen (BGHZ 12, 136, 144 f; 19, 153, 158 f; 35, 317, 326). 4

III. Aufrechnungsausschluss wegen nachfolgender Fälligkeit der Gegenforderung. § 406 Hs 2 Alt 2 regelt den Fall, dass der Schuldner Kenntnis zwar erst nach Erwerb der Gegenforderung (sonst greift schon § 406 Hs 2 Alt 1), aber noch vor ihrer Fälligkeit erlangt. Die Aufrechnung ist dann nur möglich, wenn die Gegenforderung spätestens gleichzeitig mit der abgetretenen Hauptforderung fällig wird (BGHZ 19, 153, 160; BAG 67, 751, 752). Eine spätere Stundung der Forderung ist unerheblich (BFH BStBl II 05, 7 ff). Fälligkeit iSd § 406 ist zu verneinen, wenn der Forderung ein Zurückbehaltungsrecht entgegensteht (BGHZ 58, 327, 330 ff; NJW-RR 94, 880). Daher kann mit einer zur Zurückbehaltung berechtigenden Gegenforderung aufgerechnet werden, auch wenn diese erst später als die Hauptforderung fällig geworden ist (BGH NJW 96, 1056). Der Kommanditist kann gegen die abgetretene Einlageforderung mit seinem erst später fällig werdenden Erstattungsanspruch gem § 110 HGB gegen die KG aufrechnen (BGHZ 63, 338, 342 f). Gleichartigkeit der Forderungen muss spätestens in dem Zeitpunkt vorliegen, in dem die Hauptforderung fällig wird (BGHZ 19, 153, 159). 5

IV. Berufung auf Gegenrechte des Zedenten. Der Zessionar kann hinsichtlich des Gegenanspruchs alle Verteidigungsmöglichkeiten des Zedenten zur Geltung bringen, so zB die Dürftigkeitseinrede nach § 1990 (BGHZ 35, 317, 327 f), den Verlust des Einziehungsrechts nach § 171 II HGB (BFH BStBl II 84, 795) sowie ein vertragliches (BGH WM 75, 852) oder gesetzliches Aufrechnungsverbot (BGHZ 95, 109, 117). 6

V. Besonderheiten bei Teil- und Mehrfachabtretungen. Bei Teilabtretungen kann der Schuldner wählen, gegen welche Teilforderung er aufrechnet. Im Falle der Mehrfachabtretung kann er auch mit einem Anspruch gegen den Zwischengläubiger aufrechnen (MüKo/*Roth* § 406 Rz 16). Der Ausschlusstatbestand des § 406 Hs 2 greift nicht beim Rückerwerb einer Forderung nach einer Sicherungsabtretung. Dies gilt auch dann, wenn der Sicherungsfall eingetreten und die Abtretung offen gelegt worden war (BGH NJW 03, 1182). 7

C. Beweislast. Der Schuldner muss die ihn zur Aufrechnung berechtigenden Umstände beweisen, der Zessionar, dass einer der in § 406 Hs 2 genannten Ausschlussgründe vorliegt (Staud/*Busche* § 406 Rz 50). § 406 regelt nur die Beweislastverteilung zwischen dem Zessionar und dem Schuldner, nicht jedoch zwischen dem Zessionar und einem Dritten (Hamm NJW-RR 89, 51). 8

§ 407 Rechtshandlungen gegenüber dem bisherigen Gläubiger.

(1) Der neue Gläubiger muss eine Leistung, die der Schuldner nach der Abtretung an den bisherigen Gläubiger bewirkt, sowie jedes Rechtsgeschäft, das nach der Abtretung zwischen dem Schuldner und dem bisherigen Gläubiger in Ansehung der Forderung vorgenommen wird, gegen sich gelten lassen, es sei denn, dass der Schuldner die Abtretung bei der Leistung oder der Vornahme des Rechtsgeschäfts kennt.
(2) Ist in einem nach der Abtretung zwischen dem Schuldner und dem bisherigen Gläubiger anhängig gewordenen Rechtsstreit ein rechtskräftiges Urteil über die Forderung ergangen, so muss der neue Gläubiger das Urteil gegen sich gelten lassen, es sei denn, dass der Schuldner die Abtretung bei dem Eintritt der Rechtshängigkeit gekannt hat.

1 A. Bedeutung. § 407 schützt den Schuldner, der in Unkenntnis der Abtretung Rechtshandlungen in Bezug auf die Forderung vornimmt, in seinem Vertrauen darauf, dass der Altgläubiger nach wie vor Inhaber der Forderung ist. Die Vorschrift gilt auch für den gesetzlichen Forderungsübergang (BGHZ 19, 177 ff; 131, 274, 285; BAG NJW 81, 1061; zu Besonderheiten s. Rn 8). Auf den Wechsel der Bezugsberechtigung aus einem Versicherungsvertrag ist § 407 entspr anwendbar (RGZ 154, 99, 109). Die Vorschrift gilt jedoch nicht für die Hypothek (§ 1156 I) und die Sicherungsgrundschuld (BGH WM 76, 665), wohl aber für die Sicherungshypothek (§ 1185 II). Nicht heranzuziehen ist § 407 auf Ansprüche aus Wertpapieren, bei Spareinlagen zumindest dann nicht, wenn die Bank nach ihren Sparbedingungen nur gegen Vorlage des Sparbuchs leisten durfte (Ddorf NJW-RR 91, 1337; Hamm WM 84, 801). Die Klausel „Kasse gegen Dokumente" begründet keinen über § 407 hinausgehenden Vertrauensschutz (BGHZ 135, 39, 46 ff). Im Anwendungsbereich von § 354a HGB wird § 407 verdrängt. Die Ansprüche des Zessionars gegen den Zedenten richten sich nach § 816 und dem zugrunde liegenden Kausalverhältnis, ggf iVm § 280 I.

2 B. Leistung und Rechtsgeschäft. I. Leistung. Unter den Begriff der Leistung iSd § 407 I Alt 1 fallen grds alle Formen der Erfüllung an den Gläubiger oder seine Bank als Inkassostelle (BGHZ 72, 316, 318 f), auch Leistungen an Erfüllungs statt und erfüllungshalber, insb Wechsel- und Scheckhingabe (BGHZ 102, 68, 71; NJW 79, 1704). Lässt der Schuldner den Scheck wirksam sperren, so liegt in der späteren Aufhebung der Sperre die Leistung, auf die hinsichtlich des Zeitpunkts der Kenntnis des Schuldners von der Abtretung abzustellen ist (BGH NJW 76, 1842). Als Leistung sind auch andere Vermögenszuwendungen wie die Verschaffung eines Garantieanspruchs einzuordnen (Schlesw NJW-RR 97, 1415). Ein Dritter, der gem § 267 leistet, wird nicht geschützt, wohl aber derjenige, der im Hinblick auf die eigene Haftung die Leistung erbringt, so der Ablösungsberechtigte nach § 268, der Bürge, persönlich haftende Gesellschafter oder Erwerber nach § 25 I HGB (MüKo/*Roth* § 407 Rz 9).

3 II. Rechtsgeschäfte. Erfasst werden einseitige und zweiseitige Rechtsgeschäfte in Ansehung der Forderung wie Aufrechnung (Schlesw NJW-RR 04, 717) und Aufrechnungsvertrag (BGHZ 94, 132, 137), Erlass (Köln VersR 98, 1269), Hinterlegung, Kündigung (Ddorf WM 80, 94; zu Besonderheiten im Kündigungsschutzrecht BAG NJW 81, 1059), negatives Schuldanerkenntnis (BGH NJW-RR 98, 1744), Stundung, Vergleich (BGHZ 125, 408, 410), Vertragsaufhebung und -abänderung (BGHZ 111, 84, 91; Saarbr ZIP 01, 1318), auch forderungsbezogene rechtsgeschäftsähnliche Handlungen wie die Mitteilung nach § 416 (RGZ 67, 412, 414) und § 25 II HGB (RGZ 67, 8) sowie das Gläubigerverzug auslösende Anbieten der Leistung (MüKo/*Roth* § 407 Rz 7). Dem Schutzzweck des § 407 I entspr werden für den Schuldner nachteilige Rechtshandlungen durch den Zedenten nicht erfasst (BGHZ 52, 150, 153 f; 111, 84, 91), sie sind wegen fehlender Rechtsinhaberschaft des Handelnden unwirksam (RGZ 125, 408, 409 f).

4 III. Wahlmöglichkeit des Schuldners. Der Schuldner kann sich auf die Rechtshandlung berufen, er muss dies jedoch nicht, da die Vorschrift ausschl seinem Schutz dient (BGHZ 52, 150, 154; 102, 68, 71; 145, 352, 357; *Chiusi* AcP 202, 494, 502 ff; aA Dresd NJW-RR 96, 444; BaRoth/*Rohe* § 407 Rz 19; Staud/*Busche* § 407 Rz 8). Es steht ihm vielmehr frei, stattdessen die Leistung beim Zedenten zu kondizieren, etwa weil er ggü dem insolvent gewordenen Zessionar nach Maßgabe der §§ 94 ff InsO aufrechnen möchte. Einen Scheck kann er sperren lassen und an den Zessionar zahlen (BGHZ 102, 68, 72 ff). Eine einmal getroffene Wahl bindet den Schuldner (MüKo/*Roth* § 407 Rz 11).

5 C. Kenntnis. I. Allgemeines. Dem Schuldner schadet nur positive Kenntnis; Kennenmüssen genügt nicht (RGZ 135, 247, 251; BGHZ 135, 39, 42; NJW-RR 04, 1145, 1147). Ausreichend ist allerdings insoweit das Wissen um die tatsächlichen Umstände, die den Forderungsübergang begründen, es muss die Person des Zessionars nicht umfassen (MüKo/*Roth* § 407 Rz 14). Auf eine unzutreffende rechtliche Würdigung kann sich der Schuldner nicht berufen, Ausnahmen sind bei unübersichtlicher Rechtslage zuzulassen (BGH NJW 07, 3352, 3354; MüKo/*Roth* § 407 Rz 14). Die bekannten Tatsachen müssen einen hinreichend sicheren Schluss auf die Abtretung zulassen. Eine Pflicht des Schuldners, Verdachtsmomenten nachzugehen, besteht nicht (Oldbg VersR 75, 415). Streiten sich Zedent und Zessionar über die Wirksamkeit der Abtretung und ist für den Schuldner nicht offensichtlich, dass die von dem Zedenten erhobenen Einwendungen abwegig oder schlechterdings unvernünftig sind, hat er keine Kenntnis von der Abtretung (BGH NJW-RR 04, 1145). Kenntnis der Vorausabtretung steht auch iRd § 407 der Kenntnis der Abtretung gleich (BGH NJW 82, 2371; Dresd WM 99, 2108). Nimmt der Schuldner aus gutem Grund an, eine ihm bekannte Abtretung sei rückgängig gemacht worden, so gilt § 407 ebenfalls (Frankf NJW-RR 88, 1270).

6 II. Benachrichtigung des Schuldners. Eine Abtretungsanzeige gem § 409 macht den Schuldner idR bösgläubig. Die Mitteilung „Wir nehmen am Factoring teil." genügt wohl nicht (Bremen NJW 87, 912). Hat der Leasinggeber den Leasingnehmer bei Vertragsabschluss darauf hingewiesen, dass er „seine Forderungen ihm ggü" an eine Bank abgetreten hat, so erfasst dies die monatlich fällig werdenden Leasingraten und einen später mit Ausübung eines vereinbarten Andienungsrechts entstehenden Kaufpreisanspruch, verschafft aber nicht Gewissheit über die Vorausabtretung einer Kaufpreisforderung, die nach Ablauf der Leasingzeit im Wege freier Vereinbarung entsteht (Dresd WM 99, 2108). Die Mitteilung durch den Zessionar vermittelt

Kenntnis, wenn dieser vertrauenswürdig erscheint (BGHZ 102, 68, 74; NJW-RR 04, 1145, 1148). Erbittet der Zessionar in der Abtretungsanzeige die schriftliche „Anerkennung" der Abtretung, so soll dies den Schuldner nicht bösgläubig machen, da aus dieser Formulierung der juristische Laie den Schluss ziehen darf, dass die Wirksamkeit der Zession von seiner Zustimmung abhängt (Rostock MDR 00, 444, zw).

III. Tatsächliche Kenntnis. Da § 407 die tatsächliche Kenntnis **in der Person des Schuldners** voraussetzt, genügt der bloße Zugang einer Abtretungsmitteilung iSv § 130 grds nicht. Dieser hat aber zum einen Auswirkungen auf die Beweislastverteilung (s. Rn 10). Zum anderen kann es dem Schuldner nach Treu und Glauben verwehrt sein, sich auf seine Unkenntnis zu berufen (BGHZ 135, 39, 43; NJW-RR 04, 1145, 1147). Das Wissen eines Angestellten muss sich der Schuldner analog § 166 nur dann zurechnen lassen, wenn dieser befugt war, ihn gerade bei der Erfüllung der abgetretenen Forderung zu vertreten (BGH NJW 60, 1805; 77, 581). Ein Organisationsverschulden kann dazu führen, dass die Berufung auf seine Unkenntnis treuwidrig und damit unbeachtlich ist, etwa wenn vor Abgabe an das elektronische Zahlungssystems die Identität von Rechnungssteller und Zahlungsempfänger nicht überprüft wird (BGH NJW 77, 581) oder Abtretungsanzeigen an den für den Zahlungsverkehr zuständigen Mitarbeiter nicht zuverlässig weitergeleitet werden (BGHZ 135, 39, 44 ff). Durch die Eintragung der Veräußerung eines Handelsgeschäfts wird die tatsächliche Kenntnis von einem Forderungsübergang nicht ersetzt, da mit dem Inhaberwechsel nicht automatisch ein Gläubigerwechsel verbunden ist (MüKo/*Krebs* HGB § 15 Rz 68; aA Staud/*Busche* § 407 Rz 39).

7

IV. Gesetzlicher Forderungsübergang. Im Falle des gesetzlichen Forderungsübergangs werden an die Kenntnis des Schuldners nur maßvolle Anforderungen gestellt, um den Schutz der Leistungsträger nicht zu unterlaufen. Daher genügt das Wissen um die tatsächlichen Umstände, welche die Sozialversicherungspflicht begründen bzw die Inanspruchnahme der entspr Leistungen nahe legen (BGHZ 127, 120, 128; NJW 08, 1162, 1164). Bei einem Forderungsübergang aufgrund von Gesetzesänderungen ist Kenntnis mit der Verkündung im Gesetzblatt gegeben (BGH NJW 84, 607). Reine Tatsachenkenntnis genügt nicht, wenn nach dem damaligen Stand der Rechtsprechung die Voraussetzungen für einen Forderungsübergang nicht gegeben waren (Celle VersR 77, 549). Für den Übergang von Lohnfortzahlungsansprüchen nach § 6 EFZG gelten strengere Anforderungen (dazu Kobl VersR 80, 971).

8

V. Zeitpunkt. Abzustellen ist bei einer Leistung auf die Vornahme der Leistungshandlung, nicht auf den Eintritt des Leistungserfolgs (BGHZ 105, 358, 360; NJW-RR 04, 1145, 1147 f). Der Schuldner, der zwischenzeitlich von der Abtretung erfährt, ist nicht verpflichtet, den Leistungserfolg zu verhindern, etwa einen Überweisungsauftrag zu stornieren (BGHZ 105, 358, 360 ff). Bei einem ggü dem bisherigen Gläubiger vorgenommenen Rechtsgeschäft ist auf den Zeitpunkt des Zustandekommens zu rekurrieren.

9

VI. Beweislast. Die Beweislast für die Kenntnis trägt nach der Formulierung des § 407 der Zessionar. Ist dem Schuldner eine Abtretungsanzeige zugegangen, so begründet dies aber die Vermutung, dass der Schuldner von ihr positive Kenntnis erlangt hat. Um diese zu entkräften, muss der Schuldner Umstände darlegen und beweisen, aus denen sich zumindest die ernsthafte Möglichkeit der Nichtkenntnis ergibt (BGHZ 135, 39, 43; NJW-RR 04, 1145, 1147).

10

D. Rechtskräftiges Urteil. I. Abtretung vor Rechtshängigkeit. § 407 II schützt den Schuldner, der im Zeitpunkt des Eintritts der Rechtshängigkeit iSv §§ 261, 253 I ZPO keine Kenntnis (Rn 5 ff) von der bereits erfolgten Abtretung hatte. Das rechtskräftige Urt zwischen ihm und dem Zedent muss der Zessionar gegen sich gelten lassen. Die Rechtskrafterstreckung wirkt nur zugunsten des Schuldners, nicht auch zugunsten des Zessionars (BGHZ 52, 150, 153 f; aA *Grunsky* JZ 69, 604 f). Das Urt bindet den Zessionar allerdings nur in dem Umfang, in dem es nach § 322 I ZPO seinen Rechtsvorgänger bindet (BGHZ 35, 165, 168). Auch wirkt es nicht zu Lasten des Zessionars, soweit es das Bestehen einer Gegenforderung feststellt (BGH NJW 94, 252). § 407 II ist entspr auf ein Schiedsverfahren zwischen Zedent und Schuldner anzuwenden (BGHZ 64, 122, 128).

11

Hat der Schuldner vor Rechtshängigkeit bereits Kenntnis von der Abtretung oder erfährt er von ihr im Prozess, so sollte er dem Zedenten die fehlende Aktivlegitimation entgegen halten. Denn § 767 II ZPO versperrt die nachträgliche Berufung auf den Forderungsübergang (BGHZ 86, 337, 340; 145, 352, 353 ff). Für eine Leistung an den Altgläubiger gilt § 407 II nicht, § 407 I scheitert an der mittlerweile erlangten Kenntnis. Dem im Prozess gegen den Zedenten unterlegenen Schuldner bleibt sonst nur die allerdings im Hinblick auf § 372 I 2 eingeschränkte Möglichkeit der Hinterlegung (BGHZ 86, 337, 340; 145, 352, 356; für Unbeachtlichkeit der Kenntnis bei Abtretung titulierter Ansprüche *Huffer* ZGS 05, 256 ff).

12

II. Abtretung nach Rechtshängigkeit. Wird die Forderung erst nach Eintritt der Rechtshängigkeit abgetreten, so ist § 407 II nicht anwendbar. Es gelten ausschl die §§ 265, 325 ZPO, dh der Kläger bleibt aktiv legitimiert, muss aber die Klage auf Leistung an den neuen Gläubiger umstellen (BGHZ 26, 31, 37; NJW 79, 924), das Urt wirkt für und gegen den Zessionar.

13

§ 408 Mehrfache Abtretung.

§ 408 Mehrfache Abtretung. (1) Wird eine abgetretene Forderung von dem bisherigen Gläubiger nochmals an einen Dritten abgetreten, so findet, wenn der Schuldner an den Dritten leistet oder wenn zwischen dem Schuldner und dem Dritten ein Rechtsgeschäft vorgenommen oder ein Rechtsstreit anhängig wird, zugunsten des Schuldners die Vorschrift des § 407 dem früheren Erwerber gegenüber entsprechende Anwendung.
(2) Das Gleiche gilt, wenn die bereits abgetretene Forderung durch gerichtlichen Beschluss einem Dritten überwiesen wird oder wenn der bisherige Gläubiger dem Dritten gegenüber anerkennt, dass die bereits abgetretene Forderung kraft Gesetzes auf den Dritten übergegangen sei.

1 **A. Bedeutung.** Die Vorschrift erweitert den durch § 407 vermittelten Schuldnerschutz auf Rechtshandlungen des Schuldners ggü dem Zweitzessionar, der aufgrund des Prioritätsgrundsatzes die Forderung nicht mehr erwerben konnte. Die Rechtsfolge besteht wie bei § 407 darin, dass sich der wirkliche Neugläubiger so behandeln lassen muss, als wären die Rechtshandlungen im Verhältnis zwischen ihm und dem Schuldner vorgenommen worden. Auch hier tritt die Wirkung ausschl zugunsten des Schuldners und nach dessen Wahl ein (MüKo/*Roth* § 408 Rz 2; aA Staud/*Busche* § 408 Rz 8). Entspr § 406 hat der Schuldner die Möglichkeit, mit einer gegen den Scheingläubiger erworbenen Forderung aufzurechnen.

2 **B. Zweitabtretung (Abs 1).** Der Schuldner darf keine Kenntnis (§ 407 Rn 5 ff) von der wirksamen Erstabtretung haben. Die weitere Zession muss tatsächlich erfolgt sein. Der Ursprung der Kenntnis des Schuldners von ihr ist unerheblich (BGH WM 67, 88, 89). Entscheidend ist, dass er auf ihre Wirksamkeit vertraut hat (BaRoth/*Rohe* § 408 Rz 4; aA Staud/*Busche* § 408 Rz 9). Der Unkenntnis vom ersten Übertragungsakt wird aber die Unkenntnis von dessen zeitlicher Priorität nicht gleichgestellt (BGHZ 100, 36, 47 f; aA MüKo/*Roth* § 408 Rz 3). § 407 I gilt auch, wenn die Zweitabtretung unter der Bedingung erfolgte, dass keine erste Abtretung vorausgegangen ist (BGH NJW 89, 899). Ist der erste Forderungsübergang nicht auf rechtsgeschäftlicher Grundlage, sondern kraft Gesetzes erfolgt, kommt die Vorschrift über § 412 zum Zuge. Sie ist auch auf die Abtretung einer bereits gepfändeten Forderung anwendbar (BGHZ 100, 36, 47). Keine Anwendung findet I, wenn der zweite Übertragungsakt nicht auf Vertrag beruht, hierzu trifft II eine abschließende Regelung.

3 **C. Fälle des Abs 2.** Nach ausdrücklicher Anordnung des II Alt 1 greift der Schutz des § 407 auch bei unwirksamer zweiter Forderungsübertragung durch gerichtliche Überweisung. Er sollte aber nicht ausgedehnt werden auf bloße Pfändung oder Zahlungsverbot (LG Hildesheim NJW 88, 1916). Eine analoge Anwendung ist jedoch geboten, wenn das Gericht im Strafprozess gem § 73 StGB den Verfall einer Forderung anordnet, die der Verurteilte aus der Straftat erworben hat, obwohl sie nach zwischenzeitlicher Abtretung einem Dritten zusteht (BGH NJW 07, 3352).

4 II Alt 2 betrifft den Fall, dass sich nach der ersten Abtretung der Tatbestand eines gesetzlichen Forderungsübergangs zugunsten eines Dritten verwirklicht. Nur wenn der Altgläubiger die Legalzession anerkannt hat, wird der Schuldner über § 408 geschützt. Einer besonderen Form bedarf ein solches Anerkenntnis nicht, es kann auch mündlich abgegeben werden (BGHZ 11, 298, 302).

§ 409 Abtretungsanzeige.

§ 409 Abtretungsanzeige. (1) ¹Zeigt der Gläubiger dem Schuldner an, dass er die Forderung abgetreten habe, so muss er dem Schuldner gegenüber die angezeigte Abtretung gegen sich gelten lassen, auch wenn sie nicht erfolgt oder nicht wirksam ist. ²Der Anzeige steht es gleich, wenn der Gläubiger eine Urkunde über die Abtretung dem in der Urkunde bezeichneten neuen Gläubiger ausgestellt hat und dieser sie dem Schuldner vorlegt.
(2) Die Anzeige kann nur mit Zustimmung desjenigen zurückgenommen werden, welcher als der neue Gläubiger bezeichnet worden ist.

1 **A. Bedeutung.** Die Vorschrift schützt den Schuldner vor den Folgen einer unzutreffenden Information über einen in Wirklichkeit gar nicht erfolgten oder unwirksamen Forderungsübergang. Der tatsächlich weiterhin berechtigte Gläubiger muss Rechtshandlungen des Schuldners ggü dem Scheinzessionar gegen sich gelten lassen. § 409 ist insofern das Gegenstück zu §§ 407, 408. Die Vorschrift gilt entspr für öffentlich-rechtliche Forderungen (BSG NJW 59, 2087; 60, 264; MDR 96, 293) und über § 412 auch für den gesetzlichen Forderungsübergang.

2 **B. Information des Schuldners.** Voraussetzung des Schutzes ist die Anzeige oder Vorlage einer Abtretungsurkunde. Beide müssen von dem wahren Gläubiger stammen (BGHZ 100, 36, 46) und mit dessen Willen in den Verkehr gebracht worden sein. Die Anzeige ist rechtsgeschäftsähnliche Handlung, dh es finden die Vorschriften über Willenserklärungen grds entspr Anwendung (MüKo/*Roth* § 409 Rz 9). Zur Anzeige beim Schuldner kann der Altgläubiger einen Dritten (auch den Zessionar) als Boten oder Vertreter einschalten, auch die Genehmigung einer bereits vorgenommenen Anzeige ist möglich (BFH NJW 95, 278). Eine besondere Form ist nicht vorgeschrieben, aber nur eine schriftliche Anzeige entfaltet die Wirkung nach § 410 II. Die Abtretungsurkunde nach I 2 bedarf hingegen der einfachen Schriftform. Die Vorlage einer Fotokopie reicht nicht (MüKo/*Roth* § 409 Rz 7; aA BSG MDR 96, 293; VG Düsseldorf VA 01, 171). Inhaltlich muss der vermeintliche Neugläubiger bezeichnet, die Anzeige an den Schuldner, die Urkunde an den Zessionar gerichtet sein.

C. Rechtsfolge. Der Schuldner kann die mitgeteilte Abtretung als wirksam behandeln, insb mit befreiender Wirkung an den in der Anzeige bzw Urkunde bezeichneten Zessionar leisten (BGHZ 56, 339, 349) oder diesem ggü aufrechnen (BGH NJW 78, 2025). Er kann sich aber auch auf die von ihm erkannte Unwirksamkeit der Abtretung berufen, Abtretungsanzeige oder Urkundenvorlage wirken also nicht konstitutiv (BGHZ 64, 117, 119; 145, 352, 356; NJW-RR 04, 656). § 409 gilt nach hM auch, wenn der Schuldner die Unwirksamkeit der Abtretung positiv kennt (BGHZ 29, 76, 82; aA Staud/*Busche* § 409 Rz 29). Die Vorschrift vermittelt keinen Schutz bei einem gesetzlichen Abtretungsverbot (BGHZ 56, 339, 345; BAG DB 87, 2314; Oldbg NJW-RR 94, 474), wohl aber, wenn die Abtretung nach § 138 nichtig ist (BAG NJW 91, 2038; Saarbr OLGR 08, 557). Der Anspruch des Altgläubigers besteht bis zur Leistung fort, der Schuldner kann aber die Leistung verweigern bis zur Vorlage der Zustimmungserklärung des Scheingläubigers nach II (BGH NJW 78, 2025). Kein Leistungsverweigerungsrecht besteht, wenn mit der Inanspruchnahme gem der Anzeige nicht mehr zu rechnen ist (BGHZ 56, 339, 349).

D. Rücknahme nach Abs 2. Die Rücknahme der Anzeige beseitigt ebenso wie der Widerruf der Urkunde die Wirkung des I ex nunc. Sie erfordert die Zustimmung des Scheinzessionars. Der Anspruch des Gläubigers darauf folgt aus § 812 oder dem Grundverhältnis. Es besteht die Möglichkeit der einstweiligen Verfügung gem § 935 ZPO gegen die Gefahr des Anzeigenmissbrauchs.

E. Beweislast. Der Schuldner trägt die Beweislast, dass er über die vermeintliche Abtretung gem I informiert wurde, der Zedent dafür, dass die Anzeige bzw Urkunde widerrufen wurde und der Zessionar zugestimmt hat.

§ 410 Aushändigung der Abtretungsurkunde.
(1) ¹Der Schuldner ist dem neuen Gläubiger gegenüber zur Leistung nur gegen Aushändigung einer von dem bisherigen Gläubiger über die Abtretung ausgestellten Urkunde verpflichtet. ²Eine Kündigung oder eine Mahnung des neuen Gläubigers ist unwirksam, wenn sie ohne Vorlegung einer solchen Urkunde erfolgt und der Schuldner sie aus diesem Grunde unverzüglich zurückweist.
(2) Diese Vorschriften finden keine Anwendung, wenn der bisherige Gläubiger dem Schuldner die Abtretung schriftlich angezeigt hat.

A. Bedeutung. Die Vorschrift soll dem Schuldner den Schutz des § 409 sichern und ihm ein Beweismittel an die Hand geben. Sie begründet keinen selbstständigen Anspruch auf Aushändigung einer Urkunde, sondern ein Leistungsverweigerungsrecht eigener Art (BGH NJW 69, 1110; 86, 977; Celle OLGR 04, 445). Es schließt den Verzug nur aus, wenn es vom Schuldner geltend gemacht wird (BGH NJW 07, 1269). Auch die Staatskasse kann sich darauf berufen, etwa wenn der neue Gläubiger den durch den beigeordneten Rechtsanwalt abgetretenen Vergütungsanspruch einfordert (Ddorf NJW 09, 1614). Bei der cessio legis (§ 412) muss die Urkunde den Rechtsübergang erkennen lassen. Hat der Altgläubiger dem Schuldner die Abtretung schriftlich angezeigt, so entfällt nach II das Leistungsverweigerungsrecht.

B. Urkunde. Die Urkunde entbindet den Gläubiger nicht vom Nachweis seiner Anspruchsberechtigung, sie hat vielmehr eine quittungsähnliche Funktion (BGH NJW 93, 1468, 1469). Sie muss der Form des § 126 genügen, eine Fotokopie ist nicht ausreichend (KG FamRZ 09, 1781; LAG Düsseldorf MDR 95, 612; MüKo/*Roth* § 410 Rz 5; aA BAG WM 68, 1047). Die Protokollabschrift einer protokollierten Abtretungserklärung genügt (BGH WM 69, 1416). Kann der Zessionar, etwa wegen des Todes des Zedenten, die Abtretungsurkunde nicht beibringen, so muss er sich auf andere Weise legitimieren, um eine doppelte Inanspruchnahme zu verhindern (BGH WM 69, 598, 600; 82, 706).

C. Zurückweisung. Die unverzügliche (§ 121) Zurückweisung nach I 2 macht die Erklärung des Zessionars ungültig. Sie muss erkennbar wegen fehlender Abtretungsurkunde erfolgen (BGH NJW 07, 1269, 1272). Durch spätere Berufung auf § 410 können die Verzugsfolgen für die Zukunft ausgeschlossen werden (BGH NJW 69, 1110). Über die gesetzlichen Fälle Kündigung und Mahnung hinaus ist die Vorschrift entspr auch auf andere Gestaltungserklärungen anwendbar (BGHZ 26, 241, 247 f). Die Beweislast für die unverzügliche Zurückweisung liegt beim Schuldner, der Zessionar muss dies durch Nachweis der Vorlage oder Anzeige entkräften.

§ 411 Gehaltsabtretung.
¹Tritt eine Militärperson, ein Beamter, ein Geistlicher oder ein Lehrer an einer öffentlichen Unterrichtsanstalt den übertragbaren Teil des Diensteinkommens, des Wartegeldes oder des Ruhegehalts ab, so ist die auszahlende Kasse durch Aushändigung einer von dem bisherigen Gläubiger ausgestellten, öffentlichen oder amtlich beglaubigten Urkunde von der Abtretung zu benachrichtigen. ²Bis zur Benachrichtigung gilt die Abtretung als der Kasse nicht bekannt.

Die Vorschrift enthält eine besondere Schutzvorschrift zugunsten der öffentlichen Hand. Sie dient der Sicherung der Kassenbeamten gegen Fehlzahlungen und der Erleichterung einer geordneten Kassenführung. Die Kasse kann bis zum Zeitpunkt der Aushändigung einer öffentlich oder amtlich beglaubigten Abtretungsurkunde die Leistung an den Zessionar ablehnen, Kündigung oder Mahnung zurückweisen. Bis zu diesem Zeitpunkt gilt sie als gutgläubig iSv §§ 406, 407. Die Aushändigung ist keine Wirksamkeitsvoraussetzung für die Abtretung (BGH NJW 54, 755). Es besteht ein Wahlrecht der Kasse, ob sie ohne Vorlage an den Zessionar leisten will.

2 Die Vorschrift findet entspr Anwendung auf Angestellte und Arbeiter im öffentlichen Dienst (BAG DB 66, 1936). Wird die Kasse von einer unwirksamen Zweitabtretung benachrichtigt, so kann sie nur unter den Voraussetzungen des § 408 mit befreiender Wirkung an den Scheinzessionar leisten (BGHZ 11, 298, 302). § 412 nimmt für die Legalzession § 411 nicht in Bezug.

§ 412 Gesetzlicher Forderungsübergang. Auf die Übertragung einer Forderung kraft Gesetzes finden die Vorschriften der §§ 399 bis 404, 406 bis 410 entsprechende Anwendung.

1 **A. Forderungsübergang kraft Gesetzes. I. Allgemeines.** § 412 bezieht sich auf gesetzliche Vorschriften, die ausdrücklich anordnen, dass die Forderung unmittelbar übergehen soll (BGHZ 43, 1, 5). Dies kann auch durch die Formulierung geschehen, dass eine Person an die Stelle des Gläubigers tritt (vgl § 326 II InsO). Keine cessio legis ist gegeben, wenn im G lediglich die Verpflichtung zur Abtretung vorgesehen ist (zB §§ 255, 285).

2 **II. Einzelfälle.** Ansprüche nach §§ 268 III, 426 II, 774 I, 1143 I, 1150, 1249, 1607 II 2, 1608 3; § 326 II InsO, § 86 VVG, § 116 SGB X (hier soll der Geschädigte zur Einziehung ermächtigt bleiben, BGHZ 131, 274, 283 f), § 94 I SGB XII, § 87a BBG, § 6 EFZG.

3 **B. Entsprechende Anwendung der §§ 399–404, 406–410.** § 412 verweist im Wesentlichen auf die Vorschriften für den rechtsgeschäftlich begründeten Forderungsübergang. Ausdrücklich ausgenommen wird § 398, da diese Vorschrift nur den Abtretungsvertrag betrifft; ferner § 405, der nur auf den rechtsgeschäftlichen Verkehr passt; schließlich § 411, bei dem eine cessio legis kaum denkbar ist (MüKo/*Roth* § 412 Rz 13). Bei der entspr Anwendung der in § 412 genannten Vorschriften ist der jeweilige Normzweck zu beachten.

4 **C. Forderungsübergang in sonstigen Fällen.** Der cessio legis gleichgestellt wird der Forderungsübergang durch gerichtliche Überweisung (BGH ZIP 03, 1771; Celle NZG 04, 613), Übertragung auf den Treuhänder nach § 291 II InsO (BGH ZIP 06, 1651) oder sonstigen Hoheitsakt (BAG NJW 71, 2094). Keine Anwendung findet § 412 im Falle der Universalsukzession nach § 1922; wohl aber bei der Gesamtrechtsnachfolge unter Lebenden, etwa nach § 1416 oder § 20 UmwG (MüKo/*Roth* § 412 Rz 15 ff).

§ 413 Übertragung anderer Rechte. Die Vorschriften über die Übertragung von Forderungen finden auf die Übertragung anderer Rechte entsprechende Anwendung, soweit nicht das Gesetz ein anderes vorschreibt.

1 **A. Bedeutung.** Die Vorschrift sagt aus, dass andere Rechte als Forderungen grds übertragbar sind. Ausgenommen bleiben Rechte, die durch positive gesetzliche Anordnung oder auf Grund ihres Wesensgehalts – wie beim allg Persönlichkeitsrecht – unübertragbar sind. § 413 ist mit seiner Verweisung auf die §§ 398 ff ggü spezialgesetzlichen Regelungen subsidiär. Die Schuldnerschutzvorschriften der §§ 407 ff kommen nur zum Zuge, wenn zu dem übertragenen Recht eine Person vergleichbar einem Schuldner verpflichtet ist (BGH NJW 93, 1468).

2 **B. Übertragung anderer Rechte. I. Sachenrechte.** Sachenrechte werden nach §§ 873, 925, 929 ff übertragen; der Übergang des Anwartschaftsrechts vollzieht sich nach denselben Regeln wie das Vollrecht (BGHZ 28, 16, 21; 49, 196, 202), insb gilt nicht § 399 Alt 2, sondern § 137 (BGH NJW 70, 699).

3 **II. Gewerbliche Schutzrechte und Urheberrecht.** Gewerbliche Schutzrechte sind verkehrsfähig. § 413 wird verdrängt, soweit Sondervorschriften (§ 13 GebrMG, § 15 PatG, § 27 MarkenG) vorhanden sind. Das Urheberrecht kann nicht übertragen werden, wohl aber Nutzungsrechte an ihm (§ 29 UrhG).

4 **III. Familien- und Erbrechte.** Familienrechte sind unübertragbar, ebenso das Erbrecht als solches, die Verfügung eines Miterben über seinen Anteil ist in § 2033 geregelt.

5 **IV. Mitgliedschaftsrechte.** Mitgliedschaftsrechte an Vereinen sind nach der allerdings dispositiven (§ 40) Vorschrift des § 38 grds unübertragbar, Mitgliedschaftsrechte an Personengesellschaften sind übertragbar, wenn dies im Gesellschaftsvertrag zugelassen ist oder alle Mitgesellschafter zustimmen (BGHZ 13, 179, 185 ff; 24, 106, 114; 44, 229, 231), für Anteile an Kapitalgesellschaften gelten die Spezialvorschriften der § 68 AktG, § 15 GmbHG.

6 **V. Gestaltungsrechte. Selbstständige Gestaltungsrechte** wie das Wiederkaufsrecht, das Aneignungsrecht und das Recht, die Rückauflassung eines Grundstücks zu verlangen (BGHZ 154, 64, 69), unterfallen § 413, das Vorkaufsrecht (RGZ 148, 105, 112) sowie das Recht aus einem Vertragsangebot (RGZ 111, 46, 47) dann, wenn sie vertraglich übertragbar ausgestaltet worden sind.

Bei **unselbstständigen Gestaltungsrechten** ist zu unterscheiden: Hilfsrechte, die der Verwirklichung der Forderung dienen, wie das Recht zur Setzung einer Nachfrist gem §§ 281, 323, das Wahlrecht und die Ersetzungsbefugnis des Gläubigers sowie das Recht zur Fälligkeitskündigung sind nicht als solche abtretbar, sondern gehen zusammen mit der Hauptforderung auf den neuen Gläubiger über (forderungsbezogene Gestaltungsrechte, § 401 Rn 4). 7

Hilfsrechte, die der Umgestaltung des gesamten Schuldverhältnisses dienen, können hingegen zusammen mit der Forderung auf den Zessionar übertragen werden, so das gesetzliche und vertragliche Rücktrittsrecht (BGH NJW 73, 1793, 1794; 85, 2640, 2641), das Recht zur Vertragskündigung (Naumbg NJW-RR 01, 423) und zum Widerruf. Inwieweit Rechte und Pflichten aus dem Vertragsverhältnis auf den Zessionar übergehen sollen, ist im Einzelfall durch Auslegung zu ermitteln. Ist eine Übertragung der vertragsbezogenen Gestaltungsrechte nicht feststellbar, so verbleiben sie beim Zedenten und können von ihm ausgeübt werden (BGH NJW 85, 2640, 2641 f). Diese Grundsätze gelten auch für das Anfechtungsrecht (Staud/*Busche* § 413 Rz 14; aA Palandt/*Grüneberg* § 413 Rz 5). Abtretbar sind auch die Rechte auf Nachbesserung (BGHZ 96, 146 ff) und Minderung (BGHZ 95, 250 ff). 8

Abschnitt 6   Schuldübernahme

§ 414 Vertrag zwischen Gläubiger und Übernehmer. Eine Schuld kann von einem Dritten durch Vertrag mit dem Gläubiger in der Weise übernommen werden, dass der Dritte an die Stelle des bisherigen Schuldners tritt.

§ 415 Vertrag zwischen Schuldner und Übernehmer. (1) ¹Wird die Schuldübernahme von dem Dritten mit dem Schuldner vereinbart, so hängt ihre Wirksamkeit von der Genehmigung des Gläubigers ab. ²Die Genehmigung kann erst erfolgen, wenn der Schuldner oder der Dritte dem Gläubiger die Schuldübernahme mitgeteilt hat. ³Bis zur Genehmigung können die Parteien den Vertrag ändern oder aufheben.
(2) ¹Wird die Genehmigung verweigert, so gilt die Schuldübernahme als nicht erfolgt. ²Fordert der Schuldner oder der Dritte den Gläubiger unter Bestimmung einer Frist zur Erklärung über die Genehmigung auf, so kann die Genehmigung nur bis zum Ablauf der Frist erklärt werden; wird sie nicht erklärt, so gilt sie als verweigert.
(3) ¹Solange nicht der Gläubiger die Genehmigung erteilt hat, ist im Zweifel der Übernehmer dem Schuldner gegenüber verpflichtet, den Gläubiger rechtzeitig zu befriedigen. ²Das Gleiche gilt, wenn der Gläubiger die Genehmigung verweigert.

A. Bedeutung. Die §§ 414, 415 und die sie ergänzenden §§ 416–418 regeln die befreiende (privative) Schuldübernahme. Diese führt zur Auswechselung der Person des Schuldners unter Wahrung der Identität der Schuld. Sie ist das Gegenstück zur Abtretung, die den Wechsel des Gläubigers bewirkt. Übernommen werden können Verbindlichkeiten jeder Art, auch bedingte und künftige. Eine Ausnahme gilt für dingliche Ansprüche, bei denen wie im Fall des § 985 die Passivlegitimation durch die tatsächlichen Gegebenheiten bestimmt wird. Die Schuldübernahme bedarf stets der Mitwirkung des Gläubigers, denn der wirtschaftliche Wert seiner Forderung hängt maßgeblich von der Solvenz des Schuldners ab (BGH NJW-RR 01, 987, 988). Den **Übernahmevertrag** schließen entweder der Gläubiger und der Übernehmer (§ 414) oder der Schuldner und der Übernehmer mit Zustimmung des Gläubigers (§ 415). 1

B. Zustandekommen. I. Vertrag zwischen Gläubiger und Übernehmer. Der Vertrag hat eine Doppelnatur: Zum einen handelt es sich um ein Verfügungsgeschäft über die Forderung, aufgrund der Neuverpflichtung des Übernehmers ggü dem Gläubiger aber zugleich um ein Verpflichtungsgeschäft. Der Mitwirkung des Schuldners bedarf es nicht. Ihm steht entgegen teilweise vertretener Auffassung (Jauernig/*Stürner* §§ 414, 415 Rz 1) kein Zurückweisungsrecht analog § 333 zu (arg § 267 I; Erman/*Roethel* §§ 414, 415 Rz 4; MüKo/*Möschel* §§ 414, 415 Rz 6). 2

II. Vertrag zwischen Schuldner und Übernehmer mit Zustimmung des Gläubigers. Gem § 415 kann die Schuldübernahme auch zwischen **Schuldner** und **Übernehmer** vereinbart werden. Ihre Wirksamkeit hängt dann von der Genehmigung des Gläubigers ab. Nach der herrschenden Verfügungstheorie liegt in dem Vertrag neben einer Verpflichtungserklärung des Übernehmers zugleich eine Verfügung von Nichtberechtigten iSd § 185. 3

Die Genehmigung setzt nach § 415 I 2 die **Mitteilung** der Schuldübernahme von einer der Vertragsparteien an den Gläubiger voraus. Eine anderweitige Kenntniserlangung genügt nicht. Die Mitteilung ist nicht frist- oder formgebunden (RG JW 29, 733) und kann auch konkludent erfolgen (RGZ 125, 101, 104); die übernommene Schuld und die Person des Übernehmenden müssen jedoch aus der Erklärung eindeutig hervorgehen. Im Falle des § 53 ZVG genügt die Mitteilung, dass das Grundstück unter Fortbestand der Hypothek 4 zugeschlagen wurde (RG JW 29, 733). Die Mitteilung eines Vertrages, dessen Gültigkeit gleichzeitig bestr wird, ist nicht ausreichend (RGZ 119, 418, 421).

5 Die **Genehmigung** ist formfrei, und zwar auch dann, wenn der Übernahmevertrag ausnahmsweise formbedürftig ist. Sie kann auch konkludent erfolgen, etwa durch Klage gegen den Übernehmer (RGZ 107, 215, 216; BGH WM 75, 331) oder einen an ihn gerichteten Leistungsbescheid (BVerwG DVBl 07, 1449), Aufrechnung (RG Recht 18, 982) oder durch Fortsetzung der Bierabnahme nach Anzeige der Brauereiveräußerung (Nürnbg NJW 65, 1919). Der Wille zur Schuldnerentlassung muss aber stets klar hervortreten (RG JW 37, 1233; BGH WM 78, 351). Unzureichend ist reines Schweigen auf Anzeige der Schuldübernahme (BGH NJW 83, 678; ZIP 96, 845) oder Annahme von Leistungen des Übernehmers, die dieser nach § 267 erbringen konnte (BGH ZIP 96, 845; Köln OLGR 98, 421). Bei Kettenschuldübernahme genügt Genehmigung der Übernahme, aus der der Gläubiger Rechte herleiten will (RGZ 121, 315, 316). Bei seiner Entscheidung über die Genehmigung ist der Gläubiger regelmäßig frei (BGH NJW-RR 01, 987).

6 Durch die Genehmigung wird die Schuldübernahme gem § 184 **ex tunc wirksam** (RGZ 134, 185, 187; BGH NJW-RR 02, 191).

7 Bis zur Genehmigung können Schuldner und Übernehmer den Vertrag verändern oder aufheben. Jeder der Vertragsparteien kann dem Gläubiger eine Frist für die Genehmigung setzen. Bei mehrfacher Fristsetzung ist die zuerst gesetzte maßgeblich. Wird die Genehmigung nicht rechtzeitig erteilt, so gilt sie als verweigert. Die Verweigerung der Genehmigung kann auch konkludent durch Bestreiten der Wirksamkeit des Vertrages erfolgen (BGH NJW 96, 926). Sie setzt nicht voraus, dass der Gläubiger eine Mitteilung nach § 415 I 2 erhalten hat (BGH aaO). Die Verweigerung macht die Schuldübernahme endgültig unwirksam, die abgelehnte Genehmigung kann nicht nachgeholt werden (RGZ 139, 118, 127).

8 Während des Schwebezustands bis zur Genehmigung und bei gescheiterter Genehmigung ist gem § 415 III **Erfüllungsübernahme (§ 329)** anzunehmen, anders jedoch bei abw Risikoverteilung (BGH NJW 91, 1822; ZIP 99, 1389, 1390).

9 Die Zustimmung kann auch in Form der **Einwilligung** erfolgen (RGZ 60, 415 f; BGH NJW-RR 96, 193; NJW 98, 1645; Köln NJW-RR 94, 210). Diese ist jedoch bis zum Abschluss des Übernahmevertrages widerruflich. Sie macht die Mitteilung nach § 415 I 2 entbehrlich (BGH NJW 98, 1645). Einwilligungsklauseln in AGB sind nur in den Grenzen des § 309 Nr 10 wirksam (MüKo/*Möschel* § 415 Rz 9). Eine generelle Vermutung, dass der Gläubiger, der mit einer Vorgründungsgesellschaft in der Annahme, es handele sich um eine GmbH, kontrahiert, damit einverstanden ist, dass die persönliche Haftung der Gesellschafter mit Entstehung der GmbH entfällt, besteht nicht (BGH NJW 98, 1645).

10 **C. Form.** Der Schuldübernahmevertrag bedarf nur dann einer besonderen Form, wenn spezielle Formvorschriften für die Begründung der übernommenen Verpflichtung gelten, die dem Schutz des Schuldners dienen (s.a. Rn 13).

11 **D. Rechtsfolgen.** Der Übernehmer tritt an die Stelle des bisherigen Schuldners, dieser wird von seinen Leistungspflichten frei. Die übernommene Verbindlichkeit bleibt inhaltlich unverändert. Eine im öffentlichen Recht wurzelnde Forderung büßt durch einen vertraglichen Schuldnerwechsel ihren öffentlich-rechtlichen Charakter nicht ein und kann von der Behörde daher weiterhin im Wege des Leistungsbescheids geltend gemacht werden (BVerwG DVBl 07, 1449). Möglich ist auch die Übernahme einer rechtshängigen Verpflichtung. Jedoch liegt keine Rechtsnachfolge iSd §§ 265, 325, 727 ZPO vor (BGHZ 61, 140 ff; NJW 98, 1645, 1646). Da der Gläubiger bei der Schuldübernahme mitwirken muss, bedarf er insoweit keines Schutzes. Empfehlenswert ist, dass er vom Übernehmer eine vollstreckbare Urkunde iSd § 794 I Nr 5 ZPO verlangt. Nicht generell, aber in besonderen Ausnahmefällen kann der Gläubiger verpflichtet sein, den im Innenverhältnis zwischen Alt- und Neuschuldner vereinbarten Zweck der Schuldübernahme zu beachten (BGH NJW-RR 90, 812). Der Ausgleich zwischen dem bisherigen Schuldner und dem Übernehmer richtet sich nach ihrer jeweiligen vertraglichen Vereinbarung bzw nach §§ 677 ff, 812 ff.

12 **E. Schuldbeitritt (Schuldmitübernahme).** Beim Schuldbeitritt tritt der Mitübernehmer zusätzlich neben den bisherigen Schuldner. Dies ist **gesetzlich** für eine Reihe von Fällen vorgesehen (§§ 546 II, 604 IV, 2382; §§ 25, 28, 130 HGB; Art 28 WG). Darüber hinaus ist aber auch ein **rechtsgeschäftlicher** Schuldbeitritt gem § 311 I möglich. Er kommt zustande durch Vertrag des Übernehmenden mit dem Gläubiger oder dem Schuldner. In letztgenanntem Fall bedarf es im Gegensatz zu § 415 keiner Genehmigung des Gläubigers, da lediglich ein weiterer Schuldner dazu kommt. Es handelt sich um einen echten Vertrag zugunsten Dritter iSd § 328 (BGHZ 42, 381, 384 f; 72, 246, 250).

13 Der Schuldbeitritt ist grds **formfrei** (stRspr, RGZ 59, 232, 233; BGH BauR 01, 626), sofern nicht für das Verpflichtungsgeschäft eine spezielle Formvorschrift eingreift, die den Schutz des Schuldners bezweckt, wie etwa § 311b, § 492 (BGHZ 133, 71 ff; 134, 94, 97 ff), § 518, § 4 I RVG (BGH NJW 91, 3095, 3098), nicht aber § 781 (BGHZ 121, 1 ff). Der Beitritt als öffentlich-rechtlicher Vertrag bedarf der Schriftform (VGH München NJW 90, 1006). Notwendig ist stets eine eindeutige Verpflichtungserklärung. Für den Schuldbeitritt naher Angehöriger gelten die für Bürgschaften entwickelten Grundsätze (§ 138 Rn 81–91, 134; § 765 Rn 21–34) in gleicher Weise (BGHZ 134, 42 ff; 146, 37 ff;). Klauseln in AGB, durch die der Beitretende die

Haftung für alle bestehenden und künftigen Verbindlichkeiten übernimmt, verstoßen regelmäßig gegen §§ 305c, 307 (BGH NJW 96, 249; zur Anlass-Rspr § 765 Rn 16 f, 20).

Die **Rechtsfolgen** des Beitritts ergeben sich aus den Regeln über die Gesamtschuldnerschaft (§§ 421 ff, RGZ 59, 232, 233; BGHZ 109, 314, 317). Der Beitretende hat alle Einwendungen, die zum Zeitpunkt des Beitritts begründet waren; § 417 I gilt entspr (BGHZ 85, 346, 349). Er kann Unwirksamkeit des Beitritts insb wegen Widerrufs nach §§ 355, 495 geltend machen, das Widerrufsrecht als Verbraucher auch dann, wenn der Kreditnehmer selbst gewerblich tätig ist (BGHZ 133, 71 ff), für den Beginn der Widerrufsfrist ist der Zeitpunkt seiner Beitrittserklärung maßgeblich (BGHZ 133, 220 ff). Besteht die mit übernommene Verbindlichkeit nicht, so geht der Beitritt ins Leere (BGH NJW 87, 1698, 1699). Nach dem Beitritt entwickeln sich die Schuldverhältnisse unabhängig voneinander, mit Ausn der gesamtwirkenden Tatsachen iSd §§ 422–424 (BGHZ 58, 251, 255; NJW 86, 252). Beim Übereinkommen zwischen Beitretendem und Schuldner gilt entgegen § 417 II die Einwendungserstreckung des § 334 (BGH WM 59, 16, 22; 73, 1289, 1291). 14

F. Abgrenzungen. I. Schuldübernahme/Schuldbeitritt. Bei Zweifeln, ob Schuldübernahme oder Schuldbeitritt vorliegt, ist von letzterem auszugehen, da er den Gläubiger nicht belastet (BGH NJW 83, 678). Die Übernahme einer hypothekarisch gesicherten Schuld spricht dagegen für die alleinige Forthaftung des Erwerbers (RGZ 75, 338, 340). 15

II. Bürgschaft. IGgs zur Schuldübernahme und zum Schuldbeitritt haftet der Bürge akzessorisch nur für die fremde Schuld des Hauptschuldners. Die Gemeinsamkeit mit dem Schuldbeitritt ist darin zu sehen, dass sie dem Gläubiger eine zusätzliche Sicherheit gegen einen Mithaftenden verschafft. Bei der Abgrenzung ist zu prüfen, ob mit der Zusage eine selbstständige oder nur eine angelehnte Schuld begründet werden sollte. Das eigene rechtliche oder wirtschaftliche Interesse des sich verpflichtenden Vertragspartners ist ein gewichtiges Indiz für einen Schuldbeitritt, bei verbleibenden Zweifeln ist von Bürgschaft auszugehen (BGH NJW 86, 580). Eine wegen § 766 formnichtige Bürgschaft kann nicht in einen formfrei wirksamen Schuldbeitritt umgedeutet werden. 16

III. Garantie. Beim Garantieversprechen hat der Versprechende ohne Rücksicht darauf, ob überhaupt eine wirksame Hauptverbindlichkeit besteht, für den Eintritt des Leistungserfolgs einzustehen (BGH WM 82, 632). Zur Annahme eines derartigen Verpflichtungswillens bedarf es besonderer Anhaltspunkte (BGH NJW 87, 2076). Zur Auslegung von „Mietgarantien" des Sozialamts BVerwG NJW 94, 2968; OVG Berlin NJW 84, 2593; LG Berlin NJW-RR 01, 1090. 17

IV. Erfüllungsübernahme. Bei der Erfüllungsübernahme verpflichtet sich der Versprechende ggü dem Schuldner zur Befriedigung des Gläubigers, dieser erhält dadurch aber keinen eigenen Erfüllungsanspruch ggü dem Versprechenden. Im Zweifel enthalten Vereinbarungen zwischen Schuldner und Übernehmer lediglich eine Erfüllungsübernahme, keinen Schuldbeitritt, § 329. Die Bezeichnung als Erfüllungsübernahme schließt aber die Annahme eines Schuldbeitritts nicht aus (BGH NJW-RR 93, 307). Die nicht genehmigte Schuldübernahme ist regelmäßig als Erfüllungsübernahme gültig, § 415 III (Rn 8). 18

V. Vertragsübernahme/Vertragsbeitritt. S § 398 Rn 27 ff. 19

§ 416 Übernahme einer Hypothekenschuld.
(1) ¹Übernimmt der Erwerber eines Grundstücks durch den Vertrag mit dem Veräußerer eine Schuld des Veräußerers, für die eine Hypothek an dem Grundstück besteht, so kann der Gläubiger die Schuldübernahme nur genehmigen, wenn der Veräußerer sie ihm mitteilt. ²Sind seit dem Empfang der Mitteilung sechs Monate verstrichen, so gilt die Genehmigung als erteilt, wenn nicht der Gläubiger sie dem Veräußerer gegenüber vorher verweigert hat; die Vorschrift des § 415 Abs. 2 Satz 2 findet keine Anwendung.
(2) ¹Die Mitteilung des Veräußerers kann erst erfolgen, wenn der Erwerber als Eigentümer im Grundbuch eingetragen ist. ²Sie muss schriftlich geschehen und den Hinweis enthalten, dass der Übernehmer an die Stelle des bisherigen Schuldners tritt, wenn nicht der Gläubiger die Verweigerung innerhalb der sechs Monate erklärt.
(3) ¹Der Veräußerer hat auf Verlangen des Erwerbers dem Gläubiger die Schuldübernahme mitzuteilen. ²Sobald die Erteilung oder Verweigerung der Genehmigung feststeht, hat der Veräußerer den Erwerber zu benachrichtigen.

A. Bedeutung. Die Norm betrifft den bei Grundstückskaufverträgen häufigen Fall, dass der Käufer die hypothekarisch gesicherte Schuld des Verkäufers – idR in Anrechnung auf den Kaufpreis – übernimmt. Sie erleichtert und vereinfacht die nach § 415 notwendige Genehmigung und trägt dabei dem Umstand Rechnung, dass der Gläubiger normalerweise nichts gegen die Schuldübernahme einzuwenden hat, da ihm das Grundstück weiter als Haftungsgrundlage zur Verfügung steht. Zugleich soll ein Auseinanderfallen von dinglicher und persönlicher Haftung nach Möglichkeit verhindert werden (RGZ 128, 68, 71 f). Die Vorschrift schließt es trotz des missverständlichen Wortlauts in I 1 („nur") nicht aus, dass die Schuld auch nach Maßgabe der §§ 414, 415 übernommen werden kann, dh ohne Vorliegen der Voraussetzungen des § 416 (RGZ 63, 42, 50 f). 1

2 § 416 setzt voraus, dass der Veräußerer zugleich der persönliche Schuldner ist (BGH LM Nr 1). Die Vorschrift gilt entspr für die **Sicherungsgrundschuld** (Braunschw MDR 62, 736). Auf die Schiffshypothek ist sie nicht anwendbar. Für den Grundstückserwerb im Wege der Zwangsversteigerung verweist § 53 ZVG auf § 416.

3 **B. Mitteilung.** Die Mitteilung nach § 416 muss vom Veräußerer ausgehen. Er kann sich aber vertreten lassen oder aber eine Mitteilung durch Dritte genehmigen (RGZ 67, 412, 416). Die Erklärung bedarf der Schriftform und muss den Hinweis nach II 2 enthalten. Sie kann erst nach Eintragung des Erwerbers im Grundbuch erfolgen. Zumindest im Zeitpunkt des Eigentumserwerbs muss das Grundpfandrecht bestanden haben (RGZ 128, 68, 72). Es genügt jedoch, wenn das Recht zwar noch nicht eingetragen, aber bereits vorgemerkt ist (MüKo/*Möschel* § 416 Rz 4). Die Mitteilung muss dem Gläubiger zugehen. Erwirbt der Empfänger die Forderung erst später, so wird die Erklärung nachträglich wirksam (RG HRR 32 Nr 1294). Hat der Empfänger die Forderung bereits abgetreten, so gilt zugunsten des Veräußerers § 407.

4 **C. Genehmigung.** Im Unterschied zu § 415 gilt **Schweigen** nach Ablauf von 6 Monaten ab Empfang der Mitteilung als Genehmigung. Die Verweigerung der Genehmigung muss ggü dem Veräußerer eindeutig erklärt werden. Während des Schwebezustandes und bei Verweigerung gilt § 415 III. Eine vor der Mitteilung erklärte Verweigerung ist ohne Belang (RG HRR 28 Nr 2269).

5 **D. Die Pflichten nach Abs 3.** Der Erwerber hat das – abdingbare (BGH WM 71, 1248) – Recht, vom Veräußerer zu verlangen, dass dieser dem Gläubiger die Schuldübernahme mitteilt und so die 6-Monats-Frist in Gang setzt, ihn ferner über die Erteilung bzw Verweigerung der Genehmigung informiert. Die Verletzung dieser Pflichten ist geeignet, Schadensersatzansprüche auszulösen.

§ 417 Einwendungen des Übernehmers.

(1) ¹Der Übernehmer kann dem Gläubiger die Einwendungen entgegensetzen, welche sich aus dem Rechtsverhältnis zwischen dem Gläubiger und dem bisherigen Schuldner ergeben. ²Eine dem bisherigen Schuldner zustehende Forderung kann er nicht aufrechnen.
(2) Aus dem der Schuldübernahme zugrunde liegenden Rechtsverhältnis zwischen dem Übernehmer und dem bisherigen Schuldner kann der Übernehmer dem Gläubiger gegenüber Einwendungen nicht herleiten.

1 **A. Bedeutung.** § 417 trägt dem Grundsatz Rechnung, dass die Identität der Forderung durch die Schuldübernahme nicht berührt wird (§ 415 Rn 1). Daher bleiben also gegen die begründete Einwendungen erhalten, allerdings hat der Schuldnerwechsel Auswirkungen auf die Aufrechnung (I). II verdeutlicht die Abstraktheit von Schuldübernahme und Grundgeschäft zwischen Übernehmer und bisherigem Schuldner.

2 Die Vorschrift gilt für alle Fälle der Schuldübernahme. Sie findet entspr Anwendung, wenn ein Dritter durch Begebung eines Schecks oder Wechsels eine Leistung erfüllungshalber erbringt (BGHZ 85, 346, 349 f; NJW 86, 1872, 1873).

3 **B. Einwendungen aus dem Verhältnis Gläubiger/Altschuldner (Abs 1).** Der Übernehmer hat alle Einwendungen (s. § 404 Rn 2), die zum Zeitpunkt der Übernahme begründet (s. § 404 Rn 3) gewesen sind. Maßgeblicher Zeitpunkt ist der Vertragsschluss, und zwar wegen der Rückwirkung der Genehmigung auch iF des § 415 (Bremen OLGR 96, 356; MüKo/*Möschel* § 417 Rz 3). I 2 schließt die Aufrechnung mit Forderungen des Altschuldners aus, nicht hingegen die mit eigenen Forderungen des Übernehmers. § 770 entspr Einreden bestehen nicht. Von den Gestaltungsrechten gehen nur diejenigen über, die die übernommene Verbindlichkeit selbst betreffen, wie zB das Wahlrecht nach § 262; auf die Ausübung anderer, beim Altschuldner verbleibender Gestaltungsrechte kann der Übernehmende aus dem Grundverhältnis einen Anspruch haben.

4 **C. Einwendungen aus dem Kausalvertrag (Abs 2).** Die Schuldübernahme als Verfügungsgeschäft wird von Einwendungen aus dem Kausalgeschäft nicht berührt. Die beiden Rechtsgeschäfte können allerdings als Einheit nach § 139 verbunden werden (BGHZ 31, 321, 323), an die Annahme einer solchen Abrede sind jedoch strenge Anforderungen zu stellen. Die Anwendung der Regeln über den Wegfall der Geschäftsgrundlage scheidet in aller Regel aus (Hambg NJW 66, 985).

5 **D. Einwendungen aus dem Übernahmevertrag.** Da die wirksame Übernahme Voraussetzung für die Haftung ist, kann der Übernehmer alle Einwendungen geltend machen, welche die Gültigkeit des Übernahmevertrages betreffen. Bei der Anfechtung wegen arglistiger Täuschung durch den Schuldner ist dieser im Fall des § 414 Dritter gem § 123 II, es bedarf mithin der Bösgläubigkeit des Gläubigers. Bei § 415 ist der täuschende Schuldner hingegen selbst Erklärungsgegner, auf die Redlichkeit des Gläubigers kommt es daher nicht an (BGHZ 31, 321, 324 ff; MüKo/*Möschel* § 417 Rz 17, str).

§ 418 Erlöschen von Sicherungs- und Vorzugsrechten.

(1) ¹Infolge der Schuldübernahme *erlöschen die für die Forderung bestellten Bürgschaften und Pfandrechte.* ²Besteht für die Forderung eine Hypothek oder eine Schiffshypothek, so tritt das Gleiche ein, wie wenn der Gläubiger auf die Hypothek oder die Schiffshypothek verzichtet. ³Diese Vorschriften finden keine Anwendung, wenn der Bürge oder derjenige, welchem der verhaftete Gegenstand zur Zeit der Schuldübernahme gehört, in diese einwilligt.

(2) Ein mit der Forderung für den Fall des Insolvenzverfahrens verbundenes Vorzugsrecht kann nicht im Insolvenzverfahren über das Vermögen des Übernehmers geltend gemacht werden.

A. Bedeutung. Die Vorschrift trägt dem Umstand Rechnung, dass bei der Entscheidung über die Stellung von Sicherheiten die Person des Schuldners maßgebliche Bedeutung hat. Die Schuldübernahme führt daher anders als die Abtretung (§ 401) dazu, dass Sicherheiten (s. Rn 2) vorbehaltlich der Einwilligung des Sicherungsgebers frei werden. Gleiches gilt für die Vertragsübernahme (Hamm NJW-RR 91, 48); auf den Schuldbeitritt ist § 418 I nicht anwendbar, da der Altschuldner hier weiter verpflichtet bleibt (München GuT 04, 64). II dient dem Schutz der Gläubiger des Übernehmers im Insolvenzfall. 1

B. Sicherungsrechte. Für die Forderung bestellte Bürgschaften und Pfandrechte erlöschen. Besteht für die Forderung eine Hypothek oder Schiffshypothek, fällt diese als Eigentümergrundschuld dem Grundstückseigentümer zu (§ 418 I 2 iVm §§ 1168, 1177, 1179a). Den in I genannten Rechten werden die Sicherungsgrundschuld (BGHZ 115, 241, 244; WM 66, 577, 578), Sicherungsübereignung (BGH NJW 92, 2286, 2288) und Sicherungszession gleichgestellt. Da nach dem Wortlaut Bestellung erforderlich ist, wird das gesetzliche Pfandrecht nicht erfasst. 2

Bei **Einwilligung** des Sicherungsgebers bleibt nach I 3 die Sicherheit erhalten. Eine Genehmigung genügt nicht, die Sicherheit muss dann neu bestellt werden. Die Einwilligung des Bürgen bedarf der Form des § 766 (Hamm NJW-RR 91, 48; aA RGZ 70, 411, 415 f; BaRoth/*Rohe* § 418 Rz 8). Bei der Übernahme einer durch eine Grundschuld gesicherten Schuld genügt die Einwilligung des Eigentümers des belasteten Grundstücks, das Einverständnis des Zessionars, an den der Anspruch auf Rückgewähr der Grundschuld sicherungshalber abgetreten wurde, ist nicht erforderlich (BGHZ 115, 241, 245 f). 3

C. Vorzugsrechte (Abs 2). II verdeutlicht, dass Rechte auf bevorzugte Befriedigung schuldnerspezifisch sind. Die praktische Relevanz ist jedoch durch die Insolvenzrechtsreform geringer geworden, da die Vorzugsrechte des § 61 KO nicht übernommen worden sind. Anwendbar bleibt die Vorschrift auf Absonderungsrechte (§§ 49–51 InsO) und Vorrechte an besonderen Vermögensmassen wie zB nach § 35 HypBG. 4

§ 419 – *weggefallen* –

Die Vorschrift ordnete die Haftung des Übernehmers für Verbindlichkeiten des Veräußerers im Falle der Übertragung des Gesamtvermögens an. Durch die Insolvenzrechtsreform wurde sie zum 1.1.99 aufgehoben (Art 33 Nr 16 EGInsO). Auf Vermögensübernahmen vor diesem Zeitpunkt findet die Norm gem Art 223a EGBGB weiter Anwendung. Der Schutz der Gläubiger vor dem Entzug der Haftungsgrundlage soll nunmehr durch ein verschärftes Anfechtungsrecht verwirklicht werden. 1

Abschnitt 7 Mehrheit von Schuldnern und Gläubigern

Vorbemerkungen vor §§ 420 bis 432

A. Allgemeines. Das BGB geht in § 241 von der Konstellation aus, dass sich jeweils nur eine Person auf Schuldner- und Gläubigerseite befindet. Das von diesem gesetzlichen Normaltyp abw Zusammentreffen mehrerer Schuldner oder Gläubiger ist in den §§ 420–432 geregelt, allerdings nicht umfassend. 1

B. Mehrheit von Schuldnern. I. Teilschuld. Ein Gläubiger hat mehrere Schuldner, die das einheitliche, aber teilbare Leistungsinteresse befriedigen sollen (§ 420 Alt 1). Er hat gegen jeden Schuldner Anspruch nur auf einen Teil der Leistung; praktisch ist das eher selten. 2

II. Gesamtschuld. Jeder der Schuldner ist zur ganzen Leistung verpflichtet, der Gläubiger kann sie nur einmal fordern (§§ 421–427, 431). Praktischer Regelfall, gilt aufgrund §§ 427, 840 auch bei teilbaren Leistungen. Bei Unterlassungspflichten liegen idR selbständige Schuldverhältnisse vor, da das Gläubigerinteresse nicht befriedigt wird, wenn nur ein Einzelner erfüllt (BGH GRUR-RR 08, 460). Jedoch können mehrere Schuldner eine gesamtschuldnerische Haftung für eine Verletzung des Unterlassungsgebots durch einen von ihnen eingehen. 3

III. Gemeinschaftliche Schuld. Die Erfüllung der Schuld setzt aus tatsächlichen oder rechtlichen Gründen gemeinschaftliches Zusammenwirken aller Schuldner voraus, so etwa bei der Verpflichtung von Musikern zu einem gemeinsamen Konzert (Palandt/*Grüneberg* Überbl v § 420 Rz 9) oder der Pflicht zur Duldung eines Notweges (BGHZ 36, 187, 189). Die Pflicht zur Mitwirkung an der Gesamterfüllung muss gegen jeden einzelnen Schuldner wie bei einer Teilschuld geltend gemacht werden. Diese haften nur für eigenes Verschulden (BAG NJW 74, 2255). 4

5 Eine Sonderform der gemeinschaftlichen Schuld ist gegeben, wenn mehrere Personen von vornherein in ihrer gesamthänderischen Verbundenheit schulden (**Gesamthandsschuld**). Dem Gläubiger steht hier zunächst das gesamthänderisch gebundene Vermögen als Zugriffsobjekt zur Verfügung. Daneben haften die Gesamthänder idR persönlich, und zwar als Gesamtschuldner, so § 1437 II für die Gütergemeinschaft, § 2058 für die Erbengemeinschaft, § 128 HGB unmittelbar bzw analog (BGHZ 146, 341, 358) für die Gesellschafter einer OHG oder GbR.

6 **C. Mehrheit von Gläubigern. I. Teilgläubigerschaft.** Mehreren Gläubigern steht bei teilbaren Leistungen nur ein Anspruch auf den auf ihn entfallenden Anteil zu (§ 420 Alt 2). Die Forderung des einzelnen Gläubigers ist rechtlich selbstständig. Die Teilgläubigerschaft ist das Gegenstück zur Teilschuldnerschaft und wie diese praktisch selten.

7 **II. Gesamtgläubigerschaft.** Der Fall, dass jeder Gläubiger die gesamte Leistung fordern kann, der Schuldner nur einmal zu leisten braucht, ist in den §§ 428–430 geregelt und stellt das Gegenstück zur Gesamtschuldnerschaft dar (krit Analyse des Rechtsinstituts bei *Meier* AcP 205, 898 ff). Anders als diese hat sie jedoch kaum praktische Bedeutung. Keine Gesamtgläubigerschaft liegt vor, wenn eine Forderung mit dem Recht eines Dritten belastet ist, so beim Nießbrauch (§ 1077) und Pfandrecht (§ 1281). Eine Gläubigermehrheit sui generis besteht beim echten Vertrag zugunsten Dritter (§ 335).

8 **III. Gemeinschaftliche Gläubigerschaft.** Die Forderung steht mehreren gemeinsam zu in der Weise, dass der Gläubiger nur Leistung an alle verlangen kann und der Schuldner nur an alle gemeinschaftlich leisten kann. Die gemeinschaftliche Gläubigerschaft, auch **Mitgläubigerschaft** genannt, ist der praktisch wichtigste Fall der Gläubigermehrheit; geregelt für den Fall der unteilbaren Leistung in § 432. In diesen Zusammenhang gehören auch Ansprüche, die sich auf den Gegenstand einer Bruchteilsgemeinschaft (§§ 741 ff) beziehen, sowie Gesamthandsforderungen (§§ 1415 ff; 2032 ff). Die GbR ist nach neuerer Doktrin selbst rechts- und parteifähig (BGHZ 146, 341, 343 ff); ebenso die Wohnungseigentümergemeinschaft (§ 10 VI WEG nF; BGHZ 163, 154, 158 ff); zur OHG vgl § 124 I HGB.

9 **D. Kumulation von Schuldner- und Gläubigermehrheit.** Bei Personenmehrheiten auf beiden Seiten muss die Form der Schuldner- und Gläubigerstellung nicht notwendig miteinander korrespondieren. So sind mehrere Käufer oder Mieter idR hinsichtlich der Zahlungspflicht Gesamtschuldner (§ 427), aber nur gemeinsam forderungsberechtigt (§ 432). Umgekehrt schulden mehrere Verkäufer/Vermieter idR gem §§ 427, 431 als Gesamtschuldner, bzgl der Kaufpreisforderung/Miete sind sie Mitgläubiger.

§ 420 Teilbare Leistung.
Schulden mehrere eine teilbare Leistung oder haben mehrere eine teilbare Leistung zu fordern, so ist im Zweifel jeder Schuldner nur zu einem gleichen Anteil verpflichtet, jeder Gläubiger nur zu einem gleichen Anteil berechtigt.

1 **A. Allgemeines.** Die Norm stellt zwei Vermutungen bei teilbaren Leistungen auf: Die Teilung des Schuldverhältnisses sowie die Verpflichtung bzw Berechtigung nach Kopfteilen. Die praktische Bedeutung ist gering, denn bei vertraglicher Begründung geht die Gesamtschuldvermutung des § 427 der Teilschuldvermutung vor; bei deliktischer Haftung gelten §§ 830, 840. § 420 ist abdingbar.

2 **B. Teilbare Leistung.** Eine Leistung ist teilbar, wenn ohne Wertminderung und Beeinträchtigung des Leistungszwecks Zerlegung in mehrere gleichartige Teile möglich ist. Im natürlichen Sinne teilbar sind va Geld und bestimmte Mengen vertretbarer Sachen. Gleichwohl kann die Leistung im Rechtsinne unteilbar sein, wenn eine gemeinschaftliche Empfangszuständigkeit besteht, so bei Mietzinszahlungen an Miteigentümer eines Grundstücks (BGH WM 83, 604).

3 **Teilschulden** sind bspw die Entgeltverpflichtungen aus einem Bauvertrag, wenn künftige Wohnungseigentümer Arbeiten zur Errichtung eines Gebäudes gemeinsam vergeben (BGHZ 75, 26, 28 ff), auch bei Errichtung mehrerer Bauwerke auf einem Grundstück für mehrere Bauherrn (BGHZ 76, 86, 90) – anders bei Auftragserteilung durch Bauherrengemeinschaft, wenn kein Wohnungs- oder Teileigentum gebildet werden soll (BGH NJW-RR 89, 465), aus einer Gruppenreise ggü dem Veranstalter (Frankf NJW 86, 1941 f), bei Sammelbestellung von Heizöl unter Angabe der Namen der Besteller und der Abnahmemenge (LG Augsburg NJW-RR 04, 852), ferner die Verpflichtung zum Ausgleich nach § 906 II 2 bei mehreren Störern (BGHZ 72, 289, 297) sowie die Verlustdeckungshaftung der Gesellschafter einer Vor-GmbH (BGHZ 134, 333 ff). Besonders angeordnet ist die Teilschuldnerschaft in § 1606 III für die Unterhaltspflicht mehrerer gleich naher Verwandter, abw von § 420 haften sie nicht nach Kopfteilen, sondern nach Maßgabe ihrer Erwerbs- und Vermögensverhältnisse. Ferner sieht § 10 VIII WEG nunmehr eine teilschuldnerische Außenhaftung der Wohnungseigentümer nach dem Verhältnis ihrer Miteigentumsanteile für Verbindlichkeiten der Gemeinschaft vor. Eine gesamtschuldnerische persönliche Haftung kann sich aus einer vertraglichen Abrede mit dem Gläubiger oder besonderer (landes-) gesetzlicher Anordnung ergeben (BGH NJW 09, 2521).

4 **Teilforderungen** sind etwa gegeben beim Bereicherungsanspruch von Ehegatten aus einem sittenwidrigen Ratenkreditvertrag (Hamm NJW-RR 88, 1004), bei dem in einer Summe ausgedrückten Unterhalt für meh-

rere Gläubiger (KG OLGZ 71, 386) sowie im Falle der Grundstücksteilung bei teilbaren Leistungen aus einer Reallast (§ 1109 I 1 Hs 1).

C. Rechtliche Behandlung. Die einzelnen Teilschulden bzw Teilforderungen bleiben trotz der Teilung in 5 gewisser Hinsicht miteinander verbunden. Anfechtung, Rücktritt und Minderung können nur gemeinsam ausgeübt, das Zurückbehaltungsrecht (§ 320 I 2) nur einheitlich geltend gemacht werden. Im Prozess sind Teilschuldner und -gläubiger einfache Streitgenossen (§ 59 ZPO).

§ 421 Gesamtschuldner.
¹Schulden mehrere eine Leistung in der Weise, dass jeder die ganze Leistung zu bewirken verpflichtet, der Gläubiger aber die Leistung nur einmal zu fordern berechtigt ist (Gesamtschuldner), so kann der Gläubiger die Leistung nach seinem Belieben von jedem der Schuldner ganz oder zu einem Teil fordern. ²Bis zur Bewirkung der ganzen Leistung bleiben sämtliche Schuldner verpflichtet.

A. Bedeutung. Die Vorschrift regelt die Befugnisse des Gläubigers einer Gesamtschuld gegen die Schuldner. 1 Für den Gläubiger handelt es sich um die sicherste Form der Schuldnermehrheit, da er seine Forderung durchsetzen kann, solange nur ein Schuldner leistungsfähig ist, und er das Ausfallrisiko auf den leistenden Schuldner verlagern kann.

B. Voraussetzungen. I. Schuldnermehrheit. § 421 setzt zunächst voraus, dass sich der Anspruch des Gläu- 2 bigers gegen mehrere Schuldner richtet, ob tatsächlich auch jeder die Leistung erbringen kann, ist unerheblich (BGH NJW 85, 2643, 2644). Keine Schuldnermehrheit bilden Haupt- und Subunternehmer, da der Besteller nur Ansprüche gegen den Hauptunternehmer hat (BGH NJW 81, 1779). Auch fehlt es an einer Schuldnermehrheit iSd § 421, wenn mehrere Personen eine identische Leistung an unterschiedliche, miteinander nicht verbundene Gläubiger zu erbringen haben (BGH NJW 94, 443).

II. Einmaliges Forderungsrecht. Nach § 421 darf der Gläubiger zwar von jedem Schuldner die Leistung ver- 3 langen, insgesamt aber nur einmal. Nicht erfasst ist also das mehrfache Forderungsrecht (Verpflichtungskumulation), also etwa der Fall, dass der Gläubiger zur Befriedigung des Bedarfs vorsorglich mit mehreren Lieferanten selbstständige Verträge abschließt.

III. Pflicht zur gesamten Leistung. In Abgrenzung zur Teilschuld ist der Schuldner nicht nur zu anteiliger 4 Befriedigung verpflichtet, sondern schuldet die ganze Leistung. Bei unterschiedlichem Umfang der Verpflichtungen ist eine Gesamtschuld gegeben, soweit sich die Pflichten decken (RGZ 82, 436, 439 f; BGHZ 52, 39, 45).

IV. Identität des Leistungsinteresses. Ein Gesamtschuldverhältnis entsteht nur dann, wenn die Pflichten 5 der Befriedigung desselben Leistungsinteresses dienen. Verlangt wird keine vollständige Übereinstimmung des Leistungsinhalts, ausreichend ist vielmehr eine besonders enge Verwandtschaft (BGHZ 43, 227, 233). Dass die Pflichten der Beteiligten auf **unterschiedlichen Rechtsgrundlagen** beruhen, schadet nicht (RGZ 77, 317, 323; 84, 415, 421; BGHZ 19, 114, 124; 52, 39, 44; 59, 97, 102), auch nicht, dass der eine Schuldner aufgrund öffentlichen Rechts und der andere aufgrund Privatrechts haftet (Frankf NJW-RR 97, 1087, 1088); eine Schuld bedingt oder befristet ist oder Nebenbestimmungen wie der Leistungsort abweichen (Schlesw NJW 52, 1019).
Ungleiches Leistungsinteresse besteht hingegen bei persönlicher Schuld und Grundschuld (BGHZ 105, 154 ff), 6 den Ansprüchen des Bauherrn gegen Architekt und Bauunternehmer auf Errichtung des Bauwerks (BGHZ 39, 261, 264) sowie dem Anspruch des Kindes auf Betreuungsunterhalt gegen die Mutter und dem Schadensersatzanspruch wegen vermehrter Bedürfnisse gegen den Schädiger nach § 843 (BGHZ 159, 318, 320).

V. Gleichstufigkeit. Früher forderten Lit und Rspr als zusätzliches Merkmal einen inneren Zusammenhang 7 der Haftungsgründe iS einer rechtlichen Zweckgemeinschaft (vgl BGHZ 13, 360, 365 f; 59, 97, 99 mwN). Es ist unterdessen wegen seiner Unbestimmtheit durch das Kriterium der Gleichstufigkeit ersetzt worden (BGHZ 106, 313, 319; 137, 76, 82; 159, 318, 319; BaRoth/*Gehrlein* § 421 Rz 8; für Verzicht auf zusätzliches Merkmal Staud/*Noack* § 421 Rz 18 ff). Darin kommt zum Ausdruck, dass bei einer Gesamtschuld die beteiligten Schuldner eine Tilgungsgemeinschaft bilden. Daran fehlt es, wenn einer die Leistung endgültig erbringen und der andere aufgrund einer gesetzlichen oder vertraglichen Verpflichtung vorläufig eintreten soll.

C. Einzelfälle. I. Gesamtschuld kraft Gleichstufigkeit. Gesamtschuldner sind: Architekt und Bauunterneh- 8 mer bzgl der gemeinsam zu verantwortenden Baumängel (BGHZ 43, 227, 232 ff; 51, 275, 277), Architekt und Statiker (BGH VersR 71, 667; Stuttg BauR 08, 879), Bauunternehmer verschiedener Gewerke, deren fehlerhafte Leistungen zu Mängeln geführt haben, die nur einheitlich beseitigt werden können (BGHZ 155, 265, 267 ff), gem §§ 437 Nr 3, 281 schadensersatzpflichtiger Verkäufer und wegen Erstattung eines unrichtigen Gutachtens haftender Sachverständiger (Palandt/*Grüneberg* § 421 Rz 11; aA Karlsr NJW-RR 98, 601), ersatzpflichtiger Verletzer und Arzt, dessen Behandlungsfehler zu einer Verschlechterung geführt hat (Braunschw OLGR 04, 464; Kobl NJW 08, 3006), aus Delikt haftender Architekt und nach § 906 II 2 ausgleichspflichtiger

Nachbar (BGHZ 85, 375, 386), nach § 528 rückgewährpflichtige Beschenkte (BGHZ 137, 77, 82 ff), Berater, die nach- oder nebeneinander bei der Bearbeitung einer Sache Pflichtverletzungen begangen haben (BGH NJW 94, 1211; 01, 3477), Dieb und der aus § 816 haftende Abnehmer und Weiterverkäufer (BGHZ 52, 39, 43 ff), BRD und Beschäftigungsstelle eines Zivildienstleistenden, wenn sie gemeinsam für dessen Fehlverhalten einzustehen haben (BGHZ 152, 380, 390), die Schuldner von Leibrente und Reallast (BGHZ 58, 191, 192), Schädiger und mitverantwortlicher aufsichtspflichtiger Elternteil bei Verletzung eines Kindes durch Unfall (BGHZ 73, 190, 193 f), Kaskoversicherer und Leasingnehmer, die für einen Schaden dem Leasinggeber haften (München OLGZ 83, 446). Schuldbeitritt und konstitutives Schuldanerkenntnis für fremde Schuld führen ebenso zu einer Gesamtschuld wie eine sichernde Patronatserklärung (BGH NJW-RR 07, 1407, 1408).

9 **Keine Gesamtschuldnerschaft** liegt vor in den Fällen des gesetzlichen Forderungsübergangs; ferner wenn ein Ersatzpflichtiger nach § 255 Anspruch auf Abtretung der Ansprüche des Gläubigers gegen den anderen Schuldner hat, im Verhältnis Schuldner/Bürge, zwischen dem Ersatzpflichtigen und der subsidiär haftenden Körperschaft § 839 I 2 (BGHZ 61, 351, 356 ff; 91, 48, 51) sowie zwischen dem Schädiger und dem gem StrEG nachrangig entschädigungspflichtigen Land (BGHZ 106, 313, 319).

10 **II. Gesetzliche Anordnung der Gesamtschuldnerschaft.** § 427 enthält für die gemeinschaftliche vertragliche Verpflichtung eine Auslegungsregel zugunsten der Gesamtschuldnerschaft. Gesetzlich angeordnet wird sie bei Unteilbarkeit der Leistung (§ 431), für die gemeinsame deliktische Verantwortlichkeit (§§ 830, 840); ferner in §§ 42 II 2, 53, 54 2, 86 I, 88 3, 89 II, 546 II (Celle NJW 53, 1474, 1475), 613a I, 651b II, 769, 1108 II, 1357 I 2, 1437 II 1, 1459 II 1, 1664 II, 2058, 2382, 2385, § 128 1 HGB (keine echte Gesamtschuldnerschaft, sondern nur fallweise analoge Anwendung der §§ 421 ff zwischen Gesellschaft und phG, BGHZ 146, 341, 358 f), § 8 I 1 PartGG, § 41 I 2, 46, 47 Nr 3, 48, 69 II, 93 II 1, 116, 117 I, II, III, 309 II, 317 III, 322 I AktG, § 9a, 11 II, 16 II, 18 II, 31 VI, 43 II, 73 III GmbHG, §§ 78 I, 95 II, 115 I 4 VVG, § 5 1 ProdHaftG, § 100 IV 1 ZPO, § 44 I 1 AO.

11 **D. Rechtsfolgen. I. Wahlrecht des Gläubigers.** Der Gläubiger kann jeden Schuldner ganz oder nur zT in Anspruch nehmen, sog „Paschastellung" des Gläubigers. 2 stellt klar, dass dies solange gilt, bis der Gläubiger vollständig befriedigt ist. Das freie Wahlrecht findet in krassen Fällen seine Grenze in § 242, zB wenn der Gläubiger eine dingliche Sicherheit aufgibt, die bei Inanspruchnahme des anderen Gesamtschuldners auf diesen übergegangen wäre (BGH NJW 83, 1423), nicht schon, wenn im Innenverhältnis der andere Gesamtschuldner allein haftet (BGH NJW 91, 1289; WM 07, 1700, 1702). Der Arbeitnehmer muss sich wegen der wechselseitigen Treuepflicht bei gesamtschuldnerischer Verantwortlichkeit von Arbeitgeber und Dritten vorrangig an letzteren halten (BAGE 18, 199), umgekehrt hat der Arbeitgeber den Arbeitnehmer nach Möglichkeit zu schonen. Behörden müssen die Auswahl nach pflichtgemäßem Ermessen treffen (BVerwG NJW 93, 1667, 1669; BFHE 207, 565 ff).

12 **II. Prozessuales.** Der Gläubiger kann die Gesamtschuldner einzeln oder zusammen verklagen. Rechtshängigkeit der Klage gegen einen Gesamtschuldner hindert nicht Klageerhebung gegen den anderen, ebenso wenig die rechtskräftige Abweisung einer Klage gegen einen Gesamtschuldner; erst Erfüllung begründet materiellrechtliche Einwendung nach § 422. Ein einzeln verurteilter Gesamtschuldner kann aber nicht verlangen, dass sich die Beschränkung des § 422 im Tenor wieder findet (BGH NJW 90, 2615, 2616). Sofern der Gläubiger in getrennten Prozessen klagt, haftet ein Gesamtschuldner nur für die Kosten des gegen ihn gerichteten Rechtsstreits (BGHZ 155, 265, 270; NJW 71, 884; 90, 909). Gemeinsam verklagte Gesamtschuldner sind einfache Streitgenossen nach § 59 ZPO (BGH JZ 64, 722). Das Urt gegen sie entfaltet im Innenverhältnis keine Rechtskraft (Ddorf NJW-RR 92, 922). Die Erfüllung durch einen verurteilten Gesamtschuldner lässt die Beschwer eines anderen am Verfahren beteiligten Gesamtschuldners nicht entfallen (BGH NJW 00, 1120). Auch in der Vollstreckung kann der Gläubiger gegen alle oder nur einzelne Gesamtschuldner vorgehen, im Insolvenzverfahren gegen jeden Schuldner bis zur vollständigen Befriedigung den ganzen Betrag geltend machen (§ 43 InsO).

§ 422 Wirkung der Erfüllung.
(1) ¹Die Erfüllung durch einen Gesamtschuldner wirkt auch für die übrigen Schuldner. ²Das Gleiche gilt von der Leistung an Erfüllungs statt, der Hinterlegung und der Aufrechnung.
(2) Eine Forderung, die einem Gesamtschuldner zusteht, kann nicht von den übrigen Schuldnern aufgerechnet werden.

1 **A. Bedeutung.** Die §§ 422–424 behandeln Tatsachen, die zugunsten aller Gesamtschuldner wirken (Gesamtwirkung), jeder kann sich auf sie ggü dem Gläubiger berufen. § 422 betrifft Erfüllung und Erfüllungssurrogate. Die Gesamtwirkung ergibt sich hier im Grunde schon aus der Definition der Gesamtschuld. Daher ist die Vorschrift auch nicht abdingbar. Gläubiger und leistender Gesamtschuldner können die Erfüllungswirkung nicht auf das zwischen ihnen bestehende Schuldverhältnis beschränken (BGH NJW 84, 1463). Auch eine Abrede, nach der sich der Leistende die Forderung gegen andere Gesamtschuldner abtreten lässt, ist unwirksam (BGHZ 17, 214, 222; NJW 63, 2067).

B. Erfüllung und Erfüllungssurrogate. Für die Erfüllungsleistung gelten die allg Grundsätze. Nicht ausreichend sind die Leistungen erfüllungshalber und Leistungen unter Vorbehalt. Als **Erfüllungssurrogate** werden hingegen die Leistung an Erfüllungs statt (§ 364), die Hinterlegung (§§ 372 ff) und die Aufrechnung (§§ 387 ff) der Erfüllung gleichgestellt. 2

II stellt klar, dass wegen fehlender Gegenseitigkeit ein Gesamtschuldner nicht mit einer Forderung eines anderen Gesamtschuldners gegen die Forderung des Gläubigers **aufrechnen** kann. Dass ein Gesamtschuldner die Möglichkeit der Aufrechnung hat, gibt den übrigen kein Leistungsverweigerungsrecht. Als Ausn hiervon wird dem Miterben als Gesamtschuldner wegen eines Gegenanspruchs der Erbengemeinschaft eine Einrede analog § 770 II, § 129 III HGB zugebilligt (BGHZ 38, 122, 127 f). 3

C. Rechtsfolgen. Gesamtwirkung der Erfüllung bedeutet, dass der Gläubiger keinen der Gesamtschuldner mehr in Anspruch nehmen kann. Die Forderung erlischt jedoch nur, soweit der leistende Gesamtschuldner keinen Ausgleichsanspruch gegen die anderen Gesamtschuldner hat, ansonsten kommt es zu einem Forderungsübergang nach § 426 II (BGH NJW 91, 97). 4

§ 423 Wirkung des Erlasses. Ein zwischen dem Gläubiger und einem Gesamtschuldner vereinbarter Erlass wirkt auch für die übrigen Schuldner, wenn die Vertragsschließenden das ganze Schuldverhältnis aufheben wollten.

A. Bedeutung. Die Norm befasst sich mit der Wirkung eines Erlassvertrages zwischen dem Gläubiger und einem Gesamtschuldner. Gesamtwirkung kommt dem Erlass nur zu, wenn dies dem Parteiwillen entspricht. Eine solche Vereinbarung ist eine zulässige Verfügung zugunsten Dritter. Wann ein Gesamtaufhebungswille vorliegt bzw zu vermuten ist, regelt die Norm nicht. 1

B. Gesamtwirkung. Gesamtaufhebung ist zu bejahen beim Vergleich, der auf abschließende Regelung aller Ansprüche zwischen allen Beteiligten angelegt ist, im Zweifel auch dann, wenn der kontrahierende Gesamtschuldner im Innenverhältnis voll einstehen muss (Kobl OLGR 09, 768; Köln NJW-RR 92, 1398; Hamm NJW-RR 98, 486, 487 f). Der Erlass des Geschädigten ggü dem Schädiger wirkt auch ggü der Haftpflichtversicherung (Köln VersR 69, 1027), ein Teilungsabkommen mit Regressverzicht des Fahrzeugversicherers ggü dem Haftpflichtversicherer kommt auch dem Schädiger zugute (BGH NJW-RR 93, 1111, 1113). Dagegen wirkt ein Verzicht ggü der Tochter nach Scheidung der Ehe nicht zugunsten des ehemaligen Schwiegersohns (Kobl NJW-RR 03, 73), ein zwischen Anleger und Anlageinitiator vereinbarter Abfindungsvergleich nicht zugunsten des Anlageberaters (Celle OLGR 02, 84). 2

C. Einzelwirkung. Einzelwirkung iS eines **pactum de non petendo** tritt ein, wenn nur die Entlassung des Vertragspartners aus der Haftung bezweckt wird, die anderen Gesamtschuldner aber weiterhin in voller Höhe in Anspruch genommen werden sollen; bei Inanspruchnahme der anderen Gesamtschuldner durch den Gläubiger stehen diesen weiterhin Ausgleichsansprüche gegen den vertragsschließenden Gesamtschuldner zu (BGH NJW 86, 1097, 1098). Der BGH geht bei Fehlen besonderer Anhaltspunkte von Einzelwirkung aus (BGH NJW 00, 1942, 1943; NJW-RR 05, 34, 35 f). 3

D. Beschränkte Gesamtwirkung. Möglich ist auch, dass der vertragsschließende Gesamtschuldner **endgültig freigestellt** wird, der Gläubiger aber weiterhin Ansprüche gegen die übrigen Gesamtschuldner behält, allerdings gekürzt um die auf den Begünstigten im Innenverhältnis entfallende Quote; ein Regress gegen diesen scheidet aus (BGH NJW 00, 1942, 1943). Beschränkte Gesamtwirkung ist gewollt, wenn in einem Vergleich zwar nur die Schuld des Vertragspartners, diese aber insgesamt erledigt werden soll (Bremen NJW-RR 98, 1745; Köln NJW-RR 94, 1307; Oldbg VersR 92, 956); ferner bei einem Teilungsabkommen zwischen Sozialversicherungsträger und Haftpflichtversicherung (BGH MDR 77, 36; *Denck* NJW 82, 2048, 2052 ff) oder bei der Entlassung eines von zwei Mietern aus dem Mietvertrag bei gleichzeitiger Anmietung einer anderen Anl desselben Vermieters (Oldbg MDR 00, 20). 4

E. Besonderheiten bei Personengesellschaften. Zwischen Gesellschaft und persönlich haftendem Gesellschafter besteht kein echtes Gesamtschuldverhältnis (s. § 421 Rn 10). Aufgrund der Akzessorietät der Gesellschafterschuld ist ein Erlass ggü einer **Personengesellschaft** unter Fortbestehen der Gesellschafterschuld wirkungslos, es sei denn, der Gesellschafter stimmt zu (BGHZ 47, 376, 378 ff, WM 75, 974); umgekehrt ist ein Erlass ggü dem **Gesellschafter** bei Fortbestehen der Forderung gegen die Personengesellschaft aber möglich (BGH BB 71, 975). 5

§ 424 Wirkung des Gläubigerverzugs. Der Verzug des Gläubigers gegenüber einem Gesamtschuldner wirkt auch für die übrigen Schuldner.

Ebenso wie die Erfüllung wirkt der Gläubigerverzug iSv §§ 293 ff zugunsten aller Gesamtschuldner. Auch der im Innenverhältnis freizuhaltende Gesamtschuldner kann den Gläubiger in Verzug setzen, etwa wenn der Versicherer statt des Deliktstäters die Ersatzleistung anbietet (Staud/*Noack* § 424 Rz 4 f). 1

2 Mit Gesamtwirkung **aufgehoben** wird der Gläubigerverzug nur durch Bereiterklärung ggü demjenigen, der den Verzug begründet hat, ggü anderen Gesamtschuldnern hat die Erklärung der Annahmebereitschaft nur Einzelwirkung (Staud/*Noack* § 424 Rz 9, 11).

§ 425 Wirkung anderer Tatsachen.
(1) Andere als die in den §§ 422 bis 424 bezeichneten Tatsachen wirken, soweit sich nicht aus dem Schuldverhältnis ein anderes ergibt, nur für und gegen den Gesamtschuldner, in dessen Person sie eintreten.
(2) Dies gilt insbesondere von der Kündigung, dem Verzug, dem Verschulden, von der Unmöglichkeit der Leistung in der Person eines Gesamtschuldners, von der Verjährung, deren Neubeginn, Hemmung und Ablaufhemmung, von der Vereinigung der Forderung mit der Schuld und von dem rechtskräftigen Urteil.

1 **A. Bedeutung.** Die Vorschrift postuliert den **Grundsatz der Einzelwirkung**, soweit keine der in §§ 422–424 benannten Tatsachen vorliegen oder sich aus dem Schuldverhältnis nicht ausnahmsweise Gesamtwirkung ergibt. Die Aufzählung in II ist nur beispielhaft, keinesfalls abschließend (Rn 10 ff). § 425 betrifft nur solche Tatsachen, die nach Begründung der Gesamtschuld eingetreten sind (BGH NJW 87, 2863, 2864).

2 **B. Tatsachen des Abs 2. I. Kündigung.** In II ist nur die **Fälligkeitskündigung** gemeint (Hamm NJW-RR 00, 714; München NJW-RR 96, 370; MüKo/*Bydlinski* § 425 Rz 4), formularmäßige Abbedingung der Einzelwirkung ist Verstoß gegen § 307 (zu § 9 AGBGB aF BGHZ 108, 98, 101). Die **Kündigung von Dauerschuldverhältnissen** muss dagegen ggü allen Gesamtschuldnern einheitlich erklärt werden, sie ist sonst unwirksam (Arbeitsverhältnis: BAG DB 72, 244; NJW 84, 1703, 1705; Darlehen: BGH NJW 02, 2866; Hamm NJW-RR 00, 714; München NJW-RR 96, 370; Mietverhältnis: BGHZ 26, 102, 103; 96, 302, 310; anders im Ansatz Staud/*Noack* § 425 Rz 11 ff). IdR genügt es, wenn der Kündigungsgrund in der Person eines Gesamtschuldners gegeben ist (Darlehen: München NJW-RR 96, 370; Mietverhältnis: Ddorf NJW-RR 87, 1370, 1371; aber nach LG Darmstadt NJW 83, 52 uU Pflicht zum Neuabschluss mit vertragstreuem Mieter).

3 **II. Verzug.** Nur derjenige Gesamtschuldner gerät in Verzug, bei dem die Voraussetzungen des § 286 vorliegen; Mahnung ggü Kfz-Versicherer hat allerdings wegen § 10 IV AKB Gesamtwirkung zu Lasten des Versicherten (Nürnbg NJW 74, 1950 f). Verlangt der Gläubiger ggü einem der in Verzug befindlichen Gesamtschuldner Schadensersatz statt der Leistung, ändert dies an dem Inhalt der Schuld der anderen Gesamtschuldner nichts (RGZ 65, 26, 28 f; 140, 10, 18). Sind mehrere Gesamtschuldner in Verzug, wird aber nur einer verklagt, ist nur dieser zur Kostenerstattung verpflichtet (BGH NJW 90, 909 f).

4 **III. Verschulden.** Der Verschuldensvorwurf hat grds Einzelwirkung. Daher haftet bei einer pVV des Mietverhältnisses idR nur derjenige Mieter, der schuldhaft gehandelt hat (LG Berlin NJW-RR 02, 1452). Die Vereinbarung zwischen dem Gläubiger und den Gesamtschuldnern kann ausdrücklich oder stillschweigend die Abrede enthalten, dass ein Gesamtschuldner für das Verschulden eines anderen Gesamtschuldners (und dessen Erfüllungsgehilfen) einzustehen hat, so ggü einem Besteller bei gemeinsamer Herstellung eines Werkes durch mehrere Unternehmer (BGH NJW 52, 217; Nürnbg NJW-RR 91, 28), ggü einem Gast bei gemeinsamem Betreiben einer Gaststätte (BGH VersR 69, 830, 831), bei Beschädigung eines gemieteten Kfz durch Mitmieter ohne Führerschein (BGHZ 65, 226, 228 f), wenn Schaden in der sog Gesamtsphäre der Mieter entstanden ist und dem Vermieter eine individuelle Zuordnung nicht möglich ist (so für die gemeinschaftliche Nutzung einer Waschmaschine Celle MDR 98, 896). Eine Personengesellschaft muss sich das Verhalten ihres geschäftsführenden Gesellschafters analog § 31 zurechnen lassen, ihre Gesellschafter haften als Gesamtschuldner, auch wenn sie selbst kein Schuldvorwurf trifft (BGHZ 154, 88, 93 ff; Kobl VersR 05, 655; *K. Schmidt* NJW 05, 2801, 2804 ff; abw für die Partnerschaftsgesellschaft § 8 II PartGG).

5 Ein mitwirkendes Verschulden des **Geschädigten** (und seines Erfüllungsgehilfen) im Verhältnis zu einem von mehreren Gesamtschuldnern ist regelmäßig zugunsten aller Gesamtschuldner zu berücksichtigen (BGHZ 90, 86, 90 f).

6 **IV. Unvermögen.** Der Primäranspruch erlischt bei objektiver Unmöglichkeit ggü allen Gesamtschuldnern, Unvermögen befreit hingegen nur den jeweils betroffenen Schuldner (§ 275). Die Schadensersatzpflicht nach §§ 280, 283; 311a II besteht nur ggü dem Schuldner, der die Unmöglichkeit zu vertreten hat. Bei zu vertretendem Unvermögen haftet der Betroffene auf Schadensersatz, die übrigen Schuldner weiterhin auf die Primärleistung. Der Rücktritt nach § 326 V kann gem § 351 nur mit Gesamtwirkung erklärt werden.

7 **V. Verjährung.** Der Eintritt der Verjährung sowie deren Hemmung, Ablaufhemmung sowie Neubeginn gestaltet sich nach den individuellen Verhältnissen der Gesamtschuldner verschieden. Dies gilt auch für die gesamtschuldnerische Haftung einer juristischen Person, ihrer Organe und Mitarbeiter (BGH NJW 01, 964 f). Verzichtet das *vertretungsberechtigte Mitglied einer Sozietät* auf die Einrede der Verjährung, so wirkt dies grds auch ggü der Gesamthand und den übrigen Sozietätsmitgliedern, es sei denn, dass der Sozius sein Vorgehen erkennbar auf seine eigene Verbindlichkeit beschränkt (BGH NJW-RR 06, 923, 927). Einen Gleichlauf der Verjährungsfrist für die gesamtschuldnerische Haftung von Haftpflichtversicherer und Haftpflichtigem ordnet § 115 II VVG an.

VI. Konfusion. Der Gesamtschuldner, der die Forderung des Gläubigers erwirbt, muss seinen Ausgleichsbetrag (§ 426) abziehen, andere Gesamtschuldner haften nur pro rata (BAG NJW 86, 3104; Erman/*Ehmann* § 425 Rz 30; differenzierend Staud/*Noack* § 425 Rz 67 ff). 8

VII. Rechtskraft. Die Rechtskraft eines Urteils beschränkt sich nach § 325 ZPO auf die Parteien. Daher kann der Gläubiger auch bei klageabweisendem Urt gegen einen Gesamtschuldner den anderen verklagen. Einen Fall der gesetzlichen Rechtskrafterstreckung regelt § 124 VVG. Nach § 129 HGB wirkt das Urt gegen die Gesellschaft zu Ungunsten der aktiven Gesellschafter (BGHZ 54, 251, 255; 64, 155, 156 f; 78, 114, 120 f; NJW 80, 784, 785), aber nicht ggü ausgeschiedenen Korporationsmitgliedern (BGHZ 44, 229, 233); analoge Anwendung der Vorschrift auf Fälle echter Gesamtschuld ist abzulehnen (BGH NJW-RR 93, 1266, 1267). 9

C. Weitere Tatsachen. Die **Abtretung** der Forderung gegen nur einen Gesamtschuldner ist zulässig, aber idR nicht gewollt (RG JW 05, 428, Hamm NJW-RR 98, 486; Staud/*Noack* § 425 Rz 91 f). Der Zedent kann weiter die anderen Gesamtschuldner in Anspruch nehmen, der Zessionar nur den einen Gesamtschuldner; bei Erfüllung durch einen Gesamtschuldner erlischt die Forderung beim Zedenten und Zessionar. Einer Zustimmung der betroffenen Schuldner bedarf es nicht (Schlesw WM 98, 2057; Staud/*Noack* § 425 Rz 93; aA Hamm NJW-RR 98, 486; Nürnbg NZG 02, 874, 876; Palandt/*Grüneberg* § 425 Rz 9). 10

Eine **Änderungsvereinbarung** wirkt nur für und gegen den Gesamtschuldner, mit dem der Gläubiger die Vereinbarung getroffen hat (RGZ 102, 398, 399); ebenso hat ein Mieterhöhungsverlangen nach § 558 nur Einzelwirkung (BayObLG FamRZ 83, 701 f; Kobl NJW 84, 244 f). 11

Das Erlöschen eines Anspruchs durch Ablauf einer **Ausschlussfrist** hat lediglich Einzelwirkung (Karlsr VersR 78, 968, 969). Die rechtzeitige Geltendmachung von Ansprüchen ggü dem Arbeitgeber wirkt jedoch auch gegen Schuldmitübernehmer (BAG DB 72, 396) und persönlich haftende Gesellschafter (BAG DB 85, 1536). 12

Im Falle der **Insolvenz** eines Gesamtschuldners hat das Fälligwerden der Forderung nach § 41 InsO lediglich Einzelwirkung (BGH NJW 00, 1408, 1409 zu § 65 I KO); ebenso die Erfüllungsablehnung nach § 103 InsO; diese wirkt aber in der Insolvenz der Personengesellschaft auch ggü dem phG, selbst wenn dieser bereits ausgeschieden ist (BGHZ 48, 203, 207). Die Insolvenz eines Mieters berechtigt den Gläubiger nicht zur Kündigung ggü allen Mietern (BGHZ 26, 102, 104 ff; zw, vgl Erman/*Ehmann* § 425 Rz 8; MüKo/*Bydlinski* § 425 Rz 7); wohl aber den Insolvenzverwalter (Celle NJW 74, 2012; Ddorf NJW-RR 87, 1369; Jauernig/*Stürner* § 425 Rz 2), der Ersatzanspruch nach § 109 I 2 richtet sich aber dann nur gegen den insolventen Mieter (Celle NJW 74, 2012). 13

Der **Rücktritt** muss gem § 351 ggü allen Gesamtschuldnern erklärt werden, es genügt jedoch, dass die Voraussetzungen durch das Verhalten eines Beteiligten begründet werden (BGH NJW 76, 1931, 1932; Hamm WM 87, 105 f). Entspr gilt bei **anderen Gestaltungsrechten** wie der Anfechtung (BGHZ 96, 302, 310); zur Kündigung s. Rn 2. 14

Einzelwirkung haben schließlich **Pfändung** (BGH NJW 98, 2904), **Rechtshängigkeit** (Celle OLGZ 70, 357, 360) und **Verwirkung** (BGH NJW-RR 02, 478, 479). 15

§ 426 Ausgleichungspflicht, Forderungsübergang.

(1) ¹Die Gesamtschuldner sind im Verhältnis zueinander zu gleichen Anteilen verpflichtet, soweit nicht ein anderes bestimmt ist. ²Kann von einem Gesamtschuldner der auf ihn entfallende Beitrag nicht erlangt werden, so ist der Ausfall von den übrigen zur Ausgleichung verpflichteten Schuldnern zu tragen.
(2) ¹Soweit ein Gesamtschuldner den Gläubiger befriedigt und von den übrigen Schuldnern Ausgleichung verlangen kann, geht die Forderung des Gläubigers gegen die übrigen Schuldner auf ihn über. ²Der Übergang kann nicht zum Nachteil des Gläubigers geltend gemacht werden.

A. Bedeutung. Die Norm betrifft das Innenverhältnis der Gesamtschuldner und soll gewährleisten, dass die Lasten gerecht verteilt werden. Sie stellt dem Gesamtschuldner, der über die auf ihn entfallende Quote hinaus Leistungen erbracht hat, zwei selbstständige Ansprüche zur Verfügung: Die Ausgleichsforderung nach I sowie die ursprüngliche Gläubigerforderung, die nach II im Wege der cessio legis auf den Leistenden übergeht. Zu dem gesetzlichen Ausgleichsverhältnis kommt häufig noch als weitere Anspruchsgrundlage ein zwischen den Gesamtschuldnern bestehendes vertragliches (zB Auftrag, Gesellschaft) oder vertragsähnliches Rechtsverhältnis (etwa GoA) hinzu. 1

§ 426 setzt ein echtes Gesamtschuldverhältnis voraus. Bei mehreren gleichstufigen **Sicherungsgebern** gewährt die Rspr Ausgleich nach § 242 entspr den Regeln über die Gesamtschuld, so insb im Verhältnis Bürge/Grundschuldbesteller (BGHZ 108, 179, 183 ff; NJW-RR 91, 170, 171; NJW 92, 3228; 01, 2327, 2330) und Bürge/Verpfänder (BGH NJW-RR 91, 499). 2

Anwendbar ist § 426 auch bei mehreren kraft **öffentlichen Rechts** verpflichteten Gesamtschuldnern (BGHZ 9, 65, 66 ff: Amtspflichtverletzung; BVerwG NJW 93, 1667: Fehlbelegungsabgabe; BGH NJW 65, 1595, 1596: Gewässerunterhaltspflicht; BGHZ 120, 50, 55 ff; BAG NJW 04, 3588: Steuerpflicht), nicht aber auf den Ausgleich zwischen mehreren polizeirechtlichen Störern (BGH NJW 81, 2457, 2458; Ddorf NVwZ 89, 993, 997; aA Staud/*Noack* § 426 Rz 248). 3

4 **B. Bestimmung der Beteiligungsquote. I. Grundregel: Verteilung nach Kopfteilen.** Nach I 1 sind Gesamtschuldner einander zu gleichen Teilen verpflichtet, sofern nicht etwas anderes bestimmt ist. In der Praxis überwiegen gesetzliche oder vertragliche Abweichungen von der Pro-Kopf-Regel, deren Voraussetzungen jedoch derjenige darlegen und beweisen muss, der sich auf sie beruft (RGZ 88, 122, 125; BGH NJW 88, 133; 00, 1944, 1945; Köln NJW-RR 96, 557).

5 Bsp für Verteilung nach Kopfteilen: Vorschusspflicht des Klägers und des Beklagten ggü dem Schiedsrichter (BGHZ 55, 344, 349), mehrere gemeinsam verklagte Gesamtschuldner hinsichtlich der Prozesskosten (BGH NJW 74, 693, 694), Schuldner von Leibrente und Reallast (BGHZ 58, 191, 193 ff), nach § 528 rückgewährpflichtige Beschenkte (BGHZ 137, 77, 87), BRep und Beschäftigungsstelle eines Zivildienstleistenden, wenn sie gemeinsam für dessen Fehlverhalten einzustehen haben (BGHZ 152, 380, 390 f).

6 **II. Abweichende vertragliche Bestimmung.** Eine anderweitige Bestimmung kann sich aus einer ausdrücklichen oder konkludenten Vereinbarung ergeben. Sie kann unterschiedlich hohe Anteile, aber auch eine völlige Freistellung einzelner Gesamtschuldner vorsehen.

7 Für ein **Darlehen** ist intern ausgleichspflichtig, wem der Betrag zufließt oder sonst zugute kommt. Der Umfang der Ausgleichspflicht bei mehreren **Mitbürgen** kann durch eine Rangvereinbarung mit dem Gläubiger (BGH NJW 86, 3131, 3133: Ausfallbürgschaft), der Stellung zum Hauptschuldner (BGHZ 88, 185, 190) oder im Fall der Höchstbetragsbürgschaft nach dem Verhältnis der verschiedenen Höchstbeträge zueinander (BGHZ 137, 292 ff) bestimmt werden. Im Verhältnis zu seinem Arbeitgeber hat idR allein der Arbeitnehmer die Lohnsteuerschuld ggü dem Fiskus zu tragen, eine sog Nettolohnvereinbarung ist aber zulässig (BAG NJW 04, 3588). Bei Grundstückskaufverträgen ist davon auszugehen, dass die Parteien typischerweise den Erwerber mit der Grunderwerbsteuer belasten wollen (Karlsr NJW-RR 88, 1237, 1238).

8 Unter **Gesellschaftern** bestimmt sich die Ausgleichsquote idR nach dem Beteiligungsverhältnis (RGZ 88, 122, 125; BGHZ 47, 157, 165; NJW-RR 89, 685). Der Ausgleichsberechtigte muss sich zunächst an die Gesellschaft halten, erst wenn von dieser keine Befriedigung zu erlangen ist, kann er seine Mitgesellschafter pro rata in Anspruch nehmen (BGHZ 37, 299, 303; 103, 72, 76; WM 07, 2290, 2291). Rechtsverfolgungskosten, die aus Binnenstreitigkeiten zwischen **Wohnungseigentümern** entstanden sind, werden unter den kostenpflichtigen Wohnungseigentümern abw von § 426 I 1 nach Miteigentumsanteilen aufgeteilt (BGHZ 171, 335 ff).

9 Für die Zeit des Zusammenlebens in der **Ehe** wird der Ausgleich entspr dem jeweiligen Einkommen (BGH NJW-RR 88, 966) vorgenommen, verdient nur ein Partner, kann er idR keinen Ausgleich verlangen (BGHZ 87, 265, 269 f; NJW 00, 1944, 1945); dies gilt sogar für Belastungen für ein im Alleineigentum des anderen stehendes Hausgrundstück (Oldbg NJW-RR 05, 1018). Auch Steuerschulden sind intern nach der Höhe der jeweiligen Einkünfte zu verteilen (BGHZ 73, 29, 38; NJW 02, 1570). Nach **Scheitern der Ehe** (endgültige Trennung, Scheidungsantrag) sowie nach dem Tod eines Partners besteht für die ab diesem Zeitpunkt erbrachten Leistungen grds ein hälftiger Ausgleichsanspruch (BayObLG VersR 98, 1382), für die bis dahin erbrachten Leistungen ändert sich nichts. Der Ausgleich nach § 426 geht dem Zugewinnausgleich vor (BGHZ 87, 265, 273 f; NJW-RR 89, 66). Bei **Immobilien** richtet sich der Ausgleich grds nach dem Verhältnis der Miteigentumsanteile. Daran ändert sich nichts, wenn der gemeinsam aufgenommene Kredit auf einen Ehegatten umgeschuldet wird (BGH NJW-RR 91, 578). Bewohnt der das Darlehen bedienende Ehegatte das Haus nach der Trennung allein, so hat er gem § 745 II, III entweder die Grundstückslasten zu übernehmen oder von seinem Ausgleichsanspruch eine Nutzungsvergütung abzuziehen (BGHZ 87, 265, 271 ff; NJW-RR 86, 1196; Bremen OLGR 05, 315). Steht das Familienheim im **Alleineigentum** eines Ehegatten, muss er trotz Mithaftung des anderen Ehegatten die Grundstückslasten im Innenverhältnis allein tragen (BGH FamRZ 97, 487). Verbleibt ein Ehepartner in der früher gemeinsam genutzten **Mietwohnung**, kann er keinen Ausgleich verlangen (München FamRZ 96, 291; Köln FamRZ 03, 1664 m Anm *Wever*), anders bis zum Ablauf der ersten Kündigungsfrist, wenn er in eine billigere Wohnung umziehen möchte (Dresd MDR 02, 1318). Bei einem Hausratskredit ist grds ein hälftiger Ausgleich angemessen (Kobl NJW-RR 99, 1093). Anders liegt es bei einem kreditfinanzierten Kfz, den ein Partner weiternutzt und/oder veräußert (KG NJW-RR 99, 1093). Ebenfalls keinen Ausgleich kann der Ehepartner verlangen, wenn das Darlehen für sein Unternehmen aufgenommen wurde (Hamm FamRZ 94, 960; aA Bremen NJW 00, 82), oder allg keine Vermögensmehrung durch die Kreditaufnahme beim mithaftenden Ehegatten vorliegt (Hamm NJW-RR 93, 197). Wird die alleinige Schuldentilgung durch einen getrennt lebenden oder geschiedenen Ehepartner bei der Berechnung des dem anderen zustehenden Unterhalt bereits berücksichtigt, so liegt die Annahme nahe, dass mit einer solchen Abrede von der Haftung zu gleichen Teilen abgewichen werden soll (BGH NJW 05, 2307; NJW 08, 849). Damit nicht vergleichbar ist aber der Fall, dass eine vom Unterhaltsschuldner allein getragene Gesamtschuld bei der Bemessung des Kindesunterhalts berücksichtigt wird (BGH NJW 07, 3564; NJW 08, 849). Die Aufteilung einer nach der Trennung fällig gewordenen Steuerschuld und der sich hieraus ergebenden Erstattungs- bzw Nachzahlungsansprüche zusammen veranlagter Ehegatten erfolgt analog § 270 AO auf der Grundlage fiktiver getrennter Veranlagung der Ehegatten (BGH NJW 06, 2623).

10 Auch bei einer **nichtehelichen Lebensgemeinschaft** ist ein Ausgleich bei finanziellen Leistungen des erwerbstätigen Partners auf einen gemeinschaftlich aufgenommenen Kredit durch den Partner, der die Haushaltsführung übernommen hat, nicht sachgerecht (BGHZ 77, 55, 59). Für die nach der Trennung fällig werdenden

Raten besteht aber grds ein hälftiger Ausgleichsanspruch, auch wenn vorher die Raten allein von einem Partner getragen wurden (Kobl NJW-RR 98, 1227).

III. Abweichende gesetzliche Bestimmung. Ausdrückliche gesetzliche Regelungen enthalten §§ 840 II, III, 841, 1833 II 2, § 46 2 BNotO, §§ 78 II 1, 116 VVG. **11**

Bei mehreren Schadensersatzpflichtigen kommt es **entspr § 254** auf das Maß der Verursachung und des Verschuldens an (stRspr, BGHZ 17, 214, 222; 59, 97, 103); bei Straftaten sind auch die Höhe der jeweiligen Beuteanteile zu berücksichtigen (Hamm NJW 02, 1054). Die Abwägung kann auch dazu führen, dass der eine Gesamtschuldner ggü dem anderen von der Haftung frei ist. So unterliegt etwa derjenige, der lediglich eine Aufsichtspflicht verletzt, ggü dem unmittelbaren Täter idR keiner Ausgleichspflicht (BGH NJW 80, 2348; 05, 2309, 2310; Jena VersR 98, 990, 993). Dies gilt auch im Verhältnis zwischen dem bauaufsichtspflichtigen Architekten und dem Bauunternehmer, der ein Gerüst fehlerhaft errichtet (BGH NJW 71, 752, 753). Bei einem Baumangel, der auf einem Ausführungsfehler des Unternehmers beruht und den der Architekt im Rahmen seiner Bauaufsicht nicht erkannt hat, trifft grds den Unternehmer die Haftung (Kobl OLGR 07, 809). Nach den Grds der betriebsbedingten (früher: gefahrgeneigten) Tätigkeit kann sich im Verhältnis zum Arbeitnehmer eine alleinige Verpflichtung des Arbeitgebers ergeben. **12**

IV. Haftungs- und Zurechnungseinheit. Mehrere Gesamtschuldner können aus rechtlichen oder tatsächlichen Gründen beim Ausgleich wie eine Person behandelt werden, sie haften den übrigen Gesamtschuldnern gesamtschuldnerisch (Rn 19) auf eine **gemeinsame Quote**. Unter ihnen findet kein Ausgleich nach § 426 statt, vielmehr kommt bei Zuvielleistung ein Bereicherungsanspruch nach § 812 in Betracht (BGH NJW 78, 2392, 2393). **13**

Beispiele: Fahrer und Halter eines Kfz (BGH NJW 66, 1262; VersR 70, 63, 64), Geschäftsherr und Erfüllungs- bzw Verrichtungsgehilfe (BGHZ 6, 3, 27 f; NJW-RR 89, 918, 920), mehrere Schädiger, deren Verhalten sich in ein u demselben Ursachenbeitrag ausgewirkt hat (BGHZ 54, 283, 285; NJW 83, 623, 624; 96, 2023, 2024), Wohnungseigentümer im Verfahren nach WEG (BayObLG NJW-RR 01, 158), Streitgenossen für den an das Schiedsgericht zu zahlenden Vorschuss (BGHZ 55, 344, 349). **14**

Auch der **Geschädigte** kann mit einem Schädiger eine Zurechnungseinheit bilden (BGHZ 61, 213, 218). Der in Anspruch genommene weitere Schuldner kann von dem innerhalb der Haftungseinheit stehenden Schuldner keinen Ausgleich nach § 426 verlangen, weil dessen Tatbeitrag bereits bei der Bemessung der vom Geschädigten zu tragenden Quote berücksichtigt wurde (BGH NJW 96, 2023, 2025). Wurde in einem Prozess mit dem Geschädigten die Quote zu hoch angesetzt, so kann er einen Bereicherungsanspruch nach § 812 gegen seinen Mitgesamtschuldner geltend machen (BGH NJW 78, 2392, 2393). **15**

C. Ausgleichsanspruch nach Abs 1. I. Rechtsnatur. Der Anspruch nach I wurzelt im Gemeinschaftsverhältnis der Gesamtschuldner, ist daher **rechtlich selbstständig** und von der gem II übergegangenen Forderung des Gläubigers zu trennen. Er wird insb nicht dadurch berührt, dass der Anspruch des Gläubigers wegen des Ablaufs einer Ausschlussfrist erloschen oder verjährt ist (BGHZ 175, 221, 229; NJW 10, 62, 63; anders zu Art 32 CMR BGH NJW-RR 90, 1508 f). Der Ausgleichsanspruch selbst unterliegt der regelmäßigen Verjährungsfrist nach § 195 von drei Jahren. Er entsteht bereits mit der Begründung der Gesamtschuld, nicht erst mit der Befriedigung des Gläubigers (BGH NJW 10, 60). **16**

II. Mitwirkungsanspruch. Mit der Fälligkeit der Gesamtschuld können die Gesamtschuldner wechselseitig voneinander verlangen, bei der Befriedigung des Gläubigers mitzuwirken (BGH NJW 86, 978). Der Anspruch richtet sich auf Befreiung von dem Teil der Schuld, den der andere Gesamtschuldner im Innenverhältnis zu tragen hat (BGHZ 47, 157, 165; NJW 86, 3131, 3132). Er kann klageweise durchgesetzt und nach § 887 ZPO notfalls auch vollstreckt werden (BGH NJW 58, 497); auch einredeweise Geltendmachung nach § 273 ist möglich (Celle OLGZ 70, 357, 359). Bei schuldhafter Nichterfüllung macht sich der andere Gesamtschuldner schadensersatzpflichtig (BGHZ 155, 265, 271). Die Pflicht zur Freistellung umfasst auch die Verpflichtung, unbegründete Ansprüche von dem Freistellungsgläubiger abzuwehren (BGH WM 07, 2290, 2291). **17**

III. Erstattungsanspruch. Befriedigt ein Gesamtschuldner den Gläubiger, so wandelt sich der Mitwirkungsanspruch um in einen Anspruch auf Ausgleich des Geleisteten, und zwar in Höhe des Teils, den er mehr geleistet hat, als er ggü den anderen Gesamtschuldnern verpflichtet ist (BGH NJW 86, 1097; Hamm NJW 02, 1054), berechnet nach dem fälligen Teil der Gesamtschuld (München MDR 72, 239). Mitbürgen und andere **gesamtschuldnerisch haftende Sicherungsgeber** können Ausgleich auch dann verlangen, wenn sie weniger als den auf sie entfallenden Teil geleistet haben (BGHZ 23, 364; NJW 86, 3132), es sei denn, der Hauptschuldner fällt endgültig aus (BGH NJW 86, 1097, 1098; Köln NJW 95, 1685, 1686). Inhaltlich ist der Erstattungsanspruch idR auf Geldleistung gerichtet, was unproblematisch ist, wenn schon der Anspruch des Gläubigers Geldforderung war, ansonsten ist der Wert der Leistung zu beziffern (vgl BGHZ 43, 227, 234; NJW 99, 2962). Der Ausgleich findet nur hinsichtlich der gemeinsamen Schuld statt (BGHZ 12, 213, 220; NJW 66, 1262, 1263). Prozesskosten aus einem Rechtsstreit mit dem Gläubiger gehören nicht dazu (BGHZ 155, 265, 270); anders bei vertraglicher Übernahme durch einen anderen Gesamtschuldner (BGH NJW 71, 884, 885). Dem Erstattungsanspruch können Einwendungen gegen die dem Anspruch zugrunde liegende Forderung nur ent- **18**

gegengehalten werden, wenn dies vertraglich vereinbart oder die Einwendung so offensichtlich ist, dass das Begleichen der Forderung einen Rechtsmissbrauch darstellt (München NJW 08, 3505).

19 **Mehrere Ausgleichsverpflichtete** haften dem Ausgleichsberechtigten ihrerseits nicht als Gesamtschuldner, sondern nur pro rata (BGHZ 6, 3, 25; aA MüKo/*Bydlinski* § 426 Rz 30). Eine Ausgleichsgesamtschuld nimmt die Rspr ausnahmsweise an, wenn der Gesamtschuldner im Innenverhältnis vollständig freigestellt ist (RGZ 87, 64, 67 f; 136, 275, 287 f; BGHZ 17, 214, 222; zu Unrecht: AnwK-BGB/*Völzmann-Stickelbrock* § 426 Rz 3; Staud/*Noack* § 426 Rz 28 ff), sowie in den Fällen der Haftungseinheit (RGZ 136, 275, 287 f; BGHZ 61, 213, 220; NJW-RR 89, 918, 920).

20 **IV. Ausfallregelung (Abs 1 S 2).** Der Ausfall eines Gesamtschuldners muss von den übrigen entspr dem Verteilungsmaßstab des Innenverhältnisses getragen werden. Die Zahlungsunfähigkeit wird idR schon durch einen vergeblichen Vollstreckungsversuch nachgewiesen; dass es zur Eröffnung eines Insolvenzverfahrens kommt, ist nicht erforderlich. Der zahlungsunfähige Gesamtschuldner wird durch I 2 nicht endgültig befreit. Er bleibt den übrigen Gesamtschuldnern vielmehr in Höhe seiner Quote verpflichtet, uU macht er sich durch die unterbliebene Leistung schadensersatzpflichtig.

21 **D. Regelung des Abs 2: cessio legis. I. Forderungsübergang (S 1).** Befriedigt ein Gesamtschuldner den Gläubiger, so erlischt die Forderung nicht (BGH NJW 91, 97, 98), sondern geht nach § 426 II 1 im Umfang der Ausgleichspflicht nach I über; ein weiter gehender Forderungsübergang zu Lasten der übrigen Gesamtschuldner kann nicht vereinbart werden (BGHZ 17, 214, 222). Die Hauptbedeutung der sog verstärkenden Legalzession liegt in dem Übergang der dem Gläubiger bestellten Sicherheiten gem §§ 401, 412.

22 **II. Beschränkung (S 2).** Wenn die Forderung des Gläubigers nur teilweise befriedigt wurde und deshalb nur teilweise übergegangen ist, behält die restliche Forderung des Gläubigers den Vorrang vor der übergegangenen (Teil-)Forderung des ausgleichsberechtigten Gesamtschuldners. § 426 II 2 schließt es aber nicht aus, dass der Gesamtschuldner den Rechtsübergang zum Nachteil anderer selbstständiger Forderungen des Gläubigers geltend macht (BGH NJW 03, 1036). Ferner kann der Gläubiger den Vorrang regelmäßig nicht geltend machen, wenn er einen Abfindungsvergleich mit dem Gesamtschuldner abgeschlossen und dieser die vereinbarte Summe voll bezahlt hat (BGH aaO).

23 **E. Gestörte Gesamtschuld. I. Vertragliche Haftungsfreistellung.** Durch einen **nach Entstehung der Gesamtschuld** vereinbarten Haftungsausschluss zwischen einem Gesamtschuldner und dem Gläubiger wird das Ausgleichsverhältnis nicht tangiert, es sei denn, es ist ausnahmsweise Gesamtwirkung oder beschränkte Gesamtwirkung gewollt (BGHZ 58, 216, 218 f; NJW 00, 1942, 1943; § 423 Rn 2 ff).

24 Im Falle einer bereits **vor Entstehung der Gesamtschuld** vereinbarten Haftungsfreistellung wird die nach außen nicht bestehende Gesamtschuld für das Innenverhältnis fingiert, der interne Ausgleichsanspruch bleibt grds unberührt (BGHZ 12, 213, 217 ff; 58, 216, 219 ff; NJW 89, 2386, 2387). Auf die von der hL favorisierte Lösung, den Anspruch des Gläubigers gegen den Zweitschädiger von vornherein um den Anteil des Begünstigten zu kürzen (*Larenz* I § 37 III; *Medicus* BürgR Rz 933 ff; BaRoth/*Gehrlein* § 426 Rz 12; MüKo/*Bydlinski* § 426 Rz 57), kann nur bei Vorliegen besonderer Anhaltspunkte für einen derartigen Parteiwillen zurückgegriffen werden.

25 **II. Gesetzliche Haftungsprivilegierung.** Bei gesetzlichen Haftungsprivilegierungen kommt es auf den Zweck der jeweiligen Regelung an. Ist ein Arbeitsunfall durch einen von §§ 104, 105, 106 SGB VII (früher §§ 636 f RVO) begünstigten Arbeitgeber oder Arbeitskollegen und einen außenstehenden Zweitschädiger verursacht, so beschränkt sich der Anspruch des Geschädigten auf den Verantwortungsanteil des Zweitschädigers (BGHZ 61, 51, 53 ff; 157, 9, 14 ff; NJW 05, 2309; 05, 3144; ebenso für den Fall der Inanspruchnahme einer GbR, deren von der Haftung freigestellter Gesellschafter den Unfall verursacht hat BGHZ 155, 205, 212 ff). Die Beschränkung der Haftung des Zweitschädigers beruht dabei auf dem Gedanken, dass einerseits die haftungsrechtliche Privilegierung nicht durch eine Heranziehung im Gesamtschuldnerausgleich unterlaufen werden soll, es aber andererseits im Hinblick auf die Absicherung des Geschädigten durch eine gesetzliche Unfallversicherung nicht gerechtfertigt wäre, den Zweitschädiger den Schaden allein tragen zu lassen. Eine von dem privilegierten Schädiger zugunsten des Zweitschädigers eingegangene Freihaltungsverpflichtung beeinflusst nicht dessen Außenhaftung (BGHZ 110, 114, 117 ff).

26 Die Anspruchskürzung greift auch bei einem **Schulunfall**, wenn die Haftung eines Mitschädigers nach § 106 SGB VII ausgeschlossen ist (Kobl NJW-RR 06, 1174), sowie bei einem durch einen nach § 46 BeamtVG begünstigten Beamten und einen nicht privilegierten Schädiger verursachten **Dienstunfall** (BGHZ 94, 173, 176 ff). Wenn ein Schaden durch einen nach § 86 III VVG oder § 116 VI SGB X von der Haftung freigestellten **Angehörigen** und eine außenstehende Person verursacht wurde, so beschränken sich die Regressansprüche des Versicherers bzw Sozialversicherungsträgers gegen den Zweitschädiger auf dessen Verursachungsanteil (BGHZ 54, 256 ff; 73, 191, 195). Die Schadensersatzansprüche des **Arbeitgebers** gegen einen Dritten verringern sich aufgrund der Besonderheiten des innerbetrieblichen Schadensausgleichs (§ 611 Rn 88) bei Mitverursachung durch den eigenen Arbeitnehmer um dessen Haftungsquote (Karlsr OLGZ 69, 157), aber keine Kürzung zu Lasten eines Dritten, dem Arbeitnehmer und Arbeitgeber haften (BGHZ 108, 305, 307 ff; NJW 94, 852).

Bei **bürgerlich-rechtlicher Haftungsbeschränkung** verneint der BGH zu § 1664 I einen Ausgleichsanspruch des Zweitschädigers gegen die Eltern, die ohne Verletzung der eigenüblichen Sorgfalt oder grobe Fahrlässigkeit an der Schädigung mitgewirkt hatten, und belastet ihn voll (BGHZ 103, 344, 346 ff; 159, 318, 323). Dies dürfte auch auf die Privilegierungen der §§ 708, 1359 übertragbar sein. Entschärft wird die Problematik dadurch, dass die genannten Vorschriften auf Unfälle im Straßenverkehr nicht anwendbar sind (vgl zu § 708 BGHZ 46, 313 ff; zu § 1359 BGHZ 53, 352 ff; 61, 101, 104 f; 63, 51, 57 f; zu § 1664 I Hamm NJW 93, 542, 543). 27

§ 427 Gemeinschaftliche vertragliche Verpflichtung.
Verpflichten sich mehrere durch Vertrag gemeinschaftlich zu einer teilbaren Leistung, so haften sie im Zweifel als Gesamtschuldner.

A. Bedeutung. Die Vorschrift enthält eine Auslegungsregel, die der Vermutung des § 420 für die Teilschuld vorgeht und damit den Anwendungsbereich der Gesamtschuld ganz erheblich ausweitet. 1

B. Gemeinschaftliche vertragliche Verpflichtung. Die auf eine teilbare Leistung (§ 420 Rn 2 ff) gerichteten vertraglichen Verpflichtungen mehrerer Personen müssen **aufeinander Bezug nehmen**. Es ist nicht notwendig, dass ein einheitlicher Vertrag errichtet wird, sofern jeder Schuldner subjektiv mit der Verpflichtung des anderen rechnet (RGZ 70, 405, 410; BGH NJW 59, 2160, 2161). Entspr Anwendung findet § 427 auf einseitige Rechtsgeschäfte (Staud/*Noack* § 427 Rz 7) sowie über § 683 auch für Verpflichtungen aus GoA (BGH VersR 67, 55, 56; BayObLG NJW-RR 87, 1038, 1039; aA jurisPraxK/*Rüßmann* § 427 Rz 4; Staud/*Noack* § 427 Rz 8). 2

C. Kasuistik. Gesamtschuld: gemeinsame Aufnahme eines Darlehens (RGZ 71, 113, 117), Schiedsparteien ggü Schiedsgericht (BGHZ 55, 344, 347), mehrere durch Prozessvergleich verpflichtete Parteien (KG NJW-RR 88, 1406), mehrere Grundstückserwerber bzgl Verpflichtungen aus Mietvertrag gem § 566 (BGH NJW 73, 455), mehrere Mieter bzgl Rückgabepflicht nach § 546 (Ddorf NJW-RR 87, 1371), Verkauf verschiedener Sachen durch mehrere Eigentümer, sofern es sich um wirtschaftliche Einheit handelt, Ehegatten aus einem gem § 1357 für beide verbindlichen Vertrag, Verpflichtung aus einem „Oder-Konto" (Nürnbg ZIP 90, 1558, 1559; Köln WM 99, 1003), Sammelbestellung für Studierendenrat (Frankf NJW-RR 91, 283), Wohnungseigentümer, die sich neben der – teilrechtsfähigen – Eigentümergemeinschaft persönlich verpflichten (BGHZ 163, 154, 173), Rückabwicklung von Verträgen aufgrund von Rücktritt oder Minderung (Staud/*Noack* § 427 Rz 73). 3

Keine Gesamtschuld: Bereicherungsansprüche aus nichtigem Vertrag (Hamm NJW 81, 877, 878; *Medicus* FS W. Lorenz, 01, 229 ff; Staud/*Noack* § 427 Rz 74 f), aA RGZ 67, 260, 261 f), Klassenfahrt bei Bestellung durch Lehrer für Schüler (Frankf NJW 86, 1941 f), Verlustdeckungshaftung der Gesellschafter einer Vor-GmbH (BGHZ 134, 333 ff), Sammelbestellung von Heizöl unter Angabe der Namen der Besteller und der Abnahmemenge (LG Augsburg NJW-RR 04, 852; anders LG Konstanz NJW 87, 2521). 4

§ 428 Gesamtgläubiger.
¹Sind mehrere eine Leistung in der Weise zu fordern berechtigt, dass jeder die ganze Leistung fordern kann, der Schuldner aber die Leistung nur einmal zu bewirken verpflichtet ist (Gesamtgläubiger), so kann der Schuldner nach seinem Belieben an jeden der Gläubiger leisten. ²Dies gilt auch dann, wenn einer der Gläubiger bereits Klage auf die Leistung erhoben hat.

A. Bedeutung. § 428 definiert die Gesamtgläubigerschaft als Gegenstück zur Gesamtschuldnerschaft (§ 421). Der Schuldner kann hier frei wählen, an welchen von mehreren Forderungsberechtigten er leistet. Die Quittung eines Gläubigers reicht zum Nachweis der Erfüllung (KG OLGZ 65, 92, 95). Da das Wahlrecht allein den Interessen des Schuldners dient, kann er darauf verzichten, zB für den Fall einer Beschlagnahme der Forderung bei einem der Gläubiger (BGH NJW 79, 2038, 2039). Zur Umwandlung einer Gesamtgläubigerforderung in eine Mitgläubigerforderung bedarf es neben der Mitwirkung des Schuldners der Zustimmung aller Gläubiger (BGH NJW 91, 420). Der einzelne Gläubiger kann über seine Forderung isoliert verfügen, sie insb auf einen Dritten übertragen (BGHZ 29, 363, 364), Gestaltungsrechte müssen jedoch idR gemeinsam ausgeübt werden (BGHZ 59, 187 ff). Die Gesamtgläubigerschaft entsteht kraft G oder rechtsgeschäftlicher Übereinkunft. Für ihr Vorliegen spricht keine Vermutung, sie ist vielmehr angesichts der mit ihr verbundenen Gläubigerrisiken die Ausn (BGH NJW 84, 1356, 1357). 1

B. Vertragliche Gesamtgläubigerschaft. Durch die Einrichtung eines Gemeinschaftskontos mit Einzelberechtigung (**Oder-Konto**), bei dem iGgs zum Konto mit gemeinsamer Verfügungsberechtigung (Und-Konto) jeder Kontoinhaber verfügungsberechtigt ist, wird eine Gesamtgläubigerschaft begründet (BGHZ 93, 315, 320 f; 95, 185, 187; BFH DStR 07, 2108). Abbedungen ist dabei allerdings das freie Wahlrecht des Schuldners, vielmehr muss die Bank an den Fordernden leisten (Dresd WM 01, 1148 f). Gesamtgläubiger sind ferner die Inhaber eines „Oder-Depots" (BGH NJW 97, 1434, 1435; Ddorf NJW-RR 98, 918, 919), Ehegatten, die gemeinsam einen Bausparvertrag abgeschlossen haben (BGH NJW 09, 2055) oder Rückzahlung einer Mietkaution für die gemeinsame Wohnung verlangen (AG Itzehoe FamRZ 91, 442), Absender und Empfänger 2 hinsichtlich der Ansprüche gegen Frachtführer nach § 421 HGB (BGH NJW 99, 1110, 1112). Die Umwandlung einer Einzelforderung in eine Gesamtgläubigerforderung ist nur mit Zustimmung des Schuldners möglich (BGHZ 64, 67 ff).

3 Keine Gesamtgläubigerschaft ist bei Ansprüchen einer Rechtsanwaltssozietät (BGH NJW 96, 2859) oder Forderungen eines Gläubigerpools (BGH NJW 91, 2629) gegeben, da hier nicht die Gesellschafter, sondern die **GbR** selbst Inhaber der Rechte ist; entspr gilt für Ansprüche einer Wohnungseigentümergemeinschaft (BGHZ 163, 154, 158 ff).

4 **C. Gesetzliche Anordnung von Gesamtgläubigerschaft. Beispiele** gesetzlich begründeter Gesamtgläubigerschaft sind §§ 525 II, 2151 III; § 117 SGB X; ferner die Mitberechtigung von Ehegatten nach § 1357 (str, vgl Staud/*Noack* § 428 Rz 63 ff), Anspruch auf Ersatz des Drittinteresses und der etwaige eigene Anspruch des tatsächlich Geschädigten (BGH NJW 85, 2411 f), Ausgleichsanspruch zwischen Mitbürgen (RGZ 117, 1, 5), Erstattungsanspruch mehrerer Kostengläubiger aus einem Kostenfestsetzungsbeschluss (BGH Rpfleger 85, 321), Bereicherungsanspruch von Gesamtschuldnern (Frankf OLGZ 82, 358), solange die zu kondizierende Leistung nicht einem Gesamtschuldner allein zugeordnet werden kann (BGH NJW 04, 1169, 1171), cessio legis auf mehrere gleichrangige, miteinander konkurrierende Dienstherren oder Sozialversicherungsträger (BGHZ 106, 381, 388 f), persönliche Haftung des GmbH-Geschäftsführers wegen Zweckentfremdung von Baugeld ggü Gesellschaft und geschädigtem Generalunternehmer (München NJW-RR 05, 390).

5 **Keine Gesamtgläubigerschaft:** Steuererstattungsanspruch bei Eheleuten (BFH NJW 90, 2491; LG Düsseldorf NJW-RR 86, 1333; LG Stuttgart NJW-RR 92, 646 f), Schadensersatzansprüche von Hinterbliebenen bei Tötung (BGH NJW 72, 1716, 1717), Unterhaltsansprüche mehrerer Berechtigter trotz Geltendmachung in einem Rechtsstreit (Naumbg OLGR 05, 865 f).

6 **D. Dingliche Gesamtberechtigung.** Bei beschränkten dinglichen Rechten ist eine dingliche Gesamtberechtigung iSv § 428 möglich: Erbbaurecht (LG Bielefeld Rpfleger 85, 248; abl Staud/*Noack* § 428 Rz 111), Grunddienstbarkeit (BayObLG NJW 66, 56; Rpfleger 02, 619), Grundschuld (BGH NJW 75, 445), Hypothek (BGHZ 29, 363, 364 ff), Nießbrauch (BGH NJW 81, 176; BFH NJW 86, 1634), Reallast (KG JW 32, 1564; BayObLG Rpfleger 75, 300), Wohnrecht (BGHZ 46, 253, 256 ff; NJW 96, 2153). Im Grundbuch ist die Rechtszuständigkeit nach § 47 GBO zu dokumentieren, etwa durch den Zusatz „als Gesamtberechtigte gem § 428" (BGH NJW 81, 176; BayObLG Rpfleger 96, 21). Zulässig ist auch eine Auflassungsvormerkung zugunsten von Gesamtgläubigern (BayObLGZ 63, 128; Hamm NJW-RR 06, 162).

7 **E. Prozessuales.** Der einzelne Gesamtgläubiger kann die Forderung in vollem Umfang einklagen und vollstrecken, die Klageerhebung ist neben rechtshängiger Klage eines anderen Gesamtgläubigers möglich. Auf das Wahlrecht des Schuldners haben jedoch, wie § 428 2 klarstellt, Klageerhebung und Vollstreckung keinen Einfluss. Die Klage wird durch Erfüllung an einen anderen Gläubiger unbegründet, was prozessual zur Erledigung der Hauptsache iSv § 91a ZPO führt, im Zwangsvollstreckungsverfahren kann der Einwand der Erfüllung durch die Klage nach § 767 ZPO geltend gemacht werden. Erheben die Gesamtgläubiger gemeinsam Klage, so sind sie einfache Streitgenossen nach § 59 ZPO.

§ 429 Wirkung von Veränderungen.
(1) Der Verzug eines Gesamtgläubigers wirkt auch gegen die übrigen Gläubiger.
(2) Vereinigen sich Forderung und Schuld in der Person eines Gesamtgläubigers, so erlöschen die Rechte der übrigen Gläubiger gegen den Schuldner.
(3) ¹Im Übrigen finden die Vorschriften der §§ 422, 423, 425 entsprechende Anwendung. ²Insbesondere bleiben, wenn ein Gesamtgläubiger seine Forderung auf einen anderen überträgt, die Rechte der übrigen Gläubiger unberührt.

1 **A. Bedeutung.** Die Vorschrift befasst sich mit der Wirkung von Tatsachen, die in der Person eines Gesamtgläubigers auftreten. Sie geht dabei vom Grundsatz der **Einzelwirkung** aus (§ 429 III 1 iVm § 425), forderungsverändernde Ereignisse haben nur dann Gesamtwirkung, wenn dies besonders angeordnet ist.

2 **B. Gläubigerverzug (Abs 1).** I korrespondiert mit der Regel des § 424. Da die Erfüllung Gesamtwirkung hat, muss auch der durch den Erfüllungsversuch begründete Annahmeverzug gegen alle Gläubiger wirken.

3 **C. Konfusion (Abs 2).** Anders als gem § 425 II für die Gesamtschuld angeordnet, führt das Zusammenfallen von Gläubiger- und Schuldnerstellung zum Erlöschen der Forderungen aller Gläubiger, da der Schuldner sonst gem § 428 Leistung an sich selbst wählen könnte. Den übrigen Gläubigern bleibt der Ausgleichsanspruch nach § 430.

4 **D. Sonstige rechtserhebliche Tatsachen (Abs 3).** Dass **Erfüllung** und Erfüllungssurrogate Gesamtwirkung haben, folgt schon aus dem Begriff der Gesamtgläubigerschaft. Ein **Erlass** der Forderung durch einen Gesamtgläubiger hat nur dann Gesamtwirkung, wenn dieser eine so weit reichende Verfügungsbefugnis zu Lasten der Übrigen besitzt, sie ergibt sich nicht bereits aus der Verweisung des § 429 III auf § 423 (BGH NJW

86, 1861, 1862; BayObLG Rpfleger 75, 300 f; MüKo/*Bydlinski* § 429 Rz 5; aA Bremen OLGZ 87, 29, 30; Hambg MDR 03, 319; Erman/*Ehmann* § 429 Rz 4). Gemeint sein kann ein Verzicht des betreffenden Gesamtgläubigers, seine Forderung im Außenverhältnis einzuziehen, oder weitergehend Erlass des Anteils, der ihm im Innenverhältnis zusteht (BGHZ 40, 108, 112 ff; NJW 86, 1861, 1862 f). Andere schuldverändernde Umstände haben grds nur Einzelwirkung, etwa Schuldnerverzug (Staud/*Noack* § 429 Rz 47 ff), Urt (BGH NJW 84, 126, 127; 86, 1046, 1047), Verjährung (BGH NJW 85, 1151, 1552), Versäumung von Ausschlussfristen (BGH NJW 79, 2039).

Wenn ein Gesamtgläubiger seine Forderung an einen Dritten **abtritt**, lässt dies die Ansprüche der übrigen 5
Gläubiger gem § 429 III 2 unberührt. Treten mehrere ihre Forderungen gemeinsam ab und ist einer von ihnen geschäftsunfähig, so sind die Verfügungen der übrigen Gesamtgläubiger gleichwohl wirksam (BGH NJW-RR 87, 1260). Auch die Pfändung der Forderung bei einem Gesamtgläubiger hat keinen Einfluss auf die Rechte der anderen, diesen steht daher auch kein Widerspruchsrecht zu (BGHR 03, 50; Stuttg OLGR 02, 77; aA Kobl NJW-RR 90, 1385, 1386).

§ 430 Ausgleichungspflicht der Gesamtgläubiger. Die Gesamtgläubiger sind im Verhältnis zueinander zu gleichen Anteilen berechtigt, soweit nicht ein anderes bestimmt ist.

A. Bedeutung. Die Vorschrift regelt als Gegenstück zu § 426 I den Ausgleich unter den Gesamtgläubigern. 1
Eine Ausgleichspflicht besteht jedoch nur dann, wenn ein Gesamtgläubiger mehr erhalten hat, als ihm im Innenverhältnis zusteht, es sei denn, die Restforderung ist nicht durchsetzbar.

B. Ausgleich nach Maßgabe der Anteile. Die in § 430 vorgesehene Verteilung nach Köpfen ist eine bloße 2
Hilfsregel, die nur dann gilt, wenn sich aus G oder Vertrag nichts anderes ergibt. Darlegungs- u beweispflichtig für Abweichungen von der Kopfteilvermutung ist derjenige, der sich darauf beruft (BGH NJW 90, 705).
Einen Ausschluss der Ausgleichspflicht sieht § 2151 III 3 vor, gem § 117a SGB X hat der Ausgleich zwischen 3
mehreren Sozialversicherungsträgern nach dem Verhältnis der erbrachten Leistungen zu erfolgen.
Bei Ehepartnern ist regelmäßig von einem zumindest konkludenten Verzicht auf den Ausgleich auszugehen, 4
dieser erfasst aber nicht Entnahmen vom gemeinschaftlichen Konto (**Oder-Konto**) zu familienfremden Zwecken (Ddorf NJW-RR 99, 1090; Saarbr BKR 03, 263) und nach der Trennung (BGH NJW 90, 705), dann vielmehr Ausgleich im Zweifel zur Hälfte (BGH NJW 90, 705; 00, 2347; Köln WM 00, 2485; Saarbr BKR 03, 263; für die nicht eheliche Lebensgemeinschaft Celle FamRZ 82, 63). Bei einem Oder-Depot besteht keine Vermutung für hälftiges Eigentum der Ehegatten (BGH NJW 97, 1434; Frankf NJW-RR 05, 87; Hamm NJW-RR 90, 708; Köln WM 00, 2485).

§ 431 Mehrere Schuldner einer unteilbaren Leistung. Schulden mehrere eine unteilbare Leistung, so haften sie als Gesamtschuldner.

Die Vorschrift ordnet bei Unteilbarkeit der Leistung (vgl § 420 Rn 2) ohne Rücksicht auf deren Rechtsgrund 1
zwingend Gesamtschuld an. Können die Schuldner die Leistung jedoch nur gemeinsam erbringen, liegt gemeinschaftliche Schuld vor, für die eigene Regeln gelten (Vor §§ 420 bis 432 Rn 9). Auch im Fall der Umwandlung in eine teilbare Schuld bleibt die einmal begründete Gesamtschuld bestehen (zB Schadensersatz in Geld, RGZ 67, 273, 275).

§ 432 Mehrere Gläubiger einer unteilbaren Leistung. (1) ¹Haben mehrere eine unteilbare Leistung zu fordern, so kann, sofern sie nicht Gesamtgläubiger sind, der Schuldner nur an alle gemeinschaftlich leisten und jeder Gläubiger nur die Leistung an alle fordern. ²Jeder Gläubiger kann verlangen, dass der Schuldner die geschuldete Sache für alle Gläubiger hinterlegt oder, wenn sie sich nicht zur Hinterlegung eignet, an einen gerichtlich zu bestellenden Verwahrer abliefert.
(2) Im Übrigen wirkt eine Tatsache, die nur in der Person eines der Gläubiger eintritt, nicht für und gegen die übrigen Gläubiger.

A. Bedeutung. Die Vorschrift regelt die Mitgläubigerschaft, die dadurch gekennzeichnet ist, dass jeder Gläu- 1
biger Leistung an alle gemeinschaftlich verlangen kann. Anwendbar ist § 432 bei aus tatsächlichen oder rechtlichen Gründen unteilbaren Leistungen, sofern nicht ausnahmsweise (BGH NJW 96, 1407, 1409) Gesamtgläubigerschaft iSd § 428 vorliegt.

B. Formen der Mitgläubigerschaft. I. Bruchteilsgemeinschaft. Bei Bruchteilsgemeinschaften (§§ 741 ff) 2
erstreckt sich die anteilige Berechtigung auch auf die der Gemeinschaft erwachsenen Forderungen. Die Zweckbindung begründet rechtliche Unteilbarkeit selbst dann, wenn bei natürlicher Betrachtung Teilung möglich ist (BGH NJW 58, 1723; 92, 182, 183; 93, 727, 728; 01, 231, 233; anders *Hadding* FS E. Wolf 85, 107, 120 ff). Im Außenverhältnis zum Schuldner gilt § 432 (BGHZ 106, 222, 226; 121, 22, 25), ausgeschlossen ist die Einzelbefugnis allerdings bei sog Und-Konten (Hambg NZG 00, 784, 785).

3 Beispiele: Gewährleistung bei mehreren Auftraggebern (BGHZ 94, 117, 119), Grundstücksübertragungsanspruch von Ehegatten (BayObLGZ 92, 131, 136), Anspruch mehrerer Grundstückseigentümer auf Erlös aus Verkauf (BGH NJW 98, 1482, 1483) oder Teilungsversteigerung (BGHZ 175, 297, 302 ff), Rückübertragungsanspruch bei einer Grundschuld (BGH NJW 86, 2108, 2110 f; Bambg NJW-RR 97, 81), Forderung mehrerer Makler (Oldbg NJW-RR 99, 579), Mietzinsanspruch mehrerer Miteigentümer (BGH NJW 58, 1723; NJW-RR 01, 369, 370) bzw mehrerer Mieter gegen Untermieter (BGH NJW 69, 839), Anspruch auf Räumung und Herausgabe der Mietsache, wenn auf Vermieterseite Bruchteilsgemeinschaft besteht (Ddorf NJW-RR 98, 11), Schadensersatz bei Verletzung gemeinschaftlicher Rechte (BGH NJW 84, 795, 796; Kobl NJW-RR 92, 706, 707), nicht aber Ersatzansprüche von Schutzrechtsinhaber und Lizenznehmer (BGHZ 176, 311 ff).

4 Die **Wohnungseigentümergemeinschaft** ist nach § 10 VI WEG nF (s. schon BGHZ 163, 154 ff) als solche rechtsfähig und daher selbst Forderungsinhaberin, so dass § 432 schon deshalb nicht einschlägig ist (noch auf Vorrang des § 21 WEG abstellend BGHZ 121, 22, 25 ff).

5 II. Gesamthandsgemeinschaft. Mitgläubiger sind auch die Mitglieder einer Erbengemeinschaft und ehelichen Gütergemeinschaft hinsichtlich der zum Gesamthandsvermögen gehörigen Forderungen. § 432 ist anwendbar, soweit nicht Sonderregeln (§ 2039, § 1422) greifen. Die Vorschrift greift nicht bei rechtsfähigen Gesamthandsgesellschaften einschl der GbR (BGHZ 146, 341, 343 ff), da hier nicht die Gesellschafter, sondern die Gesellschaft selbst Gläubigerin ist.

6 III. Einfache gemeinschaftliche Berechtigung. Eine einfache Forderungsgemeinschaft liegt vor, wenn Eigentümer und Besitzer durch unerlaubte Handlung geschädigt werden. IÜ handelt es sich bei den im Schrifttum genannten Fällen regelmäßig um eine Bruchteilsgemeinschaft oder GbR (so wohl auch im Schulfall der gemeinschaftlichen Bestellung eines Taxis).

7 C. Rechtsfolgen. I. Leistung an alle Gläubiger. Der einzelne Gläubiger kann Leistung nur an alle verlangen. Der Schuldner kann nicht mit einer Forderung, die er nur gegen einen Mitgläubiger hat, aufrechnen (BGH NJW 69, 839; 96, 1407, 1409). Die Leistung an nur einen Mitgläubiger ist keine Erfüllung, dies gilt auch für Miterben (Kobl NJW-RR 05, 1678); anders, wenn ein Mitgläubiger zum Empfang für alle ermächtigt oder das Leistungsinteresse aller Gläubiger erfüllt wird (Zweibr NJW-RR 97, 973). Der Ausgleich zwischen den Gläubigern richtet sich nach dem Innenverhältnis, hilfsweise nach §§ 741 ff (BGH NJW 82, 928).

8 II. Hinterlegung (Abs 1 S 2). Jeder Mitgläubiger kann auch nach I 2 Hinterlegung verlangen. Ist eine Erbengemeinschaft Teilhaberin einer Miteigentümergemeinschaft, so steht dieses Recht über § 2039 auch einem Erben zu (BGH NJW 83, 2020). Hinterlegung unter Rücknahmeverzicht hat Erfüllungswirkung nach § 378.

9 III. Wirkung von Veränderungen (Abs 2). Tatsachen, die in der Person eines Gläubigers eintreten, haben grds nur **Einzelwirkung**, etwa Erlass, Konfusion, Rechtskraft (RGZ 119, 163, 169; BGHZ 92, 351, 354), Verjährung (BGH NJW 85, 1550, 1552), Arglist eines Gesamtgläubigers bzgl Einwendung unzulässiger Rechtsausübung (BGHZ 44, 367, 369 ff).

10 Gesamtwirkung hat abgesehen von den in I genannten Ereignissen das Handeln eines Mitgläubigers immer dann, wenn er kraft G oder Rechtsgeschäft mit Wirkung für andere handeln kann (BGHZ 94, 117, 120 ff). Lehnt ein Mitgläubiger die allen angebotene Leistung ab, so tritt dadurch idR auch zu Lasten der übrigen Annahmeverzug ein (Staud/*Noack* § 432 Rz 50); umgekehrt genügt die Mahnung eines Gläubigers, um zugunsten aller Schuldnerverzug zu begründen (Erman/*Ehmann* § 432 Rz 36; MüKo/*Bydlinski* § 432 Rz 10; aA *Hadding* FS E. Wolf, 85, 107, 128 f; Staud/*Noack* § 432 Rz 51).

Abschnitt 8 Einzelne Schuldverhältnisse

Titel 1 Kauf, Tausch

Vorbemerkungen vor §§ 433 ff

1 A. Bedeutung des Kaufrechts. I. Anwendungsbereich. Das Kaufrecht ist durch die Schuldrechtsreform zum **Recht der entgeltlichen Absatzgeschäfte des BGB** geworden, und zwar auch für Verträge zwischen **Unternehmern** (BGH NJW 09, 2877 Rz 19). Für **bewegliche Sachen** kommt es gem § 651 1 nicht mehr darauf an, ob nur Lieferung oder auch Herstellung geschuldet ist und wer das Material stellt; dies gilt im Wesentlichen auch für unvertretbare Sachen. Nur für **unbewegliche Sachen** ist es bei der Maßgeblichkeit des Werkvertragsrechts für Verträge geblieben, die den Lieferanten auch zur Herstellung verpflichten. Mit dieser erheblichen Erweiterung des Anwendungsbereichs des Kaufrechts verfolgte der Gesetzgeber zwei Ziele: Er setzte Art 1 IV VerbrauchsgüterkaufRL um und und beseitigte die unbefriedigenden Abgrenzungen des alten Rechts zwischen beiden Vertragstypen (s. Rn 12, § 433 Rn 5).

II. Abgrenzung zu anderen Vertragstypen. 1. Werkvertrag (s. generell BGH NJW 09, 2877). a) Unbewegliche Sachen. Zwischen folgenden Vertragstypen ist zu differenzieren: (1) Der **Bauvertrag**, dh die Errichtung eines Bauwerks auf einem Grundstück des Bestellers, unterliegt wie bisher Werkvertragsrecht, da § 651 nur Verträge über die Herstellung und Lieferung beweglicher Sachen dem Kaufrecht unterstellt. (2) Beim **Bauträgervertrag** besteht für das Grundstück eine pure Lieferpflicht, für die Kaufrecht gilt, während für das Bauvorhaben als dessen zukünftigen wesentlichen Bestandteil die Herstellung geschuldet ist, die werkvertraglich reguliert ist; es liegt also ein typengemischter Vertrag vor (BaRoth/*Faust* § 433 Rz 17; *D. Schmidt* ZfIR 04, 405, 406 mwN; **aA** vor §§ 631 ff Rn 15; *Pauly* MDR 04, 16, 18). (3) Bei einem **schon errichteten neuen Bauwerk** ist Vertragsgegenstand nur die Lieferung des bebauten Grundstücks, so dass ein Kaufvertrag vorliegt (s. § 438 Rn 17). (4) Wie (2) und (3) werden behandelt Verträge über eine einem **Neubau vergleichbare Sanierung/Instandsetzung** eines vorhandenen Bauwerks (s. vor §§ 631 ff Rn 11 mwN). (5) Verträge über **Baumaterialien** sind wegen § 438 I Nr 1 lit b) stets Kaufverträge (s. dort Rn 18). (6) Am schwierigsten ist die Abgrenzung bei Verträgen über die Herstellung und Lieferung von Maschinen und technischen Anlagen, dh den Produkten des **Anlagenbaus** (vgl *Joussen* passim, 29; *Schuhmann* JZ 08, 115 ff): Werkvertragsrecht ist anwendbar, wenn zum Lieferumfang der Einbau in ein Bauwerk gehört oder die Anlage selbst als Bauwerk zu beurteilen ist (vgl *Konopka/Acker* BauR 04, 251, 252 ff; *Schuhmann* BauR 05, 293, 294 f; offen BGH NJW 09, 2877 Rz 14); ansonsten gilt Kaufrecht gem Rn 3.

b) Bewegliche Sachen. Das Zusammenspiel der §§ 433, 651 führt zu folgenden Abgrenzungen: (1) Reine **Lieferverträge**, also bes Verträge mit **Händlern** und über **Serienprodukte,** sind Kaufverträge. (2) Auf Verträge über die **Herstellung** und Lieferung von **vertretbaren** Sachen kommt nach § 651 1 ebenfalls ausschließlich Kaufrecht zur Anwendung. (3) Die **Beistellung** von Material durch den Käufer ändert daran nichts, wie § 651 2 bestätigt; der ausdrücklich anordnet, dass durch dieses Material verursachte Mängel der Kaufsache zur Anwendbarkeit von § 442 I 1 führen. Die für den Kaufvertrag charakteristische Übereignung der Kaufsache wird trotz der Beistellung erreicht: Entweder erwirbt der Lieferant gem § 950 aufgrund der Herstellung einer neuen Sache Eigentum oder im Abschluss des Herstellungs- und Liefervertrags liegt die konkludente Vereinbarung einer Verarbeitungsklausel (s. dazu § 950 Rn 9) mit dem Inhalt, dass der Lieferant im eigenen Namen herstellt. Der Lieferant ist dann „normal" zur Übereignung verpflichtet (MüKo/*Westermann* vor § 433 Rz 21; *Röthel* NJW 05, 625 ff; **aA** Celle ZIP 09, 1386: Besteller ist Hersteller und bleibt Eigentümer). (4) Verträge über **unvertretbare Sachen,** auch wenn diese für ein Bauwerk bestimmt sind (BGH NJW 09, 2877 Rz 13-15; s. dazu *Rudolph* BauR 09, 1806 ff), unterliegen gem § 651 3 nur noch wenigen Normen des Werkvertragsrechts: §§ 642 (Mitwirkung des Bestellers), 643 (Kündigung bei unterlassener Mitwirkung), 645 (Verantwortlichkeit des Bestellers), 649 (Kündigungsrecht des Bestellers) und 650 (Kostenanschlag); die Norm stellt zugleich klar, dass die werkvertragliche Kernregelung der Abnahme nicht übernommen ist, sondern die kaufrechtlichen Zäsuren der §§ 446 (Gefahrübergang) und 447 (Versendungskauf) entscheiden. Damit sind **Zulieferverträge** jetzt auch Kaufverträge; ihr Charakteristikum sind Herstellung und Lieferung auf die Bedürfnisse des Gesamtherstellers (OEM) zugeschnittener und damit unvertretbarer Kaufsachen, zB typengebundene Beleuchtungseinheiten oder Innenausstattung von Kraftfahrzeugen. (5) Kaufrecht gilt auch, wenn die Erfüllung der Lieferpflicht **geistige Leistungen** wie Planungsleistungen erfordert (BGH NJW 09, 2877 Rz 18 ff; *Schuhmann* BauR 05, 293, 295), sogar, wenn diese dominieren wie bei Lieferung eines Prototyps (*Schuhmann* aaO; **aA** Staud/*Peters* Rz 6; dahin tendierend BGH aaO Rz 25 mwN). (6) § 434 II 1 bestätigt, dass Kaufverträge mit **Montageverpflichtung** unabhängig von deren Umfang einheitlich dem Kaufrecht unterfallen (s. dort Rn 71).

2. Tausch. S. § 480 Rn 2–6.

3. Kommissionsgeschäft. Es handelt sich um eine besondere **Geschäftsbesorgung**, die den Kommissionär verpflichtet, im eigenen Namen auf fremde Rechnung gegen eine Provision das Kommissionsgut zu kaufen oder zu verkaufen. Bei gewerblicher Ausübung gelten § 383 ff HGB. Abzugrenzen ist das Kommissionsgeschäft vom Wiederverkauf (s. § 458 Rn 5 f) oder dem weitgehend ähnlichen Konditionsgeschäft (vgl Palandt/*Weidenkaff* Rz 14, 21; BaRoth/*Faust* § 433 Rz 18). In beiden Fällen erwirbt der Käufer auf eigene Rechnung, federt aber das wirtschaftliche Risiko durch Vereinbarung eines Rückgaberechts in verschiedener Form ab.

4. Lizenzvertrag. S. die Nachw § 453 Rn 14.

5. „Spielertransfer". Ungeachtet der gebräuchlichen Bezeichnung als „Spielerkauf" liegt ein **Vertrag sui generis** vor (s. neuestens *Wertenbruch* in: FS Röhricht, 1297 ff).

III. Typen von Kaufverträgen. Nach der Schuldrechtsreform bestehen folgende Kaufvertragstypen: (1.) Der **Verbrauchsgüterkauf**, dh der Kauf einer beweglichen Sache durch einen Verbraucher von einem Unternehmer (s. § 474 Rn 3–8), unterliegt ergänzend den Sonderregeln der §§ 474–479, und zwar auch bei einer Herstellungspflicht des Unternehmers (Rn 1, 3).

10 (2.) Auf **Kaufverträge zwischen Verbrauchern** finden die Sonderregeln des Verbrauchsgüterkaufs keine Anwendung (s. *Derleder* NJW 05, 2481).

11 (3.) Die **Lieferbeziehungen zwischen Unternehmern** (B2B-business) unterliegen dem allg Kaufrecht (BGH NJW 09, 2877 Rz 19). Verbrauchsgüterkaufrecht gilt für sie nur gem §§ 478, 479 (s. dort).

12 B. Die Reform des Kaufrechts. I. Grundlagen. Das Kaufrecht ist ebenso **Ausgangspunkt wie Schwerpunkt der Schuldrechtsreform.** Deren Zweck ist explizit die Umsetzung der RICHTLINIE 1999/44/EG DES EUROPÄISCHEN PARLAMENTS UND DES RATES vom 25.5.99 zu bestimmten Aspekten des Verbrauchsgüterkaufs und der Garantien für Verbrauchsgüter (**VerbrauchsgüterkaufRL**: Amtsblatt der EG L 171/12). Zum Stand der Umsetzung s. aktuell *Glöckner* JZ 07, 652 ff. Der Gesetzgeber hat diesen europarechtlichen Zwang zum Anlass genommen, die ins Stocken geratene große Schuldrechtsreform wieder auf zu nehmen (vgl nur Haas/Medicus/Rolland/Schäfer/Wendtland/*Rolland* Kap 1 Rz 1–4, 43; *Glöckner* aaO 653 f). Dabei verfolgte er das Prinzip der **einheitlichen Reform des Kaufrechts**, indem die Vorgaben der VerbrauchsgüterkaufRL möglichst weitgehend für alle Kaufverträge übernommen wurden, mit der unmittelbar erkennbaren Konsequenz eines ausgesprochen überschaubaren bloßen Verbraucherrechts in den §§ 474–479 (s. § 474 Rn 1; *Pfeiffer* ZGS 02, 23, 26). Weitere Grundlage ist das **UN-Kaufrecht** (CISG), und zwar „gleichsam doppelt" (Dauner-Lieb/Konzen/K. Schmidt/*Schlechtriem* 71, 73, ferner 72, 82, 86): Der BGB-Gesetzgeber hat viele Regelungen am UN-Kaufrecht orientiert, auch zu dem Ziel, die Anwendung nationalen und internationalen Kaufrechts anzunähern (s. nur BTDrs 14/6040, 86, 89 und passim). Die VerbrauchsgüterkaufRL ist ihrerseits ebenfalls vom UN-Kaufrecht beeinflusst (*Pfeiffer* ZGS 02, 23, 24 mwN), auch wenn der ihr eigene zwingende Charakter der Dispositivität eines internationalen Kaufrechts diametral entgegensteht.

13 II. Inhalte. Vor allem in folgenden Punkten ist das Kaufrecht neu gestaltet: (1.) Die **Mangelfreiheit der Kaufsache** ist zur Hauptleistungspflicht des Verkäufers promoviert worden (§ 433 I 2, s. dort Rn 5). (2.) Der **subjektive Mangelbegriff** ist mit der Betonung der primären Maßgeblichkeit der von Verkäufer und Käufer getroffenen Beschaffenheitsvereinbarung deutlich verstärkt worden (§ 434 I, s. dort Rn 3, 8). (3.) Die **Einbeziehung öffentlicher Äußerungen** nicht nur des Verkäufers sondern vor allem des **Herstellers** in die Anforderungen an die Beschaffenheit der Kaufsache verstärkt den Schutz des Käufers vor irreführender Bewerbung (§ 434 I 3, s. dort Rn 51 ff). (4.) **Aliud und Minderlieferungen** stehen Mängeln gleich (§ 434 III). (5.) **Sach- und Rechtsmängel** sind prinzipiell gleich geregelt (§ 433 I 2 iVm §§ 434, 435), bis auf die Verjährung (vgl § 438 I Nr 1 mit Nr 2 u 3, s. dort Rn 14). (6.) Die **Mängelrechte** sind weitgehend **in das allg Leistungsstörungsrecht integriert** (§§ 437, 440). (7.) Das **primäre Mängelrecht des Käufers** geht **auf Nacherfüllung** und impliziert ein neues entspr **Recht des Verkäufers zur zweiten Andienung** (§ 439; s. § 437 Rn 16). (8.) Die **Wandelung** ist als Teil der Integration des Mängelrechts in das allgemeine Leistungsstörungsrecht durch **den Rücktritt ersetzt** (§ 437 Nr 2 Alt 1). (9.) Sie ist damit wie die **Minderung** ein **Gestaltungsrecht**, kein Anspruch mehr (vgl § 441 Rn 6). (10.) Der **Verkäufer haftet auf Schadens- und Aufwendungsersatz für alle Pflichtverletzungen**, also auch **für Schlechtlieferung**, nach den allg Vorschriften (§ 437 Nr 3; s. §§ 433 Rn 34, 437 Rn 28 f). (11.) **Garantien des Verkäufers und des Herstellers** sind erstmals gesetzlich geregelt (§§ 443, 477). (12.) Die **Verjährungsfristen für Mängelrechte** sind teilweise **deutlich verlängert**, insb beträgt die **allg Verjährungsfrist nunmehr 2 Jahre ab Übergabe bzw Ablieferung** (§ 438 I Nr 3); für Rechtsmängel liegt hierin eine erhebliche Verkürzung. (13.) Für den **Verbrauchsgüterkauf** sind in unmittelbarer Umsetzung der Richtlinie wesentliche Regelungen des allg Kaufrechts zugunsten des Verbrauchers für zwingend erklärt worden (§ 475).

14 III. Bewertung. (1.) Konzeption und Inhalt des neuen Kaufrechts stellen unter vielen Aspekten einen **großen Fortschritt** dar. Dies gilt va für die Aufwertung der Mangelfreiheit zur Hauptleistungspflicht, der dadurch möglichen grds Integration des Mängelrechts in das allg Leistungsstörungsrecht mit bes der Umwandlung des kaufrechtlichen Sonderinstituts der Wandelung in den allg Rücktritt sowie die Gleichstellung der Schlechterfüllung mit einer Pflichtverletzung gem § 280; der Gesetzgeber hat hier in einem erheblichen Maße die Wertungen des Werkvertragsrechts und eingeschränkter des Gattungskaufs in das Kaufrecht aufgenommen (treffend *Canaris* Karlsruher Forum 02, 5, 54; s.a. § 433 Rn 5). Im Detail überzeugen die Einführung des Rechts zur zweiten Andienung als Bestandteil des Anspruchs auf Nacherfüllung (zum Streit um die Bewertung s. § 437 Rn 16) und die Neuregelung der Verjährungsfristen.

15 (2.) Es bleibt jedoch **erhebliche Kritik.** Sie richtet sich va gegen das Ausmaß, mit dem das grds zu begrüßende Prinzip der einheitlichen Reform umgesetzt ist: Warum auch im Rechtsverkehr zwischen Unternehmern der Käufer die Wahl zwischen Nachbesserung und Ersatzlieferung hat (§ 439 II, s. dort Rn 21), öffentliche Äußerungen des Herstellers auch bei fehlener Beschaffenheitsvereinbarung zu einem Mangel führen (§ 439 I 3) oder grds nach dem zweiten Versuch die Nacherfüllung als fehlgeschlagen gilt (§ 440 2), ist schwer einzusehen. Der Gesetzgeber zeigt hier eine **beträchtliche Wirtschaftsferne**, indem er mit der beinahe vollständigen Übernahme der Verbraucherorientiertheit der Richtlinie in das Kaufrecht insgesamt eine in dieser Form nicht zu rechtfertigende und von der RL auch nicht gewollte generelle Käuferorientiertheit Gesetz hat werden lassen. Damit enthält das BGB zugleich keine Leitlinie dafür, wie die notwendige Differenzierung bei der AGB-Kontrolle stattfindet: Zählt zB das Wahlrecht des Käufers gem § 439 II zum gesetzlichen Leitgedanken, von dem eher nicht abgewichen werden kann, oder ist es eine so stark dem Verbraucherschutz verpflichtete Regelung, dass sie zwischen Unternehmern prinzipiell auch AGB-dispositiv ist? § 475 I kann die Antwort nicht direkt entnommen werden, da das Verbot auch individueller Abbedingung ggü Verbrauchern keine direkte Aussage erlaubt, ob die Norm im Verkehr zwischen Unternehmern formularmäßig dispositiv ist; s. dazu *Berger* ZIP 06, 2149 ff; *Berger/Kleine* BB 07, 2137 ff. Im Detail überzeugen zB nicht die Inkompatibilitäten mit der RL (s. zB § 437 Rn 24), die unvollständige Umsetzung der Gleichstellung des Aliuds mit einem Mangel (s. § 434 Rn 90, 92) und die unbefriedigende und unverständliche Regelung der Garantie in § 443 (s. § 443 Rn 1, 7, 9–12).

C. Das reformierte Kaufrecht im System des BGB. I. Auslegung. 1. Grundsätze. Hinter der Einheitlichkeit verbirgt sich eine die Auslegung leitende **Gliederung** des neuen Kaufrechts nach Inhalt und Adressaten. (1.) Das Recht des Verbrauchsgüterkaufs besteht nicht nur aus den §§ 474–479 als **unmittelbarem Verbrauchsgüterkaufrecht**. (2.) Zu ihm gehören auch die dort einer bes Regelung unterworfenen, va zu Lasten des Verbrauchers für unabdingbar erklärten Bestimmungen des allg Kaufrechts wie großenteils das Mängelrecht. Sie sind nur **mittelbares Verbrauchsgüterkaufrecht**, weil sie gem dem Prinzip der einheitlichen Reform für alle Kaufverträge gelten. Diese **richtlinienexzessive** oder überschießende **Umsetzung** ist eine durchaus schwierige Konsequenz der Entscheidung des Gesetzgebers für ein einheitliches Kaufrecht (s. Rn 15, 17). (3.) Daneben treten die **nicht der VerbrauchsgüterkaufRL** unterliegenden Bestimmungen wie § 453 oder die Regelungen des Grundstückskaufs. Für diese 3 Klassen von Vorschriften ist jeweils bes zu prüfen, in welchem Umfang eine **richtlinienkonforme Auslegung** geboten ist (speziell für den Kauf *Faust* 42, 49–52; *Herresthal* WM 07, 1354 ff; generell s. Einl Rn 35). 16

2. Umfang der richtlinienkonformen Auslegung. (1.) Für Verbrauchsgüterkäufe gelten uneingeschränkt die Regeln der richtlinienkonformen Auslegung. (2.) **Mittelbares** Verbrauchsgüterkaufrecht ist auch außerhalb von Verbrauchsgüterkäufen grds richtlinienkonform auszulegen: Die Entscheidung des Gesetzgebers für ein einheitliches Kaufrecht impliziert das Prinzip einer **einheitlichen richtlinienkonformen Auslegung** auch der überschießenden Umsetzung (BaRoth/*Faust* § 433 Rz 9 f; *Pfeiffer* ZGS 02, 23, 26; Dauner-Lieb/Konzen/ K. Schmidt/*Roth* 25, 35 f). Eine **differenzierte Auslegung** hat aber stattzufinden, wenn die Norm in richtlinienkonformer Auslegung primär dem Verbraucherschutz dient und die Übernahme des so erreichten Käuferschutzes auf andere Kaufverträge nicht gerechtfertigt ist (zB BGH NJW 09, 427 Rz 28, s. § 439 Rn 36; ähnl BaRoth/*Faust* § 433 Rz 9 f; *Pfeiffer* aaO; aA *Roth* aaO). Das UN-Kaufrecht als Basis sowohl des neuen Kaufrechts als auch der VerbrauchsgüterkaufRL gestattet und erfordert, bei der Anwendung des die Richtlinie umsetzenden Rechts außerhalb von Verbrauchsgüterkäufen die Anforderungen des kaufmännischen Geschäftsverkehrs zu berücksichtigen. Darin liegt auch die Rechtfertigung, iRe **differenzierenden Klauselkontrolle von AGB** den primär verbraucherschützenden Inhalt des mittelbaren Verbrauchsgüterkaufrechts nicht zu den AGB-festen wesentlichen Grundgedanken iSd des § 307 zu zählen (grundl *Berger* ZIP 06, 2149 ff). (3.) Gleichfalls ist im Sinne einer **geschäftsspezifischen Auslegung** differenziert zu interpretieren, wenn mittelbares Verbrauchsgüterkaufrecht auf von der RL nicht geregelte Objekte, zB Grundstücke oder Rechte, zur Anwendung kommt. 17

II. Kautelarjuristische Anwendung. Wesentlich stärker als bisher macht das neue Kaufrecht im Geschäftsverkehr zwischen Unternehmern, aber auch sonst außerhalb eines Verbrauchsgüterkaufs eine **vertragsindividuelle Gestaltung** notwendig, jedenfalls empfehlenswert. IRd §§ 474 ff gilt dies auch für den Verbrauchsgüterkauf. Die wesentlichen Gründe sind: 18

(1.) Die Übernahme der Wertungen des Werkvertragsrechts in das Kaufrecht (s. Rn 1) wird vielfach **reinen Händlerverträgen**, speziell über gebrauchte Sachen, nicht oder nur partiell gerecht. 19

(2.) Der über den Primat der Beschaffenheitsvereinbarung verstärkte subjektive Mangelbegriff lässt im Regelfall eine **präzise Beschreibung der Anforderungen an die Kaufsache** angeraten sein (s. *D. Schmidt* BB 05, 2763, 2766), und zwar auch bei einem Verbrauchsgüterkauf. Dies kann auch das einzige Mittel für den Verkäufer sein, nicht gem § 434 I 3 an öffentlichen Äußerungen festgehalten zu werden (s. §§ 434 Rn 52). 20

(3.) Da auch **Lieferverträge mit Herstellungsverpflichtung des Verkäufers**, speziell für nicht vertretbare Sachen, jetzt vom Kaufrecht regiert werden, sind die werkvertraglichen Sondernormen für die Herstellung, zB Abnahme, Selbstvornahme, nicht mehr maßgeblich. Eine Regelung in Anpassung an die §§ 631 ff kann die alte Rechtslage als interessengerecht wiederherstellen (vgl auch zu den Grenzen *Schuhmann* JZ 08, 115 ff). 21

(4.) Die **Abbedingung wesentlich vom Verbraucherschutz motivierter Bestimmungen**, zB des Wahlrechts des Käufers zwischen Nachbesserung und Ersatzlieferung (§ 439 II), dürfte außerhalb des Verbrauchsgüterkaufs ein normales Anliegen vertragsindividueller Gestaltung sein. 22

D. Internationaler Kauf. Ohne besondere Vereinbarung gilt das BGB nach Maßgabe von Art 28 EGBGB und unter der Voraussetzung, dass das UN-Kaufrecht nicht anwendbar ist; für Verbraucherverträge gelten Art 29, 29a EGBGB. Außerhalb des Verbrauchsgüterkaufs besteht die Freiheit, das BGB anstelle ausländischen Rechts und, wie nach wie vor weit verbreitet, des UN-Kaufrechts (vgl *Stürner* BB 06, 2029 ff) zu verein- 23 baren. Sehr häufig werden in unterschiedlichem Umfang ergänzend internationale Handelsklauseln wie va die **Incoterms** einbezogen (s. *Wertenbruch* ZGS 05, 136).

Untertitel 1 Allgemeine Vorschriften

§ 433 Vertragstypische Pflichten beim Kaufvertrag.
(1) ¹Durch den Kaufvertrag wird der Verkäufer einer Sache verpflichtet, dem Käufer die Sache zu übergeben und das Eigentum an der Sache zu verschaffen. ²Der Verkäufer hat dem Käufer die Sache frei von Sach- und Rechtsmängeln zu verschaffen.
(2) Der Käufer ist verpflichtet, dem Verkäufer den vereinbarten Kaufpreis zu zahlen und die gekaufte Sache abzunehmen.

1 **A. Grundsätzliches. I. Bedeutung.** Die Norm bestimmt den **Typus des Kaufvertrags** durch Angabe der synallagmatischen Hauptleistungspflichten von Verkäufer und Käufer: Der Verkäufer hat unter Verschaffung des Eigentums den Kaufgegenstand mangelfrei zu übergeben (I), der Käufer hat den Kaufpreis zu zahlen (II). Sie ist damit zugleich Basis für die Bestimmung der Neben(leistungs)pflichten beider Parteien, von denen nur die Abnahme durch den Käufer ausdrücklich geregelt ist (II Alt 2).

2 **II. Anwendungsbereich.** Unmittelbar wird nur noch der Sachkauf geregelt (I 1); die Bestimmungen dazu (§§ 433–451) enthalten Sonderregeln für unbewegliche Sachen (zB §§ 436, 438, 448 II), die für den Schiffskauf entspr gelten (§ 452). § 453 I ordnet die entspr Anwendung der Regeln zum Sachkauf „auf den Kauf von Rechten und sonstigen Gegenständen" an. Damit hat § 433 die Bedeutung als **Zentralnorm** für das **gesamte Kaufrecht** behalten.

3 **III. Schuldrechtsmodernisierung.** § 433 ist in zwei Punkten geändert worden:

4 **1. Rechtskauf.** Die Herausnahme des Rechtskaufs infolge der Streichung von I 2 aF wirkt sich wegen § 453 effektiv nicht aus (Rn 2).

5 **2. Mangelfreiheit als Hauptleistungspflicht des Verkäufers (Abs 1 S 2).** Die Qualifizierung der **Mangelfreiheit zu einer Hauptleistungspflicht des Verkäufers**, für die ein unmittelbarer Erfüllungsanspruch des Käufers besteht, stellt eine von Art 2 I VerbrauchsgüterkaufRL vorgegebene grundlegende Umgestaltung des Systems des Kaufrechts dar (zur Rechtslage gem Erfüllungs- und Gewährleistungstheorie nach aF vgl Staud/*Honsell* 1995, Vorbem Rz 7 ff zu §§ 459 ff). Damit werden über § 437 die Rechtsfolgen bei einer Verletzung dieser Hauptleistungspflicht insbes für Ansprüche auf Schadensersatz in das allg Leistungsstörungsrecht integriert (s. BTDrs 14/6040, 208 f) und die Vertragstypen Kauf- und Werkvertrag strukturell angenähert (s. BTDrs 14/6040, 87 f, 267 f; 14/7052, 176; Haas/Medicus/Rolland/Schäfer/Wendtland/*Haas* Kap 6 Rz 63–70).

6 **IV. Abdingbarkeit.** Bei Verbrauchsgüterkauf ist § 433 zugunsten des Verbrauchers weitgehend ius cogens (§ 475 I 1; s. dort Rn 1), iÜ dispositiv, soweit die Abbedingung nicht zum Verlassen des Vertragstypus führt.

7 **B. Sachkauf. I. Begriff.** „Sache" verweist auf die Legaldefinition des § 90. Sie umfasst daher alle körperlichen Gegenstände, bewegliche wie unbewegliche (s. Rn 2), feste wie flüssige oder gasförmige (s. § 90); Sachen sind also auch Wasser und Gase. Auf Tiere finden gem § 90a die Vorschriften über Sachen und damit über den Sachkauf entspr Anwendung.

8 **II. Einzelfälle. Wesentliche Bestandteile** teilen gem § 90 das rechtliche Schicksal der Sache und sind mitverkauft. Selbständiger Gegenstand eines Kaufvertrags können sie sein, wenn auf ihre künftige Trennung von der Sache, also auf ihre spätere Entstehung als selbständige Sache abgezielt wird (BGH NJW 00, 504 f).

9 **Zubehör** ist gem der Auslegungsregel des § 311c nur „im Zweifel" mitverkauft, kann daher uneingeschränkt separat veräußert werden.

10 **Natur und Funktion** der Sache sind unerheblich, so dass Sachkauf auch vorliegt, wenn die Sache weniger wegen ihrer Körperlichkeit als wegen ihres immateriellen Inhalts oder ihrer Verkörperung eines Wertes gekauft wird. Daher sind **Druckwerke** (BGHZ 70, 356, 358 ff „Börsendienst" mwN und Einschränkung für den Einzelfall), **Datenträger** wie CD-ROM mit bloß reproduziertem Inhalt (Standardsoftware) (s. § 453 Rn 20) und **Fremdwährungen**, die nicht als Zahlungsmittel dienen, sondern wie Sachen gekauft und bezahlt werden (*Füllbier* NJW 90, 2797, 2798 mwN), Sachen iSd Sachgüterkaufs.

11 Zu **Sachverbindungen** s. § 453 Rn 24–26.

12 **Künftige Sachen** – noch abzubauende Rohstoffe (RG 92, 369, 370: Speziesschuld; Karlsr JZ 72, 120: beschränkte Gattungsschuld) oder zukünftige Ergebnisse landwirtschaftlicher Tätigkeit, zB Ernte auf dem Halm – können uneingeschränkt Gegenstand eines Sachkaufs sein. Regelungsbedürftig sind nur die Folgen für den Fall, dass die Sache nicht entsteht: Der Kauf kann durch die Entstehung aufschiebend bedingt sein, mit der Konsequenz, dass der Verkäufer das Preis-, nicht aber das Erfüllungsrisiko trägt (emptio rei speratae); der Verkäufer kann zur Entstehung der Sache verpflichtet sein, so dass ihn nach den Regeln des Werkver-

25 **4. Dritte.** Auf Seiten des Verkäufers können Dritte beliebig an der Übereignung beteiligt sein, zB bei unmittelbarer Übereignung vom Lieferanten des Verkäufers auf den Käufer. Beim **Streckengeschäft** erfolgt die Übereignung regelmäßig doppelt im Wege des Geheißerwerbs unmittelbar zwischen den jeweiligen Vertragspartnern (BGH NJW 82, 2371 f; 86, 1166 f; BaRoth/*Faust* Rz 37).

26 **5. Urkunden.** Als Teil der Hauptleistungspflicht des Verkäufers sind für die Eigentumslegitimation wichtige Urkunden ebenfalls zu übereignen bzw zu übergeben (BGH NJW 53, 1347; 83, 2139; Oldbg NJW-RR 00, 507 jew zu Kfz-Brief; KG NJW 65, 1605 f).

27 **IV. Mangelfreiheit. 1. Bedeutung, Schuldrechtsmodernisierung.** S. Rn 5.

28 **2. Rechtsfolgen.** I 2 beschränkt sich auf die Qualifizierung als Hauptleistungspflicht. Die Definition der Tatbestandsvoraussetzungen des Mangels ist § 434 für den Sach-, § 435 für den Rechtsmangel überantwortet, die Rechtsfolgen gibt § 437 mit den dort in Verweis genommenen Bestimmungen vor.

29 **3. Zurückweisungsrecht des Käufers beim Angebot einer mangelhaften Kaufsache.** S. § 437 Rn 23.

30 **V. Leistungsvorbehalte.** Im Handelsverkehr haben sich verschiedene Klauseln eingebürgert, mit denen sich der Verkäufer von den gesetzlichen Folgen der Nichterfüllung seiner Hauptleistungspflichten freizeichnen will. Sie sind innerhalb der allg Grenzen (als AGB § 308 Nr 1, 3 und 4 iVm § 310 I; generell §§ 138, 242 und §§ 19, 20 GWB) für Kaufleute grds beachtlich. Wichtigstes Bsp sind Selbstbelieferungsvorbehalte wie **„Richtige und rechtzeitige Selbstbelieferung vorbehalten"** (zu weiteren Beispielen s. Staud/*Beckmann* Rz 83–88 mwN).

31 **1. Kongruentes Deckungsgeschäft.** Der Verkäufer wird von der Leistungspflicht ausschl befreit, wenn er zur Sicherung der Selbstbelieferung ein kongruentes Deckungsgeschäft geschlossen hat (BGHZ 92, 396, 398 mwN; BGH NJW 95, 1959, 1960; krit zur Fortgeltung dieser Rspr mit Hinweis, dass sich Entfall der Leistungspflicht auch aus § 275 I ergeben kann, MüKo/*Westermann* Rz 58). Er muss erwarten können, dass „bei natürlichem reibungslosem Ablauf die Erfüllung des Verkaufskontrakts mit der aus dem Einkaufskontrakt erwarteten Ware möglich ist" (BGH WM 90, 107, 108). Dies wird im Einzelfall auch bejaht, wenn das Deckungsgeschäft seinerseits einem Selbstbelieferungsvorbehalt unterliegt (München NJW-RR 91, 874 f; s. aber zu den generell hohen Anforderungen an die Kongruenz BGH WM 90, 107, 108; 92, 356, 357 f).

32 **2. Auflösende Bedingung.** Das Ausbleiben der Selbstbelieferung führt als auflösende Bedingung (§ 158 II) (BGHZ 24, 39, 40 f; Frankf NJW-RR 98, 1130 f; Staud/*Beckmann* Rz 86), nicht als Rücktrittsgrund (so alternativ Palandt/*Weidenkaff* Rz 20) zur nachträglichen Unwirksamkeit der Lieferverpflichtung.

33 **VI. Nebenpflichten. 1. Altes Schuldrecht.** Die Neben(leistungs)pflichten (hier: Nebenpflichten; s. § 437 Rn 52 ff) des Verkäufers dienten nach altem Recht dazu, dem Käufer neben den Gewährleistungsrechten Wandelung und Minderung **Schadensersatzansprüche nach den Regeln der pVV** zu eröffnen. Sie bezogen sich sowohl auf Eigenschaften der Kaufsache (zB BGHZ 88, 130, 135 f „Kleber") als auch auf davon unabhängiges Fehlverhalten des Verkäufers wie das Einfüllen mangelfreien Benzins in den falschen Tank einer Tankstelle (BGHZ 107, 249, 251). Von diesem Anknüpfungspunkt hing insbes die **Verjährung** ab: Ansprüche wegen „Schäden in unmittelbarem Zusammenhang mit einem Mangel oder einer die Verwendungsfähigkeit beeinflussenden Eigenschaft der Kaufsache" verjährten kaufrechtlich nach § 477 aF, alle übrigen nach allg Regeln (BGHZ 107, 249, 252 mwN; NJW-RR 05, 866, 867).

34 **2. Schuldrechtsmodernisierung.** Da die schadensersatzrechtlichen Konsequenzen der Verletzung der Hauptleistungspflicht des Verkäufers zu mangelfreier Lieferung jetzt in § 437 Nr 3 gesetzlich geregelt sind, betreffen die überkommenen Grundsätze zur Verletzung von Nebenpflichten des Verkäufers, soweit sie die Beschaffenheit der Kaufsache betreffen, jetzt die Ausfüllung dieser Haftungsordnung. Sie werden daher zusammen mit allen weiteren Nebenpflichten bei der Kommentierung von § 437 Nr 3 dargestellt (§ 437 Rn 52–64).

35 **D. Pflichten des Käufers. I. Einleitung.** Die Hauptleistungspflicht des Käufers im Gegenseitigkeitsverhältnis (§ 320 I) ist die Zahlung des Kaufpreises (II Alt 1). Die Pflicht zur Abnahme (II Alt 2) ist regelmäßig eine gesetzlich geregelte Nebenleistungspflicht, kann aber von den Parteien zur Hauptleistungspflicht erhoben werden. Ferner treffen den Käufer Nebenpflichten.

36 **II. Zahlung des Kaufpreises. 1. Kaufpreis.** Der Kaufpreis ist die Geldleistung des Käufers, das Entgelt für die Sachleistung des Verkäufers. Im Synallagma zwischen Sach- und Geldleistung liegt die Abgrenzung zum Tausch (§ 480) begründet, der durch den Austausch von Sachleistungen charakterisiert ist (§ 480 Rn 2). Der Kaufpreis kann neben EURO in jeder Währung vereinbart werden, sofern die Fremdwährung als Geld (§ 244) und nicht als Sachleistung (s. dazu Rn 10) geschuldet ist; dann läge Tausch vor.

37 **2. Vereinbarung.** Der Kaufpreis muss **bestimmt oder bestimmbar** vereinbart sein. Dazu reicht Zustimmung des Käufers unter Vorbehalt der gerichtlichen Prüfung auf Angemessenheit (zu Konzessionsvertrag über Stromlieferung BGH WM 06, 1348 Rz 23–25). „Bestimmbarkeit" gestattet sowohl die Bezugnahme auf zum Zeitpunkt des Vertragsschlusses noch nicht festliegende Faktoren, zB den Wert von Bezugsgrößen, als auch

tragsrechts das Erfüllungsrisiko trifft (BGH NJW 91, 166 zu Tierzuchtvertrag); umgekehrt kann der Käufer das Risiko der Entstehung übernehmen (Hoffnungskauf, emptio spei: Kauf der Ernte vom Halm).
Lotterielose verkörpern eine Gewinnchance als Kaufgegenstand (RG 77, 342, 344; BGH NJW 57, 1105; Frankf JW 35, 3054). 13

Anteile an einer Sache sind ein sonstiger Kaufgegenstand gem § 453 (Rn 5, 15). 14

Da **Anwartschaftsrechte aus EV** wie Eigentum übertragen werden und das Recht zum Besitz gewähren (§ 449 Rn 15 f), unterliegen sie den Regeln des Sachkaufs (Staud/*Beckmann* Rz 7). 15

C. Pflichten des Verkäufers. I. Einleitung. Die Übergabe (I 1 Alt 1), die Verschaffung des Eigentums (I 1 Alt 2) und die Freiheit der Sache von Sach- und Rechtsmängeln (I 2) sind die vom Verkäufer geschuldeten im synallagmatischen Verhältnis gem § 320 I stehenden **drei Hauptleistungspflichten**. Sie sind vom Verkäufer **kumulativ** zu erfüllen. Fehlt es nur an der Erfüllung einer Hauptleistungspflicht, liegt insgesamt keine Erfüllung vor, nicht eine Teilerfüllung; dies gilt uneingeschränkt auch im Verhältnis von Übergabe und Eigentumsverschaffung (BGH NJW-RR 99, 346, 347). Speziell im Handelsverkehr wird die Erfüllung der Hauptleistungspflichten häufig nur unter dem Vorbehalt der Selbstbelieferung zugesagt. Die Hauptleistungspflichten werden ergänzt durch gesetzlich nicht geregelte Neben(leistungs)pflichten. 16

II. Übergabe. 1. Begriff. „Übergabe" meint Einräumung des unmittelbaren Besitzes gem § 854 (Karlsr ZMR 08, 652 Rz 13 f; Erman/*Grunewald* Rz 14) und ist nicht identisch mit Ablieferung iSd § 438 II Alt 2 (dort Rn 22) und § 377 HGB sowie Auslieferung an die Transportperson iSd § 447 I (BGHZ 1, 4, 6 f; § 447 Rn 13). 17

2. Ersatzformen. Andere Formen der Einräumung besitzartiger Positionen, die Begründung mittelbaren Besitzes (§§ 868, 930) und die Abtretung von Herausgabeansprüchen gegen den unmittelbaren Besitzer (§ 931), ersetzen die Übergabe **nur aufgrund Vereinbarung**. Diese ist anzunehmen, wenn die Parteien den Fortbestand der Vermietung an einen Dritten oder die Anmietung durch den Verkäufer vereinbaren (Staud/*Beckmann* § 446 Rz 20). Dasselbe gilt für die Übergabe von handelsrechtlichen Traditionspapieren (zB Konnossement: § 650 HGB), die ungeachtet ihrer eigentumsrechtlichen Traditionswirkung die Verschaffung unmittelbaren Besitzes nur bei entspr Vereinbarung substituieren (Staud/*Beckmann* Rz 74 mit Klauselbsp; **aA** Jauernig/*Berger* Rz 20; Erman/*Grunewald* Rz 15 mwN). 18

3. Dritte. Auf Seiten des **Verkäufers** können Dritte als sog Geheißpersonen ohne weiteres die Übergabe vornehmen mit der seltenen Ausn einer höchstpersönlichen Leistungspflicht des Verkäufers. Auf Seiten des **Käufers** muss die Übergabe an ihn selbst oder den ihm gleichstehenden Besitzdiener (§ 855) stattfinden (AG Miesbach NJW-RR 05, 422, 423: Übergabe an Nachbarn reicht nicht). Übergabe an einen sonstigen Dritten reicht nur bei Vereinbarung; praktisch bedeutsames Beispiel ist das **Streckengeschäft**, bei dem Hersteller als Verkäufer und Zwischen(Groß)händler als Käufer die Übergabe unmittelbar an den Kunden des Zwischenhändlers vereinbaren, der typisch Einzelhändler oder Endnutzer ist. 19

III. Verschaffung des Eigentums. 1. Begriff. Die Norm fordert Übereignung auf einem dafür zur Verfügung stehenden Weg: §§ 929–931 oder unter Einsatz handelsrechtlicher Traditionspapiere. 20

2. Pflichtenstellung des Verkäufers. Es ist danach zu differenzieren, wann ggü dem Käufer Erfüllung eintritt und was der Verkäufer schuldet. 21

a) Erfüllung. Erst mit **vollständigem Übergang unbelasteten Eigentums** tritt Erfüllung ein, also bei einem Grundstück mit Eintragung des Käufers im Grundbuch nach Löschung aller nicht übernommenen Belastungen (RG 85, 402 f). Bis dahin hat der Insolvenzverwalter noch das Wahlrecht gem § 103 InsO (jew zur KO BGHZ 58, 246, 248 ff; Ddorf WM 82, 491, 492; s. insgesamt Staud/*Beckmann* Rz 80). 22

b) Leistungspflichten. Der **Eigentumsübergang** gehört **nicht** zu den Leistungspflichten des Verkäufers, sondern allein die Bewirkung von und Mitwirkung bei allen erforderlichen Maßnahmen (RG 118, 100, 101 ff; BGHZ 174, 61 Rz 32; BGH WM 71, 936, 937; Palandt/*Weidenkaff* Rz 18; zur Unanwendbarkeit von § 435 s. dort Rn 2). Daher schuldet der Verkäufer allen ihm möglichen Einsatz für die Eintragung des Käufers im Grundbuch, die Löschung wegzufertigender Belastungen, die Erteilung öffentlich-rechtlicher Genehmigungen und die Beseitigung von Hindernissen für die Übereignung (RG JW 28, 2856; BGHZ 174, 61 Rz 33, 48–50; BGH NJW 69, 838 f; verkannt mit Verweis auf § 271 v Brandbg 5 U 105/06 v 17.1.08 juris Rz 21). Diese Begrenzung ist geboten, weil der Verkäufer für die Erfüllung auf Mitwirkungshandlungen des Käufers – zB Entgegennahme der Auflassung – oder Dritter – zB Umschreibung durch das Grundbuchamt – angewiesen ist, für die er nicht einstandspflichtig sein kann (RG 118, 100, 101 ff). 23

3. Gutgläubiger Erwerb. Da es allein auf die rechtliche Wirksamkeit der Übereignung ankommt, **genügt gutgläubiger Erwerb** durch den Käufer (BGH WM 57, 637; BaRoth/*Faust* Rz 37 mwN). Die Verschaffung bloßen Bucheigentums genügt mangels einer dauerhaften und absoluten Eigentumsposition, zB bei Bestehen eines relativen Veräußerungsverbotes (§ 135), nicht (RG 132, 145, 148 f; Palandt/*Weidenkaff* Rz 19). 24

die Überantwortung der Festlegung an einen Dritten, insbes einen Sachverständigen (§ 317). „Im Zweifel" legt gem der Auslegungsregel des § 316 der Verkäufer den nicht geregelten Kaufpreis fest (BaRoth/*Faust* Rz 53; dies gilt nicht, wenn nach dem Parteiwillen keiner Partei, BGHZ 94, 98, 101 ff; NJW-RR 92, 142 f, oder dem Käufer, BGHZ 41, 271, 274 ff, das Bestimmungsrecht zustehen soll).

3. MwSt. Die Rechtslage bei **Fehlen eines ausdrücklichen Ausweises von MwSt** (zur entspr Verpflichtung des Verkäufers s. § 437 Rn 60) ist str (vgl zur Privatisierung von Bergwerkseigentum durch die Treuhandanstalt BGH NJW-RR 00, 1652; NJW 01, 2464). Im Ausgangspunkt ist die MwSt „ein unselbständiger Bestandteil des vereinbarten bürgerlich-rechtlichen Entgelts" und daher bei Fehlen einer ausdrücklichen Regelung im Kaufpreis enthalten, und zwar auch ggü vorsteuerabzugsberechtigten Käufern (BGHZ 103, 284, 287 f; ebenso BGH NJW 02, 2312 mwN); ohne abw Regelung ist Kaufpreis daher der Brutto-Kaufpreis (dh inkl MwSt). Allerdings ist es im Einzelfall einer ergänzenden Vertragsauslegung zugänglich, ob die Parteien bei Fehlen einer ausdrücklichen Regelung den Kaufpreis wirklich brutto verstanden haben (BGH NJW 01, 2464, 2465; 02, 2312). Sie führt bei einem vorsteuerabzugsberechtigten Käufer dazu, dass er die MwSt zusätzlich zu zahlen hat, wenn beide Parteien übereinstimmend die Umsatzsteuerbarkeit nicht erkannt haben (BGH NJW-RR 00, 1652, 1653; NJW 01, 2464, 2465). Haben die Parteien irrtümlich die Umsatzsteuerbarkeit angenommen, reduziert sich bei einem nicht zum Abzug von Vorsteuer berechtigten Käufer der Kaufpreis um die MwSt (BGH NJW-RR 90, 1199, 1200). Ein einseitiger Irrtum nur des Verkäufers ist hingegen als Kalkulationsirrtum unbeachtlich (deutlich BGH NJW 01, 2464, 2465 mwN; ferner NJW-RR 00, 1652, 1653). 38

4. Skonto. Der so bezeichnete Preisnachlass unter der Voraussetzung der Zahlung innerhalb bestimmter Frist bedarf **idR der Vereinbarung**; ein Handelsbrauch kann, wenn überhaupt (dagegen Palandt/*Ellenberger* § 157 Rz 16; BaRoth/*Faust* Rz 55), nur im Einzelfall angenommen werden (Staud/*Beckmann* Rz 125). Rechtstechnisch liegt ein aufschiebend bedingter Teilnachlass vor (**so** BGH NJW 98, 1302; Palandt/*Ellenberger* § 157 Rz 16; **aA** BGH NJW 83, 2944), für dessen Eintritt der Käufer beweispflichtig ist (BGH NJW 98, 1302) (zur davon zu unterscheidenden Beweislast für die Vereinbarung von Skonto s. Rn 53). Zur Fristwahrung reicht die rechtzeitige Absendung des Geldes (BGH aaO; BaRoth/*Faust* aaO). Umstr ist die Auswirkung der Skontoabrede auf die Fälligkeit (s. mwN Palandt/*Ellenberger* § 157 Rz 16). 39

5. Zahlungsform. Ohne abw Vereinbarung ist Käufer zur **Barzahlung** berechtigt und verpflichtet (BaRoth/*Faust* Rz 57; Staud/*Beckmann* Rz 124). Bei größeren Kaufpreisen liegt Vereinbarung unbarer Zahlung nahe (BaRoth/*Faust* aaO). 40

6. Fälligkeit. Gesetzlich ist der Kaufpreis **sofort** (§ 271 I), also bei Vertragsschluss (BGHZ 55, 340, 341), aber nur **Zug um Zug gegen Lieferung der Kaufsache** zu zahlen (Palandt/*Weidenkaff* Rz 41), daher nicht, bevor der Käufer deren Beschaffenheit prüfen konnte (RG 118, 288, 290; Staud/*Beckmann* Rz 143). 41

7. Fälligkeitsklauseln. Der kaufmännische Geschäftsverkehr hat eine Vielzahl von Fälligkeitsklauseln entwickelt. Bsp: (1.) **Ziel**: Zahlung innerhalb einer vereinbarten Frist, die idR mit Datum (Palandt/*Weidenkaff* Rz 42), aber auch zB mit Eingang der Rechnung beginnt (Staud/*Beckmann* Rz 148). Bei Vereinbarung Valuta zu einem bestimmten Datum in Kombination mit einem Zahlungsziel (zB Valuta 1.3., Ziel 30 Tage: Staud/*Beckmann* aaO) tritt Fälligkeit zum Valutadatum ein, Käufer darf aber Ziel ausschöpfen gegen Zahlung von kaufmännischen Fälligkeitszinsen (§ 353 HGB) (Palandt/*Weidenkaff* Rz 42). (2.) **Vorauskasse, Vorauszahlung**: Käufer ist vorleistungspflichtig (Staud/*Beckmann* Rz 145), im Regelfall ohne Recht zur Aufrechnung. (3.) **Kasse gegen Faktura oä**: Käufer ist vorleistungspflichtig (Palandt/*Weidenkaff* Rz 42, Staud/*Beckmann* Rz 145) und nicht zur Aufrechnung befugt (BGHZ 23, 131, 134 ff). Allerdings muss Ware versandfertig sein (RG 106, 299; Staud/*Beckmann* Rz 145). (4.) **Kasse gegen Lieferschein**: Käufer ist unter Ausschluss der Aufrechnung vorleistungspflichtig, hat insbes nicht das Recht, erst nach Untersuchung der Kaufsache zu zahlen (BGH NJW 65, 1270 f; Palandt/*Weidenkaff* Rz 42). (5.) **Kasse gegen Dokumente**: Verkäufer ist vorleistungspflichtig für Vorlage der vereinbarten Dokumente (BGHZ 55, 340, 342; Staud/*Beckmann* Rz 146), zB Konnossement, Duplikat-Frachtbrief, Ladebrief; Käufer ist dann vorleistungspflichtig, indem er zur Einlösung der Dokumente zu zahlen hat, ohne Recht auf vorherige Untersuchung (BGHZ 41, 215, 220 f gegen RG JW 32, 586; Palandt/*Weidenkaff* Rz 42; Staud/*Beckmann* Rz 146 mN vergleichbarer Klauseln; zu den Grenzen nach § 242 vgl BGHZ 41, 215, 221 f und die Nachw bei Staud/*Beckmann* aaO) und Aufrechnung (BGHZ 14, 61, 62; Palandt/*Weidenkaff* aaO). (6.) **Dokumente gegen Akkreditiv**: Akkreditivbank hat gegen Vorlage der Dokumente zu zahlen (Palandt/*Weidenkaff* Rz 42; Staud/*Beckmann* Rz 146). (7.) **Lieferung gegen Nachnahme**: Bei Anlieferung und Vorlage des Nachnahmescheins wird Kaufpreis fällig (Palandt/*Weidenkaff* Rz 42; Staud/*Beckmann* Rz 146). 42

III. Abnahme der Kaufsache. 1. Begriff. Bei beweglichen Sachen unter Einschluss von Tieren meint Abnahme die **Übernahme des Besitzes durch den Käufer**, also den Akt, durch den der Verkäufer die Verpflichtung zur Übergabe erfüllt (I 1 Alt 1) und zugleich von der Kaufsache entlastet wird (RG 53, 161, 162; BGH NJW 72, 99 mwN; Staud/*Beckmann* Rz 156). Bei Grundstücken schließt sie ein die Entgegennahme der Auflassung (BGHZ 58, 246, 249 f; Palandt/*Weidenkaff* Rz 43; der Sache nach Ddorf WM 82, 491, 492) und die 43

Mitwirkung an der Grundbucheintragung (Staud/*Beckmann* Rz 163 mwN). Sie ist von der werkvertraglichen Abnahme (Rn 44) und dem kaufrechtlichen Abruf (Rn 50) zu unterscheiden.

44 **2. Rechtsnatur.** Der Inhalt der bloßen Besitzübernahme bedeutet, dass die Abnahme bei beweglichen Sachen einen reinen **Realakt** darstellt; bei Grundstücken treten die Erklärungen iRd Auflassung und deren Eintragung im Grundbuch hinzu. Die Abnahme beinhaltet anders als beim Werkvertrag (§ 640 I) keine Billigung der Kaufsache als vertragsgemäß (RG 171, 297, 300; BGH NJW 72, 99; BaRoth/*Faust* Rz 58).

45 **3. Nebenpflicht.** Die Abnahme ist idR nur als Nebenpflicht geschuldet, da sie keine Gegenleistung des Käufers für die Lieferung der Kaufsache ist (RG 53, 161, 163 ff; BGH NJW 72, 99; Palandt/*Weidenkaff* Rz 44; Staud/*Beckmann* Rz 163). Sie wird aber zur Hauptleistung aufgrund ausdrücklicher Vereinbarung (BGH DB 75, 1406, 1407) oder der Gesamtheit der vertraglichen Regelungen, vor allem wegen eines darin ausgedrückten erheblichen Interesses des Verkäufers an der Entlastung von der Kaufsache (RG 57, 106, 112; 92, 268, 270 f; BGH NJW 72, 99; Staud/*Beckmann* aaO); Bsp sind Räumungsverkäufe, verderbliche Waren, Kauf zum Abbruch (Palandt/*Weidenkaff* aaO).

46 **4. Voraussetzungen.** (1.) Der Verkäufer muss zur Besitzübertragung in der Lage sein, dh die Kaufsache besitzen, (2.) die Kaufsache muss dem Käufer angeboten werden und (3.) grds vertragsgemäß sein (Palandt/*Weidenkaff* Rz 45; Staud/*Beckmann* Rz 160; zur Abnahmepflicht bei unerheblichen Mängeln s. § 437 Rn 22).

47 **5. Nichterfüllung.** Auch als Nebenpflicht kann die Abnahme selbständig eingeklagt werden und zum Schuldnerverzug des Käufers führen (RG 57, 106, 109; BaRoth/*Faust* Rz 61; MüKo/*Westermann* Rz 78). Zwangsvollstreckung erfolgt wegen ihrer Vertretbarkeit bei beweglichen Sachen nach § 887 ZPO, bei Grundstücken nach § 888 ZPO und zur Durchsetzung der Auflassung nach § 894 ZPO (BaRoth/*Faust* Rz 59).

48 **IV. Nebenpflichten.** Infolge der regulären einzigen auf Zahlung gerichteten Hauptleistungspflicht sind die Nebenpflichten des Käufers verglichen mit denen des Verkäufers von untergeordneter Bedeutung. Sie sind nicht in das Gegenseitigkeitsverhältnis einbezogen. Zu nennen sind:

49 **1. Aufklärungspflichten.** Der Käufer ist nur ausnahmsweise ohne ausdrückliche Vereinbarung zur Aufklärung über seine Absichten oder seine Verhältnisse verpflichtet (bejaht von BGH ZfIR 03, 783 zu Verpflichtung einer Gemeinde, über Änderung eines einem Grundstückskaufvertrag zugrunde liegenden Erwerbszwecks zu informieren). IE: Den Käufer trifft keine Aufklärungspflicht: (1.) über die **Absicht des Wiederverkaufs**, auch wenn dem Verkäufer (Automobil-Vertragshändler) der Verkauf an Wiederverkäufer vertraglich untersagt ist (BGH NJW 92, 1222 mwN), (2.) bei einem **Kalkulationsirrtum** oder einer Fehleinschätzung der preisbildenden Faktoren (AG Coburg NJW 93, 938 f; Staud/*Beckmann* Rz 175 mit Ausnahmen und Rspr; aA Erman/*Grunewald* Rz 60), (3.) bei **Zweifeln am Eigentum des Verkäufers** (MüKo/*Westermann* Rz 84; aA BGH NJW 60, 720 f), (4.) bei **Kreditkäufen** im Hinblick auf „seine Vermögenslage und Kreditwürdigkeit" (BGHZ 87, 27, 34); eine Offenbarungspflicht besteht jedoch nach § 242, wenn der Käufer „weiß oder wissen muss, dass die begründeten Verbindlichkeiten nicht erfüllt werden können" (BGHZ aaO), auf ausdrückliche Fragen des Verkäufers (BGHZ aaO) sowie generell bei Bestehen eines besonderen Vertrauensverhältnisses oder einem ungewöhnlich großen oder risikoreichen Engagement des Verkäufers (vgl BGH NJW 74, 1505, 1506; Staud/*Beckmann* Rz 176 mwN; nur für krasse Fälle MüKo/*Westermann* aaO mit Fn 418). Auf für den **Verkäufer erkennbar bedeutsame Fragen** ist der Käufer idR verpflichtet, wahrheitsgemäß zu antworten und die Antwort bei Änderung der Verhältnisse von sich aus zu korrigieren (vgl BGH WM 91, 1731, 1733).

50 **2. Abruf.** Eine besondere von der Pflicht zur Abnahme (II Alt 2) zu unterscheidende Pflicht des Käufers, die Ware abzurufen, besteht nur **aufgrund Vereinbarung** (Palandt/*Weidenkaff* Rz 50); sie resultiert nicht schon aus einer Verpflichtung des Verkäufers zur Lieferung in kontinuierlichen Zeitabständen (RG JW 16, 1188 f; MüKo/*Westermann* Rz 81). Regelmäßig liegt eine Nebenpflicht vor, da es auch im kaufmännischen Verkehr keine Vermutung für den Charakter als Hauptleistungspflicht gibt (BGH NJW 72, 99 mwN; MüKo/*Westermann* aaO). Bestimmung zur Hauptleistungspflicht ist aus vergleichbaren Gründen wie bei der Abnahme möglich (Rn 45; vgl MüKo/*Westermann* aaO). Speziell der Abruf iRd Spezifikationskaufs (§ 375 HGB) ist als Hauptleistung geschuldet (Palandt/*Weidenkaff* Rz 50). Ein vereinbarter Abruf hat innerhalb der festgelegten oder angemessenen Frist stattzufinden und löst bei Nichterfüllung Schuldnerverzug sowie die sofortige Fälligkeit des Kaufpreises aus (Palandt/*Weidenkaff* aaO).

51 **3. Untersuchungs- und Abwicklungspflichten.** Den Käufer trifft abseits von § 377 HGB keine Untersuchungspflicht, auch nicht iS einer Obliegenheit zur ungeschmälerten Wahrung seiner Rechte auf Schadensersatz (MüKo/*Westermann* Rz 85). Ausnahmen können sich aus Besonderheiten des Kaufvertrags ergeben: Beim **Distanzkauf** ist der Käufer verpflichtet, den festgestellten Transportschaden dem Verkäufer mitzuteilen und von der Transportperson aufnehmen zu lassen (BGH ZIP 87, 373, 375; Staud/*Beckmann* Rz 180). Ebenso hat der Käufer die Ware auf äußerlich feststellbare Mängel vor Verwendung zu prüfen (Ddorf NJW-RR 00, 1654, 1655; MüKo/*Westermann* Rz 85).

4. Aufbewahrungspflichten. Beanstandete Ware hat der Käufer auf Kosten des Verkäufers zu verwahren, bis **52**
dieser eine Verfügung treffen kann (Erman/*Grunewald* Rz 59; Staud/*Beckmann* Rz 181; beim Handelskauf
s. § 379 HGB). Zur Rücksendung ist er nicht verpflichtet (Palandt/*Weidenkaff* Rz 55).

E. Beweislast. Der **Verkäufer** ist für den Abschluss des Kaufvertrags sowie alle Regelungen darin beweis- **53**
pflichtig, auf die er sich beruft, also insbes für die Höhe des Kaufpreises (BGH NJW 83, 2944). Da ein
Skonto zu einem aufschiebend bedingten Teilnachlass führt (s. Rn 39), fällt seine Vereinbarung in die
Beweislast des Käufers, der sich damit auf den Teilnachlass des eigentlich höher vereinbarten Kaufpreises
beruft (str: **so** MüKo/*Westermann* Rz 76; Staud/*Beckmann* Rz 125; **aA** BGH NJW 83, 2944 bei abw dogmatischer Fundierung des Skontos; Palandt/*Weidenkaff* Rz 56) (zur Beweislast für den Eintritt von Skonto
s. Rn 39).

Der **Käufer** ist grds für die Zahlung des Kaufpreises in der Beweislast (Palandt/*Weidenkaff* Rz 57, **aA** für **54**
Handkauf Rz 56; Jauernig/*Berger* Rz 33; **aA** für Nachnahme AG Berlin-Tiergarten NJW 98, 912). Angesichts
der gesetzlichen sofortigen Fälligkeit des Kaufpreises (Rn 41) gilt dies auch für die Vereinbarung einer Stundung bei Vertragsschluss (**so** Palandt/*Weidenkaff* Rz 57; BaRoth/*Faust* Rz 65; MüKo/*Westermann* Rz 74; **aA**
RG 68, 305 f; jew für Abzahlungskauf BGH NJW 75, 206, 207; LG Tübingen NJW 90, 1185 f).

§ 434 Sachmangel.

(1) ¹Die Sache ist frei von Sachmängeln, wenn sie bei Gefahrübergang die vereinbarte Beschaffenheit hat. ²Soweit die Beschaffenheit nicht vereinbart ist, ist die Sache frei von Sachmängeln,
1. wenn sie sich für die nach dem Vertrag vorausgesetzte Verwendung eignet, sonst
2. wenn sie sich für die gewöhnliche Verwendung eignet und eine Beschaffenheit aufweist, die bei Sachen der gleichen Art üblich ist und die der Käufer nach der Art der Sache erwarten kann.

³Zu der Beschaffenheit nach Satz 2 Nr. 2 gehören auch Eigenschaften, die der Käufer nach den öffentlichen Äußerungen des Verkäufers, des Herstellers (§ 4 Abs. 1 und 2 des Produkthaftungsgesetzes) oder seines Gehilfen insbesondere in der Werbung oder bei der Kennzeichnung über bestimmte Eigenschaften der Sache erwarten kann, es sei denn, dass der Verkäufer die Äußerung nicht kannte und auch nicht kennen musste, dass sie im Zeitpunkt des Vertragsschlusses in gleichwertiger Weise berichtigt war oder dass sie die Kaufentscheidung nicht beeinflussen konnte.

(2) ¹Ein Sachmangel ist auch dann gegeben, wenn die vereinbarte Montage durch den Verkäufer oder dessen Erfüllungsgehilfen unsachgemäß durchgeführt worden ist. ²Ein Sachmangel liegt bei einer zur Montage bestimmten Sache ferner vor, wenn die Montageanleitung mangelhaft ist, es sei denn, die Sache ist fehlerfrei montiert worden.

(3) Einem Sachmangel steht es gleich, wenn der Verkäufer eine andere Sache oder eine zu geringe Menge liefert.

Inhaltsübersicht

	Rn		Rn
A. Grundsätzliches	1–5	I. Vorliegen der vereinbarten Beschaffenheit (Abs 1 S 1)	27–37
I. Bedeutung	1	1. Bedeutung	27
II. Anwendungsbereich	2	2. Beschaffenheit	28
III. Schuldrechtsmodernisierung	3	3. Vereinbarung	29–31
IV. VerbrauchsgüterkaufRL	4	a) Begriff	29
V. Abdingbarkeit	5	b) Form	30
B. Inhalt, System	6–11	c) Abgrenzung	31
I. Die allg Definition des Mangels (Abs 1)	7–9	4. Probe oder Muster	32
1. Negative Definition	7	5. Widersprüchliche Vereinbarungen	33
2. Dreistufigkeit	8	6. Verhältnis zu Abs 1 S 2	34
3. Abweichungen zur VerbrauchsgüterkaufRL	9	7. VerbrauchsgüterkaufRL	35
		8. Mangel	36
II. Unsachgemäße Montage und fehlerhafte Montageanleitung (Abs 2)	10	9. Zeitpunkt	37
III. Falsch- und Minderlieferung (Abs 3)	11	II. Eignung für die nach dem Vertrag vorausgesetzte Verwendung (Abs 1 S 2 Nr 1)	38–43
C. Beschaffenheit	12–25	1. Bedeutung	38
I. Bedeutung	12	2. Verwendung	39
II. Meinungsstand	13–16	3. Vorausgesetzt	40, 41
III. Eigene Auffassung	17	a) Meinungsstand	40
IV. Begriff	18–25	b) Begriff	41
D. Die sieben Tatbestände von Sachmängeln	26–95	4. Mangel	42
		5. Zeitpunkt	43

	Rn		Rn
III. Eignung zur gewöhnlichen Verwendung und Vorliegen einer üblichen Beschaffenheit, die der Käufer erwarten kann (Abs 1 S 2 Nr 2), unter Berücksichtigung öffentlicher Äußerungen von Verkäufer oder Hersteller (Abs 1 S 3)	44–65	3. Voraussetzung	74
		4. Begriff	75
		5. Mangelhaftigkeit	76
		6. Ausschlussgrund der fehlerfreien Montage	77
		7. Zeitpunkt	78
		8. Rechtsfolgen	79
1. Bedeutung	44	9. Fehlen der Montageanleitung	80
2. Struktur	45	10. Bedienungsanleitung	81
3. Gewöhnliche Verwendung	46	VI. Lieferung einer anderen Sache (Abs 3 Alt 1)	82–89
4. Übliche Beschaffenheit	47–49		
a) Begriff	47	1. Bedeutung	82
b) Kriterien	48	2. VerbrauchsgüterkaufRL	83
c) Normalbeschaffenheit	49	3. UN-Kaufrecht	84
5. Erwartungen des Käufers	50	4. Stückkauf	85
6. Öffentliche Äußerungen von Verkäufer und Hersteller (Abs 1 S 3)	51–62	5. Gattungskauf	86
		6. Rechtsfolgen	87–89
		a) Stückkauf	87
a) Bedeutung	51	b) Gattungskauf	88
b) Anwendungsbereich	52	c) Verbrauchsgüterkauf	89
c) Äußerungen	53	VII. Lieferung einer zu geringen Menge (Abs 3 Alt 2)	90–95
d) Verkäufer und Hersteller	54		
e) Öffentlich	55–57	1. Bedeutung	90
aa) Werbung	56	2. Anwendungsbereich	91
bb) Kennzeichnung	57	3. VerbrauchsgüterkaufRL	92
f) Erwartungen des Käufers	58	4. UN-Kaufrecht	93
g) Ausschlusstatbestände	59–62	5. Rechtsfolgen	94
aa) Unkenntnis	60	6. Zuviellieferung	95
bb) Berichtigung in gleichwertiger Weise	61	E. Beweislast	96–99
		I. Verbrauchsgüterkauf	96
cc) Fehlen eines Einflusses	62	II. Grundsatz	97–99
7. VerbrauchsgüterkaufRL	63	1. Vor Annahme	98
8. Mangel	64	2. Nach Annahme	99
9. Zeitpunkt	65	F. Beispiele aus der Rspr zu § 434	100–110
IV. Unsachgemäße Montage (Abs 2 S 1)	66–71	I. Grundstücke	101
		II. Gebäude und Baumaterialien	102
1. Bedeutung	66	III. Kraftfahrzeuge/Motorräder	103–105
2. VerbrauchsgüterkaufRL	67	1. Neufahrzeuge	103, 104
3. Voraussetzung	68	2. Gebrauchtfahrzeuge S. *Andreae* NJW 07, 3457	105
4. Begriff	69		
5. Mangel	70	IV. Lebensmittel	106
6. Zeitpunkt	71	V. EDV	107
V. Mangelhafte Montageanleitung (Abs 2 S 2)	72–81	VI. Tiere	108
		VII. Sonstige Gegenstände	109
1. Bedeutung, Anwendungsbereich	72	VIII. Kunstwerke	110
2. VerbrauchsgüterkaufRL	73		

1 **A. Grundsätzliches. I. Bedeutung.** Die Norm definiert den **Sachmangel** als **praktisch wichtigsten Tatbestand des Mängelrechts.** Zusammen mit § 435 als dem Pendant für den Rechtsmangel legt sie abschließend die Voraussetzungen für Mängelrechte des Käufers fest. Sie reguliert damit die Anforderungen an eine Hauptleistungspflicht des Verkäufers (§ 433 I 2). Die Mängelrechte selbst sind über die Verweise in § 437 geregelt.

2 **II. Anwendungsbereich.** Die Definition des Sachmangels gilt primär für den **Sachkauf**. Rechte unterliegen dem Recht des Sachmangels für die Sache, an der sie ein Recht zum Besitz gewähren (§ 453 III, s. dort Rn 11); auf sonstige Gegenstände iSd § 453 I ist § 434 anwendbar, soweit sie Sachmängel haben können (§ 453 Rn 9, 17, 31–34).

3 **III. Schuldrechtsmodernisierung.** Inhalt und Struktur der Definition des Sachmangels sind durch die Schuldrechtsreform ggü § 459 aF grundl umgestaltet worden. Die wichtigsten Änderungen sind: (1.) Die schon bisher herrschende subjektive Fehlertheorie (vgl MüKo/*Westermann* 3. Aufl 95, § 459 Rz 11) ist durch den **expliziten Primat der Beschaffenheitsvereinbarung** der Parteien (I 1) verstärkt worden. (2.) Die **zugesicherte Eigenschaft** (§ 459 II aF) ist entfallen (zu ihrem vermeintlichen Fortleben als Garantie s. § 443 Rn 7). (3.) Die Voraussetzungen für einen Mangel bei **Fehlen einer Beschaffenheitsvereinbarung** sind präziser definiert (I 2) und durch die Einbeziehung werblicher Äußerungen von Verkäufer oder Hersteller erweitert worden (I 3). (4.) Als besondere Formen des Mangels sind die **unsachgemäße Montage** durch den Verkäufer (II 1) und die **fehlerhafte Montageanleitung** (II 2) eingeführt. (5.) Dem Sachmangel steht die Lieferung eines **Aliuds** (III Alt 1) und einer **zu geringen Menge** (III Alt 2) gleich. (6.) Die **De Minimis-Klausel**, dass eine nur unerhebliche Beeinträchtigung keinen Mangel darstellt (§ 459 I 2 aF), ist nur noch ein Ausschlussgrund für Rücktritt (§ 323 V 2) und Schadensersatz statt der Leistung (§ 281 I 3).

IV. VerbrauchsgüterkaufRL. Die Anforderung, dass Waren vertragsgemäß zu sein haben, ist wesentliche ratio der Richtlinie (Erwägungsgrund 7). Die Definition des Mangels war daher dem Gesetzgeber für den Verbrauchsgüterkauf durch Art 2 I, III und V RL vorgegeben. Zu Abweichungen s. Rn 9. 4

V. Abdingbarkeit. Außerhalb des Verbrauchsgüterkaufs können die Beschaffenheit der Kaufsache und ein Haftungsausschluss für Mängel frei vereinbart werden. Beim Verbrauchsgüterkauf verbietet § 475 I jede Beschränkung der Haftung. Prinzipiell kann durch die Gestaltung der Beschaffenheitsvereinbarung aber der Anwendungsbereich der Mängelrechte des Verbrauchers erheblich beeinflusst und faktisch beschränkt werden (s.a. zu den Grenzen Rn 29, 63). Zu Grenzen eines Haftungsausschlusses bei Beschaffenheitsvereinbarung s. § 444 Rn 9. 5

B. Inhalt, System. Die Beschreibung des Mangels leistet § 434 durch ein eigentümliches Nebeneinander der abstrakten und hierarchischen Definition unbenannter Mängel (I), der positiven Festlegung zweier benannter Mängel (II) und der Gleichstellung von zwei Lieferabweichungen mit Mängeln (III). 6

I. Die allg Definition des Mangels (Abs 1). 1. Negative Definition. I definiert in Übernahme von Art 2 I, II der VerbrauchsgüterkaufRL den Mangel nicht positiv, sondern legt negativ fest, unter welchen Voraussetzungen die Kaufsache vertragsgemäß ist. Der für die Rechtsfolgen des Mängelrechts entscheidende Begriff der „mangelhaften" Sache (zB § 437) oder des „Mangels" (zB 438 I Nr 1) ist also nicht unmittelbar definiert, sondern wird quasi gespiegelt durch die Beschreibung der vertragsgemäßen und so mangelfreien Sache (zu Recht krit BaRoth/*Faust* § 434 Rz 7; *Huber* AcP 09, 143, 153 f). 7

2. Dreistufigkeit. I gibt eine dreistufige Rangordnung der Kriterien für die Mangelfreiheit der Kaufsache: **Erstrangig** entscheidet gem 1 die Übereinstimmung der Kaufsache mit der von den Parteien **vereinbarten Beschaffenheit**. Liegt sie vor, ist die Sache – insoweit – mangelfrei, fehlt sie, ist sie schon deshalb mangelhaft; in beiden Fällen ist ein Rückgriff auf die beiden nächsten Stufen verschlossen (zu Besonderheiten für den Verbrauchsgüterkauf s. Rn 63). **Zweitrangig** stellt 2 Nr 1 bei Fehlen einer Beschaffenheitsvereinbarung auf die **Eignung für die nach dem Vertrag vorausgesetzte Verwendung** ab, ein „halbsubjektives" Kriterium, weil maßgeblich eine Verwendung ist, die sich beide Parteien vorgestellt haben. **Dritt- und letztrangig** kommt es gem 2 Nr 2 auf die Eignung für die gewöhnliche Verwendung und eine übliche und vom Käufer zu erwartende Beschaffenheit an, also objektive Kriterien zur Feststellung, ob die Kaufsache im Hinblick auf Gebrauchstauglichkeit und Eigenschaften die vertraglichen Anforderung erfüllt; 3 erweitert 2 Nr 2 mit der Einbeziehung von Eigenschaften, die der Käufer nach öffentlichen Äußerungen des Verkäufers oder des Herstellers erwarten durfte. 8

3. Abweichungen zur VerbrauchsgüterkaufRL. S. ausf 3. Aufl. 9

II. Unsachgemäße Montage und fehlerhafte Montageanleitung (Abs 2). Beide in ihrer Detailverliebtheit dem deutschen Privatrecht eher fremde Vorgaben einzelner Mängel aus Art 2 V VerbrauchsgüterkaufRL (vgl Dauner-Lieb/Konzen/K. Schmidt/*Roth*, 25, 27) erklären in 1 die unsachgemäße Montage durch den Verkäufer und in 2 die mangelhafte Montageanleitung – mit der Ausn der trotzdem mangelfreien Montage – zu einem Mangel. 10

III. Falsch- und Minderlieferung (Abs 3). Die Norm betritt für das BGB Neuland, indem sie in – für die Quantitätsabweichung nur partieller – Übereinstimmung mit dem UN-Kaufrecht (Schlechtriem/Schwenzer/*Schwenzer* Art 35 Rz 8 für die Minderlieferung, Rz 10 für das Aliud; Wirtz/Salger/Lorenz/*Salger* Art 35 Rz 6 für die Minderlieferung, Rz 7 für das Aliud; vgl auch BGHZ 132, 290, 296 f „Kobaltsulfat") beide Abweichungen der Lieferung einem Sachmangel gleichstellt. Der Gesetzgeber wollte so die Rechtsfolgen in Übereinstimmung bringen (BTDrs 14/6040, 216). 11

C. Beschaffenheit. I. Bedeutung. Das Tatbestandsmerkmal hat für Dogmatik und Vertragsgestaltung die Funktion der **zentralen Kompetenznorm des Mängelrechts** (vgl Palandt/*Weidenkaff* Rz 9; *Berger* JZ 04, 276, 277; *D. Schmidt* BB 05, 2763). Anforderungen außerhalb der Beschaffenheit führen, soweit nicht II oder III anwendbar sind, von Gesetzes wegen nicht zu Mängelrechten. 12

II. Meinungsstand. Das Verständnis des Begriffs „Beschaffenheit" ist infolge der ausdrücklichen Offenheit der Regierungsbegründung höchstr: „Insb soll nicht entschieden werden, ob er nur Eigenschaften umfasst, die der Kaufsache unmittelbar physisch anhaften, oder ob auch Umstände heranzuziehen sind, die außerhalb der Sache selbst liegen" (BTDrs 14/6040, 213) (s. ausf *D. Schmidt* BB 05, 2763 f). Vielfach wird daraus die weitere Orientierung an den Grundsätzen zu § 459 aF abgeleitet (zB Hamm NJW-RR 03, 1360; Palandt/*Wei-* 13 *denkaff* Rz 11 f; BaRoth/*Faust* Rz 19; MüKo/*Westermann* Rz 5, 8; *Eidenmüller* ZGS 02, 290, 295). Deren Konsequenz ist die Übernahme der unklaren Abgrenzungen der aF (s. die vorzügliche Analyse der Rspr bei BaRoth/*Faust* Rz 13–18; ferner *Grigoleit/Herresthal* JZ 03, 118, 122) in das neue Recht. Auf dieser Grundlage haben sich 3 Meinungen herausgebildet (s. ausf *D. Schmidt* BB 05, 2763 f).

14 **(1.) Enger Beschaffenheitsbegriff:** Das OLG Hamm beschränkt die Beschaffenheit auf Umstände, die der Sache „unmittelbar (physisch) auf eine gewisse Dauer anhaften" (NJW-RR 03, 1360; ZGS 05, 315, 316; ebenso *U. Huber* AcP 202, 179, 225–229; zur aF bereits *ders* in Soergel, 13. Aufl 1991, § 459 Rz 40 f).

15 **(2.) Mittlerer Beschaffenheitsbegriff:** Inhalt dieser Lehre ist ein synoptisches Verständnis des Begriffs „Beschaffenheit", in dem der bisherige Anwendungsbereich von Fehler und Eigenschaft zusammenfließt (zB Palandt/*Weidenkaff* Rz 10–12; Erman/*Grunewald* Rz 3; MüKo/*Westermann* Rz 8 f; *Eidenmüller* ZGS 02, 290, 295; *Grigoleit/Herresthal* JZ 03, 118, 122; *Gruber* MDR 02, 433 f; *Häublein* NJW 03, 388, 389 f; *Kindl* WM 03, 409, 411; *Weitnauer* NJW 02, 2511, 2514; ähnl BaRoth/*Faust* § 434 Rz 23). Daran anschließend werden aber nahezu alle Streitfragen zur aF weiter kontrovers gesehen (s. Nachw Rn 19–25).

16 **(3.) Weiter Beschaffenheitsbegriff:** Das weite Verständnis will alle Differenzierungen des alten Rechts einebnen und zur Beschaffenheit jede von den Parteien vereinbarte Anforderung an die Kaufsache zählen (zB Jauernig/*Berger* Rz 7; *ders* JZ 04, 276, 278 ff; *Reinicke/Tiedtke* Rz 300 ff; *Dauner-Lieb/Thiessen* ZIP 02, 108, 110; *v Gierke/Paschen* GmbH-Rdsch 02, 457, 462 f; *Mertens* AcP 203, 818, 834–839; *Roth* NJW 04, 330 f; *Schulze/Ebers* JuS 04, 462 f; *Triebel/Hölzle* BB 02, 521, 525; *Schröcker* ZGR 05, 63, 76 f; *Wolf/Kaiser* DB 02, 411, 412; *Weiler* ZGS 02, 249, 255; in die Richtung *Schaub* AcP 202, 757, 764 f; zur aF schon *Willemsen* AcP 182, 515, 544 f).

17 **III. Eigene Auffassung.** Der weite Begriff der Beschaffenheit (Rn 16) ist richtig. Nur er wird dem Primat der Beschaffenheitsvereinbarung gem I 1 gerecht: Die darin liegende Anerkennung des Vorrangs der privatautonomen Vereinbarung impliziert die Freiheit der inhaltlichen Festlegung der Beschaffenheit (*Triebel/Hölzle* BB 02, 521, 525; *Schulze/Ebers* JuS 04, 462 f). Die Offenheit der Regierungsbegründung steht dem nicht entgegen: Sie bezieht sich ausdrücklich auf eine Vorfassung des Gesetzes, in der es neben der Vereinbarung und Garantie der Beschaffenheit noch die mit der Zusicherung der Eigenschaft iSd § 459 II aF inhaltsgleiche „Garantie für das Vorhandensein einer Eigenschaft" gab (§§ 442 I 2 Alt 2, 444 Alt 2 RegE, s. BTDrs 14/6040, 132, 236, 240). Mit der Aufgabe dieser Differenzierung (s. BTDrs 14/6857, 28; 14/7052, 184, 197) ist die Grundlage entfallen, „Beschaffenheit" im Hinblick auf einen zweiten weiteren Begriff eng zu verstehen (s. *D. Schmidt* BB 05, 2763, 2764 f).

18 **IV. Begriff.** Als Gegenstand einer Vereinbarung gem I 1 ist **Beschaffenheit jede** von den Parteien festgelegte **Anforderung an die Kaufsache**, unabhängig von ihrem Anknüpfungspunkt. Vorübergehende, vergangene oder zukünftige Umstände gehören zur Beschaffenheit, soweit sie nach dem Willen der Parteien eine Anforderung an die Kaufsache darstellen. Vergangene Umstände beschreiben dann die vereinbarte Genese, zukünftige das vereinbarte Potenzial der Kaufsache. Zum Gefahrübergang müssen diese Genese bzw dieses Potential vorhanden sein. ISv I 2 Nr 2 ist Beschaffenheit jede Anforderung an die Kaufsache, die sie üblicherweise aufweist und die vom Käufer nach der Art der Kaufsache erwartet werden kann. Nicht zur Beschaffenheit sowohl gem I 1 als auch I 2 Nr 2 gehören daher – nur und immer – alle Anforderungen, die sich nicht auf die Kaufsache beziehen, sondern **ausschl** auf eine Partei, Dritte oder Umstände außerhalb von ihr. Eine Beschaffenheit verliert diesen Charakter nicht allein deshalb, weil sie nicht nur eine Anforderung an die Kaufsache, sondern **auch** an eine Partei, Dritte oder Umstände außerhalb der Kaufsache stellt. Daraus folgt für die einzelnen diskutierten Streitfragen (s. ausf *D. Schmidt* BB 05, 2763, 2766 f):

19 **Physische Eigenschaften** bilden den Kern der Beschaffenheitsvereinbarung.

20 **Umweltbeziehungen** der Kaufsache unter Einschluss ihrer rechtlichen Verhältnisse wie Bau- und Nutzungsbeschränkungen (für denkmalschutzrechtliche Baubeschränkungen LG Stendal NotBZ 06, 289) können uneingeschränkt Gegenstand der vereinbarten Beschaffenheit werden. Dazu gehören auch die Einsatzbedingungen (str: **so** BaRoth/*Faust* Rz 22; MüKo/*Westermann* Rz 9; Dauner-Lieb/Konzen/K. Schmidt/*Looschelders* 395, 399; **aA** Palandt/*Weidenkaff* Rz 85), der Ertrag, zB bei Grundstücken der Mietertrag (LG Berlin BauR 06, 126 f; BaRoth/*Faust* Rz 22; MüKo/*Westermann* Rz 53), der Ruf eines Unternehmens (*Schröcker* ZGR 05, 63, 78), bei Gebrauchtwagen die Angabe des Baujahrs (Nürnbg NJW 05, 2019 LS, 2020), „empfohlenen Herstellerpreises" (**aA** LG Bielefeld NJW-RR 08, 212).

21 **Eigenschaften einer Partei, Dritter oder sonstige Umstände außerhalb der Kaufsache** können die Beschaffenheit bestimmen, wenn sie von den Parteien als Anforderung an die Kaufsache vereinbart werden. Beispiele sind die Solvenz von Mietern eines Hauses, die Qualifikation eines wichtigen Mitarbeiters eines erworbenen Unternehmens, die Existenz oder Richtigkeit eines Sachverständigengutachtens über die Kaufsache (**aA** BaRoth/*Faust* Rz 23; MüKo/*Westermann* Rz 9).

22 **Steuerrechtliche** Konsequenzen unterliegen I, soweit sie an die Kaufsache und ihre Beschaffenheit anknüpfen, zB die Lage eines Grundstücks (Erman/*Grunewald* Rz 8 m Darst der Rspr zur aF).

23 **Dauerhaftigkeit** ist in keiner der beiden diskutierten Varianten konstitutive Voraussetzung einer Beschaffenheit. (1.) Umsatz- oder Ertragsangaben für bestimmte Zeiten, zB ein Jahr, bestimmen die Beschaffenheit, wenn sie von den Parteien als Anforderung an die Kaufsache festgelegt werden (str: **so** *Gaul* ZHR 166 (2002), 35, 46–52; *Häublein* NJW 03, 388, 390; *Schröcker* ZGR 05, 63, 78; **aA** BaRoth/*Faust* Rz 25 f; *Eidenmüller*

ZGS 02, 290, 295; *Grigoleit/Herresthal* JZ 03, 118, 125). Notwendig ist aber eine sorgfältige Abgrenzung zur den Vertragsschluss nur vorbereitenden Information (vgl *Gaul* ZHR 166 (2002), 35, 48). **(2.)** Vorübergehende Beeinträchtigungen zB der Nutzung führen zum Fehlen der Beschaffenheit (str: **so** BaRoth/*Faust* Rz 24; *Eidenmüller* ZGS 02, 290, 295; **aA** Palandt/*Weidenkaff* Rz 11; *Weitnauer* NJW 02, 2511, 2514).

Vergangene Umstände gehören ohne Besonderheit zur Beschaffenheit, wenn die Parteien dies vereinbaren (*Schröcker* ZGR 05, 63, 78). Die Parteien legen damit fest, mit welcher Genese die Kaufsache geschuldet ist. Dies gilt für beliebige frühere Ereignisse. 24

Zukünftige Umstände und Entwicklungen sind in 2 Varianten tauglicher Gegenstand einer Beschaffenheitsvereinbarung, solange sie die Kaufsache betreffen (str: **so** *Wolf/Kaiser* DB 02, 411, 414; **aA** Erman/*Grunewald* Rz 10 f, 65; BaRoth/*Faust* Rz 25 f; MüKo/*Westermann* Rz 9; *Schröcker* ZGR 05, 63, 78). **(1.)** Gem II 1 wird das **Potenzial der Kaufsache bei Gefahrübergang** als Beschaffenheit vereinbart. Es ist abzugrenzen von bloßen Erwartungen des Käufers oder rechtlich unverbindlichen Anpreisungen des Verkäufers. Die unterbleibende Realisierung des Potenzials führt nicht automatisch, sondern nur dann zu einem Mangel, wenn sie darauf zurückzuführen ist, dass das Potenzial zum Gefahrübergang nicht bestand; keinen Mangel stellt es dar, wenn das mit einem Potenzial notwendig verbundene negative Risiko der ungünstigen Entwicklung eintritt. Darüber entscheidet maßgeblich dessen Formulierung. „Zukünftiges Bauland" ist bei Fortdauer als Grünland eher mangelhaft als ein „Unternehmen mit der Perspektive von Ertragssteigerungen von 10% p.a.": hier ist der Nachweis erforderlich, dass nach den Verhältnissen des Unternehmens derartige Ertragssteigerungen von vornherein fern lagen. **(2.)** Als Ausprägung der Privatautonomie können die Parteien die Beschaffenheit abw von I 1 auch auf einen **zukünftigen Zeitpunkt** beziehen, zB dass innerhalb einer vereinbarten Zeit Farbe lichtecht ist oder eine Pflanze ein vereinbartes Wachstum erreicht, nicht aber, wenn die Beschaffenheit entscheidend vom künftigen Verhalten des Verkäufers abhängt (Kobl 6 U 268/08 v 30.4.09 juris Rz 14 f: Softwareupdates, m beiden positiven Bsp). 25

D. Die sieben Tatbestände von Sachmängeln. Die Mangeltatbestände sind **kumulativ** zu prüfen; auch bei einer sehr umfänglichen Beschaffenheitsvereinbarung können sich Mängel aus dem Fehlen der üblichen Beschaffenheit (I 2 Nr 2), zB Versagen eines in der Beschaffenheitsvereinbarung nicht erwähnten Standardteils, oder aus den besonderen Tatbeständen von II u III ergeben, zB Montagefehler des Verkäufers. 26

I. Vorliegen der vereinbarten Beschaffenheit (Abs 1 S 1). 1. Bedeutung. Als Ausprägung des Grundsatzes der Privatautonomie (s. Rn 17) bestimmt die Vereinbarung der Beschaffenheit **erstrangig** über die Anforderungen an die Kaufsache (zu den Grenzen Rn 29, 63). Die Parteien haben es damit in der Hand, über die Anwendbarkeit der weiteren Mangeltatbestände zu entscheiden. 27

2. Beschaffenheit. Zum hier begründeten weiten Begriff der Beschaffenheit s. Rn 16–25. 28

3. Vereinbarung. a) Begriff. Die Parteien müssen sich über die Anforderungen an die Kaufsache **in Vertragsform einigen.** Angesichts des Rangverhältnisses zwischen I 1 u I 2 reichen einseitige nicht wenigstens konkludent angenommene Erklärungen des Verkäufers (Saarbr 8 U 328/06-85 v 24.5.07 Rz 30; LG Stendal NotBZ 06, 289, 290) oder Käufers (BGH NJW 09, 2807 Rz 8; Brandbg 6 U 98/07 v 19.2.08 juris Rz 45) nicht. Im Einzelfall kann eine Beschaffenheit auch aufgrund Handelsbrauchs vereinbart sein (Palandt/*Weidenkaff* aaO; zu § 459 II aF BGH NJW 96, 836, 838 mwN). Sie kann außerhalb des Kaufvertrags niedergelegt sein, zB in Zulassungsdokument (LG Erfurt 10 O 1359/07 v 26.3.08 juris Rz 22 ff), Spezifikation, Datenblatt (Karlsr NJW-RR 08, 1735, 1736). Stillschweigend kann eine Beschaffenheit durch vertragsgemäß vereinbartes Typenschild auf der Kaufsache vereinbart sein (Schriftzug 4-matic für Allradantrieb Hamm BeckRS 09 Nr 28076). Eine Beschaffenheitsvereinbarung kann viele Kriterien regeln, zB Datenblatt, es können aber auch zu einer Kaufsache mehrere Beschaffenheitsvereinbarungen geschlossen werden, zB getrennt für Hard- und Software bei EDV-Anlagen. Als **negative Beschaffenheitsvereinbarung** kann die Vereinbarung auch den Inhalt haben, die Normalbeschaffenheit (§ 434 I 2 Nr 2; Rn 48 f) zu unterschreiten (grundl MüKo/*Westermann* Rz 17a; ebenso *D. Schmidt* AnwBl 08, 487 f; vgl BGH NJW 08, 1517 Rz 14 f). Sie hat die Funktion einer **Sperrwirkung** im Hinblick auf die nachrangigen Mängeltatbestände, va die Normalbeschaffenheit. Diese Sperrwirkung kann sich auf die konkrete Eigenschaft, zB einen als vertragsgemäß vereinbarten Defekt, beziehen, aber auch umfassend idS geregelt werden, dass nur die ausdrücklich vereinbarten Beschaffenheiten gelten und iÜ keine Beschaffenheit geschuldet ist. Allerdings muss es sich um eine wirkliche Beschaffenheitsvereinbarung handeln, die den Willen auch des Käufers, bes des Verbrauchers ausreichend deutlich manifestiert, die Kaufsache solle nur die niedergelegte und nicht eine früher vom Verkäufer vielleicht auch öffentlich gem I 3 angepriesene Beschaffenheit haben (vgl MüKo/*Lorenz* § 475 Rz 8 f; *ders* NJW 05, 1889, 1894; *Glöckner* JZ 07, 652, 662; *D. Schmidt* aaO; für den Bauträgervertrag *ders* ZfIR 04, 405, 415; allein auf Perspektive des Käufers stellt ab BaRoth/*Faust* § 475 Rz 10). Die bloße Erklärung des Verkäufers, ihm seien keine Mängel bekannt, ist als reine **Wissenserklärung** keine Beschaffenheitsvereinbarung (BGH NJW 08, 1517 Rz 12 ff; Karlsr MittBayNot 05, 401, 402; Palandt/*Weidenkaff* Rz 69). Sie führt daher nur als cic zur Haftung (BGH aaO) und hat nicht die Sperrwirkung einer negativen Beschaffenheitsvereinbarung (BGH aaO). S. zur Garantie § 443 Rn 15, zur Ankaufuntersuchung § 454 Rn 8. 29

30 **b) Form.** Soweit der Kaufvertrag formbedürftig ist, bedarf die Vereinbarung derselben Form (Palandt/*Weidenkaff* Rz 18). Das gilt auch für Genehmigungserfordernisse (zB § 1821 I Nr 4) (Palandt/*Weidenkaff* Rz 19). Ansonsten ist Einigung in jeder Form möglich, auch konkludent (Staud/*Matusche-Beckmann* Rz 55).

31 **c) Abgrenzung.** Die Beschaffenheitsvereinbarung legt die Anforderungen an die Kaufsache **unterhalb der Garantie** (§ 443) fest. Sie ist daher strikt von dieser und der früheren Zusicherung (§ 459 II aF) zu unterscheiden (*Emmert* NJW 06, 1765 ff).

32 **4. Probe oder Muster.** Es handelt sich aus zwei Gründen um einen bedeutenden Sonderfall: Der Wegfall von § 494 aF hat dem dort geregelten Kauf nach Probe oder Muster nicht die praktische Bedeutung genommen. Va begründet die Übereinstimmung der Kaufsache mit einer vom Verkäufer vorgelegten Probe Vermutung a) für die Vertragsmäßigkeit gem Art 2 II VerbrauchsgüterkaufRL. Konformität mit der Richtlinie ist ebenso gewahrt wie das praktische Problem bewältigt, da die Festlegung von Anforderungen durch Verweis der Parteien auf – regelmäßig ausgewählte – Eigenschaften der Probe oder des Musters eine spezielle Form der Beschaffenheitsvereinbarung ist (BTDrs 14/6040, 207 f; Erman/*Grunewald* Rz 16; BaRoth/*Faust* Rz 45 mwN).

33 **5. Widersprüchliche Vereinbarungen.** Ein Widerspruch innerhalb von Beschaffenheitsvereinbarungen, zB die Vereinbarung der Beschaffenheit als „Baugrundstück für ein Wohnhaus mit Garten", aber die weitere Vereinbarung einer Altlastenklasse, die Wohnnutzung ausschließt, ist nach allg Regeln zu lösen. Je nach Einzelfall, etwa Sachkunde der Beteiligten, gebührt der Angabe des Nutzungszwecks (zur aF Köln NJW 91, 2156) oder der konkreten mit dem Nutzungszweck unvereinbaren Eigenschaft der Vorrang (vgl zu beiden Alternativen MüKo/*Westermann* Rz 16; Haas/Medicus/Rolland/Schäfer/Wendtland/*Haas* Kap 5 Rz 104).

34 **6. Verhältnis zu Abs 1 S 2.** S. Rn 44.

35 **7. VerbrauchsgüterkaufRL.** Der Primat der Beschaffenheitsvereinbarung löst deshalb Zweifel an der Richtlinienkonformität aus, als in Art 2 II Vermutung a) auf die vom Verkäufer gegebene Beschreibung und in Vermutung d) auf öffentliche Äußerungen von Verkäufer oder Hersteller abstellt. Da die Vereinbarung der Beschaffenheit wiedergibt, worauf sich Verkäufer und Käufer im Hinblick auf vorherige Beschreibungen durch den Verkäufer geeinigt haben, ist ihr Vorrang richtlinienkonform (BTDrs 14/6040, 212; in die Richtung Staud/*Matusche-Beckmann* Rz 39; MüKo/*Westermann* Rz 6; vgl auch Erwägungsgrund 8 (2), dass die Vermutungen von Art 2 II die Vertragsfreiheit nicht einschränken). Zu öffentlichen Äußerungen von Verkäufer und Hersteller s. Rn 29, 63.

36 **8. Mangel.** Jede **Abweichung der tatsächlichen von der vereinbarten Beschaffenheit** führt zu einem Mangel. Wegen des Wegfalls von § 459 I 2 aF kommt es auf die Erheblichkeit nicht an. Wenn zur Beschaffenheit der Kaufsache das Vertrauen in ihre Fehlerfreiheit gehört, kann auch der bloße **Verdacht eines Mangels** einen Mangel begründen (Naumbg 1 U 30/08 v 6.11.08 juris Rz 34–36: „Kratzgeräusche" des Motors eines Neuwagens; Celle 8 U 49/08 v 21.8.08 juris Rz 30: Altlastenverdacht; Karlsr NJW-RR 09, 134 Rz 7 ff: Verdacht auf lebensmittelrechtliche Manipulationen bei Fleisch; LG Bonn NJW 04, 74: Feuchtigkeit eines Hauses; Palandt/*Weidenkaff* Rz 58; BaRoth/*Faust* Rz 71; *Lorenz* NJW 04, 26; zur aF BGHZ 52, 51 LS, 53 ff „Hasenfleisch I"; BGH NJW 72, 1462 f „Hasenfleisch II": jew Salmonellenbefall; NJW-RR 03, 772 f: Hausschwamm; grds **aA** *Grunewald* in: FS Konzen, 131 ff: Verletzung einer Aufklärungspflicht). Dies gilt besonders bei zur Weiterveräußerung bestimmten Sachen. Der Mangel entfällt, wenn sich der Verdacht endgültig als unbegründet herausstellt (Celle aaO; zur aF BGH NJW 72, 1462 f; 89, 218, 219 f „Glykolwein"). Ein nicht ausräumbarer Verdacht führt zu einem unbehebbaren Mangel (Palandt/*Weidenkaff* aaO).

37 **9. Zeitpunkt.** Die Übereinstimmung der tatsächlichen mit der vereinbarten Beschaffenheit muss zum **Gefahrübergang** vorliegen, dh bei Übergabe (§ 446 1), beim Versendungskauf bei Auslieferung an die Transportperson (§ 447 I), spätestens bei Ablieferung (§ 438 II), ersatzweise jeweils bei Annahmeverzug des Käufers (§ 446 3) (Palandt/*Weidenkaff* Rz 8). Ein **latenter Mangel** reicht aus, dh nur die ihn begründenden Tatsachen müssen vorliegen, er muss noch nicht hervorgetreten sein (Karlsr NJW-RR 09, 134, 135; Palandt/*Weidenkaff* Rz 8; BaRoth/*Faust* Rz 37; vgl BGH NJW 06, 434 Rz 28; Kobl 6 U 268/08 v 30.4.09 juris Rz 14 f). Eine Vereinbarung nach Gefahrübergang wirkt zurück (Brandbg 12 U 236/07 v 26.6.08 juris Rz 15).

38 **II. Eignung für die nach dem Vertrag vorausgesetzte Verwendung (Abs 1 S 2 Nr 1). 1. Bedeutung.** Der Mangeltatbestand berücksichtigt ebenso wie I 2 Nr 2, dass viele Anforderungen an eine Kaufsache nicht ausdrücklich vereinbart werden; dann sind sie unter Heranziehung der vorausgesetzten Verwendung zu konkretisieren (BTDrs 14/6040, 213). Er meint dagegen nicht den Fall, dass die Parteien bewusst nicht die einzelnen Anforderungen, sondern nur den Verwendungszweck vereinbaren (**aA** BaRoth/*Faust* Rz 46): Dann ist der Verwendungszweck als Beschaffenheit gem I 1 vereinbart (s. Rn 40).

39 **2. Verwendung.** Der Begriff erfasst **jeden intendierten Gebrauch**. Er ist analog den Grundsätzen zum weiten Beschaffenheitsbegriff (s. Rn 16–25) zu verstehen, also zB unter Berücksichtigung der Umweltbeziehungen der Kaufsache (MüKo/*Westermann* Rz 15).

3. Vorausgesetzt. a) Meinungsstand. Das Tatbestandsmerkmal entscheidet maßgeblich über die Abgren- **40** zung zu I 1. Die ganz hL versteht „vorausgesetzt" iSv „vertraglich vereinbart" (Palandt/*Weidenkaff* Rz 21; BaRoth/*Faust* Rz 50; MüKo/*Westermann* Rz 14; Staud/*Matusche-Beckmann* Rz 61; *Reinicke/Tiedtke* Rz 323; Haas/Medicus/Rolland/Schäfer/Wendtland/*Haas* Kap 5 Rz 101 f). Die Regierungsbegründung ist demgegenüber deutlich differenzierter: Es wird zwar offen gelassen, „ob es sich dabei um eine vertragliche Vereinbarung handelt oder ob es um Vorstellungen der Parteien im Vorfeld des Vertrags geht" (BTDrs 14/6040, 213). Anschließend wird aber ausdrücklich festgestellt, dass bei Zustimmung des Verkäufers zu einem „bestimmten vom Verbraucher angestrebten Zweck" „häufig eine vereinbarte Beschaffenheit der Kaufsache iSd § 434 I 1 RE anzunehmen sein wird". Daraus wird abgeleitet, dass auf I 2 Nr 1 in den Fällen „zurückgegriffen werden" kann, in denen zwar eine bestimmte Verwendung vorausgesetzt wird, aber „von einer vertraglich vereinbarten Beschaffenheit nicht ausgegangen werden kann" (aaO). Nur dieses Verständnis von I 2 Nr 1 als eines Auffangtatbestands bei Fehlen einer Vereinbarung gem I 1 ist mit der gesetzlichen Systematik vereinbar: Die Meinung der Lit einer vertraglichen Grundlage von I 2 Nr 1 führt dazu, dass entweder auf solche Vereinbarungen I 1 u I 2 Nr 1 parallel zur Anwendung kommen oder aus I 1 alle Vereinbarungen zum Verwendungszweck der Kaufsache herausgenommen werden müssen. Beide Ergebnisse sind sinnlos. Dies gilt gerade für die Herausnahme der Verwendungsvereinbarungen aus I 1, da die Vereinbarung der Tauglichkeit zu einem bestimmten Nutzungszweck, zB als Bauland, der typische Gegenstand einer Beschaffenheitsvereinbarung ist: „Bauland" beschreibt dann die charakteristische Eigenschaft der Kaufsache (dies sieht durchaus MüKo/*Westermann* aaO). Auch der differenzierte Wortlaut „vereinbart" in I 1 u I 2 selbst zum Verweis auf I 1 (!) und „vorausgesetzt" in I 2 Nr 1 gestattet nur die hier vertretene Auffassung.

b) Begriff. „Vorausgesetzt" meint daher, dass beide Parteien gemeinsam einen bestimmten Verwendungs- **41** zweck **unterstellt**, ihn aber **nicht vertraglich vereinbart** haben (ebenso wohl Ddorf NJW 06, 2858, 2859). Ratio legis ist, wie offenbar der Regierungsbegründung zugrunde liegend (s. Zitate Rn 40), dass der Käufer davor geschützt werden soll, bei Übereinstimmung über den Verwendungszweck keine Beschaffenheitsvereinbarung getroffen zu haben. Praktisch wird I 2 Nr 1 in der Form vorkommen, dass der Käufer in die Verhandlungen eine bestimmte Nutzungsvorstellung einbringt, der Verkäufer diese zust zur Kenntnis nimmt (so auch das Konzept von Art 2 II lit b VerbrauchsgüterkaufRL), beide dann aber bei Formulierung der Beschaffenheitsvereinbarung darauf nicht mehr zurückkommen. Dogmatisch wertet I 2 Nr 1 die **subjektive Geschäftsgrundlage** richtlinienkonform zur vertraglichen Tatbestandsvoraussetzung auf (ähnl *Schinkels* ZGS 04, 226, 228; zum vorausgesetzten Gebrauch in aF RG 131, 343, 351 f mwN; BGH BB 61, 305; **aA** Soergel/*Huber* 13. Aufl 91, § 459 Rz 69). Damit ist zugleich das Verhältnis zur vereinbarten Beschaffenheit bestimmt: Gem der Hierarchie in I gebührt der Beschaffenheitsvereinbarung der Vorrang (MüKo/*Westermann* Rz 16; **aA** Kaufsache muss beiden Anforderungen genügen BaRoth/*Faust* Rz 48).

4. Mangel. Die Grundsätze zur Beschaffenheitsvereinbarung (Rn 16–25) gelten entspr, nur dass es auf die **42** Abweichung der tatsächlich möglichen von der vorausgesetzten Verwendung ankommt.

5. Zeitpunkt. Ausdrückliche Regelung fehlt. Maßstab des Gefahrübergangs in I 1 (s. Rn 37) gilt entspr. **43**

III. Eignung zur gewöhnlichen Verwendung und Vorliegen einer üblichen Beschaffenheit, die der Käu- 44 fer erwarten kann (Abs 1 S 2 Nr 2), unter Berücksichtigung öffentlicher Äußerungen von Verkäufer oder Hersteller (Abs 1 S 3). 1. Bedeutung. Es handelt sich um den **letztrangigen Mangel-** und Auffang**tatbestand**. Bedeutung ist **erheblich**, da viele Eigenschaften speziell von Gütern des täglichen Bedarfs nicht vereinbart (BTDrs 14/6040, 213) und auch nicht gem I 2 Nr 1 vorausgesetzt, sondern als selbstverständlich von den Parteien überhaupt nicht bedacht werden, zB dass Stühle beim Sitzen nicht umfallen, Butter nicht ranzig ist oder ein Reifen nicht die Luft verliert.

2. Struktur. Alle Voraussetzungen von I 2 Nr 2 u I 3 gelten **kumulativ** (BaRoth/*Faust* Rz 53). **45**

3. Gewöhnliche Verwendung. Zum Begriff „Verwendung" s. Rn 39. Ihre Gewöhnlichkeit ist aus der Eigenart **46** der Kaufsache unter Berücksichtigung des **Erwartungshorizonts eines vernünftigen Durchschnittskäufers** zu bestimmen (BaRoth/*Faust* Rz 57; Staud/*Matusche-Beckmann* Rz 69), und zwar differenziert nach der Zugehörigkeit des Käufers zu einem bestimmten vom Verkäufer adressierten Verkehrskreis.

4. Übliche Beschaffenheit. a) Begriff. Es gilt der weite Beschaffenheitsbegriff von I 1 (s. Rn 16–25), aller- **47** dings mit den Veränderungen, die sich aus der Orientierung an der Üblichkeit ergeben. Die Anknüpfung der Erwartungen des Käufers (s. Rn 50) an die übliche Beschaffenheit dient der **Anspruchsbeschränkung**, indem die Haftung des Verkäufers für nicht erkennbare subjektive Vorstellungen des Käufers ausgeschlossen wird (*Faust* 42, 60 f unter Hinweis auf Wortlaut der VerbrauchsgüterkaufRL).

b) Kriterien. Die Kaufsache ist zu vergleichen mit Sachen der gleichen Art, dh Sachen **derselben Kategorie 48** (Vollkornbrot, Typklasse eines Autos: deutlich Ddorf NJW 06, 2858, 2859 f mwN), des vergleichbaren Standards, desselben Einsatzzwecks (Palandt/*Weidenkaff* Rz 29), derselben Preisklasse (Staud/*Matusche-Beckmann* Rz 76); ein Serienprodukt hat dem Stand der entsprechenden Serie zu genügen (Karlsr NJW-RR 08, 137 f), und, va bei **Serienfehlern**, dem technischen Standard **anderer Hersteller** vergleichbarer Sachen (Ddorf aaO; NJW-RR 08, 1230; Hamm NJW-RR 09, 485, 486; Karlsr aaO; Stuttg NJW-RR 06, 1720, 1721 f). Für die Vergleichbarkeit ist auf die konkrete Ausführung abzustellen (Diesel ohne/mit Partikelfilter: BGH NJW 09, 2056 Rz 9 m krit Anm *Höpfner*); führt sie zur Beschränkung der Nutzung vgl mit anderen Ausführungen, liegt bei Unvermeidbarkeit nach dem Stand der Technik unabhängig von der Erwartung des Käufers kein Mangel vor (BGH NJW 09, 2056 Rz 10-12 gegen Stuttg NJW-RR 08, 1077: begrenzte Kurzsteckeneignung durch Partikelfilter). Zum „**Exoteneinwand**" bei Gebrauchtwagen s. im konkreten Fall abl Stuttg aaO. Die Eignung für unübliche und neue Nutzungen ist nicht geschuldet (Brandbg 6 U 98/07 v 19.2.08 juris Rz 53-54). Bei optischen Mängeln ist Einhaltung der DIN unerheblich (Frankf ZGS 08, 315, 316). Bei **gebrauchten Sachen** sind zusätzlich, dh der Vergleich mit Produkten anderer Hersteller hat ebenfalls stattzufinden (Ddorf NJW 06, 2859, 2860), die für gebrauchte Sachen der betreffenden Kategorie bedeutenden Kriterien der Abnutzung einzubeziehen, zB bei PKW Alter, Laufleistung, Beschädigungen, Unfallfreiheit (BGH NJW 08, 53 Rz 19; Ddorf aaO; Palandt/*Weidenkaff* Rz 29; BaRoth/*Faust* Rz 66; vgl AG Offenbach NJW-RR 05, 423 f); daher stellen die **Folgen normalen Verschleißes** keinen Mangel dar (BGH NJW 08 aaO; 06, 434 Rz 19; instruktiv Celle NJW-RR 08, 1636 f; Ddorf; aaO; I-1 U 264/07 v 23.6.08 Rz 31). Für die Bewertung maßgeblich ist nicht das Bau- oder Entstehungsjahr, sondern der Vertragsschluss (BGHZ 180, 205 Rz 7) bzw richtig der Gefahrübergang (*Fischinger/Lettmaier* NJW 09, 2496, 2497). Für Lärmeinwirkung auf **Grundstücke** sind die Grundsätze des § 906 anzuwenden (LG Münster 8 O 378/08 v 26.2.09 juris Rz 20, 24). Zur Bedeutung der EnEV und des **Energieausweises** s. *Flatow* NJW 08, 2886 ff.

49 c) **Normalbeschaffenheit.** Der geforderte Abgleich der Kaufsache mit der Üblichkeit gibt I 2 Nr 2 die praktisch wichtige und unentbehrliche Funktion, eine **Normalbeschaffenheit der Kaufsache zu gewährleisten** (grundl *Grigoleit/Herresthal* JZ 03, 118, 123; 233, 235). Soweit nicht Abweichendes vereinbart (I 1) oder vorausgesetzt (I 2 Nr 1) ist, sorgt I 2 Nr 2 dafür, dass die Sache die Normalbeschaffenheit nicht unterschreitet. Dies gilt insb für: rechtliche Konformität (vgl zum GPSG und zur Mindesthaltbarkeit BaRoth/*Faust* Rz 66, 67), das äußere Erscheinungsbild und Sauberkeit (vgl für Druckwerke BaRoth/*Faust* Rz 69), Verpackung und Etikettierung (BaRoth/*Faust* Rz 68), Vorhandensein und Qualität einer Bedienungsanleitung (München CR 06, 582), Mitlieferung einer Montageanleitung (Palandt/*Weidenkaff* Rz 29; BaRoth/*Faust* Rz 96; s. Rn 80). I 2 Nr 2 zwingt so die Parteien, von der Regelungsfreiheit gem I 1 Gebrauch zu machen und Abweichungen von der Normalbeschaffenheit zu vereinbaren, zB Verkauf eines Kraftfahrzeugs mit ungewöhnlicher Ausstattung ohne Betriebserlaubnis, weil sich der Käufer eine Einzelzulassung beschaffen will, oder eines Buches als Remittendum mit Gebrauchsspuren.

50 5. **Erwartungen des Käufers.** Maßstab ist der Erwartungshorizont eines **Durchschnittskäufers** (s. Rn 46; BGH NJW 09, 2056 Rz 11; 2807 Rz 14; 07, 1351 Rz 21: „objektiv berechtigte Käufererwartung"; München ZGS 05, 237; BaRoth/*Faust* Rz 72). Er limitiert die Erwartung auf die Einhaltung des Stands der Technik (BGH NJW 09, 2056 Rz 11), einen höheren Standard muss der Käufer nach I 1 vereinbaren (BGH NJW 09, 2807 Rz 14).

51 6. **Öffentliche Äußerungen von Verkäufer und Hersteller (Abs 1 S 3). a) Bedeutung.** Öffentliche Produktdarstellungen durch den Verkäufer und den ihm insoweit zugerechneten Hersteller sollen die Anforderungen an das Produkt über I 2 Nr 2 hinaus erweitern. Sie wirken daher wie eine Beschaffenheitsvereinbarung (I 1). Zweck ist der Schutz des Käufers davor, auf die Äußerungen vertraut zu haben, dann aber mit der Normalbeschaffenheit gem I 2 Nr 2 abgespeist zu werden (Palandt/*Weidenkaff* Rz 32).

52 b) **Anwendungsbereich.** Nach der Struktur von I und eindeutigem Wortlaut gilt I 3 nur für den Mangeltatbestand von I 2 Nr 2 (Palandt/*Weidenkaff* Rz 33; aA für II 2 BaRoth/*Faust* Rz 97). Insb kommt I 3 nicht zur Anwendung auf alle Eigenschaften, für die die Beschaffenheit gem I 1 vereinbart ist (BaRoth/*Faust* Rz 75; Staud/*Matusche-Beckmann* Rz 80; in die Richtung BGHZ 179, 319 Rz 13), unabhängig davon, ob in Übereinstimmung mit oder in Abweichung von öffentlichen Äußerungen (zur Richtlinienkonformität s. Rn 63).

53 c) **Äußerungen.** Erforderlich sind **konkrete Beschreibungen der Beschaffenheit** der Ware, bloß reklamehafte Anpreisungen genügen nicht (BTDrs 14/6040, 80; *Bernreuther* MDR 03, 63, 64 m umfängl Bsp; *Lehmann* DB 02, 1090, 1092). Dies resultiert schon aus der Funktion von I 3, dass die Äußerungen wie eine Beschaffenheitsvereinbarung die Anforderungen an die Kaufsache erweitern (Rn 51, 63). Daraus folgt auch, dass bloße Werbung über Preis (*Bernreuther* MDR 03, 63, 67, 68) oder rechtliche Bedingungen des Erwerbs (Umtauschrecht: Palandt/*Weidenkaff* Rz 31) unerheblich ist. Die Form der Äußerungen spielt keine Rolle (Palandt/*Weidenkaff* Rz 34).

54 d) **Verkäufer und Hersteller.** Die Äußerungen müssen Verkäufer oder Hersteller sowie deren (s. zur Bezugnahme auf beide *Grigoleit/Herresthal* JZ 03, 233, 237) Gehilfen **zurechenbar** sein. Das ist nur der Fall, wenn Dritte „bewusst zur Abgabe öffentlicher Erklärungen eingeschaltet sind" (*Grigoleit/Herresthal* aaO).

55 e) **Öffentlich.** Nur an einen nicht von vornherein individualisierten Personenkreis adressierte Äußerungen unter Einschluss von Äußerungen in für jedermann zugänglichen Veranstaltungen sind öffentlich (BaRoth/*Faust* Rz 81; weiter *Kasper* ZGS 07, 172, 173).

aa) Werbung. Zur Werbung gehören alle auf Kundengewinnung gerichteten Aktivitäten wie Spots, Anzeigen, Prospekte (Köln NJW 06, 781, 782; München NJW-RR 05, 494), Verkaufsveranstaltungen, Internetauftritt (AG Freising NJW-RR 08, 1201, 1203; Palandt/*Weidenkaff* Rz 35). 56

bb) Kennzeichnung. Mit „Kennzeichnung" ist die Kurzbeschreibung der Eigenschaften der Kaufsache zB auf dem Produkt, in Beschreibungen oder Katalogen gemeint (Palandt/*Weidenkaff* Rz 35). 57

f) Erwartungen des Käufers. S. Rn 50. Gegenstand der Erwartungen des Käufers muss die in den öffentlichen Äußerungen dargestellte Qualität sein. 58

g) Ausschlusstatbestände. Die Beweislast für alle 3 aus Art 2 IV VerbrauchsgüterkaufRL übernommenen Ausnahmen trägt der Verkäufer (BTDrs 14/6040, 214; Palandt/*Weidenkaff* Rz 38; BaRoth/*Faust* Rz 84). 59

aa) Unkenntnis. Nach der Legaldefinition von § 122 II entlastet Unkenntnis nur, wenn sie **nicht zu vertreten** ist, dh auch nicht auf leichter Fahrlässigkeit beruht (s. *Alexander* WM 05, 2311, 2312 f). Es kommt nach dem Wortlaut nur auf die Kenntnis der Äußerung, nicht deren Unrichtigkeit an. I 3 Hs 2 Alt 2 legt als maßgeblichen Zeitpunkt den Vertragsschluss nahe (s. BaRoth/*Faust* Rz 85; **abw** *Alexander* aaO 2315 f). 60

bb) Berichtigung in gleichwertiger Weise. Allein eine Berichtigung, die ähnl weit verbreitet wird wie die zu berichtigende öffentliche Äußerung, ist gleichwertig (BTDrs 14/7052, 196; 14/6857, 59; BaRoth/*Faust* Rz 86; *Weiler* WM 02, 1784, 1792). Str ist, ob die öffentliche Äußerung ausdrücklich zu korrigieren ist (**so** Erman/*Grunewald* Rz 26; BaRoth/*Faust* aaO; dahin tendierend BTDrs 14/6857, 59 unter Hinweis auf die Berichtigung von Pressemeldungen) oder ob eine jetzt richtige Darstellung ausreicht (**so** *Weiler* WM 02, 1784, 1792; differenziert *Alexander* WM 05, 2311, 2313 ff; *Kasper* ZGS 07, 172, 179). Da es um eine sachlich zutreffende Information des Verbrauchers geht, genügt die zweite Alt. 61

cc) Fehlen eines Einflusses. Die Ausn dürfte den Verkäufer angesichts der weiten und unklaren Fassung von I 3 nur selten entlasten (*Kasper* ZGS 07, 172, 180; *Weiler* WM 02, 1784, 1792 f). Für sie reicht aus, dass der Verkäufer den Nachweis einer fehlenden Beeinflussung des konkreten Käufers führt (Saarbr 8 U 328/06-85 vom 24.5.07 Rz 46; Erman/*Grunewald* Rz 28; *Kasper* aaO 180; iE **aA** es kommt auf den Durchschnittskäufer an: Palandt/*Weidenkaff* Rz 39; MüKo/*Westermann* Rz 29; 2. Aufl). 62

7. VerbrauchsgüterkaufRL. Aus der Funktion von I 2 Nr 2, insb unter Berücksichtigung der Einbeziehung der öffentlichen Äußerungen gem I 3 eine Normalbeschaffenheit zu gewährleisten (Rn 49), wird entgegen der Hierarchie von I gefordert, der Standard gem I 2 Nr 2 iVm I 3 müsse in jedem Fall, also ggf neben den Anforderungen gem I 1 bzw I 2 Nr 1 eingehalten werden (*Pfeiffer* ZGS 02, 94 f; für I 2 Nr 1 *Jorden/Lehmann* JZ 01, 952, 956). Dem ist nicht zu folgen: Die auch von der Richtlinie ausdrücklich anerkannte Vertragsfreiheit (Erwägungsgrund 8 2) gestattet es den Parteien, mit der Vereinbarung gem I 1 oder der subjektiven Willensübereinstimmung gem I 2 Nr 1 „ihren" Standard zu bestimmen, und das impliziert, den üblichen Standard der Normalbeschaffenheit (Rn 48 f) nicht zu wählen (Palandt/*Weidenkaff* Rz 3 a; Staud/*Matusche-Beckmann* Rz 67; *Unberath* ZEuP 05, 5, 9-15; ähnl *Schulze/Ebers* JuS 04, 462, 466). Damit können auch ggü Verbrauchern gem Rn 29 **negative Beschaffenheitsvereinbarungen** getroffen werden. Im Einzelfall kann aber eine unzulässige Umgehung gem § 475 I 2 in Betracht kommen (§ 475 Rn 8). 63

8. Mangel. Es gilt Rn 42 mit der Abweichung, dass abzustellen ist auf die Parameter gem Rn 47–50, insb die Normalbeschaffenheit und bei I 3 auf Angaben in öffentlichen Äußerungen (Bsp: München ZGS 05, 237: bei Auto Maßgeblichkeit der im Prospekt des Herstellers angegebenen Benzinsorte). 64

9. Zeitpunkt. S. Rn 43. 65

IV. Unsachgemäße Montage (Abs 2 S 1). 1. Bedeutung. Die Norm hat große praktische Bedeutung, da viele Verbrauchs- und Investitionsgüter erst nach Montage durch den Verkäufer oder von diesem beauftragte Dritte für den Käufer nutzbar sind. Sie bestätigt Einheitlichkeit des Kaufvertrags über Erwerb und Montage (zur aF BGH NJW 98, 3197, 3198; NJW-RR 04, 850), und zwar unabhängig von Umfang und Wert der Montage im Vergleich zur Kaufsache (Palandt/*Weidenkaff* Rz 41; **aA** MüKo/*Westermann* Rz 30 mwN; BaRoth/*Faust* Rz 90). 66

2. VerbrauchsgüterkaufRL. II 1 setzt Art 2 V 1 um. 67

3. Voraussetzung. Die Montage muss als Verpflichtung des Verkäufers im Kaufvertrag vereinbart sein. Sie ist wegen § 433 I 2 Hauptleistungspflicht des Verkäufers. 68

4. Begriff. „Montage" umfasst alle Leistungen, die notwendig sind, dass der Käufer als Ergebnis eine gebrauchsfertige Kaufsache erhält: Neben klassischen Handwerkerleistungen gehören auch Leistungen wie Justieren, Stimmen eines Klaviers oder Installation der Software auf PC (München CR 08, 149, 150) dazu (vgl BaRoth/*Faust* Rz 89). Zu Fehlern bei der Anlieferung s. § 437 Rn 63. 69

70 **5. Mangel.** Jede unsachgemäße Vornahme der Montage führt zu einem Mangel, unabhängig davon, ob dadurch die bis dato mangelfreie Kaufsache mangelhaft wird, zB Kurzschluss in Waschmaschine aufgrund unzureichender Befestigung des Wasserschlauches, oder nur die Montage mangelhaft ist, zB schiefe Befestigung eines mangelfreien Küchenschranks (Erman/*Grunewald* Rz 53; BaRoth/*Faust* Rz 92).

71 **6. Zeitpunkt.** Die Norm regelt Montagefehler **vor und nach Gefahrübergang** (wohl MüKo/*Westermann* Rz 31); soweit der Montagefehler die Kaufsache zum Gefahrübergang mangelhaft werden lässt (s. Rn 70), kommt es aber auf II 1 nicht an (BaRoth/*Faust* Rz 92; Staud/*Matusche-Beckmann* Rz 96).

72 **V. Mangelhafte Montageanleitung (Abs 2 S 2). 1. Bedeutung, Anwendungsbereich.** Diese sog IKEA-Klausel berücksichtigt die zunehmende Bedeutung von Handelsformen, die Produkte zur Selbstmontage verkaufen. Sie regelt umfassend die Mängelrechte infolge einer fehlerhaften Montageanleitung (**aA** bei noch nicht begonnenem Aufbau gilt I 2 Nr 2: *Haedicke* ZGS 06, 55 f).

73 **2. VerbrauchsgüterkaufRL.** Die Norm ist vorgegeben von Art 2 V 2.

74 **3. Voraussetzung.** Die Kaufsache muss zur Montage bestimmt sein. Dazu reicht, dass sie ohne Montage vom Käufer nicht vertragsgemäß genutzt werden kann. Es ist unerheblich, ob dem Käufer die Montage ausdrücklich übertragen ist (Palandt/*Weidenkaff* Rz 46 f).

75 **4. Begriff.** Zur Montage s. Rn 69. Anleitung umfasst jede Form von Darstellung, textliche Erläuterung, Schnittbogen, technische Pläne, EDV-mäßige Instruktion, die Vorgehen bei Montage erläutert.

76 **5. Mangelhaftigkeit.** Die Montageanleitung ist nicht nur bei technischen Fehlern, zB Verwechslung der elektrischen Pole, mangelhaft, sondern va bei Unvollständigkeit oder fehlender Verständlichkeit für den erwarteten Käuferkreis, zB wegen Fremdsprachlichkeit (Hamm BauR 06, 1149, 1150). Abzustellen ist auf den Durchschnittskäufer gem I 2 Nr 2 (s. Rn 46, 50) (**so** Staud/*Matusche-Beckmann* Rz 103; **aA:** auf den ganz überwiegenden Teil der Käufer BaRoth/*Faust* Rz 97, 98; Palandt/*Weidenkaff* Rz 49; s. umfassend *Brand* ZGS 03, 96, 97). Dieser Maßstab entspr dem des I 2 Nr 2, ein systematisch gebotener Gleichlauf, weil I 2 Nr 2 die verwandten Fragen der Lieferung der Montageanleitung und der Lieferung und Qualität der Bedienungsanleitung (s. Rn 49, 81) entscheidet.

77 **6. Ausschlussgrund der fehlerfreien Montage.** Die ein Unikat darstellende Regelung macht den Mangel bedeutungslos, wenn der Käufer oder ein Dritter (BaRoth/*Faust* Rz 101) die Montage trotz der Mangelhaftigkeit der Montageanleitung fehlerfrei durchgeführt hat (krit zur gesetzlichen Konzeption MüKo/*Westermann* Rz 35; BaRoth/*Faust* Rz 102; zust *Büdenbender* DStR 02, 361, 362). Die Beweislast dafür trägt der Verkäufer (Palandt/*Weidenkaff* Rz 51).

78 **7. Zeitpunkt.** S. Rn 43.

79 **8. Rechtsfolgen.** Neben der normalen Nachbesserung der Lieferung einer mangelfreien Montageanleitung, ggf in Form von Ergänzungen, ist der Verkäufer zum Neuaufbau der mangelhaft zusammengebauten Sache und zur Beseitigung der beim Aufbau verursachten Schäden verpflichtet (vgl ausf *Haedicke* ZGS 06, 55 ff; MüKo/*Westermann* Rz 37).

80 **9. Fehlen der Montageanleitung.** Das Fehlen steht der Mangelhaftigkeit der Montageanleitung nicht gleich (**so** MüKo/*Westermann* Rz 33; *Brand* ZGS 03, 96, 97; **aA** Erman/*Grunewald* Rz 57 mwN). Der sehr spezielle Charakter verbietet arg a minore. Fehlen unterliegt vielmehr I, bes der Normalbeschaffenheit (I 2 Nr 2, s. Rn 49).

81 **10. Bedienungsanleitung.** Die Spezialität der Norm, insb der Entfall des Mangels bei fehlerfreier Montage, verbietet eine analoge Anwendung von II 2 auf Bedienungsanleitungen (str: **so** Palandt/*Weidenkaff* Rz 48; BaRoth/*Faust* Rz 96; *Kloepfer/Grundwald* DB 07, 1342; wohl München CR 06, 582; **aA** Erman/*Grunewald* Rz 58 mwN; *Büdenbender* DStR 02, 361, 362; *Spindler/Klöhn* VersR 03, 273, 277). Für Fehlen und Mängel einer Bedienungsanleitung gilt daher Rn 49.

82 **VI. Lieferung einer anderen Sache (Abs 3 Alt 1). 1. Bedeutung.** Die Behandlung des Aliuds hat praktische Bedeutung va beim Gattungskauf, bei dem sich Schlecht- und Falschlieferung oft kaum abgrenzen lassen (vgl nur BGH NJW 89, 218, 219 „Glykolwein"; BaRoth/*Faust* Rz 105 mw Bsp). Norm stellt Aliud-Lieferung nur Sachmangel gleich. Voraussetzung ist daher, dass Verkäufer mit Aliud-Lieferung erfüllen wollte (BTDrs 14/6040, 216; Palandt/*Weidenkaff* Rz 52; *Lorenz* JuS 03, 36, 37 f; *Tiedtke/Schmitt* JZ 04, 1092, 1095).

83 **2. VerbrauchsgüterkaufRL.** Anwendbarkeit und mögliche Differenzierung nach Stück- und Gattungskauf sind str (**für** volle Anwendung Staud/*Matusche-Beckmann* Rz 115 mwN; MüKo/*Lorenz* Vor § 474 Rz 12; AnwK/*Pfeiffer* Art 2 RL Rz 5; **dagegen** *Brors* JR 02, 133 mwN).

84 **3. UN-Kaufrecht.** Die Falschlieferung stellt wie die Schlechtlieferung Vertragswidrigkeit dar (Schlechtriem/Schwenzer/*Schwenzer* Art 35 Rz 10; Witz/Salger/Lorenz/*Salger* Art 35 Rz 7).

4. Stückkauf. Nach dem Wortlaut und der Regierungsbegründung (BTDrs 14/6040, 216) regelt III Alt 1 **85** auch den Stückkauf (Identitäts-Aliud oder -mangel) (str: **so** Palandt/*Weidenkaff* Rz 52 a; BaRoth/*Faust* Rz 107; *Musielak* NJW 03, 89, 90 mwN; *Tiedtke/Schmitt* JZ 04, 1092 f; **aA** *Altmeppen/Reichard* FS Huber 73, 82 ff; *Schulze* NJW 03, 1022 f). Dies gilt, um Abgrenzungsschwierigkeiten zu vermeiden, auch für das krasse Aliud, zB Fahrrad statt Auto (Palandt/*Weidenkaff* aaO; BaRoth/*Faust* Rz 108; ebenso für das UN-Kaufrecht zB Witz/Salger/Lorenz/*Salger* Art 35 Rz 7). Die Genehmigungsfähigkeit iSd § 378 HGB aF spielt keine Rolle mehr (Erman/*Grunewald* Rz 60; *Lettl* JuS 02, 866, 868).

5. Gattungskauf. Beim Gattungskauf (s. § 243 Rn 12) entfällt jetzt Notwendigkeit der Differenzierung zwi- **86** schen Schlecht- und Falschlieferung.

6. Rechtsfolgen. a) Stückkauf. Der Nacherfüllungsanspruch richtet sich auf Lieferung der vereinbarten **87** Sache (Palandt/*Weidenkaff* Rz 55; *Musielak* NJW 03, 89, 90; *Lorenz* JuS 03, 36, 38 f; so ist BTDrs 14/6040, 216, zu verstehen). Will Käufer höherwertiges Aliud behalten, muss er nicht den – eigentlich angemessenen – höheren Kaufpreis bezahlen (BaRoth/*Faust* Rz 110; MüKo/*Westermann* Rz 41); der Verkäufer ist aber berechtigt, das Aliud zu kondizieren und das Zurückbehaltungsrecht des Käufers durch Lieferung der geschuldeten Kaufsache abzuwenden (str: **so** Palandt/*Weidenkaff* Rz 57; *Lorenz* JuS 03, 36, 39: III Alt 1 gibt Käufer kein Recht zum Behalten; abw: nur über Anfechtung der Übereignung *Wiese* AcP 206, 902, 939-941; **aA** BaRoth/*Faust* Rz 110; *Tiedtke/Schmitt* JZ 04, 1092, 1098 f).

b) Gattungskauf. Der Nacherfüllungsanspruch geht auf Lieferung gattungsgerechter Kaufsachen mittlerer **88** Art und Güte (§ 243 I). Genereller Haftungsausschluss schließt Haftung für Aliud nicht aus (AG Aachen NJW-RR 05, 1143 für eBay-Kauf).

c) Verbrauchsgüterkauf. Wegen des für III Alt 1 konstitutiven Erfüllungswillens des Verkäufers (Rn 87) fin- **89** det § 241a (Lieferung unbestellter Sachen) keine Anwendung (**so** Staud/*Matusche-Beckmann* Rz 118; *Altmeppen/Reichard*, FS Huber 73, 84 f; *Lorenz* Jus 03, 36, 40; *Tiedtke/Schmitt* JZ 04, 1092, 1099; **aA** § 241a Rn 9; *Kohler* AcP 204, 606, 609 ff; glossierend *ders* JZ 04, 348; *Wrase/Müller-Helle* NJW 02, 2537, 2538 f).

VII. Lieferung einer zu geringen Menge (Abs 3 Alt 2). 1. Bedeutung. Speziell im Handelsverkehr spielen **90** Quantitätsabweichungen eine erhebliche Rolle.

2. Anwendungsbereich. Die Bestimmung erfasst nur Minder-, **nicht Mehrlieferungen** (angesichts des ein- **91** deutigen Wortlauts hM: Palandt/*Weidenkaff* Rz 53; MüKo/*Westermann* Rz 42; *Unberath* ZEuP 05, 5, 15-19; **aA** als richtlinienkonforme Auslegung *Pfeiffer* ZGS 02, 138, 139 f). Minderlieferung ist ausschl die zu geringe Lieferung **gleichartiger Sachen** (Palandt/*Weidenkaff* Rz 53; BaRoth/*Faust* Rz 112), dh von Sachen, die nach Stück oder Gewicht bestimmt werden; dazu gehört auch die teilweise Schlechterfüllung (BaRoth/*Faust* Rz 116; Staud/*Matusche-Beckmann* Rz 124). III Alt 2 ist daher nicht anwendbar, wenn von mehreren verschiedenen Kaufsachen nicht alle (Palandt/*Weidenkaff* aaO; BaRoth/*Faust* aaO) oder von einer einheitlichen Kaufsache nur Teile (KG MDR 09, 980; Palandt/*Weidenkaff* aaO) geliefert werden. Minderlieferung darf nicht ausgewiesen sein (sog **verdeckte Mankolieferung**); für die offene Mankolieferung, zB durch Ausweis in den Lieferpapieren, gelten die Regeln für eine Teillieferung (BaRoth/*Faust* Rz 113; Staud/*Matusche-Beckmann* Rz 122; **aA** *Windel* Jura 03, 793, 794; für Art 35 UN-Kaufrecht Schlechtriem/Schwenzer/*Schwenzer* Art 35 Rz 8).

3. VerbrauchsgüterkaufRL. Es ist str, ob Art 2 auch Minderlieferungen regelt (**dafür** MüKo/*Lorenz* Vor § 474 **92** Rz 12; AnwK/*Pfeiffer* Art 2 Kauf-RL Rz 5; **dagegen** *Grigoleit/Riehm* ZGS 02, 117, 121; *Windel* Jura 03, 793, 797 f mwN).

4. UN-Kaufrecht. Minderlieferungen führen – wie Mehrlieferungen – zu einer Vertragswidrigkeit iSd Art 35 **93** (Schlechtriem/Schwenzer/*Schwenzer* Art 35 Rz 8 mwN; Witz/Salger/Lorenz/*Salger* Art 35 Rz 6).

5. Rechtsfolgen. Es ist str, ob die Gleichstellung nicht nur im Mängelrecht der § 437 ff, sondern auch im allg **94** Leistungsstörungsrecht, va § 323 V, gilt (**dafür** Regierungsbegründung BTDrs 14/6040, 187, 222, 224; BaRoth/*Faust* Rz 115; **dagegen** *Canaris* ZRP 01, 329, 334 f; *Grigoleit/Riehm* ZGS 02, 115 ff; *Heiderhoff/Skamel* JZ 06, 383, 388 f; **offen gelassen** Begründung Rechtsausschuss BTDrs 14/7052, 185). Interessengerechter und der einheitlichen Behandlung der Vertragstypen nach dem allg Leistungsstörungsrecht dienender ist die Begrenzung auf das Mängelrecht.

6. Zuviellieferung. Der Käufer schuldet für das Maius keinen Kaufpreis, aber die Rückgabe nach Bereiche- **95** rungsrecht (Palandt/*Weidenkaff* Rz 53a; MüKo/*Westermann* Rz 43; *Lettl* JuS 02, 866, 870). Beim Verbrauchsgüterkauf scheidet Anwendung von § 241a auf das Maius aus, wenn Verkäufer Erfüllungswillen hatte (s. Rn 89; vgl Staud/*Matusche-Beckmann* Rz 121).

E. Beweislast. I. Verbrauchsgüterkauf. Zur Beweislastumkehr für das Vorliegen eines Mangels bei Gefahr- **96** übergang s. § 476 im Verhältnis zum Verbraucher und § 478 III beim Unternehmerregress.

97 **II. Grundsatz.** Maßgeblich ist wie nach aF § 363 mit der Zäsur der **Annahme der Kaufsache durch den Käufer** (Brandbg 5 U 54/08 v 29.1.09 juris Rz 44; Palandt/*Weidenkaff* Rz 59; Staud/*Matusche-Beckmann* Rz 190–192 mit Darstellung der Rspr zur aF).

98 **1. Vor Annahme.** Der **Verkäufer** trägt bis zur Annahme der Kaufsache, also gerade auch bei deren Verweigerung, die Beweislast für die Erfüllung seiner Hauptleistungspflicht zur Lieferung einer mangelfreien Kaufsache (§ 433 I 2) (Palandt/*Weidenkaff* Rz 59; Staud/*Matusche-Beckmann* Rz 191). Damit muss er auch den Maßstab der Mangelfreiheit beweisen, zB eine Beschaffenheitsvereinbarung. Eine prinzipielle Differenzierung danach, wie sich die von einer Partei behauptete zur üblichen Beschaffenheit verhält (so BaRoth/*Faust* Rz 118; MüKo/*Westermann* Rz 48), entspr nicht der Fortgeltung der Beweislastverteilung gem § 363; sie berücksichtigt auch nicht, dass die vereinbarte zur üblichen Beschaffenheit häufig nicht im Verhältnis des Maius oder Minus, sondern des Aliuds steht: Ein Wohngrundstück ist kein „schlechteres Gewerbegrundstück" und umgekehrt. Bleibt der Verkäufer beweisfällig und kann auch der Käufer keinen Gegenbeweis führen, gilt die Normalbeschaffenheit gem I 2 Nr 2 als vereinbart (Rn 49).

99 **2. Nach Annahme.** Den **Käufer** trifft die Beweislast nach Annahme (BGHZ 159, 215, 217 f; BGH NJW 09, 1341 Rz 15; Brandbg 5 U 54/08 v 29.1.09 juris Rz 37); Palandt/*Weidenkaff* Rz 59, Staud/*Matusche-Beckmann* Rz 190); zum Fehlschlagen der Nachbesserung s. § 440 Rn 12. Rn 98 gilt entspr.

100 **F. Beispiele aus der Rspr zu § 434.** Beispiele aus der Rspr zu § 434 m Angabe zur (Un)erheblichkeit der Pflichtverletzung gem § 323 V 2. Zur Rspr zu § 459 aF s. die Kataloge bei Palandt/*Weidenkaff* Rz 70–96, MüKo/*Westermann* Rz 49–68.

101 **I. Grundstücke. Mangel ja**: geringere Größe (ca 10%) als vereinbart (Brandbg 5 U 16/07 v 28.2.08 juris); fehlende Bebaubarkeit und Erschließung (Brandbg 5 U 105/06 v 17.1.08 juris); Verdacht auf Altlasten (Celle 8 U 49/08 v 21.8.08 juris); Reste eines Luftschutzbunkers in Wohngrundstück im Wohngebiet (Frankf 16 U 223/07 v 23.6.09 juris).

102 **II. Gebäude und Baumaterialien. Mangel ja**: Lage eines Wohnhauses im Gewerbegebiet (Brandbg 5 W 23/08 v 4.5.09 juris); Wohnfläche (BGH NJW-RR 08, 222 Rz 10); Feuchtigkeit (BGHZ 167, 19; Brandbg 5 U 88/07 v 15.5.08 juris; KG BauR 08, 1149; Saarbr NJW-RR 09, 66; Schlesw 7 U 24/06 v 14.2.08 juris; bei Verdacht LG Bonn NJW 04, 74); zZt des Verkaufs bedenklicher, der Errichtung allg gebräuchlicher Asbestzement (BGHZ 180, 205 m Anm *Roth* JZ 09, 1174); Schwamm (BGHZ 5 U 10/07 v 10.4.08 juris); Schimmelbildung infolge Undichtigkeiten (Saarbr OLGR 09, 625); erheblicher Sanierungsbedarf bei als komplett renoviert verkaufter Eigentumswohnung (Köln NotBZ 05, 300); mangelhafte Elektroleitungen und Dämmung einer Laube (Brandbg 5 U 70/07 v 17.4.08); Denkmalschutz bei Fehlen jeder Vereinbarung (Rostock OLGR 07, 257); zu geringer Mietertrag (LG Berlin BauR 06, 126); Ablösung von Holzlamellen bei Parkettstäben (BGHZ 177, 224); Fliesen: Abplatzungen und Fehlpressungen (Karlsr ZGS 04, 432) – mangelhafte Politur (Köln ZGS 06, 77) – Polierfehler (Frankf ZGS 08, 315); fremdsprachliche Bedienungsanleitung für Klinkersteine ohne ausreichende Beschreibung der Mischung (Hamm BauR 06, 1149); Unmöglichkeit des Einbaus bei für bestimmtes Objekt erworbener Heizungsanlage (LG Itzehoe 7 O 71/07 v 8.10.09 juris). **Erheblich:** feuchtes Kellergeschoss (Karlsr MittBayNot 05, 401, 403; Saarbr NJW-RR 09, 66, 67); Baubeschränkungen durch Lage im Denkmalgebiet ohne Rücksicht auf Mehrkosten (LG Stendal NotBZ 06, 289, 290); div Mängel einer Einbauküche (LG Oldenbg BeckRS 09 86506). **Unerheblich:** kaum sichtbare Farbabweichung bei Fliesen: tiefstatt brillantschwarz (Karlsr NJW-RR 09, 777). **Mangel nein:** fehlende Baugenehmigung für Schuppen auf verkauftem Acker-/Grünland (Kobl NJW-RR 09, 313); Geräusche von behindertem Kind im Nachbargarten (LG Münster 8 O 378/08 v 26.2.09 mwN juris).

103 **III. Kraftfahrzeuge/Motorräder. 1. Neufahrzeuge. Autos: Mangel ja**: Standzeit von 18 (Celle 7 U 226/07 v 11.6.08 juris), 23 Monaten (Oldbg OLGR 07, 357); Lunker im Motorblock (Celle NJW-RR 07, 353); Fehlen von vereinbartem ABS und 2 Seitenairbags (Braunschw NJW 03, 1053); elektronische Fehlermeldungen mit Folge mehrfachen Stillstands (Kobl NJW 09, 151); defekte Schließfunktion der Tür (Karlsr NJW 09, 1150); Verbrauch von Super plus statt gem Prospekt Normal oder Super (München ZGS 05, 237); nicht fabrikneu, da aktuelles Modell 50% größeren Tank hat (Köln MDR 05, 1048); PKW mit erheblicher Blaustichigkeit bei Vereinbarung von Carbonschwarz (Köln NJW 06, 781 mit Vorinstanz LG Aachen NJW 05, 2236); Herausspringen des 6. Gangs (Kobl ZGS 07, 356); verzögerte Beschleunigung nach Gangwechsel (Karlsr NJW-RR 08, 137); Motorgeräusche als Mangelindiz (Naumbg 1 U 30/08 v 6.11.08 juris); 90 Mehrkm bei Überführungsfahrt von 530 km (Dresd NJW-RR 07, 202); Kühlfahrzeug mit nicht funktionierender Kühlanlage (KG MDR 09, 980); umfängliche Nachlackierung mit Austausch einer Tür (LG Bonn NJW-RR 07, 1424); Defekt eines Fensterhebers und Roststellen (LG Erlangen NJW 03, 517); defekte Parktronic (LG Koblenz NJW-RR 07, 272). **Erheblich:** Standheizung ohne Timer und Fernbedienung (Celle 7 U 256/08 v 1.7.09 juris); Aufleuchten der Warnanzeige für Bremsflüssigkeit (Stgt 6 U 248/08 v 1.12.09 juris); Getrieberuckeln (Ddorf NJW-RR 08, 1230, 1231); anderer, deutlich lauterer Motor (Ddorf NJW-RR 09, 400); Bremsgeräusche (Schlesw 14 U 125/07 v 25.7.08 juris Rz 33); defektes Infotainmentsystem (Köln 15 U 175/07 v 27.3.08 juris

Rz 59); Undichtigkeit des Cabrioverdecks (Ddorf NJW-RR 08, 1199, 1200 f); deutliche optische Beeinträchtigungen durch konstruktionsbedingte Verformungen der Innenverkleidung (Saarbr 1 U 567/04 -167 v 22.6.05 juris Rz 39). **Unerheblich:** Mehrverbrauch weniger als 10% (BGH NJW 07, 2111 Rz 3 f; **aA** 5%: *Reinking* aaO), 3,03% (LG Ravensburg NJW 07, 2127, 2128); Unterschreiten der Höchstgeschwindigkeit von 5% (Ddorf NJW 05, 3504 f; s. aber für 2,22% NJW 05, 3504); Entfall der Lenkradfernbedienung (Ddorf ZGS 07, 157, 160); Wassertropfen an den Innenscheiben nach Wäsche (Brandbg NJW-RR 07, 928, 929); Orangenhaut an Heckblende (Kobl 5 U 684/07 v 24.1.08 juris Rz 22); auch unbehebbare nur die Optik gering beeinträchtigende „Bagatellmängel" (Ddorf NJW 05, 2235, 2236). **Mangel offen:** Fehlen eines bündigen Türabschlusses: bis 1,8 mm Versatz (Ddorf NJW 05, 2235). **Mangel nein:** Erforderlichkeit von „Regenerationsfahrten" bei Dieselfahrzeug mit Partikelfilter, da Stand der Stand entsprechend (BGH NJW 09, 2056 gegen Stuttg NJW-RR 08, 1077); Standzeit von 12 Monaten 7 Tagen (LG Flensburg SVR 06, 421); 18 Monate Abstand zwischen Herstellung und Verkauf bei Wohnmobil (Brandbg 12 U 107/07 v 17.1.08 juris); gelegentliches Hochdrehen durch Automatikgetriebe (Brandbg NJW-RR 08, 1282); mehrfaches Nichtanspringen infolge Ausfalls der Elektrik (Hamm MDR 06, 858: auch Bedienungsfehler möglich); bei Nutzung Abweichung vom EG-Normverbrauch (Karlsr NJW-RR 08, 1735); Angabe der EU-Schadstoffnorm im Hinblick auf Steuerklasse (KG NJW-RR 08, 1447); Importfahrzeug, da nicht die Beschaffenheit betreffend (Hamm NJW-RR 03, 1360; Naumbg ZGS 06, 238 – nach weitem Beschaffenheitsbegriff falsch); wenige Regentropfen bei Öffnen des Kofferraums von Cabrio (LG Frankenthal NJW-RR 09, 1214). Zur **Produkthaftung** für das Versagen von Airbags s. BGH NJW 09, 295 W: ja.

Motorräder: Mangel nein: Pendelschwingungen ab 170 km/h (Hamm NJW-RR 09, 485). 104

2. Gebrauchtfahrzeuge S. *Andreae* NJW 07, 3457. **Mangel ja:** Verformung von Kotflügel und Stoßfänger (**Vorführwagen:** BGH NJW 05, 3490); Beschädigung Katalysator infolge Aufsetzens (BGH NJW 06, 1195); Standzeit von mehr als 12 Monaten vor Erstzulassung (**Jahreswagen:** BGH NJW 06, 2694); bei 19 Monaten nur bei Standzeit bedingten Mängeln (BGH NJW 09, 1588); verschwiegener über Bagatellschaden hinausgehender **Unfall** bei Fehlen vereinbarter Beschaffenheit (BGHZ 174, 290; Kobl ZGS 06, 75); ausschließliche Vornutzung als **Mietwagen** (Stuttg NJW-RR 09, 551; **aA** LG Kaiserslautern 2 O 498/08 v 25.3.09); deutlich zu geringe Angabe der Laufleistung (BGHZ 170, 86; Kobl NJW 04, 1670); undichte Kraftstoffleitung als Brandursache (Celle NJW-RR 08, 1636); konstruktionsbedingte Verformung der Innenverkleidung (Saarbr 1 U 567/04 – 167 v 22.6.05 juris); übermäßiger Verschleiß des Motors (Köln ZGS 06, 276); Bruch der Ventilfeder bei 122.000 km Laufleistung und Alter 10,5 Jahre (Köln NJW-RR 04, 268 für hochwertiges Fahrzeug – sehr weitgehend); defektes (Automatik)getriebe bei Laufleistung von 35.000 km (LG Köln BeckRS 07 Nr 02229), 69.000 km (Brandbg 13 U 34/08 v 8.10.08 juris), 72.000 km (BGH NJW 09, 580), 74.000 km (Ddorf I-1 U 264/07 v 23.6.08), 84.000 km (Ddorf NJW 06, 2858), 115.000 km (Stuttg NJW-RR 06, 1720), über 125.000 km (AG Offenbach NJW-RR 07, 1546); unzulässige Bereifung und div Defekte (Celle NJW 04, 3566); div Kleinmängel wie mangelhafter Reservereifen (Ddorf NJW-RR 04, 1060); defekter Tachometer (Kobl ZGS 06, 117); Kolbenfresser bei Laufleistung von 88.000 km bei Mittelklassefahrzeug (Frankf NJW-RR 05, 920); nicht fachgerechte Reparatur eines offenbaren Unfallschadens (Hamm NJW-RR 05, 1220); Fehlen von Betriebserlaubnis infolge nicht typgerechten Austauschmotors (Bremen ZGS 05, 116); Fehlender Allradantrieb bei stillschweigender Vereinbarung aufgrund Typenschilds (Hamm BeckRS 09 Nr 28076); Fehlen der vereinbarten Werksgarantie (Stuttg ZGS 08, 479; AG Freising NJW-RR 08, 1202 über I 3; **aA** Erman/*Grunewald* Rz 37); Fehlen von Alarmanlage und Seitenairbags (LG Kleve NJW-RR 05, 422); defekter Katalysator (AG Zeven DAR 03, 158); Kabelbrand (AG Marsberg ZGS 03, 119 – zweifelhaft); Fehlen der vereinbarten Steuerklasse „Euro 3" (LG Münster 8 O 320/06 v 6.12.06); falsches Leergewicht vgl mit Zulassung (LG Erfurt 10 O 1359/07 v 26.3.08 juris). **Erheblich:** Standzeit von 31 Monaten (**junger** Gebrauchtwagen: Ddorf NJW-RR 09, 398); älteres Baujahr (Nürnbg ZGS 05, 239, 240 f); bei verschwiegenem Unfall: merkantiler Minderwert von über 10% (BGH NJW 08, 1517 Rz 22) – Reparaturaufwand von € 2.737 (Brandbg 12 U 236/07 v 26.6.08 juris Rz 16); Eindringen von Feuchtigkeit (BGH NJW 09, 508 Rz 21); Überschreiten des garantierten Kilometerstands um 8,37% (Rostock NJW 07, 3290, 3291); Fehlfunktionen des Navigationsgeräts mit Nachbesserungsaufwand von über 5% des Kaufpreises (Köln NJW 07, 1694, 1696); mehrfaches Aufleuchten der Motorprüfungsanzeige bei „Abwimmeln" des Käufers (Naumbg 6 U 146/06 v 13.12.06 Rz 34). **Unerheblich:** Reparaturaufwand von 1% („ohne Zweifel": BGH NJW 05, 3490, 3493), 2–3% (Ddorf NJW-RR 04, 1060, 1061), 4,5% (LG Kiel MDR 05, 384). **Mangel nein:** Fehlen des Originallacks nach tadelloser Neulackierung (BGH NJW 09, 2807, Rz 13); mehrere ordnungsgemäß reparierte Bagatellschäden führen nicht zu **Unfallfahrzeug** (Karlsr 7 U 111/07 v 29.8.07); mehr als 2 Jahre zwischen Herstellung und Zulassung bei als **Vorführwagen** verkauftem Wohnmobil (Karlsr MDR 09, 501 f); Standzeit von 14 (Schlesw 3 U 39/07 v 25.11.08 juris), 27 Monaten (Braunschw NJW-RR 05, 1508 f: „Lagerfahrzeug"); Fehlfunktionen des Gaspedals durch Verschleiß bei Laufleistung über 100.000 km (LG Dortmund 22 O 85/06 v 3.1.07); Riss 5 Jahre alten Zahnriemens bei Laufleistung von 82.000 km (LG Bonn 8 191/08 v 26.2.09 juris); div Löcher in Karosserie und Aufbau bei sehr altem Wohnmobil mit hoher Laufleistung (LG Hanau NJW-RR 03, 1561); Ausfall des Katalysators bei 150.000 km Laufleistung und Alter 10 Jahre (AG Offenbach NJW-RR 05, 423); keine Dokumentation der Herstellung bei Nachbau eines Sportwagens (Kobl NJW-RR 08, 69); **Mangel offen**: defekter Turbolader bei über 8 Jahre alten PKW mit Laufleistung von 191.347 km (BGH NJW 06, 434 mit Vorinstanz Stuttg ZGS 05, 156); **Klauseln**: „Fahrzeug ist **fahrbereit**": Es liegen keine iRd Hauptuntersuchung zum Urt der Verkehrsunsicherheit führende Mängel vor (BGHZ 170, 67 Rz 21-25; Ddorf NJW 06, 2858, 2859 mwN: Fehlende Fahrtauglichkeit wegen Motor- oder Getriebeschaden ist nicht erfasst; Hamm ZGS 09, 473, 474; s. § 443 Rn 15, 17).

106 **IV. Lebensmittel. Mangel ja**: Verdacht auf lebensmittelrechtliche Manipulationen bei Fleisch (Karlsr NJW-RR 09, 134).

107 **V. EDV. Mangel nein**: durch Update beseitigbare Veralterung von Software (LG Freiburg CR 08, 556); **Mangel offen**: diverse Mängel von Arztpraxis-Software (Köln ZGS 03, 392).

108 **VI. Tiere**. S. *Eichelberger/Zentner* JuS 09, 201 ff. **Mangel ja: Hunde**: O-Beinigkeit (BGHZ 163, 234); Bakterienerkrankung kurz nach Übergabe (BGH NJW 05, 3211 mit Vorinstanz LG Bielefeld ZGS 05, 79); Ablegung vereinbarter Prüfungen von Blindenhund (Schlesw OLGR 08, 926); Infektion mit Parvovirose (LG Essen NJW 04, 527); div genetische Defekte (LG Mosbach RdL 07, 313); Hüftschaden (AG Kleve NJOZ 04, 3557); **Pferde**: periodische Augenentzündung (BGH NJW 06, 988); Sommerekzem (BGHZ 167, 40); Kryptorchidie (BGH NJW 08, 1371); fehlende Zuchttauglichkeit wegen Entzündung im Gelenkbereich (Ddorf ZGS 04, 271); Lahmheit der hinteren rechten Gliedmaße (Hamm NJW-RR 05, 1369); Spatlahmheit (Kobl ZGS 06, 36); Durchgehen wegen idR dauerhaft prägender Traumatisierung (Kobl NJW-RR 09, 985 f, im konkreten Fall verneint); Podotrochlose, wohl auch Vorhandensein undifferenzierter Stammzellen, die zur Tumorbildung führen können (Köln 11 U 23/07 v 8.8.07). **Unerheblich**: Alter von 3 statt 5 Jahren bei Kutschpferden (Saarbr 8 U 328/06-85 v 24.5.07 Rz 53). **Mangel nein**: Röntgenbefunde der Klassen II-III ohne klinische Symptome bei Reitpferden (BGH NJW 07, 1351 – dazu *Kniefert* NJW 07, 2895; *v Westphalen* ZGS 07, 168 ff; Frankf 16 U 66/06 v 4.9.06; Köln 27 U 20/07 v 12.12.07 juris für 4 Chips; LG Stendal 22 148/08 v 18.5.09; aA für Klassen III-IV bei Erkrankung an Spat LG Münster 10 O 240/06 v 20.7.07); zur Erkrankung des Käufers führende Sporeninfektion einer Katze wegen deren Häufigkeit von 20% (AG Zittau Urt v 30.3.05 Az 5 C 389/04 juris); **Mangel offen**: Fehlstellung des Sprunggelenks eines Hundes mit unklarer Ursache (BGH ZGS 05, 348).

109 **VII. Sonstige Gegenstände. Mangel ja**: Riss in einem Teichbecken (BGH NJW 05, 283); Bedienungsanleitung eines Whirlpools mit unzureichender Beschreibung der Reinigung (München CR 06, 582); Veränderte Markenuhr mit Echtheitszertifikat (Schlesw NJW-RR 09, 552); Faltenbildung bei Polstermöbeln (LG Aachen NJW-RR 07, 633); falsches Nachtdesign/Displayfarbe bei über eBay verkauftem Navigationsgerät (AG Menden NJW-RR 06, 638); Fehlen des Garantiescheins für über eBay gekaufte gebrauchte Rolex-Uhr (AG Bad Kissingen NJW 05, 2463); **Mangel nein**: nicht farbechte Vliese (Brandbg 6 U 98/07 v 19.2.08 juris) div Verschleißmängel bei 10 Jahre altem Motorboot (Bremen NJOZ 04, 2069); verschlissene Kupplung bei 12 Jahre altem Mähdrescher (Frankf OLGR 07, 345); Kamera mangels Softwareupdates nicht mehr „stets auf neuestem Stand" (Kobl 6 U 268/08 v 30.4.09 Rz juris 14 f); „bio-zertifizierter" Hühnerkot bei Verkauf durch nicht „bio-zertifizierten" Händler (Celle 8 U 9/09 v 13.8.09 juris).

110 **VIII. Kunstwerke**. Vgl allg *Müller-Katzenburg* NJW 06, 553–557. **Mangel nein**: Andere Urheberschaft eines Bildes, wenn bei Verkauf in Bezug genommenes Gutachten Restzweifel ausdrückt: „meiner Meinung nach" (LG München I NJW-RR 05, 643); bei Vorlage des Gutachtens nach Gefahrübergang (Hamm 19 U 85/08 v 13.1.09 juris Rz 28).

§ 435 Rechtsmangel. ¹Die Sache ist frei von Rechtsmängeln, wenn Dritte in Bezug auf die Sache keine oder nur die im Kaufvertrag übernommenen Rechte gegen den Käufer geltend machen können. ²Einem Rechtsmangel steht es gleich, wenn im Grundbuch ein Recht eingetragen ist, das nicht besteht.

1 **A. Grundsätzliches. I. Bedeutung**. Rechtsmängel treten primär bei Grundstücksgeschäften auf, bei Mobilien va aufgrund Eigentumsvorbehalten und Immaterialgüterrechten.

2 **II. Anwendungsbereich**. Die Norm gilt für den **Sach-** und über § 453 auch den **Rechtskauf**. Sie regelt nicht Verkäufe im Wege der Zwangsvollstreckung (§§ 817, 825 ZPO) und nach dem ZVG. Die **Verschaffung des Eigentums** an der Kaufsache ist in § 433 I 1 verortet, sie unterliegt nicht § 435 (**so** BGHZ 174, 61 Rz 27; Karlsr NJW 05, 989 ff; BaRoth/*Faust* Rz 15; **aA** Jauernig/*Berger* Rz 5; *Canaris* JZ 03, 831, 832; *Pahlow* JuS 06, 289, 293; zur aF Frankf NotBZ 04, 440; zur abw Rechtslage gem Art 41 UN-Kaufrecht s. BGH NJW 06, 1343 Rz 11).

3 **III. Schuldrechtsmodernisierung**. Der Inhalt entspricht §§ 434, 435 iVm 440 aF, da sich Freiheit von Rechtsmängeln als Hauptleistungspflicht jetzt aus § 433 I 2 ergibt; 2 gleicht § 435 aF (BaRoth/*Faust* Rz 1). Die Rechtsfolgen sind modifiziert, da Mängelrecht (§ 437 ff) zur Anwendung kommt, nicht mehr das allg Leistungsstörungsrecht (über § 440 aF). Anliegen der Schuldrechtsreform ist die weitgehende Angleichung der Regeln für Sach- und Rechtsmängel (BTDrs 14/6040, 217).

IV. VerbrauchsgüterkaufRL. Die Einbeziehung von Rechtsmängeln ist str (**dagegen** BTDrs 14/6040, 80; **4** AnwK/*Pfeiffer* Art 2 RL Rz 2; *Ernst/Gsell* ZIP 01, 1410, 1411; **dafür** *Rieger* VuR 99, 287). Gegen sie spricht entscheidend der e contrario-Schluss aus der besonderen Regelung von Rechtsmängeln in Art 41 UN-Kaufrecht, die zeigt, dass die zu Art 2 parallele Bestimmung des Art 35 UN-Kaufrecht Rechtsmängel nicht deckt (ähnl *Ernst/Gsell* aaO; zum UN-Kaufrecht s. Schlechtriem/Schwenzer/*Schwenzer* Art 35 Rz 1).

V. UN-Kaufrecht. S. Rn 2, 4, 10. **5**

VI. Zeitpunkt. Der maßgebliche Zeitpunkt ist nicht ausdrücklich geregelt (MüKo/*Westermann* Rz 6). **6** Entspr dem Ziel von § 435, dass der Käufer lastenfrei Eigentum erwirbt, entscheidet ausschl der **Eigentumsübergang**; andere Zäsuren wie der Gefahrübergang haben keine Bedeutung (BaRoth/*Faust* Rz 5; *Pahlow* JuS 06, 289, 290 f; zur aF BGHZ 113, 106, 113 mwN; BGH NJW-RR 03, 1318, 1319). Bei Kauf unter EV kommt es also auf den Eintritt der Bedingung an (Palandt/*Weidenkaff* Rz 7; *Pahlow* aaO; zur aF BGH NJW 61, 1252, 1253). Es genügt wie beim Sachmangel (§ 434 Rn 37), wenn beim Eigentumsübergang die Grundlagen für das belastende Recht bestanden, zB der rückwirkende Entfall einer Einfuhrbewilligung, dessen Ausübbarkeit ist nicht erforderlich (BaRoth/*Faust* Rz 5; *Pahlow* aaO; zur aF BGH NJW 04, 1802 f).

VII. Abgrenzung zu § 434. Die früher ebenso wichtige wie schwierige Abgrenzung kann heute in vielen Fäl- **7** len dahinstehen (Palandt/*Weidenkaff* Rz 6a). Sie ist aber wegen Rn 6 **strikt zu beachten**, wenn es auf den Zeitpunkt des Auftretens des Mangels bzw seiner Grundlagen ankommt.

VIII. Abdingbarkeit. Im Verbrauchsgüterkauf ist Norm zwingend (§ 475 I), ansonsten uneingeschränkt dis- **8** positiv, wie 1 Alt 2 bestätigt.

B. Freiheit von Rechtsmängeln (S 1). I. Begriff des Rechtsmangels. Voraussetzung ist die **individuelle** **9** **Belastung des erworbenen Eigentums mit einem Recht** (s. Rn 10). Dafür gilt ein objektiver Maßstab, da es wegen der Möglichkeit von Änderungen auf den vereinbarten Verwendungszweck nicht ankommt (BTDrs 14/6040, 218; Jauernig/*Berger* Rz 3). Jedermann treffende rechtliche Beschränkungen wie Nachbarrechte begründen keinen Rechtsmangel; der zugrunde liegende Sachverhalt, zB ein Überbau, kann aber Sachmangel sein (BaRoth/*Faust* Rz 16 mwN; zur aF BGH NJW 81, 1362 f). Das gilt auch für jedermann treffende Verschlechterungen gem 1 Alt 2 übernommener Rechte (zur aF Köln NJW-RR 92, 1099 f).

II. Rechte. Die Rechte müssen **tatsächlich bestehen** (BTDrs 14/6040, 217 unter Verweis auf § 442 aF; **10** BaRoth/*Faust* Rz 8; *Pahlow* JuS 06, 289, 291; offenbar **aA** im Hinblick auf die abw Rechtslage nach Art 41 UN-Kaufrecht – s. BGH NJW 06, 1343 Rz 19; Schlechtriem/Schwenzer/*Schwenzer* Rz 9 – *Peters* JZ 06, 979, 980). Die Verteidigung gegen nicht bestehende Rechte fällt daher außerhalb von 2 in die Verantwortung des Käufers (BaRoth/*Faust* Rz 8). 1 gilt auch für ausländische Rechte (Palandt/*Weidenkaff* Rz 8; zur aF BGH NJW 92, 362 f für Mortgage nach US-Recht).

1. Absolute Rechte. Dazu gehören alle ggü jedem Dritten wirkenden Rechte iSd § 823 I. **11**

a) Dingliche Rechte. Rechtsmängel: alle im Grundbuch eingetragenen Rechte, zB Grunddienstbarkeit **12** (BGH NJW-RR 93, 396), beschränkte persönliche Dienstbarkeit (BGH NJW 00, 803), Eigentumsübertragungsvormerkung (RG 149, 195, 197), Nacherbenvermerk (Palandt/*Weidenkaff* Rz 8), Nutzungsbindungen nach dem WEG (BGH NJW 04, 364) (alle Urteile zur aF). **Sachmängel:** Duldungspflicht von Fremd- (BaRoth/*Faust* Rz 16; zur aF BGH NJW 81, 1362 f) und Verpflichtung zur Zahlung von Überbaurente für Eigenüberbau (**aA** Kobl MDR 08, 69), da es sich um eine jeden Eigentümer treffende an die Beschaffenheit der Kaufsache anknüpfende rechtliche Belastung handelt.

b) Sonstige Rechte. Oberbegriff für Rechte wie Patente (zur aF BGH NJW 79, 713 f mwN), Markenrechte, **13** Urheberrechte, Unterlassungsansprüche aus dem Persönlichkeitsrecht (zur aF BGHZ 110, 196, 199 f „Aufbügelmotive Boris Becker") (ebenso MüKo/*Westermann* Rz 4, 8; *Pahlow* JuS 06, 289, 290; **aA:** Sachmangel BaRoth/*Faust* Rz 11; *Bartsch* CR 05, 1 f). Die Gegenmeinung übersieht, dass die immateriellen Rechte primär aus der rechtlichen Entstehungsgeschichte resultieren: Wer ist Erfinder oder Autor?

2. Obligatorische Rechte. Rechtsmangel liegt auch in obligatorischen Rechten, die Verfügungsbefugnis oder **14** *Besitz des Käufers* beeinträchtigen, va Nutzungsrechte aus Miete und Pacht (BaRoth/*Faust* Rz 14; jew zur aF BGH NJW 91, 2700 f: zu lange Dauer; 98, 534 f: Verlängerungsoption des Mieters).

3. Öffentliche Rechte. Einordnung öffentlicher Rechte als Rechts- oder Sachmangel ist nach wie vor schwie- **15** rig (s. insgesamt Palandt/*Weidenkaff* Rz 11–13; BaRoth/*Faust* Rz 18–20). Im Grundsatz führen alle konkreten Befugnisse zu Eingriffen wie Beschlagnahme sowie die Substanz betreffende individuelle Beschränkungen zu Rechtsmängeln, alle auf allg Gründen beruhende Bindungen zu Sachmängeln, da sie vom Verkäufer nicht beseitigt werden können. **Bsp** (Urteile zur aF):

Rechtsmängel: Sozialbindung einer Wohnung (BGH NJW 00, 1256 mwN), Veräußerungspflichten **16** (BGH NJW 83, 275), Haftung für Abgaben (RG 105, 390, 391), Beschlagnahme nach § 111b StPO (BGH NJW

04, 1802 f; **aA** für Beschlagnahme nach § 94 StPO LG Bonn NJW 97, 1822; dazu **aA** BaRoth/*Faust* Rz 20 mwN), Eingriffsbefugnisse der Baubehörden wegen baurechtswidriger Zustände (BaRoth/*Faust* Rz 19 mwN; **aA** BGHZ 98, 100, 104 f).

17 **Sachmängel:** bloße Baubeschränkungen (LG Stendal NotBZ 06, 289 mwN zur nF; stRspr zB RG 131, 343, 348 f; BGH WM 79, 101, 102; **aA** für Bauverbot bei ErbbauR BGH NJW 86, 1605), Denkmalschutz (Rostock OLGR 07, 257, 258), Zweckentfremdungsverbot (Ddorf NJW-RR 96, 1353, 1354).

18 **Baulasten** werden unterschiedlich beurteilt: bei Nutzungsüberlassungspflicht Rechtsmangel (Hamm NJW-RR 89, 524 f), bei Bauverbot Sachmangel (BGH NJW 78, 1429 f; **aA** BaRoth/*Faust* Rz 19).

19 **III. Übernommene Rechte. Tatbestandsmerkmal** meint das Gegenteil des Wortlauts, nämlich die Übernahme der Belastungen, regelmäßig auf Grundlage der Übernahme der zugrunde liegenden Verpflichtungen (vgl BaRoth/*Faust* Rz 21). Übernahme kann in jeder Form stattfinden.

20 **C. Freiheit von im Grundbuch zu Unrecht eingetragenen Rechten (S 2).** Bestimmung umfasst wie 1 (s. Rn 12) alle im Grundbuch eingetragenen Buchrechte einschl Vormerkungen und nicht bestehender Rechte (BaRoth/*Faust* Rz 24 mwN), nicht aber Bucheigentum (BGHZ 174, 61 Rz 29 mwN). IÜ gilt 1 entspr.

21 **D. Beweislast.** Infolge Entfalls von § 442 aF mit dem Inhalt der alleinigen Beweislast des Käufers gilt § 363 mit der angepassten Zäsur des Eigentumsübergangs (s. Rn 6), so dass entspr § 434 Rn 98 f vor Eigentumserwerb der Verkäufer die Mangelfreiheit, danach der **Käufer** die Existenz des belastenden Rechts beweisen muss (*Pahlow* JuS 06, 289, 290).

§ 436 Öffentliche Lasten von Grundstücken.

(1) Soweit nicht anders vereinbart, ist der Verkäufer eines Grundstücks verpflichtet, Erschließungsbeiträge und sonstige Anliegerbeiträge für die Maßnahmen zu tragen, die bis zum Tage des Vertragsschlusses bautechnisch begonnen sind, unabhängig vom Zeitpunkt des Entstehens der Beitragsschuld.
(2) Der Verkäufer eines Grundstücks haftet nicht für die Freiheit des Grundstücks von anderen öffentlichen Abgaben und von anderen öffentlichen Lasten, die zur Eintragung in das Grundbuch nicht geeignet sind.

1 **A. Grundsätzliches. I. Schuldrechtsmodernisierung.** II stimmt inhaltlich mit § 436 aF überein, I ist neu und derogiert als lex specialis § 446 (BTDrs 14/6040, 218).

2 **II. VerbrauchsgüterkaufRL.** Der Grundstückskauf ist kein Regelungsgegenstand (Art 1 II lit b).

3 **III. Anwendungsbereich.** Die Norm gilt für **alle Kaufverträge** einschl des Bauträgervertrags, da die Lieferung des Grundstücks Kaufrecht unterliegt (s. vor §§ 433 ff Rn 2).

4 **IV. Abdingbarkeit.** Die Norm ist gem I in Übereinstimmung mit der Praxis dispositiv. Die Anknüpfung an den Baubeginn (s. BTDrs 14/6040, 219; krit *Brambring* DNotZ 01, 590, 614) ist oft unangemessen oder zu kompliziert: **Käuferfreundlich** ist die bei Bauträgerverträgen/Kaufverträgen über Neubauten (zur Anwendbarkeit von KaufR s. § 438 Rn 17) und Baugrundstücke übliche Auferlegung der Kosten für die Ersterschließung auf den Verkäufer. **Verkäuferfreundlich** wird bei Verträgen über Altbauten häufig ein Maßstab vereinbart wie Entstehung, Abrechnung oder Fälligkeit der Beitragsschuld. Auch zur Vereinfachung wird häufig einer der eben genannten Maßstäbe gewählt (vgl MüKo/*Westermann* Rz 4).

5 **V. Rechtsfolge.** Die jew pflichtige Partei hat die andere freizustellen bzw direkt an den Gläubiger zu zahlen (Palandt/*Weidenkaff* Rz 5).

6 **B. Erschließungs- und Anliegerbeiträge (Abs 1). I. Begriff.** Umfasst sind die Erschließungsbeiträge nach §§ 127 ff BauGB und auf die Eigentümer von Grundstücken umgelegte Beiträge nach den Kommunalabgabengesetzen für die Kosten öffentlicher Einrichtungen.

7 **II. Zeitpunkt.** Der bautechnische Beginn, dh der „erste Spatenstich" bildet die entscheidende Zäsur (BaRoth/*Faust* Rz 6). Bloße Planungsarbeiten reichen nicht. „Vertragsschluss" meint bei Fehlen einer abw Regelung die Wirksamkeit des Vertrags, also bei Genehmigung oder aufschiebender Bedingung die Erteilung bzw den Eintritt (teilw **aA** BaRoth/*Faust* Rz 6 iVm § 442 Rz 8; Staud/*Matusche-Beckmann* Rz 9: nur wenn Käufer Wirksamkeit herbeiführt). Da Abgrenzung primär auf gerechte Kostenverteilung abzielt (vgl BTDrs 14/6040, 219, und die Funktion von I, § 446 zu ersetzen, s. Rn 1), sollte es immer auf den Eintritt der Wirksamkeit ankommen, da ab dann beide Parteien endgültig an den Vertrag gebunden sind.

8 **C. Andere öffentliche Abgaben und Lasten (Abs 2). I. Zweck.** Unanwendbarkeit von § 435 wird klargestellt (Palandt/*Weidenkaff* Rz 10).

9 **II. Begriff.** II meint alle nicht von I geregelten Abgaben und Lasten, insb die Abgaben gem § 10 I Nr 3 ZVG wie Grundsteuer, Schornsteinfegergebühren, Müllabfuhrgebühren (Palandt/*Weidenkaff* Rz 11; **aA** für Müllabfuhrgebühren Staud/*Matusche-Beckmann* Rz 15 mwN). Nicht umfasst sind die Rückstände der soeben genannten Lasten (Staud/*Matusche-Beckmann* Rz 15; **aA** MüKo/*Westermann* Rz 5 mwN, Palandt/*Weidenkaff*

aaO), die Räum- und Streupflicht, da vom Eigentümer persönlich zu erbringen (BaRoth/*Faust* Rz 9; zur aF BGH NJW 90, 111, 112; **aA** Palandt/*Weidenkaff* aaO), die Grunderwerbsteuer, öffentlich-rechtliche Vorkaufsrechte, Baubeschränkungen (BTDrs 14/6040, 219; Palandt/*Weidenkaff* aaO).

§ 437 Rechte des Käufers bei Mängeln.
Ist die Sache mangelhaft, kann der Käufer, wenn die Voraussetzungen der folgenden Vorschriften vorliegen und soweit nicht ein anderes bestimmt ist,
1. nach § 439 Nacherfüllung verlangen,
2. nach den §§ 440, 323 und 326 Abs. 5 von dem Vertrag zurücktreten oder nach § 441 den Kaufpreis mindern und
3. nach den §§ 440, 280, 281, 283 und 311a Schadensersatz oder nach § 284 Ersatz vergeblicher Aufwendungen verlangen.

Inhaltsübersicht

	Rn
A. Grundsätzliches	1–14
I. Bedeutung	1
II. Anwendungsbereich	2–10
1. Kaufverträge	2
2. Zeitpunkt	3, 4
a) Sachmängel	3
b) Rechtsmängel	4
3. Mängel	5–7
a) Sach- und Rechtsmängel	5
b) Unbehebbare Mängel	6
c) Mitverursachung durch den Käufer	7
4. Rechtsfolgen	8–10
a) Verzögerungsschaden	8
b) Kosten der Selbstvornahme	9
c) Stellvertretendes Commodum (§ 285)	10
III. Schuldrechtsmodernisierung	11
IV. VerbrauchsgüterkaufRL	12
V. UN-Kaufrecht	13
VI. Abdingbarkeit	14
B. Struktur, Inhalt	15–18
I. Vorrang der Nacherfüllung (Nr 1)	16
II. Rücktritt oder Minderung (Nr 2)	17
III. Schadensersatz oder Ersatz vergeblicher Aufwendungen (Nr 3)	18
C. Anspruch auf Nacherfüllung (Nr 1)	19
D. Rücktrittsrecht (Nr 2 Alt 1)	20–26
I. Voraussetzungen	21–25
1. Nicht vertragsgemäße Leistung (§ 323 I Alt 2)	21
2. Unerheblichkeit der Pflichtverletzung (§ 323 V 2)	22, 23
a) Begriff	22
b) Geltung für Zurückweisungsrecht	23
3. Setzung einer angemessenen Frist zur Nacherfüllung (§ 323 I)	24, 25
a) VerbrauchsgüterkaufRL	24
b) Anforderungen	25
II. Rechtsfolgen	26
E. Minderung (Nr 2 Alt 2)	27
F. Schadensersatz (Nr 3 Alt 1)	28–64
I. Einleitung	28
II. Systematisierung	29
III. Verletzung der Pflicht zu mangelfreier Lieferung (§ 433 I 2)	30–51
1. Behebbarer Mangel	30–34
a) Schadensersatz wegen Verzugs: Ausfallschäden	31, 32
b) Schadensersatz gem § 280 I: Verletzungen des Integritätsinteresses	33

	Rn
c) Schadensersatz statt der Leistung: Mangelbedingter Minderwert und ähnliche Schäden	34
2. Verzögerte oder mangelhafte Nacherfüllung	35–41
a) Verzögerte bzw unterlassene Nacherfüllung	36–38
aa) Schadensersatz wegen Verzugs	36, 37
bb) Schadensersatz statt der Leistung: Mangelbedingter Minderwert und ähnliche Schäden	38
b) Mangelhafte Nacherfüllung	39–41
aa) Schadensersatz gem § 280 I	40
bb) Schadensersatz statt der Leistung: Mangelbedingter Minderwert und ähnliche Schäden	41
3. Unbehebbarer Mangel	42, 43
a) bei Vertragsschluss	42
b) nach Vertragsschluss	43
4. Verschulden des Verkäufers	44–51
a) Behebbarer Mangel	45–49
aa) Verursachung des Mangels	46–48
bb) Erkennbarkeit des Mangels	49
b) Nacherfüllung	50
c) Unbehebbarer Mangel	51
IV. Neben(leistungs)pflichten des Verkäufers („Nebenpflichten")	52–64
1. Begriff	52
2. Abgrenzung zur cic	53
3. Beratung, Auskunft, Einweisung, Instruktion	54–57
4. Weitere Beispiele	58–64
G. Aufwendungsersatz	65
H. Andere Rechtsbehelfe des Käufers	66–76
I. Allgemeines Leistungsstörungsrecht und Unmöglichkeit	66
II. Anfechtung	67–70
1. nach § 119 I	67
2. nach § 119 II	68, 69
a) des Käufers	68
b) des Verkäufers	69
3. nach § 123	70
III. cic	71–73
1. Meinungsstand	71
2. Grundsatzurteil des BGH vom 27.3.09 (BGHZ 180, 205 = NJW 09, 2120)	72, 73
IV. Selbständiger Beratungsvertrag	74
V. Geschäftsführung ohne Auftrag	75
VI. Deliktsrecht	76

§ 437

1 **A. Grundsätzliches. I. Bedeutung.** Erst § 437 mit seiner zentralen „**Brückenfunktion**" (treffend BaRoth/*Faust* Rz 2) macht die Mangeltatbestände der §§ 434 für Sach- und 435 für Rechtsmängel zu leges perfectae, indem er die Rechte des Käufers aus Mängeln durch differenzierte Verweise auf kaufrechtliches und allg Leistungsstörungsrecht regelt. Diese Verweise sind jeweils als Rechtsgrundverweisungen gestaltet (BaRoth/*Faust* Rz 1; MüKo/*Westermann* Rz 1 mwN). Auswahl und kaufrechtliche Prägung der Verweise geben § 437 und dem Mängelrecht eine eigenständige Bedeutung mit dem Inhalt einer Adaption des allg Leistungsstörungsrechts (ähnl MüKo/*Westermann* Rz 1; differenziert *Canaris* Karlsruher Forum 02, 5, 70; **aA** *Lorenz* NJW 02, 2497; *ders* 05, 1321, 1322 f).

2 **II. Anwendungsbereich. 1. Kaufverträge.** § 437 gilt für den Sach- und über § 453 den Rechtskauf.

3 **2. Zeitpunkt. a) Sachmängel.** Die Geltung beginnt zeitlich mit **Gefahrübergang** (str: **so** Palandt/*Weidenkaff* § 433 Rz 21; MüKo/*Westermann* Rz 6; Haas/Medicus/Rolland/Schäfer/Wendtland/*Haas* Kap 5 Rz 145; **aA** § 363 gilt: BGH NJW 06, 434 Rz 20, ohne Meinungsstreit zu erwähnen; BaRoth/*Faust* Rz 6 mwN; wohl München CR 08, 149, 150). Beide Meinungen haben ihr Gutes (vgl die Würdigung bei MüKo/*Westermann* aaO). Entscheidend für die hier vertretene Auffassung spricht, dass der Gefahrübergang auch festlegt, wann die Sache mangelfrei zu sein hat (§ 434 Rn 37, 43, 65). Der Gleichlauf sorgt dafür, dass ab dem Zeitpunkt, zu dem Mängel eine Pflichtverletzung darstellen, das Mängelrecht als lex specialis gilt; entspr ist die Regelung bei Rechtsmängeln (s. Rn 4). Zudem setzt für den Verbrauchsgüterkauf die Anknüpfung an den Gefahrübergang und damit die Übergabe – § 447 findet gem § 474 II keine Anwendung – die Tatbestandsvoraussetzung der Lieferung in Art 3 I VerbrauchsgüterkaufRL deutlich besser um als die Annahme als Erfüllung iSd § 363. Deren Inhalt der Billigung als im Wesentlichen ordnungsgemäße Erfüllung durch den Käufer (§ 363 Rn 3) kann kaum noch als „Lieferung" verstanden werden. Vor Gefahrübergang gilt das allg Leistungsstörungsrecht.

4 **b) Rechtsmängel.** Da Freiheit von Rechtsmängeln erst zum **Eigentumsübergang** geschuldet wird (§ 435 Rn 6), kommt es allein auf diesen Zeitpunkt an (*Mertens* AcP 203, 818, 831 mit Fn 39). Vorher bestehen insoweit keine Erfüllungsansprüche.

5 **3. Mängel. a) Sach- und Rechtsmängel.** Die Norm erfasst Sach- und Rechtsmängel.

6 **b) Unbehebbare Mängel.** Ab Gefahrübergang unterliegen unbehebbare Mängel, die schon bei Vertragsschluss bestanden, § 437 und nicht mehr unmittelbar dem Recht der Unmöglichkeit, insb § 311a II (str: **so** Erman/*Grunewald* vor § 437 Rz 8; Staud/*Matusche-Beckmann* Rz 19; weitergehend: schon vor Gefahrübergang *Hofmann/Pammler* ZGS 04, 91, 95; **aA** Palandt/*Heinrichs* § 280 Rz 17; Jauernig/*Berger* Rz 18; MüKo/*Westermann* Rz 22, s. aber Rz 21). Systematisch spricht dafür, dass § 437 generell seinen Vorrang ggü dem allg Leistungsstörungsrecht mit Gefahrübergang anordnet, wenn auch großenteils in Form von „(Rück-)verweisen". Da diese Rückverweise § 311a ausdrücklich einschließen, gilt § 311a nicht direkt, sondern nur als einer von mehreren in Verweis genommenen Ansprüchen. Dies ist auch teleologisch angemessen, da dann dem Käufer alle Rechte des § 437 zustehen, insb die verschuldensunabhängige Minderung.

7 **c) Mitverursachung durch den Käufer.** Mängelrechte können durch eigene Verursachungsbeiträge des Käufers entfallen. Die bloße Nichteinhaltung von Inspektions- und Wartungsterminen reicht dafür nicht, wenn der Mangel dabei nicht entdeckt worden wäre (für Neuwagen Kobl ZGS 07, 356, 357).

8 **4. Rechtsfolgen. a) Verzögerungsschaden.** Die Abgrenzung zwischen der Haftung des Verkäufers für Mängel nach § 280 I über Nr 3 und den Verzugsregeln ist hochstreitig. Nach der hier vertretenen Auffassung (Rn 36 f) begründet eine zu späte Nacherfüllung eine Verzugshaftung des Verkäufers.

9 **b) Kosten der Selbstvornahme.** Setzt der Käufer dem Verkäufer keine Frist zur Nacherfüllung und beseitigt stattdessen den Mangel selbst, ist es mit dem Vorrang des Rechts des Verkäufers zur zweiten Andienung (s. Rn 16) nicht vereinbar, dass der Käufer dem Anspruch des Verkäufers auf Zahlung des Kaufpreises die Kosten der Selbstvornahme als anrechnungsfähige ersparte Aufwendungen iSd § 326 II 2 entgegenhält (**so** BGHZ 162, 219, 224; NJW 06, 988 Rz 14-16; NJW-RR 09, 667 Rz 14; **aA:** für direkte oder analoge Anwendbarkeit von § 326 II 2: BaRoth/*Faust* Rz 37 f; *Brömmelmeyer* JZ 06, 493, 494 f, 498: beim Verbrauchsgüterkauf besteht Belehrungspflicht des Verkäufers; *Lorenz* NJW 05, 1321, 1322 mwN). Der bloße Kauf eines Ersatzteils ist keine Selbstvornahme (BVerfG ZGS 06, 470, 472 f unter Zitat zust Äußerungen des BGH).

10 **c) Stellvertretendes Commodum (§ 285).** Es ist str, ob neben den in Nr 3 geregelten Ansprüchen der Anspruch auf das Surrogat besteht (**dagegen** Palandt/*Weidenkaff* Rz 4 c; aA offenbar BGHZ 129, 103, 106; **dafür** mit unterschiedlicher Verjährung Erman/*Grunewald* Rz 44; *v Olshausen* ZGS 02, 195, 196 ff).

11 **III. Schuldrechtsmodernisierung.** Das bisherige Gewährleistungsrecht der §§ 462, 463, 480 aF für Sach- und §§ 440, 441 aF für Rechtsmängel ist grdl umgestaltet. Nachgeschaltet dem neuen kaufrechtlichen Rechtsbehelf der Nacherfüllung (Nr 1) bestehen die Rechte des Käufers jetzt im Rücktritt anstelle der bisherigen Wandelung und der im Wesentlichen unveränderten Minderung (Nr 2) sowie in Ansprüchen auf Schadens- und Aufwendungsersatz (Nr 3).

IV. VerbrauchsgüterkaufRL. Die Nrn 1 u 2 berühren das Herz der Richtlinie (s. Erwägungsgründe 10 f), die mit Art 3 die Mitgliedsstaaten verpflichtet, dem Verbraucher zur Sanktionierung von Mängeln Rechte auf Nacherfüllung (II, III) sowie bei deren Fehlschlagen auf Minderung oder Vertragsauflösung (V, 6) zu gewähren. Nr 3 stellt eine richtlinienkonforme (Art 8 II) zusätzliche Berechtigung des Verbrauchers dar. 12

V. UN-Kaufrecht. Gewollt hat der Gesetzgeber das System des § 437, also insb die richtlinienexzessive Nr 3, auch in Anlehnung an das UN-Kaufrecht gestaltet (vgl BTDrs 14/6040, 86). Die doppelte Seite der Erstrangigkeit der Nacherfüllung, das Recht des Käufers auf Erhalt einer mangelfreien Ware (Art 46) und des Verkäufers zur zweiten Andienung (Art 48 „right to cure"; vgl Schlechtriem/Schwenzer/*Müller-Chen* Art 48 Rz 2), die nachrangigen Rechte zur Vertragsaufhebung (Art 49) und Minderung (Art 50) sowie va die umfassende Schadensersatzpflicht für zu vertretende Mängel als Pflichtwidrigkeit – bzw Vertragsverletzung in der Sprache des UN-Kaufrechts – sind Eckdaten des kaufrechtlichen Leistungsstörungsrechts, in denen jetzt nationales und internationales Kaufrecht in Deutschland von einer ähnlichen Konzeption geprägt sind. 13

VI. Abdingbarkeit. Im Verbrauchsgüterkauf sind Nr 1 u 2 zugunsten des Verbrauchers zwingend (§ 475 I). Sonst besteht freie Dispositivität, durch AGB in den Grenzen des § 310 I unter Berücksichtigung von § 309 Nrn 5, 8. 14

B. Struktur, Inhalt. Ordnung und Inhalt der zugunsten des Käufers begründeten Rechte sind § 437 nicht unmittelbar zu entnehmen. Ihr Verhältnis untereinander, dh zwischen Erfüllung, Minderung, Rücktritt und Schadensersatz statt der Leistung, bestimmt sich nach den Regeln der elektiven Konkurrenz, nicht der Wahlschuld (s.a. § 439 Rn 22). Damit entfaltet eine getroffene Wahl **keine Bindungswirkung** gem § 263 II, sondern nur aufgrund bes Regelung: § 281 IV für die Geltendmachung von Schadensersatz wegen Nichterfüllung und § 346 I für die Erklärung des Rücktritts. Der Käufer verliert daher ein entstandenes Rücktrittsrecht nicht durch die Forderung auf – Fortsetzung der – Nacherfüllung, soweit ihn nicht im Einzelfall eine Bindung nach Treu und Glauben trifft (BGH NJW 06, 1198 Rz 16-23 für den Erfüllungsanspruch bei Rechtsmangel; Köln 15 U 175/07 v 27.3.08 juris Rz 60; ähnl Bremen ZGS 07, 471, 472; *Althammer* NJW 06, 1179 ff; iE **aA** wegen § 440 2 Alt 3 bei Nacherfüllung Rostock OLGR 06, 471 f). 15

I. Vorrang der Nacherfüllung (Nr 1). Das Recht des Verkäufers zur **zweiten Andienung** (BTDrs 14/6040, 220; BVerfG ZGS 06, 470, 472; die folgenden Zitate) und den darin liegenden Vorrang der Nacherfüllung ggü den Rechten des Käufers auf Aufhebung der Leistungsbeziehung, durch Rücktritt oder Schadensersatz statt der Leistung, und Minderung gem Nrn 2 u 3 hat der Gesetzgeber bewusst nicht ausdrücklich geregelt (*Schroeter* AcP 207, 28, 29 f). Es ergibt sich allein aus der Voraussetzung für diese Rechte, dass die Setzung einer Frist zur Nacherfüllung erfolglos blieb (§§ 440, 281 I 1, 323 I, 284, 441 I; BGHZ 162, 219, 222 f; BGH NJW 05, 3211, 3212; grds auch für Tierkauf NJW 06, 988 Rz 10-12; BaRoth/*Faust* § 439 Rz 2; *Lorenz* NJW 06, 1175, 1176; **abw** *Schroeter* aaO 31-34 mwN: Abnahmepflicht des Käufers besteht fort). Darin liegt ein erheblicher Fortschritt des neuen Kaufrechts: Der Käufer hat jetzt ein Hauptleistungsrecht auf Lieferung einer mangelfreien Ware (§ 433 I 2, s. § 433 Rn 5), der Verkäufer bei dessen Verletzung ein Recht auf eine zweite Chance (zust zur Konzeption des Gesetzes Ernst/Zimmermann/*Zimmer* 191, 200; krit *Dauner-Lieb* JZ 01, 8, 13; Interessenanalyse bei *Lorenz* NJW 06, 1175 f; *Schroeter* aaO 36-40; zur im Einzelfall begrenzten Spiegelbildlichkeit vgl BaRoth/*Faust* § 439 Rz 2). Gegenstand des Anspruchs auf Nacherfüllung ist die Lieferung einer mangelfreien Kaufsache über Nachbesserung oder Ersatzlieferung (§ 439). Das Recht des Verkäufers zur zweiten Andienung erlischt zeitgleich mit dem Recht des Käufers auf Nacherfüllung (*Schroeter* aaO 43 f; s. § 439 Rn 10). Eine **Nachbesserung nach Rücktritt** des Käufers ist rechtlich nur beachtlich bei dessen Zustimmung (BGH NJW 09, 508 Rz 23; *Skamel* ZGS 09, 399, 400). Den Vorrang der Nacherfüllung hat der Käufer bei einem Verbrauchsgüterkauf unter der Sanktion des Verlusts seiner mängelrechtlichen Ansprüche auch zu beachten, wenn er bei einem binnen 6 Monate nach Übergabe auftretenden Defekt nicht weiß, ob § 476 zur Anwendung kommt (BGH NJW 06, 1195 Rz 18 ff für Gebrauchtwagen; *Lorenz* NJW 06, 1175, 1178). 16

II. Rücktritt oder Minderung (Nr 2). Beide Gestaltungsrechte können nur **alternativ** geltend gemacht werden, wie § 441 I für die Minderung deutlicher als Nr 2 zu entnehmen ist. Der Rücktritt ist mit kaufrechtlicher Anpassung über § 440 das Institut des allg Leistungsstörungsrechts, die Minderung entspr im wesentlichen § 462 aF. Die Rechtsfolgen beider Alternativen sind markant gegensätzlich, da der Rücktritt auf Rückabwicklung, die Minderung auf Bestand der Leistungsbeziehung unter finanzieller Anpassung gerichtet ist. 17

III. Schadensersatz oder Ersatz vergeblicher Aufwendungen (Nr 3). In der Ausprägung als Schadensersatz statt der Leistung (§ 281) haben beide Alternativen die Gemeinsamkeit, dass sie den Leistungsanspruch des Käufers aufheben; als sog kleiner Schadensersatz kann der Käufer aber wählen, die gelieferte Sache zu behalten (s. § 280 Rn 44). Zueinander stehen sie nach dem Gesetzeswortlaut im Verhältnis der Alternativität (zu den Grenzen s. § 284 Rn 5 mwN). IÜ kann Schadensersatz grds neben allen Ansprüchen einschl dem auf Nacherfüllung geltend gemacht werden. Ersatzfähig sind alle dem Käufer durch die mangelhafte Lieferung entstandenen Schäden, an der Sache selbst, an anderen Rechten und Rechtsgütern, am Vermögen, insb also entgangener Gewinn und Nutzungsausfall, und immateriellen Beeinträchtigungen gem § 253 II. 18

19 **C. Anspruch auf Nacherfüllung (Nr 1).** Es handelt sich um eine kaufrechtsinterne Rechtsgrundverweisung auf § 439. S. Kommentierung dort.

20 **D. Rücktrittsrecht (Nr 2 Alt 1).** Die Verweisung richtet sich auf Voraussetzungen und Rechtsfolgen des Rücktrittsrechts des § 323 als Emanation des allg Leistungsstörungsrechts. Nachfolgend werden nur die **kaufrechtlichen Besonderheiten** behandelt; iÜ s. Kommentierung von § 323.

21 **I. Voraussetzungen. 1. Nicht vertragsgemäße Leistung (§ 323 I Alt 2).** Die Schlechtleistung ist jetzt als selbständiger Rücktrittsgrund anerkannt (BTDrs 14/6040, 184). Ihre typische Ausprägung ist die Verletzung der Pflicht zu mangelfreier Lieferung (§ 433 I 2) (BaRoth/*Faust* Rz 12). Ein Verschulden des Verkäufers ist nicht erforderlich (Palandt/*Weidenkaff* Rz 22; MüKo/*Westermann* Rz 9).

22 **2. Unerheblichkeit der Pflichtverletzung (§ 323 V 2). a) Begriff.** Der generell das Rücktrittsrecht wegen Schlechtleistung beherrschende Ausschlussgrund der Unerheblichkeit der Pflichtverletzung nimmt sachlich die De Minimis-Regelung des § 459 I 2 aF auf (s. § 434 Rn 3); er gilt gleichfalls für den Schadensersatz statt der Leistung (§ 281 I 3). Für den **Verbrauchsgüterkauf** ist Grundlage Art 3 VI VerbrauchsgüterkaufRL, dass der Verbraucher „bei einer geringfügigen Vertragswidrigkeit" keine Vertragsauflösung beanspruchen kann. Darunter werden Pflichtverletzungen so geringen Ausmaßes verstanden, dass „das Leistungsinteresse des Gläubigers im Grunde nicht gestört ist" (BTDrs 14/6040, 140). Sie festzustellen erfordert eine „umfassende Interessenabwägung" (Palandt/*Grüneberg* § 281 Rz 48), in die die Auswirkungen auf Funktion, Beschaffenheit und Wert der Kaufsache sowie bes Möglichkeit und Aufwand einer Reparatur einzufließen haben (Köln 15 U 175/07 v 27.3.08 juris Rz 57 mwN; Stgt 6 U 248/08 v 1.12.09 juris Rz 29-54; BaRoth/*Faust* Rz 26; **abw** *Skamel* ZGS 09, 399 f mwN: Verringerung des Werts um > 10% oder eine ein billiges Interesse des Käufers zum Rücktritt auslösende Einschränkung der Nutzbarkeit). Mehrere Mängel sind in ihrer Gesamtheit zu würdigen (ebda). Indiz kann sein, dass die Beschaffenheit ausdrücklich vereinbart war (Ddorf NJW-RR 09, 400, 401). Eine unerhebliche Pflichtverletzung scheidet „idR" bei **arglistiger Täuschung** des Verkäufers über Mangel aus (grdl BGHZ 167, 19 Rz 7–13, m abl Anm *Roth* JZ 06, 1026, 1027 f; vgl Karlsr MittBayNot 05, 401, 403; **aA** BaRoth/*Faust* Rz 27; *Lorenz* NJW 06, 1925 ff mwN). **Beweispflichtig** für die Unerheblichkeit ist der Verkäufer (Karlsr aaO mwN) **Bsp** s. § 434 Rn 101–110.

23 **b) Geltung für Zurückweisungsrecht.** Ob aus § 323 V 2 zu entnehmen ist, dass der Käufer die ihm angebotene Kaufsache nicht zurückweisen darf, wenn sie nur unerheblich mangelhaft ist, ist str (**dafür** Jauernig/*Berger* Rz 29; *Lamprecht* ZIP 02, 1790; **dagegen** *Oetker/Maultzsch* 109 f). Die Gesamtabwägung spricht für einen Gleichlauf des Ausschlusses von Rücktritt und Zurückweisung, da ansonsten der unerhebliche Mangel systemwidrig die Konsequenzen einer völligen Nichtlieferung hätte, etwa für den Ersatz des Mangelschadens bis zur Beseitigung.

24 **3. Setzung einer angemessenen Frist zur Nacherfüllung (§ 323 I). a) VerbrauchsgüterkaufRL.** Es ist str, ob das Erfordernis der Fristsetzung richtlinienkonform ist (**dagegen** BaRoth/*Faust* Rz 17; *Herresthal* WM 07, 1354, 1360; *Lorenz* NJW 05, 1889, 1894; *Ernst/Gsell* ZIP 00, 1410, 1418; *Unberath* ZEuP 05, 5, 28-32; **dafür** Henssler/Graf v Westphalen/*Graf v Westphalen* Rz 10). Art 3 V 2. Spiegelstr der RL sieht ein Verfahren der Fristsetzung nicht vor, da es allein darauf ankommt, ob der Verkäufer „innerhalb einer angemessenen Frist Abhilfe geschaffen hat" (deutlicher im Englischen: „within a reasonable time" und Französischen „dans un délai raisonnable"). Ungeachtet tiefer Verbundenheit mit dem überkommenen Fristenkonzept kann der Rechtfertigungsversuch der Regierungsbegründung (BTDrs 14/6040, 222) nicht überzeugen: Dass es im Interesse eines Käufers liegen mag, eine Frist zu setzen, ändert nichts daran, dass in der Verpflichtung dazu eine spürbare formale Erschwernis der Rechtsausübung liegt. Das Erfordernis der Fristsetzung soll es ja gerade ausschließen, dass der Käufer nach der Mangelmeldung schlicht abwartet, was geschieht, eine von der Richtlinie gestattete Passivität. Gerade angesichts der – wenn auch zweifelhaften – Aufgabe der Richtlinie, den Rechtsverkehr zu vereinheitlichen, läuft es ihrem Anliegen zuwider, dass jetzt ein Mitgliedsstaat eine in anderen Mitgliedsstaaten unbekannte formale Hürde aufbaut. Entspr der Rechtslage zu § 439 IV (dort Rn 35) gilt daher das Erfordernis der Fristsetzung in richtlinienkonformer Auslegung nicht für Verbrauchsgüterkäufe (so Palandt/*Weidenkaff* § 439 Rz 7; BaRoth/*Faust*, Rz 18; *Herresthal*; *Lorenz* jew aaO; **abw** *Unberath* aaO).

25 **b) Anforderungen.** Die Fristsetzung muss sich auf den konkreten Mangel beziehen (LG Hanau NJW-RR 03, 1561, 1562; Palandt/*Weidenkaff* Rz 24). Verlangen nach sofortiger oder umgehender Leistung oä genügt (BGH NJW 09, 3153, Rz 10 f m zust Anm *Klein*).

26 **II. Rechtsfolgen.** Mit wirksam erklärtem Rücktritt hat der Käufer das Wahlrecht zwischen Rücktritt und Minderung (AG Kamen ZGS 05, 200; Palandt/*Weidenkaff* Rz 27; *Boerner* ZIP 01, 2264, 2270; **aA** *Derleder* NJW 03, 998, 1003: wenn Verkäufer disponiert hat) und das Recht auf Nacherfüllung (s. § 439 Rn 10) verloren.

27 **E. Minderung (Nr 2 Alt 2).** Es handelt sich um eine kaufrechtsinterne Rechtsgrundverweisung auf § 441. S. Kommentierung dort.

F. Schadensersatz (Nr 3 Alt 1). I. Einleitung. Die Anerkennung der Schlechtleistung als eine weitere Tatbe- 28
standsvoraussetzung für die Schadensersatzansprüche des allg Leistungsstörungsrechts ist eines der großen
Anliegen der Schuldrechtsreform (§ 433 Rn 5). Der implizite Verzicht auf ein eigenständiges Haftungsrecht
für den Kaufvertrag führt aber zu erheblichen Schwierigkeiten, da das allg Leistungsstörungsrecht auf die
Besonderheiten der Einstandspflicht für Mängel und des Rechts des Verkäufers zur zweiten Andienung nicht
zugeschnitten ist. Viele rechtliche Fragen sind daher äußerst str. Zudem ist die Haftung des Verkäufers für
Mängel mit der für die Verletzung von Nebenpflichten abzustimmen.

II. Systematisierung. Die mit Schadensersatz bewehrten Pflichten des Verkäufers lassen sich in folgender 29
Matrix ordnen: (**1.**) Primärer Anknüpfungspunkt ist die **Art der Pflichtverletzung**. Sie führt zur Untergliederung in Verletzungen der Hauptleistungspflicht des § 433 I 2 und von Nebenpflichten. Die Verletzung von
§ 433 I 2 ist zu differenzieren in die drei Fallgruppen behebbarer Mängel, Pflichtverletzungen bei der Nacherfüllung und unbehebbarer Mängel. (**2.**) Die Differenzierung nach der **Art des geltend gemachten Schadens**
ist hochstr. Teilweise wird weiter zwischen Mangel- und Mangelfolgeschaden unterschieden; dabei meint
Mangelschaden die Beeinträchtigung des Erfüllungsinteresses unter Einschluss von Minderwert, Nutzungsausfall und entgangenem Gewinn, **Mangelfolgeschaden** die Beeinträchtigung des Integritätsinteresses des
Käufers, also dessen sonstiger Rechte und Rechtsgüter (MüKo/*Westermann* Rz 33; *Boerner* ZIP 01, 2264,
2272; *Brüggemeier* WM 02, 1376, 1382). Richtigerweise ist die Differenzierung teleologisch am Konzept der
§§ 437 ff auszurichten, dass der Käufer primär einen Anspruch auf **Erfüllung** und dh bei Schlechterfüllung
auf **Nacherfüllung** hat. Daraus sind abzuleiten die Kategorie der Schäden, die prinzipiell (!) durch Nacherfüllung behoben werden können, wie **mangelbedingter Minderwert**, Reparaturaufwand, zukünftig entgehender
Gewinn, und der einer Nacherfüllung nicht zugänglichen Schäden, wie **Verletzungen des Integritätsinteresses** des Käufers, (Betriebs-)**Ausfallschäden** wie schon entgangener Gewinn (**so mit Unterschieden iE teilweise
unter Bezeichnung als Mangel- und Mangelfolgeschaden § 280 Rn 40 f; Palandt/*Heinrichs* § 280 Rz 18;
Palandt/*Weidenkaff* Rz 34 f; *Heßeler/Kleinhenz* JuS 07, 706, 708 ff mwN; *Skamel*, 70-77; vgl Naumbg ZGS 05,
77**). (**3.**) Für die **Rechtsfolgen** ist abzugrenzen zwischen Schadensersatz gem § 280 I, infolge Verzugs gem
§§ 280 II, 286 und statt der Leistung gem § 281; Schadensersatz statt der Leistung kann für unerhebliche
Pflichtverletzungen nicht gefordert werden (Rn 22). Die Einschlägigkeit auch der Verzugshaftung resultiert
aus dem Fehlen eines speziellen kaufrechtlichen Haftungsrechts: Verzögerung oder Schlechtleistung der
Nacherfüllung stellt Verzug mit einer Hauptleistungspflicht dar, kann sich aber, zB bei sicherheitsrelevanten
Mängeln, wie eine Nebenpflichtverletzung in einer Verletzung von anderen Rechten und Rechtsgütern des
Käufers äußern. Die Gliederungsbegriffe gem (1)-(3): Art der Pflichtverletzung, des Schadens und der
Rechtsfolgen erlauben keine präzise gegenseitige Zuordnung, vielmehr ist je nach Art der Pflichtverletzung
und des daraus resultierenden Schadens die anwendbare Rechtsfolge zu bestimmen. Es lässt sich allenfalls im
Sinne einer Faustformel feststellen, dass der Schadensersatz statt der Leistung zuständig für alle Schäden ist,
die von einer Nacherfüllung abhängen, während Schadensersatz gem § 280 I und wegen Verzugs die einer
Nacherfüllung nicht zugänglichen Schäden abdeckt (s. die Zitate o).

III. Verletzung der Pflicht zu mangelfreier Lieferung (§ 433 I 2). 1. Behebbarer Mangel. Der Käufer kann 30
durch einen Mangel schon geschädigt werden, bevor es überhaupt zur Nacherfüllung durch den Verkäufer
kommen konnte. Beispiel ist die Lieferung einer Maschine mit einem behebbaren Softwarefehler, der zur
Beschädigung der Gussstücke und später zum Ausfall der Maschine führte.

a) Schadensersatz wegen Verzugs: Ausfallschäden. Mit dem Grundsatzurteil vom 19.6.09 (NJW 09, 2674 31
Rz 9-19) hat der BGH die Streitfrage entschieden, dass der Käufer gem § 280 I einen Ausfallschaden als Schadensersatz neben der Leistung ersetzt verlangen kann, ohne dass die Verzugsvoraussetzungen vorliegen müssen (ebenso die Regierungsbegründung, BTDrs 14/6040, 225 und die hL, zB BaRoth/*Faust* Rz 67; MüKo/*Westermann* Rz 32; *Lorenz* NJW 02, 2497, 2501 Fn 32; *ders* NJW 05, 1889, 1891; *Canaris* ZIP 03, 321, 323 ff, 326 f;
Ebert NJW 04, 1761, 1762; Haas/Medicus/Rolland/Schäfer/Wendtland/*Haas* Kap 5 Rz 246; *Medicus* JuS 03,
521, 528; *Schroeter* AcP 207, 28, 54 f; *Tiedtke/Schmitt* BB 05, 615, 619). Damit hat der BGH der Qualifizierung des Ausfallschadens als eines Verzugs in Form der qualitativen Verzögerung eine Absage erteilt (Jauer-
nig/*Berger* Rz 17; Staud/*Matusche-Beckmann* Rz 54; *Büdenbender* DStR 02, 316, 318; Dauner-Lieb/Konzen/K.
Schmidt/*Dauner-Lieb* 17 f; *Grigoleit/Riehm* JuS 04, 745, 747 mwN; *Schur* ZGS 02, 243, 244; teilw mit der Diff-
ferenzierung einer Entbehrlichkeit der Mahnung gem § 286 II Nr 4: Palandt/*Weidenkaff* Rz 36; *Grigoleit/
Riehm* aaO). Der BGH hat sich nicht ausdrücklich zur weiteren Mindermeinung geäußert, der Vorrang der
Nacherfüllung sperre die Geltendmachung von Schadensersatz neben der Leistung für die Zeit zwischen
Übergabe und dem Beginn des Verzugs des Verkäufers mit der Nacherfüllung (*Oechsler* NJW 04, 1825, 1828;
4. Aufl Rz 32). Nach dem entschiedenen Sachverhalt spricht viel dafür, dass der BGH die Ersetzbarkeit des
Ausfallschadens bes in Form des Nutzungsausfalls unabhängig vom Recht des Verkäufers auf die zweite
Andienung sieht, so dass nach der Rspr des BGH jetzt folgende Rechtslage besteht: Anders als im Fall der
zum Verzug führenden völligen Nichtlieferung hat der Käufer bei Schlechtlieferung unter der einzigen
Voraussetzung des Verschuldens des Verkäufers gem § 280 I einen Anspruch auf Ersatz für ihm durch den
Mangel der Kaufsache entstandene Nachteile, insb entgangene Nutzungen.

32 Die ausgesprochen sorgfältige Begründung des Urteils des V. ZS spricht dafür, dass der BGH diese bedeutende Streitfrage jedenfalls für die Praxis endgültig entschieden hat. Es bleibt ein Bedenken: Mit dem Recht des Verkäufers zur zweiten Andienung ist es schwer vereinbar, den Verkäufer bei einer Schlechtlieferung, deren Ausgleich ihm das Gesetz ausdrücklich gestattet, sofort mit der Pflicht zum Ersatz des Ausfallschadens zu belasten, bei der völligen Nichtlieferung ihn aber durch die Verzugsvoraussetzungen zu schützen. Dem gesetzlichen Gesamtkonzept hätte es eher entsprochen, und wäre entgegen dem BGH auch mit der vollständig gewürdigten Regierungsbegründung vereinbar (vgl Rz 14 f des Urteils und Rz 32 sub (b) der 3. Aufl), das Recht der zweiten Andienung wirklich ernst zu nehmen und seine Funktion einer Schonfrist auch für den Ausfallschaden anzuerkennen. Die eher ungewöhnliche prinzipielle Betonung des (Mit-)verschuldens von Verkäufer und Käufer im Urt (Rz 19) mag als Hinweis auf ein Korrektiv ggü dessen Striktheit des Urteils gemeint sein.

33 **b) Schadensersatz gem § 280 I: Verletzungen des Integritätsinteresses.** Die Anwendbarkeit von § 280 I auf Schäden aus Verletzungen des Integritätsinteresses völlig unabhängig von Fristen zur Nacherfüllung ist ganz hM (Palandt/*Weidenkaff* Rz 35; MüKo/*Westermann* Rz 34; *Medicus* JuS 03, 521, 528; teilw **aA** wegen des Rechts zur zweiten Andienung *Oechsler* NJW 04, 1825, 1829 f). Der Anspruch auf Schadensersatz für die Gussstücke in Bsp Rn 30 folgt also aus § 280 I iVm Nr 3.

34 **c) Schadensersatz statt der Leistung: Mangelbedingter Minderwert und ähnliche Schäden.** Ein Anspruch auf Schadensersatz statt der Leistung für diese von der Nacherfüllung abhängigen Schäden (s. Rn 29) besteht aufgrund eines behebbaren Mangels ausschl unter den Voraussetzungen der §§ 440, 281 I 1, dass die Nachbesserung fehlgeschlagen ist oder der Verkäufer ausnahmsweise kein Recht zur zweiten Andienung hat (vgl BaRoth/*Faust* Rz 53; MüKo/*Westermann* Rz 26). Hat der Verkäufer den Mangel nicht verschuldet, reicht ein verschuldetes Fehlschlagen der Nacherfüllung (so für Ersatzlieferung Celle NJW-RR 07, 353, 354; s. insges mwN MüKo/*Westermann* Rz 27; *Harke* ZGS 06, 9).

35 **2. Verzögerte oder mangelhafte Nacherfüllung.** Schäden des Käufers in der Phase der Nacherfüllung können aus deren Verzögerung oder Unterlassung resultieren. Es kann aber auch die Nacherfüllung selbst zu Schäden führen.

36 **a) Verzögerte bzw unterlassene Nacherfüllung. aa) Schadensersatz wegen Verzugs. (1.) Ausfallschäden.** Da der Anspruch auf Nacherfüllung ein modifizierter Erfüllungsanspruch ist (§ 439 Rn 9), führt eine Leistungsstörung aus verweigerter, verzögerter oder erfolgloser Nacherfüllung zu einem Verzug des Verkäufers mit einer Hauptleistungspflicht. Daher gilt für Ausfallschäden die Verzugshaftung (BaRoth/*Faust* Rz 69; Haas/Medicus/Rolland/Schäfer/Wendtland/*Haas* Kap 5 Rz 247; *Lorenz* NJW 05, 1889, 1891).

37 **(2.) Verletzungen des Integritätsinteresses.** Da verzugsbedingt unterliegen auch Schäden aus der Verletzung des Integritätsinteresses der Verzugshaftung (BaRoth/*Faust* Rz 69; *Tiedtke*/*Schmitt* BB 05, 615, 618; offenbar **aA**: Anwendbarkeit von § 280 I Haas/Medicus/Rolland/Schäfer/Wendtland/*Haas* Kap 5 Rz 248).

38 **bb) Schadensersatz statt der Leistung: Mangelbedingter Minderwert und ähnliche Schäden.** Diese vom Ergebnis der Nacherfüllung abhängigen Schäden (s. Rn 29) sind nur nach den Regeln des Schadensersatzes statt der Leistung ersatzfähig (BaRoth/*Faust* Rz 69; *Tiedtke*/*Schmitt* BB 05, 615, 618 jew mit zutreffender Ausnahme für den Schaden aus dem fristbedingten Scheitern eines Weiterverkaufs).

39 **b) Mangelhafte Nacherfüllung.** Die Nacherfüllung selbst kann zu Schäden führen, indem sie zur „Verschlimmbesserung" führt, also die ersatzgelieferte oder nachgebesserte Sache neue Mängel aufweist oder ihre Vornahme den Käufer schädigt, zB bei Schweißarbeiten zur Reparatur der gelieferten Maschine die Fabrikhalle des Käufers in Brand gesetzt wird. Dann gilt:

40 **aa) Schadensersatz gem § 280 I:** Zu **Ausfallschäden** und Schäden aus **Verletzungen des Integritätsinteresses** s. Rn 36, 37.

41 **bb) Schadensersatz statt der Leistung: Mangelbedingter Minderwert und ähnliche Schäden.** S. Rn 38 (vgl insgesamt *Schubel* DB 04, 119, 121 ff; **aA** Saarbr NJW 07, 3503, 3504 f; Palandt/*Weidenkaff* Rz 35).

42 **3. Unbehebbarer Mangel. a) bei Vertragsschluss.** Es gilt § 437 insb mit seinem Verweis auf § 311a (s. Rn 6).

43 **b) nach Vertragsschluss.** Wird der Mangel erst nach Vertragsschluss unbehebbar, zB weil der Verkäufer eine Spezieskaufsache irreparabel beschädigt, liegt ein Fall nachträglicher Unmöglichkeit vor, der dem Käufer Ansprüche auf Schadensersatz statt der Leistung eröffnet (Nr 3 iVm § 283; BaRoth/*Faust* Rz 117 mit Bsp; MüKo/*Westermann* Rz 25).

44 **4. Verschulden des Verkäufers.** Jede Schadensersatzhaftung des Verkäufers gem Nr 3 erfordert, dass der Verkäufer den Mangel zu vertreten hat (§§ 280 I 2, 311a II 1). „Vertreten muss der Verkäufer den Mangel nicht schon deshalb, weil in der mangelhaften Lieferung die Verletzung einer Vertragspflicht liegt. Zu einer Pflichtverletzung muss vielmehr Vertretenmüssen hinzukommen" (BTDrs 14/6040, 210; deutlich BGHZ 163, 234, 238 f; s.a. MüKo/*Westermann* Rz 62). Anknüpfungspunkt sind die einzelnen Arten der Pflichtverletzung (s. Rn 30–43).

a) Behebbarer Mangel. Zu vertreten ist die Lieferung einer Kaufsache mit einem behebbaren Mangel nur, 45
wenn der Verkäufer den Mangel entweder verursacht oder gekannt hat bzw hätte kennen müssen.

aa) Verursachung des Mangels. Der Verkäufer hat den Mangel zu vertreten, wenn er oder seine Erfüllungs- 46
gehilfen (§ 278) ihn schuldhaft verursacht haben; auf Kenntnis kommt es dann nicht an.
(1.) Der **Hersteller** als Verkäufer haftet für alle zu vertretenden Mängel im von ihm verantworteten Herstel- 47
lungsprozess, also insb auch für Verschulden von Mitarbeitern (BaRoth/*Faust* Rz 85; *U. Huber* in: FS Ulmer,
1165, 1185; für Tierzüchter BGHZ 163, 234, 239 ff). Für die Einbeziehung von Zulieferern sind die Grundsätze zum Werk(lieferungs)vertrag heranzuziehen (s. mit ausf Darstellung der Rspr *U. Huber* aaO, 1182 ff):
Danach haftet der Hersteller für Zulieferer als Erfüllungsgehilfen, denen er den gesamten Herstellungsprozess
überlässt (*U. Huber* aaO, 1185; zur aF RG 108, 221, 223). Die Abgrenzung für Zulieferer von Vorprodukten
ist str: Keine Erfüllungsgehilfen sind Zulieferer von Rohstoffen, ferner von solchen Vorprodukten, bei denen
nach dem Inhalt der Lieferpflicht eine eigene Herstellung durch den Verkäufer nicht erwartet wird, zB Standardsoftware bei Kauf einer EDV-Anlage vom Hardware-Hersteller, Reifen, Batterie oder Navigationssystem
bei Kauf eines Kraftfahrzeugs (ähnl zur § 631 ff BGH NJW 78, 1157; Palandt/*Sprau* § 631 Rz 17; zu aF mit
unklarer Begrenzung BGHZ 48, 118, 120 f „TREVIRA"; **aA:** umfassende Einstandspflicht BaRoth/*Faust*
Rz 86). Für funktional und nach der Verkehrsauffassung ununterscheidbar in die Herstellungsleistung des
Verkäufers integrierte Vorprodukte ist der Zulieferer dagegen Erfüllungsgehilfe des Herstellers, zB Teig bei
Brot vom Bäcker (iGgs zum Mehl), bei Kraftfahrzeug Teile wie Bremse oder Radaufhängung. Soweit der
Zulieferer kein Erfüllungsgehilfe des Herstellers ist, besteht eine Einstandspflicht nur für Verschulden bei
Auswahl und Überwachung (MüKo/*Westermann* Rz 27).
(2.) Der **Händler** haftet nur für selbstverursachte Mängel, zB infolge falscher Lagerung (MüKo/*Westermann* 48
Rz 27). Der Hersteller ist nicht sein Erfüllungsgehilfe (ganz hM: BTDrs 14/6040, 210; Köln ZGS 06, 77, 78;
BaRoth/*Faust* Rz 84; *U. Huber* aaO 1187 f mit Darstellung der Rspr zur aF; *Schubel/Koch* DB 04, 119, 123).
Für eigenes Verschulden kann er aber haften, wenn er bei der Auswahl des Herstellers unsorgfältig war, zB bei
Kenntnis von dessen mangelhaften Produkten (MüKo/*Westermann* Rz 27).

bb) Erkennbarkeit des Mangels. Der Verkäufer hat bei Vertragsschluss erkannte oder erkennbare Mängel zu 49
vertreten. Den **Händler** trifft eine **Untersuchungspflicht** nur ausnahmsweise (BaRoth/*Faust* Rz 87; MüKo/
Westermann Rz 28; ausf *Stoppel* ZGS 06, 49 ff; zur aF BGH NJW 81, 1269, 1270; weiter für Unternehmer
Braun ZGS 06, 328, 331): Ablieferungsinspektion beim Verkauf von Neuwagen (zur aF BGH NJW 69, 1708,
1710); Endinspektion beim Verkauf von Gebrauchtwagen bei eigener Werkstatt (BTDrs 14/6040, 210), bei
sich aufdrängendem Verdacht auf Mängel (vgl zur aF BGHZ 74, 383, 392); **nicht** auf Unfallschäden bei
Gebrauchtwagen ohne besondere Anhaltspunkte (BGHZ 168, 64 Rz 15). Der **private Verkäufer** hat keine
Untersuchungspflicht (Brandbg MDR 08, 1094, 1095). Erst nach Vertragsschluss, aber vor Lieferung erkannte
Mängel führen zur Haftung, wenn die unterlassene Beseitigung, subsidiär die unterlassene Information des
Käufers zu vertreten ist (s. Rn 50).

b) Nacherfüllung. Unabhängig von der Einstandspflicht für bei Vertragsschluss vorhandene Mängel kann 50
auch ein verschuldetes Scheitern der Nacherfüllung zur Haftung führen. Bei **Herstellern** ist dafür Voraussetzung, dass Nacherfüllung technisch möglich und nach dem Inhalt des Vertrags geschuldet ist, also zB bei
beschränkter Gattungsschuld nur iR eigener Produktionsmöglichkeiten. **Händler** sind gem § 276 I nur verpflichtet, sich in ihren normalen Beschaffungswegen verfügbare Ware zu beschaffen oder eine ihnen mögliche
Reparatur vorzunehmen (BaRoth/*Faust* Rz 103).

c) Unbehebbarer Mangel. Das Verschulden muss sich auf die Unbehebbarkeit beziehen (§ 311a II 2 Alt 2). Dies 51
wird bei Kenntnis oder verschuldeter Unkenntnis vom Mangel fast immer der Fall sein, weil daraus die weitere
Pflicht zur vorherigen Klärung der Behebbarkeit folgt (BaRoth/*Faust* Rz 111; *Schur* ZGS 02, 243, 247).

IV. Neben(leistungs)pflichten des Verkäufers („Nebenpflichten"). 1. Begriff. Nebenpflichten betreffen die 52
vom Verkäufer geschuldeten Leistungshandlungen, die nicht im Gegenseitigkeitsverhältnis des § 320 stehen,
aber ebenfalls der Herbeiführung des Leistungserfolgs dienen (Palandt/*Heinrichs* § 241 Rz 5), zB Pflichten zur
Herausgabe von Unterlagen über die Kaufsache. Dazu gehören auch die als „Schutz-" oder „Verhaltenspflichten" bezeichneten Pflichten zum Schutz der Rechte und Rechtsgüter des Käufers außerhalb des Leistungserfolgs (§ 241 II; Palandt/*Heinrichs* § 241 Rz 6 mwN), zB Verpackung der Kaufsache so, dass sie nicht andere
Waren schädigt. Beide Kategorien kommen für den Kaufvertrag in Betracht.

2. Abgrenzung zur cic. Nebenpflichten des Verkäufers werden von Rspr und Lit häufig nicht danach 53
getrennt, ob sie die Zeit vor oder nach Vertragsschluss betreffen (vgl die Listen bei Palandt/*Weidenkaff* § 433
Rz 22 ff; MüKo/*Westermann* § 433 Rz 62 ff; den Hinweis, dass der Zeitpunkt nicht auf inhaltliche Verschiedenheit hindeutet, von Staud/*Beckmann* § 433 Rz 92; **abw** Staud/*Beckmann* Rz 92 ff; BaRoth/*Faust* Rz 190 einerseits und § 433 Rz 44 ff andererseits). Damit können kaufrechtliche Nebenpflichten des Verkäufers simultan
zu solchen aus cic bestehen (zur aF für Angaben zu Eigenschaften – cic – und Beratung – Nebenpflicht –
BGHZ 88, 130, 134 f „Kleber"; BGH NJW 97, 3227, 3228 „Irokoholz I"; **aA** Palandt/*Grüneberg* § 311 Rz 15,

der entgegen dem klaren Wortlaut die Rspr der cic zuweist). Nachstehend wird zeitlich zugeordnet, soweit der grds Vorrang des Mängelrechts vor der cic (Rn 71–73) dies erfordert.

54 **3. Beratung, Auskunft, Einweisung, Instruktion.** Die informatorischen Pflichten des Verkäufers stehen praktisch und für die Abgrenzung zur cic rechtlich im Vordergrund. Zur Verjährung s. § 438 Rn 3.

55 **(1.) Zur vorvertraglichen Beratung über die Beschaffenheit der Kaufsache** kann der Verkäufer unabhängig vom Ausschluss der cic durch den Vorrang des Mängelrechts verpflichtet sein. Voraussetzung ist, dass eine besondere, über die Sorgfaltspflichten einer Vertragspartei nach § 311 II hinausgehende Beratungspflicht des Verkäufers als Nebenpflicht (s. Rn 73) oder aufgrund eines selbständigen Beratungsvertrags (s. Rn 74) besteht. **Bsp:** Auftreten wie ein „Berater und Fachmann" (zur aF BGHZ 88, 130, 134 f „Kleber"; ebenso BGH WM 77, 1027, 1028 „Pflanzenschutzmittel": „Netz von Beratungsstellen"); Erstellung individualisierter Berechnungen über die Finanzierbarkeit der Kaufsache (zur aF BGHZ 140, 111, 115: „persönliches Berechnungsbeispiel"; BGH NJW 04, 64, 65; 08, 506 Rz 20 f, auch zu den Grenzen); Hinweis auf Unmöglichkeit der Verwendung von Nachtspeicherstrom bei Kauf von Speicherheizung zur Kostenersparnis (Kobl NJW-RR 08, 566 f); Aufklärung über Leerstand trotz Erteilung befristeter Mietgarantie (BGH WM 09, 2185 Rz 10-12); zur Beratungspflicht bei empfohlenem Beitritt zu einem Mietpool s. BGH NJW 08, 3059, 3060.

56 **(2.) Auskunft über die Beschaffenheit der Kaufsache** schuldet der Verkäufer vorvertraglich zusätzlich zu Rn 55 nur unter besonderen Voraussetzungen. Aufgrund **längerer Geschäftsverbindung** hat er auf für den Käufer wichtige **Änderung** der Beschaffenheit hinzuweisen, auch wenn diese nicht zur Mangelhaftigkeit führt (zur aF BGHZ 107, 331, 336 f „Wellpappe"; 132, 175, 177 „Bernina Bergleder"). Darüber hinaus bleiben die **Aufklärungspflichten** gem § 123 unberührt (s. § 123 Rn 8–21). Nachvertraglich hat der Verkäufer dem Käufer für den Einsatz der Kaufsache wichtige Informationen zu geben (vgl Staud/*Beckmann* § 433 Rz 122).

57 **(3.) Zur Einweisung und Instruktion** des Käufers kann der Verkäufer aufgrund seines sachkundigen Marktauftretens (Fachhändler) (zur aF BGHZ 47, 312, 315 f „Betonmischmaschine") oder der technischen Schwierigkeit eines Produkts (zur aF BGH NJW 84, 2938; Köln NJW 94, 1355; Dresd NJW-RR 98, 1351, 1352 jew zu EDV-Anlagen) verpflichtet sein. Er hat den Käufer eines Bausatzes darüber zu informieren, dass die Montageanleitung Fachkenntnisse fordert, selbst wenn er dies für falsch hält (BGH NJW 07, 3057 Rz 35–37 mit Vorinstanz Rostock OLGR 06, 926; krit *Kulke* ZGS 07, 380 ff).

58 **4. Weitere Beispiele. Urkunden** zu den rechtlichen Verhältnissen der Kaufsache hat der Verkäufer entspr § 444 aF zu übergeben (vgl Palandt/*Weidenkaff* § 433 Rz 26; MüKo/*Westermann* Rz 68; als Hauptleistungspflicht § 433 Rn 26).

59 Zur **Untersuchung der Kaufsache** s. Rn 49.

60 Im kaufmännischen Verkehr ist eine Rechnung mit gesondertem Ausweis der **Mehrwertsteuer** auszustellen (zur aF BGHZ 103, 284, 286 f, 297).

61 Die Anforderungen an die **Verpackung** ergeben sich aus § 434 I 2 Nr 2 (als Normalbeschaffenheit § 434 Rn 49; **aA** Nebenpflicht: Palandt/*Weidenkaff* § 433 Rz 35; zur aF für Transportverpackung BGHZ 87, 88, 91 f; abw für Verpackung zum Schutz anderer Waren BGHZ 66, 208, 211 f „Batterien", dagegen § 438 Rn 3).

62 Der **Schutz der Kaufsache** obliegt dem Verkäufer bis Gefahrübergang, zB durch **sorgfältige Lagerung** (zur aF BGH DB 72, 34). Dazu gehört nicht die Sachversicherung (zur aF BGH NJW 91, 1675, 1676; **abw** für den Einzelfall BTDrs 14/6040, 203; Staud/*Beckmann* § 433 Rz 108).

63 Die **Anlieferung** hat der Verkäufer sorgfältig vorzunehmen, zB Benzin in den richtigen Tank der Tankstelle einzufüllen (zur aF BGHZ 107, 249, 251: Normalbenzin in Tank für Superbenzin), den Abfüllvorgang bei Heizöl zu überwachen (zur aF BGH WM 83, 388, 389; 85, 921). § 434 II 1 ist auch analog nicht anwendbar (Müko/ *Westermann* Rz 31; **aA** BaRoth/*Faust* § 434 Rz 89; Erman/*Grunewald* vor § 437 Rz 12; *Klinck* ZGS 08, 217 ff).

64 **Ersatzteile** und Serviceleistungen sind produktabhängig für eine angemessene Zeit vorzuhalten (Palandt/ *Weidenkaff* § 433 Rz 29; Staud/*Beckmann* § 433 Rz 121 mwN; zur aF LG Köln NJW-RR 99, 1285, 1286).

65 **G. Aufwendungsersatz.** Es handelt sich um eine Rechtsgrundverweisung auf § 284. S. Kommentierung dort.

66 **H. Andere Rechtsbehelfe des Käufers. I. Allgemeines Leistungsstörungsrecht und Unmöglichkeit.** Beide Materien des allg Schuldrechts gelten bis zum Gefahrübergang bei Sachmängeln bzw Eigentumsübergang bei Rechtsmängeln (s. Rn 3, 4, 6). Ab dann ist § 437 lex specialis (Palandt/*Weidenkaff* Rz 48).

67 **II. Anfechtung. 1. nach § 119 I.** Die Anfechtung wegen Inhalts- und Erklärungsirrtums ist unabhängig von § 437 zulässig (BGH ZIP 05, 531, 532; MüKo/*Westermann* Rz 55).

68 **2. nach § 119 II. a) des Käufers.** Der Irrtum über eine verkehrswesentliche Eigenschaft der Kaufsache ist typisch durch eine Abweichung der Kaufsache von der vereinbarten oder vorausgesetzten Beschaffenheit verursacht. Damit würde § 119 II einen großen Teil des Anwendungsbereichs des § 437 abdecken, so dass es nach *wie vor bei der Verdrängung des Eigenschaftsirrtums* durch das Mängelrecht bleiben muss (**hM:** MüKo/*Westermann* Rz 53; Staud/*Matusche-Beckmann* Rz 20–24 m ausf Nachw; **aA** BaRoth/*Faust* Rz 182). Daraus resultiert auch, dass die abschließende Geltung von § 437 unabhängig davon ist, ob die konkrete Eigenschaft Mängelrechte begründet (Palandt/*Weidenkaff* Rz 53; MüKo/*Westermann* Rz 53; **aA** zur aF BGH NJW 79, 160, 161,

insoweit in BGHZ 72, 252 nicht abgedr). Der Ausbau des allg Leistungsstörungsrechts und dessen Verzahnung mit § 437 sprechen dafür, anders als bisher die Anfechtung gem § 119 II auch schon **vor Gefahrübergang** bzw Eigentumsübergang auszuschließen (Staud/*Matusche-Beckmann* Rz 25–27; dahin tendierend BTDrs 14/6040, 210; nur bei behebbaren Mängeln MüKo/*Westermann* Rz 53; **aA** Palandt/*Weidenkaff* Rz 53; Erman/*Grunewald* vor § 437 Rz 22 f).

b) des Verkäufers. Der Verkäufer ist zur Anfechtung gem § 119 II berechtigt, wenn er sich zugunsten des Käufers über wertbildende Eigenschaften geirrt hat. Die Anfechtung ist daher ausgeschlossen für alle Eigenschaften, die zu Mängelrechten des Käufers führen können (Staud/*Matusche-Beckmann* Rz 31; MüKo/*Westermann* Rz 55; zur aF BGH NJW 88, 2597 f; generell RG 124, 115, 120 „Ming-Vasen"; differenziert Erman/*Grunewald* vor § 437 Rz 25). **69**

3. nach § 123. Der Vorwurf der arglistigen Täuschung oder Drohung wiegt so schwer, dass wie nach altem Recht die Anfechtung nach Wahl des Käufers statt der Ausübung der Rechte aus § 437 erklärt werden kann (ganz hM: Rostock OLGR 06, 925; Saarbr OLGR 09, 625 Rz 55; Palandt/*Weidenkaff* Rz 54; Staud/*Matusche-Beckman*n Rz 41–48 m ausf Nachw; **aA** für objektiv unerhebliche Pflichtverletzungen Roth JZ 06, 1026, 1027 f). **70**

III. cic. 1. Meinungsstand. Bis zum Urt des BGH vom 27.3.09 (BGHZ 180, 205) war die Rechtslage in Fortführung der Diskussion zu §§ 459 ff aF umstr (s. BGHZ 60, 319, 321 ff; 114, 263, 266; BGH NJW 95, 2159, 2160; 01, 2875, 2876; Darstellung und Nachw der Kritik bei Palandt/*Heinrichs* § 311 Rz 25–28; *Schaub* AcP 202, 757, 776 f; ausf 3. Aufl Rz 73). Nach **neuem Kaufrecht** entwickelt sich in der Lit eine starke Tendenz dahin, die Sperrwirkung des Mängelrechts auszudehnen auf **Rechtsmängel** und **Vorsatz** (Palandt/*Grüneberg* § 311 Rz 14–16; Staud/*Matusche-Beckmann* Rz 66 f; *Canaris* Karlsruher Forum 02, 87 f; *Mertens* AcP 203, 818, 826 ff; *Schaub* AcP 202, 757, 782 f; gegen die Ausdehnung auf Vorsatz Erman/*Grunewald* vor § 437 Rz 17; *Schröcker* ZGR 05, 63, 89 f). Speziell für Rechtsmängel wird darauf verwiesen, dass mit deren Einbeziehung in § 437 jeder Grund für eine Sonderbehandlung entfallen sei (Palandt/*Grüneberg* § 311 Rz 16; Staud/*Matusche-Beckmann* Rz 66; *Mertens* AcP 203, 818, 829 f). Eine Ausn für die Vorsatzhaftung sei auch nicht mehr begründet, da nach aF die Beschränkung auf Fahrlässigkeit ihren Grund darin hatte, eine Umgehung der auf Vorsatz beschränkten Sonderregelung des § 463 aF zur zugesicherten Eigenschaft zu verhindern (Staud/*Matusche-Beckmann* Rz 67; weitere Argumentation bei *Mertens* AcP 203, 818, 830 f; dazu **abl** *Derleder* NJW 04, 969, 974 f). Dies gelte auch, wenn für die fragliche Eigenschaft die Beschaffenheit nicht vereinbart sei (**so** Palandt/*Grüneberg* § 311 Rz 14; offenbar *Schaub* AcP 202, 757, 782 f; **aA** MüKo/*Westermann* Rz 59; Grigoleit/*Herresthal* JZ 03, 118, 126; *Mertens* AcP 203, 818, 839 f). Die Möglichkeit **selbständiger Beratungspflichten** wird teils anerkannt (Palandt/*Grüneberg* § 311 Rz 17; MüKo/*Westermann* Rz 58, 60; Staud/*Matusche-Beckmann* Rz 71; *Berger* JZ 04, 276, 283 „in Ausnahmefällen"), teils abgelehnt (*Mertens* AcP 203, 818, 849 ff; *Schaub* AcP 202, 757, 782 f). Die Gegenmeinung fordert eine generelle Konkurrenz von Mängelrecht und cic, insb wegen der strukturellen Verschiedenheit der Tatbestandsvoraussetzungen (BaRoth/*Faust* Rz 190; *Häublein* NJW 03, 388, 391 ff). **71**

2. Grundsatzurteil des BGH vom 27.3.09 (BGHZ 180, 205 = NJW 09, 2120). (1.) In Übereinstimmung mit den Vorauflagen hat der BGH die grundsätzliche **Sperrwirkung des Mängelrechts für die Regeln der cic** anerkannt (BGHZ 180, 205 Rz 19-23). Er weist zutr darauf hin, dass ansonsten in vielen Fällen die kaufrechtlichen Sonderregeln angesichts der Ansprüche aus cic überflüssig würden (Rz 22). Nach dem vom BGH entschiedenen Sachverhalt, in dem keine Beschaffenheitsvereinbarung vorlag, gilt diese Sperrwirkung in Übereinstimmung mit der hier vertretenen Auffassung unabhängig davon, ob für die konkrete Beschaffenheit eine solche Vereinbarung getroffen war; zu ergänzen ist, dass gleichstehen muss ein Nichtbestehen von Mängelrechten aus anderen Gründen, zB wegen Verjährung. Die Begründung liegt darin, dass ansonsten die Sperrwirkung **negativer Beschaffenheitsvereinbarungen** (s. § 434 Rn 29) umgangen würde. Nicht vom BGH entschieden ist die weitere Konsequenz, dass diese Sperrwirkung für **Sach- und Rechtsmängel** gleichermaßen eingreift. Als Grenze der Sperrwirkung hat der BGH zu Recht ausdrücklich festgestellt, dass die Sperrwirkung nicht „bei **arglistigem (vorsätzlichem) Verhalten des Verkäufers** gerechtfertigt" ist (BGHZ 180, 205 Rz 24). Dies ergibt sich aus der auch im Kaufrecht besonderen Behandlung des arglistigen Verkäufers, vgl § 444 mit der Unwirksamkeit eines Haftungsausschlusses und § 442 I 2 mit der Haftung auch ggü einem grob fahrlässigen Käufer. Die Ansprüche sind allerdings beschränkt auf den Ersatz des **Vertrauensschadens**, da es für Erfüllungsansprüche beim Vorrang des Mängelrechts bleiben muss (Saarbr OLGR 09, 625 Rz 59-63). **72**

(2.) Mängelrecht und insb Beschaffenheitsvereinbarungen als ihre Grundlage haben nur die Abweichung der tatsächlichen von der vereinbarten Beschaffenheit zum Gegenstand. Sie erlauben damit keine Aussage darüber, wie Pflichtverletzungen eines Verkäufers zu beurteilen sind, der dem Käufer nicht nur als solcher ggü trat, sondern unter Übernahme einer **Beratungspflicht**, als „Berater und Fachmann" den Abschluss der Beschaffenheitsvereinbarung beeinflusste (s. Bsp Rn 55). Auf konkrete kaufvertragliche Nebenpflichten, die über die allg Treuepflicht einer Vertragspartei gem § 311c hinausgehen, wie der auf Beratung oder aus langjähriger Geschäftsverbindung (Rn 56) kann daher ein Anspruch wegen Verletzung einer kaufvertraglichen Nebenpflicht nach wie vor gestützt werden. **73**

74 **IV. Selbständiger Beratungsvertrag.** Die Grundsätze der separaten Haftung eines Verkäufers aus einem neben dem Kaufvertrag geschlossenen selbständigen Beratungsvertrag gelten nach der Schuldrechtsreform fort (vgl MüKo/*Emmerich* § 311 Rz 128 f; Staud/*Matusche-Beckmann* § 438 Rz 23; **krit** *Mertens* AcP 03, 818, 851 ff; *Schaub* AcP 02, 757, 784 ff). Einen solchen Vertrag nimmt der BGH an, wenn sich die Beratung durch den Verkäufer „nach Inhalt, Umfang, Intensität und Bedeutung so verselbständigt hat", dass sie „als Verpflichtung eigener Art neben dem Kaufvertrag steht"; dazu bedarf es „besonderer und außergewöhnlicher Umstände" (zur aF BGHZ 140, 111, 115; zuletzt BGH NJW 08, 2852 Rz 11 ff). Konsequenz dieser zusätzlichen Vertragsgrundlage ist die Verjährung nach §§ 195 ff, nicht § 438 (MüKo/*Westermann* Rz 10; Staud/*Matusche-Beckmann* aaO; zur aF BGH NJW 99, 1540, 1541; 08, 506 Rz 7).

75 **V. Geschäftsführung ohne Auftrag.** Wegen des abschließenden Charakters des Mängelrechts können Ansprüche im Zusammenhang mit Mängeln, va auf Ersatz des Aufwands für Mängelbeseitigung durch den Käufer, nicht auf die Regeln der GoA gestützt werden (BGHZ 162, 219, 228 f; BGH NJW 05, 3211, 3212; Palandt/*Weidenkaff* Rz 58).

76 **VI. Deliktsrecht.** Die §§ 823 ff kommen uneingeschränkt neben dem Mängelrecht zur Anwendung (Palandt/*Weidenkaff* Rz 56; Erman/*Grunewald* vor § 437 Rz 31); zur Verjährung s. § 438 Rn 9. Davon ist zu unterscheiden, ob die Grundsätze der Haftung für Weiterfresser- und Produktionsschäden fortgelten (**so** § 823 Rn 41–55; **aA** für Weiterfresserschäden *Tettinger* JZ 06, 641 ff; zum KaufR s. *Schollmeyer* NJOZ 09, 2729 ff).

§ 438 Verjährung der Mängelansprüche.
(1) Die in § 437 Nr. 1 und 3 bezeichneten Ansprüche verjähren
1. in 30 Jahren, wenn der Mangel
   a) in einem dinglichen Recht eines Dritten, auf Grund dessen Herausgabe der Kaufsache verlangt werden kann, oder
   b) in einem sonstigen Recht, das im Grundbuch eingetragen ist,
   besteht,
2. in fünf Jahren
   a) bei einem Bauwerk und
   b) bei einer Sache, die entsprechend ihrer üblichen Verwendungsweise für ein Bauwerk verwendet worden ist und dessen Mangelhaftigkeit verursacht hat, und
3. im Übrigen in zwei Jahren.

(2) Die Verjährung beginnt bei Grundstücken mit der Übergabe, im Übrigen mit der Ablieferung der Sache.

(3) ¹Abweichend von Absatz 1 Nr. 2 und 3 und Absatz 2 verjähren die Ansprüche in der regelmäßigen Verjährungsfrist, wenn der Verkäufer den Mangel arglistig verschwiegen hat. ²Im Falle des Absatzes 1 Nr. 2 tritt die Verjährung jedoch nicht vor Ablauf der dort bestimmten Frist ein.

(4) ¹Für das in § 437 bezeichnete Rücktrittsrecht gilt § 218. ²Der Käufer kann trotz einer Unwirksamkeit des Rücktritts nach § 218 Abs. 1 die Zahlung des Kaufpreises insoweit verweigern, als er auf Grund des Rücktritts dazu berechtigt sein würde. ³Macht er von diesem Recht Gebrauch, kann der Verkäufer vom Vertrag zurücktreten.

(5) Auf das in § 437 bezeichnete Minderungsrecht finden § 218 und Absatz 4 Satz 2 entsprechende Anwendung.

1 **A. Grundsätzliches. I. Bedeutung.** Die Norm unterstellt das Mängelrecht einem eigenständigen Verjährungsregime. Sie gilt über die gesetzliche Überschrift hinaus für die mängelrechtlichen Ansprüche (§ 437 Nr 1, 3) und die Gestaltungsrechte (§ 437 Nr 2). Als wesentlichen Inhalt ersetzt sie die Regelverjährung des § 195 mit ihrer 3-Jahres-Frist, dem Beginn am Endes des Kalenderjahres und der subjektiven Anknüpfung an Kenntnis oder grobfahrlässige Unkenntnis (§ 199 I Nr 2) durch gestaffelte Fristen mit objektivem und taggenauem Beginn II. Mängelrechtliche Regelfrist ist die **2-Jahresfrist** (I Nr 3; vgl MüKo/*Westermann* Rz 1; krit *Rühl* AcP 207, 614-617, 630-650); ferner sieht § 438 bedeutsame kaufrechtsspezifische Verlängerungen der Verjährungsfrist auf 30 Jahre für bestimmte Rechtsmängel (I Nr 1) und auf 5 Jahre für bauwerksbezogene Mängel (I Nr 2) vor. Zu den Funktionen der mängelrechtlichen Verjährung s. *Rühl* aaO 618-629 mwN.

2 **II. Anwendungsbereich.** Gesetzlich geregelt ist die Geltung für den **Sach-** und über § 453 entspr für den **Rechtskauf** (BTDrs 14/6040, 227) sowie für **Sach- und Rechtsmängel** (BTDrs 14/6040, 226). Praktisch wird der Anwendungsbereich wesentlich durch 7 Streitfragen bestimmt:

3 **1. Kaufrechtliche Nebenpflichten.** Die Abgrenzung der Rspr zu § 477 aF gilt fort: Alle Nebenpflichten **mit Wirkung auf die Beschaffenheit der Kaufsache** unterliegen § 438, alle übrigen den §§ 195 ff (s. zur aF § 433 Rn 33; **so** Erman/*Grunewald* Rz 3; Staud/*Matusche-Beckmann* Rz 22 mwN; für Sachschäden *Mansel* NJW 02, 89, 95; **aA:** § 438 gilt nicht für echte Nebenpflichten wie die auf Beratung Palandt/*Weidenkaff* Rz 3; **aA:** § 438 gilt entspr für alle leistungsbezogenen Nebenpflichten *Müller/Hempel* AcP 205, 246, 255 ff). Es ist mit dem

Zweck von § 438, für Ansprüche wegen fehlender Beschaffenheit objektiv definierte Verjährungsfristen mit kaufrechtsspezifischer Länge anzuordnen, nicht vereinbar, die vergleichbaren Fälle der Verletzung einer Nebenpflicht mit Auswirkung auf die Beschaffenheit, wie bei der **Beratung** des Käufers über die Beschaffenheit (s. § 437 Rn 72), einer abw Verjährung zu unterstellen. In Konsequenz des weiten Beschaffenheitsbegriffs (§ 434 Rn 14–25) ist der Geltungsbereich von § 438 vgl zur aF daher deutlich erweitert: Soweit zB die Verpackung nicht ohnehin § 434 I 2 Nr 2 unterfällt (s. § 437 Rn 61), gilt § 438 auch dann, wenn sie ihre Funktion des Schutzes anderer Waren nicht erfüllt, da hierin ebenfalls eine geschuldete Beschaffenheit der Kaufsache liegt (**aA** Staud/*Matusche-Beckmann* Rz 24; zur aF BGHZ 66, 208, 211 f „Batterien"). Die Bsp in § 437 Rn 55 f verjähren demgemäß alle nach § 438. §§ 195 ff gelten nur für Nebenpflichten, die nicht die Beschaffenheit betreffen, zB fehlende Sorgfalt bei der Anlieferung (s. § 437 Rn 63 m Nachw der **aA**). Zum **selbständigen Beratungsvertrag** s. § 437 Rn 74.

2. Cic. Soweit trotz der generellen Sperrwirkung des Mängelrechts die Regeln der cic überhaupt zur Anwendung kommen, gilt die Differenzierung gem Rn 3. Praktisch wird danach § 438 bei einer auf die Beschaffenheit der Kaufsache bezogenen cic nur über III gelten, da unterhalb arglistigen Verhaltens dem Mängelrecht der Vorrang gebührt (s. § 437 Rn 71–73; **aA** §§ 195 ff gelten bei Konkurrenz von Mängelrecht und cic BaRoth/*Faust* Rz 8). 4

3. Garantie. S. § 443 Rn 11 f. 5

4. Ansprüche wegen Verletzung des Erfüllungs- und Integritätsinteresses. Eine Beschränkung von § 438 auf Ansprüche zur Liquidation des Erfüllungsinteresses mit der Folge, dass für Verletzungen des Integritätsinteresses die §§ 195 ff gelten, widerspricht dem Wortlaut des Gesetzes und dem Willen des Gesetzgebers (str: so BaRoth/*Faust* Rz 9; Staud/*Matusche-Beckmann* Rz 27, 66; *Arnold* ZGS 02, 438–440; vgl BTDrs 14/6040, dass Nr 3 auch für Schadensersatzansprüche gilt; **aA:** Abgrenzung nach Äquivalenz- und Integritätsinteresse *Wagner* JZ 02, 475, 478 f; *Canaris* Schuldrechtsmodernisierung S. XXVIII: Herausnahme durch Rechtsfortbildung; *ders* ZRP 01, 329, 335; *Leenen* JZ 01, 552, 556; zur Terminologie vgl § 437 Rn 29). Sie wäre auch sachlich nicht gerechtfertigt. Die Privilegierung der vertraglichen Haftung des Verkäufers ist wegen der Absatzfunktion des Kaufvertrags gewollt. Der Schutz des Käufers wird über die von § 438 nicht tangierte Haftung des Verkäufers va nach Deliktsrecht (s. Rn 9, § 437 Rn 76) und ProdHaftG gewahrt, die dafür sorgt, dass der Abschluss eines Kaufvertrags den Verkäufer nicht vom allg Pflichtenstandard befreit. 6

5. Ansprüche aus vollzogenem Mängelrecht. Nach dem eindeutigen Wortlaut von IV u § 218 I verjähren Ansprüche aus vollzogenem **Rücktritt** und vollzogener **Minderung** nicht nach § 438 (BGHZ 170, 31 Rz 35–37 mwN für Rücktritt; Kobl ZGS 06, 117, 118; BaRoth/*Faust* Rz 49; **aA** *Peters* NJW 08, 119 ff). 7

6. Ansprüche aus mangelhafter Nacherfüllung. S. § 439 Rn 18. 8

7. Konkurrierende Ansprüche. Ansprüche auf anderer Grundlage, insb aus Delikt, verjähren nach deren Regeln, nicht nach § 438 (**hM:** für Deliktsrecht MüKo/*Westermann* Rz 5; Staud/*Matusche-Beckmann* Rz 33 f mit Darstellung abw Rspr zur aF; **aA** für Sachschäden *Mansel* NJW 02, 89, 95). 9

III. Schuldrechtsmodernisierung. Die Umgestaltung von § 477 aF war ein zentrales Anliegen der Reform. Folgende Änderungen sind besonders bedeutend: **(1)** Verlängerung der Regelverjährung von 6 Monaten auf zwei Jahre (I Nr 3); **(2)** Angleichung der Verjährungsfrist für Bauwerksmängel bei Kauf- und Werkvertrag durch Verlängerung auf 5 Jahre (I Nr 2 lit a) und Erstreckung dieser Frist auf zur Errichtung eines Bauwerks verwandte Sachen (I Nr 2 lit b); **(3)** Eingliederung der Haftung für Rechtsmängel in die mängelrechtliche Verjährung, bei dinglichen Herausgabeansprüchen und im Grundbuch eingetragenen Rechten mit besonderer Frist von 30 Jahren (I Nr 1). 10

IV. VerbrauchsgüterkaufRL. § 438 setzt die Vorgabe von Art 5 I um, dass kein Mitgliedstaat eine Verjährungsfrist von weniger als 2 Jahren vorsehen darf (s. BaRoth/*Faust* Rz 5). 11

V. Abdingbarkeit. IRv § 202 ist § 438 dispositiv, mit weitgehender Beschränkung für Verbrauchsgüterkauf (§ 475 II) und AGB (§ 309 Nr 8 lit b ff, ggf iVm § 310 I). 12

B. Verjährung der Mängelansprüche (Abs 1-3). I. System. In Umkehrung der Ordnung von I normiert *Nr 3 die* **Regelfrist von 2 Jahren**; Nr 1 u 2 sind Sonderregeln für bestimmte Mängel und III für Arglist (MüKo/*Westermann* Rz 11). II legt generell den Beginn der Verjährungsfristen fest. 13

II. Verjährungsfrist 30 Jahre (Abs 1 Nr 1). Die Norm gilt nach ihrem Wortlaut (lit a: „Kaufsache", lit b: Eintragung im Grundbuch) nur für den **Sachkauf.** Die analoge Anwendung auf den **Rechtskauf** ist für alle **Rechtsmängel** geboten, die ähnl Nr 1 zum Entzug der Nutzung führen (iÜ s. Rn 19). 14

1. Dingliche Herausgabeansprüche (lit a). Sachenrechte eines Dritten auf Herausgabe gewähren zB das ErbbauR (§§ 985; 11 I 1 ErbbauRG), der Nießbrauch (§ 1036 I), das Wohnungsrecht (§ 1036 I, 1093 I 2), das Dauerwohnrecht (§§ 985; 34 II WEG) oder das Pfandrecht an beweglichen Sachen (§§ 985, 1227). Nicht dazu 15 gehört der auf das Eigentum eines Dritten gestützte Vindikationsanspruch, da die Lieferung des Eigentums § 433 I 1 und nicht § 435 unterliegt (§ 435 Rn 2); lit a gilt aber zur Vermeidung von Wertungswidersprüchen analog (BaRoth/*Faust* Rz 14; MüKo/*Westermann* Rz 13). Die Eviktionsansprüche müssen gegen den Willen des Käufers durchsetzbar, dürfen also nicht verjährt sein (str: **so** BaRoth/*Faust* Rz 13 unter Hinweis auf den offenen Wortlaut; MüKo/*Westermann* Rz 12; **aA** Staud/*Matusche-Beckmann* Rz 43 f).

16 **2. Im Grundbuch eingetragene Rechte (lit b).** Die Norm umfasst alle in Abt II und III des Grundbuchs eintragungsfähigen Rechte (Palandt/*Weidenkaff* Rz 7; Staud/*Matusche-Beckmann* Rz 49) und berücksichtigt, dass deren Wirkung, zB bei zwangsweiser Durchsetzung, der fehlenden Eigentumsverschaffung vergleichbar ist (BTDrs 14/7052, 196). Sie gilt nur für die konstitutive Eintragung beschränkter dinglicher Rechte, zB Dienstbarkeit, Vorkaufsrecht, Grundpfandrecht, also nicht für nur nachrichtliche Eintragungen, wie Sanierungs- und Entwicklungsvermerk nach BauGB oder Zwangsversteigerungs- und Insolvenzvermerk.

17 **III. Verjährungsfrist 5 Jahre (Abs 1 Nr 2). 1. Mängel an Bauwerken (lit a).** Der Gleichlauf von Kauf- und Werkvertrag ist Normzweck (vgl § 634a I Nr 2). Zum Begriff „Bauwerk" s. daher § 634a Rn 6 (ebenso BTDrs 14/6040, 227 f; MüKo/*Westermann* Rz 17). Die Norm bestätigt die zunehmend vertretene Auffassung, dass Verträge über den Erwerb von Neubauten jetzt allein Kauf- und nicht mehr wie früher partiell Werkvertragsrecht unterliegen (Erman/*Grunewald* vor § 433 Rz 23, § 438 Rz 7; MüKo/*Westermann* vor § 433 Rz 25, § 438 Rz 15; *D. Schmidt* ZfIR 04, 405, 407 mwN; in die Richtung Gegenäußerung der BReg BTDrs 14/6857, 59 f; offen BTDrs 14/6040, 229 f; **aA** vor § 631 ff Rn 15 mwN; zur aF stRspr des BGH: zuletzt BGHZ 164, 225, 228 mwN; in der Tendenz ebenso zur nF BGH NJW 07, 3275 Rz 19).

18 **2. Mängel an Baumaterialien (lit b).** Die praktisch sehr bedeutsame Norm erweitert den Geltungsbereich der 5-Jahres-Frist. Sie hat 3 Voraussetzungen: **(1.) (a)** Qualifizierung als **üblicherweise für ein Bauwerk verwendete Sache**, zB Baustoff wie Zement, Ziegel, Bauholz, Bauteil wie Fenster, Rohre, Fertigbauelemente (*Forster* NZBau 07, 479, 480), technisches Aggregat (Schraubenverdichter für Klimaanlage: LG Köln IBR 08, 387), iGgs zu Sachen, mit deren Einsatz beim Bau der Verkäufer objektiv nicht rechnen konnte (BTDrs 14/6040, 227; evtl weiter BaRoth/*Faust* Rz 24) **(b)** vereinbarter (§ 434 I 1) oder vorausgesetzter (§ 434 I 2 Nr 1) Einsatz beim Bau (BaRoth/*Faust* Rz 24; MüKo/*Westermann* Rz 18; **aA** Erman/*Grunewald* Rz 10); **(2.) tatsächlicher Einsatz** bei Errichtung des Bauwerks, **(a)** unabhängig davon, ob **(aa)** durch den Käufer, einen Bauunternehmer oder Handwerker (Palandt/*Weidenkaff* Rz 10), bei einem eigenen oder fremden Bauvorhaben (BaRoth/*Faust* Rz 25) oder ob ein Zwischenhändler Mängelrechte geltend macht (BTDrs 14/6040, 227; BaRoth/*Faust* Rz 25) und **(bb)** bei Neubau, Umbau oder Reparatur, soweit am Bauwerk und nicht nur an Einrichtungsgegenständen vorgenommen (BaRoth/*Faust* Rz 25; MüKo/*Westermann* Rz 20 jew auch zur schwierigen Abgrenzung; *Forster* aaO), **(b)** innerhalb der 2-Jahres-Frist von Nr 3 (arg: zur Begrenzung des Anwendungsbereichs bes im Interesse der Berechenbarkeit für den Verkäufer; str: **so** BaRoth/*Faust* Rz 26 mwN; Staud/*Matusche-Beckmann* Rz 39; *Mansel* NJW 02, 89, 94; **aA** Erman/*Grunewald* Rz 9; MüKo/*Westermann* Rz 21; *Forster* aaO 480-483). **(3.)** – wenigstens Mit- – **Ursächlichkeit** für Mangel des Bauwerks, also zB nicht bei alleiniger Ursächlichkeit eines Einbaufehlers (BTDrs 14/6040, 228; BaRoth/*Faust* Rz 27).

19 **IV. Verjährungsfrist 2 Jahre (Abs 1 Nr 3).** Die Norm statuiert als Auffangtatbestand die **Regelverjährung**, die immer zur Anwendung kommt, wenn I Nr 1 u 2 sowie III nicht einschlägig sind. Darin liegt die Entscheidung des Gesetzgebers, dass **Rechtsmängel** (str: **so** BGHZ 164, 196, 211 f; BaRoth/*Faust* Rz 17 mwN; Staud/*Matusche-Beckmann* Rz 48; **aA** *Canaris* Schuldrechtsmodernisierung S. XXIX: in Analogie zu § 634a I Nr 3 Regelverjährung der §§ 195, 199; s. aber Rn 14) und **Mängelrechte aus Unternehmenskauf** (§ 453 Rn 37) in 2 Jahren verjähren.

20 **V. Beginn der Verjährung (Abs 2).** Voraussetzung ist in jedem Fall der formwirksame Abschluss des Kaufvertrags (BaRoth/*Faust* Rz 34; Staud/*Matusche-Beckmann* Rz 51). In Übereinstimmung mit § 477 I 1 aF entscheidet bei Grundstücken die Übergabe, bei beweglichen Sachen die Ablieferung; dies gilt auch für Rechtsmängel trotz des sonst abw Zeitpunkts des Eigentumsübergangs (§ 435 Rn 6) (BTDrs 14/6040, 229; BaRoth/*Faust* Rz 29; Staud/*Matusche-Beckmann* Rz 55; offenbar **aA** Palandt/*Weidenkaff* Rz 16). Bei **Rechten** bildet die Übertragung bzw bei deren Scheitern der Übertragungsakt die Zäsur (BTDrs 14/6040, 227; 14/6857, 62; BaRoth/*Faust* Rz 35; *Eidenmüller* NJW 02, 1625, 1626). Wenn das Recht zum Besitz einer Sache berechtigt, beginnt die Verjährung differenziert, dh bei Mängeln der Sache mit deren Ablieferung, bei Mängeln des Rechts mit dessen Übertragung (str: **so** BaRoth/*Faust* Rz 35; Staud/*Matusche-Beckmann* Rz 64; **aA:** II ist immer anwendbar: BTDrs 14/6040, 227; dafür spricht, dass § 453 III eine unmittelbare Anwendung der Sachmängelhaftung nur im Hinblick auf die Sache, nicht das Recht selbst anordnet. Beim **Unternehmenskauf** markiert der Betriebsübergang den Beginn (BTDrs 14/6040, 227; BaRoth/*Faust* Rz 35; *Eidenmüller* NJW 02, 1625, 1627).

21 **1. Übergabe von Grundstücken.** Wie in § 433 I 1 (s. § 433 Rn 17 f) ist Übergabe allein die Verschaffung des Besitzes (§ 854), so dass Übergabesurrogate gem §§ 930, 931 nicht genügen (BaRoth/*Faust* Rz 29; zur aF BGH NJW 96, 586, 587 ff; Nachw der **aA** bei Staud/*Matusche-Beckmann* Rz 65).

2. Ablieferung. Der mit „Ablieferung" in § 377 HGB identische Begriff (BaRoth/*Faust* Rz 30; zur aF BGHZ 93, 338, 345) bedeutet: Verkäufer muss sich seines Besitzes so weit entäußert haben, dass der Käufer entweder selbst Besitz erlangt hat oder sich jederzeit durch einseitige Handlung verschaffen kann, ohne dass eine Mitwirkung des Verkäufers erforderlich ist (BaRoth/*Faust* Rz 30; zur aF BGHZ aaO; BGH NJW 88, 2608, 2609). Bei **Holschuld** ist daher abgeliefert, wenn Verkäufer Sache zur Abholung bei Dritten, nicht aber bei sich bereitstellt (BaRoth/*Faust* Rz 30; zur aF BGHZ aaO 345 f). Bei **Bring- und Schickschuld** liegt Ablieferung mit Annahme durch den Käufer, bei Transport durch einen Dritten auch vor, wenn der Käufer nicht angetroffen wurde (BaRoth/*Faust* Rz 30; MüKo/*Westermann* Rz 26). Beim **Versendungskauf** muss die Sache dem Käufer am Bestimmungsort zur Verfügung gestellt werden (Palandt/*Weidenkaff* Rz 15). Bei komplexen Lieferverhältnissen kommt es regelmäßig auf Gesamtleistung an: (1.) beim Erwerb einer **Mehrheit von Sachen** entscheidet die Lieferung der letzten Sache (Palandt/*Weidenkaff* Rz 15; zur aF BGH NJW 94, 1720, 1721 mwN; mit Einschränkung BaRoth/*Faust* Rz 32), (2.) bei Kauf mit **Montageverpflichtung** die Erbringung der Montage (Palandt/*Weidenkaff* Rz 15; BaRoth/*Faust* Rz 33; zur aF BGH NJW 61, 730 mwN; Hamm Urt v 4.10.05 – 19 U 51/05), (3.) bei vereinbarter **Einweisung** deren vollständige Erbringung (Palandt/*Weidenkaff* Rz 15; BaRoth/*Faust* Rz 33; zur aF Köln NJW-RR 95, 1457, 1458). Bei vereinbarter **Zug um Zug-Lieferung** reicht Angebot der Besitzverschaffung gegen Erbringung der Zug um Zug-Leistungen, zB Zahlung des Kaufpreises, aus, da Beginn der Verjährung nicht von Verzicht des Verkäufers auf sein Zurückbehaltungsrecht abhängig ist (**so** Erman/*Grunewald* Rz 18 mwN; BaRoth/*Faust* Rz 30 mwN; Staud/*Matusche-Beckmann* Rz 57; zur aF BGH NJW 88, 2608, 2609; **aA** MüKo/*Westermann* Rz 25; zur aF *Tiedtke* JZ 96, 549, 552).

VI. Arglist des Verkäufers (Abs 3). Verschweigt der Verkäufer den Mangel arglistig, ordnet III 1 im Verhältnis zu I Nr 2 u 3 die Geltung der Regelverjährung gem §§ 195 ff an, und zwar für Länge wie Beginn (s. Zitat von II in III 1 und BTDrs 14/6040, 230; 14/6857, 25 f, 59; 14/7052, 196). Die Arglist nimmt der Privilegierung des Verkäufers ihre Rechtfertigung. Gleich steht das arglistige Vorspiegeln der Mangelfreiheit, da es dem Käufer Anlass zu besonderem Vertrauen gibt (**str: so** MüKo/*Westermann* Rz 29; **aA** BaRoth/*Faust* Rz 38 mwN). Damit der Verkäufer sich durch III nicht verbessert, ordnet III 2 an, dass bei bauwerksbezogenen Mängeln die Verjährungsfrist in keinem Fall vor dem sich aus I Nr 2 ergebenden Zeitpunkt abläuft. Zum arglistigen Verschweigen s. § 123 Rn 8–21.

C. Die zeitliche Begrenzung für die Erklärung von Rücktritt und Minderung (Abs 4, 5). I. Inhalt. Die Umwandlung der früheren Ansprüche auf Wandelung und Minderung (§ 462 aF) in die Gestaltungsrechte des Rücktritts und der Minderung (§ 437 Nr 2) erfordert eine Ersatzregelung für die entfallene Verjährung, da § 194 I nur Ansprüche, nicht Gestaltungsrechte regelt (s. BTDrs 14/6040, 226). Dazu ordnen § 218 I, deklaratorisch zitiert in IV 1, und 5 Alt 1 mit konstitutivem Verweis auf § 218 an, dass eine Erklärung des Rücktritts oder der Minderung unwirksam wird, wenn sich der Verkäufer zum Zeitpunkt der Erklärung berechtigterweise auf die Verjährung des Anspruchs auf (Nach-)Erfüllung beruft (zur Verweisungstechnik s. MüKo/*Westermann* Rz 36 mwN). Zugleich ist in Erweiterung der früheren Wandelungs- und Minderungseinrede (§ 478 I 1 aF) dem Käufer das Recht eingeräumt, trotz Verjährung des Nacherfüllungsanspruchs bei Vorliegen der sonstigen Voraussetzungen für Rücktritt oder Minderung den noch nicht gezahlten Kaufpreis endgültig nicht zu zahlen (IV 2) oder zu mindern (V Alt 2); im ersten Fall steht dem Verkäufer ein Rücktrittsrecht zu (IV 3).

II. Rücktritt des Käufers. 1. Zeitliche Begrenzung (Abs 4 S 1, § 218 I). Ein Rücktritt des Käufers ist mit ex-nunc Wirkung unwirksam, wenn (1.) bei Möglichkeit der Nacherfüllung der Anspruch darauf verjährt ist oder bei Unmöglichkeit der Nacherfüllung ein fiktiver Anspruch darauf verjährt wäre und (2.) sich der Verkäufer darauf beruft. Für die Rechtzeitigkeit reicht die Erklärung des Rücktritts, die gerichtliche Geltendmachung der Rechtsfolgen ist nicht notwendig (BGHZ 168, 64 Rz 26; 170, 31 Rz 34).

2. „Rücktrittseinrede" (Abs 4 S 2, §§ 218 II, 214 II). Nach allg Verjährungsrecht wäre der Käufer bei mangelhafter Lieferung gem § 215 bei Verjährung seines Anspruchs auf Nacherfüllung nur berechtigt, im Umfang eines ihm zustehenden Zurückbehaltungsrechts gem § 320 die Zahlung des Kaufpreises zu verweigern. IV 2 gewährt ihm das zusätzliche Recht, bei Vorliegen der Rücktrittsvoraussetzungen iÜ die Zahlung des Kaufpreises vollständig zu verweigern. Die Ausübung dieses Leistungsverweigerungsrechts ist anders als nach § 478 I 1 aF nicht mehr von einer vorherigen Mängelanzeige abhängig, so dass sie jetzt auch für Mängel eingesetzt werden kann, die der Käufer erst nach Eintritt der Verjährung bemerkt (zu Recht krit BaRoth/*Faust* Rz 51; *v Olshausen* JZ 02, 386 f). Der Verweis auf § 214 II stellt klar, dass ein gezahlter Kaufpreis nicht zurückverlangt werden kann (Palandt/*Weidenkaff* Rz 19). Im Interesse einer Konkordanz zwischen dem Recht des Verkäufers zur zweiten Andienung und der Rücktrittseinrede ist der Verkäufer berechtigt, deren Ausübung durch rechtzeitige Nacherfüllung abzuwenden und so die Zahlung des Kaufpreises durchzusetzen (s.a. zu den schwierigen Einzelheiten BaRoth/*Faust* Rz 53; MüKo/*Westermann* Rz 39). **Verzug** des Käufers mit der Kaufpreiszahlung steht der Erhebung der Einrede nicht entgegen (zur aF BGH BB 06, 1767 Rz 18 f).

3. Rücktrittsrecht des Verkäufers (Abs 4 S 3). Damit der Verkäufer nicht gem IV 2 sowohl die Kaufsache als auch den Anspruch auf den Kaufpreis verliert, kann er im Anschluss an die Erhebung der Rücktrittseinrede

§ 439 Nacherfüllung

die Kaufsache gegen Rückzahlung schon erhaltener Teilbeträge des Kaufpreises zurückverlangen (BTDrs 14/6857, 26 f, 60; BaRoth/*Faust* Rz 55).

28 **III. Minderung.** Rn 25 u 26 gelten entspr, dh der Verkäufer kann gem § 218 I der Geltendmachung der Minderung die Verjährung des Anspruchs auf Nacherfüllung entgegenhalten und der Käufer kann gem IV 2 in Höhe eines noch nicht gezahlten Kaufpreises im Umfang einer gerechtfertigten Minderung die Zahlung des Kaufpreises endgültig verweigern. Ein Verweis auf IV 3 ist entbehrlich, da die dort geregelte Gefahr für den Verkäufer, die Kaufsache ohne Erhalt eines Kaufpreises zu verlieren, bei der Minderung nicht besteht.

§ 439 Nacherfüllung. (1) Der Käufer kann als Nacherfüllung nach seiner Wahl die Beseitigung des Mangels oder die Lieferung einer mangelfreien Sache verlangen.
(2) Der Verkäufer hat die zum Zwecke der Nacherfüllung erforderlichen Aufwendungen, insbesondere Transport-, Wege-, Arbeits- und Materialkosten zu tragen.
(3) ¹Der Verkäufer kann die vom Käufer gewählte Art der Nacherfüllung unbeschadet des § 275 Abs. 2 und 3 verweigern, wenn sie nur mit unverhältnismäßigen Kosten möglich ist. ²Dabei sind insbesondere der Wert der Sache in mangelfreiem Zustand, die Bedeutung des Mangels und die Frage zu berücksichtigen, ob auf die andere Art der Nacherfüllung ohne erhebliche Nachteile für den Käufer zurückgegriffen werden könnte. ³Der Anspruch des Käufers beschränkt sich in diesem Fall auf die andere Art der Nacherfüllung; das Recht des Verkäufers, auch diese unter den Voraussetzungen des Satzes 1 zu verweigern, bleibt unberührt.
(4) Liefert der Verkäufer zum Zwecke der Nacherfüllung eine mangelfreie Sache, so kann er vom Käufer Rückgewähr der mangelhaften Sache nach Maßgabe der §§ 346 bis 348 verlangen.

1 **A. Grundsätzliches. I. Bedeutung.** Die Norm regelt das primäre Mängelrecht des Käufers auf Nacherfüllung durch den Verkäufer und das Recht auf zweite Andienung des Verkäufers (§ 437 Rn 16).

2 **II. Inhalt, System.** Die Verpflichtung des Verkäufers zur Nacherfüllung ist zu einem Wahlrecht des Käufers zwischen deren beiden Arten, der Nachbesserung und der Ersatzlieferung, ausgestaltet (**I**). Diese sind jeweils auf Kosten des Verkäufers zu erbringen (**II**). Der Anspruch des Käufers auf Nacherfüllung sowie das Wahlrecht stehen unter den Voraussetzungen, dass die Nacherfüllung insgesamt bzw die vom Käufer gewählte Art möglich und für den Verkäufer nicht mit unzumutbaren oder unverhältnismäßigen Kosten verbunden ist. Liegen die Voraussetzungen für die Nacherfüllung insgesamt nicht vor, entfällt der Anspruch des Käufers vollständig; fehlen sie nur für die vom Käufer gewählte Art, beschränkt sich der Anspruch des Käufers auf die andere Art der Nacherfüllung (**III**). Die durchgeführte Ersatzlieferung berechtigt den Verkäufer zur Rückforderung der gelieferten mangelhaften Sache (**IV**).

3 **III. Anwendungsbereich.** Die Norm gilt für **Sach- und Rechtsmängel** (BTDrs 14/6040, 231; BaRoth/*Faust* Rz 7). Auf den **Rechtskauf** findet sie über § 453 entspr Anwendung.

4 **IV. Schuldrechtsmodernisierung.** Da bisher nur für den Gattungskauf die Verpflichtung des Verkäufers zur Ersatzlieferung bestand (§ 480 I aF), ist § 439 durch die Schuldrechtsreform neu eingeführt.

5 **V. VerbrauchsgüterkaufRL.** Die Norm basiert auf den Vorgaben der Richtlinie (1.) eines Anspruchs des Verbrauchers auf Nacherfüllung (Art 3 II, III), (2.) dessen Wahlrecht zwischen deren beiden Arten (Art 3 III iVm Erwägungsgrund 10) und (3.) der Entlassung des Verkäufers aus der Pflicht zur Nacherfüllung nur wegen Unmöglichkeit und der näher erläuterten Unverhältnismäßigkeit (Art 3 III). Die Nacherfüllung ist unentgeltlich zu erbringen (Art 3 II, III u IV).

6 **VI. UN-Kaufrecht.** Die Regelungen des UN-Kaufrechts zur Nacherfüllung können wegen der Besonderheiten des internationalen Handels nicht zum Vergleich herangezogen werden.

7 **VII. Abdingbarkeit.** Die Norm ist für den Verbrauchsgüterkauf zwingend. Auch für AGB beschränkt § 309 Nr 8 lit b aa) und cc)–ee), ggf iVm § 310 I die Dispositivität. Ansonsten ist auch für die Übertragung des Wahlrechts (I) auf den Verkäufer Abdingbarkeit gegeben.

8 **B. Nacherfüllung (Abs 1). I. Begriff.** Als Nacherfüllung sind die beiden Arten der nachträglichen Erfüllung der Pflicht zu mangelfreier Lieferung (§ 433 I 2) definiert, die „Beseitigung des Mangels oder die Lieferung einer mangelfreien Sache".

9 **II. Rechtsnatur.** Der Anspruch auf Nacherfüllung ist ein **modifizierter Erfüllungsanspruch** (Palandt/*Weidenkaff* Rz 1 f). Die Modifizierung liegt in der Subordination des originären Erfüllungsanspruchs unter das Mängelrecht, va §§ 438, 439 (BaRoth/*Faust* Rz 6; *Oechsler* NJW 04, 1825 f).

10 **III. Voraussetzungen. 1. Zeitlich.** Wie das Mängelrecht insgesamt (§ 437 Rn 3, 4) **entsteht** das Recht auf Nacherfüllung für Sachmängel erst nach Gefahrübergang und für Rechtsmängel erst nach Eigentumsübergang. Es **erlischt** mit wirksamer Erklärung von Rücktritt (Celle NJW-RR 07, 353, 354) oder Minderung; zum Rücktritt während laufender Nacherfüllung s. § 437 Rn 15.

2. Mangelhaftigkeit der Kaufsache. Der Verkäufer muss gem § 434 für einen Sach- und gem § 435 für einen Rechtsmangel einzustehen haben. 11

3. Fälligkeit, Erfüllbarkeit. Der Anspruch auf Nacherfüllung ist ein **verhaltener Anspruch**, der erst mit Ausübung des Wahlrechts des Käufers gem I (s. Rn 23) fällig (BaRoth/*Faust* Rz 11; *Wiese* AcP 206, 902, 930 f) und erfüllbar (BaRoth/*Faust* aaO; *Schroeter* AcP 207, 28, 41–43) wird (*Skamel*, 64 f). Demgemäß tritt Erfüllbarkeit mit Entfall des Wahlrechts ein, zB wenn der Käufer dem Verkäufer die Wahl überlässt (Rn 23) oder für eine Art der Nacherfüllung ein Ausschlussgrund besteht (*Schroeter* aaO; *Wiese* aaO 935 f); dann beschränkt III 3 Hs 1 den Anspruch des Käufers auf die andere Art der Nacherfüllung (Erman/*Grunewald* Rz 15). 12

4. Kein Ausschluss. Gelten für beide Arten der Nacherfüllung Ausschlussgründe, besteht der Anspruch auf Nacherfüllung insgesamt nicht (s. III 3 Hs 2; BTDrs 14/6040, 232; Palandt/*Weidenkaff* Rz 19). Ausschlussgründe sind Unmöglichkeit (§ 275 I; Palandt/*Weidenkaff* Rz 15; *Bitter/Meidt* ZIP 01, 2114, 2119 f m Bsp des unbehebbaren Mangels bei einer individualisierten Speziesschuld; s. Rn 25, 27), unzumutbarer Aufwand (§ 275 II) und unverhältnismäßige Kosten (III; s. Rn 25–32). 13

IV. Rechtsfolgen, Pflichtverletzungen. 1. Umfang. Der Verkäufer ist – vorbehaltlich von III – zur vom Käufer gewählten Art der Nacherfüllung so verpflichtet, dass er damit seine Hauptleistungspflicht zur Lieferung einer mangelfreien Kaufsache (§ 433 I 2) erfüllt. Unterhalb der Schwelle des Wahlrechts des Käufers hat er die Entscheidung, wie die Nacherfüllung durchgeführt wird (MüKo/*Westermann* Rz 8; *Schroeter* NJW 06, 1761, 1762; **aA** Dauner-Lieb/Konzen/K. Schmidt/*Jacobs* 371, 377). Die Nacherfüllung hat auch vom Mangel verursachte Verschlechterungen der Kaufsache iÜ zu beseitigen (BaRoth/*Faust* Rz 15 mwN; Staud/*Matusche-Beckmann* Rz 11–16). **Nicht** dazu gehören: **(1.) Schäden an anderen Sachen des Käufers**, die nur über § 437 Nr 3 ersatzfähig sind (BaRoth/*Faust* Rz 17; Staud/*Matusche-Beckmann* Rz 20; zu § 634 aF BGHZ 96, 221, 225 f); **(2.) Veränderungen**, insb Verbesserungen **der Kaufsache** durch den Käufer, da ihre Wiederherstellung über die Verpflichtung des Verkäufers zur nachträglichen vertragsgemäßen Lieferung hinausgeht und daher nur Gegenstand eines Schadensersatzanspruchs sein kann (Staud/*Matusche-Beckmann* Rz 21 f mwN; *Skamel*, 100-113; **aA** BaRoth/*Faust* Rz 18–21; MüKo/*Westermann* Rz 18; zu § 633 aF BGHZ 96, 221, 225). **(3.)** Die Kosten des Käufers für den **ursprünglichen Einbau** der mangelhaften Kaufsache (*Lorenz* NJW 09, 1633 f). **(4.)** In der höchst Frage, wer nach einem Einbau der Kaufsache die Kosten für den Aus- und den Neueinbau trägt, ist zu differenzieren: Ob die **Ausbaukosten** den Verkäufer treffen als Teil der Nacherfüllung, hat der BGH dem EuGH zur Entscheidung vorgelegt (NJW 09, 1660 Rz 19-22 unter Hinweis, dass sich dies nicht aus dem Wortlaut von II ergibt; s. *Höpfner* ZGS 09, 270 ff; *Messerschmidt/Hürter* BauR 09, 1796 ff; krit *Unberath/Cziupka* JZ 09, 313, 315; Vorlage auch für Einbau ebenfalls durch AG Schorndorf ZGS 09, 525 ff). Bisher entsprach die Einbeziehung in die Nacherfüllung der hM (**so** die Würdigung von BGH NJW 09, 1660 Rz 12; zB Frankf aaO; Köln ZGS 06, 77 f mwN; Palandt/*Weidenkaff* Rz 11; MüKo/*Westermann* Rz 13; *Schneider/Katerndahl* NJW 07, 2215; **aA** *Lorenz* NJW 09, 1633, 1635 f mit Hinw auf evtl fehlende Richtlinienkonformität; *Katzenstein* ZGS 09, 29, 32 ff; *Thürmann* NJW 06, 3457 ff; *Skamel*, S113-119; *Unberath/Cziupka* JZ 09, 313, 314); außerhalb der Nacherfüllung ist Ersatz der Ausbaukosten nur als Schadensersatz geschuldet (BGH NJW 09, 1660 Rz 11; LG Itzehoe 3 O 357/08 v 16.9.09 juris Rz 17 f). Demgegenüber sind die **Kosten für den Neueinbau** in vom Gesetzgeber gewollter Abweichung zur aF (so zu den „Vertragskosten" BTDrs 14/6040, 225; BGHZ 177, 224 Rz 24–26) nur über § 437 Nr 3 ersatzfähig, da sie über die dem Verkäufer allein obliegende Lieferpflicht hinausgehen (dem EuGH vorgelegt durch AG Schorndorf aaO; **so** BGHZ 177, 224 Rz 15 ff; BGH NJW 09, 1660 Rz 22; Ddorf NJW-RR 08, 1282; Frankf ZGS 08, 315, 317 ff; *Glöckner* JZ 07, 652, 658; *Lorenz* NJW 09, 1633 f; *Thürmann* aaO; *Unberath/Cziupka* JZ 09, 313, 314 mwN *Witt* ZGS 08, 369 ff; **aA** Karlsr ZGS 04, 432, 433; Staud/*Matusche-Beckmann* Rz 22). 14

2. Verzögerte Nacherfüllung. Eine verzögerte oder unterlassene Nacherfüllung kann zu deren Fehlschlagen (s. § 440 Rn 10–14) und zur Haftung des Verkäufers auf Schadensersatz führen (s. § 437 Rn 36–38). 15

3. Gefahrtragung. Zur Gefahrtragung während der Nacherfüllung s. *Skamel*, 142 ff; *Stodolkowitz* ZGS 09, 496 ff. 16

4. Mangelhafte Nacherfüllung. a) Ansprüche des Käufers. Eine mangelhafte Nacherfüllung, unabhängig davon, ob der Mangel nicht beseitigt ist oder die nachgelieferte Kaufsache einen neuen Mangel aufweist (dazu **aA** Saarbr NJW 07, 3503, 3504 f), begründet einen neuen Anspruch des Käufers auf Nacherfüllung (Palandt/*Weidenkaff* Rz 22a; Staud/*Matusche-Beckmann* Rz 58; *Auktor* NJW 03, 120, 121; **aA** Erman/*Grunewald* Rz 18). Sie wirkt, erfolgt sie nicht aus Kulanz oder zur Streitvermeidung, als **Anerkenntnis** (s. Rn 18) mit der Folge, dass der Verkäufer später den Mangel nicht mehr bestreiten kann (Karlsr NJW 09, 1150 f). Beim **Handelskauf** ist eine erneute **Mängelrüge** gem § 377 HGB erforderlich (BaRoth/*Faust* Rz 63; *Mankowski* NJW 06, 865 ff; zur aF BGHZ 143, 307, 313 f). Folge kann außerdem ein Fehlschlagen der Nacherfüllung (s. § 440 Rn 10–14) und eine Haftung des Verkäufers auf Schadensersatz (s. § 437 Rn 39–41) sein. 17

b) Verjährung. Die für den Anspruch auf erneute Nacherfüllung nach deren mangelhafter Durchführung geltende Verjährungsfrist ist str. Richtigerweise steht die Durchführung der Nacherfüllung einer zur **Hemmung der Verjährung** führenden Verhandlung iSd § 203 1 gleich (BGHZ 164, 196, 205; *Wagner* ZIP 02, 789, 18

793 f; für Analogie: MüKo/*Westermann* § 438 Rz 41 mwN; *Gramer/Thalhofer* ZGS 06, 250 ff, offen Celle NJW 06, 2643, 2644). Das Unterlassen einer endgültigen Ablehnung der Nacherfüllung durch den Verkäufer reicht dafür nicht, da die Hemmung nach der Wertung der §§ 203, 204 nicht durch bloßes Nichtstun des Verkäufers eintritt (**aA** Kobl BB 06, 629). Entspr den Grundsätzen zur Abgrenzung von §§ 639 und 208 aF liegt in der Nacherfüllung nur dann ein zum Neubeginn der Verjährung führendes Anerkenntnis iSd § 212 I Nr 1, wenn der Verkäufer zu erkennen gibt, dass er nicht zB nur aus Kulanz oder Kundenpflege handelt, sondern einem Anspruch auf Nacherfüllung nachkommen will (deutlich BGH aaO; Celle aaO; *Auktor/Mönch* NJW 05, 1686 ff; ähnl MüKo/*Westermann* § 438 Rz 41; bejaht für Austausch eines Zubehörteils LG Koblenz NJW-RR 07, 272 f; s. Rn 17). Gem dem Zweck des Anerkenntnisses läuft die Verjährungsfrist neu allein für den konkreten Mangel; für die Kaufsache insgesamt bleibt es bei der normalen Verjährung. Abzulehnen ist daher die Auffassung (BaRoth/*Faust* § 438 Rz 59; Staud/*Matusche-Beckmann* Rz 58 so iE, aber mit der abw Begr, dass mangelhafte zu einem Anspruch auf erneute Nacherfüllung führt *Skamel*, 204-211), dass in der Vornahme der Nacherfüllung eine neue Ablieferung gem § 438 II Alt 2 liegt mit der Folge eines Neubeginns der Verjährung. Sie ist schon mit dem auf die erste Ablieferung beschränkten Wortlaut von § 438 II Alt 2 unvereinbar und führt außerdem zu einer dem BGB fremden durchgehenden Kettenverjährung (so Celle aaO; *Auktor* NJW 03, 120, 121; *Bolthausen/Rinker* ZGS 06, 12–14).

19 **5. Unberechtigte Geltendmachung durch den Käufer.** Ein schuldhaftes unberechtigtes Nacherfüllungsverlangen macht den Käufer schadensersatzpflichtig (BGH NJW 08, 1147 Rz 12–14: entspr Werkvertragsrecht; vgl generell BGHZ 179, 238 bes Rz 17; s. *Thole* AcP 09, 498 ff; **krit** Anm v *Kaiser* NJW 08, 1709 ff **aA** für Verbrauchsgüterkauf *Lange/Widmann* ZGS 08, 329).

20 **V. Erfüllungsort.** Erfüllungsort ist der gegenwärtige **Belegenheitsort** der Sache (München NJW 06, 449 f; AG Menden NJW 04, 2171 f; Palandt/*Weidenkaff* Rz 3 a; BaRoth/*Faust* Rz 13; *Skamel* ZGS 06, 227 ff; wohl BGH NJW-RR 08, 724 Rz 13; **aA** München NJW 07, 3214 f; *Lorenz* NJW 09, 1633, 1635 mit Hinweis; dass gem II Verkäufer Kosten für Transport vom Belegenheits- zum Erfüllungsort trägt; *Reinking* NJW 08, 3608 ff; *Unberath/Cziupka* JZ 09, 313), und zwar auch bei einer Holschuld. Dies entspr dem Willen des Gesetzgebers (vgl BTDrs 14/6040, 231) und wird von II indiziert, der nicht mehr die Begrenzung von § 476a 2 aF enthält, dass Kostensteigerungen infolge einer späteren Verbringung der Sache nicht vom Verkäufer zu tragen sind (Begründung str: **so** AG Menden aaO; Staud/*Matusche-Beckmann* Rz 9; **aA** BaRoth/*Faust* Rz 13).

21 **C. Wahlrecht des Käufers (Abs 1) und sein Ausschluss (Abs 3). I. Notwendigkeit einer Gesamtbetrachtung.** Der Gesetzgeber hat die Vorgabe der VerbrauchsgüterkaufRL, dass allein der Käufer zwischen beiden Arten der Nacherfüllung auswählt, für alle Kaufverträge übernommen (BTDrs 14/6040, 231 unter Auseinandersetzung mit dem abw Standpunkt der Schuldrechtskommission). Die Entscheidung wird zu Recht kritisiert (BaRoth/*Faust* Rz 8). Sie ist schon wegen der größeren Sachnähe des Verkäufers nicht gerechtfertigt. Dogmatisch verstößt sie dagegen, dass es in die Verantwortung des Verkäufers als Schuldner fällt, wie er seiner Verpflichtung zu mangelfreier Lieferung im zweiten Anlauf nachkommt (vgl BaRoth/*Faust* aaO). Da ersichtlich auch bei der notwendigen Akzeptation des Gesetzes Korrekturen der Entscheidung des Käufers notwendig sind (s. BTDrs 14/6040, 321), ist die Ausschlussregelung von III entgegen der Gesetzessystematik ein immanenter Bestandteil des Wahlrechts.

22 **II. Wahlrecht (Abs 1). 1. Rechtsnatur.** I gewährt dem Käufer die Wahl zwischen zwei verschiedenen Ansprüchen, so dass eine elektive Konkurrenz, keine Wahlschuld vorliegt (Palandt/*Weidenkaff* Rz 5; MüKo/*Westermann* Rz 4; *Schroeter* NJW 06, 1761 ff; *Skamel*, 53-64; **aA** Jauernig/*Berger* Rz 9; *Schellhammer* MDR 02, 301; s.a. § 437 Rn 15). Deshalb hat der Käufer das **ius variandi:** die Wahl ist nicht gem § 263 II bindend, so dass er bei Fehlschlagen einer Art der Nacherfüllung auf die andere umsteigen kann (str: **so** BaRoth/*Faust* Rz 9; *Spickhoff* BB 03, 589, 592; **aA** Erman/*Grunewald* Rz 9; MüKo/*Westermann* Rz 5). Nach Sinn und Zweck ist das ius variandi aber für eine angemessene Frist nach Ausübung suspendiert, damit der Verkäufer Zeit zur Erfüllung erhält (Verbot des venire contra factum proprium: Saarbr NJW 09, 369, 371; MüKo/*Westermann* Rz 4 f; *Spickhoff* BB 03, 589, 592 f). Die Nichtausübung führt nach Mahnung zum Verzug mit der Verpflichtung des Käufers zur – „modifizierten" – Abnahme (*Mankowski* NJW 06, 1761, 1764, auch zu anderen Lösungen). Endgültig **erlischt** das Wahlrecht erst mit Erfüllung, rechtskräftiger Verurteilung des Verkäufers zu einer Art der Nacherfüllung, Annahmeverzug des Käufers oder Vereinbarung der Parteien (vgl BaRoth/*Faust* Rz 10).

23 **2. Ausübung.** S. Rn 12. Die Aufforderung zur Vornahme einer Art der Nacherfüllung bedarf keiner Frist und Form (Palandt/*Weidenkaff* Rz 6, 7). Sie muss den zu beseitigenden Mangel konkret bezeichnen (Saarbr NJW 09, 369, 370; Palandt/*Weidenkaff* Rz 6; MüKo/*Westermann* Rz 4). Wegen ihrer Gestaltungswirkung ist die Ausübung bedingungsfeindlich (Palandt/*Weidenkaff* Rz 6). Der Käufer kann in der Ausübungserklärung dem Verkäufer das Wahlrecht überlassen (Palandt/*Weidenkaff* Rz 5; MüKo/*Westermann* Rz 4), was praktisch vielfach sinnvoll sein wird.

III. Ausschluss (Abs 3). Die vom Käufer gewählte Art der Nacherfüllung ist ausgeschlossen, wenn sie 24
unmöglich ist oder der Verkäufer sie berechtigt verweigert.

1. Unmöglichkeit (§ 275 I). Bei der **Nachbesserung** liegt Unmöglichkeit vor, wenn objektiv der Mangel nicht 25
beseitigt werden kann. **Bsp**: Beseitigung hat andere Mängel zur Folge (BGHZ 163, 234, 242 f; LG Mosbach
RdL 07, 313 f – jew Operation eines Hundes); Unfallschäden bei geschuldeter Unfallfreiheit (BGHZ 168, 64
Rz 17; 174, 290 Rz 12; BGH NJW 08, 1517 Rz 21); **nicht** bei Neulackierung eines durch Vandalismus zer-
kratzten hochwertigen Gebrauchtwagens (BGH NJW 09, 2807 Rz 13). Die Unmöglichkeit entfällt, wenn der
Käufer seinen Anspruch auf **Ausbesserung**, dh eine Nachbesserung soweit wie möglich unterhalb völliger
Mangelfreiheit, beschränkt (BaRoth/*Faust* § 437 Rz 37; *Gutzeit* NJW 07, 956 ff; *Müller* in: FS Westermann,
517, 523 mwN). Bei der **Ersatzlieferung** ist nach Gattungs- und Stückkauf zu differenzieren:

a) Gattungskauf. Ersatzlieferung ist solange möglich, wie die Gattung besteht oder hergestellt werden kann. 26
Die Besonderheiten der beschränkten Gattungs-/Vorratsschuld sind zu beachten (s. § 243 Rn 8).

b) Stückkauf. Ersatzlieferung ist grds möglich (str: **so** BGHZ 168, 64 Rz 18–22; Braunschw NJW 03, 1053 f; 27
LG Ellwangen NJW 03, 517; LG Münster DAR 04, 226, 227; MüKo/*Westermann* Rz 11 f; *Canaris* JZ 03, 831 ff;
ausf *Gsell* JuS 07, 97 ff; nur für vertretbare Sachen: Staud/*Matusche-Beckmann* Rz 28–31; *Pammler* NJW 03,
1992 ff; ausf *Skamel*, 15-42: vereinbarte Individualisierung entscheidet; **aA** *Ackermann* JZ 03, 1154 ff; *Dieckmann* ZGS 09, 9 ff; *Musielak* NJW 08, 2801 ff; *Tiedtke/Schmitt* JuS 05, 583, 584 ff teilw über ein ausdehnendes
Verständnis des Gattungskaufs). Dafür sprechen der Wortlaut von I, der keine ansonsten nahe liegende
Beschränkung auf den Gattungskauf enthält, sowie die Materialien (BTDrs 14/6040, 232) und Erwägungsgrund 16 VerbrauchsgüterkaufRL: Beide sagen, dass bei gebrauchten Sachen „im Regelfall" und „zumeist"
(die Materialien) bzw „im Allgemeinen" (die RL) ein Anspruch auf Ersatzlieferung nicht besteht, was zur
doppelten Schlussfolgerung führt, dass er bei neuen oder neuwertigen regelmäßig und bei gebrauchten
Sachen im Ausnahmefall gegeben ist (grundl *Canaris* JZ 03, 831, 833 f). Allerdings müssen Qualifizierungen
erfüllt sein, um zu berücksichtigen, dass die Ersatzlieferung beim Stückkauf den Verkäufer verpflichtet, eine
andere als die geschuldete Sache zu liefern: **(1.)** Ersetzbarkeit der Sache, **(2.)** Gattungsähnlichkeit des Kaufs
(LG Münster DAR 04, 226, 227), die bes bei neuwertigen (*Canaris* JZ 03, 831, 835) und vertretbaren Kaufsachen (aA *Canaris* aaO 835, 838) in Betracht kommt, im Regelfall aber **nicht** bei nachhaltig gebrauchten
Sachen (so für Gebrauchtwagen wegen der Bedeutung des persönlichen Eindrucks des Käufers BGHZ 168,
64 Rn 25 f; 174, 290 Rz 12; NJW 08, 1517 Rz 21; für Sammlerbriefmarken Karlsr NJW-RR 07, 1210, 1211;
Roth NJW 06, 2953, 2955 f), **(3.)** Erfüllungstauglichkeit (LG Ellwangen NJW 03, 517; verneint für Ersatzlieferung eines Hundes wegen entstandener Bindung des Käufers BGHZ 163, 234, 247), **(4.)** Beschaffbarkeit der
als Ersatz zu liefernden Sache für den Verkäufer (Braunschw NJW 03, 1053, 1054) (insg ebenso Palandt/*Weidenkaff* Rz 16a; ähnl MüKo/*Westermann* Rz 11).

2. Verweigerungsrecht des Verkäufers (Abs 3, § 275 II, III). Der Verkäufer macht sein Recht, die Leistung 28
zu verweigern, als formfreie empfangsbedürftige Einrede geltend. Deshalb kann sich der Käufer darauf nicht
berufen und muss dem Verkäufer in jedem Fall Gelegenheit zur Nacherfüllung geben (BTDrs 14/6040, 234;
BGH NJW 06, 1195 Rz 26; BaRoth/*Faust* Rz 38; *Schroeter* AcP 207, 28, 48 f). Die Voraussetzungen sind:

a) § 275 II, III. Dem Verkäufer ist in III 1 ausdrücklich das Recht zur Verweigerung der Nacherfüllung gem 29
§ 275 II wegen unverhältnismäßigen Aufwands und gem § 275 III bei persönlicher Leistungserbringung
wegen unzumutbaren Aufwands vorbehalten (zur Diskussion über den Kaufpreis als Obergrenze s. *Ackermann* JZ 02, 378, 382 ff; *Canaris* JZ 04, 214 ff mwN).

b) Unverhältnismäßige Kosten (Abs 3 S 1, 2). Die kaufrechtsspezifische Unzumutbarkeitsregelung von III 1, 30
2 liegt unterhalb der Schwelle von § 275 II, III als zwei der Unmöglichkeit wertungsmäßig nahe kommenden
Tatbeständen (str: **so** BTDrs 14/6040, 232; *Bitter/Meidt* ZIP 01, 2114, 2120; *P. Huber* NJW 02, 1004, 1007; **aA**
MüKo/*Westermann* Rz 26). Zu unterscheiden ist zwischen der absoluten, dh die Nacherfüllung insgesamt
betreffenden, und der relativen, dh auf die andere Art der Nacherfüllung bezogenen, Unverhältnismäßigkeit
(BaRoth/*Faust* Rz 40 f; *Bitter/Meidt* aaO 2121).

aa) Absolute Unverhältnismäßigkeit. Der Wortlaut von Art 3 III 2 VerbrauchsgüterkaufRL, Unverhältnismä- 31
ßigkeit liege bei Kosten vor, die „verglichen mit der alternativen Abhilfemöglichkeit unzumutbar wären"
könnte so verstanden werden, dass richtlinienkonform allein eine relative Unverhältnismäßigkeit ist; dagegen
gestattet III dem Verkäufer ausdrücklich, die absolute Unverhältnismäßigkeit einzuwenden (deshalb für Richtlinienwidrigkeit BaRoth/*Faust* Rz 40 f, 53 mwN; Staud/*Matusche-Beckmann* Rz 41; *Herresthal* WM 07, 1354,
1355 ff). Der BGH hat deshalb die Einbeziehung der absoluten Unmöglichkeit dem EuGH zur Entscheidung
vorgelegt (NJW 09, 1660 Rz 13-18; krit zur Annahme einer absoluten Unmöglichkeit durch den BGH wegen
fehlender Berücksichtigung der Demontagekosten als Teil der Ansprüche des Käufers *Lorenz* NJW 09, 1633,
1636 f). Die Entscheidung des Gesetzgebers ist richtig: Erwägungsgrund 11 RL ist deutlich weiter so formuliert, dass das Recht des Käufers auf Nachbesserung oder Ersatzlieferung nicht besteht, wenn „diese Abhilfen
unmöglich oder unverhältnismäßig wären". Damit will die RL den Verkäufer bei einer Gesamtbetrachtung

nicht dazu zwingen, eine Nacherfüllung auch dann zu leisten, wenn sie in jeder Form unverhältnismäßig ist. III ist daher auch für die absolute Unverhältnismäßigkeit richtlinienkonform (MüKo/*Lorenz* vor § 474 Rz 18; *ders* NJW 09, 1633, 1637; *Unberath* ZEuP 05, 5, 19-25; *Unberath/Cziupka* JZ 09, 313, 315 f; einschr *Glöckner* JZ 07, 652, 663: keine erhebliche Unterschreitung von § 275 II). Die systematische Auslegung führt dazu, dass die Unverhältnismäßigkeit primär vergleichbar der Minderung im Verhältnis zum Kaufpreis zu bestimmen ist (ähnl für Nachbesserung *Ackermann* JZ 02, 378, 382, der allerdings Minderungsbetrag zu starr als Obergrenze sieht; **aA** Wert für den Käufer: Braunschw NJW 03, 1053, 1054; Frankf ZGS 08, 315, 317; Karlsr ZGS 04, 232, 233; NJW-RR 09, 777, 779; Palandt/*Weidenkaff* Rz 16 a; *Lorenz* NJW 06, 1175, 1176). Die weiteren Kriterien gem III 2 sind dann ergänzend heranzuziehen, da zB bei vom Käufer dringend benötigter Sache der dem Verkäufer zuzumutende Aufwand für Nacherfüllung höher ausfallen kann. **Bsp:** nicht unverhältnismäßig: 4,7% Aufwand bezogen auf Wert der mangelfreien Sache (Braunschw NJW 03, 1053, 1054 für Neuwagen); Ersatz von verlegten Fliesen wegen optischen Mangels (Köln ZGS 06, 77, 78 f).

32 **bb) Relative Unverhältnismäßigkeit.** Für die konkrete Abwägung ist Ausgangspunkt ein **Vergleich der Kosten beider Arten der Nacherfüllung** (BaRoth/*Faust* Rz 42). Bei welchem Grad der Abweichung die vom Käufer gewählte Art für den Verkäufer unzumutbar wird, lässt sich nicht an feste Prozentzahlen knüpfen, sondern hängt gem III 2 von diversen Umständen ab (Staud/*Matusche-Beckmann* Rz 43; eher starre Berechnungsformel bei *Bitter/Meidt* ZIP 01, 2114, 2120 ff). Daraus folgt: (**1.**) Unzumutbarkeit einer Nachbesserung ggü Ersatzlieferung liegt schon bei Kostendifferenz von 5–10% vor, soweit der Käufer nicht ein gerechtfertigtes Interesse an der Nachbesserung hat, zB bei Haustier, Farbabweichungen von Möbeln und Textilien. (**2.**) Unzumutbarkeit einer Ersatzlieferung ggü Nachbesserung ist zu entscheiden nach der Kaufsache: deren Preis und Komplexität (vgl *P. Huber* NJW 02, 1004, 1007), der Art des Mangels, bes ob er üblicherweise repariert wird, zB Glühbirne bei PKW, Zubehör bei Computer wie Maus, sowie der sich im Mangel ausdrückende Gesamtzustand der Kaufsache (vgl Celle NJW-RR 07, 353, 354; LG Münster DAR 04, 226, 228 „Zitronenauto"): Bei Nachbesserungen, die die – auch neue – Sache weder wertmäßig noch ideell beeinträchtigen, wie normale Reparaturen, führen schon Differenzen von 5–10% zur Unzumutbarkeit der Ersatzlieferung; bei Nachbesserungen, die zwar den Mangel vollständig beseitigen, aber der Kaufsache den minderen Status einer reparierten Sache geben, entscheidet der Einzelfall: Nicht unverhältnismäßig sind bei Neuwagen: 20% Differenz bei Rostreparatur (!) (LG Ellwangen NJW 03, 517 f); 50% Differenz bei Vielzahl von Mängeln (LG Münster DAR 04, 226, 228), ohne prozentuale Differenzierung bei schwerem Motorschaden (Celle NJW-RR 07, 353, 354); generell für 10%, bei hohen Kosten aber auch geringere Differenz (Erman/*Grunewald* Rz 12). Führt Nachbesserung nur zur Minderung des Mangels, kommt es auf Verhältnismäßigkeit nicht an (Faltenbildung bei Polstermöbeln: LG Aachen NJW-RR 07, 633, 634).

33 **D. Unentgeltlichkeit für den Käufer (Abs 2). I. Übernahme aller Aufwendungen durch Verkäufer.** II verpflichtet den Verkäufer, alle zur Nacherfüllung erforderlichen Aufwendungen zu tragen (Palandt/*Weidenkaff* Rz 11); er gibt dazu nur Beispiele („insb"). Über diese Kostenzuordnung hinaus ist die Norm auch eine Anspruchsgrundlage für den Ersatz von Aufwendungen des Käufers, soweit sie unter Beachtung des Rechts des Verkäufers auf zweite Andienung erforderlich sind, zB Kosten zur Klärung der Ursache (iE **so** Palandt/*Weidenkaff* Rz 11; Staud/*Matusche-Beckmann* Rz 32; zur aF BGH NJW 91, 1604, 1607; NJW-RR 99, 813, 814; **aA** MüKo/*Westermann* Rz 15; ausf *Hellwege* AcP 206, 136 ff), Abschleppkosten (Palandt/*Weidenkaff* Rz 11; zur aF AG Dülmen NJW 87, 385). Nicht ersatzfähig sind die Kosten einer Selbstvornahme (§ 437 Rn 79). Ferner s. Rn 14, 20.

34 **II. Ersatz von Wertverbesserung durch Käufer.** Da II den Käufer nur so stellen will, wie er ohne den Mangel stünde, hat der Käufer die Wertverbesserung nach den Grundsätzen des **Abzugs „neu für alt"** (str: **so** *Reinking* DAR 02, 15, 19; *Gsell* JuS 06, 203, 204 f: faktisch „ausnahmsweise"; **aA** BaRoth/*Faust* Rz 23; MüKo/*Westermann* Rz 16; *Beck* JR 06, 177, 180 f) und die Kostenersparnis für den vorzeitigen Austausch von Verschleißteilen (BaRoth/*Faust* Rz 23; *Reinking* aaO) zu ersetzen; Voraussetzung ist, dass er nicht gem IV Nutzungsersatz bei Ersatzlieferung zu leisten hat.

35 **E. Rückgewähr der mangelhaften Kaufsache (Abs 4). I. Pflicht des Käufers.** Die Rückgewähr der Kaufsache hat Zug um Zug mit Lieferung der mangelfreien Sache zu erfolgen (IV iVm § 348; Palandt/*Weidenkaff* Rz 23; **aA** *Jungmann* ZGS 04, 263, 264 ff: Verweis auf § 348 ist gesetzgeberischer Fehler). Sie steht unter den drei Voraussetzungen, dass (1.) die neue Sache als Nacherfüllung (2.) mangelfrei (3.) geliefert wird. Eine „Rückforderungserklärung" des Verkäufers ist mangels Erwähnung von § 349 in IV nicht erforderlich.

36 **II. Nutzungen, Verwendungen (§§ 346, 347).** In Reaktion auf das Urt des EuGH, dass der Ersatz der Nutzungen **nicht richtlinienkonform** ist (NJW 08, 1433 Rz 24–43 „Quelle"; dazu *Herresthal* NJW 08, 2475 ff; *Mörsdorf* ZIP 08, 1409 ff; **aA** 3. Aufl mwN) hat der Gesetzgeber in Aufnahme der Differenzierung im das Urt des EuGH umsetzenden Urt des BGH v 26.11.08 (NJW 09, 427 Rz 14–35; s. dazu *Herrler/Tomasic* ZIP 09, 181 ff; *Pfeiffer* NJW 09, 412 f) in § 474 II 1 nunmehr (BGBl 08 I, 2340) geregelt, dass **beschränkt auf Verbrauchsgüterkäufe** Nutzungen und deren Wert nicht ersetzt werden. Die Neuregelung dürfte weiter als europarechtlich notwendig gehen, da es der EuGH (NJW 09, 3015 Rz 26; vgl *Herrler/Tomasic* ZIP 2009, 181, 183)

bei der insoweit vergleichbaren Ausübung des Widerrufsrechts nach der FernabsRL für zulässig ansieht, dem Verbraucher Wertersatz für eine mit den Grundsätzen des bürgerlichen Rechts wie Treu und Glauben unvereinbare Nutzung aufzuerlegen. Der Verkäufer hat notwendige und ihn bereichernde nützliche Verwendungen des Käufers zu ersetzen, da er selbst nicht verpflichtet ist, als Teil der Ersatzlieferung die neue Kaufsache mit ihnen auszustatten (Rn 14; **aA** BaRoth/*Faust* Rz 36; MüKo/*Westermann* Rz 18). IV und damit die zu ihm ergangene Rspr des EuGH schließen eine Verpflichtung zur Nutzungsherausgabe im Falle der **Rückabwicklung** des Verbrauchsgüterkaufs nicht aus (BGH ZIP 09, 2158 Rz 15).

III. Rücknahmepflicht des Verkäufers. Bei einem berechtigten Interesse des Käufers ist der Verkäufer verpflichtet, die Kaufsache nach den Grundsätzen des Rücktrittsrechts zurückzunehmen und ggf zu entsorgen (Frankf ZGS 08, 315, 317 ff; Köln ZGS 06, 77, 78; BaRoth/*Faust* Rz 32; *Lorenz* NJW 09, 1633, 1634 f; *Unberath/Cziupka* JZ 09, 313, 314). 37

§ 440 Besondere Bestimmungen für Rücktritt und Schadensersatz.
¹Außer in den Fällen des § 281 Abs. 2 und des § 323 Abs. 2 bedarf es der Fristsetzung auch dann nicht, wenn der Verkäufer beide Arten der Nacherfüllung gemäß § 439 Abs. 3 verweigert oder wenn die dem Käufer zustehende Art der Nacherfüllung fehlgeschlagen oder ihm unzumutbar ist. ²Eine Nachbesserung gilt nach dem erfolglosen zweiten Versuch als fehlgeschlagen, wenn sich nicht insbesondere aus der Art der Sache oder des Mangels oder den sonstigen Umständen etwas anderes ergibt.

A. Grundsätzliches. I. Bedeutung. Die Norm hat zwei Inhalte: 1 erweitert die Tatbestände des allg Schuldrechts für die Zulässigkeit von Schadensersatz statt der Leistung (§ 281 II) und Rücktritt (§ 323 II) ohne vorherige Fristsetzung um drei kaufrechtsspezifische Voraussetzungen: Verweigerung, Fehlschlagen und Unzumutbarkeit der Nacherfüllung für den Käufer. Darin liegt die kaufrechtliche Limitation des Rechts des Verkäufers zur zweiten Andienung (§ 437 Rn 16; MüKo/*Westermann* Rz 1). 2 enthält die Vermutung, dass die Nachbesserung nach dem erfolglosen zweiten Versuch fehlgeschlagen ist. 1

II. Anwendungsbereich. S. § 439 Rn 3. § 440 gilt nicht für den Ersatz vergeblicher Aufwendungen (§ 284; Palandt/*Weidenkaff* Rz 3; Staud/*Matusche-Beckmann* Rz 2). 2

III. Inhalt. Der Käufer wird nur zusätzlich berechtigt, ohne Fristsetzung weitergehende Rechte auszuüben und so dem Verkäufer das Recht zur zweiten Andienung (s. § 437 Rn 16) zu nehmen. Sein Recht auf Nacherfüllung bleibt daher unberührt (BaRoth/*Faust* §§ 439 Rz 2, 440 Rz 5; *Schroeter* AcP 207, 28, 52 f). 3

IV. VerbrauchsgüterkaufRL. 1 setzt Art 3 V um, dass der Verbraucher Minderung oder Vertragsauflösung verlangen kann, wenn ihm kein Anspruch auf Nacherfüllung zusteht (1. Spiegelstrich) oder „der Verkäufer nicht innerhalb einer angemessenen Frist Abhilfe geschaffen hat" (2. Spiegelstrich). Zum nicht berücksichtigten 3. Spiegelstrich, dass dies auch gilt, wenn die Nacherfüllung dem Käufer erhebliche Unannehmlichkeiten bereitete, s. § 441 Rn 4. 4

V. Abdingbarkeit. Die Norm ist für Verbrauchsgüterkauf zwingend (§ 475 I), ansonsten dispositiv, so dass Erfordernis der Fristsetzung und erlaubte Nachbesserungsversuche abw vereinbart werden können. 5

B. Entbehrlichkeit der Fristsetzung (S 1). Neben den ausdrücklich aufgeführten Gründen ist die Fristsetzung auch bei Ausschluss der Leistungspflicht (Unmöglichkeit: § 275 I, Verweigerungsrechte: § 275 II, III) entbehrlich (§§ 283, 311a II, 326 V). Die einzelnen Tatbestände von 1 sind: 6

I. Verweigerung der Nacherfüllung insgesamt (§ 439 III). S § 439 Rn 13, 30–32. Berechtigte, zB gem § 439 III, und unberechtigte Verweigerung sind gleichermaßen erfasst (Erman/*Grunewald* Rz 2). Sie setzt voraus, dass Verkäufer „eindeutig zum Ausdruck bringt, er werde seinen Vertragspflichten nicht nachkommen"; das bloße Bestreiten von Mängeln reicht dafür nicht ohne weiteres aus (BGH NJW 06, 1195 Rz 24 f; NJW-RR 09, 667 Rz 12; KG ZGS 07, 78; Bambg MDR 07, 87, 88; Karlsr 7 U 15/08 v 5.11.08 juris Rz 12; Kobl MDR 09, 440; NJW-RR 09, 985, 986). Maßgeblich ist grds nur ein Bestreiten vor der Selbstnachbesserung durch den Käufer, soweit nicht ein nachträgliches Bestreiten aufgrund bes Umstände indiziert, der Verkäufer hätte die Nacherfüllung auch im Fall einer Fristsetzung verweigert (BGH NJW-RR 09, 667 Rz 10-12). 7

II. Fehlschlagen der Nacherfüllung. S. Rn 10–14. 8

III. Unzumutbarkeit der Nacherfüllung für den Käufer. Aus der Perspektive des Käufers ist zu bestimmen, ob die von ihm gewählte Art der Nacherfüllung verglichen mit der sofortigen Geltendmachung von Rücktritt, Minderung oder Schadensersatz statt der Leistung unzumutbar ist (BaRoth/*Faust* Rz 36). Die Käuferorientierung ändert nichts daran, dass bei der Bewertung die grds hohe Bedeutung des Rechts auf zweite Andienung durch den Verkäufer zu berücksichtigen ist. Kriterien können sein: **(1)** berechtigter Verlust des Vertrauens in die Person des Verkäufers, va wegen vorangegangener Täuschung (BGH NJW 07, 835 Rz 12 f – krit Anm *Kilian* MittBayNot 07, 311 f –; 08, 1371 Rz 19 f; 09, 2532 Rz 17 jew über § 323 II Nr 3; Karlsr NJW 08, 925, 926; Palandt/*Weidenkaff* Rz 8; BaRoth/*Faust* Rz 37; **aA** *Gutzeit* NJW 08, 1359 ff; *Schroeter* AcP 207, 28, 53 f), 9

(2) Art des Mangels, zB Vielzahl von Mängeln (Palandt/*Weidenkaff* Rz 8), Auslösung von Ekel, Verursachung erheblicher Schäden, zB schwerer Unfall durch Produktfehler (insg BaRoth/*Faust* Rz 38), **(3)** Verzögerung der Nutzung durch Nacherfüllung (Bremen ZGS 07, 471, 472; Palandt/*Weidenkaff* Rz 8), **(4)** begründete Erwartung eines objektiven Käufers, dass Nacherfüllung erfolglos bleibt; Kriterium erfordert hohe Hürde, da ansonsten Recht des Verkäufers zur Nacherfüllung leerläuft, **(5)** Notwendigkeit sofortiger Mängelbeseitigung aufgrund bes Umstände, zB Heilbehandlung eines Haustieres (LG Essen NJW 04, 527 f; Palandt/*Weidenkaff* Rz 8; *Augenhofer* ZGS 04, 385, 389 ff; ebenso über § 281 II BGH NJW 05, 3211, 3212 f; zu den Grenzen BGH NJW 06, 988 Rz 11 f), Verhinderung von Gefahren wie Austausch eines undichten Rohres.

10 **C. Fehlschlagen der Nachbesserung (S 2).** Die Norm begründet die gem Hs 2 widerlegliche Vermutung, dass Nachbesserung – nicht: Ersatzlieferung (s. Rn 14) – mit dem zweiten erfolglosen Versuch fehlgeschlagen ist. Sie gewährt so dem Verkäufer **zwei Versuche** (iE Hamm MDR 06, 858; aA Jauernig/*Berger* Rz 4; Palandt/*Weidenkaff* Rz 2; *Woitkewitsch* MDR 05, 1268 f). Allerdings führt dies nicht dazu, dass der Käufer eine doppelte Frist gem §§ 281 I 1, 323 I zu setzen hat, sondern dass innerhalb der Frist im Regelfall zwei Versuche gestattet sind; die Frist ist entspr zu bemessen (BTDrs 14/6040, 234; vgl auch *Bitter/Meidt* ZIP 01, 2114, 2117).

11 **I. Fehlschlagen.** Obwohl sich der Gesetzgeber an § 11 Nr 10 lit b AGBG aF orientiert hat (BTDrs 14/6040, 233), ist Begriff gem dem Zweck von § 440 enger zu interpretieren (BaRoth/*Faust* Rz 30 f; MüKo/*Westermann* Rz 9; iE BTDrs 14/6040, 234; **abw** Palandt/*Weidenkaff* Rz 7). Fehlschlagen liegt vor, wenn **(1)** Mangel nach Ablauf angemessener Frist **nicht beseitigt** ist (MüKo/*Westermann* Rz 10) – Basistatbestand, zB 3 erfolglose Nachbesserungsversuche bei Whirlpool mit wegen unzureichender Bedienungsanleitung ungenügender Reinigung des Badewassers (München CR 06, 582), **(2)** vor Fristablauf nach der noch zur Verfügung stehenden **Zeit** in Relation zur noch zu leistenden Arbeit **Beseitigung unmöglich** ist (BaRoth/*Faust* Rz 32) – vorsichtig anzuwendender Ausnahmetatbestand, **(3) erfolglose Versuche des Verkäufers** Beseitigung nicht mehr erwarten lassen – wegen der Nähe zur Unzumutbarkeit ebenfalls enger Ausnahmetatbestand, **(4)** bei **Nachbesserung neue Mängel** entstehen (MüKo/*Westermann* Rz 10; aA Saarbr NJW 07, 3503, 3504).

12 **II. Vermutung.** Für die Vermutung eines Fehlschlagens der Nachbesserung nach deren zweimaliger Erfolglosigkeit ist stets zu prüfen, ob besondere Umstände gegen ein Fehlschlagen sprechen. Alt 1 stellt besonders auf sehr komplexe Kaufsachen ab, Alt 2 meint zB schwer zu beseitigende Mängel und Alt 3 ermöglicht eine Berücksichtigung von Einzelfallumständen, zB einer unverschuldeten Störung der Produktionsanlagen des Verkäufers (vgl BGH NJW 07, 504 Rz 15; Saarbr NJW 09, 369, 371). Der Prüfung des Fehlschlagens vorrangig ist die Zuordnung der Beweislast gem Rn 14, so dass die bloße Ungeklärtheit der Ursache eines Mangels trotz Beweisaufnahme kein sonstiger Umstand iSd 2 ist (BGH NJW 09, 1341 Rz 22 f).

13 **III. Beweislast.** Entsprechend § 434 Rn 99 trägt der Käufer nach Annahme der nachgebesserten Kaufsache die Beweislast dafür, dass der Mangel fortbesteht und mithin die Nachbesserung fehlgeschlagen ist (BGH NJW 09, 1341 Rz 15 mwN).

14 **IV. Ersatzlieferung.** 2 definiert nur das Fehlschlagen der Nachbesserung, 1 setzt aber voraus, dass die Nacherfüllung insgesamt und damit auch die Ersatzlieferung fehlschlagen kann. Die Kriterien in Rn 11 gelten entspr, nicht aber die Vermutung von 2, so dass schon eine erstmals falsche Ersatzlieferung zu deren Fehlschlagen führen kann (aber nicht muss: BaRoth/*Faust* Rz 33; Staud/*Matusche-Beckmann* Rz 19 mwN). Zusätzliches Kriterium ist die Lieferung einer neuen Sache mit einem neuen Fehler.

§ 441 Minderung.

(1) ¹Statt zurückzutreten, kann der Käufer den Kaufpreis durch Erklärung gegenüber dem Verkäufer mindern. ²Der Ausschlussgrund des § 323 Abs. 5 Satz 2 findet keine Anwendung.
(2) Sind auf der Seite des Käufers oder auf der Seite des Verkäufers mehrere beteiligt, so kann die Minderung nur von allen oder gegen alle erklärt werden.
(3) ¹Bei der Minderung ist der Kaufpreis in dem Verhältnis herabzusetzen, in welchem zur Zeit des Vertragsschlusses der Wert der Sache in mangelfreiem Zustand zu dem wirklichen Wert gestanden haben würde. ²Die Minderung ist, soweit erforderlich, durch Schätzung zu ermitteln.
(4) ¹Hat der Käufer mehr als den geminderten Kaufpreis gezahlt, so ist der Mehrbetrag vom Verkäufer zu erstatten. ²§ 346 Abs. 1 und § 347 Abs. 1 finden entsprechende Anwendung.

1 **A. Grundsätzliches. I. Bedeutung.** Die Minderung ist das zum Rücktritt alternative Mängelrecht des Käufers (I). Sie setzt daher regelmäßig **Fehlschlagen der Nachbesserung** voraus (§ 437 Rn 16).

2 **II. Anwendungsbereich.** Die Norm gilt für **Sach- und Rechtsmängel** (Palandt/*Weidenkaff* Rz 1; BaRoth/*Faust* Rz 3), auch für die Kaufgegenstände des § 453.

3 **III. Schuldrechtsmodernisierung.** Das Institut der Minderung wurde trotz beibehaltener Berechnungsmethode erheblich geändert. Neu sind: (1.) Einbeziehung von Rechts- und (2.) unwesentlichen Mängeln (I 2 iVm § 323 V 2 ggü § 459 I 2 aF), (3.) die Voraussetzung einer Fristsetzung wegen des Vorrangs der Nacherfüllung (Rn 1), (4.) die Umwandlung von einem Anspruch (§ 462 aF) in ein Gestaltungsrecht (I 1), (5.) die

erforderliche Erklärung durch bzw gegen alle Beteiligten bei mehreren Vertragspartnern (II ggü § 474 aF). Es **gelten fort**: (1.) Relative Berechnung der Minderung (2.) auf den Vertragsschluss (III u § 472 I aF), (3.) bei mehreren Kaufsachen unter Ansatz des Gesamtpreises (folgt aus III trotz Aufhebung von § 472 II), (4.) Rückzahlung eines überzahlten Kaufpreises nach Rücktrittsrecht (IV u § 467 1 aF), (5.) die Alternativität von Minderung und Rücktritt bzw Wandelung.

IV. VerbrauchsgüterkaufRL. § 441 setzt Vorgabe von Art 3 V um, dass der Verbraucher bei erfolgloser Nacherfüllung ein Recht auf Minderung hat, und zwar e-contrario Art 3 VI auch für geringfügige Vertragswidrigkeiten. Der Charakter der Minderung als Gestaltungsrecht verletzt die Richtlinie trotz ihres Ausgangspunkts eines Anspruchs nicht, da ein Gestaltungsrecht die Ausübung für den Verbraucher erleichtert (BaRoth/*Faust* Rz 2; Staud/*Matusche-Beckmann* Rz 2). Str ist, ob § 441 der Anforderung gem Art 3 V 3. Spiegelstrich genügt, dass der Verbraucher zum Rücktritt oder zur Minderung auch dann berechtigt ist, „wenn der Verkäufer nicht ohne erhebliche Unannehmlichkeiten für den Verbraucher Abhilfe geschaffen hat". In Übereinstimmung mit der Gesetzesbegründung (BTDrs 14/6040, 223) ist dies zu bejahen: Der zweite und dritte Spiegelstrich setzen gleichermaßen für die Alternativen der nicht rechtzeitigen (2. Spiegelstrich) und der für den Käufer mit Unannehmlichkeiten verbundenen (3. Spiegelstrich) Nacherfüllung voraus, dass die Nacherfüllung nicht schon vor Erklärung von Rücktritt oder Minderung vollendet worden ist. Dies bestätigt der Gleichlauf des Wortlauts beider Alternativen. Für die zweite Alt ist aber klar, dass trotz Verspätung kein Recht zum Rücktritt oder zur Minderung mehr besteht, wenn die Nacherfüllung durchgeführt worden ist (s. allg zur Beendigung des Verzugs durch Leistungserbringung Palandt/*Heinrichs* § 286 Rz 33 mwN); statt dessen hat der Verbraucher Ansprüche auf Ersatz des Verzugsschadens (§ 437 Rn 36). Deutlicher wird diese Auslegung im englischen Text, da die Perfekt-Fassung beider Alternativen „has not completed" eine Unvollständigkeit der Nacherfüllung bis zum Zeitpunkt der Ausübung von Rücktritt oder Minderung ausdrückt (**so** *Jud* JbJZivRWiss 01, 205, 219; in die Richtung *Westermann* JZ 01, 530, 537; **aA** BaRoth/*Faust* Rz 30 f: MüKo/*Lorenz* Vor § 474 Rz 21; *Herresthal* WM 07, 1354, 1359; *Unberath* ZEuP 05, 5, 25–28). 4

V. Abdingbarkeit. Die Norm ist zwingend beim Verbrauchsgüterkauf (§ 475 I). Beim Fehlschlagen der Nacherfüllung kann Recht zu mindern nicht durch AGB ausgeschlossen werden (§ 309 Nr 8 lit b) bb) ggf iVm § 310 I). IÜ besteht Dispositivität. 5

B. Ausübung der Minderung (Abs 1, 2). I. Rechtsnatur, Wahlrecht. Die Minderung ist – wie der Rücktritt – ein Gestaltungsrecht (BTDrs 14/6040, 234 f). Ihre Ausübung führt daher unmittelbar zur Umgestaltung des Schuldverhältnisses und zum Erlöschen des Wahlrechts des Käufers zwischen Rücktritt (MüKo/*Westermann* Rz 4 mwN) bzw Schadensersatz statt der Leistung (*Lögering* MDR 09, 664, 666; **aA** Stuttg ZGS 08, 479, 480) und Minderung; entspr ist das Wahlrecht nach wirksamer Erklärung des Rücktritts erloschen (§ 437 Rn 26). Der Fortbestand des Schuldverhältnisses wenn auch mit umgestaltetem Inhalt schließt die Kombination mit Schadensersatz statt der Leistung aus (Palandt/*Weidenkaff* Rz 19; *Lögering* aaO 665 f; **aA** Stuttg aaO; für kleinen Schadensersatz BaRoth/*Faust* § 437 Rz 173). 6

II. Voraussetzungen. 1. Rücktrittsrecht (Abs 1 S 1). Die Alternativität von Minderungs- und Rücktrittsrecht (I 1) impliziert, dass für beide dieselben Voraussetzungen gelten, dh außerhalb des Verbrauchsgüterkaufs Fristsetzung gem §§ 281 I 1, 323 I (s. § 437 Rn 18, 24 f). 7

2. Unerhebliche Pflichtverletzung (Abs 1 S 2). Anders als der Rücktritt steht die Minderung auch bei unerheblichen Pflichtverletzungen zur Verfügung (BTDrs 14/6040, 235). 8

III. Erklärung. 1. Form. Das Gestaltungsrecht wird durch bedingungsfeindliche (BaRoth/*Faust* Rz 5) Willenserklärung nach allg Regeln ausgeübt und unterliegt daher keiner besonderen Form. 9

2. Inhalt. Die Minderung muss erklärt, aber nicht beziffert werden (BaRoth/*Faust* Rz 6; iE MüKo/*Westermann* Rz 5). Wenn der Käufer beziffert, ist er wegen der unmittelbaren Gestaltungswirkung daran gebunden (Palandt/*Weidenkaff* Rz 18; **aA** erst nach Einverständnis des Verkäufers: Erman/*Grunewald* Rz 2; MüKo/*Westermann* Rz 5). Um dies zu vermeiden, kann der Käufer für Höhe der Minderung auf III verweisen. In jedem Fall ist wie für die Nacherfüllung (§ 439 Rn 23) Angabe des konkreten Mangels notwendig. 10

IV. Mehrere Beteiligte (Abs 2). Das Erfordernis der **einheitlichen** Ausübung gilt für alle Beteiligungsformen (*Gesamtschuldner* oder -gläubiger, Teilschuldner oder -gläubiger). Es meint **nicht** die **gemeinsame**, sondern gestattet die sukzessive Ausübung bzw Entgegennahme; Wirksamkeit tritt aber erst mit Abgabe bzw Entgegennahme durch den letzten Beteiligten ein (Palandt/*Weidenkaff* Rz 11; Staud/*Matusche-Beckmann* Rz 7). Folge von II ist, dass Erlöschen des Minderungsrechts für einen Beteiligten ggü allen übrigen Beteiligten wirkt (§ 351 2 analog: BaRoth/*Faust* Rz 19; MüKo/*Westermann* Rz 6). 11

V. Rechtsfolgen. S. Rn 6. 12

C. Berechnung der Minderung (Abs 3). I. Methode (Abs 3 S 1). Zur Aufrechterhaltung des vertraglichen Äquivalenzverhältnisses ist die proportionale Wertminderung der mangelfreien Kaufsache infolge des Man- 13 gels auf die Reduzierung des Kaufpreises zu übertragen. Diese Methode führt bei Übereinstimmung von Kaufpreis und Verkehrswert zu einer vollen Anrechnung des Mangels. Bei einem den Kaufpreis übersteigenden Verkehrswert wird der Mangel dagegen nur proportional, hingegen nicht in absoluten Zahlen in voller Höhe vom Kaufpreis abgesetzt, während umgekehrt bei einem den Kaufpreis unterschreitenden Verkehrswert der Abzug in absoluten Zahlen höher ausfällt (BaRoth/*Faust* Rz 11). Formelmäßig sind ggü zu stellen (nach BaRoth/*Faust* aaO; ebenso MüKo/*Westermann* Rz 12; s. Rn 14):

$$\frac{\text{geminderter Kaufpreis}}{\text{ursprünglicher Kaufpreis}} = \frac{\text{wirklicher Wert}}{\text{Wert ohne Mangel}}$$

$$\text{geminderter Kaufpreis} = \frac{\text{wirklicher Wert} \times \text{ursprünglicher Kaufpreis}}{\text{Wert ohne Mangel}}$$

14 **1. Zeitpunkt.** Maßgeblich ist prinzipiell der Zeitpunkt des Vertragsschlusses. Soweit Wertveränderungen dem Verkäufer zuzurechnen sind, zB infolge weiterfressender Mängel, sind sie gleichfalls zu berücksichtigen (str: **so** BaRoth/*Faust* Rz 11; MüKo/*Westermann* Rz 13; **aA** Palandt/*Weidenkaff* Rz 13).

15 **2. Wert.** Der **Wert ohne Mangel** ist der Verkehrswert, den die Kaufsache mit der geschuldeten Beschaffenheit gehabt hätte. Der **wirkliche Wert** ist der Verkehrswert der mangelhaften Kaufsache. Der Abzug für den Mangel ist dabei nur ausnahmsweise mit der Höhe der Nacherfüllungskosten identisch (BTDrs 14/6040, 235; Palandt/*Weidenkaff* Rz 15; Staud/*Matusche-Beckmann* Rz 22 mwN). Dies folgt schon daraus, dass die Minderung subsidiär zur Nacherfüllung stattfindet und damit auch die Fälle regelt, in denen eine Nacherfüllung ausscheidet. Bei Blindenhund ohne die erforderlichen Prüfungen soll der Abzug für den Mangel mit dem entfallenden Zuschuss der Krankenversicherung identisch sein (Schlesw OLGR 08, 926 – zweifelhaft). Zusätzlich zu Kosten der Mangelbeseitigung kann ein dauerhafter merkantiler Minderwert anzusetzen sein (Frankf 16 U 223/07 v 23.6.09 juris Rz 36: Bunker auf Bauland). Bei **Wertlosigkeit** der Kaufsache entfällt ein Kaufpreis, der Käufer ist dann aber auf Wunsch des Verkäufers zur Rückgabe verpflichtet (Palandt/*Weidenkaff* Rz 16; Staud/*Matusche-Beckmann* Rz 25). Beim Verkauf mehrerer Sachen ist vom **Gesamtkaufpreis** auszugehen (Palandt/*Weidenkaff* Rz 2; BaRoth/*Faust* Rz 20 f). **Bsp:** Mehrverbrauch eines Neuwagens von 3,03% keine Wertminderung (LG Ravensburg NJW 07, 2127, 2128 f).

16 **3. Mitverschulden.** § 254 gilt entspr (BTDrs 14/6040, 235; Palandt/*Weidenkaff* Rz 17).

17 **II. Schätzung (Abs 3 S 2).** Da die Anwendung von § 287 ZPO Probleme bereitete (BTDrs 14/7052, 197; vgl zur aF BGHZ 77, 320, 326 ggü BGH WM 71, 1382, 1383), ist jetzt ausdrücklich geregelt, dass die Minderung geschätzt werden kann. **Bsp:** wegen zu geringer Mieterträge (LG Berlin BauR 06, 126, 127).

18 **D. Rückzahlung eines überzahlten Kaufpreises (Abs 4).** Die Norm verpflichtet den Verkäufer zur Rückzahlung eines infolge Minderung überzahlten Kaufpreises auf vertraglicher Grundlage, bes bei Zahlung unter Vorbehalt (Zweibr NJW 09, 2221, 2222); für die Herausgabe von Nutzungen gelten §§ 346 I, 347 I (vgl krit BaRoth/*Faust* Rz 16).

§ 442 Kenntnis des Käufers. (1) ¹Die Rechte des Käufers wegen eines Mangels sind ausgeschlossen, wenn er bei Vertragsschluss den Mangel kennt. ²Ist dem Käufer ein Mangel infolge grober Fahrlässigkeit unbekannt geblieben, kann der Käufer Rechte wegen dieses Mangels nur geltend machen, wenn der Verkäufer den Mangel arglistig verschwiegen oder eine Garantie für die Beschaffenheit der Sache übernommen hat.
(2) Ein im Grundbuch eingetragenes Recht hat der Verkäufer zu beseitigen, auch wenn es der Käufer kennt.

1 **A. Grundsätzliches. I. Zweck.** Die Sanktion des Ausschlusses aller Mängelrechte soll den Käufer dazu zwingen, Mängel, die ihm bekannt oder nur infolge grober Fahrlässigkeit unbekannt sind, dem Verkäufer mitzuteilen. Damit soll im allg Interesse Streit über Mängel vermieden werden, deren vertragliche Regelung dem Käufer möglich war (BaRoth/*Faust* Rz 2; zur aF *Köhler* JZ 89, 761, 762). Auch liegt hierin ein venire contra factum proprium des Käufers (MüKo/*Westermann* Rz 1; Staud/*Matusche-Beckmann* Rz 1 mwN).

2 **II. Anwendungsbereich.** Die Norm gilt für **Sach-** und über § 453 **Rechtskauf**, sowie für **Sach- und Rechtsmängel.** Sie regelt auch die Ansprüche auf Schadensersatz gem § 437 Nr 3 und aus der Verletzung von Nebenpflichten, die sich auf die Beschaffenheit der Kaufsache auswirken (s. § 438 Rn 3). Sie gilt nicht für Mängel, zu deren Beseitigung sich der Verkäufer ausdrücklich verpflichtet hatte (Palandt/*Weidenkaff* Rz 9; Erman/*Grunewald* Rz 9).

3 **III. Abschließender Charakter.** § 442 regelt die Folgen der – möglichen – Kenntnis von Mängeln abschließend, so dass § 254 und das allg Leistungsstörungsrecht nicht zur Anwendung gelangen (Palandt/*Weidenkaff* Rz 5; Staud/*Matusche-Beckmann* Rz 45 mwN). Fahrlässige Unkenntnis des Käufers kann daher nicht gem § 254 berücksichtigt werden (**so** zur aF BGH NJW 78, 2240; **aA** MüKo/*Westermann* Rz 15 mwN).

IV. Schuldrechtsmodernisierung. Für den Sachmangel enthält § 442 nur Anpassungen von § 460 aF an die **4** Schuldrechtsreform. Für den Rechtsmangel ordnet I 2 erstmals (s. § 439 aF) die Nachteiligkeit grob fahrlässiger Unkenntnis des Käufers an (BTDrs 14/6040, 236; BaRoth/*Faust* Rz 1); ferner ist in II der Kreis der Rechte erweitert (BTDrs 14/6040, 237).

V. VerbrauchsgüterkaufRL. I 1 setzt den Ausschluss einer Vertragswidrigkeit gem Art 2 III Alt 1 für den Fall **5** um, dass der Verbraucher bei Vertragsschluss Kenntnis von der Vertragswidrigkeit hatte (BTDrs 14/6040, 236). Auch I 2 ist mit der Richtlinie vereinbar, da gem deren Art 2 III Alt 2 eine Vertragswidrigkeit gleichfalls nicht vorliegt, wenn der Verbraucher „vernünftigerweise nicht in Unkenntnis darüber sein konnte"; dies ist bei grober Fahrlässigkeit gegeben (BTDrs aaO; BaRoth/*Faust* Rz 4).

VI. Abdingbarkeit. § 442 ist für Verbrauchsgüterkauf zugunsten des Käufers zwingend (§ 475 I), ansonsten **6** dispositiv.

B. Kenntnis des Käufers vom Mangel (Abs 1 S 1). I. Begriff. „Kenntnis" meint positives Wissen des Käufers **7** oder seines Vertreters (§ 166 I) über die Tatsachen, die den Mangel begründen. Dazu gehören auch alle tatsächlichen und rechtlichen Umstände, die Umfang und rechtliche Bedeutung des Mangels bestimmen (Palandt/*Weidenkaff* Rz 7). Unkenntnis eines dieser Faktoren oder ein bloßer Verdacht schließt Kenntnis aus und führt allenfalls zur Anwendbarkeit von I 2 (Palandt/*Weidenkaff* Rz 7; BaRoth/*Faust* Rz 16 f; zur aF BGH NJW 91, 2700 für Unkenntnis des Käufers über Dauer eines Pachtvertrags). Aus I 2 folgt im Gegenschluss, dass arglistiges Verschweigen des Mangels durch den Verkäufer unerheblich ist (BaRoth/*Faust* Rz 14; zur aF BGH NJW 78, 2240).

II. Zeitpunkt. Mit „Vertragsschluss" ist das Zustandekommen des Vertrags gemeint, zB die Leistung der letz- **8** ten Unterschrift (BaRoth/*Faust* Rz 7). Spätere Kenntnis ist unschädlich, zB bei Übergabe (arg: § 464 aF ist aufgehoben: BaRoth/*Faust* Rz 6; ebenso MüKo/*Westermann* Rz 6; **aA** Celle ZGS 04, 476 f), bei formnichtigem Grundstückskauf zwischen Beurkundung und zur Heilung führender Eintragung des Käufers (Erman/*Grunewald* Rz 8; ausf zur aF *Köhler* JZ 89, 765–767 mwN; **abw:** nur wenn Käufer Formnichtigkeit nicht kennt MüKo/*Westermann* Rz 6; zur aF BGH NJW 89, 2050 f). Bei schwebend unwirksamem Vertrag kommt es darauf an, ob von Seiten des **Käufers** noch ein Akt aussteht (BaRoth/*Faust* Rz 6; MüKo/*Westermann* Rz 6; zur aF *Köhler* JZ 89, 761, 765): Es entscheidet daher der Zeitpunkt der Genehmigung der Erklärungen eines vollmachtslosen Vertreters durch den Käufer oder des von einer Handlung des Käufers abhängigen Eintritts der aufschiebenden Bedingung (**aA** Palandt/*Weidenkaff* Rz 8; Staud/*Matusche-Beckmann* Rz 17).

C. Grob fahrlässige Unkenntnis des Mangels (Abs 1 S 2). I. Begriff. Gem Rn 7 ist **Unkenntnis** jede nicht **9** vollständige Kenntnis (Palandt/*Weidenkaff* Rz 10). Grob fahrlässig ist sie, wenn der Käufer bei der Information über die Kaufsache die im Verkehr erforderliche Sorgfalt in bes hohem Maße verletzt hat (s. § 276 Rn 19 ff). Dies ist idR nicht gegeben, wenn sich der Käufer auf Informationen des Verkäufers verlassen hat (Palandt/*Weidenkaff* Rz 11; Staud/*Matusche-Beckmann* Rz 24). Va ist der Käufer nur **ausnahmsweise** zur **Untersuchung der Kaufsache** verpflichtet (Palandt/*Weidenkaff* Rz 13; BaRoth/*Faust* Rz 20–22; zur aF keine Einsichtspflicht in Bau- und Grundakten bei Grundstückskauf über DM 3 Mio: BGH NJW-RR 88, 1290, 1291). Dies gilt auch für die Vornahme einer **Due Diligence** beim Unternehmenskauf (str: BaRoth/*Faust* Rz 20 mwN auch der aA; *Böttcher* ZGS 07, 20, 24 f: zwar Verkehrssitte, aber Unterlassen begründet keine grobe Fahrlässigkeit; *Müller* NJW 04, 2196, 2197 f; *Westermann* ZHR 169 (2005), 248, 263–266). Entgegen der teilweise zu weitgehenden Rspr zur aF (Beispiele bei BaRoth/*Faust* Rz 20) kann eine Untersuchungspflicht nur noch angenommen werden, wenn Indizien Anlass zu Misstrauen geben oder besondere Umstände vorliegen: **Bsp:** Klärung der rechtlichen Voraussetzungen für Großbauvorhaben bei Grundstückskauf durch den sachkundigen Käufer (zur aF RG 131, 343, 354); extreme Wertdifferenz zu Katalogwerten bei eBay-Versteigerung von Sammlerbriefmarken (Karlsr NJW-RR 07, 1210, 1211). Führt der Käufer eine Untersuchung durch, schadet ihm grob fahrlässiges Ignorieren der Erkenntnisse daraus (BaRoth/*Faust* Rz 22; für Due Diligence *Westermann* aaO, 260), nicht aber deren bloß unsorgfältige Vornahme (*Müller* NJW 04, 2196, 2198 f), es sei denn er ist vertraglich zur Untersuchung verpflichtet, zB bei Ankauf eines Gebrauchtwagens durch Händler, dem Fahrzeug zur Untersuchung übergeben wird (Frankf 16 U 59/09 v 18.8.09 juris Rz 17). Zu Besonderheiten des Kunsthandels vgl *Müller-Katzenburg* NJW 06, 553, 556 f.

II. Zeitpunkt. Vertragsschluss wie bei I 1 (s. Rn 8) (MüKo/*Westermann* Rz 8). **10**

III. Ausschlussgründe. 1. Arglistiges Verschweigen (Alt 1). Der Verkäufer muss für den konkreten Mangel **11** eine **Aufklärungspflicht** haben (s. *Gröschler* NJW 05, 1601 ff; § 123 Rn 8–21; evtl **aA** BGHZ 167, 19 Rz 6: bloße Kenntnis des Mangels genügt). Das arglistige Vorspiegeln der Mangelfreiheit steht gleich, ohne dass es wegen des darin liegenden positiven Tuns auf eine Aufklärungspflicht ankommt (str: **so** Palandt/*Weidenkaff* Rz 18; s. § 438 Rn 23). **Bsp:** Der Hinweis iVm einem Ausschluss von Mängelansprüchen auf notwendige „Restarbeiten" stellt arglistiges Verschweigen dar, wenn Restaurierung notwendig ist (KG NJW-RR 06, 1213, 1214 f mit Vorinstanz LG Berlin NJW-RR 04, 1061).

12 **2. Garantie (Alt 2).** S. § 443 Rn 7 ff. Ungeachtet des, anders als bei § 444 Alt 2, nicht von „wenn" in „soweit" geänderten Wortlauts ist I 2 Alt 2 so zu lesen, dass die Garantie dem Käufer nur hilft, soweit sie gerade für den konkreten Mangel abgegeben wurde (MüKo/*Westermann* Rz 12 f; offenbar BaRoth/*Faust* Rz 26).

13 **D. Rechte im Grundbuch (Abs 2).** Der Anwendungsbereich umfasst Kaufverträge über Grundstücke und bewegliche Sachen, auf die sich Grundbucheintragung zB gem § 1120 erstreckt (Palandt/*Weidenkaff* Rz 22; BaRoth/*Faust* Rz 27; zur aF RG 57, 1, 4; BGH WM 61, 482, 484 mwN). Geregelt sind **alle** in Abt II u III des Grundbuchs eingetragenen Rechte einschl Vormerkungen (BTDrs 14/6040, 237; BaRoth/*Faust* Rz 27). Voraussetzung ist aber wie bei § 438 I Nr 1 lit b, dass Eintragung für Recht konstitutiv und nicht nur nachrichtlich erfolgt ist (s. § 438 Rn 16). Entspr Anwendbarkeit auf Share-Deal (Verkauf einer Gesellschaft mit Grundstück als einzigem Vermögen) ist angesichts der Anknüpfung von II an die beim Share-Deal nicht gegebene Abwicklung eines Grundstückskaufvertrags abzulehnen (aA BaRoth/*Faust* Rz 27; MüKo/*Westermann* Rz 17; zur aF RG 120, 283, 288). Rechtsfolge ist die Verpflichtung des Verkäufers, Recht zur Löschung zu bringen, ohne Rücksicht darauf, ob es dem Käufer bekannt ist.

14 **E. Beweislast.** Für Kenntnis und grob fahrlässige Unkenntnis des Käufers ist der **Verkäufer** (Karlsr MittBayNot 05, 401, 404; Köln NotBZ 05, 300; LG Berlin BauR 06, 126, 127), für Vorliegen von Arglist und einer Garantie ist der **Käufer** beweispflichtig (insg Palandt/*Weidenkaff* Rz 6; BaRoth/*Faust* Rz 34).

§ 443 Beschaffenheits- und Haltbarkeitsgarantie.

(1) Übernimmt der Verkäufer oder ein Dritter eine Garantie für die Beschaffenheit der Sache oder dafür, dass die Sache für eine bestimmte Dauer eine bestimmte Beschaffenheit behält (Haltbarkeitsgarantie), so stehen dem Käufer im Garantiefall unbeschadet der gesetzlichen Ansprüche die Rechte aus der Garantie zu den in der Garantieerklärung und der einschlägigen Werbung angegebenen Bedingungen gegenüber demjenigen zu, der die Garantie eingeräumt hat.
(2) Soweit eine Haltbarkeitsgarantie übernommen worden ist, wird vermutet, dass ein während ihrer Geltungsdauer auftretender Sachmangel die Rechte aus der Garantie begründet.

1 **A. Grundsätzliches. I. Einleitung.** Die Norm regelt erstmals das Institut der Garantie und legt zwei Typen fest, die Garantie für eine bestimmte Beschaffenheit der Kaufsache und die Haltbarkeitsgarantie, dass die Kaufsache eine bestimmte Beschaffenheit für eine bestimmte Dauer behält; für den Verbrauchsgüterkauf wird sie ergänzt durch § 477. „Garantie für die Beschaffenheit der Sache" wird zusätzlich in §§ 442 I 2 Alt 2, 444 Alt 2 u 445 Alt 2, „Garantie" in § 276 I 1 verwendet. **Die Regelung ist missglückt,** da sie wegen ihrer Orientierung an der VerbrauchsgüterkaufRL die Standards der Vertragspraxis bei der Gestaltung von Garantien ignoriert, va die praktisch unverzichtbare Unterscheidung **unselbständiger** und **selbständiger Garantien.** Zudem wird das Verständnis durch eine verwickelte Gesetzgebungsgeschichte erschwert.

2 **II. Bedeutung.** Die praktische Bedeutung von Garantieerklärungen in und zusätzlich zu Kaufverträgen ist erheblich. „Hersteller-" und „Händlergarantien" sind ein verbreitetes Instrument, um das Vertrauen von Käufern in die Qualität von Waren zu erhöhen. Bei wirtschaftlich bedeutenden Verträgen, besonders Unternehmens- und Grundstückskaufverträgen, werden Mängelrechte des Käufers oft nur über Garantien geregelt.

3 **III. Anwendungsbereich.** Festgelegt wird der Anwendungsbereich durch die beiden von § 443 geregelten Typen der Garantie, für Beschaffenheit und Haltbarkeit der Sache (Rn 1). Daraus folgt die Beschränkung auf **Sachmängel** und den **Kauf von Sachen** und zu deren Besitz berechtigenden Rechten (§ 453 III) (Palandt/*Weidenkaff* Rz 5). Nach § 311 und nicht § 443 richten sich daher Garantien in allen anderen Fällen (*Grützner/Schmidl* NJW 07, 3610, 3612), zB für **Rechtsmängel** und beim **Rechtskauf** (Rn 13; BTDrs/14/7052, 184; BaRoth/*Faust* Rz 7). Kaufrechtsintern sind der Garantiebegriff in § 443 und §§ 442 I 2 Alt 2, 444 Alt 2 u 445 Alt 2 identisch (Rn 7). In seinem Anwendungsbereich deckt § 443 **unselbständige** und **selbständige Garantien** gleichermaßen ab (Rn 9).

4 **IV. Schuldrechtsmodernisierung.** Die Norm ist durch die Schuldrechtsreform neu geschaffen worden.

5 **V. VerbrauchsgüterkaufRL.** Art 6 I normiert als Anforderung an die Garantie, den Garantiegeber „zu den in der Garantieerklärung und der einschlägigen Werbung angegebenen Bedingungen" zu binden. Inhaltlich ist die Garantie in Art 1 II lit e) definiert als Verpflichtung eines Verkäufers oder Herstellers, zugunsten des Verbrauchers Abhilfe zB durch Erstattung des Kaufpreises zu schaffen, wenn die Kaufsache nicht die nach der Garantieerklärung oder der Werbung versprochenen Eigenschaften hat. Während Art 6 I in I umgesetzt ist, hat der Gesetzgeber die weiteren Anforderungen in Art 6 II zu Gestaltung und Inhalt wegen ihrer rein verbraucher schützenden Zielsetzung in § 477 geregelt (BTDrs 14/6040, 238).

6 **VI. Abdingbarkeit.** Die Norm ist bei Verbrauchsgüterkauf zwingend (§§ 475 I, 477), ansonsten dispositiv; dies gilt auch für II (str: so Staud/*Matusche-Beckmann* Rz 25 mwN).

7 **B. Begriff, Formen und Abschluss der Garantie. I. Kaufrechtsinterner Garantiebegriff.** Obwohl die §§ 442 I 2 Alt 2, 443 I Alt 2, 444 Alt 2 u 445 Alt 2 übereinstimmend auf eine „Garantie für die Beschaffenheit der Sache" abstellen, verwendet die hM einen zweigeteilten Garantiebegriff: Basierend auf § 276 I 1 lebe in §§ 442 I 2 Alt 2, 444 Alt 2 die zugesicherte Eigenschaft fort, während § 443 ein eigenständiger Garantiebegriff zugrunde liege (Hamm NJW-RR 05, 1220, 1221; Erman/*Grunewald* Rz 2; Staud/*Matusche-Beckmann* Rz 5; *Hilgard/Kraayvanger* MDR 02, 678, 680; *Knott* NZG 02, 249, 255; *Muthers/Ulbrich* ZGS 04, 289, 290 ff; offenbar Ddorf ZGS 04, 271, 274). Dies soll sich aus dem Zitat in der Regierungsbegründung ergeben, dass die in § 442 RegE geregelte Garantie „in der Sache … der Zusicherung einer Eigenschaft des bisherigen Rechts" entspr (BTDrs 14/6040, 236; ebenso für § 444 RegE aaO 240; s. § 434 Rn 17). Dieses Zitat leitet fehl, da es eine andere Formulierung der Garantie in §§ 442, 444 RegE erläutert, die „Garantie für das Vorhandensein einer Eigenschaft" (BTDrs 14/6040, 20; s. *D. Schmidt* BB 05, 2763, 2764 f). Diese stand damals tatsächlich im Gegensatz zur „Garantie für die Beschaffenheit der Sache" in § 443 I Alt 1 RegE. Im weiteren Verlauf hat der Gesetzgeber die zusicherungsartige Sonderregelung der Garantie für die §§ 442, 444 aufgegeben und in der Stellungnahme des Rechtsausschusses ausdrücklich festgelegt, deren bisherige Fassung sei „allerdings an die Formulierung des § 443 I BGB-BE anzupassen" (BTDrs 14/7052, 197). Damit hat sich der Gesetzgeber für einen **einheitlichen kaufrechtlichen Garantiebegriff** in den §§ 442 I 2 Alt 2, 443 I Alt 1, 444 Alt 2 u 445 Alt 2 entschieden, wie im G durch die vollständige sprachliche Identität in 4 aufeinanderfolgenden (!) Normen so deutlich wie möglich ausgedrückt ist (so iE Palandt/*Weidenkaff* § 442 Rz 19; *v. Gierke/Paschen* GmbH-Rdsch 02, 457, 459 ff; *Müller* NJW 02, 1026 f; *Seibt/Raschke/Reiche* NZG 02, 256, 259). Schon gar keine Basis besteht damit für die Auffassung, in jeder der 4 Bestimmungen sei der Begriff „Garantie" unterschiedlich zu verstehen (BaRoth/*Faust* Rz 5, 27).

II. Selbständige und unselbständige Garantie. 1. Begriffe. Garantien können eine höhere Verantwortlichkeit des Verkäufers oder eines Dritten als gesetzlich geregelt nur für einzelne Voraussetzungen, zB das Verschulden oder die Mangelfreiheit für eine bestimmte Frist, statuieren; dann sind sie **unselbständig**, da sie das gesetzliche Mängelrecht nur erweitern. Die **selbständige** Garantie wird dagegen unabhängig vom Kaufvertrag abgegeben und begründet daher eine Verpflichtung des Garantiegebers auf einer neuen Grundlage (so *Grützner/Schmidl* NJW 07, 3610 f; *Knott* NZG 02, 249, 255; *Schröcker* ZGR 05, 63, 91 f; ähnl für die selbständige Garantie nach aF BGH ZIP 06, 1351 Rz 20). **8**

2. Geltung von § 443. Der einheitliche Wortlaut der §§ 442 I 2 Alt 2, 443 I Alt 1, 444 Alt 2 u 445 Alt 2 einer „Garantie für die Beschaffenheit der Sache" lässt offen, wie sich das Gesetz zur Differenzierung der Garantien nach ihrer Selbständigkeit verhält. Tatsächlich werden alle vier denkbaren Auffassungen vertreten: **(1.)** § 443 regelt unselbständige (so wohl BTDrs 14/6040, 237 f; ferner *Fischer* DStR 04, 276, 281; *Hammen* NJW 03, 2588; *Knott* NZG 02, 249, 255; *Schröcker* ZGR 05, 63, 93), **(2.)** selbständige (*Brüggemeier* WM 02, 1376, 1381; *Hilgard/Kraayvanger* MDR 02, 678, 680), oder **(3.)** beide Formen von Garantien (Palandt/*Weidenkaff* Rz 5; Staud/*Matusche-Beckmann* Rz 13; *Grützner/Schmidl* NJW 07, 3610, 3611 f) und **(4.)** die Differenzierung ist obsolet geworden (BaRoth/*Faust* Rz 12; Staud/*Matusche-Beckmann* Rz 12). Da die Unterscheidung praktisch unverzichtbar ist (Rn 10–12), der Anwendungsbereich von § 443 zur Umsetzung der VerbrauchsgüterkaufRL aber nicht von der Selbständigkeit der Garantie abhängen kann, gilt § 443 für selbständige und unselbständige Garantien. **9**

3. Fortbestand der Unterscheidung. Die Differenzierung zwischen unselbständigen und selbständigen Garantien ist für die Vertragsgestaltung unverzichtbar und gehört inner- und außerhalb des Kaufrechts zum festen Repertoire der Vertragsjuristen. Bei der üblichen ausdrücklichen Kennzeichnung bestehen auch keine besonderen Abgrenzungsschwierigkeiten (falsch daher deren Betonung von BaRoth/*Faust* Rz 12). **10**

a) Selbständige Garantie. Die selbständige Garantie ist vom **gesetzlichen Mängelrecht unabhängig**. Ihr Inhalt wird daher von den Parteien autonom festgelegt. Beim Verbrauchsgüterkauf kommt sie zwingend neben dem Mängelrecht, ansonsten wird idR ihre Geltung anstelle des Mängelrechts vereinbart, bes in Unternehmens- (*Knott* NZG 02, 249, 255 mwN; zur aF vgl BGH ZIP 06, 1351) und komplexen Grundstückskaufverträgen. Konsequenz der Selbständigkeit ist, dass die Garantie nicht dem Mängelrecht unterliegt und daher nicht gem § 438, sondern §§ 195 ff verjährt (*Grützner/Schmidl* NJW 07, 3610, 3612; *Stadler* CR 06, 77, 79; zur aF BGH WM 77, 365, 366). Garantiegeber kann der Verkäufer oder ein Dritter, zB der Hersteller oder die Konzernmutter, sein. **11**

b) Unselbständige Garantie. Die unselbständige Garantie hat ihre **Basis im Mängelrecht** und begründet eine partiell verschärfte Einstandspflicht, zB eine verschuldensunabhängige Haftung, Mangelfreiheit während einer bestimmten Frist. Sie unterliegt deshalb grds dem Mängelrecht (allg für Beschaffenheitsgarantie BaRoth/*Faust* Rz 28; MüKo/*Westermann* Rz 22), so dass sie gem § 438 verjährt (**aA** für Beschaffenheits- und Haltbarkeitsgarantie Palandt/*Weidenkaff* Rz 15, 23; *Grützner/Schmidl* NJW 07, 3610, 3613, 3614). Auch hier kann Garantiegeber neben dem Verkäufer ein Dritter sein, der im Umfang der Garantie zusätzlich zum Verkäufer haftet. **12**

4. Erweiterung auf Rechtsmängel und Rechtskauf. Selbständige und unselbständige Garantien für Rechtsmängel und beim Rechtskauf können den Regeln der Garantie zu §§ 442 I 2 Alt 2, 443 I Alt 1, 444 Alt 2 beliebig unterstellt werden. Ohne ausdrückliche Vereinbarung liegt eine analoge Anwendung nahe. **13**

III. Abschluss der Garantie. Der Verkäufer, aber auch der Dritte durch beschränkten **Vertragsbeitritt**, kann beide Formen einer Garantie im Kaufvertrag abgeben, speziell die selbständige Garantie aber auch separat, zB **14**

in einer **Garantiekarte,** mit Kaufvertrag zeitgleichem **Übernahmeprotokoll** (Brandbg 5 U 54/08 v 29.1.09 juris Rz 37). Für die Garantie eines Dritten reicht eine einseitige Erklärung (so *Gsell* JZ 01, 65, 74; **aA** BaRoth/*Faust* Rz 14 f mwN; MüKo/*Westermann* Rz 7). Bei **Grundstückskaufvertrag** gilt § 311b auch für die Garantie (Palandt/*Weidenkaff* Rz 12).

15 **C. Garantie der Beschaffenheit (Abs 1 Alt 1). I. Inhalt.** Die Garantie muss zur Beschaffenheit der Sache (§ 434) gegeben werden. In Abgrenzung zur Haltbarkeitsgarantie (I Alt 2, II) bezieht sie sich auf den **Zeitpunkt des Gefahrübergangs** (Palandt/*Weidenkaff* Rz 13; BaRoth/*Faust* Rz 9). Sie kann selbständig oder unselbständig sein (Rn 8, 11 f). Infolge des weiten Beschaffenheitsbegriffs (§ 434 Rn 16–25) kann sie zu allen Anforderungen an die Kaufsache erklärt werden. Das Wort „Garantie" muss nicht gebraucht werden (AG Menden NJW-RR 06, 638; Palandt/*Weidenkaff* Rz 11; Staud/*Matusche-Beckmann* Rz 9). Erforderlich ist aber die Erklärung der Einstandspflicht für das Vorhandensein der Beschaffenheit und die Folgen aus deren Fehlen (bei verschuldensunabhängiger Haftung wenigstens Zusicherung nach aF: BGHZ 170, 86 Rz 20; Rostock NJW 07, 3290; Brandbg MDR 08, 1094); es muss also mehr als nur die Beschaffenheit gem § 434 I 1 vereinbart werden (s. § 434 Rn 29). Die Einstandspflicht muss **über die gesetzlichen Rechtsfolgen hinaus** gehen (Staud/*Matusche-Beckmann* Rz 17); dies gilt nicht für Garantie eines Dritten (ebda Rz 19). Typisches Beispiel ist die verschuldensunabhängige Einstandspflicht für eine bestimmte Beschaffenheit, zB für Leistungsdaten einer EDV-Anlage. Verschuldensunabhängigkeit der Haftung ist aber kein notwendiger Inhalt einer Garantie (Annahme nur mit Vorsicht: BGHZ 170, 86 Rz 20 f; Rostock aaO; BaRoth/*Faust* Rz 30, 35: **aA** Garantie immer verschuldensunabhängig Palandt/*Weidenkaff* Rz 9); Bsp für andere Inhalte: besondere Rechte bei Nacherfüllung, zB PKW-Mobilitätsgarantie (Stellung eines Ersatzwagens, Übernahme von Übernachtungskosten) (vgl Staud/*Matusche-Beckmann* Rz 17; auch BTDrs 14/6857, 61). Konkreter Inhalt kann nur durch **Auslegung** der Garantieerklärung festgestellt werden (BaRoth/*Faust* Rz 16). **Bsp: Garantie ja:** Angaben des gewerblichen Verkäufers eines **Gebrauchtwagens** über: (1) Unfallfreiheit (Brandbg 12 U 236/07 v 26.6.08 juris Rz 17; LG Karlsruhe NJW-RR 05, 1368), (2) Gesamtfahrleistung (Kobl NJW 04, 1670 f; Rostock aaO; zust *Muthers/Ulbrich* ZGS 04, 289, 290 f), **abw** bei privatem Verkäufer (BGHZ 170, 86 Rz 24-26; **aA** LG Kleve NJW-RR 05, 422); Verwendung des Worts „Garantie" indiziert auch bei privatem Verkäufer Annahme einer Garantie (Hamm NJW-RR 05, 1220, 1221); „fahrbereit" bei Angabe in Übernahmeprotokoll (Brandbg 5 U 54/08 v 29.1.09 juris Rz 37). Garantie **nein:** „Fahrbereit" bei privatem Verkäufer (Hamm ZGS 09, 473, 474), s. Rn 17; Klausel, dem Verkäufer sind keine Mängel bekannt, ist bloße Wissenserklärung (Brandbg 5 U 88/07 v 15.5.08 juris Rz 32; Hamm MDR 05, 500; wohl MüKo/*Westermann* Rz 16), zur Beschaffenheitsvereinbarung s. § 434 Rn 29; Katalogwertangabe bei Sammlerbriefmarken in eBay-Versteigerung (Karlsr NJW-RR 07, 1210, 1211f); Gutachten für Oldtimer auf Wunsch des Käufers (Brandbg MDR 08, 1094, 1095); Angabe des privaten Verkäufers einer lieferbaren Beschaffenheit bei gleichzeitigem Haftungsausschluss (Celle MDR 09, 676: der Motor sei in einer Wassertonne getestet und laufe; **aA** AG Menden NJW-RR 06, 638), s. aber § 444 Rn 9.

16 **II. Rechtsfolge.** Die in Alt 1 normierte Haftung „zu den in der Garantieerklärungen angegebenen Bedingungen" ist tautologisch, da ohne sie Tatbestand entfällt. Die Haftung gem Alt 2 „zu den in ... der einschlägigen Werbung angegebenen Bedingungen" regelt nur eine zusätzliche Rechtsfolge einer Garantie gem Rn 15 im Fall, dass der Inhalt der Garantie hinter den Werbeaussagen zurückbleibt (BaRoth/*Faust* Rz 17 f; MüKo/*Westermann* Rz 12; Staud/*Matusche-Beckmann* Rz 34; **aA** Werbung ist selbst Garantieerklärung: Frankf 4 U 85/08 v 8.7.09 juris Rz 57 ff; *Lehmann* DB 02, 1090, 1093; offenbar Palandt/*Weidenkaff* Rz 19). Die ausgesprochen unklare Regelung (vgl BTDrs 14/6857, 28) ist beschränkt auf vom Garantiegeber veranlasste Werbung (BaRoth/*Faust* Rz 20; Staud/*Matusche-Beckmann* Rz 34; weiter Erman/*Grunewald* Rz 13; MüKo/*Westermann* Rz 13), bleibt also hinter § 434 I 3 zurück. Sie setzt voraus, dass garantierte und beworbene Beschaffenheit in einem sachlichen Zusammenhang stehen (MüKo/*Westermann* Rz 12): Garantie des Ersatzwagens nur bis maximal 1 Woche und Werbung mit freier Verfügbarkeit eines Ersatzwagens haben diesen Zusammenhang, so dass Garantie im Umfang der Werbung gesetzlich erweitert ist. Anders bei Zusammentreffen dieser Ersatzwagengarantie mit garantiehafter Werbung, das Fahrzeug sei sparsamer als alle Wettbewerber; hier kann der Käufer Einbeziehung der Werbung in die Garantie nicht erwarten. Ansprüche aus Garantie können nach Wahl des Käufers neben den gesetzlichen Mängelrechten der §§ 437 ff geltend gemacht werden, soweit nicht außerhalb des Verbrauchsgüterkaufs abw geregelt.

17 **D. Haltbarkeitsgarantie (Abs 1 Alt 2, Abs 2). I. Inhalt.** Die Haltbarkeitsgarantie regelt die frühere sog Garantiefrist, dh die Einstandspflicht des Verkäufers für Mängel, die nach Gefahrübergang innerhalb ihrer Dauer auftreten (Kobl ZGS 06, 36, 37; MüKo/*Westermann* Rz 9). Sie impliziert keine weitergehende, insb keine verschuldensunabhängige Haftung (deutlich MüKo/*Westermann* Rz 9). Deren zusätzliche Vereinbarung bedarf einer Beschaffenheitsgarantie. Die garantierte Frist kann 40 Jahre betragen (BGH NJW 08, 2995 Rz 16 f) und ist nicht identisch mit der **Verjährungsfrist**, die erst mit Auftreten des Garantiefalls beginnt (BGH aaO; BaRoth/*Faust* Rz 31 mwN; *Grützner/Schmidl* NJW 07, 3610, 3613 f). Bei Neuwagen können langfristige Garantien an Voraussetzung der regulären Wartung in Vertragswerkstätten geknüpft werden (BGH NJW 08, 843 Rz 17 f; Stuttg NJW 09, 1089 jew zu 30-jähriger Durchrostungsgarantie, auch zum Vorliegen einer Durchrostung; abw bei Gebrauchtwagen für entspr Verpflichtung BGH NJW 08, 214 Rz 13-15 m Anm *Bydlinski* JZ 08, 309 ff; zur „feinsinnigen" Differenzierung vgl *v Westphalen* NJW 08, 2234, 2240). **Bsp: Ja:** Keine Verschlechterung röntgenologischer Veränderung eines Pferdes (Kobl ZGS 06, 36); **Nein:** „Fahrbereit" für Gebrauchtwagen (BGHZ 170, 67 Rz 24). IÜ s. Rn 15.

II. Rechtsfolgen. Im Zweifel stehen dem Käufer die gesetzlichen Mängelrechte zu (Kobl ZGS 06, 36, 38). S. Rn 16. **18**

III. Vermutung des Garantiefalls (Abs 2). Der Verkäufer trägt die Beweislast dafür, dass ein während der **19**
Dauer der Haltbarkeitsgarantie auftretender Sachmangel nicht unter die Garantie fällt, zB wegen unsorgfältigen Umgangs des Käufers mit der Kaufsache (MüKo/*Westermann* Rz 23; Staud/*Matusche-Beckmann* Rz 48; *Maultzsch* NJW 06, 3091, 3096; zur aF BGH NJW 95, 516, 517). Diese Auslegung ist durch die besondere Funktion der Haltbarkeitsgarantie bedingt, dem Käufer die Gewähr für gleich bleibende Qualität zu bieten, so dass ihr das gegenteilige Verständnis von § 476 (s. dort Rn 3) trotz vergleichbaren Wortlauts nicht entgegensteht (so *Maultzsch* aaO; **aA** mit Betonung der Vergleichbarkeit *Saenger/Veltmann* ZGS 05, 450 ff).

E. Beweislast. Der **Käufer** trägt die Beweislast für Abgabe und Inhalt der Garantie sowie Eintreten des **20**
Garantiefalls (Palandt/*Weidenkaff* Rz 24), dh bei Beschaffenheitsgarantie des Mangels, da § 476 keine Anwendung findet (s. § 477 Rn 8). Der **Verkäufer** trägt die Beweislast gem II (s. Rn 19).

§ 444 Haftungsausschluss. Auf eine Vereinbarung, durch welche die Rechte des Käufers wegen eines Mangels ausgeschlossen oder beschränkt werden, kann sich der Verkäufer nicht berufen, soweit er den Mangel arglistig verschwiegen oder eine Garantie für die Beschaffenheit der Sache übernommen hat.

A. Grundsätzliches. I. Bedeutung. Haftungsausschluss und -beschränkung werden dadurch begrenzt, dass **1**
dem Verkäufer die Berufung darauf verboten wird, wenn er den Mangel arglistig verschwiegen oder eine Garantie übernommen hat (BTDrs 14/6040, 240). Im Gegenschluss wird ihre grds Zulässigkeit bestätigt (Palandt/*Weidenkaff* Rz 1).

II. Anwendungsbereich. § 444 gilt für **Sach- und Rechtskauf** sowie **Sach- und Rechtsmängel.** **2**

III. Schuldrechtsmodernisierung. In § 444 sind aufgegangen §§ 443 für Rechtsmängel, 476 für Sachmängel, **3**
beide beschränkt auf Arglist des Verkäufers, und 11 Nr 11 AGBG neben dem Inhalt, dass Ansprüche aus zugesicherten Eigenschaften nicht durch AGB ausgeschlossen oder beschränkt werden können. Durch das FernAbsatzÄndG ist in Hs 2 „wenn" durch „**soweit**" ersetzt worden. Damit wurde eine umfängliche Diskussion (vgl nur mwN *Faust* ZGS 02, 271 ff) darüber beendet, ob § 444 der Abgabe einer von vornherein beschränkten Garantie, zB nur bis zu einem Höchstbetrag zu haften, entgegensteht.

IV. VerbrauchsgüterkaufRL. Der Inhalt der Norm ist nicht durch die Richtlinie vorgegeben. **4**

V. Abdingbarkeit. Die Haftung für Arglist ist nicht abdingbar. Zur Beschränkung von Garantien s. Rn 3. **5**

B. Haftungsausschluss, -beschränkung. I. Vereinbarung. Der Haftungsausschluss muss als Bestandteil des **6**
Kaufvertrags vereinbart werden, was vor oder nach dessen Abschluss, ausdrücklich oder stillschweigend geschehen kann, zB durch Bezeichnung der Kaufsache als „Ramschware" (BaRoth/*Faust* Rz 5 mwN; zur aF RG SeuffA 87 Nr 39). Er ist von der **negativen Beschaffenheitsvereinbarung** zu unterscheiden (§ 434 Rn 29), die bereits auf der Tatbestandsseite regelt, dass kein Mangel vorliegt (vgl BaRoth/*Faust* Rz 7). Das Instrument der negativen Beschaffenheitsvereinbarung wird so bei vertragstechnisch sorgfältiger Gestaltung für eine zurückgehende Bedeutung klassischer Haftungsausschlüsse sorgen.

II. Zeitpunkt. Ohne abw Regelung wirkt der Haftungsausschluss ab Zeitpunkt seiner Vereinbarung (Palandt/ **7**
Weidenkaff Rz 6; BaRoth/*Faust* Rz 11), nicht erst ab **Gefahrübergang** mit der Folge, dass der Käufer vorher seiner Funktion nicht gerecht, die Rechtsfolgen aus Mängeln abschließend zu regeln. Nicht erfasst sind Mängel, die nach Vereinbarung bis Gefahrübergang entstehen, da dies mit der Funktion des Gefahrübergangs nicht vereinbar ist (Palandt/*Weidenkaff* Rz 6; Staud/*Matusche-Beckmann* Rz 25; *Zimmermann/Bischoff* NJW 03, 2506 f auch zur vertraglichen Gestaltung; zur aF BGH NJW 03, 1316 f).

III. Zulässigkeit. Der Haftungsausschluss muss nach allg Regeln (zB §§ 475 – Verbrauchsgüterkauf, nur für **8**
Verjährung und Schadensersatz; § 309 Nr 8 lit b – AGB; §§ 138, 242 – vgl zur aF zu Kaufverträgen über neu errichtete Häuser/Wohnungen BGHZ 98, 100, 107 f mwN) zulässig sein (s. Darstellung bei BaRoth/*Faust* Rz 9 f) und darf nicht gem Hs 2 ausgeschlossen sein.

IV. Inhalt, Umfang. Die Regelung kann jeden Inhalt haben, zB für alle oder nur für einzelne Mängel zu gelten, **9**
die Ansprüche komplett auszuschließen oder beliebig zu beschränken, zB durch Haftungshöchstgrenze (Deckel, Cap), Mindestgrenze (Bagatell-Klausel, De Minimis) (s. dazu *Hilgard* BB 04, 1233) oder besondere Voraussetzungen einführen, zB Vorlage eines Sachverständigengutachtens. Ohne ausdrückliche Vereinbarung soll auch individuell vereinbarter Haftungsausschluss nicht gelten für **vereinbarte,** sondern nur für vorausgesetzte und

übliche **Beschaffenheit** (BGHZ 170, 86 Rz 31 m krit Anm *Gutzeit* NJW 07, 1350; Frankf NJW-RR 07, 1423, 1424, abw aber bei Hinzutritt einer Garantie; Hamm BeckRS 09 Nr 28076; LG Krefeld NJW-RR 08, 213, 214; **aA** *Emmert* NJW 06, 1765 f mwN); diese Meinung ist kaum damit vereinbar, dass nach Hs 2 Alt 2 nur Garantie und gerade nicht Beschaffenheitsvereinbarung einem Haftungsausschluss die Wirkung nimmt.

10 **V. Klauselbeispiele.** Die Auslegung kann im Einzelfall zu anderen Ergebnissen führen. (1.) **„Wie besichtigt"** stipuliert Haftungsausschluss für alle Mängel, die bei einer ordnungsgemäßen Besichtigung ohne Zuziehung eines Sachverständigen festgestellt werden können (Köln NotBZ 05, 300; Palandt/*Weidenkaff* Rz 16; so für „wie besehen" Hamm BeckRS 09 Nr 28076; umgekehrt Ddorf ZGS 04, 271, 272: Klausel bestimmt die geschuldete Beschaffenheit – zweifelhaft; zur aF BGHZ 74, 204, 210; Köln NJW-RR 92, 50: auch für Undichtigkeiten und Rostschäden an Unterseite von Gebrauchtwagen; weiter zur aF: vollständiger Ausschluss iVm formularmäßigem Ausschluss BGH NJW 05, 3205, 3207 f).

11 (2.) **„Wie besichtigt unter Ausschluss jeder Gewährleistung"** schließt die Haftung für alle einschl verborgener Mängel aus (BaRoth/*Faust* Rz 5; Staud/*Matusche-Beckmann* Rz 18 mwN; zur aF BGH NJW 77, 1055).

12 (3.) **„Wie besessen"** impliziert einen Ausschluss nur für erkennbare Mängel (zur aF RG JW 37, 2591).

13 (4.) **„Wie die Sache steht und liegt"** bedeutet idR einen vollständigen Ausschluss der Haftung auch für verborgene Mängel (Palandt/*Weidenkaff* Rz 17; zur aF RG JW 33, 1387, 1388; SeuffA 87 Nr 39; BGHZ 74, 204, 210; bei zusätzlichem Ausschluss jeder Haftung BGH BB 64, 906).

14 (5.) Dieselbe Bedeutung hat **„unter Ausschluss jeder Gewährleistung"** (Palandt/*Weidenkaff* Rz 18).

15 (6.) **„Ohne Garantie"** wird unterschiedlich verstanden. Verbreitet wird darin kein Ausschluss der gesetzlichen Haftung, sondern nur einer weitergehenden Haftung bes aus Garantien gesehen (Palandt/*Weidenkaff* Rz 19). Va für Privatverkäufe über eBay wird die Klausel aber als vollständiger Haftungsausschluss verstanden (KG NJW-RR 06, 1213, 1214: „Verzicht auf gesetzliche Garantie für gebrauchte Waren" mit Vorinstanz NJW-RR 04, 1061; AG Kamen ZGS 05, 200: „nach EU-Recht keine Garantie"; in die Richtung Staud/*Matusche-Beckmann* Rz 19 mwN; **aA** AG Menden NJW-RR 06, 638). Die Angabe: **„laut Vorbesitzer: Keine Unfälle"** ist Wissenserklärung, s. § 434 Rn 29.

16 **C. Arglistiges Verschweigen (Hs 2 Alt 1).** S. § 442 Rn 11. Zur Zulässigkeit des Ausschlusses des Anfechtungsrechts bei Verkauf von GmbH-Geschäftsanteilen s. BGH NJW 07, 1058 m Vorinstanz Hamm ZIP 06, 1734 ff.

17 **D. Garantie (Hs 2 Alt 2).** S. Rn 9 u § 443 Rn 15.

18 **E. Beweislast.** Der **Verkäufer** trägt die Beweislast für Vereinbarung und Inhalt von Haftungsausschluss und -beschränkung, der **Käufer** für die Ausnahmetatbestände des arglistigen Verschweigens und der Garantie. Hat der Käufer die Arglist des Verkäufers nachgewiesen, trifft diesen die Beweislast für eine doch erfolgte Offenbarung des Mangels (Palandt/*Weidenkaff* Rz 4).

§ 445 Haftungsbegrenzung bei öffentlichen Versteigerungen.
Wird eine Sache auf Grund eines Pfandrechts in einer öffentlichen Versteigerung unter der Bezeichnung als Pfand verkauft, so stehen dem Käufer Rechte wegen eines Mangels nur zu, wenn der Verkäufer den Mangel arglistig verschwiegen oder eine Garantie für die Beschaffenheit der Sache übernommen hat.

1 **A. Grundsätzliches. I. Zweck.** Die im Regelfall zu einem Haftungsausschluss führende Haftungsbegrenzung berücksichtigt die besondere Situation des Pfandgläubigers als Verkäufer und deren Erkennbarkeit für den Käufer durch den Verkauf der Sache „als Pfand" (BaRoth/*Faust* Rz 1; zur aF Hamm DB 85, 807, 808).

2 **II. Anwendungsbereich.** Die Norm gilt nur für den **Sachkauf**, dort für **Sach- und Rechtsmängel**.

3 **III. Schuldrechtsmodernisierung.** Der erst auf Vorschlag des Bundesrats (BTDrs 14/6857, 31 zu Nr 103, 62 f) eingefügte § 445 nimmt § 461 aF auf, aber mit den Änderungen des Einschlusses von Rechtsmängeln und der Ausnahmen vom gesetzlichen Haftungsausschluss (Hs 2).

4 **IV. VerbrauchsgüterkaufRL.** Art 1 III gestattet eine Herausnahme ausschl von gebrauchten Gütern, die in einer öffentlichen Versteigerung verkauft werden, an der der Verbraucher persönlich teilnehmen kann. Dies setzt § 474 II 2 Alt 1, I 2 um (§ 474 Rn 12).

5 **B. Öffentliche Versteigerung als Pfand.** Der Begriff **„öffentliche Versteigerung"** wird in § 383 III legal definiert. Es muss sich um eine Versteigerung gem der Verordnung über gewerbsmäßige Versteigerungen handeln (Fassung vom 1.6.76 BGBl I, 1345) (zu § 474 I 2 grds BGH NJW 06, 613 Rz 9 ff). Dort ist die Möglichkeit der vorherigen Besichtigung vorgeschrieben. Sache muss ausdrücklich „als **Pfand**", dh gem § 1235 I verkauft werden. Ob tatsächlich Pfandrecht besteht, ist nicht relevant (Palandt/*Weidenkaff* Rz 5; BaRoth/*Faust* Rz 5 mwN). *Der Kaufvertrag kommt mit dem Pfandgläubiger als Verkäufer zustande.* Für andere Fälle der öffentlichen Versteigerung, zB beim § 383, den **freihändigen Pfandverkauf** gem §§ 1235 II, 1221 (für beide BaRoth/*Faust* Rz 4) sowie **Online-Versteigerungen** mangels Möglichkeit persönlicher Teilnahme (*Cichon/Pighin* CR 03, 435, 438 f) gilt § 445 nicht. Zu § 56 3 ZVG s. BGH NJW-RR 08, 222 Rz 9 f.

C. Rechtsfolgen. I. Haftungsausschluss. § 445 schließt von Gesetzes wegen Einstandspflicht für Sach- und Rechtsmängel aus. 6

II. Ausnahmen (Hs 2). Gehaftet wird nur in den aus §§ 442 I 2 Alt 1 u 444 Alt 2 bekannten Konstellationen, dass der Verkäufer den Mangel arglistig verschwiegen (s. § 442 Rn 11; zur hM nach aF vgl Staud/*Beckmann* Rz 10 mwN) oder für ihn eine Garantie übernommen (s. § 442 Rn 12) hat. Die Rspr zur aF war darüber hinaus sehr restriktiv, dem Verkäufer die Berufung auf den Haftungsausschluss wegen ungenügender Prüfungsmöglichkeit des Käufers als treuwidrig zu untersagen (vgl BGHZ 96, 214, 218 ff gegen Hamm DB 85, 807 f). Dies gilt wegen der Ausnahmen in Hs 2 jetzt erst recht (BaRoth/*Faust* Rz 7). 7

D. Beweislast. Der **Verkäufer** ist für den Verkauf als Pfand in einer öffentlichen Versteigerung, der **Käufer** für die Voraussetzungen der Ausnahmen gem Hs 2 beweispflichtig (s. § 444 Rn 18). 8

§ 446 Gefahr- und Lastenübergang.
¹Mit der Übergabe der verkauften Sache geht die Gefahr des zufälligen Untergangs und der zufälligen Verschlechterung auf den Käufer über. ²Von der Übergabe an gebühren dem Käufer die Nutzungen und trägt er die Lasten der Sache. ³Der Übergabe steht es gleich, wenn der Käufer im Verzug der Annahme ist.

A. Grundsätzliches. I. Zweck. § 446 verlagert Zufallsgefahren (1), Nutzungen und Lasten (2) als Emanationen des Eigentums schon mit Übergabe der Sache bzw mit Annahmeverzug (3) auf den Käufer. So wird der Übergang der **Preisgefahr** auf den Käufer von der Übereignung abgekoppelt. 1

II. Bedeutung. Die praktische Bedeutung ist erheblich: Übergaben vor Eigentumserwerb sind verbreitet, zB Kauf unter EV (MüKo/*Westermann* Rz 1) und Grundstückskauf. Zudem legt § 446 die Zäsur für die Freiheit von Sachmängeln (§ 434 Rn 37, 43, 65, 71, 78) und die Geltung des Mängelrechts (§ 437 Rn 3) fest. 2

III. Anwendungsbereich. § 446 gilt für den **Sachkauf** und den **Kauf von Rechten**, die gem § 453 III zum Besitz einer Sache berechtigen (1). Gleich stehen alle Kaufgegenstände des § 453, bei denen eine Übergabe von Sachen oder sachartigen Vermögenswerten stattfindet, zB **Unternehmen** (Palandt/*Weidenkaff* Rz 2; zur aF BGHZ 138, 195, 204 f), **Software**, **Strom**: Durchlaufen durch den Zähler entscheidet (Staud/*Beckmann* Rz 17 mwN). Anwendbar ist § 446 allein auf **Sachmängel**, da es für **Rechtsmängel** auf den **Eigentumsübergang** ankommt (§ 435 Rn 6; BaRoth/*Faust* Rz 5). Zur Anwendbarkeit nur bei Übergabe einer **mangelfreien Kaufsache** s. BaRoth/*Faust* § 434 Rz 35; *Skamel*, 145 f. Der Geltungsbereich wird durch vorrangiges Recht limitiert: § 447 I ist für den **Versendungskauf** lex specialis zu 1, während 2 anwendbar bleibt; bei Verbrauchsgüterkauf gilt § 447 nicht (§ 474 II 2 Alt 2, s. aber § 475 Rn 5), so dass § 446 maßgeblich ist. Für den **Erbschaftskauf** ordnet § 2380 die Maßgeblichkeit des Zeitpunkts des Vertragsschlusses im Vorrang zu 1 u 2 an. Zu Käufen in der **Zwangsversteigerung** s § 56 ZVG. Zu den Besonderheiten bei **Hinterlegung** außerhalb von Annahmeverzug s. §§ 378, 379. § 446 schließt Ansprüche des Käufers gem § 285 auf das **stellvertretende Commodum** nicht aus (BaRoth/*Faust* Rz 18; MüKo/*Westermann* Rz 6). 3

IV. Schuldrechtsmodernisierung. 1 u 2 entsprechen § 446 aF, 3 jedenfalls für Gefahrtragung § 324 II aF. Entfallen ist § 446 II aF, der die Eintragung des Käufers als Eigentümer im Grundbuch oder Schiffs(bau)register vor Übergabe für maßgeblich erklärte (vgl BTDrs 14/6040, 203; MüKo/*Westermann* Rz 3). 4

V. VerbrauchsgüterkaufRL. Erwägungsgrund 14 gestattet den Mitgliedstaaten, die gesetzlichen Regelungen zur Gefahrtragung unverändert zu belassen. 5

VI. Abdingbarkeit. Die Norm ist auch für Verbrauchsgüterkauf (s. Rn 5 u § 475) dispositiv. Allerdings darf Abbedingung nicht gegen sonstiges zwingendes Recht verstoßen: ZB würde Vorziehen von 1 auf früheren Zeitpunkt zwingendes Recht des Verbrauchers auf Lieferung einer mangelfreien Kaufsache verletzen (MüKo/*Westermann* Rz 14: Vertragsschluss; BaRoth/*Faust* Rz 24: vor Vertragsschluss). 6

B. Zeitpunkt. I. Wirksamer Kaufvertrag. Generelle Voraussetzung ist die Wirksamkeit des Kaufvertrags (Palandt/*Weidenkaff* Rz 9; zur aF BGHZ 138, 195, 206). Daraus folgt: 7

(1.) Bei Übergabe vor Eintritt einer **aufschiebenden Bedingung** ist zu unterstellen, dass im Falle des späteren Eintritts die Wirkungen rückbezogen auf die Übergabe vereinbart sind (§ 159), § 446 also gilt. Fällt die Bedingung endgültig aus, kommt § 446 mangels wirksamen Kaufvertrags nicht zur Anwendung (Palandt/*Weidenkaff* Rz 11; zur aF BGH NJW 75, 776, 777 f). Zum Kauf auf Probe s. § 454 Rn 13. 8

(2.) Für die Erteilung einer **öffentlich- oder privatrechtlichen Genehmigung** gilt Rn 8 entspr (vgl § 184 I; Palandt/*Weidenkaff* Rz 12). 9

(3.) Bei **auflösender Bedingung** ist § 446 anwendbar, wenn Bedingung ausbleibt. Bei Bedingungseintritt entfallen Wirkungen von § 446, so dass gezahlter Kaufpreis zurückzugewähren ist (**aA** Staud/*Beckmann* Rz 14; ähnl Erman/*Grunewald* Rz 4), während Ersatzansprüche wegen Untergangs oder Verschlechterung der Kaufsache mangels Verschuldens des Käufers nicht bestehen(**so** Palandt/*Weidenkaff* Rz 10). 10

11 (4.) Da die **Heilung** eines formunwirksamen Kaufvertrags nur ex nunc wirkt, löst eine vorher erfolgte Übergabe die Wirkungen des § 446 nicht aus (MüKo/*Westermann* Rz 5 mwN; zur aF BGHZ 138, 195, 206 f; **aA** Erman/*Grunewald* Rz 4).

12 **II. Übergabe (S 1 u S 2).** Gemeint ist die Übergabe in Erfüllung der Hauptleistungspflicht von § 433 I 1 Alt 1, also zur Verschaffung des Besitzes, nicht zur Übereignung (Palandt/*Weidenkaff* Rz 13; Erman/*Grunewald* Rz 5 f). S. daher § 433 Rn 17–19. Ob die Einräumung mittelbaren Besitzes ausreicht, entscheiden deshalb die zu § 433 geltenden Grundsätze; dies gilt auch bei der Ausstellung von Legitimationspapieren, zB Orderlagerschein (§ 475g HGB), die eine Übergabe nur aufgrund Vereinbarung ersetzen (s. § 433 Rn 18 auch zu folg Nachw; ebenso für § 446 Erman/*Grunewald* Rz 5 mwN, mit allerdings aA für § 433; **aA** Staud/*Beckmann* Rz 21, zu § 433 aber wie hier). Es kommt daher nur auf die Erlangung der tatsächlichen Sachherrschaft durch den Käufer an, so dass die zusätzlichen Voraussetzungen für den Eigentumsübergang (s. § 433 Rn 20–26) und die Ablieferung gem § 438 II Alt 2 (s. § 438 Rn 22), zB die vorherige Durchführung einer Montage (Erman/*Grunewald* Rz 6), nicht gelten.

13 **III. Annahmeverzug.** S. §§ 293–304.

14 **C. Rechtsfolgen. I. Gefahrübergang (S 1).** Geregelt ist die grds den Eigentümer treffende Gefahr, dass durch Dritte oder objektive Umstände, zB Naturkatastrophe, die Kaufsache untergeht oder sich verschlechtert. Sie muss sich durch Zufall realisieren, also ohne ein Verschulden von Verkäufer oder Käufer; bei Annahmeverzug des Käufers kommt dem Verkäufer § 300 I zugute (MüKo/*Westermann* Rz 10). Entgegen „casum sentit dominus" geht diese Gefahr zu den Zeitpunkten gem Rn 12, 13 auf den Käufer schon vor Erlangung des Eigentums über. Folge ist der Übergang der **Preisgefahr** auf den Käufer, so dass er trotz Untergangs oder Verschlechterung der Kaufsache den vollen Kaufpreis zahlen muss.

15 **II. Nutzungen, Lasten (S 2).** Der Übergang der Nutzungen (§ 100) und Lasten (§§ 103, 436) erfolgt von Gesetzes wegen synchron zum Gefahrübergang (Rn 14), aber nur mit interner Wirkung für Verkäufer und Käufer (Palandt/*Weidenkaff* Rz 14; zur aF BGH NJW-RR 04, 656, 657).

16 **D. Beweislast.** Übergabe oder Annahmeverzug muss beweisen, wer Rechte aus § 446 herleitet, also zB Verkäufer, der trotz Untergang der Sache Kaufpreis, Käufer, der vor Übereignung Nutzungen fordert.

§ 447 Gefahrübergang beim Versendungskauf.
(1) Versendet der Verkäufer auf Verlangen des Käufers die verkaufte Sache nach einem anderen Ort als dem Erfüllungsort, so geht die Gefahr auf den Käufer über, sobald der Verkäufer die Sache dem Spediteur, dem Frachtführer oder der sonst zur Ausführung der Versendung bestimmten Person oder Anstalt ausgeliefert hat.
(2) Hat der Käufer eine besondere Anweisung über die Art der Versendung erteilt und weicht der Verkäufer ohne dringenden Grund von der Anweisung ab, so ist der Verkäufer dem Käufer für den daraus entstehenden Schaden verantwortlich.

1 **A. Grundsätzliches. I. Zweck.** Durch § 447 soll dem Verkäufer das Risiko der Beförderung der Kaufsache an einen anderen Ort als den Erfüllungsort, dh den Leistungsort gem § 269 (Palandt/*Weidenkaff* Rz 2; BaRoth/*Faust* Rz 5) abgenommen werden. Dem liegt zugrunde, dass die Lieferverpflichtung des Verkäufers gem § 269 I grds eine **Holschuld** ist, weshalb der Transport zum Käufer in dessen Verantwortung fällt (vgl insgesamt RG 96, 258, 259; Kobl NJW 47/48, 477, 478; MüKo/*Westermann* Rz 1; *Wertenbruch* JuS 03, 625 f). § 447 regelt damit den neben § 270 zweiten bedeutenden Anwendungsfall der **Schickschuld**, indem der Sitz des Verkäufers der Leistungsort ist, der Verkäufer aber verpflichtet ist, die Versendung auf Risiko des Käufers zu besorgen. Der Zweck der Norm ist umstr, weshalb der Diskussionsentwurf des BMJ ihren Entfall vorsah (vgl Abdruck bei *Canaris* Schuldrechtsmodernisierung, s. LXVI, CCXXXVII f). Für den Gefahrübergang ist I lex specialis zu § 446 1, für den Übergang von Nutzungen und Lasten gilt § 446 2 (Staud/*Beckmann* Rz 5 mwN).

2 **II. Bedeutung.** Im Handelsverkehr ist der Versendungskauf der Regelfall (BGHZ 113, 106, 111 mwN; LG Köln NJW-RR 89, 1457 f; BaRoth/*Faust* Rz 5).

3 **III. Anwendungsbereich.** Die Norm gilt wegen § 474 II Alt 2 **nicht** für **Verbrauchsgüterkauf** (s. aber § 475 Rn 5). IÜ findet sie Anwendung auf den Kauf beweglicher Sachen und auf den Kauf von Rechten, der die Übergabe von Sachen impliziert (Erman/*Grunewald* Rz 2; MüKo/*Westermann* Rz 3). Zum Versandhandelskauf s. Rn 8, zum Versand durch den Verkäufer Rn 11, zum Platzkauf Rn 10.

4 **IV. Schuldrechtsmodernisierung.** § 447 aF wurde wörtlich übernommen.

5 **V. VerbrauchsgüterkaufRL.** S. § 446 Rn 5. Der Ausschluss von § 447 in § 474 II Alt 2 ist eine die Richtlinie überschießende Regelung.

6 **VI. UN-Kaufrecht.** Art 67 I sieht Gefahrübergang auf Käufer bei Auslieferung an ersten Beförderer vor, worauf sich Regierungsbegründung ausdrücklich beruft (BTDrs 14/6040, 240).

VII. Abdingbarkeit. Die Norm ist uneingeschränkt dispositiv. 7

B. Versendungskauf. I. Versendung nach einem anderen Ort als dem Erfüllungsort. Die Voraussetzung 8
der Versendung nach einem anderen Ort als dem Erfüllungsort bedeutet: **(1.)** § 447 gilt **nicht** für die **Bringschuld**, da bei ihr abw von § 269 I der Wohnsitz des Gläubigers der Erfüllungsort ist. Die Übernahme der Kosten der Versendung beim **Versandhandel** steht gem § 269 III der Anwendbarkeit von § 447 nicht entgegen (BGH NJW 03, 3341, 3342 mwN; Palandt/*Weidenkaff* Rz 5; **aA** Stuttg NJW-RR 99, 1576, 1577; LG Schwerin NJW-RR 00, 868; *Borges* DB 04, 1815, 1818 mwN).
(2.) Die Versendung muss vom Erfüllungsort aus stattfinden. Ein **dritter Ort** steht dem nur bei Vereinbarung 9
gleich (RG 111, 23, 24 f; BGHZ 113, 106, 110; Palandt/*Weidenkaff* Rz 13; BaRoth/*Faust* Rz 18). Die aA, dass fehlende Risikoerhöhung ausreicht (Erman/*Grunewald* Rz 5; *Pallasch* BB 97, 1121, 1122 ff mwN; wohl weitergehend LG Köln NJW-RR 97, 1457, 1458; *Wertenbruch* JuS 03, 625, 627 f), verkennt, dass I dem Käufer nur das genau spezifizierte Risiko der Versendung vom Erfüllungsort zuordnet. Eine abw Vereinbarung liegt idR in Klauseln wie „ab Werk" oder „ab Lager" (Hambg MDR 47, 62, 63; Staud/*Beckmann* Rz 8). Auch **schon transportierte Ware** muss für I vom Erfüllungsort an den Käufer versandt werden; die bloße Umleitung der Ware auf den Käufer reicht nur bei Vereinbarung (BaRoth/*Faust* Rz 19; Staud/*Beckmann* Rz 13; **aA**: Umleitung entscheidet immer Erman/*Grunewald* Rz 9).
(3.) Auch innerhalb derselben politischen Gemeinde kann gem I versandt werden (**Platzkauf**) (**hM**: Palandt/ 10
Weidenkaff Rz 12; Erman/*Grunewald* Rz 6; Staud/*Beckmann* Rz 6 mwN; s. aber Jauernig/*Berger* Rz 6): Erfüllungsort ist die Lokalität des Verkäufers, nicht nur die Gemeinde, in der sie sich befindet. Allerdings wird beim Platzkauf vielfach eine **Bringschuld** vereinbart sein (BaRoth/*Faust* Rz 6).
Da es allein auf die Versendung ankommt, kann sie auch durch den **Verkäufer** oder **dessen Leute** stattfinden 11
(RG 96, 258, 259; BaRoth/*Faust* Rz 9, 26; **abw** nur für eigene Leute, nicht für den Verkäufer selbst MüKo/ *Westermann* Rz 17; **aA** Palandt/*Weidenkaff* Rz 12; *Wertenbruch* JuS 03, 625, 628 f). Dadurch wird der Käufer nicht benachteiligt: Die ihm bei einem Transport durch Dritte zustehenden transportrechtlichen Ansprüche hat der Verkäufer zu erfüllen, da er mit der Selbstvornahme konkludent erklärt, wie eine unabhängige Transportperson für Schäden einzustehen (ebenso iE: Verkäufer steht Spediteur gleich BaRoth/*Faust* Rz 26; **aA** MüKo/*Westermann* Rz 17); mit diesen Ansprüchen kann der Käufer gegen den Kaufpreisanspruch des Verkäufers aufrechnen. Die weitere aA, dass I nicht gilt, der Verkäufer aber für Verschulden haftet (Palandt/*Weidenkaff* Rz 12), missachtet, dass die Versendung nicht zu den Leistungspflichten des Verkäufers gehört. Die Vereinbarung einer Bringschuld ist aber naheliegend (BaRoth/*Faust* Rz 9).

II. Auf Verlangen des Käufers. Die Voraussetzung sorgt dafür, dass eigenmächtige Versendungen mangels 12
Verlangens des Käufers auf Risiko des Verkäufers gehen (LG Essen CR 05, 601 f; LG Köln NJW-RR 97, 1457, 1458; Palandt/*Weidenkaff* Rz 9). Das Verlangen wird regelmäßig im Kaufvertrag, kann aber auch nachträglich erklärt werden (Erman/*Grunewald* Rz 4; *Wertenbruch* JuS 03, 625, 626 f). Kauf in **Online-Auktion** beinhaltet nicht konkludente Vereinbarung eines Versendungskaufs (LG Essen aaO).

C. Gefahrübergang (Abs 1). I. Zeitpunkt. Ebenso wie bei § 446 (dort Rn 7) muss der **Kaufvertrag wirksam** 13
sein. Anschließend entscheidet die Auslieferung, dh die **physische Übergabe** an die Transportperson zur Beförderung an den Käufer. Da es auf den Transport der Kaufsache ankommt, entscheidet deren Übergabe, nicht die der Transportpapiere (Palandt/*Weidenkaff* Rz 14; MüKo/*Westermann* Rz 16). Bei Versand durch Bahn oder Post ist im Einzelfall zu prüfen (Staud/*Beckmann* Rz 12), ob die Auslieferung erst mit Übergabe an diese (bei Zwischentransport durch den Verkäufer Erman/*Grunewald* Rz 10; MüKo/*Westermann* Rz 17; offenbar LG Köln NJW-RR 89, 1457) oder schon an die Transportperson gegeben ist, die die Kaufsache zu Bahn oder Post schafft (so RG 96, 258, 260; Palandt/*Weidenkaff* Rz 12; Staud/*Beckmann* Rz 12).

II. Rechtsfolge. Grds s. § 446 Rn 14. Es ist str, ob § 447 nur die **Transport-** (RG 93, 330, 331 f; 106, 16, 17; 14
Palandt/*Weidenkaff* Rz 15; *Wertenbruch* JuS 03, 625, 631 f) oder umfassend die **Preisgefahr** auf den Käufer verlagert (BaRoth/*Faust* Rz 21; MüKo/*Westermann* Rz 20). Zweck und Systematik des Gesetzes sprechen für die zweite Lösung: § 447 berücksichtigt, dass der Transport dem Käufer obliegt; damit muss der Verkäufer so gestellt werden, als ob er dem Käufer die Kaufsache übergeben hätte (BaRoth/*Faust* Rz 21; ähnl Staud/*Beckmann* Rz 17). Systematisch ist I als umfassende lex specialis zu § 446 gestaltet, eine Beschränkung auf die Transportgefahr ist nicht erkennbar (in der Tendenz RG 99, 56, 58). Gem I trägt der Käufer zB folgende Risiken: Fehler des Transporteurs und ungeklärter Verbleib (BGH NJW 65, 1324 f); Forderung des Transporteurs auf Erstattung zusätzlicher Versicherungsprämien (RG 99, 56, 58 f). Manche Risiken verbleiben trotzdem dem Verkäufer, und zwar nicht gem der aA wegen eines restriktiven Verständnisses von I, sondern nach §§ 433 ff oder wegen der Verletzung einer kaufrechtlichen Nebenpflicht: Beschlagnahme als Rechtsmangel (BaRoth/*Faust* Rz 21; **aA** RG 106, 16, 17); unsachgemäße Verladung durch den Verkäufer als Verletzung einer Nebenpflicht (vgl § 437 Rn 63; **aA** BGH NJW 69, 1929, 1930); Rückruf durch den nicht bezahlten Lieferanten des Verkäufers als unterbliebene Verschaffung des Eigentums (**aA** RG 93, 330, 331 f).

D. Abweichung von Anweisungen des Käufers (Abs 2). Die Norm berührt den Gefahrübergang gem I 15
nicht, sondern ordnet nur die Selbstverständlichkeit an, dass der Verkäufer dem Käufer für die verschuldete

(Palandt/*Weidenkaff* Rz 20; Staud/*Beckmann* Rz 40) ungerechtfertigte Missachtung einer Versandanweisung schadensersatzpflichtig ist. Das damit anerkannte Recht des Käufers auf Erteilung solcher Anweisungen ist eine Folge der Zuordnung des Risikos der Versendung gem I (Staud/*Beckmann* Rz 40). Soweit entgegen § 448 der Verkäufer die Kosten trägt, kann er Anweisungen, die zu erhöhten Kosten führen, bis zur Übernahme der Mehrkosten durch den Käufer ablehnen (BaRoth/*Faust* Rz 23). Darüber hat er wie generell den Käufer unverzüglich zu informieren (vgl MüKo/*Westermann* Rz 22). Der Schaden muss gerade durch die Missachtung der Anweisung verursacht worden sein.

16 **E. Beweislast.** Der **Verkäufer** trägt für I die Beweislast für die Auslieferung an die Transportperson, für II für Vorliegen eines dringenden Grundes und Fehlen des Verschuldens. Der **Käufer** muss für I beweisen, dass Gefahrrealisierung aus einer Pflichtverletzung des Verkäufers resultiert, für II die Vereinbarung einer Versendungsart und die Missachtung einer Anweisung sowie die Kausalität des Schadens.

§ 448 Kosten der Übergabe und vergleichbare Kosten.

(1) Der Verkäufer trägt die Kosten der Übergabe der Sache, der Käufer die Kosten der Abnahme und der Versendung der Sache nach einem anderen Ort als dem Erfüllungsort.
(2) Der Käufer eines Grundstücks trägt die Kosten der Beurkundung des Kaufvertrags und der Auflassung, der Eintragung ins Grundbuch und der zu der Eintragung erforderlichen Erklärungen.

1 **A. Grundsätzliches. I. Anwendungsbereich. Mobilien und Rechte** gem § 453 III sind in I geregelt, **Grundstücke** grds in II, für Übergabe und Abnahme aber auch in I. Die Norm gilt allein für das **Innenverhältnis** von Verkäufer und Käufer.

2 **II. Schuldrechtsmodernisierung.** § 448 entspricht inhaltlich zusammen mit §§ 452, 453 II den §§ 448, 449 aF (s. BTDrs 14/6040, 241; BaRoth/*Faust* Rz 3).

3 **III. VerbrauchsgüterkaufRL.** Kosten sind in der RL nicht geregelt.

4 **IV. Abdingbarkeit.** Bestimmung ist auch ggü Verbrauchern dispositiv. Im Handelsverkehr ist Abbedingung insb durch Handelsklausel üblich, zB frei Haus (s. Staud/*Beckmann* Rz 29–38).

5 **B. Übergabe (Abs 1 Hs 1).** Geregelt ist die Übergabe von **Mobilien und Grundstücken.** Umfasst sind: Kosten der Besitzverschaffung, bei **Holschuld** am Sitz des Verkäufers, bei **Bringschuld** am Sitz des Käufers einschl Transport, Kosten der Grenzüberschreitung, zB Zoll, und Kosten der Ablieferung, zB Einfüllen in Tank oder Silo des Käufers (MüKo/*Westermann* Rz 5), bei Strom Kosten für Kabel bis zum Einspeisungsort (zur aF BGH WM 07, 1227 Rz 15), beim **Versendungskauf** einschl der Auslieferung an die Transportperson, aber ohne Kosten der Versendung selbst (Alt 2). I meint auch die Begleitkosten, zB Aussonderung der Ware aus einem größeren Bestand, Abwiegen, Auszählung (s. § 448 I aF), Verpackung, bei **Grundstücken** Vermessung (BaRoth/*Faust* Rz 4 mwN; Staud/*Beckmann* Rz 20; teilw **aA** MüKo/*Westermann* Rz 10).

6 **C. Abnahme (Abs 1 Hs 2 Alt 1).** Gemeint sind dem Käufer anlässlich der Übergabe entstehende Kosten, also zB für die Untersuchung auf Richtigkeit, zB Nachmessen oder -zählen, und auf Mangelfreiheit.

7 **D. Versendung (Abs 1 Hs 2 Alt 2).** Der Käufer muss alle Kosten des Transports tragen, also der Transportperson und -verpackung (BaRoth/*Faust* Rz 6 mwN; **aA** Erman/*Grunewald* Rz 3), der Grenzüberschreitung und der Ablieferung bei sich, und zwar auch beim Transport durch den Verkäufer (BaRoth/*Faust* Rz 6).

8 **E. Grundstückskauf (Abs 2).** Die Sonderregelung gilt auch für Wohnungseigentum und ErbbauR. Sie umfasst die Kosten der Beurkundung sowie von Erklärungen, zB Genehmigungen, begleitenden Verfahrenshandlungen, zB Eigentumsübertragungsvormerkung (BaRoth/*Faust* Rz 8; zu § 449 aF Hamm NJW 65, 303, 304; **aA** Celle NJW 63, 909) und die Grunderwerbsteuer (Erman/*Grunewald* Rz 6; zu § 449 aF Brem DNotZ 75, 95, 96; **aA** II nicht anwendbar, aber Verkehrssitte, dass Käufer Kosten trägt: MüKo/*Westermann* Rz 11). Nicht dazu gehören vom Verkäufer zu tragende Kosten infolge seiner Voreintragung (§ 433 I 1; Erman/*Grunewald* Rz 6) und der Lastenfreimachung (§ 435; iE MüKo/*Westermann* Rz 12) sowie der notariellen Abwicklung der Kaufpreiszahlung (BaRoth/*Faust* Rz 9), deren Verteilung nach dem Kaufvertrag zu bestimmen ist.

§ 449 Eigentumsvorbehalt.

(1) Hat sich der Verkäufer einer beweglichen Sache das Eigentum bis zur Zahlung des Kaufpreises vorbehalten, so ist im Zweifel anzunehmen, dass das Eigentum unter der aufschiebenden Bedingung vollständiger Zahlung des Kaufpreises übertragen wird (Eigentumsvorbehalt).
(2) Auf Grund des Eigentumsvorbehalts kann der Verkäufer die Sache nur herausverlangen, wenn er vom Vertrag zurückgetreten ist.
(3) Die Vereinbarung eines Eigentumsvorbehalts ist nichtig, soweit der Eigentumsübergang davon abhängig gemacht wird, dass der Käufer Forderungen eines Dritten, insbesondere eines mit dem Verkäufer verbundenen Unternehmens, erfüllt.

A. Grundsätzliches. I. Bedeutung. Industrie und Handel nutzen den Eigentumsvorbehalt (EV) als Basis der 1
Binnenfinanzierung in Form des **Warenkredits** (*Bülow* Rz 722; Staud/*Beckmann* Rz 1) sowie zur eigenen **Verbraucherfinanzierung** (vgl §§ 499 ff, bes § 502 I Nr 6). Im Lieferverhältnis zwischen Hersteller und Handel, Zulieferer und Endhersteller sowie Hersteller bzw Handel und Verbraucher hat der EV die Funktion, dass der Käufer unter Erhalt eines Anwartschaftsrechts die Kaufsache nutzen kann, der Verkäufer aber bis zur Zahlung des Kaufpreises Eigentümer bleibt.

II. Zweck. Nach der Konzeption des Gesetzes dient der EV dem Schutz des Kaufpreisanspruchs des Verkäufers. 2
Zwar kann der aus ihm resultierende dingliche Herausgabeanspruch nur bei Rückabwicklung des Kaufvertrags und damit erst geltend gemacht werden, wenn der Kaufpreisanspruch nicht mehr besteht: hierdurch wird aber auf den Käufer der entscheidende Druck zur Zahlung des Kaufpreises ausgeübt (zur aF BGHZ 70, 96, 98 f; zur Diskussion vgl Staud/*Beckmann* Rz 2). Die aA (BaRoth/*Faust* Rz 8 mwN), dass der EV stattdessen auf den Schutz des Käufers vor Zwischenverfügungen abzielt, da der Verkäufer schon wegen § 320 I nicht zur Vorleistung verpflichtet ist, ignoriert die dem Gesetz zugrunde liegende Wirtschaftspraxis. Ökonomisch ist der Warenkredit auf Basis des EV unentbehrlich, weil Industrie und Handel die Kaufsache zur Nutzung bzw Weiterveräußerung und das Anwartschaftsrecht an ihr zur Finanzierung benötigen. I will dem Verkäufer den Verkauf unter diesen Bedingungen durch Anerkennung des EV ermöglichen.

III. Anwendungsbereich. § 449 gilt für alle **Mobilien**, einschl **Zubehör** von Grundstücken, aber nicht für 3
deren **wesentliche Bestandteile**, die rechtlich zum Grundstück gehören (§ 93). Für **Rechte** kann eine § 449 vergleichbare Regelung vereinbart werden, wie va bei Wertpapieren und Beteiligungen an Unternehmen verbreitet, nicht aber wegen der Bedingungsfeindlichkeit der Auflassung (§ 925 II) für **Grundstücke**.

IV. Schuldrechtsmodernisierung. Die Norm entspricht bis auf zwei Änderungen § 455 aF: II bestätigt entgegen 4
dem Votum des Bundesrats (BTDrs 14/6857, 28 f; dagegen aaO, 62 jew zu Nr 98; BTDrs 14/7052, 197 f zu § 448) die Rspr des BGH zur aF, dass der Verkäufer die Kaufsache nur bei **Rücktritt** vom Kaufvertrag, nicht schon bei **Verzug** des Käufers herausverlangen kann (BTDrs 14/6040, 241; BGHZ 54, 214, 216 ff; BGH NJW-RR 08, 818 Rz 40). Außerdem wurde der letzte Hs von § 455 I aF gestrichen, der einen Rücktritt des Verkäufers bei Verzug des Käufers auch ohne Fristsetzung gestattete; diese Privilegierung sei nicht mehr für angemessen, die allg Ausnahmen vom Erfordernis der Fristsetzung (§ 323 II) reichten aus (BTDrs aaO).

V. EU-Recht. Die VerbrauchsgüterkaufRL regelt den EV nicht. Die formelhafte Bestimmung von Art 4 I iVm 5
Erwägungsgrund 21 in der **Zahlungsverzugsrichtlinie** löst keinen Regelungsbedarf aus (BaRoth/*Faust* Rz 5; *Habersack/Schürnbrand* JuS 02, 833, 834).

VI. Abdingbarkeit. Bis auf III ist § 449 dispositiv, auch beim Verbrauchsgüterkauf (e contrario § 475 I; 6
Bülow 429, 430 f) mit Ausn der Abbedingung des Grundsatzes „keine Rücknahme ohne Rücktritt" von II durch AGB (BGH NJW-RR 08, 818 Rz 40 ff; ebenso ggü Unternehmern Palandt/*Weidenkaff* Rz 4). Für **Teilzahlungskäufe** ordnet § 503 II 4 zwingend an, dass jede Rücknahme der Kaufsache durch den Verkäufer als Rücktritt gilt.

B. Zustandekommen des EV (Abs 1). I. Sachenrechtliche Vereinbarung. Gem I Hs 1 wird der EV sachen- 7
rechtlich begründet, indem der Verkäufer sich bei Erfüllung des Kaufvertrags durch Übereignung das Eigentum vorbehält und der Käufer die Kaufsache annimmt (Staud/*Beckmann* Rz 12). Nach der Auslegungsregel von I Hs 2 (BaRoth/*Faust* Rz 10, 13) liegt dann „im Zweifel" eine Übereignung unter der aufschiebenden Bedingung der vollständigen Zahlung des Kaufpreises vor. Für die rechtlichen Konsequenzen kommt es auch darauf an, wie sich der sachenrechtlich vereinbarte EV zur causa des Kaufvertrags verhält.

II. Aufgrund vertraglicher Regelung. Der Kaufvertrag kann individualvertraglich oder durch AGB (generell 8
zulässig: BaRoth/*Faust* Rz 12 mwN; Staud/*Beckmann* Rz 13) dem Verkäufer ausdrücklich gestatten, sich das Eigentum vorzubehalten. Bei AGB sind die Formen vielfältig: VerkaufsAGB, Formularvertrag, Aufdruck auf Briefpapier und Auftragsformularen, Hinweis in Prospekten (s. Palandt/*Weidenkaff* Rz 10); sie können auch für spätere mündlich erteilte Aufträge Wirksamkeit erlangen, selbst wenn der EV nicht mehr ausdrücklich angesprochen wird (Köln WM 96, 214, 215). Dann ist der sachenrechtliche vereinbarte EV vertragsrechtlich zulässig. Zugleich ist die Übereignung in Vollzug des Kaufvertrags regelmäßig als aufschiebend bedingt zu verstehen (Erman/*Grunewald* Rz 2, 6; MüKo/*Westermann* Rz 13; *Bonin* JuS 02, 438).

III. Ohne vertragliche Regelung. Zu unterscheiden sind der Verstoß gegen eine Verpflichtung zur unbeding- 9
ten Übereignung und das Fehlen einer Regelung.

(1.) Ein Vorbehalt des Eigentums durch den Verkäufer **entgegen einer Verpflichtung** zur unbedingten Über- 10
eignung wird **sachenrechtlich wirksam**, wenn er spätestens bei **Übergabe** ausreichend deutlich erklärt wird (BGHZ 64, 395, 397 mwN; BGH NJW 79, 213, 214; 2199, 2200; 07, 3488 Rz 11 f); rechtzeitig ist also die Erklärung im Lieferschein, nicht in der nachträglich versandten Rechnung (BGHZ 64, 395, 398). Die Übergabe eines Kraftfahrzeugs unter Einbehalt des Briefs stellt regelmäßig die Erklärung des Vorbehalts dar (BGH NJW 07, 3488 Rz 12–14; *Fritsche/Würdinger* NJW 07, 1037 ff). Wegen der nachträglichen Abweichung

von den Vertragsbedingungen muss die Erklärung ggü einer für die Entgegennahme solcher Erklärungen zuständigen Person auf Seiten des Käufers abgegeben werden (BGH NJW 79, 2199, 2200; 82, 1749, 1750). Schuldrechtlich **verletzt** der Verkäufer hiermit seine **Pflicht zur Übereignung** aus § 433 I 1 Alt 2 mit der Konsequenz der Haftung nach allg Leistungsstörungsrecht, insb wegen Verzugs (BaRoth/*Faust* Rz 15; Erman/*Grunewald* Rz 2; offenbar BGH NJW 82, 1749, 1750; **abw**: in Annahme durch Käufer liegt gleichzeitig Änderung des Kaufvertrags *Bonin* JuS 02, 438 f).

11 (2.) **Fehlen einer Regelung**, zB weil nur Zahlung des Kaufpreises nach Übergabe ohne Eingehen auf die Übereignung geregelt ist, impliziert keine stillschweigende Verpflichtung zur unbedingten Übereignung zeitgleich mit der Übergabe (BaRoth/*Faust* Rz 12; MüKo/*Westermann* Rz 15; *U. Huber* ZIP 87, 750, 757; **aA** Erman/*Grunewald* Rz 5; s. *Bonin* JuS 02, 438): Da nach § 320 I die gleichzeitige Leistungserbringung der Regelfall ist, erfasst die Verpflichtung zur Vorleistung nur die ausdrücklich geregelten Pflichten, hier also die Übergabe, nicht die Übereignung. Ein EV des Verkäufers wäre also vertragsgemäß.

12 **IV. Kollision von AGB. Ein in VerkaufsAGB enthaltener EV wird nicht Vertragsbestandteil, wenn die EinkaufsAGB eine Abwehrklausel enthalten** (BGH NJW 85, 1838, 1839 f; NJW-RR 86, 984, 985; vgl generell zur Erstreckung einer Abwehrklausel auf die EinkaufsAGB ergänzende Klauseln BGH NJW-RR 01, 484, 485 mwN). Allerdings wusste der Käufer anders als beim vertragswidrigen EV (Rn 10) von vornherein, dass der Verkäufer nur unter EV veräußern will. Deshalb wird der einfache EV immer dann wirksam, wenn der Käufer ihn bei Vertragsschluss kannte oder zumutbar hätte kennen können (BGH NJW 82, 1749, 1750; 1751; Staud/*Beckmann* Rz 18; *U. Huber* ZIP 87, 750, 757; ebenso für unwirksame AGB BGHZ 104, 129, 137; 125, 83, 89 f; **aA** Erman/*Grunewald* Rz 3; *Bonin* JuS 02, 438, 440 f mwN). Demgegenüber werden der verlängerte und erweiterte EV nicht wirksam (BGH NJW-RR 86, 984, 985; Staud/*Beckmann* Rz 18); mangels Vereinbarung der Vorausabtretung erlangt die Ermächtigung zur Weiterveräußerung als Bestandteil des verlängerten EV keine Geltung, so dass der Käufer zur **Weiterveräußerung** nicht berechtigt ist (BGH NJW-RR 86, 1378, 1379; Staud/*Beckmann* Rz 18).

13 **C. Wirkungen des EV (Abs 1, 2). I. Rechtsstellung des Verkäufers. 1. Eigentum (Abs 1)**. Durch den EV bleibt der Verkäufer bis zum Eintritt der Bedingung Eigentümer. Zur erneuten Veräußerung des Eigentums s. Rn 15. In der **Zwangsvollstreckung** gegen den Käufer ist das Eigentum ein der Veräußerung hinderndes Recht (§ 771 ZPO; BGHZ 54, 214, 218 f; MüKo/*Westermann* Rz 75 f). In der **Insolvenz des Käufers** begründet das Eigentum ein Aussonderungsrecht des Verkäufers (§ 47 InsO), wenn der Insolvenzverwalter die Erfüllung des Kaufvertrags ablehnt (§ 103 InsO; BGHZ 176, 86 Rz 24; MüKo/*Westermann* Rz 78; s. aber Rn 30).

14 **2. Herausgabeanspruch (Abs 2).** II regelt nunmehr ausdrücklich, dass der Verkäufer wegen des Besitzrechts des Käufers (Rn 18) den **Vindikationsanspruch** (§ 985) ausschl nach Rücktritt vom Kaufvertrag (§§ 323, 324) geltend machen kann (zur übereinstimmenden Rspr zur aF s. Rn 4; *Schulze/Kienle* NJW 02, 2842 f; zum Rücktritt in der Insolvenz *M. Huber* NZI 04, 57 ff). Da die Norm den Käufer mit Leitbildfunktion davor schützen will, ohne das Recht zur Nutzung noch zur Zahlung des Kaufpreises verpflichtet zu sein, ist sie durch AGB auch ggü Kaufleuten **nicht abdingbar** (Erman/*Grunewald* Rz 14; *Habersack/Schürnbrand* JuS 02, 833, 836 f). §§ 216 II 2, 218 I 3 enthalten die ausdrückliche Entscheidung des Gesetzgebers, dass in Übereinstimmung mit der hM zu § 455 aF (BGHZ 34, 191, 194 ff mwN; 70, 96, 98 ff) der Rücktritt und die Konsequenz des Herausgabeanspruchs des Verkäufers nach II auch noch nach **Verjährung der Kaufpreisforderung** erklärt werden kann (Palandt/*Weidenkaff* Rz 27; Staud/*Beckmann* Rz 33–35).

15 **II. Rechtsstellung des Käufers. 1. Anwartschaftsrecht. a) Rechtsnatur.** Da der Käufer nach der Auslegungsregel von I Hs 2 den Eigentumserwerb auf sich durch Zahlung ohne Mitwirkungshandlungen des Verkäufers herbeiführen kann, hat er ein Anwartschaftsrecht (§ 158 I; allgM: Erman/*Grunewald* Rz 27). Dieses ist ein wesensgleiches Minus, eine Vorstufe (BGHZ 28, 16, 21; 35, 85, 89; 75, 221, 225) zum Eigentum und steht daher einem **dinglichen Recht** gleich (s. ausf auch zur Kritik MüKo/*Westermann* Rz 40–44; Staud/*Beckmann* Rz 60–63); es ist ein **sonstiges Recht** iSd § 823 I (BGHZ 55, 20, 25 f; BGH NJW 70, 699 mwN; 71, 799, 800). Ob darüber hinaus das Anwartschaftsrecht ein **absolutes** und damit auch ggü dem Eigentümer wirksames **Recht zum Besitz** gewährt, ist str (dafür Karlsr NJW 66, 885, 886; Palandt/*Bassenge* § 929 Rz 41; MüKo/*Westermann* Rz 48 f; dagegen BGHZ 10, 69, 72; *Medicus* BürgR Rz 465; ausf *Zeranski* AcP 203, 693, 709 ff; offen BGHZ 54, 214, 217). Das Anwartschaftsrecht macht die grds zulässige **erneute Veräußerung** durch den Verkäufer dem Käufer ggü relativ unwirksam (§ 161 I; BGHZ 55, 20, 26 f; iE BGHZ 176, 86 Rz 16). Der gutgläubige Erwerb des Dritten (§§ 161 III, 934) scheitert daran, dass der Käufer als Inhaber des Anwartschaftsrechts berechtigter unmittelbarer Besitzer ist (§ 936 III; BGHZ 45, 186, 190 mwN; Erman/*Grunewald* Rz 24 mwN; *Medicus* BürgR Rz 462; mit abw Begründung *Zeranski* AcP 203, 693, 697 ff). In der **Insolvenz** des Verkäufers kann der Käufer aufgrund des Anwartschaftsrechts unter Ausschluss des Wahlrechts des Insolvenzverwalters (§ 103 InsO) endgültige Erfüllung gegen Restzahlung des Kaufpreises durchsetzen (§ 107 I InsO; Erman/*Grunewald* Rz 26; Uhlenbruck/*Berscheid* § 107 Rz 5). Vor einer **Zwangsvollstreckung** gegen den Verkäufer ist der Käufer normalerweise durch seinen Besitz geschützt (§ 809 ZPO; Erman/*Grunewald* Rz 25; MüKo/*Westermann* Rz 46), ansonsten stellt das Anwartschaftsrecht, wenn sich die Sache ausnahmsweise beim Verkäufer

oder bei einem herausgabebereiten Dritten befindet, ein die Veräußerung hinderndes Recht dar (§ 771 ZPO; BGHZ 55, 20, 27; BGH NJW 71, 799, 800; MüKo/*Westermann* Rz 46 mwN). Die Haftung von **Zubehör** für **Grundpfandrechte** umfasst auch Anwartschaftsrechte (§ 1120; BGHZ 35, 85, 89 ff); dasselbe gilt für das **Vermieterpfandrecht** (BGH NJW 65, 1475).

b) Übertragung. Das Anwartschaftsrecht kann wie Eigentum übertragen (BGHZ 28, 16, 21; 75, 221, 225), **16** **verpfändet** (BGHZ 35, 85, 93; Staud/*Beckmann* Rz 80) und **gepfändet** (zu Einzelheiten, insb zur notwendigen Doppelpfändung der Sache und des Anwartschaftsrechts, s. Erman/*Grunewald* Rz 35) werden. Erforderlich sind daher für die Übertragung Einigung und Übergabe oder ein Übergabesurrogat, und zwar auch bei Sicherungsübertragung (BGHZ 75, 221, 227; Staud/*Beckmann* Rz 70). Ein Übertragungsverbot im Kaufvertrag bezieht sich ohne ausdrückliche Regelung nur auf die Kaufsache, nicht auf das Anwartschaftsrecht (BGH NJW 70, 699; MüKo/*Westermann* Rz 57); bei Erstreckung auf dieses hat es nur schuldrechtliche Wirkung (§ 137; BGH aaO; Erman/*Grunewald* Rz 29). Nach Übertragung kann der Kaufvertrag von Verkäufer und Käufer nicht mehr ohne Zustimmung des Erwerbers aufgehoben oder geändert werden, weil über ein Recht aus dem Kaufvertrag vorab verfügt ist (Erman/*Grunewald* Rz 29 mwN; für die nachträgliche Erweiterung des Sicherungszwecks BGHZ 75, 221, 226 f; abw für Herausnahme aus der Zubehörhaftung des Anwartschaftsrechts durch Vertragsaufhebung BGHZ 92, 280, 290 ff). Die Übertragung hindert Verkäufer und Käufer aber nicht in der Ausübung ihrer im Kaufvertrag angelegten Rechte, zB auf Anfechtung, Rücktritt, da insoweit der Erwerber in die Rechtsstellung des Käufers eintritt (BGHZ 75, 221, 225 f; MüKo/*Westermann* Rz 53, zu weit der Einschluss der Aufhebung). Mit Eintritt der Bedingung erwirbt der Erwerber unmittelbar Eigentum vom Verkäufer (**Direkterwerb**), also ohne Durchgangserwerb des Käufers (BGHZ 20, 88, 93 ff; 28, 16, 22; 35, 85, 87; MüKo/*Westermann* Rz 53 mwN). Der Erwerber kann den Eintritt der aufschiebenden Bedingung durch Zahlung an den Verkäufer herbeiführen (§ 267 I); da sich der Käufer durch die Übertragung seiner Verfügungsmacht begeben hat, kann er nicht widersprechen (§ 267 II; BGHZ 75, 221, 228 mwN; Erman/*Grunewald* Rz 30). Bei einer **Zwangsvollstreckung** gegen den Käufer steht dem Erwerber die Drittwiderspruchsklage zu (§ 771 ZPO; BGHZ 20, 88 2, 101).

c) Gutgläubiger Erwerb. Von einem Verkäufer, der nicht Eigentümer ist, kann der Käufer nach allg Regeln **17** Eigentum und damit auch das Anwartschaftsrecht als Vorstufe erwerben. Entscheidend ist **Gutgläubigkeit** bei Erwerb des Anwartschaftsrechts, also der Übergabe, spätere Bösgläubigkeit bei Eintritt der aufschiebenden Bedingung ist unschädlich (BGHZ 10, 69, 72 ff; 30, 375, 377; Erman/*Grunewald* Rz 31; MüKo/*Westermann* Rz 63). Ein **gutgläubiger Erwerb** eines nicht existenten Anwartschaftsrechts ist ausgeschlossen, weil es allein auf dem nicht durch §§ 932 ff geschützten Vertrauen in eine nicht bestehende kaufrechtliche Beziehung basiert (BGHZ 75, 221, 225; Erman/*Grunewald* Rz 32). Er scheidet auch für ein existentes, nur nicht dem Veräußerer – als vermeintlich Käufer – zustehendes Anwartschaftsrechts aus, weil auch in dieser Konstellation allein auf die Rechtsstellung des Veräußerers aus dessen behauptetem Kaufvertrag mit dem Eigentümer vertraut wird (so jew mwN auch der **aA** MüKo/*Westermann* Rz 64; Staud/*Beckmann* Rz 77).

2. Besitzrecht. Der Kaufvertrag unter EV konstituiert ein **Besitzmittlungsverhältnis** (§ 868), so dass der **18** Käufer ggü dem Verkäufer schuldrechtlich zum Besitz berechtigt ist (§ 986 I; BGHZ 54, 214, 216; s. Rn 15 zum dinglichen Besitzrecht). Der Verkäufer ist also mittelbarer Eigen-, der Käufer unmittelbarer Fremdbesitzer (Palandt/*Weidenkaff* Rz 9; s. mwN auch der **aA**; MüKo/*Westermann* Rz 55). Das Besitzrecht wirkt gem § 986 II auch ggü nachträglichem Erwerber des Vorbehaltseigentums (BGHZ 176, 86 Rz 16). Es endet nur durch Rücktritt des Verkäufers, nicht durch bloße Vertragswidrigkeit des Käufers (BGHZ 54, 214, 216; BGH NJW-RR 08, 818 Rz 39). Das Besitzmittlungsverhältnis beinhaltet **Obhutspflichten** des Käufers, der mit der Sache wie ein Verwahrer und Verwalter verfahren, sie zB pfleglich behandeln muss (BGH NJW 61, 1252, 1253; Erman/*Grunewald* Rz 15; Staud/*Beckmann* Rz 59). Daraus resultieren auch **Auskunftspflichten**, zB über den Aufenthaltsort der Sache (Erman/*Grunewald* aaO).

3. Verfügungsrecht. Der Käufer ist zur Veräußerung der Sache nur mit Zustimmung des Verkäufers berech- **19** tigt (MüKo/*Westermann* Rz 27). Zur vom Verkäufer erteilten Veräußerungsbefugnis s. Rn 23.

D. Formen des EV (Abs 1, 3). I. Einfacher EV. Bei dem Grundfall des EV wird sich das Eigentum an der **20** Kaufsache bis zur Zahlung des dafür vereinbarten Kaufpreises vorbehalten. Mithin nicht ausdrücklich geregelt, aber konkludent erteilt sind eine Befugnis zur Weiterveräußerung (zur Notwendigkeit s. Rn 19) ggü gewerblichen Zwischenhändlern für Veräußerungen im ordentlichen Geschäftsgang (MüKo/*Westermann* Rz 59 mwN) sowie zum Verbrauch und zur Verarbeitung iRd üblichen Verwendung, also zB ggü Verbrauchern oder Handwerkern (vgl Staud/*Beckmann* Rz 110 mwN).

II. Verlängerter EV. Alle Verlängerungsformen haben den Zweck, einerseits dem Käufer zu ermöglichen, die **21** Kaufsache, wie für ihre Nutzung häufig notwendig, zu veräußern, zu verarbeiten oder zu vermischen, andererseits den Verkäufer vor der damit verbundenen Folge des Erlöschens des EV zu schützen.

1. Vorausabtretungsklausel. Die klassische Form der Verlängerung gewährt die Ermächtigung zur Weiter- **22** veräußerung auf Grundlage einer Vorausabtretung der dadurch erworbenen Forderung des Käufers gegen seinen Abnehmer (s. BGHZ 27, 306, 308 f). Die Vereinbarung kann unter Kaufleuten auch durch AGB erfolgen (BGHZ 98, 303, 307 f; Palandt/*Weidenkaff* Rz 18).

23 (1.) Die **Ermächtigung** deckt allein **Weiterveräußerungen iRd ordnungsmäßigen Geschäftsverkehrs**. Darunter fallen nicht Verkäufe zu Schleuderpreisen, unter Einkaufspreis (idR BGHZ 104, 129, 133; ähnl BGH LM § 455 Nr 23) und wegen des darin liegenden Sicherungscharakters als **Sale and Lease back** (BGHZ 104, 129, 132 ff) (s. insg Erman/*Grunewald* Rz 46; BaRoth/*Faust* Rz 26). Ohne Deckung durch die Ermächtigung kann der Abnehmer des Käufers Eigentum nur gutgläubig nach §§ 932 ff erwerben. Verstöße dagegen können zur Haftung der Organe des Käufers führen (BGH NJW 90, 976 ff; Kobl WM 89, 535, 536).

24 (2.) Mit der **Vorausabtretung** tritt der Käufer Forderungen, die er später durch Weiterveräußerung erwirbt, schon im Kaufvertrag an den Verkäufer ab. Die notwendige Bestimmtheit oder Bestimmbarkeit muss erst im Zeitpunkt der Weiterveräußerung vorliegen (BGHZ 70, 86, 89 f; wN auch der Kritik bei Staud/*Beckmann* Rz 102-106); dazu reicht es aus, wenn die durch Weiterveräußerung entstandenen Forderungen den Geschäftsunterlagen des Käufers entnommen werden können (BGHZ 70, 86, 90). Dies führt normalerweise nur in Kombination mit **Verarbeitungsklauseln** zu Schwierigkeiten (s. Rn 28; BGHZ 79, 16, 20 ff mwN und Bsp). Bei im **Kontokorrent** stehenden Forderungen muss die Vorausabtretung auf den Schlusssaldo bezogen werden (BGHZ 70, 86, 92 ff; Palandt/*Weidenkaff* Rz 18). Solange die Geschäftsbeziehung zwischen Verkäufer und Käufer reibungslos läuft, wird die Vorausabtretung überwiegend still vereinbart und mit einem Einziehungsrecht des Käufers verbunden (BaRoth/*Faust* Rz 27 mwN). Die Einziehung kann der Käufer auch über **echtes Factoring** vornehmen, da die damit verbundene Übernahme der Delkredere-Haftung durch den Factor der normalen Zahlung durch den Abnehmer vergleichbar ist (BGHZ 72, 15, 19 ff; 100, 353, 358 f; Erman/*Grunewald* Rz 56). Ein **unechtes Factoring** ist dagegen als Kreditgeschäft nicht gedeckt (BGHZ 82, 50, 58 ff mwN; Erman/*Grunewald* Rz 58; Erman/*Westermann* § 398 Rz 25 f).

25 (3.) Konsequenz der Verbindung von Veräußerungsermächtigung und Vorausabtretung ist, dass der Käufer bei Weiterveräußerung kein **Abtretungsverbot** vereinbaren darf (BGHZ 30, 176, 181; 40, 156, 162; 102, 293, 308; Erman/*Grunewald* Rz 48); gleich steht eine **Zustimmungspflicht** zugunsten des Abnehmers zu einer Abtretung der Forderung des Käufers gegen ihn (BGHZ 27, 306, 309 f). Dies gilt auch im Geltungsbereich des § 354a HGB, da der Erwerber trotz der Unwirksamkeit des Abtretungsverbots noch zur Aufrechnung ggü dem Käufer berechtigt sein (§ 354 2 HGB) und sich damit der Verkäufer nur eingeschränkt auf die Realisierung der ihm vorausabgetretenen Forderung verlassen kann (BaRoth/*Faust* Rz 26; Erman/*Grunewald* Rz 49). Bei einer Weiterveräußerung entgegen diesen Grundsätzen erwirbt der Abnehmer des Käufers kein Eigentum. Eine Zustimmung des weiteren Abnehmers trotz Abtretungsverbots zur Abtretung an den Verkäufer wirkt nur ex nunc; ein Eigentumserwerb rückwirkend auf den Zeitpunkt der Veräußerung kann also nicht erreicht werden (BGH NJW 88, 1210, 1211 mwN).

26 (4.) Die voraus abgetretenen Forderungen begründen in der **Insolvenz** ein Absonderungsrecht (§ 51 InsO; BGHZ 176, 86 Rz 24; Erman/*Grunewald* Rz 51; *Uhlenbruck* § 51 Rz 19).

27 (5.) Das Konzept des verlängerten EV kollidiert mit den verbreiteten **Globalzessionen** zugunsten von Banken, Kreditversicherern usw. Diesen Konflikt zwischen Waren- und Geldkreditgebern löst der BGH so auf, dass Globalzessionen einen ausreichenden Sicherheitsfreibetrag für branchenübliche Vorausabtretungen iVm verlängerten Eigentumsvorbehalten aufweisen müssen (BGHZ 98, 303, 314 ff; BGH NJW 99, 940). Anderenfalls sind sie wegen Sittenwidrigkeit nichtig. Die „Freigabe" muss dingliche Wirkung haben, ein schuldrechtlicher Freigabeanspruch des Käufers genügt nicht (BGH aaO; Erman/*Grunewald* Rz 55).

28 **2. Verarbeitungsklausel.** Der Eigentumserwerb durch den Hersteller gem § 950 kann zur Verlängerung eingesetzt werden, indem der Käufer durch Vereinbarung einer Verarbeitungsklausel für den Verkäufer verarbeitet und dieser daher bei objektiver Betrachtung nach den wirtschaftlichen Verhältnissen **Hersteller** ist (BGHZ 20, 159, 162 f; vgl 112, 243, 249 f; mit Nachw der aA MüKo/*Füller* § 950 Rz 17, 25; Staud/*Beckmann* Rz 124). Zur Vermeidung einer Übersicherung wird idR der Erwerb von Miteigentum unter Berücksichtigung von Miteigentumsquoten des Käufers für die eigenen Beiträge und dritter Lieferanten vorgesehen (vgl BGHZ 98, 303, 307 ff; MüKo/*Füller* aaO Rz 26 f). Kombiniert mit einer Vorausabtretungsklausel wird so erreicht, dass der Verkäufer anteilig auch die Forderungen aus der Veräußerung der neuen Sache erwirbt.

29 **III. Erweiterter EV.** Zwei Erscheinungsformen (zu weiteren s. Erman/*Grunewald* Rz 61-66) sind besonders bedeutsam, der Kontokorrentvorbehalt und der Konzern- oder Drittvorbehalt.

30 **1. Kontokorrentvorbehalt.** Zum Kontokorrentvorbehalt wird ein EV, indem sein Erlöschen an die Erfüllung aller, auch **künftiger Forderungen** aus der gesamten Geschäftsverbindung zwischen Verkäufer und Käufer geknüpft wird. Damit dient er einer umfassenden Sicherung des Verkäufers. Die Zulässigkeit ist im **kaufmännischen Verkehr** von der Rspr anerkannt, auch bei Vereinbarung durch AGB (BGHZ 42, 53, 58 f; 125, 83, 87; BGH NJW 78, 632; BaRoth/*Faust* Rz 34; zur Kritik s. MüKo/*Westermann* Rz 82 m Nachw; aA *Tiedtke* FS 50 *Jahre BGH I, S 829 ff*). Es besteht aber die von der Rspr allerdings kaum mit Leben gefüllte Grenze, dass die Erweiterung dem Sinn eines Kaufvertrags zu stark widerspricht und so einen „Missbrauch der Vertragsfreiheit darstellt" (BGH NJW 78, 632; ferner BGH WM 71, 347, 348, insoweit in NJW 71, 799 nicht abgedr; s. BaRoth/*Faust* Rz 34: „kaum je anzunehmen"). Der EV erlischt, wenn der Schuldsaldo aus der Geschäftsbeziehung einmal auf Null geht, selbst wenn später wieder neue Forderungen entstehen (BGH NJW 78, 632, 633; Erman/*Grunewald* Rz 63). Die früher vertretene Wirksamkeitsvoraussetzung einer ausdrücklichen Freigabeverpflichtung des Verkäufers (BGHZ 124, 83, 87 f) ist nach dem Urt des Großen Senats für Zivilsachen zur Sicherungsübereignung (BGHZ 137, 212, 219 ff, 222 ff) entfallen: es reicht die ohne ausdrückliche Vereinbarung geltende Verpflichtung zur Freigabe (Staud/*Beckmann* Rz 131; Habersack/*Schürnbrand* JuS 02, 833, 838; iE ähnl *Berger* ZIP 04, 1073, 1079 ff; gegen ihn *Bülow* ZIP 04, 2420 ff). Die Einstellung der Forderungen in ein Kontokorrent gem § 355 HGB ist nicht erforderlich (BGH WM 69, 1072, 1073; Staud/*Beckmann* Rz 128; zum dann echten Kontokorrentvorbehalt s. Erman/*Grunewald* Rz 64 f). Ggü **Verbrauchern** muss ein erweiterter EV wegen der zusätzlichen Schwächung des Rechts des Käufers auf Übereignung gem § 307 II Nr 2 auf Forderungen beschränkt werden, die mit der konkreten Kaufsache zusammenhängen (Frankf NJW 81, 130; Kobl NJW-RR 89, 1459, 1460; LG Braunschweig ZIP 81, 876 ff; ähnl Erman/*Grunewald* Rz 63 wegen § 307 II Nr 1). Wenn die konkrete Kaufsache voll bezahlt ist, gewährt der erweiterte EV bei **Insolvenz** des Käufers wegen seiner dann Sicherungseigentum ähnlichen Funktion nur ein Absonderungsrecht (BGHZ 176, 86 Rz 24 m Anm *Smid* WM 08, 2089 ff; BaRoth/*Faust* Rz 35), und zwar auch bei gleichzeitiger Übereignung des Vorbehaltseigentums (BGH aaO); es entfällt dann auch das Wahlrecht des Insolvenzverwalters (jew aaO BGH; BaRoth/*Faust*).

2. Konzernvorbehalt (Abs 3). Der mit der Insolvenzrechtsreform 1994 eingeführte III erklärt jeden EV zur Besicherung der Forderungen Dritter, bes von Konzernunternehmen, für unwirksam, und zwar die sachenrechtliche Vereinbarung wie die schuldrechtliche Verpflichtung (Erman/*Grunewald* Rz 66; Habersack/*Schürnbrand* JuS 02, 833, 838). „Soweit" in Hs 2 bedeutet, dass § 139 nicht gilt (so Erman/*Grunewald* Rz 66; Habersack/*Schürnbrand* JuS 02, 833, 838; **aA** *Bülow* DB 99, 2196, 2197). Daher beschränkt sich die Nichtigkeit auf die horizontale Erstreckung auf Dritte, so dass der Kaufvertrag (*Bülow* DB 99, 2196, 2197) und der EV als einfacher EV (BGHZ 176, 86 Rz 27), aber auch mit von III nicht verbotenen Verlängerungen und Erweiterungen (MüKo/*Westermann* Rz 85; Habersack/*Schürnbrand* JuS 02, 833, 838; *Tiedtke* FS 50 Jahre BGH I, S 829, 846; **abw** nur als einfacher EV: Erman/*Grunewald* Rz 66) bestehen bleiben. Es ist str, ob III analog anzuwenden ist auf die spiegelbildliche Situation des **umgekehrten Konzernvorbehalts**, dass der EV erst erlischt, wenn auf Seiten des Käufers Dritte, wiederum bes Konzernunternehmen, alle Forderungen des Verkäufers gegen sie beglichen haben (**dafür** *Leible/Sosnitza* JuS 01, 556, 558; Habersack/*Schürnbrand* JuS 02, 833, 838 f; iE trotz Unanwendbarkeit von III Erman/*Grunewald* Rz 60; dagegen Palandt/*Weidenkaff* Rz 22; Staud/*Beckmann* Rz 133; *Bülow* DB 99, 2196 mit Argument, dass Insolvenzmasse beim Verkäufer dadurch vergrößert wird). Die klare gesetzliche Regelung schließt die Analogie aus; im Einzelfall kommt die Unwirksamkeit nach § 307 in Betracht.

IV. Verlängerter und erweiterter EV. Wie praktisch weit verbreitet, können verlängerter und erweiterter EV in Kombination vereinbart werden (BGHZ 26, 185, 190 ff; 94, 105, 111 f; Erman/*Grunewald* Rz 67).

V. Weitergeleiteter EV. Der in der Praxis eher ungebräuchliche weitergeleitete EV meint die Verpflichtung des Käufers, Weiterveräußerungen unter Offenlegung des EV so vorzunehmen, dass der Verkäufer weiter Eigentümer bleibt. Er ist wegen Unvereinbarkeit mit dem Vertragszweck gem § 307 II Nr 2 unwirksam, wenn der Käufer Wiederverkäufer ist (Palandt/*Weidenkaff* Rz 16; zu AGBG BGH NJW 91, 2285, 2286; dagegen Erman/*Grunewald* Rz 68).

E. Erlöschen des EV. (1.) Der EV erlischt mit vollständiger **Zahlung** des Kaufpreises; Zahlung von Nebenforderungen wie Verzugszinsen, Versandkosten ist dafür nur bei Vereinbarung erforderlich (so Erman/*Grunewald* Rz 39; **aA** MüKo/*Westermann* Rz 23; Staud/*Beckmann* Rz 31). **(2.)** Bei **Entfall des Eigentums des Verkäufers**, zB durch gutgläubigen Erwerb eines Dritten, Verbindung, Vermischung, Verarbeitung endet der EV gleichfalls; ebenso wenn Käufer die Sache in einen Staat verbringt, dessen Rechtsordnung den publizitätslosen EV nicht anerkennt, und dort an Dritten übereignet (Art 43 EGBGB Rn 17; Münch 20 U 3801/08 v 22.4.09 juris Rz 33-35 für Türkei). **(3.)** Da der EV nur vereinbart wird, weil der vom Käufer gewünschte Eigentumserwerb auf Wunsch des Verkäufers verschoben wird, erlischt er auch mit **einseitigem Verzicht des Verkäufers** (BGH NJW 58, 1231 f; WM 83, 1190; Palandt/*Weidenkaff* Rz 14; **aA** Erman/*Grunewald* Rz 41).

§ 450 Ausgeschlossene Käufer bei bestimmten Verkäufen.

(1) Bei einem Verkauf im Wege der Zwangsvollstreckung dürfen der mit der Vornahme oder Leitung des Verkaufs Beauftragte und die von ihm zugezogenen Gehilfen einschließlich des Protokollführers den zu verkaufenden Gegenstand weder für sich persönlich oder durch einen anderen noch als Vertreter eines anderen kaufen.
(2) Absatz 1 gilt auch bei einem Verkauf außerhalb der Zwangsvollstreckung, wenn der Auftrag zu dem Verkauf auf Grund einer gesetzlichen Vorschrift erteilt worden ist, die den Auftraggeber ermächtigt, den Gegenstand für Rechnung eines anderen verkaufen zu lassen, insbesondere in den Fällen des Pfandverkaufs und des in den §§ 383 und 385 zugelassenen Verkaufs, sowie bei einem Verkauf aus einer Insolvenzmasse.

§ 451

1 **A. Zweck, Schuldrechtsmodernisierung, Anwendungsbereich. (1.)** § 450, der §§ 456, 457 aF zusammenfasst, soll die Unparteilichkeit der Verkäufe aufgrund **Zwangsvollstreckung** (I) und Gesetz gewährleisten (II). Der Einschluss des Protokollführers zeigt, dass es nicht nur darum geht, materielle Interessenkollisionen, sondern auch den bösen Schein der Parteilichkeit zu verhindern (MüKo/*Westermann* Rz 1, 4).

2 **(2.)** Die Norm gilt für Verkäufe von Sachen, Rechten und sonstigen Gegenständen (§ 453). Die ausgeschlossenen Personen dürfen weder unmittelbar noch mittelbar, qua Vertretung oder Treuhand, auf eigene Rechnung oder auf fremde Rechnung erwerben.

3 **B. Verkauf im Wege der Zwangsvollstreckung (Abs 1). (1.)** Gemeint ist jeder Verkauf iRd **Zwangsvollstreckung**, unabhängig davon ob über **Versteigerung**, freihändig, privat- oder öffentlich-rechtlich (Erman/*Grunewald* Rz 2), Insb Verkäufe gem §§ 814 ff, 825, 844, 857, 866 ZPO und Zwangsversteigerungen gem §§ 869 ZPO; 66 ff, 162, 171a ZVG.

4 **(2.)** Ausgeschlossen sind Beauftragte und ihre Hilfspersonen, also zB Richter, Rechtspfleger, Gerichtsvollzieher. Aufgrund des Einschlusses von Protokollführer und Gehilfen gehören auch Hilfskräfte mit untergeordneten Aufgaben dazu (Palandt/*Weidenkaff* Rz 5; MüKo/*Westermann* Rz 4; **aA** Erman/*Grunewald* Rz 3).

5 **C. Verkäufe aufgrund gesetzlicher Vorschriften (Abs 2). (1.)** Geregelt sind nur Verkäufe in Ausübung gesetzlicher Befugnisse zum Verkauf auf fremde Rechnung. Dies sind va: §§ 383, 385, 753, 966, 979, 983, 1219, 1221, 1228 ff, 1235, 1475 III, 1498, 2042, 2204 f BGB; 368, 371, 373, 376, 379, 388 f, 391, 397 f, 437 HGB; 148, 159, 165 f, 173 InsO; 23, 27 GmbHG; 179 III, 226 III 268 II, 272 II AktG. Andere Verkäufe sind auch dann nicht erfasst, wenn sie der Abwendung eines solchen Verkaufs dienen.

6 **(2.)** Der ausgeschlossene **Personenkreis** umfasst va den Versteigerer und entspr Rn 5 dessen Hilfspersonen. Ebenfalls dazu gehören der **Insolvenzverwalter** (Erman/*Grunewald* Rz 5; BaRoth/*Faust* Rz 5 mN der **aA**) und über die Geltung von § 181 hinaus (s. dazu MüKo/*Zimmermann* § 2205 Rz 82) der **Testamentsvollstrecker** (wohl MüKo/*Westermann* Rz 3). Nicht ausgeschlossen ist ein Kauf durch die materiell Beteiligten, va von Gläubiger, Eigentümer und Schuldner (Palandt/*Weidenkaff* Rz 7).

7 **D. Rechtsfolgen.** S. § 451.

§ 451 Kauf durch ausgeschlossenen Käufer. (1) ¹Die Wirksamkeit eines dem § 450 zuwider erfolgten Kaufs und der Übertragung des gekauften Gegenstandes hängt von der Zustimmung der bei dem Verkauf als Schuldner, Eigentümer oder Gläubiger Beteiligten ab. ²Fordert der Käufer einen Beteiligten zur Erklärung über die Genehmigung auf, so findet § 177 Abs. 2 entsprechende Anwendung.
(2) Wird infolge der Verweigerung der Genehmigung ein neuer Verkauf vorgenommen, so hat der frühere Käufer für die Kosten des neuen Verkaufs sowie für einen Mindererlös aufzukommen.

1 **A. Zweck; Schuldrechtsmodernisierung.** § 451 ist in Übernahme von § 458 aF **lex specialis** zu § 134 mit dem Zweck, anstelle von Nichtigkeit schwebende Unwirksamkeit des schuldrechtlichen und dinglichen Geschäfts eintreten zu lassen.

2 **B. Zustimmung.** Zum Eintritt der Wirksamkeit ist die Zustimmung (§§ 182–184) **aller Beteiligten** erforderlich (I 1), also zB von Eigentümer, Pfandgläubiger, Schuldner. Im Einzelfall können dies sehr viele Personen sein, zB bei Nachlassauseinandersetzung. Zustimmung liegt erst vor, wenn Erklärung des letzten Beteiligten dem Käufer zugegangen ist. Käufer kann Schwebefrist nur nach § 177 II, nicht nach § 178 beenden, dessen entspr Geltung nicht vorgesehen ist (I 2; Palandt/*Weidenkaff* Rz 3; MüKo/*Westermann* Rz 4; **aA** Erman/*Grunewald* Rz 3: bei Unkenntnis des Käufers). Mit Verweigerung der Zustimmung tritt Nichtigkeit ein (§ 134).

3 **C. Kein Verschulden.** Als Sanktion eigener Art ist Verschulden des Käufers nicht erforderlich (Staud/*Beckmann* Rz 2; **aA** Erman/*Grunewald* Rz 4: Verschulden liegt meistens vor; MüKo/*Westermann* Rz 5). § 451 ist nicht abschließend, da § 450 Schutzgesetz iSd § 823 II ist (Erman/*Grunewald* aaO) und §§ 823 I, 839 gleichfalls kumulativ zur Anwendung kommen können.

§ 452 Schiffskauf. Die Vorschriften dieses Untertitels über den Kauf von Grundstücken finden auf den Kauf von eingetragenen Schiffen und Schiffsbauwerken entsprechende Anwendung.

1 **A. Zweck, Schuldrechtsmodernisierung.** § 452 setzt entspr §§ 435 II, 449 II aF um, dass SchReg für eingetragene Schiffe und Schiffsbauwerke (Docks, in Bau befindliche Schiffe) vergleichbare Bedeutung hat wie Grundbuch für Grundstücke. Deshalb sollen die für Grundstücke spezifischen kaufrechtlichen Bestimmungen auch für sie gelten. Daraus folgt, dass die Norm für nicht eingetragene Schiffe nicht gilt.

2 **B. Inhalt.** Anwendbar sind §§ 435 2, 436, 438 I Nr 1, 442 II u 448 II. Sondervorschriften für Grundstücke außerhalb dieses Untertitels gelten nicht; zum **Verbrauchsgüterkauf** s. § 474 Rn 7. IÜ gelten die §§ 433 ff mit den Regelungen für den Sachkauf.

§ 453 Rechtskauf.

(1) Die Vorschriften über den Kauf von Sachen finden auf den Kauf von Rechten und sonstigen Gegenständen entsprechende Anwendung.
(2) Der Verkäufer trägt die Kosten der Begründung und Übertragung des Rechts.
(3) Ist ein Recht verkauft, das zum Besitz einer Sache berechtigt, so ist der Verkäufer verpflichtet, dem Käufer die Sache frei von Sach- und Rechtsmängeln zu übergeben.

A. Grundsätzliches. I. Bedeutung, Schuldrechtsmodernisierung. Die durch die Schuldrechtsreform neu eingeführte Norm schreibt für alle Kaufgegenstände, die keine Sachen und Tiere sind, die entspr Anwendung der Vorschriften über den Sachkauf (§§ 433–451) vor. Sie nimmt damit die bisherigen Sonderregeln für den Rechtskauf (§§ 433 I 2, 435, 449) sowie die Rspr auf, dass Kaufrecht auch auf andere Kaufgegenstände als Sachen und Rechte wie Elektrizität, Know-how und Unternehmen anzuwenden ist (BTDrs 14/6040, 242). § 453 kommt damit eine **zentrale Bündelungsfunktion** zu. 1

II. Anwendungsbereich. Aus Rn 1 folgt ein letztendlich **unbegrenzter** Anwendungsbereich. Jedes Substrat, das keine Sache und heute oder in Zukunft Gegenstand eines Vertrags ist, demgemäß es gegen Entgelt endgültig in die Sphäre des Erwerbers übergehen soll, unterliegt ihm. Systematisch sind zwei Typen von Kaufgegenständen zu unterscheiden: (1.) **Rechte** (Rn 5–15) mit dem Untertypus gem III, **Rechte, die zum Besitz einer Sache berechtigen** (Rn 11) und (2.) **sonstige Gegenstände** (Rn 16 ff) mit den Untertypen der **unkörperlichen Kaufgegenstände** (Rn 18–23), der als **zusammengehörig verkauften Gegenstände** (Rn 24–26) und bes der **Unternehmen** (Rn 27–37). 2

III. VerbrauchsgüterkaufRL. Die RL findet nur auf Sachen Anwendung, auch nicht auf Strom (Art 1 II lit b). Zur Anwendbarkeit auf Sachgesamtheiten s. § 474 Rn 8. 3

IV. Entsprechende Geltung der Vorschriften über den Sachkauf. Der pauschale Verweis auf die Normen zum Sachkauf (I) ist das zentrale Problem der Anwendung von § 453. Angesichts der Verschiedenheit der Kaufgegenstände ist für jede einzelne Kategorie von Rechten und sonstigen Gegenständen speziell zu prüfen, ob und mit welcher Modifikation die §§ 433 ff passen (vgl MüKo/*Westermann* Rz 1 f; Staud/*Beckmann* Rz 6). **Grds gilt**: Übergabe und Verschaffung des Eigentums (§ 433 I 1) sind durch den entspr Übertragungstatbestand zu ersetzen, der jeweils zu einer vollständigen Entäußerung des Verkäufers führen muss. Rechtsmängel liegen vor, wenn analog § 435 der Kaufgegenstand trotz seiner Übertragung nicht vereinbarte oder nicht übliche rechtliche Beschränkungen aufweist. Sachmängel entspr § 434 kommen in Betracht, wenn der Kaufgegenstand in Inhalt oder Verwendbarkeit, zB eine Forderung in ihrer Verzinsung oder Software in ihrer Leistungsfähigkeit, nicht die geschuldeten Anforderungen erfüllt. Außerdem muss gem III bei einem Recht, das zum Besitz einer Sache berechtigt, die Sache rechts- und sachmängelfrei übergeben werden. 4

B. Rechte. I. Begriff. Recht ist die dem Einzelnen unmittelbar von der Rechtsordnung gewährte Befugnis mit dem Inhalt eines Anspruchs (§ 194 I), der Herrschaft über eine Sache oder immaterielle Güter, zB gewerbliche Schutzrechte, oder der Gestaltung eines Rechtsverhältnisses (Palandt/*Weidenkaff* Rz 3). Es kann dinglich oder obligatorisch, bedingt oder befristet sein, schon jetzt oder erst in Zukunft existieren. Dazu gehören (vgl Staud/*Beckmann* Rz 3): (1.) **Rechte an Sachen**, zB Pfandrecht, ErbbauR, Dienstbarkeit, (2.) **gewerbliche Schutzrechte**, zB Patente, Marken, urheberrechtliche Nutzungsrechte, (3.) **Anteile an Gesellschaften** und Gemeinschaften, (4.) **Forderungen**, auch soweit sie in Wertpapieren verbrieft sind, (5.) **Kennzeichenrechte**, zB Firma, (6.) **öffentlich-rechtliche Rechte** aller Art, zB Steuererstattungsansprüche, Rechte aus Konzessionen; Umwelt-Emissionsrechte (*Wertenbruch* ZIP 05, 516 ff). Nicht umfasst sind: höchstpersönliche Rechte, zB Namens-, Elternrecht, da sie prinzipiell nicht veräußerbar sind (vgl Palandt/*Weidenkaff* Rz 4; abw BaRoth/*Faust* Rz 3); der Besitz, da er kein Recht darstellt (Palandt/*Weidenkaff* Rz 4; BaRoth/*Faust* Rz 2). 5

II. Pflichten des Verkäufers. 1. Verschaffung. Entspr § 433 I 1 hat der Verkäufer dem Käufer die Inhaberschaft in der für das jeweilige Recht maßgeblichen Form so zu verschaffen, dass seine eigene Berechtigung endet und der Käufer das Recht ausüben kann (vgl Staud/*Beckmann* Rz 10–12). Je nach Art des Rechts sind die Formen divers: Abzutreten sind Forderungen (§ 398), mangels abw Regelung sonstige Rechte (§ 413) und Patente (§ 30 III PatG). Für Grundstücksrechte gilt § 873 (Eintragung im Grundbuch), für Grundpfandrechte §§ 1154, 1192, für Gesellschaftsanteile die spezialgesetzlichen Bestimmungen. Soweit der Verkäufer die *Begründung* eines Rechts schuldet, hat er das Recht mit dem Käufer als alleinigem Inhaber zur Entstehung zu bringen. Für die **Pflichtenstellung** des Verkäufers gelten die Grundsätze zum Sachkauf entspr (§ 433 Rn 21–26), zB § 433 Rn 22 entspr Mitwirkungspflichten, zB bei Namensaktie an der Umschreibung im Aktienregister mitzuwirken (§ 67 I AktG) oder bei Patent die öffentlich beglaubigte Abtretungserklärung (§§ 403 BGB; 30 III 1 PatG) zu erteilen. 6

2. Übernahme der Kosten für Begründung und Übertragung (Abs 2). Die mit § 448 II aF inhaltsgleiche Vorschrift regelt nur die Kosten der Begründung und Übertragung des Rechts. Damit sind nicht erfasst die Kosten der schuldrechtlichen causa, des Kaufvertrags; sie sind ohne abw Regelung von den Parteien hälftig zu 7 tragen (BaRoth/*Faust* Rz 14; Staud/*Beckmann* Rz 15). Bei Rechten an Grundstücken gilt für die Eintragungskosten § 448 II über den Verweis in I als die ggü II speziellere Regelung, so dass der Käufer kostenpflichtig ist (BTDrs 14/6040, 242; BaRoth/*Faust* Rz 6, 15 mwN auch der **aA**; MüKo/*Westermann* Rz 16). Bei Rechten gem III gilt für die Kosten für die Übertragung der Sache § 448 I.

8 **3. Mängelrecht. a) Rechtsmängel.** Entspr § 435 (dort Rn 2) gilt nicht das Mängelrecht, sondern das allg Leistungsstörungsrecht, wenn der Verkäufer seiner Hauptleistungspflicht nicht nachkommen kann. Dazu gehören beim Rechtskauf die 3 Fälle der **Veritätshaftung**, dass (1) das Recht nicht besteht (Palandt/*Weidenkaff* Rz 19; BaRoth/*Faust* Rz 12; *Eidenmüller* ZGS 02, 290, 292), (2) unübertragbar ist (BaRoth/*Faust* Rz 12) oder (3) einem Dritten gehört (Palandt/*Weidenkaff* Rz 20 a; BaRoth/*Faust* Rz 12; **aA** *Eidenmüller* ZGS 02, 290, 293; zur aF BGH WM 97, 1064, 1065). Die Verjährung tritt daher nach §§ 195 ff, nicht § 438 ein (Erman/*Grunewald* Rz 8; MüKo/*Westermann* Rz 10 Fn 43; **aA** § 438 I Nr 1 a gilt: *Heerstraßen/Reinhard* BB 02, 1429, 1432 ff; **aA** § 438 I Nr 3 gilt: *Wälzholz* DStR 02, 500, 503). Mängelrecht in Form der Rechtsmängelhaftung ist daher nur anwendbar, wenn an dem Käufer übertragenen Recht das Recht eines Dritten besteht, zB das ErbbauR mit einem Grundpfandrecht belastet oder die Forderung verpfändet ist, oder einem Dritten Einwendungen oder Einreden gegen das Recht zustehen, zB bei Forderungen der Schuldner Aufrechnung oder Verjährung erklären kann (so für Forfaitierung von Forderungen BGH ZIP 04, 2384, 2387 „Flowtex"; dazu *Hey* JuS 05, 402 ff; für den regresslosen Forderungskauf *H. Schmidt* ZGS 06, 135, 137).

9 **b) Sachmängel.** Den Grundsätzen des § 434 I, III sind alle Mängel eines Rechts zu unterstellen, die nicht aus Rechten eines Dritten, sondern aus seinem abw Inhalt resultieren (Rn 4; BaRoth/*Faust* Rz 10; MüKo/*Westermann* Rz 14; *Eidenmüller* ZGS 02, 290, 291; unscharf *Brink* WM 03, 1355, 1358 f, der offenbar auch Veritätshaftung § 434 analog unterstellt; **aA** *Grigoleit/Herresthal* JZ 03, 118, 124 f; *Grunewald* NZG 03, 372, 373). Bsp: nicht vertragsgemäße Verzinsung von Forderung oder Grundpfandrecht, technisch nicht umsetzbares Patent (aA Erman/*Grunewald* Rz 17 mwN). Zu Sachmängeln der mit dem Recht belasteten Sache s. Rn 13. Kein Mangel ist bei Fehlen einer vertraglichen Einstandspflicht eine ungenügende Leistungsfähigkeit (Bonität) des Schuldners (BGH ZIP 04, 2384, 2387 zu Forfaitierung von Forderungen „Flowtex"; BaRoth/*Faust* Rz 20; *Eidenmüller* ZGS 02, 290, 293 f; zum regresslosen Forderungskauf *H. Schmidt* ZGS 06, 135 ff).

10 **c) Rechtsfolgen.** Ist Mängelrecht anwendbar, gilt § 437 entspr (*Eidenmüller* ZGS 02, 290, 292).

11 **4. Rechte, die zum Besitz einer Sache berechtigen (Abs 3).** Zum Besitz einer Sache berechtigen **ErbbauR** (§§ 1, 11 ErbbauRG), **Nießbrauch** (§ 1036), **dingliches Wohnrecht** (§§ 1093 I, 1036), nicht aber **Pfandrecht** bei Übertragung als Nebenrecht (§ 401) wegen der reinen Sicherungsfunktion (Staud/*Beckmann* Rz 16; *Eidenmüller* ZGS 02, 290, 291), Forderung als Kaufgegenstand statt der Sache, zB Anspruch auf Auflassung, da der Käufer bewusst nur die Forderung und nicht die Sache kaufte (BaRoth/*Faust* Rz 5; *Eidenmüller* ZGS 02, 290, 291). Ergänzend zu Rn 6–9 gelten: Der Verkäufer schuldet die Übergabe der Sache (Palandt/*Weidenkaff* Rz 14) frei von Sach- und Rechtsmängeln; für Pflichtverletzungen gilt § 437. III ist nicht entspr anwendbar auf Verkauf von Gesellschaftsanteil einer reinen **Grundstücksgesellschaft** (Palandt/*Weidenkaff* Rz 21 a; idR Erman/*Grunewald* Rz 15; teilw **aA** *Eusani* ZflR 04, 509, 514 ff).

12 **5. Einzelfälle. (1.) Forderungen.** (a) Vertragsverhältnis zwischen **Kreditkartenunternehmen** und Vertragspartner des Handels ist kein Forderungskauf, sondern Schuldversprechen (§ 780; Palandt/*Weidenkaff* Rz 4; zur aF BGHZ 150, 286, 290 ff; BGH NJW-RR 04, 481 f). (b) **Rechtsmängel** von Forderungen sind alle Rechte Dritter an der übertragenen Forderung unter Einschluss von Einwendungen und Einreden, die Dritte gegen die Realisierung geltend machen können, zB Aufrechnung (s. Rn 8). (c) **Sachmängel** sind alle Abweichungen des Inhalts der Forderung von den geschuldeten Anforderungen (s. Rn 9). Dazu gehören: Abweichungen in der Höhe, Verzinsung, Fälligkeit, bei Forderungen aus Dauerschuldverhältnissen in der Dauer; ferner in den Bedingungen der Realisierung, zB zusätzliche Voraussetzungen, kürzere Verjährung.

13 **(2.) Rechte an Sachen.** Die entspr Geltung des **Sachmängelrechts** hat besondere Bedeutung. Soweit die Parteien schuldrechtlich Anforderungen an die mit dem Recht belastete Sache vereinbaren, zB Größe der mit dem Wohnrecht belasteten Wohnung, Erträge des mit dem Grundpfandrecht belasteten Miethauses, findet § 434 Anwendung (aA Erman/*Grunewald* Rz 12; *dies* NZG 03, 372, 373).

14 **(3.) Gewerbliche Schutzrechte.** S. Bartenbach/*Bartenbach* MDR 03, 1270 ff; zu **Patenten und Lizenzverträgen** s. *Haedicke* GRUR 04, 123 ff.

15 **(4.) Anteile an Gesellschaften und Gemeinschaften.** (a) **Rechtsmängel** liegen nicht nur in den typischen Rechten Dritter am Anteil, zB Pfandrecht, sondern in allen Rechten der Gesellschaft, Mitgesellschafter und Dritter, die aus einer anderen rechtlichen Situation resultieren als vereinbart, zB Insolvenz, Beschränkung des Stimmrechts, Rechte der Gesellschaft wegen nicht erbrachter Einlage (so *Wälzholz* DStR 02, 500, 501: offen, ob Rechts- oder Sachmangel; **aA** Erman/*Grunewald* Rz 9; *dies* NZG 03, 372, 373), geringere Einlage und deshalb geringere Rechte. (b) **Sachmängelhaftung** kommt in Betracht, wenn wirtschaftliche Bedingungen nicht erfüllt sind, zB geringere Mindestausschüttung als vereinbart. Zur besonderen Haftung, wenn Anteilsverkauf Unternehmensverkauf gleichsteht, s. Rn 29 ff. Für die Gemeinschaft gelten Ausführungen entspr.

C. Sonstige Gegenstände. I. Begriff. Als Folge des umfassenden Geltungsbereichs von § 453 (Rn 1 f) sind **16** sonstige Gegenstände alle Kaufgegenstände, die keine Sachen oder Rechte sind. Sie bestehen aus zwei Gruppen: Unkörperliche, funktional vielfach Sachen ähnliche Vermögenswerte, zB Strom, Software, Know-how, sowie alle Formen von Sachgesamtheiten, va Unternehmen (BTDrs 14/6040, 242), aber auch sonst funktional zusammengehörige Sachen (vgl Staud/*Beckmann* Rz 19 f).

II. Entsprechende Geltung der Vorschriften über den Sachkauf. Entspr Rn 4 ist für jede Gruppe und jeden **17** Vermögenswert individuell zu prüfen, welche Konsequenzen aus dem Grundsatz der entspr Geltung der §§ 433 ff resultieren. Dabei können für die Mängelhaftung die Grundsätze zum Forderungskauf herangezogen werden (Rn 8–10): Die Rechtsmängelhaftung greift außerhalb der Haftung für die Übertragung selbst für Rechte Dritter am übertragenen Kaufgegenstand ein. Aufgrund des sachartigen Charakters dieser Kaufgegenstände kommt das Sachmängelrecht immer zur Anwendung, wenn die Verwendbarkeit des Kaufgegenstands entspr § 434 tangiert ist (s. Rn 4), insb § 434 II, da zB bei Software die Installation oder bei Strom die Erstellung eines Anschlusses als Montagependant mangelhaft sein kann.

III. Unkörperliche Kaufgegenstände. Wichtige **Einzelfälle** sind: (1.) **Strom.** (a) Stromlieferverträge unter- **18** liegen in Aufnahme der Rspr zur aF (vgl BGHZ 23, 175, 177; BGH WM 07, 1227 Rz 14) über § 453 dem Recht des **Sachkaufs** (Palandt/*Weidenkaff* Rz 6; Staud/*Beckmann* Rz 50; *Schöne* Energiewirtschaftliche Tagesfragen 04, 113 mwN). Die besonderen Bezugsbedingungen werden aber regelmäßig Vorrang haben. (b) Zu **Sachmängeln** bei Strom s. *Schöne* aaO, 113 ff, zB bei Großverbrauchern und übernommenen Anschlussleistungen (s. Rn 17).

(2.) **Wärme.** Für Wärmelieferverträge gilt analog aF (BGH NJW 79, 1304, 1305) § 453 (Palandt/*Weidenkaff* **19** Rz 6; Staud/*Beckmann* Rz 52).

(3.) **Software.** (a) 5 Konstellationen des Erwerbs von Software sind zu unterscheiden; ihnen ist gemeinsam, **20** dass es um die Überlassung für immer geht, da anderenfalls nur Miete oder Pacht in Frage kommt (zur aF BGHZ 102, 135, 143). (aa) Der Verkauf von **Standardsoftware auf Datenträger** ist analog dem eines Buchs ein Sachkauf, da wegen des standardisierten Inhalts an die Hardware Datenträger angeknüpft wird (§ 433 Rn 10; LG München CR 08, 416 für Volumenlizenzen; Staud/*Beckmann* Rz 53; zur aF BGH NJW 07, 2394 Rz 15). (bb) Der Verkauf von **Standardsoftware ohne Datenträger**, zB im Internet, ist der von § 453 geregelte Verkauf eines unkörperlichen, nämlich immateriellen Vermögenswerts (Staud/*Beckmann* Rz 53; *Bräutigam/Rücker* CR 06, 361, 364; so für (aa) und (bb) Palandt/*Weidenkaff* § 433 Rz 9; Dauner-Lieb/Konzen/K. Schmidt/*Hoeren*, 515, 516 f mwN). (cc) Soweit **Standardsoftware** beim Erwerber zu integrieren ist, dh ohne nennenswerte Änderungen in ein System einzupflegen ist, liegt ein Kaufvertrag mit Montageverpflichtung vor (§ 434 II 1, s. § 434 Rn 69; **abw:** mit werkvertraglicher Nebenpflicht: Staud/*Beckmann* Rz 53; wohl *Hoeren* aaO, 518 f; **abw:** Werkvertrag: Palandt/*Weidenkaff* § 433 Rz 9; Hamm NJW-RR 92, 953). (dd) Für den Erwerber entwickelte **Individualsoftware** unterliegt Werkvertragsrecht (Palandt/*Weidenkaff* § 433 Rz 9; Staud/*Beckmann* Rz 53 mwN; *Hoeren* aaO, 517; mit abw Begründung *Bräutigam/Rücker* CR 06, 361, 366 ff; zur aF BGH NJW 87, 1259; NJW-RR 99, 347 f). Auch bei Lieferung auf Datenträger steht die werkvertragliche Leistung der Erbringung einer geistigen Leistung nach Vorgaben des Bestellers im Vordergrund (Staud/*Beckmann* aaO); die Rechtslage ist nicht anders als bei der Bestellung eines Gutachtens, das idR auf dem Datenträger Papier geliefert und nicht bloß mündlich vorgetragen wird (zur Geltung der § 631 ff s. mwN Palandt/*Sprau* § 631 Rz 23). (ee) Bei der **Anpassung von Standardsoftware** („Customising") an die Bedürfnisse des Bestellers ist die Rechtslage wie zu (dd) (LG Bonn CR 06, 767 f; Staud/*Beckmann* Rz 53; *Bräutigam/Rücker* CR 06, 361, 365 f). (b) Zu **Mängeln** ist zu erwähnen: (aa) Zu den verschiedenen **Fehlertypen gem § 434 I** inkl Fehlen der Dokumentation bei Standardsoftware s. *Hoeren* aaO, 520 ff; *Taeger* NJW 08, 3325, 3329 f. (bb) Die **fehlerhafte Installation** unterliegt § 434 II 1, die **fehlerhafte Installationsanleitung** § 434 II 2 (*Hoeren* aaO 524), die **fehlende Installationsanleitung** § 434 I (§ 434 Rn 80). (cc) **Nacherfüllung** ist auch bei Standardsoftware von Bedeutung (aA Staud/*Beckmann* Rz 54; *Hoeren* aaO, 527); sie wird zB über Downloads vom Internet (Nachbesserung) oder der Lieferung von Upgrades (Ersatzlieferung) erbracht.

(4.) Wertpapiere. (a) Wertpapiere **im engeren Sinne** sind wegen der Verkörperung des Rechts im Papier ein **21** sonstiger Kaufgegenstand (Staud/*Beckmann* Rz 56; **aA**: primär Rechtskauf: Palandt/*Weidenkaff* Rz 1, 10). Da bei Wertpapieren iwS (**Rektapapiere**) der Rechtserwerb über der Abtretung der Forderung stattfindet, ist ihr Erwerb ein Rechtskauf (Staud/*Beckmann* Rz 57). (b) **Rechtsmängel** sind zB die Unwirksamkeit der verbrieften Verpflichtung, Formungültigkeit oder Erklärung zum Aufgebot (§ 947 II ZPO) (Staud/*Beckmann* Rz 56). (c) Bsp für **Sachmängel** sind eine mangelhafte Beschaffenheit des Papiers, zB Beschädigung (Staud/*Beckmann* Rz 56; MüKo/*Westermann* § 433 Rz 14), oder gem Rn 9 eine unzureichende Verzinsung.

(5.) Als sonstiger **Vermögensgegenstand** können weiter verkauft werden zB **Know-how** (s. mwN Staud/*Beck-* **22** *mann* Rz 47–49), **Internet-Domains, Werbeideen**.

(6.) Entspr Rn 18 ff gelten kaufrechtliche Grundsätze für **Telekommunikationsverträge** wegen der Lieferung **23** von Hard- und Software iVm der Herstellung eines Anschlusses (AG Hamburg 6 C 177/07 v 21.6.07 juris Rz 22 ff für DSL-Anschluss).

24 **IV. Sachverbindungen.** Zu unterscheiden sind:
25 (1.) **Zusammengehörende Gegenstände** wie Komponenten einer HiFi- oder Produktionsanlage, Hard- und Software einer EDV-Anlage können eine **einheitliche Kaufsache** sein mit der Konsequenz, dass teilweise Nicht- oder Schlechterfüllung dem Käufer auch Rechte im Hinblick auf die gesamte Kaufsache gewährt (§ 323 I 5; MüKo/*Westermann* Rz 11; zur aF zum Erwerb von **Hard- und Software** BGH ZIP 87, 788, 792 f; LG Aachen NJW-RR 86, 1246 f).
26 (2.) **Sachgesamtheiten** werden vielfach als Einzelgegenstände behandelt: Bibliothek (Palandt/*Weidenkaff* § 433 Rz 7) oder Hotel mit Zubehör (zur aF BGH NJW 92, 3224, 3225), so dass teilweise Nichterfüllung als Teillieferung angesehen wird, ohne zur Mangelhaftigkeit der gesamten Kaufsache zu führen. Die – im Einzelfall zu prüfende – Vereinbarung der Beschaffenheit des Kaufgegenstands als eine aus näher definierten Teilen bestehende Sachgesamtheit, die Unterstellung der Minderlieferung unter das Mängelrecht (§ 434 III Alt 2) sowie der Entfall der Sonderregelung des § 469 2 aF zu den besonderen Voraussetzungen der Wandlung insgesamt, wenn bei zusammengehörigen Sachen einzelne mangelhaft sind (auf § 469 2 aF berief sich BGH aaO), sprechen dafür, Sachgesamtheiten zur erforderlichen Differenzierung als sonstigen Gegenstand iSd § 453 zu behandeln (Staud/*Beckmann* Rz 58 ff). Für sie gilt daher Rn 25 entspr.
27 **V. Unternehmenskauf. 1. Begriff.** Kennzeichnend für einen Unternehmenskauf ist, dass „nicht nur einzelne Wirtschaftsgüter, sondern ein Inbegriff von Sachen, Rechten und sonstigen Vermögenswerten übertragen werden soll und der Erwerber dadurch in die Lage versetzt wird, das Unternehmen als solches weiterzuführen" (zur aF BGH NJW 02, 1042, 1043 mwN; Staud/*Beckmann* Rz 22). Rechtlich kann ein Unternehmenskauf ein Asset oder Share Deal sein.
28 a) **Asset Deal.** Beim Asset Deal wird das Unternehmen in Form des Verkaufs seiner materiellen und immateriellen Vermögenswerte verkauft. Die Notwendigkeit, schon wegen des sachenrechtlichen Bestimmtheitsgebots die einzelnen Vermögenswerte im Kaufvertrag aufzuführen, zwingt dazu, „auf Grund einer wirtschaftlichen Gesamtbetrachtung" festzustellen, ob Kaufsache nur diese Vermögenswerte oder das Unternehmen insgesamt sind (zur aF BGH NJW 02, 1042, 1043 mwN; ferner NJW 88, 1668, 1669 f; 90, 44, 45). Der Asset Deal ermöglicht auch die Veräußerung von Teilbetrieben, so dass er zur faktischen Ausgliederung außerhalb des UmwG eingesetzt werden kann (vgl Staud/*Beckmann* Rz 23).
29 b) **Share Deal.** Der Anteilskauf ist ein **Rechtskauf**, bei dem sich die Rechts- und Sachmängelhaftung nur auf den Anteil, nicht auf das zugrunde liegende Unternehmen bezieht. Im Grundsatz ist allerdings anerkannt, dass er einem Unternehmenskauf gem Rn 28 gleichstehen kann. Die Voraussetzungen dafür sind hochstr. Die Rspr bejaht einen Unternehmenskauf bei Veräußerung aller (Köln DB 09, 2259, 2260 – nicht rechtskr; zur aF RG 98, 289, 291 f; BGHZ 138, 195, 204 f; BGH NJW 69, 184; WM 84, 936, 937) oder fast aller Anteile (BGH WM 70, 819, 820 f; NJW 80, 2408, 2409; ebenso BaRoth/*Faust* Rz 32; in die Richtung MüKo/*Westermann* Rz 24: 95% bei AG wegen Möglichkeit zu Squeeze Out); nicht ausreichend sollen sein der Verkauf von 60% (BGH NJW 80, 2408, 2409), 49% (BGHZ 65, 246, 250) oder 40% (BGH NJW 01, 2163, 2164). Entgegen dieser restriktiven Meinung sollte die Gleichstellung ausgedehnt werden auf den Erwerb der satzungsändernden (Staud/*Beckmann* Rz 33; *Weitnauer* NJW 02, 2511, 2515; zur aF München DB 98, 1321) und darüber hinaus auf den Erwerb der Mehrheit, die dem Käufer die unternehmerische Leitung ermöglicht (*Schröcker* ZGR 05, 63, 68 f; *Triebel/Hölzle* BB 02, 521, 524; *Thiessen* 207–210), zB über Weisungsrecht oder die Besetzung der Geschäftsführungsorgane bzw der Organe, die diese bestellen; bei GmbH und AG reicht daher jeweils die einfache Mehrheit, soweit nicht die Satzung höhere Quoren vorsieht. Da entscheidend das Ergebnis des Mehrheitserwerbs ist, sind auch beim Käufer vorhandene Anteile zu berücksichtigen (**aA** MüKo/*Westermann* Rz 24; zur aF Naumbg NJW-RR 95, 795, 796). Der Verkäufer wird damit nicht unbillig belastet, da er im Zweifel die Erlangung der Leitungsmacht durch den Käufer „einpreisen" wird.
30 2. **Mängelrecht. a) Formen des Mangels.** Zu unterscheiden ist zwischen Mängeln einzelner Vermögensgegenstände und des Unternehmens insgesamt.
31 aa) **Einzelne Vermögensgegenstände.** Die Zielrichtung von Asset und Share Deal auf die Veräußerung des Unternehmens führt zur Frage, wie sich Rechts- oder Sachmängel einzelner Vermögensgegenstände auswirken: Beim Asset Deal geht es darum, ob sie für sich betrachtet Mängelansprüche auslösen oder nur, wenn sie den Wert des Unternehmens als solchen beeinträchtigen. Beim Share Deal eröffnet dessen Gleichstellung mit einem Asset Deal erst die Möglichkeit, Mängel von Vermögensgegenständen des Unternehmens zu berücksichtigen. Da § 453 die bisherige getrennte Behandlung von Asset und Share Deal beendet hat, ist die Frage einheitlich nach dem **Grundsatz der Unternehmensbezogenheit** zu entscheiden (Palandt/*Weidenkaff* Rz 7; Staud/*Beckmann* Rz 25, 33; *Wolf/Kaiser* DB 02, 411 ff).
32 (1.) **Sachmangel** Für Sachmängel einzelner Gegenstände kommt es darauf an, ob das Unternehmen als solches durch sie mangelhaft wird (Köln DB 09, 2259, 2260 – nicht rechtskr; BaRoth/*Faust* Rz 27; *Schröcker* ZGR 05, 63, 79; diff *Thiessen* 203 f; zur aF BGH NJW 69, 184; 79, 33). Str ist der Maßstab: Richtigerweise entscheidet, ob das Unternehmen mehr als unerheblich im Wert gemindert wird (Erman/*Grunewald* § 434 Rz 43; BaRoth/*Faust* Rz 27; Staud/*Beckmann* Rz 26). Dabei ist darauf abzustellen, in welchem Umfang ein

objektiver Käufer mit solchen Mängeln zu rechnen hat. Die strengere Rspr, dass die Mängel den Betrieb beeinträchtigen (Köln aaO; zur aF RG 98, 289, 292) oder gar die wirtschaftliche Grundlage erschüttern müssen (zur aF BGH WM 70, 819, 821; in die Richtung NJW 77, 33), kann nicht begründen, warum für Unternehmen als einen von mehreren Kaufgegenständen des § 453 die Schwelle für die Mangelhaftigkeit derart über § 434 hinausgehen soll. Die Berücksichtigung jedes Einzelmangels ignoriert dagegen, dass Kaufsache das Unternehmen, nicht die Einzelgegenstände sind.

(2.) *Rechtsmangel* Rn 32 gilt entspr für Rechtsmängel einzelner Vermögenswerte des Unternehmens, die daher nur bei mehr als unerheblichen Auswirkungen auf das Unternehmen insgesamt zu einem Sachmangel des Unternehmens führen (BaRoth/*Faust* Rz 28; zur aF BGH NJW 69, 184; **abw** *Thiessen* 219 f; **aA**: Sachmangel des Unternehmens und Rechtsmangel des Vermögenswerts BGH NJW 70, 556 f; WM 75, 1166; unklar WM 84, 936, 938; **aA** nur Rechtsmangel des Vermögenswerts Erman/*Grunewald* § 435 Rz 14). 33

bb) Das Unternehmen insgesamt. *(1.) Sachmangel* Wesentliche Anforderungen an die Beschaffenheit des Unternehmens wie einzelne Umsatzdaten oder zukünftige Erträge (s. § 434 Rn 23–25) unterlagen nach der Rspr zur aF nicht dem Mängelrecht (Fehler: § 459 I 1, zugesicherte Eigenschaft § 459 II). Nach dem hier vertretenen weiten Beschaffenheitsbegriff gehören alle Anforderungen an das Unternehmen, auch an seine Vergangenheit, zB Umsätze in einem Vorjahr, Zukunft, zB zukünftige Erträge, oder über den Bestand von Verbindlichkeiten zur Beschaffenheit und können daher gem § 434 I 1 vereinbart oder gem § 443 I garantiert werden (ebenso Staud/*Beckmann* Rz 30 f; s. § 434 Rn 16–25). Die Regeln der **cic** finden wegen der Sperrwirkung des Mängelrechts bei Fahrlässigkeit des Verkäufers keine Anwendung mehr (Köln DB 09, 2259, 2261 – nicht rechtskr; s. § 437 Rn 72). 34

(2.) *Rechtsmangel* Das Unternehmen selbst weist einen Rechtsmangel auf, wenn es als Einheit aus rechtlichen Gründen in der Fortführung behindert ist, zB wenn es verpfändet ist oder einer zu einem Rechtsmangel führenden öffentlich-rechtlichen Beschränkung unterliegt (BaRoth/*Faust* Rz 28; allg s. § 435 Rn 15–18). 35

b) Rechtsfolgen. Dem Käufer stehen alle **Mängelrechte** des § 437 zu, inkl der Nacherfüllung und ihres Vorrangs (Köln DB 09, 2259, 2262 – nicht rechtskr), des Rücktrittsrechts (*Schröcker* ZGR 05, 83 ff mwN auch der **aA**, auch zu den Grenzen). 36

c) Verjährung. Zum Beginn s. § 438 Rn 20. Da sich alle Sach- und Rechtsmängel einzelner Vermögenswerte rechtlich nur als Sachmängel des Kaufgegenstands Unternehmens auswirken, gilt für die kaufrechtliche Regelverjährung von 2 Jahren (§ 438 I Nr 3) (Köln DB 09, 2259, 2261 – nicht rechtskr; im Grundsatz Erman/*Grunewald* Rz 24; MüKo/*Westermann* Rz 56; Gaul ZHR 166 (2002), 35, 66 f; *Wälzholz* DStR 02, 500, 503; *Wunderlich* WM 02, 981, 988; **aA**: analog § 634a I Nr 3 Geltung der §§ 195 ff; *Canaris* Schuldrechtsmodernisierung S. XXIX; **aA**: 5-Jahresfrist des § 438 I Nr 2a) Haas/Medicus/Rolland/Schäfer/Wendtland/*Haas* Kap 5 Rz 554), und zwar auch für isoliert betrachtet später verjährende Mängel zB an Gebäuden (§ 438 I Nr 2) (Köln aaO; *Thiessen* 274–278; **aA** Erman/*Grunewald* Rz 24; teilw MüKo/*Westermann* Rz 56). Rechtsmängel des Unternehmens insgesamt (Rn 32) unterliegen wie alle Rechtsmängel (§ 438 Rn 19) ebenfalls dieser Verjährung. 37

3. Einzelfälle. (1.) Beim Verkauf einer **freiberuflichen Praxis** (BTDrs 14/6040, 242) können die Daten von Patienten/Mandanten nur mit deren Einwilligung übertragen werden (BGHZ 116, 268, 272 ff), auch bei Übergabe der Akten (BGH NJW 96, 2087, 2088). 38

(2.) Den Verkäufer trifft von Gesetzes wegen ein **Wettbewerbsverbot**, dessen Grenzen sich danach bemessen, dass der Käufer den erworbenen Kundenstamm an sich binden kann (s. mwN Staud/*Beckmann* Rz 37 ff; zu den Grenzen s. Naumbg DB 05, 2297). 39

Untertitel 2   Besondere Arten des Kaufs

Kapitel 1   Kauf auf Probe

§ 454 Zustandekommen des Kaufvertrags. (1) ¹Bei einem Kauf auf Probe oder auf Besichtigung steht die Billigung des gekauften Gegenstandes im Belieben des Käufers. ²Der Kauf ist im Zweifel unter der aufschiebenden Bedingung der Billigung geschlossen.
(2) Der Verkäufer ist verpflichtet, dem Käufer die Untersuchung des Gegenstandes zu gestatten.

A. Grundsätzliches. I. Anwendungsbereich. § 454 gilt für alle Kaufverträge einschl Verbrauchsgüterkauf. 1

II. Schuldrechtsmodernisierung. Die Norm übernimmt § 495 aF. 2

III. Beweislast. Der **Verkäufer** trägt die Beweislast für den Abschluss des Kaufvertrags, die Übergabe der Kaufsache (Bambg NJW 87, 1644), die Billigung bei Vereinbarung als aufschiebender Bedingung (Bambg aaO; Erman/*Grunewald* Rz 8; Staud/*Mader* Rz 14), der **Käufer** bei Vereinbarung als auflösender Bedingung (wohl **aA** Zitate aaO). 3

B. Voraussetzungen (Abs 1). I. Bedingung. Nach der Auslegungsregel von I 1 ist die Billigung „im Zweifel" aufschiebende Bedingung (§ 158 I). Die Missbilligung als auflösende Bedingung (§ 158 II) kommt bes bei vorheriger Zahlung des Kaufpreises in Betracht (Palandt/*Weidenkaff* Rz 8; **abw**: kein Kauf auf Probe Erman/ *Grunewald* Rz 3).

II. Billigung. Die Billigung steht im freien Belieben des Käufers. Sie kann daher trotz Vertragsgemäßheit der Kaufsache verweigert werden (RG 137, 297, 298; Erman/*Grunewald* Rz 4). § 162 gilt zu Lasten des Käufers nicht (Erman/*Grunewald* Rz 6; **abw** Staud/*Mader* Rz 25). Es handelt sich um eine Potestativbedingung als echte Bedingung iSd § 158 (Palandt/*Weidenkaff* Rz 9). Abzugeben ist die Billigung als Willenserklärung ggü dem Verkäufer (RG 137, 297, 299 f; LG Regensburg NJW 89, 398 f). Sie bedarf keiner Begründung.

III. Abgrenzung. Das Kernproblem von § 454 liegt in der Feststellung, wann die Parteien einen Kauf auf Probe oder etwas anderes vereinbaren wollten, zB einen Erprobungskauf. Da der Kauf auf Probe angesichts der völligen Freiheit des Käufers zur Billigung auf eine einseitige Bindung des Verkäufers hinausläuft, ist bei seiner Annahme „Zurückhaltung geboten" (Erman/*Grunewald* Rz 3). Deshalb ist im Einzelfall zu prüfen, ob die Parteien den Käufer nicht stärker binden wollten. **Bsp:**

(1.) **Kauf auf Probe**: Katalogware im Versandhandel mit Rücksendungsrecht binnen 2 Wochen (BGH NJW-RR 04, 1058; Bambg NJW 97, 1644); Rücksenderecht (Loseblattsammlung AG Delmenhorst NJW-RR 94, 823); „Testkoffer" (Köln NJW-RR 96, 499, 500); „unter Vorbehalt der Musterkonvenienz" (Apfelwein RG 137, 297, 298 f); „auf Gutbefund der ersten Ladung" (Apfelsaftkonzentrat Hamm BB 95, 1925; Mischer, der für Käufer angepasst werden musste Ddorf BB 73, 1372); Entscheidung durch Käufer erst nach Besichtigung (Möbelgarnitur KG NJW 74, 1954; krit Erman/*Grunewald* Rz 3); Erstellung eines Ölgemäldes mit Bezahlung „nur bei Gefallen" (LG Regensburg NJW 89, 398 f);

(2.) **Kauf unter „Ankaufsuntersuchung"**: aufschiebend bedingter Kauf mit Bedingungseintritt, wenn nach dem Untersuchungsergebnis Billigung durch Käufer erwartet werden kann (Pferdekauf: Köln NJW-RR 95, 113 f; Frankf 16 U 66/06 v 4.9.06 Rz 2); „Kauf auf Feldprobe", dass Maschine ordnungsgemäß ist und unter Betriebsbedingungen funktioniert (München NJW 68, 109; Schlesw NJW-RR 00, 1656 mit falscher Qualifizierung als besondere Form des Kaufs auf Probe); Billigung einer EDV-Anlage für Eignung zur käuferspezifischen Adressenverwaltung (Celle CR 91, 219, 220); das Ergebnis der Untersuchung/Probe ist nicht ohne weiteres als Beschaffenheit iSd § 434 I 1 vereinbart (Frankf aaO Rz 24);

(3.) **Erprobungskauf**: Kauf unter der auflösenden Bedingung, dass Kaufsache für konkreten Zweck nicht geeignet ist (Maschinen BGH WM 70, 877, 878: kein Kauf auf Probe);

(4.) **Kauf mit Umtauschvorbehalt**: Rücknahme mangelhafter gegen Lieferung mangelfreier Sache (Pferdekauf Augsburg JW 29, 3315 f; s. Palandt/*Weidenkaff* Rz 4; Staud/*Mader* Rz 10): Kaufvertrag ist unbedingt geschlossen, Käufer hat auf Recht zum Umtausch unter geregelten Voraussetzungen;

(5.) **bindendes Angebot** des Verkäufers verbunden mit **Besichtigungsrecht** des Käufers: (Holz RG 104, 275, 276 f mit unklarer Abgrenzung)

C. Rechtsfolgen (Abs 2). (1.) Der **Untersuchungsanspruch** (II) ist eingeführt, weil der Käufer bei aufschiebender Bedingung kein Recht auf Zugang zur Kaufsache hätte. Er begründet selbständiges, auch klagbares Recht des Käufers auf Lieferung vertragsgemäßer Ware zur Untersuchung (RG 93, 254, 255; Hamm BB 95, 1925; Palandt/*Weidenkaff* Rz 11; **aA** Erman/*Grunewald* Rz 6; offenbar RG 94, 285, 287 f). Der Verkäufer kann nicht einwenden, der Käufer hätte die Sache ohnehin nicht gebilligt (Hamm aaO 1926).

(2.) **Gefahrübergang** (BGH NJW-RR 04, 1058, 1059; BaRoth/*Faust* § 446 Rz 9) und Beginn der **Verjährungsfrist** (BaRoth/*Faust* Rz 8) finden bei aufschiebender Bedingung abw zu §§ 446, 447 erst mit **Billigung** statt.

(3.) Die **Kosten** der Besichtigung und Aufbewahrung trägt der Käufer.

(4.) Bei ausbleibender **Billigung** hat der Verkäufer keinen Anspruch auf **Nutzungsvergütung** (Schlesw NJW-RR 00, 1656), soweit die Nutzung vertragsgemäß ist.

(5.) **Widerrufsrechte** (§ 355) bestehen neben Billigung, ab der die Frist für den Widerruf beginnt (zu § 312d BGH NJW-RR 04, 1058 LS, 1059).

(6.) **Pflichtverletzungen** des Käufers bei Aufbewahrung und Rückgabe unterliegen § 280 I (Palandt/*Weidenkaff* Rz 13) mit **Verjährung** analog § 548 (BGH NJW 92, 2413, 2414 f; krit MüKo/*Westermann* Rz 7 mwN).

§ 455 Billigungsfrist.

¹Die Billigung eines auf Probe oder auf Besichtigung gekauften Gegenstandes kann nur innerhalb der vereinbarten Frist und in Ermangelung einer solchen nur bis zum Ablauf einer dem Käufer von dem Verkäufer bestimmten angemessenen Frist erklärt werden. ²War die Sache dem Käufer zum Zwecke der Probe oder der Besichtigung übergeben, so gilt sein Schweigen als Billigung.

A. Zweck, Schuldrechtsmodernisierung. § 455 soll in Übernahme von § 496 aF Schwebezeit für den Verkäufer begrenzen, der durch Kauf auf Probe einseitig gebunden ist (s. § 454 Rn 6; MüKo/*Westermann* Rz 1).

B. Fristsetzung (Abs 1 S 1). (1.) Die Norm gilt für Fristen zur Billigung (aufschiebende Bedingung) und Missbilligung (auflösende Bedingung) (§ 454 Rn 4; Palandt/*Weidenkaff* Rz 1). Die Frist muss ausdrücklich oder kon-

kludent, zB als Erprobungsfrist (MüKo/*Westermann* Rz 1), für diese Erklärung gesetzt werden. Für verfristete Billigung gilt § 150 I, für Anträge auf Fristverlängerung § 150 II. Fruchtloser Fristablauf führt endgültig bei Billigung zum Ausfall der aufschiebenden, bei Missbilligung zum Eintritt der auflösenden Bedingung.
(2.) 1 Alt 1 enthält die Selbstverständlichkeit, dass der Käufer an eine vereinbarte Frist gebunden ist. 3
(3.) Das Recht des Verkäufers in 2 Alt 2, dem Käufer eine **angemessene Frist** zu setzen, ist der eigentliche 4
Inhalt. Statt einer unangemessenen gilt eine angemessene Frist (BaRoth/*Faust* Rz 2: §§ 281, 323; MüKo/*Westermann* Rz 1). Angemessen ist Frist, die dem Käufer eine ausreichende Zeit zur Untersuchung der Kaufsache gewährt (MüKo/*Westermann* Rz 2).

C. Billigungsfiktion (S 2). Nach Übergabe der Sache gilt Schweigen des Käufers als Billigung mit der Konse- 5
quenz, dass aufschiebende Bedingung eintritt. Übergabe muss zur Erprobung, nicht zu anderen Zwecken wie Lagerung erfolgt sein (MüKo/*Westermann* Rz 3; Staud/*Mader* Rz 7; **aA** Erman/*Grunewald* Rz 3). Der Zweck der Norm, den Käufer bei in der Lieferung liegender Vorleistung des Verkäufers zu aktivem Tun anzuhalten, will er Wirksamkeit des Kaufvertrags verhindern, verbietet Anwendung auf die bloße Lieferung von Probe oder Muster (RG 137, 297, 299 f; BaRoth/*Faust* Rz 3; MüKo/*Westermann* Rz 3; **aA** Palandt/*Weidenkaff* Rz 2, der sich zu Unrecht auf RG aaO beruft). Die Bitte des Käufers um Fristverlängerung schließt Schweigen aus, da sie Möglichkeit der späteren Missbilligung impliziert (MüKo/*Westermann* Rz 4; **aA** BaRoth/*Faust* Rz 5; Staud/*Mader* Rz 6).

Kapitel 2 Wiederkauf

§ 456 Zustandekommen des Wiederkaufs. (1) ¹Hat sich der Verkäufer in dem Kaufvertrag das Recht des Wiederkaufs vorbehalten, so kommt der Wiederkauf mit der Erklärung des Verkäufers gegenüber dem Käufer, dass er das Wiederkaufsrecht ausübe, zustande. ²Die Erklärung bedarf nicht der für den Kaufvertrag bestimmten Form.
(2) Der Preis, zu welchem verkauft worden ist, gilt im Zweifel auch für den Wiederkauf.

A. Grundsätzliches. I. Bedeutung. Der Wiederkauf dient sehr verschiedenen Zwecken. Er kann pfandähnli- 1
che Funktion haben, ein Rücktrittsrecht ersetzen oder va bei Grundstücksverkäufen der öffentlichen Hand Nutzungs- und Veräußerungsbeschränkungen sichern (zB BGH WM 78, 192; NJW 94, 3299; 01, 284).

II. Anwendungsbereich. Ein Wiederkauf kann für alle Kaufverträge über alle Kaufgegenstände vereinbart 2
werden. Seine gewerbsmäßige Vereinbarung ist nach § 34 IV GewO als pfandleihartiges Geschäft verboten, so dass §§ 456 ff nur auf nicht gewerbsmäßige Wiederkäufe anwendbar sind (BGHZ 110, 183, 194 f; Palandt/*Weidenkaff* Rz 2). Ein gesetzliches Wiederkaufsrecht enthalten §§ 20, 21 RSiedlG.

III. Schuldrechtsmodernisierung. § 456 stimmt wörtlich mit § 497 aF überein. 3

IV. Begriff, Rechtsnatur. Wiederkauf ist die Vereinbarung, dass der Verkäufer den Rückkauf durch einseitige 4
Erklärung zustande bringen kann. Der Streit um die vom Gesetzgeber nicht entschiedene Rechtsnatur (Motive II, 340) ist ohne praktische Auswirkungen (vgl BGH NJW 00, 1332; BaRoth/*Faust* Rz 4): Der Wiederkauf kommt entweder durch Eintritt der aufschiebenden Bedingung der Ausübung (BGHZ 38, 369, 371 f) oder eines Gestaltungsrechts (MüKo/*Westermann* Rz 4) oder in Form einer Kombination zustande, dass die aufschiebende Bedingung mit Ausübung eines Gestaltungsrechts eintritt (BGHZ 29, 107, 109 f; 58, 78, 81; BGH NJW 01, 284, 285; Staud/*Mader* Vorbem zu Rz 7; *Stoppel* JZ 07, 218, 220 f).

V. Abgrenzung. 1. Wiederverkauf. Aktuelle Darstellungen: *Stoppel* JZ 07, 218 ff; *Ulbrich* MDR 07, 1261 ff. 5
Der gesetzlich bewusst nicht geregelte (BGHZ 110, 183, 191; BGH NJW 02, 506) Wiederverkauf betrifft die zum Wiederkauf umgekehrte Konstellation, dass der **Käufer** den Rückkauf durch den Verkäufer mit einseitiger Erklärung zustande bringen kann (vgl BGHZ 140, 218, 220; BGH NJW 84, 1568, 2569). Er wird vereinbart (s. insges *Stoppel* aaO 219 f; *Ulbrich* aaO 1261 f) (1.) iRv finanzierten (zB BGH NJW 84, 2568) und auf Leasing basierenden (zB BGHZ 110, 183; Rostock OLGR 05, 890) Käufen zur Überwälzung des Ausfallrisikos auf den Verkäufer oder (2.) mit der Funktion eines Rückgaberechts des Käufers, wenn der Verkäufer das Absatzrisiko tragen soll (Remissionsrecht) (zB BGH NJW 02, 506; für Eigenhändlervertrag BGH NJW 72, 1191; WM 06, 875 ff); zum Wiederverkauf bei Baubetreuung s. BGH NJW 94, 1653. Die Vereinbarung des Wiederverkaufs unterliegt § 311b (*Stoppel* aaO 222). Der Wiederverkauf kommt analog I 1 durch nicht formgebundene Ausübungserklärung des Käufers zustande. Ansonsten ist wegen der umgekehrten Interessenlage das Recht des Wiederkaufs nur eingeschränkt anwendbar (vgl BGHZ 110, 183, 192 f; BGH NJW 72, 1191, 1192; Rostock OLGR 05, 890; *Stoppel* aaO 221 f; grds weiter *Ulbrich* aaO 1261, 1262 f), so I 2 (RG 126, 308, 312 f), II (Palandt/*Weidenkaff* Rz 13), § 457 I (RG 126, 308, 315 f; *Ulbrich* aaO 1263), § 458 (BaRoth/*Faust* § 458 Rz 4; *Ulbrich* aaO 1263; **aA** MüKo/*Westermann* § 458 Rz 3; Staud/*Mader* § 458 Rz 5), § 459 (wohl Erman/*Grunewald* Rz 6; **aA** BaRoth/*Faust* § 459 Rz 6; für s. 1 *Ulbrich* 1263) und §§ 460–462 (Erman/*Grune-*

wald Rz 6; BaRoth/*Faust* § 460 Rz 7, § 461 Rz 8, § 462 Rz 4; differenziert Staud/*Mader* Vorbem zu §§ 456 ff Rz 14; *Ulbrich* 1263 f: nicht § 461 2), nicht aber § 457 II als nicht passende Haftungsprivilegierung (BGHZ 140, 218, 222; BGH NJW 72, 1191, 1192 f; BaRoth/*Faust* Rz 15; ausf *Stoppel* JZ 07, 218, 225 ff: Rücktrittsfolgenrecht gilt; *Ulbrich* aaO 1263; für s. 2 BGHZ 110, 183, 192 f; **aA** Frankf NJW 98, 1329, 1331; *Vollkommer/ Heinemann* JZ 00, 50, 52 f; für s. 2 RG 126, 308, 315 f). Ausschluss der Verpflichtung zur Besitz- und Eigentumsverschaffung ist formularmäßig unwirksam (Rostock OLGR 05, 890 f mwN).

6   **2. Rückkauf.** Der Verkäufer ist wie beim Wiederverkauf zum Rückkauf verpflichtet, allerdings muss der Rückkaufvertrag auf Forderung des Käufers noch separat geschlossen werden, I 1 gilt also nicht (BGHZ 140, 218, 220 f; abw Terminologie in BGH NJW-RR 91, 526: Ausübung durch Verkäufer).

7   **3. Rücktritt.** Die Rückgabe des Kaufgegenstands als Ergebnis eines Wieder(ver)kaufs kann auch über Vereinbarung eines Rücktrittsrechts erreicht werden. Gewollt wird dies nur dann sein, wenn über die Vereinbarung des Wieder(ver)kaufs hinaus die typischen Rücktrittsfolgen wie Nutzungsersatz eintreten sollen (*Ulbrich* MDR 07, 1261).

8   **B. Zustandekommen des Wiederkaufs (Abs 1). I. Vereinbarung.** Der Wiederkauf kann separat zum Kaufvertrag vereinbart werden (RG 126, 308, 311; BGH NJW 51, 517; 00, 1332). Dann gilt bei Grundstücken § 311b I (BGH NJW 73, 37; ausf auch zur Heilung Erman/*Grunewald* Rz 7), auch für bloße Verlängerungen der Ausübungsfrist (BGH NJW 96, 452; **abw** für den Einzelfall NJW 73, 37 f). Er kann an weitere Bedingungen geknüpft werden, zB dass Käufer die Kaufsache an einen Dritten veräußert (BGH NJW 94, 3299). Das **Recht auf Wiederkauf** ist übertragbar (BGH NJW 03, 1858, 1859; NJW-RR 91, 526, 527) und damit (ver)pfändbar (Palandt/*Weidenkaff* Rz 11) sowie vererblich (BaRoth/*Faust* Rz 10; Staud/*Mader* Rz 9); der davon zu unterscheidende bedingte Anspruch auf Rückauflassung (BayObLG NJW-RR 96, 1209, 1210) kann durch Vormerkung gesichert werden (§ 883 I 2; BGHZ 58, 78, 82; BGH NJW 94, 3299; BayObLG aaO).

9   **II. Ausübung.** Die formfreie (I 2; auch ggü § 311b I: BGHZ 140, 218, 220 mwN; Palandt/*Weidenkaff* Rz 10; MüKo/*Westermann* Rz 10; **aA** Staud/*Mader* Rz 18 mwN; auch ggü gemeinderechtlichen Formerfordernissen: BGHZ 29, 107, 111 f) Erklärung der Ausübung ist eine einseitige, empfangsbedürftige, unwiderrufliche (BGHZ 29, 107, 110) Willenserklärung, die mit Ausn von Rechtsbedingungen (Palandt/*Weidenkaff* Rz 10; vgl RG 97, 269, 272 f) bedingungsfeindlich ist (BaRoth/*Faust* Rz 11; **aA** Erman/*Grunewald* Rz 10). Sie muss keine Erklärung zum Wiederkaufpreis enthalten (BGH NJW 51, 517; LM § 497 BGB Nr 2; MüKo/*Westermann* Rz 10). Nach I 1 steht Ausübung im Belieben des Verkäufers; sie kann vorbehaltlich besonderer Interessen des Käufers auf Teilleistung beschränkt werden (BGH WM 78, 192, 193; Ddorf NJW-RR 95, 522 f; krit Staud/*Mader* Rz 15). Mit Ausübung wird der Wiederkauf wirksam. Bedarf die Vereinbarung des Wiederkaufs der zB behördlichen Genehmigung, tritt die Wirksamkeit rückwirkend auf den Zeitpunkt der Ausübung mit deren Erteilung ein (BGH NJW 51, 517 f). Aufhebung oder sonstiges Ende des Wiederkaufs, zB durch Rücktritt, führt zum Wiederaufleben des Kaufvertrags (BGH NJW 00, 1332 f; Palandt/*Weidenkaff* Rz 12).

10 **C. Wiederkaufpreis (Abs 2).** Da der Kaufpreis für den Wiederkauf nur „im Zweifel" gilt (Auslegungsregel), kann der Wiederkaufpreis frei vereinbart werden (Palandt/*Weidenkaff* Rz 13; BaRoth/*Faust* Rz 3); speziell bei pfandartiger Funktion werden regelmäßig die Nutzungsvorteile abgezinst. Angesichts der möglichen sehr langen Fristen für die Ausübung des Wiederkaufs (s. § 462) kann Anpassung nach den Regeln des **Wegfalls der Geschäftsgrundlage** in Betracht kommen (Karlsr NJW-RR 92, 18, 20; Palandt/*Weidenkaff* Rz 13).

§ 457 Haftung des Wiederverkäufers.

(1) Der Wiederverkäufer ist verpflichtet, dem Wiederkäufer den gekauften Gegenstand nebst Zubehör herauszugeben.
(2) ¹Hat der Wiederverkäufer vor der Ausübung des Wiederkaufsrechts eine Verschlechterung, den Untergang oder eine aus einem anderen Grund eingetretene Unmöglichkeit der Herausgabe des gekauften Gegenstandes verschuldet oder den Gegenstand wesentlich verändert, so ist er für den daraus entstehenden Schaden verantwortlich. ²Ist der Gegenstand ohne Verschulden des Wiederverkäufers verschlechtert oder ist er nur unwesentlich verändert, so kann der Wiederkäufer Minderung des Kaufpreises nicht verlangen.

1   **A. Zweck, Schuldrechtsmodernisierung.** Die Norm enthält **abschließende Sonderregelung** für Wiederkauf, va in II ggü §§ 434 ff. Sie ist wortgleich mit § 498 aF.

2   **B. Herausgabepflicht (Abs 1).** Ratio legis ist abschließende Konkretisierung der Pflicht aus § 433 I 1 als Rechtsfolge des Wiederkaufs. Der herauszugebende „gekaufte Gegenstand" umfasst auch vom Wiederverkäufer gekauftes **Zubehör**, das zwischenzeitlich diese Eigenschaft verloren hat (Erman/*Grunewald* Rz 2), und alles später vom Wiederverkäufer hinzugefügte Zubehör (Palandt/*Weidenkaff* Rz 2), vorbehaltlich § 459 (vgl BaRoth/*Faust* Rz 4). Erfüllung kann über § 931 geschehen, wenn sich aus Kaufvertrag Besitzrecht eines Dritten ergibt (vgl *Schulze-Schröder* NJW 03, 3031 ff; zu weit: „idR" Palandt/*Weidenkaff* Rz 2; **aA** BGH NJW 03,

2607, 2608). Da nur herauszugeben ist, gilt Hauptleistungspflicht der Mangelfreiheit nicht (BaRoth/*Faust* Rz 3; MüKo/*Westermann* Rz 4). Die Herausgabe erfolgt Zug um Zug gegen Zahlung des Wiederkaufpreises. **Nutzungen** sind nicht herauszugeben.

C. Haftung (Abs 2). Die Haftungsbeschränkung von II schließt bis **zur Ausübung des Wiederkaufsrechts** 3 das Mängelrecht der §§ 434 ff aus (RG 126, 308, 313 f; Frankf NJW 88, 1329, 1331; Palandt/*Weidenkaff* Rz 3). Danach gelten die allg Bestimmungen (Palandt/*Weidenkaff* Rz 6; Erman/*Grunewald* Rz 3). Zur Anwendung auf Wiederverkauf und Rückkauf s. § 456 Rn 5 f.

I. Auf Schadensersatz (Abs 2 S 1). Bei Verschlechterung, **Untergang** (§ 346 II 1 Nr 3) und **Unmöglichkeit** 4 aus anderem Grund (§ 275), zB wegen Herausgabe an einen Dritten, haftet der Wiederverkäufer bei **Verschulden** auf Schadensersatz. Da der Wiederverkäufer zur Nutzung berechtigt ist, liegt Verletzung der erforderlichen Sorgfalt nur bei unsachgemäßem Gebrauch vor (Palandt/*Weidenkaff* Rz 5; BaRoth/*Faust* Rz 8 m Bsp), nicht bei normalen Folgen der Nutzung wie Abnutzung. Bei unverschuldetem(r) Untergang und Unmöglichkeit gelten §§ 275, 326 (Karlsr MDR 98, 93, 94; BaRoth/*Faust* Rz 12; Staud/*Mader* Rz 7). Für wesentliche Veränderung wird **verschuldensunabhängig** gehaftet (so RG 126, 308, 314; Palandt/*Weidenkaff* Rz 4; Staud/*Mader* Rz 7; **aA** Erman/*Grunewald* Rz 5), iÜ dürfte sie regelmäßig verschuldet sein.

II. Auf Minderung (Abs 2 S 2). Bei Verschlechterung ohne Verschulden und einer nur unwesentlichen Ver- 5 änderung ist Anspruch auf Minderung ausdrücklich ausgeschlossen. Daraus resultiert auch ein Ausschluss jeder sonstigen Haftung, bes auf Schadensersatz (RG 126, 308, 314; BaRoth/*Faust* Rz 10).

§ 458 Beseitigung von Rechten Dritter.
¹Hat der Wiederverkäufer vor der Ausübung des Wiederkaufsrechts über den gekauften Gegenstand verfügt, so ist er verpflichtet, die dadurch begründeten Rechte Dritter zu beseitigen. ²Einer Verfügung des Wiederverkäufers steht eine Verfügung gleich, die im Wege der Zwangsvollstreckung oder der Arrestvollziehung oder durch den Insolvenzverwalter erfolgt.

A. Zweck, Schuldrechtsmodernisierung, Anwendungsbereich. Die Norm regelt die Verpflichtung des Wie- 1 derverkäufers zur Beseitigung von Belastungen. Sie übernimmt § 499 aF wörtlich. Zum Wiederverkauf und Rückkauf s. § 456 Rn 5 f.

B. Verfügungen. Dazu gehören alle Verfügungen des Wiederverkäufers, bes Belastungen, einschl Veräuße- 2 rungen, für die § 457 II daher keine lex specialis ist (Arg: allg Regelung der Unmöglichkeit dort reicht für abschließenden Charakter nicht: BGH NJW 75, 205, 206; BaRoth/*Faust* Rz 2; Staud/*Mader* Rz 2; **aA** Palandt/*Weidenkaff* Rz 2; Erman/*Grunewald* Rz 1), sowie die Verfügungen gem 2. Sie sind aufgrund der nur schuldrechtlichen Wirkung des Wiederkaufsrechts grds möglich (MüKo/*Westermann* Rz 1). Der Normzweck gebietet Ausdehnung auf alle Maßnahmen des Wiederverkäufers, die zu obligatorischen Besitzrechten Dritter (BaRoth/*Faust* Rz 2; Staud/*Mader* Rz 2), zB Vermietung, oder öffentlich-rechtlichen Belastungen (Erman/*Grunewald* Rz 1; BaRoth/*Faust* aaO; grunds **aA** MüKo/*Westermann* Rz 1), zB Beschlagnahme, führen. Nicht umfasst sind alle ohne Zutun des Wiederverkäufers begründeten öffentlich-rechtlichen sowie alle schon zum Zeitpunkt des Kaufs bestehenden Belastungen (BaRoth/*Faust* Rz 2; MüKo/*Westermann* Rz 1).

C. Rechtsfolgen. Der **Beseitigungsanspruch** entspricht dem aus § 435. Die Haftung wegen unterlassener 3 Beseitigung erfordert **Verschulden** entspr § 437 (BaRoth/*Faust* Rz 3; Staud/*Mader* Rz 2; **aA** MüKo/*Westermann* Rz 1). Ansprüche gegen Dritte bestehen nur bei Sicherung durch Vormerkung.

§ 459 Ersatz von Verwendungen.
¹Der Wiederverkäufer kann für Verwendungen, die er auf den gekauften Gegenstand vor dem Wiederkauf gemacht hat, insoweit Ersatz verlangen, als der Wert des Gegenstandes durch die Verwendungen erhöht ist. ²Eine Einrichtung, mit der er die herauszugebende Sache versehen hat, kann er wegnehmen.

A. Zweck, Anwendungsbereich, Schuldrechtsmodernisierung. Die mit § 500 aF wortgleiche Norm regelt 1 das Recht des Wiederverkäufers auf Ersatz von Wertsteigerungen abschließend, so dass andere Ansprüche, zB nach §§ 812 ff, unanwendbar sind (Erman/*Grunewald* Rz 1). Sie gilt nur für **Verwendungen** und **Einrichtungen**, die vor Ausübung des Wiederkaufsrechts getätigt bzw angebracht wurden (Staud/*Mader* Rz 1; **aA** für Einrichtungen Palandt/*Weidenkaff* Rz 2).

B. Ersatz für Verwendungen (S 1). Der Begriff „Verwendungen" entspricht § 994, erweitert auf die vertrag- 2 lich vorgesehene Bebauung eines Grundstücks (Erman/*Grunewald* Rz 2; Staud/*Mader* Rz 3 mwN; offen Hamm NJW 96, 2104, 2105). Dazu gehören auch wesentliche Veränderungen, da § 457 II 1 abschließend nur Wertverschlechterungen regelt (Arg aus Rechtsfolge Schadensersatz; **aA** BaRoth/*Faust* Rz 4; Staud/*Mader* Rz 3), ferner Werterhöhungen aus **Zubehör** (Erman/*Grunewald* Rz 2; **abw** Wiederkäufer kann Annahme von Zubehör ablehnen: MüKo/*Westermann* Rz 3). Die Werterhöhung ist objektiv zu bestimmen auf Grundlage eines Vergleichs zwischen den Werten zu den Zeitpunkten der Vereinbarung des Wiederkaufs und der

Herausgabe (§ 457 I; Palandt/*Weidenkaff* Rz 1; **aA** Anwendung der str Grundsätze zu § 996: BaRoth/*Faust* Rz 3). Verwendungen nur zur Erhaltung sind mangels Werterhöhung nicht zu ersetzen. § 460 Hs 2 schließt Geltung bei Schätzung des Wiederkaufpreises aus.

3 **C. Wegnahmerecht (S 2).** Das Recht zur Wegnahme besteht für alle Einrichtungen (§ 258) und Zubehör (Erman/*Grunewald* Rz 3), unabhängig von einer Werterhöhung (BaRoth/*Faust* Rz 5).

§ 460 Wiederkauf zum Schätzungswert.
Ist als Wiederkaufpreis der Schätzungswert vereinbart, den der gekaufte Gegenstand zur Zeit des Wiederkaufs hat, so ist der Wiederverkäufer für eine Verschlechterung, den Untergang oder die aus einem anderen Grund eingetretene Unmöglichkeit der Herausgabe des Gegenstandes nicht verantwortlich, der Wiederkäufer zum Ersatz von Verwendungen nicht verpflichtet.

1 **A. Zweck, Schuldrechtsmodernisierung.** Die zu § 501 aF wortgleiche Norm hat den Zweck, die beiderseitigen Ansprüche gem §§ 456 ff angesichts der Bestimmung des Wiederkaufpreises durch Schätzung zu begrenzen. Sie gilt deshalb auch für alle anderen im Wege der aktuellen Bewertung ermittelten Wiederkaufpreise, zB bei Anknüpfung an Verkehrswert (Erman/*Grunewald* Rz 1; BaRoth/*Faust* Rz 2).

2 **B. Inhalt.** § 460 schließt Ansprüche des Wiederverkäufers gem § 459 I 1 (Verwendungsersatz) aus, beläßt aber das Recht auf Wegnahme von **Einrichtungen** (BaRoth/*Faust* Rz 4). Die fehlende Verantwortlichkeit des Wiederverkäufers für eine Verschlechterung usw bedeutet, dass nicht nur Schadensersatzansprüche gem § 457 II (**abw** gegen Wortlaut und allg Meinung für Untergang MüKo/*Westermann* Rz 1; vgl Staud/*Mader* Rz 1), sondern auch Beseitigungsansprüche gem § 458 präkludiert sind (Erman/*Grunewald* Rz 1; **aA** Palandt/*Weidenkaff* Rz 1; Staud/*Mader* Rz 1: aber kein Schadensersatz); dies gilt nicht für Ansprüche wegen wesentlicher Veränderungen (BaRoth/*Faust* Rz 4). Bei Arglist kann sich der Wiederverkäufer auf § 460 nicht berufen (BaRoth/*Faust* Rz 5).

§ 461 Mehrere Wiederkaufsberechtigte.
¹Steht das Wiederkaufsrecht mehreren gemeinschaftlich zu, so kann es nur im Ganzen ausgeübt werden. ²Ist es für einen der Berechtigten erloschen oder übt einer von ihnen sein Recht nicht aus, so sind die übrigen berechtigt, das Wiederkaufsrecht im Ganzen auszuüben.

1 **A. Zweck, Anwendungsbereich, Schuldrechtsmodernisierung.** Die Norm soll verhindern, dass bei nur teilweiser Ausübung des Wiederkaufsrechts der Wiederverkäufer in eine Rechtsgemeinschaft mit den nur partiell ausübenden Wiederkäufern eintritt (BayObLG NJW-RR 86, 1209, 1210). Dieser Rechtsgedanke der **Unteilbarkeit des Wiederkaufs** gilt entspr bei **mehreren Wiederverkäufern** (Erman/*Grunewald* Rz 4; BaRoth/*Faust* Rz 7 mwN; **aA** MüKo/*Westermann* Rz 3). § 461 stimmt wörtlich mit § 502 aF überein.

2 **B. Gemeinschaftliche Berechtigung und Ausübung (S 1).** § 461 gilt für jede Form gemeinschaftlicher Berechtigung, zB Bruchteilsgemeinschaft (BayObLG NJW-RR 86, 1209, 1210), unabhängig davon, ob sie schon bei Vereinbarung des Wiederkaufs bestand oder erst später entstand (Palandt/*Weidenkaff* Rz 2; Staud/*Mader* Rz 2). Die früher vertretene Anwendung auf die Gesamthand ist jedenfalls für die BGB-Gesellschaft wegen deren partieller Rechtsfähigkeit überholt (Erman/*Grunewald* Rz 3; BaRoth/*Faust* Rz 2 mwN; zweifelnd für die Gütergemeinschaft BayObLG NJW-RR 93, 472, 473). Die gemeinschaftliche Ausübung muss deutlich erklärt werden. Sie führt zur Mitgläubigerschaft (§ 432) und zur gesamtschuldnerischen Haftung für den Kaufpreis (§ 421) (BaRoth/*Faust* Rz 3; MüKo/*Westermann* Rz 1).

3 **C. Anwachsung (S 2).** Die übrigen Berechtigten können anstelle des nicht interessierten den Erwerb im Ganzen durchführen.

§ 462 Ausschlussfrist.
¹Das Wiederkaufsrecht kann bei Grundstücken nur bis zum Ablauf von 30, bei anderen Gegenständen nur bis zum Ablauf von drei Jahren nach der Vereinbarung des Vorbehalts ausgeübt werden. ²Ist für die Ausübung eine Frist bestimmt, so tritt diese an die Stelle der gesetzlichen Frist.

1 **A. Schuldrechtsmodernisierung.** Die Norm ist identisch mit § 503 aF.

2 **B. Gesetzliche Fristen (S 1).** Beide Fristen sind **Ausschlussfristen** (BGHZ 47, 387, 390; Palandt/*Weidenkaff* Rz 1), so dass Bestimmungen über Hemmung und Neubeginn der Verjährung nicht gelten. Sie werden nach §§ 186 ff berechnet. Fristbeginn ist die Vereinbarung des Wiederkaufs (§ 456 Rn 8). Zu den Grundsätzen für Ausübungsfristen bei **Einheimischenmodellen** s. BGH WM 06, 300 ff.

3 **C. Abdingbarkeit (S 2).** Die Norm erlaubt Verlängerungen wie Verkürzungen, letztere bes bei Grundstückskäufen verbreitet (zu Einheimischenmodellen s. Staud/*Mader* Rz 1). Für Verlängerungen bestehen die Grenzen des § 138 I. Sie sind am ehesten zulässig, wenn sie an gewisses Ereignis mit ungewissem Zeitpunkt

anknüpfen, wie Tod des Käufers (Schlesw NJW-RR 99, 283 284). Abbedingung kann auch durch Vereinbarung eines anderen Anfangstermins geschehen (Hambg MDR 82, 668 f). Nicht gestattet sind wegen zu langer Bindung unbefristete Wiederkaufsrechte (Ddorf Rpfleger 86, 255, 256; Schlesw aaO; Palandt/*Weidenkaff* Rz 4; BGH NJW-RR 06, 1452 Rz 9 ff; Ausübung nach über 70 Jahren durch öffentliche Hand; aA BaRoth/*Faust* Rz 3; offen: BGH NJW-RR 07, 1608 Rz 17). Zur nachträglichen Änderung der Frist s. § 456 Rn 8.

Kapitel 3 Vorkauf

§ 463 Voraussetzungen der Ausübung. Wer in Ansehung eines Gegenstandes zum Vorkauf berechtigt ist, kann das Vorkaufsrecht ausüben, sobald der Verpflichtete mit einem Dritten einen Kaufvertrag über den Gegenstand geschlossen hat.

A. Grundsätzliches. I. Begriff. Das Vorkaufsrecht gewährt dem Berechtigten aufgrund Vereinbarung mit dem Verpflichteten das Recht, durch Erklärung ggü dem Verpflichteten im Falle des Verkaufs des belasteten Gegenstands einen Kaufvertrag mit denselben Bedingungen, wie sie der Verpflichtete mit dem Drittkäufer vereinbart hatte, zum Entstehen zu bringen. 1

II. Bedeutung. Vorkaufsrechte werden va für Immobilien und Unternehmensbeteiligungen (s. *Westermann* FS Wiedemann, 1349 ff), aber auch Mobilien mit Affektionsinteresse, zB Familienschmuck, Kunstwerke, vereinbart. Sie haben typisch zwei Funktionen (Erman/*Grunewald* Rz 1): Häufig steht im Vordergrund, den Erwerb durch einen Dritten zu verhindern, zB bei Familienunternehmen durch Familienfremde (vgl BGH NJW 87, 890) oder bei Grundstücken durch missliebige Nachbarn: Abwehrfunktion. Das Vorkaufsrecht wird aber auch dazu eingesetzt, bei einem derzeit nicht verkaufswilligen Eigentümer den späteren Kauf zu sichern, zB zur Arrondierung des eigenen Grundstücks: Erwerbsinteresse. 2

III. Anwendungsbereich. Ein Vorkaufsrecht kann für alle Kaufverträge vereinbart werden. 3

IV. Schuldrechtsmodernisierung. § 463 ist wortgleich mit § 504 aF. 4

V. Rechtsnatur. Vergleichbar zum Wiederkaufsrecht (§ 456 Rn 4) ist die Rechtsnatur str, ohne dass daraus praktische Konsequenzen resultieren (BaRoth/*Faust* Rz 9; vgl Karlsr NJW-RR 90, 932, 935 „Burda/Springer"): Vertreten werden: (1.) durch den Vorkaufsfall und die Ausübung des Vorkaufs doppelt aufschiebend bedingter Kaufvertrag (RG 72, 385; 137, 29, 33; BGHZ 32, 375, 377 f; BGH NJW 00, 1033), (2.) Gestaltungsrecht des Berechtigten auf Zustandebringen eines Kaufvertrags im Vorkaufsfall (BGHZ 102, 237, 240; Palandt/*Weidenkaff* Vorb v § 463 Rz 1) und (3.) die Offertentheorie, dass im Vorkaufsrecht ein unwiderrufliches Angebot des Verpflichteten auf Abschluss eines Kaufvertrags liegt, das im Vorkaufsfall wirksam und dann durch Ausübung angenommen wird (s. mwN Staud/*Mader* Rz 28–31). Meinung (1.) und (2.) werden kombiniert durch Qualifizierung der Ausübungserklärung als Gestaltungsrecht (vgl MüKo/*Westermann* Rz 7). 5

VI. Gesetzliche Vorkaufsrechte. Gesetzliche Vorkaufsrechte unterliegen ganz oder teilweise den §§ 463 ff: zB Vorkaufsrecht des Miterben (§ 2034), des Mieters bei der Bildung von Wohnungseigentum (§ 577), der Gemeinden (§§ 24, 25 BauGB; ausf *Hueber* NotBZ 03, 445 ff, 04, 91 ff, 177 ff, 297 ff), des Arbeitnehmers (§ 27 ArbnErfG), ferner nach §§ 4 ReichssiedlG (zB BGH LM § 505 BGB Nr 2; LG Chemnitz AgrarR 00, 414), 20 VermG, 37 SchuldRAnpG. 6

VII. Vormiet-, Vorpachtrecht. Auf Vereinbarung mit Inhalt und Struktur eines Vorkaufsrechts für Miet- und Pachtverträge sind die §§ 463 ff entspr anzuwenden, soweit nicht die Andersartigkeit dieser Vertragstypen entgegensteht (BGHZ 102, 237, 240; BaRoth/*Faust* Rz 7; s. § 466 Rn 1 f; § 467 Rn 1, § 469 Rn 2). 7

VIII. Abdingbarkeit. Der Inhalt des Vorkaufsrechts kann weitgehend frei vereinbart werden. Dies gilt für die Definition des Vorkaufsfalls ebenso wie für die Bedingungen des durch Ausübung mit dem Verpflichteten zustande kommenden Kaufvertrags, die auch noch nach Eintritt des Vorkaufsfalls abw vom Drittkaufvertrag gestaltet werden können (RG 104, 122, 123 zum limitierten Preis; BGH Rpfleger 71, 13). Das Vorkaufsrecht kann so Elemente der Alternativen gem Rn 9–14 aufnehmen. 8

B. Abgrenzung. Kautelarjuristisch sind dem Vorkaufsrecht und seinen Funktionen ähnl: 9

I. Dingliches Vorkaufsrecht (§§ 1094–1104). Auf das dingliche Vorkaufsrecht finden die §§ 463 ff Anwendung (§ 1098 I 1), nicht aber umgekehrt die §§ 1094 ff auf das schuldrechtliche. Die wesentlichen Unterschiede sind: **(1.)** Das dingliche Vorkaufsrecht wirkt als im Grundbuch einzutragende Belastung ggü jedermann, während beim schuldrechtlichen der obligatorische Anspruch des Berechtigten auf Eigentumsübertragung der Sicherung durch Vormerkung bedarf (Rn 18). **(2.)** Nur das dingliche Vorkaufsrecht kann für mehrere oder alle Verkaufsfälle bestellt werden (§ 1097), während das schuldrechtliche bei Nichtausübung zwingend erlischt (Rn 31). **(3.)** In Abbedingung von § 464 II kann beim schuldrechtlichen Vorkaufsrecht der 10

Kaufpreis abw zum Drittkaufvertrag vereinbart werden (Rn 8), während beim dinglichen die vollständige Konkordanz zum Drittkaufvertrag zwingend ist. (**4.**) Zur unterschiedlichen Vollstreckungs- und Insolvenzfestigkeit s. § 471 Rn 2.

11 **II. Aufschiebend bedingter Kaufvertrag.** Über Potestativ(Voluntativ)bedingung lässt sich der Kaufvertrag selbst ähnl wie ein **Optionsrecht** oder ein bindendes Verkaufsangebot gestalten. Praktisch werden Optionsrecht und Verkaufsangebot oft vorgezogen, da sie die fehlende Bindung des Käufers besser ausdrücken.

12 **III. (Ankaufs)Optionsrecht.** Beide idR gleich verstandenen Konstruktionen haben ein breites Anwendungsspektrum (vgl RG 154, 357 ff; BGH WM 66, 891; 08, 2068 Rz 12 f; BayObLG DB 76, 334). Inhalt ist die Begründung eines Rechts des Käufers auf Abschluss eines Kaufvertrags unter bestimmten objektiven oder subjektiven Bedingungen, die frei gestaltbar sind. Dazu wird bes angeknüpft an Umstände in der Person des Berechtigten, zB Erteilung von Baugenehmigung, Finanzierung, wie des Verpflichteten, zB Erwerb des Kauf- oder eines Ersatzgrundstücks. Bei Optionsrechten im Interesse des Berechtigten wird gern eine **Optionsprämie** vereinbart, die bei Nichtausübung der Option verfällt und bei Ausübung meistens auf den Kaufpreis angerechnet wird. Das Optionsrecht kann durch Vormerkung gesichert werden (§ 883 I 2). Die Verbindung mit einem Vorkaufsrecht ist verbreitet (vgl BayObLG Rpfleger 03, 352 f: gemeinsame Vormerkung reicht – zweifelhaft). Die Wirksamkeit des Kaufvertrags kann durch der Ausübungserklärung beim Vorkaufsrecht vergleichbare Optionserklärung, die nicht der Form des § 311b I bedarf (für Ankaufsrecht in Form des Vorvertrags BGH JR 74, 513, 514), aber auch durch dessen separaten Abschluss eintreten.

13 **IV. Bindendes Verkaufsangebot.** Resultat des Optionsrechts kann auch über ein meistens mit fester Bindungsfrist ausgestattetes unwiderrufliches Verkaufsangebot erreicht werden. Durch Abgabe im **Angebotsvertrag** lassen sich auch Verpflichtungen des Berechtigten, zB auf Zahlung der Kosten oder einer Optionsprämie, begründen. Sicherung durch Vormerkung ist möglich. Der Nachteil liegt in der komplizierten Abwicklung.

14 **V. Vorhand.** Als schwächste Form meint Vorhand die Verpflichtung des Eigentümers, **vor** Abschluss eines Drittkaufvertrags die Sache dem Berechtigten zum Kauf anzubieten, mit unterschiedlichen Rechtsfolgen: beschränkt auf Aufnahme von Verhandlungen oder vorkaufsrechtsähnlich mit Vorlage eines ausverhandelten Vertrags, in den einzusteigen Berechtigter fordern kann (vgl RG HRR 33 Nr 913).

15 **VI. Eintrittsrecht.** Im Unterschied zum Vorkaufsrecht wird das Eintrittsrecht im Kaufvertrag mit dem **Drittkäufer** vereinbart: es gewährt dem Berechtigten unter dort zu regelnden Bedingungen das Recht auf Übertragung der Rechtsstellung des Drittkäufers. Die eher seltene Konstruktion wird va zugunsten von Familienangehörigen und Konzernunternehmen oder bei noch nicht feststehendem Enderwerber gewählt.

16 **C. Struktur.** Die Rechtsstellung von Berechtigtem und Verpflichtetem unterscheidet sich nach **3 Phasen**: (1.) Der **Abschluss** der Vorkaufsvereinbarung begründet ausschließlich das Vorkaufsrecht, ohne weitergehende Bindung des Verpflichteten. (2.) Mit dem **Vorkaufsfall** ist die Bindung konkretisiert auf das Recht des Berechtigten, zu den vom Verpflichteten mit dem Drittkäufer vereinbarten Bedingungen die Sache zu kaufen; daraus resultieren erhebliche Beschränkungen des Verpflichteten in nachträglichen Einwirkungen auf den mit dem Drittkäufer geschlossenen Kaufvertrag. (3.) Mit **Ausübung** des Vorkaufsrechts steht der Berechtigte dem Verpflichteten primär als Käufer zu den mit dem Drittkäufer vereinbarten Bedingungen ggü. Die beiden ersten Phasen sind überwiegend in § 463, die dritte in § 464 geregelt.

17 **D. Vorkaufsvereinbarung. I. Begründung.** Das Vorkaufsrecht entsteht durch **Vertrag zwischen Verpflichtetem und Berechtigtem**. Es begründet daher **keine Rechtsbeziehungen zwischen Berechtigtem und Drittkäufer**. Die Vorkaufsvereinbarung bedarf der **Form des Rechtsgeschäfts**, also gelten zB §§ 311b I (RG 110, 327, 333; 148, 105, 108), 15 IV GmbHG (Erman/*Grunewald* Rz 7).

18 **II. Rechtsfolgen.** Die Vorkaufsvereinbarung gewährt dem Berechtigten das subjektive Recht auf Vorkauf im Vorkaufsfall (zur Übertragbarkeit s. § 473). Der aus der Ausübung resultierende Anspruch auf Übereignung kann durch Vormerkung gesichert werden (§ 883 I 2; BGH NJW 00, 1033 mwN). Darüber hinaus ist der Verpflichtete in der 1. Phase nicht gebunden, er hat keine Obhutspflicht und kann über den Gegenstand bis auf den Verkauf frei disponieren (BaRoth/*Faust* Rz 17), ihn zB belasten (BGH NJW 03, 3769; Erman/*Grunewald* Rz 20), und Kaufverhandlungen beliebig abbrechen oder gestalten, da der Berechtigte „keinen Anspruch auf Eintritt des Vorkaufsfalles hat" (BGHZ 110, 230, 233; BGH NJW 98, 2136, 2137). Die einzige Grenze ist die treuwidrige Aushöhlung des Vorkaufsrechts (s. Rn 21).

19 **E. Vorkaufsfall. I. Einleitung.** Mit dem Vorkaufsfall als der 2. Phase des Vorkaufs (Rn 16) entsteht nach § 463 die Bindung des Verpflichteten, die Ausübung des Vorkaufs durch den Berechtigten hinzunehmen. Die folgenden Voraussetzungen für den Vorkaufsfall stehen unter dem Vorbehalt, dass jeweils durch Auslegung zu ermitteln ist, ob nicht ein anderes Ergebnis interessengerecht ist. Die Freiheit der Gestaltung kann dazu führen, dass zB eine großzügigere Ausdehnung auf andere Rechtsgeschäfte angezeigt ist als gem Rn 21.

II. Abschluss des Kaufvertrags. (1.) Der Kaufvertrag muss **nach** Begründung des Vorkaufsrechts abgeschlossen worden sein; nachträgliche Genehmigung (für gesetzliches Vorkaufsrecht BGHZ 32, 383, 385 ff; Rostock OLGR 98, 410 f; für dingliches Vorkaufsrecht BGH LM § 1098 Nr 4) oder Änderung (BGH LM § 305 Nr 10) eines vorher geschlossenen Vertrags reicht nicht. Nur so ist es dem Verpflichteten möglich, im Drittkaufvertrag die Konsequenzen des Vorkaufsrechts zu berücksichtigen (s. § 464 Rn 8; Erman/*Grunewald* Rz 17). 20

(2.) Wenig klar ist die Rspr dazu, welche **anderen Vertragstypen** als Kaufverträge das Vorkaufsrecht auslösen. Es reichen nicht aus Einbringung in eine Gesellschaft (Stuttg BB 01, 794 nur LS 7; Palandt/*Weidenkaff* Rz 5; BaRoth/*Faust* Rz 22 mwN), Schenkung (BGH LM § 1098 Nr 3), auch gemischte Schenkung (RG 101, 99, 101; KG MDR 00, 147, 148; BaRoth/*Faust* Rz 22), Tausch (RG 88, 361, 364; BGH NJW 64, 540, 541; Brandbg NotBZ 01, 466; ebenso für Ringtausch BGHZ 49, 7 LS, 8 ff; **abw** für Tausch gegen Güter mit Marktpreis wie Gold BaRoth/*Faust* Rz 21), wohl aber kaufähnliche (zB BGHZ 115, 335, 339 ff: Kaufangebot, das auf entgeltliche Übertragung hinauslief; BGH NJW 98, 2136 ff; BayVGH NJW 96, 2321: Überwiegen der Geld- ggü den vereinbarten Sachleistungen; abgelehnt für Dienstbarkeit zur Ausbeutung eines Steinbruchs auf 99 Jahre: BGH NJW 03, 3769 f) und Umgehungsgeschäfte (zB RG 171, 185, 190 ff; vgl BGHZ 110, 230, 233 ff) (zu weit Erman/*Grunewald* Rz 8, die im Zweifel alle Umsatzgeschäfte ausreichen lässt; wie hier BaRoth/*Faust* Rz 19 Fn 20). Ein nicht zum Vorkauf führender Vertrag wird aber im Einzelfall darauf geprüft, ob er nicht auch im Hinblick auf § 465 (dort Rn 3) wegen sittenwidriger Vereitelung des Vorkaufsrechts nichtig ist (§ 138; RG 88, 361, 365 f; BGHZ 23, 293, 301 f; BGH NJW 64, 540, 541 mwN; LG Chemnitz AgrarR 00, 413, 414 f; abgelehnt zB von BGH WM 70, 321, 322; vgl ausf Staud/*Mader* Rz 18 ff). 21

(3.) Kaufvertrag über **Teile der Kaufsache** führt zum Entstehen für diese Teile (BGH WM 84, 510, 511 für ideellen Grundstücksanteil); bei Ausübung besteht es für den Rest fort (Erman/*Grunewald* Rz 21; BaRoth/ *Faust* Rz 23; s. Rn 31). Zur umgekehrten Konstellation der nur teilweisen Ausübung s. § 464 Rn 7 aE. 22

(4.) Es muss sich um einen ernst gemeinten Abschluss auf Seiten des Drittkäufers handeln, so dass Vorkaufsfall durch vom Berechtigten zum Ziel des Vorkaufs initiierten Kaufvertrag nicht ausgelöst wird (Erman/*Grunewald* Rz 16; Staud/*Mader* Rz 22). 23

(5.) Der Käufer muss ggü dem Verkäufer ein **Dritter** sein; dies sind nicht Miteigentümer (BGHZ 13, 133, 137 ff; 48, 1, 2 ff), Gesamthänder und Miterben (BGH LM § 1098 Nr 3; für gesetzliches Vorkaufsrecht WM 70, 321 f; aA Erman/*Grunewald* Rz 9) sowie Konzernunternehmen (BaRoth/*Faust* Rz 24), wohl aber GbR mit Beteiligung des Verkäufers von nur 10% (OVG Saarlouis 2 B 254/09 v 3.6.09 juris LS). 24

III. Wirksamkeit des Kaufvertrags. (1.) Der Kaufvertrag muss formgerecht und wirksam sein (BGH WM 60, 551, 552). 25

(2.) Dazu müssen für die Wirksamkeit erforderliche **Genehmigungen** erteilt sein (BGHZ 110, 232, 235; BGH WM 91, 1811). Der Berechtigte darf aber schon vor deren Erteilung die Ausübung erklären (BGHZ 139, 29, 30 ff; Brandbg NotBZ 01, 466; OVG Magdeburg LKV 02, 187). Diese Erleichterung ändert nichts daran, dass bis zur Erteilung der Genehmigung ein wirksamer Kaufvertrag fehlt und daher der Vorkaufsfall noch nicht eingetreten ist. Deshalb ist der Verpflichtete berechtigt, bis dahin den Kaufvertrag aufzuheben oder zu ändern (RG 106, 320, 323 f; BGHZ 14, 1, 5 f; 139, 29, 32; BaRoth/*Faust* Rz 26; aA Erman/*Grunewald* Rz 6); auch stehen dem Berechtigten keine Rechtsbehelfe gegen eine Versagung der Genehmigung zu (für GrundstVerkG BGH WM 91, 1811 f; krit Erman/*Grunewald* Rz 14). 26

(3.) Auch bei **aufschiebenden Bedingungen** erfordert der Vorkaufsfall deren Eintritt, auf den hin die Ausübung ebenfalls vorher erklärt werden kann (BGHZ 139, 29, 33; zu großzügigerer Gestaltung s. RG SeuffA 78 Nr 14). Für Aufhebung und Änderung des Kaufvertrags vor Eintritt ist die Rechtslage wie bei der Genehmigung (Rn 26; Erman/*Grunewald* Rz 14). Damit ist es nicht vereinbar, den Berechtigten schon als Vertragspartner des Verpflichteten eines unter aufschiebender Bedingung stehenden Kaufvertrags anzusehen (so aber RG 98, 44, 49; BGHZ aaO; BGH NJW 98, 2136, 2138). 27

(4.) Bloße **Anfechtbarkeit** steht Vorkaufsfall nicht entgegen (RG SeuffA 78 Nr 14). Eine Anfechtung hindert trotz ihrer Rückwirkung die Ausübung nicht, wenn sie vom Drittkäufer erklärt wird, da der Verpflichtete die Entscheidung zur Veräußerung getroffen hatte (Erman/*Grunewald* Rz 11; BaRoth/*Faust* Rz 28; aA RG SeuffA 78 Nr 14; vgl diff BGH NJW 87, 890, 893). 28

(5.) Von Verkäufer oder Drittkäufer geltend gemachte Störungen der **Geschäftsgrundlage** stehen dem Vorkaufsfall entgegen, soweit sie sich auch auf den Vertrag mit dem Berechtigten auswirken (BGH NJW 87, 890, 893; Erman/*Grunewald* Rz 12; MüKo/*Westermann* Rz 15). 29

IV. Nachträgliche Akte. Der Eintritt des Vorkaufsfalls wird durch den **Rücktritt** vom Kaufvertrag (BGHZ 67, 395, 396 ff; Erman/*Grunewald* Rz 15) und dessen **Aufhebung** (RG 98, 44, 50; 106, 320, 323 f; zur Rechtslage vor Genehmigung s. Rn 26; zu den Konsequenzen Rn 31) vor Ausübung des Vorkaufs nicht beseitigt. Auch haben nachträgliche Änderungen des Kaufvertrags keinen Einfluss auf den Inhalt des Vorkaufskaufvertrags (Erman/*Grunewald* Rz 15; BaRoth/*Faust* Rz 32; **aA** Palandt/*Weidenkaff* Rz 7; für gesetzliches Vorkaufsrecht RG 118, 5, 7 f; BGH NJW 69, 1959 f); der Berechtigte kann sich aber für die geänderte Fassung entscheiden (Erman/*Grunewald*; BaRoth/*Faust* jew aaO). 30

31 F. Erlöschen des Vorkaufsrechts. I. Verbrauch. Der wichtigste Fall des Erlöschens ist der Verbrauch durch Nichtausübung beim Vorkaufsfall. Er tritt nicht ein, da das Vorkaufsrecht besteht weiter, wenn nach Erklärung der Ausübung eine aufschiebende Bedingung des Drittkaufvertrags nicht eintritt oder eine Genehmigung nicht erteilt wird (BaRoth-*Faust* Rz 26 f; Erman/*Grunewald* Rz 13; MüKo/*Westermann* Rz 16; **aA** RG 98, 44, 49; offenbar BGHZ 139, 29, 33 f). Dagegen führt der Eintritt einer auflösenden Bedingung zum Verlust des Vorkaufsrechts, da der Berechtigte Käufer in einem wirksamen Vertrag geworden ist und dessen nachträgliches Erlöschen wie jede Vertragspartei hinnehmen muss (RG 98, 44, 49; Erman/*Grunewald* Rz 13; MüKo/*Westermann* Rz 16; **aA** Staud/*Mader* Rz 29 mwN). Wird bei **Teilverkauf** Vorkaufsrecht nicht ausgeübt (s. Rn 22), erlischt es vollständig, da Berechtigter Ausübung nicht fordern kann, wenn er selbst die gesetzlich vorgesehene vollständige Ausübung verhindert hat (**aA** MüKo/*Westermann* Rz 30; Staud/*Mader* Rz 10).

32 II. Treuwidrigkeit. Der Verstoß gegen eine dem Verpflichteten (BGHZ 168, 152 Rz 17) oder dem Drittkäufer (BGHZ 7, 147, 151 f; Palandt/*Weidenkaff* Rz 9) gegebene Zusage, das Vorkaufsrecht nicht auszuüben, kann zum Erlöschen führen.

33 III. Erlassvertrag. Das Vorkaufsrecht erlischt durch Erlassvertrag (§ 397) zwischen Verpflichtetem und Berechtigtem (BGHZ 60, 275, 291; BGH LM § 504 Nr 7 f; WM 03, 385, 388; BaRoth/*Faust* Rz 15 auch zur **aA**, dass einseitiger Verzicht ausreicht); bei Abschluss nach Ausübung handelt der Berechtigte als Käufer (insg Palandt/*Weidenkaff* Rz 8). Dieselbe Wirkung hat Vereinbarung zwischen Berechtigtem und Drittkäufer, da sie Entstehen der Befugnis zur Ausübung verhindert (BGH WM 66, 893, 895). Vor Ausübung kann Erlass auch bei Grundstücken formfrei vereinbart werden (BGH aaO).

34 IV. Gesetzlicher Ausschluss. S. §§ 466 2, 471, 472.

35 V. Beerbung des Verpflichteten durch den Berechtigten. Das Vorkaufsrecht entfällt wegen Unmöglichkeit eines Vertragsschlusses aufgrund Identität von Verkäufer und Käufer, beerbt der Berechtigte den Verpflichteten (BGH NJW 00, 1033 f; **aA** Erman/*Grunewald* Rz 19; MüKo/*Westermann* Rz 30; *v Olshausen* NJW 00, 2872 f).

36 G. Beweislast. Der **Berechtigte** hat die Beweislast für die Voraussetzungen für Vereinbarung und Ausübbarkeit eines Vorkaufsrechts (BGHZ 110, 230, 234; Palandt/*Weidenkaff* Rz 4).

§ 464 Ausübung des Vorkaufsrechts.
(1) ¹Die Ausübung des Vorkaufsrechts erfolgt durch Erklärung gegenüber dem Verpflichteten. ²Die Erklärung bedarf nicht der für den Kaufvertrag bestimmten Form.
(2) Mit der Ausübung des Vorkaufsrechts kommt der Kauf zwischen dem Berechtigten und dem Verpflichteten unter den Bestimmungen zustande, welche der Verpflichtete mit dem Dritten vereinbart hat.

1 A. Schuldrechtsmodernisierung. Der Wortlaut ist identisch mit § 505 aF.

2 B. Ausübung (Abs 1). I. Rechtsnatur (Abs 1 S 1). Die Ausübung erfolgt durch empfangsbedürftige Willenserklärung, die wegen ihres gestaltenden Charakters (§ 463 Rn 5) bedingungsfeindlich ist. Sie ist, auch bei Mitteilung des Vorkaufsfalls an den Berechtigten durch den Drittkäufer (§ 469 I 2; Palandt/*Weidenkaff* Rz 1), immer dem Verpflichteten ggü abzugeben; Vertragsform ist möglich. Wegen II begründet die Erklärung auch Pflichten für den Berechtigten, weshalb sie in demselben Umfang wie eine Verpflichtungserklärung genehmigungsbedürftig ist (BGHZ 32, 375, 377 f für GemO; Palandt/*Weidenkaff* Rz 1). Die Genehmigung muss vor Ablauf der Ausübungsfrist (§ 469 II) erteilt sein (BGHZ aaO 382 f; Palandt/*Weidenkaff* aaO; gegen eine Rückwirkung OVG Rheinland-Pfalz MittBayNot 06, 450, 453). Der Käufer kann die Rechtswidrigkeit der Ausübung eines gemeindlichen Vorkaufsrechts geltend machen (OVG Rheinland-Pfalz aaO 452 f). Zur Ausübung und Änderung sowie Aufhebung des Kaufvertrags vor dessen Wirksamkeit wegen aufschiebender Bedingung oder fehlender Genehmigung s. § 463 Rn 26 f.

3 II. Form (Abs 1 S 2). Da schon die Vorkaufsvereinbarung die Form für das Rechtsgeschäft wahren muss (§ 463 Rn 17), ist die Ausübungserklärung nach dem eindeutigen Wortlaut nicht formbedürftig (BGH WM 05, 2248, 2249; Frankf NJW-RR 99, 16, 17; München NJW-RR 99, 1314, 1315; MüKo/*Westermann* Rz 2), und zwar auch nicht beim gesetzlichen Vorkaufsrecht (für § 570b aF BGHZ 144, 357, 360 ff mwN). I 2 gilt aber nicht für die Abwicklung des Vorkaufsvertrags: Häufig sinnvolle Anpassungen des Inhalts des Drittkaufvertrags, zB wegen Zeitablaufs oder „Fremdkörpern" (s. Rn 7), bedürfen der Form des § 311b. Gleichfalls muss die Auflassung in der Form des § 925 – ggf erneut – erklärt werden (Schöner/Stöber/*Stöber* Rz 1423).

4 III. Unwirksamkeit. Die Erklärung kann wegen Treuwidrigkeit unwirksam sein, zB wenn Berechtigter offenkundig zur Vertragserfüllung außerstande ist (RG HRR 32 Nr 1208; Erman/*Grunewald* Rz 4) oder es ablehnt, den Vertragspflichten nachzukommen (RG aaO; BGH MDR 62, 974, insoweit in BGH NJW 62, 1908 nicht abgedr; zum Vorpachtrecht BGHZ 102, 237, 240 f; **abl** zum Vormietrecht BGH LM § 505 BGB Nr 5; teilw abl BaRoth/*Faust* Rz 2; zur Abgrenzung vgl Karlsr NJW-RR 96, 916, 917). Zum Verstoß gegen eine Verpflichtung zur Nichtausübung s. § 463 Rn 32.

C. Wirkung (Abs 2). I. Zweck. II schützt nur den Verpflichteten und den Berechtigten, nicht den Drittkäufer. 5

II. Entstehung eines Kaufvertrags. Die Ausübung begründet einen neuen Kaufvertrag **zwischen Verpflich-** 6
tetem als Verkäufer **und Berechtigtem** als – neuem – Käufer; ein Eintritt des Berechtigten in den Kaufvertrag
mit dem Drittkäufer findet nicht statt (allgM: s. BGHZ 98, 188, 190 f). Sie begründet **keine** rechtlichen Beziehungen des Berechtigten zum Drittkäufer (RG 163, 142, 155) (anders der Vorkauf nach § 307 ZGB: nur
Begründung von Verpflichtung auf Abschluss eines Kaufvertrags, die sich auch gegen den **Drittkäufer** richtet:
BGH NJW-RR 07, 1608 Rz 11).

III. Inhalt des Kaufvertrags. II ordnet **vollständige Konkordanz** zwischen den Bedingungen des Drittkauf- 7
vertrags, der nach Ausübung ohne Zustimmung des Berechtigten **nicht mehr geändert** werden kann (RG
118, 5, 7; BGH NJW 69, 1959 f; für die Zeit vorher s. § 463 Rn 26), und des durch Ausübung mit dem
Berechtigten zustande gekommenen Kaufvertrags an. Verpflichteter und Berechtigter haben also dieselben
Leistungen zu erbringen wie im Drittkaufvertrag vereinbart (s. BGHZ 77, 359, 362), zB Vorfälligkeitszinsen
als Teil der Gegenleistung des Käufers (BGH NJW 95, 1827). Der Berechtigte hat keinen Anspruch auf
Erleichterungen ihn belastender Regelungen (zB für Fälligkeit: BGH WM 73, 1403, 1404). Ein Ausschluss von
Mängelrechten wegen Kenntnis des Drittkäufers (§ 442) gilt auch dem Berechtigten ggü (Nürnbg MDR 05,
437 f). Dazu bestehen folgende **Ausnahmen: (1.)** Durch den Prozess der Ausübung **zeitlich überholte** Regelungen sind anzupassen (BGH NJW 83, 682; 95, 1827). **(2.)** Nicht vertragstypische einen **Fremdkörper** bildende Regelungen wirken nicht ggü dem Berechtigten (BGHZ 77, 359, 362; 131, 318, 321 f; Stuttg ZMR 98,
771, 772 f: langfristige Verpachtung an Drittkäufer; Erman/*Grunewald* Rz 9). Die Ausn ist restriktiv anzuwenden, da zur Vertragsfreiheit auch Vereinbarung atypischer Klauseln gehört. Vom Berechtigten zu übernehmen
sind daher: **(a)** Kostenübernahmeklauseln: **(aa)** Kosten der Beurkundung des Drittkaufvertrags: BGHZ 87,
296, 301; BGH NJW 82, 2068, 2069; Rpfleger 78, 97; Staud/*Mader* Rz 19; **aA** BaRoth/*Faust* Rz 10; **(bb)** str für
Kosten der Eintragung und Löschung der Eigentumsübertragungsvormerkung: **ja**: BGH NJW 82, 2068, 2069;
MüKo/*Westermann* Rz 7; **nein**: Staud/*Mader* Rz 19; **(cc)** Vermessungskosten: BGH NJW 94, 315, 316 f; LM
§ 505 Nr 2; **(dd)** Maklerkosten, wenn Makler den Drittkaufvertrag nachgewiesen bzw vermittelt hat: BGH
NJW-RR 07, 563 Rz 10–17; ferner BGHZ 131, 318, 322 ff; also **nicht**: bei Vereinbarung der Maklerklausel erst
im Drittkaufvertrag: BGH NJW-RR 07, 563 Rz 11; für im Falle des Vorkaufs nicht entstandene Kosten BGHZ
77, 359, 364 f; wenn Käufer nur ggü Makler, nicht ggü Verkäufer verpflichtet ist: Frankf NotBZ 05, 210, 212;
ausf *Lindemann/Mormann* MDR 07, 1113 ff; **(b)** idR gesellschaftsrechtliche Beschränkungen wie Stimmbindungen (BaRoth/*Faust* Rz 6; **aA** BGH NJW 87, 890, 892 f). **(3.)** Bestimmungen nur zu dem Ziel, die **Ausübung zu vereiteln**, treffen den Berechtigten nicht (BGHZ 102, 237, 242 f; BGH WM 70, 1315, 1318 f). Zu
(2.) und (3.) s.a. § 465 Rn 3. **(4.)** Die Ausgestaltung der Rückabwicklung zwischen Verkäufer und Drittkäufer
ist – auch für die Abwicklung der Kosten, soweit Berechtigter nicht über (2.) (a) hinaus belastet wird –
begriffsnotwendig nicht an den Berechtigten adressiert. **(5.)** Der Berechtigte kann entspr der Wertung des
§ 467 1 beim Verkauf mehrerer seinem Vorkaufsrecht unterliegender Sachen die Ausübung auf einzelne
Sachen beschränken, vorbehaltlich § 467 2 (für Grundstücke BGHZ 168, 152 Rz 19–26 mwN auch der aA
m krit Anm *Grziwotz* BGHR 06, 1288, 1289; zust *Hahn* RNotZ 06, 541, 542 f; Erman/*Grunewald* § 467 Rz 1).

IV. Verhältnis Verpflichteter – Drittkäufer. Der Drittkaufvertrag wird durch die Ausübung nicht berührt 8
(BGH NJW-RR 09, 1172 Rz 14 mwN), so dass der Verpflichtete aus **zwei** Kaufverträgen verpflichtet ist. Bei
Kenntnis des Drittkäufers vom Vorkaufsrecht führt dessen Ausübung allerdings zum Eintritt einer auflösenden Bedingung mit der Folge, dass der Drittkäufer keine Erfüllungsansprüche mehr hat (BGH NJW-RR 09,
1172 Rz 16 f mwN; Nürnbg MDR 84, 755; Erman/*Grunewald* Rz 11; **aA** Staud/*Mader* § 463 Rz 44). Dessen
ungeachtet ist zu empfehlen, im Drittkaufvertrag ausdrückliche Regelungen für den Fall der Ausübung des
Vorkaufsrechts vorzusehen, zB Rücktrittsrecht oder auflösende Bedingung (s. § 465 Rn 2).

§ 465 Unwirksame Vereinbarungen.
Eine Vereinbarung des Verpflichteten mit dem Dritten, durch welche der Kauf von der Nichtausübung des Vorkaufsrechts abhängig gemacht oder dem Verpflichteten für den Fall der Ausübung des Vorkaufsrechts der Rücktritt vorbehalten wird, ist dem Vorkaufsberechtigten gegenüber unwirksam.

A. Zweck, Schuldrechtsmodernisierung. Die mit § 506 aF wortgleiche Norm will verhindern, dass der 1
Berechtigte durch geschickte Gestaltung des Drittkaufvertrags den Berechtigten um sein Vorkaufsrecht bringt
(RG 108, 226, 228).

B. Inhalt. Alle Schutzklauseln im Verhältnis zum Drittkäufer für den Fall der Ausübung des Vorkaufsrechts, 2
bes die auflösende Bedingung und das Rücktrittsrecht (s. § 464 Rn 8), sind dem Berechtigten ggü **relativ
unwirksam** (Staud/*Mader* Rz 1). Im Verhältnis zum Drittkäufer bleiben sie daher gültig. Entspr gilt für Klauseln, die Gültigkeit des Kaufvertrags an Nichtbestehen des Vorkaufsrechts knüpfen (BGH NJW 87, 890, 893;
Erman/*Grunewald* Rz 2; BaRoth/*Faust* Rz 2).

3 C. Ausdehnung. Der Rechtsgedanke des § 465 hat die Rspr zu Umgehungs- und Vereitelungsgeschäften beeinflusst (s. §§ 463 Rn 21, 464 Rn 7). Er schließt es auch aus, in Ausübung des Vorkaufsrechts eine Störung der Geschäftsgrundlage zu sehen (Erman/*Grunewald* Rz 3; Staud/*Mader* Rz 5; **aA** BGH NJW 87, 890, 893). Die Anwendung auf das Wiederkaufsrecht ist str (dafür Erman/*Grunewald* Rz 5; dagegen RG 108, 226, 228).

§ 466 Nebenleistungen.
¹Hat sich der Dritte in dem Vertrag zu einer Nebenleistung verpflichtet, die der Vorkaufsberechtigte zu bewirken außerstande ist, so hat der Vorkaufsberechtigte statt der Nebenleistung ihren Wert zu entrichten. ²Lässt sich die Nebenleistung nicht in Geld schätzen, so ist die Ausübung des Vorkaufsrechts ausgeschlossen; die Vereinbarung der Nebenleistung kommt jedoch nicht in Betracht, wenn der Vertrag mit dem Dritten auch ohne sie geschlossen sein würde.

1 A. Abdingbarkeit, Anwendungsbereich, Schuldrechtsmodernisierung. Die im Wortlaut § 507 aF entspr Bestimmung ist dispositiv (Erman/*Grunewald* Rz 4). Die Anwendbarkeit auf das Vormiet-, -pachtrecht ist zweifelhaft (vgl RG 125, 123, 127; Staud/*Mader* Rz 5).

2 B. Schätzbare Nebenleistung (S 1). Der Drittkaufvertrag muss Käufer neben einer Hauptleistung in Geld zu einer wirtschaftlich weniger bedeutsamen Sach- oder Dienstleistung als Nebenleistung verpflichten. Die **Nebenleistung** darf daher der Geldleistung nicht gleich stehen (Erman/*Grunewald* Rz 1) oder sie übersteigen (zur Bierbezugspflicht bei Vorpachtvertrag s. § 466 verneinend BGHZ 102, 237, 242; zu Recht bejahend BaRoth/*Faust* Rz 2; MüKo/*Westermann* Rz 2). Die weitere Voraussetzung, dass der Berechtigte diese Nebenleistung zu bewirken außerstande ist, liegt va bei persönlichen oder eine besondere Qualifikation voraussetzenden Dienstleistungen vor, zB Altenpflege durch Verwandten (RG 121, 137, 140). Die Nebenleistung ist zum Zeitpunkt der Ausübung des Vorkaufsrechts zu bewerten (Palandt/*Weidenkaff* Rz 2; **aA** Zeitpunkt der Erfüllung: Staud/*Mader* Rz 2).

3 C. Nicht schätzbare Nebenleistung (S 2). Die Ausn von 1 liegt vor, wenn der Verpflichtete mit dem durch Bewertung festgestellten Geldbetrag keine wirklich gleichwertige Leistung erwerben kann, bes bei durch persönliche Verbundenheit geprägten Dienstleistungen: **ja**: Altenpflege durch Verwandten (RG 121, 147, 140); **nein**: Pferdebetreuung (Hambg NJW-RR 92, 1496 obiter); vage beschriebene Beratungsleistungen (München NJW-RR 99, 1314, 1316). Nach Hs 2 bleibt in Übereinstimmung mit allg Grundsätzen (s. §§ 463 Rn 21, 464 Rn 7, 465 Rn 3) eine für den Verpflichteten so unwesentliche Nebenleistung, dass er auch ohne sie den Vertrag geschlossen hätte, außer Betracht, zB Mitnutzungsrecht als Liegewiese bei großem Grundstückskauf (BayVGH NJW 96, 2321, 2322). Ggf ist bei Entfall der Nebenleistung der Kaufpreis anzupassen (Erman/*Grunewald* Rz 3; **aA** kein Vorkaufsrecht BaRoth/*Faust* Rz 5). Dasselbe gilt für Scheinabreden, die nur auf Vereitelung des Vorkaufsrechts zielen (Hambg NJW-RR 92, 1496).

§ 467 Gesamtpreis.
¹Hat der Dritte den Gegenstand, auf den sich das Vorkaufsrecht bezieht, mit anderen Gegenständen zu einem Gesamtpreis gekauft, so hat der Vorkaufsberechtigte einen verhältnismäßigen Teil des Gesamtpreises zu entrichten. ²Der Verpflichtete kann verlangen, dass der Vorkauf auf alle Sachen erstreckt wird, die nicht ohne Nachteil für ihn getrennt werden können.

1 A. Abdingbarkeit, Anwendungsbereich, Schuldrechtsmodernisierung. Die dispositive (RG 97, 282, 285; Palandt/*Weidenkaff* Rz 1) Norm übernimmt wörtlich § 508 aF. Sie regelt den Verkauf mehrerer Gegenstände, die nicht alle dem Vorkaufsrecht unterliegen. Sie gilt entspr für Vormiet-, Vorpachtrecht (RG 123, 265, 270; MüKo/*Westermann* Rz 2). Zur Übernahme der Wertung des § 467 1 s. § 464 Rn 7 aE. Zum Verkauf zB von einem Paket Aktien durch mehrere Verkäufer vgl MüKo/*Westermann* Rz 1 mwN.

2 B. Verkauf zu Gesamtpreis (S 1). Ein Verkauf mehrerer Gegenstände liegt auch vor, wenn bei Vorkaufsrecht auf (1) Teilfläche das gesamte Grundstück (RG HRR 35 Nr 724; analoge Anwendung: BayObLG NJW 67, 113; Karlsr NJW-RR 96, 916; nicht bei Grundstücksverkauf, wenn Vorkaufsrecht unterliegende Eigentumswohnungen weder existent noch bestimmbar bezeichnet sind: BayObLG NJW-RR 92, 1039, 1042) oder (2) einzelne Aktien ein Paket (Erman/*Grunewald* Rz 1 mwN; Staud/*Mader* Rz 4) verkauft wird. Der Vorkaufspreis ergibt sich aus dem Verhältnis der Werte des dem Vorkaufsrecht unterliegenden Gegenstands und der zum Gesamtpreis verkauften Gegenstände (vgl Karlsr aaO 917). Im Drittkaufvertrag vereinbarte Einzelpreise haben ggü § 467 Vorrang (Erman/*Grunewald* Rz 2: Arg: Berechtigter ist generell an Preisvereinbarung gebunden, Ausn: Einzelpreis soll Vorkaufsrecht vereiteln; dafür Bsp BGH WM 05, 2248, 2249; **abw**: objektiver Wert entscheidet Karlsr aaO). Für Wertberechnung entscheidet Zeitpunkt der Ausübung des Vorkaufsrechts (BGHZ 168, 152 Rz 33 auch zur Korrektur; Palandt/*Weidenkaff* Rz 2). Aus § 467 folgt, dass bei Vereinbarung eines Gesamtpreises gem § 469 I 1 kein Einzelpreis mitgeteilt werden muss (Celle MittBayNot 08, 376, 378).

3 C. Erstreckung (S 2). Eine Trennung ist mit Nachteilen verbunden, wenn der Wert der übrigen Gegenstände durch den Vorkauf reduziert wird (Stuttg OLGR 99, 1; Erman/*Grunewald* Rz 3), und zwar auch bei Bestehen der wirtschaftlichen Einheit schon bei Vereinbarung des Vorkaufsrechts (Erman/*Grunewald* Rz 3; **aA** Palandt/

Weidenkaff Rz 4). 2 gewährt Verpflichtetem – nicht: Drittkäufer (BayVGH NJW-RR 02, 228, 231; offen BGHZ 168, 152 Rz 27) – nur eine Einrede, so dass Berechtigter darauf von Vorkauf absehen (RG 133, 76, 78 f; Palandt/*Weidenkaff* Rz 4) oder die Erstreckung durch Ausgleich finanzieller Nachteile abwenden (Erman/*Grunewald* Rz 3; BaRoth/*Faust* Rz 4) kann. Die Norm gilt nicht bei Vorkauf nach SächsWaldG (VG Dresden 3 K 114/08 v 8.10.09 juris Rz 32).

§ 468 Stundung des Kaufpreises.
(1) Ist dem Dritten in dem Vertrag der Kaufpreis gestundet worden, so kann der Vorkaufsberechtigte die Stundung nur in Anspruch nehmen, wenn er für den gestundeten Betrag Sicherheit leistet.
(2) ¹Ist ein Grundstück Gegenstand des Vorkaufs, so bedarf es der Sicherheitsleistung insoweit nicht, als für den gestundeten Kaufpreis die Bestellung einer Hypothek an dem Grundstück vereinbart oder in Anrechnung auf den Kaufpreis eine Schuld, für die eine Hypothek an dem Grundstück besteht, übernommen worden ist. ²Entsprechendes gilt, wenn ein eingetragenes Schiff oder Schiffsbauwerk Gegenstand des Vorkaufs ist.

A. Zweck, Schuldrechtsmodernisierung. Die zu § 509 aF wortgleiche Norm berücksichtigt, dass Gewährung 1
einer Stundung persönliches Vertrauen zugrunde liegt, das auf Berechtigten nicht ohne weiteres übertragbar ist (krit Erman/*Grunewald* Rz 1).

B. Stundung (Abs 1). Stundung bedeutet Fälligkeit des Kaufpreises erst nach Erfüllung des Verkäufers (RG 2
83, 179, 181; BaRoth/*Faust* Rz 2). Sie liegt daher nicht in Gewährung der Zeit, die für die Beschaffung des Kaufpreises erforderlich ist (RG aaO; Erman/*Grunewald* Rz 2) oder in dessen Zahlung per Überweisung oder Scheck. Sicherheitsleistung: §§ 232 ff.

C. Hypothek (Abs 2). Beleihungswert ist ohne Bedeutung (MüKo/*Westermann* Rz 3). Grundschuld steht 3
gleich (§ 1192 I).

§ 469 Mitteilungspflicht, Ausübungsfrist.
(1) ¹Der Verpflichtete hat dem Vorkaufsberechtigten den Inhalt des mit dem Dritten geschlossenen Vertrags unverzüglich mitzuteilen. ²Die Mitteilung des Verpflichteten wird durch die Mitteilung des Dritten ersetzt.
(2) ¹Das Vorkaufsrecht kann bei Grundstücken nur bis zum Ablauf von zwei Monaten, bei anderen Gegenständen nur bis zum Ablauf einer Woche nach dem Empfang der Mitteilung ausgeübt werden. ²Ist für die Ausübung eine Frist bestimmt, so tritt diese an die Stelle der gesetzlichen Frist.

A. Zweck. Die in der Praxis sehr bedeutende Norm will nicht nur dem Berechtigten eine angemessene Über- 1
legungszeit wahren (dazu BGH NJW 94, 315, 316). Va bestimmt sie im Interesse **aller** Beteiligten verbindlich, bis wann Vorkauf ausgeübt werden muss, mithin ab wann für den **Drittkaufvertrag Abwicklungssicherheit** besteht (s. insg Erman/*Grunewald* Rz 1).

B. Anwendungsbereich, Schuldrechtsmodernisierung. Die auch für das Vormiet-, -pachtrecht (BGHZ 55, 2
71, 75 f; BGH WM 03, 385, 388) geltende Norm hat denselben Wortlaut wie § 510 aF. Die Ausdehnung auf weitere ähnliche Rechte bedarf angesichts der Kürze der Fristen einer Prüfung im Einzelfall (vgl mwN RG 126, 123, 126 allg für Eintrittsrechte; Erman/*Grunewald* Rz 11).

C. Mitteilung (Abs 1). Der **gesamte Inhalt** des Kaufvertrags ist mitzuteilen, und zwar erkennbar zur Auslö- 3
sung des Fristbeginns gem II (BGHZ 60, 275, 288), damit Berechtigter durch Kenntnis seiner Pflichten gem § 464 II Grundlage für Entscheidung über Ausübung hat (BGHZ 168, 152 Rz 18; BGH WM 66, 891, 893; Erman/*Grunewald* Rz 2). Dazu gehören auch: der wirklich vereinbarte Inhalt bei einer **falsa demonstratio** (BGHZ 168, 152 Rz 18), der Eintritt von **aufschiebenden Bedingungen** und die Erteilung von **Genehmigungen** bzw deren Ausstehen; nicht aber der Teilungsgenehmigung, da sie für die Wirksamkeit des Kaufvertrags ohne Bedeutung ist (so BGH NJW 94, 315 f; Palandt/*Weidenkaff* Rz 1; Erman/*Grunewald* Rz 2; aA MüKo/ *Westermann* Rz 3; Staud/*Mader* Rz 5). Empfehlenswert ist, da am sichersten, Zusendung von Vertragskopie, bei notariellen Verträgen Ausfertigung (vgl RG 108, 66, 67; BGH NJW 94, 315 f); gesetzlich reicht Mündlichkeit (BGH LM § 505 Nr 3). **Vertragsänderungen** sind gleichfalls mitzuteilen (BGH NJW 73, 1365) bzw nach erfolgter Mitteilung nachzureichen (BGH NJW 94, 315). Ergänzend besteht Pflicht, die **Auskünfte** zu geben, die für Ausübung des Vorkaufs benötigt werden (RG 108, 66, 67 auch zum Einfluss auf Fristenlauf; Erman/ *Grunewald* Rz 5; offen BGH NJW 94, 315, 316; zur Forderung auf Besichtigung s. RG DR 41, 1461); sehr restriktiv zu handhabende Erweiterung, die Fristenlauf idR nicht berührt (Frankf NotBZ 06, 210, 211). Verletzung der Pflicht zur unverzüglichen Mitteilung macht Verpflichteten schadensersatzpflichtig (BGH WM 03, 385, 388 f; 788, 790; Palandt/*Weidenkaff* Rz 2; Staud/*Mader* Rz 2), nicht aber bei Ausübung für den reinen Verzögerungsschaden (Celle MittBayNot 08, 376, 377 m krit Anm *Häublein*). Der Drittkäufer ist nur berechtigt, nicht verpflichtet, die Mitteilung zu machen (I 2; RG 108, 66, 68). S.a. § 467 Rn 2.

4 **D. Frist (Abs 2).** Gesetzliche (II 1) und gewillkürte (II 2) Fristen beginnen vorbehaltlich abw Vereinbarung erst nach Mitteilung des **wirksamen** Kaufvertrags (BGH WM 66, 891, 893; NJW 94, 315, 316), dh erst **nach** Mitteilung von Vertrags**änderungen** (s. Nachw Rn 3; Karlsr NJW-RR 96, 916), der Erteilung von **Genehmigungen** (BGHZ 23, 342, 348; BGH LM § 510 Nr 3; Frankf NotBZ 06, 210) und des Eintritts **aufschiebender Bedingungen.** Vorherige Mitteilungen sind daher nur vorläufig, oft zu dem Ziel, gem § 463 Rn 26 eine möglichst frühe Entscheidung des Berechtigten herbeizuführen. Die Fristen sind **Ausschlussfristen** gem §§ 186 ff (BGHZ 32, 375, 382 f; BGH WM 66, 891, 893). Fristverlängerungen bedürfen der Form des § 311b I (analog zum Wiederkauf, s. § 456 Rn 8). Zur Genehmigung der Erklärung der Ausübung innerhalb der Fristen von II s. § 464 Rn 2.

§ 470 Verkauf an gesetzlichen Erben.
Das Vorkaufsrecht erstreckt sich im Zweifel nicht auf einen Verkauf, der mit Rücksicht auf ein künftiges Erbrecht an einen gesetzlichen Erben erfolgt.

1 **A. Zweck, Schuldrechtsmodernisierung.** § 470 ist in wörtlicher Übernahme von § 511 eine **Auslegungsregel**, die dem Erhalt des Familienvermögens dient (BGH NJW 87, 890, 891 f).

2 **B. Verkauf an gesetzliche Erben.** Privilegiert ist nur der Verkauf an die gesetzlichen Erben zu diesem Zeitpunkt. Eingeschlossen sind, nachberufene (zB § 1924 III) aktuell ggf noch ausgeschlossene (s. § 1924 II; Erman/*Grunewald* Rz 2; BaRoth/*Faust* Rz 3), nicht aber testamentarisch oder vertraglich eingesetzte Erben. Miterwerb durch Dritte, va Ehegatten (RG JW 25, 2128), ist unschädlich (Erman/*Grunewald* Rz 2). Die Vorwegnahme der Erbfolge braucht nur ein Motiv unter anderen zu sein (BGH NJW 87, 890, 891; Erman/*Grunewald* Rz 3). Rechtsfolge des privilegierten Verkaufs ist das Erlöschen des Vorkaufsrechts (MüKo/*Westermann* Rz 1; für das dingliche nur für einen Verkaufsfall bestellte Vorkaufsrecht Stuttg DNotZ 98, 305, 307).

§ 471 Verkauf bei Zwangsvollstreckung oder Insolvenz.
Das Vorkaufsrecht ist ausgeschlossen, wenn der Verkauf im Wege der Zwangsvollstreckung oder aus einer Insolvenzmasse erfolgt.

1 **A. Zweck, Abdingbarkeit, Schuldrechtsmodernisierung.** Die Privilegierung von Verkäufen im Wege der Zwangsvollstreckung oder durch den Insolvenzverwalter setzt das Prinzip um, dass schuldrechtliche Verschaffungsansprüche in diesen Verfahren ihre Wirkung verlieren, und dient so dem Gläubigerschutz (BGHZ 144, 194, 201). Aufgrund dieser ratio legis ist die zu § 512 aF wortgleiche Norm **zwingend** (allgM: Palandt/*Weidenkaff* Rz 4; Erman/*Grunewald* Rz 3).

2 **B. Privilegierte Verkäufe.** Im Wege der **Zwangsvollstreckung** erfolgen Verkäufe gem §§ 814, 821, 825 ZPO, 15 ff ZVG, nicht aber Teilungsversteigerungen (§§ 180 ff ZVG; allgM: BGHZ 13, 133, 136; 48, 1, 4; diff aber MüKo/*Westermann* Rz 4), Zwangsversteigerungen auf Erbenantrag (§§ 175–179 ZVG; Palandt/*Weidenkaff* Rz 3; Stöber NJW 88, 3121, 3122) und Verkäufe nach §§ 19, 53 ff WEG (Erman/*Grunewald* Rz 2); s. § 463 Rn 24: kein Vorkaufsrecht bei Erwerb durch Miteigentümer. Verkäufe durch den **Insolvenzverwalter** müssen aus der Insolvenzmasse stattfinden. Rechtsfolge ist das Erlöschen des Vorkaufsrechts (BGHZ 141, 194, 202; Staud/*Mader* Rz 8), abw bei dinglichem Vorkaufsrecht (§ 1098 I 2).

§ 472 Mehrere Vorkaufsberechtigte.
¹Steht das Vorkaufsrecht mehreren gemeinschaftlich zu, so kann es nur im Ganzen ausgeübt werden. ²Ist es für einen der Berechtigten erloschen oder übt einer von ihnen sein Recht nicht aus, so sind die übrigen berechtigt, das Vorkaufsrecht im Ganzen auszuüben.

1 **A. Zweck, Anwendungsbereich, Schuldrechtsmodernisierung.** Analog zu § 461 für den Wiederkauf ordnet § 472 die **Unteilbarkeit des Vorkaufsrechts** an (BaRoth/*Faust* Rz 1). § 472, wortgleich mit § 513 aF, gilt entspr für **mehrere Verpflichtete** (Erman/*Grunewald* Rz 6).

2 **B. Gemeinschaftliche Berechtigung (S 1).** Der Inhalt, dass mehrere Berechtigte ein Vorkaufsrecht nur gemeinschaftlich ausüben können, begründet „eine besondere gesamthandsartige Berechtigung der Beteiligten" am Vorkaufsrecht (BGHZ 136, 327, 329 f; Frankf NJW-RR 99, 17, 18 f). Deshalb läuft die Ausübungsfrist (§ 469 II) erst mit Mitteilung an den letzten Berechtigten (Erman/*Grunewald* Rz 2; BaRoth/*Faust* Rz 3). Damit ist Bruchteilseigentum am Vorkaufsrecht ausgeschlossen (Frankf aaO). Die Berechtigten sind Mitgläubiger (§ 432) auf die Leistung, Gesamtschuldner (§ 421) für den Kaufpreis und erwerben im Zweifel in Bruchteilsgemeinschaft (BGHZ aaO 330 f). Sie müssen den gemeinschaftlichen Erwerb im Ganzen erklären (Erman/*Grunewald* Rz 1; BaRoth/*Faust* Rz 4, 5). Beim Verkauf an einen Berechtigten sind die übrigen in Höhe ihrer Quote vorkaufsberechtigt (Hamm ZMR 89, 374, 375). § 472 gilt nicht für die Gesamtgläubigerschaft (§ 428, Stuttg NJW-RR 09, 952) und Gesamthandsgemeinschaft wegen deren Vertretungsregeln (Erman/*Grunewald* Rz 5; s. § 461 Rn 2); speziell zur Erbengemeinschaft s. BGH NJW-RR 09, 1172 Rz 24).

3 **C. Anwachsung (S 2).** Eine Nichtausübung oder gleichstehend eine unwirksame Ausübung (BGH NJW-RR 09, 1172 Rz 22), zB wenn ein gemeinschaftlich Berechtigter die von jedem Berechtigten separat zu wahrende

Ausübungsfrist nicht einhält (RG HRR 32 Nr 451; Stuttg NJW-RR 09, 952), führt nicht zum Erlöschen des gemeinschaftlichen Vorkaufsrechts, sondern zum Anwachsen der Berechtigung des nicht teilnehmenden Berechtigten auf die übrigen Berechtigten (BGH aaO Rz 23). Eine unwirksame Ausübung liegt auch vor, wenn der gemeinschaftlich Berechtigte nur für sich allein ausübt (BGH aaO Rz 22 f).

§ 473 Unübertragbarkeit.
¹Das Vorkaufsrecht ist nicht übertragbar und geht nicht auf die Erben des Berechtigten über, sofern nicht ein anderes bestimmt ist. ²Ist das Recht auf eine bestimmte Zeit beschränkt, so ist es im Zweifel vererblich.

A. Zweck, Schuldrechtsmodernisierung, Anwendungsbereich. Die § 514 aF wörtlich entspr Norm will Verpflichteten vor einer Übertragung des Vorkaufsrechts auf ihm nicht genehme Dritte schützen (RG 155, 172, 178). Zudem erhöht eine Übertragung die Gefahr der Ausübung (Erman/*Grunewald* Rz 1). 1 Alt 1 der fehlenden Übertragbarkeit meint auch das Vorkaufsrecht der Miterben gem § 2034 I, nicht aber Alt 2 der fehlenden Vererblichkeit wegen § 2034 II 2 (Münch 13 U 4486/08 v 10.3.09 juris Rz 28 f mwN). Die Norm gilt nur für das **Vorkaufsrecht selbst**; nicht für Ansprüche aus dem ausgeübten Vorkauf, die nach allg Regeln abtretbar sind (RG 163, 142, 153 f; Palandt/*Weidenkaff* Rz 4). Deshalb verbietet § 473 auch keine Vereinbarung des Berechtigten mit einem Dritten, das Vorkaufsrecht nach dessen Weisung auszuüben (RG 155, 172, 177 f; BGH WM 63, 617, 619). Wegen der erheblichen Beschränkung des Berechtigten ist § 473 nur mit Vorsicht auf ähnliche Rechte anwendbar (großzügiger Erman/*Grunewald* Rz 5; für 2 MüKo/*Westermann* Rz 2). 1

B. Ausschluss der Übertragbarkeit und Vererblichkeit (S 1). Die Norm ist ausdrücklich abdingbar: Abw Regelung kann (1) durch – der Form des Rechtsgeschäfts (für § 311b I RG 148, 105, 108) – unterliegenden Vertrag oder (2) qua – formfreier (§ 182 II) – Zustimmung des Verpflichteten getroffen werden (Erman/*Grunewald* Rz 2). Sie begründet ein **absolutes Veräußerungsverbot**, da sie ohne abw Regelung dem Berechtigten die Verfügungsmacht nimmt (so Staud/*Mader* Rz 5; Erman/*Grunewald* Rz 2; aA § 135 gilt: RG 148, 105, 110 ff; 163, 142, 155; Palandt/*Weidenkaff* Rz 2). Sie erfasst nicht Umwandlungen von juristischen Personen des Privatrechts (so Palandt/*Weidenkaff* Rz 3 f; aA RG 123, 289, 294 f; KG DR 39, 1891, 1892 für Umwandlung nach AktG aF; MüKo/*Westermann* Rz 3; Staud/*Mader* Rz 4), bes nach dem UmwG (so für Spaltungen Lutter/*Teichmann* § 132 UmwG Rz 46; aA Schmitt/Hörtnagl/Stratz/*Hörtnagl* § 132 UmwG Rz 32; für Verschmelzungen Widmann/Mayer/*Vossius* § 20 Rz 309), und des öffentlichen Rechts (so für Gemeinden RG 163, 142, 150 ff; wohl MüKo/*Westermann* Rz 3; aA Staud/*Mader* Rz 4), so dass das Vorkaufsrecht mitgeht. Arg: – bei der Spaltung partielle – Gesamtrechtsnachfolge, die auch mangels eines Pendants zu § 1061 nicht mit dem Tod vergleichbar ist. 2

C. Befristetes Vorkaufsrecht (S 2). Nach der Auslegungsregel von 2 ist ein befristetes Recht „im Zweifel" vererblich – nicht aber übertragbar (KG DR 39, 1891; Palandt/*Weidenkaff* Rz 4; aA Erman/*Grunewald* Rz 4); Grund: Befristung mindert die Gefahr der zeitlich unangemessenen Ausdehnung des Vorkaufsrechts durch Erbfolge. 3

Untertitel 3 Verbrauchsgüterkauf

§ 474 Begriff des Verbrauchsgüterkaufs.
(1) ¹Kauft ein Verbraucher von einem Unternehmer eine bewegliche Sache (Verbrauchsgüterkauf), gelten ergänzend die folgenden Vorschriften. ²Dies gilt nicht für gebrauchte Sachen, die in einer öffentlichen Versteigerung verkauft werden, an der der Verbraucher persönlich teilnehmen kann.
(2) Auf die in diesem Untertitel geregelten Kaufverträge ist § 439 Abs. 4 mit der Maßgabe anzuwenden, dass Nutzungen nicht herauszugeben oder durch ihren Wert zu ersetzen sind. Die §§ 445 und 447 sind nicht anzuwenden.

A. Grundsätzliches. I. Zweck von Untertitel 3. Die Schuldrechtsmodernisierung hat die **Verbrauchsgüter- kaufRL** auf zwei Wegen umgesetzt: (1.) Ein wesentlicher Teil der Anforderungen wurde durch die Reform der allg Bestimmungen, bes der §§ 280 ff, 323 ff, 346 ff, und des kaufrechtlichen Mängelrechts erfüllt. Der Gesetzgeber verfolgte so primär das **Prinzip des einheitlichen Kaufrechts** (s. Vor §§ 433 ff Rn 12). Daher musste er diese Normen nur noch iRd Vorgaben der Richtlinie zu ius cogens erklären (§ 475). (2.) Untertitel 3 als **Sonderrecht der Verbraucher** enthält deshalb mit den §§ 476–479 nur relativ wenige Bestimmungen, die der Gesetzgeber für zu verbraucherschützend ansah, um sie allg G werden zu lassen (BTDrs 14/6040, 242). Davon sind materiell grundl nur die nicht an Verbraucher adressierten §§ 478, 479. In der rechtlichen Kargheit der §§ 474–477, speziell der Kernregelung des § 475 I, die schlicht eine lange Liste kaufrechtlicher Grundsatznormen zugunsten von Verbrauchern für zwingend erklärt, zeigt sich am deutlichsten, wie sehr das gesetzliche Kaufrecht materielles Verbraucher- und dh Käuferrecht geworden ist. Zur Bewertung s. Vor §§ 433 ff Rn 14 f. 1

2 II. Zweck von § 474. Die Norm verfolgt zwei verschiedene Zwecke. I definiert den **Anwendungsbereich** des Sonderrechts der Verbraucher so, dass er mit der VerbrauchsgüterkaufRL übereinstimmt (I 1); dazu ergänzend wird die von der RL gestattete Ausn der öffentlichen Versteigerung gebrauchter Sachen transformiert (I 2). II enthält mit den Sonderregeln zu §§ 439 IV (s. dort Rn 36), 445, 447 **materielles Verbraucherschutzrecht**.

3 B. Verbrauchsgüterkauf (Abs 1). I. Legaldefinition (Abs 1 S 1 Hs 1). Vier Voraussetzungen konstituieren den Verbrauchsgüterkauf: (1.) ein Unternehmer als Verkäufer schließt mit einem (2.) Verbraucher als Käufer einen (3.) Kaufvertrag über eine (4.) bewegliche Sache.

4 1. Unternehmer. S. Legaldefinition in § 14 I. Kaufrechtsspezifisch ist zu ergänzen: Der Verkauf muss zur unternehmerischen Tätigkeit gehören. Dazu ist nicht erforderlich, dass der Unternehmer professioneller Verkäufer ist (Bremen NJOZ 04, 2059 f; BaRoth/*Faust* Rz 13; MüKo/*Lorenz* Rz 21; **abw** in der Tendenz *Brüggemeier* WM 02, 1376, 1385) oder Gewinnzielung beabsichtigt, sondern die objektive Erfüllung der Kriterien für unternehmerische Tätigkeit reicht (grundl BGHZ 167, 40 Rz 14–19; Köln 11 U 23/07 v 8.8.07 Rz 6). Der Kaufgegenstand muss aber aus der unternehmerischen Sphäre stammen, was nicht vorliegt, wenn Unternehmer, zB Freiberufler, überwiegend privat statt beruflich genutztes Fahrzeug veräußert (KG ZGS 07, 78; LG Frankfurt NJW-RR 04, 1208; Palandt/*Weidenkaff* Rz 5; MüKo/*Lorenz* Rz 25; ebenso für Gesellschafter-Geschäftsführer bei Verkauf eines auf die GmbH zugelassenen Fahrzeugs: BGHZ 170, 67 Rz 13; weiter Celle ZGS 07, 354, 355: hälftige private Nutzung reicht). Unternehmer kann auch sein, wer viele Verkäufe tätigt (Kobl NJW 06, 1438 mit Vorinstanz LG Mainz NJW 06, 783: Powerseller bei eBay trägt Beweislast, kein Unternehmer zu sein). Zur privaten Nutzung gehört auch die Fahrt zur Arbeitsstätte – und nicht zu dritten Orten, zB Lieferanten, Kunden –, da sie auch bei Verbrauchern anfällt (Celle, LG Frankfurt jew aaO). Ein Verkauf durch Unternehmer im Auftrag und Namen eines Verbrauchers (sog **Agenturgeschäfte**), bleibt ein Verkauf unter Privaten, solange er auf Rechnung des Verbrauchers stattfindet (BGH NJW 05, 1039, 1040, in Bestätigung von Stuttg NJW 04, 2169 f zu Gebrauchtwagen; BaRoth/*Faust* Rz 7; MüKo/*Lorenz* Rz 19). Vorgeschobene Agenturgeschäfte lassen unmittelbare Mängelrechte des Käufers aus einem Verbrauchsgüterkauf gegen den Unternehmen, nicht jedoch gegen den privaten Verkäufer, entstehen (BGH NJW 07, 759 Rz 16–18; Celle ZGS 07, 79; NJW-RR 08, 1635, 1636; Saarbr MDR 06, 1108 f; *Czaplinski* ZGS 07, 92, 95 ff; **aA** MüKo/*Lorenz* Rz 36). Der Insolvenzverwalter ist immer Unternehmer, unabhängig davon, ob der Gemeinschuldner Verbraucher oder Unternehmer ist, da er in beruflicher Eigenschaft als Partei kraft Amtes, nicht als Vertreter des Gemeinschuldners handelt (**aA** Einordnung des Gemeinschuldners entscheidet: BTDrs 14/6857, 62 zu Nr 103; Palandt/*Weidenkaff* Rz 5; MüKo/*Lorenz* Rz 20: ebenso für Testamentsvollstrecker und Nachlassverwalter). Ist der Unternehmer in demselben Vertrag Verkäufer und Käufer, zB bei Verkauf eines Neuwagens mit Inzahlungnahme eines Gebrauchtwagens, fällt nur der Verkauf des Neuwagens durch den Unternehmer unter I 1 (Erman/*Grunewald* Rz 1; BaRoth/*Faust* Rz 6). Str ist, ob der Unternehmerbegriff von § 13 abschließend ist (so MüKo/*Lorenz* Rz 22; offenbar Palandt/*Weidenkaff* Rz 5) oder ob in richtlinienkonformer Erweiterung auch beruflich bedingte Verkäufe eines abhängig Beschäftigten erfasst sind, zB Verkauf von Schulbüchern durch Lehrer (so BaRoth/*Faust* Rz 12); der Streit scheint eine gewisse Übersteigerung des Verbraucherschutzgedankens zu bestätigen (vgl MüKo/*Lorenz* Rz 22).

5 2. Verbraucher. S. Legaldefinition in § 13 (zur Übereinstimmung s. BTDrs 14/6040, 243). Kaufrechtsspezifisch gelten für den Kauf die Grundsätze zur Abgrenzung zwischen privater und beruflicher Nutzung in Rn 4 ergänzend. Der Begriff ist nach dem objektivierten Empfängerhorizont zu bestimmen, so dass die §§ 474 ff nicht für einen Verbraucher gelten, der sich ggü dem Verkäufer als Unternehmer ausgibt (BGH NJW 05, 1045 f; MüKo/*Lorenz* Rz 23).

6 3. Kaufvertrag. Die Voraussetzung „Kaufvertrag" nimmt va Werkverträge aus dem Verbrauchsgüterkauf heraus. Da § 651 gerade in Umsetzung der VerbrauchsgüterkaufRL so geändert wurde, dass Kaufrecht anders als nach aF für alle Verträge über die Lieferung beweglicher Sachen gilt, kommt ihr für die Lieferung von Sachen keine effektiv einschränkende Bedeutung zu (s. Vor §§ 433 ff Rn 2 f). Wegen des Verweises auf das Kaufrecht in § 480 stehen **Tauschverträge** für die Leistung des Unternehmers einem Verbrauchsgüterkauf gleich (BaRoth/*Faust* Rz 6).

7 4. Bewegliche Sache. a) Bewegliche. In Übereinstimmung mit Art 1 II lit b) VerbrauchsgüterkaufRL sind **Immobilien** ausgenommen, damit wegen § 93 auch deren wesentliche Bestandteile (Erman/*Grunewald* Rz 4). Str ist die Rechtslage für **Zubehör**. Aus systematischen und praktischen Erwägungen sind die § 474 ff ebenfalls nicht anwendbar (*Feller* MittBayNot 03, 82, 84 f mwN; **aA** BaRoth/*Faust* Rz 8; MüKo/*Lorenz* Rz 4; Staud/*Matusche-Beckmann* Rz 25). Im Zweifel ist Zubehör vom Verkauf des Grundstücks erfasst (§ 311c) und teilt dessen rechtliches Schicksal (Erman/*Michalski* § 97 Rz 15); daher wird es ohne Trennung, die bei der Mitveräußerung gerade nicht stattfindet, wie das Grundstück behandelt, einschl der dinglichen Einbeziehung in dessen Übereignung (§ 926 I) und die Haftung für Grundpfandrechte (§ 1120). Mit fast jedem Verkauf einer Immobilie wird auch Zubehör verkauft, zB Küche, einzelne Möbel, Zusatzgeräte zur Haustechnik (vgl Erman/*Michalski* § 94 Rz 9), oft pauschal, dh ohne Auflistung im Vertrag und ohne separate Berechnung; zudem ist die Abgrenzung zu wesentlichen Bestandteilen oft str, zB für Einbauküchen (s. Palandt/*Ellenberger*

§ 93 Rz 5 sub „Einbauküche" mit auch regionaler Differenzierung), so dass separate Behandlung von Zubehör im Grundstückskaufvertrag praktisch kaum zu leisten ist. **Schiffe** sind verbraucherrechtlich bewegliche Sachen, da § 452 die Gleichstellung mit Immobilien nur für den 1., nicht den 3. Untertitel anordnet (Erman/*Grunewald* Rz 4; Staud/*Beckmann* § 452 Rz 1; **aA** MüKo/*Westermann* § 452 Rz 1).

b) Sache. Es gilt grds der Sachbegriff des Kaufrechts (§ 433 Rn 7), einschl Tieren und ausschl Immobilien (s. Rn 7); die Sachen können neu oder gebraucht sein (arg I 2, § 475 II). Str ist, ob **Gas** und **Wasser**, wenn sie per Leitung und nicht in Behältnissen geliefert werden, entgegen Art II lit b) 2. und 3. Spiegelstrich VerbrauchsgüterkaufRL erfasst sind (dafür BTDrs 14/6857, 62 zu Nr 103, evtl abw BTDrs 14/6040, 243; Erman/*Grunewald* Rz 5; MüKo/*Lorenz* Rz 10; dagegen Staud/*Matusche-Beckmann* Rz 31 ff: jedenfalls für Gas; Haas/Medicus/Rolland/Schäfer/Wendtland/*Haas* Kap 5 Rz 433; *Brüggemeier* WM 02, 1376, 1385). Da keine Sachen, sind **Strom** (BTDrs 14/6040, 243) und **Wärme** (aA Erman/*Grunewald* Rz 5) ausgenommen (s. § 453 Rn 18 f); die Spezialität der §§ 474 ff spricht gegen eine Analogie (so MüKo/*Lorenz* Rz 10; Staud/*Matusche-Beckmann* Rz 33; **aA** Erman/*Grunewald* Rz 4). Software unterliegt den §§ 474 ff, soweit Kaufrecht gilt, also für auch installierte **Standardsoftware** (s. § 453 Rn 20; BaRoth/*Faust* Rz 9; Staud/*Matusche-Beckmann* Rz 34, 36), mithin nicht angepasste Standard- und Individualsoftware (insoweit **aA** MüKo/*Lorenz* Rz 10). Konsequenz der Voraussetzung „Sache" ist, dass die §§ 474 ff auf die Kaufgegenstände des § 453 wie Rechte, Forderungen grds keine Anwendung finden mit Ausnahme von Sachgesamtheiten (s. § 453 Rn 24–26; Erman/*Grunewald* Rz 3; Staud/*Matusche-Beckmann* Rz 24).

II. Ausn: Öffentliche Versteigerungen gebrauchter Sachen (Abs 1 S 2). Zur öffentlichen Versteigerung s. §§ 445 (Rn 5), 383 III; die Möglichkeit persönlicher Teilnahme ist dort wie hier notwendig (Erman/*Grunewald* Rz 6; *Braun* CR 05, 113, 117 f, aber aA für Geltung von § 383 III hinsichtlich des Versteigerers). Abw zu § 445 spielt es keine Rolle, ob Sache als Pfand versteigert wird. Zur Gebrauchtheit s. § 475 Rn 10.

III. Rechtsfolge (Abs 1 S 1 Hs 2). Die Anordnung der ergänzenden Geltung meint den **Vorrang der §§ 474 ff** ggü dem allg Kaufrecht. Daraus resultieren folgende Besonderheiten des Verbrauchsgüterkaufs: **(1.)** § 445 (mängelrechtliche Privilegierung von **Pfandversteigerungen**) gilt prinzipiell nicht (II Alt 1). Zu den Grenzen s. Rn 12. **(2.)** § 447 gilt nicht (II Alt 2), so dass beim **Versendungskauf** für die Gefahrtragung § 446 maßgeblich ist (s. Rn 13). **(3.)** Zwingend sind zugunsten des Verbrauchers §§ 433 (s. aber § 475 Rn 5), 434, 435, 437, 439, 440, 441, 442 u 443 (§ 475 I), also die Bestimmungen zu den **essentialia negotii** und das **Mängelrecht** inkl Garantien, mit Ausn der Regelungen zum Schadensersatz (§ 475 III). **(4.)** Die **Verjährung** gem § 438 kann nicht erleichtert werden mit den 2 Ausnahmen, dass Verkürzungen generell bis zu einer verbleibenden Verjährungsfrist von 2 Jahren und bei gebrauchten Sachen bis zu 1 Jahr gestattet sind (§ 475 II). **(5.)** Für einen binnen **6 Monaten nach Gefahrübergang** sich zeigenden **Mangel** wird vermutet, dass er schon zum Gefahrübergang bestand (§ 476). **(6.) Garantien** müssen formalen Anforderungen genügen und dürfen zwingend nur neben den Mängelrechten gelten (§ 477). **(7.)** Der **Regress des Händlers** gegen den Lieferanten und die Regresse in der Lieferantenkette sind zwingend mit besonderer Verjährung geregelt (§§ 477, 478).

C. Sonderregeln zu §§ 439 IV, 445, 447 (Abs 2). I. § 439 IV. S. § 439 Rn 36.

II. § 445 (Abs 2 S 2 Alt 1). Da I 2 die öffentliche Versteigerung gebrauchter Sachen aus dem Verbrauchsgüterkauf herausnimmt, wird durch II 2 Alt 1 § 445 für die Versteigerung neuer Sachen und die nicht öffentliche Pfandversteigerung gebrauchter Sachen für unanwendbar erklärt. Im Ergebnis bleibt § 445 also anwendbar für öffentliche Pfandversteigerungen gebrauchter Sachen (BaRoth/*Faust* Rz 21, 19; Staud/*Matusche-Beckmann* Rz 50, 54; speziell für den Kunsthandel s. *Müller-Katzenburg* NJW 06, 553, 556).

III. § 447 (Abs 2 Alt 2). Richtlinienexzessiv richtet sich beim Versendungskauf als Konsequenz aus der Unanwendbarkeit von § 447 der Gefahrübergang nach § 446 (Palandt/*Weidenkaff* Rz 12). Damit trägt Verkäufer das Risiko bis zur Übergabe gem § 446, dh idR der Verschaffung unmittelbaren Besitzes, an den Käufer oder seinen Besitzdiener (s. §§ 446 Rn 12, 433 Rn 17–19; für Transportschäden LG Coburg CR 07, 59, 60). II Alt 1 schließt nur die Verschiebung der Preisgefahr durch § 447 aus, er führt dagegen nicht zur Veränderung der Leistungsgefahr iS einer Bringschuld: Der Verkäufer wird bei unverschuldetem Verlust der Ware auf dem Transport also von der Leistungspflicht befreit, verliert aber den Anspruch auf den Kaufpreis (MüKo/*Lorenz* Rz 34; Staud/*Matusche-Beckmann* Rz 62 mwN auch der aA; *Oetker/Maultzsch* 204; **aA** offenbar *Koch* WM 02, 2217, 2228). Zur Abdingbarkeit s. § 475 Rn 5.

D. Beweislast. Wer sich auf eine der Vorschriften des 3. Untertitels beruft, trägt dafür die Beweislast: bei den §§ 474–477 also idR der Verbraucher, bei den §§ 478, 479 idR der den Regress begehrende Händler oder in der Lieferantenkette der Anspruch stellende Lieferant (BGH NJW 07, 2619 Rz 13; KG ZGS 07, 78; Staud/*Matusche-Beckmann* Rz 74 ff m Nachw auch der aA).

§ 475 Abweichende Vereinbarungen.
(1) ¹Auf eine vor Mitteilung eines Mangels an den Unternehmer getroffene Vereinbarung, die zum Nachteil des Verbrauchers von den §§ 433 bis 435, 437, 439 bis 443, sowie von den Vorschriften dieses Untertitels abweicht, kann der Unternehmer sich nicht beru-

fen. ²Die in Satz 1 bezeichneten Vorschriften finden auch Anwendung, wenn sie durch anderweitige Gestaltungen umgangen werden.
(2) Die Verjährung der in § 437 bezeichneten Ansprüche kann vor Mitteilung eines Mangels an den Unternehmer nicht durch Rechtsgeschäft erleichtert werden, wenn die Vereinbarung zu einer Verjährungsfrist ab dem gesetzlichen Verjährungsbeginn von weniger als zwei Jahren, bei gebrauchten Sachen von weniger als einem Jahr führt.
(3) Die Absätze 1 und 2 gelten unbeschadet der §§ 307 bis 309 nicht für den Ausschluss oder die Beschränkung des Anspruchs auf Schadensersatz.

1 **A. Grundsätzliches. I. Bedeutung, Inhalt.** § 475 ist der Kern des Sonderrechts der Verbraucher, indem die kaufrechtliche Zentralnorm (§ 433) und alle auf Mobilien anwendbaren Normen des Mängelrechts (§§ 434–435, 437, 439–443) bis auf Schadensersatzansprüche zugunsten des Verbrauchers für zwingend erklärt werden; dasselbe gilt für die Normen des 3. Untertitels selbst. Für § 438 wird eine Erleichterung der Verjährung nur beschränkt zugelassen. **Rechtsfolge** eines Verstoßes ist nach der eindeutigen Formulierung, dass die Vorschrift, von der unzulässig abgewichen ist, und der Vertrag iÜ in vollem Umfang gelten (BTDrs 14/7052, 199; BaRoth/*Faust* Rz 16).

2 **II. VerbrauchsgüterkaufRL.** I setzt Art 7 I, II Art 5 und 7 der RL um.

3 **B. Zeitpunkt.** § 475 gilt nur für Vereinbarungen, die „**vor Mitteilung eines Mangels** an den Unternehmer" getroffen werden. Die Mitteilung – Art 7 I RL: Unterrichtung – ist eine empfangsbedürftige (so zur Mängelanzeige/rüge iSd §§ 478 aF, 377 HGB BGHZ 101, 49, 51 ff) geschäftsähnliche Handlung (Palandt/*Weidenkaff* Rz 3; Erman/*Grunewald* Rz 2). Sie muss Tatsachen so bezeichnen, dass darin Beanstandung der Mangelhaftigkeit liegt; die Erhebung oder Ankündigung von Ansprüchen ist nicht erforderlich (Palandt/*Weidenkaff* Rz 3; Staud/*Matusche-Beckmann* Rz 36). Eine Mitteilung schafft insgesamt und nicht nur für den konkreten Mangel Vertragsfreiheit; allein dann können Vertragspartner in Konsequenz eines Mangels Gesamtvereinbarung treffen (Erman/*Grunewald* Rz 2; **aA** nur für den konkreten Mangel: Palandt/*Weidenkaff* Rz 3 a; BaRoth/*Faust* Rz 15; MüKo/*Lorenz* Rz 11).

4 **C. Nachteilige Abweichungen (Abs 1 S 1). I. §§ 433–435, 437, 439–443 (Alt 1).** Jede Abweichung ist nachteilig, die die Rechtsstellung des Verbrauchers verglichen mit einer in I 1 Alt 1 zugunsten des Verbrauchers für zwingend erklärten Normen verschlechtert. Dazu gehören reduzierte Rechtsfolgen – außerhalb von Schadensersatz (III) –, erhöhte materielle Anforderungen, zB beim Verschulden, zusätzliche formale Erfordernisse, zB Mängelrüge/anzeige (vgl Erman/*Grunewald* Rz 5) sowie jede Handlung, die dem Verbraucher die Durchsetzung seiner Rechte erschwert (Nürnbg NJW 05, 3000, 3002 für abw Bezeichnung von „Gefahrübergang" in Information). Die Reichweite der Regelung ist str:

5 **1. Beschränkung auf Mängelrecht.** Der Regelungsgegenstand von § 433 und des in § 474 II 2 Alt 2 ausgeschlossenen § 447 (zu I 1 Alt 2 s. Rn 7) geht weit über das Mängelrecht hinaus: Beide Normen sind auch Grundlage für Ansprüche des Käufers wegen Nichtlieferung und Verzug. Allein darauf bezogene, also Mängelrechte nicht beeinträchtigende Vereinbarungen sind daher nicht durch I 1 beschränkt (für Fälligkeitsregelungen Erman/*Grunewald* Rz 4). Dies folgt aus der ausschl Regelung der Vertragswidrigkeit der Kaufsache in der VerbrauchsgüterkaufRL, eine Limitierung, die mit dem zeitlichen Kriterium der „Mitteilung eines Mangels" ausreichend deutlich in § 475 Eingang gefunden hat: Wird die Sache nicht oder mangelfrei nur zu spät geliefert, ist dieses Kriterium sinnlos. Zu § 447 sind daher Vereinbarungen zu Transportkosten und -versicherung gestattet (Erman/*Grunewald* Rz 10, auch zur Offenlegungspflicht; **aA** *Koch* WM 02, 2217, 2228), da sie den Inhalt von § 474 II 2 Alt 2, das transportbezogene Mangelrisiko den Käufer tragen zu lassen, nicht tangieren.

6 **2. Zulässigkeit von Beschaffenheitsvereinbarungen.** Zur Maßgeblichkeit von negativen Beschaffenheitsvereinbarungen s. § 434 Rn 29, 63.

7 **II. Vorschriften des 3. Untertitels (Alt 2).** Darunter fallen nicht nur die §§ 475–479 (unstr), sondern auch § 474 II, so dass grds der Ausschluss der §§ 445, 447 unabdingbar ist (Erman/*Grunewald* Rz 6; Staud/*Matusche-Beckmann* Rz 8 f; Haas/Medicus/Rolland/Schäfer/Wendtlandt/*Haas* Kap 5 Rz 452; **aA** für § 447 BaRoth/*Faust* Rz 5; MüKo/*Lorenz* Rz 5: de facto aber wegen § 307 II Nr 1 ohne Bedeutung; *Canaris* Schuldrechtsmodernisierung S. XXXIV). Für § 447 gilt dies aber gem Rn 5 nicht für Vereinbarung zu anderen als Mängelrisiken.

8 **D. Umgehungen (Abs 1 S 2).** S. § 312 f 2. Bsp können sein (vgl MüKo/*Lorenz* Rz 27 ff): die Veräußerung von Sachen durch Unternehmer im Auftrag eines Verbrauchers, nicht aber zulässige Agenturgeschäfte (s. § 474 Rn 4; *Katzenmeier* NJW 04, 2632 f; MüKo/*Lorenz* Rz 29 f, 36; Staud/*Matusche-Beckmann* Rz 45 ff); die Minimierung der Beschaffenheitsanforderungen in Widerspruch zum Vertragsinhalt und zur vorvertraglichen Darbietung (s. Rn 6; zB: Bastlerfahrzeug, das TÜV-fähig werden sollte: AG Marsberg ZGS 03, 119).

E. Erleichterungen der Verjährung (Abs 2). I. Generell. Erleichterung der Verjährung meint alle Vereinbarungen, die effektiv die Verjährungsfristen des § 438 verkürzen. Dazu gehören neben direkten Reduzierungen der Länge auch indirekte wie Vorverlegung des Beginns, zB Annahmeverzug, bei zu montierenden Sachen Anlieferung statt Montage (s. § 438 Rn 22), Bindung an andere Parameter, zB Obergrenze für Benutzung: km-Stand, Benutzungsstunden, oder zusätzliche Voraussetzungen für Geltendmachung, zB spätestens 6 Monate nach Auftreten des Mangels (vgl Erman/*Grunewald* Rz 11). Solche Vereinbarungen sind für neue Sachen nur zulässig, wenn die verbleibende Frist wenigstens 2 Jahre beträgt. Die Bestimmung gilt unmittelbar nur für die Ansprüche gem § 437 Nr 1, denen die Gestaltungsrechte Minderung und Rücktritt (§ 437 Nr 2) aber nachlaufen (s. § 438 Rn 24; MüKo/*Lorenz* Rz 17). Nicht erfasst sind die Schadensersatzansprüche gem § 437 Nr 3, da III ihren Ausschluss gestattet, zu dem die Erleichterung der Verjährung ein Minus ist, und auch auf II verweist (MüKo/*Lorenz* Rz 17; Staud/*Matusche-Beckmann* Rz 72; aA Palandt/*Weidenkaff* Rz 10). Da die Verjährungsfrist für Arglist (§ 438 III) wegen § 202 I nicht verkürzt werden kann, kommt für eine Verkürzung praktisch nur die **Fünfjahresfrist für Baumaterialien** (§ 438 I Nr 2 lit b) in Betracht. Für **neue Mobilien** sind **Verkürzungen** damit zu Lasten des Verbrauchers **nicht** möglich. 9

II. Gebrauchte Sachen. Von großer praktischer Bedeutung ist die Zulässigkeit einer Verkürzung bei gebrauchten Sachen auf 1 Jahr, da sie auch für Mobilien entspr weit verbreiteten Usancen, zB Gebrauchtwagenhandel, Tiere, Second Hand Shops, eine Halbierung der gesetzlichen Frist von 2 Jahren (§ 438 I Nr 3) erlaubt. Für die auch für § 474 I 2 und faktisch § 476 (s. dort Rn 1, 7) wichtige Definition der Gebrauchtheit gilt: Grundsatz ist die objektive Bestimmung (BGHZ 170, 31 Rz 33; MüKo/*Lorenz* § 474 Rz 15; nur für § 475 II, nicht für § 474 I 2 Staud/*Matusche-Beckmann* Rz 79 f; aA Schlesw ZGS 06, 277, 279; 2. Aufl; BaRoth/*Faust* § 474 Rz 17) Danach ist neu die noch nicht benutzte Kaufsache, zB das noch nicht gefahrene Auto. Deshalb stehen normale Lagerzeiten, Kürzestnutzungen, zB Tageszulassungen bei Kraftfahrzeugen, Ausprobieren von Garderobe, der Neuheit nicht entgegen. Diese objektive Definition ist aber nicht abschließend, sondern die Parteien können in Grenzfällen (Kurzzeitnutzung, sehr lange gelagerte Produkte) Vereinbarung über Neu- oder Gebrauchtheit treffen, beim Verbrauchsgüterkauf unter der Voraussetzung, dass der Vertragsinhalt iÜ einschließlich der Kaufpreisgestaltung damit übereinstimmt. **Bsp: Kraftfahrzeuge** sind neu trotz Tageszulassung (BaRoth/*Faust* § 474 Rz 18; Staud/*Matusche-Beckmann* Rz 82 mwN), Zugehörigkeit zur Vorserie, sie sind gebraucht als Vorführwagen (Staud/*Matusche-Beckmann* Rz 82; s. § 434 Rn 105), bei so langer Standzeit, dass dadurch Mängel oder Wertminderung wegen Alters auftreten (MüKo/*Lorenz* § 474 Rz 16 mwN; s. § 434 Rn 105); Antiquitäten sind grds gebraucht (MüKo/ *Lorenz* § 474 Rz 16; **aA**: wegen des Werts ist Kriterium „gebraucht" sinnlos Haas/Medicus/Rolland/Schäfer/ Wendtland/*Haas* Kap 5 Rz 434), außer sie werden als komplett restauriert verkauft; **Kunstwerke** sind gebraucht, außer sie wurden bisher nicht ausgestellt (Palandt/*Weidenkaff* Rz 11; MüKo/*Lorenz* § 474 Rz 16); obwohl nicht wirklich passend, gilt die Differenzierung angesichts des eindeutigen Willens des Gesetzgebers auch für **Tiere**: Sie sind gebraucht mit der ersten bestimmungsgemäßen Nutzung, zB als Haustier, Springpferd, aber auch wenn sie auf Grund Alters analog zur langen Lagerzeit bei sonstigen Produkten nicht mehr als „jung" anzusehen sind (BTDrs 14/6040, 245; BGHZ 170, 31 Rz 26–33; für 6 Monate alte Fohlen Schlesw ZGS 06, 277, 278 f; für 9 Wochen alten Welpen LG Aschaffenburg NJW 90, 915 f; *Müller* in: FS Westermann, 517, 531; *Westermann* ZGS 05, 342, 347; **aA** Differenzierung passt nicht, so dass Tiere stets gebraucht sind: 2. Aufl; tendenziell BaRoth/*Faust* § 474 Rz 19; **ähnl**: ab Geburt gebraucht *Brückner/ Böhme* MDR 02, 1406, 1408 f.). 10

F. Schadensersatzansprüche (Abs 3). Verbraucherrechtlich können die von der Richtlinie (vgl Art 3 III, V) nicht geregelten Schadensersatzansprüche iRd §§ 307, 309 beliebig ausgeschlossen oder beschränkt werden. **Aufwendungsersatzansprüche** sind, obschon nicht ausdrücklich geregelt, gleich zu behandeln (Erman/*Grunewald* Rz 10, abw aber Rz 3; MüKo/*Lorenz* Rz 14). Sie sind nicht Gegenstand der VerbrauchsgüterkaufRL und gem § 437 Nr 3 die Alt zum Schadensersatz; zudem decken sie gem § 284 insb als Konsequenz der Rentabilitätsvermutung schadensersatzartige Positionen ab (vgl Palandt/*Grüneberg* § 284 Rz 1 f, 5). 11

§ 476 Beweislastumkehr.
Zeigt sich innerhalb von sechs Monaten seit Gefahrübergang ein Sachmangel, so wird vermutet, dass die Sache bereits bei Gefahrübergang mangelhaft war, es sei denn, diese Vermutung ist mit der Art der Sache oder des Mangels unvereinbar.

A. Zweck, Anwendungsbereich, Abdingbarkeit. Die Norm berücksichtigt die generelle Erfahrung, ohne dass es sich um eine im Einzelfall geforderte Voraussetzung handelt (BGH NJW 07, 2619 Rz 11), dass der Unternehmer die Mangelfreiheit bei Gefahrübergang besser überblicken kann als der Verbraucher, zumal er sie zu diesem Zeitpunkt schuldet (§ 434 I 1; BTDrs 14/6040, 245). Sie gilt nur bei Sachmängeln auch gebrauchter Sachen (unstr: BGHZ 159, 215; BGH NJW 05, 3490, 3492), zB bei Einbau der Sache durch einen Dritten (BGH NJW 05, 283, 284: Teichbecken), bei einem Rückforderungsanspruch des Käufers für die Kosten einer von ihm als Nacherfüllung qualifizierten Reparatur gegen den Verkäufer (BGH NJW 09, 580 Rz 15; zust *Fischinger* NJW 09, 563, 564) und für den Unternehmerregress (§ 478 III); zu Garantien s. § 477 Rn 8. Einfüh- 1 rung einer Beweislastumkehr entspr § 476 durch AGB zugunsten von Unternehmer ist regelmäßig unwirksam (für 12-Monatsfrist BGHZ 164, 196, 206–208). § 476 ist nicht abdingbar (§ 475 I 1 Alt 2, s. dort Rn 3).

2 B. VerbrauchsgüterkaufRL. Die Beweislastumkehr gem § 476 ist von Art 5 III gefordert.

3 C. Beweislastumkehr. I. Sachmangel. Nach stRspr des BGH wirkt die Vermutung nur **zeitlich** mit dem Inhalt, dass der aufgetretene Mangel schon bei Gefahrübergang vorlag (BGH NJW 09, 580 Rz 14); sie ändert daher nichts an der Beweislast des Käufers für die einen Mangel begründenden Tatsachen (BGHZ 159, 215, 217 ff; 167, 40 Rz 21, 35; BGH NJW 06, 434 Rz 21; ebenso Ddorf I-1 U 264/07 v 23.6.08 Rz 41; Stuttg ZGS 05, 26, 27; Köln ZGS 06, 276 f; *Witt* ZGS 07, 386 ff). Das Urt des BGH v 18.8.07 (NJW 07, 2621 Rz 15 f m Anm *Lorenz*; krit *Laschet* BGHR 07, 1006 f; zust *Höpfner* ZGS 07, 410 ff; abw zu ähnl Sachverhalt Frankf ZGS 07, 437, 438 f) ist aber eine deutliche Annäherung an die aA (Brandbg 13 U 34/08 v 8.10.08 juris Rz 12–15; Stuttg ZGS 05, 36, 38; BaRoth/*Faust* Rz 8-13; MüKo/*Lorenz* Rz 4; *Klöhn* NJW 07, 2811 ff; *Saueressig* NJOZ 08, 2072 ff). Wenn dort der BGH das non liquet, ob eine Fehlfunktion Folge eines Mangel oder einer Fehlbedienung ist, zugunsten des Verbrauchers auflöst, dann landet er bei der aA, dass bei Auftreten einer Fehlfunktion in der Frist des § 476 der Verbraucher für einen Mangel nicht beweispflichtig ist. Zur Kritik an der aA s. 2. Aufl. Zur Abgrenzung beim Tierkauf s. grundl BGHZ 167, 40 Rz 21–24, 35–38.

4 II. Sich zeigen. Der Mangel muss für den Käufer oder einen Dritten, von dem der Käufer davon erfuhr (ähnl Erman/*Grunewald* Rz 2), erkennbar geworden sein. Dafür ist es vorbehaltlich § 442 unschädlich, wenn Mangel bereits bei Gefahrübergang erkennbar war (Stuttg ZGS 05, 36, 37).

5 III. Zeitraum. Die 6-Monatsfrist ist nach §§ 187 I, 188 II zu berechnen (Palandt/*Weidenkaff* Rz 6; MüKo/*Lorenz* Rz 13); § 193 gilt nicht (Erman/*Grunewald* Rz 1; BaRoth/*Faust* Rz 5; Staud/*Matusche-Beckmann* Rz 21; **aA** Palandt/*Weidenkaff* Rz 6), da es nicht auf das Erkennen, sondern auf die auch noch nachträglich feststellbare Erkennbarkeit innerhalb der Frist ankommt. Der Verweis auf den Gefahrübergang schließt wegen § 446 3 Annahmeverzug ein. Dies ist richtlinienkonform, da Erwägungsgrund 14 ausdrücklich die Vorschriften der Mitgliedsstaaten zum Annahmeverzug unberührt lässt (BTDrs 14/6040, 245; ausf BaRoth/*Faust* Rz 6; MüKo/*Lorenz* Rz 9). Beweispflichtig für Annahmeverzug ist der Verkäufer (Staud/*Matusche-Beckmann* Rz 18, 20). Es verstößt gegen § 475 (s. dort Rn 4), wenn „Gefahrübergang" in Information des Verkäufers abw bezeichnet wird. Die Frist beginnt bei Nacherfüllung für den konkreten Mangel neu, iÜ bleibt es beim alten Fristlauf, der nur für die Zeit der Nacherfüllung gehemmt wird (**aA** für Ersatzlieferung: vollständiger Neubeginn BaRoth/*Faust* Rz 21, auch für Teileaustausch; MüKo/*Lorenz* Rz 12; *Reinking* ZGS 04, 130, 132).

6 IV. Widerlegung. (1.) Der Unternehmer kann konkrete andere Verursachung beweisen, zB unsachgemäße Behandlung durch Käufer (Erman/*Grunewald* Rz 6 mit Differenzierung), Zufall, zB neues Gebäude wird durch Orkan beschädigt. (2.) Alternativ kann der Nachweis der Mangelfreiheit hinsichtlich des vorgetragenen Mangels geführt werden, zB bei elektronischen Produkten durch Vorlage von Prüfprotokoll (abgelehnt, da konkreter Mangel nicht aufgeführt war: AG Potsdam ZGS 03, 120) (wie hier insges: Palandt/*Weidenkaff* Rz 8 f; *Roth* ZIP 04, 2025, 2026). Erforderlich ist der volle Beweis des Gegenteils (BGHZ 167, 40 Rz 31 m Nachw; Palandt/*Weidenkaff* Rz 8a; **aA** Gegenbeweis des Anscheins reicht: BaRoth/*Faust* Rz 15-17; *Maultzsch* NJW 06, 3091, 3095 f).

7 D. Ausnahmen. I. Art der Sache. Die Ausn gewinnt Bedeutung va bei **gebrauchten** Sachen, bei denen abhängig von Alter und Benutzung mit Mängeln zu rechnen ist (BTDrs 14/6040, 245; krit Erman/*Grunewald* Rz 7; MüKo/*Lorenz* Rz 16). Beispiele: **Kfz**: gebrauchsbedingt: LG Hanau NJW-RR 03, 1561 f: div Löcher im Boden bei Wohnmobil; nicht gebrauchsbedingt: Köln ZGS 04, 40: Dauerbruch einer Ventilfeder nach 122.000 km und 10 Jahren bei hochwertigem Kfz; AG Marsberg ZGS 03, 119: Kabelbrand (zu Recht **abl** MüKo/*Lorenz* Rz 17); **Motorboot**: gebrauchsbedingt: Bremen NJOZ 04, 2059, 2060 f: Motorschaden bei 10 Jahre altem Boot. Sie liegt ferner nahe bei **verderblichen** Sachen (Erman/*Grunewald* Rz 5) und Verschleißteilen (Staud/*Matusche-Beckmann* Rz 31). Sie gilt nicht prinzipiell bei **Tieren** (für Pferde BGHZ 167, 40 Rz 22–24 m Nachw).

8 II. Art des Mangels. Wichtigstes Bsp sind **Erkrankungen von Tieren**, bei denen sich va aus der Inkubationszeit ergibt, ob Mangel schon bei Gefahrübergang vorgelegen haben kann (BTDrs 14/6040, 245; grundl BGHZ 167, 40 Rz 25–29; BaRoth/*Faust* Rz 18; Ausn **ja**: BGH NJW 07, 2619 Rz 10: Hautpilzerkrankung eines Katers; LG Aurich ZGS 05, 40: „Weben" eines Pferdes wegen möglicher Verursachung nach Übergabe: Stallwechsel, Kastration; AG Herne ZGS 05, 199: vielfältige, auch plötzlich eintretende Ursachen für Erkrankung eines Ponys; **nein**: BGHZ 167, 40 Rz 29 für Sommerekzem eines Pferdes; LG Essen NJW 04, 527 für Erkrankung eines Hundes 4 Tage nach Übergabe; zust *Augenhofer* ZGS 04, 385 ff). Entspr gilt für technische Mängel, die entweder von Beginn an oder gar nicht vorliegen. Die Ausn ist anwendbar auf typische „auch dem fachlich nicht versierten Käufer" erkennbare Zufallsschäden, für deren Existenz schon bei Gefahrübergang keine Vermutung spricht (BGH NJW 05, 3490, 3492 f; 06, 1195 Rz 16: im konkreten Fall verneint; Unfallschaden bei Kfz: Stuttg ZGS 05, 156, 158 obiter; Staud/*Matusche-Beckmann* Rz 35; **aA**, da nicht auf Erkennbarkeit abstellend: BaRoth/*Faust* Rz 19; MüKo/*Lorenz* Rz 17; ähnl Celle NJW 04, 3566). Demgegenüber gilt sie nicht schon deshalb, weil Mangel „typischerweise jederzeit eintreten kann" (BGH NJW 05, 3490, 3492 f; 06, 1195 Rz 15; für Tierkauf BGHZ 167, 40 Rz 26; NJW 07, 2619 Rz 10; *Maultzsch* NJW 06, 3091, 3093). Bei **Minderlieferungen** wird Ausn regelmäßig gegeben sein, anders bei zu geringer Befüllung einer verschlossenen Verpackung (MüKo/*Lorenz* Rz 1).

E. Beweislast. Der **Käufer** trägt die Beweislast für das sich Zeigen eines Mangels innerhalb von 6 Monaten nach Gefahrübergang, der **Verkäufer** für die Ausnahmen (Celle NJW 04, 3566; Palandt/*Weidenkaff* Rz 9; Staud/*Matusche-Beckmann* Rz 26, abw für Verschleißteile Rz 32; *Graf v Westphalen* ZGS 05, 101 ff, anders noch ZGS 04, 341, 342; *Westermann* ZGS 05, 342, 347; **aA** MüKo/*Lorenz* Rz 15, 22; s. Rn 6); zur Beweisvereitelung bei Vernichtung des fehlerhaften Teils s. BGH NJW 09, 580 Rz 16. 9

§ 477 Sonderbestimmungen für Garantien.
(1) ¹Eine Garantieerklärung (§ 443) muss einfach und verständlich abgefasst sein. ²Sie muss enthalten
1. den Hinweis auf die gesetzlichen Rechte des Verbrauchers sowie darauf, dass sie durch die Garantie nicht eingeschränkt werden, und
2. den Inhalt der Garantie und alle wesentlichen Angaben, die für die Geltendmachung der Garantie erforderlich sind, insbesondere die Dauer und den räumlichen Geltungsbereich des Garantieschutzes sowie Namen und Anschrift des Garantiegebers.
(2) Der Verbraucher kann verlangen, dass ihm die Garantieerklärung in Textform mitgeteilt wird.
(3) Die Wirksamkeit der Garantieverpflichtung wird nicht dadurch berührt, dass eine der vorstehenden Anforderungen nicht erfüllt wird.

A. Zweck, Anwendungsbereich, Abdingbarkeit. Die nicht abdingbare (§ 475 I 1 Alt 2, s. dort Rn 3) Norm soll den Verbraucher vor unklaren und mangels Textform nicht nachweisbaren Garantien schützen. Sie gilt für alle Garantien iSd § 443, auch von Dritten, iRe Verbrauchsgüterkaufs. 1

B. VerbrauchsgüterkaufRL. § 477 setzt Art 6 II, III u V um. 2

C. Anforderungen (Abs 1). I. Einfache und verständliche Abfassung (Abs 1 S 1). Gefordert ist gemessen am Adressatenkreis einfache Sprache, zB kein „Fachchinesisch", keine Schachtelsätze. Verständlichkeit ist idR nur bei Erklärungen in Deutsch gewahrt, da der Verbraucher keine durchgehenden englischen Sprachkenntnisse erwartet werden können (Erman/*Grunewald* Rz 2; BaRoth/*Faust* Rz 5); Ausn zB bei Besuchern von Englisch-Kursen für Fortgeschrittene (weitergehend BTDrs 14/6040, 246; Palandt/*Weidenkaff* Rz 6: zB bei Computern). 3

II. Hinweise (Abs 1 S 2 Nr 1). Der Hinweis auf die gesetzlichen Rechte des Käufers muss nur in der knappen Form des Gesetzes gegeben werden, eine kurze Beschreibung ist nicht gefordert (BaRoth/*Faust* Rz 7; MüKo/*Lorenz* Rz 6; **abw** Erman/*Grunewald* Rz 3). Bei Garantie eines Dritten, zB Herstellers, EU-Importeurs, ist nach dem Wortlaut Hinweis auf die gesetzlichen Rechte gegen ihn, zB nach ProdHaftG und § 823, nicht nötig. Der weitere Hinweis, dass diese Rechte durch die Garantie nicht eingeschränkt werden, ist durch gesetzliche oder vergleichbare Formulierung erfüllt. 4

III. Inhalt und wesentliche Angaben (Abs 1 S 2 Nr 2). Die Wiedergabe des Inhalts bedeutet bei Garantie des Verkäufers die Erläuterung, in welchem Punkt er über das G hinausgehend haften will, zB ohne Verschulden oder durch Gewährung einer Mobilitätsgarantie bei Nacherfüllung. Bei Garantie eines Dritten sind alle Leistungspflichten anzugeben. Besondere formale Anforderungen, zB Einhaltung von Wartungsvorschriften, Verwendung eines bestimmten Formulars, sind deutlich wiederzugeben (Palandt/*Weidenkaff* Rz 10; Staud/*Matusche-Beckmann* Rz 24). Die Dauer muss so präzise angegeben sein, dass der Verbraucher die effektive Frist berechnen kann, also va den Beginn beinhalten (Palandt/*Weidenkaff* Rz 11). Der räumliche Geltungsbereich ist anzugeben, wenn eine Limitierung gewollt ist. Die Angabe von Namen und Anschrift des Garantiegebers muss so genau sein, dass der Verbraucher die Rechte aus der Garantie anmelden kann. 5

D. Textform (Abs 2). Die Garantie ist formfrei. I gibt dem Verbraucher einen Anspruch auf Übergabe in Textform (§ 126b), darüber hinaus steht das Wahlrecht dem Verkäufer zu (Erman/*Grunewald* Rz 5; **aA** Palandt/*Weidenkaff* Rz 13; BaRoth/*Faust* Rz 10; Stud/*Matusche-Beckmann* Rz 30). 6

E. Rechtsfolgen (Abs 3). Verletzungen von I, II ändern nichts an der Verbindlichkeit der Garantie. Verstöße können im Einzelfall Schadensersatzansprüche gegen den Garantiegeber sowie Ansprüche gem §§ 1, 3 UWG, 2 UKlaG begründen (vgl BTDrs 14/6040, 247). Eine unklare Abfassung kann außerdem nach dem Grundsatz der verbraucherfreundlichsten Auslegung zu einer vo Garantiegeber nicht gewollten faktischen Ausweitung der Garantie führen (MüKo/*Lorenz* Rz 11 mwN). 7

F. Beweislast. Für Abgabe und Inhalt der Garantie sowie Vorliegen eines Garantiefalls ist der Käufer beweispflichtig. § 476 findet keine Anwendung, da der Inh der Garantie anders als die von § 476 geregelten gesetzlichen Rechte der freien Disposition des Verkäufer unterliegt (BaRoth/*Faust* § 443 Rz 26; MüKo/*Lorenz* § 443 Rz 23; **aA** Palandt/*Weidenkaff* Rz 4). 8

§ 478 Rückgriff des Unternehmers.

(1) Wenn der Unternehmer die verkaufte neu hergestellte Sache als Folge ihrer Mangelhaftigkeit zurücknehmen musste oder der Verbraucher den Kaufpreis gemindert hat, bedarf es für die in § 437 bezeichneten Rechte des Unternehmers gegen den Unternehmer, der ihm die Sache verkauft hatte (Lieferant), wegen des vom Verbraucher geltend gemachten Mangels einer sonst erforderlichen Fristsetzung nicht.
(2) Der Unternehmer kann beim Verkauf einer neu hergestellten Sache von seinem Lieferanten Ersatz der Aufwendungen verlangen, die der Unternehmer im Verhältnis zum Verbraucher nach § 439 Abs. 2 zu tragen hatte, wenn der vom Verbraucher geltend gemachte Mangel bereits beim Übergang der Gefahr auf den Unternehmer vorhanden war.
(3) In den Fällen der Absätze 1 und 2 findet § 476 mit der Maßgabe Anwendung, dass die Frist mit dem Übergang der Gefahr auf den Verbraucher beginnt.
(4) [1]Auf eine vor Mitteilung eines Mangels an den Lieferanten getroffene Vereinbarung, die zum Nachteil des Unternehmers von den §§ 433 bis 435, 437, 439 bis 443 sowie von den Absätzen 1 bis 3 und von § 479 abweicht, kann sich der Lieferant nicht berufen, wenn dem Rückgriffsgläubiger kein gleichwertiger Ausgleich eingeräumt wird. [2]Satz 1 gilt unbeschadet des § 307 nicht für den Ausschluss oder die Beschränkung des Anspruchs auf Schadensersatz. [3]Die in Satz 1 bezeichneten Vorschriften finden auch Anwendung, wenn sie durch anderweitige Gestaltungen umgangen werden.
(5) Die Absätze 1 bis 4 finden auf die Ansprüche des Lieferanten und der übrigen Käufer in der Lieferkette gegen die jeweiligen Verkäufer entsprechende Anwendung, wenn die Schuldner Unternehmer sind.
(6) § 377 des Handelsgesetzbuchs bleibt unberührt.

1 **A. Grundsätzliches. I. Zweck, Bedeutung.** Die §§ 478, 479 wollen Händler davor schützen, nach den zwingenden Regeln des Verbrauchsgüterkaufs dem Verbraucher für Mängel zu haften, ohne Regress gegen den Hersteller nehmen zu können (**Regressfalle**). Dazu berechtigen sie den Händler, die Ansprüche des Verbrauchers an seinen Lieferanten und über die Lieferantenkette (V) an den Hersteller durchzureichen (vgl MüKo/*Lorenz* Rz 1). Ungeachtet des rechtstechnisch hohen und partiell schwer nachvollziehbaren Aufwands dürfte dieser Unternehmerregress eher geringe Bedeutung entfalten. Er geht an den Marktverhältnissen vorbei, dass der Handel idR aufgrund seiner Einkaufsmacht, zB durch Drohung der Auslistung, selbst verjährte Regressansprüche gegen Hersteller durchsetzen kann (abw BTDrs 14/6040, 249, mit Verweis auf den „Schutz der meist schwächeren Händler"). Allenfalls sehr kleinen Händlern, die keiner Einkaufskooperation angehören, mag der Unternehmerregress einmal effektiv helfen (ähnl Dauner-Lieb/Konzen/K. Schmidt/*K. Schmidt* 427, 429 ff); solche Händler werden aber umgekehrt zögern, sich mit einem zur Kulanz nicht willigen großen Lieferanten „anzulegen". Diese Praxisferne wird davon bestätigt, dass bisher Rspr nicht veröffentlicht ist (BGHZ 164, 196 entschied eine Verbandsklage gegen AGB, s. Rn 7) und die §§ 478, 479 nach anfänglicher kurzer Blüte in der anwaltlichen Beratungspraxis kaum noch eine Rolle spielen.

2 **II. Inhalt, System.** Der wenig geordnete § 478 gewährt in II einen eigenen Anspruch auf Aufwendungsersatz, während I u III die Erhebung von Ansprüchen des Mängelrechts erleichtern. IV normiert analog § 475 die Unabdingbarkeit des Mängelrechts einschl der §§ 478, 479 selbst, V erweitert den Anwendungsbereich auf die Lieferantenkette bis zum Hersteller. VI bestimmt die unbeeinträchtigte Geltung von § 377 HGB. Ergänzend passt § 479 die Verjährungsfristen an die Besonderheiten des Unternehmerregresses an.

3 **III. Schuldrechtsmodernisierung.** § 478 ist vollständig neu durch die Schuldrechtsreform eingeführt worden.

4 **IV. VerbrauchsgüterkaufRL.** Anders als für das Rechtsverhältnis direkt zwischen Unternehmer und Verbraucher belässt Art 4 iVm Erwägungsgrund 9 RL dem nationalen Gesetzgeber für den Unternehmerregress viel Freiheit, weshalb schon str ist, inwieweit eine Umsetzung überhaupt geboten ist (dagegen MüKo/*Lorenz* Rz 2; dafür Staud/*Matusche-Beckmann* Rz 10 f; Dauner-Lieb/Konzen/K. Schmidt/*K. Schmidt* 427, 429, 433; *Dutta* ZHR 07, 79, 80-81). Die RL ist nur eine „Zielvorgabe", ohne für jeden Einzelfall einer Haftung des Händlers den sog **seitengleichen Regress** vorzuschreiben (MüKo/*Lorenz* aaO).

5 **B. Anwendungsbereich (Abs 1, 5). I. Einführung.** Die Geltung der §§ 478, 479 ist in gegenständlicher und personaler Hinsicht begrenzt und durch die Einführung der Regresskette in V zugleich erheblich erweitert.

6 **II. Neu hergestellte Sachen (Abs 1 Hs 1).** Das Tatbestandsmerkmal schließt iGgs zum Verbrauchsgüterkauf für gebrauchte Sachen (s. § 475 Rn 10) den Unternehmerregress aus. Diese Beschränkung ist mit der Richtlinie wegen deren weiter Fassung (s. Rn 4) konform, deren Zweck, dass der Unternehmer die zwingenden Ansprüche des Verbrauchers an den Hersteller durchreichen kann, beim Verkauf gebrauchter Sachen nur eingeschränkt vorliegt (MüKo/*Lorenz* Rz 2; vgl BTDrs 16040, 248; abw wohl für I, nicht für II u § 479 BaRoth/*Faust* Rz 7; aA *Bartelt* 78 ff, 94 f; *Ernst/Gsell* ZIP 01389, 1401; Dauner-Lieb/Konzen/K. Schmidt/*Roth* 25, 29): Dort kann die Verjährungsfrist halbiert (§ 475), die Beschaffenheit im Hinblick auf den stattgefundenen Gebrauch modifiziert vereinbart werden. Zu Möglichkeit einer richtlinienkonformen Auslegung bei einer doch gegebenen Richtlinienwidrigkeit s. abl aRoth/*Faust* Rz 8; *Tiedtke/Schmitt* ZIP 05, 681 f.

III. Verbrauchsgüterkauf. Das Gesetz eröffnet den Unternehmerregress nur für Letztverkäufe durch einen 7
Händler an Verbraucher. Die Ausdehnung in AGB auf alle Verkäufe eines Händlers verstößt gegen § 307 I 1
(BGHZ 164, 196, 214 f sub VII). Daraus resultieren zwei bedeutende Beschränkungen:

1. Bewegliche Sachen. Gem der Legaldefinition in § 474 I 1 gelten §§ 478, 479 nicht für Verkäufe von Immo- 8
bilien (s. § 474 Rn 7) und sonstigen Kaufgegenständen, die keine Sachen sind (s. § 474 Rn 8).

2. Anspruchsentstehung erst nach Abschluss des Verbrauchsgüterkaufs. Da der Unternehmerregress Fol- 9
gen einer Inanspruchnahme des Händlers als Letztverkäufer durch einen Verbraucher aus einem Verbrauchsgüterkauf ausgleichen soll, entstehen der Anspruch auf Aufwendungsersatz (II) und die Erleichterungen der
allg Mängelrechte (I, III) erst **nach** dem Verkauf an den Verbraucher (Palandt/*Weidenkaff* Rz 3; BaRoth/*Faust*
Rz 5; MüKo/*Lorenz* Rz 14, 27; **aA** ausdehnende Analogie: AnwK/*Büdenbender* Rz 49; mit Ausnahme von III
Tröger AcP 204, 115, 121 f). Diese systematisch geforderte Zeitfolge ergibt sich auch aus dem Wortlaut von I u
II, da es danach jeweils darauf ankommt, ob der Unternehmer die Sache zurücknehmen musste oder der Verbraucher den Kaufpreis gemindert hat (I) bzw der Unternehmer im Verhältnis zum Verbraucher Aufwendungen zu tragen hatte (II). Für noch nicht verkaufte, wenn auch zum Verkauf an Verbraucher bestimmte Produkte, also für **Lager- oder Vorratsware** gelten daher nur die allg Regeln, **nicht** § 478. Diese Differenzierung
ist sachgerecht, da die §§ 478, 479 den Händler nicht allg mängelrechtlich privilegieren, sondern nur die Risiken aus der Regressfalle ausgleichen wollen (s. Rn 1; krit BaRoth/*Faust* Rz 5; *Canaris* Schuldrechtsmodernisierung S. XXXII f).

IV. Passivlegitimation nur von Lieferanten, nicht von Zulieferern (Abs 1 Hs 2). Da der Lieferant im Ver- 10
hältnis zum Letztverkäufer legal definiert ist als der „Unternehmer, der ihm die Sache verkauft hatte (Lieferant)" (I Hs 2), muss das Lieferverhältnis zwischen dem Händler und dem Lieferanten die Kaufsache als
solche zum Gegenstand gehabt haben. Damit scheiden alle Vertragsbeziehungen zwischen (Gesamt-) Herstellern (OEM) und Zulieferern aus, so dass der selbst verkaufende Hersteller bei Zulieferern nicht Regress
nehmen kann und die Regresskette (V; s. Rn 11) stets am Gesamthersteller endet (Palandt/*Weidenkaff* Rz 3,
9, 15; Erman/*Grunewald* Rz 10; MüKo/*Lorenz* Rz 15, 26; **aA** *Tröger* AcP 204, 115, 133 f).

V. Lieferantenkette (Abs 5). Zweck von V ist, dem vom Letztverkäufer in Regress genommenen Lieferanten 11
den Regress gegen seinen Vorlieferanten und jedem weiteren Vorlieferanten den Regress gegen seinen Vorlieferanten zu eröffnen. Die Kette endet wegen der Nichteinbeziehung von Zulieferern (Rn 10) beim Hersteller.
Sie ist außerdem auf **Regresse gegen Unternehmer** beschränkt, so dass sie mit jeder Einschaltung eines
Nichtunternehmers aufhört (BaRoth/*Faust* Rz 6; *Jacobs* JZ 04, 225, 226; vgl BTDrs 14/6040, 249). Zugleich
stellt V klar, dass der Verbraucher aus § 478 nicht unmittelbar gegen den Hersteller vorgehen kann (**keine
action directe**: BTDrs 14/6040, 247; Palandt/*Weidenkaff* Rz 1; Staud/*Matusche-Beckmann* Rz 12 f).

Für die Kette gelten folgende **internationale Regeln**: 12
Die Regresskette gilt nur für vom deutschen Recht regierte Lieferverhältnisse; gleich stehen Lieferverhältnisse,
für die zwar ausländisches Recht vereinbart ist, bei denen aber wegen des Fehlens eines Anknüpfungspunkts
zu dieser ausländischen Rechtsordnung eine Sonderanknüpfung an deutsches Recht gem Art 27 III EGBGB
stattfindet (MüKo/*Lorenz* Rz 10, 47). Bei ausländischem Recht unterliegenden Verbrauchsgüterkäufen ist
§ 478 nicht anwendbar, da die Norm eine Inanspruchnahme des Letztverkäufers gem dem Mängelrecht des
BGB voraussetzt (**aA** MüKo/*Lorenz* Rz 11). Zu den erheblichen Schwierigkeiten s. *Dutta* ZHR 07, 79, 82 ff.

C. Anspruch auf Aufwendungsersatz (Abs 2). I. Rechtsnatur. II begründet den einzigen **selbstständigen** 13
Anspruch in § 478 (vgl Erman/*Grunewald* Rz 13; BaRoth/*Faust* Rz 23). Er ist unabhängig vom Anspruch auf
Aufwendungsersatz gem §§ 284, 437 Nr 3 Alt 2 (Palandt/*Weidenkaff* Rz 12).

II. Voraussetzungen. Die einzelnen Voraussetzungen sind wenig präzise formuliert (Palandt/*Weidenkaff* Rz 12). 14

1. Mangelhaftigkeit in der Lieferantenkette. Der Wortlaut, „der vom Verbraucher geltend gemachte Mangel 15
(sc: musste) bereits beim Übergang der Gefahr auf den Unternehmer vorhanden" gewesen sein, fordert das
Bestehen eines Anspruchs wegen eines Mangels auch im konkreten Regressverhältnis. Daher dürfen die Mängelrechte des Regress suchenden Lieferanten nicht ausgeschlossen sein, zB gem § 442 oder § 377 HGB
(MüKo/*Lorenz* Rz 28; Staud/*Matusche-Beckmann* Rz 41). Zugleich ist so ein Regress verwehrt, wenn der
Letztverkäufer die Beschaffenheit mit dem Verbraucher weitergehend vereinbart als mit seinem Lieferanten,
zB Weiterverkauf einer vom *Lieferanten* ausdrücklich mit einem Mangel verkauften Sache durch den Letztverkäufer als mangelfrei; dann handelt er insoweit auf eigenes Risiko (BaRoth/*Faust* Rz 10; Staud/*Matusche-
Beckmann* Rz 41). Es muss sich um **gesetzliche Mängelrechte** handeln, so dass Ansprüche allein aufgrund
anfänglicher oder nachträglicher Erweiterung der §§ 434 ff kein Regressrecht gewähren (vgl zu I Staud/*Matusche-Beckmann* Rz 13). Probleme bereitet das nachträgliche Entstehen der Mangelhaftigkeit, indem der **Hersteller** nach Abschluss von Lieferverhältnissen in der Regresskette, aber vor Abschluss des Verbrauchsgüterkaufs eine **öffentliche Äußerung gem § 434 I 3** tätigt, die allein die Mängelrechte des Verbrauchers auslöst.
Dafür ist die Voraussetzung der Mangelhaftigkeit unmittelbar im Verhältnis zwischen den Parteien des
Regressverhältnisses aufzugeben, da sie nach Sinn und Zweck nur auf die tatsächliche Beschaffenheit der

Sache und den Ausschluss von Mängelansprüchen aus dem Regressierenden zuzurechnenden Gründen abstellt, nicht aber auf Mängel kreierende Handlungen des Herstellers oder eines Vorlieferanten. Deren Ausgleich ist gerade Zweck der Regresskette (**aA** BaRoth/*Faust* Rz 13; Staud/*Matusche-Beckmann* Rz 42). Ebenso ist für eine vor Abschluss des Lieferverhältnisses getätigte, dem Lieferanten aber nicht bekannte öffentliche Äußerung zu entscheiden (BaRoth/*Faust* Rz 11; *Tiedtke/Schmitt* ZIP 05, 681, 687). Die vom Gesetzgeber (BTDrs 14/6040, 248; ebenso BaRoth/*Faust* Rz 12; Staud/*Matusche-Beckmann* Rz 42) stattdessen diskutierten Schadensersatzansprüche gegen den Hersteller gem § 280 I helfen bei längeren Ketten nicht, da sie ein unmittelbares Lieferverhältnis zwischen dem regressierenden Lieferanten und dem Hersteller voraussetzen.

16 **2. Aufwendungen gem § 439 II.** Erfasst sind nur dem Letztverkäufer effektiv entstehende Kosten. Für noch nicht erstattete vom Verbraucher geltend gemachte Kosten kann der Letztverkäufer Freistellung gem § 257 verlangen (so BaRoth/*Faust* Rz 27; **aA** MüKo/*Lorenz* Rz 27; *Oetker/Maultzsch* 218); der Wortlaut von II, dass der Unternehmer Aufwendungen „zu tragen hatte", steht nicht entgegen, da damit nur die Deckungsgleichheit von Aufwendungen und Ansprüchen des Unternehmers gesichert, nicht aber ein dem BGB fremder Ausschluss der Freistellung normiert werden soll. Die Kosten müssen nach § 439 II geschuldet sein, dh es muss ein Mangel vorgelegen haben, zu dessen Beseitigung der Verbraucher ihren Ersatz verlangen konnte. Die Fehleinschätzung eines Mangels und des Umfangs der gem § 439 II geschuldeten Kostenerstattung geht zu Lasten des Letztverkäufers (so BaRoth/*Faust* Rz 10 Fn 18; für I Erman/*Grunewald* Rz 3; teilw **aA** MüKo/*Lorenz* Rz 31; in der Tendenz *Lepsius* AcP 207, 340, 360-365; *Schubel* ZIP 02, 2061, 2065 ff). Daher besteht kein Anspruch für aus Kulanz übernommene Kosten, da II nicht den Zweck hat, dem Letztverkäufer Kundenpflege auf Kosten des Herstellers zu ermöglichen (BTDrs 14/6040, 249; Erman/*Grunewald* Rz 14; MüKo/*Lorenz* Rz 27). Gemeinkosten sind nicht erfasst (so BaRoth/*Faust* Rz 24; in der Tendenz Dauner-Lieb/Konzen/K. Schmidt/*K. Schmidt* 427, 436 f; **aA** Palandt/*Weidenkaff* Rz 12; Erman/*Grunewald* Rz 14; ausf *Tröger* ZGS 03, 296 ff); auch Arbeitszeit ist nur erstattungsfähig, soweit sie zusätzlich aufgewandt wird (BaRoth/*Faust* aaO). Dies ergibt sich schon daraus, dass § 439 II als Nachfolgevorschrift zu § 478a aF auf solchen Aufwand nicht abzielt, sondern dessen Tragung als selbstverständlich unterstellt. Aufwand für Nacherfüllung, der gem § 439 III unverhältnismäßig ist oder wegen Verjährung nicht hätte erbracht werden müssen ist nicht ersatzfähig (MüKo/*Lorenz* Rz 27; Staud/*Matusche-Beckmann* Rz 43, 65-69; grds **aA** *Lepsius* aaO 354 f). In der Regresskette sind die vom Lieferanten ausgeglichenen Kosten des nachfolgenden Unternehmers erstattungsfähig (BaRoth/*Faust* Rz 26; Staud/*Matusche-Beckmann* Rz 51).

17 **3. Kein Recht auf Nacherfüllung.** In der Regresskette besteht kein Recht auf zweite Andienung des Herstellers auf Nacherfüllung, so dass der Letztverkäufer über die Eindeckung für die Nacherfüllung frei entscheidet (Erman/*Grunewald* Rz 15; MüKo/*Lorenz* Rz 30; *Lepsius* AcP 207, 340, 355 f; **aA** *Oetker/Maultzsch* 218; für Ersatzlieferung Palandt/*Weidenkaff* Rz 12; *Böhle* NJW 03, 3680 f); dies ergibt sich schon aus dem Ausschluss der Nachfrist in I, die das Recht auf zweite Andienung sichert. Allerdings gilt gem Rn 16 iVm § 254 II, dass nur notwendige Kosten ersatzfähig sind, so dass durch Fremdeindeckung entstehender zusätzlicher für den Letztverkäufer vermeidbarer Aufwand nicht gedeckt ist (Erman/*Grunewald* Rz 13; MüKo/*Lorenz* Rz 30).

18 **4. Kein Verschulden.** Der Anspruch aus II ist verschuldensunabhängig (BTDrs 14/6040, 248 f; Palandt/*Weidenkaff* Rz 14; Erman/*Grunewald* Rz 14 mwN).

19 **D. Erleichterungen des Mängelrechts (Abs 1, 3). I. Entfall der Nachfristsetzung (Abs 1).** Die Norm befreit Letztverkäufer für Anspruch aus § 437 Nr 2, 3 von der Setzung einer Nachfrist (BaRoth/*Faust* Rz 14). Neben den allg Voraussetzungen (Rn 5–12) setzt die Privilegierung von I voraus:

20 **1. Mängelrechte des Verbrauchers.** Grundvoraussetzung ist, dass der Letztverkäufer aufgrund von Mängelrechten des Verbrauchers alternativ die Kaufsache zurücknehmen oder den Kaufpreis mindern musste. Damit scheiden wie bei II alle Maßnahmen aus Kulanz (vgl Rn 16) und Rücknahmen infolge eines gesetzlichen Widerrufsrechts aus (BTDrs 14/6040, 248; Erman/*Grunewald* Rz 4; *Lepsius* AcP 207, 340, 348). Da der Regress den Händler nur vor den zwingenden Folgen der §§ 437 ff schützen will, muss Rücknahme oder Minderung für ihn unvermeidbar gewesen sein (s. Wortlaut: „zurücknehmen musste"), so dass er ggf auf dem Recht der primären Nacherfüllung bestehen muss (Staud/*Matusche-Beckmann* Rz 14, 18; AnwK/*Büdenbender* Rz 26 f, 31; **aA** Erman/*Grunewald* Rz 7; BaRoth/*Faust* Rz 15, 17; MüKo/*Lorenz* Rz 19; *Lepsius* aaO 357 f). IÜ gilt Rn 15 entspr.

21 **2. Rücknahme der Kaufsache.** Es genügt jede mängelrechtliche Rücknahme der Kaufsache durch den Letztverkäufer (*Lepsius* AcP 207, 340, 350 f), unabhängig davon, ob sie auf (1) Rücktritt iVm §§ 440, 437 Nr 1 Alt 1, (2) Ersatzlieferung (§ 439 IV; str: **so** Palandt/*Weidenkaff* Rz 10; BaRoth/*Faust* Rz 17; MüKo/*Lorenz* Rz 18; **aA** Anwk/*Büdenbender* Rz 23 ff; *Tiedtke/Schmitt* ZIP 05, 681, 682; *Salewski* ZGS 08, 212 ff) oder (3) Schadensersatz statt der Leistung (§§ 281, 280, 440, 437 Nr 3 Alt 1; teilw Palandt/*Weidenkaff* Rz 10; MüKo/*Lorenz* Rz 18) gestützt ist. Der Rücknahme entspr die mangelbedingte Zurückweisung der Kaufsache (Palandt/*Weidenkaff* Rz 10; MüKo/*Lorenz* Rz 18) und der Rücktritt des Händlers als Reaktion auf die Erhebung der Rücktrittseinrede des Verbrauchers (§ 438 IV 3; MüKo/*Lorenz* Rz 18).

3. Minderung. Der Minderung des § 441 steht der kleine Schadensersatz neben der Leistung gem §§ 440, 280, 437 Nr 3 Alt 1 gleich (Palandt/*Weidenkaff* Rz 10; BaRoth/*Faust* Rz 20 mwN; *Canaris* Schuldrechtsmodernisierung S. XXXI), da er dem Ausgleich des mangelbedingten Minderwerts dient. 22

4. Mängelrechte des Unternehmers. Da I nur gesetzliche Mängelrechte erleichtert, setzt der Regress gem I, ebenso wie der gem II (Rn 15), eine Mangelhaftigkeit in der Lieferantenkette voraus, dh dem konkret Regress begehrenden Unternehmer muss ein Mängelrecht gegen seinen Vorlieferanten zustehen (Palandt/*Weidenkaff* Rz 10). Vom Umfang sind die Mängelrechte beim Regress nicht an die vom Verbraucher geltend gemachten Mängelrechte, also das **Regressinteresse** gebunden, so dass der Händler über I jeden Anspruch gem § 437 Nr 2 u 3 geltend machen kann, auch wenn ihm ggü der Verbraucher zB nur gemindert hat (Palandt/*Weidenkaff* Rz 11; MüKo/*Lorenz* Rz 22; *Tiedtke/Schmitt* ZIP 05, 681, 683 f; *Lepsius* AcP 207, 340, 351-353; **aA** Oetker/*Maultzsch* 216 f; *Böhle* WM 04, 1616, 1618 ff). 23

II. Beweislastumkehr gem § 476 (Abs 3). Die Bestimmung findet im Geltungsbereich des § 478 (s. Rn 5–13) unter Einschluss von V auf alle Ansprüche des Letztverkäufers und der vorgeschalteten Unternehmer im Bereich der Regresskette mit der zeitlichen Verschiebung Anwendung, dass es auf den Gefahrübergang beim Verbraucher ankommt. Sie bewirkt, dass der jeweils in Regress genommene Lieferant die Vermutung der Mangelhaftigkeit widerlegen muss (Palandt/*Weidenkaff* Rz 17; Erman/*Grunewald* Rz 18). Die Ausn in § 476 Hs 2 sind wie die 6-Monatsfrist nach dem Verhältnis zwischen dem Verbraucher und dem Letztverkäufer zu bestimmen (Palandt/*Weidenkaff* Rz 17). 24

E. Nachteilige Abweichungen (Abs 4). I. §§ 433–435, 437, 439–443, 478 I–III, 479 (Abs 4 S 1). Analog zum Pendant des § 475 I 1 verbietet IV 1 jede Regelung, die die Rechtsstellung des Letztverkäufers oder des Regress suchenden Vorlieferanten verschlechtert (s. § 475 Rn 4), wie zB Verkürzungen der Fristen von III und § 479 (Palandt/*Weidenkaff* Rz 21). Regelungen außerhalb des Mängelrechts und in Beschaffenheitsvereinbarungen (MüKo/*Lorenz* Rz 39) sind nicht betroffen (vgl § 475 Rn 5, 6). 25

II. Zeitpunkt (Abs 4 S 1 Hs 1). Für die Zäsur der Mitteilung eines Mangels gilt wie zu § 475 I 1 (dort Rn 3, auch zur Mängelanzeige), dass mit der Anzeige eines Mangels Vereinbarungen insgesamt, also nicht nur beschränkt auf den konkreten Mangel, getroffen werden können. 26

III. Gleichwertiger Ausgleich (Abs 4 S 1 Hs 2). Da auch IV 1 davon geleitet ist, dass § 478 nur eine Zielvorgabe darstellt und nicht in jedem Einzelfall den seitengleichen Regress gewährleisten will, liegt ein gleichwertiger Ausgleich vor, wenn im Durchschnitt aller Regressfälle der Hersteller den Händlern im Vergleich zu den gesetzlichen Ansprüchen angemessene Leistungen gewährt. Es ist dann nicht entscheidend, ob im Einzelfall der Händler weniger als gem § 478 erhält. Auf dieser Basis können Schadensfälle zB über Pauschalen oder Rabatte abgewickelt werden (ähnl insgesamt BTDrs 14/6040, 249; Erman/*Grunewald* Rz 21; Staud/*Matusche-Beckmann* Rz 114 ff; deutlich restriktiver MüKo/*Lorenz* Rz 43 f). 27

IV. Schadensersatz (Abs 4 S 2). Ebenfalls wie zu § 475 III (dort Rn 11) stehen die **Aufwendungsersatzansprüche** gem § 284, 407 Nr 3 Alt 2, also wegen IV 1 Hs 1 nicht gem II, Schadensersatzansprüchen gleich (BaRoth/*Faust* Rz 35). Grund ist auch hier, dass die VerbrauchsgüterkaufRL (vgl Art 3 III, V) Schadensersatzansprüche nicht regelt. 28

V. Umgehungen (Abs 4 S 3). S. § 475 Rn 8. Bei ersichtlich an Verbraucher adressiertem Produkt verbietet IV 3, dass der Lieferant Weiterveräußerungen an Verbraucher untersagt oder von seiner Zustimmung abhängig macht (Erman/*Grunewald* Rz 23; MüKo/*Lorenz* Rz 48; **aA** Palandt/*Weidenkaff* Rz 23). Bei anderen Produkten ist ein solches Verbot dagegen zulässig (Erman/*Grunewald* Rz 19). Gegen IV 3 verstößt auch die Vereinbarung des UN-Kaufrechts bei Fehlen jeden Auslandsbezugs (Erman/*Grunewald* Rz 19; ähnl MüKo/*Lorenz* Rz 47). Nicht von IV 3 erfasst sind die praktisch wichtigen Regeln, die den Händler verpflichten, Vorkehrungen für Nacherfüllungen zu treffen, zB ein Callcenter oder Spezialwerkzeuge vorzuhalten (Erman/*Grunewald* Rz 20). 29

F. Uneingeschränkte Geltung von § 377 HGB (Abs 6). Konsequenz der unbeeinträchtigten Geltung von § 377 HGB ist, dass der Letztverkäufer und jeder Regress suchende Vorlieferant seine Mängelrechte inkl der aus II verliert, wenn er § 377 HGB unterliegt und dessen Anforderungen nicht erfüllt hat (Erman/*Grunewald* Rz 26; MüKo/*Lorenz* Rz 52). Dies gilt auch für die Obliegenheit zur unverzüglichen Information gem § 377 III HGB, insb wenn der Händler vom Verbraucher über den Mangel informiert wird (MüKo/*Lorenz* Rz 54). Die Norm ist richtlinienkonform, weil nicht zu erkennen ist, dass die Richtlinie die Geltung genereller Maßstäbe des Handelsrecht ausschließen wollte (iE MüKo/*Lorenz* Rz 52; Staud/*Matusche-Beckmann* Rz 153; Dauner-Lieb/Konzen/K. Schmidt/*K. Schmidt* 427, 437 f). 30

G. Beweislast. Nach allg Regeln haben der Regress suchende Verkäufer den Verkauf an einen Verbraucher, die von diesem geltend gemachten I bzw II genügenden Rechte und den Mangel im Verhältnis zum Anspruchsgegner zum Zeitpunkt des Gefahrübergangs zu beweisen, wobei der letztgenannte Beweis gem § 476 entbehrlich werden kann. 31

§ 479 Verjährung von Rückgriffsansprüchen.

(1) Die in § 478 Abs. 2 bestimmten Aufwendungsersatzansprüche verjähren in zwei Jahren ab Ablieferung der Sache.
(2) ¹Die Verjährung der in den §§ 437 und 478 Abs. 2 bestimmten Ansprüche des Unternehmers gegen seinen Lieferanten wegen des Mangels einer an einen Verbraucher verkauften neu hergestellten Sache tritt frühestens zwei Monate nach dem Zeitpunkt ein, in dem der Unternehmer die Ansprüche des Verbrauchers erfüllt hat. ²Diese Ablaufhemmung endet spätestens fünf Jahre nach dem Zeitpunkt, in dem der Lieferant die Sache dem Unternehmer abgeliefert hat.
(3) Die vorstehenden Absätze finden auf die Ansprüche des Lieferanten und der übrigen Käufer in der Lieferkette gegen die jeweiligen Verkäufer entsprechende Anwendung, wenn die Schuldner Unternehmer sind.

1 **A. Grundsätzliches. I. Zweck.** S § 478 Rn 1 f. Durch § 479 soll verhindert werden, dass die Mängelrechte als Grundlage des Regresses gem § 438 I Nr 3 schon verjährt sind, bevor sie angesichts der späten Geltendmachung von Mängelrechten durch den Verbraucher überhaupt geltend gemacht werden können (**Verjährungsfalle**; BTDrs 14/6040, 250; BaRoth/*Faust* Rz 1).

2 **II. Inhalt.** I enthält eine eigenständige Verjährungsregelung für den Aufwendungsersatzanspruch des § 478 II. II ordnet eine im Ergebnis auf eine maximal fünfjährige Verjährungsfrist hinauslaufende Ablaufhemmung für die Regressansprüche des Händlers an, die gem III auf alle Ansprüche in der Lieferantenkette (§ 478 V) erstreckt wird.

3 **III. Anwendungsbereich.** S. § 478 Rn 5–12, 14 und 25 Zusammengefasst gilt § 479 für alle Ansprüche eines Unternehmers, die sich aus § 478 II ergeben bzw für die die Erleichterungen gem § 478 I, III geltend gemacht werden können, und zwar mit allen für diese Ansprüche bestehenden Voraussetzungen. Zur Verlängerung durch AGB über II hinaus, insb auch beim Weiterverkauf an Unternehmer s. BGHZ 164, 196, 200 ff sub I.

4 **IV. Abdingbarkeit.** S § 478 IV und dort Rn 25–29.

5 **B. Zweijährige Verjährungsfrist für Aufwendungsersatz gem § 478 II (Abs 1).** Die Norm gilt allein für den Anspruch aus § 478 II; der Aufwendungsersatzanspruch gem §§ 284, 437 Nr 3 Alt 2 verjährt gem § 438 (Palandt/*Weidenkaff* Rz 4). Sie ist abschließend gedacht, so dass die Zweijahresfrist auch gilt, wenn bei Anwendung von § 438 die besonderen Regelungen für Baustoffe (§ 438 I Nr 2b) oder Arglist (§ 438 III) zur Anwendung kämen (Erman/*Grunewald* Rz 1; BaRoth/*Faust* Rz 3; MüKo/*Lorenz* Rz 5; für Baustoffe, nicht aber für Arglist Staud/*Matusche-Beckmann* Rz 2 f; **aA** Palandt/*Weidenkaff* Rz 4; Haas/Medicus/Rolland/Schäfer/Wendtland/*Haas* Kap 5 Rz 496). Dies folgt aus dem eindeutigen Wortlaut und dem besonderen Charakter des Anspruchs auf Aufwendungsersatz. „Ablieferung" meint die **Ablieferung** iSd § 438 II Alt 2, und zwar **an den Letztverkäufer**, nicht an den Verbraucher (BTDrs 14/6040, 250; Palandt/*Weidenkaff* Rz 4).

6 **C. Ablaufhemmung (Abs 2). I. bis 2 Monate nach Erfüllung der Ansprüche des Verbrauchers (Abs 2 S 1).** Die Ablaufhemmung setzt Verbrauchsgüterkauf und Leistung des Letztverkäufers aufgrund gesetzlicher Verpflichtung voraus. Sie findet daher keine Anwendung, wenn (**1.**) der Verbraucher keine Rechte geltend macht (Erman/*Grunewald* Rz 3; MüKo/*Lorenz* Rz 13; **aA** *Tiedtke/Schmitt* ZIP 05, 681, 685 f; BaRoth/*Faust* Rz 10), (**2.**) feststeht, dass der Verbraucher keine Rechte hat (Palandt/*Weidenkaff* Rz 5; BaRoth/*Faust* Rz 11) oder (**3.**) der Händler aus Kulanz (Erman/*Grunewald* Rz 3; MüKo/*Lorenz* Rz 14) bzw sonst ohne rechtliche Verpflichtung leistet; gleich steht die Erfüllung aufgrund wegen Arglist verlängerter Verjährung (BaRoth/*Faust* Rz 12; MüKo/*Lorenz* Rz 14) (s. insg *Sendmeyer* NJW 08, 1914 ff). Bei Teilerfüllung entscheidet der letzte Erfüllungsakt (Erman/*Grunewald* Rz 2) bzw die Einigung zwischen Verbraucher und Händler, dass vollständig erfüllt ist (Erman/*Grunewald* Rz 2). Ungeachtet der schwierigen Vereinbarkeit mit dem Institut der Hemmung ist Bestimmung so zu lesen, dass Hemmung bis zum Ablauf der Fünfjahresfrist von II 2 eintreten kann, also auch wenn die zu hemmende Zweijahresfrist des § 438 I Nr 3 bzw § 478 II schon abgelaufen ist (sog Ladenhüterproblematik; **so** Palandt/*Weidenkaff* Rz 5; Erman/*Grunewald* Rz 4; MüKo/*Lorenz* Rz 11; **aA** BaRoth/*Faust* Rz 6; *Sendmeyer* aaO 1915 f).

7 **II. bis spätestens 5 Jahre nach Ablieferung (Abs 2 S 2).** Im Interesse der Rechtssicherheit soll der jeweils Verpflichtete nach 5 Jahren Verjährung einwenden können (vgl BTDrs 14/6040, 350). „Ablieferung" ist hier die Ablieferung iSd § 438 II Alt 2 bei dem Letztverkäufer (Palandt/*Weidenkaff* Rz 7).

8 **D. Lieferantenkette (Abs 3).** Die Verjährungsfrist von I und die Ablaufhemmung gem II gelten gem III auch für jede Anspruchserhebung innerhalb der Regresskette des § 478 V. Zäsur für die Berechnung der Ablaufhemmung sind analog I (Rn 6, 7) die **Ablieferung beim jeweils regressierenden Unternehmer** (Palandt/*Weidenkaff* Rz 8; MüKo/*Lorenz* Rz 6; **aA** Ablieferung beim Letztverkäufer: Haas/Medicus/Rolland/Schäfer/Wendtland/*Haas* Kap 5 Rz 498) und die **Erfüllung bei dessen jeweiligem Vertragspartner** (Erman/*Grunewald* Rz 6). Bestimmung führt zu erheblichen Gesamtverjährungen, die für den letzten Regress 5 Jahre seit Ablieferung der Kaufsache durch den Hersteller beim ersten Zwischenhändler betragen kann (vgl Staud/*Matusche-Beckmann* Rz 29; *Schubel* ZIP 02, 2061, 2070).

Untertitel 4 Tausch

§ 480 Tausch. Auf den Tausch finden die Vorschriften über den Kauf entsprechende Anwendung.

A. Bedeutung, Schuldrechtsmodernisierung. Die Norm entspricht wörtlich § 515 aF. Tauschgeschäfte haben ungeachtet der allg Überzeugung von ihrer geringen Bedeutung (vgl BaRoth/*Gehrlein* Rz 1) in den letzten Jahren im internationalen Handel erheblich zugenommen (Bartergeschäfte, s. Rn 4). Sie sind die Reaktion auf die Schwierigkeit für viele öffentliche und private Einkäufer in wirtschaftlich schwächeren Regionen, in konvertibler Währung zu zahlen. 1

B. Begriff. Die Leistungsbeziehung beim Tausch liegt im Umsatz von Ware gegen Ware. Die parallele Vereinbarung von Geldbeträgen steht nicht entgegen, soweit die Parteien damit ihre Einschätzung des Transaktionswerts ausdrücken. Auch Zuzahlung zum Ausgleich einer Wertdifferenz schließt Tauschcharakter nicht aus, wenn es beiden Parteien primär um die Erlangung der Sachleistung geht, wofür das Wertverhältnis zwischen Sach- und Geldleistung ein – nicht allein maßgebliches – Kriterium ist (vgl BayVGH NJW 96, 2321; Erman/*Grunewald* Rz 3). 2

C. Abgrenzung und besondere Formen. (1) Ein **Ringtausch** setzt vertragliche Beziehungen zwischen mindestens drei Parteien voraus und hat den Zweck, Sachwerte über mehrere Parteien hinweg neu zu allozieren, zB indem eine Vertragspartei einen Gegenstand nur deshalb veräußert, weil sie von einem Dritten die sie eigentlich interessierende Sachleistung erhält (vgl BGHZ 49, 7, 9 ff; *Heermann* JZ 99, 183 ff). Die Tauschregeln gelten. 3
(2) **Tauschringe** oder Bartergeschäfte bewirken den Austausch der Sachleistungen über vom Barterer geführte Verrechnungskonten, so dass sie wegen der letztendlichen Abwicklungen über Geldzahlungen als Gegenleistungen für die Sachleistungen als kaufähnliche Verträge einzustufen sind (vgl BGH NJW 99, 635 ff; *Heermann* JZ 99, 183, 185 ff). 4
(3) Die **Inzahlungnahme** va von Gebrauchtwagen bildet mit dem Kaufvertrag eine rechtliche Einheit (BGHZ 46, 338, 340 f; 175, 286 Rz 12 ff; dazu *Gsell* NJW 08, 2002 ff), und zwar auch bei einem Leasing-Erwerb (BGH NJW 03, 505, 506) oder bei Übernahme der Finanzierung für den Gebrauchtwagen durch den Verkäufer (BGHZ 175, 286 Rz 13 ff). Diese Konstruktion berücksichtigt den meistens gegebenen Willen der Vertragsparteien, dass es dem Verkäufer primär um die Geldleistung des Käufers geht und der Käufer frei darin ist, ob er wirklich Inzahlungnahme wählt, zB nicht bei zwischenzeitlicher Zerstörung des Gebrauchtwagens. Die Alternative eines einheitlich gemischten Kauf- und Tauschvertrags kommt nur in Betracht, wenn dem Verkäufer auch die Sachleistung wichtig ist und der Käufer sich insoweit binden will (BGHZ 49, 338, 341; **aA** gilt generell: Oldbg NJW-RR 95, 689; LG Wuppertal NJW-RR 97, 1416 f). 5
(4) Ein **Doppelkauf** liegt nur vor, wenn die Parteien jeweils sowohl verkaufen als auch kaufen wollen, also jeder Verkäufer primär an der Geldleistung interessiert und sich jeder Käufer zu deren Erbringung verpflichten will. 6

D. Rechtsfolgen. Der pauschale Verweis auf das Kaufrecht bedeutet, dass jede Vertragspartei für ihre Sachleistung die Stellung eines Verkäufers hat und dem **Mängelrecht** unterliegt (für Vorrang der Nacherfüllung BGH NJW 06, 988, 989). Bei Rückabwicklung sind die beiderseitigen Sachleistungen zurück zu gewähren (Hamm NJW-RR 94, 882 f). Bei Minderung sind die objektiven Werte beider Sachleistungen in mangelfreiem Zustand ggü zu stellen. Eine sich so ergebende Wertdifferenz gibt dann an, ob analog § 441 die Differenz zwischen mangelfreier und mangelhafte Sache in vollem Umfang auszugleichen oder nur relativ in dem Verhältnis, in dem der Wert der mangelhaften Sache bei Annahme ihrer Mangelfreiheit vom Wert der mangelfreien anderen Sache abweicht; so wird gem § 441 das von den Parteien vereinbarte Wertverhältnis beibehalten (vgl § 441 Rn 13–15; Palandt/*Weidenkaff* Rz 8; BaRoth/*Gehrlein* Rz 7). 7

Titel 2 Teilzeit-Wohnrechteverträge

§ 481 Begriff des Teilzeit-Wohnrechtevertrags. (1) ¹Teilzeit-Wohnrechteverträge sind Verträge, durch die ein Unternehmer einem Verbraucher gegen Zahlung eines Gesamtpreises das Recht verschafft oder zu verschaffen verspricht, für die Dauer von mindestens drei Jahren ein Wohngebäude jeweils für einen bestimmten oder zu bestimmenden Zeitraum des Jahres zu Erholungs- oder Wohnzwecken zu nutzen. ²Das Recht kann ein dingliches oder anderes Recht sein und insbesondere auch durch eine Mitgliedschaft in einem Verein oder einen Anteil an einer Gesellschaft eingeräumt werden.
(2) Das Recht kann auch darin bestehen, die Nutzung eines Wohngebäudes jeweils aus einem Bestand von Wohngebäuden zu wählen.
(3) Einem Wohngebäude steht ein Teil eines Wohngebäudes gleich.

1 Teilzeitwohnrechte können in verschieden rechtlichen Gestaltungsformen auftreten (vgl *Drasdo* NJW-Spezial 05, 289 mwN): Miteigentumsanteil, Wohnungseigentum, Dauerwohnrechte, Dauernutzungsrechte, Mietverträge, Mitgliedschaft in Vereinen oder Personengesellschaften, Erwerb von Anteilen an Kapitalgesellschaften, Treuhandmodelle. Sie können also schuldrechtlich, dinglich oder mitgliedschaftsrechtlich ausgestaltet sein (*Leible/Müller* NZM 09, 19). Ein Mietvertrag ist nicht anzunehmen, wenn sich der Vertrag nur auf Urlaubszeiten, aber nicht auf ein bestimmtes Objekt bezieht (BGH bei *Drasdo* NJW-Spezial 08, 546).
2 § 481 gilt für Verträge über die Teilzeitnutzung von Wohngebäuden zwischen dem jeweiligen Veräußerer und dem jeweiligen Verbraucher. Nicht betroffen sind Verträge zwischen zwei Gewerbetreibenden und reine Privatgeschäfte zwischen Verbrauchern.
3 Zum Verbraucherbegriff s. § 13, zum Unternehmerbegriff § 14.
4 Ein Tauschpoolvertrag und ein time-sharing-Vertrag bilden kein einheitliches Rechtsgeschäft, wenn keine rechtliche Verpflichtung zum Abschluss des Tauschpoolvertrages besteht (Karlsr ZMR 06, 929).

§ 482 Prospektpflicht bei Teilzeit-Wohnrechteverträgen.
(1) Wer als Unternehmer den Abschluss von Teilzeit-Wohnrechteverträgen anbietet, hat jedem Verbraucher, der Interesse bekundet, einen Prospekt auszuhändigen.
(2) Der in Absatz 1 bezeichnete Prospekt muss eine allgemeine Beschreibung des Wohngebäudes oder des Bestandes von Wohngebäuden sowie die in der Rechtsverordnung nach Artikel 242 des Einführungsgesetzes zum Bürgerlichen Gesetzbuche bestimmten Angaben enthalten.
(3) Der Unternehmer kann vor Vertragsschluss eine Änderung gegenüber den im Prospekt enthaltenen Angaben vornehmen, soweit dies auf Grund von Umständen erforderlich wird, auf die er keinen Einfluss nehmen konnte.
(4) In jeder Werbung für den Abschluss von Teilzeit-Wohnrechteverträgen ist anzugeben, dass der Prospekt erhältlich ist und wo er angefordert werden kann.

1 Die Prospektaushändigung hat ggü jedem Interesse bekundenden Verbraucher stattzufinden. Die Aushändigungspflicht besteht unabhängig von einem Verlangen des Interessenten (Palandt/*Weidenkaff* § 482 Rz 2).
2 Aushändigung bedeutet tatsächliche Besitzverschaffung. Die bloße Auslegung mit der Möglichkeit zur Kenntnisnahme reicht nicht.
3 Den notwendigen Inhalt des Prospektes regelt II für die allg Beschreibung und iÜ durch Verweisung auf § 2 BGB-InfoV.
4 Ein Verstoß gegen § 482 wird sanktioniert durch eine Verlängerung (§ 485 III) bzw einen Nichtbeginn der Widerrufsfrist (§ 485 IV).

§ 483 Vertrags- und Prospektsprache bei Teilzeit-Wohnrechteverträgen.
(1) ¹Der Vertrag ist in der Amtssprache oder, wenn es dort mehrere Amtssprachen gibt, in der vom Verbraucher gewählten Amtssprache des Mitgliedstaats der Europäischen Union oder des Vertragsstaats des Abkommens über den Europäischen Wirtschaftsraum abzufassen, in dem der Verbraucher seinen Wohnsitz hat. ²Ist der Verbraucher Angehöriger eines anderen Mitgliedstaats, so kann er statt der Sprache seines Wohnsitzstaats auch die oder eine der Amtssprachen des Staats, dem er angehört, wählen. ³Die Sätze 1 und 2 gelten auch für den Prospekt.
(2) Ist der Vertrag vor einem deutschen Notar zu beurkunden, so gelten die §§ 5 und 16 des Beurkundungsgesetzes mit der Maßgabe, dass dem Verbraucher eine beglaubigte Übersetzung des Vertrags in der von ihm nach Absatz 1 gewählten Sprache auszuhändigen ist.
(3) Teilzeit-Wohnrechteverträge, die Absatz 1 Satz 1 und 2 oder Absatz 2 nicht entsprechen, sind nichtig.

1 Der Verbraucher soll davor geschützt werden, dass ihm Texte in einer ihm nicht verständlichen Sprache vorgelegt werden.
2 Soweit der Verstoß den Vertrag selbst betrifft, ist die Folge die Nichtigkeit. Wird das Sprachgebot hinsichtlich des Prospektes verletzt, verlängert sich die Widerrufsfrist nach Maßgabe des § 485 II.

§ 484 Schriftform bei Teilzeit-Wohnrechteverträgen.
(1) ¹Der Teilzeit-Wohnrechtevertrag bedarf der schriftlichen Form, soweit nicht in anderen Vorschriften eine strengere Form vorgeschrieben ist. ²Der Abschluss des Vertrages in elektronischer Form ist ausgeschlossen. ³Die in dem in § 482 bezeichneten, dem Verbraucher ausgehändigten Prospekt enthaltenen Angaben werden Inhalt des Vertrags, soweit die Parteien nicht ausdrücklich und unter Hinweis auf die Abweichung vom Prospekt eine abweichende Vereinbarung treffen. ⁴Solche Änderungen müssen dem Verbraucher vor Abschluss des Vertrags mitgeteilt werden. ⁵Unbeschadet der Geltung der Prospektangaben nach Satz 3 muss die Vertragsurkunde die in der in § 482 Abs. 2 bezeichneten Rechtsverordnung bestimmten Angaben enthalten.
(2) ¹Der Unternehmer hat dem Verbraucher eine Vertragsurkunde oder Abschrift der Vertragsurkunde auszuhändigen. ²Er hat ihm ferner, wenn die Vertragssprache und die Sprache des Staates, in dem das

Wohngebäude belegen ist, verschieden sind, eine beglaubigte Übersetzung des Vertrages in der oder einer zu den Amtssprachen der Europäischen Union oder des Übereinkommens über den Europäischen Wirtschaftsraum zählenden Sprache des Staates auszuhändigen, in dem das Wohngebäude belegen ist. ³Die Pflicht zur Aushändigung einer beglaubigten Übersetzung entfällt, wenn sich das Nutzungsrecht auf einen Bestand von Wohngebäuden bezieht, die in verschiedenen Staaten belegen sind.

Teilzeit-Wohnrechteverträge bedürfen der Schriftform (§ 126). Falls strengere Formvorschriften gelten, sind diese Vorschriften maßgebend. Die elektronische Form genügt nicht. **1**

Ein Verstoß gegen die Formvorschrift führt nach § 125 zur Nichtigkeit des Vertrages. **2**

Ein Verstoß gegen II führt nicht zur Nichtigkeit des Vertrages. **3**

§ 485 Widerrufsrecht bei Teilzeit-Wohnrechteverträgen.
(1) Dem Verbraucher steht bei einem Teilzeit-Wohnrechtevertrag ein Widerrufsrecht nach § 355 zu.
(2) Die erforderliche Belehrung über das Widerrufsrecht muss auch die Kosten angeben, die der Verbraucher im Falle des Widerrufs gemäß Absatz 5 Satz 2 zu erstatten hat.
(3) Ist dem Verbraucher der in § 482 bezeichnete Prospekt vor Vertragsschluss nicht oder nicht in der in § 483 Abs. 1 vorgeschriebenen Sprache ausgehändigt worden, so beträgt die Frist zur Ausübung des Widerrufsrechts abweichend von § 355 Abs. 1 Satz 2 einen Monat.
(4) Fehlt im Vertrag eine der Angaben, die in der in § 482 Abs. 2 bezeichneten Rechtsverordnung bestimmt werden, so beginnt die Frist zur Ausübung des Widerrufsrechts erst, wenn dem Verbraucher diese Angabe schriftlich mitgeteilt wird.
(5) ¹Eine Vergütung für geleistete Dienste sowie für die Überlassung der Nutzung von Wohngebäuden ist abweichend von § 357 Abs. 1 und 3 ausgeschlossen. ²Bedurfte der Vertrag der notariellen Beurkundung, so hat der Verbraucher dem Unternehmer die Kosten der Beurkundung zu erstatten, wenn dies im Vertrag ausdrücklich bestimmt ist. ³In den Fällen der Absätze 3 und 4 entfällt die Verpflichtung zur Erstattung von Kosten; der Verbraucher kann vom Unternehmer Ersatz der Kosten des Vertrages verlangen.

Nach I gilt § 355. Die II–V enthalten hierzu Sonderregelungen. Das Widerrufsrecht besteht auch bei notariellen Verträgen (*Martinek* NJW 97, 1397). **1**

Die Regelung des IV steht neben derjenigen des § 355 II 3. Die Frist beginnt erst zu laufen, wenn die Voraussetzungen beider Vorschriften erfüllt sind (Palandt/*Weidenkaff* § 485 Rz 8). **2**

§ 486 Anzahlungsverbot bei Teilzeit-Wohnrechteverträgen.
¹Der Unternehmer darf Zahlungen des Verbrauchers vor Ablauf der Widerrufsfrist nicht fordern oder annehmen. ²Für den Verbraucher günstigere Vorschriften bleiben unberührt.

Zahlung bedeutet jede Erfüllungshandlung, nicht nur die in der Überschrift genannte Anzahlung (MK/Franzen § 486 Rz 4) Bei der Zahlung auf ein Treuhandkonto kommt es darauf an, ob der Unternehmer oder Verbraucher darüber verfügen kann. Eine Zahlung liegt noch nicht vor, wenn der Verbraucher die Auszahlung an den Unternehmer frei verhindern kann (Palandt/*Weidenkaff* § 486 Rz 3). **1**

§ 486 bewirkt keine Nichtigkeit des Zahlungsvorgangs (BGH NJW-RR 05, 780), sondern führt zu einem Schadensersatzanspruch gegen den Unternehmer nach §§ 311, 281 oder § 823 II (Palandt/*Weidenkaff* § 486 Rz 7). **2**

Die Vorschrift gilt nicht für die Provision eines Vermittlers (BGH NJW-RR 05, 780). **3**

Für den Verbraucher günstigere Vorschriften bestehen derzeit nicht. **4**

§ 487 Abweichende Vereinbarungen.
¹Von den Vorschriften dieses Titels darf nicht zum Nachteil des Verbrauchers abgewichen werden. ²Die Vorschriften dieses Titels finden, soweit nicht ein anderes bestimmt ist, auch Anwendung, wenn sie durch anderweitige Gestaltungen umgangen werden.

Die Unabdingbarkeit betrifft alle Vorschriften des Titels (§§ 481–487). Abweichungen sind nur zugunsten des Verbrauchers zulässig. **1**

Ob eine Abweichung zu Gunsten oder zu Lasten des Verbrauchers vorliegt, ist nicht an Hand einer Gesamtabwägung, sondern nach der einzelnen Abweichung zu beurteilen (MK/Franzen § 487 Rz 5). **2**

Die Umgehung muss objektiv vorliegen. Auf eine Umgehungsabsicht kommt es nicht an. **3**

Titel 3 Darlehensvertrag; Finanzierungshilfen und Ratenlieferungsverträge zwischen einem Unternehmer und einem Verbraucher

Untertitel 1 Darlehensvertrag

Kapitel 1 Allgemeine Vorschriften

§ 488 Vertragstypische Pflichten beim Darlehensvertrag. (1) ¹Durch den Darlehensvertrag wird der Darlehensgeber verpflichtet, dem Darlehensnehmer einen Geldbetrag in der vereinbarten Höhe zur Verfügung zu stellen. ²Der Darlehensnehmer ist verpflichtet, einen geschuldeten Zins zu zahlen und bei Fälligkeit das zur Verfügung gestellte Darlehen zurückzuzahlen.
(2) Die vereinbarten Zinsen sind, soweit nicht ein anderes bestimmt ist, nach dem Ablauf je eines Jahres und, wenn das Darlehen vor dem Ablauf eines Jahres zurückzuzahlen ist, bei der Rückzahlung zu entrichten.
(3) ¹Ist für die Rückzahlung des Darlehens eine Zeit nicht bestimmt, so hängt die Fälligkeit davon ab, dass der Darlehensgeber oder der Darlehensnehmer kündigt. ²Die Kündigungsfrist beträgt drei Monate. ³Sind Zinsen nicht geschuldet, so ist der Darlehensnehmer auch ohne Kündigung zur Rückzahlung berechtigt.

1 **A. Allgemeines. I. Vertragstypische Pflichten.** Die Bestimmungen der §§ 488–490 gelten für Gelddarlehen, während das Sachdarlehen in den §§ 607–609 geregelt ist. Sondervorschriften finden sich in den §§ 491 ff für das Verbraucherdarlehen. Das Gelddarlehen beinhaltet das Recht zur zeitlich begrenzten Kapitalnutzung mit der Verpflichtung zur Rückzahlung zum vereinbarten Termin, spätestens nach Ablauf der Vertragsdauer. Es handelt sich um eine auf die Überlassung von Zahlungsmitteln (gleich welcher Währung) für einen unbestimmten oder bestimmten Zeitraum gerichtetes Dauerschuldverhältnis. Der Darlehensvertrag kommt formfrei durch übereinstimmende Willenserklärungen (§§ 145 ff) schon vor Auszahlung der Darlehensvaluta zustande, die eine bloße Erfüllungshandlung darstellt. § 488 I folgt somit endgültig der Lehre vom Konsensualvertrag (BTDrs 14/6040, 253). Diese Entwicklung hat sich schon unter der Geltung des früheren VerbrKrG abgezeichnet. Auch dort war der Abschlusstatbestand des Darlehensvertrags mit der (späteren) Hingabe des Darlehens nicht gleichzusetzen (§§ 1 II, 6 II 1 VerbrKrG); das bedeutete den Abschied von der früher herrschenden Realvertragstheorie. Im Hinblick darauf bedurfte das Vereinbarungsdarlehen (§ 607 II aF) keiner gesonderten Regelung mehr; die Umwandlung einer anderen Schuld in ein Darlehen wird ohne weiteres von § 311 I erfasst. Nach dem Gesetzeswortlaut ist das entgeltliche Darlehen der Regelfall. Der Darlehensgeber schuldet als synallagmatische Hauptpflicht das Verschaffen und Belassen des Geldes, der Darlehensnehmer die Abnahme der vereinbarten Geldsumme und die Zinszahlung, wobei die Verwendbarkeit des Darlehens allein in seinen Risikobereich fällt (NJW 91, 1817). Bei Nichtabnahme kann den Darlehensnehmer eine Entschädigungspflicht treffen (zur Berechnung des Nichterfüllungsschadens BGHZ 146, 5; § 490 Rn 5); eine Schadenspauschalierung in AGB ist grds zulässig (3%, in Einzelfällen bis zu 4,5% des Darlehensnennbetrags; BGH NJW 98, 683; 90, 981; NJW-RR 86, 467). Das unentgeltliche (zinslose) Darlehen ist demgegenüber ein zweiseitiger Vertrag, bei dem sich die Pflicht zur Darlehensgewährung und die zur Rückzahlung gegenüber stehen. Der Gewährung von Sicherheiten liegt regelmäßig ein Sicherungsvertrag (Zweckabrede) zugrunde, der selbstständig neben den Darlehensvertrag tritt. Bei einer Mehrheit von Schuldnern kommt neben echter Mitdarlehensnehmerschaft eine einseitig verpflichtende Mithaftungsübernahme (Schuldbeitritt) in Betracht. Darlehensnehmer ist in aller Regel, wer für den Darlehensgeber erkennbar ein eigenes sachliches oder persönliches Interesse an der Kreditaufnahme hat sowie über die Auszahlung und Verwendung der Darlehensvaluta mitbestimmen darf; auf seiten der Bank einseitig gewählte Bezeichnungen im Vertrag kommt es dabei nicht an (BGHZ 146, 37, 41; NJW 05, 973; NJW-RR 04, 924; ZIP 02, 210; NJW 02, 2705). Den Beweis für eine echte Mitdarlehensnehmerschaft hat der Darlehensgeber zu führen; spricht der Wortlaut des vorformulierten Darlehensvertrages für ihn, hat der Schuldner allerdings nach den Regeln der sekundären Darlehenslast darzutun, dass ein Eigeninteresse an der Kreditaufnahme gefehlt hat (BGH ZIP 09, 655). Darlehensforderungen sind grds abtretbar; dem stehen weder das Bankgeheimnis noch datenschutzrechtliche Vorschriften entgegen (arg e § 496 II; BGHZ 171, 180 = ZIP 07, 619; ZIP 08, 1624; ZIP 09, 2329 für Sparkassen; BVerfG NJW 07, 3707).

Durch Gesetz v 29.7.09 (BGBl I 2355) ua zur Umsetzung der Verbraucherkreditrichtlinie des Rates vom 23.4.08 (2008/48/EG ABl EG 2008 L 133/66) hat der Gesetzgeber mit Wirkung zum 11.6.10 zahlreiche Neuerungen im Darlehensrecht und Verbraucherdarlehensrecht eingeführt. Die dazu gehörige Übergangsvorschrift findet sich in Art 229 § 22 II EGBGB. Auf Schuldverhältnisse, die vor dem 11.6.10 entstanden sind, sind grds das Bürgerliche Gesetzbuch und die BGB-Informationspflichten-Verordnung jeweils in der bis dahin geltenden Fassung anzuwenden. „Entstanden" ist ein Kreditvertrag, wenn er nach den allgemeinen zivilrechtlichen Vorschriften noch vor dem Stichtag zustande gekommen ist. Nach Art 229 § 22 III EGBGB gelten die Bestimmungen der

§§ 492 V, 493 III, 499, 500 I, 504 I, 505 II in ihrer neuen Fassung aber auch für unbefristete Altverträge; § 505 I ist auf solche Schuldverhältnisse in Ansehung der Mitteilungen nach Vertragsschluss anzuwenden.

Den Darlehensgeber trifft eine bloße Wertverschaffungspflicht (BTDrs 14/6040, 253), mit der er nach der Natur des Darlehens in Vorleistung zu treten hat. Er hat den Geldbetrag in bar, durch Überweisung, Kontogutschrift oder Einräumung eines Überziehungsrahmens zur Verfügung zu stellen; besondere Vereinbarungen darüber stehen den Parteien frei. Die Darlehensvaluta muss nicht notwendig an den Darlehensnehmer selbst fließen. Sie kann auf dessen Veranlassung an einen Dritten gezahlt werden (BGH NJW-RR 86, 140; § 494 Rn 5), der allerdings nicht im (Sicherungs-)Interesse des Darlehensgebers eingeschaltet sein darf. Der Darlehensgegenstand muss aus dem Vermögen des Darlehensgebers ausgeschieden und dem Vermögen des Darlehensnehmers endgültig zugeführt werden (BGH ZIP 08, 1911; BGHZ 167, 223, 235; 152, 331, 337; 145, 44, 50; BGH NJW 06, 1955; Auszahlung an Fondsgesellschaft: BGH ZIP 08, 357). Maßgeblich ist, inwieweit der Darlehensgeber den Dritten in der Verwendung der überwiesenen Valuta kontrollieren kann und dieser zur Weiterleitung des Geldes seiner Zustimmung bedarf (BGH NJW-RR 86, 140). Ein Darlehensempfang ist dann zu verneinen, wenn das Geld auf ein Treuhand- bzw Anderkonto des Notars geht und dieser den Auszahlungsbetrag nicht als Vertreter des Darlehensnehmers, sondern als Treuhänder der Bank erhält (BGH ZIP 98, 1631; NJW 85, 1831; 86, 2947), denn dann ist die Darlehensvaluta dem Vermögen des Darlehensnehmers gerade noch nicht endgültig zugeflossen. Die Verpflichtung zur Zinszahlung (Rn 3) hängt von Parteiwillen ab. Sie wird regelmäßig mit dem (endgültigen) Darlehensempfang beginnen, abw Abreden sind indes möglich und liegen va für die Zeit nahe, in der die Darlehensvaluta zwar dem Vermögen des Darlehensnehmers noch nicht zugeflossen ist, sich aber bereits auf einem Notartreuhandkonto befindet, also vom Darlehensgeber nicht anderweitig genutzt werden kann (BGH NJW 85, 730 und 1831).

II. Zinsen. Der Darlehensnehmer hat beim entgeltlichen Darlehen (Rn 1) dem Darlehensnehmer Zinsen zu zahlen. Diese stellen die Vergütung für die Übertragung der Kapitalnutzungsmöglichkeit durch den Gläubiger dar (BGHZ 80, 153, 166; NJW 00, 2818; NJW-RR 89, 947). Ist keine andere Bestimmung erfolgt, tritt ihre Fälligkeit nach Ablauf je eines Jahres ein, bei kürzerer Laufzeit sind die Zinsen bei Rückzahlung des Darlehens zu entrichten. Die Zinspflicht beginnt im Zweifel mit dem Empfang des Darlehens (Rn 2). Ist kein bestimmter Zinssatz vereinbart, gilt der gesetzliche (§§ 246, 352 HGB). Die Zinspflicht besteht längstens bis zur Beendigung des Darlehensvertrags, weil dann das Kapitalnutzungsrecht (Rn 1; § 492 Rn 2) entfällt; danach können nur noch Verzugszinsen (§§ 288, 497 I) in Ansatz gebracht werden. Zinsen sind stets laufzeitabhängig und vom Entgelt für die Kapitalbeschaffung abzugrenzen (BGH NJW 79, 808; „Bearbeitungsgebühr"). Auch bei einem auf erste Sicht „zinslosen" Darlehen können Leistungsverpflichtungen des Darlehensnehmers bestehen, die sich bei näherem Betrachten als Zinsersatz darstellen. Typisches Beispiel ist das **Disagio** (Damnum). Es hat in der heutigen Zeit seine Funktion als Abgeltung des einmaligen Verwaltungsaufwands bei der Kreditbeschaffung weitgehend verloren und dient idR nur noch als Rechenfaktor für die Zinsbemessung während des Zinsfestschreibungszeitraums. Nominalzinshöhe und Disagio stehen häufig in einem wechselseitigen Abhängigkeitsverhältnis, wenn nämlich der Kunde die Wahl hat, ob er ein Darlehen entweder mit einem geringen Damnum, dafür aber mit einem höheren Zins, oder mit einem höheren Disagio, aber niedrigerem Zinssatz aufnehmen will (BGHZ 133, 355, 358; 111, 287, 289; NJW 00, 352 und 2818; 95, 2778; 94, 379; anders für zinsverbilligte Kredite aus öffentlichen Förderprogrammen BGH NJW 94, 47; 92, 2285). Wird ein vereinbartes Disagio bei Auszahlung des Darlehens einbehalten, verstößt die Verzinsung der gesamten Darlehenssumme unter Einschluss des Disagios nicht gegen das Zinseszinsverbot des § 248 I (BGH NJW 00, 352). Der Darlehensnehmer kann das unverbrauchte Disagio zurückfordern, wenn er wirksam kündigt, nicht aber wenn der Darlehensgeber wegen schuldhafter Vertragsverletzung kündigt oder der unkündbare Darlehensvertrag auf Wunsch des Darlehensnehmers aufgehoben wird (BGHZ 133, 355, 358; NJW 93, 3257). Der zeitanteiligen Berechnung des zu erstattenden Betrags ist idR nicht die gesamte Laufzeit des Darlehens zugrunde zu legen, sondern der Zeitraum, für den ein fester Zins vereinbart ist (BGH NJW 95, 2778). **Zinscap-Abreden** legen für die Verzinsung eine Obergrenze fest, die während der cap-Laufzeit nicht überschritten werden darf. Dafür zahlt der Darlehensnehmer einen Geldbetrag, meist erreicht er damit einen verringerten Nominalzins. Solche Abreden können einer Disagiovereinbarung gleichstehen (*Brutschke* VuR 96, 43, 46; vgl AG Schleswig WM 96, 630).

Unter **Bereitstellungs„zinsen"** ist die vom Darlehensgeber verlangte Vergütung für die Bereithaltung der versprochenen Darlehensmittel zu verstehen. Es handelt sich um eine Provision, die dem Darlehensgeber einen Ausgleich für die eingeschränkte Verfügbarkeit über das Kapital gibt, das dem Darlehensnehmer auf Abruf zur Verfügung zu stehen hat (BGH NJW-RR 86, 467). Ihrer Qualifikation als echte (akzessorische) Darlehenszinsen steht entgegen, dass es vor Auszahlung der Valuta an einer Kapitalschuld des Darlehensnehmers fehlt, aus der sie sich errechnen können (aA *Mülbert* AcP Bd 192, 447, 507); diese prinzipielle Abhängigkeit der Zinsschuld von der Kapitalschuld kann auch durch Parteivereinbarung nicht überwunden werden. Beim **Forward**-Darlehen schließen Darlehensgeber und Darlehensnehmer einen Vertrag über ein Darlehen, das erst später zur Auszahlung gelangen soll (Forward-Zeit, regelmäßig ein bis drei Jahre; *Rösler* WM 00, 1930), ohne dass der Darlehensgeber dafür Bereitstellungszinsen verlangt. Stattdessen werden eine Forward-Prämie oder ein (höherer) Forward-Zinssatz berechnet. Zum **Überziehungszins** § 505 Rn 2.

5 **III. Rückzahlung.** Ist für die Rückzahlung des Darlehens eine Zeit nicht bestimmt, so hängt die Fälligkeit nach der Regelung in III davon ab, dass Darlehensnehmer oder Darlehensgeber den Vertrag ganz oder teilweise (BGH NJW 99, 2269) **kündigen.** Vor Auszahlung der Darlehensvaluta kann keine ordentliche Kündigung erfolgen (arg § 490 I). Die Kündigungsfrist beträgt drei Monate; abw Parteivereinbarungen sind zulässig (Köln OLGR 99, 215). Für **Verbraucherdarlehen** sind die Besonderheiten der §§ 499, 500 zu beachten. Daneben können Kündigungsrechte nach den §§ 489, 490, für Verbraucherdarlehen aus § 498 in Betracht kommen. Sind Zinsen nicht geschuldet, so ist der Darlehensnehmer auch ohne Kündigung zur Rückzahlung berechtigt. Bei ungenehmigter Kontoüberziehung (§ 505 Rn 1) liegt bereits kein Darlehensvertrag vor. Es ist daher eine jederzeitige Rückforderung möglich, ohne dass es einer Kündigung durch den Darlehensgeber bedürfte. Die Rückzahlungspflicht des Darlehensnehmers ist ebenfalls eine reine Wertverschaffungspflicht (Rn 2). Sie beschränkt sich auf den Nominalwert des gewährten Darlehens. Inflationsbedingte Wertverluste gehen zu Lasten des Darlehensgebers; die Zulässigkeit von Wertsicherungsklauseln beurteilt sich nach § 2 PaPkG.

6 **IV. Beweislast.** Den Abschluss des Darlehensvertrags hat nach allg Grundsätzen derjenige zu beweisen, der sich darauf beruft (Saarbr OLGR 03, 135; Kobl OLGR 99, 26). Den Darlehensgeber trifft zusätzlich die Beweislast für die Auszahlung der Darlehensvaluta. Hat der Darlehensgeber diesen Nachweis geführt, ist zu unterscheiden: Da der entgeltliche Darlehensvertrag nach dem Gesetz der Regelfall ist (Rn 1), muss er nicht zusätzlich die Verzinslichkeit beweisen (anders BaRoth/*Rohe* Rz 51; AnwK/*Reiff* Rz 5); es ist vielmehr Aufgabe des Darlehensnehmers, die von ihm behauptete Unverzinslichkeit des Darlehens zu belegen. Für die Zinshöhe ist der Darlehensgeber beweispflichtig, wenn er einen höheren Zins als den gesetzlichen geltend macht, für einen niedrigeren als den gesetzlichen hingegen der Darlehensnehmer. Die Fälligkeit des Rückzahlungsanspruchs bei Darlehen mit bestimmter Laufzeit (Rn 5) und die Fälligkeit seines Zinsanspruchs (Rn 3) muss wiederum der Darlehensgeber beweisen. Die Voraussetzungen einer erfolgreichen Kündigung hat die Partei nachzuweisen, die Rechtswirkungen daraus ableiten möchte.

7 **B. Besondere Erscheinungsformen des Darlehens.** Für den **Ratenkredit** ist typisch, dass der Darlehensbetrag (zzgl Zinsen, Einmalkosten und sonstigen laufzeitabhängigen Kosten) nicht durch eine einmalige Leistung zurückzuzahlen, sondern in periodischen (meist monatlichen) Raten abzutragen ist. Der Zinssatz bleibt über die gesamte Laufzeit fest. In Abweichung von § 367 ist ausdrücklich oder stillschweigend vereinbart, dass Kapital und Darlehenskosten mit jeder Rate zu gleichen Teilen getilgt werden. Im Allgemeinen sind die Raten gleich bleibend. Eine Sonderform ist der Blockratenkredit, bei dem eine der zu zahlenden Raten höher als die übrigen ist (Ballonrate). Eine solche Vereinbarung wird meist dann getroffen, wenn der Darlehensnehmer zum Zeitpunkt der Fälligkeit der Rate einen größeren Geldbetrag erwartet, aus dem die Verpflichtung erfüllt werden soll (zur möglichen Sittenwidrigkeit BGH NJW 89, 829; Karlsr NJW-RR 87, 299; Köln ZIP 85, 22). Der Ratenkredit kann ganz oder teilweise der Finanzierung eines anderen Vertrags dienen, der die Lieferung einer Ware oder die Erbringung einer anderen Leistung zum Gegenstand hat, und mit diesem eine wirtschaftliche Einheit bilden; in diesem Fall sind die §§ 358, 359 zu beachten. Fehlt es an einer wirtschaftlichen Einheit iSd § 358 III zwischen finanziertem und Finanzierungsgeschäft, liegt ein bloßes Anschaffungsdarlehen vor, bei dem die Kredithingabe zweckgebunden erfolgt, um dem Darlehensnehmer eine bestimmte Anschaffung zu ermöglichen. Hat der Vertrag zwischen einem Unternehmer (§ 14) und einem Verbraucher (§ 13) einen entgeltlichen Sach- oder Dienstleistungskredit zum Gegenstand, handelt es sich um einen Zahlungsaufschub (Teilzahlungsgeschäft; § 499 Rn 1). Beim Kontokorrentratenkredit stellt der Darlehensgeber dem Darlehensnehmer einen bestimmten Kreditrahmen zur Verfügung, über den dieser ganz oder teilweise (revolvierend) verfügen kann. Rückzahlungen sind jederzeit möglich, haben aber regelmäßig wenigstens in Höhe einer bestimmten monatlichen Mindestrate zu erfolgen. Vgl noch Rn 9.

8 Beim **Annuitätendarlehen** hat der Darlehensnehmer für die Laufzeit des Vertrags bis zur vollständigen Tilgung der Darlehenssumme eine jährlich gleich bleibende Leistung (Annuität) zu erbringen. Darauf zahlt er konstante (monatliche) Raten. Der Anteil von Zins und Tilgung an diesen Raten wird auf Grundlage der jeweils verbleibenden Restschuld berechnet, so dass im Laufe der Zeit der Zinsanteil allmählich abnimmt und der Tilgungsanteil entspr wächst. Verwendet der Darlehensgeber in seinen AGB nachschüssige Zinsberechnungsklauseln, werden die Zinsen nicht nach der tatsächlich bestehenden Kapitalschuld berechnet, sondern nach dem Stand des Kapitals zum Schluss des vorangegangenen Tilgungszeitraums. Solche belastenden Klauseln genügen dem Transparenzgebot (§ 307 I 2) nicht, wenn es Aufgabe des Kunden bleibt, zwischen Zinsberechnung und Tilgungsverrechnung einen inneren Zusammenhang herzustellen und zu erkennen, dass bereits getilgte Schuldbeträge weiter zu verzinsen sind (BGHZ 116, 1, 3; 112, 115, 116; 106, 42, 49; NJW 97, 1068; ZIP 95, 1171; 92, 105). Das Annuitätendarlehen ist va bei grundpfandrechtlich gesicherten Krediten üblich. Verständigen sich Realkreditgeber und Darlehensnehmer auf eine **Abschnittsfinanzierung**, wird für die Dauer eines kongruenten Refinanzierungszeitraums eine Festzinsvereinbarung getroffen. Bei der echten Abschnittsfinanzierung ist das Ende der Zinsfestschreibungsperiode gleichbedeutend mit dem Ende der Laufzeit des Darlehens. Kommt es zu einer Anschlussvereinbarung, liegt ein eigenständiger Darlehensvertrag unter Begründung eines neuen Kapitalnutzungsrechts (Rn 1; § 492 Rn 2; Frankf WM 07, 1176) vor. Demgegenüber wird dem Darlehensnehmer bei der unechten Abschnittsfinanzierung ein Kapitalnutzungsrecht für

die gesamte Laufzeit des Kredits bis zu dessen Tilgung zugebilligt; lediglich die Konditionen dafür werden abschnittsweise einvernehmlich oder durch einseitiges Bestimmungsrecht des Darlehensgebers (Zinsanpassungsklausel; § 489 Rn 5) festgelegt.

Der **Krediteröffnungsvertrag (Kontokorrentkredit)** ist ein Rahmenvertrag, in dem die Darlehenskonditionen vorab festgelegt werden. Dem Darlehensnehmer wird eine Kreditlinie eingeräumt, über die er nach Bedarf verfügen kann. Sie ist revolvierend nutzbar, so dass der Darlehensnehmer innerhalb des Limits den Kredit beliebig oft in Anspruch nehmen kann. Ruft er den Kredit ganz oder teilweise ab, tätigt er lediglich ein unselbständiges Ausführungsgeschäft (§ 492 Rn 2; § 495 Rn 4). Eine Verpflichtung zur Erbringung einer (Mindest-)Rückzahlungsrate in periodischen Abständen besteht nicht. Die – meist variablen – Zinsen werden entspr der getroffenen Vereinbarung in monatlichen bis vierteljährlichen Zeitabschnitten gebucht und in ein Periodenkontokorrent eingestellt (vgl BGHZ 80, 172, 176; 50, 277, 280; BGH WM 72, 283, 284). Während der Periode sind die unter die Kontokorrentabrede fallenden Ansprüche beider Teile gebunden und von der eigenständigen Geltendmachung ausgeschlossen. Sie werden bei Abschluss der Periode unter Anrechnung etwaiger erbrachter Leistungen durch den Saldoanspruch ersetzt (Novation). Die Zinsen für die betreffende Periode werden kapitalisiert und nach ihrer Einstellung in das Kontokorrent in der folgenden Verrechnungsperiode einer weiteren Verzinsung unterstellt (§ 355 I HGB). Ein ausdrückliches Kontokorrentverbot enthält § 497 II 1 (dort Rn 7).

Der **Festkredit** ist langfristig ausgelegt. Er findet sich häufig in Kombination mit einer Kapitallebensversicherung oder einem Bausparvertrag, wobei die Darlehenssumme aus den Leistungen zurückgeführt werden soll, die aus dem Versicherungs- oder Bausparvertrag fließen. Der Festkredit wird während seiner Laufzeit nicht getilgt, sondern muss im Anschluss daran in einer Summe zurückgezahlt werden; bis dahin werden vom Darlehensgeber (meist monatlich) allein die Zinsen erhoben. Daneben hat der Darlehensnehmer die Prämien zu zahlen, die er aus dem Versicherungs- oder Bausparvertrag schuldet. Es kann ein Beratungsfehler der Bank vorliegen, wenn sie eine Kombination von Festkredit und als Tilgungsersatz dienender Lebensversicherung empfiehlt, diese aber für den Darlehensnehmer ungünstiger ist als ein marktübliches Tilgungsdarlehen (BGHZ 111, 117, 120; BGH WM 07, 876; Urt v 12.6.07 – XI ZR 112/05; NJW 05, 983; 03, 2529). Vom Festkredit zu unterscheiden ist das **Policendarlehen**. Dort wird durch „Beleihung" einer Lebensversicherung eine entgeltliche Vorschussleistung auf die erwartete Versicherungssumme erbracht.

Beim **Akzeptkredit** zieht der Kunde als Aussteller auf seine Bank einen Wechsel, der von der Bank akzeptiert wird. Die Bank übernimmt damit die Verpflichtung, den Wechsel bei Fälligkeit einzulösen. Auf dieses Akzept kann der Aussteller (Darlehensnehmer) von dritter Seite Kredit erhalten. Die Bank kann den von ihr akzeptierten Wechsel selbst ankaufen (Eigendiskont) oder den effektiven Geldkredit durch Verkauf des Wechsels an eine dritte Bank (Fremddiskont) beschaffen. Der Akzeptkredit ist Haftungskredit (vgl § 491 Rn 9). **Effektenlombardkredite** dienen der Finanzierung von Wertpapierkäufen, wobei die Wertpapiere zur Besicherung des Kredits an den Darlehensgeber verpfändet werden. Auch der Warenlombardkredit wird als Geldkredit gegen Verpfändung, Sicherungsübereignung oder Sicherungszession gewährt.

§ 489 Ordentliches Kündigungsrecht des Darlehensnehmers.

(1) Der Darlehensnehmer kann einen Darlehensvertrag mit gebundenem Sollzinssatz ganz oder teilweise kündigen,
1. wenn die Sollzinsbindung vor der für die Rückzahlung bestimmten Zeit endet und keine neue Vereinbarung über den Sollzinssatz getroffen ist, unter Einhaltung einer Kündigungsfrist von einem Monat frühestens für den Ablauf des Tages, an dem die Sollzinsbindung endet; ist eine Anpassung des Sollzinssatzes in bestimmten Zeiträumen bis zu einem Jahr vereinbart, so kann der Darlehensnehmer jeweils nur für den Ablauf des Tages, an dem die Sollzinsbindung endet, kündigen;
2. in jedem Fall nach Ablauf von zehn Jahren nach dem vollständigen Empfang unter Einhaltung einer Kündigungsfrist von sechs Monaten; wird nach dem Empfang des Darlehens eine neue Vereinbarung über die Zeit der Rückzahlung oder den Sollzinssatz getroffen, so tritt der Zeitpunkt dieser Vereinbarung an die Stelle des Zeitpunkts des Empfangs.

(2) Der Darlehensnehmer kann einen Darlehensvertrag mit veränderlichem Zinssatz jederzeit unter Einhaltung einer Kündigungsfrist von drei Monaten kündigen.

(3) Eine Kündigung des Darlehensnehmers gilt als nicht erfolgt, wenn er den geschuldeten Betrag nicht binnen zwei Wochen nach Wirksamwerden der Kündigung zurückzahlt.

(4) ¹Das Kündigungsrecht des Darlehensnehmers nach den Absätzen 1 und 2 kann nicht durch Vertrag ausgeschlossen oder erschwert werden. ²Dies gilt nicht bei Darlehen an den Bund, ein Sondervermögen des Bundes, ein Land, eine Gemeinde, einen Gemeindeverband, die Europäischen Gemeinschaften oder ausländische Gebietskörperschaften.

(5) ¹Sollzinssatz ist der gebundene oder veränderliche periodische Prozentsatz, der pro Jahr auf das in Anspruch genommene Darlehen angewendet wird. ²Der Sollzinssatz ist gebunden, wenn für die gesamte Vertragslaufzeit ein Sollzinssatz oder mehrere Sollzinssätze vereinbart sind, die als feststehende Prozentzahl ausgedrückt werden. ³Ist für die gesamte Vertragslaufzeit keine Sollzinsbindung vereinbart, gilt der Sollzinssatz nur für diejenigen Zeiträume als gebunden, für die er durch eine feste Prozentzahl bestimmt ist.

§ 489

Ordentliches Kündigungsrecht des Darlehensnehmers

1 **A. Allgemeines.** Die – § 609a aF entspr – Vorschrift gesteht dem Darlehensnehmer über § 488 III hinaus weitere ordentliche Kündigungsrechte (I, 2) zu. Diese sollen ihn vor überlanger Darlehensbindung schützen und Umschuldungen erleichtern. Der Kündigungstatbestand des bisherigen I Nr 2 ist in § 500 aufgegangen (vgl zur neuen Gesetzeslage § 488 Rn 1); dem entsprechend ist der Kündigungstatbestand des I Nr 3 aF in Nr 2 vorgezogen.
Die Kündigungsrechte sind zwingend ausgestaltet (IV 1; grds aber keine Wirkung ggü Dritten: Karlsr WM 08, 1551). Vereinbarungen, die sie ganz oder teilweise ausschließen oder erschweren (zB Vertragsstrafe, Vorfälligkeitsentschädigung), sind unwirksam (§ 134). IV 2 macht davon für bestimmte Darlehensnehmer, die keines besonderen Schutzes bedürfen, eine Ausnahme; die Aufzählung ist abschließend (Karlsr aaO). I und 2 finden neben der außerordentlichen Kündigung nach § 490 I und sonstigen Kündigungstatbeständen Anwendung. Die **Beweislast** für sämtliche Voraussetzungen seines Kündigungsrechts trägt der Darlehensnehmer.

2 **B. Darlehen mit gebundenem Sollzinssatz (Abs 1, Abs 5 S 2 und 3).** Es muss ein Gelddarlehensvertrag (§ 488) vorliegen, der für einen bestimmten Zeitraum einen festen (= gebundenen) – nicht lediglich bestimmbaren – Zinssatz (§ 488 Rn 3) vorsieht. Der Gesetzgeber hat in Umsetzung der Neufassung der Verbraucherkreditrichtlinie (§ 488 Rn 1) den Begriff des Sollzinssatzes eingeführt. Er soll terminologisch die Abgrenzung zum gesetzlichen Verzugszins und zum effektiven Jahreszins erleichtern und entspricht dem Vertragszins; Änderungen ggü der bisherigen Gesetzeslage sind damit nicht verbunden. Für den Sollzinssatz findet sich in V eine **Legaldefinition**. Zur Sollzinsbindung treten die weiteren Voraussetzungen der Nr 1–2; allein dann kann der Darlehensnehmer das Darlehen ganz oder teilweise (§ 490 Rn 3) kündigen.

3 In den Fällen der **Nr 1** endet die Zinsbindung vor der für die Rückzahlung des Darlehens bestimmten Zeit, ohne dass eine neue Vereinbarung über den Sollzinssatz getroffen wird (Hs 1). Für letztere ist ein einverständliches Zusammenwirken der Vertragsparteien erforderlich; die Ausübung eines einseitigen Bestimmungsrechts nach § 315 I genügt nicht. Unter Hs 2 fallen va Roll-over-Kredite, die an Referenzzinssätze gebunden sind. Die jeweiligen Zeiträume können innerhalb des vorgegebenen Jahresrahmens variieren; wird dieser jedoch überschritten, kann allein Hs 1 einschlägig werden. Die Kündigungsfrist von einem Monat ist für beide Konstellationen der Nr 1 zu beachten; die Auszahlung der Darlehensvaluta braucht der Darlehensnehmer nicht abzuwarten

4 Nr 2 erfasst die langfristigen Darlehen und bringt zugleich die Grenze der rechtlich geschützten Zinserwartung des Darlehensgebers (10½ Jahre; § 490 Rn 5) zum Ausdruck. Bei Prolongationsvereinbarungen, die sich auf die Zeit der Rückzahlung oder den Zinssatz beziehen, tritt der Zeitpunkt der Vereinbarung an die Stelle des Zeitpunkts der Auszahlung. Räumt der Darlehensgeber dem Darlehensnehmer – etwa im Zuge einer Umschuldung – weitergehend ein neues Kapitalnutzungsrecht ein (§ 488 Rn 1; § 492 Rn 2), liegt ohnehin ein neuer Kreditvertrag vor, der hinsichtlich seiner Kündigungsvoraussetzungen selbständig zu beurteilen ist.

5 **C. Darlehen mit veränderlichem Sollzinssatz (Abs 2, Abs 5 S 1).** Zu II gehören alle Darlehensverträge, bei deren Abschluss kein gebundener Sollzinssatz vereinbart wurde und bei denen deshalb jederzeit eine Änderung der Zinshöhe eintreten kann, etwa infolge von Zinsgleit- oder Zinsänderungsklauseln. Letztere entspringen dem Bedürfnis der Banken, ihre Darlehensbedingungen – insb den Zinssatz – den wechselnden und bei Vertragsabschluss meist nicht überschaubaren künftigen Refinanzierungsmöglichkeiten anzupassen. Formularmäßige **Zinsanpassungsklauseln** müssen, um einer Inhaltskontrolle nach § 307 standzuhalten, den allgemeinen Anforderungen an Preisanpassungsklauseln genügen; sie haben insb eine eindeutige Pflicht der Bank zu enthalten, auch ein gesunkenes Zinsniveau an den Kunden weiterzugeben (BGH ZIP 09, 1106 unter Aufgabe von BGHZ 97, 212, 217). Die Kündigungsfrist für Darlehen iSd II beträgt drei Monate; sie läuft vom Abschluss des Darlehensvertrags an („jederzeit"; aA BaRoth/*Rohe* Rz 23). Eine Teilkündigung ist ausgeschlossen. Den Parteien steht es jedoch frei, Abweichendes zu vereinbaren, weil hierin zugunsten des Darlehensnehmers eine Erleichterung in den Kündigungsvoraussetzungen liegt. Wird im Darlehensvertrag auf den Basiszinssatz Bezug genommen, liegt eine Zinsabrede vor, die bis zum jeweils nächstfolgenden 1.1. oder 1.7. gebunden ist, weil sich der Basiszinssatz nach dem Gesetz (§ 247 I) nur zu diesen Zeitpunkten ändern kann. Solche Zinsklauseln sind daher nicht unter II einzuordnen. Im Bereich des Verbraucherdarlehensrechts ist zusätzlich § 493 III iVm Art 247 § 15 EGBGB zu beachten.

6 **D. Fiktion unterbliebener Kündigung (Abs 3).** III schützt die berechtigten Interessen des Darlehensgebers. Sie galt gem III aF nur für Kündigungen nach I oder II. Mit der Neufassung (§ 488 Rn 1) soll eine Anwendbarkeit auf alle ordentlichen Kündigungen des Darlehensnehmers erreicht werden (zB nach § 500 I).
Eine Kündigung durch den Darlehensnehmer gilt als nicht erfolgt, wenn dieser den geschuldeten Betrag (für Verbraucherdarlehen beachte § 501) nicht binnen zweier Wochen nach Wirksamwerden der Kündigung zurückzahlt. Dadurch soll verhindert werden, dass er sich durch die Kündigung des Darlehens ohne gleichzeitige Rückführung der Restschuld in den Genuss eines ggü dem Vertragszins niedrigeren Verzugszinssatzes bringt. Der Darlehensnehmer muss das Darlehen bereits empfangen oder in Anspruch genommen haben (§ 494 Rn 5). Nur für diesen Fall wird die Rechtsbeständigkeit der Kündigung mit der Darlehensrückzahlung verknüpft; darin liegt ein weiteres gesetzliches Erfordernis für eine erfolgreiche Kündigung (Rechtsbedin-

gung). Bis zum fruchtlosen Ablauf der zweiwöchigen Frist ist die Kündigung entspr dem Wortlaut des III schwebend wirksam. Kommt es nicht zur Rückführung, besteht der Darlehensvertrag unverändert fort. Der Darlehensgeber darf die Annahme des Kreditbetrags nicht ablehnen (§ 162 II entspr).

Hat der Darlehensnehmer an den Darlehensgeber vor Ausübung des Kündigungsrechts bereits Zahlungen 7 geleistet, sind diese mit ihrem Tilgungsanteil von seiner Rückzahlungsverpflichtung in Abzug zu bringen. Für die Rückzahlung steht eine zweiwöchige Frist zur Verfügung. Diese bemisst sich gem §§ 187 I, 188 II, 193 ab dem Zeitpunkt des Wirksamwerdens der Kündigung; insoweit kommt es auf deren Zugang an. Die Rückzahlungsverpflichtung ist als Geldschuld eine qualifizierte Schickschuld (§§ 270 IV, 269 I). Für die Rechtzeitigkeit der Leistung ist entscheidend, dass der Schuldner binnen der Frist das seinerseits Erforderliche getan hat (zB Erteilung eines Überweisungsauftrags, dessen Ausführung durch entspr Deckung auf dem Konto gesichert ist). Dass eine fristgerechte Rückzahlung erfolgt ist, hat im gegebenen Fall der Darlehensnehmer nachzuweisen.

Bei Mitschuldnern (§ 488 Rn 1) ist zu prüfen, ob im Falle einer erfolgreichen Kündigung auch die übrigen 8 Kreditverhältnisse von der Unwirksamkeitsfolge betroffen wären (§ 139). Ist dies zu bejahen, muss allein der kündigende Darlehensnehmer für eine fristgerechte Rückführung des Darlehensbetrags sorgen, nicht jedoch die anderen Darlehensnehmer, da diese nicht selbst gekündigt haben, sondern nur an den Folgen der Kündigung ihres Mitschuldners teilhaben. Haben die übrigen Kreditverhältnisse trotz des Ausscheidens eines der Darlehensnehmer Bestand, ist eine Rückführung des Darlehens für die Wirksamkeit der Kündigung nicht erforderlich. Denn zum einen ist der Darlehensgeber durch die Haftung der verbleibenden Kreditnehmer gesichert; zum anderen ergäben sich sonst unbillige Ergebnisse für den kündigenden Darlehensnehmer. Der zahlende Gesamtschuldner würde über § 426 II im Wege des gesetzlichen Forderungsübergangs vom Darlehensgeber einen noch nicht fälligen Anspruch gegen die anderen Darlehensnehmer erwerben. Denn diese wollen am Vertrag festhalten und sind zur vorzeitigen Rückführung deshalb gerade nicht verpflichtet; auch aus § 426 I folgt kein anderes Ergebnis. Der zahlende Gesamtschuldner müsste den regulären Verlauf der anderen Kreditverhältnisse abwarten, bis er gegen seine Mitschuldner Ansprüche geltend machen könnte.

§ 490 Außerordentliches Kündigungsrecht.

(1) Wenn in den Vermögensverhältnissen des Darlehensnehmers oder in der Werthaltigkeit einer für das Darlehen gestellten Sicherheit eine wesentliche Verschlechterung eintritt oder einzutreten droht, durch die die Rückzahlung des Darlehens, auch unter Verwertung der Sicherheit, gefährdet wird, kann der Darlehensgeber den Darlehensvertrag vor Auszahlung des Darlehens im Zweifel stets, nach Auszahlung nur in der Regel fristlos kündigen.
(2) Der Darlehensnehmer kann einen Darlehensvertrag, bei dem der Sollzinssatz gebunden und das Darlehen durch ein Grund- oder Schiffspfandrecht gesichert ist, unter Einhaltung der Fristen des § 488 Abs. 3 Satz 2 vorzeitig kündigen, wenn seine berechtigten Interessen dies gebieten und seit dem vollständigen Empfang sechs Monate abgelaufen sind. Ein solches Interesse liegt insbesondere vor, wenn der Darlehensnehmer ein Bedürfnis nach einer anderweitigen Verwertung der zur Sicherung des Darlehens beliehenen Sache hat. Der Darlehensnehmer hat dem Darlehensgeber denjenigen Schaden zu ersetzen, der diesem aus der vorzeitigen Kündigung entsteht (Vorfälligkeitsentschädigung).
(3) Die Vorschriften der §§ 313 und 314 bleiben unberührt.

A. Allgemeines. Die Vorschrift gibt Darlehensgeber und Darlehensnehmer ein Recht zur außerordentlichen 1 Kündigung. Der Darlehensgeber kann aus wichtigem Grund kündigen, wenn die Rückzahlung des Darlehens gefährdet ist oder sich eine solche Gefährdung abzeichnet (I); die Bestimmung ersetzt § 610 in seiner früheren Fassung. Der Darlehensnehmer hat demgegenüber bei einem Darlehensvertrag mit gebundenem Sollzinssatz und grund- oder schiffspfandrechtlicher Sicherung das Recht, das Dauerschuldverhältnis zu kündigen, wenn seine berechtigten Interessen dies gebieten (II); er muss dem Darlehensgeber aber denjenigen Schaden ersetzen, der diesem aus der vorzeitigen Kündigung entsteht. Der Gesetzgeber wollte mit dieser Regelung die höchstrichterliche Rspr zur Vorfälligkeitsentschädigung (Rn 5) kodifizieren, um auf diese Weise größere Rechtssicherheit und Rechtsklarheit zu erreichen (BTDrs 14/6040, 254). III schließlich stellt klar, dass die Vorschriften der §§ 313, 314 und die daraus abzuleitenden Kündigungsrechte unberührt bleiben. Auch sonstige ordentliche oder außerordentliche Kündigungsrechte (§§ 488 III, 489 I, 321) sowie Anfechtungsrechte (§ 123; Saarbr WM 06, 2251) können neben den Kündigungsrechten aus I u II ausgeübt werden. Allerdings braucht der Darlehensnehmer keine Vorfälligkeitsentschädigung zu zahlen, wenn er den Vertrag zusätzlich nach §§ 313, 314 kündigen könnte (Karlsr OLGR 01, 330). Für **Verbraucherdarlehen** sind § 498 Rn 2; § 499 Rn 2; § 502 Rn 1 zu beachten.

B. Außerordentliches Kündigungsrecht des Darlehensgebers (Abs 1). Die außerordentliche Kündigung 2 nach I setzt voraus, dass nach Vertragsschluss in den Vermögensverhältnissen des Darlehensnehmers oder in der Werthaltigkeit einer für das Darlehen gestellten (Dritt-)Sicherheit objektiv eine wesentliche Verschlechterung eingetreten ist oder mit einiger Wahrscheinlichkeit zu befürchten steht, dass diese eintreten wird und der Darlehensnehmer – auch unter Berücksichtigung der Sicherheiten – bei Fälligkeit nicht in der Lage sein wird, die Darlehensverbindlichkeit zu bedienen. Der Kündigungsgrund ist nicht gegeben, wenn sich nur die

§ 490 Außerordentliches Kündigungsrecht

Vermögensverhältnisse des Darlehensnehmers verschlechtert haben, aber hinreichende (und werthaltige) Sicherheiten zur Verfügung stehen, um den Rückzahlungsanspruch zu unterlegen. Umgekehrt kann bei den Sicherheiten ein Wertverlust eingetreten, dennoch aber ein Kündigungsgrund zu verneinen sein, weil der Darlehensnehmer in der Lage ist, das Darlehen zu bedienen. Letzterer kann einer drohenden Kündigung zudem dadurch begegnen, dass er das Darlehen nachbesichert (vgl Oldbg OLGR 05, 63). Es besteht kein Grund zur außerordentlichen Kündigung, wenn die Umstände, die dafür herangezogen werden, bereits im Zeitpunkt des Vertragsschlusses vorgelegen haben (vgl BGH NJW 02, 3167). Die Vorschrift will nicht den Darlehensgeber schützen, der sich sehenden Auges auf bestimmte Risiken eingelassen hat (zB bei Sanierungskrediten); allenfalls können Anfechtungsrechte nach §§ 119, 123 oder ein Kündigungsrecht nach § 314 bestehen, sollte dem Darlehensgeber das von Anfang an bestehende Risiko nicht bekannt gewesen sein. I hat Leitbildfunktion iSd § 307 II Nr 1; in AGB aufgenommene Erleichterungen des Kündigungsrechts sind daher regelmäßig unwirksam. Bei Gesamtschuldnern genügt es, wenn der Kündigungsgrund in der Person eines von ihnen vorliegt (vgl § 498 Rn 6, 9).

3 Das Recht zur Kündigung besteht vor Auszahlung des Darlehens (§ 488 Rn 2) im Zweifel stets, wenn nicht die Parteien ausdrücklich oder stillschweigend etwas anderes vereinbart haben. Zeichnet sich bereits zu diesem frühen Zeitpunkt ab, dass der Darlehensgeber das Darlehen vom Darlehensnehmer höchstwahrscheinlich nicht zurückerhalten wird, kann von ihm eine Auszahlung des Darlehens nicht verlangt werden. Nach Auszahlung des Darlehens kann der Darlehensgeber nur idR fristlos kündigen. Es ist für den Einzelfall zu prüfen, ob ihm zugemutet werden kann, das Darlehen beim Darlehensnehmer zu belassen, wenn bspw ein Abtrag der Darlehensschuld durch angemessene Ratenzahlungen angeboten wird. Die Beweislast für die Voraussetzungen seines Kündigungsrechts trägt der Darlehensgeber, während der Darlehensnehmer den Nachweis zu erbringen hat, dass ausnahmsweise keine Berechtigung zur Kündigung besteht. Die Kündigung muss in angemessener Frist erfolgen (§ 314 III; § 498 Rn 9). Eine Teilkündigung – etwa durch Reduzierung der Kreditlinie – ist zulässig (BGH NJW 99, 2269). Für **Verbraucherdarlehen** s. auch § 499 II.

4 **C. Außerordentliches Kündigungsrecht des Darlehensnehmers (Abs 2).** Die Regelung gilt für alle Darlehensverträge iSd § 488. Es muss sich aber immer um einen grund- oder schiffspfandrechtlich gesicherten Darlehensvertrag mit gebundenem Sollzinssatz handeln. Weiter müssen die berechtigten Interessen des Darlehensnehmers die vorzeitige Kündigung gebieten. Das ist dann zu bejahen, wenn er ein Bedürfnis nach einer anderweitigen Verwertung der zur Sicherung des Darlehens beliehenen Sache hat (II 2); dafür trägt der Darlehensnehmer die Beweislast. Allein das Vorliegen eines günstigeren Finanzierungsangebots ist kein Kündigungsgrund (LG München I WM 04, 626). Auch sonstige Gründe, die außerhalb der wirtschaftlichen Nutzung des belasteten Objekts liegen, reichen nicht aus (Köln OLGR 03, 336; vgl aber zu Änderungen in den Einkommensverhältnissen Naumbg NJW-RR 07, 1278). Das Kündigungsrecht hat wiederum Leitbildcharakter (Rn 2); es kann nicht zum Nachteil des Darlehensnehmers in AGB ausgeschlossen oder in seinen Voraussetzungen verschärft werden. Die Kündigung hat unter Einhaltung der dreimonatigen Frist des § 488 III 2 zu erfolgen; hinzu tritt die in II angeführte sechsmonatige Frist von sechs Monaten ab dem vollständigen Empfang des Darlehens. Daraus ergibt sich für den Darlehensvertrag eine Mindestlaufzeit von neun Monaten. Im Bereich des Verbraucherdarlehens s.a. § 500.

5 Den Interessen des Darlehensgebers wird dadurch Rechnung getragen, dass der Darlehensnehmer ihm im Falle der Kündigung eine **Vorfälligkeitsentschädigung** zu zahlen hat (vgl für Verbraucherdarlehen ergänzend § 502). Darunter ist nach der Legaldefinition in II 3 der Schaden zu verstehen, der dem Darlehensgeber aus der Kündigung erwächst. Maßgeblich dafür ist der Zeitpunkt des Wirksamwerdens (Zugangs) der Kündigung. Zur Frage, wie die Nachteile, die der Darlehensgeber durch die vorzeitige Rückzahlung erleidet, im Einzelnen zu berechnen sind, verhält sich die Vorschrift nicht; der Gesetzgeber wollte dies bewusst der Rspr überlassen (BTDrs 14/6040, 255). Die Grundsätze zur Berechnung der Nichtabnahmeentschädigung (BGHZ 146, 5, 10 ff; § 488 Rn 1) gelten entspr. Anzusetzen ist bei der rechtlich geschützten Zinserwartung des Darlehensgebers. Diese betrifft die Zinsen, welche bis zur ordnungsgemäßen Vertragsbeendigung aufgelaufen wären. Der Darlehensgeber kann den Zinsmargenschaden geltend machen, also den entgangenen Nettogewinn aus dem vorzeitig abgelösten Darlehen, wobei eine Schadenspauschalierung nach § 252 statthaft ist. Wenn das vorzeitig zurückerhaltene Darlehenskapital für die Restlaufzeit des abgelösten Darlehens nur zu einem niedrigerem als dem Vertragszins wieder ausleihbar ist, liegt daneben ein Zinsverschlechterungsschaden vor. Er errechnet sich aus der Differenz zwischen Vertrags- und Wiederausleihzins, wobei eine Bank hierfür auf den Zinssatz einer laufzeitkongruenten Wiederanlage in sicheren Kapitalmarkttiteln abstellen kann, allerdings nur für den Zeitraum der rechtlich geschützten Zinserwartung (BGH NJW 91, 1817), also für maximal 10½ Jahre (§ 489 Rn 4). Es ist jeweils auf den Zeitpunkt der Leistung der Vorfälligkeitsentschädigung in Höhe des aktiven Wiederanlagezinses abzuzinsen (BGHZ 136, 161, 166; NJW 98, 592; 97, 2878; NJW-RR 99, 842). Alternativ zum **Aktiv-Aktiv-Vergleich** kann der Darlehensgeber nach der **Aktiv-Passiv-Methode** (BGHZ 161, 196, 201) die Differenz zwischen den Zinsen, die der Darlehensnehmer bei Abnahme des Darlehens tatsächlich gezahlt hätte, und der Rendite, die sich aus einer (ggf fiktiven) laufzeitkongruenten Wiederanlage (BGHZ 146, 5: Hypothekenpfandbriefe) der frei gewordenen Beträge ergeben hätte, geltend machen, bereinigt um die ersparten Kosten der Risikovorsorge und Darlehensverwaltung zzgl Bearbeitungsgebühr. Diese Grundsätze können, müssen aber nicht herangezogen werden, wenn sich die Parteien einvernehmlich auf eine Aufhebung des Darlehensvertrags gegen Zahlung eines Vorfälligkeitsentgelts verständigt haben (BGH NJW 03, 2230). Kein Anspruch auf Vorfälligkeitsentschädigung besteht für den Darlehensgeber, wenn die Initiative für die vorzeitige Ablösung der Darlehensverbindlichkeit von ihm selbst ausgeht (Frankf OLGR 05, 630). Der Darlehensnehmer kann schließlich die Zustimmung zu einem bloßen Austausch der Sicherheit – bei sonst unverändert fortbestehendem Darlehensvertrag – beanspruchen, wenn dies dem Darlehensgeber mangels schutzwürdigen Eigeninteresses zumutbar ist, etwa weil die als Ersatz angebotene Grundschuld das Kreditrisiko ebenso gut abdeckt wie die vorhandene Sicherheit (BGHZ 158, 11). Ein Anspruch auf Vorfälligkeitsentschädigung steht dem Darlehensgeber weiter dann nicht zu, wenn der Darlehensnehmer bei ihm gleichzeitig einen Neukredit in übersteigender Höhe zu für den Darlehensgeber jedenfalls nicht schlechteren Konditionen aufnimmt (Zweibr OLGR 02, 432).

Kapitel 2 Besondere Vorschriften für Verbraucherdarlehensverträge

§ 491 Verbraucherdarlehensvertrag.
(1) Die Vorschriften dieses Kapitels gelten für entgeltliche Darlehensverträge zwischen einem Unternehmer als Darlehensgeber und einem Verbraucher als Darlehensnehmer (Verbraucherdarlehensvertrag), soweit in den Absätzen 2 oder 3 oder in den §§ 503 bis 505 nichts anderes bestimmt ist.
(2) Keine Verbraucherdarlehensverträge sind Verträge,
1. bei denen der Nettodarlehensbetrag (Artikel 247 § 3 Abs. 2 des Einführungsgesetzes zum Bürgerlichen Gesetzbuche) weniger als 200 Euro beträgt,
2. bei denen sich die Haftung des Darlehensnehmers auf eine dem Darlehensgeber zum Pfand übergebene Sache beschränkt,
3. bei denen der Darlehensnehmer das Darlehen binnen drei Monaten zurückzuzahlen hat und nur geringe Kosten vereinbart sind,
4. die von Arbeitgebern mit ihren Arbeitnehmern als Nebenleistung zum Arbeitsvertrag zu einem niedrigeren als dem marktüblichen effektiven Jahreszins (§ 6 der Preisangabenverordnung) abgeschlossen werden und anderen Personen nicht angeboten werden,
5. die nur mit einem begrenzten Personenkreis auf Grund von Rechtsvorschriften in öffentlichem Interesse abgeschlossen werden, wenn im Vertrag für den Darlehensnehmer günstigere als marktübliche Bedingungen und höchstens der marktübliche Sollzinssatz vereinbart sind.
(3) 358 Abs. 2, 4 und 5 sowie die §§ 491a bis 495 sind nicht auf Darlehensverträge anzuwenden, die in ein nach den Vorschriften der Zivilprozessordnung errichtetes gerichtliches Protokoll aufgenommen oder durch einen gerichtlichen Beschluss über das Zustandekommen und den Inhalt eines zwischen den Parteien geschlossenen Vergleichs festgestellt sind, wenn in das Protokoll oder den Beschluss der Sollzinssatz, die bei Abschluss des Vertrags in Rechnung gestellten Kosten des Darlehens sowie die Voraussetzungen aufgenommen worden sind, unter denen der Sollzinssatz oder die Kosten angepasst werden können.

A. Einführung. Im Zuge des SchuldRModG (ergänzt durch Art 25 II OLGVertrÄndG) ist das seit dem 1.1.91 geltende VerbrKrG mit Wirkung zum 1.1.02 in das BGB integriert worden. Der Gesetzgeber hat dies zum Anlass genommen, den einheitlichen (Ober-)Begriff des „Kreditvertrags" mit seinen drei Erscheinungsformen Darlehen, Zahlungsaufschub und sonstiger Finanzierungshilfe (§ 1 II VerbrKrG) aufzugeben. Der Verbraucherdarlehensvertrag ist nunmehr mit dem allg Darlehensvertrag in einem Untertitel zusammengefasst, der sich seinerseits in Kap 1 (Allgemeine Vorschriften) und Kap 2 (Besondere Vorschriften für Verbraucherdarlehensverträge) gliedert. Die Vorschrift des § 488 bezieht sich allerdings nur auf Gelddarlehen, während Sachdarlehen in §§ 607 ff geregelt sind. Zahlungsaufschub und sonstige Finanzierungshilfe sind Teil eines gesonderten Untertitels Teilzahlungsgeschäfte (§§ 507 ff). Weitere Untertitel enthalten Bestimmungen für Ratenlieferungsverträge (§ 510, früher § 2 VerbrKrG), über die Anwendung des Verbraucherkreditrechts auf Existenzgründer (§ 512) sowie für das Unabdingbarkeitsgebot und das Umgehungsverbot (§ 511). Die Vorschriften über den Kreditvermittlungsvertrag (§ 1 II, §§ 15–17 VerbrKrG) sind jetzt beim Maklerrecht angesiedelt (§§ 655a ff). Gänzlich aus dem unmittelbaren verbraucherkreditrechtlichen Regelungszusammenhang genommen sind die Vorschriften über verbundene Verträge (§§ 358, 359, vormals § 9 VerbrKrG). Übergangsvorschriften finden sich in Art 229 §§ 5, 9 I EGBGB (zur Beweislast BGHZ 113, 222, 225). Zur Neufassung des Darlehens- und Verbraucherdarlehensrechts mit Wirkung zum 11.6.10 mit der Übergangsvorschrift in Art 229 § 20 EGBGB vgl § 488 Rn 1.
Die verbraucherkreditrechtlichen Bestimmungen setzen privatrechtliches Handeln voraus. Jedoch enthält § 62 2 VwVfG für den öffentlich-rechtlichen Vertrag – zu dessen Abschluss es bei der Vergabe von Krediten durch die öffentliche Hand kommen kann – eine Verweisung auf die Vorschriften des BGB; davon werden auch die §§ 491 ff erfasst (aA *Bülow* Rz 49). 1

2 Der sachliche Geltungsbereich des Verbraucherkreditrechts wird durch die Regelungen in II und III eingeschränkt (Rn 10 ff); die Beweislast für das Vorliegen eines Ausnahmetatbestands trägt der Darlehensgeber (LG Stuttg VuR 99, 157). Für den Verbraucherdarlehensvertrag als solchen enthält I 1 eine Legaldefinition. Er muss zwischen einem Unternehmer (Rn 3) und einem Verbraucher (Rn 4 ff) abgeschlossen und in jedem Fall **entgeltlich** sein; die Höhe des Entgelts, das der Verbraucher für die Einräumung des Kredits zu entrichten hat, spielt dabei keine Rolle. Lässt sich der Darlehensgeber lediglich den Aufwand honorieren, der mit der Prüfung der Kreditwürdigkeit des Darlehensnehmers verbunden ist, reicht das für die Annahme eines entgeltlichen Darlehens nicht aus. Auch eine Bearbeitungsgebühr, die zur Deckung der Kosten für die Ausgabe des Darlehens dient, ist keine Vergütung für die vorübergehende Kapitalnutzung. Damit der Darlehensgeber (entgeltliche) Zinsleistungen nicht als Gebühren verschleiern und den Vertrag auf diese Weise den §§ 491 ff entziehen kann, besteht eine von ihm zu widerlegende Vermutung, dass Kosten, die bei Abschluss eines Darlehensvertragsvertrags anfallen, solche sind, die iVm der Darlehensgewährung – und nicht nur mit der Darlehensbeschaffung – stehen. Zum Zinsbegriff und zum Disagio § 488 Rn 3.

3 **B. Persönlicher Anwendungsbereich. I. Unternehmer.** Der Begriff des Unternehmers (§ 14) wird in I vorausgesetzt. Die Kreditgebereigenschaft ist nicht auf den Personenkreis beschränkt, der berufs- oder gewerbsmäßig Verbraucherkredite gewährt (so aber Ddorf NJW-RR 96, 759). Die selbständige berufliche oder gewerbliche Tätigkeit des Kreditgebers muss zudem weder hauptberuflich ausgeübt werden, noch ist es erforderlich, dass er regelmäßig Kredite vergibt (BGHZ 179, 126 = ZIP 09, 261). Ebenso wenig muss auf Seiten des Darlehensgebers ein Handeln in Gewinnerzielungsabsicht vorliegen (BGHZ 155, 240, 245). Zugunsten des Verbrauchers wird beim Darlehensgeber der erforderliche Bezug zur gewerblichen oder selbständigen beruflichen Tätigkeit vermutet; ist er Kaufmann, folgt dies bereits aus §§ 343, 344 HGB.

4 **II. Verbraucher. 1. Allgemeines.** Verbraucher (§ 13) ist jede natürliche Person (vgl BGH NJW 02, 133), die ein Rechtsgeschäft zu einem Zweck abschließt, der zum Zeitpunkt des Vertragsschlusses (BGHZ 128, 156, 162) weder ihrer gewerblichen noch ihrer selbständigen haupt- oder nebenberuflichen Tätigkeit zugerechnet werden kann. Dabei kommt es grds auf eine objektive Betrachtung an (iE BGH NJW 09, 3780); die Beweislast trägt der Verbraucher (BGH NJW 07, 2619). Maßgeblich ist, wofür der Kredit aufgenommen werden soll oder welchen Zwecken der mit den Kreditmitteln finanzierte Gegenstand dient (Naumbg OLGR 98, 210). Wenn der Verbraucher dem Darlehensgeber einen privaten Verwendungszweck vortäuscht, kann es ihm versagt sein, sich auf die §§ 491 ff zu berufen (§ 242; BGH ZIP 05, 357). In Fällen sog **Mischnutzung** (zB PKW, der privaten und gewerblichen Fahrten dient) ist darauf abzustellen, auf welcher Nutzungsart das Schwergewicht liegt (Naumbg aaO: überwiegende Nutzung). Wird die zur Verfügung gestellte Kreditsumme für den Erwerb mehrerer Gegenstände eingesetzt, die teils der privaten, teils der gewerblichen Nutzung zugeführt werden, kann eine Aufspaltung des Kreditvertrags in Betracht kommen (vgl BGH NJW 84, 2292; 83, 2027). Wird der Verbraucherdarlehensvertrag unter Einschaltung eines rechtsgeschäftlichen oder gesetzlichen Vertreters abgeschlossen, muss der Vertretene die Voraussetzungen des § 13 erfüllen (vgl BGH NJW-RR 91, 1074). Bei Strohmanngeschäften kommt es auf die Person des Strohmanns an. Ist der Kredit für dessen gewerbliche Tätigkeit bestimmt, gelangen die §§ 491 ff nicht zur Anwendung (BGH NJW 02, 2030).

5 Ob der Kreditnehmer als unselbständiger Arbeitnehmer (oder arbeitnehmerähnliche Person; BAG NJW 98, 701) anzusehen oder ob eine selbständige berufliche Tätigkeit anzunehmen ist, beurteilt sich nach den Kriterien des § 84 I 2 HGB. Den Schutz der §§ 491 ff können dabei auch Scheinselbständige für sich beanspruchen (BGHZ 49, 30, 32). Organmitglieder juristischer Personen üben keine selbständige Tätigkeit aus (BGHZ 49, 30, 32). Die Geschäftsführung einer GmbH ist daher angestellte berufliche Tätigkeit (BGHZ 144, 370, 380; 133, 71, 78 und 220, 223; NJW 06, 431). Ebenso gehört die Verwaltung eigenen oder fremden Vermögens zum privaten Bereich, selbst wenn dieses eine beträchtliche Höhe erreicht hat und seine weitere Mehrung durch Anlagegeschäfte angestrebt wird (BGHZ 149, 80, 86; 74, 273, 276; 63, 32, 33; BFH DB 04, 410; BFHE GrS 178, 86). Entscheidend ist der Umfang der zur Vermögensverwaltung entfalteten Tätigkeit. Erfordert diese einen planmäßigen Geschäftsbetrieb – wie etwa eine büro- und geschäftsmäßige Organisation –, so wird von einer beruflich betriebenen Vermögensverwaltung auszugehen sein (BGHZ aaO und 119, 252, 256; München OLGR 99, 361). Ferner ist nach der Rspr das Halten – und damit erst nach der Erwerb – eines GmbH-Geschäftsanteils regelmäßig reine Vermögensverwaltung (BGHZ 133, 71, 78 und 220, 223; NJW-RR 00, 3496; NJW 97, 1443); das gilt auch für Allein- oder Mehrheitsbeteiligungen (BGH BB 07, 2141; NJW 06, 431).

6 **2. Sonderfälle (Mehrheit von Verbrauchern).** Gesamtschuldnern steht, sofern sie Verbraucher sind, jeweils ein eigenes Widerrufsrecht zu, unabhängig davon, ob der Kredit als solcher eine gewerbliche oder berufliche Zweckbestimmung hat (BGHZ 144, 370, 380; KG OLGR 95, 139, 140; Celle NJW-RR 97, 1144; Brandbg OLGR 95, 189; Stuttg NJW 94, 867). Wird das Widerrufsrecht durch einen der Gesamtschuldner ausgeübt, ist anhand der allg zivilrechtlichen Vorschriften zu beurteilen, ob das Verhältnis des Darlehensgebers zu den übrigen Darlehensnehmern weiterhin Bestand hat (subj Teilnichtigkeit). Beim **Schuldbeitritt** wird die Mithaftung für die Verpflichtungen des eigentlichen Kreditnehmers übernommen, ohne dessen Anspruch auf Auszahlung des Kredits zu erlangen (zur Abgrenzung zwischen echter Mitdarlehensnehmerschaft und einseitig verpflichtender Mithaftungsübernahme BGH NJW 05, 973). Der Schuldbeitritt ist daher selbst kein Kre-

ditvertrag. Für den Verbraucher besteht aber ein vergleichbares Schutzbedürfnis, das eine entspr Anwendung der §§ 491 ff rechtfertigt. Dabei kommt es wiederum nicht darauf an, ob neben dem Beitretenden auch der Kreditnehmer Verbraucher ist, solange nur überhaupt der Verpflichtung aus einem Kreditvertrag beigetreten wird und es sich bei der anderen Vertragspartei um einen Kreditgeber iSd § 14 handelt (BGHZ 155, 240, 243; 144, 370, 380; 134, 94, 97; 133, 71, 74 und 220, 222; NJW 06, 431; NJW-RR 00, 3496; NJW 97, 1442 und 1443 sowie 3169; vgl auch § 495 Rn 7); ist die Schuld bereits hinreichend bestimmt, kann der Beitritt bereits vor Wirksamwerden des Darlehensvertrages erklärt werden (BGH NJW-RR 04, 1683). Die sicherungsweise Bestellung eines Grundpfandrechts und die damit verbundene Zweckabrede sollen hingegen die Voraussetzungen eines Kreditvertrags oder eines diesem gleichstehenden Geschäfts nicht erfüllen (BGH NJW 97, 1442; aA *Bülow* Rz 126). Dasselbe wie für den Schuldbeitritt gilt für die auf einen Kreditvertrag gerichtete befreiende **Schuldübernahme** (§ 414) und die **Vertragsübernahme** (BGHZ 142, 23, 27; zum Bierlieferungsvertrag vgl BGHZ 129, 371). Wird die Schuldübernahme – wenn auch unter Mitwirkung des Gläubigers – zwischen altem und neuem Schuldner vollzogen (§ 415) und sind beide Verbraucher, wird der Schutz der §§ 491 ff grds nicht ausgelöst (Dresd Urt v 4.10.06 – 8 U 639/06). Für den Gläubiger läge es daher nahe, auf eine Schuldübernahme im Verhältnis zwischen Altschuldner und Neuschuldner hinzuwirken, um sich seiner Kreditgeberstellung zu entziehen. Um dieses Ergebnis zu vermeiden, sind die Rechtsbeziehungen zwischen den Parteien so zu behandeln, als wäre ein Vertrag iSd § 414 geschlossen worden (Rechtsgedanke des § 511 2; *Ulmer/Timmann* FS Rowedder 503, 514; offen BGHZ 142, 23, 30).

Die Regelung des § 1357 führt zu einer gesetzlich angeordneten Haftungsgemeinschaft der **Eheleute** 7 (§§ 421 ff; BGH NJW 91, 2958). Die Formerfordernisse (vgl § 492) sind im Außenverhältnis nur ggü dem Ehegatten zu wahren, der das Geschäft abschließt. Der mitverpflichtete Ehegatte nimmt jedoch an den Schutzwirkungen des Verbraucherkreditrechts teil; er kann insb das Widerrufsrecht nach § 495 I ausüben (§ 1357 I 2). Dieses ist allerdings in seinen Voraussetzungen vom Bestand des Widerrufsrechts, wie es in der Person des handelnden Ehegatten besteht, abhängig. Daher beseitigt sowohl der Widerruf des handelnden als auch der des anderen Ehegatten die vertragliche Verpflichtung in ihrer Gesamtheit; die Frage nach einer subj Teilnichtigkeit (Rn 6) stellt sich nicht.

Die höchstrichterliche Rspr (BGHZ 149, 80, 83 ff) behandelt auch die **GbR**, die ein nichtkommerziellen Zwe- 8 cken dienendes Darlehen aufnimmt, als mögliche Normadressatin des Verbraucherkreditrechts. Die Schutzwürdigkeit der Mitglieder einer Gruppe von Kreditnehmern bleibe davon unberührt, dass sie auf gesellschaftsvertraglicher Grundlage einen gemeinsamen Zweck verfolgten; die Anerkennung der beschränkten Rechtsfähigkeit der GbR (BGHZ 154, 88, 94; 146, 341, 343 ff; 142, 315, 318; 136, 254, 257 im Anschluss an BGHZ 116, 86, 88) mit der Folge, dass der Kreditvertrag unmittelbar mit der Gesellschaft und nicht mit den einzelnen Gesellschaftern zustande komme, die lediglich in entspr Anwendung des § 128 HGB für deren Verbindlichkeiten einzustehen hätten, stehe dem nicht entgegen. Denn nach wie vor haften die Gesellschafter in aller Regel unbeschränkt mit ihrem gesamten Vermögen und seien deshalb schutzbedürftig, gleich wie ihre Haftung rechtsdogmatisch erklärt werde (zur dogmatischen Kritik iE *Kessal-Wulf* GS Sonnenschein 671, 677 ff).

Die **Bürgschaft**, die ein Verbraucher für die Schuld eines Dritten übernimmt, erfüllt grds nicht die Merkmale 9 eines entgeltlichen Kreditvertrags (Stuttg OLGR 98, 147 und NJW 97, 3450; Hambg OLGR 98, 413; Rostock OLGR 98, 365; Frankf OLGR 98, 147; Ddorf ZIP 97, 2005; Hamm WM 98, 171). Der BGH hat die – unmittelbare oder analoge – Anwendbarkeit der verbraucherkreditrechtlichen Bestimmungen bislang für solche Bürgschaften verneint, die der Sicherung von Krediten dienen, die vom Hauptschuldner außerhalb der Existenzgründungsphase aufgenommen wurden (BGHZ 138, 321, 327); es wird also nach der Art der gesicherten Schuld (Geschäftskredit oder Verbraucherkredit) und nicht nach dem Schutzbedürfnis des Mithaftenden (Rn 6) differenziert. Da nach der Rspr des EuGH (NJW 00, 1323) Bürgschaftsverträge, die zur Sicherung der Rückzahlung eines Kredits geschlossen werden, auch dann nicht in den Geltungsbereich der VerbrKr-RL fallen, wenn weder der Bürge noch der Kreditnehmer iR ihrer Erwerbstätigkeit gehandelt haben, ist damit zu rechnen, dass der BGH die Anwendbarkeit der §§ 491 ff auf Bürgschaftsverträge generell verneinen wird. Mithin ist – auch unter Berücksichtigung der Warnfunktion des § 766 – die Aufnahme von Pflichtangaben (§ 492 I 5) in die Bürgschaftsurkunde bzw die Beiheftung einer Abschrift der Kreditvertragsurkunde kein Wirksamkeitserfordernis für die Bürgschaft (BGHZ 138, 321, 329).

C. Ausnahmetatbestände. I. Vollausnahmen (Abs 2). 1. Bagatellkredite (Nr 1, 3). Die vormals in II Nr 1 10 enthaltene Legaldefinition für den Begriff des „Nettodarlehensbetrags" ist – ohne inhaltliche Änderung – mit Wirkung zum 10.6.10 in Art 247 § 3 II 2 EGBGB übernommen worden. Der Nettodarlehensbetrag ist der Höchstbetrag, auf den der Darlehensnehmer aufgrund des Darlehensvertrages Anspruch hat, ohne dass es darauf ankäme, ob ihm dieser Betrag tatsächlich zufließt. Er entspricht damit wie bisher dem „auszuzahlenden Darlehen". Vermittlerkosten oder Vermittlerprovisionen sind nicht Teil des Nettodarlehensbetrags. Bei revolvierenden Krediten und eingeräumten Überziehungskrediten (§ 504 I) ist der Höchstbetrag des Kredits maßgeblich, über den der Verbraucher verfügen kann. Beim Zahlungsaufschub entspricht der Nettodarlehensbetrag dem Betrag, den der Verbraucher – unter Hinwegdenken des Aufschubs – bei sofortiger Zahlung zu entrichten hätte, der ihm aber eben wegen des Aufschubs einstweilen als zusätzliche Liquidität zur Verfügung steht. Vgl noch § 492 Rn 4.

11 Ausgenommen sind Verbraucherdarlehen mit einem Nettodarlehensbetrag unter 200 € („weniger als"); Verträge mit einem Nettodarlehensbetrag von genau 200 € werden somit vom Anwendungsbereich der §§ 491 ff erfasst. Darin liegt ein Unterschied zur früheren Gesetzeslage (§ 488 Rn 1), bei denen der Nettodarlehensbetrag 200 € „nicht übersteigen" durfte.
Versäumt es der Darlehensgeber, den Nettodarlehensbetrag auszuweisen, ist der Verbraucherkreditvertrag gem den §§ 494 I nichtig. Vorfrage ist jedoch, ob der Vertrag überhaupt den Bestimmungen der §§ 491 ff unterfällt. Das lässt sich wegen der unterbliebenen und für II Nr 1 entscheidenden Angabe nicht ohne weiteres beurteilen. In diesem Fall muss der Darlehensgeber darlegen, dass es sich um ein Bagatellgeschäft handelt und die angeführten Vorschriften deshalb nicht zur Anwendung gelangen.

12 Hingegen trägt der Verbraucher die Darlegungs- und Beweislast für etwaige Umgehungstatbestände (§ 511 2). Ein solcher kann vorliegen, wenn ein einheitlicher Kreditbedarf künstlich in mehrere Einzelverträge aufgespalten wird, die für sich betrachtet unter die Vollausnahme des II Nr 1 fallen. Werden die Einzelverträge zeitgleich oder wenigstens zeitnah abgeschlossen bzw sind sie hinsichtlich des Verwendungszwecks der Darlehenssumme auf denselben Finanzierungsgegenstand ausgerichtet, besteht eine tatsächliche Vermutung für eine in Wahrheit gegebene rechtliche und wirtschaftliche Einheit. Anders verhält es sich bei der späteren Aufstockung eines Darlehens durch einen selbständigen zweiten Kreditvertrag, die auf einem bei Abschluss des Erstvertrags noch nicht erkennbaren höheren Kreditbedarf des Darlehensnehmers beruht. Das rechtliche Schicksal des Erstvertrags bleibt unberührt, insb wird seine Formbedürftigkeit nicht im Nachhinein dadurch ausgelöst, dass alter und neuer Kreditbetrag zusammen oberhalb der Bagatellgrenze liegen. Handelt es sich um eine unselbständige Aufstockung (ohne Einräumung eines selbständigen Kapitalnutzungsrechts: § 488 Rn 1; § 492 Rn 2), ist eine Vereinbarung darüber nicht formbedürftig, selbst wenn die aufgestockte neue Darlehenssumme 200 € oder mehr beträgt (aA *Bülow* Rz 165).

13 Nach bisheriger Rechtslage (vgl § 488 Rn 1) lösten nur entgeltliche (Rn 2) Zahlungsaufschübe „von mehr als drei Monaten" Verbraucherschutz aus. Der neu eingeführte Ausnahmetatbestand in Nr 3 stellt demgegenüber alle Verbraucherdarlehen und über § 506 entsprechend auch Zahlungsaufschübe sowie sonstige Finanzierungshilfen frei, wenn der Verbraucher das Darlehen „binnen drei Monaten zurückzuzahlen hat" und (zusätzlich) nur geringe Kosten vereinbart sind. Dahinter steht ebenfalls der Bagatellgedanke, weil solche Darlehen für den Verbraucher generell nur mit geringen Risiken verbunden sind. Vgl auch § 506 Rn 2, 3. Der Begriff der „geringen Kosten" soll sich nach den Vorstellungen des Gesetzgebers (BTDrucks 16/11643, 115) in der Gesamtschau aller Umstände beurteilen und nicht allein prozentual von der Höhe des Nettodarlehensbetrags bestimmen. Er ist weit aufzufassen und umschließt nicht nur die in die Berechnung des effektiven Jahreszinses nach § 6 III PAngVO einzubeziehenden Faktoren sondern auch etwaige vereinbarte Verzugskosten (BTDrucks aaO).

14 **2. Pfandbesicherte Darlehen (Nr 2).** Der Ausnahmetatbestand will sicherstellen, dass die Tätigkeit von Pfandleihern nicht dem Anwendungsbereich der §§ 491 ff unterfällt. Voraussetzung ist die wirksame Bestellung eines Pfandrechts an einer beweglichen Sache iSd §§ 1204 ff. Die Sache muss nach dem Wortlaut der – als Ausnahmevorschrift grds eng auszulegenden – Bestimmung „übergeben" sein; dennoch wird nach Sinn und Zweck der Nr 2 auch ein Übergabeersatz gem § 1206 genügen. Der Pfandgegenstand, aus dem sich der Darlehensgeber befriedigen kann, muss alle aus dem Darlehensvertrag oder aus gesetzlichen Vorschriften (insb Verzug) resultierenden Zahlungsverpflichtungen des Darlehensnehmers sichern; nur dann beschränkt sich die „Haftung" des Darlehensnehmers auf die betreffende Sache.

15 **3. Arbeitgeberdarlehen und Förderdarlehen (Nr 4, 5).** Die Einbeziehung der Arbeitgeberdarlehen in den Schutzbereich der §§ 491 ff hat der Gesetzgeber mit der Begründung abgelehnt, dass solche Darlehen nicht öffentlich angeboten und idR zu Vorzugskonditionen gewährt werden (BTDrs 11/5462, 19). Unter den Begriff des Arbeitgeberdarlehens fallen auch Kredite, die von Unterstützungskassen gewährt werden sowie Darlehen, die Angehörige (Ehegatten, Kinder) mit Rücksicht auf die Betriebszugehörigkeit des Arbeitnehmers oder ehemalige Arbeitnehmer erhalten (Pensionärsdarlehen). Die Vollausnahme setzt einen effektiven Zins voraus, der unter dem marktüblichen liegt. Hier wird der vom Arbeitgeber verlangte Effektivzins mit dem effektiven Jahreszins verglichen, den der Arbeitnehmer aufzubringen hätte, würde er sich das Darlehen bei einem Bankinstitut (etwa als Raten- oder Kontokorrentkredit) verschaffen. Der Ausnahmetatbestand ist erfüllt, wenn die untere Streubreite marktüblicher Zinsen (zu entnehmen den Monatsberichten der Deutschen Bundesbank) nicht erreicht wird.
Das Arbeitgeberdarlehen darf ferner mit diesen Bedingungen anderen Personen, zu denen kein Arbeitsverhältnis besteht, nicht angeboten werden. Das gleiche gilt, wenn der Arbeitgeber solche Darlehen derart häufig vergibt, dass er in seinem Betrieb bereits entsprechende Strukturen („Kreditabteilung") angelegt hat (BTDrucks 16/11643, 115).

16 II Nr 5 nahm in seiner bisherigen Fassung (§ 488 Rn 1) allein Förderdarlehen im Bereich des Wohnungswesens und Städtebaus vom Verbraucherschutz aus. Die Neufassung geht darüber hinaus. Das „öffentliche Interesse", das gleichbedeutend ist mit der Förderung gesamtgesellschaftlicher Anliegen, bezieht sich sprachlich auf den Inhalt der Rechtsvorschriften; der Vertrag selbst muss nicht unmittelbar im öffentlichen Interesse

abgeschlossen sein (BTDr 16/11643, 115). Entfallen ist zudem das Erfordernis, dass die öffentlich-rechtliche Anstalt den Kredit direkt an den Verbraucher vergibt. Während bei früheren Krediten schon die Zwischenschaltung einer Hausbank, die sich anschließend bei der öffentlich-rechtlichen Anstalt refinanziert (sog durchgeleiteter Kredit), genügte, um die Privilegierung auszuschließen (BGHZ 155, 240, 247), hat der Gesetzgeber auf dieses Kriterium nunmehr verzichtet.

II. Bereichsausnahmen (Abs 3). Nach den Vorstellungen des Gesetzgebers zwingt die Praktikabilität – va bei der sofortigen Protokollierung von Vergleichen im Termin zur mündlichen Verhandlung – dazu, diese Vereinbarungen von den Vorschriften der §§ 491a–495 und § 358 II, IV und V weitgehend auszunehmen. Der erforderliche Schutz des Verbrauchers iÜ werde durch die gerichtliche Mitwirkung sichergestellt (BTDrs 11/5462, 18). Der Ausnahmetatbestand setzt ein „nach den Vorschriften der Zivilprozessordnung errichtetes gerichtliches Protokoll" voraus, in das der Darlehensvertrag aufzunehmen ist; die formalen Anforderungen ergeben sich aus den §§ 159 ff ZPO. Dem gleichgestellt sind die sog. Beschlussvergleiche nach § 278 VI ZPO, sofern den für diese geltenden formalen Anforderungen genügt ist. Da III nur die beiden genannten Formen gerichtlicher Vergleiche aufführt, sind Anwaltsvergleiche (§§ 796a-c ZPO) und Schiedsvergleiche (§ 794 I Nr 4a) nicht privilegiert. Es ist jedoch nicht erforderlich, dass ein gerichtlich protokollierter Vergleich das Verfahren abschließt; es werden auch Zwischen- oder Teilvergleiche erfasst. III verlangt weiter die Ausweisung des Sollzinssatzes, der bei Abschluss des Vertrags in Rechnung gestellten Kosten des Darlehens (dazu zählen nicht die Gerichts- und Anwaltskosten; BTDrs 11/5462, 18; 16/11643, 116) und der Voraussetzungen, unter denen der Sollzinssatz oder die Kosten geändert werden können. Auf welche Weise die notwendigen Angaben gemacht werden müssen, bestimmt sich nach den Anforderungen, wie sie für die jeweilige Pflichtangabe gelten (§ 492 II).

Der bisherige Ausnahmetatbestand für notariell beurkundete Verträge ist zum 10.6.10 ersatzlos entfallen (§ 488 Rn 1). Vgl aber § 495 Rn 8.

Hingegen ist die Bereichsausnahme des vormaligen III Nr 2 aF in § 358 VI iVm § 359 2 übernommen worden. Danach ist die Anwendbarkeit der Regelungen über verbundene Verträge (§§ 358 II, IV, V, 359 1) auf Darlehen, die der Finanzierung des Erwerbs von Finanzinstrumenten dienen, ausgeschlossen. Dem Gesetzgeber erscheint es untragbar, dass es dem Darlehensnehmer sonst möglich sein könnte, insb bei Wertpapier-, Devisen-, Derivat- oder Edelmetallkäufen im Hinblick auf § 495 I deren Risiken auf den Darlehensgeber abzuwälzen. Die Verbundgeschäftsregelung auch in diesem Bereich hätte nämlich zur Folge, dass der Wertpapierkäufer durch Widerruf des Darlehensvertrags zugleich dem Wertpapiergeschäft die Wirksamkeit nehmen könnte (§ 358 II 1). Auf diesem Wege könnte er während der Widerrufsfrist kursrisikofrei zu Lasten des Kreditinstituts spekulieren (BTDrs 12/4526, 13). Den Verbraucherschutz hat der Gesetzgeber dadurch als gewahrt angesehen, dass der Käufer sich jederzeit zum Tageskurs von den gekauften Wertpapieren, Devisen oder Edelmetallen wieder trennen kann.

§ 491a Vorvertragliche Informationspflichten bei Verbraucherdarlehensverträgen.

(1) Der Darlehensgeber hat den Darlehensnehmer bei einem Verbraucherdarlehensvertrag über die sich aus Artikel 247 des Einführungsgesetzes zum Bürgerlichen Gesetzbuche ergebenden Einzelheiten in der dort vorgesehenen Form zu unterrichten.

(2) Der Darlehensnehmer kann vom Darlehensgeber einen Entwurf des Verbraucherdarlehensvertrags verlangen. Dies gilt nicht, solange der Darlehensgeber zum Vertragsabschluss nicht bereit ist.

(3) Der Darlehensgeber ist verpflichtet, dem Darlehensnehmer vor Abschluss eines Verbraucherdarlehensvertrags angemessene Erläuterungen zu geben, damit der Darlehensnehmer in die Lage versetzt wird, zu beurteilen, ob der Vertrag dem von ihm verfolgten Zweck und seinen Vermögensverhältnissen gerecht wird. Hierzu sind gegebenenfalls die vorvertraglichen Informationen gemäß Absatz 1, die Hauptmerkmale der vom Darlehensgeber angebotenen Verträge sowie ihre vertragstypischen Auswirkungen auf den Darlehensnehmer, einschließlich der Folgen bei Zahlungsverzug, zu erläutern.

A. Unterrichtungspflichten (Abs 1). Die Vorschrift führt für alle Verbraucherdarlehensverträge vorvertragliche Informationspflichten ein, deren nähere Ausgestaltung sich erst aus Art 247 §§ 1–4, 8–17 EGBGB ergibt. Zwischen Darlehensgeber und Darlehensnehmer besteht ein vorvertragliches Schuldverhältnis iSd § 311 II, bei dessen Verletzung Ansprüche aus § 280 I in Betracht kommen. Für die Unterrichtungspflichten unterscheidet Art 247 zwischen allgemeinen Pflichten (Art 247 §§ 3, 4; dazu Rn 3 ff), die für jeden Verbraucherdarlehensvertrag zu beachten sind, und Unterrichtungspflichten für besondere Vertragsformen, wie Immobiliardarlehensverträge (§ 503; Art 247 § 9), Überziehungskredite (§§ 504, 505; Art 247 §§ 10, 16, 17), Umschuldungen (§ 495 III Nr 1; Art 247 § 11), verbundene Verträge (§ 358; Art 247 § 12), Finanzierungshilfen (§ 506; Art 247 § 12); Modifizierungen gelten zudem bei Verträgen mit Zusatzleistungen (Art 247 § 8) und bei der Einschaltung von Darlehensvermittlern (Art 247 § 13).

I. Form der Unterrichtung. Diese ist in I nicht vorschrieben, sondern folgt erst aus Art 247 §§ 1, 2 EGBGB. Sie muss, um ihrem Zweck erreichen zu können, noch vor Vertragsschluss in Textform (§ 126b) erfolgen. Sie hat ferner "rechtzeitig" zu geschehen. Der Gesetzgeber (vgl BTDrs 16/11643, 197) versteht darunter, dass der Darlehensnehmer ausreichend Gelegenheit erhält, die Informationen in Abwesenheit des Darlehensgebers, dh von diesem räumlich getrennt, zu prüfen und mit denen aus den Angeboten anderer Darlehensgeber zu vergleichen, um eine tragfähige Grundlage für seine Vertragsentscheidung zu haben. Ob diesen Erfordernissen genügt ist, muss einzelfallbezogen beurteilt werden. Nach Art 247 § 2 I EGBGB hat der Darlehensgeber für die Unterrichtung zwingend das Muster gem Anl 3 zum EGBGB zu verwenden. In diesem Fall hat er seiner Unterrichtungspflicht genügt, wenn er dem Darlehensnehmer dieses Muster ordnungsgemäß (insb vollständig und zutr) ausgefüllt in Textform übermittelt (Art 247 § 2 IV EGBGB). Damit entfällt für ihn das Unterrichtungsrisiko insoweit, als vom Gesetz unwiderleglich vermutet wird, dass das Muster – seine ordnungsgemäße Ausfüllung vorausgesetzt – den weiteren Erfordernissen des Art 247 genügt. Gibt der Darlehensgeber weitergehende, nicht von Art 247 §§ 3, 4 EGBGB verlangte Hinweise, so muss dies räumlich getrennt von den obligatorischen Angaben geschehen (Art 247 § 4 II EGBGB).

3 **II. Inhalt der Unterrichtung.** Die erforderlichen vorvertraglichen Information sind dem Katalog des Art 247 § 3 I EGBGB zu entnehmen. Sie werden ergänzt durch Art 247 § 4 I EGBGB. Die dort angeführten Informationen sind aber nur dann zu erteilen, wenn sie für den in Betracht kommenden Vertragsabschluss im konkreten Fall erheblich werden, etwa wenn der Darlehensnehmer infolge des Vertragsabschlusses Notarkosten zu tragen hat (Nr 1), wenn er Sicherheiten verlangt (Nr 2; s. noch § 492 Rn 3), wobei dieser Begriff weit auszulegen ist (vgl auch § 232), oder wenn der Darlehensgeber beabsichtigt, einen Anspruch auf Vorfälligkeitsentschädigung geltend zu machen; dann muss er auch die Berechnungsmethode darlegen (Nr 3). Hinzu tritt die Angabe des Zeitraums, für den sich der Darlehensgeber an die erteilten Informationen bindet (Nr 4).

4 **1. Name und Anschrift des Darlehensgebers; Art des Darlehens (Art 247 § 3 I Nr 1, 2 EGBGB).** Der Darlehensgeber muss den Darlehensnehmer über seinen Namen (§ 12) und seine Anschrift informieren; dabei muss es sich um eine postalische Anschrift handeln, Internetadressen genügen nicht. Bei Art 247 § 3 I Nr 2 EGBGB ist "Darlehen" als Oberbegriff auch für Zahlungsaufschub und Finanzierungshilfe zu verstehen. Der Darlehensgeber kann die Art des Darlehens beispielsweise als Festkredit, unbefristetes Darlehen, Leasing ausweisen; schlagwortartige Bezeichnungen genügen.

5 **2. Effektiver Jahreszins (Art 247 § 3 I Nr 3).** Der effektive Jahreszins soll dem Darlehensnehmer die mit dem Darlehen einhergehende tatsächliche Gesamtbelastung vor Augen führen und ihm eine verlässliche Grundlage für Preis- und Konditionenvergleiche bieten (so bereits BTDrs 11/5462, 19). Er ist als Vomhundertsatz auszuweisen und ausdrücklich als solcher zu bezeichnen (unzulässig daher Begriffe wie „globaler Belastungssatz" oder „jährlicher Belastungssatz"). Leicht verständliche Abkürzungen sind jedoch erlaubt, wenn sie allg wie die ausgeschriebenen Begriffe verstanden werden („effekt Jahreszinssatz": BGH NJW-RR 89, 233; „eff Jahreszins"; Hambg WM 90, 416 gegen Ddorf DB 88, 2456). Die bloße Bezeichnung als „Effektivzinssatz" ohne zeitlichen Bezug (Jahreszins) ist indes nicht statthaft (BGH NJW 96, 1759 zur PAngV). Nach Art 247 § 3 III EGBGB ist der effektive Jahreszins anhand eines "repräsentativen" – also aussagekräftigen – Beispiels zu erläutern. Dabei nimmt 3 den Begriff des bisherigen anfänglichen effektiven Jahreszinses auf. Dieser wird auf Basis der bei Abschluss des Verbraucherdarlehensvertrags maßgeblichen Bedingungen Darlehensnehmer so präzise als möglich (LG Dortmund ZIP 01, 66) ausgewiesen.

6 Art 247 § 3 II 3 EGBGB enthält eine dynamische Verweisung auf § 6 PAngV. In die Berechnung einzubeziehen sind danach neben dem Nominalzins auch Bearbeitungsgebühren, Disagio und Agio, Cap-Prämien, Forward-Prämien, Provisionen und sonstige Kreditvermittlungskosten, soweit sie vom Darlehensnehmer zu tragen sind; nicht hingegen Bereitstellungszinsen und Teilauszahlungsaufschläge, Kosten, die ihre Ursache in einem nicht planmäßigen Vertragsverlauf haben (Verzugszinsen, Mahnkosten), ferner Notarkosten, Grundbuch- und Schätzungskosten, Kaskoversicherungen, Anzahlungen und andere Eigenleistungen, letztlich alle Kosten, die vom Darlehensnehmer unabhängig davon zu tragen sind, ob es sich um ein Bar- oder ein Kreditgeschäft handelt. Auch Prämien für eine Kapitallebensversicherung, die der Tilgung eines endfälligen Darlehens dienen soll, sind bei der Berechnung des effektiven Jahreszinses nicht zu berücksichtigen (BGHZ 162, 20 = NJW 05, 985).

7 **3. Nettodarlehensbetrag; Gesamtbetrag (Art 247 § 3 I Nr 4, 8).** Der Nettodarlehensbetrag entspricht dem „auszuzahlenden Darlehensbetrag" (Art 247 § 3 II 1 EGBGB; § 491 Rn 10). Im Gegensatz dazu steht der Bruttodarlehensbetrag (Gesamtbetrag; vgl noch § 492 Rn 6) als Summe aus Nettodarlehensbetrag und Gesamtkosten und damit als Summe der zu entrichtenden Teilzahlungen. Zur Errechnung des Nettodarlehensbetrags sind von diesem die gesamten Kosten des Darlehens (Bearbeitungsgebühren, Spesen, Vermittlungskosten, Disagio; Restschuldversicherung usw) in Abzug zu bringen. Bei revolvierenden Kreditformen genügt die Angabe der Höchstgrenze des Darlehens, die die mitkreditierten Einmalkosten einschließt. Sind einzelne Positionen bei Abschluss *des Verbraucherdarlehensvertrags* noch nicht bezifferbar, so ist ein „anfänglicher" Nettodarlehensbetrag unter Benennung der Einzelposten dem Grunde nach auszuweisen, mit dem Hinweis, dass und welche von den Einfluss auf die Höhe des später auszuzahlenden Betrags haben können. Für den Gesamtbetrag besteht wie für den effektiven Jahreszins (Rn 5) eine Erläuterungspflicht nach Art 247 § 3 III EGBGB.

4. Sollzinssatz (Art 247 § 3 I Nr 5). Der Sollzinssatz (§ 489 Rn 2) ist auszuweisen als Nominalzinssatz, der sich auf das jeweils zu verzinsende Kapital bezieht; der Darlehensgeber darf für ihn keine verschleiernden Bezeichnungen (zB Darlehensgebühr, Teilzahlungszuschlag, Teilzahlungsgebühr) verwenden. Bei Vereinbarung eines variablen Zinssatzes ist zusätzlich Art 247 § 3 IV EGBGB zu beachten; es sind die Voraussetzungen, unter denen sich der Sollzinssatz ändern kann, anzugeben (vgl auch Stuttg OLGR 00, 98). Bei Abhängigkeit von einem Index oder Referenzzinssatz (§ 675g III 2) sind auch diese anzugeben. **8**

5. Vertragslaufzeit; Auszahlungsbedingungen; Rückzahlungsmodalitäten (Art 247 § 3 I Nr 6, 7, 9 EGBGB). Zu informieren ist über Vertragslaufzeit, Auszahlungsbedingungen (zB Auszahlung an einen Dritten § 488 Rn 2), Betrag, Anzahl, zeitliche Abstände oder Zeitpunkte der Zahlungen, die der Darlehensnehmer zur Tilgung des Darlehens und zur Entrichtung der Zinsen und sonstigen Kosten vornehmen muss (Karlsr WM 99, 222); dabei genügt, dass die Zeitpunkte nach dem Kalender bestimmbar sind. Bei Festkrediten muss das Datum der Endfälligkeit angeführt werden, verbunden mit dem Hinweis, auf welche Art und Weise die Rückführung zu erfolgen hat (zB Tilgung aus Lebensversicherung oder Bausparvertrag). **9**

6. Alle sonstigen Kosten des Darlehens (Art 247 § 3 I Nr 10 EGBGB). Der Darlehensnehmer soll informiert werden über alle Kosten, die er im Zusammenhang mit dem Kreditvertrag – vor bzw bei Abschluss und während seiner Durchführung – zu tragen hat einschließlich der Bedingungen, unter denen die Kosten angepasst werden können. Zu den Vermittlungskosten zählt neben einer vom Darlehensnehmer an den Darlehensvermittler zu entrichtenden Courtage (Brandbg WM 00, 2191) das „packing", mit dem der Darlehensgeber seinerseits gezahlte Vergütungen auf den Darlehensnehmer umlegt (Frankf OLGR 99, 312). Ist der Darlehensvermittler indes allein auf Initiative des Darlehensnehmers eingeschaltet und dessen Tätigwerden dem Darlehensgeber vielleicht noch nicht einmal bekannt (Brandbg aaO; Karlsr WM 01, 356, 358), besteht keine Angabepflicht (zur Finanzierungsvermittlung iRe Steuersparmodells vgl BGH NJW-RR 04, 632; NJW 04, 154; ZIP 04, 209; NJW-RR 03, 1203). Die Kosten einer Restschuld- oder sonstigen Versicherung – zB Kapitallebensversicherung, Risikolebensversicherung, Kaskoversicherung, Gebäudeversicherung – sind als fester Betrag auszuweisen, wenn die Versicherung mit sachlichem und zeitlichem Bezug zum Verbraucherdarlehensvertrag abgeschlossen wurde. Steht die Prämie (zzgl Bearbeitungsgebühren und Provisionen, soweit diese dem Darlehensnehmer überbürdet werden) bei Vertragsschluss der Höhe nach noch nicht fest, sind in der Urkunde wenigstens die Berechnungsmethode und alle für die Berechnung maßgeblichen Umstände offen zu legen (BTDrs 11/5462, 19). Anzugeben sind nur die Kosten, die der Verbraucher bei planmäßiger Abwicklung des Darlehens zu tragen hat; eine Vorfälligkeitsentschädigung für den Fall der vorzeitigen Beendigung des Vertrags gehört nicht dazu (BGH NJW 98, 602; vgl aber Art 247 § 4 I 3 EGBGB; Rn 3). Zu den sonstigen Kosten (Bearbeitungsgebühren, Abschlussgebühren, Kosten für die Sicherheitenbestellung, Provisionen, Vermittlungskosten, Bereitstellungszinsen) gehört – sofern laufzeitabhängig – das Disagio; es ist als Vomhundertsatz auszudrücken (offen BGH NJW 00, 2818). **10**

7. Zahlungsverzug; Warnhinweis; Widerrufsrecht; Vorfälligkeitsentschädigung; Vertragsentwurf; Datenschutz (Art 247 § 3 I Nr 11–16 EGBGB). Der Darlehensnehmer muss schließlich Informationen erhalten über den Verzugszinssatz und die Art und Weise seiner etwaigen Anpassung, über alle sonst anfallenden Verzugskosten und einen Warnhinweis zu den Folgen ausbleibender Zahlungen. Es muss weiter über das "Ob" eines Widerrufsrechts unterrichtet werden (hingegen noch nicht über das "Wie"), über das Recht zu einer vorzeitigen Rückzahlung; die Rechte aus § 491a II und über die sich aus § 29 VII BDatG ergebenden Rechte. **11**

B. Übermittlung eines Vertragsentwurfs (Abs 2). Die Bestimmung korrespondiert mit § 492 III. Schon vor Vertragsabschluss hat der Darlehensnehmer einen Anspruch darauf („auf Verlangen"), dass ihm der Darlehensgeber (kostenfrei) einen Entwurf des Verbraucherdarlehensvertrages zur Verfügung stellt. Dieser Anspruch besteht selbständig neben den Unterrichtungspflichten nach I und ist unabhängig von dessen Voraussetzungen; es kommt also insb nicht darauf an, ob der Darlehensnehmer bereits das Muster der „Europäischen Standardinformation" gem Art 247 § 2 EGBGB erhalten hat. Es gilt, auch wenn in II nicht ausdrücklich erwähnt, Textform. **12**

C. Erläuterungspflichten (Abs 3). Neben die Pflichten aus I, 2 treten weitere Erläuterungspflichten des Darlehensgebers. Danach hat er in jedem Fall – und nicht nur „auf Verlangen" (vgl II)- dem Darlehensnehmer den Vertrag vor dessen Abschluss mit seinen Bedingungen verständlich zu machen. Ob er dieser Verpflichtung in ausreichendem Maße nachgekommen ist, lässt sich nur anhand der Umstände des Einzelfalles beurteilen (zB Komplexität des Vertragswerks, bisherige Erfahrungen des Verbrauchers, sonstige finanzielle Belastungen); III 2 nennt verschiedene Möglichkeiten für den Inhalt der Erläuterungen, ohne abschließenden Charakter zu haben. Grds darf sich der Darlehensgeber am Kenntnisstand eines durchschnittlichen, um Verständnis bemühten Darlehensnehmers orientieren, soweit ihm nicht Entgegenstehendes bekannt ist; besondere Nachforschungs- oder Erkundigungspflichten insoweit bestehen jedoch nicht. III beschränkt sich auf die Erläuterung gerade der Eigenschaften und Folgen des angebotenen Vertrages, um dem Verbraucher eine Entscheidungshilfe zu geben. Der Darlehensgeber ist nicht etwa gehalten, den Verbraucher über einen für seine Zwecke und Einkommens- bzw Vermögenssituation optimal zugeschnittenen Darlehensvertrages zu beraten; **13**

er muss auch nicht in eigener Verantwortung prüfen, ob der mit dem Darlehen verfolgte Zweck für den Verbraucher sinnvoll ist (BTDrs 16/11643, 118 f). Die Erläuterung muss nicht den Charakter eines „Gesprächs" haben (vgl § 498 I 2); der Darlehensgeber kann sie in jeder ihm geeignet erscheinenden Form geben. Zur Sanktion bei Verstößen gegen die Erläuterungspflicht vgl Rn 1 entsprechend.

§ 492 Schriftform, Vertragsinhalt.

(1) ¹Verbraucherdarlehensverträge sind, soweit nicht eine strengere Form vorgeschrieben ist, schriftlich abzuschließen. ²Der Schriftform ist genügt, wenn Antrag und Annahme durch die Vertragsparteien jeweils getrennt schriftlich erklärt werden. ³Die Erklärung des Darlehensgebers bedarf keiner Unterzeichnung, wenn sie mit Hilfe einer automatischen Einrichtung erstellt wird.
(2) Der Vertrag muss die Angaben nach Artikel 247 §§ 6 bis 13 des Einführungsgesetzes zum Bürgerlichen Gesetzbuche enthalten.
(3) ¹Nach Vertragsschluss stellt der Darlehensgeber dem Darlehensnehmer eine Abschrift des Vertrags zur Verfügung. ²Ist ein Zeitpunkt für die Rückzahlung des Darlehens bestimmt, kann der Darlehensnehmer vom Darlehensgeber jederzeit einen Tilgungsplan nach Artikel 247 § 14 des Einführungsgesetzes zum Bürgerlichen Gesetzbuche verlangen.
(4) ¹Die Absätze 1 und 2 gelten auch für die Vollmacht, die ein Darlehensnehmer zum Abschluss eines Verbraucherdarlehensvertrags erteilt. ²Satz 1 gilt nicht für die Prozessvollmacht und eine Vollmacht, die notariell beurkundet ist.
(5) Erklärungen des Darlehensgebers, die dem Darlehensnehmer gegenüber nach Vertragsabschluss abzugeben sind, bedürfen der Textform.

1   **A. Allgemeines.** Voraussetzung für eine sachgerechte Vertragsentschließung ist die Möglichkeit des Darlehensnehmers, sich über die Vertragsbedingungen und die gesamte Kostenbelastung auf sicherer Grundlage zu informieren (vgl bereits § 491a). Der Vertrag muss daher schriftlich abgeschlossen werden; auch hat die Urkunde bestimmte Angaben zu enthalten, die die Kostenbelastung in nachvollziehbarer Weise deutlich werden lässt (BTDrs 11/5462, 12). Verstöße führen grds zur Nichtigkeit des Verbraucherdarlehensvertrags (§ 494 I), die bei Vorliegen der Voraussetzungen des § 494 II geheilt werden kann. Textform (§ 126b) ist für den Abschluss des Verbraucherdarlehensvertrags nicht vorgesehen (vgl aber V). Die elektronische Form (§ 126a) ist für nach Inkrafttreten der Neufassung zum 10.6.10 abgeschlossene Verträge (§ 488 Rn 1) hingegen nicht mehr ausgeschlossen. Die frühere Rechtslage erklärte sich aus dem Schriftlichkeitserfordernis in Art 4 I der VerbrKR-RL aF; Art 1 III der Richtlinie über den E-Commerce ließ das Schutzniveau der VerbrKR-RL insoweit unberührt. Die Neufassung der VerbrKR-RL hält am zwingenden Schriftformerfordernis nicht mehr fest; folglich kann ein Verbraucherdarlehensvertrag jetzt auch statt durch Unterschrift durch qualifizierte elektronische Signatur abgeschlossen werden.
Die bislang in I 5 geregelten Pflichtangaben sind in Art 247 §§ 6 ff EGBGB übernommen und wesentlich erweitert worden. Der Immobiliardarlehensvertrag ist nunmehr einheitlich in § 503 geregelt.

2   **B. Schriftform.** In Auflockerung des Gebots der Urkundeneinheit (§ 126 II) ist es ausreichend, wenn Antrag und Annahme durch die Vertragsparteien jeweils getrennt schriftlich erklärt werden (I 2). Die Erklärung des Darlehensgebers bedarf keiner Unterzeichnung, wenn sie mit Hilfe einer automatischen Einrichtung erstellt wird (I 3). Es muss nach dem Sinn und Zweck der Vorschrift (Rn 1) allein die vom Darlehensnehmer zu unterzeichnende Erklärung die Pflichtangaben enthalten. Das war in I 5 aF ausdrücklich so vorgesehen; daran ist auch für die im Wortlaut veränderte Neufassung des II festzuhalten. Eine Blankounterschrift des Darlehensnehmers genügt nach dem Schutzzweck des Gesetzes dem Schriftformerfordernis jedoch nicht (BGH NJW-RR 05, 1141); gegen eine solche des Darlehensgebers ist hingegen nichts einzuwenden. Der Formzwang erfasst alle Nebenabreden und nachträgliche Vertragsänderungen (BGHZ 165, 213 = NJW 06, 681); AGB sind in die Urkunde selbst zu integrieren oder als deren Bestandteil (ergänzende Urkunde) beizufügen. Bei Rahmenverträgen sind allein das Grundgeschäft und nicht die späteren Ausführungsgeschäfte formbedürftig. Bei mehreren Darlehensschuldnern muss die Schriftform ggü jedem einzelnen von ihnen gewahrt werden; bei Verstößen kann subj Teilnichtigkeit eintreten. **Schuldbeitritt** oder Schuldübernahme, die durch einen Verbraucher erfolgen, unterliegen denselben Formerfordernissen – einschl der Pflichtangaben – wie der Verbraucherdarlehensvertrag selbst (BGH NJW 06, 431; NJW-RR 00, 3496; NJW 97, 1442 und 3169), gleich ob der Erstschuldner seinerseits die Darlehensnehmereigenschaft erfüllt (§ 491 Rn 6). Bei einer Vertragsübernahme muss die Übernahmeerklärung des Darlehensnehmers den Inhalt des zu übernehmenden Vertrags wiedergeben (BGHZ 142, 23, 28). Zur Bürgschaft § 491 Rn 9. Beinhalten Prolongationen über einen bloßen Fortführungsvertrag hinaus die Vereinbarung eines eigenständigen (neuen) Kapitalnutzungsrechts (§ 488 Rn 1), das im Ursprungsvertrag weder geregelt noch angelegt ist (BGH NJW 98, 602; NJW 95, 527), ist nicht nur die Schriftform zu beachten; auch die (ggf aktualisierten) Pflichtangaben sind zu wiederholen. Bei einer Konditionenanpassung iRe sog Abschnittsfinanzierung wird dies nicht erforderlich (BGH NJW 98 aaO).

Die Vertragserklärungen müssen der jeweils anderen Vertragspartei in der gebotenen Form zugehen; die Übermittlung per Telefax genügt nicht, jedoch kann die Anwendung des § 151 in Betracht kommen (BGHZ 165, 213 = NJW 06, 681; NJW-RR 04, 1683). Zur **elektronischen Form** vgl bereits Rn 1.

In Abkehr von der Rspr zu § 4 VerbrKrG (BGHZ 147, 262, 266; NJW-RR 04, 632; NJW 04, 2378) hat der Gesetzgeber in IV die Geltung der Formvorschriften auch für die – nach § 167 II grds formfreie – **Vollmacht** angeordnet, die ein Darlehensnehmer (Verbraucher) zum Abschluss eines Verbraucherdarlehensvertrags erteilt, es sei denn, es handelt sich um eine Prozessvollmacht oder eine notariell beurkundete Vollmacht. Eine nicht formgerecht erteilte Vollmacht ist unwirksam (§ 494 Rn 3). Die Regelung in IV ist gem §§ 500, 501 aF für Zahlungsaufschübe und sonstige Finanzierungshilfen nicht übernommen worden; daran hat der Gesetzgeber in § 506 nF festgehalten. Die Vollmacht beurteilt sich nach alter Rechtslage (§ 4 VerbrKrG), wenn sie vor dem 1.1.02 erteilt wurde (Art 229 § 5 EGBGB), gleich wann von ihr Gebrauch gemacht wird (BGH NJW-RR 03, 1203). Bei Vertretung ohne Vertretungsmacht ist die Genehmigung formfrei (§§ 182 II 2, 177 I; § 494 Rn 3; vgl BGHZ 125, 218, 221; 138, 239, 242; aA *Bülow* Rz 72, 76; BaRoth/*Möller/Wendehorst* Rz 33).

C. Pflichtangaben (Abs 2). I. Überblick. II verweist auf Art 247 §§ 6 bis 13 EGBGB. Die Vorschriften enthalten **enumerativ** eine Vielzahl von für den Verbraucherdarlehensvertrag vorgeschriebenen Pflichtangaben. Diese orientieren sich an § 491a iVm Art 247 § 3 I Nr 1–14 (§ 491a Rn 3 ff; nicht hingegen auf die Nr 15–16), IV EGBGB, dh der Verbraucher erhält die schon vorvertraglich zu erteilenden Informationen erneut, dieses Mal mit dem Charakter einer vertraglichen Pflichtangabe (zur Sanktion bei Verstößen vgl § 494). Art 247 § 6 III EGBGB tritt an die Stelle von Art 247 § 3 III EGBGB. Der Katalog der Pflichtangaben wird ergänzt insb durch die Angabe von Namen und Anschrift (§ 491a Rn 4) auch des Darlehensnehmers, der für den Darlehensgeber zuständigen Aufsichtsbehörde, einen Hinweis auf die Rechte aus § 492 III 2 (Tilgungsplan) und Angaben zum **Widerrufsrecht** nach Maßgabe von Art 247 § 6 II EGBGB (Rn 7; § 495 Rn 1) sowie die Ausweisung sämtlicher weiterer Vertragsbedingungen (Art 247 § 6 I Nr 6 EGBGB). Das "bei der Kündigung einzuhaltende Verfahren" (Art 247 § 6 Nr 5) bezieht sich auf die vertraglichen und gesetzlichen Kündigungs- und Rücktrittsrechte, die für den Darlehensgeber bei regulärem Vertragsverlauf bestehen. Besondere Bestimmungen gelten gem Art 247 § 8–12 EGBGB für Verträge mit Zusatzleistungen, für Immobiliardarlehensverträge (§ 503), für Überziehungskredite (§ 504), für Umschuldungen (§ 495 Rn 9), für verbundene Verträge (§ 358) und für entgeltliche Finanzierungshilfen (§§ 506, 507). Ist ein **Darlehensvermittler** beteiligt, sind auch dessen Name und Anschrift auszuweisen (Art 247 § 13 I EGBGB). Sämtliche Angaben haben – bezogen auf den Horizont eines durchschnittlichen Verbrauchers – "klar und verständlich" zu erfolgen.

II. Besonderheiten. Art 247 § 7 regelt in Entsprechung zu Art 247 § 4 EGBGB (§ 491a Rn 3) einige besondere Konstellationen. Nach seiner Nr 2 ist die (hinreichend konkretisierte) schuldrechtliche Verpflichtung aufzunehmen, bestimmte **Sicherheiten** (noch) zu bestellen; der Bestellungsakt als solcher braucht ebenso wie die eigentliche Sicherungsabrede in der Urkunde nicht enthalten zu sein (so bereits BTDrs 11/5462, 20; BGH NJW 02, 1199). Sind bei Abschluss des Verbraucherdarlehensvertrags Sicherheiten vorhanden, für die eine Sicherheitsabrede bereits besteht, ist es nicht erforderlich, im Verbraucherdarlehensvertrag eine erneute schuldrechtliche Verpflichtung zur Bestellung zu begründen. Ausreichend ist ein Hinweis auf den Fortbestand der Sicherheiten auch für die Verbindlichkeiten aus dem Verbraucherdarlehensvertrag (BTDrs aaO).

Nach der – auch für Festkredite geltenden (BGHZ 162, 20 = NJW 05, 985; BGHZ 159, 270, 273; 149, 302, 306; NJW-RR 05, 354 und 483) – Regel für Altverträge (§ 488 Rn 1) in § 495 I 5 Nr 2 ist folgendes zu beachten: Der **Gesamtbetrag** war gem Hs 1 anzugeben, wenn er bei Abschluss des Verbraucherdarlehensvertrags für die gesamte Laufzeit der Höhe nach gewiss war. Ggf hatte auch hier ein Hinweis zu erfolgen, falls noch weitere Kosten anfallen konnten, die den Gesamtbetrag zu Lasten des Darlehensnehmers nachträglich zu verändern geeignet waren (BTDrs 12/1836). Nach Ia 1 aF war bei Immobiliardarlehensverträgen (§ 503 Rn 3 ff) und bei Darlehen, bei denen die Inanspruchnahme bis zu einer Höchstgrenze freigestellt ist (Rahmenkredite, Kontokorrentratenkredite), überhaupt kein Gesamtbetrag anzugeben. Eine modifizierte Angabepflicht (Nr 2 Hs 2 aF) bestand hingegen für Darlehen mit veränderlichen Bedingungen (zB variablen Zinskonditionen), die in Teilzahlungen getilgt werden; dazu gehören ua unechte Abschnittsfinanzierungen (BGHZ 159 aaO; NJW-RR 05, 354 und 483). Bei solchen Krediten war der anfängliche Gesamtbetrag auf Grundlage der bei Abschluss des Vertrags maßgeblichen Darlehensbedingungen für die gesamte Laufzeit (und nicht nur für den ersten Zinsfestschreibungszeitraum; BGHZ 179, 260 = ZIP 09, 507; 167, 252, 263 = ZIP 06, 940; BGH WM 06, 1243) anzugeben; ist die Gesamtlaufzeit offen, war der als variabel vereinbarte Anfangszinssatz als fest vorauszusetzen, so dass die sich hieraus ergebende Gesamtlaufzeit des Darlehens fiktiv errechnet werden konnte. Hs 2 aF hatte insgesamt Auffangfunktion (BGHZ 159, 270, 274; 149, 302, 307; zur Berechnung des Gesamtbetrags nach der bis 30.4.93 gültigen Gesetzesfassung BGH NJW 05, 1190).

Nach Art 247 § 6 II EGBGB müssen Angaben zum **Widerrufsrecht** (§ 495 Rn 1) gemacht werden. Dazu gehören die Widerrufsfrist (§ 355 II: 14 Tage) und "andere Umstände für die Erklärung des Widerrufs"; diese ergeben sich aus § 360 I Nr 1–4. Ferner muss der Verbraucher auf bestimmte Rechtsfolgen des Widerrufs (§ 492 Rn 4) hingewiesen werden, nämlich auf seine Verpflichtung, ein bereits ausbezahltes Darlehen zurückzuerstatten und dafür Zinsen zu entrichten. Der Darlehensgeber hat dem Darlehensnehmer die pro

Tag bestehende Zinsbelastung (als festen Betrag) anzugeben. Eine Muster-Widerrufsinformation ist als Anlage 6 zu Art 247 EGBGB in Vorbereitung; dazu liegt ein RefE vor. Verwendet der Unternehmer das Muster ordnungsgemäß, genügt er den gesetzgeberischen Vorgaben an die Pflichtangaben.

8 **D. Abschrift des Vertrages; Tilgungsplan; Erklärungen nach Vertragsschluss (Abs 3, 5).** Der Darlehensgeber hat nach Vertragsschluss jedem Darlehensnehmer eine Abschrift des Vertrags zur Verfügung zu stellen; ein elektronisches Dokument genügt (zur vorvertraglichen Pflicht des Darlehensgebers vgl § 491a IX). Verstöße gegen III 1 bleiben folgenlos; ggf ist aber § 355 III 2 zu beachten. Statt der Abschrift kann dem Darlehensnehmer das Original belassen werden. Wird ein zunächst nichtiger Vertrag geheilt (§ 494 II), entsteht ein nachträglicher Anspruch auf Aushändigung einer Abschrift der Vertragserklärungen (§ 494 VII). Der Anspruch auf Überlassung eines Tilgungsplans mit dem Inhalt gem Art 247 § 14 EGBGB gem III 2 entsteht erst „auf Verlangen"; er ist nur für Darlehen mit bestimmter Laufzeit gegeben. Ein Hinweis auf diesen Anspruch ist Pflichtangabe nach § 247 § 6 I Nr 4 EGBGB.
Erklärungen des Darlehensgebers nach Vertragsschluss bedürfen ausnahmslos der **Textform** (§ 126b). Damit sind beispielsweise die Unterrichtungen des § 493 gemeint, aber auch Erklärungen nach § 499 II.

§ 493 Informationen während des Vertragsverhältnisses.
(1) ¹Ist in einem Verbraucherdarlehensvertrag der Sollzins gebunden und endet die Sollzinsbindung vor der für die Rückzahlung bestimmten Zeit, unterrichtet der Darlehensgeber den Darlehensnehmer spätestens drei Monate vor Ende der Sollzinsbindung darüber, ob er zu einer neuen Sollzinsbindungsabrede bereit ist. ²Erklärt sich der Darlehensgeber hierzu bereit, muss die Unterrichtung den zum Zeitpunkt der Unterrichtung vom Darlehensgeber angebotenen Sollzinssatz enthalten.
(2) Der Darlehensgeber unterrichtet den Darlehensnehmer spätestens drei Monate vor Beendigung eines Verbraucherdarlehensvertrags darüber, ob er zur Fortführung des Darlehensverhältnisses bereit ist. Erklärt sich der Darlehensgeber zur Fortführung bereit, muss die Unterrichtung die zum Zeitpunkt der Unterrichtung gültigen Pflichtangaben gemäß § 491a Abs. 1 enthalten.
(3) ¹Die Anpassung des Sollzinssatzes eines Verbraucherdarlehensvertrags mit veränderlichem Sollzinssatz wird erst wirksam, nachdem der Darlehensgeber den Darlehensnehmer über die Einzelheiten unterrichtet hat, die sich aus Artikel 247 § 15 des Einführungsgesetzes zum Bürgerlichen Gesetzbuche ergeben. ²Abweichende Vereinbarungen über die Wirksamkeit sind im Rahmen des Artikels 247 § 15 Abs. 2 des Einführungsgesetzes zum Bürgerlichen Gesetzbuche zulässig.
(4) Wurden Forderungen aus dem Darlehensvertrag abgetreten, treffen die Pflichten aus den Absätzen 1 bis 3 auch den neuen Gläubiger, wenn nicht der bisherige Darlehensgeber mit dem neuen Gläubiger vereinbart hat, dass im Verhältnis zum Darlehensnehmer weiterhin allein der bisherige Darlehensgeber auftritt.

1 Die Vorschrift – vormals § 492a – ist in ihren I, 2 und 4 mit Wirkung zum 19.8.08 durch das RBegrG v 12.8.08 (BGBl I, 1666) eingeführt worden; sie gilt für neu begründete ebenso wie für bestehende Verbraucherkreditverhältnisse, sofern die Vorlaufzeit später als 3 Monate nach Inkrafttreten der Bestimmung endet. Sie richtet sich unter den Voraussetzungen des IV auch an den Zessionaren. Der Darlehensnehmer ist bei festverzinslichen Darlehen spätestens drei Monate vor Ende der Sollzinsbindung über die Bereitschaft zu einer neuen Sollzinsbindungsabrede (I) bzw bei sonstigen Verbraucherdarlehen spätestens 3 Monate vor Beendigung des Darlehensvertrages über die Bereitschaft zur Fortführung des Darlehensvertrages zu unterrichten (II). Die Unterrichtung hat in Textform zu erfolgen (§ 492 V) Im Anwendungsbereich des I genügt die Mitteilung des zum Zeitpunkt der Unterrichtung vom Darlehensgeber angebotenen Sollzinssatz (§ 489 V). Bei den Verträgen des II sind die zum Zeitpunkt der Unterrichtung gültigen Pflichtangaben gem § 491a zu machen. Für Verstöße gegen die Unterrichtungspflicht sieht § 493 – von III abgesehen – keine unmittelbare Sanktion vor; es kommen allenfalls Schadensersatzansprüche nach § 280 I BGB in Betracht.

2 III 1 stellt iVm Art 247 § 15 EGBGB zusätzliche Voraussetzungen für die Wirksamkeit von Zinsanpassungen (§ 489 Rn 5) bei Verbraucherdarlehensverträgen auf, sofern diese einen veränderlichem Sollzinssatz vorsehen. Zur ordnungsgemäßen Unterrichtung tritt eine entsprechende Erklärung des Darlehensgebers in Textform (§§ 315 I, 492 V), sein Leistungsbestimmungsrecht auszuüben. Abweichende Vereinbarungen sind unter Beachtung des Art 247 § 15 Abs 2 EGBGB statthaft. Kommt der Darlehensgeber seinen Pflichten aus III nicht nach, wird der Vertrag zu den bisherigen Bedingungen fortgeführt. Da III dem Schutz des Darlehensnehmers dient und seinen Interessen Rechnung tragen soll, ist eine Ausnahme zu machen, wenn sich die beabsichtigte Zinsanpassung als für ihn günstig erweist.

§ 494 Rechtsfolgen von Formmängeln.
(1) Der Verbraucherdarlehensvertrag und die auf Abschluss eines solchen Vertrags vom Verbraucher erteilte Vollmacht sind nichtig, wenn die Schriftform insgesamt nicht eingehalten ist oder wenn eine der in Artikel 247 §§ 6 und 9 bis 13 des Einführungsgesetzes zum Bürgerlichen Gesetzbuche vorgeschriebenen Angaben fehlt.

(2) ¹Ungeachtet eines Mangels nach Absatz 1 wird der Verbraucherdarlehensvertrag gültig, soweit der Darlehensnehmer das Darlehen empfängt oder in Anspruch nimmt. ²Jedoch ermäßigt sich der dem Verbraucherdarlehensvertrag zugrunde gelegte Sollzinssatz auf den gesetzlichen Zinssatz, wenn die Angabe des Sollzinssatzes, des effektiven Jahreszinses oder des Gesamtbetrags fehlt.
(3) Ist der effektive Jahreszins zu niedrig angegeben, so vermindert sich der dem Verbraucherdarlehensvertrag zugrunde gelegte Sollzinssatz um den Prozentsatz, um den der effektive Jahreszins zu niedrig angegeben ist.
(4) ¹Nicht angegebene Kosten werden vom Darlehensnehmer nicht geschuldet. ²Ist im Vertrag nicht angegeben, unter welchen Voraussetzungen Kosten oder Zinsen angepasst werden können, so entfällt die Möglichkeit, diese zum Nachteil des Darlehensnehmers anzupassen.
(5) Wurden Teilzahlungen vereinbart, ist deren Höhe vom Darlehensgeber unter Berücksichtigung der verminderten Zinsen oder Kosten neu zu berechnen.
(6) ¹Fehlen im Vertrag Angaben zur Laufzeit oder zum Kündigungsrecht, ist der Darlehensnehmer jederzeit zur Kündigung berechtigt. ²Fehlen Angaben zu Sicherheiten, können sie nicht gefordert werden. ³Satz 2 gilt nicht, wenn der Nettodarlehensbetrag 75 000 Euro übersteigt.
(7) Der Darlehensgeber stellt dem Darlehensnehmer eine Abschrift des Vertrags zur Verfügung, in der die Vertragsänderungen berücksichtigt sind, die sich aus den Absätzen 2 bis 6 ergeben.

A. Allgemeines. Die Regelung (vormals § 6 I, II, IV VerbrKrG) setzt einen Verstoß gegen § 492 I, II iVm Art 247 § 6 und 9–13 EGBGB voraus. Sie verdrängt innerhalb ihres Anwendungsbereichs die §§ 125, 139 (LG Hambg NJW-RR 94, 246). Rechtsfolge eines Formmangels ist grds die Gesamtnichtigkeit des Vertrags, gleich ob sie auf einer Verletzung der Schriftform bzw der elektronischen Form (§ 126 III) oder auf dem Unterlassen einer der in I aufgeführten Pflichtangabe beruht (BGHZ 165, 213 = NJW 06, 681). Davon ausgenommen sind Pflichtangaben nach Art 247 § 7–8 EGBGB, da sie in I keine Erwähnung finden (vgl aber Rn 12). Ist eine Pflichtangabe im Vertrag ausgewiesen, aber **inhaltlich fehlerhaft**, tritt keine Nichtigkeit ein (BGH ZIP 06, 1238; ZIP 04, 209; ZIP 03, 2149; zur unechten Abschnittsfinanzierung beachte BGH WM 06, 1243; zum effektiven Jahreszins Rn 7; vgl ferner § 495 Rn 1). Der Verbraucher hat allenfalls einen Schadensersatzanspruch, hätte er bei richtiger Angabe das günstigere Angebot eines anderen Darlehensgebers angenommen. Auch die Nichtbeachtung des § 492 VII bleibt folgenlos. Um einen „angemessenen Kompromiss" (BTDrs 11/5462, 21) zwischen den Interessen der Vertragsparteien herbeizuführen, hat der Gesetzgeber unter den Voraussetzungen des II 1 eine Heilung (ex nunc) des nichtigen Vertrags vorgesehen, zugleich aber die Ansprüche des Darlehensgebers auf Zinsen und Kosten in II 2, III–VI begrenzt. Für das Sanktionssystem ist zu differenzieren, welche der erforderlichen Pflichtangaben fehlt; bei mehreren Formverstößen kann eine Kumulation der Rechtsfolgen eintreten (BGHZ 165, 213 = NJW 06, 681). VII (Abschrift des Vertrags) ergänzt § 492 III 1. 1

Die **Heilung** überwindet sämtliche Nichtigkeitsfolgen des I (unrichtig Brandbg OLGR 95, 189, 190l), nicht aber Wirksamkeitshindernisse anderer Art (Karlsr WM 00, 1996, 2006). Darauf, ob die Heilung in Kenntnis des Formmangels bewirkt worden ist, kommt es nicht an; ebenso wenig können die Wirkungen der Heilung wegen Irrtums angefochten werden. Verlangt der Verbraucher in – vom Darlehensgeber ggf zu beweisender – Kenntnis des Formmangels Erfüllung, muss der Darlehensgeber dem nachkommen (§ 242); allerdings bleiben dem Verbraucher dann die günstigen Rechtsfolgen des II 2, III–VI versagt. Das gleiche gilt, wenn die Parteien den nichtigen Vertrag gem § 141 I, II (in der nach § 492 vorgeschriebenen Form!) bestätigen. Das Widerrufsrecht des Darlehensnehmers (§ 495) bleibt unberührt; auch der noch nicht geheilte Vertrag kann bereits widerrufen werden (*Peters* DZWiR 94, 353, 354). Zum Lauf der Widerrufsfrist vgl § 495 Rn 1. 2

Ist eine auf den Abschluss eines Verbraucherdarlehensvertrags gerichtete **Vollmacht** formunwirksam erteilt (§ 492 IV), kann keine Heilung eintreten (BTDrs 14/7052, 202). Vielmehr bedarf es zur Gültigkeit des Vertrags der nachträglichen Zustimmung des Darlehensnehmers. Eine solche Genehmigung des Vertretergeschäfts setzt – anders als die Heilung (Rn 2) – voraus, dass der Genehmigende die Unwirksamkeit der Vollmacht kennt oder zumindest mit ihr rechnet und in seinem Verhalten der Ausdruck des Willens zu sehen ist, das bisher als unverbindlich angesehene Rechtsgeschäft verbindlich zu machen (BGHZ 154, 283, 288; NJW 04, 59; 02, 2325; 97, 312). Die Genehmigung selbst ist nicht formbedürftig (§ 492 Rn 3; aA BaRoth/*Möller*/*Wendehorst* Rz 14; *Bülow* Rz 8); sie führt wiederum nicht zum Sanktionssystem gem II 2, III–VI, das allein der Heilung vorbehalten ist (aA *Timmann* BB 03, Beil 6, 23, 30). 3

B. Heilungstatbestände. Ein Verbraucherdarlehensvertrag wird gültig, „soweit" das Darlehen empfangen oder der Kredit in Anspruch genommen wird; somit kommt eine teilweise Heilung im Falle einer nicht vollständigen Auszahlung oder nur eingeschränkten Inanspruchnahme des Kredits in Betracht. Bei Zahlungsaufschub und Finanzierungshilfe (§ 506) fallen Kreditabrede und Heilung notwendig zusammen, weil die Vereinbarung als solche von ihrem Vollzug zeitlich nicht getrennt werden kann; das Sanktionssystem des II 2, III–VI bleibt davon unberührt. Im Falle des Schuldbeitritts und anderer gesamtschuldnerischer Mitverpflichtung (§ 488 Rn 1; § 491 Rn 6; § 492 Rn 2) tritt nach der Rspr (BGHZ 155, 240, 248; 134, 94, 98; NJW-RR 00, 3496; NJW 97, 1442, 1443 u 3169) keine Heilung dadurch ein, dass der Darlehensnehmer, dessen Schuld bei- 4 getreten wird, das Darlehen empfängt oder in Anspruch nimmt, selbst wenn der Beitretende aus der Auszahlung des Darlehens an den Darlehensnehmer wenigstens mittelbare Vorteile erlangt (zw, iE Staud/*Kessal-Wulf* Rz 15 f). Es kann aber in Ausnahmefällen eine unzulässige Rechtsausübung gegeben sein, wenn eine Partei sich unter Berufung auf den Formmangel ihrer Verpflichtung entziehen will, obwohl sie längere Zeit aus dem nichtigen Vertrag Vorteile gezogen hat (BGHZ 144, 370, 385; 142, 23, 24; 121, 224, 233; NJW 97, 3169). Die auf einen Verbraucherdarlehensvertrag bezogene Schuld- oder Vertragsübernahme (§ 491 Rn 6), geht zunächst ins Leere, sofern sie auf ein formnichtiges Substrat gerichtet ist (*Bülow* ZIP 97, 400, 402). Kommt es indes später zur Heilung des Vertrags, konvalesziert auch die Übernahme (arg § 185 II 1 Alt 2). Eine Heilung ist möglich, selbst wenn der Übernehmer die Verbrauchereigenschaft nicht erfüllt (aA *Bülow* aaO 404).

5 Ein Darlehensbetrag ist empfangen, wenn die Darlehensvaluta endgültig aus dem Vermögen des Darlehensgebers ausgeschieden und dem Vermögen des Darlehensnehmers zugeführt worden ist (BGH ZIP 06, 1238; NJW-RR 97, 1460). Daran fehlt es, wenn sie auf ein Notartreuhandkonto oder auf das Konto eines sonstigen, im Sicherungsinteresse des Darlehensgebers eingeschalteten Dritten fließt (BGHZ 145, 44, 50; NJW 98, 3200; NJW-RR 86, 140; NJW 85, 1831; § 488 Rn 2). Barauszahlung ist indes nicht erforderlich (vgl BGHZ 131, 66, 74); auch die vereinbarungsgemäße Auszahlung an Dritte (BGHZ 152, 331, 336; Bremen 7.9.00, 5 U 23/00; LG Stuttg WM 01, 140; zur finanzierten Beteiligung an Immobilienfonds BGH ZIP 06, 940 und 987 in Aufgabe von BGHZ 159, 294, 307 u WM 04, 1536) oder die Verrechnung des Anspruchs auf Auszahlung der Darlehensvaluta mit anderweitigen Verbindlichkeiten des Darlehensnehmers ggü dem Darlehensgeber (BGH NJW 00, 2816) genügt. Bei Zahlung per Scheck (§ 364 II) bedarf es dessen Einlösung (BGHZ 131, 66, 74; 64, 340, 342; 44, 178, 179). Heilung durch „Inanspruchnahme des Darlehens" kommt insb bei Rahmenkrediten in Betracht. Geheilt wird stets der Grundvertrag; die Ausführungsverträge bedürfen keiner Heilung, weil sie von vornherein nicht formbedürftig sind.

6 **C. Sanktionensystem. I. Ermäßigung auf den gesetzlichen Zinssatz (Abs 2 S 2).** Es ermäßigt sich der Sollzinssatz (§ 489 V; BGH NJW 00, 2816) auf den gesetzlichen Zinssatz (§ 246), wenn seine Angabe, die Angabe des effektiven Jahreszinses oder die Angabe des Gesamtbetrags unterblieben ist. Es genügt, dass nur eine dieser Angaben fehlt. Der gesetzliche Zinssatz des § 352 HGB (Existenzgründer) kann nicht herangezogen werden. Der Gesetzgeber wollte in alle Vorschriften, in denen auf den gesetzlichen Zinssatz verwiesen wird (zB §§ 497 II 2), den Klammerzusatz „(§ 246)" aufnehmen (BTDrs 14/6857, 34). Sachliche Gründe, weshalb dies in II 2 unterblieben ist, sind nicht ersichtlich (Redaktionsversehen). Haben die Parteien einen nominalen Zinssatz vereinbart, der unterhalb des gesetzlichen Zinses liegt, verbleibt es – weil für den Verbraucher günstig – bei diesem niedrigeren Vertragszins. Bei Darlehen mit laufzeitabhängigem Damnum ist eine Umrechnung auf die „100%-Konditionen" vorzunehmen. Eine Rechtsanwendung, die bei Vereinbarung eines den Zinsen zuzuordnenden Disagios nur den niedrigeren Nominalzins ermäßigte und dem Darlehensgeber damit die im Disagio liegende Zinsvorauszahlung beließe, wäre mit dem Zweck der Sanktionsvorschrift des II 2 unvereinbar (BGH NJW 00, 2816).

7 **II. Unrichtige Angabe des effektiven Jahreszinses (Abs 3).** Ist der effektive Jahreszins zu niedrig angegeben, vermindert sich der dem Verbraucherdarlehensvertrag zugrunde gelegte nominale Jahreszins entspr. Trotz der zu niedrigen Ausweisung des Effektivzinses ist der Verbraucherdarlehensvertrag wirksam, der Darlehensgeber muss sich indes an seiner unrichtigen Angabe festhalten lassen. Entscheidend ist dabei, welchen Effektivzins er in der vom Darlehensnehmer zu unterzeichnenden Vertragserklärung ursprünglich ausgewiesen hat; hingegen ist unerheblich, ob sich die Kreditkonditionen als Folge des Sanktionensystems in II 2, IV–VI modifiziert haben. Eine zu hohe Ausweisung des effektiven Jahreszinses ist in jedem Fall unschädlich.

8 Nach ganz hM entspricht die Kürzung des nominalen Jahreszinses der absoluten Differenz an Prozentpunkten zwischen dem richtigen und dem unrichtigen (weil zu niedrigen) effektiven Jahreszins (LG Stuttgart NJW 93, 208). Eine Kürzung unterhalb des gesetzlichen Zinssatzes (§ 246) ist ausgeschlossen. Die Absenkung betrifft zudem allein den Nominalzins; alle anderen Kosten bleiben gleich. Die Veränderung des Nominalzinses und der sich daraus ergebende neue effektive Jahreszins können hinsichtlich der vereinbarten Teilzahlungen eine Anpassungsberechnung erforderlich machen; dann gilt V entspr.

9 **III. Nicht angegebene Kosten; Konditionenanpassungen (Abs 4).** Kosten, die der Darlehensgeber entgegen § 492 II nicht angegeben hat (Art 247 § 6 I Nr 1, § 3 I Nr 10), werden vom Verbraucher nicht geschuldet; dieses Sanktionensystem ist abschließend (München OLGR 96, 245). Kosten, die im Zusammenhang mit der Darlehensaufnahme an einen **Dritten** zu entrichten sind (Restschuldversicherung; Vermittlungskosten), bleiben von IV unberührt, sofern sie auf ein gesondertes Vertragsverhältnis mit diesem Dritten zurückzuführen sind. Der Darlehensnehmer hat jedenfalls für die Prämien einer Kapitallebensversicherung auch keinen Freistellungs- oder Erstattungsanspruch ggü dem Darlehensgeber, weil dies dazu führte, dass der Darlehensgeber den von ihm ausgereichten Kredit mit Hilfe der im Ergebnis dann von ihm anzusparenden Kapitallebensversicherung selbst tilgen müsste (BGHZ 162, 20 = NJW 05, 985).

10 Ist nicht angegeben, unter welchen Voraussetzungen Kosten oder Zinsen, dh preisbestimmende Faktoren angepasst werden können, entfällt die Möglichkeit, diese zum Nachteil des Darlehensnehmers anzupassen. Die Verpflichtung des Darlehensgebers, diese zugunsten des Verbrauchers zu ändern, bleibt bestehen; jedoch

darf er einen einmal abgesenkten Zinssatz später erneut bis auf den ursprünglichen höheren Vertragszins (oder auf den gesetzlichen Zinssatz, sollte kumulativ II 2 greifen) anheben (aA *Bülow* Rz 64).

IV. Anpassungsberechnung (Abs 5). Vereinbarte Teilzahlungen sind auf Verlangen des Verbrauchers unter Berücksichtigung verminderter Zinsen oder Kosten (II 2, IV) neu zu berechnen. Die Berechnung hat durch den Darlehensgeber zu erfolgen (Hambg OLGR 99, 48); das stellt der Wortlaut des V nunmehr ausdrücklich klar. Zur Aufschlüsselung der jeweiligen Zins- und Tilgungsanteile ist die Bank dabei nicht verpflichtet (BGH ZIP 06, 1238; BKR 06, 405). Bis zur Neuberechnung kann der Verbraucher die Zahlung weiterer Raten verweigern (§ 273; BGHZ 149, 302, 310). In der Vergangenheit überzahlte Zinsen kann er nach § 812 I zurückverlangen (BGHZ aaO; 149, 80, 89; NJW 00, 2818). Ein Wahlrecht des Verbrauchers, weiterhin Raten in bisheriger Höhe zu zahlen, um damit eine Verkürzung der Laufzeit des Darlehens zu erreichen, besteht nicht (BGHZ 179, 260 = ZIP 09, 507). Der Anspruch auf Neuberechnung (zu dessen Verjährung BGH ZIP 09, 559) und ein etwaiger Bereicherungsanspruch stehen selbständig nebeneinander.   11

D. Fehlende Angaben über zur Laufzeit, zur Kündigung und über die Bestellung von Sicherheiten (VI). Der Darlehensgeber kann bei fehlenden Angaben darüber Sicherheiten grds nicht fordern, wenn nicht der Nettodarlehensbetrag 75 000 € (nach aF: 50 000 €; dazu § 488 Rn 1) übersteigt. Sind die Sicherheiten bereits bestellt, kann der Darlehensgeber diese jedoch nicht zurückverlangen (BGH ZIP 08, 1669 zu § 780; offen noch BGHZ 149, 302, 305; Dresd ZIP 01, 1531), denn sie sichern mit Rechtsgrund eine (kraft Heilung) wirksame Verbindlichkeit aus einem Verbraucherdarlehensvertrag. Die Pflichtangabe aus Art 247 § 7 Nr 2 EGBGB soll einem Informationsbedürfnis des Darlehensnehmers Rechnung tragen; an einem solchen fehlt es, wenn ihm Art und Umfang der (bestellten) Sicherheiten bei Abschluss des Verbraucherdarlehensvertrags bekannt waren (BGH aaO). Unterbleiben Angaben zur Laufzeit des Darlehens oder zum Kündigungsrecht (Art 247 § 6 I Nr 1, § 3 I Nr 5; § 6 I Nr 5), ordnet VI an, dass der Darlehensnehmer für diesen Fall zur jederzeitigen Kündigung berechtigt ist. Ein Anspruch auf Vorfälligkeitsentschädigung des Darlehensgebers entsteht nicht (§ 502 II Nr 2).   12

§ 495 Widerrufsrecht. (1) Dem Darlehensnehmer steht bei einem Verbraucherdarlehensvertrag ein Widerrufsrecht nach § 355 zu.
(2) Die §§ 355 bis 359a gelten mit der Maßgabe, dass
1. an die Stelle der Widerrufsbelehrung die Pflichtangabe nach Artikel 247 § 6 Abs. 2 des Einführungsgesetzes zum Bürgerlichen Gesetzbuche tritt,
2. die Widerrufsfrist auch nicht vor Vertragsschluss beginnt und
3. der Darlehensnehmer abweichend von § 346 Abs. 1 dem Darlehensgeber auch die Aufwendungen zu ersetzen hat, die der Darlehensgeber an öffentliche Stellen erbracht hat und nicht zurückverlangen kann. § 346 Abs. 2 Satz 2 zweiter Halbsatz ist nur anzuwenden, wenn das Darlehen durch ein Grundpfandrecht gesichert ist.
(3) Ein Widerrufsrecht besteht nicht bei Darlehensverträgen,
1. die einen Darlehensvertrag, zu dessen Kündigung der Darlehensgeber wegen Zahlungsverzugs des Darlehensnehmers berechtigt ist, durch Rückzahlungsvereinbarungen ergänzen oder ersetzen, wenn dadurch ein gerichtliches Verfahren vermieden wird und wenn der Gesamtbetrag (Artikel 247 § 3 des Einführungsgesetzes zum Bürgerlichen Gesetzbuche) geringer ist als die Restschuld des ursprünglichen Vertrags,
2. die notariell zu beurkunden sind, wenn der Notar bestätigt, dass die Rechte des Darlehensnehmers aus den § 491a und 492 gewahrt sind, oder
3. die § 504 Abs. 2 oder § 505 entsprechen.

A. Allgemeines. I. Widerrufsrecht. Die Vorschrift räumt dem Darlehensnehmer ein Widerrufsrecht nach § 355 ein, soweit er Partei eines Verbraucherdarlehensvertrags (§ 491) ist. Das Widerrufsrecht darf allein unter den Voraussetzungen des § 508 I iVm § 356 durch ein Rückgaberecht ersetzt werden, nicht aber durch ein allg Rücktrittsrecht oder jederzeitiges Kündigungsrecht (vgl BGH NJW 90, 3144; NJW-RR 90, 1011). Nach neuer Rechtslage (§ 488 Rn 1) gilt § 355 jedoch nur mit den Modifikationen, wie sie sich aus II ergeben. Wesentliche Neuerung ist, dass an die Stelle der Widerrufsbelehrung (§ 360 nF) die **Pflichtangabe** nach Art 247 § 6 II EGBGB tritt (§ 492 Rn 7). Die Pflichtangabe muss den Vorgaben des § 492 I, II entsprechen. *Wird die Schriftform nicht eingehalten* oder fehlt sie ganz, so tritt als Rechtsfolge Nichtigkeit ein mit der Möglichkeit einer Heilung nach § 494 II. Ist die Pflichtangabe vorhanden, aber inhaltlich nicht ordnungsgemäß, ergeben sich die Sanktionen aus § 355 II-IV in entsprechender Anwendung. Die **Widerrufsfrist** beträgt grds 14 Tage (§ 355 II 1; vgl BTDrs 16/11643, 209). Hinsichtlich der sonstigen Pflichtangaben bleibt das Widerrufsrecht von den Vorschriften der §§ 492, 494 über Formnichtigkeit und Heilung unberührt (vgl BGHZ 118, 374, 380; Urt v 25.11.09 – VIII ZR 318/08). Allerdings beginnt die Widerrufsfrist während noch andauernder Formnichtigkeit nicht zu laufen (§ 494 Rn 2). Es genügt also nicht nur der vertragliche Abschlusstatbestand (vgl II Nr 2); es bedarf zudem eines wirksamen Vertrages. Der RefE für ein Gesetz zur   1

Einführung einer Muster-Widerrufsinformation (§ 492 Rn 7) sieht eine Neufassung des II dahin vor, dass die Widerrufsfrist in keinem Falle – also auch nicht im Falle der Heilung – beginnt, bevor der Darlehensgeber die erforderlichen Pflichtangaben gemacht hat. Für die Nachholung der Pflichtangaben gilt dann Textform (§ 492 V). § 355 II 3 (Monatsfrist) und IV (sechsmonatige Frist) sollen nicht anwendbar sein.

2 Der Darlehensnehmer ist an seine Willenserklärung nicht mehr gebunden, wenn er sie fristgerecht widerruft. Die Ausübung des Widerrufsrechts hat rechtsgestaltenden Charakter. Bis zur Entscheidung über den Widerruf ist der Verbraucherdarlehensvertrag schwebend wirksam; es bestehen wechselseitige Erfüllungsansprüche. Hat der Verbraucher die Widerrufsfrist verstreichen lassen oder ist sein Widerrufsrecht sonst erloschen (§ 355 IV 1), wird seine Willenserklärung ex nunc endgültig wirksam. Eine Anfechtung der gesetzlichen Rechtsfolgen, die mit der Nichtausübung des Widerrufs verbunden sind, ist ausgeschlossen. Hat der Darlehensgeber gegen den Darlehensnehmer bereits einen rechtskräftigen Zahlungstitel erwirkt, so ist ein erst anschließend erklärter Widerruf keine neue Tatsache iSd §§ 796 II, 767 II ZPO, die er der Vollstreckung im Wege der Vollstreckungsabwehrklage entgegensetzen könnte (BGH NJW 96, 57 gegen Stuttg NJW 94, 1225 und Karlsr NJW 90, 2474). Bei Gestaltungsrechten ist nicht der Zeitpunkt ihrer Ausübung maßgebend, sondern der Zeitpunkt, zu dem sie entstanden sind und hätten ausgeübt werden können, selbst wenn der Schuldner den zur Ausübung des jeweiligen Gestaltungsrechts berechtigenden Tatbestand nicht gekannt hat (BGHZ 125, 351, 353; 103, 362, 366; 100, 222, 225; 24, 97, 98; 34, 274, 279 zur Aufrechnung; BGHZ 42, 37, 39 zur Anfechtung).

3 Zur Ausübung des Widerrufsrechts braucht der Ausdruck „Widerruf" nicht verwendet zu werden (BGHZ 133, 71, 78; NJW 97, 2184; 96, 1964; 93, 128). So kann insb in der „kommentarlosen" Rückzahlung des Darlehens ein Widerruf liegen (LG Hannover MDR 88, 583; *Teske* NJW 91, 2793, 2796). Eine Begründung für den Widerruf muss nicht gegeben werden (§ 355 I 2 Hs 1); auch die Motive des Verbrauchers für den Widerruf sind unerheblich (schlichte Vertragsreue; Köln OLGR 96, 257; Celle DAR 95, 404, 406). Dass eine gänzlich fehlende oder nicht ordnungsgemäße Pflichtangabe bzw Widerrufsbelehrung den Verbraucher tatsächlich davon abgehalten hat, den Widerruf überhaupt oder zu einem früheren Zeitpunkt zu erklären, braucht ebenfalls nicht festgestellt zu werden (Zweibr NJW 94, 203). Eine Verwirkung des Widerrufsrechts kommt regelmäßig nicht in Betracht (BGH NJW 93, 128); gerade die Möglichkeit des Widerrufs auch nach längerer Zeit ist gesetzlich gewollte Folge einer unzureichenden oder gänzlich unterbliebenen Pflichtangabe (Rn 1) oder Widerrufsbelehrung durch den Unternehmer (BGHZ 97, 127, 134; 97, 351, 359). Da selbst Rechtskundige eine Pflichtangabe oder Widerrufsbelehrung erhalten müssen, kann die Berufung auf die Rechtsfolgen einer fehlenden oder fehlerhaften Information grds nicht treuwidrig sein (Ddorf WM 89, 1051; aA Kobl DNotZ 96, 128, 129).

4 Auf das Widerrufsrecht kann nicht verzichtet (Celle DAR 95, 404, 406), insb die Widerrufsfrist nicht abgekürzt werden (§ 511; aA *Fuchs* AcP Bd 196, 313, 355 ff; *Krämer* ZIP 97, 93, 97). Auch Widerrufsbelehrung und Pflichtangabe selbst sind einem Verzicht nicht zugänglich, selbst wenn dem Verbraucher eine längere als die gesetzlich vorgesehene oder eine über § 355 IV 1 hinausgehende Widerrufsfrist eingeräumt wird. Erteilt der Unternehmer eine Widerrufsbelehrung oder macht er eine entsprechende Pflichtangabe, obwohl dies vom Gesetz nicht verlangt wird, etwa weil die andere Vertragspartei kein Verbraucher ist oder die Voraussetzungen eines entgeltlichen Kreditvertrags nicht gegeben sind, kann in dem „Widerrufsrecht" die Zubilligung eines vertraglichen Rücktrittsrechts liegen (BGH NJW 82, 2313). Bei Rahmenkreditverträgen und bei Krediteröffnungsverträgen ist die Widerrufsbelehrung bei Abschluss des Grundgeschäfts zu erteilen, denn allein dieses kann vom Verbraucher widerrufen werden. Auf die nachfolgenden Ausführungsgeschäfte bzw die jeweiligen konkreten Kreditschöpfungen erstreckt sich das Widerrufsrecht nicht (aA *Metz* NJW 91, 2804, 2812).

5 Die Widerrufsbelehrung nach altem Recht ist nicht Bestandteil der Vertragserklärungen und unterliegt damit nicht dem strengen Formzwang des § 492 I; die Ordnungsgemäßheit ihrer äußeren und inhaltlichen Gestaltung beurteilt sich allein nach § 355 aF. Es ist zudem nicht erforderlich, dass die Belehrung während des gesamten Zeitraums, der für die Ausübung des Widerrufsrechts in Betracht kommt, als deutlich gestaltet (§ 355 II 1) vom Verbraucher wahrgenommen werden kann (BGH NJW-RR 03, 1481). Auch einen im Klagewege durchsetzbaren Anspruch auf Erhalt einer Widerrufsbelehrung hat der Verbraucher nicht. Die Bestimmung des § 492 III findet insoweit keine Anwendung, ist aber in anderem Zusammenhang von Bedeutung. Nach § 355 II 3 aF (III 2 nF) beginnt die Widerrufsfrist nicht zu laufen, bevor dem Verbraucher eine Vertragsurkunde, der schriftliche Antrag des Verbrauchers oder eine Abschrift der Vertragsurkunde oder des Antrags zur Verfügung gestellt worden sind. Das bleibt hinter den Anforderungen aus § 492 III zurück, der in diesem Zusammenhang als vorrangig zu betrachten ist, weil der Verbraucher nach den Vorstellungen des Gesetzgebers, wie sie in § 492 III zum Ausdruck kommen, vor Erhalt einer Abschrift der Vertragserklärungen nicht über die Informationen verfügt, die ihm eine sachgerechte Beurteilung erlauben, ob er an seiner Wil*lenserklärung festhalten möchte*. Unabhängig davon, kann die Widerrufsfrist frühestens ab Abgabe der auf den Vertragsschluss gerichteten Willenserklärung des Verbrauchers zu laufen beginnen. Wird dem Verbraucher die Widerrufsbelehrung schon vor Abgabe der Willenserklärung ausgehändigt, ist sie um einen entspr Hinweis zu ergänzen.

II. Sonderfälle. Bei rechtsgeschäftlicher oder gesetzlicher **Vertretung** beantwortet sich die Frage, ob ein 6
Widerrufsrecht besteht, nach den Verhältnissen des Vertretenen, der die Verbrauchereigenschaft erfüllen
muss (BGH NJW-RR 91, 1074). Ein Vertreter ohne Vertretungsmacht darf das Widerrufsrecht anstelle des
Vertretenen ausüben, um dadurch der Garantiehaftung nach § 179 zu begegnen, sofern in der Person des Vertretenen die Verbraucherkriterien erfüllt gewesen wären (BGH aaO). Haftet der Vertreter dem Unternehmer
gem § 179 I auf Erfüllung, bestimmt sich der Umfang der Haftung nach dem, was der Vertretene geschuldet
hätte, wäre der Vertrag mit ihm zustande gekommen. Genehmigt der Verbraucher den Vertrag, der vom vollmachtlosen Vertreter abgeschlossen worden ist, beginnt die Widerrufsfrist nicht bereits mit der Erklärung des
Vertreters, sondern erst mit der Genehmigung durch den Verbraucher zu laufen (BGHZ 129, 371, 382).
Jedem Gesamtschuldner, der Verbraucher ist, steht ein eigenes (originäres) Widerrufsrecht zu, das er selb- 7
ständig ggü dem Unternehmer auszuüben vermag und über das er entspr zu informieren ist, im Wege der
Pflichtangabe (neues Recht) oder der Widerrufsbelehrung (altes Recht; Kobl OLGR 98, 437). Im Falle des
Widerrufs beurteilt sich das Schicksal der übrigen Kreditverhältnisse nach § 139 (subj Teilnichtigkeit; § 491
Rn 6). Im Falle der **Schuld- oder Vertragsübernahme** durch einen Verbraucher kann die Übernahme- oder
Beitrittserklärung als solche widerrufen werden (BGHZ 129, 371, 379 sowie 109, 314, 317). Das gilt unabhängig davon, ob übernommene Schuld oder übernommener Vertrag den verbraucherdarlehensrechtlichen
Vorschriften unterliegen. Ist der Beitritt auf eine erst künftig entstehende Verbindlichkeit bezogen, kann das
Widerrufsrecht erlöschen, noch bevor die Schuld, der beigetreten wird, entstanden ist (BGHZ 133, 220, 225).
Darüber hinaus kann bei der Vertragsübernahme ein bestehendes Widerrufsrecht auf den Neuschuldner als
Gestaltungsrecht übergehen, das er aus abgeleitetem Recht auszuüben berechtigt ist, selbst wenn er nicht Verbraucher ist (BGH NJW 96, 2094). Für die Interessen des Darlehensgebers bedeutet dies keine Verschlechterung, weil er den Kreditvertrag ursprünglich mit einem Verbraucher abgeschlossen hat und die Auswechslung der Vertragspartei zudem seiner Mitwirkung bedarf. Bei der Schuldübernahme und beim Schuldbeitritt
ist für den Einzelfall zu prüfen, ob der Schuldner auch zur Ausübung bestehender Gestaltungsrechte befugt
sein soll.

B. Ausnahmen vom Widerrufsrecht. Keine Anwendung (III Nr 3) findet die Bestimmung auf Überzie- 8
hungskredite iSd §§ 504 II, 505, ferner (III Nr 2) auf notariell beurkundete Verträge (§ 128), sofern der
Notar – nach Prüfung in eigener Verantwortung – bestätigt, dass die Rechte des Darlehensnehmers aus den
§§ 491, 492 gewahrt sind. Die Vorschrift nimmt einen Teil des Regelungsbereichs des früheren Ausnahmetatbestands in § 491 III Nr 1 aF auf. Es werden nur beurkundungspflichtige Verträge erfasst ("zu beurkunden
sind"); die Bestätigung des Notars muss im Vertrag selbst enthalten sein.
Neu eingefügt (§ 488 Rn 1) ist ein Ausnahmetatbestand für Umschuldungskredite unter den in III Nr 1 9
genannten weiteren Voraussetzungen. Es muss für den Darlehensgeber ein Kündigungsrecht nach § 498
bestehen (BTDrs 16/11643, 128) sowie der Ursprungsvertrag durch eine Rückzahlungsvereinbarung ergänzt
oder ersetzt werden mit dem Ziel, ein gerichtliches Verfahren (Mahnverfahren, Klagverfahren) zu vermeiden;
dies beurteilt sich nach den Verhältnissen zum Zeitpunkt der **Umschuldungsvereinbarung**. Ferner hat ein
Vergleich der Gesamtbeträge (Art 247 § 3 II EGBGB) des Umschuldungsvertrages und des alten Vertrages
(Restschuld) zu erfolgen. Die Umschuldungsvereinbarung ist nur privilegiert, wenn der neue Gesamtbetrag
für den Verbraucher günstiger ist. Die Mitteilungspflichten nach §§ 491a, 492 iVm Art 247 §§ 3, 6 EGBGB
gelten für solche Umschuldungskredite nur eingeschränkt (Art 247 § 11 EGBGB). Der Darlehensgeber kann
(fakultativ) für die Unterrichtung das Muster in Anlage 4 zum EGBGB verwenden (Art 247 § 2 II EGBGB; vgl
auch § 491a Rn 2).

C. Rechtsfolgen des Widerrufs. Nach erfolgtem Widerruf erlöschen die beiderseitigen Leistungsansprüche; 10
es entsteht mit Wirkung ex nunc ein Rückabwicklungsverhältnis. Bereits entstandene Schadensersatzansprüche wegen Nichterfüllung entfallen (BGH NJW 90, 2068, 2069). Das gilt grds auch für deliktische Schadensersatzansprüche, soweit sie den Ersatz des Erfüllungsinteresses zum Gegenstand haben. Die für die Rückabwicklung einschlägigen Regelungen enthält § 357, der seinerseits auf die Vorschriften über den Rücktritt in
den §§ 346 ff verweist. Die genannten Vorschriften werden über § 495 zum Bestandteil des Verbraucherdarlehensrechts, können daher – obwohl in § 511 nicht ausdrücklich aufgeführt – nicht zum Nachteil des Verbrauchers abbedungen werden. Sie erfassen die wechselseitigen Ansprüche von Darlehensgeber und Darlehensnehmer abschließend (aA *Mankowski* 608: auf die Ansprüche gegen den Verbraucher bezogene teleologische
Reduktion). Innerhalb ihres Anwendungsbereichs gehen sie den allg Bestimmungen vor (vgl BGHZ 131, 82,
87) vor, die §§ 812 ff können allenfalls hilfsweise herangezogen werden. Die sich für die Parteien danach ergebenden Rückgewährverpflichtungen sind Zug um Zug zu erfüllen (§§ 357 I, 348). Ergänzt bzw modifiziert
werden die §§ 346 ff durch II Nr 3 (Rn 9).
Im Falle des Widerrufs ist jeder Teil verpflichtet, dem anderen Teil die empfangenen Leistungen zurückzuge- 11
währen (§§ 357 I 1, 346 I). Der Darlehensgeber hat die erhaltenen Sicherheiten zurückzugeben, sofern sie
nicht auch zur Absicherung der Ansprüche aus dem Rückgewährschuldverhältnis bestimmt sind; regelmäßig
sind solche Folgeansprüche in die Sicherungsvereinbarung einbezogen (BGH NJW 04, 158). Der Darlehensnehmer hat den Geldbetrag ab dem Zeitpunkt seines Empfangs bis zu dessen Rückzahlung zu verzinsen. Er

kann nach § 346 II 2 den Nachweis führen, dass der Wert des Gebrauchsvorteils niedriger war. Das ist dann der Fall, wenn der vereinbarte Zins über dem marktüblichen liegt. Auf diese Weise wird verhindert, dass ein Widerruf wegen der damit verbundenen Verzinsungspflicht für den Verbraucher unattraktiv wird (*Mankowski* 603, 605; *Schmidt-Räntsch* ZIP 02, 1100, 1103). Nach neuer Gesetzesfassung (§ 488 Rn 1) ist der Anwendungsbereich des § 346 II 2 allerdings auf grundpfandrechtlich besicherte Darlehen beschränkt (II Nr 3 2). Die Grundlage für die Berechnung von Bereitstellungszinsen ist entfallen. Oberste Grenze für den Wertersatz ist stets das – ggf durch § 494 II modifizierte – auf die ursprünglich gedachte Vertragslaufzeit zu beziehende Erfüllungsinteresse (BGH NJW-RR 91, 1011; NJW 85, 1554), weil der Darlehensnehmer durch den Widerruf nicht besser gestellt sein darf, als er bei Vertragserfüllung gestanden hätte. Anspruch auf Bearbeitungsgebühren, Auslagenpauschalen, Abschlussgebühren, laufzeitunabhängige Verwaltungskosten, Provisionen, Vermittlercourtage oder die Erstattung sonstiger Auslagen hat der Darlehensgeber nicht (Köln NJW-RR 95, 1008). Der Darlehensgeber kann nach II Nr 3 1 aber die Aufwendungen ersetzt verlangen die er an öffentliche Stellen erbracht hat (zB Notarkosten) und nicht zurückverlangen kann.

12 **D. Beweisfragen.** Der Darlehensgeber muss beweisen, dass und wann die Widerrufsfrist in Lauf gesetzt worden ist (vgl § 355 III 3; BTDrs 11/5462, 22). Lässt er sich vom Verbraucher für den Erhalt einer Widerrufsbelehrung eine Empfangsbestätigung unterzeichnen, die Bestandteil Allgemeiner Geschäftsbedingungen ist, kann dem wegen der damit verbundenen Beweislastumkehr § 309 Nr 12b entgegenstehen (BGHZ 100, 373, 381; NJW 87, 2012, 2013). Zulässig sind allein gesondert unterzeichnete Empfangsbekenntnisse, die keine sonstigen Erklärungen enthalten (BGH aaO; NJW 93, 2868). Die Beweislast dafür, dass der Widerruf fristgerecht abgesandt und dem Darlehensgeber zugegangen ist, trägt der Verbraucher. Geht der Widerruf auf dem Weg zum Empfänger verloren, muss der Verbraucher seine Erklärung beim ersten Anzeichen, dass kein Zugang erfolgt sein könnte, unverzüglich (§ 121 I) wiederholen. Es ist dann der Nachweis ausreichend, dass der erste Widerruf rechtzeitig auf den Weg zum richtigen Adressaten gebracht worden ist (Dresd ZIP 00, 362, 364). Nach erfolgtem Widerruf hat die Partei, die einen Anspruch aus dem Rückabwicklungsverhältnis herleitet, dessen Voraussetzungen darzulegen und zu beweisen.

§ 496 Einwendungsverzicht, Wechsel- und Scheckverbot.
(1) Eine Vereinbarung, durch die der Darlehensnehmer auf das Recht verzichtet, Einwendungen, die ihm gegenüber dem Darlehensgeber zustehen, gemäß § 404 einem Abtretungsgläubiger entgegenzusetzen oder eine ihm gegen den Darlehensgeber zustehende Forderung gemäß § 406 auch dem Abtretungsgläubiger gegenüber aufzurechnen, ist unwirksam.
(2) ¹Wird eine Forderung des Darlehensgebers aus einem Darlehensvertrag an einen Dritten abgetreten oder findet in der Person des Darlehensgebers ein Wechsel statt, ist der Darlehensnehmer unverzüglich darüber sowie über die Kontaktdaten des neuen Gläubigers nach Artikel 246 § 1 Abs. 1 Nr. 1 bis 3 des Einführungsgesetzes zum Bürgerlichen Gesetzbuche zu unterrichten. ²Die Unterrichtung ist bei Abtretungen entbehrlich, wenn der bisherige Darlehensgeber mit dem neuen Gläubiger vereinbart hat, dass im Verhältnis zum Darlehensnehmer weiterhin allein der bisherige Darlehensgeber auftritt. ³Fallen die Voraussetzungen des Satzes 2 fort, ist die Unterrichtung unverzüglich nachzuholen.
(3) ¹Der Darlehensnehmer darf nicht verpflichtet werden, für die Ansprüche des Darlehensgebers aus dem Verbraucherdarlehensvertrag eine Wechselverbindlichkeit einzugehen. ²Der Darlehensgeber darf vom Darlehensnehmer zur Sicherung seiner Ansprüche aus dem Verbraucherdarlehensvertrag einen Scheck nicht entgegennehmen. ³Der Darlehensnehmer kann vom Darlehensgeber jederzeit die Herausgabe eines Wechsels oder Schecks, der entgegen Satz 1 oder 2 begeben worden ist, verlangen. ⁴Der Darlehensgeber haftet für jeden Schaden, der dem Darlehensnehmer aus einer solchen Wechsel- oder Scheckbegebung entsteht.

1 **A. Einführung.** Die Vorschrift führt die Regelungen des § 10 I und II VerbrKrG fort. Sie ist außer für Verbraucherdarlehensverträge (einschl der Immobiliardarlehensverträge, § 503) auch für Zahlungsaufschübe und Finanzierungshilfen (§ 506 I), nicht aber für Ratenlieferungsverträge (§ 510) maßgeblich. Gibt der Darlehensnehmer innerhalb einer verbraucherkreditrechtlichen Beziehung ein **abstraktes Schuldversprechen** bzw Schuldanerkenntnis iSd §§ 780, 781 ab oder unterwirft er sich durch notarielle Erklärung der Zwangsvollstreckung in sein gesamtes Vermögen (§ 794 I Nr 5 ZPO), soll § 496 weder direkt noch analog anwendbar sein (BGH NJW 05, 1576; MittBayNot 05, 300; Ddorf MittBayNot 05, 134; Hamm OLGR 04, 294; Schlesw 19.1.01, 1 U 110/99). Ein Verzicht des Bürgen ggü dem Gläubiger auf Einwendungen (§§ 768, 770) gegen die Hauptverbindlichkeit ist ebenso unwirksam wie ein durch den Hauptschuldner abgegebener Verzicht, weil sonst – wegen der Regressmöglichkeiten des Bürgen im Innenverhältnis – kein ausreichender Verbraucherschutz gewährleistet wäre (iE Staud/*Kessal-Wulf* Rz 5); das gilt ebenso für den Verzicht eines Garantiegebers oder sonstigen Mitschuldners, auch wenn diese selbst keine Verbraucher sind. Aus den gleichen Gründen wirkt das Wechsel- und Scheckverbot in II zu Gunsten des Dritten, sofern er nach seiner Inanspruchnahme durch den Gläubiger seinerseits im Innenverhältnis zum Darlehensnehmer Rückgriff nehmen könnte.

Die Vorschrift ist mit Wirkung zum 19.8.08 durch das RBegrG v 12.8.08 (BGBl I, 1666) erweitert worden um **Unterrichtungspflichten** für den Fall der Abtretung einer Forderung aus dem Darlehensvertrag oder des Wechsels in der Person des Darlehensgebers; davon ausgenommen ist lediglich die **stille Zession**. Die Unterrichtung des Verbrauchers muss die Kontaktdaten iSd Artikel 246 § 1 Abs 1 Nr 1–3 EGBGB enthalten. Textform war dafür bislang nicht ausdrücklich vorgesehen; nunmehr ergibt sie sich aus § 492 V. Die Pflicht trifft in erster Linie den Zedenten bzw den neuen Vertragspartner, der diese dem Zessionaren bzw alten Vertragspartner übertragen darf (BTDrs 16/9821, 21). Eine Verletzung der Unterrichtungspflicht kann Schadensersatzansprüche nach § 280 I begründen.

B. Einwendungsverzicht (Abs 1). I erklärt Vereinbarungen für unwirksam, durch die der Verbraucher auf Einwendungen und Aufrechnungsmöglichkeiten für den Fall der Abtretung verzichtet. Im Bereich des Verbraucherkreditrechts werden die §§ 404, 406 (nicht hingegen § 405) dadurch unabdingbar. Dabei ist gleich, ob der Darlehensnehmer die Vereinbarung mit dem Zedenten oder dem Zessionaren trifft. Die Bestimmung erfasst jeden (anfänglichen oder nachträglichen) Einwendungsverzicht, der Teil von AGB oder individualvertraglich ausgehandelt ist. Unerheblich ist, wie der Wechsel in der Person des Gläubigers herbeigeführt wird (rechtsgeschäftliche Abtretung oder gesetzlicher Forderungsübergang). Die Regeln des I sind auf § 407 entspr anwendbar. Der Verzicht muss nicht notwendig auf einer Vereinbarung beruhen; er kann ebenso Gegenstand einer einseitigen Erklärung des Darlehensnehmers sein, durch die dieser einzelne Gestaltungsrechte oder Einreden aufgibt oder eine Beweislastumkehr bewirkt, solange nur die Erklärung zu einer Einschränkung in den Verteidigungsmöglichkeiten des Darlehensnehmers führt oder ihm die Durchsetzung seiner Rechte in sonstiger Weise erschwert. Erfasst werden alle Einwendungen gegen die übernommene Forderung, die zur Zeit der Abtretung gegen den bisherigen Gläubiger begründet, dh ihrem Rechtsgrund nach im Schuldverhältnis angelegt waren. Das kann nicht nur der eigentliche Darlehensrückzahlungsanspruch oder kreditierte Anspruch aus dem Teilzahlungsgeschäft sein, sondern auch der Anspruch aus einem Abwicklungsverhältnis nach Widerruf (§ 495 I) oder Rücktritt (§ 508 II). Der Begriff der Einwendungen ist im weitesten Sinne zu verstehen und schließt die prozessualen Einreden ein.

C. Das Wechsel- und Scheckverbot (Abs 3). I. Voraussetzungen. Das Wechsel- und Scheckverbot ist Ausfluss der wertpapierrechtlichen Besonderheiten (Umkehr der Darlegungs- und Beweislast aufgrund der abstrakten Natur der Wertpapierverbindlichkeit, eingeschränkte Verteidigungsmöglichkeiten im Urkundsprozess, Einwendungsausschluss ggü dem Zweiterwerber des Wertpapiers), durch die der Verbraucher Gefahr läuft, berechtigte Einwendungen nicht durchsetzen zu können. Da für die Wertpapierrecht die Einräumung von Zahlungsaufschüben typisch ist, besteht ein – vom Gesetzgeber ersichtlich nicht erkanntes – Spannungsverhältnis zwischen III und § 506 IV iVm § 491 II Nr 3. Letzterer eröffnet den Anwendungsbereich des Verbraucherkreditrechts überhaupt erst, wenn der Zahlungsaufschub über 3 Monate hinausgeht. Dabei ist zu unterscheiden: Verständigen sich die Parteien auf eine Prolongation (Stundungs- oder Verlängerungswechsel), wird weiterhin die ursprüngliche Wechselschuld gestundet. Daher hat eine Zusammenrechnung der einzelnen Zahlungsaufschübe zu erfolgen, so dass sich die maßgebliche Frist nach deren Gesamtdauer bemisst, unabhängig davon, ob Erstwechsel oder Prolongationswechsel für sich gesehen die dreimonatige Frist überschreiten (*Müller* WM 91, 1781, 1783). Beim sog **Drei-Monats- oder 90-Tage-Akzept** ist für die Fristgrenze nicht auf die wechselrechtliche Verfallzeit abzustellen, sondern auf die Stundung der schuldrechtlichen Grundforderung, die von der Verfallzeit des Wechsels abweichen kann. Ohnehin wird in diesen Fällen allg eine teleologische Reduktion des § 506 IV befürwortet (MüKo/*Habersack* § 499 Rz 3; Erman/*Saenger* § 499 Rz 7; *Bülow* § 499 Rz 6), weil für die Schutzbedürftigkeit des Darlehensnehmers iRd II – anders als bei § 506 IV – Gesichtspunkte sprechen, die von der Laufzeit des Zahlungsaufschubs unabhängig sind.

Der Darlehensnehmer darf grds nicht verpflichtet werden, für Ansprüche des Darlehensgebers (zB auf Zahlung laufender oder rückständiger Raten, auf Ersatz des Verzugsschadens, aus einem Abwicklungsverhältnis nach Rücktritt oder Widerruf) Wechselverbindlichkeiten nach dem WG (als Aussteller, Bezogener, Indossant, Wechselbürge oder als Ehrenannehmer) einzugehen. Über den Wortlaut der Vorschrift hinaus greift das Verbot auch dann, wenn der Darlehensnehmer den Wechsel von sich aus anbietet oder ihm der Darlehensgeber eine Leistung erfüllungshalber durch die Hingabe eines Wechsels freistellt. Das Scheckverbot beschränkt sich hingegen darauf, dass der Darlehensgeber vom Darlehensnehmer zur Sicherung seiner Ansprüche aus dem Verbraucherdarlehensvertrag keinen Scheck entgegennehmen darf. Auf diese Weise soll die Funktion des Schecks als Teil des bargeldlosen Zahlungsverkehrs erhalten bleiben. Der Darlehensnehmer ist daher nicht gehindert, Schecks zur Begleichung bestehender Verbindlichkeiten aus dem Verbraucherdarlehensvertrag einzusetzen oder durch die Begebung von Schecks, für die ein Guthaben bei der bezogenen Bank nicht vorhanden ist, Kredit in Anspruch zu nehmen. Unzulässig ist jedoch ein vor Fälligkeit der zugrunde liegenden Schuld ausgestellter oder (wegen Art 29 ScheckG) vordatierter Scheck. Seit dem 1.7.91 ist das ScheckG in vollem Umfang auch auf Postschecks anwendbar.

II. Verstöße gegen das Wechsel- und Scheckverbot. Verbotswidrig begebene Wechsel und Schecks begründen grds eine wirksame wertpapierrechtliche Verbindlichkeit; andernfalls hätte sich der Gesetzgeber in Widerspruch zum Genfer Abkommen vom 7.6.1930 über das Einheitliche Wechselgesetz und vom 19.3.1931 über das Einheitliche Scheckgesetz gesetzt. Der Darlehensnehmer hat gegen den Darlehensgeber aber gem III 3 einen Anspruch auf Herausgabe des Wechsels oder Schecks, für dessen Voraussetzungen er die **Beweislast** trägt. Sollte der Darlehensgeber aus dem verbotswidrig begebenen Wertpapier Ansprüche geltend machen, kann der Verbraucher ihm eine aus III 3 abgeleitete Einrede entgegensetzen (München ZIP 04, 991). Mithaftende Dritte oder Bürgen können, auch wenn sie selbst keine Verbraucher sind, in Erweiterung des unmittelbaren Anwendungsbereichs der Vorschrift immer dann Herausgabe eines von ihnen begebenen Schecks oder Wechsels verlangen, wenn andernfalls im Hinblick auf die internen Ausgleichs- oder Regressansprüche gegen den Verbraucher die Gefahr bestünde, dass das Wechsel- und Scheckverbot zu dessen Lasten unterlaufen würde (vgl bereits Rn 1).

6 Hingegen ist die sich auf die Begebung des Wechsels oder Schecks beziehende Zweckvereinbarung ebenso nichtig wie jede andere Verpflichtung des Verbrauchers zur Eingehung einer wertpapierrechtlichen Verbindlichkeit (§ 134; *Müller* WM 91, 1781, 1786). Der Darlehensgeber hat daher keinen Anspruch auf die Bestellung einer anderen, vom Verbot des III nicht erfassten Sicherheit. Der Verbraucherdarlehensvertrag selbst bleibt in seinem Bestand unberührt, insb kommt die Regelung des § 139 nicht zum Tragen (München ZIP 04, 991; *Reinicke/Tiedtke* ZIP 92, 217, 222; *Müller* WM 91, 1781, 1787).

7 Der Darlehensgeber haftet ferner nach III 4 in Form einer verschuldensunabhängigen Garantiehaftung für jeden Schaden, der dem Darlehensnehmer aus einer verbotswidrigen Wechsel- oder Scheckbegebung entsteht. Er hat diesem alle Nachteile zu ersetzen, zu denen es bei Hinwegdenken der Wertpapierbegebung nicht, nicht zu diesem Zeitpunkt oder nicht in dieser Höhe gekommen wäre. Ein Schaden kann beim Verbraucher insb dadurch eintreten, dass er von einem Zweiterwerber des Wechsels oder Schecks in Anspruch genommen wird, ohne diesem ggü Einwendungen geltend machen zu können (Art 17 WG; 22 ScheckG). Mitschuldner können unabhängig voneinander Schadensersatz verlangen; das setzt allerdings voraus, dass ihre jeweilige Beziehung zum Darlehensgeber verbraucherdarlehensrechtlicher Natur ist. Der Schadensersatzanspruch beschränkt sich nicht nur auf die eigentliche Wechsel- oder Schecksumme, sondern umfasst auch Folgeschäden (zB Zinsen, Protest- und Benachrichtigungskosten; ferner Prozesskosten aus einem mit einem späteren Inhaber des Wertpapiers geführten Rechtsstreit).

§ 497 Verzug des Darlehensnehmers.
(1) ¹Soweit der Darlehensnehmer mit Zahlungen, die er auf Grund des Verbraucherdarlehensvertrags schuldet, in Verzug kommt, hat er den geschuldeten Betrag nach § 288 Abs. 1 zu verzinsen. ²Im Einzelfall kann der Darlehensgeber einen höheren oder der Darlehensnehmer einen niedrigeren Schaden nachweisen.
(2) ¹Die nach Eintritt des Verzugs anfallenden Zinsen sind auf einem gesonderten Konto zu verbuchen und dürfen nicht in ein Kontokorrent mit dem geschuldeten Betrag oder anderen Forderungen des Darlehensgebers eingestellt werden. ²Hinsichtlich dieser Zinsen gilt § 289 Satz 2 mit der Maßgabe, dass der Darlehensgeber Schadensersatz nur bis zur Höhe des gesetzlichen Zinssatzes (§ 246) verlangen kann.
(3) ¹Zahlungen des Darlehensnehmers, die zur Tilgung der gesamten fälligen Schuld nicht ausreichen, werden abweichend von § 367 Abs. 1 zunächst auf die Kosten der Rechtsverfolgung, dann auf den übrigen geschuldeten Betrag (Absatz 1) und zuletzt auf die Zinsen (Absatz 2) angerechnet. ²Der Darlehensgeber darf Teilzahlungen nicht zurückweisen. ³Die Verjährung der Ansprüche auf Darlehensrückzahlung und Zinsen ist vom Eintritt des Verzugs nach Absatz 1 an bis zu ihrer Feststellung in einer in § 197 Abs. 1 Nr. 3 bis 5 bezeichneten Art gehemmt, jedoch nicht länger als zehn Jahre von ihrer Entstehung an. ⁴Auf die Ansprüche auf Zinsen findet § 197 Abs. 2 keine Anwendung. ⁵Die Sätze 1 bis 4 finden keine Anwendung, soweit Zahlungen auf Vollstreckungstitel geleistet werden, deren Hauptforderung auf Zinsen lautet.

1 **A. Anwendungsbereich.** Die Vorschrift will einen angemessenen Interessenausgleich zwischen Darlehensgeber und säumigem Verbraucher schaffen und bestehende Rechtsunsicherheiten bei der Ermittlung des zulässigen Verzugszinses beseitigen. Sie entspricht in ihrem Kernbereich dem früheren § 11 VerbrKrG, geht aber in ihrem Anwendungsbereich über diesen hinaus, weil sie – entgegen der vormaligen Rechtslage (BGH ZIP 99, 1483) – über § 503 auch Immobiliardarlehensverträge einbezieht. Der ursprünglich auf fünf vom Hundert über dem jeweiligen Diskontsatz der Deutschen Bundesbank festgelegte Verzugszins sollte nach den Vorstellungen des Gesetzgebers die gewöhnlich anfallenden Refinanzierungskosten (Bundesbankdiskont zuzüglich 3%) sowie den Bearbeitungsaufwand der Bank (weitere 2%) abdecken (BTDrs 11/5462, 25). Durch § 1 des Diskontsatz-Überleitungs-Gesetzes v 9.6.98 (BGBl I 1242) ist der Diskontsatz zum 1.1.99 durch den Basiszinssatz (§ 247) abgelöst worden. Wegen der Möglichkeit des Nachweises eines niedrigeren Schadens behält I ggü § 288 I eigenständige Bedeutung (*Fabis* ZIP 00, 865, 870). Die Höhe des Zinssatzes ist vom Gesetzgeber bewusst variabel ausgestaltet; keineswegs wird er auf den im Zeitpunkt der letzten mündlichen Verhandlung geltenden Basiszinssatz festgeschrieben (dazu *Metz* VuR 92, 337, 341). Dadurch hat sich das früher diskutierte Problem der „Zukunftszinsen" (BGHZ 100, 211; Stuttg NJW-RR 88, 308; KG NJW 89, 305; Karlsr NJW 90, 1738) erledigt. Für Immobiliardarlehensverträge gilt ein Regelverzugszins von zweieinhalb Prozentpunkten über dem Basiszinssatz (§ 503 II).

Die Möglichkeiten des I stehen jedem Darlehensgeber offen, der Partei eines Verbraucherkreditvertrags ist (zu eng daher BGH NJW 97, 3166; NJW 95, 954; 94, 3344; zutr Schlesw OLGR 98, 237). Die Bestimmung enthält die einzig zulässige abstrakte Berechnungsmethode für den Verzugsschaden (Zweibr ZIP 00, 2198). Von ihr kann allerdings nur der Darlehensgeber Gebrauch machen, nicht jedoch ein Darlehensnehmer, der seinerseits – etwa nach Anfechtung oder Widerruf – Ansprüche gegen die andere Vertragspartei hat. Unzulässig wäre es, eine Weitergeltung des Vertragszinses für den Verzugsfall zu vereinbaren, soweit dieser fünf Prozentpunkte über dem jeweiligen Basiszinssatz überschreitet (§ 511 1); ein solches Ergebnis kann – wegen § 511 2 – auch nicht durch den Abschluss eines neuen Verbraucherdarlehensvertrags erreicht werden. 2

Kreditinstitute dürfen darüber hinaus den pauschalierten Verzugsschaden, sofern er seine Grundlage in einem Kreditvertrag findet (Dresd WM 99, 952, 953), nicht nur ggü Verbrauchern, sondern auch ggü Gewerbetreibenden und Genossenschaften geltend machen (vgl BGH NJW 95, 1954; ZIP 98, 1063; Ddorf WM 96, 1810; München WM 94, 1028; Schlesw NJW-RR 93, 754); ferner hat der BGH (NJW 00, 658) die Zinsschadensregelung auf den Verzug des Bürgen (§ 491 Rn 9) analog angewandt. In allen Fällen beschränkt sich die entspr Heranziehung auf I und kann nicht auf die übrigen Bestimmungen in II und III ausgedehnt werden. Der gewerbliche Verzugsschuldner kann zudem der abstrakten Schadensberechnung nicht den Nachweis eines konkreten, niedrigeren Schadens entgegensetzen, wie dies I 3 zugunsten des Verbrauchers vorsieht (*Bülow* ZIP 96, 8, 10). Zu den vor dem 1.1.91 (Inkrafttreten des VerbrKrG) abgeschlossenen **Altverträgen** vgl BGHZ 115, 268, 274; 104, 337; NJW 92, 1620; Schlesw ZIP 02, 1575; ausf Staud/*Kessal-Wulf* Rz 5 ff. 3

B. Abstrakte und konkrete Schadensberechnung (Abs 1). Voraussetzung für I ist in jedem Fall, dass sich der Darlehensnehmer mit Zahlungen in Verzug befindet (§§ 286 ff), die er aufgrund eines Verbraucherdarlehensvertrags schuldet. Dafür ist nicht erforderlich, dass die Ansprüche des Darlehensgebers unmittelbar einem (wirksamen) Verbraucherdarlehensvertrag entstammen, solange nur der Abschlusstatbestand eines solchen Vertrags gegeben ist (Bsp: Bereicherungsansprüche bei Nichtigkeit; Rückabwicklung nach Widerruf oder Anfechtung; Dresd WM 99, 952). Bei einem Verzug des Kreditnehmers mit Einzelraten sind die geschuldeten Zahlungen gleichbedeutend mit der Summe der rückständigen Einzelbeträge nebst etwaiger Kosten der Rechtsverfolgung; in den Raten enthaltene Zinsanteile müssen nicht herausgerechnet werden (BGH NJW 93, 1260; 91, 1286). Bei Gesamtschuldnerschaft hat der Verzug grds Einzelwirkung (§ 425 II). Hat der Darlehensgeber seine Forderung an einen Dritten abgetreten, errechnet sich die Höhe des Verzugsschadens grds aus der Person des Zessionars (BGH NJW-RR 92, 219). Nach dem verbraucherdarlehensrechtlichen Schutzgedanken darf sich die Position des Darlehensnehmers dadurch jedoch nicht verschlechtern (offen gelassen in BGH NJW-RR 92 aaO), so dass der Höhe nach eine Begrenzung auf den Zedentenschaden besteht. 4

Der Darlehensgeber hat die Wahl zwischen abstrakter und konkreter Berechnungsmethode. Er muss hinreichend deutlich zum Ausdruck bringen, welche Art Verzugsschaden er geltend macht (zum Antrag auf Erlass eines Mahnbescheides AG Hagen NJW-RR 95, 320). Macht er den Verzugszins pauschaliert – also mit fünf Prozentpunkten über dem Basiszinssatz – geltend, scheidet der Ansatz weiterer konkreter Schadenspositionen aus, soweit diese zu den gewöhnlich anfallenden Refinanzierungskosten gehören oder den üblichen Bearbeitungsaufwand der Bank abdecken (Rn 1; zu bejahen für Mahn- und Detektivgebühren, LG Stuttgart NJW 93, 208; zu verneinen für Kosten der Sicherheitenverwertung, Prozesskosten). Der Darlehensgeber darf auch „splitten", dh die Refinanzierungskosten (abstrakt) mit drei Prozentpunkten veranschlagen (Rn 1) und die Bearbeitungskosten konkret ausweisen. 5

Will der Darlehensnehmer den Nachweis eines niedrigeren Schadens erbringen, muss er diesen konkret berechnen; er darf der abstrakten Schadensberechnung des Darlehensgebers nicht seinerseits einen abstrakt ermittelten Schaden entgegenhalten. An die Substantiierungslast des Darlehensnehmers sind nur geringe Anforderungen zu stellen, weil er regelmäßig keine näheren Einblicke in die Verhältnisse des Darlehensgebers hat (*Zahn* DB 91, 81, 84; *Kohte* JZ 92, 524; krit *Ungewitter* JZ 94, 701, 706). Für die frühere Fassung der §§ 288 I BGB, 352 HGB (Existenzgründungsdarlehen), die Verzugszinssätze von lediglich vier von Hundert bzw fünf vom Hundert vorsahen, war der Gegenbeweis des Darlehensnehmers dahin zu beschränken, dass auch bei Nachweis eines konkreten, niedrigeren Schadens dem Darlehensgeber wenigstens der gesetzliche Mindestverzugszins verbleiben musste. Das lässt sich für die Neufassung der genannten Vorschriften nicht aufrechterhalten, weil anderenfalls – wegen der Angleichung des allg und des spezialgesetzlich geregelten Verzugszinses – dem Verbraucher die Möglichkeit des Nachweises eines niedrigeren Schadens von vornherein genommen wäre. 6

C. Gesonderte Kontenführung; Kontokorrentverbot (Abs 2 S 1). Zinsen, die nach Eintritt des Verzugs anfallen (also der Regelverzugszins nach I oder der im Einzelfall nachgewiesene Schaden, gleich ob prozentual ausgedrückt oder betragsmäßig errechnet), sind auf einem gesonderten Konto zu separieren. Sie dürfen nicht mit dem geschuldeten Betrag oder anderen Forderungen des Darlehensgebers in ein Kontokorrent eingestellt werden; auch das vom Darlehensgeber einzurichtende Sonderkonto selbst darf nicht im Kontokorrent geführt werden (aA Erman/*Saenger* Rz 25; *Bülow* Rz 59). Die durch das Sonderkonto entstehenden Gebühren sind bei abstrakter Schadensberechnung durch die im Regelverzugszins enthaltene Pauschale abgedeckt (Rn 1). Einen klageweise durchsetzbaren Anspruch auf die Einrichtung und Führung eines Sonderkontos hat 7 der Verbraucher nicht; ein Zurückbehaltungsrecht (§ 273) scheitert daran, dass die gesetzliche Buchungsanordnung erst für die Zeit nach Eintritt des Verzugs gilt und ein dann geltend gemachtes Zurückbehaltungsrecht den bereits bestehenden Verzug nicht mehr beseitigen kann.

8 D. Verzugsschadensregelung (Abs 2 S 2). Die Bestimmung begrenzt das Recht des Gläubigers auf Ersatz des durch den Verzug entstandenen Schadens. Sie knüpft unmittelbar an die Regelung des § 289 2, so dass die weiteren Voraussetzungen dieser Vorschrift gegeben sein müssen. Demnach muss der Darlehensgeber den Darlehensnehmer wegen der rückständigen Verzugszinsbeträge wiederum wirksam in Verzug gesetzt haben (BGH NJW 93, 1260; 95, 1546). Der sich aus II 2 ergebende Schadensersatzanspruch ist seinerseits auf einem gesonderten Unterkonto zu erfassen; jede weitere Verzinsung ist dem Darlehensgeber untersagt (*Reifner* NJW 92, 337, 343). Der Gläubiger kann Schadensersatz „bis zur" Höhe des gesetzlichen Zinssatzes (§ 246) verlangen (vgl BGH NJW 93, 1260). Anders als zur früheren Rechtslage (§ 11 II VerbrKrG) ist die Möglichkeit entfallen, Existenzgründer mit dem höheren Zins des § 352 HGB zu belasten (aA *Bülow* Rz 54).

9 E. Teilleistungen (Abs 3 S 1 und 2). Teilleistungen darf der Darlehensgeber – abw von § 266 – nicht zurückweisen. Ob eine Zahlung ausreicht, die bestehenden Verbindlichkeiten abzudecken, beurteilt sich nach der Höhe der bei (teilweiser) Tilgung bestehenden fälligen Schuld, auch wenn sich der Darlehensnehmer insoweit noch nicht im Verzug befindet. Gibt es mehrere Verbindlichkeiten des Darlehensnehmers ggü dem Darlehensgeber, die jeweils selbstständigen Schuldverhältnissen entstammen, bleibt für die Anrechnung von Leistungen, die zur Tilgung sämtlicher Schulden nicht ausreichen, § 366 maßgeblich. Diese besondere Tilgungsreihenfolge gilt auch für Leistungen in der Zwangsvollstreckung (BGH WM 07, 1328).

10 Zahlungen des Darlehensnehmers, mit denen die gesamte fällige Schuld nicht getilgt wird, werden zunächst auf die **Kosten der Rechtsverfolgung** angerechnet, also auf die Prozess-, Vollstreckungs- und Inkassokosten und sonstigen Aufwendungen zur Durchsetzung der Ansprüche des Darlehensgebers gegen den Darlehensnehmer (der eigene Bearbeitungsaufwand ist bereits Teil des pauschalen Regelverzugszinses oder der konkreten Schadensberechnung nach I). In Änderung der Tilgungsreihenfolge des § 367 erfolgt sodann eine Anrechnung auf den **übrigen geschuldeten Betrag.** Erst zum Schluss wird die geleistete Teilzahlung den **Zinsen** nach II 1 und anschließend denen nach II 2 gutgebracht. Mit dieser Änderung der Tilgungsanrechnung, die von den Grundsätzen des § 367 I abweicht, soll für den überschuldeten Verbraucher ein Anreiz geschaffen werden, weitere Zahlungen zu leisten und den „Schuldenberg" durch vorrangige Tilgung der Hauptforderung allmählich abzubauen.

11 F. Verjährungsprivileg (Abs 3 S 3–5). Für die Verjährung der Ansprüche auf Darlehensrückerstattung und auf Zinsen gelten besondere Regelungen; diese sind auf Ansprüche aus Schuldbeitritt entsprechend anwendbar (Celle WM 07, 1319). Sie sind vom Eintritt des Verzugs nach I an bis zu ihrer Feststellung in einer in § 197 I Nr 3–5 bezeichneten Art kraft Gesetzes gehemmt, jedoch nicht länger als zehn Jahre von ihrer Entstehung an. „Zinsen" sind in diesem Zusammenhang die Verzugszinsen nach II 1 und II 2, mit „Darlehensrückerstattung" ist der Anspruch auf die Darlehensraten gemeint, ohne dass diese in (Vertrags-)Zins- und Kapitalanteile aufzuspalten wären. Daneben gelten unverändert die allg Regeln über die Verjährungshemmung (zB § 204 I Nr 1); dadurch kann die Verjährungshemmung im Ergebnis den Zeitraum von zehn Jahren überschreiten. Auf titulierte (Zukunfts-)Zinsen findet die Bestimmung des § 197 II keine Anwendung.

12 Auf Vollstreckungstitel, deren Hauptforderung auf Zinsen lautet (**isolierte Zinsurteile**), sind III 1–4 nicht anwendbar; der Begriff der Zinsen in III 5 entspricht dabei dem aus III 1, I und II 1 und 2 (die Vertragszinsen sind bereits Bestandteil des geschuldeten Betrags). Der Gesetzgeber wollte auf diese Weise den Einklang zwischen materiellem Recht und Vollstreckungsrecht gewährleisten und den Gläubiger hindern, den Schuldner zu vollstreckungsabwendenden Zahlungen zu veranlassen, um diese sodann auf den (nicht titulierten) geschuldeten Betrag gem der Tilgungsreihenfolge des III 1 anzurechnen und anschließend erneut aus dem Zinstitel gegen den Schuldner vorzugehen (BTDrs 11/8274, 22). Die Bestimmung ist letztlich überflüssig, weil sich das angestrebte Ergebnis auch unter Beachtung allg vollstreckungsrechtlicher Grundsätze erreichen lässt (vgl *Münzberg* WM 91, 170, 172; *Braun* WM 91, 165, 168; *Braun/Raab-Gaudin* FLF 91, 244, 248). Für **gemischte Titel**, bei denen Zinsen als Hauptforderung neben anderen Hauptforderungen – etwa neben einem Teil des geschuldeten Betrags, aus dem sie sich nicht errechnen – tituliert sind, ist der Anwendungsbereich der Vorschrift teleologisch zu reduzieren. Die Verrechnung beigetriebener Leistungen erfolgt in entspr Anwendung von III 1 zunächst auf den geschuldeten Betrag und dann auf die Zinsen (*Münzberg* aaO 175). Um im Erkenntnisverfahren überhaupt einen isolierten Zinstitel, der im späteren Vollstreckungsverfahren zu einer von III 1 abw Tilgungsreihenfolge führt, erlangen zu können, muss der Darlehensgeber darlegen und ggf beweisen, dass die nach III 1 vorrangig zu berücksichtigenden Kosten der Rechtsverfolgung und der übrige geschuldete Betrag – soweit fällig – ausgeglichen sind, mithin nur noch die Zinsen offen stehen.

§ 498 Gesamtfälligstellung bei Teilzahlungsdarlehen.

[1]Wegen Zahlungsverzugs des Darlehensnehmers kann der Darlehensgeber den Verbraucherdarlehensvertrag bei einem Darlehen, das in Teilzahlungen zu tilgen ist, nur kündigen, wenn

1. der Darlehensnehmer mit mindestens zwei aufeinander folgenden Teilzahlungen ganz oder teilweise

und mit mindestens 10 Prozent, bei einer Laufzeit des Verbraucherdarlehensvertrags von mehr als drei Jahren mit mindestens 5 Prozent des Nennbetrags des Darlehens in Verzug ist und
2. der Darlehensgeber dem Darlehensnehmer erfolglos eine zweiwöchige Frist zur Zahlung des rückständigen Betrags mit der Erklärung gesetzt hat, dass er bei Nichtzahlung innerhalb der Frist die gesamte Restschuld verlange.
²Der Darlehensgeber soll dem Darlehensnehmer spätestens mit der Fristsetzung ein Gespräch über die Möglichkeiten einer einverständlichen Regelung anbieten.

A. Allgemeines. Die Vorschrift (früher § 12 VerbrKrG) gilt für alle Teilzahlungsdarlehen, bei denen der Verbraucher aufgrund einer anfänglichen oder auch nachträglichen Teilzahlungsabrede seine Verpflichtungen ratenweise zu erfüllen hat. Für Finanzierungsleasingverträge ist ihre entspr Anwendung in § 506 vorgesehen (zum VerbrKrG: BGHZ 144, 370, 379; ZIP 05, 406; NJW 98, 1637). Für Immobiliardarlehensverträge gelten die Besonderheiten des § 503 III. Festkredite, die während ihrer Laufzeit nicht getilgt, sondern bei Endfälligkeit in einer Summe – etwa durch Leistung aus einer Lebensversicherung – zurückgeführt werden, können unter § 498 fallen, wenn der Darlehensnehmer als Ausgleich für die Zahlung der Nettodarlehenssumme während der Laufzeit des Darlehens statt Zinsen und Tilgung andere periodische Leistungen (Zinsen und Prämien) zu erbringen hat (vgl BGHZ 111, 117, 120; Celle OLGR 05, 76). Für den Begriff des Teilzahlungsdarlehens kommt es allein darauf an, ob überhaupt Teilzahlungen zu entrichten sind, ohne dass diese sämtlich kreditiert sein müssten, was insb bei der Anzahlung regelmäßig nicht der Fall ist. Jedoch folgt aus 1 Nr 1, dass mindestens drei Teilzahlungen (einschl Anzahlung) vereinbart worden sein müssen, denn nur dann kann überhaupt ein Verzug mit mindestens zwei (von mehreren) aufeinander folgenden Raten vorliegen, der den Darlehensgeber unter den weiteren im Gesetz genannten Voraussetzungen zu einer vorzeitigen Gesamtfälligstellung berechtigt. Eine gleich bleibende Höhe der Teilzahlungen oder ihre Fälligkeit in zeitlich gleichen Abständen ist nicht erforderlich. Bei Teilzahlungsgeschäften (§ 507) hat der Darlehensgeber ein Wahlrecht zwischen Kündigung nach § 498 I und Rücktritt nach § 508 II. Die formalisierten Voraussetzungen der Kündigung sind nur dann nicht einzuhalten, wenn sie bei beharrlicher, ernstlicher und endgültiger Erfüllungsverweigerung des Schuldners als „nutzlose Förmelei" erscheinen (BGH WM 07, 440).

Andere ordentliche oder außerordentliche Kündigungsgründe, die sich nicht aus einem Zahlungsverzug des Verbrauchers ableiten, bleiben dem Darlehensgeber ungeschmälert erhalten (Karlsr WM 00, 1996, 2001; Hamm OLGR 98, 277). Auch eine Kündigung wegen wesentlicher Verschlechterung der Vermögenslage ist unabhängig von den Voraussetzungen des § 498 zulässig, wenn die Rückerstattung des Darlehens gefährdet ist (§ 490 I). Wegen § 511 1 darf aber durch vertragliche Abrede kein Kündigungstatbestand geschaffen oder eine Gesamtfälligstellung ermöglicht werden, die dem Darlehensgeber ggü der Vorschrift des § 498 Erleichterungen verschafft (Celle OLGR 95, 205 zum Leasingvertrag); daraus folgt insb die Unzulässigkeit von Vorfälligkeitsklauseln.

Das **Gesprächsangebot** (2) über die Möglichkeiten einer einverständlichen Regelung ist keine tatbestandliche Voraussetzung der Kündigung. Grds sind die Parteien in der äußeren und inhaltlichen Gestaltung ihres Gesprächs frei. Nach den gesetzgeberischen Vorstellungen (BTDrs 11/5462, 27) soll allerdings der Versuch einer einverständlichen Regelung zwischen Parteien unternommen werden, die in persönlichem (zumindest fernmündlichem) Kontakt miteinander stehen („Gespräch"), also gerade keine schriftliche Auseinandersetzung genügen. Jede Partei kann sich anwaltlichen Beistands bedienen oder zu dem Gespräch einen Vertreter entsenden; eine höchstpersönliche Teilnahme ist nicht erforderlich.

B. Kündigungsvoraussetzungen. I. Qualifizierter Verzug des Darlehensnehmers (S 1 Nr 1). Damit der Darlehensgeber zur Kündigung berechtigt ist, muss der Darlehensnehmer zunächst mit mindestens zwei aufeinander folgenden Teilzahlungen ganz oder teilweise in Verzug (nicht lediglich in Rückstand) geraten sein. In der Teilzahlungsabrede liegt zugleich eine (konkludente) beiderseitige Verrechnungsabrede, derzufolge Zahlungen auf die jeweils älteste noch offene Rate erfolgen. Der Darlehensnehmer ist daher gehindert, durch einseitig abw Tilgungsbestimmung die jeweils zweite offene Rate zu begleichen, um auf diese Weise die Kündigungsvoraussetzung zu umgehen. Davon ist nur dann eine Ausnahme zu machen, wenn der Verbraucher zur Abwendung der Zwangsvollstreckung auf eine konkrete, bereits titulierte Rate zahlt.

Bei einer Laufzeit des Verbraucherdarlehensvertrags bis zu 3 Jahren ist ein Zahlungsverzug mit mindestens 10 % des Nennbetrags des Kredits, bei einer Laufzeit von mehr als 3 Jahren ein solcher mit 5 % erforderlich. Es sind sämtliche rückständigen Teilzahlungen in die Berechnung einzubeziehen, auch wenn sie nicht aufeinander folgen. Unter Nennbetrag ist der Nettodarlehensbetrag (§ 491 II Nr 1) zzgl der mitkreditierten laufzeitunabhängigen Einmalkosten zu verstehen (BTDrs 11/542, 19). Beim Kontokorrentratenkredit ist entscheidend, welche Mindestraten der Verbraucher hätte erbringen müssen; bei Rahmenkrediten ist nicht auf den Höchstbetrag des Kredits, über den der Verbraucher verfügen könnte, sondern auf die tatsächliche Kreditausnutzung abzustellen. Bei Finanzierungsleasingverträgen ist maßgebliche Bezugsgröße die Summe der rückständigen Brutto-Leasingraten (BGHZ 147, 7, 16; NJW-R 05, 1410).

6 **II. Zweiwöchige Nachfrist mit Kündigungsandrohung (S 1 Nr 2).** Die zweiwöchige Nachfrist ist eine Mindestfrist. Setzt der Darlehensgeber eine zu kurze Nachfrist, ist diese insgesamt unwirksam, nicht etwa beginnt automatisch eine angemessene (zweiwöchige) Frist zu laufen (Naumbg 23.4.98, 4 U 1163/97). Nachfristsetzung und Kündigungsandrohung sind miteinander zu verbinden. Wird die Kündigungsandrohung nachgeholt, beginnt die Nachfrist erst mit dem Zugang dieser Erklärung. Für den Verbraucher muss zudem hinreichend deutlich werden, dass ihm die zweiwöchige Mindestfrist ab Zugang der Kündigungsandrohung verbleibt (Ddorf OLGR 97, 89). Das Setzen der Nachfrist vor Verzugseintritt ist regelmäßig unwirksam (BGH NJW 96, 1814 zu § 326 aF); indes können Mahnung und Nachfristsetzung miteinander verbunden werden (vgl BGH NJW-RR 90, 442 zu § 326 aF), nicht hingegen Nachfristsetzung mit (vorsorglicher) Kündigung für den Fall des fruchtlosen Fristablaufs. Wegen der mit 1 Nr 2 einhergehenden Warnfunktion ist für die Fristsetzung mit Kündigungsandrohung Schriftlichkeit (wenn auch nicht Schriftform) erforderlich; Textform (§ 126b) genügt. Die Wiederholung des Gesetzeswortlauts ist ratsam, aber nicht zwingend geboten (BGH WM 97, 34 zu § 326 aF). Bei Gesamtschuldnern sind die Voraussetzungen von 1 Nr 2 ggü jedem einzelnen Kreditnehmer, der die Verbrauchereigenschaft erfüllt, herbeizuführen (arg § 425 II; vgl noch Rn 9). Für die spätere Kündigung genügt es allerdings, dass der Kündigungsgrund in der Person nur eines Gesamtschuldners gegeben ist (BGHZ 144, 370, 379; Celle OLGR 97, 61).

7 Der Darlehensgeber muss den rückständigen Betrag, von dessen fristgerechter Bezahlung der Fortbestand des Kredits abhängen soll, genau beziffern; dieser setzt sich aus dem zusammen, was der Darlehensnehmer nach § 497 I und II schuldet (BGH NJW-RR 05, 1410). Zeitlicher Anknüpfungspunkt ist das Datum der Abgabe der die Kündigung androhenden Erklärung. Die für den Fall einer Gesamtfälligstellung nach § 501 verminderte Restschuld braucht nicht angegeben zu werden (Nürnberg OLGR 09, 497; Celle OLGR 05, 277; aA Ddorf WM 95, 1530, 1532). Fehlerhafte Angaben – va eine Zuvielforderung – haben die Unwirksamkeit der Kündigungsandrohung zur Folge. Dies wird selbst für einen nur geringfügig überhöhten rückständigen Betrag zu gelten haben, wobei es im Einzelfall gegen Treu und Glauben verstoßen kann, wenn sich der Schuldner auf Abweichungen im Bereich von Centbeträgen oder auf offensichtliche „Zahlendreher" beruft (BGH aaO).

8 **C. Rechtsfolgen.** Hat der Verbraucher innerhalb der ihm gesetzten Nachfrist den rückständigen Betrag gezahlt, entfallen die Kündigungsvoraussetzungen. Es genügt, dass die Leistungshandlung innerhalb der Frist vorgenommen wird; wenn der Leistungserfolg erst nach Fristende eintritt, ist dies unschädlich (vgl BGHZ 12, 267, 269). Auch bei Fristüberschreitung durch den Verbraucher ist eine Kündigung ausgeschlossen, wenn der Darlehensgeber noch vor dem Zugang seiner Kündigungserklärung befriedigt wird (Rechtsgedanke des § 543 II 2). Der Verbraucher muss jedoch den gesamten rückständigen Betrag ausgleichen, um dem Darlehensgeber die Möglichkeit zur Gesamtfälligstellung zu nehmen. Bloße Teilleistungen (die der Darlehensgeber wegen § 497 III 2 nicht ablehnen dürfte) genügen dazu nicht, selbst wenn der Verbraucher den Rückstand dadurch unter die Quote von 5 bzw 10 % des Nennbetrags des Kredits bringen sollte (BGH NJW-RR 05, 1410).

9 Der Darlehensgeber darf kündigen, wenn zu diesem Zeitpunkt alle Kündigungsvoraussetzungen des 1 Nr 1 und 2 (noch) vorliegen. Bei Gesamtschuldnern ist ggü jedem von ihnen eine Kündigung auszusprechen (BGH NJW 02, 2866; BGHZ 144, 370, 379). Eine Frist für die Ausübung des Kündigungsrechts ist in § 498 nicht bestimmt. Dem Darlehensgeber wird einerseits eine angemessene Überlegungsfrist zuzubilligen sein, andererseits darf beim Schuldner nicht länger als nötig Ungewissheit über die Fortführung der Kreditbeziehung bestehen. Daher ist die Kündigung binnen angemessener Frist zu erklären (vgl BGHZ 71, 206, 211; Karlsr OLGR 01, 330). Es spricht nichts dagegen, sich in insoweit an der gesetzlichen Frist des § 626 II 2 für die außerordentliche Kündigung von Dienstverhältnissen zu orientieren. Bei wirksamer Kündigung gerät die Teilzahlungsabrede (ex nunc) in Wegfall; an ihre Stelle tritt der nach § 501 zu berechnende Anspruch auf die Restschuld. Ein Rückabwicklungsverhältnis entsteht – anders als beim Rücktritt (§ 508 II) – nicht.

§ 499 Kündigungsrecht des Darlehensgebers; Leistungsverweigerung.

(1) In einem Verbraucherdarlehensvertrag ist eine Vereinbarung über ein Kündigungsrecht des Darlehensgebers unwirksam, wenn eine bestimmte Vertragslaufzeit vereinbart wurde oder die Kündigungsfrist zwei Monate unterschreitet.

(2) ¹Der Darlehensgeber ist bei entsprechender Vereinbarung berechtigt, die Auszahlung eines Darlehens, bei dem eine Zeit für die Rückzahlung nichtbestimmt ist, aus einem sachlichen Grund zu verweigern. ²Beabsichtigt der Darlehensgeber dieses Recht auszuüben, hat er dies dem Darlehensnehmer unverzüglich mitzuteilen und ihn über die Gründe möglichst vor, spätestens jedoch unverzüglich nach der Rechtsausübung zu unterrichten. ³Die Unterrichtng über die Gründe unterbleibt, soweit hierdurch die öffentliche Sicherheit oder Ordnung gefährdet wrde.

1 I ergänzt § 488 III. Bei befristeten Verbraucherdarlehen ist jegliche Vereinbarung über ein ordentliches Kündigungsrecht des Darlehensgebers unwirksam. Be unbestimmter Laufzeit darf die vereinbarte Kündigungsfrist nicht weniger als zwei Monate betragen. Kündigungen bedürfen der Textform (§ 492 V). Zur Kostenermäßigung für den Verbraucher vgl § 501.

Haben die Parteien eines unbefristeten Verbraucherdarlehens in der Form des § 492 I, II iVM Art 247 § 6 I **2**
Nr 6 EGBGB eine entsprechende Vereinbarung getroffen, darf der Darlehensgeber bei Vorliegen eines sachlichen Grundes bereits die Auszahlung des Darlehens verweigern, sofern sich dieser nach Vertragsschluss ergeben hat (§ 490 Rn 2). Etwaige Kündigungsrechte (§ 490 I) bleiben ebenso unberührt wie gesetzliche Leistungsverweigerungsrechte. Ein sachlicher Grund kann in der Verschlechterung der Vermögensverhältnisse liegen (§ 321), aber auch in der missbräuchlichen Verwendung eines an sich zweckgebundenen Darlehens (zB Geldwäsche; BTDrs 16/11643, 130); eine einfache Zweckwidrigkeit genügt dafür nicht. Die Ausübung des vertraglichen Leistungsverweigerungsrechts hat ebenso wie die Unterrichtung nach II 2 in Textform zu erfolgen (§ 492 V). Die Gründe des II 3 können beispielsweise in der Verhinderung, Aufklärung oder Verfolgung von Straftaten liegen (BTDrs 16/11643 aaO).

§ 500 Kündigungsrecht des Darlehensnehmers; vorzeitige Rückzahlung. (1) ¹Der Darlehensnehmer kann einen Verbraucherdarlehensvertrag, bei dem eine Zeit für die Rückzahlung nicht bestimmt ist, ganz oder teilweise kündigen, ohne eine Frist einzuhalten. ²Eine Vereinbarung über eine Kündigungsfrist von mehr als einem Monat ist unwirksam.
(2) Der Darlehensnehmer kann seine Verbindlichkeiten aus einem Verbraucherdarlehensvertrag jederzeit ganz oder teilweise vorzeitig erfüllen.

Die Bestimmung räumt dem Verbraucher in I – in Modifizierung des § 488 III 2 – für unbefristete Darlehensverhältnisse ein nicht fristgebundenes Kündigungsrecht ein; die Kündigung kann ganz oder teilweise erklärt werden. Der Darlehensgeber kann auf die Vereinbarung einer Kündigungsfrist hinwirken (in der Form des § 492 I, II iVm Art 247 § 6 I Nr 6 EGBGB); diese darf allerdings nicht mehr als einen Monat betragen. Der Verbraucher kann Kostenermäßigung nach § 501 geltend machen. **1**

Auch ohne Kündigung ist der Verbraucher jederzeit berechtigt, seine Verbindlichkeiten ggü dem Darlehensgeber ganz oder teilweise vorzeitig zu erfüllen (II); das betrifft befristete und unbefristete Kreditverhältnisse gleichermaßen. Auf Verlangen hat der Darlehensgeber – als vertragliche Nebenpflicht – die noch ausstehende Verbindlichkeit unter Beachtung der Vorgaben des § 501 zu dem beabsichtigten Rückzahlungstermin zu errechnen und dem Verbraucher mitzuteilen. Das Recht zur vorzeitigen Erfüllung darf weder durch besondere Vereinbarung ausgeschlossen noch sonstigen Erschwernissen unterworfen werden (§ 511 1). Insb verbieten sich Vorfälligkeitsentschädigungen jeglicher Art (BGH NJW-RR 90, 431, 138; WM 88, 1401 zu § 247 aF; Hamm WM 95, 191), soweit sie über die Regelungen der §§ 490 II, 502 hinausgehen. Für **Immobiliardarlehensverträge** gelten die Besonderheiten des § 503. **2**

§ 501 Kostenermäßigung. Soweit der Darlehensnehmer seine Verbindlichkeiten vorzeitig erfüllt oder die Restschuld vor der vereinbarten Zeit durch Kündigung fällig wird, vermindern sich die Gesamtkosten (§ 6 Abs. 3 der Preisangabenverordnung) um die Zinsen und sonstigen laufzeitabhängigen Kosten, die bei gestaffelter Berechnung auf die Zeit nach der Fälligkeit oder Erfüllung entfallen.

Die Bestimmung beruht auf dem Grundsatz, dass der Darlehensnehmer ab Wirksamwerden der Kündigung dem Darlehensgeber jedenfalls keinen vertraglichen Zins mehr schuldet. Das gleiche gilt, sofern der Verbraucher in berechtigter Weise (§ 500) seine Verbindlichkeiten ggü dem Darlehensgeber ganz oder teilweise erfüllt. Zusätzlich sind ihm nicht verbrauchte Darlehenskosten gutzuschreiben. Die Bruttorestschuld des Verbrauchers ist entspr zu bereinigen, dh um die im Voraus berechneten Kreditgebühren, die er aufgrund des Wirksamwerdens der Kündigung oder der vorzeitigen Erfüllbarkeit nicht (mehr) zu erbringen hat. **1**

Dazu sind alle laufzeitähnlichen Kreditkosten für die Zinsperiode nach kündigungsbedingter Fälligkeit oder nach vorzeitiger Rückführung zu erfassen und zugunsten des Darlehensnehmers von der Restschuld abzuziehen, wobei ggf abw vom vertraglichen Ratenplan eine staffelmäßige Abrechnung der Zinsen vorzunehmen ist (LG Berlin NJW-RR 05, 1649). Einmalige laufzeitunabhängige Leistungen des Verbrauchers werden dabei nicht zu erstatten (BTDrs 11/5462, 28; zB Antrags- und Auskunftsgebühren, sonstige Bearbeitungsgebühren, Bereitstellungskosten, Kreditvermittlungskosten; Kosten einer Restschuldversicherung). Ein Disagio ist regelmäßig integraler Bestandteil der Zinskalkulation und gehört damit als vorweggenommener Zins zu den laufzeitabhängigen Posten (BGHZ 133, 355, 358; 111, 287, 289; NJW 00, 352; 98, 1062; anders für zinsverbilligte Kredite aus öffentlichen Förderprogrammen BGH NJW 94, 47; 92, 2285; § 488 Rn 3). Zu den laufzeitabhängigen und daher einzubeziehenden Kosten werden die der Vertragsabwicklung und -überwachung sowie Positionen, die das Vertragsrisiko abdecken sollen, gerechnet (Köln NJW-RR 93, 1016; Hamm NJW-RR 87, 1140, 1142). Zu den Finanzierungsleasingverträgen vgl BGHZ 144, 370. Liegen bei einem Teilzahlungsgeschäft die Voraussetzungen des § 507 III 1, 2 vor, hat die Rückrechnung auf Basis des gesetzlichen Zinssatzes zu erfolgen. Nach dem eindeutigen Gesetzeswortlaut ist dies auch für Existenzgründer (§ 512) immer der Zinssatz des § 246; auf § 352 HGB kann nicht zurückgegriffen werden. **2**

§ 502 Vorfälligkeitsentschädigung.

(1) ¹Der Darlehensgeber kann im Fall der vorzeitigen Rückzahlung eine angemessene Vorfälligkeitsentschädigung für den unmittelbar mit der vorzeitigen Rückzahlung zusammenhängenden Schaden verlangen, wenn der Darlehensnehmer zum Zeitpunkt der Rückzahlung Zinsen zu einem bei Vertragsschluss vereinbarten, gebundenen Sollzinssatz schuldet. ²Die Vorfälligkeitsentschädigung darf folgende Beträge jeweils nicht überschreiten:
1. 1 Prozent beziehungsweise, wenn der Zeitraum zwischen der vorzeitigen und der vereinbarten Rückzahlung weniger als ein Jahr beträgt, 0,5 Prozent des vorzeitig zurückgezahlten Betrags,
2. den Betrag der Sollzinsen, den der Darlehensnehmer in dem Zeitraum zwischen der vorzeitigen und der vereinbarten Rückzahlung entrichtet hätte.

(2) Der Anspruch auf Vorfälligkeitsentschädigung ist ausgeschlossen, wenn
1. die Rückzahlung aus den Mitteln einer Versicherung bewirkt wird, die auf Grund einer entsprechenden Verpflichtung im Darlehensvertrag abgeschlossen wurde, um die Rückzahlung zu sichern, oder
2. im Vertrag die Angaben über die Laufzeit des Vertrags, das Kündigungsrecht des Darlehensnehmers oder die Berechnung der Vorfälligkeitsentschädigung unzureichend sind.

1 **A. Allgemeines.** Die Legaldefinition für den Begriff der Vorfälligkeitsentschädigung findet sich in § 490 II 3 Rn 5. Während die Vorschrift des § 490 II unter den dort genannten weiteren Voraussetzungen die Entschädigung des Darlehensgebers bei vorzeitiger Kündigung erfasst, betrifft § 502 den Fall der vorzeitigen Rückzahlung durch den Darlehensnehmer nach § 500 II. Der Anspruch auf Vorfälligkeitsentschädigung entsteht, sofern bereits bei Vertragsschluss ein gebundener Sollzinssatz (§ 489 V) vereinbart wurde, den der Verbraucher noch zum Zeitpunkt der vorzeitigen Rückzahlung schuldet. Die Vorfälligkeitsentschädigung muss nach I 1 „angemessen" sein und den „unmittelbar" mit der vorzeitigen Rückzahlung zusammenhängenden Schaden erfassen. Das wurde schon bisher von der Rspr bei § 490 II für die Berechnung der Vorfälligkeitsentschädigung berücksichtigt; auf § 490 Rn 5 ist zu verweisen.

2 **B. Kappungsgrenzen; Ausschluss der Vorfälligkeitsentschädigung.** Der Darlehensnehmer darf durch die Ausübung seiner Rechte aus § 500 II nicht schlechter gestellt sein, als wenn er das Darlehen während der vertraglich vorgesehenen Laufzeit oder (Festkredit) zu dem an sich bestimmten Termin zurückgeführt hätte. Es entspricht überdies einem allgemeinen Rechtsgrundsatz, dass vertragliche Schadensersatzansprüche durch das Erfüllungsinteresse des Gläubigers begrenzt werden. Daher sieht I 2 Nr 2 vor, dass die Entschädigung den Betrag der Sollzinsen nicht überschreiten darf, den der Darlehensnehmer in dem Zeitraum zwischen der vorzeitigen und der vereinbarten Rückzahlung zu entrichten gehabt hätte. Weiter darf nach I 2 Nr 1 die Entschädigung ein Prozent oder, wenn der Zeitraum zwischen der vorzeitigen und der vereinbarten Rückzahlung weniger als ein Jahr beträgt (nach dem RefE – vgl § 492 Rn 7 –: ein Jahr nicht übersteigt), ein halbes Prozent des vorzeitig zurückgezahlten Betrags nicht übersteigen. Damit wollte der Gesetzgeber sicherstellen, dass sich der Darlehensnehmer nicht durch möglicherweise hohe Ausgleichsforderungen des Darlehensgebers davon abhalten lässt, von seinem Recht auf vorzeitige Rückzahlung Gebrauch zu machen (BTDrs 16/11643, 134).

3 Der Ausschluss des Anspruchs auf Vorfälligkeitsentschädigung in II Nr 2 beinhaltet eine zusätzliche Sanktion, sollte der Darlehensgeber den Vorgaben aus § 492 II iVm Art 247 § 7 Nr 3 EGBGB nicht oder nicht ausreichend nachkommen. Vgl dazu auch § 494 Rn 12. Die Regelung in II Nr 1 zielt auf Restschuldversicherungen oder vergleichbare Versicherungen, deren Abschluss bereits im Darlehensvertrag selbst (formwirksam) vereinbart wurde. Sinn dieser Versicherungen ist es, die Ansprüche des Darlehensgebers (insgesamt) abzugelten; einer gesonderten Vorfälligkeitsentschädigung bedarf es dann nicht mehr (BTDrs 16/11643, 135).

§ 503 Immobiliardarlehensverträge.

(1) § 497 Abs. 2 und 3 Satz 1, 2, 4 und 5 sowie die §§ 499, 500 und 502 sind nicht anzuwenden auf Verträge, bei denen die Zurverfügungstellung des Darlehens von der Sicherung durch ein Grundpfandrecht abhängig gemacht wird und zu Bedingungen erfolgt, die für grundpfandrechtlich abgesicherte Verträge und deren Zwischenfinanzierung üblich sind; der Sicherung durch ein Grundpfandrecht steht es gleich, wenn von einer solchen Sicherung nach § 7 Abs. 3 bis 5 des Gesetzes über Bausparkassen abgesehen wird.

(2) Der Verzugszinssatz beträgt abweichend von § 497 Abs. 1 für das Jahr 2,5 Prozentpunkte über dem Basiszinssatz.

(3) § 498 Satz 1 Nr. 1 gilt mit der Maßgabe, dass der Darlehensnehmer mit mindestens zwei aufeinander folgenden Teilzahlungen ganz oder teilweise und mit mindestens 2,5 des Nennbetrags des Darlehens in Verzug sein muss.

1 **A. Allgemeines.** Die Bestimmung fasst die zuvor in verschiedenen Vorschriften des Verbraucherdarlehensrechts im Bürgerlichen Gesetzbuch zu findenden Sonderregelungen für Immobiliardarlehensverträge (Rn 2 ff) zusammen. Sie wird ergänzt durch Art 247 § 2 I, II 2, § 9 EGBGB, der im Bereich der §§ 491a, 492 abweichende Mitteilungspflichten für Immobiliardarlehensverträge statuiert. Der bisherige 492 Ia 3, eingefügt mit Wirkung zum 19.08.08 durch das RBegrG v 12.08.08 (BGBl I, 1666), ist in Art 247 § 9 I 2 EGBGB aufgegangen. Erforderlich ist ein deutlich gestalteter Hinweis, dass der Darlehensgeber Forderungen aus dem Darlehensvertrag grds auch ohne Zustimmung des Verbrauchers abtreten (§ 398) oder das Vertragverhältnis auf einen Dritten übertragen darf, soweit nicht die Abtretung im Vertrag ausgeschlossen ist oder der Verbraucher der Übertragung zustimmen muss. Gemeint sind gesetzliche Übertragungstatbestände (zB § 123 UmwG), weil es bei der rechtsgeschäftlichen Übertragung ganzer Vertragsverhältnisse von vornherein der Zustimmung des Schuldners als Vertragspartei bedarf. Die Mitteilungspflichten nach den §§ 491a, 492 II iVm Art 247 §§ 3, 6 EGBGB gelten modifiziert nach Maßgabe des Art 247 § 9 EGBGB; der Darlehensgeber darf (fakultativ) für die Unterrichtung das Muster in Anlage 5 zum EGBGB verwenden (Art 247 § 2 II EGBGB; vgl auch § 491a Rn 2).

Für Immobiliardarlehensverträge gilt nach II abw von § 497 I ein Regelverzugszins von zweieinhalb Prozentpunkten über dem Basiszinssatz. Dem liegt die Annahme zugrunde, dass die durchschnittlichen Refinanzierungssätze bei Realkrediten niedriger liegen als bei gewöhnlichen Verbraucherdarlehensverträgen (BTDrs 14/6040, 256). Keine Geltung für Immobiliardarlehensverträge haben hingegen die Regelungen des § 497 II, III 1, 2, 4 und 5. Das gleiche gilt für die zum 10.06.10 eingeführten (§ 488 Rn 1) Bestimmungen der §§ 499, 500, 502 nF; der Verbraucher ist insoweit auf das Sonderkündigungsrecht gem. § 490 II zu verweisen. III entspricht dem vormaligen § 498 III. Dieser war auf alle nach dem 18.08.08 geschlossenen oder vom Darlehensgeber übertragenen Verträge anwendbar (Art 229 § 18 EGBGB); nach früherer Rechtslage fanden die Bestimmungen des § 498 I, II auf Immobiliardarlehensverträge generell keine Anwendung. Eine Besonderheit für Immobiliardarlehensverträge findet sich ferner in § 495 II Nr 3, 2 Rn 11). 2

B. Begriff des Immobiliardarlehensvertrages. Immobiliardarlehensverträge sind gem der in I enthaltenen **Legaldefinition** Verbraucherdarlehensverträge, bei denen die Zurverfügungstellung des Darlehens von der Sicherung durch ein Grundpfandrecht (Hypothek, Grundschuld oder Rentenschuld) abhängig gemacht wird und zu Bedingungen erfolgt, die für grundpfandrechtlich abgesicherte Darlehen und deren Zwischenfinanzierung üblich sind. Der Sicherung durch ein Grundpfandrecht steht es gleich, wenn von einer solchen Sicherung gem § 7 III–V des Gesetzes über Bausparkassen abgesehen wird (dazu Kobl OLGR 00, 23); es verbleibt indes auch hier bei dem Erfordernis, dass der Kredit zu für grundpfandrechtlich abgesicherte Kredite üblichen Bedingungen ausgereicht werden muss. Zwischenfinanzierung bedeutet die Bereitstellung kurz- oder mittelfristiger Gelder, deren Ablösung durch Mittel eines Realkredits vorgesehen ist; die Zwischenfinanzierung als solche muss nicht notwendig grundpfandrechtlich abgesichert sein. Die **Beweislast** für das Vorliegen eines Immobiliardarlehensvertrags trägt jeweils die Partei, für die dies günstig ist. 3

Auf den beabsichtigten Verwendungszweck des Realkredits kommt es nicht an. Ob er zu bei Abschluss des Vertrags für grundpfandrechtlich abgesicherte Darlehen üblichen Bedingungen vergeben wird, beurteilt sich nach dem Gesamtbild der Kreditbedingungen unter Berücksichtigung von Laufzeit, Zinsen und Tilgung (BGHZ 146, 5, 9; ZIP 04, 209; NJW 02, 3103; 00, 2352). Vergleichsmaßstab sind in erster Linie die in den Monatsberichten der Deutschen Bundesbank ausgewiesenen Zinssätze (BGH NJW-RR 99, 1274; Karlsr WM 01, 245, 251; Stuttg OLGR 00, 98). Allerdings ist nicht jedes Darlehen, das nicht innerhalb der Streubreite liegt oder den oberen Wert überschreitet, allein deswegen kein Realkredit mehr (BGH NJW 03, 2093; Köln WM 00, 2139, 2145; LG Stuttg WM 00, 1103). Es ist dann zu prüfen, ob die Kreditvergabe mit den Kreditverträgen, wie sie für die Zinsstatistik in den Monatsberichten zur Grundlage genommen und ausgewertet werden, vergleichbar ist (BGH ZIP 04, 209; NJW 03, 2093; ZIP 99, 1483); hingegen ist unerheblich, wie durch den Darlehensgeber intern kalkuliert wurde (BGH WM 07, 876). 4

Maßgeblich ist die Vereinbarung einer grundpfandrechtlichen Absicherung im Kreditvertrag. Ob dabei der Darlehensnehmer oder ein Dritter Sicherungsgeber ist, ist ohne Belang (BGH NJW-RR 08, 643; BGHZ 161, 15 = NJW 05, 664). Schließlich wird der Charakter als Realkredit nicht dadurch berührt, dass der Sicherungsgeber ein Grundpfandrecht nicht selbst bestellt, sondern ein bestehendes – etwa zuvor zur Sicherung der Zwischenfinanzierung bestelltes – übernimmt. Dieser Grundsatz gilt über finanzierte Grundstücksgeschäfte hinaus (BGHZ 167, 223, 230; 161, 15, 27; BGH NJW 05, 668; 05, 2985) auch für Kreditverträge zur Finanzierung von Beteiligungen an Immobilienfonds (richtig BGHZ 161 aaO; *Mülbert/Hoger* WM 04, 2281, 2284 ff; vormals anders BGH, II. ZS NJW 04, 2736 und WM 04, 1536; ZIP 05, 750; jeweils noch zu § 3 II Nr 2 VerbrKrG). Ebenso ist gleich, ob bereits der Abschluss des Darlehensvertrags oder erst die tatsächliche Gewährung des Kredits von der Sicherung durch das Grundpfandrecht abhängig gemacht werden (BGH ZIP 07, 1255 zum nachträglichen Verzicht; NJW 02, 1199; Schlesw OLGR 02, 475). Es muss sich jedoch stets um eine dingliche Absicherung handeln; die sicherungsweise Abtretung des Anspruchs auf Rückgewähr einer nicht mehr valutierenden Grundschuld genügt nicht. Das (nominale) Darlehen muss zudem ganz überwiegend *durch die dinglichen Sicherheiten* abgedeckt sein (BGH ZIP 04, 209). Ein erstrangiges Grundpfandrecht ist dafür nicht Voraussetzung (Stuttg OLGR 00, 98; Braunschw WM 98, 1223, bestätigt durch BGH 20.1.98, XI ZR 105/97; Hamm WM 98, 1230, bestätigt durch BGH 4.11.97, XI ZR 27/97); auch die Beleihungsgrenzen des § 11 II HypBG dürfen überschritten werden (BGHZ 146, 5, 9; ZIP 04, 209; NJW 03, 2093; 00, 2352). Indes kann die Besicherung mit einem nach den Erwartungen bei Vertragsschluss wertlosen, weil schlechtrangigen Grundpfandrecht zu einem unzulässigen Umgehungstatbestand nach § 511 2 führen (München WM 00, 130, 133). Die ausschließliche Absicherung allein durch Grundpfandrechte ist jedoch nicht erforderlich; es können daneben anderweitige Sicherheiten gestellt werden (BGH ZIP 04, 209; NJW 03, 2093; 02, 3103; Frankf WM 00, 2135, 2137; Karlsr WM 01, 245, 251). 5

§ 504 Eingeräumte Überziehungsmöglichkeit.

(1) ¹Ist ein Verbraucherdarlehen in der Weise gewährt, dass der Darlehensgeber in einem Vertragsverhältnis über ein laufendes Konto dem Darlehensnehmer das Recht einräumt, sein Konto in bestimmter Höhe zu überziehen (Überziehungsmöglichkeit), hat der Darlehensgeber den Darlehensnehmer in regelmäßigen Zeitabständen über die Angaben zu unterrichten, die sich aus Artikel 247 § 16 des Einführungsgesetzes zum Bürgerlichen Gesetzbuche ergeben. ²Ein Anspruch auf Vorfälligkeitsentschädigung aus § 502 ist ausgeschlossen. ³§ 493 Abs. 3 ist nur bei einer Erhöhung des Sollzinssatzes anzuwenden und gilt entsprechend bei einer Erhöhung der vereinbarten sonstigen Kosten. ⁴§ 499 Abs. 1 ist nicht anzuwenden.

(2) ¹Ist in einer Überziehungsmöglichkeit vereinbart, dass nach der Auszahlung die Laufzeit höchstens drei Monate beträgt oder der Darlehensgeber kündigen kann, ohne eine Frist einzuhalten, sind § 491a Abs. 3, die §§ 495, 499 Abs. 2 und § 500 Abs. 1 Satz 2 nicht anzuwenden. ²§ 492 Abs. 1 ist nicht anzuwenden, wenn außer den Sollzinsen keine weiteren laufenden Kosten vereinbart sind, die Sollzinsen nicht in kürzeren Zeiträumen als drei Monaten fällig werden und der Darlehensgeber dem Darlehensnehmer den Vertragsinhalt spätestens unverzüglich nach Vertragsabschluss in Textform mitteilt.

1 **A. Einführung.** Der (kurzfristige) Überziehungskredit auf Gehalts- oder ähnlichen Konten ist eine verbreitete und besonders flexible Art der Kreditaufnahme. Der Gesetzgeber wollte Rücksicht auf das Massengeschäft mit Girokonten und Dispositionskrediten nehmen (BTDrs 11/5462, 20) und hat in §§ 504, 505 (vormals § 5 VerbrKrG) Verbraucherdarlehensverträge, die einen solchen Kredit zum Gegenstand haben, einer gesonderten (und gesetzestechnisch unnötig komplizierten) rechtlichen Regelung unterstellt. Es werden nunmehr alle Kontoüberziehungen, die ein Darlehensnehmer (Verbraucher) mit einem Darlehensgeber vereinbart, erfasst. Darin liegt eine – praktisch wenig bedeutsame – Erweiterung des Anwendungsbereiches ggü § 493 aF. Dort war Voraussetzung, dass Darlehensgeber ein Kreditinstitut war (Bank, Sparkasse, Kreditgenossenschaft, Postbank). Auf Unternehmerseite maßgeblich war dabei das tatsächliche Auftreten „wie ein Kreditinstitut", selbst wenn die Voraussetzungen des § 1 KWG nicht vorlagen; auch die VerbrKr-RL aF verwendete in diesem Zusammenhang neben dem Begriff des „Kreditinstituts" gleichberechtigt die Bezeichnungen „Geldinstitut" (Art 2 Ie aF) und „Finanzinstitut" (Art 6 I aF). Die **Beweislast** für das Vorliegen eines in § 504 enthaltenen und für ihn günstigen Ausnahmetatbestands hat der Darlehensgeber. Es muss zudem im Streitfall nachweisen, seinen Informationspflichten ordnungsgemäß nachgekommen zu sein.

2 In der Vorschrift fehlt eine Legaldefinition des „laufenden Kontos". Es muss sich um ein Kontokorrentkonto (§ 355 I HGB) handeln, das für den allgemeinen Zahlungsverkehr des Kunden bestimmt ist; die Abwicklung eines Sonderzahlungsverkehrs (zB Baukonto) wird nicht erfasst. Die Parteien müssen das Konto grds als Habenkonto auffassen (nur ein solches kann man „überziehen"); auf ihm müssen regelmäßige Zahlungseingänge (zB Lohn, Gehalt, Rente, Pension, Unterhaltsleistungen) zu verzeichnen sein. Wird dem Darlehensnehmer schon zu Beginn der Geschäftsbeziehung eine Kreditlinie zugesagt, ist dies unschädlich, sofern für das betreffende Konto auch nur die Möglichkeit eines späteren Habensaldos besteht, die bei einem reinen Kreditkonto von vornherein ausgeschlossen wäre.

3 **B. Eingeräumte Überziehungsmöglichkeit. I. Begriff.** Der Darlehensgeber muss dem Darlehensnehmer durch vorherige Vereinbarung (sonst § 505) das Recht einräumen, sein laufendes Konto in bestimmter (nicht nur bestimmbarer) Höhe zu überziehen. Dies dient dem Schutz des Darlehensnehmers, der sonst allzu leicht der Versuchung einer unbeschränkten Kreditinanspruchnahme erliegen könnte. Eine absolute Obergrenze für den auf diese Weise gewährten Überziehungskredit besteht nicht; entspr Vorstellungen des Gesetzgebers (BTDrs 11/5462, 20: kein Überschreiten des Zwei- oder Dreifachen der regelmäßigen monatlichen Einkünfte) haben in die verschiedenen Gesetzesfassungen keinen Eingang gefunden. Der Überziehungskredit muss dem Darlehensnehmer zweckungebunden zur Verfügung gestellt werden. In der nachträglichen Erhöhung des Überziehungslimits ist ein Angebot auf Erweiterung der bestehenden vertraglichen Regelung zu sehen, das vom Darlehensnehmer (konkludent) angenommen werden kann, in seiner Reduzierung eine Teilkündigung, die dem Darlehensnehmer nach allg Regeln zugehen muss und die das Kreditinstitut nicht durch die Unterrichtung nach I 1 (Rn 6) ersetzen kann.

4 **II. Rechtliche Behandlung (Abs 1).** Überziehungskredite des I sind Verbraucherdarlehen. Es gelten daher grds die §§ 491 ff; auch die Bagatellgrenze des § 491 II Nr 1 ist anwendbar. Ausgenommen nach Maßgabe des I 2, 4 sind lediglich die §§ 502, 499 I. Der Anwendungsbereich des § 493 III wird modifiziert. Zu unterrichten ist nur bei einer Erhöhung des Sollzinssatzes; insoweit gilt Art 247 § 15 EGBGB. Zu beachten ist, dass I 3 zugleich eine Erweiterung des Anwendungsbereiches des § 493 III enthält. Unter denselben Maßgaben („entsprechend") ist auch bei der Erhöhung sonstiger Kosten zu unterrichten.

5 Die in I 1 angeführten **Unterrichtungspflichten** (Art 247 § 16 Nr 1-8 EGBGB) gelten zusätzlich zu den Erfordernissen gem Rn 4. Die Unterrichtung hat „in regelmäßigen Zeitabständen" zu erfolgen. Der Gesetzgeber (BTDrs 16/11643, 138) stellt sich darunter nicht nur zeitlich aufeinander abgestimmte Termine vor (wöchentlich, monatlich, vierteljährlich), sondern erwartet auch, dass der Darlehensnehmer dadurch „angemessen" über seine Belastung informiert ist; ein jährlicher Rhythmus soll dazu nicht ausreichen.

Für die Unterrichtung des Verbrauchers ist gem § 492 V Textform vorgesehen. Ein **Kontoauszug** genügt den 6
Anforderungen des § 126b, sofern die Informationen für den Kunden hinreichend erkennbar werden und
nicht zwischen anderen Mitteilungen oder Werbehinweisen „verschwinden". Dabei ist unerheblich, ob dieser
Kontoauszug zuzusenden, in den Geschäftsräumen zur Abholung bereitzuhalten oder in einem Schließfach
zu hinterlegen ist. Stellt das Kreditinstitut seinen Kunden einen Kontoauszugsdrucker zur Verfügung, genügt
es, wenn der Kunde seinen Ausdruck zu einem von ihm gewählten Zeitpunkt selbst erstellt. Nur wenn er
über einen längeren Zeitraum die für ihn bereitgehaltenen Auszüge nicht abholt oder abruft, hat die Bank
dafür Sorge zu tragen, dass er die Unterrichtung auch tatsächlich erhält.

III. Sonderfälle (Abs 2). II enthält in 1 und 2 jeweils Privilegierungstatbestände für Überziehungskredite. 7
Soweit in II nichts anders bestimmt, gelten für diese aber ebenfalls die §§ 491 ff sowie die Regelungen des I.
Zusätzlich ist Art 247 § 2 I, II 1, § 10 EGBGB zu beachten, der für die privilegierten Überziehungskredite
Besonderheiten für die vorvertragliche Information und die Mitteilung des Vertragsinhalts vorsieht. Die
Angabe des effektiven Jahreszinses ist gem Art 247 § 10 III EGBGB entbehrlich, wenn der Darlehensgeber
außer den Sollzinsen keine weiteren Kosten verlangt und die Sollzinsen nicht in kürzeren Abständen als drei
Monaten fällig werden. Ggf kann auch Art 247 § 5 EGBGB Bedeutung erlangen.

Ist zwischen den Parteien vereinbart, dass nach der Auszahlung die Laufzeit des Darlehens höchstens drei 8
Monate beträgt oder der Darlehensgeber kündigen kann, ohne eine Frist einzuhalten, sind – soweit nicht
ohnehin der Ausnahmetatbestand des § 491 II Nr 3 einschlägig wird – die Erläuterungspflichten des § 491a
Abs. 3, das Widerrufsrecht nach § 495 und die Kündigungstatbestände des § 499 II, § 500 I 2 nicht anzuwenden (1). Die Formvorschrift des § 492 I wird für gänzlich entbehrlich angesehen, wenn außer den Sollzinsen
keine weiteren (kreditbezogenen) laufenden Kosten vereinbart sind, die Sollzinsen (für die tatsächlich in
Anspruch genommene Kreditlinie) nicht in kürzeren Abständen als drei Monate fällig werden und der Darlehensgeber dem Darlehensnehmer den Vertragsinhalt spätestens unverzüglich (§ 121 I) nach Vertragsabschluss in Textform mitteilt (2). Laufende Kosten sind solche, die bei ordnungsgemäßer Vertragsdurchführung anfallen (Bearbeitungsgebühren, Umsatzprovisionen, Vermittlungsprovisionen, Versicherungskosten,
Kosten für die Bestellung von Sicherheiten; vgl BTDrs 11/16643, 139); auszuscheiden sind hingegen Verzugskosten. Nicht kreditbezogen ist zudem die Kontoführungsgebühr, mit der die Dienstleistung des Kreditinstituts für die allg Abwicklung des Zahlungsverkehrs abgegolten wird.

§ 505 Geduldete Überziehung. (1) ¹Vereinbart ein Unternehmer in einem Vertrag mit einem
Verbraucher über ein laufendes Konto ohne eingeräumte Überziehungsmöglichkeit ein Entgelt für den
Fall, dass er eine Überziehung des Kontos duldet, müssen in diesem Vertrag die Angaben nach Artikel
247 § 17 Abs. 1 des Einführungsgesetzes zum Bürgerlichen Gesetzbuche in Textform enthalten sein und
dem Verbraucher in regelmäßigen Zeitabständen in Textform mitgeteilt werden. ²Satz 1 gilt entsprechend, wenn ein Darlehensgeber mit einem Darlehensnehmer in einem Vertrag über ein laufendes Konto
mit eingeräumter Überziehungsmöglichkeit ein Entgelt für den Fall vereinbart, dass er eine Überziehung
des Kontos über die vertraglich bestimmte Höhe hinaus duldet.
(2) Kommt es im Falle des Absatzes 1 zu einer erheblichen Überziehung von mehr als einem Monat,
unterrichtet der Darlehensgeber den Darlehensnehmer unverzüglich in Textform über die sich aus Artikel 247 § 17 Abs. 2 des Einführungsgesetzes zum Bürgerlichen Gesetzbuche ergebenden Einzelheiten.
(3) Verstößt der Unternehmer gegen Absatz 1 oder Absatz 2, kann der Darlehensgeber über die Rückzahlung des Darlehens hinaus Kosten und Zinsen nicht verlangen.
(4) Die §§ 491a bis 496 und 499 bis 502 sind auf Verbraucherdarlehensverträge, die unter den in
Absatz 1 genannten Voraussetzungen zustande kommen, nicht anzuwenden.

A. Begriff. Vgl zunächst § 504 Rn 1, 2. Der geduldete Überziehungskredit ist ein Verbraucherdarlehen und 1
steht wie der eingeräumte Überziehungskredit (§ 504) auf rechtsgeschäftlicher Grundlage (Köln WM 99,
1003). Er unterscheidet sich von letzterem dadurch, dass es an der vorherigen Vereinbarung eines Kreditrah-
mens überhaupt (I 1) oder zumindest in diesem Umfang (I 2) fehlt. Der Darlehensnehmer belastet sein
Konto (zB durch Barabhebungen, Scheckausstellungen, Lastschriften, Überweisungsaufträge) in einer Höhe,
die dem Habenstand nicht mehr entspricht, obwohl zuvor kein die Verfügung deckendes Kreditlimit abgesprochen worden ist. Lässt sich der Unternehmer darauf ein, kommt es zum (konkludenten) Abschluss einer
Überziehungsvereinbarung. Nicht unter § 505 fallen Verfügungen über das Konto, die der Unternehmer nicht
verhindern kann und bei denen es daher auf seine Bereitschaft zur Duldung nicht ankommt („Zwangskre-
dite", wie etwa Barabhebungen mit der Bank- oder Sparkassenkarte bei Geldautomaten anderer Bankinsti-
tute; Rückbelastungen von Schecks, deren Summe dem Darlehensnehmer bereits gutgeschrieben und ausbezahlt worden ist; vgl auch § 488 Rn 5). Ein Anspruch des Darlehensnehmers, dass das Kreditinstitut einen
schon bestehenden, nach § 504 eingeräumten Kreditrahmen dem tatsächlichen Kreditbedarf anpasst, damit
Überziehungszinsen (Rn 2) vermieden werden, besteht nicht (BGHZ 118, 126, 129; Hamm NJW 91, 706; LG
Traunstein NJW-RR 92, 45).

2 **B. Rechtliche Behandlung.** Für geduldete Kontoüberziehungen typisch ist die Berechnung erhöhter Überziehungszinsen. Es handelt sich dabei um ein gesondertes Überziehungsentgelt, das auf den üblichen Zins aufgeschlagen wird, aber ebenfalls den Charakter eines Vertragszinses hat (vgl BGHZ 154, 230; 118, 126). I bestimmt, dass im Bereich des Verbraucherdarlehens der Unternehmer – eine Anpassung zur Terminologie des § 504 (dort: Darlehensgeber) ist in I nicht erfolgt – mit dem Darlehensnehmer über Überziehungszinsen und sonstige damit zusammenhängenden Kosten („Überziehungsentgelt") eine vorherige Vereinbarung zu treffen hat, in der die Angaben des Art 247 § 17 I EGBGB enthalten sein müssen. Diese Angaben muss er in regelmäßigen Zeitabständen (§ 504 Rn 5) wiederholen; in beiden Fällen genügt Textform (§ 504 Rn 6).

3 Kommt es zu einer "erheblichen" Überziehung, hat der Darlehensgeber den Darlehensnehmer zusätzlich und unter den Voraussetzungen des II unverzüglich (§ 121 I) in Textform über die sich aus Artikel 247 § 17 II EGBGB ergebenden Einzelheiten zu unterrichten. Die Pflichten setzen erst ein, wenn das Konto länger als einen Monat überzogen ist. Die Überziehung kann der Höhe nach schwanken, muss aber durchgängig über mehr als einem Monat gegeben sein und in diesem Zeitraum die Bagatellgrenze des § 491 II Nr 1 überschritten haben. Mehrere nachgeschaltete Überziehungsperioden werden nicht zusammengerechnet, sollte der Darlehensnehmer den Sollsaldo zwischenzeitlich vollständig oder bis auf einen Betrag zurückgeführt haben, der weniger als 200 Euro beträgt. Ist eine Überziehungsperiode durch entspr Kontoausgleich abgeschlossen und veranlasst der Darlehensnehmer danach eine weitere erhebliche Kontoüberziehung über mehr als einen Monat, setzen die Unterrichtungspflichten erneut ein. Wann eine "erhebliche" Überziehung gegeben ist, bestimmt sich nach den Umständen des Einzelfalles. Dafür kann das Verhältnis zur eingeräumten Überziehung (I 2) maßgeblich sein, aber auch das Verhältnis zu im selben Zeitraum gutgeschriebenen Beträgen (I 1).

4 Missachtet der Darlehensgeber seine sich aus den I und III ergebenden Pflichten oder kommt er diesen nicht ordnungsgemäß bzw nur unvollständig nach, hält III die dazugehörige Sanktion bereit. Er kann allein die Rückzahlung des Darlehens, nicht aber Kosten und Zinsen verlangen. Die weitere rechtliche Behandlung des Darlehensvertrages richtet sich nach IV. Es sind die Regelungen der §§ 491 ff nur eingeschränkt anwendbar; ausgenommen sind die §§ 491a-496 und 499-502.

Untertitel 2 Finanzierungshilfen zwischen einem Unternehmer und einem Verbraucher

§ 506 Zahlungsaufschub, sonstige Finanzierungshilfe.
(1) Die Vorschriften der §§ 358 bis 359a und 491a bis 502 sind mit Ausnahme des § 492 Abs. 4 und vorbehaltlich der Absätze 3 und 4 auf Verträge entsprechend anzuwenden, durch die ein Unternehmer einem Verbraucher einen entgeltlichen Zahlungsaufschub oder eine sonstige entgeltliche Finanzierungshilfe gewährt.
(2) ¹Verträge zwischen einem Unternehmer und einem Verbraucher über die entgeltliche Nutzung eines Gegenstandes gelten als entgeltliche Finanzierungshilfe, wenn vereinbart ist, dass
1. der Verbraucher zum Erwerb des Gegenstandes verpflichtet ist,
2. der Unternehmer vom Verbraucher den Erwerb des Gegenstandes verlangen kann, oder
3. der Verbraucher bei Beendigung des Vertrags für einen bestimmten Wert des Gegenstandes einzustehen hat.
²Auf Verträge gemäß Satz 1 Nr. 3 sind § 500 Abs. 2 und § 502 nicht anzuwenden.
(3) Für Verträge, die die Lieferung einer bestimmten Sache oder die Erbringung einer bestimmten anderen Leistung gegen Teilzahlungen zum Gegenstand haben (Teilzahlungsgeschäfte) gelten vorbehaltlich des Absatzes 4 zusätzlich die in den §§ 507 und 508 geregelten Besonderheiten.
(4) Die Vorschriften dieses Untertitels sind in dem in § 491 Abs. 2 und 3 bestimmten Umfang nicht anzuwenden. Soweit nach der Vertragsart ein Nettodarlehensbetrag (§ 491 Abs. 2 Nr. 1) nicht vorhanden ist, tritt an seine Stelle der Barzahlungspreis oder, wenn der Unternehmer den Gegenstand für den Verbraucher erworben hat, der Anschaffungspreis.

1 **A. Allgemeines.** Der Gesetzgeber hat mit der Integration des VerbrKrG in das Bürgerliche Gesetzbuch den einheitlichen Begriff des „Kreditvertrags" (vormals § 1 II 2 VerbrKrG) aufgegeben. Dennoch unterstellt er in I neben dem Verbraucherdarlehensvertrag auch den Zahlungsaufschub (als Sonderfall einer Finanzierungshilfe) und „sonstige" Finanzierungshilfe unverändert dem Schutzbereich des Verbraucherkreditrechts, indem er im Wege einer Rechtsgrundverweisung die §§ 358 bis 359a und die §§ 491a bis 502 für anwendbar erklärt; davon ist lediglich die Regelung über die Formbedürftigkeit der Vollmacht (§ 492 IV) ausgenommen. Auch die Ausnahmetatbestände des § 491 II, III gelten entsprechend (IV 1; § 491 Rn 10 ff). Die §§ 503-505 betreffen besondere Arten gerade des Verbraucherdarlehens, so dass eine Verweisung auf diese Vorschriften entbehrlich war. Für die vorvertragliche Information (§ 491a) und die Pflichtangaben (§ 492 II) ist Art 247 § 12 EGBGB zu beachten. Besonderheiten gelten für das **Finanzierungsleasing** (Rn 5) und für **Teilzahlungsgeschäfte** (Rn 8). In jedem Falle müssen Zahlungsaufschub und sonstige Finanzierungshilfe entgeltlichen Charakter haben; auf die Höhe der vom Verbraucher für die Kreditierung zu erbringenden Gegenleistung kommt es dabei nicht an (Dresd

ZIP 00, 830; Köln ZIP 94, 776). Für Teilzahlungsgeschäfte enthält § 507 III 1 eine Entgeltlichkeitsvermutung, wenn der Unternehmer nur gegen Teilzahlungen Sachen liefert oder Leistungen erbringt. Generell begründet allein der Umstand eines ratenweisen Abtrags des geschuldeten Entgelts die Vermutung, dass der zu zahlende Preis bzw die zu erbringende Vergütung einen Teilzahlungsaufschlag beinhalten (Köln aaO; Karlsr WM 98, 2156; Nürnbg VuR 96, 62; Stuttg NJW-RR 94, 436; aA Dresd aaO). Den Beweis für die Unentgeltlichkeit hat dann der Unternehmer zu führen.

B. Zahlungsaufschub (Abs 1). Regelmäßig handelt es sich um eine – bereits bei Vertragsschluss oder auch nachträglich vereinbarte – Stundung oder um ein pactum de non petendo (Stillhalteabkommen). Beides muss der Gläubiger für mehr als drei Monate gewähren; dies ergibt sich nunmehr mittelbar aus § 491 II Nr 3; dort Rn 13). Werden mehrere kurzfristige Stundungen hintereinander geschaltet („Kettenstundung"), ist die Gesamtdauer des Aufschubs maßgeblich (§ 511 2), es sei denn, die Verlängerung über drei Monate hinaus wird durch Umstände erforderlich, die bei der ersten Stundung noch nicht absehbar waren. Zum Drei-Monats-Akzept beim Wechsel vgl § 496 Rn 3. Keinen Zahlungsaufschub enthalten Dienstleistungsverträge, bei denen die Zahlung nach Leistung der Dienste entspr dem Ablauf des jeweiligen Zeitabschnitts zu erbringen ist (vgl § 614 2), oder das Angebot des Dienstleisters, anstelle der sonst vorgesehenen Ratenzahlung die Dienstleistung im Voraus auf einmal zu bezahlen, selbst wenn die Summe der Raten den Betrag der Vorauszahlung übersteigt (BGH NJW 96, 457; NJW-RR 96, 1266; Ddorf OLGR 97, 57; Dresd ZIP 00, 830; zu unterjährigen Zahlungsperioden bei Versicherungsverträgen Bambg VersR 07, 529; Staud/*Kessal-Wulf* § 499 Rz 9).

Allein die Berechnung von Verzugszinsen (§ 497 I) führt noch nicht zur Entgeltlichkeit des Zahlungsaufschubs. Das gleiche gilt für bloße Rechtsverfolgungskosten (Vergleichskosten, Inkassokosten, anwaltliche Honorarforderung; *Mümmler* JuR Büro 92, 299; abw LG Rottweil NJW 94, 265), die dem Gläubiger nicht unmittelbar zugute kommen und daher kein Entgelt für die Gewährung der Stundung sind. Ohnehin müssen sich nach den Vorstellungen des Gesetzgebers (BTDrs 11/5462, 17) für den Verbraucher die laufzeitabhängigen Kreditkosten erhöhen. Verlangt der Unternehmer eine einmalige „Bearbeitungsgebühr", besteht eine Vermutung dafür, dass diese ein – wenn auch nicht offen ausgewiesenes – laufzeitabhängiges Entgelt für die Gewährung des Zahlungsaufschubs darstellt (vgl BGH WM 89, 1438). Kreditkartenunternehmen rechnen üblicherweise die unter Einsatz der Karte getätigten Umsätze in periodischen (meist monatlichen) Abständen ab. Entrichtet der Karteninhaber an die Kartenorganisation eine (Jahres-)Gebühr, liegt darin die Vergütung der Dienstleistung des Vertragsunternehmens, nicht aber ein Entgelt für den – systemimmanenten – Zahlungsaufschub (iE Staud/*Kessal-Wulf* § 499 Rz 14 ff).

C. Sonstige Finanzierungshilfe (Abs 1). Die sonstige Finanzierungshilfe hat Auffangfunktion und soll Kreditformen erfassen, die in ihrer Qualität dem Darlehen und dem Zahlungsaufschub gleichkommen. Denkbar ist dies allein bei Zahlungskrediten, nicht hingegen bei Haftungskrediten. Zu letzteren gehören Akzeptkredite (§ 488 Rn 11) oder Avalgeschäfte in Form von Bankbürgschaften und abstrakten Garantien, der Kreditauftrag nach § 778 und sonstige Kreditsicherungen (Köln OLGR 99, 90; ferner BTDrs 11/5462, 18; zur Bürgschaft § 491 Rn 9). Als reine Kaufgeschäfte und daher nicht als sonstige Finanzierungshilfen einzuordnen sind ferner Factoring und Forfaitierung. Der **Mietkauf** (BGH NJW 02, 133; vgl noch Rn 6) ist sonstige Finanzierungshilfe (und nicht Zahlungsaufschub), weil die Kaufpreisforderung erst mit der tatsächlichen Ausübung der Option fällig wird, von der bei Vertragsschluss aber gerade noch offen ist, ob der Käufer von ihr Gebrauch macht (Naumbg OLGR 99, 270).

D. Finanzierungsleasing (Abs 2). Finanzierungsleasingverträge sind – in Abgrenzung zu einfachen Gebrauchsüberlassungsverträgen (Mietverträgen) – sonstige entgeltliche Finanzierungshilfen (BGH NJW 02, 133; 97, 3169; 96, 2033). Die Kreditfunktion liegt in der Beschaffung des Leasingguts und seiner Vorfinanzierung durch den Leasinggeber sowie der Möglichkeit für den Leasingnehmer, den Amortisationsanspruch ratenweise abzuzahlen (BGH NJW 96, 2033 und 2367). Dabei macht es keinen Unterschied, ob der Leasinggegenstand allein durch die Leasingraten oder teils durch diese, teils durch den Ausgleich des kalkulierten Restwerts amortisiert wird. Dieses typische Finanzierungsmoment fehlt beispielsweise beim Operating-Leasing (vgl BGHZ 111, 84, 95; 97, 65, 75; ZIP 98, 698).

Anders als für Teilzahlungsgeschäfte (als Sonderfall des Zahlungsaufschubs) hatte der Gesetzgeber in § 499 II aF auf eine Legaldefinition verzichtet; der Begriff des Finanzierungsleasings erhielt erst durch Lit und Rspr rechtliche Konturen. In II nF nennt der Gesetzgeber nunmehr bestimmte, auf das Finanzierungsleasing zugeschnittene Voraussetzungen für Verträge über die entgeltliche Nutzung eines Gegenstandes (bewegliche, unbewegliche Sachen, Forderungen, sonstige Vermögensrechte), bei deren Vorliegen für diese Verträge unwiderleglich („gelten") von sonstigen Finanzierungshilfen auszugehen ist.

Dabei geht es zum einen um eine **Erwerbsverpflichtung** des Verbrauchers (1 Nr 1), die mit dem Unternehmer – ggf auch im Wege eines Zusatzvertrags – von vornherein fest vereinbart ist oder von der der Unternehmer wahlweise Gebrauch machen kann. Nach 1 Nr 2 genügt es aber auch, wenn der Unternehmer auf anderem Wege erreichen kann, dass der Verbraucher den Gegenstand erwirbt (**Andienrechte**; vgl Hamm WM 2007, 2012; zum früheren AbzG BGHZ 71, 196, 202; NJW-RR 90, 1205). 1 Nr 3 erfasst demgegenüber

§ 507 Teilzahlungsgeschäfte

die Fälle, in denen der Verbraucher – auch ohne Erwerbsverpflichtung – für einen bestimmten, durch einen festen Zahl ausgedrückten (BTDrs 16/11643, 143) Wert des Gegenstandes einzustehen hat („**Restwertgarantie**"); auf diese – und nur diese – Finanzierungsleasingverträge sind allerdings gem 2 die §§ 500 II, 502 nicht anzuwenden. Ferner gelten für diese Verträge die Besonderheiten des Art 247 § 12 II EGBGB. Für das **Nullleasing**, bei dem der Leasingnehmer die Sache zum Ende der Laufzeit zu einem vorher festgelegten Restwert unter Anrechnung geleisteter Sonderzahlungen erwerben kann, kommt es zusätzlich darauf an, ob besondere – der Kreditierung zuzuordnende – Leasingkosten entstehen, andernfalls es an der Entgeltlichkeit fehlt (Rn 5; *Scherer/Mayer* BB 98, 2169, 2172). Zu den **PKW-Leasingverträgen mit Kilometerabrechnung** vgl BGH ZIP 98, 698; Kobl OLGR 98, 257; Hamm OLGR 96, 169.

7 Die enumerative Aufzählung der auf Finanzierungsleasingverträge anzuwendenden Vorschriften in I (Rn 1) geht über den Regelungsgehalt des bisherigen § 500 aF hinaus. Insb bestand nach alter Rechtslage (dazu § 488 Rn 1) keine Möglichkeit der Heilung im Falle des Nichteinhaltens der Schriftform (Dresden OLGR 08, 177); zur richtlinienkonformen Auslegung in diesen Fällen bei Finanzierungsleasingverträgen, die einen Eigentumserwerb des Leasingnehmers vorsehen, vgl BGH NJW 02, 133 (ferner (BGHZ 142, 23, 28; ausf Vorauf § 500 Rz 4).
Für § 491 II Nr 1 ist nach IV 2 auf den **Anschaffungspreis** abzustellen. Das sind die vom Unternehmer getätigten Aufwendungen (§ 256; Brandenbg VuR 06, 107) für den Erwerb des Gegenstandes zu Finanzierungszwecken unter Einschluss der von diesem zu entrichtenden Umsatzsteuer (BTDrs 16/11643, 144). Der Anschaffungspreis statt des Barzahlungspreises ist ferner maßgeblich für die Pflichtangabe nach Art 247 § 12 II 3 EGBGB.

8 **E. Teilzahlungsgeschäfte (Abs 3).** Nach der **Legaldefinition** in III sind Teilzahlungsgeschäfte Verträge, die die Lieferung einer bestimmten Sache oder die Erbringung einer bestimmten anderen Leistung gegen Teilzahlungen zum Gegenstand haben. Trotz des Gesetzeswortlauts („bestimmte" Sache) kommt es auf die Unterscheidung zwischen Stückschuld und Gattungsschuld (§ 243 I) in diesem Zusammenhang nicht an. „Geliefert" werden können allerdings nur bewegliche Sachen, so dass unbewegliche Sachen als Gegenstand von Teilzahlungsgeschäften ausscheiden. Auch wenn III von „Teilzahlungen" in der Mehrzahl spricht, ist die Vereinbarung von mindestens zwei Raten – unter Aussparung der Anzahlung – nicht erforderlich (anders als früher zum AbzG: BGHZ 70, 378). Es reicht jeder Zahlungsaufschub, selbst wenn er in der Stundung des gesamten, zu einem späteren Zeitpunkt zu erbringenden Entgelts besteht, solange nur die Lieferung der Sache oder die Erbringung der anderen Leistung zu einem ggü dem Barzahlungspreis oder Anschaffungspreis (vgl IV) erhöhten Teilzahlungspreis erfolgt (Kobl OLGR 04, 588). Im Streitfall hat der Unternehmer den Nachweis zu erbringen, dass ein Bargeschäft ohne Teilzahlungsabrede getätigt wurde (so schon zum AbzG BGH NJW 75, 206). Bei Teilzahlungsgeschäften tritt gem IV 2 an die Stelle des in § 491 II Nr 1 angeführten Nettodarlehensbetrags der **Barzahlungspreis**. Er entspricht (die Anzahlung eingerechnet) dem Betrag, den der Verbraucher zu entrichten hätte, wenn das geschuldete Entgelt spätestens bei Übergabe der Sache in voller Höhe fällig wäre. Er schließt die Mehrwertsteuer ein, weil sie vom Verbraucher aufzubringen und Teil des von ihm zu finanzierenden Betrags ist (vgl BGHZ 103, 284, 287; 62, 42, 48; 60, 199, 203; NJW-RR 91, 1011). Skontoabzüge bleiben hingegen außer Betracht, weil erst vom späteren Zahlungsverhalten des Verbrauchers abhängt, ob sich der Kaufpreis entspr vermindert.

9 Dienstleistungskredite (vgl bereits Rn 2) sind den Sachkrediten gleichgestellt. **Bsp**: kreditierte Ehe- und Partnerschaftsvermittlungsverträge (Dresd ZIP 00, 830; Nürnbg VuR 96, 62), Verträge über Pauschalreisen, Softwareverträge, Verträge über die Ausbildung zum Heilpraktiker (BGH NJW 96, 1457; Köln DB 95, 2466; Stuttg ZIP 93, 1466; LG Saarbr MDR 94, 1086; LG Göttingen NJW-RR 93, 181) oder zum Psychotherapeuten (AG Krefeld NJW-RR 95, 55), Werklieferungsverträge (LG Hamburg ZIP 94, 290), Werkverträge (Brandbg IBR 04, 551; IBR 04, 551; zum Werkvertrag bei Fertighäusern vgl BGHZ 165, 325 = NJW 06, 904). Nicht zu den Teilzahlungsgeschäften zählen die Ansparkredite. Dort spart der Verbraucher das geschuldete Entgelt in Teilbeträgen an, bevor er die Gegenleistung erhält, gewährt also seinerseits dem Unternehmer ein Darlehen (vgl BGHZ 70, 378, 381; Dresd aaO).

§ 507 Teilzahlungsgeschäfte. (1) ¹§ 494 Abs. 1 bis 3 und 6 Satz 3 ist auf Teilzahlungsgeschäfte nicht anzuwenden. ²Gibt der Verbraucher sein Angebot zum Vertragsabschluss im Fernabsatz aufgrund eines Verkaufsprospekts oder eines vergleichbaren elektronischen Mediums ab, aus dem der Barzahlungspreis, der Sollzinssatz, der effektive Jahreszins, ein Tilgungsplan anhand beispielhafter Gesamtbeträge sowie die zu stellenden Sicherheiten und Versicherungen ersichtlich sind, ist auch § 492 Abs. 1 nicht anzuwenden, wenn der Unternehmer dem Verbraucher den Vertragsinhalt spätestens unverzüglich nach Vertragsabschluss in Textform mitteilt.
(2) ¹Das Teilzahlungsgeschäft ist nichtig, wenn die vorgeschriebene Schriftform des § 492 Abs. 1 nicht eingehalten ist oder im Vertrag eine der in Artikel 247 §§ 6, 12 und 13 des Einführungsgesetzes zum Bürgerlichen Gesetzbuche vorgeschriebenen Angaben fehlt. ²Ungeachtet eines Mangels nach Satz 1 wird das Teilzahlungsgeschäft gültig, wenn dem Verbraucher die Sache übergeben oder die Leistung erbracht wird. ³Jedoch ist der Barzahlungspreis höchstens mit dem gesetzlichen Zinssatz zu verzinsen, wenn die

Angabe des Gesamtbetrages oder des effektiven Jahreszinses fehlt. ⁴Ist ein Barzahlungspreis nicht genannt, so gilt im Zweifel der Marktpreis als Barzahlungspreis. ⁵Ist der effektive Jahreszins zu niedrig angegeben, so vermindert sich der Gesamtbetrag um den Prozentsatz, um den der effektive Jahreszins zu niedrig angegeben ist.

(3) ¹Abweichend von den §§ 491a und 492 Abs. 2 dieses Gesetzes und von Artikel 247 §§ 3, 6 und 12 des Einführungsgesetzes zum Bürgerlichen Gesetzbuche müssen in der vorvertraglichen Information und im Vertrag der Barzahlungspreis und der effektive Jahreszins nicht angegeben werden, wenn der Unternehmer nur gegen Teilzahlungen Sachen liefert oder Leistungen erbringt. ²Im Falle des § 501 ist der Berechnung der Kostenermäßigung der gesetzliche Zinssatz (§ 246) zugrunde zu legen. ³Ein Anspruch auf Vorfälligkeitsentschädigung ist ausgeschlossen.

A. Allgemeines. Teilzahlungsgeschäfte (§ 506 III) sind ein Unterfall des entgeltlichen Zahlungsaufschubs (§ 506 Rn 1, 8). Grds sind daher die in § 506 I aufgeführten Vorschriften auch auf sie anwendbar. Davon macht I 1 für § 494 I –III, VI 3 eine Ausnahme, die sich daraus erklärt, dass § 507 in II insoweit (und nur insoweit) ein eigenes Sanktionensystem bei Nichtigkeit wegen Formmangels enthält (Rn 5 ff). Die Bestimmung des § 501 gilt bei einer vorzeitigen Rückführung der Verbindlichkeiten aus einem Teilzahlungsgeschäft mit der Maßgabe, dass der Berechnung der Kostenermäßigung der gesetzliche Zinssatz (§ 246) zugrunde zu legen ist (IV 2); der Anspruch auf Vorfälligkeitsentschädigung ist ausgeschlossen (IV 3). Die auf den Abschluss eines Teilzahlungsgeschäfts gerichtete **Vollmacht** ist formfrei (§ 506 I; § 492 Rn 3). Nach § 508 bestimmen sich Rücktritt (II) und Rückgaberecht (I). 1

B. Schriftformerfordernis; Pflichtangaben. Neben der Schriftform (§ 492 Rn 2) sind vom Unternehmer die Pflichtangaben gem Art 247 §§ 6-13 EGBGB zu machen; das ergibt sich aus §§ 506 I, 492 II. Indes scheiden verschiedene Pflichtangaben von vornherein aus, weil sie bei Teilzahlungsgeschäften praktisch nicht denkbar sind (Art 247 §§ 9-11 EGBGB). Folgerichtig sanktioniert II (Rn 5 ff) nur Verstöße gegen Art 247 §§ 6, 12 und 13; vor diesem Hintergrund besteht Gleichlauf mit § 494 II. Schon nach früherer Rechtslage (vgl § 488 Rn 1) konnte auf den Angabenkatalog des § 492 I 5 aF entsprechend zurückgegriffen werden, sollte das Teilzahlungsgeschäft Besonderheiten aufgewiesen haben, die durch § 502 I aF nicht abgedeckt wurden. 2

Die Angabe eines Barzahlungspreises (§ 506 Rn 1) und des effektiven Jahreszinses ist gem III 1 in der vorvertraglichen Information und im späteren Vertrag entbehrlich, wenn der Unternehmer die streitbefangene Sache nur auf Teilzahlungsbasis liefert oder die betreffende Leistung nur gegen Teilzahlungen erbringt, weil er dann insb zur Angabe eines Barzahlungspreises von vornherein nicht in der Lage ist. Es ist seine Sache, diese Voraussetzungen iE darzulegen und ggf zu beweisen. Gibt er dem Verbraucher einen fiktiv überhöhten Barzahlungspreis an, um die mit der Kreditierung verbundenen Belastungen – insb den effektiven Jahreszins – geringer erscheinen zu lassen, liegt darin eine bloße Falschangabe, für die das Gesetz an sich keine Sanktion vorsieht. Schon zum AbzG wurde jedoch mit Recht vertreten, dass in diesem Fall der (niedrigere) Barzahlungspreis, wie ihn der Verkäufer üblicherweise fordert, zugrunde zu legen ist; lässt sich ein solcher nicht feststellen, so gilt in Anlehnung an II 4 der Marktpreis.

Das Gesetz verwendet jetzt nur noch den Begriff des Gesamtbetrages (Art 247 § 6 I Nr 1 iVm § 3 I Nr 8, II 1 EGBGB); er ist mit dem des Teilzahlungspreises identisch. Dieser wiederum ist gleichzusetzen mit dem Gesamtbetrag von Anzahlung und allen vom Verbraucher zu entrichtenden Teilzahlungen einschl Zinsen und sonstiger Kosten (Gebühren, Spesen, Provisionen, Bearbeitungskosten, Restschuldversicherung); die Mehrwertsteuer ist hinzuzurechnen. Nimmt der Unternehmer eine andere Sache in Zahlung, so ist der anzurechnende Betrag in den Gesamtbetrag einzubeziehen. Nicht zu den teilzahlungsbedingten Aufwendungen gehören Versand- oder Frachtkosten, ferner Säumniszuschläge, Mahnkosten, Verzugszinsen und sonstige Rechtsverfolgungskosten. 3

Teilzahlungen (Art 247 § 6 I Nr 1 iVm § 3 I Nr 7 EGBGB) sind in einem festen Geldbetrag und nicht nur als Bruchteil des Teilzahlungspreises auszuweisen; ihre Fälligkeit kann auf einen nach dem Kalender bestimmten oder bestimmbaren Tag bezogen sein. Der effektive Jahreszins berechnet sich nach den Vorgaben der PAngV (Art 247 § 6 I Nr 1 iVm § 3 I Nr 3, II 3 EGBGB). Zu seiner Ermittlung ist der Barzahlungspreis um die (nicht kreditierte) Anzahlung zu bereinigen unbeschadet des Umstandes, dass jene in § 6 III PAngV nicht aufgeführt ist. In Art 247 § 7 I Nr 2 EGBGB ist der Eigentumsvorbehalt als die gebräuchliche Sicherung bei Warenkrediten besonders hervorgehoben; es gelten die Erl zu § 492 (dort Rn 5) sinngemäß. Vgl noch Rn 8. 4

C. Rechtsfolgen von Formmängeln. I. Nichtigkeit; Heilung. Wird die Schriftform des § 492 I nicht eingehalten oder eine der in Art 247 §§ 6, 12 und 13 EGBGB vorgeschriebenen Angaben nicht gemacht, ist das Teilzahlungsgeschäft nach II 1 nichtig; fehlerhafte Angaben bleiben jedoch sanktionslos (§ 494 Rn 1). Die Nichtigkeit wird nach II 2 geheilt, wenn dem Verbraucher die Sache übergeben oder die Leistung erbracht wird; auf eine gleichzeitige Eigentumserlangung kommt es in diesem Zusammenhang nicht an. Für die Übergabe ist grds erforderlich, dass der Verbraucher unmittelbaren Besitz erhält. Die Übergabe kann durch die Abtretung des Herausgabeanspruchs (§ 931) ersetzt werden, nicht aber durch ein Besitzkonstitut (§§ 929, 930), das dem Verbraucher lediglich mittelbaren Besitz verschafft. Bei Werkverträgen tritt an die Stelle der 5

Übergabe der Sache die Abnahme (§ 640 I); jedoch kann ein fruchtloser Fristablauf (§ 640 I 3) allein nicht zur Heilung führen. Ist nach der Beschaffenheit des Werkes eine Abnahme ausgeschlossen, kommt es auf seine Vollendung an (§ 646); das gilt für Dienstverträge entspr. Der Verbraucher muss zudem Kenntnis von der Vollendung haben. Anders als in § 494 II 1 (dort Rn 4) ist in II 2 eine teilweise Heilung nicht vorgesehen. Das Wirksamkeitshindernis ist nur behoben, „wenn" (und nicht „soweit") die Sache (vollständig) übergeben oder die Leistung (vollständig) erbracht ist. Dennoch kann in erweiternder Auslegung der Vorschrift eine partielle Heilung möglich sein, etwa wenn die gekauften Gegenstände oder die bestellten Leistungsteile ohne jeden Bezug zueinander stehen.

6 **II. Sanktionen.** Fehlt die Angabe des Gesamtbetrags (Teilzahlungspreises; Rn 3) oder des effektiven Jahreszinses, ist nach II 3 der Barzahlungspreis höchstens mit dem gesetzlichen Zinssatz (§ 246) zu verzinsen (vgl § 494 Rn 6). Haben die Parteien einen nominalen Zins vereinbart, der noch unter dem gesetzlichen liegt, bleibt dieser maßgebend. Ist ein Barzahlungspreis nicht genannt, so gilt „im Zweifel" der Marktpreis als Barzahlungspreis (II 4). Darunter ist der am Erfüllungsort zur Erfüllungszeit für Waren einer bestimmten Gattung gezahlte Durchschnittspreis zu verstehen, der nach rein objektiven Kriterien zu bemessen ist und unabhängig von den konkreten Umständen des Einzelgeschäfts gilt (§ 453 aF; BGH NJW 79, 758). Jede Partei kann den Nachweis führen, dass tatsächlich ein vom Marktpreis abw Barzahlungspreis vereinbart worden ist (BGH aaO).

7 Ist der effektive Jahreszins zu niedrig angegeben, vermindert sich der Gesamtbetrag (Teilzahlungspreis) um den Prozentsatz, um den er zu niedrig angegeben ist (II 5). Es erfolgt eine Kürzung des Teilzahlungspreises in Höhe der absoluten Differenz zwischen dem unrichtig angegebenen und dem richtigen effektiven Jahreszins (Bsp: angegebener effektiver Jahreszins 8%, richtig wären 10% gewesen; der Gesamtbetrag ist in diesem Fall um 2% zu kürzen). Die untere Grenze der Kürzung bildet stets der mit dem gesetzlichen Zinssatz verzinste Barzahlungspreis (vgl II 3; aA *Bülow* § 502 Rz 57).

8 IÜ können die Sanktionen des § 494 IV-VI entspr Anwendung finden. Allerdings ist gem I 1 die Bestimmung des § 494 VI 3 nicht anwendbar. Es fehlt also eine entspr betragsmäßige Einschränkung; dies beruht auf einer ausdrücklichen Entscheidung des Gesetzgebers (BTDrs 16/11643, 147). Der Unternehmer kann daher die Bestellung von Sicherheiten nicht fordern, falls er die Vorgabe aus Art 247 § 7 Nr 2 EGBGB nicht beachtet hat. Das gilt nach neuer Rechtslage (Art 247 § 7 Nr 2) ausdrücklich auch für den Eigentumsvorbehalt. Der Unternehmer ist nicht berechtigt, sich einseitig das Eigentum an der Sache vorzubehalten (§§ 449, 158 I, 929 I), der Verbraucher darf unbedingte Übereignung verlangen.

9 **D. Fernabsatzgeschäfte.** Die Bestimmung führt § 8 VerbrKrG (Versandhandel) fort. Teilzahlungsgeschäfte (§ 506 III), die als Distanzgeschäfte (§ 312b) abgewickelt werden, sind nach Maßgabe des I 2 privilegiert. Die Regeln über Teilzahlungsgeschäfte einerseits und Fernabsatzgeschäfte andererseits müssen im konkreten Fall tatsächlich einschlägig werden; insb darf kein Ausnahmetatbestand (§§ 312b III, 506 IV) gegeben sein. Als weitere Voraussetzung tritt hinzu, dass dem Verbraucher bestimmte Pflichtangaben gemacht worden sind. Anzugeben sind Barzahlungspreis (§ 506 Rn 1), Sollzinssatz, effektiver Jahreszins, ein Tilgungsplan sowie die zu stellenden Sicherheiten und die im Zusammenhang mit dem Teilzahlungsgeschäft abgeschlossenen Versicherungen. Eine besonders deutliche Gestaltung der Pflichtangaben wird in I 2 nicht verlangt. Dennoch muss der Unternehmer sie bereits im Verkaufsprospekt für den Verbraucher „klar und verständlich" gestalten (ag. e Art 247 § 6 I, § 14 II EGBGB). Zu den einzelnen Pflichtangaben vgl § 491a Rn 3 ff. Bei Teilzahlungsgeschäften im Fernabsatz kann zudem Art 247 § 5 EGBGB Bedeutung erlangen.
Der **Tilgungsplan** (Art 247 § 14 EGBGB) ist anhand „beispielhafter Gesamtbeträge" zu erstellen. Es sind mindestens zwei Rechenbeispiele anzuführen, die nur dann als „beispielhaft" angesehen werden können, wenn sie für das durchschnittliche Geschäfts- und Bestellvolumen des Unternehmers typisch sind (BTDrs 16/11643, 146).

10 Die in I enumerativ angeführten Pflichtangaben müssen Teil einer invitatio ad offerendum (Verkaufsprospekt) sein. Die eigentliche Initiative zum Vertragsabschluss hat nach dem eindeutigen Gesetzeswortlaut vom Verbraucher auszugehen, andernfalls das Versandhandelsprivileg ausgeschaltet ist. Zudem muss das Angebot des Verbrauchers auf den Verkaufsprospekt und den dortigen Angaben im Sinne eines kausalen Zusammenhangs beruhen („aufgrund"). Späterer Vertragsinhalt und die essentialia negotii, wie sie im Vertragsprospekt ausgewiesen sind, müssen einander entsprechen.

11 Unter den Begriff des **Verkaufsprospektes** fallen alle Druckerzeugnisse (Kataloge, Werbeprospekte, Postwurfsendungen, ggf. auch Zeitungsinserate). Ihm gleichgestellt sind elektronische Medien, soweit mit ihnen der gleiche Aussage- und Informationsgehalt verbunden ist (zB Internetseiten, nicht hingegen telefonische Angaben). Dazu gehört, dass die Informationen dem Verbraucher dauerhaft zur Verfügung stehen, damit er sie ggf wiederholt zur Kenntnis nehmen kann.

12 Sind die besonderen Voraussetzungen nach I 2 erfüllt, ist der Unternehmer zusätzlich vom Schriftformerfordernis nach § 492 I befreit, sofern er dem Verbraucher den Vertragsinhalt (Art 247 § 6 EGBGB) spätestens unverzüglich (§ 121 I) nach Vertragsabschluss in Textform (§ 126b) mitteilt. Dabei genügt es regelmäßig, wenn der Vertragstext der Warensendung beiliegt, es sei denn, der Unternehmer hat sich längere Lieferfristen

vorbehalten. In diesem Fall ist der Vertragsinhalt vorab gesondert zu übermitteln (BTDrs 16/11643, 147). Werden mehrere (nicht zusammengehörige) Waren oder Leistungen in einer Bestellung zusammengefasst, kann vom Verbraucher verlangt werden, einzelne Teilzahlungspreise (Gesamtbeträge) zu addieren, um auf seine Gesamtbelastung zu kommen. Werden Beträge aus neuen Käufen mit der Restschuld aus einem früheren Kauf zusammengeführt, muss dem Verbraucher allerdings deutlich werden, ob er auf diese Weise mehr bezahlen muss, als dies bei getrennter Abrechnung der Einkäufe der Fall wäre (BGH NJW-RR 89, 1306).

§ 508 Rückgaberecht, Rücktritt bei Teilzahlungsgeschäften.

(1) ¹Anstelle des dem Verbraucher gemäß § 495 Abs. 1 zustehenden Widerrufsrechts kann dem Verbraucher bei Verträgen über die Lieferung einer bestimmten Sache ein Rückgaberecht nach § 356 eingeräumt werden. ²§ 495 Abs. 2 gilt für das Rückgaberecht entsprechend.
(2) ¹Der Unternehmer kann von einem Teilzahlungsgeschäft wegen Zahlungsverzugs des Verbrauchers nur unter den in § 498 Abs. 1 bezeichneten Voraussetzungen zurücktreten. ²Dem Nennbetrag entspricht der Gesamtbetrag. ³Der Verbraucher hat dem Unternehmer auch die infolge des Vertrags gemachten Aufwendungen zu ersetzen. ⁴Bei der Bemessung der Vergütung von Nutzungen einer zurückzugewährenden Sache ist auf die inzwischen eingetretene Wertminderung Rücksicht zu nehmen. ⁵Nimmt der Unternehmer die auf Grund des Teilzahlungsgeschäfts gelieferte Sache wieder an sich, gilt dies als Ausübung des Rücktrittsrechts, es sei denn, der Unternehmer einigt sich mit dem Verbraucher, diesem den gewöhnlichen Verkaufswert der Sache im Zeitpunkt der Wegnahme zu vergüten. ⁶Satz 5 gilt entsprechend, wenn ein Vertrag über die Lieferung einer Sache mit einem Verbraucherdarlehensvertrag verbunden ist (§ 358 Abs. 2) und wenn der Darlehensgeber die Sache an sich nimmt; im Fall des Rücktritts bestimmt sich das Rechtsverhältnis zwischen dem Darlehensgeber und dem Verbraucher nach den Sätzen 3 und 4.

A. Rückgaberecht (Abs 1). Dem Unternehmer steht es bei Teilzahlungsgeschäften über die Lieferung einer bestimmten Sache iSd § 506 III (dort Rn 5) frei, dem Verbraucher anstelle des gesetzlichen Widerrufsrechts (§ 495) ein besonderes vertragliches Rücktrittsrecht (Rückgaberecht) anzubieten; die Regelung des § 495 II ist entsprechend anwendbar. Das Widerrufsrecht kann aber nur dann wirksam durch ein Rückgaberecht ersetzt werden, wenn sämtliche Voraussetzungen des § 356 I erfüllt sind. Das Rückgaberecht muss insb uneingeschränkt bestehen und darf für den Verbraucher im Falle seiner Ausübung nicht mit Erschwernissen verbunden sein (zB Anfall einer Bearbeitungsgebühr). Die Einräumung des Rückgaberechts ist Bestandteil der vertraglichen Einigung der Parteien; beide Rechte – Rückgabe und Widerruf – können dem Verbraucher auch nebeneinander gewährt werden. Die Rechtsfolgen der Rückgabe bzw des Rücknahmeverlangens regelt § 357. 1

B. Rücktritt bei Teilzahlungsgeschäften (Abs 2). I. Allgemeines. II 1 gibt dem Unternehmer bei Teilzahlungsgeschäften (§ 506 Rn 5) für den Bereich des Zahlungsverzugs ein gesetzliches Rücktrittsrecht, das unter den Voraussetzungen des § 498 I (gemeint 1) ausgeübt werden kann. Zwischen Rücktritt und Kündigung besteht ein Wahlrecht, jedoch ist die gleichzeitige (alternative) Androhung von Kündigung und Rücktritt nicht statthaft. Hat der Unternehmer den Vertrag zunächst nur gekündigt, kann er – wegen der damit verbundenen weitergehenden Rechtswirkungen – nachfolgend zusätzlich die Voraussetzungen für einen Rücktritt schaffen (BGH NJW 02, 133), nicht aber umgekehrt nach erklärtem Rücktritt die Vertragsbeziehung kündigen. Zum Zeitpunkt des Rücktritts müssen alle Rücktrittsvoraussetzungen noch vollständig gegeben sein. Der Rücktritt muss nicht unmittelbar im Anschluss an den Ablauf der Nachfrist erklärt werden, auch ist die Regelung des § 350 nur auf das vertragliche Rücktrittsrecht anwendbar. Der Unternehmer muss sich dennoch binnen angemessener Zeit entschließen, ob er von seinem Rücktrittsrecht Gebrauch machen möchte (§ 498 Rn 9). Bei mehreren Schuldnern, die Vertragspartei geworden sind, hat er die Besonderheiten des § 351 zu beachten (BGHZ 97, 264, 266); vgl auch § 498 Rn 6. Allerdings genügt es, wenn der Rücktrittsgrund nur in der Person eines Rücktrittsgegners gegeben ist (BGH NJW 76, 1931; Hamm WM 87, 105). 2

II. Rücktrittsvermutung (Abs 2 S 5). Nimmt der Unternehmer auf seine Veranlassung die aufgrund des Teilzahlungsgeschäfts gelieferte Sache wieder an sich, gilt dies grds als Ausübung des Rücktrittsrechts (unwiderlegliche Vermutung). Dadurch soll verhindert werden, dass der Verbraucher Besitz und Nutzung der Sache verliert, aber zur Entrichtung weiterer Raten verpflichtet bleibt (so schon zum AbzG RGZ 139, 205, 207; 146, 182, 189; BGHZ 15, 171, 173; NJW 02, 133). Die Bestimmung ersetzt nur die Rücktrittserklärung, macht jedoch den Rücktrittsgrund nicht entbehrlich (Dresd VuR 07, 346; Köln OLGR 98, 1; Naumbg 23.4.98, 4 U 1163/97; Oldbg NJW-RR 96, 564). Der Verbraucher kann die Rückabwicklung nicht durch einseitiges Handeln erzwingen (zB durch unaufgeforderte Rücksendung der Sache; BGHZ 45, 111, 113; Stuttg NJW-RR 02, 856; Ddorf WM 85, 1431). Die Rücktrittsvermutung findet zugunsten eines Verbrauchers, der lediglich neben dem Kreditnehmer als Gesamtschuldner mithaftet, jedoch selbst aus dem Kreditvertrag nicht berechtigt ist, keine Anwendung (BGH NJW 02, 133). 3

Es genügt, dass der Unternehmer mittelbaren Besitz an der Sache erlangt (BGH NJW 84, 2294) oder sich deren Sachwert zuführt, indem er auf ein Surrogat (§ 285) der Sache zurückgreift und ggü einem Dritten Schadensersatz- oder Wertersatzansprüche geltend macht. Die Wirkungen der einmal ausgelösten Rücktritts- 4 vermutung können nicht durch nachträgliche Freigabe der Sache beseitigt werden (BGHZ 39, 97, 100). Der Rücktrittsvermutung steht weiter nicht entgegen, dass der Unternehmer lediglich einzelne Teile der Sache an sich nimmt (Köln ZIP 94, 1931), jedenfalls dann, wenn sich ihr Wert gerade in der Verbindung zu einer Sachgesamtheit verkörpert. Gibt der Verbraucher die Sache auf Zeit an den Unternehmer zurück, etwa zum Zwecke der Nachbesserung, wird die Rücktrittsvermutung nicht ausgelöst, solange der Unternehmer zur Rückgabe bereit ist oder sich bei Verweigerung der Herausgabe auf Gründe stützt, die nicht iVm dem Zahlungsverzug des Verbrauchers stehen (zB Unternehmerpfandrecht).

5 **Bsp**: Außergerichtliches Herausgabeverlangen (BGH NJW 84, 2294; 79, 872) oder Herausgabeklage (BGH NJW 65, 2399); Geltendmachung des Aussonderungsrechts im Insolvenzverfahren (RGZ 96, 296, 297) sowie von Schadens- oder Wertersatzansprüchen gegen den Verbraucher (BGH NJW 65, 2399); Verwertung der Sache innerhalb oder außerhalb eines Zwangsvollstreckungsverfahrens (Karlsr NJW-RR 89, 179); Anschlusspfändung (§ 826 ZPO). Es ist nicht erforderlich, dass der Titel, aus dem vollstreckt wird, dem Kreditverhältnis zwischen Unternehmer und Verbraucher entstammt. Will der Unternehmer die Rücktrittsvermutung nicht auslösen, muss er demnach den Zugriff auf den kreditierten Gegenstand vermeiden. Nicht ausreichend ist demgegenüber eine auf Ausgleich rückständiger Raten gerichtete Zahlungsklage; eine Klage auf vorzugsweise Befriedigung (§ 805 ZPO) aus dem Erlös der durch einen Dritten gepfändeten Sache (BGH NJW 63, 1200; offen BGHZ 100, 95, 103); der Erwerb der Sache aus einer Zwangsvollstreckung, die von dritter Seite betrieben wird; die bloße Pfändung der Sache, solange der Gerichtsvollzieher sich gem § 808 II ZPO auf das Anlegen des Pfandsiegels beschränkt (BGH WM 62, 1263) oder die Sache nach § 808 I ZPO zur Vorbereitung einer späteren Verwertung vorläufig in Besitz nimmt (BGHZ 39, 97, 101; zw).

6 Kommt es zwischen Unternehmer und Verbraucher zu einer **Einigung über die Vergütung des gewöhnlichen Verkaufswerts** der Sache (§ 813 I 1 ZPO), ist die Rücktrittsvermutung außer Kraft gesetzt, selbst wenn die Einigung nach Wiederansichnahme der Sache erfolgt. Das Kündigungsrecht des Unternehmers nach § 498 I bleibt von II 5 unberührt. Es genügt, dass die Einigung dem Grunde nach getroffen wird; gegen eine Aufnahme in AGB bestehen in diesem Zusammenhang keine Bedenken (Oldbg NJW-RR 96, 564; Stuttg NJW-RR 96, 563). Die Parteien können die Bemessung der Vergütung einem Sachverständigen überlassen (§ 813 I 2 und 3 ZPO), dessen Entscheidung nach § 319 I überprüft werden kann. Ein einseitiges Leistungsbestimmungsrecht des Unternehmers (§ 315 I) ist indes unzulässig. Auch sind Vereinbarungen, die zur Anrechnung eines unterhalb des gewöhnlichen Verkaufswerts liegenden Betrags führen, nach § 511 1 unwirksam.

7 Maßgeblich ist der Verkehrswert der Sache zum Zeitpunkt ihrer Wegnahme, dh der Verkaufspreis (nicht der Händlereinkaufspreis), der bei freihändiger Veräußerung am Sitz des Verbrauchers normalerweise durchschnittlich zu erzielen wäre, wobei der Beschaffenheit und dem Zustand der Sache sowie den allg wirtschaftlichen und den besonderen örtlichen und zeitlichen Verhältnissen Rechnung zu tragen ist (Brandenbg Beschl. v. 30.04.08 – 3 W 58/07; Oldbg DAR 97, 203; Stuttg NJW-RR 96, 563). Erreicht der gewöhnliche Verkaufswert den zur Zeit der Wegnahme rückständigen Betrag nicht, gilt er als Teilleistung gem § 497 III 2. Einen Überschuss darf der Verbraucher nach bereicherungsrechtlichen Grundsätzen herausverlangen oder für künftige Raten verwenden, wobei §§ 507 III 2, 501 zu beachten sind.

8 **C. Abwicklungsverhältnis zwischen Unternehmer und Verbraucher (Abs 2 S 3, 4).** Bei wirksamem Rücktritt erlöschen die wechselseitigen Erfüllungsansprüche; an ihre Stelle treten die Ansprüche aus dem Abwicklungsverhältnis, vgl dazu § 495 Rn 10. Hat der Unternehmer seitens des Verbrauchers Sicherheiten erhalten, wird die Auslegung der Sicherungsabrede für den Regelfall ergeben, dass diese auch Folgeansprüche auf Rückgewähr, Schadensersatz, Wertersatz, Aufwendungsersatz und Nutzungsvergütung besichern sollen (BGHZ 114, 57, 72; 51, 69, 73; NJW 04, 158; 99, 1636). Erfüllungsort für die Pflicht zur Rückgabe der Sache ist der Ort, an dem sie sich vertragsgemäß befindet, also regelmäßig der Wohnsitz des Verbrauchers (BGHZ 87, 104, 110). Die Ansprüche des Unternehmers aus dem Abwicklungsverhältnis werden durch das Erfüllungsinteresse begrenzt (vgl BGH ZIP 91, 662; NJW 85, 1544; 67, 1807). Dieses bestimmt sich nach dem Gesamtbetrag (Teilzahlungspreis), der hinsichtlich der zum Zeitpunkt des Rücktritts noch nicht fälligen Raten abzuzinsen ist (vgl BGH ZIP 91, 662). Hinzu tritt der Ersatz solcher Aufwendungen, die bei vertragsgerechter Erfüllung nicht angefallen wären.

9 Für das Rückabwicklungsverhältnis gelten neben den Bestimmungen der §§ 346 ff (s. dort) die Sonderregelungen in II 3 und 4 für Aufwendungsersatz und **Nutzungsvergütung**. Nach II 4 ist bei der Bemessung der Vergütung von Nutzungen einer zurückzugewährenden Sache auf die inzwischen eingetretene tatsächliche (konkrete) Wertminderung Rücksicht zu nehmen, wenn diese oberhalb oder unterhalb der Wertminderung liegt, die in die Kalkulation der üblichen (fiktiven) Nutzungsvergütung einbezogen worden ist. Eine Wertsteigerung der Sache kann den Anspruch auf Nutzungsvergütung entfallen lassen. Die Nutzungsvergütung will nur den Wertverlust ausgleichen, der durch den ordnungsgemäßen (vertragsgemäßen) Gebrauch der Sache eingetreten ist; darüber hinausgehende Beeinträchtigungen der Sache kann der Unternehmer als Schadensersatz nach § 346 IV geltend machen. Ist die Sache mit Mängeln behaftet und aus diesem Grund nur beschränkt nutzbar, ist die Nutzungsvergütung entspr zu reduzieren (BGH WM 72, 558, 560).

10 Der Verbraucher hat dem Unternehmer nach II 3 die (erforderlichen) **Aufwendungen** zu ersetzen, die ihm durch den Vertrag konkret entstanden sind (BGH WM 82, 873; WM 75, 739), dh die Kosten des Vertragsschlus-

ses und der Vertragsdurchführung. **Bsp**: Porto-, Telefon- und Formularkosten, Restschuldversicherung, Sachschadensversicherung, Kosten für Verpackung, Versendung und Montage; Kosten der Rechtsverfolgung (sofern nicht schon nach § 497 I oder §§ 91 ff, 788 ZPO zu ersetzen). Ferner hat der Verbraucher – anders als nach § 357 II – die Kosten des Rücktransports zu tragen. Auszuscheiden sind hingegen Kosten, die auch bei Nichtzustandekommen des Vertrags angefallen wären (Miete für Geschäfts- oder Büroräume, Löhne und Gehälter, Werbung), die allein das „Ob" des Vertragsschlusses betreffen (Kreditauskünfte) oder im Rücktritt selbst ihre Ursache finden (BGHZ 47, 246, 248: Kosten der Verwertung der zurückgenommenen Sache). Handelsvertreterprovisionen sind wegen § 87a II HGB vom Verbraucher nicht zu erstatten, da der Provisionsanspruch von der Ausführung des Geschäfts abhängig ist (BGH LM Nr 4 zu § 2 AbzG). Entgegenstehende Abreden zwischen Unternehmer und Handelsvertreter haben schon wegen § 511 keine Wirkung gegen den Verbraucher; auch besteht keine Ersatzpflicht, wenn der Unternehmer von seinem Recht, die Provision zurückzuverlangen, keinen Gebrauch macht (aA BGH aaO; Erman/*Saenger* Rz 28). An einen Darlehensvermittler gezahlte Provisionen dürfen vom Unternehmer unter den Voraussetzungen des § 655c geltend gemacht werden (BGH NJW-RR 93, 248; 91, 820), denn für sie ist allein das Zustandekommen des Hauptvertrags Voraussetzung. Vom Unternehmer gezahlte Umsatzsteuern sind keine ersatzfähigen Aufwendungen, soweit er eine Berichtigung des Steuerbetrags erreichen kann (§ 17 II Nr 3 UStG). Insgesamt darf keine Aufwendung in Ansatz gebracht werden, die der Verbraucher bereits über die Nutzungsvergütung auszugleichen hat.

D. Verbundene Verträge (Abs 2 S 6). II 6 trägt den Besonderheiten beim verbundenen Geschäft Rechnung. Die 11 Bestimmung bezieht sich auf Verträge iSd § 358 III; der Hinweis auf § 358 II im Gesetzestext ist ein Redaktionsversehen. Die Rücktrittsvermutung wird ausgelöst, wenn der Darlehensgeber, der am Kaufgeschäft nicht beteiligt ist, die von ihm finanzierte Sache an sich nimmt. Er rückt als Geldkreditgeber in die Rechte und Pflichten ein, wie sie beim „normalen" Teilzahlungsgeschäft der Unternehmer als Warenkreditgeber hätte. Die rechtliche Ausgangssituation bleibt dabei gleich. Der Darlehensgeber darf die Sache nur bei Vorliegen eines Zahlungsverzugs iSd § 498 I 1 Nr 1 und 2 an sich nehmen; allerdings sind die mit II 6 einhergehenden Rechtsfolgen weitergehend als die einer bloßen Kündigung (Gesamtfälligstellung) bei Teilzahlungsdarlehen. Das Kreditverhältnis wird nicht lediglich ex nunc beendet, sondern wandelt sich in ein Abwicklungsverhältnis. Der Darlehensgeber, der die Sache an sich nimmt und dem dadurch deren wirtschaftlicher Wert zufließt, hat dem Verbraucher die von diesem an ihn oder einen weiteren Darlehensgeber erbrachten Raten nebst der an den Unternehmer geleisteten Anzahlung zu erstatten (BGHZ 47, 241, 243; NJW 89, 163) zu erstatten, nicht hingegen die von ihm selbst an den Unternehmer ausgebrachte Darlehenssumme (BGH aaO; BGHZ 47, 241; 47 und 246 f; 57, 112, 115), von deren künftiger Rückführung der Verbraucher durch den Rücktritt befreit wird. Im Gegenzug hat der Verbraucher Nutzungs-, Aufwendungs- oder Schadensersatz zu leisten.

Für das Verhältnis zwischen Darlehensgeber und Unternehmer enthält das Gesetz keine ausdrückliche 12 Regelung. Der Darlehensgeber kann eine Abtretung von Ansprüchen des Verbrauchers gegen den Unternehmer schon deshalb nicht verlangen, weil er im Verhältnis zum Verbraucher in eben diese Rechtsstellung des Unternehmers einrückt (Konsumtion). Eine Anwendung des § 358 IV 3 in „doppelter Analogie" ist ausgeschlossen, weil es mangels vergleichbarer Interessenlage – die Regelung zielt auf den Schutz des Verbrauchers und nicht auf den der übrigen Beteiligten – an den Voraussetzungen hierfür fehlt (auf Staud/*Kessal-Wulf* § 358 Rz 69); demnach kann der Darlehensgeber nach erfolgter Rückabwicklung nicht in die Stellung des Verbrauchers in dessen Verhältnis zum Unternehmer einrücken. Richtigerweise erfolgt ein bereicherungsrechtlicher Ausgleich; der Regelung des II 6 kommt insoweit eine nicht auf das Rechtsverhältnis zwischen Darlehensgeber und Verbraucher beschränkte Wirkung zu. Im Ergebnis sind die auf das Darlehens- und das Kaufverhältnis erbrachten Leistungen gleichermaßen rückabzuwickeln, wobei sich II 6 ggü dem Vorrang der Leistungsbeziehungen im Verhältnis zwischen Darlehensgeber und Verbraucher einerseits und zwischen Verbraucher und Unternehmer andererseits durchsetzt. Der Darlehensgeber kann vom Unternehmer nach § 812 I 1 Alt 2 daher den Nettokreditbetrag und eine etwaige Anzahlung zurückfordern; er selbst ist zur Herausgabe der erlangten Sache nebst etwaigem Nutzungs- oder Wertersatz verpflichtet (vgl ferner *Vollkommer* FS Merz 595, 606; zur Lösung über das Rechtsinstitut der Drittleistungskondiktion Staud/*Kessal-Wulf* aaO Rz 71).

§ 509 Prüfung der Kreditwürdigkeit. (1) ¹Vor dem Abschluss eines Vertrags über eine entgeltliche Finanzierungshilfe hat der Unternehmer die Kreditwürdigkeit des Verbrauchers zu bewerten. ²Grundlage für die Bewertung können Auskünfte des Verbrauchers und erforderlichenfalls Auskünfte von Stellen sein, die geschäftsmäßig personenbezogene Daten, die zur Bewertung der Kreditwürdigkeit von Verbrauchern genutzt werden dürfen, zum Zweck der Übermittlung erheben, speichern oder verändern. ³Die Bestimmungen zum Schutz personenbezogener Daten bleiben unberührt.

Die Vorschrift erfasst jede Form der entgeltlichen Finanzierungshilfe (Zahlungsaufschübe, Teilzahlungsge- 1
schäfte, Leasing). Sie ergänzt § 18 II KWG, wonach der Darlehengeber – sofern Kreditinstitut – einer öffentlich-rechtlichen Aufsicht unterliegt. Für Darlehensgeber, die keine Kreditinstitute sind, gilt § 509 entsprechend. Es handelt sich jeweils um Pflichten des Kreditgebers, die im öffentlichen Interesse zu erfüllen sind

(BTDrs 16/11643, 150; vgl auch BGH Beschl v 27.10.88 – III ZR 14/88). Verstöße lösen daher – etwa im Sinne einer Pflicht zur verantwortungsgemäßen Kreditvergabe – keine Schadensersatzansprüche nach §§ 311 II, 280 I aus; solche kann der Verbraucher allein aus einer Verletzung der vorvertraglichen Erläuterungspflicht ableiten (§ 491a Rn 13; ausf Herresthal WM 09, 1174). Ferner kann – bei Hinzutreten weiterer, über § 509 hinausgehender Umstände – eine Schadensersatzanspruch wegen der Verletzung von Aufklärungspflichten, wie sie von der Rspr nach allgemeinen Grds entwickelt worden sind (zB BGH ZIP 92, 757), in Betracht kommen.

2 Kreditwürdigkeit ist gleichbedeutend mit der Wahrscheinlichkeit, dass der Verbraucher in Zukunft die eingegangenen Verpflichtungen erfüllen wird. Darüber hat sich der Unternehmer ein Urteil zu bilden. Als Quellen stehen ihm die Selbstauskünfte des Verbrauchers, die Auskünfte Dritter (zB Schufa) oder eigene Erkenntnisse aus einer vorangegangenen Geschäftsbeziehung zur Verfügung. Die Prüfung hat vor Vertragsabschluss oder – bei Darlehen – im Falle einer erheblichen Erhöhung des Nettodarlehensbetrages (§ 18 II 4 KWG) zu erfolgen. Die Erheblichkeit beurteilt sich einzelfallbezogen im Vergleich zum Nettodarlehensbetrag des Ausgangsvertrages. Bei der Änderung von Darlehensverträgen sind die Auskünfte auf den neuesten Stand zu bringen (§ 18 II 3 KWG). Fällt die Prognose negativ aus, besteht jedoch kein „Kreditvergabeverbot" (Herresthal aaO 1177).

Untertitel 3   Ratenlieferungsverträge zwischen einem Unternehmer und einem Verbraucher

§ 510 Ratenlieferungsverträge. (1) ¹Dem Verbraucher steht vorbehaltlich des Satzes 2 bei Verträgen mit einem Unternehmer, in denen die Willenserklärung des Verbrauchers auf den Abschluss eines Vertrags gerichtet ist, der
1. die Lieferung mehrerer als zusammengehörend verkaufter Sachen in Teilleistungen zum Gegenstand hat und bei dem das Entgelt für die Gesamtheit der Sachen in Teilzahlungen zu entrichten ist oder
2. die regelmäßige Lieferung von Sachen gleicher Art zum Gegenstand hat oder
3. die Verpflichtung zum wiederkehrenden Erwerb oder Bezug von Sachen zum Gegenstand hat,
ein Widerrufsrecht gemäß § 355 zu. ²Dies gilt nicht in dem in § 491 Abs. 2 und 3 bestimmten Umfang. ³Dem in § 491 Abs. 2 Nr. 1 genannten Nettodarlehensbetrag entspricht die Summe aller vom Verbraucher bis zum frühestmöglichen Kündigungszeitpunkt zu entrichtenden Teilzahlungen.
(2) ¹Der Ratenlieferungsvertrag nach Absatz 1 bedarf der schriftlichen Form. ²Satz 1 gilt nicht, wenn dem Verbraucher die Möglichkeit verschafft wird, die Vertragsbestimmungen einschließlich der Allgemeinen Geschäftsbedingungen bei Vertragsschluss abzurufen und in wiedergabefähiger Form zu speichern. ³Der Unternehmer hat dem Verbraucher den Vertragsinhalt in Textform mitzuteilen.

1 **A. Allgemeines.** Die Bestimmung (vormals § 505) entspricht im Wesentlichen den früheren §§ 2 VerbrKrG, 1c AbzG. Sie bezweckt den Schutz des Verbrauchers vor übereilten (meist langfristigen) vertraglichen Bindungen und Belastungen, deren Tragweite er bei Abschluss des Vertrags mit dem Unternehmer möglicherweise nicht gleich erkennt oder nicht realistisch einschätzt, weil die von ihm insgesamt zu erbringende Gegenleistung nicht sofort fällig ist und sich ihm auch nicht in einer Gesamtsumme darstellt, sondern sich in Dauer und Höhe erst in Zukunft realisiert (BGHZ 78, 248, 251; NJW 90, 1046). Im Unterschied zu den Teilzahlungsgeschäften (§ 507) fehlt es an der alleinigen Vorleistung des Unternehmers unter Kreditierung der vom Verbraucher geschuldeten Gegenleistung. Die Regelung erweitert im Ergebnis den sachlichen Anwendungsbereich verbraucherdarlehensrechtlicher Vorschriften, ohne dass Ratenlieferungsverträge dadurch selbst zu Kreditverträgen werden. Ihre Voraussetzungen hat der Verbraucher zu **beweisen**, während der Unternehmer den Beweis für das Vorliegen eines Ausnahmetatbestands gem I 2 zu führen hat. Die Vorschrift ist abschließend gestaltet; ihre analoge Anwendung kommt grds nicht in Betracht (BGH NJW 03, 1932 im Anschluss an BGHZ 128, 156, 164).

2 Die Tatbestände des I 1 Nr 1–3 setzen die Lieferung bzw den Erwerb oder Bezug von **beweglichen Sachen** voraus (BGHZ 97, 127, 131). Daran fehlt es bei der Bestellung von Internet-Zeitschriften oder der Inanspruchnahme eines E-Mail-Service (aA *Bülow* Rz 37) und bei Verträgen über die regelmäßige Erbringung von Dienst- oder Werkleistungen gleicher Art oder über die Verpflichtung zur wiederkehrenden Abnahme bestimmter Dienst- oder Werkleistungen (BGHZ 87, 112, 115; NJW 03, 1932; zum Fertighausvertrag vgl BGHZ 165, 325 = NJW 06, 904). Auch **Strom** ist keine Sache iSd § 90. Für Versorgungsverträge mit Tarifkunden über **leitungsgebundene Energie** (Gas, Fernwärme) und leitungsgebundenes Wasser verneint die hM unter Berücksichtigung der Entstehungsgeschichte des vormaligen § 1c AbzG (BRDrs 52/74, 5) ebenfalls eine Anwendbarkeit des § 510 (sehr zw; MüKo/*Habersack* § 505 Rz 23 verweist zu Recht auf das Energiewirtschaftsgesetz v 24.4.98 BGBl I 730 und die dadurch bewirkte Öffnung des Markts; zur Lieferung von Flüssiggas in Leitungen oder Tanks BGH NJW-RR 88, 1322).

Das dem Verbraucher für Ratenlieferungsverträge in I 1 zugebilligte Widerrufsrecht hat nach I 2 in dem 3
in § 491 II, III bestimmten Umfang keine Geltung. Aber auch die in II geregelten Formerfordernisse sind
nur zu wahren, wenn der Ratenlieferungsvertrag nicht unter einen der in I 2 angeführten Ausnahmetatbestände fällt. Die pauschale und wenig durchdachte Verweisung auf § 491 II, III hat praktische Bedeutung
nur für den Bagatelltatbestand des § 491 II Nr 1, wobei dem Nettodarlehensbetrag die Summe aller vom
Verbraucher bis zum frühestmöglichen Zeitpunkt einer (ordentlichen) Kündigung zu entrichtenden Teilzahlungen und damit seiner Mindestverpflichtung aus dem Vertrag entspricht (vgl I 3). Diese Berechnungsweise ist für die bei Existenzgründern (§ 512) geltende Obergrenze von 50 000 € (aF) bzw 75 000 €
(nF) zu übernehmen (BTDrs 14/7052, 203).

B. Voraussetzungen. I. Verträge nach Abs 1 S 1 Nr 1. Für einen Ratenlieferungsvertrag nach I 1 Nr 1 müs- 4
sen mehrere Sachen „als zusammengehörend verkauft" werden. Ob eine solche Sachgesamtheit anzunehmen
ist, beurteilt sich vorrangig nach objektiven Kriterien und iÜ nach den Vorstellungen der Parteien, soweit sie
Vertragsinhalt geworden sind (BGHZ 102, 135, 149; NJW-RR 89, 559; jeweils zu § 469 2 aF). Schon die Lieferung mehrerer Sachen in Teilleistungen als solche ist regelmäßig Indiz für eine tatsächliche und von den
Parteien gewollte Zusammengehörigkeit, va wenn der Unternehmer die Gegenstände üblicherweise nur
zusammen verkauft. Es genügt jedoch nicht, dass lediglich eine Sache in der – der Gegenseite bekannten –
Erwartung ge- oder verkauft wird, es werde später ein weiterer Kaufvertrag über eine oder mehrere andere
Sachen zustande kommen. Jedoch darf der Unternehmer den Verbraucher nicht für jede Lieferung ein eigenes Vertragsformular unterzeichnen lassen, um dadurch den Tatbestand des I 1 Nr 1 auszuräumen (§ 511 2;
Karlsr NJW-RR 93, 635, 636). Ferner muss der Unternehmer die von ihm geschuldete Sachgesamtheit in Teilleistungen liefern, der Verbraucher seinerseits das Entgelt für die Gesamtheit der Sachen in Teilleistungen zu
entrichten haben. Beide Voraussetzungen müssen kumulativ gegeben sein. Die Teilleistungen – insb die des
Verbrauchers – brauchen aber weder die gleiche Höhe aufzuweisen, noch in zeitlich gleichen Abständen zu
erbringen sein (BGHZ 78, 375, 380; Köln BauR 95, 709). **Bsp**: Lieferung von **Feuerlöschern** nebst Zubehör
(Karlsr aaO); **Bausatzverträge** (BGHZ aaO 379; BGH/EBE 06, 45; Hamm OLGR 97, 25; Köln aaO), sofern
sie nicht die Kriterien eines Werkvertrags erfüllen (Rn 2; BGHZ 87, 112); Lieferung von **Hardware** und **Software** bei Computern, Unterlagen für **Fernlehrkurse** (Sprachkurse; BGH NJW-RR 90, 1011); mehrbändige
Nachschlagewerke (Lexika); ggf auch **Buchreihen** (BGH NJW 76, 1354).

II. Verträge nach Abs 1 S 1 Nr 2. Ein Ratenlieferungsvertrag ist weiter gegeben, wenn der Vertrag die „regel- 5
mäßige Lieferung von Sachen gleicher Art" zum Gegenstand hat, dh die (mehrmalige) Befriedigung eines
regelmäßig neu entstehenden Bedürfnisses oder eines von Anfang an bestehenden, aber zeitlich gestreckt
nachzukommenden Bedarfs (vgl BGHZ 67, 389, 395). Das erfasst grds alle Teillieferungs- und Sukzessivlieferungsverträge. Regelmäßigkeit bedeutet – unabhängig vom Umfang der einzelnen Lieferungen – die fortlaufende Leistung in bestimmten Zeitabschnitten oder innerhalb bestimmter Zeiträume (BGHZ 80, 357 f zu
§ 197 aF). Sie erfordert indes keine in zeitlicher Hinsicht von vornherein festgelegten oder stets gleich bemessenen Abstände (aA BGHZ aaO; offen BGHZ 78, 248, 249; *Bülow* § 505 Rz 34; MüKo/*Habersack* § 505 Rz 20),
solange die einzelnen Lieferungen mit zeitlichem Bezug zueinander erfolgen. Die zu liefernden Sachen müssen zumindest in ihren wesentlichen Artmerkmalen gleichartig sein, etwa derselben Gattung angehören, auch
wenn sich die Einzellieferungen in Qualität und Ausstattung voneinander unterscheiden und in verschiedener Zusammenstellung geliefert werden. Über den Gesetzeswortlaut hinaus ist im Hinblick auf den Schutzzweck der Norm (Rn 1) zudem ungeschriebene Voraussetzung, dass der Verbraucher seine Gegenleistung in
Teilleistungen zu erbringen hat (BGH NJW 90, 1046, 1048; NJW-RR 90, 562).

Bsp: **Abonnementverträge** über Zeitungen und Zeitschriften (BGH NJW 87, 124; 90, 1046; 90, 3144; NJW- 6
RR 90, 561 und 562), **Zwangsversteigerungskataloge** (LG München I MDR 99, 149; AG Oldbg MDR 91,
596) und Ergänzungslieferungen zum Grundwerk einer **Loseblattsammlung** (AG Frankfurt NJW-RR 94,
1400), nicht jedoch das einmonatige **Probeabonnement** und generell das im voraus bezahlte Abonnement
(BGH NJW 90, 1046; NJW-RR 90, 562); **Aussteuersortimente** für Bett- und Haushaltswäsche (BGHZ 67,
389, 395); ein Vertrag über die Lieferung von 50 000 **Zündholzbriefchen** mit Werbeaufdruck an einen Gastwirt (aA Frankf NJW 89, 1082: I 1 Nr 3). Verträge über die Bereitstellung der Nutzungsmöglichkeit eines
Pay-TV fallen nicht – auch nicht in analoger Anwendung – unter I 1 Nr 1 (BGH NJW 03, 1932).

III. Verträge nach Abs 1 S 1 Nr 3. Die Bestimmung erfasst – als Auffangtatbestand – Verträge, die die Ver- 7
pflichtung zum wiederkehrenden, nicht notwendig regelmäßigen Erwerb oder Bezug
von Sachen zum Gegenstand haben. Das sind va Grund- oder Rahmenverträge, die der Verbraucher mit
einem bestimmten Unternehmer abschließt (BGH NJW 97, 933), nicht hingegen Wiederkehrschuldverhältnisse, bei denen gerade keine den Verbraucher langfristig bindende Rechtspflicht zum Abschluss einzelner
(Ausführungs-)Verträge besteht. Der Verbraucher erbringt auch hier Teilleistungen, weil er das geschuldete
Entgelt mit Blick auf den Abschluss der Einzelverträge zu entrichten hat. **Bsp**: Mitgliedschaft in einem **Buchclub**; **Franchiseverträge**, wobei es reicht, wenn die Eingehung der Bezugsverpflichtung der Existenzgründung
(§ 512) dient, auch wenn ihr Verwendungszweck erst in künftiger gewerblicher Nutzung liegt (BGHZ 128,
156; 97, 351, 356; NJW 97, 2184); **Lizenzverträge** mit Abnahmeverpflichtung des Lizenznehmers (Hambg

NJW-RR 87, 179); **Vertragshändlerverträge** und sonstige **Absatzmittlungsverträge**; **Bierlieferungs-** und sonstige **Getränkebezugsverträge** (BGHZ 129, 371; 119, 283; 109, 314; 97, 127; NJW 97, 933; WM 92, 951); Lieferung von Flüssiggas in Flaschen oder Tankwagen (BGH NJW-RR 88, 1322).

8 **C. Rechtsfolgen. I. Schriftform.** Ein Ratenlieferungsvertrag bedarf nach II 1 der schriftlichen Form. Bei Rahmenverträgen betrifft dies den Grundvertrag, während die jeweiligen Ausführungsgeschäfte formfrei bleiben. Die Formerleichterungen des § 492 I 2 und 3 finden keine Anwendung. Es genügt die elektronische Form (§ 126a). Macht der Unternehmer davon Gebrauch, entfällt das Schriftformerfordernis, wenn er – entspr § 312e I Nr 4 – dem Verbraucher die Möglichkeit verschafft, die Vertragsbestimmungen einschl der AGB bei Vertragsschluss abzurufen und in wiedergabefähiger Form zu speichern (II 2). Pflichtangaben (§ 492 II) sind in jedem Fall entbehrlich. Die Regelung in II 3 (Mitteilung des Vertragsinhalts in Textform) bezieht sich auf alle Ratenlieferungsverträge und nicht nur auf diejenigen, die in elektronischer Form abgeschlossen worden sind. Wird die vorgeschriebene Form nicht gewahrt, ist der Vertrag nichtig (§ 125 1) und muss nach bereicherungsrechtlichen Regeln rückabgewickelt werden. Eine Heilung (§ 494 II) ist ausgeschlossen. Im Einzelfall kann die Berufung auf den Formmangel durch den Verbraucher aber gegen § 242 verstoßen, insb wenn die beiderseitigen Leistungen vollständig erbracht sind. Ebenso kann der Unternehmer treuwidrig handeln, wenn er ggü dem Verbraucher, der die Erfüllung des formnichtigen Vertrags verlangt und dessen Schutz § 510 allein dient, den Formmangel geltend macht.

9 **II. Widerrufsrecht.** I 1 räumt dem Verbraucher ein Widerrufsrecht ein, mit dem er sich von seiner auf den Abschluss des Vertrags gerichteten Willenserklärung lösen kann. Dieses kann weder durch ein Rückgaberecht (§ 356; aA AnwK/*Reiff* § 505 Rz 18 f: Redaktionsversehen) noch dadurch ersetzt werden, dass der Verbraucher den Vertrag jederzeit ohne Angabe von Gründen kündigen kann (BGH NJW-RR 90, 1011; NJW 90, 3144). Erfüllt der Ratenlieferungsvertrag zugleich die Voraussetzungen eines Fernabsatzgeschäfts, geht das Widerrufsrecht nach § 510 vor (vgl § 312d IV Nr 2, 3, V 1 und 2); dennoch sind für den Lauf der Widerrufsfrist die §§ 312d II 1, 312c II zu beachten (Günstigkeitsprinzip; *Meinhof* NJW 02, 2273, 2275; BaRoth/*Möller/Wendehorst* § 505 Rz 15). Ist der Ratenlieferungsvertrag als Haustürgeschäft zustande gekommen, ist gem § 312a das Widerrufsrecht des § 312 ausgeschlossen; es gilt allein § 510. Das Widerrufsrecht erlischt spätestens sechs Monate nach Vertragsschluss; diese Frist beginnt nicht vor der erstmaligen Lieferung, dem erstmaligen Erwerb oder dem erstmaligen Bezug der Sache (§ 355 IV 2; beachte ferner § 312e III 2). Der Widerruf erstreckt sich grds auf den Vertrag in seiner Gesamtheit (Hamm OLGR 97, 25); die Erbringung von Teilleistungen vor Ausübung des Widerrufsrechts schadet nicht. Haben allerdings in den Fällen des I 1 Nr 2 die durch den Unternehmer erbrachten Leistungen für den Verbraucher auch ohne die künftigen Lieferungen einen eigenen Wert, wirkt sich der Widerruf nur für die Zukunft aus (AG Oldbg MDR 91, 596). Bei den Verträgen des I 1 Nr 3 erfasst der Widerruf den Rahmenvertrag. Für die Zukunft entfällt die Verpflichtung zum Abschluss weiterer Einzelverträge, während schon abgewickelte Einzelverträge Bestand behalten (BGH NJW 97, 933), sofern nicht Einzelverträge und Rahmenvertrag ein einheitliches Rechtsgeschäft bilden, das nach dem Willen der Parteien miteinander stehen und fallen soll (BGH 112, 288, 293; 97, 351; 50, 8, 13; NJW 83, 2026). Auch sonstige gemischte, zusammengesetzte, gekoppelte oder kombinierte Verträge werden nach § 139 beurteilt (BGHZ 128, 156, 165; NJW 97, 933 und 2184).

Untertitel 4 Unabdingbarkeit, Anwendung auf Existenzgründer

§ 511 Abweichende Vereinbarungen. ¹Von den Vorschriften der §§ 491 bis 510 darf, soweit nicht ein anderes bestimmt ist, nicht zum Nachteil des Verbrauchers abgewichen werden. ²Diese Vorschriften finden auch Anwendung, wenn sie durch anderweitige Gestaltungen umgangen werden.

1 **A. Allgemeines.** Die Vorschrift enthält zwei Tatbestände: Das Unabdingbarkeitsgebot in 1 und das Umgehungsverbot in 2. Die verbraucherschützenden Regelungen der §§ 491 ff sind der Disposition der Parteien entzogen; zugleich soll Umgehungsversuchen durch Ausweichen auf andere Vertragsformen begegnet werden. Anders als noch § 18 VerbrKrG enthält § 511 für entspr Verstöße keine ausdrückliche Sanktion. Da jedoch für den Verbraucher ungünstige Abreden verhindert werden sollen, ist jede von den §§ 491 ff zu seinem Nachteil abw Vereinbarung unwirksam (§ 134). Es tritt Teilnichtigkeit ein; die entstandenen Lücken werden durch die einschlägigen gesetzlichen Bestimmungen aufgefüllt (BGH NJW 77, 1058). Durch eine Gesamtnichtigkeit mit bereicherungsrechtlicher Rückabwicklung des Vertrags wäre der Verbraucher im Ergebnis schlechter gestellt; zudem ist die in § 494 I enthaltene Anordnungen einer Gesamtnichtigkeit ihrerseits als abschließend zu betrachten. Die **Beweislast** für die Voraussetzungen des § 511 trägt der Verbraucher.

2 **B. Unabdingbarkeit (S 1).** Die Regelung ist halbzwingend. Es sind nur Vereinbarungen unzulässig, die zulasten des Verbrauchers getroffen werden, während der Unternehmer ohne weiteres Verpflichtungen eingehen kann, die über die verbraucherschützenden Vorgaben hinausgehen. Ob eine Abrede zum Nachteil des Ver-

brauchers von den gesetzlichen Bestimmungen abweicht, ist jeweils anhand der einzelnen Klausel zu prüfen. Eine Gesamtschau der vertraglichen Bedingungen findet nicht statt, insb kann eine den Verbraucher belastende Regelung nicht an anderer Stelle durch eine ihn begünstigende Regelung ausgeglichen werden. Eröffnet das Gesetz dem Unternehmer Gestaltungsmöglichkeiten, wie zB in § 508, oder erleichtert es die Einhaltung von Formvorschriften (zB § 504), sind die Voraussetzungen für die Privilegierung ihrerseits zwingend festgelegt. Schon nach dem eindeutigen Gesetzeswortlaut sind neben Vereinbarungen auch einseitige Erklärungen des Verbrauchers unzulässig, durch die er sich einer günstigen Rechtsposition begibt (*Fuchs* AcP Bd 196, 313, 355; aA *Krämer* ZIP 97, 93, 97). Jedoch bleibt es dem Verbraucher unbenommen, die Durchführung eines von ihm als formnichtig erkannten Vertrags zu verlangen (§ 494 Rn 2). Ausnahmen vom Unabdingbarkeitsgebot enthält zB § 493 III 2.

C. Umgehungsverbot (S 2). Das Gesetz verbietet „anderweitige Gestaltungen", die darauf angelegt sind, die gesetzlichen Schutzvorschriften nicht zur Anwendung kommen zu lassen; das kann auch Sachverhalte mit prozessualem Einschlag betreffen (zB Verhinderung isolierter Zinstitel, § 497 Rn 12). 2 erweitert allerdings nur den sachlichen, nicht hingegen den persönlichen Anwendungsbereich des Verbraucherkreditrechts (MüKo/*Habersack* § 506 Rz 14), selbst wenn im Einzelfall ein personenbezogenes Schutzbedürfnis wie bei einem Verbraucher oder Existenzgründer gegeben sein sollte. Die Kreditaufnahme für private Zwecke über eine Einmann-GmbH fällt daher nicht unter § 511 (*Bülow* § 506 Rz 28). Eine Umgehungsabsicht ist nicht erforderlich (vgl BGHZ 110, 47). Ist ein Umgehungstatbestand gegeben, führt dies nicht zur Unwirksamkeit der betreffenden vertraglichen Vereinbarung; vielmehr ist diese nach den §§ 491 ff zu beurteilen. **Bsp**: Aufspaltung eines wirtschaftlich einheitlichen Kreditvorgangs in Bagatell-Kreditverhältnisse, Hintereinanderschaltung mehrerer kurzfristiger Stundungen. 3

§ 512 Anwendung auf Existenzgründer.
Die §§ 491 bis 511 gelten auch für natürliche Personen, die sich ein Darlehen, einen Zahlungsaufschub oder eine sonstige Finanzierungshilfe für die Aufnahme einer gewerblichen oder selbständigen beruflichen Tätigkeit gewähren lassen oder zu diesem Zweck einen Ratenlieferungsvertrag schließen, es sei denn, der Nettodarlehensbetrag oder Barzahlungspreis übersteigt 75 000 Euro.

A. Einführung. Die Vorschrift erweitert den persönlichen Anwendungsbereich des Verbraucherkreditrechts, 1 indem sie Existenzgründer, die sich von einem Unternehmer ein Darlehen (§ 491 I), einen Zahlungsaufschub, oder eine sonstige Finanzierungshilfe (§ 506 I) gewähren lassen oder mit diesem einen Ratenlieferungsvertrag abschließen (§ 510), in der rechtlichen Behandlung dem Verbraucher (§ 13) gleichstellt. Eine natürliche Person kann sich auf die §§ 491–511 berufen, auch wenn sie das Rechtsgeschäft zu einem Zwecke abschließt, der ihrer gewerblichen oder selbständigen beruflichen Tätigkeit zuzurechnen ist, sofern es um die Aufnahme und nicht bereits um die Ausübung dieser Tätigkeit geht. Die **Beweislast** dafür trägt der Existenzgründer. Hingegen muss der Unternehmer ggf beweisen, dass der Kredit 50 000 Euro (aF) bzw 75 000 Euro (nF) übersteigt („es sei denn"; *Bülow* NJW 02, 1145, 1147) oder der Fortsetzung bzw Erweiterung einer bereits aufgenommenen gewerblichen oder selbständigen beruflichen Tätigkeit dient (Ddorf GuT 05, 53).

B. Existenzgründungsphase. Die Gründungsphase ist erst mit der tatsächlichen Aufnahme der gewerblichen 2 oder selbständigen beruflichen Tätigkeit abgeschlossen (zB Geschäftseröffnung). Vorbereitende Handlungen (Einstellung von Arbeitnehmern, Anmietung von Räumlichkeiten, Kauf von Einrichtungsgegenständen) genügen dafür nicht. Ausreichend ist jedoch die nach außen hin signalisierte Bereitschaft, am Markt aufzutreten, etwa durch Werbung, durch Kundenbesuche oder die Versendung von Prospektmaterial. Umsätze müssen noch nicht gemacht worden sein. Auf die Erteilung einer öffentlich-rechtlichen Konzession oder die Eintragung in das Handelsregister kommt es gleichfalls nicht an (Ddorf OLGR 06, 347). Maßgeblich für die Beurteilung ist der Zeitpunkt des Abschlusses des Kreditvertrags oder Ratenlieferungsvertrags (Ddorf OLGR 97, 185). Das hat insb für das **Franchising** Bedeutung. Dort ist nicht auf den Moment der Erfüllung der eingegangenen künftigen Bezugsverpflichtung, sondern auf die Begründung dieser Verpflichtung abzustellen (BGHZ 128, 156, 162; § 505 Rn 7).

Nach höchstrichterlicher Rspr fallen zusätzliche und wiederholte Existenzgründungen ebenfalls unter § 512, 3 so dass ein Kreditnehmer die verbraucherschützenden Normen mehrfach für sich in Anspruch nehmen kann, solange nur der Kredit nicht für eine konkret schon bestehende gewerbliche oder selbständige berufliche Tätigkeit bestimmt ist (BGHZ 128, 156, 163; NJW-RR 00, 719 u 1221; Ddorf GuT 05, 53), wie bspw beim Kauf zusätzlicher Geräte für ein bereits ausgeübtes Gewerbe (Ddorf NJW-RR 96, 759). Das lässt außer Acht, dass der Kreditnehmer durch die vorangegangene(n) Existenzgründung(en) bereits über geschäftliche Erfahrenheit verfügt. Das Gesetz will den Existenzgründer nicht vor den allg Risiken bewahren, die mit der neu angestrebten Tätigkeit verbunden sind, sondern betrachtet speziell die Kreditaufnahme oder den Abschluss des Ratenlieferungsvertrags als Risikofaktor (iE Staud/*Kessal-Wulf* § 507 Rz 2). Nach der Instanzrspr sollen die verbraucherkreditrechtlichen Bestimmungen sogar dann anzuwenden sein, wenn der Darlehensnehmer eine gleichartige Tätigkeit zwar schon ausgeübt, aber aus persönlichen (und nicht nur wirtschaftlichen) Gründen für einige Zeit wieder aufgegeben hat (Köln NJW-RR 95, 816; Celle NJW-RR 96, 119, wobei dem Kreditgeber die Beweislast für die Kontinuität zwischen der früher ausgeübten und jetzt wieder angestrebten Tätigkeit obliegen soll; Schlesw OLGR 98, 41; Dresd OLGR 98, 425). Keine neue Existenz ist jedenfalls anzunehmen, wenn lediglich die Umwandlung in eine andere Rechtsform erfolgt, wie dies bei der Überführung eines Einzelhandelsgeschäfts in eine GmbH der Fall wäre. Auch die bloße Erweiterung einer schon vorhandenen Existenz löst keinen Verbraucherschutz aus (BGH NJW-RR 00, 719; ZIP 00, 491), selbst wenn die bisherige gewerbliche oder selbständige berufliche Tätigkeit nur einen geringen Umfang gehabt hat.

4 **C. Betragsmäßige Obergrenze.** Nettodarlehensbetrag oder Barzahlungspreis dürfen die – auch für Ratenlieferungsverträge zu beachtende (§ 510 Rn 3) – Höchstbetragsgrenze von 75 000 Euro nicht übersteigen; bei nur teilweiser Kreditierung des Barzahlungspreises kommt es für die Obergrenze auf den konkreten Kreditbedarf und nicht auf die Höhe des Entgelts für die Ware oder Leistung im Falle der Barzahlung an. Planen mehrere Existenzgründer ein gemeinsames Vorhaben und nimmt jeder von ihnen zu diesem Zweck einen Kredit auf oder deckt der Existenzgründer seinen Kreditbedarf bei verschiedenen Darlehensgebern, werden die Darlehenssummen nicht zusammengerechnet. Nach früherer Rechtslage (§ 488 Rn 1) war eine Obergrenze von 50 000 Euro maßgeblich.

5 IÜ ist zu unterscheiden: Werden zur Befriedigung eines einheitlichen Kreditbedarfs des Existenzgründers, der sich oberhalb der Grenze von 75 000 Euro bewegt, mit demselben Unternehmer mehrere Kreditverträge abgeschlossen, so wird jeder Vertrag rechtlich selbständig beurteilt, es sei denn, der Unternehmer kann nachweisen, dass der Existenzgründer sich unter Vorspiegelung falscher Tatsachen die Einzelkredite mit eben dem Ziel, jeweils unter der betragsmäßigen Obergrenze zu bleiben, verschafft hat. Von einer nachträglichen Aufstockung der Kreditsumme bleiben bereits abgeschlossene Kreditverträge unberührt, auch wenn die Grenze von 75 000 Euro in der Gesamtschau überschritten ist. Allein für den neuen Vertrag ist zu prüfen, ob er sich nach den §§ 491 ff beurteilt, obwohl eine Addition der einzelnen Darlehenssummen zu einem Kreditvolumen über 75 000 Euro führt (aA *Lwowski/Peters/Gössmann* 67); allerdings wird zum Zeitpunkt der späteren Kreditgewährung die Existenzgründungsphase regelmäßig bereits abgeschlossen sein, so dass deshalb ein Verbraucherschutz nicht in Betracht kommt. Wird ein Großkredit von den Vertragsparteien einvernehmlich aufgespalten, um für die Einzelkredite unterhalb der Grenze von 75 000 Euro zu bleiben, kommt eine Zusammenrechnung ebenfalls nicht in Betracht (Brandbg NJW 06, 159 u WM 99, 2208, 2212), denn der Unternehmer darf dem Existenzgründer den Schutz des Verbraucherkreditrechts freiwillig gewähren. Die Zusammenfassung verschiedener Kreditverträge, zwischen denen kein wirtschaftlicher Zusammenhang besteht, ist hingegen unzulässig (§ 511 2); das gleiche gilt für eine geringfügige Überschreitung der Obergrenze, mit dem alleinigen Ziel, den Existenzgründer dadurch aus dem Anwendungsbereich der §§ 491 ff zu bringen.

§§ 513–515 – *weggefallen* –

Anhang zu §§ 488–515 Finanzierungsleasing

Inhaltsübersicht

	Rn		Rn
A. Grundlagen	1–29	bb) Immobilienleasing	13
I. Wesensmerkmale, Begriff und wirtschaftliche Funktion des Finanzierungsleasing	1–3	cc) Kommunalleasing	14
		dd) Cross Border-Leasing (CBL)	15
II. Erscheinungsformen und Abgrenzung	4–18	2. Abgrenzung zu anderen Leasing- und Finanzierungsformen	16–18
1. Erscheinungsformen des Finanzierungsleasing	4–15	a) Operatingleasing	16
		b) Finanzierter Kauf	17
a) Verbraucherfinanzierungsleasing	4–7	c) Mietkauf	18
		III. Steuerrechtliche Implikationen	19–23
aa) Persönlicher Anwendungsbereich	5	1. Steuerrechtliche Vorteile	19
bb) Sachlicher Anwendungsbereich	6	2. Wirtschaftliches Eigentum gem § 31 II Nr 1 AO	20–23
cc) Anwendbare Vorschriften	7	IV. Rechtsnatur des Finanzierungsleasing	24–28
b) Erlasskonformes Mobilienleasing (Standardleasing)	8	1. Rechtliche Grundstruktur	24
		2. Zivilrechtliche Einordnung	25–28
c) Hersteller- oder Händlerleasing	9	a) Mietrechtstheorie (BGH)	26
d) Sale and lease back (SLB)	10	b) Kauf-/kredit- und geschäftsbesorgungsrechtliche Leasingtheorien	27
e) Sonderformen des Finanzierungsleasing	11–15	c) Sui generis-Theorie	28
aa) Kfz-Leasing	11, 12	V. Refinanzierung des Leasinggebers	29

	Rn		Rn
B. Pflichtenprogramm	30–43	b) Inhaltskontrolle	64–66
I. Pflichten des Leasinggebers	30–35	aa) Besondere Klauselverbote ($§§ 308 f$)	64
1. Hauptleistungspflichten	30–34	bb) Inhaltskontrolle nach $§ 307 \text{ I } 1$	65
a) Leasingtypische Gebrauchsüberlassungspflicht	30, 31	cc) Transparenzgebot ($§ 307 \text{ I } 2$)	66
aa) BGH: unbeschränkte Gebrauchsüberlassungspflicht gem $§ 535 \text{ I } 1$	30	6. Sittenwidrigkeit gem $§ 138$	67–71
bb) Theorie der beschränkten Gebrauchsüberlassungspflicht	31	a) Sittenwidrigkeit des Leasingvertrages	67–70
		aa) Mietrechtliches Prüfungsmodell	68
b) Service- und Dienstleistungspflichten	32–34	bb) Ratenkreditmodell	69
aa) Kfz-Leasing	33	cc) Subjektive Voraussetzungen	70
bb) Immobilienleasing	34	b) Sittenwidrigkeit des Lieferver-	
2. Nebenleistungspflichten	35	trages	71
II. Pflichten des Leasingnehmers	36–43	7. Anfechtung	72
1. Hauptleistungspflichten	36–42	8. Widerruf des Leasingnehmers	
a) Zahlung des Leasingentgelts	36–41	($§ 495 \text{ I}$)	73–75
aa) Leasingraten	37, 38	IV. Verbundenes Geschäft ($§§ 358 \text{ f}$)	76–83
bb) Leasingsonderzahlung	39	1. Anwendbarkeit der $§ 358 \text{ f}$	76–82
cc) Leasingtypische Vollamortisation	40	a) Methodische Vorüberlegung	77–79
		aa) Rechtslage unter der Geltung des VerbrKrG	78
dd) Preisanpassungsklauseln	41	bb) Rechtslage nach neuem Recht	79
b) Sonstige Hauptleistungspflichten	42	b) Widerruf ($§ 358$)	80, 81
2. Nebenleistungspflichten	43	aa) Standardmodell	80
C. Vertragsabschluss	44–103	bb) Eintrittsmodell	81
I. Vertragsanbahnung	44–47	c) Einwendungsdurchgriff ($§ 359$)	82
1. Vertragsanbahnungsmodelle	44–46	2. Wirtschaftliche Einheit ($§ 358 \text{ III}$)	83
a) Standardmodell (Ein-Vertrags-Modell)	45	V. Verschulden bei Vertragsschluss	84–90
b) Eintrittsmodell	46	1. Vorvertragliche Haftung des Leasinggebers	84–87
2. Leasingrahmenverträge	47	a) Aufklärungs-, Hinweis- und Beratungspflichten	85
II. Rechtsstellung der Beteiligten im Leasingdreieck	48–52	b) Haftung gem $§ 278$	86
1. Rechtsstellung des Lieferanten	48–51	c) Haftungs-/Schriftformklauseln	87
a) Stellvertreter	48	2. (Vor-)vertragliche Haftung des Leasingnehmers	88
b) Erfüllungsgehilfe	49, 50	3. Vorvertragliche Haftung des Lieferanten	89, 90
aa) Vorvertragliche Pflichten des Leasinggebers	49	a) Haftung ggü dem Leasinggeber	89
bb) Gebrauchsüberlassungspflicht des Leasinggebers	50	b) Dritthaftung des Lieferanten ggü dem Leasingnehmer ($§ 311 \text{ III}$)	90
c) Wissensvertreter	51	VI. Sicherheiten/Anschlussleasing	91–103
2. Rechtsstellung des Leasingnehmers	52	1. Bürgschaft/Mithaftungsübernahme	91–97
III. Wirksamkeitsvoraussetzungen	53–75	a) Abgrenzung zum echten Mitleasingnehmer	92
1. Angebot und Annahme ($§§ 145 \text{ ff}$)	53	b) AGB-Kontrolle	93, 94
2. Form	54–59	c) Anwendung des Verbraucherdarlehensrechts	95, 96
a) Verbraucherkreditrechtliche Formvorgaben	55–58	d) Sittenwidrigkeit ($§ 138$)	97
aa) Schriftform ($§ 492 \text{ I } 1–4$)	55	2. Rückkaufvereinbarung/Vermarktungspflicht des Lieferanten	98–101
bb) Heilung von Formmängeln	56	a) Rückkaufvereinbarung	98–100
cc) Pflichtangaben	57	aa) Vertragsinhalt und Rechtsnatur	98, 99
dd) Abschrift der Vertragserklärung	58	bb) Ausübung des Wiederverkaufsrechts	100
b) Immobilienleasingverträge	59	b) Vermarktungspflicht	101
3. Vertragsbeginn	60		
4. Scheitern des Liefervertrages	61		
5. AGB-Kontrolle der Leasingbedingungen ($§§ 305 \text{ ff}$)	62–66		
a) Einbeziehung in den Leasingvertrag	63		

	Rn		Rn
3. Anschlussleasing	102, 103	2. Inzidenterkontrolle der Liefer-AGB	133–142
a) Haftung des Anschlussleasingnehmers	102	a) Zwingender Verbraucherschutz (§§ 474 ff)	134
b) Haftung des ausscheidenden Leasingnehmers	103	b) AGB-Kontrolle (§§ 305 ff)	135–138
D. Lieferung	104–127	aa) Kontrollmaßstab	135
I. Der leasingtypische Liefervorgang	105–109	bb) Klauselverbote	136
1. Direktlieferung an den Leasingnehmer	105	cc) Folgen unwirksamer Liefer-AGB für den Leasingvertrag	137
2. Übernahmebestätigung des Leasingnehmers	106–108	dd) Einbeziehung der Liefer-AGB in den Leasingvertrag	138
a) Leasingverhältnis	107	c) Folgen einer wirksamen Beschränkung der kaufrechtlichen Sachmängelhaftung	139–142
b) Lieferverhältnis	108		
3. Gutgläubiger Erwerb	109		
II. Fehlgeschlagene und verspätete Lieferung	110–117	aa) Geschäftsverkehr mit Unternehmern	139–141
1. Ausbleiben der Lieferung	110, 111		
2. Teillieferung	112	bb) Verbraucherfinanzierungsleasingverträge	142
3. Verspätete Lieferung	113		
4. Nichtlieferungs- und Verspätungsklauseln	114–117	3. Rechtsfolgen unwirksamer Haftungsfreizeichnung	143
a) Allgemeine Haftungsklauseln	114	III. Rechtsfolgen der leasingtypischen Abtretungskonstruktion	144–160
b) Einbeziehung der Ansprüche wegen Nichterfüllung in die leasingtypische Abtretungskonstruktion	115	1. Zuständigkeit des Leasingnehmers für die Geltendmachung der Mängelrechte	144
c) Aufwendungsersatzklauseln	116	2. Bindung des Leasinggebers an das Erg der Mängelauseinandersetzung	145
d) Insolvenzrisiko- und Rücktrittsklauseln	117		
III. Gefahrtragung	118–127	3. Auswirkungen des Rücktritts vom Liefervertrag auf den Leasingvertrag	146–151
1. Leasingtypische Abwälzung der Sach- und Preisgefahr	118–120		
a) Leasingvertragliche Preisgefahrklauseln	118	a) Dogmatische Grundlagen	146, 147
b) Besonderheiten beim Kfz-Leasing	119	aa) Geschäftsgrundlagenlösung des BGH	146
c) Instandhaltungs-, Instandsetzungs- und Ersatzbeschaffungs-/Kaskoversicherungsklauseln	120	bb) Kündigungslösung	147
		b) Wegfall der Zahlungspflicht des Leasingnehmers	148, 149
2. Beschädigung, Zerstörung oder Verlust der Leasingsache	121–126	aa) Geschäftsverkehr zwischen Unternehmern	148
a) Rechtslage im Leasingverhältnis	122	bb) Verbraucherfinanzierungsleasingverträge	149
b) Ansprüche ggü Dritten	123, 124	c) Rückabwicklung bereits erbrachter Leistungen	150, 151
aa) Ansprüche des Leasinggebers	123	4. Sonstige kaufrechtliche Mängelrechte	152–154
bb) Ansprüche des Leasingnehmers	124	a) Nacherfüllung	152
c) Verwendung von Versicherungs- und Ersatzleistungen Dritter	125, 126	b) Minderung/kleiner Schadensersatz	153
		c) Großer Schadensersatz	154
3. Rechtsfolgen unwirksamer Gefahrabwälzung	127	5. Subsidiäre Einstandspflicht des Leasinggebers	155–157
E. Die leasingtypische Abtretungskonstruktion (Sachmängelhaftung)	128–161	a) Unmöglichkeit/Unzumutbarkeit der Durchsetzung der kaufrechtlichen Mängelrechte	155
I. Ausgangslage	128		
II. Wirksamkeitsvoraussetzungen	129–143	b) Sonderfall: Versäumung der handelsrechtlichen Rügepflicht (§ 377 HGB)	156, 157
1. Allgemeine Anforderungen an die inhaltliche Vertragsgestaltung	129–132		
a) Abtretbarkeit von Gestaltungsrechten	130	6. Verjährung der Mängelrechte	158
b) Endgültige, vorbehaltlose, unbedingte und uneingeschränkte Abtretung	131, 132	7. Verhaltenspflichten des Leasingnehmers	159
		8. Besonderheiten im Prozess	160
		IV. Sonderformen: Händler- und Herstellerleasing/SLB-Geschäft	161

		Rn			Rn
F.	Beendigung und Abrechnung des Leasingvertrages	162–185	dd) Sachmängelhaftung des Leasinggebers		174
I.	Ordentliche Beendigung des Leasingvertrages	162–175	ee) Richtlinienkonforme Auslegung		175
1.	Beendigungsgründe	162	II. Außerordentliche Kündigung des Leasingvertrages		176–182
2.	Restamortisation	163–175	1. Kündigungstatbestände		176–180
	a) Leasingtypischer Ausgleichsanspruch	164–166	a) Kündigung des Leasingnehmers wegen Vorenthaltung des vertragswidrigen Gebrauchs (§ 543 II Nr 1)		177
	aa) Allgemeines	164			
	bb) Berechnung	165, 166			
	b) Vertragsmodell mit Abschlusszahlung	167	b) Kündigung des Leasinggebers wegen Zahlungsverzugs (§§ 543 II Nr 3; 498)		178, 179
	c) Vertragsmodell mit Restwertgarantie und Mehrerlösbeteiligung	168	c) Kündigung des Leasinggebers wegen Vermögensgefährdung (§§ 543 I; 314)		180
	d) Kilometerabrechnungsvertrag	169, 170	2. Schadensersatz statt Leistung		181
	e) Sonderfall: Ausübung eines Andienungsrechts oder einer Kaufoption	171–175	3. Verfallklauseln/Sicherstellung		182
			III. Rückgabe und Verwertung der Leasingsache		183–185
	aa) Vertragsmodell mit Andienungsrecht	171	1. Rückgabe der Leasingsache		183, 184
	bb) Vertragsmodell mit Kaufoption	172	2. Verwertung der Leasingsache		185
	cc) Besitzverschaffungspflicht des Leasinggebers	173	G. Tod des Leasingnehmers		186

A. Grundlagen. I. Wesensmerkmale, Begriff und wirtschaftliche Funktion des Finanzierungsleasing. Bislang definiert das BGB den Begriff des Finanzierungsleasing selbst nicht, sondern setzt diesen in §§ 499 II, 500 (früher § 3 II Nr 1 VerbrKrG) voraus. In §§ 499 II, 500 wird der Verbraucherfinanzierungsleasingvertrag als **sonstige entgeltliche Finanzierungshilfe** iSv § 499 I qualifiziert, auf die – eingeschränkt – das Verbraucherdarlehensrecht (§§ 491 ff) anwendbar ist. Künftig verwendet das BGB den Begriff des Finanzierungsleasing zwar nicht mehr. In **§ 506 II nF**, der im Zuge der Umsetzung der neuen VerbrKrRL (2008/48/EG) eingefügt wurde und am 11.6.10 in Kraft treten wird, werden aber 3 Arten von Verbraucherfinanzierungsleasingverträgen definiert, die als entgeltliche Finanzierungshilfe gelten und auf die ohne die frühere Einschränkung nahezu sämtliche Regelungen des Verbraucherdarlehensrecht anwendbar sind. Finanzierungsleasingverträge bilden somit als neben dem Darlehen und Zahlungsaufschub stehende Finanzierungshilfe einen **Unterfall des Kreditvertrages** (Staud/*Kessal-Wulf* § 500 Rz 1, 6). Hiervon bleibt die zivilrechtliche Einordnung des Finanzierungsleasing (Rn 25 ff) jedoch unberührt (Staud/*Kessal-Wulf* § 500 Rz 7; *Westphalen* Leasing Rz 22; aA *Canaris* ZIP 93, 401 ff). Seit dem 1.1.09 unterliegt das Finanzierungsleasing als Finanzdienstleistung der – eingeschränkten – Finanzaufsicht gem § 1 Ia Nr 10 KWG (*Weber* NJW 09, 2927).

Das G knüpft in §§ 499 II, 500 und § 506 II nF an den von Rspr und Lehre entwickelten Begriff des Finanzierungsleasing an. Diese in der Praxis wichtigste Leasingform stellt alternativ zu Kauf, Darlehen und Mietkauf ein **Instrument der fremdfinanzierten Investitions- oder Konsumgüterbeschaffung** dar. Der Zweck des Finanzierungsleasing besteht darin, dem Leasingnehmer den seinen Wünschen entsprechenden, vom Leasinggeber zu beschaffenden Leasinggegenstand zur – befristeten – Nutzung gegen ein ganz oder überwiegend ratenweise zu entrichtendes Entgelt zu überlassen, so dass der Leasingnehmer die Anschaffung des Leasinggutes nicht aus eigenen Mitteln bezahlen muss (BGHZ 128, 255, 262). Das Finanzierungsleasing hat eine **Doppelnatur**. Neben die **Gebrauchsüberlassung** (to lease = vermieten, verpachten) tritt die **Finanzierungsfunktion** hinzu (BGHZ 128, 255, 262 f; 114, 57, 68; 112, 65, 71 f; 111, 84, 94 f). Aus der leasingtypischen Finanzierungsfunktion folgt, dass der Leasingnehmer iGgs zum reinen Mietvertrag zur vollen Amortisation des Kapitaleinsatzes für die Anschaffung der Leasingsache einschließlich der Finanzierungskosten und des kalkulierten Gewinns des Leasinggebers verpflichtet ist (**Vollamortisationsprinzip**). Das zum Wesen jeglicher Finanzierung gehörende Prinzip des Kapitalrückflusses an den Kreditgeber gilt demnach auch für das Finanzierungsleasing (BGHZ 128, 255, 262; 111, 237, 242). Gelegentlich übernimmt der Leasinggeber zusätzliche **Dienstleistungs- und Servicefunktionen** (Rn 32 ff).

Beim gewerblichen Finanzierungsleasing streben die Parteien **betriebswirtschaftliche und steuerliche Vorteile** ggü dem Investitionskredit an (BGHZ 111, 84, 94 f; BGH NJW 86, 1746, 1747). Zu den Einzelheiten s. www.bgb-pww.de. Die steuerlichen Effekte, die durch das **Unternehmenssteuerreformgesetz 2008** (BGBl I 07, 1912) deutlich relativiert wurden, bestimmen maßgeblich das Wesen des Finanzierungsleasing (BGHZ 95, 39, 52). Die steuerliche Zielsetzung der Vertragsparteien kann auch bei der Auslegung zu berücksichtigen sein (MüKo/*Koch* Leasing Rz 16; DerlKnops/Ba/*Mankowski/Knöfel* § 21 Rz 11). Dennoch folgt aus der **Eigenstän-**

digkeit des Zivilrechts, dass die steuerrechtlichen Bewertungen den zivilrechtlichen Begriff und die zivilrechtliche Behandlung des Finanzierungsleasing nicht ohne weiteres präjudizieren (Staud/*Kessal-Wulf* § 500 Rz 5; *Bülow/Arzt* § 499 Rz 75; *Larenz-Canaris* SchuldR II 2 § 66 II 4; aA für eine strikte Kongruenz der ertragssteuerlichen Klassifizierung und der zivilrechtlichen Qualifizierung *Westphalen* Leasing Rz 1).

4 **II. Erscheinungsformen und Abgrenzung. 1. Erscheinungsformen des Finanzierungsleasing. a) Verbraucherfinanzierungsleasing.** Wegen der fehlenden Nutzbarkeit der steuerlichen und betriebswirtschaftlichen Vorteile des Finanzierungsleasing durch private Endverbraucher hat das Privatleasing nur eine geringe Bedeutung. Die Einordnung eines Leasingvertrages als Verbraucherfinanzierungsleasingvertrag und damit als entgeltliche Finanzierungshilfe setzt voraus, dass der Vertrag dem persönlichen und sachlichen Anwendungsbereich der §§ 499 II, 500 unterfällt. Auf nach dem 10.6.10 abgeschlossen Verträge findet § 506 II nF Anwendung (Art 229 § 29 b II EGBGB nF).

5 **aa) Persönlicher Anwendungsbereich.** Die §§ 499 II, 500 finden auf Finanzierungsleasingverträge Anwendung, die von einem Unternehmer (§ 14) als Leasinggeber und einem Leasingnehmer mit Verbrauchereigenschaft (§ 13) geschlossen werden; dem Verbraucher steht der Existenzgründer gleich (§ 507 = § 512 nF). S. zur Abgrenzung von privater und gewerblichen oder selbstständig beruflichen Tätigkeit beim Kfz-Leasing Ddorf DB 01, 914, 915, zur Beendigung der Existenzgründungsphase Ddorf ZMR 06, 363, 364 f. Sind an einem Finanzierungsleasingvertrag mehrere Personen als Leasingnehmer beteiligt, so ist die Verbrauchereigenschaft für jeden Leasingnehmer gesondert zu prüfen (**Grundsatz der Einzelbetrachtung**; BGH NJW 07, 1833 Tz 13; BGHZ 144, 370, 380 f). Nach stRspr des BGH ist bei einem Finanzierungsleasingvertrag mit einer GmbH als Leasingnehmer deren Gesellschafter/Geschäftsführer als Verbraucher anzusehen (BGH WM 07, 1833 Tz 16 ff; abl MüKo/*Schürnbrand* § 491 Rz 37 f; *Peters* WM 06, 1183, 1185). Gleichgültig ist, ob dieser im Wege des Schuldbeitritts die Mithaftung für die Verbindlichkeiten der GmbH aus dem Finanzierungsleasingvertrag übernimmt oder neben der GmbH als weiterer Leasingnehmer an dem Vertrag beteiligt ist (BGHZ 144, 370, 380 f). Im Interesse der Rechtssicherheit und Rechtsklarheit kommt es auch nicht darauf an, ob der Mitverpflichtete Mehrheitsgesellschafter oder geschäftsführender Gesellschafter einer Ein-Mann-GmbH ist (BGH NJW 97, 1443, 1444). An dieser Rechtslage hat sich durch § 506 II nF nichts geändert.

6 **bb) Sachlicher Anwendungsbereich.** Die §§ 499 II, 500, finden auf Leasingverträge Anwendung, die darauf angelegt sind, dem Leasingnehmer den Gebrauch der Leasingsache auf unbestimmte oder begrenzte Dauer zu verschaffen und nach deren Inhalt es zur Gegenleistung des Leasingnehmers gehört, dem Leasinggeber das von ihm zur Gebrauchsverschaffung eingesetzte Kapital einschließlich des kalkulierten Gewinns zurückzugewähren (BGH NJW 96, 2033, 2034). Hierunter fallen nach stRspr im Interesse eines möglichst effektiven Verbraucherschutzes **sämtliche entgeltlichen Finanzierungsleasingverträge**, dh sowohl Vollamortisations- als auch Teilamortisationsverträge, und zwar nicht nur erlasskonforme Leasingverträge (Rn 8), sondern alle Verträge, bei denen Aufwand und Kosten des Leasinggebers ganz überwiegend durch Zahlungen des Leasingnehmers und die Verwertung der zurückgegebenen Leasingsache erreicht werden, selbst wenn der Leasinggeber wie bei dem Kilometerabrechnungsvertrag (Rn 11) das Verwertungsrisiko zu tragen hat (BGHZ 147, 7, 12; 144, 370, 379 f; 142, 23, 29 f; BGH NJW 06, 1066 Tz 14; 03, 505, 507; *Wolf/Eckert/Ball* Rz 2037; aA Bankrechts-Hdb/*Martinek/Oechsler* § 101 Rz 91; *dies* ZIP 93, 81 ff). Maßgebliches Kriterium für die Einordnung zum Finanzierungsleasing ist hiernach die **zumindest faktische Vollamortisation**, was dazu führt, dass das **Operatingleasing** von dem Anwendungsbereich der §§ 400 II, 500 nicht erfasst ist (Rn 16). Nicht erforderlich ist hingegen, dass die Substanz der Sache endgültig auf den Leasingnehmer übertragen wird. Auf dieses Merkmal hat der Gesetzgeber in Abkehr von der früheren Rspr des BGH zum verdeckten Abzahlungsgeschäft iSv § 6 AbzG (BGHZ 142, 23, 28; NJW 95, 519 f) bereits bei Inkrafttreten des VerbrKrG bewusst verzichtet (Staud/*Kessal-Wulf* § 500 Rz 2). An diese Rechtslage knüpft die Regelung in **§ 506 II nF** an, die bestimmt, dass ein Verbrauchervertrag über die entgeltliche Nutzung eines Gegenstandes als entgeltliche Finanzierungshilfe gilt, wenn einer der in den Nrn 1 bis 3 dieser Vorschrift genannten Tatbestände erfüllt ist. § 506 II 1 Nr 1 und 2 nF dienen der Umsetzung von Art 2 II d VerbrKrRL, wonach Leasingverträge ohne **Erwerbsverpflichtung** des Leasingnehmers vom Geltungsbereich der Richtlinie ausgeschlossen sind und von einer Erwerbsverpflichtung auszugehen ist, wenn der Leasinggeber einseitig über den Erwerb des Leasinggegenstandes durch den Leasingnehmer entscheidet. Unter den Tatbestand des § 506 II 1 Nr 2 nF fällt insb das typische **Andienungsrecht** des Leasinggebers. § 506 II 1 Nr 3 nF ist durch die Richtlinie nicht vorgegeben und erfasst solche Finanzierungsleasingverträge, bei denen zwar keine Erwerbsverpflichtung des Leasingnehmers besteht, dieser aber für einen bestimmten Wert des Leasinggegenstandes einzustehen hat. Das trifft insb auf Finanzierungsleasingverträge mit einer **Restwertgarantie** zu, die dem Leasinggeber die leasingtypische **Vollamortisation** des Vertragsgegenstandes verschafft. Nach der Gesetzesbegründung verlangt § 506 II Nr 3 nF die vertragliche Festlegung eines „bestimmten Werts" der Leasingsache, dh einen im Vertrag als „feste Zahl" vereinbarten Wert (BT-Drucks 16/11643, 146). Es erscheint fraglich, ob der Gesetzgeber hierdurch von den unter der Geltung der Vorgängerregelungen entwickelten Grundsätzen abweichen und Finanzierungsleasingverträge wie den Kilometerabrechnungsvertrag, bei denen die Vollamortisation auf andere Weise als durch eine Restwertgarantie erreicht wird, vom Anwendungsbereich des § 506 II nF ausschließen wollte.

cc) **Anwendbare Vorschriften.** Gem § 506 I nF ist auf nach dem 10.6.10 abgeschlossene Verbraucherfinan- 7
zierungsleasingverträge das Verbraucherdarlehensvertragsrecht mit Ausn des § 492 II und in den Fällen des
§ 506 II 1 Nr 3 nF der §§ 500 II, 502 nF anwendbar. Die Privilegierung in § 500, der die dort nicht genannten
Normen des Verbraucherdarlehensrechts von der Verweisung ausnimmt (zur alten Rechtslage s. PWW/
Frensch, 4. Aufl, Anh §§ 488-515 Rz 7; zum Problem der richtlinienkonformen Auslegung Rz 175), wird künftig ersatzlos wegfallen. Bei der Verweisung in § 506 I nF handelt es sich um eine **Rechtsgrundverweisung**, so
dass der Tatbestand der jeweiligen Vorschrift, auf die verwiesen wird, im Einzelfall festzustellen ist. Hierbei
bedeutet die „entsprechende" Anwendung, dass die betreffende Vorschrift jeweils im Lichte des konkreten
Finanzierungshilfevertrages anzuwenden ist (BT-Drucks 16/11634, 145).

b) **Erlasskonformes Mobilienleasing (Standardleasing).** Die dominierende Grundform des Finanzierungs- 8
leasing bilden die den **BMF-Leasingerlassen** (Rn 20) entsprechenden Vertragsmodelle des Voll- und Teilamortisationsvertrages (Leasing ieS), die auf eine **volle Amortisation** des vom Leasinggeber eingesetzten
Kapitals abzielen. Bei dem **Vollamortisationsvertrag** geschieht das allein durch Zahlung der vereinbarten
Leasingraten. Dagegen wird die Amortisation der Gesamtkosten des Leasinggebers bei dem in der Praxis
heute vorherrschenden **Teilamortisationsvertrag** nur zT durch die während der unkündbaren Grundmietzeit zu entrichtenden Raten gedeckt und vollständig erst durch zusätzliche Leistungen am Ende der Grundmietzeit herbeigeführt. Nach dem Teilamortisationserlass für bewegliche Wirtschaftsgüter v 22.12.75 sind folgende Vertragsmodelle zu unterscheiden: (1) Leasingverträge mit **Andienungsrecht** des Leasinggebers (2)
kündbare Leasingverträge mit **Abschlusszahlung** des Leasingnehmers (3) Leasingverträge mit **Restwertgarantie** des Leasingnehmers und Mehrerlösbeteiligung (BGHZ 151, 188, 149 f; 95, 39, 52 ff; Bankrechts-Hdb/
Martinek/Oechsler § 101 Rz 12); s. zu den Vertragsmodellen iE Rn 167 ff.

c) **Hersteller- oder Händlerleasing.** IGgs zum produktneutralen „reinen" Finanzierungsleasing (BGHZ 95, 9
170, 180), bei dem eine planmäßige Zusammenarbeit zwischen Lieferant und Leasinggeber nicht besteht, tritt
bei dem absatzfördernden Hersteller- oder Händlerleasing der Lieferant selbst (**direktes Hersteller- oder
Händlerleasing**) oder ein mit ihm wirtschaftlich, nicht unbedingt konzernrechtlich verflochtenes Unternehmen (**indirektes Hersteller- oder Händlerleasing**) als Leasinggeber auf. Obwohl das leasingtypische
Dreiecksverhältnis mit Abtretungskonstruktion (Rn 24) wirtschaftlich und beim direkten Hersteller- und
Händlerleasing auch rechtlich fehlt, ist der Leasingvertrag bei diesen Geschäftsformen als Finanzierungslea-
singvertrag iSd §§ 499 II, 500 (= § 506 II nF) zu qualifizieren, wenn der Leasinggeber in Abgrenzung zum
Operatingleasing (Rn 16) die volle Amortisation seiner Kosten bereits durch einmaliges Überlassen des
Leasingobjekts anstrebt (BGH NJW 03, 505, 507; vgl auch BGHZ 109, 250, 255 ff; 95, 170, 179 f; aA für eine
Qualifizierung des indirekten Hersteller- und Händlerleasing als reiner Mietvertrag *Westphalen* Leasing
Rz 28; *Beckmann* § 1 Rz 7; ggf auch für einen Miet- oder Teilzahlungskauf *Martinek* 57). Hiefür spricht, dass
das Absatzinteresse des Leasinggebers sein Finanzierungsinteresse nicht unbedingt ausschließt und aus der
maßgeblichen Sicht des Leasingnehmers unerheblich für die Zuordnung zum Finanzierungsleasing ist (für
das markengebundene Händlerleasing BGHZ 97, 65, 75; Stuttg BB 05, 2375, 2376). Insofern existiert grds
kein Sonderrecht für das absatzfördernde Leasing (MüKo/*Koch* Leasing Rn 9). Es ergeben sich aber Besonderheiten bei der Anwendung der §§ 358 f (Rn 83) und der Sachmängelhaftung (Rn 161).

d) **Sale and lease back (SLB).** Hierunter werden Leasinggeschäfte verstanden, bei denen sich der Leasingge- 10
ber das Leasinggut nicht von einem Dritten, sondern **von dem Leasingnehmer beschafft** (BGHZ 109, 250,
256). Dieser veräußert das neu angeschaffte oder gebrauchte Leasinggut an den Leasinggeber, um es sogleich
von ihm zurück zu leasen (Staud/*Stoffels* Leasing Rz 30). Um einen Fall des SLB-Verfahrens handelt es sich
auch, wenn die Refinanzierungsbank, an die der Leasingnehmer den Leasinggegenstand zur Sicherheit übereignet hat, das Eigentum an dem Leasinggegenstand auf den Leasinggeber überträgt (BGHZ 109, 250, 256 f).
Die hM begreift die einzelnen Transaktionen beim SLB-Geschäft als selbstständige Rechtsgeschäfte und qualifiziert die Nutzungsüberlassung des Leasinggebers an den Leasingnehmer idR als Finanzierungsleasing
(BGHZ 109, 250, 257 f; MüKo/*Koch* Leasing Rz 12; aA Bankrechts-Hdb/*Martinek/Oechsler* § 101 Rz 19 mwN).
Hierfür spricht, dass das SLB-Verfahren den Vertragsparteien dieselbe Rechtsposition verschafft wie das
Finanzierungsleasing in sonstigen Fällen (BGHZ 109, 250, 257 f). IÜ bildet das Dreiecksverhältnis kein not-
wendiges Begriffsmerkmal des Finanzierungsleasing (Rn 24). Ein Rückerwerbsrecht des Leasingnehmers mit
Verbrauchereigenschaft kann allerdings dazu führen, dass das „lease back" als Teilzahlungsgeschäft iSd
§§ 499 II, 501 ff (= § 506 III nF) zu behandeln ist (für verdecktes Abzahlungsgeschäft iSv § 6 AbzG
BGHZ 109, 250, 258; MüKo/*Schürnbrand* § 500 Rz 10). Ist die Nutzungsüberlassung an den Leasingnehmer
dagegen ausnahmsweise als Mietkauf (Rn 18) ausgestaltet, so ist das gesamte SLB-Verfahren nicht nur steuerlich, sondern auch zivilrechtlich als einheitlicher Darlehensvertrag zu qualifizieren (*Schulze-Osterloh* ZIP 05,
1617, 1618 f; zur umsatzsteuerrechtlichen Bewertung s. BFH DB 06, 1662 f; *Slapio/Bosche* BB 06, 2165 ff;
Schulze-Osterloh ZIP 05, 1617 ff). Besonderheiten gelten für den Eigentumserwerb (Rn 105), die Anwendung
des § 358 (Rn 81) und die Sachmängelhaftung (Rn 161). Zur eigenkapitalersetzenden Funktion (§ 32a
GmbHG) des SLB-Verfahrens s. Ddorf DB 97, 521.

11 **e) Sonderformen des Finanzierungsleasing. aa) Kfz-Leasing.** Das Kfz-Leasing hat eine eminent wichtige Bedeutung (*Weber* NJW 07, 2525, 2528). Neben dem Vertragsmodell mit **Restwertabrechnung und Mehrerlösbeteiligung** und/oder **Andienungsrecht** des Leasinggebers, das nach hM als erlasskonformer Teilamortisationsvertrag (Rn 8) dem Finanzierungsleasing iSd §§ 499 II, 500 (= § 506 II) zuzuordnen ist (BGHZ 151, 188 ff; 147, 7, 12; NJW 03, 505, 507), hat im Bereich des privaten Kfz-Leasing der **Kilometerabrechnungsvertrag** eine marktbeherrschende Stellung (*Engel* § 3 Rz 21 ff). Bei diesem Vertragstyp vereinbaren die Parteien für die meist zwei- oder dreijährige Grundmietzeit eine Gesamtfahrleistung, wobei am Vertragsende ein Ausgleich für Mehr- oder Minderkilometer erfolgt (BGH ZIP 00, 797, 798). Obwohl grds der Leasinggeber das Verwertungsrisiko trägt und ein Restwertausgleich nicht stattfindet (Rn 169 f), qualifiziert ihn die hM als echtes Finanzierungsleasing iSd §§ 499 II, 500, wenn der Vertrag so ausgestaltet ist, dass der Leasinggeber die volle Amortisation seiner Kosten typischerweise durch Verwertung des Kfz nach Vertragsablauf erlangt, für dessen ordnungsgemäßen Zustand der Leasingnehmer haftet (grundl BGH NJW 96, 2033, 2034 f, seither stRspr s. zuletzt BGH NJW 04, 2823 ff; zust MüKo/*Koch* Leasing Rn 126 mwN; aA für eine Qualifizierung als Operatingleasing und reiner Mietvertrag Röhricht/*Westphalen* Leasing Rz 5; Bankrechts-Hdb/*Martinek/Oechsler* Rz 23, 91). Dies ist gerechtfertigt, weil der kalkulierte Restwert idR unter dem tatsächlichen Erlös liegt und der Leasinggeber häufig eine Rückkaufvereinbarung mit dem Lieferanten abschließt oder mit dem Leasingnehmer ein Andienungsrecht vereinbart, so dass eine Amortisationslücke faktisch nicht zu erwarten ist (Staud/*Stoffels* Leasing Rz 37). Zur Rechtslage ab 11.6.10 s. Rn 7.

12 Im Bereich des Kfz-Leasing an Verbraucher hat das **Null-Leasing** (Zero-Bond-Leasing) Verbreitung gefunden. S. hierzu www.bgb-pww.de.

13 **bb) Immobilienleasing.** Bei dem in der Praxis häufig mit einem SLB-Geschäft (Rn 10) kombinierten Immobilienleasing handelt es sich um eine besondere Form des langfristigen Finanzierungsleasing (BGHZ 106, 304, 308 f; aA ausgehend von der kaufrechtlichen Leasingtheorie *Fikentscher/Heinemann* SchuldR Rz 1073). Leasinggegenstand sind Grundstücke und/oder Gebäude, Schiffe und Flugzeuge (Bankrechts-Hdb/*Martinek/Oechsler* § 101 Rz 17). Der Leasinggeber – häufig eine von der Leasinggesellschaft eigens gegründete Objektgesellschaft (*Engel* NZM 98, 785 786 f) – ist Eigentümer des Leasingobjekts oder Erbbauberechtigter (BaRoth/*Ehlert* § 535 Rz 51). Mit Ausn der Form (Rn 59) gelten zivilrechtlich die gleichen Regeln wie beim Mobilienleasing (BGHZ 106, 304, 308 ff). Zu den verschiedenen Vertragsmodellen s. Bankrechts-Hdb/*Martinek/Oechsler* § 101 Rz 17; MüKo/*Koch* Leasing Rz 10; weiterführend zum Immobilienleasing s. *Engel* NZM 98, 785 ff, *Seibel* NZM 99, 197 ff. Zum Pflichtenprogramm s. Rn 34.

14 **cc) Kommunalleasing.** Hierunter wird die Leasingfinanzierung idR von Großprojekten verstanden, bei denen eine Körperschaft des öffentlichen Rechts (Gemeinde, Kreis, Land, Bund), eine kommunale Beteiligungsgesellschaft oder ein kommunaler Betrieb (zB Stadtwerke) Leasingnehmer ist (*Bordewin/Tonner* Rz 33; *Engel* NZM 98, 785, 788 f). Leasingverträge im Bereich des kommunalen Immobilienleasing bedürfen der Genehmigung der kommunalen Rechtsaufsicht (*Engel* NZM 98, 785, 789) und können wegen besonders grober Verletzung des Grundsatzes der Sparsamkeit und Wirtschaftlichkeit kommunaler Haushaltsführung sittenwidrig gem § 138 I BGB sein (BGH WM 06, 1110 Tz 28 ff).

15 **dd) Cross Border-Leasing (CBL).** Hierbei handelt es sich um grenzüberschreitende Leasingformen, bei denen Leasinggeber und Leasingnehmer in verschiedenen Staaten oder in einem Mehrrechtsstaat ihren Sitz haben, so dass internationales Recht anzuwenden ist, aus dem sich zusätzliche Gestaltungsalternativen ergeben (Staud/*Stoffels* Leasing Rz 350; *Bordewin/Tonner* Rz 32). Bei der speziellen Form des US-CBL vermietet eine deutsche Kommune eine kommunale Einrichtung an einen amerikanischen Trust, der diese sogleich an die Kommune zurück vermietet (**lease and lease back**). Durch diese Finanztransaktion wollen sich die Parteien Bewertungsunterschiede im amerikanischen und deutschen Steuerrecht zunutze machen (Bankrechts-Hdb/*Martinek/Oechsler* § 101 Rz 19a; *Bühner/Sheldon* DB 01, 315 ff). Zur Gefährdung der Steuervorteile nach US-amerikanischen Recht und zu den negativen Auswirkungen der Finanzmarktkrise s. *Weber* NJW 09, 2927, 2932 f.

16 **2. Abgrenzung zu anderen Leasing- und Finanzierungsformen. a) Operatingleasing.** Das Finanzierungsleasing ist von dem Operatingleasing abzugrenzen (BGH NJW 03, 505, 507). Hierunter versteht man Leasingverträge, bei denen keine oder nur eine – im Verhältnis zur gewöhnlichen Nutzungsdauer der Leasingsache – **sehr kurze feste Vertragslaufzeit** vereinbart wird und der Vertrag iÜ jederzeit frei kündbar ist. Der Leasinggeber erstrebt die volle Amortisation seiner Gesamtkosten folglich nicht bereits durch einmaliges, sondern erst durch mehrfaches Überlassen des Leasinggegenstandes an verschiedene Leasingnehmer (BGH NJW 03, 505, 507). Die Nutzungsfunktion tritt bei dieser Gestaltung in den Vordergrund und verdrängt die Finanzierungsfunktion. Wegen der fehlenden Vollamortisation ist das Operatingleasing als *gewöhnlicher Mietvertrag zu* qualifizieren, auf den weder § 499 I (= § 506 I nF) noch die §§ 499 II, 500 (= § 506 II nF) Anwendung finden (Staud/*Stoffels* Leasing Rz 17; *Peters* WM 06, 1183, 1184 f; § 500 Rn 2; jetzt auch *Westphalen* Leasing Rz 264 f; offen lassend BGH NJW 98, 1637, 1639). Der BGH hat das Operatingleasing dennoch zT dem Finanzierungsleasing gleichgestellt (BGHZ 111, 84, 95 f; abl MüKo/*Koch* Leasing Rz 5).

b) Finanzierter Kauf. Obgleich das Finanzierungsleasing mit dem **drittfinanzierten Kauf** funktional verwandt und substituierbar ist (BGHZ 128, 255, 262 f), bestehen bedeutende strukturelle und rechtliche Unterschiede. Während den Darlehensgeber eine reine Finanzierungspflicht trifft, ist es Sache des Leasinggebers, die Leasingsache zu beschaffen, vorzufinanzieren und dem Leasingnehmer zum Gebrauch zu überlassen. So kommt es, dass der Kunde beim Finanzierungsleasing nur eine vertragliche Beziehung, eben den Leasingvertrag mit dem Leasinggeber, hat und nicht wie beim Zwei-Vertrags-Modell des drittfinanzierten Kaufs sowohl Käufer als auch Darlehensnehmer wird. Überdies wird der Leasinggeber rechtlich und idR auch wirtschaftlich Volleigentümer der Leasingsache (BGHZ 178, 227 Tz 31), während der Darlehensgeber beim drittfinanzierten Kauf lediglich Sicherungseigentum erwirbt. Das alles verbietet es, den Leasinggeber zum Nachteil des Leasingnehmers als reine „Finanzierungsstelle" zu behandeln (BGHZ 109, 139, 146). Die Einräumung einer Kaufoption oder eines Andienungsrechts des Leasinggebers ändert an der grds Qualifizierung als Finanzierungsleasing zwar grds nichts, weil das Schwergewicht der vertraglichen Leistung des Leasinggebers auch bei diesen Vertragsmodellen auf der Gebrauchsüberlassung und deren Finanzierung liegt (BGHZ 71, 189, 194 f). Im Einzelfall kann ein Erwerbsrecht des Leasinnehmers aber im Anschluss an die frühere Rspr zum verdeckten Abzahlungskauf iSv § 6 AbzG (s. Nachw in Rn 6) zur Einordnung als verdeckter **Teilzahlungskauf iSv §§ 499 II, 501 ff** (= § 506 III nF) führen (Bankrechts-Hdb/*Martinek*/*Oechsler* § 101 Rz 11; A/B/H/S/*Assies*/*Vander* Kap 4 Rz 1215; abw für sonstige Finanzierungshilfe iSv § 499 I Ddorf BB 06, 1246; aA für Bedeutungslosigkeit dieser Rspr *Bülow*/*Arzt* § 499 Rz 75). In Zweifelsfällen ist durch Auslegung zu ermitteln, ob ein Abzahlungskauf oder eine Ersetzung des Kaufs durch einen Leasingvertrag gewollt war (BGH Urt v 30.4.08 – VIII ZR 233/07; vgl auch Kobl NJW 09, 151 ff).

c) Mietkauf. In der Praxis schwierig ist die Abgrenzung zum Mietkauf (s. hierzu PWW/*Frensch*, 4. Aufl, Anh §§ 488 bis 515 Rz 18). Hierbei handelt es sich um einen Mietvertrag mit Kaufoption (§ 535 Rn 11), der zivilrechtlich im heutigen Recht als **sonstige Finanzierungshilfe iSd § 499 I aber ohne Privilegierung durch § 500** qualifiziert wird (Staud/*Kessal-Wulf* § 500 Rz 9; abw für eine Einordnung als Teilzahlungsgeschäft iSd §§ 499 II, 501 ff MüKo/*Schürnbrand* § 499 Rz 38, § 500 Rz 3; offen lassend BGH NJW 02, 133, 135) und bei dem das Mietobjekt steuerlich dem Mieter zugerechnet wird (BFH DB 01, 1121, 1122). Zivilrechtlich wird die Abgrenzung unter der Geltung von § 506 II nF aufgrund des Wegfalls von § 500 weitgehend obsolet werden.

III. Steuerrechtliche Implikationen. 1. Steuerrechtliche Vorteile. S. hierzu ausf www.bgb-pww.de.

2. Wirtschaftliches Eigentum gem § 31 II Nr 1 AO. Die Realisierung der durch das gewerbliche Finanzierungsleasing angestrebten steuerlichen Effekte hängt davon ab, dass der Leasinggeber wirtschaftlicher Eigentümer der Leasingsache gem § 39 II Nr 1 AO ist. Nach der Rspr des BFH ist der Leasinggegenstand wirtschaftlich dann nicht dem Leasinggeber als dem zivilrechtlichen Eigentümer, sondern dem Leasingnehmer zuzurechnen, wenn dem **Herausgabeanspruch** (§ 985) des Leasinggebers nach Ablauf der Grundvertragszeit keine wirtschaftliche Bedeutung (mehr) zukommt. Ob dies der Fall ist, ist nach dem Gesamtbild der Verhältnisse im jeweiligen Einzelfall zu beurteilen (BFH/NV 05, 517, 519; DStR 01, 971, 974). Die Anforderungen an die ertragssteuerrechtliche Zurechnung von Leasinggegenständen werden durch vier **Leasingerlasse** der Finanzverwaltung (Vollamortisationserlass für Mobilien, BMF-Schreiben v 19.4.71, BStBl I 71, 264 = DB 71, 795 f; Teilamortisationserlass für Mobilien, BMF-Schreiben v 22.12.75, BStBl I 76, 172 = DB 76, 172 f; Vollamortisationserlass für Immobilien, BMF-Schreiben v 21.3.72, BStBl I 72, 188 = BB 72, 433 f; Teilamortisationserlass für Immobilien, BMF-Schreiben v 23.12.91, BStBl I 92, 13 = DB 92, 112 f) konkretisiert, die zur Ausbildung des **erlasskonformen Leasing** (Rn 8) geführt haben. Hierbei handelt es sich um die Gerichte nicht bindende Norm interpretierende Verwaltungsvorschriften (BFHE 191, 125, 131). Einzelne Oberfinanzdirektionen haben die Leasingerlasse ergänzt (*Weber* NJW 2325, 2530 f). An der steuerrechtlichen Zuordnung hat das **SchRModG** nichts geändert (MüKo/*Koch* Leasing Rz 15; aA für eine Gefährdung des wirtschaftlichen Eigentums des Leasinggebers durch die Einführung des Nacherfüllungsanspruchs gem §§ 437 Nr 1, 439 *Westphalen* Leasing Rz 2, 99 ff).

Zu den Anforderungen an eine erlasskonforme Ausgestaltung von Finanzierungsleasingverträgen **bewegliche Wirtschaftsgüter** s. www.bgb-pww.de.

Wegen der erlasskonformen Ausgestaltung des in der Praxis im Bereich **unbeweglicher Wirtschaftsgüter** dominierenden Teilamortisationsvertrages s. www.bgb-pww.de.

Im Fall des **Spezialleasing**, bei dem das Leasingobjekt in einem solchem Maße auf die speziellen Anforderungen und Verhältnisse des Leasinggebers zugeschnitten ist, dass eine wirtschaftlich sinnvolle anderweitige Nutzung oder Verwendung nicht möglich erscheint, ist stets der Leasingnehmer wirtschaftlicher Eigentümer (BFH DStR 01, 971, 975; BGHZ 178, 227 Tz 31).

IV. Rechtsnatur des Finanzierungsleasing. 1. Rechtliche Grundstruktur. Das Leasingrecht ist eine **Schöpfung privatautonomer Vertragsgestaltung und richterlicher Rechtsfortbildung**. Die Rechtsfigur des Finanzierungsleasing besteht in der **Kombination zweier Rechtsgeschäfte**: des Leasingvertrages zwischen Leasinggeber und -nehmer und des Beschaffungsvertrages zwischen dem Leasinggeber und dem Lieferanten des

Leasinggutes (*Flume* DB 91, 265, 269), der je nach Gestaltung im Einzelfall als Kauf- (§§ 433 ff), Werk- (§§ 631 ff) oder Werklieferungsvertrag (§ 651) zu qualifizieren ist (Staud/*Stoffels* Leasing Rz 102; *Beckmann* DStR 06, 1329 f). Hieraus ergibt sich das **leasingtypische Dreiecksverhältnis**, an dem neben den Parteien des Leasingvertrages der Lieferant des Leasinggutes beteiligt ist (*Larenz-Canaris* SchuldR II 2 § 66 I 2c). Der Erwerb der Leasingsache durch den Leasinggeber einerseits und die Gebrauchsüberlassung und Finanzierung im Leasingverhältnis andererseits bilden zwar eine wirtschaftliche Einheit (BGHZ 95, 170, 176; NJW-RR 98, 123, 125). Der Finanzierungsleasingvertrag und der Beschaffungsvertrag sind aber rechtlich selbstständig und **strikt voneinander zu trennen** (BGH NJW 06, 1066 Tz 14; BGHZ 110, 130, 137 ff). Eine unmittelbare rechtliche Beziehung zwischen dem Leasingnehmer und dem Lieferanten besteht von dem Sonderfall des Eintrittsmodells abgesehen (Rn 46) nicht (BGH NJW-RR 93, 307, 308; aA für einen Vertrag zugunsten Dritter *Oechsler* SchuldR Rz 483). Ansprüche des Leasingnehmers gegen den Lieferanten werden vielmehr erst durch die **leasingtypische Abtretungskonstruktion** begründet. Zur Anwendung der §§ 358 f s. Rn 76 ff. Das Dreiecksverhältnis ist jedoch kein begriffsnotwendiges Merkmal des Finanzierungsleasing (*Larenz-Canaris* SchuldR II 2 § 66 I 2 c; aA für eine Einordnung als unerlässliches Wesensmerkmal *Martinek*, 57). Es fehlt beim direkten Hersteller- und Händlerleasing (Rn 9) und beim SLB-Geschäft (Rn 10). In der Praxis werden Leasingverträge fast ausschließlich unter Verwendung vorformulierter, von dem Leasinggeber gestellter Formularverträge abgeschlossen (*Roth* Vertragsschuldverhältnisse, 1974, 51: „**Formularrecht par excellence**"). Die Leasing-AGB sehen idR eine **feste Grundmietzeit** iVm einer **Verlängerungsoption** für den Leasingnehmer vor. Daneben werden sie häufig durch kaufrechtliche Elemente wie eine **Kaufoption** des Leasingnehmers und/oder ein **Andienungsrecht** des Leasinggebers (Rn 171 ff) ergänzt. Typisch ist es auch, dass der Leasinggeber die **Sach- und Preisgefahr** – nach kaufrechtlichem Vorbild (§ 446) – auf den Leasingnehmer abwälzt (Rn 118 ff).

25 **2. Zivilrechtliche Einordnung.** Die zivilrechtliche Einordnung des Finanzierungsleasing ist nach wie vor str.

26 **a) Mietrechtstheorie (BGH).** Nach der stRspr des BGH und hM in der Lit ist das Finanzierungsleasing als **atypischer Mietvertrag** zu qualifizieren, auf den „in erster Linie" die §§ 535 ff anzuwenden sind (BGHZ 178, 227 Tz 31; BGH NJW 02, 133, 135). Allerdings sind insb bei der Auslegung und Inhaltskontrolle (§§ 307 ff) leasingvertraglicher Regelungen Abweichungen von der Anwendung mietrechtlicher Normen geboten, soweit es gilt, leasingtypischen Besonderheiten Rechnung zu tragen (BGH NJW 96, 2860 f; BGHZ 128, 255 f; grundl *Flume* DB 72, 4 ff; zust BaRoth/*Ehlert* § 535 Rz 48 mwN). Der wesentliche Unterschied zum reinen Mietvertrag besteht in der das Finanzierungsleasing prägenden Finanzierungsfunktion, aus der sich das leasingrechtliche Vollamortisationsprinzip (Rn 2) ergibt (BGH NJW 96, 2860, 2861). Der mietrechtliche Lösungsansatz hat zudem im Bereich der Gefahrtragung (Rn 118 ff) und der Sachmängelhaftung (Rn 128 ff) zur Anerkennung typischer leasingvertraglicher Gestaltungsformen geführt, die von dem Leitbild der Miete abweichen und dem Leasingnehmer die schwächere Rechtsstellung eines Käufers zuweisen (BGH NJW 88, 198, 200). Der Leasingvertrag erscheint somit als ein gemischter Vertragstyp, der Elemente des Mietrechts mit denen des Kauf- und Darlehensrechts kombiniert (*Wolf/Eckert/Ball* Rz 1675 ff). Die primäre mietvertragliche Einordnung, die sich in der Vertragspraxis verfestigt hat und an der festzuhalten ist, entspricht der steuerlichen Zielsetzung der Parteien des Leasingvertrages (*Wolf/Eckert/Ball* Rz 1749). Darüber hinaus dient sie der Rechtssicherheit und aufgrund des bewährten Regelungsmodells der §§ 535 ff in hohem Maße der Einzelfallgerechtigkeit (DerlKnopsBa/*Mankowski/Knöfel* § 21 Rz 31).

27 **b) Kauf-/kredit- und geschäftsbesorgungsrechtliche Leasingtheorien.** Nach einer vereinzelt gebliebenen Ansicht ist das Finanzierungsleasing als **gemischttypischer Vertrag mit kredit- und geschäftsbesorgungsrechtlichen Elementen** anzusehen (*Larenz-Canaris* SchuldR II 2 § 66 II 2 a; ähnl *Lieb* für einen vorgeschalteten selbstständigen Beschaffungsauftrag *Lieb* WM-Sonderbeil 92/6, 7 ff; **abl** BGHZ 114, 57, 67 ff; 109, 139, 143 ff; 96, 103, 106 f; 97, 135, 141 ff; 94, 44, 48 ff; MüKo/*Koch* Leasing Rz 28; *Flume* DB 91, 265, 269, 270; Staud/*Martinek* § 675 Rz B 128 ff). Dieser Einordnungsversuch wird der in der Rspr des BGH zu Recht hervorgehobenen Stellung des Leasinggebers als Volleigentümer und Vermögensinhaber der Leasingsache (BGHZ 178, 227 Tz 34; BGHZ 114, 57, 68) nicht gerecht, durch den sich das Finanzierungsleasing strukturell grundl von dem drittfinanzierten Kauf unterscheidet (Rn 17) und aus der folgt, dass der Finanzierungseffekt – darlehensuntypisch – in der eigenen Vermögenssphäre des Leasinggebers eintritt (*Flume* DB 91, 265, 269, 270). Aus diesem Grund und weil nach dem von beiden Parteien verfolgten Vertragszweck der Sacherwerb durch den Leasinggeber und die zeitlich begrenzte Gebrauchsüberlassung an den Leasingnehmer den zentralen Vertragsinhalt bilden, besorgt der Leasinggeber in allen Phasen des Leasingvertrages ein Eigengeschäft (BGHZ 96, 103, 106 f). Die Vertragsbeteiligung des Leasinggebers erschöpft sich damit nicht in der Finanzierungsfunktion, sondern umfasst gerade auch die Vermieterposition (BGHZ 97, 135, 142). Nicht gefolgt werden kann zudem der heute nur noch vereinzelt vertretenen Ansicht, dass das Finanzierungsleasing in seinem Leitbild ein mit Geschäftsbesorgungselementen ausgestatteter **Kauf** sei (Fikentscher/*Heinemann* SchuldR Rz 1071; abl BGHZ 71, 189, 192 ff; *Flume* DB 91, 265, 266). Denn der eigentliche Vertragsinhalt erschöpft sich in einer zeitlich begrenzten Gebrauchsüberlassung an den Leasingnehmer und ist nicht zuletzt im Hinblick auf den angestrebten steuerlichen Effekt (Rn 19 ff) nicht auf eine Änderung der sachenrechtlichen Zuordnung gerichtet (BGHZ 71, 189, 194 f). Gegen eine kaufrechtliche Einordnung spricht iÜ die speziell auf das Finanzierungsleasing zugeschnittene Regelung in § 108 I 2 InsO.

c) Sui generis-Theorie. Nach einer vordringenden und im Einklang mit der Konzeption des UNIDROIT-Übereinkommens über das internationale Finanzierungsleasing stehenden Ansicht ist das Finanzierungsleasing als **finanzierte Gebrauchsüberlassung eigener Art** zu werten, die zwischen Miete, Kauf und Darlehen angesiedelt ist und sich der Zuordnung zu einem besonderen Vertragstyp des BGB entzieht (Staud/*Martinek* § 675 Rz B 139; Staud/*Stoffels* Leasing Rz 74 ff; MüKo/*Koch*Leasing 31; *Lieb* DB 88, 2495, 2496; *Omlor* ZGS 08, 220; im Ansatz auch *Flume* DB 91, 265, 271; abl *Larenz-Canaris* SchuldR II 2 § 66 II 3). Nach dieser Ansicht ist im konkreten Einzelfall zu entscheiden, ob eine Norm aus dem dispositiven Gesetzesrecht im Wege einer Gesetzesanalogie Anwendung findet oder nicht (*Oechsler* SchuldR BT Rz 477). Nach einem dem mietrechtlichen Ansatz des BGH nahe stehenden Teil dieser Ansicht sind die Gebrauchsüberlassungs- und Finanzierungsfunktion völlig gleichwertig (sog bifunktionale Sui-generis-Theorie Staud/*Martinek* § 675 Rz B 139), wobei das Mietrecht zT als zentrale Analogiegrundlage angesehen wird (MüKo/*Koch* Leasing Rz 31; ähnl für eine grds Orientierung am Mietrecht MüKo/*Habersack*, 4. Aufl, Leasing Rz 26 ff im Anschluss an *Flume* DB 91, 265 ff). Diese Ansicht erscheint problematisch, weil ein gesetzliches Leitbild und damit ein eindeutig fixierter und einheitlicher normativer Maßstab für die Vertragsauslegung, Inhaltskontrolle und Behandlung des Finanzierungsleasing in der Insolvenz des Leasingnehmers fehlt (*Wolf/Eckert/Ball* Rz 1673). Soweit von einem anderen Teil der Vertreter der Sui generis-Theorie der kredit- und geschäftsbesorgungsrechtliche Ansatz weiterverfolgt wird (Staud/*Stoffels* Leasing Rz 76; *Lieb* WM-Sonderbeil 92/6; *ders* DB 88, 2498 ff), ist diese Lehre den in Rn 27 genannten Einwendungen ausgesetzt.

V. Refinanzierung des Leasinggebers. Leasingtypisch refinanziert der Leasinggeber seinen Investitionssaufwand durch die Inanspruchnahme von **Refinanzierungskrediten** (BGHZ 111, 237, 244), zu deren Sicherung er seine Forderungen aus dem Leasingvertrag auf die refinanzierende Bank überträgt (Leasing-Hdb/*Berninghaus* § 74 Rz2 ff). Alternativ hierzu sind viele Leasinggesellschaften im Hinblick auf die gewerbesteuerlichen Effekte des Finanzierungsleasing (s. hierzu *Bordewin/Tonner* Rz 158; *Scheffer* DB 00, 735, 736; BMF-Schreiben v 9.1.96, BStBl I 96, 9 = BB 96, 263 f) zu einer **Fortfaitierung** ihrer Leasingforderungen übergegangen (BGHZ 161, 90 ff „Flow-Tex"; Westphalen/*Zahn* Leasingvertrag Q Rz 6 ff). Zur steuerlichen Anerkennung s. www.bgb-pww.de. Zivilrechtlich ist die Fortfaitierung als Rechtskauf (§ 453 BGB) zu qualifizieren, bei dem der Leasinggeber grds nur für den rechtlichen Bestand und die Einredefreiheit der Leasingforderungen (Veritätshaftung) haftet, während das Bonitätsrisiko von der fortfaitierenden Bank übernommen wird (zu § 437 aF BGHZ 161, 90, 100; zur Fortgeltung nach dem SchRModG Westphalen/*Zahn* aaO Rz 15).Die an die Refinanzierungsbank abgetretenen Forderungen werden von dem Sicherungszweck einer Globalzessionsvereinbarung zwischen der Refinanzierungsbank und dem Leasingnehmer umfasst BGH WM 09, 62 ff). Neue Formen der Refinanzierung von Leasinggesellschaften sind das Doppelstock-Modell, die Gründung eines Leasing-Fonds und die Asset Backed Securitization (*Berninghaus* aaO § 75). Refinanzierte Immobilienleasingverträge sind unter den Voraussetzungen des § 108 I 2 InsO insolvenzfest (zur Anwendung beim Doppelstock-Modell s. *Primozic* NZI 08, 465 ff).

B. Pflichtenprogramm. I. Pflichten des Leasinggebers. 1. Hauptleistungspflichten. a) Leasingtypische Gebrauchsüberlassungspflicht. aa) BGH: unbeschränkte Gebrauchsüberlassungspflicht gem § 535 I 1. Der BGH vertritt ausgehend von der Mietrechtstheorie (Rn 26) in stRspr die Ansicht, dass den Leasinggeber wie einen Vermieter (§ 535 Rn 68) aus **§ 535 I 1** die Pflicht trifft, dem Leasingnehmer den Leasinggegenstand in einem vertragsgemäßen Zustand frei von Mängeln zur Verfügung zu stellen und während der Vertragszeit zu erhalten (BGHZ 178, 227 Tz 34; 112, 279, 287; 96, 103, 107; NJW 88, 198, 199; **zust** BaRoth/*Ehlert* § 535 Rz 48; *Westphalen* Leasing Rz 15; ausgehend von der mietrechtlich orientierten Sui-generis-Theorie auch MüKo/*Koch* Leasing Rz 32 ff; abw ausgehend von der kaufrechtlichen Leasingtheorie *Fikentscher/Heinemann* SchuldR Rz 1078 f; aA Theorie der beschränkten Gebrauchsüberlassungspflicht, s. Rn 31). Leasingtypisch trifft den Leasinggeber auch die Pflicht, das zum Gebrauch zu überlassende Leasinggut zu beschaffen und vorzufinanzieren (vgl BGHZ 111, 84, 94; BaRoth/*Ehlert* § 535 Rz 63; aA gegen eine selbstständige Finanzierungspflicht Staud/*Stoffels* Rz 87). Hierzu zählt die Pflicht zum Abschluss des Liefervertrages (Staud/*Stoffels* Rz 84; abl *Leenen* AcP 190, 260, 283 ff). Bei der Gebrauchsüberlassungs- und Finanzierungspflicht des Leasinggebers handelt es sich um eine **Hauptleistungspflicht**, die in einem Gegenseitigkeitsverhältnis zu der Leasingratenzahlungspflicht des Leasingnehmers steht (BGHZ 112, 279, 287; MüKo/*Koch* Leasing Rz 32). Von dieser Kardinalpflicht kann sich der Leasinggeber – aufgrund der leasingtypischen Besonderheiten – durch Abwälzung der Sach- und Gegenleistungsgefahr (Rn 118 ff) und die leasingrechtliche Abtretungskonstruktion (Rn 128 f) freizeichnen. Dann beschränkt sich seine Gebrauchsüberlassungspflicht nach der Übergabe der Leasingsache darauf, den Leasingnehmer nicht im Gebrauch zu stören und ihn bei Störungen Dritter zu unterstützen (BGHZ 110, 183, 188). Der Leasinggeber verliert seinen Anspruch auf die vereinbarten Leasingraten, wenn und solange der Leasinggeber dem Leasingnehmer vertragswidrig den Gebrauch des Leasingobjekts entzieht, wobei der BGH offen lässt, ob sich diese Rechtsfolge aus § 320 oder § 537 I 1 ergibt (BGHZ 144, 370, 378; 82, 121, 125; Ddorf WM 2310, 2312). Dem Leasingnehmer steht auch bei Leistungsstörungen bzgl weiterer Dienstleistungen (zB Subventionsleistungen), die der Lieferant oder ein sonstiger Dritter erbringt, ein durch AGB nicht abdingbares Leistungsverweigerungsrecht zu, wenn der Dienstleistungsvertrag mit dem Leasingvertrag eine wirtschaftliche Einheit bildet (BGH NJW 09, 3295 Tz 16 ff). Das **Risiko der Insolvenz** des Lieferanten im Fall eines Fehlschlagens des Liefervertrages trifft den Leasinggeber. Entgegenstehende AGB sind bei Verbraucherfinanzierungsleasingverträgen gem § 309 Nr 7 lit b und im Geschäftsverkehr mit Unternehmern wegen eines Verstoßes gegen das leasingrechtliche Äquivalenzprinzip gem § 307 II Nr 1 (Rn 65) unwirksam (BGHZ 178, 227 Tz 34 MüKo/*Koch* Leasing; aA s. Rz 31). Der Leasinggeber hat auch das Risiko der erfolgreichen **Herstellung** der Leasingsache zu tragen und kann sich dieses Risikos nicht durch Rücktritt vom Leasingvertrag und Wiedereintritt des Leasingnehmers in den Beschaffungsvertrag entledigen (BGHZ 178, 227 Tz 34; s. Rn 117). Ein formularmäßiges Verbot der Überlassung des Leasinggegenstandes an Dritte, insb im Wege der **Untervermietung** ist mit Rücksicht auf den Amortisationsanspruch des Leasinggebers indessen nicht zu beanstanden, selbst wenn § 540 I 2 vollständig ausgeschlossen wird (BGHZ 130, 50, 55 f; MüKo/*Koch* Leasing Rz 55).

31 **bb) Theorie der beschränkten Gebrauchsüberlassungspflicht.** Ausgehend von allen Leasingtheorien wird iGgs zu dem Dogma von der uneingeschränkten mietrechtlichen Gebrauchsüberlassungspflicht die Ansicht vertreten, dass den Leasinggeber aufgrund autonomer Parteivereinbarung im Leasingvertrag von vorneherein nur eine eingeschränkte Gebrauchsüberlassungspflicht trifft (ausgehend von der geschäftsbesorgungsrechtlichen Leasingtheorie *Larenz-Canaris* SchuldR II 2 § 66 III 2; ausgehend von der Sui generis-Theorie Staud/ *Martinek* § 675 Rz B 139; Bankrechts-Hdb/*ders/Oechsler* § 101 Rz 57; Staud/*Stoffels* Leasing Rz 82 f, 249 f; *Lieb* WM-Sonderbeil 92/6, 7 ff; diesem folgend *Medicus* AT Rz 862; im Ansatz auch *Flume* DB 91, 265, 269). Hiernach hat der Leasinggeber die Leasingsache nur so, wie sie ist, und nur dann, wenn er sie vom Lieferanten erhalten hat, an den Leasingnehmer herauszugeben (*Larenz-Canaris* aaO). Eine Gebrauchsüberlassung ohne Sachmängelhaftung ist hiernach kein Widerspruch, sondern leasingtypisch (Bankrechts-Hdb/*Martinek/ Oechsler* § 101 Rz 31). Die Annahme einer eingeschränkten Gebrauchsüberlassungspflicht des Leasinggebers führt in zentralen Fragen des Leasingrechts zu von der mietrechtlich orientierten BGH-Rspr abw Ergebnissen. Praktisch wichtigste Konsequenz ist, dass der Leasingnehmer das Risiko der Insolvenz des Lieferanten trägt (Staud/*Stoffels* Leasing Rz 256 mwN; Bankrechts-Hdb/*Martinek/Oechsler* § 101 Rz 68; aA dem BGH folgend *Martinek* 141, 184 f). Diese Lehre verkennt jedoch die Stellung des Leasinggebers als Eigentümer und Vermögensinhaber der Leasingsache und trägt dem Umstand nicht hinreichend Rechnung, dass nach dem von beiden Vertragsparteien verfolgten Vertragszweck die Beschaffung und Finanzierung des Leasinggegenstandes Sache des Leasinggebers ist, der deshalb auch allein in vertraglicher Beziehung zum Lieferanten steht (BGHZ 114, 57, 67 ff; MüKo/*Koch* Leasing Rz 32, s. auch Rz 17, 27). Der leasingtypische Beschaffungsvorgang rechtfertigt va dann eine abw Risikoverteilung nicht, wenn letztlich der Leasinggeber die Auswahl und Prüfung des Lieferanten vornimmt (BGHZ 178, 227 Tz 36; *Wolf/Eckert/Ball* Rz 1801).

32 **b) Service- und Dienstleistungspflichten.** In den letzten Jahren ist va in Bereich des Kfz- und Immobilien-Leasing die Bedeutung sog **Full-Service- oder Brutto-Leasingverträge** gewachsen, bei denen der Leasinggeber neben der Gebrauchsüberlassung und Finanzierung umfassende Service- und Dienstleistungen erbringt (Bankrechts-Hdb/*Martinek/Oechsler* § 101 Rz 3).

33 **aa) Kfz-Leasing.** Im Bereich des Kfz-Leasing sind **Teil-Service-Verträge**, bei denen der Leasinggeber Kfz-Steuern und Versicherungen übernimmt, von **Full-Service-Verträgen** mit weiteren Dienstleistungen wie Wartungen (Inspektionen), Verschleißreparaturen, Reifenersatz, Fuhrparkverwaltung bis hin zur Tank-Service-Card zu unterscheiden (Bankrechts-Hdb/*Martinek/Oechsler* § 101 Rz 23). Der Full-Service-Vertrag ist idR ein kombinierter Leasing-, Dienst- und Werkvertrag, bei dem sich die Vertragsrechte und -pflichten jeweils nach dem betreffenden speziellen Vertragstyp richten und für den im Zweifel § 139 gilt (Leasing-Hdb/ *Martinek/Wimmer-Leonhardt* § 56 Rz 10; BuB/*Peters* Rz 13/148). Erhält der Leasinggeber beim Kfz-Leasing das Recht, auf Rechnung des Leasinggebers Kraftstoff zu tanken, liegt keine umsatzsteuerbare Kraftstofflieferung des Leasinggebers an den Leasingnehmer, sondern eine Vereinbarung über die Finanzierung des Kraftstoffbezugs vor, so dass der Leasinggeber nicht zum Vorsteuerabzug berechtigt ist (EuGH RIW 03, 390 ff; BFH/NV 03, 1023 f).

34 **bb) Immobilienleasing.** Beim Immobilienleasing bildet das **Brutto-Leasing** in der Praxis den Regelfall. Hierbei übernimmt der Leasinggeber weitere Aufgaben wie zB die Beschaffung des Grundstücks, die Planung und Errichtung der Gebäudes und die Vermietung des Leasingobjekts (*Engel* NZM 98, 785, 786). Der Leasingnehmer wird idR als Generalübernehmer (§ 631 Rn 19) für den Leasinggeber (Bauherr) tätig (BGHZ 106, 304, 306; *Seibel* NZM 99, 201). Die von dem Leasinggeber übernommenen Servicefunktionen verdichten sich zumeist nicht zu gleichwertigen Hauptleistungspflichten, so dass auf den gesamten Vertrag die leasingrechtlichen Bestimmungen Anwendung finden (BGHZ 106, 304, 308 ff; *Engel* NZM 98, 785, 786). Andernfalls ist von einem Typenkombinationsvertrag auszugehen, auf den das Leistungsstörungsrecht der betreffenden Leistung anwendbar ist (MüKo/*Koch* Leasing Rz 11).

2. Nebenleistungspflichten. Zu den Nebenleistungspflichten des Leasinggebers zählen vorvertragliche Aufklärungs-, Hinweis- und Beratungspflichten (Rn 85f) und die Pflicht zur bestmöglichen Verwertung des Leasinggegenstandes (Rn 185). Bei nach dem 10.6.10 abgeschlossenen Verbraucherfinanzierungsleasingverträgen treffen den Leasinggeber auch die Informationspflichten aus §§ 491 a, b nF. 35

II. Pflichten des Leasingnehmers. 1. Hauptleistungspflichten. a) Zahlung des Leasingentgelts. Das von dem Leasingnehmer zu entrichtende Entgelt setzt sich aus den **vereinbarten Leasingraten** und je nach Vertragsgestaltung aus einer **Sonderzahlung** zu Vertragsbeginn und einer **Schlusszahlung** am Vertragsende zusammen (BGH NJW 06, 1066 Tz 14). Das Entgelt für vertraglich vereinbarte Service- und Dienstleistungen (Rn 32) ist gewöhnlich mit den Leasingraten zu entrichten. Es kann Bestandteil der Leasingraten oder separat ausgewiesen sein. 36

aa) Leasingraten. Die während der Grundmietzeit zu entrichtenden Leasingraten sind Entgelt sowohl für die Gebrauchsüberlassung als auch für die vom Leasinggeber vorweg erbrachte Finanzierungsleistung (BGHZ 128, 255, 262; 118, 282, 290). Aufgrund der Doppelnatur des Finanzierungsleasing (Rn 2) ist der Leasingnehmer bei einem auf unbestimmte Zeit geschlossenen Teilamortisationsvertrag (Rn 8) auch nach Eintritt der Vollamortisation zur Weiterzahlung der vereinbarten Leasingraten verpflichtet; eine Herabsetzung der Leasingraten auf die des reinen Gebrauchsüberlassungsentgelts kommt nicht in Betracht (BGH NJW-RR 90, 182, 183). In der Vertragspraxis vereinbaren die Parteien häufig eine kalendermäßige bestimmte **Fälligkeit** der Leasingraten iSv § 286 II Nr 1 (zB „3. Werktag eines Monats"). Die Fälligkeit der Leasingraten setzt vorbehaltlich einer abw Vereinbarung die In-Vollzug-Setzung des Leasingvertrages durch die vollständige Übergabe des Leasinggegenstandes voraus (Rn 60). Eine Klausel, die den Fälligkeitszeitpunkt vor dem Vertragsbeginn festsetzt, kann als überraschende (§ 305c I) oder intransparente (§ 307 I 2) Klausel unwirksam sein (Hamm OLGR 04, 387f; *Beckmann* § 2 Rz 12). Keinen AGB-rechtlichen Bedenken begegnet dagegen eine Klausel, nach der die Leasingraten abw von § 579 I 2 monatlich im Voraus zu entrichten sind (zu § 551 I aF BGH NJW 95, 1541, 1543). Aus der Finanzierungsfunktion des Leasing folgt, dass der Anspruch des Leasinggebers auf Zahlung sämtlicher Leasingraten als **betagte** Forderung bereits bei Abschluss des Leasingvertrages entsteht (offen lassend für die nach der Grundmietzeit zu entrichtenden Mieten BGHZ 118, 282, 290f; *Wolf/Eckert/Ball* Rz 1701 ff). Die Refinanzierungsbank, an die der Leasinggeber seinen Leasingratenzahlungsanspruch abgetreten hat, muss daher bei Kenntnis des Leasingnehmers von der Abtretung eine vorzeitige einvernehmliche Vertragsbeendigung zwischen Leasinggeber und Leasingnehmer nicht als Verfügung iSv § 407 gegen sich gelten lassen (BGHZ 111, 84, 92ff). Der Anspruch auf Zahlung der Leasingraten unterliegt der **Regelverjährung** nach §§ 195, 199 (MüKo/*Koch* Leasing Rz 43; zur Verjährung nach altem Recht s. BGH NJW 06, 364ff). Im Falle des **Verzugs** sind die Leasingraten bei Unternehmergeschäften gem § 288 II mit 8 Prozentpunkten über dem Basiszinssatz zu verzinsen (*Beckmann* § 2 Rz 13, 53). Darüber hinaus kann der Leasinggeber Fälligkeitszinsen gem §§ 352f HGB beanspruchen. Bei Verbraucherfinanzierungsleasingverträgen (Rn 4ff) über bewegliche Wirtschaftsgüter beträgt der Verzugszinssatz 5 (§§ 497 I 1, 288 I), bei solchen über Immobilen 2,5 (§ 497 I 2 = § 503 II nF) Prozentpunkte über dem Basiszinssatz. Beim Mobilienleasing erbringt der Leasinggeber idR eine **umsatzsteuerbare Leistung** gem §§ 1 Nr 1, 3 I, IX UStG. Der Zessionar haftet gem §§ 13c, d UStG für die USt (BuB/*Peters* Rz 18/144f). 37

Zu dem sog **„Flens-Modell"** s. www.bgb-pww.de. 38

bb) Leasingsonderzahlung. Va im Bereich des Kfz-Leasing sehen die Leasingverträge häufig bei Vertragsbeginn zu entrichtende Sonderzahlungen vor, die auch durch die Inzahlungnahme eines Gebrauchtfahrzeuges erfolgen können (BGH NJW 03, 505, 506; *Beckmann* DStR 07, 157f) und als Betriebsausgabe sofort abziehbar sind (*Beckmann* DStR 07, 157, 164). Bei der Berechnung des leasingtypischen Ausgleichsanspruchs (Rn 164ff) und des kündigungsbedingten Schadensersatzanspruchs (Rn 181) des Leasinggebers sind Sonderzahlungen grds wie bereits gezahlte Leasingraten zu behandeln und verbleiben somit als Teil der von dem Leasingnehmer geschuldeten Vollamortisation beim Leasinggeber (Rn 166). Dagegen sind sie iRe vereinbarten oder gesetzlichen Rückabwicklung des Leasingvertrages an den Leasingnehmer zurückzugewähren (BGH NJW 03, 03, 505ff; Ddorf NJW 97, 2528, 2529). Im Falle der Inzahlungnahme eines Gebrauchtwagens kann der Leasingnehmer lediglich dessen Rückgabe verlangen (BGHZ 175, 286 Tz 12; NJW 03, 505, 506). 39

cc) Leasingtypische Vollamortisation. Der Leasingnehmer schuldet nach dem Grundsatz der Vollamortisation (Rn 2) als Gegenleistung (aA gegen eine synallagmatische Verknüpfung Staud/*Stoffels* Leasing Rz 95) für die vom Leasinggeber erbrachte Finanzierungsleistung grds die volle Amortisation der Anschaffungs- und Finanzierungskosten einschließlich des Geschäftsgewinns des Leasinggebers (BGH NJW 97, 452, 453; BGHZ 128, 255, 262f). Die Vollamortisationspflicht des Leasingnehmers aktualisiert sich, wenn am Vertragsende die volle Amortisation des Gesamtaufwandes des Leasinggebers noch nicht eingetreten ist (Staud/*Stoffels* Leasing Rz 94; s. Rn 163ff). Hierbei handelt es sich nach stRspr des BGH um eine **leasingtypische und vertragsimmanente** Verpflichtung, die sich bereits aus der Rechtsnatur des Finanzierungsleasingvertrages ergibt und auch dann besteht, wenn eine wirksame leasingvertragliche Regelung fehlt (grundl BGHZ 95, 39, 54; seither 40

41 **dd) Preisanpassungsklauseln.** Die Leasing-AGB sehen idR Preisanpassungsklauseln vor, die es dem Leasinggeber ermöglichen sollen, die vereinbarten Leasingraten nach billigem Ermessen gem § 315 einseitig anzupassen. Diese Klauseln unterliegen nicht der Inhaltskontrolle nach § 309 Nr 1, weil es sich bei dem Leasingvertrag um ein Dauerschuldverhältnis handelt (Staud/*Stoffels* Leasing Rz 91). Sie sind vielmehr an § 307 zu messen (vgl BGHZ 158, 149, 153; BGH NJW 90, 115). Klauseln, die eine Erhöhung des Preises für die Anschaffung des Leasinggutes auf den Leasingnehmer abwälzen, gelten hiernach grds als zulässig (Staud/*Stoffels* Leasing Rz 91; *Westphalen* Leasing Rz 78; aA für Unwirksamkeit bei fehlendem Rücktrittsrecht des Leasingnehmers Ddorf ZMR 01, 104, 105). Ob der Leasinggeber ein berechtigtes Interesse an einer Erhöhung der Leasingraten aufgrund einer Verteuerung der Refinanzierung hat, ist str (dafür Frankf NJW 86, 1355; A/B/H/S/*Assies/Vander* Kap 4 Rz 1251 ff; MüKo/*Koch* Rz 45). Für das Finanzierungsleasing kann insoweit jedoch nichts anderes gelten als für das Bankdarlehen, bei dem der BGH den Kreditinstituten eine Zinsanpassung bei kapitalmarktbedingten Veränderungen ihrer Refinanzierungskosten zubilligt (§ 489 Rn 5; BGHZ 158, 149, 156; A/B/H/S/*Assies/Vander* Kap 4 Rz 1255). Nach dem Prinzip der **Anpassungssymmetrie** (A/B/H/S/*Assies/Vander* Kap 4 Rz 1252) darf die Klausel den Leasinggeber nicht einseitig begünstigen, sondern muss für den Fall der Kostensenkung die Verpflichtung des Leasinggebers zur einer entsprechenden Herabsetzung der Leasingraten vorsehen (Frankf NJW 86, 1355; Staud/*Stoffels* Leasing Rz 91). Des Weiteren muss sie den Anforderungen des **Transparenzgebotes** gem 307 I 2 (Rn 66) entsprechen (Staud/*Stoffels* Leasing Rz 91). Dazu müssen die relevanten Preisbildungsfaktoren konkret benannt werden. Dagegen ist eine Klausel, die dem Leasinggeber nach freiem Belieben eine einseitige Erhöhung der Leasingraten gestattet, ohne dem Kunden die Möglichkeit einer Lösung vom Vertrag einräumen, unwirksam (BGHZ 93, 29, 47; Hamm NJW-RR 86, 927, 929). Ferner darf das Anpassungsrecht nicht dazu dienen, dem Leasinggeber einen zusätzlichen Gewinn zu verschaffen (BGH NJW 90, 115, 116). Hiernach obliegt es dem Leasinggeber, einen geeigneten Referenzzins zu nennen (A/B/H/S/*Assies/Vander* Kap 4 Rz 1256). Die Anknüpfung an eine Veränderung der Verhältnisse am Geld- und Kapitalmarkt wird den Anforderungen an das aus dem Transparenzgebot herzuleitende Gebot möglichst hinreichender Konkretisierung nicht gerecht (Frankf NJW 86, 1355; Staud/*Stoffels* Leasing Rz 91). Dagegen werden sog **Automatikklauseln**, die eine jährliche Erhöhung des neben den Leasingraten zu zahlenden Verwaltungskostenanteils vorsehen, gebilligt (Hamm DB 97, 569 ff).

42 **b) Sonstige Hauptleistungspflichten.** Nicht zu beanstanden ist es, dass der Leasinggeber seine Verpflichtung zur Abnahme des Leasingobjekts (§§ 433 II, 640 I) auf den Leasingnehmer delegiert. Ferner schuldet der Leasingnehmer am Vertragsende ggü dem Leasinggeber die **Rückgabe** des Leasinggutes gem § 546 (*Beckmann* § 1 Rz 15; Rn 183).

43 **2. Nebenleistungspflichten.** Den Leasingnehmer treffen eine Reihe von Nebenpflichten wie die Pflicht, das Leasinggut während der Vertragszeit in einem funktionstüchtigen Zustand zu erhalten und zu versichern (Rn 120) sowie die Pflicht zur Anzeige von Schadensfällen und zur Unterrichtung über Auseinandersetzungen mit dem Lieferanten (Rn 159). (Vor)vertragliche Nebenpflicht ist auch die leasingtypische Pflicht des Leasingnehmers zur Abgabe einer Übernahmebestätigung (BGH NJW 05, 365; s. Rn 106).

44 **C. Vertragsabschluss. I. Vertragsanbahnung. 1. Vertragsanbahnungsmodelle.** Die Leasingpraxis hat für das Zustandekommen des Finanzierungsleasinggeschäfts über bewegliche Wirtschaftsgüter (zu den im Immobilienleasinggeschäft verbreiteten Beschaffungsmodellen s. *Engel* NZM 98, 785, 787) folgende 2 Vertragsmodelle entwickelt (BGH NJW-RR 93, 307, 308):

45 **a) Standardmodell (Ein-Vertrags-Modell).** Es entspricht dem für das Finanzierungsleasing über bewegliche Wirtschaftsgüter typischen Beschaffungsvorgang, dass das Leasinggeschäft von dem Leasingnehmer in Gang gesetzt wird. Dieser wählt den Leasinggegenstand aus und bahnt den Liefervertrag mit dem Lieferanten bis zur Abschlussreife an. Der Lieferant hält häufig Leasingvertragsformulare des Leasinggebers vor und füllt den Leasingantrag gemeinsam mit dem Leasingnehmer nach den Vorgaben des Leasinggebers und unter Berücksichtigung der ausgehandelten Konditionen des Liefervertrages aus. Sodann übermittelt er den Leasingantrag des Leasingnehmers gemeinsam mit dem vorbereiteten Liefervertrag zur Annahme und Unterschrift an den Leasinggeber. Entscheidet sich dieser nach Prüfung der Vertragsunterlagen, der Bonität und etwa gestellter Sicherheiten für den Abschluss des Leasinggeschäfts, nimmt er das Angebot des Leasingnehmers auf Abschluss des Leasingvertrages an und schließt unmittelbar mit dem Lieferanten den Liefervertrag ab (Staud/*Stoffels* Leasing Rz 98 ff). Der Leasingnehmer selbst schließt nur den **einen** Leasingvertrag mit dem Leasinggeber ab (BGH NJW-RR 93, 307, 308).

46 **b) Eintrittsmodell.** Nicht selten tritt der Leasinggeber in den von dem Leasingnehmer in eigenem Namen abgeschlossenen Liefervertrag ein. Hierbei handelt es sich idR um eine Vertragsübernahme (BGHZ 110, 130, 139 f; 96, 307 ff; Staud/*Stoffels* Leasing Rz 106; s. hierzu § 398 Rn 27 ff), in seltenen Fällen um eine einfache

Schuldübernahme iSd §§ 414 ff (BGH NJW-RR 93, 307, 308 f; aA für eine Erfüllungsübernahme iSd § 329 Dresd NJW-RR 96, 625 f). Enthält der Liefervertrag eine Leasingfinanzierungsklausel (zB „Finanzierung über Leasing", „Zahlung auf Leasingbasis") ist die Wirksamkeit des Eintritts idR **auflösend bedingt** (§ 158 II) durch das Nichtzustandekommen des Leasingvertrages (Staud/*Stoffels* Leasing Rz 105). Der Leasingnehmer kann sich hierauf jedoch gem § 162 II nicht berufen, wenn er das Scheitern der Leasingfinanzierung wider Treu und Glauben selbst herbeigeführt hat (BGH NJW-RR 90, 1009, 1011). Der Widerruf des Leasingvertrages gem § 495 I vor Eintritt des Leasinggebers in den Liefervertrag (Rn 73 ff) stellt kein treuwidriges Verhalten des Leasingnehmers dar (Staud/*Stoffels* Leasing Rz 105; *Bülow/Arzt* § 500 Rz 13a). Mit der Erklärung des Eintritts genehmigt (§ 177 I) der Leasinggeber ein von dem Lieferanten als Vertreter ohne Vertretungsmacht eingeräumtes Erwerbsrecht des Leasingnehmers (Ddorf BB 06, 1246). Eine Bestimmung in den Leasing-AGB, der zufolge der Leasinggeber im Falle eines Rücktritts vom Leasingvertrag den **Wiedereintritt** des Leasingnehmers in den Beschaffungsvertrag herbeiführen kann, verstößt idR gegen § 307 II Nr 1 (BGHZ 178, 227 Tz 32; aA für das Projektleasing *Habersack* WM 08, 809 ff). Das Gleiche gilt für Klauseln, in denen der Wiedereintritt an die Ausübung eines Rücktrittrechts geknüpft ist, das der Leasinggeber sich für den Fall der Insolvenz des Leasingnehmers vor vollständiger Abnahme einer in Teilen zu leistenden Leasingsache vorbehalten hat (abw für einen Verstoß gegen § 305 c Oldbg OLGR 07, 538 ff; *Weber* NJW 09, 2927, 2929)

2. Leasingrahmenverträge. In der Praxis bestehen häufig Rahmenvereinbarungen zwischen dem Leasinggeber und dem Lieferanten oder zwischen größeren Leasinggesellschaften und Leasingnehmern (Staud/*Stoffels* Leasing Rz 108). Ob bereits durch Abschluss der Rahmenvereinbarung oder erst durch die mit Einreichung separater Mietscheine zustande kommenden Einzelverträge konkrete Vertragspflichten im Leasingverhältnis begründet werden, richtet sich nach einer tatrichterlichen Vertragsauslegung im Einzelfall (BGH WM 87, 108, 109). Die Verweigerung des Abschlusses von Einzelverträgen kann Schadensersatzansprüche nach sich ziehen (BGH NJW-RR 86, 1110, 1111 f). **47**

II. Rechtsstellung der Beteiligten im Leasingdreieck. 1. Rechtsstellung des Lieferanten. a) Stellvertreter. Der Lieferant, der den Leasingvertrag mit dem Leasingnehmer anbahnt (Rn 45), ist grds nicht Stellvertreter (§ 164), sondern nur **Verhandlungsführer und -gehilfe** (§ 164 Rn 23) des Leasinggebers (BGH NJW-RR 05, 1421, 1422). Denn der Leasingnehmer schließt idR selbst den Leasingvertrag ab, so dass der Lieferant insoweit rechtsgeschäftlich nicht in Erscheinung tritt. Im Normalfall liegen auch weder die Voraussetzungen für eine stillschweigende Vollmacht noch für eine Duldungs- oder Anscheinsvollmacht vor (BGH NJW 89, 287, 288; 88, 204, 206; NJW-RR 88, 241, 242; Erman/*Jendrek* Anh § 535 Rz 19; aA für eine stärkere Heranziehung der Grundsätze der Duldungs- und Anscheinsvollmacht *Westphalen* Leasing Rz 42). Etwas anderes soll allerdings dann gelten, wenn der Lieferant in dem Leasingvertragsformular als Ansprechpartner genannt ist (Dresd NJW-RR 03, 269). **48**

b) Erfüllungsgehilfe. aa) Vorvertragliche Pflichten des Leasinggebers. Der Lieferant ist als Erfüllungsgehilfe (§ 278) des Leasinggebers in Bezug auf dessen vorvertragliche Aufklärungs- Beratungs- und Hinweispflichten anzusehen, wenn er mit Wissen und Wollen des Leasinggebers die Vorverhandlungen über den Abschluss des Leasingvertrages führt, indem er etwa die Höhe der Leasingraten für die vorgesehene Laufzeit errechnet sowie ggf andere Modalitäten bespricht und aushandelt sowie das ihm von dem Leasinggeber überlassene Vertragsformular ausgefüllt an diesen zurücksendet (BGH NJW-RR 89, 1140, 1142; NJW 89, 287, 288; zust Erman/*Jendrek* Anh § 535 Rz 20; krit Bankrechts-Hdb/*Martinek/Oechsler* § 101 Rz 35; abl *Lieb* DB 1988, 2495, 1502). Hieran fehlt es, wenn der Leasinggeber im Vertragsanbahnungsstadium, wie das beim Eintrittsmodell (Rn 46) idR der Fall ist, über die Person des Lieferanten nicht in Erscheinung tritt (Ddorf NJW-RR 97, 1142, 1143; MüKo/*Koch* Leasing Rz 48). Die Rechtsstellung des Lieferanten als Erfüllungsgehilfe des Lieferanten setzt eine ständige oder besonders enge Verbindung zwischen Leasinggeber und Lieferant nicht voraus (BGH NJW-RR 88, 241, 243). Andererseits genügt der pauschale Vortrag, der Leasinggeber sei ständiger Finanzierungspartner des Lieferanten, im Prozess zur Begründung der Erfüllungsgehilfeneigenschaft des Lieferanten nicht (BGH NJW 95, 1146, 1147). Diese endet in Bezug auf vorvertragliche Pflichten des Leasinggebers mit dem Abschluss des Leasingvertrages und lebt nicht dadurch wieder auf, dass der Lieferant ohne Wissen und Wollen des Leasinggebers Verhandlungen mit dem Leasingnehmer oder Dritten führt (BGH NJW-RR 89, 1140, 1141). **49**

bb) Gebrauchsüberlassungspflicht des Leasinggebers. Lässt der Leasinggeber das Leasingobjekt leasingtypisch von dem Lieferanten herstellen und/oder ausliefern, ist der Lieferant Erfüllungsgehilfe des Leasinggebers auch in Bezug auf dessen **Gebrauchsüberlassungspflicht** (BGHZ 178, 227 Tz 27; BGH NJW 88, 198, 199; MüKo/*Koch* Leasing Rz 74; aA in Bezug auf die Herstellung des Leasingobjekts beim Projektleasing *Habersack* WM 08, 809 ff; ausgehend von der Theorie der eingeschränkten Gebrauchsüberlassungspflicht Staud/*Stoffels* Leasing Rz 198; *Larenz-Canaris* SchuldR II 2 § 66 IV 5; *Oechsler* SchuldR BT Rz 490; *Lieb* DB 88, 2495; 2502 f; *Flume* DB 91, 265, 270), nicht aber im Hinblick auf die von dem Leasingnehmer abzugebende Übernahmebestätigung (BGH NJW 05, 365, 366 in Abgrenzung zu BGH NJW 88, 204, 206 f). In diesem Fall endet die Erfüllungsgehilfeneigenschaft des Lieferanten mit der vollständigen Über- **50**

gabe des Leasinggegenstandes (BGH NJW 88, 198, 199) und wird erst dann wieder begründet, wenn und soweit der Leasinggegenstand am Vertragsende bei dem Lieferanten abzugeben oder von ihm abzuholen ist (Erman/*Jendrek* Anh § 535 Rz 20).

51 **c) Wissensvertreter.** Tritt der Lieferant als Verhandlungs- und Erfüllungsgehilfe des Leasinggebers in Erscheinung, ist er auch als dessen Wissensvertreter anzusehen mit der Folge, dass dem Leasinggeber das von dem Lieferanten iRd Erfüllung der diesem übertragenen Aufgaben erlangte Wissen analog § 166 I zuzurechnen ist (s. § 164 Rn 13, 16; *Wolf/Eckert/Ball* Rz 1685). Eine rechtsgeschäftliche Bindung des Leasinggebers an Erklärungen des Lieferanten kann sich hieraus jedoch nicht ergeben (BGH NJW-RR 05, 1421, 1422; *Wolf/Eckert/Ball* Rz 1690 f). IÜ kommt eine Wissenszurechnung nur hinsichtlich solcher Umstände in Betracht, die zu dem allgemeinen Umkreis des Aufgabenbereichs gehören, zu dessen Wahrnehmung der Leasinggeber den Lieferanten bestellt hat. Daher scheidet eine Wissenszurechnung in Bezug auf die von dem Lieferanten in eigenem Namen abgegebene Erklärungen aus (BGH NJW-RR 05, 1421, 1422). Das Gleiche gilt für die Kenntnis des Lieferanten von der Unrichtigkeit einer Übernahmebestätigung des Leasingnehmers (BGH NJW 05, 365, 367).

52 **2. Rechtsstellung des Leasingnehmers.** Falls und insoweit der Leasinggeber dem Leasingnehmer die Vorverhandlungen über den Liefervertrag überlässt, tritt der Leasingnehmer als sein **Verhandlungs- und Erfüllungsgehilfe** (§ 164 Rn 23) und **Wissensvertreter** (§ 166 Rn 16) in Erscheinung (*Wolf/Eckert/Ball* Rz 1685; *Beckmann* § 1 Rz 154 ff). Lieferantenaussagen über Eigenschaften und Eignung des Leasingobjekts begründen analog § 166 I eine Beschaffenheitsvereinbarung im Verhältnis zwischen Lieferant und Leasinggeber, die Grundlage der von dem Leasingnehmer iRd leasingtypischen Abtretungskonstruktion (Rn 128 ff) geltend zu machenden Sachmängelhaftung des Lieferanten sein kann (BGHZ 81, 298, 304 f; MüKo/*Koch* Leasing Rz 49). Bestimmt der Leasinggeber, dass die Abnahme des Leasingobjekts durch den Leasingnehmer an dem von diesem angegebenen Bestimmungsort erfolgen soll, damit dieser sie untersucht und macht er davon und vom Eingang der Übernahmebestätigung jegliche Verpflichtung dem Lieferanten ggü abhängig, so ist der Leasingnehmer in Bezug auf die **Abnahmeverpflichtung** des Leasinggebers ggü dem Lieferanten (§§ 433 II, 649 I) Erfüllungsgehilfe des Leasinggebers (BGH NJW-RR 05, 357, 360; BGHZ 110, 130, 138). Der Lieferant behält daher seinen Kaufpreis-/Vergütungsanspruch gem § 324 I aF (jetzt § 326 II), wenn der Leasingnehmer die Fertigstellung des Leasingobjekts unmöglich gemacht hat, indem er ein anderes Unternehmen mit der Fertigstellung beauftragt hat (BGH NJW-RR 05, 357, 360).

53 **III. Wirksamkeitsvoraussetzungen. 1. Angebot und Annahme (§§ 145 ff).** Eine formularmäßige **Annahmefrist** (§ 148) von bis zu 4 Wochen ab Einreichung aller erforderlichen Unterlagen ist gem §§ 308 Nr 1, 307 II Nr 2 nicht zu beanstanden (MüKo/*Koch* Leasing Rz 39; *Beckmann* DStR 07, 157; aA für den Neuwagenkauf Frankf NJW 98, 566, 567; *Westphalen* ZGS 02, 214); dagegen soll eine Annahmefrist von 8 Wochen zu lang sein (Hamm NJW-RR 86, 927, 928). Die Parteien können gem § 151 1 auf den **Zugang der Annahmeerklärung** des Leasingnehmers verzichten (BGHZ 160, 97, 101). Str ist, ob eine entspr Klausel in den Leasing-AGB wirksam ist (offen lassend BGHZ 144, 370, 385; dafür Celle OLGR 00, 264, 265; dagegen Staud/*Stoffels* Leasing Rz 100; Hamm NJW-RR 86, 927, 928 f). Jedenfalls kann in AGB zu Verbraucherfinanzierungsleasingverträgen (Rn 4 ff) nach hM nicht wirksam auf die Vertragsannahmeerklärung des Leasinggebers verzichtet werden, wenn sich der Leasinggeber nicht zugleich verpflichtet, dem Leasingnehmer die Annahme des Vertragsangebotes oder dessen Ablehnung unverzüglich schriftlich mitzuteilen (Ddorf NJW-RR 03, 126, 127; *Beckmann* DStR 07, 157; aA Celle OLGR 00, 264, 265). Das Schriftformerfordernis des § 492 I 4 (Rn 55) steht einem (konkludenten) Verzicht auf den Zugang der schriftlichen Annahmeerklärung des Leasinggebers nicht entgegen (BGH WM 04, 1381 f). Dagegen soll es der nochmaligen Gegenzeichnung durch den Leasingnehmer bedürfen, wenn die Vertragerklärung des Leasinggebers, etwa weil dieser das Vertragsangebot des Leasingnehmers erst nach Ablauf der Bindungsfrist unterzeichnet hat, als modifiziertes Angebot (§ 150 II) zu werten ist (Rostock NJW-RR 06, 341 f).

54 **2. Form.** Der Finanzierungsleasingvertrag bedarf grds keiner besonderen Form. Ausn gelten für das Verbraucher- und Immobilienfinanzierungsleasing.

55 **a) Verbraucherkreditrechtliche Formvorgaben. aa) Schriftform (§ 492 I 1–4).** Verbraucherfinanzierungsleasingverträge (Rn 4 ff) bedürfen gem §§ 499 II, 500 (= § 506 II nF) der Schriftform des § 492 I 1–4 (s. hierzu § 492 Rn 2). Soweit die **AGB** des Leasinggebers in den Vertrag einbezogen werden sollen, müssen sie mit der Vertragserklärung des Leasingnehmers zweifelsfrei zusammengehörig iSd der Auflockerungsrechtsprechung des BGH (§ 126 Rn 6) sein (*Beckmann* § 3 Rz 273; aA überholt für eine feste Verbindung *Wolf/Eckert/Ball* Rz 2047; *Westphalen* Leasing Rz 267). Dazu ist es unumgänglich, sie entweder in die Urkunde selbst zu integrieren oder sie als deren Bestandteil (ergänzende Urkunde) beizufügen (§ 492 Rn 2). Gleiches soll nach hM bei Verträgen mit leasingtypischer Abtretungskonstruktion (Rn 128) auch für die Regelung der Sachmängelhaftung in den Liefer-AGB gelten (*Westphalen* Leasing Rz 268 f; *Beckmann* § 3 Rz 273; aA *Godefroid* BB-Beil 04/6, 14, 17). Das ist nur richtig, wenn man abw von der hier vertretenen Ansicht davon ausgeht, dass die Liefer-AGB in den Leasingvertrag einbezogen werden müssen (s. Rn 138). Zur Vereinbarkeit des Schriftform-

erfordernisses mit einem Zugangsverzicht gem § 151 1 s Rn 53. Eine Befreiung vom Schriftformerfordernis kann sich bei im Fernabsatz vertriebenen Verbraucherfinanzierungsleasingverträgen aus dem zur Vermeidung eines Verstoßes gegen Art 9 ECommerce-RL richtlinienkonform analog anzuwendenden Fernabsatzprivileg in § 502 II (= 507 I 2 nF) ergeben (MüKo/*Schürnbrand* § 500 Rz 2). Da § 492 II nicht anwendbar ist, erstreckt sich das Schriftformerfordernis nicht auf die **Vollmacht** zum Abschluss des Leasingvertrages (*Peters* WM 06, 1183, 1187). Dagegen unterliegt ein **Leasingübernahmevertrag** als Vorvertrag eines Leasingvertrages dem Schriftformerfordernis des § 492 I 1 und kann deshalb nicht im Internet ersteigert werden (Frankf OLGR 09, 71).

bb) Heilung von Formmängeln. Unter der Geltung der §§ 499 II, 500 ist die Heilung eines Formmangels nach §§ 494 II, 502 III 2 mangels Einbeziehung dieser Normen in den Katalog des § 500 ausgeschlossen, so dass es bei der Nichtigkeitsfolge des § 125 1 bleibt (Dresd MDR 08, 311). Die Berufung auf die Formnichtigkeit kann jedoch ausnahmsweise rechtsmissbräuchlich (§ 242) sein, wenn der Leasingnehmer die Leasingsache nahezu über die gesamte Laufzeit des Leasingvertrages genutzt hat (BGHZ 144, 370, 385). Bei nach dem 10.6.10 abgeschlossenen Verträgen gilt gem § 506 II nF für die Heilung eines Formmangels § 494 II. 56

cc) Pflichtangaben. Bislang sind Finanzierungsleasingverträge durch § 500 von den Pflichtangaben der §§ 492 I 5, 502 I freigestellt (s. hierzu PWW/*Frensch*, 4. Aufl, Anh §§ 488-515, Rz 57). Nach dem 10.6.10 abgeschlossene Verbraucherfinanzierungsleasingverträge müssen gem § 506 II nF die in dem Katalog des § 492 I 5 genannten Pflichtangaben enthalten. 57

dd) Abschrift der Vertragserklärung. Gem §§ 500 (= § 506 II nF), 492 III muss der Leasinggeber dem Leasingnehmer eine Abschrift der Vertragserklärungen zur Verfügung stellen. Das wirksame Zustandekommen des Leasingvertrages bleibt hiervon jedoch unberührt. Im Falle eines Verstoßes wird lediglich die Widerrufsfrist nicht in Gang gesetzt (§§ 495 I, 355 II 3; Staud/*Stoffels* Leasing Rn 158). 58

b) Immobilienleasingverträge. Immobilienfinanzierungsleasingverträge bedürfen der **Schriftform** gem §§ 578 I, 550 (Staud/*Stoffels* Leasing Rz 26) und bei Vereinbarung einer Kaufoption und/oder eines Andienungsrechts der **notariellen Beurkundung** gem § 311b I 1 (§ 311b Rn 4; MüKo/*Koch* Leasing Rz 11). 59

3. Vertragsbeginn. Die Laufzeit des Leasingvertrages und damit auch die Zahlungspflicht des Leasingnehmers beginnen im Zweifel mit der **vollständigen Übergabe** des Leasinggegenstandes an den Leasingnehmer (BGH NJW 93, 1381, 1383; 91, 2135, 2136; 88, 204, 207). Nach der hM in der Lit setzt der Vertragsbeginn darüber hinaus die „In-Vollzug-Setzung" des Leasingvertrages durch die leasingtypische Übernahmebestätigung (Rn 106) voraus (MüKo/*Koch* Leasing Rz 66; *Beckmann* § 2 Rz 12). Dem kann jedoch nur bei entspr Vereinbarung gefolgt werden (Palandt/*Weidenkaff* Einf v § 535 Rz 49; s. hierzu Staud/*Stoffels* Leasing Rz 183 f). Andernfalls informiert die Übernahmebestätigung nach der Rspr des BGH nur über den an die tatsächliche Übernahme des Leasinggutes (und nicht an die Bestätigung selbst) geknüpften Beginn der Vertragslaufzeit und der von dieser Zeit an zu leistenden Zahlungen (BGH NJW 93, 1381, 1383). Dagegen kann die Übernahmebestätigungsklausel idR nicht als aufschiebende Bedingung für das Zustandekommen des Leasingvertrages ausgelegt werden (MüKo/*Koch* Leasing Rz 66; aA *Lieb* WM-Beil 6/92, 10, 17; *Oechsler* SchuldR BT Rz 488). 60

4. Scheitern des Liefervertrages. In der Lit wird die Ansicht vertreten, dass der Leasingvertrag typischerweise aufschiebend bedingt (§ 158 I) durch das Zustandekommen des Liefervertrages sei (DerlKnopsBa/*Mankowski/Knöfel* § 21 Rz 23) und die Aufnahme einer entspr Vertragsklausel empfohlen (*Beckmann* § 2 Rz 10; A/B/H/S/*Assies/Vander* Kap 4 Rz 1229). Gegen die Wirksamkeit einer solchen Konstruktion spricht jedoch, dass sich der Leasinggeber des Risikos der Beschaffung des Leasinggegenstandes zu Lasten des Leasingnehmers entledigen würde, was mit seiner Gebrauchsüberlassungspflicht (Rn 30) nicht vereinbar wäre. Jedenfalls führt sie zu einer vorvertraglichen Haftung des Leasinggebers (§§ 311 II, 280 I, 241 II), wenn das Leasinggeschäft aus Gründen scheitert, die entweder der Leasinggeber selbst oder der bei den Verhandlungen des Leasingvertrages als sein Erfüllungsgehilfe in Erscheinung tretende Lieferant (Rn 49) zu vertreten hat (*Oechsler* SchuldR BT Rz 490). Überdies kann es dem Leasinggeber nach § 162 I verwehrt sein, sich auf die Unwirksamkeit des Leasingvertrages zu berufen (MüKo/*Koch* Leasing Rz 66). 61

5. AGB-Kontrolle der Leasingbedingungen (§§ 305 ff). Leasingverträge unterliegen als „Formularrecht par excellence" (Rn 24) der Inhaltskontrolle nach §§ 305 ff. Zur AGB-Kontrolle der Liefer-AGB iRd leasingtypischen Abtretungskonstruktion s. Rn 133. 62

a) Einbeziehung in den Leasingvertrag. Die Einbeziehung der Leasingbedingungen in den Leasingvertrag richtet sich nach §§ 310 I 1 iVm 145 ff, falls der Leasingnehmer Unternehmer (§ 14) ist und bei Verbraucherfinanzierungsleasingverträgen (Rn 4 ff) nach § 305 II. Zu den Anforderungen an die Lesbarkeit der Leasingbedingungen s. Saarbr BB 08, 2649. Überraschende Klauseln werden gem § 305 c I nicht Vertragsbestandteil (BGH NJW 87, 377, 379). Zur Anwendung der Unklarheitenregel des § 305c II auf Finanzierungsleasingverträge s. BGH NJW 09, 3295 Tz 16; 01, 2165, 2166 f. 63

64 b) Inhaltskontrolle. aa) Besondere Klauselverbote (§§ 308 f). Auf Verbraucherfinanzierungsleasingverträge (Rn 4 ff) finden die besonderen Klauselverbote der §§ 308 f Anwendung. Die dort zum Ausdruck kommenden Wertungen fließen gem § 310 I 2 in die Inhaltskontrolle von ggü Unternehmern (§ 14) verwendeten Klauseln nach § 307 ein (BGHZ 178, 227 Tz 26). § 309 Nr 8 lit b ist auf Finanzierungsleasingverträge nicht anwendbar (BGHZ 94, 180, 186 ff). Dagegen findet § 308 Nr 3 auf Klauseln Anwendung, die ein Rücktrittsrecht des Leasinggebers vor Beginn der Vertragszeit vorsehen (BGHZ 178, 227 Tz 26).

65 bb) Inhaltskontrolle nach § 307 I 1. Ausgehend von der Qualifizierung des Finanzierungsleasing als atypischer Mietvertrag (Rn 26) ist iRd Inhaltskontrolle nach § 307 I 1 in erster Linie der Kontrolltatbestand des § 307 II Nr 1 (**Leitbildabweichung**) heranzuziehen und zu prüfen, ob die leasingvertragliche Regelung von wesentlichen Grundgedanken des Mietrechts (§§ 535 ff) abweicht (BGHZ 114, 57, 65 ff; 96, 103, 109; str). Hierzu muss zunächst festgestellt werden, dass der typische Gehalt des Leasingvertrages in der betreffenden Frage unter Berücksichtigung des Eigengepräges des Leasingvertrages bei sachgerechter Bewertung der von den Parteien typischerweise verfolgten Interessen mit einem normalen Mietvertrag übereinstimmt. Andernfalls kommt eine unangemessene Benachteiligung des Leasingnehmers gem § 307 II Nr 1 nicht in Betracht (BGHZ 112, 65, 71; *Wolf/Eckert/Ball* Rz 1676). Leasingtypische Abweichungen von dem gesetzlichen Leitbild der Miete hat der BGH insb bei der Vollamortisationspflicht des Leasinggebers (Rn 40), Abwälzung der Sach- und Preisgefahr auf den Leasingnehmer (Rn 118 ff), Freizeichnung des Leasinggebers von der mietrechtlichen Sachmängelhaftung gegen Abtretung seiner kaufrechtlichen Mängelrechte (Rn 128 ff) und dem Verbot der Untervermietung (Rn 30) anerkannt. In der Rspr des BGH zum Finanzierungsleasing hat das aus dem Leitbild der Miete herzuleitende **Prinzip der Äquivalenz im Leasingverhältnis**, eine zentrale Bedeutung (grundl BGHZ 96, 103, 109 f; 114, 57, 65 f; zust ausgehend von der mietrechtlich orientierten Sui generis-Theorie MüKo/*Koch* Leasing Rz 36). Hiernach sind Klauseln, die dazu führen, dass die im Leasingverhältnis erforderliche Äquivalenz zwischen Leistung und Gegenleistung einseitig zu Lasten des Leasingnehmers gestört wird, gem § 307 II Nr 1 unwirksam (BGHZ 114, 57, 67). Der BGH zieht das leasingrechtliche Äquivalenzprinzip insb bei der Inhaltskontrolle von Aufwendungsersatz- (Rn 116; 131) und Übernahmebestätigungsklauseln (Rn 107) heran, die eine Zahlungspflicht des Leasingnehmers vorsehen, obwohl der Leasinggeber seine Hauptpflicht zur Gebrauchsüberlassung (Rn 30) nicht erfüllt (BGHZ 114, 57, 67 ff; 96, 103, 109 f; NJW 88, 204, 206), und bei der Inhaltskontrolle von Rücktrittsklauseln (Rn 117). IÜ wurzeln die Geschäftsgrundlagenlösung des BGH (BGHZ 109, 139, 144, 145; s. Rn 146 f) und der Gedanke, dass der Leasingnehmer durch die leasingtypische Abtretungskonstruktion nicht rechtlos gestellt werden darf, in dem leasingrechtlichen Äquivalenzprinzip (BGHZ 114, 57, 65 f; s. Rn 131).

66 cc) Transparenzgebot (§ 307 I 2). Zunehmende Bedeutung bei der Inhaltskontrolle leasingvertraglicher Klauseln hat zudem das in § 307 I 2 normierte Transparenzgebot (s. hierzu BGH NJW 04, 1041, 1043; *Wolf/Eckert/Ball* Rz 1717; § 307 Rn 13 ff) erlangt. Das gilt insb für die Inhaltskontrolle von **Abrechnungsklauseln**, die so gestaltet sein müssen, dass die vertragliche Regelung in ihrer Berechnungsweise und den sich daraus ergebenden Folgen durchschaubar ist (BGH NJW 87, 377, 379). Hiernach ist eine Abrechnungsklausel unwirksam, wenn sie die für die Berechnung der Ausgleichszahlung im Fall einer vorzeitigen Vertragsbeendigung maßgebliche Abrechnungsmethode und die hierfür relevanten Abrechnungsfaktoren nicht enthält (BGH NJW 04, 2823, 2824; 97, 3166 f). Intransparent ist auch die Verwendung des nicht näher erläuterten Begriffs der „vorschüssigen Rentenbarwertformel" in einer Vereinbarung über die Abzinsung der ausstehenden Leasingraten. Das Gleiche gilt für die Verwendung des Begriffs „Abzinsungssatz" in einer vorformulierten Regelung über die Abzinsung des Restwertes ohne Mitteilung der entspr finanzmathematischen Formel (BGH NJW 96, 455, 456). Zu den Anforderungen des Transparenzgebotes an die wirksame Vereinbarung eines Restwertausgleichs s. Rn 168. Zum Fehlen einer Abtretungsregelung in Bezug auf Ansprüche gegen Dritte bei Verlust oder Beschädigung der Leasingsache s. Rn 118.

67 6. Sittenwidrigkeit gem § 138. a) Sittenwidrigkeit des Leasingvertrages. Finanzierungsleasingverträge unterliegen der Inhaltskontrolle nach § 138. Entspr der Doppelnatur des Finanzierungsleasing (Rn 2) wendet der BGH hinsichtlich des Vorliegens eines objektiven Missverhältnisses zwischen Leistung und Gegenleistung das mietrechtliche Prüfungsmodell und das Ratenkreditmodell (NJW 95, 1146, 1147) an.

68 aa) Mietrechtliches Prüfungsmodell. Die Beurteilung der Sittenwidrigkeit des Leasingvertrages hat vorrangig anhand eines Vergleichs der vereinbarten Leasingrate mit der **marktüblichen Leasingrate** zu erfolgen. Das setzt voraus, dass der vereinbarten Leasingrate die übliche Leasingrate anderer Verträge gegenübergestellt werden kann, die hinsichtlich des Abschlusszeitpunkts, des Leasingobjekts, einer eventuellen Sonderzahlung, der Laufzeit und des kalkulierten Restwertes vergleichbar ist (BGH NJW 95, 1146, 1147). Hierzu müssen sich auf dem Leasingmarkt erkennbar „Vergleichsmieten" herausgebildet haben oder ein übliches Entgelt für den konkreten Leasinggegenstand durch einen Sachverständigen ermittelt werden können (BGHZ 128, 255, 260). Das erforderliche Missverhältnis zwischen Leistung und Gegenleistung liegt vor, wenn das vertraglich vereinbarte Entgelt das ermittelte übliche Entgelt um das **Doppelte** überschreitet (BGHZ 128, 255, 260 f; krit Bankrechts-Hdb/*Martinek/Oechsler* § 101 Rz 39). Es kann sich auch daraus ergeben, dass der Leasinggeber zur

Berechnung der Leasingraten einen weit über dem Neupreis liegenden Kaufpreis für den Leasinggegenstand zugrunde gelegt hat. In diesem Fall ist die vereinbarte Leasingrate der für den Listenpreis üblichen Rate gegenüberzustellen. Das soll auch dann gelten, wenn in der Finanzierungssumme ein Ablösebetrag für einen alten Leasingvertrag enthalten ist („Huckepackfinanzierung"), dies aber unter Verstoß gegen eine Schriftformklausel nicht in den Leasingvertrag aufgenommen wurde (Kobl OLGR 01, 441 f; s. hierzu A/B/H/S/Assies/Vander Kap 4 Rz 162 ff).

bb) Ratenkreditmodell. Ist die Anwendung des mietrechtlichen Prüfungsmodells in Ermangelung geeigneter Vergleichsverträge oder -objekte nicht möglich, können in Bereich des Mobilienleasings wegen der funktionellen Vergleichbarkeit des Finanzierungsleasing mit dem drittfinanzierten Kauf (Rn 17) die Grundsätze über die Sittenwidrigkeit von Ratenkrediten (§ 138 Rn 123 ff) herangezogen werden (BGHZ 128, 255, 261 ff; NJW 95, 1146, 1147; krit Bankrechts-Hdb/*Martinek/Oechsler* § 101 Rz 45; *Krebs* NJW 96, 1177 ff). Hiernach ist der effektive Vertragszins, der sich aus den vereinbarten Belastungen (Vertragskosten) des Leasingnehmers ergibt, mit dem **marktüblichen effektiven Jahreszins** eines entspr Kredits (§ 138 Rn 126) zu vergleichen (BGHZ 128, 255, 265; NJW 95, 1146, 1147). Zu den Einzelheiten der Vergleichsmethode s. www.bgb-pww. Das erforderliche objektive Missverhältnis liegt vor, wenn der effektive Vertragszins den effektiven Vergleichszins relativ um rund 100% oder absolut um 12% übersteigt (BGHZ 128, 255, 266 f; NJW 95, 1146, 1148). 69

cc) Subjektive Voraussetzungen. Bei einem Verbraucherfinanzierungsleasingvertrag streitet zugunsten des Leasingnehmers in Übereinstimmung mit der Rspr des BGH zur Sittenwidrigkeit von Ratenkrediten (§ 138 Rn 129) eine **tatsächliche Vermutung** für eine verwerfliche Gesinnung des Leasinggebers, wenn der objektive Tatbestand des § 138 I vorliegt (BGHZ 128, 255, 267 f). Ist der Leasingnehmer dagegen Unternehmer (§ 14), ist von der allg Beweisregel auszugehen, dass derjenige, der sich auf die Nichtigkeit des Geschäfts beruft, die subjektiven Voraussetzungen der Sittenwidrigkeit darlegen und beweisen muss (BGHZ 128, 255, 268; § 138 Rn 65), wobei sich eine Beweiserleichterung aus dem Vorliegen eines besonders groben Missverhältnis zwischen Leistung und Gegenleistung ergeben kann (Kobl OLGR 04, 441, 442; § 138 Rn 63). Bei Geschäften mit einem vollkaufmännischen Leasingnehmer soll widerleglich zu vermuten sein, dass die subjektiven Voraussetzungen beim Leasinggeber nicht erfüllt sind (BGHZ 128, 255, 268). Der Leasinggeber muss sich idR die Kenntnis des Lieferanten analog § 166 I zurechnen lassen (*Beckmann* § 2 Rz 426; A/B/H/S/*Assies/Vander* Kap 4 Rz 1260). 70

b) Sittenwidrigkeit des Liefervertrages. Die Sittenwidrigkeit des Liefervertrages kann nur dann infolge der Kalkulation der Leasingraten mit einem überhöhten Kaufpreis zur Sittenwidrigkeit des Leasingvertrages führen, wenn bei der Berechnung des effektiven Vertragszinses nicht der Nettokaufpreis, sondern der Marktwert des Leasingobjekts als Nettokreditbetrag zugrunde zu legen ist (s. Rn 69; MüKo/*Koch* Leasing Rz 44; aA für Geschäftsgrundlagenstörung Nürnbg WM 96, 497, 499 f; A/B/H/S/*Assies/Vander* Kap 4 Rz 1265). Das setzt voraus, dass der Leasinggeber die sittenwidrige Überhöhung des Kaufpreises erkannt hat (*Wolf/Eckert/Ball* Rz 1769). 71

7. Anfechtung. Tritt der Lieferant bei den Vertragsverhandlungen als Verhandlungs- und Erfüllungsgehilfe des Leasinggebers in Erscheinung (Rn 49), ist er nicht Dritter iSv § 123 II, so dass der Leasingnehmer den Leasingvertrag gem § 123 I anfechten kann, wenn er durch Täuschung oder Drohung des Lieferanten zum Vertragsschluss bestimmt wurde (BGH NJW 89, 287, 288 f). Wegen der Erfüllungsgehilfenstellung des Lieferanten bedarf es iGgs zum normalen Kreditgeschäft idR keines Rückgriffs auf die Regeln über das verbundene Geschäft gem § 359 (vgl BGH WM 07, 1456 Tz 25), um dem Leasinggeber die arglistige Täuschung des Lieferanten zuzurechnen (aA ausgehend von der kredit- und geschäftsbesorgungsrechtlichen Leasingtheorie *Canaris* NJW 82, 305, 311 f; dagegen zu Recht DerlKnopsBa/*Mankowski/Knöfel* § 21 Rz 51). Für eine Anfechtung des Liefervertrages wegen Irrtums (§ 119) ist analog § 166 I die Person des Leasingnehmers maßgeblich, falls dieser bei dem Abschluss des Liefervertrages als Verhandlungsgehilfe und Wissensvertreter des Leasinggebers (Rn 51) aufgetreten ist (A/B/H/S/*Assies/Vander* Kap 4 Rz 1268; *Beckmann* § 2 Rz 407). Beim Eintrittsmodell (Rn 46) muss in der Person beider Empfänger der Anfechtungsgrund iSd § 123 vorliegen (offen lassend BGHZ 96, 302, 310 f; 137, 255, 261 ff). Überdies muss der Leasinggeber die Anfechtung des übernommenen Leasingvertrages sowohl dem Leasingnehmer als auch dem Leasinggeber ggü erklären (BGHZ 96, 302, 309). 72

8. Widerruf des Leasingnehmers (§ 495 I). Bei Verbraucherfinanzierungsleasingverträgen (Rn 4 ff) hat der Leasingnehmer unter den Voraussetzung der §§ 499 II, 500 (= § 506 II nF) iVm 495 I, 355 ein Widerrufsrecht (*Wolf/Eckert/Ball* Rz 2050 ff). Zu den Anforderungen an eine wirksame **Widerrufsbelehrung** speziell beim Finanzierungsleasing s. Kobl NJW 06, 919, 920 f (Angabe der ladungsfähigen Anschrift des Widerrufsadressaten; aA durch § 14 IV BGB-InfoV überholt BGH NJW 02, 2391, 2392 f), Ddorf NJW-RR 03, 126, 127 f (Bestimmung des Fristbeginns 1 Woche „nach" Aushändigung) u *Weber* NJW 09, 2927, 2930 (Hinweis auf Verpflichtung zum Wertersatz; Anwendung des § 305 c). Eine „Kündigung" des Leasingvertrages enthält einen konkludenten Widerruf (Ddorf NJW-RR 03, 126, 127). IGgs zur früheren Rechtslage ist der Leasingvertrag nicht schwebend unwirksam, vielmehr beseitigt der Widerruf den bereits wirksamen Leasingvertrag und wandelt ihn in ein Rückgewährschuldverhältnis gem §§ 357, 346 ff um (Kobl NJW 06, 919, 921;*Wolf/Eckert/* 73

Ball Rz 2054). Folglich kommen abw von der früheren Rspr des BGH (NJW 96, 2367, 2368) bis zum Widerruf Erfüllungs- und Schadensersatzansprüche der Parteien aus dem Leasingvertrag in Betracht (Westphalen/*Woitkewitsch* Leasingvertrag L Rz 340)

74 Bei **verbundenen Geschäften** ergibt sich aus der sinngemäßen Anwendung der §§ 358 I, V (Rn 80 f), dass der Widerruf auch dem Lieferanten ggü erklärt werden kann, worüber der Leasingnehmer zu belehren ist (Westphalen/*Woitkewitsch* Leasingvertrag L Rz 383 ff). Im Fall des Eintrittsmodells (Rn 46) erstreckt sich der vor dem Bestelleintritt des Leasinggebers erklärte Widerruf des Leasingvertrages gem § 358 II 1 auch auf den Beschaffungsvertrag mit dem Lieferanten des Leasingobjekts. Auch auf diese Rechtsfolge muss die Widerrufsbelehrung gem § 358 V hinweisen (Rostock DZWiR 96, 425, 426; *Bülow/Arzt* § 500 Rz 14). Eine Klausel in den Leasing-AGB, der zufolge der Bestelleintritt des Leasinggebers unter dem Vorbehalt des unterlassenen Widerrufs steht, ist gem § 506 1 (= § 511 1 nF) unwirksam (*Bülow/Arzt* § 500 Rz 13; aA *Reinicke/Tiedke* ZIP 92, 217, 227 f)

75 Nicht geklärt ist, ob sich der Widerruf des Leasingvertrages auch dann auf das verbundene Liefergeschäft erstreckt, wenn er nach dem Bestelleintritt des Leasinggebers erfolgt. S. hierzu ausf www.bgb-pww.de.

76 **IV. Verbundenes Geschäft (§§ 358 f). 1. Anwendbarkeit der § 358 f.** Die Anwendbarkeit der §§ 358 f auf Verbraucherfinanzierungsleasingverträge (Rn 5) ist str und durch den BGH bislang nicht geklärt.

77 **a) Methodische Vorüberlegung.** Bei Finanzierleasingverträgen fehlt die für verbundene Verträge geforderte Aufspaltung eines wirtschaftlich einheitlichen Vorgangs in zwei von dem Verbraucher abgeschlossene Verträge (Zwei-Vertrags-Modell; BGH NJW 06, 2980 Tz 39; Staud/*Kessal-Wulf* § 500 Rz 23). Es existiert vielmehr nur der Leasingvertrag als das einzige verbraucherkreditrelevante Vertragsverhältnis (Staud/*Kessal-Wulf* § 358 Rz 42 f; *Arzt/Weber* § 500 Rz 11). Die Annahme eines verbundenen Geschäfts iSd §§ 358 f scheint damit auf den ersten Blick **begrifflich ausgeschlossen** (*Wolf/Eckert/Ball* Rz 2060; aA ausgehend von dem abw dogmatischen Ansatz eines Vertrages zugunsten Dritter iSv § 328 *Oechsler* SchuldR BT Rz 483).

78 **aa) Rechtslage unter der Geltung des VerbrKrG.** Unter der Geltung des § 3 II Nr 1 VerbrKrG war die Anwendbarkeit der Regelungen über das verbundene Geschäft (§ 9 VerbrKrG) auf den Finanzierungsleasingvertrag sehr str. S. hierzu ausf www.bgb-pww.de.

79 **bb) Rechtslage nach neuem Recht.** Heute ist iGgs zur Rechtslage unter der Geltung von § 3 II Nr 1 VerbrKrG (Rn 78) von der grds Anwendbarkeit der §§ 358 f auf den Verbraucherfinanzierungsleasingvertrag auszugehen. Nicht die Anwendung der §§ 358 f, sondern ihre Nichtanwendung bedarf einer Rechtfertigung. Methodisch handelt es sich hierbei um eine **teleologische Reduktion** (Staud/*Kessal-Wulf* § 358 Rz 43). Der dagegen zT vertretenen Ansicht, dass der Gesetzgeber die §§ 358 f nur unreflektiert in den Katalog des § 500 (= § 506 I nF) übernommen habe (MüKo/*Habersack* § 358 Rz 16, § 359 Rz 10), kann – im methodischen Ausgangspunkt – nicht beigetreten werden. Gegen ein Redaktionsversehen spricht, dass bereits vor der Schuldrechtsmodernisierung Streit über die Anwendung von § 9 VerbrKrG auf das Finanzierungsleasing bestand. Aufgrund der eindeutigen Verweisung in § 500 vermag auch das in der Lit überw vertretene Argument, dass die tatbestandlichen Voraussetzungen der §§ 358 f außer in den eher seltenen Fällen des Eintrittsmodells (Rn 46) beim Finanzierungsleasing nicht erfüllt seien, weil ein „verbundener Vertrag" voraussetze, dass der Verbraucher zwei Verträge abschließen (MüKo/*Koch* Leasing Rz 59) nicht zu überzeugen. Es ist vielmehr davon auszugehen, dass der Gesetzgeber das Finanzierungsleasing hinsichtlich der Regelungen über das verbundene Geschäft unabhängig von den begrifflichen Voraussetzungen der §§ 358 f dem drittfinanzierten Kauf gleich stellen wollte, um Wertungswidersprüche zu vermeiden. Hierfür spricht, dass andernfalls die Verweisung auf die §§ 358 f beim Finanzierungsleasing in der Mehrzahl der Fälle praktisch „leer" liefe. Zudem besteht ein Aufspaltungsrisiko für den Verbraucher nicht nur, wenn er selbst zwei verbundene Verträge abschließt, es kann sich vielmehr auch aus der rechtlichen Trennung der wirtschaftlich zu einer Einheit verbundenen Verträge beim Finanzierungsleasing (Rn 24) ergeben (Westphalen/*Woitkewitsch* Leasingvertrag L Rz 376 ff, 392; Erman/*Saenger* § 358 Rz 16). Diese Ansicht wird bestätigt durch die Neufassung des § 500 in § 506 I nF (*Weber* NJW 09, 3295, 3296; *Bartels* ZGS 09, 545). Aus der Gesetzesbegründung geht eindeutig hervor, dass bei der Anwendung der §§ 358 f das Merkmal der „zwei Verträge" (Rn 77) im Lichte des Finanzierungsleasing zu betrachten und entsprechend zu modifizieren ist (Rn 7).

80 **b) Widerruf (§ 358). aa) Standardmodell.** Bahnt der Leasingnehmer den Liefervertrag mit dem Lieferanten nur an und überlässt den Abschluss des Liefervertrages dem Leasinggeber (Rn 45), scheint auf den ersten Blick kein Bedürfnis für eine Anwendung des § 358 zu bestehen, weil der Leasingnehmer sich Ansprüchen des Lieferanten nicht ausgesetzt sieht, denen er einen Widerruf des Leasingvertrages entgegenhalten müsste, was eine teleologische Reduktion der Verweisung auf § 358 in § 500 (= § 506 I nF) rechtfertigen könnte. Gegen die hM, nach der § 358 beim Standardmodell keine Anwendung findet (MüKo/*Habersack* § 358 Rz 16; Bankrechts-Hdb/*Martinek/Oechsler* § 101 Rz 92; *Wolf/Eckert/Ball* Rz 2060), spricht neben methodischen Bedenken (Rn 79) jedoch, dass der Leasingnehmer etwa im Hinblick auf die Bestimmung des Widerrufsadressaten schutzwürdig ist, so dass auch beim Standardmodell eine sinngemäße Anwendung insb der § 358 I, V (Rn 74) erforderlich erscheint, um einen Wertungswiderspruch zum drittfinanzierten Kauf zu vermeiden (Erman/*Saenger* § 358 Rz 16; Westphalen/*Woitkewitsch* Leasingvertrag L Rz 376 ff; *Reinking* DAR 02, 145, 14).

bb) **Eintrittsmodell.** Im Fall des Eintrittmodells ist § 358 nach hM sinngemäß anwendbar. Dass die Leasingfinanzierungsklausel idR als auflösende Bedingung auszulegen ist, steht dem nicht entgegen (Staud/*Kessal-Wulf* § 358 Rz 43 f; MüKo/*Habersack* § 358 Rz 17; MüKo/*Koch* Leasing Rz 59; *Peters* WM 06, 1183, 1191 f; *Tiedtke/Möllmann* DB 04, 583, 586; bereits für eine analoge Anwendung des § 9 II VerbrKrG Rostock DZWiR 96, 425, 426; für eine unmittelbare Anwendung des § 9 II VerbrKrG *Canaris* ZIP 93, 401 407 f; aA für eine Anwendung des § 358 nur beim Schuldbeitritt des Leasinggebers *Beckmann* § 5 Rz 12; *Wolf/Eckert/Ball* Rz 2060; generell gegen eine Anwendung der §§ 358, 9 II VerbrKrG; Bankrechts-Hdb/*Martinek/Oechsler* § 101 Rz 94; *Slama* WM 91, 569, 572 f). Entspr gilt beim SLB-Geschäft (Staud/*Kessal-Wulf* § 358 Rz 43).

c) **Einwendungsdurchgriff (§ 359).** Auch § 359 ist auf Verbraucherfinanzierungsverträge mit leasingtypischer Abtretungskonstruktion (Rn 128 ff) sinngemäß anzuwenden, weil durch die Abtretung der Ansprüche des Leasinggebers ggü dem Lieferanten an den Leasingnehmer eine dem verbundenen Geschäft iSd §§ 358 f vergleichbare Interessenlage geschaffen wird. Hieraus folgt, dass eine – gemessen an dem Standard des § 359 – verbleibende Schutzlücke, wie sie sich etwa daraus ergeben kann, dass der Leasingnehmer in den Fällen mangelhafter Lieferung leasingtypisch erst nach Erhebung der Zahlungsklage gegen den Lieferanten zur Einbehaltung der Leasingraten berechtigt ist (Rn 148 f), durch **erg Anwendung** des § 359 zu schließen ist (Staud/*Kessal-Wulf* § 358 Rz 45; str s. zum Meinungsstand www.bgb-pww.de). Dass diese Schutzlücken nach der Geschäftsgrundlagenlösung des BGH (Rn 146) gering sind, steht der Anwendung des § 359 bereits deshalb nicht entgegen, weil die Geschäftsgrundlagenlösung umstr ist und ungewiss ist, ob an ihr nach der Schuldrechtsreform festgehalten wird (Rn 147). IÜ haben der Verbraucherschutz und das leasingrechtliche Äquivalenzprinzip, auf dem die Geschäftsgrundlagenlösung des BGH basiert (Rn 65), unterschiedliche Schutzrichtungen. Methodisch besteht daher ausreichend Raum für eine erg Heranziehung des § 359. Gegen eine zT an Stelle der Geschäftsgrundlagenlösung des BGH geforderte generelle Ausweitung des Einwendungsdurchgriffs über § 242 auf Nichtverbraucher (Staud/*Stoffels* Leasing Rz 271; *Larenz-Canaris* SchuldR II 2 § 66 IV 3 e; offen lassend BGH NJW 09, 3295 Tz 15) spricht indes der abschließende Charakter des § 359 (vgl zum Realkredit BGH WM 08, 115 Tz 23; § 359 Rn 18). S. zur Subsidiarität ggü der Nacherfüllung gem § 359 3 Rn 149 und zum Rückforderungsdurchgriff Rn 146, 151.

2. Wirtschaftliche Einheit (§ 358 III). Ein verbundener Vertrag liegt vor, wenn Beschaffungs- und Leasingvertrag derart miteinander verknüpft sind, dass das Leasing ganz oder teilweise der Finanzierung des Beschaffungsvertrages dient und beide Verträge eine wirschaftliche Einheit bilden (BGH NJW 09, 3295 Tz 15). Eine wirtschaftliche Einheit ist ohne weiteres in den Fällen des **direkten Hersteller- und Händlerleasing** (Rn 9) gegeben (*Beckmann* § 5 Rz 11), auf das die §§ 359 f ebenfalls Anwendung finden können, weil ein verbundenes Geschäft auch dann vorliegt, wenn der Verbraucher sich nur einem Vertragspartner ggü sieht (§ 358 III 2; Staud/*Kessal-Wulf* § 358 Rz 23). Sie ist darüber hinaus sowohl beim **indirekten Hersteller- und Händlerleasing** (Rn 9) als auch beim sog **„lieferantennahen oder absatzfördernden Leasing"** (*Larenz-Canaris* SchuldR II 2 § 66 II 3) gegeben, wenn der Leasingvertrag nicht aufgrund eigener Initiative des Leasingnehmers zustande kommt, sondern weil der Lieferant den Leasingnehmer auf die Finanzierungsmöglichkeit durch den Leasinggeber hinweist und wenn zwischen Lieferant und Leasinggeber eine geschäftsmäßige Bindung etwa durch eine Rahmenvereinbarung besteht (Staud/*Stoffels* Leasing Rz 267; *Canaris* ZIP 93, 401, 408; *Bartels* ZGS 09, 544, 546). Entspr der Grundsätze, die der BGH für im Strukturvertrieb vermittelte Kapitalanlagen entwickelt hat (BGH NJW 08, 845 Tz 21), muss das auch gelten, wenn sich der Leasinggeber dem Lieferanten ggü zur Finanzierung bereit erklärt.. Fehlt es an einer solchen Finanzierungszusage, so kann sich aus Indizien ergeben, dass der Leasinggeber zumindest faktisch planmäßig und arbeitsteilig, nicht notwendig auf Dauer angelegt, mit dem Lieferanten bei der Vorbereitung des Leasingvertrages zusammengewirkt hat. Ein wesentliches Indiz für ein **institutionelles Zusammenwirken** des Leasinggebers mit dem Lieferanten kann etwa sein, wenn der Leasinggeber dem Lieferanten seine hauseigenen Vertragsformulare überlässt (BGH WM 07, 1456 Tz 19; Westphalen/*Woitkewitsch* Leasingvertrag L Rz 385; *Bartels* ZGS 09, 544, 546). Dagegen fehlt eine wirtschaftliche Einheit, wenn sich der Leasingnehmer **auf eigene Faust** die Leasingfinanzierung bei einer Leasinggesellschaft seiner Wahl beschafft (Staud/*Stoffels* Leasing Rz 267; abw gegen ein verbundenes Geschäft, wenn der Leasingnehmer den Lieferanten oder der Leasinggeber den Leasinggegenstand selbst auswählt Erman/*Saenger* § 358 Rz 16; aA gegen das Erfordernis besonderer Anforderungen beim typischen Finanzierungsleasinggeschäft Rostock DZWiR 96, 425, 426; *Reiner/Kaune* WM 02, 2314, 2322; *Bartels* ZGS 09, 544, 546). Darüber hinaus eröffnet § 359 a I nF auch ohne Vorliegen einer wirtschaftlichen EInhet die analoge Anwendung der Vorschriften über den Widerrufsdurchgriff in § 358 I, IV auf nach dem 10.6.10 abgeschlossene Verträge.

V. Verschulden bei Vertragsschluss. 1. Vorvertragliche Haftung des Leasinggebers. Den Leasinggeber können als Nebenpflicht aus dem Leasingvertrag vorvertragliche Aufklärungs-, Hinweis- und Beratungspflichten ggü dem Leasingnehmer treffen, deren Verletzung eine Schadensersatzpflicht des Leasinggeber aus §§ 311 II, 280 I, 241 II, 278 begründet.

85 **a) Aufklärungs-, Hinweis- und Beratungspflichten.** Weil es nach dem Grundsatz der Vertragsautonomie (Einl Rn 18) grds jeder Partei selbst obliegt, sich über den rechtlichen und wirtschaftlichen Gehalt des abzuschließenden Vertrages zu informieren, besteht eine Verpflichtung des Leasinggebers, den Leasingnehmer ungefragt über den Inhalt und die wirtschaftlichen Folgen des Leasingvertrages aufzuklären, grds nicht. Eine Aufklärungspflicht des Leasinggebers kann insoweit vielmehr nur in **eng begrenzten Ausnahmefällen** angenommen werden, etwa wenn der Leasinggeber für den Vertragsschluss maßgebliche irrtümliche Fehlvorstellungen des Leasingnehmers erkennt (BGH NJW 87, 2082, 2084; *Wolf/Eckert/Ball* Rz 1725) oder wenn er in Bezug auf spezielle Risiken des Leasingvertrages einen konkreten Wissensvorsprung vor dem Leasingnehmer hat (vgl für den finanzierten Kauf BGH WM 08, 1394, 1395 Tz 12). Insoweit ist das Wissen des Lieferanten dem Leasinggeber idR analog § 166 I zuzurechnen (Rn 51). Die vorvertraglichen Aufklärungs-, Hinweis- und Beratungspflichten des Leasinggebers bestehen nach zutreffender Ansicht nicht nur in Bezug auf die Risiken der Finanzierung, sondern können sich auch auf die **Eigenschaften der Leasingsache und ihre Eignung** für die Zwecke des Leasingnehmers erstrecken (Kobl NJW-RR 89, 436, 437 f; Soergel/*Heintzmann* vor § 535 Rz 50; aA Staud/*Stoffels* Leasing Rn 166; *Beckmann* § 3 Rz 127; MüKo/*Koch* Leasing Rz 49). Das folgt aus der Doppelnatur des Finanzierungsleasing (Rn 2), die iGgs zum finanzierten Kauf (BGH WM 08, 115 Tz 28) dazu führt, dass der Leasinggeber auch dann haftet, wenn die fehlerhafte Beratung oder Aufklärung zu einer falschen Wahl des Leasinggegenstandes führt (Kobl NJW-RR 89, 436, 438).

86 **b) Haftung gem § 278.** Bedient sich der Leasinggeber des Lieferanten bei Abschluss des Leasingvertrages als seines Verhandlungs- und Erfüllungsgehilfen (Rn 49), haftet er gem § 278, wenn der Lieferant bestehende Aufklärungs-, Hinweis- und Beratungspflichten des Leasinggebers schuldhaft verletzt. Handlungen von Hilfspersonen des Lieferanten sind dem Leasinggeber zuzurechnen, wenn der Leasinggeber mit ihrer Einschaltung rechnen musste (BGH NJW-RR 88, 241, 243). Zentrale Bedeutung hat insoweit das leasingrechtliche **Prinzip des deckungsgleichen Verhandlungsergebnisses**, das der BGH entwickelt hat, um nach dem Vorbild des verbundenen Geschäfts (§§ 358 f) der wirtschaftlichen Einheit von Erwerbsgeschäft und Gebrauchsüberlassung an den Leasingnehmer Rechnung zu tragen (BGHZ 95, 171, 176). Hiernach hat der Leasinggeber, wenn er dem Leasingnehmer alle Vorverhandlungen überlässt, dafür Sorge zu tragen, dass das Erg der Verhandlungen gleichermaßen im Erwerbs- und im Leasinggeschäft aufgeht. Will er dem Leasingvertrag einen anderen Inhalt geben, muss er den Leasingnehmer eindeutig und ausdrücklich darauf hinweisen. Andernfalls haftet er gem § 278 für das Verschulden des Lieferanten (BGH NJW 03, 2382, 2384; BGHZ 95, 170, 176; *Wolf/Eckert/Ball* Rz 1686 ff, 1736 ff; aA DerlKnopsBa/*Mankowski/Knöfel* § 21 Rz 39; Bankrechts-Hdb/*Martinek/Oechsler* § 101 Rz 35). Der BGH hat eine Haftung des Leasinggebers insb in den Fällen der Zusicherung eines Rücktritts- (BGHZ 95, 170 ff) oder Erwerbsrechts (BGH NJW 95, 1146, 1147; Rn 172) bejaht. Nach der hier vertretenen Ansicht sind dem Leasinggeber auch Lieferantenaussagen über Eigenschaften oder die Eignung der Leasingsache für die Zwecke des Leasingnehmers zuzurechnen (s. Rn 85; aA MüKo/*Koch* Leasing Rz 49). Der Leasinggeber haftet dagegen nicht, wenn der Lieferant ohne Kenntnis des Leasinggebers rechtsgeschäftliche Erklärungen abgibt, die erkennbar nur ihn selbst betreffen, etwa wenn der Lieferant dem Leasingnehmer eine nur ihn selbst verpflichtende Kaufoption einräumt (BGH NJW-RR 05, 1421 f). Auch soll eine Zurechnung von völlig atypischen Sondervereinbarungen ausscheiden (München DB 02, 2373, 2374; Staud/*Stoffels* Leasing Rz 168). Die Schadensersatzpflicht des Leasinggebers führt zwar nicht dazu, dass der Leasingvertrag mit den in den Verhandlungen getroffenen Nebenabreden zustande kommt (BGH NJW 89, 287, 288; offen lassend BGHZ 95, 170, 175). Der Leasingnehmer kann aber im Wege des Schadensersatzes so zu stellen sein, wie er bei Geltung der Sondervereinbarung stünde. Auf diesem Weg kann der Leasinggeber seinen Anspruch auf Zahlung der Leasingraten verlieren, wenn der Lieferant dem Leasingnehmer ein Rücktrittsrecht zusagt hat (BGHZ 95, 170, 175; Frankf NJW RR 90, 1208; *Beckmann* § 3 Rz 113). Zur Haftung beim Flens-Modell s. Rn 38.

87 **c) Haftungs-/Schriftformklauseln.** Abschließend noch nicht geklärt ist die Wirksamkeit von Haftungsausschlussklauseln (§ 309 Rn 42 ff; § 307 Rn 26 ff) in Leasing-AGB. Klauseln, durch die sich der Leasinggeber von der Haftung für seine Erfüllungsgehilfen freizeichnet, sind bei Verbraucherleasingverträgen an § 309 Nr 7 und im Geschäftsverkehr mit Unternehmern an § 307 I 1 zu messen. Sie halten einer Inhaltskontrolle nicht stand, wenn sie die Haftung des Leasinggebers auch für grob fahrlässige und vorsätzliche Pflichtverletzungen Dritter ausschließen (BGHZ 95, 170, 18; *Wolf/Eckert/Ball* Rz 1742; Staud/*Stoffels* Leasing Rz 169). Das Gleiche gilt für eine Klausel, der zufolge der Lieferant nicht „als Vertreter oder ähnliches" fungiert (BGH NJW-RR 88, 241, 242; Köln VersR 96, 718, 719 f). Klauseln, nach denen Schäden bei leichter Fahrlässigkeit nicht ersetzt werden, sind gem § 307 II Nr 2 unwirksam, wenn sie die Haftung auch für solche Schäden ausschließen, die als Folge der Verletzung von Kardinalpflichten eingetreten sind (zum Kaufvertrag BGHZ 145, 203, 240 f, 244 f; § 309 Rn 47; *Westphalen* Leasing Rz 52; *Beckmann* § 3 Rz 155). Auf eine Schriftformklausel kann sich der Leasinggeber idR ebenfalls nicht mit Erfolg berufen (*Westphalen* Leasing Rz 54; § 305b Rn 4).

88 **2. (Vor-)vertragliche Haftung des Leasingnehmers.** Nach der Rspr des BGH liegt in einer **unrichtigen Übernahmebestätigung** eine (vor-)vertragliche Nebenpflichtverletzung des Leasingnehmers, die einen Schadensersatzanspruch des Leasinggebers (§§ 311 II, 280 I, 241 II) auslösen kann (BGH NJW 05, 365, 366). S.

hierzu www.bgb-pww.de. Dies kann dazu führen, dass der Leasingnehmer daran gehindert ist, den Wegfall der Geschäftsgrundlage des Leasingvertrages (Rn 146 ff) aufgrund einer wegen der Mangelhaftigkeit der Leasingsache erfolgten Rückabwicklung des Kaufvertrages geltend zu machen (BGHZ 109, 139, 143).

3. Vorvertragliche Haftung des Lieferanten. a) Haftung ggü dem Leasinggeber. Die vorvertragliche Haftung des Lieferanten im Leasingdreieck richtet sich nach kaufrechtlichen Maßstäben (*Wolf/Eckert/Ball* Rz 1726). An das Zustandekommen eines **selbstständigen Garantie- und Beratungsvertrag** zwischen Lieferant und Leasinggeber sind hohe Anforderungen zu stellen (BGH NJW 84, 2939). S. hierzu iE § 438 Rn 5. Daneben kommt eine vorvertragliche Haftung des Lieferanten aufgrund der **Verletzung von Aufklärung-, Hinweis- und Beratungspflichten** in Betracht, die sich als Nebenpflichten aus dem Liefervertrag ergeben (§§ 311 II, 280 I, 241 II) und die der Leasingnehmer aus abgetretenem Recht insb im Rahmen der leasingtypischen Abtretungskonstruktion (Rn 128 ff) ggü dem Lieferanten geltend machen kann (BGH NJW 84, 2938). Voraussetzung hierfür ist, dass die Haftung des Lieferanten nicht durch § 437 ausgeschlossen ist, was nach zutr Ansicht in Fällen zu verneinen ist, in deren der Lieferant eine selbstständige Beratungspflicht als Nebenpflicht aus dem Kaufvertrag übernimmt (zu §§ 459 ff aF BGH NJW 84, 2938; ausf zum Meinungsstand § 437 Rn 71 ff; abw *Wolf/Eckert/Ball* Rz 1733 f: „derzeit völlig offen"). Zum Umfang der Pflicht s. § 437 Rn 55 ff. Soweit sich das Verschulden des Lieferanten auf einen Mangel iSd §§ 434 ff erstreckt, findet § 438 entspr Anwendung (zu § 477 I aF BGH NJW 84, 2938, 2929).

b) Dritthaftung des Lieferanten ggü dem Leasingnehmer (§ 311 III). Unter den Voraussetzungen des § 311 III (s. hierzu iE § 164 Rn 79, § 311 Rn 63 ff), die insb beim Eintrittsmodell (Rn 46) idR vorliegen dürften (Staud/*Stoffels* Leasing Rz 173), besteht eine Eigenhaftung des Lieferanten ggü dem Leasingnehmer (BGH NJW 06, 1066 Tz 19). Art und Umfang der Pflichten des Lieferanten zu sachgerechter Aufklärung und Beratung richten sich nach den Belangen des Leasingnehmers (BGH NJW 84, 2938). Sie betreffen va die richtige Auswahl des Leasingobjekts (*Wolf/Eckert/Ball* Rz 1726), können sich aber auch auf spezifische Risiken des Leasingvertrages, insb den Finanzierungsaspekt beziehen (BGH NJW 06, 1066 Tz 19). Str ist, ob der Anspruch des Leasingnehmers nur zur Befreiung des Leasingnehmers von seinen Verpflichtungen aus dem Leasingvertrag (dafür die hM Staud/*Stoffels* Leasing Rz 173; MüKo/*Koch* Leasing Rz 47; *Wolf/Eckert/Ball* Rz 1734) führt oder zur Rückabwicklung des Liefervertrages und zu einem Aufwendungsersatzanspruch des Leasingnehmers (dafür *Beckmann* § 3 Rz 1734).

VI. Sicherheiten/Anschlussleasing. 1. Bürgschaft/Mithaftungsübernahme. Häufig übernehmen häufig Dritte – das können der Lieferant, der Abschlussvertreter oder Geschäftsinhaber des Leasingnehmers sowie unbeteiligte Dritte (zB Verwandte oder Ehegatten) sein – die selbstschuldnerische Bürgschaft (§§ 765 ff) oder gesamtschuldnerische Mithaftung (zu dieser Konstellation speziell beim Finanzierungsleasing BGH NJW 02, 133, 137; BGHZ 144, 370, 379; 104, 232, 236 f) für die Forderungen des Leasinggebers gegen den Leasingnehmer.

a) Abgrenzung zum echten Mitleasingnehmer. Sind an einem Geschäft mehrere Personen beteiligt, ist im Wege der Auslegung nach den §§ 133, 157 unter Berücksichtigung des Parteiwillens zu ermitteln, ob der weitere Verpflichtete gleichberechtigter Vertragspartner ist oder nur zu Sicherungszwecken haftet (BGH NJW 05, 973, 974; *Beckmann* DStR 07, 157, 164). Nach den entspr heranzuziehenden Grundsätzen, die der BGH für Bürgschaften und Mithaftungsübernahmen privater Sicherungsgeber ggü Banken aufgestellt hat, ist maßgeblich für die Abgrenzung nicht die in dem Leasingvertrag gewählte Bezeichnung („Mitmieter"; „Mitantragsteller"). Als „**echter Mitleasingnehmer**" kann vielmehr ungeachtet der Vertragsbezeichnung nur derjenige angesehen werden, der für den Leasinggeber erkennbar ein eigenes sachliches und/oder persönliches Interesse an dem Zustandekommen des Leasingvertrages hat sowie als im wesentlichen gleichberechtigter Vertragspartner über den tatsächlichen Gebrauch des Leasingobjekts mitentscheiden darf (vgl BGH NJW 05, 973, 974; aA BGHZ 104, 95, 99; *Westphalen* Leasing Rz 48).

b) AGB-Kontrolle. Die formularmäßige Bürgschafts- oder Mithaftungsübernahme eines Abschlussvertreters des Leasingnehmers unterliegt – auch im Geschäftsverkehr mit Unternehmern gem § 310 I (§ 309 Rn 93) – der Inhaltkontrolle nach **§ 309 Nr 11 lit a** (zu § 11 Nr 14 lit 1 AGBG BGH NJW 02, 3464). S. hierzu § 309 Rn 91 ff und speziell für das Finanzierungsleasing Köln ZIP 95, 46, 47; *Peters* WM 06, 1183, 1185 f.
Eine formularmäßige Bürgschaft- oder Mithaftungsübernahme kann auch als überraschende (§ 305c I), inhaltlich unklare (§ 305c II) oder unangemessene Klausel (§ 307 I) unwirksam sein (BGHZ 104, 232, 239; *Westphalen* Leasing Rz 49). Das gilt va für formularmäßige Bürgschaftserklärungen (s. § 765 Rn 16 ff; *Westphalen* Leasing Rz 51). Die Mithaftung des **GmbH-Geschäftsführers** oder Geschäftsführers der Komplementär-GmbH des Leasingnehmers ist indes nach allgM nicht zu beanstanden (BGHZ 104, 232, 239; MüKo/*Koch* Leasing Rz 52). Dagegen kann die in den AGB des Leasingebers vorgesehene **garantieartige Ausfallhaftung des Lieferanten** für Forderungen des Leasinggebers gegen den Leasingnehmer gegen § 307 I 1 verstoßen (Nürnbg NJW-RR 89, 114, 115; aA MüKo/*Koch* Leasing Rz 54). Eine betragsmäßige Begrenzung der Bürgschaft ist nicht erforderlich (BGH NJW 95, 1886, 1888).

95 **c) Anwendung des Verbraucherdarlehensrechts.** Nach dem von dem BGH in stRspr angewandten Grundsatz der Einzelbetrachtung (Rn 5) finden die §§ 491 ff auf den **Schuldbeitritt** eines Verbrauchers (§ 13) zu einem Finanzierungsleasingvertrag entspr Anwendung, ohne dass der Leasingnehmer Verbraucher sein muss (BGHZ 144, 370, 381; *Peters* WM 06, 1183, 1185; vgl BGH WM 07, 1833 Tz 12 ff; § 491 Rn 6; aA mit Blick auf die Bürgschaft MüKo/*Schürnbrand* § 491 Rz 74).

96 Dagegen sind nach der bisherigen Rspr des BGH die §§ 491 ff nicht auf die **Bürgschaft** eines Verbrauchers für Forderungen aus Finanzierungsleasingverträgen mit einem Leasingnehmer ohne Verbrauchereigenschaft anwendbar (*Wolf/Eckert/Ball* Rz 2076; vgl für BGHZ 138, 321, 323 ff). Die hM in der Lit wendet die von dem BGH aufgestellten Grundsätze auch auf Bürgschaften für Forderungen aus einem Verbraucherkredit an. Hiernach gelten die §§ 491 ff generell nicht für Bürgschaften, weil die Bürgschaft grds nicht die Merkmale eines entgeltlichen Kreditvertrages erfüllt (§ 491 Rn 9; *Wolf/Eckert/Ball* Rz 2076; *Peters* WM 06, 1183, 1186; zur Vereinbarkeit dieser Lösung mit der VerbrKrRL EuGH NJW 00, 1323 Tz 17 ff). Es erscheint jedoch zw, ob hieran trotz der offensichtlichen Wertungswidersprüche zum Schuldbeitritt und des gebotenen Interesses an einem effektiven Verbraucherschutz festgehalten werden kann (dafür Ddorf WM 07, 2009, 2010 f; Staud/*Kessal-Wulf* § 491 Rz 12; abw für Korrekturen beim Schuldbeitritt MüKo/*Schürnbrand* § 491 Rz 74 f; dagegen *Bülow/Arzt* § 491 Rz 123; *Drexl* JZ 98, 1046 ff; Bankrechts-Hdb/*Martinek/Oechsler* § 101 Rz 99; vgl für das Widerrufsrecht des Bürgen nach § 312 NJW 07, 2110 Tz 27; BGHZ 171, 180 Tz 36).

97 **d) Sittenwidrigkeit (§ 138).** Str ist, ob die Grundsätze über die Sittenwidrigkeit von Bürgschaften und Mithaftungsübernahmen naher Angehöriger (BGH NJW 05, 973, 975 f; § 138 Rn 81; § 765 Rn 21 ff), beim Finanzierungsleasing entspr heranzuziehen sind (dafür A/B/H/S/*Assies/Vander/* Kap 4 Rz 1246; dagegen Bankrechts-Hdb/*Martinek/Oechsler* § 101 Rz 97). Hiergegen spricht neben grundsätzlichen Erwägungen (s. Einl Rn 20), dass das für einen Eingriff in den Grundsatz der Privatautonomie geforderte strukturelle Ungleichgewicht in der Verhandlungsstärke der Vertragspartner bei Finanzierungsleasingverträgen typischerweise fehlt. Zwar können die Grundsätze über die Sittenwidrigkeit von Bürgschaften und Mithaftungsübernahmen naher Angehöriger nicht nur für Kreditinstitute, sondern auch für andere gewerbliche oder berufliche Kreditgeber iSd §§ 491 ff Geltung beanspruchen. Das setzt aber voraus, dass der Kreditgeber eine mit der eines Kreditinstituts vergleichbare wirtschaftliche Machtstellung hat und im konkreten Fall eine strukturelle Unterlegenheit des anderen Teils festgestellt werden kann (BGH NJW 02, 746, 747). Hieran fehlt es idR beim Abschluss eines Finanzierungsleasingvertrages, weil das Haftungsrisiko des Leasingnehmers überschaubar und durch die Verwertung des Leasinggegenstandes am Ende der Vertragslaufzeit begrenzt ist (BGH NJW 95, 1886, 1888). Zumindest bedarf es im Prozess konkreter Feststellungen über das bei der Übernahme der Bürgschaft oder Mithaftung eingegangene Risiko (BGH NJW 95, 1886, 1889). Abgesehen davon können die Grundsätze über die Sittenwidrigkeit von Bürgschaften und Mithaftungsübernahmen naher Angehöriger nicht bei Finanzierungsleasingverträgen mit mehreren Leasingnehmern (Rn 92) herangezogen werden (vgl BGH NJW 05, 973, 974). Im Bereich des Kfz-Leasing muss Beachtung finden, dass die Ehefrau des Kreditnehmers bei einem Kredit für die Anschaffung eines von der Familie genutzten Pkw – auch im Hinblick auf § 1357 – Mithaftende ist (BGH NJW-RR 04, 924 f). Bürgschaften von Gesellschaftern der kreditsuchenden GmbH sind gewöhnlich nicht sittenwidrig (BGH NJW 05, 971, 973; Dresd NJW-RR 00, 1307; § 765 Rn 35 ff).

98 **2. Rückkaufvereinbarung/Vermarktungspflicht des Lieferanten. a) Rückkaufvereinbarung. aa) Vertragsinhalt und Rechtsnatur.** Ein leasingtypisches Sicherungsmittel ist die Rückkaufvereinbarung, die Bestandteil einer Eintrittsvereinbarung oder einer Kooperationsvereinbarung zwischen Leasinggeber und Lieferanten sein kann und die Verpflichtung des Lieferanten begründet, die Leasingsache bei Leistungsstörungen des Leasingvertrages („Leasingrückläufer") zu einem fest vereinbarten Kaufpreis anzukaufen. Eine solche Vereinbarung ist mangels anderer Anhaltspunkte nicht als Ausfallgarantie oder Ausfallbürgschaft auszulegen, sondern als ein aufschiebend bedingtes **Wiederverkaufsrecht** des Leasinggebers, auf das – eingeschränkt – die §§ 456 ff entspr Anwendung finden (BGH NJW 03, 2607, 2608). Verpflichtet sich ein Dritter (zB der Vermittler des Leasingvertrages) dazu, die Leasingsache zu übernehmen, handelt es sich idR um einen aufschiebend bedingten Kaufvertrag, für den die Grundsätze über Rückkaufvereinbarungen mit Lieferanten entspr gelten (BGH NJW 90, 1902, 1903).

99 Rückkaufvereinbarungen sehen idR einen **dynamischen Kaufpreis** vor, der unabhängig vom noch vorhandenen Wert des Leasinggegenstandes an den offenen Forderungen des Leasinggebers aus dem Leasingvertrag freilich ohne Anrechnung des Verwertungserlöses ausgerichtet ist (BGH NJW 03, 2607, 2608; 90, 1902, 1903) und auf diese Weise die Restamortisation sichert. Entspr Preisklauseln hat der BGH bislang unbeanstandet gelassen (BGH NJW 03, 2607, 2608; aA für Verstoß gegen § 307 beim „reinen" Finanzierungsleasing *Leyens* MDR 03, 312, 314; dagegen mit Hinweis auf § 307 III *Westphalen* DB 04, 2025, 2027). Die mit dem Rückkauf von Leasingrückläufern verbundene Chance des Lieferanten, durch den Weiterverkauf der Leasingsachen einen Gewinn zu erzielen, ist nicht integraler Bestandteil seiner Provision für die Vermittlung von Leasingverträgen gem §§ 87, 87a HGB (BGH NJW-RR 06, 824 Tz 25 ff).

100 **bb) Ausübung des Wiederverkaufsrechts.** Vor Ausübung des Wiederverkaufsrechts hat der Lieferant idR keinen Anspruch auf den Rückkauf (BGH NJW-RR 06, 824 Tz 15 ff). Ist die Rückkaufverpflichtung daran geknüpft, dass der Leasingvertrag notleidend wird, bedarf es einer Kündigung des Leasingvertrages

(BGH NJW 90, 1902, 1903), es sei denn der Wiederverkaufsfall ist ausdrücklich nur an den Zahlungsverzug des Leasingnehmer geknüpft (BGHZ 110, 183, 196). Kommt der Leasinggeber seiner Verpflichtung zur Herausgabe des Leasinggegenstandes aus § 457 I nach Ausübung des Wiederverkaufsrechts (§ 456 I) nicht nach, kann der Lieferant Schadensersatz statt der Leistung verlangen (§§ 280 ff; zu § 326 I aF BGH NJW 02, 506, 507). Im Fall der von dem Lieferanten nicht zu vertretenden vollständigen Zerstörung oder des anderweitigen Untergangs der Leasingsache entfällt die Zahlungspflicht des Lieferanten (§ 326 I 1) und der Leasinggber ist auf seinen leasingtypischen Ausgleichanspruch ggü dem Leasingnehmer verwiesen (zu § 323 aF BGH NJW 03, 2607, 2609; Rostock NJW 06, 304, 305). Für Sachmängel haftet der Leasinggeber nach §§ 434, 437 ff (BGHZ 110, 183, 189 ff), ohne sich auf eine gesetzliche Haftungsbeschränkung analog § 457 II 2 berufen zu können (BGHZ 110, 183, 191 ff). Eine Klausel in den AGB des Leasinggebers, nach welcher in Fällen, in denen die Leasingsache abhanden gekommen ist, die Übergabe durch die Abtretung des Herausgabeanspruchs ggü dem Besitzer ersetzt wird (§ 931), verstößt gegen § 307 II Nr 1 (BGH NJW 03, 2607, 2608 f; Rostock NJW 06, 304, 305; abl *Schulze-Schröder* NJW 03, 3031 ff; krit *Weber* NJW 07, 2525, 2526). Der Lieferant kann ggü seiner Verpflichtung aus dem Wiederverkauf nicht mit Erfolg gem §§ 158 II, 162 II oder § 242 einwenden, dass ein Anschlussleasingvertrag wegen der starken Beschädigung der Leasingsache nicht zustande kommen konnte, wenn der Leasinggeber leasingtypisch die Sach- und Preisgefahr wirksam auf den Leasingnehmer abgewälzt hat (Rn 118 ff) und deshalb zur Mängelbeseitigung nach dem Leasingvertrag nicht verpflichtet ist (BGHZ 110, 183, 188 f).

b) Vermarktungspflicht. Der Absicherung der von dem Leasinggeber angestrebten Vollamortisation dienen auch Klauseln, die den Lieferanten verpflichten, die Leasingsache am Vertragsende zum bestmöglichen Erlös oder zu einem festgelegten Restwert zu vermarkten (s. hierzu *Leyens* MDR 03, 313; *Beckmann* § 3 Rz 191). **101**

3. Anschlussleasing. a) Haftung des Anschlussleasingnehmers. In der Leasingpraxis wird ein notleidend gewordener Leasingvertrag häufig auf einen neuen Leasingnehmer übertragen (Staud/*Stoffels* Rz 330). Rechtlich handelt es sich hierbei idR um eine **Vertragsübernahme** (BGH NJW 02, 133, 136; aA für eine privative Schuldübernahme iSv § 415 *Westphalen* NJW 97, 2905, 2906; vgl dagegen zur Konstellation eines Schuldbeitritts BGH NJW 95, 452 f), die in demselben Umfang wie der Schuldbeitritt (Rn 95) dem sachlichen Geltungsbereich der §§ 491 ff unterfällt, wenn sie im Wege einer dreiseitige Vereinbarung zustande kommt (BGHZ 142, 23, 27 ff; § 491 Rn 6). Der Übernehmende hat eine eigenes Widerrufsrecht gem §§ 495 I, 355 in Bezug auf den Übernahmevertrag. Daneben ist der Übernehmer nach der Rspr des BGH berechtigt, ein dem übernommenen Vertrag anhaftendes, im Zeitpunkt der Übernahme noch nicht erloschenes Widerrufsrecht auszuüben (Rn 75). Str ist, ob Gleiches auch für zweiseitige Vertragsübernahmen zwischen dem Ausscheidenden und dem Eintretenden unter Zustimmung des verbleibenden Teils (§ 415 analog) gilt (dafür Bankrechts-Hdb/*Martinek/Oechsler* § 101 Rz 101; *Martinek* JZ 00, 551, 558 f; dagegen Ddorf NJW-RR 01, 641 f; MüKo/*Schürnbrand* § 491 Rz 48; *Peters* WM 06, 1183, 1185; offen lassend BGHZ 142, 23, 31). Dafür spricht der Rechtsgedanke des § 506 2 = § 511 2 nF (§ 491 Rn 6). Die Schriftform (§ 492 I 1) ist nur gewahrt, wenn die schriftliche Übernahmeerklärung des neuen Leasingnehmers den Inhalt des zu übernehmenden Finanzierungsleasingvertrages wiedergibt (BGHZ 142, 23, 33). Auf ihren Zugang kann nicht gem § 151 2 verzichtet werden (*Wolf/Eckert/Ball* Rz 2077). **102**

b) Haftung des ausscheidenden Leasingnehmers. Eine Klausel in einer von dem Leasinggeber vorformulierten Beitrittsvereinbarung, die eine **fortdauernde Verpflichtung** des aus dem Leasingvertrag ausscheidenden Leasingnehmers vorsieht, ist als dessen Schuldbeitritt zu werten und kann als überraschende Klausel (§ 307 c I) unwirksam sein (BaRoth/*Ehlert* § 535 Rz 90). Auf den Schuldbeitritt sind die §§ 491 ff anwendbar, wenn der erste Leasingnehmer Verbraucher (§ 13) ist (Rn 95). Dieser hat ein eigenes Widerrufsrecht gem §§ 495 I, 355 (Rn 73), es sei denn durch die Übernahme der Mithaftung wurden keine neuen Verpflichtungen begründet (BGH NJW 02, 133, 136). Im Fall eines kumulativen Schuldbeitritts des Anschlussleasingnehmers erstreckt sich die fortbestehende Haftung des ersten Leasingnehmers gem § 305c II im Zweifel nicht auf die aufgrund eines nach dem Schuldbeitritt ausgeübten Andienungsrechts entstandene Kaufpreisverpflichtung des Anschlussleasingnehmers (BGH NJW 97, 452, 453). **103**

D. Lieferung. Die Lieferung bedeutet eine wichtige **Zäsur** bei der Durchführung des Leasinggeschäfts. Sie setzt den Leasingvertrag in Vollzug (Rn 60), die Hauptleistungspflichten von Lieferant und Leasinggeber werden erfüllt (Rn 105) und die Gegenleistungen von Leasinggeber und Leasingnehmer werden fällig (Rn 37, 108). Zudem geht die Gefahr für den zufälligen Untergang und Beschädigungen auf den Leasingnehmer über (Rn 118 ff). **104**

I. Der leasingtypische Liefervorgang. 1. Direktlieferung an den Leasingnehmer. Es entspricht dem leasingtypischen Beschaffungsvorgang, dass der Lieferant die Leasingsache auf Geheiß des Leasinggebers unmittelbar an den Leasingnehmer liefert (MüKo/*Koch* Leasing Rz 65). Mit der Übergabe der Leasingsache an den Leasingnehmer erlangt der Leasinggeber den **mittelbaren Besitz** (§ 868) und erwirbt zugleich das **Eigentum** (§ 929 1) an der Leasingsache (BGHZ 161, 90, 108). Das führt zur **allseitigen Erfüllung** (§ 362) der der Lieferpflicht aus dem Beschaffungs- und der Gebrauchsüberlassungspflicht aus dem Leasingvertrag. An diesem **105**

Vorgang wirken der Lieferant als Erfüllungsgehilfe des Leasinggebers (Rn 50) und der Leasingnehmer als Erfüllungsgehilfe des Leasinggebers (Rn 52) mit (MüKo/*Koch* Leasing Rz 65). Beim SLB-Verfahren erfolgt der Eigentumsübergang in der Form des § 930 (MüKo/*Koch* Leasing Rz 12).

106 **2. Übernahmebestätigung des Leasingnehmers.** Wenn die Gebrauchsüberlassung an den Leasingnehmer leasingtypisch durch den Lieferanten erfolgt, trifft den Leasingnehmer die **(vor-)vertragliche Nebenpflicht** aus dem Leasingvertrag, die Vollständigkeit und – soweit möglich – Mängelfreiheit des Leasingobjekts zu überprüfen und das Erg dieser Überprüfung dem Leasinggeber zu bestätigen (BGH NJW 05, 365, 366). Der Leasinggeber hat jedoch keinen Anspruch auf Bestätigung nur mit dem von ihm vorformulierten Text (BGH NJW 93, 1381, 1383).

107 **a) Leasingverhältnis.** Im Leasingverhältnis stellt die Übernahmebestätigung eine **Quittung iSv § 368** über die Auslieferung des Leasingguts dar, die gem § 363 zu einer Umkehr der Darlegungs- und Beweislast führt (BGH NJW 93, 1391, 1383; 88, 204, 205). Dagegen kann die Bestätigung nicht als abstraktes Schuldanerkenntnis gem § 781 ausgelegt werden. Sie begründet daher weder eine Anerkennung der Vertragsmäßigkeit der Lieferung noch einen Einwendungsverzicht. Abw Klauseln in den Leasing-AGB sind gem § 307 II Nr 1 wegen eines Verstoßes gegen das leasingrechtliche Äquivalenzprinzip (Rn 65) unwirksam (BGH NJW 88, 204, 205 f; MüKo/*Koch* Leasing Rz 67; aA Staud/*Stoffels* Leasing Rz 186). S. zur Haftung des Leasingnehmers für eine unrichtige Übernahmebestätigung Rn 88.

108 **b) Lieferverhältnis.** Im Lieferverhältnis sehen die AGB des Leasinggebers idR vor, dass der Leasinggeber von allen Verpflichtungen frei bleibt, solange die Übernahmebestätigung für die von dem Lieferanten zu erbringende Leistung nicht vorliegt. Eine solche Klausel, die aufgrund der leasingtypischen Besonderheiten AGB-rechtlich nicht zu beanstanden ist (*Wolf/Eckert/Ball* Rz 1772), ist weder als Vereinbarung einer aufschiebenden Bedingung (§ 158 I), sondern nur als Abrede einer Vorleistungspflicht der Lieferanten und als **Fälligkeitsregelung** für die Kaufpreiszahlung des Leasinggebers auszulegen (BGH NJW 93, 1381, 1382). Auf die fehlende Übernahmebestätigung kann sich der Leasinggeber nicht berufen, wenn die Übergabe der Leasingsache an den Leasingnehmer tatsächlich erfolgt ist und der Leasinggeber sich so behandeln lassen muss, als habe ihm der Leasingnehmer die Übergabe der Leasingsache in ausreichender Weise bestätigt (BGH NJW 93, 1381, 1383 f). Zum Zahlungsanspruch des Lieferanten, wenn der Leasingnehmer die Fertigstellung des Leasingobjekts unmöglich gemacht hat, s. Rn 52.

109 **3. Gutgläubiger Erwerb.** Ein gutgläubiger Erwerb des Leasinggebers gem §§ 929 1, 932 scheitert an § 932 I 1, wenn eine gewerbliche Leasinggesellschaft, zu deren üblichen Geschäften die Kfz-Finanzierung gehört, den Kaufpreis für das Kfz bezahlt, ohne sich den Kfz-Brief vorlegen zu lassen (BGH NJW 05, 1365 f). Im Fall des § 929 2 streitet für das Eigentum des Lieferanten die Vermutung des § 1006 II, III auch dann, wenn der Lieferant zzt der Einigung über den Eigentumsübergang nicht mehr Besitzer der Leasingsache war (BGHZ 161, 90, 108 f). Ein gutgläubiger Erwerb des Leasinggebers gem §§ 929 2, 932 2 scheitert idR daran, dass der Leasinggeber den mittelbaren Besitz an der Leasingsache gem § 868 nicht von dem Lieferanten, sondern aufgrund des Leasingvertrages mit dem Leasingnehmer erlangt (BGHZ 161, 90, 110 f). Erwirbt der Leasinggeber selbst nicht das Eigentümer an der Leasingsache, verschafft er der refinanzierenden Bank nur dann gem §§ 931, 934 das Sicherungseigentum an ihr, wenn der Leasingnehmer zzt der Abtretung des Herausgabeanspruchs des Leasinggebers ggü dem Leasingnehmer an die Refinanzierungsbank noch den Willen hat, für den Leasinggeber in Anerkennung seines Herausgabeanspruchs zu besitzen. Hieran kann es fehlen, wenn der Leasinggegenstand in betrügerischer Absicht mehrfach verleast wurde (BGHZ 161, 90, 111 ff „Flow-Tex"). Verschafft der Leasinggeber der Refinanzierungsbank, an die er die Forderungen aus dem Leasingvertrag à fortfait verkauft hat, das vereinbarte Sicherungseigentum nicht, haftet er aus § 437 aF (BGHZ 161, 90, 114 f), an dessen Stelle die §§ 453, 437 getreten sind (Westphalen/*Zahn* Leasingvertrag Q Rz 53 ff). Beim SLB-Verfahren verhindert § 936 I 3 idR einen gutgläubigen lastenfreien Erwerb (*Beckmann* § 3 Rz 331).

110 **II. Fehlgeschlagene und verspätete Lieferung. 1. Ausbleiben der Lieferung.** Ausgehend von einer unbeschränkten mietrechtlichen Gebrauchsüberlassungspflicht des Leasinggebers (Rn 30) entfällt nach der Rspr des BGH unter der Geltung des vorherigen Rechts ebenso wie nach erfolgreicher Wandelung des Kaufvertrages (Rn 146) rückwirkend die **Geschäftsgrundlage** des Leasingvertrages, wenn die Lieferung des Leasinggegenstandes aus Gründen – endgültig – ausbleibt, die der Leasingnehmer nicht zu vertreten hat (BGH NJW-RR 98, 123, 124 f; zust Erman/*Jendrek* Anh § 535 Rz 25; abw gegen einen Rückgriff auf das Rechtsinstitut des Wegfalls der Geschäftsgrundlage *Flume* DB 91, 265, 128 f; aA ausgehend von der Kündigungslösung Staud/*Stoffels* Leasing Rz 198; *Larenz-Canaris* SchuldR II 2 § 66 IV 1 b). Angesichts der vielfältigen gesetzlichen Regelungen und im Hinblick auf den systematischen Zusammenhang der §§ 280 II, 313 I ist jedoch nach der **Schuldrechtsreform** ein Rückgriff auf § 313 nicht möglich (*Wolf/Eckert/Ball* Rz 1792, 1794). Auf der Grundlage der Mietrechtstheorie (Rn 26) ergeben sich die Rechte der Leasingvertragsparteien bei ausgebliebener oder verspäteter Lieferung vielmehr ausschließlich aus **§§ 280 ff, 320 ff, § 543 II Nr 1** (MüKo/*Koch* Leasing Rz 74). Hiernach gilt folgendes:

Solange die Leasingsache nicht übergeben wurde, beginnt die Zahlungspflicht des Leasingnehmers nicht 111
(Rn 36, 60). Diese fällt gem § 326 I 1 endgültig weg, wenn die Lieferung des Leasinggegenstandes aus Gründen unmöglich wird, die der Leasingnehmer nicht zu vertreten hat (zu § 323 I aF BGH NJW 88, 2465, 2468). Bereits erbrachte Leasingraten sind gem § 326 IV zurückzugewähren, ohne dass es eines Rückgriffs auf die Geschäftsgrundlagenlehre bedarf (MüKo/*Koch* Leasing Rz 74). Daneben hat der Leasingnehmer die Einrede aus § 320, solange die Leistung des Leasinggebers noch erzwungen werden kann (BGH NJW-RR 98, 123, 124 f). Darüber hinaus kann der Leasingnehmer von dem Leasingvertrag zurücktreten (§§ 323, 326 V) oder ihn gem § 543 II 1 Nr 1 fristlos kündigen (BGH NJW-RR 98, 123, 124; s. Rn 177). Schadensersatz statt der Leistung (§§ 280 f, 283) kann der Leasingnehmer verlangen, wenn der Leasinggeber das Ausbleiben der Leistung zu vertreten hat, ihm insb das Verschulden des Lieferanten in Bezug auf seine Gebrauchsüberlassungspflicht gem § 278 zuzurechnen ist (s. Rn 50).

2. Teillieferung. Ist die Lieferung unvollständig und stellt die Nichtlieferung des einen Teils die Brauchbar- 112
keit des anderen Teils nicht in Frage, liegt eine Teilnichterfüllung vor, die sich nach den Regeln der Nichterfüllung (s. Rn 111) richten (BGH NJW 91, 2135, 2136). Das ist insb im Bereich des Computerleasing der Fall, wenn nur die Hardware oder Teile der Software übergeben werden. IdR beginnt auch bei unvollständiger Lieferung die Zahlungspflicht des Leasingnehmers nicht (Rn 37, 60), es sei denn die Leasingvertragsparteien vereinbaren, dass der nicht gelieferte Teil nachgeliefert werden soll und der Leasingnehmer die Zahlung der vereinbarten Leasingraten sofort aufnimmt (BGH NJW 91, 2135, 2136 f). Die Einrede aus § 320 besteht nicht bei geringfügigen Abweichungen (§ 320 II). Voraussetzung für die Geltendmachung von Schadensersatz statt der gesamten Leistung und den Rücktritt vom gesamten Vertrag ist gem §§ 281 I 2, 323 V, dass der Leasingnehmer an der Teilleistung kein Interesse hat (zu § 326 I 3 aF BGH NJW 90, 3011, 3013 f).

3. Verspätete Lieferung. Auch im Fall des Lieferverzuges hat der Leasingnehmer ggü dem Leasinggeber die 113
Ansprüche wegen Nichterfüllung (s. Rn 111). Darüber hinaus kann der Leasingnehmer aus §§ 280 I, II, 286 seinen Verspätungsschaden ersetzt verlangen (Erman/*Jendrek* Anh § 535 Rz 26).

4. Nichtlieferungs- und Verspätungsklauseln. a) Allgemeine Haftungsklauseln. Klauseln in den Leasing- 114
AGB, die den Leasinggeber von jedweder Haftung für das Ausbleiben der Lieferung befreien, verstoßen gegen § 309 Nr 7, 8 lit a und im Verkehr mit Unternehmern gegen §§ 310 I 2, 307 II Nr 1 (MüKo/*Koch* Rz 78; *Westphalen* Leasing Rz 65 ff; aA ausgehend von der fehlenden Erfüllungsgehilfeneigenschaft des Lieferanten *Oechsler* SchuldR BT Rz 490; ausgehend von der Kontrollfreiheit der Freizeichnung gem § 307 III *Larenz-Canaris* SchuldR II 2 § 66 III 2 a). Sowohl im Verbraucherleasinggeschäft als auch im Geschäftsverkehr mit Unternehmern verstößt auch der Ausschluss der Haftung für Nichtpersonenschäden wegen **leichter Fahrlässigkeit** gegen § 307 II Nr 2, weil es sich bei der Gebrauchsüberlassungspflicht des Leasinggebers um eine Kardinalpflicht handelt (vgl BGHZ 145, 203, 240 f, 244 f; MüKo/*Koch* Leasing Rz 78; *Westphalen* Leasing Rz 65 f; s. § 309 Rn 47; aA Bankrechts-Hdb/*Martinek/Oechsler* § 101 Rz 62). Zur Freizeichnung von der Haftung des Leasinggebers für das Verschulden des Lieferanten s. Rn 87.

b) Einbeziehung der Ansprüche wegen Nichterfüllung in die leasingtypische Abtretungskonstruktion 115
. Durch den BGH noch nicht geklärt ist, ob sich der Leasinggeber iRd leasingtypischen Abtretungskonstruktion (Rn 128 ff) gegen Abtretung seines Erfüllungsanspruchs sowie seiner Ansprüche wegen Nichterfüllung und Ersatz seines Verspätungsschadens von seiner Haftung für eine ausbleibende oder verspätete Lieferung freizeichnen kann (offen lassend BGH NJW 93, 122, 123 f; NJW-RR 90, 1462, 1463). Nach der Schuldrechtsreform wird dies zunehmend bejaht (MüKo/*Koch* Leasing Rz 79; *Beckmann* § 2 Rz 175 ff; zust unter dem Vorbehalt der Kündigungslösung Staud/*Stoffels* Leasing Rz 197; tendenziell *Wolf/Eckert/Ball* Rz 1782; Erman/*Jendrek* Anh § 535 Rz 25; dagegen eher zweifelnd *Westphalen* Leasing Rz 68; abl aus der Zeit vor der Schuldrechtsreform *Martinek* 136 f). Für eine Einbeziehung der Ansprüche wegen Nichterfüllung und verspäteter Erfüllung in die Abtretungskonstruktion spricht, dass das reformierte Kaufrecht (§ 437) die Fälle der Nicht- und Schlechtleistung annähernd gleich behandelt. Für eine wirksame Haftungsfreizeichnung genügt es jedoch nicht, wenn die Abtretung mit der Maßgabe erfolgt, dass der Leasingnehmer auf eigene Rechnung gegen den Lieferanten vorzugehen hat (MüKo/*Koch* Leasing Rz 78; *Westphalen* Leasing Rz 69). Nimmt der Leasingnehmer den Lieferanten aus abgetretenem Recht in Anspruch, sind die Leasingvertragsparteien an das Erg der Auseinandersetzung zwischen Leasingnehmer und Lieferant gebunden (BGH NJW 93, 122, 124; s. Rn 145).

c) Aufwendungsersatzklauseln. Klauseln in Leasing-AGB, die für den Fall des Ausbleibens der Lieferung 116
einen Aufwendungsersatzanspruch des Leasinggebers für vergebliche Finanzierungskosten oder die an den Lieferanten geleisteten Zahlungen vorsehen, sind nach hM wegen eines schwerwiegenden Verstoßes gegen das leasingrechtliche Äquivalenzprinzip (Rn 65) unwirksam (BGHZ 114, 57, 69; Kobl WM 84, 1259; 1260 ff; MüKo/*Koch* Leasing Rz 34; aA ausgehend von der Kündigungslösung für einen Amortisationsanspruch des Leasinggebers Staud/*Stoffels* Leasing Rz 255; *Larenz-Canaris* § 66 IV 1 b; differenzierend zwischen Verbraucherfinanzierungsverträgen und solchen zwischen Unternehmern *Lieb* WM-Sonderbeil, 14 ff; für einen Aufwendungsersatzanspruch des Leasinggebers aus § 284 Bankrechts-Hdb/*Martinek/Oechsler* § 101 Rz 67).

117 **d) Insolvenzrisiko- und Rücktrittsklauseln.** Nach dem leasingrechtlichen Äquivalenzprinzip verstoßen Insolvenzrisikoklauseln, mit denen sich der Leasinggeber für den Fall des Vermögensverfalls des Lieferanten von jeder Haftung für das Ausbleiben der Lieferung freizuzeichnen versucht, gegen § 307 II Nr 1 (Rn 30 f). Unwirksam gem § 308 Nr 3 oder §§ 310 I 2, 307 II Nr 1 sind zudem auch Rücktrittsklauseln, die dem Leasinggeber für den Fall, dass der Leasinggeber selbst oder der für ihn als Erfüllungsgehilfe tätige Lieferant (Rn 50) die Verzögerung der Erstellung und Abnahme des Leasinggegenstandes über den vereinbarten Zeitpunkt hinaus zu vertreten hat, das Recht einräumen, von dem Leasingvertrag zurückzutreten sowie den Wiedereintritt des Leasingnehmers in den mit dem Lieferanten geschlossenen Beschaffungsvertrag herbeizuführen und von dem Leasingnehmer Ersatz für seine Zahlungen an den Lieferanten zu verlangen (BGHZ 178, 227 Tz 25 ff; zust *Westphalen* BB 09, 239 f; abl *Weber* NJW 09, 2927, 2931; *Habersack* WM 08, 809 ff). Gleiches gilt für Klauseln, die dem Leasinggeber, falls der Liefervertrag nicht zustande kommt, ein Rücktrittsrecht einräumen (*Martinek* 142).

118 **III. Gefahrtragung. 1. Leasingtypische Abwälzung der Sach- und Preisgefahr. a) Leasingvertragliche Preisgefahrklauseln.** Es entspricht stRspr des BGH dass der Leasinggeber die Sach- und Preisgefahr nach dem Vorbild des § 446 auf den Leasingnehmer abwälzen kann (BGH NJW 08, 125 Tz 19). Hiernach sind Klauseln unbedenklich, die den Leasingnehmer auch dann zur Erbringung der vertraglich vereinbarten Gegenleistung verpflichten, wenn die Leasingsache nach Übergabe an den Leasingnehmer beschädigt wird oder durch Zerstörung oder Verlust untergeht. Die Abweichung von §§ 535 f ist aufgrund der Besonderheiten des Finanzierungsleasing gerechtfertigt, weil das Interesse an der Leasingsache und ihrer Benutzung überwiegend beim Leasingnehmer liegt und das von ihm übernommene Risiko durch Abschluss einer Sachversicherung abgedeckt werden kann (BGH NJW 88, 198, 199 f; MüKo/*Koch* Leasing Rz 80, abw für Kontrollfreiheit der Preisklausel gem § 307 III *Larenz-Canaris* SchuldR II 2 § 66 IV 1). Die leasingvertragliche Preisgefahrklausel bezieht sich jedoch nur auf den Zeitraum, in welchem sich das Leasinggut im **Einflussbereich des Leasingnehmers** befindet. Sie greift dagegen nicht, wenn das Leasingobjekt abhanden kommt, untergeht oder beschädigt wird, während es im Gewahrsam eines Dritten (zB Reparatur) ist (BGHZ 94, 44, 55; *Wolf/Eckert/Ball* Rz 1790; aA ausgehend von der geschäftsbesorgungsrechtlichen Theorie für generelle Gefahrtragung durch den Leasingnehmer *Larenz-Canaris* SchuldR II 2 § 66 IV 1). Nach einer weit verbreiteten Ansicht ist es erforderlich, dass der Leasinggeber bereits in der Preisgefahrklausel mögliche Ansprüche gegen Dritte wegen Beschädigung oder Zerstörung der Leasingsache an den Leasingnehmer abtritt (BaRoth/*Ehlert* § 535 Rz 79). Dies erscheint im Hinblick auf die gesetzliche Regelung in § 255 auch unter Berücksichtigung des Transparenzgebotes gem § 307 I 2 (Rn 66) als zu weitgehend (für das Kfz-Leasing BGH NJW 04, 1041, 1042 f; Bankrechts-Hdb/*Martinek/Oechsler* § 101 Rz 70). Unangemessen iSv § 307 I 1 ist dagegen eine Klausel, die den Leasingnehmer bei Verlust der Leasingsache zur Zahlung aller noch ausstehender Leasingzahlungen verpflichtet, falls weder die Sache repariert noch eine gleichwertige beschafft werden kann (BGH NJW 88, 198, 200).

119 **b) Besonderheiten beim Kfz-Leasing.** Im Bereich des Kfz-Leasing ist die Preisklausel gem § 307 I 1 unangemessen und daher unwirksam, wenn dem Leasingnehmer nicht zumindest bis zum Ablauf des dritten auf die Erstzulassung des Leasingfahrzeugs folgenden Jahres für die Fälle des völligen Verlustes und einer nicht unerheblichen Beschädigung des Fahrzugs ein **kurzfristiges (außerordentliches) Kündigungs- oder gleichwertiges Lösungsrecht** eingeräumt wird. (BGH NJW 07, 290 Tz 11). Das gilt nicht nur für Leasingverträge über Neufahrzeuge (BGH NJW 98, 3270, 3271). Die Grenze zur erheblichen Beschädigung ist unsicher. Der BGH hat bislang nur entschieden, dass eine erhebliche Beschädigung nicht erst bei einem Reparaturkostenaufwand von mehr als 80% zu bejahen ist (BGH NJW 98, 2284, 2285) und offen gelassen, ob die Grenze der Reparaturkosten von **2/3** des Zeitwertes zu hoch angesetzt ist (BGH NJW 87, 377, 378; dagegen *Westphalen* Leasing Rz 174; A/B/H/S/*Assies/Vander* Rz 1300; zweifelnd *Wolf/Eckert/Ball* Rz 2003). Unbedenklich ist es, wenn auch der Leasinggeber zur Kündigung des Leasingvertrages berechtigt ist (BGH NJW 04, 1041, 1042 aA *Dötsch* WM 09, 1349 ff). Auch eine Vertragsgestaltung, die lediglich den Anspruch des Leasinggebers auf Vollamortisation seiner Aufwendungen einschließlich seines kalkulierten Gewinns zur Geltung bringt, steht der Wirksamkeit der Preisklausel nicht entgegen (BGH NJW 98, 3270, 3271 f). Einem kurzfristigen Kündigungsrecht des Leasingnehmers soll auch die Regelung gleichkommen, dass der Leasingnehmer nach seiner Wahl an den Leasinggeber als Entschädigung sämtliche noch ausstehenden Leasingraten nebst Restwert, abgezinst zu einem festen Zinssatz, zahlen kann (BGH NJW-RR 91, 280, 281; krit Bankrechts-Hdb/*Martinek/Oechsler* § 101 Rz 71). Nach der Rspr des BGH begegnet es ferner keinen Bedenken, wenn dem Leasinggeber für den Verlust seines Eigentums statt des leasingtypischen Ausgleichanspruchs (Rn 164) ein Anspruch auf Erstattung des **höheren Zeitwerts** des Leasingfahrzeugs zugebilligt wird (BGH NJW 07, 290 Tz 9, 11). Str ist, ob diese Grundsätze auf andere Bereiche des Finanzierungsleasing auszudehnen sind (dagegen BGH NJW 88, 198, 200; Erman/*Jendrek* Anh § 535 Rz 24; dafür MüKo/*Koch* Leasing Rz 82; tendenziell auch *Wolf/Eckert/Ball* Rz 2000).

120 **c) Instandhaltungs-, Instandsetzungs- und Ersatzbeschaffungs-/Kaskoversicherungsklauseln.** Nach hM ist es unbedenklich, wenn die Leasing-AGB den Leasingnehmer verpflichten, die Leasingsache während der Vertragslaufzeit in einem ordnungsgemäßen und funktionsfähigen Zustand zu erhalten (**Instandhaltung**), eingetretene Schäden auf eigene Kosten beseitigen zu lassen (**Instandsetzung**) und, falls das nicht möglich

ist, einen gleichartigen und gleichwertigen Leasinggegenstand zu beschaffen (**Ersatzbeschaffungsklauseln**; s. zum ganzen Staud/*Stoffels* Leasing Rz 210 ff; BaRoth/*Ehlert* § 535 Rz 79). Entspr Klauseln benachteiligen den Leasingnehmer nicht unangemessen gem § 307 I 1, weil sie dem berechtigten Sacherhaltungsinteresse des Leasinggebers dienen und die Überwälzung der Sachgefahr als die notwendige Vorstufe der Abwälzung der Preisgefahr von dieser umfasst ist (*Wolf/Eckert/Ball* Rz 1783; zweifelnd BaRoth/*Möller/Wendehorst* § 500 Rz 27). Keinen Bedenken unterliegen ferner Klauseln, die es dem Leasingnehmer auferlegen, zur Absicherung der von ihm übernommenen Sachgefahr eine **Sachversicherung** abzuschließen (BGH NJW 08, 125 Tz 16; 07, 290 Tz 11). Zur Verwendung der Versicherungsleistung im Schadensfall s. Rn 125 f.

2. Beschädigung, Zerstörung oder Verlust der Leasingsache. Die dem Leasingnehmer auferlegte Sach- und Preisgefahr aktualisiert sich bei Beschädigung, Verlust oder Zerstörung der Leasingsache (*Westphalen* Leasing Rz 178). 121

a) Rechtslage im Leasingverhältnis. Ist die Abwälzung der Sach- und Preisgefahr wirksam, sind die §§ 320, 326 I, 543 II 1 Nr 1 nicht anwendbar (BGH NJW 99, 198, 200). Der Leasingnehmer bleibt vielmehr bis zur Kündigung des Leasingvertrages trotz Zerstörung, Verlust oder Beschädigung der Leasingsache und des dadurch eingetretenen Unvermögens des Leasinggebers, deren Gebrauch zu gewähren (§ 535), gem § 326 II verpflichtet, seine vertraglich vereinbarte **Gegenleistung** zu erbringen (BGH NJW 04, 1041, 1042). Darüber hinaus ist er – auch ohne entspr ausdrückliche Vereinbarung – zur Reparatur bzw Ersatzbeschaffung verpflichtet (Rn 120). Im Fall der Kündigung des Leasingvertrages (Rn 119) ist der Leasingnehmer dem Leasinggeber ggü zum Schadensersatz verpflichtet, wenn er den Untergang oder die Beschädigung der Leasingsache verschuldet hat (Rn 181). Andernfalls besteht vorbehaltlich einer abw Regelung in der Preisgefahrklausel der **leasingtypische Ausgleichsanspruch des Leasinggebers** (BGH NJW 07, 290 Tz 9, 11; Rn 164 f). Daneben haftet der Leasingnehmer dem Leasinggeber ggü aus § 823 I. Zur Verwendung von Versicherungs- und Ersatzleistungen Dritter s. Rn 125 f. 122

b) Ansprüche ggü Dritten. aa) Ansprüche des Leasinggebers. Der Leasinggeber kann aus § 823 I von dem Schädiger seine schadensbedingten Aufwendungen, die Kosten für die Reparatur der Leasingsache und im Falle der Zerstörung der Leasingsache deren **Wiederbeschaffungswert** ersetzt verlangen (BGH NJW-RR 91, 280, 281; BaRoth/*Möller/Wendehorst* § 500 Rz 52). Der Anspruch des Leasinggebers auf Ersatz der Reparaturkosten und des Wiederbeschaffungswerts gebührt dem Leasingnehmer als Ausgleich für die Abwälzung der Sach- und Preisgefahr und wird häufig schon im Leasingvertrag von dem Leasinggeber an den Leasingnehmer abgetreten (Rn 118). Er geht mit Entrichtung der geschuldeten Schadensersatz- oder Ausgleichszahlung des Leasingnehmers an den Leasinggeber ohne weiteres auf den Leasingnehmer über (BGH NJW-RR 91, 280, 281). Dieser gilt ohne Abtretung im Prozess als ermächtigt, den Ersatzanspruch des Leasinggebers als gewillkürter Prozessstandschafter geltend zu machen (*Westphalen* Leasing Rz 178). Ein trotz Reparatur verbleibender Minderwert steht dagegen dem Leasinggeber zu (*Beckmann* § 11 Rz 61; *Westphalen* Leasing Rz 186). Der Leasinggeber hat ggü dem Schädiger keinen Anspruch auf entgangenen Gewinn in Höhe der Leasingraten, die ihm bei ordnungsgemäßer Beendigung des Leasingvertrages zugestanden hätten. Insoweit fehlt es aufgrund des ggü dem Leasingnehmer bestehenden Vollamortisationsanspruchs an einem Schaden des Leasinggebers. Das gilt auch dann, wenn der Leasingnehmer ausfällt (BGH NJW-RR 91, 280, 281). Leasingnehmer und Drittschädiger haften als Gesamtschuldner (MüKo/*Koch* Leasing Rz 89). Weil idR der Leasingnehmer der alleinige Halter des Leasingfahrzeugs ist, ist iRd deliktischen Anspruchs des Leasinggebers weder für eine Anspruchskürzung nach § 17 II StVG Raum noch ist dem Leasinggeber gem §§ 254, 9 StVG ein Mitverschulden des Leasingnehmers oder die Betriebsgefahr des Leasingfahrzeugs anspruchsmindernd anzurechnen (BGHZ 173, 182 Tz 7 ff; Anm *Armbrüster* JZ 08, 154 ff). Ist der Schaden durch einen Arbeitnehmer des Leasingnehmers verursacht worden, kann sich dieser dem Leasinggeber ggü grds nicht auf die Grundsätze der gefahrgeneigten Arbeit berufen (BGHZ 108, 305, 307 ff). 123

bb) Ansprüche des Leasingnehmers. Der Leasingnehmer hat einen eigenen Anspruch aus § 823 I (BGH NJW-RR 91, 280, 281). Dieser berechtigt ihn jedoch nur zum Ersatz für den Entzug der Möglichkeit zur Sachnutzung (**Nutzungsschaden**), der idR über den ihm im Innenverhältnis zum Leasinggeber ohne zustehenden Wiederbeschaffungswert der Leasingsache (Rn 123) nicht hinausgeht. Dagegen kann der Leasingnehmer seine fortbestehende leasingvertragliche Verpflichtung nicht als **Haftungsschaden** liquidieren, weil es sich hierbei nicht um eine adäquate Folge der Verletzung des Besitzrechts handelt (BGH NJW-RR 91, 280, 281). Als Haftungsschaden ersatzfähig sind vielmehr nur die wirtschaftlichen Nachteile infolge der vorzeitigen Fälligstellung der Leasingraten wie zB die entgangene Kapitalnutzung und entstandene Kreditkosten (BGHZ 116, 22, 26; *Wolf/Eckert/Ball* Rz 2024). Darüber hinaus kann der Leasingnehmer als weitere Schadensfolgen aus der entgangenen Sachnutzung den Wegfall steuerlicher Vorteile und die Kosten für die Anmietung eines Ersatzfahrzeuges (BGHZ 116, 22, 28 f; MüKo/*Koch* Leasing Rz 90; *Wolf/Eckert/Ball* Rz 2026), nicht aber eines ersatzweise abgeschlossenen Folgeleasingvertrages ersetzt verlangen (BGHZ 116, 22, 29; MüKo/*Koch* Leasing Rz 90; offen lassend BGH NJW-RR 91, 280, 281). Zw ist, ob auch die dem Leasingnehmer zu Unrecht in Rechnung gestellte USt ersatzpflichtig ist (aA Hamm NJW-RR 03, 774 f). 124

125 **c) Verwendung von Versicherungs- und Ersatzleistungen Dritter.** Mit der Aushändigung des für den Leasinggeber ausgestellten Sicherungsscheins durch den Versicherer an den Leasinggeber wird die von dem Leasingnehmer abgeschlossene Kaskoversicherung zu einer **Versicherung für fremde Rechnung (§§ 74 ff VVG)**, wodurch der Leasinggeber die Rechtsstellung eines Versicherten iSv § 75 VVG erlangt und daher über die Rechte aus dem Versicherungsvertrag selbst verfügen kann. Einer Abtretung der Ansprüche aus der Versicherung durch den Leasingnehmer an den Leasinggeber bedarf es deshalb nicht (BGH NJW 07, 290 Tz 7). Zahlt der Versicherer an den Leasinggeber, handelt es sich um eine Leistung des Versicherers an den Leasingnehmer und um eine Leistung des Leasingnehmers an den Leasinggeber (BGH NJW 08, 989 Tz 15; 07, 290 Tz 7). Diese steht dem Leasinggeber als Eigentümer grds nicht nur in Höhe seines Amortisationsanspruchs, sondern in voller Höhe zu (für den Leasingvertrag mit Andienungsrecht des Leasinggebers und ohne Erlösbeteiligung des Leasingnehmers BGH NJW 08, 898 Tz 13 ff). Etwas anderes kann aber gelten, wenn der Leasingnehmer – leasinguntypisch – berechtigt ist, das Leasingobjekt nach Vertragablauf zu erwerben (Ddorf BB 06, 1246; offen lassend BGH NJW 08, 898 Tz 20). In der Insolvenz des Leasingnehmers hat der Leasinggeber ein Aussonderungsrecht (§ 47 InsO) an der Versicherungsleistung (Frankf NZV 02, 44).

126 Wenn der Leasingnehmer die Sach- und Gegenleistungsgefahr trägt, ergibt sich idR auch ohne ausdrückliche Regelung im Leasingvertrag aus der **leasingvertraglichen Zweckbindung** der Versicherung, dass der Leasinggeber dem Leasingnehmer erhaltene Versicherungsleistungen, soweit sie seinen Amortisationsanspruch nicht überschreiten, durch Verwendung für die Reparatur oder Wiederbeschaffung der Leasingsache, Anrechnung auf etwaige Schadensersatz- oder Ausgleichsforderungen bei Beendigung und Abwicklung des Leasingverhältnisses oder (Rück-)Abtretung zugute kommen lassen muss (BGH NJW 08, 898 Tz 19; 95, 1541, 1542). Die Zweckbindung schließt eine Aufrechnung des Leasinggebers mit offen stehenden Leasingraten aus (BGHZ 93, 391, 396 ff). Andererseits kann der Leasingnehmer, der von dem Leasinggeber auf Befriedigung seines Vollamortisationsinteresses in Anspruch genommen wird, die (Rück-)Abtretung von – noch nicht realisierten – Versicherungsansprüchen einredeweise nur ggü dem Schadensersatz- oder Ausgleichsanspruch des Leasinggebers, nicht aber ggü dessen Erfüllungsanspruch auf Zahlung der vereinbarten Leasingraten geltend machen (BGH NJW 95, 1541, 1542; abw gegen eine Stundung des Vollamortisationsanspruchs noch BGHZ 116, 278, 283 ff). Der Leasingnehmer kann verlangen, dass der Leasinggeber die Entschädigungsleistung des Versicherers an den von ihm in eigenem Namen mit der Reparatur des Leasinggegenstandes beauftragten Unternehmer auszahlt. Tritt der Leasingnehmer seinen Anspruch an den Unternehmer ab, kann der Leasingebers sich diesem ggü nicht auf ein formularmäßiges Aufrechnungsverbot berufen (BGHZ 93, 391, 399 f). Der Leasingnehmer überlässt dem Leasinggeber die Ansprüche aus der für die Leasingsache abgeschlossenen Kaskoversicherung gem § 364 **erfüllungshalber.** Der Leasinggeber muss folglich Befriedigung wegen seiner Ansprüche aufgrund Beschädigung, Zerstörung oder Verlusts der Leasingsache primär aus den abgetretenen Kaskoansprüchen suchen mit der Folge, dass seine Ansprüche bis zum Scheitern eines Befriedigungsversuchs **gestundet** sind (BGH NJW 07, 290 Tz 12). Entspr gilt für Ersatzleistungen Dritter (BGH NJW 04, 1041, 1043).

127 **3. Rechtsfolgen unwirksamer Gefahrabwälzung.** Fehlt eine wirksame Abwälzung der Sach- und Preisgefahr auf den Leasingnehmer, hat der Leasinggeber die Sach- und Preisgefahr zu tragen (MüKo/*Koch* Leasing Rz 83; aA ausgehend von der Sui generis-Theorie für die leasingtypische Verteilung der Sach- und Preisgefahr trotz Unwirksamkeit der Preisklausel MüKo/*Habersack*, 4. Aufl, Leasing Rz 73; diesem zust A/B/H/S/*Assies/Vander*/ Kap 4 Rz 1301; ausgehend von der geschäftsbesorgungsrechtlichen Leasingtheorie gegen eine Gefahrtragung durch den Leasinggeber *Larenz* AcP 90, 411, 437 f). Es gelten bei Untergang oder Beschädigung der Leasingsache ausgehend von der Mietrechtstheorie (Rn 26) die allgemeinen mietrechtlichen Bestimmungen insb über die Kündigung nach § 543 II 1 Nr 1 (BGH NJW 87, 377, 378). Auch ohne Kündigung verliert der Leasinggeber gem §§ 320, 326 I S1 seinen Anspruch auf Zahlung der Leasingraten (BGHZ 116, 278, 287; NJW 88, 198, 200). Bereits erbrachte Leasingraten und eine zu Vertragsbeginn geleistete Sonderzahlung sind gem § 326 IV zurückzugewähren (zu § 323 III aF Ddorf NJW 97, 2528, 2529).

128 **E. Die leasingtypische Abtretungskonstruktion (Sachmängelhaftung). I. Ausgangslage.** Nach der stRspr des BGH gelten im Fall einer mangelhaften Lieferung die **§§ 535 ff** (BGH NJW 06, 1066 Tz 17 f). Der Leasinggeber kann sich aber von seiner mietrechtlichen Sachmängelhaftung wegen der Besonderheiten des Leasingverhältnisses durch AGB freizeichnen, wenn er dem Leasingnehmer gleichzeitig seine kauf-/werkrechtlichen Mängelrechte (§§ 434 ff; 633 ff) gegen den Lieferanten abtritt und diese Ansprüche die Interessen des Leasingnehmers in angemessener Weise wahren (BGH NJW 06, 1066 Tz 11). Im Wege der leasingtypischen Abtretungskonstruktion wird die mietrechtliche durch die kauf-/werkrechtliche Sachmängelhaftung ersetzt, so dass der Leasingnehmer eine käuferähnliche Rechtsstellung erlangt. Entspr Klauseln sind von Ausn abgesehen weder überraschend iSv **§ 305c I** (BGHZ 94, 180, 185 f) noch benachteiligen sie den Leasingnehmer unangemessen gem **§ 307 I 1** (BGH WM 92, 1609, 1610 f; für den kaufmännischen Verkehr BGHZ 114, 57, 61; 81, 298, 302 f; für den nicht-kaufmännischen Verkehr und den Verbraucherfinanzierungsleasingvertrag BGH NJW 06, 1066 Tz 11; BGHZ 94, 180, 191; für das Immobilienleasing BGHZ 106, 304, 309; zum Umfang der Haftungsfreizeichnung beim Immobilienleasing s. Naumbg NZM 09, 557 ff). Anlass und Rechtfertigung für die Abtretungskonstruktion ist, dass es nach allgM mit Blick auf den leasingtypischen Beschaffungsvor-

gang als sach- und interessengerecht erscheint, auch die Mängelauseinandersetzung mit dem Lieferanten in die Hände des sachnäheren Leasingnehmers zu legen, der sowohl den Lieferanten als auch die Leasingsache ausgewählt und den Liefervertrag ausgehandelt hat (BGHZ 97, 135, 143 f). IÜ wird der Leasingnehmer durch die Ersatzregelung nicht rechtlos gestellt (BGHZ 94, 180, 190). **§ 309 Nr 8 lit a** ist nach der Rspr des BGH deshalb auf Leasingverträge nicht anwendbar (zu § 11 Nr 10 lit a AGBG BGHZ 94, 180, 186 ff). Dieser Lösungsansatz des BGH ist – auch nach der **Schuldrechtsreform**, die durch die Neukonzeption der kaufrechtlichen Mängelhaftung massiv auf die leasingtypische Abtretungskonstruktion einwirkt, im Erg an deren AGB-rechtlicher Anerkennung aber nichts ändert (BGH NJW 06, 1066 ff; Stuttg BB 05, 2375, 2376; MüKo/ *Koch* Leasing Rz 92; aA *Westphalen* Leasing Rz 114 ff; Rn 131) – grds anerkannt (s. www.bgb-pww.de). Im Hinblick auf die neu eingefügte Vorschrift des § 309 Nr 7 ist der Vertragspraxis allerdings zu empfehlen, in den Leasing-AGB klarzustellen, dass Schadensersatzansprüche des Leasingnehmers nur in dessen Grenzen ausgeschlossen sind (MüKo/Koch *Leasing* Rz 95).

II. Wirksamkeitsvoraussetzungen. 1. Allgemeine Anforderungen an die inhaltliche Vertragsgestaltung. 129
Voraussetzung für die Angemessenheit und Wirksamkeit (§ 307 I 1) Vertragsgestaltung ist, dass der Leasingnehmer durch die Abtretungskonstruktion **nicht rechtlos** gestellt wird, sondern Sachmängelansprüche nach kaufrechtlichem Vorbild unmittelbar ggü dem Lieferanten der Leasingsache geltend machen kann (BGH WM 92, 1609, 1611; NJW 88, 2465, 267). Das kann durch deren Übertragung an den Leasingnehmer gem §§ 398, 413 oder durch Ermächtigung des Leasingnehmers zu ihrer Geltendmachung gegen den Lieferanten in eigenem Namen (§ 185 analog) geschehen (BGH NJW 88, 2465, 1468).

a) Abtretbarkeit von Gestaltungsrechten. Nach hM ändert die Ersetzung der Wandelung durch den kauf- 130
rechtlichen Rücktritt und die Umqualifizierung der Minderung als Gestaltungsrecht in § 437 Nr 2 an der Wirksamkeit der leasingtypischen Abtretungskonstruktion nichts. Der Systemwandel zwingt – aus zivilrechtlichen Gründen – nicht zu einem Ersatz der Abtretungs- in eine „Ermächtigungskonstruktion" (*Wolf/Eckert/ Ball* Rz 1823; aA *Westphalen* Leasing Rz 114 ff). Die Begründung ist unterschiedlich (s. www.bgb-pww.de). Allerdings ist von der Abtretung der Anspruch auf Rückzahlung des Kaufpreises idR nicht erfasst (BGH WM 92, 1609, 1611).

b) Endgültige, vorbehaltlose, unbedingte und uneingeschränkte Abtretung. Eine wirksame Vertragsgestal- 131
tung setzt voraus, dass die Abtretung **endgültig, vorbehaltlos und unbedingt** erfolgt (BGH NJW 06, 1066 Tz 17). Daran fehlt es, wenn sich der Leasinggeber – und sei es auch erst für die Zeit nach einem jederzeit möglichen Widerruf – die **eigene Wahrnehmung der abgetretenen Rechte vorbehält** (BGH NJW-RR 03, 51, 52). Das Gleiche gilt, wenn der Leasingnehmer die Abtretung des Wandelungsrechts (jetzt Rücktrittsrechts) nur Zug um Zug gegen Zahlung sämtlicher noch ausstehender Leasingraten, des Restwertes sowie sonstiger mit der Auslieferung des Leasinggegenstandes verbundener Kosten verlangen kann (BGH NJW 84, 2687, 2688) oder wenn der Widerruf der Übertragung der Mängelrechte an den Leasingnehmer nur möglich ist, falls der Leasingnehmer seinen Verpflichtungen aus dem Leasingvertrag nicht nachkommt (*Westphalen* Leasing Rz 142; aA Rostock NJW-RR 02, 1712, 1713). Zw ist, ob die schuldrechtliche Verpflichtung zur Abtretung genügt (dafür Kobl CR 01, 160, 161; Staud/*Stoffels* Leasing Rz 221). Klauseln, denen zufolge die Bindung des Leasinggebers an das Erg der Mängelauseinandersetzung zwischen Leasingnehmer und Lieferant (Rn 145) eingeschränkt wird, sind wegen eines Verstoßes gegen das leasingrechtliche Äquivalenzprinzip (Rn 65) gem § 307 II Nr 1 unwirksam (BGHZ 114, 57, 65 f). Das Gleiche gilt für **Aufwendungsersatzklauseln**, die den Leasingnehmer verpflichten, Aufwendungsersatz insb für den an den Lieferanten gezahlten Kaufpreis zu leisten, falls die abgetretenen Ansprüche gegen den Lieferanten nicht durchsetzbar sind und durch die das Risiko einer Insolvenz des Lieferanten auf den Leasingnehmer abgewälzt werden sollen. Weil die Äquivalenzstörung den Unternehmer in gleichem Maße wie einen Leasinggeber mit Verbrauchereigenschaft trifft, sind entspr Klauseln auch im Geschäftsverkehr mit unternehmerisch tätigen Leasingnehmern gem § 307 II Nr 1 unwirksam (BGHZ 114, 57, 67 ff; MüKo/*Koch* Leasing Rz 34, 91;; aA Kündigungslösung s. Rn 147; differenzierend zwischen Verbraucherfinanzierungsverträgen und solchen zwischen Unternehmern *Lieb* WM-Sonderbeil, 14 ff). Insoweit gelten dieselben Grundsätze wie für die Kostenerstattung im Fall der fehlgeschlagenen Lieferung (s. Rn 116).

Rechtlos ist der Leasingnehmer ansonsten dann nicht gestellt, wenn der Leasinggeber **uneingeschränkt** sämt- 132
liche kaufrechtlichen Mängelrechte (§§ 434 ff) unter Einschluss des Rechts auf Wandelung (jetzt Rücktritt) abtritt (zu §§ 459 ff aF BGH NJW 84, 2687, 2688; BGHZ 68, 118, 126). Der BGH hat die Freizeichnung des Leasinggebers von seiner mietrechtlichen Haftung bislang mit der vollständigen Abtretung des gesetzlichen Instrumentariums der kaufrechtlichen Mängelrechte verknüpft (vgl *Wolf/Eckert/Ball* Rz 1817; s. Rn 131 aE). Str ist, ob hieran nach der Schuldrechtsreform unverändert festgehalten werden kann (Rn 139 ff). Praktische Bedeutung hat dieser Streit im Zusammenhang mit der Frage, ob die Abtretungskonstruktion bei einem Verbraucherfinanzierungsleasingvertrag sämtliche Mängelrechte eines Verbrauchsgüterkaufs (§§ 474 ff) umfassen muss (Rn 142) und ob von der Abtretung der kaufrechtliche Nachlieferungsanspruch in der Variante der Ersatzlieferung (§ 439 I Alt 2) ausgenommen werden kann (Rn 152). Nach bisheriger Rspr des BGH setzt ein wirksamer Ausschluss der mietrechtlichen Sachmängelhaftung iÜ voraus, dass der Leasinggeber die ihm

zustehenden kaufrechtlichen Mängelrechte **in vollem Umfang** auf den Leasingnehmer überträgt (BGH NJW-RR 03, 51 52; *Wolf/Eckert/Ball* Rz 1814; abw für selbstständige Garantien *Reiner/Kaune* WM 02, 2314, 2315 f; *Löbbe* BB-Beil 03/6, 7, 9).

133 **2. Inzidenterkontrolle der Liefer-AGB.** Die Prüfung, ob die Abtretung der kaufrechtlichen Sachmängelrechte des Leasinggebers gegen den Lieferanten im Hinblick auf § 307 I 1 einen hinreichenden Ersatz für den Ausschluss seiner mietrechtlichen Sachmängelhaftung darstellt, setzt eine Inzidenterkontrolle der Liefer-AGB voraus.

134 **a) Zwingender Verbraucherschutz (§§ 474 ff).** Nach der Rspr des BGH ist ein Verbraucherfinanzierungsleasingvertrag (Rn 4 ff) mit leasingtypischer Abtretungskonstruktion **kein Umgehungsgeschäft iSd § 475 I 2**. Dem Lieferanten der Leasingsache ist es daher nicht verwehrt, sich dem Leasingnehmer mit Verbrauchereigenschaft ggü auf den mit dem Leasinggeber wirksam vereinbarten Ausschluss seiner Sachmängelhaftung oder deren Beschränkung zu berufen (BGH NJW 06, 1066 Tz 12 ff; *Erman/Grunewald* § 475 Rz 9; *Tiedke/Peterek* DB 08, 335; *Lorenz* NJW 07, 1, 7; aA für ein Umgehungsgeschäft Westphalen/*Woitkewitsch* Leasingvertrag L Rz 75 ff; für Unwirksamkeit der Liefer-AGB MüKo/*Koch* Leasing Rz 60; für unmittelbare Anwendung der §§ 474 ff ausgehend von der Sui generis-Theorie *Omlor* ZGS 08, 220, 224 ff; für Eigenhaftung des Lieferanten gem § 311 III Leasing-Hdb/*Beckmann* § 26 Rz 80; *Müller-Sarnowski* DAR 07, 72, 74 ff). Weichen die Liefer-AGB von den §§ 474 ff ab, kann das allenfalls zur Unwirksamkeit des Ausschlusses der mietrechtlichen Sachmängelhaftung des Leasinggebers führen (s. Rn 142). Dagegen wirkt sich die in dem Leasingverhältnis vereinbarte Abtretungskonstruktion nicht auf den Beschaffungsvertrag zwischen Lieferant und Leasinggeber und das auf ihm fußende Rechtsverhältnis zwischen Lieferant und Leasingnehmer aus. Der BGH folgt damit der Linie seiner bisherigen Rspr, der zufolge nach dem Trennungsprinzip (Rn 24) im Lieferverhältnis allein auf die formale Stellung des Leasinggebers als Vertragspartner des Lieferanten abzustellen ist (BGHZ 110, 130, 137 ff; Rn 156). Eine Ausn soll für das Eintrittsmodell (Rn 46) gelten (MüKo/*Koch* Leasing Rz 62). Dem ist zuzustimmen. Dem Leasingnehmer bleiben die Rechte aus §§ 474 ff nicht nur im Fall der Vertragsübernahme (s. Rn 75), sondern auch bei der einfachen befreienden Schuldübernahme (§ 417) erhalten (Westphalen/*Woitkewitsch* Leasingvertrag L Rz 47 ff; *Müller-Sarnowski* DAR 07, 72, 74 f; abw für den Fall der Vertragsauflösung *Weber* NJW 03, 2348, 2351).

135 **b) AGB-Kontrolle (§§ 305 ff). aa) Kontrollmaßstab.** Nach einer weit verbreiteten Ansicht ist für die AGB-rechtliche Würdigung der Liefer-AGB die Person des Leasingnehmers maßgeblich (Staud/*Stoffels* Leasing Rz 225). Hiernach bildet der Leasingnehmer den Prüfungsmaßstab bei der Inhaltskontrolle der Lieferanten-AGB gem §§ 307 ff (MüKo/*Koch* Leasing Rn 64; *Omlor* ZGS 07, 220, 223). Darüber hinaus soll die Einbeziehung der Lieferanten-AGB in den Liefervertrag eine Einbeziehungsvereinbarung iSd §§ 310 I 2, 145 ff; 305 II zwischen dem Lieferanten und dem Leasingnehmer voraussetzen (*Beckmann* § 3 Rz 5). Diese Ansichten gehen jedoch mit Blick auf die rechtliche Selbstständigkeit und die gebotene Trennung der Vertragsverhältnisse (Rn 24) zu weit und liegen auch nicht auf der Linie der Rspr des BGH (s. Rn 134). Wie generell bei der Bestimmung der Verbrauchereigenschaft gem § 13 verbietet sich nach dem Rechtsgedanken des § 166 II eine analoge Heranziehung des in § 166 I verankerten Repräsentationsprinzips (s. § 164 Rn 76). Der Leasinggeber kann sich somit aufgrund der Stellung des Leasingnehmers als seines Verhandlungs- und Erfüllungsgehilfen bei der Anbahnung des Liefervertrages auf verbraucherrechtliche Schutzbestimmungen nicht berufen (*Beckmann* § 1 Rz 168 ff). Auch der Leasingnehmer ist nicht schutzwürdig, weil die Freizeichnung des Leasinggebers von der mietrechtlichen Mängelhaftung unwirksam ist, wenn die als Ausgleich abgetretenen kauf-/werkrechtlichen Mängelrechte keinen äquivalenten Ersatz darstellen und er damit durch die Ersatzregelung rechtlos gestellt wird (s. Rn 139 ff). Die Kontrolle der Lieferanten-AGB richtet sich daher bei einem unternehmerisch tätigen Leasinggeber (§ 14) nach **§§ 444; 639** und **§§ 307, 310 I 2** (BGH NJW 06, 1066 Tz 11; *Arnold* DStR 02, 1049, 1052).

136 **bb) Klauselverbote.** Für die inhaltliche Ausgestaltung der in den Liefer-AGB geregelten Sachmängelhaftung des Lieferanten gelten keine leasingtypische Besonderheiten (BGH NJW 06, 1066 Tz 11; *Westphalen* Leasing Rz 117; aA für den Fall einer AGB-rechtlichen Deckungslücke MüKo/*Koch* Leasing Rz 64, 96). Bei **neu hergestellten** Sachen sind über §§ 307 I 1, 310 I 2 m Ausn v § 309 Nr 8 lit b ee sämtliche Klauselverbote in **§ 309 Nr 8 lit b** grds auch im Geschäftsverkehr mit Unternehmern zu beachten (s. § 309 Rn 52 ff). Insb verstößt der Ausschluss des Rücktrittsrechts des Käufers in dem Kaufvertrag zwischen Lieferant und Leasinggeber gegen § 307 I 1 (zu § 462 aF BGH NJW 93, 2436, 2438). Dagegen kann der Nacherfüllungsanspruch des Käufers in der Variante der Ersatzlieferung (§ 439 I Alt 2) in dem Kaufvertrag zwischen Lieferant und Leasinggeber wirksam ausgeschlossen werden (§ 309 Rn 59; *Wolf/Eckert/Ball* Rz 1815; aA *Westphalen* Leasing Rz 118). Der Lieferant kann in dem Kaufvertrag mit dem Leasinggeber nach den im unternehmerischen *Geschäftsverkehr entspr* heranzuziehenden Klauselverboten in **§ 309 Nr 7** seine Haftung für Personenschäden sowie für vorsätzlich und grob fahrlässig herbeigeführte Schäden auch nicht ausschließen (Staud/*Stoffels* Leasing Rz 218; s. § 309 Rn 47). Beim Verkauf neuwertiger Sachen kann er seine Haftung für Sachmängel auch nicht auf Fahrlässigkeit beschränken, weil es sich bei der Lieferung einer mangelfreien Sache um eine Kardinal-

pflicht des Verkäufers handelt (BGHZ 145, 203, 240 f, 244 f; *Beckmann* § 2 Rz 295). Bei **gebrauchten Sachen** ist ein vollständiger Ausschluss der Sachmängelhaftung in dem Kaufvertrag zwischen Lieferant und Leasinggeber dagegen ohne weiteres möglich (arg e § 444; BGH NJW 06, 1066 Tz 11; § 639 beim Werkvertrag).

cc) Folgen unwirksamer Liefer-AGB für den Leasingvertrag. Werden die Liefer-AGB nicht wirksam in den 137 Liefervertrag einbezogen, bleibt die leasingtypische Abtretungskonstruktion hiervon unberührt. Der Leasingnehmer ist gehalten, gegen den Lieferanten vorzugehen, der gem § 306 II nach den gesetzlichen Vorschriften haftet (MüKo/*Koch* Leasing Rz 96; *Beckmann* § 3 Rz 8, 20; aA für die Unwirksamkeit der Abtretungskonstruktion *Westphalen* Leasing Rz 41, 130). Denn es erscheint grds ausgeschlossen, dass gerade die gem § 306 II bestehenden Mängelrechte von der Abtretung nicht erfasst sein sollen (BGHZ 68, 118, 124). IÜ wird der Leasingnehmer durch die leasingtypische Abtretungskonstruktion nicht zum Verwender der Liefer-AGB wird (*Müller-Sarnowski* DAR 07, 72, 76; aA *Westphalen* ZGS 07, 219) und der Leasingnehmer wäre andernfalls besser gestellt wäre als bei einem direkten Erwerb von dem Lieferanten. Zu einer „Sprengung" der gebotenen Trennung der Vertragsverhältnisse (Rn 24) besteht auch aus Sicht des Lieferanten kein Anlass, wenn nach dem hier vertretenen Lösungsansatz (Rn 135) der Leasinggeber den Prüfungsmaßstab bei der Kontrolle der Lieferanten-AGB bildet.

dd) Einbeziehung der Liefer-AGB in den Leasingvertrag. Weit verbreitet ist die Ansicht, dass der Leasing- 138 geber für eine Einbeziehung sämtlicher Lieferbedingungen in den Leasingvertrag gem §§ 310 I 1, 145 ff; 305 II Sorge tragen müsse (*Westphalen* Leasing Rz 36 ff; abl *Godefroid* BB-Beil 94/6, 14, 17). Fehlt eine wirksame Einbeziehungsvereinbarung zwischen Leasinggeber und Leasingnehmer in Bezug auf die Liefer-AGB, soll dies zur Unwirksamkeit der Abtretungskonstruktion in dem Leasingvertrag führen (*Westphalen* Leasing Rz 39). Nach aA ist der Leasinggeber dem Leasingnehmer ggü zum Ersatz der Nachteile verpflichtet, die sich aus den im Vergleich zum dispositiven Gesetzesrecht ungünstigen Rechtsfolgen der Lieferbedingungen ergeben (*Beckmann* § 3 Rz 20). Auch diesen Ansichten kann aufgrund der gebotenen Trennung der Vertragsverhältnisse (Rn 24) nicht beigetreten werden. Vielmehr kann sich abgesehen von dem sachenrechtlichen Bestimmtheitsgrundsatz allenfalls aus dem Verbot überraschender Klauseln (§ 305c I), der Unklarheitenregelung (§ 305c II) und dem Transparenzgebot (§ 307 I 2) die Notwendigkeit ergeben, in den Leasing-AGB auf eine Beschränkung der Abtretung der kaufrechtlichen Sachmängelrechte hinreichend klar und deutlich hinzuweisen und den Umfang der abgetretenen Rechte genau wiederzugeben (Rn 140). Hierdurch wird auch der Schriftform des § 491 I 1 (Rn 55) genügt.

c) Folgen einer wirksamen Beschränkung der kaufrechtlichen Sachmängelhaftung. aa) Geschäftsver- 139 **kehr mit Unternehmern.** Sehen die Liefer-AGB einen **wirksamen vollständigen Ausschluss** der Haftung für Sachmängel vor, geht die Abtretung ins Leere (BGH NJW 06, 1006 Tz 11) mit der Folge, dass der Leasingnehmer im Fall eines wirksamen Ausschlusses der mietrechtlichen Sachmängelhaftung des Leasinggebers rechtlos gestellt wäre. Der BGH hat bislang offen gelassen, ob das auch bei Finanzierungsleasingverträgen mit einem unternehmerisch tätigen Leasingnehmer (§ 14) zur Unwirksamkeit der Haftungsfreizeichnung des Leasinggebers führt (BGH NJW 06, 1066 Tz 17). Das st zu bejahen, weil der Grundsatz, dass der Leasinggeber von vornherein die schutzwürdigen Belange künftiger Vertragspartner zu berücksichtigen hat und diese insb nicht rechtlos stellen darf (BGHZ 68, 118, 124), auch im Geschäftsverkehr mit unternehmerisch tätigen Leasingnehmern Anwendung findet (BGHZ 81, 298, 302 f, 305). Das Gleiche gilt für den schwerwiegenden Verstoß gegen das **leasingrechtliche Äquivalenzprinzip** (Rn 65), der vorliegt, wenn der Leasingnehmer keinen Ausgleich für die ausgeschlossene mietrechtliche Sachmängelhaftung erlangt (vgl BGHZ 114, 57, 65 f).

Wird die Sachmängelhaftung in dem Beschaffungsvertrag nur **wirksam beschränkt**, ist str und abschließend 140 nicht geklärt, ob der Ausschluss der mietrechtlichen Sachmängelhaftung des Leasinggebers einem unternehmerisch tätigen Leasingnehmer ggü dennoch wirksam ist (dafür MüKo/*Koch* Leasing Rz 96; dagegen *Westphalen* Leasingvertrag H Rz 183; tendenziell *Wolf/Eckert/Ball* Rz 1815 f). Teilw wird die Ansicht vertreten, es sei ausreichend, dass die an den Leasingnehmer abgetretenen kaufrechtlichen Mängelrechte dem **Mindeststandard des § 307 II Nr 1** entsprechen (MüKo/*Habersack* 4. Aufl, Leasing Rn 85 f). Nach dem leasingrechtlichen Äquivalenzprinzip (Rn 65) muss der Leasinggeber dem Leasingnehmer jedoch als Ausgleich für den Ausschluss der strengeren mietrechtlichen Mängelhaftung (BGH NJW 06, 1066 Tz 12), wenn schon keinen gleichwertigen, so doch einen **bestmöglichen Ersatz** verschaffen, damit der Leasingnehmer nicht rechtlos gestellt wird (vgl *Wolf/Eckert/Ball* Rz 1825). Außerdem soll der Leasingnehmer die Rechtsstellung eines Käufers erlangen,," der die Leasingsache unmittelbar von dem Lieferanten erworben hat. Daher bedarf es eines Vergleichs der abgetretenen Mängelrechte mit dem kaufrechtlichen Standard der §§ 434 ff im konkreten Einzelfall (BGHZ 68, 118, 124; *Omlor* ZGS 08, 220, 223; aA für eine Heranziehung der atypischen Mietvertrags als Vergleichstyp DerlKnopsBa/*Mankowski/Knöfel* § 21 Rz 79). Erweist sich hiernach, dass die abgetretenen Mängelrechte dem Leasingnehmer gemessen an dem Leitbild der §§ 434 ff keinen angemessenen Schutz gewähren, ist der Leasingnehmer nur dann nicht rechtlos gestellt, wenn die Abweichung durch das Eigengepräge des Finanzierungsleasingvertrages und die typischen Interessen der Leasingvertragsparteien gerechtfertigt ist. Darüber hinaus müssen die Leasing-AGB eine eindeutige (§ 305c II) und nicht überraschende (§ 305c I) Regelung der Sachmängelhaftung des Lieferanten enthalten. Das in § 307 I 2 normierte Transparenzgebot (Rn 66) verlangt überdies, dass in den Leasing-AGB der Umfang der abgetretenen Sachmängelrechte so umfassend und klar dargestellt wird, dass der Leasingnehmer in die Lage versetzt wird, seine Rechtsposition zu durchschauen und sich darauf einzustellen.

141 Str ist insb, ob ggü einem unternehmerisch tätigen Leasingnehmer die Abtretung durch einen **Ausschluss des Ersatzlieferungsanspruchs aus § 439 I Alt 2** im Lieferverhältnis wirksam beschränkt werden kann (dafür MüKo/*Koch* Leasing Rz 96; Staud/*Stoffels* Leasing Rz 221; *Tiedke*/*Peterek* DB 08, 335, 336; abw für Unwirksamkeit nur, falls der Leasinggeber auf die Gestaltung des Liefervertrages einwirkt *Beckmann* § 2 Rz 323; dagegen Röhricht/*Westphalen* Leasing Rz 94; BaRoth/*Möller*/*Wendehorst* § 500 Rz 38; tendenziell auch *Wolf*/*Eckert*/*Ball* Rz 1815 ff). Nach dem hier vertretenen Lösungsansatz (Rn 140) ist diese Frage zu bejahen, wenn die übrigen kaufrechtlichen Sachmängelrechte in vollem Umfang auf den Leasingnehmer übertragen werden und dieser insb das Recht erhält, bei völliger Unbrauchbarkeit der Leasingsache gem §§ 437 Nr 3, 323 von dem Kaufvertrag zurückzutreten und sich damit zugleich von seiner Verpflichtung zur Zahlung des Leasingentgelts zu befreien (vgl BGHZ 68, 118, 124).

142 **bb) Verbraucherfinanzierungsleasingverträge.** Sehen die Liefer-AGB einen wirksamen **vollständigen Ausschluss** der Haftung für Sachmängel vor, geht die Abtretung ins Leere mit der Folge, dass der Ausschluss der mietrechtlichen Sachmängelhaftung im Leasingvertrag mit Verbrauchereigenschaft (Rn 5) ggü unwirksam ist, weil der Leasingnehmer ansonsten rechtlos gestellt wäre (BGH NJW 06, 1066 Tz 16 ff). Der BGH (NJW 06, 1066 Tz 17) hat bislang offen gelassen, ob der Ausschluss der mietrechtlichen Sachmängelhaftung in einem Verbraucherfinanzierungsleasingvertrag auch dann unwirksam ist, wenn der Leasinggeber dem Leasingnehmer nicht **sämtliche Sachmängelrechte eines Verbrauchsgüterkauf nach §§ 474 ff** verschafft (dafür *Westphalen* ZIP 06, 1653, 1655; tendenziell *Wolf*/*Eckert*/*Ball* Rz 1817; dagegen MüKo/*Koch* Leasing 61, 96; *Tiedke*/*Peterek* DB 08, 335, 336, differenzierend *Westphalen*/*Woitkewitsch* Leasingvertrag L Rz 163 ff). Die Ansicht, dass es genügt, wenn die auf den Leasingnehmer übertragenen Rechte dem AGB-rechtlichen **Mindeststandard des § 309 Nr 8 lit b** entsprechen (MüKo/*Koch* Rz 61, 96) erscheint angesichts des Stellenwerts, den der Gesetzgeber dem durch die §§ 474 ff geschaffenen Verbraucherschutz beimisst, als zu weitgehend und geradezu systemfremd. Weil das Gesetz eine völlige Gleichstellung des Leasingnehmers mit einem Käufer nicht fordert, geht aber auch die Gegenthese zu weit, dass ein Leasinggeber sich einem Leasingnehmer mit Verbrauchereigenschaft ggü nur dann von der mietrechtlichen Mängelhaftung freizeichnen könne, wenn er dem Leasingnehmer als Ausgleich die gesetzlichen Mängelrechte gegen den Lieferanten mindestens in dem Umfang überträgt, in dem dieselben nach §§ 474 f unabdingbar sind. Das spricht dafür, auch bei Verbraucherfinanzierungsleasingverträgen an BGHZ 68, 118, 124 (s. Rn 141) anzuknüpfen. Jedenfalls dürfte eine weitgehende oder sogar vollständige Nivellierung des besonderen Schutzes der §§ 474 ff den Leasingnehmer idR rechtlos stellen und damit zu einem Verstoß gegen § 307 I 1 führen. Auch ist der Leasingnehmer mit Verbrauchereigenschaft von einem **Ausschluss des Ersatzlieferungsanspruchs gem § 439 I Alt 2** stärker betroffen als der unternehmerisch tätige Leasingnehmer, weil er bereits nach dem Fehlschlagen der Nachlieferung auch für die Dauer eines etwaigen Ersatzlieferungsprozesses die Leasingraten einbehalten kann (Rn 149). Dies könnte zur Unwirksamkeit der Haftungsfreizeichnung des Leasinggebers führen (dafür Westphalen/*Woitkewitsch* Leasingvertrag L Rz 173 ff; Bankrechts-Hdb/*Martinek*/*Oechsler* § 101 Rz 82a; *Westphalen* ZGS 07, 219; dagegen MüKo/*Koch* Leasing Rz 61). Hierfür spricht auch die Wertungsparallele zum Eintrittsmodell (Rn 134). Spezielle verbraucherschützende Wirksamkeitshindernisse ergeben sich dagegen weder aus § 475 (MüKo/*Koch* Leasing Rz 60) noch verbietet der Rechtsgedanke des § 359 eine Lösung, die den Leasingnehmer mit Verbrauchereigenschaft im Erg schlechter als den Käufer beim drittfinanzierten Kauf stellt. Eine entspr Heranziehung des § 359 (s. Rn 82) scheitert daran, dass der Leasingnehmer Mängelrechte, die er dem Leasingnehmer im Wege des Einwendungsdurchgriffs entgegenhalten könnte, gerade nicht erwirbt. IÜ spricht gegen einen untragbaren Wertungswiderspruch zu § 359, dass sich die Parteien des Leasingvertrages aus wirtschaftlichen Gründen bewusst für eine andere Vertragskonstruktion als den drittfinanzierten Kauf entschieden haben (vgl BGH NJW 06, 1066 Tz 14).

143 **3. Rechtsfolgen unwirksamer Haftungsfreizeichnung.** Hält die Vertragsgestaltung einer Inhaltskontrolle nach § 307 I nicht stand, bleibt es grds gem **§ 306 II** bei der gesetzlichen Sachmängelhaftung des Leasinggebers nach §§ 535 ff (BGH NJW 06, 1066 Tz 17; aA ausgehend von der Sui generis-Theorie für eine Eigenhaftung des Leasinggebers aus § 437 ff MüKo/*Koch* Leasing Rz 113; für die subsidiäre Einstandspflicht des Leasinggebers *Beckmann* § 2 Rz 131 ff). Beschränkt sich jedoch die Unwirksamkeit wie zB bei Aufwendungsersatzklauseln auf einen abtrennbaren Teil der Freizeichnungsklausel, bleibt diese gem § 306 I iÜ wirksam (BGHZ 114, 57, 66). Die Unwirksamkeit der Freizeichnung von der mietrechtlichen Mängelhaftung erfasst auch die Abtretung der werk-/kaufrechtlichen Mängelrechte (BGH NJW-RR 03, 51, 52). Der BGH hat vor der Schuldrechtsreform in stRspr darauf hingewiesen, dass die Frage, ob die Wandelungsbefugnis isoliert übertragen werden kann, dahin stehen kann, weil eine etwa unwirksame Abtretung gem § 140 in eine wirksame Ermächtigung des Leasingnehmers umgedeutet werden kann, die Sachmängelrechte des Leasinggebers in eigenem Namen geltend zu machen (BGHZ 68, 118, 124 f). Eine Umdeutung der unwirksamen Abtretung in eine wirksame Ausübungsermächtigung gem § 140 soll auch erfolgen können, wenn die Abtretung nicht unbedingt, vorbehaltlos und uneinge-

schränkt erfolgte (BGH NJW-RR 03, 51, 52; aA für den Wegfall der Ermächtigung zur Prozessführung BGHZ 109, 139, 151; für die Wirksamkeit der Abtretung und die subsidiäre Einstandspflicht des Leasinggebers *Beckmann* § 2 Rz 136). Geht der Leasingnehmer aufgrund der unwirksamen Abtretung gegen den Lieferanten vor, hat der Leasinggeber das Erg eines solchen Vorgehens hinzunehmen und dem Leasingnehmer dessen Prozesskosten gem §§ 683, 670 zu erstatten (BGH NJW 94, 576, 578).

III. Rechtsfolgen der leasingtypischen Abtretungskonstruktion. 1. Zuständigkeit des Leasingnehmers für die Geltendmachung der Mängelrechte. Im Fall einer wirksamen Haftungsfreizeichnung des Leasinggebers obliegt es grds dem Leasingnehmer, die an ihn abgetretenen Mängelrechte gegen den Lieferanten geltend zu machen. Ungeachtet der Einheitskonzeption des reformierten Kaufrechts, ist daran festzuhalten, dass sich eine Sachmängel regelnde Klausel nicht auf Rechtsmängel erstreckt (vor dem SchRModG BGH NJW-RR 90, 1462, 1463; MüKo/*Koch* Leasing Rz 112). Nach erfolgreicher Geltendmachung der Mängelrechte ggü dem Lieferanten erfolgt die weitere Abwicklung „übers Dreieck", dh in dem jeweiligen Leistungsverhältnis (BGH NJW 85, 129, 130; MüKo/*Koch* Leasing Rzn 91). Der Leasingnehmer hat ggü dem Leasinggeber aus der Freizeichnungsklausel oder § 670, im Falle einer unwirksamen Haftungsfreizeichnung iVm § 683 I (s. Rn 144), einen Anspruch auf Erstattung der durch den Rechtsstreit gegen den Lieferanten entstandenen **Prozesskosten** (BGHZ 139, 139, 151 f; aA im Fall wirksamer Abtretung Köln NJW-RR 05, 210, 211).

144

2. Bindung des Leasinggebers an das Erg der Mängelauseinandersetzung. Beide Leasingvertragsparteien haben das Erg der Mängelauseinandersetzung zwischen Leasingnehmer und Lieferant als für sich verbindlich hinzunehmen und dürfen es für das Leasingverhältnis nicht erneut in Frage stellen (BGH NJW 92, 122, 123 f). Das gilt insb für den Leasinggeber, weil die Ersetzung der mietrechtlichen durch die kaufrechtliche Sachmängelhaftung andernfalls leer liefe und der Leasingnehmer rechtlos gestellt würde, im umgekehrten Fall eines negativen Ausgangs der Mängelauseinandersetzung aber auch für den Leasingnehmer (BGH NJW 93, 122, 123 f), es sei denn Leasingnehmer und Lieferant haben kollusiv zum Nachteil des Leasingnehmers zusammengewirkt (BGHZ 114, 57, 64; BGH WM 92, 1609, 1611). Zur Haftung des Leasingnehmers bei der Verletzung von Mitteilungspflichten s. Rn 159; zu den Folgen einer unrichtigen Übernahmebestätigung s. Rn 88. Unerheblich ist, auf welchem Weg das Erg der Mängelauseinandersetzung zustande gekommen ist (BGH WM 92, 1609, 1611). Bindungswirkung entfaltet nicht nur ein kontradiktorisches Urt, sondern auch ein Versäumnisurt (BGHZ 114, 57, 62), die Feststellung der aus der vollzogenen Wandelung (jetzt Rücktritt) des Kaufvertrages sich ergebenden Forderungen zur Insolvenztabelle (BGH NJW 95, 576, 577) und ein Prozess- oder außergerichtlicher Vergleich (BGHZ 94, 44, 51 f). Verfügt der Leasingnehmer unberechtigt über den nicht an ihn abgetretenen Kaufpreisrückzahlungsanspruch (Rn 130), kann die Unwirksamkeit der Erlassregelung (§ 397) gem § 139 die Unwirksamkeit des gesamten Vergleichs nach sich ziehen (BGH WM 92, 1609, 1611 f).

145

3. Auswirkungen des Rücktritts vom Liefervertrag auf den Leasingvertrag. a) Dogmatische Grundlagen . aa) Geschäftsgrundlagenlösung des BGH. Nach bisheriger stRspr des BGH fällt bei vollzogener Wandelung (jetzt Rücktritt) des Kaufvertrages über die Leasingsache die Geschäftsgrundlage (jetzt § 313) des Leasingvertrages **rückwirkend** weg mit der Folge, dass der Leasingvertrag selbst dann nicht mehr als Grundlage für zukünftige und bereits erbrachte Vertragsleistungen herangezogen werden kann, sondern aus §§ 812 ff rückabzuwickeln ist, wenn der Leasinggegenstand zeitweilig benutzt wurde (BGH NJW-RR 98, 123, 124; NJW 94, 576, 577; BGHZ 114, 57, 61; str s. www.bgb-pww.de). Nach dieser Lösung steht dem Leasinggeber weder der leasingtypische Vollamortisationsanspruch (Ddorf OLGR 08, 723) noch ein Anspruch auf Erstattung des Kaufpreises und der Vertragskosten unter dem Gesichtspunkt des Aufwendungsersatzes (§§ 670, 683) oder aus § 242 zu (BGHZ 109, 139, 145; Rn 131; aA für die – leitbildhafte – Grundregel einer hälftigen Risikoverteilung *Lieb* WM-Sonderbeil 92/6, 14). Die durch das SchRModG erfolgte Kodifizierung des Rechtsinstituts Wegfalls der Geschäftsgrundlage in § 313 zwingt nicht zur Aufgabe der Geschäftsgrundlagenlösung, weil der Gesetzgeber in § 313 nur verankern wollte, was Rspr und Lehre zu dem Rechtsinstitut entwickelt hatten (Ddorf OLGR 08, 723; *Wolf/Eckert/Ball* Rz 1851; aA s. Rn 147). Allenfalls muss nunmehr gem § 313 III der **Rücktritt vom Leasingvertrag erklärt** werden (Ddorf OLGR 08, 723). Auch zwingt **§ 359** nicht zur Aufgabe der Geschäftsgrundlagenlösung (aA *Bartels* ZGS 09, 544, 547 f). Das folgt bereits daraus, dass diese Vorschrift keine Schutzwirkung ggü unternehmerisch tätigen Leasingnehmern entfaltet (Rn 82). Die Geschäftsgrundlagenlösung des BGH führt auch nicht zu einem untragbaren Wertungswiderspruch zu § 359 (aA *Canaris* SchuldR II/2 § 66 IV 2 c, d; *ders* ZIP 93, 401, 409 ff; ähnl *Lieb* WM-Sonderbeil 92/6). Denn nach der neueren Rspr des BGH kann der Verbraucher auch beim verbundenen Geschäft infolge des Einwendungsdurchgriffs das auf das Darlehen Geleistete vom Darlehensgeber gem § 813 I 1 iVm 812 I 1 zurückfordern (BGHZ 174, 334 Tz 25 ff). Dass der Leasinggeber das Mängelrisiko und iV damit das Risiko einer Insolvenz des Lieferanten zu tragen hat, ohne dass die persönlichen (§§ 13 f) und sachlichen (§ 358 III) Voraussetzungen des § 359 vorliegen müssen, ist durch die konstruktiven und strukturellen Unterschiede zwischen finanziertem Kauf und Finanzierungsleasing (Rn 17) veranlasst und nach dem leasingrechtlichen Äquivalenzprinzip (Rn 65) auch geboten, das es verbietet, den Leasinggeber zum Nachteil des Leasingnehmers als reine „Finanzierungsstelle" zu behandeln (BGHZ 97, 125, 143).

146

147 **bb) Kündigungslösung.** Bereits vor der Schuldrechtsreform rief die Geschäftsgrundlagenlösung des BGH heftige Kritik hervor, weil sie die leasingtypische Amortisationspflicht des Leasingnehmers bei mangelhafter Lieferung entfallen lässt. Dagegen wendet sich die Kündigungslösung, die nach der Schuldrechtsreform weitere Zustimmung gefunden hat und nach der beim fehlgeschlagenen Liefergeschäft ein außerordentliches Kündigungsrecht der Parteien nach § 543 oder § 314 besteht, dessen Ausübung nur in die Zukunft wirkt und den Vollamortisationsanspruch des Leasinggebers bestehen lässt (ausgehend von der geschäftsbesorgungsrechtlichen Leasingtheorie *Larenz-Canaris* SchuldR II 22 § 66 IV 2; ausgehend von der Sui generis-Theorie Staud/*Stoffels* Leasing Rz 249 ff mwN; ausgehend von der mietrechtlichen Leasingtheorie BaRoth/*Möller/Wendehorst* § 500 Rz 40 f; zust *Medicus* AT Rz 862; *ders* SchuldR II Rz 601 f). Die Kündigungslösung vermag dogmatisch nicht zu überzeugen (s. www.bgb-pww.de). Vielmehr ist der Geschäftsgrundlagenlösung– auch nach dem SchRModG – als die rechtlich zwingende Konsequenz der im Ausgangspunkt richtigen Grundannahme einer unbeschränkten mietrechtlichen Gebrauchsüberlassungspflicht des Leasinggebers (Rn 30 f) zuzustimmen.

148 **b) Wegfall der Zahlungspflicht des Leasingnehmers. aa) Geschäftsverkehr zwischen Unternehmern.** Im alten Recht entfiel die Geschäftsgrundlage des Leasingvertrages bei fehlendem Einverständnis des Lieferanten mit der Wandelung grds erst, wenn ein dessen Einverständnis ersetzendes rechtskräftiges Wandelungsurteil gegen den Lieferanten vorlag. Dennoch konnte der Leasinggeber von dem Leasingnehmer bereits ab Rechtshängigkeit der Wandelungsklage gegen den Lieferanten auch keine vorläufigen Zahlungen mehr verlangen (BGHZ 97, 135, 141 ff; abl *Lieb* WM-Sonderbeil 92/6, 17 f). Str ist, ob an dieser Rspr nach der Schuldrechtsreform unverändert festgehalten werden kann (dafür MüKo/*Koch* Leasing Rz 105; aA *Westphalen* Leasingvertrag H Rz 123 ff; *Löbbe* BB-Sonderbeil 03/6, 7, 12). Das ist zu bejahen, weil sich aus der Funktion der leasingtypischen Abtretungskonstruktion, die Mängelabwicklung in die Hände des sachnäheren Leasingnehmer zu legen (Rn 128), ergibt, dass der Leasingnehmer auch ohne ausdrückliche Vereinbarung in den Leasingbedingungen zur vorläufigen Fortzahlung der Leasingraten bis zur **Erhebung der Mängelklage** gegen den Lieferanten verpflichtet ist (*Beckmann* WM 06, 952, 957), es sei denn der Lieferant akzeptiert den Rücktritt (Ddorf OLGR 08, 723, 724; *Wolf/Eckert/Ball* Rz 1859). Eine entspr Regelung in den Leasing-AGB ist im Hinblick auf § 307 I 1 im Geschäftsverkehr mit unternehmerisch tätigen Leasingnehmern nicht zu beanstanden (Frankf OLGR 09, 162; Stuttg BB 05, 2375, 2376; MüKo/*Koch* Leasing Rz 105; aA *Westphalen* Leasingvertrag H Rz 105 ff). Die Ansicht, dass der Leasingnehmer erst nach gerichtlicher Feststellung eines wirksamen Rücktritts berechtigt ist, die Zahlung weiterer Leasingraten zu verweigern (*Weber* NJW 09, 2917, 2931), geht jedoch zu weit.

149 **bb) Verbraucherfinanzierungsleasingverträge.** Bei Verbraucherfinanzierungsleasingverträgen (Rn 4 ff), die mit dem Liefervertrag zu einer wirtschaftlichen Einheit iSv § 358 III verbunden sind, verbietet sich dagegen aufgrund des gem §§ 499 II, 500 (= § 506 II nF) analog heranzuziehenden Rechtsgedankens des § 359 (Rn 82) eine entspr Lösung. Vielmehr hat der Leasingnehmer analog § 359 3 bereits nach dem Fehlschlagen der Nacherfüllung (s. hierzu § 309 Rn 61) die Möglichkeit, die weitere Zahlung der Leasingraten unter Hinweis auf die Mangelhaftigkeit der Leasingsache einzustellen (Staud/*Kessal-Wulf* § 358 Rz 45; Staud/*Stoffels* Leasing Rz 268; *Peters* WM 06, 1183, 1192 f; zu § 9 III VerbrKrG aF *Larenz-Canaris* SchuldR BT II 2 § 66 IV 3 a; aA s. Rn 82). Davon kann zum Nachteil eines Leasingnehmers mit Verbrauchereigenschaft nicht abgewichen werden (§ 506 = § 511 nF). Eine Klausel in den Leasing-AGB, die das Zurückbehaltungsrecht des Leasingnehmers gem § 320 bis zum Fehlschlagen der Nacherfüllung hinausschiebt, ist dagegen unbedenklich im Hinblick auf § 309 Nr 2 lit a (*Wolf/Eckert/Ball* Rz 1856; aA *Westphalen* Leasing Rz 95).

150 **c) Rückabwicklung bereits erbrachter Leistungen.** Die nach der Geschäftsgrundlagenlösung des BGH vorzunehmende Rückabwicklung des Leasingvertrages erfolgte vor der Schuldrechtsreform nach **§§ 812 ff** (BGH NJW 94, 576, 578; BGHZ 109, 139, 144). An dieser Rechtsgrundlage hat sich durch die Schuldrechtsreform nichts Wesentliches geändert (Ddorf OLGR 08, 723; *Westphalen* Leasing Rz 157; aA „Rücktrittslösung" für eine Anwendung der §§ 313 III 1, 346 ff Frankf MDR 09, 497; MüKo/*Koch* Leasing Rz 103). Im Erg ist daher von der Fortführung der bisherigen Rspr des BGH auszugehen, dass der Leasingnehmer die Herausgabe bereits geleisteter **Bruttoleasingraten** verlangen kann (BGH NJW 94, 576, 578; aA Kündigungslösung s. Rn 147). In den Bereicherungsausgleich ist nach den Grundsätzen der Saldotheorie (§ 818 Rn 29 ff) der Anspruch des Leasinggebers auf Herausgabe der von dem Leasingnehmer gezogenen Nutzungen einzubeziehen (BGHZ 109, 139, 146 ff). Die Darlegungs- und Beweislast für die Nutzungen des Leasingnehmers trägt grds der Leasinggeber (BGH NJW 94, 576, 578). Dem Leasingnehmer obliegt es aber nach den Regeln der sekundären Darlehens- und Beweislast, den Vortrag des Leasinggebers substantiiert zu bestreiten (BGHZ 109, 139, 149). Dagegen kann der Leasinggeber die **Zahlung des Kaufpreises** und sonstiger Vertragskosten **nicht** beanspruchen oder bereicherungsmindernd gem § 818 III geltend machen, weil die Frage der Risikozuweisung beim Bereicherungsausgleich nicht anders beantwortet werden als für den Wegfall der Geschäftsgrundlage (BGHZ 109, 139, 144 ff; BaRoth/*Ehlert* § 535 Rz 72; ausgehend von der Rücktrittslösung auch Frankf MDR 09, 487; aA bei unternehmerisch tätigen Leasingnehmern *Lieb* WM-Sonderbeil 92/6, 15 f; Kündigungslösung s. Rn 147).

Bei **Verbraucherfinanzierungsleasingverträgen** (Rn 4 ff) gebietet auch der erg heranzuziehende Rechtsgedanke des § 359 (Rn 82) ein Rückforderungsrecht des Leasingnehmers gem §§ 813 I 1 iVm 812 I 1 (aA für eine analoge Anwendung der §§ 358 IV 3, 357 I, 346 I *Bartels* ZGS 09, 544, 547 f). 151

4. Sonstige kaufrechtliche Mängelrechte. a) Nacherfüllung. Bei behebbaren Mängeln muss der Leasingnehmer zunächst Nacherfüllung verlangen (§§ 437 Nr 1, 439). Auf die Verpflichtung zur Zahlung der Leasingraten hat das Nacherfüllungsverlangen, wie sich als Umkehrschluss aus § 359 3 ergibt, jedenfalls bis zum Fehlschlagen der Nacherfüllung keinen Einfluss (vgl BGH NJW-RR 98, 123, 124; MüKo/*Koch* Leasing Rn 97; *Tiedke/Möllmann* DB 04, 586 f; aA *Westphalen* Leasingvertrag H Rz 110 f). Str ist, ob das auch für die Zeit während einer Klage auf Ersatzlieferung aus § 439 I Alt 2 gilt (dafür LeasingR-Hdb/*Beckmann* § 27 Rz 146 f; dagegen Westphalen/*Woitkewitsch* L Rz 223). Bei einem Verbraucherfinanzierungsleasingvertrag (Rn 4 ff) ist der Leasingnehmer bereits nach dem Fehlschlagen der Nacherfüllung zur Einbehaltung der Leasingraten berechtigt (Rn 149). Der Leasinggeber erwirbt nach den gleichen Regeln wie bei der Erstlieferung (Rn 105) gem §§ 929 1, 868 das Eigentum an der Ersatzsache (MüKo/*Koch* Leasing Rz 97). Wählt der Leasinggeber die Nacherfüllung in der Variante der **Ersatzlieferung** ist er dem Lieferanten ggü gem §§ 439 IV, 346 I zum Nutzungsersatz verpflichtet, den er im Hinblick auf die Verpflichtung des Leasingnehmers zur Fortzahlung der Leasingraten nicht ohne weiteres auf den Leasingnehmer abwälzen kann. Dem steht im Hinblick auf die Unternehmereigenschaft (§ 14) des Leasinggebers nicht entgegen, dass der Nutzungsersatzanspruch beim Verbrauchsgüterkauf aufgrund einer richtlinienkonformen Auslegung (BGHZ 179, 27 ff) nicht besteht (MüKo/*Koch* Leasing Rz 98; *Westphalen* Leasingvertrag H Rz 190; aA *Beckmann* § 2 Rz 339). Durch den Nutzungsersatzanspruch des Lieferanten ist die Vollamortisation gefährdet (Staud/*Stoffels* Leasing Rz 230; MüKo/*Koch* Leasing Rz 98; *Wolf/Eckert/Ball* Rz 1813). In der Lit werden verschiedene Lösungsalternativen diskutiert, die alle nicht befriedigen können (s. www.bgb-pww.de). 152

b) Minderung/kleiner Schadensersatz. Bei erfolgreicher **Minderung** (§ 437 Nr 2 Alt 2) ist die gesamte vereinbarte Leasingrate entsprechend der Gebrauchsbeeinträchtigung herabzusetzen (MüKo/*Koch* Leasing Rz 106). Weil in den Leasingraten nicht nur der Anschaffungswert der Leasingsache enthalten ist, sondern darüber hinaus der Leasingkostenanteil, übersteigt die Leasingratenminderung die Kaufpreisminderung (BGH NJW 87, 1072, 1074). Der Leasinggeber hat nach den für den Rücktritt vom Kaufvertrag geltenden Grundsätzen (Rn 150) einen Anspruch auf anteilige Rückerstattung bereits geleisteter Leasingraten (MüKo/*Koch* Leasing Rz 106). Entspr gilt für den **kleinen Schadensersatz** (BaRoth/*Möller/Wendehorst* § 500 Rz 43). 153

c) Großer Schadensersatz. Die Geschäftsgrundlage des Leasingvertrages entfällt gem § 281 IV auch dann, wenn der Leasingnehmer **Schadensersatz statt Leistung** (§§ 437 Nr 3 Alt 1) in der Variante des großen Schadensersatzes verlangt (Staud/*Stoffels* Leasing Rz 235). Im Fall der Abtretung des kaufrechtlichen Schadensersatzanspruchs kann der Leasingnehmer seinen **Eigenschaden** liquidieren (*Wolf/Eckert/Ball* Rz 1825; § 398 Rn 18; abw für die Ersatzfähigkeit nur bei Abtretung des Nacherfüllungsanspruchs *Arnold* DStR 02, 1049, 1051; für die Ersatzfähigkeit nach den Regeln der Drittschadensliquidation Staud/*Stoffels* Leasing Rz 236; aA für einen Ausschluss des kaufrechtlichen Schadensersatzanspruchs von der Abtretung *Martinek* 159 f). Ist der Leasingnehmer nur zur Ausübung der Mängelrechte des Leasinggebers in eigenem Namen ermächtigt, wie dies insb im Fall einer unwirksamen Abtretung der Fall ist (Rn 143), kann er dagegen nicht seinen eigenen, sondern nur den Schaden des Leasinggebers liquidieren (*Wolf/Ecker/Ball* Rz 1826 f). 154

5. Subsidiäre Einstandspflicht des Leasinggebers. a) Unmöglichkeit/Unzumutbarkeit der Durchsetzung der kaufrechtlichen Mängelrechte. Wenn die Durchsetzung der Mängelrechte wegen Insolvenz, Liquidation oder unbekannten Aufenthaltes des Lieferanten unmöglich oder unzumutbar ist, bedarf es einer Inanspruchnahme des Lieferanten durch den Leasingnehmer nicht. Der Leasingnehmer ist im Verhältnis zum Leasinggeber so zu stellen, wie er stünde, wenn die Wandlung (jetzt Rücktritt) vollzogen worden wäre (BGH NJW 85, 129, 130). Die subsidiäre Haftung des Leasinggebers ist keine mietrechtliche, sondern je nach Gestaltung des Lieferverhältnisses eine kauf- oder werkvertragliche (Leasing-Hdb/*Beckmann* § 27 Rz 11; aA DerlKnops/*Mankowski/Knöfel* § 21 Rz 83). Sie besteht bei wirksamer Freizeichnung von der mietrechtlichen Haftung daher nicht, wenn Mängel erst während der Dauer des Leasingverhältnisses auftreten (*Wolf/Eckert/Ball* Rz 1874). 155

b) Sonderfall: Versäumung der handelsrechtlichen Rügepflicht (§ 377 HGB). Weil sich die Pflichten und Obliegenheiten des Leasinggebers im Lieferverhältnis grds nach seiner Person und seiner vertraglichen Beziehung zu dem Lieferanten der Leasingsache, nicht nach der Person des Leasingnehmers als seines Erfüllungsgehilfen beurteilen, trifft nach der Rspr des BGH den Leasinggeber bei einem Handelsgeschäft die Rügeobliegenheit nach § 377 HGB auch dann, wenn der Lieferant die Leasingsache auf Anweisung des Leasinggebers an einen nicht kaufmännischen Leasingnehmer abliefert. Daran ändert die leasingtypische Abtretungskonstruktion auch dann nichts, wenn das Leasinggeschäft nach dem Eintrittsmodell zustande gekommen ist (BGH NJW-RR 90, 1462, 1464; BGHZ 110, 130, 137 ff; aA für eine teleologische Reduktion des § 377 HGB Staud/*Stoffels* Leasing Rz 181; gegen das Vorliegen eines Handelsgeschäfts *Flume* DB 91, 265, 269; ausgehend von der Annahme eines Vertrages zugunsten Dritter gem § 328 gegen eine Anwendung des § 377 *Oechsler* SchuldR BT Rz 481). Hiernach ist der Lieferant nicht gehindert, sich auch einem Leasingnehmer mit Ver- 156 brauchereigenschaft ggü (Rn 4 ff) auf die Versäumung der rechtzeitigen Mängelrüge gem § 377 II HGB zu berufen. Der Leasinggeber ist deshalb gehalten, den Leasingnehmer vertraglich zur unverzüglichen Untersuchung und Mängelanzeige anzuhalten oder die Untersuchungs- und Rügeobliegenheit im Verhältnis zum Lieferanten vertraglich abzumildern. Notfalls muss er den Leasinggegenstand selbst untersuchen oder durch einen Sachverständigen untersuchen lassen. Nach hM ist eine **Abwälzung** der Rügeobliegenheit ggü einem Leasingnehmer mit Verbrauchereigenschaft, die sich auch auf nicht offensichtliche Mängel erstreckt, aufgrund des Rechtsgedanken in § 309 Nr 8 lit b ee unwirksam (MüKo/*Koch* Leasing Rz 73; aA *Beckmann* § 4 Rz 77 ff). Dagegen soll ein formularmäßiger Verzicht des Lieferanten auf die Einhaltung der Rügeobliegenheit jedenfalls dann wirksam sein, wenn offensichtliche Mängel ausdrücklich ausgenommen sind (*Westphalen* Leasing Rz 73).

157 Führt die Versäumung der Rügeobliegenheit zum Verlust der kaufrechtlichen Mängelrechte, erweist sich die Abtretung dieser Ansprüche als wertlos. Um zu verhindern, dass der Leasingnehmer nachträglich rechtlos gestellt wird, hat der Leasinggeber ihn so zu stellen, wie er bei Beachtung der Rügeobliegenheit stünde. Hiernach führt die Genehmigung der Lieferung gem § 377 II wie die subsidiäre Einstandspflicht des Leasinggebers im Fall der Insolvenz (Rn 155) zur Rückabwicklung des Leasingvertrages nach der Geschäftsgrundlagenlösung. Dagegen würde ein Wiederaufleben der mietrechtlichen Haftung zu einer nicht gerechtfertigten Besserstellung des Leasingnehmers führen (*Wolf/Eckert/Ball* Rz 1882; aA für ein Wiederaufleben der mietrechtlichen Haftung des Leasinggebers aus §§ 536 ff, *Westphalen* Leasing Rz 74; für eine kaufrechtliche Haftung des Leasinggebers aus §§ 437 ff MüKo/*Koch* Leasing Rz 114). Ein Mitverschulden des Leasingnehmers wegen verspäteter Mängelanzeige kann zu berücksichtigen sein (*Beckmann* § 4 Rz 73).

158 **6. Verjährung der Mängelrechte.** Die Verjährung der kauf-/werkrechtlichen Mängelrechte richtet sich nach §§ 438; 634a (BGH NJW 84, 2938, 2939). Die kaufrechtliche Verjährung beginnt gem § 438 II beim Mobilienleasing mit der Ablieferung der Leasingsache, dh idR in dem Zeitpunkt, in dem der Leasingnehmer die Leasingsache in Besitz nimmt. Unerheblich ist, ob der Leasinggeber hiervon unterrichtet ist (*Wolf/Eckert/Ball* Rz 1884). Einvernehmliche Nacherfüllungsversuche des Verkäufers gelten als „Verhandlungen" iSv § 203 und führen zu einer Hemmung der Verjährungsfrist. Insoweit kann an die vorherige Rechtslage unter Geltung von § 639 II aF (BGH ZIP 84, 962, 966) angeknüpft werden. Das Risiko der Verjährung – auch bei erst nach Ablauf der Verjährungsfrist auftretenden Spätschäden – trägt der Leasingnehmer. Verjähren die abgetretenen Ansprüche, lebt die subsidiäre Eigenhaftung des Leasinggebers nicht wieder auf. Dem Leasingnehmer stehen im Verhältnis zum Leasinggeber weder mietrechtliche Mängelrechte noch das Kündigungsrecht aus § 543 zu (BGHZ 106, 304, 311 f; abw für den nichtkaufmännischen Verkehr BaRoth/*Möller/Wendehorst* § 500 Rz 36).

159 **7. Verhaltenspflichten des Leasingnehmers.** Den Leasingnehmer trifft die vertragliche Nebenpflicht, den Leasinggeber rechtzeitig über Mängel der Leasingsache und sich anbahnende Mängelauseinandersetzungen mit dem Lieferanten zu informieren, damit dieser ausreichend Gelegenheit hat zu prüfen, ob er einem Mängelrechtsstreit aufseiten des Leasingnehmers oder Lieferanten gem § 66 ZPO beitritt. Eine Verletzung dieser Pflicht begründet einen Schadensersatzanspruch des Leasinggebers aus §§ 280 I, 241 II, der auf Freistellung von den Folgen der Wandelung des Kaufvertrages (jetzt Rücktritt) oder der Minderung der Leasingraten gerichtet sein kann (BGHZ 114, 57, 63). Dagegen gilt im Fall der Unwirksamkeit der Haftungsfreizeichnung des Leasinggebers § 536 c (zu § 545 I aF BGH NJW 87, 1072, 1074). IRd leasingtypischen Abtretungskonstruktion ist der Leasingnehmer überdies im Verhältnis zum Leasinggeber verpflichtet, das Leasingobjekt nur Zug um Zug gegen Rückzahlung des Kaufpreises an den Lieferanten zurückzugeben (BGHZ 94, 44, 53 f); eine Schadensersatzpflicht des Leasingnehmers besteht jedoch nur, wenn der Leasinggeber den Kaufpreis nicht beim Lieferanten realisieren kann (Ddorf OLGR 08, 723, 724).

160 **8. Besonderheiten im Prozess.** Der Leasingnehmer ist in dem Mängelprozess gegen den Lieferanten aufgrund der Abtretung aktiv legitimiert. Das gilt auch dann, wenn eine unwirksame Abtretung gem § 140 in eine wirksame Ausübungsermächtigung umzudeuten ist (Rn 143). Da der aus dem Rücktritt von dem Kaufvertrag resultierende Kaufpreisrückzahlungsanspruch von der Abtretung idR nicht umfasst ist (Rn 130), muss der insoweit in gewillkürter Prozessstandschaft (§ 185 analog) klagende Leasingnehmer Zahlung an den Leasinggeber beantragen (*Wolf/Eckert/Ball* Rz 1828). Zur möglichen Unwirksamkeit eines Prozessvergleichs gem § 139 s. Rn 145. Einer Streitverkündung des Leasingnehmers an den Leasinggeber (§ 68 ZPO) bedarf es nicht. Zwar entfaltet das Urt in dem Mängelprozess zwischen Leasingnehmer und Lieferant keine Rechtskraftwirkung in dem Verhältnis zwischen Leasingnehmer und Leasinggeber. Es besteht aber eine aus einer interessengerechten Auslegung der Freizeichnungsklausel herzuleitende materiell-rechtliche Bindung des Leasinggebers an das Erg des Prozesses (BGH NJW 93, 122, 124; s. Rn 145). Der Leasinggeber kann dem Mängelrechtsstreit gem § 66 ZPO aufseiten des Leasingnehmers und, etwa wenn er Einwendungen gegen die von dem Leasingnehmer behaupteten Mängelrechte (zB Verjährung) geltend machen will, aufseiten des Lieferanten als Nebenintervenient beitreten (BGH NJW 93, 122, 123; BGHZ 114, 57). Nach bisheriger Rspr musste der Zahlungsprozess des Leasinggebers gegen den Leasingnehmer gem § 148 ZPO bis zur rechtskräftigen Entscheidung über den Wandelungsprozess ausgesetzt werden (BGHZ 97, 135, 145 f). Heute ist das nicht mehr zwingend der Fall, sondern steht im Ermessen des Gerichts, weil der Wegfall der Zahlungspflicht des Leasing-

nehmers ein rechtskräftiges Urt in dem Mängelprozess nicht voraussetzt (Rn 148), so dass es an der Vorgreiflichkeit fehlt (aA MüKo/*Koch* Leasing Rz 105; *Westphalen* Leasing Rz 145 ff).

IV. Sonderformen: Händler- und Herstellerleasing/SLB -Geschäft. Im Fall des direkten Hersteller- und 161
Händlerleasing (Rn 9) bleibt es bei der mietrechtlichen Einstandspflicht des Leasinggebers gem §§ 535 ff. Weil
das leasingtypischen Dreiecksverhältnis fehlt, hat der Leasinggeber nicht die Möglichkeit, sich durch die leasingrechtliche Abtretungskonstruktion von seiner Haftung für Sachmängel freizuzeichnen (MüKo/*Koch*
Leasing Rz 113). Dagegen ist die Abtretungskonstruktion beim indirekten Hersteller- oder Händlerleasing
anerkannt (Stuttg BB 05, 2375, 2376; *Westphalen* Leasing Rz 166). Beim SLB-Geschäft trifft den Leasingnehmer selbst als ehemaligen Verkäufer der Leasingsache die kaufrechtliche Sachmängelhaftung für bei
Gebrauchsüberlassung an den Leasingnehmer bereits vorhandene Mängel (Staud/*Stoffels* Leasing Rz 223). Da
sich der Leasingnehmer der Verfügungsgewalt über das Leasinggut nicht begeben hat, ist überdies eine Freizeichnung des Leasinggebers von der mietrechtlichen Sachmängelhaftung für erst nach der Gebrauchsüberlassung entstehende Mängel unbedenklich im Hinblick auf § 307 II Nr 1 (MüKo/*Koch* Leasing Rz 113).

F. Beendigung und Abrechnung des Leasingvertrages. I. Ordentliche Beendigung des Leasingvertra- 162
ges. 1. Beendigungsgründe. Ausgehend von der Mietrechtstheorie (Rz 26) richtet sich mangels einer
abw vertraglichen Regelung die Frage der Vertragsbeendigung nach **§ 542** (§ 564 aF). Danach enden nur
die auf bestimmte Zeit abgeschlossenen Finanzierungsleasingverträge ohne besondere Erklärung, während
die auf unbestimmte Zeit vereinbarten Verträge einer Kündigung bedürfen (BGH NJW 90, 247, 248). Den
Parteien steht es iÜ frei, einen **Aufhebungsvertrag** zu schließen (Staud/*Stoffels* Leasing Rz 279). Die freiwillige Herausgabe der Leasingsache im Anschluss an eine (unwirksame) Kündigung kann nur ganz ausnahmsweise als Zustimmung zur vorzeitigen Beendigung des Leasingvertrages gedeutet werden (Ddorf
WM 08, 2310, 2311). Die Beendigung eines **kündbaren Teilamortisationsvertrages** ergibt sich nicht
bereits aus dem Erreichen der Vollamortisation (BGH NJW-RR 90, 182 f). Eine Vertragsregelung, die den
Vertrag ungeachtet der bereits eingetretenen Vollamortisation nur aufgrund einer Kündigung enden lässt
und den Leasingnehmer bis zur Kündigung zur Weiterzahlung der ungekürzten Leasingraten (Rn 37) verpflichtet, ist im Hinblick auf die Doppelnatur des Finanzierungsleasing (Rn 2) nicht zu beanstanden
(BGH NJW-RR 90, 182, 183; NJW 90, 247, 249 f). Das gilt auch für die formularmäßige Vereinbarung
einer von § 580 a III Nr 2 abw halbjährlichen Kündigungsfrist (BGH NJW-RR 90, 182, 183). Dagegen
kann eine Fortsetzungsklausel in den Leasing-AGB bei Vereinbarung einer bestimmten Vertragszeit
(Grundmietzeit) unwirksam gem §§ 305 b, 305 c I sein (Saarbr BB 08, 2649 ff). **Vollamortisationsverträge**
sind idR auf bestimmte Zeit geschlossen (Staud/*Stoffels* Leasing Rz 276).

2. Restamortisation. Während sich die Abwicklung bei vertragsgemäßer Beendigung eines Vollamortisations- 163
vertrages (Rn 8) im wesentlichen in der Rückgabe des Leasingobjekts erschöpft, macht die vertragsgemäße
Beendigung eines auf unbestimmte Dauer geschlossenen Teilamortisationsvertrages (Rn 8) die Abwicklung
gerade auch in Bezug auf die Restamortisation nötig. Die ordentliche Kündigung verwandelt den Finanzierungsleasingvertrag daher in ein **Abwicklungsschuldverhältnis** (BGH NJW 86, 1746, 1747), das den
Leasingnehmer zur Rückgabe des Leasingobjekts (Rn 183) sowie zum Ausgleich des noch nicht getilgten Teils
der Gesamtkosten des Leasinggebers (Rn 164 ff) und den Leasinggeber zur bestmöglichen Verwertung des Leasingobjekts (Rn 185) verpflichtet. Gleiches gilt, wenn der Leasingvertrag aus anderen Gründen (Zeitablauf, einvernehmliche Vertragsaufhebung) ordentlich beendet wird.

a) Leasingtypischer Ausgleichsanspruch. aa) Allgemeines. Es entspricht stRspr des BGH, dass der Leasing- 164
geber im Fall einer ordentlichen Kündigung, einer nicht durch den Leasingnehmer schuldhaft veranlassten
außerordentlichen Kündigung oder einer einvernehmlichen vorzeitigen Beendigung des Leasingvertrages
nach dem Grundsatz der Vollamortisation (Rn 2) einen **vertragsimmanenten leasingtypischen** Anspruch
auf **Ausgleich seines noch nicht amortisierten Gesamtaufwandes** hat (BGH NJW-RR 07, 1066 Tz 17;
BGHZ 111, 237, 242; s. bereits Rn 40). Der leasingtypische Ausgleichsanspruch, der nach stRspr des BGH
eine wirksame Regelung in dem Leasingvertrag nicht voraussetzt (Rn 40), tritt an die Stelle des Leasingratenzahlungsanspruchs und hat als vertraglicher Erfüllungsanspruch wie dieser **Entgeltcharakter** (BGH NJW-RR
07, 1066 Tz 18). Daher unterliegt er nicht der kurzen **Verjährung** des § 548 I, sondern wie der Leasingratenzahlungsanspruch (s. Rn 37) der Regelverjährung gem §§ 195, 199. Das gilt auch für den Anspruch des Leasinggebers *auf Restwert- und* Minderwertausgleich (zu § 558 aF BGH ZIP 00, 797, 798 f; NJW 96, 2860,
2861 f). Zur Fristberechnung s. Ddorf OLGR 06, 745 ff. Für die **Verzugszinsen** gelten ebenfalls die gleichen
Grundsätze wie für den Leasingratenzahlungsanspruch (s. Rn 37). Dagegen unterliegt der leasingtypische
Ausgleichsanspruch entgegen der hM nicht der **USt** (BGH NJW-RR 07, 1066 Tz 18).

bb) Berechnung. Der leasingtypische Ausgleichsanspruch ist mangels wirksamer abweichender Vereinba- 165
rung **konkret** zu berechnen. Hierbei gilt der Grundsatz, dass der Leasinggeber nicht schlechter, aber auch
nicht besser stehen darf als bei regulärer Vertragsbeendigung (**Bereicherungsverbot**; BGH NJW 96, 455, 456;
90, 247, 248). Auszugehen ist von den bei Vertragsbeendigung noch **ausstehenden Leasingraten** (1.) und
einem etwaigen **Restwert** der Leasingsache (2.). Leasingraten und Restwert sind jeweils auf den Zeitpunkt der

Vertragsbeendigung **abzuzinsen** (3.). Von dem danach verbleibenden Betrag werden der auf die Zeit nach der Vertragsbeendigung fallende **Gewinnanteil** (4.) und die infolge der vorzeitigen Vertragsbeendigung ersparten **laufzeitbezogenen Vertragskosten** (5.) abgezogen. Auf den so ermittelten Ausgleichsbetrag ist je nach Vertragsgestaltung der **Verwertungserlös** voll oder anteilig anzurechnen (6.). In die Berechnung einzubeziehen ist der **kündigungsbedingter Mehraufwand** des Leasinggebers (7.).

166 **(1.) Ausstehende Leasingraten**: sie bilden den Ausgangspunkt der Forderungsberechnung, weil sie den Gesamtaufwand und kalkulierten Gewinn des Leasinggebers abdecken (BGH NJW 04, 2823, 2824; BGHZ 111, 237, 242). Bereits erbrachte Leasingraten und eine bei Vertragsbeginn geleistete **Sonderzahlung** verbleiben als Teil der geschuldeten Vollamortisation beim Leasinggeber (BGH NJW 95, 954 f). Etwas anderes gilt nur dann, wenn der Leasingnehmer etwa im Fall einer unwirksamen Kündigung des Leasinggebers nur die auf die tatsächliche Nutzungszeit entfallende Amortisation schuldet (Rostock OLGR 00, 2, 7). **(2.) Restwert**: Wenn die Amortisation auf einer Mischkalkulation beruht, ist der Ausgleichanspruch um den Wert der Leasingsache bei Rückgabe in vertragsgemäßem Zustand nach Ablauf der vorgesehenen Vertragsdauer zu erhöhen (BGHZ 97, 65, 77 f; zur Auslegung einer „Nachmiet-Äquivalent"-Klausel Ddorf OLGR 08, 689). Der von dem Leasinggeber kalkulierte Restwert kann insoweit nur Berücksichtigung finden, wenn die Verpflichtung des Leasingnehmers zum Restwertausgleich wirksam vereinbart wurde (s. Rn 168). Daran fehlt es beim Kilometerabrechnungsvertrag (s. Rn 169 f). **(3.) Abzinsung**: Der notfalls durch einen Sachverständigen zu ermittelnde Abzinsungszinssatz richtet sich nach der Verzinsung des eingesetzten Eigenkapitals und der aufgenommenen Refinanzierungsmittel (BGHZ 111, 237, 243). Dagegen hat der BGH pauschale Abzinsungsklauseln stets verworfen (BGH NJW 96, 455, 456). Dem Leasinggeber obliegt es im Prozess, seine Refinanzierungskosten anzugeben (BGH NJW 96, 455, 456). Die Abzinsungsmethode muss nach beiden Seiten interessengerecht sein (BGHZ 95, 39, 55 f). Eine allg gültige Formel gibt es nicht. Eine tatrichterliche Schätzung gem § 287 ZPO ist jedoch meist möglich (BGH NJW 91, 221, 223). IdR erfolgt die Abzinsung nach der vor-, ansonsten nach der nachschüssigen Rentenbarwertformel (Ddorf DB 07, 1355, vgl BGH NJW 96, 455, 456). **(4.) Kürzung des Gewinnanteils**: Nach der stRspr des BGH steht dem Leasinggeber bei einer vertragsgemäßen Kündigung (zur außerordentlichen Kündigung s. Rn 181) wegen des durch die vorzeitige Vertragsbeendigung entstehenden Vorteils der anderweitigen Kapitalnutzungsmöglichkeit für die Zeit nach der Vertragsbeendigung ein Gewinnanspruch nicht zu. Eine abw Klausel in den Leasing-AGB verstößt gegen § 307 I Satz 1 (BGH NJW 91, 221, 222; aA *Lieb* DB 86, 2167, 2171; zweifelnd Köln WM 90, 1257, 1259). **(5.) Sonstige laufzeitabhängige Kosten**: Nach der Rspr des BGH ist im Falle vorzeitiger Vertragsbeendigung grds davon auszugehen, dass der Leasinggeber laufzeitabhängige Aufwendungen (zB Vertragsrisikozuschlag, laufende Verwaltungskosten, Versicherungskosten, Objektsteuern, Vertragsrisikozuschlag) einspart (BGH NJW 04, 2823. 2824). Es obliegt dem Leasinggeber darzulegen und zu beweisen, dass er keinen Verwaltungsaufwand eingespart hat (BGH NJW 96, 455, 456). Abw Klauseln verstoßen gegen § 307 I 1 (BGH NJW 95, 954). Wenn der Leasinggeber seine Kalkulationsgrundlagen nicht offen legen kann oder will, ist das Gericht gehalten, den Wert der ersparten Aufwendungen unter Beachtung der in BGH NJW 86, 1747 ff aufgestellten Grundsätze gem § 287 zu schätzen, wenn hierfür ausreichende Anknüpfungstatsachen vorliegen (BGH NJW 96, 455, 457; zur Berechnung s. Köln ZIP 95, 46, 49 f; Stuttg NJW-RR 88, 501, 502). Üblich ist eine Kürzung der auf die Restlaufzeit entfallenden Leasingraten um 3% (Ddorf ZMR 06, 363, 366; Naumbg DAR 98, 393) oder um 10 EUR/Monat (Ddorf DB 07, 1355; Celle NJW-RR 94, 743, 744). Dagegen halten Klauseln, in denen die Ausgleichsleistung durch einen festen Prozentsatz der Anschaffungskosten pauschaliert wird, einer Inhaltkontrolle nicht stand (BGH NJW 86, 1746, 1747). **(6.) Anrechnung des Verwertungserlöses**: Bei erlasskonformen Teilamortisationserträgen mit Schlusszahlung ist der Verwertungserlös anteilig mit 90% anzurechnen (BGHZ 151, 188, 194; 111, 237, 242 f). Nach der geänderten Rspr des BGH zum kündigungsbedingten Schadensersatz gilt das nicht für Teilamortisationsverträge mit Restwertgarantie und Mehrerlösbeteiligung und/oder Andienungsrecht des Leasinggebers (BGHZ 151, 188, 194). Beim Vertragsmodell mit Restwertgarantie und Mehrerlösbeteiligung ist vielmehr der Erlös voll anzurechnen, wenn kein Mehrerlös erzielt wird. Der Betrag, um den der Erlös den abgezinsten Restamortisationsbetrag, bestehend aus den ausstehenden Leasingraten und den kalkulierten Restwert, übersteigt, steht dem Leasinggeber nur in Höhe seines für den Fall regulärer Vertragsbeendigung vereinbarten Anteils (idR 25%) zu (BGHZ 151, 188, 197). Dieser Gedanke hat in gleicher Weise für den leasingtypischen Ausgleichsanspruch Bedeutung (Röhricht/*Westphalen* Leasing Rz 164 f; aA *Beckmann* § 8 Rz 55). Fehlt es jedoch an einer Vereinbarung über eine Erlösbeteiligung des Leasingnehmers, kommt der Mehrerlös dem Leasinggeber als Eigentümer zugute (Ddorf DB 04, 700, 701). Auch beim Vertragsmodell mit Andienungsrecht des Leasinggebers ohne Nachzahlungspflicht des Leasingnehmers ist der Verwertungserlös voll auf die Ausgleichsforderung anzurechnen, falls der Leasinggeber von seinem Andienungsrecht Gebrauch macht (Celle NJW-RR 94, 1334, 1337); andernfalls kommt er dem Leasinggeber zugute (*Westphalen* Leasingvertrag J Rz 134). Der vereinbarte Kaufpreis ist bei Ausübung des Andienungsrechts auch dann anzurechnen, wenn der Anschlusskäufer den vereinbarten Kaufpreis nicht zahlt (BGH NJW 97, 452, 453). Bei nicht erlasskonformer Gestaltung ist der den Amortisationsbetrag nicht übersteigende Erlös voll anzurechnen (Köln WM 90, 1257, 1258); der Mehrerlös gebührt dem Leasinggeber als Eigentümer. Ist eine Verwertung nicht möglich, weil die Leasingsache zerstört oder untergegangen ist, ist eine etwa erhaltene Versicherungsleistung in vollem Umfang anzurechnen (BGH NJW 04, 1041, 0142; 95, 1541, 1544; Rn 125). Wenn der Leasingnehmer die Unmöglichkeit der Verwertung der Leasingsache nicht zu vertreten hat und die Anrechung einer Ersatzleistung nicht möglich ist, hat der Leasinggeber sich den Vorteil anrechnen zu lassen, der darin besteht, dass die Leasingsache bei vorzeitiger Rückgabe einen höheren Wert als bei vertragsgemäßem Ablauf der Leasingzeit besitzt (BGH NJW 95, 1541, 1543). Bei Unterlassen zumutbarer Verwertungsbemühungen ist der hypothetische Verwertungserlös anzurechnen (Ddorf OLGR 08, 689, 690). Schließt der Leasinggeber statt der Veräußerung einen Folgeleasingvertrag, ist der Nettobetrag der Anschaffungskosten (Barwert) aus dem neuen Leasingvertrag in die Abrechnung des abgelösten Leasingvertrages als Verwertungserlös einzustellen (Celle NJW-RR 94, 1334, 1336). (7.) **Kündigungsbedingter Mehraufwand**: der Leasinggeber kann die aufgrund einer bestehenden Verpflichtung an den Refinanzierer tatsächlich gezahlte Vorfälligkeitsentschädigung (BGHZ 111, 237, 243 ff) und die Kosten eines Schätzgutachtens (BGH NJW 97, 3166, 3167; MüKo/*Koch* Leasing Rz 122; aA Ddorf OLGR 06, 781), nicht aber die Kosten für die Abmeldung des Leasingfahrzeugs (Ddorf OLGR 06, 781) erstattet verlangen. Reparaturkosten dürfen von dem Verwertungserlös nur abgezogen werden, wenn sie erforderlich waren, um die Sache verwerten zu können und zu einem höheren Verwertungserlös geführt haben oder der Leasinggeber davon ausgehen durfte, durch die Reparatur werde ein höherer Erlös erzielt (BGH NJW-RR 92, 378). Der Leasinggeber kann auch den Schaden geltend zu machen, der darin besteht, dass der Erlös ohne die von dem Leasingnehmer zu vertretenden Mängel erheblich höher ausgefallen wäre (Ddorf DB 04, 700, 701).

b) Vertragsmodell mit Abschlusszahlung. Kündbare Teilamortisationsverträge mit Abschlusszahlung sehen **167** nach Ablauf der festen (unkündbaren) Grundmietzeit, aber noch vor Ablauf der Amortisationszeit ein ordentliches Kündigungsrecht des Leasingnehmers und zum Ausgleich des am Vertragsende noch nicht amortisierten Gesamtaufwandes des Leasinggebers eine idR zeitlich gestaffelte Abschlusszahlung des Leasingnehmers vor, auf die bei erlasskonformer Gestaltung (s. Rn 22) 90% des Verwertungserlöses anzurechnen sind. Entspr Klauseln unterliegen der Inhaltskontrolle nach § 307 I (MüKo/*Koch* Rz 119 f; aA für Kontrollfreiheit nach § 307 III *Lieb* DB 86, 2167, 2168 f). **Abrechnungsklauseln**, die dem Leasinggeber etwa wegen der fehlenden Orientierung des Abzinsungszinssatzes an seinem tatsächlichen eigenen Refinanzierungszinssatz oder der fehlenden Berücksichtigung laufzeitbedingter Kosten zu Lasten des Leasingnehmers einen nicht gerechtfertigten Vorteil gewähren, benachteiligen den Leasingnehmer materiell unangemessen und sind daher gem § 307 I 1 unwirksam (BGH NJW 96, 455, 456; 86, 1746, 1747). Insoweit hat das iRd leasingtypischen Ausgleichsanspruchs geltende **Bereicherungsverbot** (Rn 165) in gewisser Weise Leitbildfunktion (Staud/*Stoffels* Leasing Rz 303). Daneben verlangt das **Transparenzgebot** gem § 307 I 2 die Offenlegung der maßgeblichen Abrechnungsfaktoren (Rn 66). Demnach hat der BGH Abrechnungsklauseln wegen eines Verstoßes gegen das Transparenzgebotes verworfen, die gestaffelt nach dem Beendigungszeitpunkt pauschale Abschlusszahlungen in Höhe eines bestimmten Prozentsatzes vom Anschaffungswert des Leasingobjekts vorsehen, ohne die maßgeblichen Berechnungsfaktoren offen zu legen (BGHZ 97, 65, 73 f; krit *Wolf/Eckert/Ball* Rz 1718). Zu den Anforderungen an eine hinreichend transparente Gestaltung der Abzinsungsklauseln s. bereits Rn 66. Ist die Abrechnungsklausel gem § 307 I unwirksam, tritt nach stRspr des BGH an ihre Stelle der konkret zu berechnende leasingtypische Ausgleichsanspruch (BGH NJW 96, 455, 456; 90, 247, 248; krit ausgehend von einer selbstständigen Garantiepflicht *Westphalen* Leasing Rz 187 f).

c) Vertragsmodell mit Restwertgarantie und Mehrerlösbeteiligung. Bei diesem va im Bereich des Kfz-Leasing **168** sing verbreiteten Vertragsmodell verwertet der Leasinggeber den Leasinggegenstand nach Vertragsbeendigung vereinbarungsgemäß; reichen die gezahlten Leasingraten und der voll anzurechnende Verwertungserlös nicht aus, um den kalkulierten, von dem Leasinggeber garantierten Restwert abzudecken, hat der Leasingnehmer die verbleibende Differenz auszugleichen. An einem etwaigen Mehrerlös ist der Leasinggeber bei erlasskonformer Gestaltung (s. Rn 22) mit mindesten 25% zu beteiligen (BGHZ 151, 188, 195). Eine solche Regelung ist wegen des Vollamortisationsprinzips (Rn 2) leasingtypisch und im Grundsatz anerkannt. Die Verpflichtung des Leasingnehmers zum Restwertausgleich ist jedoch, weil es gerade beim Kfz-Leasing andere auf Vollamortisation abzielende Vertragsgestaltungen gibt, die eine entspr Verpflichtung nicht vorzusehen, nicht jedem Finanzierungsleasingvertrag immanent, sondern bedarf einer wirksamen **leasingvertraglichen Vereinbarung** (BGH NJW 01, 2165, 2166; aA U/B/H/*Schmidt* Rz 543). Durch den BGH bislang nicht geklärt ist, ob im Hinblick auf das **Transparenzgebot** (§ 307 I 2) bei Teilamortisationsverträge die Verpflichtung des Leasingnehmers zum Restwertausgleich **in dem eigentlichen Vertragstext** geregelt sein muss (Oldbg NZV 99, 335, 336; Karlsr NJW-RR 86, 1112, 1113; Röhricht/*Westphalen* Leasing Rn 27: „Vorderseite") oder eine Vereinbarung in AGB genügt (MüKo/*Habersack*, 4. Aufl, Leasing Rz 120). Ebenfalls ungeklärt ist, wie deutlich der Leasingnehmer auf seine Zahlungspflicht und insb darauf hingewiesen werden muss, dass er den vereinbarten Restwert garantiert (beides offen lassend BGH NJW 01, 2165, 2166). Jedenfalls dürfte die bloße Angabe eines „festkalkulierten Restwertes" iVm der vorgedruckten Erklärung, dass durch die Leasingraten keine Vollamortisation erreicht wird, den Anforderungen an das Transparenzgebot gem § 307 I 2 nicht genügen (*Wolf/Eckert/Ball* Rz 1721 f). Überdies verlangt das Transparenzgebot, dass die Abrechnungsklausel iVm dem übrigen Vertragsinhalt alle Angaben enthält, deren es zur Berechnung des im Falle einer vorzeitigen

Beendigung des Leasingvertrages geschuldeten Betrages bedarf (BGH NJW 04, 2823, 2824). Dagegen erfordert das Transparenzgebot nicht die Offenlegung der Kalkulation (BGH NJW 97, 3166 f). Aus der Unklarheitenregelung (§ 303c II) folgt, dass eine Verpflichtung des Leasingnehmers zum Restwertausgleich nicht besteht, wenn in einem formularmäßigen Kfz-Leasingvertrag mit Restwertabrechnung eine bestimmte Gesamtfahrleistung des Leasingfahrzeugs angeführt ist (BGH NJW 01, 2165, 2166 f). Materiell unangemessen (§ 307 I 1) sind Abrechnungsklauseln, die der Verpflichtung des Leasinggebers zur bestmöglichen Verwertung nicht gerecht werden (BGH NJW 04, 2823, 2824; s. iE Rn 185).

169 **d) Kilometerabrechnungsvertrag.** Bei Kilometerabrechnungsverträgen (Rn 11) findet im Fall regulärer Vertragsbeendigung mangels abweichender Vereinbarung nur ein **Ausgleich für gefahrene Mehr- und Minderkilometer** statt (s. hierzu BGH NJW 87, 377, 379). Darüber hinaus ist der Leasingnehmer zum **Minderwertausgleich** verpflichtet, wenn er das Leasingfahrzeug nicht in einem vertragsgemäßen dem Alter und der vereinbarten Fahrleistung entsprechenden Zustand frei von Schäden und Mängeln zurückgibt (BGH ZIP 00, 797, 798). IRd Minderwertausgleichs hat der Leasingnehmer die Differenz zwischen dem tatsächlich erzielten Verwertungserlös und dem hypothetischen Wert bei Rückgabe des Fahrzeugs in vertragsgemäßem Zustand bis zu dem kalkulierten Restwert auszugleichen (BGHZ 97, 65, 77 f; *Wolf/Eckert/Ball* Rz 1974). Dagegen ist der Leasingnehmer grds nicht zum Ausgleich des von dem Leasinggeber intern kalkulierten Restwerts verpflichtet. Verwertungsrisiko und -chance liegen iGgs zum erlasskonformen Leasing allein bei dem Leasinggeber (BGH NJW 04, 2823, 2824).

170 Weil der Leasinggeber im Fall der vorzeitigen Vertragsbeendigung nicht besser gestellt werden darf als bei regulärer Vertragsdurchführung, muss diese vertragliche Risikoverteilung auch bei der konkreten Berechnung des **leasingtypischen Ausgleichsanspruchs** und des **Kündigungsfolgeschadens** beibehalten werden. Der kalkulierte Restwert wird daher ebenso wenig wie der Verwertungserlös in die Berechnung des Ablösewerts bei vorzeitiger Vertragsbeendigung einbezogen. Das gilt auch, wenn der Leasinggeber für den Fall der ordnungsgemäßen Beendigung des Leasingvertrages in Höhe des Restwerts mit dem Lieferanten eine Rückkaufvereinbarung (s. Rn 98 ff) getroffen hat (BGH NJW 04, 2823 f). Grds schuldet der Leasingnehmer daher nur die vereinbarten Leasingraten, einen Ausgleich für gefahrene Mehrkilometer und/oder einen Minderwertausgleich (Ddorf ZMR 06, 363, 365). Grundlage der Berechnung bilden die abgezinsten restlichen Leasingraten, von denen die ersparten laufzeitabhängigen Kosten abzuziehen sind (s. Rn 166). Ferner muss sich der Leasinggeber den Vorteil anrechnen lassen, der darin besteht, dass er das Leasingfahrzeug vorzeitig zurückerhält. Dieser Vorteil kann nach der von dem OLG Celle (NJW-RR 94, 743, 744) entwickelten und vom BGH gebilligten Methode in der Weise berechnet werden, dass – ggf durch Sachverständigengutachten – die Differenz zwischen dem realen Wert des Fahrzeugs bei vorzeitiger Rückgabe und dem hypothetischen Wert des Fahrzeugs bei vertragsgemäßer Rückgabe ermittelt wird und darüber hinaus der Zinsvorteil abgezogen wird, der dem Leasinggeber durch die vorzeitige Möglichkeit zur Verwertung des Leasingfahrzeugs entsteht (BGH NJW 04, 2823, 2824 f; Ddorf ZMR 06, 363, 365 ff). Alternativ hierzu können Leasinggeber und Leasingnehmer für den Falle der ordentlichen Kündigung eine Erhöhung der Leasingraten vereinbaren, vorausgesetzt die Regelung genügt dem Transparenzgebot in § 307 I 1 (BGH NJW 04, 2823, 2824; 87, 377, 379). Abrechnungsklauseln, die eine **Umstellung** von der Kilometerabrechnung bei ordnungsgemäßer Vertragsbeendigung auf eine Restwertabrechnung bei vorzeitiger Vertragsbeendigung vorsehen, sind dagegen idR überraschend und unangemessen (§§ 303c I; 307 I; BGH NJW 87, 377, 379; Ddorf ZMR 06, 363, 365; offen lassend BGH NJW 04, 2823, 2824). Das gilt jedenfalls dann, wenn der mit einem festen Prozentsatz des „Einstandspreises" vorgegebene Restwert hinter dem hypothetischen objektiven Fahrzeugwert bei regulärem Vertragsende zurückbleibt (Dresd MDR 07, 1069).

171 **e) Sonderfall: Ausübung eines Andienungsrechts oder einer Kaufoption. aa) Vertragsmodell mit Andienungsrecht.** Sieht der Leasingvertrag ein Andienungsrecht des Leasinggebers vor, kommt mit dessen Ausübung ein Kaufvertrag zwischen Leasinggeber und Leasingnehmer über die Leasingsache zustande. Der von dem Leasingnehmer zu zahlende Kaufpreis, durch den die von dem Leasingnehmer geschuldete Vollamortisation erreicht wird, entspricht idR dem (garantierten) kalkulierten Restwert (BGH NJW 97, 452, 453). Durch den BGH bislang nicht geklärt ist, ob das Ankaufsrecht als bindendes Angebot des Leasingnehmers zum Kauf der Leasingsache (MüKo/*Koch* Leasing Rz 117) oder als aufschiebend bedingter Kaufvertrag einzuordnen ist (offen lassend BGH NJW 97, 452, 453). Davon unabhängig ist die Vereinbarung über das Andienungsrecht vorbehaltlich einer klaren (§ 305c II) und gem § 307 I 2 transparenten (s. hierzu einen sehr strengen Maßstab anlegend *Westphalen* Leasing Rz 190) Vertragsgestaltung auch im Hinblick auf § 308 Nr 1 nicht zu beanstanden, weil sie lediglich Ausdruck des den Finanzierungsleasingvertrag prägenden Grundsatzes der Vollamortisation ist (MüKo/*Koch* Leasing Rz 117; aA *Kurstedt* DB 81, 2525, 2529 f). Erst mit der Ausübung des Andienungsrechts, für die der Zugang der Ausübungserklärung maßgeblich ist, kommt der Kaufvertrag zustande und der Leasinggeber verliert seinen Anspruch auf Vollamortisation (Ddorf ZMR 06, 281, 281).

172 **bb) Vertragsmodell mit Kaufoption.** Die Vereinbarung über eine – leasinguntypische (Ddorf BB 06, 1246) – Kaufoption ist als aufschiebend bedingter Kaufvertrag über die Leasingsache einzuordnen (MüKo/*Koch* Rz 117). Der Kaufpreis entspricht idR dem (garantierten) kalkulatorischen Restwert der Leasingsache und dient somit wie im Fall der Ausübung eines Andienungsrechts der Vollamortisation (*Beckmann* DStR 07, 157, 159). Der Leasinggeber haftet jedenfalls dann nicht für eine von dem Lieferanten in eigenem Namen eingeräumte Kaufoption, wenn er erst nach Ablauf des Leasingvertrages Kenntnis von der Kaufoption erlangt hat (BGH NJW-RR 05, 1421). Dagegen kann es zu einer Haftung des Leasinggebers aus Verschulden bei Vertragsschluss (Rn 86) führen, wenn der Lieferant mit dem Leasingnehmer ein Erwerbsrecht des Leasingnehmers vereinbart hat (BGH NJW 95, 1146, 1147; BGH NJW-RR 88, 241, 242). Zur Haftung des Leasinggebers beim Eintrittsmodell s. Rn 46.

cc) Besitzverschaffungspflicht des Leasinggebers. Der Leasingnehmer gerät mit dem Kaufpreis nicht in Verzug und haftet daher auch nicht auf Schadensersatz für ein Mindererlösgeschäft, wenn der Leasinggeber die Leasingsache sichergestellt und ihm dadurch den Besitz der Leasingsache entzogen hat (BGH NJW 96, 923 f). Ist die Rückgabe des Leasinggegenstandes an den Leasinggeber bereits erfolgt, erfordert der Zahlungsverzug des Leasingnehmers, dass der Leasinggeber mit seiner Zahlungsaufforderung das Angebot verbindet, Zug um Zug Besitz und Eigentum an dem Leasingobjekt zu verschaffen (Ddorf ZMR 06, 217, 282). Eine Klausel, die den Leasingnehmer auch dann zur Kaufpreiszahlung verpflichtet, wenn der Leasinggeber ihm den Gegenstand nicht überlassen kann, ist unwirksam (Hamm WM 08, 2012, 2104). 173

dd) Sachmängelhaftung des Leasinggebers. Ist der Leasingnehmer Verbraucher (Rn 5), sieht der Leasinggeber sich bei allen Kaufverträgen, die nach dem 1.1.02 zustande gekommen sind (*Beckmann* § 3 Rz 224), der Sachmängelhaftung der §§ 474 ff ausgesetzt, die nicht abbedungen werden kann (§ 475). Indem die §§ 474 ff den in der Leasingpraxis üblichen und vor der Schuldrechtsreform wirksamen (vgl BGHZ 110, 183, 189 f) weit reichenden Ausschluss der Haftung des Leasinggebers für Sachmängel verhindern, geraten sie in Konflikt mit dem Vollamortisationsprinzip (*Beckmann* DStR 07, 157, 161). Für vor dem 1.1.02 abgeschlossene Leasingverträge bietet die Rspr des BGH, dass Regelungslücken aufgrund von Haftungsrisiken, die auf nicht vorhergesehene Gesetzesänderungen zurückzuführen sind, im Wege der ergänzenden Vertragsauslegung unter Zugrundelegung des Regelungsplans der Parteien geschlossen werden müssen (BGH NJW-RR 05, 1421, 1422), einen Ausweg. Hiernach könnte bei Altverträgen von einer ergänzenden Amortisationspflicht der Leasingnehmers auszugehen sein (dafür *Godefroid* BB-Beil 02/5, 2, 9; zweifelnd *Westphalen* ZGS 02, 89, 92 ff). Zw ist die Tragfähigkeit alternativer Lösungsansätze, nach denen der die Sachmängelhaftung des Verkäufers auslösende Gefahrübergang (§ 434 I 1) ausgeschlossen ist oder schon mit der Übergabe der Leasingsache an den Leasingnehmer erfolgt (dafür MüKo/*Koch* Leasing Rz 63; dagegen *Westphalen* ZGS 02, 89, 90 ff; *Beckmann* DStR 07, 157, 161; zweifelnd auch *Wolf/Eckert/Ball* Rz 1993 f). Zur Haftung des ausgeschiedenen Leasingnehmers für die Kaufpreisforderung ggü dem Anschlussleasingnehmer s. Rn 103. Gewährleistungsansprüche des Leasingnehmers beginnen nicht vor dem Wirksamwerden des Kaufvertrages gem § 438 II zu verjähren (DerlKnopsBa/*Mankowski/Knöfel* § 21 Rz 7). 174

ee) Richtlinienkonforme Auslegung. Mit dem Wegfall des § 500 im Zuge der Umsetzung der neuen VerbrKrRL (Rn 7) entfällt für nach dem 10.6.10 geschlossene Verbraucherfinanzierungsleasingverträge das Problem einer richtlinienkonformen Anwendung der in dem Katalog nicht genannten Vorschriften des Verbraucherdarlehensrechts (s. hierzu PWW/*Frensch*, 4. Aufl, §§ 488-515, Rz 175). 175

II. Außerordentliche Kündigung des Leasingvertrages. 1. Kündigungstatbestände. Die außerordentliche Kündigung des Leasingvertrages richtet sich gegenüber von der Mietrechtstheorie (Rn 26) in erster Linie nach § 543 (zust ausgehend von der mietrechtlich orientierten Sui generis-Theorie MüKo/*Koch* Leasing Rn 127; aA ausgehend von der geschäftsbesorgungsrechtlich orientierten Sui generis-Theorie für eine Anwendung von § 314 Staud/*Stoffels* Leasing Rz 308 ff). Hinsichtlich der Kündigungstatbestände des § 543 gelten folgende leasingtypische Besonderheiten: 176

a) Kündigung des Leasingnehmers wegen Vorenthaltung des vertragswidrigen Gebrauchs (§ 543 II Nr 1). Die Vorenthaltung des vertragsgemäßen Gebrauchs kann in der Mangelhaftigkeit der Leasingsache oder darin liegen, dass diese dem Leasingnehmer nicht oder zT zur Verfügung gestellt wird (BGH NJW 93, 122, 123; aA ausgehend von einer eingeschränkten Gebrauchsüberlassungspflicht Staud/*Stoffels* Leasing Rz 11). Wenn der Leasinggeber sich wirksam gegen Abtretung seiner Ansprüche ggü dem Lieferanten von seiner mietrechtlichen Haftung freigezeichnet hat (s. Rn 115, 128 ff), ist dem Leasingnehmer die Kündigung versagt (BGH aaO). 177

b) Kündigung des Leasinggebers wegen Zahlungsverzugs (§§ 543 II Nr 3; 498). Der BGH wendet in stRspr § 543 II Nr 3 (§ 554 I aF) auf den Leasingvertrag an (BGH NJW 95, 1541, 1543; BGHZ 94, 195, 215). Einer Mahnung bedarf es für den Verzug des Leasingnehmers mit den Leasingraten idR nicht, weil deren Fälligkeit kalendermäßig bestimmt ist (s. Rn 37). Von § 543 II Nr 3 abweichende **Kündigungsklauseln** sind auch im Geschäftsverkehr mit Unternehmern gem § 307 II Nr 1 unwirksam (Celle WM 94, 885, 891; MüKo/*Koch* Leasing Rz 128; § 543 Rn 3). Bei Verbraucherfinanzierungsleasingverträgen (Rn 4 ff) findet gem §§ 499 II, 500, 506 (= §§ 506 I, II, 511 nF) – zwingend – die **Sondervorschrift des § 498** Anwendung (BGH WM 05, 459, 460; BGHZ 144, 370, 379). Str ist die Berechnung der **qualifizierten Rückstandsquote** nach § 498 I 1 Nr 1 178

(s. hierzu *Peters* WM 06, 1183, 1193 und die Darstellung des schwer überschaubaren Meinungsstandes in BGHZ 147, 7, 14 ff). Nach der Rspr des BGH ist Bezugsgröße für die Berechnung grds allein die Summe der nach dem Vertrag geschuldeten **Brutto-Leasingraten** (BGH WM 05, 459, 460; grundl BGHZ 147, 7, 16 ff). Um dem Risiko vorzubeugen, verfrüht und damit unwirksam zu kündigen, ist dem Leasinggeber zu empfehlen, eine fiktive Vergleichsrechnung anzustellen, in die neben den Leasingraten auch etwaige Sonderzahlungen und der garantierte Restwert eingestellt werden, den hieraus sich ergebenden Betrag auf die Vertragslaufzeit zu verteilen und sodann die Rückstandsquote anhand dieser fiktiven Leasingrate zu ermitteln (BGHZ 147, 7, 17 f; *Wolf/Eckert/Ball* Rz 2066 ff). Der Wirksamkeit der Kündigung steht nicht entgegen, dass der Leasingnehmer vor Ausspruch der ihm angedrohten Kündigung den rückständigen Betrag durch **Teilzahlung** unter die Rückstandsquote zurückführt (BGH WM 05, 459, 460 f). Ein Leasingvertrag, an dem **mehrere Leasingnehmer** (zur Abgr zum Mithaftenden s. Rn 92) beteiligt sind, kann von dem Leasinggeber nach dem Rechtsgedanken des § 351 1 nur einheitlich ggü allen Leasingnehmern gekündigt werden. Ist darunter ein Verbraucher, hängt die Wirksamkeit der Kündigung insgesamt davon ab, dass ihm ggü die Voraussetzungen des § 498 eingehalten wurden (BGH NJW 02, 133, 137). Auch die Vereinbarung über eine gesamtschuldnerische Mithaftung kann nur unter den Voraussetzungen des § 498 gekündigt werden (BGH NJW 02, 133, 137). Der Leasinggeber verliert seinen Anspruch auf die Leasingraten, wenn, der Leasingnehmer im Anschluss an eine unwirksame Kündigung das Leasinggut zurückgibt (BGHZ 144, 370, 378 f). In der Insolvenz des Leasingnehmers gilt beim Mobilienleasing für den Verzug mit Leasingraten aus der Zeit vor dem Eröffnungsantrag die **Kündigungssperre des § 112 Nr 1 InsO** (BGH NJW 07, 1591 Tz 13; BGHZ 151, 353, 370 ff; speziell für das Finanzierungsleasing Ddorf WM 08, 2310, 2311; Köln ZIP 03, 543, 544; *Weber* 09, 2927, 2931 f). Sog Lösungsklauseln, die dem Leasinggeber abw von § 112 ein Kündigungsrecht einräumen oder sonst wie eine Beendigung des Leasingvertrages vorsehen, sind gem § 119 InsO unwirksam (MüKo/*Koch* Leasing Rz 138).

179 Bei Verbraucherfinanzierungsleasingverträgen (Rn 4 ff) erfolgt die Berechnung der **Restschuld gem § 498 II**, wobei an die zu § 543 entwickelten Grundsätze (Rn 181) angeknüpft werden kann (Staud/*Kessal-Wulf* § 498 Rz 31). Die Restschuld setzt sich zusammen aus den bis zur nächstmöglichen Kündigung anfallenden Leasingraten und den im Fall einer ordentlichen Kündigung des Leasingvertrages vorgesehenen Ausgleichzahlungen, die einer vollen Amortisation dienen. Herauszurechnen sind idR Zinsrückvergütung gem § 498 II, die für die Zeit nach Kündigung anfallenden Zinsen und sämtliche laufzeitabhängigen Kosten einschließlich des Gewinnanteils des Leasinggebers. Von der verbleibenden Restschuld ist der Anteil des Leasingnehmers an dem Verwertungserlös abzuziehen (BaRoth/*Möller/Wendehorst* § 500 Rz 48). Die Angabe der rückzuvergütenden Zinsen und sonstigen Kosten gehört zum schlüssigen Klagevortrag des Leasinggebers (BGHZ 144, 370, 384). Der Leasinggeber kann iGgs zu dem kündigungsbedingten Schadensersatzanspruch (Rn 181) weder den ihm bis zum Zeitpunkt der nächstmöglichen Kündigung entgangenen Gewinn noch eine etwaige Vorfälligkeitsentschädigung ersetzt verlangen (MüKo/*Schürnbrand* § 498 Rz 28).

180 **c) Kündigung des Leasinggebers wegen Vermögensgefährdung (§§ 543 I; 314).** Nach der Rspr des BGH verstößt ein formularmäßig eingeräumtes fristloses Kündigungsrecht des Leasinggebers bei wesentlicher Verschlechterung oder erheblicher Gefährdung des Vermögens des Leasingnehmers gegen § 9 II Nr 1 AGBG (jetzt § 307 II Nr 1). Dagegen ist eine Klausel, die dem Leasinggeber ein Recht zur fristlosen Kündigung des Leasingvertrages einräumt, wenn in das Vermögen des Leasingnehmers die **Zwangsvollstreckung** betrieben wird oder der Leasingnehmer seine Zahlungen eingestellt hat und hierdurch die Leasingsache oder der Zahlungsanspruch des Leasinggebers konkret gefährdet werden, im Geschäftsverkehr zwischen Unternehmern nicht zu beanstanden (BGHZ 145, 203, 226 f). Nach dem SchRModG wird von weiten Teilen des Schrifttums wegen des kreditvertraglichen Charakters des Finanzierungsleasing ein (ergänzender) Rückriff auf § 314 befürwortet (ausgehend von der Sui generis-Theorie MüKo/*Koch* Leasing Rz 319; Staud/*Stoffels* Leasing Rz 319). Im Hinblick auf die Generalklausel des § 543 I besteht hierzu jedoch kein Bedürfnis. Die Kündigungssperre des § 112 Nr 2 InsO gilt nach Wortlaut und ratio der Norm auch für eine nach dem Eröffnungsantrag eingetretene Verschlechterung der Vermögensverhältnisse des Leasingnehmers (MüKo/*Koch* Leasing Rn 128; aA Röhricht/*Westphalen* Rz 203).

181 **2. Schadensersatz statt Leistung.** Es entspricht stRspr des BGH, dass dem Leasinggeber nach einer durch den Leasingnehmer schuldhaft veranlassten fristlosen Kündigung des Leasingvertrages neben den rückständigen Raten ein Ersatzanspruch (jetzt Schadensersatz statt der Leistung gem §§ 280 I, III, 281) zusteht, der darauf gerichtet ist, dem Leasinggeber den Schaden zu ersetzen, der ihm durch die unterbliebene Durchführung des Vertrages entstanden ist (**Kündigungsfolgeschaden**). Der Leasinggeber kann deshalb einerseits Ersatz seiner gesamten Anschaffungs- und Finanzierungskosten sowie seines Gewinns verlangen (volle Amortisation), muss sich jedoch andererseits anrechnen lassen, was er durch die vorzeitige Beendigung des Vertrages erspart hat (BGHZ 151, 188, 192 f). Obergrenze für den Schadensersatzanspruch des Leasinggebers ist sein Erfüllungsinteresse bei ordnungsgemäßer Vertragsdurchführung (BGH NJW 08, 989 Tz 23). Der kündigungsbedingte Schadensersatzanspruch des Leasinggebers ist mangels abw Vereinbarung **konkret** zu berechnen (s. hierzu Staud/*Kessal-Wulf* § 498 Rz 31). Maßgeblich ist, wie der Leasinggeber nach der von den Parteien gewählten Vertragsgestaltung bei ordnungsgemäßer Durchführung des Vertrages gestanden hätte und ob ihm durch die vorzeitige Rückgabe der Leasingsache Vorteile erwachsen, die er sich anrechnen lassen muss (BGH NJW 04, 2823, 2824). In zeitlicher Hinsicht ist der Anspruch auf die Vermögensvorteile beschränkt, die der Leasinggeber bis zur ordentlichen Kündigung des Leasingnehmers erwarten konnte (BGH NJW 08, 3436 Tz 12). Zur Berechnung s. Rn 165 f. Entgangenen Gewinn kann der Leasinggeber nur für den unkündbaren Zeitraum geltend machen (BGH NJW 91, 221, 223; aA *Lieb* DB 86, 2167, 2171 f). Abrechnungsklauseln halten einer Inhaltskontrolle nach § 307 I idR nicht stand, so dass es bei der konkreten Berechnung des Kündigungsschadens bleibt (BGHZ 151, 188, 195). Zur Berechnung der Restschuld gem § 498 II beim Verbraucherfinanzierungsleasing s. Rn 179. Der kündigungsbedingte Schadensersatzanspruch unterliegt nach gefestigter Rspr nicht der **USt** (BGH NJW-RR 07, 1066 Tz 14 ff; BFHE 178, 485, 489 f; aA DerlKnopsBa/ *Mankowski/Knöfel* § 21 Rz 106). Zu **Verjährung** und **Verzugszinsen** s. Rn 37.

3. Verfallklauseln/Sicherstellung. Verfallklauseln, die den Leasinggeber trotz Kündigung des Leasingvertra- **182** ges berechtigen sollen, alle noch ausstehenden Raten fällig zu stellen, verstoßen gegen § 307 I 1 (BGHZ 82, 121, 130 f). Es entspricht indes dem Grundgedanken des § 320 und ist AGB-rechtlich nicht zu beanstanden, wenn der Leasinggeber sich das Recht vorbehält, im Fall des Zahlungsverzuges des Leasingnehmers vorübergehend bis zur Zahlung der rückständigen Leasingraten die Herausgabe der Leasingsache zu verlangen, ohne dass der Leasingnehmer von der Leasingratenzahlungspflicht entbunden ist (BGHZ 82, 121). Dieses vertraglich vorbehaltene Recht zur Sicherstellung umfasst jedoch nicht die Befugnis zur eigenmächtigen Abholung der Leasingsache (Hamm NJW-RR 92, 502, 503; *Westphalen* Leasing Rz 258). Abw Klauseln in den Leasing-AGB sind unwirksam. Der Herausgabeanspruch des Leasinggebers kann daher nur in seltenen Ausnahmefällen im Wege der einstweiligen Verfügung realisiert werden (*Westphalen* Leasing Rz 259). Bei eigenmächtiger Inbesitznahme der Leasingsache ohne wirksame Vereinbarung eines Sicherstellungsrechts verliert der Leasinggeber zumindest seinen Anspruch auf die Leasingraten (BGHZ 82, 121, 125).

III. Rückgabe und Verwertung der Leasingsache. 1. Rückgabe der Leasingsache. Der Leasingnehmer ist **183** von dem Fall der Ausübung eines Andienungsrechts oder einer Kaufoption abgesehen (Rn 171 ff) gem **§ 546** verpflichtet, die Leasingsache am Vertragsende in ordnungsgemäßem Zustand an den Leasinggeber zurückzugeben (MüKo/*Koch* Leasing Rz 115). Ersatzansprüche wegen Veränderungen oder Verschlechterungen der Leasingsache unterliegen der kurzen Verjährung des § 548 (MüKo/*Koch* Leasing Rz 115). Nach der Rspr des BGH ist **§ 546a** (§ 557 aF) auf Finanzierungsleasingverträge anwendbar(BGH NJW 07, 1594 Tz 9; aA *Tiedtke/ Peterek* DB 08, 334, 340). Das gilt wegen des Sanktionscharakters der Norm grds auch nach Eintritt der Vollamortisation. Das Verlangen nach einer Nutzungsentschädigung in Höhe der vereinbarten Leasingrate ist nur dann als rechtsmissbräuchlich anzusehen, wenn es zu dem verbliebenen Verkehrs- oder Gebrauchswert der Leasingsache völlig außer Verhältnis steht (BGH NJW-RR 05, 1081 f; MüKo/*Koch* Leasing Rz 116; aA Staud/ *Stoffels* Leasing Rz 286). Die Nutzungsentschädigung unterliegt der **USt** (BGH NJW 89, 1730, 1732). Dagegen hat der BGH (NJW-RR 04, 558, 559) bislang offen gelassen, ob **§ 545** (§ 568 aF) auf den Finanzie- **184** rungsleasingvertrag Anwendung findet (dafür *Beckmann* DStR 07, 157, 162; dagegen ausgehend von der Sui generis-Theorie MüKo/*Koch* Leasing Rz 116). Dagegen spricht das mutmaßliche leasingtypische Parteiinteressen, das wirtschaftliche Eigentum des Leasinggebers nicht zu gefährden (*Martinek* 192 f). Jedenfalls dürfte eine Abbedingung von § 545 in AGB nicht zu beanstanden sein (Staud/*Stoffels* Leasing Rz 288).

2. Verwertung der Leasingsache. Den Leasinggeber tritt die **Pflicht zur bestmöglichen Verwertung** der **185** zurückgegebenen Leasingsache (BGH NJW 04, 2823, 2824). Eine Klausel, die den Leasingnehmer an die Schätzung des Händlereinkaufspreises durch einen Sachverständigen bindet, genügt diesem Gebot nicht und ist deshalb gem § 307 I 1 unwirksam. Etwas anderes gilt jedoch dann, wenn dem Leasingnehmer das Recht eingeräumt wird, das Leasinggut selbst zum Schätzpreis zu erwerben oder einen Drittkäufer zu benennen (BGH NJW 97, 3166, 3167). Die Frist zur effektiven Ausübung des Drittkäuferbenennungsrechts muss jedoch angemessen sein (Ddorf NJW-RR 04, 1208, 1209). Unterschreitungen von 10% des geschätzten Händlereinkaufspreises sind hinzunehmen (BGH NJW 91, 221, 224). Dagegen trägt eine Klausel, nach der nur der tatsächliche Nettoverkaufserlös für die Leasingsache dem Leasingnehmer auf den Ablösewert gutgebracht wird, der Verpflichtung des Leasinggebers zur bestmöglichen Verwertung nicht hinreichend Rechnung und ist deshalb gem § 307 I 1 unwirksam (BGH NJW 04, 2823, 2824).

G. Tod des Leasingnehmers. Str und durch den BGH bislang nicht geklärt ist, ob **§ 580** auf Leasingverträge **186** anwendbar ist, wenn die Leasingvertragsparteien vertraglich nichts anderes vereinbart haben (dafür BaRoth/ *Ehlert* § 535 Rz 83; dagegen ausgehend von der Sui generis-Theorie Staud/*Stoffels* Leasing Rz 349). Hierfür spricht, dass der Eintritt der Vollamortisation durch den bei vorzeitiger Kündigung des Leasingvertrages bestehenden leasingtypischen Ausgleichsanspruch gesichert ist (*Weber* NJW 07, 2525, 2526).

Titel 4 Schenkung

§ 516 Begriff der Schenkung. (1) Eine Zuwendung, durch die jemand aus seinem Vermögen einen anderen bereichert, ist Schenkung, wenn beide Teile darüber einig sind, dass die Zuwendung unentgeltlich erfolgt.
(2) ¹Ist die Zuwendung ohne den Willen des anderen erfolgt, so kann ihn der Zuwendende unter Bestimmung einer angemessenen Frist zur Erklärung über die Annahme auffordern. ²Nach dem Ablauf der Frist gilt die Schenkung als angenommen, wenn nicht der andere sie vorher abgelehnt hat. ³Im Falle der Ablehnung kann die Herausgabe des Zugewendeten nach den Vorschriften über die Herausgabe einer ungerechtfertigten Bereicherung gefordert werden.

1 **A. Allgemeines.** Schenkung ist die vertragliche unentgeltliche Zuwendung. Das Verpflichtungsgeschäft kann der Erfüllung vorausgehen und ist dann formbedürftig (§ 518 I). Es kann mit ihr als Rechtsgrundabrede zusammenfallen (sog Handschenkung, I) oder ihr nachfolgen (II) und bedarf dann keiner Form. Das Schenkungsangebot kann auch noch nach dem Tod des Schenkers angenommen werden (§§ 130 II, 153), wenn es nicht vorher, evtl durch den Erben widerrufen worden ist (§ 130). Im Fall des II wird die Annahme fingiert. Die Schenkung kann auch durch Vertrag zugunsten Dritter erfolgen (BGHZ 46, 198).

2 Die Schenkung ist im Interesse Dritter Beschränkungen unterworfen (§§ 1425, 1641, 1804, 1908i II, 1915 I, 2113 II, 2205) und unterliegt zusätzlicher Insolvenz- (§§ 134, 143 II InsO) und Gläubigeranfechtung (§§ 4, 11 AnfG).

3 **B. Abgrenzung.** Das Erfordernis der Weggabe der Substanz des Vermögens und nicht nur seines Gebrauchs oder seiner Nutzung (Rn 7) grenzt die Schenkung von der Leihe (§ 598) ab. Die Ausstattung gilt nicht als Schenkung, es sei denn, sie ist übermäßig (§ 1624). Das allein erbrechtlichen Regeln unterliegende Schenkungsversprechen von Todes wegen (§ 2301) ist durch das Überleben des Beschenkten bedingt; ist das Versprechen dagegen nur auf den Tod des Schenkers befristet (§ 163), also nur seine Fälligkeit hinausgeschoben, gilt Schenkungsrecht. Bei der Auslegung fällt ins Gewicht, dass erfahrungsgemäß eine Regelung gem § 2301 auch ohne ausdrückliche Überlebensbedingung gewollt ist (BGH NJW 87, 840). Ebenfalls den Schenkungsregeln unterliegt der Vertrag zu Gunsten Dritter, wenn nach dem Tod des Versprechensempfängers geleistet werden soll (§ 331); vgl dazu § 518 Rn 14.

4 **C. Zuwendung aus dem Vermögen des Schenkers. I. Art.** Die Zuwendung kann durch positives Tun oder, soweit § 517 nicht entgegensteht, durch Unterlassen, durch Rechtsgeschäft oder tatsächliches Handeln (zB § 946) erfolgen.

5 **II. Gegenstand.** Gegenstand der Zuwendung kann das Vermögen (§ 311b III) oder jeder übertragbare Vermögensgegenstand sein. Darunter fallen auch die Bestellung einer Sicherheit für eine fremde Schuld (BGH MDR 55, 283); eine Gesellschaftsbeteiligung (BGH NJW 81, 1956; BGHZ 112, 40; vgl auch Rn 17). Nach dem Maß an Konkretisierung des Verwendungszwecks bestimmt sich, ob bei Hingabe von Geld zum Erwerb eines Gegenstands dieser oder das Geld zugewandt ist (BGH NJW 72, 247; Hamm FamRZ 01, 546).

6 **III. Entreicherung und Bereicherung.** Die Zuwendung führt zur Entreicherung des Schenkers und Bereicherung des Beschenkten.

7 **Entreicherung des Schenkers** bedeutet Minderung, Bereicherung des Beschenkten Vermehrung der Vermögenssubstanz (BGH NJW 87, 2816). Deshalb sind die Überlassung des Gebrauchs einer Sache (BGH NJW 82, 820: Wohnung), selbst auf Lebenszeit (BGH NJW 82, 820 unter Aufgabe von BGH NJW 70, 941), sowie Arbeits- und Dienstleistungen (BGH NJW 87, 2816) keine Schenkung; zugewandt kann aber die ersparte Vergütung sein, wenn entweder bereits ein Vergütungsanspruch entstanden ist oder der Zuwender seine Arbeitskraft oder die Nutzung der Sache anderweitig gegen Vergütung einsetzen konnte, hierauf aber zu Gunsten des Bedachten verzichtete (BGH NJW 87, 2816). An einer Entreicherung fehlt es auch im Fall des § 517. Eine Sicherheitsleistung für eine fremde Schuld kann eine Vermögensverschiebung sein (BGH MDR 55, 283).

8 **Ent- und Bereicherungsgegenstand** müssen **nicht identisch** sein (BGH NJW 90, 2616). Es schadet also nicht, dass das Erworbene in dieser konkreten Gestalt noch nicht im Vermögen des Schenkers enthalten war (BGH NJW 90, 2616: Aufnahme als Kommanditist, vgl auch Rn 17; BGH NJW 72, 247: Geld zum Erwerb eines Grundstücks).

9 Nach hM sind bei Übertragung des Rechts aus einem **Sparvertrag** oder einer **Lebensversicherung** mangels Herkunft aus dem Vermögen des Schenkers nicht die Rechte aus dem Vertrag, sondern nur die aufgewandten Sparraten oder Prämien zugewandt (BGH NJW 65, 1913; 95, 3113; anders BGH NJW 04, 214 zur Anfechtung bei Insolvenz; aA MüKo/*Koch* Rz 89).

10 Der Annahme einer Schenkung steht die **Widerruflichkeit** als bloße Beschränkung der Zuwendung nicht entgegen (BGH NJW 75, 382; WM 76, 1130). Dasselbe gilt für den vorbehaltenen Anspruch auf Rückübertragung bei bestimmtem Verhalten des Empfängers (vgl BGH FamRZ 02, 1399) oder bei Ehescheidung (Karlsr FamRZ 07, 823).

Zuwendungen an **Stiftungen**, seien sie stiftungskapitalerhöhend oder an den zeitnahen Einsatz für Stiftungs- 11
zwecke gebunden, sind Schenkungen; bei einer Bindung kommt eine Aufl in Betracht (MüKo/*Koch* Rz 99).

IV. Unentgeltlichkeit. Die Zuwendung muss **objektiv unentgeltlich** sein. Objektive Unentgeltlichkeit kenn- 12
zeichnet eine Zuwendung, die weder zur Erfüllung einer Leistungspflicht erfolgt noch von einer Gegenleistung abhängig ist; diese kann auch immateriell sein (BGH NJW-RR 90, 386; NJW 92, 238). Der Hinweis auf die Vorwegnahme der Erbfolge in einem Übergabevertrag besagt nichts über die Unentgeltlichkeit (BGH NJW 95, 1349). Der Begriff der Gegenleistung wird weit gefasst.

Verpflichtungen im Gegenseitigkeitsverhältnis (§ 320) schließen eine Schenkung aus. Zur Gegenleistung bei 13
gemischter Schenkung Rn 25 ff.

Der Gegenseitigkeit der Pflichten steht ihre **konditionale Verknüpfung** gleich: Eine Zuwendung unter der 14
Bedingung, dass der Zuwender ein – nicht geschuldetes – gleichwertiges Äquivalent, zB von einem Dritten, bekommt, ist nicht unentgeltlich (BGH NJW 51, 268; 82, 436); dasselbe gilt für die Zuwendung für den Fall, dass ein Ereignis eintritt, auf das der Empfänger hinarbeiten soll (BGH NJW 09, 2737; sportlicher Erfolg als Trainer). An dieser Verknüpfung fehlt es bei der Schenkung unter Aufl (§§ 525–527); vgl § 525 Rn 6. Der Ausgleich bei Nichteintritt der Bedingung erfolgt nach Bereicherungsregeln (§ 812 I 1 Alt 1).

Die eine Schenkung ausschließende **kausale Verknüpfung** wird durch eine tatsächliche Willensübereinstim- 15
mung über den mit der Zuwendung verfolgten Zweck herbeigeführt. Von der Schenkung unter der notwendigerweise vertraglich vereinbarten Aufl (§§ 525–527) unterscheidet sie sich durch die fehlende Einklagbarkeit der zur Zweckerreichung erforderlichen Handlung (BGH NJW 84, 233). Missverständlich ist der hierfür gebrachte Begriff der Zweckschenkung. Denn diese ist, im Gegensatz zur kausalen Verknüpfung, Schenkung (BGH NJW 99, 1623). Die Rechtsfolgen bei Zweckverfehlung sind in beiden Fällen gleich (§ 812 I 2 Alt 2); nur bei anderweitigen Störungen wirkt sich die Eigenschaft als Schenkung aus (§§ 528 f, 530 ff). Folgt man dieser keineswegs zwingenden Unterscheidung, bietet sich das Interesse des Zuwenders an der Zweckerreichung als Kriterium an (MüKo/*Koch* Rz 29). Je größer es ist, desto mehr spricht für eine kausale Verknüpfung. Die Praxis ist uneinheitlich. Bsp für die Annahme einer kausalen Verknüpfung: BGH NJW 92, 2566 (Errichtung eines Gebäudes auf fremdem Grund bei erwarteter Übertragung des Grundeigentums); Hamm NJW-RR 93, 1412 (Geldzuwendung in Erwartung späterer Betreuung); Köln FamRZ 01, 1608 (Zahlungsversprechen zwecks Fortsetzung der nichtehelichen Gemeinschaft); Bsp für die Annahme einer Zweckschenkung: BGH NJW 84, 233 (Übertragung eines Miteigentumsanteils in der Erwartung, der Empfänger werde das Haus bewohnen); BGH FamRZ 94, 503 (Zuwendung von Schmuck in Erwartung des Fortbestands der Ehe). Vgl aber auch Rn 20. Als kausale Verknüpfung genügt nicht die bloße Geschäftsgrundlage (BGH NJW 84, 233; iE auch BGH FamRZ 90, 600; 05, 337).

Von der Gegenleistung ist die bloße **Minderung des Werts des Zugewendeten** zu unterscheiden, zB vom 16
Beschenkten übernommene dingliche Belastungen (BGH FamRZ 93, 785; NJW 89, 2122).

Die Übertragung eines **Gesellschaftsanteils** ohne Einlage kann unentgeltlich sein. Für den Kommanditanteil 17
(BGH NJW 90, 2616), die Einräumung der Stellung eines stillen Gesellschafters (BGH NJW 53, 138) und die stille Beteiligung am Gesellschaftsanteil (BGH WM 67, 685) ist dies allg Meinung. Entspr gilt aber auch, trotz Übernahme der persönlichen Haftung und der Pflicht zur Geschäftsführung, für den Anteil an einer OHG (MüKo/*Koch* Rz 91; aA BGH NJW 90, 2616; differenzierend BGH NJW 81, 1956) und einer BGB-Gesellschaft (Frankf NJW-RR 96, 1123).

Die Unentgeltlichkeit kann auch bei Zuwendungen unter **Ehegatten** und an das **Schwiegerkind** vorliegen. 18
Vgl dazu Rn 22, 23.

V. Einigung über die Unentgeltlichkeit. Nicht jeder zweiseitige Vertrag, der dem einen Teil einen größeren 19
Vorteil als dem anderen bringt, ist Schenkung. Es genügt auch nicht, dass den Vertragschließenden das Fehlen einer Gegenleistung bekannt war (BGH WM 80, 1285). Erforderlich ist vielmehr eine Einigung über die Unentgeltlichkeit der Zuwendung.

Die **Vertragsfreiheit** gibt dafür einen weiten Gestaltungsspielraum. Die Parteien können einer für sich gese- 20
hen unentgeltlichen Leistung den Charakter der Unentgeltlichkeit nehmen, indem sie einen rechtlichen Zusammenhang mit einer schon erbrachten Leistung des Empfängers herstellen, sei diese zunächst unentgeltlich oder entgeltlich gewesen; darin liegt ggf eine Änderung des der früheren Leistung zugrunde liegenden Vertrags (BGH NJW-RR 89, 706). Von dieser (zusätzlichen) Entlohnung ist die – rechtlich nicht geschuldete – belohnende Schenkung zu unterscheiden, bei der die Verknüpfung bloßes Motiv ist (BGH WM 70, 755; NJW 82, 436). Freiwillige Zusatzleistungen des Arbeitgebers sind idR Entlohnung (BGH ZIP 97, 247; München FamRZ 95, 1069).

Der Gestaltungsfreiheit sind Grenzen gesetzt, wo **Interessen Dritter** (Pflichtteilsberechtigter, Fiskus) beein- 21
trächtigt werden. Die verschleierte Schenkung ist Schenkung (§ 117 I, II; § 7 IV ErbStG; vgl BGH NJW 72, 1709; NJW-RR 89, 706).

Zuwendungen unter Ehegatten sind zwar objektiv unentgeltlich (BGH NJW 92, 564). An der Einigung über 22
die Unentgeltlichkeit fehlt es aber, wenn der Zuwendung die Vorstellung zugrunde liegt, die eheliche Lebensgemeinschaft habe Bestand, oder wenn sie sonst um der Ehe Willen und als Beitrag zur Vermehrung, Ausgestaltung, Erhaltung oder Sicherung der ehelichen Lebensgemeinschaft erbracht wird (BGH in st Rspr, zB

FamRZ 90, 600). Der Ausgleich solcher sog ehebedingter Zuwendungen erfolgt beim Scheitern der Ehe nach den Regeln über den Wegfall der Geschäftsgrundlage (§ 313), im gesetzlichen Güterstand allerdings idR verdrängt durch den Zugewinnausgleich (BGH FamRZ 91, 1169; KG FamRZ 10, 33). Im Außenverhältnis werden Zuwendungen wie bzw als Schenkungen behandelt (§ 134 InsO, § 4 AnfG; BGH NJW 92, 564 zur Behandlung im Erbrecht). Als Schenkung unter Ehegatten bleiben damit nur Zuwendungen übrig, die Ausdruck „echter Freigiebigkeit" unabhängig vom Fortbestand der Ehe sind.

23 Den unbenannten Zuwendungen unter Ehegatten sind **Zuwendungen an das Schwiegerkind** vergleichbar, wenn sie, wie idR, der Ehegemeinschaft dienen und damit auch von deren Bestand abhängig sein sollen. Es gelten dieselben Grundsätze wie bei einer Zuwendung unter Ehegatten. Ihr Wert kann wegen Wegfalls der Geschäftsgrundlage zurückgefordert werden, wenn er nicht schon über den Zugewinnausgleich der Ehegatten ausgeglichen wird (BGH FamRZ 95, 1060).

24 **Zuwendungen in einer nichtehelichen Lebensgemeinschaft** fehlt dann eine Einigung über die Unentgeltlichkeit, wenn sie, wie idR, Beiträge zur Verwirklichung der Lebensgemeinschaft sind. Sie können nach gesellschaftsrechtlichen Grundsätzen (BGH NJW 92, 906; 97, 3371), aber auch wegen ungerechtfertigter Bereicherung oder Wegfall der Geschäftsgrundlage (BGH NJW 08, 2333) ausgeglichen werden.

25 **VI. Gemischte Schenkung.** Der Parteiwille entscheidet auch darüber, ob eine Gegenleistung der Zuwendung gleichwertig sein oder ob ihr Mehrwert unentgeltlich zugewendet werden soll (BGH NJW 72, 1709; 92, 2566). Dieser Befugnis sind Grenzen gesetzt, soweit die Interessen Dritter betroffen sind. Die Rspr hilft mit einer Beweiserleichterung; vgl dazu Rn 30. Maßgebend sind die Wertverhältnisse zum Zeitpunkt des Vollzugs des Vertrages. Ein entgeltliches Geschäft wird deshalb nicht durch eine spätere Wertsteigerung infolge der Wiedervereinigung zum teilweise unentgeltlichen (BGH NJW 02, 2469).

26 Insb bei **Grundstücksübertragungen in vorweggenommener Erbfolge** ist die bloße Minderung des Werts des Zugewendeten von der Gegenleistung zu unterscheiden. Ein Nießbrauch am übertragenen Grundstück mindert nur den Wert der Bereicherung (BGH FamRZ 93, 785), ebenso wie die Einräumung eines Wohnrechts (BGH NJW 98, 537; Oldbg FamRZ 99, 123; aA BGH WM 70, 391: Aufl; BGHZ 3, 206: Aufl oder gemischte Schenkung). Die Pflicht zur Zahlung eines Ausgleichs an andere Erbberechtigte kann Gegenleistung oder Aufl (§ 525) sein (BGH NJW 98, 537); idR dürfte eine Aufl vorliegen (Köln FamRZ 94, 1242).

27 Der Spaltung des Rechtsgeschäfts in einen entgeltlichen und unentgeltlichen Teil entspricht eine Trennung der **Rechtsfolgen** nur dann, wenn die höherwertige Zuwendung real teilbar ist, zB bei überhöhtem Kaufpreis. Die Schenkungsvoraussetzungen und -wirkungen beschränken sich dann auf den Schenkungsteil. Andernfalls muss nach den Rechtsfolgen differenziert werden; vgl § 518 Rn 6, § 528 Rn 12, § 531 Rn 5.

28 **D. Beweislast.** Eine gesetzliche Vermutung für den Schenkungscharakter von Leistungen unter nahen Verwandten kennt das Gesetz nur in den Fällen der §§ 685 II, 1360b, 1620. Es besteht keine tatsächliche Vermutung, dass Empfänger der Zuwendung von Geld durch die Eltern eines Ehegatten nur dieser ist (Ddorf NJW-RR 94, 1411).

29 Macht der Beschenkte Rechte aus der Schenkung geltend, so muss er diese beweisen (BGH NJW 95, 1349). Wird er in Anspruch genommen, ist die Einwendung der Schenkung zu widerlegen (BGH NJW 99, 2887); steht der Gläubiger außerhalb des Geschehens, so trifft den Beschenkten ggü der Bereicherungsklage nach den Grundsätzen der sekundären Beweislast die Obliegenheit zur Darlegung der für die Schenkung sprechenden Umstände (BGH NJW 99, 2887). Ggü der auf § 985 gestützten Herausgabeklage hilft dem Beschenkten die Vermutung des § 1006 I (BGH NJW 60, 1517).

30 Die Bezeichnung einer Zuwendung als unentgeltlich oder Schenkung ist ein **Indiz** gegen Entgeltlichkeit (vgl BGH NJW 99, 1623).

31 Diese Grundsätze gelten auch für die **gemischte Schenkung** (BGH NJW 81, 2458). Sind schutzwürdige Interessen Dritter betroffen, zB im Fall des § 2325, besteht eine tatsächliche Vermutung für eine gemischte Schenkung, wenn zwischen Leistung und Gegenleistung ein deutliches Missverhältnis besteht (BGH NJW 95, 1349; 02, 2469). Für eine Ausweitung dieses Grundsatzes auf Fälle, in denen es nur um die Beziehung der Vertragsparteien zueinander geht, besteht keine Notwendigkeit.

§ 517 Unterlassen eines Vermögenserwerbs.
Eine Schenkung liegt nicht vor, wenn jemand zum Vorteil eines anderen einen Vermögenserwerb unterlässt oder auf ein angefallenes, noch nicht endgültig erworbenes Recht verzichtet oder eine Erbschaft oder ein Vermächtnis ausschlägt.

1 Die Vorschrift ergänzt entgegen dem Sprachgebrauch den Begriff der Zuwendung in § 516 durch eine **Negativdefinition**.

§ 518 Form des Schenkungsversprechens.
(1) ¹Zur Gültigkeit eines Vertrags, durch den eine *Leistung schenkweise versprochen wird*, ist die notarielle Beurkundung des Versprechens erforderlich. ²Das Gleiche gilt, wenn ein Schuldversprechen oder ein Schuldanerkenntnis in der in den §§ 780, 781 bezeichneten Art schenkweise erteilt wird, von dem Versprechen oder der Anerkennungserklärung.
(2) Der Mangel der Form wird durch die Bewirkung der versprochenen Leistung geheilt.

A. Formzwang (Abs 1). I 1 unterwirft das Schenkungsversprechen der **notariellen Beurkundung**. Ihr Fehlen führt zur Nichtigkeit (§ 125 I 1). Für Schenkungen von Todes wegen gilt die Spezialregelung des § 2301. 1
Nur das Schenkungsversprechen unterliegt dem Formzwang; die Annahme ist formfrei. Der Rechtsgrund (Schenkung) muss nicht mitbeurkundet werden. 2
Die Beurkundung hat die gesamte Schenkung **einschl der Nebenpflichten** des Schenkers zu umfassen. Sie erstreckt sich auf die Aufl (hM). 3
Spätere Änderungen sind formbedürftig, wenn sie eine Erweiterung des Schenkungsversprechens bedeuten. 4
I 2 dehnt den Formzwang auf **abstrakte Schuldversprechen** und **-anerkenntnisse** aus. Damit sind sie nicht nach II zur Heilung einer formlosen Verpflichtung geeignet. Gleichzustellen sind die ebenfalls abstrakten Forderungen auf Grund Wechselakzepts und die Hingabe eines Schecks (BGH NJW 75, 1881; 78, 2027 Nr 6). 5
Die **gemischte Schenkung** unterliegt dem Formzwang nur hinsichtlich des Schenkungsteils ohne Rücksicht auf die Wertverhältnisse. Bei Unteilbarkeit der Leistung ist das gesamte Leistungsversprechen formbedürftig (Staud/*Wimmer-Leonhardt* § 516 Rz 212). 6

B. Heilung durch Bewirkung der versprochenen Leistung (Abs 2). I. Allgemeines. „Bewirkt" ist die Leistung, wenn der Schenker alles getan hat, was von seiner Seite zum Erwerb des Gegenstands der Schenkung erforderlich ist (BGH NJW 70, 941); auf den Leistungserfolg kommt es nicht an (hM; aA MüKo/*Koch* Rz 11). Es schadet nicht, wenn das Vollzugsgeschäft befristet oder bedingt abgeschlossen ist (BGH NJW-RR 89, 1282); namentlich genügt die Begründung eines Anwartschaftsrechts, das sich bei Eintritt der Bedingung zum Vollrecht entwickelt (BGH NJW 70, 941 und Stuttg NJW 87, 782: Tod des Schenkers). Die freie Verfügungsgewalt des Schenkers über ein Guthaben bis zu seinem Tod steht der Annahme eines Vollzugs nicht entgegen (BGH FamRZ 85, 693). 7

II. Vollständigkeit. Die Bewirkung nur eines Teils der Leistung führt nach Maßgabe des § 139 zu teilweiser Heilung (MüKo/*Koch* Rz 15). Bei Dauerschuldverhältnissen tritt Heilung ein, soweit bereits geleistet ist (BAG NJW 59, 1746). 8

III. Rechtliche Erfordernisse. Die Anforderungen an die Bewirkung der versprochenen Leistung richten sich nach **materiellem Recht**. 9
Bei **Forderungen** ist zwischen Begründung und Übertragung zu unterscheiden. Die Schenkung einer bestehenden Forderung wird durch Abtretungserklärung geheilt (BGH NJW 65, 1913: Bausparvertrag); bei einer Wechselforderung bedarf es zusätzlich noch der Besitzübergabe. Die Qualität als Abtretungserklärung oder bloßes Angebot zum Abschluss eines Schenkungsvertrags ist eine Frage der Auslegung (BGH NJW 65, 1913 zur Begünstigungserklärung ggü der Bausparkasse); die Übergabe eines Sparbriefs ist Indiz für die Forderungsabtretung. Bei Erteilung einer Einziehungs- oder Verfügungsermächtigung über ein Spar- oder Wertpapierkonto ist die Zuwendung erst mit der Auszahlung vollzogen. Wird dagegen die Forderung erst begründet, wird die darin liegende Schenkung entspr II 1 erst durch Erfüllung vollzogen: Durch Gutschrift auf dem Empfänger-Konto durch die Bank (BGH NJW 94, 931) oder mit Einlösung eines Schecks (BGH NJW 75, 1881). 10
Soll bei einem **Vertrag zu Gunsten Dritter** dieser den Anspruch gegen den Versprechenden gem §§ 328, 331 erst mit dem Tod des Versprechensempfängers erwerben (Sparbuch, Lebensversicherung), ist eine darin liegende unentgeltliche Zuwendung grds mit Vertragsschluss vollzogen; eine Bindung des Schenkers durch Erbvertrag oder wechselbezügliches gemeinschaftliches Testament steht nicht entgegen (BGH NJW 76, 749). Der Dritte erwirbt das Recht, vorbehaltlich eines Widerrufs des Schenkers ggü dem Versprechensempfänger, mit dem Tod des Schenkers, bei vereinbarter Unwiderruflichkeit (zB § 13 II ALB) dagegen sofort. 11
Die Zuwendung des Anteils an einer **Personengesellschaft** (vgl § 516 Rn 17) ist mit Abschluss des Gesellschaftsvertrags vollzogen; die bloße Einbuchung genügt nicht (BGH NJW 90, 2616 zum KG-Anteil; Frankf NJW-RR 96, 1123 zur BGB-Gesellschaft). Die stille Gesellschaft soll dagegen wie eine schuldrechtliche Forderung des Stillen behandelt werden, so dass Vollzug erst mit Erfüllung eintritt (BGH NJW 52, 1412; 53, 138; BFH NJW-RR 08, 986 aA überzeugend MüKo/*Koch* Rz 33). 12
Im Fall einer Einigung nach **§ 929 2** ist eine Schenkung zugleich als Handschenkung bewirkt (BGH NJW 07, 2844). 13

IV. Heilung nach Tod des Schenkers. Die für den Rechtsübergang noch erforderlichen Handlungen können, insb bei Befristung der Schenkung auf den Tod des Schenkers (§ 516 Rn 3), auch noch nach dem Tod des Schenkers erfolgen, sei es auf Grund einer Vollmacht des Erblassers durch den Beschenkten (BGH NJW 86, 2107) oder einen Dritten, sei es durch den Erben des Schenkers (BGH NJW 87, 840). Anders als im Fall des § 2301 II bildet der Tod des Erblassers keine Zäsur. Voraussetzung ist aber, dass die Vollzugshandlung des Schenkers nicht vorher widerrufen worden ist (BGH NJW 87, 84). 14

C. Beweislast. Beruft sich der Beschenkte auf ein formloses, nach II wirksames Schenkungsversprechen, so hat er die für dessen Wirksamkeit nach II sprechenden Umstände zu beweisen. Hierzu genügt bei einer Abhebung von fremdem Konto eine Bankvollmacht ohne Nachweis des Schenkungsversprechens idR nicht (BGH FamRZ 07, 386). 15

§ 519 Einrede des Notbedarfs.
(1) Der Schenker ist berechtigt, die Erfüllung eines schenkweise erteilten Versprechens zu verweigern, soweit er bei Berücksichtigung seiner sonstigen Verpflichtungen außerstande ist, das Versprechen zu erfüllen, ohne dass sein angemessener Unterhalt oder die Erfüllung der ihm kraft Gesetzes obliegenden Unterhaltspflichten gefährdet wird.
(2) Treffen die Ansprüche mehrerer Beschenkten zusammen, so geht der früher entstandene Anspruch vor.

1 Die Vorschrift gibt dem Schenker eine **anspruchshemmende Einrede** gegen den Anspruch des Beschenkten auf Erfüllung des Schenkungsversprechens BGH NJW 05, 3638. Auf sie kann nicht im Voraus verzichtet werden.

2 Es genügt, dass **ernstlich damit zu rechnen** ist, der Beschenkte werde bei Erfüllung des Anspruchs für die Zukunft nicht mehr genügend Mittel für seinen angemessenen Unterhalt und die Erfüllung seiner gesetzlichen Unterhaltspflicht haben (BGH NJW 01, 1207). Zur Angemessenheit des Unterhalts und zu den gesetzlichen Unterhaltspflichten vgl § 528 Rn 2. Anders als in den Fällen der §§ 528, 529 und in teilw Abweichung von den für den gesetzlichen Unterhaltsanspruch geltenden Regeln sind auch Drittschulden ohne weiteres zu berücksichtigen („bei Berücksichtigung seiner sonstigen Verpflichtungen").

3 Die **Ursache des drohenden Notbedarfs** ist ohne Bedeutung; selbst mutwillige Herbeiführung schadet nicht (BGH NJW 01, 1207).

4 Die Einrede führt zur Abweisung der Klage als derzeit unbegründet (BGH NJW 05, 3638).

§ 520 Erlöschen eines Rentenversprechens.
Verspricht der Schenker eine in wiederkehrenden Leistungen bestehende Unterstützung, so erlischt die Verbindlichkeit mit seinem Tode, sofern nicht aus dem Versprechen sich ein anderes ergibt.

1 Die Vorschrift stellt eine **Auslegungsregel** auf. Gegenteiliges ist zu beweisen.
2 **Wiederkehrende Leistungen** sind Renten (Leibrente, Unterhaltsrente), nicht Teilzahlungen eines Kapitalbetrags.
3 Die Verbindlichkeit **erlischt**, mit Ausn von Rückständen und vorbehaltlich anderweitiger Vereinbarung, mit dem Tod des Schenkers gem § 520 und des Beschenkten wegen Wegfalls des Unterstützungszwecks.

§ 521 Haftung des Schenkers.
Der Schenker hat nur Vorsatz und grobe Fahrlässigkeit zu vertreten.

1 Die Uneigennützigkeit der Schenkung rechtfertigt ein **Haftungsprivileg** des Schuldners. Es kann eingeschränkt und in den Grenzen des § 276 III erweitert werden. Das Privileg erfasst auch die Haftung für Erfüllungsgehilfen (§ 278).

2 Die Beschränkung gilt für die Haftung bei **Unmöglichkeit** einschl der anfänglich subjektiven (§§ 275, 280, 283–285, 311a); für den Eintritt des Verzugs (§§ 280, 286) und während des **Verzugs** nach § 287 (BaRoth/*Gehrlein* Rz 4; aA die hLit); für die Verletzung vorvertraglicher oder vertraglicher **Schutzpflichten**, die im Zusammenhang mit dem Gegenstand der Schenkung stehen (BGH NJW 85, 794; str). Die Haftungsmilderung schlägt auch auf **deliktische Ansprüche** durch (BGH NJW 85, 794) und schließt damit die Gefährdungshaftung aus (vgl BGH NJW 92, 2474 zu § 599). Für die Haftung für Rechts- und Sachmängel gelten die Sondervorschriften der §§ 523, 524.

§ 522 Keine Verzugszinsen.
Zur Entrichtung von Verzugszinsen ist der Schenker nicht verpflichtet.

1 Die Vorschrift begrenzt die Rechtsfolgen des **Schuldnerverzugs**. Für dessen Voraussetzungen gilt die Haftungserleichterung des § 521. Erfasst sind Verzugszinsen nach §§ 288 I–III, 290 und § 352 HGB, nicht dagegen Prozesszinsen (§ 291) und konkrete Zinsschäden gem §§ 280 II, 286 (MüKo/*Koch* Rz 1).

§ 523 Haftung für Rechtsmängel.
(1) Verschweigt der Schenker arglistig einen Mangel im Recht, so ist er verpflichtet, dem Beschenkten den daraus entstehenden Schaden zu ersetzen.
(2) ¹Hatte der Schenker die Leistung eines Gegenstandes versprochen, den er erst erwerben sollte, so kann der Beschenkte wegen eines Mangels im Recht Schadensersatz wegen Nichterfüllung verlangen, wenn der Mangel dem Schenker bei dem Erwerb der Sache bekannt gewesen oder infolge grober Fahrlässigkeit unbekannt geblieben ist. ²Die für die Haftung des Verkäufers für Rechtsmängel geltenden Vorschriften des §§ 433 Abs. 1 und der §§ 435, 436, 444, 452, 453 finden entsprechende Anwendung.

1 Der Begriff des **Rechtsmangels** entspricht demjenigen des Kaufrechts (§§ 435, 436). Die Haftungsbeschränkung gilt für Spezies- und Gattungsschulden. Zur Abdingbarkeit gilt das zu § 521 Rn 1 Gesagte. Maßgebender Zeitpunkt für das Vorliegen eines Rechtsmangels ist derjenige des Schenkungsvollzugs.

2 Die **Haftung** differiert je nach dem, ob der geschenkte Gegenstand sich schon im Vermögen des Schenkers befindet oder nicht. Beim Erwerb einer Speziessache wird mit Recht als weitere Haftungsvoraussetzung die Vermeidbarkeit (Behebbarkeit) des Mangels gefordert (MüKo/*Koch* Rz 6).

§ 524 Haftung für Sachmängel. (1) Verschweigt der Schenker arglistig einen Fehler der verschenkten Sache, so ist er verpflichtet, dem Beschenkten den daraus entstehenden Schaden zu ersetzen. (2) ¹Hatte der Schenker die Leistung einer nur der Gattung nach bestimmten Sache versprochen, die er erst erwerben sollte, so kann der Beschenkte, wenn die geleistete Sache fehlerhaft und der Mangel dem Schenker bei dem Erwerb der Sache bekannt gewesen oder infolge grober Fahrlässigkeit unbekannt geblieben ist, verlangen, dass ihm an Stelle der fehlerhaften Sache eine fehlerfreie geliefert wird. ²Hat der Schenker den Fehler arglistig verschwiegen, so kann der Beschenkte statt der Lieferung einer fehlerfreien Sache Schadensersatz wegen Nichterfüllung verlangen. ³Auf diese Ansprüche finden die für die Gewährleistung wegen Fehler einer verkauften Sache geltenden Vorschriften entsprechende Anwendung.

Der Begriff des **Fehlers** ist derselbe wie im Kaufrecht (§ 434). Er muss, wie im Kaufrecht, der Sache zum Zeitpunkt des Gefahrübergangs, also des Vollzugs der Schenkung, anhaften. Zur Abdingbarkeit vgl § 521 Rn 1. **1**

§ 525 Schenkung unter Auflage. (1) Wer eine Schenkung unter einer Auflage macht, kann die Vollziehung der Auflage verlangen, wenn er seinerseits geleistet hat.
(2) Liegt die Vollziehung der Auflage im öffentlichen Interesse, so kann nach dem Tode des Schenkers auch die zuständige Behörde die Vollziehung verlangen.

A. Allgemeines. Die Aufl ist die mit einer Schenkung verbundene Verpflichtung des Beschenkten zu einer **1** Leistung. Als vertragliche Nebenabrede unterliegt auch sie dem Formerfordernis des § 518. Ihre Unwirksamkeit ergreift nach Maßgabe des § 139 den ganzen Vertrag. Zur schenkungsteuerlichen Behandlung vgl § 7 I Nr 2 ErbStG.

B. Tatbestand und Abgrenzung. Die auferlegte Leistung ist im weitesten Sinn zu verstehen. Sie kann in aktivem Tun oder Unterlassen, auch von nur immateriellem Wert, bestehen (BayObLG NJW 74, 1142). **2**
Begünstigt kann der Schenker, der Beschenkte oder ein Dritter sein. Das **Wertverhältnis von Schenkung** **3** **und Aufl** ist grds ohne Bedeutung. Es genügt, dass nach Einschätzung der Vertragsparteien dem Beschenkten ein, wenn auch nur immaterieller, Vorteil verbleibt (MüKo/*Koch* Rz 4). Andernfalls kommt eine entgeltliche Geschäftsbesorgung oder ein Auftrag mit treuhänderischem Einschlag in Betracht (BGH NJW 04, 1382).
Der Beschenkte ist **zur Vollziehung der Aufl verpflichtet.** Hierdurch unterscheidet sich die Schenkung unter **4** Aufl von der Zweckschenkung (vgl § 516 Rn 15). Wesentliches Abgrenzungskriterium ist das überwiegende Interesse an der Leistung: Bei der Aufl ist es dasjenige des Schenkers oder des Dritten, bei der Zweckschenkung dasjenige des Beschenkten (Erman/*Herrmann* Rz 6).
Die Verpflichtung besteht stets ggü dem Schenker (I) oder seinem Rechtsnachfolger, nach dem Tod des **5** Schenkers bei öffentlichem Interesse, wofür die Förderung des Gemeinwohls genügt, auch ggü der nach Landesrecht zuständigen Behörde (II); zusätzlich bei Begünstigung eines Dritten im Zweifel auch ggü (§ 330 2). Das Rechtsverhältnis zum Schenker entscheidet, ob der Dritte die Leistung behalten darf; idR ist sie ihrerseits eine Schenkung (MüKo/*Koch* Rz 14).
Zwischen der Leistungspflicht des Schenkers und des Beschenkten besteht ein lockerer Zusammenhang. Diejenige des Beschenkten ist durch den Vollzug der Schenkung aufschiebend bedingt (I). Bei mangelbedingter **6** Unzulänglichkeit der Schenkung hat der Beschenkte ein Leistungsverweigerungsrecht (§ 526). Der Schenker kann die Herausgabe des Geschenks bei Nichtvollziehung der Aufl verlangen (§ 527). Eine weitergehende Abhängigkeit besteht nicht. Die fehlende Gegenseitigkeit der Verpflichtungen hebt die Schenkung unter Aufl von den entgeltlichen Rechtsgeschäften ab. Die im Einzelfall schwierige **Abgrenzung zur gemischten Schenkung** hat sich daran zu orientieren, dass nach dem Willen der Parteien der unter einer Aufl Beschenkte nicht für die Zuwendung, sondern auf ihrer Grundlage und aus dem Wert der Zuwendung leisten soll (BGH NJW 82, 818), ohne dass die Mittel hierfür aus der Zuwendung stammen müssen (Staud/*Wimmer-Leonhardt* Rz 8).

C. Einzelfälle. Danach sind idR Schenkung unter Aufl: Die Zuwendung von Grundbesitz, entweder verbunden mit der Verpflichtung zur Einräumung eines Wohnrechts, Nießbrauchs oder Leibgedinges zu Gunsten **7** des Übergebers (BGHZ WM 70, 239; NJW 82, 818; 89, 2122; Köln FamRZ 94, 1242; aA BGH JZ 98, 906: Gemischte Schenkung; NJW 93, 1577: Bloße Minderung des Werts der Schenkung) oder (bei vorweggenommener Erbfolge) gegen Abfindung weichender Erben (Köln FamRZ 94, 1242; offen gelassen von BGH NJW 98, 537). Nur eine im Wert geminderte Schenkung ist dagegen die Zuwendung eines schon mit dem Nießbrauch belasteten Grundstücks (BGH NJW 89, 2122). – Die Zuwendung eines Sparguthabens, das mit anderen Personen zu teilen (Frankf WM 87, 1248) oder zur Alterssicherung des Beschenkten zu verwenden ist (Köln FamRZ 84, 64). Dagegen ist die Zuwendung von Geld durch den Betriebsinhaber an einen Verwandten, das dieser dem Unternehmer als Darlehen zur Verfügung stellen soll, richtiger Ansicht nach die schenkweise Zuwendung einer Darlehensrückzahlungsforderung (Hamm OLGZ 78, 422; MüKo/*Koch* Rz 11; aA BayObLG NJW 74, 1142: Schenkung unter Aufl).

D. Beweislast. Der auf Leistung der Aufl klagende Schenker hat den Vollzug der Schenkung zu beweisen. **8**

§ 526 Verweigerung der Vollziehung der Auflage.
¹Soweit infolge eines Mangels im Recht oder eines Mangels der verschenkten Sache der Wert der Zuwendung die Höhe der zur Vollziehung der Auflage erforderlichen Aufwendungen nicht erreicht, ist der Beschenkte berechtigt, die Vollziehung der Auflage zu verweigern, bis der durch den Mangel entstandene Fehlbetrag ausgeglichen wird. ²Vollzieht der Beschenkte die Auflage ohne Kenntnis des Mangels, so kann er von dem Schenker Ersatz der durch die Vollziehung verursachten Aufwendungen insoweit verlangen, als sie infolge des Mangels den Wert der Zuwendung übersteigen.

1 Die Vollziehung der Aufl darf den Beschenkten nicht ärmer machen, als er ohne die Schenkung wäre (RGZ 112, 210). Übersteigt nach der maßgeblichen Einschätzung der Vertragschließenden der Wert der Aufl denjenigen der Zuwendung, fehlt es von vornherein an einer Schenkung (vgl § 525 Rn 3). § 526 gilt unabhängig davon, ob der Beschenkte Schadensersatzansprüche nach §§ 523, 524 hat. Die Regelung ist analog anwendbar, wenn der Beschenkte infolge eines anderen unvorhergesehenen und nicht abwendbaren Umstands die Aufl nicht ohne Verminderung seines Vermögens vollziehen kann (RGZ 112, 210: Inflation).

2 Die Einrede nach 1 kann dem **Schenker** und, wenn dem **Begünstigten** ein Anspruch eingeräumt ist (vgl § 525 Rn 5), auch diesem entgegengesetzt werden. Kenntnis des Beschenkten vom Mangel, ggf grob fahrlässige Unkenntnis entspr § 442 zum Zeitpunkt des Schenkungsvertrags (aA hM: Vollzug der Schenkung), schließen die Einrede aus.

3 Die Voraussetzungen der Einrede nach 1 hat der Beschenkte zu **beweisen**, die sie ausschließende Kenntnis wie im Fall des § 442 der Schenker oder begünstigte Dritte (str, vgl MüKo/Koch Rz 2). Im Fall des 2 hat der Beschenkte seine Unkenntnis zu beweisen.

§ 527 Nichtvollziehung der Auflage.
(1) Unterbleibt die Vollziehung der Auflage, so kann der Schenker die Herausgabe des Geschenkes unter den für das Rücktrittsrecht bei gegenseitigen Verträgen bestimmten Voraussetzungen nach den Vorschriften über die Herausgabe einer ungerechtfertigten Bereicherung insoweit fordern, als das Geschenk zur Vollziehung der Auflage hätte verwendet werden müssen. (2) Der Anspruch ist ausgeschlossen, wenn ein Dritter berechtigt ist, die Vollziehung der Auflage zu verlangen.

1 Die Vorschrift gibt dem Schenker wahlweise anstelle des Erfüllungsanspruchs (§ 525 Rn 4) und neben einem Schadensersatzanspruch nach §§ 280, 281, 283 einen **Anspruch auf Rückgewähr**. Er ist ausgeschlossen, wenn der begünstigte Dritte einen eigenen Erfüllungsanspruch hat (II); ihm steht im Fall des § 525 II die zuständige Behörde gleich (hM).

2 Die **Voraussetzungen** des Herausgabeanspruchs richten sich nach den für das Rücktrittsrecht bei gegenseitigen Verträgen geltenden Regeln (§ 323). **Inhalt und Umfang** werden vom Bereicherungsrecht bestimmt (§§ 818 ff), freilich begrenzt auf das zur Vollziehung der Aufl Erforderliche. Wird hierfür nicht der gesamte Gegenstand benötigt, beschränkt sich der Anspruch deshalb bei teilbaren Gegenständen auf den entspr Teil, bei Unteilbarkeit gem § 818 II auf einen Wertersatzanspruch.

§ 528 Rückforderung wegen Verarmung des Schenkers.
(1) ¹Soweit der Schenker nach der Vollziehung der Schenkung außerstande ist, seinen angemessenen Unterhalt zu bestreiten und die ihm seinen Verwandten, seinem Ehegatten, seinem Lebenspartner oder seinem früheren Ehegatten oder Lebenspartner gegenüber gesetzlich obliegende Unterhaltspflicht zu erfüllen, kann er von dem Beschenkten die Herausgabe des Geschenkes nach den Vorschriften über die Herausgabe einer ungerechtfertigten Bereicherung fordern. ²Der Beschenkte kann die Herausgabe durch Zahlung des für den Unterhalt erforderlichen Betrags abwenden. ³Auf die Verpflichtung des Beschenkten findet die Vorschrift des § 760 sowie die für die Unterhaltspflicht der Verwandten geltende Vorschrift des § 1613 und im Falle des Todes des Schenkers auch die Vorschrift des § 1615 entsprechende Anwendung.
(2) Unter mehreren Beschenkten haftet der früher Beschenkte nur insoweit, als der später Beschenkte nicht verpflichtet ist.

1 **A. Überblick.** Der Schenker soll seinen Unterhalt zunächst aus eigenem Vermögen bestreiten; er muss deshalb auch in der Lage sein, ein aus seinem Vermögen gegebenes Geschenk notfalls **zurückzuverlangen**. Der Beschenkte kann nicht einwenden, wegen eines Unterhaltsanspruchs gegen einen der in I Genannten fehle es an der Notlage (BGH NJW 91, 1824). Gesichtspunkte des **Vertrauensschutzes** führen gleichwohl zu Einschränkungen des Rückforderungsanspruchs: Durch nachrangige Haftung des früher Beschenkten (II), durch den Entreicherungseinwand (I 1 iVm § 818 III) und die 10-Jahresfrist des § 529 I. Für weiterreichende Einschränkungen besteht kein Bedürfnis (BGH FamRZ 01, 1137). Die Vorschrift schließt die Berufung auf den Wegfall der Geschäftsgrundlage (§ 313) nicht aus, soweit der Sachverhalt außerhalb des Bereichs der speziellen Ansprüche des Schenkers liegt (BGH FamRZ 90, 600).

2 **B. Voraussetzungen des Anspruchs.** Der Schenker muss außerstande sein, seinen angemessenen Unterhalt zu bestreiten und zusätzlich die ihn gem §§ 1360 ff, 1569 ff, 1601 ff, 1615l oder §§ 5, 12, 16 LPartG treffenden Unterhaltspflichten zu erfüllen; rein vertragliche Pflichten bleiben außer Betracht. Das Schenkungsrecht

knüpft damit an das Unterhaltsrecht an: Für den Unterhaltsbedarf des Schenkers, seine Bedürftigkeit einschl seiner Erwerbsobliegenheit und seine Unterhaltspflichten gelten die für das Unterhaltsverhältnis zwischen Schenker und Beschenktem maßgebenden Regeln (BGH NJW 00, 3488; 03, 1384). Soweit keine unterhaltsrechtlichen Beziehungen zwischen diesen bestehen können, kann an die Rechtslage beim Elternunterhalt als der lockersten Form angeknüpft werden (BGH NJW 00, 3488 und 01, 1207 zu § 529 II).

Die **Bedürftigkeit** des Schenkers muss **nicht gerade durch die Schenkung** herbeigeführt worden sein; dass die Notlage nach I 1 „nach" Vollziehung der Schenkung eingetreten ist, bedeutet lediglich die zeitliche Abgrenzung der Vorschrift ggü § 519 (BGH FamRZ 05, 177). § 528 setzt nur voraus, dass die Schenkung überhaupt vollzogen ist (BGH NJW 07, 60).   3

Es genügt die idR nicht auszuschließende grundsätzliche **Eignung des Geschenks** zur Gewährleistung angemessenen Unterhalts und zur Erfüllung der Unterhaltspflicht. Ist es werthaltig, so schadet nicht, dass es zeitweise nicht ohne weiteres zum Unterhalt verwendet werden kann (BGH NJW 07, 60: Belastung m Nießbrauch).   4

Der Anspruch **entsteht** mit Eintritt der Notlage (BGH NJW 00, 728) und nicht schon, wenn diese droht. Werden Sozialleistungen gewährt, so entscheidet der Zeitpunkt des zur Bewilligung führenden Antrags (BGH NJW 03, 2449).   5

Die Notlage muss nach Abschluss des Schenkungsvertrags, unabhängig vom Zeitpunkt der Vollziehung (BGH NJW 07, 60), und innerhalb der **Zeitschranke** des § 529 I Alt 2 entstanden sein. Tritt sie erst nach dem Tod des Beschenkten ein, richtet sich der Rückgewähranspruch gegen dessen Erben (BGH NJW 91, 2558).   6

Der **spätere Wegfall der Notlage** lässt den Anspruch für die Zeit der Notlage nicht entfallen, wenn der Schuldner fremde Hilfe in Anspruch genommen hat; dementspr sind für den Rechtsübergang auf den Sozialleistungsträger nur die Verhältnisse des Schenkers im Zeitpunkt des Antrags auf Sozialleistungen maßgebend (BGH NJW 03, 2449). Hat der Schenker sich verschuldet, kommt es darauf an, ob die Verbesserung der wirtschaftlichen Lage ihm die Beseitigung der Folgen der Notlage ermöglicht. Hat er sich eingeschränkt, entsteht kein Anspruch (MüKo/*Koch* Rz 11).   7

C. Inhalt des Anspruchs. Der Beschenkte wird durch Verweisung auf das Bereicherungsrecht so behandelt, als sei der Rechtsgrund der Schenkung entfallen. Über Rechtsfolgenverweisung in I 1 (BGH NJW 01, 1207) findet auf den Rückgewähranspruch das **Bereicherungsrecht** (§§ 818 ff) Anwendung. Das bedeutet: 8

Anstelle der Herausgabe des geschenkten **Grundstücks** wird Wertersatz gem § 818 II geschuldet, wenn ein Grundstück nach der Zuwendung bebaut oder ein bebautes Grundstück wesentlich umgestaltet wird und damit wirtschaftlich ein anderer Gegenstand geworden ist (BGH NJW 81, 2687; WM 87, 1533). Aufwendungen, die in ursächlichem Zusammenhang mit dem Erwerb stehen, sind gem § 818 III Zug um Zug gegen Übergabe des Grundstücks zu erstatten, ohne dass es der Erhebung einer Einrede bedarf (BGH NJW 80, 689); dazu gehören nicht Pflege- und Betreuungsleistungen (BGH NJW 98, 537).   9

Bei **unentgeltlicher Weitergabe** des Gegenstands der Zuwendung durch den Beschenkten haftet der Dritte nach § 822 auf Rückgewähr (BGHZ 106, 354); dagegen auf Wertersatz mit der Befreiungsmöglichkeit durch Herausgabe der Sache, wenn er vom Beschenkten ein Surrogat des Geschenks erhalten hat (BGH FamRZ 04, 691). Unentgeltlich iSd § 822 sind auch unbenannte Zuwendungen an den Ehegatten (BGH NJW 00, 134).   10

Der Anspruch geht auf Herausgabe des Geschenks, „**soweit**" der Schenker zur Bestreitung seines angemessenen Unterhalts den Gegenstand der Zuwendung benötigt. Er ist einerseits durch den Wert der Zuwendung und andererseits durch den Unterhaltsbedarf des Schenkers begrenzt (BGH NJW 98, 537). Ist der Notbedarf geringer als der Wert des Geschenks, kann nur ein zur Bedarfsdeckung erforderlicher Teil herausverlangt werden (Teilwertersatz); bei Unteilbarkeit des Schenkungsgegenstands richtet sich der Anspruch von vornherein auf Zahlung in Höhe des der Bedürftigkeit des Schenkers entspr Wertteils (BGH NJW 85, 2419; FamRZ 96, 483). Das bedeutet, dass bei **wiederkehrendem Bedarf** auch nur wiederkehrende Leistungen in der zur Deckung des (Rest-) Bedarfs erforderlicher Höhe bis zur Erschöpfung des Werts der Zuwendung verlangt werden können (BGH FamRZ 85, 778; BVerwG FamRZ 93, 184). Jedoch kann sich der Beschenkte durch Rückgabe des ganzen Geschenks von der Verpflichtung befreien (MüKo/*Koch* Rz 6).   11

Bei **gemischter Schenkung** geht der Anspruch bei realer Teilbarkeit des Schenkungsgegenstands auf Herausgabe des Schenkungsteils. Bei Unteilbarkeit gelten nach hM (Palandt/*Wiedenkaff* § 516 Rz 16; Staud/*Wimmer-Leonhardt* Rz 39) dieselben Grundsätze wie für den Anspruch aus § 531 Rn 5). Richtiger erscheint, wie bei begrenzter Bedürftigkeit des Schenkers (vgl oben Rn 11), ein Anspruch auf Teilwertersatz (MüKo/*Koch* Rz 7 und § 516 Rz 41).   12

Zur Schenkung unter vollzogener **Aufl** gilt das zu § 531 Rn 4 Gesagte.   13

Durch Überleitung oder gesetzlichen **Forderungsübergang** auf den Sozialleistungsträger (zB § 33 SGB II, § 94 SGB XII) verändert sich der Anspruch nicht (BGH FamRZ 85, 778). Dass das Geschenk, wäre es dem Schenker verblieben, Schonvermögen wäre, ist ohne Bedeutung (BGH FamRZ 05, 177).   14

Für die Abwendungsbefugnis (**I 2**) ist kein Raum, wenn der Rückgewähranspruch von vornherein auf Zahlung geht, weil Geld zugewandt wurde oder bei unteilbarer Zuwendung Zahlung des zum angemessenen Unterhalt Erforderlichen geschuldet ist (BGH NJW 96, 987). I 3 gilt nur für I 2, nicht für I 1 (BGH NJW 85, 2419).   15

16 **D. Abtretbarkeit, Erlöschen.** Die – allein durch § 852 II ZPO (BGH NJW 07, 60) – eingeschränkte Pfändbarkeit des Anspruchs macht ihn nicht zu einem höchstpersönlichen (BGH NJW 95, 323).

17 Weder § 400 noch § 399 Alt 1 stehen einer **Abtretung** iRd Zwecksetzung des Anspruchs entgegen (MüKo/*Koch* Rz 17). Deshalb ist die Abtretung des Anspruchs, auch an andere als die in I 1 genannten Unterhaltsgläubiger, zulässig, wenn der Abtretungsempfänger den vollen Gegenwert schon als Unterhalt für den bedürftig gewordenen Schenker geleistet hat und weiterhin leistet (BGH NJW 95, 323).

18 Die **Befriedigung des Unterhaltsbedarfs durch Dritte** führt nicht zum (teilweisen) Erlöschen des Anspruchs. Er ändert nur seinen Zweck (MüKo/*Koch* Rz 17): Ist der Anspruch an den Dritten abgetreten, von diesem an sich übergeleitet worden oder kraft Gesetzes auf ihn übergegangen (Rn 14), dient er dessen Entschädigung; ist er beim Schenker verblieben, ermöglicht er ihm, die Leistung des Dritten zu vergüten oder den Anspruch an diesen abzutreten. Die Beerbung des Schenkers durch den Rückgewährschuldner führt nicht zum Erlöschen des Anspruchs (BGH NJW 95, 2287).

19 Der **Tod des Schenkers** führt grds zum Erlöschen des Anspruchs. Dabei verbleibt es, wenn der Schenker weder den Anspruch geltend gemacht noch die Hilfe Dritter in Anspruch genommen hat. Der Anspruch bleibt aber bestehen, wenn er vor dem Tod des Schenkers abgetreten oder auf den Träger der Sozialleistungen übergeleitet worden oder kraft Gesetzes übergegangen ist (BGH FamRZ 86, 1606; NJW 95, 323) oder wenn ein Dritter (Sozialleistungsträger oder Privater) den Unterhalt des Schuldners sichergestellt hatte (BGH NJW 95, 2287; FamRZ 01, 1137).

20 **E. Mehrere Beschenkte.** Gleichzeitig Beschenkte haften dem Schuldner, ohne Rücksicht auf die Gleichwertigkeit der Zuwendungen, gleichrangig nebeneinander in voller Höhe (BGH NJW 91, 1427) mit interner Ausgleichspflicht entspr § 426 I (BGH NJW 98, 537).

21 **Zeitlich verschiedene Zuwendungen** sind in umgekehrter Reihenfolge rückabzuwickeln (II; vgl näher BGH NJW 98, 537).

22 **F. Prozessuales.** Wird **Teilwertersatz** (Rn 11) durch wiederkehrende Leistung geschuldet, ist im Urt anzugeben, bis zu welchem Betrag vollstreckt werden kann (BGH NJW 03, 1384).

23 Der Schenker ist **darlegungs- und beweisbelastet** für die Unentgeltlichkeit der Zuwendung (BGH NJW 95, 1349) und seine Notlage (BGH NJW-RR 03, 53); für diese ist die Gewährung von Sozialhilfe ein starkes Indiz (BGH NJW 96, 987). Der Beschenkte hat seine Entreicherung iSd § 818 III zu beweisen.

§ 529 Ausschluss des Rückforderungsanspruchs.

(1) Der Anspruch auf Herausgabe des Geschenkes ist ausgeschlossen, wenn der Schenker seine Bedürftigkeit vorsätzlich oder durch grobe Fahrlässigkeit herbeigeführt hat oder wenn zur Zeit des Eintritts seiner Bedürftigkeit seit der Leistung des geschenkten Gegenstandes zehn Jahre verstrichen sind.
(2) Das Gleiche gilt, soweit der Beschenkte bei Berücksichtigung seiner sonstigen Verpflichtungen außerstande ist, das Geschenk herauszugeben, ohne dass sein standesmäßiger Unterhalt oder die Erfüllung der ihm kraft Gesetzes obliegenden Unterhaltspflichten gefährdet wird.

1 **A. Überblick.** Entgegen dem Wortlaut enthält die Vorschrift keine Einwendung, sondern eine **Einrede** (allgM). Sie kann auch dem aus der Ersetzungsbefugnis des § 528 I 2 resultierenden Unterhaltsanspruch entgegengesetzt werden.

2 § 529 beansprucht keine Ausschließlichkeit. Ein Leistungsverweigerungsrecht kann daneben auf § 242 gestützt werden. Umgekehrt kann auch die Geltendmachung der Einrede eine unzulässige Rechtsausübung sein (BGH NJW 01, 1207; 03, 2449).

3 **B. Ausschlussgründe.** Die Vorschrift schließt einen Rückforderungsanspruch in drei Fällen aus:

4 1. Bei vorsätzlicher oder grob fahrlässiger Herbeiführung der Bedürftigkeit des Schenkers (**I Alt 1**). Beispiele sind Verschwendung, Glücksspiel, unseriöse Spekulation (BGH NJW 03, 1384). Weitere Voraussetzung ist, dass der Schenker seine Bedürftigkeit nachträglich herbeigeführt hat und dies für den Beschenkten bei der Zuwendung nicht vorhersehbar war (BGH NJW 03, 1384).

5 2. Wenn die Bedürftigkeit des Schenkers später als zehn Jahre nach Leistung des geschenkten Gegenstandes eingetreten ist (**I Alt 2**). Dem Ausschluss des Anspruchs steht nicht entgegen, dass vor Ablauf der Frist Umstände eingetreten sind, aus denen sich früher oder später eine Erschöpfung des Vermögens voraussichtlich ergeben wird (BGH NJW 00, 728).

6 3. Soweit und so lange die Herausgabe der Zuwendung den standesgemäßen Unterhalt oder die Erfüllung gesetzlicher Unterhaltspflichten gefährden würde (**II**), vgl BGH NJW 05, 3638. Der „standesgemäße" Unterhalt entspricht dem angemessenen in §§ 519, 528 I (vgl hierzu § 528 Rn 2). Zum Einsatz von Vermögen vgl BGH NJW 86, 1926; Ddorf FamRZ 84, 887; Hamm FamRZ 93, 1436. Wie im Fall des § 519 Rn 2 und im Gegensatz zu § 528 I Rn 5 genügt es, dass ernstlich damit zu rechnen ist, der Beschenkte werde bei Erfüllung des Anspruchs in Zukunft nicht mehr genügend Mittel für seinen angemessen Unterhalt und die Erfüllung seiner gesetzlichen Unterhaltspflichten haben (BGH NJW 01, 1207).

Es ist grds ohne Bedeutung, wodurch die Vermögenslage entstanden ist, auf Grund derer die Erfüllung des 7
Rückgewähranspruchs eine Notlage hervorrufen würde; auch selbstverschuldete Bedürftigkeit schadet nicht
(BGH NJW 01, 1207). Ausnahmsweise kann die Berufung auf die drohende Notlage eine unzulässige Rechtsausübung sein (BGH NJW 01, 1207; 03, 2449).

C. Prozessuales. Die Einrede nach II hindert nur die gegenwärtige, nicht aber die spätere Durchsetzung des 8
Rückforderungsanspruchs bei veränderter Einkommens- oder Vermögenslage des Beschenkten. Sie führt
dementspr nur zur Abweisung der Klage als derzeit unbegründet (BGH NJW 05, 3638).

§ 530 Widerruf der Schenkung. (1) Eine Schenkung kann widerrufen werden, wenn sich der Beschenkte durch eine schwere Verfehlung gegen den Schenker oder einen nahen Angehörigen des Schenkers groben Undanks schuldig macht.
(2) Dem Erben des Schenkers steht das Recht des Widerrufs nur zu, wenn der Beschenkte vorsätzlich und widerruflich den Schenker getötet oder am Widerruf gehindert hat.

A. Überblick. Die Vorschrift regelt einen Sonderfall des **Wegfalls der Geschäftsgrundlage.** § 313 ist daneben 1
anwendbar, wenn der Sachverhalt außerhalb des Bereichs von § 530 liegt (BGH FamRZ 90, 600).
Die Vorschrift greift bei nur versprochenen wie bei schon vollzogenen Schenkungen, auch gemischten 2
(BGH NJW 99, 1623), ein; zu Zuwendungen unter Ehegatten vgl § 516 Rn 22. Ausgenommen sind gem § 534
Pflicht- und Anstandsschenkungen.
Das Widerrufsrecht ist **höchstpersönlich** (BGH NJW 62, 955), deshalb weder abtretbar noch pfändbar und 3
nur eingeschränkt nach Maßgabe des II vererblich. Hieraus folgt entgegen der hM (BGH NJW 62, 955;
Palandt/*Weidenkaff* Rz 1) nicht, dass es weder von noch ggü juristischen Personen ausgeübt werden könnte
(MüKo/*Koch* Rz 14).

B. Voraussetzungen. Der Beschenkte muss sich durch eine schwere Verfehlung gegen den Beschenkten oder 4
einen nahen Angehörigen groben Undanks schuldig gemacht haben. Erforderlich ist objektiv ein bestimmtes
Maß an Schwere und subjektiv ein erkennbarer Mangel an Dankbarkeit.
Das Verhalten des Beschenkten ist nicht isoliert zu werten. Grober Undank setzt eine **Gesamtschau** voraus 5
(BGH FamRZ 06, 196); dazu gehören insb der Umstände der Schenkung (BGH NJW 99, 1623), des späteren
Verhaltens von Schenker und Beschenktem (BGH NJW 84, 2089) und der wirtschaftlichen Lage des
Beschenkten (BGH NJW 00, 3201). Ein enges Verwandtschaftsverhältnis zwischen beiden hat keine erhöhte
Bedeutung (BGH NJW 78, 213). Ein unmittelbarer zeitlicher und sachlicher Zusammenhang zwischen
Schenkung und Fehlverhalten ist nicht erforderlich (BGH NJW 82, 390).
Ist die schwere Verfehlung gegen einen **nahen Angehörigen des Schenkers** gerichtet, muss daraus grober 6
Undank gerade ggü dem Schenker zu entnehmen sein (BGH NJW 99, 1623). Der Begriff des nahen Angehörigen ist weit zu fassen. Er umfasst auch Pflegekinder und -eltern sowie Lebensgefährten; die Nähe bestimmt
sich nach den persönlichen Beziehungen im Einzelfall (Palandt/*Weidenkaff* Rz 2). Zum groben Undank des
Schwiegerkindes durch Fehlverhalten ggü dem Kind, wenn die Zuwendung ausnahmsweise als Schenkung gilt
(§ 516 Rn 23), vgl BGH NJW 99, 1623.
Die Verfehlung muss vom Beschenkten begangen sein. Bei **Verfehlungen von Dritten** von erheblichem 7
Gewicht kommt ein schweres Fehlverhalten des Beschenkten als Unterlassung in Betracht, wenn er zu gegenläufigem Handeln sittlich verpflichtet war (BGH NJW 84, 2089; 92, 183).

C. Beispiele aus der Rspr. Grundloser Antrag auf Anordnung der Betreuung (BGH NJW 93, 1577; Ddorf 8
FamRZ 99, 438); Anzeige oder Verdächtigung ggü dem Arbeitgeber (BGH NJW 91, 830); Bezichtigung des
sexuellen Missbrauchs (Kobl NJW-RR 02, 630); Bezeichnung des Schenkers als geisteskrank (Hamm FamRZ
01, 545); das Verlangen nach sofortiger Räumung eines gewerblich genutzten Gebäudes (BGH FamRZ 93,
1297); die hartnäckige Weigerung, den vom Schenker vorbehaltenen Anspruch auf Zahlung einer Rente zu
erfüllen (BGH NJW 00, 3201) oder ihm ein Grundpfandrecht zu bestellen (BGH FamRZ 93, 785); der
Antrag auf Teilungsversteigerung bei geschenktem Miteigentumsanteil (Oldbg NJW-RR 98, 1); die Gründung
eines Konkurrenzunternehmens durch den beschenkten Kommanditisten in derselben Stadt und Branche
(BGH NJW 02, 1046); eheliche Verfehlungen (BGH NJW 82, 390; FamRZ 85, 351). Schwere Verfehlungen
sind nicht: Die Lösung einer nichtehelichen Lebensgemeinschaft (BGH FamRZ 70, 19); das Bestreiten von
Behauptungen iR einer prozessualen Auseinandersetzung (Karlsr NJW 88, 3023).

§ 531 Widerrufserklärung. (1) Der Widerruf erfolgt durch die Erklärung gegenüber dem Beschenkten.
(2) Ist die Schenkung widerrufen, so kann die Herausgabe des Geschenks nach den Vorschriften über die Herausgabe einer ungerechtfertigten Bereicherung gefordert werden.

A. Abs 1. Der Widerruf ist eine einseitige empfangsbedürftige **Willenserklärung** des Schenkers oder seiner 1
Erben (§ 530 II). Er kann auch durch Testament erfolgen.

2 **B. Abs 2.** Die **Rechtsfolge** des Widerrufs ist bei noch nicht vollzogener Schenkung das Erlöschen der Leistungspflicht, bei vollzogener ein Herausgabeanspruch nach Bereicherungsrecht wegen späteren Wegfalls des Rechtsgrundes. Er ist vormerkungsfähig (BGH NJW 02, 2461) und kann zusätzlich durch ein Verfügungsverbot gesichert werden (Köln NJW-RR 02, 1595).

3 Die Herausgabe eines zugewandten **Grundstücks** ist unmöglich (§ 818 II), wenn es nach der Schenkung bebaut worden ist. Maßgeblich ist nicht, ob der Funktionszusammenhang gewahrt ist, sondern das Wertverhältnis zwischen Grundstück und Bebauung (BGH NJW 81, 2687). Die Bildung von Wohnungseigentum führt nicht zur Unmöglichkeit (BGH NJW-RR 01, 6).

4 Für **Aufwendungen**, auch infolge des Vollzugs einer Aufl (§ 525), vor Eintritt der verschärften Haftung nach §§ 818 IV, 819 gilt (BGH NJW 99, 1626): Führten sie zu einer unmittelbaren Vermögensminderung, sind sie, ohne Rücksicht auf eine durch sie verursachte Wertsteigerung, als Entreicherung iSd § 818 III anzusetzen. Aufwendungen ohne Vermögensminderung, zB die Arbeitskraft, und alle Aufwendungen vor Abschluss des Schenkungsvertrags rechtfertigen einen eigenständigen Verwendungsersatzanspruch nach § 812 I 1 Alt 2. In beiden Fällen ist die Herausgabe nur Zug um Zug gegen Erstattung geschuldet.

5 Bei **gemischten Schenkungen** geht der Anspruch bei Teilbarkeit des Schenkungsgegenstands auf Herausgabe des Schenkungsteils. Bei Unteilbarkeit kommt es darauf an, ob der entgeltliche oder unentgeltliche Charakter des Rechtsgeschäfts überwiegt, wobei der Wertvergleich einen Anhaltspunkt liefert. Dominiert der entgeltliche Teil, ist der die Gegenleistung übersteigende Mehrwert zu zahlen; andernfalls geht der Anspruch auf Herausgabe Zug um Zug gegen Rückgewähr der Gegenleistung (BGH NJW 59, 1363; 90, 2616, 2620).

6 Bei **mehreren Schenkern** kann der Widerrufende bei Unteilbarkeit der Zuwendung Herausgabe an alle verlangen (BGH MDR 63, 575).

7 Die verschärfte Haftung nach § 819 tritt mit Zugang des Widerrufs ein (BGH NJW 99, 1626).

§ 532 Ausschluss des Widerrufs. ¹Der Widerruf ist ausgeschlossen, wenn der Schenker dem Beschenkten verziehen hat oder wenn seit dem Zeitpunkt, in welchem der Widerrufsberechtigte von dem Eintritt der Voraussetzungen seines Rechts Kenntnis erlangt hat, ein Jahr verstrichen ist. ²Nach dem Tode des Beschenkten ist der Widerruf nicht mehr zulässig.

1 Die **Verzeihung** ist ein tatsächliches Verhalten, mit dem zum Ausdruck gebracht wird, dass der Schenker die durch das Verhalten des Beschenkten hervorgerufene Kränkung nicht mehr als solche empfindet (BGH NJW 84, 2089). Ein bloßer Versöhnungsversuch genügt nicht (BGH NJW 99, 1626). Eine spätere Verschlechterung der Beziehungen beseitigt nicht die Rechtswirkungen der Verzeihung (BGH FamRZ 1961, 437). Die Verzeihung begründet eine Einrede.

2 Der Widerruf ist ferner nach Ablauf eines Jahres ab Kenntnis der ihn rechtfertigenden Gründe ausgeschlossen. Für jede Verfehlung läuft eine gesonderte **Frist** (BGHZ 31, 79, 81). Wegen Fristablaufs ausgeschlossene Widerrufsgründe können jedoch späteren ein besonderes Gewicht verleihen (BGH NJW 67, 1081). Der Fristablauf begründet eine Einwendung (hM).

3 Mit dem **Tod** des Beschenkten erlischt das Widerrufsrecht (2).

§ 533 Verzicht auf Widerrufsrecht. Auf das Widerrufsrecht kann erst verzichtet werden, wenn der Undank dem Widerrufsberechtigten bekannt geworden ist.

1 Auf das Widerrufsrecht kann erst nach seiner Entstehung, im Fall des § 530 II auch durch den Erben, durch einseitige empfangsbedürftige Willenserklärung verzichtet werden.

§ 534 Pflicht- und Anstandsschenkungen. Schenkungen, durch die einer sittlichen Pflicht oder einer auf den Anstand zu nehmenden Rücksicht entsprochen wird, unterliegen nicht der Rückforderung und dem Widerruf.

1 Die Vorschrift nimmt Pflicht- und Anstandsschenkungen von der Rückforderung nach § 528 und dem Widerruf nach § 530 aus. IÜ bleibt es bei den Schenkungsregeln der §§ 516–527. Soweit die Schenkung dasjenige überschreitet, was sittliche Pflicht oder der Anstand gebieten, kann sie zurückgefordert oder widerrufen werden; bei Unteilbarkeit ist sie dann Zug um Zug gegen den Wert einer nach § 534 zulässigen Zuwendung herauszugeben (BGH MDR 63, 575).

2 Einer **sittlichen Pflicht** entspricht die Zuwendung nur, wenn sie „geradezu sittlich geboten ist" (BGH NJW 86, 1926). Dabei sind insb Vermögen und Lebensstellung der Beteiligten und ihre persönlichen Beziehungen zu berücksichtigen (BGH MDR 63, 575). In die Bewertung ist auch eine sittliche Pflicht einzubeziehen, den Pflichtteil *Verwandter durch die Zuwendung nicht völlig auszuhöhlen* (BGH NJW 84, 2939). Sollen Pflegeleistungen belohnt werden, bedarf es besonderer Umstände (BGH NJW 86, 1926). Bei Diensten von Kindern muss das Ausbleiben einer Belohnung sittlich anstößig sein (BGH NJW 86, 1926). Unterhaltszahlungen an Verwandte oder den Partner einer nichtehelichen Lebensgemeinschaft können einer sittlichen Pflicht entsprechen (BGH NJW 84, 2939).

Anstandsschenkungen sind kleinere Zuwendungen wie gebräuchliche Gelegenheitsgaben oder übliche 3
Geschenke unter nahen Verwandten (BGH NJW 81, 111) und Trinkgeld.

Titel 5 Mietvertrag, Pachtvertrag

Untertitel 1 Allgemeine Vorschriften für Mietverhältnisse

§ 535 Inhalt und Hauptpflichten des Mietvertrags.

(1) ¹Durch den Mietvertrag wird der Vermieter verpflichtet, dem Mieter den Gebrauch der vermieteten Sache während der Mietzeit zu gewähren. ²Der Vermieter hat die Mietsache dem Mieter in einem zum vertragsgemäßen Gebrauch geeigneten Zustand zu überlassen und sie während der Mietzeit in diesem Zustand zu erhalten. ³Er hat die auf der Mietsache ruhenden Lasten zu tragen.
(2) Der Mieter ist verpflichtet, dem Vermieter die vereinbarte Miete zu entrichten.

Inhaltsübersicht	Rn		Rn
A. Mietvertrag	1–63	cc) Vorauszahlungen auf die umlegbaren Nebenkosten	37
I. Allgemeines	1–16	b) Aufklärungspflichten des Mieters	38, 39
1. Überblick	1	aa) Grundsatz	38
2. Begriff	2	bb) Fragen des Vermieters	39
3. Anwendungsbereich	3–8	c) Verstöße	40
a) Allgemeines	3	3. Nebenpflichten	41–58
b) Einzelfälle	4, 5	a) Des Vermieters	42–50
c) Mischformen	6, 7	aa) Schutzpflichten	42
d) Garagen	8	bb) Störungsschutz	43
4. Mietvorverträge; Anmietrechte; Vormietrechte; Optionsrechte	9	cc) Verkehrspflichten (Verkehrssicherungspflichten)	44–47
5. Abgrenzungen	10, 11	dd) Vertrag mit Schutzwirkung für Dritte	48
a) Pacht und Leihe	10	ee) Sonstiges	49
b) Verwahrung	11	ff) Pflichtverstöße	50
6. Wohn- und Gewerberäume	12–15	b) Nebenpflichten des Mieters	51–58
a) Allgemeines	12	aa) Allgemeines	51
b) Unterscheidung	13	bb) Verkehrspflichten	52
c) Mischmietverhältnisse	14, 15	cc) Duldung eines Betretungs- und Besichtigungsrechts des Vermieters	53–56
7. Raummietverhältnis	16	dd) Sonstige Pflichten	57
II. Abschluss	17–27	ee) Verstöße	58
1. Allgemeines	17, 18	VIII. Beendigung des Mietvertrages	59, 60
2. Vertragsfreiheit; Gestaltungsfreiheit; Allgemeine Geschäftsbedingungen	19	1. Allgemeines	59
3. Zivilrechtliches Benachteiligungsverbot	20–27	2. Schadenersatz	60
a) Überblick	20	IX. Insolvenz	61, 62
b) Voraussetzungen	21–25	1. Mieterinsolvenz	61
aa) Grundsatz	21	2. Vermieterinsolvenz	62
bb) Wohnraummiete	22	X. Doppelvermietungen	63
cc) Kleinvermieter	23	B. Vertragsparteien	64–78
dd) Ausnahmetatbestände	24, 25	I. Allgemeines	64
c) Verstöße	26	II. Erklärungen der Mietvertragsparteien	65, 66
d) Prozess	27	1. Gemeinsames Auftreten	65
III. Form	28, 29	2. Vollmachten	66
IV. Bevollmächtigung und Vertretung	30	III. Vermieter	67–69
V. Zwang zum Vertragsabschluss	31, 32	1. Personenmehrheit	67
1. Allgemeines	31	2. Gesamthand als Vermieter	68
2. Schadensersatz	32	3. Wohnungseigentumsrecht	69
VI. Änderungen des Vertragsinhalts	33	IV. Mieter	70
VII. Pflichtenprogramm der Vertragsparteien	34–58	V. Eheleute	71
1. Hauptpflichten	34	VI. Nichteheliche Gemeinschaften	72
2. Informationspflichten	35–40		
a) Vorvertragliche Aufklärungspflichten des Vermieters	35–37		
aa) Grundsatz	35		
bb) Ausnahme	36		

	Rn		Rn
VII. Auswechslung der Vertragsparteien	73–78	a) Dritte	114
1. Aufhebungsvertrag	73	b) Familienangehörige	115
2. Tod einer Vertragspartei	74	5. Kinder	116
3. Ersatzmieter (Nachmieter)	75–77	6. Tierhaltung	117
a) Nachmieterklausel	76	7. Haushaltsgeräte	118
b) Keine Vereinbarungen	77	8. Musikausübung	119
4. Umwandlung	78	9. Parabolantennen	120
C. Mietsache	79–84	10. Gewerbe in zu Wohnzwecken angemieteter Wohnung	121
I. Gegenstand eines Mietvertrags	79	11. Rechte bei Pflichtverstößen	122
II. Verwendungsrisiko der Mietsache	80	E. Miete	123–138
III. Veränderungen der Mietsache	81	I. Allgemeines	123, 124
IV. Mitvermietete Sachen und Flächen	82, 83	II. Hauptpflicht	125, 126
V. Untermiete	84	1. Hauptpflicht	125
D. Vertragsgemäßer Gebrauch	85–122	2. Folge einer Nichtzahlung	126
I. Begriff	85	III. Miethöhe	127, 128
II. Überlassung der Mietsache	86–92	1. Allgemeines	127
1. Umfang	86, 87	2. Mieterhöhung	128
2. Nebenleistungen (Beheizung; Versorgungsleistungen)	88–91	IV. Zulässige Miethöhe	129–135
a) Beheizung	89	1. § 138 I und II	130–132
b) Lieferung von Versorgungsleistungen	90, 91	2. § 5 I WiStG	133
aa) Grundsatz	90	3. § 291 StGB	134
bb) Versorgungssperre	91	4. Folge eines Verstoßes	135
3. Verstöße	92	V. Fälligkeit	136
III. Erhaltung der Mietsache (Instandsetzung und Instandhaltung)	93–107	VI. Erfüllung	137
1. Allgemeines	93	VII. Umsatzsteuer	138
2. Verpflichteter	94	F. Auf der Mietsache ruhende Lasten	139–144
3. Umfang	95	I. Allgemeines	139
4. Gegenstand	96	II. Nebenkosten	140–144
5. Überprüfung; Reinigung; Erneuerung	97	1. Allgemeines	140–143
6. Grenzen	98, 99	a) Begriff	140
7. Kosten für die Erhaltung; Kleinreparaturen	100	b) Tragung	141–143
8. Schönheitsreparaturen	101–103	2. Umfang	144
a) Übertragung	101, 102	G. Besonderheiten für Gewerberaummietverhältnisse	145–151
b) Schadensersatz	103	I. Allgemeines	145
9. Pflichtverstöße	104–106	II. Konkurrenzschutz	146–149
a) Des Vermieters	104, 105	1. Vertraglicher Konkurrenzschutz	146
b) Des Mieters	106	2. Vertragsimmanenter Konkurrenzschutz	147
10. Verjährung	107	3. Wohnungseigentum	148
IV. Vertragsgemäßer Gebrauch durch den Mieter	108–122	4. Verstöße	149
1. Gebrauchsrecht	108	III. Betriebspflicht	150
2. Vertragsgemäßer Gebrauch	109	IV. Wettbewerbsverbote	151
3. Hausordnung	110–113	H. Energieausweise	152–156
a) Mietrecht	110, 111	I. Vorlagepflicht	152
b) Wohnungseigentum	112, 113	II. Zugänglichmachung	153
4. Aufnahme von Dritten und Familienangehörigen	114, 115	III. Potenzieller Mieter	154
		IV. Mangel der Mietsache; Modernisierungspflicht	155
		V. Haftung	156
		I. Prozessuales	157

1 A. Mietvertrag. I. Allgemeines. 1. Überblick. Mietverträge sind gegenseitige Verträge, durch die ein Dauerschuldverhältnis begründet wird (*Emmerich* NZM 98, 692; *Paschke* Dauerschuldverhältnis, 134 ff). Für sie sind grds die Vorschriften des Allgemeinen Teils und des Allgemeinen Schuldrechts anwendbar, soweit §§ 535–580a nichts anderes anordnen. Als **schuldrechtliches** Rechtsgeschäft sind Mietverträge als Grundform der entgeltlichen Gebrauchsüberlassung von Sachen vom **dinglichen Nießbrauch** (§§ 1030 ff), von **dinglichen Wohnungsrechten** (§ 1093) sowie von **Dauerwohn- und Dauernutzungsrechten** (§§ 31 ff WEG) abzugrenzen. Diese Rechte sind **dinglicher Natur** und **belasten** ein Grundstück auf Grund der **Eintragung** im *Grundbuch* mit einem Gebrauchsrecht, das jeder Grundstückseigentümer gegen sich gelten lassen muss. Auch das **Erbbaurecht** (s. dazu § 1 ErbbauRG) ist ein Recht zum Besitz und zum Gebrauch, das dinglicher Natur ist; es gewährleistet zudem ein Sondereigentum an dem errichteten Gebäude. §§ 535–580a enthalten das **Leitbild des Mietvertrags**. Sie bestimmen was gilt, wenn sich die Parteien nicht – soweit zulässig –

anderweitig geeinigt haben. § 535 fasst dabei den Inhalt des Mietvertrages als „Typ" und die Hauptpflichten der Mietvertragsparteien zusammen. Die sich anschließenden §§ 536–580a gliedern sich in **drei Teile**: §§ 536–548 enthalten allgemeine Regelungen und beziehen sich auf einen Vertrag für **jede vorstellbare Mietsache** (s. dazu Rn 79). §§ 549–577a stellen **Sonderbestimmungen** für die **Wohnraummiete** auf. §§ 578–580a beziehen sich auf Mietverhältnisse über **andere Sachen**; ausdrücklich erwähnt werden Grundstücke, die keine Wohnräume sind, Räume, die zum Aufenthalt von Menschen bestimmt sind, und eingetragene Schiffe. §§ 581–607 gehören nicht zum Mietrecht. Auch in ihnen sind aber Schuldverhältnisse auf Gebrauchsüberlassung geregelt, von denen die Miete **abzugrenzen** ist (s. Rn 10 ff): In §§ 581–584b die Pacht, in §§ 585–597 die Landpacht, in §§ 598–606 die Leihe und in §§ 607–609 das Sachdarlehen.

2. Begriff. Ein Mietvertrag ist anzunehmen, wenn sich jemand verpflichtet, den Gebrauch einer nicht notwendig beweglichen Sache (§ 90) gegen Entrichtung eines Entgelts zu gewähren (BGH ZMR 98, 141, 142; BGHZ 123, 166, 169 = NJW 93, 3131). Die Bezeichnung des Vertrages oder das Verständnis der Parteien ist nur Indiz. Miete liegt zB vor, wenn einem Kaufinteressenten die Sache vor Abschluss des Kaufvertrags gegen Entgelt überlassen wird (Köln NZM 99, 710); s.a. Rn 4 f). Auch ein entgeltliches, aber bloß „schuldrechtliches Wohnrecht" ist Mietvertrag (BGH ZMR 98, 141, 142). **Hauptpflichten** des Vermieters sind nach § 535 I 1, 2 demgemäß **Überlassung** (s. Rn 86) und **Erhaltung** (s. dazu Rn 93) der **Mietsache** (s. Rn 79) in einem **vertragsgemäßen Zustand**. **Hauptpflicht** des Mieters ist nach § 535 II **Zahlung der Miete** (s. Rn 123).

3. Anwendungsbereich. a) Allgemeines. § 535 ist auf alle Mietverträge anzuwenden, auch für **Untermietverträge** (BGHZ 81, 46, 50 = NJW 81, 2246; s. § 540 Rn 2 ff). Ferner auf Pachtverträge als Sonderform der Miete.

b) Einzelfälle. Der bedeutsamste Mietvertrag ist das besonders ausgestaltete Wohnungsmietrecht (**soziales Mietrecht**). Miete, jedenfalls für die wesentlichen Vertragspflichten, ist aber auch die Überlassung eines **möblierten Zimmers** mit Frühstück und Bedienung, die Überlassung einer **EDV-Anlage** mit Bedienung (Hamm NJW-RR 94, 1297) oder die Berechtigung zur Nutzung eines **Sport- und Fitnesscenters** (Hamm NJW-RR 92, 242; Karlsr NJW-RR 89, 243). Wird eine **technische Bühnenausstattung** (Verstärker, Beleuchtung etc) zunächst vermietet, verpflichtet sich der Vermieter später aber auch zum Auf- und Abbau, liegt kein kombinierter Miet- und Dienstverschaffungsvertrag, sondern ein **Werkvertrag** vor (Kobl ZMR 04, 265, 266). Wird eine **Maschine** oder eine **Sachgesamtheit überlassen** und diese aufgestellt, handelt es sich um Miete (Ddorf VersR 74, 1113). Wird eine **Maschine mit Bedienungspersonal** überlassen, liegt für die Maschine ein Mietvertrag vor (BGH MDR 62, 719, 720); iÜ ist ein **Dienstverschaffungsvertrag** anzunehmen (RGZ 69, 125). Ein Vertrag über die **Überlassung eines Gerüstes** ist Miete (Celle MDR 07, 1127; LG Dessau-Roßlau IBR 09, 581). Auch ein **Gebrauchsüberlassungsvertrag** über ein Schiff (§ 578a) oder ein Fahrzeug ist Miete. Ein Vertrag, durch den ein Steinbruch gegen Entgelt zur Auffüllung mit Klärschlamm überlassen wird, ist Mietvertrag, wenn die Verfüllung als Vertragspflicht ausgestaltet ist (BGHZ 86, 71, 76 = NJW 83, 679). Der **Automatenaufstellvertrag** (Überlassung einer Fläche und Wandfläche) in einer Gastwirtschaft ist jedenfalls **im Wesentlichen** Mietvertrag (Frank NJW 64, 256; aA Kobl MDR 61, 231), es sei denn, der Automat wäre in den Betrieb der Gastwirtschaft integriert. Verträge zur **entgeltlichen Nutzung** eines Films, eines Videos, einer DVD, eines Spiels etc sind Mietvertrag. Auch die Nutzung von **privaten Einrichtungen** ohne Betreuung, etwa eines Fahrgeschäfts auf dem Rummel oder einer Kegelbahn, ist Miete (Soergel/*Heintzmann* Vor § 535 Rz 25).

Ein **Heimvertrag** (s.a. *Drasdo* NZM 08, 665, 666) enthält wenigstens Elemente der Miete, ebenso der **Beherbungsvertrag**. Keine Miete ist der Krankenhausvertrag, die Nutzung einer Dienstwohnung und idR auch nicht die **Kleingartenpacht** (maßgebend ist ggf die tatsächlich ausgeübte Art der Nutzung, BGH VIZ 03, 538). Nutzt ein **Mietinteressent** vor Abschluss des beabsichtigten Mietvertrages die ihm vor Abschluss überlassenen Räume, ist idR ein **vorläufiges Mietverhältnis** zu Stande gekommen (Hambg WuM 03, 84; Karlsr WuM 91, 81); etwas anderes gilt bei einer **Probefahrt**. Ist der „nicht abgewohnte" Teil eines zur Errichtung eines Wohngebäudes zur Verfügung gestellte Betrag (**Baukostenzuschuss**) dem Zahlenden beim Auszug zu erstatten, kommt zwischen ihm und dem Zahlungsempfänger ein **Mietvertrag** zustande (BGH ZMR 03, 415). Eine Gebrauchsgewährung öffentlicher Anlagen gegen Geb ist grds ein **Rechtsverhältnis öffentlicher Natur** und nicht Miete; ggf sind §§ 535 ff aber analog anwendbar. Werden etwa **Räume zugewiesen, kommunale Einrichtungen** überlassen, nutzt ein Parker öffentlichen Raum und bezahlt ein Entgelt an der Parkuhr oder beim Besuch eines **Schwimmbades** (Kobl NJW-RR 01, 318) oder einer **kommunale Eisbahn**, liegt ein **öffentlich-rechtliches Nutzungsverhältnis** (Kobl NJW-RR 01, 318; VGH BaWü ZMR 93, 239; AG Bad Bramstedt WuM 98, 415; s.a. *Greiner* ZMR 95, 97 ff) oder **Verwahrverhältnis** (BGH ZMR 06, 350, 351) vor. Zum **Teilzeit-Wohnrechtevertrag** s. § 481, zum **Time-Sharing** s. Einführung zum Besonderen Teil des Schuldrechts Rn 20.

c) Mischformen. Der **Leasingvertrag** ist, jedenfalls in Form des Finanzierungsleasings, ein **atypischer Mietvertrag** (BGH NZM 04, 340, 342; s. dazu iE Anhang zu §§ 488–515 Rn 1 ff). Leasingverträge können auch unter der Bezeichnung „Fondsmodell" oder „Kooperationsmodell" auftreten oder mit sog „Betreibermodellen" verbunden sein. Die Bezeichnung ändert nichts an der Bewertung als Leasingvertrag. Im **Unterschied**

zum reinen Mietverhältnis sind sich die Parteien des Leasingvertrages – ohne dass dies erklärt werden muss – darüber einig, dass die vereinbarten Leasingraten **nicht nur Entgelt für die Gebrauchsüberlassung**, sondern auch dazu bestimmt sind, den Kapitaleinsatz des Leasinggebers einschl des kalkulierten Gewinns zu tilgen (BGH MDR 98, 1284).

7 Ein **Mietkauf** (s.a. § 499 Rn 4, § 309 Rn 56) ist ein Mietvertrag, der mit einem angebotenen oder durch Ausübungserklärung des Mieters **bedingten Kaufvertrag** verbunden ist (*Hügel/Salzig* A. Rz 8; s.a. BGH NJW 02, 133, 134). Gegenstand des Vertrages ist die zunächst mietweise Überlassung der Mietsache verbunden mit der Einräumung des Rechts oder sogar der Pflicht, durch einseitige Erklärung die Sache unter Anrechnung der bis dahin gezahlten Mieten zu dem Kaufpreis zu erwerben (BGH WuM 90, 1307). Der käufliche Erwerb der Mietsache ist **gewollt** und **Ziel** des Vertrages (*Schlosser* MDR 03, 70, 71). Miet- und Kaufrecht sind jeweils getrennt auf die jeweiligen Bereiche anzuwenden. Bei einer Leistungsstörung im mietrechtlichen Bereich gelten §§ 535 ff, im kaufrechtlichen Teil §§ 433 ff (*Hügel/Salzig* A. Rz 9).

8 **d) Garagen.** Wird **zusätzlich** zu einer Wohnung eine **Garage** oder einen Fahrzeugeinstellplatz gemietet, **erstreckt** sich der **Schutz** des sozialen Mietrechts auch auf die Garage, sofern von einem **einheitlichen Mietverhältnis** auszugehen ist. Der Mieter muss davor bewahrt werden, dass eine Teilkündigung der Garage ihn veranlasst, auch die Wohnung aufzugeben. Eine Garage folgt daher grds, sowohl was eine Erhöhung der Garagenmiete im Verfahren nach §§ 558 ff (s. § 557 Rn 3) anbelangt als auch was die **Kündigung** des Garagenmietvertrages betrifft, rechtlich den für die Wohnung geltenden Regelungen. **Entscheidend** für die Abgrenzung, ob ein einheitliches Mietverhältnis besteht oder zwei rechtlich selbständige Verträge, ist der **Parteiwille** (Ddorf ZMR 07, 269; Karlsr NJW 83, 1499). Gehören die Räume rechtlich und wirtschaftlich zusammen, spricht das ebenso wie die Zusammenfassung der Verträge in einer Urkunde im Zweifel für ein **einheitliches Mietverhältnis** (Schlesw ZMR 83, 17, 21). Ist von den Parteien ausnahmsweise eine **unabhängige Behandlung** gewollt, muss dieser Wille zum **Ausdruck** kommen (Ddorf ZMR 07, 269; AG Neukölln GE 00, 131), zB durch eine unterschiedliche Dauer der Verträge oder unterschiedliche Kündigungsfristen. Der über ein Grundstück geschlossene einheitliche Mietvertrag wird durch die Veränderung der dinglichen Rechtslage, nämlich die Teilung des Grundstücks und die vom Eigentümer, der zugleich der Vermieter ist, vorgenommene Veräußerung von Teilen an verschiedene Erwerber **nicht** in mehrere Mietverhältnisse aufgespalten (BGH ZMR 06, 30, 31). Vielmehr treten die Erwerber gem § 566 in den über eine **einheitliche Mietsache** geschlossenen einheitlichen Mietvertrag ein (BGH ZMR 06, 30, 31; *Börstinghaus* NZM 04, 481, 483).

9 **4. Mietvorverträge; Anmietrechte; Vormietrechte; Optionsrechte.** Ein **Mietvorvertrag** (zu Vorverträgen s.a. Vor §§ 145 ff Rn 27 ff), der va vom „Rahmenvertrag" (BGH NJW-RR 87, 305), „Vorverhandlungen" und vom „letter of intent" (Vor §§ 145 ff Rn 39) abzugrenzen ist, kommt durch die verbindliche Einigung zustande, einen seinem **wesentlichen Inhalt nach bestimmten** oder unter Berücksichtigung allgemeiner Auslegungsregeln sowie des dispositiven Rechts zumindest bestimmbaren Hauptvertrag zu schließen (BGH ZMR 07, 519; BGH ZMR 94, 106, 107). Er muss dabei ein solches Maß an Bestimmtheit oder Bestimmbarkeit und Vollständigkeit enthalten, dass im Streitfall der Inhalt des Vertrages festgestellt werden kann, notfalls durch eine Vertragsergänzung (BGH ZMR 02, 895, 897). Etwa zum wesentlichen Inhalt eines gewerblichen Mietvertrages gehört die Einigung über die Mietsache, die Mietdauer (BGH ZMR 07, 519) und die Miete. Die Ausgestaltung näherer Vertragsbedingungen kann den weiteren Verhandlungen, die zum Abschluss des Hauptvertrages führen sollen, vorbehalten bleiben (BGH ZMR 93, 55, 57). Der aus dem Mietvorvertrag Berechtigte kann einen Anspruch nicht nach §§ 935, 940 ZPO sichern lassen (Celle ZMR 09, 43). Eine **besondere Form** des Mietvorvertrags ist das **Anmietrecht** (Vorhand; s.a. Vor §§ 145 ff Rn 38). Es verpflichtet, dem Mietinteressenten die Mietsache zur Miete anzubieten, bevor er es an einen anderen vermietet wird, **ohne an bestimmte Mietbedingungen** gebunden zu sein (Hambg ZMR 01, 889, 890). Der Vermieter ist zB nicht an die alte Miete gebunden (Ddorf NZM 00, 462). Auf Grund eines **Vormietrechts** ist der Berechtigte hingegen befugt, durch **einseitige Erklärung** ggü dem Verpflichteten ein Mietverhältnis **mit dem Inhalt** zu begründen, wie es der Verpflichtete mit dem Dritten abgeschlossen hat (BGH NJW 02, 3016, 3019; BGHZ 55, 71, 74 = NJW 71, 422). Optionsverträge (s.a. Vor §§ 145 ff Rn 34 ff) schaffen va das Recht auf Verlängerung des Mietvertrages. Geht es um eine Begründung, ist – ohne Unterschied – ein Vormietrecht anzunehmen.

10 **5. Abgrenzungen. a) Pacht und Leihe.** Beim **Pachtvertrag** (§ 581) können iGgs zum Mietvertrag neben Sachen auch **Rechte überlassen werden**. Darüber hinaus gewährt der Pachtvertrag auch den Genuss von Früchten iSv § 99. Miete und Pacht sind danach abzugrenzen, ob nach dem objektiven Inhalt aller Vertragsbestimmungen nur der Gebrauch der überlassenen Sache oder ob Gebrauch und Fruchtgenuss zu gewähren ist (BGH WuM 81, 226; Ddorf ZMR 09, 443). Die Überlassung einer Sache zum **Fruchtgenuss** und damit Pacht ist gegeben, wenn die Sache schon im Zeitpunkt des Vertragsabschlusses nach ihrer Art oder Beschaffenheit oder nach ihrer Einrichtung oder Ausstattung geeignet ist, als unmittelbare Quelle für Erträge zu dienen. Die Sache muss „per se fruchtbringend" sein und nach dem Vertrag zur entspr Nutzung überlassen werden. Bei der **Überlassung von Räumen** kommt es darauf an, ob diese mit einer zur Fruchtziehung **geeigneten Ausstattung** überlassen werden sollten. Ggf reicht schon der Nachweis einer besonders günstigen **Bezugsquelle für Inventar** aus (BGH ZMR 91, 257). Die Überlassung von Grundstücken zur landwirtschaft-

lichen, forstlichen oder gärtnerischen Nutzung mit Wohngebäude ist Pacht, die Überlassung eines Wohnhauses mit Garten, selbst wenn dieser zu Nebenerwerbszwecken genutzt wird, Miete. Sind Räume eigens für einen **bestimmten Betriebstyp** geeignet und auch so eingerichtet (Kino, Gastwirtschaft), ist Pacht anzunehmen (BGH ZMR 69, 206). Werden Sachen zum Gebrauch, teilweise aber auch zum Fruchtgenuss überlassen, kommt es für die **Einordnung des Gesamtvertrages** (eine Aufteilung in mehrere Verträge ist nicht möglich, Köln ZMR 87, 428, 432) auf den **wesentlichen** und **maßgeblichen** Vertragszweck und -gegenstand an (Köln ZMR 07, 114). Dieser Zweck ist nach dem im Vertrag zum Ausdruck gekommenen **Willen der Vertragsparteien** im Einzelfall zu ermitteln, zB nach der Wortwahl oder den zu zahlenden Entgelten (Köln ZMR 07, 114). Von der **Leihe** (§ 598) **unterscheidet** sich ein Mietvertrag durch die Entgeltlichkeit. Ein Vertrag, der die Verpflichtung zur unentgeltlichen Gebrauchsüberlassung einer Wohnung auf Lebenszeit zum Inhalt hat, ist Leihvertrag (BGH NJW 82, 820). Wird ein Entgelt gezahlt – wobei die Tragung der Betriebskosten wegen § 601 I nicht reicht (Dresd ZMR 03, 250; aA Stuttg IMR 09, 376) –, auch ein geringes, nicht notwendig kostendeckendes liegt Miete vor. Denn der Annahme eines Mietvertrages steht nicht entgegen, dass die Miete nicht wiederkehrend für bestimmte Zeitabschnitte der Gebrauchsdauer, sondern in einer einmaligen Zahlung zu entrichten ist. Unerheblich ist auch, dass das für die Gestattung der Inanspruchnahme zu zahlende Entgelt sehr niedrig festgesetzt ist (BGH ZMR 92, 291).

b) Verwahrung. Durch den Zweck (Überlassung des Gebrauchs) unterscheidet sich die Miete von der Verwahrung (§§ 688 ff) und dem handelsrechtlichen Lagergeschäft (§§ 467 ff HGB). Der Verwahrer hat die ihm übergebene bewegliche Sache zu verwahren, also in **Obhut zu nehmen** (zB Tiere, LG Ulm NJW-RR 04, 854); er darf sie nicht benutzen. Miete erschöpft sich hingegen in der Gebrauchsüberlassung **ohne besondere Obhutspflicht** für die eingebrachten Gegenstände (BGHZ 3, 200, 202 = NJW 51, 957). Zur Unterscheidung ist zu fragen, ob das **Schwergewicht** des Vertrags auf der **Obhutpflicht** für die Sache (dann Verwahrung) oder auf der Überlassung von Raum oder Platz liegt, um Sachen unterzubringen oder abzustellen (Miete). Für die Annahme einer Obhutsübernahme müssen über die bloße Zurverfügungstellung hinaus weitere Umstände erkennbar sein, die auf einen entspr Vertragswillen der Parteien schließen lassen (Karlsr OLGR 04, 473). Es ist aus der allg Verkehrsanschauung heraus zu beurteilen, ob der Betreiber den Kunden erkennbar vor rechtswidrigen Zugriffen Dritter **schützen** will (Hambg VersR 89, 1266, 1267). Entscheidend ist, ob die vom Betreiber getroffenen Maßnahmen für den durchschnittlichen Kunden den Eindruck erwecken, dass über die Regelung des technischen Ablaufs hinaus weitere Kontrollaufgaben wahrgenommen werden (Ddorf NJW-RR 01, 1607, 1608). Wird eine Obhutspflicht vereinbart, kann allerdings auch ein **gemischter Vertrag** aus Miet- und Verwahrungselementen vorliegen (Karlsr OLGR 04, 473). Auf die Verpflichtung zur schadensfreien Rückgabe aus der Obhut finden auf jeden Fall die Regelungen des Verwahrrechtes Anwendung (BGH NJW 68, 1718, 1720; Köln NJW-RR 94, 25, 26). Beim Überlassen eines **Bankschließfachs** (RGZ 141, 99), eines Gepäckschließfachs (LG Essen VersR 94, 434), einer **Pferdebox** (LG Hamburg ZMR 79, 246) oder einer **Kühlhauszelle** fehlt es an einer Obhutspflicht, sodass Miete anzunehmen ist. Auch das Ein- oder Abstellen von Fahrzeugen in Großgaragen, Parkhäusern und auf bewachten Parkplätzen ist grds Miete (BFH NJW 92, 2782; Kobl NJW-RR 91, 1317).

6. Wohn- und Gewerberäume. a) Allgemeines. Von **Wohnraummiete** (zu **Gewerberaummietverhältnissen** s. Rn 145 ff) spricht man, wenn der Mieter nach dem Zweck (s.a. Rn 13) des Mietvertrags die Räume, inkl möglicher Nebenräume wie Flur oder Keller, zu Wohnzwecken nutzen soll. Entscheidend ist der **konkrete Vertragszweck**. Wohnräume dienen reinen Wohnzwecken, wozu generell die Führung des Haushalts, des Kochens, des Waschens, des Duschens (Badens), des Schlafens, des Beisammenseins und etwa bei Schriftstellern oder Lehrern die zusätzliche Berufsausübung gehört. Unter einem **Wohnraum** ist jeder zum Wohnen, also zum Schlafen, Essen, Kochen und zu sonstiger dauernder privater Benutzung bestimmte Raum nebst Nebenräumen zu verstehen (Frankf ZMR 09, 198, 199). Wohnung ist demgegenüber die Gesamtheit der Räume, welche die Führung eines Haushalts ermöglicht. Ein Raum ist der lichte (umbaute) Luftraum in einem Gebäude vom Boden bis zur Decke mit den vier oder mehr Wänden zu verstehen. **Geschäftsräume** sind Räume, die zu anderen als Wohnzwecken (geschäftlichen Zwecken) angemietet werden (etwa Ladenräume, Lagerräume, Büros, Arztpraxen, Kanzleien, Garagen). Dazu zählt jede Tätigkeit, die auf **Erwerb** ausgerichtet ist (BGH WuM 85, 288; Köln WuM 96, 266). Insb für die Miete von **Wohn- und Gewerberäumen** gelten eine Reihe von Besonderheiten: Für Mietverhältnisse über Wohnraum gelten §§ 535–548 nur, soweit sich nicht aus den §§ 549–577a etwas anderes ergibt. Auf Mietverhältnisse über Räume, die keine Wohnräume sind, sind §§ 535–548 sowie §§ 550, 562 bis 562d, 566–567b, 570 und § 552 I, § 554 I–IV und § 569 II entspr anzuwenden. Sind die Räume zum Aufenthalt von Menschen bestimmt, gilt außerdem § 569 I.

b) Unterscheidung. Für die Frage, ob ein Mietverhältnis über Wohnraum oder ein Gewerberaummietverhältnis vorliegt, ist auf den **Zweck** abzustellen, den der **Mieter** mit der Anmietung der Mietsache vertragsgemäß **verfolgt** (BGH NJW 08, 3361; BGHZ 135, 269 = NJW 97, 1845; BGHZ 94, 11, 14 = NJW 85, 1772). Die Zuordnung richtet sich nicht nach einer möglicherweise vom Vertragszweck **abweichenden tatsächlichen Nutzung** (BGHZ 135, 269 = ZMR 97, 401; Frankf ZMR 09, 198; Celle ZMR 99, 469). Auch wenn der Mieter die **Nutzungsart ändert**, bleibt die **bestimmte Nutzungsart** für das Mietverhältnis und seine Abwicklung bestimmend (Ddorf OLGR 04, 226, 227; Celle ZMR 99, 469, 470). Werden Räume ausschl zur **Weitervermietung** angemietet, ist das Mietverhältnis zwischen Vermieter und Zwischenvermieter **gewerblich** (BGH ZMR 82, 340; KG FD-MietR 09, 286/54). Keine Wohnraummiete ist auch dann anzunehmen, wenn der Mieter Räume, die zwar zu Wohnzwecken geeignet und letztlich auch so genutzt werden, von **vornherein** nicht zum eigenen Wohnen, sondern zur **Weitervermietung** anmietet. Das gilt auch für den Fall, dass ein gemeinnütziger Verein, der satzungsgemäß keine eigenen wirtschaftlichen Interessen verfolgt, zum Wohnen geeignete Räume zum Zweck der Untervermietung an Dritte anmietet (BVerfG WuM 85, 335; Hambg ZMR 99, 108). Mieten Firmen oder Behörden Räume oder Gebäude zu Wohnzwecken zur **Überlassung** an ihre Betriebsangehörigen an, handelt es sich nicht um Wohnraummietverhältnisse (LG München I ZMR 74, 49; s.a. BGH MDR 81, 752). Ein **gewerbliches Mietverhältnis** zwischen Eigentümer und Firma liegt aber vor, wenn die Firma an ihre Betriebsangehörigen **weitervermietet** (BayObLG WuM 95, 645). Der Mietvertrag mit einer Botschaft ist Gewerberaummiete (KG KGR 05, 846). Auch dann, wenn eine jur Person ein Reihenhaus anmietet, um es teils als Büroraum für ihren Geschäftsbetrieb zu nutzen und teils ihrem Geschäftsführer als Wohnung zur Verfügung zu stellen, handelt es sich Geschäftsraummiete (BGH NJW 08, 3361; KG FD MietR 09, 286/54).

14 c) **Mischmietverhältnisse.** Ein **Mischmietverhältnis** ist anzunehmen, wenn durch einen einheitlichen Vertrag **Wohn- und gleichzeitig Geschäftsräume** vermietet werden, zB wenn eine Gaststätte mit zugehöriger Wirtewohnung gemietet ist. Ein Mischmietverhältnis kann auch dann vorliegen, wenn eine Wohnung zusammen mit einer Garage (s. Rn 8) vermietet wird oder wenn ein Mieter einen Teil der Räume vereinbarungsgemäß selbst bewohnt und einen anderen Teil untervermietet (Stuttg NJW 86, 322). Für Mischmietverhältnisse gelten entweder die Vorschriften über die Wohnraummiete **oder** die Vorschriften über die Geschäftsraummiete. Es findet nur das eine oder das andere Recht Anwendung; eine Aufspaltung, dass wegen der zu Wohnzwecken genutzten Räumlichkeiten Wohnraummietrecht und wegen der übrigen Räumlichkeiten Geschäftsraummietrecht anzuwenden wäre, ist nicht möglich (BGH ZMR 86, 278). Bei der Frage, ob das soziale Mietrecht auf Mischmietverträge anzuwenden ist, ist darauf abzustellen, ob die **gewerbliche Nutzung** oder diejenige zu **Wohnzwecken** überwiegt (BGH ZMR 86, 278; BGH ZMR 79, 49; Stuttg ZMR 08, 795; Ddorf ZMR 06, 685, 686 [**Übergewichtstheorie**]).

15 Für die hierzu anzustellende Beurteilung sind alle **Umstände des Einzelfalls** zu würdigen (Ddorf ZMR 06, 685, 686). Das Verhältnis der Wohnfläche zu der gewerblich genutzten Fläche ist allerdings ebenso von untergeordneter Bedeutung wie der jeweilige Mietwert (BGH ZMR 86, 278; Schlesw NJW 83, 49). Besteht die Mietsache aus einem kleinen Laden und einer großen Wohnung, ist das Mietverhältnis dennoch als Geschäftsraummietverhältnis zu bewerten, wenn der Mieter aus dem Betrieb des Ladens seinen Lebensunterhalt bestreitet (KG GE 95, 1205). Umgekehrt liegt Wohnraummiete vor, wenn die gewerbliche Tätigkeit des Mieters ggü dem Wohnen von untergeordneter Bedeutung ist. Ist ein ganzes Haus vermietet, das aus mehreren Wohnungen besteht, von denen der Mieter eine selbst bewohnt und die anderen untervermietet, hängt die Zuordnung davon ab, ob es dem Mieter in erster Linie darauf ankommt, für sich selbst eine Wohnung zu schaffen, oder ob die Anmietung mit anschließender Untervermietung zum Zwecke der Einkommenserzielung erfolgt (Stuttg NJW 86, 322). Überwiegt der Wohngebrauch, gilt **insgesamt** das Recht der Wohnraummiete und umgekehrt. Bei der **Gleichwertigkeit** von Wohn- und Gewerbezwecken ist **Wohnraummiete** anzunehmen. Sind gewerbliche Räume und Wohnräume auf Grund eines einheitlichen Vertrags vermietet und steht es dem Mieter frei, ob und in welchem Umfang er die Räume zu Wohnzwecken nutzt, setzt die Anwendung von Wohnraummietrecht voraus, dass die Räume **tatsächlich** ganz oder **überwiegend** zu Wohnzwecken genutzt werden (Köln WuM 96, 266).

16 7. **Raummietverhältnis.** Der Begriff des **Raummietverhältnisses** nach § 580a I umfasst alle Räume (s. Rn 12), die nicht Wohn- oder Geschäftsräume sind; Plätze sind keine Räume (BGH LM Nr 31 zu § 581). Im Hinblick auf den bauordnungsrechtlich definierten Begriff des Gebäudes als **bauliche Anlage** ergibt sich, dass der Raum mit dem Erdboden verbunden oder zumindest vom Verwendungszweck ortsfest sein muss, so dass bspw Wohn- und Gerätewagen oder Schiffsräume keine Räume sind (s.a. § 580a Rn 10). Zu **Wohncontainern** s. Ddorf WuM 92, 111. Auf die Raummiete sind neben § 580a I alle **Vorschriften der Gewerberaummiete** anwendbar.

17 II. **Abschluss. 1. Allgemeines.** Ein Mietvertrag kommt – wie jeder andere schuldrechtliche Vertrag auch (s.a. Vor §§ 145 ff Rn 40 ff) – grds durch **Angebot und Annahme** zustande, §§ 145 ff. Ist eine der Parteien bei **Abschluss eines Mietvertrages** geschäftsunfähig oder nur beschränkt geschäftsfähig, muss sie **vertreten** werden (zB gemeinsam durch die Eltern oder einen Betreuer); ggf ist die **Genehmigung** des Vormundschaftsgerichts gem § 1822 Nr 5 erforderlich. Zum Abschluss eines Mietvertrages ist eine **Einigung** über alle **wesentlichen Vertragsbedingungen** („essentialia negotii") notwendig. Dazu gehören: die **Mietsache** (dazu Rn 79), die **Mietdauer**, die **Vertragsparteien** (BGH NJW 02, 3389, 3391; s.a. Rn 64), dass die Mietsache **gegen Entgelt** zum Gebrauch überlassen werden soll (BGH ZMR 02, 905, 906) sowie ggf die gewollte Nutzungsart (BGH ZMR 07, 857, 858). Es reicht, dass die **Vertragsparteien** bestimmbar sind. Bei einer Vermietung noch nicht fertig gestellter Räume (**Vermietung vom Reißbrett**) ist die Mietsache **noch hinreichend bezeichnet**, wenn es dem Erwerber anhand des Mietvertrages möglich wäre festzustellen, welche Räume vermietet wor-

den sind (BGH NJW 06, 140; KG NJW-RR 07, 519). Der Hinweis auf ein bestimmtes Geschoss genügt nicht, wenn dort nicht alle Wohneinheiten vom Mietvertrag umfasst sind (Rostock OLGR 05, 990, 991). Eine **Einigung über eine Miete** in bestimmter Höhe ist **nicht notwendig** (BGH ZMR 92, 237, 238; Rn 126). Wird ein Mietvertrag in der **Wohnung eines Mieters** abgeschlossen oder wird ein solcher dort aufgehoben, abgeändert oder modifiziert, gilt § 312 (Köln WuM 00, 2139; Kobl ZMR 94, 210), es sei denn, der Vermieter handelt **nicht geschäftsmäßig** (BayObLG DWW 93, 196). Auf Verträge über Gewerberäume ist § 312 aber **nicht** anzuwenden (BGH MDR 94, 1083). Wird das Angebot auf Abschluss eines Mietvertrages nur zum Schein angenommen (**Scheinmietvertrag**), zB um eine Maßnahme der Zwangsvollstreckung gegen den Hauptmieter abzuwenden, ist der Mietvertrag nach §§ 117 I, 138 I **nichtig** (Ddorf ZMR 08, 787). Der Mietvertrag **beginnt** an dem vertraglich bestimmten Tag.

Bei einem Mietvertrag über Wohnraum- oder Gewerberaummietverhältnissen sind Angaben des Vermieters zur Größe der **Wohnfläche nicht notwendig**, um die Mietsache zu umreißen. Die Wohnfläche ist im Wohnraummietrecht auch bei frei finanziertem Wohnraum anhand der §§ 42-44 der II. BetrKV (für Baujahrgänge bis 2003) bzw der ab dem 1.1.04 geltenden Wohnflächenverordnung zu ermitteln; etwas anderes gilt, wenn die Parteien dem Begriff der Wohnfläche im Einzelfall eine **abweichende Bedeutung** beigemessen haben oder ein **anderer Berechnungsmodus** (insb DIN 283 oder DIN 277) **ortsüblich** oder nach der Art der Wohnung nahe liegender ist (BGH NJW 09, 2295, 2296; BGH NJW 07, 2624; BGH NJW 04, 2230). Die Angabe der Wohnfläche iVm der Aufzählung der vermieteten Räume in einem Mietvertrag stellt im Allgemeinen eine **Beschaffenheitsvereinbarung** dar, die im Falle einer Abweichung der tatsächlichen von der vereinbarten Fläche unter bestimmten weiteren Voraussetzungen dazu führen kann, dass ein **Mangel der Mietsache** vorliegt (BGH NJW 07, 2626; BGH NJW-RR 06, 801 KG ZMR 09, 523) und zur Kündigung nach § 543 II 1 Nr 1 berechtigen kann (BGH NJW 09, 2295, 2296). Ein zur Minderung der Miete berechtigender **Mangel** liegt vor, wenn die gemietete Wohnung eine Wohnfläche aufweist, die **mehr als 10%** unter der im Mietvertrag angegebenen Fläche liegt (BGH NJW 09, 2880; BGH NJW 09, 2295, 2296). Zur Frage einer höheren tatsächlichen als der vereinbarten Wohnfläche **bei einer Mieterhöhung** s. § 558 Rn 10. **18**

2. Vertragsfreiheit; Gestaltungsfreiheit; Allgemeine Geschäftsbedingungen. Im Prinzip ist der Vermieter **19** gem Art 2 I GG, § 305 frei, ob und an wen er zu welchen Bedingungen vermietet, der Mieter, ob und von wem er zu welchen Bedingungen mietet (**Vertragsfreiheit**; s.a. Vor §§ 145 ff Rn 12 ff). Der Vermieter ist zu einer **Gleichbehandlung** der Mieter grds nicht verpflichtet. Etwas anders gilt im Einzelfall, zB für Bundesbedienstete (BayObLG NZM 99, 215) oder für Genossen (nach dem GenG wird zwischen absoluter und relativer Gleichheit unterschieden, vgl auch BGH NZG 10, 37, 38). Diese **Gestaltungsfreiheit** der Vertragsparteien der Mietvertragsparteien wird allerdings in der Wohnraummiete durch zwingende Vorschriften des sozialen Mietrechts in §§ 549 ff, ggf den Bestimmungen des sozialen Wohnungsbaus (WoBindG), ggf des Verbots der Zweckentfremdung, ggf durch Hoheitsakte (vgl Rn 31) iÜ va durch §§ 134, 138 (Rn 130) und § 5 I, II WiStG (Rn 132) sowie das **zivilrechtliche Benachteiligungsverbot** (s. Rn 20) begrenzt. Werden bei Abschluss oder der Veränderung eines Mietvertrages, insb bei der Wohnraummiete, **allgemeine Geschäftsbedingungen** genutzt, gelten ferner §§ 305-310 (s. dazu § 307 Rn 21). Auch im Mietrecht sind Geschäftsbedingungen nach objektivem Inhalt und typischen Sinn einheitlich so auszulegen, wie sie von verständigen und redlichen Vertragspartnern unter Abwägung der Interessen der normalerweise beteiligten Verkehrskreise verstanden werden, wobei die Verständnismöglichkeiten des durchschnittlichen Vertragspartners des Verwenders zu Grunde zu legen sind (BGH ZMR 06, 843, 845; BGH ZMR 06, 597, 598). Nachträgliche mündliche Individualvereinbarungen haben auch vor Schriftformklauseln in Formularverträgen über langfristige Gewerberaummietverhältnisse Vorrang. Die Parteien sind nicht gehindert, eine Schriftformklausel zu ändern (BGH ZMR 06, 104, 105).

3. Zivilrechtliches Benachteiligungsverbot. a) Überblick. Bietet der Vermieter die Mietsache in der Öffentlichkeit an, etwa bei Anzeigen in Tageszeitungen und Veröffentlichungen im Internet, ist nach § 2 Nr 8 AGG das AGG zu beachten. Gem §§ 19 I Nr 1 Var 2, 2 I Nr 8, 1 AGG ist in diesem Falle bei **Begründung, Durchführung und Beendigung** eines **Mietvertrages** eine **Benachteiligung** eines potenziellen Mieters aus den in § 1 AGG genannten Gründen (s. § 1 AGG Rn 3-10) **grds unzulässig** (Zivilrechtliches Benachteiligungsverbot). **20**

b) Voraussetzungen. aa) Grundsatz. Auf **Gewerberaumvermieter** und **andere Vermieter**, zB Vermieter von **21** Fahrzeugen, Filmen, Software etc, ist das AGG **ohne Einschränkungen** anzuwenden, soweit die Voraussetzungen des § 19 I Nr 1 AGG vorliegen (dazu § 19 AGG Rn 4 ff); ggf ist der **Schwellenwert** des § 19 V 3 AGG dort für das Merkmal „Massengeschäft" analog anwendbar.

bb) Wohnraummiete. Besondere Voraussetzung der Anwendung des zivilrechtlichen Benachteiligungsverbo- **22** tes im **Wohnraummietrecht** ist grunds, dass der Vermieter **mehr als 50 Wohnungen** zu einem **nicht nur vorübergehenden Gebrauch** vermietet (**Großvermieter**), § 19 I 1 Nr 1, V 3 AGG stellt allein auf die Anzahl der **potenziell** zu vermietenden Wohnungen ab. Vermietet ein Vermieter zB seine insgesamt 40 Wohnungen mehr als 50mal, ist das AGG nicht anwendbar. Vermieter idS ist, wer den Vertrag im eigenen Namen schließt. Vermieter ist deshalb auch der Zwangsverwalter, nicht hingegen, wer als **beliebiger Dritter** die Entscheidung über eine Vermietung trifft (LG Aachen NZM 09, 318; *Drasdo* NJW-Spezial 09, 323; aA *Lützenkirchen* MietRB 06, 249, 250; s.a. *Derleder* NZM 09, 310). Schaltet ein Vermieter einen Verwalter ein, kommt es nicht auf die Anzahl der von diesem insgesamt im Namen Dritter vermieteter Wohnungen an (*Warnecke* DWW 06, 268, 273). Eine dem Verwalter anzulastende Benachteiligung ist dem Vermieter ggf nach § 278 zuzurechnen. „Wohnung" iSv § 19 V 3 AGG ist jeder Raum, den der Vermieter zur entgeltlichen Gebrauchsüberlassung gewidmet hat. Das AGG ist nicht auf Vermietungen iSv § 549 II Nr 1 anzuwenden, bspw die Vermietung von Hotelzimmern oder Ferienwohnungen. Bei **Großvermietern** gilt das zivilrechtliche Benachteiligungsverbotes **ausnahmsweise nicht**, wenn sie ungeachtet der Anzahl der zu vermietenden Wohnungen der konkreten Person des Mieters **mehr als nur nachrangige Bedeutung** iSv § 19 I 1 Nr 1 zumessen. Das ist zB bei Vermietung von Räumen in einem Schwesternwohnheim, bei der Kirche als Vermieter oder bei einem Studentenwohnheim der Fall.

23 cc) **Kleinvermieter.** Für Vermieter von insgesamt nicht mehr als 50 Wohnungen (**Kleinvermieter**) wird von § 19 V 3 AGG **widerleglich** vermutet, dass es sich jedenfalls um **kein Massengeschäft** iSv § 19 I 1 Nr 1 AGG handelt und dem Vermieter das **Ansehen der Person** (§ 19 I 1 Nr 1 AGG) eine Bedeutung hat. Wird die Vermutung vom potenziellen Mieter widerlegt, ist § 19 I Nr 1 AGG aber anzuwenden mit der Folge, dass eine Benachteiligung wegen der **Religion, einer Behinderung, des Alters oder der sexuellen Identität** unzulässig ist. Die Benachteiligung eines potenziellen Mieters wegen der **Rasse oder der ethnischen Herkunft** (§§ 19 II, 2 I Nr 8, 1 AGG) ist auch einem Kleinvermieter **nicht erlaubt**; § 19 V 3 verweist nur auf § 19 I Nr 1 AGG, nicht auf § 19 II AGG. Ferner ist im Wege einer **EU-gerechten Auslegung** anzunehmen, dass einem Kleinvermieter die **Benachteiligung** wegen des **Geschlechts** unzulässig ist (s. dazu § 19 AGG Rn 9 mwN).

24 dd) **Ausnahmetatbestände.** Nach § 20 I 1 AGG ist eine Ungleichbehandlung wegen der Religion, einer Behinderung, des Alters und des Geschlechts zulässig, wenn hierfür ein **sachlicher Grund** besteht. Eine Besserstellung kann außerdem nach § 5 AGG zulässig sein, um bestehende Nachteile wegen eines in § 1 AGG genannten Grundes zu verhindern oder auszugleichen.

25 Eine **unterschiedliche Behandlung** ist im Einzelfall gem § 19 III AGG weiter im Hinblick auf **Schaffung und Erhaltung** sozial stabiler **Bewohnerstrukturen** und ausgewogener **Siedlungsstrukturen** sowie ausgeglichener wirtschaftlicher, sozialer und kultureller Verhältnisse zulässig und **gerechtfertigt** (s.a. § 6 I Nr 4 WoFG). Diese Ausn ist eng auszulegen und kann im Regelfall nur Maßnahmen nach § 5 AGG rechtfertigen (*Eisenschmid* WuM 06, 475, 478). Vom Anwendungsbereich des AGG ausgenommen sind weiter Wohnraummietverhältnisse, bei denen die Parteien oder ihre Angehörigen Wohnraum auf **demselben Grundstück** nutzen, § 19 V 2 AGG (s.a. § 573a). Wegen des besonderen Näheverhältnisses darf diesem Vermieter eine Vertragspartei weder aufgezwungen werden noch darf er gezwungen sein, diese zu halten; zugleich sind damit sämtliche Ansprüche auf Ersatz von Schäden ausgeschlossen, die auf eine Vertragsverweigerung zurückzuführen sind. Eine weitere Ausn kann schließlich nach § 19 V 1 AGG gegeben sein, wenn durch den Mietvertrag ein **besonderes Nähe- oder Vertrauensverhältnis** der Parteien oder ihrer Angehörigen begründet wird. Ein besonderes Nähe- oder Vertrauensverhältnis erfordert eine Beziehung, die über das hinausgeht, was ohnehin jedem Schuldverhältnis an persönlichem Kontakt zu Grunde liegt. Dies kann bspw darauf beruhen, dass es sich um ein für die durch das Benachteiligungsverbot verpflichtete Person besonders bedeutendes Geschäft handelt, oder dass der Vertrag besonders engen oder lang andauernden Kontakt der Mietvertragsparteien mit sich bringen würde.

26 c) **Verstöße.** Bei einem Verstoß in der Phase der **Vertragsanbahnung** kann der Vermieter gem § 21 I 1 AGG ausnahmsweise (s. Rn 31) im Einzelfall verpflichtet sein, mit einem Mietinteressenten einen **Mietvertrag abzuschließen** (*Schmid-Räntsch* FS Blank, 381, 393). Der benachteiligte Bewerber hat zwar nur einen Anspruch auf eine diskriminierungsfreie Entscheidung über das von ihm abgegebene Vertragsangebot. Dieses schlägt aber in einen **Kontrahierungszwang** um, wenn der Vermieter über eine ausreichende Anzahl von vermietbaren Wohnungen verfügt und von ihm kein anderer Ablehnungsgrund des Bewerbers vorgebracht wird (aA *Armbrüster* NJW 07, 1494); ferner dann, wenn dem Mieter der Nachweis gelingt, dass ihm ohne die Diskriminierung die Wohnung vermietet worden wäre. Sind alle möglichen Wohnungen bereits vermietet, liegt ggf ein Fall der **Doppelvermietung** vor (s. dazu Rn 63). In einem **laufenden Mietverhältnis** muss der Vermieter eine Maßnahme, die den Mieter benachteiligt, **zurücknehmen**, zB eine Kündigung oder eine Mieterhöhung, oder eine Erlaubnis erteilen, zB eine Untermieterlaubnis (*Hinz* ZMR 06, 826, 829). Sind weitere Beeinträchtigungen zu besorgen, kann der Mieter nach § 21 I 2 AGG auf Unterlassung klagen. Der Vermieter (Rn 22) ist gem § 21 II 1 u 2 AGG auch verpflichtet, **Schadensersatz** zu leisten, wenn er die Pflichtverletzung zu vertreten hat (s.a. Rn 40). Wegen eines Schadens, der nicht Vermögensschaden ist, kann der (potenzielle) Mieter eine angemessene Entschädigung in Geld verlangen. Daneben sind Ansprüche aus §§ 823 ff vorstellbar. Sämtliche Ansprüche nach § 21 I u II AGG müssen vom Mieter innerhalb einer **materiellen Ausschlussfrist** des § 19 V 1 AGG von **zwei Monaten** geltend gemacht werden. Nach Ablauf der Frist kann der Anspruch nur geltend gemacht werden, wenn der Mieter **ohne Verschulden** an der Einhaltung der Frist verhindert war, § 19 V 2 AGG.

d) Prozess. Im Prozess muss der Mieter gem § 22 AGG nur Hilfstatsachen (Indizien) beweisen, die eine 27
Benachteiligung wegen eines in § 1 AGG genannten Grundes vermuten lassen. Der Vermieter trägt dann die
Beweislast dafür, dass er nicht gegen die Bestimmungen zum Schutz vor Benachteiligung verstoßen hat; ferner dafür, dass eine Ausn (s. Rn 25) vorgelegen hat.

III. Form. Eine Schriftform ist zum Abschluss eines Mietvertrages grunds **nicht erforderlich.** Allerdings 28
kann sich die Notwendigkeit ergeben, Mietverträge schriftlich abzusetzen oder notariell zu beurkunden, zB
aus § 311b. Für die Wohnraum- und Gewerberaummiete folgt eine Besonderheit aus §§ 550, 578, wenn der
Mietvertrag für **längere Zeit** als ein Jahr geschlossen werden soll (s. § 550 Rn 3). Wird die Form nicht
gewahrt, ist der Vertrag aber nicht nichtig, sondern gilt gem § 550 2 als auf unbestimmte Zeit geschlossen.
Die Parteien können die Schriftform gem § 127 als Wirksamkeitsvoraussetzung für den Mietvertrag vereinbaren. Eine solche Abrede kann sich zB aus dem Austausch schriftlicher Vertragsentwürfe oder der Herstellung
einer Vertragsurkunde, insb wenn diese eine Schriftformklausel enthält, schlüssig ergeben. Nach § 154 II
kommt der Mietvertrag in diesem Fall im Zweifel mit Erstellung und Unterzeichnung der Urkunde zustande.
Ein Mietvertrag oder mietvertragliche Abreden können **konkludent** (schlüssig) **getroffen** (BGH NZM 09, 29
855, 856; BGH ZMR 05, 781, 782) und auch **geändert** werden. Eine konkludente Abrede kann zB dadurch
getroffen werden, dass in einer Beschreibung der Mietsache zugleich eine Aussage über seinen Charakter und
damit eine diesem Charakter entsprechende Beschaffenheit enthalten ist (BGH NZM 09, 855, 856; BGH
ZMR 08, 116). Eine einseitig gebliebene Vorstellung des Mieters genügt nicht, auch wenn sie dem Vermieter
bekannt ist. Erforderlich ist vielmehr weiter, dass der Vermieter darauf in irgendeiner Form **zust reagiert**
(BGH NZM 09, 855, 856; BGH NJW 09, 2807). Eine Änderung ist zB anzunehmen, wenn der Vermieter
einer Person für längere Zeit Wohnraum überlässt und dafür Miete entgegen nimmt oder fordert (BVerfG
ZMR 96, 120, 121; LG Berlin ZMR 01, 32, 33). Ein **konkludenter Eintritt** in einen Mietvertrag liegt vor,
wenn der Ehegatte im eigenen Namen Willenserklärungen ggü der Hausverwaltung abgibt und den Schriftverkehr im eigenen Namen führt, die Wohnung jahrelang allein nutzt, Miete zahlt, Schönheitsreparaturen
ausführt, die Kündigung des Mietverhältnisses erklärt und eine geleistete Mietkaution „zurückfordert"
(BGH NZM 05, 659, 660). Die Mietvertragsparteien können auch die **Mietstruktur** (Rn 124) schlüssig
ändern (LG Itzehoe WuM 09, 741). Dafür reicht grunds nicht aus, dass der Mieter Betriebskostenabrechnungen unter Einbeziehung bisher nicht vereinbarter Betriebskosten lediglich nicht beanstandet. Auch eine jahrelange Zahlung auf ihm übermittelte Betriebskostenabrechnungen führt grds nicht zu einer Vertragsänderung.
Anders verhält es sich, wenn aufgrund besonderer Umstände der Änderungswille des Vermieters erkennbar
ist (LG Itzehoe WuM 09, 741). Trotz fehlenden **Erklärungsbewusstseins** (s. § 119 Rn 21) kann eine konkludente Willenserklärung vorliegen, wenn der Erklärende bei Anwendung der im Verkehr erforderlichen
Sorgfalt hätte erkennen und vermeiden können, dass seine Äußerung nach Treu und Glauben und der Verkehrssitte als Willenserklärung aufgefasst werden durfte, und wenn der Empfänger sie auch tatsächlich so verstanden hat (BGH NZM 05, 659, 660).

IV. Bevollmächtigung und Vertretung. Vermieter und Mieter können beim Vertragsschluss vertreten sein 30
(u.a. Rn 66). HM nach ist – außer bei **Eheleuten** (Ddorf ZMR 00, 210; Schlesw ZMR 93, 69; LG Gießen
ZMR 07, 863, 864; Rn 71) – nur die **offene Stellvertretung** zulässig. Wird nicht deutlich, für wen der Vertreter handeln wollte, kommt gem § 164 II der Vertrag mit dem Vertreter zustande (Ddorf ZMR 08, 711; KG
MDR 98, 529). Erteilt werden kann die Vollmacht formlos. Für eine Kündigung, die in fremdem Namen
erfolgt, ist nicht nur Bestehen, sondern auch Vorlage der Vollmacht an den Erklärungsempfänger sinnvoll.
Legt der Bevollmächtigte die Vollmachtsurkunde mit der Erklärung nicht vor, kann sie der Empfänger unverzüglich gem § 174 1 zurückweisen (BGH NJW 02, 1194; LG Berlin WuM 86, 331), soweit diese Vorschrift
anwendbar ist.

V. Zwang zum Vertragsabschluss. 1. Allgemeines. Im Prinzip sind die mit dem Ziel eines Vertragsschlusses 31
verhandelnden Parteien wegen des Grundsatzes der Vertragsfreiheit (Rn 19) bis zum Vertragsschluss in ihrem
Entscheidungsspielraum nicht eingeschränkt (**Abschlussfreiheit**; s.a. Vor §§ 145 ff Rn 14 ff). Dies gilt selbst
dann, wenn einer der Beteiligten in Erwartung des angestrebten Vertragsschlusses bereits Aufwendungen
gemacht hat, die sich im Falle des Scheiterns der Verhandlungen als nutzlos erweisen (BGH NJW-RR 89, 627;
Ddorf ZMR 00, 203). Ein **Zwang zum Vertragsabschluss** (s.a. Vor §§ 145 ff Rn 17 ff) kann sich aber aus
einem **Mietvorvertrag** (BGH ZMR 93, 55, 56; s. Rn 9), einer **Nachfolgeklausel** (zum Nachmieter s. Rn 75)
oder aus dem **zivilrechtlichen Benachteiligungsverbot** (Rn 20 ff) ergeben. Einen **gesetzlichen Abschlusszwang** gibt es im Verfahren nach § 1568a V 1 und nach § 14 LPartG. Die Zuweisung einer genossenschaftlich
gebundenen Wohnung an den Ehegatten, der nicht der Genossenschaft angehört, führt dabei nicht zu einer
unverhältnismäßigen, die Sozialbindung überschreitenden Beschränkung des Eigentumsrechts (BVerfG ZMR
92, 18). § 1568a V 1 ist nicht analog auf nichteheliche Lebensgemeinschaften (s. Rn 72) anwendbar (Hamm
WuM 05, 571; aA LG München I NJW-RR 91, 834). In **Ausnahmefällen** kann sich auch aus § 826 ein
Abschlusszwang ergeben. Dies ist anzunehmen, wenn der Vermieter eine **Monopolstellung** hat, eine Vermietung aber ohne sachlichen Grund ablehnt, obwohl der Mietinteressent auf die Mietsache angewiesen ist und
sie anderweitig nicht oder nur unter unzumutbaren Erschwerungen erhalten kann (RGZ 133, 388, 392). Der

marktbeherrschende Vermieter ist nicht nur verpflichtet, den aktuellen Bedarf auf dem Wege der Ausschreibung zu ermitteln. Wenn er entspr Flächen vermietet, darf er den Marktzutritt nach § 20 I GWB für aktuelle und potenzielle Wettbewerber des Mieters nicht für einen längeren Zeitraum als fünf Jahre blockieren. Er muss die Räumlichkeiten in entspr Abständen neu ausschreiben (BGH ZMR 03, 651, 653; s.a. Köln MietRB 08, 10 und *Joachim* NZM 04, 57).

32   **2. Schadensersatz.** Die vom Vermieter in Vertragsverhandlungen erteilte, aber nicht eingehaltene **Zusage** kann eine **Haftung** aus § 311 II begründen (BGH WuM 67, 788). Eine Ersatzpflicht kann auf Grund der beiderseitigen **Verpflichtung zur gegenseitigen Rücksichtnahme** außerdem dann bestehen, wenn eine der Parteien die Verhandlungen **ohne triftigen Grund** abbricht, nachdem sie in zurechenbarer Weise bei dem anderen Teil Vertrauen auf das Zustandekommen des Vertrages geweckt hat, wenn also nach dessen Vorstellungen die Annahme gerechtfertigt war, es werde mit Sicherheit zum Abschluss kommen (BGH NJW-RR 89, 627; BGH ZMR 77, 149; Ddorf ZMR 00, 203). Eine Haftung ist zu verneinen, wenn der „Mieter" mangels konkreter Einigung über den wesentlichen Inhalt der beabsichtigten vertraglichen Regelung noch mit einem **Scheitern der Verhandlungen** rechnen musste, so dass gleichwohl getätigte Aufwendungen seinem eigenen Risikobereich zuzuordnen sind (Ddorf NJW-RR 88, 988). Stellt jemand zB einem in Aussicht genommenen „Mieter" den Vertragsabschluss als sicher dar und gestattet er ihm schon die Bebauung, kann sich eine Schadensersatzpflicht ergeben, wenn der Vertrag an wesentlich neuen Bedingungen später scheitert (LG München II ZMR 66, 328). Ein **Vertrauensschutz** ist aber noch nicht gegeben, wenn der Vermieter eine Vollmacht für einen Zeugen unterzeichnet, um beim Bauamt Einsicht in Akten zu nehmen oder Freihandskizzen gefertigt und dem Mieter vorgelegt werden oder wenn der Vermieter mitteilt, ein Mietvertrag werde unterzeichnet, wenn alle behördlichen Genehmigungen erteilt seien.

33   **VI. Änderungen des Vertragsinhalts.** Ein Mietvertrag kann grds nur wieder vertraglich, auch konkludent (zur Miethöhe s. § 558b Rn 4; für die Überbürdung von Betriebskosten vgl BGH NJW-RR 04, 877), geändert werden. Bei einem Mietverhältnis über Räume und über Wohnräume gibt es aber **Einschränkungen**. So muss zB der Wohnraummieter ggf Maßnahmen zur **Verbesserung der Mietsache** dulden (§ 554) oder einer **Erhöhung der Miete** zustimmen (§§ 558 ff). Der Vermieter kann uU auch einseitig die Miete verändern (s. § 557 Rn 8). Im Einzelfall ist vorstellbar, Vereinbarungen zur Mietsache unter dem Gesichtspunkt einer **Störung der Geschäftsgrundlage** (§ 313) anzupassen (BGH ZMR 06, 758).

34   **VII. Pflichtenprogramm der Vertragsparteien. 1. Hauptpflichten.** Hauptpflichten des Vermieters sind gem § 535 I 1, 2 **Überlassung** (Rn 79) und **Erhaltung** (Rn 86) der **Mietsache** (s. Rn 79) in einem vertragsgemäßen Zustand. **Hauptpflicht** des Mieters ist gem § 535 II Zahlung der Miete (s. Rn 118). Die Parteien können weitere Pflichten zur Hauptpflicht erheben. Soweit es bei einem derart gemischten Vertrag um die **Gebrauchsüberlassung** geht, ist Mietrecht anwendbar (BGH NJW 63, 1449).

35   **2. Informationspflichten. a) Vorvertragliche Aufklärungspflichten des Vermieters. aa) Grundsatz.** Der Vermieter hat nach den all Grundsätzen (§ 123 Rn 8) grds **keine Pflicht**, den Mieter über besondere Umstände zur Mietsache aufzuklären. Es ist nicht seine Sache, dem Mieter das Vertragsrisiko abzunehmen und dessen Interessen wahrzunehmen. Der Mieter – auch der gewerbliche – muss selbst prüfen und entscheiden, ob der beabsichtigte Vertrag für ihn von Vorteil ist oder nicht (BGH NJW 82, 376). Es ist an ihm, sich umfassend zu informieren und zu klärungsbedürftigen Punkten in den Vertragsverhandlungen Fragen zu stellen (BGH NJW 06, 2618, 2619). Unterlässt der Mieter dies, hat er grds keinen Anspruch auf Schadensersatz (BGH ZMR 04, 653, 654; BGH NJW 87, 909, 910). Stellt der Mieter aber **Fragen** oder macht der Vermieter von sich aus Aussagen, müssen die Angaben **richtig und vollständig** sein (BGH ZMR 04, 653, 654; BGH NJW-RR 97, 144; KG ZMR 07, 963; § 123 Rn 9).

36   **bb) Ausnahme.** Dem Vermieter obliegt ausnahmsweise eine **vorvertragliche Aufklärungspflicht** ggü dem (künftigen) Mieter hinsichtlich derjenigen Umstände und Rechtsverhältnisse mit Bezug auf die Mietsache, die – für ihn erkennbar – von **besonderer Bedeutung** für den Entschluss des Mieters zur Eingehung des Vertrages sind und deren Mitteilung nach Treu und Glauben erwartet werden kann (BGH NJW-RR 07, 298; BGH NJW 06, 2618, 2619; KG ZMR 07, 963). Bestehen und Umfang einer Aufklärungspflicht richten sich nach den Umständen des Einzelfalls, insb nach der Person des Mieters und dessen für den Vermieter erkennbarer Geschäfts(un)erfahrenheit (BGH NJW-RR 07, 298; BGH NJW 06, 2618, 2621). Eine Hinweispflicht besteht etwa bei einer drohenden Zwangsversteigerung oder Zwangsverwaltung, anschließende sofortige Verkauf und Eigenbedarfskündigung (Hamm WuM 81, 102) und ggf bei der Höhe der Vorauszahlungen (Rn 37). Bietet ein Autovermieter einem Unfallgeschädigten ein Fahrzeug zu einem Tarif an, der **deutlich** über dem **Normaltarif** auf dem örtlich relevanten Markt liegt, und besteht deshalb die Gefahr, dass die Haftpflichtversicherung nicht den vollen Tarif übernimmt, muss der Vermieter den Mieter darüber aufklären. Erforderlich, aber auch ausreichend ist dann, den Mieter deutlich und unmissverständlich darauf hinzuweisen, dass die (gegnerische) Haftpflichtversicherung den angebotenen Tarif möglicherweise nicht in vollem Umfang erstatten werde (BGH NJW 06, 2618, 2621). Im **Einzelfall** muss der Vermieter Mieter auch über die **versicherungsrechtliche Situation** aufklären, zB über die haftungsrechtlichen Risi-

ken, die sich aus der Teilnahme am öffentlichen Straßenverkehr mit einem haftpflichtversicherungsfreien Baufahrzeug ergeben (BGH ZMR 07, 853, 854; BGH NJW-RR 07, 298).

cc) Vorauszahlungen auf die umlegbaren Nebenkosten. Der Vermieter ist grds nicht verpflichtet, Vorauszahlungen auf die umlegbaren Nebenkosten so zu kalkulieren, dass sie etwa **kostendeckend** sind. Eine Pflichtverletzung des Vermieters im Zusammenhang mit der Vereinbarung von Vorauszahlungen **bei Vertragsschluss** ist aber zu bejahen, wenn **besondere** Umstände gegeben sind (BGH ZMR 04, 347, 348; Rostock ZMR 09, 527, 528; KG ZMR 07, 963; Ddorf WuM 00, 591) oder der Mieter nachgefragt hat (Rostock ZMR 09, 527, 528). Besondere Umstände können etwa zu bejahen sein, wenn der Vermieter dem Mieter bei Vertragsschluss die Angemessenheit der Nebenkosten ausdrücklich zugesichert oder diese **bewusst zu niedrig bemessen** hat, um über den Umfang der tatsächlichen Mietbelastung zu täuschen und Jemanden auf diese Weise zur Begründung eines Mietverhältnisses zu veranlassen (BGH ZMR 04, 347, 348; Rostock ZMR 09, 527, 528; KG ZMR 07, 963; LG Frankfurt/M ZMR 79, 112; zum Schadensersatz s. *Lehmann-Richter* WuM 04, 254). Das Gleiche gilt, wenn der Vermieter eine Kostenposition **bewusst** nicht bei der Berechnung der Betriebskostenvorauszahlung einbezogen hat (KG ZMR 07, 963). Der Mieter kann ggf eine **Freistellung** verlangen (KG ZMR 07, 963; Ddorf ZM 00, 604; zw), jedenfalls aber **kündigen**. Sind die Vorauszahlungen pflichtwidrig zu hoch angesetzt, kann der Mieter eine Herabsetzung verlangen (AG Hamburg-Wandsbek WuM 96, 28), aber **nicht eigenmächtig** kürzen (aA Kinne GE 90, 1174). 37

b) Aufklärungspflichten des Mieters. aa) Grundsatz. Der Mieter braucht den Vermieter bei den Vertragsverhandlungen grds **nicht ungefragt** über seine **Familien-, Eigentums- und Vermögensverhältnisse** aufzuklären (BVerfG NJW 91, 2411, 2412). Anders verhält es sich, wenn der Mieter zB **arbeitslos** ist und die Miete **von vornherein** nur mit Hilfe des Sozialamts aufzubringen vermag (AG Frankfurt ZMR 88, 342) oder wenn er sich in der **Insolvenz** befindet (LG Bonn NJW-RR 06, 381; aA *Herrlein* ZMR 07, 247); ferner, wenn der Mieter durch bestimmte Waren, zB Thor-Steinar-Sachen, die Mietsache oder den Vermieter gefährdet (KG KGR 09, 681; Naumbg NZM 09, 128; LG Berlin ZMR 09, 121; aA LG Nürnberg-Fürth NZM 09, 584). 38

bb) Fragen des Vermieters. Das **allgemeine Persönlichkeitsrecht** des Mieters umfasst seine Befugnis, über Preisgabe und Verwendung seiner persönlichen Daten selbst zu bestimmen (Recht auf informationelle Selbstbestimmung, BVerfG NJW 91, 2411). Bestimmte Fragen sind aber zulässig, etwa solche nach Rauchverhalten (LG Stuttgart NJW-RR 92, 1360), Familienstand, Beruf, Bonität, Alter, Geburtsjahr, Einkommensverhältnissen, Zahlungsfähigkeit, Pfändungen oder Zwangsvollstreckungsmaßnahmen (Kobl WuM 08, 471; LG Landau ZMR 85, 127; LG Mannheim ZMR 90, 303; AG Leer v 14.10.08 – 70 C 1237/08 IV) und **richtig zu beantworten**. Der Vermieter darf auch nach **früheren Mietverträgen** (LG Itzehoe ZMR 08, 536; aA LG Braunschweig WuM 84, 297) oder der Anschrift des letzten Vermieters fragen; dem Vermieter ist nicht verwehrt, etwa einem Verdacht auf „Mietnomadentum" nachzugehen. **Unzulässig** sind Fragen nach **intimen Verhältnissen** des Mieters (AG Nürnberg WuM 84, 295), nach Krankheiten, nach der Religionszugehörigkeit, nach der Zugehörigkeit zu Vereinen und Parteien oder nach der Absicht, zu heiraten oder Kinder zu bekommen oder nach Vorstrafen (AG Hamburg WuM 92, 598). 39

c) Verstöße. Verstößt der **Vermieter** gegen Aufklärungspflichten, macht er sich nach §§ 311a, 241 II, 280, 282 **schadensersatzpflichtig**; ggf ist auch eine Anfechtung möglich (Rostock ZMR 09, 527, 528). Ferner kann der Mieter kündigen oder – vor Überlassung der Mietsache – zurücktreten oder anfechten. Verstößt der **Mieter** gegen seine Aufklärungspflichten oder seine Pflicht, eine **zulässige Fragen** richtig zu beantworten, kann der Vermieter den Mietvertrag anfechten (Naumbg NZM 09, 129; LG Berlin ZMR 09, 121; LG Itzehoe Info M 08, 167; LG Mannheim ZMR 90, 303; LG München II WuM 87, 379; s.a. Rn 59). Daneben kann er gem § 543 I kündigen (LG Wuppertal WuM 99, 39) und Schadensersatz verlangen. 40

3. Nebenpflichten. Die **Nebenpflichten** der Parteien bestimmen sich nach Inhalt und Zweck des Mietvertrags. Fehlt es an ausdrücklichen Regelungen, ist va die Art der Mietsache maßgeblich. **Neben** den Rn 42–49 näher ausgeführten Nebenpflichten, die ihre rechtliche Grundlage insb in der **Pflicht** der Parteien zur **gegenseitigen Rücksichtnahme** haben, trifft den Vermieter die Gewährleistung für Sach- und Rechtsmängel (§§ 536–536d), die Pflicht, Aufwendungen des Mieters zu ersetzen (§§ 536a II, 539 I), die Pflicht Wegnahme von Einrichtungen zu dulden (§ 539 II) sowie die Pflicht, die Lasten der Mietsache zu tragen (Rn 139). Für den Mieter sind va die Anzeigepflicht von Mängeln (§ 536c I 1), die **Duldungspflicht** ggü *Modernisierungsmaßnahmen (§ 554 II) und die* Schadensminderungspflicht (§ 536c) sowie die Rückgabepflicht (§ 546) zu nennen. 41

a) Des Vermieters. aa) Schutzpflichten. Den Vermieter treffen für die Mietsache **Schutzpflichten**. Zu diesen Pflichten sind der Schutz des Störungsschutz (s. Rn 43) und die **Verkehrspflichten** (s. Rn 44) sowie der **Schutz Dritter**, die mit der Mietsache in Berührung kommen (Rn 49; s.a. vor §§ 328 bis 338 Rn 5 ff). In einem weiteren Sinne gehört hierher auch ein Konkurrenzschutz (Rn 129). Die vom Vermieter geschuldeten **Prüfungspflichten** (Rn 97) und seine **Gebrauchs- und Erhaltungspflicht** (s. Rn 93) sind hingegen Hauptpflicht. 42

43 **bb) Störungsschutz.** Es ist vertragliche **Nebenpflicht des Vermieters**, Störungen des Mieters und Beschädigungen der von diesem eingebrachten Sachen zu unterlassen (**Fürsorgepflicht**; BGH NJW 09, 142, 143) sowie eine von Dritten und von Mitmietern **ungestörte Gebrauchsgewährung** zu gewähren (BGH ZMR 04, 335, 336; LG Stendal NZM 05, 783). Der Vermieter darf die Mietsache (Ddorf NJW 94, 1971; LG Köln NZM 09, 283) oder den Mieter etwa nicht ungefragt **fotografieren** (LG Mannheim ZMR 78, 140) oder beleidigen. Auch der Einsatz (ggf verdeckter) **Videokameras** stellt einen unzulässigen Eingriff in das **Persönlichkeitsrecht** dar, wenn keine **überwiegenden schutzwürdigen Interessen** dies rechtfertigen (BGH NJW 95, 1955; s.a. *Horst* NJW 09, 1787; *Bittner* MietRB 09, 305 ff; s.a. Rn 56). Ein Eingriff ist nur gerechtfertigt, wenn schwerwiegenden Beeinträchtigungen von Rechtspositionen des Überwachenden in anderer Weise zumutbar begegnet werden konnte (BGH NJW 95, 1955; LG Berlin WuM 05, 663). Notwendig ist außerdem, dass auf die Überwachung offen hingewiesen wird, dass die Aufzeichnungen nur für die in § 6b BDSG vorgesehenen Zwecke (Hausrecht, Eigentumsschutz etc) verwendet werden und dass die Aufzeichnungen wieder gelöscht werden, wenn die Zwecke erreicht sind. Für die rechtliche Beurteilung ist belanglos, ob nur **Attrappen** aufgestellt werden (München NZM 05, 668; LG Bonn NJW-RR 05, 1067; AG Lichtenberg NZM 08, 802, 803). Der Mieter kann sich zur **Abwehr von Störungen Dritter** zwar auf seine Besitzrechte (s. dazu Rn 86) stützen, der Vermieter kann ihn auch bei der Ausübung von eigenen Abwehrrechten aber nicht verweisen (KG NZM 03, 27). Zum Störungsschutz muss der Vermieter daher **gegen andere einschreiten** (BGHZ 19, 85, 93; Naumbg ZMR 00, 290, 291; Kobl ZMR 93, 68). Denn dem Mieter ist im erforderlichen und zumutbaren Umfang aktiv Schutz vor **Störungen Dritter** und vor **Störung** von **Mitmietern** zu gewähren, die ihn in seinem **vertragsgemäßen Mietgebrauch** beeinträchtigen (KG NZM 03, 27; Ddorf ZMR 01, 706, 707). Ein Schutz ist zB ggf zu gewähren bei Störung des Hausfriedens, gegen Immissionen, gegen Lärmbelästigungen oder Gebrauchsbeeinträchtigungen. Eine **Handlungspflicht** trifft den Vermieter nicht, wenn der Mieter für das Entstehen oder vertraglich für dessen Vermeidung selbst verantwortlich ist (BGHZ 38, 295).

44 **cc) Verkehrspflichten (Verkehrssicherungspflichten).** Den Vermieter von Grundstücken und Räumen treffen Verkehrspflichten (Verkehrssicherungspflichten; s. § 823 Rn 2 ff). Die Verkehrspflicht beruht hier auf dem Gedanken, dass der, der einen **Verkehr eröffnet** und damit eine Gefahrenquelle schafft, notwendige Schutzvorkehrungen zu treffen hat, damit anderen kein Schaden daraus entsteht (Hamm ZMR 04, 511, 512; BayObLG ZWE 01, 423). Grunds ruhen die Schutzpflichten für die Mietsache auf dem **Vermieter**; etwas anderes gilt, wenn sie auf den Mieter **übertragen** sind (Rn 52) oder für **Innenräume**, für die der Mieter Sorge tragen muss. Ist ein Grundstück gem § 1 V WEG **Gemeinschaftseigentum**, ist nach § 10 VI 3 WEG die WEGem verkehrspflichtig (München ZMR 06, 226, 227); daneben sind ggf auch die WEer (*Elzer* ZMR 06, 228, 229) und ggf auch der Verwalter verpflichtet (*Elzer* MietRB 05, 219 ff). Im Falle der Zwangsverwaltung treffen die Verkehrspflichten nach §§ 152, 148 II ZVG den **Zwangsverwalter** (Hamm ZMR 04, 511, 512).

45 Der Vermieter muss zur Wahrung der Verkehrspflichten diejenigen Sicherheitsvorkehrungen treffen, die ein **verständiger, umsichtiger, vorsichtiger anderer Vermieter** für ausreichend halten darf, um Mieter und deren Angehörige vor Schäden zu bewahren, und die ihm den Umständen nach zuzumuten sind (BGH NJW 07, 1683, 1684). Indes ist nicht jeder Gefahr vorbeugend zu begegnen. Haftungsbegründend wird eine Gefahr erst dann, wenn sich für ein sachkundiges Urt die **nahe liegende Möglichkeit** ergibt, dass Rechtsgüter anderer verletzt werden (BGH NJW 07, 1683, 1684; BGH NJW 06, 610). Deshalb sind nur die Vorkehrungen zu treffen, die geeignet sind, die Schädigung anderer tunlichst abzuwenden (BGH NJW 06, 610). Dem ist genügt, wenn im Erg derjenige Sicherheitsgrad erreicht ist, den die im Mietrecht herrschende Verkehrsauffassung für erforderlich hält (BGH NJW 07, 1683, 1684; BGH NJW 06, 610). Kommt es in Fällen, in denen keine Schutzmaßnahmen getroffen werden mussten, weil eine Gefährdung anderer zwar nicht völlig ausgeschlossen, aber nur unter besonders eigenartigen und entfernten liegenden Umständen zu befürchten war, ausnahmsweise doch einmal zu einem Schaden, muss der Geschädigte den Schaden selbst tragen (BGH ZMR 06, 675, 676 = NJW 06, 2326; BGH NJW 06, 610). Die aus den allg Vorschriften herzuleitenden Verkehrspflichten bestehen **neben Verpflichtungen**, die dem Vermieter vielfach gem Schutzgesetz zB durch PolizeiVO über Beleuchtung, Streupflicht (Rn 46) und dergleichen besonders auferlegt sind, und auch neben evtl vertraglichen Schutzpflichten (BGHZ 5, 378, 380).

46 Die Verkehrspflichten erstrecken sich grds auf alle Teile des Hauses. Bei einem Wohngebäude muss zB als Teil der Gebrauchserhaltungspflicht (Rn 93) Sorge getroffen werden wegen: der Balkontrennwände, des Daches und der Dachziegel (Ddorf MietRB 08, 72), der Fassade, des Treppengeländers, des Kellers, der Ein- und Zugänge (Ddorf ZMR 01, 106), der tragenden Wände, der Fenster, Türen und Fahrstühle, der Fußböden, der Schächte, der Heizungsanlagen, der Garagen, Schuppen und Spielplätze, der Beleuchtungen, der gemeinschaftlichen Flächen und ggf der öffentlichen Straßenflächen. Zu den Verkehrspflichten gehört die Pflicht zum **Schneeräumen** (Kobl NJW 08, 1331), die Beseitigung von Eis oder von nassen Blättern. Die **winterliche Streu- und Räumpflicht** beschränkt sich regelmäßig auf den Zeitraum zwischen dem Einsetzen des allgemeinen Verkehrs am Morgen und dessen Ende in den Abendstunden. Wer sich außerhalb dieser Zeiten bewegt, darf eine Verkehrssicherung grds nicht erwarten (Kobl NJW 08, 1331; Frankf NZM 04, 144). Für den Morgen ist die zeitlich relevante Grenze bei etwa 7.00 Uhr zu ziehen (Ddorf ZMR 01, 106). Vertragliche Nebenpflicht ist auch, die Mietsache in einem **verkehrssicheren Zustand zu erhalten** (BGH NJW 09, 143, 144).

Werden dem Vermieter **Mängel** bekannt, von denen eine Gefahr für die Mietsache ausgehen kann, muss er sie **unverzüglich beheben** (BGH NJW 09, 143, 144). Er muss im Rahmen seiner Verkehrssicherungspflicht zwar keine regelmäßige Generalinspektion vornehmen. Besondere Umstände, wie ungewöhnliche oder wiederholte Störungen, bieten aber Anlass, nicht nur einen unmittelbar zu Tage getretenen Defekt zu beheben, sondern eine **umfassende Inspektion** etwa der Elektroinstallationen durchzuführen (BGH NJW 09, 143, 144). 47

dd) Vertrag mit Schutzwirkung für Dritte. Der Mietvertrag kann **Vertrag mit Schutzwirkung für Dritte** sein (BGHZ 61, 227, 233; BGHZ 49, 350, 354; Vor §§ 328 bis 335 Rn 20). In den Schutzbereich einbezogen sind va Angehörige des Mieters, Lebenspartner oder Hauspersonal, nach hM hingegen nicht gelegentliche Besucher, Lieferanten, Handwerker oder Kunden (BGHZ 2, 94, 97; Köln MDR 01, 561). Bei der Raummiete für Veranstaltungen bestehen indes Schutz- und Obhutspflichten ggü allen **berechtigten** Teilnehmern. Geschützt werden auch von Sachen von Eigentümern, die sich **berechtigterweise** in den Mieträumen befinden (BGHZ 49, 350, 354). Bei der Miete eines Fahrzeugs, einer Maschine und sonstigen Geräts wird geschützt, wer **vertragsgemäß** den Gebrauch für den Mieter ausübt (BGHZ 49, 278). **Andere Mieter** sollen aus einem Mietvertrag eines Mitmieters **keine Schutzwirkungen** zu ihren Gunsten herleiten können (BGH VersR 74, 860; BGH NJW 69, 41; Köln NJW-RR 95, 1480; Vor §§ 328 bis 335 Rn 20; zw). Etwas anderes gilt aber bei **Regelungen einer Hausordnung**, zB für Ruhezeiten (s. Rn 110). 48

ee) Sonstiges. Der Vermieter einer Wohnung schuldet dem Mieter als mietvertragliche Nebenpflicht gem § 241 II keine „Mietschuldenfreiheitsbescheinigung" (BGH NZM 09, 853). 49

ff) Pflichtverstöße. Verletzt der Vermieter **schuldhaft Schutz- oder Nebenpflichten**, kann der Mieter gem § 280 I **Schadensersatz** verlangen (BGH NJW 09, 142, 143). Das ist zB bei einer unberechtigten Kündigung (BGH NJW 05, 2395), unwirksamen AGB (BGH NJW 88, 197) oder bei einem unberechtigten Räumungsverlangen (BGH NZM 02, 291) der Fall. Neben seinem Erfüllungsanspruch kann der Mieter mindern, § 536 I 1. Wird die Mietsache durch Dritte, zB Mitmieter, gestört, kann der Mieter vor allem nach §§ 823, 862, 865 vorgehen oder ein Handeln des Vermieters verlangen (BGH ZMR 04, 335, 336; München ZMR 92, 246, 247). Ein Anspruch analog § 906 unter Mitmietern ist nicht gegeben (BGH ZMR 04, 335, 336; zw). 50

b) Nebenpflichten des Mieters. aa) Allgemeines. Mieter treffen kraft Gesetzes mit Übergabe der Mietsache (nicht mit Unterzeichnung des Vertrages) als Nebenpflicht ungeschriebene **Obhuts- und Sorgfaltspflichten** (BGH ZMR 94, 63; RGZ 138, 192, 197; KG KGR 02, 18; *Riecke* ZMR 04, 351; s. für die Wohnraummiete § 543 II 1 Nr 2). Der Mieter muss die Mietsache und die mitvermieteten Sachen **schonend und pfleglich** behandeln (*Kraemer* FS Blank, 281), muss Bedienungsvorschriften einhalten, darf die Mietsache durch Vernachlässigung der ihm obliegenden Sorgfalt nicht erheblich gefährden oder sie unbefugt einem Dritten überlassen, darf die Mietsache nicht vermüllen oder/und verunreinigen (AG Rheine ZMR 08, 803) und muss **Haus- und Wohnungsschlüssel** sorgfältig bewahren (*Ruthe* NZM 00, 365). Eine Schädigung der Mietsache muss noch nicht eingetreten sein. Die Mietsache ist soweit wie möglich vor Beschädigungen zu schützen und nach Beendigung des Mietverhältnisses in **ordnungsgemäßem Zustand zurückzugeben**. Zur **Sorgfaltspflicht des Raummieters** gehört auch, die Räume vor eindringendem Regenwasser, Wasserinstallationen vor Frost zu schützen (LG Görlitz WuM 94, 669), ggf ausreichend zu **heizen** (LG Hagen ZMR 08, 972, 973), die Mietsache zu **reinigen** und **lüften** (*Dittert/Landvoigt* GE 05, 468, 472) sowie Fenster, Keller- und Dachluken rechtzeitig zu schließen, wenn anderenfalls die Mietsache Schaden nehmen kann. Teil der Obhutspflicht können ausnahmsweise auch **Kontrollen** sein, allerdings keine vorbeugende Störungsprüfung (LG Saarbrücken NJW-RR 87, 1496). Der Mieter ist ferner verpflichtet, Schäden oder notwendige Maßnahmen zum Schutz der Mietsache gegen eine nicht vorhergesehene Gefahr **anzuzeigen**, vgl § 536c. Obhutspflichten bestehen auch bei **Nichtnutzung** (Karlsr WuM 96, 226; Ddorf MDR 94, 1213), etwa wegen Urlaubs (LG Berlin ZMR 82, 86). Bei **Betriebsstörungen** ist der Mieter jedenfalls zu den notwendigen **vorläufigen Sicherungsmaßnahmen**, ggf auch zu unaufschiebbaren Reparaturen als stillschweigend Beauftragter mit dem Recht des Aufwendungsersatzes verpflichtet, wenn sonst der Sache weiterer Schaden droht und der Vermieter die entspr Maßnahmen selbst nicht rechtzeitig treffen oder veranlassen kann. Eine Heizung muss der Mieter auf eigene Kosten nicht einbauen (KG KGR 02, 18); auch ist die Mietsache grunds nicht vom Mieter zu **versichern** (BGH WuM 77, 291). Muss sich der Mieter anteilig an den Versicherungskosten als Nebenkosten zur Miete beteiligen, besteht eine **stillschweigende Haftungsbeschränkung** auf Vorsatz und grobe Fahrlässigkeit (BGH NJW 01, 1353; BGHZ 131, 288 = NJW 96, 715). 51

bb) Verkehrspflichten. Den Mieter trifft – soweit er diese übernommen hat – als **besondere Obhutspflicht** die **Verkehrspflicht** für die Mietsache (s. Rn 44). Die Verkehrspflichten können vertraglich – auch formularmäßig (Frankf NJW 89, 41; LG Karlsruhe ZMR 06, 698) – auf ihn übertragen werden (Ddorf GE 08, 1326; LG Karlsruhe ZMR 06, 698; *Hitpaß* ZMR 05, 9, 11). „Übertragungsort" ist in aller Regel der Mietvertrag. Für eine Verlagerung bedarf es klarer und eindeutiger Absprachen, die zuverlässig sicherstellen, dass Gefahren ausgeschaltet sind (BGH ZMR 96, 477). Der Mietvertrag muss daher neben der Übertragung etwa der **Reinigungs- und Streupflicht** auf den Mieter auch regeln, wann und wie der Mieter zu reinigen und zu streuen hat (*Hitpaß* ZMR 05, 9, 12). Wegen der dem Mieter drohenden Gefahren und gegen ihn gerichteten Ansprü- 52 che sollte die Übertragung nicht nur in einer dem Vertrag beiliegenden **Hausordnung** (s. Rn 110) vereinbart, sondern im **Vertragstext** deutlich werden (Frankf WuM 02, 619; *Horst* MDR 01, 187). Für den Vermieter entfällt mit einer Übertragung nicht jede Haftung. Wird eine Verkehrspflicht übertragen, trifft ihn eine **Kontroll- und Überwachungspflicht** (Saarbr NJW-RR 06, 1165, 1166; Hamm NZM 06, 195). Diese erstreckt sich darauf, ob der Mieter die vertraglich übernommenen Sicherungsmaßnahmen auch tatsächlich und sachgerecht ausführt (BGH ZMR 96, 477). Dabei darf der Vermieter darauf vertrauen, dass der Mieter den ihm übertragenen Aufgaben nachkommt (BayObLG ZMR 05, 137), solange nicht **konkrete Anhaltspunkte** bestehen, die dieses Vertrauen erschüttern. Die Pflicht des Mieters, Verkehrspflichten wahrzunehmen, kann zB durch **hohes Alter** entfallen (LG Hamburg ZMR 89, 622; AG Hamburg-Altona ZMR 09, 537; zw).

53 cc) **Duldung eines Betretungs- und Besichtigungsrechts des Vermieters.** Der Vermieter kann häufig ungeachtet § 536c **nur** durch eine **Ansicht** den Zustand einer Mietsache feststellen oder eine Vernachlässigung oder die Vergleichsmiete ermitteln. Der Mieter muss daher als Nebenpflicht ein **Betretungs- und Besichtigungsrecht** des Vermieters dulden (BVerfG ZMR 04, 566, 567 = NZM 04, 186). Wie bereits § 809 zeigt, gibt es allerdings kein allgemeines, **voraussetzungsloses** Besichtigungs- oder Kontrollrecht (AG Bonn NZM 06, 698; AG Ibbenbühren WuM 98, 751; *Blank* FS Seuß, 277, 283; aA LG Berlin MM 04, 125; LG Stuttgart ZMR 85, 273; AG Rheine WuM 03, 315; AG Münster ZMR 99, 756, 758). Ob und in welchem Umfang ein Betretungs- und Besichtigungsrecht besteht, kann nur im Einzelfall geklärt werden. Bei Klärung dieser Frage sind die Interessen des Vermieters (dazu § 809 Rn 7) und das Recht des Mieters, in Ruhe gelassen zu werden, gegeneinander abzuwägen und in einen angemessenen **Ausgleich** zu bringen (BVerfG ZMR 04, 566, 567 = NZM 04, 186). Liegt eine an §§ 307, 138 I (s. BVerfG ZMR 93, 405, 409) zu messende **Vereinbarung** vor, ist **diese** für Umfang und Ausgestaltung maßgeblich. Ein formularvertraglich vereinbarter **Verzicht** auf die Ankündigungspflicht ist ebenso wie ein **voraussetzungsloses Besichtigungsrecht** („Routinekontrolle") unzulässig (LG München NJW-RR 09, 376; AG Coesfeld BeckRS 09 06896) unzulässig.

54 Auch **ohne Vereinbarung** muss der Mieter allerdings nach Treu und Glauben (§ 242) in bestimmten Fällen gestatten, dass die Mietsache besichtigt wird (LG Tübingen GE 08, 105; LG Hamburg WuM 94, 425). Der Vermieter und ihn ggf begleitende Handwerker, Sachverständige, Architekten etc können vom Mieter auch **ohne** besondere **vertragliche Abrede** gem § 241 I verlangen, unter bestimmten Voraussetzungen und aus besonderem Anlass (LG Stuttgart ZMR 85, 273; AG Saarbrücken ZMR 05, 372, 373) die Miträume für eine Besichtigung zu betreten. Ein besonderer Anlass ist insb gegeben, um für eine Mieterhöhung ein Aufmaß zu nehmen, Mängeln oder einem Mängelverdacht nachzugehen, eine Pflichtverletzung des Mieters aufzuklären (AG Rheine WuM 03, 315), um eine Modernisierung zu planen und durchzuführen, die Durchführung von Schönheitsreparaturen zu prüfen (*Schlüter* NZM 06, 681, 683), Messeinrichtungen abzulesen oder zur Erfüllung der Verkehrspflichten (s. Rn 34), Schäden oder Gefährdungen festzustellen. Im **Notfall**, zB bei Sturm-, Wasser- oder Feuerschäden, kann der Vermieter in jedem Falle **sofort Zugang** verlangen und ihn notfalls eigenmächtig durchsetzen (*Korff* GE 86, 106). Geht es nur um die **allgemeine Feststellung des Zustandes der Mietsache**, muss der Mieter nach § 242 und unter Berücksichtigung der konkreten Umstände und der örtlichen Verhältnisse eine Besichtigung etwa **alle 1–2 Jahre** dulden (LG Tübingen GE 08, 1055; AG Saarbrücken ZMR 05, 372, 373; aA AG Bonn NZM 06, 698). Steht das Ende des Mietverhältnisses oder der Verkauf bevor, trifft den Mieter aus dem Mietvertrag die Nebenpflicht, dem Vermieter in engem Rahmen und zu vertretbaren Zeiten die Besichtigung seiner Wohnung mit **Kaufinteressenten** zu ermöglichen (BVerfG ZMR 04, 566, 567 = NZM 04, 186; LG Frankfurt/M NZM 02, 696). Es verstößt gegen das **Gebot schonender Rechtsausübung**, wenn der Vermieter eine Mehrzahl von Besichtigungsgründen zum Gegenstand immer neuer Besichtigungsbegehren machte (AG Hamburg NZM 07, 211).

55 In **allen Fällen**, außer in Notfällen, bedarf es einer **rechtzeitigen Anmeldung**, mindestens 24 Stunden vorher (AG Lüdenscheid WuM 90, 498; AG Neuss WuM 89, 364; AG Köln WuM 86, 86), meist mehr (LG Tübingen GE 08, 1055, 1057; *Herrlein* ZMR 07, 247, 248; *Blank* FS Seuß, 277, 279: **2 Wochen**). Was rechtzeitig ist, kann nur nach den Umständen des Einzelfalls entschieden werden. Tageszeit und Dauer der Besichtigungen (30-45 Minuten, LG Frankfurt/M NZM 02, 696) sind so einzurichten, dass sie den Mieter **möglichst wenig belasten**, andererseits aber den Vermieter seine Interessen wahrnehmen lassen. Übliche Zeiten sind **werktags** (auch sonnabends, BGH ZMR 05, 695, 697; AG Köln NZM 01, 41), tagsüber, nicht zur Unzeit, etwa am frühen Morgen oder späten Abend (10.00–13.00 Uhr und 15.00–18.00 Uhr; AG Saarbrücken ZMR 05, 372, 373). Ist eine Zeit unüblich und liegt kein Notfall vor, kann der Mieter zB Handwerkern, die vom Vermieter beauftragt sind, den Zutritt zur Wohnung verwehren (AG Aachen WuM 86, 87). Dem Betretungsrecht steht spiegelbildlich die Verpflichtung ggü, bestimmte Räumlichkeiten ordnungsgemäß zu verschließen (s. dazu *Jacoby* WE 00, 156 ff). Bei vermietetem **Sonder- oder Gemeinschaftseigentum** steht häufig dem WEG-Verwalter ein vereinbartes Betretungsrecht zu, zB für eine Schadensabwehr (s. *Riecke/Vogel* ZMR 03, 89, 90). Unzulässig ist dabei eine Regelung, die dem Verwalter gestattet, **ohne sachlichen Grund** eine Wohnung zu betreten (Zweibr ZMR 01, 308). Ein WEer kann ferner nach § 14 Nr 4 WEG analog iVm dem Rücksichtnahmegebot (s. dazu Vor §§ 1–64 WEG Rn 11) verpflichtet sein, einen auf Wartung/Kontrolle oder Notfälle beschränkten Zugang zu einem im Sondereigentum eines anderen WEers stehenden Tankraum durch sein Sondereigentum zu **dulden** (Frankf OLGR 05, 199, 201); diese Pflicht trifft auch den Mieter.

Betritt der Vermieter wiederholt ohne Einwilligung Mieträume, kann ihn der Mieter auf **Unterlassung** der 56
Besitzstörung verklagen oder ein neues Türschloss einbauen. Der Vermieter muss bei einer Weigerung – auch
bei vertraglicher Regelung – den Mieter auf **Duldung der Besichtigung** verklagen, sofern kein Notfall vorliegt (s. Rn 54). In Eilfällen, wenn also ein dringendes Bedürfnis besteht, etwa eine ansonsten stockende
Strangsanierung eines größeren Mehrfamilienhauses (Plattenbau), ist ein Antrag auf Erlass einer einstweiligen Verfügung gem § 935 ZPO möglich (LG Duisburg NJW-RR 07, 85; *Hinz* NZM 05, 841, 848). Dem Vermieter und Eigentümer kann grds nicht verwehrt werden, ein vermietetes Haus von außen zu fotografieren,
um so den Zustand des Hauses festzuhalten (AG Hannover ZMR 01, 282). Etwas anderes gilt – außer für eine
Schadensaufnahme – für Innenaufnahmen (AG Frankfurt NZM 99, 121; s.a. Rn 43; § 809 Rn 10).

dd) Sonstige Pflichten. Der Mieter muss **Erhaltungs- und ggf Modernisierungsmaßnahmen dulden** 57
(Rn 93); für den Wohnraummieter vgl § 554 I, II (s. § 554 Rn 3 ff).

ee) Verstöße. Bei einem Verstoß gegen Obhutspflichten kann ein **Schadenersatzanspruch** aus §§ 280 I, 241, 58
823 I, II bestehen oder das **Recht zur Kündigung**, s. etwa § 543 I, II Nr 2. Der Mieter **haftet für Dritte**,
soweit diese als **Erfüllungsgehilfen** seiner Pflichten anzusehen sind. Das ist der Fall, wenn sie auf Veranlassung des Mieters mit der Mietsache in Berührung kommen, zB Ehegatten oder Kinder, ggf aber auch Besucher. Eine Haftung scheidet nicht deshalb aus, weil der Dritte schuldlos handelt, etwa **psychisch krank** ist.
Hat der Mieter Mängel beseitigt, kommen Aufwendungsersatzansprüche nach §§ 563a II, 677, 683, 670, 812 ff
in Betracht. Wurden an der Mietsache auf Wunsch des Mieters Veränderungen vorgenommen, die nur in seinem Interesse lagen, kann von einem stillschweigenden Einverständnis auszugehen sein, dass der Mieter hierfür keinen Aufwendungsersatz beanspruchen kann (BGH NJW-RR 07, 1309, 1310).

VIII. Beendigung des Mietvertrages. 1. Allgemeines. Ein Mietverhältnis **endet durch Zeitablauf**, wenn es 59
von vornherein befristet war; außerdem dann, wenn eine Partei kündigt oder – vor Übergabe – durch Rücktritt, § 346. Die Parteien können ihre zum Mietvertrag führende Willenserklärung außerdem nach § 123 mit
Wirkung ex tunc anfechten (BGH NZM 08, 886, 887). Dieses Recht wird auch nach Vollzug des Mietvertrages nicht durch die mietrechtlichen Gewährleistungsvorschriften (§§ 536 ff) und das Recht zur fristlosen
Kündigung gem § 543 verdrängt (BGH NZM 08, 886, 887). Zieht ein Mieter aus, bleibt er dennoch Mieter
und haftet für die Miete, für die Durchführung von Renovierungsarbeiten, schlechthin für die Vertragserfüllung (LG Mönchengladbach WuM 03, 204). Nach endg Trennung von Eheleuten oder Lebenspartnern kann
der eine vom anderen ggf die **Zustimmung zur Kündigung** der gemeinsam angemieteten Wohnung von dem
in der Wohnung Verbliebenen **verlangen** (Köln ZMR 06, 770, 771). Eine fristlose Kündigung kann nicht
nach § 140 in ein Angebot zur Aufhebung des Mietvertrages umgedeutet werden (s.a. BGH NJW 81, 43, 44).
Auch die schlichte Entgegennahme von Schlüsseln kann nicht als Mietaufhebungsvertrag ausgelegt werden
(LG Gera WuM 05, 647). Schweigen gilt – auch im kaufmännischen Geschäftsverkehr – grds nicht als
Zustimmung, sondern als **Ablehnung** (vgl § 146 Rn 1). Ist das Mietverhältnis beendet, beschränken sich die
Rechtsbeziehungen zwischen den Parteien **nicht auf das Eigentümer-Besitzerverhältnis** (§§ 987 ff) oder auf
die Regelungen des Bereicherungsrechts (§§ 812 ff). Vielmehr besteht nach § 242 ein **schuldrechtliches
Abwicklungsverhältnis** mit nachvertraglichen Rechten und Pflichten, welches sich inhaltlich am bisherigen
Mietverhältnis ausrichtet (LG Aachen MDR 92, 578). Nachvertragliche Pflichten können sich im Einzelfall
aus der Eigenart des beendeten Mietvertrags oder den besonderen Belangen des Mieters ergeben. Zu den
nachvertraglichen Pflichten des Vermieters gehört es jedenfalls, den Verkehr im und am vermieteten Objekt
zu sichern. IRd Verkehrspflichten (s. dazu Rn 44) ist er zur Erhaltung verpflichtet (LG Aachen MDR 92, 578;
LG Hamburg ZMR 86, 122). Zu den Pflichten kann ferner die Erbringung von Versorgungsleistungen gehören (BGH NJW 09, 1947; s. Rn 91). Der wesentliche Unterschied zum bisherigen Mietverhältnis besteht
darin, dass der Vermieter nur noch im **eingeschränkten Maße** verpflichtet ist, den Mietgebrauch zu gewähren; allerdings hat er den Besitzstand des Mieters zu beachten.

2. Schadenersatz. Der Vermieter verletzt den Mietvertrag, wenn er das Mietverhältnis **grundlos kündigt** 60
(BGH NJW 02, 730, 731) oder **zurücktritt** (BGH NJW 87, 831). Mit der wegen fehlender materieller Gründe
unwirksamen Kündigung macht der Vermieter den **Gebrauch der Mietsache** streitig und verletzt damit Vertragspflichten. Geschieht das schuldhaft, wobei Fahrlässigkeit genügt, und erwächst dem Mieter daraus ein
Schaden, ist der Vermieter gem §§ 241, 280 ersatzpflichtig. Das Risiko, die Rechtslage falsch zu beurteilen,
trägt der *Vermieter, so dass er die Vertragsverletzung in aller Regel auch dann zu vertreten hat, wenn er sich
über die Rechtslage geirrt hat* (BGH NJW 02, 730, 731).

IX. Insolvenz. 1. Mieterinsolvenz. Fällt der **Mieter** einer **unbeweglichen Sache** in Insolvenz, besteht das 61
Mietverhältnis gem § 108 I 1 InsO zunächst fort. Das Mietverhältnis über eine unbewegliche Sache – auch
eine **Mietwohnung** (LG Karlsruhe ZIP 03, 677; AG Köln Info M 10, 494; AG Hamburg ZIP 07, 721) – ist
dem Wahlrecht des Insolvenzverwalters nach § 103 InsO entzogen. Die Mietvertragsparteien können das
Mietverhältnis auch nicht wegen der Insolvenz kündigen. Darüber hinaus verbietet § 112 InsO zunächst eine
Kündigung wegen Zahlungsverzugs oder Verschlechterung der Vermögensverhältnisse „nach dem Antrag auf
Eröffnung des Insolvenzverfahrens" (**Kündigungssperre**). § 112 InsO mutet dem Vermieter einen (weiteren)

Entgeltausfall für bis zu zwei Monate zu. Kommt es nach dem Insolvenzantrag aber **erneut zu Zahlungsrückständen**, kann der Vermieter entspr der vertraglichen oder allg gesetzlichen Regeln **fristlos kündigen** (BGH NZM 02, 859, 860). Die Addition von Rückständen vor und nach dem Antrag ist nicht möglich. Dem Vermieter ist es auch verwehrt, einen Zahlungsrückstand für die Zeit nach der Antragstellung herbeizuführen, indem er **nach** dem Antrag eingehende Zahlungen mit Rückständen aus der Zeit **vor** der Antragstellung verrechnet (LG Neubrandenburg WuM 01, 551). Denn die auf dem mutmaßlichen vernünftigen Willen des Schuldners beruhende Tilgungsreihenfolge des § 366 II gilt nicht, wenn sie diesem **erkennbar widerspricht** (BGH NJW 01, 815). Die Miete ist als **Masseforderung** aus der Masse zu zahlen (§§ 55 I Nr 2, 108 InsO). Der Insolvenzverwalter kann in der **Gewerberaummiete** das Mietverhältnis neben den allg Gründen auch nach § 109 I 1 Hs 1 InsO **kündigen**. Die Frist beträgt 3 Monate zum Monatsende, wenn nicht eine kürzere Frist maßgeblich ist, § 109 I 1 Hs 2 InsO. Handelt es sich um ein **Wohnungsmietverhältnis**, kann der Verwalter die Masse gem § 109 I 2 InsO **enthaften**. Das Verwaltungsrecht geht dann auf den Mieter über (Dahl NZM 08, 585, 587; aA *Cymutta* WuM 08, 441, 443; sehr str). Ist die Mietsache noch nicht übergeben, können nach § 109 II InsO beide Vertragsparteien vom Vertrag zurücktreten; **Lösungsklauseln** sind unwirksam (s.a. Hamm NZM 02, 343). Erwirbt ein Vermieter durch fortgesetzten Gebrauch einer Mietsache durch den Insolvenzverwalter eine **Neumasseverbindlichkeit**, ist ihm im Falle der erneuten Anzeige der Masseunzulänglichkeit durch den Verwalter die Leistungsklage versagt; ihm bleibt die Möglichkeit, auf Feststellung seiner Forderung zu klagen (Kobl ZMR 07, 786). Zu einer Bedienung der Miete ist auch der **vorläufige Insolvenzverwalter** befugt, sogar wenn die Zahlungspflicht im Falle eines später eröffneten Insolvenzverfahrens nicht den Charakter einer Masseverbindlichkeit gem § 55 II InsO erlangt (BGH NZM 02, 859, 863).

62 **2. Vermieterinsolvenz.** Bei **Insolvenz des Vermieters** hat der Insolvenzverwalter die Vermieterleistung zu erbringen, sofern die Mietsache im Zeitpunkt der Eröffnung der Insolvenz bereits überlassen ist (BGH NJW 07, 3715, 3718); die Miete ist an ihn zu entrichten. Der Insolvenzverwalter muss die Kaution herausgeben. Bei Veräußerung der Mietsache durch den Insolvenzverwalter und Eintritt des Erwerbers in das Mietverhältnis bei Grundstücken und Räumen (§§ 566, 578) hat der **Erwerber** ein **Sonderkündigungsrecht** mit der gesetzlichen Frist zum ersten zulässigen Termin (§ 111 InsO). Das Sonderkündigungsrecht dispensiert aber nur von einer verlängerten Kündigungsfrist oder gar dem Kündigungsausschluss durch die Vereinbarung einer festen Vertragslaufzeit. Ein insb mit Blick auf das Wohnraummietrecht erforderlicher **Kündigungsgrund** wird dadurch nicht entbehrlich. Zu Verfügungen über die Miete s. *Schulte* MietRB 09, 179, 180 ff.

63 **X. Doppelvermietungen.** Hat ein Besitzer seine Sache vermietet, diese aber dem Mieter noch nicht überlassen, ist er nicht gehindert, einen weiteren Mietvertrag abzuschließen (**Doppelvermietung**; zum Leasing s. Ddorf OLGR 04, 267). Beide Verträge sind gültig (KG ZMR 09, 119, 120). Unabhängig welcher Vertrag zuerst geschlossen worden ist, haben beide Gläubiger zunächst einen **gleichwertigen** Erfüllungsanspruch; das Prioritätsprinzip ist auf schuldrechtlicher Ebene nicht anwendbar. Ist das **zivilrechtliche Benachteiligungsverbot** der §§ 19, 2 und 1 AGG einschlägig (Rn 20 ff), besitzt der diskriminierte Mietinteressent ggf einen rechtlich durchsetzbaren **Vorrang**. Der andere Mieter kann keine Erfüllung mehr verlangen, wenn es dem Vermieter nicht (mehr) möglich ist, das Leistungshindernis zu beheben (Köln ZMR 98, 696). Solange dies nicht auszuschließen ist, kann der andere Mieter **Einräumung des Besitzes** verlangen. Er muss sich nicht darauf verweisen lassen, Schadenersatz wegen Nichterfüllung zu verlangen (BGH ZMR 03, 647, 650). Dass ihm die Erfüllung rechtlich oder tatsächlich nicht (mehr) möglich ist, hat im Prozess der **Vermieter darzulegen und zu beweisen** (BGH NJW 99, 2034, 2035). Wenn der Vermieter einem der Mieter den Besitz der Mietsache überlässt, wird dieser aber aus dem Mietvertrag zum Besitz berechtigt. Ist danach eine Einwirkung endg ausgeschlossen, erlischt der Erfüllungsanspruch, § 275. Der Geschädigte kann wegen eines nachträglichen Rechtsmangels ggf **Schadensersatz wegen Nichterfüllung** nach §§ 536 III, 536a I verlangen (BGH ZMR 06, 604, 605). Kommt ein kollusives Zusammenwirken zur Schädigung des ersten Mieters in Betracht, können Ansprüche aus § 826 gegeben sein. Ansprüche aus angemaßter Eigengeschäftsführung gem §§ 687 II, 681 2, 666, 667 sind aber ebenso wie solche aus § 816 I 1 oder § 812 I 1 Var 1 ausgeschlossen (BGH ZMR 06, 604, 605). Wird der Mieter durch eine Doppelvermietung am Gebrauch der Mietsache gehindert, entfällt seine Pflicht zur Zahlung der Miete, ohne dass es der ausdrücklichen Geltendmachung eines Minderungsanspruchs bedarf (Zweibr OLGR 04, 617). Der ausgegrenzte Mieter kann seinen Besitzanspruch bei einer drohenden Doppelvermietung nicht durch eine **einstweilige Verfügung** nach §§ 935, 940 ZPO sichern (Celle ZMR 09, 113; Kobl ZMR 08, 50, 51; KG WuM 07, 207). „Ältere" Ansprüche besitzen keinen Vorrang (Kobl ZMR 08, 50, 51).

64 **B. Vertragsparteien. I. Allgemeines.** Ein Mietvertrag kommt zwischen denjenigen Personen zustande, die miteinander vertragliche Beziehungen eingehen wollen. Der Vermieter braucht **nicht Eigentümer** oder **alleiniger Eigentümer** der Mietsache zu sein (BGH GuT 08, 38 = MietRB 08, 102; Zweibr ZMR 95, 119, 120). Die Parteien eines Mietvertrages werden durch den Mietvertrag bestimmt. Ihre Beziehungen zur Mietsache, seien es Eigentums-, Besitz- oder sonstige Nutzungsrechte, sind unerheblich (KG MDR 98, 529). Um Zweifel zu vermeiden, sind die Vertragsparteien so genau wie möglich zu bezeichnen. Anhaltspunkt dafür, wer Vertragspartei ist, ist zum einen, wer im „Kopf" des Vertrages aufgeführt ist; zum anderen, wer den Vertrag

unterschrieben hat (s.a. Rn 70). Um den Vermieter zu bestimmen, reicht iÜ **Bestimmbarkeit** (BGH NJW 06, 140, 141; BGH NJW 89, 164; LG Gießen ZMR 07, 863, 864). Ist zu zweifeln, muss gem §§ 133, 157 ermittelt werden, wer Vertragspartei sein soll. Sind im Kopf des Mietvertrags mehrere Personen aufgeführt, haben aber nicht alle unterzeichnet, so kommt der Mietvertrag nur mit den Unterzeichnern zustande. Eine Ausn gilt, wenn der Unterzeichner zugleich für die übrigen im Kopf des Vertrags aufgeführten Personen gehandelt hat und handeln durfte (Rn 30; Rn 66) oder ein konkludenter Vertragsschluss anzunehmen ist (s. Rn 29). Bei Vertragsschluss durch einen Makler oder Hausverwalter spricht eine Vermutung dafür, dass diese Personen nur als Vertreter für einen anderen handeln (Brandbg ZMR 97, 598). Mieten Eltern eine Wohnung für ihre Kinder, gilt die Vermutung, dass der Mietvertrag mit den Eltern zustande kommen soll.

II. Erklärungen der Mietvertragsparteien. 1. Gemeinsames Auftreten. Willenserklärungen, zB Kündigungen oder Mieterhöhungserklärungen (s. § 558a Rn 4), müssen, wenn sich aus dem Mietvertrag nichts anderes ergibt, von **allen Vermietern** ggü **allen Mitmietern** erklärt werden (BGH ZMR 05, 522; BGH ZMR 04, 492). **65**

2. Vollmachten. Möglich ist ein Handeln zugleich im fremden und im eigenen Namen. Für eine Zurechnung notwendig ist, dass sein dahingehender eigener Wille in der Erklärung selbst – wenn auch nur unvollkommen – mit hinreichender Deutlichkeit Ausdruck gefunden hat (BGH NJW 09, 3506). Die **gegenseitige Bevollmächtigung** der Mieter in einem formularmäßigen Wohnraummietvertrag zur **Entgeltnahme** von Erklärungen ist wirksam (BGH ZMR 98, 17, 19). Die Erklärung muss aber an **alle Mieter** gerichtet sein (BGH NJW-RR 05, 1258; LG Frankfurt/M ZMR 09, 365). Soweit einem Mieter Nachteile daraus entstehen, dass die Mitmieter auf Grund einer Empfangsvollmacht Erklärungen auch mit Wirkung für ihn entgegennehmen, kann er sich hiergegen durch einen Widerruf der erteilten Vollmacht schützen. Grds ist eine Vollmacht **frei widerruflich** (§ 168 2). Auch wenn im Einzelfall etwas anderes anzunehmen ist, verbleibt jedenfalls das Recht zum Widerruf aus wichtigem Grund (BGH ZMR 85, 228). Eine **Klausel**, durch die sich Mieter gegenseitig **zur Abgabe von Willenserklärungen** bevollmächtigen, ohne den Kreis der in Betracht kommenden Erklärungen einzugrenzen, sind in Mietverträgen – auch über Gewerberaum – **unwirksam** (Ddorf ZMR 08, 44; KG WuM 99, 964), es sei denn, sie nehmen auf Beendigung des Mietverhältnisses gerichtete Erklärungen wie die Kündigung und das Angebot eines Mietaufhebungsvertrages **ausdrücklich aus** (KG KGR 04, 354, 355). **66**

III. Vermieter. 1. Personenmehrheit. Ist auf Vermieterseite eine **Personenmehrheit** beteiligt (zB Ehegatten), haftet jeder für die Pflichten aus dem Mietvertrag als **Gesamtschuldner** (§ 427). Mehrere Vermieter sind Mitgläubiger nach § 432 (BGH ZMR 06, 30, 31); die Miete kann daher nicht anteilmäßig, sondern nur an alle gefordert und eingezogen werden (BGH ZMR 06, 30, 31; München NZM 98, 474). Abtretung, Verpfändung oder Pfändung eines Teils der Miete ist auch bei Miteigentum nach Bruchteilen nicht zulässig (BGH NJW 69, 839). Ein von einem Vertreter einer Erbengemeinschaft (§ 2032) abgeschlossener Mietvertrag kann – weil diese **nicht rechtsfähig** ist (BGH ZMR 07, 26, 27) – nicht mit der Erbengemeinschaft, sondern nur mit den einzelnen Miterben geschlossen werden (BGH ZMR 07, 26, 27; BGH NJW-RR 04, 1006). Ob eine **GbR Vermieterin** ist, hängt davon ab, ob sie nach dem Willen ihrer Gesellschafter im Rechtsverkehr auftritt; wenn nicht, sind die **Gesellschafter** Vermieter. Bei einer Personenmehrheit ist der Mietvertrag **von allen zu unterzeichnen**. Fehlt es hieran, müssen die vorhandenen Unterschriften deutlich zum Ausdruck bringen, ob sie auch in **Vertretung der nicht unterzeichnenden Vertragsparteien** hinzugefügt wurden (BGH GE 10, 53; NJW 08, 2178, 2180). unterschrieben hat. Aus der bloßen Unterschrift ist noch nicht ersichtlich und nicht hinreichend bestimmbar, ob der Vertrag zugleich in Vertretung unterzeichnet wurde oder ob es noch der Unterschrift der weiteren Vertragspartei bedarf (BGH NJW 08, 2178, 2180 mwN). Etwas anderes gilt, wenn eine Vertretung der Vertragspartei durch die den Vertrag unterzeichnende Person auf andere Weise hinreichend bestimmbar ist (BGH NJW 08, 2178, 2180). Das ist der Fall, wenn eine natürliche Person als Mieter oder Vermieter auftritt und eine andere Person den Vertrag unterschreibt. Dann kann dessen Unterschrift nur bedeuten, dass er mit seiner Unterschrift die Vertragspartei vertreten will. Gleiches gilt, wenn der Vertrag auf Seiten einer als Mietvertragspartei genannten GmbH ohne nähere Kennzeichnung des Vertretungsverhältnisses unterschrieben worden ist (BGH NJW 07, 3346). **67**

2. Gesamthand als Vermieter. Steht auf Vermieterseite eine **rechtsfähige Gesamthand** (OHG, KG, PartG), gelten die allg Regeln über Vertretung und Haftung; ein Mitgliederwechsel hat keinen Einfluss auf den Mietvertrag (Ddorf ZMR 03, 424, 426). Nimmt eine GbR als **Außengesellschaft** selbst am Rechtsverkehr teil (s. dazu *Weitemeyer* ZMR 04, 153), begründet sie eigene Rechte und Pflichten (BGHZ 146, 341) und kann Vermieterin sein (BGH NJW-RR 06, 42; *Jacoby* ZMR 01, 409). Liegt eine **Innengesellschaft** vor, so handeln die Gesellschafter im eigenen Namen. Verpflichtet und berechtigt sind dann die Gesellschafter und nicht die GbR. Die **Abgrenzung** ist im Einzelfall danach vorzunehmen, in wessen Namen für die Personenmehrheit gehandelt wird. Eine GbR wird als Außengesellschaft zB Partei eines Mietvertrages, wenn die zur Vertretung berechtigten Gesellschafter den Mietvertrag im Namen der Gesellschaft abschließen. Die einzelnen Mitglieder der Personenmehrheit werden Partei des Mietvertrages, wenn sie selbst oder Vertreter in ihrem Namen den Vertrag abschließen. Welche dieser Möglichkeiten gegeben ist, ist im Einzelfall durch Auslegung zu ermitteln (*Jacoby* ZMR 01, 409, 410). **68**

69 **3. Wohnungseigentumsrecht.** Wird Gemeinschaftseigentum (WEG § 1 Rn 8) **neu vermietet,** darf nach § 10 VI 3 WEG nur die insoweit rechtsfähige (vgl § 10 VI 1 WEG) WEGem als Vermieter wegen des gemeinschaftsbezogenen Rechts „Vermietung" auftreten. Ist **künftiges Gemeinschaftseigentum** bereits vor Entstehung der WEGem durch die Miteigentümer oder den Alleineigentümer vermietet worden, geht der Mietvertrag mit Entstehung des Verbandes auf diesen über, sofern diese Wirkung zwischen den Mietvertragsparteien **vereinbart** ist. Fehlt es daran, bleiben der oder die WEer Vermieter. Ist künftiges Sondereigentum vermietet worden, wird der entspr WEer analog § 566 Vermieter (BayObLG ZMR 94, 154, 156). Werden nach Begründung von Wohnungseigentum Sonder- **und** Gemeinschaftseigentum zur Mietsache, ist allein der Eigentümer der „Eigentumswohnung" neuer Vermieter (BGH ZMR 99, 546, 549). Der vermietende Eigentümer schuldet den anderen WEern für die „Nutzung" des Gemeinschaftseigentums ein Entgelt. Auch wenn ein Sondereigentum und ein **Sondernutzungsrecht** zur Mietsache werden, ist **allein** der jeweilige Eigentümer der Wohnung Vermieter (aA BGH ZMR 06, 30, 31). Das **Verhältnis mehrerer Vermieter** untereinander bestimmt sich hier grds nach den Vorschriften über die **Gemeinschaft,** §§ 741 ff (BGH ZMR 06, 30, 31; BGH ZMR 99, 546, 547). Die Vorschriften der GbR sind anwendbar, wenn ein **Gesellschaftsvertrag** iSv § 705 geschlossen wurde (dazu Rn 68).

70 **IV. Mieter.** Ob **eine** Person Mieter ist oder **mehrere** Personen Mieter sind, ist Frage der **Auslegung.** Im Grundsatz muss sich der Wille, dass mehrere Mieter sein wollen, **ausdrücklich** aus dem Mietvertrag ergeben. Probleme ergeben sich, wenn Zahl oder Namen der im Rubrum des Vertrags bezeichneten Personen und die Personen, die ihn unterschrieben haben, auseinander fallen. Ist eine Person nur im „Kopf" des Mietvertrages aufgeführt, hat sie aber den Vertrag nicht unterschrieben, ist sie grds nicht Mieter (BGH NJW 94, 1649, 1650; LG Berlin GE 95, 1343; Rn 64; s. aber Rn 71 für Ehegatten). Haben hingegen außer den als „Mietern" aufgeführten noch weitere Personen den Vertrag unterschrieben, liegt es nahe, dass diese sich als Mieter vertraglich binden wollten. Mehrere Mieter sind im Hinblick auf Miete und Räumung grds Gesamtschuldner, auch dann, wenn die Räumung nur durch einen von ihnen erfolgen kann. Auch als Gläubiger gehen ihre Ansprüche auf eine unteilbare Leistung (§ 432). Sofern vertraglich nichts anderes vereinbart ist, kann der einzelne Mieter den Vertrag nicht auflösen. Das Innenverhältnis unter den Mietern ist nach **Gesellschaftsrecht** zu beurteilen, wenn die Mietsache zu **geschäftlichen Zwecken** gemietet ist (LG Berlin GE 99, 1388). Bei Wohnraummietverhältnissen sind die durch Auslegung zu ermittelnden Vereinbarungen maßgebend. Im **Zweifel gilt das Recht der Gemeinschaft.** Für Ehegatten – außerhalb der Gütergemeinschaft – und Lebenspartner ist idR dasselbe anzunehmen (s.a. Rn 71). Bei einer **Wohngemeinschaft** (s.a. Rn 73) kann eine Person einerseits Mieter sein und Vermieter für Dritte (Untermiete). Ferner können Einzelverträge bestehen oder ein einziger Mietvertrag mit allen. Im dritten Fall besteht ebenso wie bei **nichtehelichen Gemeinschaften** regelmäßig eine GbR iSv §§ 705 ff, deren Zweck in der Beschaffung und Unterhaltung einer Unterkunft besteht (BGH ZMR 98, 17, 19).

71 **V. Eheleute.** Der Mietvertrag mit Ehegatten kann mit einem oder mit beiden geschlossen werden. Ist im „Kopf" eines Mietvertragsformulars nur **ein Ehegatte** aufgeführt und wird die Urkunde auch nur von diesem unterzeichnet, wird er allein **Mieter** oder **Vermieter** (LG Berlin ZMR 88, 103 = GE 87, 1265). Sind **beide Eheleute** im Kopf aufgeführt, aber hat nur einer unterzeichnet, werden beide Mieter oder Vermieter (Oldbg ZMR 91, 268; LG Berlin GE 95, 1553; AG Gießen WuM 08, 591). Ist im Kopf eines Mietvertrages nur ein Ehegatte aufgeführt, wird die Urkunde aber von **beiden unterzeichnet,** werden beide **Mieter oder Vermieter** (Ddorf ZMR 00, 210; LG Gießen ZMR 07, 863, 864; LG Heidelberg WuM 97, 547; LG Berlin GE 95, 567; aA LG Berlin GE 03, 259; LG Berlin ZMR 98, 347; AG Charlottenburg ZMR 06, 129; s. aber BGH NJW 94, 1649, 1650 = MDR 94, 579). Es kann gerechtfertigt sein, den Inhalt eines Mietvertrages dahingehend auszulegen, dass der eine, an Vertragsschluss **nicht beteiligte,** in Kopf aber genannte, Gatte den anderen zum Abschluss des Mietvertrages **bevollmächtigt** hat (Ddorf ZMR 00, 210; Schlesw ZMR 93, 69; Oldbg ZMR 91, 268; LG Berlin GE 04, 1096; entspr gilt umgekehrt auch für die **Vermieterseite,** LG Heidelberg WuM 97, 547). Vorstellbar ist auch, dass ein Ehegatte dem Mietvertrag konkludent beitritt (BGH NZM 05, 659, 660; LG Berlin NZM 02, 119). Trennen sich Eheleute, gelten die Regeln über die **Gläubiger-/Schuldnermehrheit,** nicht §§ 705 ff (*Volmer* FamRZ 99, 262; aA LG Duisburg NJW 98, 1499; vermittelnd AG Tübingen FamRZ 06, 790). Für die Ansprüche des Vermieters haften Eheleute im Außenverhältnis als Gesamtschuldner, § 421. Wie der Ausziehende im Innenverhältnis haftet, hängt bei Fehlen ausdrücklicher Vereinbarungen davon ab, ob die Wohnsituation aufgedrängt oder gewählt ist und hierdurch eine von § 426 I 1 abw Regelung vorliegt (Köln FamRZ 03, 1664). War der Auszug nicht abgesprochen, ist § 426 I 1 anzuwenden. Zur **Kündigungspflicht** s Rn 59. Bei **formbedürftigen Mietverträgen** über **Gewerberäume** und bei formbedürftigen **Pachtverträgen** ist die Schriftform gewahrt, wenn die Urkunde erkennen lässt, dass der unterschreibende Ehegatte **zugleich** im Namen des anderen tätig geworden ist (*BGH NJW 94, 1649, 1650*; LG Hamburg v. 5.3.09 – 316 O 349/08). Sofern der eine für den anderen Vermieter unterschreibt, ist zur Wahrung der Schriftform dieses durch einen **Vertretungszusatz** kenntlich zu machen (LG Hamburg v. 5.3.09 – 316 O 349/08; sa BGH NJW 05, 2225).

VI. Nichteheliche Gemeinschaften. Für den **Vertragsschluss** einer nichtehelichen Lebensgemeinschaft gelten dieselben Regeln wie für Eheleute (*Engel* MietRB 07, 326, 327). Eine Vollmacht des einen für den anderen ist aber nicht anzunehmen (AG Osnabrück WuM 96, 754). Auch die Vorschriften des § 1568 V (s. Rn 32) sind nicht analog anwendbar (Hamm NJW-RR 05, 1168). Der Partner erwirbt ein **eigenständiges Besitzrecht** an der Wohnung mit der Folge, dass zur Zwangsräumung auch **ein Titel gegen den Partner** benötigt wird (BGH NJW 08, 1959). Für das Innenverhältnis sind **im Zweifel** §§ 705 ff anzuwenden (München ZMR 94, 216; LG Berlin NJW-RR 99, 1387; s.a. Rn 70).

VII. Auswechslung der Vertragsparteien. 1. Aufhebungsvertrag. Vermieter und Mieter oder einzelne Mieter können einen **Aufhebungsvertrag** schließen (BGH NZM 04, 419). Bei einer Mietermehrheit bedarf die „Entlassung" eines Mieters zu seiner Wirksamkeit der „Zustimmung" des anderen Mieters (Ddorf NJW-RR 02, 1233; Kobl ZMR 84, 30; BayObLG WuM 83, 107, 108; LG Frankfurt/M FD-MietR 09, 290841; offen gelassen von BGH ZMR 05, 522; BGH ZMR 04, 492, 493; s. aber BGH MDR 98, 394). Die Berufung auf das Zustimmungserfordernis kann nach § 242 allerdings **unzulässige Rechtsausübung** sein (BGH ZMR 05, 522; BGH ZMR 04, 492, 493). Ebenso kann es rechtsmissbräuchlich sein, wenn der verbleibende Mieter sich auf die Unwirksamkeit zB einer Kündigungserklärung wegen Nichtabgabe ggü allen vertraglichen Mietern beruft (Frankf WuM 91, 103; LG Limburg WuM 93, 47). Eine **schwere Erkrankung** des Mieters rechtfertigt nicht dessen außerordentliche Kündigung (Ddorf MietRB 04, 232; Ddorf MDR 01, 83), aber ggf einen **Mieterwechsel**. Bei einem Vermieterwechsel ist hinsichtlich der Wertsteigerung, die das Objekt durch Investitionen des Mieters erfahren hat, nicht derjenige Bereicherungsschuldner, der im Zeitpunkt der Vornahme der Investitionen Vermieter war, sondern der neue Vermieter, der die Mietsache auf Grund einer vorzeitigen Beendigung des Mietverhältnisses zurückerhält (BGH ZMR 06, 185, 186). Gemeinschafter und Gesellschafter eines gemeinsam geschlossenen Mietvertrages sind ggf **verpflichtet**, an dessen Aufhebung mitzuwirken (Rn 59). Bei **Vermietung an eine Wohngemeinschaft** (Rn 70) gibt der Vermieter im Zweifel konkludent die Zustimmung zu dem damit **typischerweise verbundenen ständigen Mieterwechsel**. Eine Ausn besteht, wenn dem Vermieter entspr § 549 II 1 der Nachfolger aus Gründen, die in dessen Person liegen, unzumutbar ist (LG Mainz WuM 82, 188; LG Karlsruhe WuM 85, 83; aA LG Berlin WuM 82, 192).

2. Tod einer Vertragspartei. Stirbt der **Vermieter** oder veräußert er die Mietwohnung, wird der Mietvertrag mit seinen Erben (§§ 1922, 1967) oder mit dem Erwerber (§ 566 I) fortgesetzt (BGH NJW 78, 2504). Entspr gilt, wenn der Mieter stirbt. Allerdings ist beim Tode des Mieters gem § 580 sowohl der Erbe als auch der Vermieter berechtigt, das Mietverhältnis innerhalb eines Monats, nachdem sie vom Tod des Mieters Kenntnis erlangt haben, außerordentlich mit der gesetzlichen Frist zu kündigen. Besonderheiten gelten bei der **Wohnraummiete**. Der Ehegatte, der mit dem Mieter einen gemeinsamen Haushalt führt, tritt mit dem Tod des Mieters in das Mietverhältnis ein, § 563 I 1; dasselbe gilt für den Lebenspartner. Leben in dem gemeinsamen Haushalt Kinder des Mieters, treten diese mit dem Tod des Mieters in das Mietverhältnis ein, wenn nicht der Ehegatte eintritt. Der Eintritt des Lebenspartners bleibt vom Eintritt der Kinder des Mieters unberührt. Andere Familienangehörige, die mit dem Mieter einen gemeinsamen Haushalt führen, treten mit dem Tod des Mieters in das Mietverhältnis ein, wenn nicht der Ehegatte oder der Lebenspartner eintritt. Dasselbe gilt für Personen, die mit dem Mieter einen auf Dauer angelegten gemeinsamen Haushalt führen. Erklären eingetretene Personen innerhalb eines Monats, nachdem sie vom Tod des Mieters Kenntnis erlangt haben, dem Vermieter, dass sie das Mietverhältnis nicht fortsetzen wollen, gilt der Eintritt als nicht erfolgt. Für geschäftsunfähige oder in der Geschäftsfähigkeit beschränkte Personen gilt § 210 entspr. Sind mehrere Personen in das Mietverhältnis eingetreten, so kann jeder die Erklärung für sich abgeben. Für Einzelheiten s. § 563 Rn 6 ff und *Sternel* ZMR 04, 713, 714 ff.

3. Ersatzmieter (Nachmieter). Grds besteht für den Vermieter keine Verpflichtung zur Entlassung des Mieters aus dem Mietvertrag. Es gibt keinen generellen Anspruch auf einen Aufhebungsvertrag, § 311 I. Ob der Mieter ausnahmsweise einen **Ersatzmieter** (Nachmieter) stellen darf, ist daher danach zu beurteilen, ob es eine entspr Vereinbarung gibt oder eine Gestellung nach § 242 geboten ist. In beiden Fällen bleibt der Vermieter zwar in seiner Entscheidung frei, einen Vertragsschluss auch abzulehnen (München ZMR 95, 156, 157). Weigert er sich, ist aber analog § 162 von der Beendigung des Mietverhältnisses mit dem Vormieter zu dem Zeitpunkt auszugehen, zu dem der vorgeschlagene Nachmieter das Mietverhältnis übernommen hätte. Dafür, dass der Vermieter einen Ersatzmieter wider Treu und Glauben oder entgegen getroffener Vereinbarungen ablehnt, trägt der Mieter die **Beweislast** (BGH ZMR 03, 413, 414). Ist der Vermieter selbst mit dem Mietinteressenten in Verbindung getreten und hat mit diesem über die Anmietung der Wohnung verhandelt, kann er sich nicht darauf beschränken, die Eignung des Mietinteressenten zu bestreiten. Da er über bessere eigene Kenntnisse als der Vormieter in Bezug auf die maßgeblichen Umstände verfügt, ist er zu einem substantiierten Gegenvorbringen gehalten (BGH ZMR 03, 413, 414; BGH NJW 99, 1404).

a) Nachmieterklausel. Mietvertragsparteien können eine **Nachmieterklausel** (zB „der Mieter ist berechtigt, die Rechte und Pflichten aus diesem Vertrag auf einen Nachmieter zu übertragen, sofern in der Person oder in dem Geschäftszweck des Nachmieters kein wichtiger Grund zur Ablehnung vorliegt") vereinbaren (zur

Schriftform s. BGH ZMR 05, 434, 435). Zu unterscheiden sind **echte** und **unechte Nachmieterklauseln** (dazu § 537 Rn 9). IGgs zur unechten Nachmieterklausel, bei der der Vermieter nicht verpflichtet ist, mit dem Nachfolger abzuschließen, ist der Vermieter bei einer echten Nachmieterklausel an den vom Mieter vorgeschlagenen Nachmieter gleichsam gebunden. Der Mieter darf nur bei einer **echten Nachmieterklausel** einen 1. geeigneten, 2. abschlussbereiten, 3. gleichwertigen und 4. zumutbaren Ersatzmieter stellen (BGH ZMR 03, 413, 414; LG Hildesheim WuM 05, 572). Ein Ersatzmieter ist **geeignet**, wenn er den bestehenden Mietvertrag **unverändert** fortsetzen will. Der Vermieter ist nicht gehalten, zur Erleichterung einer Ersatzvermietung in andere, für ihn ungünstigere Bedingungen einzuwilligen. Insb braucht er nicht eine niedrigere Miete zu akzeptieren (Ddorf ZMR 00, 295).

77 **b) Keine Vereinbarungen.** Ob der Mieter ohne Nachmieterklausel die vorzeitige Entlassung aus dem Vertragsverhältnis verlangen kann, ist eine Frage des Einzelfalles, bei der sämtliche Umstände sowie die beiderseitige Interessenlage der Vertragsparteien zu berücksichtigen sind (s.a. § 537 Rn 12 ff). Haben die Parteien keine Nachmieterklausel vereinbart, kann der Mieter nach Treu und Glauben gem § 242 in Härtefällen das Recht haben, einen Ersatzmieter zu stellen (BGH ZMR 03, 656, 658). Ein solcher Fall ist anzunehmen, wenn der Mieter ein **dringendes und berechtigtes Interesse** an der vorzeitigen Beendigung des Mietverhältnisses besitzt, das das Interesse des Vermieters am Fortbestand erheblich überragt (BGH ZMR 03, 413, 414; München NZM 03, 23, 24); außerdem muss der Nachmieter **zumutbar** sein. Ein berechtigtes Verlangen idS liegt nicht bei wirtschaftlichem Misserfolg des Mieters vor, insb nicht, wenn die Möglichkeit zur Untervermietung (s. § 540) besteht; es kann aber bei einer **Erkrankung des Mieters** an seniler Demenz vom Alzheimer-Typ (LG Hildesheim ZMR 00, 679), bei Familienzuwachs (AG Frankfurt WuM 99, 571) oder einem erzwungenen Umzug (LG Hamburg WuM 88, 125) anzunehmen sein. Ferner darf der Mieter den Fall nicht bewusst herbeigeführt haben. Zu den weiteren Voraussetzungen s. Rn 76.

78 **4. Umwandlung.** Eine **formwechselnde Umwandlung** einer einen Mietvertrag abschließenden Kommanditgesellschaft auf eine rechtsfähige Außengesellschaft bürgerlichen Rechts (BGH ZMR 01, 338) und der Wechsel im Gesellschafterbestand haben keinen Einfluss auf den Fortbestand der mit der Gesellschaft bestehenden Rechtsverhältnisse. Sie berühren die Identität der Gesellschaft als solche nicht (Ddorf NJW-RR 03, 513; KG ZMR 01, 455). Scheidet einer von zwei Gesellschaftern einer OHG aus, wird der Verbleibende Mieter (KG ZMR 06, 611). Diese Rechtslage entspricht der nach der Gesamtrechtsnachfolge oder der nach sämtlichen Umwandlungstatbeständen nach dem Umwandlungsgesetz (KG GE 06, 780). Der Eintritt eines Gesellschafters in den Betrieb eines Einzelkaufmanns und die Fortführung des Geschäfts durch die neu gegründete Gesellschaft führen nicht kraft Gesetzes dazu, dass die Gesellschaft Vertragspartei eines zuvor von dem Einzelkaufmann abgeschlossenen Mietvertrages über die weiter genutzten Geschäftsräume wird. Zu einem solchen Vertragsübergang ist die **Mitwirkung des Vermieters** erforderlich (BGH ZMR 01, 702). Überträgt ein Kaufmann sein Handelsgeschäft auf einen Dritten, ist grunds die Zustimmung des Vermieters für eine Übernahme des Mietvertrags auf den Erwerber erforderlich.

79 **C. Mietsache. I. Gegenstand eines Mietvertrags.** Gem § 535 I 1 kann Gegenstand eines Mietvertrages nur eine **Sache**, ein körperlicher Gegenstand (§ 90), sein. Mietsache sind va **Wohnräume**. Wegen der Bedeutung der Wohnraummiete gibt es deshalb eine Reihe von Sondervorschriften (§§ 549–577a). Als Mietsache kommt aber jede – auch eine fremde – Sache in Betracht (s.a. Rn 4 ff). Mietsache können daher zB sein: Pkw, Lkw oder Busse, Maschinen, Plätze, Hallen, Filme, Leistungen eines Sportstudios, Stellplätze auf einem Campingplatz oder Zeitschriften eines Lesezirkels, Grundstücke (§ 578 I), Räume, die keine Wohnräume (§ 578 II) sind, Schiffe (§ 578a) und Flugzeuge (§ 97 LuftVerkG), Teile von Sachen (etwa Hauswände zu Reklamezwecken oder Stellplätze auf Grundstücken), Sachgesamtheiten, öffentliche Sachen (wenn die Nutzung über den Gemeingebrauch hinausgeht), vertretbare Sachen iSd § 91 oder Sachen, die nur der Gattung nach bestimmt sind, und auch der **Mitgebrauch** (Junker NJW 03, 2792, 2797). Mietsache kann auch eine **eigene Sache** des Mieters sein. Ein Mietvertrag setzt keine Besitzverschaffung, sondern lediglich eine **Gebrauchsüberlassung** voraus. Art und Umfang der Gebrauchsüberlassung richten sich nach den vertraglichen Vereinbarungen. Nur wenn hiernach der Gebrauch der Mietsache **notwendig** deren Besitz voraussetzt, gehört zur Gebrauchsgewährung auch die Verschaffung des Besitzes (BGH NJW 07, 2394, 2395; BGH NJW 02, 3322, 3323). Wenn etwa ein Anbieter **Softwareanwendungen** und **weitere Dienstleistungen** bereit stellt (ASP-Vertrag: Application Service Providing), ist **Mietrecht** anzuwenden (BGH NJW 07, 2394). Schließlich können auch **Tiere** vermietet werden (Köln VersR 93, 116). **Rechte** können **keine Mietsache** sein. Forderungen und Rechte kann man nur pachten, da man sie nicht gebrauchen, sondern nur nutzen kann. Auf **Software** ist je nach der vereinbarten Überlassungsform Miet- oder Kaufrecht anwendbar (BGH NJW 07, 2394; BGHZ 143, 307, 309 = NJW 00, 1415). Erwirbt der Mieter die Mietsache, erlischt der Mietvertrag durch Konfusion (s.a. Rn 7 zum Mietkauf).

80 *II. Verwendungsrisiko der* **Mietsache.** Im Verhältnis zwischen Vermieter und Mieter trägt grds der Mieter das **Verwendungsrisiko** für die Mietsache (BGH NZM 06, 54, 56; BGH MDR 04, 1052; Ddorf GuT 09, 179 = GE 09, 778). Für eine Berücksichtigung von Störungen der **Geschäftsgrundlage** (§ 313) ist kein Raum, soweit es um Erwartungen und Umstände geht, die nach den vertraglichen Vereinbarungen in den Risikobe-

reich einer der Parteien fallen sollen. Eine solche vertragliche Risikoverteilung oder Risikoübernahme schließt für den Betroffenen regelmäßig die Möglichkeit aus, sich bei Verwirklichung des Risikos auf den Wegfall der Geschäftsgrundlage zu berufen. Eine Berücksichtigung von Störungen der Geschäftsgrundlage ist idR nicht angemessen, wenn es sich darum handelt, dass sich Erwartungen nicht erfüllt haben, die diesem Verantwortungsbereich zuzurechnen sind, und zwar selbst dann nicht, wenn diese Erwartungen beim Vertragsschluss vom Vermieter geteilt worden sind (BGH MDR 04, 1052; BGH NJW 79, 1818). Etwa die **ungünstige Umsatz- und Gewinnentwicklung** eines Geschäfts in einem Einkaufszentrum gehört zum Verwendungsrisiko des gewerblichen Mieters (Ddorf GuT 06, 25); ferner die Chance, mit der Mietsache Gewinne erzielen zu können. Erfüllt sich die Gewinnerwartung des Mieters nicht, so verwirklicht sich damit ein typisches Risiko des gewerblichen Mieters, das dieser nicht nachträglich auf den Vermieter verlagern kann. Etwas anderes gilt in **extremen Ausnahmefällen**, in denen eine unvorhergesehene Entwicklung mit uU existenziell bedeutsamen Folgen eintritt (BGH MDR 04, 1052). Die Parteien können allerdings die Risikoverteilung vertraglich ändern und vereinbaren, dass der Vermieter das Geschäftsrisiko des Mieters – ganz oder zT – übernimmt (BGH NZM 06, 54, 56).

III. Veränderungen der Mietsache. Der **Vermieter** von Wohnräumen kann nach § 554 die Mietsache **einseitig verändern** (s. § 554 Rn 2). Eine **allgemeine Modernisierungspflicht** besteht nicht (BGH ZMR 04, 807, 809), auch nicht aus dem Grundsatz der Wirtschaftlichkeit (BGH ZMR 08, 38). Eine Ausnahme stellen öffentlich-rechtliche Verpflichtungen dar (dazu § 554 Rn 11). Etwas anderes ist ferner anzunehmen, wenn sich die Umstände so geändert haben, dass ein **Mindeststandard** unterschritten wird. Das kann zB beim **Trittschall** (BGH ZMR 05, 108, 109) oder bei Elektroinstallationen gelten (BGH ZMR 04, 807, 809), nicht aber, um die **energetischen Eigenschaften** zu verbessern (*Stangl* ZMR 08, 14, 23; *Horst* NZM 06, 1, 4); zum Verlangen nach Veränderungen nach der EnEV s. Rn 152 ff. Der **Mieter** ist zu eigenmächtigen Veränderungen der Mietsache – sofern nichts anderes vereinbart ist – **grunds nicht berechtigt**. Veränderungen bedürfen der Zustimmung des Vermieters. Anders ist es, wenn die Maßnahme die Substanz der Mietsache, den Vermieter und Mitmieter **nicht beeinträchtigt** (*Lange* ZMR 04, 881, 888). ZB die Verlegung von Teppichböden, die Aufstellung einer Duschkabine oder der Einbau einer Küche sind grunds zulässig. Der Mieter kann einen Anspruch gem § 242 auf Zustimmung zu Veränderungen haben. Nach Beendigung des Mietverhältnisses ist idR der ursprüngliche Zustand wiederherzustellen. Der Mieter von Wohnräumen kann zur Herstellung der Barrierefreiheit ggf die **Zustimmung zu baulichen Veränderungen** oder sonstigen Einrichtungen verlangen, § 554a I. 81

IV. Mitvermietete Sachen und Flächen. Neben der eigentlichen Mietsache ist regelmäßig auch ihr **Zubehör** (§§ 311c, 97) **mitvermietet** (BGHZ 65, 86, 88 = NJW 75, 2103), zB sämtliche Schlüssel (der Vermieter darf nach hM keine zurückbehalten, LG Berlin NJW-RR 88, 203), Blumenkästen oder Briefkästen. Bei der Raummiete gelten die zu den Mieträumen gehörenden Nebengelasse grds ohne zusätzliches Entgelt als mitvermietet (BGH NZM 09, 855, 856). Das gilt auch für Außenflächen, die (allein) von der vermieteten Wohnung aus betreten werden können und deshalb nur für eine alleinige Benutzung durch den Mieter in Betracht kommen (BGH NZM 09, 855, 856). Ferner unterliegen bestimmte Grundstücksteile und Anlagen einem **Mitbenutzungsrecht** des Mieters, zB Aufzüge oder Kinderspielplätze. Der genaue Umfang ist im Wege der **Auslegung** des Mietvertrages zu ermitteln und kann teilweise vom Vermieter unter Beachtung von § 242 **widerrufen**, jedenfalls sein Inhalt nach verändert werden (*Walburg* MietRB 07, 298, 301). Auch ohne weitere Absprache sind jedenfalls sämtliche Geräte-, Grundstücks-, Gebäudeteile und Gemeinschaftsflächen mitvermietet, die nach der Verkehrssitte **typischerweise** für die **Benutzung durch den Mieter** und seinen Gebrauch und seinen Zugang zu den Mieträumen in Betracht kommen (BGH NJW 07, 146; BGH NJW 67, 15; Ddorf GE 09, 1187, 1188). Das sind für die Wohnraum- und Gewerberaummiete das Treppenhaus (BVerfG NJW 00, 2658, 2659), die Nutzung des **Hofes** des Mietshauses, sofern es nicht um die dauerhafte Nutzung für einen Pkw als **Stellplatz** geht (Ddorf GE 09, 1187, 1188; LG Wuppertal WuM 96, 267; LG Oldenburg ZMR 66, 208; AG Hohenschönhausen GE 07, 725), eingebaute Geräte, **nicht aber** Keller, Abstellflächen oder ein **Garten** (KG NZM 07, 515; Köln NJW-RR 94, 334 = ZMR 94, 111; LG Hamburg WuM 00, 180; AG Trier WuM 06, 143), sofern es sich nicht um ein **Einfamilienhaus** handelt (Köln NJW-RR 94, 334). Mitvermietet sind außerdem die Teile, die zum Gebrauch der Mieträume durch den Mieter **notwendig** sind. Hierzu gehören etwa Treppen, Fahrstühle (LG Berlin ZMR 86, 89), Flure, Zugänge und Zufahrten, gemeinschaftliche Toiletten und andere Gemeinschaftsräume, Terrassen, soweit diese nicht einer bestimmten Wohnung zuzuordnen sind, Waschküchen (LG Hamburg WuM 95, 533), Böden oder ein Trockenplatz (AG Neuss ZMR 60, 297). Das Nutzungsrecht des Mieters gilt auch für seine **Besucher und Lieferanten** (BGH NJW 07, 146). Die **Außenwand** gehört bei der Wohnraummiete regelmäßig nicht zur Mietsache (Saarbr MDR 05, 1283, 1284). Bei der Gewerberaummiete wird die Benutzung jedenfalls der **höher** gelegenen Wandteile, auch durch den Mieter des betreffenden Stockwerks, vom Mietgebrauch nicht umfasst (Saarbr MDR 05, 1283, 1284). Bei der **Anbringung von Einrichtungen** kommt es darauf an, ob das Gesamtbild des Hauses beeinträchtigt wird, zB durch Windfänge, Blumenkästen, Hinweisschilder. Der Mieter eines **Sondereigentums** (Eigentumswohnung) oder der Berechtigte eines **Dauerwohnrechts** ist berechtigt, neben dem von ihm gemieteten Wohnungs- oder Teileigentum (§ 1 II, III WEG) bzw die dem Dauerwohnrecht unterliegenden Flächen das Gemeinschaftsei- 82 gentum zu nutzen, soweit daran keine seinen Gebrauch ausschließenden Sondernutzungsrechte begründet sind. Die Mietsache umfasst neben dem Sondereigentum immer auch das Recht zur **Mitbenutzung des Gemeinschaftseigentums** (BVerfG NJW 96, 2858; Ddorf ZMR 96, 96, 97). Das Gemeinschaftseigentum ist auch **ohne besondere Erwähnung** im Mietvertrag (zur Mitbenutzung) stets mitvermietet (BGH NJW 67, 154; Ddorf ZMR 96, 96, 97). Der vermietende Sondereigentümer darf – wenn er nicht eine Einheit nutzt – nach Übertragung seines Mitgebrauchsrechts an einen Mieter das gemeinschaftliche Eigentum allerdings nicht auch noch selbst weiter gebrauchen, wenn durch die Doppelnutzung Rechte der anderen Eigentümer beeinträchtigt werden, zB bei ständiger Überfüllung einer im Gemeinschaftseigentum stehenden Sauna.

83 Nutzt der Mieter etwas, **ohne dazu berechtigt zu sein**, zB Flächen zum Parken, hat der Vermieter Ansprüche nach §§ 812 ff (Ddorf GE 09, 1187, 1188; AG Kamenz ZMR 00, 307).

84 **V. Untermiete.** Für ein **Untermietverhältnis** (Untermiete) gelten die Hauptleistungspflichten des Vermieters (s. Rn 30). Der Untervermieter muss seinem Mieter die Mietsache in einem zu dem vertragsgemäßen Gebrauch geeigneten Zustand überlassen und sie während der Mietzeit in diesem Zustand erhalten. Der entspr Erfüllungsanspruch des Untermieters wird durch die Gewährleistungsansprüche der §§ 537 ff nicht berührt. Ein Räumungstitel **gegen den Hauptmieter** erstreckt sich nicht gegen den Untermieter (s. Rn 131). S. zur Untermiete iÜ § 540 Rn 2 ff.

85 **D. Vertragsgemäßer Gebrauch. I. Begriff.** Vertragsgemäßer Gebrauch meint **zweierlei**: Auf der einen Seite schuldet der Vermieter gem § 535 I 2 die **Überlassung und Erhaltung** der **Mietsache** für den vertragsgemäßen Gebrauch. Der **Vermieter** ist grds verpflichtet, die Mietsache auf seine Kosten (s. aber Rn 100 und Rn 101) in einem vertragsgemäßen Gebrauch zur Verfügung zu stellen (BGH ZMR 05, 844, 845, 846; 89, 327, 331) und in eben diesem Zustand dauerhaft (BGH ZMR 03, 418) während der Mietzeit zu **erhalten** (BGH ZMR 05, 844, 846; BGH ZMR 04, 807, 808; KG MDR 00, 447, 448; *Hirsch* ZMR 07, 81). Auf der anderen Seite darf der Mieter nach § 535 I 2 von der Mietsache nur einen vertragsgemäßen Gebrauch machen. Was jeweils vertragsgemäßer Gebrauch ist, können die Mietvertragsparteien innerhalb der Grenzen der **Vertragsfreiheit** (Rn 19; s.a. Vor §§ 145 ff Rn 12 ff) bestimmen. Die Beschränkung des Vertragszwecks auf einen **bestimmten Geschäftsbetrieb** ist zulässig (München ZMR 01, 347; *Büter* PiG 79, 119, 120) und im **Gewerbemietrecht** verbreitet. Will der Mieter den erlaubten Gebrauch dann ändern, muss der Vermieter zustimmen. Ist zum vertragsgemäßen Gebrauch nichts geregelt, ist es eine Frage der **Auslegung**, welcher Gebrauch des Mieters zulässig ist und was der Vermieter zur Überlassung und Erhaltung schuldet.

86 **II. Überlassung der Mietsache. 1. Umfang.** Der Vermieter muss die Mietsache so überlassen, dass der Mieter in der Lage ist, von ihr den **vertraglich bestimmten**, ohne Regelung einen üblichen **Gebrauch** zu machen (Köln ZMR 97, 230, 232). Die Überlassung vermittelt dem Mieter ein Besitzrecht, das Eigentum iSv Art 14 I 1 GG sein kann (BVerfG NJW 00, 2658, 2659). Das Besitzrecht vermittelt dem Mieter jedenfalls Rechte nach §§ 858 ff, 1007, §§ 823 ff oder entsprechend § 906 II 2 (s.a. Rn 50). Erfüllungsort (§ 269) ist der Wohnsitz des Vermieters, bei Immobilien der Ort der belegen Sache. Überlassung der Mietsache muss dem Mieter der tatsächliche und **ungehinderte Gebrauch** eingeräumt werden. Was der Vermieter tun muss, um seiner **Gebrauchsüberlassungspflicht** zu genügen, richtet sich nach Art und Umfang des Gebrauchs, der dem Mieter gestattet ist (BGH ZMR 02, 905, 906). Wenn hiernach der Gebrauch der Mietsache notwendig deren **Besitz** voraussetzt, gehört zur Gebrauchsgewährung auch die Verschaffung des Besitzes (zB nicht bei einer Hauswand). Zur Besitzeinweisung sind ggf Schlüssel auszuhändigen (Naumbg ZMR 00, 290). Die Gebrauchsgewährungspflicht **beginnt** mit dem vereinbarten Start des Mietverhältnisses. Nutzt ein Mieter die Sache **vorher**, richten sich die Rechte und Pflichten nach den dafür getroffenen Vereinbarungen, hilfsweise analog nach dem ab Beginn geltendem System (s.a. *Lützenkirchen* MietRB 05, 329, 331). Bei nicht problemlosem Gebrauch muss der Mieter in die **Benutzung eingewiesen** werden. Ist der vertragsgemäße Gebrauch nur ein beschränkter, richtet er sich zB nur auf eine gelegentliche, dem jeweiligen Bedarf angepasste Nutzung, entfällt damit noch nicht das für die Miete erforderliche Element der Gebrauchsgewährung (BGH ZMR 02, 905, 906; BGH ZMR 89, 212).

87 Eine nicht vertragsgemäße Leistung braucht der Mieter nicht anzunehmen. **Maßgebend** für die Frage, ob eine Wohnung eine vertragsgemäße Beschaffenheit aufweist, sind in erster Linie die vertraglichen Vereinbarungen (BGH NZM 09, 855, 856; BGH NJW 09, 2441; BGH ZMR 06, 670, 671). Es sind die Vertragsparteien, die durch die Festlegung des dem Mieter jeweils geschuldeten vertragsgemäßen Gebrauchs bestimmen, welchen Zustand die vermietete Sache spätestens bei Überlassung an den Mieter und von da ab **während der gesamten Vertragsdauer** (BGH ZMR 06, 761, 762: Dauerverpflichtung) als Gegenleistung für die laufend geschuldete Miete aufweisen muss. Fehlt eine vertragliche Vereinbarung über die Beschaffenheit der gemieteten Sache – wozu auch Einwirkungen durch Immissionen gehören können –, muss anhand von Auslegungsregeln (§§ 133, 157, 242) geprüft werden, was der Vermieter schuldet und welchen Standard der Mieter auf Grund seines Vertrages verlangen darf; dabei ist die **Verkehrsanschauung** als Auslegungshilfe heranzuziehen. Fehlen Abreden zur Beschaffenheit, wird der zum vertragsgemäßen Gebrauch geeignete Zustand durch den vereinbarten Nutzungszweck bestimmt (BGH ZMR 04, 807, 808; *Elzer* NZM 09, 641, 642). Der Mieter einer Wohnung kann erwarten, dass die angemieteten Räume einen Wohnstandard aufweisen, der bei ver-

Inhalt und Hauptpflichten des Mietvertrags § 535

gleichbaren Wohnungen üblich ist. Insb Alter, Ausstattung und Art des Gebäudes, aber auch die Höhe der Miete und eine eventuelle Ortssitte sind zu berücksichtigen (BGH NZM 09, 855, 856; BGH ZMR 04, 807, 808). Gibt es zu bestimmten Anforderungen technische Normen, ist jedenfalls deren Einhaltung geschuldet (BGH NZM 09, 855, 856; BGH ZMR 05, 108). Verstößt ein Vermieter gegen die einschlägigen DIN-Normen, spricht eine tatsächliche Vermutung für einen Mangel. Die geschuldete Beschaffenheit kann freilich über die anerkannten Regeln der Technik **hinausgehen**. DIN-Normen können außerdem zwar die anerkannten Regeln der Technik wiedergeben. Sie können aber auch hinter diesen zurückbleiben (BGH NJW 05, 1115, 1117; BGHZ 139, 16 = NJW 98, 2814, 2815). Über den vertraglich erwarteten Soll-Zustand geben idR daher die **tatsächlichen Umstände** bei Anmietung Auskunft (*Elzer* NZM 09, 641, 642). Nimmt der Vermieter **bauliche Veränderungen** vor, die zu Lärmimmissionen führen können, kann der Mieter erwarten, dass Lärmschutzmaßnahmen getroffen werden, die den Anforderungen der zur **Zeit des Umbaus** geltenden DIN-Normen genügen (BGH ZMR 05, 108). Grunds ist der bei Errichtung des Gebäudes geltende Maßstab anzulegen (BGH NZM 09, 855, 856; BGH NZM 09, 580), wobei Veränderungen der Anschauungen über den vertragsgemäßen Standard oder neue wissenschaftliche Erkenntnisse im Einzelfall zu einer **Vertragsanpassung** führen können (BGH ZMR 06, 678, 679; BGH NZM 06, 582, 583). Die Ausstattung von Alt- und Neubauten muss nicht identisch sein (BGH ZMR 04, 807, 808; BGH ZMR 92, 234, 237). Eine unrenovierte Wohnung in einem **Altbau** muss ein zeitgemäßes Wohnen ermöglichen und alle mit der Haushaltsführung üblicherweise verbundenen Tätigkeiten unter Einsatz technischer Hilfsmittel erlauben (BGH ZMR 04, 807, 809). Hierzu gehört die Bereitstellung einer Stromversorgung, die einen Betrieb der gewöhnlichen Haushaltsgeräte ermöglicht, oder dass das Badezimmer über eine Stromversorgung verfügt, die nicht nur eine Beleuchtung, sondern auch den Betrieb von kleineren elektrischen Geräten über eine Steckdose ermöglicht. **Ein unter dem Mindeststandard** liegender Zustand ist **vertragsgemäß**, wenn er eindeutig vereinbart ist und der Mieter sich mit ihm einverstanden erklärt hat (BGH NJW-RR 93, 522).

2. Nebenleistungen (Beheizung; Versorgungsleistungen). Jedenfalls im **Wohn- und Gewerbemietrecht** 88
schuldet der Vermieter idR als Teil seiner Überlassungs- und Erhaltungspflicht die Beheizung der Mietsache sowie die Versorgung der Mietsache mit Wasser, Strom und Gas.

a) Beheizung. Der Vermieter im **Wohn-** und Gewerbemietrecht schuldet grunds die **Beheizung der Mietsa-** 89
che. Der Umfang richtet sich nach den Umständen. Außerhalb der Heizperiode (15.9.-15.5. str; aA 30.10.-1.4.) ist zu heizen, wenn die Außentemperatur an drei aufeinander folgenden Tagen um 21.00 Uhr auf unter 12°C absinkt. Zum Aufenthalt von Personen bestimmte Räume sollten 20°C (KG ZMR 08, 790, 791; KG NZM 02, 917; München NJW-RR 01, 729; LG Berlin ZMR 98, 634; AG Fürstenwalde GE 05, 1131), Bäder, Toiletten und Duschen 21°C und Flure 18°C haben, zuzuhalten von 6.00 Uhr bis 23.00 Uhr; eine nächtliche Absenkung bis auf 18°C ist zulässig. Formularvertraglich kann nichts anderes vereinbart werden (LG Göttingen ZMR 88, 179). Eine **mangelhafte Beheizung** stellt eine **erhebliche Störung des Mietgebrauchs** und einen wichtigen Grunde für eine außerordentliche Kündigung dar (KG ZMR 08, 790, 791). Der Mieter braucht grunds **nicht zu heizen**; etwas anderes gilt, wenn die Mietsache ansonsten zu **Schaden** kommt (Rn 51).

b) Lieferung von Versorgungsleistungen. aa) Grundsatz. Der Vermieter kann dem Mieter nach dem Ver- 90
trag oder den Umständen die Lieferung von Versorgungsleistungen schulden, etwa Strom, Wasser und Gas. Ob ein Mieter Anspruch darauf hat, dass die Miträume an das allgemeine Versorgungsnetz angeschlossen werden, oder ob er den Strom vom Vermieter zu beziehen hat, hängt vom Inhalt des Mietvertrags ab (BGH NJW-RR 93, 1159, 1160). Auf den Abschluss von Versorgungsverträgen unter gleichzeitiger **Entlassung des Vermieters** aus seinem Vertragsverhältnis hat der Mieter nach hM keinen Anspruch (zw).

bb) Versorgungssperre. Nach Beendigung eines **Mietverhältnisses** ist der Vermieter berechtigt, ggü dem 91
unredlichen Mieter die eigentlich geschuldeten **Versorgungsleistungen** einzustellen und diese gem § 273 I zurückzubehalten (für die Gewerberaummiete BGHZ 180, 300 = NJW 09, 1947, 1949; KG ZMR 08, 47, 48; für die Wohnraummiete AG Bergheim ZMR 2005, 53). Die Unterbrechung der Wasserversorgung (aber auch Gas, Wärme, Abfall und ggf Strom) ist **keine Besitzstörung** iSv § 858 (BGHZ 180, 300 = NJW 09, 1947, 1949; KG ZMR 08, 47, 48). Die zur Nutzung der Mietsache erforderlichen Energielieferungen sind nicht Bestandteil des Besitzes. **Innerhalb eines laufenden Mietverhältnisses** soll der Vermieter hingegen nach noch hM grds **nicht berechtigt** sein, die von ihm zu erbringenden Versorgungsleistungen einzustellen, wenn sich der Mieter mit der Zahlung der Miete im Verzug befindet (Saarbr GuT 05, 218; KG ZMR 05, 951, 952; Köln ZMR 05, 124; Celle ZMR 05, 615; LG Dortmund WuM 06, 92). **Das überzeugt nicht** (AG Bergheim ZMR 05, 53). Eine **Besitzstörung** liegt auch hier nicht vor (BGHZ 180, 300 = NJW 09, 1947, 1949), sodass unter Wahrung der Verhältnismäßigkeit auch *im laufenden* Mietverhältnis eine Sperre grunds möglich erscheint. Ob eine Sperre gerechtfertigt ist oder ein Anspruch auf Weiterbelieferung besteht, bestimmt sich **allein nach vertraglichen Kriterien** (BGHZ 180, 300 = NJW 09, 1947, 1949; *Herrlein* NZM 06, 527, 529). Liefert das Versorgungsunternehmen nicht, kann der Mieter seinerseits seine Vorauszahlungen einstellen (LG Frankf NZM 98, 714; LG Gera NZM 98, 715). Rechte gegen das Versorgungsunternehmen hat der Mieter regelmäßig nicht (LG Frankfurt/O NJW-RR 02, 803). Zu Problemen mit dem **einstweiligen Rechtsschutz** in

diesem Zusammenhang s. *Streyl* WuM 06, 234, 236; *Hinz* NZM 05, 841, 846. Ist der Mieter verpflichtet, einem Gläubiger **Zutritt** zu gestatten und etwa die Einstellung der Gasversorgung zu dulden, stellt dies keine Durchsuchung iSv Art 13 II GG, §§ 758, 758a ZPO dar. Dem Richtervorbehalt zum Schutz der Unverletzlichkeit der Wohnung ist dadurch genügt, dass dem Schuldner in einer von einem Richter erlassenen Entscheidung aufgegeben wurde, dem Gläubiger den Zutritt zu seiner Wohnung zu gestatten (BGH NZM 06, 863). Ob der Mieter an den Versorgungsleitungen oder Absperrvorrichtungen (Mit-)Besitz innehat und die konkrete Form der Versorgungssperre durch den Vermieter mit einer Besitzstörung verbunden ist, ist unbeachtlich. Selbst bei Mitbesitz ist maßgeblich auf die Einstellung der Leistungen abzustellen (BGHZ 180, 300 = NJW 09, 1947, 1949). Die Sperrung von Versorgungsleitungen durch eine **Wohnungseigentümergemeinschaft** iSv § 10 VI WEG löst als solche keine Besitzschutzansprüche aus (BGH NJW 05, 2622, 2623; *Frank* NJW-RR 06, 1673; KG ZMR 06, 379, 380), auch wenn sie den Mieter eines Wohnungseigentümers betrifft (BGHZ 180, 300 = NJW 09, 1947, 1949). Sie ist möglich, wenn der **Verhältnismäßigkeitsgrundsatz** gewahrt ist (s. im Einzelnen Riecke/Schmid/*Elzer* § 16 Rz 248 ff).

92 **3. Verstöße.** Überlässt der Vermieter die Mietsache nicht, kann der Mieter nach §§ 280, 281 vorgehen, auch zurücktreten. Vor Überlassung der Mietsache gilt gem § 536 („zur Zeit der Überlassung") das **allgemeine Leistungsstörungsrecht**. Die mietrechtlichen Schutz- und Gewährleistungsregeln enthalten, soweit es um Mängel der Mietsache geht, nach Überlassung hingegen eine **abschließende Sonderregelung** (BGH ZMR 05, 612, 615; BGH ZMR 99, 306, 306; BGHZ 136, 102, 106 = ZMR 97, 565, 566 für **Sachmängel**; BGH NJW 08, 2771, 2772 für **Rechtsmängel**). Auch wenn der Vermieter von Anfang an nicht imstande ist, die Mietsache wie geschuldet zu gewähren, ist der Vertrag wirksam (§ 311a). An Stelle des Rücktrittsrechts tritt das **Recht zur Kündigung**, § 543 I, II Nr 1. Wird die Mietsache **dauerhaft unbrauchbar** – egal wann –, werden Vermieter und Mieter von ihren Pflichten frei (§§ 275 I, 326 I 1). Kommt der Vermieter seiner **Überlassungspflicht nicht rechtzeitig** nach, liegt Verzug vor mit der Folge, dass der Mieter die Zahlung der Miete (zunächst) gem § 320 verweigern kann und iÜ §§ 280, 281, 286 ff, 323 gelten. Kann die Verzögerung nicht mehr nachgeholt werden, liegt hinsichtlich der abgelaufenen Zeit (Teil-)Unmöglichkeit vor. Bei einer **mangelhaften Mietsache** kann der Mieter die Annahme verweigern und Erfüllung verlangen. Mietern, die Räume **von einem nicht verfügungsberechtigten Vermieter** gemietet haben, wird der vertragsmäßige Gebrauch bereits dadurch entzogen, dass der wahre Berechtigte nicht bereit ist, den Mieter die Mietsache zu den vereinbarten Konditionen nutzen zu lassen (BGH NJW 08, 2771).

93 **III. Erhaltung der Mietsache (Instandsetzung und Instandhaltung). 1. Allgemeines.** Als vom Mieter zu duldende (Rn 57; s.a. § 554 Rn 4) **Hauptpflicht** und vertragliche Gegenleistung zur Miete (BGH NJW 89, 2247) ist die Mietsache grunds dauerhaft (BGH ZMR 03, 418) in einem **gebrauchsfähigen Zustand** zu erhalten, sofern die Erhaltung nicht vom Mieter zu leisten ist (Rn 94). Die Erhaltungspflicht deckt sich mit dem vereinbarten Gebrauch: zu erhalten ist, was als Gebrauch geschuldet ist. Erhaltung meint **Instandsetzung und Instandhaltung**. Instandhaltung ist Inbegriff der Maßnahmen, die geeignet sind, um normale und verbrauchsbedingte Abnutzungserscheinungen zu beseitigen und vor drohenden Schäden schützen. Instandsetzung ist die Wiederherstellung des ursprünglichen Zustands, ggf durch Wiederbeschaffung (BGH NJW-RR 06, 84). Unter Instandhaltung/Instandsetzung fallen die Beseitigung von Schäden durch Reparatur, Neuanschaffung und Behebung baulicher Mängel. Keine Erhaltungsmaßnahmen sind eine vollständige Veränderung oder bloße Verschönerung der Mietsache oder eine modernisierende Instandsetzung (§ 554 Rn 5). Zur Erhaltung gehört die **Wahrung eines verkehrssicheren Zustands** (Ddorf GE 08, 1326; Ddorf MietRB 08, 72; s.a. Rn 44) und – sofern diese Pflicht nicht auf den Mieter übertragen wurde (s. Rn 94) – die Ausführung der Schönheitsreparaturen (BGH ZMR 06, 599, 600). Außerdem ist die Einhaltung der einschlägigen technischen Normen geschuldet (BGH ZMR 06, 670, 671; BGH ZMR 05, 108). Bloß optische Mängel sind idR nicht zu betreiben (LG Berlin Ge 09, 782). Auf welche Art und Weise der Vermieter seiner Erhaltungspflicht nachkommt, ist seine Sache (LG Berlin GE 94, 1147). Der Vermieter, dem nur der **Nießbrauch** an der Mietsache zusteht, hat lediglich für die Erhaltung der Sache in ihrem **wirtschaftlichen Bestand** zu sorgen (§ 1041 1); Ausbesserungen und Erneuerungen obliegen ihm nur insoweit, als sie zu der gewöhnlichen Unterhaltung der Sache gehören (§ 1041 2). Zu der gewöhnlichen, dem Nießbraucher obliegenden Unterhaltung der Sache zählen solche Maßnahmen, die bei ordnungsgemäßer Bewirtschaftung regelmäßig, und zwar wiederkehrend innerhalb kürzerer Zeitabstände zu erwarten sind; dazu gehören insb normale Verschleißreparaturen (BGH ZMR 05, 783; BGH NJW-RR 03, 1290). Die Erneuerung der Elektroinstallation wird davon nicht umfasst. In einem Insolvenzverfahren über das Vermögen des Vermieters begründet der Anspruch des Mieters auf Herstellung eines zum vertragsgemäßen Gebrauch geeigneten Zustands der Mietsache bei fortdauerndem Mietverhältnis eine **Masseschuld** (§§ 55 I Nr 2, 108 InsO). Der **Anspruch auf Instandhaltung verjährt** nicht gem § 195 (AG Tiergarten WuM 09, 453; aA AG Düren GE 09, 205; *Lehmann-Richter* NJW 08, 1196, 1199: Stammrecht mit verjährbaren Einzelansprüchen).

94 **2. Verpflichteter.** Die Verpflichtung zur Instandhaltung und Instandsetzung trifft den jeweiligen Vermieter als *wesentlicher Inhalt seiner Erhaltungspflicht.* Sie kann auf einen Mieter – auch unbegrenzt – **individualvertraglich** übertragen werden (BGH NJW 02, 2383, 2384 Rostock OLGR 09, 933). Dies gilt va für die Wohnraum-

(Naumbg NJW-RR 00, 823; BayObLG NJW-RR 97, 1371) und Gewerbemiete (Rostock OLGR 09, 933); ist dort eine **formularmäßige Übertragung** nur für die Schönheitsreparaturen (Rn 102) sowie für die Tragung der Kosten für **Kleinreparaturen** (Rn 101) vorstellbar. Eine **formularmäßige Übertragung** ist bei der Grundstücksmiete, ggf bei der Miete beweglicher Sachen und bei der **Gewerberaummiete** möglich, soweit sie sich auf Schäden erstreckt, die dem Mietgebrauch oder der Risikosphäre des Mieters zuzuordnen sind (BGH ZMR 05, 844, 846; BGH NJW-RR 87, 906). Die Abwälzung findet dort ihre **Grenze**, wo dem Mieter die Erhaltungslast von gemeinsam mit anderen Mietern genutzten Flächen und Anlagen ohne Beschränkung der Höhe nach auferlegt wird (BGH ZMR 05, 844, 846), weil sie zum Übergang der Sachgefahr auf den Mieter führen und ihn mit einem nicht vorauskalkulierbaren Kostenrisiko belasten würde (Naumbg NJW-RR 00, 823; Dresd NJW-RR 97, 395; Köln ZMR 94, 158). Dem Mieter würden auch Kosten übertragen, die nicht durch seinen Mietgebrauch veranlasst sind und die nicht in seinen Risikobereich fallen (KG NZM 03, 395; Naumbg NJW-RR 00, 823). Die Übertragung der Erhaltungslast gemeinschaftlich genutzter Flächen und Anlagen ist allenfalls wirksam, wenn sie in einem bestimmten und zumutbaren Rahmen erfolgt. In Lit und Rspr wird hierzu eine **Kostenbegrenzung** auf einen festen Prozentsatz der Jahresmiete vorgeschlagen (KG NZM 03, 395).

3. Umfang. Der Umfang der **Gebrauchserhaltungspflicht** richtet sich nach dem **Ist-Zustand** der Mietsache bei Vertragsschluss sowie danach, was die Parteien als **vertragsgemäß vereinbart** haben (dazu ausf Rn 87). Eine **Pflicht zum Tätigwerden** des Vermieters entsteht va bei einem **Mietmangel** iSv § 536. Unter einem Mangel ist die für den Mieter nachteilige Abweichung des tatsächlichen Zustandes der Mietsache von dem vertraglich geschuldeten Zustand zu verstehen (BGH NZM 09, 855, 856; BGH NZM 06, 54, 55), wobei tatsächliche Umstände als auch rechtliche Verhältnisse in Bezug auf die Mietsache in Betracht kommen können (Rostock OLGR 03, 259, 263). So können bestimmte äußere Einflüsse oder Umstände – etwa die Behinderung des Zugangs zu einem gemieteten Geschäftslokal – einen Fehler der Mietsache begründen. Eine Mietwohnung weist keinen Sachmangel (§ 536) auf, wenn eine in der Nähe gelegene Mobilfunksendeanlage die in der 26. BImSchV festgelegten Grenzwerte für elektromagnetische Felder nicht überschreitet (BGH ZMR 06, 670, 671; LG Berlin NJW-RR 03, 300; aA *Kniep* ZMR 03, 169, 172). Haben die Parteien einen konkret gegebenen schlechten Bauzustand als vertragsgemäß vereinbart, so sind insoweit Erfüllungs- und Gewährleistungsansprüche des Mieters ausgeschlossen (BGH ZMR 06, 678, 679). Um Ausuferungen des Mangelbegriffs zu vermeiden, ist stets eine **unmittelbare** Beeinträchtigung der Tauglichkeit oder eine unmittelbare Einwirkung auf die Gebrauchstauglichkeit der Mietsache erforderlich, wohingegen Umstände, die die Eignung der Mietsache zum vertragsgemäßen Gebrauch nicht unmittelbar berühren, nicht als Mängel zu qualifizieren sind (BGH NZM 06, 54, 55; BGH NJW 00, 1714, 1715).

4. Gegenstand. Die Gebrauchserhaltungspflicht bezieht sich primär auf die **Mietsache** (Rn 79). Daneben bezieht sie sich auf die Teile, die iRd vertragsgemäßen Gebrauchs mitbenutzt werden können (Rn 82). Hat der Vormieter Sachen in einer Wohnung belassen, der Mieter die Räume in diesem Zustand gemietet, gelten die Sachen als **mitvermietet** und werden von der Instandsetzungs- und Instandhaltungspflicht des Vermieters erfasst. Die Instandsetzungs- und Instandhaltungspflichten des Vermieters beziehen sich hingegen nicht auf die vom Mieter vorgenommenen Einbauten und auch nicht auf die Sachen, die der Mieter vom Vormieter vereinbarungsgemäß übernommen hat.

5. Überprüfung; Reinigung; Erneuerung. Zur Erfüllung seiner Instandsetzungs- und Instandhaltungspflichten ist der Vermieter verpflichtet, die Mietsache und Teile der Mietsache auf evtl Schäden oder Gefahrenquellen regelmäßig zu **überprüfen** (BGH ZMR 69, 271; Saarbr NJW 93, 3077; *Derckx* WuM 05, 690, 693), sofern sie sich nicht, wie zB der Gasherd, in der Obhut des Mieters befinden (BGH ZMR 69, 271). Zu prüfen sind va Verschleiß unterliegende Einrichtungen, idR im Abstand von 2 Jahren. Zu prüfen sind ferner die **erreichbaren Versorgungsleitungen** (Ddorf ZMR 00, 377, 378), Gas- und Stromleitungen oder der Aufzug, aber auch ein Durchlauferhitzer (BGH VersR 66, 81). **Wasser- und Abwasserrohre** müssen nicht regelmäßig kontrolliert werden, sofern sich keine Unregelmäßigkeiten zeigen (AG Menden ZMR 99, 34). Außerdem ist die Mietsache grunds vom Vermieter zu reinigen, zB Treppenhaus (Köln ZMR 95, 308), Regenrinne oder Mülltonne. Ggf sind Geräte auf **neue Bedingungen umzustellen** (LG Aachen NJW 70, 1923) oder zu **reparieren**.

6. Grenzen. Die Überwachungspflicht findet nach Treu und Glauben (§ 242) dort ihre Grenze, wo die Kontrolle einen **unzumutbaren Aufwand** erfordert und keine Gewähr für eine dauerhafte Funktionstauglichkeit bietet (BGH ZMR 93, 151, 152; Köln GE 05, 362). Der Vermieter ist zB nicht verpflichtet, eine in der Erde liegende Wasserleitung auszugraben, um sich über den Erhaltungszustand der Rohre Gewissheit zu verschaffen (BGH ZMR 57, 305). Der Vermieter hat ohne konkreten Anlass auch keine Verpflichtung zur Untersuchung im **ausschließlichen Besitz des Mieters befindlicher Räume oder Flächen** (Ddorf GE 08, 1326; Frankf ZMR 03, 674). Befinden sich dort Mängel, sind sie nach § 536c anzuzeigen.
Die Verpflichtung zum Erhalt eines geeigneten Zustandes endet gem § 275 außerdem dort, wo der dazu erforderliche Aufwand die **Opfergrenze** übersteigt (BGH ZMR 05, 935, 937; Hambg NZM 02, 243; *Hirsch* ZMR 07, 81, 82). Wann diese Zumutbarkeitsgrenze überschritten ist, muss von Fall zu Fall unter Berücksichtigung der beiderseitigen Parteiinteressen wertend ermittelt werden (BGH ZMR 05, 935, 937; RGZ 89, 203,

207; Karlsr WuM 95, 307). Es darf kein krasses Missverhältnis entstehen zwischen dem Reparaturaufwand einerseits und dem Nutzen der Reparatur für den Mieter sowie dem Wert der Mietsache und den aus ihm zu ziehenden Einnahmen andererseits. Zwar ist der Vermieter verpflichtet, die Mietsache in einem zur vertragsgemäßen Nutzung geeigneten Zustand zu erhalten. Er hat aber keine Verpflichtung, die ohne sein Verschulden **zerstörte Mietsache** wieder herzustellen. Die **Wiederaufbaupflicht** ist Ausfluss der Pflicht zur **Gebrauchsüberlassung**. Entfällt diese nach § 275, so besteht auch jene nicht (BGH ZMR 92, 140).

100 **7. Kosten für die Erhaltung; Kleinreparaturen.** Grds muss der Vermieter die Mietsache gem § 535 I 2 **auf seine Kosten** erhalten. Die Parteien können allerdings vereinbaren, dass der Mieter sich an der Erhaltung beteiligt (s. bereits Rn 94). Solche Vereinbarungen gibt es va zu **Kleinreparaturen in Wohnraummietverträgen**. Die Parteien können nicht die Kleinreparaturen, aber die Kosten dafür auf den Mieter abwälzen (BGHZ 108, 1 = ZMR 89, 327). Dies ist auch durch eine **Formularklausel** möglich, wenn die Klausel gegenständlich auf Teile der Mietsache beschränkt ist, die häufig dem Zugriff des Mieters ausgesetzt sind, und die Klausel eine iRd Zumutbaren näher zu bestimmende **Höchstgrenze** (AG Brandenburg ZMR 08, 976, 977; AG Ahrensburg ZMR 06, 128; AG Braunschweig ZMR 05, 717, 718; **Einzelfall bis 100 EUR**, vgl ua Hambg WuM 91, 385; **maximal** 8% der Jahresnettomiete, Stuttg WuM 88, 149; s. ferner BGHZ 92, 332, 333: 6% und 150 DM; *Schach* GE 08, 449, 450: 120 €) für den Fall enthält, dass innerhalb eines bestimmten Zeitraums, etwa binnen eines Jahres, mehrere Kleinreparaturen anfallen (BGH ZMR 92, 332, 333).

101 **8. Schönheitsreparaturen. a) Übertragung.** Grunds muss der Vermieter im Wohnraum- und Gewerberaummietrecht die Schönheitsreparaturen, dh die durch Abnutzung notwendig gewordenen Maler- und Tapezierarbeiten, ausführen (BGH ZMR 04, 736, 737; *Riecke/Mack* Schönheitsreparaturen Rz 69). Eine einvernehmliche Übertragung auf den Mieter – auch formularmäßig – ist aber zulässig (BGH ZMR 06, 599, 600; BGH ZMR 05, 518, 519; s. dazu **ausf** § 538 Rn 3 ff).

102 Gerät der Mieter mit Durchführung der Schönheitsreparaturen in Verzug, kann der Vermieter bei laufendem Vertrag neben Erfüllung **Vorschuss** in Höhe der voraussichtlichen Renovierungskosten verlangen (BGH ZMR 06, 507; BGH ZMR 05, 523, 524). Der Anspruch auf Durchführung der Schönheitsreparaturen wird fällig, sobald aus der Sicht eines objektiven Betrachters Renovierungsbedarf besteht; darauf, ob bereits die Substanz der Wohnung gefährdet ist, kommt es nicht an (BGH ZMR 05, 523, 524). Führt der Mieter Schönheitsreparaturen **ohne Verpflichtung** dazu aus, steht ihm ein Anspruch nach §§ 812 ff zu (BGH NJW 90, 1789). Dieser berechnet sich nach dem durch die Arbeiten eingetretenen höheren **Ertragswert** (BGH GE 06, 1224; BGH NZM 06, 15). Eine **unwirksame Schönheitsreparaturenklausel** berechtigt einen Vermieter nicht zu einer eigenständigen Mieterhöhung; er kann auch nicht iRe Verfahrens nach § 558 (s. dazu § 558a Rn 11) einen angemessenen Zuschlag verlangen (BGH ZMR 08, 878; BGH ZMR 08, 879).

103 **b) Schadensersatz.** Zieht der Mieter nach Mietvertragsende aus, ohne die auf ihn übertragenen Schönheitsreparaturen ausgeführt zu haben oder hat er die Schönheitsreparaturen schlecht ausgeführt, hat der Vermieter einen nach § 548 I 1 verjährenden Anspruch auf **Schadensersatz** gem §§ 535, 280 ff (BGH NJW 06, 1588 = ZMR 06, 507). Führt der Vermieter für den Mieter die Arbeiten aus, kann ihm ein **Bereicherungsanspruch** zustehen (BGH NJW 09, 2590, 2591; Kobl NJW-RR 00, 82); als Teil des Schadens kommt Mietausfall in Betracht (BGH NJW 98, 1303).

104 **9. Pflichtverstöße. a) Des Vermieters.** Die Pflicht des Vermieters, die **Mietsache** zu **erhalten**, ist gem § 535 I 2 **Hauptpflicht**. Kommt er seinen Erhaltungsverpflichtungen nicht nach und bleibt die Ausstattung der Mietsache hinter dem vereinbarten oder vorausgesetzten Gebrauch zurück, hat der Mieter zur Erhaltung des vertragsgemäßen Zustands einen einklagbaren, nicht durch § 536b beschränkten (BGH ZMR 04, 807, 809; BGH ZMR 97, 505) echten **Erfüllungsanspruch** (BGH ZMR 05, 844, 846; BGH ZMR 04, 807, 808). Der Anspruch steht dem Mieter **neben seinen Gewährleistungsrechten** nach §§ 536 ff zu (BGH ZMR 03, 418; BGH ZMR 97, 505) und kann dem Vermieter nach § 320 entgegengehalten werden (BGH NZM 07, 484, 485; BGH NJW-RR 03, 727); auch dann, wenn eine Minderung (§ 536) nicht mehr möglich wäre (BGH NZM 07, 484, 485). Ferner kann der Mieter **Schadensersatz** wegen Nichterfüllung verlangen (§ 536a I), den Mangel gegen Aufwendungsersatz **selbst beseitigen** (§ 536a II), **kündigen** (§ 543 II 1 Nr 1) und – bis zur Überlassung der Mietsache (Rn 92) – gem §§ 323, 326 V **zurücktreten**. Schließlich kann der Mieter gem §§ 320, 556b II 1 in Höhe des **Druckzuschlages** (zwei- bis dreifacher Minderungsbetrag) die Miete bis zur Beseitigung des Mangels **zurückbehalten** (BGH ZMR 06, 761, 762; BGH ZMR 03, 341, 342). Das Recht des Mieters, den Mangel selbst zu beseitigen und **Aufwendungsersatz** zu verlangen, setzt grds Verzug des Vermieters mit der Beseitigung des Mangels voraus, § 536a II Nr 1. Befindet sich der Vermieter von Wohnraum mit der Beseitigung eines Mangels im Verzug, so wirkt im Fall der Grundstücksübereignung die einmal eingetretene Verzugslage nach dem Eigentumsübergang in der Person des Erwerbers fort (BGH ZMR 05, 354). Tritt der Schaden in diesem Fall nach dem *Eigentumsübergang* ein, so richten sich die Ansprüche des Mieters nicht gegen den Grundstücksveräußerer, sondern gegen den Grundstückserwerber. Der Mieter kann seine Rechte **verwirken** (BGH ZMR 06, 107, 108; BGH ZMR 03, 341, 342/343). Die Instandhaltungspflicht des Vermieters besteht nicht nur ggü dem Mieter, sie kann sich auch zu Gunsten Dritter iRd allg Verkehrspflichten (s. Rn 44) auswirken.

Kennt der Mieter bei Vertragsschluss Mietmängel, stehen ihm **keine Rechte** aus §§ 536 und 536a zu, § 536b **105**
2. Ist ihm der Mangel infolge grober Fahrlässigkeit unbekannt geblieben, so stehen ihm diese Rechte nur zu, wenn der Vermieter den Mangel arglistig verschwiegen hat. Nimmt der Mieter eine mangelhafte Sache an, obwohl er den Mangel kennt, so kann er die Rechte aus den §§ 536 und 536a nur geltend machen, wenn er sich seine Rechte bei der Annahme vorbehält. Die Rechte aus § 535 bleiben aber bestehen (Köln MDR 93, 973; LG Berlin MM 94, 281). Für Pflichtverletzungen eines **anderen Mieters**, haftet der Vermieter nicht. Die Mieter untereinander sind **keine Erfüllungsgehilfen** der Pflichten des Vermieters (Köln GE 05, 362).

b) Des Mieters. Verstößt der Mieter gegen eine von ihm geschuldete Erhaltungspflicht, hat der Vermieter **106** neben dem **Erfüllungsanspruch** einen **Schadensersatzanspruch** nach §§ 280 ff und ggf das **Recht auf Ersatzvornahme** (LG Berlin NZM 04, 655). Bei einem laufenden Mietverhältnis gebührt dem Vermieter ein **Kostenvorschussanspruch** (BGH NJW-RR 90, 1231; s.a. LG Berlin NJW-RR 96, 523). Bei Verzug ist der Vermieter berechtigt, vom Mieter die **Zahlung eines Vorschusses** in Höhe erforderlicher Renovierungskosten zu fordern, ohne zuvor ein Leistungsurteil erstreiten und damit die Voraussetzungen für eine Ersatzvornahme im Wege der Zwangsvollstreckung (§ 887 ZPO) schaffen zu müssen. Der Vermieter wird dadurch so gestellt, als sei eine Ersatzvornahme **vertraglich vereinbart** worden (BGH MDR 91, 142). Das erhaltene Geld muss der Mietsache zu Gute kommen. Auch bei **mangelhaft ausgeführten Schönheitsreparaturen** haftet der Mieter auf Schadensersatz nach §§ 280 I, III, 281 I 1 (BGH ZMR 06, 599, 600; BGH ZMR 06, 597, 598).

10. Verjährung. Der Anspruch des Mieters auf Gebrauchserhaltung verjährt nach 3 Jahren (AG Wetzlar Info **107** M 09, 161; Lehmann-Richter NJW 08, 1196; Feuerlein WuM 08, 385; aA Both GE 09, 238, 239). Die Verjährung beginnt ab objektiver Erkennbarkeit der Renovierungsbedürftigkeit str; nach anderen erst mit Vorliegen eines Mangels.

IV. Vertragsgemäßer Gebrauch durch den Mieter. 1. Gebrauchsrecht. Von Gesetzes wegen hat der Mieter **108** an der Mietsache und an den mitvermieteten Sachen (Rn 82) ein Gebrauchsrecht (BGH ZMR 79, 238). Den Mieter trifft für die Mietsache aber im Regelfall **keine Abnahme-, Gebrauchs- oder Betriebspflicht** (Naumbg ZMR 00, 290). Der Mieter ist zum vertragsgemäßen Gebrauch der ihm vermieteten Sache grds nur berechtigt, **nicht verpflichtet**; die Mietsache kann zB auch vor dem ursprünglich vorgesehenen Vertragsende zurückzugeben werden. Der Mieter kann die Mietsache ferner ganz oder teilweise **unbenutzt** lassen, auch wenn dies dem Interesse des Vermieters entgegenläuft; zur Zahlung der Miete bleibt er freilich verpflichtet (§ 537 I 1). Eine **Gebrauchspflicht** besteht ausnahmsweise bei der **Verpachtung landwirtschaftlicher Grundstücke**, für die eine Bewirtschaftungspflicht des Pächters während der gesamten Pachtzeit besteht (§ 586 I 3). Eine Gebrauchs- und Betriebspflicht ist ferner anzunehmen, wenn die Mietsache, zB ein gemietetes Reitpferd, durch Nichtgebrauch **offensichtlich Schaden** erleiden würde (s. LG Hannover ZMR 93, 280) oder ein Garten verkäme. Eine Pflicht zum **Betrieb eines Geschäfts** in den Miträumen besteht, wenn eine **Vereinbarung** zur **Betriebspflicht** getroffen wurde (Rn 150).

2. Vertragsgemäßer Gebrauch. Der Mieter ist zur Nutzung der Mietsache innerhalb der durch die vertraglichen Vereinbarungen gezogenen Grenzen berechtigt, § 535 I 1 (BGH ZMR 93, 263, 266; s. für die Wohnraummiete §§ 541, 543 II Nr 1 und Nr 2). Veränderungen oder Verschlechterungen der Mietsache, die durch den vertragsgemäßen Gebrauch herbeigeführt werden, hat er nicht zu vertreten, § 538. Den vertragsgemäßen Gebrauch gibt der Mietvertrag – ggf durch ergänzende Auslegung – vor, der häufig näher ausgestaltete Verhaltensregeln in **Hausordnungen** (s. Rn 110) bereithält. Maßgebend sind die gesamten Umstände des Einzelfalls (BGH NZM 07, 597, 598; BGH ZMR 06, 195, 197) und ein **verkehrsübliches Maß**. Eine **Ausweitung des zulässigen Gebrauchs** kann im Einzelfall konkludent durch langjährige vertragswidrige Nutzung in Betracht kommen. Wird Wohnraum vermietet, ergibt sich aus dem **Vertragszweck**, dass der Mieter grds **befugt ist**, dort zu Baden und zu Duschen, eine mobile Duschkabine einzubauen, ein Aquarium zu haben, Feste zu feiern, einen Briefkasten oder ein Namensschild anzubringen, Besucher zu empfangen (BGH NJW 07, 146) oder eine Küche einzubauen. Der Mieter darf auch ein **Gehhilfe**, einen **Kinderwagen**, einen zusammengeklappten Rollator (LG Hannover NZM 07, 245) oder einen Rollstuhl im Treppenhaus abstellen (BGH NJW 07, 146; AG Hannover NZM 06, 819) oder in der Wohnung **Wäsche trocknen** (LG Düsseldorf WuM 08, 547, 548). Liegt keine entgegenstehende Vereinbarung vor, darf ein Wohnraummieter in der Wohnung auch **rauchen** (BGH ZMR 08, 524; BGH ZMR 06, 843, 846; s.a. *Paschke* NZM 08, 268 ff); etwas anderes gilt, wenn sich die Verschlechterungen nicht mehr durch Schönheitsreparaturen beseitigen lassen (BGH ZMR 08, 524). Wird ein Gewerberaum vermietet, darf der Mieter im normalen Umfang **Schilder** anbringen und für sich werben, zB durch **Leuchtreklame**. Ein Wohnraummieter ist **nicht befugt**, die Wohnung etwa für gewerbliche Zwecke (LG Berlin NJW-RR 93, 907) oder zu **übermäßiger Meinungsäußerung** zu nutzen, zB durch an der Außenfront angebrachte **Spruchbänder, Plakate** oder **Fahnen**. Der Mieter handelt pflichtwidrig, der zu laut ist, der übermäßig feiert, Möbel im Treppenhaus oder in den Kellergängen abstellt, Bilder im Treppenhaus aufhängt, oder der in die Mietsache gefährliche Stoffe einbringt. Auch **bauliche Veränderungen** durch den Mieter sind grds unzulässig, müssen jedenfalls am Ende der Mietzeit beseitigt werden; etwas anders gilt für notwendige Verwendungen. Zum vertragsgemäßen Gebrauch gehört hingegen, dass der Mieter

Dübel setzen und Kacheln, insb in Bädern und in der Küche, anbohren darf (BGH ZMR 93, 263, 266), soweit die durch die Notwendigkeit **üblicher Befestigungsmöglichkeiten** gerechtfertigt sind und soweit es der Vermieter unterlassen hat, in einem Bad die Halterung für die üblichen Installationsgegenstände wie Spiegel, Konsole, Handtuchhalter anzubringen. Bei Gewerberäumen gehört die Möglichkeit der Öffnung des Haupteingangs ohne Schließanlage zum vertragsmäßigen Gebrauch (LG Itzehoe v 9.7.09 – 7 O 191/08).

110 **3. Hausordnung. a) Mietrecht.** In der Wohnraummiete werden Verhaltenspflichten und Gebrauchsrechte des Mieters häufig durch eine **Hausordnung** im Gemeinschaftsinteresse **konkretisiert** (vgl BGH ZMR 92, 290, 293; LG Düsseldorf WuM 08, 547, 548). Eine Hausordnung dient dazu, gesetzliche und im Mietvertrag festgelegte Pflichten **auszugestalten** und ein möglichst gedeihliches Zusammenleben im Haus und damit die Wahrung des Hausfriedens zu gewährleisten (s. §§ 569 II, 578 II). Ihr Gegenstand ist etwa die Tierhaltung (Rn 116), die Regelung von Ruhezeiten, die Benutzung von Waschküchen und Trockenräumen, Zeiten für die Musikausübung, aber auch Verkehrspflichten (s.a. Rn 52); etwa der Winterdienst kann in der Hausordnung auf den Mieter übertragen werden (Frankf WuM 88, 399). Eine Hausordnung wird allein durch **Vereinbarung** Vertragsbestandteil, was auch durch **Formularvertrag** möglich ist (BGH ZMR 92, 290, 293). Zur Einbeziehung genügt deren Erwähnung (Bezugnahme) in einzelnen Paragrafen des Mietvertrages (Frankf WuM 88, 399) oder die Beifügung der Hausordnung **insgesamt** als Anlage des Mietvertrages. Die nachträgliche **Aushändigung** nach Vertragsabschluss hat keine Bindungswirkung. Das Gleiche gilt für den bloßen **Aushang im Hausflur**. Die Klausel, wonach „die anliegende Hausordnung Bestandteil dieses Vertrages" ist, verstößt wegen unzulässiger Beweislastumkehr gegen § 309 Nr 12 (BGH WuM 91, 381). Ungewöhnliche Zusatzpflichten oder Einschränkungen des vertragsmäßigen Gebrauchs sind in formularvertraglichen Hausordnungen gem § 305c unwirksam. Die vereinbarte Hausordnung entfaltet Rechtswirkungen im Verhältnis Vermieter zu Mieter, aber auch der **Mieter untereinander**. Regelungen der Hausordnungen, zB zu den **Ruhezeiten**, werden idR auch zu Gunsten der **jeweiligen Mitmieter** getroffen und geben ihnen dann ein **eigenes Recht**, von den anderen Mietern die Einhaltung der Bestimmungen der Hausordnung zu verlangen (BGH ZMR 04, 335, 336; München ZMR 92, 246 = NJW-RR 92, 1097; s.a. Rn 48).

111 Eine Hausordnung kann vom Vermieter **geändert** werden, wenn ihm dies im Vertrag **vorbehalten** worden ist und nicht gegen § 308 Nr 4 verstößt; ohne einen solchen Vorbehalt ist eine Änderung möglich, wenn es zur ordnungsgemäßen Verwaltung und Bewirtschaftung des Hauses **zwingend erforderlich** ist (AG Hamburg WuM 81, 183). Die Änderung muss dann **billigem Ermessen** entsprechen (§ 315). Etwa die in der Hausordnung festgelegte Pflicht zur regelmäßigen Reinigung des Treppenhauses kann der Vermieter nicht einseitig ändern; auch eine Kostenübernahme durch den Mieter scheidet aus (AG Düsseldorf WuM 86, 306). Ein Verstoß gegen die Hausordnung berechtigt zur Unterlassungsklage nach § 541 und ggf zur Kündigung nach § 543.

112 **b) Wohnungseigentum.** Im Wohnungseigentumsrecht regelt eine Hausordnung iSv § 21 V Nr 1 WEG va die Gebrauchsrechte der WEer für das Gemeinschafts- und Sondereigentum. Der Mieter ist an die zwischen den Eigentümern getroffene Hausordnung **nicht vertraglich** gebunden. Die Mietparteien können eine vertragliche Bindung des Mieters an die Hausordnung der WEer aber vereinbaren (*Elzer* ZMR 06, 733, 740; *Armbrüster* ZWE 04, 217, 223). Str ist, ob eine solche Bindung nur individualvertraglich getroffen werden kann (zw) und ob nur eine Bindung an eine bestehende Hausordnung (statische Verweisung; so *Bub* WE 89, 122, 124) oder auch an die jeweilige Hausordnung (dynamische Verweisung; so *Armbrüster* ZWE 04, 217, 224) möglich ist. Ferner wird teilweise vertreten, dass der Mieter an eine nur beschlossene Hausordnung nicht gebunden sei (*Armbrüster/Müller* ZMR 07, 321, 323).

113 Fehlt es an einer vertraglichen Bindung des Mieters, kann zwar nicht der vermietende Sondereigentümer, nach noch hM können aber die anderen WEer bei einer Verletzung von § 14 Nr 1 WEG den Mieter nach § 1004 I 2 **auf Unterlassung** in Anspruch nehmen (BGH ZMR 96, 147 = NJW 96, 714; BGH ZMR 95, 480; KG NZM 05, 382).

114 **4. Aufnahme von Dritten und Familienangehörigen. a) Dritte.** Der Mieter ist gem § 540 I 1 ohne die Erlaubnis des Vermieters **nicht** berechtigt, den Gebrauch der Mietsache einem **Dritten** zu überlassen, insb sie weiter zu vermieten (BGH ZMR 04, 100, 102). Dritter ist dabei jeder, der nicht Partei des Mietvertrages ist; hiervon ausgenommen sind nach dem Sinn und Zweck von § 540 I die Familie des Mieters wegen ihrer engen, unter dem ausdrücklichen Schutz der Verfassung (Art 6 GG) stehenden persönlichen Beziehung und – mit Rücksicht auf ihren nur kurzen Aufenthalt – Besucher des Mieters. IÜ gilt jedoch, dass andere Personen als der Mieter unter den grds Erlaubnisvorbehalt des § 540 I fallen, unabhängig davon, ob der Mieter ihnen einen Teil der Wohnung zum selbstständigen Gebrauch überlässt, oder ob er ihnen lediglich den unselbstständigen Mitgebrauch gestattet. § 540 I gilt ferner für jede auf eine gewisse Dauer angelegte Gebrauchsüberlassung, auch wenn diese nur den unselbstständigen Mitgebrauch der Mietsache betrifft (BayObLG ZMR 98, 23, 24). Auch für die Aufnahme eines **Lebensgefährten** bedarf der Mieter einer Erlaubnis (LG Berlin GE 05, 1554, 1555; s.a. BVerfG NJW 00, 2658, 2659). Auf die Erteilung hat er im Regelfall aber einen **Anspruch** (BGH ZMR 04, 100, 103). Entsteht für den Wohnraummieter nach Abschluss des Mietvertrags ein berechtigtes Interesse, einen Teil des Wohnraums einem Dritten zum Gebrauch zu überlassen, so kann er von dem Vermieter die Erlaubnis hierzu verlangen, § 553 I 1 (s. § 553 Rn 3).

b) Familienangehörige. Der Mieter bedarf für die **Aufnahme von nächsten Familienangehörigen**, von zum 115 Haushalt gehörenden Bediensteten und von Personen, die er zu seiner Pflege benötigt, grds **keiner Erlaubnis** des Vermieters; diese Personen sind nicht Dritte iSd § 540 I (BGH NJW 91, 1750, 1751; BayObLG ZMR 98, 23, 24). Wo für Familienangehörige im Einzelnen die Grenze zu ziehen ist, ist nicht abschließend geklärt. Zum bevorrechtigten Personenkreis gehören unstrittig der Ehegatte und die gemeinsamen Kinder. IdR werden hierzu aber auch Stiefkinder des Mieters oder seines Ehepartners gezählt (Hamm WuM 97, 364), die Eltern (BayObLG ZMR 98, 23, 24) ebenso uU die Enkel (LG Wuppertal MDR 71, 49), nicht aber die Geschwister des Mieters (BayObLGZ 83, 285, 288) oder dessen Schwägerin. Hat der Mieter seine Ehefrau in die Wohnung aufgenommen, so darf auch deren noch nicht volljähriger Sohn ohne Erlaubnis des Vermieters in der Wohnung leben (AG Neukölln GE 91, 187). Wenn eine konkrete mietvertragliche Vereinbarung fehlt, kommt es auf die Umstände des Einzelfalls an, insb auf die Art und den Zuschnitt der Wohnung sowie darauf, ob die Zahl der Personen überschritten wird, mit deren Aufnahme in die Wohnung der Vermieter bei Abschluss des Mietvertrages rechnen musste.

5. Kinder. Zum vertragsgemäßen Gebrauch einer Mietwohnung gehört, dass **Kinder** in ihr **spielen** dürfen. 116 Selbst häufige und über das übliche Maß hinausgehende Lauf- und Spielgeräusche müssen grds als sozialadäquat hingenommen werden. Mitmieter müssen Geräusche hinnehmen, soweit sie unvermeidbar sind, zB Lärm infolge des **natürlichen Spiel- und Bewegungstriebes** (Ddorf Urt ZMR 97, 181; AG Braunschweig WuM 02, 50). Grds unvermeidbar ist ferner: Babygeschrei, Lachen, Schreien, Weinen (LG München I NJW 05, 2463). Auch die Nutzung eines Kinderspielplatzes gehört idR zum vertragsgemäßen Gebrauch (AG Frankfurt aM BeckRS 09, 14019). Für das Maß kann die Richtlinie über die von Freizeitanlagen verursachten Geräusche herangezogen werden (LG Berlin ZMR 99, 763). **Ruhezeiten** und die **Hausordnung** (Rn 110) sind einzuhalten. Ob Kinder in Gemeinschaftsräumen oder im Hausflur Rollschuh, Inline-Skater oder Fahrrad fahren oder den Aufzug zum Spielen benutzen dürfen, ist Frage des Einzelfalls. Eltern müssen ihre **Kinder beaufsichtigen**. Das Maß bestimmt sich nach Alter, Eigenart und Charakter des Kindes sowie danach, was den Eltern in ihren jeweiligen Verhältnissen zugemutet werden kann (vgl BGH NJW-RR 87, 13, 14 zum Deliktsrecht). Entscheidend ist, was verständige Eltern nach vernünftigen Anforderungen unternehmen müssen, um eine Schädigung Dritter durch ihr Kind zu verhindern.

6. Tierhaltung. Ob das Halten von Tieren zulässig ist, ist primär **nach dem Mietvertrag** zu beantworten 117 (AG Hamburg-Barmbek ZMR 06, 535). Die Mietparteien können individuell, aber auch durch einen **Formularvertrag** vereinbaren, dass eine Tierhaltung **grds unzulässig** ist (BVerfG WuM 81, 77). In einem Formularmietvertrag ist allerdings eine Klausel, die auch das Halten von Kleintieren, wie zB Ziervögeln und Zierfischen, verbietet, unzulässig (BGH NJW 08, 218, 220; BGH NJW 93, 1061, 1062). Ist zur **Tierhaltung nichts vereinbart**, ist die Frage ihrer Zulässigkeit im Einzelfall unter **Abwägung der beiderseitigen Interessen** sowie der weiteren Beteiligten zu entscheiden (BGH NJW 08, 218, 220; *Blank* NJW 07, 729, 731). Diese Abwägung lässt sich nicht allgemein, sondern nur im Einzelfall vornehmen, weil die dabei zu berücksichtigenden Umstände so individuell und vielgestaltig sind, dass sich jede schematische Lösung verbietet. Zu berücksichtigen sind insb Art, Größe, Verhalten und Anzahl der Tiere, Art, Größe, Zustand und Lage der Wohnung sowie des Hauses, in dem sich die Wohnung befindet, Anzahl, persönliche Verhältnisse, namentlich Alter, und berechtigte Interessen der Mitbewohner und Nachbarn, Anzahl und Art anderer Tiere im Haus, bisherige Handhabung durch den Vermieter sowie besondere Bedürfnisse des Mieters (BGH NJW 08, 218, 221). **Kleintiere** (Kleinvögel, Fische in Aquarien, Hamster, Mäuse, Meerschweinchen, Eidechsen), von denen nach Art, Anzahl und Unterbringung keine Schädigungen oder Störungen der Mietsache und der Mietmieter ausgehen, können im angemessenen Rahmen in der Mietwohnung **stets** gehalten werden (BGH NJW 93, 1061, 1062). Die Parteien können eine **Zustimmungspflicht** vereinbaren. Eine Zustimmungspflicht für Tiere gilt aber auch dann, wenn nichts Besonderes vereinbart ist (BGH NJW 91, 1062, 1062). Ob der Vermieter eine Zustimmung erteilt, steht in seinem **Ermessen** (LG Krefeld ZMR 07, 375; LG Karlsruhe NZM 02, 246; LG Berlin NZM 99, 455). Maßgeblich ist, ob die Belange des Vermieters oder der Mitmieter berührt werden. Im Einzelfall kann das Interesse an der Tierhaltung **vorrangig** sein, zB ein Blindenhund.

7. Haushaltsgeräte. Zum allgemein üblichen vertragsgemäßen Gebrauch einer Mietwohnung gehört, dass 118 der Mieter elektrische **Haushaltsgeräte**, zB Waschmaschinen, Geschirrspüler, Telefone, Telefaxgeräte, **aufstellen** und auch **verwenden** darf (BGH ZMR 04, 807, 809; Karlsr WuM 87, 325).

8. Musikausübung. Der Mieter in der Wohnraummiete ist befugt, in einem **angemessenen Umfang** Musik 119 auszuüben sowie Fernseh- und Rundfunkgeräte abzuspielen. Das zulässige Maß ist nur im **Einzelfall** bestimmbar. Die üblichen und/oder gesetzlich oder vertraglich bestimmten Ruhezeiten sind einzuhalten.

9. Parabolantennen. Ob der Mieter berechtigt ist, eine **Parabolantenne** zu installieren, ist eine **Frage des** 120 **Einzelfalls**, für die sich jede schematische Lösung verbietet (BGH ZMR 08, 187; KG ZMR 08, 207 = NZM 08, 39). Die Berechtigung ist auf Grund einer **fallbezogenen Abwägung** der beiderseits grundrechtlich geschützten Interessen zu beantworten (BVerfG ZMR 05, 932; BVerfG ZMR 96, 534, 535; BVerfG ZMR 95 197, 198; BGH ZMR 06, 195, 197; BGH ZMR 04, 438, 439). Bei der Installation einer **festen Parabolantenne** ist zu prüfen, ob die mit der Installation verbundenen Nachteile des Vermieters schützenswerte Interessen des Mieters übersteigen. Hierbei ist das Grundrecht des deutschen oder ausländischen Mieters auf **Informationsfreiheit** (Art 5 I 2 Hs 2 GG) mit dem Eigentumsrecht (Art 14 I 1 GG) des Vermieters abzuwägen. Dies erfordert idR eine **fallbezogene Abwägung** der von dem eingeschränkten Grundrecht und dem grundrechtsbeschränkenden Gesetz geschützten Interessen (BVerfG ZMR 05, 932; BGH NZM 05, 335). Ein **Vorrang des Informationsinteresses** des Mieters vor den Eigentumsinteressen des Vermieters ergibt sich nicht aus dem Recht der Europäischen Gemeinschaften. Die Gerichte der Mitgliedsstaaten haben bei der Auslegung und Anwendung des Gemeinschaftsrechts den berechtigten Interessen auch des Eigentümers Rechnung zu tragen, so dass es – ebenso wie im nationalen Recht – einer Abwägung der vom Gemeinschaftsrecht geschützten Rechtspositionen unter Berücksichtigung der Umstände des Einzelfalls bedarf. Dass hierbei dem Wunsch des Mieters, weitere Hörfunk- oder Fernsehprogramme mittels einer Parabolantenne empfangen zu können, von vorneherein der Vorrang vor den Interessen des Eigentümers einzuräumen wäre, lässt sich dem Gemeinschaftsrecht nicht entnehmen (BGH ZMR 06, 195). Der Vermieter muss die Zustimmung zur Errichtung regelmäßig erteilen, wenn er **keinen Kabelanschluss** bereitstellt (BVerfG ZMR 05, 932). Ist ein **Kabelanschluss** verfügbar, ist zwar ggf ein sachbezogener Grund zur Versagung der Genehmigung einer Parabolantenne gegeben (Frankf ZMR 92, 435, 438). Ein **besonderes Informationsinteresse** kann aber selbst bei einem Kabelanschluss die Installation einer Parabolantenne rechtfertigen (BGH NZM 07, 597; BGH ZMR 04, 438, 439; s.a. BGH ZMR 04, 438, 439). Das trifft insb, aber nicht nur auf Mieter mit **ausländischer Staatsangehörigkeit** zu, deren Heimatprogramme nicht oder nur in geringer Zahl in das deutsche Kabelnetz eingespeist werden. Sie sind idR daran interessiert, die Programme ihres Heimatlandes zu empfangen, um sich über das dortige Geschehen zu unterrichten und die kulturelle und sprachliche Verbindung aufrechterhalten zu können (BVerfGE 90, 27, 36). Wegen der damit verbundenen erheblichen Informationseinbußen reicht aber nicht die Möglichkeit des Empfangs terrestrisch ausgestrahlter Rundfunkprogramme über herkömmliche Antennenanlagen. Die grundlegende Bedeutung des Grundrechts auf Informationsfreiheit wird verkannt, wenn der ausländische Mieter auf einen **Kabelanschluss** verwiesen wird, der ihm **gar keinen oder keinen ausreichenden Zugang** zu seinen Heimatprogrammen verschafft (LG Düsseldorf NZM 05, 861, 862). Kann der ausländische Mieter fünf Heimatprogramme mittels eines von ihm zusätzlich anzuschaffenden Decoders über den hauseigenen Kabelanschluss empfangen und stört die geplante Parabolantenne am hierfür vorgesehenen Platz das Gesamtbild der Gebäudefassade, weil diese Seite Gehwegen, Parkplätzen und Nachbarhäusern zugewandt ist, ist es aber nicht weiter zu beanstanden, wenn dem Eigentumsrecht des Vermieters aus Art 14 I 1 GG Vorrang eingeräumt wird (BGH ZMR 06, 195; BGH NZM 05, 335). Die Aufstellung einer **mobilen Parabolantenne**, zB auf dem mitvermieteten Balkon, ist **vertragswidrig**, wenn sie sich nicht iRd § 535 I 1 zu gewährenden vertragsgemäßen Gebrauchs hält. Der Vermieter kann wegen des durch Art 5 I GG geschützten Interesses des Mieters am zusätzlichen Empfang von Satellitenprogrammen nach Treu und Glauben verpflichtet sein kann, der Aufstellung zuzustimmen, wenn weder eine **Substanzverletzung** (BGH NZM 07, 597; LG Berlin GE 05, 1126) noch eine nennenswerte **ästhetische Beeinträchtigung** zu erwarten ist, sondern die Antenne keine oder lediglich geringfügige optische Beeinträchtigungen verursacht, zB weil sie auf dem Fußboden im hinteren Bereich eines sichtgeschützten Balkons aufgestellt ist. Der Vermieter muss die Anbringung allerdings nur dulden, wenn die Antenne zur Vermeidung von Gefahren für Dritte und von möglichen Sachschäden fachgerecht installiert wird. Haben in einem **Mietparteienhaus mehrere Mieter** in vergleichbarer Weise **Parabolantennen** angebracht, muss der Vermieter, der Beseitigung verlangt, in ausreichendem Maße vortragen, auch gegen die übrigen Mieter einen Beseitigungsanspruch zu haben und zu verfolgen (BVerfG NZM 07, 125; KG ZMR 08, 207).

121 **10. Gewerbe in zu Wohnzwecken angemieteter Wohnung.** In zu **Wohnzwecken** angemieteten Wohnungen fallen berufliche Tätigkeiten, die der Mieter ausübt, **ohne dass sie nach außen** in Erscheinung treten, unter den Begriff des Wohnens; hierzu gehört zB die Unterrichtsvorbereitung eines Lehrers ebenso wie die Telearbeit eines Angestellten, die schriftstellerische Tätigkeit eines Autors oder der Empfang oder die Bewirtung eines Geschäftsfreundes des Mieters in der Wohnung (BGH NJW 09, 3157). Geschäftliche Aktivitäten freiberuflicher oder gewerblicher Art, die nach **außen in Erscheinung treten**, muss der der Vermieter einer Wohnung hingegen ohne entsprechende Vereinbarung grds nicht dulden (BGH NJW 09, 3157). Der Vermieter kann im Einzelfall nach § 242 verpflichtet sein, eine Erlaubnis zur teilgewerblichen Nutzung zu erteilen (BGH NJW 09, 3157). Unzulässig ist, wenn der Mieter die Wohnung geschäftsmäßig als Ferienwohnung vermietet (AG Mitte GE 09, 1129).

122 **11. Rechte bei Pflichtverstößen.** Wegen **unzulässigen Gebrauchs** – Veränderungen oder Verschlechterungen der Mietsache, die durch einen **vertragsgemäßen Gebrauch** herbeigeführt werden, hat der Mieter nicht zu vertreten (§ 538) – kann der Vermieter gem § 541 Unterlassung verlangen (s. § 541 Rn 7), nicht aber nach § 1004 (BGH NJW 07, 2180). Neben der Unterlassung kann der Vermieter **Beseitigung des vertragswidrigen Zustands** sowie ggf **Aufwendungsersatz** gem §§ 677, 683, 670 fordern; gem §§ 280 I, 241 II, 823 kann Schadensersatz verlangt werden. Wird die Mietsache in erheblichem Maße **verletzt** oder durch Vernachlässigung der Sorgfaltspflicht erheblich **gefährdet**, kann der Vermieter nach fruchtloser Abmahnung fristlos (§ 543 II 1

Nr 2; s. § 543 Rn 4 ff) oder ordentlich (§ 573 II Nr 1) **kündigen** (Ddorf ZMR 90, 57; LG Berlin ZMR 99, 28). Ein Mieter, der durch einen unzulässigen Gebrauch gestört wird, hat den Erfüllungsanspruch, kann nach § 536 I 1 mindern, kann Miete zurückbehalten, hat ggf ein Selbstbehaltungsrecht und kann kündigen, ggf nach § 569 II; unter den Voraussetzungen des § 536a gibt es Schadenersatz. Ein Mitmieter haftet grunds nicht für Beschädigungen der Mietsache durch den anderen Mieter (LG Flensburg ZMR 08, 897).

E. Miete. I. Allgemeines. Miete iSv § 535 II ist, was der Mieter nach Willen der Mietvertragsparteien als Gegenleistung für die Gebrauchsgewährung zu erbringen hat. Das wird idR ein regelmäßig, häufig monatlich zu entrichtendes Entgelt sein. Das muss aber nicht so sein. Vorstellbar ist auch die Entrichtung der Miete in einem **einmaligen Betrag** (BGH NJW 98, 595, 596; BGH NJW-RR 89, 589; BGHZ 117, 236, 238 = NJW-RR 92, 780). Die geschuldete Miete muss freilich kein Entgelt sein; Miete kann jede Art von Gegenleistung sein, ohne den Charakter des Vertrages als Mietvertrag zu verändern (BGH ZMR 89, 212). Als Miete kommen beliebige sonstige Leistungen in Betracht, etwa Sach- oder Dienstleistungen, zB Naturalien oder Hausmeisterdienste (BGH ZMR 04, 413, 415). Auch andere Tätigkeiten zu Gunsten des Vermieters, wie zB die Versorgung von Haustieren, der Einbau einer Breitbandanlage, Reinigungsarbeiten oder sonstige Haushalts- und Überwachungsdienste (Hamm ZMR 93, 217; *Meist* ZMR 99, 801) können als Entgelt vereinbart werden. Bei Werkdienstwohnungen wird häufig ein Teil der Miete mit der **Arbeitsleistung** entrichtet. Miete kann auch eine vom Mieter gewährte Gebrauchsgewährung sein (BGH ZMR 02, 905, 906), zB die Gebrauchsüberlassung eines Grundstücks (BGH ZMR 94, 457). **123**

Das Gesetz geht von keinem bestimmten Mietbegriff (Mietstruktur) aus. Sieht ein **Wohnungsmietvertrag** als Mietentgelt nur einen bestimmten Betrag (zzgl Heizungs-/Warmwasserkosten) vor, ist dieser Betrag im Regelfall als (Teil-) **Inklusivmiete** zu verstehen, mit der auch an sich umlagefähige Betriebskosten abgegolten sein sollen (BGH ZMR 04, 328, 329; Hamm ZMR 93, 112, 113). Häufiger sind indes Mieten, die nur die kalten Betriebskosten (**Bruttomieten**) oder auch gar keine Nebenkosten enthalten (**Nettomiete**); zur konkludenten Änderung s. Rn 29. Die Vereinbarung einer **Bruttowarmmiete** ist – außer bei Gebäuden mit nicht mehr als zwei Wohnungen, von denen eine der Vermieter selbst bewohnt – **unwirksam** (BGH ZMR 06, 766). **124**

II. Hauptpflicht. 1. Hauptpflicht. Es ist Hauptpflicht des Mieters, während des Laufs des Mietvertrages gem § 535 II die vereinbarte Miete zu entrichten. Diese kann in Abschnitten bemessen sein, aber auch ein einmaliger Betrag sein (BGH ZMR 98, 141, 142; BGH NJW-RR 92, 780). Solange der Vermieter infolge der Überlassung des Gebrauchs an einen Dritten außerstande ist, dem Mieter den Gebrauch zu gewähren, ist der Mieter nach § 537 II zur Entrichtung der Miete befreit. Behält der Miete die Mietsache nach Beendigung des Mietvertrages, schuldet er bis zum Tag der Rückgabe (BGH ZMR 06, 32) keine Miete, aber gem § 546a eine Nutzungsentschädigung. Die Nutzungsentschädigung erreicht wenigstens die Höhe der Miete, kann aber auch darüber liegen. Ist die Vermietung Eigenkapital ersetzende Leistung, schuldet die mietende GmbH keine, auch nicht die vereinbarte Miete (BGH NZG 05, 395; BGHZ 109, 55), es sei denn, der Vermieter fällt in Insolvenz (BGH NJW 08, 2188), s.a. § 135 III InsO. **125**

2. Folge einer Nichtzahlung. Entrichtet der Miete die Miete **nicht**, kann der Vermieter **kündigen**, unter den Voraussetzungen der §§ 543 II 1 Nr 3, 569 III auch außerordentlich. Ferner kann der Vermieter nach §§ 280, 281, 286 ff **Ersatz des Verzugsschadens** verlangen. Ist die erste Miete zu Beginn der Mietzeit zu entrichten, kann der Vermieter nach § 320 die Einrede des nicht erfüllten Vertrags erheben. **126**

III. Miethöhe. 1. Allgemeines. Die Miethöhe ist idR der Höhe nach bestimmt. Die Miete soll meist Ertrag bringen, kann aber auch gerade kostendeckend sein (BGH NZM 03, 372). Wenn nicht, reicht es, dass sie bestimmbar ist (BGH NJW 02, 3016). Fehlt eine Regelung, muss kein unentgeltliches Geschäft, zB Leihe (§ 598), vorliegen (BGH ZMR 03, 415, 416). Wurde die Entgelthöhe offen gelassen, war gleichwohl aber eine Bindung gewollt, ist die Lücke entweder über eine ergänzende Vertragsauslegung oder über analoge Anwendung der §§ 612 II, 632 II zu schließen (BGH ZMR 03, 415, 416; KG NJOZ 09, 257); dies führt zu einer angemessenen oder ortsüblichen Miete (BGH ZMR 02, 895, 897; BGH ZMR 97, 501), also einer Miete, die für vergleichbare Objekte bei einem Neuabschluss üblicherweise gefordert und gezahlt wird (BGH ZMR 92, 237, 239; BGH ZMR 92, 75, 300). Die angemessene Miete wird sich häufig nicht mit einem einzigen Betrag, sondern nur als ein aus Höchst- und Mindestbetrag gebildeter Rahmen bestimmen lassen. Ergibt die Vertragsauslegung, dass die Miete gem §§ 315, 316 nach billigem Ermessen zu bestimmen ist, ist eine Bestimmung verbindlich, wenn sie sich innerhalb dieses Rahmens hält. Im Streitfall hat das Gericht die Höhe gem § 315 III 2 zu bestimmen (BGH NJW 97, 2671; BGH NJW-RR 91, 517). **127**

2. Mieterhöhung. Zur **Erhöhung** der Miete bei preisfreien Wohnraummietverhältnissen hat der Gesetzgeber in §§ 557–560 Sonderregelungen geschaffen (s. § 557 Rn 3). Regelungen zur Miethöhe im öffentlich geförderten Wohnungsbau finden sich nicht im BGB, sondern ergeben sich aus §§ 8 ff WoBindG und §§ 3 ff NMV 1970. Der Vermieter hat nach §§ 557–560 teilweise die Möglichkeit, einseitig die Miete zu erhöhen; teilweise besitzt er einen Zustimmungsanspruch (s. § 557 Rn 8). Im übrigen Mietrecht ist eine Mieterhöhung eine Frage der Vereinbarung. Auch bei der **Gewerberaummiete** ist § 557 mangels Verweisung nicht anzuwenden. Ist nichts Abw vereinbart, sind die Vertragsparteien dort bis zur Grenze des Wegfalls der Geschäftsgrundlage **128**

§ 535 Inhalt und Hauptpflichten des Mietvertrags

an die vertraglich vereinbarte Miete gebunden. Zur **Wertsicherung** sind außerdem unterschiedliche Formen üblich. Gängig sind Staffelmietvereinbarungen und Wertsicherungsklauseln (Gleit- und Spannungsklauseln sowie Leistungsvorbehalte). Daneben gibt es noch Preis- und Kostenelementeklauseln (Vereinbarungen, auf Grund derer sich die Miete im gleichen Maße ändern soll wie der Preis bestimmter Kostenelemente der Mietsache) und Umsatz- und Gewinnbeteiligungsklauseln.

129 **IV. Zulässige Miethöhe.** Die Miethöhe wird durch §§ 134, 138 I und II (s.a. § 138 Rn 54) sowie in der Wohnungsmiete durch §§ 5 WiStG, 291 StGB begrenzt. Weitere Grenzen ergeben sich aus den Vorschriften für den **preisgebundenen Wohnungsbau** (§ 8 II WoBindG) oder aus dem **Wohnraumförderungsgesetz** (WFG). Bei sog Nutzungsverträgen in den neuen Ländern über Erholungsgrundstücke (Datschengrundstücke) und Garagenflächen gilt die NutzungsentgeltVO und für Kleingärten (Schrebergärten) die Bestimmungen des BKleingG. Bei Gewerbemieträumen steht es den Vertragspartnern grds frei, auf welche Höhe sie sich einigen.

130 **1. § 138 I und II.** Gegenseitige Verträge können als **wucherähnliche Rechtsgeschäfte** nach § 138 I nichtig sein, wenn zwischen Leistung und Gegenleistung objektiv ein **auffälliges Missverhältnis** besteht und eine verwerfliche Gesinnung des begünstigten Teils hervorgetreten ist, insb wenn dieser die wirtschaftlich schwächere Lage des anderen Teils (dessen Unterlegenheit) bei der Festlegung der Vertragsbedingungen bewusst zu seinem Vorteil ausgenutzt oder sich zumindest leichtfertig der Erkenntnis verschlossen hat, dass sich der andere Teil nur auf Grund seiner schwächeren Lage auf die ihn beschwerenden Bedingungen eingelassen hat (BGH MDR 95, 998). Es sind **drei Stufen** zu prüfen. Auf der **ersten Stufe** ist festzustellen, ob zwischen dem Wert des Miet- oder Pachtobjekts und der vereinbarten Miete oder Pacht ein **Missverhältnis** besteht. Für die Berechnung des Verhältnisses ist in der Wohnraummiete Ausgangspunkt die **ortsübliche Vergleichsmiete** (§ 558 Rn 7), bei der Gewerberaummiete hingegen die jeweilige **Marktmiete** (KG ZMR 01, 614). Während es sich bei der Marktmiete um diejenige Miete handelt, die zum jeweiligen Zeitpunkt konkret bei einer Vermietung zu erreichen ist, sind bei der Ermittlung der ortsüblichen Vergleichsmiete übliche Entgelte zu berücksichtigen, die in den letzten drei Jahren vereinbart oder geändert worden sind (s. § 558 Rn 7). Die Höhe der ortsüblichen Vergleichsmiete/Marktmiete haben die Gerichte ggf durch Sachverständige festzustellen; **ertragswertorientierte Feststellungen** („EOP-Methoden") sind nicht zulässig (BGH MDR 05, 26; BGH NJW 02, 55).

131 Auf der **zweiten Stufe** ist zu ermitteln, ob das Missverhältnis **auffällig ist**. Maßgebender Zeitpunkt ist der **Zeitpunkt des Vertragsschlusses** (BGHZ 7, 111, 114; Naumbg GuT 02, 15, 16; KG ZMR 01, 614). Sinkt die ortsübliche Marktmiete nach Vertragsabschluss ab, ist dies auf die Wirksamkeit der Miethöhevereinbarung grds ohne Einfluss (BGH ZMR 02, 654). In der **Gewerberaummiete** liegt ein auffälliges Missverhältnis vor, wenn die vereinbarte Miete knapp 100% höher ist als die ortsübliche Miete (BGH NJW 08, 3210, 3211 mwN), in der **Wohnraummiete** bei einer Überschreitung von 50% (BGH NJW 97, 401; KG ZMR 01, 614, 615). Auf der **dritten Stufe** ist zu klären, ob **sittenwidrige Umstände** hinzutreten, zB eine verwerfliche Gesinnung des durch den Vertrag objektiv Begünstigten (BGH MDR 05, 26; BGHZ 141, 257, 263 = NJW 99, 3187). Ein auffälliges Missverhältnis zwischen Leistung und Gegenleistung legt dabei **iA** den Schluss auf eine verwerfliche Gesinnung des Begünstigten nahe (BGH NJW 01, 1127). Die Schlussfolgerung leitet sich aus dem Erfahrungssatz her, dass idR außergewöhnliche Leistungen nicht ohne Not – oder nicht ohne einen anderen den Benachteiligten hemmenden Umstand – zugestanden werden und auch der Begünstigte diese Erfahrung teilt (BGH NJW 01, 1127, 1128). Etwas anderes gilt bei einem **gewerblichen Miet- oder Pachtverhältnis**. Dort bedarf es angesichts der häufig auftretenden Bewertungsschwierigkeiten der **Prüfung**, ob das Missverhältnis für den Begünstigten **subjektiv erkennbar** war (BGH NJW 08, 3210, 3211 mwN).

132 Der Tatbestand des **Mietwuchers** iSv § 138 II spielt neben der Generalklausel des § 138 I keine Rolle. Dies liegt bereits daran, dass beim wucherähnlichen Geschäft vom Missverhältnis auf die verwerfliche Gesinnung geschlossen wird (Rn 131). Da § 138 II zur **Konkretisierung** des § 138 I ins Gesetz gekommen ist, sind Fälle, in denen nur § 138 II erfüllt ist, aber auch iÜ nicht vorstellbar. IÜ ist § 291 I StGB (s. Rn 134) stets spezieller (str). Der BGH zitiert § 138 I und II **nebeneinander** (BGH NZM 05, 944, 946).

133 **2. § 5 I WiStG.** Nach § 5 I, II WiStG ist bei freifinanzierten Mietverhältnissen in der Wohnraummiete – hierzu zählen auch Mischmietverhältnisse mit **überwiegender** Wohnraumnutzung (s. Rn 14) – die Vereinbarung einer Miete nichtig und der Mieter hat einen teilweisen Rückforderungsanspruch gem §§ 812 ff, soweit die vereinbarte Miete die **ortsübliche Vergleichsmiete** (§ 558 Rn 7) um mehr als 20% übersteigt und sich der Vermieter diese Miete unter **Ausnutzung eines geringen Angebots** an vergleichbaren Wohnungen versprechen lässt, § 5 I, II WiStG iVm §§ 134, 812 (BGH ZMR 06, 355; BGH ZMR 05, 530). **Ausnutzen** bedeutet das bewusste Zunutze machen einer für den anderen Teil ungünstigen Lage (BGH ZMR 05, 530, 531; Brandbg WuM 07, 14, 15; Braunschw ZMR 00, 18); dazu gehört mindestens, dass der Vermieter erkennt und in Kauf nimmt, dass der Mieter sich in einer Zwangslage befindet, weil er aus nachvollziehbaren gewichtigen Gründen nicht auf eine preiswertere Wohnung ausweichen kann. Bei Prüfung der **Ausnutzung** darf nicht allein auf das Verhalten des Vermieters und die objektive Lage auf dem maßgeblichen Wohnungsmarkt abgestellt werden (BGH ZMR 05, 530, 531; BGH ZMR 04, 410). Angesichts der Vielgestaltigkeit der denkbaren Motivlage des Mieters muss sich dieses Merkmal auch auf die Person des Mieters beziehen; wer die geforderte Miete ohne Weiteres oder aus besonderen persönlichen Gründen zu zahlen bereit ist, wer mithin eine objek-

tiv bestehende Ausweichmöglichkeit nicht wahrnimmt, wird nicht ausgenutzt (aA *Langenberg* FS Blank, 291, 295). Für die Frage, ob der Vermieter **ein geringes Angebot an vergleichbaren Räumen** ausgenutzt hat, ist auf das **gesamte Gebiet** der Gemeinde abzustellen, in dem sich die Mietwohnung befindet, nicht auf einen Teilmarkt (BGH ZMR 05, 530, 531; LG Berlin GE 08, 1493, 1494). Das Tatbestandsmerkmal des geringen Angebots ist deshalb nicht erfüllt, wenn der Wohnungsmarkt für vergleichbare Wohnungen nur in dem betreffenden Stadtteil angespannt ist (BGH ZMR 06, 355; BGH ZMR 05, 530, 531). Der **maßgebende Teilmarkt** bestimmt sich nach den in § 5 II 2 WiStG aufgeführten Merkmalen, die sich teilweise unmittelbar auf die Wohnung („Art, Größe, Ausstattung, Beschaffenheit"), teilweise auf das Umfeld („Lage") beziehen und in ihrer Gesamtheit für die vorhandene oder fehlende Vergleichbarkeit ausschlaggebend sind (BGH ZMR 06, 355). Der **Mieter hat darzulegen und ggf zu beweisen**, welche Bemühungen bei der Wohnungssuche er bisher unternommen hat, weshalb diese erfolglos geblieben sind und dass er mangels einer Ausweichmöglichkeit auf den Abschluss des für ihn ungünstigen Mietvertrages angewiesen war (BGH ZMR 06, 355, 356; BGH ZMR 04, 410, 411).

3. § 291 StGB. Der Mietvertrag ist nach §§ 291 I StGB, 134 nichtig, wenn der Vermieter die Zwangslage, die Unerfahrenheit, den Mangel an Urteilsvermögen oder die erhebliche Willensschwäche des Mieters dadurch ausbeutet, dass er sich oder einem Dritten für die Vermietung von Räumen zum Wohnen oder damit verbundene Nebenleistungen, Vermögensvorteile versprechen oder gewähren lässt, die in einem **auffälligen Missverhältnis** (s. dazu Rn 130, 131) zu der Leistung stehen. S. zu den Voraussetzungen im Einzelnen § 138 Rn 50 ff. 134

4. Folge eines Verstoßes. Ist die vereinbarte Miethöhe nichtig, besteht ein Wohnraummietvertrag – bezogen auf die Mietvereinbarung – Teilnichtigkeit (BGH NZM 05, 944, 946); anstelle der vereinbarten gilt die höchstzulässige Miete (LG Berlin GE 96, 979; *Döderlein* ZMR 03, 808, 810). Nichtigkeit des gesamten Vertrages würde den beabsichtigten Mieterschutz in sein Gegenteil verkehren und dem Mieter sein Mietrecht nehmen. Ein Gewerberaummietvertrag ist hingegen **insgesamt unwirksam** (BGH NZM 05, 944, 946). Wer gegen § 291 I 1 Nr 1 StGB oder § 5 I WiStG verstößt, macht sich iÜ strafbar. 135

V. Fälligkeit. Nach dem Grundsatz der Vertragsfreiheit (Rn 19) können die Parteien für die Miete jeden Zeitpunkt als Fälligkeitszeitpunkt bestimmen, bei der Vermietung vom Reißbrett auch **Bezugsfertigkeit** (Ddorf ZMR 95, 466, 467) oder **Fertigstellung** (KG ZMR 05, 946, 947) jeweils iSv § 3 II 2 Nr 2 MaBV. Meist wird eine Vorauszahlung vereinbart. Für die Wohnraummiete bestimmt der abdingbare (Hamm ZMR 93, 217) § 556b I, dass die Miete zu Beginn, spätestens zum dritten Werktag der einzelnen Zeitabschnitte zu erfüllen ist, nach denen sie bemessen ist; Werktag ist auch ein Sonnabend (BGH ZMR 05, 695, 697). Gem § 579 II gilt § 556b I auch für Mietverhältnisse über Räume, also insb für Gewerbemieträume. Der Vermieter von **Gewerbemietraum** kann auch vereinbaren, dass die Miete zB für eine bestimmte Saison im Voraus zu zahlen ist (Ddorf ZMR 99, 388, 389). Für Grundstücke, für im Schiffsregister eingetragene Schiffe und für **bewegliche Sachen** ist die Miete gem § 579 I im Zweifel und **ohne Abrede** hingegen am **Ende** des vereinbarten Zeitabschnittes zu entrichten, nachdem sie bemessen ist. Für die **Verjährung** der Ansprüche des Vermieters auf Zahlung der Miete oder Pacht und der Nebenkosten sowie für Ansprüche des Mieters oder Pächters auf Erstattung vorausbezahlter oder zu viel gezahlter Miete, Pacht oder Nebenkosten gilt die **dreijährige allgemeine Verjährungsfrist** nach §§ 195, 199. Die Verjährung der Ersatzansprüche des Vermieters beginnt gem §§ 548 I 2, 200 auch dann mit dem Zeitpunkt, in dem er die Mietsache zurückerhält, wenn die Ansprüche erst zu einem späteren Zeitpunkt entstehen (BGH ZMR 06, 754, 756; BGH MDR 05, 439). 136

VI. Erfüllung. Die Miete ist bar oder durch Überweisung zu entrichten. Was gilt, ist eine Frage der jeweiligen Vereinbarungen. Nach §§ 270 I, IV, 269 I ist die Absendung oder bei Banküberweisungen die ordnungsgemäße Veranlassung der Überweisung am Wohnsitz des Mieters ausschlaggebend. Bei der Mietzahlung handelt es sich um eine **Schickschuld** (Stuttg ZMR 08, 967, 968), die den Leistungsort grds am Wohnort des Schuldners belässt (LG Heilbronn ZMR 91, 388). Genügt die Zahlung nicht, findet ohne (ggf konkludente) Tilgungszweckbestimmung – die wohl nicht in einer Zahlung zum Fälligkeitszeitpunkt liegt (LG Münster ZMR 09, 212) – § 366 Anwendung (BGHZ 75, 375 = NJW 84, 2404; Ddorf ZMR 00, 605; LG Münster ZMR 09, 212; zur **Mieterinsolvenz** s.a. Rn 61); fällige Nebenkostenvorauszahlungen sind **vorrangig** zu verrechnen. Ohne Vereinbarung muss ein Mieter eine **Einziehungsermächtigung** nicht erteilen (LG Braunschweig WuM 79, 118). Der Vermieter ist verpflichtet, von einer Einziehungsermächtigung Gebrauch zu machen, der Mieter muss hingegen für eine Deckung zu sorgen und darf der Lastschrift nicht vertragswidrig zu widersprechen. Eine **Einzugsermächtigung** kann in einem Formularvertrag vereinbart werden, **Abbuchungsaufträge** nicht (OLG Koblenz NJW-RR 94, 1543). Ist das **Lastschrift-Abbuchungsverfahren** vereinbart, wandelt sich die Schickschuld in eine Holschuld um (BGH NJW 84, 871, 872; Stuttg ZMR 08, 967, 968). 137

VII. Umsatzsteuer. Die Einkünfte aus Vermietung und Verpachtung unterliegen grds nicht der Umsatzsteuerpflicht (§ 4 Nr 12a UStG). Nach § 9 I UStG kann der Vermieter auf die Steuerbefreiung verzichten (**Umsatzsteueroption**), wenn die dort genannten Voraussetzungen erfüllt sind (BGH ZMR 09, 436). Ob er optiert, kann der Vermieter frei entscheiden; auch dann, wenn der Mieter hieran ein **starkes Interesse** hat (BGH ZMR 91, 170). Weist der Vermieter die Miete als „inkl Umsatzsteuer" aus, ist er – soweit möglich – zur Umsatzsteueroption 138 verpflichtet (Hamm ZMR 03, 925). Der Mieter ist zur Zahlung der Umsatzsteuer verpflichtet, wenn dies vereinbart wurde oder wenn der Vermieter sich die Berechnung der Mehrwertsteuer für den Fall der Option vorbehalten hat. Ist vereinbart, dass der Mieter die Umsatzsteuer zu tragen hat, fällt sie auch auf die **Nebenkosten** an, da sie als Nebenleistung das Schicksal der Hauptleistung teilen (Ddorf ZMR 00, 603). Sind die Parteien bei Vertragsabschluss zu Unrecht davon ausgegangen, die Umsätze des Mieters seien nicht umsatzsteueroptionsschädlich, kann eine Zahlung des Mieters über die Nettomiete hinaus geschuldet sein. Liegt hingegen ein einseitiger Kalkulationsirrtum des Vermieters vor, verbleibt es bei der Zahlung der Nettomiete (BGH ZMR 09, 436; BGH ZMR 04, 812, 813). Eine von den Parteien irrtümlich getroffene Preisabsprache „zzgl MwSt" ist im Zweifel dahin auszulegen, dass eine in Wirklichkeit nicht anfallende MwSt. vom Mieter auch nicht zu zahlen ist (BGH ZMR 09, 436 mwN). Hat der Vermieter entgegen seinen Angaben nicht zur Umsatzsteuer optiert, ist er dem Mieter zum Schadensersatz verpflichtet (Hamm ZMR 03, 925, 926). Der Vermieter kann die Option widerrufen, wenn der Mieter vertragswidrig die Umsatzsteuer zur Miete nicht zahlt (Hamm ZMR 97, 456). Ist vereinbart, dass der Mieter die MwSt zu tragen hat, fällt sie auch auf die Nebenkosten an, da sie als Nebenleistung das Schicksal der Hauptleistung teilen (Ddorf ZMR 00, 603).

139 **F. Auf der Mietsache ruhende Lasten. I. Allgemeines.** Nach § 535 I 3 hat grds der Vermieter die auf der vermieteten Sache ruhenden Lasten (s. § 103 Rn 1) zu tragen. Das sind sämtliche Lasten, die ihn als **Eigentümer** oder **dinglich Berechtigten** treffen. Die Verpflichtung des Vermieters betrifft sowohl die öffentlich-rechtlichen Lasten, zB Grundsteuern (Hamm ZMR 86, 198), Kanalisationsgebühren, Schornsteinfegergebühren, Straßen- oder Wegereinigungskosten, Müllabfuhrgebühren, als auch die privatrechtlichen (zB eine Reallast gem §§ 1105 ff, aber auch die Zinsen aus einem durch Hypothek oder Grundschuld gesicherten Darlehen). **Persönliche Lasten**, zB Vermögenssteuern, Realsteuern, Gewerbesteuern oder eine Feuerversicherungsprämie, fallen hingegen nicht unter § 535 I 3. Der Vermieter kann Lasten iSv § 535 I 3 auf den Mieter individuell übertragen (Celle MDR 83, 402). Eine solche Übertragung wirkt sich aber nur auf das **Innenverhältnis** der Parteien aus und ist außerdem **eng auszulegen** (s.a. BGH ZMR 84, 337). Im Zweifel ist von § 535 I 3 auszugehen (Köln NJW-RR 91, 1234; Celle ZMR 90, 410).

140 **II. Nebenkosten. 1. Allgemeines. a) Begriff.** Nebenkosten sind sämtliche Zahlungen, die der Mieter neben der Grundmiete erbringen muss. Die Nebenkosten umfassen va, aber nicht nur die Betriebs- und Heizkosten. S. dazu iE § 556 Rn 2 ff.

141 **b) Tragung.** Nebenkosten sind in der Miete grds **vollständig** enthalten (arg 556 I 1; *Schmid* Mietnebenkosten Rz 1100). Das Gesetz geht davon aus, dass der Vermieter die Nebenkosten zu tragen hat (BGH ZMR 04, 327, 328; LG Berlin ZMR 05, 957). Kosten etwa für Energieverbrauch, Wasser- oder Wärmeversorgung muss der Mieter nur tragen, wenn er selbst Anschlussnehmer ist oder die Parteien **eine Kostentragungspflicht vereinbart** haben (LG Berlin ZMR 05, 957). Ein solcher Vertrag bedarf grds (anders ist für die Heizkosten, s. Rn 143) einer **ausdrücklichen** und inhaltlich **bestimmten** Vereinbarung (BGH ZMR 05, 844, 846). Die vereinbarte Mietstruktur (s. Rn 123) muss erkennen lassen, dass der Mieter die Nebenkosten ganz oder anteilig neben der Grundmiete für die Überlassung der Mietsache tragen soll (BGH ZMR 70, 47; Ddorf ZMR 03, 109, 110). Die entspr, ggf auch schlüssige (BGH NJW-RR 04, 877; BGH ZMR 04, 341, 343; LG Landau ZMR 01, 458) Abrede muss die nach dem Willen der Parteien abrechnungsfähigen Nebenkosten inhaltlich konkretisieren oder zumindest eindeutig bestimmbar bezeichnen (Brandbg OLGR 99, 341; Celle OLGR 97, 63). Für **Untermietverhältnisse** (s. § 540 Rn 2 f) gilt nichts anderes als für Hauptmietverhältnisse.

142 Für eine Übertragung der **Betriebskosten iSv § 2 Nr 1 – 16 BetrKV** reicht es aus, wenn – auch in einem Formularmietvertrag (BGH NJW 06, 3557) – auf die BetrKV **Bezug genommen** wird (BGH ZMR 07, 851, 852; BGH ZMR 04, 430, 432 = NJW-RR 04, 875). Eine **pauschale Umlage** genügt hingegen nicht (Hambg NZM 02, 189; Jena NZM 02, 70). Bei der Gewerberaummiete reicht für die Übertragung eine **Bezugnahme auf die Verwaltungskosten** (Hambg ZMR 03, 180, 181). Eine Vereinbarung über die Umlegung zunächst nicht umgelegter Nebenkosten muss ausdrücklich erfolgen, kann iE aber auch stillschweigend (durch schlüssiges Handeln) zu Stande kommen (BGH ZMR 04, 341, 343; Naumbg NZM 06, 630). Sonstige Betriebskosten iSv § 2 Nr 17 BetrKV sind umlagefähig, wenn die Umlegung der im Einzelnen bestimmten Kosten mit dem Mieter jeweilig (BGH ZMR 03, 1061) vereinbart worden ist (BGH ZMR 04, 430, 432; *Kinne* GE 05, 165, 166; für Gewerberaummiete aA Celle ZMR 99, 238; LG Frankenthal NZM 99, 958).

143 Für Heizkosten bedarf es nach § 2 HeizkostenV **keiner Umlagevereinbarung**. Der Vermieter kann jederzeit **einseitig** den Heiz- und Warmwasserkostenanteil aus der Miete herausnehmen und den darauf entfallenden Mietanteil als Betriebskostenvorschuss auf die entspr Kosten verrechnen (BayObLG ZMR 88, 384; Hamm ZMR 86, 436).

144 **2. Umfang.** Im welchen Umfang Nebenkosten umgelegt werden können – und wie bei mehreren Mietern zu *verfahren ist* (Maßstab) – bestimmt sich nach den jeweiligen **Vereinbarungen**. Ein Umlegungsmaßstab kann auch konkludent vereinbart werden. Die Schriftformklausel des Mietvertrags steht der Wirksamkeit einer solchen Vereinbarung nicht entgegen, wenn die Parteien die Geltung des mündlich Vereinbarten gewollt haben (BGH NZM 06, 11). Einschränkungen ergeben sich für alle Raummietverhältnisse aus der HeizkostenV, iÜ zB

aus §§ 556, 556a (s. § 556 Rn 1), aus der BetrKV oder aus §§ 20–27 NMV 1970 (s. im Einzelnen § 556 Rn 2). Bei Umlage verbrauchsunabhängiger Betriebskosten hat der Vermieter im Verhältnis zur Gesamtheit der Mieter im Regelfall den Kostenanteil zu tragen, der auf leer stehende Wohnungen entfällt (BGH ZMR 04, 20, 22).

G. Besonderheiten für Gewerberaummietverhältnisse. I. Allgemeines. Für Gewerberaummietverhältnisse (zur Unterscheidung, ob **Wohn- oder Gewerberaummiete** anzunehmen ist, s. Rn 13) gelten ggü der Wohnraummiete eine **Reihe von Besonderheiten**. §§ 535-548 sind zwar anwendbar. Von den §§ 549 ff sind indes nur §§ 550, 552 I, 554 I-IV, 562-562d, 566-567b, 569 II, 570 anwendbar – und nur entspr. Ferner sind §§ 578, 579 II, 580a II-IV anwendbar. Sind die Räume zum Aufenthalt von Menschen bestimmt, gilt außerdem § 569 I entspr. Das AGG ist – soweit die Voraussetzungen des § 19 I Nr 1 AGG vorliegen – **ohne Einschränkungen** anwendbar (Rn 19 f). Eine Mieterhöhung ist nicht an §§ 557 ff gebunden. Nach **Aufhebung der PreisklauselVO** sind seit 14.9.07 **Wertsicherungsklauseln** genehmigungsfrei vereinbar. In der Insolvenz des Gewerbemieters kann der Vermieter nach § 109 I 1 **einfacher kündigen** (Rn 62). Für die **Fälligkeit der Miete** s. § 579, zur **Kündigung** s. § 580a II. Zur Instandhaltung und Instandsetzung s. Rn 93. Für die Umlage von Betriebskosten gibt es keine speziellen gesetzlichen Beschränkungen.

II. Konkurrenzschutz. 1. Vertraglicher Konkurrenzschutz. Der Vermieter kann dem gewerblichen Mieter aus dem Mietvertrag **Konkurrenzschutz** schulden (Brandbg GE 09, 1122, 1123; Ddorf ZMR 07, 267; ausf Leo/Ghassimi-Tabor NZM 09, 337). Verstößt der Vermieter gegen diese Verpflichtung, stellt der Verstoß einen **Sachmangel** iSv § 536 I dar (Ddorf NJW-RR 98, 514). Ein **vertraglich geschuldeter Konkurrenzschutz** erstreckt sich im Zweifel auch auf ein Nachbargrundstück, wenn dieses dem Vermieter gehört (LG Chemnitz ZMR 02, 350; zu den Grenzen s. Köln MietRB 05, 258). Unter Berücksichtigung der Umstände des Einzelfalls ist eine Konkurrenzschutzklausel iS eines **umfassenden Konkurrenzschutzes** zu werten.

2. Vertragsimmanenter Konkurrenzschutz. Auch ohne Bestehen besonderer vertraglicher Regelungen hat der Vermieter grunds die Nebenpflicht, den Mieter gegen **Konkurrenz** zu **schützen**, sofern der besondere geschäftliche Gebrauchszweck im Mietvertrag hervorgehoben oder dem Vermieter in sonstiger Weise bekannt ist (BGH NJW 79, 1404; BGHZ 70, 79, 80 = ZMR 78, 210; KG GE 08, 616, 617; Rostock NZM 06, 295; **vertragsimmanenter Konkurrenzschutz**). Bei der Vermietung von Räumen zum Betriebe eines bestimmten Geschäfts gehört es zur **Gewährung des vertragsmäßigen Gebrauchs**, in anderen Räumen des Hauses oder auf unmittelbar angrenzenden Grundstücken des Vermieters kein Konkurrenzunternehmen zuzulassen. Der vertragsimmanente Konkurrenzschutz ist ggü dem vertraglich zugesicherten insofern enger, als der Vermieter nicht gehalten ist, dem Mieter **jeglichen unliebsamen Wettbewerb** fern zu halten. Vielmehr ist abzuwägen, inwieweit nach § 242 unter Berücksichtigung der Belange der Parteien der Schutz vor Konkurrenz geboten ist, um dem Mieter den vertragsgemäßen Gebrauch der Mietsache auch weiterhin zu gewährleisten (BGH ZMR 85, 374; BGHZ 70, 79, 81 = ZMR 78, 210; KG GE 08, 616, 617); ferner können ausdrückliche Bestimmungen Grenzen setzen (KG GE 07, 1629). Ein vertragsimmanenter Konkurrenzschutzanspruch setzt voraus, dass ein **bestimmter Geschäftszweck Vertragsgegenstand** geworden und nach Treu und Glauben unter Berücksichtigung der berechtigten Belange beider Vertragspartner die Fernhaltung von Konkurrenz geboten erscheint. Im Zweifel ist **wettbewerbsfreundlich** zu entscheiden (Hamm ZMR 97, 581). Maßgebend ist darauf abzustellen, welchen Bestand der Mieter nach den bei Vertragsschluss erkennbaren Umständen erwarten konnte (in einem großen Einkaufszentrum besteht innerhalb des Einkaufszentrums zB kein vertragsimmanenter Konkurrenzschutzanspruch, KG MietRB 05, 66; Dresd MDR 98, 211), wobei unter Berücksichtigung von Prioritätsgesichtspunkten Konkurrenzschutz idR nur der zuerst vorhandene im Verhältnis zu einem hinzukommenden Mieter beanspruchen kann. Ein vertragsimmanenter **Konkurrenzschutz** wurde von der Rspr va für **Einzelhandelsgeschäfte**, aber auch für freie Berufe zugebilligt (BGH ZMR 89, 148; Köln ZMR 05, 861, 862; s.a. *Bittner* MDR 08, 1201). Entsteht erst **nach Abschluss** des Mietvertrages eine vertragswidrige Konkurrenzsituation, kann ein zur **Minderung** berechtigender **Sachmangel** vorliegen (KG OLGR 07, 769; Ddorf NZM 01, 1033).

3. Wohnungseigentum. Ein **Teileigentümer** ist grunds nicht verpflichtet, den Mietern der anderen WEer oder diesen selbst Konkurrenzschutz zu gewähren (Brandbg GE 09, 1122, 1123).

4. Verstöße. Verletzt der Vermieter einen gebotenen Konkurrenzschutz, stellt dies einen **Sachmangel** dar (RGZ 119, 353, 356; Brandbg GE 09, 1122, 1123).Bei einem Verstoß kann der Mieter **Erfüllung** verlangen, die Miete anteilig gem § 320 **zurückbehalten** und ggf gem § 543 II Nr 1 **kündigen** (BGH WuM 75, 163). Ferner ist nach § 536 **Minderung** und nach § 536a **Schadensersatz** möglich. Der geschützte Konkurrent kann ggf einen Konkurrenzbetrieb mit einer einstweiligen Verfügung angreifen (KG Info M 08, 244).

III. Betriebspflicht. Unter einer auch **formularmäßig** (BGH ZMR 03, 57, 59; BGH NJW-RR 92, 1032; Naumbg IMR 08, 339) vereinbarbaren Betriebspflicht ist die Verpflichtung des Mieters zu verstehen, die Mietsache während der gesamten Mietzeit iRd vertraglich vereinbarten Nutzungszwecks sowie der gesetzlichen und für die jeweilige Branche **üblichen Öffnungszeiten** (zur Klauselkontrolle BGH GE 08, 1049; BGH NJW 07, 2176, 2177) mit einem entspr Waren- und/oder Dienstleistungsangebot offen zu halten und selbst und/oder mit Hilfe Dritter zu betreiben (BGH ZMR 93, 57, 61; Kobl MietRB 04, 21; Hambg ZMR 03, 254). Eine Betriebspflicht kann auch konkludent vereinbart werden (Köln NZM 02, 345). In der bloßen Vereinbarung einer **Umsatzmiete** ist aber keine vereinbarte Betriebspflicht zu sehen (BGH NJW 79, 2351; zweifelnd *Gather* FS Blank, 169, 172). Eine Gebrauchs- oder Betriebspflicht kann sich nach **Treu und Glauben** (§ 242) auch aus besonderen Umständen ergeben (Köln NZM 02, 345; LG Lübeck NJW-RR 93, 78; LG Hannover ZMR 93, 280). Die Betriebspflicht entfällt nicht, wenn die Fortführung des Betriebes zur Folge hat, dass nur Verluste erwirtschaftet werden (Ddorf ZMR 04, 508). Ggf muss sich der Mieter eines Dritten zu bedienen, wenn er selbst den Betrieb zB aus gesundheitlichen Gründen nicht aufrechterhalten kann; **vorübergehende Betriebseinstellungen**, zB wegen Betriebsferien, Ruhetagen oder Inventuren, sind zulässig. Die vertraglich vereinbarte Betriebspflicht soll mit dem **Ende des Mietverhältnisses** erlöschen, obwohl der Mieter das Objekt trotz Beendigung des Vertrages nicht räumt (Ddorf NZM 02, 131; Ddorf ZMR 91, 181, 182; zw); die Betriebspflicht endet jedenfalls mit **Unmöglichkeit** (§ 275). Verstößt der Mieter gegen seine Betriebspflicht, kann der Vermieter neben Erfüllung **Schadensersatz** gem §§ 280 ff verlangen (Ddorf GuT 05, 56) oder nach § 543 II Nr 2 kündigen (BGH ZMR 93, 57, 61; Ddorf DWW 98, 85). Die Betriebspflicht ist mit einer Leistungsklage, ggf im Wege des einstweiligen Rechtsschutzes (Frankf ZMR 09, 446; OLG Celle NJW-RR 96, 585), durchzusetzen (Hambg WuM 03, 641; str). Der **Streitwert** eines Anspruchs auf Betriebspflicht ist idR auf den einer **Jahresmiete** entspr Betrag festzusetzen (KG ZMR 06, 611). Die Vollstreckung richtet sich nach § 888 ZPO.

151 **IV. Wettbewerbsverbote.** Wettbewerbsbeschränkungen des Mieters zu **Gunsten des Vermieters** müssen **ausdrücklich** vereinbart werden. Sie sind zulässig, wenn sie örtlich, zeitlich und gegenständlich das notwendige Maß unter Berücksichtigung des schützenswerten Interesses des Vermieters nicht überschreiten (BGH NJW 97, 3089; Celle ZMR 00, 447).

152 **H. Energieausweise. I. Vorlagepflicht.** Gem § 16 I 2 EnEV muss ein Vermieter bei **Neuvermietung** eines Gebäudes, einer Wohnung oder einer sonstigen selbstständigen Nutzungseinheit dem **potenziellen Mieter** (Rn 154) grds **einen Energieausweis zugänglich** zu machen, spätestens unverzüglich (§ 121), nachdem der potenzielle Mieter dies verlangt hat. Der Hotelier oder der Vermieter eines Ferienhauses schuldet keine Vorlage. Keine Vorlage schuldet ferner ein Vermieter ggü seinen **Bestandsmietern** (*Flatow* NJW 08, 2886, 2889) sowie dann, soweit § 1 II EnEV ihn von einer Vorlage befreit. Außerdem befreit § 16 IV EnEV von einer Vorlage, wenn es sich um ein kleines Gebäude iSv § 2 Nr 3 EnEV (Gebäude mit nicht mehr als 50 m² Nutzfläche) oder ein Baudenkmal handelt (nach Landesrecht geschützte Gebäude oder Gebäudemehrheiten). Energieausweise für **Nichtwohngebäude** müssen seit dem 1.7.09 zugänglich gemacht werden, soweit nicht Energie- und Wärmebedarfsausweise nach § 13 I, II oder III EnEV vor dem 1.10.07 ausgestellt worden waren.

153 **II. Zugänglichmachung.** Der Vermieter genügt seiner **Pflicht zur Zugänglichmachung** zB durch Aushang des Energieausweises während der Besichtigung, durch Vorlage bei den Verhandlungen oder durch Aushändigung einer Kopie (*Brückner* GE 07, 1533, 1535). Legt der Verkäufer trotz Verlangens eines potenziellen Käufers **keinen** oder **keinen genügenden** Energieausweis vor oder legt er den Ausweis vor, aber erst **verspätet**, begeht er nach § 27 II Nr 1 EnEV eine **Ordnungswidrigkeit**.

154 **III. Potenzieller Mieter.** Potenzieller Mieter iSv § 16 II EnEV ist nur ein **ernsthafter Mietinteressent**, etwa der, der eine Besichtigung verlangt und auch nach dem Willen des Vermieters auch erhält (BRDrs 282/07, 121; s.a. *Stangl* ZMR 08, 14, 19).

155 **IV. Mangel der Mietsache; Modernisierungspflicht.** Unrichtige Angaben oder Bewertungen des Energieausweises sind kein **Mangel der Mietsache** (*Flatow* NJW 08, 2886, 2889; *Stangl* ZMR 08, 14, 21; *Horst* NZM 06, 1, 3; *Sternel* NZM 06, 495, 498). Setzt der Vermieter Modernisierungsvorschläge im Ausweis nicht um, folgt daraus **kein Minderungsrecht** (*Horst* NZM 08, 145, 146); aus dem Ausweis folgt auch **keine Modernisierungspflicht** (*Horst* NZM 08, 145, 146; *Rips* WuM 08, 379, 383; s.a. Rn 93). Ergibt sich aus **richtigen Angaben**, dass die Mietsache mangelhaft ist, können Rechte des Mieters bestehen; ebenso, wenn der Vermieter bestimmte energetische Eigenschaften zusichert (*Flatow* NZM 08, 785, 793).

156 **V. Haftung.** Wird der Mieter durch **unrichtige Angaben** zum Abschluss des Mietvertrages **verleitet**, kann sich der Vermieter nach §§ 241 II, 311 **schadensersatzpflichtig** machen (*Brückner* GE 07, 1533, 1539; *Sternel* 06, 495, 498; s.a. Rn 35). Eine Pflichtverletzung ist zu bejahen, wenn **besondere Umstände** gegeben sind. Solche können etwa zu bejahen sein, wenn der Vermieter dem Mieter bei Vertragsschluss die Werte des Energieausweises **ausdrücklich zugesichert** (*Stangl* ZMR 08, 14, 20) oder diese **bewusst zu gut bemessen** (lassen) hat, um den Mieter über den Umfang der tatsächlichen energetischen Werte zu täuschen und ihn auf diese Weise zur Begründung eines Mietverhältnisses zu veranlassen (s.a. *Sternel* NZM 06, 495, 499). Ungeklärt ist, ob der **Aussteller** dem Mieter bei schuldhaft falschem Inhalt haftet (vgl *Hertel* DNotZ 07, 486, 494/496).

157 **I. Prozessuales.** Für Streitigkeiten aus Mietverhältnissen über Räume (einschl der Wohnräume) ist **örtlich** das Gericht ausschl zuständig, in dessen Bezirk sich die Räume befinden, § 29a I ZPO. Für Wohnräume iSv § 549a II Nr 1–3 gelten §§ 12 ff, 29a II ZPO; § 29a ZPO gilt auch für Mietverhältnisse über **Werkmietwohnungen**; für **Werkdienstwohnungen** ist hingegen das ArbG zuständig (BAG NJW 00, 600). Wird über die Einhaltung der **Verkehrspflichten** aus einem **Wohnraummietvertrag** gestritten, ist gem § 29a ZPO das

Amtsgericht zuständig (BGH WuM 84, 119). **Sachlich** ist nach § 23 Nr 2a GVG das Amtsgericht für Streitigkeiten über Wohnräume (einschl der Wohnräume iSv § 549 II, nicht Hotelzimmer und Ferienwohnungen) ausschl zuständig. Bei Streitigkeiten über andere Räume richtet sich die Zuständigkeit auf Grund der allg Regelung in §§ 23 Nr 1, 71 GVG nach dem Streitwert (das LG ist damit ab 5.000,01 € zuständig). Die **funktionelle Zuständigkeit** für Berufung und Revision richtet sich nach den allg Regeln.

§ 536 Mietminderung bei Sach- und Rechtsmängeln.
(1) ¹Hat die Mietsache zur Zeit der Überlassung an den Mieter einen Mangel, der ihre Tauglichkeit zum vertragsgemäßen Gebrauch aufhebt, oder entsteht während der Mietzeit ein solcher Mangel, so ist der Mieter für die Zeit, in der die Tauglichkeit aufgehoben ist, von der Entrichtung der Miete befreit. ²Für die Zeit, während der die Tauglichkeit gemindert ist, hat er nur eine angemessen herabgesetzte Miete zu entrichten. ³Eine unerhebliche Minderung der Tauglichkeit bleibt außer Betracht.
(2) Absatz 1 Satz 1 und 2 gilt auch, wenn eine zugesicherte Eigenschaft fehlt oder später wegfällt.
(3) Wird dem Mieter der vertragsgemäße Gebrauch der Mietsache durch das Recht eines Dritten ganz oder zum Teil entzogen, so gelten die Absätze 1 und 2 entsprechend.
(4) Bei einem Mietverhältnis über Wohnraum ist eine zum Nachteil des Mieters abweichende Vereinbarung unwirksam.

A. Grundsätzliches; Konkurrenzen. § 536 wurde durch das MRRG eingefügt, ist seit 1.9.01 in Kraft und regelt die Mietminderung bei Sach- und Rechtsmängeln sowie fehlenden zugesicherten Eigenschaften. Die Vorschrift entspricht § 537 I, II 1, III, § 541 jeweils aF. § 537 II 2 aF wurde gestrichen. Sachmängel sind in I geregelt, für Rechtsmängel ordnet III die entspr Anwendung von I u II an. Nach dem Wortlaut in I 1 begründet § 536 keinen Anspruch, sondern die Mietminderung tritt kraft Gesetzes ein (vgl Rn 22). § 536 ist daher eine rechtsvernichtende Einwendung. Zu den Folgen einer unberechtigten Minderung s. Rn 24. 1

Neben den Rechten aus §§ 536 ff kann der Mieter seinen Primäranspruch auf Erfüllung der Gebrauchsüberlassungs- und Instandhaltungspflicht aus § 535 I 2 geltend machen (BGH NJW 03, 2158). Dementsprechend wird auch die **Einrede des nichterfüllten Vertrages gem § 320** nicht durch § 536 berührt (BGH NJW-RR 07, 1021). Die Höhe des Zurückbehaltungsrechts gem § 320 ist erst durch § 242 begrenzt (BGH NJW-RR 07, 1021 Einzelfallbetrachtung; NJW-RR 03, 873 Tendenz zu 3–5facher Minderungsbetrag) und besteht für den jeweiligen Mietzahlungszeitraum (Frankf NZM 00, 186). Die Einrede aus § 320 erlischt bei Mietende bzw Vermieterwechsel (BGH WuM 06, 435) und Mangelbeseitigung. 2

Das **allgemeine Leistungsstörungsrecht** (§§ 280 ff, 323 ff) wird für den **Sachmangel** nach dem Wortlaut in § 536 I 1 erst ab Überlassung der Mietsache von den §§ 536 ff verdrängt (BGH ZMR 97, 565). Vor Überlassung gelten die allgemeinen Vorschriften (Palandt/*Weidenkaff* § 536 Rz 7; Staud/*Emmerich* § 536 Rz 9). Bei **Unmöglichkeit** der Mängelbeseitigung war nach der Rspr zum alten Schuldrecht unklar, ob jedenfalls § 538 aF schon ab Vertragschluss galt (so wohl BGH NJW 85, 1025; dagegen BGH NJW 97, 2813). Die dies bejahende Entscheidung aus 1985 beruhte auf der Billigkeitserwägung, dass der Mieter bei Unmöglichkeit nicht auf das negative Interesse (§ 307 aF) beschränkt sein dürfe. Da das neue Schuldrecht bei anfänglicher Unmöglichkeit einen Ersatz des positiven Interesses vorsieht (§ 311a II), ist die Entscheidung überholt. Im Ergebnis ist das allgemeine Leistungsstörungsrecht bei unbehebbaren Mängeln sogar unbegrenzt einschlägig, weil bei Unmöglichkeit kein Sachmangel vorliegt (vgl Rn 7). Beim **Rechtsmangel** spricht der Wortlaut in III („wird ... entzogen") für eine Anwendung des § 536 erst ab Überlassung. Gleichwohl sollten die mietrechtlichen Gewährleistungsregeln nach der Rspr zu § 541 aF schon ab Vertragschluss vorgehen (BGH NJW 96, 714). Da die Formulierung in III unverändert aus § 541 aF entnommen ist, dürfte diese Rspr für das neue Recht fortgelten. 3

Die **Störung der Geschäftsgrundlage** ist, soweit sich diese auf einen Sachmangel bezieht, durch die §§ 536 ff abschließend geregelt; § 313 ist insoweit ab Überlassung der Mietsache und bei einem Rechtsmangels schon ab Vertragschluss nicht anwendbar (BGH NJW 00, 1714). Bei nicht mangelbedingten Störungen ist ein Rückgriff auf § 313 möglich (BGH aaO; NJW 06, 899- für Verfehlung der Umsatzerwartungen bei Einkaufszentrum). Eine **Anfechtung** durch den Mieter gem § 119 II ist gänzlich ausgeschlossen, wenn sich der Eigenschaftsirrtum auf einen Rechtsmangel bezieht – bei einem Sachmangel gilt der Ausschluss ab Überlassung (differenzierend *Fischer* ZMR 07, 157). Eine Anfechtung nach § 123 bleibt mangels Schutzwürdigkeit des Vermieters stets möglich. Umgekehrt gelten aufgrund fehlender Sonderregelungen in den §§ 536 ff keine Einschränkungen der Anfechtung durch den Vermieter. Bei einem Kalkulationsirrtum ist der Vermieter jedoch allein auf die Mieterhöhung nach § 558 verwiesen (BGH NJW 07, 2626). Für die **cic gelten die gleichen Grundsätze:** Die §§ 311 II, 280 sind bei einer Pflichtverletzung, die zu einem Sachmangel geführt hat, nur vor Überlassung der Mietsache anwendbar (BGH NJW 80, 777), bei einem Rechtsmangel gar nicht. Eine uneingeschränkte Anwendbarkeit besteht dagegen, wenn der Vermieter vorsätzlich gehandelt hat und somit nicht schutzwürdig ist (BGH ZMR 97, 565) oder sich die Pflichtverletzung nicht auf einen Sachmangel bezieht. 4

5 **B. Anwendungsbereich; Übergangsregelungen.** Als Teil des allgemeinen Mietrechts ist § 536 auf alle Mietverhältnisse anwendbar, über § 581 II auch auf Pachtverhältnisse, wobei für das Inventar die Sonderregelungen in §§ 582 ff gelten. Bei Landpacht verweist § 586 II auf § 536. Eine Übergangsregelung existiert nicht.

6 **C. Abweichende Vereinbarungen.** Gem IV ist § 536 zugunsten des Wohnraummieters zwingend. Daher ist die Verknüpfung des Minderungsrechts mit einer Anzeigepflicht unzulässig (BGH NJW 95, 254). Die Abbedingung des § 536 ist zu trennen von der Abbedingung der **Gebrauchsüberlassung- bzw Instandhaltungspflicht gem § 535 I 2.** Insofern ist zwar die Übertragung von Schönheitsreparaturpflichten zulässig; eine anderweitige formularmäßige Überwälzung der Instandhaltungspflichten auf den Wohnraummieter scheitert jedoch an § 307 II Nr 1 (BGH ZMR 92, 355 bei Kleinreparaturen nur Kostenumlegung wirksam). Bei **Gewerberaummiete** ist dagegen eine Übertragung der Instandhaltung- und Instandsetzung innerhalb der Miethaume durch AGB zulässig. Außerhalb der Mieträume bei gemeinschaftlich genutzten Flächen nur dann, wenn die Klausel eine Betragsbegrenzung enthält (BGH ZMR 05, 844) oder auf eine Verursachung durch den Mieter abstellt. Wirksam ist bei Geschäftsraummiete auch eine formularmäßige Beschränkung des § 536, ohne die Instandhaltungspflicht zu berühren – zB ein Haftungsausschluss für anfängliche Mängel (BGH NJW 02, 3232). Ein vollständiger Minderungsausschluss durch AGB – zB für nicht oder nur leicht fahrlässig vom Vermieter zu vertretende Mängel –, ist unwirksam, wenn dem Mieter nicht die Möglichkeit der **Rückforderung der Miete nach § 812** belassen wird (BGH NJW 08, 2497). Richtigerweise ist eine solche "Miete auf erstes Anfordern" aber ebenfalls unzulässig (*Feldhahn* ZMR 08, 89). Im Zweifel ist bei AGB ohnehin ein unwirksamer vollständiger Minderungsausschluss anzunehmen (BGH NJW 08, 2497). Liegt ausnahmsweise eine wirksame Minderungsbeschränkung vor, bleibt das Zurückbehaltungsrecht gem § 320 wegen Nichterfüllung der Instandhaltungspflicht gem § 535 I 2 unberührt (BGH NJW-RR 07, 1021). Ein Aufrechnungsausschluss kann aber auch das Zurückbehaltungsrecht nach § 320 erfassen (BGH NJW-RR 03, 873). Ein konkludenter Minderungsausschluss kann daraus folgen, dass der Mangel auf vom Mieter verlangten Änderungen der Mietsache beruht und dieser somit das Gebrauchsrisiko übernommen hat (Ddorf NJW-RR 93, 976; München ZMR 96, 434).

7 **D. Tatbestand. I. Sachmangel gem § 536 I.** Ein Sachmangel ist nach dem Wortsinn jede für den Mieter nachteilige Abweichung des tatsächlichen Zustands der Mietsache von dem vertraglichen Soll-Zustand (BGH NJW 00, 1714), welcher sich anhand des vertraglichen Mietzwecks und der für den konkreten Vertragsinhalt bedeutsamen Umstände bemisst (Bub/Treier/*Kraemer* III B, Rz 1328), sog subjektiver Mangelbegriff. Dabei kann zB aus einer sehr niedrigen Miete eine schlüssige Vereinbarung eines unterdurchschnittlichen Zustands der Mietsache folgen. Der Mangel muss nach dem Wortlaut in § 536 I 1 die Gebrauchstauglichkeit der Mietsache aufheben oder mindern. Maßgeblich ist allein der vertragliche Mietzweck: Auf eine tatsächliche Gebrauchsbeeinträchtigung kommt es nicht an. Ob der Mieter die Mietsache bei Mangelfreiheit entspr genutzt hätte, ist deshalb unbeachtlich (BGH NJW 87, 432; NJW 05, 2152). Eine Duldungspflicht aus § 554 bei Instandhaltungs- oder Modernisierungsmaßnahmen beeinträchtigt das Minderungsrecht nicht, da nach dem Wortlaut ein Verschulden des Vermieters nicht erforderlich ist. Der Mangel muss in Erscheinung getreten sein, nur ausnahmsweise genügt eine begründete Gefahrbesorgnis (Hamm NZM 03, 395 für Asbestbelastung). Resultiert der Mangel aus einem nicht bzw **übervertragsgemäßen Gebrauch der Mietsache** durch den Mieter (§ 538), ist das Minderungsrecht nach der Wertung in § 326 I ausgeschlossen (vgl Rn 21). Ist die Mängelbeseitigung unmöglich oder wirtschaftlich unzumutbar (Übersteigen der „Opferhrenze"), so liegt kein Mangel, sondern **Unmöglichkeit** gem § 275 vor (BGH NJW 05, 3284; aA Erman/*Jendrek* Vor § 536 Rz 11). Ein Mangel liegt ebenfalls nicht vor bei wirksam übernommenen Schönheitsreparaturen, da diese dann nicht (mehr) zum Pflichtenkreis des Vermieters gem § 535 I 2 gehören (Bub/Treier/*Kraemer* III B Rz 1179).

8 **Maßgeblicher Standard** für die Gebrauchstauglichkeit ist grds derjenige zum Zeitpunkt des Vertragsschlusses (Ddorf NZM 02, 737) bzw der Gebäudeerrichtung (BGH NJW 05, 218). Denn die Instandhaltungspflicht aus § 535 I 2 begründet nach ihrem Wortsinn keine Modernisierungspflicht. Der Vermieter hat die Mietsache daher nur iRd bei Vertragsschluss geltenden Standards zu erhalten (anders bei nachträglicher Änderung öffentlich-rechtlicher Vorschriften (vgl Rn 12) und nachträglichen Rechten Dritter, vgl Rz 19). Geänderte Wohnstandards bzw technischer Fortschritt sind grds unerheblich (LG Karlsruhe IMR 06, 111 Altbaufenster). Nimmt der Vermieter allerdings bauliche Veränderungen vor, kann der Mieter erwarten, dass diese den Anforderungen der zum Zeitpunkt des Umbaus geltenden Standards genügen (BGH NJW 05, 218 Trittschallschutz). Dies gilt nicht, wenn Änderungen durch andere Mieter vorgenommen werden (BGH NJW 09, 2441). Auch bei Gesundheitsgefahren kommt es wegen § 242 auf die neuesten Standards an (BVerfG ZMR 99, 687; BayObLG NJW-RR 99, 1533 zu Schadstoffbelastung). Die Einhaltung von DIN-Normen schließt einen Mangel nicht aus (Celle ZMR 85, 10), begründet aber, wenn keine über die allgemeinen Standards hinausgehende Vereinbarung getroffen wurde, einen Anscheinsbeweis für die Mangelfreiheit (vgl Frankf IMR 06, 84).

9 **1. Substanzmangel. Bsp Mieträume:** Unterschreitung der vereinbarten Mietfläche (um mehr als 10% BGH NJW 04, 1947 für Wohnraummiete; BGH NJW 05, 2152 für Gewerberaummiete) – allerdings muss die Fläche auch vereinbart sein (durch Flächenangabe im Mietvertrag BGH NJW 07, 2626), allein die Abweichung von Berechnungsnormen begründet keine Flächenunterschreitung (für § 4 WoFlV BGH ZMR 06, 439; für

DIN 283 BGH NJW 07, 2624); schwärzlicher Niederschlag in Mietwohnung, „Fogging", auch wenn die Ursache aus der Sphäre des Mieters stammt (BGH ZMR 06, 356; 08, 869); Stockflecken, bei zureichender Beheizung bzw Belüftung durch den Mieter (Celle ZMR 85, 10); unzulängliche Isolierung (BGH WM 62, 271); ungenügende Heizung (KG NZM 02, 917); Mehrverbrauch wegen schadhafter Zentralheizungsanlage (Ddorf MDR 83, 229); Asbestbelastung (Hamm NZM 03, 395); Unbenutzbarkeit der Mieträume infolge Gebäudebrand (Ddorf NZM 02, 21); Lüftungsausfall in Restaurant (BGH NJW-RR 91, 779); Bleispuren in Wasserleitungsrohren (Köln NJW 92, 51), erhöhte Einbruchgefahr durch Wandöffnung (BGH ZMR 06, 679); **nicht:** sommerliche Aufheizung als solche (Frankf NZM 07, 330 bei Vermietung ohne Klimaanlage; aA Naumbg NJW-RR 2004, 299; Rostock NJW-RR 01, 802); defekte Brandschutzanlage ohne Beeinträchtigung des Geschäftsverkehrs (KG ZMR 04, 297).

2. Umweltmangel. Der Mangel kann als sog **Umweltmangel** auch in den tatsächlichen und rechtlichen Verhältnissen der Mietsache zur Umwelt liegen, eine mangelhafte Sachsubstanz ist nach dem Wortlaut in § 536 nicht erforderlich (BGH NJW 00, 1714). Der Umweltmangel muss zu einer unmittelbaren Beeinträchtigung der Gebrauchstauglichkeit der Mietsache führen, um eine Ausuferung der Mängelhaftung zu vermeiden (BGH NJW 06, 899), da das Verwendungsrisiko grds der Mieter trägt. Immissionen (zB Lärm-, Luftverschmutzung) begründen auch bei Duldungspflicht des Eigentümers gem § 906 I einen Mangel (BayObLG NJW 87, 1950), sofern sie nicht vertraglich vorausgesetzt sind (München NJW-RR 94, 654). **nicht:** Strahlungen von Stromleitungen und Funksendeanlagen bei Einhaltung der BImSchV konkrete Gefährdung des Mieters (vgl BVerfG NJW 02, 1638; BGH ZMR 06, 670). 10

Weitere Bsp für Wohnraum: Fehlerhafte Elektroleitungen im Gebäude (BGH NJW 09, 143); Bodenverseuchungen (Hamm ZMR 87, 267); Bauleruch (KG NZM 00, 40); Überschwemmung der Mieträume, auch bei unvorhersehbarer Naturkatastrophe (LG Leipzig NJW 03, 2177; aA BGH NJW 71, 424); Sprengstoffanschläge gegen Hausmitbewohner (Dresd NZM 02, 165); **nicht:** Kinderlärm im Treppenhaus (LG München NJW-RR 05, 598); Bordell im Haus ohne Belästigungen (LG Berlin NJW-RR 00, 601); Lichteinfall in Großstadtwohnung durch Leuchtreklame (LG Berlin NZM 04, 548); Einbruchsserie (KG NZM 98, 437; vgl aber Naumbg NZM 98, 438). **Gewerberaum:** erhebliche Zugangsbeeinträchtigung von Ladenlokal durch Baustelle über längeren Zeitraum (KG NJW-RR 08, 1042; Dresd NJW-RR 99, 448; aA Ddorf NJW-RR 98, 1236; Hambg WuM 03, 146); Fehlen des vertraglich vereinbarten Geschäftsumfelds (BGH NJW-RR 04, 79); Verletzung von Konkurrenzschutz durch Eröffnung weiterer Spielhalle in unmittelbarer Umgebung (Ddorf NZM 98, 307) oder Vermietung an Konkurrenzunternehmen (Brandbg ZMR 09, 909: Arzt gleicher Fachrichtung); **nicht:** enttäuschte Umsatzerwartungen als solche (BGH NJW 00, 1714) – vielmehr müssen besondere Umstände hinzutreten, die die Gebrauchstauglichkeit der Mietsache unmittelbar beeinträchtigen; ein geringerer umsatzträchtiger Publikumsverkehr als solcher bei gleich bleibender Zugangsmöglichkeit genügt ebenso wenig (BGH NJW 81, 2405; München ZMR 96, 256) – dass der Vermieter die Publikumsveränderung durch eine Änderung in der Geschäftsumgebung mitbewirkt hat, ist daher unbeachtlich (Dresd NJW-RR 01, 727; vgl aber München NZM 00, 189); Mietleerstände in einem Einkaufszentrum bzw Parkplatzmangel genügen ebenfalls nicht, solange der Zugang zur Mietsache nicht beeinträchtigt ist (BGH NJW 00, 1714) und ein Betrieb möglich ist (BGH NJW 06, 899). Dem Mieter ist daher zu empfehlen, wenn möglich eine garantierte Mindestumsatzerwartung in den Mietvertrag aufzunehmen (s. Rn 17). Unbeachtlich ist ferner die Qualität und Quantität des Besucherverkehrs anderer Mieter (BGH NJW 09, 664- Hartz-IV-Abteilung). 11

3. Öffentlich-rechtliche Beschränkungen können einen Sachmangel begründen, wenn sie sich auf die Beschaffenheit, Benutzbarkeit oder Lage der Mietsache beziehen (BGH ZMR 08, 275; KG NJW-RR 00, 819; Rostock NZM 02, 701). Die Mietsache wird nachträglich mangelhaft, wenn sich die öffentlichen Bestimmungen während der Mietzeit ändern (vgl Rn 8; Erman/*Jendrek* § 536 Rz 15). Eine behördliche Beschränkung muss grds bereits bestehen und darf nicht lediglich zu erwarten sein (Naumbg NZM 01, 100). Die Erwartung genügt nur, wenn ein Rechtsbehelf eingelegt wurde (BGH MDR 71, 294), eine behördliche Zwangsmaßnahme angedroht ist (Ddorf ZMR 02, 739) oder andere Tatsachen die konkrete Gefahr einer gebrauchsbeeinträchtigenden behördlichen Verfügung begründen (KG GrundE 03, 185). Ein lediglich zeitweiliges Gebrauchshindernis durch einen Drittwiderspruch im Baugenehmigungsverfahren soll nicht genügen (BGH NJW 92, 3226). Zudem schließt eine behördliche Duldung den Mangel aus (München ZMR 96, 496; Nürnbg NZM 99, 419). 12

Bsp: KFZ-Stellplatznachweis für Gaststätte (München ZMR 95, 401); fehlende behördliche Genehmigung für die vertragliche Nutzung (BGH ZMR 87, 257) bzw Nutzungsänderung (Hambg NJW-RR 96, 1356); Nichteinhaltung von Brandschutzbestimmungen (Ddorf ZMR 02, 739), Schallschutzanforderungen (KG MDR 03, 622) oder Anforderungen der ArbStättVO, sofern ein Gewerbebetrieb vereinbart ist (Hamm NJW-RR 95, 143); drohender Widerruf der Gaststättenerlaubnis (Celle NJW-RR 00, 873); **nicht:** die bloße Beanstandung ohne Genehmigungsbeschränkung (Naumbg NZM 01, 100); die Beschränkung der Lautstärke auf das gesetzlich zulässige Maß (Kobl NJW-RR 02, 1522); Beschränkungen der Speisenkonzession (Oldbg ZMR 92, 103). 13

4. Aufhebung der Tauglichkeit: Entscheidend ist der Mietzweck. Auf eine konkrete Gebrauchsbeeinträchtigung kommt es nicht an (BGH NJW 05, 2152; 87, 432). 14

15 5. Eine **unerhebliche Minderung der Gebrauchstauglichkeit** bleibt nach I 3 außer Betracht. Dies ist der Fall, wenn der Mangel leicht erkennbar, schnell und mit geringen Kosten zu beseitigen ist (BGH ZMR 05, 101). zB kurzzeitiger Heizungsausfall, geringe Temperaturschwankungen (MüKo/*Häublein* § 536 Rz 21), Bleispuren im Trinkwasser bei Einhaltung der Grenzwerte (LG Frankfurt/M ZMR 90, 17). Die Unterschreitung der vertraglichen Mietfläche um mehr als 10% bewirkt stets erhebliche Tauglichkeitsminderung (BGH NJW 05, 2152).

16 6. Die **Beweislast** bemisst sich nach Verantwortungsbereichen: Der Vermieter muss beweisen, dass der Mangel nicht seinem Obhutsbereich entstammt. Sind sämtliche Ursachen aus seinem Obhutsbereich ausgeräumt, trägt der Mieter die Beweislast dafür, dass der Mangel nicht auf übervertragsmäßigem Gebrauch der Mietsache (§ 538) beruht (BGH ZMR 05, 120; bei Fogging: BGH NJW 08, 2432). Dem Mieter obliegt ferner der Beweis der **Gebrauchsbeeinträchtigung** durch den Mangel (BGH NJW 00, 2344). Bei Unterschreitung der vertraglichen Mietfläche um mehr als 10% besteht eine Vermutung für die Gebrauchsbeeinträchtigung (BGH NJW 04, 1947). Bei geringerer Flächenunterschreitung trifft den Mieter die Beweislast (für 6% KG NJW-RR 05, 1681). Den **Unerheblichkeitsbeweis** muss nach dem Gesetzesaufbau in I 3 sodann der Vermieter führen (Celle ZMR 85, 10). Behauptet der Mieter, die Mietsache sei nach einem Reparaturversuch weiterhin mangelhaft, so trägt der Vermieter die Beweislast für den Erfolg seiner Mängelbeseitigungsmaßnahmen (BGH NJW 00, 2344).

17 II. Fehlen zugesicherter Eigenschaft gem § 536 II. Das Fehlen einer zugesicherten Eigenschaft steht einem Mangel gleich, auch wenn keine erhebliche Gebrauchsbeeinträchtigung vorliegt. Deshalb erklärt II nur I 1 u 2, nicht aber I 3 für anwendbar. Eine Differenzierung zwischen Sachmangel und zugesicherter Eigenschaft ist somit geboten, wenn die Erheblichkeit der Beeinträchtigung der Gebrauchstauglichkeit zweifelhaft (MüKo/*Häublein* § 536 Rz 22 Darlegungs- und Beweiserleichterung für den Mieter). Unter den Begriff der **Eigenschaft** iSv II fällt die Sachsubstanz der Mietsache sowie jedes tatsächliche und rechtliche Verhältnis, das für ihre Brauchbarkeit bzw ihren Wert von unmittelbarer Bedeutung ist, seinen Grund in ihrer Beschaffenheit hat, ihr für gewisse Dauer anhaftet und nicht nur durch Umstände außerhalb der Mietsache in Erscheinung tritt (BGH NJW 00, 1714). Daher stellt jeder Umstand, der einen Sachmangel begründen kann, auch eine Eigenschaft der Mietsache dar. Andererseits geht der Eigenschaftsbegriff aber auch nicht über denjenigen des Sachmangels hinaus (vgl BGH aaO; NJW 06, 899). Eine Haftung des Vermieters für nicht zusicherungsfähige Eigenschaften kommt nur bei einer eigenständigen Garantie in Betracht (BGH NJWE-MietR 97, 150), die somit, wenn möglich in den Mietvertrag aufzunehmen ist (vgl Rn 11).

18 Bsp: Grundstücksgröße (Palandt/*Weidenkaff* § 536 Rz 26), obgleich diese nicht mehr wie in § 537 II 2 aF ausdrücklich genannt ist; Mietfläche (Köln NZM 99, 73); Genehmigungsfähigkeit der Mieträume als Gaststätte (KG NJW-RR 00, 819); **nicht:** zukünftiger Umsatz (BGH NJWE-MietR 97, 150); Vollvermietung bzw Mieterstruktur eines Einkaufszentrums, Parkplatzangebot (BGH NJW 00, 1714; NJW-RR 04, 1236) – in BGH NJWE-MietR 97, 150 und BGH NJW 06, 899 (902) wird aber eine Haftung aus cic erörtert.

19 Die **Zusicherung** von Eigenschaften wird in der Rspr nur selten bejaht. Eine solche liegt vor, wenn sich der Vermieter ausdrücklich oder schlüssig verpflichtet, verschuldensunabhängig für das Vorhandensein einer Eigenschaft einzustehen. Hiervon abzugrenzen ist die bloße Beschaffenheitsangabe bzw Anpreisung ohne besonderen Verpflichtungswillen (vgl BGH NJW 00, 1714). Nur um letztere soll es sich idR bei der im Mietvertrag angegebenen Mietfläche handeln, insb bei „ca"-Zusatz (BGH NJW 05, 2152; allerdings begründet eine Flächenunterschreitung einen Mangel, vgl Rn 9). Eine Zusicherung ist anzunehmen, wenn der Mieter bei Vertragsschluss erkennbar in besonderem Maße auf bestimmte Angaben des Vermieters angewiesen war (Erman/*Jendrek* § 536 Rz 17). Dies gilt zB bei Vermietung ohne vorherige Besichtigung. Werden Zusicherungen im Laufe der Mietzeit gemacht, gilt § 536 II entspr (Bub/Treier/*Kraemer* III B, Rz 1358). Der Mieter trägt die **Beweislast** für die Zusicherung einer konkreten Eigenschaft durch den Vermieter.

20 III. Rechtsmangel gem § 536 III. III erfasst nur private (dingliche oder schuldrechtliche) Rechte Dritter (BGH NJW 91, 3280). Zu öffentlich-rechtlichen Beschränkungen s. Rn 12. Nach dem Wortlaut genügt das bloße Bestehen eines Rechts nicht – dieses muss vielmehr geltend gemacht werden und so zur Störung des vertragsmäßigen Gebrauchs der Mietsache führen (BGH NJW-RR 99, 1239; KG ZMR 06, 283). Ausnahmsweise kann auch die Androhung der Rechtsausübung genügen, wenn dadurch der ungestörte Mietgebrauch nicht mehr gewährleistet ist (BGH NJW-RR 99, 845). Tatsächliche Gebrauchshindernisse wie zB die unterbliebene Räumung durch den Vormieter fallen nicht unter III (BGH NJW 83, 446; Ddorf NZM 99, 24). Dritte sind alle nicht am Mietverhältnis beteiligte Personen wie zB der nach § 546 II Rückgabe verlangende Eigentümer ggü dem Untermieter (BGH NJW 75, 1108) bzw andere Wohnungseigentümer (BGH NJW-RR 95, 715; Ddorf ZMR 01, 344). Unter den Begriff der **Gebrauchsstörung** fällt jede Beeinträchtigung des vertraglichen Mietgebrauchs (Ddorf ZMR 99, 24) – zB bei einer Doppelvermietung für den Vertrag, den der Vermieter nicht erfüllt (Köln ZMR 98, 696). Die Miete ist hier auf Null gemindert. Der Mieter kann zudem die Einräumung des Besitzes nach § 535 I 2 verlangen (BGH NJW 03, 2158), allerdings nicht durch einstweilige Verfügung (KG ZMR 07, 614 Vorwegnahme der Hauptsache). Zum Anspruch auf Herausgabe des durch Doppelvermietung erlangten Gewinns s. BGH ZMR 06, 604. Die **Beweislast** für das Bestehen von Rechten Dritter sowie die Störung des Mietgebrauchs durch deren Geltendmachung trägt der Mieter.

E. Kein Ausschluss. § 536 ist bei anfänglicher Kenntnis des Mieters über den konkreten Mangel bzw grob fahrlässiger Unkenntnis oder unterlassener Mängelanzeige kraft Gesetzes gem §§ 536b, 536c II ausgeschlossen. Zur Rechtslage bei nachträglicher Kenntnis s. § 536b Rn 3. Das Minderungsrecht ist gem § 326 II ausgeschlossen, wenn der Mangel aus dem Verantwortungsbereich des Mieters stammt (vgl BGH WM 63, 167; Staud/*Emmerich* § 536 Rz 63). Bei Ursachen aus beiden Verantwortungsbereichen gilt § 254 entspr (Bub/Treier/*Kraemer* III B, Rz 1369). Zum **vertraglichen Ausschluss** der Minderung s. Rn 6. 21

F. Rechtsfolge: Mietminderung kraft Gesetzes. Da die Mietminderung kraft Gesetzes erfolgt, begründet § 536 keinen Anspruch, sondern stellt eine rechtsvernichtende Einwendung dar (BGH NJW 95, 254). § 536 ist somit vAw zu berücksichtigen (BGH ZMR 85, 403). Die Miete ist für die Zeit der Beeinträchtigung der Gebrauchstauglichkeit gemindert. Hinsichtlich der zuviel gezahlten Miete für die Vergangenheit hat der Mieter einen **Bereicherungsanspruch** aus § 812, mit dem er gegen künftige Mietforderungen aufrechnen kann (BGH NJW 95, 254), sofern nicht die §§ 536b, 536c, Verwirkung oder § 814 entgegenstehen (s. § 536b Rn 3). Die Minderungshöhe ist durch eine angemessene Herabsetzung der Bruttomiete zu ermitteln (BGH NJW 05, 1713; *Lindner-Figura/Oprée/Stellmann* Kap 14 Rz 305). IdR nimmt die **Gerichtspraxis** bei leichten Gebrauchsbeeinträchtigungen nur eine Minderung von 5–10% an, bei mittleren Beeinträchtigungen zwischen 10–20%. Eine höhere Kürzung kommt nur bei außergewöhnlich schweren und dauerhaften Mängeln in Betracht (Staud/*Emmerich* § 536 Rz 56 mit Rspr-Nachweisen). Ist die Gebrauchstauglichkeit ganz aufgehoben, mindert sich die Miete auf Null (Staud/*Emmerich* § 536 Rz 54; nicht aber bereits bei Ausfall der Warmwasserversorgung BVerfG WuM 02, 480). Bei Vereinbarungen über die Minderungshöhe zwischen Unternehmern gelten die Grundsätze des kaufmännischen Bestätigungsschreibens (KG ZMR 05, 948). 22

Ein fehlender Widerspruch des Vermieters gegen eine unberechtigte Minderung führt nicht in **spiegelbildlicher Anwendung des § 536b** zu einer Herabsetzung der künftigen Miete (BGH ZMR 06, 107; s. § 536b Rn 4). Bei Hinnahme einer unberechtigten Minderung über längere Zeit kann jedoch Verwirkung eintreten (BGH NJW-RR 03, 727). Zur Möglichkeit der fristlosen Kündigung des Vermieters wegen Zahlungsverzugs bei unberechtigter Minderung s. § 543 Rn 20. 24

G. Weitere Ansprüche. Neben der Mietminderung kann der Mieter gem § 536a Schadensersatz verlangen und nach § 543 das Mietverhältnis kündigen. Darüber hinaus kann der Mieter seinen Primäranspruch auf Mängelbeseitigung aus § 535 I 2 geltend machen bzw den Mietforderungen das Zurückbehaltungsrecht aus § 320 entgegenhalten (s. Rn 2). Dieses erstreckt sich jedoch nicht auf die Mietkaution aufgrund ihrer besonderen Eigenart als Sicherungsmittel (Celle NJW-RR 98, 585; Ddorf ZMR 00, 452). Der Mieter kann den Mangel iRv § 536 II (Verzug bzw Notmaßnahme) auch selbst beseitigen und Aufwendungsersatz verlangen. Hinsichtlich der zuviel gezahlten Miete hat der Mieter einen Bereicherungsanspruch aus § 812 (s. Rn 22). 25

H. Prozessuales. Als vAw zu berücksichtigende Einwendung ist die Minderung auch bei Säumnis des Mieters zu beachten. Die **Minderungshöhe** fällt nicht in die Darlegungslast des Mieters (Emmerich/Sonnenschein, § 536 Rz 33), sondern ist gerichtlich mit Hilfe von Sachverständigen oder Schätzung nach § 287 ZPO (Staud/*Emmerich* § 536 Rz 56) zu klären. Verbleibende Zweifel gehen nach den allgemeinen Beweisregeln zu Lasten des Mieters (Erman/*Jendrek* § 536 Rz 33). Der Mieter kann auf Rückzahlung der zuviel gezahlten Miete klagen, daneben Feststellung begehren, dass er – auch für die Vergangenheit – nur die geminderte Miete schuldet, und mit seinem Rückzahlungsanspruch ggü künftigen Mieten aufrechnen (BGH aaO). 26

§ 536a Schadens- und Aufwendungsersatzanspruch des Mieters wegen eines Mangels.

(1) Ist ein Mangel im Sinne des § 536 bei Vertragsschluss vorhanden oder entsteht ein solcher Mangel später wegen eines Umstands, den der Vermieter zu vertreten hat, oder kommt der Vermieter mit der Beseitigung eines Mangels in Verzug, so kann der Mieter unbeschadet der Rechte aus § 536 Schadensersatz verlangen.
(2) Der Mieter kann den Mangel selbst beseitigen und Ersatz der erforderlichen Aufwendungen verlangen, wenn
1. der Vermieter mit der Beseitigung des Mangels in Verzug ist oder
2. die umgehende Beseitigung des Mangels zur Erhaltung oder Wiederherstellung des Bestands der Mietsache notwendig ist.

A. Grundsätzliches; Konkurrenzen. § 536a wurde durch das MRRG eingefügt und ist seit 1.9.01 in Kraft. § 536a regelt Schadens- und Aufwendungsersatzansprüche des Mieters bei Mängeln der Mietsache und entspricht §§ 538 I, II, 541, 547 I 1 jeweils aF. Ansprüche aus § 536a können neben § 536 geltend gemacht werden. Bei Sachmängeln ist das allgemeine Leistungsstörungsrecht wegen der Verweisung in I auf § 536 erst ab Überlassung der Mietsache ausgeschlossen (BGH NJW 97, 2813; für § 280 Rostock NJW-RR 07, 1092). Zu nicht behebbaren Mängeln s. § 536 Rn 3. Bei Rechtsmängeln gilt die Verdrängung der allgemeinen Regeln schon ab Vertragsschluss, vgl § 536 Rn 3. Für den Verzug mit der Mängelbeseitigung gelten § 536a I Alt 3, II als Spezialnormen. Zum Verhältnis von § 536a zu Ansprüchen wegen Störung der Geschäftsgrundlage, 1

Anfechtung und cic s. § 536 Rn 4. § 536a II ist abschließend: Bei eigenmächtiger Mangelbeseitigung des Mieters ist ein Rückgriff auf § 539 nicht zulässig (BGH NJW 08, 1216). Zu sonstigen Aufwendungen, die nicht von § 536a II erfasst sind, s. § 539 Rn 2.

2 B. Anwendungsbereich. Als Teil des allgemeinen Mietrechts gilt § 536a für alle Mietverhältnisse, über § 581 II auch für Pachtverträge. Für Landpacht enthält § 590b eine Sonderregelung. Eine Übergangsregelung existiert nicht.

3 C. Abweichende Vereinbarungen. § 536a ist abdingbar. Zu unterscheiden ist zwischen den Ansprüchen aus § 536a und der **Gebrauchsüberlassungs- und Instandhaltungspflicht gem § 535 I 2**: Ein Ausschluss von Schadensersatzansprüchen aus § 536a lässt die Pflichten aus § 535 I 2 unberührt; gleiches gilt für einen entspr Aufrechnungsausschluss (BGH NJW-RR 03, 72). Die nachfolgenden Ausführungen gelten daher allein für die Ansprüche aus § 536a: Bei **Wohnraummiete** ist gem § 556b II ein vertraglicher Ausschluss der Aufrechnung oder Zurückbehaltungsrechten wegen Ansprüchen aus § 536a unwirksam. Zulässig ist – in den Grenzen des § 309 Nr 7 – die formularmäßige Abbedingung der verschuldensunabhängigen Haftung für anfängliche Sachmängel (BGH NJW-RR 91, 74), da die für Schadensersatzansprüche untypische Garantie gem § 536 I Alt 1 kein gesetzliches Leitbild iSv § 307 II Nr 1 darstellt. Bei nachträglichen Mängeln ist dagegen nach § 307 jede formularmäßige Haftungsbeschränkung unwirksam (BGH NJW 02, 673; aA für **Gewerberaummiete** Ddorf NJW-RR 99, 735; Kobl NZM 00, 622). § 536a II kann wegen § 307 II Nr 1 bei Wohn- und Gewerberaummiete nicht zum Nachteil des Mieters durch AGB beschränkt werden (Bub/Treier/*Bub* II Rz 523). Ist eine zulässige Haftungsbeschränkung vereinbart, so erstreckt sich diese auch auf deliktsrechtliche Ansprüche (Hamm BB 75, 1219; Frankf VersR 73, 425).

4 D. Tatbestand der Schadensersatzansprüche gem § 536a I. Für **anfängliche Mängel** (s. zum Mangel § 536 Rn 7–13) bei Vertragsschluss haftet der Vermieter nach der gesetzlichen Garantie gem § 536 I Alt 1 verschuldensunabhängig. Entscheidend ist der Zeitpunkt der (formlosen) Einigung, nicht derjenige einer ggf späteren schriftlichen Vertragsunterzeichnung (vgl BGH NJW 68, 885). Der Mangel braucht bei Vertragsschluss nicht in Erscheinung getreten sein – maßgeblich ist allein, dass die Mangelursache bereits von Beginn an vorhanden war (BGH NJW 72, 944; München ZMR 96, 322). Nach dem Normzweck gilt die Garantiehaftung aus § 536 I Alt 1 entspr, wenn die Mietsache bei Vertragsschluss noch nicht fertig gestellt ist und der Mangel sodann bei Übergabe bzw Fertigstellung vorliegt (BGHZ 9, 320; Naumbg ZMR 00, 381). Bei Abschluss eines eigenständigen Anschlussmietvertrages greift § 536 a I Alt 1 erneut (Bub/Treier/*Kraemer* III B Rz 1382) – nicht jedoch bei fingierter Vertragsverlängerung nach § 545, Ausübung einer einseitigen Option oder Mieterwechsel aufgrund Vertragsübernahme zu den bisherigen Konditionen (BGH BB 59, 1115). **Bsp:** Anfänglicher Baumangel, durch den später eingebrachte Sachen des Mieters beschädigt werden (BGH ZMR 94, 400); fehlende Genehmigungsfähigkeit, auch wenn die Genehmigung erst nach Vertragsschluss versagt wird (BGH NJW 77, 1285 nur bei Erkennbarkeit; München ZMR 95, 401); vertragswidrige Untervermietung aus der Perspektive des Untermieters.

5 Für **nachträgliche Mängel** haftet der Vermieter gem § 536 I Alt 2 nur, wenn er diese verschuldet (§ 276) hat (vgl BGH NJW 06, 1061 bei Fogging). Ohne besonderen Anlass besteht keine Pflicht zur Generalinspektion (BGH NJW 09, 143 Elektroleitungen). Dem Vermieter ist das Verschulden seiner Erfüllungsgehilfen zuzurechnen – zB des Hausmeisters (Karlsr ZMR 91, 378) oder beauftragten Handwerkern (Ddorf NZM 02, 21). Andere Mieter sind keine Erfüllungsgehilfen des Vermieters (BGH VersR 69, 754; vgl Ddorf ZMR 05, 449), es sei denn, sie sind in seinem Pflichtenkreis (zB bei der Erfüllung von Streupflichten) tätig (Erman/*Jendrek* § 536a Rz 8).

6 Für einen **Verzug mit der Mängelbeseitigung gem § 536 I Alt 3** gelten die Voraussetzungen des § 286. Grds ist eine Mahnung des Mieters erforderlich – die bloße Mängelanzeige nach § 536c I 1 genügt nicht (Ddorf ZMR 93, 115). Die Mahnung kann aber zusammen mit der Mängelanzeige erfolgen (Erman/*Jendrek* § 536a Rz 9), da die Beseitigungspflicht des Vermieters bereits mit der Entstehung des Mangels und nicht erst mit der Anzeige fällig wird (MüKo/*Häublein* § 536a Rz 11). Unter den Voraussetzungen des § 286 II ist eine Mahnung entbehrlich – so zB bei einem nach Kalendertag vereinbarten (II Nr 1) Mängelbeseitigungstermin (vgl LG Berlin NJW-RR 00, 674) oder endgültiger Beseitigungsverweigerung des Vermieters (II Nr 3). Bei unzumutbaren Beseitigungskosten soll sich der Vermieter nach § 286 IV entlasten können (vgl Hambg NZM 02, 343). Richtigerweise liegt hier Unmöglichkeit vor (§ 275 II; s. § 536 Rn 7). Bei Veräußerung von Wohnraum wirkt die bestehende Verzugslage gem § 566 ggü dem Erwerber fort (BGH NJW 05, 1187).

7 Nach den allgemeinen Beweisregeln trifft den Mieter die **Beweislast** für sämtliche Tatbestandsvoraussetzungen – die Mangelhaftigkeit der Mietsache, den Schaden sowie die Ursächlichkeit des Mangels für den Schaden (BGH NJW 06, 1061 bei Fogging). Dies gilt auch dann, wenn der Vermieter behauptet, der Schaden sei durch ein früheres Schadensereignisses eingetreten (BGH ZMR 06, 680). Hat der Mieter den Nachweis geführt, dass der Mangel aus dem Verantwortungsbereich des Vermieters stammt, muss der Vermieter die fehlende Ursächlichkeit des Mangels für den Schaden beweisen (Hamm ZMR 97, 520; Saarbr NJW 93, 3077). Unter den gleichen Voraussetzungen muss der Vermieter sich bei nachträglichen Mängeln gem § 280 I 2 analog hinsichtlich seines Verschuldens entlasten (BGH ZMR 06, 356). Für § 536 I Alt 3 (Verzug mit der Mängelbeseitigung) folgt dies aus § 286 IV analog.

E. Kein Ausschluss; Einwendungen und Einreden (Verjährung). Bei anfänglicher Kenntnis des Mieters von 8
dem Mangel bzw grob fahrlässiger Unkenntnis oder unterlassener Mängelanzeige sind Ansprüche aus § 536a
kraft Gesetzes gem §§ 536b, 536c II ausgeschlossen. Zu vertraglichen Ausschlüssen s. Rn 3. Der Mitverschul-
denseinwand aus § 254 greift auch ggü dem Garantieanspruch aus § 536 I Alt 1 (BGH NJW-RR 91, 970). Die
Ansprüche aus § 536a I unterliegen der dreijährigen Regelverjährung des § 195.

F. Rechtsfolge: Schadensersatz. Da der Mietvertrag **Schutzwirkung zugunsten eingebrachter Sachen Drit-** 9
ter bzw der sich regelmäßig in den Mieträumen aufhaltenden Dritten entfaltet, sind diese ebenfalls ersatzberechtigt (BGH NJW 68, 885; Angestellte und Arbeitnehmer: Rostock NJW-RR 07, 1092). Nach dem Wortlaut
in § 536a I kann Schadensersatz neben der Mietminderung verlangt werden. Der Mieter kann zudem gem
§ 543 I kündigen. Der **Schadensersatzumfang** bemisst sich nach §§ 249 ff und umfasst somit gem § 252 den
entgangenen Gewinn (BGH NZM 98, 666), Verdienstausfall (BGH NJW-RR 91, 970) sowie gem § 253
Schmerzensgeld. Als vertraglicher Schadensersatzanspruch ist § 536a auf den Ersatz des positiven Interesses
gerichtet. Ersatzfähige Positionen sind daneben auch Kündigungsfolgeschäden wie die höhere Miete einer
Ersatzwohnung bis zu dem Zeitpunkt, zu dem eine ordentliche Kündigung möglich gewesen wäre, bzw die
Kosten einer vorläufigen anderen Unterbringung. Aufgrund der gesetzgeberischen Wertung in § 284 sind
unabhängig von der früheren Rentabilitätsvermutung auch vergebliche sonstige Aufwendungen zu ersetzen
(Palandt/*Weidenkaff* § 536a Rz 14; MüKo/*Häublein* § 536a Rz 17) – nach dem dortigen Wortlaut allerdings
nur anstelle der übrigen Schadenspositionen des Nichterfüllungsschadens (vgl BGH NJW 05, 2848, 2850).
Der Ersatz von Mängelbeseitigungsaufwendungen nach § 536a II ist an weitere Voraussetzungen geknüpft, so
dass die dortige Regelung abschließend ist. Deshalb gewährt § 536a I keinen Ersatz der **Mängelbeseitigung-**
saufwendungen an der Mietsache selbst (BGH NJW 08, 1216 aE). Zur Anwendbarkeit von § 254 s. Rn 8.

G. Aufwendungsersatzanspruch gem § 536a II. Voraussetzung des Aufwendungsersatzanspruchs ist gem II 10
Nr 1 ebenso wie in I Alt 3, dass sich der Vermieter mit der Mängelbeseitigung in Verzug (s. Rn 6) befindet.
Gem II Nr 2 muss die umgehende Mängelbeseitigung zur Erhaltung oder Wiederherstellung der Mietsache
notwendig sein. Erfasst sind daher nur Maßnahmen, die keinen Aufschub dulden (BTDrs 14/4553, 41), wie
etwa die Reparatur eines undichten Daches, eines Rohrbruchs oder einer ausgefallenen Heizung im Winter.
Hierunter können auch notwendige bauliche Veränderungen fallen, da II Nr 2 keine diesbezügliche Differenzierung enthält (aA Palandt/*Weidenkaff* § 536a Rz 16). Sind die Voraussetzungen von Nr 1 oder Nr 2 nicht
erfüllt, so ist kein Rückgriff auf § 539 iVm § 683 oder §§ 684, 812 möglich (BGH NJW 08, 1216) – der Mieter
hat dann keinen Ersatzanspruch. Der Anspruch aus § 536a II unterliegt den gleichen gesetzlichen und vertraglichen Ausschlüssen wie I (vgl Rn 8), aber der kurzen Verjährung gem § 548 II. Der Mieter trägt die
Beweislast für sämtliche Voraussetzungen – den Mangel, Verzug mit der Mängelbeseitigung (Nr 1) bzw Notwendigkeit der umgehenden Beseitigung (Nr 2) sowie die Erforderlichkeit seiner Aufwendungen.
Rechtsfolge ist ein Anspruch des Mieters auf Ersatz der zur Mangelbeseitigung erforderlichen Aufwendungen 11
nebst Zinsen (§ 256). Das Minderungsrecht gem § 536 und Schadensersatz gem § 536a I können nach
der Gesetzessystematik parallel geltend gemacht werden, da § 536a II eine Sonderregelung zu § 284 darstellt und
somit der dortige Ausschluss von Schäden statt der Leistung hier nicht gilt. Bei Beauftragung Dritter hat der
Mieter zudem einen Anspruch auf Kostenfreihaltung gem § 257. Darüber hinaus soll aus § 242 ein Anspruch
auf Kostenvorschuss folgen (BGH NJW 85, 267; Ddorf NZM 00, 464). Ersatzfähig sind nur solche Aufwendungen, die der Mieter nach sorgfältiger Prüfung sowie ggf nach fachmännischem Rat für **erforderlich** halten
durfte (Brandbg ZMR 03, 909). Erweist sich die Mangelbeseitigung sodann als mangelhaft, ist der Vermieter
gleichwohl zum Aufwendungsersatz verpflichtet – Zug um Zug gegen Abtretung der Mängelansprüche ggü
dem Drittunternehmen (Brandbg aaO). Der Mieter kann iRd Schadensminderungspflicht gem § 254 zur
Mangelbeseitigung verpflichtet sein (Ddorf WuM 03, 386).

§ 536b Kenntnis des Mieters vom Mangel bei Vertragsschluss oder Annahme. ¹Kennt
der Mieter bei Vertragsschluss den Mangel der Mietsache, so stehen ihm die Rechte aus den §§ 536 und 536a
nicht zu. ²Ist ihm der Mangel infolge grober Fahrlässigkeit unbekannt geblieben, so stehen ihm diese Rechte
nur zu, wenn der Vermieter den Mangel arglistig verschwiegen hat. ³Nimmt der Mieter eine mangelhafte Sache
an, obwohl er den Mangel kennt, so kann er die Rechte aus den §§ 536 und 536a nur geltend machen, wenn er
sich seine Rechte bei der Annahme vorbehält.

A. Grundsätzliches; Anwendungsbereich. § 536a wurde durch das MRRG eingefügt, ist seit 1.9.01 in Kraft 1
und regelt den Verlust bzw die Einschränkung der Mängelrechte des Mieters aus §§ 536, 536a bei anfänglicher Kenntnis oder grob fahrlässiger Unkenntnis des Mangels der Mietsache bei Vertragsschluss bzw
Annahme der Mietsache (3). Bei nachträglicher Kenntnis gilt § 536c, s. hierzu Rn 3. § 536b entspricht für den
Sachmangel § 539 aF und für den Rechtsmangel § 541 aF – mit der Änderung, dass auch bei Rechtsmängeln
nicht nur 1, sondern die gesamte Vorschrift Anwendung findet. Nach dem **Gesetzeszweck** regelt § 536b die
Folgen eines stillschweigenden Mängelrechteverzichts (Schmidt-Futterer/*Eisenschmid* § 536b Rz 1; aA MüKo/
Häublein § 536b Rz 1 f – Rechtsfrieden). § 536b gilt für alle Mietverhältnisse, über § 581 II auch für Pacht,

und ist abdingbar (BGH NJW-RR 04, 249). Eine Übergangsregelung existiert nicht. § 536b ist bei Vertragsverlängerung durch Nachtragsvereinbarung oder Option entspr anwendbar (BGH NJW 70, 1740; Köln DWW 01, 274) – nicht aber bei Verlängerung durch Gesetzesfiktion gem § 545. Tritt ein neuer Mieter in ein bestehendes Mietverhältnis ein, gilt § 536b für diesen neu (Erman/*Jendrek* § 536b Rz 10), wenn nicht der Mieterwechsel auf bloßer Gesellschaftsumwandlung beruht (vgl KG NZM 02, 562).

2 § 536b berührt nach dem Wortlaut **nicht den Erfüllungsanspruch aus § 535 I 2**; der Mieter kann also weiterhin Mängelbeseitigung verlangen (BGH NJW-RR 07, 1021). Daher bleibt auch die Einrede aus **§ 320** bestehen (BGH NJW-RR 07, 1021; 03, 727). Diese entfällt nur dann, wenn ein bestimmter (schlechter) Zustand der Mietsache als vertragsgemäß vereinbart war, was jedoch bei Kenntnis des Mieters vom Mangel bei Vertragsschluss häufig anzunehmen ist (BGH NJW-RR 07, 1021). Bei **wesentlicher Verschlechterung** des Mangels leben die Mängelrechte des Mieters aus §§ 536, 536a wieder auf (KG NJW-RR 02, 224; Ddorf NZM 00, 464). Der Haftungsausschluss gem § 536b erstreckt sich nicht auf Ansprüche aus Delikt (Bub/Treier/*Kraemer* III B Rz 1402), da diese im Vergleich zu den §§ 536, 536a an zusätzliche Voraussetzungen geknüpft sind.

3 Im Falle **späterer Mangelkenntnis des Mieters** nach Vertragsschluss ist § 536b bei vorbehaltloser Mietzahlung **nicht analog** anwendbar (BGH NJW 03, 2601 für Wohnraummiete; BGH NJW 05, 1503 für Gewerberaummiete – entgegen der Rspr zu § 539 aF (BGH NJW-RR 03, 727), weil der Wortlaut nur die Kenntnis bei Vertragsschluss bzw bei Annahme der Mietsache umfasst und § 536c eine für die nachträgliche Mangelkenntnis abschließende Regelung bildet (BGH NJW 03, 2601). Der Mieter kann sich daher auch bei der künftig fälligen Miete trotz vorbehaltloser Mietzahlung auf die Rechte aus §§ 536, 536a berufen. Die Grenze bildet die **Verwirkung** gem § 242, deren Vorliegen sich nach den Umständen des Einzelfalls bestimmt (BGH aaO). Die bereits vorbehaltlos geleistete Miete kann der Mieter bei Zahlung trotz Mangelkenntnis (BGH aaO) wegen § 814 idR nicht zurückfordern. Zu Mängelvorbehalten vor Überlassung der Mietsache s. Rn 8.

4 Bei widerspruchsloser Hinnahme unberechtigter Mietkürzungen scheidet eine **spiegelbildliche Anwendung** des § 536b **zu Lasten des Vermieters** aus, weil die von § 536b erfassten Mängelrechte des Mieters nicht mit dem Anspruch des Vermieters auf Mietzahlung vergleichbar sind (BGH ZMR 06, 107).

5 **B. Kenntnis des Mangels bei Vertragsschluss gem § 536b S 1.** Wie aus dem Vergleich mit 2 folgt, gilt § 536b 1 auch bei arglistigem Verschweigen des Mangels durch den Vermieter (BGH NJW 72, 249). Für die Mangelkenntnis genügt die Kenntnis der tatsächlichen Umstände, aus denen sich der Mangel und die hieraus resultierende Gebrauchsbeeinträchtigung ergeben (Ddorf ZMR 06, 518; München NJW-RR 94, 654). Dass ein von Beginn an vorhandener Mangel sich erst später auswirkt, ist unbeachtlich (München aaO). Ebenso genügt, dass der Mieter ein konkretes Mangelrisiko bewusst in Kauf nimmt (BGH NJW 79, 713). Nicht ausreichend ist die Kenntnis der tatsächlichen Umstände jedoch, sofern ein verständiger Mieter hieraus nicht zwingend auf einen Mangel schließen musste (BGH WM 62, 1379). Bei **Rechtsmängeln** muss der Mieter auch das Risiko kennen, dass der Dritte seine Rechte geltend machen wird (BGH NJW 96, 46). Die Kenntnis nur eines Mieters wirkt nicht zu Lasten der übrigen Mieter (§ 425). Hat der Vermieter dem Mieter bei Vertragsschluss Abhilfe zugesagt, ist 3 entspr anzuwenden – s. Rn 8 (aA Hambg GrundE 96, 49). Die **Beweislast** für die Kenntnis des Mieters vom Mangel trägt der Vermieter.

6 **C. Grob fahrlässige Unkenntnis des Mangels gem § 536b S 2.** Bei grob fahrlässiger Unkenntnis des Mieters bestehen die Rechte aus §§ 536, 536a nur bei arglistigem Verschweigen des Vermieters. **Grobe Fahrlässigkeit** liegt vor, wenn der Mieter unbeachtet gelassen hat, was jedem hätte einleuchten müssen (BGH NJW-RR 07, 1021) bzw bei oberflächlicher Betrachtung sofort aufgefallen wäre (Ddorf ZMR 94, 403). Den Mieter trifft keine Erkundungs- oder Untersuchungspflicht, da der Vermieter für den vertragsgemäßen Zustand der Mietsache verantwortlich ist (BGH NJW-RR 07, 1021). Legen erkennbare Umstände den Verdacht eines Mangels aber besonders nahe, ist grobe Fahrlässigkeit gegeben, wenn der Mieter gleichwohl zumutbare Nachforschungen unterlassen hat (BGH aaO). Der bloße optische Eindruck bei der Besichtigung gibt dem Mieter indes nicht die Möglichkeit, die Wohnfläche zu schätzen (BGH NJW 04, 2230).

7 Liegt grobe Fahrlässigkeit des Mieters vor, so setzt das **Verschweigen des Vermieters** zunächst eine Rechtspflicht zur Offenbarung des Mangels voraus. Grds ist der Mieter wie jede Vertragspartei zur eigenständigen Wahrung seiner Interessen verpflichtet. Eine Offenbarungspflicht besteht nur ausnahmsweise gem § 242 für solche Mängel, die dem Vermieter bekannt, aber für den Mieter bei Vertragsschluss schwer erkennbar und von einiger Erheblichkeit sind. Arglist setzt sodann dem Wortsinn zufolge ein Schweigen des Vermieters in dem Wissen voraus, dass der Mieter den Mangel nicht bemerkt hat und den Vertrag bei Kenntnis des Mangels so nicht schließen würde. Nach dem Normzweck von § 536b gilt das Gleiche, wenn der Vermieter das Vorhandensein einer Eigenschaft arglistig vorgespiegelt hat (Palandt/*Weidenkaff* § 536b Rz 6; Staud/*Emmerich* § 536b Rz 12). Die **Beweislast** für die grob fahrlässige Unkenntnis obliegt dem Vermieter; der Mieter muss dann ein arglistiges Verschweigen des Vermieters beweisen.

8 **D. Annahme der Mietsache in Kenntnis des Mangels gem § 536b S 3.** Nimmt der Mieter die Mietsache in Kenntnis des Mangels an, stehen ihm die Mängelrechte aus §§ 536, 536a nur zu, wenn er sich seine Rechte bei der Annahme vorbehalten hat. Andernfalls gilt das unter Rn 1–5 Gesagte. Der Vorbehalt ist eine empfangsbedürftige Willenserklärung, die somit auch schlüssig erklärt werden kann. Für den Vermieter muss

aber erkennbar sein, dass der Mieter den Zustand der Mietsache nicht hinnehmen will. Die bloße Mängelanzeige (§ 536c) genügt nicht. Der für den Vorbehalt beweisbelastete Mieter sollte den Vorbehalt seiner Rechte **schriftlich dokumentieren**, zB im Übergabeprotokoll. Der Vorbehalt muss bei Überlassung der Mietsache erklärt werden und sich auf konkrete Mängel beziehen. Nach dem Gesetzeszweck ist ein Vorbehalt jedoch nicht erforderlich, wenn der Vermieter die Mangelbeseitigung zugesagt hat (vgl Bub/Treier/*Kraemer* III B 1412). Auch dies sollte sich der beweisbelastete Mieter schriftlich bestätigen lassen.

§ 536c Während der Mietzeit auftretende Mängel; Mängelanzeige durch den Mieter.

(1) ¹Zeigt sich im Laufe der Mietzeit ein Mangel der Mietsache oder wird eine Maßnahme zum Schutz der Mietsache gegen eine nicht vorhergesehene Gefahr erforderlich, so hat der Mieter dies dem Vermieter unverzüglich anzuzeigen. ²Das Gleiche gilt, wenn ein Dritter sich ein Recht an der Sache anmaßt.
(2) ¹Unterlässt der Mieter die Anzeige, so ist er dem Vermieter zum Ersatz des daraus entstehenden Schadens verpflichtet. ²Soweit der Vermieter infolge der Unterlassung der Anzeige nicht Abhilfe schaffen konnte, ist der Mieter nicht berechtigt,
1. die in § 536 bestimmten Rechte geltend zu machen,
2. nach § 536a Abs. 1 Schadensersatz zu verlangen oder
3. ohne Bestimmung einer angemessenen Frist zur Abhilfe nach § 543 Abs. 3 Satz 1 zu kündigen.

A. Grundsätzliches; Anwendungsbereich. § 536c wurde durch das MRRG eingefügt, ist seit 1.9.01 in Kraft 1 und regelt die Mängelanzeigepflicht des Mieters. Die Vorschrift entspricht § 545 aF. Folgen der unterlassenen Mängelanzeige sind ein Schadensersatzanspruch des Vermieters (II 1) sowie Ausschlusstatbestände zum Nachteil des Mieters (II 2). Nach dem **Gesetzeszweck** ist § 536c Ausfluss der **Obhutspflicht** des Mieters für die überlassene Mietsache (§ 241 II) mit dem Inhalt sicherzustellen dass diese nicht über den vertragsgemäßen Gebrauch iSv § 538 hinaus abgenutzt, beschädigt oder anderweitig beeinträchtigt wird (vgl BGH NJW 77, 1236; Dresd NJW-RR 07, 1603). Der Mieter hat deshalb zB Sicherungsmaßnahmen gegen Witterungseinflüsse bzw Eingriffe Dritter zu treffen (sorgfältiges Schließen von Fenstern und Türen). Bei Verletzung der Obhutspflicht schuldet der Mieter Schadensersatz gem §§ 280, 241 II (Dresd aaO). Da der Vermieter den Zustand der Mietsache während der Überlassung nicht überblicken kann, folgt aus der Obhutpflicht eine Anzeigepflicht für auftretende Mängel, deren Folgen in § 536c bestimmt sind. § 536c gilt daher für die Dauer der Überlassung.

Als Teil des allgemeinen Mietrechts gilt § 536c für sämtliche Mietverhältnisse und über § 581 II auch für 2 Pachtverhältnisse. Eine Übergangsregelung existiert nicht.

B. Mängelanzeigepflicht gem § 536c I. Der Mieter ist verpflichtet, Sach- oder Rechtsmängel (I 2) unverzüg- 3 lich nach Kenntniserlangung dem Vermieter anzuzeigen. Gleiches gilt nach der offenen Gesetzesformulierung für erkennbar in Erscheinung getretene Mängel, die dem Mieter infolge grober Fahrlässigkeit nicht bekannt sind (BGH NJW-RR 02, 515) und für erkennbare konkrete Gefahren. Die Anzeigepflicht umfasst auch unerhebliche Mängel, da § 536c I im Unterschied zu § 536 I 3 keine Differenzierung enthält. Die **Anzeige** ist eine gem § 130 analog empfangsbedürftige Wissenserklärung. Sie muss unverzüglich, also ohne schuldhaftes Zögern (§ 121 I) erfolgen. Ein fahrlässiges Untätigbleiben seiner Gehilfen muss sich der Mieter gem § 278 zurechnen lassen (MüKo/*Häublein* § 536c Rz 9). Eine Abbedingung des Verschuldenskriteriums in AGB ist unwirksam (offen gelassen BGH NJW 93, 1061).

Nach dem Gesetzeszweck besteht **keine Anzeigepflicht**, wenn der Vermieter bzw sein Vertreter (§ 166), zB 4 Hausverwaltung, vom Mangel bzw der zugrunde liegenden Gefahrenlage Kenntnis hat (Ddorf ZMR 09, 114 Wasseransammlungen auf Flachdach) bzw infolge grober Fahrlässigkeit nicht hat (BGH NJW-RR 02, 515) oder sich kurzfristig von dem Zustand der Mietsache selbst Kenntnis verschaffen kann (vgl BGH NJW 63, 1449). Gleiches gilt, wenn die Beseitigung des Mangels ohnehin unmöglich ist (BGH NJW-RR 99, 845). Wurde ein Mangel nur unzureichend beseitigt, lebt die Anzeigepflicht nach ihrem Sinn und Zweck wieder auf (Ddorf ZMR 91, 24). Die **Beweislast** für den Zeitpunkt, zu dem der Mangel vorgelegen hat, sowie die Kenntnis bzw grob fahrlässige Unkenntnis des Mieters trägt der Vermieter. Dem Mieter obliegt der Beweis für die rechtzeitige Übermittlung der Anzeige an den Vermieter (vgl BGH NJW-RR 02, 515; aA Staud/*Emmerich* § 536c Rz 25). Ebenso hat der Mieter eine anderweitig erlangte Kenntnis des Vermieters zu beweisen (Ddorf ZMR 87, 376).

C. Rechtsfolgen unterlassener rechtzeitiger Anzeige gem § 536c II. Gem II 1 ist der Mieter zur Erstattung 5 aller Schäden verpflichtet, die der Vermieter bei rechtzeitiger Anzeige hätte abwenden oder jedenfalls vermindern können (BGH NJW 87, 1072). Der Anspruch unterliegt der kurzen Verjährung aus § 548 I. Gem II 2 sind ferner die Minderung nach § 536 (Nr 1), der Schadensersatzanspruch aus § 536a I (Nr 2) und das Recht zur Kündigung aus wichtigem Grund ohne vorherige Abhilfefrist gem § 543 III 1 ausgeschlossen (Nr 3), sofern der Vermieter aufgrund der nicht rechtzeitigen Anzeige eine ihm andernfalls mögliche gewesene Abhilfe nicht schaffen konnte. Aufwendungsersatzansprüche aus § 536a II bleiben dem Wortlaut in Nr 2 zufolge unberührt.

6 Der Vermieter trägt die **Beweislast**, dass eine Mängelbeseitigung ursprünglich möglich war und wegen der nicht rechtzeitigen Mängelanzeige undurchführbar geworden ist (BGH NJW 87, 1072; Ddorf ZMR 03, 21). Die Ausschlusstatbestände in II erstrecken sich nicht auf gesetzliche Schadensersatzansprüche (zB § 823), welche an strengere Voraussetzungen geknüpft sind (Erman/*Jendrek* § 536c Rz 7). Allerdings bewirkt die Verletzung der Anzeigepflicht dort eine Anspruchskürzung wegen Mitverschuldens nach § 254 (vgl BGH WM 69, 1481).

§ 536d Vertraglicher Ausschluss von Rechten des Mieters wegen eines Mangels.
Auf eine Vereinbarung, durch die die Rechte des Mieters wegen eines Mangels der Mietsache ausgeschlossen oder beschränkt werden, kann sich der Vermieter nicht berufen, wenn er den Mangel arglistig verschwiegen hat.

1 **A. Grundsätzliches; Anwendungsbereich.** § 536d wurde durch das MRRG eingefügt, ist seit 1.9.01 in Kraft und regelt die Folgen eines vertraglichen Ausschlusses der Rechte des Mieters wegen Sach- oder Rechtsmängeln der Mietsache, deren Vorliegen der Vermieter arglistig verschwiegen hat. Als Teil des allgemeinen Mietrechts gilt § 536d für sämtliche Mietverhältnisse und über § 581 II auch für Pachtverhältnisse. Bei **Wohnraummiete** ist eine Abbedingung der Minderung gem § 536 IV ohnehin gar nicht (für Aufrechnungs- bzw Zurückbehaltungsrechte wegen überzahlter Miete gilt das Verbot aus § 556b II) und von Schadensersatzansprüchen wegen Mängeln nur in engen Grenzen möglich (s. § 536a Rn 3). Nach dem **Gesetzeszweck** ist § 536d eine besondere Ausprägung von Treu und Glauben gem § 242 und daher zwingendes Recht.

2 **B. Voraussetzung: Arglistiges Verschweigen des Vermieters.** Zu den Voraussetzungen des arglistigen Verschweigens durch den Vermieter s. § 536b Rn 7. Die **Beweislast** für die Voraussetzungen der Offenbarungspflicht und die Arglist des Vermieters trägt nach den allgemeinen Beweisregeln der Mieter. Der Vermieter muss sodann beweisen, dass er dem Mieter den Mangel mitgeteilt hat bzw der Mangel dem Mieter bekannt oder objektiv erkennbar war. Ausreichend ist auch der Beweis, dass der Mieter bei Kenntnis des Mangels den Vertrag zu den gleichen Bedingungen geschlossen hätte (BGH BB 69, 1412).

3 **C. Rechtsfolge: Keine Berufung auf den Haftungsausschluss.** Wie der Gesetzesformulierung zu entnehmen ist, führt § 536d im Unterschied zu § 540 aF nicht zur Unwirksamkeit des vertraglichen Haftungsausschlusses in Bezug auf den verschwiegenen Mangel. Dem Vermieter ist vielmehr (nur) verwehrt, sich insofern auf den Haftungsausschluss zu berufen. § 139 findet daher keine Anwendung. Gesetzessystematisch handelt es sich bei § 536d nach dem Gesetzeszweck um eine vAw zu prüfende Einwendung.

§ 537 Entrichtung der Miete bei persönlicher Verhinderung des Mieters.
(1) ¹Der Mieter wird von der Entrichtung der Miete nicht dadurch befreit, dass er durch einen in seiner Person liegenden Grund an der Ausübung seines Gebrauchsrechts gehindert wird. ²Der Vermieter muss sich jedoch den Wert der ersparten Aufwendungen sowie derjenigen Vorteile anrechnen lassen, die er aus einer anderweitigen Verwertung des Gebrauchs erlangt.
(2) Solange der Vermieter infolge der Überlassung des Gebrauchs an einen Dritten außerstande ist, dem Mieter den Gebrauch zu gewähren, ist der Mieter zur Entrichtung der Miete nicht verpflichtet.

1 **A. Grundsätzliches.** Die Vorschrift gilt für alle Mietverhältnisse.

2 **B. Kein Gebrauch. I. Verwendungsrisiko.** Nach § 537 I 1 wird darauf abgestellt, ob der Mieter durch einen in seiner Person liegenden Grund an der Ausübung seines Gebrauchsrechts gehindert wird. Gleiches gilt, wenn zwar kein Hinderungsgrund vorliegt, der Mieter aber den Gebrauch nicht ausüben will (BGH WuM 81, 57). Das Verwendungsrisiko trägt grds der Mieter (BGH NJW 97, 193).

3 **II. Hinderung wegen eines in der Person des Mieters liegenden Grundes.** Die Hindernisse müssen sich aus der Person des Mieters ergeben. Auf ein Vertretenmüssen kommt es dabei nicht an, sondern es ist auf die Risikosphäre abzustellen, aus der der Hinderungsgrund stammt (BGH NJW 63, 341). Maßgeblich ist allein, ob der Mieter aus Gründen, die aus seiner Risikosphäre stammen, am Gebrauch gehindert wird.

4 **Bsp** für Hinderungsgründe in der Person des Mieters sind (vgl Schmid/*Stangl* § 537 Rz 7): Krankheit und Tod des Mieters (Ddorf ZMR 01, 106), Tod eines Angehörigen (*Weimar* ZMR 71, 202), berufliche Versetzung des Mieters (Oldbg WuM 81, 125), Verbüßung einer Freiheitsstrafe, Einberufung zum Wehrdienst, Antritt einer längeren Reise (KG OLGE 8, 394), berufliche Veränderung (LG Gießen NJW-RR 95, 395), sowie behördliche Verbote, die ihren Grund in der Person des Mieters haben (Ddorf ZMR 92, 536); Versagung der Konzession oder Betriebsgenehmigung wegen der Person des Mieters (Hambg OLGE 16, 416, 417); enttäuschte Erwartung bezüglich der Gewinnerzielung (BGH NJW 00, 1714); auch das Risiko, aus Witterungsgründen keinen Gebrauch von der Sache machen zu können, liegt allein beim Mieter (LG Düsseldorf ZMR 90, 379). Für gebuchtes Hotelzimmer muss der Mieter auch dann die Miete entrichten, wenn eine geplante Messe nicht stattfindet (Braunschw NJW 76, 570). Der Risikosphäre des Mieters unterfallen zB auch gegen ihn gerichtete Maßnahmen nach dem GewSchG, die ihn an der Benutzung der Wohnung hindern (AG Ludwigsburg NZM 05, 302).

C. Anrechnung. I. Schadensminderungspflicht. Den Vermieter trifft grds keine Pflicht zur anderweitigen **5** Verwertung der Sache während der Gebrauchshinderung des Mieters (Schmid DWW 09, 203). Eine Schadensminderungspflicht des Vermieters besteht nicht, da § 254 an einen Schadensersatzanspruch anknüpft, nicht aber an einen Erfüllungsanspruch, der hier gegeben ist (BGH NJW 07, 2177 = ZMR 07, 601). Der BGH (NJW 08, 278 = MDR 08, 442; hiergegen Schmid DWW 2009, 203) nimmt jedoch gleichwohl eine nicht näher erläuterte Verpflichtung des Vermieters an, „sich redlich zu bemühen, durch eine Gebrauchsüberlassung an Dritte aus der vom Mieter vertragswidrig geschaffenen Situation im beiderseitigen Interesse das Beste zu machen." Das aber begründet die Gefahr des Einwandes aus § 537 II (s. hierzu Schmid DWW 09, 203 und u Rn 17).

II. Ersparte Aufwendungen. Es ist auf die tatsächliche Ersparnis abzustellen, nicht auf dasjenige, was sich **6** der Vermieter hätte ersparen können (LG Kassel WuM 89, 410). Dies betrifft insb die verbrauchsabhängigen Betriebskosten, sofern der Vermieter diese zu tragen hat. Im Gegensatz dazu wird keine Ersparnis bei fixen Kosten, wie Grundsteuer, Versicherungsprämien eintreten. Auch ersparte Wartungs- und/oder Instandhaltungspflichten können zu einem anrechenbaren Vermögensvorteil führen, der nach § 287 ZPO schätzbar sein kann (Ddorf ZMR 85, 382).

III. Vorteile aus einer anderweitigen Verwertung des Gebrauchs. Die anderweitige Verwertung kann in **7** einer Eigennutzung oder in einer vorläufigen Weitervermietung liegen. Der Vermieter muss aber stets in der Lage bleiben, dem Mieter den Gebrauch zu gewähren, da er ansonsten Gefahr läuft, nach II den Anspruch auf die Miete zu verlieren (s. hierzu unten Rn 17). Den Vermieter trifft grds keine Pflicht zur anderweitigen Verwertung der Sache während der Gebrauchshinderung des Mieters (BGH WuM 81, 57; Palandt/*Weidenkaff* § 537 Rz 7; aA LG Braunschweig WuM 98, 220).

IV. Stellung eines Ersatzmieters. 1. Allgemeines. Dabei ist zu unterscheiden, ob es bereits im Mietvertrag **8** eine Ersatzmieterstellung vereinbart ist oder nicht.

2. Vertraglich vereinbarte Ersatzmieterstellung. Man unterscheidet zwei Typen von Mietnachfolgeklauseln **9** im Mietvertrag, die unechten Ersatzmieterklauseln und die echten Ersatzmieterklauseln.

Die **unechte** Ersatzmieterklausel gibt dem Mieter nur das Recht zum vorzeitigen Ausscheiden aus dem Miet- **10** verhältnis unter Stellung eines geeigneten Ersatzmieters. Es besteht keine Verpflichtung des Vermieters, mit dem Ersatzmieter einen Mietvertrag abzuschließen. Er ist lediglich verpflichtet, den Mieter bei Stellung eines geeigneten Ersatzmieters aus dem Vertrag zu entlassen. Kennzeichnend ist die fehlende Verpflichtung des Vermieters zum Abschluss eines Mietvertrages mit dem Ersatzmieter. Die **echte** Ersatzmieterklausel verpflichtet den Vermieter dazu, mit dem Ersatzmieter einen neuen Mietvertrag abzuschließen, sofern der Ersatzmieter zumutbar ist. Im Zweifel ist von einer echten Ersatzmieterklausel auszugehen (Frankf WuM 91, 475). Das gilt insb bei der Geschäftsraummiete, wo der Mieter regelmäßig ein Interesse daran hat, „das Geschäft zu verkaufen". Eine unberechtigte Ablehnung des Nachmieters kann zu Schadensersatzansprüchen des Mieters führen (*Schmidt-Futterer/Blank* nach § 542 Rz 26).

Dem Vermieter steht, auch wenn diesbezüglich eine vertragliche Vereinbarung fehlt, eine Überlegungsfrist **11** zur Überprüfung der Geeignetheit des Ersatzmieters von zwei bis drei Monaten zu (LG Gießen WuM 97, 264, LG Saarbrücken WuM 95, 313). Keine Überlegungsfrist besteht, wenn die Ersatzmieter ohne Prüfung durch den Vermieter abgelehnt werden. Hier endet die Pflicht zur Entrichtung des Mietzinses im Zeitpunkt der Ablehnung (LG Oldenburg WuM 97, 491).

3. Fehlende Vereinbarung über Ersatzmieterstellung. a) Grundsätzliches. Grds ist der Vermieter nicht ver- **12** pflichtet, den Mietvertrag aufzuheben, auch wenn der Mieter einen zumutbaren Ersatzmieter anbietet (BGH NJW 03, 1246). Trotz fehlender Mietnachfolgeklausel kann ein Mieter jedoch die vorzeitige Entlassung aus dem Mietvertrag ausnahmsweise verlangen, wenn der Mieter ein berechtigtes Interesse an der vorzeitigen Vertragsentlassung darlegen kann und zumindest einen geeigneten Ersatzmieter benennt (offen gelassen von Ddorf MDR 08, 1204 = ZMR 09, 25). Die Verweigerung der Entlassung des Mieters aus dem Mietverhältnis würde gegen Treu und Glauben verstoßen (Oldbg WuM 81, 125). Im **Wohnraummietrecht** wird dem Anspruch des Mieters auf Entlassung aus dem Mietvertrag wegen der kurzen gesetzlichen Kündigungsfristen des § 573c I 1 nur noch geringere Bedeutung zukommen. Bedeutung wird der Anspruch noch aufgrund der Überleitungsvorschrift des Art 229 § 3 X EGBGB dort haben, wo die für beide Parteien gleich gestaffelten Kündigungsfristen fortgelten und bei zwischen den Parteien geschlossenen Kündigungsausschlussvereinbarungen. Bei **Geschäftsraummiete** wird teilweise die Auffassung vertreten, dass diese Grundsätze auf vorzeitige Vertragsaufhebung nicht gelten, da der Mieter die Möglichkeit der Untervermietung hat (Naumbg WuM 02, 537, aA München NJW-RR 95, 93; Schmid DWW 09, 205). Weshalb die Grundsätze bei Geschäftsraummiete nicht Anwendung finden sollen, ist nicht ganz einzusehen, weil auch im Wohnraummietrecht die Möglichkeit der Untervermietung besteht. An die Eignung des Nachmieters können höhere Anforderungen gestellt werden (Palandt/*Weidenkaff* § 537 Rz 10).

13 **b) Keine Ersatzmieterstellung.** Die Stellung eines Ersatzmieters begründet ua in folgenden Fällen keine Verpflichtung zur Entlassung aus dem Mietverhältnis:

14 **aa) Kurze Restlaufzeit des Mietvertrages.** Der Vermieter muss einen Ersatzmieter nicht akzeptieren, wenn die verbleibende restliche Mietzeit nur noch verhältnismäßig kurz ist (Oldbg WuM 82, 124). Generell wird man sagen können, dass der Mieter jedenfalls keinen Anspruch auf Abkürzung der gesetzlichen Kündigungsfrist von drei Monaten hat (LG Flensburg WuM 76, 161; LG Berlin GE 95, 249). Diese Frist darf aber nicht schematisch angewandt werden, da es sich bei einer kurzen Restlaufzeit des Mietvertrages, letztlich nur um einen Gesichtspunkt bei der Interessenabwägung zwischen Vermieter und Mieter handelt (FAKomm-MietR Schmid/*Stangl* § 573 BGB Rz 24).

15 **bb) Kein überwiegendes Interesse des Mieters.** Ein berechtigtes Interesse liegt nicht vor, wenn der Mieter nur deshalb ausziehen will, weil er eine qualitativ bessere, billigere, verkehrsgünstigere oder aus ähnlichen Gründen, für ihn wirtschaftlich bessere geeignete Wohnung beziehen möchte (Karlsr NJW 81, 1741). Wenn ein berechtigtes Interesse vorliegt, muss dieses Interesse des Mieters an der Aufhebung dasjenige des Vermieters am Bestand des Vertrages ganz erheblich überragen (Karlsr NJW 81, 1741). Zahlreiche Bsp bei Schmid/*Stangl* FAKomm-MietR § 537 Rz 26.

16 **cc) Nicht geeigneter Ersatzmieter.** Grds ist die Suche des Ersatzmieters Angelegenheit des Mieters. Sofern der Vermieter sich die Suche von Nachmietinteressenten vorbehält, ist der Mieter bei Vorliegen des berechtigten Interesses vorzeitig aus dem Mietvertrag zu entlassen, da insoweit der Vermieter selbst die Verantwortung für die Suche übernommen hat. Eine Pflicht zur Suche gibt es für den Vermieter – in Ermangelung abweichender vertraglicher Regelungen – nicht. Insofern kommt ein Mitverschulden des Vermieters analog § 254 nicht in Betracht (Schmid/*Stangl* FAKomm-MietR § 537 Rz 29). Der Mieter muss zumindest einen Ersatzmieter benennen (LG Saarbrücken WuM 95, 313; aA AG Halle WuM 86, 314: mindestens drei). Für den Vermieter muss der Ersatzmieter bei einer „Würdigung aller Umstände des Falles" zumutbar sein (BGH NZM 03, 277). Dies ist dann der Fall, wenn der Ersatzmieter in persönlicher und wirtschaftlicher Hinsicht die ordnungsgemäße Vertragserfüllung erwarten lässt. Es muss die Bereitschaft bestehen, für die restliche Laufzeit des Mietvertrages ohne Vorbehalte, in Vertrag zu den bisherigen Konditionen einzutreten (Frankf ZMR 70, 49). Einzelfälle bei Schmid/*Stangl* FAKomm-MietR § 537 Rz 31 f.

17 **D. § 537 Abs 2: Überlassung der Mietsache an einen Dritten.** Erforderlich ist insoweit, dass es sich um eine Vermietung auf Dauer handelt, so dass der Vermieter nicht in der Lage ist, dem Mieter die Sache jederzeit zur Verfügung zu stellen. Eine Weitervermietung ist mit Anspruch auf die Mietdifferenz möglich, wenn der Mieter ohne Rücksicht auf den bestehenden Mietvertrag vorzeitig auszieht und die Miete nicht mehr entrichtet (BGH NJW 93, 1645; KG GE 01, 1539; LG München WuM 96, 766). Der Mieter, der sich grundlos weigert, den Mietvertrag zu erfüllen, verstößt gegen Treu und Glauben, wenn er sich ggü dem Mietzinsanspruch des Vermieters, der die Mietsache wegen dieser vertragswidrigen Weigerung des Mieters weitervermietet hat, auf § 537 II beruft(BGH NJW 08, 1148 = MDR 08, 442). Das soll nicht gelten wenn der Mieter wegen unklarer Rechlage Zweifel am Fortbestand des Mietverhältnisees haben kann (BGH NJW 08, 1148 = MDR 08, 442; aA Schmid DWW 09, 204). Einer Gebrauchsüberlassung an einen Dritten steht die **Nutzung für eigene Zwecke des Vermieters** gleich (FAKomm-MietR/*Stangl* § 537 Rz 38).

18 **E. Beweislast.** Den Mieter trifft die Beweislast für alle Tatsachen, die ihn ganz oder teilweise von der Entrichtung der Miete befreien (MüKo/*Bieber* § 537 Rz 18). Der Vermieter hat zu beweisen, dass er erfüllungsbereit ist und den Gebrauch gewähren kann (Schmid/*Stangl* FAKomm-MietR § 537 Rz 40).

§ 538 Abnutzung der Mietsache durch vertragsgemäßen Gebrauch.
Veränderungen oder Verschlechterungen der Mietsache, die durch den vertragsgemäßen Gebrauch herbeigeführt werden, hat der Mieter nicht zu vertreten.

1 **A. Anwendungsbereich.** § 538 gilt für alle Mietverhältnisse und regelt als Ausfluss der Gebrauchserhaltungspflicht des Vermieters in erster Linie die Frage des Vertretenmüssens bei Entstehen von Schäden, dh insb die Beweislastverteilung. § 538 erfasst Verschleißschäden und alle Veränderungen (Verschlechterungen und Verbesserungen). Wichtigster Anwendungsfall sind Schönheitsreparaturen (vgl *Langenberg* Schönheitsreparaturen bei Wohnraum und Gewerberaum 3. Aufl 08, *Riecke/Mack* Schönheitsreparaturen 3. Aufl 07). Werden sie nicht wirksam überbürdet, treffen sie den Vermieter (Ddorf NZM 07, 215). Die Aufforderung zur Vornahme ggü dem Mieter muss substantiiert erfolgen; die bloße Angabe, dass die bereits ausgeführten Malerarbeiten nicht fachgerecht seien, ist eine Bewertung ohne Angaben zugrunde liegender Tatsachen und somit unzureichend (KG ZMR 07, 450). Erhält der Mieter für die Durchführung der **Anfangsrenovierung** von dem Vermieter einen angemessenen *Ausgleich* (AG Reinbek ZMR 08, 217), liegt keine unangemessene Benachteiligung vor, wenn der Mieter daneben auch die laufenden Schönheitsreparaturen übernommen hat (LG Berlin ZMR 06, 936). Isolierte **Endrenovierungsklauseln** sind unwirksam (BGH ZMR 08, 102 m Anm *Riecke*, anders für Individualregelung BGH ZMR 09, 358 u 672). Eine im Formularwohnraummietvertrag enthaltene

Regelung, die bestimmt, dass der Mieter nur mit Zustimmung des Wohnungsunternehmens/Vermieters von der **„bisherigen Ausführungsart"** abweichen darf, ist insgesamt – und nicht nur hinsichtlich der Ausführungsart – wegen unangemessener Benachteiligung des Mieters unwirksam (BGH ZMR 10, 106 = MDR 10, 20 zum „Weißen", BGH NJW-RR 09, 656, BGH ZMR 07, 528, BGH ZMR 05, 34). Dies gilt jedoch nicht bei der **„Holzklausel"** (BGH NZM 08, 926; aA noch LG Hamburg ZK 16, ZMR 07, 967 – für Gesamtunwirksamkeit – m Anm *Hinz*; krit bereits zu LG Hamburg *Riecke/Ormanschick* Hbg GE 07, 450 sowie LG Hamburg ZK 7, ZMR 08, 454 für Teilunwirksamkeit).

B. Abgrenzungsproblematik. Die Abgrenzung der vertragsgemäßen Abnutzung/ erlaubten Veränderung von den Nebenpflichtverletzungen des Mieters durch vertragswidrigen Gebrauch oder dessen Verletzung von Obhutspflichten kann wie folgt vorgenommen werden: Vertragsgemäßer Gebrauch (BGH WuM 09, 36) lässt sich nicht generell bestimmen, sondern hängt vom Inhalt des konkreten Mietvertrages ab. Bei einer Vermietung von Kraftfahrzeugen ergibt sich der vertragsgemäße Gebrauch nicht nur aus den üblichen Vertragsformularbedingungen, sondern auch aus den Vorschriften der StVZO und StVO. Bei der Vermietung von Wohnraum konkretisiert im Regelfall die Haus- und Gartenordnung sowie die Verkehrsanschauung lückenhafte Regelungen im konkreten Mietvertrag. Übliche Gebrauchsspuren sind vom Mieter nur bei wirksamer Überwälzung der Schönheitsreparaturenverpflichtung überhaupt zu beseitigen. 2

C. Schönheitsreparaturen. Es gibt keine echte Legaldefinition, so dass zur Begriffsbestimmung – wenn im Vertrag nichts anderes vereinbart ist – primär auf § 28 IV letzter Satz der II. BV zurückgegriffen wird (BGH NJW 09, 1408), in dem es heißt: Schönheitsreparaturen umfassen nur das Tapezieren, Anstreichen oder Kalken der Wände und Decken, das Streichen der Fußböden, Heizkörper einschließlich Heizrohre, der Innentüren sowie der Fenster und Außentüren von innen. Sozialhilfeempfängern stehen über den Regelsatz hinaus ggf Ansprüche gegen den Fiskus zu (LSG B-W NZM 07, 258, LSG Nds-Bremen GE 07, 159). 3

I. Räumlicher Umfang, Fälligkeit. Die Verpflichtung betrifft weder gemeinschaftlich von allen Mietern genutzte Gebäudeteile (Waschküche, Treppenhaus etc) noch Kellerräume (LG Darmstadt WuM 1987, 315), Balkone und Garagen, es sei denn, dies wäre ausdrücklich und mit längeren Renovierungsintervallen vereinbart. Fälligkeit wird – unabhängig von der Wirksamkeit der Überbürdung – angenommen, wenn objektiv ein Renovierungsbedarf besteht (Ddorf GE 07, 515). Die Fälligkeit kann nicht durch eine sog **„Tapetenklausel"** zulasten des Mieters vorgezogen werden (BGH WuM 06, 308 = MDR 06, 1215). 4

II. Überwälzung der laufenden Schönheitsreparaturenpflicht. Obwohl der BGH (ZMR 05, 105 = NZM 04, 734) eine Verkehrssitte (krit *Emmerich* JuS 06, 933) insoweit bejaht, bedarf es dennoch einer wirksamen Überbürdung der Schönheitsreparaturenpflicht im Mietvertrag zulasten des Mieters. Ausreichend und hinreichend bestimmt ist nach BGH ZMR 05, 105 eine Klausel im Mietvertrag, die lautet: „Die Kosten der Schönheitsreparaturen trägt der Mieter". Die Klausel wurde vom BGH ohne Bedenken wegen des Transparenzgebots (vgl jetzt BGH NZM 07, 879 = ZMR 08, 30 m Anm *Mack*) dahingehend ausgelegt, dass der Mieter mit der Renovierung belastet wird, er die Arbeiten aber auch selbst erbringen kann und darf (vgl auch *Häublein* ZMR 05, 94 ff; zum Entgeltcharakter vgl *Eisenhardt* WuM 08, 63). Für flexible Schönheitsreparaturenfristen – sog **„Bedarfsklausel"** – hat der BGH (NZM 04, 497) die Klauselwirksamkeit bejaht („... so hat der Mieter alle bis dahin je nach Grad der Abnutzung oder Beschädigung erforderlichen Arbeiten auszuführen"). Bei Verwendung unwirksamer Klauseln kann der Hausverwalter ggü dem Vermieter haften (KG ZMR 07, 692). 5

Der BGH (ZMR 05, 427) konstatiert, dass „eine mietvertragliche Formularklausel über Schönheitsreparaturen, wonach der Mieter alle je nach Grad der Abnutzung oder Beschädigung erforderlichen Arbeiten unverzüglich auszuführen hat und die Schönheitsreparaturen im allg in nach Art der Räume gestaffelten Zeitabständen von 3, 5 und 7 Jahren erforderlich werden, nicht dahin auszulegen sei, dass die dem Mieter auferlegte Schönheitsreparaturenverpflichtung unabhängig vom Beginn des Mietverhältnisses an einen objektiv bestehenden Renovierungsbedarf anknüpft und ergo den Mieter nicht unangemessen benachteiligt." Nur individualvertraglich kann dem Mieter idR (Ausn: AG Hamburg-Blankenese ZMR 07, 867) eine Endrenovierungsverpflichtung (vgl BGH WuM 07, 682) auferlegt werden (BGH ZMR 06, 913 = NZM 06, 623). Wird allerdings zugleich dem Mieter die laufende Schönheitsreparaturenpflicht auferlegt, ist jedenfalls die formularvertragliche Regelung wegen des Summierungseffekts nichtig. Die Individualklausel (LG Berlin GE 07, 57) ist **nicht allein** wegen des Summierungseffekts unwirksam. Wann die Unwirksamkeit über § 139 nach BGH greifen soll, ist nicht klar. Die Rechtsprechung des BGH führt bereits vereinzelt (*Wiek* Info M 06, 176) zur Empfehlung wie in den 50er Jahren nur noch zu vereinbaren „Die laufenden Schönheitsreparaturen trägt der Mieter". Selbst diese Klausel ist angreifbar, weil unklar ist, ob Vornahme oder Kosten vom Mieter geschuldet werden. **Präziser** ist „Der Mieter hat auf eigene Kosten die laufenden Schönheitsreparaturen auszuführen. Sie umfassen idR das Tapezieren bzw. Anstreichen der Wände und Decken, Heizkörper einschließlich Heizrohre, der Innentüren sowie der Fenster und Außentüren von innen sowie das Shampoonieren der Teppichböden." Zur Grundreinigung des Teppichbodens bei Gewerbemiete vgl BGH ZMR 09, 267. 6

Der Vermieter kann auch im laufenden Mietverhältnis den Anspruch durchsetzen. Nach BGH ZMR 05, 523 gilt: „Hat der Mieter von Wohnraum im Mietvertrag die Verpflichtung zur Durchführung der Schönheitsreparatu- 7 ren übernommen, so wird der entspr Anspruch des Vermieters – sofern kein wirksamer Fristenplan vereinbart ist – fällig, sobald aus der Sicht eines objektiven Betrachters Renovierungsbedarf besteht; darauf, ob bereits die Substanz der Wohnung gefährdet ist, kommt es nicht an." Es bedarf immer einer konkreten Leistungsaufforderung ggü dem Mieter (KG ZMR 07, 450) und entspr Fristsetzung (LG Stuttgart WuM 07, 619).

8   III. Unwirksamkeit von Formularklauseln wegen Verstoß gegen das Transparenzgebot. Wegen des Verstoßes gegen das sog Transparenzgebot hat der BGH (NZM 06, 623 unter Bestätigung von BGH ZMR 03, 653 und NZM 03, 755) die formularmäßige Überwälzung der Schönheitsreparaturen bei einer Klauselkombination für unwirksam gehalten (vgl schon BGH ZMR 98, 752). Nach Ansicht des BGH werden Regelungen, die sich insgesamt mit der Renovierungspflicht des Mieters befassen, als zusammengehörig betrachtet. Das gelte nicht nur dann, wenn gegen beide Klauseln, für sich gesehen nichts einzuwenden sei und sie nur in ihrer Gesamtwirkung zu einer unangemessenen Benachteiligung des Mieters führten. Eine unangemessene Benachteilung einer Vertragspartei – und damit die Unwirksamkeit der Gesamtregelung – könne sich auch aus dem Zusammenwirken zweier Klauseln ergeben, wenn eine dieser Klauseln schon für sich gesehen unwirksam sei. Denn der Verwender einer aus zwei Teilen bestehenden Klausel, deren einer Teil nur Bestand haben kann, wenn der andere Teil unwirksam ist, könne sich wegen des Gebots der Transparenz vorformulierter Vertragsbedingungen nicht zu seinen Gunsten auf die Unwirksamkeit des anderen – ebenfalls von ihm gestellten – Klauselteils berufen (vgl *Eupen/Schmidt* NZM 06, 647).

9   In BGH ZMR 05, 518 wurde darauf hingewiesen, dass das Transparenzgebot nur iRd Möglichen besteht und dass es nicht zu einer Überforderung des Vermieters als AGB-Verwenders führen dürfe. Dies gelte insb für die Formulierung von Schönheitsreparaturenklauseln. Nach LG Nürnberg-Fürth ZMR 05, 623 ist eine formularmäßige Schönheitsreparaturenklausel nur hinsichtlich solcher Tätigkeiten wegen „Summierungseffektes" unwirksam, die sich in einer beschränkten Endrenovierungsklausel wiederfinden. Wegen der dort nicht erwähnten Gewerke bleibt die Klausel wirksam, str.

10   Nach BGH NZM 03, 755 ist sowohl die **Endrenovierungsklausel** als auch die generelle Überbürdung der Schönheitsreparaturen unwirksam. BGH ZMR 05, 527 hat auch für **Gewerbe**objekte die Unwirksamkeit der Klauselkombination „laufende Schönheitsreparaturenverpflichtung und Endrenovierungspflicht" bejaht. Inzwischen wird eine Gleichstellung von Wohnraum- und **Gewerbe**miete insoweit generell bejaht (BGH ZMR 09, 110 = NZM 08, 890). Zu den Folgen der Unwirksamkeit der Klauseln in der Gewerbemiete vgl *Leo/Ghassemi-Tabar* NZM 08, 105.

11   **IV. Starrer Fristenplan.** Ein Fristenplan mit zu kurzen Fristen führt zur Gesamtunwirksamkeit der Vertragsklausel (Ddorf OLGR 07, 199, München NZM 07, 215, LG Berlin ZMR 03, 487). Nach der Gegenansicht entfällt nur die Fristenregelung als solche, ohne dass die Überbürdung der Schönheitsreparaturen auf den Mieter davon berührt wird; die entstehende Regelungslücke soll durch einen Rückgriff auf angemessene Fristen zu schließen sein (*Häublein* ZMR 00, 139, 143; *Biemann/Rabe* ZMR 04, 169). Grds wird in der Rspr die Verkürzung der allgemein für zulässig gehaltenen Fristen von 3 Jahren in Nassräumen, 5 Jahren in Trockenräumen und 7 Jahren in Nebenräumen (für deutlich längere Fristen: *Langenberg* WuM 06, 122, *Beyer* NJW 08, 2065) für die Ausführung von Schönheitsreparaturen für unwirksam mit der Folge gehalten, dass auch die Klausel über die Verpflichtung zur Ausführung der Schönheitsreparaturen unwirksam ist (vgl *Riecke/Mack* Schönheitsreparaturen, Rz 178).

12   BGH ZMR 09, 110 u ZMR 04, 736 hat die Unwirksamkeit einer Formularklausel bejaht, die einen starren Fristenplan enthielt: „Der Mieter ist ... verpflichtet Schönheitsreparaturen ... **mindestens** aber in der nachstehenden Zeitfolge fachgerecht auszuführen." Der BGH folgt ausdrücklich der Auffassung *Häubleins* (ZMR 00, 139, 141) sowie des LG Marburg (ZMR 00, 539). Dieses hatte die formularmäßige Regelung, dass der Mieter die Türen und Fenster in Küche, Bad und Toilette alle 3 Jahre und in den übrigen Räumen alle 5 Jahre – unabhängig von deren Renovierungszustand – streichen muss, als unangemessene Benachteiligung des Mieters und damit als unwirksam angesehen, wenn es sich um absolut feststehende Fristen handelt. Das OLG Düsseldorf (ZMR 05, 187), das AG Esslingen (ZMR 05, 199) sowie die sonstige Instanzrechtsprechung haben sich dem angeschlossen. Auch ein bloßer Hinweis auf die genannten „Üblichen Fristen" genügt nach BGH ZMR 06, 597 für die Annahme eines – dann unwirksamen – starren Fristenplans (vgl auch BGH ZMR 06, 513 m Anm *Schläger* KG ZMR 08, 893 und 789).

13   Es ändert nichts, wenn die starren Fristen in einer separaten Klausel geregelt sind. BGH ZMR 05, 34 bejahte in einem solchen Fall einen inneren Zusammenhang der Klauseln und damit eine Klauselnichtigkeit. Die Klausel sah lediglich für den Fall stärkerer Abnutzung eine Verkürzung der Fristen vor und wurde als Konstituierung einer verbindlichen Renovierungsfrist angesehen.

14   Treffen starre und deshalb unwirksame Formularklauseln zur Vornahme der laufenden Schönheitsreparaturen und der Endrenovierung durch den Mieter mit einer später **bei Einzug individuell vereinbarten Übernahme der Endrenovierungspflicht** durch den Mieter zusammen, unterliegt die Individualvereinbarung weder der Inhaltskontrolle nach § 307 I 1 noch wird sie gem § 139 von der Unwirksamkeit der Formularklausel erfasst, BGH ZMR 09, 358.

V. Halbwegs starrer Fristenplan. Das LG Hamburg (ZMR 04, 196) verneinte das Vorliegen eines starren Fristenplans bei folgendem Klauselzusatz: „...Schönheitsreparaturen sind spätestens nach Ablauf folgender Zeiträume auszuführen... Lässt in besonderen Ausnahmefällen der Zustand der Wohnung eine Verlängerung (dieser) Fristen zu oder erfordert der Grad der Abnutzung einer Verkürzung so ist (der Vermieter) auf Antrag (des Mieters) verpflichtet, im anderen Fall aber berechtigt nach billigem Ermessen die Fristen des Planes bzgl der Durchführung einzelner Schönheitsreparaturen zu verlängern oder zu verkürzen." (BGH ZMR 05, 109). Scheidet bei mehreren Personen auf Mieterseite (Eheleute oder Wohngemeinschaft) einer oder mehrere Mieter aus dem Mietverhältnis im Wege dreiseitigen Vertrages aus, ist der Verbleibende alleinige Mieter auch für die in der bisherigen Mietzeit bereits abgelaufenen Zeiträume renovierungspflichtig und kann sich nicht darauf berufen, er habe mit Abschluss des neuen Mietvertrages eine unrenovierte Wohnung übernommen. Kommt es dagegen bei der Vermietung an eine Einzelperson zu einer Absprache zwischen Mieter und dem Rechtsvorgänger (Vormieter) dahingehend, dass der neue Mieter die Fristläufe zur Schönheitsreparaturenpflicht seines Vorgängers übernehme, wird dies vom AG Münster (WuM 03, 562) als Vertrag zugunsten Dritter (des Vermieters) ausgelegt. 15

VI. Vertragsauslegung und richterliche Korrektur. Während der BGH bei § 551 (ZMR 03, 729 und 04, 405) sehr großzügig vorgeht, wird im Recht der Schönheitsreparaturen sehr streng kontrolliert. Nach *Wiedemann* (FS Canaris Bd I, 1285) setzt die Bestimmung des Umfangs der Unwirksamkeit mehr voraus als eine mechanische Textkorrektur. Der Zweck der (Verbots-)Norm müsse stärker berücksichtigt werden. 17

VII. Besonderheiten bei einer „Quotenklausel". Die Probleme, formularmäßig den Mieter zur Durchführung einer Endrenovierung bei Ablauf des Mietverhältnisses zu verpflichten, haben zur Entwicklung derartiger Klauseln geführt, die überwiegend als sog Abgeltungs- oder Quotenhaftungsklausel (Schmidt-Futterer/*Langenberg* 9. Aufl § 538 Rz 182 ff), oder Quotenschuldklausel (*Weyhe* 277) bezeichnet werden. Gegenstand ist die Verpflichtung des Mieters zur Übernahme anteiliger Kosten bei Vertragsende, wenn die Durchführung von Schönheitsreparaturen nach dem (wirksam) vereinbarten (nicht starren) Fristenplan noch nicht fällig ist. Die Höhe der vom Mieter zu tragenden Kostenquote ist dabei nach dem Verhältnis der seit der letzten Durchführung von Schönheitsreparaturen bzw seit dem Mietvertragsbeginn verstrichenen Zeit zu den nach dem Fristenplan für die Durchführung von Schönheitsreparaturen üblichen Zeiträumen zu ermitteln. Ist eine derartige Klausel wirksam (vgl BGH ZMR 07, 28 m Anm *Kappus* = NJW 06, 3778) vereinbart worden, hat der Vermieter im Gegensatz zu Renovierungsklauseln, die lediglich an Fristenpläne anknüpfen, gerade **vor** Ablauf der üblichen Renovierungsfristen einen Anspruch auf kostenmäßige Beteiligung des Mieters an den nächsten durchzuführenden Schönheitsreparaturen (BGH ZMR 88, 455 = NJW 88, 2790). Der BGH hat schon damals deutlich gemacht, dass eine derartige Klausel auch bei einer ursprünglich unrenoviert oder renovierungsbedürftig überlassenen Wohnung wirksam ist, sofern Ausgangspunkt für die Berechnung der üblichen Renovierungsfristen (neuerdings sollen auch pauschal 20% für die ersten vier Jahre wirksam sein, vgl *Eupen/Schmidt* NZM 06, 645) und der quotenmäßigen Kostenbeteiligung jeweils der Beginn des Mietverhältnisses, nicht aber ein davor liegender Zeitpunkt ist (vgl auch BGH ZMR 98, 752). 18

BGH ZMR 05, 518 hat die Wirksamkeit einer sog Quotenklausel bestätigt und festgestellt: „Formularvertraglich kann dem Mieter von Wohnraum auferlegt werden, die sich aus einem Kostenvoranschlag ergebenden Renovierungskosten zu tragen, wenn der Voranschlag nicht ausdrücklich für verbindlich erklärt wird, die Fristen und Prozentsätze an üblichen Renovierungsfristen ausgerichtet sind und es dem Mieter vorbehalten bleibt die Schönheitsreparaturen in kostensparender Eigenarbeit durchzuführen." Dieses Judikat verträgt sich allerdings nur schlecht mit BGH ZMR 04, 736, wonach starre Fristenpläne im Formularvertrag nicht wirksam vereinbart werden können (vgl auch BGH ZMR 04, 659 und *Häublein* ZMR 05, 94). Nach BGH ZMR 07, 28 ist nunmehr eine Abgeltungsklausel mit starrer Abgeltungsquote gem § 307 unwirksam. Im Hinblick auf BGH ZMR 05, 109 ff wäre schon vor BGH ZMR 07, 28 zu erwarten gewesen, dass zumindest die der Quotenklausel zugrunde liegenden „starren Fristen" schon in der Klausel (ausdrücklich) „aufgeweicht" sein müssten, und zwar analog zur fiktiven Verlängerung der vorgegebenen Fristen (aA *Eupen/Schmidt* NZM 06, 644 ff). Nach Auffassung des LG Nürnberg-Fürth (ZMR 05, 622) soll eine unzulässige Quoten- oder Abgeltungsklausel nicht die in einer anderen Klausel geregelte Pflicht zur Ausführung von Schönheitsreparaturen „infizieren". Strenger der BGH (NZM 07, 879 = ZMR 08, 30 m Anm *Mack*). Zur isolierten Vereinbarung einer Quotenklausel vgl *Klimke/Lehmann-Richter* WuM 07, 690 gegen *Artz* NZM 07, 265, 271. Sieht eine *Quotenklausel* allerdings vor, dass der Mieter bei vollständigem Ablauf der Frist 100% der durch Kostenvoranschlag nachgewiesenen Kosten zu bezahlen hat, liegt ein Verstoß gegen § 309 Nr 4 vor, weil dadurch unzulässigerweise die Regelung der §§ 280 III, 281, das Erfordernis der Nachfristsetzung umgangen wird. 19

Aus der Formulierung der Klausel muss deutlich hervorgehen, dass eine Verpflichtung zur quotenmäßigen Kostenbeteiligung nur dann und insoweit begründet wird, als bei Vertragsende nicht ohnehin die Durchführung von Schönheitsreparaturen geschuldet ist, zB weil eine Endrenovierung schon nach den vereinbarten Fristenplänen und dem Abnutzungsgrad der Wohnung fällig ist. Für die Ermittlung der Quote sind sodann nur **volle** Jahre seit Ausführung der letzten Schönheitsreparaturen bzw Beginn des Mietverhältnisses zu berücksichtigen und in das Verhältnis zu den üblichen Renovierungsfristen zu setzen. Anknüpfungspunkt für 20 die Berechnung von Renovierungsfristen muss stets der letzte Zeitpunkt der Durchführung von Renovierungsarbeiten des ausziehenden Mieters sein. Der vom Vermieter vorzulegende Kostenvoranschlag eines Handwerksbetriebs, anhand dessen die Höhe des Zahlungsanspruchs des Vermieters errechnet werden soll, darf weder ausdrücklich für verbindlich erklärt werden noch darf durch die Formulierung der Vertragsklausel über die Unverbindlichkeit dieses Kostenvoranschlags hinweggetäuscht werden. Schließlich darf dem Mieter nicht die Möglichkeit verwehrt werden, sich von der Zahlungsverpflichtung durch Selbstvornahme der (eigentlich noch nicht fälligen) Schönheitsreparaturen zu befreien. Nichtigkeit wird von BGH ZMR 07, 28 (mit Anm *Kappus*, bestätigt von BGH WuM 07, 260 = NZM 07, 355) bejaht bei einer „starren Quotenklausel". Schon nach LG Hamburg ZMR 05, 791 ff mit **Klauselvorschlag** und Anm *Riecke* ist eine Quotenklausel, die zur Berechnung der Quote für die Abgeltung noch nicht fälliger Schönheitsreparaturen starre Fristen vorgibt, wegen unangemessener Benachteiligung des Mieters nichtig. So auch LG Mannheim NZM 06, 223. Die Quotenklausel setzt eine wirksame Überbürdung der Schönheitsreparaturenverpflichtung auf den Mieter voraus (BGH ZMR 06, 513). Nach BGH (ZMR 08, 30 mit Anm *Mack*) kann auch eine Quotenabgeltungsklausel, die die Beachtung des tatsächlichen bzw zu erwartenden Renovierungsbedarfs ermöglicht (Quotenabgeltungsklausel mit „flexibler" Abgeltungsquote) im Einzelfall deshalb unwirksam sein, weil sie dem durchschnittlichen Mieter nicht hinreichend klar und verständlich macht, wie die Abgeltungsquote konkret zu berechnen ist, und damit gegen das in § 307 I 1, 2 normierte **Transparenzgebot** (vgl BGH ZMR 08, 527) verstößt. Nach BGH (WuM 09, 36) und LG Itzehoe (WuM 07, 691) erfasst die Unwirksamkeit der Quotenklausel nicht auch eine separate, isoliert wirksame Klausel, über laufende Schönheitsreparaturen (aA *Klimke/Lehmann-Richter* WuM 07, 689).

21 **VIII. Nachträgliche Ersetzung als unwirksam erkannter Klauseln.** Für die nachträgliche Ersetzung einer unwirksamen Schönheitsreparaturklausel mit Hilfe einer Vereinbarung zwischen Mieter und Vermieter gelten – nach *Klimke* ZMR 05, 161 ff – folgende Regeln: a) Die formularmäßige Überwälzung der laufenden Schönheitsreparaturen ist nur wirksam, wenn der Vermieter den Mieter auf die Unwirksamkeit der bisherigen Regelung hinweist. Ohne einen solchen Hinweis ist die Überwälzung nach § 307 I 2 unwirksam. Wenn der Vermieter die Unwirksamkeit aktiv verschleiert, scheitert zudem schon die Einbeziehung der Änderungsklausel an § 305c I. b) Eine individualvertragliche Änderungsvereinbarung ist wirksam. IÜ muss der Vermieter nur auf Nachfrage über die ihm bekannte Unwirksamkeit der Klausel aufklären. Der Mieter muss seine Interessen grds selbst wahren (*Artz* NZM 07, 272). Kommt es nicht zu einer einvernehmlichen Neuregelung war bis BGH ZMR 09, 514 und NJW 08, 2840 (kein Zuschlag) str, ob ein Schönheitsreparaturenzuschlag ggü Mietspiegelwerten iRd Mieterhöhung in Betracht kommt (bejahend Karlsr ZMR 07, 782, aA *Flatow* WuM 07, 551, vgl auch *Börstinghaus* WuM 07, 426).

22 **IX. Ersatzansprüche des Mieters bei unwirksamen Klauseln.** Der Mieter kann (vgl *Paschke* WuM 08, 647, *Flatow* WuM 08, 590) für die (versehentliche) Vornahme von Malerarbeiten Ersatz nur nach Bereicherungsrecht (BGH ZMR 09, 829: üblicherweise was er billigerweise neben seinem Einsatz an freier Zeit als Kosten für das notwendige Material sowie als Vergütung für die Arbeitsleistung seiner Helfer aufgewendet hat) verlangen, wenn die mietvertragliche Klausel über die Durchführung von Schönheitsreparaturen bei Auszug unwirksam ist, und zwar auch dann, wenn er sich irrtümlich aufgrund der unwirksamen mietvertraglichen Vereinbarung zur Leistung der Malerarbeiten verpflichtet sah (LG Karlsruhe NZM 06, 508; aA AG München NZM 01, 1030 und *K.W. Lange* NZM 07, 785). Nach *Dötsch* (NZM 07, 275, 279, NZM 08, 108) enthält § 539 keine Rechtsgrund-, sondern eine eingeschränkte Rechtsfolgenverweisung: Bereicherung bei irrtümlich ausgeführten Malerarbeiten seien die ersparten Vermieteraufwendungen (vgl LG Wuppertal WuM 07, 567; LG Stuttgart WuM 04, 665 und LG Freiburg WuM 05, 383). Die Frage, ob der Verwender unerlaubter Allgemeiner Geschäftsbedingungen auf Schadensersatz haftet (*Rummel* FS Canaris Bd I, 1149, *Brandner* FS Oppenhoff, 11, *Blank* FS Derleder, 05, 189, 198 ff, PiG Bd 75, 17, 26 ff) ist für die Folgen unwirksamer Schönheitsreparaturklauseln von Bedeutung (vgl *Artz* NZM 07, 265, 271 f; MüKo/*Häublein*, 5. Aufl § 535 Rz 128). Nach *Rummel* ist eine Beschränkung der cic-Haftung wegen Verwendung unwirksamer Klauseln auf Evidenzfälle geboten.

23 **X. Ansprüche des Vermieters bei unwirksamer Klausel.** Es besteht kein Anspruch auf Vertragsanpassung (§ 313, *Börstinghaus* WuM 05, 675, *Klimke/Lehmann-Richter* WuM 06, 653; aA nur *Horst* DWW 07, 48). Der Vermieter muss dem Mieter Verhandlungen über die Vertragsänderung (Ziel: wirksame Schönheitsreparaturenklausel mit ex-nunc-Wirkung, LG München II NZM 08, 608) anbieten. Nach BGH (ZMR 09, 514, ZMR 08, 878; krit dazu *Häublein* ZMR 09, 1 sowie *Wüsteseld* WuM 08, 697 für Kostenmiete) soll **kein Zuschlag** zu Mietspiegelwerten verlangt werden können. Nach LG Nürnberg-Fürth (NZM 06, 53) scheidet eine Mieterhöhung jedenfalls aus, wenn der Mieter erklärt, er werde Abnutzungserscheinungen künftig selbst beseitigen.

24 **D. Vertragswidriger Gebrauch.** Werden durch vertragswidrigen Gebrauch des Mieters Schäden am Mietobjekt verursacht, ist der Mieter – unabhängig davon, ob ihm wirksam Schönheitsreparaturen überbürdet wurden – zum Schadensersatz verpflichtet, aus dem Gesichtspunkt der Pflichtverletzung (§§ 280 ff) bezogen auf die Obhutspflichten bzw wegen unerlaubter Handlung (§ 823).

Der Mieter überschreitet die Grenzen des ihm zustehenden vertragsgemäßen Gebrauchs bei Wohnraummiete **25** und Standardmietverträgen idR in den nachfolgend genannten Fällen: – Anbringen einer übermäßigen Anzahl von Dübellöchern in Wandfliesen, die nicht durch die Notwendigkeit üblicher Befestigungsmöglichkeiten gerechtfertigt ist; – Anstrich der Wände mit **ungewöhnlichen Farben** wie schwarz, rot, pink, türkis oder lila verpflichtet bei Vertragsende zum Aufbringen eines neuen Anstrichs in den üblichen hellen Farben, dh es besteht eine Verpflichtung die Räumlichkeiten in einen zur Weitervermietung geeigneten Zustand insoweit zu versetzen; – Brandlöcher in Teppichböden, PVC-Belägen oder Parkett sowie starke Verunreinigungen und Beschädigungen durch Tierhaltung, Wasserflecken vom Blumengießen sowie Verfärbungen durch Ausschütten von Tinte, Lacken oä Substanzen; – **Rauch**verfärbungen von Wänden und Decken durch exzessives Rauchen in der Wohnung begründen idR keine Schadensersatzansprüche gegen den Mieter aus § 280 I iVm § 241 II (BGH ZMR 08, 524). Dem Mieter ist gegen Entgelt ein „Freiraum für seine Lebensführung" zu gewähren, allenfalls sind der Lebensgestaltung Grenzen gesetzt, dort wo das Integritätsinteresse des Vermieters nachhaltig verletzt wird. Nur extrem starkes (Kampf-)Rauchen ist wohl nicht mehr als vertragsgemäßer Gebrauch der Mietsache iSd § 538 anzusehen (vgl BGH NZM 06, 691, LG Koblenz ZMR 06, 288; *Stangl* ZMR 02, 734 sowie AG Cham ZMR 02, 761; AG Tuttlingen MDR 99, 992); – Substanzeingriffe in die vermieterseits gestellten Sanitäreinrichtungen begründen regelmäßig eine Schadensersatzpflicht des Mieters. Das gilt va für Abplatzungen an Bade- oder Duschwannen sowie Beschädigungen von Wasch- oder Toilettenbecken als Folge durch Unachtsamkeit des Mieters hineingeworfener harter Gegenstände; – auch mangelhaft ausgeführte Malerarbeiten – unabhängig davon, ob als vermeintliche Erfüllung einer Schönheitsreparaturenpflicht durchgeführt – können eine Pflichtverletzung des Mieters darstellen, die zum Schadensersatz führt. Einen Grenzfall stellt das Kürzen von Türen dar, um Teppichboden oder Parkett verlegen zu können.

E. Zurechnung von Fremdverschulden. Der Mieter haftet gem § 278 auch für die Einhaltung des vertragsge- **26** mäßen Gebrauchs durch seine Erfüllungsgehilfen. Bei schuldhafter Beschädigung der Mietsache wird das Handeln des Erfüllungshilfen dem Mieter zugerechnet. Zu den Erfüllungsgehilfen zählen der Untermieter (§ 540 II) sowie die Familienangehörigen des Mieters, insb dessen Mitarbeiter (vgl Staud/*Emmerich* § 538 Rz 6). Außerdem werden unter diesem Begriff erfasst der vom Mieter beauftragte Spediteur/Fuhrunternehmer und dessen Leute, die vom Mieter hinzugezogenen Lieferanten und Handwerker sowie Personen, die der Mieter als Baby- bzw Homesitter beauftragt hat.

F. Schutz des Mieters bei Bestehen einer Gebäudefeuerversicherung. Seit BGH ZMR 01, 175 (vgl Köln **27** NZM 09, 293) soll sich aus einer ergänzenden Vertragsauslegung ein konkludenter Regressverzicht des Versicherers für all die Fälle ergeben, in denen der Wohnungsmieter einen Brandschaden durch einfache Fahrlässigkeit verursacht hat. Es wird davon ausgegangen, dass der Wohnungsmieter nicht in der Gebäudefeuerversicherung des Eigentümers mitversichert, sondern „Dritter" ist. Der BGH bejaht einen konkludenten Regressverzicht des Versicherers für solche Schadensverursachungen durch den Mieter (vgl auch *Armbrüster* NJW 97, 177 f). Der Regressverzicht für leichte Fahrlässigkeit hängt nicht davon ab, ob der Mieter im Einzelfall eine Haftpflichtversicherung abgeschlossen habe (vgl *Prölss* Recht und Schaden, 1997, 221f). *Prölss* (ZMR 01, 157 f) sieht bei Bestehen einer Haftpflichtversicherung auf Seiten des Mieters den Regressverzicht jedoch lediglich als „subsidiär" an. Ddorf (ZMR 01, 179) hat einen Regress des Versicherers für einen Brandschaden auf grob fahrlässige und vorsätzliche Pflichtverletzung des Mieters beschränkt (vgl BGH ZMR 96, 184; Ddorf NJW-RR 98, 1155 sowie Staud/*Emmerich* § 538 Rz 9).

Diese Haftungsbeschränkung zu Gunsten des Mieters erstreckt sich allerdings nicht auf dessen Besucher (vgl **28** Hamm ZMR 01, 183). Sie gilt nur für den Mieter und solche Personen, die ihm nahe stehen. Hierunter versteht das OLG Hamm solche Personen, die mit der Mietsache in Berührung kommen sollen und bei denen der Vermieter davon ausgehen musste, dass der Mieter ihn ebenfalls den Schutz der Haftungsfreistellungsvereinbarung zu Gute kommen lassen wollte. Dies betrifft konkret va Mitbewohner, in erster Linie also die Angehörigen, ferner solche Personen, bei denen nach ihrer Inanspruchnahme durch den Vermieter oder seinen Sachversicherer ein Rückgriffs- oder Freistellungsanspruch gegen den Mieter in Betracht kommt, etwa aus arbeitsrechtlichen oä Gesichtspunkten (vgl *Armbrüster* ZMR 01, 185).

G. Beweislast. Der Vermieter muss den ordnungsmäßigen Zustand der Mietsache für den Zeitpunkt der **29** Übergabe beweisen und dass die Schadensursache im Bereich der Einflusssphäre des Mieters gelegen hat (BGH ZMR 05, 120 und BGH NZM 00, 549, LG Dessau-Roßlau ZMR 09, 38 zu Schimmelpilzbefall). Dies bedeutet, dass der Vermieter alle anderen Ursache, die seiner eigenen Einflusssphäre unterliegen nachweislich ausschließen muss. Erst wenn der Vermieter diese Beweise alle geführt hat, muss der Mieter um sich zu entlasten, beweisen, dass der Schaden während des vertragsgemäßen Gebrauchs eingetreten ist (vgl BGH ZMR 02, 899 = NJW 02, 3234. Bei Auftreten von Fogging (vgl *Szewierski/Moriske* ZMR 03, 550) trifft den Mieter die volle Beweislast (BGH ZMR 06, 356 = NJW 06, 1061); bei feststehender Verursachung durch Dritte vgl Ddorf ZMR 05, 449, bei vertragsgemäßer Nutzung vgl BGH ZMR 08, 869.

H. Abweichende Vereinbarungen. Die Regelung des § 538 enthält nicht die für das Mietrechtsreformgesetz **30** typische Regelung im Schlussabsatz „eine zum Nachteil des Mieters abweichende Vereinbarung ist unwirksam", so dass insb hinsichtlich Schönheits- und Kleinreparaturen (AG Brandenburg ZMR 08, 976) auch in Formularverträgen abweichende Klauseln durchaus wirksam vereinbart werden können (vgl *Lehmann-Richter* ZMR 09, 15, *Sternel* ZMR 08, 501, *Beyer* NZM 08, 465). Dagegen ist eine totale Überbürdung der Instandhaltungspflicht, dh die Belastung des Mieters mit Beseitigung sämtlicher Abnutzungsspuren weder formular- noch individualvertraglich im Wohnraummietrecht zulässig. Dies würde letztlich zu einer Umkehr der Beweislast führen, die an § 309 Nr 12 scheitert.

§ 539 Ersatz sonstiger Aufwendungen und Wegnahmerecht des Mieters. (1) Der Mieter kann vom Vermieter Aufwendungen auf die Mietsache, die der Vermieter ihm nicht nach § 536a Abs. 2 zu ersetzen hat, nach den Vorschriften über die Geschäftsführung ohne Auftrag ersetzt verlangen. (2) Der Mieter ist berechtigt, eine Einrichtung wegzunehmen, mit der er die Mietsache versehen hat.

1 **A. Anwendungsbereich.** § 539 I regelt den sonstigen Aufwendungsersatzanspruch des Mieters, soweit dieser nicht bereits von § 536a II erfasst wird. Die Vorschrift erfasst nicht den Ersatz notwendiger Verwendungen. Insoweit ist § 536a II mit den dort geregelten Voraussetzungen eines Ersatzanspruchs des Mieters für die Beseitigung von Mängeln eine in sich abschließende Regelung. Aufwendungsersatzansprüche können nur im direkten Verhältnis Mieter-Vermieter geltend gemacht werden, nicht aber im Verhältnis des Untermieters zum Hauptvermieter/Eigentümer. Auch für unberechtigte Mieter = Besitzer scheidet § 539 aus; es gelten dann lediglich die §§ 994 ff. Bereicherungsrechtliche Ansprüche bestehen neben den Ansprüchen aus § 536a II, 539 I nicht (vgl BGH NZM 00, 566). Ausn s. Rn 9.

2 **B. Voraussetzungen des Ersatzanspruchs. I. Sonstige Aufwendungen.** Es ist kein „Auffangtatbestand" gegeben, es ist streng zwischen notwendigen Aufwendungen iSd § 536a II und „(sonstigen)" Aufwendungen iSd § 539 I zu unterscheiden (vgl *Sternel* II. Rz 612; *Lammel* § 539 Rz 9; aA *Langenberg* in: Schmidt-Futterer § 539 Rz 10 ff). Bei Luxusaufwendungen scheidet idR eine Ersatzpflicht gem den §§ 539 I, 677 ff, 812 ff aus. Zu den sonstigen Aufwendungen werden insb Aus- und Umbauten des Mieters gezählt, insb der Einbau einer Heizung oder eines Bades (LG Düsseldorf WuM 02, 491). Die sonstigen Aufwendungen sind auch abzugrenzen ggü Einrichtungen, die als sog Scheinbestandteile iSd § 95 II BGB idR im Eigentum des Mieters bleiben. Hierzu zählen insb neue Schlösser, Türen, Schilder, Lichtschalter, Steckdosen, Antennen, etc (vgl *Langenberg* in: Schmidt-Futterer § 539 Rz 12).

3 **II. Fremdgeschäftsführungswille des Mieters.** Da § 539 I keine Rechtsfolgen- sondern eine Rechtsgrundverweisung (aA *Dötsch* NZM 07, 275 u 08, 108) auf die §§ 677 ff enthält, muss auch der Fremdgeschäftsführungswille positiv festgestellt werden. Lediglich bei einem objektiv fremden Geschäft wird der Wille zur Fremdgeschäftsführung vermutet. Zu den Grenzen dieser Vermutung vgl *K.W. Lange* NZM 07, 785. Selbst bei einem sog „auch fremden Geschäft" ist ein Fremdgeschäftsführungswille zumindest indiziert auch wenn gleichzeitig vom Mieter eigene Interessen verfolgt werden. Die **Beseitigung von Mängeln** der Mietsache fällt schon unter § 536a II und wird deshalb von § 539 I nicht erfasst (BGH ZMR 08, 281). Die typischen Mietermodernisierungen indizieren noch keinen Fremdgeschäftführungswillen nur weil die Investition fremdes Eigentum betrifft. Ein Fremdgeschäftsführungswille kann sogar als ausgeschlossen betrachtet werden, wenn der Vermieter die Genehmigung zu Mietereinbauten nur mit der Maßgabe erteilt, dass bei Beendigung des Mietverhältnisses ein Rückbau zu erfolgen habe.

4 Wie sich aus § 678 ergibt, wird der subjektive Wille des Vermieters seinem objektiven Interesse bei Übernahme der Geschäftsführung ohne Auftrag durch den Mieter übergeordnet. Dagegen ist bei der Ausführung durch den Mieter primär das objektive Interesse des Vermieters maßgebend, nicht jedoch dessen Wille (vgl § 677 „Mit Rücksicht auf ..."). Darf sich der Mieter als Geschäftsführer bei Widerspruch zwischen Interesse und Willen des Geschäftsherrn/Vermieter nicht der weiteren Geschäftsführung enthalten, so soll er dem objektiven Interesse folgen. Nur die berechtigte Geschäftsführung ohne Auftrag begründet Ansprüche des Mieters aus den §§ 683, 670 iVm § 539.

5 Durch das Abstellen auf den subjektiven Willen des Vermieters soll verhindert werden, dass dieser „aufgedrängte Bereicherungen" vergüten muss. Deshalb sind an einer Bejahung der Voraussetzung des § 683 1 strenge Anforderungen zu stellen (BGH ZMR 99, 93).

6 **III. Anspruchsgegner.** Da ein begründeter Ersatzanspruch bereits mit der Vornahme der Aufwendung entsteht, ist Anspruchsgegner der in diesem Zeitpunkt aktuelle Vermieter, jedenfalls nicht ein späterer Erwerber des Grundstücks (§ 566).

7 **C. Höhe des Ersatzanspruchs.** Gem den §§ 683 1, 670 steht dem Mieter ein Anspruch in Höhe der Aufwendungen zu, die er nach den Umständen für erforderlich halten durfte. Hierbei kommt es wegen der Rechtsgrundverweisung (aA *Dötsch* NZM 07, 275, 279) auf die Vorschriften über die Geschäftsführung ohne Auftrag nicht darauf an, ob diese Aufwendungen auch zu einer entspr Vermögensmehrung auf Seiten des Vermieters geführt haben. Die Aufwendungen sind nicht quasi retrospektiv zu betrachten, sondern es ist zu beurteilen, ob der Mieter bei Tätigen der Aufwendungen unter Berücksichtigung der subjektiven Interessen

des Vermieters die richtige Prognoseentscheidung getroffen hat. Zum stillschweigenden Ausschluss des Anspruchs bei ausschließlichem Eigeninteresse des Mieters vgl BGH ZMR 07, 684 = WuM 07, 443.

D. Bereicherungsansprüche des Mieters. Gem den §§ 539 I, 684 1 kann der Vermieter auch bei Fehlen eines Aufwendungsersatzanspruchs auf Herausgabe der Bereicherung (vgl BGH ZMR 09, 829) in Anspruch genommen werden (§§ 812, 818). Für den Fall einer Verwendungskondiktion entschied der BGH (BGHZ 23, 61 ff), dass dem Mieter/Verpächter durch eine analoge Anwendung des § 1001 2 geholfen werden könne, dh der Vermieter werde von der Verwendungskondiktion dadurch befreit, dass er dem Mieter das Produkt der unerwünschten Verwendung zum Abbruch/Entfernen überlasse. Eine andere Argumentation geht dahin, dass der Verwendungskondiktion einredeweise vom Vermieter entgegen gehalten werden könne, dass dieser einen Anspruch auf Beseitigung des Verwendungserfolges habe (§§ 823 I, 989, 990 iVm den §§ 249, 1004). Eine dritte Lösung bestimmt den Wert des Erlangten iSd § 818 II nach einem subjektiven Maßstab des bereicherten Vermieters. Danach wäre der Bereicherungsanspruch auf den Betrag begrenzt, der sich aus dem Zunutzemachen des Verwendungserfolgs durch den Vermieter ergibt. Nach *Langenberg* (Schmidt-Futterer § 539 Rz 48) ist bei nicht möglicher Herausgabe der Bereicherung Wertersatz in Höhe des objektiven Werts (BGHZ 82, 299, 307) zu leisten. Nach OLG Düsseldorf (ZMR 08, 950) wird nur bei Ertragswertsteigerung Ersatz geschuldet. 8

E. Sonderfall: Mieterinvestition und vorzeitige Vertragsbeendigung. Ist der Mieter vertraglich zur Vornahme von Sanierungsmaßnahmen verpflichtet, die er aufgrund eines Langzeitmietvertrages „abwohnen" wollte und sollte, so kommt der Vermieter früher als vertraglich vorgesehen in den Besitz der noch nicht abgeschriebenen/abgewohnten Investitionen des Mieters. Realisiert der Vermieter iRd Neuvermietung eine erhöhte Miete oder unterlässt er dies böswillig, so besteht in Höhe der Differenzmiete zwischen Vermietung mit und ohne Mieterinvestition ein Bereicherungsanspruch (vgl BGH, NZM 06, 15, GE 06, 1224, ZMR 99, 93 ff, Rostock ZMR 05, 862, anders bei niedriger Miete LG Dortmund ZMR 08, 376). 9

F. Das Wegnahmerecht, § 539 II. Das Wegnahmerecht des Mieters wird in den §§ 539 II, 552, 578 II abschließend (Ddorf ZMR 06, 923, 925) geregelt soweit es sich auf „Einrichtungen" bezieht; es geht nicht automatisch auf den Nachmieter über (Ddorf ZMR 08, 948). 10

I. Einrichtungen. Hierunter werden regelmäßig bewegliche Sachen subsumiert, die vom Mieter eingebracht und mit dem Mietobjekt im Nutzungsinteresse des Mieters verbunden werden. 11
Wenn dies lediglich zu einem vorübergehenden Zweck erfolgt, bleibt der Mieter trotz Verbindung mit einem Grundstück/Gebäude weiterhin Eigentümer (vgl § 95, Scheinbestandteil). Wurde dagegen ursprünglich bereits eine dauerhafte Verbindung vom Mieter geplant, handelt es sich nicht um eine Einrichtung, sondern um eine Aufwendung iSd § 539 I. Der Begriff „versehen" in § 539 II bedeutet Verbindung von Einrichtung und Mietobjekt. Typische Einrichtungen sind Heizanlagen, Einbauküchen, Rollläden sowie im Außenbereich gepflanzte Bäume und Sträucher.

II. Inhalt und Ausübung des Wegnahmerechts; Verjährung. Dem Mieter steht gegen den Vermieter gem §§ 539 II, 258 ein Recht auf Duldung der Wegnahme zu. Verjährung tritt nach § 548 II ein, es tritt keine Hemmung durch unberechtigte Ausübung des Vermieterpfandrechts ein (Ddorf ZMR 06, 923). Auch wenn der Vermieter nach Mietvertragsende Besitz an der Mietereinrichtung erlangt, ist er verpflichtet die Wegnahme der Einrichtung zu gestatten; lediglich für die mit der Wegnahme verbundenen Schäden kann er eine Sicherheitsleistung verlangen und insoweit bis zur Gestellung der Sicherheit die Gestattung verweigern, ohne in Verzug zu geraten. Das Wegnahmerecht des Mieters wird als schuldrechtlicher Anspruch verstanden, der iRe Kaufvertrages zwischen Mieter und Nachmieter ausdrücklich oder konkludent auf den Nachmieter durch Abtretung übertragen werden kann. 12

III. Abdingbarkeit. Für Wohnraummietverhältnisse ist der entschädigungslose Ausschluss des Wegnahmerechts des Mieters gem § 552 II unwirksam; stillschweigender Ausschluss durch Abbedingen des Verwendungsersatzanspruchs bei gewerblicher Miete denkbar (BGH/Ddorf ZMR 07, 33; BGH ZMR 07, 684). 13

§ 540 Gebrauchsüberlassung an Dritte. (1) ¹Der Mieter ist ohne die Erlaubnis des Vermieters nicht berechtigt, den Gebrauch der Mietsache einem Dritten zu überlassen, insbesondere sie weiter zu vermieten. ²Verweigert der Vermieter die Erlaubnis, so kann der Mieter das Mietverhältnis außerordentlich mit der gesetzlichen Frist kündigen, sofern nicht in der Person des Dritten ein wichtiger Grund vorliegt.
(2) Überlässt der Mieter den Gebrauch einem Dritten, so hat er ein dem Dritten bei dem Gebrauch zur Last fallendes Verschulden zu vertreten, auch wenn der Vermieter die Erlaubnis zur Überlassung erteilt hat.

A. Anwendungsbereich und Normzweck. § 540 I regelt allgemein die Erlaubnis für jede Form des selbständigen (Mit-)Gebrauchs der Mietsache durch einen Dritten; Untervermietung ist nur einer von mehreren denkbaren Anlässen. § 540 I schützt den Vermieter vor aufgedrängten anderen Nutzern als dem Vertragspart- 1 ner/Mieter (Hamm NJW 82, 2876). Ein formularvertraglicher Ausschluss des § 540 I 2 verstößt selbst im Gewerbemietrecht gegen § 307 (BGH NJW 95, 2034; vgl aber *Köhn* NZM 07, 349).

2 B. Fallgruppen der Gebrauchsüberlassung an Dritte. I. Untermiete. § 540 I 1 zeigt, dass die Untermiete der wichtigste Fall der selbständigen Gebrauchsüberlassung – zumindest ein einzelner Raum muss zur alleinigen Benutzung überlassen worden sein – des Mietobjekts an einen Dritten ist. Der Untermietvertrag ist ein normaler Mietvertrag iSd §§ 535 f. Seine Wirksamkeit zwischen den Vertragsparteien hängt nicht von der Genehmigung des Hauptvermieters/Eigentümers ab. Die vom Untermieter zu zahlende Miete muss sich auch nicht mit der Miete des Hauptmieters decken. Stehen dem Untermieter nach seinem Vertrag mehr Rechte zu als dem Hauptmieter, kann der Hauptvermieter gegen den Untermieter Rechte aus § 1004 geltend machen, bei deren Durchsetzung wiederum dem Untermieter Minderungs- oder Schadensersatzansprüche ggü dem Hauptmieter zustehen; ggf kann er das Untermietverhältnis auch fristlos aus wichtigem Grund kündigen (§ 543 II Nr 1).

3 Ein Gleichlauf zwischen Untermietvertrag und Hauptmietvertrag kann auch nicht durch eine auflösende Bedingung erreicht werden, soweit § 572 II – insb bei Wohnraummietverhältnissen – eine für den Mieter nachteilige Regelung dieses Inhalts verbietet. Im Gewerberaummietrecht (§ 578) wäre eine derartige Koppelung der Mietverhältnisse allerdings möglich. Außerhalb des Anwendungsbereichs von § 565 stehen dem Untermieter bei kollusivem Zusammenwirken zur Aufhebung des Hauptmietvertrages zwischen Hauptvermieter und Hauptmieter allenfalls die Rechte aus § 242 (unzulässige Rechtsausübung) zur Seite.

4 II. Andere Formen der selbständigen Gebrauchsüberlassung. Hierzu zählen alle auf Dauer angelegten Überlassungen des Mietobjekts an einen Dritten oder zumindest die partielle Überlassung zum selbständigen Mit- und Mietgebrauch. Rechtlich fällt unter die Gesamtüberlassung auch die echte Leihe, die über eine Gefälligkeit hinausgehen muss. Erlaubnispflichtig ist insb ein Wohnungstausch, die Übergabe angemieteter Gewerberäume an den Erwerber des Handelsgeschäfts, ebenso die Aufnahme eines Gesellschafters unter Fortführung des Betriebs als BGB-Gesellschaft (BGH ZMR 01, 702).

5 III. Unselbstständiger Mitgebrauch. (Hamm NJW 82, 2876). Erfasst sind hierdurch die Fälle, in denen der Hauptmieter als Gebrauchsberechtigter neben dem neu hinzugekommenen Dritten gleichzeitig weiterhin das Mietobjekt nutzt. Als Dritte kommen hier nur Personen in Betracht, deren Gebrauchsrecht vertraglich abgesichert ist und die zB im Wohnraummietrecht innerhalb des Mietobjekts einen selbstständigen Haushalt führen können und wollen.

6 IV. 1. Sonderfall: Aufnahme von Angehörigen. Innerhalb der Grenzen bis zur Überlegung einer Wohnung ist der Mieter berechtigt, ohne Zustimmung des Vermieters nächste Angehörige und Bedienstete als Teil seines Haushalts in die Wohnung aufzunehmen. Dies fällt noch unter den vertragsgemäßen Gebrauch des Mietobjekts (vgl Staud/*Emmerich* § 540 Rz 3). Eine vollständige Übergabe der Wohnung an Angehörige ist unzulässig und rechtfertigt eine Vermieterkündigung (AG/LG Hamburg ZMR 05, 297 f). Zu diesem privilegierten Personenkreis zählen Ehegatten, Lebenspartner nach dem LPartG, Kinder einschließlich Stiefkinder zT auch Enkelkinder. Nach BayObLG ZMR 98, 23 im Einzelfall auch Eltern (arg § 1601). Aufnahme sonstiger Verwandter, zB Bruder eines Mieters, ist genehmigungspflichtig (BayObLG ZMR 84, 87). Nicht privilegiert sind Verlobte und lediglich sequenzielle Lebensabschnittsgefährten sowie Schwiegertöchter und Freund oder Freundin der Tochter.

7 V. 2. Sonderfall: Besucher und Mitarbeiter/Angestellte des Mieters. Der Mieter ist iR vertragsgemäßen Gebrauchs befugt, auch Besucher in der Mietwohnung nächtigen zu lassen. Schwierig ist insoweit bei längerem Aufenthalt die Abgrenzung vom Gast zum Mitbewohner (vgl *Lammel* § 535 Rz 199). Den Besucherstatus verliert der Nutzer jedenfalls dann, wenn er seinen Lebensmittelpunkt vorübergehend in die Wohnung verlegt (Benutzungszeit von 4–6 Wochen) und dies zB nach außen dokumentiert durch Aufnahme von Erwerbstätigkeit von der Wohnung aus und selbständige (Mit-)Nutzung der Wohnung wie ein Mieter. Eingeschränkt wird das Besuchsrecht durch den Vertragszweck. Bei Wohnraummiete sind kommerzielle Kundenbesuche nicht vom Vertragszweck umfasst. Sog Besitzdiener (§ 855) darf der Mieter ohne Genehmigung des Vermieters in die Wohnung aufnehmen, nämlich minderjährige Kinder, Angestellte bei der Gewerberaummiete sowie Haus- und Pflegepersonal bei der Wohnraummiete.

8 C. Vermietererlaubnis, § 540 I 1. I. Anspruch. Nur im Sonderfall des § 553 besteht ein Anspruch des Mieters auf eine Erlaubnis zur Gebrauchsüberlassung an Dritte, iÜ besteht bei verweigerter Zustimmung des Vermieters in sonstigen Bereichen der Miete lediglich ein Kündigungsrecht des Mieters. Nur in Ausnahmefällen soll sich aus dem Grundsatz von Treu und Glauben (§ 242) ein Anspruch auf die Erteilung der Erlaubnis ergeben können. Allerdings kommt dem Umfang der Untervermietverweigerung wegen der Regelung des § 540 I 2 praktische Bedeutung zu. Der Vermieter darf etwa auf ein Verlangen zur generellen Untervermietung schweigen, ohne dass ihm dieses im Regelfall als generelle Verweigerung der erbetenen Erlaubnis zur Untervermietung ausgelegt werden kann (Kobl ZMR 01, 530 f). Insofern sind die in der Rechtsprechung verwendeten Formulierungen, dass der Mieter keinen generellen Anspruch auf Untervermietung der gesamten Wohnung habe (LG Berlin ZMR 02, 117 LS 1) missverständlich.

II. Inhalt. Da die Erlaubnis des Vermieters nicht generell für Untervermietung gefordert werden kann, wird 9
sie auf eine konkrete vom Mieter vorher zu benennende Person des Dritten bezogen. Zum Auskunftsrecht
des gewerblichen Vermieters vgl BGH ZMR 07, 184. Im Ergebnis erweitert die vom Vermieter erteilte Erlaubnis die Rechte des Mieters zum Gebrauch der Mietsache. Die Erlaubnis kann inhaltlich auch unter Auflagen
oder mit einer Befristung erteilt werden.

III. Widerruflichkeit. Für die vom Vermieter erteilte generelle Erlaubnis zur Untervermietung/Drittüberlassung kann der Vermieter sich den Widerruf vorbehalten. Dasselbe gilt für eine Einzelerlaubnis (aA *Lammel* 10
§ 540 Rz 22), da es letztlich Sache des Vermieters ist, inwieweit er die Vertragsrechte des Mieters erweitern
möchte. Im Ernstfall kann eine frei widerrufliche Erlaubnis allerdings faktisch die Wirkung einer Verweigerung der Untervermieterlaubnis bedeuten. Eine Formularklausel, die einen uneingeschränkten Widerrufsvorbehalt enthält, verstößt gegen § 307 II Nr 1 (BGH NJW 87, 1692).

D. Kündigungsrecht des Mieters, § 540 I 2. I. Voraussetzungen (allg). Bei Verweigerung der Erlaubnis 11
kann der Mieter nach § 540 I 2 das Mietverhältnis außerordentlich mit gesetzlicher Frist kündigen, sofern
nicht ein wichtiger Grund in der Person des Untermieters/Dritter gegeben ist. Es gelten die Fristen des § 573d
II 2, 575a III und 580a IV. Der Wohnraummieter ist nicht verpflichtet seinen Anspruch aus § 553 auf Erteilung der Untervermieterlaubnis primär geltend zu machen und lediglich subsidiär sein Kündigungsrecht auszuüben. Eine Verweigerung der Untervermieterlaubnis kann vom Vermieter ausdrücklich erklärt werden –
auch auf eine zu weit gehende Frage des Mieters, zB nach einer generellen Untervermietungserlaubnis – oder
sich aus dem „beredten Schweigen" (vgl KG ZMR 08, 128 = NZM 08, 287) des Vermieters auf eine zulässige
auf eine bestimmte Person bezogene Anfrage des Mieters ergeben. Zu den Voraussetzungen des § 540 I 2
gehört nicht ein erhebliches berechtigtes Interesse des Mieters an der Untervermietung (AG Hamburg-Blankenese Hbg GE 87, 419). Bei einer generellen Verweigerung der Untervermieterlaubnis ist der Mieter auch
nicht mehr verpflichtet zur Erhaltung seines Kündigungsrechts einen konkreten Untermieter zu benennen,
den der Vermieter nicht aus wichtigem Grund ablehnen könnte. Die Benennung derartiger Personen wäre
bei einer derartig eindeutigen Vermietererklärung reiner Formalismus. Fragt der Vermieter nach Bonität und
Miethöhe (beides str bei Wohnraummiete) sowie Zuverlässigkeit des Untermieters, kann der Mieter vor
Erteilung entspr Informationen auch bei (derzeitiger) Verweigerung der Zustimmung nicht außerordentlich
kündigen (BGH ZMR 07, 185). Eine Vorabgestattung zugunsten bestimmter Untermieter ist idR kein Ausschluss des Sonderkündigungsrechts (Ddorf ZMR 08, 783).

II. „Wichtiger Grund" in der Person des Untermieters als Kündigungsausschluss, § 540 I 2 letzter Hs. 12
Ein derartiger wichtiger Grund wird ua bei drohender Überbelegung oder sonstiger Unzumutbarkeit der
Drittüberlassung angenommen. Bei der hier notwendigen einzelfallbezogenen Interessenabwägung (Hamm
NJW 82, 2876) ist ein wichtiger Grund nur dann anzunehmen, wenn die gesetzlich im Mietvertrag geschützten Interessen des Vermieters durch die Untervermietung so stark beeinträchtigt werden, dass auch unter
Berücksichtigung aller Interessen des Mieters sich die Untervermietung als dem Vermieter schlechthin unzumutbar darstellt. Der typische Fall ist, dass schon die Person des Dritten dem Vermieter als Nutzer nicht
zugemutet werden kann. Der Vermieter in einer gehobenen Wohngegend ist nicht verpflichtet, einen mehrfach wegen Vermögensdelikten vorbestraften Untermieter in seinen Räumlichkeiten zu dulden. Geplante vertrags- oder zweckbestimmungswidrige Nutzungen sind unzumutbar, nämlich geplanter Betrieb eines anstößigen, unehrenhaften oder gar schändlichen Gewerbes durch den Untermieter, Untervermietung gewerblich
genutzter Räume als Wohnung oder zur Unterbringung von Asylanten, Untervermietung eines Supermarktes
an Spielhallenbetreiber sowie die völlige Veränderung der Branche des in den Räumen betriebenen Geschäfts.
Außerdem könne ein wichtiger Grund dann vorliegen, wenn der neue Untermieter eine Konkurrenz für den
Vermieter selbst oder andere seiner Mieter darstellt (*Nassall* ZMR 83, 336) oder gar die Abwerbung von Mietern im Bestand des Vermieters droht (Ddorf NZM 05, 421).

Umstr ist, ob die bloße Zahlungsunfähigkeit des Untermieters bereits einen wichtigen Grund darstellt (beja- 13
hend Ddorf GuT 04, 86 f). Hiergegen wird angeführt, dass schließlich der Hauptmieter allein dem Vermieter
ggü auf die Mietzahlung hafte (Staud/*Emmerich* § 540 Rz 23). Diese Argumentation ist dann nicht überzeugend, wenn vom Untermieter Schädigungen der Mietsache drohen, die auch die Vermögensverhältnisse des
Hauptmieters übersteigen.

E. Rechte des Vermieters. I. Schadensersatz- und Unterlassungsansprüche. Dem Vermieter stehen grds 14
Schadensersatzansprüche wegen erlaubnisloser Untervermietung aus § 280 I 1 bzw Unterlassungsansprüche
aus § 541 neben dem Recht zur fristlosen Kündigung zur Seite. Die unbefugte Gebrauchsüberlassung führt zu
einer Haftung des Mieters für eigenes Verschulden (Schmidt-Futterer/*Blank* § 540 Rz 73). Danach entfällt
eine Haftung des Mieters, wenn die Überlassung an den Dritten nicht kausal für die Entstehung des geltend
gemachten Schadens geworden ist. Der Schadensersatzanspruch des Vermieters richtet sich auch im Fall
unberechtigter Untervermietung nicht auf Herausgabe des durch die Untervermietung erzielten – die Hauptmiete übersteigenden – Mehrerlöses (BGH NJW 96, 838 vgl auch BGH ZMR 06, 605 zur ähnlichen Lage bei
Doppelvermietung); nach aA (Staud/*Emmerich* § 540 Rz 31) ist in analoger Anwendung des § 816 I 1 der

Mieter wie ein Nichtberechtigter, der über einen Vermögensgegenstand des Vermieters verfügt hat, zu behandeln. Wegen des Unterlassungsanspruchs wird auf die Kommentierung zu § 541 verwiesen.

15 II. Kündigung des Vermieters. Die Gebrauchsüberlassung ohne Erlaubnis des Vermieters an einen Dritten stellt grds ein vertragswidriges zur fristlosen Kündigung berechtigendes Verhalten dar (AG Hamburg ZMR 03, 42). Im Wohnraummietrecht ist diese außerordentliche fristlose Kündigung aus wichtigem Grund (inhaltlich) in Bezug auf die Kerntatsachen zu begründen, sie muss nicht nur schriftlich (formgerecht) erklärt werden (§ 568 I). Zum Wohnraummietrecht befand das AG Hamburg (ZMR 03, 42), dass der Anspruch auf Erteilung einer solchen Untervermietgenehmigung gerade nicht die Genehmigung selbst ersetze. Dies bedeutet, dass auch der Anspruch auf Erteilung der Untervermieterlaubnis das Recht zur außerordentlichen Kündigung nicht ausschließe. Dagegen hat das Amtsgericht Hamburg-Bergedorf (Hambg GE 84, 144) dem Vermieter das Recht zur fristlosen Kündigung abgesprochen, wenn dieser verpflichtet war, seine Zustimmung zur Untervermietung zu erteilen (arg § 242, Arglisteinrede).

16 F. Ansprüche des Untermieters. Der Hauptmieter haftet aus dem Untermietvertrag dem Untermieter für alle Pflichten, die ihn ggü dem Untermieter als Vermieter eines „normalen Mietverhältnisses" treffen. Dies gilt insb dann, wenn der Hauptmieter bestimmte Vertragspflichten nicht erfüllen kann, weil ihm entspr Rechte ggü dem Eigentümer/Vermieter nicht zustehen. Im Extremfall besteht ein Schadensersatzanspruch anstatt der gesamten Leistung, wenn der Vermieter vom Untermieter erfolgreich die Herausgabe des Mietobjekts aus § 546 II oder § 985 verlangen kann. Fehlt es an einer Untervermieterlaubnis steht dem Schadensersatzanspruch selbst eine positive Kenntnis des Untermieters nicht entgegen, da in einem derartigem Fall eine **Garantie des Hauptmieters** angenommen wird, dass er die Erlaubnis des Vermieters/Eigentümers (noch) beschaffen könne und beschaffen werde (BGH NJW 96, 46). Außerdem kann der Untermieter bei infolge fehlender Untermieterlaubnis nicht gesichertem (künftigem) Mietbesitz des Untermieters ggf eine außerordentliche fristlose Kündigung aus wichtigem Grund gem § 543 II Nr 1 erfolgreich aussprechen.

17 G. Haftung des Mieters für den Untermieter und andere Dritte, § 540 II. Nach dieser Vorschrift haftet der Hauptmieter nach der Überlassung des Gebrauchs am Mietobjekt an einen Dritten/Untermieter für dessen Pflichtverletzungen im Zusammenhang mit dem Gebrauch der Mietsache. So BGH (ZMR 91, 60 zur Pacht): Der Unterpächter einer Gaststätte, der beim Aufenthalt darin vorsätzlich eine Explosion herbeiführt, handele noch bei dem „Gebrauche" iSd § 540 II. Zurechenbares Verschulden des Untermieters als Erfüllungsgehilfen des Hauptmieters umfasst nicht nur Fahrlässigkeit, sondern auch Vorsatz. Der BGH stellt ausdrücklich fest, dass alles, was der Untermieter in den zum Gebrauch überlassenen Räumlichkeiten tut, noch zu ihrem Gebrauche zählt. Dies soll selbst dann gelten, wenn Ziel der Aktion die völlige Zerstörung des Mietobjekts ist. *Prölss* (FS Canaris Bd I, 1037) entwickelt eine von der hM abweichende Begründung zur Erfüllungsgehilfenhaftung und gelangt dadurch zu einer differenzierten Betrachtung des § 540 II. Nach hM handelt es sich bei dieser Vorschrift lediglich um eine Klarstellung dessen, was sich ohnehin bereits aus § 278 ergibt (vgl MüKo/*Bieber* § 540 Rz 24). Im Unterschied hierzu unterscheidet *Prölss* scharf zwischen der von ihm so bezeichneten „Zweckverfolgungs- oder Gehilfenhaftung", die in § 278 geregelt sei, und der „Ausübungshaftung" (§ 540 II). Erstere beruhe auf dem Gedanken, dass es für den Geschädigten einen ungerechtfertigten Nachteil bedeutete, wenn der Schuldner allein deswegen entlastet würde, weil er eine geschuldete Handlung nicht selbst vorgenommen habe (FS Canaris Bd I, 1048). Da der andere zur Zweckverfolgung eingeschaltet werde, reiche die Haftung des Schuldners für den Dritten aber auch nur soweit, wie dieser Zwecke des Schuldners verfolgt. Demgegenüber beruhe die Haftung des Hauptmieters für den Untermieter nicht auf der Obhutsgehilfenstellung des Letzteren, sondern darauf, dass Ersterer ein ihm vom Vermieter zugewiesenes „Handlungsfeld" (Wohnung) einem Dritten überlässt. Daher hafte der Hauptmieter auch bei Vorsatz des Untermieters sowie für andere Personen, denen er Zutritt gewährt (FS Canaris Bd I, 1073 f). Wird das Mietobjekt gar ohne die erforderliche Vermietererlaubnis dem Dritten überlassen, so liegt hierin bereits die haftungsbegründende eigene Vertragsverletzung des Hauptmieters mit der Folge, dass es auf ein Verschulden des Dritten/Untermieters am Schadenseintritt nicht mehr ankommt, dieser letztlich schuldunfähig sein könnte (*Lammel* § 541 Rz 33).

18 H. Mieter- und Vermieterwechsel. I. Mieterwechsel. Ein solcher ist iRd Vertragsfreiheit durch Abschluss eines dreiseitigen Vertrages jederzeit möglich und unproblematisch. Auch die Aufhebung des alten Vertrages und der Abschluss eines neuen Vertrages sowie ein Schuldbeitritt des neuen Mieters (BGH ZMR 98, 75 zum Finanzierungsleasing) sind möglich. Alter und neuer Mieter können auch mit Zustimmung des Vermieters einen Vertrag abschließen, wonach der neue Mieter an die Stelle des alten Mieters in den bereits bestehenden Mietvertrag eintritt (BGH NJW 79, 369, NJW 98, 531). Für unternehmensbezogene Verträge (vgl Staud/ *Emmerich* § 540 Rz 50 ff) gilt folgendes: Im Falle der Veräußerung des Geschäfts durch ein Einzelkaufmann kann der Erwerber in den Mietvertrag nur mit Zustimmung des Vermieters eintreten, es sei denn es ist in einem sog unternehmensbezogenen Mietvertrag konkludent oder ausdrücklich zum Ausdruck gebracht worden, dass der Vermieter mit dem jeweiligen Inhaber des Geschäfts kontrahieren wollte und quasi im Vorhinein seine Zustimmung erklärt hat. Als zustimmungsbedürftig wird auch die Aufnahme eines Gesellschafters in das einzelkaufmännische Unternehmen sowie die Einbringung des Geschäfts in eine oHG oder KG angesehen (vgl *Weitemeyer* ZMR 04, 153 ff zur Beteiligung einer Gesellschaft als Mieter).

Sonderfall: Wohngemeinschaften. Ist hier nicht ein Mitglied der Wohngemeinschaft als Hauptmieter ggü dem Vermieter aufgetreten, werden grds alle Mitglieder der Wohngemeinschaft, die als BGB-Innengesellschaft verstanden wird, Mietpartei. Als Konsequenz hieraus bedarf jede Änderung im Mitgliederbestand der Mietergemeinschaft einer Änderung oder eines Neuabschlusses des Mietvertrages mit dem Vermieter. Die Wohngemeinschaft verlassende Mitglieder sollen lediglich für die bis zu ihrem Ausscheiden begründeten Mietschulden forthaften bzw bis zu dem Zeitpunkt, zu dem der Vermieter sein Einverständnis zum Auszug erklärt hat. Zum berechtigten Interesse an der Untervermietung vgl LG Hambg WuM 98, 555 und am Mieterwechsel LG Hambg WuM 95, 697. 19

II. Vermieterwechsel. Hier gelten die Ausführungen zum Mieterwechsel reziprok. Hinzu kommen jedoch zahlreiche Fallkonstellationen eines gesetzlichen Vermieterwechsels, wie sie insb in den §§ 565 (gewerbliche Zwischenvermietung) und 566 (Veräußerung bricht nicht Miete) geregelt sind. Darüber hinaus kann ein Vermieterwechsel auch bei den sog Umwandlungsfällen eintreten, dh wenn ein Mietshaus in Wohnungs- und Teileigentum umgewandelt wird und eine Veräußerung an Dritte erfolgt, wobei sich die Aufteilung nicht zwingend mit den jeweiligen Regelungen des schuldrechtlichen Mietvertrages decken muss, so dass es zu verschiedenen Fallkonstellationen (vgl *Riecke* in: Riecke/Schmid, FAK WEG Anh § 13 Rz 140 ff) kommen kann, die oft zu einer Personmehrheit auf Vermieterseite führen, was für beide Vertragsparteien bei Gestaltungserklärungen (insb Kündigung) zu Problemen führt (vgl BGH ZMR 06, 30, str). 20

III. Beweislast. Der Mieter, der einen nach § 540 nicht gegebenen Anspruch auf Zustimmung zur Untervermietung behauptet, hat die entspr Vertragsklausel zu beweisen. Beim Kündigungsrecht des Mieters nach § 540 I 2 muss dieser beweisen, dass und wann (Zugang beim Vermieter) die Erlaubnis erbeten wurde. Verteidigt sich der Vermieter damit, dass er vor Ausspruch der Kündigung die Erlaubnis bereits erteilt habe, trifft ihn für seine Erklärung und den Zugang derselben die Beweislast. Der Vermieter ist für das Vorliegen eines wichtigen Grundes der Person des Dritten/Untermieters beweispflichtig. 21

§ 541 Unterlassungsklage bei vertragswidrigem Gebrauch.
Setzt der Mieter einen vertragswidrigen Gebrauch der Mietsache trotz einer Abmahnung des Vermieters fort, so kann dieser auf Unterlassung klagen.

A. Normzweck. Die Vorschrift dient im Wesentlichen nur der Klarstellung. Der Mieter wird durch diese Vorschrift und ihr Abmahnungserfordernis ggü dem Vorgehen des Vermieters bei nur einmaligen Vertragsverstößen des Mieters geschützt. Dieser vertragliche Schutz läuft allerdings leer, wenn der Vermieter zugleich die Eigentümerstellung hat und Ansprüche aus § 1004 ggf ohne vorherige Abmahnung erheben kann. 1

B. Anwendungsbereich. Die Vorschrift gilt für alle Mietverhältnisse und sanktioniert den vertragswidrigen Gebrauch der gemieteten Sache. 2

C. Voraussetzungen. I. Vertragswidriger Gebrauch. Hierunter versteht man einen Gebrauch, der weder nach dem Mietvertrag noch nach daneben geltenden gesetzlichen Regelungen zulässig ist. Zur Abgrenzung zwischen vertragsgemäßen und vertragswidrigen Gebrauch vgl § 535 Rn 39 ff. Die vertragswidrige Nutzung muss nicht vom Mieter in Person ausgehen, es reicht dass Erfüllungsgehilfen, dh Personen, die mit seinem Wissen und Wollen mit der Mietsache in Berührung kommen den vertragswidrigen Gebrauch praktizieren (§ 278). Der Unterlassungsanspruch setzt weder eine Beeinträchtigung der Mietsache, eine Gefährdung ihrer Rückgabe oder gar ein Verschulden des Mieters bzw seines Erfüllungsgehilfen voraus. Deshalb spricht *Lammel* (Mietrecht § 541 Rn 7), insoweit von einem Erfüllungsanspruch. 3

Klassische Fälle vertragswidrigen Gebrauchs sind etwa: das Lagern gefährlicher Stoffe in den Mieträumen (BGH ZMR 90, 328), vertragswidrige bauliche Veränderungen (BGH NJW 74, 263) sowie das Pflanzen von Bäumen im Garten, die wegen der Naturschutzverordnung später nicht mehr gefällt werden dürfen (AG Hamburg-Blankenese ZMR 98, 569) oder bei Gewerbemietverhältnissen der Verstoß gegen eine Betriebspflicht (vgl *Eusani* ZMR 03, 474, 480). Nicht vertragswidrig ist die fachgerechte Montage einer Außensteckdose auf dem Balkon der Mietwohnung (AG Hamburg WuM 07, 505). Hauptstreitpunkte sind die Parabolantennen (BGH GE 09, 1550; ZMR 06, 195; 07, 676; KG ZMR 08, 207) sowie intensives Rauchen (vgl *Paschke* NZM 08, 265). 4

II. Abmahnung. Grds muss der Vermieter das als vertragswidrig anzusehende Verhalten durch eine Abmahnung monieren, ohne allerdings mit einer Unterlassungsklage drohen zu müssen. Bei der Abmahnung handelt es sich um eine zugangsbedürftige rechtsgeschäftsähnliche Handlung (§ 130). Das Gesetz sieht für die Abmahnung keine bestimmte Form vor, allerdings wird allgemein eine inhaltliche Konkretisierung in der Gestalt verlangt, dass die Abmahnung Grundlage für eine Unterlassungsklage sein kann (*Lammel* § 541 Rz 9). Auf die Abmahnung kann ausnahmsweise verzichtet werden, wenn diese nur eine sinnlose Förmelei darstellt und der Mieter nachweisbar zum Ausdruck gebracht hat, dass er keinesfalls gewillt ist, dass als vertragswidri- 5 ges Verhalten eingestufte Tun künftig einzustellen. Auch bei einem Fehlverhalten des Mieters, das die Vertrauensgrundlage zwischen den Vertragsparteien in schwerwiegender Weise erschüttert hat, soll eine Abmahnung entbehrlich sein (BGH NJW-RR 00, 717). Eine Abmahnung kann auch in einer früheren (ggf sogar unwirksamen) Kündigung liegen, wenn der Vermieter diese auf ein vertragswidriges Verhalten gestützt hat. Gegen eine **unberechtigte Abmahnung** steht dem Mieter kein Unterlassungsanspruch zu (BGH ZMR 08, 446). Selbst wenn man für eine Kündigung (§ 543) eine Androhung der Rechtsfolgen bei Fortsetzung vertragswidrigen Verhaltens erwartet, gilt dies nicht für die Unterlassungsklage (LG Hamburg WuM 94, 536).

6 **III. Fortsetzung des vertragswidrigen Gebrauchs durch den Mieter.** Es ist notwendig, dass der Mieter das vertragswidrige Verhalten oder den vertragswidrigen Zustand andauern lässt, dh nach Zugang der Abmahnung sein Verhalten nicht ändert. Ein einmaliger Verstoß kann schon genügen (arg BGH ZMR 06, 425). Soweit ein Dritter/Erfüllungsgehilfe den Vertragsverstoß begangen hat, ist der Mieter gehalten durch Unterbindung weiteren vertragswidrigen Gebrauchs nach Zugang der Abmahnung Abhilfe zu schaffen, will er eine Unterlassungsklage des Vermieters vermeiden. Bei einer Personenmehrheit besteht – im Gegensatz zur Kündigung – keine Möglichkeit des Vermieters sämtliche Mieter auf Unterlassung zu verklagen. Ein Unterlassungsanspruch besteht hier nur ggü demjenigen Mitmieter und dessen Erfüllungsgehilfen, die für den vertragswidrigen Gebrauch nach Zugang der Abmahnung verantwortlich sind.

7 **D. Gerichtliche Durchsetzung des Unterlassungsanspruchs.** Der auf Unterlassung des vertragswidrigen Gebrauchs oder Beseitigung des geschaffenen vertragswidrigen Zustandes gerichtete Anspruch ist regelmäßig im Wege der Unterlassungsklage (Vollstreckung nach § 890 ZPO) durchzusetzen. Es ist keine Wiederholungsgefahr notwendig, sondern lediglich die vom Vermieter nachzuweisende Fortsetzung des vertragswidrigen Gebrauchs durch den Mieter trotz Abmahnung. Da es sich hier um einen Erfüllungsanspruch handelt, ist passiv legitimiert der Mieter auch wenn die Störung durch einen Erfüllungsgehilfen des Mieters erfolgte. Lediglich ausnahmsweise kann der Vermieter einen Unterlassungsanspruch auch im Wege einstweiliger Verfügung (vgl *Hinz* NZM 04, 841, 851) geltend machen, sofern er unverzüglich das vertragswidrige Verhalten abgemahnt hat oder die Abmahnung entbehrlich war und die Sache obendrein eilbedürftig ist.

§ 542 Ende des Mietverhältnisses. (1) Ist die Mietzeit nicht bestimmt, so kann jede Vertragspartei das Mietverhältnis nach den gesetzlichen Vorschriften kündigen.
(2) Ein Mietverhältnis, das auf bestimmte Zeit eingegangen ist, endet mit dem Ablauf dieser Zeit, sofern es nicht
1. in den gesetzlich zugelassenen Fällen außerordentlich gekündigt oder
2. verlängert wird.

1 **A. Grundsätzliches. I. Entstehungsgeschichte.** § 542 ist § 564 aF nachgebildet und enthält allgemeine Grundsätze über das Ende von Mietverhältnissen. Die Regelung in § 542 II soll verdeutlichen, dass auch Mietverhältnisse auf bestimmte Zeit außerordentlich (befristet oder fristlos) gekündigt werden können. Ob § 542 II auch das Recht zur ordentlichen Kündigung ausschließen will, scheint zweifelhaft und lässt sich allenfalls aus dem systematischen Zusammenhang mit § 542 I begründen (vgl *Häublein* ZMR 04, 1 ff).

2 **II. Anwendungsbereich; Übergangsregelungen.** Die am 1.9.01 in Kraft getretene Neufassung des § 542 erfasst alle an diesem Tage bestehenden Mietverhältnisse (vgl Staud/*Emmerich* § 542 Rz 163).

3 **B. Die Kündigung. I. Rechtsnatur.** Ein (unbefristetes) Mietverhältnis kann von beiden Parteien gekündigt werden. Das Wort „Kündigung" muss bei der Ausübung des Gestaltungsrechts nicht ausdrücklich verwendet werden (*Lammel* § 542 Rz 26). Zum vereinbarten Kündigungsverzicht s. § 575 Rn 6.

4 **1. Form der Kündigung.** Die Kündigung kann formlos erfolgen. § 568 sieht nur für die Wohnraummiete Schriftform vor. Eine konkludente Kündigung wurde zB vom LG Hamburg (ZMR 04, 38) angenommen, wenn der Vermieter erst selbst unwirksam gekündigt hatte und der Mieter später die Rückgabe der Mietsache avisierte. Ist im Mietvertrag die Kündigung durch eingeschriebenen Brief vereinbart (vgl Staud/*Emmerich* § 542 Rz 86), so ist hierin die wirksame Vereinbarung der Schriftform für die Kündigungserklärung zu sehen, sowie die separate Vereinbarung einer als besonders sicher angesehenen Übersendungsart. Es kann jedoch nicht davon ausgegangen werden, dass bei Zugang der schriftlichen Kündigung per einfachen Brief die Kündigung als formunwirksam und nichtig anzusehen wäre, da die Versendungsart nicht „besondere Wirksamkeitsvoraussetzung" sein sollte. Wegen § 309 Nr 13 kann die Kündigung nicht an eine strengere Form als die Schriftform oder an besondere Zugangserfordernisse gebunden werden (vgl Naumbg NZM 00, 90).

5 **2. Inhalt der Kündigungserklärung.** Die Erklärung muss für den Erklärungsempfänger unzweifelhaft klarmachen, dass vom Erklärenden eine Beendigung des Mietverhältnisses gewollt ist. Die Angabe eines Beendigungs- oder Kündigungstermins ist sinnvoll, aber nicht zwingende Voraussetzung für die Wirksamkeit einer Kündigung. Dann wird die Kündigung zum nächst zulässigen Termin wirksam (Frankf NJW-RR 90, 337).

Bei einer außerordentlichen Kündigung ist umstr, ob die Voraussetzungen für deren Wirksamkeit im Zeit- 6
punkt der Abgabe der Kündigungserklärung oder im Zeitpunkt des Zugangs derselben vorliegen müssen (vgl
Winkler ZMR 06, 420; LG Köln WuM 92, 123 einerseits, sowie Staud/Rolfs § 542 Rz 67 andererseits).
Im Wohnraummietrecht ist das berechtigte Interesse iSd § 573 III bei der ordentlichen Kündigung ebenso 7
anzugeben wie der Kündigungsgrund bei der außerordentlichen fristlosen Kündigung (vgl § 569 IV).
Die Vertragskündigung unter einer echten Bedingung ist nichtig. Allerdings kann unter einer Potestativbe- 8
dingung (Hambg ZMR 01, 26) durchaus gekündigt werden. Entspr gilt für sog Rechtsbedingungen. Typischerweise geschieht dies, wenn unklar ist, ob überhaupt ein wirksamer Mietvertrag vorliegt. Dann kann für
den Fall der Wirksamkeit des Vertrages gekündigt werden. Ebenso kann primär fristlos, hilfsweise ordentlich
gekündigt werden; dasselbe gilt für eine ordentliche Kündigung verbunden mit einer auf § 573a gestützten
„erleichterten Kündigung". In gleicher Weise kann mit einer Kündigung ein bedingtes Mieterhöhungsverlangen für den Fall der Unwirksamkeit der Kündigung verbunden werden (aA LG Hamburg ZMR 05, 367 mit
abl Anm *Riecke* sowie AG Hamburg-Altona ZMR 08, 542; richtig LG Hamburg v 19.12.08, 311 S 88/08).

3. Ausübung des Kündigungsrechts. a) Durch den/die Vertragspartner. Nur den Parteien des Mietvertra- 9
ges selbst steht die Befugnis zur Kündigung originär zu. Durch Dritte ist sie nur auszuüben, wenn eine entspr
rechtsgeschäftliche Vertretungsmacht oder Ausübungsermächtigung besteht.
Mit Übergang des Mietverhältnisses zB nach § 566 geht auch das unselbstständige Kündigungsrecht mit über. 10
Die Kündigung muss bei Personenmehrheiten von allen Vermietern ggü allen Mietern und umgekehrt erklärt
werden. Selbst wenn die Kündigungserklärung nach vorheriger Zustimmung nur durch einen Mitvermieter
erfolgt, muss sich aus der Kündigungserklärung ergeben, dass diese Einwilligung bei Ausspruch der Kündigung bereits vorlag. Selbst dann kann der Kündigungsempfänger die Kündigung zurückweisen, wenn der
Kündigende die Einwilligung nicht schriftlicher Form vorgelegt hat (vgl §§ 182 III, 111 2).

b) Die Kündigung durch Dritte, insbes Vertreter. Bei juristischen Personen sowie rechtsfähigen Handelsge- 11
sellschaften kann die Kündigung durch die vertretungsberechtigten Organe ausgesprochen werden. Bei der
Kündigung durch einen Bevollmächtigten ist zu beachten, dass die Vollmacht grds nicht formbedürftig ist
und sich etwa aus der Prokura oder Generalvollmacht des Kündigenden ergeben kann. Wenn dem Empfänger die Bevollmächtigung nicht seitens des Vertretenen bekannt gemacht geworden ist, kann er die Kündigung wegen Fehlens der Vollmachtsurkunde im Original noch unverzüglich zurückweisen und damit die
Unwirksamkeit der Kündigung herbeiführen (§ 174).
Wird die Kündigung durch einen Rechtsanwalt erklärt, dem eine umfassende Prozessvollmacht erteilt wurde, 12
gilt er als zur Abgabe von Kündigungserklärungen ermächtigt, auch wenn diese Erklärung nicht in einem
prozessualen Schriftsatz (dazu Brandbg v 1.7.09, 3 U 145/08), sondern außerhalb desselben erfolgte. Maßgeblich ist, dass die Kündigung in direktem Zusammenhang mit dem Prozessstoff steht.
Besonders umstr ist im Mietrecht, ob durch eine allgemeine Hausverwaltervollmacht auch die Abgabe von 13
Kündigungserklärungen gedeckt ist (vgl Schmidt-Futterer/*Blank* § 542 Rz 42). Eine Empfangsvollmacht kann
bereits formularmäßig im Mietvertrag wirksam vereinbart werden (vgl BGH ZMR 98, 17). Insoweit dürfte es
für die Wirksamkeit der Vollmacht nicht nur auf den Willen des Vollmachtgebers ankommen, sondern auch
darauf, ob der Vollmachtnehmer überhaupt ohne Verstoß gegen das (frühere) Rechtsberatungsgesetz (vgl
jetzt RDG v 17.12.07 BGBl I 2840) einen entspr Räumungsprozess führen kann (vgl für den Hausverwalter
hierzu KG ZMR 03, 206 sowie für den WEG-Verwalter Nürnbg ZMR 04, 300).

II. Die Umdeutung von Kündigungserklärungen. Lediglich im Einzelfall kann die fristlose Kündigung des 14
Mietverhältnisses in eine ordentliche Kündigung umgedeutet werden (vgl LG Berlin ZMR 00, 529, 530).
Hierzu ist regelmäßig erforderlich, dass der Wille des Kündigenden ersichtlich wird, das Mietverhältnis in
jedem Fall beenden zu wollen (vgl *Kinne/Schach/Bieber* Miet- und Mietprozessrecht § 542 Rz 11, aA
LG Hamburg WuM 90, 19).
Die Umdeutung einer unwirksamen ordentlichen befristeten Kündigung in eine außerordentliche fristlose 15
Kündigung scheidet aus (vgl Köln ZMR 98, 91). Im Regelfall kann nämlich nicht von der weniger einschnei-
denden ordentlichen Kündigung auf den Willen des Erklärenden geschlossen werden, mit der „ultima ratio"
einer fristlosen Kündigung das Mietverhältnis beenden zu wollen. Hier käme allenfalls eine Umdeutung in
eine fristlose Kündigung mit einer Auslauffrist (vgl LG Hamburg ZMR 03, 683, 684) in Betracht, wobei die
Auslauffrist mit der Frist für die ordentliche Kündigung identisch sein müsste.

III. Kündigungsarten. 1. Teilkündigung. Eine Teilkündigung in gegenständlicher oder personeller Hinsicht 16
ist im Mietrecht grds unwirksam. Ausnahme: Vermieterkündigung von nicht zum Wohnen bestimmten
Nebenräumen oder Grundstücksteilen, § 573b.
Selbst wenn nur ein Mieter von mehreren durch sein Fehlverhalten Anlass zur fristlosen Kündigung gibt, 17
muss beiden Mietern ggü die Kündigung ausgesprochen werden, auch wenn man den Vermieter für verpflichtet ansieht, dass Mietverhältnis mit dem nicht störenden Mieter allein fortzusetzen (vgl AG Hamburg
ZMR 03, 581). Entspr gilt auch dann, wenn auf Vermieterseite durch die Bildung von Wohnungseigentum
mehrere Sondereigentümer in die Stellung des Vermieters eingerückt sind. In diesem Fall muss von sämtli-

chen Vermietern durch eine einheitliche Kündigung das Mietverhältnis beendigt werden. Einzelne Kündigungserklärungen jedes Sondereigentümers wären unzulässige Teilkündigungen (vgl LG Hamburg WuM 97, 47). Zur Zustimmungsverpflichtung des Mitmieters zur Kündigung vgl BGH ZMR 05, 522.

18 **2. Ordentliche Kündigung.** Es wird vereinzelt die Ansicht vertreten, dass auch bestimmte Zeitmietverträge jedenfalls vom Mieter ordentlich kündbar seien (*Häublein* ZMR 04, 1 ff). Die Wirkung der ordentlichen Kündigung hängt vom Ablauf der vertraglichen oder gesetzlichen Kündigungsfristen ab, sowie im Wohnraummietrecht von den zusätzlichen Voraussetzungen wie sie in den §§ 573 ff normiert sind.

19 Der BGH (ZMR 04, 802) hat den Ausschluss der ordentlichen Kündigung innerhalb der ersten zwei Jahre nach Vertragsschluss für beide Seiten auch in einem Formularmietvertrag als nicht gegen § 307 verstoßend eingestuft. Damit hat die Abgrenzung zwischen Formularklausel und Individualvereinbarung für die ersten zwei Jahre der Vertragslaufzeit ihre Bedeutung jedenfalls vorerst verloren. Zum teilweise unzulässigen Kündigungsausschluss für mehr als vier Jahre bei einer Staffelmiete vgl BGH ZMR 06, 682. Für den beiderseitigen Kündigungsverzicht für mehr als vier Jahre vgl BGH ZMR 05, 443, 06, 682, 06, 270; NZM 06, 579.

20 „Erkauft" der Mieter konkret auf seine Wünsche abgestimmte Investitionen des Vermieters in die Mietwohnung gegen einen Verzicht auf die ordentliche Kündigung für zwei oder drei Jahre, liegt ausnahmsweise eine Individualvereinbarung vor. Zutr hat *Derleder* (NZM 04, 247) darauf hingewiesen, dass der BGH den im konkreten Fall zu beurteilenden 5-jährigen Kündigungsverzicht des Mieters, der handschriftlich in einem Formularmietvertrag eingebettet war, vorschnell als Individualvereinbarung von der klauselkontrollrechtlichen Würdigung ausgenommen habe. Schließlich bestimme § 310 III Nr 1 die grds Geltung des Klauselkontrollrechts bei Verträgen zwischen einem Wohnungsunternehmen als Vermieter und einem Verbraucher als Mieter, wenn nicht ausnahmsweise der Mieter als Verbraucher die maßgebliche Klausel selbst in den Vertrag eingeführt hatte. Zum einseitigen unwirksamen formularmäßigen Ausschluss: BGH WuM 09, 49.

21 Im Rahmen der individuellen Umstände ist nach Auffassung des LG Berlin (ZMR 99, 26 ff) auch zu berücksichtigen, wenn es sich zB beim Kündigungsausschluss um eine drucktechnisch deutlich und an prägnanter Stelle hervorgehobene Vertragsregelung handelt. Will das Wohnungsunternehmen das Verdikt der Unwirksamkeit vermeiden, muss die Regelung schon vor dem Hintergrund des Transparenzgebots deutlich (zB Fettdruck) und dort geregelt sein, wo die Laufzeit des Vertrages fixiert ist.

22 **3. Außerordentliche Kündigung.** Eine vorzeitige Vertragsauflösung durch außerordentliche Kündigung ist durch außerordentliche befristete Kündigung sowie durch außerordentliche fristlose Kündigung möglich.

23 § 109 I InsO regelt einen derartigen Fall der außerordentlichen befristeten Kündigung (beachte für Wohnraummiete 109 2 InsO: An die Stelle der Kündigung tritt hier jetzt die Erklärung des Insolvenzverwalters, dass Ansprüche des Vermieters nicht mehr als Masseforderungen geltend gemacht werden können. Es kommt nicht zur Beendigung des Mietverhältnisses; dieses wird vielmehr wieder auf den Schuldner übergeleitet; vgl *Eckert* NZM 01, 260, *Pape* NZM 04, 401, 410). Zu den Problemen bei einer Mietermehrheit vgl *Steinicke* ZMR 01, 160.

24 Die außerordentliche befristete Kündigung ist insb in folgenden Fällen im BGB-Mietrecht selbst geregelt:
    – § 540 I, Mieterkündigungsrecht bei Verweigerung der Untervermieterlaubnis
    – § 544 1, Kündigungsrecht bei Mietvertrag über mehr als 30 Jahre
    – § 554 III 2, Mieterkündigungsrecht bei Erhaltungs- und Modernisierungsmaßnahmen
    – § 561, Kündigungsrecht des Mieters bei Mieterhöhung
    – § 563 IV, Kündigungsrecht des Vermieters nach Tod des Mieters
    – § 563a II, Kündigungsrecht des verbleibenden Mieters bei Tod des Mitmieters
    – §§ 564, 580, Kündigungsrecht der Erben und des Vermieters bei Tod des Mieters.

25 Eine außerordentliche fristlose Kündigung ist insb bei massiven Leistungsstörungen durch den anderen Vertragspartner vorgesehen. Voraussetzung ist ein „wichtiger Grund", der einem Vertragspartner die Fortsetzung des Mietverhältnisses bis zum Ablauf der Kündigungsfrist nicht zumutbar erscheinen lässt (vgl BGH ZMR 07, 601).

26 Die Vorschrift des § 543 ist eine Sondernorm zur allgemeinen Regelung des neuen Schuldrechts in § 314. § 314 III ersetzt die 2-Wochen-Frist des § 626 II. Die Frist des § 314 III beginnt mit Vollendung des Kündigungstatbestandes und der entspr Kenntnis des Kündigenden. Außerdem ist zu beachten, dass die fristlose Kündigung oft erst nach fruchtlos abgelaufener Abhilfefrist (ggf mit Kündigungsandrohung) oder nach erfolgloser Abmahnung überhaupt zulässig ist (vgl § 543 II 1).

27 **IV. Kündigungswirkung.** Sind die gesetzlichen oder vertraglichen Kündigungserfordernisse gegeben, wird das Mietverhältnis bei der außerordentlichen fristlosen Kündigung sofort und bei der befristeten sowie ordentlichen Kündigung nach Ablauf der Kündigungsfrist beendet.

28 Ob die Tatbestandsvoraussetzungen für eine wirksame Kündigung gegeben sind, ist bezogen auf den Zeitpunkt (vgl *Winkler* ZMR 06, 420) der Absendung des Kündigungsschreibens zu beurteilen. Um Rechtswirksamkeit zu erlangen muss eine Willenserklärung nämlich „abgegeben" werden, dh es muss eine empfangsbedürftige *Willenserklärung* mit Willen des Kündigenden in den Rechtsverkehr gebracht worden sein. Dieser Zeitpunkt ist bei Abgabe einer schriftlichen Kündigungserklärung mit ihrer Aufgabe zu Post zu bejahen (vgl LG Köln ZMR 02, 126, 127). Dies bedeutet, dass auch noch Sachverhalte Berücksichtigung finden können und dürfen, die nach Abfassung der Kündigungserklärung aber vor deren Versendung eingetreten sind.

V. Kündigungswiderruf und Rücknahme der Kündigung. 1. Einseitiger Widerruf. Ein einseitiger Widerruf der Kündigung (vgl § 130 I 2) kommt nur in Betracht, wenn dieser vorher oder gleichzeitig mit der Kündigungserklärung dem Kündigungsempfänger zugeht. Zu einem späteren Zeitpunkt können die durch die Gestaltungswirkung der Kündigung ausgelösten Rechtsfolgen nicht mehr einseitig vom Kündigenden beseitigt werden (BGH ZMR 98, 612 = NJW 98, 2664). 29

Im Einzelfall kann im Widerruf einer Kündigungserklärung jedoch das Angebot liegen das Mietverhältnis unverändert fortzusetzen. Nimmt der Kündigungsempfänger dieses Angebot an, werden die Kündigungswirkungen beseitigt. Bei einer Einigung vor Ablauf der Kündigungsfrist soll der gekündigte Vertrag in Kraft bleiben (BGH ZMR 98, 612 = NJW 98, 2664). 30

2. Einigung der Parteien. Nach Beendigung des Mietverhältnisses durch Kündigung – Hauptfall: fristlose Kündigung – soll eine Fortsetzung des wirksam beendeten ursprünglichen Mietvertragsverhältnisses ausscheiden. Es kommt ein neues Mietverhältnis mit demselben Inhalt wie das frühere zustande (Ddorf ZMR 02, 46). 31

C. Beendigung des Mietverhältnisses durch Zeitablauf, § 542 II. I. Mietverhältnis auf bestimmte Zeit. 32
Nach § 542 II Hs 1 endet ein Mietverhältnis, das auf bestimmte Zeit eingegangen ist, mit Ablauf dieser Zeit. Dh es bedarf keiner Mietaufhebungsvereinbarung und keiner Kündigungserklärung. Dies trifft insb auf die vor dem 1.9.01 abgeschlossenen – heute nicht mehr möglichen – einfachen Zeitmietverträge und die heutigen qualifizierten Zeitmietverträge iSd § 575 zu.

Str ist, wie das Mietverhältnis auf Lebenszeit eines Vertragspartners einzuordnen ist. Die hM bejaht hier ein auf bestimmte Zeit eingegangenes Mietverhältnis (BayObLG WuM 93, 523, Staud/*Rolfs* § 542 Rz 112). 33

II. Außerordentliche Kündigung, § 542 II Nr 1. Aus der Regelung des § 542 II Nr 1 wird deutlich, dass jedes befristetes Mietverhältnis zumindest außerordentlich gekündigt werden kann. 34

III. Verlängerung befristeter Mietverträge, § 542 II Nr 2. Eine solche Verlängerung kraft Vereinbarung 35
kann bereits in dem ursprünglichen Mietvertrag vorgesehen sein. Dies gilt insb für Optionsrecht und sog Verlängerungsklauseln (vgl *Wichert* WE 06, 220). Macht die berechtigte Vertragspartei nicht fristgemäß von ihrem Optionsrecht Gebrauch, erlischt dieses und der Vertrag endet ohne Kündigung durch Zeitablauf des Ausgangsvertrages. Ist für die Optionsausübung keine Frist vereinbart, kann diese bis zum Ablauf der Mietzeit noch ausgeübt werden (AG Hamburg-Blankenese ZMR 86, 17).

D. Beendigung bestehender Mietverhältnisse aufgrund anderer Gründe. Hier kommt in erster Linie der 36
formlos mögliche Mietaufhebungsvertrag (vgl Brandbg v 14.7.07, 3 U 186/06) in Betracht (vgl Schmidt-Futterer/*Blank* Anh zu § 542 Rz 1-35). Dessen Zulässigkeit folgt aus § 311 I und damit aus der Vertragsfreiheit. Entgegen der Auffassung von *Rolfs* (Staud § 542 Rz 131) kann eine unwirksame Kündigung grds nicht in eine Vertragsofferte zum Abschluss eines Mietaufhebungsvertrages umgedeutet werden (vgl LG Hamburg ZMR 02, 669; BGH ZMR 81, 84). Allerdings kann eine wiederholte Räumungsaufforderung ein konkludentes Angebot zum Abschluss eines Aufhebungsvertrages enthalten.

Nur außerhalb des Wohnraummietrechts ist eine Mietvertragsbeendigung auch durch auflösende Bedingungen möglich (vgl §§ 158 II, 572 II, vgl KG NZM 07, 41 = GuT 06, 245; Bremen ZMR 07, 363). 37

Vertragliche oder gesetzliche Rücktrittsrechte (vgl §§ 346 ff) kommen nur für die Zeit vor Überlassung des 38
Mietobjekts in Betracht. Danach werden diese Regelungen durch die speziellen Auflösungstatbestände des Mietrechts, insb die Kündigung aus wichtigem Grund gem § 543 verdrängt.

Eine Anfechtung wegen Irrtums (§ 119) ist lediglich bei einem noch nicht vollzogenen Mietverhältnis möglich, während die Anfechtung wegen arglistiger Täuschung (§ 123) immer zulässig sein soll. 39

Die bloße Unmöglichkeit der Vertragserfüllung führt nicht zu einer Beendigung des Mietverhältnisses. 40
Bereits die Regelung des § 311a zeigt, dass auch auf unmögliche Leistung gerichtete Verträge wirksam sind – lediglich die Primärleistungspflicht entfällt und stattdessen können Sekundäransprüche (insb Schadensersatz) geltend gemacht werden.

§ 543 Außerordentliche fristlose Kündigung aus wichtigem Grund.

(1) ¹Jede Vertragspartei kann das Mietverhältnis aus wichtigem Grund außerordentlich fristlos kündigen. ²Ein wichtiger Grund liegt vor, wenn dem Kündigenden unter Berücksichtigung aller Umstände des Einzelfalls, insbesondere eines Verschuldens der Vertragsparteien, und unter Abwägung der beiderseitigen Interessen *die Fortsetzung des Mietverhältnisses bis zum Ablauf der Kündigungsfrist oder bis zur sonstigen Beendigung des Mietverhältnisses nicht zugemutet werden kann.*
(2) ¹Ein wichtiger Grund liegt insbesondere vor, wenn
1. dem Mieter der vertragsgemäße Gebrauch der Mietsache ganz oder zum Teil nicht rechtzeitig gewährt oder wieder entzogen wird,
2. der Mieter die Rechte des Vermieters dadurch in erheblichem Maße verletzt, dass er die Mietsache durch Vernachlässigung der ihm obliegenden Sorgfalt erheblich gefährdet oder sie unbefugt einem Dritten überlässt oder

3. der Mieter
   a) für zwei aufeinander folgende Termine mit der Entrichtung der Miete oder eines nicht unerheblichen Teils der Miete in Verzug ist oder
   b) in einem Zeitraum, der sich über mehr als zwei Termine erstreckt, mit der Entrichtung der Miete in Höhe eines Betrages in Verzug ist, der die Miete für zwei Monate erreicht.

²Im Falle des Satzes 1 Nr. 3 ist die Kündigung ausgeschlossen, wenn der Vermieter vorher befriedigt wird. ³Sie wird unwirksam, wenn sich der Mieter von seiner Schuld durch Aufrechnung befreien konnte und unverzüglich nach der Kündigung die Aufrechnung erklärt.
(3) ¹Besteht der wichtige Grund in der Verletzung einer Pflicht aus dem Mietvertrag, so ist die Kündigung erst nach erfolglosem Ablauf einer zur Abhilfe bestimmten angemessenen Frist oder nach erfolgloser Abmahnung zulässig. ²Dies gilt nicht, wenn
1. eine Frist oder Abmahnung offensichtlich keinen Erfolg verspricht,
2. die sofortige Kündigung aus besonderen Gründen unter Abwägung der beiderseitigen Interessen gerechtfertigt ist oder
3. der Mieter mit der Entrichtung der Miete im Sinne des Absatzes 2 Nr. 3 in Verzug ist.
(4) ¹Auf das dem Mieter nach Absatz 2 Nr. 1 zustehende Kündigungsrecht sind die §§ 536b und 536d entsprechend anzuwenden. ²Ist streitig, ob der Vermieter den Gebrauch der Mietsache rechtzeitig gewährt oder die Abhilfe vor Ablauf der hierzu bestimmten Frist bewirkt hat, so trifft ihn die Beweislast.

1 **A. Grundsätzliches; Konkurrenzen.** § 543 wurde durch das MRRG eingefügt, ist seit 1.9.01 in Kraft. Anknüpfungspunkte sind §§ 542, 544, 553, 554, 554a jeweils aF und § 242. § 543 stellt für das Mietrecht eine **Sonderregelung** zum außerordentlichen Kündigungsrecht bei Dauerschuldverhältnissen nach § 314 dar. Die § 314 III, IV und § 313 (Wegfall der Geschäftsgrundlage) bleiben mangels entspr Regelung in § 543 unberührt (BGH ZMR 00, 508; s.a. Feldhahn NJW 03, 3381). **Anwendbar** ist § 543 ab Vertragsschluss, also schon vor der Gebrauchsüberlassung (vgl II Nr 1 Alt 1). Die allgemeinen **Unmöglichkeits- und Verzugsregelungen** gelten gleichrangig neben § 543 (für Unvermögen BGH NJW 83, 446). Die besonderen **Mängelrechte** gem §§ 536 ff sind ebenfalls gleichrangig, so dass ein Mangel der Mietsache auch eine fristlose Kündigung begründen kann (BGH NJW-RR 04, 1236). Im Einzelfall kann dieselbe Pflichtverletzung neben § 543 zudem eine **ordentliche Kündigung** nach § 573 II Nr 1 rechtfertigen, welche hilfsweise erklärt werden darf (zB für Zahlung innerhalb der Schonfrist nach Kündigung wegen Zahlungsverzuges BGH ZMR 05, 356). Bei Wohnraummiete wird § 543 durch § 569 ergänzt; bei Mietverhältnissen über Grundstücke und andere Räume durch § 578. Wegen der Änderung in IV durch das SchuldModG (Streichung des Verweises auf §§ 469–471 aF) ist eine **Teilkündigung** unzulässig (Erman/Jendrek § 543 Rz 1; aA Palandt/Weidenkaff § 543 Rz 43). Ein **Verschulden** ist im Unterschied zu § 554a aF nicht mehr erforderlich, bleibt aber ein wichtiges Abwägungskriterium in I 2.

2 **B. Anwendungsbereich; Übergangsregelungen.** Als Teil des allgemeinen Mietrechts ist § 543 auf alle Mietverhältnisse anwendbar, über § 581 II auch auf Pachtverhältnisse (zur Landpacht vgl § 594e). Für vor dem 1.9.01 zugegangene Kündigungen gilt nach Art 229 § 3 Nr 1 EGBGB noch § 554 II Nr 2 aF. Zur Übergangsregelung anlässlich der Änderung des § 543 IV 1 s. Art 229 § 5 2 EGBGB.

3 **C. Abweichende Vereinbarungen.** Gem § 569 V ist § 543 nicht zum Nachteil des Wohnraummieters abdingbar (zur Zulässigkeit einer sog „Rechtzeitigkeitsklausel" s. Rn 18). Bei **Gewerberaum** ist § 543 I ebenso für beide Seiten zwingend (vgl BGH NJW 92, 2628; ZMR 08, 274). Änderungen der II–IV sind in den Grenzen der §§ 138, 242 und 305 ff zulässig. Ein vertragliches Kündigungsrecht für den Fall eines Insolvenzverfahrens bezgl des Mieters ist gem § 119 InsO unwirksam (Hamm NZM 02, 343). **Formularmäßige Erleichterungen** der in § 543 II Nr 3 normierten Voraussetzungen zum Nachteil des Mieters scheitern regelmäßig an § 307 – insb die Herabsetzung des die Kündigung rechtfertigenden Mietrückstandes auf den Teil einer Rate (Ddorf ZMR 96, 436) bzw das Abstellen auf einen bloßen verschuldensunabhängigen Zahlungsrückstand statt auf Verzug (BGH NJW 89, 1673). Eine Kündigungsrecht bei wesentlicher Verschlechterung der Vermögensverhältnisse (§ 321) des Mieters ist in AGB nur iVm einer Gefährdung der Vermieteransprüche als weitere Voraussetzung wirksam (BGH NJW 91, 102). Der Ausschluss des Erfordernisses einer Abhilfefrist gem § 543 III ist in AGB unzulässig (differenzierend KG NZM 07, 41).

4 **D. Tatbestand. I. Der Kündigungsgrund nach § 543 I.** Nach der Generalklausel in § 543 I 1 können beide Parteien das Mietverhältnis aus wichtigem Grund kündigen. Wann ein **wichtiger Grund** vorliegt, ist in 2 ausgeführt. Hiernach kommt es darauf an, ob dem Kündigenden unter Berücksichtigung aller Umstände des Einzelfalls und unter Abwägung der beiderseitigen Interessen die Fortsetzung des Vertragsverhältnisses bis zum Ablauf der ordentlichen Kündigungsfrist nicht zugemutet werden kann. Dies ist häufig bei einer gravierenden Pflichtverletzung der anderen Vertragspartei der Fall (Hirsch WuM 06, 418 mit Fallgruppen). Ein **Verschulden** ist gem 2 nicht mehr zwingend erforderlich (BGH ZMR 05, 183), bleibt aber ein gewichtiges Indiz. Das Fehlverhalten Dritter im Pflichtenkreis einer Vertragspartei ist zurechenbar (Erman/Jendrek § 543 Rz 4; aA KG ZMR 98, 159 bei Zahlungsverzögerung durch Sozialamt). Aus der gesetzlichen Hervorhebung des Ver-

schuldens in 2 folgt, dass an eine fristlose Kündigung ohne Verschulden strenge Anforderungen zu stellen sind (Palandt/*Weidenkaff* § 543 Rz 33). Insb darf nicht der Kündigende selbst die Zerrüttung des Vertragsverhältnisses verschuldet haben (BGH NJW-RR 07 884; ZMR 05, 120). Die Zerrüttung kann auch auf vor Vertragsbeginn liegenden Umständen beruhen (Ddorf ZMR 95, 465 Verschulden bei Vertragsschluss). Die **Beweislast** für das Vorliegen des Kündigungsgrundes trifft den Kündigenden.

Bsp: Mehrfache erhebliche Verstöße gegen die Hausordnung (Palandt/*Weidenkaff* § 543 Rz 39); Beleidigungen (LG Düsseldorf ZMR 81, 116; LG Köln WuM 93, 349) bzw Tätlichkeiten (LG Köln WuM 81, 233 Angehörige); leichtfertige Erstattung einer Strafanzeige (BVerfG NZM 02, 61), anders bei schutzwürdigem Aufklärungsinteresse (LG Mannheim NJW-RR 00, 675). 5

Für den Vermieter: Fortdauernde unpünktliche Zahlung der Miete bzw Betriebskosten (für Wohnraummiete BGH ZMR 06, 425; für Gewerberaummiete BGH NJW-RR 97, 203) – nach Abmahnung (Rn 25) kann eine einzige weitere unpünktliche Zahlung genügen (BGH ZMR 06, 425); Erklärung des Insolvenzverwalters, die Miete nicht an den Vermieter weiterzuleiten (BGH ZMR 05, 688); Nichtzahlung der Kaution durch Gewerberaummieter (BGH NJW-RR 07, 886; kein Zurückbehaltungsrecht BGH NJW-RR 07, 884); Bauliche Veränderung entgegen rechtskräftigem Urt (BVerfG NJW 96, 1736); Verstoß gegen vertragliche Betriebspflicht bei Gewerberaummiete (BGH ZMR 93, 57); Anzapfen von Stromleitung (LG Köln NJW-RR 94, 909); Drogenhandel im Hauseingang (AG Pinneberg NJW-RR 03, 944); gewalttätiges Verhalten mit mehrfachem Polizeieinsatz (LG Hamburg NJW-RR 06, 296); unrichtige Selbstauskunft zu zulässiger Frage, die für den Vermieter von wesentlicher Bedeutung ist wie zB die Vortäuschung eines erheblich höheren Einkommens (LG Mannheim ZMR 90, 303- auch Anfechtung nach § 123 möglich) oder wiederholt unrichtige Umsatzangabe bei Umsatzpacht (Ddorf NZM 01, 1033); **nicht:** Auskunftsverweigerung (aA LG Hamburg WuM 01, 281); Verweigerung des Zutritts zur Mietsache (LG Lützenkirchen NJW 07, 2152 (2155)); Bestreiten von Abmahnungszugang (LG Köln ZMR 96, 666); Vielzahl von Prozessen als solche (Hamm NJW-RR 93, 16); Störung von Verkaufsgesprächen durch Meinungsäußerung (VGH Berlin ZMR 08, 605). 6

Für den Mieter: Bewusst unrichtige Angabe der Betriebskostenhöhe (LG Düsseldorf NZM 02, 604; LG Hamburg ZMR 03, 683); Verweigerung der Erlaubnis zur Untervermietung (§ 540 I 2); unberechtigte fristlose Kündigung des Vermieters (Ddorf NZM 02, 292), **nicht** aber, wenn der Mieter hierzu Anlass gegeben hat (Ddorf ZMR 97, 596); ebenso wenig genügt der Vermögensverfall des Vermieters, selbst wenn die Eröffnung des **Insolvenzverfahrens** mangels Masse abgelehnt wird und die Handelsregisterlöschung der vermietenden Gesellschaft erfolgt ist, solange sich dieser nicht in der Wertschätzung des Mietobjekts niedergeschlagen hat (BGH NJW-RR 02, 946); auch nicht enttäuschte Erwartung bezüglich der Gewinnerzielung in den Mieträumen (BGH NJW 00, 1714) oder schwere Erkrankung des Mieters (Ddorf NZM 01, 669), da beide Umstände in seinen Risikobereich fallen. 7

II. Die Kündigungsgründe nach § 543 II. Nach der Formulierung der Beispielstatbestände in II Nr 1 bis Nr 3 ist keine Unzumutbarkeitsprüfung erforderlich, vielmehr genügt für die Wirksamkeit der Kündigung gem § 543 das Vorliegen eines der Tatbestände als solcher (BGH NJW 09, 2297). Sind die Tatbestände des II oder des bei Wohnraummiete ergänzend anwendbaren § 569 nicht erfüllt, kann gleichwohl ein Kündigungsgrund nach I vorliegen (zB wiederholte verspätete Mietzahlung). 8

1. Nichtgewährung des vertragsgemäßen Gebrauchs gem § 543 II Nr 1. Der Mieter hat ein fristloses Kündigungsrecht, wenn ihm der vertragsgemäße Gebrauch der Mietsache ganz bzw teilweise nicht gewährt oder wieder entzogen wird. Ein vertragswidriger Gebrauch ist nicht geschützt. Die Nichtgewährung kann auf einem Sach- oder Rechtsmangel, dem Fehlen einer zugesicherten Eigenschaft, teilweiser Nichterfüllung oder sonstigen Ursachen beruhen – **bspw** die Unterschreitung der im Mietvertrag angegebenen Mietfläche um mehr als 10% (BGH NJW 05, 2153); bei Vermietung „vom Reißbrett" ein nicht den vertraglichen Bauantragsunterlagen entspr Zustand (Ddorf ZMR 01, 346); das Fehlen von Teilen der Hard- oder Software (BGH NJW 88, 204; NJW 93, 122); Einbruchserie mit Verlust des Versicherungsschutzes (Naumbg NZM 98, 438; vgl aber KG NZM 98, 437); **nicht:** Schutz von Software ggü unerlaubter Nutzung (BGH NJW 81, 2684). Es ist **kein Verschulden** des Vermieters erforderlich. Der Mieter kann jedoch nicht kündigen, wenn er die Störung des vertragsgemäßen Gebrauchs selbst zu vertreten hat (vgl Rn 12). 9

Obwohl der heutige Gesetzeswortlaut im Unterschied zu § 542 II aF nicht mehr ausdrücklich bestimmt, dass es sich um eine **nicht unerhebliche Einschränkung des vertragsgemäßen Gebrauchs** handeln muss, ist dieses Erfordernis nach § 242 weiterhin anzunehmen, um einen Missbrauch des Kündigungsrechts zu vermeiden (BGH NJW 05, 2152). Bei unerheblicher Einschränkung (zB schwere Erreichbarkeit bzw Änderung der öffentlichen Nahverkehrsanbindung (LG Ddorf NJW-RR 03, 1594)) ist eine Kündigung nur bei einem besonderen Mieterinteresse gerechtfertigt – so, wenn der entspr Gebrauch vereinbart war (Bub/Treier/*Grapentin* IV Rz 147). 10

Zur **Abhilfefrist** und deren Entbehrlichkeit s. Rn 24 f. Der bloße Beginn der Mangelbeseitigung am Tag des Fristablaufs schließt das Kündigungsrecht nicht aus (Ddorf ZMR 95, 351). Zur **Beweislast** bei erheblichen Mängeln der Mietsache s. § 536 Rn 16. Der Mieter trägt iÜ die Beweislast für die sonstige Nichtgewährung des Gebrauchs, die Fristsetzung bzw deren Entbehrlichkeit, das besondere Interesse an der Vertragsbeendi- 11 gung bei nur unerheblicher Gebrauchseinschränkung, bei Zerstörung der Mietsache während des Mietgebrauchs für sein fehlendes Verschulden (BGH NJW 98, 594). Der **Vermieter** muss beweisen die rechtzeitige Gebrauchsgewährung, die Abhilfe iRd eingeräumten Frist (IV 2) oder die Unerheblichkeit der Vorenthaltung (BGH NJW 76, 796).

12 Die Kündigung muss binnen angemessener Frist nach Kenntnis vom Kündigungsgrund (§ 314) erfolgen. Dies gilt nicht, wenn die Vorenthaltung im Kündigungszeitpunkt noch fortbesteht – vgl Rn 29. Eine Kündigung ist wegen **unzulässiger Rechtsausübung** gem § 242 ausgeschlossen, wenn der Mieter die rechtzeitige Fertigstellung der Mietsache verzögert (Ddorf ZMR 93, 522); ebenso, wenn der Mieter die fehlende Gebrauchsmöglichkeit verschuldet hat (BGH ZMR 05, 120; NJW 98, 594 gebrauchsbedingter Brand) oder die Mietsache nicht gebrauchen will (Celle ZMR 02, 187).

13 **2. Vertragsverletzungen durch den Mieter gem § 543 II Nr 2.** Entgegen der Gesetzesbegründung (BTDrs 14/4553, 44) wird im Unterschied zu § 553 aF nicht mehr jede Vertragsverletzung durch den Mieter erfasst. Der Vermieter hat nur noch in den genannten (früher lediglich beispielhaften) Fällen ein fristloses Kündigungsrecht, wenn der Mieter die Mietsache durch Vernachlässigung der ihm obliegenden Sorgfalt erheblich gefährdet oder diese unbefugt einem Dritten überlässt. Sonstige Vertragsverletzungen fallen nunmehr unter I. Die beiden Konstellationen in II Nr 2 müssen zudem eine **erhebliche Verletzung der Vermieterrechte** begründen. Die frühere Rspr, wonach die Fälle in II Nr 2 gesetzliche Beispiele erheblicher Vermieterrechtsverletzungen seien (BGH NJW 85, 2527), ist obsolet, da es sich nicht mehr um Beispiele eines Grundtatbestandes, sondern um eigenständige Tatbestände handelt (Erman/*Jendrek* § 543 Rz 17; aA Palandt/*Weidenkaff* § 543 Rz 20). Das Vorliegen einer erheblichen Verletzung der Vermieterrechte ist im Einzelfall zu beurteilen (BGH NJW 93, 2528; BVerfG ZMR 94, 10).

14 **a) Erhebliche Gefährdung der Mietsache.** Während der Gebrauchsüberlassung ist der Mieter zur sorgfältigen Behandlung der Mietsache verpflichtet. Gefährdende Pflichtverletzungen können sein zB nicht regelmäßige Lüftung der Mieträume; Nichterfüllung der entgegen § 535 I 2 vertraglich übernommenen Instandhaltungspflicht; Herbeiführung einer Brandgefahr; im Ausnahmefall Überbelegung (vgl BGH NJW 93, 2528; BVerfG ZMR 94, 10) oder übermäßige Tierhaltung (LG Karlsr NZM 01, 891); Unterlassene Heizung durch den Mieter oder Dritte (§ 278) trotz Frostgefahr. Bei **Mietermehrheit** ist die Gefährdung durch einen Mieter ausreichend (Ddorf NJW-RR 87, 1370). Nach dem Gesetzeswortlaut muss noch kein Schaden eingetreten sein, die Gefährdung genügt. Eine lediglich abstrakte Gefahr reicht jedoch nicht (Bub/Treier/*Grapentin* IV Rz 165). Die Gefährdung muss erheblich sein, wobei es sich angesichts der ebenfalls erforderlichen erheblichen Verletzung der Vermieterrechte hier nur um eine Leerformel handelt.

15 **b) Unbefugte Gebrauchsüberlassung an Dritte.** Zur Gebrauchsüberlassung an Dritte s. § 540 Rn 2–7. Eine Gebrauchsüberlassung liegt auch vor, wenn der Mieter nicht verhindert, dass der Untermieter seinerseits unbefugt weitervermietet (Hamm NJW-RR 92, 783). Familienangehörige sind nicht Dritte (BGH NJW 93, 2528).

16 Hat der Mieter einen vertraglichen oder gesetzlichen (§ 553) Anspruch auf Erlaubnis der Untervermietung, diese aber nicht eingeholt, so ist der Tatbestand des II Nr 2 erfüllt, der Kündigung steht jedoch der Einwand der **unzulässigen Rechtsausübung** nach § 242 entgegen (BayObLG NJW-RR 91, 461; Ddorf ZMR 03, 177).

17 Zur **Abhilfefrist** und deren Entbehrlichkeit s. Rn 25. Die **Beweislast** für sämtliche Tatbestandsvoraussetzungen trägt der Vermieter.

18 **3. Zahlungsverzug des Mieters gem § 543 II Nr 3.** Nach dem Wortlaut ist § 543 II Nr 3 auch bei in längeren (BGH NJW-RR 09, 21) oder kürzeren als einem Monat bemessenen Zeitabschnitten für die Mietzahlungen anwendbar. Zur Miete gehören alle laufenden Nebenkosten (Naumbg WuM 99, 160), zB Heiz- und Wasserkostenvorauszahlungen; nicht jedoch Einmalleistungen wie die Mietkaution (Bub/Treier/*Grapentin* IV Rz 175; MüKo/*Häublein* § 543 Rz 45) oder die Betriebskostennachzahlung (Palandt/*Weidenkaff* § 543 Rz 23). Die Mietrückstände dürfen nicht bereits verjährt sein (LG Berlin MDR 83, 843) bzw aus einer rückwirkend erhöhten Miete resultieren (LG Köln WuM 93, 191). Bei Gewerberaummiete ist eine „Rechtzeitigkeitsklausel" zulässig, wonach entgegen § 270 der Mieteingang auf dem Vermieterkonto maßgeblich ist. Bei Wohnraummiete ist die Zulässigkeit einer solchen Klausel str (dafür LG Berlin NJW-RR 93, 144; vgl aber LG Hamburg NZM 99, 1041), aber nach dem vom EuGH bejahten Verstoß des § 270 gegen die Zahlungsverzugsrichtlinie (NJW 08, 1935) wohl anzunehmen. Die **Zahlung unter Vorbehalt** führt zur Erfüllung, so dass kein Mietrückstand besteht (LG Frankfurt WuM 87, 318).

19 **a) für zwei aufeinander folgende Termine.** Wegen des eindeutigen Gesetzeswortlauts genügt ein einmaliger Mietrückstand auch dann nicht, wenn der Mieter erklärt, er könne künftig nicht mehr zahlen (aA Ddorf NJW-RR 91, 1353). Bei Wohnraummiete ist nach § 569 III Nr 1 ein Rückstand von **mehr als einer Monatsmiete** erheblich, bei Mietverhältnissen über andere Räume gilt dies erst Recht (BGH ZMR 09, 19). Nach dem Gesetzeswortlaut in Abs 2 Nr 3 a müssen die Termine im Unterschied zu Abs 2 Nr 3 b aufeinander folgen, ohne dass z. B. ein Monat mit geringerem Mietrückstand dazwischen liegt (BGH ZMR 09, 19).

Erforderlich ist **Verzug** (§ 286). Die Einrede des nichterfüllten Vertrages (§ 320) beseitigt den Verzug ohne 20
weiteres (BGH NJW-RR 07, 1021). Zurückbehaltungsrechte (§ 273) müssen geltend gemacht werden
(BGH WM 71, 1020), ebenso die Aufrechnung. Hinsichtlich des **Verschuldens** kann sich der Mieter entlasten
(§ 286 IV)- zB bei Unklarheit über den Zahlungsempfänger (BGH ZMR 06, 26). Zahlungsunfähigkeit ist stets
unbeachtlich (§ 276); ebenso der fahrlässige Irrtum, zur Minderung berechtigt zu sein (nach abw richterlichem Hinweis LG Frankfurt NJW-RR 04, 1238; bei Zurückhaltung von überhöhtem Minderungsbetrag
LG München NZM 00, 87). Auch andere Rechtsirrtümer beseitigen die Fahrlässigkeit nicht (vgl BGH ZMR
87, 289, 291). Für das Verschulden von Erfüllungsgehilfen gilt § 278; Erfüllungsgehilfe ist auch das Sozialamt
(LG Berlin NJW-RR 02, 10; aA LG Mainz WuM 03, 629), der Rechtsanwalt des Mieters (Köln ZMR 98, 763)
oder der Mieterschutzverein (BGH NJW 07, 428). Eine Mahnung ist entbehrlich, da die Fälligkeit der Miete
kalendermäßig iSd § 286 II Nr 1 bestimmt ist.

Bei **Insolvenz** des Mieters ist ab dem Insolvenzantrag die Kündigung wegen voriger Mietrückstände gem 21
§ 112 InsO ausgeschlossen. Die Kündigung bleibt aber möglich wegen eines Rückstandes, der erst nach dem
Insolvenzantrag entsteht.

b) in einem Zeitraum, der sich über mehr als zwei Termine erstreckt. Dieser Kündigungsgrund ist gege- 22
ben, sobald der Gesamtmietrückstand zwei volle Mieten erreicht. Die Dauer des Rückstandes ist unbeachtlich, dieser muss also nicht etwa mehr als zwei Termine in Höhe von zwei Mieten bestehen. Der anderslautende Wortlaut („über mehr als zwei Termine") hat keine Bedeutung, da II Nr 3b die Umgehung von II
Nr 3a (durch Zahlung jeder zweiten Miete) verhindern soll (Schmidt-Futterer, § 543 Rz 110). II Nr 3b ist
daher auch erfüllt, wenn der Mieter die Miete monatlich nur um einen geringen Teilbetrag kürzt, der
Zahlungsrückstand sich in der Folgezeit aber zu einem Betrag von zwei Monatsmieten summiert (vgl BGH
NJW 05, 2775). Gleiches gilt bei entsprechend hohem Verzug mit Betriebskostenvorauszahlungen
(BGH NJW 07, 428).

c) Heilung nach § 543 II 2 und 3. Gem II 2 ist die Kündigung ausgeschlossen, wenn der Vermieter vor 23
Zugang der Kündigungserklärung vollständig befriedigt wird. Teilzahlungen genügen auch bei geringem
Restbetrag nicht (BGH ZMR 71, 27). Die Kündigung wird gem II 3 unwirksam, wenn zum Zeitpunkt des
Kündigungszugangs eine Aufrechnungslage (§ 387) bestanden hat und der Mieter unverzüglich (§ 121) die
Aufrechnung erklärt (Köln ZMR 98, 763: zwei Wochen). Nach dem Wortlaut gilt die Unwirksamkeit entgegen § 389 nicht rückwirkend, sondern nur ex nunc. Bei erneutem Verzug lebt die Kündigung nicht wieder
auf, sondern muss erneut ausgesprochen werden. Für Wohnraummiete gilt ergänzend die Heilung nach § 569
III Nr 2. Bei Zahlung innerhalb der Schonfrist kann aber eine ordentliche Kündigung nach § 573 II Nr 1
gerechtfertigt sein (BGH ZMR 05, 536).

Eine **Abmahnung** ist nach § 543 III 2 Nr 3 entbehrlich – anders gem § 242, wenn der Vermieter einen zur 24
Kündigung berechtigenden Zahlungsrückstand über längere Zeit hingenommen hat (BGH ZMR 72, 306;
Hamm ZMR 94, 560). Der Mieter muss sich in Bezug auf sein fehlendes Verschulden entlasten (§ 286 IV),
der Vermieter trägt die **Beweislast** für sämtliche übrigen Tatbestandsvoraussetzungen des II Nr 3 einschl des
Zugangszeitpunkts der Kündigung. Die Heilungsumstände nach II 2 u 3 muss der Mieter beweisen.

III. Abhilfefrist und Abmahnung nach § 543 III. Mit Ausnahme der Kündigung wegen Zahlungsverzugs 25
gem II Nr 3 (zu dem im Einzelfall auch dort bestehenden Abmahnungserfordernis s. Rn 24) ist die fristlose
Kündigung erst nach Ablauf einer Abhilfefrist oder nach Abmahnung zulässig (auch bei erheblicher Gesundheitsgefährdung gem § 569 I BGH NJW 07, 2177, vgl aber Rn 26). Eine Abhilfefrist ist zu setzen, wenn die
Pflichtverletzung bzw deren Folgen noch andauern. Andernfalls ist abzumahnen (Erman/*Jendrek* § 543
Rz 28). Eine Kündigungsandrohung ist nach dem Gesetzeswortlaut entbehrlich (zu möglichen Ausnahmen
BGH NJW 07, 2474). Die (formlose) empfangsbedürftige Erklärung muss ggü dem Vertragspartner erfolgen,
also bei vertragswidriger Untervermietung iSd II Nr 2 Alt 2 ggü dem Hauptmieter. Bei **Mietermehrheit** ist
eine Abmahnung ggü sämtlichen Mietern erforderlich. Das beanstandete Verhalten ist jeweils genau anzugeben. Eine zu kurze Abhilfefrist setzt eine angemessene Frist in Gang (Ddorf ZMR 06, 518 (521)), die Kündigungserklärung darf aber nicht vor deren Ablauf erfolgen. Eine **unwirksame Kündigung** kann gem § 140 in
eine Abmahnung umgedeutet werden (vgl Hamm NJW-RR 93, 1163, wohl ZMR 96, 487). Die **Beweislast** für
die gesetzte Abhilfefrist bzw die Abmahnung trägt der Kündigende.

Gem 2 sind Abhilfefrist bzw Abmahnung **entbehrlich**, wenn (Nr 1) diese offensichtlich keinen Erfolg ver- 26
sprechen – zB bei ernsthafter und endgültiger Abhilfeverweigerung (BGH NJW 76, 796; Ddorf ZMR 01,
346); bei Unmöglichkeit; bei unzumutbaren Belastungen für den Mieter (idR bei erheblicher Gesundheitsgefährdung gem § 569 I BGH NJW 07, 2177); bei Ungeeignetheit der Abmahnung zur Bewirkung eines vertragsgemäßen Verhaltens (vgl BGH NZM 04, 430) – oder (Nr 2) die sofortige Kündigung aus besonderen
Gründen unter Abwägung der beiderseitigen Interessen gerechtfertigt ist – zB wegen der Schwere der Pflichtverletzung. S. Kommentierung zu § 281 Rn 12 ff, 18 ff. Die Beweislast trägt jeweils der Kündigende (Ddorf
ZMR 05, 187, 188), s. aber IV 2.

Folgen einer unberechtigten Abmahnung sind weder eine Schadensersatzpflicht (Hamm NJW-RR 96, 1294) 27
noch ein Beseitigungs- oder Unterlassungsanspruch (BGH ZMR 08, 446).

28 **IV. Ausschluss des Kündigungsrechts nach § 543 IV 1.** Aufgrund der in IV 1 angeordneten entspr Anwendung der §§ 536b und 536d auf das Kündigungsrecht wegen Vorenthaltung des vertragsgemäßen Gebrauchs (II Nr 1) ist dieses bei Kenntnis des Mangels der Mietsache bei Vertragsschluss gem § 536b oder bei zulässiger Vereinbarung eines Haftungsausschlusses und fehlender Arglist des Vermieters (§ 536d) unter denselben Voraussetzungen wie die Mängelrechte ausgeschlossen. Siehe Kommentierung zu § 536b, § 536d. Bei **Mietermehrheit** genügt schon die Kenntnis eines Mieters vom Mangel, weil nur alle zusammen kündigen können (BGH NJW 72, 249). Hat der Mieter die gebotene Mängelanzeige unterlassen, muss er gem § 536c II Nr 3 zunächst eine angemessene Abhilfefrist setzen, bevor er wegen des betreffenden Mangels kündigen kann. § 543 IV 1 gilt nicht für die außerordentliche Kündigung wegen Gesundheitsgefährdung nach § 569 I, gem 578 II auch nicht bei Gewerberaum.

29 **E. Rechtsfolge: Kündigungserklärung.** Für die Kündigungserklärung gilt bei Wohnraummiete die Schriftform (§ 568 I), der Kündigungsgrund ist genau zu bezeichnen (§ 569 IV). Bei Gewerberaummiete ist die Erklärung formlos und kann daher auch schlüssig erfolgen, zB durch Räumung und Zahlungseinstellung (Frankf ZMR 05, 617). Die Kündigung erlangt erst ab Zugang Rechtswirkung. Fristsetzung bzw Abmahnung und Kündigung, für den Fall, dass Abhilfe unterbleibt, können gleichzeitig erklärt werden (Hambg NJW-RR 01, 153). Die Kündigung muss innerhalb einer **angemessenen Frist gem § 314 III** nach Kenntnis vom Kündigungsgrund und Ablauf der Abhilfefrist erfolgen (BGH NJW-RR 07, 886; aA BGH NJW 07, 147; offen gelassen BGH NJW-RR 09, 735). Dies gilt jedoch nicht, wenn der Kündigungsgrund im Kündigungszeitpunkt noch vollumfänglich besteht (BGH NJW-RR 09, 735 für Zahlungsverzug).
Ob die Voraussetzungen der Kündigung als empfangsbedürftige Willenserklärung bei Zugang (so Staud/*Rolfs* § 542 Rz 67; LG Berlin ZMR 92, 24) oder schon bei Abgabe vorliegen müssen (so LG Köln WuM 01, 195; LG Duisburg ZMR 06, 532) ist strittig. Als Gestaltungsrecht kann die Kündigung nicht unter eine Bedingung iSd § 158 gestellt werden (aA bei Potestativbedingung Hambg ZMR 01, 25). Eine **unwirksame fristlose Kündigung** kann gem § 140 in eine Abmahnung (Rn 25) oder eine ordentliche Kündigung umgedeutet werden (BGH NJW 03, 3053). In eine ordentliche Kündigung aber nur dann, wenn nach dem erkennbaren Willen des Kündigenden das Vertragsverhältnis in jedem Fall zum nächstmöglichen Termin beendet werden soll (BGH NJW 07, 1269). Eine **Umdeutung** in ein Angebot zur einvernehmlichen Aufhebung des Mietvertrages ist nicht möglich (BGH NJW 84, 1028; LG Hamburg ZMR 02, 669). Eine freiwillige Rückgabe der Mietsache führt idR nicht zu einer stillschweigenden Vertragsaufhebung (Ddorf ZMR 09, 600).

30 **F. Weitere Ansprüche.** Veranlasst ein Vertragspartner den anderen zur fristlosen Kündigung und kann er sich bezüglich seines Verschuldens nicht entlasten, ist er gem § 280 zum **Schadensersatz** des durch die Kündigung bis zum Ende der vertraglichen Bindungsdauer (Ablauf der ordentlichen Kündigungsfrist; bei Zeitmietvertrag: Ende der Laufzeit) entstandenen Schadens verpflichtet. Zu ersetzen sind zB nach § 284 nutzlose Aufwendungen (zum alten Recht BGH NJW 00, 2342); Mietausfall; Mietdifferenz; Renovierungskosten; Kosten für die notwendige Beauftragung eines Rechtsanwalts und die Nachmietersuche. Gem § 253 II besteht zudem ein Anspruch auf Schmerzensgeld. Der Vermieter hat sich gem § 254 nachhaltig um die Weitervermietung zu bemühen (Ddorf ZMR 96, 324), erforderlichenfalls auch zu einer geringeren Miete (Schlesw WuM 00, 354). Die Beweislast für einen Verstoß gegen § 254 trägt der Mieter (BGH ZMR 05, 433), die sekundäre Darlegungslast kann bei Vermieter liegen (KG ZMR 07, 615, 617).

31 **G. Prozessuales.** Nach abgewiesener Klage steht einer erneuten Kündigung der Einwand der Rechtskraft aus § 322 ZPO wegen solcher Gründe entgegen, die bis zum Schluss der mündlichen Verhandlung entstanden waren (aA BGH NJW 98, 374 bei unbekanntem Kündigungsgrund). Eine im Vorprozess festgestellte Mietzahlungspflicht ist für den Kündigungsprozess bindend (Kobl NJW-RR 05, 1174). Gegen den Wohnraummieter kann auch vor Ablauf der Schonfrist des § 569 III Nr 2 ein Versäumnisurteil ergehen (LG Hamburg NJW-RR 03, 1231; LG Köln NJW-RR 04, 87). Eine einstweilige Verfügung auf Räumung kommt nicht in Betracht (Ddorf ZMR 09, 444). Zur Einstellung der Räumungsvollstreckung gem § 765a ZPO bei Suizidgefahr s. BGH ZMR 06, 203.

§ 544 Vertrag über mehr als 30 Jahre.

¹Wird ein Mietvertrag für eine längere Zeit als 30 Jahre geschlossen, so kann jede Vertragspartei nach Ablauf von 30 Jahren nach Überlassung der Mietsache das Mietverhältnis außerordentlich mit der gesetzlichen Frist kündigen. ²Die Kündigung ist unzulässig, wenn der Vertrag für die Lebenszeit des Vermieters oder des Mieters geschlossen worden ist.

1 **A. Grundsätzliches; Anwendungsbereich.** § 544 wurde durch das MRRG eingefügt, ist seit 1.9.01 in Kraft und entspricht inhaltlich § 567 aF; daher existiert keine Übergangsregelung (aA Hamm ZMR 02, 196). Die Vorschrift dient dem Ausschluss von Erbmiete bzw ähnlichen Vertragsverhältnissen (BGH ZMR 94, 457) zur *Erhaltung der dem Mietvertrag immanenten zeitlichen Begrenzung* und gilt für alle Mietverhältnisse sowie über § 581 II für Pacht, ferner für miet- und pachtähnliche Verträge (Bub/Treier/*Grapentin* IV Rz 222). Wegen des vorstehenden Normzwecks ist § 544 **zwingendes Recht** (BGH NJW 04, 1523). § 544 gilt auch für Vorverträge (Staud/*Emmerich* § 544 Rz 2; MüKo/*Bieber* § 544 Rz 2).

B. Tatbestand: Mietvertrag über mehr als 30 Jahre iSv § 544 S 1. Unter 1 fällt auch ein Mietvertrag auf **2** unbestimmte Zeit, wenn für eine bzw beide Parteien ein Kündigungsausschluss für längere Zeit als 30 Jahre vereinbart ist (Frankf NZM 99, 419; Hamm NZM 99, 753) sowie ein befristeter Vertrag, wenn das Ereignis möglicherweise erst nach Ablauf von 30 Jahren eintritt (Ddorf ZMR 02, 189; Hambg ZMR 98, 28; Hamm NZM 99, 753). § 544 gilt jedoch nicht, wenn die Kündigung zwar durch wirtschaftliche Nachteile (zB Entschädigungspflicht) erschwert ist, rechtlich aber möglich bleibt (Erman/*Jendrek* § 544 Rz 3; aA MüKo/*Bieber* § 544 Rz 5). Ausnahmsweise kann hier allerdings eine Umgehung vorliegen. Kein Mietvertrag über mehr als 30 Jahre ist ein für einen kürzeren Zeitraum geschlossener Vertrag, der eine Option zur Verlängerung auf insgesamt mehr als 30 Jahre enthält (vgl Hamm NZM 02, 218; aA MüKo/*Bieber* § 544 Rz 4). Wird die 30-Jahres-Frist infolge einer Vertragsverlängerung überschritten, so beginnt die Frist erst dann und nicht schon ab dem ursprünglichen Vertragsschluss zu laufen (BGH NJW 04, 1523).

C. Rechtsfolge: Kündigung. Das Kündigungsrecht für beide Parteien besteht erstmals nach 30 Jahren. Nach **3** dem Wortlaut ist Fristbeginn nicht schon der Vertragsschluss, sondern erst die Überlassung der Mietsache (Erman/*Jendrek* § 544 Rz 2; MüKo/*Bieber* § 544 Rz 7). Bei nachträglichem Abschluss eines neuen Vertrages oder eines Vertrages mit längerer Bindungsdauer beginnt die Frist mit Wirksamwerden des späteren Vertrages zu laufen (BGH NJW 96, 2028; Hamm ZMR 02, 196). Geht die Kündigung vor Ablauf der 30 Jahresfrist zu, ist sie unwirksam (Hamm ZMR 97, 182, 184). Andererseits muss die Kündigung nicht zum erstzulässigen Zeitpunkt erfolgen (BGH NJW-RR 92, 780). Bei **Wohnraummiete** muss bei Kündigung des Vermieters gem §§ 573d I, 575a I ein berechtigtes Interesse vorliegen (Palandt/*Weidenkaff* § 544 Rz 6).

D. Unzulässigkeit der Kündigung bei Vertrag für die Lebenszeit gem § 544 S 2. Bei einem Vertrag für die **4** Lebenszeit einer Vertragspartei ist gem 2 die Kündigung nach 1 unzulässig. Grund für diese Ausnahme ist, dass es sich hierbei der Sache nach ohnehin um einen befristeten Vertrag handelt und es nicht zu einer Erbmiete kommen kann (vgl MüKo/*Bieber* § 544 Rz 1), Unter 2 fällt daher auch ein durch solche Umstände befristeter Vertrag, die nur zu Lebzeiten der Vertragspartei eintreten können – zB die persönliche Nutzung durch den Mieter (LG Stuttgart NJW-RR 92, 908). 2 ist nicht auf juristische Personen anwendbar (Palandt/*Weidenkaff* § 544 Rz 3).

§ 545 Stillschweigende Verlängerung des Mietverhältnisses.

[1]Setzt der Mieter nach Ablauf der Mietzeit den Gebrauch der Mietsache fort, so verlängert sich das Mietverhältnis auf unbestimmte Zeit, sofern nicht eine Vertragspartei ihren entgegenstehenden Willen innerhalb von zwei Wochen dem anderen Teil erklärt. [2]Die Frist beginnt
1. für den Mieter mit der Fortsetzung des Gebrauchs,
2. für den Vermieter mit dem Zeitpunkt, in dem er von der Fortsetzung Kenntnis erhält.

A. Grundsätzliches; Anwendungsbereich. § 545 wurde durch das MRRG eingefügt, ist seit 1.9.01 in Kraft **1** und entspricht im Wesentlichen § 568 aF. § 545 gilt für alle Mietverhältnisse und über § 581 II auch für Pachtverträge. Für Landpacht gilt als Sonderregelung § 594. Auf Leasingverträge ist § 545 entspr anwendbar (Köln MDR 93, 142; offen gelassen in BGH NJW-RR 04, 558). Sinn und Zweck des § 545 ist die Klarstellung der Rechtsverhältnisse in den Fällen, in denen der Mieter mit Kenntnis des Vermieters den Gebrauch der Mietsache nach Ablauf des Mietvertrages fortsetzt (zu § 568 aF BGH ZMR 91, 291; Bub/Treier/*Grapentin* IV Rz 39). Die Vertragsverlängerung folgt unmittelbar aus dem Gesetz.

B. Abweichende Vereinbarungen. § 545 ist abdingbar; auch im Wohnraummietrecht durch AGB **2** (BGH NJW 91, 1750) ob die bloße Nennung der Vorschrift ausreicht, ist streitig (so Schlesw NJW 95, 2858; aA Rostock ZMR 06, 692). In dem weiteren Gebrauch der Mietsache mit konkludenter Zustimmung des Vermieters soll idR eine stillschweigende Vertragsverlängerung zu erblicken sein, so dass § 545 nicht anwendbar ist (BGH NJW 09, 433). § 545 hat damit praktisch **keinen Anwendungsbereich** mehr.

C. Tatbestand. I. Fortsetzung des Gebrauchs der Mietsache nach Ablauf der Mietzeit. Das Nachfolgende **3** gilt nur, wenn § 545 ausnahmsweise doch einmal Anwendung findet: Als Ende der Mietzeit gilt jede Art der Vertragsbeendigung. Mietverträge auf unbestimmte Zeit enden bei ordentlicher Kündigung mit Ablauf der Kündigungsfrist, bei außerordentlicher Kündigung mit deren Zugang (hier ist idR ein gleichzeitiger Widerspruch gegen die Vertragsverlängerung nach 2 anzunehmen, vgl Rn 9); Mietverhältnisse auf bestimmte Zeit mit Zeitablauf; Aufhebungsvertrag (aA Palandt/*Weidenkaff* § 545 Rz 2), wobei auch hier idR ein gleichzeitiger Widerspruch nach 2 anzunehmen ist, vgl Rn 9. S. ferner die Kommentierung zu § 542 Rn 36 f.

Nach dem Gesetzeswortlaut ist die Fortsetzung desjenigen Gebrauchs maßgeblich, der nach Art und Umfang **4** während der Dauer des Vertragsverhältnisses ausgeübt wurde. Die bloße Vorenthaltung der Mietsache iSd § 546a genügt folglich nicht (Bub/Treier/*Grapentin* IV Rz 40). Das Zurücklassen von Gegenständen in den Mieträumen bzw das Zurückhalten von Teilen der Mietsache ist erst Recht unbeachtlich (Bub/Treier/*Grapentin* aaO). Entscheidend ist, ob das Verhalten des Mieters nach objektiver Verkehrsanschauung noch als Mietgebrauch oder bereits als Abwicklung des Mietverhältnisses zu verstehen ist (MüKo/*Bieber* § 545 Rz 6).

5 **Bsp:** Fehlende Erklärung des Mieters über Aufgabe des mittelbaren Besitzes bei Untervermietung (BGH NJW-RR 86, 1020); unbeanstandeter Verbleib in der Mietwohnung und vorbehaltlose Mietzahlung (Oldbg DWW 01, 88; vgl aber BGH NJW 09, 433) **nicht:** Verbleib in den Mieträumen zwecks Durchführung der Endrenovierung; bei Räumungsfrist (§§ 721, 794a ZPO); Vollstreckungsschutz nach § 765a ZPO. Nach Ablauf der Räumungsfrist gilt § 545 ebenfalls nicht, da bei Fristablauf kein fortsetzbares Mietverhältnis mehr bestanden hat (MüKo/*Bieber* § 545 Rz 7) – anders jedoch, wenn der Vermieter sodann die Nutzungsentschädigung wiederholt vorbehaltlos entgegen nimmt (vgl Ddorf NZM 02, 739; vgl aber BGH NJW 09, 433).

6 Die **Beweislast** für die Fortsetzung des Gebrauchs nach Ablauf der Mietzeit trifft diejenige Vertragspartei, die sich auf § 545 beruft (vgl BGH NZM 98, 779). Bei beweglichen Sachen spricht der äußere Anschein des Behaltens für die Gebrauchsfortsetzung (MüKo/*Bieber* § 545 Rz 6).

7 **II. Keine Erklärung des entgegenstehenden Willens binnen zwei Wochen.** Die formlose empfangsbedürftige Erklärung des entgegenstehenden Willens, welche durch schlüssiges Verhalten erfolgen kann, muss der anderen Partei binnen zwei Wochen zugehen. Die rechtzeitige Erklärung ggü dem Gericht ist nicht ausreichend (LG Berlin NZM 01, 40). Aus der Erklärung muss für den objektiven Empfänger erkennbar sein, dass eine Fortsetzung des Mietverhältnisses nicht gewollt ist. Str ist, ob bei Vermietermehrheit die Erklärung eines Vermieters genügt (dafür Rostock NZM 04, 423; Palandt/*Weidenkaff* § 545 Rz 8; dagegen *Pütz* WuM 04, 531).

8 **Fristbeginn** gem 2 Nr 1 ist für den Mieter die Fortsetzung des Gebrauchs, für den Vermieter nach 2 Nr 2 die positive Kenntnis hiervon. Bloßes Kennenmüssen genügt nicht (MüKo/*Bieber* § 545 Rz 15; Staud/*Emmerich* § 545 Rz 12). Nach dem Normzweck des § 545 kann die Erklärung schon vor Fristbeginn abgegeben werden, da dann keine klärungsbedürftige Situation über die Fortsetzung des Mietverhältnisses mehr besteht, vgl Rn 1 (BGH ZMR 88, 18). Eine Wiederholung muss nicht erfolgen, wenn das Mietende in einen nicht nur losen zeitlichen Zusammenhang fällt (BayObLG NJW 81, 2759).

9 **Bsp:** Die fristlose Kündigung verbunden mit der Aufforderung zur Rückgabe bzw Räumung der Mietsache (BGH ZMR 88, 18) oder unter Bezeichnung (§ 569 IV) des außerordentlichen Kündigungsgrundes (BGH NJW-RR 88, 76); die Erhebung der Räumungsklage (Köln ZMR 96, 24) nur, wenn diese rechtzeitig zugestellt wird – § 167 ZPO gilt nicht (Stuttg NJW-RR 87, 788); die Erklärung, dass eine Fortsetzung des Mietverhältnisses nur zu einer höheren Miete in Betracht kommt (BGH NJW-RR 86, 1020) bzw dass die Mieträume anderweitig vermietet sind.

10 Die **Beweislast** für die Erklärung des entgegenstehenden Willens sowie den rechtzeitigen Zugang trifft diejenige Partei, die sich auf die Vertragsbeendigung beruft. Der Mieter muss ggf beweisen, dass der Vermieter bereits zu einem früheren Zeitpunkt Kenntnis von der Gebrauchsfortsetzung nach Mietende hatte (BGH NZM 98, 779).

11 **D. Rechtsfolge: Verlängerung des Mietverhältnisses auf unbestimmte Zeit.** Setzt der Mieter den Gebrauch der Mietsache nach Ablauf des Mietverhältnisses fort, ohne dass eine Vertragspartei innerhalb der Zwei-Wochen-Frist widerspricht, so verlängert sich dieses auf unbestimmte Zeit. Folglich gelten die Kündigungsfristen aus § 573c – unabhängig davon, ob diese zuvor abw vereinbart waren oder ein Zeitmietvertrag bestand (Bub/Treier/*Grapentin* IV Rz 41; offen gelassen BGH NJW-RR 04, 558). IÜ gilt der alte Mietvertrag unverändert fort. Wegen der Vertragskontinuität bestehen das Vermieterpfandrecht und sonstige Sicherheiten weiter.

12 **E. Kein Ausschluss durch Anfechtung bzw Dissens.** Eine Anfechtung der Vertragsverlängerung wegen Willensmängeln bzw eine Unwirksamkeit wegen Dissens gem § 154 kommt nicht in Betracht, da die Verlängerung des Mietverhältnisses nach § 545 kraft Gesetzes erfolgt (Palandt/*Weidenkaff* § 545 Rz 10).

§ 546 Rückgabepflicht des Mieters.
(1) Der Mieter ist verpflichtet, die Mietsache nach Beendigung des Mietverhältnisses zurückzugeben.
(2) Hat der Mieter den Gebrauch der Mietsache einem Dritten überlassen, so kann der Vermieter die Sache nach Beendigung des Mietverhältnisses auch von dem Dritten zurückfordern.

1 **A. Grundsätzliches; Konkurrenzen.** § 546 wurde durch das MRRG eingefügt, ist seit 1.9.01 in Kraft und gilt für alle Mietverhältnisse. Bei Pacht gilt zusätzlich § 582a III bezüglich des Inventars. § 546 entspricht § 556 I, III aF. Der frühere II für Wohnraummiete wurde in § 570 normiert. Die Rückgabepflicht des Mieters nach Beendigung des Mietverhältnisses in I steht nicht im Synallagma mit einer Vermieterpflicht (Erman/*Jendrek* § 546 Rz 2; MüKo/*Bieber* § 546 Rz 1). Der schuldrechtliche Rückgabeanspruch aus § 546 I setzt **keinen Besitz** des Mieters an der Mietsache voraus (BGH NJW 96, 515). Die Ansprüche aus § 546 gehen bei Veräußerung der Mietsache nach § 566 I auf den Erwerber über (Ddorf NZM 02, 739), sind der Abtretung zugänglich und bestehen neben dem Herausgabeanspruch aus § 985 (BGH NJW 83, 112). Dies gilt auch, wenn Vermieter und Eigentümer nicht identisch sind: Erhält der Vermieter zunächst die Mietsache, kann der Eigentümer *diese vom Vermieter* nach § 985 herausverlangen. Bei **Insolvenz** des Mieters unterliegt nur der dingliche Herausgabeanspruch der Aussonderung nach § 47 InsO. Der Anspruch aus § 546, der **weitergehend als § 985** ua die Entfernung von Einrichtungen und Beseitigung von Veränderungen umfasst (vgl Rn 7 ff), ist Insolvenzforderung (BGH NJW 01, 2966).

B. Abweichende Vereinbarungen. Wird die Rückgabepflicht insgesamt abbedungen, handelt es sich durch den Wegfall der die Miete prägenden zeitlichen Begrenzung der Gebrauchsüberlassung nicht um einen Mietvertrag. Abw Vereinbarungen über den Fälligkeitszeitpunkt der Rückgabepflicht sind zulässig. Die Vereinbarung eines über § 229 hinausgehenden Selbsthilferechts des Vermieters ist unwirksam (vgl BGH NJW 77, 1818). Die Rückbauklausel „Ein- und Ausbauten sind zu entfernen, wenn durch sie eine weitere Vermietung erschwert werden sollte" ist in AGB zulässig (Ddorf ZMR 09, 745).

C. Rückgabeanspruch gegen den Mieter gem § 546 I. I. Tatbestand: Beendigung des Mietverhältnisses. Tatbestandlich setzt I allein die Beendigung des Mietverhältnisses voraus. Erfasst ist jede Beendigung (s. § 545 Rn 3) – zB durch Zeitablauf (§ 575), Kündigung (§ 573, § 543, § 57a ZVG) oder Aufhebungsvertrag. Ferner darf keine stillschweigende Verlängerung des Mietverhältnisses eingetreten sein (s. § 545 Rn 2).

Die Mietsache ist dem Gesetzeswortlaut zufolge nach Beendigung des Mietverhältnisses zurückzugeben, also gem § 187 I analog am darauf folgenden Tag (MüKo/*Bieber* § 546 Rz 15; aA Erman/*Jendrek* § 546 Rz 10; Palandt/*Weidenkaff* § 546 Rz 10). Fällt die Beendigung des Mietverhältnisses auf einen Samstag, Sonntag oder Feiertag, besteht die Rückgabepflicht nach § 193 analog am darauf folgenden Werktag. Zur **vorzeitigen Rückgabe** der Mietsache ist der Mieter nicht berechtigt, da die Rückgabepflicht vor ihrer Entstehung nicht erfüllbar ist (Ddorf VersR 89, 46; KG NZM 00, 92; aA Dresd NJW-RR 01, 79). Bei objektiver oder subjektiver **Unmöglichkeit** der Rückgabe erlischt die Rückgabepflicht gem § 275 (Erman/*Jendrek* § 546a Rz 4; nicht bei ausgezogenem Mieter, vgl HansOLG ZMR 09, 603).

II. Einwendungen und Einreden des Mieters. Zurückbehaltungsrechte des Mieters gem § 273 sind nach § 570 bei Wohnraummiete und nach § 578 I bei der Miete anderer Räume sowie bei Grundstücksmiete ausgeschlossen. Ein Recht zum Besitz gem § 986 besteht mangels Anwendbarkeit der dinglichen Einwendung ggü dem schuldrechtlichen Rückgabeanspruch aus § 546 ebenfalls nicht (BGH NZM 98, 779). Der Rückgabeanspruch unterliegt der Regelverjährung nach §§ 195, 199. Für den darin enthaltenen Anspruch auf Beseitigung eingebrachter Gegenstände, Einrichtungen oder Bauten (vgl Rn 7) gilt indes die kurze **Verjährung** aus § 548 (Köln NZM 98, 767 mwN).

III. Rechtsfolge: Wiedereinräumung des unmittelbaren Besitzes. Der Rückgabeanspruch des Vermieters gem I ist spiegelbildlich zu § 535 I 2 auf die Wiedereinräumung des unmittelbaren Besitzes gerichtet (BGH NJW 88, 2665). Die Rückgabe der Mietsache ist **Bringschuld** (Erman/*Jendrek* § 546 Rz 9; zweifelnd Palandt/*Weidenkaff* § 546 Rz 11). Bei **Nichterfüllung** der Rückgabepflicht kann der Vermieter Nutzungsentschädigung gem § 546a sowie ggf weitergehende Schadensersatz- und Verzugsansprüche nach §§ 546a II, 280, 281, 286 geltend machen. Bei Wohnraummiete gelten die Einschränkungen aus § 571. Die Zwangsräumung aufgrund eines vorläufig vollstreckbaren Urteils stellt keine Erfüllung dar (BGH NJW 04, 1736). Gleiches gilt bei Annahmeverzug des Vermieters, dieser berechtigt den Mieter aber zur Besitzaufgabe nach § 303 (Ddorf NZM 99, 1142). Bei **Schlechterfüllung** (s. Rn 7–9) bestehen Ansprüche aus §§ 280 f – bei Unterlassung von Rückbauten (KG ZMR 07, 533) oder wirksam übernommenen Schönheitsreparaturpflichten gilt § 281 (KG ZMR 07, 450).

IV. Insbes Räumung von Mieträumen und Grundstücken. Die vollständigen Wiedereinräumung des unmittelbaren (Allein)Besitzes setzt die Rückgabe sämtlicher Schlüssel an den Vermieter oder einen Empfangsbevollmächtigten, zB Hausverwalter, voraus (Hamm NZM 03, 26; KG GrundE 79, 608; zu Ausnahmen s. Brandbg NZM 00, 463; Hambg ZMR 95, 18). Wegen des Bringschuldcharakters der Rückgabepflicht ist Leistungsort der Wohn- oder Geschäftssitz des Vermieters bzw des Hausverwalters (Ddorf NJW-RR 99, 735). Die bloße Besitzaufgabe des Mieters durch Auszug aus den Mieträumen genügt daher nicht (Hamm NZM 03, 26). Ebenso liegt eine **Nichterfüllung** der Rückgabepflicht vor, wenn der Mieter die Schlüssel zwar dem Vermieter übergibt, Einbauten und Einrichtungen aber überwiegend in den Mieträumen zurücklässt (BGH NJW 88, 2665; Ddorf ZMR 09, 843). Hinterlässt der Mieter nur einzelne Gegenstände, ist trotz § 266 jedenfalls dann eine **(Schlecht)Erfüllung** der Rückgabepflicht anzunehmen, wenn er den Besitz hieran aufgegeben hat (BGH NJW 88, 2665; München ZMR 96, 202, 204). Um Nichterfüllung handelt es sich dagegen, wenn der Mieter in erheblichem Umfang Bauwerke auf dem Mietgrundstück belässt (KG GrundE 03, 46 etwa 10% der Grundstücksfläche).

Vorstehendes gilt auch, wenn der Mieter nur **mittelbarer Besitzer** ist und den unmittelbaren Besitz der Mieträume einem Dritten überlassen hat. Eine Abtretung seines Herausgabeanspruchs gegen den Dritten genügt nach dem Gesetzeswortlaut („zurückzugeben") nicht (BGH NJW 71, 2065; Ddorf NZM 03, 397). IÜ hat der Vermieter ohnehin einen Direktanspruch gegen den Dritten gem II.

Mieträume bzw Grundstücke sind bei fehlender Vereinbarung im üblichen also **ursprünglichen Zustand** zurückzugeben (BGH NJW 02, 3234), vertragsgemäße Abnutzungen bzw Veränderungen iSd § 538 bleiben außer Betracht (Ddorf NZM 04, 584); Einrichtungen und eingebrachte Gegenstände sind zu entfernen. Eine ursprünglich erteilte Zustimmung zur Veränderung der Mietsache modifiziert die Rückgabepflicht nur ausnahmsweise, wenn aus den Umständen eine abw diesbezügliche Vereinbarung bzw ein entspr Verzicht des Vermieters zu entnehmen ist (Hambg ZMR 90, 341; KG GrundE 2003, 46). Die Rückgabe der Mieträume bzw

Grundstücke in vertragswidrigem Zustand führt zu Ersatzansprüchen aus §§ 280 ff (kurze Verjährung nach § 548), ist aber für die Erfüllung selbst ohne Bedeutung, solange insgesamt eine Rückgabe iSd Rn 6–8 zu bejahen ist. Nimmt der Vermieter die Mietsache nicht an, gerät er in Annahmeverzug (Hamm NZM 03, 26).

10 Aus der nachvertraglichen Obhutspflicht folgt, dass Räume besenrein zurückzugeben sind (MüKo/*Bieber* § 546 Rz 11). Firmenschilder mit Hinweis auf die neue Anschrift dürfen für angemessene Zeit verbleiben (Ddorf NJW 88, 2545; Erman/*Jendrek* § 546 Rz 6). Trifft der Vermieter bei Rückgabe keine Feststellungen zum Zustand der Mietsache, soll er sich später nicht mehr auf wahrnehmbare Mängel berufen können (BGH NJW 83, 446, 448; KG GrundE 03, 524). Für die Nicht- bzw Schlechterfüllung der Rückgabepflicht trifft den Vermieter die **Beweislast**. Zur Beweissicherung empfiehlt sich ein **Rückgabeprotokoll**, welches die Wirkung eines beweiserleichternden Anerkenntnisses hat (LG Berlin ZMR 00, 535; LG Hamburg NZM 99, 838). Zwischen Unternehmern gelten zudem die Grundsätze des kaufmännischen Bestätigungsschreibens (Ddorf NZM 04, 260).

11 **V. Mietermehrheit.** Mehrere Mieter haften für die Erfüllung der Rückgabepflicht als Gesamtschuldner (BGH NJW 96, 515). Dies gilt auch für denjenigen Mieter, der **vorzeitig ausgezogen** ist (BGH NJW 96, 515; KG ZMR 06, 526), da ohne Zustimmung aller Beteiligten sein Mietvertrag nicht beendet wurde (BGH ZMR 05, 610). Der ausziehende Mieter sollte daher die Zustimmung des verbleibenden Mieters zur Kündigung einzuholen, erforderlichenfalls im Klagewege (vgl bei geschiedenen Eheleuten Köln ZMR 06, 770). Nach dem Auszug hat er zur Erfüllung der Rückgabepflicht mit allen zulässigen tatsächlichen und rechtlichen Mitteln auf die verbliebenen Mieter einzuwirken (HansOLG ZMR 09, 603).

12 **D. Rückgabeanspruch gegen Dritten gem § 546 II.** § 546 gewährt dem Vermieter gegen einen nicht am Mietvertrag beteiligten Dritten, dem der Mieter die Mietsache – zB durch Untervermietung – befugt oder unbefugt überlassen hat, einen schuldrechtlichen Direktanspruch gleichen Inhalts wie I (vgl BGH NJW 96, 515). Der Anspruch entsteht **nach Beendigung** des Hauptmietvertrages in rechtlicher Hinsicht, ein tatsächliches Ende genügt nicht (Hamm WuM 81, 40). Hauptmieter und Dritter schulden die Rückgabe als Gesamtschuldner. Im Unterschied zu I setzt der Anspruch aus II nach dem Gesetzeswortlaut („überlassen") den **Besitz** an der Mietsache voraus. Der Anspruch erlischt daher, wenn der Dritte die Mietsache an den Hauptmieter zurückgibt (München NJW-RR 89, 524).

13 Der Herausgabeanspruch nach § 546 II hat seine **rechtliche Grundlage in dem Hauptmietverhältnis** (Bub/Treier/*Scheuer* V A Rz 28; Erman/*Jendrek* § 546 Rz 13). Hieraus folgt: Ein solches muss wirksam bestanden haben (sonst nur § 985, vgl Rn 1). Ferner sind Zurückbehaltungsrechte auch für den Dritten ausgeschlossen – nach § 570, wenn das Hauptmietverhältnis Wohnraummiete ist, nach § 578 bei der Miete von Grundstücken bzw Geschäftsräumen. Zudem kann sich auch der Dritte auf die Herausgabepflicht aufschiebende bzw ausschließende Vereinbarungen iRd Hauptmietvertrages berufen. Abreden zwischen dem Dritten und dem Mieter sind dagegen naturgemäß unbeachtlich. Der Kündigungsschutz aus § 574a gilt nur, wenn es sich auch bei dem Hauptmietvertrag um Wohnraum handelt (vgl BGH NJW 03, 3054). Bei Beendigung des Hauptmietverhältnisses durch Aufhebungsvertrag gegen Abfindungszahlung gilt zugunsten des Dritten § 285 analog (MüKo/*Bieber* § 546 Rz 23).

14 **E. Prozessuales.** Bei Nichterfüllung der Rückgabepflicht aus § 546 I ist eine Räumungsklage erforderlich, welche mit der Klage auf Zahlung der Mietrückstände verbunden werden kann. Die eigenmächtige Inbesitznahme der Mietsache durch den Vermieter ist verbotene Eigenmacht gem § 858 – auch ggü dem Untermieter, wenn das Hauptmietverhältnis nicht mehr besteht (KG ZMR 09, 912). Bei **Mietermehrheit** ist ein Titel gegen sämtliche Mieter erforderlich; ein Titel gegen den Hauptmieter wirkt nicht ggü dem Untermieter (BGH NZM 03, 802); dies gilt in Ansehung von § 885 I ZPO ebenso bei Eheleuten, wenn nur ein Ehegatte Vertragspartei ist (BGH WuM 04, 555). Eine Räumungsklage gegen einen bereits ausgezogenen Mieter ist grds zulässig (BGH NJW 96, 515). Eine Unterwerfung unter die sofortige Zwangsvollstreckung ist nach § 794 I Nr 5 bei Wohnraummiete ausgeschlossen.

§ 546a Entschädigung des Vermieters bei verspäteter Rückgabe.

(1) Gibt der Mieter die Mietsache nach Beendigung des Mietverhältnisses nicht zurück, so kann der Vermieter für die Dauer der Vorenthaltung als Entschädigung die vereinbarte Miete oder die Miete verlangen, die für vergleichbare Sachen ortsüblich ist.
(2) Die Geltendmachung eines weiteren Schadens ist nicht ausgeschlossen.

1 **A. Grundsätzliches.** § 546a wurde durch das MRRG eingefügt, ist seit 1.9.01 in Kraft und begründet zugunsten des Vermieters bei verspäteter Rückgabe der Mietsache einen Entschädigungsanspruch mindestens in Höhe der vereinbarten Miete. Ist die ortsübliche Miete höher, kann der Vermieter diese verlangen. § 546a ist *kein Schadensersatzanspruch*, sondern ein vertraglicher Anspruch eigener Art. Der **Gesetzeszweck** besteht insb darin, den Mieter, der seiner Rückgabepflicht aus § 546 nicht nachkommt, nicht besser zu stellen als bei Fortdauer des Mietvertrages (BGH MDR 89, 808; Schmidt-Futterer/*Gather* § 546a Rz 5). § 546a soll dem Vermieter die Verfolgung seiner Rechte erleichtern (BGH NJW-RR 04, 558, 560).

§ 546a entspricht im wesentlichen § 557 I aF mit dem Unterschied, dass die heutige Entschädigungsnorm für alle Mietverhältnisse gilt. Eine Übergangsregelung existiert nicht. Die vormaligen II bis IV sind heute in § 571 kodifiziert. Bei Pacht greift § 584b. Bei **Untermiete** gelten mangels Mietverhältnisses zwischen Vermieter und Dritten allein die §§ 987 ff (Hambg NZM 99, 1052), ebenso bei Angehörigen des Mieters. Dagegen besteht der Anspruch aus § 546a im Verhältnis zwischen dem Hauptmieter und dem Dritten. Sind aber Haupt- und Untermietverhältnis gleichzeitig beendet worden, steht dem Hauptmieter kein Anspruch aus § 546a zu, da er mit Beendigung des Hauptmietverhältnisses ebenfalls seine Nutzungsberechtigung verloren hat (BGH NJW 96, 46; KG ZMR 06, 283; Saarbr NJW-RR 06, 515) **Konkurrenzen** zu anderen Vorschriften bestehen nicht (vgl Rn 13 ff), da § 546a dem Vermieter die Rechtsverfolgung erleichtern soll und somit einen zusätzlichen Anspruch begründet. 2

B. Abweichende Vereinbarungen. § 546a ist abdingbar. Vertragliche Vereinbarungen zu Lasten des Wohnraummieters dürfen jedoch nicht von § 571 abweichen. Formularmäßige Bestimmungen unterliegen der Inhaltskontrolle insb durch §§ 309 Nr 5 und 7, 308 Nr 7 und 307 II Nr 1. Da die Vorenthaltung (s. Rn 4) ein wesentliches Merkmal des § 546a darstellt, ist eine Klausel unwirksam, derzufolge bei jeder nicht rechtzeitigen Rückgabe Nutzungsentschädigung zu zahlen ist (für Leasingvertrag BGH NJW-RR 04, 558, 560). 3

C. Tatbestand des Entschädigungsanspruchs nach § 546a I. Voraussetzung ist nach dem Gesetzeswortlaut die Vorenthaltung der Mietsache nach Beendigung des Mietverhältnisses. Dem Begriff des **Vorenthaltens** ist immanent, dass die Rückgabe der Mietsache trotz bestehender Rückgabepflicht unterlassen wird und dieses dem Willen des Vermieters widerspricht (BGH NJW-RR 04, 558). Daher liegt kein Vorenthalten vor bei irriger Annahme des Vermieters, der Mietvertrag bestehe fort (BGH aaO). Ebenso wenig bei Ablehnung der Rücknahme (Ddorf ZMR 07, 780; Hamm NZM 03, 517), Austausch der Schlösser durch den Vermieter (KG NJW-RR 06, 514) oder Überlassung eines Schlüssels an den Mieter zur Durchführung von Schönheitsreparaturen (Ddorf NJW-RR 04, 300; KG NJW-RR 01, 1452). Eine Schlechterfüllung der Rückgabepflicht aus § 546 genügt nicht (Ddorf ZMR 05, 705) – zB bei Zurücklassen einzelner Gegenstände in den Mieträumen (Ddorf WuM 02, 494). Bleibt aber der überwiegende Teil der Gegenstände in den Räumen, führt dies zur Nichterfüllung der Rückgabepflicht (Ddorf ZMR 04, 27; KG ZMR 07, 194). Zur Abgrenzung s. § 546 Rn 7 ff. Ob der Mietgebrauch fortgesetzt wird, ist unbeachtlich. Zu den Voraussetzungen, Inhalt und Erfüllung der Rückgabepflicht s. § 546 Rn 3 ff. 4

Nach dem Gesetzeswortlaut sind **kein Verschulden** des Mieters (BGH NJW 84, 1527) und kein Schaden des Vermieters erforderlich. Eine Vorenthaltung der Mietsache liegt auch vor bei Gewährung von Vollstreckungsschutz gem § 765a ZPO oder einer Räumungsfrist nach §§ 721, 794a ZPO (Schmidt-Futterer/*Gather* § 546a Rz 17), da die Vorschriften lediglich prozessualer Natur sind und keine materiell-rechtliche Wirkung entfalten. Bei objektiver oder subjektiver **Unmöglichkeit** der Rückgabepflicht scheidet eine Vorenthaltung der Mietsache begrifflich und nach dem Gesetzeszweck (vgl Rn 1) aus (Schmidt-Futterer/*Gather* § 546a Rz 24) – der Vermieter hat lediglich Ersatzansprüche aus §§ 280 ff. Zum Ausschluss von Zurückbehaltungsrechten bei Raummiete s. § 546 Rn 5. Zur Frage, ob ausnahmsweise dennoch ein Vorenthalten verneint werden kann, zurückhaltend BGH NJW 75, 1773. Zum fehlenden Anspruch aus § 546a I iRd **Untermiete** bei gleichzeitiger Beendigung von Haupt- und Untermietvertrag s. Rn 2. 5

Der Anspruch besteht **für die Dauer der Vorenthaltung** u erlischt somit mit Rückgabe der Mietsache. Dies gilt auch, wenn die Rückgabe innerhalb einer laufenden Mietberechnungsperiode, zB zur Monatsmitte, erfolgt (BGH ZMR 06, 32). Begehrt der Vermieter Schadensersatz statt der Leistung nach § 281, so erlischt der Nutzungsentschädigungsanspruch bereits mit Fristablauf (§ 281 IV), also vor Rückgabe der Mietsache (KG GrundE 03, 46). Der Annahmeverzug des Vermieters beseitigt die Entschädigungspflicht nur, wenn darin eine Ablehnung der Rücknahme zum Ausdruck kommt (KG NJW-RR 01, 1452; weitergehend Ddorf ZMR 04, 27). 6

Den Vermieter trifft die **Beweislast** für die Beendigung des Mietverhältnisses, der Mieter muss die Rückgabe bzw deren Unmöglichkeit oder die Ablehnung der Rücknahme durch den Vermieter beweisen. 7

D. Einwendungen und Einreden: Fälligkeit, Aufrechnung, Verjährung, § 242. Die Fälligkeit richtet sich nach dem Mietvertrag, im Zweifel gelten die §§ 556b I, 579 (vgl BGH NJW 74, 556). Ebenso wie für die allgemeinen Ersatzansprüche (Rn 13 ff) gilt für § 546a die Regelverjährung aus §§ 195, 199 (Palandt/*Weidenkaff* § 546a Rz 2). Ein Aufrechnungsverbot besteht fort (BGH NJW-RR 00, 530). Steht der Zeitwert der Mietsache außer Verhältnis zur Entschädigungshöhe, kann eine unzulässige Rechtsausübung (§ 242) vorliegen (BGH ZMR 05, 609). 8

E. Rechtsfolge: Vereinbarte bzw ortsübliche Miete als Entschädigung. Für die Dauer der Vorenthaltung schuldet der Mieter die vereinbarte Miete einschl Nebenkosten zu den vertraglichen Bedingungen. Ist die ortsübliche Miete höher, kann der Vermieter diese verlangen. Bestand ein vertraglicher Anspruch auf **Mieterhöhung**, kann der Vermieter eine entspr Erhöhung der Entschädigung verlangen (vgl BGH MDR 73, 492). Eine vor Beendigung des Mietverhältnisses geminderte Miete wirkt auf die Entschädigung fort (BGH ZMR 90, 206). Ein nach Mietende auftretender Mangel führt indes nicht zur **Minderung**, da zu diesem Zeitpunkt die Erhaltungspflicht des Vermieters aus § 535 I 2 erloschen ist (vgl BGH ZMR 90, 206; Ddorf ZMR 01, 447). 9

10 Da § 546a keinen Schadensersatz-, sondern einen vertraglichen Anspruch eigener Art gewährt, ist **§ 254 nicht anwendbar** (vgl Schmidt-Futterer/*Gather* § 546a Rz 44). Der Anspruch besteht nur ggü dem Mieter als Vertragspartner, nicht ggü Dritten zB dem Untermieter oder Angehörigen des Mieters. Eine unterlassene Herausgabeklage gegen den Untermieter nach § 546 II mindert den Entschädigungsanspruch gegen den Mieter nicht (BGH NJW 84, 1527). Bei **Mietermehrheit** besteht der Anspruch auch ggü einem ausgezogenen Mieter, wenn der verbliebene Mieter die Mietsache nicht rechtzeitig zurückgibt (Bub/Treier/*Scheuer* V A Rz 62), s. § 546 Rn 11. Sind Ehegatten im Besitz der Mietsache und ist nur einer Vertragspartner, haftet dieser allein (Erman/*Jendrek* § 546a Rz 8).

11 Begehrt der Vermieter die **ortsübliche Miete**, so ist der Betrag maßgebend, der bei Beendigung in der Gemeinde bzw in der vergleichbaren Umgebung der Mietsache innerhalb der Gemeinde durchschnittlich vereinbart wird. Der Vermieter kann die ortsübliche Miete nicht nur für die Zukunft geltend machen, sondern bereits rückwirkend für die Zeit ab Beendigung des Mietverhältnisses (BGH NJW 99, 2808; aA Bub/Treier/*Scheuer* V A Rz 107). Die Kappungsgrenze des § 558 III bleibt ebenso wie die übrigen Bestimmungen dieser Vorschrift außer Betracht (MüKo/*Bieber* § 546a Rz 13). Die **Beweislast** für die Höhe der ortsüblichen Miete trifft den Vermieter; auf den Mietspiegel kann er sich dabei wegen des anderen Vergleichsmietenbegriffs nicht berufen.

12 **F. Prozessuales.** Nach § 259 ZPO kann auch eine erst künftig fällige Entschädigung zusammen mit der Räumungsklage verlangt werden, wenn die Kündigung wegen Zahlungsrückständen erklärt wurde (BGH NJW 03, 1395). Zum Rang des Entschädigungsanspruchs bei Mieterinsolvenz s. BGH NJW 07, 1591; 07, 1594.

13 **G. Weitergehender Schadensersatz gem § 546a II.** Bei Schlechterfüllung der Rückgabepflicht (vgl § 546 Rn 9) gelten die §§ 280 ff (vgl § 546 Rn 6), wobei str ist, ob Schadensersatz nur unter den Voraussetzungen der §§ 280 III, 281 geltend gemacht werden kann (KG ZMR 07, 533). Bei Nichterfüllung kann der Vermieter nach § 546a II neben der Entschädigungsanspruch aus I weitergehende Verzugsschäden unter den Voraussetzungen des § 286 bzw sonstige Schäden nach den §§ 280 ff geltend machen. Ein Verschulden des Mieters ist stets erforderlich. Ein Mitverschulden des Vermieters ist (im Unterschied zu § 546a) **gem § 254** anzurechnen (Ddorf ZMR 07, 780). Bei **Mietermehrheit** haftet bei vorhandener Einwirkungsmöglichkeit auf die Mietsache jeder Mieter in Abweichung von § 425 für das Verschulden des Mitmieters (Ddorf NJW-RR 87, 911).

14 Bei **Wohnraummiete** sind die Einschränkungen des § 571 zu beachten. Grds kann der Vermieter die höhere Miete verlangen, die ein zur Anmietung bereiter Dritter gezahlt hätte bzw die Erstattung des Schadensersatzes wegen Nichterfüllung, den der Vermieter an den Nachmieter leisten musste (Ddorf MDR 90, 725). Bei Eigenbedarf sind die Mehrkosten und sonstigen Aufwendungen zu ersetzen (Palandt/*Weidenkaff* § 546a Rz 17). Unter den Voraussetzungen des Schadensersatzes statt der Rückgabe nach § 281 ist auch ein **Zwangsverkauf** der Mietsache an den Mieter möglich (MüKo/*Bieber* § 546a Rz 21).

15 Der Mieter muss sich hinsichtlich seines Verschuldens entlasten (§§ 280 I 2, 286 IV), die **Beweislast** für die übrigen Voraussetzungen, insb für den kausalen Schaden trifft den Vermieter. Gelingt der Nachweis eines Mietausfallschadens nicht, kommt nur ein Anspruch aus §§ 812 ff wegen **ungerechtfertigter Bereicherung** des Mieters in Betracht, der ebenfalls nicht durch § 546a berührt wird, weil die Bestimmung die Rechte des Vermieters erweitern soll (Ddorf ZMR 07, 35; vgl BGH NJW-RR 00, 382). Gleiches gilt für Ansprüche aus §§ 987 ff (BGH NJW-RR 00, 382; aA Köln NZM 99, 710). Auch § 571 steht Ansprüchen aus §§ 812 ff nicht entgegen, da diese nicht auf Schadensersatz gerichtet sind. Bei Weitervermietung vorenthaltener Räume durch den Mieter kann der Vermieter gem § 816 II die vom Nachfolgemieter an den bisherigen Mieter geleistete Entschädigung herausverlangen, wenn er die entsprechende Verfügung des Mieters genehmigt (BGH NJW 83, 446).

§ 547 Erstattung von im Voraus entrichteter Miete.
(1) ¹Ist die Miete für die Zeit nach Beendigung des Mietverhältnisses im Voraus entrichtet worden, so hat der Vermieter sie zurückzuerstatten und ab Empfang zu verzinsen. ²Hat der Vermieter die Beendigung des Mietverhältnisses nicht zu vertreten, so hat er das Erlangte nach den Vorschriften über die Herausgabe einer ungerechtfertigten Bereicherung zurückzuerstatten.
(2) Bei einem Mietverhältnis über Wohnraum ist eine zum Nachteil des Mieters abweichende Vereinbarung unwirksam.

1 **A. Grundsätzliches; Anwendungsbereich.** § 547 wurde durch das MRRG eingefügt, ist seit 1.9.01 in Kraft und entspricht inhaltlich § 557a aF. Eine Übergangsregelung existiert daher nicht. § 547 gilt für alle Mietverhältnisse und ist über § 581 II auf Pachtverträge anwendbar (BGH NJW 00, 2987). Sinn und Zweck des § 547 ist der Schutz des Mieters vor dem Verlust der im Voraus geleisteten Miete. Die Ansprüche aus § 547 sind wie jeder andere Anspruch abtretbar, zB an den Nachmieter.

2 **B. Abweichende Vereinbarungen.** Gem II sind abw Vereinbarungen zum Nachteil des Wohnraummieters unzulässig. Außerhalb der Wohnraummiete unterliegen formularmäßige Abweichungen der Inhaltskontrolle durch § 307 – sofern ausnahmsweise der Mieter nicht Unternehmer ist, auch nach § 309 Nr 6. Eine Bestim-

mung, wonach der Rückerstattungsanspruch aus § 547 bei einer vom Mieter zu vertretenden Vertragsbeendigung entfällt, ist als Vertragsstrafeversprechen anzusehen mit der Folge, dass eine Herabsetzung der Vertragsstrafe in Betracht kommt, wenn der Mieter nicht Kaufmann ist (BGH WM 68, 799). Bei Wohnraummiete ist ein Vertragsstrafeversprechen zugunsten des Vermieters ohnehin nach § 555 unwirksam.

C. Rückerstattungsanspruch gem § 547 I 1. I. Tatbestand. 1. Beendigung des Mietverhältnisses. Unter § 547 fällt jede Beendigung des Mietverhältnisses; s. hierzu die Aufzählung unter § 545 Rn 3. **3**

2. Mietvorauszahlungen. Erfasst sind nach Mietende geleistete Mietvorauszahlungen, die nach dem Normzweck (vgl Rn 1) der vertraglichen Vereinbarung entspr müssen (Bub/Treier/*Scheuer* III A Rz 712f), anderenfalls greift nur Bereicherungshaftung gem §§ 812ff. Als Schutzbestimmung zugunsten des Mieters beinhaltet § 547 einen weiten Mietbegriff: zur Miete gehört hier jede Zahlung, die als Gegenleistung für die Gebrauchsüberlassung erfolgt (BGH NJW 00, 2987) – bspw Betriebskosten, abwohnbare Baukostenzuschüsse (BGH NJW 71, 1658; München ZMR 94, 15), Finanzierungskostenbeitrag bei Pachtverhältnis (München NJW-RR 93, 655); rückzahlbare Mieterdarlehen (BGH NJW 70, 1124); im Einzelfall Aufwendungsersatz (BGH NJW 70, 2289); Nachlass auf den Grundstückskaufpreis, durch den sich die Pacht für das anschließend durch den Verkäufer gepachtete Grundstück ermäßigt (BGH NJW 00, 2987); **nicht** dagegen ein Darlehen, das ohne hinreichenden Bezug zur Miete gewährt wurde. Verlorene Baukostenzuschüsse außerhalb der Wohnungsmiete sind nur nach den §§ 812ff zurückzuerstatten (BGH NJW 78, 1483). Die **Beweislast** für die Beendigung des Mietverhältnisses und vereinbarungsgemäß geleistete Mietvorauszahlungen trägt der Mieter. **4**

II. Einwendungen und Einreden: Fälligkeit, Verjährung. Der Anspruch ist fällig bei Beendigung des Mietverhältnisses (Palandt/*Weidenkaff* § 547 Rz 3). Es gilt die dreijährige Regelverjährung ab Kenntnis gem §§ 195, 199, die kurze Verjährungsfrist aus § 548 greift nicht (Erman/*Jendrek* § 547 Rz 13). Dies gilt auch für Aufwendungsersatzansprüche, die lediglich nach dem Mietvertrag wie Mietvorauszahlungen behandelt werden sollen (BGH NJW 70, 2289). **5**

III. Rechtsfolge: Rückerstattung der Miete zuzüglich Zinsen. Der Anspruch ist auf die Rückerstattung der im Voraus geleisteten Miete gerichtet; ob der Vermieter diese zwischenzeitlich verbraucht hat, ist hier im Gegensatz zu I 2 unerheblich. Die Höhe der ab Empfang der Vorauszahlungen zu leistenden Zinsen bemisst sich nach dem gesetzlichen Zinssatz aus § 246 (Erman/*Jendrek* § 547 Rz 4). Bei **Veräußerung der Mietsache** hat der Mieter, wenn die Vorauszahlung ggü dem Erwerber nicht gem §§ 566b, 566c wirksam ist, einen Ersatzanspruch gegen den (ursprünglichen) Vermieter. **6**

D. Rückerstattungsanspruch gem §§ 547 I 2, 818 f. I. Tatbestand. Auch der Rückerstattungsanspruch aus I 2 ist vertraglicher Natur, bei der Verweisung auf das Bereicherungsrecht handelt es sich also um eine Rechtsfolgeverweisung (BGH NJW 70, 2289). Tatbestandlich ist neben der Beendigung des Mietverhältnisses und der im Voraus geleisteten Miete Voraussetzung, dass der Vermieter die Vertragsbeendigung nicht zu vertreten hat. Dies ist **bspw** der Fall bei Beendigung des Mietverhältnisses durch Eintritt einer auflösenden Bedingung; durch Zeitablauf, auch wenn der Vermieter eine Verlängerungsoption nicht ausgeübt hat (Bub/Treier/*Scheuer* V B Rz 331), da eine Option gerade keine Pflicht zur Vertragsverlängerung begründet; durch berechtigte außerordentliche Vermieterkündigung (Staud/*Rolfs* § 547 Rz 16); durch ordentliche Kündigung (Erman/*Jendrek* § 547 Rz 9); durch Kündigung des Erstehers iRd Zwangsversteigerung gem § 57a ZVG (Erman/*Jendrek* § 547 Rz 9; vgl Ddorf NZM 07, 643); nicht dagegen bei Vertragsbeendigung durch Aufhebungsvertrag (vgl auch Bub/Treier/*Scheuer* V B Rz 331, wonach auf die Umstände abzustellen ist, die zur Beendigung des Mietverhältnisses geführt haben). Die **Beweislast** für das fehlende Verschulden an der Beendigung des Mietverhältnisses trägt der Vermieter. Zu Fälligkeit und Verjährung s. Rn 5. **7**

II. Rechtsfolge: Herausgabe der Bereicherung. Gegenstand der herauszugebenden Bereicherung ist die noch nicht abgewohnte Mietvorauszahlung (Staud/*Rolfs* § 547 Rz 30ff), wobei der Vermieter gem § 818 III einwenden kann, dass die Vorauszahlung wirtschaftlich nicht mehr in seinem Vermögen vorhanden ist (BGH NJW 70, 2289). Eine Verzinsungspflicht für die Zeit vor Vertragsbeendigung besteht nach § 818 I, wenn der Vermieter Nutzungen gezogen hat (Erman/*Jendrek* § 547 Rz 10). Nach Vertragsbeendigung hat der Vermieter über § 818 I hinaus unter den Voraussetzungen der §§ 818 IV, 819 bei Rechtshängigkeit bzw Kenntnis der Rückerstattungspflicht sowie iÜ bei Verzug unter den Voraussetzungen der §§ 280 II, 286 die Bereicherungssumme zu verzinsen. **8**

§ 548 Verjährung der Ersatzansprüche und des Wegnahmerechts.

(1) ¹Die Ersatzansprüche des Vermieters wegen Veränderungen oder Verschlechterungen der Mietsache verjähren in sechs Monaten. ²Die Verjährung beginnt mit dem Zeitpunkt, in dem er die Mietsache zurückerhält. ³Mit der Verjährung des Anspruchs des Vermieters auf Rückgabe der Mietsache verjähren auch seine Ersatzansprüche.
(2) Ansprüche des Mieters auf Ersatz von Aufwendungen oder auf Gestattung der Wegnahme einer Einrichtung verjähren in sechs Monaten nach der Beendigung des Mietverhältnisses.

1 **A. Allgemeines.** Der Verjährungsbeginn ist für die 6-monatige Verjährung abw von § 199 (ultimo-Prinzip) geregelt. Nach § 548 I gilt die kurze Verjährungsfrist für Ersatzansprüche des Vermieters wegen Veränderungen oder Verschlechterungen der vermieteten Sache (seit 15.12.04 nicht mehr für den Ausgleichsanspruch nach § 24 BBodSchG; vgl auch *Gaier* NZM 05, 165, Bremen OLGR Bremen 07, 673). Die Verjährung der Ansprüche des Mieters auf Ersatz von Aufwendungen oder auf Gestattung der Wegnahme einer Einrichtung regelt § 548 II (Ddorf ZMR 06, 923 – LS 4 –; *Ernst* WuM 08, 695).

2 Bereits mit dem MietRRefG wollte der Gesetzgeber alle (!) Vermieteransprüche wegen Veränderung oder Verschlechterung der Mietsache erfassen (BTDrs 14/4553 45): „Auch die Verjährung der Schadensersatzansprüche beginnt bereits mit der Rückgabe der Mietsache und nicht erst, wenn sich der Erfüllungsanspruch in einen Schadensersatzanspruch, idR nach Ablauf der nach § 326 (aF) zu setzenden Nachfrist, umgewandelt hat. Dies entspricht dem Zweck der Verjährungsregelung, zeitnah zur Rückgabe der Mietsache eine möglichst schnelle Klarstellung über bestehende Ansprüche im Zusammenhang mit dem Zustand der Mietsache zu erreichen." Die Umsetzung dieser Absicht ist erst mit Inkrafttreten der Schuldrechtsreform erfolgt (vgl § 200; BGH ZMR 06, 507 = WuM 06, 319; ZMR 05, 291 = WuM 05, 126); die neue Auffassung stützte sich auf den Charakter des § 548 als Spezialvorschrift.

3 Ein Zurückbehaltungsrecht kann auch auf eine verjährte Forderung gestützt werden (vgl § 215). Die Parteien können gem § 202 II durch Vereinbarung längere als die gesetzlichen Verjährungsfristen vereinbaren (vgl *Scheffler* ZMR 08, 512; *Kandelhard* NJW 02, 3291, 3295). Dies ist sachgerecht bei langlebigen Vertragsbeziehungen, insb Dauerschuldverhältnissen. Allerdings sind die Schranken der §§ 305 ff zu beachten.

4 **B. Anwendungsbereich, Normzweck.** Der Anwendungsbereich des § 548 (vgl *Kandelhard* NJW 02, 3291) wird grds weit ausgelegt (LG Aachen NZM 09, 276), da es Zweck der Regelung ist, die Parteien zu einer raschen Auseinandersetzung des Mietverhältnisses nach dessen Beendigung zu veranlassen. Zu den nicht erfassten Ansprüchen auf Herstellung eines ordnungsmäßigen Zustands vgl *Schmid* ZMR 09, 585 u zu Ansprüchen nach BBodSchG vgl BGH NJW 09, 139; Landel/Mohr ZMR 09, 588.

5 § 548 gilt aber hinsichtlich beider Vertragsparteien (für Einbeziehung einer wirtschaftlich eng verflochtenen Tochtergesellschaft BGH ZMR 92, 138) nicht nur für **vertragliche Ansprüche**, sondern auch für damit **konkurrierende Ansprüche** zB aus unerlaubter Handlung und Eigentum (BGH ZMR 06, 754 = WuM 06, 437; ZMR 97, 400, 401 mwN), aus ungerechtfertigter Bereicherung, Auftrag und Geschäftsführung ohne Auftrag (*Lützenkirchen* MDR 01, 9, 13, BGH NJW 93, 2797), auch für **vorsätzliche** Schädigungen mit Ausnahme des § 826 BGB (vgl BGH NJW 01, 2253). Erforderlich ist lediglich, dass es sich auch bei diesen **Ersatzansprüchen des Vermieters** stets um solche wegen einer Veränderung oder Verschlechterung der Mietsache (auch bei wirtschaftlichem Totalschaden der Mietsache, Ddorf ZMR 06, 276; vgl auch BGH ZMR 06, 754 für stark zerstörtes Mietobjekt, zu § 539 II vgl Ddorf ZMR 06, 923) handelt, dass sie aus dem selben Lebenssachverhalt hergeleitet werden (München ZMR 97, 178) und dass sie auf einem Zustand beruhen, der bereits vor Rückgabe der Sache entstanden ist oder vorhersehbar ist (Schlesw WuM 96, 220). Andere Ansprüche des Vermieters wie zB Erfüllungsansprüche, der Ersatz von Personenschäden oder der Ersatzanspruch wegen vollständiger Zerstörung der Mietsache werden nicht erfasst. Hier gelten die §§ 194 ff.

6 Bzgl der **Ersatzansprüche des Mieters** schließt § 548 II nur solche Aufwendungen ein, die das konkrete Mietobjekt betreffen. Sein Aufwendungsersatzanspruch nach § 536a II und Ansprüche wegen sonstiger Vertragspflichtverletzungen des Vermieters werden erfasst (Hamm ZMR 96, 653: vertragliche Verwendungsersatzansprüche).

7 Von § 548 umfasst sind auch Ansprüche, die mit den dort genannten Ansprüchen in Zusammenhang stehen, zB Ansprüche wegen Schäden, die nicht an der Mietsache selbst entstanden sind, aber in dem Schaden an der Mietsache ihre Ursache haben oder Ansprüche auf Auskunft und Rechnungslegung hinsichtlich erhaltener Versicherungsleistungen (Ddorf ZMR 90, 273).

8 § 548 umfasst insb auch den Anspruch des Vermieters auf Durchführung der **Schönheitsreparaturen** (generell zu Erfüllungsansprüchen *Feuerlein* WuM 08, 385) bzw die Ersatzansprüche wegen unterlassener oder mangelhaft durchgeführter Schönheitsreparaturen (vgl *Riecke/Mack* Rz 444, *Kandelhard* NJW 02, 3292 und KG WuM 97, 32, 34). § 548 gilt auch für den Geldausgleichsanspruch, der beim vermieterseitigen Umbau der Mieträume an die Stelle des Schadensersatzanspruchs wegen unterlassener Schönheitsreparaturen tritt (LG Duisburg ZMR 97, 82); ebenso Ansprüche des Vermieters auf Ersatz von Mietausfall aufgrund vom Mieter verursachter Schäden an der Mietsache bzw aufgrund der Durchführung von Schönheitsreparaturen (BGH ZMR 98, 209); die Ansprüche auf Erstattung von Renovierungskosten sowie auf Ersatz der Kosten eines Schadensgutachtens.

9 Auch die Ersatzansprüche des Mieters wegen Veränderungen oder Verschlechterungen an einer vom Vermieter aufgrund **Vermieterpfandrechts** in Besitz genommenen Sache sowie die Ansprüche des Vermieters auf Ersatz der am Pfandobjekt vorgenommenen Verwendungen verjähren gem §§ 1226 2, 548 in 6 Monaten.

10 Über die Vertragsparteien hinaus greift § 548 zB ein: Für Ansprüche des Hauptvermieters gegen einen Untermieter (BGH NJW 97, 1983), jedenfalls soweit der Eigentümer die Untervermietung gestattet hat; für Ansprüche gegen Dritte, die in den Schutzbereich des Mietvertrages einbezogen sind; für Schadenersatzansprüche, die der Vermieter aus abgetretenem Recht des Eigentümers geltend macht; bei enger wirtschaftlicher Verflechtung von nichtvermietendem Eigentümer und Vermieter (BGH ZMR 92, 138); für einen Beseiti-

gungsanspruch gegen den Mieter, wenn ein Dritter mit Gestattung des Vermieters das Grundstück genutzt hat (vgl BGH NJW 97, 1983, 1984 mwN); für einen Anspruch des Untermieters gegen den Hauptvermieter auf Verwendungsersatz (BGH NJW 86, 254).

§ 548 erfasst Ansprüche wegen Verschlechterungen oder Veränderungen, nicht aber wegen Zerstörung oder Totalverlust mitvermieteter Sachen oder von Zubehör (§ 97), auch wenn sie nicht im Eigentum des Vermieters stehen. Unanwendbar ist die Vorschrift bei Nichtrückgabe mitvermieteten Zubehörs oder bei Ungewissheit über dessen Verbleib (Bub/Treier/*Gramlich* VI Rz 19). § 548 gilt auch für Ansprüche des Vermieters aus cic (BGH ZMR 06, 441).

C. Beginn der Verjährung. I. Die Verjährung der Ersatzansprüche des Vermieters. Die Verjährung beginnt nach § 548 I 2 – auch wenn die vom Mieter zu vertretende Veränderung erst später erkennbar wurde (Frankf WuM 01, 397) – mit dem Zeitpunkt, in dem der Vermieter die Sache zurückerhält (Ddorf WuM 08, 554 = DWW 08, 221; *Emmerich* NZM 05, 248 f). Dieser Zeitpunkt ist nicht notwendig identisch mit dem der Rückgabe nach § 546 (Hamm ZMR 96, 372), wie schon der Wortlautunterschied zeigt. Deshalb kann Zurückerhalten auch eine Teilräumung (BGH ZMR 06, 754, 757) unter Rückgabe nur eines einzigen Schlüssels (Ddorf ZMR 06, 925) sein, wenn dadurch der Nichtfortsetzungswille des Mieters zum Ausdruck kommt. Ein Zurückerhalten setzt voraus, dass der Vermieter – ohne Rücksicht auf das rechtliche Vertragsende – den Besitz der Sache oder zumindest den freien Zutritt zu ihr sowie die Möglichkeit erhält, eine Überprüfung auf Veränderungen und Verschlechterungen ungestört vorzunehmen (BGHZ 98, 59, Ddorf DWW 07, 246). Die Verjährung kann schon vor Entstehen und Fälligkeit des Anspruchs zu laufen beginnen (BGH ZMR 05, 291 und ZMR 06, 507, Saarbr NZM 09, 485, Ddorf ZMR 06, 925, aA noch zu § 326 aF: KG ZMR 97, 132). Nunmehr findet sich in § 200 für den Beginn „anderer" Verjährungsfristen die Regelung, dass nur dann die Anspruchsverjährung mit der Entstehung des Anspruchs beginnt, „soweit nicht ein anderer Verjährungsbeginn bestimmt ist". Letzteres ist bei § 548 der Fall, da hier der Beginn der Verjährung an die Rückgabe der Mietsache geknüpft wird (vgl *Lützenkirchen* ZMR 02, 889, 890). *Langenberg* (WuM 02, 72) weist ergänzend darauf hin, dass die Ablaufhemmung in § 203 2 bereits ein ausreichendes Korrektiv darstelle und es der doppelten Verjährung nicht mehr bedürfe.

Bei einem einvernehmlichen Mieterwechsel beginnt die Verjährungsfrist mit dem Zeitpunkt des Mieterwechsels (BGH NJW 92, 687) auch wenn der Besitzübergang unmittelbar vom Vormieter auf den Nachmieter erfolgt (LG Hamburg WuM 97, 372). Kommt es ohne Rückgabe der Mietsache zum Neuabschluss eines Vertrages mit dem bisherigen Mieter, so beginnt die Verjährungsfrist nicht zu laufen (KG NZM 00, 383).

Umstr ist, ob für die Verpflichtung zur Durchführung laufender Schönheitsreparaturen (vgl *Kinne* ZMR 03, 8 ff) eine Verjährung der Erfüllungsansprüche des Vermieters (vgl *Skrobek* ZMR 07, 664) eintreten kann, wenn dieser um die Renovierungsbedürftigkeit der Wohnung wusste oder grob fahrlässig nicht wusste. Insoweit weist *Lützenkirchen* (ZMR 02, 889, 891) zutr darauf hin, dass § 548 I insoweit als Spezialregelung verstanden werden solle, wonach die Verjährung für Ansprüche wegen jeder Veränderung oder Verschlechterung der Mietsache erst mit der Rückgabe beginnt.

Die Verjährung der Ansprüche aus einer Quotenhaftungsklausel (vgl *Riecke/Mack* Rz 205, 409, 415) fallen auch unter § 548, obwohl es sich nicht um Schadensersatzansprüche wegen unterlassener Schönheitsreparaturen handelt (vgl *Lützenkirchen* WuM 02, 179, 189, LG Berlin NZM 02, 118). Für Schadenersatzansprüche, die auf **Ersatz von Mietausfall** gerichtet sind, ergibt sich aus dem sog **Grundsatz der Schadenseinheit**, dass die Verjährungsfrist einheitlich für alle voraussehbaren künftigen Mietausfälle beginnt, die aus der Verletzung der vertraglichen Instandsetzungspflicht folgen, ohne dass es auf den jeweiligen monatlichen Entstehungszeitpunkt der Mietausfälle ankommt (BGH ZMR 98, 208, 209).

II. Die Verjährung der Ansprüche des Mieters. Die Verjährung beginnt erst mit der rechtlichen, nicht faktischen Beendigung des Mietverhältnisses, dh im Fall der fristlosen Kündigung ab deren Wirksamkeit (Hamm WuM 96, 474, zur Zwischenvermietung vgl Brandbg v 14.3.07, 3 U 54/06 nv) und zwar auch dann, wenn eine Räumungsfrist gewährt wird. Andererseits beginnt sie nicht zu laufen, wenn das Mietverhältnis, gleich aus welchem Grunde (zB §§ 574a, b, 545), rechtlich fortgesetzt wird. Eine analoge Anwendung von § 548 mit seiner kurzen Verjährungsfrist wird angenommen, wenn bei fortbestehendem Mietverhältnis der Vermieter auch nur einen abgegrenzten Teil der Mietsache zum Zwecke einer gründlichen Untersuchung und Reparatur übernimmt (Ddorf MDR 94, 57). Bei Scheitern des Vertragsschlusses ist noch offen, ob für den Verjährungsbeginn an die Schlüsselrückgabe durch den potentiellen Mieter oder den Zeitpunkt des Abbruchs der Verhandlungen anzuknüpfen ist (Celle ZMR 07, 689).

Der Anspruch des Mieters auf **Aufwendungsersatz** entsteht bereits mit der Vornahme der Handlung während des laufenden Mietverhältnisses, jedoch beginnt für ihn die Verjährungsfrist erst mit Beendigung des Mietverhältnisses (str; aA Bub/Treier/*Gramlich* VI Rz 52; vgl auch Celle NJW 62, 1918). Wenn der Mieter jedoch mit der Geltendmachung des Ersatzanspruchs bis zum Mietende wartet, kann der Anspruch verwirkt sein (vgl *Hinkelmann* PiG Band 65, 247 ff). Wegnahmeansprüche verjähren binnen 6 Monaten ab Beendigung des Mietvertrages (Bambg NZM 04, 342).

18 Bei Veräußerung des vermietereigenen Grundstücks (vgl BGH ZMR 09, 263 = ZGS 08, 310) beginnt die Verjährungsfrist für Ansprüche gegen den bisherigen Vermieter mit dem Eigentumsübergang, jedoch frühestens mit der Kenntnis des Mieters hiervon. Die Ansprüche des Untermieters gegen den Hauptmieter wegen vereinbarungsgemäß erbrachter Aufwendungen verjähren ab dem Zeitpunkt der Beendigung des Untermietvertrages (BGH WuM 86, 17).

19 III. Verhältnis zu den allgemeinen Vorschriften. 1. Aufrechnung trotz Verjährung. Auch wenn die Ersatzansprüche des Vermieters bereits nach § 548 verjährt sind, kann er mit ihnen gegen Gegenansprüche des Mieters, zB auf Zurückerstattung der Kaution, **aufrechnen** (BGHZ 101, 244). Es genügt, dass sich die beiden Ansprüche in unverjährter Zeit aufrechenbar ggü gestanden haben (§ 215; vgl aber auch Ddorf ZMR 02, 658). Dies ist auch dann der Fall, wenn der Vermieter seinen Ersatzanspruch erst nach Ablauf der Verjährungsfrist erstmals beziffert (LG Berlin ZMR 98, 778). Der **Mietbürge** kann die Verjährung des Vermieteranspruchs nach § 548 dem Vermieter entgegenhalten, auch noch wenn er selbst bereits zuvor vom Vermieter aus der Bürgschaft in Anspruch genommen worden ist (BGH ZMR 99, 230; WuM 98, 224; *Riecke/Mack* Rz 432). Denn die klageweise Inanspruchnahme des Bürgen unterbricht nicht die Verjährung der gesicherten Hauptforderung.

20 2. Verjährung des Rückgabeanspruchs. Mit der Verjährung des Anspruches des Vermieters auf Rückgabe der Mietsache verjähren auch seine Ersatzansprüche (§ 548 I 3). Diese Regelung entspricht dem allgemeinen Grundsatz, dass Nebenansprüche in ihrer Durchsetzbarkeit nicht weiter gehen können als der dazugehörige Hauptanspruch (vgl § 217).

21 3. Neubeginn und Hemmung der Verjährung. Der Neubeginn der Verjährung bestimmt sich nach § 212. Soweit der Mieter den Anspruch mittels deklaratorischen Anerkenntnisses anerkennt, läuft anschließend wiederum die Frist des § 548. Durch § 204 Nr 7 ist im Falle des selbständigen Beweisverfahrens eine Hemmung der Verjährung angeordnet. Darüber hinaus kommt § 203 zum Tragen, wenn zwischen den Parteien Verhandlungen über die Ansprüche geführt werden (vgl zB Kobl ZMR 99, 250), und zwar selbst dann, wenn die streitigen Ansprüche ausschl vertraglicher Natur sind (BGHZ 93, 64; str, aA insoweit zB AG Königs Wusterhausen ZMR 98, 442 und bzgl Verwendungsersatzes LG Nürnberg-Fürth ZMR 00, 228). Auch ein Widerrufsvergleich hemmt die Verjährung (BGH NZM 05, 535) bis zum Widerruf.

Untertitel 2 Mietverhältnisse über Wohnraum

Kapitel 1 Allgemeine Vorschriften

§ 549 Auf Wohnraummietverhältnisse anwendbare Vorschriften.
(1) Für Mietverhältnisse über Wohnraum gelten die §§ 535 bis 548, soweit sich nicht aus den §§ 549 bis 577a etwas anderes ergibt.
(2) Die Vorschriften über die Mieterhöhung (§§ 557 bis 561) und über den Mieterschutz bei Beendigung des Mietverhältnisses sowie bei der Begründung von Wohnungseigentum (§ 568 Abs. 2, §§ 573, 573a, 573d Abs. 1, §§ 574 bis 575, 575a Abs. 1 und §§ 577, 577a) gelten nicht für Mietverhältnisse über
1. **Wohnraum, der nur zum vorübergehenden Gebrauch vermietet ist,**
2. **Wohnraum, der Teil der vom Vermieter selbst bewohnten Wohnung ist und den der Vermieter überwiegend mit Einrichtungsgegenständen auszustatten hat, sofern der Wohnraum dem Mieter nicht zum dauernden Gebrauch mit seiner Familie oder mit Personen überlassen ist, mit denen er einen auf Dauer angelegten gemeinsamen Haushalt führt,**
3. **Wohnraum, den eine juristische Person des öffentlichen Rechts oder ein anerkannter privater Träger der Wohlfahrtspflege angemietet hat, um ihn Personen mit dringendem Wohnungsbedarf zu überlassen, wenn sie den Mieter bei Vertragsschluss auf die Zweckbestimmung des Wohnraums und die Ausnahme von den genannten Vorschriften hingewiesen hat.**
(3) Für Wohnraum in einem Studenten- oder Jugendwohnheim gelten die §§ 557 bis 561 sowie die §§ 573, 573a, 573d Abs. 1 und §§ 575, 575a Abs. 1, §§ 577, 577a nicht.

1 A. Grundsätzliches; Übergangsregelung. § 549 wurde durch das MRRG eingefügt und ist seit 1.9.01 in Kraft. I ist neu, die II u III entsprechen mit einigen Änderungen § 10 III MHG, §§ 564b VII aF, 564a III aF und 556a VIII aF. Eine Übergangsregelung zur Kündigung von Ferienwohnungen enthält Art 229 § 3 II EGBGB bis 31.8.06. I hat Klarstellungsfunktion, die II u III normieren die Mietverhältnisse, in denen der Mieterschutz ggü Mieterhöhungen und bei Beendigung beschränkt bzw ausgeschlossen ist. Im Unterschied zu den in III ist bei den in II genannten Mietverhältnissen auch die Sozialklausel (§§ 574–574c) ausgeschlossen. Die §§ 549–577a gelten nicht nur für Wohnraum, sondern über §§ 578, 578a 1, III u und § 579 II auch in erheblichem Umfang für Mietverhältnisse über Grundstücke und andere Räume. Für Pachtverhältnisse sind die §§ 549–577a über § 581 II ebenfalls anwendbar.

B. Wohnraummiete gem § 549 I. Nach I gelten die §§ 549–574a für alle Wohnraummietverhältnisse, sofern nicht besondere Vorschriften, inbes die Ausnahmetatbestände der II u III greifen. Zur Wohnraummiete zählt auch das **Untermietverhältnis**. Über den Einwand des Rechtsmissbrauchs nach § 242 kann sich der Untermieter auch ggü dem Vermieter trotz fehlender Vertragsbeziehung auf den Kündigungsschutz des sozialen Mietrechts berufen, es sei denn er hat gewusst, dass er nach dem Gesetz ggü diesem keinen Kündigungsschutz genießt (BGH WM 91, 902). Bei der **Zwischenmiete** zur gewerblichen Weitervermietung als Wohnraum gelten die §§ 549 ff im Verhältnis Vermieter und Zwischenmieter nicht (für Betreiber von Wohnheim BGH NJW 07, 211, 212). Der (End)Mieter kann sich dagegen auch hier ggü dem Vermieter auf den Kündigungsschutz des sozialen Mietrechts berufen (BVerfG NJW 91, 2272). Im Zwischenmietverhältnis gelten die §§ 535–548 sowie die Regelungen der Gewerberaummiete. Umstände, die den (End)Mieter zur Minderung berechtigen, stellen idR auch im Zwischenmietverhältnis Mängel dar (BGH ZMR 05, 101). Ein **Mischmietverhältnis**, bei dem einzelne Räume zur gewerblichen Nutzung und andere Räume als Wohnraum vermietet sind, ist als Wohnraummiete anzusehen, wenn ein einheitlicher Mietvertrag vorliegt und nach dem Parteiwillen der Wohnzweck den Vertragsschwerpunkt bildet (BGH NJW-RR 86, 877). Sofern in der Mietwohnung vertragswidrig ein Gewerbebetrieb ausgeübt wird, ist dies unbeachtlich (Ddorf NZM 07, 799). Auch bei einem Dauernutzungsvertrag mit einer Wohnungsgenossenschaft gelten die §§ 549 ff (BayObLG WuM 98, 274). Beim **Heimvertrag** kommt es, soweit nicht das HeimG eingreift, auf den Vertragsschwerpunkt an. Überwiegt wie regelmäßig der Wohnzweck ggü den sonstigen Heimleistungen, gelten die §§ 549 ff (BGH NJW 79, 1288). Bei der Beurteilung kommt es nicht auf die Höhe der jeweiligen Entgelte, sondern die tatsächliche konkrete Ausgestaltung der Vertragspflichten an (vgl Karlsr MDR 88, 316).

C. Ausnahmen vom Mieterschutz gem § 549 II. I. Vorübergehender Gebrauch iSd Nr 1. Der Vertragszweck zum Gebrauch nur für einen kurzen, absehbaren Zeitraum muss im Mietvertrag enthalten sein. Dies ist häufig bei Zweitwohnungen oder Ferienwohnungen der Fall. Ebenso bei Vermietung für die Zeit einer berufs- bzw reisebedingten Abwesenheit des Vermieters oder bei Mietverhältnissen mit Monteuren am Montageort. Ob der Gebrauch vorübergehend ist, bemisst sich nach dem Einzelfall; der Zeitraum kann auch ein Jahr übersteigen (Palandt/*Weidenkaff* § 549 Rz 15). Maßgeblich ist, ob nur ein **kurzzeitiger Sonderbedarf** iSd Nr 1 oder allgemeiner Wohnbedarf gedeckt werden soll (Frankf ZMR 91, 63). Im letzteren Fall greift Nr 1 dem Gesetzeszweck nach nicht, die §§ 549 ff gelten uneingeschränkt. Eine Befristung im Mietvertrag ist lediglich Indiz (Schmidt-Futterer/*Blank* § 549 Rz 4). Da bei Mietverhältnissen mit Studenten oder Wohngemeinschaften zumeist allgemeiner Wohnbedarf gedeckt wird, fallen diese nicht unter Nr 1 (Schmidt-Futterer/*Blank* § 549 Rz 5).

II. Möblierter Wohnraum in Vermieterwohnung iSd Nr 2. Nach dem Gesetzeswortlaut muss der Wohnraum innerhalb der vom Vermieter in eigener Person genutzten Wohnung (Schmidt/Futter/*Blank* § 549 Rz 10) liegen und mit ihr in räumlichem Zusammenhang stehen. Dem Sinn und Zweck der Ausnahmebestimmung zufolge kann die Vermieterwohnung in einem Mehrfamilienhaus liegen (KG NJW 81, 2470) bzw muss keine Wohnung, sondern kann auch ein Einfamilienhaus sein. Nicht mehr als „Teil" der Vermieterwohnung anzusehen ist ein darin befindlicher abgetrennter Raum mit eigenem Zugang zum Treppenhaus (LG Dettmold NJW-RR 91, 77).

Der Wohnraum muss nach dem Mietvertrag mindestens überwiegend vom Vermieter zu möblieren sein. Entscheidend sind Anzahl und Bedeutung der Gegenstände für die normale Lebensführung des Mieters im Verhältnis zur Gesamteinrichtung (Staud/*Weitemeyer* § 549 Rz 30).

Ist nach dem Mietvertrag die Vermietung zum dauernden Gebrauch (vgl Rn 3) mit der **Familie** des Mieters bestimmt, greift Nr 2 nicht; die §§ 549 ff gelten uneingeschränkt. Der Familienbegriff bemisst sich nach den Vorschriften des BGB. Eine Familie liegt auch vor bei kinderlosem Ehepaar, Lebenspartner (§ 11 I LPartG) oder Mitnutzung durch Geschwister. Gleiches gilt, wenn die Vermietung zum dauernden Gebrauch mit Personen bestimmt ist, mit denen der Mieter einen **auf Dauer angelegten gemeinsamen Haushalt** führt. Hierunter soll nach der Gesetzesbegründung eine auf Dauer angelegte Lebensgemeinschaft fallen, die keine weiteren Bindungen gleicher Art zulässt sowie innere Bindungen aufweist, die ein gegenseitiges Einstehen füreinander begründen und über die bloße Wohn- und Wirtschaftsgemeinschaft hinausgehen. Auf geschlechtliche Beziehungen kommt es nicht an. Gemeint ist auch das dauerhafte Zusammenleben alter Menschen, die ihr gegenseitiges Einstehen füreinander zB durch Vollmachten zeigen (BTDrs 14/4553, 38). Ob die Voraussetzungen vorliegen, ist anhand von Indizien zu beurteilen, wobei der Mieter die **Beweislast** trägt. Schon der gemeinsame Haushalt stellt freilich ein Indiz für eine auf Dauer angelegte Lebensgemeinschaft dar (Schmidt-Futterer/*Blank* § 549 Rz 15).

III. Weitervermietung für dringenden Wohnbedarf iSd Nr 3. Die Ausnahmebestimmung erfasst Mietverhältnisse, in denen eine juristische Person des öffentlichen Rechts oder ein anerkannter privater Träger der Wohlfahrtspflege Wohnraum zwischengemietet hat und diesen an Personen mit dringendem Wohnungsbedarf untervermietet. Zu dem genannten Personenkreis gehören alle Personen, die Schwierigkeiten bei der Wohnungssuche haben (zB alte Menschen, Asylbewerber, Einkommensschwache, Haftentlassene, Kinderreiche, Obdachlose). Nach dem Gesetzeswortlaut muss im (End)Mietvertrag auf die Zweckbestimmung des Wohnraums und das Fehlen des Mieterschutzes im Untermietverhältnis hingewiesen werden. Anderenfalls greifen die §§ 549 ff uneingeschränkt.

8 **D. Ausnahmen bei Studenten- oder Jugendwohnheim gem § 549 III.** Für die Einordnung als Studenten- oder Jugendwohnheim sind die objektiven Gegebenheiten maßgeblich (vgl zu den Kriterien LG Konstanz WuM 95, 539). Der Ausnahmetatbestand ist restriktiv auszulegen (Schmidt-Futterer/*Blank* § 549 Rz 35). Die Aufnahme darf daher nicht zur Gewinnerzielung, sondern muss zu fremdnützigen Zwecken erfolgen. Indizien, aber nicht allein entscheidend, sind die Art der Unterbringung und der Ausstattung bzw das Vorhandensein von Gemeinschaftseinrichtungen (aA Palandt/*Weidenkaff* § 549 Rz 20 – Widmung des Trägers sei maßgebend). Die Sozialklausel (§§ 574–574c) ist bei den in III genannten Mietverhältnissen ausdrücklich nicht ausgeschlossen.

§ 550 Form des Mietvertrags.
¹Wird der Mietvertrag für längere Zeit als ein Jahr nicht in schriftlicher Form geschlossen, so gilt er für unbestimmte Zeit. ²Die Kündigung ist jedoch frühestens zum Ablauf eines Jahres nach Überlassung des Wohnraums zulässig.

1 **A. Grundsätzliches.** § 550 steht im gesetzlichen Untertitel „Mietverhältnisse über Wohnraum" und erwähnt im 2 den Wohnraum ausdrücklich. Die Regelung gilt jedoch über § 578 I auch für Mietverhältnisse über Grundstücke und über § 578 II 1, I auch für Mietverhältnisse über Räume, die keine Wohnräume sind, insb auch für Mietverhältnisse über Geschäftsräume(FAKomm-MietR/*Schmid* § 550 Rz 1). Im Vordergrund steht nach der Rspr des BGH die Information des Grundstückserwerbers, der nach § 566 und den Vorschriften, die hierauf verweisen, in den Mietvertrag eintritt (BGH ZMR 98, 12). Daneben hat auch die Formvorschrift des § 550 eine Klarstellungs-, Beweis- und Warnfunktion (BGH NJW 08, 2178). Die für die Einhaltung der Schriftform maßgeblichen Tatsachen hat derjenige zu beweisen, der sich auf die feste Vertragsdauer bzw Unkündbarkeit beruft (Rostock NZM 02, 955). § 550 ist nicht abdingbar (Rostock NZM 08, 546).

2 Zum Anspruch auf Wahrung der Schriftform s. FAKomm-MietR/*Schmid* § 550 Rz 8 mwN.

3 **B. Laufzeit.** § 550 findet Anwendung, wenn die Mietvertragsdauer ein Jahr überschreitet, wobei der Beginn des Mietverhältnisses maßgeblich ist (Palandt/*Weidenkaff* § 550 Rz 6). Unter § 550 fallen auch Mietverhältnisse auf Lebenszeit und Mietverhältnisse, die eine so lange Kündigungsfrist vorsehen, dass sie nicht mindestens jährlich aufgelöst werden können (Palandt/*Weidenkaff* § 550 Rz 7). Entspr gilt für Mietverträge, bei denen das Kündigungsrecht einer oder beider Parteien für länger als ein Jahr ausgeschlossen ist (Köln ZMR 01, 963). Dasselbe muss auch dann gelten, wenn die Kombination von vereinbarter Kündigungsfrist und Ausschluss des Kündigungsrechts auf bestimmte Zeit dazu führt, dass der Zeitraum für die Beendigung eines Mietverhältnisses länger ist als ein Jahr (FAKomm-MietR/*Schmid* § 550 Rz 4).

4 **C. Schriftform des § 126.** Nach überwiegender Auffassung ist die Schriftform des § 126 einzuhalten (FAKomm-MietR/*Schmid* § 550 Rz 5 mwN). Die schriftliche Form wird nach § 126 III durch die elektronische Form ersetzt. Ein Ausschluss dieser Ersatzmöglichkeit besteht bei § 550 nicht. Bei der elektronischen Form ist insb zu beachten, dass der gesamte Vertrag den Formvorschriften des § 126a entsprechen muss. Das schließt die Formwahrung aus, wenn der Vertrag als solcher der elektronischen Form entspricht, die Anlagen aber nur in Papierform vorliegen. Auch insoweit ist die Wahrung der elektronischen Form erforderlich (*Stellmann/Süss* NZM 01, 969 ff).

5 **D. Änderungen. I. Änderungsverträge.** Das Schriftformerfordernis gilt grds auch für Änderungsverträge (BGH NJW 99, 2517). Die Wirksamkeit der Änderung als solche wird zwar von der fehlenden Schriftform nicht berührt. Die Festlaufzeit des Vertrages geht aber verloren. Es tritt die Rechtsfolge des § 550 2 ein (Ddorf DWW 03, 93). Bei einer Vermietung vom Reißbrett muss bei einer vereinbarten Änderung der Planung der vermieteten Räume ein formgültiger Änderungsvertrag geschlossen werden; ein bloßes Austauschen der Pläne genügt nicht (*Luckey* GE 04, 287). Unschädlich sind jedoch geringfügige Änderungen in der tatsächlichen Ausführung (KG GE 07, 1381). Die Festlaufzeit des ursprünglichen Vertrages bleibt unberührt, wenn der Änderungsvertrag auf den ursprünglichen Vertrag nicht einwirkt, zB bei einer Vertragsverlängerung (*Schach* GE 04, 1281). Ist die Änderungsurkunde formgültig, wird der Formmangel des ursprünglichen Vertrages geheilt (BGH NJW 00, 354).

6 **II. Änderungen durch einseitige Erklärung.** Das Schriftformerfordernis gilt jedoch nicht, wenn das Gesetz selbst für die Vertragsänderung andere Verfahren vorsieht (*Schmid* GE 02, 1040; aA Ormanschick/*Riecke* MDR 02, 248), wie für den Abrechnungsmaßstab für Betriebskosten in § 556a II 1, für die Änderung der Indexmiete in § 557b III 1, für die Veränderung der Betriebskosten in § 560 und für die Mieterhöhung in §§ 558a, 559b. Es handelt sich dabei um Sonderregelungen, die dem § 550 vorgehen, und zudem – abgesehen von der Mieterhöhung nach §§ 558 ff – um einseitige Erklärungen und nicht um Verträge (FAKomm-MietR/*Schmid* § 550 Rz 14; aA LG Berlin ZMR 07, 196).

E. Umfang des Formzwangs. I. Grundsätzliches. a) Die Urkunde muss grds das gesamte Rechtsgeschäft enthalten. Das Formerfordernis erstreckt sich auch auf alle Nebenabreden (Naumbg WuM 00, 671; FAKomm-MietR/*Schmid* § 550 Rz 21). Auf außerhalb der Urkunde liegende Umstände kann zurückgegriffen werden, wenn diese zum Zeitpunkt des Vertragsabschlusses bereits vorgelegen haben (BGH ZMR 09, 273. b) Die ganz hM (vgl zB Hamm ZMR 98, 622; KG GE 08, 124) lässt jedoch Ausnahmen für unwesentliche Nebenabreden zu. Schon allein im Hinblick auf die dadurch entstehenden Abgrenzungsschwierigkeiten ist dem nicht zuzustimmen (*Schmid* GE 02, 1041); c) Werden mehrere Regelungen zu einem rechtlich einheitlichen Geschäft zusammengefasst, so unterliegt das gesamte Rechtsgeschäft der Form (BGHZ 78, 349). Bestehen für die zusammengefassten Regelungen unterschiedliche Formvorschriften, zB Vorkaufsrecht in einem Mietvertrag, müssen diese gewahrt sein (BGH DWW 94, 283), wobei die notarielle Beurkundung die Schriftform nach § 126 IV ersetzt. 7

II. Einzelfragen. Zu den zahlreichen Einzelfragen s. FAKomm-MietR/*Schmid* § 550 Rz 27 bis 43a. 8

F. Verstoß gegen Treu und Glauben. I. Grundsätzliches. Dem Berufen auf die fehlende Form kann nur in Ausnahmefällen der Einwand des Rechtsmissbrauches entgegengehalten werden, wenn andernfalls das Ergebnis nicht nur hart, sondern schlechthin unerträglich wäre (BGH NJW 84, 607), insb wenn derjenige, der sich auf den Formmangel beruft, die andere Partei schuldhaft von der Wahrung der Schriftform abgehalten hat (BGH NJW 08, 2181). Beim Eintritt des Erwerbers in das Mietverhältnis geht die Arglisteinrede grds nicht mit über, sofern nicht Veräußerer und Erwerber kollusiv zusammenwirken (*Wiek* GuT 05, 53). Verstößt die Ausübung des Kündigungsrechts nicht gegen Treu und Glauben, besteht idR auch kein Schadensersatzanspruch wegen Nichteinhaltung der Schriftform oder Erklärung der Kündigung (Rostock NZM 07, 733). 9

II. Einzelfälle. Zu Einzelfällen s. FAKomm-MietR/*Schmid* § 550 Rz 46 ff. 10

G. Kündigungsmöglichkeit. Die Nichteinhaltung der Schriftform führt abw von § 125 1 nicht zur Nichtigkeit des Vertrages, sondern nur zu einer unbestimmten Laufzeit. § 550 2 nennt als frühesten Zeitpunkt für die Beendigung des Mietverhältnisses ein Jahr nach Überlassung des Wohnraums. Es kann also nicht erst nach einem Jahr gekündigt werden, sondern die Kündigungserklärung kann bereits so rechtzeitig abgegeben werden, dass das Mietverhältnis nach einem Jahr beendet wird (*Schmid* GE 02, 1040). Für den Beginn der Jahresfrist maßgeblich ist nicht der Zeitpunkt des Vertragsabschlusses, sondern derjenige der Überlassung der Mietsache, wobei es nicht auf die tatsächliche Überlassung, sondern auf den vertraglich bestimmten Zeitpunkt der Überlassung ankommt (FAKomm-MietR/*Schmid* § 550 Rz 56; *Ormanschick/Riecke* MDR 02, 247, 248). Die vorzeitige Kündigungsmöglichkeit kann vertraglich ausgeschlossen worden (KG GE 07, 650). Eine solche Vereinbarung kann aber nach dem Gesetzeszweck (oben Rn 1) nicht den Grundstückserwerber binden, der in den Mietvertrag eintritt. § 542 II gilt nicht (*Weber/Heinemann* ZfIR 08, 294). 11

H. Gewillkürte Schriftform. a) Die Parteien können auch rechtsgeschäftlich die Einhaltung der Schriftform **vereinbaren**. Schriftform kann für den Mietvertrag selbst, aber auch für Änderungen vereinbart werden. Auch in Allgemeinen Geschäftsbedingungen wird man bei Mietverträgen eine Schriftformklausel als wirksam ansehen können (*Gloyer* GE 05, 416). Eine mündliche Individualvereinbarung hat Vorrang vor einer Schriftformklausel in einem Formularvertrag (BGH ZMR 06, 104). Was von der Schriftform umfasst sein soll, bestimmt sich nach dem Willen der Parteien. Das Schriftformerfordernis kann deshalb auch für Mietverhältnisse unter einem Jahr vereinbart werden und kann sich auch auf die Aufhebung des Mietvertrages und auf unwesentliche Nebenabreden erstrecken (*Schmid* DWW 85, 38). b) Wenn die Vereinbarung hierzu keine ausdrückliche Regelung enthält, ist durch **Auslegung** zu ermitteln, ob nach dem Parteiwillen die vereinbarte Form Wirksamkeitsvoraussetzung sein soll oder nur Beweiszwecken dient (Naumbg ZMR 99, 708). Im Zweifel ist von einer Wirksamkeitsvoraussetzung auszugehen (Kobl VersR 95, 662). Soll die Einhaltung der Schriftform lediglich Beweiszwecken dienen, ist der Vertrag auch ohne Beachtung der Form wirksam. Es treten jedoch die Rechtsfolgen des § 550 ein. c) In der **Invollzugsetzung** des Vertrages sieht der BGH (NZM 08, 931) eine stillschweigende Abbedingung der Schriftformklausel. 12

Eine doppelte oder qualifizierte Schriftformklausel, mit der vorgesehen wird, dass ein Abweichung von der Schriftformklausel ebenfalls der Schriftform bedarf, ist in Allgemeinen Geschäftsbedingungen unwirksam (Rostock GE 09, 1492). Eine entsprechende Individualvereinbarung ist unter Kaufleuten wirksam (BGH MDR 1976, 925). 13

§ 551 Begrenzung und Anlage von Mietsicherheiten. (1) Hat der Mieter dem Vermieter für die Erfüllung seiner Pflichten Sicherheit zu leisten, so darf diese vorbehaltlich des Absatzes 3 Satz 4 höchstens das Dreifache der auf einen Monat entfallenden Miete ohne die als Pauschale oder als Vorauszahlung ausgewiesenen Betriebskosten betragen.
(2) ¹Ist als Sicherheit eine Geldsumme bereitzustellen, so ist der Mieter zu drei gleichen monatlichen Teilzahlungen berechtigt. ²Die erste Teilzahlung ist zu Beginn des Mietverhältnisses fällig.
(3) ¹Der Vermieter hat eine ihm als Sicherheit überlassene Geldsumme bei einem Kreditinstitut zu dem für Spareinlagen mit dreimonatiger Kündigungsfrist üblichen Zinssatz anzulegen. ²Die Vertragsparteien

können eine andere Anlageform vereinbaren. ³In beiden Fällen muss die Anlage vom Vermögen des Vermieters getrennt erfolgen und stehen die Erträge dem Mieter zu. ⁴Sie erhöhen die Sicherheit. ⁵Bei Wohnraum in einem Studenten- oder Jugendwohnheim besteht für den Vermieter keine Pflicht, die Sicherheitsleistung zu verzinsen.
(4) Eine zum Nachteil des Mieters abweichende Vereinbarung ist unwirksam.

1 **A. Allgemeines. I. Normzweck.** Schadensersatzansprüche wegen vom Mieter verursachter Schäden sowie trotz Fristsetzung nicht durchgeführter Schönheitsreparaturen will § 551 sichern, wobei ein Ausgleich zwischen dem Sicherungsinteresse des Vermieters und dem Schutz des Mieters bezweckt ist (gesetzliche Begrenzung der Kautionshöhe). Die Kaution soll den Vermieter auch bei Streit über die Berechtigung von Gegenrechten des Mieters schützen und ihm während und nach Beendigung des Mietverhältnisses eine erleichterte Durchsetzung seiner berechtigten Ansprüche ermöglichen. Ein Zurückbehaltungsrecht des Mieters an der Kaution nach § 273 ist hiermit nicht zu vereinbaren (BGH ZMR 07, 445 und BGH ZMR 06, 686; Ausnahme s. Rn 16). Der Kautionsanspruch ist gem § 399 nicht abtretbar (Ddorf NZM 01, 380).

2 **II. Anwendungsbereich.** Einschränkungen bei der Kaution betreffen Wohnraummiete, § 551; § 9 V WoBindG. Im preisgebundenen Wohnraum können gem § 9 V WoBindG nicht Ansprüche des Vermieters gegen den Mieter wegen Mietrückständen gesichert werden. Die Kostenmiete enthält bereits das Mietausfallwagnis. Für nach WoFG geförderten Wohnraum gibt es keine vergleichbare Einschränkung. Im sozialen Wohnungsbau ist noch § 27 WoBindG zu beachten bei Bewilligung öffentlicher Mittel. Die **Geschäftsraum**miete kennt keine gesetzlichen Beschränkungen (KG ZMR 08, 617, Brandbg NZM 07, 402) und keine Anlagepflicht (BGH ZMR 08, 698).

3 **B. Tatbestandsvoraussetzungen. I. Sicherungsabrede.** Die Kautionsverpflichtung des Mieters muss dem Grunde, der Art und der Höhe nach mit ihm vereinbart werden, da es keine gesetzliche Verpflichtung zur Erbringung einer Sicherheit gibt (Ausnahme: Mietereintritt gem § 563b). Fehlt eine Festlegung der Art der Sicherheitsleistung, richtet sich diese nach § 232, wobei die Auswahl dem Mieter als Schuldner obliegt (LG Berlin ZMR 97, 421 f). Nach Auffassung des KG (ZMR 06, 524) kann von einem Wahlrecht allerdings nicht mehr gesprochen werden, wenn von dem Mieter „wahlweise" statt einer Barkaution eine Bürgschaft gestellt werden kann, die ihn unangemessen benachteiligen würde, indem er einschränkungslos auf die Einrede der Aufrechenbarkeit verzichtet.

4 **II. Gesicherte Forderungen/Ansprüche des Vermieters.** IdR wird die Kaution für alle Verpflichtungen des Mieters aus dem Mietverhältnis bestellt. Sie sichert sämtliche gegenwärtigen und zukünftigen Forderungen des Vermieters (inkl Kosten der Rechtsverfolgung, LG Heilbronn WuM 98, 20) gegen den Mieter. Die durch eine Bank zu übernehmende Bürgschaft muss alle zu sichernden Forderungen durch genaue Bezeichnung in der Sicherungsabrede erfassen. Unklarheiten in der Bürgschaftsabrede gehen grds zu Lasten des Vermieters (BGHZ 76, 187), der sich aber auf § 305c II berufen kann, wenn zur Bürgschaftsbestellung ein Formular des Bürgen benutzt wurde. Die Bürgschaft gilt grds nur für die Dauer des Mietzeit (vgl LG Münster WuM 08, 481). Erfasst wird nicht die Miete für die Zeit einer Vertragsverlängerung oder einer später vereinbarten oder über § 545 bewirkten Vertragsfortsetzung. Der Bürge haftet jedoch für Mieterhöhungen nach § 558 sowie für Nutzungsausfallentschädigung bei verspäteter Rückgabe nach § 546a sowie für Nebenkosten.

5 **III. Art der Mietsicherheit. 1. Barkaution.** Zahlung einer bestimmten Geldsumme durch den Mieter, bar, durch Scheck, Überweisung oder Lastschrift. Entscheidend ist die faktische Überlassung des Geldbetrages an den Vermieter (vgl *Antoni* WuM 06, 359).

6 **2. Bürgschaft.** Bei der Bürgschaft erhält der Vermieter zunächst nur die Verpflichtungserklärung des Bürgen. Die Bürgschaft sollte schriftlich (§ 766) und auch unbedingt, unbefristet, unwiderruflich und selbstschuldnerisch sein. Als tauglicher Bürge sind im Wege europarechtskonformer Auslegung auch für deutsche Mieter ausländische Bürgen mit Sitz in der EU zuzulassen (Hambg NJW 95, 2859, Einzelheiten bei *Herrlein/Kandelhard* § 551 Rz 13 zum gemeinschaftsrechtlichen Gleichheitsgrundsatz). Bei unbefristeten Mietverhältnissen und unbefristeten Bürgschaften beschränkt sich die Bürgenhaftung auf die bis zur Kündigung entstandene Hauptschuld. Wichtiger Grund für eine Bürgschaftskündigung kann auch eine erhebliche Verschlechterung der Vermögenslage des Mieters als Hauptschuldner sein (Ddorf ZMR 99, 393; Hambg ZMR 99, 630, 633). Allerdings verlangt die Rspr für die Kündigung eine angemessene Frist, damit sich Mieter/Hauptschuldner und Vermieter/Gläubiger auf die veränderte Lage einstellen können (BGH NJW 86, 252; Ddorf ZMR 99, 393). Die Kündigungsfrist gilt als angemessen, wenn sie mindestens den Kündigungszeitraum zzgl einer Abwicklungsfrist von sechs Monaten umfasst (vgl Ddorf ZMR 99, 393 und ZMR 00, 89). Bei Mietverhältnissen von bestimmter Dauer ist für die fest vereinbarte Mietzeit eine Kündigung des Bürgen unzulässig.

7 **Sonderformen:** a) Mietausfallbürgschaft: Hier haftet der Bürge nur auf das, was der Gläubiger trotz Anwendung gehöriger Sorgfalt vom Schuldner nicht erlangen kann. b) Bürgschaft auf erstes Anfordern: Sie dient der besonders schnellen Durchsetzung der gesicherten Ansprüche. Der Bürge muss sofort an den Gläubiger zahlen. Als „minus" ggü der vom Gesetz vorgesehenen Bar-Kaution (Rn 5, 20) ist sie auch außerhalb der

Gewerbemiete zulässig (aA wohl *Derleder* NZM 06, 602 unter II.2.c) Auf die Einrede der Aufrechenbarkeit kann in Formularklauseln nicht einschränkungslos verzichtet werden (KG ZMR 06, 524).

3. Kautionskonto des Mieters. Hier wird vom Mieter unter eigenem Namen ein Sparkonto bei einem Kreditinstitut seiner Wahl mit Sperrvermerk zugunsten des Vermieters eröffnet. Der Mieter kann so künftig nur mit Zustimmung des Vermieters über das Guthaben verfügen, obwohl die Kaution weiter zum Vermögen des Mieters zählt.

4. Forderungsabtretung. Die Abtretung von Lohn- oder Gehaltsansprüchen ist in Formularmietverträgen wegen Verstoßes gegen § 307 unwirksam (LG Lübeck WuM 86, 14). In Betracht kommt die Abtretung von Forderungen aus einem etwaigen Untermietverhältnis oder des Anspruchs auf Auszahlung des Sparguthabens auf einem Kautionskonto des Mieters. Eine auf einem Formular der Beitrittserklärung zu einer Wohnungsbaugenossenschaft vorformulierte und vom Mitglied gesondert unterschriebene Vereinbarung, nach der das Mitglied seinen künftigen erst nach Kündigung der Mitgliedschaft entstehenden Anspruch auf das Auseinandersetzungsguthaben zur Sicherheit an die Genossenschaft als personenidentische Vermieterin abtritt, ist nichtig, da diese Abtretungserklärung gegen § 22 GenG verstößt, der auch den Anspruch auf das Auseinandersetzungsguthaben umfasst (LG Hamburg/AG Hamburg-Blankenese NJW-RR 91, 998). Nach AG Saarbrücken (WuM 07, 506 m Anm *Feßler/Kegel* WuM 07, 693) verstößt die Verpflichtung zur Zeichnung bestimmter Genossenschaftsanteile in Dauernutzungsverträgen gegen § 551, wenn sie das Dreifache der Nettomiete übersteigen und erst nach Ablauf der Abrechnungsfrist zurückgezahlt werden können.

5. Forderungsverpfändung. Zur Verpfändung einer Forderung ist die Anzeige der Abtretung ggü dem Schuldner erforderlich (§ 1280). Andernfalls ist die Verpfändung unwirksam.

6. Sicherungsübereignung von Einrichtungsgegenständen nach Erwerb vom Vormieter nebst Wahlrecht zur Weiterveräußerung an einen Nachmieter oder Wegnahme (AG/LG Düsseldorf ZMR 07, 536).

IV. Höhe der Sicherheitsleistung. Bei Mietverhältnissen über Wohnraum (anders bei gewerblichem Mietvertrag: Brandbg ZMR 06, 854) darf die Höhe der Sicherheit den Betrag von drei Monatsmieten – ohne Betriebskostenanteil, wenn als Pauschale oder Vorauszahlung geschuldet – im Zeitpunkt der Kautionsabrede nicht übersteigen (§ 551 I 1). Erhöht wird die Kaution lediglich durch die Zinsen. Eine dauerhafte Minderfläche führt – im Gegensatz zu behebbaren Mängeln – zur anteiligen Reduzierung der Kautionshöhe (BGH ZMR 05, 854). Sind bei einer Inklusivmiete die Nebenkosten in der Miete einkalkuliert, ist der gesamte Mietbetrag zugrunde zu legen. Die Mitvermietung von Einrichtungsgegenständen führt nicht dazu, dass für diese Gegenstände eine weitere Sicherheit verlangt werden kann, wenn das Entgelt für die Überlassung in der Miete enthalten ist (LG Berlin WuM 92, 473). Der Höchstbetrag gilt auch dann, wenn mehrere Arten von Sicherheitsleistung vereinbart sind (sog **Kumulationsverbot**, BGHZ 107, 236, 240). Eine verdeckte Bürgschaft kann auch darin liegen, dass der als Bürge Auftretende zum Mitmieter gemacht wird (LG Leipzig NZM 06, 175). Bei nachträglicher zusätzlicher Sicherheit (wegen Mieter-Umbaumaßnahmen) ist nur grds die Obergrenze des § 551 zu beachten (vgl AG Aachen WuM 06, 304 für Genehmigung der Hundehaltung). Für eine Parabolantenne (generell zu Änderungen im Mieterwunsch *Börstinghaus* NZM 08, 558) muss der Mieter ggf eine gesonderte Sicherheit erbringen auch für die Kosten eines fachgerechten Rückbaus (Karlsr ZMR 93, 511). Behindertengerechter Umbau berechtigt nach § 554a zu einer zusätzlichen Sicherheit. Ist eine zu hohe Sicherheit vereinbart, bleibt die Kautionsabrede in der gesetzlich zulässigen Höhe wirksam (BGH ZMR 03, 729 ff; Hambg ZMR 01, 887). Ausnahmsweise darf die Höchstgrenze überschritten werden, wenn der Bürge unaufgefordert (LG Mannheim v 26.11.09, 10 O 28/09 zur Beweislast des Vermieters) die Bürgschaft unter der Bedingung leistet, dass ein Mietvertrag zustande kommt und der Mieter hierdurch nicht erkennbar belastet wird (BGHZ 111, 361) oder wenn die Bürgschaft in Höhe eines Mietrückstandes eingegangen wird, um die Rücknahme der Kündigung durch den Vermieter zu erreichen (LG Kiel NJW-RR 91, 1291, 1292, str).

V. Fälligkeit der Kaution. Bei Wohnraummiete ist eine als Kaution geschuldete Geldsumme vom Mieter in drei gleichen monatlichen Teilleistungen zu erbringen (§ 551 III 1). Dies gilt auch beim Kautionskonto des Mieters oder bei erlaubter Hinterlegung von Geld. Das Recht zur Ratenzahlung soll auch bei Verpfändung eines Sparguthabens gelten. Die erste Rate ist zu Beginn des Mietverhältnisses (LG Bonn ZMR 09, 529), die weiteren Raten sind jeweils einen Monat später fällig. Beginn des Mietverhältnisses ist der Zeitpunkt, zu dem nach dem Mietvertrag die Räume dem Mieter überlassen werden müssen (LG Mannheim ZMR 90, 18). Ist das Mietobj. noch nicht vertragsmäßig saniert bzw fertiggestellt, entfällt die Kautionszahlungspflicht, solange noch keine Miete geschuldet wird (BGH ZMR 05, 946). Die Vereinbarung einer früheren Zahlung oder höherer Raten oder kürzerer Zahlungszeiträume ist unwirksam (§ 551 IV). Im Zweifel bleibt es bei der gesetzlichen Fälligkeitsregelung. Nach BGH ZMR 03, 729 ff (die sprachlich und inhaltlich teilbare Formularbestimmung wird ohne ihre unzulässigen Bestandteile mit ihrem zulässigen Inhalt aufrechterhalten. Das Verbot geltungserhaltender Reduktion einer beanstandeten Klausel gilt nicht, wenn sich die Formularklausel aus sich heraus verständlich und sinnvoll in einen zulässigen und in einen unzulässigen Regelungsteil trennen lässt); LG Leipzig ZMR 03, 576; LG Lüneburg MDR 99, 1315 ist von einer Teilbarkeit der Kautionsklausel und damit bloßer Teilnichtigkeit einer zu weit gehenden Fälligkeitsabrede auszugehen (vgl *Heinrichs* NZM 05, 210). Nach BGH WuM 81, 106; Celle ZMR 98, 265, Ddorf ZMR 06, 686 besteht auch nach Beendigung des Mietverhältnisses noch ein Anspruch auf Leistung der vereinbarten, aber nicht geleisteten Kaution. Zu beachten ist nunmehr die 3-jährige Verjährung nach § 195 (LG Duisburg ZMR 06, 533), die bei Altverträgen idR mit dem Ablauf des 31.12.04 eingetreten sein dürfte, wenn auch die subjektiven Voraussetzungen des § 199 bei Inkrafttreten des SchModG bereits vorlagen (BGH MDR 07, 730).

14 **C. Nichterbringung der Sicherheit durch den Mieter.** Der Mieter ist nicht befugt, gegen den Kautionsanspruch des Vermieters wegen behaupteter Mängel der Mietsache oä aufzurechnen (LG Hamburg WuM 91, 586) oder ein Zurückbehaltungsrecht auszuüben (Ddorf ZMR 98, 159 und GE 00, 602). Ein Zurückbehaltungsrecht an der Kaution darf der Mieter wegen des Sachbezuges nur als Druckmittel zur Durchsetzung seines Anspruchs auf ordnungsgemäße Kautionsanlage geltend machen. Die Nichtzahlung der Kaution kann insb im Gewerbemietrecht den Vermieter zur Kündigung nach § 543 berechtigen (BGH ZMR 07, 525). Der Vermieter hat ein Wahlrecht, ob er die Kaution noch nach Beendigung des Mietverhältnisses einklagt (Ddorf ZMR 06, 686, LG Berlin GE 09, 980) oder alternativ gleich seine Forderung (Ddorf ZMR 06, 923). Zur Verjährung vgl KG ZMR 08, 624.

15 **D. Anlage und Verzinsung der geleisteten Barkaution.** Der Vermieter von Wohnraum hat die Kaution von seinem eigenen Vermögen getrennt bei einem Kreditinstitut zu dem für Spareinlagen mit dreimonatiger Kündigungsfrist üblichen Zinssatz anzulegen. Die Zinsen stehen dem Mieter zu, da der Vermieter nach Sinn und Zweck des § 551 auch bei höherverzinslicher Anlage keinen über den Sicherungszweck hinausgehenden finanziellen Vorteil erlangen soll (vgl *Derleder* WuM 02, 242). Sie erhöhen die Sicherheit (§ 551 III). Sie sind Einkünfte aus Kapitalvermögen (*Drasdo* NZM 00, 225). Andere Anlageformen können vereinbart werden (§ 551 III 2). Dies soll eine gewinnbringende Anlage der Kaution ermöglichen. Riskante Anlageformen für das Kapital des Mieters können allerdings formularvertraglich wohl nicht wirksam vereinbart werden. Bei Wertverfall der Sicherheit besteht idR kein Ergänzungsanspruch nach § 240 gegen den Mieter (*Kandelhard* WuM 02, 302).

16 **E. Verstoß gegen die Anlage- und Verzinsungspflicht. I. Anlageverstoß des Vermieters.** Der Mieter hat einen einklagbaren Anspruch auf Nachweis der gesetzeskonformen Anlage der Kaution (*Herrlein* ZMR 07, 249; AG Neumünster WuM 96, 632; LG Düsseldorf WuM 93, 400). Zur mündlichen Absprache der Anlage in Fondanteilen vgl KG NZM 07, 402. Der Vermieter (bzw der Zwangsverwalter selbst wenn der Vermieter die Kaution nicht übergeben hatte, BGH ZMR 09, 522) hat die Kaution nicht nur gem § 551 III anzulegen, sondern auch während der Zeit bis zur Abrechnung/Rückgebühr unverändert so zu halten (LG Hamburg NZM 05, 255). Dies gilt nur für Wohnraum, nicht für Kfz-Miete (Ddorf ZMR 06, 280). Außerdem hat der Mieter ggf Schadensersatzansprüche wegen Vertragsverletzung bzw aus § 823 II iVm § 551, der insoweit Schutzgesetz ist. Soweit der Vermieter die Kaution überhaupt nicht oder zu einem zu niedrigen Zinssatz anlegt, muss er dem Mieter die entgangenen Zinsen bezahlen. Die mangelnde Trennung vom eigenen Vermögen des Vermieters begründet ebenfalls einen Schadenersatzanspruch, der in diesem Fall auf Erstattung des Kautionsbetrages abzgl der Gegenansprüche des Vermieters gerichtet ist (Frankf ZMR 90, 9). Nach ganz überwiegender Ansicht hat der Mieter ein Zurückbehaltungsrecht (vgl *Blank* NZM 02, 58) für weitere Kautionsraten und auch für einen angemessenen Teil der Miete in Höhe der bereits gezahlten Kaution zzgl des ungefähren Betrags der aufgelaufenen Zinsen, solange bis ihm die ordnungsgemäße Anlage der Kaution nachgewiesen ist; auch ggü einem Zwangsverwalter (BGH NJW 09, 3505; LG Lünebg ZMR 09, 687). Für den Geschäftsführer einer Vermietungs-GmbH hat das LG Hamburg (ZMR 02, 598) bei nicht insolvenzfester Anlage der Kaution eine persönliche Haftung bejaht.

17 **II. Rechtswidriger Eigenverbrauch des Mieters.** Der Mieter macht sich bei rechtswidrigem Zugriff auf die Kaution nach § 266 StGB strafbar (vgl BayObLG ZMR 98, 297: Mieter hat Sparbuch über die Kautionssumme im eigenen Namen angelegt, aber ohne Sperrvermerk. Sparbuch wurde dem Vermieter ausgehändigt; der Mieter erklärte jedoch später, er habe es verloren und leitete ein Aufgebotsverfahren ein, um so das Geld zurückzuerlangen).

18 **F. Verwertung und Rückzahlung der Kaution. I. Die Kaution während des Mietverhältnisses.** Der Mieter darf auf die Kaution nicht einseitig zugreifen, er kann sie weder zurückverlangen noch gegen Ansprüche des Vermieters aufrechnen. Es besteht nur ein durch das Vertragsende aufschiebend bedingter Rückzahlungsanspruch. Nach Kündigung darf der Mieter die Kaution nicht „abwohnen" (LG München I WuM 96, 541). Wenn der Vermieter in Vermögensverfall gerät ist der Mieter vor dem Zugriff der Gläubiger des Vermieters ausreichend geschützt, wenn die Kaution vom Vermögen des Vermieters gem der Verpflichtung des § 551 III gesondert angelegt ist (vgl Eckert ZmR 10, 9–16). Selbst der Vermieter kann während des Mietverhältnisses nicht Geld für Ansprüche, die der Mieter bestreitet, aus der Kaution entnehmen und dann vom Mieter die Wiederauffüllung der Kaution verlangen (LG Mannheim WuM 96, 269), sondern er muss in diesem Fall zunächst die bestrittene Forderung gerichtlich geltend machen (AG Bensheim/LG Darmstadt ZMR 05, 193). Befriedigt sich der Vermieter zu Unrecht aus der Kaution, hat der Mieter einen Anspruch auf Wiederauffül-

lung bzw entspr Schadensersatz (LG Gießen ZMR 96, 611). Diese Grundsätze gelten auch im Bereich der Geschäftsraummiete (Celle ZMR 98, 265), obwohl § 578 nicht auf § 551 verweist. Der Vermieter darf die Kaution für unbestrittene oder rechtskräftig festgestellte Ansprüche verwenden. Nach Ansicht des AG Wiesbaden (WuM 99, 397) hat der Vermieter überdies dann ein Verwertungsrecht, wenn sich die Vermögensverhältnisse des Mieters erheblich verschlechtert haben. Ist der Schadensersatzanspruch des Vermieters allerdings verjährt, so kann er sich nach Auffassung des OLG Ddorf (ZMR 02, 658 = WuM 02, 495) insoweit nicht mehr aus der Kaution befriedigen, und zwar trotz der Regelung in § 215. Nach LG Berlin (GE 99, 453) und LG Frankfurt (NZM 01, 619) ist bei zu Unrecht vom Vermieter in Anspruch genommener Bürgschaft nicht der Mieter sondern die **Bank** für die Rückforderung **aktivlegitimiert**. Es bedarf dann einer Abtretung dieses Anspruchs an den Mieter (str). Bei unberechtigter Zahlung durch die bürgende Bank und anschließender Belastung des eigenen Kontos sollte aber einem Mieter der Rückzahlungsanspruch **direkt** ggü dem Vermieter zustehen. Richtig AG Tiergarten GE 03, 1332: Die Aktivlegitimation der Kläger folgt aus Inhalt und Zweck der Sicherungsabrede (BGH NJW 99, 56; Köln ZIP 00, 1486; vgl Ddorf DWW 00, 26; BGH NJW-RR 01, 307, *G. Fischer* NZM 03, 501 Fn 47). Gegen eine unberechtigte Auflösung des Kautionskontos kann der Mieter mit einstweiliger Verfügung vorgehen (AG Bremen WuM 07, 399).

II. Die Kaution nach Beendigung des Mietverhältnisses. 1. Allgemeines. Die Sicherheit ist zurückzugeben 19
oder zu verwerten (LG Halle NZM 08, 685: wenn Forderung unstr, rechtskräftig festgestellt oder evident begründet ist, Karlsr ZMR 09, 120: auch wenn die Forderung streitig ist, LG Darmstadt WuM 08, 726). Grds ist die Kaution zurückzugeben, wenn alle Ansprüche des Vermieters erfüllt oder verjährt sind. Der Vermieter kann gegen den Rückzahlungsanspruch mit (ggf auch verjährten) Schadensersatzansprüchen aufrechnen. Keine Aufrechnung jedoch für solche Ansprüche, die bei Entstehung der Aufrechnungslage bereits verjährt waren (Ddorf ZMR 02, 658; kein Fall des § 215). Ausgeschlossen ist eine Aufrechnung mit Ansprüchen aus früheren Mietverhältnissen. Sonderfall einer **GbR als Vermieter**: Hier kann der Anspruch vom Mieter gegen jeden einzelnen Gesellschafter geltend gemacht werden. Letztere können zwar nicht allein mit Forderungen der GbR aufrechnen, ihnen wird aber wegen solcher Forderungen ein Zurückbehaltungsrecht zugebilligt (LG Berlin ZMR 02, 425). Der Mieter seinerseits darf auch nach Beendigung des Mietverhältnisses nicht mit der Rückzahlungsforderung aufrechnen, soweit noch andere Ansprüche des Vermieters bestehen können und die Abrechnung des Vermieters noch nicht fällig ist. Die **Abrechnungsfrist**: Sie ist nicht gesetzlich bestimmt. Es werden Fristen zwischen drei und sechs Monaten (vgl *Antoni* WuM 06, 359, Ddorf ZMR 08, 708) gewährt, wobei in Anlehnung an die Frist des § 548 die Tendenz eher zu sechs Monaten geht (AG Ahrensburg WuM 07, 444, Hamm NJW-RR 92, 1036; ZMR 99, 762). Der Rückzahlungsanspruch steht auch unter Berücksichtigung einer langen Abrechnungszeit unter der (aufschiebenden) Bedingung (vgl *Goetzmann* ZMR 02, 566 f), dass dem Vermieter keine zu sichernden Ansprüche mehr zustehen (BGH ZMR 06, 431 für noch zu erstellende Nebenkostenabrechnung). Er kann der Verwirkung unterliegen (AG Wiesbaden NZM 05, 378; 3 Jahre nach Auszug). Zur Rückzahlungspflicht des Zwangsverwalters vgl BGH ZMR 06, 603. Streitig ist, ob im vorbehaltlosen Zurückzahlen der Kaution ein Erlassvertrag zu sehen ist (verneinend *Geldmacher* DWW 02, 182; Sternel ZMR 10, 81 zur vorbehaltlosen Zahlung von Abrechnungsbeträgen). Zur Mietermehrheit als Mitgläubiger vgl LG Flensbg ZMR 09, 449.

2. Kautionsabrechnung. a) Barkaution und Verpfändung von Sparguthaben. Bei Sicherheitsleistung 20
durch ein Sparbuch hat der Mieter nur einen Anspruch auf Herausgabe des Sparbuchs bzw Freigabeerklärung, nicht jedoch auf Auszahlung der Kautionssumme (LG Berlin ZMR 02, 349). Gegenstand der Kautionsabrechnung sind einerseits der geleistete Kautionsbetrag sowie die Zinsen samt Zinseszinsen nach Abzug der bankseitig einbehaltenen Kapitalertragsteuer und des Solidaritätszuschlags sowie der Kontogebühren; gegenüberzustellen sind die Gegenansprüche des Vermieters. Im Anschluss an die erfolgte Kautionsabrechnung ist bei Barkaution das Guthaben unverzüglich an den Berechtigten/Mieter auszuzahlen. Hat das **Sozialamt** die Kaution nicht als Darlehen an den Mieter geleistet steht der Rückzahlungsanspruch dem Fiskus zu (LG Aachen NJW-RR 01, 224). Wird die Kaution nicht auf den Erwerber übertragen, muss der Veräußerer in angemessener Zeit abrechnen (Ddorf ZMR 02, 109). Zur Frage, ob bzw inwieweit der Vermieter Einbehalte für zu erwartende Nachzahlungen aus der Betriebskostenabrechnung machen darf vgl *Goetzmann* ZMR 02, 566–572. Nach BGH ZMR 06, 431 sichert die Mietkaution auch noch nicht fällige Ansprüche aus dem Mietverhältnis; einen angemessenen Teil der Kaution darf der Vermieter bis zur Betriebskostenabrechnung einbehalten. Das AG Hamburg (WuM 97, 213) hat als Obergrenze des Einbehalts einen Betrag in Höhe von drei bis vier monatlichen Vorauszahlungsbeträgen festgesetzt, soweit vertraglich keine gesonderte Regelung getroffen wurde.

b) Bürgschaft. Ist als Mietsicherheit eine Bürgschaft geleistet worden, kann der Vermieter seine Forderungen 21
sowohl gegen den Mieter als auch gegen den Bürgen (ggf auch wegen Forderungen gegen den Erben des Mieters, LG Münster WuM 08, 481) geltend machen. Sind alle Forderungen des Vermieters ausgeglichen, ist die Bürgschaftsurkunde zurückzugeben (Hamm NJW-RR 92, 1036), und zwar **an den Bürgen** (Celle ZMR 02, 813). Der Bürge kann sich ebenso wie der Mieter auf die Verjährung der Forderungen berufen, für die er gebürgt hat: Der Vermieter kann zwar aufgrund der Regelung des § 215 ggü dem Mieter auch mit bereits ver-

jährten Forderungen gegen den Kautionsrückzahlungsanspruch aufrechnen. Ggü dem Bürgen besteht jedoch idR keine Aufrechnungslage, sondern nur ein direkter Zahlungsanspruch. Soweit dieser erst nach Ablauf der Verjährungsfrist des § 548 geltend gemacht wird, kann sich der Bürge über § 768 auf die Verjährung der zu sichernden Forderung berufen; § 215 ist nicht analog anwendbar (BGH ZMR 98, 270 = WuM 98, 224). Noch weitergehend nimmt der BGH (NJW 98, 2972) an, dass auch eine vor Verjährung eingeleitete Klage des Vermieters gegen den Bürgen nicht die Verjährung des gesicherten Hauptanspruchs unterbricht und der Bürge die Einrede sogar dann noch geltend machen kann, wenn er bereits vor Ablauf der Verjährungsfrist rechtskräftig zur Zahlung verurteilt worden ist, dann im Wege der Vollstreckungsgegenklage nach § 767 ZPO. Dies sei kein Durchbrechung der Rechtskraft, sondern nur eine Einschränkung der Vollstreckbarkeit (BGH ZMR 99, 230). Zahlt der Bürge allerdings in Unkenntnis der bereits eingetretenen Verjährung auf die Forderungen des Vermieters, ist eine Rückforderung nach § 813 I 2 ausgeschlossen.

22 **3. Insolvenz, Einzelzwangsvollstreckung und Zwangsverwaltung auf Vermieterseite.** Die Barkaution geht zunächst in das Vermögen des Vermieters über. Unterbleibt eine vorgeschriebene gesonderte Anlage, ist der Anspruch des Mieters auf Rückzahlung der Kaution und der Schadenersatzanspruch wegen Unterlassens der gesonderten Anlage im Fall der Vermieterinsolvenz eine einfache Insolvenzforderung nach § 38 InsO (BGH ZMR 08, 280, *Eckert* ZMR 10, 9, *Timme* NZM 08, 431, Hambg ZMR 90, 103; vgl *Cymutta* WuM 08, 441). Der Insolvenzverwalter ist nicht verpflichtet, die gesonderte Anlage auf Kosten der Insolvenzmasse vorzunehmen. Veräußert nun der Insolvenzverwalter das Mietobjekt so haftet der Erwerber ggü dem Mieter auf Rückzahlung aus § 566a für Verträge ab 1.9.01; BGH ZMR 09, 837. War die Kaution wie vorgeschrieben vom Vermieter gesondert angelegt, hat der Mieter ein Aussonderungsrecht nach § 47 InsO (LG Berlin GE 06, 1481, Ddorf NJW-RR 88, 782). Soweit ein Gläubiger des Vermieters im Wege der Einzelzwangsvollstreckung auf das gesondert angelegte Kautionskonto zugreift, kann der Mieter Drittwiderspruchsklage nach § 771 ZPO erheben. IRd Zwangsverwaltung ist Schuldner des Kautionsrückzahlungsanspruchs der Zwangsverwalter neben dem Schuldner (arg § 152 II ZVG). Der Zwangsverwalter muss nur dann die (nicht erhaltene) Kaution nicht zurückzahlen, wenn das Mietverhältnis bereits beendet und die Wohnung geräumt war als die Beschlagnahmeanordnung wirksam (§§ 22 I, 146 I, 151 I ZVG) wurde (BGH ZMR 06, 603). § 152 II ZVG soll nur eine Schlechterstellung des Mieters durch die Zwangsverwaltung vermeiden. Anderes gilt, wenn der Zwangsverwalter noch gem § 546a Nutzungsentschädigung vom Mieter beansprucht.

23 **4. Insolvenz und Einzelzwangsvollstreckung auf Mieterseite.** Hat der Mieter als Mietsicherheit ein Kautionssparbuch mit Sperrvermerk zugunsten des Vermieters angelegt, hat dieser im Fall der Mieterinsolvenz ein Aussonderungsrecht nach § 47 InsO, soweit die Pfandrechtsbestellung oder Sicherungsabtretung nach außen erkennbar ist. Zur Tilgungsbestimmung bei der Barkaution vgl LG Hamburg ZMR 08, 209 und Hambg ZMR 08, 714. Zur Mieterinsolvenz vgl *Cymutta* WuM 08, 443.

24 **G. Unabdingbarkeit.** Die Regelung des § 551 ist zwingend (vgl § 551 IV). Ob eine Kautionsvereinbarung vorliegt muss jeweils durch Auslegung nach Sinn und Zweck der zu beurteilenden (Formular-) Vertragsstimmung erfolgen. Formulierungen wie „Zahlung für Abnutzung" (AG Aachen WuM 86, 336), oder „Festbetrag für die Tankfüllung der Heizung" bei gleichzeitiger festgelegter Verrechnung dieses Betrages bei Auszug (AG Büdingen WuM 94, 537) können im Einzelfall Kautionsabsprachen sein.

§ 552 Abwendung des Wegnahmerechts des Mieters.
(1) Der Vermieter kann die Ausübung des Wegnahmerechts (§ 539 Abs. 2) durch Zahlung einer angemessenen Entschädigung abwenden, wenn nicht der Mieter ein berechtigtes Interesse an der Wegnahme hat.
(2) Eine Vereinbarung, durch die das Wegnahmerecht ausgeschlossen wird, ist nur wirksam, wenn ein angemessener Ausgleich vorgesehen ist.

1 **A. Grundsätzliches. I. Entstehungsgeschichte, Anwendungsbereich.** Die Norm übernimmt die besonderen Regelungen für das Wegnahmerecht des Mieters aus § 547a II und III aF (BTDrs 14/4553, 49). Lediglich § 552 I gilt über § 578 II auch für gewerbliche Räume (vgl Horst MDR 07, 477); iÜ gilt § 552 nur für Wohnraum (inkl solchem gem § 549 II u III).

2 **II. Normzweck.** § 552 soll § 539 II (Recht des Mieters, Einrichtungen wegzunehmen, mit denen er die Mietsache versehen hat) ergänzen und stellt eine Sonderregelung zB für die Abwicklung des Mietverhältnisses dar.

3 **III. Regelungsgegenstand.** Es besteht keine gesetzliche Anzeigepflicht des Mieters hinsichtlich eingebrachter Sachen und der späteren Wegnahmeabsicht. Der Vermieter muss durch Besichtigung (vgl *Herrlein* ZMR 07, 247) oder gesonderte Vertragsvereinbarung zur Kenntnis über Mietereinbauten gelangen. Eine über die Anzeigepflicht hinausgehende Anbietpflicht des Mieters kann nicht vereinbart werden (arg Art 14 III GG, vgl *Lammel* § 552 Rz 6).

B. Regelungsgehalt. I. Tatbestandsvoraussetzungen des Abwendungsrechts. 1. Vom Mieter in die Räume eingebrachte Einrichtung. Dies sind bewegliche Sachen zB Waschbecken, Badewannen, Kücheneinrichtungen, Beleuchtungsanlagen, Wandschränke, Rollläden, Anpflanzungen im Garten, Steckdosenschalter und Antennen, die der Mieter mit dem Mietobjekt idR „zu einem vorübergehenden Zweck" verbunden hat und die ihrem wirtschaftlichen Zweck dienen sollen. Solche Einrichtungen werden Scheinbestandteile (vgl *Woitkewitsch* ZMR 04, 649) iSd § 95 II. Zur Herstellung eines erstmaligen vertragsgemäßen Zustandes notwendige Veränderungen der Mietsache gehören nicht zu den Einrichtungen. 4

2. Zahlung einer angemessenen Entschädigung. Analog § 951 wird oft auf den objektiven Verkehrswert abgestellt (BGH ZMR 99, 340, AG Köln WuM 98, 345). Die hL geht vom Zeitwert (bzw Wert, den die Sachen für den Vermieter haben) aus, berücksichtigt auch die Kosten des Mieters für die Wiederherstellung des ursprünglichen Zustands (str, Staud/*Emmerich* § 552 Rz 6 mwN, Schmidt-Futterer/*Langenberg* § 552 Rz 10). 5

3. Ausübung des Abwendungsrechts. Nach dem Gesetzeswortlaut ist das Abwendungsrecht „durch Zahlung" auszuüben, auch das tatsächliche Angebot der Zahlung wird als ausreichend angesehen (KG GE 01, 850). Befriedigung des Mieters durch Aufrechnung ist denkbar. Wenn keine Vereinbarung über die Höhe des von dem Vermieter zu erstattenden Wertes der Einrichtung bei Beendigung des Mietverhältnisses getroffen wurde, steht dem Mieter das gerichtlich überprüfbare Leistungsbestimmungsrecht zu (AG/LG Köln WuM 98, 345). Der Vermieter schuldet selbst dann eine Entschädigung, wenn er ohne Angebot einer Entschädigung vom Mieter verlangt, die Einrichtung zurückzulassen. Der Mieter seinerseits kann durch Nichtannahme der Entschädigung das Abwendungsrecht des Vermieters nicht vereiteln (§ 242). 6

4. Kein berechtigtes Mieterinteresse an der Wegnahme. Das Abwendungsrecht des Vermieters entfällt, wenn der Mieter nicht nur ein beliebiges, sondern ein berechtigtes Interesse (vernünftige und sachliche Gründe, Bsp: Unikat, Erbstück) an der Wegnahme seiner Einbauten hat (§ 552 I Hs 2). Ein beabsichtigter Verkauf der Einrichtungen an den Nachfolgemieter genügt nicht. 7

5. Abdingbarkeit des Wegnahmerechts, II. Wie § 547a III aF sieht § 552 II nur für die Wohnraummiete (zur Gewerbemiete vgl LG Braunschweig ZMR 08, 453) vor, dass eine Vereinbarung, die das Wegnahmerecht des Mieters ausschließt, einen angemessen Ausgleich (idR Geldzahlung, aber uU auch Verzicht auf Schlussrenovierung, vorzeitige Entlassung aus einem langfristigen Mietvertrag, Verzicht auf Staffelmieterhöhung, Genehmigung der Hundehaltung, Gestattung der Untervermietung etc) vorsehen muss. IdR setzt Angemessenheit des Ausgleichs voraus, dass nach dem „Preisargument" das Entgegenkommen des Vermieters andernfalls „erkauft" hätte werden müssen. Formularklauseln, die das Wegnahmerecht des Mieters bei der Kündigung des Vertrages durch ihn als verfallen erklären, sind unwirksam, weil sie gegen § 309 Nr 6 verstoßen (BGH WuM 68, 796; *Kinne/Schach/Bieber* § 552 Rz 6). 8

II. Rechtsfolgen der Ausübung des Abwendungsrechts. Die Mietereinbauten/Mietereinrichtungen werden oder bleiben endgültig Vermietereigentum bei gleichzeitigem Erlöschen des Wiederaneignungsrechts des Mieters. Ein begründeter Anspruch des Mieters auf Entschädigung verjährt innerhalb der kurzen Frist des § 548 (LG Mannheim WuM 86, 279). 9

C. Beweislast. Den Mieter trifft die Beweislast für das Einbringen der Einrichtungen und sein berechtigtes Interesse iSd § 552 I Hs 2 sowie eine von ihm behauptete Vereitelung der Wegnahme durch den Vermieter. Der Vermieter muss beweisen, dass der Mieter auf eine Entschädigung verzichtet hat (BGH ZMR 69, 340). 10

§ 553 Gestattung der Gebrauchsüberlassung an Dritte.
(1) ¹Entsteht für den Mieter nach Abschluss des Mietvertrags ein berechtigtes Interesse, einen Teil des Wohnraums einem Dritten zum Gebrauch zu überlassen, so kann er von dem Vermieter die Erlaubnis hierzu verlangen. ²Dies gilt nicht, wenn in der Person des Dritten ein wichtiger Grund vorliegt, der Wohnraum übermäßig belegt würde oder dem Vermieter die Überlassung aus sonstigen Gründen nicht zugemutet werden kann.
(2) Ist dem Vermieter die Überlassung nur bei einer angemessenen Erhöhung der Miete zuzumuten, so kann er die Erlaubnis davon abhängig machen, dass der Mieter sich mit einer solchen Erhöhung einverstanden erklärt.
(3) Eine zum Nachteil des Mieters abweichende Vereinbarung ist unwirksam.

A. Grundsätzliches. I. Entstehungsgeschichte. Die Vorschrift ist zum 1.9.01 in Kraft getreten und entspricht § 549 II aF. Zu den Hauptproblemen bei der Untermiete vgl *Pauly* WuM 08, 320; *Gather* DWW 09, 242; *Kern* NZM 09, 344. 1

II. Normzweck. § 553 enthält bei Wohnraummiete eine Ausnahme von § 540 I 1 (Unzulässigkeit einer Gebrauchsüberlassung der Mietsache an Dritte), um den Bestandsschutz dem Mieter zu erhalten, der die Wohnung teilweise (eine vollständige Überlassung ist unzulässig, AG/LG Hamburg ZMR 05, 297 sowie *Streyl* NZM 05, 364) einen anderen überlassen möchte, BGH NJW 85, 130, 131. Gem MietRRG soll neben Ehe und Familie zukünftig auch der „auf Dauer angelegte gemeinsame Haushalt mietrechtlich besonders 2 zu schützen" sein. Die Aufnahme eines Lebensgefährten (BGH NJW 04, 56 = ZMR 04, 100) bleibt eine erlaubnispflichtige Sondernutzung (*Hinz* JR 04, 379); zur beruflichen Nutzung vgl Schmid MDR 09, 1263.

3 **B. Regelungsgehalt. I. Anspruch auf Erlaubniserteilung, Abs 1 S 1. 1. Voraussetzungen. a) Berechtigtes Interesse eines/des Mieters.** Nach BGH (NJW 85, 130, 131) genügen auf Seiten des Mieters vernünftige nachvollziehbare Gründe für seinen Überlassungswunsch. Geschützt ist jedes rechtliche, persönliche, wirtschaftliche oder familiäre Interesse des Mieters von einigem Gewicht, das sich iRd Rechts- und Sozialordnung hält. Das Interesse kann sowohl auf eine Mitbenutzung der Wohnung durch den Dritten iRe Lebensgemeinschaft als auch auf eine Untervermietung gerichtet sein (*Sternel* PiG Bd 65, 121, 131 f). Bei Mietermehrheit genügt berechtigtes Interesse eines von ihnen. Humanitäre Absichten (zB Bürgerkriegsflüchtlinge aufzunehmen) sind noch nicht als berechtigtes Interesse anerkannt (AG Neukölln/LG Berlin WuM 94, 326 aA *Derleder* WuM 94, 305). Anerkannt ist der Wunsch auf Aufnahme nahestehender Personen (zB Lebensgefährte, Angehörige, soweit diese nur „Dritte" iSd §§ 540 I, 553 sind, Geschwister des Mieters, entferntere Verwandte, Eltern) sowie die Absicht, nach Beendigung einer Partner- oder Wohngemeinschaft (zB aus finanziellen Gründen) einen neuen Mitbewohner aufzunehmen (AG Köln WuM 95, 654). Ausreichend ist auch die Absicht einer Vereinsamung im Alter zu begegnen (AG Hamburg WuM 90, 500); ebenso die (beabsichtigte) Bildung einer Wohngemeinschaft (LG Berlin NJW-RR 92, 13). Weitere Gründe: Verschlechterung der wirtschaftlichen Verhältnisse des Mieters, Verringerung des Raumbedarfs infolge des Todes/Auszugs von Familienmitgliedern oder nach der Trennung der Eheleute (LG Berlin ZMR 02, 49, 50), Aufnahme eines Untermieters, der das Kind des (berufstätigen) Mieters versorgen soll (LG Berlin ZMR 02, 49; AG Büdingen WuM 91, 585); Interesse des Mieters, während der Dauer seiner Abwesenheit eine Person zum „Einhüten" aufzunehmen (LG Lüneburg WuM 95, 704, 705; AG Köln WuM 95, 654). Es ist nicht zwingend geboten, dass der Mieter seinen Lebensmittelpunkt in der Wohnung hat (BGH ZMR 06, 261 aA noch LG Berlin ZMR 02, 49).

4 **b) Teil des Wohnraums.** Die Erlaubnis zur Überlassung der gesamten Wohnung scheidet idR aus. Bei nur vorübergehender einmaliger Ortsabwesenheit kommt ausnahmsweise Anspruch auf Erlaubnis für zeitlich begrenzte Überlassung der gesamten Wohnung in Betracht, wenn dem Mieter nicht zugemutet werden kann, die Wohnung zu kündigen (LG Berlin MM 94, 323). Der Mieter muss erkennbar Rückkehrwillen dokumentieren (LG Berlin NJW-RR 94, 1289).

5 **c) Nach Abschluss des Mietvertrags entstanden.** Bereits bei Vertragsschluss gegebene Interessen scheiden aus; sonst könnte Mieter vertraglich festgelegte Grenzen des Mietgebrauchs sprengen (BGH NJW 85, 130). Zur Untermietvertragsgestaltung vgl *Lüth* NZM 04, 241.

6 **d) Dritter.** Dies ist jede Person, die nicht Mietvertragspartei oder naher Angehöriger (Ehepartner, Lebenspartner iSv § 1 I 1 LPartG, Kinder inkl Adoptivkinder, Stiefkinder, Pflegekinder) ist. Für die letzt genannten Personen bedarf der Mieter keiner Erlaubnis. Es muss lediglich die Gebrauchsüberlassung angezeigt werden. Ohne Erlaubnis des Vermieters dürfen Hilfs- und Pflegepersonen (Besitzdiener, § 855) in die Wohnung aufgenommen werden (Hamm NJW 82, 2876). Hier fehlt es uU schon an einer „Überlassung", da die Ausübung des Gebrauches allein den Interessen des Mieters dient (str, *Sternel* PiG Bd 65, 121, 132; *Hinz* WuM 04, 380, 385). Der Mieter muss einen konkreten Dritten benennen, da er keine generelle Erlaubnis beanspruchen kann (BayObLG ZMR 95, 301, 302; KG ZMR 92, 382). Dem Vermieter sind idR folgende Angaben zur Person des Dritten zu machen: Name, Geburtsdatum sowie die letzte Anschrift, evtl auch die berufliche Tätigkeit (LG Berlin GE 02, 668; LG Berlin NJW-RR 92, 13), nicht aber Einkommensnachweis (LG Hamburg WuM 91, 585, vgl *Stapenhorst* NZM 07, 795).

7 **2. Rechtsfolge.** Der Mieter hat bei Vorliegen aller og Voraussetzungen gegen den Vermieter einen Anspruch auf Erteilung der Erlaubnis zur Gebrauchsüberlassung des Wohnraums an den Dritten unabhängig vom Ergebnis einer Interessenabwägung zwischen den Belangen des Mieters und denjenigen des Vermieters. Vermieterbelange werden nur unter dem Gesichtspunkt der Zumutbarkeit (I 2) berücksichtigt. Bei einer Mietermehrheit steht der Erlaubnisanspruch allen Mietern gemeinschaftlich zu (LG Berlin NJW-RR 92, 13).

8 **II. Ausschlussgründe, I 2.** Anspruch auf Erlaubniserteilung besteht nicht, wenn in der Person des Dritten ein wichtiger Grund vorliegt, der Wohnraum übermäßig belegt würde oder sonst dem Vermieter die Überlassung nicht zugemutet werden kann.

9 **1. Wichtiger Grund in der Person des Dritten.** Der Grund in der Person des Dritten muss so schwer wiegen, dass dem Vermieter eine Gebrauchsüberlassung an diesen nicht zugemutet werden kann (wie bei § 540 I 2). Bsp: berechtigte negative Prognose und konkreter Verdacht, dass Dritter die Mietsache beschädigen oder den Hausfrieden stören wird. Ungenügend sind persönliche Vorbehalte oder Antipathien des Vermieters gegen einen bestimmten Personenkreis. Insolvenz des Dritten ist nicht völlig ohne Bedeutung, obwohl zwischen diesem Nutzer und dem Vermieter keine vertraglichen Beziehungen bestehen; allerdings ist zu berücksichtigen, dass der Mieter nicht über § 278 für alle schadensstiftenden Handlungen des Untermieters haftet.

2. Übermäßige Belegung des Wohnraums. Hier ist eine Einzelfallbetrachtung geboten. Überbelegung ist nicht zu bejahen, wenn für jede erwachsene Person oder für je zwei Kinder bis zum 13. Lebensjahr ca 12 qm zur Verfügung stehen (AG Nürnberg WuM 91, 690; vgl auch LG Stuttg MietRB 08, 229). Nach den Länder-Wohnungsaufsichtsgesetzen müssen mindestens pro Person ein Raum und eine Nutzfläche von 6–9 qm vorhanden sein. **10**

3. Unzumutbarkeit aus sonstigen Gründen. Hier kann der Vermieter geltend machen, durch die Gebrauchsüberlassung an den Dritten übermäßig belastet zu werden, insb wenn das Hauptmietverhältnis kurze Zeit später ausläuft. Bei Mieträumen innerhalb der vom Vermieter selbst bewohnten Wohnung kann eine unzumutbare Belastung auftreten, wenn der Vermieter infolge der räumlichen Nähe ständig mit der vom ihm moralisch missbilligten Lebensweise konfrontiert wird (Hamm NJW 82, 2876). **11**

III. Erhöhung der Miete, II. Der Vermieter kann Untermietzuschlag (Anhebung der Grundmiete und/oder der Betriebskosten) verlangen für die Erteilung der Erlaubnis, wenn ihm die Drittüberlassung anderenfalls nicht zuzumuten ist. Erhöhung der Miete setzt Änderungsvereinbarung (§ 311 I) voraus. Kein gesetzlicher Anspruch des Vermieters auf Zustimmung zur Mieterhöhung. Bei zu Unrecht (trotz erhöhter Abnutzung der Wohnung oder auch höherer Betriebskosten) verweigerter Zustimmung des Mieters zur Erhöhung kann Erlaubnis zur Gebrauchsüberlassung wegen Unzumutbarkeit „aus sonstigen Gründen" (I 2) verweigert werden. Die Erhöhungsvereinbarung in den Grenzen der §§ 138, 134 iVm §§ 291 StGB, 5 WiStG ist unabhängig von der ortsüblichen Vergleichsmiete (BayObLG WuM 86, 205). Für die Berechnung der Kappungsgrenze (§ 558 III) wird die nach II erfolgte Mieterhöhung nicht berücksichtigt. **12**

Die verlangte Mieterhöhung muss angemessen sein. Will der Mieter zB einen Lebensgefährten in die Wohnung aufnehmen, so kann der Vermieter im Hinblick auf den zu erwartenden Mehrverbrauch lediglich eine Anhebung der Betriebskosten verlangen. Eine Erhöhung der Grundmiete soll regelmäßig nicht in Betracht kommen (vgl *Proppe* ZMR 08, 802 zu AG Hambg ZMR 08, 213). Bei echter Untervermietung ist Erhöhung im Umfang von 20% der erzielten Untermiete angemessen (Schmidt-Futterer/*Blank* § 553 Rz 17). Für preisgebundenen Wohnraum gilt § 26 III NMV (2,50 € bei Benutzung durch eine Person, 5,00 € bei Benutzung durch zwei oder mehrere Personen). Die Erteilung der Erlaubnis darf nicht von sonstigen Bedingungen abhängig gemacht werden (LG Hamburg WuM 93, 737). Befristung der Erlaubnis ist möglich (LG Stuttgart WuM 92, 122). **13**

IV. Abweichende Vereinbarungen, III. Abreden, die den Anspruch des Mieters auf Erteilung der Erlaubnis zur Drittüberlassung über die Voraussetzungen des I hinaus einschränken, sind unwirksam; dies gilt auch für die Vereinbarung eines Untermietzuschlags bereits im Mietvertrag, da sie zum Nachteil des Mieters die nach II erforderliche Zumutbarkeitsprüfung vorwegnimmt (AG Hamburg-Altona WuM 99, 600). **14**

C. Beweislast. Der Mieter muss beweisen, dass nach Vertragsschluss ein berechtigtes Interesse an der Gebrauchsüberlassung bzw an der Untervermietung entstanden ist. Der Vermieter muss Unzumutbarkeitsgründe nach I 2 beweisen. Der Mieter muss auch beweisen, dass er die Räume weiterhin bewohnt. Die Drittüberlassung hat der Vermieter zu beweisen. **15**

D. Verjährung. Der Anspruch des Mieters auf Erlaubniserteilung verjährt in drei Jahren (§§ 195, 199 I). **16**

§ 554 Duldung von Erhaltungs- und Modernisierungsmaßnahmen.

(1) Der Mieter hat Maßnahmen zu dulden, die zur Erhaltung der Mietsache erforderlich sind.
(2) ¹Maßnahmen zur Verbesserung der Mietsache, zur Einsparung von Energie oder Wasser oder zur Schaffung neuen Wohnraums hat der Mieter zu dulden. ²Dies gilt nicht, wenn die Maßnahme für ihn, seine Familie oder einen anderen Angehörigen seines Haushalts eine Härte bedeuten würde, die auch unter Würdigung der berechtigten Interessen des Vermieters und anderer Mieter in dem Gebäude nicht zu rechtfertigen ist. ³Dabei sind insbesondere die vorzunehmenden Arbeiten, die baulichen Folgen, vorausgegangene Aufwendungen des Mieters und die zu erwartende Mieterhöhung zu berücksichtigen. ⁴Die zu erwartende Mieterhöhung ist nicht als Härte anzusehen, wenn die Mietsache lediglich in einen Zustand versetzt wird, wie er allgemein üblich ist.
(3) ¹Bei Maßnahmen nach Absatz 2 Satz 1 hat der Vermieter dem Mieter spätestens drei Monate vor Beginn der Maßnahme deren Art sowie voraussichtlichen Umfang und Beginn, voraussichtliche Dauer und die zu erwartende Mieterhöhung in Textform mitzuteilen. ²Der Mieter ist berechtigt, bis zum Ablauf des Monats, der auf den Zugang der Mitteilung folgt, außerordentlich zum Ablauf des nächsten Monats zu kündigen. ³Diese Vorschriften gelten nicht bei Maßnahmen, die nur mit einer unerheblichen Einwirkung auf die vermieteten Räume verbunden sind und nur zu einer unerheblichen Mieterhöhung führen.
(4) ¹Aufwendungen, die der Mieter infolge einer Maßnahme nach Absatz 1 oder 2 Satz 1 machen musste, hat der Vermieter in angemessenem Umfang zu ersetzen. ²Auf Verlangen hat er Vorschuss zu leisten.
(5) Eine zum Nachteil des Mieters von den Absätzen 2 bis 4 abweichende Vereinbarung ist unwirksam.

§ 554

1 **A. Anwendungsbereich.** § 554 gilt für Wohnraum – auch preisgebundenen (BGH ZMR 04, 424; BayObLG NJW-RR 97, 266) – und für Mietverhältnisse über Räume, die keine Wohnräume sind, über § 578 II (m Ausn von § 554 V).

2 **B. Gesetzlich benannte Duldungspflichten. I. Allgemeines.** § 554 II kennt **drei gesetzliche Duldungspflichten**: Für Erhaltungsmaßnahmen (Rn 4), für Modernisierungsmaßnahmen (Rn 6) und zur Schaffung neuen Wohnraums (Rn 10). Duldungspflicht oder tatsächliche Duldung sind notw **Grundlage einer Mieterhöhung** nach § 559 (§ 559 Rn 4). Die Parteien können einen Duldungsanspruchs ausschließen, auch konkludent (BGH ZMR 08, 116). Neben § 554 II und § 242 (Rn 11) ergeben sich Duldungspflichten aus § 4 II HeizkVO, § 7 II Heizanlagenverordnung bzw § 14 EnEV 2007 (Thermostatventile), aus Landesbauordnungen sowie aus § 175 BauGB.

3 Den Mieter treffen gewisse, geringe Mitwirkungspflichten wie Terminsabsprachen (s.a. LG Berlin NJW-RR 96, 1163). In Ausnahmefällen ist Inhalt der Duldungspflicht ein Ausweichen in ein Hotel (LG Mannheim WuM 87, 272). Der Mieter muss der Modernisierungsmaßnahmen **nicht zustimmen**, nur dulden. Stimmt der Mieter zu, ist § 554 II 2, 3 bedeutungslos. Fordert der Vermieter den Mieter unter Androhung einer Duldungsklage auf, ob er Modernisierungsmaßnahmen zustimmt, ist der Mieter nach § 242 verpflichtet, zu reagieren (KG v. 16.7.09 – 8 U 77/09). Die Missachtung einer Duldungspflicht rechtfertigt eine Kündigung (AG Frankfurt Info M 10, 472; *Milger* PiG 85, S 239, 243; aA LG Saarbrücken ZMR 08, 974, 975).

4 **II. Erhaltungsmaßnahmen (§ 554 I).** Nach § 554 I iVm § 535 I 2 sind – auch umfangreiche und belästigende – **Erhaltungsmaßnahmen** (zum Begriff § 535 Rn 93) zu dulden. Die Erhaltungsmaßnahme muss aus der Sicht eines durchschnittlichen sachkundigen Vermieters notwendig, nicht aber besonders dringlich sein: auch vorbeugende Maßnahmen sind zu dulden. Dient eine Erhaltungsmaßnahme zugleich § 554 II 1, ist eine Duldungspflicht nach § 554 II 2 u 3 zu beurteilen (LG Berlin GE 04, 1233). Die Duldungspflicht des § 554 I gehört zu den vertraglichen Nebenpflichten des Mieters (§ 535 Rn 57). § 554 IV ist anwendbar (dazu Rn 18). § 554 III ist nicht anwendbar (LG Berlin GE 07, 653), auch Maßnahmen nach § 554 I müssen nach § 242 aber **angekündigt** werden. Die Ankündigungspflicht umfasst ua Angaben zu Umfang, Erforderlichkeit und voraussichtlichem Beginn der Arbeiten (AG Hamburg ZMR 04, 825). Grenze der Duldungspflicht sind §§ 242, 226 (BGH NJW 72, 723).

5 Keine Erhaltungsmaßnahme ist eine vollständige Veränderung oder bloße Verschönerung der Mietsache; dasselbe gilt für den Austausch eines defekten Gasherds gegen einen Elektroherd statt eines gleichartigen Ersatzes (LG Berlin GE 97, 185). Keine Erhaltungsmaßnahme ist auch eine **modernisierende Instandsetzung** (s.a. § 22 III WEG). Diese ist anzunehmen, wenn über die Wiederherstellung des mangelfreien Zustandes der Mietwohnung hinausgehend eine technisch bessere modernere Lösung umgesetzt werden soll, die wirtschaftlich sinnvoll ist und sich innerhalb angemessener Zeit amortisiert. Eine modernisierende Instandsetzung unterfällt idR § 554 II 1 Hs 1.

6 **III. Modernisierungsmaßnahmen (§ 554 II 1 Hs 1, II 2). 1. Begriff.** Was Modernisierungsmaßnahme ist, bestimmt auch für § 554 II 1 die Legaldefinition in § 559 I Hs 1 (§ 559 Rn 2). Der Begriff in § 554 II 1 ist mit dem des § 559 I im Ergebnis identisch (*Beyer* GE 09, 944, 950). Modernisierung meint nicht, eine Wohnung auf den durchschnittlichen Standard des gegenwärtigen Wohnungsmarktes anzuheben. Vermietern ist erlaubt, bis zur Grenze einer unzulässigen Luxusmodernisierung (§ 559 Rn 2) die Attraktivität einer Wohnungen auch durch eine überdurchschnittliche Ausstattung erhöhen und die Entwicklung auf dem Wohnungsmarkt vorantreiben, selbst wenn die Nachfrage nach solcher Ausstattung im Zeitpunkt der Vornahme der Maßnahme noch gering ist (BGH NJW 05, 2995).

7 **2. Grenzen (§ 554 II 2).** Eine Duldungspflicht besteht nicht, wenn nach einer Abwägung eine **Härte** anzunehmen ist. Eine Härte ist im **Zweifel zu verneinen**. Härtegründe können dem Duldungsanspruch dauernd oder nur zeitlich befristet entgegenstehen. Abzuwägende **Vermieterinteressen** sind va die beabsichtigte bessere wirtschaftlichere Nutzung der Mietsache, die Verbesserung der Vermietungschancen, eine mögliche Inanspruchnahme öffentlicher Fördermittel (vgl LG Mönchengladbach ZMR 07, 402), günstige Bankkredite. **Interesse anderer Mieter** ist va ein höherer Komfort. **Mieterinteressen** sind insb, aber nicht nur die in § 554 II 3 genannten Umstände, zB das Alter, eine Krankheit, ein geplanter Umzug.

8 Härte kann auch eine Vereinbarung über Mietermaßnahmen sein (KG ZMR 09, 32). Der Mieter hat grds aber kein Recht hat, Aufwendungen abwohnen zu dürfen. Härtegründe bei Mieterinvestitionen kann der Vermieter durch Übernahme einer Ausgleichszahlung ausgleichen. Keine Härte soll schon darin liegen, dass mit den (Bau-)Maßnahmen wesentliche Beeinträchtigungen verbunden sind (BGH ZMR 08, 519, 520). Der maßgebliche Verlust von Fenster- oder Stellflächen oder eine negative Änderung des Grundrisses der Wohnung ist idR als eine Härte einzustufen.

9 Eine **finanzielle Härte** liegt vor, wenn dem Mieter nach Abzug der Miete kein Betrag zur Verfügung steht, der ausreicht, damit er an seinem bisherigen Lebenszuschnitt im Wesentlichen festhalten kann (KG GE 07, 907; LG Berlin GE 02, 831). Der Mieter muss staatliche Hilfen in Anspruch nehmen (s.a. KG GE 07, 907; KG ZMR 82, 318). Hat der Mieter nach Zahlung der erhöhten Miete trotz Inanspruchnahme von Sozialleistun-

gen lediglich noch ein Existenzminimum, liegt eine Härte vor (LG Berlin NZM 99, 705). Wird die Mieterhöhung teilw durch Wohngeld oder vergleichbare Beihilfeleistungen aufgefangen, liegt keine unzumutbare Mieterhöhung vor. Ein Zustand nach § 554 II 4 wird hergestellt, wenn dieser Zustand bei der überwiegenden Mehrzahl von Mieträumen – mindestens 2/3 – in Gebäuden gleichen Alters innerhalb der Region angetroffen wird (BGHZ 117, 217 = ZMR 92, 234). **Bsp.:** Verdopplung der Miete mit Blick auf § 22 SGB II ggf keine Härte (KG GE 07, 907). Mieterhöhung von 448 EUR auf 592 EUR kann Härte sein (LG Berlin NZM 99, 705).

IV. Maßnahmen zur Schaffung neuen Mietraums (§ 554 II 1 Hs 2). Schaffung neuen Wohnraums meint Anbau, Ausbau oder Umbau der Wohnung oder des Hauses, etwa der Dachgeschossausbau, der Ausbau von Nebenräumen sowie die Aufstockung eines Gebäudes. Die Schaffung neuen Wohnraums umfasst jede Maßnahme auch außerhalb der Mietwohnung, die zu neuem Wohnraum führt. 10

C. Unbenannte Duldungspflichten. Bauliche Maßnahmen auf Grund von Umständen, die der Vermieter **nicht zu vertreten hat** (§ 559 Rn 14), va solche, die auf Grund einer **behördlichen Anordnung** oder **gesetzlichen Verpflichtung** durchzuführen sind (zB § 9 I EnEV 2004, § 10 I EnEV 2007), fallen nicht unter § 554 II, III (BGH NJW 09, 1736). Derartige Maßnahmen sind nach § 242 zu dulden (BGH NJW 09, 1736) und anzukündigen, auch dann, wenn sie zugleich § 554 II 1 unterfielen. Dogmatisch betrachtet sind es Erhaltungsmaßnahmen iwS, die eigentlich § 554 I unterfallen (vgl § 22 III WEG). **Bsp:** Einbau von Kaltwasserzählern, Einbau moderner Heizung (BGH NJW 09, 1736), Einbau von Rauchwarnmeldern (AG Wandsbek ZMR 09, 47; AG Rendsburg ZM 09, 239), Einbau von Kaltwasserzählern, Auswechslung von Heizkörperventilen (LG Berlin ZMR 86, 444). 11

D. Modernisierungsankündigungsverfahren (§ 554 III 1, 3). I. Ankündigungspflicht. Eine Maßnahme nach § 554 II 1 (Rn 4, Rn 6) muss vom Vermieter oder einem von ihm dazu Ermächtigten (BGH ZMR 08, 519, 521) nach § 554 III 1 grunds mitgeteilt werden; § 174 ist anwendbar. Dem Mieter wird durch § 554 II 1 ein Zeitraum zugebilligt, um sich auf die beabsichtigten (Bau-)Maßnahmen und die für ihn damit idR verbundenen Beeinträchtigungen einzustellen oder von seinem Sonderkündigungsrecht (Rn 17) Gebrauch zu machen (BGH ZMR 08, 186, 187). § 554 III 1 dient damit nur dem Schutz des Mieters (BGH ZMR 08, 186, 187). Die form- und fristgerechte Mitteilung mit den in § 554 III 1 vorgeschriebenen Angaben ist **Voraussetzung** für die **Fälligkeit der Duldungsverpflichtung.** Bei fehlender, verspäteter oder unzulänglicher Mitteilung besteht diese nicht (BayObLG ZMR 01, 177). Gem § 554 III 3 **entfällt die Ankündigungspflicht,** wenn mit den Maßnahmen keine oder nur unerhebliche Einwirkungen auf die Mietsache verbunden sind (Bagatellen) und auch mit einer allenfalls unwesentlichen Mieterhöhung gerechnet werden muss. **Bsp.** für Bagatellen: Einbau einer Klingelanlage (AG Berlin-Charlottenburg GE 89, 683), Anschluss an das Breitbandkabelnetz (AG Hamburg WuM 90, 498). Eine nur **unerhebliche Mieterhöhung** liegt vor, wenn sich die Mietbelastung von 27% des Mietereinkommens auf 30% erhöht (LG Berlin NJW-RR 92, 144) oder die neue Miete nicht über 5% der bisherigen liegt (LG Köln NZM 05, 741). Keine Bagatelle ist eine Mieterhöhung um 16,88% (LG Köln NZM 05, 742). 12

II. Inhalt. Der Mieter soll durch den Inhalt der Ankündigung in die Lage versetzt werden, die Auswirkungen auf seine Wohnung einzuschätzen. Eine Bezugnahme auf dem Mieter vorliegende Unterlagen ist zulässig. Der Mieter kann nicht verlangen, dass ihm die geplanten Maßnahmen bis ins kleinste Detail hinein beschrieben werden. Übliche Baumaßnahmen müssen nicht exakt beschrieben, nicht jede Einzelheit der Maßnahme und jede mögliche Auswirkung muss mitgeteilt werden (KG GE 07, 907; LG Berlin GE 01, 853). Eine **bloß stichwortartige Beschreibung** genügt aber nicht. Es muss daher zB angegeben werden, wo Wanddurchbrüche geplant sind und evtl bisherige Stellplatzflächen beeinträchtigt werden, zB durch Verlegen von Rohren auf Putz. Bei der Umstellung von Einzelofenheizung auf Zentralheizung wird verlangt, dass Angaben zur Verteilung der Heizkörper und der Strangführung – zumindest in einem Wohnungsgrundriss – gemacht werden (LG Berlin GE 98, 616). Eine Wärmebedarfsberechnung ist nicht erforderlich (BGHZ 150, 277 = ZMR 02, 503). 13

Anzugeben ist, wann Arbeiten „voraussichtlich" beginnen. Ankündigungswidrige kleinere Verzögerungen sind hinzunehmen. Bei einem zB durch Handwerkerverschulden bedingten verspäteten Baubeginn muss nicht erneut ein Ankündigungsschreiben gefertigt werden, wenn noch ein zeitlicher Zusammenhang mit dem ursprünglichen Termin besteht. Zur Dauer sind möglichst deutliche Angaben zu machen, wobei die Angabe von *Kalenderwochen* genügt (AG Köln WuM 79, 212). 14

Die zu erwartende Mieterhöhung ist **betragsmäßig zu beziffern** (KG GE 07, 907). Eine evtl Neueinführung von Betriebskosten ist anzugeben; ob dies auch für die Höhe alter und neuer Betriebskosten gilt, ist str. Die Pflicht nach § 554 III 1 bezieht sich auf eine Erhöhung nach § 559, nicht nach § 558 (BGH ZMR 09, 264). Die Kalkulationsgrundlage muss nicht mitgeteilt werden (KG GE 07, 907; LG Berlin GE 05, 149). 15

III. Form und Frist. § 554 III 2 verlangt Textform (§ 126b). Die 3-monatige Ankündigungsfrist des § 554 III 1 ist **Mindestfrist** und muss spätestens 3 Monate vor dem geplanten Beginn zugehen. Bei längerer Ankündigungsfrist muss zumindest ein enger zeitlicher Zusammenhang zur geplanten Maßnahme bejaht werden können. §§ 187, 188 sind anwendbar. Wird der Beginn der Modernisierungsarbeiten weniger als drei Monate 16

17 **IV. Sonderkündigungsrecht (§ 554 III 2).** Mieter sind nach § 554 III 2 unabhängig von einer Duldungspflicht in der in § 554 III 2 genannten Frist berechtigt, außerordentlich zum Ablauf des nächsten Monats zu kündigen. Das Sonderkündigungsrecht gilt nicht bei Bagatellmaßnahmen (Rn 12). Bei einer modernisierungsbedingten Mieterhöhung kann auch gem § 561 I 1 gekündigt werden.

18 **F. Aufwendungsersatzanspruch (§ 554 IV 1).** Zum Begriff der „Aufwendung" s. § 256 Rn 3. Für einen Ersatz notwendig ist, dass die Aufwendungen durch Maßnahmen nach § 554 I, II 1 veranlasst wurden und geeignet waren, Störungen im Mietgebrauch zu begegnen oder damit verbundene Nachteile abzuwenden. Ersatz kommt zB in Betracht für die Erneuerung und Änderung der Dekoration, Kosten für die Auslagerung wertvoller Möbel sowie der Reinigung der Räume (AG Hamburg WuM 07, 445). Vor Durchführung kann der Mieter nach § 554 IV 2 Vorschuss verlangen.

19 **G. Abdingbarkeit (§ 554 V).** § 554 II–IV sind zum Nachteil des Mieters im Wohnraummietrecht nicht abdingbar. Die Duldungspflicht des Mieters nach § 554 I ist dispositiv, nicht aber ein dabei entstehender Aufwendungsersatzanspruch. In der Raummiete sind abw Vereinbarungen zulässig (§ 578 II 1).

20 **H. Prozessuales.** Der Klageantrag muss wie § 554 III die zu duldenden Maßnahme so deutlich und umfassend beschreiben, als ob die Verurteilung zu einer vorzunehmenden Handlung begehrt wird (KG GE 04, 1231). Ausnahmsweise ist ein Antrag nach § 935 ZPO möglich, zB bei einem Wasserrohrbruch, wenn der Mieter dem Schornsteinfeger den Zutritt zu Revisionsöffnungen untersagt oder weil dringend aus Sicherheitsgründen die Heizanlage repariert werden muss. Will der Mieter nicht dulden, kann er nicht auf die Unterlassungsklage verwiesen werden. Er kann – Eilbedürftigkeit vorausgesetzt – nach §§ 935 ff ZPO vorgehen. Eine Anordnung führt in diesen Fällen zu einem „Baustopp" für eine vorübergehende Zeit von vorerst längstens 6 Monaten. Ob der Vorschussanspruch aus § 554 IV 2 nach § 935 ZPO durchsetzbar ist, ist str (AG Köln WuM 81, 95). Der Vermieter muss alle positiven Voraussetzungen eines Duldungsanspruchs beweisen. Der Mieter muss beweisen, dass die Modernisierung eine besondere Härte darstellt bzw unzumutbar ist (BGH ZMR 08, 519, 520). Ebenso ist er beweispflichtig für Aufwendungs- oder Schadensersatzansprüche bzw die Voraussetzung eines Zurückbehaltungsrechts wegen fehlender Vorschusszahlung.

§ 554a Barrierefreiheit.

(1) ¹Der Mieter kann vom Vermieter die Zustimmung zu baulichen Veränderungen oder sonstigen Einrichtungen verlangen, die für eine behindertengerechte Nutzung der Mietsache oder den Zugang zu ihr erforderlich sind, wenn er ein berechtigtes Interesse daran hat. ²Der Vermieter kann seine Zustimmung verweigern, wenn sein Interesse an der unveränderten Erhaltung der Mietsache oder des Gebäudes das Interesse des Mieters an einer behindertengerechten Nutzung der Mietsache überwiegt. ³Dabei sind auch die berechtigten Interessen anderer Mieter in dem Gebäude zu berücksichtigen.
(2) ¹Der Vermieter kann seine Zustimmung von der Leistung einer angemessenen zusätzlichen Sicherheit für die Wiederherstellung des ursprünglichen Zustandes abhängig machen. ²§ 551 Abs. 3 und 4 gilt entsprechend.
(3) Eine zum Nachteil des Mieters von Absatz 1 abweichende Vereinbarung ist unwirksam.

1 **A. Grundsätzliches. I. Entstehungsgeschichte.** Der Rechtsausschuss wollte gestützt auf die sog Treppenlift-Entscheidung des BVerfG (ZMR 00, 435 = NZM 00, 539) für mehr Rechtsklarheit und Rechtssicherheit sorgen sowie die Verhandlungspositionen behinderter Menschen ggü dem Vermieter stärken und damit zugleich ein Signal setzen (BTDrs 14/5663, 78). Der Gesetzgeber hat jedenfalls die Ergebnisse der aktuellen Rspr (LG Duisburg ZMR 00, 464) verfestigt.

2 **II. Normzweck.** § 554a soll es dem Mieter ermöglichen, trotz einer Behinderung seiner selbst oder eines Haushaltsangehörigen die bisherige Wohnung weiter nutzen zu können. Der Gesetzgeber sah das Interesse trotz Behinderung die Wohnung beizubehalten, als grds anerkennenswert an. Die neue Norm sollte die Verhandlungsposition behinderter Mieter ggü ihrem Vermieter stärken. § 554a soll idR dann zur Geltung kommen, wenn das Mietverhältnis bereits seit längerer Zeit besteht und die von ihm begünstigten Personen durch Unfälle, Krankheit oder altersbedingte Behinderungen auf den geltend gemachten Umbau angewiesen sind.

3 **III. Anwendungsbereich.** § 554a regelt vom Mieter geplante Eingriffe in die Bausubstanz, die den vertragsgemäßen Gebrauch überschreiten. Der Zustimmungsanspruch gem § 554a besteht für alle Mieter von jedwedem Wohnraum. Da in § 578 keine Verweisungsvorschrift existiert, scheidet eine ausdehnende Anwendung der Vorschrift auf andere Räume aus.

4 *§ 554a erfasst auch den Fall* einer bereits ursprünglich (erst recht später) bestehenden Notwendigkeit behindertengerechten Umbaus. Trotzdem wird man den Mieter nicht für verpflichtet halten, unaufgefordert bei Vertragsabschluss etwa auf eine Behinderung eines Haushaltsangehörigen hinzuweisen; er darf gezielte Fragen des Vermieters zu diesem Themenbereich nur nicht falsch beantworten.

B. Regelungsgehalt. I. Tatbestandsvoraussetzungen. 1. Behinderung des Mieters selbst oder eines Haushaltsangehörigen. „Behindert" ist nicht im engen Sinne des Sozialrechts zu verstehen. Erfasst werden sollen jede erhebliche und dauerhafte Einschränkung der Bewegungsfähigkeit (vgl BGG v 27.4.02, BGBl I 02 1467). Nach § 3 BGG liegt eine derartige Behinderung vor, wenn die körperliche Funktion, geistige Fähigkeit oder seelische Gesundheit eines Menschen länger als 6 Monate von dem für das Lebensalter typischen Zustand (negativ) abweicht und daher seine Teilhabe am Leben in der Gesellschaft beeinträchtigt ist. Gem § 4 BGG sind barrierefrei solche baulichen und sonstigen Anlagen, verkehrsmitteltechnische Gebrauchsgegenstände etc, wenn sie für behinderte Menschen in der allgemein üblichen Weise ohne besondere Erschwernis und grds ohne fremde Hilfe zugänglich und nutzbar sind (*Braun* MDR 02, 862, 864 linke Spalte). § 554a erfasst nicht auch Besucher.

2. Geplante bauliche Veränderung oder sonstige Einrichtung. Bauliche Veränderungen bedeuten erhebliche Eingriffe in die bauliche Substanz des Mietobjekts, die ohne Zustimmung des Vermieters nicht zulässig sind. Typische Fälle: Umbau des Badezimmers durch Einbau behindertengerechter Duschen, Wannen und Toiletten, Verbreitern von Türen, Neuverlegen von Leitungen sowie das Versetzen von Lichtschaltern sowie barrierefreier Zugang zur Wohnung selbst (Auffahrrampen, Treppenlift). Die „sonstigen Einrichtungen" stellen einen Auffangtatbestand dar (vgl *Mersson* ZMR 01, 956, 957). Str ist, ob der Begriff „Einrichtung" in § 554a wie in den §§ 539 II, 552 zu verstehen ist.

3. Erforderlichkeit der Schaffung von Barrierefreiheit. Der behinderten Person darf nicht das größtmögliche Opfer an Anstrengung abverlangt werden. Trotzdem besteht bei Bettlägerigkeit noch kein Anspruch auf Duldung einer Videokamera, KG WuM 09, 738. Maßnahmen sind erforderlich, wenn sie das Leben des Behinderten zumindest erleichtern und nicht purer Bequemlichkeit dienen. Die begehrte bauliche Veränderung muss eine Behinderung schmälern (LG Hamburg ZMR 04, 914). Der Mieter kann bei mehreren denkmöglichen baulichen Veränderungen, die Barrierefreiheit herbeiführen, nur die Zustimmung zu dem aus Vermietersicht geringsten Eingriff verlangen (Wahlrecht, § 262).

4. Anspruchsberechtigter. Nur der Mieter selbst hat den Anspruch auf Zustimmung, dessen berechtigte Interessen können sich auch aus persönlichen Umständen seines Haushaltsangehörigen ergeben. Wer nicht selbst Partei des Mietvertrages ist, kann jedenfalls nicht aus eigenem Recht Ansprüche auf Barrierefreiheit ggü dem Vermieter geltend machen.

5. Berechtigtes Interesse des Mieters, § 554a I 1. Die og Tatbestandsvoraussetzungen stellen keine doppelrelevanten Merkmale idS dar, dass sie zugleich für die Interessenabwägung mit heranzuziehen sind. Art, Dauer (Heilungschancen) und Schwere der Behinderung, Umfang und Erforderlichkeit der Maßnahme, Dauer der Bauzeit und Möglichkeiten des Rückbaus werden dennoch als allgemeine Abwägungskriterien angesehen (LG Duisburg ZMR 00, 463) sowie die restliche/voraussichtliche Dauer des Mietverhältnisses, Entwicklung des Gesundheitszustands des Mieters oder seines Haushaltsangehörigen sowie bisherige Dauer des Mietverhältnisses und dadurch bereits aufgebaute Bindungen an die Umgebung.

II. Interessenabwägung mit Vermieterinteressen, § 554a I 2, 3. 1. Interessen der Mitmieter, § 554a I 3. Mitmieterinteressen werden auf Seiten des Vermieters relevant, wenn ein Treppenlift im Treppenhaus gebaut werden soll, und hierdurch die Verkehrssicherheit des Treppenhauses beeinträchtigt wird, Umzüge erschwert sind und Fluchtwege verschmälert werden. Dies bedeutet etwa, dass der Treppenlift im Ruhezustand an dem am wenigsten störenden Punkt des Treppenhauses oder gar an einer Haltestelle im Keller geparkt werden muss. Unabhängig davon sind **bauordnungsrechtliche Vorschriften** zu beachten, sowie die TÜV-Abnahme. Bei der Gewichtung der Interessen der übrigen Mieter ist auch zu berücksichtigen, ob es sich um ein Mietobjekt mit oder ohne Fahrstuhl handelt. Ein ausreichend dimensionierter Fahrstuhl lässt ein geringfügig verengtes Treppenhaus leichter hinnehmbar erscheinen. Es kann zu Differenzen mit Interessen eines anderen behinderten Mieters kommen. Wegen des Gleichbehandlungsgrundsatzes kann der Vermieter dann eine bauliche Veränderung verweigern, die einem anderen Mieter eine für ihn erforderliche Maßnahme zur Herstellung von Barrierefreiheit vereitelt.

2. Interessen des Vermieters, § 554a I 2. Eine berechtigte Zustimmungsverweigerung kann gestützt werden auf: konkrete Gefährdung der Verkehrssicherheit, die nicht durch Zusage des Mieters kompensiert wird, er *werde eine* Haftpflichtversicherung abschließen; wenn durch den Umbau das Mietobjekt für Nichtbehinderte nicht mehr oder weitgehend nicht mehr im bisherigen Umfang nutzbar ist.

IRd Verkehrspflicht kann der Vermieter sich darauf berufen, dass etwa die Statik des Hauses gewisse Arbeiten nicht zulässt; zu beachten ist auch, dass bei Einbau von Treppenliften die nach der jeweiligen Landesbauordnung notwendige Breite zwischen der Fahrschiene und dem festen Handlauf vorhanden sein muss. Muss der Handlauf bedingt durch den Einbau des Treppenliftes von der Wand auf die andere Seite umgesetzt werden, wird schnell auch in einem Zweiparteienhaus die Mindestbreite der Treppe (idR 80 cm) unterschritten. Der Vermieter kann sachgerechte Auflagen machen.

13   **III. Rechtsfolgen.** Liegen alle Tatbestandsvoraussetzungen für die Durchführung der Maßnahme vor, und fehlt es an „Verweigerungsgründen" des Vermieters, muss er durch Willenserklärung die Zustimmung erteilen, die ggf gerichtlich nach § 894 ZPO ersetzt werden kann. Die Zustimmung bezieht sich auf den vom Mieter oder durch die Sozialbehörde zu finanzierenden Umbau zur Herstellung der Barrierefreiheit.

14   **IV. Leistung einer zusätzlichen Mietsicherheit, § 554a II.** Der Vermieter muss ggf seine Zustimmung von der Leistung einer über § 551 hinausgehenden Sicherheitsleistung abhängig machen, kraft Gesetzes entsteht des Anspruch nicht. Die Höhe der „zusätzlichen Sicherheit" muss sich an den voraussichtlichen Kosten für die Wiederherstellung des ursprünglichen Zustandes orientieren. Fehlt eine Regelung, darf der Mieter nach seiner Wahl Barkaution, Abtretung von Sparbuchforderungen oder Bankbürgschaft anbieten (§ 262). Bei schlechten Vermögensverhältnissen des Mieters genügt eine vertragliche Übernahme der Rückbaukosten durch das Sozialamt. Insoweit ist der Mieter vorleistungspflichtig. Wenn der Vermieter sich bei prognostizierter Kostenentwicklung für den Rückbau verkalkuliert, kann er unter den Voraussetzungen des § 240 bei länger dauerndem Mietverhältnis einer Erhöhung der Sicherheitsleistung verlangen.

15   **V. Beweislast.** Der Mieter hat die og Tatbestandsvoraussetzungen zu beweisen, während der Vermieter für die Angemessenheit der Höhe der von ihm verlangten Sicherheitsleistungen die Beweislast trägt.

16   **VI. Unabdingbarkeit, § 554a III.** Formularvertragliche und sonstige dem Mieter nachteilige Regelungen sind nichtig. Möglich ist die vorab erteilte Zustimmung des Vermieters zu künftigen Baumaßnahmen.

17   **C. Besonderheiten bei vermietetem Wohnungseigentum.** Nach § 22 WEG genügt für die rechtmäßige Vornahme einer baulichen Veränderung des Gemeinschaftseigentums, dass alle hiervon nachteilig Betroffenen zugestimmt (vgl Riecke/Schmid/*Drabek* § 22 Rz 22 f) haben; bei Arbeiten im Treppenhaus bedingt dies naturgem die Zustimmung aller Wohnungseigentümer dieses Gebäudes. Auch ein bestandskräftiger „Zitterbeschluss" reicht hier aus (*Abramenko* ZMR 09, 97; aA *Armbrüster* ZMR 09, 252). Insb steht die Entscheidung des BGH ZMR 00, 771 nicht entgegen. Sind alle Tatbestandsvoraussetzungen einschl einer zugunsten des Mieters ausgegangenen Interessenabwägung für die Zustimmung zur Herstellung der Barrierefreiheit gegeben, kann sich der vermietende Wohnungseigentümer nicht erfolgreich darauf berufen, dass es ihm unmöglich sei, die Zustimmung zu erteilen. Lehnt die Gemeinschaft mehrheitlich ab, müsste dieser Negativbeschluss vom vermietenden Eigentümer allerdings zur Vermeidung seiner Bestandskraft binnen Monatsfrist des § 46 I 2 WEG vorsorglich (vgl dazu *Wenzel* ZMR 05, 413 zum Negativbeschluss) gerichtlich angefochten werden (§ 43 WEG). Gleichzeitig wäre ein positiv formulierter Klageantrag auf Zustimmung der Gemeinschaft zu den mieterseits geplanten Maßnahmen zu stellen. Bei veränderter Sachlage muss erst die Eigentümerversammlung angerufen werden (Köln ZMR 07, 641 = NZM 07, 603). Bejaht man eine Abtretbarkeit des Duldungs- oder Zustimmungsanspruchs des Eigentümers gegen die restliche Eigentümergemeinschaft, würde auch eine Abtretung desselben an den Mieter ausreichen. Eine Berücksichtigung der Interessen der Eigentümergemeinschaft iR bereits der Interessenabwägungen wird allgemein als unzulässig angesehen, da § 554a die Abwägung ausdrücklich nur auf die Berücksichtigung von Interessen anderer Mieter bezieht.

18   **D. Prozessuales.** Richtet sich der Anspruch gegen einen vermietenden Wohnungseigentümer, wird von *Drasdo* (WuM 02, 123, 129) empfohlen, den übrigen Wohnungseigentümern gem dem § 72 ff ZPO den Streit zu verkünden. Hat der vermietende Wohnungseigentümer dagegen bereits seinerseits trotz Verweigerung der Zustimmung ggü dem Mieter einen Rechtsstreit gegen seine Mitwohnungseigentümer angestrengt, wird empfohlen, die Mietstreitigkeit nach § 148 ZPO auszusetzen. Die Eigentümergemeinschaft könnte – unabhängig vom Mietprozess – ihre Zustimmung auch vorbehaltlich der gerichtlichen Verpflichtung des vermietenden Wohnungseigentümers zur Zustimmung ggü dem Mieter erteilen, wenn bereits ein Mietrechtsstreit läuft.

§ 555 Unwirksamkeit einer Vertragsstrafe.
Eine Vereinbarung, durch die sich der Vermieter eine Vertragsstrafe vom Mieter versprechen lässt, ist unwirksam.

1   **A. Grundsätzliches. I. Entstehungsgeschichte.** Das seit 1964 geltende Verbot von Vertragsstrafen im Wohnraummietrecht hat § 555 aus § 550 aF unverändert übernommen.

2   **II. Normzweck.** Der soziale Schutzzweck des § 555 soll den Wohnraummieter gegen eine Übervorteilung seitens des Vermieters schützen.

3   **B. Regelungsgehalt. I. Anwendungsbereich.** § 555 gilt nur für Wohnraummietverhältnisse und nur gegen Vertragsstrafenversprechen des Mieters, die auch in einem Räumungsvergleich enthalten sein können (AG Hamburg-Blankenese ZMR 08, 300; vgl BGH WuM 09, 739 wgen Abgrenzung zur Verfallklausel). Str ist bei Mischmietverhältnissen, ob § 555 eingreift, wenn der Vertrag seinen Schwerpunkt im Wohnraummietrecht hat *oder ob es darauf ankommt, ob die mit der Vertragsstrafe versehene Pflicht des Mieters dem gewerblichen oder dem Wohnraummietrecht zuzuordnen ist* (vgl Staud/*Emmerich* § 555 Rz 2). § 555 ist analog anwendbar, wenn sich für den Mieter ein Dritter zur Zahlung einer Vertragsstrafe verpflichtet hat. Sonstige Vertragsstrafenversprechen in Formularklauseln sind an den §§ 309 Nr 5, 308 Nr 7 und § 307 bzw § 9 WoBindG zu messen.

II. Tatbestandsvoraussetzungen. 1. Vorliegen eines mieterseitigen Vertragsstrafeversprechens. Vertragsstrafe ist iSd §§ 339 ff zu verstehen, wonach der Schuldner eine Leistung für den Fall verspricht, dass er seine Verbindlichkeit nicht oder nicht in gehöriger Weise erfüllt. Vertragsstrafenversprechen wurden angenommen für eine Vereinbarung, dass der Mieter sich bei vorzeitiger Vertragsauflösung zur Zahlung eines Pauschalbetrages verpflichtet (AG Berlin-Charlottenburg GE 96, 869), dass bei Vertragsende auf Wunsch des Mieters mit Einverständnis des Vermieters der Mieter einen Festbetrag schuldet, Verpflichtung des Mieters bei Unterlassung der Schönheitsreparaturen oder bei einem Verstoß gegen ein Konkurrenzverbot vier Monatsmieten an den Vermieter zu zahlen (AG Köln MDR 71, 929), die Bestimmung, dass der Mieter beim Verstoß gegen die Anzeigepflicht des § 536c sämtliche Reparaturkosten tragen muss (LG Stuttgart WuM 87, 254 ff), die Vereinbarungen überhöhte Pauschalen mit Strafcharakter bei Beschädigung der Mietsache (AG Frankfurt WuM 90, 195). Verwaltungspauschalen fallen nicht unter § 555, sind aber idR wie Vertragsausfertigungsgebühren (LG Hamburg ZMR 09, 534) nichtig. 4

2. Ähnliche Vereinbarungen zu Lasten des Mieters. Bei Verfallklauseln bezogen auf Mietkaution oder Mietvorauszahlungen wird eine analoge Anwendung des § 555 allgemein bejaht (BGH NJW 60, 1568; 68, 1625). Dasselbe gilt für Verzichte des Mieters auf Rückzahlung eines dem Vermieter gewährten Darlehens oder eines nicht abgewohnten Baukostenzuschusses. § 555 ist nicht analog auf Vorschriften über pauschalierten Schadensersatz anwendbar (Hambg ZMR 90, 270 = WuM 90, 244). *Lammel* (§ 555 Rz 12) hält solche Regelungen in Formularmietverträgen für zulässig, die für den Fall des Zahlungsverzugs des Mieters oder einer durch den Mieter verschuldeten fristlosen Kündigung des Vermieters pauschale Regelungen hinsichtlich des Schadensumfangs treffen. § 309 Nr 5b ist insoweit zu beachten. Reugelder (§§ 336 II, 353) unterfallen § 555 ebenso wie selbständige Strafversprechen, weil damit ähnliche Zwecke wie mit der Vertragsstrafe verfolgt werden. 5

3. Abdingbarkeit. § 555 ist trotz fehlender ausdrücklicher Anordnung nicht abdingbar. 6

III. Rechtsfolgen. Gegen § 555 verstoßende Vertragsklauseln oder Absprachen sind unwirksam, ohne über § 139 den sonstigen Teil des Mietvertrags zu tangieren. Geleistete Zahlungen kann der Mieter nach § 812, dh über Bereicherungsrecht zurückfordern (Ausn: § 814). 7

Kapitel 2 Die Miete

Unterkapitel 1 Vereinbarungen über die Miete

§ 556 Vereinbarungen über Betriebskosten.
(1) ¹Die Vertragsparteien können vereinbaren, dass der Mieter Betriebskosten trägt. ²Betriebskosten sind die Kosten, die dem Eigentümer oder Erbbauberechtigten durch das Eigentum oder das Erbbaurecht am Grundstück oder durch den bestimmungsmäßigen Gebrauch des Gebäudes, der Nebengebäude, Anlagen, Einrichtungen und des Grundstücks laufend entstehen. ³Für die Aufstellung der Betriebskosten gilt die Betriebskostenverordnung vom 25.11.2003 (BGBl. I S. 2346, 2347) fort. ⁴Die Bundesregierung wird ermächtigt, durch Rechtsverordnung ohne Zustimmung des Bundesrates Vorschriften über die Aufstellung der Betriebskosten zu erlassen.
(2) ¹Die Vertragsparteien können vorbehaltlich anderweitiger Vorschriften vereinbaren, dass Betriebskosten als Pauschale oder als Vorauszahlung ausgewiesen werden. ²Vorauszahlungen für Betriebskosten dürfen nur in angemessener Höhe vereinbart werden.
(3) ¹Über die Vorauszahlungen für Betriebskosten ist jährlich abzurechnen; dabei ist der Grundsatz der Wirtschaftlichkeit zu beachten. ²Die Abrechnung ist dem Mieter spätestens bis zum Ablauf des zwölften Monats nach Ende des Abrechnungszeitraums mitzuteilen. ³Nach Ablauf dieser Frist ist die Geltendmachung einer Nachforderung durch den Vermieter ausgeschlossen, es sei denn, der Vermieter hat die verspätete Geltendmachung nicht zu vertreten. ⁴Der Vermieter ist zu Teilabrechnungen nicht verpflichtet. ⁵Einwendungen gegen die Abrechnung hat der Mieter dem Vermieter spätestens bis zum Ablauf des zwölften Monats nach Zugang der Abrechnung mitzuteilen. ⁶Nach Ablauf dieser Frist kann der Mieter Einwendungen nicht mehr geltend machen, es sei denn, der Mieter hat die verspätete Geltendmachung nicht zu vertreten.
(4) Eine zum Nachteil des Mieters von Absatz 1, Absatz 2 Satz 2 oder Absatz 3 abweichende Vereinbarung ist unwirksam.

A. Grundsätzliches. I. Anwendungsbereich. § 556 gilt nach seiner Stellung im Abschnitt Mietverhältnisse über Wohnraum und nach § 549 I nur für Wohnraummietverhältnisse, auch für die in § 549 II und III genannten Mietverhältnisse. Für preisgebundene Wohnungen haben die Sonderregelungen der §§ 20, 4 NMV 1970, 10 WoBindG Vorrang. Diese Vorschriften gelten nach Maßgabe des § 2 WoFÜG weiter. Die hM (Ddorf GuT 06, 132; Köln 07, 115; KG ZMR 07, 449) lehnt eine analoge Anwendung des § 556 auf Nichtwohnraummietverhältnisse ab (aA für die Abrechnungs- und Ausschlussfrist LG Darmstadt NJW-RR 09, 1094; AG 1

Wiesbaden NZM 06, 140; Schmid GE 01, 1028). Eine entsprechende Anwendung erfolgt auf vereinbarte Nebenkostenabrechnungen bei einem Wohnrecht nach § 1093 BGB (BGH WuM 09, 672).

2 **II. Betriebskosten.** Umlegbar sind nach § 556 I bei Mietverhältnissen über nicht preisgebundenen Wohnraum nur die Betriebskosten.

3 Die Regelungen sprechen nur die Kosten des Eigentümers und des Erbbauberechtigten an. Sie gelten aber auch für den Wohnungseigentümer und den Wohnungserbbauberechtigten. Ferner ist der Begriff auch für Mietverhältnisse von Bedeutung, bei denen der Vermieter nicht Eigentümer oder Erbbauberechtigter ist, zB bei der Untermiete, insb bei der gewerblichen Zwischenvermietung. Bei Mietverhältnissen über Wohnraum ergibt sich dies aus der Verweisung des § 556 auf die BetrKV. Bei sonstigen Mietverhältnissen kann die Anwendung der BetrKV vereinbart werden; beschränkt sich die Umlegungsvereinbarung hierauf, können auch bei der Geschäftsraummiete nur solche Betriebskosten umgelegt werden, die auch für Wohnräume umlegungsfähig sind (Celle ZMR 99, 238).

4 Negativ grenzt § 1 II BetrKV die Betriebskosten ab von den Verwaltungskosten und der Instandhaltung und Instandsetzung. Auch Herstellungskosten iSd II. BV sind keine Betriebskosten (*Schmid* Handbuch der Mietnebenkosten, Rz 1035). Auf eine Erwähnung der ebenfalls nicht umlegungsfähigen Kostenarten, wie zB Kapital- oder Finanzierungskosten, wurde in der BetrKV mangels Klarstellungsbedürfnisses verzichtet (BRDrs 568/03 29).

5 Die Betriebskosten sind einzeln aufgeführt in § 2 BetrKV (s. hierzu zB *Schmid* Handbuch der Mietnebenkosten Rz 5000 ff; *Eisenschmid/Rips/Wall* § 2 BetrKV).

6 Kostenarten, die in § 2 BetrKV ausdrücklich genannt sind, sind auch dann umlegungsfähig, wenn es sich um keine Betriebskosten handelt, zB die Aufwendungen für die Heizkostenverteilung.

7 **III. Wirtschaftlichkeitsgrundsatz. 1. Allgemeines.** § 556 III 1 Hs 2, § 560 V, § 24 II 1 II. BV, § 20 I 2 NMV 1970 sind Ausdruck des auf § 242 beruhenden allgemeinen Rechtsgedankens, dass der Vermieter nicht auf Kosten des Mieters unangemessene Ausgaben tätigen darf. Der Wirtschaftlichkeitsgrundsatz gilt deshalb für alle Mietverhältnisse, insb auch für die Geschäftsraummiete (*Schmid* GE 01, 1025, 1026; *Kinne* GE 03, 711).

8 **2. Beurteilung der Wirtschaftlichkeit.** Bei der Beurteilung der Wirtschaftlichkeit ist vom Standpunkt eines vernünftigen Vermieters auszugehen, der ein vertretbares Kosten-Nutzungsverhältnis im Auge behält (AG Köln WuM 99, 221). Das bedeutet, dass sich der Vermieter so verhalten muss, wie sich ein wirtschaftlich denkender Eigentümer verhalten würde, wenn die Möglichkeit der Kostenumlegung nicht bestünde (LG Dresden CuR 04, 65). IRd Wirtschaftlichkeitsgebots hat der Vermieter einen Entscheidungsspielraum, der teils als billiges Ermessen iSd § 315 (hM; Celle ZMR 99, 238, 240; AG Köln WuM 99, 291) teils als Beurteilungsspielraum (*Börstinghaus* MDR 00, 1345; *Schmid* Handbuch der Mietnebenkosten Rz 1056) eingeordnet wird. Da die Wirtschaftlichkeit objektiv zu beurteilen ist, kommt es auf die persönlichen Kenntnisse und Möglichkeiten des Vermieters nicht an (*Schmid* Handbuch der Mietnebenkosten Rz 1056; aA *v Seldenek* NZM 02, 549).

9 Welche Maßnahmen **erforderlich** sind, hängt wesentlich vom Charakter des Mietobjekts ab, der sich aus der Lage, den baulichen Gegebenheiten, dem Repräsentationscharakter und dem Nutzungszweck ergibt (LG Hamburg ZMR 01, 970). Der Nutzungszweck bestimmt sich nach dem vertragsgemäßen Gebrauch und damit insb auch nach dem jeweiligen Mietvertrag (*Kinne* GE 03, 712). Dem Vermieter steht es auch frei, Verbesserungen am Mietobjekt vorzunehmen (*Gärtner* GE 99, 1176, 1184). Begrenzt wird die Duldungspflicht lediglich durch § 554 (*Schmid* Handbuch der Mietnebenkosten Rz 1065).

10 Die Kosten für Maßnahmen, die nicht erforderlich oder sinnlos sind, können nicht auf die Mieter umgelegt werden. Das gilt insb für Wartungsverträge über Einrichtungen und Anlagen, die keinem regelmäßigen Verschleiß unterliegen und von denen auch keine Gefahr ausgeht zB Wartungsverträge für Herde (AG Lichtenberg WuM 98, 572) und für Klingel- und Gegensprechanlagen (AG Hamburg WuM 98, 308), wenn nicht im Einzelfall aufgrund besonderer Umstände ein Wartungsbedarf besteht. Eine Überprüfung von Anlagen entsprechend den Unfallverhütungsvorschriften der Berufsgenossenschaften entspricht dem Wirtschaftlichkeitsgebot (BGH GE 07, 439).

11 Kosten, die vom Vermieter dem Leistungserbringer **nicht geschuldet** werden, sind nicht umlegungsfähig (LG Chemnitz WuM 03, 217). Das gilt auch für Trinkgelder (LG Berlin GE 81, 235; aA LG Hamburg ZMR 60, 75). Nicht umlegungsfähig sind auch Zahlungen, die trotz Verjährung erbracht werden (*Pfeifer* DWW 00, 16). Ebenfalls nicht umlegungsfähig sind Kosten, die wegen einer Säumnis des Vermieters entstehen, zB Säumniszuschläge, Mahngebühren (*v Seldeneck* NZM 02, 550) und Verzugszinsen.

12 Eine **schlechte Aufgabenerfüllung** durch Angestellte oder Unternehmen reicht für sich alleine noch nicht aus, um die Höhe des gezahlten Entgelts nur teilweise als umlegungsfähig anzusehen (*Schmid* Handbuch der Mietnebenkosten, Rz 1060; aA AG Offenbach WuM 80, 114; AG Frankfurt/M WuM 96, 778). Erst wenn der Vermieter kündigen oder Abzüge vom Entgelt machen kann, fehlt es an der Erforderlichkeit der Ausgaben (*Wall* WuM 07, 9). Wie hoch diese Abzüge sein können und ob der Vermieter wegen der Zahlung einen Rechtsstreit mit dem Dritten austragen muss, ist unerheblich (aA AG Hannover WuM 07, 408). Unberührt bleibt die Minderung der Miete, wenn die schlechte Aufgabenerfüllung zu einer Gebrauchsbeeinträchtigung führt.

Nicht einer ordentlichen Geschäftsführung entspricht es, wenn sich der Vermieter auf unangemessene, marktunübliche überhöhte Entgeltvereinbarungen mit Dritten einlässt (Celle ZMR 99, 238, 240). Der Vermieter muss jedoch nicht unbedingt den billigsten Anbieter wählen (AG Dortmund NZM 04, 26; *Harz/Schmid* ZMR 99, 594 mwN). Da iRd Wirtschaftlichkeit auch der Verwaltungsaufwand zu berücksichtigen ist (*Schmid* Handbuch der Mietnebenkosten, Rz 1068; aA LG Neubrandenburg WuM 01, 130), kann vom Vermieter nicht verlangt werden, dass er alle denkbaren Anbieter zur Abgabe eines Angebotes auffordert (aA *Langenberg* WuM 01, 531). Auch eine Ausschreibung ist nicht erforderlich (*Gärtner* GE 99, 1188; aA *Streyl* NZM 06, 125). Gegen überhöhte Gebühren und Steuern muss der Vermieter mit Rechtsbehelfen vorgehen (LG Berlin GE 03, 121). 13

Sofern nicht abw vertragliche Regelungen bestehen, obliegt es der Organisationskompetenz des Vermieters, ob er selbst tätig wird oder die Aufgaben durch Angestellte oder selbstständige Unternehmer erledigen lässt (BGH WuM 04, 290). Besondere Gründe für einen Wechsel muss der Vermieter nicht darlegen (aA *Langenberg* WuM 01, 531). Nur bei preisgebundenem Wohnraum ist eine Begründung im Falle einer Kostenerhöhung erforderlich (FAK-Mietrecht/*Schmid* vor § 556 BGB Rz 36). 14

3. Verstoß gegen den Wirtschaftlichkeitsgrundsatz. Der BGH (NJW 08, 440 = NZM 08, 78 = ZMR 08, 195 = DWW 08, 143 = WuM 08, 29) sieht in einem Verstoß gegen den Wirtschaftlichkeitsgrundsatz jedenfalls bei preisfreiem Wohnraum die Verletzung einer Nebenpflicht. aus dem Mietvertrag. Die schädigende Handlung sieht der BGH bereits in der Eingehung der Verpflichtung, die zu den erhöhten Ausgaben führt. Damit folgt der BGH weder der Auffassung, dass unwirtschaftliche Ausgaben bereits von vorneherein von der Umlegung ausgeschlossen sind (so zB *Schmid* ZMR 07, 177 mwN), noch der Meinung, dass die Pflichtverletzung in der Aufnahme der unwirtschaftlichen Ausgaben in die Abrechnung liegt (so zB *Stryl* NZM 08, 23 mwN). Die Pflichtverletzung führt zu einem Schadensersatzanspruch des Mieters nach § 280 I BGB, der darauf gerichtet ist, dass der Mieter von den unnötigen Kosten freigehalten wird. Konsequent judiziert der BGH, dass eine vertragliche Rücksichtnahmepflicht das Bestehen eines Schuldverhältnisses voraussetzt und daher erst mit Abschluss des Mietvertrages bzw. allenfalls mit der Aufnahme von Vertragsverhandlungen über den Abschluss eines Mietvertrages einsetzt. Mieter, die erst nach Abschluss der Kosten verursachenden Maßnahme anmieten, gehen leer aus, dh sie müssen die vollen, durch die unwirtschaftliche Maßnahme verursachten Kosten anteilig tragen (*Schmid* ZMR 08, 599). 15

4. Darlegungs- und Beweislast. Geht man von einem Schadensersatzanspruch aus, ist es konsequent, dem Mieter die Beweislast für die den Schadensersatzanspruch begründenden Tatsachen aufzuerlegen (AG Schöneberg GE 2009, 271), mit Ausnahme des Verschuldens, von dem sich der Vermieter nach § 280 I 2 entlasten muss. Dabei gerät der Mieter allerdings in erhebliche Schwierigkeiten, weil er idR weder weiß, welche Ermittlungen der Vermieter damals angestellt hat noch welche Umstände den Vermieter letztlich zu seiner Entscheidung bewogen haben. Es werden deshalb die Grundsätze der erweiterten Darlegungslast (*Schmid* Handbuch der Mietnebenkosten Rz 1077e) herangezogen. Es wird nach einem entsprechenden Vortrag des Mieters vom Vermieter verlangt, dass er die Tatsachen darlegt, die der Mieter nicht kennen kann (LG Oldenburg WuM 03, 566). Zu Einzelheiten s. *Schmid* Handbuch der Mietnebenkosten Rz 1077f ff.). 16

IV. Relative Unabdingbarkeit. Eine zum Nachteil des Mieters von § 556 I, II 2, III abw Vereinbarung ist unwirksam (§ 556 IV). Praktisch ist § 556 zur Gänze relativ unabdingbar. Dass eine von § 556 II 1 abw Regelung nicht zu treffen ist, ergibt sich aus der Natur der Sache. Auf eine Abrechnung kann nicht von vorneherein, aber nachträglich verzichtet werden (LG Münster WuM 08, 728). 17

unbesetzt 18

B. Pauschalen. I. Zulässige Vereinbarungen. Die Betriebskostenpauschale dient nur der Tragung von Betriebskosten durch den Mieter. Andere Kosten des Vermieters dürfen deshalb in die Pauschale nicht einbezogen werden. Solche Kosten sind, auch wenn sie gesondert ausgewiesen und als Pauschale bezeichnet sind, keine Betriebskostenpauschale iSd Wohnraummietrechts. Dasselbe gilt für pauschale Entgelte des Mieters für besondere Zusatzleistungen des Vermieters (vgl LG Krefeld NZM 00, 1222 für betreutes Wohnen). Eine einheitliche Pauschale für Betriebskosten und Kosten, die Bestandteil der Grundmiete sind, verstößt in Formularmietverträgen gegen das Transparenzgebot des § 307 I 2 und führt zur Unwirksamkeit der Klausel. In Individualverträgen ist die Pauschale mangels anderer Auslegungsmöglichkeiten der Grundmiete zuzurechnen *mit der Folge,* dass eine Erhöhung nach § 560 ausgeschlossen ist (*Schmid* WuM 01, 424). Die Pauschale muss bei Wohnraummietverhältnissen ein Festbetrag sein. Variable Pauschalen, insb ein Prozentsatz von der Grundmiete oder eine Koppelung an einen bestimmten Index, können nicht wirksam vereinbart werden (*Schmid* WuM 01, 424). 19

Keine Regelung enthält das Gesetz darüber, in welcher Höhe eine Pauschale vereinbart werden darf. Die Pauschale soll einerseits nicht zu einer verdeckten höheren Miete führen, andererseits soll sie aber auch die voraussichtlichen Kosten decken. Mangels anderer Anhaltspunkte wird man deshalb die Vereinbarung von Betriebskostenpauschalen nur in angemessener Höhe als zulässig ansehen können. Dabei sind in Ermangelung anderer Anhaltspunkte dieselben Grundsätze anzuwenden, wie bei der Beurteilung der Angemessenheit 20 von Vorauszahlungen (s.u. Rn 29 ff) auch wenn die Pauschalen in § 556 II 2 nicht erwähnt sind (*Schmid* WuM 01, 424; aA *Horst* MDR 01, 724; *Lützenkirchen* OLGR Beilage zu 13/01 S 8, der einen Sicherheitszuschlag für eventuelle Erhöhungen zulässt; *Langenberg* WuM 01, 530, der § 5 WiStG anwenden will).

21 II. Inhalt der Vereinbarung. Die Vereinbarung muss erkennen lassen, dass es sich um eine Pauschale handelt. Ist das nicht der Fall und ergibt die Auslegung auch nicht die Vereinbarung einer Nebenkostenumlegung mit Abrechnung, ist die Klausel in Formularmietverträgen wegen Verstoßes gegen das Transparenzgebotes des § 307 I 2 unwirksam. Bei Individualvereinbarungen ist die Vertragsauslegung im Einzelfall maßgebend. Aus der Vereinbarung muss sich ergeben, welche Nebenkosten von der Pauschale umfasst sind. Eine Vereinbarung, die auch unter Heranziehung aller Auslegungskriterien nicht erkennen lässt, welche Mietnebenkosten umfasst sind, ist wegen Unbestimmtheit unwirksam (ähnl *Pfeilschifter* WuM 02, 77, der einen Verstoß gegen das Transparenzgebot des § 307 I 2 iVm § 310 III Nr 3 annimmt). Die Verwendung des Wortes „pauschal" und das Fehlen von Regelungen über die Abrechnung sprechen für eine Pauschale (Ddorf IMR 08, 239). Wird eine „Betriebskostenpauschale" vereinbart, so bezieht sich die Vereinbarung auf alle Betriebskosten, die in § 2 BetrKV genannt sind (*Schmid* Handbuch der Mietnebenkosten, Rz 2059).

22 C. Nebenkostenumlegung mit Vorauszahlungen und Abrechnung. I. Vereinbarung. Die Umlegung der Betriebskosten mit Abrechnung muss vereinbart sein. Die umzulegenden Nebenkostenpositionen können im Mietvertrag einzeln aufgeführt werden. Umlegbar sind dann nur die genannten Kostenarten. Positionen, die in der Aufstellung nicht genannt sind, gelten als in der Miete enthalten und können nicht umgelegt werden (LG Köln WuM 85, 346). Es kann als gesicherte obergerichtliche Rspr (BGH WuM 04, 290) angesehen werden, dass die Bezugnahme auf § 2 BetrKV für eine wirksame Nebenkostenumlegungsvereinbarung ausreicht, und zwar auch in Formularmietverträgen und auch dann, wenn der Text des § 2 BetrKV dem Mietvertrag nicht beigefügt ist. Hieran hat sich auch durch die Aufnahme des Transparenzgebotes in § 307 I 2 nichts geändert (*Schmid* DWW 02, 119; aA *Pfeilschifter* WuM 02, 75). Da der BGH (WuM 04, 290) ausdrücklich darauf abstellt, dass in § 2 BetrKV die Nebenkosten im Einzelnen aufgeführt sind, erscheint es zweifelhaft, ob auch eine Verweisung auf § 556 (vgl hierzu *Lützenkirchen* OLGR Beilage zu 13/01 S 8), § 27 II. BV oder schlicht die Verwendung des Begriffs „Betriebskosten" (vgl hierzu AG Berlin-Charlottenburg GE 03, 292; *Schmid* GE 03, 446; bei Gewerberaummietverhältnissen ausreichend: KG ZMR 07, 450) ausreicht. Eine Besonderheit besteht bei preisgebundenem Wohnraum im Hinblick auf die dort vorgesehene Bekanntgabepflicht (vgl MieWo/*Schmid* § 20 NMV 1970 Rz 4 ff).

23 Die umzulegenden Nebenkosten müssen konkret angegeben oder zumindest eindeutig bestimmbar bezeichnet sein (*Lützenkirchen* WuM 01, 67 mwN). An die Bestimmtheit der Nebenkostenvereinbarung werden teilweise sehr strenge Anforderungen gestellt (vgl die Einzelfallaufstellung bei *Schmid* Handbuch der Mietnebenkosten, Rz 3018 ff). Umlegungsvereinbarungen werden zu Lasten des Vermieters eng ausgelegt (LG Mannheim ZMR 94, 22). Genügen einzelne Regelungen dem Bestimmtheitsgebot nicht, hat dies auf die übrigen Vereinbarungen idR keinen Einfluss, da anzunehmen ist, dass der Vertrag auch ohne die unwirksamen Teile geschlossen worden wäre (vgl § 139; KG GE 04, 234). Unschädlich sind bloße Falschbezeichnungen, wenn ohne weiteres erkennbar ist, was gemeint ist (LG Berlin GE 07 225).

24 II. Neue Betriebskosten. Die Maßnahme, die zum Entstehen der neuen Betriebskosten führt, muss nicht einer wirtschaftlichen oder praktischen Notwendigkeit entsprechen. Es besteht grds eine freie Entscheidungsbefugnis des Vermieters. Dieser muss sich lediglich an die Grundsätze einer ordnungsgemäßen Bewirtschaftung halten (BGH WuM 04, 290). Die Parteien können über die Umlegung neuer Betriebskosten eine Vereinbarung treffen. Es kann auch bereits im Mietvertrag die Umlegbarkeit neuer Betriebskosten vereinbart werden (BGH ZMR 07, 25). Eine solche Vereinbarung ist jedoch nicht Voraussetzung für die Umlegung neuer Betriebskosten (*Beuermann* GE 07, 405; für Gewerberaum: KG GE 07, 987; aA Berlin-Neukölln GE 07, 455). Von seiner Auffassung, dass bei Fehlen einer vertraglichen Regelung auch bei abzurechnenden Nebenkosten § 560 I anzuwenden sei (BGH WuM 04, 290), ist der BGH (ZMR 07, 851 = ZfIR 07, 669 m Anm Schmid) stillschweigend abgerückt und wendet nunmehr zutr die Grundsätze der ergänzenden Vertragsauslegung an. Zu einzelnen Fallvarianten s. *Schmid* Handbuch der Mietnebenkosten Rz 3034 ff.

25 III. Rückwirkungsklauseln. Angesichts der klaren gesetzlichen Trennung zwischen Betriebskostenpauschalen und Vorauszahlungen mit Abrechnungen ist § 560 II 2 nicht auf abzurechnende Betriebskosten anzuwenden, weshalb die Unabdingbarkeitsregelung des § 560 VI nicht gilt (*Schmid* Handbuch der Mietnebenkosten, Rz 3037; aA zum früheren § 4 III MHG: BGH ZMR 93, 263). Bei abzurechnenden Betriebskosten können rückwirkende Erhöhungen aufgeteilt auf die Abrechnungszeiträume in die jeweiligen Abrechnungen einbezogen werden. Sind die Abrechnungen bereits erstellt, gelten die Grundsätze über die Änderung der Abrechnung. Da insoweit kein gesetzliches Nachforderungsverbot besteht, sind auch Klauseln wirksam, die in diesem Rahmen eine Umlegung rückwirkend erhöhter Betriebskosten zulassen (AG Köln NZM 01, 708; aA LG Limburg WuM 99, 219 ff). Eine rückwirkende Umlegung ist nach dem Wirtschaftlichkeitsgrundsatz ausgeschlossen, wenn die Forderung gegen den Vermieter bereits verjährt war (*Pfeifer* DWW 00, 16).

IV. Änderung. Die Mietparteien können die Vereinbarung über die Mietnebenkostenumlegung einvernehm- 26
lich ändern und zwar auch dann, wenn damit eine Erhöhung der Gesamtmiete verbunden ist (vgl § 557 I).
Die Änderungsvereinbarung kann auch stillschweigend geschlossen werden. Der BGH (WuM 07, 694 = NJW
08, 283 = GE 08, 534 = ZMR 08, 107 m Anm *Schmid*) verlangt für eine stillschweigende Vertragsänderung,
dass aus der Sicht des Mieters der Übersendung einer Betriebskostenabrechnung, die vom Mietvertrag
abweicht, der Wille des Vermieters erkennbar sein muss, eine Änderung des Mietvertrages herbeizuführen.
Der Vermieter muss nach den Gesamtumständen davon ausgehen können, dass der Mieter einer Umlegung
weiterer Betriebskosten zustimmt. Entsprechendes gilt für eine stillschweigende Zustimmung des Mieters, bei
Nichtgeltendmachung vereinbarter Betriebskosten (zu Einzelfällen s. *Schmid* Handbuch der Mietnebenkosten
Rz 3061 ff.).

V. Vorauszahlungen. 1. Vereinbarung. Eine gesetzliche Verpflichtung des Mieters zur Leistung von Voraus- 27
zahlungen besteht nicht (BGH NJW 04, 1102). Der Vermieter kann deshalb Vorauszahlungen nur verlangen,
wenn dies vereinbart oder zulässigerweise einseitig bestimmt ist. Von der Erhebung von Vorauszahlungen
kann auch abgesehen werden (LG Potsdam NZM 05, 303).

2. Fälligkeit. Ebenso wie die Nebenkosten als solche sind auch die Nebenkostenvorauszahlungen Bestandteil 28
der Miete. Soweit nichts anderes vereinbart ist, sind deshalb die Nebenkostenvorauszahlungen zusammen mit
der Grundmiete zu entrichten.

3. Angemessenheit. Die Vorauszahlungen müssen angemessen sein. Für Wohnraum ist dies ausdrücklich in 29
§ 556 II 2 und in § 20 III 1 NMV geregelt. Auf andere Mietverhältnisse sind diese Vorschriften entspr anzuwenden, da sie Ausdruck des allgemeinen Rechtsgedankens sind, dass Vorauszahlungen den Abrechnungsbe-
trag tunlichst nicht übersteigen sollen (*Schmid* GE 01, 1027). Angemessen sind die Vorauszahlungen, wenn
die zu erwartenden Kosten ungefähr gedeckt werden. Die Angemessenheit wird nicht dadurch ausgeschlossen, dass gewisse Überzahlungen eintreten können, weil künftige Kosten nie genau kalkuliert werden können
(BayObLG WuM 95, 694).
Die bloße Vereinbarung von Vorauszahlungen schafft für den Mieter keinen Vertrauenstatbestand dahin, dass 30
die Vorauszahlungen in etwa die anfallenden Nebenkosten abdecken (BGH NJW 04, 1102). Etwas anderes
hat allerdings dann zu gelten, wenn der Vermieter vor oder bei Abschluss des Mietvertrages im Mieter den
Eindruck erweckt, dass die Vorauszahlungen die Kosten ungefähr decken, um dem Mieter ein besonders
günstiges Angebot vorzutäuschen (BGH NJW 04, 1102). In diesem Fall kann dem Vermieter der Einwand der
Arglist entgegengehalten werden. Allein der Umstand, dass der Vermieter nicht von sich aus darauf hinweist,
dass die Vorauszahlungen nicht kostendeckend sind, begründet noch keine Arglist (Rostock ZMR 09, 527).
Eine Aufklärungspflicht kann den Vermieter treffen, wenn er aus der Abrechnung des Vorjahres weiß, dass
Vorauszahlungen nicht einmal die verbrauchsunabhängigen Kosten decken (AG Göttingen WuM 07, 574).
Für künftige Kostensteigerungen trifft den Vermieter eine Aufklärungspflicht allenfalls dann, wenn ihm die
Kostensteigerung bekannt ist oder er damit rechnet (BGH WuM 91, 282, 283).
Sind die Vorauszahlungen von vorneherein unangemessen hoch, so ist die Vereinbarung unwirksam, soweit 31
sie die angemessene Höhe überschreitet (*Kinne* GE 90, 1178; aA AG Hamburg WuM 88, 89, das dem Mieter
lediglich einen Anspruch auf Herabsetzung zubilligt). In der angemessenen Höhe bleibt die Vereinbarung
wirksam (BayObLG WuM 95, 694, 695).

VI. Abrechnung. 1. Abrechnungspflicht. Werden auf die Nebenkosten Vorauszahlungen geleistet, so ist hie- 32
rüber abzurechnen (§ 556 III 1, § 20 III 2 NMV 1970). Bei der Vermietung von Nichtwohnraum folgt die
Abrechnungspflicht aus dem allgemeinen Grundsatz, dass Vorauszahlungen nicht auf Dauer angelegt, sondern nur Vorleistungen auf die endgültige Schuld sind (*Schmid* GE 01, 1027). Die Grundsätze für die Abrechnung gelten entspr, wenn die Nebenkosten entspr dem Anfall umgelegt werden, ohne dass Vorauszahlungen
vereinbart sind. Der Abrechnungsanspruch besteht auch dann, wenn der Mieter – berechtigt oder unberechtigt – keine Vorauszahlungen geleistet hat (Köln ZMR 02, 660, 662; aA *Kretzer* ZMR 05, 91: Arglist).

2. Teilabrechnungen. Eine Teilabrechnung muss der Vermieter nicht erstellen (§ 556 III 4). Die Regelung gilt 33
auch für Gewerberaummietverhältnisse (Ddorf ZMR 09, 275). Berechtigt ist der Vermieter zu Teilabrechnungen (*Langenberg* NZM 01, 787), aber nur, wenn vertraglich nichts anderes vereinbart ist. Ein Ausschluss einer
Teilabrechnung ist als stillschweigend vereinbart anzusehen, wenn ein einheitlicher Vorauszahlungsbetrag
geleistet wird, da dem eine einheitliche Abrechnung entspricht (*Schmid* Handbuch der Mietnebenkosten,
Rz 3143). Auch der Gewerberaumvermieter ist zu Teilabrechnungen nicht verpflichtet (Ddorf ZMR 09, 275).
Von einer Teilabrechnung zu unterscheiden sind verschiedene Abrechnungen (*Langenberg* NZM 01, 787). ZB 34
getrennte Abrechnung von Heiz-/Warmwasserkosten und den anderen Betriebskosten. Ob eine einheitliche
Abrechnungspflicht besteht oder ob getrennte Abrechnungen zu erstellen sind, richtet sich nach den vertraglichen Vereinbarungen. Wenn keine ausdrückliche Regelung getroffen ist, ist eine Auslegung erforderlich.
Dabei spricht es für eine getrennte Abrechnung, wenn verschiedene Abrechnungszeiträume vereinbart sind,
zB Heizkosten nach der Heizperiode, andere Nebenkosten nach dem Kalenderjahr (*Langenberg* NZM 01,
787) oder wenn separate Vorauszahlungen erhoben werden (AG Melsungen WuM 09, 459). Gegen eine

getrennte Abrechnung spricht es, wenn ein einheitlicher Vorauszahlungsbetrag für alle umzulegenden Kosten vereinbart ist. Allein die Tatsache, dass im Mietvertrag einzelnen Kostenpositionen bestimmte Beträge zugeordnet sind, spricht weder für die eine noch für die andere Variante, zumal bei preisgebundenem Wohnraum eine solche Mitteilung vorgeschrieben ist (*Schmid* Handbuch der Mietnebenkosten, Rz 3143c; aA *Langenberg* NZM 01, 878). Im Zweifel ist entspr dem in § 556 III 4 zum Ausdruck gekommenen Regelfall von einer einheitlichen Abrechnung auszugehen. Besteht keine Berechtigung des Vermieters zu getrennten Abrechnungen, werden aber gleichwohl solche erstellt, sind alle Abrechnungen als Einheit zu betrachten (Ddorf ZMR 04, 27). Über die geleisteten Vorauszahlungen ist insgesamt abzurechnen.

35 **3. Abrechnungsfrist. a) Jahresfrist.** § 20 III 4 NMV 1970, § 556 III 2 schreiben vor, dass die Abrechnung dem Mieter spätestens bis zum Ablauf des zwölften Monats nach dem Ende des Abrechnungszeitraumes zuzuleiten bzw mitzuteilen ist. Das bedeutet nicht Aufgabe zur Post, sondern Eingang beim Mieter (AG Ribnitz-Damgarten WuM 07, 18; aA AG Bremen WuM 95, 593). Dabei wird überwiegend auf einen Zugang iSd § 130 abgestellt (AG Waldshut-Tingen IMR 09, 2239; aA *Schmid*, Handbuch der Mietnebenkosten, Rz. 3150a). Die Frist wird durch die Frist für die Abgabe der Steuererklärung (§ 149 II AO) auch dann nicht verkürzt, wenn mit der Abrechnung ein Steuerabzug nach § 35a EStG geltend gemacht werden soll (*Ludley* ZMR 07, 337). Die Zwölfmonatsfrist endet immer am Monatsende, auch wenn der Abrechnungszeitraum nicht an einem Monatsende endet. Auch bei der Geschäftsraummiete wird ein Zeitraum von einem Jahr nach Ablauf des Abrechnungszeitraumes für die Abrechnung als regelmäßig längste Frist für angemessen erachtet (Hambg ZMR 89, 19; Düsseldorf GuT 05, 53). Konsequent wird man auch hier eine längere Abrechnungsfrist zugestehen müssen, wenn der Vermieter die Verzögerung nicht zu vertreten hat (*Schmid* Handbuch der Mietnebenkosten, Rz 3151). Eine Verlängerung der Abrechnungsfrist wirkt sich zum Nachteil des Mieters aus und ist deshalb nach § 556 IV, § 20 III 4 NMV 1970 bei Wohnraummietverhältnissen unwirksam. Bei der Geschäftsraummiete kann grds eine längere Abrechnungsfrist vereinbart werden. Bei der Verwendung von Formularmietverträgen ist hierfür allerdings im Hinblick auf § 307 ein triftiger Grund zu fordern (*Schmid* GE 01, 1027) und die Frist darf nicht unangemessen lang sein (*Langenberg* NZM 01, 785). Die Verkürzung der Frist ist zulässig (*Schmid* Handbuch der Mietnebenkosten Rz 3148a; zweifelnd *Langenberg* NZM 01, 785).

36 **b) Nicht fristgerechte Abrechnung. aa) Geltendmachung des Erfüllungsanspruches.** Rechnet der Vermieter nicht innerhalb der zur Verfügung stehenden Zeit ab, kann der Mieter Klage auf Erteilung einer Abrechnung erheben.

37 **bb) Ausschlussfrist für Nachforderungen.** Die Frist der §§ 556 III 3, 20 III 4 NMV 1970 ist bei Wohnraummietverhältnissen für Nachforderungen des Vermieters eine Ausschlussfrist, es sei denn, der Vermieter hat die Geltendmachung erst nach Ablauf der Jahresfrist nicht zu vertreten. Um Nachforderungen iSd Gesetzes handelt es sich nur, wenn der Vermieter nach Fristablauf einen Betrag verlangt, der eine bereits erteilte Abrechnung oder, falls eine rechtzeitige Abrechnung nicht erstellt ist, die Summe der Vorauszahlungen des Mieters übersteigt (BGH NJW 05, 219 = ZMR 05, 121 = GE 05, 543). Das gilt auch, wenn die erste Abrechnung mit einem Guthaben des Mieter geendet hat (BGH NJW 08, 1150 m Anm *Schmid*). Die Ausschlussfrist findet auch dann Anwendung, wenn Vorauszahlungen nicht vereinbart sind (LG Berlin GE 07, 1252). Nicht ausgeschlossen ist die Geltendmachung von nicht geleisteten Vorauszahlungen (BGH ZMR 08, 38). Die Abrechnung, die innerhalb der Frist dem Mieter zugeht, muss formell ordnungsgemäß sein. Materielle Fehler berühren die Fristwahrung als solche nicht (BGH NJW 05, 219 = ZMR 05, 121) und können innerhalb der Abrechnungsfrist zu Gunsten und zu Lasten des Mieters korrigiert werden, wenn die allgemeinen Voraussetzungen hierfür vorliegen. Aus der Korrektur kann sich auch eine (höhere) Nachzahlung ergeben (BGH NJW 05, 219 = ZMR 05, 121). Nach Fristablauf kann zwar eine Korrektur als solche möglich sein, kann aber wegen der Ausschlussfrist nicht zu (höheren) Nachforderungen führen (BGH NJW 05, 219 = ZMR 05, 121). Das gilt nach Meinung des BGH (aA *Schmid* NJW 08, 1151) sowohl für die Einzelpositionen als auch für den Gesamtbetrag (zum Vertretenmüssen bei verschiedenen Fallgestaltungen s. *Schmid* Handbuch der Mietnebenkosten Rz 3158 ff.). Ist die Fristversäumung zunächst entschuldigt, muss der Vermieter dem Mieter die Abrechnung innerhalb von drei Monaten nach Wegfall des Hindernisses zuleiten; andernfalls tritt die Ausschlusswirkung ein (BGH ZMR 06, 847).

38 **cc) Verwirkung.** Im Hinblick auf die Ausschlusstatbestände bei verspäteter Abrechnung hat die Verwirkung bei Wohnraummietverhältnissen nur noch in den Fällen Bedeutung, in denen der Vermieter die späte Abrechnung nicht zu vertreten hat. § 556 III 3 ist ein gesetzlich geregelter Unterfall der Verwirkung (LG Frankfurt/M NZM 02, 336; *Sternel* ZMR 01, 939) und schließt deshalb als spezielle Regelung den Rückgriff auf allgemeine Grundsätze aus. **dd) Zurückbehaltungsrecht.** Der Mieter hat ein Zurückbehaltungsrecht nach § 273 für weitere Nebenkostenvorauszahlungen, wenn die Abrechnung für einen vorangegangenen *Zeitraum nicht rechtzeitig* erfolgt ist (vgl zB BGH ZMR 94, 339; LG Berlin NZM 99, 616). Kein Zurückbehaltungsrecht besteht für in der Vergangenheit nicht geleistete Vorauszahlungen (Ddorf ZMR 01, 25; anders bei beendetem Mietverhältnis Ddorf GE 08, 926). Ein Zurückbehaltungsrecht auch für die Grundmiete wird verneint, da zwischen Abrechnungspflicht und Verpflichtung zur Zahlung der Grundmiete weder Gegenseitig-

keit iSd § 320 noch ein Zusammenhang iSd § 273 besteht (Ddorf ZMR 02, 37; aA *Lützenkirchen* WuM 03, 68). Das Zurückbehaltungsrecht endet bei Vorlage einer formell ordnungsmäßigen Abrechnung (BGH GE 08, 855). **ee) Keine Nachforderungen von Rückständen.** Nicht nur eine Einrede, sondern ein Ausschluss des Anspruches auf rückständige Vorauszahlungen wird angenommen, wenn der Vermieter nicht fristgerecht abgerechnet hat, obwohl ihm dies möglich gewesen wäre (BGH GE 08, 855 = NZM 08, 567; aA *Schmid* Handbuch der Mietnebenkosten, Rz 3181). Die Annahme eines Forderungsuntergangs ist weder dogmatisch notwendig noch von den praktischen Auswirkungen her geboten. Sachgerechtere Ergebnisse lassen sich erzielen, wenn man den Anspruch bestehen lässt und die Mieter auf das Zurückbehaltungsrecht verweist (Schmid NZM 07, 555). **ff) Verzugszinsen.** Das hat zur Folge, dass auch Verzugszinsen nur bis zum Ablauf der Abrechnungsfrist verlangt werden können (Ddorf DWW 00, 86). **gg) Rückforderungsanspruch des Mieters.** Bei beendetem Mietverhältnis kann der Mieter sogleich die vollständige Rückzahlung der geleisteten Abschlagszahlungen verlangen, ohne zuerst auf Erteilung einer Abrechnung klagen zu müssen (BGH NJW 05, 1499 = GE 05, 543). Ein Rückforderungsanspruch wird verneint, wenn das Mietende durch eine fristlose Kündigung wegen Zahlungsverzugs nach § 543 II Nr 3 hergeführt worden ist und die Aufrechnung mit dem Rückforderungsanspruch dazu dienen soll, eine Unwirksamkeit der Kündigung nach § 569 III Nr 2 herbeizuführen (AG Köln ZMR 07, 281). Bei laufendem Mietverhältnis wird der Rückforderungsanspruch versagt und der Mieter auf das Zurückbehaltungsrecht verwiesen (BGH ZMR 06, 672 = NZM 06, 533). Hiervon ausgenommen ist der Fall der Zwangsversteigerung für Zeiträume für die der frühere Eigentümer noch abrechnen muss (AG Charlottenburg GE 09, 582).

4. Abrechnungszeitraum. Nach § 556 III 1, für preisgebundenen Wohnraum § 20 III 2 NMV 1970 muss die Abrechnung jährlich erfolgen. Der Abrechnungszeitraum muss sich nicht mit dem Kalenderjahr decken. Längere Abrechnungszeiträume sind unzulässig und können auch vertraglich nicht vereinbart werden, da die genannten Vorschriften zwingend sind. Auch kürzere Abrechnungszeiträume können grds nicht gewählt werden (LG Berlin GE 91, 935; aA *Drasdo* NZM 04, 375). Im Einzelfall kann sich jedoch ein kürzerer Abrechnungszeitraum dadurch ergeben, dass die Wohnung erst während des festgelegten Abrechnungszeitraumes bezugsfertig wird (*Schmid* Handbuch der Mietnebenkosten, Rz 3192) oder dass der Vermieter auf Grund vertraglicher Regelung oder ausnahmsweise nach Treu und Glauben berechtigt ist, den Abrechnungszeitraum zu ändern (LG Berlin GE 09, 780). Bei Mietverhältnissen, die nicht über Wohnraum abgeschlossen sind, kann der Abrechnungszeitraum frei vereinbart werden (vgl Ddorf ZMR 98, 219). Der Vermieter ist nicht berechtigt, einen Abrechnungszeitraum in zwei Teilabrechnungszeiträume aufzuspalten (Ddorf DWW 02, 28). 39

5. Auf den Abrechnungszeitraum entfallende Kosten. Die auf den Abrechnungszeitraum entfallenden Kosten können nach verschiedenen Prinzipien ermittelt werden. Im Wesentlichen stehen sich zwei Methoden ggü: Das Leistungsprinzip (auch Zeitabgrenzungs- oder Verbrauchsprinzip genannt) stellt darauf ab, welche Kosten für den jeweiligen Zeitraum angefallen sind. Demgegenüber spielt es beim Abflussprinzip keine Rolle, welchen Abrechnungszeitraum die Kosten betreffen. Dabei gibt es innerhalb des Abflussprinzips Differenzierungen: Teilweise wird hier darauf abgestellt, wann tatsächlich Zahlungen geleistet werden (LG Berlin GE 07, 1552; *Schach* GE 08, 444/445). Hiergegen spricht, dass es nicht Voraussetzung für die Betriebskostenumlegung ist, dass die Forderungen der Dritten bereits bezahlt sind (LG Düsseldorf DWW 99, 354). Teilweise wird auch darauf abgestellt, wann der Vermieter die Rechnungen erhält (LG Wiesbaden NZM 02, 944). Sachgerecht ist es jedoch, in Übereinstimmung mit dem BGH (NZM 08, 277 = GE 08, 471 = IMR 08, 110 sowie ZMR 08, 444 = DWW 08, 162 = WuM 08, 223) und in Anlehnung an § 24 II 2 II. BV (*Schmid* ZMR 08, 260 [261]) auf den Zeitpunkt abzustellen, in dem die Forderung des Dritten fällig wird. Die Bezeichnung Fälligkeitsprinzip ist deshalb treffender (*Schmid* NZM 08, 918). Der BGH lässt eine Abrechnung nach dem Fälligkeits- und dem Leistungsprinzip zu. Zu Einzelheiten der Abrechnung nach dem Fälligkeits- und Leistungsprinzip s. *Schmid* Handbuch der Mietnebenkosten Rz 3199 ff. 40

6. Anforderungen an die Abrechnung. a) Grundsätzliches. aa) Nach den vom BGH (NJW 82, 573) zusammengefassten Grundsätzen muss die Nebenkostenabrechnung gem § 259 so abgefasst sein, dass sie auch ein juristisch und betriebswirtschaftlich nicht vorgebildeter Empfänger nachvollziehen und überprüfen kann. Notwendig ist eine geordnete Zusammenstellung mit einer zweckmäßigen und übersichtlichen Aufgliederung in Abrechnungsposten. Bedenklich deshalb BGH MDR 09, 1098, wo eine Position „Wasser und Abwasser allgemein" zugelassen wird und BGH WuM 09, 669, wonach die Bezeichnung „Versicherung" genügt. **bb)** Hierfür ist **idR** eine schriftliche Niederlegung, jedoch bei preisfreiem Wohnraum und Geschäftsraum nicht Schriftform iSd § 126 – insb keine eigenhändige Unterschrift – erforderlich. Auch die Anforderungen an die Textform (§ 126b) müssen nicht erfüllt sein (*Langenberg* WuM 03, 671). Eine nur mündliche Abrechnung ist für den Mieter in zumutbarer Weise nicht nachprüfbar (*Schmid* DWW 02, 258; aA *Lützenkirchen* DWW 02, 200). Für preisgebundenen Wohnraum s. § 20 NMV 1970 iVm § 10 WoBindG. 41

b) Mindestinhalt. Erforderlich sind im Regelfall folgende Mindestangaben: 1. Angabe der **Gesamtkosten** und ihre Zusammensetzung. Notwendig, aber auch ausreichend ist es, dass der Mieter aus der Abrechnung feststellen kann, welche Kosten Berücksichtigung gefunden haben (BGH NJW 82, 573). Hierzu gehört eine 42

Spezifizierung nach den einzelnen Kostenpositionen (AG Aachen WuM 99, 305). Die Gesamtkosten sind auch dann anzugeben, wenn nur einzelne Kostenteile nicht umlegungsfähig sind, zB Verwaltungstätigkeiten des Hauswarts. Es muss aus der Abrechnung ersichtlich sein, ob und in welcher Höhe nicht umlegungsfähige Kosten abgesetzt worden sind. Das Fehlen dieser Angaben stellt einen formellen Mangel der Abrechnung dar (BGH NJW 07, 1059 = ZMR 07, 359 = GE 07, 438). Um einen materiellen Fehler handelt es sich, wenn keine Herausrechnung erfolgt, obwohl eine solche geboten wäre (Milger NJW 09, 628). 2. Mitteilung und Erläuterung des **Umlegungsmaßstabes**. Diese Angaben sind entbehrlich, wenn sie dem Mieter bereits bekannt sind, zB aus dem Mietvertrag oder aus vorangegangenen Abrechnungen (BGH NJW 82, 573). 3. Berechnung **des Anteils des Miet**ers. 4. Angabe der **Vorauszahlungen**. Grds sind die tatsächlich geleisteten Beträge anzugeben, damit der Mieter überprüfen kann, welche Zahlungen der Vermieter berücksichtigt hat (BGH ZMR 03, 334 m Anm *Schmid*). Der BGH hat jedoch eine Abrechnung nach Sollvorschüssen für den Fall zugelassen, dass der Mieter für den Abrechnungszeitraum keinerlei Vorauszahlungen erbracht hat, die offenen Vorauszahlungsansprüche vom Vermieter bereits eingeklagt sind und noch keine Abrechnungsreife eingetreten ist. Wird zu Unrecht nach Soll-Vorschüssen abgerechnet, stellt dies keinen formellen sondern einen materiellen Fehler der Abrechnung dar (BGH GE 09, 1489 = WuM 09, 671). 5. Feststellung des **Gesamtergebnisses** (LG Frankfurt/M ZMR 99, 764). 6. **Steuerdienliche Angaben**: Die Mietnebenkostenabrechnung ist eine Rechnung bzw. eine Gutschrift (*Beck/Herbert* GE 04, 870) und muss deshalb im Falle der Zahlung von Umsatzsteuer die von § 14 UStG geforderten Angaben enthalten. Damit der Mieter den Steuerabzug für haushaltsnahe Dienstleistungen und Handwerkerleistungen nach § 35a EStG geltend machen kann, muss entweder bereits die Abrechnung die entsprechenden Kosten ausweisen oder es muss eine Bescheinigung des Vermieters erstellt werden (Nrn 18, 19, 33 des Schreibens des Bundesfinanzministeriums vom 26.10.07 – IV C 4 – 2296 – b/07/0003; abgedruckt GE 07, 1543). Man wird den Vermieter trotz Fehlens einer dem § 14 UStG entsprechenden Regelung nach Treu und Glauben für verpflichtet halten können, eine entsprechende Bescheinigung auszustellen bzw. entsprechende Angaben in der Abrechnung zu machen (vgl *Beuermann* GE 06, 1600; *Blümmel* GE 07, 760; zweifelnd *Kinne* GE 07, 764). Eine Vergütung hierfür kann er nicht verlangen (*Herrlein* WuM 07, 56; aA *Beuermann* GE 07, 336). Verneint man eine Verpflichtung des Vermieters zu steuerdienlichen Angaben, hat der Mieter das Recht gegen Kostenerstattung die für das Finanzamt notwendigen Kopien zu erhalten (*Ludley* ZMR 07, 331 [334]).

43 Zu Einzelfragen s. *Schmid* Handbuch der Mietnebenkosten Rz 3204 ff.

44 **7. Fehler und mangelnde Ordnungsmäßigkeit.** Die Frage, ob eine Abrechnung „nur" falsch ist oder ob der Fehler dazu führt, dass die Abrechnung insgesamt nicht ordnungsgemäß ist, ist va für die Erfüllung des Abrechnungsanspruches (LG Hamburg WuM 98, 727) und die Fälligkeit von Nach- und Rückzahlung von Bedeutung. Im Prozess muss bei fehlender Ordnungsmäßigkeit die Zahlungsklage bereits mangels Fälligkeit der Forderung abgewiesen werden; eine Klage auf Erteilung einer Abrechnung ist begründet (Milger NJW 09, 626). Andere Fehler führen dagegen nur zu einer Änderung des geforderten Betrages. Bei materiellen Fehlern kann auch nach Beendigung des Mietverhältnisses keine vollständige Rückzahlung der Vorauszahlungen verlangt werden (KG ZMR 09, 523). Die Abgrenzung kann im Einzelfall schwierig sein und wird von der Rspr nicht immer einheitlich durchgeführt. Zu Einzelfällen der Abgrenzung zwischen formellen und materiellen Mängeln s. *Schmid* Handbuch der Mietnebenkosten Rz 3231.

45 **VII. Belegeinsicht – Fotokopien. 1. Belegeinsicht. a) Anspruchsinhalt.** Ein Belegeinsichtsrecht des Mieters ist ausdrücklich normiert in § 29 I NMV 1970 für preisgebundenen Wohnraum. Bei sonstigen Mietverhältnissen wird das Recht auf Belegeinsicht auf § 259 gestützt (BGH ZMR 06, 358). Einen Anspruch auf Übersendung der Originalbelege hat der Mieter nicht (AG Mönchengladbach DWW 03, 338). Das Einsichtsrecht erstreckt sich auf alle Unterlagen, auf denen die Abrechnung beruht (Schmid Handbuch der Mietnebenkosten Rz 3289; aA LG Frankfurt/M ZMR 99, 764 m abl Anm *Rau*). Das Einsichtsrecht bezieht sich auf die beim Vermieter vorhandenen Unterlagen. Den Vermieter trifft grds keine Pflicht, sich bestimmte Unterlagen zur Einsicht für den Mieter erst zu beschaffen (*Schmid* ZMR 03, 15; aA AG Lübeck WuM 97, 197). Auch Kosten, die ohne förmliche Rechnung bezahlt werden, sind umlegbar. Erst recht gilt dies, wenn der Vermieter die Rechnung auf elektronischem Weg erhält (*Schmid* ZMR 03, 16). Etwas anderes gilt nur dann, wenn die Unterlagen überhaupt woanders bereitgehalten werden, zB bei einer externen Buchhaltung, bei einem zwischengeschaltetem Abrechnungsunternehmen (AG Hamburg-Barmbek ZMR 07, 458) oder beim Verwalter nach dem Wohnungseigentumsgesetz. Hier muss sich der Vermieter entweder die Unterlagen beschaffen oder dem Mieter die Einsicht ermöglichen (LG Frankfurt/M WuM 97, 52; AG Homburg ZMR 04, 593). Der Mieter hat das Recht, die vorhandenen Originalunterlagen einzusehen, muss sich also nicht auf Abschriften oder Kopien verweisen lassen (AG Hamburg WuM 91, 282). Der Vermieter ist aber nicht daran gehindert, die Originalbelege einzuscannen, dann zu vernichten, und dem Mieter Ausdrucke zur Verfügung zu stellen (LG Hamburg WuM 04, 97; AG Mainz ZMR 99, 114 m zust Anm *Schmid*; *ders* Handbuch der Mietnebenkosten Rz 3294; *Schefler/Petrick* NZM 03, 544; aA AG Hamburg WuM 02, 499; *Goch* WuM 01, 497, 498). Mehrere Mieter einer Wohnung können den Anspruch nur einmal und einheitlich geltend machen.

b) Ort der Belegeinsicht. aa) Die Belegeinsicht erfolgt in den Räumen des Vermieters oder der Hausverwaltung (BGH ZMR 06, 358). Bei Eigentumswohnungen treten an die Stelle der Räume des Vermieters diejenigen des Verwalters nach dem WEG (*Schmid* Handbuch der Mietnebenkosten Rz 3307). Als dogmatischer Ansatzpunkt kann eine analoge Anwendung des § 811 herangezogen werden (vgl AG Bremen WuM 02, 32). **bb)** Gegen eine mietvertragliche Regelung über den Ort der Belegeinsicht ergeben sich auch aus § 307 keine durchgreifenden Bedenken (*Schmid* DWW 02, 118, 121; teilweise aA *Römer* WuM 96, 393; *Goch* WuM 01, 498). Eine unangemessene Benachteiligung wäre es jedoch, den Mieter auf die Räume der jeweiligen Hausverwaltung zu verweisen, da diese Verwaltungen und damit die Orte der Belegeinsicht wechseln können (vgl AG Wiesbaden WuM 00, 312).

2. Fotokopien. a) Anspruch des Mieters. Ein Recht auf die Erteilung von Fotokopien ist nur in § 29 II NMV 1970 normiert. Außerhalb des Anwendungsbereiches der NMV 1970 hat der Mieter grds keinen Anspruch auf Übersendung von Fotokopien. Etwas anderes gilt nach § 242, wenn dem Mieter die Einsichtnahme nicht zumutbar ist (BGH ZMR 06, 358 m abl Anm *Rau/Dötsch*). Als Beispiel nennt der BGH weite Entfernung. Zu weiteren wichtigen Gründen s. *Schmid* Handbuch der Mietnebenkosten Rz 3315. Ein Anspruch auf Überlassung von Kopien kann vertraglich vereinbart werden.

b) Kostenerstattung. § 29 II 1 NMV 1970 sieht für preisgebundenen Wohnraum vor, dass die Ablichtungen nur gegen Erstattung der Auslagen des Vermieters verlangt werden können. Diese Vorschrift ist auf andere Mietverhältnisse entspr anzuwenden, wenn ein Anspruch auf Überlassung von Kopien besteht (Rn 47), der Vermieter sich zur Überlassung verpflichtet hat (*Wall* WuM 07, 120) oder sie freiwillig übersendet (vgl AG Münster WuM 07, 41). Für die Höhe der Kostenerstattung sind im Prinzip die Selbstkosten einschl der Vorhalte-, Wartungs- und Arbeitskosten maßgebend (AG Hamburg-Wandsbek WuM 01, 362). Der Vermieter kann seine Kosten konkret darlegen (AG Hamburg-Wandsbek WuM 01, 362), was allerdings häufig schwierig und mit Verwaltungsaufwand verbunden ist. Aus Vereinfachungsgründen ist eine Pauschalierung in entspr Anwendung von § 287 ZPO zuzulassen. Die Rspr gewährt pro Seite Beträge zwischen 0,05 € (AG Oldenburg WuM 93, 412; AG Pankow/Weißensee NZM 02, 655) und 0,50 € (AG Neubrandenburg WuM 94, 531; AG Oldenburg WuM 00, 232; AG Neuruppin WuM 00, 437; AG Bremen WuM 05, 129 m abl Anm *Derckx* WuM 05, 226). Letzterer Auffassung ist schon im Hinblick auf den Arbeitsaufwand zuzustimmen. Die Tendenz geht allerdings zu Beträgen im unteren oder mittleren Bereich der Spanne mit dem wohl häufigsten Betrag von 0,25 € (LG Berlin GE 02, 1563; AG Münster WuM 07, 41). Das hierzu gebrachte Argument, auch die Gewährung von Belegeinsicht verursache einen Verwaltungsaufwand (AG Köln ZMR 99, 343), vermag nicht zu überzeugen, da das Kopieren einen zusätzlichen Aufwand erfordert. In entspr Anwendung von § 811 II 2 kann der Vermieter die Erteilung von Fotokopien von einem Kostenvorschuss abhängig machen (LG Duisburg WuM 02, 32; AG Oldenburg WuM 93, 412; AG Brandenburg adH GE 03, 55; aA Ddorf WE 02, 16, das eine Vorleistungspflicht des Vermieters annimmt). Wird eine vertragliche Regelung getroffen, sollte auch die Kostenerstattung geregelt werden.

VIII. Einwendungen. 1. Grundsätzliches. Der Zugang der Abrechnung hat zunächst keine konstitutive Wirkung. Ist die Abrechnung nicht formell ordnungsgemäß, verbleibt dem Mieter sein Anspruch auf Erstellung einer ordnungsgemäßen Abrechnung. Einwendungen gegen die materielle Richtigkeit der Abrechnung werden im Prozess über Nachforderungen oder Rückforderungen berücksichtigt. Voraussetzung für die Anwendung des § 556 III 5 ist, dass eine Umlegung von Betriebskosten mit Abrechnung überhaupt vereinbart ist. Werden keine gesondert zu zahlenden Betriebskosten oder eine Pauschale geschuldet, ist bereits der Anwendungsbereich des § 556 III nicht eröffnet (*Schmid* ZMR 02, 729).

2. Einwendungsausschluss. a) Voraussetzungen. aa) Nach § 556 III 5 hat der Mieter Einwendungen gegen die Abrechnung spätestens bis zum Ablauf des zwölften Monats nach Zugang der Abrechnung dem Vermieter mitzuteilen. Nach Ablauf dieser Frist kann der Mieter Einwendungen nicht mehr geltend machen, es sei denn, der Mieter hat die verspätete Geltendmachung nicht zu vertreten (§ 556 III 6). **bb)** Zur Fristwahrung ist es erforderlich, dass die Mitteilung innerhalb der Frist dem Vermieter zugeht. Dass die rechtzeitige Absendung genügt, ist im Gesetz nicht vorgesehen. **cc)** Auch eine nicht formell ordnungsgemäße Abrechnung setzt die Frist in Lauf (*Schmid* Handbuch der Mietnebenkosten, Rz 3259; aA *Derckx* NZM 07, 386; offen gelassen von Ddorf DWW 00, 128 für eine rechtsgeschäftliche Anerkenntnisklausel). Das entspricht dem Gesetzeszweck, nach einer bestimmten Zeit Klarheit über die wechselseitigen Ansprüche zu schaffen (Bericht des Rechtsausschusses BTDrs 14/5663 170). **dd)** Die Mitteilung des Mieters bedarf keiner bestimmten Form. Eine solche kann wegen § 556 IV auch nicht vereinbart werden (*Schmid* ZMR 02, 730). **ee)** Eine Spezifizierung oder Begründung der Einwendungen schreibt das Gesetz nicht vor. Der Mieter muss also nicht darlegen, warum er die Abrechnung für falsch hält (*Schmid* ZMR 02, 730; aA *Langenberg* NZM 01, 787; *Lützenkirchen* NZM 02, 513). **ff)** Der Einwendungsausschluss tritt nicht ein, wenn der Mieter die verspätete Geltendmachung nicht zu vertreten hat. Zu Einzelfällen s. *Schmid* Handbuch der Mietnebenkosten Rz 3262 ff. Das Verschulden seiner Erfüllungsgehilfen (zB Mieterverein oder Anwalt) hat der Mieter nach § 278 zu vertreten (*Schmid* ZMR 02, 730).

51 b) Folgen. aa) Nach Fristablauf kann der Mieter Einwendungen gegen die Abrechnung grds nicht mehr geltend machen. Das hat zur Folge, dass die Abrechnung als ordnungsgemäß und verbindlich gilt. War die Abrechnung formell nicht ordnungsgemäß erlischt der Anspruch auf Erteilung einer ordnungsmäßigen Abrechnung mit Ablauf der Einwendungsfrist (str; vgl *Schmid* Handbuch der Mietnebenkosten, Rz 3262a mwN). Der Saldo der Abrechnung ist für den Mieter verbindlich. Der Vermieter kann einen Abrechnungssaldo zu seinen Gunsten einfordern. Der Mieter ist mit einem (weitergehenden) Rückzahlungsanspruch ausgeschlossen (*Schmid* ZMR 02, 729; aA *Sternel* ZMR 01, 939; *Lützenkirchen* NZM 02, 512; offen gelassen von Ddorf ZMR 00, 379 für eine rechtsgeschäftliche Anerkenntnisklausel). bb) Der Einwendungsausschluss gilt auch dann, wenn Kosten umgelegt sind, die nach § 556 I nicht umgelegt werden dürften (*Sternel* ZMR 01, 939; *Schmid* ZMR 02, 729; aA *Langenberg* WuM 01, 529). Es kann nämlich durchaus streitig sein, welche Kosten unter den Katalog des § 2 BetrKV fallen. cc) Bei einer vertragswidrigen Umlegung ist zu differenzieren: Liegt überhaupt keine Vereinbarung über eine Umlegung im Wege der Abrechnung vor, ist der Anwendungsbereich des § 556 III 5 und 6 gar nicht eröffnet; eine Abrechnung hätte überhaupt nicht statt zu finden gehabt; der Mieter kann sich auf das Fehlen einer Abrechnungsvereinbarung unbefristet berufen (*Schmid* ZMR 02, 729). Besteht aber eine Abrechnungsvereinbarung und stellt der Vermieter Kostenpositionen ein, deren Umlegung nicht vereinbart ist, ist der Anwendungsbereich des § 556 III 5 und 6 eröffnet; es handelt sich um einen bloßen Abrechnungsfehler, der durch die Versäumung der Einwendungsfrist geheilt wird (*Sternel* ZMR 01, 739; *Schmid* ZMR 02, 730); aA *Lützenkirchen* NZM 02, 513). dd) Erhebt der Mieter Einwendungen nur gegen bestimmte Punkte einer Abrechnung, so ist es eine Frage des Einzelfalles, ob nach Fristablauf weitere Einwendungen geltend gemacht werden können (*Schmid* ZMR 02, 730; aA *Lützenkirchen* NZM 02, 513). Da eine Spezifizierung der Einwendungen nicht vorgeschrieben ist (oben Rn 50), wird man im Zweifel von einer Beanstandung insgesamt auszugehen haben. ee) Fehler bei der Anwendung der Abrechnungsmaßstäbe werden durch den Fristablauf ebenso geteilt wie das Unterlassen einer notwendigen Vorausteilung (*Schmid* ZMR 02, 730; aA *Lützenkirchen* NZM 02, 513). ff) Bei einem arglistigen Verhalten kann dem Vermieter die Berufung auf den Ablauf der Ausschlussfrist versagt sein (vgl LG Berlin GE 07, 847).

52 c) Preisgebundener und nach dem WoFG geförderter Wohnraum. Auf preisgebundenen Wohnraum kann § 556 III 5 und 6 nicht angewendet werden, da die Preisbindungsvorschrift des § 8 WoBindG Vorrang hat. Ein überhöhter Nachzahlungsbetrag übersteigt das preisrechtlich zulässige Entgelt. Ein Einwendungsausschluss würde dazu führen, dass das überhöhte Entgelt zu bezahlen ist und, falls bereits bezahlt ist, für den Rückforderungsanspruch die Verjährungsfrist des § 8 II 3 WoBindG unterlaufen würde (*Schmid* ZMR 02, 731; aA *Langenberg* NZM 01, 784). Für Wohnraum, der nach dem WoFG gefördert ist, ergibt sich die gleiche Rechtsfolge aus § 28 II WoFG (*Schmid* GE 08, 516).

53 3. Schuldbestätigungsvertrag. Die Parteien können nach Zugang der Abrechnung an die Mieter den Saldo als für beide Parteien verbindlich anerkennen. Einem solchen (negativen) deklaratorischen Schuldanerkenntnis stehen weder Preisbindungsvorschriften noch § 556 IV entgegen. Es handelt sich dabei nämlich nicht um eine Vereinbarung, die Einwendungen von vorneherein ausschließt, sondern um die Anerkennung einer konkreten Schuld (*Sternel* ZMR 01, 940; *Schmid* ZMR 02, 731; aA *Langenberg* NZM 01, 788). Eine solche Vereinbarung muss aber ausdrücklich getroffen werden oder sich aus bestimmten konkreten Umständen ergeben. Wenn nämlich dem Mieter eine gesetzliche Frist für das Erheben von Einwendungen gesetzt ist, kann nicht ein Zahlungsvorgang als stillschweigender Verzicht auf die volle Ausnutzung dieser Frist angesehen werden (AG Berlin-Charlottenburg GE 07, 297; *Schmid* ZMR 02, 731; aA LG Hamburg ZMR 06, 288; sehr str). Solange die Einwendungsfrist nicht abgelaufen ist, genießt der Vermieter auch keinen Vertrauensschutz (*Schmid* ZMR 02, 731; aA *Langenberg* WuM 01, 529). Umgekehrt kann auch ein Verzicht des Vermieters auf weitere Nachforderungen nicht angenommen werden (im Ergebnis ebenso *Kinne* GE 07, 1411; aA AG Potsdam GE 07 1495). Ein Vorbehalt schließt die Annahme eines Schuldbestätigungsvertrages in jedem Fall aus (LG Berlin GE 04, 817).

54 4. Vertragliche Einwendungsregelungen. Bei Mietverhältnissen über Wohnraum sind vertragliche Vereinbarungen, nach denen der Mieter die Richtigkeit der Abrechnung anerkennt oder mit Einwendungen ausgeschlossen ist, wenn er nicht innerhalb einer bestimmten Frist widerspricht, unwirksam. Für preisfreien Wohnraum ergibt sich dies aus § 556 IV, für preisgebundenen Wohnraum aus den Preisbindungsvorschriften. Bei Geschäftsraummietverhältnissen können solche Anerkenntnisklauseln vereinbart werden. Ein Einwendungsausschluss steht einer Genehmigungsfiktion gleich (KG ZMR 02, 955). Bei der Verwendung von Formularmietverträgen müssen die Wirksamkeitsvoraussetzungen nach § 308 Nr 5 iVm § 307 beachtet werden (vgl Ddorf ZMR 00, 452 ff m Anm *Schmid*).

55 IX. Nachzahlungen. 1. Fälligkeit. a) Grundsatz. Die Fälligkeit einer Nachzahlung setzt den Zugang einer *formell* ordnungsgemäßen Abrechnung voraus (BGH NJW 91, 836). Ist die Abrechnung formell ordnungsgemäß, weist aber inhaltliche Mängel auf, so wird dadurch die Fälligkeit des tatsächlich geschuldeten Betrages nicht berührt. Ohne Belang für die Fälligkeit ist die Einwendungsfrist des § 556 III 5 (*Horst* DWW 02, 15). Für preisgebundenen Wohnraum gilt über § 20 IV, § 4 VII und VIII NMV 1970 die Regelung des § 10 II

WoBindG. Bei der Vermietung von Wohnungs- und Teileigentum hängt die Fälligkeit einer Nachforderung nicht davon ab, dass die Abrechnung nach § 28 WEG (bestandskräftig) beschlossen ist (hM; *Riecke* WE 02, 221). **b) Teilfälligkeit** ist grds möglich, wenn der formelle Mangel nur einzelne Positionen der Abrechnung betrifft (BGH GE 07, 438). Zu einer Nachzahlung kann das aber nur dann führen, wenn feststeht, dass sich auch ohne die zunächst insgesamt nicht zu berücksichtigenden Positionen eine Nachzahlung ergibt (BGH GE 07, 438) oder wenn für die jeweils abgerechneten Positionen gesonderte Vorauszahlungen mit gesonderten Abrechnungen vereinbart sind (*Schmid* Handbuch der Mietnebenkosten, Rz 3329). **c) Überprüfungsfrist.** Die Fälligkeit wird nicht durch eine Überprüfungsfrist für den Mieter hinausgeschoben (BGH ZMR 06, 358). **d) Vertragliche Fälligkeitsregelungen.** Vertragliche Fälligkeitsregelungen sind grds möglich, aber an §§ 305 ff zu messen.

2. Verzug. Der Verzugseintritt richtet sich nach den allgemeinen Grundsätzen des § 286. Erforderlich ist deshalb grds eine Mahnung (§ 286 I). Im Mietvertrag kann jedoch eine angemessene Frist vereinbart werden, innerhalb derer der Mieter ab Zugang der Rechnung zu zahlen hat. Eine solche Vereinbarung kann auch in Formularmietverträgen getroffen werden (*Gruber* WuM 02, 252). Nach Fristablauf kommt der Mieter auch ohne Mahnung nach § 286 II Nr 2 in Verzug (*Gruber* WuM 02, 252). Soll nach Ablauf einer Zahlungsfrist Verzug eintreten (mit der Abrechnung verbundene vorsorgliche Mahnung) muss dies unzweideutig zum Ausdruck kommen (BGH MDR 08, 67 = GuT 07, 348). Der Mieter kommt jedoch nicht in Verzug, solange er die Nichtzahlung nicht zu vertreten hat (§ 286 IV). Da dem Mieter ein Überprüfungsrecht zusteht, hat er das Unterlassen der Nachzahlung nicht zu vertreten, solange er von diesem Recht unverschuldet keinen Gebrauch machen kann (AG Naumburg WuM 04, 690). 56

X. Rückzahlungen. 1. Rückzahlung aus einer Abrechnung. Es handelt sich um einen vertraglichen Anspruch, der bedingt ist durch den Ablauf des Abrechnungszeitraums (BGH NZM 05, 342). Rückzahlungen sind mit dem Zugang einer ordnungsgemäßen Abrechnung fällig (BGH NZM 05, 342). 57

2. Rückzahlung nicht geschuldeter Zahlungen. Nebenkosten, die bezahlt wurden, ohne dass eine Verpflichtung hierzu bestand, können aus ungerechtfertigter Bereicherung nach §§ 812 ff zurückverlangt werden. Zuviel gezahlte Vorauszahlungen können bis zur Abrechnung nach § 812 zurückverlangt werden. Sobald die Abrechnung zugegangen ist, sind die Vorauszahlungen zum Abrechnungsposten geworden und können nur noch innerhalb der Abrechnung berücksichtigt werden. Hat der Mieter eine Nachzahlung geleistet, obwohl der Vermieter die Ausschlussfrist von § 556 III 3 versäumt hat, so besteht ein Rückforderungsanspruch nach §§ 812 ff. Der Rückforderungsanspruch ist nicht in analoger Anwendung von § 214 II 1 ausgeschlossen, auch wenn die Einwendungsfrist des § 556 III 5 und 6 für den Mieter abgelaufen ist (BGH NJW 06, 903 = ZMR 06, 268). 58

3. Vorbehaltszahlung. Will der Mieter, der die Nachzahlung unter Vorbehalt geleistet hat, einen Rückforderungsanspruch geltend machen, so verlangt das LG Köln (ZMR 01, 547) einen detaillierten Vortrag zur Höhe des Rückforderungsanspruches. Richtigerweise muss jedoch danach differenziert werden, ob der Mieter sich die Rückforderung für den Fall vorbehalten will, dass er die Unrichtigkeit der Abrechnung beweist (vgl BGH NJW 84, 2826) oder ob der Mieter unter der Bedingung des Bestehens der Forderung leistet und damit die Darlegungs- und Beweislast beim Vermieter verbleibt (vgl BGH NJW 99, 494). 59

XI. Untermiete. Im Verhältnis zwischen Haupt- und Untermieter gelten die nebenkostenrechtlichen Vorschriften in gleicher Weise wie zwischen Hauptmieter und Vermieter. Eine Bindung des Untermieters an die Abrechnung des Hauptvermieters besteht nicht. Eine solche Bindung kann bei Wohnraummietverhältnissen auch nicht vereinbart werden, da ansonsten das Einwendungsrecht des Mieters nach § 556 III 5 entgegen § 556 IV eingeschränkt würde. Bei Nichtwohnraummietverhältnissen ist eine entspr Vereinbarung grds möglich. Bei der Verwendung Allgemeiner Geschäftsbedingungen wird jedoch ein Verstoß gegen § 307 jedenfalls dann anzunehmen sein, wenn sich nicht der Untervermieter verpflichtet, die Abrechnung des Hauptvermieters zu überprüfen. Eine Einsicht in die Abrechnungsbelege hat der Untervermieter dem Untermieter beim Hauptvermieter zu ermöglichen. 60

§ 556a Abrechnungsmaßstab für Betriebskosten.

(1) ¹Haben die Vertragsparteien nichts anderes vereinbart, sind die Betriebskosten vorbehaltlich anderweitiger Vorschriften nach dem Anteil der Wohnfläche umzulegen. ²Betriebskosten, die von einem erfassten Verbrauch oder einer erfassten Verursachung durch die Mieter abhängen, sind nach einem Maßstab umzulegen, der dem unterschiedlichen Verbrauch oder der unterschiedlichen Verursachung Rechnung trägt.
(2) ¹Haben die Vertragsparteien etwas anderes vereinbart, kann der Vermieter durch Erklärung in Textform bestimmen, dass die Betriebskosten zukünftig abweichend von der getroffenen Vereinbarung ganz oder teilweise nach einem Maßstab umgelegt werden dürfen, der dem erfassten unterschiedlichen Verbrauch oder der erfassten unterschiedlichen Verursachung Rechnung trägt. ²Die Erklärung ist nur vor Beginn eines Abrechnungszeitraums zulässig. ³Sind die Kosten bislang in der Miete enthalten, so ist diese entsprechend herabzusetzen.
(3) Eine zum Nachteil des Mieters von Absatz 2 abweichende Vereinbarung ist unwirksam.

1 A. Grundsätzliches. I. Anwendungsbereich. 1. Wohnraum und andere Räume. Die Vorschrift gilt entspr ihrer systematischen Stellung im Gesetz nur für Mietverhältnisse über Wohnraum. Für preisgebundenen Wohnraum haben die Sondervorschriften der §§ 20 ff NMV 1970 Vorrang. In der Verweisungsnorm des § 578 ist § 556a nicht erwähnt. Auch eine analoge Anwendung auf Nichtwohnraummietverhältnisse scheidet aus (*Schmid* GE 01, 1026).

2 2. Abrechnung. Vorauszahlungen, Betriebskostenpauschalen. Die Überschrift „Abrechnungsmaßstab" ist zu eng gefasst. Der Umlegungsmaßstab betrifft nicht nur die Abrechnung, sondern hat auch Bedeutung für Vorauszahlungen und Betriebskostenpauschalen. Bei der Beurteilung der Angemessenheit von Vorauszahlungen und Pauschalen sowie bei einer Erhöhung Senkung der Betriebskostenpauschale muss nämlich an Hand der Umlegungsmaßstäbe der auf das jeweilige Mietverhältnis entfallende Betrag ermittelt werden. Dass die Überschrift des § 556a nur den „Abrechnungsmaßstab" nennt, schließt es nicht aus, dessen Grundsätze auch bei Pauschalen anzuwenden.

3 3. HeizkostenV. Sonderregelungen für die Verteilung von Heiz- und Warmwasserkosten enthält die HeizkostenV (s. hierzu Schmid, Verordnung über Heizkostenabrechnung – HeizkostenV – ZMR-Sonderheft 09.).

4 II. Leerstehende Räume. Die auf den leer stehenden Raum entfallenden Kosten hat derjenige zu tragen, der über den Raum verfügen kann. Das ist bei unvermieteten Räumen der Vermieter, bei vermieteten Räumen, die der Mieter nicht nutzt, der Mieter. Der BGH (ZMR 06, 758 = WuM 06, 440 = GE 06, 1030) bezeichnet jedoch einen Abänderungsanspruch wegen Wegfalls der Geschäftsgrundlage (§ 313 BGB) als möglich, wenn dem Vermieter ein Festhalten an der bisherigen Regelung nicht zugemutet werden kann. Es muss jedoch sichergestellt sein, dass sich für die Mieter nicht ein ständig wechselnder Abrechnungsmaßstab ergibt (*Breitholdt* WE 07, 15). Der Anpassungsanspruch scheitert deshalb oft schon daran, dass Leerstände selten prognostizierbar sind und sich deshalb die Situation im nächsten Abrechnungszeitraum, zu dem die Änderung frühestens wirksam werden könnte, ganz anders darstellen kann. Der Anpassungsanspruch wird deshalb auf die Fälle zu beschränken sein, in denen auf Grund besonderer Umstände feststeht, dass die Räume über mehrere künftige Abrechnungszeiträume hinweg ungenutzt bleiben (*Schmid* Handbuch der Mietnebenkosten, Rz 4014a). Der BGH hat sich nicht dazu geäußert, wie hoch ein Leerstand sein muss, um einen Änderungsanspruch zu begründen. Diskutiert werden 20–30% (vgl *Maaß* ZMR 06, 761), bei kleineren Wohnanlagen 70–80% (*Sternel* NZM 06, 812). Ferner muss der Leerstand unvermeidbar sein und darf nicht Folge einer beabsichtigten Entmietung sein (*Sternel* NZM 06, 812; *Wall* WuM 06, 444).

5 B. Umlegungseinheit. Außer für preisgebundenen Wohnraum (§ 2 II II. BV) gibt es keine ausdrückliche Regelung über die Bildung einer Abrechnungseinheit. Grds ist deshalb nach der Verkehrsanschauung davon auszugehen, dass ein Gebäude auch eine Abrechnungseinheit bildet. Der teilweise (vgl zB LG Itzehoe ZMR 04, 198; AG Hamburg-Wandsbeck WuM 08, 409) behauptete Grundsatz, dass der Vermieter zur Abrechnung nach kleinstmöglichen Einheiten verpflichtet sein soll, findet im Gesetz nicht nur keine Stütze, sondern widerspricht dem Wortlaut des § 2 II. BV (*Schmid*, Handbuch der Mietnebenkosten, Rz. 4026).

6 Bei der Vermietung von Wohnungs- und Teileigentum ist Umlegungseinheit nach derzeit hM nicht die einzelne Mieteinheit, sondern das gesamte Gebäude, bei Mehrhausanlagen die gesamte Wohnungseigentumsanlage (vgl BGH ZMR 82, 108; WuM 04, 103). Neben den in dieser Weise umzulegenden Beträgen können bei Vorliegen der allg Voraussetzungen die Kosten umgelegt werden, die gerade für die Mieteinheit entstehen, zB die Grundsteuer. Das setzt aber eine entspr Vereinbarung voraus (BGH WuM 04, 403). Generell sprechen beachtliche Gründe dafür, die Abrechnung nicht auf das ganze Haus zu beziehen, sondern auf die einzelne Eigentumswohnung (*Schmid* Handbuch der Mietnebenkosten Rz 1152; *ders* ZMR 08, 260; *Blank* NZM 04, 365).

7 Wenn keine abweichende vertragliche Vereinbarung besteht, kann der Vermieter mehrere Gebäude nach billigem Ermessen zu einer Abrechnungseinheit zusammenfassen (BGH GE 05, 119). Zu Einzelheiten s. *Schmid* Handbuch der Mietnebenkosten Rz 4022 ff). Die Änderung einer einmal gebildeten Abrechnungseinheit ist bei preisfreiem Wohnraum und Geschäftsraum nur dann zulässig, wenn die Mieter zustimmen oder dem Vermieter eine solche Änderungsmöglichkeit vertraglich vorbehalten ist oder wenn zwingende Gründe eine Änderung erfordern (LG Itzehoe ZMR 04, 198).

8 C. Festlegung der Abrechnungsmaßstäbe. I. Erstmalige Festlegung. 1. Gesetzliche Regelung. Regelmäßiger Abrechnungsmaßstab ist nach § 556a I 1 der Anteil der Wohnfläche. Dieser Umlegungsmaßstab kommt zur Anwendung, wenn die Parteien nichts anderes vereinbart haben, nicht die vorrangige Regelung des § 556a I 2 eingreift und keine anderweitigen Vorschriften bestehen. Anderweitige Vorschriften enthalten die HeizkostenV und für preisgebundenen Wohnraum die NMV 1970.

9 Betriebskosten, die von einem erfassten Verbrauch oder einer erfassten Verursachung durch die Mieter abhängen, sind nach einem Maßstab umzulegen, der dem unterschiedlichen Verbrauch oder der unterschiedlichen Verursachung durch die Mieter Rechnung trägt (§ 556a I 2). Diese Vorschrift hat als Sonderregelung Vorrang vor dem allgemeinen Grundsatz des Wohnflächenanteils (*Gather* DWW 01, 196). Auch wenn es nicht ausdrücklich erwähnt ist, haben wie bei § 556a I 1 anderweitige Vorschriften Vorrang ggü § 556a I 2. Ebenfalls nicht ausdrücklich erwähnt ist der Vorrang vertraglicher Regelungen. Der Vorrang ergibt sich jedoch daraus, dass in § 556a III eine Abweichung von § 556a I nicht ausgeschlossen wird und dass dem Vermieter in § 556a II eine einseitige Abänderungsbefugnis vertraglicher Regelungen bei einer Verursachungserfassung eingeräumt wird. Voraussetzung ist eine tatsächliche Verbrauchs- oder Verursachungserfassung. § 556a I 2 begründet keine Verpflichtung des Vermieters eine Verursachungserfassung durchzuführen. Der Abrechnungsmaßstab muss dem unterschiedlichen Verbrauch oder der unterschiedlichen Verursachung Rechnung tragen. Demzufolge ist es zulässig, aber nicht notwendig, dass sich die Kostenumlegung zu 100% nach dem Verbrauch richtet. Möglich ist auch eine Kombination von Festkostenanteil und Verursachungsanteil (*Schmid* Handbuch der Mietnebenkosten, Rz 4067). Der Regelung unterfällt nicht ein Umlegungsmaßstab, der ohne Verursachungserfassung dem unterschiedlichen Verbrauch Rechnung trägt, wie die Umlegung nach Personenzahl.

2. Vertrag. Vereinbarungen haben Vorrang vor den Regelungen des § 556a I. Bei am 1.9.01 bestehenden Verträgen sind die praktizierten Umlegungsmaßstäbe Vertragsbestandteil (*Franke* ZMR 01, 955). Sie müssen deshalb nicht geändert werden (*Horst* MDR 01, 723). Die mietvertragliche Regelung kann sich auch darauf beschränken, dass dem Vermieter die Bestimmung der Verteilungsmaßstäbe überlassen wird (*Schmid* Handbuch der Mietnebenkosten Rz 4071; aA *Blank* NZM 04, 367). 10

3. Festlegung durch den Vermieter. Eine einseitige Festlegung durch den Vermieter ist möglich, wenn dies im Gesetz vorgesehen oder zulässigerweise vereinbart ist. Ferner besteht ein einseitiges Bestimmungsrecht des Vermieters auch dann, wenn sich der Umlegungsmaßstab weder aus dem Gesetz noch aus einer vertraglichen Vereinbarung ergibt (BGH MieWoE § 13 AGBG Nr 5; KG GE 04, 423). Zur Festlegung der Abrechnungsmaßstäbe nach der HeizkostenV s. *Schmid* Handbuch der Mietnebenkosten Rz 6156 ff. 11

II. Änderung der Abrechnungsmaßstäbe. Der Vermieter kann einen einmal bestehenden Umlegungsmaßstab nicht beliebig ändern (LG Bautzen WuM 01, 288). Hierzu ist vielmehr eine rechtliche Grundlage erforderlich, die sich aus Gesetz oder Vertrag ergeben kann. Gesetzliche Regelungen enthalten die HeizkostenV (vgl *Schmid* Handbuch der Mietnebenkosten Rz 6179 ff) und § 556a II (s.u. Rn 13 ff). Eine einvernehmliche Änderung ist möglich (§ 557 I). Eine Änderungsverpflichtung des Vermieters nach §§ 242, 315 wird angenommen, wenn der bisherige Maßstab grob unbillig ist (Ddorf WuM 03, 287) oder im Laufe der Zeit unbillig geworden ist (LG Düsseldorf WuM 96, 777), für einen Mieter zu nicht mehr hinnehmbaren Belastungen führt (LG Aachen WuM 91, 503 f, für den konkret entschiedenen Fall zweifelhaft) und ein Wechsel des Maßstabes möglich und zumutbar ist (LG Mannheim NZM 99, 365). Die Unbilligkeit muss evident sein und ein anderer Maßstab muss zu gerechteren Ergebnissen führen (LG Mannheim NZM 99, 365, 366). Bloße Zweifel an der Billigkeit des Abrechnungsmaßstabs genügen nicht (BGH GE 08, 661). 12

III. Die Regelung des Abs 2. 1. Grundsätzliches. Die Regelung des § 556a II geht aber über die bloße Möglichkeit der Änderung der Abrechnungsmaßstäbe hinaus. Entgegen der zu eng gefassten Überschrift ermöglicht § 556a auch einen Eingriff in die Mietstruktur. Wie sich aus § 556a II 3 ergibt, kann der Vermieter auch von einer (Teil-)Inklusivmiete zu einer verbrauchs- oder verursachungsbezogenen Abrechnung übergehen. Entsprechendes gilt für Pauschalen (*Schmid* Handbuch der Mietnebenkosten Rz 2072). 13

Dem Vermieter ist durch § 556a II nur ein Recht eingeräumt. Der Mieter hat keinen Anspruch darauf, dass der Vermieter von der Änderungsmöglichkeit Gebrauch macht (*Schmid* Handbuch der Mietnebenkosten Rz 2017; aA *Rips* WuM 01, 419, 421 für den Fall, dass Erfassungsmöglichkeiten vorhanden sind). Erst recht folgt aus § 556a kein Anspruch des Mieters auf Einbau von Erfassungsgeräten (*Gather* DWW 01, 196; *Rips* WuM 01, 419, 420; *Sternel* ZMR 01, 937, 939). Auch ist der Mieter nicht berechtigt, selbst Messgeräte einzubauen und dann vom Vermieter für seine Wohnung eine verbrauchsabhängige Abrechnung zu verlangen (*Beuermann* GE 03, 364; aA AG Berlin-Tiergarten GE 03, 396). 14

Sehr zweifelhaft ist, ob sich der Mieter auf eine wirtschaftliche Unzweckmäßigkeit berufen kann, wenn eine verursachungsbezogene Abrechnung erheblich mehr kostet, als sie an erhoffter Einsparung bringt (vgl *Schläger* ZMR 94, 192). Einerseits enthält § 556a II keine dem § 11 HeizkostenV entspr Regelung. Andererseits ist aber der Wirtschaftlichkeitsgrundsatz zu beachten. Dem Wirtschaftlichkeitsgrundsatz ist der Vorrang einzuräumen, da der Vermieter hier anders als bei der HeizkostenV nach seinem Ermessen vorgehen kann. Der Vermieter handelt ermessensmissbräuchlich, wenn abzusehen ist, dass die den Mietern durch eine verbrauchsbezogene Abrechnung entstehenden Kosten außer jedem Verhältnis zu den möglichen Einsparungen stehen (*Schmid* WuM 01, 427). 15

2. Voraussetzungen und Durchführung. Der Vermieter gibt eine einseitige empfangsbedürftige Erklärung ab. Dem Mieter muss die Erklärung zugehen. Die Erklärung bedarf der Textform des § 126b. Fehlt es hieran, ist sie nach § 125 unwirksam. Es muss eine Verbrauchs- oder Verursachungserfassung durchgeführt werden. Es genügt also nicht ein Umlegungsmaßstab, der lediglich dem unterschiedlichen Verbrauch Rechnung trägt, wie zB eine Verteilung nach Personenzahl. Es muss zumindest eine teilweise verbrauchs- oder verursachungsabhängige Abrechnung erfolgen. Nicht ausgeschlossen wird die Änderung dadurch, dass eine Kombination zwischen einem Festanteil und einem Verbrauchsanteil gewählt wird. Nicht nach § 556a möglich ist der einseitige Übergang von einer Inklusivmiete zu einer Pauschale. Die Erklärung muss den Umfang der Vertrags- 16 änderung klar erkennen lassen (*Blank* WuM 93, 508). Insb muss der künftige Umlegungsmaßstab so eindeutig dargestellt werden, dass der Mieter die Betriebskostenabrechnung nachprüfen kann (LG Hamburg ZMR 98, 36). Eine Begründungspflicht sieht das Gesetz nicht vor (vgl BGH GE 03, 1153 = NJW 03, 2102). Sind die Kosten in der Miete enthalten, ist die Miete herabzusetzen (§ 556a II 3).

17 **3. Folgen.** Mit dem Wirksamwerden der einseitigen Änderung wird die getroffene Regelung Vertragsbestandteil und steht damit einer entspr Vereinbarung gleich. Das hat insb zur Folge, dass der Vermieter hinsichtlich der gleichen Position keine weitere einseitige Änderung auf Grund des § 556a II vornehmen kann. Der Vermieter ist auch berechtigt, auf den voraussichtlichen Umlegungsbetrag Vorauszahlungen zu erheben (*Langenberg* NZM 01, 791). Das ist zwar nicht ausdrücklich geregelt, entspricht aber dem Grundsatz, dass die laufenden Aufwendungen, die bisher durch die Inklusivmiete gedeckt waren, auch weiterhin durch laufende Zahlungen gedeckt werden. Es entspricht ferner der Regelung des § 556 I 1, der die Ausweisung der Betriebskosten als Vorauszahlungen vorsieht (vgl *Schmid* Handbuch der Mietnebenkosten Rz 2034). Eine Rückwirkung ist ausgeschlossen. Die Erklärung des Vermieters muss vor Beginn eines Abrechnungszeitraumes abgegeben werden (§ 556a II 2).

18 **D. Vorauftellungen. I. Abzug nicht umlegbarer Kosten.** Erbringt der Vermieter für umlegbare und nicht umlegbare Kosten eine einheitliche Zahlung muss vor der Kostenumlegung der Aufwand für die nicht umlegbaren Leistungen herausgerechnet werden.

19 **II. Vorauftellung auf Umlegungseinheiten.** Entstehen Kosten für mehrere Umlegungseinheiten einheitlich, müssen sie vor der Verteilung auf die einzelnen Mieter auf die Umlegungseinheiten aufgeteilt werden (LG Köln WuM 01, 496). Nach welchen Kriterien dies zu erfolgen hat, richtet sich nach der Art und Weise des einheitlichen Anfalls und den jeweiligen tatsächlichen Gegebenheiten. Erfolgt die Aufteilung nach dem Flächenverhältnis müssen für die Nachvollziehbarkeit der Abrechnung alle Flächen genannt werden (LG Köln WuM 01, 496).

20 **III. Aufteilung auf verschiedene Kostenpositionen.** Fallen einheitlich Kosten an, die mehrere Kostenpositionen betreffen, ist eine Vorauftellung aus Gründen der Übersichtlichkeit und Nachvollziehbarkeit der Abrechnung erforderlich. Sie ist insb dann notwendig, wenn unterschiedliche Abrechnungsmaßstäbe bestehen oder eine Kostenposition nicht auf alle Mieter umlegbar ist. Die Aufteilung hat in der Weise zu erfolgen, dass die Gesamtkosten nach dem Verhältnis des Aufwandes der jeweiligen Kostenposition zugeordnet werden.

21 **IV. Aufteilung nach Wohnräumen und Geschäftsräumen.** Nach § 20 II 2 NMV 1970 sind Betriebskosten, die nicht für Wohnraum entstanden sind, grds vorweg abzuziehen. Bei preisfreiem Wohnraum ist – soweit die Parteien nichts anderes vereinbart haben – eine Vorauftellung jedenfalls dann nicht geboten, wenn die Gewerbeflächen hinsichtlich einzelner oder aller Betriebskostenarten nicht zu einer ins Gewicht fallenden Mehrbelastung der Wohnraummieter führen (BGH ZMR 06, 358). Zu Einzelheiten s. *Schmid* Handbuch der Mietnebenkosten Rz 4181 ff.

22 **E. Einzelne Abrechnungsmaßstäbe. I. Grundsätzliches.** Eine gesetzliche Beschränkung für die Wahl von Abrechnungsmaßstäben besteht bei Mietverhältnissen über preisfreiem Wohnraum und Gewerberaum nicht. Im Folgenden kann nur auf die wichtigsten Abrechnungsmaßstäbe eingegangen werden (vgl ausf *Schmid* Handbuch der Mietnebenkosten Rz 4123 ff).

23 **II. Wohn- und Nutzfläche. 1. Grundsätzliches.** Das Verhältnis der Wohn- und Nutzflächen ist als Regelmaßstab vorgesehen in § 556a I 1, § 20 II 1 NMV 1970 und in § 7 I 2, § 8 I HeizkostenV für den verbrauchsunabhängigen Anteil. Man kann deshalb diesem Verteilungsmaßstab nicht den Einwand der Unbilligkeit entgegenhalten, auch wenn die Wohnungen innerhalb der Abrechnungseinheit unterschiedlich belegt sind (Hamm GE 84, 223; LG Wuppertal WuM 89, 520; aA LG Aachen WuM 93, 410; LG Düsseldorf WuM 94, 30). Auch wenn Gebühren personenzahlbezogen anfallen, ist der Vermieter nicht gezwungen, sie auch personenbezogen umzulegen. Grobe Unbilligkeit liegt selbst dann nicht vor, wenn eine Abrechnung nach Personenzahl für eine Mietpartei zu einer Halbierung der Belastung führen würde (aA AG Lippstadt WuM 95, 594 f.).

24 **2. Wohnflächenberechnung.** Bei preisgebundenem Wohnraum erfolgt die Berechnung der Wohnfläche zwingend (vgl § 2 NMV 1970) nach § 42 II. BV. Für nicht preisgebundene Mietverhältnisse gibt es keine gesetzliche Regelung für die Flächenberechnung zur Betriebskostenumlegung (vgl MieWo/*Schmid* § 1 WoFlV Rz 1 ff.). In Betracht kommt va die Anwendung der Vorschriften der II. BV bzw. der WoFlV (BGH NZM 04, 454 = MieWoE § 536 2002 Nr 2) für den Regelfall; LG Paderborn WuM 98, 289; AG Bergheim WuM 98, 36; abl für Gewerberäume: *Schul/Wichert* ZMR 02, 633 [634]). Zwar ist die Aufstellung von Vorschriften über die Berechnung der Wohnfläche nunmehr Sache der Länder (§ 19 WoFG idF des Föderalismusreform-Begleitgesetzes). Das schließt es aber nicht aus, die WoFlV weiter heranzuziehen (*Eisenschmid/Rips/Wall* Betriebskosten-Kommentar, Rz 4007). Zur WoFlV s. ausf *Eisenschmid/Rips/Wall* – *Eisenschmid* Betriebskosten-Kommentar, Teil 4 u zu den Besonderheiten bei der Betriebskostenabrechnung *Schmid* Handbuch der Mietnebenkosten, Rz 4134a.

Ist keine bestimmte Berechnungsmethode vereinbart und lässt sich eine solche auch nicht aus den Umständen, insb den Vertragsverhandlungen oder den ortsüblichen Gepflogenheiten entnehmen (vgl *Feuerlein* GE 02, 110; *Schul/Wichert* ZMR 02, 637), bestimmt der Vermieter die Berechnungsmethode einseitig. Dabei muss das billige Ermessen nach § 315 gewahrt werden (*Langenberg* NZM 01, 783 [791]). 25

Von der Vereinbarung einer bestimmten Berechnungsmethode ist die Vereinbarung einer bestimmten Fläche zu unterscheiden. Dabei weist *Kraemer* (NZM 99, 162) zutr daraufhin, dass die Vereinbarung einer einzelnen Mietfläche mit einem einzelnen Mieter sinnlos ist, weil es nicht auf die absolute Fläche, sondern auf das Flächenverhältnis ankommt. Gleichwohl wird die Vereinbarung bestimmter Flächen auch für die Nebenkostenabrechnung Unrecht zugelassen (BGH NJW 08, 142 = WuM 07, 700 = ZMR 08, 38 m abl Anm *Schmid*, soweit die Abweichung nicht mehr als 10% beträgt). Dabei hat der BGH überhaupt nicht bedacht, wie sich die Vereinbarung einer Einzelfläche auf die Gesamtfläche auswirkt. S. zu diesem Problem und zu Lösungsmöglichkeiten bei verschiedenen Fallgestaltungen *Schmid* Handbuch der Mietnebenkosten Rz 4130. 26

III. Personenzahl. Für die Anwendung dieses Umlegungsmaßstabes wird meist angeführt, dass er gerechter ist, als eine Verteilung nach Wohnfläche, weil mehr Personen auch mehr Betriebskosten verursachen. Hier muss jedoch insb auf den erheblichen Verwaltungsaufwand und die notwendige Differenzierung bei der Abrechnung hingewiesen werden. Der Vermieter muss stets die Anzahl der Bewohner überprüfen. Bei jedem Ein- und Auszug verändert sich das Verhältnis der Kostentragung. Die Anwendung dieses Verteilungsmaßstabes kann deshalb vom Vermieter grds nicht verlangt werden (LG Mannheim NZM 99, 365; aA AG Weimar WuM 97, 119). 27

Eine formularvertragliche Vereinbarung dieses Abrechnungsmaßstabes ist möglich (*Milger* NZM 2008, 758). Erfolgt die Verteilung nach der Anzahl der Bewohner, kommt es auf die tatsächliche Benutzung an, nicht auf die melderechtliche Registrierung (BGH WuM 08, 151 = GE 08, 401). 28

IV. Verbrauchs- und Verursachungserfassung. Bei einer verbrauchsabhängigen Abrechnung müssen in der Abrechnung der Gesamtverbrauch, der Einzelverbrauch und die dementsprechend umzulegenden Kosten enthalten sein (LG Kiel WuM 96, 631, 632), sofern nicht auf Grund der Verbrauchserfassung eine direkte Kostenzuordnung erfolgt. 29

Die Beweislast für die Richtigkeit der Verbrauchserfassung trifft den Vermieter (LG Berlin ZMR 97, 156). Da der Mieter zu einer Kontrolle nicht verpflichtet ist, kann er die Richtigkeit der festgestellten Werte im Prozess nach § 138 IV ZPO mit Nichtwissen bestreiten (*Schmid* ZMR 97, 452; aA LG Berlin ZMR 97, 145). Hat der Mieter oder mit dessen Einverständnis ein Dritter ein **Ableseprotokoll** unterschrieben, so ist dies idR ein so starkes Indiz für die Richtigkeit der Ablesung, dass faktisch der Nutzer beweisen muss, dass der Ablesewert falsch ist (Köln GE 86, 341, 345; LG Hannover ZMR 89, 97; *Schmid* ZMR 97, 453; aA *Gruber* NZM 00, 843). Die Unterschrift unter das Ableseprotokoll beinhaltet jedoch kein deklaratorisches Schuldanerkenntnis (*Schmid* ZMR 97, 452; *Gruber* NZM 00, 843; aA LG Berlin ZMR 97, 156). Dem Mieter steht deshalb der Beweis für die Unrichtigkeit offen. 30

Bei Erfassungsmängeln ist eine verbrauchsabhängige Abrechnung häufig nicht möglich. Der Vermieter hat dann einen anderen Umlegungsmaßstab nach billigem Ermessen zu bestimmen. Dem einzelnen Mieter bleibt jedoch der – nur schwer zu führende – Nachweis offen, dass er bei korrekter Verbrauchserfassung weniger zu zahlen gehabt hätte. Auch haftet der Vermieter auf Schadensersatz, wenn er die Unmöglichkeit der verbrauchsabhängigen Abrechnung verschuldet hat (vgl *Schmid* NZM 98, 500). Ggf kommen Schätzungen in Betracht (vgl *Schmid* Handbuch der Mietnebenkosten Rz 1154). 31

V. Miteigentumsanteile. Eine Verteilung nach Miteigentumsanteilen des Vermieters ist va bei Eigentumswohnungen grds zulässig aber nicht notwendig. Sie muss vereinbart werden, da ansonsten § 556a zur Anwendung kommt (BGH WuM 04, 403). Der Abrechnungsmaßstab „Miteigentum" ist allgemein verständlich und bedarf keine Erläuterung (BGH WuM 09, 42). 32

F. Teilweise Unabdingbarkeit. Von I kann durch Vertrag abgewichen werden. II ist nach III zugunsten des Mieters zwingend. 33

§ 556b Fälligkeit der Miete, Aufrechnungs- und Zurückbehaltungsrecht.

(1) Die Miete ist zu Beginn, spätestens bis zum dritten Werktag der einzelnen Zeitabschnitte zu entrichten, nach denen sie bemessen ist.
(2) ¹Der Mieter kann entgegen einer vertraglichen Bestimmung gegen eine Mietforderung mit einer Forderung aufgrund der §§ 536a, 539 oder aus ungerechtfertigter Bereicherung wegen zu viel gezahlter Miete aufrechnen oder wegen einer solchen Forderung ein Zurückbehaltungsrecht ausüben, wenn er seine Absicht dem Vermieter mindestens einen Monat vor der Fälligkeit der Miete in Textform angezeigt hat. ²Eine zum Nachteil des Mieters abweichende Vereinbarung ist unwirksam.

A. Allgemeines. I. Anwendungsbereich des § 556b Abs 1. Die Vorschrift des § 556b I gilt für Wohnraum. Gem § 579 II ist die Regelung auf Mietverhältnisse über andere Räume entspr anwendbar, sodass Geschäfts- 1 raummietverhältnisse und Mietverhältnisse über sonstige Räume erfasst sind. Für Mietverhältnisse über Grundstücke, im Schiffsregister eingetragene Schiffe und für bewegliche Sachen gilt die Endfälligkeit der Miete als Regelfall (§ 579 I).

2   II. Anwendungsbereich des § 556b Abs 2. Die Regelungen des § 556b II sind ausschl auf Wohnraummietverhältnisse anwendbar (Schmid/*Harz* FAK-MietR § 556b Rz 6). Zu Aufrechnung und Zurückbehaltung bei sonstigen Räumen s. FAKomm-MietR/*Harz* § 556b Rz 53 ff.

3   III. Abdingbarkeit. Die Vorschrift des § 556b I ist auch für Wohnraummietverhältnisse nicht zwingend (MieWo/*Harz* § 556b Rz 4). Die Vereinbarung von Rechtzeitigkeitsklauseln, wonach es für die Rechtzeitigkeit der Zahlung auf den Geldeingang beim Vermieter ankommt, ist wirksam (BGH ZMR 98, 612; München ZMR 96, 376). Im Gegensatz zur Wohnraummiete ist bei der gewerblichen Raummiete auch die Kombination einer Vorauszahlungsklausel mit Klauseln unbedenklich, die die Aufrechnungsbefugnis des Mieters einschränken oder ausschließen bzw das Zurückbehaltungsrecht des Mieters modifizieren (FAKomm-MietR/*Harz* § 556b Rz 11). II ist zwingend.

4   IV. Übergangsregelung. Gem Art 229 § 3 I Nr 7 EGBGB ist auf Altverträge, dh solche Verträge, die am 1.9.01 bereits bestanden, weiterhin § 551 aF anzuwenden.

5   B. Fälligkeit der Miete. Nach § 556b I ist der Mieter zu Beginn, spätestens bis zum 3. Werktag des jeweiligen Zeitabschnitts zur Zahlung der Miete verpflichtet. Im Hinblick auf die Zeitabschnitte kommt es auf die vertraglichen Vereinbarungen an. Es kann sich um Tage, Wochen, Monate, Vierteljahre, Halbjahre oder Jahre handeln. Die Miete ist dann gem § 556b I jeweils zu Beginn der einzelnen vertraglich vereinbarten Zeitabschnitte zu zahlen, spätestens jeweils am 3. Werktag des einzelnen Zeitabschnitts (MieWo/*Harz* § 556b Rz 7). Str ist, ob die Regelung nur die Verlagerung des Fälligkeitszeitpunkts beinhaltet, oder die Vorleistungspflicht des Vermieters als solche betrifft (zum Streit s. MüKo/*Artz* § 556b Rz 7; Palandt/*Weidenkaff* § 556b Rz 4).

6   Der Samstag ist Werktag (BGH NJW 05, 2154). Ist der dritte Werktag ein Samstag, findet § 193 Anwendung (FAKomm-MietR/*Harz* § 556 Rz 27).

7   § 556b I enthält keine Bestimmungen zu Zahlungsort und zu Zahlungszeitpunkt, sodass es hier bei den Regelungen des §§ 269, 270 bleibt. Regelmäßig ist die Miete Schickschuld (§ 270), so dass der Mieter nur die Transport- nicht die Verzögerungsgefahr trägt. Wurde zwischen den Parteien das Lastschriftverfahren vereinbart, liegt eine Holschuld vor. In diesen Fällen hat der Mieter das seinerseits Erforderliche zum Zeitpunkt der Fälligkeit getan, wenn auf seinem Konto Deckung vorhanden war. Die Einziehung ist Sache des Vermieters, der auch das Verzögerungsrisiko trägt. Bei Zahlung durch Scheck, soweit diese Zahlungsform vereinbart oder akzeptiert ist, kommt es bei Übersendung durch die Post auf den Zeitpunkt der Absendung an. Sofern die Parteien die Barzahlung der Miete vereinbart haben, handelt es sich um eine Bringschuld, dh der Mieter hat die Miete dem Vermieter am Wohnsitz oder Ort seiner Niederlassung auszuhändigen oder bei einem Geldinstitut, bei dem der Vermieter ein Konto unterhält, am Tag der Fälligkeit einzuzahlen. Bei dem wohl häufigsten Fall, dass die Miete durch Überweisung gezahlt werden soll, ist für die pünktliche Zahlung ausreichend, wenn der Überweisungsvertrag (§ 676a) rechtzeitig geschlossen wurde und das Konto gedeckt war (vgl zum Ganzen MieWo/*Harz* § 556b Rz 7 mwN).

8   C. Aufrechnung und Zurückbehaltungsrecht. II schränkt die Möglichkeit ein, das Aufrechnungs- und Zurückbehaltungsrecht vertraglich auszuschließen oder zu beschränken. Zu den Mietforderungen zählen auch die Mietnebenkosten. Die Geltendmachung der in § 556b II genannten Rechte steht dem Mieter bei vertraglicher Beschränkung nur dann zu, wenn er seine Absicht dem Vermieter ggü mindestens einen Monat vor Fälligkeit der Miete in Textform angezeigt hat. Eine mündliche Anzeige ist unwirksam (§ 125 I). Die Monatsfrist ist gem §§ 187 I, 188 II u III zu berechnen und stellt eine Mindestfrist dar (FAKomm-MietR/*Harz* § 556b Rz 51).

9   Sowohl das Recht zur Aufrechnung als auch die Ausübung des Zurückbehaltungsrechts stehen dem Mieter auch über die Dauer des Mietverhältnisses hinaus zu, während die Ankündigungsverpflichtung nach dem Ende des Mietverhältnisses entfällt (BGH ZMR 00, 364).

Unterkapitel 2   Regelungen über die Miethöhe

§ 557 Mieterhöhungen nach Vereinbarung oder Gesetz. (1) Während des Mietverhältnisses können die Parteien eine Erhöhung der Miete vereinbaren.
(2) Künftige Änderungen der Miethöhe können die Vertragsparteien als Staffelmiete nach § 557a oder als Indexmiete nach § 557b vereinbaren.
(3) Im Übrigen kann der Vermieter Mieterhöhungen nur nach Maßgabe der §§ 558 bis 560 verlangen, soweit nicht eine Erhöhung durch Vereinbarung ausgeschlossen ist oder sich der Ausschluss aus den Umständen ergibt.
(4) Eine zum Nachteil des Mieters abweichende Vereinbarung ist unwirksam.

A. Allgemeines.
§ 557 leitet das 2. Unterkap mit den Regelungen über die Miethöhe ein. Er fasst die Möglichkeiten zusammen, wie die **Vertragsparteien zusammen** (Änderungsvereinbarung) oder der **Vermieter einseitig** (va nach §§ 559, 560) die Miete ändern können. Mit der Voranstellung der Mieterhöhungen kraft Parteivereinbarung in § 557 I, II wird das grds auch für Mieterhöhungen geltende **Prinzip** der **Vertragsfreiheit** (Vor §§ 145 ff Rn 12 ff) im Interesse der Streitvermeidung hervorgehoben und einvernehmlichen Vertragsänderungen grds der Vorzug eingeräumt (BGH NJW 07, 3122, 3123).

I. Zweck.
Die Vorschrift ist **Grundnorm** für die Möglichkeiten einer Mieterhöhung in Wohnraummietverhältnissen. Durch § 557 I stellt das Gesetz klar, dass eine vertragliche Änderung der Miethöhe frei von Zwängen **nur** während des laufenden Verhältnisses möglich ist. Alle anderen Änderungen sind **gefesselt**. Bereits künftige vertragliche Änderungen der Miete sind gem § 557 II bloß in Form von Staffel- oder Indexmieten (§§ 557a, 557b) zulässig. Kommt zwischen den Parteien keine Vereinbarung zustande, bestimmt § 557 III, dass ein Vermieter – soweit nicht etwas anderes vereinbart ist – **einseitige** Mieterhöhungen ausschl im gesetzlichen Mieterhöhungsverfahren nach §§ 558–560 durchsetzen kann.

II. Anwendungsbereich.
§§ 557–561 gelten für bestehende befristete und unbefristete **Mietverträge über Wohnraum** oder gemischte Verträge, die zumindest ihren Schwerpunkt im Bereich der Wohnraummiete haben (BGH ZMR 86, 278 = NJW-RR 86, 877; Ddorf ZMR 06, 685, 686). Wohnraummiete liegt vor, wenn Räumlichkeiten auf Grund eines Vertrages entgeltlich zum Zwecke des privaten Aufenthalts des Mieters oder Angehöriger überlassen werden. Für **Mischmietverhältnisse** ist zu fragen, wo der Schwerpunkt liegt (iE § 535 Rn 14; § 549 Rn 2). Ist eine Garage mitvermietet, kann eine Erhöhung nur einheitlich verlangt werden (LG Rottweil NZM 98, 432; s. dazu § 535 Rn 8). Auf Mietverhältnisse über die in § 549 II, III genannten Wohnungen sind §§ 557–561 **nicht anwendbar**. Der Vermieter im **preisgebundenen Wohnraum** kann die Miete nach §§ 557 ff erhöhen, jedoch nicht höher als bis zur in der Förderzusage bestimmten höchstzulässigen Miete (Miete ohne Betriebskosten) und unter Einhaltung sonstiger Bestimmungen der Förderzusage zur Mietbindung, § 28 III WoFG. Für **preisgebundenen Altbestand** (Förderzusage vor dem 31.12.01) – und also die Erhöhung einer **Kostenmiete** – gelten gem § 50 WoFG noch das WoBindG, die NMV und die II. BV.

B. Vereinbarte Mietänderung.
I. Allgemeines.
Vertragliche Mietänderungen sind für das **laufende** Mietverhältnis und für **künftig** geschuldete Mieten vorstellbar.

II. Erhöhung der Miete im laufenden Mietverhältnis.
Die **Vertragsparteien** können die gegenwärtige Miete **während** des Mietverhältnisses jederzeit **frei vereinbaren** und erhöhen oder ermäßigen. Vereinbarungen des noch nicht im Grundbuch eingetragenen Grundstückserwerbers binden den Mieter nicht (AG Köln WuM 07, 577), sofern sie nicht unter einer aufschiebenden Bedingung geschlossen wurden (LG Duisburg WuM 04, 231, 232).

Eine Miethöheänderungsvereinbarung ist Vertrag iSv § 311 I, die durch **Angebot und Annahme** zustande kommt. Es gelten die Bestimmungen über Willenserklärungen (§§ 116–144) und die über Verträge (§§ 145–157). Der Antrag kann vom Mieter **ausdrücklich**, aber auch **schlüssig** angenommen werden (BGH NJW 08, 283, 284; BGH ZMR 05, 848, 849; BGH ZMR 05, 847, 848). Für eine schlüssige Annahme erforderlich ist, dass der Vermieter nach den Gesamtumständen davon ausgehen kann, dass der Mieter der Änderung zustimmt. Für einen Änderungsvertrag reicht es grds nicht aus, dass der Mieter zB Betriebskostenabrechnungen unter Einbeziehung bisher nicht vereinbarter Betriebskosten lediglich nicht beanstandet. Selbst wenn der Mieter daraufhin eine Zahlung erbringt, kommt darin zunächst allein die Vorstellung des Mieters zum Ausdruck, hierzu **verpflichtet zu sein** (BGH NJW 08, 283, 284). Dem Mieter muss bei einem ausdrücklichen oder konkludenten Antrag bewusst sein, wie hoch die vereinbarte Miete ist und dass er durch die Zahlung einer Mieterhöhung zustimmt. Die Zahlung einer erhöhten Miete ist nur ein Indiz für einen Änderungswillen (s.a. BGH ZMR 05, 848, 849; BGH ZMR 05, 847, 848). Eine schlüssige Annahme ist auch nicht darin zu sehen, dass der Mieter einen „Befehl" des Vermieters annimmt und einen Dauerauftrag ändert (LG Mannheim WuM 04, 481). Hat der Vermieter eine **ausdrückliche Erklärung** verlangt, kommt eine konkludente nicht mehr in Betracht (LG Berlin GE 08, 605; AG Schöneberg GE 09, 117, 118). Ein **unwirksames** Mieterhöhungs**verlangen** nach §§ 558, 558b kann idR nicht nach § 140 in ein schlüssiges Angebot auf Abschluss eines Abänderungsvertrages **umgedeutet** werden (BGH ZMR 05, 848, 849; aA LG Berlin GE 08, 1492, 1493); ein **einseitiges Verlangen** nach §§ 559, 560 keinesfalls. Hat sich der Vermieter unter Verstoß gegen § 557 IV eine **einseitige Neufestsetzung** der Miete vorbehalten und hat er in seinem Mieterhöhungsschreiben dieses Bestimmungsrecht ausüben wollen, liegt darin kein Angebot zum Abschluss einer Mieterhöhungsvereinbarung (BGH ZMR 05, 848, 849). Die Beteiligten haben sich für eine Mieterhöhung außerdem grunds auf einen **bestimmten Betrag** zu verständigen. Die Erhöhung wirkt zum vereinbarten Termin. Ist keiner vereinbart worden, gilt § 271. Das Sonderkündigungsrecht nach § 561 ist bei einer einvernehmlichen Mietänderung ausgeschlossen (Artz ZMR 06, 165, 168). IdR ist der Vermieter darlegungs- und beweispflichtig (BGH NJW 98, 445, 446), dass ein Änderungsvertrag geschlossen worden ist; anders ist es ggf unter Kaufleuten (Ddorf ZMR 95, 534).

7 III. Vereinbarungen über künftige Änderungen der Miethöhe. Künftige Veränderungen der Miethöhe können die Vertragsparteien gem § 557 II vor, zu Beginn und während des Mietverhältnisses nur als Staffel- (§ 557a) oder als Indexmiete (§ 557b) vereinbaren.

8 IV. Grenzen. Für eine Vereinbarung zur **laufenden Miete** sind die Mietvertragsparteien von den Beschränkungen der §§ 558–558b vollständig befreit. Die Veränderung der **künftigen Miete** ist nur in den Wegen des § 557 II möglich und iÜ gem § 557 IV, 134 nichtig. Die gesetzlichen Grenzen folgen in erster Linie aus einer Mietpreisüberhöhung iSv § 5 WiStG (BGH ZMR 04, 410, 411; § 535 Rn 133) und aus § 291 I 1 Nr 1 StGB (§ 535 Rn 134). Vgl auch § 28 V WoFG.

9 C. An das Gesetz gebundene Mieterhöhungen. I. Allgemeines. Gem Art 14 GG muss der Vermieter berechtigt bleiben, die Miete im angemessenen Rahmen zur Erhaltung des Hausbesitzes zu erhöhen (BVerfG ZMR 80, 202). Das Gesetz verbietet in § 573 I 2 für die Wohnraummiete zwar eine Änderungskündigung, ermöglicht aber als verfassungsrechtliches Korrelat **gesetzlich gebundene Mieterhöhungen**. Treffen die Vertragsparteien über die Miethöhe keine Vereinbarung, kann der Vermieter daher gem § 557 III Hs 1 Mieterhöhungen nach Maßgabe von §§ 558–560 verlangen. In Betracht kommen **drei**: Mieterhöhungen zur Anpassung der Miete an die ortsübliche Vergleichsmiete (§ 558 iVm §§ 558a–558e), wegen einer durchgeführten Modernisierung (§ 559) oder wegen gestiegener Betriebskosten (§ 560). Während § 558 insoweit einen Anspruch auf Zustimmung gibt, handelt es sich bei §§ 559, 560 um **einseitige Gestaltungserklärungen**.

10 II. Ausschluss. Die Vertragsparteien sind gem § 557 III berechtigt, Miet**erhöhungen** nach §§ 558–560 ganz oder teilweise, für eine bestimmte Dauer (BGH NJW 92, 2281) oder für bestimmte Mietteile auszuschließen (BayObLG NZM 99, 215, 216). Mieterhöhungen sind dann unwirksam. Unter extremen Umständen kann ein Ausschluss nach § 313 wieder entfallen.

11 1. Ausdrücklicher Ausschluss. Eine ausdrückliche, Mieterhöhungen ausschließende Vereinbarung kann nach § 557 III Hs 2 Alt 1 formfrei im (Formular-) Mietvertrag selbst, aber auch an anderer Stelle geschlossen werden. Eine Ausschlussvereinbarung ist zB anzunehmen, wenn eine Mieterhöhung nur zulässig ist, sofern die geforderte Miete **unterhalb der ortsüblichen Vergleichsmiete** liegen muss (BGH WuM 09, 463). Ausschlussvereinbarungen sind aber auch vorstellbar, wenn eine Wohnung als öffentlich gefördert (Sozialwohnungen) bezeichnet wird (BGH WuM 04, 282) oder bei Werkförderungsverträgen mit Wohnungsbelegungsrechten für werksfremde Wohnungen als Verträge zu Gunsten Dritter (*Riecke* WuM 03, 663, 667). Der Rechtsnachfolger des Vermieters ist an eine Mieterhöhungsbegrenzung gebunden, wenn sie an ihn weitergegeben worden ist (BGH ZMR 04, 22 = NJW 03, 3767 zu Drittmitteln). Der Ausschluss kann auch als Vertrag zu Gunsten des Mieters zwischen Vermieter und einem Dritten geschlossen werden.

12 2. Konkludenter Ausschluss. Ein Ausschluss kann sich gem § 557 III Hs 2 Alt 2 auch **aus den Umständen** ergeben (BGH ZMR 04, 408, 409; *Sternel* FS Blank, 421, 431). Um das zu ermitteln, bedarf es einer umfassenden Auslegung des gesamten Vertrages einschl der außerhalb des Vertrages liegenden Umstände (BGH ZMR 04, 408, 409). Für die Auslegung kommt es entscheidend auf die konkrete Ausgestaltung des Vertrages an. Ein Sperre kann sich ggf aus der vereinbarten **Wohnungsgröße** (LG Berlin NZM 02, 947; LG Braunschweig WuM 99, 205; *Sternel* FS Blank, 421, 431; s. aber BGH WuM 07, 450), aus **Verwaltungsvorschriften** (BayObLG NJW-RR 99, 1100) oder aus der Bezeichnung der Wohnung als „öffentlich gefördert (Sozialwohnung) oder sonst preisgebunden" ergeben. Enthält der Mietvertrag eine **Kostenmietklausel**, ist hierin kein konkludenter Ausschluss zu sehen. Die Bindung an eine Kostenmietklausel entfällt vielmehr auf Grund **ergänzender Vertragsauslegung** mit dem Wegfall der Wohnungsgemeinnützigkeit und den damit verbundenen Steuervorteilen ersatzlos (BGH NZM 06, 693, 694 = ZMR 06, 841). Die Miete kann dann nach §§ 558 ff erhöht werden. Ob ein konkludenter Mieterhöhungsausschluss bereits dann anzunehmen ist, wenn die Parteien einen **Zeitmietvertrag** mit fester Miete geschlossen haben, ist unsicher. Ohne besondere Anhaltspunkte kann ein Zeitmietvertrag allein, anders als nach § 1 3 MHG, nicht mehr als Ausdruck eines Ausschlusses angesehen werden. Umstr ist ferner, ob eine **unwirksame** Index- oder Staffelmiete das Recht des Vermieters jedenfalls auf die von ihm in den Vertrag eingebrachte unwirksame Klausel beschränkt (LG Berlin GE 02, 468; LG Görlitz WuM 97, 682 für die Staffelmiete; LG Frankfurt/M WuM 98, 603 für die Indexmiete); dies wird meist abzulehnen sein (s.a. *Sternel* FS Blank, 421, 432).

13 3. Rechtsfolge. Ein Ausschluss gilt grds dauerhaft, bei befristeten Mietverträgen mit Verlängerungsklausel aber nur für die Zeit der ersten Befristung. Er erstreckt sich nicht auf einen Verlängerungszeitraum (Karlsr ZMR 86, 80, 81).

14 D. Abdingbarkeit. § 557 ist zum Nachteil des Mieters gem § 557 IV **nicht abdingbar**; nachteilige Bestimmungen sind für die Berechnung der Miethöhe **nichtig** (BGH ZMR 05, 848, 850; BGH ZMR 04, 174). § 557 IV tritt Abreden entgegen, die die **formellen** oder **materiellen Voraussetzungen** für eine Mieterhöhung abändern (BGH NJW 09, 2739, 2740; BGH NJW-RR 07, 667); dies trifft zB auf eine Wohnflächenvereinbarung nicht zu (§ 558 Rn 10). Eine Regelung ist **nachteilig**, wenn der Vermieter durch sie eine günstigere Rechtsstellung erhält, als sie ihm in formeller oder materieller Hinsicht das Gesetz einräumt (Stuttg ZMR 89,

416, 417), zB die Vereinbarung eines **einseitigen** Mieterhöhungsrechts (BGH ZMR 05, 848, 850). Erfüllt eine Mietwohnung nicht die gesetzlichen Voraussetzungen für preisgebundenen Wohnraum, ist die Vereinbarung der Wohnungspreisbindung mit der Berechtigung des Vermieters zur einseitigen Erhöhung der Kostenmiete **unwirksam** (BGH NJW-RR 07, 667). Hat der Mieter auf Grund einer unwirksamen Klausel Leistungen erbracht hat, sind Rückforderungsansprüche nach §§ 812 ff möglich (BGH NJW-RR 07, 667; BGH ZMR 04, 740). Ein Bereicherungsanspruch entfällt aber gem § 814, wenn der Mieter positiv wusste, nicht zur Zahlung in dieser Höhe oder unter diesen Voraussetzungen verpflichtet zu sein. Die Parteien können vereinbaren, dass eine teilunwirksame Klausel nach Wegfall einer Bindung wirksam wird (BGH ZMR 07, 850).

§ 557a Staffelmiete.
(1) Die Miete kann für bestimmte Zeiträume in unterschiedlicher Höhe schriftlich vereinbart werden; in der Vereinbarung ist die jeweilige Miete oder die jeweilige Erhöhung in einem Geldbetrag auszuweisen (Staffelmiete).
(2) ¹Die Miete muss jeweils mindestens ein Jahr unverändert bleiben. ²Während der Laufzeit einer Staffelmiete ist eine Erhöhung nach den §§ 558 bis 559b ausgeschlossen.
(3) ¹Das Kündigungsrecht des Mieters kann für höchstens vier Jahre seit Abschluss der Staffelmietvereinbarung ausgeschlossen werden. ²Die Kündigung ist frühestens zum Ablauf dieses Zeitraums zulässig.
(4) Eine zum Nachteil des Mieters abweichende Vereinbarung ist unwirksam.

A. Allgemeines. I. Zweck. Die in § 557a I 1 legal definierte, auf unbeschränkte Zeit abschließbare Staffelmiete gestattet eine Veränderung der Miete jenseits der ortsüblichen Vergleichsmiete. Eine Staffelmiete soll den Mietvertragsparteien va **Kalkulationssicherheit** verschaffen (BGH NJW 09, 353, 354 = ZMR 09, 189; BGH ZMR 06, 262, 264). Der Mieter kann die Entwicklung der Miete bis auf Veränderungen der Betriebskosten sicher abschätzen (BGH ZMR 06, 262, 264). Dem Vermieter werden Investitionsentscheidungen dadurch erleichtert, dass er mit den künftigen Steigerungen der Mieteinnahmen schon zu einem früheren Zeitpunkt sicher rechnen kann (BGH ZMR 04, 175, 176). § 557a ist **nicht** zum Nachteil des Mieters abdingbar, § 557a IV. Dies ist nicht der Fall, wenn sich der Mieter auf eine **niedrigere** ortsübliche Miete berufen darf (BGH ZMR 09, 519, 520). Unwirksam sind Klauseln, die kürzere Staffeln als ein Jahr vorsehen, oder solche, die neben der Staffelmiete Mieterhöhungen nach §§ 558, 559 zulassen wollen. Vereinbaren die Parteien **neben** einer Staffelmiete einen formularmäßigen Kündigungsausschluss, der die nach § 557a II 1 höchstzulässige Frist von vier Jahren übersteigt, ergibt sich die Unwirksamkeit des gesamten Kündigungsverzichtes aus § 307 I 1, weil der Ausschluss den Mieter entgegen den Geboten von Treu und Glauben unangemessen benachteiligt (BGH NZM 06, 579, 581).

II. Anwendungsbereich. Zum Anwendungsbereich und den Grenzen des § 557a s. § 557 Rn 3 u 7; zeitlich gilt § 557a nur für Verträge seit dem 1.9.01. Eine Ausdehnung der Vorschrift auf die **gewerbliche Miete** ist nicht geboten (BGH NJW-RR 05, 236, 237; für ein Mischmietverhältnis s. LG Berlin GE 04, 425). Eine Staffelmietvereinbarung wird regelmäßig bereits bei Abschluss des Mietvertrages getroffen. Sie kann aber auch während der Mietzeit (BGH ZMR 06, 192) sowohl in einem befristeten als auch in einem unbefristeten Vertrag vereinbart werden. Eine Staffelmiete kann wegen des Grundsatzes der Vertragsfreiheit iÜ auch noch während der Dauer einer Mietpreisbindung für den Zeitraum **nach** ihrem Ablauf vereinbart werden (BGH ZMR 04, 175, 176). Während der Dauer einer **Preisbindung** ist die Vereinbarung einer Staffelmiete zulässig (Hamm NJW-RR 93, 659 = ZMR 93, 162), wenn die höchste Staffel nicht die bei Vertragsschluss maßgebliche Kostenmiete übersteigt. Die Staffeln werden bei einer Kostenmiete aber nicht wie sonst (Rn 11) automatisch wirksam (dazu LG Berlin GE 07, 719, 720). Für Staffelmieten, die **vor** dem 1.9.01 vereinbart wurden, gilt noch § 10 II MHG (BGH ZMR 04, 735, 736). Verstieß eine Staffelmiete gegen § 10 II 2 MHG, kommt eine Heilung nicht in Betracht (LG Berlin GE 04, 625). Sie ist **insoweit unwirksam**, als sie über die damalige zulässige Höchstdauer von zehn Jahren hinausgeht (BGH NJW 09, 353, 354 = ZMR 09, 189).

III. Ende der Staffelmietvereinbarung. Eine Staffelmiete endet mit Ablauf der letzten Staffel. Es gibt keine automatische Fortschreibung. Der Mietvertrag iÜ bleibt vom Ende der Vereinbarung unberührt. Nach ihrem Ablauf gilt die in der letzten Staffel vereinbarte Miete. Mieterhöhungen richten sich mit dem Ende wieder nach §§ 557–560.

B. Inhalt. I. Voraussetzungen. 1. Schriftlichkeit. Die Vereinbarung muss nach §§ 557a I Hs 1 schriftlich (§ 126) und für bestimmte Zeiträume (zB Anfang eines Monats) getroffen werden. Der Schriftform gleichwertig ist die elektronische Form (§ 126a). Die Textform (§ 126b) ist unzureichend.

2. Staffeln. § 557a I Hs 1 setzt voraus, dass die Miete für bestimmte Zeiträume in unterschiedlicher Höhe vereinbart wird. Hierfür ist es ausreichend, dass sich die Miete während des vereinbarten Zeitraums lediglich einmal erhöht (BGH ZMR 06, 192, 195). Die Parteien müssen also mindestens zwei Staffeln abmachen (*Kinne* ZMR 01, 868, 877). Gem § 557a I Hs 2 ist die für jede einzelne Staffel **geltende Miete** oder die jeweilige Erhöhung in einem Geldbetrag schriftlich auszuweisen; die bloße Angabe eines Erhöhungsprozentsatzes reicht nicht aus. Jede Staffel muss nach § 557a II 1 mindestens ein Jahr betragen, kann aber auch länger sein oder wechseln (*Mersson* ZMR 02, 732).

6 II. Verstöße. 1. Nichtigkeit. Die Mindestzeit von einem Jahr je Staffel ist eine absolute Grenze. Die gesamte Vereinbarung ist nach hM nichtig, wenn eine Staffel kürzer ist, zB ein Tag fehlt (LG Berlin GE 04, 625; 01, 852). Der Mieter kann in diesem Falle einen Anspruch aus §§ 812 ff haben (LG Kiel WuM 00, 308). Wird die Staffelmiete **nicht formgerecht** vereinbart, ist sie unwirksam. Die einmalige Herabsetzung einer Staffelmiete ohne Anpassung der folgenden Staffeln wegen der ursprünglich vereinbarten Erhöhungszeitpunkte und des Erhöhungsbetrages führt aber nicht zur Unwirksamkeit der Staffelmietvereinbarung (LG Berlin ZMR 04, 279). Auch die Kappungsgrenze des § 558 III gilt nicht.

7 2. Der Vertrag im Übrigen. Der Mietvertrag bleibt bei Nichtigkeit der Staffelmiete wirksam. Der Mieter schuldet die Miete, die bei Abschluss des Mietverhältnisses vereinbart worden ist. Mieterhöhungen richten sich nach §§ 557–560 (LG Berlin WuM 01, 612; LG Berlin ZMR 98, 230). Die Auslegung kann ergeben, dass die Parteien jedenfalls sonstige Mieterhöhungen ausschließen wollten.

8 III. Kündigungsrecht. § 557a III 1 erlaubt ausnahmsweise einen **einseitigen** Kündigungsverzicht des Mieters. Ein einseitiger formularmäßig erklärter Kündigungsausschluss zu Lasten des Mieters von Wohnraum benachteiligt den Mieter nicht unangemessen (§ 307), wenn er **zusammen** mit einer nach § 557a zulässigen Staffelmiete vereinbart wird (fehlt es hieran, ist die Bestimmung unwirksam, *Wiek* WuM 05, 369; *Häublein* ZMR 04, 252, 253; *Hinz* WuM 04, 126, 128) und die Dauer des Kündigungsausschlusses nicht mehr als 4 Jahre beträgt (BGH NJW 09, 353, 354 = ZMR 09, 189; BGH NZM 06, 262, 265; BGH ZMR 06, 192; zum **beiderseitigen** Kündigungsverzicht s. BGH ZMR 04, 802 = NJW 04, 3117). Die Frist berechnet sich mit **Abschluss der Staffelmietvereinbarung** (BGH NZM 06, 653, 654; BGH NZM 06, 579, 580), nicht mit Bezug der Wohnung (BGH NZM 05, 782; LG Berlin GE 05, 307). Eine formularmäßige Bestimmung, wonach der Mieter nach Ablauf von 4 Jahren nur zu einem einzigen Zeitpunkt kündigen kann, ist **nichtig** (BGH ZMR 04, 175, 176). Auch wenn das Kündigungsrecht für **mehr als 4 Jahre** ausgeschlossen wird, ist der Ausschluss insgesamt nichtig (BGH NJW 06, 1059 = ZMR 06, 270). Soweit die Rspr für § 10 II 6 MHG einen formularmäßigen Ausschluss des Kündigungsrechts von mehr als vier Jahren in einem Staffelmietvertrag lediglich als teilunwirksam ansah (BGH WuM 05, 519, 520; LG Berlin NZM 00, 1051), beruhte dies auf einem abweichenden Inhalt der Vorschrift, der Ausdruck eines entspr gesetzgeberischen Willens gewesen ist. Dieser gilt für § 557a III 1 nicht (BGH NJW 06, 1059 = ZMR 06, 270). Etwas anders gilt für eine **Individualvereinbarung**; diese ist wirksam. Ist in einem Mietvertrag ein längerer Kündigungsausschluss individualvertraglich vereinbart, führt dies zur Teilnichtigkeit der Klausel. Zwischen den Parteien gilt dann ein Kündigungsausschluss von vier Jahren (BGH NZM 06, 653, 654). Die in § 557a III 1 bestimmte Höchstfrist von vier Jahren ist auch dann maßgeblich, wenn ihr Ende auf einen Kalendertag vor dem Ende eines Monats fällt (BGH NZM 06, 579, 580).

9 IV. Andere Mieterhöhungen. Neben den einzelnen Staffeln sind gem § 557a II 2 nur Mieterhöhungen nach § 560 wegen Betriebskostenerhöhungen (wenn dies vereinbart ist, § 560 I 1) sowie **einvernehmliche** Vertragsänderungen zulässig (BGH ZMR 06, 262, 265; LG Berlin ZMR 04, 270; AG Tiergarten GE 07, 59).

10 V. Wegfall der Geschäftsgrundlage und Verwirkung. Bei einer Staffelmiete besteht die Möglichkeit, dass die vereinbarte Miete im Laufe der Zeit erheblich von der Entwicklung der marktüblichen Miete abweicht. Der Mieter bleibt idR dennoch auch bei einem gravierenden Absinken des allgemeinen Mietniveaus an die vertraglich vereinbarten Staffelerhöhungen gebunden, es sei denn, die Parteien hätten eine abw Regelung getroffen (BGH NJW-RR 05, 236, 237 = ZMR 05, 112; BGH ZMR 02, 654, 655). Wenn der Vermieter den Erhöhungsbetrag über einen längeren Zeitraum nicht geltend macht, kann hierin ein Verzicht (LG München I ZMR 03, 431) oder eine Verwirkung (KG ZMR 04, 577, 578) liegen.

11 C. Wirkungen. Die jeweilige Mieterhöhung tritt kraft Gesetzes und automatisch ein. Es bedarf keiner Erhöhungserklärung. Der Mieter gerät bei Nichtzahlung gem § 286 II in Verzug. Die Parteien können aber ohne Verstoß gegen § 557a IV vereinbaren, dass zusätzlich zur Staffelvereinbarung die jeweilige Staffelerhöhung auch noch durch den Vermieter innerhalb einer bestimmten Frist angekündigt werden muss.

12 D. Beweis. Im Prozess muss der, der eine Staffelmiete behauptet, die Voraussetzungen des § 557a darlegen und beweisen.

§ 557b Indexmiete.
(1) **Die Vertragsparteien können schriftlich vereinbaren, dass die Miete durch den vom Statistischen Bundesamt ermittelten Preisindex für die Lebenshaltung aller privaten Haushalte in Deutschland bestimmt wird (Indexmiete).**
(2) [1]Während der Geltung einer Indexmiete muss die Miete, von Erhöhungen nach den §§ 559 bis 560 abgesehen, jeweils mindestens ein Jahr unverändert bleiben. [2]Eine Erhöhung nach § 559 kann nur verlangt werden, soweit der Vermieter bauliche Maßnahmen aufgrund von Umständen durchgeführt hat, die er nicht zu vertreten hat. [3]Eine Erhöhung nach § 558 ist ausgeschlossen.
(3) [1]Eine Änderung der Miete nach Absatz 1 muss durch Erklärung in Textform geltend gemacht werden. [2]Dabei sind die eingetretene Änderung des Preisindexes sowie die jeweilige Miete oder die Erhöhung in

einem Geldbetrag anzugeben. ³Die geänderte Miete ist mit Beginn des übernächsten Monats nach dem Zugang der Erklärung zu entrichten.
(4) Eine zum Nachteil des Mieters abweichende Vereinbarung ist unwirksam.

A. Allgemeines. Die in § 557b I 1 legal definierte, in der Wohnraummiete selten vereinbarte Indexmiete ist neben der Staffelmiete die einzig zulässige antizipierte Mietpreisänderungsklausel. Eine Indexmiete ermöglicht es leicht und überschaubar, die Miete zu erhöhen oder zu senken. Für ihre Ermittlung kann die geschuldete Miete zulässiger Weise **nur** an den vom Statistischen Bundesamt ermittelten **Preisindex** für die Lebenshaltung aller privaten Haushalte in Deutschland gekoppelt werden. In die Ermittlung mit einbezogen werden die durchschnittlichen Kosten für Mietwohnungen. Bereits dadurch ist ein Bezug zur Miethöhe hergestellt, der die Gefahr einer divergierenden Entwicklung der Lebenshaltungskosten und der ortsüblichen Vergleichsmiete wesentlich verringert (AG Hamburg WuM 00, 494). Eine Indexmiete bewirkt im Regelfall eine Mieterhöhung (Hamm DWW 93, 321); sie kann aber auch zu einer Mietsenkung führen. 1

Eine Mindestlaufzeit ist nicht vorgeschrieben. Die Indexmiete kann daher sowohl in einem befristeten als auch in einem unbefristeten Vertrag vereinbart werden. Mietpreisänderungsklauseln, die vor dem 1.9.01 vereinbart wurden, **bleiben wirksam**. Für sie gilt noch § 10a MHG in der jeweiligen Fassung. Wertsicherungsvereinbarungen, die wegen Unterschreitung der Mindestdauer nicht genehmigungsfähig waren, sind **nicht** am 1.9.01 wirksam geworden (*Langenberg* WuM 01, 523, 524; str). Zum **Anwendungsbereich** und zu den **Grenzen** s. iÜ § 557 Rn 3 u 7. 2

B. Voraussetzungen und Inhalt. I. Voraussetzungen. Die Indexvereinbarung muss auch bei einem mündlichen Vertrag gem § 557b I 1 schriftlich iSv § 126 erfolgen (*Mankowski* ZMR 02, 481, 484). Eine Erklärung in Textform reicht nicht. Die Vereinbarung kann zu Beginn, aber auch während des Laufs des Mietvertrages geschlossen werden. 3

II. Inhalt. Die Indexvereinbarung muss die geschuldete Miete für die gesamte Mietzeit oder für einen bestimmten Abschnitt an den vom Statistischen Bundesamt ermittelten Preisindex für die Lebenshaltung aller privaten Haushalte in Deutschland binden. 4

C. Mietveränderung. I. Erklärung. 1. Textform. Durch Vereinbarung einer Indexmiete wird die Miete nach § 557 III 1 **nicht automatisch** geändert. Die Änderung der Miete muss vielmehr durch Mieter oder Vermieter durch einseitige, empfangsbedürftige Erklärung in Textform (§ 126b) geltend gemacht werden (LG Berlin NZM 02, 947, 948). Bei mehreren Mietern oder Vermietern ist die Erklärung von allen bzw ggü allen abzugeben. 5

2. Inhalt. Die Erklärung muss gem § 557b III 2 die **Änderung des Preisindexes und** die **jeweilige Miete** oder die **Erhöhung** in einem **Geldbetrag** angeben (*Weitemeyer* NZM 01, 563, 567; *Langenberg* WuM 01, 523, 524). Die Angabe eines Prozentsatzes der ursprünglichen Miete reicht nicht aus (*Kern* NZM 08, 712, 713). Sind die Angaben fehler- oder lückenhaft, ist die Erhöhungserklärung unwirksam (*Kern* NZM 08, 712, 713). Die Parteien sind bei Änderung des Preisindexes nicht gezwungen, eine Erklärung abzugeben. Hat es der Vermieter über einen Zeitraum von fast vier Jahren unterlassen, eine indexbedingte Mieterhöhung geltend zu machen, kann der Erhöhungsanspruch verwirkt sein (Ddorf ZMR 02, 34, 35). 6

3. Stillhaltefrist. Die Erklärung wirkt gem § 557b II 1 frühestens zum Ablauf der einjährigen **Stillhaltefrist**. Sie kann hM nach aber bereits vor Ablauf abgegeben werden; maßgebend ist nicht der Zeitpunkt ihres Zugangs, sondern der **Wirkungszeitpunkt**. Die Stillhaltefrist selbst berechnet sich ab dem Beginn des Mietverhältnisses oder ab dem Zeitpunkt der Wirkung der letzten Mieterhöhung. 7

4. Wirkung. Die geänderte Miete ist nach § 557b III 3 mit Beginn des übernächsten Monats nach dem Zugang der Erklärung zu entrichten. 8

II. Andere Mietänderungen. Neben einer Indexvereinbarung sind gem § 557b II 2 **ausschl** Betriebskostenerhöhungen nach § 560 sowie Mieterhöhungen nach § 559 I Alt 4 zulässig (dazu § 559 Rn 14). 9

Zahlt der Mieter eine erhöhte Miete nicht freiwillig, muss der Vermieter klagen. Im Prozess muss der, der eine Mietänderung behauptet (das kann bei einer Senkung auch der Mieter sein), sowohl die Indexmietvereinbarung als auch die Indexveränderung und die sonstigen Veränderungsvoraussetzungen darlegen und beweisen. 10

D. Abdingbarkeit. Die Vorschrift ist nicht zum Nachteil des Mieters abdingbar, § 557b IV. Eine Indexmiete kann daher zB nicht mehr an einen anderen als den in I genannten Preisindex gekoppelt werden. Ferner wäre eine Vereinbarung nichtig, die die Miete nur an Erhöhungen des Preisindexes bindet, Senkungen aber aussparen will, oder eine solche, die die Miete an einen bestimmten, abstrakten Wert über dem Preisindex koppelt (*Grothe* NZM 02, 54). 11

§ 558 Mieterhöhung bis zur ortsüblichen Vergleichsmiete.

(1) ¹Der Vermieter kann die Zustimmung zu einer Erhöhung der Miete bis zur ortsüblichen Vergleichsmiete verlangen, wenn die Miete in dem Zeitpunkt, zu dem die Erhöhung eintreten soll, seit 15 Monaten unverändert ist. ²Das Mieterhöhungsverlangen kann frühestens ein Jahr nach der letzten Mieterhöhung geltend gemacht werden. ³Erhöhungen nach den §§ 559 bis 560 werden nicht berücksichtigt.

(2) ¹Die ortsübliche Vergleichsmiete wird gebildet aus den üblichen Entgelten, die in der Gemeinde oder einer vergleichbaren Gemeinde für Wohnraum vergleichbarer Art, Größe, Ausstattung, Beschaffenheit und Lage in den letzten vier Jahren vereinbart oder, von Erhöhungen nach § 560 abgesehen, geändert worden sind. ²Ausgenommen ist Wohnraum, bei dem die Miethöhe durch Gesetz oder im Zusammenhang mit einer Förderzusage festgelegt worden ist.

(3) Bei Erhöhungen nach Absatz 1 darf sich die Miete innerhalb von drei Jahren, von Erhöhungen nach den §§ 559 bis 560 abgesehen, nicht um mehr als 20 vom Hundert erhöhen (Kappungsgrenze).

(4) ¹Die Kappungsgrenze gilt nicht,
1. wenn eine Verpflichtung des Mieters zur Ausgleichszahlung nach den Vorschriften über den Abbau der Fehlsubventionierung im Wohnungswesen wegen des Wegfalls der öffentlichen Bindung erloschen ist und
2. soweit die Erhöhung den Betrag der zuletzt zu entrichtenden Ausgleichszahlung nicht übersteigt.

²Der Vermieter kann vom Mieter frühestens vier Monate vor dem Wegfall der öffentlichen Bindung verlangen, ihm innerhalb eines Monats über die Verpflichtung zur Ausgleichszahlung und über deren Höhe Auskunft zu erteilen. ³Satz 1 gilt entsprechend, wenn die Verpflichtung des Mieters zur Leistung einer Ausgleichszahlung nach den §§ 34 bis 37 des Wohnraumförderungsgesetzes und den hierzu ergangenen landesrechtlichen Vorschriften wegen Wegfalls der Mietbindung erloschen ist.

(5) Von dem Jahresbetrag, der sich bei einer Erhöhung auf die ortsübliche Vergleichsmiete ergäbe, sind Drittmittel im Sinne des § 559a abzuziehen, im Falle des § 559a Abs. 1 mit 11 vom Hundert des Zuschusses.

(6) Eine zum Nachteil des Mieters abweichende Vereinbarung ist unwirksam.

1 A. Allgemeines. Zweck des § 558 I ist es, dem Vermieter zu ermöglichen, iRd Vergleichsmietensystems eine angemessene, am örtlichen Markt orientierte Miete zu erzielen (BVerfGE 79, 80, 85 = NJW 89, 969; BVerfGE 37, 132, 141 = NJW 74, 1449; BGH ZMR 08, 880, 881; BGH ZMR 08, 878, 879; BGH ZMR 07, 951, 952). Eine Mieterhöhung auch gegen den Willen des Mieters ist **verfassungsrechtlich** geboten (BVerfGE 53, 352 = NJW 80, 1617). Ein Mieterhöhungsverlangen **setzt nicht voraus**, dass sich die ortsübliche **Vergleichsmiete** seit Vertragsschluss **erhöht** hat (BGH NJW 07, 2546). Der Mieter muss grds damit rechnen, dass die Miete **stufenweise** bis zur ortsüblichen Vergleichsmiete angepasst wird. Den Interessen des Mieters wird durch die Grenze der **ortsüblichen Vergleichsmiete** (Rn 7 ff), die **Sperrfrist** (Rn 4), die **Wartefrist** (Rn 4) und die **Kappungsgrenze** (Rn 17) Rechnung getragen. Etwas anderes gilt nur dann, wenn die Vermietung auch bei voller Ausschöpfung seines Mieterhöhungsrechts zu Verlusten führen würde (BVerfGE 71, 239, 259 = NJW 86, 1669; BGH ZMR 05, 184, 186). Dann kann der Vermieter auch jenseits von § 558 eine Anpassung nach § 313 verlangen (dazu Pincus AnwZeitMiet 1/2010, Anm 1). Verlangt der Vermieter durch das Erhöhungsverlangen weitere Vertragsänderungen, ist das Verlangen insgesamt unwirksam (Hambg NJW 83, 580; LG Berlin GE 07, 986, 987). Zu Anwendungsbereich und Grenzen s. § 557 Rn 3 f. Eine Erhöhung nach § 558 ist bei einer Staffel- oder Indexmiete gem §§ 557a II 2, 557b II 3 unzulässig; Erhöhungen nach § 559 (Rn 5) und 560 sind möglich. Die Erhöhung einer **Teilinklusivmiete** wegen gestiegener Betriebskosten ist **nur** nach § 558 möglich (BGH ZMR 04, 341). Eine Mieterhöhung ist unzulässig, wenn die Parteien diese ausdrücklich oder konkludent ausgeschlossen haben (§ 557 Rn 10 ff).

2 B. Zustimmung. I. Voraussetzungen; Wirkung. Das Gesetz nennt in § 558 I **drei materielle Zustimmungs-Voraussetzungen**: Die Miete muss mindestens **fünfzehn Monate** unverändert geblieben sein, die verlangte Miete darf die ortsübliche Vergleichsmiete nicht übersteigen und die Miete darf innerhalb von drei Jahren nicht mehr als 20% steigen. Die **Wirkungen der Zustimmung** beschreibt § 558b I. Stimmt der Mieter nicht zu, gilt § 558b II (§ 558b Rn 7).

3 II. Mietstruktur. § 558 I setzt keine bestimmte Mietstruktur (§ 535 Rn 124; zur Änderung § 535 Rn 29) voraus (BGH ZMR 04, 327). Er ermöglicht die Erhöhung einer wie auch immer gebildeten Miete. Die zu erhöhende Miete kann Netto-, Brutto- oder (Teil-)Inklusivmiete sein. Eine **Bruttowarmmiete** als Ausgangsmiete ist allerdings – außer bei Gebäuden mit nicht mehr als zwei Wohnungen, von denen eine der Vermieter selbst bewohnt – gem § 2 HeizkV **unwirksam** (BGH ZMR 06, 766 = NZM 06, 652).

4 C. Fristen (§ 558 I). I. Allgemeines. § 558 I 2 stellt klar, dass das Mieterhöhungsverlangen bereits **ein Jahr** nach der letzten Mieterhöhung geltend gemacht werden kann (**Sperrfrist**). Der Vermieter hat seinen nicht *abtretbaren Anspruch auf Zustimmung* zu einer Mieterhöhung bis zur Höhe der ortsüblichen Vergleichsmiete (Rn 7) aber erst, wenn diese zum Erhöhungszeitpunkt seit 15 Monaten unverändert ist (**Wartefrist**). Divergenzen zwischen beiden Fristen können auftreten, wenn die Miete nicht zu Beginn des Monats zu zahlen ist. Für den Beginn der Sperrfrist ist die letzte Mietvereinbarung maßgeblich (BayObLG NJW-RR 89,

1172). Tritt ein neuer oder ein weiterer Mieter in den Mietvertrag, beginnt die Frist **neu zu laufen** (LG Berlin GE 97, 185; *Hinz* NZM 04, 681, 682). Etwas anderes gilt im Falle der Gesamtrechtsnachfolge. Stimmt der Mieter einem formell unwirksamen Mieterhöhungsverlangen **teilweise** zu, ist dies gem § 150 II als Ablehnung verbunden mit einem neuen Angebot zu bewerten. Die Jahressperrfrist wird also noch nicht ausgelöst (*Kinne* ZMR 01, 775, 777). Etwas anderes gilt, wenn der Vermieter das Angebot annimmt (LG Berlin WuM 97, 51; LG Mannheim ZMR 94, 516, 517). Eine Miet**senkung** löst die Jahressperrfrist nicht aus (AG Mitte MM 04, 126). Die Frist ist vom **Zugang** des Mieterhöhungsverlangens an rückwärts nach Maßgabe der §§ 188 I, II, 187 I, II und 193 zu berechnen (Oldbg WuM 82, 105).

II. Erhöhungen nach §§ 559, 560. Die Jahressperrfrist wird **nicht** durch Mieterhöhungen nach einer Modernisierung (§ 559) oder wegen Veränderungen von Betriebskosten (§ 560) ausgelöst. Dies gilt auch dann, wenn eine Mieterhöhung auf den in § 559 genannten Gründen beruht, jedoch **einvernehmlich** vereinbart worden ist (BGH NJW 08, 2031 = ZMR 08, 699; BGH NJW 07, 3122, 3123; BGH NJW 04, 2088).

III. Verstoß. Ein Erhöhungsverlangen, das dem Mieter vor Ablauf der Sperrfrist zugeht, ist formell unwirksam (BGH ZMR 93, 453, 454), kann jedoch nach Ablauf gem § 558b III 1 analog geheilt werden. Nichtigkeit ist ferner anzunehmen, wenn der Wirkungszeitpunkt im Erhöhungsverlangen (§ 558 I 1) falsch angegeben ist, str.

D. Ortsübliche Vergleichsmiete (§ 558 II). Der Vermieter kann die Zustimmung zu einer Erhöhung der Miete bis zur **ortsüblichen Vergleichsmiete** verlangen. Nach § 558 II 1 wird die ortsübliche Vergleichsmiete aus dem üblichen Entgelt für vergleichbaren Wohnraum gebildet. Besonders hohe oder niedrige Mieten sind unüblich (BVerfGE 53, 352, 358 = NJW 80, 1617). Bei der ortsüblichen Vergleichsmiete handelt nicht um einen punktgenauen Wert, die Vergleichsmiete bewegt sich vielmehr **innerhalb einer bestimmten Spanne** (BGH WuM 09, 746; BGH NJW 05, 2621, 2622). Der obere Spannenwert bildet die obere Grenze einer Mieterhöhung nach § 558 (BGH WuM 09, 746). Im Prozess erfordert die Feststellung, ob die verlangte Miete innerhalb dieser Spanne liegt oder die ortsübliche Miete übersteigt, eine **konkrete Ermittlung der ortsüblichen Vergleichsmiete** iS einer Einzelvergleichsmiete (BGH NJW 05, 2074). Die bisherige Miete muss nicht **unterhalb** der Spanne liegen (BGH NJW 05, 2621).

I. Merkmale. 1. Allgemeines. Die Vergleichbarkeit der Wohnungen richtet sich nach dem in § 558 II 1 abschließend aufgezählten **fünf** wohnwertbildenden **Merkmalen**. Weitere Merkmale sind unbeachtlich (Hamm WuM 83, 108; LG Aachen MDR 83, 492). Wohnungen sind bereits vergleichbar, wenn sie in **wesentlichen** Punkten übereinstimmen (AG Mainz WuM 72, 197), wenn sie **ungefähr** vergleichbar sind (LG Berlin GE 04, 1396); es genügt eine überwiegende Identität (Hambg MDR 74, 585). Mieten von Einfamilienhäusern sind mit denen von Wohnungen im Geschossbau nicht vergleichbar (AG Spandau MM 97, 242).

2. Wohnraum vergleichbarer Art. Das Merkmal der **Art** bezieht sich auf die **Struktur** des Hauses (zB Alt- oder Neubau, Einfamilien-, Doppel-, Reihen- oder Mehrfamilienhäuser, Plattenbau, Stadtvilla) und die der Wohnung (etwa Maisonette- oder Dachgeschosswohnung).

3. Wohnraum vergleichbarer Größe. Die **Größe** richtet sich nach der **vereinbarten Wohnfläche** der Wohnung (dazu § 535 Rn 18). Eine davon abweichende **tatsächliche kleine oder größere Wohnungsgröße** ist grds nicht maßgebend (BGH NJW 09, 2739, 2740; BGH NJW 07, 2626; BGH ZMR 04, 501). Für ein Erhöhungsverlangen und für die Vergleichbarkeit ist **grds die vereinbarte**, nicht die tatsächliche **geringere** oder **höhere Größe** einer Wohnung maßgeblich. Auch für eine Mieterhöhung gilt die „**Abweichungsrechtsprechung**" (dazu BGH ZMR 06, 43). Bei einer Flächenabweichung von mehr als 10% (**Erheblichkeitsgrenze**) ist es dem jeweils nachteilig betroffenen Vertragspartner allerdings **nicht mehr zumutbar**, sich an **vereinbarten Wohnfläche** festhalten zu lassen. In diesem Falle ist die **tatsächliche Wohnfläche** maßgeblich (BGH NJW 09, 2739, 2740; BGH NJW 07, 2626, 2627); § 557 IV bzw § 558 VI stehen dem **nicht entgegen** (s. § 557 Rn. 14).

4. Wohnraum vergleichbarer Ausstattung. Unter **Ausstattung** wird alles verstanden, was der Vermieter dem Mieter zur ständigen Nutzung zur Verfügung gestellt hat und für das der Mieter keine besondere Vergütung zu zahlen hat. Hierzu gehören zB Ein- und Vorrichtungen, An- und Einbauten, die Heizungsart, sanitäre Einrichtungen, Fußböden oder Nutzung von Garten, Terrasse oder Fahrradkeller. Vom Mieter **auf seine Kosten** vorgenommene Wohnwertverbesserungen bleiben **unberücksichtigt** (BayObLG NJW 81, 2259; LG Baden-Baden WuM 93, 358), selbst wenn der Vermieter die Kosten erstattet (AG Gelsenkirchen ZMR 87, 340; zw).

5. Wohnraum vergleichbarer Beschaffenheit und Lage. Unter **Beschaffenheit** sind Zuschnitt (etwa Bauweise und Raumaufteilung) und Zustand, zB Baualter oder Instandhaltungsgrad, zu verstehen (LG Berlin GE 07, 1636, 1637). Modernisierte Altbauten sind grds mit dem Jahr der ersten Bezugsfertigkeit anzusetzen (aA LG Berlin GE 07, 1636, 1637: Zeitpunkt der Errichtung). Sie können in eine andere Baualtersklasse eingestuft werden, wenn in Anlehnung an § 17 II WoBauG wesentlicher Bauaufwand betrieben wurde und die Wohnung durch die Modernisierung das Gepräge einer Neubauwohnung erhalten hat. Wesentlicher Bauaufwand wurde betrieben, wenn dieser ca 1/3 des für eine Neubauwohnung erforderlichen Aufwandes erreicht. Bei der Bestimmung des Instandhaltungsgrades sind **behebbare** Mängel nicht zu berücksichtigen (Stuttg NJW 81, 2365; LG Saarbr WuM 89, 578). Als **Lage** sind etwa der Platz in einem bestimmten Stadt- oder Ortsteil, in dem konkreten (str) Haus (zB Dach- oder Erdgeschoss), aber auch Verkehrslärm, Umweltbeeinträchtigungen oder die Umgebung zu berücksichtigen. Stets kommt es auf die **objektive** Einordnung innerhalb einer Gemeinde an (LG Düsseldorf WuM 06, 572).

13 **II. Gemeinde.** Anhand der Wohnwertmerkmale bestimmte Vergleichswohnungen müssen sich in derselben oder in einer **vergleichbaren** Gemeinde befinden (Stuttg NJW 82, 945, 946; LG Düsseldorf ZMR 06, 447). Nutzt ein Vermieter den Mietspiegel einer Nachbargemeinde, muss er, wenn dieser Mietspiegel nicht die einzige in Betracht kommende Möglichkeit ist, seine Auswahl begründen (LG Düsseldorf WuM 06, 100). Sonder- oder Teilmärkte (etwa für Studentenwohnungen oder für Wohnungen für Ausländer) sind nicht anzuerkennen. Der zu vergleichende Wohnraum kann auch von demselben Vermieter stammen (BVerfG ZMR 93, 362) oder im selben Haus liegen (Frankf WuM 84, 123) oder vom selben Mieter bewohnt werden (Karlsr WuM 84, 123).

14 **III. Zeitraum.** Als Vergleichsmieten können nur solche Entgelte genutzt werden, die in den letzten vier Jahren vereinbart oder von Erhöhungen nach § 560 abgesehen geändert worden sind.

15 **IV. Ausgenommener Wohnraum.** Bei Ermittlung der ortsüblichen Vergleichsmiete können nur Wohnungen herangezogen werden, deren Miete **frei vereinbar** ist, § 558 II 2. Ausgenommen ist ferner Wohnraum, bei dem die Miethöhe durch Gesetz oder im Zusammenhang mit einer Förderzusage festgelegt worden ist. Hierzu ist nach § 558 I 2 neben dem ersten und zweiten Förderweg auch sozialer Wohnungsbau des dritten Förderweges zu zählen, da seine Miete üblicherweise iRe Förderzusage unterhalb der Marktmiete festgelegt wird.

16 **V. Berechnung.** Die mit der Erhöhung verlangte Miete ist der gem § 558 II, III zu errechnenden ortsüblichen Vergleichsmiete ggü zu stellen. Maßgebender Zeitpunkt ist der Zugang des Verlangens, nicht das Wirksamwerden nach § 558b I (BayObLG ZMR 93, 11, 12).

17 **E. Kappungsgrenze (§ 558 III, IV).** Der Vermieter kann eine Miete nicht bereits dann erhöhen, wenn die ortsübliche Vergleichsmiete höher ist als die Vertragsmiete. Die von ihm verlangte Miete darf auch nicht die von Verfassung wegen nicht zu beanstandende (BVerfGE 71, 239, 259 = NJW 86, 1669; BGH ZMR 05, 184, 186) **Kappungsgrenze** überschreiten. Begriff und Höhe sind in § 558 III geregelt. Ihr Sinn besteht darin, zum Schutz der Mieter einen zu raschen Anstieg solcher Mieten zu vermeiden, die bislang erheblich unter der ortsüblichen Vergleichsmiete lagen. Die Kappungsgrenze gilt für Mieterhöhungen nach § 558, auch beim Übergang vom preisgebundenen zum preisfreien Wohnraum (BGH WuM 04, 345, 348), nicht aber für Nutzungsentschädigungen nach § 546a I und für Untermietzuschläge nach § 553 II. Gem § 558 III sind ferner Mieterhöhungen nach den §§ 559–560 ausgenommen.

18 **I. Berechnung. 1. Mietbegriff.** Der Berechnung der Kappungsgrenze ist gem § 558 III nicht die zuletzt geschuldete aktuelle Miete, sondern die **drei Jahre vor Wirksamwerden des Erhöhungsverlangens** (§ 558b I) geltende Ausgangsmiete zu Grunde zu legen (BGH WuM 04, 348). Der Begriff Miete ist entspr dem allgemeinen Sprachgebrauch als vom Mieter zu zahlender Betrag ohne zusätzlich vereinbarte Betriebskostenvorauszahlungen zu verstehen. Eine Inklusivmiete ist aber nicht in eine Grundmiete und einen Betriebskostenanteil aufzuteilen (BGH ZMR 04, 327). Trägt ein Erhöhungsverlangen der **vereinbarten Mietstruktur** keine Rechnung, ist es formell unwirksam (LG Köln WuM 92, 255).

19 **2. Mieterhöhungen.** Mieterhöhungen wegen **gestiegener Kapitalkosten** sind in die Kappungsgrenze **miteinzuberechnen** (BGH WuM 04, 348). Erhöhungen nach §§ 559, 560 bleiben hingegen gem § 558 III **unberücksichtigt**, jedenfalls sofern sie nicht älter als drei Jahre sind (LG Berlin ZMR 98, 348). Dazu sind die Kosten zunächst auszuklammern und nach Feststellung der Kappungsgrenze wieder hinzurechnen (Hamm ZMR 93, 161). Ausgeklammert bleiben auch solche Mieterhöhungen, die auf den in §§ 559, 560 genannten Gründen beruhen, jedoch nicht in dem dort vorgesehenen einseitigen Verfahren vom Vermieter geltend gemacht, sondern **einvernehmlich** von den Parteien vereinbart worden sind (BGH ZMR 04, 503).

20 **II. Ausnahmen. 1. Fehlbelegungsabgaben; Ausgleichszahlungen; einvernehmliche Mieterhöhungen nach § 559.** Nach § 558 IV 1 gilt die Kappungsgrenze nicht, wenn die Verpflichtung des Mieters zur Zahlung einer Fehlbelegungsabgabe nach den Vorschriften über den Abbau von Fehlbelegungen im Wohnungswesen mit der Aufhebung der Preisbindung wegfällt und die Mieterhöhung den Betrag der zuletzt zu zahlenden Abgabe **nicht** übersteigt. Oberste Grenze bildet auch hier die ortsübliche Vergleichsmiete. Entsprechendes gilt nach § 558 IV 3, wenn die Verpflichtung des Mieters zur Leistung einer Ausgleichszahlung nach §§ 34 bis 37 des WoFG und die hierzu ergangenen landesrechtlichen Vorschriften wegen Wegfalls der Mietbindung erloschen ist. Bei der Berechnung der Kappungsgrenze bleiben nach Sinn und Zweck ferner auch Mieterhöhungen unberücksichtigt, die auf den in § 559 genannten Gründen beruhen, jedoch nicht in dem dort vorgesehe-

nen einseitigen Verfahren vom Vermieter geltend gemacht, sondern **einvernehmlich** von den Parteien vereinbart worden sind (BGH NJW 04, 2088, 2089).

2. Auskunftsanspruch. Hat der Vermieter keine Kenntnis von der Höhe der zu zahlenden Abgabe, steht ihm nach § 558 IV 2 ein **Auskunftsanspruch** zu; er kann vom Mieter frühestens vier Monate vor Wegfall der Bindung verlangen, innerhalb eines Monats über die Verpflichtung zur Ausgleichzahlung und über deren Höhe Auskunft zu erteilen. Die Verpflichtung des Mieters erstreckt sich auf die Auskunft; Belege muss er nicht vorlegen. Sofern dem Vermieter durch die unvollständige, falsche oder verspätete Auskunft ein **Schaden** entsteht, schuldet der Mieter gem §§ 241 II, 280 I 1 Schadensersatz (*Kinne* ZMR 01, 775, 779). Kommt der Mieter seiner Auskunftspflicht nicht nach, kann auf Auskunft geklagt werden. **Alternativ** kann der Vermieter die Zahlung der höchstmöglichen Abgabe unterstellen (LG Köln ZMR 98, 783).

III. Verstoß. Die Kappungsgrenze ist **Begründetheitsvoraussetzung** (Celle ZMR 96, 194, 196). Im Streitfall ist sie als **negative Voraussetzung** ggf nachzuweisen. Wird die Kappungsgrenze überschritten, ist nicht das gesamte Mieterhöhungsverlangen unwirksam (Celle ZMR 96, 194, 196). Nur der die Kappungsgrenze übersteigende Betrag kann nicht verlangt werden.

F. Drittmittel (§ 558 V). § 558 V bestimmt für die Erhöhung nach § 558 (gemeint ist der gesamte Jahresbetrag der ortsüblichen Vergleichsmiete) die **Anrechnung von Drittmitteln** iSv § 559a (dazu § 559a Rn 2). Wenn der Vermieter eine Modernisierung iSv § 559 vorgenommen hat, kann er grunds **wählen** (s. dazu § 559 Rn 1). Er kann die Miete durch **einseitige Erklärung** nach §§ 559, 559b oder aber nach § 558 auf Grundlage des modernisierten Zustandes erhöhen. In **beiden Fällen** sind zum Schutz des Mieters Drittmittel zu berücksichtigen. Der Vermieter muss dazu ua Kürzungsbeträge aufgrund der Inanspruchnahme öffentlicher Fördermittel einschließlich der zugrunde liegenden Berechnungspositionen in das Erhöhungsverlangen aufnehmen (BGH NJW 09, 1737 mwN). Drittmittel sind nur dann nicht mehr abzuziehen, wenn der **Förderzeitraum beendet** ist. Bei einer befristeten Förderung durch einen Kredit zu verbilligten Zinsen hat eine Anrechnung in dem Zeitraum zu erfolgen, in dem der Vermieter die Zinsvergünstigung erhält (BGH NJW 09, 1737); der Vermieter kann die Miete in diesem Zeitraum nur bis zu dem Betrag erhöhen, der sich nach Abzug der Zinsverbilligung von der ortüblichen Vergleichsmiete ergibt (BGH NJW 09, 1737). Bei unbegrenzter Laufzeit sind sie **12 Jahre** anzurechnen (BGH NJW 09, 1737; BGH ZMR 04, 655; LG Görlitz WuM 08, 489). Drittmittel sind auch anzurechnen, wenn es sich um Vermietung einer **bereits** modernisierten Wohnung (KG GE 04, 259; LG Berlin GE 04, 298) oder um eine weitere Mieterhöhung handelt (BGH NJW 09, 1737; LG Görlitz WuM 08, 489). Ihre Angabe ist aber entbehrlich, wenn ein Abzug **keine Auswirkungen** auf die verlangte Miete hat (LG Berlin GE 04, 298; str). Veräußert ein Eigentümer die Mietwohnung, ohne eine ggü einer Förderstelle eingegangene Verpflichtung dem Erwerber aufzuerlegen, muss sich der Erwerber **keine Drittmittel** anrechnen lassen (BGH ZMR 04, 22, 23; BGH ZMR 98, 83, 86; LG Görlitz WuM 08, 489). Soweit Kürzungen nach § 558 V vorzunehmen sind, muss der Vermieter diese **nachvollziehbar darlegen** (§ 558 Rn 23). Fehlt eine Anrechnung (zw) oder ist sie **nicht ausreichend erläutert**, soll das Mieterhöhungsverlangen **formell unwirksam** sein (BGH ZMR 04, 655; BGH ZMR 04, 421, 422).

G. Abdingbarkeit. § 558 VI wiederholt zur Klarstellung das Gebot des § 557 IV, dass vom Gesetz zum Nachteil des Mieters **nicht abgewichen** werden kann. Es kann zB nicht vereinbart werden, dass der Vermieter zu einer Mieterhöhung ohne Zustimmung des Mieters berechtigt ist (BGH NZM 07, 283, 284).

§ 558a Form und Begründung der Mieterhöhung.
(1) Das Mieterhöhungsverlangen nach § 558 ist dem Mieter in Textform zu erklären und zu begründen.
(2) Zur Begründung kann insbesondere Bezug genommen werden auf
1. einen Mietspiegel (§§ 558c, 558d),
2. eine Auskunft aus einer Mietdatenbank (§ 558e),
3. ein mit Gründen versehenes Gutachten eines öffentlich bestellten und vereidigten Sachverständigen,
4. entsprechende Entgelte für einzelne vergleichbare Wohnungen; hierbei genügt die Benennung von drei Wohnungen.
(3) Enthält ein qualifizierter Mietspiegel (§ 558d Abs. 1), bei dem die Vorschrift des § 558d Abs. 2 eingehalten ist, Angaben für die Wohnung, so hat der Vermieter in seinem Mieterhöhungsverlangen diese Angaben auch dann mitzuteilen, wenn er die Mieterhöhung auf ein anderes Begründungsmittel nach Absatz 2 stützt.
(4) ¹Bei der Bezugnahme auf einen Mietspiegel, der Spannen enthält, reicht es aus, wenn die verlangte Miete innerhalb der Spanne liegt. ²Ist in dem Zeitpunkt, in dem der Vermieter seine Erklärung abgibt, kein Mietspiegel vorhanden, bei dem § 558c Abs. 3 oder § 558d Abs. 2 eingehalten ist, so kann auch ein anderer, insbesondere ein veralteter Mietspiegel oder ein Mietspiegel einer vergleichbaren Gemeinde verwendet werden.
(5) Eine zum Nachteil des Mieters abweichende Vereinbarung ist unwirksam.

§ 558a

1 A. Allgemeines. Inhalt des zum Nachteil des Mieters nicht abdingbaren § 558a sind **formale Voraussetzungen** für ein Mieterhöhungsverlangen (BGH NJW 08, 848, 849; BGH ZMR 06, 766). Davon unabhängig ist die Frage, ob die im Zustimmungsverlangen geforderte Miete gem § 558 der Höhe nach (materiell) berechtigt ist (BGH NJW 08, 848, 849; BGH ZMR 06, 766).

2 B. Mieterhöhungsverlangen (§558a I). I. Allgemeines. Das jederzeit zurücknehmbare, **bedingungsfeindliche** (LG Hamburg ZMR 05, 367, 368; AG Wedding GE 09, 1127, 1128) und wirksam nicht vor Ablauf der Sperrfrist (§ 558 Rn 4) zu stellende Mieterhöhungsverlangen ist einseitige **empfangsbedürftige** Willenserklärung auf Zustimmung zur Erhöhung der Miete. Es ist ein an den Mieter gerichteter Antrag für eine Vertragsänderung iSv § 311 I (BayObLG NJW-RR 89, 1172), der idR **nicht konkludent** abgegeben werden kann (LG Potsdam GE 09, 1253). Der Antrag muss die **Aufforderung** enthalten, der **Vertragsänderung zuzustimmen**. Mit Zustimmung (dazu § 558 Rn 2 und § 558b Rn 3) wird der Mietvertrag in Bezug auf die Miethöhe geändert. Ein Mieterhöhungsverlangen kann ggf in einem **Schriftsatz** enthalten sein. Die Erklärung muss dann **eindeutig** erkennen lassen, dass nicht nur eine Prozesshandlung erfolgt, sondern ggü dem Beklagten eine materielle Mieterhöhungserklärung abgegeben wird (LG Berlin GE 10, 63). Ein Verlangen ist unwirksam, wenn es auf Zustimmung nach § 558 I 1 mit dem Angebot einer anderweitigen Vertragsänderung verquickt ist und der Mieter keinen hinreichend sicheren Aufschluss darüber erhält, in welchem Umfang das Erhöhungsverlangen auf die anderweitige Vertragsänderung gerichtet ist und inwiefern es sich auf § 558 stützt (Hambg WuM 83, 63); dies ist nicht schon bei der Anforderung einer schriftlichen Zustimmungserklärung der Fall (LG Itzehoe WuM 09, 741). Das Verlangen hat eine **zweifache Bedeutung**: Mit seinem Zugang werden **Zustimmungs-** (§ 558b I 1) und **Klagefrist** (§ 558b II 2) in Lauf gesetzt (s. Rn 20).

3 II. Erklärung. 1. Erklärender. Der Erklärende muss **Vermieter** oder die Erklärung muss dem Vermieter zurechenbar sein (KG MDR 98, 529; LG Berlin GE 99, 777); eine Erhöhungserklärung kann auch von **einem Vertreter** abgegeben werden. Aus der Erklärung muss dann hervorgehen, dass sie in fremdem Namen erfolgt (LG Essen ZMR 08, 894, 895; LG Köln WuM 01, 287, 288); verdeckte Stellvertretung ist unzulässig. Der Bevollmächtigte muss seine Vollmacht durch Vorlage einer Original-Vollmachtsurkunde nachweisen. Legt er sie nicht vor und weist der Mieter aus diesem Grunde das Erhöhungsbegehren unverzüglich zurück, ist die Erklärung nach § 174 1 unwirksam. Eine Zurückweisung ist gem § 174 2 ausgeschlossen, wenn der Mieter auf andere Weise, zB durch den Mietvertrag, von der Bevollmächtigung weiß. § 174 gilt auch nicht für **gesetzliche Vertreter**, etwa den Geschäftsführer einer vermietenden GmbH (LG Berlin GE 07, 986, 987); hier genügt der Schutz durch die Publizität des Handelsregisters. Wird nicht **deutlich**, wer Vermieter ist, ist das Mieterhöhungsverlangen unwirksam (AG Charlottenburg GE 06, 61). Sind mehrere Personen Vermieter, müssen **alle** Personen die Erklärung abgeben. Bei **jur Personen** muss die Erklärung von einem **vertretungsberechtigten Organ** erfolgen (LG Berlin GE 07, 986, 987). Die Erklärung nur eines von mehreren Vermietern ist unwirksam und kann nicht geheilt werden (AG Stuttgart WuM 73, 105). Die Angabe weiterer Erklärender, die nicht Vermieter sind, soll ein Erhöhungsverlangen unwirksam machen (LG Berlin ZMR 99, 822; zw). Erwirbt jemand eine Wohnung, kann er ein Mieterhöhungsverlangen erst abgeben, wenn er im Grundbuch eingetragen ist. Ein Veräußerer kann den Erwerber aber ermächtigen, eine Mieterhöhung im eigenen Namen durchzuführen (LG Berlin GE 04, 483). Erklärt noch der frühere Vermieter das Erhöhungsverlangen, wirkt es zu Gunsten des Erwerbers fort (LG Kassel WuM 96, 417).

4 2. Empfänger. Der Zustimmungsanspruch ist ggü dem **Mieter** geltend zu machen. Bei mehreren Mietern ist die Erklärung wegen der Einheitlichkeit des Mietverhältnisses (und weil alle Mitmieter gemeinschaftlich die Mieterseite des bestehenden Mietverhältnisses bilden) grds an alle Mitmieter zu richten und muss allen zugehen (BGH ZMR 04, 492). Nur im Einzelfall kann die Zustimmung zB eines aus der Wohnung ausgezogenen Ehegatten nach Treu und Glauben (§ 242) entbehrlich sein. Die formularmäßige Klausel, dass eine Erhöhungserklärung, die ggü einem Mieter abgegeben wird, auch ggü den anderen wirksam ist (**Empfangsvollmacht**), ist zwar zulässig, wenn sie widerruflich ist (BGH ZMR 98, 17; für Eheleute s. KG WuM 85, 12). Die Erklärung muss aber gleichwohl an **alle Mieter adressiert** sein.

5 III. Inhaltliche Anforderungen. Der Vermieter genügt § 558a, wenn er dem Mieter die Erhöhung in Textform (Rn 6) **erklärt** und **begründet** (Rn 7). Die Frage, ob die Begründung auch trägt und von einem zutreffenden Ausgangspunkt ausgeht, va, ob die zur Begründung genutzten Daten zutr sind, ist keine inhaltliche Anforderung des Mieterhöhungsverlangens und seiner formellen Wirksamkeit, sondern Frage seiner materiellen Berechtigung. Das Verlangen muss allerdings so formuliert sein, dass der Mieter nur „ja" sagen muss (AG Pinneberg ZMR 04, 277). Das Verlangen muss deshalb auch die erhöhte Miete **in einem Betrag** (nicht den Erhöhungsbetrag) ausweisen (KG ZMR 97, 638, 640) und in sich **widerspruchsfrei** sein (BGH ZMR 04, 655). Auch soweit Kürzungen nach § 558 V vorzunehmen sind, sind diese **nachvollziehbar darzulegen** (§ 558 Rn 23). Erklärungen über Jahressperrfrist, Kappungsgrenze, Zeitpunkt des Eintritts der Mieterhöhung nach § 558b I oder zur Überlegungsfrist sind hingegen nicht notwendig.

6 IV. Textform. Das Mieterhöhungsverlangen ist in **Textform** (§ 126b) zu erklären, § 558a I. Dies gilt auch dann, wenn im Vertrag formularmäßig die Schriftform für Vertragsänderungen vereinbart ist (LG Berlin GE

05, 1431, 1432). Ein der Schriftform des § 126 entspr Erhöhungsverlangen wahrt die Textform. Nach dem Gesetz muss die Begründung, nicht aber müssen etwaige Anlagen der Textform genügen (LG Potsdam WuM 04, 671). Bei langfristigen Zeitmietverträgen erstreckt sich die Schriftform des § 126 auch auf das Mieterhöhungsverlangen. Wird diese Form nicht gewahrt und das Verlangen nur in Textform erklärt, ist das Verlangen zwar wirksam, ein Zeitmietvertrag gem § 575 selbst gilt aber fortan als Mietvertrag auf **unbestimmte** Zeit iSv § 550 (LG Gießen ZMR 02, 272, 273; s.a. BGH NJW 07, 1741, 1743 zur Zustimmung; § 558b Rn 3).

C. Begründung (§ 558a II). I. Allgemeines. Mieterhöhungsverlangen sind nachvollziehbar und verständlich zu begründen, § 558a I. Der Vermieter muss dem Mieter dazu eröffnen, wie er die ortsübliche Vergleichsmiete (§ 558 Rn 7) **im konkreten Fall berechnet** hat (BVerfG NJW 87, 313). Diese Begründungspflicht bezweckt, dem Mieter im Interesse einer außergerichtlichen Einigung zur Überprüfung konkrete Hinweise auf die **sachliche Berechtigung** des Erhöhungsverlangens zugeben, damit er während des Laufs der **Zustimmungsfrist** nach § 558b I (§ 558b Rn 2) sich darüber schlüssig werden kann, ob zustimmt oder nicht (BGH NJW 08, 573, 574; BGH NJW 08, 848); **überflüssige Prozesse** werden so vermieden (BGH NJW 08, 573, 574). Das Erhöhungsverlangen muss – in formeller Hinsicht – für eine Begründung Angaben über die Tatsachen enthalten, aus denen der Vermieter die **Berechtigung der geforderten Mieterhöhung** herleitet, und zwar in dem Umfang, wie der Mieter solche Angaben benötigt, um der Berechtigung des Erhöhungsverlangens nachgehen und diese **zumindest ansatzweise** überprüfen zu können (BGH NJW 08, 573, 574). Dem Mieter müssen dabei alle Faktoren bekannt gegeben werden, die für die Mieterhöhung von Bedeutung sind (BGH NJW 08, 848, 849; BGH NJW-RR 04, 947). An die Begründung dürfen aber keine Anforderungen gestellt werden, durch die die mit dem Mieterhöhungsverfahren verbundenen Schwierigkeiten einseitig zu Lasten des Vermieters gehen (BVerfG ZMR 93, 558).

II. Gesetzlich benannte Begründungsmittel. 1. Mietspiegel (§ 558a II Nr 1, IV). a) Allgemeines. Zur Begründung seines Erhöhungsverlangens kann ein Vermieter insb auf einen einfachen oder qualifizierten Mietspiegel Bezug nehmen. Der Vorzug besteht darin, dass ordnungsgemäß aufgestellte Mietspiegel – inhaltliche Anforderungen sind in §§ 558c, 558d geregelt – idR auf einer breiten Tatsachenbasis beruhen (AG Dortmund ZMR 03, 194). Was ein **Mietspiegel** ist, definiert § 558c I, worin eine mögliche Qualifizierung mit dem Vorteil der Vermutung des § 558d III besteht (s. § 558d Rn 7), regelt hingegen § 558d I. Nimmt ein Vermieter auf einen Mietspiegel Bezug, der den gesetzlichen Anforderungen entspricht, ist es unbeachtlich, ob die Tabellenwerte tatsächlich richtig sind, wie fachgerecht die statistische Auswertung erfolgte oder ob genügend Vergleichsmaterial vorlag. Fehlt es indes an **wesentlichen Vorgaben** des § 558c, geht ein Mietspiegel zB von einem falschen Vergleichsmietenbegriff aus, wird er von einem Dritten erstellt oder ist er nicht von allen notwendigen Stellen anerkannt, ist ein Mietspiegel als Begründungsmittel ungeeignet. Für die **Bezugnahme** iSv § 558a II ist der Mietspiegel dem **Erhöhungsverlangen** grunds **beizufügen**. Etwas anderes gilt, wenn der Mietspiegel **allgemein zugänglich** oder gegen eine **geringe Schutzgebühr** (3 bis 4 EUR) verfügbar ist (BGH WuM 09, 747; BGH NJW 09, 1667), zB im Kundencenter des Vermieters am Wohnort des Mieters (BGH NJW 09, 1667), im Internet (BGH NZM 09, 429; KG WuM 09, 407), beim Verein der Haus-, Wohnungs- und Grundeigentümer oder dem Mieterverband. Eine Veröffentlichung im **Amtsblatt** reicht (BGH NJW 08, 573, 574). Für die Ermittlung ist der Mietspiegel heranzuziehen, der zum **Zeitpunkt des Zugangs** des Erhöhungsverlangens galt (KG GE 07, 1629). Ein iÜ einwandfreier Mietspiegel ist **als Begründungsmittel ungeeignet**, wenn er für die Mietwohnung keine Aussagen trifft, zB das entsprechende Rasterfeld leer ist oder die Angaben nicht repräsentativ. **Interpolationen** sind unzulässig (LG Berlin GE 05, 675).

b) Durchführung (§ 558a IV 1). Wird ein Mieterhöhungsverlangen auf einen Mietspiegel iSv §§ 558c, 558d gestützt, muss der Vermieter die vermietete Wohnung 1. zutr in die entspr **Kategorie des Mietspiegels** (Mietspiegelfeld) einordnen (BGH NJW 08, 848, 849), das hinsichtlich Größe, Alter, Wohnlage und Ausstattung nach der Auffassung des Vermieters für die gemietete Wohnung einschlägig ist, 2. die dort ggf **vorgesehene Mietspanne richtig nennen** und 3. die **erhöhte Miete** angeben (BGH NJW 08, 573, 574; BGH ZMR 04, 325). Enthält der Mietspiegel Spannen, reicht es nach § 558a IV 1 aus, wenn die verlangte Miete **innerhalb der Spanne** liegt. Wird die Spanne durch das Mieterhöhungsverlangen **überschritten**, ist das Mieterhöhungsverlangen nicht formell unwirksam; es wird jedoch insoweit beschränkt, als es über den im Mietenspiegel ausgewiesenen Höchstbetrag hinausgeht (BGH ZMR 04, 325). Der Vermieter muss eine **Mietspanne nicht mitteilen**, wenn der Mieter die Spanne **ohne weiteres** in dem vom Vermieter **angegebenen Mietspiegelfeld** ablesen kann (BGH NJW 08, 573). Enthält der Mietspiegel ein Raster von Feldern, in denen für Wohnungen einer bestimmten Kategorie jeweils eine bestimmte Mietspanne ausgewiesen ist, ist im Erhöhungsverlangen nur die genaue Angabe des – nach Auffassung des Vermieters – für die Wohnung einschlägigen Mietspiegelfeldes erforderlich (BGH NJW 08, 573). Die Wahl eines falschen Mietspiegelfelds macht ein Verlangen nicht formell unwirksam (BGH ZMR 09, 521). Die Frage, ob das angegebene Feld zutr ist, ist eine der Begründetheit des Verlangens (BGH ZMR 09, 521).Wird ein falsches Rasterfeld angegeben, ist das Verlangen formell unwirksam (LG Berlin GE 07, 1635; LG Berlin GE 05, 1062, 1063). Eine falsche Angabe ist nur unschädlich, wenn der Mieter den Mangel ausnahmsweise unschwer erkennen und beheben kann (LG Berlin GE 05, 307, 309).

10 **c) Zuschläge; Abschläge.** Der Vermieter darf bei der Einordnung für besondere Merkmale seiner Wohnung **keine Zuschläge** erheben, etwa für **nicht** auf den Mieter abgewälzte Kosten für **Kleinreparaturen** (LG Dortmund NZM 07, 245, 246; AG Frankfurt WuM 06, 204; s.a. AG Dortmund NZM 04, 422). Der Vermieter darf auch **keinen Zuschlag** in dem Fall nehmen, dass eine **Schönheitsreparaturenklausel unwirksam** ist (BGH ZMR 09, 514; BGH WuM 08, 487; s. § 535 Rn 102). Etwas anderes gilt nur ausnahmsweise und nur dann, wenn die Wohnung **teilgewerblich** genutzt wird (BayObLG NJW-RR 86, 892; LG Berlin ZMR 98, 165, 166) oder der Mietspiegel **Zuschläge ausdrücklich vorsieht.** Ein Abschlag für auf den Mieter **abgewälzte Kleinreparaturen** ist unnötig (LG Berlin GE 09, 654).

11 **d) Mietstruktur.** Die zu erhöhende Miete muss dem Mietbegriff des Mietspiegels entsprechen. Entspricht die **vereinbarte Mietstruktur** nicht der des Mietspiegels, müssen die Werte des Spiegels **angepasst** werden (BGH NJW-RR 06, 227, 228). Zur Herstellung einer Vergleichbarkeit muss die vertraglich vereinbarte Bruttomiete in eine Nettomiete oder aber die im Mietspiegel aufgeführte Nettomiete in eine Bruttomiete **umgerechnet** werden (BGH NJW-RR 06, 227, 228; AG Wedding GE 08, 483). Die Vergleichbarkeit ist dadurch herzustellen, dass ein **Zuschlag** in Höhe der derzeit auf die Wohnung entfallenden Betriebskosten zu der im Mietspiegel ausgewiesenen ortsüblichen Nettokaltmiete hinzugerechnet wird, sofern sie den Rahmen des Üblichen **nicht überschreiten** (BGH NJW-RR 06, 227, 228; Hamm NJW-RR 93, 398). **Umgekehrt** kann der Betriebskostenanteil aus der vereinbarten Bruttomiete herausgerechnet werden, um den in der Vertragsmiete enthaltenen Nettomietanteil dem (Netto-)Mietspiegelwert ggü zu stellen (BGH NJW-RR 06, 227, 228). Der im Mietspiegel enthaltenen Netto-Kaltmiete sind die Betriebskosten hinzuzurechnen, die der Vermieter **aktuell**, also zum **Zeitpunkt der Abgabe des Mieterhöhungsverlangens**, im Außenverhältnis zu tragen hat (BGH NJW 08, 848; BGH NJW 07, 2626). Der auf die Wohnung tatsächlich entfallende Betriebskostenanteil ist der **zuletzt feststellbare Betriebskostenanteil** (BGH NJW 07, 2626; BGH NJW-RR 06, 227). Dieser ergibt sich idR aus der Betriebskostenabrechnung für den dem Mieterhöhungsverlangen vorangegangenen Abrechnungszeitraum. Diese Grundsätze gelten auch bei Erhöhung einer (Teil-)inklusivmiete (BGH GE 08, 1488). Bei Erhöhung einer Bruttomiete durch einen Nettomietspiegel ist zu erläutern, wie sich der verlangte **Betriebskostenanteil zusammensetzt** (LG Berlin GE 07, 785; AG Wedding GE 08, 483). Ein mit pauschalen Betriebskosten (statistische Durchschnittswerte) begründetes Erhöhungsverlangen ist **nicht formell unwirksam** (BGH NJW 08, 848; BGH NJW-RR 06, 1599). Die Frage, ob der angegebene Betriebskostenanteil (auch im Ansatz) zutr ist, betrifft nicht die formelle Ordnungsmäßigkeit des Erhöhungsverlangens, sondern allein dessen **materielle Berechtigung** (BGH NJW 08, 848; BGH NJW-RR 06, 1599). Bei Erhöhung einer (Teil-)inklusivmiete müssen zur Höhe der in der Miete enthaltenen Betriebskosten keine Angaben gemacht werden, wenn die beanspruchte erhöhte Miete die ortsübliche Nettokaltmiete **nicht übersteigt** (BGH NJW 08, 848).

12 **e) Veralteter Mietspiegel (§ 558a IV 2).** Nach § 558a IV 2 darf dann, **wenn** ein nach §§ 558c III, 558d II aktualisierter Mietspiegel **nicht vorliegt**, ein **veralteter** verwendet werden. Ein Mietspiegel ist veraltet, wenn zum **Zeitpunkt des Erhöhungsverlangens** bereits ein ggü dem Genutzten Neuerer in Kraft ist (KG GE 10, 60; LG Stuttgart v 2.12.09 – 4 61/09). Wird ein veralteter **zur Begründung genutzt**, ist ein Erhöhungsverlangen **formell unwirksam** (LG Stuttgart v 2.12.09 – 4 61/09). Ein **Zuschlag des Vermieters** zu einem veralteten Mietspiegel ist **unzulässig** (Hambg ZMR 83, 136; LG München II WuM 98, 726). Ein unzulässiger Zuschlag macht das Mieterhöhungsverlangen aber **nicht formell unwirksam**. Die Mieterhöhung beschränkt sich aber auf den Betrag, der sich aus dem Mietspiegelrasterfeld ohne Zuschlag ergibt. Ein aus einer vergleichbaren Gemeinde herangezogener Mietspiegel ist im Zweifel ohne Einschränkungen anzuwenden (Riecke NZM 98, 561). Er ist aber nur anwendbar, wenn es in der maßgeblichen Gemeinde **keinen Mietspiegel** gibt. Hat der Vermieter bei der Begründung zulässiger Weise einen **noch nicht** veralteten Mietspiegel genutzt, muss er im Prozess seine Begründung nicht auf den neuen umstellen (KG GE 10, 60; LG Berlin GE 06, 626; str). Das Gericht selbst kann für die Begründetheit der Erhöhungsklage den Mietspiegel anwenden, dessen Erhebungsstichtag sich auf den **Zugang des Erhöhungsverlangens** bezieht (GE 10, 61; LG Berlin GE 08, 1057), aber auch auf den veralteten (KG GE 07, 1629).

13 **f) Mietspiegel als „Anhalt" (§ 558a IV 2).** Enthält ein Mietspiegel keine vergleichbaren Wohnungen, kann ein Mieterhöhungsverlangen grunds nicht auf ihn gestützt werden (LG Berlin GE 05, 675, 677). Interpolationen, Kombinationen verschiedener Felder, Analogien oder Bezugnahmen auf andere Felder (LG Berlin GE 08, 1492, 1493) sind unzulässig. Der Vermieter kann indes in „freiwilliger Selbstbeschränkung" die Werte eines Mietspiegels für Etagenwohnungen als Mindestmiete für Ein- und wohl auch für Zweifamilienhäusern heranziehen (BGH NZM 09, 27 = ZMR 09, 511; LG Hamburg ZMR 03, 491, 492; LG Mönchengladbach ZMR 97, 600). Denn die Miete für Einfamilienhäuser liegt erfahrungsgemäß idR über der Miete für Wohnungen in Mehrfamilienhäusern (BGH NZM 09, 27 = ZMR 09, 511).

14 **2. Mietdatenbank (§ 558a II Nr 2).** Weiteres Begründungsmittel ist die Auskunft aus einer Mietdatenbank iSv § 558e. Die bloße Mitteilung eines ihrer Werte genügt nicht. Es ist eine Auskunft über mehrere konkrete Mietdaten erforderlich.

3. Sachverständigengutachten (§ 558a II Nr 3). Das Gutachten muss von einem **öffentlich bestellten und vereidigten** Sachverständigen stammen (BGH NJW 82, 1701, 1702) und ist **schriftlich zu begründen.** Das Gutachten muss in einer nachvollziehbaren und überprüfbaren Weise darlegen, warum die begehrte Miete der ortsüblichen Miete iSv § 558 II entspricht (BVerfG WuM 86, 239; LG Gießen WuM 94, 27, 28). Das Gutachten darf nicht zu alt sein (LG Berlin GE 98, 357, 358; AG Schöneberg GE 06, 725; **Faustformel:** nicht älter als 1 Jahr), muss erkennen lassen, dass dem Sachverständigen Vergleichswohnungen auf dem üblichen Wohnungsmarkt in ausreichender Zahl bekannt sind und er die zu beurteilende Wohnung in vergleichender Abwägung in das Mietpreisgefüge der Vergleichswohnungen eingeordnet hat (Karlsr WuM 82, 269; *Krapf* MietRB 06, 301, 303). Die Beschränkung auf 19 Vergleichswohnungen ist ebenso wenig wie eine bloße Befragung von Vermietern grds nicht zu beanstanden (BGH WuM 09, 746). Bleiben Ausstattung und Beschaffenheit der Wohnung teilweise hinter dem Standard der Vergleichswohnungen zurück, ist dem durch Abschläge (Anpassungsfaktoren) Rechnung zu tragen (BGH WuM 09, 746). Das Gutachten muss keinen exakten Betrag ermitteln. Ausreichend ist eine Bandbreite (Spanne); bis zu deren Obergrenze darf erhöht werden (BGH WuM 09, 746). Exakte Angaben über die für vergleichbar angesehenen Objekte müssen nicht enthalten sein (LG Halle ZMR 02, 427). Str ist, ob die verwendeten Vergleichswohnungen offen zu legen sind (*Kunze/Tietzsch* MietRB 09, 52, 53). Das Gutachten ist dem Mieterhöhungsverlangen **in vollem Wortlaut** zumindest in Kopie beizufügen (*Paschke* GE 07, 971, 972). Ein bloßer Hinweis auf sein Ergebnis genügt nicht, auch wenn dem Mieter die Einsichtnahme angeboten wird (Karlsr WuM 82, 269, 272; *Krapf* MietRB 06, 301, 303). Der Fehler kann im Prozess gem § 558b III durch Nachreichen geheilt werden. Die Kosten des Gutachtens sind vom Vermieter zu tragen (LG Köln WuM 97, 269).

4. Vergleichswohnungen (§ 558a II Nr 4). Die Vergleichswohnungen und die Wohnung des Mieters müssen nur ungefähr vergleichbar sein (LG Berlin ZMR 01, 349, 350; aA AG Hannover WuM 08, 411). Unvergleichbar sind Neubauwohnungen ggü einer nicht grundlegend sanierten Altbauwohnung. Bezogen auf Ausstattung, Lage und Größe schadet nur offensichtliche Unvergleichbarkeit. Gewerblich vermietete Wohnungen scheiden ebenso aus wie zur Zeit des Erhöhungsverlangens nicht vermietete Wohnungen (LG Kiel WuM 77, 36). Es genügen drei Vergleichswohnungen; es können auch mehr sein (BayObLG ZMR 92, 144). **Jede** benannte Wohnung muss die Erklärung stützen (Karlsr WuM 84, 21; LG Berlin GE 04, 482). Das Mieterhöhungsverlangen ist daher nur **bis zur niedrigsten einzelnen Vergleichsmiete** wirksam. Der zu vergleichende Wohnraum kann vom selben Vermieter stammen (BVerfG ZMR 93, 362; LG Berlin ZMR 01, 349, 350) oder/und im selben Haus liegen (Frankf WuM 84, 123), es können sogar andere Zimmer sein (unzutreffend AG Köln Info M 10, 468). Die Namen von Mietern oder Vermietern zur Bezeichnung der Vergleichswohnungen müssen nicht mitgeteilt werden. Die Vergleichswohnungen müssen durch die Mitteilungen im Erhöhungsschreiben **identifiziert** werden können (AG Köln WuM 94, 546) und so bezeichnet werden, dass der Mieter sie ohne nennenswerte Schwierigkeiten auffinden kann (BGH ZMR 03, 406, 407; AG Pinneberg ZMR 04, 583). Dazu bedarf es wenigstens der vollständigen Anschrift und des Geschosses. Befinden sich in einem Mehrfamilienhaus mit mehreren Geschossen auf derselben Ebene mehr als eine Wohnung, sind für die Auffindbarkeit weitere Angaben erforderlich (BGH ZMR 03, 406, 407). Bsp: die Beschreibung der genauen Lage der Wohnung im Geschoss, die Bezeichnung einer nach außen erkennbaren Wohnungsnummer, der Name des Mieters.

Die aktuelle Miete der Vergleichswohnung ist in Form der Quadratmetermiete mit Angabe der Gesamtgröße der Wohnung oder in Form des Gesamtmietpreises unter Angabe der Wohnungsgröße anzugeben. Die Miete muss in derselben Weise errechnet sein wie bei der betroffenen Wohnung. Über Art, Beschaffenheit, Lage und Ausstattung (AG Schöneberg WuM 86, 342) der Vergleichswohnungen müssen **wenigstens stichwortartige Angaben** gemacht werden (BGH ZMR 83, 69). Vergleichswohnungen müssen grds in derselben Gemeinde liegen. Das Mieterhöhungsverlangen ist nicht formell unwirksam, wenn es mit Vergleichswohnungen begründet wird, deren Miete unter derjenigen der Wohnung liegt, für die die Zustimmung zur Mieterhöhung begehrt wird (BayObLG WuM 84, 276).

5. Sonstige Begründungsmittel. Mieterhöhungsverlangen können auch in anderer Weise begründet werden (BVerfG NJW 80, 1617). Solche **Begründungsmittel** müssen den gesetzlichen gleichwertig sein. In Betracht kommen zB Mietpreisübersichten der Finanzämter, **Gerichtsgutachten** aus einem gerichtlichen Verfahren dritter Personen, wenn die zu beurteilenden Wohnungen vergleichbar sind (LG München WuM 86, 223; *Kinne* GE 08, 1034), ggf Gemeindestatistiken oder Gemeindegutachten des Bauausschusses nach BauGB.

III. Angaben eines qualifizierten Mietspiegels (§ 558a III). Enthält ein qualifizierter Mietspiegel (§ 558d I), bei dem die Vorschrift des § 558d II eingehalten ist, Angaben für die Wohnung, so **hat** der Vermieter nach § 558a III in seinem Mieterhöhungsverlangen diese Angaben auch dann **mitzuteilen**, wenn er die Mieterhöhung auf ein **anderes Begründungsmittel** stützt. Dies dient dazu, das Mieterhöhungsverlangen transparenter zu machen (BGH NJW 08, 573, 574). Die Mitteilung kann sich auf die Werte des **konkreten Mietspiegelfeldes** beschränken; die Angabe der Mietspanne ist nicht erforderlich (BGH NJW 08, 573, 574). Unterbleibt die Angabe, ist das Mieterhöhungsverlangen **formell unwirksam** (LG Berlin GE 07, 988; LG München I WuM 02, 427; AG Tiergarten GE 10, 67), kann aber ggf über § 558b III geheilt werden (LG München I WuM 02, 427).

20 D. Mängel eines Zustimmungsverlangens. Ein formell unwirksames Mieterhöhungsverlangen setzt weder die Zustimmungsfrist des § 558b I 1 (§ 558b Rn 2) noch die Klagefrist (§ 558b Rn 7) in Lauf. Eine dennoch erhobene Zustimmungsklage ist als **unzulässig** abzuweisen. Zur Heilung ist grds ein **neues Erhöhungsverlangen** erforderlich. Ob die im Zustimmungsverlangen geforderte Miete gem § 558 der Höhe nach (materiell) berechtigt ist, ist bedeutungslos (BGH NZM 06, 653, 654; AG Wedding GE 08, 483). Verlangt der Vermieter Zustimmung zur Erhöhung einer unwirksamen Bruttowarmmiete bis zur ortsüblichen Vergleichsmiete, sind weder das Mieterhöhungsverlangen noch die Zustimmungsklage unwirksam. Gibt der Vermieter eine **unzutreffende Ausgangsmiete** an, führt das nicht zur formellen Unwirksamkeit des Mieterhöhungsbegehrens. Das Mieterhöhungsbegehren ist jedoch unbegründet, soweit die begehrte Miete unter Hinzurechnung der früheren Mieterhöhung die ortsübliche Vergleichsmiete übersteigt (BGH NJW 08, 848, 849).

§ 558b Zustimmung zur Mieterhöhung.
(1) Soweit der Mieter der Mieterhöhung zustimmt, schuldet er die erhöhte Miete mit Beginn des dritten Kalendermonats nach dem Zugang des Erhöhungsverlangens.
(2) ¹Soweit der Mieter der Mieterhöhung nicht bis zum Ablauf des zweiten Kalendermonats nach dem Zugang des Verlangens zustimmt, kann der Vermieter auf Erteilung der Zustimmung klagen. ²Die Klage muss innerhalb von drei weiteren Monaten erhoben werden.
(3) ¹Ist der Klage ein Erhöhungsverlangen vorausgegangen, das den Anforderungen des § 558a nicht entspricht, so kann es der Vermieter im Rechtsstreit nachholen oder die Mängel des Erhöhungsverlangens beheben. ²Dem Mieter steht auch in diesem Fall die Zustimmungsfrist nach Absatz 2 Satz 1 zu.
(4) Eine zum Nachteil des Mieters abweichende Vereinbarung ist unwirksam.

1 A. Allgemeines. Durch § 558b I soll dem Mieter zur Meidung überflüssiger Prozesse die Möglichkeit gegeben werden, die Berechtigung eines Mieterhöhungsverlangens in Ruhe angemessen zu überprüfen (BGH ZMR 04, 655). Die Vorschrift ist deshalb nicht zum Nachteil des Mieters abdingbar, IV.

2 B. Zustimmung (§ 558b I, 558 I 1). I. Zustimmungsfrist. Mit Zugang eines formell und inhaltlich wirksamen Mieterhöhungsverlangens wird dem Mieter durch § 558b II 1 eine **zweimonatige Zustimmungsfrist** eingeräumt (zT Überlegungsfrist genannt). Er kann prüfen, ob er bereit ist, das Vertragsänderungs**angebot** des Vermieters anzunehmen. Bei der Berechnung der Zustimmungsfrist gelten §§ 187 ff. Die Frist beginnt mit Zugang des Mieterhöhungsverlangens; bei einer Personenmehrheit auf Seiten des Mieters mit Zugang beim Letzten. Die Zustimmungsfrist endet um 24.00 Uhr des letzten Tages des übernächsten Monats nach Zugang. Die Zustimmungsfrist beträgt mindestens 2 Monate, maximal einen Tag weniger als 3 Monate (Bsp: Zugang 5.1., Ablauf 31.3.; Zugang 31.7., Ablauf 30.9.). Sie kann nicht verkürzt und wegen des formalen Charakters des Erhöhungsverfahrens auch nicht verlängert werden (LG München I WuM 94, 384; str). Ein **unwirksames** Mieterhöhungsverlangen löst die Frist nicht aus (LG Hamburg ZMR 05, 367, 368). Eine gleichwohl erhobene Klage ist unzulässig (Rn 7).

3 II. Inhalt und Form der Zustimmung. Die Zustimmung des Mieters zur Mieterhöhung ist eine einseitige und empfangsbedürftige Willenserklärung iSv § 130. Sie ist die grds **formfreie** Annahme des Änderungsangebotes des Vermieters (BayObLG NJW-RR 89, 1172) und kann – sofern die Parteien keine bestimmte Form **vereinbaren** – schriftlich, mündlich, telefonisch, per Fax, per E-Mail oder in einer anderen Form erfolgen (AG Berlin-Schöneberg v 2.9.09 – 6 C 280/09). Die Mieterzustimmung **heilt** Mängel der Form und des Inhalts des Erhöhungsverlangens. Im Falle von § 550 sollte die Zustimmung **schriftlich** erteilt werden, da ansonsten ein befristeter zu einem unbefristeten Mietvertrag wird (BGH NJW 07, 1742, 1743). Auf eine schriftliche Erteilung hat der Vermieter in **diesem** Falle daher ausnahmsweise einen **Anspruch** (LG Wiesbaden WuM 00, 195; aA *Schmid* ZMR 07, 514).

4 Die Erklärung kann ausdrücklich, aber auch **schlüssig** erfolgen (BGH ZMR 05, 847, 848; BGH ZMR 98, 83, 86), sofern der Vermieter keine **ausdrückliche Erklärung** verlangt (LG Berlin GE 08, 605). Stimmt der Mieter einem Mieterhöhungsverlangen des Vermieters nicht ausdrücklich zu, zahlt jedoch sodann die erhöhte Miete vorbehaltlos, kann der Vermieter eine ausdrückliche Zustimmungserklärung verlangen (LG Berlin GE 09, 657; aA LG Itzehoe WuM 09, 741; AG Berlin-Schöneberg v 2.9.09 – 6 C 280/09). Das Schweigen des Mieters auf ein Erhöhungsverlangen ist aber weder Zustimmung noch Ablehnung. Bereits die **einmalige** und vorbehaltlose Zahlung einer erhöhten Miete kann aber als Zustimmung iSv § 558b I **ausgelegt** werden. In der vorbehaltlosen Zahlung auf ein **unwirksames** Erhöhungsverlangen kann ggf eine wirksame Vertragsänderung iSv § 557 I gesehen werden (BGH ZMR 04, 341). Duldet der Mieter passiv, dass der Vermieter eine erhöhte Miete einzieht, kann darin freilich selbst bei mehrfacher Abbuchung kein Rechtsbindungswille hergeleitet werden (LG München WuM 96, 44). Die Zustimmung ist iÜ **bedingungsfeindlich** (AG Heilbronn ZMR 98, 171). Eine unter Bedingungen oder Vorbehalt erklärte Zustimmung ist daher nichtig. Die Zustimmung kann auf **einen Teil** der verlangten erhöhten Miete beschränkt werden (BayObLG NJW-RR 89, 1172; LG München ZMR 07, 865, 866). Hinsichtlich der restlichen Forderung kann erst nach Ablauf der Zustimmungsfrist Klage erhoben werden (*Kinne* ZMR 01, 775, 777). Die vom Vermieter akzeptierte Teilzustimmung löst die Jahressperrfrist des § 558 I aus (§ 558 Rn 4 mwN). Dem Mieter steht an seiner Zustimmungserklärung wegen Mietmängeln kein Zurückbehaltungsrecht zu (Frankf ZMR 99, 703, 704). Eine zunächst erfolgte Ablehnung durch den Mieter steht der Wirksamkeit einer späteren Zustimmung nicht entgegen (LG Berlin ZMR 96, 267, 268). Abw von § 150 II ist die Zustimmung insoweit erteilt und keine Ablehnung.

III. Mehrheit von Mietern. Bei einer Mehrheit von Mietern kann die nicht unter § 1357 fallende Zustimmung nur von allen abgegeben werden (KG ZMR 86, 117; LG Berlin GE 99, 573). Eine Formularklausel, die eine **gegenseitige Bevollmächtigung** für die Zustimmungserklärung vorsieht, verstößt gegen § 307 I 1. 5

IV. Erteilte Zustimmung. Stimmt der Mieter innerhalb der Zustimmungsfrist bedingungslos der **erhöhten Miete** zu (KG NZM 98, 68: die Zustimmung zum Erhöhungs**betrag** ist nicht ausreichend), schuldet er diese mit Beginn des dritten Kalendermonats nach dem Zugang des Erhöhungsverlangens. Bei der Berechnung der Frist gilt § 193. Beim Zugang des Mieterhöhungsverlangens am 5.1. wirkt die Mieterhöhung zB zum 1.4. Stimmt der Mieter **nach** Ablauf der Zustimmungsfrist zu – ggf nach einer zunächst verweigerten Zustimmung (KG ZMR 96, 267) oder im Prozess – oder wird seine Zustimmung mit materieller Rechtskraft eines Urteils nach § 894 I 1 ZPO fingiert, schuldet er die Miete rückwirkend (zu den Zinsen s. Rn 11). Die Fälligkeit der geschuldeten erhöhten Miete richtet sich nicht nach § 558b, sondern nach dem Mietvertrag oder subsidiär nach § 556b I. 6

C. Klage auf Zustimmung (§ 558b II). I. Frist. Stimmt der Mieter einem Mieterhöhungsverlangen nicht zu, muss der Vermieter auf **Erteilung** klagen. Die Zustimmungsklage kann gem § 558 II 2 **frühestens** nach Ablauf der Zustimmungsfrist und **spätestens** innerhalb von weiteren drei Monaten erhoben werden (Bsp: Zugang 5.1., Ablauf 30.6.; Zugang 31.7., Ablauf 31.12.). Überlegungs- und Klagefrist sind **besondere Sachurteilsvoraussetzungen** (BayObLG NZM 00, 488, 489; LG Berlin ZMR 05, 367, 368). Die Berechnung erfolgt nach §§ 187, 188. Versäumt der Vermieter die Klagefrist, ist die Klage unzulässig und das Mieterhöhungsverlangen ausgeschlossen (LG Hamburg ZMR 09, 452, 453; LG Frankenthal NJW 85, 273); eine **Wiedereinsetzung** nach §§ 233 ff ZPO ist ausgeschlossen (LG Hamburg ZMR 09, 452, 453). Erhebt der Vermieter vor Ablauf der Zustimmungsfrist Klage, ist die Klage unzulässig, es sei denn, der Mieter hätte die Zustimmung bereits verweigert (KG WuM 81, 54). Läuft die Zustimmungsfrist während des Verfahrens ab, wird eine verfrühte Klage zulässig (BayObLG NJW 82, 1292). 7

II. Klage. Die Zustimmungsklage ist **Leistungsklage** auf Abgabe einer Willenserklärung (§ 894 ZPO). Sie setzt ein **formell wirksames** Mieterhöhungsverlangen voraus (BGH ZMR 04, 655; BayObLG NJW-RR 00, 964, 965). Fehlt es hieran, ist die Zustimmungsklage als unzulässig abzuweisen. Unbeachtlich ist, wenn die in einem Mieterhöhungsverlangen enthaltenen Angaben **nicht** zutreffen und es sich nicht rechtfertigen. Unbeachtlich ist auch, dass der Vermieter eine frühere Mieterhöhung wegen einer Modernisierung nicht in die Ausgangsmiete einrechnet (BGH NJW 08, 848). Dies sind Fragen der **Begründetheit des materiell-rechtlichen Erhöhungsanspruchs** (KG KGR 05, 171, 172) und machen die Klage nicht unzulässig (BGH NJW 08, 848). Eine Klage ist wegen der gesamthänderischen Bindung mehrerer Mieter auch dann erforderlich, wenn vorprozessual einer von mehreren Mietern zugestimmt hat (AG Wiesbaden WuM 92, 135; aA LG Kiel WuM 89, 429). Wenn mehrere Personen Mieter sind, ist eine notwendige Streitgenossenschaft nach § 62 I Alt 2 ZPO gegeben, da diese eine Zustimmung nur gemeinschaftlich erteilen können (BGH ZMR 04, 492, 493; KG NJW-RR 86, 439, 440). Die nur gegen einen Streitgenossen erhobene Klage ist – als unzulässig – abzuweisen (BGH ZMR 04, 492, 493). Die Zustimmungsklage kann nicht mit einer Zahlungsklage auf die erhöhte Miete verbunden werden. Bei der Zahlungsklage würde es sich um eine Klage auf künftige Leistung handeln, die nur nach § 259 ZPO zulässig ist. Leistet der Mieter nach Verurteilung zur Zustimmung die erhöhte Miete nicht, muss daher eine gesonderte Zahlungsklage erhoben werden (aA LG Duisburg NZM 98, 764). Etwas anderes gilt, wenn der Mieter in erster Instanz verurteilt worden ist, der Mieterhöhung zuzustimmen, und diese Verurteilung vor der Berufungsverhandlung über die Zahlungsklage in Teilrechtskraft erwachsen ist (BGH ZMR 05, 697). 8

Die Klage ist an das nach § 29a I ZPO iVm § 23 Nr 2a GVG ausschl zuständige **Amtsgericht** zu richten. Der **Klageantrag** muss wegen § 253 II ZPO und mit Blick auf § 894 ZPO (s. Rn 11) das betreffende Mietverhältnis und damit die **konkrete Wohnung** des Mieters (AG Charlottenburg GE 06, 1619; aA AG Schöneberg GE 06, 1621), die neu erhöhte Miete (Frankf ZMR 01, 449, 452; KG ZMR 97, 590; LG Berlin GE 07, 986, 987), ggf den Erhöhungsbetrag, jedenfalls aber den **Wirkungszeitpunkt** enthalten. Der Antrag kann niedriger, nicht aber höher als die im Mieterhöhungsverlangen genannte neue Miete sein. Die Klage muss sämtliche in § 558 genannten Voraussetzungen darlegen und das vorprozessuale Mieterhöhungsverfahren schildern. Eine Standschaft ist zulässig (KG GE 97, 110). Die Prozessvollmacht des Anwalts umfasst die Befugnis zur Abgabe und Entgegennahme von Erhöhungsverlangen (BGH ZMR 03, 406). Der Gebührenstreitwert für die Mieterhöhungsklage bemisst sich nach § 41 V 1 GKG höchstens mit dem Jahresbetrag der geforderten Mieterhöhung. Der Rechtsmittelstreitwert berechnet sich analog § 9 ZPO (BVerfG NJW 96, 1531). 9

Das Gericht muss bei einem formell wirksamen Mieterhöhungsverlangen materiell-rechtlich prüfen, ob die konkret vom Vermieter geltend gemachte Mieterhöhung **berechtigt** ist (BGH ZMR 05, 771). Die Richter 10 müssen dazu die **ortsübliche Vergleichsmiete** iSv § 558 II (s. § 558 Rn 7) zum Tag des Zugangs des Mieterhöhungsverlangens feststellen (BayObLG NJW-RR 93, 202). Das Gericht ist zur Ermittlung der ortsüblichen Vergleichsmiete nicht an das vom Vermieter gewählte Begründungsmittel gebunden. Zur Bestimmung sind im Prozess vielmehr **alle Beweismittel** zugelassen. Besondere Bedeutung hat die Vermutungswirkung (§ 292 ZPO) nach § 558d III. Soweit sich der Vermieter auf einen danach qualifizierten Mietspiegel beruft, erfolgt die Überprüfung anhand eines Vergleichs der in dem Mietspiegel ausgewiesenen Mietspanne mit der begehrten erhöhten Miete (BGH ZMR 05, 771, 772; BGH NJW 04, 1379). Das Gericht hat dazu die in § 558 II definierte ortsübliche Vergleichsmiete für die betreffende Wohnung festzustellen und die Wohnung innerhalb der Spanne **einzustufen**. Die konkrete ortsübliche Vergleichsmiete innerhalb der Mietspiegelspanne kann dabei durch **Schätzung gem § 287 II ZPO** ermittelt werden (BGH ZMR 05, 771, 772). Zur Grundlage einer Schätzung kann das Gericht eine dem Mietspiegel beigefügte „Orientierungshilfe" nutzen (BGH ZMR 05, 771, 772; KG IMR 09, 373). Es ist nicht zu beanstanden, wenn das Gericht den Sachverhalt nicht durch Einholung eines Sachverständigengutachtens vollständig aufklärt (§ 286 ZPO). Zur Beweislast bei Mietspiegeln s. *Börstinghaus* NZM 02, 273. Neben Mietspiegeln kommen **Sachverständigengutachten** in Betracht (s. dazu Zöller § 402 Rz 5d).

11 Der Mieter gerät durch Rechtskraft des Zustimmungsurteils **nicht rückwirkend** mit der Zahlung der Erhöhung in Verzug (BGH ZMR 05, 699). Der Vermieter kann den Mieter aber durch Mahnung wegen der geschuldeten Zustimmung in Verzug setzen und ggf Schadensersatz verlangen. Die **Zwangsvollstreckung** erfolgt nach § 894 ZPO.

12 **III. Heilung fehlerhafter Mieterhöhungsverlangen (§ 558b III).** Soweit der Vermieter ein mangelhaftes Mieterhöhungsverlangen abgegeben hat, kann er nach § 558b III bei einer rechtshängigen Klage bis zum Schluss der mündlichen Verhandlung und auch noch in der Berufungsinstanz zum einen **einzelne** formelle **Mängel** dieses Verlangens beheben (§ 558b III Var 2), was, wie § 264 Nr 1 ZPO zeigt, keine Klageänderung ist (LG München ZMR 07, 865, 866; aA LS Berlin GE 10, 63; *Paschke* NZM 08, 705, 706). Als Mängel kommen alle Anforderungen des § 558a in Betracht, also Mängel der Form, des Inhalts, der Begründung (BGH NJW 09, 1737) und der Beteiligung (§ 558a Rn 3 ff). Der Vermieter kann zum anderen die Klage ändern und ein **neues Mieterhöhungsverlangen** ausbringen (§ 558b III Var 1). Hierin liegt eine **Klageänderung** iSv §§ 263 ff ZPO (BGH ZMR 03, 406, 408; AG Charlottenburg GE 04, 693). Nachholung oder Nachbesserung können außergerichtlich oder durch Schriftsatz erfolgen. Dem Mieter muss in jedem Fall **verdeutlicht** werden, dass ein **neues Mieterhöhungsverlangen** gestellt wird.
Ist der Klage überhaupt kein Mieterhöhungsverlangen vorausgegangen oder ist bereits die Klagefrist verstrichen, ist § 558b III **unanwendbar** (LG Duisburg WuM 05, 457).

13 Nach § 558b II 1 wird mit dem Zugang der Nachholung oder Nachbesserung des Mieterhöhungsverlangens eine **vollständig neue Zustimmungsfrist** in Gang gesetzt (BGH NJW 09, 1737). Die auf dieses Verlangen gestützte Klage ist im Prinzip **verfrüht** (Rn 7), daher **unzulässig** und kann abgewiesen werden. Etwas anderes gilt, wenn der Mieter ausdrücklich erklärt, auch dem neuen Verlangen nicht zustimmen zu wollen (AG Charlottenburg GE 04, 693). Etwas anderes gilt ferner, wenn das **Gericht** die neue **Frist berücksichtigt** und einen (ggf neuen) Termin auf die Zeit nach ihrem Ablauf anberaumt oder die mündliche Verhandlung wieder eröffnet. Einen **Zwang** hierzu gibt es **nicht** (LG München I NJW-RR 04, 523, 524; AG Pinneberg ZMR 03, 583, 584; aA LG Berlin GE 08, 995). Prozessökonomischer sind eine **Vertagung** nach § 227 I ZPO (*Paschke* NZM 08, 705, 708) oder eine Wiedereröffnung.

§ 558c Mietspiegel. (1) Ein Mietspiegel ist eine Übersicht über die ortsübliche Vergleichsmiete, soweit die Übersicht von der Gemeinde oder von Interessenvertretern der Vermieter und der Mieter gemeinsam erstellt oder anerkannt worden ist.
(2) Mietspiegel können für das Gebiet einer Gemeinde oder mehrerer Gemeinden oder für Teile von Gemeinden erstellt werden.
(3) Mietspiegel sollen im Abstand von zwei Jahren der Marktentwicklung angepasst werden.
(4) ¹Gemeinden sollen Mietspiegel erstellen, wenn hierfür ein Bedürfnis besteht und dies mit einem vertretbaren Aufwand möglich ist. ²Die Mietspiegel und ihre Änderungen sollen veröffentlicht werden.
(5) Die Bundesregierung wird ermächtigt, durch Rechtsverordnung mit Zustimmung des Bundesrates Vorschriften über den näheren Inhalt und das Verfahren zur Aufstellung und Anpassung von Mietspiegeln zu erlassen.

1 **A. Zweck.** Mietspiegel sollen es Mietern erleichtern, Mieterhöhungsverlangen zu überprüfen. Vermietern wird hingegen ermöglicht, mit diesem Begründungsmittel (§ 558a II Nr 1) ihre Ansprüche auf eine Mieterhöhung leicht und einfach zu begründen sowie im Zustimmungsprozess darzulegen (AG Dortmund ZMR 03, 194).

2 **B. Mietspiegel. I. Begriff.** Ein Mietspiegel iSv §§ 558c, 558d ist eine Übersicht über die ortsübliche Vergleichsmiete. Zur Erstellung eines Mietspiegels ist grds niemand verpflichtet, wenn auch die Aufstellung für

die Gemeinden eine Aufgabe der öffentlichen Daseinsvorsorge ist (BVerwG NJW 96, 2046). Gemeinden sollen Mietspiegel nach § 558c IV 1 erstellen, wenn hierfür ein Bedürfnis besteht und dies mit einem vertretbaren Aufwand möglich ist. Zur Aufstellung eines Mietspiegels berechtigt ist zwar jedermann. Das Gesetz nennt in § 558c I ausdrücklich aber Gemeinden, die Interessenvertreter der Vermieter und die Mieter gemeinsam oder Dritte. Soweit ein Mietspiegel von Dritten erstellt wird, müssen ihn einige Interessenvertreter (Hamm ZMR 91, 341) oder eine Gemeinde allerdings **anerkennen**. Die Anerkennung ist eine ggü dem Dritten abzugebende **Willenserklärung** (*Mersson* ZMR 02, 806) und muss durch die vertretungsberechtigten Organe erfolgen (AG Dortmund ZMR 03, 194, 195).

II. Aufstellung. 1. Verfahren. Der Gesetzgeber hat bewusst darauf verzichtet, für die Erstellung eines Mietspiegels ein bestimmtes Verfahren vorzuschreiben. Die Bundesregierung hat bislang von der in § 558c V vorgesehenen Ermächtigung, durch Rechtsverordnung Vorschriften über den näheren Inhalt und das Verfahren zur Aufstellung und Anpassung von Mietspiegeln zu erlassen, keinen Gebrauch gemacht. Nach welchen Methoden Mietspiegel zu erstellen sind, ist damit weiterhin **offen**. Da sich in den letzten Jahren bei der Vermietung die Vereinbarung von Nettomieten durchgesetzt hat, sollten in einem Mietspiegel jedenfalls Nettomieten ausgewiesen werden. Zur Information und Vereinheitlichung der Erstellung von Mietspiegeln können iÜ die vom Bundesministerium für Verkehr, Bau und Wohnungswesen in 2002 herausgegebenen „Hinweise zur Erstellung von Mietspiegeln" dienen.
Ein einfacher Mietspiegel darf zwischen den Verbänden ausgehandelt werden; er muss auch nicht nach wissenschaftlichen Erstellungsmethoden zu Stande kommen. Mietspiegel und ihre Änderungen sollen nach § 558c IV 2 veröffentlicht werden.

2. Umfang. § 558c II regelt, für welche Gebiete Mietspiegel erstellt werden können. So können etwa Gemeinden oder Gemeindeteile, die stark im Einzugsgebiet einer größeren Gemeinde liegen und daher mit dieser zusammen einen einheitlichen Wohnungsmarkt bilden, in einen gemeinsamen Mietspiegel einbezogen werden.

3. Aktualisierung. Nach § 558c III sollen Mietspiegel im Abstand von zwei Jahren aktualisiert werden. Eine Pflicht zur Aktualisierung besteht nicht. Für qualifizierte Mietspiegel gilt für Aktualisierung und Fortschreibungsmittel § 558d II.

C. Prozess. Gegen die Verwendung von Mietspiegeln im Prozess bestehen keine, auch keine verfassungsrechtlichen Bedenken (BVerfG NJW 92, 1377). Auch wenn ein einfacher Mietspiegel (zu qualifizierten s. § 558d Rn 7) in der ZPO nicht als Beweismittel vorgesehen ist und ihm also keine Vermutungswirkung beigemessen werden kann, verstößt die Berücksichtigung seiner Werte nicht gegen das Grundrecht des Vermieters aus Art 14 I 1 GG. Seine Werte können vom Gericht im Wege freier Beweiswürdigung nach § 287 II ZPO (str) zur Schätzung der ortsüblichen Vergleichsmiete herangezogen werden (LG Berlin GE 03, 1020; AG Dortmund ZMR 03, 194). Ob es sich bei einem einfachen Mietspiegel insoweit um ein antizipiertes Sachverständigengutachten (Frankf NJW-RR 94, 1233; KG GE 94, 991, 995), einen normkonkretisierenden Verwaltungsakt (*Huber* ZMR 92, 469), eine amtliche Auskunft (LG München I WM 92, 25) oder um eine Übersicht handelt, die die in ihr ausgewiesenen Zahlen allgemeinkundig macht (KG NJW-RR 92, 80), kann stets offen bleiben.

§ 558d Qualifizierter Mietspiegel.
(1) Ein qualifizierter Mietspiegel ist ein Mietspiegel, der nach anerkannten wissenschaftlichen Grundsätzen erstellt und von der Gemeinde oder von Interessenvertretern der Vermieter und der Mieter anerkannt worden ist.
(2) ¹Der qualifizierte Mietspiegel ist im Abstand von zwei Jahren der Marktentwicklung anzupassen. ²Dabei kann eine Stichprobe oder die Entwicklung des vom Statistischen Bundesamt ermittelten Preisindexes für die Lebenshaltung aller privaten Haushalte in Deutschland zugrunde gelegt werden. ³Nach vier Jahren ist der qualifizierte Mietspiegel neu zu erstellen.
(3) Ist die Vorschrift des Absatzes 2 eingehalten, so wird vermutet, dass die im qualifizierten Mietspiegel bezeichneten Entgelte die ortsübliche Vergleichsmiete wiedergeben.

A. Allgemeines. Um den Aussagewert von Mietspiegeln zu erhöhen und ihre Beweiskraft zu verstärken, ist der den in § 558d I legal definierten **qualifizierte** Mietspiegel eingeführt worden.

B. Begriff. I. Voraussetzungen. Ein qualifizierter Mietspiegel setzt neben den Anforderungen, die an einen einfachen zu stellen sind (§ 558c Rn 3 ff), weiter voraus, dass er nach anerkannten wissenschaftlichen Grundsätzen erstellt, im Abstand von zwei Jahren der Marktentwicklung angepasst wurde, nach vier Jahren erneuert wird und eine Gemeinde oder die jeweiligen Interessenverbände der Mieter und Vermieter ihn anerkannt (§ 558c Rn 2) haben. Durch diese Anforderungen soll eine besondere Gewähr für Richtigkeit und Aktualität der in einem qualifizierten Mietspiegel enthaltenen Werte geboten werden.

II. Wissenschaftliche Grundsätze. 1. Begriff. Was wissenschaftliche Grundsätze sind, ist unklar. Neben der Rechtswissenschaft gehört zu den Grundsätzen auch die Statistik. Sie sind daher nicht erfüllt, wenn bei der Auswahl eine Repräsentativität nicht gegeben ist, oder wenn die Art und Weise, in der die Mietspannen bestimmt wurden, nach der statistischen Methodik ebenso wenig wie die konkrete Anwendung der Regressionsmethode nicht nachvollziehbar sind (LG Bochum DWW 07, 270). Ferner gehören zu den wissenschaftlichen Grundsätzen, dass der Spiegel vom richtigen Begriff der ortsüblichen Vergleichsmiete ausgeht, die Daten auf einer repräsentativen Datenerhebung beruhen und eine anerkannte wissenschaftliche Auswertungsmethode gewählt worden ist. Wegen der Vermutungswirkung nach III müssen die Methoden außerdem dokumentiert und damit nachvollziehbar und überprüfbar sein (LG Bochum DWW 07, 270; *Kinne* ZMR 01, 775, 782). Richtschnur für ein realistisches Abbild des Wohnungsmarktes können insb die Tabellen- und die Regressionsmethode (dazu LG München I WuM 03, 97, 98; Kniep/*Gratzel* WuM 08, 649, 646) sein (krit *Langenberg* WuM 01, 523, 524). Ferner muss die Datenerhebung empirischen Grundsätzen genügen (*Börstinghaus/Börstinghaus* NZM 03, 377, 381). Außerdem müssen die Daten **repräsentativ** sein. Bloß **ausgehandelte** Mietspiegel sind daher **nicht** qualifiziert. Etwa die Mietspiegel von Berlin und München sind zurzeit qualifiziert.

2. Beweislast. Die Partei, die die Qualifizierung anzweifelt, muss einen Verstoß beweisen. Hierzu genügt es nicht, bloß eine angeblich zu niedrige Miete vorzutragen oder zu beanstanden, dass im Spiegel ein zu hoher Anteil an ehemals preisgebundenen Wohnungen berücksichtigt worden sei (LG Berlin GE 04, 1296).

III. Verlust der Qualifizierung. Ein qualifizierter Mietspiegel verliert seine besondere Wirkung, wenn er älter als vier Jahre ist oder nach über zwei Jahren, bezogen auf den Erhebungsstichtag (str), nicht an die Marktentwicklung angepasst wurde.

IV. Überprüfung. Mietspiegel iSv § 558d sind nach hM weder vor den Zivilgerichten noch vor den Verwaltungsgerichten dahin isoliert überprüfbar, ob sie **qualifiziert** sind. Es handelt sich um eine **schlichtverwaltende** Tätigkeit ohne bindende Außenwirkung (OVG Münster WuM 06, 623; VG Minden ZMR 04, 226, 227 = NZM 04, 148; NZM 04, 148; s. bereits BVerwG NJW 96, 2046 = WuM 96, 432; aA Kniep/*Gratzel* WuM 08, 649, 646 mwN). Dem Zivilgericht ist es nicht verwehrt, die Qualifizierung im Zustimmungsprozess **inzident** zu verneinen (LG Bochum DWW 07, 270).

C. Wirkung und Beweislast. Ein qualifizierter Mietspiegel hat **zwei Wirkungen**: Seine Angaben müssen zum einen gem § 558a III in einem Erhöhungsverlangen zwingend **mitgeteilt** werden (§ 558a Rn 9); anderenfalls ist das Verlangen unwirksam (LG München I NJW 02, 2885). Zum anderen wird für ihn im Prozess gem §§ 558d III, 292 ZPO **widerleglich vermutet**, dass die in ihnen bezeichnete Entgelte die ortsübliche Vergleichsmiete iSv § 558 II 1 wiedergeben. Die **Beweislast**, dass ein Mietspiegel iSv § 558d qualifiziert ist, trifft nach allgemeinen Grundsätzen den, der sich auf die Qualifizierung beruft (LG Bochum DWW 07, 298; *Börstinghaus* NZM 02, 273; *Sternel* ZMR 01, 937, 941). Schlägt der Beweis fehl, ist der Mietspiegel einfach iSv § 558c. Wer hingegen behauptet, dass ein qualifizierter Mietspiegel nicht die ortsübliche Vergleichsmiete wiedergibt, muss den Beweis des Gegenteils, zB durch ein Gutachten (LG Berlin GE 04, 1456), führen. Wo die ortsübliche Vergleichsmiete innerhalb einer Mietspiegelspanne liegt, vermutet § 558d III nicht (LG Berlin WuM 04, 499). Dies kann im Verfahren gem **§ 287 II ZPO geschätzt** werden (BGH ZMR 05, 771, 772). Die Einholung eines Sachverständigengutachtens ist nicht erforderlich (BGH ZMR 05, 771, 772). Zur **Grundlage einer Schätzung** kann eine dem Mietspiegel beigefügte „Orientierungshilfe" genutzt werden (BGH ZMR 05, 771, 772).

§ 558e Mietdatenbank. Eine Mietdatenbank ist eine zur Ermittlung der ortsüblichen Vergleichsmiete fortlaufend geführte Sammlung von Mieten, die von der Gemeinde oder von Interessenvertretern der Vermieter und der Mieter gemeinsam geführt oder anerkannt wird und aus der Auskünfte gegeben werden, die für einzelne Wohnungen einen Schluss auf die ortsübliche Vergleichsmiete zulassen.

A. Zweck. § 558e ist eine Hilfsnorm. Sie definiert legal, was eine Mietdatenbank ist. Die Bedeutung einer Mietdatenbank folgt aus § 558a II Nr 2: Danach kann zur Begründung eines Mieterhöhungsverlangens auf die Auskunft aus einer Mietdatenbank Bezug genommen werden. Wie auch ein Mietspiegel, soll es eine Mietdatenbank dem Mieter erleichtern, das Mieterhöhungsverlangen zu überprüfen. Dem Vermieter soll hingegen ermöglicht werden, seinen Anspruch leicht zu begründen. Die Nennung im Gesetz soll zudem die Verbreitung von Mietdatenbaken fördern (BTDrs 14/4553 40). Mietdatenbanken existieren bislang nur vereinzelt (zB in Hannover, Leipzig und Obernkirchen).

B. Begriff. Eine Mietdatenbank ist eine strukturiert aufgearbeitete, fortlaufend geführte und sich ständig ändernde Sammlung einzelner Mieten. Ihre Funktion besteht darin, Angaben zu Mietvereinbarungen und *Mietänderungen bereitzustellen, aus denen* für einzelne Wohnungen Erkenntnisse über ortsübliche **Vergleichsmieten** gewonnen werden können. Eine Mietdatenbank wird von einer Gemeinde oder gemeinsam von Interessenvertretern der Vermieter und der Mieter geführt. Möglich ist auch, dass ein Dritter die Mietda-

tenbank betreut, sofern sie von Vermieter- und Mieterrepräsentanten oder von einer Gemeinde anerkannt (§ 558c Rn 2) wird.
Der wesentliche Unterschied ggü einem Mietspiegel liegt in der fortlaufenden Erfassung von Daten. Damit ermöglicht eine Mietdatenbank grds eine hohe Aktualität.

C. Inhalt. Eine Mietdatenbank soll Auskünfte geben, die für einzelne Wohnungen einen Schluss auf die ortsübliche Vergleichsmiete zulassen. Bei Auswahl der Mietdaten sind die gesetzlichen Vorgaben zur Ermittlung der ortsüblichen Vergleichsmiete einzuhalten (*Kinne* ZMR 01, 775, 782). Die Mietdaten sind daher gem § 558 II 1 nach Art, Größe, Ausstattung, Beschaffenheit und Lage zu strukturieren und dürfen nicht älter als vier Jahre sein. Mieten nach § 558 I 2 und § 549 II, III dürfen nicht in die Sammlung aufgenommen werden. Wie viele Daten – bezogen auf die jeweilige Wohnungskategorie – zu sammeln sind, ob es sich um einen repräsentativen Querschnitt aus den einzelnen Wohnungskategorien handeln muss, von wem die Daten stammen und wie diese Daten verarbeitet werden, ist ungeklärt (*Stöver* NZM 02, 279).

§ 559 Mieterhöhung bei Modernisierung.
(1) Hat der Vermieter bauliche Maßnahmen durchgeführt, die den Gebrauchswert der Mietsache nachhaltig erhöhen, die allgemeinen Wohnverhältnisse auf Dauer verbessern oder nachhaltig Einsparungen von Energie oder Wasser bewirken (Modernisierung), oder hat er andere bauliche Maßnahmen aufgrund von Umständen durchgeführt, die er nicht zu vertreten hat, so kann er die jährliche Miete um 11 vom Hundert der für die Wohnung aufgewendeten Kosten erhöhen.
(2) Sind die baulichen Maßnahmen für mehrere Wohnungen durchgeführt worden, so sind die Kosten angemessen auf die einzelnen Wohnungen aufzuteilen.
(3) Eine zum Nachteil des Mieters abweichende Vereinbarung ist unwirksam.

A. Allgemeines. § 559 I gibt dem Vermieter im Interesse der allgemeinen Verbesserung der Wohnverhältnisse einen finanziellen Anreiz zur Modernisierung (BGH ZMR 08, 186, 187). Hat er die **Mietsache modernisiert** oder hat er bauliche Maßnahmen auf Grund von Umständen, die er nicht zu vertreten hat, durchgeführt, darf er nach § 559 I – **unabhängig von der Vergleichsmiete** iSv § 558 (BGH NJW 08, 3630) – einseitig den Mietvertrag ändern und die **jährliche Miete erhöhen**. Dieses Modernisierungsrecht korrespondiert mit keiner Modernisierungspflicht. Das Gesetz kennt idR auch keinen Anspruch auf Modernisierung (BGH ZMR 04, 807, 809; s.a. § 554 Rn 5; § 535 Rn 81). § 559 gilt für alle Wohnraummietverhältnisse, soweit nicht einer der Ausnahmetatbestände des § 549 II, III eingreift. § 559 gilt außerdem nicht bei öffentlich geförderten Wohnungen, für die eine Kostenmiete zu zahlen ist. Eine Mieterhöhung nach § 559 ist nicht möglich, wenn die Parteien diese für diesen Fall ausdrücklich oder konkludent ausgeschlossen (Stuttg NJW-RR 94, 1291) oder eine Staffelmiete vereinbart haben, § 557a II. Bei einer Indexmiete ist gem § 557b II eine Erhöhung nur wegen solcher baulicher Änderungen zulässig, die der Vermieter nicht zu vertreten hat. Die Mietvertragsparteien können § 559 ganz oder teilweise einschränken.

B. Begriff der Modernisierung. Modernisierung ist eine bauliche Maßnahme des Vermieters (Rn 7), die den Gebrauchswert der Mietsache nachhaltig erhöht, die allgemeinen Wohnverhältnisse auf Dauer verbessert oder nachhaltig Einsparungen von Energie oder Wasser bewirkt (Rn 8 f). Der Begriff ist mit dem des § 554 II 1 identisch (§ 554 Rn 7). Keine Modernisierung ist eine **Luxusmodernisierung**. Ob eine bauliche Maßnahme Luxusmodernisierung ist, ist nach dem Verhalten eines durchschnittlichen Hauseigentümers zu beurteilen, der in sein eigenes Gebäude, in dem er ggf mit seiner Familie selbst wohnt, investieren würde (Blank/Börstinghaus Rz. 10). Der Modernisierungsbegriff iSd Mietrechts ist von dem nach § 22 II und III WEG zu **unterscheiden**. Liegt eine Modernisierung nach § 22 II und III WEG vor, muss es sich nicht um eine nach § 559 handeln; umgekehrt ist eine Modernisierung iSv I immer eine gem § 22 II WEG.
Nutznießer der Modernisierung muss ein Mieter sein. Maßnahmen, mit denen lediglich eine Erleichterung oder eine Kostensenkung für den Vermieter verbunden ist, unterfallen § 559 nicht, ggf aber § 554 II 1.

C. Voraussetzungen. Eine Mieterhöhung nach § 559 setzt eine **Modernisierung** (Rn 5 ff) sowie eine **Duldungspflicht des Mieters** nach § 554 II 1 oder eine **tatsächliche Duldung** voraus. Fehlt es an einer Duldungspflicht, ist aber zu prüfen, ob ein Mieter die Modernisierung tatsächlich geduldet hat. Hat der Mieter geduldet, kann er sich ggü einer Modernisierungsmieterhöhung **nicht darauf berufen**, dass er nicht zur Duldung verpflichtet war (Stuttg NJW-RR 91, 1108, 1109). Bei erfolgten Innenmodernisierungen liegt idR eine Duldung vor, bei erfolgten Außenmodernisierungen muss nach einer Duldungserklärung des Mieters gesucht werden. Hat der Vermieter den Anforderungen des § 554 III 1 nicht genügt (Mitteilung), steht das einer Modernisierungsmieterhöhung **nicht entgegen** (BGH NJW 07, 3565). Für eine Modernisierungsmieterhöhung ist ausreichend, dass die **materiellen Anforderungen der Duldungspflicht** nach § 554 erfüllt sind (Frankf NJW-RR 92, 145).

D. Modernisierungsmaßnahmen. I. Einführung. Eine Modernisierung setzt eine **Baumaßnahme** voraus, die einen Modernisierungszweck verfolgt (Rn 8 ff) und einen Bezug auf die Mietsache aufweist. Ein Eingriff in die Bausubstanz ist nicht erforderlich (LG Chemnitz NJW-RR 04, 373). Erforderlich, aber auch ausreichend ist eine Veränderung des vertragsgemäß gestellten baulichen Zustandes. Dem Mieter muss durch die Maßnahme etwas zur Verfügung stehen, was er bisher nicht oder jedenfalls nicht in dieser Weise hatte. Die bloße Änderung der Zweckbestimmung eines Raumes genügt daher ebenso wenig wie die Aufteilung eines Gebäudes nach § 8 WEG. **Keine baulichen Maßnahmen** sind ferner Einrichtungen und Ausstattungen, die frei beweglich sind oder jederzeit wieder entfernt werden können. Die Maßnahme kann sich auf die Wohnung selbst, das Haus oder das Hausgrundstück beziehen, muss aber zumindest wirtschaftlich in einem sachlichen Zusammenhang mit dem Mietgebrauch stehen (*Kinne* ZMR 03, 396). Baumaßnahmen müssen während des Laufs des Mietverhältnisses vorgenommen werden; frühere Maßnahmen scheiden aus (AG Bad Segeberg WuM 92, 197).

6 **Instandsetzungsmaßnahmen,** Maßnahmen die dazu dienen, die Mietsache für ihren bestimmungsmäßigen Gebrauch zu erhalten und die durch Abnutzung, Alterung und Witterungseinwirkung entstehenden baulichen oder sonstigen Mängel ordnungsgemäß beseitigen, sind **keine Baumaßnahme** iSv § 559. Eine Instandsetzung kann aber mit einer Modernisierung einhergehen. Eine derartige **modernisierende Instandsetzung** (vgl auch § 22 III WEG) fällt in den Anwendungsbereich des § 559. Bei der Mieterhöhung sind die für die Instandhaltung erforderlichen Kosten **abzusetzen** (vgl Rn 15).

7 **Bauherr** muss der Vermieter selbst sein (KG NJW-RR 98, 296; Hamm ZMR 83, 416; BayObLG NJW 81, 2259). Bauherr ist, wer eine Baumaßnahme im eigenen Namen und auf eigene Rechnung durchführt oder durchführen lässt (Hamm ZMR 83, 416). Gibt eine **Gemeinschaft von Wohnungseigentümern** iSv § 10 VI WEG eine Maßnahme im Auftrag, sind die **Wohnungseigentümer** als Bauherr anzusehen (*Elzer* ZWE 08, 153, 160). **Modernisierungsmaßnahmen des Mieters** sind nicht zu berücksichtigen (BayObLG NJW 81, 2259; *Kinne* GE 07, 30, 34). Auch bauliche Maßnahmen, die zB eine öffentlich-rechtliche Körperschaft zur Verbesserung des Wohngrundstücks durchführt, begründen keinen Mieterhöhungsanspruch. Der nach § 566 I in das Mietverhältnis eintretende Erwerber kann die Miete nach einer Modernisierung erhöhen, wenn die Modernisierungsarbeiten vom Veräußerer veranlasst worden sind, mit ihrer Ausführung vor Eigentumswechsel begonnen worden ist und diese vor oder nach seinem Eintritt in das Mietverhältnis abgeschlossen sind (KG ZMR 00, 757, 759). Streitig ist, was gilt, wenn der Erwerber vor Eintragung eine Modernisierung durchgeführt (bejahend LG Düsseldorf WuM 98, 231; *Beuermann* GE 94, 733, 734; verneinend AG Hamburg WuM 87, 30; *Langenberg* PiG 40, 59, 71).

8 **II. Modernisierungszwecke.** Das Gesetz nennt drei **Modernisierungszwecke**: Die Erhöhung des Gebrauchswerts, die Verbesserung der Wohnverhältnisse und die nachhaltige Einsparung von Energie oder Wasser. Die Zwecke sind nicht randscharf und überschneiden sich. Eine genaue Einordnung ist entbehrlich. Vergleichsmaßstab ist jeweils der **vertragsgemäße Gebrauch** der Mietsache (dazu § 535 Rn 109) sowie der **geschuldete Mietzustand** (s. § 535 Rn 95).

9 **1. Nachhaltige Erhöhung des Gebrauchswerts.** Der **Gebrauchswert der Mietsache** erhöht sich, wenn das Wohnen bei **objektiver Betrachtung** (BGH NJW 05, 2995; KG NJW 85, 2031) bequemer, angenehmer, sicherer oder gesünder wird (KG OLGZ 66, 149). Ob eine Erhöhung erreicht wird, beurteilt sich nach der Verkehrsanschauung; entscheidend ist, ob allgemein in den für die Mietsache in Betracht kommenden Mieterkreisen der Maßnahme ein Gebrauchswert zugemessen wird, so dass der Vermieter damit rechnen kann, dass die Wohnung nach Durchführung der Maßnahme von künftigen Mietinteressenten bei iÜ gleichen Konditionen eher angemietet würde als eine vergleichbare Wohnung, bei der diese Maßnahme nicht durchgeführt worden ist (BGH NJW 05, 2995; KG NJW 85, 2031). In Anlehnung an den früheren § 4 I ModEnG kommen va bauliche Maßnahmen zum Zuschnitt der Wohnung, für Belichtung und Belüftung, für Schallschutz, für die sanitären Einrichtungen, die Beheizung und Kochmöglichkeiten, zu den Funktionsabläufen in der Wohnung oder der Sicherheit vor Diebstahl und Gewalt in Betracht. **Bsp**: Maßnahmen zur Verbesserung des Zuschnitts der Wohnung, Einbau eines Aufzugs (LG Hamburg ZMR 02, 918, 919), einer neuen Haustür mit zusätzlichen Sicherungen oder eine Klingel-, Gegensprech- und Türöffnungsanlage, eines Balkons, einer Zentralheizung (LG Fulda WuM 92, 243), einer Gegensprechanlage, einer modernen Antenne (LG München I WuM 89, 27) oder einer Gasetagenheizung mit Warmwasserversorgung ggü einer Beheizung mit Nachtstromspeicher (AG Hambg WuM 91, 30), erstmaliges Fliesen eines Bades/einer Küche (LG Berlin GE 03, 122, 123).

10 **Nachhaltigkeit** meint, dass die Gebrauchswerterhöhung **von Dauer** und **einiger Erheblichkeit** ist (s.a. Rn 13).

11 **2. Dauerhafte Verbesserung der Wohnverhältnisse.** Die Erhöhung des Gebrauchswertes der Mietsache geht oft mit der **Verbesserung der allgemeinen Wohnwertverhältnisse** einher. Die Erhöhung ist aber ein **eigenständiger** Modernisierungszweck, va bei den Außenmodernisierungen. Es reicht allerdings nicht jede Verbesserung, sondern nur eine **dauerhafte**. Damit scheiden im Wesentlichen gelegentliche und vorübergehende Verbesserungen aus. **Bsp** in Anlehnung an den aufgehobenen § 4 II ModEnG: Anlage und Ausbau von nicht *öffentlichen Gemeinschaftsanlagen* wie Kinderspielplätzen (AG Hamburg-Altona WuM 05, 778), Grünanlagen, Trockenräumen, Fahrrad- oder Hobbykellern, Stellplätzen und anderen Verkehrsanlagen.

3. Nachhaltige Einsparung von Energie oder Wasser. Maßnahmen zur Einsparung von Energie und Wasser dienen in erster Linie einer **ökologischen Zielsetzung** (BGH ZMR 04, 407, 408) und brauchen **keine Verbesserung des Wohnwertes** zu bewirken; es reicht aus, wenn die erzielte Einsparung an Energie wesentlich sowie nachhaltig ist (Rn 13) und damit der Allgemeinheit zu Gute kommt (BGH ZMR 04, 407, 408). **Bsp für Energie sparende Maßnahmen** sind: die Verbesserung der Wärmedämmung von Fenstern, Außentüren und -wänden, Dächern, Kellerdecken und obersten Geschossdecken, die Verminderung des Energieverlustes bzw Energieverbrauchs der Heizungs- und Warmwasseranlage, der Einbau einer neuen Heizung (Celle WuM 91, 89; LG Berlin NJW-RR 01, 1590), von Thermostatventilen oder von Wärmeschutzglas, die Verklinkerung einer Hauswand, der Einbau einer drehzahlgeregelten Umwälzpumpe, die Erneuerung von Ventilatoren und Aufzugsmotoren, die Verwendung von Energiesparlampen, die Anbringung einer Wärmeisolierschicht (LG Berlin ZMR 98, 166; LG Paderborn WuM 93, 360), der Anschluss an ein Fernwärmenetz, das mit Kraft-Wärme-Kopplung betrieben wird (LG Berlin GE 05, 1193), der Einbau von elektronischen Funkheizkostenverteilern (AG Frankfurt/M NZM 06, 537) oder eines Isolierglasfensters mit Lüftung (AG Rostock GE 96, 1251), Fernwärme- statt Gasetagenheizung (LG Hamburg NZM 06, 536). Die Errichtung von Windenergieanlagen (Windkraftwerke), die Nutzung der Sonnenenergie durch Photovoltaik-Anlagen oder Sonnenkollektoren oder Anlagen der Kraft-Wärme-Kopplung sind nach hM keine Energie sparenden Maßnahmen (Bambg IMR 09, 346). Dem ist **nicht zuzustimmen**. Nach Sinn und Zweck des § 559 fallen darunter auch Maßnahmen, mit denen (lediglich) **Primärenergie** eingespart wird (offen BGH ZMR 09, 264). **Bsp für Wasser sparende Maßnahmen** sind: der Einbau von Wasserzählern, von Durchlaufbegrenzern sowie von Wasser reduzierenden Toilettenspülkästen (AG Hamburg-Blankenese ZMR 03, 269, 270), Maßnahmen zur Erfassung und Verwendung von Regenwasser für die Zwecke der Gartenbewässerung oder der WC-Spülung. 12

Nachhaltig ist eine Einsparung, wenn überhaupt eine messbare Einsparung erzielt wird und diese **dauerhaft** ist (BGH NZM 04, 252; BGHZ 150, 277 = ZMR 02, 503, 504; KG ZMR 06, 612, 613). Eine Mindestgröße ist nicht erforderlich (BGHZ 150, 277 = ZMR 02, 503, 504). Nachhaltigkeit wird jedenfalls vorliegen, wenn ggü dem Ist-Zustand **mehr als 10%** Energie eingespart werden. Bei Anbringung eines Vollwärmeschutzes kann nach allgemeinen Erfahrungssätzen unabhängig von der Dicke des Mauerwerks davon ausgegangen werden, dass eine Einsparung nachhaltig ist. 13

III. Vom Vermieter nicht zu vertretende Maßnahmen. Zu den vom Vermieter nicht zu vertretenden Maßnahmen gehören solche baulichen Veränderungen, die auf **gesetzlichen Geboten oder Verboten** oder **behördlichen Anordnungen** beruhen, die auch ein sorgfältiger Vermieter nicht vorsehen oder vermeiden konnte und die nicht Instandsetzung sind. Bsp: S. § 554 Rn 11. Ferner: Einbau von Öltanksicherungen, Einbau von Messeinrichtungen, etwa Wasserzählern (BGH NJW 09, 839, 840), Umstellung von Stadt- auf Erdgas (LG Berlin GE 96, 131), Verlegen von Stromleitungen unter die Erde, Auflagen des Denkmalschutzes, soweit sie über Erhaltung und Instandsetzung hinausgehen. 14

E. Wirkung. I. Mieterhöhung für notwendig aufgewendete Kosten. Liegt eine Modernisierung vor oder hat der Vermieter bauliche Maßnahmen aufgrund von Umständen durchgeführt, die er nicht zu vertreten hat, darf der Vermieter nach § 559 die jährliche Miete im Verfahren nach § 559b iHv 11% der **notwendig aufgewendeten tatsächlichen** Kosten – alle reinen Baukosten einschließlich Baunebenkosten – unter Abzug der anzurechnenden Drittmittel (§ 559a) einseitig dauerhaft erhöhen. Für eine auf § 559 gestützte Erhöhung gilt **keine Kappungsgrenze** (Karlsr NJW 84, 62) und **keine Wartefrist**. Der Mieter kann wegen einer Mieterhöhung allerdings nach § 561 II BGB kündigen; s.a. § 554 III 2. **Unnötige, unzweckmäßige oder überhöhte** Aufwendungen können nicht angesetzt werden (BGH NJW 09, 839, 840). Der Mieterhöhungsanspruch ist auch im preisfreien Wohnraum indes nicht durch § 242 oder das Gebot der Wirtschaftlichkeit begrenzt (BGH ZMR 04, 424 für den preisgebundenen Wohnraum). Ein Schutz ist ggf auf Ebene der Modernisierungsankündigung und Modernisierungsduldung nach § 554 zu suchen. Sind die baulichen Maßnahmen für **mehrere Wohnungen** durchgeführt worden, sind die Kosten nach § 559 II angemessen iSv §§ 315, 316 auf die einzelnen Wohnungen aufzuteilen. Im Zweifel hat der Vermieter die Kosten auf die Wohnungen entsprechend der Wohnfläche aufzuteilen; er kann aber auch auf den unterschiedlichen Nutzen für die jeweilige Wohnung abstellen (KG ZMR 2006, 612, 614). Dem Vermieter ist nicht erlaubt, die ihm anzulastenden Kosten für eine fällige Wiederherstellung des ursprünglich nach dem Vertrage vorausgesetzten gebrauchsfähigen Zustandes der Mietsache dadurch zu sparen, dass er modernisiert, statt instand zu setzen. 15

II. Instandsetzungs- und/oder Instandhaltungskosten. Werden im Zuge der Modernisierungsmaßnahmen **Instandsetzungs- und/oder Instandhaltungskosten** erspart – was zu vermuten ist (LG Berlin GE 95, 429) –, muss der Vermieter den Gesamtbetrag der entstandenen Kosten zu Grunde legen, hat aber die ersparten Instandsetzungs- und/oder Instandhaltungskosten abzuziehen (BGH NZM 01, 686, 687; KG ZMR 06, 612, 614; LG Landau ZMR 09, 211). Es obliegt dem Vermieter darzulegen, dass es sich um Modernisierungskosten handelt (LG Landau ZMR 09, 211). Ist nicht deutlich, welche Kosten für eine Instandhaltung und welche für eine Modernisierung angefallen sind, ist das Verlangen unwirksam (LG Landau ZMR 09, 211). 16

17 III. Andere Mieterhöhungsmöglichkeiten. § 559 ist **keine** andere Mieterhöhungsmöglichkeiten **ausschließende Spezialvorschrift.** Die Parteien können zum einen wegen einer Modernisierung eine Mieterhöhung auch frei nach § 557 I aushandeln (LG Leipzig ZMR 99, 767). Aufgrund von Modernisierungsarbeiten kann die Miete zum anderen (ggf. zusätzlich) nach § 558 erhöht werden. Der Vermieter hat ein **Wahlrecht** (BGH NJW 08, 3630). Va, wenn die nach § 559 erhöhte Miete nicht die ortsübliche Vergleichsmiete erreicht, kann der Vermieter die Miete zusätzlich nach § 558 bis zu diesem Niveau anheben (LG Berlin NZM 99, 457); die Kürzungsbeträge nach § 559a sind dann zu beachten (LG Berlin GE 03, 1210; LG Berlin NZM 99, 437). Geht der Vermieter zuerst den Weg über § 558, ist eine Erhöhung nach § 559 BGB allerdings nicht mehr möglich, wenn der Vermieter als Vergleichsmaßstab andere modernisierte Wohnungen wählte (OLG Hamm NJW-RR 93, 399; AG Lichtenberg MM 02, 483).

18 G. Abdingbarkeit. Eine zum Nachteil des Mieters abw Vereinbarung ist unwirksam.

§ 559a Anrechnung von Drittmitteln.
(1) Kosten, die vom Mieter oder für diesen von einem Dritten übernommen oder die mit Zuschüssen aus öffentlichen Haushalten gedeckt werden, gehören nicht zu den aufgewendeten Kosten im Sinne des § 559.
(2) ¹Werden die Kosten für die baulichen Maßnahmen ganz oder teilweise durch zinsverbilligte oder zinslose Darlehen aus öffentlichen Haushalten gedeckt, so verringert sich der Erhöhungsbetrag nach § 559 um den Jahresbetrag der Zinsermäßigung. ²Dieser wird errechnet aus dem Unterschied zwischen dem ermäßigten Zinssatz und dem marktüblichen Zinssatz für den Ursprungsbetrag des Darlehens. ³Maßgebend ist der marktübliche Zinssatz für erstrangige Hypotheken zum Zeitpunkt der Beendigung der Maßnahmen. ⁴Werden Zuschüsse oder Darlehen zur Deckung von laufenden Aufwendungen gewährt, so verringert sich der Erhöhungsbetrag um den Jahresbetrag des Zuschusses oder Darlehens.
(3) ¹Ein Mieterdarlehen, eine Mietvorauszahlung oder eine von einem Dritten für den Mieter erbrachte Leistung für die baulichen Maßnahmen stehen einem Darlehen aus öffentlichen Haushalten gleich. ²Mittel der Finanzierungsinstitute des Bundes oder eines Landes gelten als Mittel aus öffentlichen Haushalten.
(4) Kann nicht festgestellt werden, in welcher Höhe Zuschüsse oder Darlehen für die einzelnen Wohnungen gewährt worden sind, so sind sie nach dem Verhältnis der für die einzelnen Wohnungen aufgewendeten Kosten aufzuteilen.
(5) Eine zum Nachteil des Mieters abweichende Vereinbarung ist unwirksam.

1 A. Allgemeines und Zweck. Um unbillige Vorteile des Vermieters zu verhindern, ordnet § 559a I an, dass bestimmte Gelder nicht zu den aufgewendeten Kosten iSv § 559 gehören. Durch die **Rechtsgrundverweisung** in § 558 V (*Schach* GE 04, 278) hat die Bestimmung auch für eine Mieterhöhung bis zur ortsüblichen Vergleichsmiete Bedeutung. Ihr wesentlicher Anwendungsbereich sind §§ 559, 559b. Eine zum Nachteil des Mieters abw Vereinbarung ist unwirksam und gem § 134 nichtig (BGH WuM 04, 29).

2 B. Drittmittel. Hat der Vermieter Drittmittel erhalten, wird ein gem § 559 I möglicher **Erhöhungsbetrag** von Gesetzes wegen im Hinblick auf Drittmittel **gekappt.** Drittmittel definiert § 559a I. Während einer **Preisbindung** gezahlte öffentliche Mittel sind keine Drittmittel, weil sie den Vermieter nicht berechtigten, die Miete zu erhöhen. Der **Anrechnungszeitraum** beträgt 10–12 Jahre (§ 558 Rn 23).

3 Art und Weise der Anrechnung sind in § 559a II geregelt. Kann nicht festgestellt werden, in welcher Höhe Zuschüsse oder Darlehen für einzelne Wohnungen gewährt worden sind, sind sie gem § 559a IV nach dem Verhältnis der für die einzelnen Wohnungen aufgewendeten Kosten aufzuteilen. Wenn die Förderung degressiv gestaltet ist, muss die Erhöhungserklärung die Verringerung der Drittmittel und die Steigerung des Jahreserhöhungsbetrages bezogen auf die maßgeblichen Zeitpunkte mitteilen (LG Berlin GE 99, 439).

4 § 559a III bestimmt, dass Mieterdarlehen, Mietvorauszahlungen oder von Dritten für den Mieter erbrachte Leistungen für die baulichen Maßnahmen Darlehen aus öffentlichen Haushalten **gleichstehen**, Mittel der Finanzierungsinstitute des Bundes oder eines Landes hingegen als Mittel aus öffentlichen Haushalten **gelten**.

5 C. Wirkung. Der Vermieter muss nach § 559a I alle aufgewendeten Kosten ermitteln und hiervon die Drittmittel abziehen. Der verbleibende Kostenaufwand ist der Berechnung des Jahresbetrages der Erhöhung iSv § 559 I zu Grunde zu legen.

§ 559b Geltendmachung der Erhöhung, Wirkung der Erhöhungserklärung.
(1) ¹Die Mieterhöhung nach § 559 ist dem Mieter in Textform zu erklären. ²Die Erklärung ist nur wirksam, wenn in ihr die Erhöhung aufgrund der entstandenen Kosten berechnet und entsprechend den Voraussetzungen der §§ 559 und 559a erläutert wird.
(2) ¹Der Mieter schuldet die erhöhte Miete mit Beginn des dritten Monats nach dem Zugang der Erklärung. ²Die Frist verlängert sich um sechs Monate, wenn der Vermieter dem Mieter die zu erwartende Erhöhung der Miete nicht nach § 554 Abs. 3 Satz 1 mitgeteilt hat oder wenn die tatsächliche Mieterhöhung mehr als 10 vom Hundert höher ist als die mitgeteilte.
(3) Eine zum Nachteil des Mieters abweichende Vereinbarung ist unwirksam.

§ 559b

A. Allgemeines. Der zum Nachteil des Mieters nach seinen Abs 3 nicht abdingbare § 559b bestimmt die **Anforderungen** an eine **einseitige Mieterhöhung** des Vermieters wegen einer Modernisierung iSv § 559 und den **Zeitpunkt**, wann der Mieter die erhöhte Miete schuldet.

B. Form und Zeitpunkt. Das Mieterhöhungsverlangen nach § 559b I 1 ist eine an **alle Mieter** gerichtete empfangsbedürftige Willenserklärung (§ 558a Rn 2 ff) des Vermieters, die den Mietvertrag iSv § 311 I ändert. Es ist – auch im Falle des § 550 1 – in **Textform** (§ 126b) geltend zu machen. Die Erklärung kann erst **nach Abschluss der Arbeiten** abgegeben werden (KG NZM 99, 919; Hambg WuM 83, 13). Ein in den Mietvertrag nach § 566 eingetretener Erwerber kann die Miete grunds nach bereits durchgeführter Modernisierung durch den Veräußerer erhöhen (KG ZMR 00, 757, 758; s.a. § 559 Rn 7). § 558b III 3 ist nicht anwendbar (BGH ZMR 06, 272).

C. Inhalt. Im Mieterhöhungsverlangen muss die Erhöhung auf Grund der entstandenen Kosten **berechnet** und entspr den Voraussetzungen der §§ 559, 559a **erläutert** werden. Die **Berechnungs- und Erläuterungspflichten** stellen neben dem Kündigungsrecht nach § 561 das **Gegengewicht** zu der einseitigen Befugnis dar, die Miete zu erhöhen (KG ZMR 00, 759). Berechnung und Erläuterung sollen es dem Mieter ermöglichen, die Mieterhöhung auf ihre Berechtigung zu überprüfen (BGHZ 150, 277 = ZMR 02, 503). Für die Erläuterung genügt, wenn der Mieter den Grund der Mieterhöhung versteht (BGHZ 150, 277 = ZMR 02, 503, 504). Der Vermieter muss darlegen, inwiefern die von ihm durchgeführten baulichen Maßnahmen einem Modernisierungszwecke des § 559 I dienen. Dabei genügt es, wenn der Mieter den Grund der Mieterhöhung anhand der Erläuterung als plausibel nachvollziehen kann (KG ZMR 06, 612). Soweit ein Mieter die Berechnung der Mieterhöhung nicht selbst überprüfen kann, muss er sich von sachkundigen Personen helfen lassen (BGH ZMR 04, 407, 408). Drittmittel (§ 559a I) sind mitzuteilen (LG Berlin GE 08, 991); die Mitteilung, es seien **keine Drittmittel** geflossen, ist aber entbehrlich (*Schach* GE 04, 278, 284).

Für bauliche Maßnahmen **zur Einsparung von Energie** sind neben einer schlagwortartigen Bezeichnung der Maßnahme und einer Zuordnung der Kosten zu den Positionen der Berechnung diejenigen Tatsachen darzulegen, anhand derer überschlägig beurteilt werden kann, ob die bauliche Anlage eine nachhaltige Einsparung von Heizenergie bewirkt (BGH ZMR 06, 272; KG ZMR 06, 612, 613); die Vorlage einer **Wärmebedarfsberechnung** ist **nicht** erforderlich (BGH ZMR 04, 407; s.a. § 554 Rn 13). Ausreichend, aber auch erforderlich für eine plausible Darlegung eines Energieeinspareffektes der durchgeführten Maßnahme ist deren gegenständliche Beschreibung oder die Angabe der alten und neuen Wärmedurchgangskoeffizienten (k- oder u-Wert) der renovierten Teile (BGH NJW 06, 1126 = ZMR 06, 272). Sofern neben Modernisierungsarbeiten **gleichzeitig Instandhaltungsarbeiten** durchgeführt wurden, müssen die Instandhaltungskosten nachvollziehbar von den Kosten für die Modernisierung getrennt werden (KG ZMR 06, 612, 613; § 559 Rn 15). Sind dem Mieter die baulichen Maßnahmen durch ein Ankündigungsschreiben bekannt, genügt eine **stichwortartige Beschreibung** der Arbeiten und die Erklärung, dass die Arbeiten wie angekündigt durchgeführt wurden (KG ZMR 06, 612, 613).

Unter **aufgewandten Kosten** sind die Gesamtkosten (Baukosten und Baunebenkosten) unter verständlicher (LG Landau ZMR 09, 211) **Herausrechnung von Instandsetzungs- und Instandhaltungskosten** zu verstehen (KG GE 06, 714; LG Halle ZMR 03, 35, 36; LG Berlin GE 98, 550, 551; AG Charlottenburg GE 07, 989; § 559 Rn 12). In der Erläuterung sind die Kosten der einzelnen Maßnahmen, abzuziehende Drittmittel iSv § 559a (KG NZM 02, 211), der Verteilerschlüssel, der Kostenanteil je Wohnung und ggf Kosten einzelner Gewerke (LG Berlin ZMR 01, 277, 278) zu nennen.

D. Mängel der Mieterhöhungserklärung. Entspricht eine Mieterhöhungserklärung nicht den Anforderungen des § 559b I, ist sie **nichtig** (BGH NJW 06, 1126 = ZMR 06, 272); eine „Nachbesserung" im **Prozess** ist unmöglich (BGH NJW 06, 1126 = ZMR 06, 272; LG Berlin ZMR 01, 188). Der Vermieter kann eine Mieterhöhung mit einer ausreichenden Erläuterung iSd § 559b I indes **neu erklären** (LG Berlin ZMR 01, 188, 189). Das setzt voraus, dass eine neue materiell-rechtliche Willenserklärung abgegeben wird. Die Klageerhebung unter Hinweis auf die vorangegangene Mieterhöhungserklärung reicht nicht aus. Mieter können eine unwirksame Mieterhöhung nach § 559b durch vorbehaltlose Zahlung der erhöhten Miete **nicht annehmen** (LG Berlin GE 03, 807, 808; *Artz* WuM 05, 215, 218; aA LG Leipzig ZMR 01, 548; 99, 767, 768). Hat der Mieter die erhöhte Miete dennoch gezahlt, kann er Mehrbeträge zurückfordern (LG Dresden WuM 98, 216, 217).

E. Wirkung. Der Mieter schuldet die erhöhte Miete grds mit Beginn **des dritten Monats** nach dem Zugang der Erhöhungserklärung (§ 559b II 1) und Fertigstellung der Maßnahme (Hambg ZMR 83, 309). Der **Wirkungszeitpunkt** verlängert sich gem § 559b II um **sechs Monate**, gerechnet vom normalen Eintritt, wenn der Vermieter dem Mieter die zu erwartende Erhöhung der Miete **nicht ordnungsgemäß** nach § 554 III 1 oder nicht **mitgeteilt** hat (diesem Mangel steht gleich, wenn die tatsächliche Mieterhöhung mehr als 10% höher als die mitgeteilte ist). Dies gilt auch für Modernisierungen, die der Vermieter **aufgrund eine behördlichen Anordnung** oder **gesetzlichen Verpflichtung** durchgeführt und deshalb nicht nach § 554 III angekündigt hat.

Die Miete muss **nicht binnen einer bestimmten Frist** nach Fertigstellung der Baumaßnahmen erhöht werden. Wird mit der Erhöhungserklärung zu lange gewartet, kann der Modernisierungszuschlag ggf verwirkt sein (LG Berlin MM 00, 280; LG Berlin MM 93, 218).

10 **F. Beweislast.** Für die Voraussetzungen des Erhöhungsrechts – va die Durchführung einer Modernisierung iSv § 559 – trifft den Vermieter die Beweislast (LG Schwerin NZM 99, 612; LG Braunschweig WuM 90, 158).

§ 560 Veränderungen von Betriebskosten.
(1) ¹Bei einer Betriebskostenpauschale ist der Vermieter berechtigt, Erhöhungen der Betriebskosten durch Erklärung in Textform anteilig auf den Mieter umzulegen, soweit dies im Mietvertrag vereinbart ist. ²Die Erklärung ist nur wirksam, wenn in ihr der Grund für die Umlage bezeichnet und erläutert wird.
(2) ¹Der Mieter schuldet den auf ihn entfallenden Teil der Umlage mit Beginn des auf die Erklärung folgenden übernächsten Monats. ²Soweit die Erklärung darauf beruht, dass sich die Betriebskosten rückwirkend erhöht haben, wirkt sie auf den Zeitpunkt der Erhöhung der Betriebskosten, höchstens jedoch auf den Beginn des der Erklärung vorausgehenden Kalenderjahres zurück, sofern der Vermieter die Erklärung innerhalb von drei Monaten nach Kenntnis von der Erhöhung abgibt.
(3) ¹Ermäßigen sich die Betriebskosten, so ist eine Betriebskostenpauschale vom Zeitpunkt der Ermäßigung an entsprechend herabzusetzen. ²Die Ermäßigung ist dem Mieter unverzüglich mitzuteilen.
(4) Sind Betriebskostenvorauszahlungen vereinbart worden, so kann jede Vertragspartei nach einer Abrechnung durch Erklärung in Textform eine Anpassung auf eine angemessene Höhe vornehmen.
(5) Bei Veränderungen von Betriebskosten ist der Grundsatz der Wirtschaftlichkeit zu beachten.
(6) Eine zum Nachteil des Mieters abweichende Vereinbarung ist unwirksam.

1 **A. Allgemeines. I. Anwendungsbereich.** § 560 steht unter der Überschrift „Mietverhältnisse über Wohnraum". Die Regelung gilt deshalb nicht für sonstige Mietverhältnisse. Nach § 549 II und III gilt § 560 nicht für die dort genannten Mietverhältnisse. Ferner gilt § 560 nicht für preisgebundenen Wohnraum. Inklusivmieten können wegen gestiegener Betriebskosten im Anwendungsbereich des § 560 nicht gesondert erhöht werden.

2 **II. Vertragliche Anpassung.** § 560 ist nicht anzuwenden, wenn die Parteien im konkreten Einzelfall eine Erhöhung oder Herabsetzung der Pauschale oder der Vorauszahlungen vereinbaren. § 560 VI steht dem nicht entgegen. Es handelt sich nämlich dann um eine Erhöhung der Miete iSd § 557 I (*Schmid* WuM 01, 425). Für eine Herabsetzung der Miete bestehen ohnehin keine gesetzlichen Beschränkungen.

3 **III. Wirtschaftlichkeitsgrundsatz.** S hierzu § 556 Rn 7 ff.

4 **B. Pauschalen. I. Erhöhung der Betriebskostenpauschale nach § 560 Abs 1 und Abs 2. 1. Erhöhung der Betriebskosten.** Es muss eine Erhöhung der Betriebskosten eingetreten sein (§ 560 I 1). Berücksichtigt werden nur die Betriebskosten, die in der Pauschale enthalten sind (Naumbg ZMR 07, 618). Die Erhöhung der Betriebskosten muss bereits erfolgt sein, die Erwartung einer Steigerung genügt nicht (*Kinne* ZMR 01, 873). Die Betriebskosten müssen sich insgesamt erhöht haben (LG Berlin MDR 81, 849). Das bedeutet, dass bei einer Erhöhung einzelner Kostenarten eventuelle Senkungen bei anderen Kostenpositionen in Abzug zu bringen sind (AG Berlin-Charlottenburg GE 90, 105). Der Anfall neuer Betriebskosten steht einer Erhöhung der bisherigen Betriebskosten gleich (vgl LG Frankfurt/M WuM 90, 271, 274), wenn die neuen Betriebskosten von der Vereinbarung über die pauschale Umlegung erfasst sind (*Kinne* ZMR 01, 873). Entsprechend dem Wirtschaftlichkeitsgrundsatz des § 560 V führen neue Betriebskosten nicht zu einer Erhöhung der Pauschale, wenn die Kosten verursachende Maßnahme wirtschaftlich nicht vertretbar ist (BGH ZMR 07, 25 = GE 06, 1473). Die Maßnahme, die zum Entstehen der neuen Betriebskosten führt, muss aber nicht einer wirtschaftlichen oder praktischen Notwendigkeit entsprechen. Es besteht grds eine freie Entscheidungsbefugnis des Vermieters. Dieser muss sich lediglich an die Grundsätze einer ordnungsgemäßen Bewirtschaftung halten (BGH WuM 04, 290).

5 **2. Vergleichszeitpunkt.** Vergleichszeitpunkt ist der Zeitpunkt des Mietvertragsabschlusses, wenn die Betriebskostenpauschale seither unverändert geblieben ist (AG Berlin-Neukölln GE 91, 253). Wurde die Betriebskostenpauschale erhöht oder ermäßigt, gleichgültig, ob einseitig oder durch einvernehmliche Regelung, ist der Zeitpunkt der Wirksamkeit der Veränderung maßgebend (AG Köln WuM 87, 162). Unerheblich ist, wie lange der Vergleichszeitpunkt zurückliegt (*Kinne* ZMR 01, 868, 873). Der Vergleichszeitpunkt muss für jedes einzelne Mietverhältnis gesondert bestimmt werden und darf nicht vor Abschluss des Mietvertrages liegen (*Kinne* ZMR 01, 873).

6 **3. Vereinbarung der Erhöhungsmöglichkeit.** § 560 I 1 macht die Möglichkeit einer einseitigen Erhöhung der Betriebskostenpauschale von einer entspr Vereinbarung im Mietvertrag abhängig. Ist die Erhöhungsmöglichkeit nur für bestimmte Betriebskostenpositionen vereinbart, kommt es auf diese Positionen an (vgl *Sternel* ZMR 01, 943). Ohne Vereinbarung verbleibt es für die Dauer des Mietverhältnisses bei der ursprünglich vereinbarten Pauschale. Selbst bei erheblichen Kostensteigerungen ist nach dem eindeutigen Gesetzeswortlaut

eine Erhöhung ohne vertragliche Grundlage nicht möglich. Da der Vermieter mit der Vereinbarung einer Pauschale ohne Erhöhungsmöglichkeit das Risiko der Kostensteigerung übernommen hat, helfen ihm auch die Grundsätze über die Veränderung der Geschäftsgrundlage in aller Regel nicht weiter (§ 313 I; *Schmid* Handbuch der Mietnebenkosten Rz 2093). Das Erfordernis der Vereinbarung einer Erhöhungsmöglichkeit gilt auch für Mietverhältnisse, die vor dem 1.9.01 eingegangen worden sind (Art 229 § 3 IV EGBGB).

4. Erhöhungsbetrag. Der Erhöhungsbetrag ist die Differenz zwischen den Betriebskosten zum Vergleichszeitpunkt (oben Rn 5) und zum Zeitpunkt der Abgabe der Erhöhungserklärung (AG Waiblingen WuM 88, 129). Bei einer zu niedrig angesetzten Pauschale kann also nicht auf den vollen an sich umlegungsfähigen Betrag erhöht werden. Der Vorteil eines zu geringen Ansatzes bleibt dem Mieter erhalten, führt aber auch nicht dazu, dass bei der Erhöhung ein Abschlag vom Differenzbetrag zu machen ist. War dagegen die Betriebskostenpauschale zu hoch, so bildet der Anteil des Mieters an den tatsächlich anfallenden Betriebskosten die Obergrenze für eine Erhöhung. 7

5. Durchführung der Erhöhung. a) Die Erhöhung erfolgt durch einseitige empfangsbedürftige Erklärung. b) Die Erhöhungserklärung bedarf der Textform (§ 126b). Fehlt es hieran, ist die Erklärung nach § 125 nichtig. c) Die Erhöhung muss anteilig, dh nach bestimmten Umlegungsmaßstäben, auf die Mieter umgelegt werden. Dabei sind, sofern nicht vertragliche Vereinbarungen bestehen, trotz des zu eng gefassten Begriffes „Abrechnungsmaßstab" die Grundsätze des § 556a heranzuziehen, soweit sie sich nicht auf eine verbrauchs- oder verursachungsbezogene Abrechnung beziehen. d) Nach § 560 I 2 ist die Erklärung nur wirksam, wenn in ihr der Grund für die Umlage bezeichnet und erläutert wird. Zumindest stichwortartig ist anzugeben, worauf die Kostensteigerung beruht (LG Berlin ZMR 96, 144), zB Lohnerhöhung, gestiegene Gebühren oder erhöhter Verbrauch. Bei der Erhöhung unter Heranziehung neuer Kostenarten muss die Erhöhungserklärung hierzu einen Hinweis enthalten (LG Bayreuth WuM 89, 423). Die Umlegungsmaßstäbe müssen angegeben werden, sofern sie nicht bereits aus dem Mietvertrag oder aus früheren Umlegungen bekannt sind (vgl BGH NJW 82, 573). e) Inhaltliche Mängel, die zu einem falschen Erhöhungsbetrag führen, machen nicht die gesamte Erhöhungserklärung unwirksam. Die Erhöhung ist auf den richtigen Betrag zu reduzieren (LG Berlin ZMR 95, 353). 8

6. Folge der Erhöhungserklärung. a) Grds schuldet der Mieter die Erhöhung vom Beginn des der Erklärung folgenden übernächsten Monats an (§ 560 II 1). Maßgeblich ist also nicht der Zeitpunkt der Erhöhung der Betriebskosten, sondern der Zeitpunkt des Zugangs der Erhöhungserklärung. b) Eine Rückwirkung der Erhöhungserklärung ist nur unter besonderen Voraussetzungen gegeben (§ 560 II 2): aa) Die Betriebskosten müssen sich rückwirkend erhöht haben. Diese Rückwirkung muss bereits beim Vermieter bestehen, zB rückwirkende Erhöhung der Grundsteuer. Nicht ausreichend ist, dass der Vermieter nicht sofort bei der Betriebskostenerhöhung eine Erhöhungserklärung abgibt. bb) Der Vermieter muss die Erhöhungserklärung innerhalb von drei Monaten nach seiner Kenntnis von der Erhöhung abgeben. Maßgeblich ist die tatsächliche Kenntnis des Vermieters. Bei einem behördlichen Bescheid kommt es darauf an, wann die Erhöhung endgültig feststeht, und zwar auch dann, wenn gegen den Bescheid Rechtsmittel eingelegt sind (LG München I DWW 78, 99). Da das Gesetz auf die Abgabe der Erklärung und nicht auf den Zugang beim Mieter abstellt, genügt die rechtzeitige Absendung (*Schmid* Handbuch der Mietnebenkosten Rz 2110; str). cc) Die Rückwirkung ist begrenzt auf den Beginn des der Erklärung vorausgehenden Kalenderjahres. Eine rückwirkende Erhöhung ist auch dann möglich, wenn zum Zeitpunkt des Zuganges der Erhöhungserklärung das Mietverhältnis bereits beendet ist (*Schmid* Handbuch der Mietnebenkosten Rz 2112; aA *Kinne* ZMR 01, 868, 875). Grundlage für die Erhöhung ist der Mietvertrag, der durch den Ablauf der Mietzeit nicht rückwirkend beseitigt wird. 9

7. Kontrollrechte des Mieters. Der Mieter kann die Berechtigung der Erhöhung der Pauschale durch Einsicht in die Belege bzw Anforderung von Fotokopien überprüfen (*Schmid* Handbuch der Mietnebenkosten Rz 2114). 10

8. Keine Abweichung zum Nachteil des Mieters. Eine zum Nachteil des Mieters abw Vereinbarung ist nach § 560 VI unwirksam. Vereinbarungen zugunsten des Mieters, zB ein späteres Wirksamwerden der Erhöhung sind zulässig. 11

II. Herabsetzung der Pauschale nach § 560 Abs 3. 1. § 560 III gilt nicht für ursprünglich zu hoch angesetzte Pauschalen, da diese insoweit nicht wirksam vereinbart sind, als sie die angemessene Höhe übersteigen (*Schmid* Handbuch der Mietnebenkosten Rz 3086; im Ergebnis ebenso *Langenberg* WuM 01, 530). 2. Maßgeblich ist hier der Zeitpunkt der tatsächlichen Ermäßigung der Betriebskosten, nicht derjenige der Mitteilung an den Mieter. 3. Die Betriebskosten müssen sich in ihrer Gesamtheit ermäßigt haben (AG Berlin-Charlottenburg GE 90, 105). Die Ermäßigung einzelner Betriebskostenpositionen kann deshalb durch eine Steigerung anderer Betriebskostenarten ausgeglichen sein. 4. Für den Vergleichszeitraum gilt dasselbe wie bei Betriebskostenerhöhungen (oben Rn 5). Sobald die Betriebskosten unter das Level des maßgeblichen Zeitpunktes absinken, muss zu diesem Zeitpunkt die Pauschale gesenkt werden, unabhängig davon, wann der Vermieter die entspr Erklärung abgibt. Die 12

Senkung der Pauschale wird deshalb zumeist mit Rückwirkung zu versehen sein. Bereits geleistete Überzahlungen kann der Mieter aus ungerechtfertigter Bereicherung zurückverlangen. 5. Die Verpflichtung zur Herabsetzung hängt nicht davon ab, dass zuvor bereits eine Erhöhung der Betriebskostenpauschale erfolgt ist (*Sternel* ZMR 01, 943; *Schmid* WuM 01, 427). 6. Da der Mieter die Kostenentwicklung in aller Regel nicht überprüfen kann, hat er gegen den Vermieter einen Anspruch auf Auskunft verbunden mit dem Recht auf Belegeinsicht bzw Erteilung von Fotokopien (*Sternel* ZMR 01, 943). Bis zur Erteilung der Auskunft bzw bis zur Herabsetzung der Pauschale hat der Mieter ein Zurückbehaltungsrecht (vgl BayObLG MDR 96, 1114). 7. Nach § 560 V sind Vereinbarungen, die zum Nachteil des Mieters von den Regelungen des § 560 III abweichen, unwirksam. Abw Vereinbarungen zugunsten des Mieters sind möglich.

13 **III. Vertragliche Regelungen. 1. Einvernehmliche Veränderung der Höhe der Pauschale.** Die Parteien können die Höhe der Pauschale durch Vertragsänderung in gleicher Weise verändern, wie sie sie erstmals vereinbaren können.

14 **2. Vertragliche Änderungsvorbehalte.** a) Wohnraummietverhältnisse. Wegen des teilweise zwingenden Charakters der Erhöhungsregelung des § 560 kann in dessen Anwendungsbereich ein vertraglicher Änderungsvorbehalt zugunsten des Vermieters nicht wirksam vereinbart werden. Bei den in § 549 II und III genannten besonderen Mietverträgen sind Erhöhungsvereinbarungen zulässig (*Schmid* WuM 01, 424). Es gelten dieselben Einschränkungen wie bei den nachstehend zu behandelnden, praktisch bedeutsameren Vereinbarungen zur Geschäftsraummiete. b) Geschäftsraummietverhältnisse. Die Vorschriften über die Erhöhung und Herabsetzung der Pauschale sind auf die Geschäftsraummiete nicht analog anzuwenden (*Schmid* GE 01, 1028). Es besteht grds Vertragsfreiheit. Erhöhungsvereinbarungen sind zulässig. Das in § 560 vorgesehene Verfahren kann, aber muss nicht vereinbart werden. Ein dem § 560 nachgebildetes Verfahren steht bei der Verwendung von Formalmietverträgen im Einklang mit § 307, da der Geschäftsraummieter nach den Vorstellungen des Gesetzgebers nicht schutzwürdiger ist als der Wohnraummieter (*Schmid* WuM 01, 426). Mietvertraglich kann der Vermieter verpflichtet werden, die Pauschale herabzusetzen, wenn die Kosten gesunken sind.

15 **C. Vorauszahlungen. I. Erhöhung der Vorauszahlungen nach § 560 Abs 4. 1. Voraussetzungen.** a) Es müssen **Betriebskostenvorauszahlungen vereinbart** sein. § 560 IV ermöglicht nicht die erstmalige Festlegung von Betriebskostenvorauszahlungen. b) Die Erhöhungsmöglichkeit als solche muss nicht vereinbart, darf aber **nicht vertraglich ausgeschlossen oder beschränkt** sein (§ 557 III). c) Die Erhöhung ist nur **nach einer Abrechnung** möglich. Die Abrechnung muss zumindest formell wirksam sein (AG Dortmund WuM 04, 148). Inhaltliche Fehler berühren das Erhöhungsrecht nicht (BGH NJW 2008, 508), können aber bei der Prüfung der Angemessenheit zu berücksichtigen sein (*Schmid* Handbuch der Mietnebenkosten Rz 3256 ff). Nach dem Gesetzeswortlaut genügt jedwede vorangegangene Abrechnung. Es kann deshalb aus dem Gesetz nicht abgeleitet werden, dass eine Erhöhung nur möglich ist, wenn bereits für den letzten Abrechnungszeitraum abgerechnet ist (aA AG Hamburg-Bergedorf NZM 02, 435). Auch eine nach § 556 III 2 verspätete Abrechnung für eine frühere Abrechnungsperiode kann Grundlage einer Erhöhung sein (aA AG Hamburg-Bergedorf ZMR 02, 675 m abl Anm *Schmid*; AG Hamburg-Harburg ZMR 06, 784). Da der Zugang einer Abrechnung Voraussetzung für das Erhöhungsrecht ist, gewährt § 560 IV nur ein einmaliges Erhöhungsrecht pro Abrechnung (*Derckx* NZM 04, 326). Weitere Erhöhungen sind erst wieder nach Zugang einer neuerlichen Abrechnung möglich, auch wenn zwischenzeitlich erhebliche Kostensteigerungen eingetreten sind. Eine **gleichzeitige Mitteilung der Erhöhungserklärung mit der Abrechnung** ist als zulässig anzusehen, da eine gesonderte Versendung einen Tag später eine unnötige Förmelei wäre (AG Dortmund WuM 04, 148, *Schmid* Handbuch der Mietnebenkosten Rz 3099). Nicht als Erhöhungsvoraussetzung festgeschrieben ist, dass sich die **Angemessenheit** der künftigen Vorauszahlungen gerade aus der Abrechnung ergibt. Es ist deshalb auch nicht Voraussetzung für die Erhöhung, dass die Abrechnung mit einer Nachzahlung endet (*Derckx* NZM 04, 325; aA LG Berlin NZM 04, 339; AG Hamburg-Bergedorf NZM 02, 435 = ZMR 02, 675 m abl Anm *Schmid*). d) Da **eine zeitliche Begrenzung** nicht besteht, ist ein zeitlicher Zusammenhang mit dem Zugang der Abrechnung an den Mieter nicht erforderlich. Der Vermieter kann deshalb nach einer Abrechnung die weitere Kostenentwicklung abwarten. e) Anders als § 560 I 1 für die Erhöhung von Betriebskostenpauschalen macht § 560 IV die Erhöhungsmöglichkeit vom Wortlaut her nicht von einer **Erhöhung der Betriebskosten** abhängig. Gleichwohl wird man eine Erhöhung der Betriebskosten als Voraussetzung verlangen müssen (*Schmid* Handbuch der Mietnebenkosten Rz 3102; aA *Derckx* NZM 04, 325). Das ergibt sich aus der Überschrift „Veränderung von Betriebskosten". Die Betriebskosten müssen sich insgesamt erhöht haben. Der Anfall neuer Betriebskosten steht einer Erhöhung der bisherigen Betriebskosten gleich, wenn die neuen Betriebskosten von der Vereinbarung über die Umlegung erfasst sind (vgl für dasselbe Problem bei der Betriebskostenpauschale oben Rn 4). Eine Erhöhung ist nicht möglich, wenn der Umlegung der Kosten entgegensteht, dass die kostenverursachende Maßnahme unwirtschaftlich ist (vgl § 560 V). Vergleichzeitpunkt für die Beurteilung der Erhöhung ist der Zeitpunkt des Mietvertragsabschlusses oder, wenn bereits eine Erhöhung stattgefunden hat, der Zeitpunkt der letzten Erhöhungserklärung. f) Das Erhöhungsrecht steht sowohl dem **Vermieter** als auch dem **Mieter** zu.

2. Durchführung der Erhöhung. a) Die Erhöhung erfolgt durch eine **einseitige empfangsbedürftige Willenserklärung.** b) Die Erhöhungserklärung bedarf der **Textform** des § 126b. Ein Verstoß gegen die Formvorschrift führt zur Unwirksamkeit der Erklärung (§ 125). c) Eine **Begründung** ist nicht vorgeschrieben (AG Potsdam GE 07, 918). Sie lässt sich auch nicht aus allgemeinen Grundsätzen herleiten, da das Gesetz an anderer Stelle, insb in § 560 I 2, Begründungen ausdrücklich vorschreibt, was aber hier gerade nicht geschehen ist (*Schmid* Handbuch der Mietnebenkosten Rz 3103; vgl auch BGH GE 03, 1152). 16

3. Wirkung. a) Die Erhöhungserklärung hat die Wirkung, dass die **neuen Vorauszahlungen an die Stelle der bisherigen Vorauszahlungen treten**, ohne dass es einer Zustimmung des Mieters bedarf. b) Die Erklärung wird wirksam, wenn sie **dem Mieter zugeht** (§ 130). c) Keine Regelung enthält das Gesetz darüber, **ab wann die erhöhten Vorauszahlungen geschuldet werden**. Da anders als in § 560 II 1 keine bestimmte Frist genannt ist, tritt die erhöhte Zahlungspflicht sofort ein (*Derckx* NZM 04, 325), dh bei der nächsten Fälligkeit einer Vorauszahlung ist der erhöhte Betrag geschuldet (*Schmid* Handbuch der Mietnebenkosten Rz 3106; aA AG Köln ZMR 04, 920, das § 560 II analog anwenden will). 17

4. Umfang der Erhöhung. Eine Erhöhung kann auf eine **angemessene Höhe** erfolgen. Maßgeblich ist also nicht der Erhöhungsbetrag, sondern der Betrag der neuen Vorauszahlung. Es können auch Kostensteigerungen berücksichtigt werden, die erst im laufenden Abrechnungszeitraum eingetreten sind oder für diesen mit Wahrscheinlichkeit zu erwarten sind (MüKo/*Schmid* § 560 Rz 37; aA *Derckx* NZM 04, 326). Das Vorliegen einer Abrechnung ist zwar Voraussetzung für eine Erhöhung. Damit wird aber nicht ausgeschlossen, dass die künftigen Vorauszahlungen höher sind als der Umlegungsbetrag der letzten Abrechnung. Eine Erhöhung auf einen Betrag, der der letzten Abrechnung entspricht, zuzüglich eines „Sicherheitszuschlags von 10% wird nicht beanstandet (AG Potsdam GE 07, 918). Ist der neue Betrag unangemessen hoch, bleibt die Erklärung als solche wirksam. Der Höhe nach wird jedoch nur der angemessene Betrag geschuldet (*Derckx* NZM 04, 325). 18

5. Keine Verpflichtung des Vermieters. Der Vermieter ist zu einer Erhöhung berechtigt, aber nicht verpflichtet. Der Mieter kann deshalb ggü einer Nachzahlung aus einer Abrechnung nicht einwenden, dass der Vermieter von einer Erhöhungsmöglichkeit keinen Gebrauch gemacht hat (*Schmid* Handbuch der Mietnebenkosten Rz 3113). 19

6. Beweislast. Die Voraussetzungen für die Erhöhung und deren ordnungsmäßige Durchführung muss der Vermieter beweisen (Schmid ZMR 2009, 335). 20

II. Vertragliche Regelungen zur Erhöhung – § 560 Abs 6. 1. Die Parteien können jederzeit iRd Angemessenheit eine Erhöhung der Betriebskostenvorauszahlungen um einen bestimmten Betrag frei vereinbaren. 2. Generelle Regelungen, die sich auf künftige Erhöhungen der Betriebskostenvorauszahlungen beziehen, sind jedoch nach § 560 VI nur eingeschränkt zulässig. Zum Nachteil des Mieters kann von § 560 IV nicht abgewichen werden. Nicht möglich sind deshalb zB ein Absehen von der Textform, eine rückwirkende Erhöhung von Vorauszahlungen, eine Erhöhungsmöglichkeit ohne vorangegangene Abrechnung (*Derckx* NZM 04, 325) oder eine Erhöhung über die Angemessenheitsgrenze hinaus (*Schmid* Handbuch der Mietnebenkosten Rz 3115a). Abweichungen zugunsten des Mieters sind möglich bis hin zum völligen Ausschluss des Erhöhungsrechts. 21

III. Herabsetzung der Vorauszahlungen nach § 560 Abs 4. 1. Erweisen sich Vorauszahlungen in Folge einer Veränderung der Betriebskosten als unangemessen hoch, können beide Parteien nach § 560 IV eine Anpassung in Form einer Herabsetzung vornehmen. Voraussetzungen und Folgen sind genauso geregelt wie bei einer einseitigen Erhöhung. Eine Verpflichtung des Vermieters zu einer Herabsetzung der Vorauszahlungen besteht anders als bei Pauschalen nach § 560 III nicht. 2. Das Herabsetzungsrecht des Mieters kann weder ausgeschlossen noch beschränkt oder erschwert werden (§ 560 VI). Die Erklärung des Mieters darf zB nicht an eine strengere Form als die Textform gebunden werden (Schriftform oder Einschreiben). Ebenso unwirksam wäre ein Hinausschieben des Wirksamkeitszeitpunktes. 22

IV. Geschäftsraummiete und besondere Mietverhältnisse. 1. Erhöhung der Vorauszahlungen. a) Für Geschäftsräume und für die in § 549 II und III genannten besonderen Mietverhältnisse bestehen keine gesetzlichen Regelungen über eine einseitige Erhöhung der Nebenkostenvorauszahlungen. b) Das hat zur Folge dass bei Fehlen einer vertraglichen Regelung eine einseitige Anpassung der Vorauszahlungen grds nicht möglich ist (str; vgl *Schmid* Handbuch der Mietnebenkosten Rz 3123 mwN). Nur in extremen Fällen können die Grundsätze des Fortfalls der Geschäftsgrundlage eingreifen, wenn sich die tatsächlichen Kosten von den Vorauszahlungen unvorhergesehen so weit entfernt haben, dass dem Vermieter die Vorfinanzierung nicht mehr zumutbar ist. c) Es kann jedoch ein einseitiges Erhöhungsrecht vertraglich vereinbart werden. Eine Bindung an die Regelungen des § 560 IV besteht nicht. 23

2. Herabsetzung der Vorauszahlungen. Auch hierfür bestehen keine gesetzlichen Regelungen. Fehlen vertragliche Regelungen, ist eine einseitige Herabsetzung nicht möglich. Werden die Vorauszahlungen durch ein deutliches Absinken der gesamten Nebenkosten unangemessen und für den Mieter unzumutbar hoch, hat 24 der Mieter aus Treu und Glauben einen Anspruch auf Herabsetzung der Vorauszahlungen. Der Herabsetzungsanspruch muss ggf im Klagewege durchgesetzt werden. Bis zur Erfüllung des Herabsetzungsanspruches kann für den Mieter hinsichtlich künftiger Vorauszahlungen ein Zurückbehaltungsrecht nach § 273 in Betracht kommen (BayObLG MDR 96, 1114).

§ 561 Sonderkündigungsrecht des Mieters nach Mieterhöhung.
(1) ¹Macht der Vermieter eine Mieterhöhung nach § 558 oder § 559 geltend, so kann der Mieter bis zum Ablauf des zweiten Monats nach dem Zugang der Erklärung des Vermieters das Mietverhältnis außerordentlich zum Ablauf des übernächsten Monats kündigen. ²Kündigt der Mieter, so tritt die Mieterhöhung nicht ein.
(2) Eine zum Nachteil des Mieters abweichende Vereinbarung ist unwirksam.

1 **A. Zweck und Anwendungsbereich.** Das zum Nachteil des Mieters nicht abdingbare Sonderkündigungsrecht des § 561 I 1 ist Schutzvorschrift und Korrelat zum Recht des Vermieters auf Durchsetzung einer Mieterhöhung. Der Mieter hat durch § 561 I 1 die Wahl, ob er nach einer Mieterhöhung gem § 558 oder § 559 das Mietverhältnis fortsetzen oder beenden will. Für Erhöhungsverlangen nach § 559 wird dem Mieter ein weiteres Kündigungsrecht in § 554 III 2 eingeräumt. Abgesehen von § 561 kann der Mieter außerdem nach §§ 542 I, 573c I 1 kündigen. § 561 ist auch auf **Zeitmietverträge** nach § 575 anwendbar; eben hier liegt seine Bedeutung. Zum Anwendungsbereich s. iÜ § 557 Rn 3.

2 **B. Voraussetzungen. I. Mieterhöhung nach § 558 oder § 559.** Voraussetzung ist der Zugang einer Mieterhöhungserklärung gem § 558 I 1 (§ 558a Rn 2) oder § 559 (§ 559b Rn 2). Eine Erklärung nach § 557b III oder gem § 560 I 1, IV ist ohne Bedeutung. Das Kündigungsrecht besteht nach Sinn und Zweck nicht, wenn der Erhöhungsverlangen unwirksam ist (aA hM vgl LG Gießen WuM 00, 423; LG Berlin GE 98, 43). Jedenfalls wenn der Mieter zweifelsfrei erkennt, dass ein Mieterhöhungsverlangen unwirksam erhoben wurde, kommt ihm kein Sonderkündigungsrecht zu (LG Berlin GE 98, 43, 44; AG Münsingen NZM 98, 305). Keine Mieterhöhung stellt ein Angebot auf Vertragsänderung zur Miethöhe dar.

3 **II. Keine Zustimmung.** Das Sonderkündigungsrecht ist ausgeschlossen, wenn der Mieter der Mieterhöhung zugestimmt hat.

4 **C. Kündigungsrecht.** Der Mieter kann bis zum Ablauf des zweiten Monats nach dem Zugang der Erklärung des Vermieters (also nur innerhalb der Zustimmungsfrist, § 558b Rn 2) außerordentlich zum Ablauf des übernächsten Monats kündigen. § 561 I 1 nennt damit zwei Fristen: eine **Überlegungsfrist**, bis wann die Kündigung nach einer Mieterhöhung gem §§ 558, 559 erklärt werden kann, und eine **Wirkungsfrist**, ab wann das Mietverhältnis endet. Bsp: Zugang der Mieterhöhungserklärung 5.1.: Überlegungsfrist bis 31.3., Wirkungsfrist zum 31.5.; Zugang der Mieterhöhungserklärung 30.1.: Überlegungsfrist bis 31.3., Wirkungsfrist zum 31.5.).

5 Für die Berechnung der Fristen gelten §§ 187 ff. Die Kündigung ist **schriftlich** zu erklären (§§ 568, 126). Sie muss **nicht begründet** werden; § 569 IV gilt nicht.

6 **D. Wirkungen.** Kündigt der Mieter, erhöht sich die Miete nicht. Zum anderen endet das Mietverhältnis zum Ablauf des übernächsten Monats nach Zugang der Kündigung.

Kapitel 3 Pfandrecht des Vermieters

§ 562 Umfang des Vermieterpfandrechts.
(1) ¹Der Vermieter hat für seine Forderungen aus dem Mietverhältnis ein Pfandrecht an den eingebrachten Sachen des Mieters. ²Es erstreckt sich nicht auf die Sachen, die der Pfändung nicht unterliegen.
(2) Für künftige Entschädigungsforderungen und für die Miete für eine spätere Zeit als das laufende und das folgende Mietjahr kann das Pfandrecht nicht geltend gemacht werden.

1 **A. Grundsätzliches.** § 562 I regelt den **gegenständlichen** Umfang des Vermieterpfandrechts während § 562 II die Sicherungswirkung in **zeitlicher** Hinsicht begrenzt. Für das gesetzliche Vermieterpfandrecht gelten zum einen die speziellen Bestimmungen der §§ 562 ff. Zum anderen gelten über § 1257 die Bestimmungen der §§ 1204 ff bzgl rechtsgeschäftlich bestellter Pfandrechte entspr, allerdings mit einer Einschränkung. Die eingeschränkte Anwendbarkeit begründet sich daraus, dass die Regelungen nur gelten, soweit sie nicht den unmittelbaren Besitz des Pfandgläubigers am Pfandgegenstand voraussetzen. Damit sind insb folgende Regelungen anwendbar: §§ 1222, 1227–1250 (ohne § 1232 1), 1252, 1255 u 1256.

2 Das gesetzliche Vermieterpfandrecht ist ein **besitzloses Pfandrecht**. Der Vermieter hat mittelbaren Besitz allenfalls an mitvermieteten Sachen. Praktische Bedeutung erlangt das Vermieterpfandrecht heute fast ausschl im Bereich der Geschäftsraummiete (*Lammel* § 562 Rz 2) und des Leasings, während es im Wohnraummietrecht infolge der Pfändungsverbote (§§ 811 ff ZPO; § 562 I 2), der Zunahme von Vorbehalts- und Sicherungs-

eigentum sowie des Minderwerts gebrauchter Sachen seiner eigentlichen Funktion beraubt und durch die Kaution als vertraglich vereinbarte Sicherheit verdrängt wurde (*Spieker* ZMR 02, 327, 332).
Jüngst allerdings hat es eine nennenswerte wirtschaftliche Bedeutung iRd Räumungsvollstreckung erlangt (vgl *Riecke* NZM 06, 919, GE 06, 623 sowie FS Blank, 563 f, *Flatow* NZM 09, Heft 16, V,VI; *Scholz* ZMR 10, 1). Gegenstände, die dem Vermieterpfandrecht unterliegen, sind nicht mehr Gegenstand einer Zwangsräumung, wenn der Vermieter sein gesetzliches Pfandrecht geltend gemacht hat (AG Wedding ZMR 04, 760; BGH NZM 09, 660, ZMR 06, 199 m Anm *Körner*). Dem Wegnahmerecht des Mieters nach § 539 II geht das wirksam begründete Vermieterpfandrecht vor (BGH NJW 87, 2861). 3

B. Entstehen des Vermieterpfandrechts. I. Raum- und Grundstücksmiete. Das Entstehen des Vermieterpfandrechts setzt zunächst das Bestehen eines Mietvertrages über Wohnraum, ein Grundstück oder über Räume, die keine Wohnräume sind, voraus (§§ 562, 578). Daran fehlt es zB im Verhältnis zwischen Hauptvermieter und Untermieter, nicht aber im Verhältnis Untervermieter (Hauptmieter) zum Untermieter (Endmieter). Der Vermieter muss nicht Eigentümer sein, um das Pfandrecht wirksam ausüben zu können. Sachen, die erst während einer nachvertraglichen Weiternutzung in die Mieträume gelangen, werden vom Vermieterpfandrecht nicht erfasst. 4

II. Sachen. Das gesetzliche Erfordernis der Einbringung zeigt, dass es sich um körperliche Gegenstände (§ 90), dh bewegliche Sachen handeln muss. Sachen sind auch Geld und Inhaberpapiere sowie indossable Papiere (Wechsel und Scheck), nicht aber Forderungen und bloße Legitimationspapiere (Sparbücher und Kfz-Briefe), arg § 952. 5

Sachen ohne objektiven Vermögenswert unterfallen nicht dem Vermieterpfandrecht (persönliche Briefe, Familienfotos und andere Sachen von rein immateriellem Wert). Str ist, ob Sachen, die zwar einen materiellen aber kaum realisierbaren Wert haben, unter das Vermieterpfandrecht fallen (AG Köln WuM 89, 296). Für wertvolle pfandbare Tiere (§ 90a 3) gilt Entsprechendes. 6

III. Eigentum des Mieters. Das Vermieterpfandrecht erstreckt sich nur auf Sachen, die im Eigentum des Mieters stehen. Trotz der anerkannten Teilrechtsfähigkeit der BGB-Außengesellschaft (BGH ZMR 01, 338) werden eingebrachte Sachen der Gesellschafter aus dem Pfandrecht unterliegend angesehen, während für die OHG und KG dies gerade nicht gilt (vgl Staud/*Emmerich* § 562 Rz 18). Bei **Miteigentum** unterliegt entspr § 1258 nur der Miteigentumsanteil dem Pfandrecht (Staud/*Emmerich* § 562 Rz 18). Bei **Gesamthandseigentum** entsteht ein Vermieterpfandrecht nur, wenn alle Gesamthänder Mieter sind oder der Mieter über das Gesamthandseigentum verfügungsberechtigt ist. Kein Pfandrecht kann hingegen am bloßen Gesamthandsanteil eines Mieters entstehen, da dieser ein bloßes Recht ist. 7

Sachen, die im **Eigentum Dritter** stehen, werden vom Pfandrecht nicht erfasst. Dies gilt auch, wenn ein vermögensloser Strohmann als Mieter vorgeschoben wird und ein fremder Dritter die Wohnung faktisch nutzt. Werden Sachen eines Dritten eingebracht, an denen ein **Anwartschaftsrecht** (aufschiebend bedingtes Eigentum, insb beim Eigentumsvorbehalt) des Mieters besteht, so beschränkt sich das Vermieterpfandrecht zunächst auf das Anwartschaftsrecht). Erlangt der Mieter später durch die Zahlung des Kaufpreises das Volleigentum an der Sache, erstarkt das Pfandrecht zu einem Pfandrecht an der Sache selbst (BGH NJW 65, 1475). 8

Der praktische Vorteil des Pfandrechts an der Anwartschaft besteht darin, dass der Vermieter selbst, auch gegen den Willen des Mieters (§ 267 II), durch Restkaufpreiszahlung den Bedingungseintritt herbeiführen kann, um so das Pfandrecht an der Sache zu erlangen und diese mit Vorrecht ggü in der Zwischenzeit evtl begründeten Pfändungspfandrechten Dritter (KG GE 00, 675) verwerten zu können. Der Nachteil des Pfandrechts an der Anwartschaft ist seine Abhängigkeit vom Bestand des schuldrechtlichen Verpflichtungsgeschäfts. Fällt dieses weg, zB gem § 449, wird der Bedingungseintritt unmöglich und bringt das Anwartschaftsrecht zum Erlöschen. Bei Übertragung des Anwartschaftsrechts vom Mieter auf einen Dritten erwirbt dieser bei Bedingungseintritt originär Eigentum, aber belastet mit dem in der Zwischenzeit wirksam begründeten Vermieterpfandrecht (BGH NJW 92, 1156). 9

An Sachen des Mieters, die bereits **vor** der Einbringung an einen Dritten **sicherungsübereignet** waren, entsteht kein Vermieterpfandrecht. Auch wenn dem Vermieter die Sicherungsübereignung nicht bekannt war, scheidet ein gutgläubiger Erwerb des Pfandrechts aus. 10

Erfolgt die Sicherungsübereignung dagegen erst **nach** Einbringung der Sache, wird das Vermieterpfandrecht hiervon nicht berührt; das Eigentum wird nach dem Prioritätsgrundsatz belastet mit dem Vermieterpfandrecht erworben (BGH NJW 65, 1475; Ddorf ZMR 99, 474–481). 11

Umstr ist bei **Raumsicherungsverträgen**, ob mit Einbringung der Sache ein **vorrangiges** Vermieterpfandrecht entsteht, ob das Sicherungseigentum Vorrang hat, oder ob beide Rechte gleichzeitig und gleichrangig nebeneinander mit Einbringung entstehen (Staud/*Emmerich* § 562 Rz 17). Hauptstreitpunkt: Sicherungsübereignung wird nach der zugrunde liegenden Sicherungsabrede vom Realakt der Einbringung abhängig gemacht, dh Besitzerlangung iSd §§ 929 1, 930 und Einbringung iSd § 562 I erfolgen zeitgleich. Das Vermieterpfandrecht hat Vorrang, um so dessen wirtschaftliche Aushöhlung zu verhindern und der vom Gesetz eingeräumten Vorzugsstellung des Inhabers eines gesetzlichen Pfandrechts Rechnung zu tragen (BGH NJW 92, 1156; KG GE 00, 675; Ddorf ZMR 99, 474; **aA** Bub/Treier/*v Martius* III Rz 857 mN). 12

13 Hat der Mieter nur auflösend bedingtes Eigentum, so geht analog § 161 II bei Bedingungseintritt das Pfandrecht unter (Staud/*Emmerich* § 562 Rz 15).

14 Wird eine eingebrachte Sache kraft Gesetzes Grundstückseigentum (§§ 946, 94), besteht kein Vermieterpfandrecht. Eine **Verbindung der Sache mit dem Grundstück** steht dem Entstehen des Pfandrechts nicht entgegen, solange der Mieter Eigentümer der Sache bleibt. Mieterseitig auf dem Mietgrundstück errichtete Scheinbestandteile (zB Garten- oder Wochenendhaus) fallen als bewegliche Sachen (§ 95 II) unter § 562 (bei anderen Sachen ist § 811 I Nr 1 Hs 2 ZPO; § 562 I 2 zu beachten).

15 Ein Vermieterpfandrecht entsteht auch dann nicht, wenn der Mieter wahrheitswidrig ggü dem Vermieter behauptet, die Sachen seien sein Eigentum; das gilt erst recht für unzutreffende formularvertraglich abgegebene Eigentumserklärungen. Bilden Mieter und nicht mietender Partner eine GbR an gemeinsam erworbenen Sachen (Gesamthandsvermögen) so entsteht kein Vermieterpfandrecht (*Sternel* in: Hausmann/Hohloch, Kap 5 Rz 52).

16 **IV. Unpfändbare Sachen.** Nach der zwingenden Norm des § 562 I 2 erstreckt sich das Pfandrecht nicht auf die **Sachen, die der Pfändung nicht unterliegen** (*Spieker* ZMR 02, 327, 328 f). Das gilt für die nach §§ 811 I, 811c I ZPO unpfändbaren Sachen; nach hM auch für Hausratsgegenstände des § 812 ZPO (LSG NRW ZMR 08, 804; vgl Staud/*Emmerich* § 562 Rz 22). Austauschpfändung nach § 811a ZPO ist unzulässig.

17 Maßgeblicher Zeitpunkt für die Beurteilung der Unpfändbarkeit ist derjenige der Geltendmachung des Pfandrechts. Sachen können noch während der Mietzeit pfändbar werden.

18 Die Vereinbarung eines Zurückbehaltungsrechts zugunsten des Vermieters an unpfändbaren Sachen ist als **Umgehungsgeschäft** unwirksam; vgl Rn 23.

19 Nimmt der Vermieter unpfändbare Sachen unter Berufung auf sein angebliches Vermieterpfandrecht an sich und verwertet sie, macht er sich ggü dem Mieter **schadenersatzpflichtig**. Dies gilt insb, wenn der Vermieter ggü dem Gerichtsvollzieher iRd Räumungsauftrags beantragt – unter Hinweis auf sein vermeintliches Vermieterpfandrecht – unpfändbare Sachen des Mieters im Mietobjekt zurückzulassen. Dieses Verhalten wird als verbotene Eigenmacht des Vermieters gewertet. Der Mieter soll ggf im Wege einstweiliger Verfügung die Herausgabe erzwingen können (vgl *Schuschke* WuM 04, 137, 139; *ders* NZM 05, 684 zum „Berliner Modell"). Dies steht einer Einschränkung des Räumungsauftrags aber nicht entgegen (vgl BGH DGVZ 03, 88; AG Wedding ZMR 04, 760; BGH NZM 09, 660, ZMR 06, 199; *Riecke* DGVZ 04, 147 sowie FS Blank 563).

20 **V. Einbringung.** Einbringen bedeutet ein vom Mieter gewolltes **Hineinbringen in die Mieträume** zu Beginn oder während der Mietzeit (Frankf ZMR 06, 609 für betrieblich genutzte Fahrzeuge). Entspr gilt, wenn sich die Sache bereits vor Beginn des Mietverhältnisses in den Mieträumen befand. Höchstpersönlich muss die Einbringung nicht erfolgen; es genügt ein Fremdhandeln unter Billigung des Mieters. Für die Entstehung des Vermieterpfandrechts ist es unerheblich, ob der Mieter das Entstehen des Pfandrechts bedacht hat, da das Einbringen ein bloßer Realakt (Staud/*Emmerich* § 562 Rz 10) ist. Daher setzt es auch keine Geschäftsfähigkeit voraus, solange die Fähigkeit zu willensgetragenem Handeln gegeben ist (*Sternel* MietR III Rz 263). Auch Sachen, die auf dem gemieteten Grundstück erst **erzeugt** werden, gelten als eingebracht.

21 Nicht eingebracht sind hingegen Sachen, die bloß **vorübergehend eingestellt** werden. Erforderlich ist grds ein beabsichtigter Verbleib für die Dauer der Mietzeit oder zumindest für einen längeren Zeitraum. Die Abgrenzung (Staud/*Emmerich* § 562 Rz 11; Ddorf ZMR 00, 510, 512, LG Neuruppin NZM 00, 962) kann im Einzelfall problematisch sein.

22 **VI. Kein gutgläubiger Erwerb.** Da es sich beim Vermieterpfandrecht um ein besitzloses gesetzliches Pfandrecht handelt, ist der gute Glaube des Vermieters an das Eigentum des Mieters für die Entstehung des Pfandrechts ohne Bedeutung (arg §§ 1257, 1207). Ohne Besitz fehlt es an der Publizität, an die gutgläubiger Erwerb immer anknüpft. Daher finden die §§ 1204–1208 keine Anwendung (Ddorf ZMR 99, 474, 478).

23 **VII. Abdingbarkeit.** Das Entstehen des Vermieterpfandrechts kann durch Vereinbarung (auch nur hinsichtlich einzelner bestimmter Gegenstände) zwischen Vermieter und Mieter ausgeschlossen werden. Eine analoge Anwendung der §§ 562 ff setzt zumindest die Übernahme typischer Vermieterrisiken voraus (LG Hamburg ZMR 04, 348). § 562 I 2 ist im öffentlichen wie privaten Interesse des Mieterschutzes unabdingbar. Allerdings kann ein rechtsgeschäftliches Pfandrecht gem § 1205 unter Übergabe der Sache an den Vermieter auch an unpfändbaren Sachen wirksam begründet werden.

24 **VIII. Rang des Vermieterpfandrechts.** Gem § 1209 richtet sich der Rang nach dem Entstehungszeitpunkt. Ein durch Ablösung eines Dritten (§§ 1249 f) übergegangenes Pfandrecht hat jedoch Nachrang ggü dem beim Vermieter verbliebenen Pfandrecht.

25 **IX. Sorgfaltspflichten des Vermieters.** Gem § 1215 hat der die Sache in Besitz nehmende Vermieter diese sorgfältig zu verwahren (Ddorf ZMR 84, 383). Dies gilt insb bei Inventarübernahme.

26 **X. *Lastenfreier Erwerb Dritter.*** Ein solcher ist zwar nach § 936 denkbar. Jedoch werden weitgehende Erkundigungspflichten postuliert, so dass der Erwerber oft als grob fahrlässig handelnd angesehen wird (Staud/*Emmerich* § 562 Rz 21). Bei Veräußerung im Wege des Besitzkonstituts setzt ein lastenfreier Erwerb die Übergabe an den Erwerber voraus (BGH NZM 05, 665 = ZMR 06, 23).

C. Gesicherte Forderungen. I. Grundsatz. Das Vermieterpfandrecht besteht nach § 562 I 1 für die **Forderungen** 27
des Vermieters aus dem Mietverhältnis (Ddorf ZMR 00, 518, 520 f.). Dies sind gem der einschränkenden Auslegung des BGH nur die Forderungen, die sich aus dem Wesen des Mietvertrages als entgeltlicher Gebrauchsüberlassung ergeben (BGHZ 60, 22). Für künftige Mietforderungen ist die Ausnahmeregelung des § 562 II zu beachten.
Hierzu zählen: die Mietforderung, Entschädigungs- und Schadenersatzforderungen aus Verletzung der Rück- 28
gabepflicht sowie die Nutzungsentschädigung nach § 546a (BGH MDR 72, 598: fällt idR unter § 562 II), Baukostenzuschuss, Schadensersatzansprüche wegen Verletzung von Vertragspflichten, insb wegen Beschädigung der Mietsache und wegen Nichterfüllung der Anzeigepflicht des § 536c II, Betriebskosten, auch Nachzahlungen aus der Betriebskostenabrechnung, Kosten der Kündigung und der Rechtsverfolgung (Prozess-, Zwangsvollstreckungs-, Versteigerungskosten) gegen den Mieter sowie Kosten für Verwendungen des Vermieters auf die Sache gem § 1210 II oder § 1216, Vertragsstrafen außer bei Wohnraummiete (§ 555).
Hierzu zählen nicht: Ansprüche außerhalb des Mietverhältnisses, zB für ein vom Vermieter dem Mieter zum 29
Umbau gewährtes Darlehen (BGHZ 60, 22, 25), die Kosten der Rechtsverfolgung gegen den Bürgen, die Zahlung der Mietkaution (str; vgl Kumulationsverbot in § 551), die Erzwingung der Abholung im Mietobjekt zurückgelassenen Gerümpels, ohne dass es um die Zahlung nicht bezahlter Miete geht (Frankf DGVZ 98, 121, 122).
Bei einem **Mieterwechsel** haften die eingebrachten Sachen des einen Mieters grds nicht für die Schulden des 30
anderen Mieters. Eine Mithaftung kann jedoch durch dreiseitigen Vertrag zwischen Vermieter, altem und neuem Mieter vereinbart werden (BGH NJW 95, 1350). Hat der Nachmieter Verbindlichkeiten des Vormieters als eigene aus dem Mietverhältnis begründete Schuld übernommen, sichert das Vermieterpfandrecht auch diese Forderung (BGH NJW 65, 1475).

II. Künftige Entschädigungs- und Mietforderungen. 1. Künftige Entschädigungsforderungen. Künftige – 31
bezogen auf den Zeitpunkt (Hamm NJW-RR 94, 656) der Geltendmachung des Vermieterpfandrechts – Entschädigungsforderungen sind insb solche wegen Vorenthaltung der Mietsache nach § 546a – vgl Rostock (WuM 07, 509) zum Entfallen bei Ausübung des Vermieterpfandrechts – sowie der Mietausfall bei vorzeitiger Vertragsbeendigung (BGH MDR 72, 598). Der Wortlaut des § 562 II („nicht geltend gemacht werden") ist missverständlich: das Vermieterpfandrecht entsteht gar nicht (Staud/*Emmerich* § 562 Rz 29; aA *Lammel* § 562 Rz 39). § 562 II greift auch dann ein, wenn der künftige Anspruch bereits dem Grunde nach feststeht, der Höhe nach aber noch nicht beziffert werden kann. Das Vermieterpfandrecht kann nur **ausnahmsweise** für eine künftige – noch nicht fällige – Entschädigungsforderung geltend gemacht werden, wenn sie zum maßgeblichen Zeitpunkt nach Grund und Höhe entstanden ist (Hamm NJW-RR 94, 655).

2. Künftige Mietforderungen. Grds entsteht das Pfandrecht auch für erst künftige Forderungen aus dem 32
Mietverhältnis (BGH ZMR 07, 190). Für die Miete für eine spätere Zeit als das laufende und das folgende Mietjahr (nicht Kalenderjahr!) – also allerhöchstens 24 Monate – kann das **Pfandrecht** nach § 562 II **ebenfalls nicht** geltend gemacht werden. Für die Feststellung der gesicherten Forderungen ist zeitlich wiederum die erste, nicht notwendig gerichtliche Geltendmachung des Vermieterpfandrechts maßgeblich.

3. Abdingbarkeit. § 562 II ist vertraglich abdingbar. Dies wird jedoch kritisiert, soweit es um eine Ausdeh- 33
nung der Sicherheit geht, weil es sich insoweit um eine Mieterschutzvorschrift handelt (vgl *Schmid* Mietkaution und Vermieterpfandrecht, Rz 3042). Eine Beschränkung der Haftung zugunsten des Mieters kann vereinbart werden.

III. Insolvenz des Mieters. Bei Insolvenz des Mieters hat der Vermieter ein Recht auf **abgesonderte Befrie-** 34
digung aus dem Erlös des Pfandobjekts nach § 50 I 1 InsO. § 562a und § 562b gelten für den Vermieter ggü dem Insolvenzverwalter nicht (Staud/*Emmerich* § 562d Rz 4). Aufgrund der Einschränkung des § 50 II InsO kann das Vermieterpfandrecht für die Miete für eine frühere Zeit als die letzten zwölf Monate vor der Eröffnung des Insolvenzverfahrens sowie für den dem Vermieter infolge der Kündigung des Insolvenzverwalters entstehenden Entschädigungsanspruch nicht geltend gemacht werden. Die Verwertung erfolgt gem § 166 InsO durch den Insolvenzverwalter selbst, wenn dieser die Sache bereits im Besitz hat; das Absonderungsrecht des Vermieters bleibt hiervon unberührt (*Kues* WE 99, Heft 11, 4). Das Vermieterpfandrecht kann – soweit es Mieteforderungen in dem von § 130 InsO erfassten Zeitraum sichert – nicht als kongruente Deckung insolvenzrechtlich erfolgreich angefochten werden, wenn auch die vom Pfandrecht erfassten Gegenstände bereits vorher eingebracht wurden (BGH ZMR 07, 190, 191). Für die Anwendbarkeit des § 91 InsO (Ausschluss sonstigen Rechtserwerbs nach Insolvenzeröffnung) ist entscheidend, ob ein Vermögensgegenstand bereits im Zeitpunkt der Verfahrenseröffnung ganz oder teilweise aus dem Vermögen des Schuldners ausgeschieden ist, ohne dass für ihn die Möglichkeit besteht, diesen aufgrund alleiniger Entscheidung wieder zurück zu erlangen (BGHZ 135, 140, 145). Nach § 140 III InsO bleibt bei einer bedingten oder befristeten Rechtshandlung der Eintritt der Bedingung oder des Termins außer Betracht. Maßgebender Zeitpunkt ist dann der Abschluss der rechtsbegründenden Tatumstände. Diese Norm ist nicht direkt aber vom Rechtsgedanken her auch auf das Vermieterpfandrecht anwendbar. Das der Sicherung der Mieteforderung dienende Vermieterpfandrecht kann nicht in einem weiteren Umfang der Insolvenzanfechtung unterliegen als die Erfüllung der Forderung durch den Mieter (BGH ZMR 07, 190, 193).

35 **IV. Rechtsnachfolge.** Gem § 566 geht bei einer Grundstücksveräußerung auch das Vermieterpfandrecht mit auf den Erwerber über. Falls der Veräußerer für existente Forderungen bereits ein Pfandrecht erworben hat bleibt dies gleichrangig mit demjenigen des Erwerbers bestehen. Bei einer Abtretung gelten die §§ 401, 1250 I 1 und 1257.

36 **D. Pfandverwertung.** Der Vermieter kann die dem Pfandrecht unterliegenden Sachen gem §§ 1257, 1228 II, 1231 vom Mieter **herausverlangen, sie in Besitz nehmen** und **verwerten**, sobald die gesicherte Forderung ganz oder zT fällig ist (sog Pfandreife), auch wenn der Mieter noch nicht ausgezogen ist. Ein besonderer Titel des Vermieters ist für die Pfandverwertung nicht erforderlich, aber denkbar (vgl § 1233 II). Die **Verwertung** richtet sich gem § 1257 nach den §§ 1228 ff.

37 **E. Haftung.** Der Vermieter haftet bei schuldhaft unbegründeter Ausübung des Pfandrechts primär aus den §§ 241, 280 ff. Ein Vermieteranwalt handelt pflichtwidrig, wenn er seinen Mandanten bei fortbestehendem Mietverhältnis nicht davon abhält zur Durchsetzung des Vermieterpfandrechts Türschlösser auszutauschen (Kobl NZM 04, 39). Unabhängig vom Verschulden hat er die zu unrecht gezogenen Nutzungen herauszugeben (*Lammel* § 562 Rz 49).

38 **F. Beweislast.** Der Vermieter ist für das Bestehen seines Pfandrechts **beweispflichtig**. Die Tatsachen, aus denen sich die Unpfändbarkeit der Sache ergibt, muss hingegen der Mieter beweisen (Ddorf ZMR 99, 474, 478). Der Vermieter muss das Eigentum des Mieters **beweisen** (Ddorf DWW 87, 330). Dabei kann er sich allerdings auf die gesetzlichen Vermutungen der §§ 1362, 1006 berufen (str, Ddorf DWW 02, 169, wonach § 1006 nicht eingreift). Bestätigungen des Mieters in Formularmietverträgen, wonach die eingebrachten Sachen sein Alleineigentum seien, sind nach § 309 Nr 12 unwirksam; über § 307 gilt dies auch bei Gewerberaummiete (*Schreiber/Latinovic* NZM 00, 410, 411 f). Wer einen Verzicht auf das Vermieterpfandrecht behauptet, ist hierfür beweispflichtig (BGH ZMR 06, 23).

§ 562a Erlöschen des Vermieterpfandrechts.
¹Das Pfandrecht des Vermieters erlischt mit der Entfernung der Sachen von dem Grundstück, außer wenn diese ohne Wissen oder unter Widerspruch des Vermieters erfolgt. ²Der Vermieter kann nicht widersprechen, wenn sie den gewöhnlichen Lebensverhältnissen entspricht oder wenn die zurückbleibenden Sachen zur Sicherung des Vermieters offenbar ausreichen.

1 **A. Grundsatz: Erlöschen durch Entfernung vom Grundstück.** Das Vermieterpfandrecht erlischt nach § 562a 1 mit der Entfernung der Sachen vom Grundstück. Die gesetzliche Vorschrift ist unabdingbar.

2 Das Pfandrecht erlischt nach neuerer Ansicht nicht bei einer nur vorübergehenden Entfernung (Frankf ZMR 06, 609 und NJW-RR 07, 230), während es nach aA erlischt und dann bei der Zurückschaffung erneut entsteht (vgl Karlsr WuM 71, 187; *Spieker* ZMR 02, 329; str).

3 **B. Ausnahmen.** Das Vermieterpfandrecht erlischt nicht, wenn die Sache ohne Wissen des Vermieters entfernt wurde. Wissen bedeutet die positive Kenntnis des Vermieters von der Entfernung. Grob fahrlässige Unkenntnis steht dem Wissen nicht gleich, da es im Gegensatz zum positiven Wissen nicht darauf schließen lässt, dass der Vermieter bewusst auf sein Pfandrecht verzichtet hat.

4 Das Pfandrecht erlischt ebenfalls nicht, wenn der Vermieter der Wegschaffung widerspricht (sog **Sperrrecht**). Der Widerspruch darf nicht nach § 562a 2 ausgeschlossen sein. Er muss unmittelbar vor oder während der Entfernung erklärt werden. Ein erst nach Beendigung der Entfernung erklärter Widerspruch ist wirkungslos; das Vermieterpfandrecht erlischt, soweit kein Fall der Unkenntnis gem § 562a 1 Hs 2 Alt 1 vorliegt.

5 Unabhängig vom Widerspruch des Vermieters erlischt das Pfandrecht mit der Entfernung der Sache, wenn der Vermieter dieser Entfernung wegen einer Duldungspflicht nach § 562a 2 nicht widersprechen kann. Dies gilt auch unabhängig vom Wissen des Vermieters (mangelnde Kenntnis von der Entfernung), weil der Vermieter auch im Falle seiner Kenntnis nicht wirksam hätte widersprechen können.

6 **C. Sonstige Erlöschensgründe.** Das Vermieterpfandrecht erlischt insb auch in folgenden Fällen: Aufhebung des Pfandrechts (§§ 1257, 1255, 305) durch Vertrag oder einseitigen Verzicht des Vermieters, gutgläubiger lastenfreier Erwerb eines Dritten unter den Voraussetzungen des § 936. Zu Lasten des Erwerbers wird allerdings regelmäßig von dessen grober Fahrlässigkeit ausgegangen, wenn er sich die Sachen auf dem Mietgrundstück übergeben lässt und Kenntnis vom Bestehen eines Mietvertrages hat, ohne sich beim Vermieter nach dessen Pfandrecht zu erkundigen (BGH WPM 65, 701, 704, § 562 Rn 26); lastenfreier Erwerb nach §§ 1257, 1242 durch rechtmäßige Veräußerung in Durchführung der Pfandverwertung, Wegfall der gesicherten Forderung (§§ 1257, 1252) durch Tilgung oä. Im Mietverhältnis muss hierfür feststehen, dass überhaupt keine Forderungen des Vermieters mehr entstehen können, da ansonsten das Vermieterpfandrecht auch bestimmte künftige Forderungen sichert (vgl *Staud/Emmerich* § 562a Rz 2 mwN); Zusammentreffen von Pfandrecht und Eigentum (§§ 1257, 1256), zB bei Abtretung der gesicherten Forderung an den Sicherungseigentümer (BGHZ 27, 227, 233); Übertragung der Forderung unter Ausschluss des Pfandrechtsübergangs (§§ 1257, 1250 II), Verwertung durch einen dritten Gläubiger (§ 817 ZPO, § 1242 II 1). Sonderfall: Sicherheitsleistung des Mieters gem § 562c 1.

D. Ausschluss des Widerspruchsrechts. I. Entfernung der Sachen nach den gewöhnlichen Lebensverhältnissen. Das **Widerspruchsrecht** des Vermieters ist nach § 562a 2 in folgenden Fällen **ausgeschlossen**, dh es erlischt das Vermieterpfandrecht mit Entfernung unabhängig von einem Widerspruch und auch bei vermieterseitiger Unkenntnis (letzteres ist str, wie hier *Lammel* § 562a Rz 22): Die Sachen werden den **gewöhnlichen Lebensverhältnissen** entspr aus den Mieträumen entfernt. Als Beispiele hierfür gelten die Mitnahme auf eine Reise, die Weggabe einer Sache zur Reparatur (vgl *Lammel* § 562a Rz 24) oder die Fahrt mit dem Auto. Aber auch eine endgültige Entfernung kann den gewöhnlichen Lebensverhältnissen entsprechen, zB die Mitgabe von Sachen an ausziehende Kinder oder die Wegschaffung von Gegenständen anlässlich einer Trennung oder Scheidung (str; aA *Schmid* Mietkaution und Vermieterpfandrecht, Rz 3057).

Nicht den üblichen Lebensverhältnissen entspricht die Wegschaffung aller wertvollen Gegenstände aus einer Wohnung oder die Versteigerung des gesamten Hausrats. In § 562a fehlt der bisherige sich auf **Gewerbemiete** beziehende Satzteil „im regelmäßigen Geschäftsbetrieb des Mieters". Über § 578 wird dieser Bezug aber wieder hergestellt. Dem Ausschluss des Widerspruchsrechts liegt hier die Überlegung zugrunde, dass im laufenden Geschäftsbetrieb die Sachen vom Mieter alsbald durch neue Ware oder einen entspr anderen Gegenwert ersetzt werden, so dass der wirtschaftliche Wert der Sicherung des Vermieters gleich bleibt. Dementspr gilt dies zB für einen Warenverkauf in einem Laden, nicht aber für einen Totalausverkauf (Staud/*Emmerich* § 562a Rz 18). Auch die Wegschaffung im Insolvenzverfahren fällt nicht hierunter, da der Geschäftsbetrieb ebenfalls nicht aufrechterhalten wird (vgl Schmidt-Futterer/*Lammel* § 562a Rz 15 und Ddorf NZM 00, 336).

II. Ausreichende Sicherung des Vermieters. Die in den Mieträumen **verbleibenden Sachen reichen zur Sicherung offenbar aus.** Für die Wertermittlung ist nicht von dem objektiven Wert der verbleibenden Sachen auszugehen, sondern von dem zu erwartenden Versteigerungserlös. Sachen, bei denen das Eigentum des Mieters nicht feststeht, bleiben hierbei außer Betracht. Dass die verbleibenden Sachen zur Sicherung ausreichen, muss offenbar, dh für den Vermieter ohne nähere Untersuchung, ersichtlich sein.

Für die Prüfung der ausreichenden Sicherung ist nach dem Wortlaut des § 562a 2 nur auf die zurückbleibenden Sachen abzustellen. Eine evtl geleistete Kaution bleibt deshalb grds außer Betracht. In Ausnahmefällen wird man dem Widerspruchsrecht des Vermieters jedoch den Einwand der sittenwidrigen Übersicherung entgegenhalten können (vgl *Schmid* Mietkaution und Vermieterpfandrecht, Rz 3061). Hat ein anderer Gläubiger des Mieters die dem Vermieterpfandrecht unterliegende Sache gepfändet, so kann auch dieser Dritte einredeweise geltend machen, dass die verbleibenden Sachen zur Sicherung des Vermieters gem § 562a 2 offenbar ausreichen (BGHZ 27, 227).

III. Sonstige Gründe. Der **Widerspruch** des Vermieters ist überdies in folgenden Fällen **unbeachtlich:** (a) Der **Vermieter** befindet sich im **Annahmeverzug.** Er setzt sich zu seinem eigenen Verhalten in Widerspruch (vgl § 242), wenn er ihm ausreichend angebotene Leistungen nicht annimmt, andererseits aber einer Entfernung widerspricht. (b) Die Entfernung der Sachen erfolgt aufgrund hoheitlicher Anordnung durch den **Gerichtsvollzieher** (str) oder sie wird durch den **Insolvenzverwalter** über das Vermögen des Mieters verfügt, § 50 InsO. Der Vermieter ist hier auf die abgesonderte Befriedigung gem § 50 InsO beschränkt; die Verwertung darf nach § 166 InsO durch den Insolvenzverwalter erfolgen.

§ 562b Selbsthilferecht, Herausgabeanspruch.

(1) ¹Der Vermieter darf die Entfernung der Sachen, die seinem Pfandrecht unterliegen, auch ohne Anrufen des Gerichts verhindern, soweit er berechtigt ist, der Entfernung zu widersprechen. ²Wenn der Mieter auszieht, darf der Vermieter diese Sachen in seinen Besitz nehmen.

(2) ¹Sind die Sachen ohne Wissen oder unter Widerspruch des Vermieters entfernt worden, so kann er die Herausgabe zum Zwecke der Zurückschaffung auf das Grundstück und, wenn der Mieter ausgezogen ist, die Überlassung des Besitzes verlangen. ²Das Pfandrecht erlischt mit dem Ablauf eines Monats, nachdem der Vermieter von der Entfernung der Sachen Kenntnis erlangt hat, wenn er diesen Anspruch nicht vorher gerichtlich geltend gemacht hat.

A. Grundsätzliches. Der Vermieter hat beim besitzlosen Vermieterpfandrecht nur unter den Voraussetzungen des § 562b I 2 iVm §§ 562, 562a 2 bzw – was aus § 562b II 1 nicht hervorgeht – zum Zwecke der Pfandverwertung ein Recht, die Sache selbst in Besitz zu nehmen. Nimmt der Vermieter verfrüht eine Sache des *Mieters in Besitz*, kann er ggü einer Vindikation nicht § 986 einwenden. Wird die Sache unberechtigt vom Grundstück entfernt, kann der Vermieter vor Auszug des Mieters oder Verwertbarkeit Herausgabe nicht an sich, sondern nur an den Mieter verlangen. Vor Auszug kann der Vermieter Herausgabe an sich selbst nur dann verlangen, wenn er die Sache aufgrund einer fälligen Forderung (Pfandreife) verwerten will.

Der Vermieter hat einen Anspruch darauf, dass die Sachen im Mietobjekt verbleiben, da andernfalls ein Erlöschen des Vermieterpfandrechts droht. Der Vermieter kann gem § 562b I den Erhalt bzw gem § 562b II die Wiederherstellung seiner Sicherungssituation durchsetzen. Die unberechtigte Wegschaffung einer Pfandsache entgegen einem Widerspruch des Vermieters kann den Straftatbestand der Pfandkehr (§ 289 StGB) erfüllen, auch wenn der Vermieter idR gar keinen unmittelbaren Besitz an der Sache hat (BayObLG WuM 81, 165).

Nach hM darf der Gerichtsvollzieher die betroffenen Sachen auch bei Streit um Pfandrecht oder Pfändbarkeit nicht vom Grundstück entfernen (BGH NZM 09, 660) und hat es dem Schuldner zu überlassen, hiergegen auf dem Rechtsweg vorzugehen (AG Leverkusen DGVZ 96, 75; *Riecke* DGVZ 04, 147). Nach aA hat der Gerichtsvollzieher die unpfändbaren Sachen auszusondern und dem Gläubiger zu überlassen (AG Königswinter DGVZ 89, 174) bzw analog § 815 II ZPO zu hinterlegen (*H. Schneider* DGVZ 89, 148). Andere wenden § 811 ZPO analog an und halten den Gerichtsvollzieher zur Verwahrung verpflichtet, soweit die Grenzen der Unpfändbarkeit reichen (*Schilken* DGVZ 88, 58).

3 B. Selbsthilferecht. I. Allgemeines. § 562b I regelt ein speziell ausgestaltetes Selbsthilferecht (BGH ZMR 06, 23; Kobl NZM 05, 784), das weniger voraussetzt als die §§ 229 f, die daneben anwendbar bleiben (Celle ZMR 94, 163, 164) und nicht so weit wie das Selbsthilferecht nach § 859 I reicht, da gegen den Vermieter mangels unmittelbaren Besitzes keine verbotene Eigenmacht (§ 858 I) verübt werden kann. Voraussetzungen und Grenzen des Selbsthilferechts können durch Vertrag nicht erweitert werden (München WuM 89, 128, 132). Ebenso wenig kann die gesetzliche Ausschlussfrist des § 562b II 2 verlängert werden.

4 II. Voraussetzungen. An der nicht unpfändbaren Sache des Mieters muss **ein noch nicht erloschenes Vermieterpfandrecht entstanden** sein. Es muss eine **Entfernung** der Sache vom Mietobjekt vorliegen. Entfernung ist ein Realakt und bedeutet das rein tatsächliche Hinausschaffen des Pfandgegenstandes aus dem Mietobjekt. Nach hM (Karlsr WuM 71, 187) reicht auch eine nur **vorübergehende** Entfernung aus (Hamm MDR 81, 407, LG Neuruppin NZM 00, 962).

5 Auch die Wegschaffung durch den Gerichtsvollzieher bzw den Insolvenzverwalter ist eine Entfernung (str). Allerdings steht dem Vermieter hiergegen kein Selbsthilferecht zu, sondern er ist hiernach nur noch durch § 805 ZPO geschützt. Bloße Pfändung der Sache ohne Wegschaffung (§ 808 II ZPO) ist keine Entfernung.

6 Die Entfernung muss **gerade im Gange sein**. Das Selbsthilferecht besteht nur, solange die Entfernungshandlung andauert. Es kann nicht ausgeübt werden, bevor mit der Entfernung begonnen wird (Ddorf ZMR 83, 376). Eigenmächtige Maßnahmen zur vorsorglichen Verhinderung der Entfernung sind daher unzulässig (LG Hamburg ZMR 78, 20) und stellen ggfs verbotene Eigenmacht dar (Celle ZMR 94, 263 zum Aussperren durch Auswechseln der Schlösser). Die bloße Absicht des Mieters, die Sache zu entfernen, genügt nicht (Celle ZMR 94, 163, 164). Deshalb kann das Selbsthilferecht noch nicht ausgeübt werden, wenn der Mieter über den Verkauf eingebrachter Sachen erst verhandelt (LG Freiburg WuM 97, 113). Ist die Entfernung beendet, kann der Vermieter gleichfalls keine eigenmächtige Zurückschaffung mehr durchführen; es besteht kein Recht zur Nacheile. Dem Vermieter bleibt stattdessen der Herausgabe- bzw Rückverschaffungsanspruch.

7 Der Vermieter muss berechtigt sein, der Entfernung zu widersprechen. Es darf also **kein Ausschluss des Widerspruchsrechts** nach § 562a 2 vorliegen. Aus dem Grundsatz der Verhältnismäßigkeit folgt, dass der Vermieter zunächst **verbal der Wegschaffung widersprechen** oder beim Auszug des Mieters **Herausgabe an sich verlangen** muss, bevor er vom Selbsthilferecht Gebrauch macht.

8 C. Inhalt des Selbsthilferechts. Wenn der Mieter im Mietobjekt bleibt, darf das Selbsthilferecht gem § 562b I 1 nur ausgeübt werden, um die Entfernung zu verhindern und so den status quo der Sicherung zu erhalten. In eigenen Gewahrsam darf der Vermieter die Sache in diesem Fall nicht nehmen. Zur Absicherung der Möglichkeiten beim Selbsthilferecht vgl *Spieker* ZMR 02, 327, 331.

9 Wenn der Mieter auszieht, darf der Vermieter die Sachen hingegen gem § 562b I 2 in seinen Besitz nehmen bzw sie bei einem Dritten einlagern. Hierfür genügt es, dass der Mieter mit dem Auszug beginnt (LG Hamburg WuM 77, 256). Der Vermieter muss in diesem Fall die Sachen gem § 1215 sorgfältig verwahren (§ 688), da anderenfalls dem Mieter Schadenersatzansprüche erwachsen können. Die Inbesitznahme ist keine verbotene Eigenmacht, wenn sie von § 562b I 2 gedeckt ist. Dann kann dem Vermieter ab Inbesitznahme auch ein Besitzschutz nach § 859 I bzw § 869 zur Seite stehen.

10 Bei Ausübung des Selbsthilferechts ist der Grundsatz der Verhältnismäßigkeit vgl Karlsr NZM 05, 542 zu beachten. Der Vermieter darf niemals weiter gehen, als dies zur konkreten Gefahrenabwehr erforderlich ist. In Betracht kommt zB ein Versperren von Türen. Eine Gewaltanwendung gegen Personen wird nur in engen Grenzen und nur gegen den Mieter selbst, nicht aber gegen unbeteiligte Dritte für zulässig erachtet. Str ist, ob Gewaltanwendung ggü Dritten, dem Mieter bei der Entfernung helfenden Personen zulässig ist (verneinend Palandt/*Weidenkaff* § 562b Rz 6; bejahend Staud/*Emmerich* § 562b Rz 9) oder beim Räumen (Kobl NZM 05, 784 sowie LG Regensburg NJW-RR 92, 717).

11 Anstelle der Selbsthilferechtsausübung ist auch eine einstweilige Verfügung möglich, die dem Mieter die Entfernung der mit dem Pfandrecht belegten Sachen vom Grundstück durch ihn selbst oder durch Dritte untersagt (Celle NJW-RR 87, 447). Soweit der Vermieter die dem Pfandrecht unterliegenden Sachen mangels Kenntnis nicht konkret beschreiben kann, sind va an die Bestimmtheit des Verbringungsverbots keine zu hohen Anforderungen zu stellen; einer Einzelaufzählung bedarf es nicht (Hamm MDR 00, 386).

12 D. Herausgabeanspruch. Scheitert die Ausübung des Selbsthilferechts so gewährt § 562b II 1 an seiner Stelle einen Herausgabeanspruch (vgl zur Sicherung durch einstweilige Verfügung Rostock NZM 05, 440, *Herrlein* ZMR 07, 247). Mit seiner Hilfe soll der der Entfernung vorangegangene Sicherungsumfang wieder hergestellt werden, denn erloschen ist das Vermieterpfandrecht trotz der Entfernung nicht (vgl § 562a 1). Voraussetzung ist, dass die Sache **ohne Wissen** oder **unter Widerspruch** des Vermieters **entfernt** wurde. Der Anspruch richtet sich gem § 1257 iVm §§ 1227, 985 und 1004 **gegen jeden Besitzer der Sache**, also nicht nur gegen den Mieter, sondern auch gegen einen Dritten. Zur Vorbereitung des Herausgabeanspruchs steht dem Vermieter ein Auskunftsanspruch über den Sachverbleib zu. Das gesetzliche Pfandrecht eines neuen Vermieters ist nachrangig (§ 1209) und ein gutgläubiger Erwerb des Vorrangs (§ 1208) scheidet aus. Nicht zur Herausgabe verpflichtet ist allerdings der Insolvenzverwalter über das Vermögen des Mieters; hier besteht für den Vermieter lediglich ein Absonderungsrecht gem § 50 InsO. Nicht zur Herausgabe verpflichtet ist auch der gutgläubige Erwerber, da durch gutgläubigen Erwerb das Pfandrecht erlischt. Der veräußernde Mieter schuldet jedoch Herausgabe des Erlöses nach § 816 I 1.

Ist der **Mieter nicht ausgezogen**, kann der Vermieter die Herausgabe nur zum Zweck der Zurückverschaffung in das Mietobjekt verlangen (§ 562b I 1). Die Zurückschaffung selbst ist Angelegenheit des Vermieters. 13

Ist der **Mieter ausgezogen**, kann der Vermieter Herausgabe an sich selbst verlangen. Er erlangt damit ein Besitzrecht an der Sache und muss sie bis zur Verwertung gem § 1215 ordnungsgemäß verwahren (§ 688); ist jedoch nicht berechtigt, die Sache zu nutzen, bspw sie einem neuen Mieter mitzuvermieten. Das Vermieterpfandrecht ist kein Nutzungspfandrecht. Unbefugte Nutzung begründet einen Anspruch des Mieters auf Herausgabe des Nutzungserlöses analog § 816 I 1 oder analog § 1214 (Frankf NJW-RR 96, 585).

E. Ausschlussfrist des § 562b II 2. Nach dem besonderen Erlöschensgrund in § 562b II 2 erlischt das Pfandrecht 14 nach Ablauf eines Monats (Ausschlussfrist), nachdem der Vermieter von der Entfernung der Sachen Kenntnis erlangt hat bzw der Entfernung erfolglos widersprochen hat, wenn er nicht den Anspruch auf Herausgabe aus § 562b II 1 vorher **gerichtlich geltend gemacht** hat. Die Frist berechnet sich nach §§ 187 I, 188 II und kann weder unterbrochen oder gehemmt noch durch Vertrag verlängert werden. Sie beginnt und läuft insb unabhängig davon, ob der Vermieter Kenntnis vom Verbleib der Sachen und ggf vom neuen Besitzer als Anspruchsgegner hat.

Zur Fristwahrung genügt **jede gerichtliche Maßnahme** im Zusammenhang mit dem Anspruch aus 15 § 562b II 1, insb neben der Klage auch der Antrag auf einstweilige Verfügung oder der Widerspruch gegen eine einstweilige Verfügung des Mieters auf Duldung der Wegschaffung. Nicht ausreichend ist der Klageabweisungsantrag ggü einer negativen Feststellungsklage (*Sternel* MietR III, 271). Die gerichtliche Geltendmachung muss sich gegen den Besitzer richten, der nicht (mehr) notwendig mit dem Mieter identisch ist.

Erlischt das Vermieterpfandrecht nach § 562b II 2 durch den **Ablauf der Ausschlussfrist**, so kann der Vermieter nicht mehr die Herausgabe zum Zwecke der Verwertung verlangen. Bereits in Besitz genommene Sachen muss er dem Mieter zurückgeben (§§ 985 f). Schadensersatzansprüche des Vermieters wegen rechtswidriger und schuldhafter Verletzung des Pfandrechts werden hiervon jedoch nicht berührt, bspw für den Fall, dass der Mieter die Sachen unberechtigt vom Grundstück entfernt oder einem dem Vermieter unbekannten Dritten überlässt, so dass eine Rückschaffung nicht mehr möglich ist. Hierbei wird dem Vermieter ggf wegen schuldhafter Fristversäumung ein Mitverschulden nach § 254 zugerechnet. Krit wird hiergegen eingewandt, dass die Ausschlussfrist damit faktisch leerläuft (vgl Staud/*Emmerich* § 562b Rz 21) und die Säumigkeit des Vermieters nicht durch einen Schadenersatzanspruch kompensiert werden dürfe (*Sternel* MietR III, 272). Dem steht jedoch entgegen, dass der Vermieter sonst gerade in den Fällen besonderer Verschleierungsaktivitäten des Mieters mangels Anspruchsgegners schutzlos bliebe. Beruht der Verlust des Pfandrechts ausschl auf der Säumigkeit des Vermieters, wird ein Schadenersatzanspruch schon dem Grunde nach nicht in Betracht kommen bzw kann durch § 254 ein angemessener Ausgleich gefunden werden. Der Mieter haftet dem Vermieter unabhängig vom Bestehen von Schadensersatzansprüchen jedenfalls gem §§ 812, 816 auf Herausgabe des Erlöses, soweit er eigenmächtig pfandrechtsunterworfene Gegenstände veräußert. 16

§ 562c Abwendung des Pfandrechts durch Sicherheitsleistung. ¹Der Mieter kann die Geltendmachung des Pfandrechts des Vermieters durch Sicherheitsleistung abwenden. ²Er kann jede einzelne Sache dadurch von dem Pfandrecht befreien, dass er in Höhe ihres Wertes Sicherheit leistet.

Nach § 562c 1 kann der Mieter die Geltendmachung des **Vermieterpfandrechts generell** durch Sicherheitsleistung (§§ 232 ff; auch Hinterlegung gem §§ 372 ff iVm § 1 II HintO) abwenden. Die Höhe der Sicherheit richtet sich hierbei nach der Forderung des Vermieters, nicht nach dem Wert der eingebrachten Sachen, da diese Vorgabe gem § 562c 2 nur für die Befreiung einzelner Gegenstände vom Pfandrecht gilt (str; Staud/*Emmerich* § 562c Rz 4). Um die Wahrnehmung des Rechts aus § 562c zu ermöglichen, ist der Vermieter zur Auskunft über die Höhe seiner Forderung verpflichtet (BGH WPM 71, 1086, 1088). 1

Der Mieter kann auch jeweils **einzelne Sachen** dadurch vom Pfandrecht befreien, dass er in der Höhe ihres Wertes Sicherheit leistet (§ 562c 2). Dies gilt wegen des insoweit eindeutigen Wortlauts auch dann, wenn die Sache geringwertiger ist als die vom Vermieterpfandrecht gesicherte Forderung. 2

Die beiden Rechte zur Sicherheitsleistung stehen neben dem Mieter analog § 268 auch **Dritten** zu, soweit sie durch die Pfandrechtsausübung in ihren Rechten beeinträchtigt sein können, wie zB der (Sicherungs)Eigentümer der eingebrachten Sachen oder nachrangige Pfändungspfandgläubiger. 3

§ 562c ist vertraglich nicht abdingbar. 4

§ 562d Pfändung durch Dritte. Wird eine Sache, die dem Pfandrecht des Vermieters unterliegt, für einen anderen Gläubiger gepfändet, so kann diesem gegenüber das Pfandrecht nicht wegen der Miete für eine frühere Zeit als das letzte Jahr vor der Pfändung geltend gemacht werden.

1 **A. Grundsätzliches.** § 562d enthält eine inhaltliche und zeitliche Beschränkung für die Geltendmachung des Vermieterpfandrechts. Der für gesetzliche Pfandrechte – abgesehen von den Transportpfandrechten, insb im Seehandelsrecht – geltende **Prioritätsgrundsatz** gilt auch hier (§ 1209).

2 **B. Besonderheiten nach Beginn der Zwangsvollstreckung.** Nur für den Fall, dass mit dem Vermieterpfandrecht ein nachträglich von einem Dritten begründetes Pfändungspfandrecht konkurriert, kommt es zu Besonderheiten beim besitzlosen Vermieterpfandrecht. Der Vermieter kann als Nichtbesitzer, nämlich der Pfändung und Inbesitznahme durch den Gerichtsvollzieher nicht widersprechen (vgl §§ 808 f ZPO).

3 **C. Geltendmachung des Vermieterpfandrechts nach hoheitlicher Pfändung. I. Vorzugsweise Befriedigung, § 805 ZPO. 1. Befriedigung aus dem Verwertungserlös.** Dem Vermieter steht gegen den Pfändungspfandgläubiger die Möglichkeit der Klage auf vorzugsweise Befriedigung für seine durch das Vermieterpfandrecht gesicherten Forderungen aus dem Verwertungserlös des Pfandobjektes zu.

4 **2. Besonderer Rechtsbehelf in der Zwangsvollstreckung.** Bei der Klage auf vorzugsweise Befriedigung handelt es sich um einen speziellen Rechtsbehelf innerhalb der Zwangsvollstreckung. Ausschließlich (§ 802 ZPO) zuständig ist gem § 805 II ZPO für Amtsgerichtsstreitwerte das Vollstreckungsgericht und für Landgerichtsstreitwerte dasjenige Landgericht, in dessen Bezirk das Vollstreckungsgericht (Amtsgericht) seinen Sitz hat.

5 **3. Sonderfall: Insolvenz des Mieters.** Hier besteht ein Absonderungsrecht des Vermieters gem § 50 I InsO. Der Insolvenzverwalter kann das Pfandobjekt gem §§ 166 f InsO verwerten (*Lammel* § 562d Rz 9).

6 **II. Gesetzliche Beschränkungen. 1. Forderungsgegenstand.** § 562d bezieht sich lediglich auf Mietforderungen. Andere Forderungen des Vermieters gegen den Mieter, auch wenn sie aus dem Mietverhältnis stammen, werden nicht erfasst.

7 **2. Zeitspanne.** Ausgeschlossen sind Mietforderungen für einen Zeitraum, der mehr als 365 Tage vor der Pfändung liegt. Keine Rolle spielt, ob die Rückstände schon fällig sind (vgl § 805 I 2 ZPO). Für die Berechnung der Miete kommt es auf die vereinbarten Zeitabschnitte (zB Mietmonate) an. Diese müssen innerhalb des 365-Tage-Zeitraums liegen (*Lammel* § 562d Rz 11).

8 **3. Die Person des Dritten als Gläubiger.** § 562d betrifft den Dritten als Pfändungspfandgläubiger, dh weder der Mieter selbst noch andere Vertrags-Pfandgläubiger können sich auf die Beschränkungen des Vermieterpfandrechts in § 562d berufen.

9 **III. Wirkung der Beschränkung.** Die Beschränkung der Geltendmachung durch § 562d führt nicht etwa zum (teilweisen) Erlöschen des Pfandrechts. Verbleibt nach Befriedigung der vorrangigen Forderungen des Vermieters sowie der Forderung des Pfändungspfandgläubigers ein Resterlös, so steht dieser auch über die zeitliche Grenze des § 562d hinaus dem Vermieter zu (*Lammel* § 562d Rz 14).

10 **IV. Ansprüche nach Beendigung der Zwangsvollstreckung.** Bei schuldhafter – zumindest fahrlässiger – Verletzung des Vermieterpfandrechts durch einen Drittgläubiger kommen Schadensersatzansprüche des Vermieters nach § 823 in Betracht, sonst allenfalls Bereicherungsansprüche (§ 812).

Kapitel 4   Wechsel der Vertragsparteien

§ 563 Eintrittsrecht bei Tod des Mieters. (1) ¹Der Ehegatte, der mit dem Mieter einen gemeinsamen Haushalt führt, tritt mit dem Tod des Mieters in das Mietverhältnis ein. ²Dasselbe gilt für den Lebenspartner.
(2) ¹Leben in dem gemeinsamen Haushalt Kinder des Mieters, treten diese mit dem Tod des Mieters in das Mietverhältnis ein, wenn nicht der Ehegatte eintritt. ²Der Eintritt des Lebenspartners bleibt vom Eintritt der Kinder des Mieters unberührt. ³Andere Familienangehörige, die mit dem Mieter einen gemeinsamen Haushalt führen, treten mit dem Tod des Mieters in das Mietverhältnis ein, wenn nicht der Ehegatte oder der Lebenspartner eintritt. ⁴Dasselbe gilt für Personen, die mit dem Mieter einen auf Dauer angelegten gemeinsamen Haushalt führen.
(3) ¹Erklären eingetretene Personen im Sinne des Absatzes 1 oder 2 innerhalb eines Monats, nachdem sie vom Tod des Mieters Kenntnis erlangt haben, dem Vermieter, dass sie das Mietverhältnis nicht fortsetzen wollen, gilt der Eintritt als nicht erfolgt. ²Für geschäftsunfähige oder in der Geschäftsfähigkeit beschränkte Personen gilt § 210 entsprechend. ³Sind mehrere Personen in das Mietverhältnis eingetreten, so kann jeder die Erklärung für sich abgeben.

(4) Der Vermieter kann das Mietverhältnis innerhalb eines Monats, nachdem er von dem endgültigen Eintritt in das Mietverhältnis Kenntnis erlangt hat, außerordentlich mit der gesetzlichen Frist kündigen, wenn in der Person des Eingetretenen ein wichtiger Grund vorliegt.
(5) Eine abweichende Vereinbarung zum Nachteil des Mieters oder solcher Personen, die nach Absatz 1 oder 2 eintrittsberechtigt sind, ist unwirksam.

A. Grundsätzliches. Mit der Mietrechtsreform 2001 wurde das gesamte sog Eintrittsrecht umgestaltet. Der 1964 eingeführte § 569a aF wurde durch die Vorschrift des § 563 ersetzt; in Kraft seit 1.9.01. Übergangsregelung Art 229 § 3 I Nr 5 EGBGB. 1

I. Normzweck. § 563 dient dem Schutz der mit dem Mieter verbundenen Hausgenossen (BGH ZMR 03, 819 = ZWE 04, 156 ff m Anm *Schmidt*). Das Kündigungsrecht des Vermieters ggü dem Erben (§ 564) wird in Form eines Bestandsschutzes zugunsten der Nähepersonen des Verstorbenen zurückgedrängt. Erfüllt wird der Zweck durch eine sachlich begrenzte Sonderrechtsnachfolge kraft Gesetzes (aA *Wenzel* ZMR 93, 489; *Lammel* § 563 Rz 3: Sondererbfolge) für Ehegatten, Lebenspartner, Kinder oder sonstige Familien- und Haushaltsangehörigen des verstorbenen Mieters. In der Vorschrift verwirklicht sich der Rechtsgedanke der §§ 1932, 1969 auch für das Wohnraummietrecht (*Lammel* § 563 Rz 2). 2

II. Anwendungsbereich. Der Anwendungsbereich erfasst, aber beschränkt sich auch, auf alle Wohnraummietverhältnisse, auch die in § 549 II, III genannten Arten von Wohnraum (bei Sozialwohnungen § 4 VII WoBindG; vgl dazu *Porer* NZM 05, 489 f). Erfasst werden auch Werkswohnungen, sofern Mietrecht anwendbar ist sowie Genossenschaftswohnungen, wenn der Eintrittsberechtigte die Absicht hat, in die Genossenschaft einzutreten (LG Köln, WuM 94, 23). Die Vorschrift gilt nicht für Pachtverhältnisse. Voraussetzung für die Anwendbarkeit der Norm ist weiterhin, dass der Verstorbene alleiniger Mieter war (ansonsten gilt generell § 563a) und mit seinem Ehegatten, Lebenspartner, seinen Kindern oder sonstigen Familien- und Haushaltsangehörigen in der Wohnung einen gemeinsamen Haushalt geführt hat. Wird der Mietvertrag auf Lebenszeit abgeschlossen (§ 544 2) bleibt § 563 analog anwendbar (*Sternel* ZMR 04, 714 mwN). 3

III. Abdingbarkeit. Die Norm kann nicht zu Lasten der Eintrittsberechtigten abbedungen werden (§ 563 V). Andere vertragliche Regelungen sind insofern unwirksam. 4

B. Tod des Mieters. Dem Tod des Mieters steht die Todeserklärung gleich, da sie Vermutungswirkung entfaltet (§ 9 VerschG). Neben einem Mitmieter sind etwaige weitere im Haushalt lebende Personen iSd § 563 vom Eintritt ausgeschlossen (aA *Löhnig* FamRZ 01, 891). Ausnahmsweise soll der Eintritt einer gem § 563 berechtigten Person dann gestattet bleiben, wenn ein das Mietverhältnis fortsetzender Mitmieter nicht zugleich Berechtigter gem § 563 ist (Karlsr NJW 90, 581; *Sternel* ZMR 04, 715). Kündigt der Betreuer des Erblassers wirksam, scheitert das Eintrittsrecht des späteren Erben (KG v 13.10.09, 1 W 168 + 169/08). 5

C. Eintritt des Partners, Abs 1. I gilt neben dem Ehegatten auch für den eingetragenen Lebenspartner. 6

I. Ehegatte, Abs 1 S 1. Der Begriff des Ehegatten iSd Vorschrift richtet sich nach den Vorschriften des Eherechts. Die Eigenschaft als Ehegatte endet mit der Scheidung (§§ 1564 ff, §§ 606 ff, 622 ff ZPO) oder der Aufhebung der Ehe (§§ 1313 ff, §§ 606 ff, 631 ZPO). Entscheidender Zeitpunkt für § 563 ist die Rechtskraft des Urteils. Ein schwebendes Verfahren hindert ein Eintrittsrecht nicht, ebenso wenig ein Getrenntleben in der Mietwohnung. Dann kann es aber an der Voraussetzung des gemeinsamen Haushals fehlen (s. Rn 11). 7

II. Lebenspartner, Abs 1 S 2. Der eingetragene (§ 1 LPartG) Lebenspartner ist dem Ehegatten gleichgestellt. Die Eintrittsberechtigung besteht für den Lebenspartner bis zur Rechtskraft des Aufhebungsbeschlusses nach §§ 15 ff LPartG. Eine Konkurrenzsituation zwischen Ehegatten und Lebenspartner in Bezug auf das Eintrittsrecht kann nicht auftreten, da sich Lebenspartnerschaft und Ehe ausschließen. 8

III. Gemeinsamer Haushalt. Der Begriff setzt voraus, dass der Wohnraum für den Verstorbenen und den Ehegatten den gemeinsamen Lebensmittelpunkt gebildet hat (AG Wedding MM 97, 243, Schmidt-Futterer/ *Gather* § 563 Rz 15). Teilweise wird eine geistige, persönliche und tatsächliche Verbindung zum Zwecke des Zusammenlebens gefordert fordert (*Lammel* § 563 Rz 13). Im Vordergrund steht aber die häusliche, nicht die geistige Gemeinschaft (*Hinz* ZMR 02, 641). Es ist auf objektivierbare Umstände abzustellen, wie etwa die gemeinsame Verfügungsbefugnis über Einkommen und Vermögen. (*Sternel* ZMR 04, 715). Gegen eine gemeinsame Wohnung sprechen etwa ein Untermietvertrag oder eine eigene Wohnung des Berechtigten. 9
Eine längere Abwesenheit aus beruflichen oder gesundheitlichen Gründen ist unbeachtlich, solange der Wille und die Möglichkeit der Rückkehr gegeben sind (LG Kiel WuM 92, 692 bei Pflegebedürftigkeit). Gleiches gilt für die Verbüßung einer Haftstrafe (BGH NJW-RR 96, 1217; abl bei lebenslanger Freiheitsstrafe: *Lammel* § 563 Rz 17). 10
Bei Trennung der Ehegatten (§ 1566) ist zu differenzieren: Probeweise Trennung führt noch nicht zu einer Beendigung des gemeinsam geführten Haushalts. Leben die Ehegatten auf Dauer getrennt, liegt kein gemeinsamer Hausstand mehr vor. Spätestens mit Einleitung gerichtlicher Maßnahmen ist von einer endgültigen 11

Trennung auszugehen, insb aufgrund gerichtlicher Anordnungen (§ 1361b, § 57 Nr 4 + 5 FamFG, § 2 GewSchG). Dies gilt auch für das Getrenntleben als Voraussetzung für die Scheidung innerhalb der Wohnung (*Lammel* § 563 Rz 17).

12 D. Eintritt von Haushaltsangehörigen, Abs 2. Sofern weder der Ehegatte noch ein Lebensgefährte in das Mietverhältnis eintreten, gilt § 563 II.

13 I. Tod des Mieters. S Rn 5.

14 II. Kind, Abs 2 S 1. Von § 563 II 1 sind Kinder iSd § 1591 f sowie die nach den §§ 1741 ff, 1767 ff angenommenen Kinder umfasst. Bei Pflegekindern und Stiefkindern str (bejahend Blank/Börstinghaus/*Blank* § 563 Rz 41 [Gesetzeszweck Schutz der Familie], aA Emmerich/Sonnenschein/*Rolfs* § 563 Rz 8, *Sternel* ZMR 04, 716 [Eintrittsberechtigung nach II 3]). Volljährigkeit steht dem Eintrittsrecht nicht entgegen. Hat der Mieter mit seinen Kindern und seinem Lebenspartner iSd LPartG einen gemeinsamen Haushalt geführt, so treten die Kinder des Mieters und der Lebenspartner gemeinsam in das Mietverhältnis ein (§ 563 II 2). Leben frühere Kinder des Lebenspartners in der gemeinsamen Wohnung, so bestimmt sich deren Eintrittsrecht nach II 4. Voraussetzung ist lediglich das „Leben" in der gemeinsamen Wohnung, nicht das „Führen" eines gemeinsamen Haushaltes.

15 III. Andere Familienangehörige, Abs 2 S 3. Alle mit dem Mieter nach den §§ 1589 f verwandten oder verschwägerten Personen. Auch Pflegekinder (*Sternel* ZMR 04, 716).

16 IV. Gemeinsamer Haushalt. Wie Rn 9; vgl auch *Porer* NZM 05, 489.

17 V. Personen, die einen auf Dauer angelegten gemeinsamen Haushalt führen, Abs 2 S 4. Notwendig ist eine besonders enge Bindung mit dem Mieter (LG München I NZM 05, 336 stellt strenge Anforderungen, lässt enge Freundschaft nicht genügen und fordert eine Bindung, die eine weitere gleicher Art nicht zulässt). Auf eine sexuelle Beziehung kommt es nicht an. Ob ein Eintrittsrecht gegeben ist, muss iRe Gesamtabwägung im Einzelfall festgestellt werden (BGH ZMR 93, 261). Indizien sind: Versorgung von Kindern oder Angehörigen, Verfügungsbefugnis über Einkommen und Vermögensgegenstände des Partners (BGH ZMR 93, 261), Verbringen von gemeinsamer Freizeit (Hamm NJW-RR 99, 1233).

18 Auf Dauer bedeutet, dass der gemeinsame Haushalt nach den Vorstellungen des Mieters und der anderen Person für einen langen Zeitraum bestehen sollte. Bereits bei der Gründung kann dies der Fall sein. Bloße Wohngemeinschaften sind idR nicht auf Dauer angelegt. Anders kann dies bei Lebensgemeinschaften älterer Menschen sein (BTDrs 14/4553, 61).

19 VI. Eintritt vorrangiger Angehöriger. Tritt der Ehegatte ein, so ist der Eintritt weiterer Personen ausgeschlossen. Der Eintritt des Lebenspartners schließt den Eintritt weiterer Personen, die nicht Kinder iSd § 563 II 1 sind, aus. Familienangehörige werden durch den Ehegatten und den Lebenspartner verdrängt (II 3). Sie sind aber zum Eintritt neben Kindern des Mieters und Haushaltsangehörigen berechtigt.

20 VII. Eintritt mehrerer Angehöriger. Eintrittsberechtigte Lebenspartner und Kinder sowie andere eintrittsberechtigte Angehörige treten gleichrangig in den Mietvertrag ein. Im Außenverhältnis treten sie als Gesamthandsgläubiger iSd § 432 auf. Die Eintretenden haften dem Vermieter ggü als Gesamtschuldner.

21 E. Wirkung des Eintritts. Er erfolgt kraft Gesetzes mit allen Rechten und Pflichten, unabhängig vom Wissen und Wollen. Kenntnis des Vermieters oder Eintretenden vom Tod des Mieters ist nicht notwendig.

22 Das Vorkaufsrecht bei Wohnungsumwandlung gem § 577 geht mit über (§ 577 IV). Gleiches gilt für den Kündigungsschutz bei umgewandelten Mietwohnungen gem § 577a (BGH ZMR 03, 891).

23 Für bis zum Tode entstandene Verbindlichkeiten des Mieters (bspw für rückständige Mieten, Betriebskostennachzahlungen) haften nach § 563b neben dem Erben die Eintretenden als Gesamtschuldner. Nicht davon erfasst sind Verbindlichkeiten aus Verträgen mit Dritten, zB Versorgungsverträge über Wasser, Wärme und Energie. Str ist, ob Forderungen des verstorbenen Mieters ggü dem Vermieter, wie zB Betriebskostenguthaben auf die Erben übergehen (so Schmidt-Futterer/*Gather* § 563b Rz 11; aA Palandt/*Weidenkaff* § 563b Rz 5). Für Ausgleichsanspruch aufgrund Mietvorauszahlung s. § 563b II.

24 F. Ablehnungsrecht, Abs 3. Den eingetretenen Personen steht nach III ein Ablehnungsrecht zu. Die Ablehnung muss dem Vermieter zugehen (§ 130 ff). Die bedingungsfeindliche Erklärung ist formlos wirksam. Jeder Eingetretene kann die Erklärung für sich abgeben (§ 563 III 3). Bei Geschäftsunfähigkeit oder beschränkter Geschäftsfähigkeit hat die Ablehnungserklärung durch den gesetzlichen Vertreter zu erfolgen. Bei Personenmehrheit auf Vermieterseite muss die Erklärung allen Vermietern zugehen.

25 I. Frist. Die Frist beträgt einen Monat nach positiver Kenntniserlangung vom Tod des Mieters. Vermutungen oder Gerüchte reichen nicht aus. Es besteht keine Erkundigungspflicht (*Sternel* ZMR 04, 717). Bei einem verschollenen Mieter kommt es auf die Bestandskraft der Todeserklärung an. Für die Fristberechnung gelten die §§ 187 ff. Fristablauf ggü nicht voll geschäftsfähigen Personen ist gem III 2 gehemmt (Verweis auf § 210). Bei Fristversäumnis kommt keine Wiedereinsetzung in Betracht. Strittig ist, ob der Eingetretene analog § 1956 die Fristversäumnis anfechten kann (*Lammel* § 563 Rz 45, *Sternel* ZMR 04, 717).

II. Rechtsfolgen der fristgemäßen Ablehnung des Eintritts. Dann gilt der Eintritt in das Mietverhältnis 26 rückwirkend als nicht erfolgt. Sofern niemand nach § 563 eintritt, gilt § 564. Zwischen Vermieter und der abl eingetretenen Person ist das Rechtsverhältnis nach den §§ 812 ff abzuwickeln (Emmerich/Sonnenschein/*Rolfs* § 563 Rz 19). Für die zwischenzeitliche Nutzung haftet der Ablehnende den endgültig in den Mietvertrag Eintretenden nach §§ 2020, 2021. Für ersparte eigene Mietzahlungen gilt § 818 II (*Lammel* § 563 Rz 43).

G. Kündigungsrecht, Abs 4. Der Vermieter hat bei dem Eintritt einer unerwünschten Person unter 27 bestimmten Voraussetzungen (Rn 28) ein außerordentliches Kündigungsrecht.

I. Voraussetzungen. Der wichtige Grund in der Person des Eintretenden muss nicht das Gewicht der Unzu- 28 mutbarkeit iSd § 543 I, wohl aber ein höheres als bei § 553 I 2 haben, da es dort nur um die Aufnahme eines weiteren Nutzers geht (*Hinz* ZMR 02, 642, *Lammel* § 553 Rz 50; aA Palandt/*Weidenkaff* § 563 Rz 23). Ein Verschulden des Eingetretenen ist nicht erforderlich.

Bsp für einen wichtigen Grund sind: der Eintretende in eine Genossenschaftswohnung will nicht Mitglied der 29 Genossenschaft werden, fehlende Wohnberechtigung für eine öffentlich geförderte Wohnung nach dem dritten Förderweg (*Sternel* ZMR 04, 718), persönliche Feindschaft zwischen Vermieter und Eintretendem (Emmerich/Sonnenschein/*Rolfs* § 563 Rz 22, *Hinz* ZMR 02, 643), unsittlicher Lebenswandel (*Lammel* § 563 Rz 50), Eingetretener ist nicht in der Lage, die Miete zu bezahlen (hM Schmidt-Futterer/*Gather* § 563 Rz 46, einschränkend Herrlein/*Kandelhard* § 563 Rz 16, *Sternel* ZMR 04, 718), Störung des Hausfriedens durch bestimmte Nutzungsarten, zB Musiker (*Lammel* § 563 Rz 50) auch wenn der Eingetretene in der Vergangenheit negativ in Erscheinung getreten ist, bspw durch Störungen des Hausfriedens oder Beschädigungen der Mietsache (*Sternel* ZMR 04, 718).

Kein Kündigungsgrund ist gegeben bei: Unterbelegung einer Genossenschaftswohnung nach dem Eintritt 30 eines Angehörigen/Ehegatten (Karlsr WuM 84, 43), Zugehörigkeit zu einer Randgruppe (*Sternel* ZMR 04, 718), persönlichen Eigenschaften, die nicht über die Wohnung hinaus dringen (*Lammel* § 563 Rz 50).

Bei Personenmehrheit der Eingetretenen reicht es, dass der wichtige Grund in einer Person zu finden ist 31 (Blank/Börstinghaus/*Blank* § 563 Rz 60, Staud/*Rolfs* § 563 Rz 46; aA *Sternel* ZMR 04, 718). Das Mietverhältnis kann dann im Hinblick auf die Unteilbarkeit des Kündigungsrechts nicht nur ggü einem Eingetretenen gekündigt und mit einem anderen fortgesetzt werden. Möglich ist es aber, dass der Vermieter nach der Kündigung gem § 563 IV mit einem der Gekündigten einen neuen Mietvertrag abschließt.

Zusätzlich zu dem personenbezogenen wichtigen Grund muss für die Kündigung ein berechtigtes Interesse 32 iSd § 573d I vorliegen. Die Sozialklausel der §§ 574 ff, 549 II ist anzuwenden.

II. Form, Frist. Es gelten die allgemeinen Voraussetzungen (§§ 542, 573d, 575a III). Die Gründe der Kündi- 33 gung sind offen zu legen (§§ 573d I, 573 III 1). Sie bedarf der Schriftform (§ 568 I) und sollte auch die Belehrung über das Widerspruchsrecht nach der Sozialklausel enthalten.

Die Frist beträgt allgemein drei Monate mit einer Karenzzeit von drei Werktagen (§ 573d II). Bei Mietverhält- 34 nissen nach § 549 II 2 ist die Kündigung abw am 15. zum Ablauf dieses Monats zulässig. Die gestaffelten Fristen des § 573c I gelten nicht.

Die Kündigung muss innerhalb eines Monats nach Kenntniserlangung des Vermieters ausgesprochen werden. 35 Entscheidend für den Fristbeginn ist die Kenntniserlangung vom endgültigen Eintritt in das Mietverhältnis. Dies ist dann der Fall, wenn die berechtigten Personen ihr Ablehnungsrecht (III) verloren haben (*Sternel* ZMR 04, 717).

H. Beweislast. Die Voraussetzungen für das Eintrittsrecht in das Mietverhältnis muss derjenige beweisen, der 36 sich auf dieses Recht beruft. Auch das Bestehen eines gemeinsamen auf Dauer angelegten Haushalts hat der Eintretende zu beweisen (BGH ZMR 93, 261). Für die Rechtzeitigkeit einer Ablehnungserklärung ist der Behauptende beweispflichtig. Macht umgekehrt der Vermieter geltend, dass ihm eine Ablehnungserklärung zugegangen sei, so trifft er für diese ihn günstige Tatsache die Beweislast. Die Voraussetzungen des Kündigungsrechts einschl der formellen Anforderungen hat der Vermieter zu beweisen.

§ 563a Fortsetzung mit überlebenden Mietern.
(1) Sind mehrere Personen im Sinne des § 563 gemeinsam Mieter, so wird das Mietverhältnis beim Tod eines Mieters mit den überlebenden Mietern fortgesetzt.
(2) Die überlebenden Mieter können das Mietverhältnis innerhalb eines Monats, nachdem sie vom Tod des Mieters Kenntnis erlangt haben, außerordentlich mit der gesetzlichen Frist kündigen.
(3) Eine abweichende Vereinbarung zum Nachteil der Mieter ist unwirksam.

A. Grundsätzliches. § 563a ersetzt den § 569b aF und ist in Kraft seit 1.9.01. Übergangsregelung Art 229 1 § 3 I Nr 5 EGBGB.

I. Normzweck. Er liegt in der Zurückdrängung des Kündigungsrechtes des Vermieters ggü dem Erben 2 (§ 564) in Form eines Bestandsschutzes zugunsten der Nähepersonen des Verstorbenen unter Zurückdrängung der allg Erbfolge (BTDrs 14/4553, 62).

3 **II. Anwendungsbereich.** S § 563 Rn 3.
4 **III. Abdingbarkeit.** Von § 563a darf nicht zum Nachteil des Mieters abgewichen werden (III).
5 **B. Tod des Mieters.** S § 563 Rn 5.
6 **C. Mietfortsetzung mit überlebenden Mietern, Abs 1.** Das Mietverhältnis wird mit den überlebenden Mitmietern fortgesetzt, wenn diese Personen iSd § 563 sind und in einem gemeinsamen Haushalt wohnen.
7 **I. Mietvertrag.** § 563a umfasst sowohl befristete, als auch unbefristete Mietverträge.
8 **II. Mitmieter.** Es muss mindestens eine gem § 563 eintrittsberechtigte Person Mitmieter sein. Die Mitmietereigenschaft muss zum Todeszeitpunkt des verstorbenen Mieters vorgelegen haben.
9 **III. Gemeinsamer Haushalt.** Die fortsetzenden Mieter mussten mit dem verstorbenen Mieter einen gemeinsamen Haushalt geführt (§ 563 I und II 3 und 4), bzw in diesem gelebt haben (§ 563 II 1). Dies ergibt sich aus der Formulierung „Personen iSd § 563". Zum Begriff „gemeinsamer Haushalt" s. § 563 Rn 9.
10 **IV. Wirkung.** Der zur Fortsetzung gem § 563a berechtigte überlebende Mitmieter setzt kraft Gesetzes den Mietvertrag mit dem Vermieter fort. Er verdrängt dabei die sonstigen Berechtigten nach § 563 und die Erben.
11 **D. Kündigungsrecht.** Dem überlebenden Mieter steht das Recht zur außerordentlichen Kündigung mit gesetzlicher Frist zu (II). Ein berechtigtes Interesse ist nicht erforderlich. Es gilt eine **Überlegungsfrist** von einem Monat ab Kenntnis vom Tod des Mieters. Gibt es mehrere überlebende Mitmieter müssen diese das Kündigungsrecht gemeinsam ausüben. Dies ergibt sich aus dem Grundsatz der Unteilbarkeit des Kündigungsrechts (Staud/*Rolfs* § 563a Rz 13, *Sternel* ZMR 04, 719).
12 Die **Kündigungsfrist** beträgt allgemein drei Monate mit einer Karenzzeit von drei Werktagen (§ 573d II). Bei Mietverhältnissen nach § 549 II 2 ist die Kündigung abw am 15. zum Ablauf dieses Monats zulässig. Das Kündigungsrecht gem II gilt nur für Mietverträge auf bestimmte Zeit. Ansonsten gelten die allgemeinen Vorschriften (zB § 573c).
13 Dem **Vermieter** steht iRd § 563a II kein außerordentliches Kündigungsrecht zu. Dies ist sachgerecht, da der Vermieter im Gegensatz zu § 563 den Überlebenden als Vertragspartner bereits kennt und akzeptiert hat.
14 **E. Verhältnis zu § 563.** War der Verstorbene nicht alleiniger Mieter gilt generell § 563a. Etwaige weitere im Haushalt lebende Personen iSd § 563 sind daneben vom Eintritt ausgeschlossen (aA *Löhnig* FamRZ 01, 891).

§ 563b Haftung bei Eintritt oder Fortsetzung. (1) ¹Die Personen, die nach § 563 in das Mietverhältnis eingetreten sind oder mit denen es nach § 563a fortgesetzt wird, haften neben dem Erben für die bis zum Tod des Mieters entstandenen Verbindlichkeiten als Gesamtschuldner. ²Im Verhältnis zu diesen Personen haftet der Erbe allein, soweit nichts anderes bestimmt ist.
(2) Hat der Mieter die Miete für einen nach seinem Tod liegenden Zeitraum im Voraus entrichtet, sind die Personen, die nach § 563 in das Mietverhältnis eingetreten sind oder mit denen es nach § 563a fortgesetzt wird, verpflichtet, dem Erben dasjenige herauszugeben, was sie infolge der Vorausentrichtung der Miete ersparen oder erlangen.
(3) Der Vermieter kann, falls der verstorbene Mieter keine Sicherheit geleistet hat, von den Personen, die nach § 563 in das Mietverhältnis eingetreten sind oder mit denen es nach § 563a fortgesetzt wird, nach Maßgabe des § 551 eine Sicherheitsleistung verlangen.

1 **A. Grundsätzliches.** Geregelt werden die Rechtsbeziehungen zwischen den Erben des Mieters, den das Mietverhältnis fortsetzenden oder in dieses eintretenden Personen sowie dem Vermieter; früher §§ 569a II 5, III, IV sowie § 569b 2 aF. Hierbei werden ausnahmsweise gleichgestellt die nicht ehelich Zusammenlebenden sowie nicht registrierten Lebenspartner mit den eingetragenen Lebenspartnern und Ehegatten, und zwar nur aufgrund der Sondervorschriften der §§ 563 ff.
2 Neu ist der in § 563b III eingeführte Anspruch des Vermieters auf Leistung einer Mietsicherheit. Hiermit wollte der Gesetzgeber den durch Tod des Mieters und anschließenden Eintritt Dritter oder Fortsetzung des Vertrages mit Dritten geänderten Umständen in wirtschaftlicher Hinsicht im Interesse des Vermieters Rechnung tragen (BTDrs 14/4553 62). Die Vorschrift regelt einzelne Rechtsfolgen für den Eintritt oder die Fortsetzung des Mietverhältnisses insb mit Nicht-(Mit-)Erben.
3 **B. Zusätzliche Haftung des Eintretenden für „mietvertragsgebundene" Erblasserschulden/Altverbindlichkeiten (§ 563b I). I. Gegenstand.** Nach *Rolfs* (Staud § 563b Rz 3) geht es in § 563b I um die Haftung der Eintretenden für Erblasserschulden, während *Häublein* (MüKo § 563b Rz 3) von mietvertraglichen Altverbindlichkeiten spricht. Der Begriff der „bis zum Tod des Mieters entstandenen Verbindlichkeiten" erfasst jedenfalls schon in zeitlicher Hinsicht nicht alle (erbrechtlich) denkbaren Erblasserschulden, die auch noch dann bejaht werden können, wenn zwar wesentliche Tatbestandsvoraussetzungen noch der Sphäre des Erblassers zuzurechnen sind, die Verbindlichkeit jedoch erst in der Person des Erben entsteht (vgl FAKomm-ErbR/*Frie-*

ser § 1967 Rz 5). Auch in gegenständlicher Hinsicht werden nur Teile der Erblasserschulden erfasst, nämlich solche, die aus dem Mietverhältnis selbst stammen, dh unmittelbar auf dem Mietvertrag beruhen.

II. Gesamtschuldnerische Außenhaftung ggü dem Vermieter. Diese Haftung bezieht sich speziell auf Ansprüche des Vermieters wegen rückständiger Miete einschl Betriebskostenvorauszahlungen und mietrechtlicher Abrechnungsspitzen bei der Betriebskostenabrechnung, Schadensersatzansprüche wegen nicht durchgeführter Schönheitsreparaturen und sonstiger Pflichtverletzungen des verstorbenen Mieters. Der Vermieter erhält für diese **mietvertragsgebundenen Erblasserschulden** zugleich einen Vertragschuldner, wobei Erbe und Eintretender – sofern nichts anderes vereinbart ist – als Gesamtschuldner haften.

Diese Haftung bezieht sich allerdings nicht auf Verbindlichkeiten, die aus Verträgen mit Dritten, insb Handwerkern, resultieren, auch wenn derartige Aufträge Beziehung zum Mietobjekt hatten. Der Anspruch des Vermieters gegen den Eintretenden entsteht bereits vor Ablauf der Ablehnungsfrist (1 Monat ab Kenntniserlangung) gem § 563 III 1. *Rolfs* bejaht bei Inanspruchnahme des kraft Gesetzes Eintretenden eine auf § 242 zu stützende Einrede, wenn die Ablehnung des Vertragseintritts so gut wie sicher bevorsteht und der Vermieter den empfangenen Betrag alsbald nach § 812 I zurückzahlen müsste (vgl Staud/*Rolfs* § 563b Rz 8).

III. Vorrangige Erbenhaftung; Innenverhältnis der Gesamtschuldner. Zahlt einer der Gesamtschuldner iRe derartigen Mietvertrages an den Vermieter so steht ihm bezogen auf jede einzelne (Monats-)Miete in Höhe einer etwaigen Überzahlung ein Ausgleichsanspruch zu. Es kann nicht etwa von einem Zeitmietvertrag auf die Höhe des insgesamt geschuldeten Betrages des die Zahlung Leistenden abgestellt werden, sondern es ist ähnl wie bei Tilgung eines Kredits in Monatsraten ein Ausgleich schon nach Zeitabschnitten vorzunehmen (vgl MüKo/*Bydlinski* § 426 Rz 12). Dies bedeutet, dass immer nur auf den fälligen Teil der Schuld abzustellen ist. Abw von § 426 regelt § 563b I 2 eine primäre Erbenhaftung.

Die ausdrücklich vom Gesetz vorgesehene „anderweitige Bestimmung" kann sich sowohl aus dem Mietvertrag als auch aus gesonderten Vereinbarungen mit den Eintretenden ergeben. Eine volle Ausgleichspflicht trifft den Erben nur, wenn auch der Erblasser als Mieter im Innenverhältnis allein für die Mietverbindlichkeiten aufzukommen hatte. Nach *Lützenkirchen* (Neue Mietrechtspraxis Rz 682) soll eine abw Vereinbarung auch durch letztwillige Verfügung des verstorbenen Mieters getroffen werden können. Dies dürfte jedoch nur dann Praxisrelevanz erlangen, wenn die Eintretenden zugleich Miterben sind.

C. Ausgleichsanspruch des Erben bei Mietvorauszahlungen (§ 563b II). Da die mietvertragsgebundenen Erblasserschulden letztlich den Erben treffen und andererseits durch die Fortsetzung des Mietverhältnisses dessen Identität gewahrt bleibt, ist es konsequent, bei Mietvorauszahlungen (auch Mieterdarlehen und Baukostenzuschüsse) des Verstorbenen, die den Eintretenden im Außenverhältnis zum Vermieter entlasten, eine Herausgabe dieser „ersparten Aufwendungen" zugunsten des Erben anzuordnen. Die Ausgleichspflicht – im Gesetz als Herausgabepflicht formuliert – trifft alle in das Mietverhältnis kraft Gesetzes Eintretenden oder dieses Fortsetzenden.

Die Vorschrift korrespondiert in erster Linie mit der Norm des § 547, nämlich dem Anspruch des Eintretenden gegen den Vermieter auf Herausgabe nicht abgewohnter Mietvorauszahlungen. Der Anspruch des Erben aus § 563b II wird nicht als Bereicherungsanspruch qualifiziert (vgl Staud/*Rolfs* § 563b Rz 18), weshalb sich der Eingetretene ggü dem Erben auch nicht auf einen Wegfall der Bereicherung (vgl § 818 III) berufen kann, obwohl ausgerechnet § 547 I 2 auf Bereicherungsrecht verweist.

Der Anspruch des Erben auf Herausgabe entsteht zeitlich gestaffelt bei Fortbestehen des Mietverhältnisses mit jeder fälligen Mietrate in Höhe der beim Eintretenden realisierten Ersparnis. Die Herausgabe des Erlangten durch den Eintretenden wird hier zweckmäßigerweise durch Abtretung seiner Forderung ggü dem Vermieter gestützt auf § 547 ggü dem Erben erfüllt werden. Da Abtretungsgegenstand auch künftige Forderungen sein können, ist es nicht zwingend, dass der Ausgleichsanspruch des Erben hinsichtlich der Fälligkeit bis zur Beendigung des Mietverhältnisses hinaus geschoben wird (MüKo/*Häublein* § 563b Rz 11).

D. Anspruch auf Sicherheitsleistung (§ 563b III). Die Regelung kompensiert zugunsten des Vermieters evtl Nachteile, die mit dem Wechsel der Person des Mieters – insb unter dem Gesichtspunkt der Solvenz – eingetreten sind. Auch bei einer mietvertraglich vereinbarten Sicherheitsleistung kann der Anspruch – möglicherweise neben § 563b I – (auch) allein auf § 563b III gestützt werden. Damit scheiden jedenfalls Probleme, die sich etwa um die Verwirkung oder Verjährung (vgl LG Duisburg ZMR 06, 533) des ursprünglichen vertraglichen *Kautionsanspruches ranken könnten*, für die Fälle einer vertraglich vereinbarten Sicherheitsleistung ebenso aus wie beim Ergänzungsanspruch, falls die ursprüngliche mietrechtliche Vereinbarung zB nur eine Mietsicherheit in Höhe von einer Monatsnettomiete vorsah.

Der Anspruch nach § 563b III richtet sich direkt auf Leistung einer Barkaution (vgl § 551 II) ggü dem in das Mietverhältnis Eintretenden. Zutr verweist *Häublein* (MüKo § 563b Rz 16) auf die Inkonsequenz der bisher hM, die dem Vermieter lediglich einen vorgeschalteten Anspruch auf Abschluss einer Änderungsvereinbarung nach § 311 I zuspricht und bei fehlender Einigung über die Art der Sicherheitsleistung eine Vorgehensweise nach § 315 III befürwortete, obwohl diese Regelung lediglich den Fall eines einseitigen Leistungsbestimmungsrechts betrifft. § 563b III findet keine Anwendung, wenn das Mietverhältnis gem § 564 mit den Erben fortgesetzt wird. Auch eine analoge Anwendung der Vorschrift komme nicht in Betracht, da es an einer Regelungslücke fehlt *(Hinz* ZMR 02, 645). Str ist, ob der Anspruch des Vermieters auf Kautionsleistung ggü dem Eintretenden bereits mit dem Tod des Mieters oder erst mit dem Ablauf der Ablehnungsfrist des Eintretenden gegeben ist. Auch hier wird man von einer sofortigen Fälligkeit ausgehen können, wobei dem kraft Gesetzes Eintretenden während der Überlegungs- bzw Kündigungsfrist im Einzelfall der Einwand aus § 242 zuzubilligen ist, wenn mit hoher Wahrscheinlichkeit zu erwarten ist, dass der Betreffende nicht endgültig in das Mietverhältnis eintritt.

13 Unklar ist das Zusammenspiel der Regelung in § 563b I 2 „soweit nichts anderes bestimmt ist" und der Regelung des § 563b III, wonach nur eine eigene Kautionsforderung des Vermieters ggü dem Eintretenden begründet wird. *Häublein* (MüKo § 563b Rz 14) hat hier überzeugend herausgearbeitet, dass die Kaution im Ergebnis von den im III genannten Personen aufzubringen ist, denn diese und nicht den Erben komme die Kautionszahlung letztlich zu Gute (Rechtsgedanke des § 563b II). *Häublein* hat auch für den Fall einer vom verstorbenen Mieter geleisteten Sicherheit einen Innenausgleich zugunsten des Erben über § 563b II analog entwickelt (MüKo § 563b Rz 15).

14 **E. Abdingbarkeit.** Aus § 563b I 2 („soweit nichts anderes bestimmt ist") wird gefolgert, dass die Bestimmung dispositiven Charakter hat (vgl Staud/*Rolfs* § 563b Rz 21).

15 **F. Übergangsvorschriften.** Gem Art 229 § 3 I Nr 5 EGBGB gilt noch altes Recht, wenn der Mieter vor dem 1.9.01 verstorben ist; ist der Mieter später gestorben, ist das neue Recht ohne Einschränkungen anwendbar.

§ 564 Fortsetzung des Mietverhältnisses mit dem Erben, außerordentliche Kündigung.

¹Treten beim Tod des Mieters keine Personen im Sinne des § 563 in das Mietverhältnis ein oder wird es nicht mit ihnen nach § 563a fortgesetzt, so wird es mit dem Erben fortgesetzt. ²In diesem Fall ist sowohl der Erbe als auch der Vermieter berechtigt, das Mietverhältnis innerhalb eines Monats außerordentlich mit der gesetzlichen Frist zu kündigen, nachdem sie vom Tod des Mieters und davon Kenntnis erlangt haben, dass ein Eintritt in das Mietverhältnis oder dessen Fortsetzung nicht erfolgt sind.

1 **A. Grundsätzliches.** § 564 übernimmt § 569a VI und § 569 I, II aF. Gem § 564 1 geht das Eintrittsrecht nach § 563 und das Fortsetzungsrecht nach § 563a einer Fortsetzung des Mietverhältnisses mit dem Erben vor (BTDrs 14/4553 62). § 564 2 gewährt beiden Vertragsparteien ein außerordentliches Kündigungsrecht. Es ist jetzt kein berechtigtes Interesse iSd § 573 erforderlich (§ 575a I).

2 Mit dem Tod des Mieters tritt quasi eine Störung der Geschäftsgrundlage des Mietvertrages ein. § 564 2 trägt dieser gesetzlich vermuteten Geschäftsgrundlage durch das beiderseitige Kündigungsrecht Rechnung *(Lammel* § 564 Rz 4). Den Erben des Mieters wird das Lösungsrecht zugestanden, um sie nicht langfristig an ein Mietobjekt zu binden, an dessen Nutzung kein Interesse besteht. Die wirtschaftliche Bedeutung der Vorschrift liegt für den Erben darin, dass er auf diese Weise auch Langzeitmietverhältnisse *(Häublein* ZMR 04, 1) mit den kurzen Kündigungsfristen des § 573d beenden kann.

3 **B. Der Erbe als Mieter (§ 564 S 1).** Zwischen der natürlichen Person des Erblassers als Mieter und dem Vermieter muss ein Wohnraummietverhältnis bestanden haben, das allein durch den Tod des Mieters nicht beendet wird. Sind keine eintritts- oder fortsetzungsberechtigten Personen iSd §§ 563, 563a vorhanden, erwirbt der Erbe gem den §§ 1922, 1967, 857 auch ohne die mehr klarstellende/deklaratorische Regelung des § 564 1 alle Rechte und Verpflichtungen aus dem Mietverhältnis, wie sie vorher in der Person des Mieters begründet waren. Dasselbe gilt für den Fall, dass die Eintritts- oder Fortsetzungsberechtigten von ihrem Recht zur Ablehnung des Eintritts wirksam – insb fristgerecht gem § 563 III – Gebrauch gemacht haben. Die Gesamtrechtsnachfolge kommt nur subsidiär zum Tragen.

4 **Sonderfall: Mietermehrheit** Vorbehaltlich abw Individualregelungen *(Lammel* § 564 Rz 11) nimmt die wohl hM (Naumbg ZMR 01, 539 = NZM 02, 166 ff) einen Ausschluss des Kündigungsrechts auf Mieterseite an, wenn nur einer von mehreren (Mit-)Mietern verstirbt (unzulässige Teilkündigung). Eine Kündigung, die sowohl von dem/den Erben des verstorbenen Mitmieters als auch von den überlebenden Mietern ausgesprochen wird, ist möglich (vgl *Eckert* GS Sonnenschein 03, 313 ff und MüKo/*Häublein* § 564 Rz 13 ff). Im Ergebnis ergibt sich aus § 564 2 kein Kündigungsrecht der Mitmieter, die dem Vermieter als Gesamtschuldner mit dem verstorbenen Mitmieter hafteten. Insoweit ist eine Vereinbarung erforderlich. Bei deren Fehlen kommt ein Kündigungsrecht ggf noch über § 313 in Betracht.

5 Das Kündigungsrecht des Vermieters ergibt sich bei einer Mietermehrheit ebenso wenig direkt aus § 564 2. Insoweit fordert *Häublein* (MüKo § 564 Rz 17 ff) zu Recht eine teleologische Reduktion der Norm, da hier *nur in der Person* eines Mitmieters der Kündigungsgrund gegeben sei und ansonsten Wertungswidersprüche zum Bestandsschutzgedanken des sozialen Mietrechts entstünden, da die Mitmieter im Gegensatz zum Mietererben Interesse am Fortbestand des Mietverhältnisses haben. Eine Fortsetzung des Mietverhältnisses mit den übrigen Mietern muss dem Vermieter allerdings zumutbar sein. Hier gilt Ähnliches wie bei der Zurech-

nung von Fehlverhalten eines Mitmieters und Fortsetzung des Mietverhältnisses mit den vertragstreuen Mietern (vgl AG Hamburg ZMR 03, 581).

C. Die Kündigung des Mietverhältnisses (§ 564 S 2). I. Kündigungsfrist. Die gesetzliche Kündigungsfrist (§ 573d) beträgt drei Monate abzgl der Karenzzeit von drei Werktagen. Lediglich für die in § 549 II Nr 2 genannten Wohnungen gilt eine kürzere Frist. Eine Besonderheit dieser außerordentlichen Kündigung mit gesetzlicher Frist ist die Überlegungsfrist von einem Monat nach Kenntnis vom Tod des Mieters und davon, dass weder ein Eintrittsberechtigter noch ein Fortsetzungsberechtigter das Mietverhältnis fortgesetzt haben. 6

Das Mietverhältnis kann im Einzelfall schon vor Lauf der Monatsfrist gekündigt werden. Diese Frist beginnt auf Seiten des Vermieters erst mit Kenntnis von dem Umstand, dass es nicht zu einem Eintritt oder einer Fortsetzung des Mietvertrages gekommen ist. Die Kündigungsfrist auf Seiten des Erben ist nicht von der Annahme der Erbschaft abhängig. Bereits der vorläufige Erbe kann die Kündigung erklären (vgl § 1959 II). Bei angeordneter Testamentsvollstreckung, die sich auf das Mietverhältnis erstreckt, kann lediglich der Testamentsvollstrecker – nicht der Erbe – kündigen, sobald er das Amt angenommen hat (§ 2202 I). Eine vor der Annahmeerklärung ausgesprochene Kündigung des Testamentsvollstreckers ist als einseitiges Rechtsgeschäft (§ 180 1) nichtig. Mit Anordnung der Nachlassverwaltung verliert der Erbe – und auch ein etwa bestellter Testamentsvollstrecker – die Verwaltungs- und Verfügungsbefugnis über die Nachlassgegenstände (§ 1984 I 1). Dies bedeutet, dass der Nachlassverwalter sowohl die Kündigung erklären kann, als auch der richtige Empfänger der Vermieterkündigung ist. 7

II. Kündigungsform und Inhalt. Hier ist die Regelung des § 568 zu beachten (Schriftform). Da auf die Kündigung des Vermieters ggü dem Erben des Mieters auch die Sozialklausel (§ 574) anwendbar sein soll, ist der Vermieter auch gehalten gem § 568 II auf die Möglichkeit, die Form und die Frist des Widerspruchs nach den §§ 574 ff rechtzeitig hinzuweisen. Bei einer Erbenmehrheit ist die Kündigung durch alle bzw ggü allen Mitgliedern dieser Mietererbengemeinschaft zu erklären. 8

Inkonsequent ist es, dass die Anwendung der Sozialklausel (574 ff) auf die außerordentliche Vermieterkündigung ggü dem Mietererben nicht ausgeschlossen wurde, da die gesamte Regelung gem § 564 gerade auf dem fehlenden mietrechtlichen Bestandschutz für den Mietererben beruht. 9

D. Abdingbarkeit. § 564 ist dispositiv. Die Fortsetzung des Mietverhältnisses mit dem Mietererben und auch dessen Kündigungsrecht einerseits sowie das Kündigungsrecht des Vermieters andererseits können vertraglich abw geregelt werden. Die hM (Staud/*Rolfs* § 564 Rz 24) nimmt weiterhin an, dass es jedenfalls formularmäßig unzulässig ist, nur das Kündigungsrecht des Vertragsgegners abzubedingen. Das LG Frankfurt/M (WuM 90, 82) zählt die Regelung sogar zum gesetzlichen Leitbild der Miete (Wertungsfrage, vgl Hambg NJW 84, 60). 10

E. Übergangsvorschriften. Gem Art 229, § 3 I Nr 5 EGBGB gilt altes Recht soweit der Tod des Mieters vor dem 1.9.01 eingetreten ist. Ab 1.9.01 gilt uneingeschränkt das neue Recht. 11

§ 565 Gewerbliche Weitervermietung.

(1) ¹Soll der Mieter nach dem Mietvertrag den gemieteten Wohnraum gewerblich einem Dritten zu Wohnzwecken weitervermieten, so tritt der Vermieter bei der Beendigung des Mietverhältnisses in die Rechte und Pflichten aus dem Mietverhältnis zwischen dem Mieter und dem Dritten ein. ²Schließt der Vermieter erneut einen Mietvertrag zur gewerblichen Weitervermietung ab, so tritt der Mieter anstelle der bisherigen Vertragspartei in die Rechte und Pflichten aus dem Mietverhältnis mit dem Dritten ein.
(2) Die §§ 566a bis 566e gelten entsprechend.
(3) Eine zum Nachteil des Dritten abweichende Vereinbarung ist unwirksam.

A. Grundsätzliches. § 565 ersetzt § 549a aF; er gilt nur für die Wohnraummiete, wenn die Wohnung nicht direkt vom Eigentümer, sondern über und von einem Zwischenvermieter vermietet wird. Es existieren zwei selbständige Mietverträge (gewerbliches Hauptmietverhältnis zwischen dem Hauptvermieter und dem Zwischen(ver)mieter, ein nicht gewerbliches Mietverhältnis zwischen letzterem und dem Endmieter). 1

Normzweck ist der Schutz des Dritten als Endmieter, dem aus der Einschaltung des gewerblichen (sonstige Fälle der Zwischenvermietung werden nicht erfasst; vgl Rn 4) Zwischenvermieters keine Rechtsnachteile entstehen sollen. Ähnl wie bei der Rechtsnachfolge im Eigentum (vgl § 566) soll verhindert werden, dass der Endmieter gem § 546 II räumen muss auf Verlangen des Hauptvermieters. Der Endmieterschutz wird gem § 565 dadurch erreicht, dass dessen Mietvertrag bei Beendigung des Hauptmietverhältnisses entweder mit dem Hauptvermieter oder mit einem anderen Zwischenvermieter fortgesetzt wird. 2

B. Besondere Voraussetzungen. I. Anmietung zur Weitervermietung als Wohnung. Zweck des Hauptmietvertrages muss es – ggf nach einer konkludenten Änderung während der Vertragszeit – sein, die angemieteten Räume als Wohnraum weiter zu vermieten. Ausreichend ist es, wenn beide davon ausgehen, dass die Wohnung vom Mieter an Dritte weitervermietet werden soll. Maßgeblich sind die vertraglichen Vereinbarungen, nicht die tatsächlichen Verhältnisse. Unanwendbar ist § 565, wenn nach dem Hauptmietvertrag die Weitervermietung zu gewerblichen Zwecken erfolgen soll, jedoch vertragswidrig zu Wohnzwecken erfolgte. 3

4 **II. Gewerbliche Weitervermietung des (Zwischen-)Mieters.** Gewerbliches Handeln setzt eine geschäftsmäßige, auf Dauer gerichtete Tätigkeit in Gewinnerzielungsabsicht oder doch jedenfalls in eigenem wirtschaftlichen Interesse voraus (BGH NJW 96, 2862, BayObLG NJW-RR 96, 73). Nicht erforderlich ist tatsächliche Gewinnerzielung. Problematisch ist, wenn zwar geschäftsmäßig, jedoch primär aus gemeinnützigen, mildtätigen, karitativen und fürsorglichen Zwecken (vgl KG ZMR 04, 31) weitervermietet wird. Eine analoge Anwendung des § 565 wird abgelehnt (BGH ZMR 96, 537; BayObLG ZMR 95, 527; 95, 582; KG GE 96, 49, 51 f; aA LG Berlin GE 02, 1126; AG Frankfurt/M WuM 94, 276). Spätestens seit Inkrafttreten des Mietrechtsreformgesetzes fehlt es an der planwidrigen Regelungslücke, da der Gesetzgeber trotz der bekannten Rspr des BGH und des BayObLG an dem engen Wortlaut in § 565 ggü der ursprünglichen Fassung in § 549 aF festgehalten hat. Auch über Art 3 GG ist keine erweiterte Anwendung des § 565 zu begründen (BGH ZMR 96, 537); dennoch kann der Mieter sich im Einzelfall ggü einem Räumungsverlangen erfolgreich auf Art 3 GG berufen (BGH ZMR 03, 816 m Anm *Baldus* 818).

5 Wenn ein gemeinnütziger Verein abredewidrig an eigene Mitarbeiter untervermietet (BayObLG ZMR 95, 582), greift § 565 nicht ein. Bestandsschutz zugunsten des Untermieters ist möglich, wenn ein Arbeitgeber Wohnraum zur Versorgung seiner Arbeitnehmer anmietet und der Vermieter erheblichen Einfluss auf die Gestaltung der Untermietverträge und die Auswahl der Endmieter behält (BayObLG ZMR 95, 585).

6 **C. Rechtsfolgen. I. Eintritt des Vermieters.** Nach § 565 I 1 tritt der Vermieter bei der Beendigung des Mietverhältnisses in die Rechte und Pflichten nach dem Mietverhältnis zwischen dem Mieter und dem Dritten ein. Str ist, ob es zu einer vollständigen Vertragsübernahme oder aber zu einer Entstehung eines neuen Mietvertrages kraft Gesetz kommt (für Vertragsübernahme: *Derleder/Barthels* JZ 97, 981, *Lammel* § 565 Rz 24, vgl aber Staud/*Emmerich* § 565 Rz 9). Bei vollständiger Vertragsübernahme kommt es nicht zu einer Zäsur im Mietverhältnis, so dass der bestehende Mietvertrag fortbesteht, lediglich unter Austausch eines der Vertragspartner. Nach der Gegenansicht entsteht ein neuer inhaltlich identischer Mietvertrag kraft Gesetz zwischen dem Hauptvermieter und dem Untermieter.

7 Der Vermieterwechsel erfolgt kraft Gesetzes im Zeitpunkt der Beendigung des Hauptmietverhältnisses, wobei eine besondere Mitteilung an den Endmieter/Dritten nicht erforderlich aber sinnvoll (arg § 407) ist. Es besteht ein Auskunftsanspruch über das Untermietverhältnis und die Person des Dritten. Treten beim Endmieter Zweifel auf, wer sein Vertragspartner ist, kann er die Miete beim Amtsgericht hinterlegen (§§ 372 ff; arg BGH ZMR 06, 26).

8 Zusatzvereinbarungen, die mit der Nutzung der Wohnung nicht in Zusammenhang stehen, gehen nicht auf den Vermieter über. Ansprüche des Mieters gegen den Dritten, die im Zeitpunkt der Beendigung des Hauptmietverhältnisses fällig sind, verbleiben beim Mieter.

9 **II. Eintritt eines anderen (Zwischen-)Mieters.** Wenn der (Haupt-)Vermieter erneut einen Mietvertrag zur gewerblichen Weitervermietung abschließt, tritt der neue Mieter anstelle des bisherigen Mieters in die Rechte und Pflichten aus dem Mietverhältnis mit dem Endmieter/Dritten ein (§ 565 I 2). Kommt es nicht zu einer nahtlosen Fortsetzung zwischen dem alten und dem neuen (Zwischen-)Mieter tritt der Hauptvermieter – eine vertragslose Zeit für den Endmieter gibt es nicht – in das Mietverhältnis ein.

10 **III. Ausscheiden des (Zwischen-)Mieters.** Mit der Beendigung des Hauptmietverhältnisses scheidet der Mieter zeitgleich kraft Gesetzes als Vermieter aus dem Untermietverhältnis aus.

11 **D. Entspr Anwendung der §§ 566a–e.** Gem § 565 II gelten die §§ 566a–e analog. Damit ist eine Regelung für die vom Untermieter an den Zwischenvermieter erbrachte Sicherheit (§ 566a; AG Mannheim MietRB 09,9) getroffen. Der Vermieter bzw der neue Zwischenvermieter treten in die durch das Mietsicherheit begründeten Rechte und Pflichten ein. Die Wirksamkeit von Vorausverfügungen des ersten Mieters über die Miete für den Zeitraum nach Eintritt regelt § 566b. § 566c schützt in den Fällen des § 565 den Dritten. Für Abänderungen des Mietvertrages gilt § 566c allerdings nicht; die Wirksamkeit von Rechtsgeschäften zwischen dem ersten Mieter und dem Dritten einschl der Erfüllung, Stundung, Mieterlass regelt § 566c, die Frage, unter welchen Voraussetzungen der Dritte mit Forderungen gegen den ersten Mieter ggü dem Vermieter oder dem neuen gewerblichen Mieter **aufrechnen** kann, regelt § 566d. § 566e stellt sicher, dass der Mieter die Zahlungen des Dritten an den Vermieter auf jeden Fall gegen sich gelten lassen muss, wenn der Mieter ggü dem Dritten die Beendigung des Hauptmietverhältnisses angezeigt hat.

12 **E. Abweichende Vereinbarungen.** Gem § 565 III kann vertraglich nichts zum Nachteil des Dritten abbedungen werden. Vermieter und Mieter können insb nicht den Bestandsschutz des Endmieters aushöhlen. Vereinbarte Bedingungen scheitern oft schon an § 572 II. Der Endmieter kann entscheiden, ob er sich auf die Rechtsfolgen des § 565 beruft.

§ 566 Kauf bricht nicht Miete.
(1) Wird der vermietete Wohnraum nach der Überlassung an den Mieter von dem Vermieter an einen Dritten veräußert, so tritt der Erwerber anstelle des Vermieters in die sich während der Dauer seines Eigentums aus dem Mietverhältnis ergebenden Rechte und Pflichten ein.

(2) ¹Erfüllt der Erwerber die Pflichten nicht, so haftet der Vermieter für den von dem Erwerber zu ersetzenden Schaden wie ein Bürge, der auf die Einrede der Vorausklage verzichtet hat. ²Erlangt der Mieter von dem Übergang des Eigentums durch Mitteilung des Vermieters Kenntnis, so wird der Vermieter von der Haftung befreit, wenn nicht der Mieter das Mietverhältnis zum ersten Termin kündigt, zu dem die Kündigung zulässig ist.

A. Wechsel der Vertragspartei auf Vermieterseite. Der in § 566 normierte Grundsatz „Kauf bricht nicht Miete" übernimmt unter dieser ungenauen vom Gesetzgeber als sprichwörtlich bezeichneten Überschrift (richtig: Veräußerung bricht nicht den Mietvertrag) mit geringfügigen sprachlichen Änderungen die bisherige Regelung des § 571 aF. Es handelt sich hier um eine typische Mieterschutzbestimmung. Der Mieter soll nicht den Mietbesitz durch Veräußerung (BGH ZMR 99, 546) oder entspr durch Erwerb des Eigentums kraft Gesetzes (BGH ZMR 08, 881) verlieren. Ohne diese Regelung bestünde kein Recht zum Besitz ggü dem Erwerber. Mit Beendigung des Erwerbstatbestandes (idR Grundbucheintragung) tritt der Erwerber für die Dauer seines Eigentums an die Stelle des vormaligen Eigentümers und Vermieters. § 566 erfasst nur solche Ansprüche, die in unlösbarem Zusammenhang mit dem Mietverhältnis stehen (Ddorf ZMR 08, 954). 1

B. Anwendungsbereich des § 566. § 566 gilt (vgl § 578) sowohl für Wohnraummietverhältnisse als auch für Mietverhältnisse über Grundstücke ua Räume. § 566 erstreckt sich sowohl auf bestehende Miet- oder Pachtverhältnisse als auch auf genossenschaftliche Dauernutzungsverträge. Analog gilt die Regelung des § 566 für Erbbaurechte, Nießbrauch, Wohnungsrecht und Wohnungseigentum; zT auch für Unterhaltsvereinbarungen (vgl *Krenek* in: Müller/Walther, § 566 Rz 14); § 566 gilt auch für den Erwerb kraft Gesetzes (BGH ZMR 09, 747; ZMR 08, 881); nicht aber für Leihverträge (Stgt MDR 09, 1310). 2
Dagegen findet die Vorschrift keine Anwendung auf gewerbliche Mietverhältnisse, die auf Gestattung eines Gewerbes in den Räumen eines anderen gerichtet sind. Dies hat der BGH (ZMR 02, 905 = NJW 02, 3322 f) für einen Breitbandkabelvertrag entschieden, bei dem der Grundstückseigentümer einem Unternehmen das ausschl Recht gewährte, auf dem Grundstück eine Breitbandkabelanlage zu errichten, zu unterhalten und mit den Wohnungsmietern Einzelanschlussverträge abzuschließen. § 566 gilt auch nicht für Untermietverträge bei einem Wechsel des Hauptmieters/Untervermieters (BGH NJW 89, 2053) und den Mietvorvertrag. 3

C. Personenidentität von Veräußerer und Vermieter. § 566 I setzt eine Veräußerung des vermieteten Wohnraums oder Grundstücks durch den vermietenden Eigentümer voraus. *Lammel* (§ 566 Rz 23) argumentiert gestützt auf die Gesetzesgeschichte des § 571 aF, dass es nicht auf eine Identität (vgl *Streyl* WuM 08, 579, Rostock NZM 06, 262; BGH ZMR 08, 704 = GuT 08, 287) von Vermieter und Eigentümer bei der Anmietung ankomme, sondern lediglich bei der Veräußerung. Diese Auffassung ist weiter umstr (LG Stendal GE 01, 925 m Anm *Luckey* GE 01, 909, *Börstinghaus* NZM 04, 482). So hat etwa das OLG Köln (ZMR 01, 967) für das Pachtrecht entschieden, dass kein Fall des § 566 (aA *Eckert* FS Blank 131; vgl auch *Koch/Rudzio* ZfIR 07, 437) vorliege, wenn ursprünglich (!) die Person des Eigentümers und die Person des Verpächters auseinander fielen (vgl zur Anwendbarkeit des § 566 auf Nichteigentümer *Grooterhorst/Burbulla* NZM 06, 246). Nutzungsentschädigungsansprüche nach § 546a stehen mit Umschreibung des Grundbuchs auf den Erwerber diesem nur dann zu, wenn der Voreigentümer selbst Vermieter war (Ddorf ZMR 07, 33). 4

D. Sonderfälle. Str ist, ob bei Vermietung durch einen von mehreren Miteigentümern § 566 eingreift (auch bei Zustimmung der übrigen Miteigentümer abl BGH NZM 04, 300; aA Karlsr NJW 81, 1278, LG Hamburg WuM 01, 281; vgl Grunewald NJW 09, 3486). In der Zustimmung müsste zugleich eine Bevollmächtigung zum Abschluss des Mietvertrages gelegen haben. 5
§ 566 soll auch anwendbar sein, wenn ein Dritter als Sondereigentums- oder Hausverwalter zwar in eigenem Namen handelnd, aber mit Ermächtigung des Grundeigentümers den Mietvertrag abgeschlossen hat (Celle ZMR 00, 284). 6
Wird durch den Grundeigentümer/Vermieter zweier rechtlich selbstständiger Grundstücke mit einheitlichem Mietvertrag das Objekt vermietet, nebst anschließender Veräußerung an verschiedene Erwerber, ist wegen der Einheitlichkeit des Mietverhältnisses und vor dem Hintergrund des Mieterschutzes, ähnl wie bei der Aufteilung in Wohnungseigentum von einer Gesamtvermieterstellung aller Erwerber auszugehen. 7

E. Veräußerung. Der bloße Abschluss schuldrechtlicher Verträge (Kauf, Tausch oder Schenkung) ist für den Veräußerungstatbestand nicht ausreichend. Auflassung und Eintragung im Grundbuch (§§ 873, 925) sind nötig. Beachte: die GbR-Außengesellschaft ist nicht grundbuchfähig (BayObLG ZMR 03, 218). Wegen der (Teil-)Rechtsfähigkeit der BGB-Außengesellschaft (*Jacoby* ZMR 01, 409) stellt der Eintritt eines neuen Gesellschafters in eine BGB-Gesellschaft keinen Veräußerungsfall dar (vgl *Weitemeyer* ZMR 04, 153 ff). Der im Grundbuch eingetragene Käufer, der einen Mietvertrag abgeschlossen hat, ist bei Rücktritt nach § 437 Nr 2 selbst Veräußerer gem § 566 (*Eckert* FS Blank 132; Celle NZM 00, 93). 8

F. Zwischenstadium zwischen schuldrechtlichem Vertrag und dinglicher Übereignung. Der Erwerber kann in diesem Stadium noch keine Mieterhöhung verlangen und auch noch nicht aus eigenem (vgl LG Flensburg WuM 07, 634) Recht die Kündigung des Vertrages erklären. Lediglich die Mietansprüche kann 9 der Veräußerer bereits vor der Umschreibung im Grundbuch wirksam an den Erwerber abtreten, nicht jedoch das Kündigungsrecht (LG Berlin ZMR 96, 325). Allerdings soll es möglich sein, den Erwerber zur Ausübung des Kündigungsrechts im eigenen Namen sowie zur Erklärung einer Mieterhöhung zu ermächtigen (vgl KG ZMR 08, 365).

10 Str ist, ob der Erwerber in sog Kündigungslagen eintritt. Für die Kündigungsgründe Eigenbedarf und Hinderung an einer angemessenen wirtschaftlichen Verwertung wird überwiegend davon ausgegangen, dass das Kündigungsrecht mit dem Eigentumsübergang erlischt.

11 **G. Überlassung vor Veräußerung.** Die §§ 566, 578 erfordern, dass das Mietobjekt vor der dinglichen Umschreibung bereits an den Mieter überlassen war. Die Überlassung kann durch Verschaffung des unmittelbaren Besitzes erfolgen oder durch die Überlassung des Mietobjekts an eine Person nach Anweisung des (Haupt-)Mieters. Bei Vermietung von Wohnraum reicht idR die Entgegennahme der Schlüssel aus.

12 **H. Eigentumswechsel als Zäsur im Mietverhältnis.** Der Vermieter tritt mit dem Eigentumswechsel (vorher ist Abtretung nötig, LG Berlin GE 09, 657) in sämtliche mietvertraglichen Vereinbarungen – egal, ob sie ihm bekannt sind oder nicht – ein, und zwar nicht auf vertragstypische mietvertragliche Rechte und Pflichten beschränkt. Zu Besonderheiten bei Zwangsverwaltung und Versteigerung vgl BGH MDR 08, 168.

13 **I. Kündigung des Mieters.** Vor Eigentumsumschreibung kann der Mieter allein ggü dem ursprünglichen Eigentümer und Vermieter kündigen. Ggü dem Erwerber kann der Mieter kündigen, wenn der ursprüngliche Vermieter bereits mit Kaufvertragsabschluss einen (in Wahrheit erst künftigen) Rechtsübergang ggü dem Mieter anzeigte; auch wenn noch kein Eigentumsübergang im Grundbuch erfolgte. Hier wird § 566e I analog angewandt. Erfährt der Mieter von der tatsächlich erfolgten Veräußerung gar nichts und kündigt er das Mietverhältnis ggü dem ursprünglichen Vermieter, muss der neue Vermieter/Erwerber die ausgesprochene Kündigung gem § 242 gegen sich gelten lassen.

14 **J. Kündigung des Vermieters.** Hinsichtlich der Umwandlungsfälle wird auf die Kommentierung zu § 577a verwiesen. Soweit der ursprüngliche Vermieter vor Eigentumsübergang wirksam gekündigt hat, verliert diese Kündigung nur im Fall persönlicher Kündigungsgründe (insb Eigenbedarf) ihre Wirkung mit Eigentumsübergang. Als Gegenausnahme wird hier wiederum der Fall angesehen, dass der Eigenbedarf trotz der Veräußerung fortbesteht. Im eigenen Namen kann der Erwerber erst nach Vollendung des dinglichen Erwerbs kündigen (LG Flensburg ZMR 08, 380). Zur Kündigungsermächtigung (§ 185) vgl BGH MDR 07, 387.

15 **K. Ansprüche/Forderungen des Vermieters.** Bereits fällige vor Eigentumsumschreibung begründete Ansprüche verbleiben beim bisherigen Vermieter und müssen ggf im notariellen Kaufvertrag durch Abtretung rechtsgeschäftlich auf den Erwerber übertragen werden. Hatte der ursprüngliche Vermieter den Vertrag wirksam mit einer Kündigungsfrist gekündigt, die bei Eigentumsübergang noch nicht abgelaufen war, so entsteht der Herausgabeanspruch (§ 546) in der Person des Erwerbers (BGH NJW 78, 2148).

16 **L. Pflichten des Vermieters; Ansprüche des Mieters.** Für Ansprüche des Mieters sind der Eigentumsübergang und die Fälligkeit der Ansprüche maßgebend. Alle vor Eigentumsübergang bereits fälligen Ansprüche (zur Kaution vgl BGH ZMR 07, 529) sind gegen den ursprünglichen Vermieter zu richten, während der Erwerber für die zeitlich später entstandenen und fälligen Ansprüche passivlegitimiert ist. Dies ist insb bedeutsam bei Schadensersatzansprüchen des Mieters. Zum Eintritt des Erwerbers in eine Verzugslage der Veräußerer vgl BGH ZMR 05, 354. Für die Garantiehaftung aus § 536a I kommt es damit auf den Zeitpunkt des Schadenseintritts an. Liegt dieser nach dem Eigentumserwerb haftet auch der Erwerber ohne Verschulden für anfängliche Mängel. In Absprachen unter Gesellschaftern anlässlich des Mietvertrags tritt der Erwerber nicht ein (BGH ZMR 06, 433).

17 Zur Betriebskostenabrechnung gilt, dass bei einem Eigentumserwerb während der laufenden Abrechnungsperiode der Erwerber zur Abrechnung verpflichtet ist (Naumbg NZM 98, 806). Im Zusammenhang mit Übertragungen nach dem Vermögensgesetz hat der BGH (NZM 01, 158 = ZMR 01, 17; vgl auch LG Potsdam WuM 01, 289) entschieden, dass der Verfügungsberechtigte als früherer Eigentümer den Mietern ggü bzgl der zu diesem Zeitpunkt abgelaufenen Abrechnungsperioden zur Abrechnung der Betriebskosten verpflichtet bleibt und zur Erhebung etwaiger Nachzahlungen berechtigt ist. Hinsichtlich der laufenden Abrechnungsperiode treffe die Abrechnungspflicht den Berechtigten/Erwerber (vgl BGH NZM 05, 17).

18 **M. Abdingbarkeit.** § 566 ist nicht zwingend. Allerdings kann der Grundsatz „Veräußerung bricht nicht Miete" kaum durch eine formularvertragliche Klausel ohne Verstoß gegen § 307 unterlaufen werden. Auch eine bloße Vereinbarung zwischen ursprünglichem Vermieter und Erwerber ist unwirksam. Zur Abbedingung der Rechtsfolgen bedarf es eines dreiseitigen Vertrages von Mieter, ursprünglichem Vermieter und Erwerber. Nach aA soll § 566 eine Vereinbarung zwischen Vermieter und Mieter zulassen, da § 566 nicht den Schutz des Erwerbers, sondern den Schutz des Mieters bezwecke (für Geschäftsraummiete vgl Leo NZM 06, 244).

19 **N. Bürgenhaftung des Vermieters gem § 566 II.** Zum Schutz des Mieters vor einem zahlungsunfähigen Erwerber konstituiert § 566 II eine Bürgenhaftung des bisherigen Vermieters. Dieser kann durch die Mittei-

lung vom Eigentumsübergang jedoch schnell eine Haftungsbefreiung erreichen. Zu beachten ist bei der Haftungsbefreiung jedoch, dass bei einem Zeitmietvertrag die bürgenähnliche Haftung bis zum Ende der Mietzeit bestehen bleibt, denn ein zusätzliches Kündigungsrecht wird durch § 566 II 2 nicht begründet.

O. Besonderheiten bei Begründung von Wohnungseigentum. Nicht nur die Veräußerung vermieteten Wohnungseigentums fällt unter § 566, sondern auch die sog Umwandlungsfälle, wobei dort mit einer teleologischen Reduktion der Norm in Einzelfällen dem Eintritt **aller** Wohnungseigentümer in die Stellung als Vermieter entgegengetreten wird. In den sog Umwandlungsfällen, dh wenn ein Mietshaus in Wohnungseigentum umgewandelt und das Wohnungseigentum an Dritte veräußert wird, ergeben sich erhebliche Rechtsprobleme für Vermieter und Mieter, da wegen des Grundsatzes der Einheitlichkeit des Mietverhältnisses eine Vermieterkündigung von sämtlichen Vermietern auszusprechen ist und eine Mieterkündigung ggü sämtlichen Vermietern erklärt werden muss (vgl BGH WuM 99, 390 m Anm *Riecke/Schütt* 499 = ZMR 99, 546; *Sternel* MDR 97, 315 ff; *Börstinghaus* NZM 04, 483 f). 20

Das Mietverhältnis besteht wegen der Regelung des § 566 auch bei der Umwandlung unverändert fort. Voraussetzung ist, dass Vermieter und Umwandelnder personenidentisch sind. § 566 gilt auch dann, wenn sämtliche Miteigentümer eines Grundstückes, die zugleich dessen Vermieter sind, das Eigentum an dem Grundstück durch Begründung von Wohnungseigentum (§ 8 WEG) teilen und sodann einem Miteigentümer durch Auflassung und Eintragung in das Wohnungsgrundbuch das alleinige Wohnungseigentum an einer bestimmten vermieteten Wohnung übertragen (BayObLG NJW 82, 451; *Börstinghaus* NZM 04, 483). Die „Veräußerung" wird hier darin gesehen, dass einem ehemaligen bloßen Miteigentümer durch Auflassung und Eintragung in das Wohnungsgrundbuch das alleinige Wohnungseigentum übertragen wurde. Hier tritt der Erwerber und bisherige Mitvermieter als Alleinvermieter an die Stelle der bisherigen Eigentümer- und Vermietergemeinschaft. Anders bei § 3 WEG (vgl *v. Proff* ZNotP 09, 345). 21

IÜ richtet sich die Zusammensetzung der Vermietergemeinschaft nach dem jeweiligen Mietgegenstand laut Mietvertrag und der jeweils gültigen Teilungserklärung. **Fall 1:** Das Mietobjekt umfasst das neu geschaffene Sondereigentum an einer Wohnung sowie einen Kellerraum und/oder eine Garage, die im Sondereigentum stehen. Hier sind Vermieter zumindest die Sondereigentümer an Keller bzw Garage und Wohnung, die nicht notwendig personenidentisch sein müssen. 22

Fall 2: Das Mietobjekt umfasst neben dem Sondereigentum auch das Recht zur Mitbenutzung von Gemeinschaftseigentum (Treppenhäuser, Hauseingangstüren und Zuwegung). In diesem Fall ist str, ob allein der/die Sondereigentümer Rechtsnachfolger auf Vermieterseite werden (*Happ* DWE 94, 126) oder sämtliche Wohnungseigentümergemeinschaft (*Beuermann* WuM 95, 7 Ziff 21). Der Auffassung von *Beuermann* ist nicht zu folgen, auch wenn er zutr davon ausgeht, dass all diese Räume und Flächen auch ohne besondere Erwähnung im Mietvertrag (zur Mitbenutzung) mitvermietet sind (BGH NJW 67, 154). Das LG Hamburg (WuM 97, 47; 97, 176) hat zutr § 566 einschränkend dahin ausgelegt, dass dieser jedenfalls dann nicht greift, wenn Teile des Gemeinschaftseigentums nur zur bloßen Mitbenutzung überlassen werden. Würden in einer solchen Fallkonstellation alle Wohnungseigentümer „notwendige Vermieter", hätte dies für Vermieter und Mieter gleichermaßen belastende Wirkungen (*Sternel* MDR 97, 316). Eine rechtlich praktikable Lösung lässt sich nur durch die vom LG Hamburg vorgenommene teleologische Reduktion der Regelung des § 566 erreichen, indem man den Terminus „überlassen" auf die Einräumung von **Allein**besitz reduziert. 23

Fall 3: Mietgegenstand ist neben dem Sondereigentum auch Gemeinschaftseigentum, an dem zugunsten des Sondereigentums wirksam **Sondernutzungsrechte** (vgl § 5 IV WEG) begründet wurden. Dies ist der umstrittenste Fall (vgl *Greiner* ZMR 99, 366 sowie WE 00, 106). Das LG Hamburg (WuM 97, 47) und *Sternel* (MDR 97, 316) befürworten hier eine Analogie zu § 567 (sehr str). Die Rspr des BGH zum Schutz des Endmieters bei der gewerblichen Zwischenvermietung spricht ebenso wie die Neueinführung des § 565 gegen eine analoge Anwendung der §§ 567, 566 (vgl *Riecke* WuM 97, 91). Trotzdem hat der BGH (ZMR 06, 30 = NZM 05, 941) den Sondernutzungsberechtigten an der Garage und den Sondereigentümer der Wohnung als alleinige (Mit-)Vermieter angesehen. Dies ist kaum verständlich, da formlos zu begründende, nicht im Grundbuch eingetragene Sondernutzungsrechte nach § 398 formlos abgetreten werden können und hierdurch Rechtsunsicherheit für Mieter und Vermieter droht. 24

Fall 4: Mietgegenstand ist neben dem Sondereigentum an der Wohnung auch ein Kellerraum, der im Gemeinschaftseigentum steht, ohne dass Sondernutzungsrechte bestehen. Hier wird nach BGH (WuM 99, 390 nebst krit Anm *Riecke/Schütt* 499 ff = ZMR 99, 546) allein der Sondereigentümer der „Eigentumswohnung" neuer Vermieter (*Greiner* WE 00, 106). Der Mieter soll dem Herausgabeanspruch der Wohnungseigentümergemeinschaft (§ 985) sein Recht zum Besitz aus dem Mietvertrag nach § 986 entgegensetzen können. Diese Lösung erscheint fragwürdig, weil die restlichen Wohnungseigentümer nach BGH nicht über § 566 Mitvermieter werden sollen. Dann aber besteht auch kein schuldrechtlich den Eigentümer der Kellerräume bindendes relatives Besitzrecht des Mieters. Der Sondereigentümer der Wohnung und der Mieter sind in dieser Konstellation gerade nicht besitzberechtigt ggü der Eigentümergemeinschaft. Es fehlt die Besitzrechtsbrücke (vgl *Riecke/Schütt* WuM 99, 499). Für Lösung über § 986 II *Nußlein* (PiG 76 55 ff, 64). 25

Fall 5: Das Mietobjekt umfasst neben dem Sondereigentum „Wohnung" auch einen Balkon. Hier kommt der richtigen wohnungseigentumsrechtlichen Zuordnung des Balkons für die Bestimmung der Vermieterstellung 26 entscheidende Bedeutung zu. Nach Auffassung des OLG Frankf (ZMR 97, 367) entsteht am „Luftraum Balkon" dann kein Sondereigentum, wenn die Fläche in dem Aufteilungsplan zwar ebenso umrandet ist wie das Sondereigentum der angrenzenden Wohnung jedoch nicht mit derselben Ziffer versehen wurde. Nach *Bärmann/Seuß-Schmidt* (Praxis des Wohnungseigentums A Rz 102) sind innerhalb der abgeschlossenen Wohnung alle Räume Sondereigentum; es können nicht einzelne Gemeinschaftseigentum bleiben. Dies müsse auch für einen zur Wohnung gehörenden Balkon gelten, der auch dann Sondereigentum sei, wenn er bei den Räumen (in der Teilungserklärung) nicht genannt ist. Mietgegenstand ist nur der Balkon(innen)raum. Dessen Zuordnung zum Sondereigentum liegt auf der Hand, da ein Mitgebrauchsrecht der Gemeinschaft wegen fehlenden Zugangs praktisch ausgeschlossen ist. Bei der Kündigung ist neben dem Ausspruch durch die richtigen Vermieter auch zu beachten, dass wegen der Einheitlichkeit des Mietverhältnisses die Erklärung der Vermieter sich nicht nur auf ihren jeweiligen Leistungsteil beziehen darf, sondern die Erklärung jeden Vermieters sich auf das gesamte Mietverhältnis beziehen muss. Anderenfalls lägen lediglich zwei unzulässige Teilkündigungen vor (vgl LG Hamburg WuM 97, 47). Soweit auf Grund der Inkongruenz von Teilungserklärung und Mietvertrag alle Eigentümer die Kündigung miterklären müssen, genügt hierzu ein zustimmender Beschl der Wohnungseigentümer oder die Ausstellung entspr Vollmachten (LG Hamburg WuM 97, 47; Hambg WuM 96, 637).

§ 566a Mietsicherheit.
¹Hat der Mieter des veräußerten Wohnraums dem Vermieter für die Erfüllung seiner Pflichten Sicherheit geleistet, so tritt der Erwerber in die dadurch begründeten Rechte und Pflichten ein. ²Kann bei Beendigung des Mietverhältnisses der Mieter die Sicherheit von dem Erwerber nicht erlangen, so ist der Vermieter weiterhin zur Rückgewähr verpflichtet.

1 **A. Haftung des Erwerbers auf Kautionsrückzahlung.** Neu und für den Erwerber riskant ist dessen Haftung gem § 566a (ggf iVm § 578) für die Rückgewähr der Mietkaution, die der Mieter an seinen Veräußerer/Rechtsvorgänger gezahlt hat. Während der Erwerber gem § 566 kraft Gesetzes in die Vermieterstellung einrückt, bedarf es bei der Mietsicherheit zT eines gesonderten Übertragungsaktes. Die Haftung des Erwerbers auf Rückzahlung der Kaution besteht unabhängig davon, ob der Erwerber seinen Anspruch gegen den Verkäufer realisiert hat. Kein Fall des § 566a ist gegeben, wenn Mietvertrag vor Eigentumswechsel voll abgewickelt ist (BGH ZMR 07, 529 = NJW 07, 1818).

2 Anders ist der Fall zu entscheiden, wenn bereits dem Veräußerer nach berechtigtem Zugriff auf die Kaution (Hambg ZMR 97, 415) – der Mieter kann auch nicht durch einstweilige Verfügung einen Zugriff des Vermieters auf die Kaution wegen umstrittener Forderungen vereiteln (AG Bonn WE 02, 55) – ein Wiederauffüllungsanspruch zustand. Hier muss der Erwerber nur die restliche Kaution zurückgewähren.

3 Bei Leistung der Mietsicherheit an den Veräußerer kann der Erwerber je nach Art der Mietsicherheit folgende Ansprüche realisieren: a) bei Mietbürgschaft: nur der Erwerber kann noch Ansprüche aus der Bürgschaft erheben; b) bei Sicherungsübereignung: der Erwerber wird kraft Gesetzes Sicherungseigentümer (str); c) bei Verpfändung von Bankforderungen: der Erwerber wird kraft Gesetzes Pfandgläubiger und gem § 952 Eigentümer am Sparbuch; d) bei Barkaution: der Erwerber hat nur einen Anspruch auf Auszahlung des vom Mieter zur Verfügung gestellten Betrages. Nach Ddorf (ZMR 97, 295; aM *Lammel* § 566a Rz 10) erfolgt ein Forderungsübergang bei Anlage auf einem Treuhandkonto kraft Gesetzes.

4 **Sonderfall: Rückzahlungsverpflichtung bei angeordneter Zwangsverwaltung:** Noch schlechter ist die Stellung des Zwangsverwalters (BGH ZMR 04, 568). Dieser hat nämlich die Kaution in jedem Fall nach Beendigung des Mietverhältnisses und Abrechnungsreife zurück zu gewähren, auch wenn der Vermieter die Sicherheitsleistung nicht an ihn abgeführt hat (Hambg ZMR 02, 194, BGH ZMR 05, 603 = NZM 05, 596; BGH ZMR 03, 903). Die Zwangsverwaltung muss aber bei Fälligkeit des Anspruchs noch bestanden haben (LG Bonn NZM 09, 817); vgl auch Wedekind ZfIR 09, 271. Der Zwangsverwalter handelt zwar im eigenen Namen, aber für Rechnung des Schuldners/Vermieters. Hier fehlt es an einer „Erwerbssituation" (Hambg ZMR 90, 109). Nach Auffassung *Emmerichs* (Staud § 566a Rz 5) soll der Mieter während der Zwangsverwaltung lediglich die Aushändigung der Mietsicherheit vom Vermieter an den Zwangsverwalter verlangen können.

5 **B. Übergangsregelung bei der Erwerberhaftung.** § 566a findet auf vermietete Wohnräume, die vor dem 1.9.01 veräußert wurden, keine Anwendung. Für Altfälle gilt weiterhin, dass zur Rückgewähr der Kaution der Erwerber nur verpflichtet ist, wenn sie ihm vom Veräußerer ausgehändigt wurde oder wenn er ggü dem Veräußerer die Verpflichtung zur Rückgewähr übernommen hat (§ 572 2 aF). Dieses Ergebnis leitet etwa das AG Lichtenberg (ZMR 02, 357) aus Art 170 EGBGB her, da das Mietrechtsreformgesetz keine eigene Überleitungsvorschrift enthält (vgl BGH ZMR 06, 31 = NZM 05, 907; aA *Franke* ZMR 01, 951). Das verfassungsrechtliche Verbot der echten Rückwirkung spricht gegen eine Anwendung des § 566a auf abgeschlossene Sachverhalte (BGH ZMR 09, 837 = NZM 09, 615: schuldrechtlicher Vertrag vor 1.9.01 genügt).

6 **C. Forthaftung des Veräußerers.** Gem § 566a 2 besteht eine subsidiäre Haftung des Veräußerers; diese hat insb im Fall der Insolvenz des Erwerbers Bedeutung. Nach Ddorf (WuM 02, 556) haftet der Veräußerer nicht, wenn der Mieter es gebilligt oder gar verlangt hat, dass der Erwerber die Sicherheit vom Veräußerer übernimmt. Hierbei stützt sich das Gericht auf BGH NJW 99, 1857 = WuM 99, 397. *Emmerich* hält diese Rspr

nicht mit der Neuregelung des § 566a 2 vereinbar (vgl Staud § 566a Rz 16 aE). Zum Innenausgleich zwischen Erwerber und Veräußerer bei Zahlung des Erwerbes an den Mieter vgl LG Bonn NZM 05, 782.

D. Abdingbarkeit. Nach *Franken* (Mietverhältnisse in der Insolvenz, Rz 498) kann ein Haftungsausschluss des Vermieters für den Fall der Veräußerung grds vereinbart werden, da § 566a keine Unabdingbarkeitsklausel enthält (aA *Lammel* § 566a Rz 4 für Wohnraum gestützt auf § 551 IV). Allerdings dürfte eine entspr Formularklausel im Wohnraummietvertrag gegen § 307 verstoßen. Interne Absprachen zwischen Erwerber und Veräußerer binden den Mieter aber in keinem Falle. 7

E. Beweislast. Für sein Rückgewährverlangen muss der Mieter lediglich beweisen, dass er die Sicherheit an den Veräußerer oder den Erwerber geleistet hat (BGH ZMR 06, 348 für Altfall). Die Voraussetzungen eines Wiederauffüllungsanspruchs hat der Vermieter zu beweisen. Verlangt der Erwerber eine Sicherheitsleistung, muss er die Verpflichtung des Mieters aus dem Mietvertrag beweisen. Für die Erfüllung dieser Verpflichtung ggü dem Veräußerer ist der Mieter beweispflichtig. 8

§ 566b Vorausverfügung über die Miete.
(1) ¹Hat der Vermieter vor dem Übergang des Eigentums über die Miete verfügt, die auf die Zeit der Berechtigung des Erwerbers entfällt, so ist die Verfügung wirksam, soweit sie sich auf die Miete für den zur Zeit des Eigentumsübergangs laufenden Kalendermonat bezieht. ²Geht das Eigentum nach dem 15. Tag des Monats über, so ist die Verfügung auch wirksam, soweit sie sich auf die Miete für den folgenden Kalendermonat bezieht.
(2) Eine Verfügung über die Miete für eine spätere Zeit muss der Erwerber gegen sich gelten lassen, wenn er sie zur Zeit des Übergangs des Eigentums kennt.

A. Grundsätzliches. § 566b gilt nicht nur für Wohnraum, sondern auch Geschäftsräume, Grundstücksmiete (§§ 549, 578 I) und Pacht (§ 581 II). § 566b gilt analog bei Veräußerung oder Heimfall des Dauerwohn- oder Dauernutzungsrechts (§§ 37 II, III, 31 III WEG), nach Erlöschen des Erbbaurechts (§ 30 I ErbbauRG), bei der gewerblichen Zwischenvermietung, wenn der Zwischenvermieter ausscheidet (§ 565 II). § 566b I gilt bei Erlöschen des Nießbrauchs (§ 1056 I), bei der Zwangsversteigerung (§ 57 ZVG) sowie bei Eintritt der Nacherbfolge (§ 2135). § 566b gilt beim Nießbrauch über § 567. 1

Normzweck ist der Schutz des Erwerbers beim Eigentümerwechsel durch nur in eingeschränktem Maße wirksame Verfügungen des Veräußereres bei periodischen Mietzahlungen (anders: „Einmalmiete", BGH NZM 98, 105). 2

B. Vorausverfügungen. I. Begriff und Gegenstand. Hierunter zählt man Rechtsgeschäfte wie Abtretung, Verpfändung, Aufrechnung des Vermieters gegen Ansprüche des Mieters, Annahme an Erfüllungsstatt, die der Vermieter einseitig oder durch Vereinbarung mit einem Dritten trifft. Hierzu werden gerechnet: eine mit dem Mieter vereinbarte Mietsenkung sowie die vertragliche Verrechnung von Ansprüchen des Mieters mit künftigen Mietansprüchen des Veräußerers, sofern es sich um nachträgliche Rechtsgeschäfte handelt; § 566b gilt nicht bei Vereinbarungen, die die Miete erst dem Grunde oder der Höhe nach einräumen. 3

Keine Verfügung über eine Mietforderung ist wohl die zwischen einer GbR als Mieterin und dem Veräußerer vereinbarte Haftungsbeschränkung auf das Gesellschaftsvermögen (BGH ZMR 03, 827, 829). Auch auf einen Baukostenzuschuss ist § 566b nicht anwendbar (Ddorf ZMR 94, 505). 4

§ 566b erfordert, dass die Miete in periodischen Zeitabschnitten, idR monatlich, zu zahlen ist (BGHZ 37, 346, 352). Ansonsten muss auf die längeren Perioden umgerechnet werden (Hamm NJW-RR 89, 1421). § 566b stellt auf den Eigentumswechsel ab, nicht auf den Kaufvertragsabschluss. 5

II. Wirksamkeit. Eine Vorausverfügung ist auch für die Zeit nach dem Eigentumsübergang gegen den Erwerber wirksam für den laufenden Kalendermonat, wenn der Eigentümerwechsel spätestens zum Ablauf des 15. Tages des Monats stattfindet (Alt 1) sowie für die Miete für den laufenden und den folgenden Monat, wenn der Eigentümerwechsel nach dem 15. Tag des Monats erfolgt (Alt 2). 6

C. Kenntnis des Erwerbers. Wirksamkeit für eine unbeschränkte Zeit ist gegeben, wenn der Erwerber die Verfügung zum Zeitpunkt des Eigentumsübergangs positiv kennt; kein bloßes Kennenmüssen. 7

D. Zwangsvollstreckung, Insolvenz. Bei der Zwangsversteigerung gilt § 566b 1 beim Eigentümerwechsel kraft Zuschlags nach § 57 ZVG analog in Fällen, in denen der Vermieter vor der Beschlagnahme (§ 57b I 1 ZVG) über den Mietanspruch verfügt. Für die Zwangsverwaltung gilt § 566b nicht. Hier gelten die §§ 1124 und 1125 bei Beschlagnahme durch einen Grundschuld- oder Hypothekengläubiger. Betreibt ein sonstiger Gläubiger die Zwangsverwaltung gelten keine Einschränkungen. Der Zwangsverwalter hat die Verfügungen des Vermieters, die vor der Anordnung der Zwangsverwaltung erfolgt sind, voll gegen sich gelten zu lassen. In der Insolvenz des Vermieters gilt § 566b nicht, sondern § 110 InsO. 8

E. Abweichende Vereinbarungen. § 566b ist nicht zwingend, Vorausverfügungen, die in Rechte Dritter eingreifen, können aber nur mit dessen Zustimmung erfolgen. Dies gilt, wenn über § 566b I 1 hinaus eine Verfügung ggü dem Erwerber gelten soll (BGH ZMR 97, 282). Soll dagegen § 566b I eingeschränkt werden, so bedarf es dazu der Zustimmung des Dritten. 9

§ 566c Vereinbarung zwischen Mieter und Vermieter über die Miete.

¹Ein Rechtsgeschäft, das zwischen dem Mieter und dem Vermieter über die Mietforderung vorgenommen wird, insbesondere die Entrichtung der Miete, ist dem Erwerber gegenüber wirksam, soweit es sich nicht auf die Miete für eine spätere Zeit als den Kalendermonat bezieht, in welchem der Mieter von dem Übergang des Eigentums Kenntnis erlangt. ²Erlangt der Mieter die Kenntnis nach dem 15. Tag des Monats, so ist das Rechtsgeschäft auch wirksam, soweit es sich auf die Miete für den folgenden Kalendermonat bezieht. ³Ein Rechtsgeschäft, das nach dem Übergang des Eigentums vorgenommen wird, ist jedoch unwirksam, wenn der Mieter bei der Vornahme des Rechtsgeschäfts von dem Übergang des Eigentums Kenntnis hat.

1 **A. Grundsätzliches.** Anwendungsbereich, Ausnahmen und Schutzzweck decken sich mit § 566b.

2 **B. Vereinbarungen. I. Begriff.** Vereinbarungen gem § 566c sind Rechtsgeschäfte zwischen Vermieter und Mieter über die Mietforderung. Dazu gehören insb die Zahlung der Miete, die Stundung der Miete, Erlass der Miete und Aufrechnungsvertrag (LG Berlin GE 08, 1428). § 566c gilt nicht für Fälle der Vertragsänderung wie die dauerhafte Senkung der Miete (vgl BGH NZM 02, 291 noch zu § 574 aF).

3 **II. Wirksamkeit der Vereinbarung.** Die Wirksamkeit des Rechtsgeschäfts zwischen Vermieter und Mieter hängt davon ab, ab welchem Zeitpunkt der Mieter positive Kenntnis über den Eigentumswechsel erhält. Beim Rechtsgeschäft vor dem Eigentumsübergang ist es ggü dem Erwerber wirksam wegen der Miete für den laufenden Kalendermonat, in welchem der Mieter von dem Eigentumsübergang positive Kenntnis erlangt hat, bei Kenntnis nach dem 15. auch noch für den Folgemonat. Für einen unbegrenzten Zeitraum ist Wirksamkeit zu bejahen, wenn der Mieter vom Eigentumsübergang keinerlei Kenntnis erlangt.

4 Liegt das Rechtsgeschäft nach dem Eigentumsübergang, so ist es ggü dem Erwerber unwirksam, wenn der Mieter bei der Vornahme des Rechtsgeschäfts vom Eigentumsübergang positive Kenntnis hatte. Str ist, ob die bloße Veräußerungsmitteilung durch den Vermieter (LG Berlin WuM 92, 439: nein) oder die Anzeige des Eigentumsübergangs durch den Erwerber (LG Berlin GE 96, 927: nein) genügen (Staud/*Emmerich* § 566c Rz 7: ausreichend, sofern nicht begründete Zweifel an der Richtigkeit der Mitteilung verbleiben). Mitteilungen vor dem Eigentumsübergang sind nicht ausreichend.

5 **C. Zwangsvollstreckung, Insolvenz.** Für die Zwangsversteigerung und Zwangsverwaltung sowie Insolvenz gelten die Ausführungen zu § 566b analog.

6 **D. Beweislast.** Beruft sich der Erwerber wegen Kenntnis des Mieters von dem Eigentumsübergang auf die Unwirksamkeit eines Rechtsgeschäfts zwischen Mieter und Vermieter, so trifft ihn die Beweislast für die Kenntnis des Mieters von dem Eigentumsübergang (LG Berlin GE 96, 927).

§ 566d Aufrechnung durch den Mieter.

¹Soweit die Entrichtung der Miete an den Vermieter nach § 566c dem Erwerber gegenüber wirksam ist, kann der Mieter gegen die Mietforderung des Erwerbers eine ihm gegen den Vermieter zustehende Forderung aufrechnen. ²Die Aufrechnung ist ausgeschlossen, wenn der Mieter die Gegenforderung erworben hat, nachdem er von dem Übergang des Eigentums Kenntnis erlangt hat, oder wenn die Gegenforderung erst nach der Erlangung der Kenntnis und später als die Miete fällig geworden ist.

1 **A. Grundsätzliches.** Der Anwendungsbereich deckt sich mit den §§ 566b und 566c. Normzweck ist es, die Erfüllung im Wege der Aufrechnung seitens des Mieters durch den Eigentümerwechsel auf den Erwerber nicht zu beschränken. § 566d regelt wann der Mieter noch mit einer Forderung gegen den Veräußerer gegen die Mietforderung des Erwerbers aufrechnen kann. § 566d ähnelt § 406. Entscheidend ist der Zeitpunkt der Aufrechnungslage und nicht der Aufrechnungserklärung.

2 **B. Aufrechnung gegen Mieteforderung.** Die Gegenforderungen des Mieters müssen nicht auf dem Mietverhältnis beruhen (LG Berlin WuM 92, 439). Dagegen muss es sich bei der Forderung, gegen die der Mieter aufrechnen möchte, um eine Mietforderung des Erwerbers aus dem Mietverhältnis handeln. § 566d perpetuiert eine entstandene Aufrechnungslage.

3 Eine nach dem Eigentumsübergang vorgenommene Aufrechnung mit einer Forderung, die dem Mieter ggü dem Veräußerer (Vermieter) zusteht, ist nach § 566d 1 iVm § 566c wirksam hinsichtlich der Miete für den laufenden Kalendermonat, in dem der Mieter vom Eigentumsübergang positive Kenntnis erlangte, wegen der Miete auch für den Folgemonat, wenn der Mieter vom Eigentumsübergang erst nach dem 15. des Monats Kenntnis erlangt hat, auf unbegrenzte Zeit, wenn der Mieter vom Eigentumsübergang keine Kenntnis erlangt.

4 Die Aufrechnung ist gem § 566d 2 ggü dem Erwerber unwirksam, wenn der Mieter die Gegenforderung erworben hat, nachdem er vom Eigentumsübergang Kenntnis erlangt hat oder wenn die Gegenforderung erst nach der Erlangung der Kenntnis und später als die Miete fällig geworden ist. Der Mieter bedarf, wenn seine Forderung nach der Mietforderung fällig wird, keines Schutzes, weil er ohnehin verpflichtet war, die Miete durch Zahlung zu erfüllen. Ihm geht keine Aufrechnungsmöglichkeit verloren.

C. Zwangsversteigerung, Insolvenz. Die Ausführungen zu § 566b für Zwangsversteigerung, Zwangsverwal- 5
tung und Insolvenz des Vermieters gelten entspr.

§ 566e Mitteilung des Eigentumsübergangs durch den Vermieter. (1) Teilt der Vermieter dem Mieter mit, dass er das Eigentum an dem vermieteten Wohnraum auf einen Dritten übertragen hat, so muss er in Ansehung der Mietforderung dem Mieter gegenüber die mitgeteilte Übertragung gegen sich gelten lassen, auch wenn sie nicht erfolgt oder nicht wirksam ist.
(2) Die Mitteilung kann nur mit Zustimmung desjenigen zurückgenommen werden, der als der neue Eigentümer bezeichnet worden ist.

A. Grundsätzliches. Der Anwendungsbereich deckt sich mit § 566b. Normzweck ist es, den Mieter in seinem 1
Vertrauen auf eine Mitteilung des Vermieters über den erfolgten Eigentumsübergang zu schützen.
Die §§ 892, 893 gelten neben § 566e. Der Mieter kann im Falle eines Grundbucheintrags des Erwerbers eben- 2
falls mit befreiender Wirkung ggü dem Veräußerer zahlen (aA *Lammel* § 566e Rz 13).

B. Mitteilung. Die Mitteilung ist bloße Rechtshandlung. Trotzdem finden auf sie analog die Vorschriften 3
über Willenserklärungen Anwendung. Eine besondere Form ist für die Mitteilung nicht vorgesehen. Absender der Mitteilung muss der Vermieter sein. Die Mitteilung eines Dritten genügt, sofern dieser vom Vermieter bevollmächtigt war. Eine durch den Erwerber erfolgte Mitteilung genügt nicht, es sei denn, der Erwerber wurde vom Vermieter zur Mitteilung bevollmächtigt.
§ 566e I bewirkt, dass bei einer Mitteilung des Vermieters der Mieter den Erwerber hinsichtlich der Zahlung 4
der Miete als einen neuen Gläubiger sehen darf, nicht muss. Kein aufgezwungener Mieterschutz. Der Mieter kann sich auf § 566e sogar dann berufen, wenn ihm bekannt ist, dass tatsächlich das Eigentum nicht übergegangen ist, es sei denn, der Mieter handelt arglistig oder es liegt ein kollusives Zusammenwirken zwischen Mieter und Erwerber vor (Staud/*Emmerich* § 566e Rz 4, aA *Lammel* § 566e Rz 13).
Die Wirkung des § 566e ist auf die Bezahlung der (Grund-)Miete und Betriebskosten beschränkt, egal, ob 5
durch Geldleistung, Aufrechnung oder Vereinbarung eines Erlasses. Vertragsänderungen unterfallen nicht der Vorschrift (Staud/*Emmerich* § 566e Rz 5). Eine analoge Anwendung des § 566e findet aber im Falle der Kündigung statt, wenn der Mieter aufgrund der Mitteilung dem Erwerber ggü kündigt (BGH NZM 02, 291; LG Duisburg NJW-RR 97, 1171; LG Baden-Baden WuM 88, 402, 403, Schmidt-Futterer/*Gather* § 566e Rz 8).

C. Rücknahme. Nach § 566e II ist eine Rücknahme der Mitteilung möglich, wenn derjenige zustimmt, den 6
der Vermieter in der Mitteilung als den neuen Eigentümer bezeichnet hat. Die Zustimmung ist eine einseitige empfangsbedürftige Willenserklärung. Dem Mieter steht ein Leistungsverweigerungsrecht zu, bis ein Nachweis der Zustimmung des angegebenen Erwerbers vorliegt.

D. Beweislast. Der Mieter hat die Beweislast für das Vorliegen einer wirksamen Mitteilung, falls er sich auf 7
§ 566e I berufen will. Bestreitet der Mieter entgegen der Mitteilung des Vermieters den Eigentumserwerb durch den angegebenen Dritten, so trifft die Beweislast den Erwerber (LG Kaiserslautern WuM 85, 229). Die Rücknahme der Mitteilung nach § 566e II einschl der Zustimmung des Erwerbers hat der Vermieter zu beweisen.

§ 567 Belastung des Wohnraums durch den Vermieter. ¹Wird der vermietete Wohnraum nach der Überlassung an den Mieter von dem Vermieter mit dem Recht eines Dritten belastet, so sind die §§ 566 bis 566e entsprechend anzuwenden, wenn durch die Ausübung des Rechts dem Mieter der vertragsgemäße Gebrauch entzogen wird. ²Wird der Mieter durch die Ausübung des Rechts in dem vertragsgemäßen Gebrauch beschränkt, so ist der Dritte dem Mieter gegenüber verpflichtet, die Ausübung zu unterlassen, soweit sie den vertragsgemäßen Gebrauch beeinträchtigen würde.

A. Grundsätzliches. § 567 – entspricht § 577 aF –, ergänzt § 566 und richtet sich gegen mögliche Schikanen 1
des Vermieters. Gewollt ist der Schutz des Mieters bei nach Überlassung des Objekts entstandenen dinglichen Belastungen. Der Berechtigte eines Gebrauchsrechts soll die entspr Rechte des Mieters nicht beeinträchtigen können. „Belastung eines Wohnraums" ist untechnisch gemeint.

B. Anwendungsbereich. Die §§ 567 f sind anwendbar auf Wohnraum-, Gewerberaum- und Grundstücks- 2
miete. Geregelt werden nur Grundstücksbelastungen mit dinglichen (nicht bloß schuldrechtlichen) Rechten. § 567 soll für Sondernutzungsrechte nach §§ 5 IV, 13 WEG analog gelten (LG Hamburg WuM 97, 47 und *Sternel* MDR 97, 316, sehr str). Der Mieter ist schutzbedürftig, falls der Sondernutzungsberechtigte nicht Mitvermieter ist, vgl § 566 Rn 20.

C. Tatbestandsvoraussetzungen. Grundstücksbelastungen – Nießbrauch (§ 1030; LG Mühlhausen v 27.5.08, 3
3 O 122/08), Erbbaurecht, dingliches Wohnungsrecht (§ 1093), Dauerwohn- und Nutzungsrecht (§ 31 WEG) sowie Wohnungs- und Teilerbbaurechte (§ 30 WEG), Grunddienstbarkeit (§ 1018) und beschränkte persönliche Dienstbarkeiten (§ 1090) – zugunsten eines Dritten nach Mietvertragsschluss und Überlassung.

4 **D. Rechtsfolgen. I. Gebrauchsentziehende (dingliche) Belastungen, § 567 S 1.** Hier tritt der aus ihr Berechtigte anstelle des Vermieters in die Rechte und Pflichten desselben aus dem Mietverhältnis mit den aus § 566 bekannten Rechtsfolgen ein. Veräußert der vermietende Eigentümer das gesamte Mietobjekt unter Nießbrauchsvorbehalt bleibt er weiter Vermieter (LG Baden-Baden WuM 93, 357). Bei gebrauchsentziehenden dinglichen Rechten, die sich räumlich nur auf einen Teil des Mietvertrags beziehen, werden dagegen der ursprüngliche Eigentümer/Vermieter sowie der dinglich Berechtigte in Gemeinschaft neue Vermieter (NomosK/*Riecke* § 567 Rz 10). Bis zum Erlöschen der dinglichen Belastung kommt es zu einer temporären aber totalen Verdrängung des ursprünglichen Eigentümers/Vermieters.

5 **II. Bestellung lediglich gebrauchsbeschränkender Rechte, § 567 S 2.** Hier verbleibt es beim ursprünglichen Vermieter/Eigentümer. Dem Mieter wird lediglich ein Unterlassungsanspruch gewährt. Bei gestaffelten oder nebeneinander bestehenden gegenständlich beschränkten nicht das gesamte Mietverhältnis umfassenden dinglichen Berechtigungen gilt § 567 2 analog.

6 **E. Beweislast.** Der Mieter muss die Voraussetzungen für den Eintritt voll beweisen, wenn er hieraus eigene Ansprüche herleiten will. Für den Unterlassungsanspruch nach § 567 2 muss der Mieter die Beeinträchtigung seiner vertragsgemäßen Rechte beweisen.

7 **F. Abdingbarkeit.** Nur unter Zustimmung des Mieters und durch Individualvereinbarung kann § 567 abgedungen werden (aA *Lammel* § 567 Rz 4); formularvertragliche Abweichungen scheitern an § 307 II Nr 1.

§ 567a Veräußerung oder Belastung vor der Überlassung des Wohnraums.
Hat vor der Überlassung des vermieteten Wohnraums an den Mieter der Vermieter den Wohnraum an einen Dritten veräußert oder mit einem Recht belastet, durch dessen Ausübung der vertragsgemäße Gebrauch dem Mieter entzogen oder beschränkt wird, so gilt das Gleiche wie in den Fällen des § 566 Abs. 1 und des § 567, wenn der Erwerber dem Vermieter gegenüber die Erfüllung der sich aus dem Mietverhältnis ergebenden Pflichten übernommen hat.

1 **A. Grundsätzliches.** Die Vorschrift gilt für Wohnräume, Geschäftsräume und die Grundstücksmiete (§§ 549, 578) sowie für Pachtverhältnisse (§ 581 II). § 567a ergänzt den Mieterschutz der §§ 566 f, die beide voraussetzen, dass die Mietsache dem Mieter im Zeitpunkt des Eigentumsübergangs bzw Entstehung des dinglichen Rechts bereits überlassen war. Normzweck des § 567a ist es, diese Rechtsschutzlücke zu schließen. Die Rechtsfolgen der §§ 566 I, 567 gelten schon, wenn der Erwerber dem Vermieter ggü die Erfüllung der sich aus dem Mietverhältnis ergebenden Verpflichtungen übernommen hat.

2 § 567a erfasst a) die Veräußerung der Mietsache nach Abschluss des Mietvertrages, aber vor Überlassung an den Mieter, b) die Belastung der Mietsache mit Rechten iSd § 567 1 (Nießbrauch, Erbbaurecht, Dauerwohnrecht/Dauernutzungsrecht gem § 31 ff WEG sowie das dingliche Wohnrecht), c) nach Abschluss des Mietvertrags, aber vor Überlassung an den Mieter, die Belastung der Mietsache mit einer Dienstbarkeit.

3 **B. Voraussetzungen.** § 567a setzt einen Mietvertrag (Rn 1) voraus; er schiebt den Wirkungszeitpunkt der Rechtsfolgen der §§ 566, 567 zeitlich nach vorne; Rechtsübergang bzw die Bestellung eines dinglichen Rechts können vor der Überlassung der Mietsache an den Mieter erfolgt sein.

4 **Veräußerung und Belastung mit einem Recht.** § 567a hat lediglich eine ergänzende Funktion. Es gilt das zu den §§ 566, 567 Gesagte entspr. Erfüllungsübernahme/Übernahme der Verpflichtungen: Zusätzlich muss der Erwerber dem Vermieter ggü die Erfüllung der sich aus dem Mietverhältnis übernommen haben. Eine derartige Vereinbarung kann im notariellen Erwerbsvertrag bzw Vertrag über die Bestellung eines dinglichen Rechts an einem Grundstück geregelt werden, ist aber auch formlos möglich. Diese Erklärung kann vor, zugleich oder zeitlich nach dem Erwerbsvertrag getroffen werden.

5 **C. Rechtsfolgen.** Rechtsfolge ist, dass der Erwerber oder die sonstigen Berechtigten im Augenblick der Entstehung ihres dinglichen Rechts kraft Gesetzes in das Mietverhältnis eintreten, wie bei den §§ 566 f. Ohne entspr Verpflichtungserklärung kommt es nicht zum Vertragseintritt (vgl *Eckert* FS Blank, 131). Der Mieter muss sich dann an seinen bisherigen Vermieter halten, der Schadensersatzansprüchen ausgesetzt ist (§§ 536 III, 536a I). Der Mieter kann nach § 543 II Nr 1 auch kündigen.

§ 567b Weiterveräußerung oder Belastung durch Erwerber.
¹Wird der vermietete Wohnraum von dem Erwerber weiterveräußert oder belastet, so sind § 566 Abs. 1 und die §§ 566a bis 567a entsprechend anzuwenden. ²Erfüllt der neue Erwerber die sich aus dem Mietverhältnis ergebenden Pflichten nicht, so haftet der Vermieter dem Mieter nach § 566 Abs. 2.

1 **A. Grundsätzliches.** Die Vorschrift gilt für Miet- und Pachtobjekte wie § 566. Normzweck ist es, den durch § 566 bewirkten Schutz bei Eigentümerwechsel zu gewährleisten, wenn die Immobilie von dem Erwerber weiter veräußert oder weiter belastet wird. Die Vorschrift hat eher deklaratorischen Charakter, ihre Rechtsfolge ergibt sich schon aus den §§ 566 f.

B. Weiterveräußerung/Belastung. Die Weiterveräußerung entspricht der Veräußerung gem § 566, zur Belastung vgl § 567. Rechtsfolge ist ein Vermieterwechsel, der Eintritt kraft Gesetz findet zwischen Ersterwerber und Zweiterwerber statt. 2

§ 567b 2 regelt die Bürgenhaftung des ursprünglichen Vermieters nach § 566 II, wenn der Zweiterwerber seine Verpflichtungen aus dem Mietverhältnis nicht erfüllen sollte. Der Ersterwerber ist von der Haftung frei. 3

Kapitel 5   Beendigung des Mietverhältnisses

Unterkapitel 1   Allgemeine Vorschriften

§ 568   Form und Inhalt der Kündigung. (1) Die Kündigung des Mietverhältnisses bedarf der schriftlichen Form.
(2) Der Vermieter soll den Mieter auf die Möglichkeit, die Form und die Frist des Widerspruchs nach den §§ 574 bis 574b rechtzeitig hinweisen.

A. Allgemeines. Die durch § 568 I angeordnete Schriftform erfüllt in erster Linie eine Warnfunktion. Weitere Zwecke sind Rechtsklarheit und Rechtssicherheit. § 568 I gilt für ordentliche, außerordentliche und auch vorzeitige Kündigungen von Mietverhältnissen über Wohnraum aller Art, und zwar durch Mieter und Vermieter sowie durch Dritte, zB Insolvenzverwalter; er gilt auch für Änderungskündigungen nach § 573b. § 568 II gilt demgegenüber nur für Kündigungen des Vermieters und nur von Wohnraum, der dem Widerspruchsrecht des Mieters nach §§ 574 ff unterliegt. 1

B. Einzelheiten (§ 568 I). I. Form. 1. Schriftform. Die Kündigung bedarf der Schriftform (§ 126). Eine Unterschrift auf einer lediglich beigefügten Vollmachtsurkunde reicht nicht aus. Die Unterschrift muss den räumlichen Text abschließen. Ausreichend ist, wenn sich erst aus dem Text unterhalb der Textleiste ergibt, in welcher Eigenschaft der Erklärende unterschrieben hat. An die Lesbarkeit des Namenszuges des Kündigenden sind keine zu strengen Anforderungen zu stellen. Telegramme oder Telefaxe genügen nicht. 2

2. Inhalt. Der Empfänger muss aus der Kündigungserklärung den Willen zur einseitigen Beendigung des Mietverhältnisses zu einem bestimmten Zeitpunkt erkennen können (Ddorf DWW 05, 302; Rostock NZM 01, 61). Die Angabe eines Datums oder der Kündigungsfrist oder des Kündigungstermins ist nicht nötig. Im Zweifel wird die Kündigung zum nächstmöglichen Termin wirksam. In einer Räumungsklage kann eine (erneute) Kündigung liegen, wenn mit hinreichender Deutlichkeit zu erkennen ist, dass die Klageschrift neben der Prozesshandlung auch eine materiell-rechtliche Willenserklärung enthalten und nicht lediglich der Durchsetzung einer bereits außerprozessual erklärten Kündigung dienen soll (BGH ZMR 97, 280, 281). 3

3. Prozessvollmacht. Eine Prozessvollmacht berechtigt zur Abgabe einer Kündigungserklärung. Der Mieter ist daher nicht berechtigt, die im Räumungsantrag ausgesprochene Kündigung eines Rechtsanwalts nach § 174 zurückzuweisen (KG KGR 04, 157). Erforderlich ist allerdings, dass der Beglaubigungsvermerk vom Verfasser des Schriftsatzes, der die Kündigung enthält, eigenhändig unterzeichnet ist (Zweibr WuM 81, 178). 4

4. Zugang. Die Kündigung ist eine einseitige, empfangsbedürftige Willenserklärung. Sie wird mit Zugang (§ 130) beim Empfänger wirksam. 5

5. Mängel. Verstößt eine Kündigung gegen § 126, ist sie nach § 125 1 nichtig, kann aber wiederholt werden. Eine formunwirksame Kündigung kann ggf in einen **Antrag** auf Aufhebung des Mietverhältnisses umgedeutet (§ 140) werden (BGH NJW 84, 1028, 1030). Zieht der Mieter aus, kann darin die Annahme eines solchen Antrags durch schlüssiges Verhalten liegen. So liegt es auch bei einer unwirksamen Kündigung durch den Mieter, wenn der Vermieter zB durch Neuvermietung zu erkennen gibt, dass er mit der Beendigung des Mietverhältnisses einverstanden ist. Beide Auslegungen setzen aber voraus, dass der Kündigungsempfänger das **Bewusstsein** hat, mit seinem Einverständnis eine rechtsgeschäftliche Willenserklärung abzugeben. Ein Formmangel kann nach § 242 ausnahmsweise unbeachtlich sein, wenn der Kündigungsempfänger in Kenntnis der Rechtslage den Kündigenden **arglistig** davon abgehalten hat, die Schriftform zu wahren, oder wenn er die **mündlich** ausgesprochene Kündigung schriftlich bestätigt hat, sich später aber auf den Formmangel beruft (BGHZ 138, 339, 348 = NJW 98, 2350). 6

II. Kündigungsgründe. Im Kündigungsschreiben sind **Kündigungsgründe** anzugeben, soweit dies **vorgeschrieben** ist. Das Gesetz ordnet eine Angabe in § 573 III 1, in § 573a III, in §§ 573d I, 575a I (jeweils iVm § 573 III 1) und nach §§ 543, 569 IV an. Eine vom Vermieter **vorher** mündlich oder schriftlich mitgeteilte Begründung genügt nicht (BayObLG NJW 81, 2197). Ausreichend ist aber, wenn in der Kündigung auf eine vorher dem Mieter zugegangene schriftliche Erklärung Bezug genommen wird (BVerfG NJW 92, 1877, 1878). Dem Empfänger der Kündigung muss es jedenfalls ermöglicht werden, sich frühzeitig Klarheit über seine Rechtsstellung und die Aussichten einer Rechtsverteidigung zu verschaffen. Der Kündigungsgrund ist daher 7 so zu bezeichnen, dass er erkannt und von anderen Sachverhalten oder Lebensvorgängen unterschieden werden kann. Eine vollständige Angabe der zu Grunde liegenden Tatsachen ist nicht erforderlich. Zur Ergänzung oder Ausfüllung des Kündigungsgrundes können Tatsachen nachgeschoben werden (BayObLG NJW 81, 2197, 2199). Die Kündigung ist aber unwirksam, wenn sie auf Tatsachen gestützt wird, die zzt des Zugangs der Kündigungserklärung **noch nicht** vorgelegen haben.

8 Wird der Kündigungsgrund nicht angegeben, ist die Kündigung für alle Mietverhältnisse, die den §§ 574 ff unterliegen, **unwirksam**. Vgl iÜ Rn 6.

9 **C. Hinweis auf Kündigungswiderspruch (§ 568 II).** Der Vermieter muss auf die **Möglichkeit des Kündigungswiderspruchs** (§ 574) sowie dessen form- und fristgerechte (§ 574b) Erhebung hinweisen. Für den Hinweis selbst ist keine Form vorgeschrieben. Der Hinweis ist auch nicht Bestandteil der Kündigung, sollte aber in dieser enthalten sein; jedenfalls muss ein **zeitlicher Zusammenhang** zwischen der Kündigung und der Hinweispflicht bestehen. Eine bereits im Mietvertrag erteilte Belehrung reicht daher nicht aus. Der Hinweis muss in vollständiger und verständlicher Form erteilt werden, wobei auch den Verständnisschwierigkeiten eines Mieters, insb einem ausländischen, Rechnung zu tragen ist. Die Übermittlung des Gesetzestextes reicht aus (LG Rottweil ZMR 80, 183; aA AG Bergheim WuM 96, 415). Der Hinweis muss vollständig und rechtzeitig erteilt werden, dh er muss dem Mieter Gelegenheit geben, die 2-Monatsfrist des § 574b II 1, innerhalb derer der Widerspruch erklärt werden muss, einzuhalten.

10 Wird der Hinweis **nicht** erteilt, bleibt die Kündigung wirksam. Es **verlängert** sich aber die **Widerspruchsfrist** für: der Mieter kann den Widerspruch ohne Nachteil auch noch im 1. Termin des Räumungsrechtsstreits erklären (§ 574b II 2). Eine vor Ablauf der Widerspruchsfrist erhobene Räumungsklage ist, wenn die Frist im Termin zur mündlichen Verhandlung noch nicht abgelaufen ist, als unzulässig abzuweisen.

11 **D. Abdingbarkeit.** § 568 I und II sind zwingendes Recht und können für Mietverhältnisse über Wohnraum sowie für die Mietverhältnisse in § 549 II vertraglich nicht ausgeschlossen werden. Auch eine **Verschärfung des Formerfordernisses**, zB durch eine besondere Art der Übermittlung der Kündigungserklärung (Einschreiben), kann nicht vereinbart werden. Sie besitzt ggf Beweisfunktion, ist aber nicht Voraussetzung der Wirksamkeit (BGH NZM 04, 258 = ZMR 04, 344).

12 **E. Beweis.** Der Kündigende muss beweisen, dass die Kündigung zugegangen ist.

§ 569 Außerordentliche fristlose Kündigung aus wichtigem Grund.

(1) ¹Ein wichtiger Grund im Sinne des § 543 Abs. 1 liegt für den Mieter auch vor, wenn der gemietete Wohnraum so beschaffen ist, dass seine Benutzung mit einer erheblichen Gefährdung der Gesundheit verbunden ist. ²Dies gilt auch, wenn der Mieter die Gefahr bringende Beschaffenheit bei Vertragsschluss gekannt oder darauf verzichtet hat, die ihm wegen dieser Beschaffenheit zustehenden Rechte geltend zu machen.
(2) Ein wichtiger Grund im Sinne des § 543 Abs. 1 liegt ferner vor, wenn eine Vertragspartei den Hausfrieden nachhaltig stört, so dass dem Kündigenden unter Berücksichtigung aller Umstände des Einzelfalls, insbesondere eines Verschuldens der Vertragsparteien, und unter Abwägung der beiderseitigen Interessen die Fortsetzung des Mietverhältnisses bis zum Ablauf der Kündigungsfrist oder bis zur sonstigen Beendigung des Mietverhältnisses nicht zugemutet werden kann.
(3) Ergänzend zu § 543 Abs. 2 Satz 1 Nr. 3 gilt:
1. Im Falle des § 543 II 1 Nr 3 Buchstabe a ist der rückständige Teil der Miete nur dann als nicht unerheblich anzusehen, wenn er die Miete für einen Monat übersteigt. Dies gilt nicht, wenn der Wohnraum nur zum vorübergehenden Gebrauch vermietet ist.
2. Die Kündigung wird auch dann unwirksam, wenn der Vermieter spätestens bis zum Ablauf von zwei Monaten nach Eintritt der Rechtshängigkeit des Räumungsanspruchs hinsichtlich der fälligen Miete und der fälligen Entschädigung nach § 546a I befriedigt wird oder sich eine öffentliche Stelle zur Befriedigung verpflichtet. Dies gilt nicht, wenn der Kündigung vor nicht länger als zwei Jahren bereits eine nach Satz 1 unwirksam gewordene Kündigung vorausgegangen ist.
3. Ist der Mieter rechtskräftig zur Zahlung einer erhöhten Miete nach den §§ 558 bis 560 verurteilt worden, so kann der Vermieter das Mietverhältnis wegen Zahlungsverzugs des Mieters nicht vor Ablauf von zwei Monaten nach rechtskräftiger Verurteilung kündigen, wenn nicht die Voraussetzungen der außerordentlichen fristlosen Kündigung schon wegen der bisher geschuldeten Miete erfüllt sind.
(4) Der zur Kündigung führende wichtige Grund ist in dem Kündigungsschreiben anzugeben.
(5) ¹Eine Vereinbarung, die zum Nachteil des Mieters von den Absätzen 1 bis 3 dieser Vorschrift oder von § 543 abweicht, ist unwirksam. ²Ferner ist eine Vereinbarung unwirksam, nach der der Vermieter berechtigt sein soll, aus anderen als den im Gesetz zugelassenen Gründen außerordentlich fristlos zu kündigen.

1 **A. Allgemeines.** § 569 ergänzt die Regelungen des § 543 über die außerordentliche fristlose Kündigung um Sonderbestimmungen für die Wohn- und Geschäftsraummiete.

B. Kündigung wegen Gesundheitsgefährdung (§ 569 I).
Der Mieter, **nicht der Vermieter** kann den Mietvertrag gem §§ 569 I 1, 543 fristlos kündigen, wenn der gemietete Wohnraum so beschaffen ist, dass seine Benutzung mit einer erheblichen Gefährdung der Gesundheit verbunden ist (daneben besteht ein Kündigungsrecht aus § 543 II Nr 1). Es handelt sich um eine aus sozialpolitischen Erwägungen zu Gunsten des Mieters aufgenommene Vorschrift (BGHZ 29, 289, 294). § 569 I 1 entspringt dem Bedürfnis der Fürsorge für die Gesundheit des Mieters und seiner Angehörigen (BGH ZMR 04, 338, 339). Seine praktische Bedeutung liegt nicht nur auf bürgerlich-rechtlichem Gebiet. Er ist auch als Stütze für polizeiliche Maßnahmen gedacht und soll dem Mieter eine Handhabe dafür bieten, die Instandhaltung der Wohnung beim Vermieter durchzusetzen (LG Berlin ZMR 02, 752, 753). Das Recht zur außerordentlichen fristlosen Kündigung wegen gesundheitsgefährdender Beschaffenheit der Mieträume steht grds auch dem (gewerblichen) **Zwischenmieter** zum Hauptvermieter zu (BGH ZMR 04, 338, 339).

I. Betroffene Räume. Bei den betroffenen Räumen kann, muss es sich aber nicht um **Wohnräume** handeln. § 578 II 2 erklärt § 569 I außerdem auf Räume, die nicht Wohnräume sind, für anwendbar, falls sie zum Aufenthalt von Menschen bestimmt sind. Es kann sich daher auch um andere nach ihrer **Zweckbestimmung** zum Aufenthalt von Menschen bestimmte Räume handeln, zB Büroräume, Gaststätten oder Wartezimmer (Kobl NJW-RR 92, 1228). Ausreichend ist, dass sich bei vertragsgemäßem Gebrauch der Mieträume Menschen zumindest vorübergehend in den Räumen aufhalten. Der Aufenthalt von Menschen braucht nicht der einzige und nicht einmal der vorherrschende Zweck zu sein. Ob die Räume tatsächlich zum Aufenthalt genutzt werden, ist nicht entscheidend (KG ZMR 04, 259). Ist nur ein Teil der Räume betroffen, kommt es darauf an, ob dadurch die Benutzbarkeit der Wohnung **im Ganzen** beeinträchtigt ist (LG Berlin GE 05, 57). Ferner kommt es darauf an, welche Bedeutung die Räume für den Mieter haben (Celle MDR 64, 924). Die Kündigung wegen Gesundheitsgefährdung dringt auch nur dann durch, wenn diese auf einer **dauernden Eigenschaft** der Mieträume beruht (LG Berlin ZMR 02, 752; Rn 8).

II. Erheblichkeit. Eine Gesundheitsgefährdung ist **erheblich**, wenn die weitere Benutzung der Räume mit bedeutenden gesundheitlichen Gefahren verbunden ist. Wann eine Gesundheitsgefährdung idS als erheblich anzusehen ist, richtet sich nach **objektiven Maßstäben** (KG ZMR 04, 513, 514; LG Berlin NZM 99, 614), dh **ohne** Rücksicht auf den individuellen Zustand einzelner Mieter (LG Berlin ZMR 02, 752). Maßstab sind nicht besondere Empfindlichkeiten, etwa Allergien, sondern der Zustand eines durchschnittlichen Menschen. Eine erhebliche Gefährdung **besonderer Personenkreise**, wie zB von Säuglingen, Kleinkindern oder alten Menschen genügt. Für die Beurteilung kommt es auf den gegenwärtigen Stand der medizinischen Erkenntnis an, unabhängig davon, ob dieser bei Vertragsschluss galt (BVerfG NJW 98, 687). Das Wohlbefinden des Benutzers der Räume muss durch den Mangel **deutlich** und **nachhaltig** beeinträchtigt sein (Ddorf ZMR 02, 46, 47). Etwa bei einer Gesundheitsgefährdung durch starke Feuchtigkeit ist es für die Beurteilung der Erheblichkeit maßgebend, wie nachhaltig eine Gefährdung ist (KG ZMR 04, 513, 514). Droht lediglich eine leichte Erkältung, muss die Wahrscheinlichkeit, dass sich dieses Risiko verwirklicht, wesentlich größer sein als im Fall einer Lebensgefährdung. Prüfstein ist, ob die Wohnung für jeden Mieter hinnehmbar ist. Die Gesundheitsgefahr muss für **alle** Bewohner oder Benutzer oder einzelne Gruppen von ihnen erheblich sein. Verschulden oder auch Verursachung durch den Vermieter sind **nicht** erforderlich (LG Lübeck ZMR 02, 431, 432).

Die erhebliche Gesundheitsgefährdung muss **konkret drohen**. Die Gesundheit muss zwar noch nicht geschädigt sein; eine Schädigung muss aber zu **befürchten** sein und **nahe bevorstehen** (KG ZMR 04, 259, 260; LG Lübeck ZMR 98, 433, 434; LG Saarbrücken WuM 91, 91, 92). Die Frage, mit welcher Wahrscheinlichkeit eine Beeinträchtigung der Gesundheit zu befürchten sein muss, hängt von der Schwere der in Rede stehenden Gesundheitsbeeinträchtigung ab. Besteht eine Lebensgefahr, etwa wegen eines Deckeneinsturzes, kann es ausreichen, wenn die Gefahr nicht mehr ausgeschlossen werden kann. Bei einer geringeren Wahrscheinlichkeit der Gefahrverwirklichung ist eine fristlose Kündigung hingegen erst begründet, wenn die zu erwartenden Gesundheitsbeeinträchtigungen im Falle der Gefahrverwirklichung erheblicher Art sind (AG Saarlouis WuM 90, 389). Eine **bloße Anscheinsgefahr** reicht nicht. Es genügt aber, wenn der Mieter vernünftigerweise vom Bestehen einer erheblichen Gefahr ausgehen kann, unabhängig davon, ob diese letztlich tatsächlich gegeben ist oder nicht. Die Kündigung ist daher selbst dann wirksam, wenn sich später die Unbegründetheit des Verdachts herausstellt (LG Lübeck ZMR 02, 431, 432).

Ursache für eine Gesundheitsgefährdung können ua Mängel im Zusammenhang mit dem baulichen Zustand der Räume sein wie Feuchtigkeit, überhöhte Schadstoffkonzentration, aber auch Baufälligkeit und Einsturzgefahr (KG ZMR 04, 259, 260; Kobl NJW-RR 92, 1228) sowie verkehrsunsichere Fußböden und Treppen. Gesundheitsgefährdende Umstände liegen im Zweifel bei Verstößen gegen solche baupolizeilichen Vorschriften vor, die über die Sicherheit des Gebäudes hinaus dem gesundheitlichen Schutz von Menschen dienen sollen. **Bsp** für eine Gesundheitsgefährdung sind: Feuchtigkeit, Gerüche, Temperaturmängel (Ddorf ZMR 98, 622), Lärm (BGHZ 29, 289), Rauchgase, rostiges Leitungswasser, Ungeziefer oder Tauben (s. *Franke* ZMR 99, 83, 87). Ob **Schwamm- und Schimmelpilzbildung** in Mieträumen eine Gesundheitsgefährdung darstellen, wird in der Rspr nicht einheitlich beurteilt (**bejahend** LG München NJW-RR 91, 975, 976; LG Düsseldorf WuM 89, 13; AG Köln WuM 86, 94; **verneinend** KG KGR 04, 81; AG Osnabrück WuM 84, 199; differenzierend LG Mannheim

WuM 88, 360). Die Frage lässt sich indes **nicht allgemein** beantworten und kann meist nur durch ein medizinisches Sachverständigengutachten geklärt werden (BGH NJW 07, 2177, 2180; LG Berlin GE 02, 532).

7 **III. Kündigungsschreiben.** Es ist **schriftlich** zu kündigen, § 568 1. Bei Wohnraummietverhältnissen ist der **Kündigungsgrund** anzugeben, § 569 IV. Das Kündigungsrecht wird nicht dadurch ausgeschlossen, dass der Mieter die Gefahr bringende Beschaffenheit bei Vertragsschluss gekannt oder darauf verzichtet hat, die ihm wegen dieser Beschaffenheit zustehenden Rechte geltend zu machen. Eine ungebührliche Verzögerung der Kündigung (diskutiert werden Zeiträume von 2 Wochen bis zu 3 Monaten) soll zur Verwirkung des Kündigungsrechts führen können (LG Berlin GE 05, 57; LG Berlin MM 01, 244; LG Saarbrücken NZM 99, 44; zw). Vor einer Kündigung muss die drohende Gesundheitsgefährdung nicht nach § 536c angezeigt werden. Der Mieter muss aber nach § 543 III 1 eine **angemessene Abhilfefrist** gesetzt oder eine **Abmahnung** erteilt haben (BGH NJW 07, 2177, 2178; LG Stendal ZMR 05, 624). Einer Fristsetzung oder Abmahnung bedarf es nach § 543 III 2 nur dann nicht, wenn – was im Falle einer Kündigung wegen Gesundheitsgefährdung alleine in Betracht kommt – eine Fristsetzung oder Abmahnung **offensichtlich keinen Erfolg** verspricht oder die sofortige Kündigung aus besonderen Gründen unter Abwägung der beiderseitigen Interessen gerechtfertigt ist (§ 543 Rn 26).

8 **IV. Wegfall des Kündigungsrechtes.** Das **Kündigungsrecht ist ausgeschlossen,** wenn es sich um eine vorübergehende, leicht behebbare Beeinträchtigung handelt und der Vermieter zur Behebung bereit ist (Kobl NJW-RR 92, 1228) oder wenn der Mieter eine Reparatur **verhindert.** Das **Kündigungsrecht** ist auch **ausgeschlossen**, wenn der Mieter den Gesundheit gefährdenden Zustand gem §§ 276, 278 selbst **herbeigeführt hat** (BGH ZMR 04, 338, 389).

9 **C. Störung des Hausfriedens (§ 569 II). I. Begriff. Hausfrieden** ist das Erfordernis gegenseitiger Rücksichtnahme, das das Zusammenleben mehrerer Personen in einem Haus überhaupt erst erträglich macht (KG ZMR 04, 261, 262). Jede Vertragspartei muss sich so verhalten, dass die andere nicht mehr beeinträchtigt wird, als dies nach den konkreten Umständen **unvermeidlich** ist. Die Einzelheiten werden durch die vertraglichen Vereinbarungen und die Verkehrssitte bestimmt.

10 **II. Störung.** Nach § 569 II haben **beide Parteien** ein Recht zur fristlosen Kündigung, wenn der jeweils andere Teil den Hausfrieden so **nachhaltig** stört, dass dem Kündigenden unter Berücksichtigung aller Umstände des Einzelfalls, insb eines **Verschuldens** der Vertragsparteien, und unter **Abwägung der beiderseitigen Interessen** die Fortsetzung des Mietverhältnisses bis zum Ablauf der Kündigungsfrist oder bis zur sonstigen Beendigung des Mietverhältnisses nicht zugemutet werden kann. **Unzumutbarkeit** ist anzunehmen, wenn das Vertrauensverhältnis so beeinträchtigt ist, dass seine Durchführung nach einer Gesamtabwägung aller wesentlichen Umstände gefährdet ist (KG GE 02, 1265; Frankf ZMR 00, 753, 754; LG Berlin GE 08, 1197; LG Siegen WuM 06, 158, 160). Es kommt nach objektiven Maßstäben maßgeblich auf die Folgen an, die die gestörte Partei bei der Fortsetzung des Mietverhältnisses treffen. Animositäten, Lästigkeiten oder eine unsubstanziiert behauptete Zerrüttung rechtfertigen keine Kündigung.

11 Einer **Störung** des Hausfriedens entspricht im Arbeitsrecht die schwerwiegende Störung der betrieblichen Ordnung als verhaltensbedingter, aber nicht unbedingt verschuldensabhängiger Kündigungsgrund iSv § 626 (*Kraemer* NZM 02, 465). Auf ein **Verschulden** kommt es nicht an (BGH ZMR 05, 183, 184); dieses ist lediglich bei der **Zumutbarkeitserwägung** zu berücksichtigen (KG ZMR 04, 261, 263). Jede Vertragspartei muss sich die Störungen des Hausfriedens zurechnen lassen, die durch ihr Verhalten verursacht worden sind und die adäquat darauf zurückgehen. Dem Mieter sind daher Störungen des Untermieters oder des Mitbenutzers der Räume zuzurechnen. Eine Störung ist jedenfalls **nachhaltig**, wenn sie zu einem **Dauerzustand** wird. Ggf reicht es aber auch aus, dass sie häufiger vorkommt. Einzelne Störungen oder solche, die nur ganz vereinzelt auftreten, genügen für eine Kündigung nicht.

12 **Bsp** für eine Störung des Hausfriedens sind: Straftaten (AG Pinneberg NZM 03, 553) wie Tätlichkeiten (LG Berlin GE 01, 1673), Beleidigungen (München ZMR 97, 557; LG Berlin GE 08, 1197; LG Stuttgart WuM 97, 492) oder Stromdiebstahl, Strafanzeigen (BVerfG NZM 01, 61), Lärmbelästigungen (LG Coburg IMR 2008, 265; AG Lichtenberg NZM 03, 153), Gerüche (LG Siegen WuM 06, 158) oder Prostitution (AG Neustadt ZMR 98, 785). Der Vermieter kann den Hausfrieden zB mit zur Unzeit vorgenommenen Reparaturen oder dem unbefugten Betreten der Mietwohnung (LG Berlin NZM 00, 453) stören.

13 **III. Frist.** Die Kündigung ist erst nach erfolglosem Ablauf einer zur **Abhilfe** bestimmten **Frist** oder nach erfolgloser **Abmahnung** zulässig; das gilt nicht, wenn eine Frist oder Abmahnung offensichtlich keinen Erfolg verspricht oder die sofortige Kündigung aus besonderen Gründen unter Abwägung der beiderseitigen Interessen gerechtfertigt ist (§ 543 III 1). Liegt zwischen der Vertragsverletzung und dem Ausspruch der Kündigung ein längerer Zeitraum, ist die Kündigung nach § 314 III ausgeschlossen.

14 **D. Zahlungsverzug des Mieters (§ 569 III).** § 569 III enthält ergänzende Regelungen für die Kündigung wegen Zahlungsverzugs. Die Bestimmungen gelten nur für die Wohnraummiete und sind mit § 543 II 1 Nr 3 zu lesen.

I. § 569 III Nr 1 und 2. 1. Allgemeines. Kündigt der Vermieter wegen Zahlungsverzuges gem § 543 II 1 15
Nr 3a, ist der rückständige Teil **erheblich**, wenn er die vereinbarte Miete inkl aller vom Mieter zu leistenden
Vorauszahlungen auf Neben- und Betriebskosten für einen Monat **übersteigt** (Miete + Nebenleistungen +
0,01 €). Dies gilt nicht, wenn der Wohnraum iSv § 549 II Nr 1 nur zum vorübergehenden Gebrauch vermietet ist.

Die Kündigung wird gem § 569 III Nr 2 **ex nunc** (*Both* FS Blank, 93, 104; aA *Wetekamp* FS Blank, 459, 462) 16
unwirksam, wenn der Vermieter spätestens bis zum Ablauf von 2 Monaten (**Schonfrist**) nach Eintritt der
Rechtshängigkeit des Räumungsanspruchs (§ 261 I ZPO) hinsichtlich **sämtlicher fälliger** (dazu § 556b
Rn 5 ff) Mietansprüche **und** einer ggf fälligen Entschädigung nach § 546a I durch Leistung iSv § 362 oder
Leistungssurrogate (zB Aufrechnung gem §§ 387, 389, LG Aachen WuM 89, 294 oder Hinterlegung gem
§ 372) **befriedigt** wird (es kommt nach dem Wortlaut also auf den Leistungs**erfolg** (s.a. EuGH NJW 08,
1935), nicht auf die Leistungshandlung an (aA LG Oldenburg WuM 96, 471; LG Stuttgart WuM 95, 470; s.a.
BGH ZMR 06, 425, 426 für § 543 II 2) oder sich eine öffentliche Stelle (Rn 18) innerhalb der Schonfrist
bedingungslos (BayObLG NJW 95, 338, 339) ggü dem Vermieter oder seinem Prozessbevollmächtigten
(LG Hamburg WuM 96, 340) zur **Befriedigung verpflichtet** (Schuldmitübernahme). Die Entschädigung
nach § 546a I richtet sich nach der Höhe der zuletzt geschuldeten oder der ortüblichen Vergleichsmiete. Legt
der Vermieter die Vergleichsmiete zu Grunde, muss er dies dem Mieter nach § 242 mitteilen, um die Schonfristzahlung nicht zu vereiteln. Die Schonfristzahlung des § 569 III Nr 2 dient der im allgemeinen Interesse
liegenden **Vermeidung von Obdachlosigkeit** (BGH ZMR 05, 356, 358). Bei mehreren Mietern beginnt die
Schonfrist mit der Klagezustellung beim letzten Mieter (AG Hamburg WuM 85, 263). Die Berechnung der
Zweimonatsfrist richtet sich nach § 188 II, wobei der erste Tag (Zustellung der Klage) nach § 187 I nicht mitgerechnet wird. Wird im Prozess gekündigt, rechnet sich die Schonfrist ab Zustellung des entspr Schriftsatzes.
§ 569 III Nr 2 bezieht sich nur auf eine fristlose **Kündigung wegen Zahlungsverzugs**. Auf eine ordentliche
Kündigung ist III Nr 2 nicht anwendbar. Kündigt der Vermieter wegen Zahlungsverzugs fristlos und hilfsweise auch fristgemäß, lässt der nachträgliche Ausgleich der Rückstände innerhalb der Frist des § 569 III
Nr 2 zwar die fristlose Kündigung unwirksam werden, nicht dagegen auch ohne weiteres die **fristgemäße
Kündigung** (BGH ZMR 05, 356, 357).

Vom Mieter müssen auch Rückstände (Rn 15) ausgeglichen werden, auf die die Kündigung **nicht gestützt** 17
war (LG Köln ZMR 02, 428), **nicht** aber andere Ansprüche, zB Betriebskostennachzahlungen, Kautionsraten
oder Schadensersatz, und auch nicht **verjährte** oder **verwirkte** Ansprüche. Ggf muss der Mieter eine Tilgungszweckbestimmung iSv § 366 treffen. Trifft der Mieter eine von § 367 I abweichende Bestimmung, kann
der Vermieter gem § 367 II die Leistung mit der Folge **ablehnen**, dass die Schonfristzahlung ins Leere geht.
Eine Heilung ohne Erfüllung sieht vor. Sie folgt auch **nicht** aus §§ 162, 242 (*Rave* GE 07,
628, 631 mit Nachweisen zur Gegenansicht). Als Befriedigung ist auch eine Zahlung "unter Vorbehalt" anzusehen, wenn der Mieter **nur** § 814 ausschließen will (BGH MDR 99, 86; Saarbr OLGR 03, 433). Leistet ein
Schuldner unter Vorbehalt, kann ein solcher Vorbehalt allerdings eine unterschiedliche Bedeutung haben: Im
Allgemeinen will der Schuldner lediglich dem Verständnis seiner Leistung als Anerkenntnis entgegentreten
und die Wirkung des § 814 ausschließen, sich also die Möglichkeit offen halten, das Geleistete gem § 812
zurückzufordern; ein Vorbehalt dieser Art stellt die Ordnungsmäßigkeit der Erfüllung nicht in Frage. Anders
ist es, wenn der Schuldner in der Weise unter Vorbehalt leistet, dass den Leistungsempfänger für einen späteren Rückforderungsstreit die Beweislast für das Bestehen des Anspruchs treffen soll. Ein Vorbehalt dieser Art
ist keine Erfüllung iSv § 362 (dazu § 362 Rn 14 und AG Blankenese ZMR 07, 199). Eine weitere außerordentliche Kündigung während des Laufes der Schonfrist geht ins Leere. Wird der Vermieter nach seiner Kündigung, aber bereits vor Klageerhebung befriedigt, gilt § 569 III 2 **entspr** (KG ZMR 85, 52; AG Dortmund
WuM 03, 273; s. Rn 20).

2. Öffentliche Stelle. „Stelle" sind alle öffentlich-rechtlichen Gebietskörperschaften, juristische Personen des 18
öff. Rechts sowie öff.-recht. Anstalten und Stiftungen, zB das Wohnungsamt, das Jobcenter oder das Sozialamt. Auf ihre Zuständigkeit kommt es nicht an. Die Erklärung der Stelle muss dem Vermieter (BayObLG WuM 94, 568) oder dessen Prozessvertreter (LG Hamburg ZMR 96, 331) innerhalb der Schonfrist
zugehen. Der Vermieter erwirbt durch die Verpflichtungserklärung einen **unmittelbaren** Anspruch, der
neben dem Anspruch gegen den Mieter tritt und **vor dem Zivilgericht** einzuklagen ist. Die Stelle darf an die
Verpflichtungserklärung keine zusätzlichen Bedingungen knüpfen, wie die Rücknahme der Räumungsklage
(LG Bielefeld WuM 94, 206) oder das Bestehen bleiben des Mietverhältnisses (LG Essen ZMR 96, 663). Eine
derartige Verpflichtungserklärung ist unwirksam, es sei denn, der Vermieter ist damit einverstanden. § 174 ist
nicht anwendbar (BGH NJW 02, 1194, 1195). Der Mieter muss sich bei einer auf § 543 I gestützten Kündigung ein etwaiges Verschulden der Stelle nicht zurechnen lassen (BGH NJW 09, 3781). Die Stelle handelt bei
der Übernahme der Miete nicht als Erfüllungsgehilfe (§ 278), sondern nimmt ihm obliegende hoheitliche
Aufgaben der Daseinsvorsorge wahr (BGH NJW 09, 3781).

Ist die fristlose Kündigung wegen Zahlungsverzuges innerhalb der **Schonfrist** durch Zahlung der rückständigen 19
Miete **unwirksam geworden**, lebt sie nicht dadurch wieder auf, dass der Mieter innerhalb dieser Frist erneut in
Zahlungsverzug gerät und der Vermieter deswegen erneut kündigt. Ist der Kündigung vor nicht länger als zwei

Jahren bereits eine durch Zahlung in der Schonfrist unwirksam gewordene Kündigung vorausgegangen, greift § 569 III Nr 2 nicht. Dieser Ausschluss gilt auch dann, wenn die **nachträgliche Befriedigung** des Vermieters vor Beginn der Schonfrist erfolgt und deswegen keine Räumungsklage erhoben wurde (KG ZMR 85, 52; LG Stuttgart ZMR 95, 470, 471; AG Blankenese ZMR 04, 271; aA LG Bremen WuM 97, 265; LG Berlin WuM 92, 607). Etwas anderes gilt, wenn der Vermieter, ohne dass er wegen der Rückstände befriedigt worden ist, von sich aus die erste Kündigung nicht weiter verfolgt (LG Berlin GE 91, 1039) oder ein Vergleich über Rückstände und Fortsetzung des Mietverhältnisses geschlossen wird (LG Bremen WuM 97, 265).

20 **3. Prozess.** Der Erlass eines **Versäumnisurteil** ist – auch im schriftlichen Vorverfahren – vor Ablauf der Schonfrist zulässig (LG Berlin GE 04, 1395; LG Hamburg WuM 03, 375; LG Kiel WuM 02, 149). Ist die Kündigung unwirksam geworden, sollte der Kläger den Rechtsstreit in der Hauptsache gem § 91a ZPO für erledigt erklären. Das Gericht kann, muss bei seiner Terminierung aber nicht die Schonfrist berücksichtigen. Ein früher erster Termin (§ 275 ZPO) oder eine Haupttermin (§ 276 I ZPO) vor Ablauf der Schonfrist sind zulässig. Ggf kann der Mieter gegen den Räumungstitel eine Vollstreckungsabwehrklage gem § 767 ZPO erheben.

21 **II. § 569 III Nr 3.** § 569 III Nr 3 schränkt das Kündigungsrecht des Vermieters ein. Er will dem Mieter ausreichend Gelegenheit geben, eine Kündigung nach § 543 II 1 Nr 3 zu vermeiden; eine **Kündigung nach §§ 573 II Nr 1, 543 I ist also weiterhin möglich.** Ist der Mieter nach §§ 558–560 verurteilt worden, kann der Vermieter das Mietverhältnis wegen Zahlungsverzugs nicht vor Ablauf von zwei Monaten nach rechtskräftiger Verurteilung kündigen (berechnet vom Beginn des Eintritts der formellen Rechtskraft, § 705 ZPO), wenn nicht die Voraussetzungen der außerordentlichen fristlosen Kündigung schon wegen der bisher geschuldeten Miete erfüllt sind. § 569 III Nr 3 stellt eine – grds eng auszulegende – Ausnahmeregelung zum Schutze des Mieters dar (Hamm ZMR 92, 109).

22 Einzige Voraussetzung ist eine Verurteilung zur **Zustimmung** zur Mieterhöhung gem § 558b II 1 oder zur Zahlung einer Mieterhöhung gem §§ 559 I, 560 I, IV. Bei einer anderen Mieterhöhung, zB einem Prozessvergleich (Hamm ZMR 92, 109), ist § 569 III Nr 3 nicht anwendbar. Er ist auch nicht anwendbar, wenn der Mieter mit der Miete in voller Höhe und nicht lediglich hinsichtlich des streitigen Erhöhungsbetrages in Verzug ist (LG Berlin ZMR 97, 143, 144).

23 **E. Angabe des Kündigungsgrundes (§ 569 IV).** Der zur Kündigung führende wichtige Grund ist im Wohnraummietrecht gem § 569 IV im Kündigungsschreiben **anzugeben.** In einem Gewerbemietverhältnis bestehen hingegen keine besonderen Begründungsanforderungen für die Kündigung.

24 **I. Allgemeines.** Durch den Begründungszwang soll der **Kündigungsempfänger** erkennen, auf welche Vorgänge oder auf welches Verhalten eine fristlose Kündigung gestützt ist und ob und ggf wie er sich verteidigen kann (BGH ZMR 06, 425, 427; BGH ZMR 04, 254, 255). An den Inhalt der Begründung dürfen keine zu hohen und übertrieben formalistische Anforderungen gestellt werden (BGH ZMR 06, 425, 427; BGH ZMR 04, 254, 255; LG Berlin NJW 03, 3063). Bei einer auf § 569 I 1 gestützten Kündigung muss für den Vermieter erkennbar sein, dass der Mieter eine Erkrankung auf die Beschaffenheit der gemieteten Wohnung zurückführt (BGH WuM 05, 584). Bei **Lärmstörungen** sind die Störungen nach Art, **Zeitpunkt und Dauer der Störung** anzugeben (LG Stuttgart IMR 07, 71; LG Bonn WuM 92, 18). Wie weit die Begründungspflicht im Einzelnen reicht, ist unsicher (s. AG Dortmund NJW-RR 03, 1095). Zu einer Rechtsbelehrung über die **gesetzlichen Voraussetzungen** der fristlosen Kündigung ist der Kündigende jedenfalls nicht verpflichtet. Die Bezeichnung einer genauen Vorschrift erübrigt sich, wenn keine Unklarheit bestehen kann (BGH ZMR 04, 254, 255). Bei einfachen und klaren Fallgestaltungen muss der Kündigende zur Begründung der fristlosen Kündigung auch nicht den genauen Zeitpunkt des Endes des Mietvertrages, etwa den betreffenden Kalendermonat und das Datum des Verzugseintritts sowie den konkreten Mietrückstand für einzelne Monate oder sonstige Berechnungszeiträume angeben (aA LG Hamburg NJW 03, 3064). Bei einer Kündigung gem § 573 III 1 muss der Vermieter – sofern der Sachverhalt nicht unstr ist – die Zahlungseingänge der maßgeblichen Monate angeben, um darzulegen, von welchem Sachverhalt er ausgeht (BGH ZMR 06, 425, 427). Fehlt es an einer ausreichenden Begründung, ist die Kündigung **unwirksam** (LG Stuttgart IMR 07, 71).

25 **II. Kündigung wegen Zahlungsverzuges.** Auch die Kündigung wegen **Zahlungsverzuges** muss **begründet** werden (LG Duisburg ZMR 06, 532, 533; AG Dortmund ZMR 04, 115, 116). Dies folgt schon daraus, dass der Begriff des „wichtigen Grundes" sowohl in § 569 wie auch in § 543 benutzt wird. Zur Begründung genügt regelmäßig, dass der Vermieter den Zahlungsverzug angibt und den Gesamtbetrag der rückständigen Miete beziffert (BGH ZMR 04, 254, 255). Die Angabe weiterer Einzelheiten wie das Datum des Verzugseintritts oder eine Aufgliederung des Mietrückstandes für einzelne Monate ist entbehrlich (BGH ZMR 04, 254, 255). Will der Vermieter eine Kündigung wegen Zahlungsverzugs nicht nur auf den aktuellen Mietrückstand, sondern auch auf einen früheren Mietrückstand stützen, so muss dies in der Begründung der Kündigung hinreichend zum Ausdruck kommen (LG Duisburg ZMR 06, 532, 533; aA LG Köln ZMR 02, 123). Es reicht **nicht** aus, dass der die Grundlage der fristlosen Kündigung bildende Zahlungsverzug erst nach Abfassung und Absendung des Kündigungsschreibens eintritt.

III. Fehlende Angaben. Ohne Angabe des wichtigen Grundes im Kündigungsschreiben ist die Kündigung unwirksam und das Mietverhältnis nicht beendet (AG Dortmund ZMR 04, 115, 118); eine Heilung ist nicht möglich. Der Kündigungsgrund kann geändert, aber **nicht nachgeschoben** werden. Erforderlich ist eine neue Kündigung (*Sternel* ZMR 02, 1, 4). 26

F. Abdingbarkeit. Eine Vereinbarung, die zum Nachteil des Mieters von § 569 I-III oder von § 543 abweicht, ist unwirksam. Auch die Pflicht zur Begründung der fristlosen Kündigung gem § 569 IV kann nicht abbedungen werden. Das IV im Gesetz nicht genannt ist, ist **Redaktionsversehen**. Ferner ist für die Wohnraummiete eine Vereinbarung unwirksam, nach der der Vermieter berechtigt sein soll, aus anderen als den im Gesetz zugelassenen Gründen außerordentlich fristlos zu kündigen, § 569 V 2 (s. *Häublein* ZMR 05, 1, 8). Dies gilt auch für gewerbliche Räume. Der Mieter kann weder durch einen ausgehandelten Vertrag noch formularvertraglich auf Rechte verzichten. Für andere Räume als Wohnräume sind § 569 I und II nicht abdingbar. 27

G. Beweis. Die Voraussetzungen des § 569 I muss der Mieter beweisen. Der Vermieter muss Umstände beweisen, aus denen sich ein Ausschluss des Kündigungsrechts ergibt. Die Beweislast für die Voraussetzungen des Kündigungsrechts nach § 543 I trägt der Vermieter, für die Zahlung der Rückstände innerhalb der Schonfrist der Mieter. 28

§ 570 Ausschluss des Zurückbehaltungsrechts. Dem Mieter steht kein Zurückbehaltungsrecht gegen den Rückgabeanspruch des Vermieters zu.

A. Zweck und Anwendungsbereich. Die Bestimmung ergänzt § 546. Ihr liegt die Vorstellung zu Grunde, dass die durch das Zurückbehaltungsrecht gewährte Sicherheit außer Verhältnis zu den Ansprüchen des Mieters stünde (BGH ZMR 03, 415, 416). Wäre der Mieter befugt, gegen den Herausgabeanspruch nach § 546 I ein Zurückbehaltungsrecht geltend zu machen, könnte beim Vermieter ein großer, im Vergleich zum Sicherungsbedürfnis des Mieters unverhältnismäßiger Schaden entstehen. Der Ausschluss des Zurückbehaltungsrechts gilt nur bei der Miete eines Grundstücks, einer Wohnung eines anderen Raumes oder einer Werkdienstwohnung, str. 1

B. Wirkung. § 570 schließt von Gesetzes wegen ein Zurückbehaltungsrecht des Mieters gegen den Rückgabeanspruch aus §§ 546a I aus. Auf einen Herausgabeanspruch aus §§ 985, 812 ist § 570 als **eng auszulegende Sondervorschrift** nicht anzuwenden (BGHZ 41, 341, 347 = NJW 64, 1791). Konkurrieren Ansprüche, greift § 570, weil vermietende Eigentümer nicht schlechter gestellt werden darf (BGH ZMR 98, 754). Für die Anwendung kommt es weder auf die Art der vertraglichen Ansprüche des Mieters noch auf deren Höhe an. Etwas anderes kann nach § 242 gelten (RGZ 160, 91; Köln NJW-RR 92, 1162). Die Parteien können außerdem vereinbaren, dass der Mieter ein Zurückbehaltungsrecht geltend machen kann (BGH ZMR 03, 415, 416). 2

§ 571 Weiterer Schadensersatz bei verspäteter Rückgabe von Wohnraum. (1) ¹Gibt der Mieter den gemieteten Wohnraum nach Beendigung des Mietverhältnisses nicht zurück, so kann der Vermieter einen weiteren Schaden im Sinne des § 546a Abs. 2 nur geltend machen, wenn die Rückgabe infolge von Umständen unterblieben ist, die der Mieter zu vertreten hat. ²Der Schaden ist nur insoweit zu ersetzen, als die Billigkeit eine Schadloshaltung erfordert. ³Dies gilt nicht, wenn der Mieter gekündigt hat.
(2) Wird dem Mieter nach § 721 oder § 794a der Zivilprozessordnung eine Räumungsfrist gewährt, so ist er für die Zeit von der Beendigung des Mietverhältnisses bis zum Ablauf der Räumungsfrist zum Ersatz eines weiteren Schadens nicht verpflichtet.
(3) Eine zum Nachteil des Mieters abweichende Vereinbarung ist unwirksam.

A. Allgemeines. Die nicht abdingbare Bestimmung gilt für die Wohnraummiete, s. § 557 Rn 3, auch für die in § 549 II, III aufgeführten Mietverhältnisse. Sie schränkt aus sozialen Erwägungen den dem Vermieter in § 546a II eingeräumten Schadensersatzanspruch für die Zeit nach Beendigung des Mietverhältnisses bis zur Rückgabe der Mietsache iSv § 546 I ein und schließt ihn unter bestimmten Voraussetzungen sogar völlig aus. Der Mieter soll jedenfalls nicht davon abgehalten werden, soziale Gesichtspunkte geltend zu machen, die einer fristgerechten Räumung entgegenstehen können. 1

B. Voraussetzungen. Das Gesetz nennt als einzige Voraussetzung, dass der Mieter den gemieteten Wohnraum nach Beendigung des Mietverhältnisses nicht zurückgibt. 2

C. Wirkung. I. Ausschluss von Schadensersatz. Der Vermieter kann bei einer **eigenen** Kündigung einen weiteren Schaden iSv § 546a II nur geltend machen, wenn die Rückgabe infolge von Umständen unterblieben ist, die der Mieter zu **vertreten** hat, §§ 276, 278. Umstände sind nicht zu vertreten, wenn eine Härte iSd § 574 I vorliegt, weil der Mieter angemessenen Ersatzwohnraum nicht zu zumutbaren Bedingungen erlangen kann oder ein Zwischenumzug unverhältnismäßig ist. Das Gleiche gilt, wenn die Rückgabe wegen einer Erkrankung unterbleibt oder wenn sich der Umzug aus Gründen verzögert, die eine gerichtliche Räumungsfrist 3 gerechtfertigt hätten. Die nicht fristgerechte Räumung ist schließlich auch dann nicht verschuldet, wenn der Mieter den Ausgang eines Rechtsstreits über die Unzulässigkeit der Zwangsvollstreckung **abwarten** durfte.

4 **II. Billigkeit.** Der Schaden ist nach I 2 ausnahmsweise zu ersetzen, wenn die **Billigkeit** einen Ersatz erfordert. Solche Umstände können darin liegen, dass der Mieter in Kenntnis eines zukünftigen Eigenbedarfs des Vermieters ein befristetes Mietverhältnis eingeht (LG Siegen WuM 90, 208), hingegen nicht, wenn der Vermieter einen hohen Gewinn ersetzt haben will, der ihm aus einem gescheiterten Verkauf der Mietsache entgangen ist. Der Umfang des Ersatzes ist aufgrund einer Abwägung aller Umstände zu bestimmen. Das Ergebnis der Abwägung kann auch darin bestehen, dass ein Schadensersatzanspruch ganz ausgeschlossen ist (LG München II ZMR 87, 96).

5 **III. Gewährung einer Räumungsfrist.** Wird dem Mieter nach § 721 oder § 794a ZPO eine gerichtliche Räumungsfrist gewährt, ist er nach II für die Zeit von der Beendigung des Mietverhältnisses bis zum Ablauf der Räumungsfrist zum Ersatz eines weiteren Schadens nicht verpflichtet. Eine **vertragliche** oder **einseitig** eingeräumte Räumungsfrist ist hingegen ebenso wie Vollstreckungsschutz gem § 765a ZPO oder eine einstweilige Einstellung der Zwangsvollstreckung nach § 732 ZPO unbeachtlich.

6 Die Beschränkung bezieht sich nur auf die durch die Vorenthaltung verursachten Schäden; Ersatzpflichten aus anderen Gründen, zB wegen Beschädigung oder Verschlechterung der Mietsache während der Vorenthaltung, sind nicht erfasst. Wird die Bewilligung einer Räumungsfrist durch das Rechtsmittelgericht aufgehoben, gilt die Einschränkung bis zur Zustellung der Rechtsmittelentscheidung an den Mieter (LG Siegen WuM 90, 208). Der durch die Bestimmung angeordnete Schutz findet auch im Falle der Mieterkündigung oder der einvernehmlichen Aufhebung des Mietvertrages Anwendung. § 571 I 3 gilt nicht.

7 **D. Beweislast.** Der Mieter muss fehlendes Verschulden bei der verspäteten Rückgabe sowie die Umstände, die seine Schadensersatzpflicht aus Billigkeitsgründen einschränken oder ausschließen, beweisen. Der Vermieter muss die Höhe des weiteren Schadens beweisen.

§ 572 Vereinbartes Rücktrittsrecht; Mietverhältnis unter auflösender Bedingung. (1)
Auf eine Vereinbarung, nach der der Vermieter berechtigt sein soll, nach Überlassung des Wohnraums an den Mieter vom Vertrag zurückzutreten, kann der Vermieter sich nicht berufen.
(2) Ferner kann der Vermieter sich nicht auf eine Vereinbarung berufen, nach der das Mietverhältnis zum Nachteil des Mieters auflösend bedingt ist.

1 **A. Anwendungsbereich und Zweck.** § 572 will verhindern, dass der Kündigungsschutz für Wohnraummieter durch Vereinbarung eines Rücktrittsrechts iSv §§ 346 ff zu Gunsten des Vermieters oder durch Vereinbarung einer auflösenden Bedingung umgangen wird.

2 Die **nicht abdingbare** Bestimmung gilt für Wohnraummiete, s. § 557 Rn 3, nicht für Mietverhältnisse über Geschäftsraum, bei der Miete beweglicher Sachen und bei der Pacht. Für die Wohnraummiete gilt sie aber uneingeschränkt, also auch für die in § 549 II, III aufgeführten Mietverhältnisse. Die den Parteien durch § 572 I auferlegten Beschränkungen greifen dann, wenn die Wohnung dem Mieter **überlassen** worden ist. Eine Überlassung ist anzunehmen, wenn dem Mieter der Besitz der Mietsache iSv § 854 (Rn 3 ff) gegeben worden ist, zB durch Übergabe der Schlüssel. Vor Besitzübergang gelten die allgemeinen Vorschriften. Vermieter können sich noch auf nach § 565a III aF zulässig vereinbarte auflösende Bedingungen weiterhin berufen (str).

3 **B. Vereinbartes Rücktrittsrecht.** Die Mietparteien können bestimmen, dass jeder zum Rücktritt vom Vertrag berechtigt sein soll. Entspr Regelungen sind wirksam. In Betracht kommt auch ein allein vom Willen des Vermieters oder von zusätzlichen Voraussetzungen abhängiges, hingegen kein gesetzliches Rücktrittsrecht.

4 Der **Vermieter** kann sich gem § 572 I nach Überlassung aber nicht auf dieses Rücktrittsrecht berufen. Er kann den Vertrag nach Überlassung nur durch eine Kündigung nach §§ 573 ff beenden. Ein dennoch erklärter Rücktritt kann im Einzelfall in eine Kündigungserklärung umgedeutet werden. Dies liegt nahe, wenn die formellen und materiellen Voraussetzungen eines Kündigungstatbestandes vorliegen und die Rücktrittserklärung sämtliche Begründungserfordernisse enthält. Der **Mieter** ist hingegen auch nach Überlassung nicht gehindert, nach den vertraglich bestimmten Voraussetzungen zurückzutreten.

5 **C. Vereinbarte auflösende Bedingung.** Die Mietparteien können nach II keine auflösende Bedingung iSv § 158 II bestimmen, die dem Mieter **nachteilig** ist. Eine Regelung, wonach zB dass das Mietverhältnis enden soll, wenn die Mitgliedschaft des Mieters in einer Genossenschaft (LG Berlin MM 92, 354; LG Lübeck ZMR 71, 135) bzw sein Dienst- oder Arbeitsverhältnis endet, ist nichtig. Solche Mietverhältnisse sind wie Mietverträge **auf unbestimmte Zeit** zu behandeln. Bei einem anderen Verständnis wäre der Vertrag bei Eintritt der Bedingung beendet. Gewollt ist aber, dass der Vertrag iÜ wirksam bleibt. Diese Wertung entspricht auch den Interessen der Parteien. Allerdings wird der Mieter nach dem Gesetz so behandelt, als sei die Bedingung wirksam. Er kann sich also auf die unwirksame Regelung berufen.

Umstritten ist, ob der Mietvertrag vor dem Eintritt der auflösenden Bedingung vom Vermieter ordentlich gekündigt werden kann. Dies ist zu bejahen. 6

Unterkapitel 2 Mietverhältnisse auf unbestimmte Zeit

§ 573 Ordentliche Kündigung des Vermieters.
(1) ¹Der Vermieter kann nur kündigen, wenn er ein berechtigtes Interesse an der Beendigung des Mietverhältnisses hat. ²Die Kündigung zum Zwecke der Mieterhöhung ist ausgeschlossen.
(2) Ein berechtigtes Interesse des Vermieters an der Beendigung des Mietverhältnisses liegt insbesondere vor, wenn
1. der Mieter seine vertraglichen Pflichten schuldhaft nicht unerheblich verletzt hat,
2. der Vermieter die Räume als Wohnung für sich, seine Familienangehörigen oder Angehörige seines Haushalts benötigt oder
3. der Vermieter durch die Fortsetzung des Mietverhältnisses an einer angemessenen wirtschaftlichen Verwertung des Grundstücks gehindert und dadurch erhebliche Nachteile erleiden würde; die Möglichkeit, durch eine anderweitige Vermietung als Wohnraum eine höhere Miete zu erzielen, bleibt außer Betracht; der Vermieter kann sich auch nicht darauf berufen, dass er die Mieträume im Zusammenhang mit einer beabsichtigten oder nach Überlassung an den Mieter erfolgten Begründung von Wohnungseigentum veräußern will.
(3) ¹Die Gründe für ein berechtigtes Interesse des Vermieters sind in dem Kündigungsschreiben anzugeben. ²Andere Gründe werden nur berücksichtigt, soweit sie nachträglich entstanden sind.
(4) Eine zum Nachteil des Mieters abweichende Vereinbarung ist unwirksam.

A. Grundsätzliches. § 573 entspricht – ohne spezielle Überleitungsnorm – § 564b aF, nur die Teilkündigung 1 nach § 564b II Nr 4 aF regelt jetzt § 573b, die erleichterte Kündigung nach § 564b IV aF der § 573a und die Besonderheiten bei Umwandlung in Wohnungseigentum nach § 564b II Nr 2 2–4, II Nr 3 4 aF der § 577a. Die Ausnahmen nach § 564b VII aF regelt weitgehend § 549.

§ 573 ist als eine der – zum Nachteil des Mieters nicht abdingbaren – zentralen Normen (Kernstück) des 2 sozialen Mieterschutzes die grundlegende Kündigungsschutzvorschrift; sie bewirkt Bestandsschutz, dh schützt vor willkürlichen oder grundlosen Kündigungen des Vermieters. Durch das für die Vermieterkündigung notwendige berechtigte Interesse wird die Dispositionsfreiheit des Vermieters verfassungskonform (BVerfG ZMR 89, 210, ZMR 93, 405 = NJW 93, 2035, ZMR 94, 208 = WuM 93, 729) eingeschränkt (Sozialpflichtigkeit des Eigentums).

B. Anwendungsbereich der Vorschrift. § 573 gilt ausschl für die Vermieterkündigung von Haupt- und 3 Untermietverhältnissen auf unbestimmte Zeit (§ 542) über Wohnraum (maßgeblich ist die Zweckbestimmung, Celle ZMR 99, 469), der nicht unter § 549 II, III (zB Jugend-, Lehrlings- und Studentenwohnheime) fällt. Auch Dauernutzungsverträge von Genossenschaften fallen hierunter (*Börstinghaus* NZM 04, 818; LG Berlin ZMR 96, IX, X – LS –). Damit gilt die Norm auch im Untermietverhältnis gem § 565 zwischen Eigentümer und Zwischenvermieter. Bei Mischmietverhältnissen (MüKo/*Häublein* § 573 Rz 22) kommt es nach der Schwergewichtstheorie darauf an, welche Nutzungsart überwiegt (BGH NJW 77, 1394). Kriterium ist der anteilige Mietpreis, nur sekundär die anteilige Fläche. Auch für Zeitmietverträge (§ 575) ist § 573 unanwendbar.

Geschützt sind sowohl möblierte Wohnungen als auch Mietverhältnisse in Altenheimen (anderes gilt wohl 4 nicht schon bei betreutem Wohnen – BGH ZMR 06, 443 –, aber bei Pflegeheimen, da dort die Miete nicht überwiegt). Bei Werkdienstwohnungen gilt § 573 eingeschränkt über § 576b. Auch langfristig vermietete Zweit- und Ferienwohnungen sind geschützt, wenn sie nicht nur zum vorübergehenden Gebrauch gemietet wurden (MüKo/*Häublein* § 573 Rz 18).

Auch für die außerordentliche Kündigung mit gesetzlicher Frist ist § 573 anwendbar (§§ 573d I, 575a I). 5 Anderes gilt für die außerordentliche fristlose Kündigung (§ 543); dort ist der Mieter bei Vorliegen der Kündigungsvoraussetzungen nicht schutzwürdig.

C. *Allgemeine Voraussetzungen der Vermieter*kündigung. I. Form und Inhalt. Die Kündigung muss in 6 schriftlicher Form erklärt werden, § 568 I. Damit scheidet eine konkludente (KG WuM 06, 193) Kündigung aus. Eine formell ungenügende Kündigung kann im Einzelfall als ein Mietaufhebungsangebot ausgelegt oder in ein solches umgedeutet werden. Die Kündigung sollte nach § 568 II den Hinweis auf die Möglichkeit des Widerspruchs nach § 574 sowie auf dessen Form und Frist enthalten. Nach § 573 III werden als berechtigte Interessen nur die Gründe berücksichtigt, die in dem Kündigungsschreiben angegeben sind oder auf die wirksam Bezug genommen wurde, es sei denn die Gründe sind nach dem Versenden des Kündigungsschreibens entstanden. Aus der Kündigungserklärung muss der Wille, das Mietverhältnis zu kündigen, klar zum Ausdruck kommen.

7 **II. Berechtigtes Interesse, § 573 I 1.** In § 573 II Nr 1–3 sind (vgl „insb", § 573 II) nur Regelbeispiele für berechtigte Interessen aufgezählt. Ein auf § 573 I gestütztes berechtigtes Interesse muss den Regelbeispielen zumindest entsprechen, dh vergleichbares Gewicht haben. Hierzu zählen ua – Abrisskündigung (vgl zur geplanten Kodifizierung *Drasdo* NZM 07, 305) in der Ex-DDR (AG Halle/S ZMR 02, 600; BGH ZMR 04, 428) – Bedarf für eine Hilfs- und Pflegeperson, dh wenn die Pflegebedürftigkeit des Vermieters absehbar ist und der Vermieter die Dienste der Pflegeperson für seine Lebensführung in naher Zukunft benötigen wird (LG Koblenz WuM 07, 637, BayObLG ZMR 82, 368 = WuM 82, 125, LG Lübeck ZMR 99, 830), – öffentlicher Raumbedarf, dh wenn konkrete öffentliche Aufgaben erfüllt werden sollen (BayObLG WuM 81, 32, LG Bad Kreuznach WuM 90, 298, LG Bochum WuM 89, 242), – Vermietung an einen Nichtberechtigten, dh wenn bzgl einer Sozialwohnung der Vermieter diese in eigener Unkenntnis an einen Nichtberechtigten vermietet hat und die zuständige Behörde die Kündigung dieses Mietverhältnisses verlangt (Hamm WuM 82, 244), – Betriebsbedarf (als Unterfall des Eigenbedarfs insb der jur. Personen) für Arbeitnehmer kann ein berechtigtes Kündigungsinteresse sein. Er ist zu bejahen, wenn der Vermieter die Wohnung einem Arbeitnehmer mit konkretem Wohnbedarf überlassen will (LG Tübingen ZMR 87, 20, vgl auch Stuttg ZMR 91, 260 = WuM 91, 330, Frankf ZMR 92, 443), – Betriebsbedarf für Hauswartwohnung, dh wenn ein Hauswart bisher noch nicht vorhanden war und ein starkes Interesse an der Einstellung vorliegt (LG Freiburg WuM 89, 245, LG Wiesbaden WuM 96, 543), – **Betriebsbedarf** für Genossenschaftswohnung (str, BGH ZMR 07, 767; MDR 07, 1304; NZM 04, 25, Roth ZMR 04, 129, Stuttgart WuM 91, 379) jedenfalls bei Ausschluss des Mieters wegen genossenschaftswidrigen Verhaltens.

8 In extremen Fällen kann auch Überbelegung der Mietwohnung infolge Familienzuwachses beim Mieter oder Zuzug (Hamm ZMR 83, 69; *Kinne* ZMR 01, 511, 514) ein solches berechtigtes Interesse sein. Auch die Unzumutbarkeit der Vertragsfortsetzung infolge schuldloser erheblicher Vertragsverletzungen des Mieters kann unter die Generalklausel fallen.

9 **III. Ausschluss der Änderungskündigung, § 573 I 2.** § 573 I 2 entspricht dem aufgehobenen § 1 1 MHG. Die Gestaltungsmöglichkeit des Vermieters soll beschränkt werden. Die Mieterhöhung musste das überwiegende Motiv der Kündigung sein (LG Stuttgart ZMR 79, 275), heute wird jede Änderung der Gegenleistung zugunsten des Vermieters hierunter subsumiert (NomosK/*Hinz* § 573 Rz 10). Das Mieterhöhungsbestreben ist auch nach § 573 II Nr 3 kein berechtigtes Interesse.

10 **D. Schuldhafte Pflichtverletzung als berechtigtes Interesse, § 573 II Nr 1. I. Die Verletzungshandlung.** Die Verletzungshandlung muss über das zu duldende Verhalten (BGH NZM 09, 658) hinausgehen, aber nicht das Maß der Pflichtverletzung erreichen, das zu einer außerordentlichen fristlosen Kündigung berechtigt, sind deren Voraussetzungen (§ 543) aber erfüllt, kann auch – hilfsweise – eine fristgemäße ordentliche Kündigung erklärt werden. Diese wird bei Zahlungsverzug (BGH NJW 07, 428) und gleichzeitiger ständig unpünktlicher Mietezahlung (Oldbg ZMR 91, 427 = WuM 91, 467, anders wenn unverschuldet KG DWW 09, 26) auch nicht durch Nachzahlung des Mieters innerhalb der 2-monatigen Schonfrist unwirksam (BGH ZMR 05, 356 m Anm *Schläger*; BGH ZMR 06, 425 = NJW 06, 1585). Ist jedoch die Heilung einer fristlosen Kündigung nach §§ 543, 569 erfolgt, kann zeitlich später nicht auf denselben Zahlungsverzug eine ordentliche Kündigung nach § 573 II Nr 1 gestützt werden (LG Berlin GE 94, 399).

11 Bei einer Mehrheit von Mietern von denen nur einer stört, ist eine Teilkündigung unzulässig und eine Gesamtkündigung berechtigt; der Mitmieter muss sich über § 278 das Verhalten des Störers zurechnen lassen. Der Vermieter kann jedoch nach § 242 seinerseits verpflichtet sein, dem vertragstreuen Mieter den Abschluss eines neuen Mietvertrages ggf zu den bisherigen Bedingungen anzubieten (LG Darmstadt ZMR 83, 308), wenn der Wegfall des zweiten Mieteschuldners zumutbar ist oder kompensiert wird.

12 **II. Abmahnungsnotwendigkeit.** Nach dem Gesetzeswortlaut ist eine Abmahnung nicht erforderlich (so auch BGH ZMR 08, 196). Die Fortsetzung eines an sich nicht erheblichen vertragswidrigen Verhaltens trotz erfolgter Abmahnung kann dieses Verhalten jedoch zu einem erheblichen machen (LG Hamburg WuM 77, 30, LG Köln WuM 90, 154). Im Einzelfall scheitern jedoch Kündigungen an der fehlenden Abmahnung (AG Pinneberg NZM 09, 432, LG Lüneburg WuM 95, 706, BGH ZMR 08, 196, sowie *Looff* ZMR 08, 680 und *N. Fischer* WuM 08, 251).

13 **III. Verschulden.** Der Mieter hat – wenn er keinen unverschuldeten Rechtsirrtum (LG Berlin GE 09, 1126) beweist – Vorsatz und Fahrlässigkeit nach § 276 zu vertreten. Er haftet für Erfüllungsgehilfen nach § 278 (BGH ZMR 07, 103). Nach einer Entscheidung des KG (ZMR 00, 822) soll immer eigenes Verschulden des Mieters erforderlich sein, die Zurechnung des Verschuldens eines Erfüllungsgehilfen ausgeschlossen (aA MüKo/*Häublein* § 573 Rz 63). Wiederholtes bewusstes Dulden des Fehlverhaltens der Angehörigen stellt aber eigenes Verschulden dar. Verantwortungsfähigkeit auf Seiten des Mieters ist notwendig. Bei gravierendem *Fehlverhalten und fehlender Schuldfähigkeit* kommt eine Kündigung über § 573 I in Betracht (Kompensation fehlenden Verschuldens durch schwereren Vertragsverstoß).

14 **IV. Einzelfälle möglicher ordentlicher Kündigung.** Zahlungsverzug des Mieters (zB mit einer Monatsmiete) kann auch unterhalb der Werte von § 543 II 1 Nr 3 zur ordentlichen Kündigung berechtigen. Zur Kombina-

tion von fristloser Zahlungsverzugs- und hilfsweise erklärter ordentlicher Kündigung bei Schonfristzahlung vgl BGH ZMR 05, 356. Überbelegung der Wohnung (LG Bonn NJW-RR 91, 846; LG Köln WuM 81, 161). Für den Fall weiterer drei Kinder vgl Hamm ZMR 83, 66. Grds genügt eine erhebliche Überbelegung durch Zuzug von Kindern des Mieters allein nicht (BGH ZMR 93, 508).

Wiederholte Verletzung der Obhutspflicht (mehrfacher Wasserschaden) trotz Abmahnung (AG Achern DWW 74, 237; AG Köln WuM 80, 134), dauerhaftes Nichtbeheizen der Wohnung (LG Hagen ZMR 08, 973). Wiederholte kurze Störung der Nachtruhe nach 23 Uhr (LG Mannheim NJW 76, 1407). Erhebliche Beeinträchtigung durch Tierhaltung (LG Mannheim WuM 74, 74; LG Berlin ZMR 99, 28), nicht zugelassene, die Interessen des Vermieters erheblich beeinträchtigende gewerbliche Nutzung der Wohnung (LG Stuttgart WuM 92, 250, vgl auch LG München II ZMR 07, 278). 15

Beleidigungen und andere Straftaten ggü dem Vermieter und seinen Angehörigen sowie ggü anderen Mietern können zur Kündigung berechtigen (AG Gießen ZMR 82, 240; LG Hamburg HbgGE 90, 305 m Anm *Hauenschild* 243, AG Nürnberg DWW 96, 87), Bei Streitigkeiten unter Mietern kann der Vermieter der Partei kündigen, von deren Auszug er sich am ehesten die Wiederherstellung des Hausfriedens verspricht (LG Duisburg WuM 75, 209, str). 16

E. Eigenbedarf, § 573 II Nr 2. I. Allgemeines. Eigenbedarf (BGH ZMR 06, 702) ist das zahlenmäßig am meisten geltend gemachte berechtigte Interesse des Vermieters. Rechtsstreite werden häufig wegen Schadensersatzes geführt (*Börstinghaus* NZM 05, 775). Eigenbedarf bedeutet, dass der Vermieter alle – grds keine Teilkündigung (vgl aber Karlsr WuM 97, 202) möglich – Räume für sich, die zu seinem Haushalt gehörenden Personen oder seine Familienangehörigen benötigt. Nicht genügend ist der bloße Wunsch, im eigenen Haus zu wohnen. Es genügt ein vernünftiges, nachvollziehbares und billigenswertes Erlangungsinteresse (Bedarfslage und Wille zur Selbstnutzung, LG Gießen WuM 89, 384). Eine Interessenabwägung zwischen den Vermieter- und Mieteinteressen gibt es nicht (arg e § 574, BVerfG ZMR 89, 408 = NJW 89, 3007, BGH ZMR 88, 130 = NJW 88, 904). 17

II. Privilegierter Personenkreis. Eigenbedarf kann der Vermieter für sich geltend machen, wenn er die Räume selbst beziehen oder teilweise als Büro nutzen will (LG Berlin WuM 89, 300). Eigenbedarf wird verneint, wenn die gekündigte Wohnung überwiegend zu geschäftlichen und nur gelegentlich zu Wohnzwecken genutzt werden soll (AG Osnabrück WuM 89, 300). Bei einer Vermietermehrheit genügt es, wenn der Eigenbedarf nur für einen von ihnen besteht (LG Karlsruhe WuM 82, 210; zum Untervermieter vgl LG Lüneburg DWW 99, 296). Zur BGB-Gesellschaft vgl BGH ZMR 07, 772, ZMR 10, 99 – aA noch LG München I ZMR 09, 759 –; sowie *Jacoby* ZMR 01, 409 und *Weitemeyer* ZMR 04, 153. Juristische Personen und auch eine KG (BGH ZMR 07, 767 sowie BGH NZM 07, 639) können Eigenbedarf nicht geltend machen, möglicherweise aber Betriebsbedarf, zB für einen Geschäftsführer (LG Berlin GE 99, 506). 18

Ebenfalls privilegiert sind Familienangehörige und Haushaltsangehörige des Vermieters. Unter letztere fallen Personen, die auf Dauer dem Haushalt des Vermieters angehören, zB Lebenspartner des Vermieters, Pflegekinder oder Kinder des Lebenspartners. Sie müssen, wenn Eigenbedarf geltend gemacht wird, bereits im Haushalt des Vermieters leben. Zu Familienangehörigen zählen Ehegatten, Kinder (LG Stuttgart WuM 89, 249; LG Berlin GE 92, 101), Enkel (AG Köln WuM 89, 250), die Eltern, Großeltern sowie Geschwister und Bruder des Vermieters (BayObLG WuM 84, 14). 19

Bei weiter entfernten Verwandten oder Verschwägerten des Vermieters muss eine besondere Verantwortung für den Wohnbedarf dieser Personen aus sozialem Kontakt bestehen (*Sternel* IV 139), zB Schwiegermutter (LG Köln WuM 94, 541); Stiefkind (LG Hamburg WuM 97, 177); Cousine (Braunschw WuM 93, 731); Nichten und Neffen (AG Ludwigsburg WuM 90, 391), Schwager (BGH ZMR 09, 518). 20

III. Benötigen. Für das Merkmal des Benötigens reicht ein Wohnraumbedarf, ohne dass es auf die unzureichende Unterbringung der betreffenden Person ankommt (vgl BGH ZMR 88, 130 = WuM 88, 47; Hambg WuM 86, 51), es genügen für die Eigennutzungsabsicht des Vermieters vernünftige Gründe. Entgegenstehende Interessen des Mieters sind erst nach § 574 zu berücksichtigen (BVerfG NJW 89, 970). 21

Die subjektive Vermieterentscheidung über seinen Wohnbedarf (vgl LG Hamburg ZMR 06, 285) ist grds zu achten (BVerfG NZM 99, 660), dh ist durch die Gerichte nicht unbeschränkt nachprüfbar. Zu prüfen sei gerichtlich (BVerfG NJW 89, 3007) ua ob der Nutzungswunsch missbräuchlich sei, ob weit überhöhter Wohnbedarf geltend gemacht wurde und ob die gekündigte Wohnung die Nutzungswünsche des Vermieters überhaupt erfüllen könne. Die Vorstellung des Gerichts darf nicht an die Stelle der Lebensplanung des Vermieters treten. 22

Nicht ausgeschlossen wird das berechtigte Interesse dadurch, dass der Vermieter die Räume nur für begrenzte Zeit nutzen will (BVerfG ZMR 94, 61 = WuM 94, 13), zB als Zweit- oder Stadtwohnung (MüKo/*Häublein* § 573 Rz 69). Ist allerdings nur eine Nutzung für wenige Monate beabsichtigt, liegen vernünftige Gründe für eine Kündigung auch dann nicht vor, wenn ein grds Bedarf bejaht wird, da dem Vermieter für diese kurze Zeitspanne idR andere Unterbringungsmöglichkeiten zur Verfügung stehen (BayObLG ZMR 92, 328). 23

Die Beanspruchung größeren Wohnraums aus beruflichen Gründen rechtfertigt die Eigenbedarfskündigung (LG München I WuM 89, 296, bei besserem Zuschnitt oder mehr Zimmern LG Landau/Pfalz ZMR 92, 396; 24

LG Bochum ZMR 07, 452), grds die Verbesserung der Wohnverhältnisse (LG Essen ZMR 94, 262). Auch längerfristiger Besuch der Kinder rechtfertigt Bedarf an größerer Wohnung (LG Hamburg WuM 94, 683).

25 Wenn der Selbstnutzungswunsch des Vermieters Umbaumaßnahmen voraussetzt, für die er eine Baugenehmigung braucht, ist es für Eigenbedarf (Benötigen) nicht unbedingt erforderlich, dass die Baugenehmigung bei Kündigungsausspruch vorliegt, die baurechtliche Genehmigungsfähigkeit muss gegeben sein (Frankf ZMR 92, 383). Wesentlich größere Nähe zum Arbeitsplatz nach einem Arbeitsplatzwechsel genügt (LG Stuttgart WuM 90, 106), ebenso Heirat des Vermieters, dessen Wohnraum als künftige Ehewohnung nicht ausreichend groß ist. Zur Unterbringung der Kinder in getrennten Zimmern LG Bochum ZMR 07, 452.

26 Ist dem Vermieter selbst gekündigt worden, ist ihm das Risiko eines Rechtsstreits mit dem Vermieter seiner bisherigen, ihm wirksam gekündigten Wohnung zur Vermeidung der Kündigung des Mieters nicht zuzumuten. Der Vermieter muss aber die Begründung der ihm erklärten Kündigung darlegen (LG München I WuM 96, 770). Trennung vom Ehepartner und Kindern, kann zu Eigenbedarf für diese führen, entspr gilt wenn ohne Trennung der Wunsch besteht, Frau und Kinder in einer anderen als der Ehewohnung unterzubringen (LG Berlin WuM 89, 301) oder der Vermieter in Trennungsabsicht die Wohnung verlassen will (LG Köln WuM 97, 48).

27 Auch die Lebensplanung eines Angehörigen, zu dessen Gunsten der Vermieter Eigenbedarf geltend macht, ist vom Gericht zu achten. Ob ein konkreter Nachwuchswunsch vorliegt, ist darüber hinaus nicht zu prüfen (BVerfG WuM 91, 145). Eigenbedarf wird bejaht, wenn eine Wohnung erworben wird, um wiederholten Räumungsklagen des bisherigen Vermieters aus dem Weg zu gehen (BVerfG ZMR 94, 208 = NJW 94, 309). **„Gekaufter Eigenbedarf"** wird ebenso anerkannt (s. Rn 31; Staud/*Rolfs* § 573 Rz 76) wie ersteigerter Eigenbedarf (LG Essen ZMR 08, 294).

28 Eine unzulässige Vorratskündigung (BGH ZMR 06, 703) ist gegeben, wenn der Vermieter den Eigenbedarf vorsorglich an mehreren Wohnungen mit je einer Kündigung geltend macht (LG Köln WuM 91, 590). Die Kündigung bleibt wirksam, wenn sie wegen Eigenbedarfs eines Haushalts- oder Familienangehörigen erfolgt ist und dieser die Wohnung anschließend erwirbt (vgl Hamm ZMR 92, 438 = WuM 92, 460). Hat der Eigentümer einem Angehörigen einen Nießbrauch eingeräumt, kann er selbst auf Eigenbedarf klagen, muss aber Herausgabe an den Nießbraucher beantragen (LG Gießen WuM 94, 470).

29 **IV. Rechtsmissbrauch.** Der Vermieter handelt treuwidrig (vgl LG Frankfurt/M WuM 07, 635), der weit überhöhten Wohnbedarf geltend macht oder der eine geeignete Wohnung besitzt, die leer steht oder bis zum Ablauf der Kündigungsfrist (vgl MüKo/*Häublein* § 573 Rz 74) frei wird, wenn er trotzdem dem Mieter einer anderen Wohnung kündigt oder sein Räumungsverlangen bis zum späteren Freiwerden der geeigneten Wohnung weiterverfolgt (BVerfG ZMR 91, 56). Anderes gilt, falls die leer stehende Alternativwohnung zum Bezug durch einen Miteigentümer vorgesehen ist und ein vernünftiger und nachvollziehbarer Grund für das Festhalten am Bezug gerade der gekündigten Wohnung gegeben ist (BVerfG NZM 01, 706 = WuM 01, 330).

30 **Anbietpflicht:** Rechtsmissbräuchlich ist es, wenn der Vermieter die spätestens bis zum Ablauf der Kündigungsfrist freiwerdende – auch objektiv ungeeignete (LG Berlin MM 09, 146) – Wohnung seines Bestandes im selben Haus (BGH NJW 09, 1141; ZMR 03, 664; LG Berlin ZMR 99, 826; aA zur Länge der Anbietpflicht LG Hamburg ZMR 05, 127) nicht dem Mieter zu angemessenen Bedingungen zum Tausch anbietet (LG Hamburg WuM 90, 302 und 92, 250; LG Berlin GE 94, 995; LG Wuppertal WuM 98, 599; LG Mannheim ZMR 96, 34: die höchstzulässige Miete nach § 5 WiStG darf verlangt werden; zur Unzumutbarkeit des Neuabschlusses vgl Karlsruhe ZMR 93, 159). Will der Vermieter die freiwerdende Wohnung nicht vermieten, sondern selbst nutzen, muss er sie dem Mieter nicht anbieten (BVerfG ZMR 94, 61; LG Berlin ZMR 99, 826).

31 **V. Selbst herbeigeführter oder vorhersehbarer bzw verschuldeter Eigenbedarf.** Steht dem Vermieter eine eigene leer stehende Wohnung zur Verfügung und vermietet er diese in Kenntnis eines Bedarfs, kann er sich später nicht erfolgreich auf Eigenbedarf aus diesem Grund berufen. Nach LG Gießen (WuM 96, 416) ist Eigenbedarf durch Vermieter vorausschauend zu bedenken. Sog „gekaufter Eigenbedarf" (BVerfG ZMR 94, 208) ist grds kein verschuldeter Eigenbedarf, es sei denn, dass treuwidrige Umstände hinzutreten. Hat der Vermieter mehrere vergleichbare Wohnungen vermietet, so kann er nach eigenem Ermessen bestimmen, von welchem Mieter er die Räumung verlangen will (LG Landau/Pfalz ZMR 92, 396). Ansonsten ist das Interesse gerade an der gekündigten Wohnung zu beweisen (LG Augsburg WuM 86, 318).

32 **VI. Wegfall des Kündigungsgrundes und vorgetäuschter Eigenbedarf.** Entfallen die den Eigenbedarf rechtfertigenden Gründe, bevor die Kündigungsfrist abgelaufen ist (für diese Zäsur BGH NJW 09, 1141; ZMR 03, 664; ZMR 06, 119; NJW 07, 2845) und – nach weitergehender Ansicht auch noch bis der Mieter die Wohnung geräumt hat (LG Hamburg ZMR 05, 127) –, ist der Vermieter verpflichtet, den Mieter davon zu unterrichten und auf Verlangen das Mietverhältnis fortzusetzen. Ein Verstoß hiergegen stellt eine Pflichtverletzung nach den §§ 280 ff dar (Karlsr ZMR 82, 50; *Börstinghaus* NZM 05, 775; *Haase* ZMR 00, 653). Außerdem begründet die mietvertragliche Nebenpflicht, den Mieter vom Wegfall des Kündigungsgrundes zu unterrichten, eine strafrechtliche Garantenpflicht.

33 Bei besonderen Anhaltspunkten muss sich der Vermieter vergewissern, ob der Eigenbedarfsgrund des Angehörigen weiter besteht (LG Köln WuM 80, 48). Nach Beendigung des Mietverhältnisses bzw Räumung der Wohnung aufgrund eines Räumungsvergleichs hat der Mieter einen Auskunftsanspruch hinsichtlich des

Eigenbedarfs, wenn der Vermieter anderweitig neu vermietet hat (LG München I WuM 86, 219; AG Wuppertal WuM 95, 185). Wird der Eigennutzungswunsch nicht realisiert, muss der Vermieter überzeugend darlegen, dass der Eigenbedarfsgrund erst nach dem Auszug des Mieters entfallen ist (BVerfG WuM 97, 361) zumindest aber nach Ablauf der Kündigungsfrist. Täuscht der Vermieter den zur Begründung eines Eigenbedarfs erforderlichen dauerhaften Wohnzweck an der Mietwohnung vor und nutzt er die Wohnung nach der Räumung des Mieters zu lediglich sporadischem Aufenthalt, so haftet der Vermieter auf Schadensersatz wegen Pflichtverletzung (LG Karlsruhe WuM 91, 272). Vor drohender Neuvermietung kann der Mieter sich noch nach Auszug durch einstweilige Verfügung schützen (LG Hamburg ZMR 07, 787).

Darlegungs- und Beweislast: Ggü dem schlüssigen Schadensersatzanspruch des Mieters wegen vorgetäuschten Eigenbedarfs muss der Vermieter ihn entlastende Umstände darlegen (LG Saarbrücken WuM 89, 251, noch strenger LG Hamburg WuM 95, 175). Mitverschulden des Mieters kann bei evident unbegründeter Kündigung vorliegen (LG Mannheim WuM 95, 711). Bei Austausch der Eigenbedarfsperson fehlt es an der Kausalität für einen Schaden des Mieters (LG Münster WuM 95, 171). 34

In der Durchsetzung nicht vorliegender Kündigungsinteressen liegt objektiv ein Betrug. Dem Mieter stehen grds Schadensersatzansprüche aus § 823 II mit § 263 StGB zu. Zusätzlich kann Prozessbetrug vorliegen. (Zweibr WuM 83, 209). Schadensersatz kommt auch in Betracht, wenn der Vermieter eine Kündigung androht und der Mieter der Auflösung des Mietverhältnisses zustimmt (LG Saarbrücken WuM 86, 255). Auch ein Zurückziehen der vorgetäuschten Eigenbedarfskündigung schließt deren Kausalität für einen bereits entstandenen oder angelegten Schaden des Mieters nicht aus (LG Kassel WuM 87, 85). 35

§ 573 ist Schutzgesetz iSv § 823 II. Kein Anspruch des Mieters wenn er einer unwirksamen Kündigung des Vermieters freiwillig Folge geleistet hat (Hamm WuM 84, 94). Anders verhält es sich aber, wenn der Mieter die Unwirksamkeit der nicht formgerecht begründeten Kündigung zwar erkannt hat, aufgrund der schlüssig mündlich vorgetragenen Eigenbedarfsgründe das Mietverhältnis einvernehmlich mit dem Vermieter beendet hat (BGH NJW 09, 2059 = NZM 09, 429; BayObLG ZMR 82, 277). Dem Mieter bleibt sein Schadensersatzanspruch dann voll erhalten (LG Mosbach WuM 92, 192). 36

Beim **Räumungsvergleich** gilt: Wenn der Vergleich das Bestehen des Eigenbedarfsgrundes mit umfasst, kommt ein Schadensersatzanspruch nicht in Betracht (LG Berlin GE 95, 1551), anders im umgekehrten Fall (LG Berlin GE 96, 1487). Wird der Streit beigelegt, kommt es nicht darauf an, dass sich herausstellt, dass der Kündigungsgrund nicht bestanden hat (Frankf ZMR 95, 67 = WuM 94, 600). 37

Typische Schadensposten: Umzugskosten im weitesten Sinne (LG Berlin GE 96, 1487), inkl Makler- und Inseratskosten, Telefonummeldung (LG Karlsruhe DWW 95, 144), Umarbeiten von Vorhängen und Möbelstücken, Umbau einer Einbauküche (AG Bad Oldesloe WuM 95, 170); außerdem Kosten des Räumungsprozesses, wenn die Rechtslage nicht eindeutig ist (LG Berlin ZMR 88, 387), Gerichtskosten, Rechtsanwaltskosten bis zu Kosten eines erforderlichen Detektivs (LG Hamburg WuM 97, 990); des weiteren Kosten für die Renovierung der alten und ggf neuen Wohnung (AG Essen WuM 74, 197). 38

Umstritten ist oft die Position **Differenzmiete** (Mehrkosten für die Ersatzwohnung); dies setzt idR die Anmietung einer Wohnung gleichen Wohnwerts, gleicher Ausstattung und gleicher Qualität wie die geräumte Wohnung voraus (LG Berlin WuM 88, 387). Der Schaden ist höchstens für vier Jahre zu ersetzen (LG Darmstadt WuM 95, 165, fraglich). Auf den Schadensersatzanspruch wegen vorgetäuschten Eigenbedarfs sind die Leistungen des Vermieters anzurechnen, die er gem einer Vereinbarung in einem Mietaufhebungsvertrag an den Mieter zur Auflösung des Mietverhältnisses gezahlt hat (AG Hamburg-Harburg WuM 89, 391). 39

F. Hinderung angemessener wirtschaftlicher Verwertung. I. Begriff. „Wirtschaftliche Verwertung" ist die Realisierung eines der Mietsache innewohnenden Wertes (BGH ZMR 04, 428) und basiert einerseits auf Verkauf, Vermietung, Bestellung eines Nießbrauchs oder Erbbaurechts, andererseits auf baulichen Maßnahmen wie Kernsanierung (AG Neustadt/A ZMR 08, 215), Umbau, Modernisierung, Abriss eines Gebäudes (BGH ZMR 09, 440, NJW 09, 1200, ZfIR 09, 252: Kein Verweisen auf Minimalsanierung zumutbar im Einzelfall, anders wenn Kenntnis bei Kauf gegeben; *Disput/Hübner* ZMR 09, 665; LG Kiel GE 08, 1427), sofern Neubau geplant ist. Ist eine Zweckentfremdung von Wohnraum mit der Kündigung gewollt, müssen die Voraussetzungen für eine Zweckentfremdungsgenehmigung vorliegen (Hambg WuM 81, 155). Seit 1.5.04 kann auch in den neuen Bundesländern nach § 573 II Nr 3 gekündigt werden. 40

II. Einzelfälle. Ist ein schlechter Bauzustand eines Gebäudes durch vertragswidriges Vermieterverhalten verursacht, scheidet eine Kündigung aus (LG Frankfurt/M WuM 95, 441), entspr gilt für Erhaltungs- und Modernisierungsmaßnahmen (LG Köln WuM 89, 255). Fällt die Wohnung durch die Baumaßnahme weg, ist ein berechtigtes Interesse an der Beendigung des Mietverhältnisses denkbar (LG Hamburg WuM 89, 393). Den Vermieter trifft eine Offenlegungsverpflichtung seiner wirtschaftlichen Kalkulation, die bereits im Kündigungsschreiben zu erfüllen ist (LG Arnsberg WuM 92, 21). 41

Der Abbruch eines Hauses kann die Kündigung nur begründen, wenn das Haus unrentabel ist und nur der Abriss des Wohngebäudes ggü einer Sanierung bei Aufrechterhaltung des Mietverhältnisses wirtschaftlich dem Vermieter zumutbar ist (LG Berlin WuM 89, 254). Eine Vergleichsberechnung muss dies darlegen (LG Wiesbaden WuM 97, 496). Baupolizeiliche Abbruchgenehmigung (LG Berlin ZMR 91, 346), und ggf 42 erforderliche Zweckentfremdungsgenehmigung müssen vorliegen (LG München II WuM 97, 115), nicht aber die Genehmigung für die Errichtung eines Neubaus (BayObLG ZMR 93, 560). Eine schon öffentlich-rechtlich nicht erlaubte Verwertung ist nie angemessen (AG Düsseldorf WuM 91, 168). Nach BVerfG (WuM 89, 118) verbietet Art 14 GG, beim beabsichtigten Verkauf eines Grundstücks eine Kündigung erst dann durchgreifen zu lassen, wenn der Eigentümer andernfalls in Existenznot gerät. Der Kündigungsschutz durch § 573 II Nr 3 darf sich nicht als faktisches Verkaufshindernis darstellen (BVerfG ZMR 92, 17). Der Erwerb in vermietetem Zustand steht als solcher nicht entgegen (Kobl ZMR 89, 216 = WuM 89, 164).

43 Ein Nachteil kann darin bestehen, dass der Vermieter aus dem Verkaufserlös in vermietetem Zustand sonstige Verbindlichkeiten nicht ablösen könnte oder dass er erhebliche laufende Verbindlichkeiten nicht zum Wegfall bringen könnte (LG Wiesbaden ZMR 07, 701, LG Freiburg WuM 91, 183). Rechtsmissbräuchlich ist die Kündigung aber, wenn die als Verkaufsgrund dienenden wirtschaftlichen Schwierigkeiten bereits bei Vertragsabschluss vorgelegen haben (LG Mannheim ZMR 95, 316).

44 Bei behauptetem zu erwartendem Mindererlös muss der Vermieter detailliert vortragen und zB Kaufangebote von Interessenten nachweisen, die über das Grundstück in weiterhin vermietetem und in unvermietetem Zustand abgegeben worden sind (LG Hannover WuM 91, 189). Ein einmaliger Misserfolg der Verkaufsbemühungen in Form eines Zeitungsinserats lässt nicht den Schluss auf eine Unverkäuflichkeit des vermieteten Hauses zu (LG Frankfurt/M WuM 91, 182). Gewisse Preisabschläge hat der Vermieter beim Verkauf hinzunehmen (BVerfG NJW 89, 972 = WuM 89, 118; wohl ca 20% hinnehmbar). Vergleichsgröße ist der Marktpreis vermieteter Wohnungen, wenn der Vermieter die Wohnung vermietet erworben hat (LG Berlin WuM 95, 111). Zum durch Gläubigerbenachteiligung erlangten Mietbesitz vgl BGH MDR 08, 558.

45 Wenn der beim Verkauf der vermieteten Wohnung erzielte Preis über dem Wert der Wohnung im Zeitpunkt ihres Erwerbs liegt, ist nach BVerfG (ZMR 92, 50 = WuM 91, 663) eine angemessene wirtschaftliche Verwertung immer noch gegeben, ein Verstoß gegen Art 14 GG liegt nicht vor (LG Gießen WuM 94, 688). Zum Verkauf vgl LG Hamburg ZMR 91, 241 und *Emmerich* NZM 99, 638. Eine Kündigung ist nicht nur möglich, wenn der Vermieter zwingend (im entmieteten Zustand) verkaufen muss. Berücksichtigt wird, inwieweit der Kaufpreis für das Gebäude fremdfinanziert wurde und der mögliche Verkaufserlös zur Tilgung verwendet werden muss und ob das Mietobjekt seinerzeit wegen der Mietverhältnisse günstig erworben wurde.

46 **G. Angabe der Gründe im Kündigungsschreiben. I. Bei schuldhafter Pflichtverletzung.** Dargestellt werden muss die Verletzungshandlung (Art, Zahl und Dauer, vgl LG Hamburg WuM 77, 30) und der Zeitpunkt der Pflichtverletzung. Bei Zahlungsverzug wird es ausreichen eine **Saldoliste** vorzulegen (str, vgl *Junglas* ZMR 08, 673; BGH ZMR 04, 254: bei einfacher und klarer Sachlage genügt Angabe des Gesamtbetrags der rückständigen Miete; aA AG Dortmund ZMR 04, 115) und auf diese Bezug zu nehmen, aus der die jeweiligen Rückstände sich ergeben. Auch wenn der Vermieter dem Mieter die Kündigungsgründe bereits zuvor mündlich oder schriftlich mitgeteilt oder in einem Vorprozess geltend gemacht hat, muss er diese in dem Kündigungsschreiben nochmals schriftlich angeben (BayObLG ZMR 81, 333; vgl auch BGH ZMR 06, 425 sowie BGH ZMR 07, 772 zu „Kerntatsachen").

47 **II. Bei Eigenbedarf.** Der Vermieter muss vernünftige, nachvollziehbare Gründe für die Geltendmachung des Eigenbedarfs bereits im Kündigungsschreiben darlegen (LG Hamburg WuM 07, 457, WuM 88, 275). Der Mieter muss anhand des Schreibens die Erfolgsaussichten der Verteidigung gegen die Kündigung beurteilen können. Handelt es sich um den Eigenbedarf Verwandter, müssen die Art der Verwandtschaft und die bisherigen Wohnverhältnisse der Verwandten dargelegt werden (LG Bochum WuM 93, 540), außerdem der Name der Bedarfsperson (LG Berlin ZMR 99, 32; LG Oldenburg WuM 96, 220 mit Einschränkung für dritte Person neben der Bedarfsperson).

48 Die Kündigungsgründe sind konkret genug dargelegt, wenn der Vermieter in der Begründung einer erneuten Kündigung sich ausdrücklich auf die in dem Kündigungsschreiben genannten Gründe bezieht und seitdem keine Änderung eingetreten ist (BVerfG ZMR 92, 430). Der Kündigungsgrund muss unabhängig von vorhergehenden mündlichen Erklärungen aus dem Kündigungsschreiben zu entnehmen sein (LG Detmold WuM 90, 301), selbst wenn dem Mieter die Kündigungsgründe bekannt gewesen sind (LG Gießen WuM 90, 301). Weiteren Grundbesitz in der Kommune, der für ihn zur Nutzung in Betracht kommt, sollte der Vermieter im Kündigungsschreiben angeben (LG Bielefeld WuM 93, 539), auch wenn der BGH (ZMR 03, 664) die Anbietpflicht (Rn 30) auf Wohnungen im selben Objekt beschränkt. Zu Verteidigungsmöglichkeiten des Mieters vgl *Schumacher* WuM 07, 664 und LG Frankfurt/M ZMR 08, 626.

49 **III. Bei wirtschaftlicher Verwertung.** Es besteht eine Offenlegungsverpflichtung (vgl *Disput/Hübner* ZMR 09, 665). Der Vermieter hat eine nachprüfbare Wirtschaftlichkeitsberechnung bereits im Kündigungsschreiben vorzulegen, er muss nicht nur darlegen, inwieweit die von ihm geplante wirtschaftliche Verwertung angemessen ist, sondern auch warum eine Fortsetzung des Mietverhältnisses diese hindert, ob und welche Überlegungen *der Vermieter* angestellt hat, das Mietverhältnis trotz der geplanten Maßnahmen zu erhalten und ob versucht worden ist, Art und Umfang der Maßnahmen so einzurichten, dass das Mietverhältnis erhalten werden kann. Hinsichtlich der dem Vermieter erwachsenden erheblichen Nachteile muss dargelegt werden, dass ein Nachteil in Form einer unzureichenden Rendite nicht vom Vermieter selbst zu verantworten ist und

inwieweit in anderer Weise als durch Kündigung versucht worden ist, die Rendite zu erhöhen. Nach BVerfG (ZMR 98, 685) kann aber nicht verlangt werden, dass der Vermieter bereits im Kündigungsschreiben darlegt, dass die Gründe für den Verkauf nach Abschluss des Mietvertrages eingetreten sind.

Notwendig sind regelmäßig die Darlegung des Erlöses bei Verkauf in vermietetem und unvermietetem Zustand (LG Stuttgart ZMR 95, 259), Berechnung der bei bestehendem Mietverhältnis erwirtschafteten Rendite, Darlegung, ob die ungünstige Rendite durch niedrige Mieteinnahmen bedingt ist, die nach Mangelbeseitigung angehoben werden können, Darlegung von konkreten Verkaufsbemühungen des Vermieters (Benennung der Kaufinteressenten und ihrer Preisvorstellungen in vermietetem und unvermietetem Zustand; LG Bielefeld WuM 97, 267), mit dem Ergebnis, dass die Wohnung in vermietetem Zustand nicht zu einem angemessenen Preis zu veräußern ist. Bei einem Wirtschaftsunternehmen als Vermieter kann auch die Investition des Verkaufserlöses in ein betrieblich erforderliches Vorhaben die Kündigung wegen Verkaufs rechtfertigen (LG Hamburg WuM 91, 185). Zum Nachweis anhand der Marktverhältnisse vgl Stuttg ZMR 06, 42. 50

IV. Nachträglich entstandene Kündigungsgründe. Nachträglich entstandene Kündigungsgründe sind von Kündigungsgründen zu unterscheiden, die einer bereits erfolgten Kündigung nachträglich zum Erfolg verhelfen sollen, aber bereits vor der Erklärung dieser Kündigung vorgelegen haben (Nachschieben von Kündigungsgründen). Der Vermieter hat zwar das Recht, die aufgeführten Kündigungsgründe nachträglich zu ergänzen und zu berichtigen, hierdurch darf aber nicht der bisherige Kündigungsgrund in einen anderen verwandelt oder ein völlig neuer Lebenssachverhalt vorgetragen werden. „Nachträglich entstanden" bedeutet nach Abgabe der Kündigungserklärung, wichtig wegen § 573 III. 51

Beinhalten die im ursprünglichen Kündigungsschreiben erwähnten Kündigungsgründe kein berechtigtes Interesse an der Beendigung des Mietverhältnisses, so ist die Kündigung unwirksam und kann auch durch das Nachschieben von Kündigungsgründen (vgl auch AG Hamburg WuM 06, 160) keine Wirksamkeit erlangen (LG Gießen WuM 84, 226; LG Aachen WuM 84, 227). Unter „nachträglich entstandenen Kündigungsgründen" versteht man sowohl solche Gründe, die objektiv nach dem Kündigungsausspruch eingetreten sind als auch solche, die dem Vermieter nach diesem Zeitpunkt erst zur Kenntnis gelangt sind, aber schon vorher vorgelegen haben. Nach der Kündigungserklärung entstandene Kündigungsgründe oder dem Vermieter ohne grobe Fahrlässigkeit vorher nicht bekannte Gründe können nach § 573 III eine Kündigung nachträglich dann rechtfertigen, wenn die ursprünglich angegebenen Kündigungsgründe ein berechtigtes Interesse dargestellt hatten und ihrerseits nachträglich weggefallen sind. 52

§ 573a Erleichterte Kündigung des Vermieters.
(1) ¹Ein Mietverhältnis über eine Wohnung in einem vom Vermieter selbst bewohnten Gebäude mit nicht mehr als zwei Wohnungen kann der Vermieter auch kündigen, ohne dass es eines berechtigten Interesses im Sinne des § 573 bedarf. ²Die Kündigungsfrist verlängert sich in diesem Fall um drei Monate.
(2) Absatz 1 gilt entsprechend für Wohnraum innerhalb der vom Vermieter selbst bewohnten Wohnung, sofern der Wohnraum nicht nach § 549 Abs. 2 Nr. 2 vom Mieterschutz ausgenommen ist.
(3) In dem Kündigungsschreiben ist anzugeben, dass die Kündigung auf die Voraussetzungen des Absatzes 1 oder 2 gestützt wird.
(4) Eine zum Nachteil des Mieters abweichende Vereinbarung ist unwirksam.

A. Grundsätzliches. Die verfassungsrechtlich unbedenkliche (BVerfG WuM 94, 520) zulasten des Mieters nicht abdingbare Norm entspricht weitgehend § 564b IV aF, wobei die Sonderregelung für Dreifamilienhäuser, die bis 1.6.99 ausgebaut wurden, nicht übernommen wurde. Der Wegfall dieser Sonderregelung wird mit Vereinfachungsgründen gerechtfertigt. In Art 229 § 3 II EGBGB ist festgelegt, dass die bisherige Regelung des § 564b IV Nr 2 aF noch bis zum 31.8.06 anzuwenden war. Für Mietverhältnisse, bei denen der Vermieter in seinem Wohn- und Lebensbereich in besonders engem räumlichen Kontakt mit dem Mieter steht und deshalb eine leichtere Auflösung eines zerrütteten Mietverhältnisses möglich sein soll, wird für die Kündigung nicht das Vorliegen eines berechtigten Interesses (§ 573 I, II) verlangt. 1

B. Anwendungsbereich. § 573a erfasst ein Mietobjekt in einem Gebäude, das aus nur zwei Wohnungen (neben evtl weiteren gewerblich genutzten Räumen, BGH ZMR 08, 877, MüKo/*Häublein* § 573a Rz 8 ff) besteht, deren eine der Mieter, die andere der Vermieter bewohnt. § 573a II betrifft Mietverhältnisse, bei denen *der Mieter* Wohnraum innerhalb der vom Vermieter selbst bewohnten Wohnung bewohnt, sofern der Vermieter diesen Wohnraum nicht ganz oder überwiegend mit Einrichtungsgegenständen auszustatten hat (dann gilt § 549 II Nr 2). Als Ausgleich dafür, dass die Kündigung ohne berechtigtes Interesse möglich ist, verlängert sich die jeweils maßgebliche Kündigungsfrist um drei Monate, § 573a I 2. Die Kündigung ist in dem Kündigungsschreiben als solche nach § 573a zu bezeichnen, § 573a III. 2

C. Voraussetzungen des Sonderkündigungsrechts. I. Ein Gebäude mit nicht mehr als zwei Wohnungen, § 573a I. Der Begriff „Wohnung" bedeutet mehr als nur Wohnraum und erfordert eine selbstständige, räumlich und wirtschaftlich abgeschlossene Wohneinheit, in der ein selbstständiger Haushalt geführt werden kann (LG Saarbrücken ZMR 07, 540, KG JW 25, 1125). Eigene Küche oder Kochgelegenheit (LG Bonn WuM 92, 3

24), Wasserversorgung und Toilette sind erforderlich. Zwei Zimmer, von denen eines eine Wohnküche mit Küchenzeile darstellt, mit separater Toilette im Treppenhaus genügen (LG Köln ZMR 99, 560). Die Zahl der Zimmer ist nicht entscheidend.

4 Während bis zur MietRReform sich die Wohnung in einem vom Vermieter selbst bewohnten Wohngebäude befinden musste, genügt nunmehr die Belegenheit in einem Gebäude. Die Norm gilt jetzt auch, wenn in einem auch gewerblich genutzten Haus (BGH ZMR 08, 877) nur zwei Wohnungen bestehen, von denen eine vom Vermieter bewohnt wird. Es kommt nicht darauf an, dass die Gewerberäume vom Vermieter selbst genutzt werden. Das notwendig als nur ein (!) Gebäude (LG Köln WuM 03, 278) anzusehende Objekt darf nicht mehr als zwei Wohnungen aufweisen. Ob der Vermieter Eigentümer des Hauses ist oder selbst Mieter und die andere Wohnung untervermietet hat, ist nicht von Bedeutung.

5 Str ist, welcher Zeitpunkt für die Frage, ob sich in dem Gebäude nicht mehr als zwei Wohnungen befinden, maßgeblich ist. Nach OLG Hamburg (ZMR 82, 282): Begründung des Mietverhältnisses, während heute die hM (Rn 7; Staud/*Rolfs* § 573a Rz 10; LG Berlin GE 99, 507) auf den des Ausspruchs der Kündigung abstellt. Der Vermieter soll eine Veränderung des Bestandschutzes vornehmen dürfen in den Grenzen von Treu und Glauben (§ 242). Nach beiden Ansichten muss zum Zeitpunkt der Kündigungserklärung das Merkmal „nicht mehr als zwei Wohnungen" erfüllt sein. Weitere vermietete Einzelzimmer, die den Begriff „Wohnung" nicht erfüllen, sind unschädlich. Der Charakter eines Zweifamilienhauses muss aber weiter gegeben sein.

6 Befinden sich in dem Gebäude baulich gesehen drei Wohnungen, von denen der Vermieter zwei bewohnt oder nutzt von drei Wohnungen der Mieter zwei, so ist § 573a I grds nicht anwendbar, es sei denn die Doppelwohnungen wären funktional nur als eine Wohnung zu qualifizieren (LG Saarbrücken ZMR 07, 540). Mietet in einem Haus mit drei Wohnungen, von denen der Vermieter eine selbst bewohnt, der Mieter im Laufe des Mietverhältnisses die dritte Wohnung zum Zwecke der einheitlichen Nutzung mit der zunächst angemieteten Wohnung hinzu und verbindet er die beiden Wohnungen nach außen miteinander, so kann der Vermieter das Mietverhältnis nach § 573a I kündigen, auch wenn diese Umbauarbeiten mit vertretbarem Aufwand jederzeit wieder rückgängig gemacht werden können (Karlsr WuM 83, 253). Es muss sich um ein vom Vermieter selbst bewohntes Gebäude handeln. Der Wohnraum im Hause muss nicht die einzige Wohnung des Vermieters sein. Der Vermieter braucht sich auch nicht ständig (AG Hamburg-Blankenese WuM 92, 112: 5 Monate im Jahr genügen) in dem Gebäude aufhalten.

7 Die Vorschrift ist auch dann anwendbar, wenn der Vermieter die eine der beiden Wohnungen in dem Haus beim Abschluss des zu kündigenden Mietvertrages noch nicht bewohnt hat, sondern diese erst in der Folge bezogen hat (Kobl WuM 81, 204; BayObLG WuM 91, 249). Die Gegenansicht von *Sternel* (Kap IV Rz 243), dass der Vermieter durch Einzug in die zweite Wohnung den einmal begründeten Bestandsschutz des Mieters nicht beseitigen könne, ist abzulehnen wegen zu starker Einschränkung der Dispositionsfreiheit des Vermieters. Der Mieter muss beim Vorhandensein von nur zwei Wohnungen damit rechnen, dass der Vermieter eine davon beziehen könnte. Unwirksam dagegen ist eine Kündigung um nach Auszug des Mieters auch die eigene Wohnung aufzugeben nebst Verkauf (LG Duisburg ZMR 05, 366).

8 § 573a erfordert nicht, dass der Vermieter und der Mieter im Zusammenhang mit der Benutzung ihrer Wohnungen in dem Wohngebäude eine Gelegenheit zum Zusammentreffen haben; insb ist nicht erforderlich, dass ein gemeinsames Treppenhaus, ein gemeinsamer Hauseingang oder sonstige gemeinschaftlich zu nutzende Räume oder Flächen vorhanden sind (Saarbr ZMR 92, 492). Das OLG Saarbrücken stellt darauf ab, dass es dem Gesetzgeber darum ging, bei einer Zerrüttung des Mietverhältnisses dem Problem der Darlegungs- und Beweislast des Vermieters zu begegnen.

9 Bei einer Kündigung von Wohnraum nach § 573a sind wohl nur die im Kündigungsschreiben angegebenen Interessen des Vermieters im Rahmen des § 574 III zu berücksichtigen (Hamm ZMR 92, 243; str vgl *Kinne* ZMR 01, 599, 601). Wegen des engen räumlichen Zusammenlebens der Parteien kann der zur Sonderkündigung berechtigte Vermieter idR besser als andere Vermieter die voraussichtlichen Einwände des Mieters einschätzen, so dass es gerade für ihn nicht unzumutbar ist, seine entgegenstehenden Belange bereits in das Kündigungsschreiben aufzunehmen. Es besteht außerdem keine Notwendigkeit, ihn prozessual besser zu stellen als den nach § 573 kündigenden Vermieter, der schon mit seiner Kündigung erfolglos bleibt, wenn er mit ihrer Erklärung entgegen der Bestimmung des § 573 III nicht die – zu dieser Zeit – vorhandenen berechtigten Interessen angegeben hat. Die Bestimmungen des § 573a und § 574 III verfolgen allerdings verschiedene Zwecke: Während § 573a dem Vermieter eine erleichterte Kündigungsmöglichkeit einräumt, bei der er in der Begründung der Kündigung insoweit lediglich angeben muss, dass die Kündigung auf diese Vorschrift und nicht auf § 573 I gestützt wird, verfolgt § 574 III den Zweck, dem Mieter beizeiten Gewissheit über die Erfolgsaussicht seines Fortsetzungsverlangens zu verschaffen.

10 **II. Wohnraum innerhalb der vom Vermieter selbst bewohnten Wohnung, § 573a II.** Bei dem Einlieger-*wohnraum innerhalb der Vermieterwohnung* ist es ohne Bedeutung, wenn es sich um ein Mehrfamilienhaus (KG ZMR 81, 243 = NJW 81, 2470) handelt, es muss aber ein enger Zusammenhang zwischen den Wohnbereichen des Vermieters und des Mieters bestehen. Wenn ein Einzelraum, den der Mieter bewohnt, vom Treppenhaus separat zugänglich ist und der Mieter nicht darauf angewiesen ist, die Wohnung des Vermieters zu

seiner normalen Haushaltsführung mit zu benützen, liegt Einliegerwohnraum iSd Vorschrift nicht vor. In einem Einfamilienhaus sind Einzelräume immer Teil der Vermieterwohnung.

§ 573a II ist nur (sonst § 549 II Nr 2) dann anwendbar, wenn es sich um Wohnraum handelt, der auch leer vermietet ist und nicht ganz oder überwiegend vom Vermieter vertragsmäßig einzurichten ist. Weiter kommt § 573a immer zum Zuge, wenn der Wohnraum zum dauernden Gebrauch für eine Familie bestimmt ist.

D. Kündigungserklärung und Kündigungsfrist. I. Das Kündigungsschreiben. § 568 I und II sind anwendbar. Ein ausdrücklicher Hinweis auf das Kündigungsprivileg wird nicht ersetzt durch die Angabe der verlängerten Kündigungsfrist. Wegen § 573a III muss klar auf eines der Privilegien nach § 573a I oder II verwiesen werden, so dass für den Mieter deutlich wird: Es soll nicht aufgrund eines berechtigten Interesses gekündigt werden (AG Wedding MM 08, 335).

Dem Vermieter steht ein Wahlrecht zu, ob er unter den erleichterten Voraussetzungen des § 573a mit verlängerter Kündigungsfrist oder unter Angabe eines berechtigten Interesses mit der gesetzlichen oder zulässigerweise vertraglich vereinbarten Kündigungsfrist kündigen will. Ist die Sonderkündigung unwirksam, weil das Formerfordernis nicht erfüllt ist, so kann sie, wenn ein berechtigtes Kündigungsinteresse angegeben ist, in eine ordentliche Kündigung nach § 573 umgedeutet werden.

Auch wenn die Kündigung nicht gleichzeitig auf § 573a und § 573 gestützt werden darf, kann der Vermieter die Kündigung primär auf § 573a, hilfsweise auf § 573 II Nr 1 stützen (Hambg ZMR 82, 282 = NJW 83, 182). Der Grundsatz, dass die einmal getroffene Wahl nicht widerrufen werden kann, wird aber insoweit durchbrochen, dass der Vermieter innerhalb laufender Kündigungsfrist, wenn der Mieter einer Kündigung nach § 573 widersprochen hat, nunmehr nach § 573a kündigen kann (vgl MüKo/*Häublein* § 573a Rz 15), wenn er in diesem Kündigungsschreiben zweifelsfrei zum Ausdruck bringt, dass die Kündigung nicht mehr auf berechtigte Interessen nach § 573 I gestützt wird (Karlsr NJW 82, 391). Die Kündigung kann auch zugunsten des einzugswilligen Erwerbers wirken (AG Aschaffenburg WuM 07, 460 m abl Anm *Blank*); Gegenteiliges gilt bei Freikündigen zwecks mieterfreien Verkaufs (LG Stuttgart WuM 07, 75).

II. Kündigungsfrist. Durch die Kündigung nach § 573a wird die Kündigungsfrist, die sonst – vertraglich oder gesetzlich – bestehen würde, um drei Monate verlängert, § 573a I 2. Diese Regelung gilt nicht bei einer außerordentlichen Kündigung gem § 573d I mit gesetzlicher Frist (§ 573d II 2).

§ 573b Teilkündigung des Vermieters.
(1) Der Vermieter kann nicht zum Wohnen bestimmte Nebenräume oder Teile eines Grundstücks ohne ein berechtigtes Interesse im Sinne des § 573 kündigen, wenn er die Kündigung auf diese Räume oder Grundstücksteile beschränkt und sie dazu verwenden will,
1. Wohnraum zum Zwecke der Vermietung zu schaffen oder
2. den neu zu schaffenden und den vorhandenen Wohnraum mit Nebenräumen oder Grundstücksteilen auszustatten.

(2) Die Kündigung ist spätestens am dritten Werktag eines Kalendermonats zum Ablauf des übernächsten Monats zulässig.
(3) Verzögert sich der Beginn der Bauarbeiten, so kann der Mieter eine Verlängerung des Mietverhältnisses um einen entsprechenden Zeitraum verlangen.
(4) Der Mieter kann eine angemessene Senkung der Miete verlangen.
(5) Eine zum Nachteil des Mieters abweichende Vereinbarung ist unwirksam.

A. Grundsätzliches. Die Norm entspr § 564 II Nr 4 aF und ermöglicht ausnahmsweise die Teilkündigung eines einheitlichen Mietverhältnisses. Das Wohnungsangebot soll hierdurch erhöht werden iVm Erleichterungen im Bereich des öffentlichen Baurechts. Gedacht war insb an den Ausbau von Dachgeschossen und Gebäudeaufstockungen. Die Vorschrift soll nicht für die Kündigung von Zeitmietverträgen (§ 575) gelten (MüKo/*Häublein* § 573b Rz 4). Sie ist zulasten des Mieters insb wegen der Mieterabsetzung nicht abdingbar.

B. Voraussetzungen. I. Gegenstand der Teilkündigung. Als Räume, die dem Teilkündigungsrecht nach § 573b unterliegen, kommen in Betracht die nicht zum Wohnen – maßgeblich ist die Mietvertragsabrede, nicht das Öffentliche Baurecht – bestimmten Nebenräume eines Gebäudes oder Teile eines Grundstücks (zum Garten: VerfGH Berlin v 22.9.09, 170/07 – juris –). Typischerweise fallen hierunter als Speicher, Vorratskeller, Fahrradkeller, Waschküche, Trockenraum genutzte Gebäudeteile, im Ausnahmefall auch eine Gartenfläche (LG Berlin GE 97, 859). Ein Kündigungsverzicht bzgl der Wohnung muss der Teilkündigung nicht entgegenstehen (LG Hamburg ZMR 06, 696).

II. Verwertungsabsicht. 1. Der Vermieter muss bereits konkret (keine Vorratskündigung) beabsichtigen, die Nebenräume zu Wohnraum zum Zwecke der Vermietung auszubauen (keine gewerbliche Nutzung oder Eigennutzung des Vermieters, LG Stuttgart WuM 92, 24) oder die Nebenräume in anderer Weise zur Schaffung von Wohnraum zum Zwecke der Vermietung zu verwenden.

Soweit – auch unbebaute oder nur mit Nebengebäuden bebaute – Teile eines Grundstücks betroffen sind, muss der Vermieter diese zur Schaffung von Wohnraum verwenden wollen (Bsp: Erweiterung des Gebäudes).

Nach § 17 II des II. WoBauG fällt hierunter „das Schaffen von Wohnraum durch Aufstockung des Gebäudes oder durch Anbau an das Gebäude" (vgl *Franke/Geldmacher* ZMR 93, 549).

5 2. Andererseits genügt es auch, wenn der Vermieter neu zu schaffenden und den vorhandenen Wohnraum mit Nebenräumen oder Grundstücksteilen ausstatten will, § 573b I Nr 2 (nicht nur für einen Aufzugsschacht, AG München WuM 95, 112). Die geplante Verwendung als Wohnraum darf nicht aus baurechtlichen Gründen eine Nutzung als Wohnraum verbieten.

6 Eine analoge Anwendung des § 573b kommt nicht in Betracht, wenn der Vermieter nach dem Ausbau der Nebenräume diese selbst bewohnen will und seine bisherige Wohnung dem Wohnungsmarkt zur Vermietung zuführt (MüKo/*Häublein* § 573b Rz 10: Selbstnutzungsabsicht nicht geschützt).

7 **III. Form der Kündigungserklärung.** Es gilt § 568 I. Dass es sich um eine Teilkündigung handelt, muss in der Kündigungserklärung zum Ausdruck kommen (AG Frankfurt ZMR 05, 794 f). Die von der Teilkündigung erfassten Räumlichkeiten sind präzise zu beschreiben unter Mitteilung der konkreten Ausbaupläne (AG Hamburg WuM 94, 433; LG Berlin GE 97, 859). Ein Begründungszwang wird iÜ jetzt verneint (MüKo/ *Häublein* § 573b Rz 14; vgl auch *Sonnentag* ZMR 06, 19).

8 **IV. Kündigungsfrist.** § 573b II regelt einheitlich eine dreimonatige Kündigungsfrist in Abweichung von den Kündigungsfristen des § 573c, die nicht eingehalten werden müssen. Aus § 573b III folgt, dass die Kündigung so erfolgen muss, dass das Mietverhältnis über die Nebenräume mit dem voraussichtlichen Beginn der Bauarbeiten endet. Hiermit harmoniert das Recht des Mieters bei Verzögerung des Baubeginns eine Verlängerung des Mietverhältnisses um den Zeitraum bis zum tatsächlichen Baubeginn verlangen zu können.

9 **C. Senkung der Miete, § 573b IV.** Nach der Teilräumung kann der Mieter eine Herabsetzung der Miete entspr dem Wertanteil der Nebenräume oder Flächen an der Gesamtwohnung verlangen (AG Hamburg WuM 93, 616). Es gibt keine Anpassungsautomatik. Als frühester Zeitpunkt der Herabsetzung kommt die Räumung nach Ablauf der Kündigungsfrist in Betracht. Bedenken bestehen gegen eine rückwirkende Herabsetzung der Miete für die Zeit vor Zugang des Verlangens des Mieters. Mittelbar ergibt sich aus dem Gesetz, dass die Herabsetzung nur für die Zukunft verlangt werden kann, denn der Mieter hat nur einen Anspruch auf Abschluss eines Änderungsvertrages (sehr str, vgl NomosK/*Hinz* § 573b Rz 16). Den Mieter trifft die Beweislast für den Umfang der Mietsenkung.

§ 573c Fristen der ordentlichen Kündigung.

(1) ¹Die Kündigung ist spätestens am dritten Werktag eines Kalendermonats zum Ablauf des übernächsten Monats zulässig. ²Die Kündigungsfrist für den Vermieter verlängert sich nach fünf und acht Jahren seit der Überlassung des Wohnraums um jeweils drei Monate.
(2) Bei Wohnraum, der nur zum vorübergehenden Gebrauch vermietet worden ist, kann eine kürzere Kündigungsfrist vereinbart werden.
(3) Bei Wohnraum nach § 549 Abs. 2 Nr. 2 ist die Kündigung spätestens am 15. eines Monats zum Ablauf dieses Monats zulässig.
(4) Eine zum Nachteil des Mieters von Absatz 1 oder 3 abweichende Vereinbarung ist unwirksam.

1 **A. Grundsätzliches.** Die Vorschrift ersetzt den bisherigen § 565 II, III für Wohnraummietverhältnisse. Seit 1.9.01 gibt es die asymmetrischen Kündigungsfristen. Hiermit soll die Mobilität des Mieters erhöht werden. Es seien Fälle zu berücksichtigen, in denen der Mieter gezwungen sei, seine Wohnung kurzfristig aufzugeben, weil er zB seinen Arbeitsplatz wechseln oder aus gesundheitlichen Gründen in ein Alters- oder Pflegeheim umziehen müsse. Sonst müsse der Mieter regelmäßig über mehrere Monate eine doppelte Miete zahlen, soweit der Vermieter nicht bereit sei, einen Aufhebungsvertrag zu schließen. Der für Altverträge relevante Streit um abw Regelungen in Formularverträgen ist durch Art 229 § 3 X 2 EGBGB für die Zeit ab 1.6.05 vom Gesetzgeber geklärt. Für die Interimszeit vgl BGH ZMR 03, 655 m Anm *Börsinghaus* sowie BGH ZMR 05, 446 (keine Änderung durch das SMG ab 1.1.03). Zum Kündigungsausschluss vgl § 575 Rn 4 ff.

2 **B. Fristberechnung.** Die Berechnung der Kündigungsfristen (vgl AG Düsseldorf ZMR 08, 538) erfolgt nach den §§ 187–193. Der Tag, an dem die Kündigungserklärung dem Empfänger nach § 130 zugehen muss, bestimmt sich inkl der Karenztage nach § 573c I. Das Mietverhältnis endet mit dem Ablauf der Kündigungsfrist. Zur Anwendbarkeit des § 193 ist seit BGH ZMR 05, 695 = NZM 05, 532 geklärt, dass bei der Berechnung der Karenzzeit (Zeit bis zum dritten Werktag des Monats, in der der Kündigungszugang noch erfolgen kann) ein in der Karenzzeit liegender Samstag mitzuzählen ist. Anderes gilt nur, wenn der letzte Tag der Karenzfrist auf einen Samstag fällt. Die Angabe eines falschen Beendigungstermins im Kündigungsschreiben hat nicht die völlige Wirkungslosigkeit der Kündigung zur Folge (LG Köln ZMR 92, 343). Die verspätete Kündigung ist zwar für den genannten Termin nichtig, kann aber zumindest gem § 140 in eine Kündigung zum nächstzulässigen Termin umgedeutet werden (Frankf NJW-RR 90, 377).

3 **C. Allgemeine Kündigungsfristen nach § 573c I.** Es gilt jetzt eine asymmetrische Kündigungsfrist. Nach § 573c I 1 beträgt die Kündigungsfrist für den Mieter 3 Monate unabhängig von der Dauer der Überlassung des Wohnraums, während nach § 573 I 2 sich die Kündigungsfrist für den Vermieter nach 5 und 8 Jahren seit der Überlassung des Wohnraums um jeweils 3 Monate verlängert, dh maximal 9 Monate.

1. **Regelkündigungsfrist:** Nach § 573c I 1 ist bei einem Mietverhältnis über Wohnraum die Kündigung spätestens am dritten Werktag eines Kalendermonats für den Ablauf des übernächsten Monats zulässig. Wird der Mietvertrag bereits vor Übergabe der Wohnung an den Mieter gekündigt, wird die Kündigungsfrist nicht erst ab Vollzug des Mietverhältnisses, sondern ab Zugang der Kündigungserklärung gerechnet (BGHZ 73, 350; 99, 54, 60). 4

2. **Verlängerung der Kündigungsfrist:** Nur für den Vermieter verlängert sich die Kündigungsfrist. Unter Überlassung versteht man die willentliche Besitzverschaffung an der Mietsache, auch wenn sie vor Abschluss des Mietvertrages stattfand. Als Überlassungszeitraum zählt auch der Zeitraum, in dem der jetzige Mieter aufgrund eines Mietvertrages seines früheren Ehegatten die Wohnung berechtigt bewohnt hat (Stuttg WuM 84, 85). Für die Berechnung des Überlassungszeitraums ist es unerheblich, wenn die Parteien einen neuen Mietvertrag abschließen oder wenn während des Überlassungszeitraums Räume hinzugemietet oder abgegeben werden. Entspr gilt beim Eigentümerwechsel (arg § 566), selbst wenn mit dem neuen Eigentümer ein neuer Mietvertrag geschlossen wird. Aber: Wird eine Wohnung dem bisherigen Untermieter als Hauptmieter überlassen, soll die Besitzzeit als Untermieter nicht als Überlassungszeitraum angerechnet werden (NomosK/*Hinz* § 573c Rz 9). Dies ist str, da die Gründe, die zu der gesetzlichen Regelung der Verlängerung der Kündigungsfrist geführt haben (Verwurzelung des Mieters bei längerer Nutzungszeit) auch bei der Untermiete gelten. 5

Beim Wohnungswechsel im selben Haus des Vermieters wird die Gesamtzeit der Überlassung von Wohnraum zugrunde gelegt (LG Bochum WuM 87, 322). Ansonsten ist maßgeblich die Zeit zwischen der Überlassung des Wohnraums und dem Zugang der Kündigungserklärung (*Sternel* ZMR 86, 181). 6

3. **Kündigungsfrist bei Wohnraum zum vorübergehenden Gebrauch:** Bei derartigen Mietverhältnissen gilt wie beim § 565 II 3 aF, dass die Kündigungsfrist vertraglich beliebig verkürzt werden darf. § 573c IV erwähnt § 573c II nicht. 7

4. **Kündigungsfrist bei möbliertem Wohnraum:** Hier muss der Mieter kürzere Kündigungsfristen hinnehmen. Grund für die Regelung hier wie in § 549 II Nr 2 ist, dass der allein stehende Mieter mit meist geringerer Bindung an die Wohnung (arg Fremdmöblierung) nicht so schutzbedürftig ist, wie der Wohnungsmieter iÜ. Der Vermieter erhält wegen des ständigen unmittelbaren Kontakts mit dem Mieter stärkere Rechte. Die Kündigung ist spätestens am 15. eines Monats zum Ablauf dieses Monats zulässig. § 193 ist nicht anwendbar. Eine Verlängerung der Kündigungsfrist analog § 573c I 2 scheidet aus. 8

D. Abweichende Vereinbarungen. § 573c IV bestimmt – allerdings nicht für Altmietverträge vor dem 1.9.01 (BGH ZMR 05, 446), sofern die Kündigung vor dem 1.6.05 (Art 229 § 3 X 2 EGBGB) ausgesprochen wurde –, dass eine zum Nachteil des Mieters von § 573c I oder III abw Vereinbarung unwirksam ist. Nachteilig für den Mieter ist eine verkürzte Frist für den Vermieter sowie eine verlängerte Frist für den Mieter. Sowohl eine kürzere Frist zu Gunsten des Mieters ist zulässig (LG München I NZM 98, 153; KG WuM 98, 149 für Altverträge aus DDR-Zeiten) als auch eine längere zu Lasten des Vermieters. Ist in einem Wohnraummietvertrag für beide Parteien eine kürzere oder längere Kündigungsfrist als die gesetzliche Frist vereinbart, ist Teilunwirksamkeit hinsichtlich der für den Mieter unzulässig verlängerten, bzw für den Vermieter verkürzten Frist gegeben. Die Vereinbarung bestimmter Kündigungstermine (zum Quartalsende) oder Verlängerungsklauseln sind unwirksam. Zum **Kündigungsverzicht** vgl § 575 Rn 4 ff u § 557a Rn 8; BGH ZMR 08, 608. 9

§ 573d Außerordentliche Kündigung mit gesetzlicher Frist.
(1) Kann ein Mietverhältnis außerordentlich mit der gesetzlichen Frist gekündigt werden, so gelten mit Ausnahme der Kündigung gegenüber Erben des Mieters nach § 564 die §§ 573 und 573a entsprechend.
(2) ¹Die Kündigung ist spätestens am dritten Werktag eines Kalendermonats zum Ablauf des übernächsten Monats zulässig, bei Wohnraum nach § 549 Abs. 2 Nr. 2 spätestens am 15. eines Monats zum Ablauf dieses Monats (gesetzliche Frist). ²§ 573a Abs. 1 Satz 2 findet keine Anwendung.
(3) Eine zum Nachteil des Mieters abweichende Vereinbarung ist unwirksam.

A. Grundsätzliches. § 573d I ist neu, § 573d II präzisiert § 565 V aF. Die nicht zum Nachteil des Mieters abdingbare Bestimmung gilt nur für Wohnraummietverhältnisse auf unbestimmte Zeit, nicht aber für Zeitmietverträge (§ 575). Dort gilt § 575a. In den §§ 540 I 2, 544 1, 563 IV, 563a II, 564, 580 sowie § 57a ZVG sind solche außerordentlichen Kündigungen mit gesetzlicher Frist zugelassen. Nicht anwendbar ist § 573d I auf Mietverhältnisse nach § 549 II Nr 1–3 und III (sog ungeschützte Mietverhältnisse). 1

B. Regelungsgehalt. Für die außerordentliche Kündigung iSv § 573d I ist ein berechtigtes Interesse nach § 573 nötig. Sonst müssen die Voraussetzungen der erleichterten Kündigung für Einliegerwohnraum nach § 573a vorliegen. Eine neue wichtige Ausnahme wird für die Kündigung des Vermieters ggü den Erben des Mieters nach § 564 (vgl *Porer* NZM 05, 489) gemacht; dort ist ein berechtigtes Interesse nicht mehr erforderlich. Entspr regelt § 575a den Fall, dass das Mietverhältnis mit dem verstorbenen Mieter auf bestimmte Zeit 2 lief. Grund ist, dass der Erbe, der seinen Lebensmittelpunkt nicht in der Wohnung des verstorbenen Mieters hatte, im Hinblick auf den Verlust der Wohnung nicht schutzbedürftig ist. Die Sozialklausel gilt (arg § 574 I 2). Die §§ 574-574c sind bei der außerordentlichen befristeten Kündigung anwendbar (str, vgl Staud/*Rolfs* § 573d Rz 9).

3 Nach § 573d I 2 findet bei einer Kündigung des Vermieters ggü dem Erben zusätzlich die Verlängerung der Kündigungsfrist um drei Monate nach § 573a I 2 nicht statt. Die verlängerten Kündigungsfristen des § 573c I 2 greifen nicht ein.

§ 574 Widerspruch des Mieters gegen die Kündigung.

(1) ¹Der Mieter kann der Kündigung des Vermieters widersprechen und von ihm die Fortsetzung des Mietverhältnisses verlangen, wenn die Beendigung des Mietverhältnisses für den Mieter, seine Familie oder einen anderen Angehörigen seines Haushalts eine Härte bedeuten würde, die auch unter Würdigung der berechtigten Interessen des Vermieters nicht zu rechtfertigen ist. ²Dies gilt nicht, wenn ein Grund vorliegt, der den Vermieter zur außerordentlichen fristlosen Kündigung berechtigt.
(2) Eine Härte liegt auch vor, wenn angemessener Ersatzwohnraum zu zumutbaren Bedingungen nicht beschafft werden kann.
(3) Bei der Würdigung der berechtigten Interessen des Vermieters werden nur die in dem Kündigungsschreiben nach § 573 Abs. 3 angegebenen Gründe berücksichtigt, außer wenn die Gründe nachträglich entstanden sind.
(4) Eine zum Nachteil des Mieters abweichende Vereinbarung ist unwirksam.

1 **A. Grundsätzliches.** § 574 I entspricht § 556a I und IV aF, § 574 II und III entsprechen § 556a I 2 und 3 aF und § 574 IV entspricht § 556a VII aF. IRd Härteklausel muss es zu einer Abwägung der besonderen Belange des Mieters in Relation zum Kündigungsrecht des Vermieters kommen (BGH ZMR 05, 843). Die Sozialklausel gehört zum Bestandsschutz des Mieters. § 574 gilt für unbefristete Wohnraummietverträge (Ausnahme: § 575a II). § 574 ist nicht abdingbar.

2 **B. Kündigung durch den Vermieter.** Der Mieter kann sich primär nur bei formgerechter (§ 568) ordentlicher Kündigung des Mietverhältnisses durch den Vermieter gem §§ 573 ff auf die Sozialklausel berufen, aber auch bei einer außerordentlichen Kündigung mit gesetzlicher Frist, nicht jedoch, wenn nach § 543 aus wichtigem Grund gekündigt wurde. Es genügt, dass ein solcher Grund vorliegt; es muss nicht fristlos gekündigt worden sein, § 574 I 2. Ggü Kündigungen nach §§ 540 I 1, 544, 563 IV, 563a II, 564 und § 57a ZVG kann der Mieter nach § 574–574c widersprechen. Zugunsten des Vermieters werden bei der Interessenabwägung diejenigen Gründe berücksichtigt, die im Kündigungsschreiben (§ 573 III) genannt sind, § 574 III. Der Vermieter soll (Obliegenheit) den Mieter rechtzeitig auf sein Widerspruchsrecht nach §§ 574–574b hinweisen, § 568 II; bei Unterlassen beginnt die Zwei-Monats-Frist des § 574b II 1 nicht zu laufen (§ 574b II 2).

3 Bei gleichzeitiger Kündigung des Mieters und des Vermieters, ist der Fortsetzungsanspruch des Mieters idR ausgeschlossen, insb wenn objektiv ein Grund vorliegt, der eine außerordentliche Kündigung des Mietverhältnisses durch den Vermieter rechtfertigt.

4 **C. Härte für den Mieter.** Der Widerspruch des Mieters ist nur dann **wirksam**, wenn die vertragsmäßige Beendigung des Mietverhältnisses für den Mieter, seine Familie oder einen anderen Angehörigen seines Haushalts eine nicht zu rechtfertigende Härte bedeutet (§ 574 I 1).

5 **I. Geschützter/berechtigter Personenkreis.** Privilegiert sind nach § 574 I 1 neben dem Mieter und seiner Familie auch die anderen „Angehörigen seines Haushaltes" (vgl § 554 II 2), dh Personen, die dauerhaft und nicht nur vorübergehend im Haushalt des Mieters wohnen, wie Partner einer nichtehelichen Lebensgemeinschaft, Pflegekinder oder Kinder des Lebenspartners. Str ist, ob diese Personen als Untermieter noch privilegiert sind (vgl *Franke* ZMR 93, 93). Es genügt, wenn die Härte bei einem Familienmitglied des Mieters oder bei einer Mehrheit von Mietern bei einem dieser Mieter vorliegt, wobei die Fortsetzung des Mietverhältnisses dann für alle Mieter zu fordern ist.

6 **II. Härte.** Die Beendigung des Mietverhältnisses stellt dann eine Härte für den Mieter dar, wenn ihm oder privilegierten Personen aus persönlichen und wirtschaftlichen Gründen die Beschaffung angemessenen Ersatzwohnraums zu zumutbaren Bedingungen nicht möglich ist.

7 **1. Beschaffung angemessenen Ersatzraums.** Die Beschaffung des Ersatzwohnraumes muss für den Mieter mehr als nur unbequem oder unangenehm sein, dh die mit einem Wohnungswechsel üblicherweise verbundenen Belastungen sind unbeachtlich. Die nicht vertraglich abgesicherte Aussage des Vermieters ein langfristiges Mietverhältnis eingehen zu wollen führt nicht zu einer Härte. Der Mieter ist nicht zu gravierenden Einschränkungen seines bisherigen Lebenszuschnitts verpflichtet. Dem Mieter wird die Zahlung einer höheren Miete für die neue Wohnung bis zur Grenze der ortsüblichen Miete zugemutet werden, wenn diese für den Mieter unter Berücksichtigung des gesamten Familieneinkommens tragbar ist (*Franke* ZMR 93, 93; LG Bre-

men WuM 03, 333). Bei der Zumutbarkeit der Lage der Wohnung für den Mieter, seine Familie und die anderen Angehörigen seines Haushalts ist die jeweilige Entfernung zu Arbeitsplatz, Schule, Kindergarten etc zu berücksichtigen.

Eine Ersatzraumbeschaffungspflicht in Form nachhaltigen Bemühens trifft den Mieter grds sobald ihm die Kündigung der Wohnung zugegangen ist (Köln ZMR 04, 33; *Gather* DWW 95, 5). Ausnahme: der Mieter geht aus begründetem Anlass davon aus, dass der Vermieter kein berechtigtes Interesse an der Beendigung des Mietverhältnisses hat oder er kann aufgrund besonderer Umstände (Härte) mit einer Fortsetzung des Mietverhältnisses rechnen. Zu erschwerten Umständen bei der Beschaffung von Ersatzraum vgl LG Bonn NJW-RR 90, 973. Der Mieter darf sich grds bei der Suche nicht auf seine bisherige Wohngegend beschränken (LG Hamburg ZMR 03, 265). 8

2. Umzug unzumutbar. Der Umzug kann dem Mieter auch nur zeitweilig unzumutbar sein. Dann kann nicht auf die Einräumung einer gerichtlichen Räumungsfrist gem § 721 ZPO verwiesen werden, auch wenn diese die Härte wesentlich abmildert. Der Vermieter hat während der Räumungsfrist nämlich nur eine eingeschränkte Erhaltungspflicht. Gerade bei älteren Mietern ist deren Verwurzelung in einem bestimmten Haus oder einer Wohngegend zu berücksichtigen (LG Hamburg DWW 91, 189); auf eine Unterbringung in einem Altenheim muss sich der Mieter nicht verweisen lassen (Karlsr NJW 70, 1746). Dem betagten Mieter ist auch dann ein Umzug nicht zuzumuten, wenn er aufgrund seines Alters oder weil er allein lebt, nicht mehr in der Lage ist, sich auf eine neue Wohnsituation einzustellen (AG Mühldorf ZMR 99, 562). Aber: Hohes Alter oder eine enge Beziehung zur Umgebung allein reichen für einen Härtefall nicht aus. Begründen einzelne Umstände für sich allein genommen keine soziale Härte, können sie aber in ihrer Gesamtheit eine solche begründen (LG Essen ZMR 99, 713); so auch wenn zur Verwurzelung mit der Umgebung aufgrund langer Mietdauer und hohen Alters eine schwere Erkrankung hinzukommt und die mit dem Umzug verbundenen physischen und psychischen Belastungen einen erheblichen negativen Einfluss hätten (BGH ZMR 05, 843; LG Bochum ZMR 07, 452). 9

Während der Schwangerschaft und einige Zeit nach der Entbindung stellt ein Umzug für die Mutter eine erhebliche Gesundheitsgefährdung dar, ebenso eine schwere Krankheit des Mieters oder eines Familienmitglieds. Entspr gilt für die Vorbereitung auf und das Ablegen einer Prüfung sowie für den Umzug, der einen Schulwechsel vor Schulabschluss erforderlich macht. Auch ein doppelter Umzug in kurzer Zeit ist eine ungerechtfertigte Härte (*Gather* DWW 95, 5). 10

Kündigt der Vermieter das Mietverhältnis nach kurzer Mietzeit, ist dem Mieter ein Umzug nicht zumutbar, wenn er im berechtigten Vertrauen auf eine längere Vertragsdauer erhebliche noch nicht abgewohnte Aufwendungen erbracht hatte (LG Kiel WuM 92, 690). 11

3. Keine unzumutbare Härte. Hierzu zählen ua abgewohnte Instandsetzungsaufwendungen (LG Düsseldorf WuM 71, 98), die mit einem Umzug zwangsläufig verbundenen Nachteile (LG Berlin ZMR 89, 425), Mitgliedschaft in örtlichen Vereinen, ansässiger Freundes- und Bekanntenkreis (LG Mannheim DWW 93, 610), Einnahmequelle durch Untervermietung (BayObLG NJW 70, 1749), Schulwechsel des Kindes (LG Hamburg NJW-RR 91, 1355). Auf Härten für den Untermieter kann sich der Hauptmieter nicht berufen. 12

D. Berechtigte Interessen des Vermieters. Ist das Fortsetzungsverlangen des Mieters schlüssig und begründet, hat die Klage des Mieters auf Fortsetzung des Mietverhältnisses nur Erfolg, wenn kein berechtigtes Interesse des Vermieters entgegensteht oder der Härtegrund des Mieters überwiegt, § 574 I 1, § 573 I, II. Der Vermieter hat ein berechtigtes Interesse an der Beendigung des Mietverhältnisses, wenn die Voraussetzungen des § 573, insb Eigenbedarf gegeben sind. Ein berechtigtes Interesse an der Kündigung ist ebenfalls gegeben bei Erfüllung öffentlicher Interessen durch eine Gemeinde, die den Wohnraum anderweitig benötigt (BayObLG NJW 72, 685; *Kohler-Gehrig* ZMR 99, 672), bei unverschuldeten persönlichen Spannungen, insb bei Streit mit dem Mieter oder einem seiner Familienangehörigen, Zerrüttung des Mietverhältnisses im vom Vermieter selbst bewohnten Zweifamilienhaus (AG Alsfeld NJW-RR 92, 339). 13

E. Interessenabwägung. Bestehen auf beiden Seiten gleich zu bewertende Interessen, kann gem Art 14 I 1 GG dem Eigenbedarfsanspruch des Vermieters als Eigentümer größeres Gewicht beigemessen werden (str, vgl MüKo/*Häublein* § 574 Rz 22); das Besitzschutzrecht des Mieters gem Art 14 I 1 GG ist bereits durch §§ 573 I, 574 I gewährleistet (vgl BVerfG ZMR 99, 531). Das Gericht darf bei der Interessenabwägung nicht *in unzulässiger Weise in die Lebensplanung der Parteien eingreifen (vgl BVerfG NJW-RR 93, 1358). Interessen Dritter sind nur beachtlich, soweit es sich um Familienangehörige des Mieters handelt (LG Koblenz NJW-RR 91, 1165), die Dritten dessen Haushalt angehören oder gem § 576a I bei Werkwohnungen Interessen des Arbeitgebers zu beachten sind. Bei alten Mietern vgl BGH ZMR 05, 843; oben Rn 9. 14

F. Ausgeschlossene Gründe. Nach § 574 III werden zu Gunsten des Vermieters nur diejenigen Gründe berücksichtigt, die der Vermieter im Kündigungsschreiben genannt hatte (§§ 568 II, 573 III, Hamm WuM 92, 230), es sei denn, die Umstände, die ein berechtigtes Interesse des Vermieters an der Beendigung des Mietverhältnisses begründen, sind erst nach der Kündigung entstanden, dh tatsächlich eingetreten. Auf die tatsächliche Kenntnis oder auch schuldlose Unkenntnis des Vermieters von diesen Umständen kommt es nicht an. Bei 15 späterer Kenntnis bedarf es insoweit einer erneuten Kündigung. Bei mehreren zusammenhängenden Umständen kommt es auf den letzten Teilschritt an.

16　**G. Prozess, Beweislast.** Der Mieter kann im Prozess längstens bis zum Schluss der mündlichen Verhandlung alle für ihn günstigen Umstände vorbringen (LG Wiesbaden WuM 88, 269 zum Nachschieben von Widerspruchsgründen). Die Gründe für die Fortsetzung des Mietverhältnisses muss der Mieter durch Angabe konkreter Tatsachen darlegen (Hamm WuM 92, 230 mwN); er kann sich auch auf mehrere Gründe gleichzeitig berufen. Der Vermieter trägt die Beweislast dafür, dass die Kündigungsgründe, auf die er sich nachträglich beruft, auch erst nach Kündigung des Mietverhältnisses entstanden sind.

§ 574a Fortsetzung des Mietverhältnisses nach Widerspruch.
(1) ¹Im Falle des § 574 kann der Mieter verlangen, dass das Mietverhältnis so lange fortgesetzt wird, wie dies unter Berücksichtigung aller Umstände angemessen ist. ²Ist dem Vermieter nicht zuzumuten, das Mietverhältnis zu den bisherigen Vertragsbedingungen fortzusetzen, so kann der Mieter nur verlangen, dass es unter einer angemessenen Änderung der Bedingungen fortgesetzt wird.
(2) ¹Kommt keine Einigung zustande, so werden die Fortsetzung des Mietverhältnisses, deren Dauer sowie die Bedingungen, zu denen es fortgesetzt wird, durch Urteil bestimmt. ²Ist ungewiss, wann voraussichtlich die Umstände wegfallen, aufgrund deren die Beendigung des Mietverhältnisses eine Härte bedeutet, so kann bestimmt werden, dass das Mietverhältnis auf unbestimmte Zeit fortgesetzt wird.
(3) Eine zum Nachteil des Mieters abweichende Vereinbarung ist unwirksam.

1　**A. Grundsätzliches.** § 574a entspricht § 556 II, III und VII aF und ist nicht abdingbarer Bestandteil der Sozialklausel; er regelt die Rechtsfolgen eines begründeten Mieter-Widerspruchs nach § 574.

2　**B. Wirkung des Widerspruchs.** Aufgrund des begründeten Widerspruchs des Mieters wird das Mietverhältnis trotz der Kündigung nicht beendet; der Widerspruch hat zwar keine rechtsgestaltende Wirkung, er bewirkt nicht die Unwirksamkeit der Kündigung, sondern ist notwendig, wenn der Mieter mehr erreichen will als eine bloße Räumungsfrist. Der Widerspruch ist ein Angebot zum Abschluss einer vertraglichen Fortsetzungsvereinbarung (MüKo/*Häublein* § 574a Rz 3).

3　Bis zur Entscheidung über das Fortsetzungsbegehren des Mieters bzw Ablauf der Kündigungsfrist müssen beide Vertragsparteien weiterhin ihre Vertragspflichten erfüllen. Wird das Mietverhältnis weder durch Einigung (§ 574a I) noch durch Urt fortgesetzt, ist es zum Kündigungstermin beendet. Bei Fortsetzung des Mietverhältnisses wird kein neues begründet, sondern das ursprüngliche Mietverhältnis, ggf auf bestimmte oder unbestimmte Zeit oder/und zu veränderten Bedingungen, ohne rechtliche Unterbrechung fortgesetzt.

4　**C. Verlängerungsanspruch auf bestimmte Zeit.** Dies ist der Normalfall nach § 574a sowohl für die einvernehmliche als auch für die umstrittene Verlängerung. Das Mietverhältnis soll nur für den Zeitraum verlängert werden, für den (zunächst voraussichtlich) die Härte begründenden Umstände weiterbestehen. Bei der Prognose reicht die überwiegende Wahrscheinlichkeit, dass der Härtegrund in der Verlängerungszeit wegfällt.

5　Da es sich nur um eine Regelung für eine Übergangszeit handelt, ist das Mietverhältnis im Allgemeinen nicht für die Dauer von mehr als drei Jahren zu verlängern; ein Mindestzeitraum ist nicht vorgeschrieben, wenige Monate sind selten, es sei denn es soll nur ein kurzfristiger doppelter Umzug des Mieters verhindert werden. Bei der Bemessung der Verlängerung bleibt eine mögliche Räumungsfrist (§ 721 ZPO) unberücksichtigt. Gem § 550 bedarf die Verlängerung des Mietverhältnisses über ein Jahr hinaus nach hM der Schriftform (vgl NomosK/*Hinz* § 574a Rz 5). Während des Verlängerungszeitraums sind die ordentliche und außerordentliche befristete Kündigung des Mietverhältnisses für beide Seiten ausgeschlossen; das Mietverhältnis endet automatisch mit Zeitablauf. Allerdings gilt anschließend § 545.

6　**D. Verlängerungsanspruch auf unbestimmte Zeit.** Nur bei nicht zu beseitigender Ungewissheit über den Zeitpunkt des Wegfalls der Härte kommt eine Verlängerung des Mietverhältnisses ausnahmsweise (NomosK/*Hinz* § 574a Rz 10) auf unbestimmte Zeit in Betracht. In dieser Zeit kann der Vermieter das Mietverhältnis jederzeit erneut kündigen, § 574c II 1; der Mieter wiederum kann dieser erneuten Kündigung gem §§ 574c II, 574 ff widersprechen. Haben sich die für die Fortsetzung des Mietverhältnisses maßgeblichen Umstände geändert, kann das Mietverhältnis nur fortgesetzt werden, wenn die erneute Kündigung ebenfalls eine Härte für den Mieter oder seine Familie bedeuten würde (§ 574c II 2). Eine Verlängerung des Mietverhältnisses auf unbestimmte Zeit kommt insb dann in Betracht, wenn Ersatzwohnraum strukturell bedingt fehlt (Stuttg NJW 69, 1070); der Mieter kann dann, sobald er passenden Ersatzraum gefunden hat, das Mietverhältnis seinerseits mit der gesetzlichen Frist kündigen. Hat der Mieter jedoch selbst den Wohnraumwechsel angestrebt, ohne dass ihm eine Ersatzwohnung zur Verfügung steht, ist eine Verlängerung des Mietverhältnisses auf unbestimmte Zeit nicht möglich (Karlsr NJW 70, 1746). Eine Verlängerung des Mietverhältnisses auf Lebenszeit des Mieters scheidet aus (LG Lübeck WuM 94, 22). Der Mieter hat daran mitzuwirken, dass sich das Krankheitsrisiko bei einem hierauf gestützten Fortsetzungsverlangen nicht erhöht, er muss darlegen, welcher ärztlicherseits empfohlener lebenserhaltender Maßnahme er sich unterziehen will oder bereits unterzieht (vgl BVerfG ZMR 04, 46 für die Zwangsvollstreckung).

E. Änderung der Vertragsbedingungen. Eine Änderung der bisherigen Vertragsbedingungen kann nur der Vermieter ausnahmsweise verlangen. Die Fortsetzung des Mietverhältnisses zu den bisherigen Bedingungen muss ihm unzumutbar sein. Es hat eine Abwägung der beiderseitigen Interessen zu erfolgen. Dabei wird nicht nur die vertragliche Miete mit der ortsüblichen Miete verglichen, sondern auch geprüft, ob unter Berücksichtigung der vertraglichen Pflichten und des Verhaltens der Parteien das vertragliche Gleichgewicht gestört ist. Im Einzelfall kann der Vermieter auch eine Räumung von Nebenräumen wie Garagen, Kellerabteilen etc fordern. 7

Jede einzelne Regelung des Mietvertrags kann primär durch Einigung der Mietvertragsparteien oder subsidiär durch Urt geändert werden (vgl *Gather* DWW 95, 5) als Ergebnis der Interessenabwägung. Die Vertragsänderung ist angemessen, wenn eine Anpassung der Miete an die ortsübliche Vergleichsmiete vorgenommen wird. Die in §§ 558 ff geregelten Voraussetzungen an ein wirksames Mieterhöhungsverlangen müssen nicht eingehalten werden, da der Vermieter berechtigterweise das Mietverhältnis gekündigt hatte. 8

§ 574b Form und Frist des Widerspruchs.
(1) ¹Der Widerspruch des Mieters gegen die Kündigung ist schriftlich zu erklären. ²Auf Verlangen des Vermieters soll der Mieter über die Gründe des Widerspruchs unverzüglich Auskunft erteilen.
(2) ¹Der Vermieter kann die Fortsetzung des Mietverhältnisses ablehnen, wenn der Mieter ihm den Widerspruch nicht spätestens zwei Monate vor der Beendigung des Mietverhältnisses erklärt hat. ²Hat der Vermieter nicht rechtzeitig vor Ablauf der Widerspruchsfrist auf die Möglichkeit des Widerspruchs sowie auf dessen Form und Frist hingewiesen, so kann der Mieter den Widerspruch noch im ersten Termin des Räumungsrechtsstreits erklären.
(3) Eine zum Nachteil des Mieters abweichende Vereinbarung ist unwirksam.

A. Grundsätzliches. Die zulasten des Mieters nicht abdingbare (§ 574b III) Norm entspricht § 556a V, VI aF ohne inhaltliche Änderungen. Sie regelt die Formalien des mieterseitigen Kündigungswiderspruchs. Die Form erfüllt Beweisfunktion und soll leichtfertige Widersprüche verhindern, während die Frist dem Vermieter Klarheit verschaffen soll, ob der gekündigte Mieter räumen wird. 1

B. Form des Widerspruchs, § 574b I. Der Kündigungswiderspruch ist eine einseitige empfangsbedürftige Willenserklärung, die in schriftlicher Form (§ 126) ggü dem Vermieter erklärt werden muss. Ein Telefax reicht nicht. Ein Formfehler führt nach § 125 zur Nichtigkeit des Widerspruchs (Karlsr NJW 73, 1001). Ein Handeln durch Stellvertreter ist zulässig. § 174 ist aber zu beachten. Bei Mietermehrheit müssen alle Mieter unterschreiben oder Vollmacht erteilt haben, wenn die übrigen für den Vermieter erkennbar auch in deren Namen Widerspruch geltend machten. Bei einer Vermietermehrheit muss das Schreiben an alle Vermieter gerichtet werden, selbst wenn diese einen Zustellbevollmächtigten benannt haben. 2

Der Mieter muss klar zum Ausdruck bringen, dass er eine Fortsetzung des Mietverhältnisses verlangt. Die Verwendung der Begriffe „Widerspruch" und/oder „Fortsetzungsverlangen" ist nicht zwingend notwendig. 3

C. Gründe des Widerspruchs, § 574b I 2. Der Vermieter hat keinen Anspruch auf eine Begründung des Widerspruchs oder eine Auskunft über die Gründe des Mieters. Ein mittelbarer Zwang zur Begründung durch den Mieter ergibt sich allerdings aus der Kostennorm des § 93b II ZPO. 4

D. Frist des Widerspruchs, § 574b II. Es handelt sich nicht um eine materiell-rechtliche Ausschlussfrist. Der Widerspruch muss bis spätestens zwei Monate vor der Beendigung des Mietverhältnisses dem Vermieter ggü erklärt werden und zugegangen sein (§§ 130, 574b II 1). Die Fristversäumnis ist nur auf Einrede des Vermieters zu berücksichtigen. Keine Wiedereinsetzung in den vorigen Stand bei Fristversäumnis. Nach Fristablauf eingetretene Härtegründe werden nicht mehr berücksichtigt. Bei Fristversäumnis kann der Vermieter die Fortsetzung des Mietverhältnisses ablehnen. 5

Eine verbindliche Erklärung des Mieters, ob er Widerspruch erheben will, kann der Vermieter vor Ablauf der Frist nicht erzwingen. Eine Klage auf künftige Leistung nach § 259 ZPO wäre unzulässig. Eine Fristverlängerung bis zum ersten Termin im Räumungsverfahren tritt ein, wenn der Vermieter dem Mieter nicht inhaltlich zutr und rechtzeitig – nicht unbedingt schon in der Kündigung – vor Ablauf der Widerspruchsfrist den Hinweis nach § 568 II auf die Möglichkeit des Widerspruchs und auf dessen Form und Frist erteilt hat (§ 574b II 2, LG Rottweil ZMR 80, 183). 6

Nach dem Hinweis des Vermieters muss dem Mieter genügend Zeit bleiben, über die Frage, ob er Widerspruch gegen die Kündigung erheben soll, rechtlichen Rat einzuholen, einen Widerspruch abzufassen und diesen dem Vermieter vor Fristablauf zugehen zu lassen. Erfolgt der Hinweis nicht rechtzeitig, so ändert ein nachträglicher Hinweis nichts am Recht des Mieters, den Widerspruch erst im ersten Termin vor Gericht zu erklären. 7

§ 574c Weitere Fortsetzung des Mietverhältnisses bei unvorhergesehenen Umständen.

(1) Ist auf Grund der §§ 574 bis 574b durch Einigung oder Urteil bestimmt worden, dass das Mietverhältnis auf bestimmte Zeit fortgesetzt wird, so kann der Mieter dessen weitere Fortsetzung nur verlangen, wenn dies durch eine wesentliche Änderung der Umstände gerechtfertigt ist oder wenn Umstände nicht eingetreten sind, deren vorgesehener Eintritt für die Zeitdauer der Fortsetzung bestimmend gewesen war.

(2) ¹Kündigt der Vermieter ein Mietverhältnis, dessen Fortsetzung auf unbestimmte Zeit durch Urteil bestimmt worden ist, so kann der Mieter der Kündigung widersprechen und vom Vermieter verlangen, das Mietverhältnis auf unbestimmte Zeit fortzusetzen. ²Haben sich die Umstände verändert, die für die Fortsetzung bestimmend gewesen waren, so kann der Mieter eine Fortsetzung des Mietverhältnisses nur nach § 574 verlangen; unerhebliche Veränderungen bleiben außer Betracht.

(3) Eine zum Nachteil des Mieters abweichende Vereinbarung ist unwirksam.

1 **A. Grundsätzliches.** § 574c entspricht weitgehend inhaltlich § 556a VII aF. Durch die Neufassung der nicht zum Nachteil des Mieters abdingbaren Vorschrift ist klargestellt, dass bei einem Fortsetzungsbegehren nach § 574c II die Schriftform zu wahren ist (NomosK/*Hinz* § 574c Rz 9). Die Norm regelt, unter welchen Voraussetzungen der Mieter erneut die Vertragsfortsetzung geltend machen kann.

2 **B. Weitere Fortsetzung des auf bestimmte Zeit verlängerten Mietverhältnisses, § 574c I.** Bei Ablauf des durch Einigung der Parteien (§ 574a I) oder durch Urt auf bestimmte Zeit (§ 574a II) verlängerten Mietverhältnisses greift § 574c I ein. Ist dagegen das Mietverhältnis aufgrund anderer Umstände fortgesetzt worden (zB nach § 545) ist § 574 direkt anwendbar. Voraussetzung für eine erneute Verlängerung des bereits einmal verlängerten Mietverhältnisses ist eine wesentliche Änderung derjenigen Umstände, die für dessen Verlängerung und die Dauer der Verlängerung bekannt waren; es genügt, wenn diese Umstände bei der Vereinbarung bzw Bewilligung der Verlängerung vorlagen, aber nicht ausdrücklich berücksichtigt wurden. Bei der erneuten Interessenabwägung sind die gesamten neuen Verhältnisse, auch die auf Seiten des Vermieters liegen, zu berücksichtigen. Es können einerseits neue Härtegründe auf Mieterseite aufgetreten oder die Dringlichkeit des Eigenbedarfs auf Vermieterseite weggefallen sein oder es blieben erwartete dem Mieter günstige Umstände aus.

3 Der Mieter kann sich auf die geänderten oder nicht eingetretenen Umstände nicht berufen, wenn er deren Eintritt bzw Ausbleiben treuwidrig herbeigeführt hat (§ 242), zB wenn er keine hinreichenden Anstrengungen zur Beseitigung des Härtegrundes unternommen hat, wie die Suche nach Ersatzwohnraum.

4 **C. Weitere Fortsetzung des Mietverhältnisses auf unbestimmte Zeit, § 574c II.** (Nur) Bei einer Fortsetzung des Mietverhältnisses auf unbestimmte Zeit konnte vom Vermieter jederzeit erneut fristgemäß (§§ 573, 573a) gekündigt werden. **1. Fall**: Verlängerung des Mietverhältnisses durch Urt auf unbestimmte Zeit. Hier kann der Mieter unter den erleichterten Voraussetzungen des § 574c II die weitere Fortsetzung des Mietverhältnisses verlangen. Sind die Umstände, die für die Fortsetzung des Mietverhältnisses entscheidend waren, unverändert, nur unerheblich verändert oder kann der Vermieter eine wesentliche Veränderung dieser Umstände nicht beweisen, bleibt das Mietverhältnis weiter auf unbestimmte Zeit fortgesetzt. Eine neue Interessenabwägung findet nicht statt. Entscheidungserheblich sind dabei nur die Umstände, die für die Fortsetzung des Mietverhältnisses maßgeblich waren; der Mieter muss lediglich behaupten, die Umstände seien unverändert, die **Beweislast** für die Veränderung trägt der Vermieter. Das Mietverhältnis besteht unverändert weiter; eine Anpassung ist grds nicht möglich.

5 Liegen zugunsten des Vermieters erheblich veränderte Umstände (§ 574c II 2) in seiner Sphäre oder der des Mieters (vgl *Pergande* NJW 68, 130) vor, findet eine völlig neue Interessenabwägung nach § 574 statt. Den Vermieter trifft die volle Darlegungs- und Beweislast.

6 **2. Fall**: Durch Einigung auf unbestimmte Zeit fortgesetztes Mietverhältnis. Hier muss sich der Mieter bei einer neuen Kündigung durch den Vermieter direkt auf § 574 berufen (erneuter ausdrücklicher Widerspruch des Mieters gegen die Kündigung); für Form und Frist des Widerspruchs gilt § 574b, der Vermieter soll den Mieter erneut auf sein Widerspruchsrecht hinweisen. Die erleichterte Fortsetzung des Mietverhältnisses bei unveränderten Verhältnissen wie gem § 574c II 1 scheidet aus.

Unterkapitel 3   Mietverhältnisse auf bestimmte Zeit

§ 575 Zeitmietvertrag.

(1) ¹Ein Mietverhältnis kann auf bestimmte Zeit eingegangen werden, wenn der Vermieter nach Ablauf der Mietzeit
1. die Räume als Wohnung für sich, seine Familienangehörigen oder Angehörige seines Haushalts nutzen will,
2. in zulässiger Weise die Räume beseitigen oder so wesentlich verändern oder instand setzen will, dass die Maßnahmen durch eine Fortsetzung des Mietverhältnisses erheblich erschwert würden, oder

3. die Räume an einen zur Dienstleistung Verpflichteten vermieten will
und er dem Mieter den Grund der Befristung bei Vertragsschluss schriftlich mitteilt. ²Anderenfalls gilt
das Mietverhältnis als auf unbestimmte Zeit abgeschlossen.
(2) ¹Der Mieter kann vom Vermieter frühestens vier Monate vor Ablauf der Befristung verlangen, dass
dieser ihm binnen eines Monats mitteilt, ob der Befristungsgrund noch besteht. ²Erfolgt die Mitteilung
später, so kann der Mieter eine Verlängerung des Mietverhältnisses um den Zeitraum der Verspätung
verlangen.
(3) ¹Tritt der Grund der Befristung erst später ein, so kann der Mieter eine Verlängerung des Mietverhältnisses um einen entsprechenden Zeitraum verlangen. ²Entfällt der Grund, so kann der Mieter eine
Verlängerung auf unbestimmte Zeit verlangen. ³Die Beweislast für den Eintritt des Befristungsgrundes
und die Dauer der Verzögerung trifft den Vermieter.
(4) Eine zum Nachteil des Mieters abweichende Vereinbarung ist unwirksam.

A. Der neue Zeitmietvertrag. § 575 enthält nur noch den **qualifizierten** Zeitmietvertrag. Der einfache Zeitmietvertrag wurde abgeschafft, die Fortgeltung alter einfacher Zeitmietverträge allerdings belassen (Art 229 § 3 III EGBGB). Vermieter und Mieter sollen ab 1.9.01 von Beginn des Mietverhältnisses an Klarheit über Dauer und Ablauf der Mietzeit haben. Der einfache Zeitmietvertrag gem § 564c I aF hatte sich in der Praxis als schwer handhabbar erwiesen und oft zu Rechtsstreitigkeiten geführt (*Hinz* WuM 00, 455, 458; *ders* NZM 01, 264, 273). 1
§ 575 sieht vor, dass ein Mietverhältnis auf bestimmte Zeit nur dann eingegangen werden kann, wenn einer 2
der in § 575 I Nr 1–3 genannten sachlichen Gründe/Qualifikationsgründe vorliegt. Der Abschluss von einfachen Zeitmietverträgen ist nur noch in den Fällen des § 549 II, III möglich. Eine Umdeutung eines unwirksamen Zeitmietvertrags in einen beidseitigen Kündigungsausschluss kommt nicht in Betracht (AG Augsburg WuM 04, 541, *Lützenkirchen* ZMR 02, 769, 771).
Bei **Mischmietverhältnissen** dürfen einfache Zeitmietverträge dann abgeschlossen werden, wenn das Schwer- 3
gewicht des Vertrags nicht auf dem Wohnen sondern auf der gewerblichen Nutzung liegt. Dies ist oft zu bejahen, selbst wenn die Bürofläche quadratmetermäßig geringer ist als die zur Wohnnutzung beanspruchte Fläche (BGH DWW 86, 266; *v Mutius* ZMR 03, 621, 632).

B. Ausschluss des Kündigungsrechts. In der Begründung des Regierungsentwurfs (BTDrs 14/4553 69) heißt 4
es: „Liegt bei Vertragsschluss kein Befristungsgrund auf Vermieterseite vor, so kann dem Interesse des Mieters an einer langfristigen Bindung des Mietverhältnisses vertraglich dadurch Rechnung getragen werden, dass die Parteien einen unbefristeten Mietvertrag schließen und für einen vertraglich festgelegten Zeitpunkt das ordentliche Kündigungsrecht beiderseits ausschließen. Damit wirkt sich auch für den Mieter der Wegfall des einfachen Zeitmietvertrages nicht nachteilig aus."
Ob die Parteien auf der Grundlage des neuen, seit dem 1.9.01 geltenden Mietrechts, wechselseitig befristete 5
Ausschlüsse des ordentlichen Kündigungsrechts vereinbaren dürfen, gehörte zu den vorhersehbar und vermeidbar umstrittensten Fragen des neuen Mietrechts. Der BGH (ZMR 04, 251 m Anm *Häublein*) entschied, dass kein Verstoß gegen § 573c IV bzw § 575 IV vorläge und dass ein vereinbarter Kündigungsverzicht nicht zu einer unzumutbaren Belastung des Mieters führe.
Von der Rspr (BGH ZMR 05, 443; LG Itzehoe WuM 03, 329) wird für die Höchstdauer des wechselseitigen 6
Kündigungsausschlusses auf § 557a III 1 verwiesen, der die Möglichkeit eröffnet, das Kündigungsrecht des Mieters bei einer Staffelmietvereinbarung (s. § 557a Rn 8, BGH ZMR 06, 682 u ZMR 06, 270) für höchstens 4 Jahre auszuschließen. Im Formularvertrag ohne Staffelmietvereinbarung wurde erst gut 1 Jahr akzeptiert (BGH NZM 04, 734), dann zwei Jahre (BGH ZMR 04, 802, aA *Derleder* NZM 01, 649, 654; für Studentenzimmer nicht einmal 2 Jahre, BGH NJW 09, 3506 = WuM 09, 587). Die Dauer eines solchen Kündigungsausschlusses kann aber nicht mit 30 Jahren (vgl § 544 1) vereinbart werden. Beweispflichtig für den Ausschluss der ordentlichen Kündigung ist die Partei, die sich darauf beruft. Kündigt der Mieter binnen gesetzlicher Frist, während sich der Vermieter auf einen vereinbarten Kündigungsausschluss beruft, so muss letzterer den **Beweis** (vgl *Blank* ZMR 02, 797 ff) **führen**, dass der Mieter bei Vertragsschluss ein längerfristiges Bindungsinteresse bekundet hat und auf seine Initiative hin der Kündigungsausschluss vereinbart wurde. Keinesfalls darf bei der Formulierung des Kündigungsausschlusses der Eindruck vermittelt werden, dass auch eine außerordentliche Kündigung hierunter fallen soll. Zum zulässigen einseitigen Kündigungsausschluss bei Staffelmiete vgl BGH ZMR 06, 262. Liegt keine Staffelmiete vor und wird dem Mieter auch kein ausgleichender Vorteil gewährt, ist Nichtigkeit der Formularklausel gegeben BGH ZMR 09, 189).

C. Der qualifizierte Zeitmietvertrag. I. Voraussetzungen. § 575 I lässt nur noch den qualifizierten Zeit- 7
mietvertrag zu. Die bisherige Höchstfrist von fünf Jahren (vgl § 564c II Nr 1 aF) entfällt. Die Befristungsgründe entsprechen weitgehend der Vorgängerregelung § 564c II Nr 2 aF. Der qualifizierte Zeitmietvertrag setzt voraus: Absicht des Vermieters, die Wohnung nach Ablauf der Mietzeit zu einem der in § 575 I 2 bezeichneten Zwecke zu verwenden, nämlich Eigennutzung, wesentliche Veränderung (Abriss, Umbau, Instandsetzung), Vermietung an einen Dienstverpflichteten, schriftliche Mitteilung dieser Absicht an den Mieter bei Vertragsschluss und Fortbestehen des Verwendungsinteresses bei Vertragsende.

8 **II. Befristungsgründe. 1. Eigennutzung (Nr 1).** Der Vermieter muss die Absicht haben, die Räume als Wohnung für sich, seine Familienangehörigen oder Angehörige seines Haushalts nutzen zu wollen. Vom Wortlaut entspricht der Befristungsgrund weitgehend dem neuen Kündigungstatbestand § 573 II Nr 2. Es genügt im Falle des § 575 I Nr 1, dass der Vermieter das Objekt ernsthaft (AG Düsseldorf NZM 05, 702) entspr „nutzen will", ein Benötigen wird nicht verlangt. Ausreichend ist der bloße Eigennutzungswunsch des Vermieters; auf ein berechtigtes Interesse idS, dass der Vermieter vernünftige oder nachvollziehbare Gründe für die Eigennutzung vorzuweisen hat, kommt es nicht an.

9 Für eine iRd § 575 I Nr 1 wirksame Befristung ist es ausreichend, wenn der Vermieter die Räumlichkeiten als Zweitwohnung nutzen will (aA *Sternel* IV Rz 309) oder sogar nur als Wochenend- oder Ferienwohnung (Staud/*Rolfs* § 575 Rz 18). Der Gegenauffassung, die vorbringt, ein Ferienobjekt sei mit einer Wohnung, in welcher der Lebensmittelpunkt begründet wird, nicht vergleichbar, ist nicht zu folgen, weil eine Bewertung des Eigennutzinteresses in § 575, anders als bei § 573 II Nr 2, gerade nicht erforderlich ist. Der Eigennutzungswunsch des Vermieters kann sich ferner auf Familienangehörige sowie Angehörige seines Haushalts beziehen (vgl Staud/*Rolfs* § 575 Rz 9).

10 **2. Modernisierung/Baumaßnahmen (Nr 2).** Dieser Befristungsgrund ist mit dem in § 564c II Nr 2 Buchst b aF identisch. Maßgebend ist, ob der Vermieter die Räume in zulässiger Weise beseitigen oder so wesentlich verändern oder instandsetzen will, dass die Maßnahmen durch eine Fortsetzung des Mietverhältnisses erheblich erschwert würden. Mit Beseitigung ist primär der vollständige Abriss des Gebäudes gemeint, es genügt aber – was freilich umstr ist (vgl Staud/*Rolfs* § 575 Rz 21) – auch wenn die Mietsache nach Durchführung der Maßnahme nicht mehr in ihrer räumlichen Gestalt vorhanden ist, so etwa bei Aufteilung einer großen Wohnung in mehrere kleinere Appartements. Wesentliche Veränderung bedeutet jede Umgestaltung der Räumlichkeiten, bei welcher die Sachsubstanz erhalten bleibt (Schmidt-Futterer/*Blank* § 575 Rz 12).

11 Wesentliche Instandsetzung umfasst sämtliche Erhaltungsmaßnahmen iSd § 554, insb die Behebung von baulichen, insb durch Abnutzung, Alterung, Witterungseinflüsse oder -einwirkungen entstandener Mängel. Auf diesen Befristungsgrund kann sich nicht berufen, wer den instandsetzungsbedürftigen Zustand des Objekts selbst verursacht hat. Die in § 575 I 1 Nr 2 bezeichneten Maßnahmen müssen so weitreichend sein, dass sie durch eine Fortsetzung des Mietverhältnisses erheblich erschwert würden. Dies ist insb bei Maßnahmen der Fall, die der Mieter iRe Modernisierung nach § 554 II 1 **nicht** zu dulden braucht.

12 **3. Betriebsbedarf bei Werkmietwohnungen (Nr 3).** Der Vermieter muss die Räume an einen zur Dienstleistung Verpflichteten vermieten wollen. Vorbild war hier § 564c II 1 Nr 2 Buchst c aF. Die Neuregelung lässt es zu, dass die Wohnung auch an einen Nicht-Werksangehörigen befristet/vorübergehend vermietet werden kann, wenn sie nach Fristablauf an Werksangehörige vermietet werden soll (vgl BTDrs 14/4553, 70).

13 **III. Schriftliche Mitteilung des Befristungsgrundes.** Gem § 575 I 1 Hs 2 muss der Vermieter dem Mieter den Grund der Befristung **schriftlich mitteilen**. Einen genauen Zeitpunkt hierfür nennt das Gesetz nicht. Erforderlich ist, dass die Mitteilung dem Mieter spätestens bei Vertragsschluss zugegangen ist. Nach überwiegender Auffassung genügt es, wenn die Mitteilung dem Mieter **im zeitlichen Zusammenhang vor Vertragsschluss** zugeht (Staud/*Rolfs* § 575 Rz 33). Verspätet und wirkungslos ist eine erst nach Abschluss des Vertrags erfolgte Mitteilung über einen Befristungsgrund; es ist dann von einem unbefristeten, ordentlich kündbaren Mietverhältnis auszugehen (*Lützenkirchen* ZMR 01, 772). Die Schriftform iSd § 126 ist für diese Mitteilung vorgeschrieben. An den Inhalt werden strenge Anforderungen gestellt. Der Vermieter hat in dem Schreiben einen **konkreten Lebenssachverhalt darzulegen**, der eine Unterscheidung von anderen Interessen und eine spätere Überprüfung ermöglicht (BTDrs 14/4553, 70). Ungenügend ist zB die bloße Bezugnahme auf den Gesetzeswortlaut oder die formelhafte Wiederholung der Qualifikationsgründe. Hat der Vermieter mehrere Verwendungsabsichten, sind alle anzugeben (*Feuerlein* WuM 02, 371).

14 Eine Befristungsvereinbarung, die nicht den Anforderungen des § 575 I 1 entspricht oder das Fehlen eines gesetzlichen Qualifikationsgrundes führen aufgrund der Sonderregelung in § 575 I 2 zu einem auf unbestimmte Zeit abgeschlossenen Mietverhältnis. Bei dieser Vorschrift handelt es sich um einer gesetzliche Fiktion. Kein Fall des § 575 I 2 liegt vor, wenn formularmäßig ein zunächst befristeter Mietvertrag mit einer automatisch eingreifenden Verlängerungsklausel auf unbestimmte Zeit abgeschlossen wurde (LG Halle/S ZMR 06, 534). Eine ordentliche Kündigung ist hier in der „festen Laufzeit" nicht möglich. § 575 I will den Mieter vor einem von ihm nicht zu beeinflussenden Verlust seiner Wohnung schützen aber nicht vor einer längeren Bindung an den Mietvertrag.

15 **IV. Auswechseln der Befristungsgründe.** Dies ist nach hM unzulässig (Staud/*Rolfs* § 575 Rz 33). Allerdings soll es nach der amtlichen Begründung (BTDrs 14/43 71) möglich sein, bei ursprünglich gegebenem dann weggefallenen und gleichbleibendem Befristungsgru lediglich den Sachverhalt zu ändern (sehr str, *Lützenkirchen* ZMR 01, 769, 773; aA *Sternel* ZMR 02, 1, *Derleder* ZMR 01, 649, 656).

16 **V. Auskunfts- und Fortsetzungsanspruch, § 575 I** Der Mieter darf vom Vermieter frühestens 4 Monate vor Ablauf der wirksamen Befristung Auskunft verlan, ob der Befristungsgrund noch fortbesteht. Der Vermieter hat die Auskunft – formlos (vgl *Nies* NZM 176, 179) – binnen eines Monats nach Zugang des Aus-

kunftsverlangens zu erteilen. Verlangt der Mieter weniger als einen Monat vor Ablauf der Befristung die Auskunft, dh muss diese erst nach Ablauf des Vertrages erteilt werden, scheidet eine Verlängerung auch bei nicht binnen Monatsfrist erteilter Auskunft aus, während sonst bei verspäteter Auskunftserteilung der Mieter gem § 575 II 2 eine Verlängerung des Mietverhältnisses um den Zeitraum der Verspätung verlangen kann.
Erteilt der Vermieter die Auskunft fristgemäß und besteht der Befristungsgrund weiterhin, so endet das Mietverhältnis zu dem vertraglich bestimmten Zeitpunkt. Anderenfalls gilt: Falls der Befristungsgrund später eintritt, kann der Mieter eine Verlängerung des Mietverhältnisses um einen entspr Zeitraum verlangen. Entfällt gar der Befristungsgrund, ist der Mieter berechtigt, eine Verlängerung auf unbestimmte Zeit verlangen. 17

VI. Darlegungs- und Beweislast, § 575 III 3. Die Beweislast für den Eintritt des Befristungsgrundes sowie für die Dauer der Verzögerung liegt kraft Gesetzes beim Vermieter. Eine unwirksame Laufzeitbefristung kann idR nicht in einen Kündigungsverzicht umgedeutet werden (*AG Düsseldorf* ZMR 08, 538). 18

VII. Das Fortsetzungsverlangen des Mieters, § 575 III. Es besteht nunmehr unabhängig davon, ob der Vermieter die Verzögerung zu vertreten hat; es ist als Vertragsangebot (§ 145) zu bewerten, das darauf gerichtet ist, den befristeten Mietvertrag nach dem vereinbarten Endtermin um den Zeitraum der Verzögerung oder auf unbestimmte Zeit fortzusetzen (vgl Schmidt-Futterer/*Blank* § 575 Rz 49). Die **allgemeinen Grundsätze für empfangsbedürftige Willenserklärungen** einschl der Vertretungsregelungen gelten hier, insb findet auch § 174 Anwendung. Das Fortsetzungsverlangen bedarf keiner Begründung. Wenn der Mieter ein wirksames **Fortsetzungsverlangen** gestellt hat, dann entsteht zunächst ein Anspruch des Mieters auf Fortsetzung des Mietverhältnisses, dh der Mieter hat einen Anspruch gegen den Vermieter, dass dieser eine korrespondierende zustimmende Willenserklärung abgibt, womit die vertragliche Einigung zustande kommt. Eine konkludente Vertragsannahme (vgl *Artz* ZMR 06, 165) durch den Vermieter ist denkbar. Der Mieter muss das Fortsetzungsverlangen im Wege einer Leistungsklage (vgl Schmidt-Futterer/*Blank* § 575 Rz 57) auf Abgabe einer Willenserklärung – keine Feststellungsklage – geltend machen. Hat der Vermieter Räumungsklage erhoben, so sollte der Mieter zur rechtzeitigen Durchsetzung seines Fortsetzungsanspruchs eine **Widerklage** erheben. Anderenfalls kann im Hinblick auf § 308a ZPO, welcher eine Entscheidung ohne Antrag nur in den Fällen der §§ 574–574b vorsieht, eine Fortsetzung des Mietverhältnisses nicht im selben Prozess verlangt werden. 19

D. Formularklauseln und AGB-Kontrolle. Nach der Streichung der früheren 5-Jahres-Begrenzung ist genau zu prüfen, ob und ggf inwieweit die formularmäßige Festsetzung langer – sogar 5 Jahre übersteigender – Laufzeiten zulässig ist (*Derleder* NZM 01, 649, 655). Da § 309 Nr 9a auf Mietverträge nicht anwendbar ist, sind nicht schon wie bei Verträgen über die regelmäßige Erbringung von Dienst- und Werkleistungen Formularklauseln unwirksam, die den anderen Teil länger als 2 Jahre binden. Mietverträge unterliegen hinsichtlich der Laufzeit allerdings der Inhaltskontrolle nach § 307. Die Vereinbarung einer langen Mietzeit als solcher soll noch keine unangemessene Benachteiligung des Mieters iSd § 307 bedeuten (Schmidt-Futterer/*Blank* § 575 Rz 82 ff, *Lützenkirchen* ZMR 01, 769, 771; *Blank* ZMR 02, 797 ff, 801), denn das Gesetz habe die Höchstdauer für einen Mietvertrag auf 30 Jahre bzw auf Lebenszeit einer Partei festgelegt (§ 544). 20

Hinz (MietPrax Fach 1 Rz 457) verweist darauf, dass der BGH (NJW 94, 2693; 96, 1677) vorformulierte Laufzeiten von mindestens 10 Jahren in Hausrat- und Unfallversicherungsverträgen für unwirksam hält, weil dermaßen lange Laufzeiten in erheblicher Weise in die Dispositionsfreiheit des Versicherungsnehmers eingriffen. Dem Versicherungsnehmer werde die Möglichkeit genommen, sich während der Laufzeit durch Annahme günstigerer Angebote marktgerecht zu verhalten; auch könne er auf unvorhergesehene Änderungen seiner persönlichen und wirtschaftlichen Verhältnisse nicht mit einer Anpassung oder Beendigung des Versicherungsvertrags reagieren. Diese Erwägungen sollen auf einen langfristigen Zeitmietvertrag übertragbar sein. Die Bindung an eine Mietwohnung, welche den Lebensmittelpunkt des Mieters darstellt, sei für diesen wesentlich einschneidender, als die Bindung an einen Versicherungsvertrag. 21

Nach alledem dürfte bei einem Zeitmietvertrag eine formularmäßige Laufzeitbestimmung von länger als 5 Jahren durchaus schon problematisch sein (*Derleder* NZM 01, 649, 655; *Hinz* NZM 03, 659; vgl auch *Feuerlein* WuM 01, 371, aA *Blank* ZMR 02, 797 ff, 801). Eine „personale Teilunwirksamkeit" wird vom AG Frankfurt/M (ZMR 07, 622) zulasten des Vermieters angenommen, wenn dieser sich auf die Nichtigkeit der Befristung beruft und Eigenbedarf geltend macht (aA AG Böblingen/LG Stuttgart WuM 07, 582). 22

E. Übergangsvorschriften. Für die am 1.9.01 bereits bestehenden Zeitmietverträge gilt gem Art 229 § 3 III EGBGB das bisherige Recht fort, dh für ein bestehendes Mietverhältnis auf bestimmte Zeit gilt § 564c aF iVm § 564b aF sowie die §§ 556a–c, 565a I und § 570 aF. Die Beendigung der aus Gründen des Vertrauensschutzes bestehen gebliebenen Zeitmietverträge richtet sich weiterhin nach altem Recht. Auch das Sonderkündigungsrecht gem § 570 aF für Militärpersonen, Beamte etc bei bestehenden Zeitmietverträgen gilt weiter. 23

Ob altes Recht auch dann gilt, wenn nur der Abschluss des Mietvertrags vor dem 1.9.01 erfolgt ist, jedoch die Überlassung der Mietsache vereinbarungsgemäß erst nach dem 31.8.01 erfolgen sollte und auch erfolgt ist, wird in der Überleitungsvorschrift nicht eindeutig zum Ausdruck gebracht (Staud/*Rolfs* § 575 Rz 75). Art 229 § 3 III EGBGB stellt auf ein am 1.9.01 bestehendes Mietverhältnis ab. Nach BGHZ 73, 350, 353 wird der Mietvertrag durch den Beginn des Mietverhältnisses vollzogen; beiden Begriffen kommt ein unterschiedlicher 24

Bedeutungsgehalt zu. Der Gesetzgeber wollte mit Art 229 § 3 III EGBGB auf den Abschluss des Mietvertrags abstellen (vgl AG Nordhorn WuM 02, 310; *Stürzer* ZMR 01, 783). Erfolgte dieser vor dem 1.9.01 gilt altes, sonst neues Mietrecht (so BGH ZMR 07, 20; vgl auch BGH ZMR 09, 839 für Mietkaution). Nur so wird Rechtssicherheit für die Vertragsparteien (AG Nordhorn WuM 02, 310) geschaffen, da der Vertragsabschluss sich idR einfach und schnell durch die Vertragsurkunden feststellen lässt.

25 In Altmietverträgen sind die befristeten Kündigungsausschlüsse auch nach In-Kraft-Treten des MietRRG zum 1.9.01 weiterhin wirksam. Das LG Itzehoe (WuM 03, 329 m Anm *Wiek*) leitet dies aus Art 229 § 3 X EGBGB her, wonach § 573c IV nicht anzuwenden ist, wenn Fristen für eine ordentliche Kündigung vor dem 1.9.01 wirksam (BGH ZMR 03, 655 m Anm *Börstinghaus*) „durch Vertrag vereinbart" worden sind. Wurde die Vereinbarung in einem Altmietvertrag vorgenommen, den ein **Nachmieter** nach dem 1.9.01 durch dreiseitiges Rechtsgeschäft übernommen hat, gilt dasselbe. Art 229 § 3 X 2 EGBGB gilt lediglich für formularvertraglich geregelte Kündigungsfristen, nicht für Kündigungsausschlüsse.

§ 575a Außerordentliche Kündigung mit gesetzlicher Frist.
(1) Kann ein Mietverhältnis, das auf bestimmte Zeit eingegangen ist, außerordentlich mit der gesetzlichen Frist gekündigt werden, so gelten mit Ausnahme der Kündigung gegenüber Erben des Mieters nach § 564 die §§ 573 und 573a entsprechend.
(2) Die §§ 574 bis 574c gelten entsprechend mit der Maßgabe, dass die Fortsetzung des Mietverhältnisses höchstens bis zum vertraglich bestimmten Zeitpunkt der Beendigung verlangt werden kann.
(3) ¹Die Kündigung ist spätestens am dritten Werktag eines Kalendermonats zum Ablauf des übernächsten Monats zulässig, bei Wohnraum nach § 549 Abs. 2 Nr. 2 spätestens am 15. eines Monats zum Ablauf dieses Monats (gesetzliche Frist). ²§ 573a Abs. 1 Satz 2 findet keine Anwendung.
(4) Eine zum Nachteil des Mieters abweichende Vereinbarung ist unwirksam.

1 **A. Allgemeines.** § 575a I betrifft ein Mietverhältnis, das auf bestimmte Zeit eingegangen ist, aber außerordentlich mit gesetzlicher Frist gekündigt werden kann. Es gelten – abgesehen von der Kündigung ggü dem Erben des Mieters nach § 564 – gem § 575a II die §§ 573 und 573a entspr.

2 **B. Anwendungsbereich.** § 575a I betrifft außerordentliche Kündigungen mit gesetzlicher Frist gem §§ 540 I, 544, 554 III, 563 IV, 563a II, 564, 580, 1056 II, 2135, § 30 II ErbbRG, §§ 109, 111 InsO und § 57a ZVG.

3 **C. Anwendung der Sozialklausel.** § 575a II bestimmt, dass die Kündigungsschutzbestimmungen nach der Sozialklausel gem §§ 574–574b entspr gelten. Die Fortsetzung des Mietverhältnisses kann jedoch höchstens bis zum vertraglich bestimmten Beendigungszeitpunkt verlangt werden. Über diesen Zeitpunkt hinaus erhält der Zeitmietvertrag keinen Bestandsschutz (Staud/*Rolfs* § 575a Rz 9). Diese zeitliche Begrenzung gilt auch für die gerichtlichen Räumungsfristen (vgl §§ 721 VII, 794a V ZPO). Ob über § 765a ZPO (*Hinz* MietPrax Fach 1 Rz 463) die Problematik der sozialen Verwurzelung älterer Menschen auf ihren Lebensmittelpunkt nach langer Vertragsdauer gelöst werden kann, erscheint fraglich (*Derleder* NZM 01, 649, 657).

4 **D. Kündigungsfristen/Kündigungstag, § 575a III.** Für die außerordentliche Kündigung mit gesetzlicher Frist gilt wie in § 573d eine 3-monatige Kündigungsfrist. Die 3-monatige Verlängerung bei der erleichterten Kündigung von Einliegerwohnraum (§ 573a I 2) findet ausdrücklich keine Anwendung (§ 575a III 2). Möblierter Wohnraum iSd § 549 II Nr 1 kann spätestens zum 15. eines Monats zum Ablauf dieses Monats gekündigt werden.

5 **E. Abdingbarkeit, § 575a IV.** Auch § 575a ist insoweit **zwingend**, dass zum Nachteil des Mieters abw Vereinbarungen unwirksam sind.

Unterkapitel 4   Werkwohnungen

§ 576 Fristen der ordentlichen Kündigung bei Werkmietwohnungen.
(1) Ist Wohnraum mit Rücksicht auf das Bestehen eines Dienstverhältnisses vermietet, so kann der Vermieter nach Beendigung des Dienstverhältnisses abweichend von § 573c Abs. 1 Satz 2 mit folgenden Fristen kündigen:
1. bei Wohnraum, der dem Mieter weniger als zehn Jahre überlassen war, spätestens am dritten Werktag eines Kalendermonats zum Ablauf des übernächsten Monats, wenn der Wohnraum für einen anderen zur Dienstleistung Verpflichteten benötigt wird;
2. spätestens am dritten Werktag eines Kalendermonats zum Ablauf dieses Monats, wenn das Dienstverhältnis seiner Art nach die Überlassung von Wohnraum erfordert hat, der in unmittelbarer Beziehung oder Nähe zur Arbeitsstätte steht, und der Wohnraum aus dem gleichen Grund für einen anderen zur Dienstleistung Verpflichteten benötigt wird.
(2) Eine zum Nachteil des Mieters abweichende Vereinbarung ist unwirksam.

A. Werkmietwohnung. I. Begriff. Unter Werkwohnung (vgl *Riecke* WuM 03, 663) versteht man Räumlich- 1
keiten, die im Zusammenhang mit einem Dienstverhältnis überlassen wurden; vertragsbezogene Qualifikation, keine sachbezogene Eigenschaft der Wohnung. Es genügt als Mindesttatbestand, dass der Arbeitsvertrag Geschäftsgrundlage (§ 313) für den Abschluss des Mietvertrages geworden ist (Staud/*Rolfs* § 576 Rz 13).
Man unterscheidet gewöhnliche oder funktionsgebundene Werk**miet**wohnungen sowie Werk**dienst**wohnun- 2
gen (idR funktionsgebunden, AG Schöneberg MM 09, 227).

II. Vertragskonstruktion. Bei der Werkmietwohnung werden der Dienstvertrag und der Wohnraummietver- 3
trag in zwei getrennten Verträgen abgeschlossen (vgl LAG Köln ZMR 08, 963). Bei dem Mieter muss es sich um eine weisungsgebundene abhängige Person handeln, die personenidentisch mit dem Dienstverpflichteten aus dem Arbeitsvertrag ist. Die Kündigungserleichterung für Werkmietwohnungen kann der Vermieter nur dann in Anspruch nehmen, wenn er das Mietverhältnis in engem zeitlichen Zusammenhang mit der Beendigung des Arbeitsverhältnisses auch kündigt; sonst nur ordentliche Kündigung der Werkmietwohnung möglich, wenn Wohnbedarf für andere Betriebsangehörige als berechtigtes Interesse iSd § 573 II anerkannt wird. Ein besonders dringendes Interesse an der Unterbringung eines anderen Arbeitnehmers (AN) an der gekündigten Wohnung wird nicht (mehr) gefordert (LG Aachen WuM 85, 149, 150).
Das Vorliegen einer Werkmietwohnung ist zu verneinen, wenn der Mieter lediglich gegen geringe Pauschal- 4
vergütung Arbeiten übernimmt, deren Erledigung etwa vier bis sechs Stunden monatlich erfordern (LG Aachen MDR 91, 542). Es ist auch nicht möglich, eine Beendigung des Mietverhältnisses im Mietvertrag für spätestens drei Monate nach Beendigung des Beschäftigungsverhältnisses zu vereinbaren (arg § 572 II; LG Düsseldorf WuM 85, 151).

III. Mitbestimmungsfragen. Das Mitbestimmungsrecht gem § 87 I Nr 9 BetrVerfG betrifft (nur) die echten 5
Werkmietwohnungen (LG Aachen ZMR 84, 280). Dagegen besteht bei Werkdienstwohnungen kein Mitbestimmungsrecht. Auch die Umwandlung einer Werkmietwohnung in eine Werkdienstwohnung unterliegt nicht der Mitbestimmung (OVG Münster WuM 95, 600). Das LG Aachen (ZMR 84, 280) stellt ausdrücklich fest, als Vermieter einer Werkmietwohnung könne auch ein Wohnungseigentümer auftreten, demgegenüber ein Belegungsrecht aufgrund eines Werkförderungsvertrages bestehe. Die Kündigung einer Werkmietwohnung **nach** Beendigung des Arbeitsverhältnisses bedarf nach Auffassung des LG Ulm (WuM 79, 244, 245) **nicht** der Zustimmung des Betriebsrates. Das BAG (AP Nr 7 zu § 87 BetrVerfG 1972) hat allerdings eine Mitbestimmungspflicht angenommen, wenn Wohnungen aus einem einheitlichen Bestand ohne feste Zuordnung sowohl an AN als auch an Personen vergeben werden, die nicht vom Betriebsrat repräsentiert werden. An der Eigenschaft einer Wohnung als Werkmietwohnung ändert sich auch durch den Verkauf/die Veräußerung der Wohnung nichts, wenn der Mieter auch für den neuen Eigentümer tätig bleibt (LG Köln ZMR 96, 666). Durch Veräußerung des Mietgrundstücks kann das Mitbestimmungserfordernis unterlaufen werden.

IV. Werkförderungsvertrag und Wohnungsbelegungsrechte (werksfremder) Wohnungen. Während der 6
Dauer eines Werkförderungsvertrages (Darlehen mit werkvertraglichen Elementen, kein Mietvertrag, BGH NJW 81, 1377) kann der vom Arbeitgeber personenverschiedene Vermieter nur mit Genehmigung des Arbeitgebers die Werkwohnung kündigen. Andererseits muss er die Wohnung grds kündigen, wenn der Arbeitgeber dies von ihm verlangt. Der typische Fall ist hier die Auflösung des Arbeitsverhältnisses und das Benötigen der Wohnung für einen anderen Beschäftigten. § 26 WoFG unterscheidet zwischen Belegungsrechten an den geförderten Wohnungen (unmittelbare Belegung), an diesen und anderen Wohnungen (verbundene Belegung) und nur an anderen Wohnungen (mittelbare Belegung).

V. Rechtsnachfolge bei Versterben des Arbeitnehmers. Verstirbt der Dienstverpflichtete, und treten insb 7
Familienangehörige nicht gem §§ 563 f in das Mietverhältnis ein, sondern es wird konkludent ein neues Mietverhältnis begründet, so kann der Vermieter nicht mehr mit den Berechtigungen des ursprünglichen Werkmietvertrages kündigen (AG Köln WuM 85, 154).

VI. Kündigung einer Werkmietwohnung; Formalien. Bei einer Kündigung einer Werkmietwohnung (LAG 8
Köln ZMR 08, 963) genügt nicht ein Hinweis auf § 576 (Celle WuM 85, 142, 143). Es ist erforderlich, dass gem § 573 III die Gründe für ein berechtigtes Interesse im Kündigungsschreiben durch einen konkreten Sachverhalt (Lebensvorgang) so dargelegt werden, dass er als Kündigungsgrund bezeichnet und als solcher identifiziert werden kann (LG Hamburg WuM 94, 208). Das LG Bochum (WuM 92, 438) verlangt einen zeitlich engen Zusammenhang zwischen Beendigung des Arbeitsverhältnisses und Kündigungserklärung. Ein stillschweigender Ausschluss der ordentlichen Kündigung ist denkbar (*Buch* NZM 00, 167).

VII. Keine Wartefrist bei nachträglicher Umwandlung. Selbst bei einer Kündigung wegen Betriebsbedarfs 9
wird eine Analogiefähigkeit der Ausnahmevorschrift des § 577a verneint, obwohl dieser Kündigungsgrund dem des Eigenbedarfs weitgehend entspricht (vgl BGH NJW 09, 1808).

VIII. Vermietung der Werkwohnung an Dritte. Bei Vermietung an Dritte und später entstehendem Bedarf 10
ist str, ob die Kündigung des Mietverhältnisses darauf gestützt werden kann, dass die Wohnung einem neu anzustellenden AN zur Verfügung gestellt werden solle und mit dem Wohnungsangebot die Chancen auf

einen günstigen Abschluss eines derartigen Dienstvertrages verbessert werden sollen oder einem bereits angestellten AN mit konkretem Wohnbedarf die Wohnung zur Verfügung gestellt werden solle (abl Stuttg WuM 91, 330; aA LG Berlin WuM 96, 145).

11 **IX. Kündigung bei funktionsbezogener Vermietung.** Es genügt bereits der Hinweis, dass die Wohnung dringend für die Unterbringung eines aktiven Bediensteten benötigt wird (§ 576 I Nr 1). Bei formell wirksamer Angabe der materiell berechtigten Kündigungsgründe kann in einer derartigen Konstellation mit verkürzten Fristen das Mietverhältnis beendet werden (Stuttg WuM 86, 132 f). Nach OLG Stuttgart (WuM 93, 338) gilt der Grundsatz, dass das Mietverhältnis mit einem Betriebsfremden zum Zwecke der Vermietung an einen AN des Vermieters nur unter besonderen Voraussetzungen gekündigt werden kann. Nach LG Köln (ZMR 96, 666 f) muss der potentielle neue Mieter nicht in der Kündigung genannt werden (strenger ist das LG Karlsruhe WuM 74, 243).

12 **B. Werkdienstwohnung.** Die arbeitsvertragliche Verpflichtung zum Bewohnen einer funktionsbezogenen Werkwohnung kann nicht selbstständig aufgekündigt werden (BAG WuM 90, 284). Werkdienstwohnungen sind idR Bestandteil des Arbeitsvertrages (LAG München v 11.4.06, 6 Sa 1195/04). Zu Besonderheiten im öffentlichen Dienst vgl BAGE 124, 92. § 576 I Nr 2 setzt voraus, dass der Wohnraum in unmittelbarer Beziehung oder Nähe zur Arbeitsstätte steht, so dass eine Überlassung nach der Art der Arbeitsleistung erforderlich ist (typischer Fall: Rufbereitschaft bei Wachpersonal, Sicherheitsdienst). Bei der Prüfung, ob eine funktionsgebundene Wohnung vorliegt, ist ein strenger Maßstab anzulegen (LG Kiel WuM 86, 218).

13 **C. Rechtswegfragen.** Nach OVG Münster (WuM 75, 154) zählt die Zuweisung einer Werkdienstwohnung zum Arbeitsrecht. Das ArbG Hannover (WuM 85, 156) sah in der Überlassung der Werkdienstwohnung einen geldwerten Vorteil, für den Lohnsteuer zu entrichten sei. Das LG Hannover (v 2.2.83 Az 11 405/82) hatte den Rechtsweg zu den ordentlichen Gerichten als nicht gegeben angesehen. Auch das BAG (ZMR 00, 361 m Anm *Baron* 363, 364) bejaht für Streitigkeiten aus der Überlassung einer Werkdienstwohnung die Zuständigkeit der Arbeitsgerichte. Das BAG hält den Rechtsweg zu den Amtsgerichten bei einfachen und funktionsgebundenen Werkmietwohnungen für gegeben. Offen gelassen hat das BAG die Frage, ob die Arbeitsgerichte auch dann noch zuständig sein können, wenn das Arbeitsverhältnis wirksam beendet worden ist, der Wohnraum aber noch nicht genutzt wird. Zutr verweist *Julius* (WuM 00, 340 f) darauf, dass die Amtsgerichte bei Werkmietwohnungen über arbeitsrechtliche Vorfragen entscheiden müssen, insb inwieweit Maßnahmen des Arbeitgebers (zB wegen eines Verstoßes gegen die Mitbestimmung gem BetrVG) auch zivilrechtlich als unwirksam anzusehen sind. Zur Aufrechnung mit rechtswegfremder Gegenforderung vgl. BAG NJW 08, 1020.

§ 576a Besonderheiten des Widerspruchsrechts bei Werkmietwohnungen.

(1) Bei der Anwendung der §§ 574 bis 574c auf Werkmietwohnungen sind auch die Belange des Dienstberechtigten zu berücksichtigen.
(2) Die §§ 574 bis 574c gelten nicht, wenn
1. der Vermieter nach § 576 Abs. 1 Nr. 2 gekündigt hat;
2. der Mieter das Dienstverhältnis gelöst hat, ohne dass ihm von dem Dienstberechtigten gesetzlich begründeter Anlass dazu gegeben war, oder der Mieter durch sein Verhalten dem Dienstberechtigten gesetzlich begründeten Anlass zur Auflösung des Dienstverhältnisses gegeben hat.
(3) Eine zum Nachteil des Mieters abweichende Vereinbarung ist unwirksam.

1 **A. Überblick, Normzweck.** § 576a reduziert bei einer Werkmietwohnung den Mieterschutz, den die Sozialklausel der §§ 574 ff regelt. Damit sollen die überwiegenden Interessen des nicht notwendig mit dem Dienstberechtigten identischen Vermieters an der Neubelegung der Werkdienstwohnung ungeschmälert durch die Sozialklausel zur Geltung kommen.

2 **B. Anwendungsbereich.** Die Regelung des § 576a gilt auch für ordentliche Kündigungen einer Werkmietwohnung während des laufenden Dienst- bzw Arbeitsverhältnisses, wenn das Mietverhältnis bereits länger als 10 Jahre (vgl § 576 I Nr 1) dauert, der Vermieter nach Tod des Mieters von seinem außerordentlichen Kündigungsrecht gem § 563 IV Gebrauch macht und bei Ablauf eines befristeten Altmietverhältnisses mit Fortdauer des Arbeitsverhältnisses. Keine Anwendung findet § 576a bei qualifizierten Zeitmietverträgen (§ 575) und bei Wohnungen nach § 549 II.

3 **C. Einschränkung der Sozialklausel, § 576a I.** Zur Interessenabwägung: Bei werks**eigenen** Mietwohnungen sind die Interessen des Kündigenden (Vermieter = Arbeitgeber), bei werks**fremden** Werkmietwohnungen sind Interessen des Vermieters und des personenverschiedenen belegungsberechtigten Arbeitgebers/Dienstberechtigten zu berücksichtigen.

4 **D. Ausschluss der Sozialklausel, 576a II. I. Funktionsgebundene Werkmietwohnung, § 576a II Nr 1.** Widerspruchsrecht ist nicht gegeben, wenn gestützt auf § 576 I Nr 2 mit verkürzter Frist das Mietverhältnis gekündigt und die Kündigung zugleich auf Betriebsbedarf des Dienstberechtigten gestützt wurde. Kündigt dagegen der Vermieter die funktionsgebundene Werkmietwohnung mit der ordentlichen Frist des § 573c wird das Widerspruchsrecht des Mieters nicht beeinträchtigt, wobei ohne Bedeutung ist, ob der Vermieter auch über das Sonderkündigungsrecht in verkürzter Frist hätte kündigen können.

II. Vom Mieter zu vertretende Beendigung des Dienstverhältnisses, § 576a II Nr 2. 1. Alt: Der Mieter kann sich nicht auf die Sozialklausel berufen, wenn er das Dienstverhältnis selbst grundlos aufgelöst oder zur Auflösung des Dienstverhältnisses begründeten Anlass gegeben hat. Der Gesetzgeber hat hier bewusst den weiten Begriff der „Auflösung" gewählt, sodass es nicht formell darauf ankommt, wer das Mietverhältnis gekündigt hat oder ob es einvernehmlich aufgelöst bzw aufgehoben wurde. Hat der Mieter das Dienstverhältnis aus wichtigem Grund gem § 626 fristlos gekündigt, kann er sich auch weiterhin auf Sozialklausel berufen, wenn der Vermieter rechtswidrig und schuldhaft gehandelt hat. 5

2. Alt: Der Mieter kann sich auf die Härteklausel nicht stützen, wenn der Dienstberechtigte seinerseits das Mietverhältnis aus einem Grund aufgelöst hat, den wiederum der Mieter weitgehend allein zu vertreten hat. Ausreichend ist, dass ein minderschweres schuldhaftes Verhalten des Mieters gegeben ist, das die Kündigung als sozial gerechtfertigt erscheinen lässt. Abw Vereinbarungen zum Nachteil des Mieters, § 576a III, sind unwirksam. 6

§ 576b Entsprechende Geltung des Mietrechts bei Werkdienstwohnungen.
(1) Ist Wohnraum im Rahmen eines Dienstverhältnisses überlassen, so gelten für die Beendigung des Rechtsverhältnisses hinsichtlich des Wohnraums die Vorschriften über Mietverhältnisse entsprechend, wenn der zur Dienstleistung Verpflichtete den Wohnraum überwiegend mit Einrichtungsgegenständen ausgestattet hat oder in dem Wohnraum mit seiner Familie oder Personen lebt, mit denen er einen auf Dauer angelegten gemeinsamen Haushalt führt.
(2) Eine zum Nachteil des Mieters abweichende Vereinbarung ist unwirksam.

A. Überblick, Normzweck. § 576b enthält eine Sonderregelung für Werkdienstwohnungen, dh für idR funktionsgebundene Wohnungen; der formelle Unterschied zu § 576 I Nr 2 besteht darin, dass keine getrennten Verträge (Arbeits- und Mietvertrag) existieren (LAG Köln ZMR 08, 963). Mit Beendigung des Dienstverhältnisses soll nicht bereits das Recht zum Besitz an der Wohnung entfallen. 1

B. Voraussetzungen. I. Ausstattung mit Einrichtungsgegenständen, Alt 1. Dies wird bejaht, wenn der Dienstberechtigte nach Zahl und wirtschaftlicher Bedeutung mehr als die Hälfte der bei voller Möblierung benötigten Einrichtungsgegenstände gestellt hat. Verpflichtung zur Ausstattung ist nicht von Bedeutung. 2

II. Gemeinsame Haushaltsführung, Alt 2. Es kommt nicht darauf an, wer die Ausstattung vorgenommen oder finanziert hat. Der betroffene Personenkreis (vgl § 563) soll den sozialen Schutzbestimmungen des Mietrechts unterstellt werden. 3

C. Rechtsfolgen. Nach Beendigung des dienstvertraglichen Teils des Gesamtvertrages wird ein Fortbestand eines fiktiven Mietverhältnisses angenommen (Verselbstständigung des mietrechtlichen Elements des Dienstvertrages). Hinsichtlich dessen Beendigung findet Mietrecht Anwendung. Nicht geregelt ist, wie iE dieses gesetzliche Schuldverhältnis ausgestaltet sein soll. Das Nutzungsentgelt wird entweder nach den vom AN zu erbringenden Leistungen, die aufgrund seines Ausscheidens aus dem Arbeitsverhältnis nicht mehr erbracht werden können, berechnet (LG Hamburg WuM 91, 550) oder es wird die ortsübliche Miete geschuldet ab Wegfall des Dienstverhältnisses als Geschäftsgrundlage (*Lammel* § 576b Rz 10). 4

D. Kündigung des Miet- oder Nutzungsverhältnisses. Eine Teilkündigung nur des mietvertraglichen Elements des Gesamtvertrages ist unzulässig (BAG WuM 90, 284). Bei einem Dienstverhältnis auf unbestimmte Zeit müssen sowohl das Dienstverhältnis als auch der mietrechtliche Teil des Gesamtvertrages durch gesonderte Kündigungserklärung beendet werden. Hierbei gelten die §§ 573 ff. Die Kündigung allein des Dienstvertrages stellt hier keine unzulässige Teilkündigung dar, da das gesetzliche Schuldverhältnis erst mit wirksamer Beendigung des Dienstvertrages entsteht und vorher ein einheitlicher Vertrag vorlag. 5

Kapitel 6 Besonderheiten bei der Bildung von Wohnungseigentum an vermieteten Wohnungen

§ 577 Vorkaufsrecht des Mieters.
(1) ¹Werden vermietete Wohnräume, an denen nach der Überlassung an den Mieter Wohnungseigentum begründet worden ist oder begründet werden soll, an einen Dritten verkauft, so ist der Mieter zum Vorkauf berechtigt. ²Dies gilt nicht, wenn der Vermieter die Wohnräume an einen Familienangehörigen oder an einen Angehörigen seines Haushalts verkauft. ³Soweit sich nicht aus den nachfolgenden Absätzen etwas anderes ergibt, finden auf das Vorkaufsrecht die Vorschriften über den Vorkauf Anwendung.

(2) Die Mitteilung des Verkäufers oder des Dritten über den Inhalt des Kaufvertrags ist mit einer Unterrichtung des Mieters über sein Vorkaufsrecht zu verbinden.
(3) Die Ausübung des Vorkaufsrechts erfolgt durch schriftliche Erklärung des Mieters gegenüber dem Verkäufer.
(4) Stirbt der Mieter, so geht das Vorkaufsrecht auf diejenigen über, die in das Mietverhältnis nach § 563 Abs. 1 oder 2 eintreten.
(5) Eine zum Nachteil des Mieters abweichende Vereinbarung ist unwirksam.

1 **A. Grundsätzliches. I. Entstehungsgeschichte.** Mit Wirkung zum 1.9.93 wurde auch für den freifinanzierten Wohnungsbau durch das 4. MietRÄndG vom 21.7.93 (BGBl I 93 1257) das Vorkaufsrecht eingeführt. Vorbild war die für öffentlich geförderten Wohnraum damals (bis 31.12.01) geltende Bestimmung des § 2b WoBindG. (BTDrs 12/3254, 40, *Bundschuh* ZMR 01, 324 ff). Neu ist das Formerfordernis in § 577 III. Schon § 570b aF sollte nicht alle Verkaufsfälle erfassen (*Langhein* DNotZ 93, 650, 652).

2 **II. Normzweck.** Die Neufassung des vormaligen § 570b wurde bereits im Gesetzgebungsverfahren (BTDrs 12/3254, 40) im Wesentlichen damit begründet, dass eine Ausweitung des Vorkaufsrechts zum Schutz auch der Mieter im freifinanzierten Wohnungsbau erforderlich sei (vgl *Flomm* Hambg GE 93, 321). Die Regelung sollte die Tendenz verstärken, dass der verkaufsbereite Vermieter die Eigentumswohnung in erster Linie seinem Mieter anbietet (*Voelskow* ZMR 97, 111). § 577 bezweckt, den Mieter bei einer – oft spekulativen – Umwandlung in Wohnungseigentum vor einer Verdrängung aus der Wohnung zu bewahren (*Nies* NZM 98, 179 f). Grund hierfür war die Beendigung des Streits zwischen dem BGH und dem BVerwG über die Anforderungen an die Abgeschlossenheitsbescheinigung durch den Beschl des *Gemeinsamen Senats der obersten Gerichtshöfe des Bundes* v 30.6.92 (NJW 92, 3290 = ZMR 93, 25) und die anschließende Antragsflut, die den Umwandlungsdruck speziell in größeren Ballungszentren widerspiegelte (*Börstinghaus/Meyer* NJW 93, 1353, 1356). § 577 ist als Pendant zu § 566 zu sehen. Gem § 577 hat der Mieter die Möglichkeit zwar nicht des Kaufvertragseintritts (§§ 464 II, 577 I 3; *Bub* NZM 00, 1093), wohl aber des Zustandebringens eines eigenen Kaufvertrages kraft Gesetzes zwischen ihm und dem Berechtigten. § 577 III soll den Mieter vor übereilten Entscheidungen schützen (*Einsele* GS Sonnenschein, 138).

3 **III. Anwendungsbereich und Regelungsgehalt.** Vom Anwendungsbereich ausgenommen sind die in § 549 II, III erwähnten Mietobjekte. § 577 regelt ein gesetzliches schuldrechtliches persönliches Vorkaufsrecht des Wohnraummieters. Für den Vermieter/Veräußerer entsteht eine Doppelverpflichtung, dem Erstkäufer ggü sollte für den Fall der Vorkaufsrechtsausübung eine auflösende Bedingung vereinbart werden. Gem § 577 I 3 gelten iÜ die §§ 463 ff analog, nicht aber die §§ 1094–1104 über das dingliche Vorkaufsrecht. § 577 II, III enthalten Sonderregelungen. § 577 IV enthält für Erben eine lex spec zu § 473 2. Personell ist das Vorkaufsrecht auf ein Hauptmietverhältnis beschränkt. Dem Untermieter steht auch dann kein Vorkaufsrecht zu, wenn der Hauptmieter es nicht ausüben will (vgl Staud/*Rolfs* § 577 Rz 12). Das Vorkaufsrecht wird von § 577 I 2 ausgeschlossen bei einem Verkauf an „Angehörige des Haushalts". Es kann nur beim ersten Verkauf nach Umwandlung ausgeübt werden (*BGH* ZMR 07, 770).

4 **B. Voraussetzung des Vorkaufsrechts. I. Zeitliche Grenzen, I 3.** Die Umwandlung muss nur nach der „Überlassung" (vgl Staud/*Rolfs* § 577 Rz 14) des Mietobjekts – die nicht zwingend mit dem Tag des Mietvertragsschlusses zusammenfallen muss – erfolgen, ansonsten ist der Zeitpunkt der Umwandlung selbst ohne Bedeutung (*Blank* WuM 93, 577). Die „Begründung des Wohnungseigentums" wird mit dem Tag angenommen, an dem die Eintragung der Aufteilung im Grundbuch erfolgt (*Bundschuh* ZMR 01, 324, 329).

5 Der Beginn der 2-Monatsfrist gem §§ 469 II, 577 I 3 setzt eine vollständige und wahrheitsgemäße Unterrichtung des/aller Mieter(s) voraus (§ 577 II), Mitteilung über den Drittkauf und über dessen Inhalt (§ 469 I) sowie Unterrichtung des Mieters über sein Vorkaufsrecht inkl evtl vorliegender Verwaltergenehmigung nach § 12 WEG (vgl Staud/*Rolfs* § 577 Rz 41; *Elsing* ZNotP 07, 414; aA *Herrler* ZNotP 07, 448 zur strittigen Wirksamkeit der Verwalterzustimmung bei Maklertätigkeit). Die Zweimonatsfrist beginnt neu zu laufen, wenn der ursprüngliche Kaufvertrag mit dem Dritten geändert wird (*Blank* WuM 96, 329; Karlsr WuM 96, 325, 327 Ziff II. 1.). Änderungen des Erstkaufvertrages müssen dem Mieter mitgeteilt werden.

6 **II. Form, III.** § 577 III sieht – in Abw von der allgemeinen Verweisung in § 577 I 3 auf die §§ 463 ff – die Schriftform für die Ausübung des Vorkaufsrechts durch den Mieter vor. Zu den Besonderheiten im Zusammenhang mit dem früheren HausTWG (jetzt §§ 312 ff, 355 ff) vgl *J.-H. Schmidt* WE 01, 66. Die Ausübung des Vorkaufsrechts stellt eine empfangsbedürftige einseitige Willenserklärung des Berechtigten dar (*Sternel* Mietrecht aktuell XI. Rz 277). Das Recht zur Auflassung des Wohnungseigentums kann durch Vormerkung gesichert werden (§ 883); auch im Wege einstweiliger Verfügung (LG Köln NJW-RR 95, 1354).

7 **III. Beteiligte Personen. 1. Vorkaufsverpflichteter.** Vorkaufsverpflichteter ist der Veräußerer/Verkäufer des Wohnungseigentums – Teileigentum genügt nicht –, der aber nicht mit dem Vermieter personenidentisch sein muss. Dies gilt auch bei Zwangsverwaltung (*BGH* ZMR 09, 349).

2. Vorkaufsberechtigter. Vorkaufsberechtigter ist nur der Endmieter, dem der Wohnraum zur tatsächlichen   8
Nutzung überlassen ist. Str ist, ob die Kündigung des Mietverhältnisses – sei es durch den Vermieter oder
Mieter – die Entstehung des Vorkaufsrechts verhindert (Schmidt-Futterer/*Blank* § 577 Rz 27). Das Vorkaufsrecht kann nur im Ganzen ausgeübt werden (§ 472), dh mehrere Mieter/Berechtigte – denen jeweils die Veräußerung mitgeteilt werden muss – müssen es gemeinsam ausüben und werden dann Miteigentümer. Das
Vorkaufsrecht ist nicht übertragbar; aber nach Ausübung des Vorkaufsrechts können die sich daraus ergebenden Rechte entspr einer vorher getroffenen Vereinbarung an einen Dritten abgetreten werden (vgl BGH ZMR
00, 812). Nach *Flomm* (Hambg GE 93, 322) soll bei Nichtausübung durch einen Mitmieter aber der andere
Mieter – nicht auf einen Bruchteil beschränkt, sondern insgesamt – das Vorkaufsrecht ausüben dürfen.
Gewerbliche Zwischenmieter scheiden als Vorkaufsberechtigte aus (BGH NJW 91, 1815). § 577 IV erweitert   9
beim Tode des Mieters den Kreis der Berechtigten auf die Personen, die nach § 563 I, II das Mietverhältnis
fortsetzen.

IV. Die Umwandlungsabsicht. Umwandlungsabsicht wird bejaht, wenn konkrete Maßnahmen vorliegen, die   10
über das Beschaffen der reinen Abgeschlossenheitsbescheinigung (vgl § 7 IV Nr 2 WEG) hinausgehen. Es ist
zumindest die Beurkundung bzw – was auch genügt (Kosten!) – Beglaubigung der Teilungserklärung oder
Veräußerung einzelner Wohnungseigentums- bzw Wohnungserbbaurechte nach § 30 WEG mit der Auftei-
lungsverpflichtung Voraussetzung. Problematisch ist der Fall einer vor Überlassung der Wohnung an den
Mieter bereits bestehenden Aufteilungsabsicht. Nach LG Oldenburg (WuM 97, 436) soll es darauf ankommen, ob der Mieter bei Anmietung Kenntnis von der Umwandlungsabsicht hatte. Nach wohl hM (*Schilling/
Meyer* ZMR 94, 503 Ziff 4; *Blank* WuM 93, 573, 577) kann der Begriff „soll" in § 577 I 1 subjektiv, objektiv
oder gemischt ausgelegt werden. Die Kenntnis des Mieters zum Zeitpunkt der Überlassung schließt idR das
Vorkaufsrecht aus (vgl *Wirth* NZM 98, 390, str). Analog gilt § 577 bei Realteilung eines mit Reihenhäusern
bebauten Grundstücks (BGH NJW 08, 2257 + Anm Dötsch MietRB 08, 227).

V. Ausübung beim ersten Verkaufsfall nach Umwandlung. Das Vorkaufsrecht gilt nur für den ersten Ver-   11
kaufsfall nach der Umwandlung, für spätere Verkäufe greift es nicht ein (BGH ZMR 07, 770; ZMR 06, 511
im Anschluss an BGH ZMR 99, 607 = MDR 99, 986 = NJW 99, 2044 zu § 2b WoBindG; AG Frankfurt/M
NJW 95, 1034 = ZMR 95, 317; vgl auch LG Oldenburg WuM 97, 436). Kein Vorkaufsfall aber dennoch ein
erster Verkaufsfall (BGH ZMR 07, 770 LS 2) ist gegeben, wenn an sog Bedarfspersonen, § 577 I 2, veräußert
wird oder wenn der Erwerb im Wege der Zwangsversteigerung (vgl BGH NJW 99, 2044, 2046) oder durch
den Insolvenzverwalter erfolgt (§ 471). Rechtsmissbräuchlich ist die Ausübung des Vorkaufsrechts, wenn der
Mieter ersichtlich nicht in der Lage ist, den Kaufvertrag zu erfüllen.

VI. Sonderfall: Einheitlicher Verkauf mehrerer Wohnungseigentumseinheiten. Zur Berechnung des für   12
den einzelnen Mieter maßgeblichen Kaufpreises, wenn ein einheitlicher Kaufvertrag über mehrere Wohnungseigentumseinheiten zu einem Gesamtpreis abgeschlossen wurde, kommt eine Heranziehung der
Regelung des § 467 in Betracht (*Schilling/Meyer* ZMR 94, 503 Ziff VII 2). Die Berechnung des anteiligen
Kaufpreises erfolgt nach der Formel: Vorkaufspreis gleich Gesamtkaufpreis dividiert durch den Gesamtwert
aller verkauften Wohnungseigentumsrechte multipliziert mit dem Wert des vom Vorkauf betroffenen Wohnungseigentums.
§ 467 hat nur dann keine Bedeutung für das Mietervorkaufsrecht, wenn das Gebäude als Ganzes zwecks   13
Umwandlung „en bloc" veräußert wird (*Blank* WuM 96, 329).

VII. Maklercourtage und Vorkaufsrecht. Der vorkaufsberechtigte Mieter hat idR nicht nur den reinen   14
Kaufpreis zu zahlen, sondern alle Leistungen zu erbringen, die dem Erstkäufer nach dem notariellen Kaufvertrag oblegen hätten (BGH MDR 96, 250; aA Celle NJW-RR 96, 629). Ist im Wege des Vertrages zugunsten
Dritter im Kaufvertrag vereinbart, dass der Käufer sich ggü dem Veräußerer verpflichtet, die anfallende Maklerprovision zu zahlen, ist dies ein normaler wesensmäßig zum Kaufvertrag gehörender Bestandteil. Der Vorkaufsberechtigte tritt bei Ausübung seines Rechts in diese Verpflichtung ein (Ddorf MDR 99, 800).

VIII. Abschreckungsvereinbarung. Hierunter fallen zB persönliche Beratungsleistungen (München ZMR   15
99, 549) und sonstige Fremdkörper (Stuttg ZMR 98, 771) im Kaufvertrag, die den Vorkaufsberechtigten von
der Ausübung seines Rechtes abhalten sollen (LG Berlin MM 96, 30). Ebenso die Beurkundung eines höheren
Kaufpreises, um dem Mieter die Ausübung seines Vorkaufsrechts zu verleiden. Dann ist es ausnahmsweise
unerheblich, dass der Erstkaufvertrag (der beurkundete als Scheingeschäft und der wirklich gewollte wegen
Formmangels) unwirksam ist. Zwar setzt das Vorkaufsrecht grds einen wirksamen Erstkaufvertrag voraus.
Hier ist dieser Einwand aber dem Veräußerer nach § 242 abgeschnitten.

IX. Kaufähnliche Verträge und Umgehungsversuche. Den Vorkaufsfall kann auch eine erbrechtliche   16
Gestaltung auslösen, der zu Folge durch Vermächtnis eine Eigentumswohnung mit bedingtem Übereignungsanspruch nebst weiterer Abreden übertragen wird ohne dass es zeitnah zum dinglichen Eigentumsübergang
kommen soll/muss (vgl BGH ZMR 98, 488). Der Vorkaufsberechtigte kann im Einzelfall durch einstweilige
Verfügung nach wirksamem Ausüben des Rechts die Eintragung des Erwerbers verhindern, während sog

Fremdkörper im Kaufvertrag den Vorkaufsberechtigten gem § 464 II nicht binden (*Riecke* Hambg GE 00, 36; *ders* WE 99, H 8, 10). Die Vereinbarung eines Rücktrittsrechts insb für den Fall der Ausübung des Vorkaufsrechts durch den Mieter kann den Eintritt des Vorkaufsfalles nicht verhindern (§ 465; BGHZ 67, 395).

17 **C. Unterrichtungspflicht, Übereignung an Dritterwerber und Schadensersatzansprüche des Mieters.** Die Unterrichtungspflicht erfordert die Mitteilung des gesamten Inhalts des Kaufvertrages (§ 469). Außerdem muss der Mieter über sein Recht auf Ausübung des Vorkaufsrechts informiert werden. Schadensersatzansprüche können sich bei schuldhaftem Verstoß gegen die Unterrichtungspflicht, die ggü jedem Mieter besteht, aus Pflichtverletzung gem §§ 280 ff ergeben (vgl Celle ZMR 08, 119; krit *Häublein* MittBayNot 08, 378). Der Mieter kann jedoch über § 251 nur so gestellt werden, dass dessen jetzige Vermögenslage mit derjenigen verglichen wird, die bei Erwerb und Selbstnutzung der Eigentumswohnung gegeben wäre. Der Mieter kann nicht einen fiktiven Veräußerungsgewinn beanspruchen (AG Hamburg WuM 96, 477, 478).

18 Ignoriert der Veräußerer – trotz notarieller Belehrung – das nur schuldrechtliche Vorkaufsrecht des Mieters und übereignet an den Dritten, so ist der Mieter immer auf reine Schadensersatzansprüche aus den §§ 437 Nr 3, 280 I und III, 283 beschränkt (AG Charlottenburg NZM 99, 22; *Bub* NZM 00, 1092, 1094). Den Eigentumserwerb des Dritten kann er nicht rückgängig machen, sondern allenfalls im Vorwege durch rechtzeitig im Wege einstweiliger Verfügung erwirkte Vormerkung – nach Abschluss des Drittkaufs – vereiteln (München ZMR 99, 549; AG Frankfurt/M NJW 95, 1034 = Rpfleger 95, 350).

19 **D. Verzicht auf Vorkaufsrecht.** Auch ein Verzicht auf das Vorkaufsrecht ist wegen § 577 V im Vorwege zwischen Vermieter und Mieter nicht möglich. Erst zeitlich nach Eintritt des Vorkaufsfalles kommt überhaupt ein wirksamer Verzicht in Betracht, da dann die Unabdingbarkeit des § 577 V nicht mehr entgegensteht. Nach *Blank* (WuM 93, 580) soll dieses Verbot auch für den Erwerber/Kaufinteressenten gelten (vgl *Sternel* Mietrecht aktuell XI. Rz 269). Str ist (Schmidt-Futterer/*Blank* § 577 Rz 70) noch, ob **nach** Beurkundung des Erwerbsvertrags und Eintritt des Vorkaufsfalles der Mieter formlos durch Erlassvertrag auf ein Vorkaufsrecht vor Ablauf der Überlegungsfrist verzichten kann (so *Lilie* WE 00, 84, 85).

§ 577a Kündigungsbeschränkung bei Wohnungsumwandlung. (1) Ist an vermieteten Wohnräumen nach der Überlassung an den Mieter Wohnungseigentum begründet und das Wohnungseigentum veräußert worden, so kann sich ein Erwerber auf berechtigte Interessen im Sinne des § 573 Abs. 2 Nr. 2 oder 3 erst nach Ablauf von drei Jahren seit der Veräußerung berufen.
(2) ¹Die Frist nach Absatz 1 beträgt bis zu zehn Jahre, wenn die ausreichende Versorgung der Bevölkerung mit Mietwohnungen zu angemessenen Bedingungen in einer Gemeinde oder einem Teil einer Gemeinde besonders gefährdet ist und diese Gebiete nach Satz 2 bestimmt sind. ²Die Landesregierungen werden ermächtigt, diese Gebiete und die Frist nach Satz 1 durch Rechtsverordnung für die Dauer von jeweils höchstens zehn Jahren zu bestimmen.
(3) Eine zum Nachteil des Mieters abweichende Vereinbarung ist unwirksam.

1 **A. Grundsätzliches, Normzweck.** § 577a ist hervorgegangen aus den ehemaligen Regelungen der § 564b II Nr 2 2–4 und § 564b II Nr 3 4 aF sowie dem Sozialklauselgesetz. § 577a enthält Einschränkungen des Kündigungsrechts für einen Erwerber von Wohnungseigentum bezogen auf Eigenbedarfs- und Verwertungskündigungen. Seit Aufhebung des Art 232 § 2 II EGBGB ab 1.5.04 gilt auch bzgl der sog Verwertungskündigung einheitliches Recht im gesamten Bundesgebiet.

2 Mit § 577a soll vereitelt werden, dass Mietwohnungen durch Umwandlung zum schnelllebigen Handelsobjekt werden. Zu Umwandlungsproblemen unter Beteiligung von BGB-Gesellschaften als Vermieter vgl *Weitemeyer* ZMR 04, 153 ff.

3 Die einfachen und verlängerten Kündigungssperren gem § 577a bezwecken den Schutz des Mieters, der auch tatsächlich selbst die Mietsache nutzt. Für Umwandlungsfälle konstatiert *Hinz* (MietPrax Fach 1 Rz 650), dass durch den Verkauf „Eigenbedarf produziert" werde.

4 **B. Einfache Wartefrist, § 577a I. I. Zeitliche Reihenfolge der tatbestandlichen Voraussetzungen.** Ein die Sperrfrist auslösender Umwandlungsfall liegt immer dann vor, wenn die sog Umwandlung nach Abschluss des Mietvertrages und nach Überlassung der Wohnräume an den Mieter erfolgt. Hierbei wird die Kündigungssperre stets und ausnahmslos ausgelöst, wenn von den drei Tatbestandselementen die Umwandlung zuletzt erfolgt. Insoweit ist nicht erforderlich, dass Vermieter und Umwandler personenidentisch sind. Dies gilt auch bei Aufteilung bestehenden Wohnungseigentums in neue Einheiten (LG Mönchengladbach ZMR 90, 460); die bloße Teilung des Grundstücks nach § 8 WEG für sich allein genügt nicht (AG Hamburg WuM 91, 349). Wegen weiterer Sonderfälle wird verwiesen auf Staud/*Rolfs* § 577a Rz 11.

5 Erfolgt zuerst die Vermietung, anschließend die Umwandlung und daran anschließend erst die Überlassung, so liegt *kein Fall des § 577a vor*.

6 Die Sperrfrist greift auch wenn die Überlassung zwar vor der Umwandlung, jedoch die Vermietung erst später erfolgt; dies wird aus der Schutzbedürftigkeit des noch nicht mit einem wirksamen Mietvertrag ausgestatteten Mieters, dem die Wohnung bereits überlassen ist, die anschließend umgewandelt wurde, geschlussfol-

gert. Dies kann auch aus einem Mietvorvertrag hergeleitet werden (AG Winsen/Luhe ZMR 04, 123).
„Die Sperrfrist soll immer dann gelten, wenn der Bewohner auf Grund eines Mietvertrages besitzt und die 7
Wohnung nach der Besitzerlangung umgewandelt worden ist." (so Schmidt-Futterer/*Blank* § 577a Rz 8).
Selbst bei Abschluss eines neuen Mietvertrages mit dem Erwerber gilt die Sperrfrist, es sei denn der Mieter
hat bewusst die Mieterschutzrechte des § 577a aufgegeben. Dies gilt auch wenn der gekündigte Mieter zur
Zeit der Begründung des Wohnungseigentums als Angehöriger in der Wohnung lebte und mit dem Tod des
damaligen Mieters kraft Gesetzes in das Mietverhältnis eingetreten ist (vgl BGH ZMR 03, 819).
Lammel (§ 577a Rz 7) ist bei einer dinglich über § 1010 abgesicherten Nutzungsregelung (vgl zur Umgehung 8
des § 22 BauGB durch derartige Regelungen *Frind* ZMR 01, 429) der Auffassung, dass hier eine Umgehung
des Gesetzes vorliege, obwohl dass alle Bindungen, wie die formale Begründung von Wohnungseigentum letztlich vorliegen (vgl Karlsr NJW 93, 405; LG Duisburg WuM 97, 266). *Rolfs* (Staud § 577a Rz 11) will gar den
Schutz des Mieters schon dann eingreifen lassen, wenn das Verfahren zur Begründung des Wohnungseigentums bereits vor Überlassung der Wohnung eingeleitet war.

II. Ausnahmen. Die Wartefrist greift nicht ein, wenn das Grundstück nach der Überlassung an den Mieter 9
als Ganzes/en bloc an einen Miteigentümer oder die Gesamthandsgemeinschaft veräußert wird, die erst
anschließend nach § 3 WEG Wohnungs- oder Teileigentum schafft (BGH ZMR 94, 554).
Der BGH (ZMR 94, 554) hat festgestellt, dass die Sperrfrist auch dann nicht eingreife, wenn der jeweilige 10
Wohnungseigentümer anstelle der früheren Miteigentümergemeinschaft gem § 566 als Vermieter in das Mietverhältnis eingetreten sei. Die Sperrfristregelung sei nicht dazu gedacht, den Mieter vor einer unabhängig von
der Umwandlung bestehenden Eigenbedarfslage zu schützen.

III. Rechtsfolge; Fristberechnung. 1. Rechtsfolge. Während der Sperrfrist nach § 577a I kann keine wirk- 11
same Kündigung gem den § 573 I Nr 2 oder/und 3 erfolgen (vgl Hamm NJW 81, 584).

2. Fristberechnung nach § 188 II. Die Dreijahresfrist beginnt mit der Eintragung des Erwerbers im Grund- 12
buch. Da der Erwerber gem § 566 auch in befristete Zeitmietverträge aus der Zeit vor dem 1.9.01 eintritt und
nach neuem Recht ein einseitiger Kündigungsausschluss möglich ist, gilt die Sperrfrist des § 577a neben der
vertraglichen Beschränkung der ordentlichen Kündigung. Die frühestens am Tag nach Ablauf der Sperrfrist
wirksam zu erklärende Kündigung muss schriftlich und unter Berücksichtigung der asymmetrischen Kündigungsfristen des § 573c erfolgen.

C. Verlängerte Wartefrist nach § 577a II. Bei einer besonderen Gefährdung für die ausreichende Versorgung 13
der Bevölkerung in bestimmten Gemeinden mit Mietwohnungen zu angemessenen Bedingungen kann die
Landesregierung durch Rechtsverordnung (vgl Übersicht in WuM 04, 455 und 521; noch aktuell: NRW GVBl
04, 262 bis 31.8.14; Hbg GVBl 04, 30 bis 31.1.14; Berlin GVBl 04, 29 bis 31.8.11; Bayern GVBl 07, 192 bis
31.3.17) für die Dauer von jeweils höchstens 10 Jahren eine verlängerte Wartefrist/Sperrfrist bestimmen.
Hierbei hat der Zivilrichter lediglich zu prüfen, ob eine derartige Landesverordnung vorliegt. Eine Überprüfung der Verordnung selbst fällt allein in die Kompetenz der Verwaltungsgerichtsbarkeit (str; vgl *Lammel*
§ 577a Rz 18).

D. Analogiefähigkeit des § 577a. Die hM (vgl Staud/*Rolfs* § 577a Rz 19) hält es für nicht angebracht, die Vor- 14
schrift auf sonstige Gründe für ein berechtigtes Interesse analog anzuwenden (BGH ZMR 10, 99 = NJW 09,
2738; aA LG München I ZMR 09, 759 jeweils für BGB-Gesellschafter; BGH NJW 09, 1808). Dies wird damit
begründet, dass ihr Zweck nicht über den Wortlaut hinaus reiche, und iÜ ergäbe sich dies auch aus der systematischen Stellung innerhalb des Gesetzes. Selbst der Fall des Betriebsbedarfs (aA Schmidt-Futterer/*Blank* § 577a
Rz 16) sei nicht als dem Eigenbedarf im Grunde weitgehend entspr Sachverhaltskonstellation anzusehen, da er
eine andere Zielrichtung aufweise. Bei Realteilung wird Analogie bejaht (BGH NJW 08, 2257).

E. Abweichende Regelungen. Gem § 577a III handelt es sich hier um eine zu Gunsten des Mieters zwin- 15
gende Regelung.

F. Übergangsbestimmungen. Das neue Recht gilt dann nicht für Verwertungskündigungen, wenn die Veräu- 16
ßerung des vermieteten und umgewandelten Wohnungseigentums vor Inkrafttreten des Mietrechtsreformgesetzes erfolgte und die Wohnung nach altem Recht mangels Lage in einem Gefährdungsgebiet nicht einer
Sperrfrist unterlag. Ein am 1.9.01 verstrichener Teil einer einfachen oder erweiterten Sperrfrist wird auf die
Frist nach § 577a angerechnet.

Untertitel 3   Mietverhältnisse über andere Sachen

§ 578 Mietverhältnisse über Grundstücke und Räume. (1) Auf Mietverhältnisse über Grundstücke sind die Vorschriften der §§ 550, 562 bis 562d, 566 bis 567b sowie 570 entsprechend anzuwenden.

(2) ¹Auf Mietverhältnisse über Räume, die keine Wohnräume sind, sind die in Absatz 1 genannten Vorschriften sowie § 552 Abs. 1, § 554 Abs. 1 bis 4 und § 569 Abs. 2 entsprechend anzuwenden. ²Sind die Räume zum Aufenthalt von Menschen bestimmt, so gilt außerdem § 569 Abs. 1 entsprechend.

1 **A. Grundsätzliches.** Für Mietverhältnisse über Grundstücke und Räume gelten die allgemeinen Vorschriften für Mietverhältnisse (§§ 535–548). Da der Gesetzgeber daran anschließend das Wohnraummietrecht einer eingehenden Regelung unterzogen hat, bedurfte es der Verweisungsvorschrift des § 578. Ergänzt wird das Mietrecht für Grundstücke und Räume durch §§ 579–580.

2 **B. Bedeutung der nicht in Bezug genommenen Vorschriften. I. Entspr Anwendung und Heranziehung des Rechtsgedankens nicht genannter Vorschriften.** Dass die entspr Anwendung mehrerer Vorschriften nicht vorgesehen ist, schließt eine analoge Anwendung oder eine Heranziehung des Rechtsgedankens dieser Vorschriften nicht aus. Das ist dadurch gerechtfertigt, dass gerade die Geschäftsraummiete keine ihrer praktischen Bedeutung entspr Regelung erfahren hat (*Schmid* GE 01, 1025). Ob man dabei rechtstheoretisch eine Analogie trotz fehlender Verweisung vornimmt oder den Rechtsgedanken über § 242 heranzieht, macht in der Praxis keinen Unterschied.

3 Das gilt va für Regelungen, die Ausdruck eines allgemeinen Rechtsgedankens sind. So wird wohl niemand auf die Idee kommen, es einem Gewerberaummieter zuzumuten, völlig überhöhte und unwirtschaftliche Betriebskosten zu bezahlen, weil § 556 III 1 Hs 2 und § 560 V in § 578 nicht erwähnt sind. Es ist für jede Einzelregelung zu untersuchen, ob die Vorschrift speziell wohnungsmietrechtlichen Charakter hat, was eine Analogie ausschließt oder ob es sich um eine allgemeine Regelung handelt, deren Anwendung auch bei Nichtwohnraummietverhältnissen zu sachgerechten Ergebnissen führt, was eine entspr Anwendung begründet (*Schmid* GE 01, 1026). Nicht entspr angewendet werden können Regelungen, nach denen abw Vereinbarungen zum Nachteil des Mieters nicht zulässig sind, da es sich dabei um Schutzvorschriften speziell zu Gunsten von Wohnraummietern handelt.

4 **II. Leitbildfunktion bei der Verwendung Allgemeiner Geschäftsbedingungen.** Den für Wohnraum geltenden Vorschriften kommt auch für Nichtwohnraummietverhältnisse eine gewisse Leitbildfunktion iSd § 307 II Nr 1 zu. Dabei ist zu berücksichtigen, dass der Wohnraummieter nach Auffassung des Gesetzgebers schutzbedürftiger ist als der Geschäftsraummieter. Was in einem Wohnraummietvertrag vereinbart werden kann, stellt deshalb in einem Geschäftsraummietvertrag idR keine unangemessene Benachteiligung des Mieters dar. Umgekehrt ist bei einer Heranziehung von Regelungen für Wohnraummietverhältnisse iRv § 307 II Nr 1 stets zu prüfen, ob die Regelung nicht gerade in den Besonderheiten des Wohnraummietrechts ihren Grund hat und deshalb für die Geschäftsraummiete keine Leitbildfunktion entwickeln kann.

5 **III. Auslegungshilfe.** Die für Wohnraummietverhältnisse geltenden Vorschriften können auch zur Auslegung vertraglicher Regelungen in Geschäftsraummietverträgen herangezogen werden (vgl Ddorf DWW 00, 194 ff).

§ 578a Mietverhältnisse über eingetragene Schiffe.

(1) Die Vorschriften der §§ 566, 566a, 566e bis 567b gelten im Falle der Veräußerung oder Belastung eines im Schiffsregister eingetragenen Schiffs entsprechend.
(2) ¹Eine Verfügung, die der Vermieter vor dem Übergang des Eigentums über die Miete getroffen hat, die auf die Zeit der Berechtigung des Erwerbers entfällt, ist dem Erwerber gegenüber wirksam. ²Das Gleiche gilt für ein Rechtsgeschäft, das zwischen dem Mieter und dem Vermieter über die Mietforderung vorgenommen wird, insbesondere die Entrichtung der Miete; ein Rechtsgeschäft, das nach dem Übergang des Eigentums vorgenommen wird, ist jedoch unwirksam, wenn der Mieter bei der Vornahme des Rechtsgeschäfts von dem Übergang des Eigentums Kenntnis hat. ³§ 566d gilt entsprechend.

1 Auf eingetragene Schiffe sind die Vorschriften, die für die Veräußerung von Wohnungen gelten, modifiziert anwendbar. Voraussetzung ist das Bestehen eines Mietverhältnisses über ein ganzes Schiff (MüKo/*Artz* § 578a Rz 2).
2 Die Vorschrift ist nach § 98 LuftfzRG auf eingetragene Luftfahrzeuge entspr anwendbar.

§ 579 Fälligkeit der Miete.

(1) ¹Die Miete für ein Grundstück, ein im Schiffsregister eingetragenes Schiff und für bewegliche Sachen ist am Ende der Mietzeit zu entrichten. ²Ist die Miete nach Zeitabschnitten bemessen, so ist sie nach Ablauf der einzelnen Zeitabschnitte zu entrichten. ³Die Miete für ein Grundstück ist, sofern sie nicht nach kürzeren Zeitabschnitten bemessen ist, jeweils nach Ablauf eines Kalendervierteljahres am ersten Werktag des folgenden Monats zu entrichten.
(2) Für Mietverhältnisse über Räume gilt § 556b Abs. 1 entsprechend.

1 **A. Grundsätzliches.** § 579 I enthält eine Ausnahme von § 556b I. Jedoch verbleibt es nach II für Mietverhältnisse über Räume bei der Regelung des § 556b I. Die Regelung ist abdingbar. Eine Übergangsregelung für Mietverhältnisse, die am 1.9.01 bereits bestanden, enthält Art 229 § 3 I Nr 7 EGBGB (s. hierzu FAKomm-MietR/*Harz* § 579 Rz 3 ff).

B. Fälligkeit der Miete. Zum Zeitabschnitt s. bei § 556b. Zum Werktag s. bei § 193. In den von § 579 BGB 2 erfassen Fällen ist eine Kombination von Vorauszahlungsklausel und Klauseln, die die Aufrechungsbefugnis oder das Zurückbehaltungsrecht einschränken, zulässig (FAKomm-MietR/*Harz* § 579 Rz 12).

§ 580 Außerordentliche Kündigung bei Tod des Mieters.
Stirbt der Mieter, so ist sowohl der Erbe als auch der Vermieter berechtigt, das Mietverhältnis innerhalb eines Monats, nachdem sie vom Tod des Mieters Kenntnis erlangt haben, außerordentlich mit der gesetzlichen Frist zu kündigen.

A. Anwendungsbereich. Die Vorschrift gilt für alle Mietverhältnisse mit Ausnahme der Mietverhältnisse 1 über Wohnraum (s. hierfür §§ 563 ff). Für Fälle, in denen der Mieter vor dem 1.9.01 verstarb, s. Art 229 § 3 I Nr 5 EGBGB.

B. Kündigungsrecht. I. Voraussetzungen. Die Vorschrift gilt für den Tod einer natürlichen Person und ist 2 auf die Beendigung juristischer Personen und Gesellschaften nicht anwendbar (FAKomm-MietR/*Gahn* § 580 Rz 4 ff). Zur Lage beim Tod eines von mehreren Mietern s. bei § 564. Unanwendbar ist § 580 bei Tod eines BGB-Gesellschafters (Brandenbg ZMR 08, 780).

II. Kündigungsberechtigte. Die Kündigung kann sowohl durch den Erben als auch durch den Vermieter 3 erfolgen.

III. Ausübungsfrist. Die Ausübung des Kündigungsrechts ist befristet. Nach dem Gesetzeswortlaut ist für 4 den Fristbeginn nur die Kenntnis vom Tod des Mieters maßgebend. Nach dem Zweck der Vorschrift muss jedoch auf Seiten des Erben auch die Kenntnis von der Erbenstellung (Ddorf ZMR 94, 114) und auf Seiten des Vermieters die Kenntnis von der Person des Erben (Palandt/*Weidenkaff* § 580 Rz 8) hinzutreten.

IV. Kündigungsfrist. Sie ergibt sich aus § 580a. 5

C. Abdingbarkeit. Die Vorschrift ist durch Individualvereinbarung abdingbar. Umstr ist, ob eine Abbedingung 6 auch in Allgemeinen Geschäftsbedingungen möglich ist (vgl. FAKomm-MietR/*Gahn* § 580 Rz 18 mwN).

§ 580a Kündigungsfristen.
(1) Bei einem Mietverhältnis über Grundstücke, über Räume, die keine Geschäftsräume sind, oder über im Schiffsregister eingetragene Schiffe ist die ordentliche Kündigung zulässig,
1. wenn die Miete nach Tagen bemessen ist, an jedem Tag zum Ablauf des folgenden Tages;
2. wenn die Miete nach Wochen bemessen ist, spätestens am ersten Werktag einer Woche zum Ablauf des folgenden Sonnabends;
3. wenn die Miete nach Monaten oder längeren Zeitabschnitten bemessen ist, spätestens am dritten Werktag eines Kalendermonats zum Ablauf des übernächsten Monats, bei einem Mietverhältnis über gewerblich genutzte unbebaute Grundstücke oder im Schiffsregister eingetragene Schiffe jedoch nur zum Ablauf eines Kalendervierteljahres.

(2) Bei einem Mietverhältnis über Geschäftsräume ist die ordentliche Kündigung spätestens am dritten Werktag eines Kalendervierteljahres zum Ablauf des nächsten Kalendervierteljahres zulässig.

(3) Bei einem Mietverhältnis über bewegliche Sachen ist die ordentliche Kündigung zulässig,
1. wenn die Miete nach Tagen bemessen ist, an jedem Tag zum Ablauf des folgenden Tages;
2. wenn die Miete nach längeren Zeitabschnitten bemessen ist, spätestens am dritten Tag vor dem Tag, mit dessen Ablauf das Mietverhältnis enden soll.

(4) Absatz 1 Nr. 3, Absatz 2 und 3 Nr. 2 sind auch anzuwenden, wenn ein Mietverhältnis außerordentlich mit der gesetzlichen Frist gekündigt werden kann.

A. Anwendungsbereich. § 580a entspricht inhaltlich – und klarstellend BGH ZMR 02, 655 ff – dem § 565 I, 1 Ia, IV und V aF. § 580a legt für die Kündigung beider Vertragsparteien die gesetzlichen Kündigungsfristen von Mietverhältnissen jeder Art fest, die auf unbestimmte oder (§ 580a IV) bestimmte Dauer eingegangen sind, soweit Vertragsgegenstand kein Wohnraum (vgl § 573c) ist. § 580a gilt für alle nach dem 31.8.01 zugehenden Kündigungen, Art 229 § 3 I Nr 1 EGBGB.

B. Fristberechnung. Kündigungsfrist ist der Mindestzeitraum zwischen Kündigungstag (Zugang der Kündi- 2 gung) und Kündigungstermin. Fehlt in der eindeutig auf baldige Vertragsbeendigung gerichteten Kündigungserklärung ein bestimmter Kündigungstermin gilt sie zum nächstzulässigen Termin. Dies gilt auch bei Angabe eines unrichtigen Kündigungstermins, zumindest bei einer verhältnismäßig geringfügigen Verschiebung (Frankf NJW-RR 90, 337).

Es gelten die §§ 187 ff. Zur Anwendbarkeit des § 193 ist seit BGH ZMR 05, 695 geklärt, dass bei der Berech- 3 nung der in § 580a I Nr 3 und II genannten Karenzzeit (Zeit bis zum dritten Werktag des Monats, in der der Kündigungszugang noch erfolgen kann) ein in der Karenzzeit liegender Samstag mitzuzählen ist. Anderes gilt nur, wenn der letzte Tag der Karenzfrist auf einen Samstag fällt.

4 **C. Abweichende Vereinbarungen.** § 580a ist abdingbar (BGH ZMR 00, 593); es können längere und kürzere Fristen sowie andere Kündigungstage und -termine bestimmt werden. Für eine auf einen Schriftformmangel nach § 550 gestützte Kündigung gelten Vereinbarungen über eine längere als die gesetzliche Kündigungsfrist nicht, weil die Parteien sonst den durch § 550 bezweckten Schutz durch eine mündliche Vereinbarung umgehen könnten (BGH ZMR 00, 593).

5 Ein formularvertraglicher Ausschluss sowie die Verkürzung der Frist zu Lasten des Mieters sind allerdings unzulässig (BGH ZMR 01, 784 = NJW 01, 3480; *Bub* NZM 98, 789). Ein Verstoß gegen wesentliche Grundgedanken des Mietrechts liegt nicht zwingend bereits in der Vereinbarung asymmetrischer Fristen, aber ein Verstoß gegen § 307 ist anzunehmen, wenn sich der eine Vertragsteil bei einer für den anderen Teil festen Vertragslaufzeit von 30 oder mindestens 10 Jahren ein Kündigungsrecht von sechs Monaten vorbehalten hat (Hambg NJW-RR 92, 74 = ZMR 91, 476; Hamm ZMR 88, 386) oder aufgrund sonstiger grober Diskrepanzen der Vertragspartner einseitig unangemessen benachteiligt ist (BGH ZMR 01, 784).

6 **D. Einzelne Kündigungsfristen. I. Grundstücks- und Raummiete.** § 580a I differenziert nach dem Vertragsgegenstand und der Bemessung der Miete.

7 **1. Vertragsgegenstand.** § 580a I erfasst nicht bebaute Grundstücke, Grundstücks- und Gebäudeteile sowie Gebäude und Räume, letztere jedoch nur, wenn sie weder als Geschäftsräume (dann gilt § 580a II) noch zu Wohnzwecken (dann gilt § 573c) vermietet sind.

8 **Grundstücke** sind abgegrenzte, im Grundbuch unter einer bestimmten Nummer eingetragene Teile der Erdoberfläche; hierunter fallen auch Grundstücks- oder Gebäudeteile (zB Schaufenster und Dachflächen), soweit diese nicht zur Raummiete zählen.

9 Bebaute Grundstücke fallen, soweit das Bauwerk mitvermietet ist, gem § 580a I idR unter den Begriff „Räume", wenn das Gebäude weder geschäftlich noch zu Wohnzwecken genutzt wird. Erfasst werden bei der Grundstücksmiete primär die nicht mit einem Geschäftshaus bebauten Grundstücke (Garten- und Waldstücke, Teiche sowie Lagerplätze).

10 Unter „Raum, der kein Geschäftsraum ist" (§ 580a I) wird ein allseits mit Wand, Fußboden und Decke umfasster Teil eines Gebäudes, in dem sich ein Mensch aufhalten kann, verstanden (Staud/*Rolfs* § 580a Rz 17), der weder geschäftlich noch zu Wohnzwecken vermietet ist. Nicht erforderlich ist, dass das Gebäudeteil vollständig abgeschlossen ist oder dass der gesamte Raum vermietet ist. Raummiete ist auch zu bejahen, wenn ein ganzes Gebäude vermietet ist (privat genutzte Garagen, Werkstätten, Lagerräume, gemeinnützigen Zwecken dienende Hallen). Keine Räume sind (Dach-)Terrassen oder Balkone sowie Innenräume beweglicher Sachen (zB in Wohnwagen, Schiffen oder Bürocontainern; hier gilt § 580a III).

11 **2. Kündigungsfrist.** Sie ist abhängig von der Bemessung der Miete, dh den Zeiträumen, nach denen sich die Mietberechnung bestimmt; Absprachen über Zahlungs- und Fälligkeitsintervalle sind ohne Bedeutung. Bei einer nach Tagen bestimmten Miete kann nach § 580a I Nr 1 an jedem Tag – auch einem Sams-, Sonn- oder Feiertag – zum Ablauf des folgenden Tages gekündigt werden; § 193 gilt nicht. Er setzt eine aus mehreren Tagen bestehende Frist voraus. Bei einer nach Wochen bemessenen Frist muss die Kündigung gem § 580a I Nr 2 am ersten Werktag (Montag, es sei denn dieser ist Feiertag) einer Woche zugehen, um das Mietverhältnis am darauf folgenden Samstag zu beenden. Ansonsten muss die Kündigung nach § 580a I Nr 3 am dritten Werktag eines Monats (Karenzzeit, so Rn 3 und AG Düsseldorf ZMR 08, 538) zugehen, um das Mietverhältnis mit dem Ablauf des übernächsten Monats zu beenden.

12 Einen abw Kündigungstermin bestimmt § 580a I Nr 3 für gewerblich genutzte unbebaute Grundstücke und im Register eingetragene Schiffe: Kündigung ist immer nur zum Ablauf eines Kalendervierteljahres zulässig.

13 **II. Geschäftsraummiete.** Unter § 580a II fallen Räume, die zu geschäftlichen Zwecken (BGH NJW 08, 3361) vermietet sind, dh alle vom Mieter zu Erwerbszwecken angemieteten Räume, unabhängig davon, ob eine gewerbliche, freiberufliche oder sonstige berufliche, auch unselbstständige oder kaufmännische Tätigkeit ausgeübt wird. Dazu zählen durch Ärzte, Rechtsanwälte oder Steuerberater oder einen angestellten Handelsvertreter angemietete Büroräume (Köln NZM 05, 705), Werkstätten und Lagerhallen.

14 Die Kündigungsfrist beträgt sechs Monate abzgl der Karenzzeit von 3 Werktagen. Die Kündigung kann nur zum Quartalsende, mithin zum 31.3., 30.6., 30.9. und 31.12. eines jeden Jahres erklärt werden. Die Bemessung der Miete ist für die Kündigungsfrist unerheblich.

15 **III. Miete beweglicher Sachen.** § 580a III betrifft sämtliche beweglichen Sachen iSd § 90 (vgl LG Konstanz NZM 05, 398 für Automatenaufstellungsvertrag), die nicht Grundstücksbestandteil sind, dh auch Scheinbestandteile und Grundstückszubehör nach §§ 95, 97 sowie Luftfahrzeuge und Schiffe (wenn nicht im Register eingetragen) sowie die Innenräume beweglicher Sachen. § 580a III gilt analog über § 90a für die Miete von Tieren. Die Kündigungsfrist richtet sich nach der Bemessung der Miete, wie in § 580a I. Ist die Miete nach längeren Zeitabschnitten bemessen, beträgt die Kündigungsfrist mindestens drei Tage.

16 **IV. Außerordentliche Kündigung.** § 580a IV betrifft die gesetzlich geregelten Fälle, in denen ein Mietverhältnis außerordentlich unter Einhaltung der gesetzlichen Kündigungsfrist gekündigt werden kann, nämlich

§§ 540, 544, 580, 1056 sowie §§ 109, 111 InsO, § 57a ZVG. Ohne Bedeutung ist es gem § 572, wenn die auflösende Bedingung noch nicht eingetreten ist. Dies ist wichtig für Mietverhältnis auf unbestimmte Zeit mit längerer als der gesetzlichen Kündigungsfrist.

§ 580a IV verweist auf I Nr 3, II und III Nr 2. Es gilt so die längste der in Bezug genommenen Kündigungsfristen. Die frühere Streitfrage zur gesetzlichen (Sonder-)Kündigungsfrist bei Geschäftsraummietverhältnissen (vgl BGH NJW 02, 2562) ist gegenstandslos geworden. 17

§ 580a IV ist nicht abdingbar, soweit die Vorschrift, aus der sich das außerordentliche Kündigungsrecht ergibt, zwingend ist. 18

Untertitel 4 Pachtvertrag

§ 581 Vertragstypische Pflichten beim Pachtvertrag.
(1) ¹Durch den Pachtvertrag wird der Verpächter verpflichtet, dem Pächter den Gebrauch des verpachteten Gegenstands und den Genuss der Früchte, soweit sie nach den Regeln einer ordnungsmäßigen Wirtschaft als Ertrag anzusehen sind, während der Pachtzeit zu gewähren. ²Der Pächter ist verpflichtet, dem Verpächter die vereinbarte Pacht zu entrichten.
(2) Auf den Pachtvertrag mit Ausnahme des Landpachtvertrags sind, soweit sich nicht aus den §§ 582 bis 584b etwas anderes ergibt, die Vorschriften über den Mietvertrag entsprechend anzuwenden.

A. Vertragstypische Pflichten des Verpächters, § 581 I 1. I. Gebrauchsgewährung. Sie ist bei Sachen ein typisches, aber kein unabdingbares Merkmal des Pachtvertrages über Sachen. Der Verpächter kann formularvertraglich seine gesetzliche Gewährleistungspflicht weitgehend ausschließen, insb die verschuldensunabhängige Haftung für anfängliche Sachmängel (BGH ZMR 93, 320). Ebenso kann der Pächter wegen seines Minderungsanspruchs auf eine gesonderte Klage verwiesen werden. Zur Schönheitsreparaturenverpflichtung vgl Köln NJW-RR 94, 524, München GuT 05, 215, zum Konkurrenzschutz Kobl NJW-RR 95, 1352. Zur Abgrenzung zur Miete vgl Köln ZMR 07, 114. 1

II. Die Fruchtziehung. Die Fruchtziehung (Ddorf ZMR 09, 443) bestimmt sich nach dem Pachtgegenstand iVm mit § 99 (Sachfrüchte, Rechtsfrüchte). Der Verpächter ist nur zur Gewährung der Fruchtziehung in den Grenzen ordnungsgemäßer Wirtschaft verpflichtet, er schuldet die Geeignetheit des Pachtobjektes zur Fruchtziehung – auch wenn diese ggf unwirtschaftlich ist. Greift der Verpächter allerdings in das unternehmerische Risiko ein, kann er ausnahmsweise gehalten sein, die Pacht zu senken (BGH MDR 77, 833: Kantine mit festen Preisen). Der dingliche Erwerb des Pächters an den Sachfrüchten erfolgt durch im Pachtvertrag antizipierte Aneignungsgestattung gem § 956. Der Pächter wird mit Trennung der Früchte Eigentümer. Das Pendant zur Aneignungsgestattung ist bei Rechtspacht die Einziehungsermächtigung. Hinzu kommen diverse Nebenpflichten (§ 241 II) wie Obhuts-, Verkehrs- und Fürsorgepflichten bis hin zum Schutz des Pächters vor Wettbewerb durch den Verpächter oder andere seiner Pächter. Insoweit gilt das zur gewerblichen Miete (§ 578) Gesagte entspr. Auch Verpachtung ist Nutzungsüberlassung auf Zeit (BGH MDR 03, 758; zum Scheingeschäft vgl LG Hildesheim NdsRpfl 09, 133). 2

B. Vertragstypische Pflichten des Pächters. I. Zahlungsverpflichtung. Die Pacht kann wie Miete als bestimmter Betrag geschuldet sein oder als Bruchteil des Umsatzes (BGH NJW-RR 98, 803 = WuM 99, 161) oder Ertrages des Pächters. Eine unwirksame Betriebskostenvorauszahlung kann auszulegen sein als Pauschale (Ddorf GuT 02, 136 = NZM 02, 526). Bei Gaststättenpacht geht stillschweigend die Verkehrssicherungspflicht mit über (BGH MDR 85, 311). Zur Gaststättenpacht und Getränkebezugsverpflichtung vgl *Gruber* NZM 99, 1073. Zur irrtümlichen Pachtzahlung nach Vertragsende vgl Stuttg ZMR 06, 933. 3

1. Höhe. Eine sittenwidrig überhöhte Pacht wird bei einem auffälligen Missverhältnis zwischen Leistung des Verpächters und vereinbarter Pacht bejaht, wenn dieses dem Verpächter erkennbar war (BGH ZMR 01, 788). Der Pächter trägt bei entspr Vereinbarung auch die anfallenden Nebenkosten. Eine erzwingbare Veränderung der Pachthöhe sieht das allgemeine Pachtrecht – im Gegensatz zu § 593 – nicht vor. 4

2. Kaution. Auch eine vor Übergabe fällige Pachtkaution (Ddorf ZMR 95, 465 zur Gewerbemiete) kann vereinbart werden. 5

3. Andersartige Gegenleistung. Nicht jede Gegenleistung kann aber als Pacht qualifiziert werden; dies gilt insb bei gemischten Verträgen, in denen eine Dienst- oder Werkleistung geschuldet wird. 6

4. Fälligkeit. Die Fälligkeit der Pacht ergibt sich aus den §§ 579, 581 II; nur bei Raumpacht wird gem den §§ 556b I, 579 II, 581 II die frühere Fälligkeit aus dem Wohnraummietrecht angenommen. 7

II. Betriebspflicht. Der Pächter ist im Regelfall nicht kraft Gesetzes zur Nutzung oder dem Betrieb des Pachtobjektes verpflichtet (nur bei Landpacht gilt § 586 I 3). Selbst die Vereinbarung einer Umsatzpacht soll 8 keine Betriebspflicht begründen (BGH NJW 79, 2351; weitere Nachweise bei *Michalski* ZMR 96, 527). Dies lässt sich damit begründen, dass dem Verpächter analog § 162 I oder nach den Grundsätzen ergänzender Vertragsauslegung eine am bei ordnungsgemäßer Betriebsführung entstehenden Umsatz orientierte Pacht berechnet werden kann. Anderes dürfte jedoch bei Pachtverträgen in Einkaufszentren gelten (LG Hannover ZMR 93, 280; *Leo* ZMR 03, 389; *Eusani* ZMR 03, 480). Im Regelfall bedarf es einer entspr – auch konkludent möglichen (vgl BGH NJW 88, 703) – vertraglichen Vereinbarung (Ddorf ZMR 04, 508) zur Begründung der Betriebspflicht. Ausnahmen hiervon werden insb bei der Unternehmenspacht anzuerkennen sein wegen der drohenden Vernichtung des „Goodwill" des Betriebes.

9 **III. Grenzen der vertragsgemäßen Nutzung.** Der Pächter muss bei der Fruchtziehung die Regeln einer ordnungsgemäßen Wirtschaft einhalten. Anderenfalls kann der Verpächter Unterlassung (§§ 581 II, 541) und ggf Schadensersatz verlangen oder kündigen (§§ 581 II, 543 III).

10 **C. Umfang des anwendbaren Mietrechts, § 581 II.** Es gelten – soweit nicht die §§ 582–584b Sonderregelungen enthalten – die allgemeinen Vorschriften für Mietverhältnisse (§§ 535–548) sowie die Vorschriften für Mietverhältnisse über andere Sachen (als Wohnraum), nämlich die §§ 578–580a; Normen des Wohnraummietrechts kommen teilweise über die Verweisungsnorm des § 578 zum Tragen. Zum vom Pächter herbeigeführten Mangel der Pachtsache vgl Bambg OLGR Bamberg 07, 721.

11 **I. Form.** So gilt für die Form des Pachtvertrages nicht § 585a, sondern § 550 über §§ 581 II, 578, wenn Pachtobjekt ein Grundstück oder Räume sind, während die Pachtkaution sich zwar nach mietrechtlichen Grundsätzen beurteilt, die speziell Wohnraummiete betreffende Fälligkeitsregel des § 551 jedoch nicht eingreift. Den Betriebspachtvertrag definiert § 292 I Nr 3 AktG, die Schriftform schreibt § 293 III AktG vor. Nach § 125 1 führt der Formverstoß, anders als bei § 550, zur Vertragsnichtigkeit. Gem den §§ 293 I, 295 I 1 AktG bedarf die Verpachtung einer Dreiviertel-Mehrheit der AG als Verpächter beim Beschl der Hauptversammlung. Erst mit Eintragung in das Handelsregister nach § 294 II AktG wird der Vertrag wirksam.

12 **II. Unterpacht.** § 540 wird durch § 584a hinsichtlich des Pächterkündigungsrechts bei Verweigerung der Unterverpachterlaubnis ausgeschlossen (vgl § 589 für die Landpacht).

13 **III. Verpächterpfandrecht gem §§ 581 II, 562 ff, 578.** Es gilt für alle Pachtverträge, deren Gegenstand (auch) Grundstücke oder Räume sind. Analog § 562a 2 erlischt das Pfandrecht, wenn die Entfernung der Sache vom/ aus dem Pachtgegenstand ordnungsgemäßer Wirtschaftsführung entspricht.

14 **IV. Kündigung des Pachtvertrages. 1. Außerordentliche fristlose Kündigung.** Die Voraussetzungen folgen aus den §§ 581 II, 543 und ggf § 569. Im Einzelfall kann bei langfristigem Pachtvertrag eine Abmahnung über § 242 erforderlich sein (Hamm ZMR 98, 493 = WuM 98, 485).

15 **2. Außerordentliche Kündigung mit gesetzlicher Frist.** Diese ist gem §§ 581 II, 544, 580 möglich.

16 **3. Ordentliche Kündigung, Kündigungsausschluss.** Für die Rechts- und Grundstückspacht gilt § 584; iÜ gelten für bewegliche Sachen die §§ 580a III, 581 II. Für die Kündigung landwirtschaftlicher Flächen durch eine Erbengemeinschaft vgl BGH LwZR 10/05 m Anm MittBayNot 07, 133. Ein Pachtvertrag, dessen Kündigung die Vertragspartner für länger als ein Jahr ausgeschlossen haben, ist auf unbestimmte Dauer geschlossen und innerhalb gesetzlicher Frist kündbar, wenn er nicht der gesetzlichen Schriftform genügt (Ddorf GE 09, 841).

17 **V. Beendigung und Verlängerung des Pachtvertrages. 1. Pachtaufhebungsvertrag.** Er ist formlos möglich. Im Einzelfall kann er auch durch Akzeptieren einer Verpächterkündigung zustande kommen, wenn die Kündigungsgründe nicht zurückgewiesen werden (Köln MDR 02, 390).

18 **2. Zeitablauf.** Nach §§ 581 II, 542 II endet ein auf bestimmte Zeit eingegangenes Pachtverhältnis durch Zeitablauf.

19 **3. Verlängerung.** Gem §§ 545, 581 II verlängert sich auch ein Pachtvertrag durch widerspruchslose Gebrauchsfortsetzung seitens des Pächters.

20 **VI. Rückgabe des Pachtobjektes.** Nur hinsichtlich des Inventars enthält § 582a III eine Sonderregelung; iÜ gelten die §§ 584 II, 546. Für den Fall der verspäteten Rückgabe verdrängt § 584b den § 546a. Der Rückgabeanspruch richtet sich nicht nur auf das Pachtobjekt, sondern erfasst bei der Betriebspacht auch für den Betrieb bedeutsame Forderungen (vgl Nürnbg NJW-RR 97, 737 für Telefonnummer).

§ 582 Erhaltung des Inventars.

(1) Wird ein Grundstück mit Inventar verpachtet, so obliegt *dem Pächter die Erhaltung der einzelnen Inventarstücke.*
(2) ¹Der Verpächter ist verpflichtet, Inventarstücke zu ersetzen, die infolge eines vom Pächter nicht zu vertretenden Umstands in Abgang kommen. ²Der Pächter hat jedoch den gewöhnlichen Abgang der zum Inventar gehörenden Tiere insoweit zu ersetzen, als dies einer ordnungsmäßigen Wirtschaft entspricht.

A. Allgemeines. I. Normzweck. Wegen der ggü dem Mietrecht anderen Interessenlage trifft die Erhaltungspflicht bzgl des Inventars den Pächter. 1

II. Anwendungsbereich. Die §§ 582–583a gelten für jede Art von Grundstückspacht inkl Landpacht sowie analog für die Unternehmenspacht, jedenfalls soweit Inventar mitverpachtet ist. 2

III. Begriff. Inventar ist die Gesamtheit der im räumlichen Verhältnis zum Pachtgrundstück stehenden, zur zweckbestimmungsgemäßen Betriebsführung des Pachtgrundstückes dienenden beweglichen Sachen. 3

B. Erhaltungspflicht. § 582 I weicht von den §§ 581 II, 535 I 2 ab. Den Pächter trifft die Instandsetzungs- und Instandhaltungspflicht. Erforderlichenfalls sind von ihm Verschleißteile der Inventarstücke zu ersetzen/zu erneuern, wenn kein Fall des § 582 II gegeben ist. 4

C. Ersatzpflicht. Gem § 582 II 1 sind vom Verpächter „in Abgang gekommene" Inventarstücke zu ersetzen. Hierbei kommt es auf die wirtschaftliche Betrachtung bzw die Verkehrsanschauung der beteiligten Wirtschaftskreise an. Die Erneuerung wesentlicher Teile des Inventars fällt grds nicht unter die Erhaltungspflicht des Pächters (Bsp: Austauschmotor bei Fahrzeug im Gegensatz zu Bereifung und Bremsbelagwechsel). Gem § 582 II 2 trifft den Pächter die Verpflichtung aus dem natürlichen Wechsel im Tierbestand. 5

D. Pflichtverletzung des Pächters. In diesem Fall muss der Pächter bereits während der Pachtzeit Ersatz beschaffen, ggf unter Vorteilsanrechnung, wenn das Inventar auch ohne Pflichtverletzung des Pächters in absehbarer Zeit vom Verpächter nach § 582 II 1 zu ersetzen wäre. 6

E. Eigentumslage. Die vom Pächter angeschafften Ersatzstücke gehen mit Eingliederung entweder schon gem § 947 II, jedenfalls aber nach § 930 (Besitzkonstitut) in das Eigentum des Verpächters über. 7

F. Abdingbarkeit. Abdingbarkeit ist in vollem Umfange gegeben. 8

§ 582a Inventarübernahme zum Schätzwert.
(1) ¹Übernimmt der Pächter eines Grundstücks das Inventar zum Schätzwert mit der Verpflichtung, es bei Beendigung des Pachtverhältnisses zum Schätzwert zurückzugewähren, so trägt er die Gefahr des zufälligen Untergangs und der zufälligen Verschlechterung des Inventars. ²Innerhalb der Grenzen einer ordnungsmäßigen Wirtschaft kann er über die einzelnen Inventarstücke verfügen.
(2) ¹Der Pächter hat das Inventar in dem Zustand zu erhalten und in dem Umfang laufend zu ersetzen, der den Regeln einer ordnungsmäßigen Wirtschaft entspricht. ²Die von ihm angeschafften Stücke werden mit der Einverleibung in das Inventar Eigentum des Verpächters.
(3) ¹Bei Beendigung des Pachtverhältnisses hat der Pächter das vorhandene Inventar dem Verpächter zurückzugewähren. ²Der Verpächter kann die Übernahme derjenigen von dem Pächter angeschafften Inventarstücke ablehnen, welche nach den Regeln einer ordnungsmäßigen Wirtschaft für das Grundstück überflüssig oder zu wertvoll sind; mit der Ablehnung geht das Eigentum an den abgelehnten Stücken auf den Pächter über. ³Besteht zwischen dem Gesamtschätzwert des übernommenen und des zurückzugewährenden Inventars ein Unterschied, so ist dieser in Geld auszugleichen. ⁴Den Schätzwerten sind die Preise im Zeitpunkt der Beendigung des Pachtverhältnisses zugrunde zu legen.

A. Allgemeines. I. Normzweck. Der Verpächter soll bei Vertragsende einen funktionsfähigen Betrieb zurückerhalten. 1

II. Anwendungsbereich. Wie § 582. 2

B. Gefahrtragung, § 582a I 1. Ab Besitzerhalt bis längstens zur tatsächlichen Rückgewähr des Inventars oder Annahmeverzug des Verpächters haftet der Pächter für unverschuldete zufällige Verschlechterung bzw sogar den Untergang des überlassenen Inventars. 3

C. Verfügungsbefugnis des Pächters, § 582a I 2. Der Pächter hat eine gesetzliche Verfügungsbefugnis über fremdes Eigentum (idR des Verpächters) bis zum Vertragsende; dies gilt auch für eine evtl Prozessführung. Der Pächter kann so lange Inventargegenstände veräußern und neue anschaffen. 4

D. Erhaltungspflicht, § 582a II. Über § 582 I hinaus ist hier vom Pächter nicht nur ein Ist-Zustand zu perpetuieren, sondern nach den Grundsätzen ordnungsmäßiger Wirtschaftsführung das Inventar in funktionsfähigem Zustand zu erhalten und ggf zu modernisieren, soweit nichts abw im Pachtvertrag vereinbart ist. 5

E. Rückgewähr durch den Pächter, § 582a III 1. Hierbei handelt es sich um einen reinen Realakt, da der Verpächter – ggf durch Surrogation – bereits oder noch Eigentümer der einzelnen Inventarstücke ist. Die Bringschuld ist auf dem Pachtgrundstück zu erfüllen. Gem § 582a III 2 besteht ein Ablehnungsrecht des Verpächters, wenn (noch) bei Vertragsende Inventarstücke als überflüssig oder zu teuer, gemessen am objektiven Maßstab ordnungsmäßiger Wirtschaftsführung, anzusehen sind. 6

7 F. Wertausgleich in Geld durch den Verpächter, § 582a III 3. In Höhe der positiven Differenz zwischen dem Schätzwert des Inventars bei Vertragsende und Vertragsbeginn ist ein Wertausgleich in Geld vom Verpächter an den Pächter vorzunehmen. Bei Eigentumswechsel während der Pachtzeit (§§ 566, 581 II) gilt die Fälligkeitstheorie. Gem § 582a III 4 sind für die Bestimmung auch des Anfangswertes die Preise bei Pachtende zugrunde zu legen, dh es hat eine Berechnung ähnl der beim Zugewinnausgleich zu erfolgen. Es muss eine Umrechnung des Wertes bei Pachtbeginn auf den entspr Wert bei Pachtende vor dem Hintergrund der Veränderungen der Kaufkraft erfolgen.

8 G. Abdingbarkeit. Abdingbarkeit ist uneingeschränkt gegeben. Wird ein Vertrag mit Inventarübernahme zum Schätzwert geschlossen, gilt das Prinzip der dinglichen Surrogation nicht zwingend (wie hier MüKo/*Harke* § 582a Rz 9; aA Soergel/*Heintzmann* § 582a Rz 26).

§ 583 Pächterpfandrecht am Inventar.
(1) Dem Pächter eines Grundstücks steht für die Forderungen gegen den Verpächter, die sich auf das mitgepachtete Inventar beziehen, ein Pfandrecht an den in seinen Besitz gelangten Inventarstücken zu.
(2) ¹Der Verpächter kann die Geltendmachung des Pfandrechts des Pächters durch Sicherheitsleistung abwenden. ²Er kann jedes einzelne Inventarstück dadurch von dem Pfandrecht befreien, dass er in Höhe des Wertes Sicherheit leistet.

1 A. Allgemeines. I. Normzweck. Der Pächter soll durch ein Besitzpfandrecht gesichert werden für evtl Forderungen ggü dem Verpächter.

2 II. Anwendungsbereich. Die Regelung gilt für Grundstücks- und Landpacht (vgl § 585 II).

3 B. Voraussetzung des Pächterpfandrechts. Es genügt das Bestehen einer Forderung des Pächters zB auf Kautionsrückzahlung, wegen Mängeln des Inventars oder ein Ergänzungsanspruch nach § 582 II; nicht erforderlich ist das Eigentum des Verpächters am überlassenen Inventar.

4 C. Rechtsfolge. S § 1257 iVm §§ 1210 f (Pfandrechtsverhältnis), 1233 f (Verwertung).

5 D. Zurückbehaltungsrecht. Neben dem Pfandrecht besteht auch ein Zurückbehaltungsrecht gem § 273 auf Seiten des Pächters am Inventar.

6 E. Abwendungsrecht, § 583 II. Hier gilt das zu § 562c Gesagte entspr. Das Abwendungsrecht kann auch Dritten (weiteren Pfandgläubigern) zustehen. Es kann vom Berechtigten auf einzelne ausgewählte Inventarstücke beschränkt werden.

§ 583a Verfügungsbeschränkungen bei Inventar.
Vertragsbestimmungen, die den Pächter eines Betriebs verpflichten, nicht oder nicht ohne Einwilligung des Verpächters über Inventarstücke zu verfügen oder Inventar an den Verpächter zu veräußern, sind nur wirksam, wenn sich der Verpächter verpflichtet, das Inventar bei der Beendigung des Pachtverhältnisses zum Schätzwert zu erwerben.

1 A. Allgemeines. I. Normzweck. § 583a will die Schlechterstellung des Pächters, der Inventar zu Eigentum hat, abmildern. Ist der Verpächter nicht bereit, das Inventar des Pächters bei Vertragsende zum Schätzwert zu übernehmen, kann der Pächter hierüber verfügen, zB iRe Kreditsicherung.

2 II. Anwendungsbereich. Nur bei Unternehmens- bzw (auch landwirtschaftlicher, § 585 II) Betriebspacht.

3 B. Voraussetzungen. § 583a zählt die ohne Übernahmeverpflichtung unwirksamen Klauseln nicht abschließend auf (MüKo/*Harke* § 583a Rz 2). Auf eine Umgehungsabsicht kommt es nicht an, wenn entspr Verfügungsbeschränkungen vereinbart werden.

4 C. Rechtsfolgen bei fehlender oder unzureichender Schätzwertklausel. Str ist, ob § 139 ausgeschlossen ist, dh der Pachtvertrag in jedem Fall iÜ ohne das Verfügungsverbot wirksam bleibt (vgl MüKo/*Harke* § 583a Rz 1).

5 D. Abdingbarkeit. § 583a ist zugunsten des Pächters zwingend.

§ 584 Kündigungsfrist.
(1) Ist bei dem Pachtverhältnis über ein Grundstück oder ein Recht die Pachtzeit nicht bestimmt, so ist die Kündigung nur für den Schluss eines Pachtjahres zulässig; sie hat spätestens am dritten Werktag des halben Jahres zu erfolgen, mit dessen Ablauf die Pacht enden soll.
(2) Dies gilt auch, wenn das Pachtverhältnis außerordentlich mit der gesetzlichen Frist gekündigt werden kann.

1 A. Allgemeines. I. Normzweck. Es soll der Tatsache Rechnung getragen werden, dass die Fruchtziehung sich nicht gleichmäßig über das Jahr verteilt.

II. Anwendungsbereich. § 584 legt die Kündigungsfrist für die Rechtspacht originär fest und ersetzt für die Grundstücks- und Raumpacht die Regelungen des Mietrechts in den §§ 580a. § 580a III gilt weiter für Pachtverhältnisse über bewegliche Sachen; § 594a gilt für die Landpacht. 2

B. Rechtsfolgen. I. Für die ordentliche Kündigung, § 584 I. Eine Kündigung eines Grundstückspachtvertrages auf unbestimmte Zeit – dies gilt auch bei auflösend bedingten Verträgen (BGH NZM 09, 433) und für die Fälle formunwirksamer Verträge nach § 550 – ist nur zum Ablauf des sich aus dem konkreten Vertrag ergebenden Pachtjahres möglich. Ist nichts ausdrücklich geregelt, ist idR der Pachtbeginn auch der Beginn des maßgeblichen Pachtjahres, wenn kein entgegenstehendes Gewohnheitsrecht existiert. Die Kündigungserklärung muss spätestens am 3. Werktag (Samstag ist Werktag, BGH ZMR 05, 695) des halben Pachtjahres erfolgen, mit dessen Ablauf das Pachtverhältnis enden soll. 3

II. Für außerordentliche Kündigungen mit gesetzlicher Frist, § 584 II. Ein solches Recht zur außerordentlichen Kündigung mit gesetzlicher Frist ergibt sich aus den §§ 544, 580 (iVm §§ 584a II, 1056 II, 2135; §§ 109, 111 InsO, 57a ZVG). Zur Kündigung nach § 111 InsO vgl Brandbg ZMR 07, 778. § 584 II gilt nicht für die außerordentliche fristlose Kündigung aus wichtigem Grund. 4

C. Abdingbarkeit. Abdingbarkeit ist vollen Umfangs gegeben. 5

§ 584a Ausschluss bestimmter mietrechtlicher Kündigungsrechte. (1) Dem Pächter steht das in § 540 Abs. 1 bestimmte Kündigungsrecht nicht zu.
(2) Der Verpächter ist nicht berechtigt, das Pachtverhältnis nach § 580 zu kündigen.

A. Allgemeines. I. Normzweck. Der Pächter soll auch bei Verweigerung der Unterpachterlaubnis durch den Verpächter am Vertrag grds festgehalten werden (vgl Ddorf OLGR 09, 341). 1

II. Anwendungsbereich. § 584a gilt für die Pacht von Grundstücken und Räumen sowie die Rechtspacht. Für die Landpacht gilt § 589 (Nutzungsüberlassung an Dritte) sowie bei Tod des Pächters § 594d. 2

B. Rechtsfolge. Dem Pächter steht kein Recht zur außerordentlichen Kündigung mit gesetzlicher Frist im Falle des § 540 I zu. Der Verpächter kann sanktionslos dem Pächter die Überlassung des Pachtgegenstands an Dritte untersagen, da letzterer hierzu gem den §§ 581 II, 540 mangels abw Vertragsregelung idR nicht berechtigt ist. Bei Tod des Pächters schließt § 584a II das Kündigungsrecht des Verpächters aus. Das Pachtverhältnis wird von den Erben als Universalnachfolgern fortgesetzt. Ein Kündigungsrecht der Erben des Pächters ergibt sich aus den §§ 581 II, 580. 3

C. Abdingbarkeit. Abdingbarkeit ist gegeben. 4

§ 584b Verspätete Rückgabe.
¹Gibt der Pächter den gepachteten Gegenstand nach der Beendigung des Pachtverhältnisses nicht zurück, so kann der Verpächter für die Dauer der Vorenthaltung als Entschädigung die vereinbarte Pacht nach dem Verhältnis verlangen, in dem die Nutzungen, die der Pächter während dieser Zeit gezogen hat oder hätte ziehen können, zu den Nutzungen des ganzen Pachtjahrs stehen. ²Die Geltendmachung eines weiteren Schadens ist nicht ausgeschlossen.

A. Allgemeines. I. Normzweck. Dem Verpächter soll bei verspäteter Rückgabe ein verschuldensunabhängiger Entschädigungsanspruch neben möglichen Schadensersatzansprüchen gewährt werden. Eine Rückgabe der Pachtsache in nicht vertragsgemäßem Zustand fällt nicht unter § 584b (Köln v 17.10.06, 22 U 787/06). 1

II. Anwendungsbereich. § 584b gilt für Rechts- und Sachpacht, nicht jedoch für die Landpacht (vgl § 597). 2

B. Voraussetzungen. Beendigung des Pachtverhältnisses und vertragswidrig unterlassene Rückgabe des Pachtobjektes durch den Pächter. Zur Vorenthaltung der Pachtsache gilt das zu § 546a Gesagte entspr. Der Anspruch besteht auch während des Laufs einer Räumungsfrist (BGH GuT 07, 140 = NZM 06, 820). Die Vorenthaltung setzt kein bewusstes zweckgerichtetes Verhalten des Pächters voraus, ebenso wenig dessen weitere Nutzung. Auf Seiten des Verpächters muss Rücknahmebereitschaft bestehen. IdR müssen die Schlüssel zurückgegeben und Einrichtungsgegenstände des Pächters entfernt sein (Kobl ZMR 05, 712). 3

C. Rechtsfolgen. Dem Verpächter steht ein vertraglicher verschuldensunabhängiger Entschädigungsanspruch zu. Die Höhe der Entschädigung trägt den potentiellen oder tatsächlichen Nutzungsmöglichkeiten des Pächters Rechnung und berücksichtigt die ungleichmäßige Verteilung auf das gesamte Pachtjahr. Ob und welche Nutzungen der Verpächter hätte ziehen können, ist insoweit unerheblich. Der Verpächter muss nach außen den Willen äußern, dass das Inventar entfernt werden soll (Hambg ZMR 99, 481; BGH ZMR 04, 256). Treuwidrig handelt der Verpächter, wenn er das Zurücklassen von objektiv nützlichem Inventar hinnimmt (Kobl ZMR 05, 712). 4

5 **D. Anspruchskonkurrenzen.** Weitergehende Schadensersatzansprüche bleiben gem § 584b 2 ausdrücklich unberührt. Auch Ansprüche aus den §§ 987 f können daneben bestehen, wenn der Verpächter zugleich Eigentümer ist. Auch Bereicherungsansprüche werden nicht ausgeschlossen.

Untertitel 5 Landpachtvertrag

§ 585 Begriff des Landpachtvertrags. (1) ¹Durch den Landpachtvertrag wird ein Grundstück mit den seiner Bewirtschaftung dienenden Wohn- oder Wirtschaftsgebäuden (Betrieb) oder ein Grundstück ohne solche Gebäude überwiegend zur Landwirtschaft verpachtet. ²Landwirtschaft sind die Bodenbewirtschaftung und die mit der Bodennutzung verbundene Tierhaltung, um pflanzliche oder tierische Erzeugnisse zu gewinnen, sowie die gartenbauliche Erzeugung.
(2) Für Landpachtverträge gelten § 581 Abs. 1 und die §§ 582 bis 583a sowie die nachfolgenden besonderen Vorschriften.
(3) Die Vorschriften über Landpachtverträge gelten auch für Pachtverhältnisse über forstwirtschaftliche Grundstücke, wenn die Grundstücke zur Nutzung in einem überwiegend landwirtschaftlichen Betrieb verpachtet werden.

1 **A. Normzweck.** § 585 I 1 definiert den Begriff des Landpachtvertrages sowie des landwirtschaftlichen Betriebes und regelt, auf welche Pachtverträge die §§ 585–597 zusätzlich neben den §§ 581 I und § 582–§ 583a anzuwenden sind.

2 **B. Landwirtschaft, § 585 I 2.** Hierunter fallen insb Ackerbau, Gartenbau (inkl Baumschulen), Viehhaltung, Obst- und Weinbau. Fischereipacht ist oft Rechtspacht (BGH NJW-RR 04, 1282).

3 Str ist die Einordnung der professionellen Imkerei (vgl MüKo/*Harke* § 585 Rz 4). Voraussetzung ist weiter die Absicht, pflanzliche oder tierische Erzeugnisse zu gewinnen. So wird eine Abgrenzung zu Hobbylandwirtschaft und Kleingartenpacht (vgl *Harke* ZMR 04, 87) vorgenommen. Notwendig sind bei Landpacht eine Gewinnerzielungsabsicht und die Vorstellung, diesen Gewinn zur mindestens teilweisen eigenen Lebensgrundlage zu machen. Die vertragliche Übernahme der Schafbeweidung von Deichen ist kein Landpachtvertrag (Oldbg OLGR 04, 250).

4 Mit „überwiegend zur Landwirtschaft" wird in Abgrenzung zur rein gewerblichen Nutzung (zB Pacht zwecks Weiterverpachtung) auf die spezifische Nutzungsart abgestellt, nicht aber auf den vom Pächter verfolgten persönlichen Zweck. Bei Mischnutzung kommt es für die rechtliche Betrachtung auf den Schwerpunkt des Vertrages – beurteilt nach Fläche, Erträgen und Umsätzen – an.

5 **C. Betrieb, § 585 I 1.** Das Gesetz erwähnt nur die sächlichen Bestandteile. Zum Betrieb gehören zusätzlich noch der Faktor Mensch sowie Rechte, Verbindungen, Arbeitsgeräte etc. Auf einen Pflugtauschvertrag sind die §§ 585 ff anwendbar (BGH MDR 07, 1299). Der Begriff Grundstück ist hier untechnisch zu verstehen als real abgrenzbarer Teil eines Grundstückes im Rechtssinne (§§ 873 ff).

6 **D. Forstwirtschaftliche Grundstücke, § 585 III.** Hierunter fällt nur die Zupacht von (bewaldeten) Grundstücksflächen – nicht auch eines forstwirtschaftlichen Betriebes –, die iRd landwirtschaftlichen Betriebes genutzt werden sollen. Ein unmittelbarer Bezug zur landwirtschaftlichen Nutzung insgesamt ist nicht zwingend erforderlich.

7 **E. Vorpacht.** Soll dieses Recht durch eine nur zum Schein sehr hohe Pacht dem Berechtigten verleidet werden, so kann das Recht zu den wirklich vereinbarten Bedingungen ausgeübt werden (Naumbg Urt v 7.7.05, 2 U 14/05 – juris –).

§ 585a Form des Landpachtvertrags. Wird der Landpachtvertrag für längere Zeit als zwei Jahre nicht in schriftlicher Form geschlossen, so gilt er für unbestimmte Zeit.

1 **A. Grundsätzliches.** § 585a entspricht § 550 1, wobei die Mindestlaufzeit bei der Pacht auf zwei Jahre ggü der Miete erhöht ist. Eine Bezugnahme auf den „zur Zeit bestehenden Pachtvertrag", nicht aber auf eine bestimmte Urkunde, ist ungenügend (Naumbg OLGR 07, 362).

2 **B. Normzweck.** Gewollt ist eine Anpassung an die bei formungültigen Verträgen geltende Kündigungsfrist des § 594a. Eine dem § 550 2 entspr Regelung ist nicht notwendig. Durch die Umformulierung der Norm sollte mit dem Mietrechtsreformgesetz auch inhaltlich keine Änderung erfolgen (vgl aber *Ormanschick/Riecke* MDR 02, 247).

3 **C. Folgen des Formmangels.** Ein iÜ wirksamer Pachtvertrag läuft auf unbestimmte Zeit.

§ 585b Beschreibung der Pachtsache.

(1) ¹Der Verpächter und der Pächter sollen bei Beginn des Pachtverhältnisses gemeinsam eine Beschreibung der Pachtsache anfertigen, in der ihr Umfang sowie der Zustand, in dem sie sich bei der Überlassung befindet, festgestellt werden. ²Dies gilt für die Beendigung des Pachtverhältnisses entsprechend. ³Die Beschreibung soll mit der Angabe des Tages der Anfertigung versehen werden und ist von beiden Teilen zu unterschreiben.

(2) ¹Weigert sich ein Vertragsteil, bei der Anfertigung einer Beschreibung mitzuwirken, oder ergeben sich bei der Anfertigung Meinungsverschiedenheiten tatsächlicher Art, so kann jeder Vertragsteil verlangen, dass eine Beschreibung durch einen Sachverständigen angefertigt wird, es sei denn, dass seit der Überlassung der Pachtsache mehr als neun Monate oder seit der Beendigung des Pachtverhältnisses mehr als drei Monate verstrichen sind; der Sachverständige wird auf Antrag durch das Landwirtschaftsgericht ernannt. ²Die insoweit entstehenden Kosten trägt jeder Vertragsteil zur Hälfte.

(3) Ist eine Beschreibung der genannten Art angefertigt, so wird im Verhältnis der Vertragsteile zueinander vermutet, dass sie richtig ist.

A. Normzweck. Die Pachtbeschreibung (§ 585b I 1) soll Jahre später möglichen Streit über den Zustand des Pachtobjekts bei Vertragsbeginn vermeiden. Entspr gilt für den vertraglich geschuldeten Zustand bei Vertragsende (§§ 585b I 2, 596). Damit wird es auch leichter möglich sein, ua einen Ausgleichsanspruch nach § 591 zu berechnen.   1

B. Grundsätzliches. Nach der Soll-Vorschrift des § 585b ist die Pachtbeschreibung nicht zwingend geboten. Aber es kann jeder Vertragspartner gem § 585b II das Erstellen der Pachtbeschreibung durchsetzen.   2

C. Gemeinsame Anfertigung und Form der Beschreibung; Richtigkeitsvermutung. I. Form. Notwendig ist die Schriftform (§§ 585b I 3 letzter Hs, 126, 126a); sonst kommt es nicht gem § 585b III zur Beweislastumkehr. Die Angabe des Datums ist nicht zwingend (Soll-Vorschrift).   3

II. Inhalt. Hier können auch Streitpunkte in Einzelbereichen oder einseitige Feststellungen eines Vertragspartners dokumentiert werden. Damit wird klargestellt, dass insoweit die Richtigkeitsvermutung (§ 585b III) nicht greift.   4

D. Beschreibung durch Sachverständigen, § 585b II. Innerhalb der durch Ausschlussfristen gebildeten Zeitfenster (9 Monate ab Beginn bzw 3 Monate nach Beendigung des Vertrages) besteht ein Anspruch auf Erstellung der Beschreibung durch einen vom Landwirtschaftsgericht zu ernennenden Sachverständigen. Voraussetzung ist eine faktische Weigerung des Vertragspartners oder Meinungsverschiedenheiten der Vertragsparteien über tatsächliche (nicht rechtliche) Punkte.   5

E. Abdingbarkeit. Nur § 585b III ist zwingend.   6

§ 586 Vertragstypische Pflichten beim Landpachtvertrag.

(1) ¹Der Verpächter hat die Pachtsache dem Pächter in einem zu der vertragsmäßigen Nutzung geeigneten Zustand zu überlassen und sie während der Pachtzeit in diesem Zustand zu erhalten. ²Der Pächter hat jedoch die gewöhnlichen Ausbesserungen der Pachtsache, insbesondere die der Wohn- und Wirtschaftsgebäude, der Wege, Gräben, Dränungen und Einfriedigungen, auf seine Kosten durchzuführen. ³Er ist zur ordnungsmäßigen Bewirtschaftung der Pachtsache verpflichtet.

(2) Für die Haftung des Verpächters für Sach- und Rechtsmängel der Pachtsache sowie für die Rechte und Pflichten des Pächters wegen solcher Mängel gelten die Vorschriften des § 536 Abs. 1 bis 3 und der §§ 536a bis 536d entsprechend.

A. Normzweck. Die Pflichten des Verpächters sind ggü Vermieterpflichten (§ 535 I 2) reduziert wegen der Bewirtschaftungspflicht des Pächters (§ 586 I 3; BGH NJW 89, 1222).   1

B. Regelungsgehalt; Abdingbarkeit. Der Regelungsgehalt hinsichtlich der Mängelrechte entspricht gem § 586 II den mietrechtlichen Vorschriften, wobei lediglich nicht auf deren Unabdingbarkeit (§ 536 IV) verwiesen wird. Bei der Erhaltenspflicht gilt die Besonderheit, dass gewöhnliche Ausbesserungen zu den Pflichten des Pächters gehören (§ 586 I 2); hierunter fallen nicht außergewöhnliche, sondern nur turnusmäßig anfallende Pflege- und Wartungsarbeiten, nicht aber modernisierende Instandsetzungen.   2

C. Sonstige Rechte. Minderung und Schadensersatz (BGH ZMR 93, 151) werden durch § 586 nicht berührt.   3

§ 586a Lasten der Pachtsache.

Der Verpächter hat die auf der Pachtsache ruhenden Lasten zu tragen.

Hier gilt das zu § 535 I 3 Gesagte entspr.   1

§ 587 Fälligkeit der Pacht; Entrichtung der Pacht bei persönlicher Verhinderung des Pächters.
(1) ¹Die Pacht ist am Ende der Pachtzeit zu entrichten. ²Ist die Pacht nach Zeitabschnitten bemessen, so ist sie am ersten Werktag nach dem Ablauf der einzelnen Zeitabschnitte zu entrichten.
(2) ¹Der Pächter wird von der Entrichtung der Pacht nicht dadurch befreit, dass er durch einen in seiner Person liegenden Grund an der Ausübung des ihm zustehenden Nutzungsrechts verhindert ist. ²§ 537 Abs. 1 Satz 2 und Abs. 2 gilt entsprechend.

1 **A. Grundsätzliches; Fälligkeit, § 587 I.** Wie die gewöhnliche Pacht (§ 579) ist auch die Landpacht erst nach dem ersten Zeitabschnitt zur Zahlung fällig. Üblicherweise wird allerdings formularvertraglich eine Vorleistung des Landpächters – wie in § 556b für den Mieter geregelt – vereinbart. § 587 ist dispositiv.

2 **B. Persönliche Gründe für Nichtnutzung, § 587 II.** Hier gilt dasselbe wie in § 537 im Mietrecht. Zusätzlich kann der berufsunfähige Pächter nach § 594c ggf kündigen.

§ 588 Maßnahmen zur Erhaltung oder Verbesserung.
(1) Der Pächter hat Einwirkungen auf die Pachtsache zu dulden, die zu ihrer Erhaltung erforderlich sind.
(2) ¹Maßnahmen zur Verbesserung der Pachtsache hat der Pächter zu dulden, es sei denn, dass die Maßnahme für ihn eine Härte bedeuten würde, die auch unter Würdigung der berechtigten Interessen des Verpächters nicht zu rechtfertigen ist. ²Der Verpächter hat die dem Pächter durch die Maßnahme entstandenen Aufwendungen und entgangenen Erträge in einem den Umständen nach angemessenen Umfang zu ersetzen. ³Auf Verlangen hat der Verpächter Vorschuss zu leisten.
(3) Soweit der Pächter infolge von Maßnahmen nach Absatz 2 Satz 1 höhere Erträge erzielt oder bei ordnungsmäßiger Bewirtschaftung erzielen könnte, kann der Verpächter verlangen, dass der Pächter in eine angemessene Erhöhung der Pacht einwilligt, es sei denn, dass dem Pächter eine Erhöhung der Pacht nach den Verhältnissen des Betriebs nicht zugemutet werden kann.
(4) ¹Über Streitigkeiten nach den Absätzen 1 und 2 entscheidet auf Antrag das Landwirtschaftsgericht. ²Verweigert der Pächter in den Fällen des Absatzes 3 seine Einwilligung, so kann sie das Landwirtschaftsgericht auf Antrag des Verpächters ersetzen.

1 **A. Normzweck.** § 588 entspricht den §§ 581 II, 554, 559–559b. Dem Verpächter sollen Erhaltungsmaßnahmen ermöglicht werden und bei Verbesserungsmaßnahmen eine höhere Pacht zufließen.

2 **B. Anwendungsbereich.** § 588 gilt nur für bereits in Vollzug gesetzte Pachtverhältnisse und nur soweit nicht eine Pflicht des Pächters aus § 586 I 2 besteht. Schonend durchgeführte Erhaltungsmaßnahmen muss der Pächter entschädigungslos hinnehmen.

3 **C. Verbesserungsmaßnahmen, § 588 II.** Hierunter fallen nicht nur Maßnahmen, die die Ertragsfähigkeit des Pachtobjekts nachhaltig steigern; dies folgt aus § 588 III, wonach gerade dieses Kriterium nur für die Pachterhöhung relevant ist. Die totale Umgestaltung des Pachtobjekts wird von § 588 II nicht erfasst.

4 **D. Interessenabwägung, § 588 II 1.** Hier wird – anders als bei § 554 II 3 – die mögliche Pachterhöhung nicht berücksichtigt (arg § 588 III). Grds muss der Pächter Verbesserungsmaßnahmen dulden. Eine nicht zu rechtfertigende Härte liegt vor bei nennenswerter Minderung der Ertragsfähigkeit des Pachtobjekts.

5 **E. Aufwendungsersatz, § 588 II 2.** Diesen kann der Pächter insb für die Umquartierung des Viehs inkl Personalkosten verlangen, jedoch nur in angemessenem Umfang. Der Anspruch besteht neben einem evtl Minderungsrecht. Entgangene Gebrauchsvorteile werden nicht entschädigt.

6 **F. Vorschuss, § 588 II 3.** Einen Vorschuss für zu erwartende Aufwendungen kann der Pächter bereits vor Beginn der Verbesserungsmaßnahmen verlangen.

7 **G. Angemessene Pachterhöhung, § 588 III.** Hier wird im Gegensatz zu § 559 auf die Ertragssteigerung für den Pächter und nicht auf die Höhe der Investition des Verpächters abgestellt. Das Erhöhungsverlangen ist wie im Fall des § 558 auf Zustimmung gerichtet. Eine Überlegungsfrist ist nicht gesetzlich fixiert; sie wird mit 6 Monaten angenommen. Die Schriftform ist einzuhalten (§ 585a).

8 **H. Abdingbarkeit.** Sie ist zu bejahen für die nicht das Verfahrensrecht (§ 588 IV) betreffenden Normteile.

§ 589 Nutzungsüberlassung an Dritte.
(1) Der Pächter ist ohne Erlaubnis des Verpächters nicht berechtigt,
1. *die Nutzung der Pachtsache einem Dritten zu überlassen, insbesondere die Sache weiter zu verpachten,*
2. *die Pachtsache ganz oder teilweise einem landwirtschaftlichen Zusammenschluss zum Zwecke der gemeinsamen Nutzung zu überlassen.*

(2) Überlässt der Pächter die Nutzung der Pachtsache einem Dritten, so hat er ein Verschulden, dass dem Dritten bei der Nutzung zur Last fällt, zu vertreten, auch wenn der Verpächter die Erlaubnis zur Überlassung erteilt hat.

A. Grundsätzliches. Die Regelung entspricht den §§ 584a I, 540 und enthält einen „Identitätsschutz" vor dem Hintergrund der negativen Vertragsfreiheit des Verpächters. Seit Anerkennung der Rechtsfähigkeit der BGB-Außengesellschaft (BGH ZMR 01, 338) hat § 589 I Nr 1 an Bedeutung verloren. Die BGB-Gesellschaft, deren Mitglied der Landpächter ist, wird als solche immer Dritter sein. Im Erbfall auf Seiten des Pächters geht § 594d vor. Zu sonstigen Fällen personeller Diskontinuität vgl *Baukelmann* FS Wenzel, 287 ff. 1

B. Anwendungsbereich. § 589 I erfasst auch den sog Pflugtausch (BGH WPM 99, 1293 = AgrarR 99, 212; Naumbg NJW-RR 00, 93), die Gründung einer BGB-Gesellschaft in Form einer Maschinengemeinschaft, Maschinengenossenschaften, Erzeugergenossenschaften etc. Die Abtretung der Rechte aus dem Landpachtvertrag fällt zwar nicht unter „Überlassung" gem § 589, bedarf aber wegen § 399 ebenfalls der Erlaubnis des Verpächters. Nicht erfasst wird eine Umwandlung der Pächters (BGH NJW 02, 2168 = NZM 02, 660; *Neuhaus* Rz 190). Nicht erfasst wird auch die Verschmelzung, BGHZ 150, 365, Drittüberlassung und Pächterwechsel nach dem UmwG weisen strukturelle Unterschiede auf; nach aA ist § 589 hier analog anwendbar (*Baukelmann* FS Wenzel, 299). Zur Umgehungsproblematik vgl BGH NJW-RR 04, 123 für Ausgliederungsvertrag. 2

C. Rechtsfolge der Erlaubnisverweigerung. Anders als in § 540 bei der Miete ist dem Landpächter auch bei Verweigerung der Erlaubnis kein Sonderkündigungsrecht eingeräumt worden. 3

D. Verschuldenszurechnung. Zu Lasten des Hauptpächters wird ihm Verschulden des Dritten im Zusammenhang mit der Nutzung des Pachtobjekts im weitesten Sinne zugerechnet. Eigenverschulden des Hauptpächters liegt vor, wenn er ohne Erlaubnis unterverpachtet hat. 4

E. Abdingbarkeit. § 589 ist dispositiv. 5

§ 590 Änderung der landwirtschaftlichen Bestimmung oder der bisherigen Nutzung.

(1) Der Pächter darf die landwirtschaftliche Bestimmung der Pachtsache nur mit vorheriger Erlaubnis des Verpächters ändern.
(2) ¹Zur Änderung der bisherigen Nutzung der Pachtsache ist die vorherige Erlaubnis des Verpächters nur dann erforderlich, wenn durch die Änderung die Art der Nutzung über die Pachtzeit hinaus beeinflusst wird. ²Der Pächter darf Gebäude nur mit vorheriger Erlaubnis des Verpächters errichten. ³Verweigert der Verpächter die Erlaubnis, so kann sie auf Antrag des Pächters durch das Landwirtschaftsgericht ersetzt werden, soweit die Änderung zur Erhaltung oder nachhaltigen Verbesserung der Rentabilität des Betriebs geeignet erscheint und dem Verpächter bei Berücksichtigung seiner berechtigten Interessen zugemutet werden kann. ⁴Dies gilt nicht, wenn der Pachtvertrag gekündigt ist oder das Pachtverhältnis in weniger als drei Jahren endet. ⁵Das Landwirtschaftsgericht kann die Erlaubnis unter Bedingungen und Auflagen ersetzen, insbesondere eine Sicherheitsleistung anordnen sowie Art und Umfang der Sicherheit bestimmen. ⁶Ist die Veranlassung für die Sicherheitsleistung weggefallen, so entscheidet auf Antrag das Landwirtschaftsgericht über die Rückgabe der Sicherheit; § 109 der Zivilprozessordnung gilt entsprechend.
(3) Hat der Pächter das nach § 582a zum Schätzwert übernommene Inventar im Zusammenhang mit einer Änderung der Nutzung der Pachtsache wesentlich vermindert, so kann der Verpächter schon während der Pachtzeit einen Geldausgleich in entsprechender Anwendung des § 582a Abs. 3 verlangen, es sei denn, dass der Erlös der veräußerten Inventarstücke zu einer zur Höhe des Erlöses in angemessenem Verhältnis stehenden Verbesserung der Pachtsache nach § 591 verwendet worden ist.

A. Normzweck. § 590 will das Interesse des Pächters an der Anpassung (§ 590 II) des landwirtschaftlichen Betriebes an neue Markterfordernisse mit dem Interesse des Verpächters, nicht über § 590b die finanziellen Folgen der Umstrukturierung anteilig tragen zu müssen, ausgleichen. § 590 I macht eine nichtlandwirtschaftliche Nutzung allein von der auch gerichtlich nicht zu ersetzenden Zustimmung des Verpächters abhängig. 1

B. Anwendungsbereich. I. Umstellung. § 590 II ermöglicht die Umstellung oder Spezialisierung innerhalb der landwirtschaftlichen Nutzung, wobei eine vorherige Erlaubnis notwendig ist bei Beeinflussung der Nutzung des Pachtobjekts nach Vertragsende (§ 590 II 1) oder der Errichtung von Gebäuden (§ 590 II 2). Das Landwirtschaftsgericht kann eine solche Erlaubnis des Landverpächters ersetzen (§ 590 II 3–6). 2

II. Wesentliche Wertminderung des überlassenen Inventars. Gem § 590 III steht dem Verpächter analog § 582a III schon bei Eintritt einer mindestens 10%-igen (vgl BGH ZMR 04, 495 zum Mietrecht) Wertminderung ein Ausgleichsanspruch zu, und zwar nur bei einer nach vorheriger Erlaubnis zulässigen Änderung der landwirtschaftlichen Nutzung, dh nicht im Fall des § 590 I mangels Zustimmungsanspruch und auch nicht bei unzulässiger Nutzung, die zu Schadensersatzansprüchen führen kann. 3

4   **C. Abdingbarkeit.** § 590 ist dispositiv.

§ 590a Vertragswidriger Gebrauch.
Macht der Pächter von der Pachtsache einen vertragswidrigen Gebrauch und setzt er den Gebrauch ungeachtet einer Abmahnung des Verpächters fort, so kann der Verpächter auf Unterlassung klagen.

1   § 590a entspricht § 541; beide Normen dienen hier der Klarstellung, sind abdingbar (nur die Abmahnung kann nicht formularvertraglich ausgeschlossen werden, § 309 Nr 4) und hätten iRd Mietrechtsreformgesetzes auch gestrichen werden können.

§ 590b Notwendige Verwendungen.
Der Verpächter ist verpflichtet, dem Pächter die notwendigen Verwendungen auf die Pachtsache zu ersetzen.

1   **A. Grundsätzliches, Normzweck.** Der im Mietrecht (§§ 536a II Nr 2, 539) und über § 581 II auch im Pachtrecht nicht mehr gebräuchliche Begriff der „Verwendungen" entspricht den §§ 994 ff. Soweit Maßnahmen unter § 582 oder § 586 I 2, 3 fallen, besteht jedoch kein Ersatzanspruch. Dem Landpächter sollen Aufwendungen ersetzt werden, die er stellvertretend für den rechtlich dazu verpflichteten Landverpächter gemacht hat. Die Norm gilt nur für Landpachtverträge. Zum Sonderfall der Enteignung der Pachtfläche vgl BGH VersR 06, 1498 = NZM 06, 627 – sowie *Eckert* ZfIR 07, 16 ff.

2   **B. Fälligkeit und Verjährung.** Der Anspruch ist mit Vornahme der Maßnahme fällig und verjährt gem § 591b I.

3   **C. Abdingbarkeit.** Sie ist grds zu bejahen, ein vollständiger Anspruchsausschluss ist formularvertraglich wegen § 307 nicht zulässig.

§ 591 Wertverbessernde Verwendungen.
(1) Andere als notwendige Verwendungen, denen der Verpächter zugestimmt hat, hat er dem Pächter bei Beendigung des Pachtverhältnisses zu ersetzen, soweit die Verwendungen den Wert der Pachtsache über die Pachtzeit hinaus erhöhen (Mehrwert).
(2) ¹Weigert sich der Verpächter, den Verwendungen zuzustimmen, so kann die Zustimmung auf Antrag des Pächters durch das Landwirtschaftsgericht ersetzt werden, soweit die Verwendungen zur Erhaltung oder nachhaltigen Verbesserung der Rentabilität des Betriebs geeignet sind und dem Verpächter bei Berücksichtigung seiner berechtigten Interessen zugemutet werden können. ²Dies gilt nicht, wenn der Pachtvertrag gekündigt ist oder das Pachtverhältnis in weniger als drei Jahren endet. ³Das Landwirtschaftsgericht kann die Zustimmung unter Bedingungen und Auflagen ersetzen.
(3) ¹Das Landwirtschaftsgericht kann auf Antrag auch über den Mehrwert Bestimmungen treffen und ihn festsetzen. ²Es kann bestimmen, dass der Verpächter den Mehrwert nur in Teilbeträgen zu ersetzen hat, und kann Bedingungen für die Bewilligung solcher Teilzahlungen festsetzen. ³Ist dem Verpächter ein Ersatz des Mehrwerts bei Beendigung des Pachtverhältnisses auch in Teilbeträgen nicht zuzumuten, so kann der Pächter nur verlangen, dass das Pachtverhältnis zu den bisherigen Bedingungen so lange fortgesetzt wird, bis der Mehrwert der Pachtsache abgegolten ist. ⁴Kommt keine Einigung zustande, so entscheidet auf Antrag das Landwirtschaftsgericht über eine Fortsetzung des Pachtverhältnisses.

1   **A. Normzweck, Abdingbarkeit.** Der abdingbare § 591 will dem Pächter, der nützliche Verwendungen gemacht hat, eine im Vergleich zum Mietrecht günstigere Position verschaffen.

2   **B. Voraussetzungen für Ersatz des Mehrwerts. I. Nützliche Verwendung.** Hierunter fallen nicht notwendige für die Pachtsache objektiv vorteilhafte Maßnahmen, die noch keine Luxusaufwendungen darstellen.

3   **II. Zustimmung des Verpächters.** Sie kann gem den §§ 585 ff vorher oder nachher erklärt oder ggf vom Landwirtschaftgericht ersetzt werden, wenn auf ein formloses Zustimmungsverlangen eine Ablehnung erfolgte. Dies erfordert eine positive Prognose in Bezug auf die Erhaltung oder die Verbesserung der Rentabilität. Zumutbarkeit für den Verpächter setzt auch die Berücksichtigung der Höhe des ausgleichspflichtigen Mehrwerts voraus.

4   **III. Kausalität.** Sie muss zwischen Verwendung und Mehrwert bestehen.

5   **IV. Höhe des Mehrwerts, § 591 III.** Erst nach Pachtende kann der Mehrwert vom Landwirtschaftsgericht im Beschlusswege tituliert werden, § 591 III 2. Während der Vertragslaufzeit kann das Gericht „bestimmen" nach welchen Grundsätzen später der Mehrwert festgesetzt werden soll. Je nach künftiger Nutzung sind *Verkehrswert (bei Veräußerung)* und der *Ertragswert (bei erneuter Verpachtung oder Eigennutzung)* ggü zustellen. Obergrenze sind die tatsächlich getätigten Aufwendungen (BGH NZM 06, 627 = NJW 06, 1729).

§ 591a Wegnahme von Einrichtungen.
¹Der Pächter ist berechtigt, eine Einrichtung, mit der er die Sache versehen hat, wegzunehmen. ²Der Verpächter kann die Ausübung des Wegnahmerechts durch Zahlung einer angemessenen Entschädigung abwenden, es sei denn, dass der Pächter ein berechtigtes Interesse an der Wegnahme hat. ³Eine Vereinbarung, durch die das Wegnahmerecht des Pächters ausgeschlossen wird, ist nur wirksam, wenn ein angemessener Ausgleich vorgesehen ist.

A. Normzweck und Anwendungsbereich. Bei Landpacht gilt das Gleiche wie für den Mieter von Wohnraum (vgl §§ 539 II, 552) mit folgender Besonderheit: Einrichtungen in Erfüllung der Ausbesserungs- oder Betriebspflicht gem § 586 I 2, 3 und notwendige Verwendungen fallen nicht unter das Wegnahmerecht. 1

B. Abdingbarkeit. Eine Beschränkung des Wegnahmerechts ist als teilweiser Ausschluss nur gegen angemessenen Ausgleich möglich. 2

§ 591b Verjährung von Ersatzansprüchen.
(1) Die Ersatzansprüche des Verpächters wegen Veränderung oder Verschlechterung der verpachteten Sache sowie die Ansprüche des Pächters auf Ersatz von Verwendungen oder auf Gestattung der Wegnahme einer Einrichtung verjähren in sechs Monaten.
(2) ¹Die Verjährung der Ersatzansprüche des Verpächters beginnt mit dem Zeitpunkt, in welchem er die Sache zurückerhält. ²Die Verjährung der Ansprüche des Pächters beginnt mit der Beendigung des Pachtverhältnisses.
(3) Mit der Verjährung des Anspruchs des Verpächters auf Rückgabe der Sache verjähren auch die Ersatzansprüche des Verpächters.

A. Normzweck. Entspr § 548 ist eine schnelle Abwicklung des beendeten Landpachtverhältnisses gewollt. 1

B. Anwendungsbereich für Ansprüche. I. Des Verpächters. Erfasst werden alle Ansprüche (auch deliktische, ohne § 826), wenn sie sich aus einer Verschlechterung der Pachtsache ergeben, selbst wenn der Anspruch erst nach Pachtende entstanden ist (BGH WuM 05, 126 zu § 548). Auch vom Pächter gem § 285 herauszugebende Ersatzansprüche (zB Milchaufgabevergütung) werden hier erfasst. Verjährungsbeginn ist der Zeitpunkt der Rückgabe des Pachtobjekts (§ 591b II 1). 2

II. Des Pächters. Beginn der Verjährung erst mit dem rechtlichen Ende des Pachtvertrages (§ 591b II 2). 3

C. Abdingbarkeit. Die Verjährungsfrist kann in den Grenzen des § 202 II verlängert werden. 4

§ 592 Verpächterpfandrecht.
¹Der Verpächter hat für seine Forderungen aus dem Pachtverhältnis ein Pfandrecht an den eingebrachten Sachen des Pächters sowie an den Früchten der Pachtsache. ²Für künftige Entschädigungsforderungen kann das Pfandrecht nicht geltend gemacht werden. ³Mit Ausnahme der in § 811 Abs. 1 Nr. 4 der Zivilprozessordnung genannten Sachen erstreckt sich das Pfandrecht nicht auf Sachen, die der Pfändung nicht unterworfen sind. ⁴Die Vorschriften der §§ 562a bis 562c gelten entsprechend.

A. Normzweck. Das Landverpächterpfandrecht ist nicht durch § 811 I Nr 4 ZPO gegenständlich und auch nicht in zeitlicher Hinsicht (dagegen § 562 II) auf bestimmte künftige Pacht beschränkt und soll vorrangig vor anderen Gläubigern den Landverpächter absichern. 1

B. Gegenstand des Pfandrechts. Hierunter fallen die Früchte auf dem Halm, Wirtschaftsfrüchte und nicht vorübergehend eingebrachte pächtereigene Sachen. 2

C. Abdingbarkeit. Bis auf die nach § 592 3 eingeschränkte Pfändbarkeit ist § 592 dispositiv. 3

§ 593 Änderung von Landpachtverträgen.
(1) ¹Haben sich nach Abschluss des Pachtvertrags die Verhältnisse, die für die Festsetzung der Vertragsleistungen maßgebend waren, nachhaltig so geändert, dass die gegenseitigen Verpflichtungen in ein grobes Missverhältnis zueinander geraten sind, so kann jeder Vertragsteil eine Änderung des Vertrags mit Ausnahme der Pachtdauer verlangen. ²Verbessert oder verschlechtert sich infolge der Bewirtschaftung der Pachtsache durch den Pächter deren Ertrag, so kann, soweit nichts anderes vereinbart ist, eine Änderung der Pacht nicht verlangt werden.
(2) ¹Eine Änderung kann frühestens zwei Jahre nach Beginn des Pachtverhältnisses oder nach dem Wirksamwerden der letzten Änderung der Vertragsleistungen verlangt werden. ²Dies gilt nicht, wenn verwüstende Naturereignisse, gegen die ein Versicherungsschutz nicht üblich ist, das Verhältnis der Vertragsleistungen grundlegend und nachhaltig verändert haben.
(3) Die Änderung kann nicht für eine frühere Zeit als für das Pachtjahr verlangt werden, in dem das Änderungsverlangen erklärt wird.
(4) Weigert sich ein Vertragsteil, in eine Änderung des Vertrags einzuwilligen, so kann der andere Teil die Entscheidung des Landwirtschaftsgerichts beantragen.

(5) ¹Auf das Recht, eine Änderung des Vertrags nach den Absätzen 1 bis 4 zu verlangen, kann nicht verzichtet werden. ²Eine Vereinbarung, dass einem Vertragsteil besondere Nachteile oder Vorteile erwachsen sollen, wenn er die Rechte nach den Absätzen 1 bis 4 ausübt oder nicht ausübt, ist unwirksam.

1 **A. Normzweck, Abdingbarkeit.** Der unabdingbare § 593 regelt bei nachvertraglichen Änderungen der Verhältnisse die landpachtrechtliche Risikoverteilung bezogen auf die Chancen der Fruchtziehung selbst (vgl MüKo/*Harke* § 593 Rz 1). Er will den Abschluss langfristiger Verträge erleichtern. Allein die GAP-Reform rechtfertigt keine Vertragsanpassung, BGH ZMR 07, 607; München NL-BzAR 06, 334. Die Reform liefert auch keinen wichtigen Grund zur Kündigung: Dresd NL-BzAR 06, 42, vgl auch *v Jeinsen* AUR 07, 366.

2 **B. Voraussetzungen.** Es muss eine sachliche nachvertragliche Änderung von für die Vertragsleistung maßgeblichen Umständen (zur Änderung der Förderpraxis der EU vgl Dresd NL-BzAR 06, 42) vorliegen; grobes Missverhältnis der gegenseitigen Leistungen ist nicht als Ungleichgewicht; (§ 593 II 1) ist notwendig. Bloße Mängel am Pachtobjekt genügen nicht. Anfängliche unrichtige Vorstellung der Vertragsparteien fallen unter § 313, persönliche Umstände wiederum regeln die §§ 594c und d.

3 **C. Rechtsfolge.** Es ergibt sich eine Vertragsanpassung aufgrund eines Änderungsverlangens. Nicht hiervon betroffen ist die Kündigungsfrist („mit Ausnahme der Pachtdauer", § 593 I 1). Die Anpassung kann nur für die Zukunft sowie das bei Ausbringen des Änderungsverlangens bereits laufende Pachtjahr verlangt werden. Die Zustimmung zur Übertragung von Zahlungsansprüchen kann idR nicht über § 593 vom Verpächter verlangt werden (München NL-BzAR 06, 334).

4 **D. Gerichtliches Verfahren, § 593 IV.** Die Neufestsetzung der Vertragsbedingungen erfolgt durch das Landwirtschaftsgericht, wenn einem konkreten außergerichtlichen Verlangen nicht zugestimmt wurde. Weitere Voraussetzung gem § 9 LPachtVG: Anzeigepflicht für den Landpachtvertrag (nachholbar).

§ 593a Betriebsübergabe.

¹Wird bei der Übergabe eines Betriebs im Wege der vorweggenommenen Erbfolge ein zugepachtetes Grundstück, das der Landwirtschaft dient, mit übergeben, so tritt der Übernehmer anstelle des Pächters in den Pachtvertrag ein. ²Der Verpächter ist von der Betriebsübergabe jedoch unverzüglich zu benachrichtigen. ³Ist die ordnungsmäßige Bewirtschaftung der Pachtsache durch den Übernehmer nicht gewährleistet, so ist der Verpächter berechtigt, das Pachtverhältnis außerordentlich mit der gesetzlichen Frist zu kündigen.

1 **A. Normzweck, Abdingbarkeit.** Die abdingbare Sondervorschrift des § 593a (BGH NJW-RR 02, 1205) soll für den Fall einer Hofübergabe die Einheit von Betrieb und zugepachteter Fläche sicherstellen; es kommt zum gesetzlichen Parteiwechsel; insoweit geht § 593a dem § 589 vor.

2 **B. Voraussetzungen.** Zupacht eines land- oder forstwirtschaftlichen Grundstückes nebst nicht nur teilweiser tatsächlicher Betriebsübergabe, die ihrerseits nicht zwingend eine Veräußerung erfordert; vorweggenommene Erbfolge, insb in Form eines Übergabe- und Altenteilsvertrages.

3 **C. Rechtsfolge.** Der Nachfolger im Betrieb wird neuer Landpächter anstelle des bisherigen Pächters bzgl des zugepachteten Grundstücks nebst Inventar. Vor Übergabe entstandene Ansprüche bleiben vom Parteiwechsel unberührt. §§ 566 ff gelten nicht analog. § 593a sieht keine subsidiäre oder gesamtschuldnerische Haftung des ehemaligen Pächters vor.

4 **D. Benachrichtigungspflicht, § 593a S 2.** Die formlose Benachrichtigung ist keine Wirksamkeitsvoraussetzung sondern vertragliche Nebenpflicht und trifft Alt- und Neupächter. Das Unterlassen der unverzüglichen Benachrichtigung kann zu Schadensersatzansprüchen aus den §§ 280, 282, 241 II führen.

5 **E. Kündigungsrecht des Verpächters.** Ein solches besteht bei fehlender Eignung des neuen Pächters und muss im Zusammenhang der Übergabe/dem Übergang ausgeübt werden, auch wenn nicht die erstmögliche Kündigung wahrgenommen werden muss.

§ 593b Veräußerung oder Belastung des verpachteten Grundstücks.

Wird das verpachtete Grundstück veräußert oder mit dem Recht eines Dritten belastet, so gelten die §§ 566 bis 567b entsprechend.

1 § 593b hat im Gegensatz zu § 566 eine korrekte amtliche Überschrift, da es auf die dingliche Veräußerung und nicht den schuldrechtlichen Vertrag ankommt (vgl Brandbg NL-BzAR 07, 466 = RdL 07, 263). Die mietrechtlichen Grundsätze zu den §§ 566–567b gelten analog für die Landpacht. Eine Grundbuchberichtigung *stellt kein Veräußerungsgeschäft idS dar* (Naumbg OLGR 05, 657). Eine tatsächliche Sachherrschaft erlangt der Landpächter am Grundstück mit Bearbeitung auch nur einer Teilfläche (Kobl OLGR 04, 462). Der Erwerber hat keinen Anspruch auf ein Lieferrecht (Brandbg NL-BzAR 04, 294), da dies nicht mit der verkauften Ackerfläche verbunden ist.

§ 594 Ende und Verlängerung des Pachtverhältnisses. Das Pachtverhältnis endet mit dem Ablauf der Zeit, für die es eingegangen ist. Es verlängert sich bei Pachtverträgen, die auf mindestens drei Jahre geschlossen worden sind, auf unbestimmte Zeit, wenn auf die Anfrage eines Vertragsteils, ob der andere Teil zur Fortsetzung des Pachtverhältnisses bereit ist, dieser nicht binnen einer Frist von drei Monaten die Fortsetzung ablehnt. Die Anfrage und die Ablehnung bedürfen der schriftlichen Form. Die Anfrage ist ohne Wirkung, wenn in ihr nicht auf die Folge der Nichtbeachtung ausdrücklich hingewiesen wird und wenn sie nicht innerhalb des drittletzten Pachtjahrs gestellt wird.

A. Normzweck, Abdingbarkeit. Die abdingbaren Sätze 2–4 des § 594 sollen beide Vertragsparteien bei längerfristigen Landpachtverträgen rechtzeitige Disposition ermöglichen; vor verfrühten Anträgen schützt § 594 4 durch einen festen Erklärungszeitraum. Zur konkludenten Verlängerung vgl Kobl ZMR 08, 369. 1

B. Anfrage und Ablehnungsoption, § 594 S 2–4. I. Voraussetzungen. 1. Form. § 594 3. Zwecks Beweissicherung ist für beide Erklärungen Schriftform vorgesehen. 2

2. Befristeter Pachtvertrag. Nur bei einem auf mindestens drei Jahre geschlossenen Vertrag besteht die Klärungsmöglichkeit durch Anfrage. 3

3. Hinweis auf Rechtsfolgen. Hinweis auf Rechtsfolgen und Erklärungszeitraum, § 594 4. Die Anfrage bleibt wirkungslos, die fehlende Fortsetzungsablehnung folgenlos, wenn der Anfragende nicht auf die Folgen eines Schweigens hinweist oder die Anfrage zu früh oder verspätet erfolgt. 4

II. Rechtsfolge. Rechtsfolge ist die Verlängerung durch Verschweigen, § 594 2. Bei wirksamer Anfrage und mehr als dreimonatigem Schweigen des Vertragspartners ab Zugang verlängert sich der Vertrag auf unbestimmte Zeit. 5

§ 594a Kündigungsfristen. (1) ¹Ist die Pachtzeit nicht bestimmt, so kann jeder Vertragsteil das Pachtverhältnis spätestens am dritten Werktag eines Pachtjahrs für den Schluss des nächsten Pachtjahrs kündigen. ²Im Zweifel gilt das Kalenderjahr als Pachtjahr. ³Die Vereinbarung einer kürzeren Frist bedarf der Schriftform.
(2) Für die Fälle, in denen das Pachtverhältnis außerordentlich mit der gesetzlichen Frist vorzeitig gekündigt werden kann, ist die Kündigung nur für den Schluss eines Pachtjahrs zulässig; sie hat spätestens am dritten Werktag des halben Jahres zu erfolgen, mit dessen Ablauf die Pacht enden soll.

Die ordentliche Kündigung nach § 594a I entspricht den §§ 584, 580a. Für die außerordentliche Kündigung 1 mit gesetzlicher Frist (§ 594a II) – vgl insb §§ 593 3, 594c – erfolgt eine Fristverkürzung. Die Regelung ist dispositiv. Teilkündigungen sind unzulässig (Dresd ZMR 03, 832).

§ 594b Vertrag über mehr als 30 Jahre. ¹Wird ein Pachtvertrag für eine längere Zeit als 30 Jahre geschlossen, so kann nach 30 Jahren jeder Vertragsteil das Pachtverhältnis spätestens am dritten Werktag eines Pachtjahrs für den Schluss des nächsten Pachtjahrs kündigen. ²Die Kündigung ist nicht zulässig, wenn der Vertrag für die Lebenszeit des Verpächters oder des Pächters geschlossen ist.

Die Norm entspricht § 544. Es erfolgt keine Verkürzung der Kündigungsfrist nach § 594a II. Eine Erbpacht 1 soll es im Gegensatz zur Lebenszeitpacht nicht geben.

§ 594c Kündigung bei Berufsunfähigkeit des Pächters. ¹Ist der Pächter berufsunfähig im Sinne der Vorschriften der gesetzlichen Rentenversicherung geworden, so kann er das Pachtverhältnis außerordentlich mit der gesetzlichen Frist kündigen, wenn der Verpächter der Überlassung der Pachtsache zur Nutzung an einen Dritten, der eine ordnungsmäßige Bewirtschaftung gewährleistet, widerspricht. ²Eine abweichende Vereinbarung ist unwirksam.

Die zugunsten des Pächters zwingende Norm mit dynamischer Verweisung auf – zurzeit – § 240 II SGB VI 1 will den berufsunfähig gewordenen Landpächter schützen. Dies ist nur möglich, wenn der Begriff der Berufsunfähigkeit auf die für die Landpacht erforderlichen Fähigkeiten (ohne Verweisungsmöglichkeit auf andere Berufe) bezogen wird. Den geeigneten Dritten muss der Kündigende besorgen; der Dritte wird nicht bereits Vertragspartner bei Zustimmung des Landverpächters (§ 589 I Nr 1). § 594c gilt analog bei der Rechtspacht (LG Itzehoe ZMR 08, 380).

§ 594d Tod des Pächters. (1) Stirbt der Pächter, so sind sowohl seine Erben als auch der Verpächter innerhalb eines Monats, nachdem sie vom Tod des Pächters Kenntnis erlangt haben, berechtigt, das Pachtverhältnis mit einer Frist von sechs Monaten zum Ende eines Kalendervierteljahrs zu kündigen.

§ 594e   Außerordentliche fristlose Kündigung aus wichtigem Grund

(2) ¹Die Erben können der Kündigung des Verpächters widersprechen und die Fortsetzung des Pachtverhältnisses verlangen, wenn die ordnungsmäßige Bewirtschaftung der Pachtsache durch sie oder durch einen von ihnen beauftragten Miterben oder Dritten gewährleistet erscheint. ²Der Verpächter kann die Fortsetzung des Pachtverhältnisses ablehnen, wenn die Erben den Widerspruch nicht spätestens drei Monate vor Ablauf des Pachtverhältnisses erklärt und die Umstände mitgeteilt haben, nach denen die weitere ordnungsmäßige Bewirtschaftung der Pachtsache gewährleistet erscheint. ³Die Widerspruchserklärung und die Mitteilung bedürfen der schriftlichen Form. ⁴Kommt keine Einigung zustande, so entscheidet auf Antrag das Landwirtschaftsgericht.
(3) Gegenüber einer Kündigung des Verpächters nach Absatz 1 ist ein Fortsetzungsverlangen des Erben nach § 595 ausgeschlossen.

1   **A. Normzweck.** Im Gegensatz zum allgemeinen Pachtrecht (vgl § 584a II) erhält der Landverpächter (ähnl wie in § 580 der Vermieter) ein an die Monatsfrist gebundenes Kündigungsrecht. Bei den Erben des Pächters wird eine Fortführungskompetenz (arg § 594 II 1) vom Gesetz nicht vermutet.

2   **B. Monatsfristbeginn.** Für den Landverpächter gilt die Kündigungsfrist mit Kenntnis des Erbrechts, das Voraussetzung für den Ausspruch der Kündigung ist. Die Kündigung muss wegen § 1959 II während des Laufs der Ausschlagungsfrist vor Ausschlagung ggü dem Scheinerben erklärt werden, sonst ggü dem wahren Erben. Für den jeweiligen Erben läuft die Kündigungsfrist ab Kenntnis vom Erbrecht.

3   **C. Fortsetzungsanspruch der Erben, § 594d II, III.** Das notwendig schriftliche (§ 594d II 3) und drei Monate vor Pachtende (§ 594d II 2) zu erklärende Verlangen kann nach § 594d II 1 nur bei weiterer Bewirtschaftung durch Erben oder beauftragte Dritte gestellt werden; damit genügt eine Unterverpachtung (§ 589) nicht. Die Person, die vor Ort eingesetzt werden soll, ist von den Erben unter Angabe der beruflichen Qualifikation dem Verpächter anzuzeigen.

4   **D. Ablehnungsrecht des Verpächters, § 594d II 2.** Dies ist insb gegeben, bei nicht (ausreichend) begründetem oder verspätetem Fortsetzungsverlangen. Hat der Verpächter nicht bis einen Monat vor Pachtende positiv geantwortet, gilt dies als Ablehnung (arg § 594 2 und § 545); dh es kommt nicht zur automatischen Vertragsfortsetzung. Bei fehlender Einigung entscheidet das Landwirtschaftsgericht über das Fortsetzungsverlangen (§ 594d II 4).

§ 594e Außerordentliche fristlose Kündigung aus wichtigem Grund. (1) Die außerordentliche fristlose Kündigung des Pachtverhältnisses ist in entsprechender Anwendung der §§ 543, 569 Abs. 1 und 2 zulässig.
(2) ¹Abweichend von § 543 Abs. 2 Nr. 3 Buchstabe a und b liegt ein wichtiger Grund insbesondere vor, wenn der Pächter mit der Entrichtung der Pacht oder eines nicht unerheblichen Teils der Pacht länger als drei Monate in Verzug ist. ²Ist die Pacht nach Zeitabschnitten von weniger als einem Jahr bemessen, so ist die Kündigung erst zulässig, wenn der Pächter für zwei aufeinander folgende Termine mit der Entrichtung der Pacht oder eines nicht unerheblichen Teils der Pacht in Verzug ist.

1   **A. Verweisung aufs Mietrecht, § 594e I.** Die – nicht zwingende (vgl § 569 V) auf alle Arten der Landpacht anwendbare (vgl Kobl NJW-RR 00, 278) – Verweisungsnorm bezieht sich nicht (nur) auf den Gebrauch, sondern auch auf die Nutzung mit Fruchtziehungsrecht bei gleichzeitiger Verpflichtung des Pächters zur ordnungsmäßigen Bewirtschaftung. Die Schonfristregelung des § 569 III Nr 2 gilt hier zwar nicht, jedoch kann der säumige Pächter mit Rückwirkung immerhin die Aufrechnung erklären (§§ 543 II 2, 3; 389). Bei teilweiser Veräußerung der Pachtflächen und nicht vollständiger Zahlung an den Erwerber kann es am Verschulden fehlen; zur Hinterlegung ist der Pächter nicht verpflichtet (Brandbg Urt v 15.3.07, 5 U (Lw) 117/06).

2   **B. Besonderheit bei Zahlungsverzug, § 594e II.** Im Landpachtrecht sind längere als monatliche Zahlungsintervalle üblich. Für jährliche Fälligkeit genügt ein Rückstand mit der Jahrespacht oder eines nicht unerheblichen Teils für drei Monate; bei kürzerer Fälligkeit genügt nur ein Rückstand mit mindestens zwei Pachtraten.

§ 594f Schriftform der Kündigung. Die Kündigung bedarf der schriftlichen Form.

1   Die nicht abdingbare Formvorschrift entspricht § 568 und gilt für die – auch ohne Begründung wirksame (vgl § 573 III 1 und § 569 IV) – einseitig erklärte Kündigung; nicht für einen möglichen formlosen Aufhebungsvertrag.

§ 595 Fortsetzung des Pachtverhältnisses. (1) ¹Der Pächter kann vom Verpächter die Fortsetzung des Pachtverhältnisses verlangen, wenn
1. bei einem Betriebspachtverhältnis der Betrieb seine wirtschaftliche Lebensgrundlage bildet,
2. bei dem Pachtverhältnis über ein Grundstück der Pächter auf dieses Grundstück zur Aufrechterhaltung seines Betriebs, der seine wirtschaftliche Lebensgrundlage bildet, angewiesen ist

3. und die vertragsmäßige Beendigung des Pachtverhältnisses für den Pächter oder seine Familie eine Härte bedeuten würde, die auch unter Würdigung der berechtigten Interessen des Verpächters nicht zu rechtfertigen ist. ²Die Fortsetzung kann unter diesen Voraussetzungen wiederholt verlangt werden.

(2) ¹Im Falle des Absatzes 1 kann der Pächter verlangen, dass das Pachtverhältnis so lange fortgesetzt wird, wie dies unter Berücksichtigung aller Umstände angemessen ist. ²Ist dem Verpächter nicht zuzumuten, das Pachtverhältnis nach den bisher geltenden Vertragsbedingungen fortzusetzen, so kann der Pächter nur verlangen, dass es unter einer angemessenen Änderung der Bedingungen fortgesetzt wird.

(3) Der Pächter kann die Fortsetzung des Pachtverhältnisses nicht verlangen, wenn
1. er das Pachtverhältnis gekündigt hat,
2. der Verpächter zur außerordentlichen fristlosen Kündigung oder im Falle des § 593a zur außerordentlichen Kündigung mit der gesetzlichen Frist berechtigt ist,
3. die Laufzeit des Vertrags bei einem Pachtverhältnis über einen Betrieb, der Zupachtung von Grundstücken, durch die ein Betrieb entsteht, oder bei einem Pachtverhältnis über Moor- und Ödland, das vom Pächter kultiviert worden ist, auf mindestens 18 Jahre, bei der Pacht anderer Grundstücke auf mindestens zwölf Jahre vereinbart ist,
4. der Verpächter die nur vorübergehend verpachtete Sache in eigene Nutzung nehmen oder zur Erfüllung gesetzlicher oder sonstiger öffentlicher Aufgaben verwenden will.

(4) ¹Die Erklärung des Pächters, mit der er die Fortsetzung des Pachtverhältnisses verlangt, bedarf der schriftlichen Form. ²Auf Verlangen des Verpächters soll der Pächter über die Gründe des Fortsetzungsverlangens unverzüglich Auskunft erteilen.

(5) ¹Der Verpächter kann die Fortsetzung des Pachtverhältnisses ablehnen, wenn der Pächter die Fortsetzung nicht mindestens ein Jahr vor Beendigung des Pachtverhältnisses vom Verpächter verlangt oder auf eine Anfrage des Verpächters nach § 594 die Fortsetzung abgelehnt hat. ²Ist eine zwölfmonatige oder kürzere Kündigungsfrist vereinbart, so genügt es, wenn das Verlangen innerhalb eines Monats nach Zugang der Kündigung erklärt wird.

(6) ¹Kommt keine Einigung zustande, so entscheidet auf Antrag das Landwirtschaftsgericht über eine Fortsetzung und über die Dauer des Pachtverhältnisses sowie über die Bedingungen, zu denen es fortgesetzt wird. ²Das Gericht kann die Fortsetzung des Pachtverhältnisses jedoch nur bis zu einem Zeitpunkt anordnen, der die in Absatz 3 Nr. 3 genannten Fristen, ausgehend vom Beginn des laufenden Pachtverhältnisses, nicht übersteigt. ³Die Fortsetzung kann auch auf einen Teil der Pachtsache beschränkt werden.

(7) ¹Der Pächter hat den Antrag auf gerichtliche Entscheidung spätestens neun Monate vor Beendigung des Pachtverhältnisses und im Falle einer zwölfmonatigen oder kürzeren Kündigungsfrist zwei Monate nach Zugang der Kündigung bei dem Landwirtschaftsgericht zu stellen. ²Das Gericht kann den Antrag nachträglich zulassen, wenn es zur Vermeidung einer unbilligen Härte geboten erscheint und der Pachtvertrag noch nicht abgelaufen ist.

(8) ¹Auf das Recht, die Verlängerung eines Pachtverhältnisses nach den Absätzen 1 bis 7 zu verlangen, kann nur verzichtet werden, wenn der Verzicht zur Beilegung eines Pachtstreits vor Gericht oder vor einer berufsständischen Pachtschlichtungsstelle erklärt wird. ²Eine Vereinbarung, dass einem Vertragsteil besondere Nachteile oder besondere Vorteile erwachsen sollen, wenn er die Rechte nach den Absätzen 1 bis 7 ausübt oder nicht ausübt, ist unwirksam.

A. Normzweck. § 595 ist eine nur den Landpächter schützende Sozialklausel (BGH ZMR 99, 378) und will (§ 595 VI 2) dennoch keine Erstarrung des Pachtmarktes zulassen. Das Interesse eines Wiedereinrichters nach § 3 AusglLeistG ist von § 595 nicht geschützt (Naumbg Urt v 27. 7. 05, 2 Ww 6/05 – juris –). 1

B. Fortsetzungsanspruch, § 595 I und II. I. § 595 I Nr 1. Die Betriebspacht muss im Wesentlichen die wirtschaftliche Lebensgrundlage/das Einkommen des Landpächters im Einzelfall sein. 2

II. § 595 I Nr 2. Bei der Zupacht muss der Pächter auf die Pachtfläche „zur Aufrechterhaltung des Betriebes angewiesen" sein, dh nach betriebswirtschaftlichen Grundsätzen muss der Wegfall der Pachtflächen wegen sinkender Rentabilität eine Weiterführung des landwirtschaftlichen Betriebs als nicht sinnvoll erscheinen lassen (BGH ZMR 99, 378). 3

III. Härtegründe auf Seiten des Landpächters. Eine Härte wird bejaht, wenn weder ein Ersatzbetrieb noch Ersatzgrundstücke am Markt zu pachten sind. Unter Härtegründe fallen nicht: Investitionen des Landpächters, die ggf als wertverbessernde Verwendungen (§ 591) vom Verpächter zu kompensieren sind sowie üblicherweise aus der Beendigung der Pacht resultierende wirtschaftliche Nachteile. 4

IV. Berechtigte Interessen des Landverpächters. Darunter fällt insb die geplante Eigennutzung. Wie § 595 II 2 zeigt, fällt eine besonders niedrige Pacht nicht hierunter; insoweit wird der Fortsetzungsanspruch mit einer angemessenen Erhöhung der Pacht verbunden. § 595 I 2 („wiederholt") zeigt, dass vorangegangene Fortsetzungsverlangen kein Abwägungskriterium zugunsten des Landverpächters sind. 5

6 **C. Ausschlussstatbestände, § 595 III.** Hierzu zählen unabhängig von einer Abwägung im Einzelfall die eigene Kündigung des Landpächters (Nr 1); die bloße Berechtigung (nicht Ausspruch!) des Landverpächters zur außerordentlichen fristlosen Kündigung oder außerordentlichen Kündigung mit gesetzlicher Frist (Nr 2), die noch bestehen muss. Letzteres mag im Fall des § 593a der Fall sein, bei anderen fristlosen Kündigungen ist hier § 314 III zu beachten.

7 Bei langen (12 bzw 18 Jahre) tatsächlichen/faktischen Pachtzeiten (Nr 3) kommt es nicht auf die ursprüngliche oder spätere Vertragsabsprache an (arg § 595 VI 2), sondern nur auf das Erreichen der Höchstdauer. Nur wenn beim Anpachten dem Landpächter der vorübergehende Charakter erkennbar war, rechtfertigt die beabsichtigte Eigennutzung des Verpächters den Ausschluss des Fortsetzungsverlangens (Nr 4). Dies wird schon objektiv für unbefristete Landpachtverträge verneint. Die geplante oder aktuell gewollte Eigennutzung – nicht notwendig in Form landwirtschaftlicher Bewirtschaftung; auch dann nicht zwingend in Person, sondern ggf durch Dienstleister/Verwalter – muss bei der Verpachtung allerdings im Gegensatz zum qualifizierten Zeitmietvertrag (§ 575) keinem Vertragspartner positiv bekannt gewesen sein; anderes wird für die Verwendung zur Erfüllung hoheitlicher Aufgaben angenommen, die in groben Zügen dem Landpächter bei Vertragsabschluss bekannt sein muss. Diese Verwendungsabsicht muss jedenfalls bei Vertragsende bestehen und dann hinreichend konkretisiert sein.

8 **D. Form und Frist, § 595 IV, V.** Das Fortsetzungsverlangen muss der Schriftform (§§ 126, 126a) genügen. Die Soll-Vorschrift über die Begründung bedeutet, dass Gründe später auch in Textform oder formlos mitgeteilt werden können. Bei nicht fristgerechtem (§ 595 V) Verlangen hat der Verpächter ein Ablehnungsrecht. Eine Hinweispflicht des Verpächters besteht nicht (im Gegensatz zu § 568 II im Mietrecht). Die Ablehnung des Verpächters kann formlos erfolgen und ohne Begründung.

9 **E. Gerichtliches Verfahren, § 595 VI, VII.** Der Pächter kann – ohne § 253 ZPO beachten zu müssen – die Fortsetzung des Pachtverhältnisses beantragen; der Verpächter kann bei Untätigkeit des Pächters und Interesse an frühzeitiger Klärung negative Feststellungsklage erheben. Ggf hat das Gericht (§ 595 II 2) die Vertragskonditionen zu ändern.

10 **F. Unabdingbarkeit, § 595 VIII.** Nur vor Gericht oder einer berufsständischen Schlichtungsstelle kann auf die Rechte des Pächters aus § 595 wirksam verzichtet werden.

§ 595a Vorzeitige Kündigung von Landpachtverträgen.
(1) Soweit die Vertragsteile zur außerordentlichen Kündigung eines Landpachtverhältnisses mit der gesetzlichen Frist berechtigt sind, steht ihnen dieses Recht auch nach Verlängerung des Landpachtverhältnisses oder Änderung des Landpachtvertrags zu.
(2) ¹Auf Antrag eines Vertragsteils kann das Landwirtschaftsgericht Anordnungen über die Abwicklung eines vorzeitig beendeten oder eines teilweise beendeten Landpachtvertrags treffen. ²Wird die Verlängerung eines Landpachtvertrags auf einen Teil der Pachtsache beschränkt, kann das Landwirtschaftsgericht die Pacht für diesen Teil festsetzen.
(3) ¹Der Inhalt von Anordnungen des Landwirtschaftsgerichts gilt unter den Vertragsteilen als Vertragsinhalt. ²Über Streitigkeiten, die diesen Vertragsinhalt betreffen, entscheidet auf Antrag das Landwirtschaftsgericht.

1 § 595a II 1 enthält – wenn nichts anderes vereinbart ist – die Möglichkeit von endgültigen rechtsgestaltenden Abwicklungsanordnungen durch das Landwirtschaftsgericht bei einem vorzeitig oder teilweise beendeten Landpachtvertrag. § 595a II 2 regelt die gerichtliche Pachtfestsetzung bei Teilverlängerung; § 595a I, III sind abdingbar.

§ 596 Rückgabe der Pachtsache.
(1) Der Pächter ist verpflichtet, die Pachtsache nach Beendigung des Pachtverhältnisses in dem Zustand zurückzugeben, der einer bis zur Rückgabe fortgesetzten ordnungsmäßigen Bewirtschaftung entspricht.
(2) Dem Pächter steht wegen seiner Ansprüche gegen den Verpächter ein Zurückbehaltungsrecht am Grundstück nicht zu.
(3) Hat der Pächter die Nutzung der Pachtsache einem Dritten überlassen, so kann der Verpächter die Sache nach Beendigung des Pachtverhältnisses auch von dem Dritten zurückfordern.

1 **A. Normzweck, Inhalt.** § 596 II entspricht § 570; § 596 III entspricht § 546 II. § 596 I berücksichtigt § 586 I 3.

2 **B. Zeitpunkt der Rückgabe.** Der Pächter kann das Pachtobjekt nur gem § 271 II vor Pachtende zurückgeben und ggf den Verpächter in Annahmeverzug setzen, sofern die ordnungsgemäße Bewirtschaftung hierdurch nicht negativ tangiert wird.

3 **C. Umfang und Zustand bei Rückgabe. I. Sachen.** Der Pächter muss aufgrund seiner Betriebspflicht das Pachtobjekt so zurückgeben, als wenn er es weiterhin vertragsgemäß hätte nutzen können/wollen. Dies gilt unabhängig davon, in welchem Zustand ursprünglich das Objekt übernommen wurde.

II. Rechte. Die Milchquote gehört zur Pachtsache und geht ohne Abtretung mit der Rückgabe auf den Verpächter 4
über (BGH NJW 91, 3279); bei Unmöglichkeit hat der Pächter den Ersatz gem § 285 herauszugeben. Eine Milchreferenzmenge darf nach Beendigung des Pachtverhältnisses nur dann zurückübertragen werden, wenn der Verpächter aktiver Milcherzeuger ist oder dies unmittelbar nach der Rückübertragung wird (BGH NJW-RR 04, 210).
Gesondert zu übertragen sind Lieferrechte (Celle AgrarR 02, 228); dies kann ggf durch aufschiebend bedingter Abtretung bereits im Pachtvertrag geregelt sein. Der Landpächter ist nur bei ausdrücklicher Absprache bei 5
Pachtende zu unentgeltlicher Übertragung von Zahlungsansprüchen verpflichtet (Celle OLGR 06, 595; OLGR 07, 744). So auch für Betriebsprämie Naumbg RdL 06, 220 und Rostock RdL 06, 153 und für den Zahlungsanspruch nach § 43 EG-VO 1782/2003 BGH NL-BzAR 07, 48; MDR 07, 580 (anders noch AG Neubrandenburg NL-BzAR 05, 505).

D. Nicht ordnungsgemäße Rückgabe. Sie führt gem § 281 zu Schadensersatzansprüchen bei Verschulden. 6

E. Ausschluss des Zurückbehaltungsrechts, § 596 II. Dieser Ausschluss bezieht sich nur auf das Grund- 7
stück, nicht zB auf Inventar (vgl § 583).

F. Rückgabeanspruch gegen Dritte, § 596 III. Es gilt Dasselbe wie bei § 546 II; nicht analog gilt § 565. 8

§ 596a Ersatzpflicht bei vorzeitigem Pachtende.
(1) ¹Endet das Pachtverhältnis im Laufe eines Pachtjahrs, so hat der Verpächter dem Pächter den Wert der noch nicht getrennten, jedoch nach den Regeln einer ordnungsmäßigen Bewirtschaftung vor dem Ende des Pachtjahrs zu trennenden Früchte zu ersetzen. ²Dabei ist das Ernterisiko angemessen zu berücksichtigen.
(2) Lässt sich der in Absatz 1 bezeichnete Wert aus jahreszeitlich bedingten Gründen nicht feststellen, so hat der Verpächter dem Pächter die Aufwendungen auf diese Früchte insoweit zu ersetzen, als sie einer ordnungsmäßigen Bewirtschaftung entsprechen.
(3) ¹Absatz 1 gilt auch für das zum Einschlag vorgesehene, aber noch nicht eingeschlagene Holz. ²Hat der Pächter mehr Holz eingeschlagen, als bei ordnungsmäßiger Nutzung zulässig war, so hat er dem Verpächter den Wert der die normale Nutzung übersteigenden Holzmenge zu ersetzen. ³Die Geltendmachung eines weiteren Schadens ist nicht ausgeschlossen.

A. Vertragsende im Laufe eines Pachtjahres, § 596a I. Dies kommt zB durch Kündigung nach § 594d, e in 1
Betracht; Anspruchsvoraussetzung ist weiter, dass es noch zur sog Fruchtreife im selben Pachtjahr kommt.

B. Anspruchsumfang. Die sog Halmtaxe (vgl *Moser* Die Schwierigkeiten der Halmtaxe, 1971) geht auf Wert- 2
ersatz, hilfsweise Aufwendungserstattung. Bei der Berechnung werden ersatzlos nach § 596b zurückzugebende Früchte nicht mitbewertet. Ein Abschlag erfolgt nach § 596a I 2 wegen des Ernterisikos.

C. Holzeinschlag, § 596a III 1. Hier besteht kein Aufwendungsersatzanspruch (nur Verweisung auf § 596a I). 3

D. Übermäßiger Holzeinschlag, § 596a III 2. Dieser verschuldensunabhängige Anspruch besteht neben wei- 4
tergehenden Ansprüchen aus § 280 (§ 596a III 3).

§ 596b Rücklassungspflicht.
(1) Der Pächter eines Betriebs hat von den bei Beendigung des Pachtverhältnisses vorhandenen landwirtschaftlichen Erzeugnissen so viel zurückzulassen, wie zur Fortführung der Wirtschaft bis zur nächsten Ernte nötig ist, auch wenn er bei Beginn des Pachtverhältnisses solche Erzeugnisse nicht übernommen hat.
(2) Soweit der Pächter nach Absatz 1 Erzeugnisse in größerer Menge oder besserer Beschaffenheit zurückzulassen verpflichtet ist, als er bei Beginn des Pachtverhältnisses übernommen hat, kann er vom Verpächter Ersatz des Wertes verlangen.

A. Die Rücklassungspflicht gem § 596b I. Sie gilt nur für die Pacht eines landwirtschaftlichen Betriebes 1
(§ 585 I 1) und bezieht sich nur auf vorhandene nicht notwendig bei der Bewirtschaftung entstandene Erzeugnisse (vgl § 98 Nr 2).

B. Wertersatzanspruch gem § 596b II. Ein solcher ergibt sich, wenn die Rücklassungspflicht vom Umfang 2
her mehr umfasste, als bei Pachtbeginn vom Pächter übernommen wurde.

§ 597 Verspätete Rückgabe.
(1) ¹Gibt der Pächter die Pachtsache nach Beendigung des Pachtverhältnisses nicht zurück, so kann der Verpächter für die Dauer der Vorenthaltung als Entschädigung die vereinbarte Pacht verlangen. ²Die Geltendmachung eines weiteren Schadens ist nicht ausgeschlossen.

Die Norm entspricht § 584b, der seinerseits § 546a verdrängt; es kann nicht statt der vereinbarten (vgl München v 6.12.06, 20 U 4077/06) die ortsübliche Pacht verlangt werden (zur Pachtwertbestimmung vgl BGH 1
NJW-RR 04, 1454). Str ist, ob bei nicht ordnungsgemäßem Zustand (vgl § 596 I) und Rücknahmeweigerung des Landverpächters der Entschädigungsanspruch besteht (vgl MüKo/*Harke* § 597 Rz 1).

Titel 6 Leihe

§ 598 Vertragstypische Pflichten bei der Leihe. Durch den Leihvertrag wird der Verleiher einer Sache verpflichtet, dem Entleiher den Gebrauch der Sache unentgeltlich zu gestatten.

1 **A. Allgemeines.** Der Leihvertrag begründet ein Dauerschuldverhältnis. Die Pflichten des Ver- und des Entleihers stehen nicht im Gegenseitigkeitsverhältnis.

2 Vertragsgegenstand sind **Sachen** (§ 90): Bewegliche wie unbewegliche, vertretbare (§ 91) und nicht vertretbare, idR nicht verbrauchbare (§ 92); ferner Sachgesamtheiten. Bsp vgl Rn 7.

3 Der Verleiher hat den Gebrauch der Sache unentgeltlich zu gestatten.

4 Zu den Pflichten des Entleihers vgl § 601 Rn 1.

5 **B. Abgrenzung.** Der Entleiher erhält, anders als der Verwahrer (§§ 688 ff), das Recht zur Benutzung der Sache iRd Vereinbarung, im Gegensatz zur Schenkung aber nicht ihre Vermögenssubstanz (§ 516 Rn 7). Er darf sie weder verbrauchen noch über sie verfügen. Auch eine langfristige Nutzungsüberlassung, zB auf Lebenszeit des Entleihers (BGH NJW 82, 820) oder über diejenige des Verleihers hinaus (BGH NJW 85, 1553), führt nicht zur Qualifizierung als Schenkung. Der Verleiher bleibt Halter eines Kraftfahrzeugs iSd § 7 StVG (BGH NJW 62, 1678).

6 Der beiderseitige Rechtsbindungswille hebt den Leihvertrag vom **bloßen Gefälligkeitsverhältnis** ab. Da Gebrauchsüberlassungen oft nur konkludent, zB durch Überlassung der Benutzung, erfolgen, muss der Rechtsbindungswille aus den Umständen des Einzelfalls ermittelt werden. Kriterien sind der Wert einer anvertrauten Sache, die wirtschaftliche Bedeutung der Angelegenheit, das erkennbare Interesse des Begünstigten an der Erbringung der Leistung und die dem Leistenden erkennbare Gefahr, in welche jener durch eine fehlerhafte Leistung geraten kann (BGHZ 21, 102); ferner das erkennbare Interesse des Begünstigten, dass die Nutzungsdauer nicht beliebig verkürzt werden kann (BGH NJW 85, 313). Gefälligkeitsverhältnisse sind gekennzeichnet durch die kurze Dauer der Gebrauchsüberlassung, die wirtschaftliche Belanglosigkeit und die jederzeitige Rückforderungsmöglichkeit (Soergel/*Heintzmann* Vor § 598 Rz 10), wie sie für Geschäfte des täglichen Lebens und im rein gesellschaftlichen Verkehr typisch sind (BGHZ 21, 102).

7 **Bsp** für die Abgrenzung aus der Rspr: Überlassung einer Wohnung (BGHZ 12, 380; NJW 82, 820; 85, 313; Hamm NJW-RR 96, 717: Leihe), eines Grundstücks an Sohn und Schwiegertochter zum Zweck der Bebauung mit einem Familienheim (Frankf FamRZ 07, 641: Leihe); Mitnutzung einer im Alleineigentum des Partners einer nichtehelichen Lebensgemeinschaft stehenden Wohnung (BGH NJW 08, 1649: Gefälligkeit); Einräumung eines unentgeltlichen schuldrechtlichen Wohnrechts (BGH FamRZ 07, 2333: Leihe); Benutzung eines Grundstücks als Zufahrt (Ddorf OLGZ 89, 118; Köln NJW-RR 92, 1497: Leihe); Abwasserleitung auf fremdem Grundstück (BGH NJW 94, 3156: Leihe); Überlassung eines Reitpferdes (BGH NJW 74, 234; 92, 2474; Schlesw VersR 97, 634: Gefälligkeit – Ddorf MDR 98, 409; LG Braunschweig VersR 99, 242: Leihe); Abstellen eines Kfz auf fremdem Grundstück (Köln OLGZ 72, 213: Gefälligkeit); Überlassung eines Wohnwagens (Frankf NJW-RR 98, 415: Leihe), eines Kfz (BGH NJW 79, 759; Hamm NJW-RR 93, 672 und 00, 1047: Leihe – BGH NJW 64, 1225: Bei Vorführwagen keine Leihe – BGH NJW 68, 1472; Köln NJW 96, 1288: Bei Probefahrt keine Leihe); eines Schleppers zum Bergen eines PKW (LG Paderborn ZfS 97, 447: Leihe); Überlassung von Kunstgegenständen an Museum (Ddorf NJW 90, 2000; Celle NJW-RR 94, 1473: Leihe), von Bildmaterial zur Prüfung der Veröffentlichung (Celle NJW-RR 02, 259: keine Leihe).

8 Bedeutung hat die Unterscheidung zwischen Leihe und Gefälligkeit für die Haftung auf **Schadensersatz**. Der BGH lehnt bei Gefälligkeiten die Analogie zu § 599 ab (NJW 92, 2474); vgl § 599 Rn 2. Richtiger erscheint die Annahme eines vertragsähnlichen Schuldverhältnisses mit der Folge, dass der Haftungsrahmen durch §§ 599 und 278 bestimmt wird und in dessen Schutzwirkung Dritte einbezogen sein können (MüKo/*Häublein* Rz 7 und § 599 Rz 6). Die Abgrenzung verliert damit an Gewicht.

9 Der einverständlichen Überlassung einer Sache iRv Vertragsverhandlungen liegt kein selbständiges Vertragsverhältnis iS einer Leihe zugrunde. Sie ist Teil des vorvertraglichen Schuldverhältnisses gem § 311 II. Das gilt insb für die Überlassung eines **Kfz** für eine Probefahrt (BGH NJW 68, 1472; Köln NJW 96, 1288).

10 Ein vom Entleiher abgeleitetes unselbständiges Recht zum **Mitgebrauch**, etwa durch Angestellte oder Familienmitglieder, begründet keine Vertragsbeziehung zum Verleiher (Hamm FamRZ 02, 159).

11 **C. Gestattung des Gebrauchs.** Sie bedeutet Verschaffung der **Nutzungsmöglichkeit**. Sie erfolgt idR durch Überlassung des unmittelbaren Besitzes (§ 854). Besitzverschaffung ist jedoch kein konstitutives Element des Leihvertrags. Der Entleiher muss nur die nach dem Inhalt des Vertrags erforderliche Möglichkeit der Einwirkung auf die Sache erhalten (BGH ZIP 89, 375; NJW-RR 04, 1566: Leihe eines Flugzeugs mit Besatzung für Roll- und Bremsversuche). Wird über die Überlassung hinaus noch die Herstellung eines Werks oder die *Leistung von Diensten* geschuldet, ändert sich an der Qualifizierung als Leihe nichts, solange der Schwerpunkt des Vertrags auf der Überlassung der Sache liegt (BGH NJW-RR 04, 1566).

12 Der Verleiher hat sich ferner während der Zeit der Leihe jeglicher Störung des Besitzes oder der Nutzungsmöglichkeit zu enthalten. Zur Instandhaltung der Sache ist er nicht verpflichtet.

Unentgeltlichkeit bedeutet, dass objektiv keine Gegenleistung erbracht wird und die Parteien sich hierüber 13
auch einig sind. Die Auslegung des Begriffs entspricht derjenigen im Recht der Schenkung (vgl § 516
Rn 12 ff). Anders als dort schließt ein auch nur geringes Entgelt die Leihe aus (BGH MDR 70, 1004 Nr 31);
für die Annahme einer „gemischten Leihe" besteht kein Bedürfnis.
Der Verleiher muss **nicht Eigentümer** der Sache sein. Der Eigentumsverlust lässt den Leihvertrag unberührt; 14
der neue Eigentümer tritt jedoch, anders bei Miete und Pacht (§§ 566, 581 II), nicht in die Rechte und Pflichten des Verleihers ein (BGH NJW 94, 3156).
Der Leihvertrag ist, unabhängig von der Dauer der Überlassung und vom Wert der Nutzung, **formlos wirksam**; § 550 ist nicht entspr anwendbar (BGH NJW 82, 820). 15

§ 599 Haftung des Verleihers. Der Verleiher hat nur Vorsatz und grobe Fahrlässigkeit zu vertreten.

A. Haftung des Verleihers. § 599 ist eine Parallelvorschrift zu § 521. Wegen der Gleichartigkeit der Interessen 1
gelten die dort entwickelten Regeln (§ 521 Rn 2) auch hier, vgl BGH NJW 92, 2474; Köln NJW-RR 88, 157;
Stuttg VersR 93, 192; Celle VersR 95, 547.
Entgegen der Auffassung des BGH (NJW 92, 2474) ist § 599 in seinem Anwendungsbereich auf **Gefälligkeitsverhältnisse** analog anzuwenden (§ 598 Rn 8). 2

B. Haftung des Entleihers. Haftungsmaßstab, auch für die Haftung nach § 278, ist § 276 I. 3
Bei Überlassung eines **Kfz** durch den Händler zur Probefahrt oder für die Dauer einer Reparatur gelangt die 4
Rspr zu einer Beschränkung der Haftung auf Vorsatz und grobe Fahrlässigkeit entweder über einen stillschweigenden Haftungsausschluss (BGH NJW 79, 643; NJW 80, 1681) oder ein Mitverschulden bei enttäuschtem Vertrauen auf eine Vollkaskoversicherung (BGH NJW 72, 1363; 79, 759; Hamm NJW-RR 00, 1047). Das gilt unabhängig von der Qualifizierung der Überlassung als Leihe oder Gefälligkeit.

§ 600 Mängelhaftung. Verschweigt der Verleiher arglistig einen Mangel im Recht oder einen Fehler der verliehenen Sache, so ist er verpflichtet, dem Entleiher den daraus entstehenden Schaden zu ersetzen.

Die Vorschrift ist eine Sonderregelung ggü § 599 und eine Parallelvorschrift zu §§ 523 I, 524 I. Vgl dazu § 523 1
Rn 1, § 524 Rn 1.
Die Beschränkung der Haftung auf arglistiges Verschweigen gilt nicht für **Mangelfolgeschäden**; Haftungsmaßstab ist hier § 599 (Staud/*Reuter* Rz 3; Soergel/*Heintzmann* Rz 2; aA MüKo/*Häublein* § 599 Rz 3: § 276). 2

§ 601 Verwendungsersatz. (1) Der Entleiher hat die gewöhnlichen Kosten der Erhaltung der geliehenen Sache, bei der Leihe eines Tieres insbesondere die Fütterungskosten, zu tragen.
(2) ¹Die Verpflichtung des Verleihers zum Ersatz anderer Verwendungen bestimmt sich nach den Vorschriften über die Geschäftsführung ohne Auftrag. ²Der Entleiher ist berechtigt, eine Einrichtung, mit der er die Sache versehen hat, wegzunehmen.

A. Obhuts- und Erhaltungspflicht. Der **Entleiher** hat eine Obhuts- und Erhaltungspflicht. Die gewöhnlichen Erhaltungskosten (Begriff vgl § 994 Rn 3) hat er zu tragen (I); auf die Notwendigkeit zusätzlicher Erhaltungsmaßnahmen hat er den Verleiher hinzuweisen (MüKo/*Häublein* Rz 4). 1
Den **Verleiher** trifft keine Erhaltungspflicht. 2
B. Verwendungen. Ersatz von Verwendungen (Begriff § 994 Rn 2, § 996 Rn 2) außerhalb dRv I kann der 3
Entleiher nach §§ 677 ff verlangen (II 1). § 685 kann dem Anspruch entgegenstehen (BGH NJW 85, 313; Hamm NJW-RR 98, 413; Frankf FamRZ 07, 641).
Das aus II folgende Recht auf Ersatz von Verwendungen umgreift nicht grundlegende **Umgestaltungen**, wie 4
die Bebauung eines Grundstücks oder auch nur seine Pflasterung (LG Gießen NJW-RR 95, 532).
Wegen seiner Ansprüche aus II hat der Entleiher ein **Zurückbehaltungsrecht** nach § 273 (RGZ 65, 270). 5

§ 602 Abnutzung der Sache. Veränderungen oder Verschlechterungen der geliehenen Sache, die durch den vertragsmäßigen Gebrauch herbeigeführt werden, hat der Entleiher nicht zu vertreten.

Die Regelung entspricht dem § 538. Vgl die Erläuterungen dort. 1
Die **Beweislast** dafür, dass der veränderte Zustand der Sache nur auf den vertragsmäßigen Gebrauch zurückzuführen ist, trifft den Entleiher (BGH NJW 76, 1315 zu § 548 aF). 2

§ 603 Vertragsmäßiger Gebrauch. ¹Der Entleiher darf von der geliehenen Sache keinen anderen als den vertragsmäßigen Gebrauch machen. ²Er ist ohne die Erlaubnis des Verleihers nicht berechtigt, den Gebrauch der Sache einem Dritten zu überlassen.

§ 604 Rückgabepflicht

1 Die Vorschrift regelt einen Fall der **Obhutspflichtverletzung**. Diese gibt dem Verleiher ein Kündigungsrecht (§ 605 Nr 2), einen Unterlassungsanspruch analog § 541, einen Schadensersatzanspruch gem §§ 276, 280 I und im Fall von 2 einen Herausgabeanspruch gegen den Dritten (§ 604 IV).
2 Die Gebrauchsüberlassung ohne Erlaubnis (2) ist ein Unterfall des vertragswidrigen Gebrauchs. Das gilt auch für den unselbstständigen Gebrauch, etwa durch Angestellte oder Familienangehörige des Entleihers (*Soergel/Heintzmann* Rz 2).

§ 604 Rückgabepflicht.
(1) Der Entleiher ist verpflichtet, die geliehene Sache nach dem Ablauf der für die Leihe bestimmten Zeit zurückzugeben.
(2) ¹Ist eine Zeit nicht bestimmt, so ist die Sache zurückzugeben, nachdem der Entleiher den sich aus dem Zwecke der Leihe ergebenden Gebrauch gemacht hat. ²Der Verleiher kann die Sache schon vorher zurückfordern, wenn so viel Zeit verstrichen ist, dass der Entleiher den Gebrauch hätte machen können.
(3) Ist die Dauer der Leihe weder bestimmt noch aus dem Zweck zu entnehmen, so kann der Verleiher die Sache jederzeit zurückfordern.
(4) Überlässt der Entleiher den Gebrauch der Sache einem Dritten, so kann der Verleiher sie nach der Beendigung der Leihe auch von dem Dritten zurückfordern.
(5) Die Verjährung des Anspruchs auf Rückgabe der Sache beginnt mit der Beendigung der Leihe.

1 Die Leihe **endet** entweder durch Zeitablauf (I), Gebrauchsbeendigung (II), Rückforderung der Sache, ohne dass es einer Kündigung bedarf (III, IV), oder durch Kündigung durch den Verleiher (§ 605). Die Rückforderung darf nicht zur Unzeit erfolgen (Köln NJW-RR 92, 1497). Der Entleiher darf die Sache, vorbehaltlich abw Vereinbarung, aber schon vorher zurückgeben (§ 271 II).
2 Der Entleiher hat dem Verleiher idR wieder den unmittelbaren **Besitz** auf eigene Kosten zu übertragen; ob erlaubt gezogene Früchte herauszugeben sind, richtet sich nach dem Inhalt des Leihvertrages, hilfsweise nach § 101 (MüKo/*Häublein* Rz 5; aA Staud/*Reuter* Rz 1: stets Herausgabe).
3 Neben dem Entleiher ist der **Dritte**, dem die Sache von jenem – befugt oder unbefugt – übertragen worden ist, aufgrund Herausgabeverlangens des Verleihers verpflichtet (IV).
4 Der Entleiher hat wegen seiner Gegenansprüche, insb wegen Verwendungen (§ 601 II), ein **Zurückbehaltungsrecht** (vgl § 601 Rn 5).
5 Die dreijährige **Verjährungsfrist** für den Rückforderungsanspruch (§ 195) beginnt in Abweichung von § 199 mit Beendigung der Leihe (V).
6 Der Verleiher hat die Voraussetzungen der I-4 darzulegen und zu **beweisen**; im Fall des III hat er deshalb die Behauptung einer Leihezeit zu widerlegen (aA die hM, vgl LG Göttingen MDR 94, 248; MüKo/*Häublein* Rz 4).

§ 605 Kündigungsrecht.
Der Verleiher kann die Leihe kündigen:
1. wenn er infolge eines nicht vorhergesehenen Umstandes der verliehenen Sache bedarf,
2. wenn der Entleiher einen vertragswidrigen Gebrauch von der Sache macht, insbesondere unbefugt den Gebrauch einem Dritten überlässt, oder die Sache durch Vernachlässigung der ihm obliegenden Sorgfalt erheblich gefährdet,
3. wenn der Entleiher stirbt.

1 **A. Allgemeines.** Die Vorschrift ist eine Ausprägung des Grundsatzes, dass ein Dauerschuldverhältnis aus wichtigem Grund gekündigt werden kann (§ 314 I). Sie ist nicht abschließend (BGH NJW 82, 820), was insb bei Leihverträgen auf Lebenszeit des Entleihers von Bedeutung ist (Köln NJW-RR 94, 853; Frankf NJW-RR 98, 415). Zum Zug kommt sie in den Fällen des § 604 I und II.
2 Die Kündigung bedarf weder einer Form noch der Begründung. Sie ist grds fristlos möglich, darf aber nicht zur Unzeit erfolgen.
3 Die Kündigung ändert nichts an der Verpflichtung des Entleihers zur Tragung der Kosten der Rückgabe und begründet keine Schadensersatzpflicht des Verleihers.
4 **B. Kündigungsgründe.** 1. Der Eigenbedarf (**Nr 1**) setzt ein nicht notwendig dringendes (BGH NJW 94, 3156) Bedürfnis aufgrund eines nicht vorhergesehenen, wenn auch möglicherweise vorhersehbaren Umstandes voraus. Auf die Belange des Entleihers ist Rücksicht zu nehmen, insb wenn dieser sich auf eine lange Dauer des Leihvertrags eingerichtet oder in die Leihsache investiert hat (Ddorf ZMR 01, 961); der Verleiher hat seine Interessen aber nicht denjenigen des Entleihers unterzuordnen (BGH NJW 94, 3156). Die Notwendigkeit, ein Grundstück aus wirtschaftlichen Gründen zu veräußern, kann die Kündigung eines Wohnrechts auf Lebenszeit rechtfertigen (Kobl NJW-RR 96, 843), dagegen noch nicht die Möglichkeit, ein Grundstück günstig zu veräußern (München WM 84, 1397).
5 2. Vertragswidriger Gebrauch (**Nr 2**) begründet ohne weiteres die Kündigung. Eine Abmahnung ist nicht erforderlich.
6 3. Tod des Entleihers (**Nr 3**), nicht derjenige des Verleihers (ggf aber Nr 1).

§ 606 Kurze Verjährung. ¹Die Ersatzansprüche des Verleihers wegen Veränderungen oder Verschlechterungen der verliehenen Sache sowie die Ansprüche des Entleihers auf Ersatz von Verwendungen oder auf Gestattung der Wegnahme einer Einrichtung verjähren in sechs Monaten. ²Die Vorschriften des §§ 548 Abs. 1 Satz 2 und 3, Abs. 2 finden entsprechende Anwendung.

A. Allgemeiner Rechtsgedanke. Der Zweck der Vorschrift, die Abwicklung beendeter Gebrauchsüberlassungsverträge schnell sicherzustellen, rechtfertigt ihre Anwendung unabhängig davon, ob die Gebrauchsüberlassung auf Miete, Leihe oder einer ihnen sachnahen Nebenabrede in einer Vereinbarung anderen Vertragstyps beruht (BGH NJW 02, 1336) und ob diese Vereinbarung unwirksam ist (BGH NJW 67, 980: Minderjährigkeit). 1

Aus demselben Grund findet § 606 auf Ansprüche aus unerlaubter Handlung, cic oder pVV (BGH NJW 64, 545; NJW 02, 1336) sowie Geschäftsführung ohne Auftrag **entspr Anwendung**. 2

§ 606 gilt auch im Verhältnis des mit dem Verleiher nicht identischen Eigentümers zum gutgläubigen Entleiher (Stuttg NJW 74, 1712; vgl auch BGH NJW 70, 1736) und zu Gunsten der in den Schutzbereich des Vertrages einbezogenen Dritten (BGH NJW 68, 694). 3

B. Ersatzansprüche des Verleihers. Da der Verjährungsbeginn an den Rückerhalt der Sache anknüpft (2 iVm § 548 I 2, 3), darf diese nicht vernichtet sein; es muss, wenn auch nur im Zustand wirtschaftlichen **Totalschadens**, noch Sachsubstanz vorhanden sein (BGH NJW 68, 694: Kleinbus; NJW 81, 2406: Gebäude; Oldbg MDR 82, 493: PKW). 4

Von der Verjährungsregelung werden auch **Schäden an weiteren Sachen** erfasst, wenn sie in innerem Zusammenhang mit der Nutzung des Leihobjekts stehen (BGH NJW-RR 04, 759). 5

C. Verjährung. Zum Beginn (I 2 iVm § 548 I 2, 3) vgl zunächst § 548 Rn 12, 13. Wurde dem Entleiher kein Besitz verschafft, beginnt die Verjährung der Ersatzansprüche des Verleihers, sobald der Entleiher den Gebrauch der Sache beendet hat und der Verleiher davon erfährt (BGH NJW-RR 04, 1566). 6

Titel 7 Sachdarlehensvertrag

§ 607 Vertragstypische Pflichten beim Sachdarlehensvertrag. (1) ¹Durch den Sachdarlehensvertrag wird der Darlehensgeber verpflichtet, dem Darlehensnehmer eine vereinbarte vertretbare Sache zu überlassen. ²Der Darlehensnehmer ist zur Zahlung eines Darlehensentgelts und bei Fälligkeit zur Rückerstattung von Sachen gleicher Art, Güte und Menge verpflichtet.
(2) Die Vorschriften dieses Titels finden keine Anwendung auf die Überlassung von Geld.

Das Sachdarlehensrecht ist durch die Schuldrechtsreform mit Wirkung ab 1.1.02 aus dem allg Darlehensrecht ausgegliedert worden. Seine praktische Bedeutung ist gering. 1

Der Sachdarlehensvertrag begründet ein Dauerschuldverhältnis, bei dem die Pflicht zur Überlassung des Darlehensgegenstandes und die Pflicht zur Zahlung des Entgelts im Gegenseitigkeitsverhältnis stehen. 2

Vertragsgegenstand sind vertretbare Sachen (§§ 90, 91), in der Praxis va Wertpapiere und Mehrwegverpackungen (Paletten, Container). Für Geld, auch ausländisches, gelten die §§ 488 ff (II). 3

Überlassung bedeutet Verschaffung des Eigentums, nicht nur des Besitzes. Bei Wertpapieren in Sammelverwahrung (§ 5 DepotG) genügt die Abtretung (§§ 398, 412). 4

Höhe und Art des **Darlehensentgelts** ergeben sich aus dem Vertrag, hilfsweise aus §§ 315 ff. Die Entgeltlichkeit kann abbedungen werden, zB stillschweigend bei Überlassung von Mehrwegverpackungen. Zur Fälligkeit vgl § 609. 5

Der Darlehensnehmer hat am Ende der Vertragslaufzeit (vgl § 608) Sachen gleicher Art, Güte und Menge **zurückzuerstatten**, dh Eigentum und Besitz zu verschaffen. Die Pflicht entspricht der Überlassungspflicht des Darlehensgebers (I 2). Wertänderungen können nur durch eine Wertsicherungsklausel berücksichtigt werden. Für Rechts- und Sachmängel haftet der Darlehensnehmer analog §§ 434 ff (Palandt/*Weidenkaff* Rz 9). 6

§ 608 Kündigung. (1) Ist für die Rückerstattung der überlassenen Sache eine Zeit nicht bestimmt, hängt die Fälligkeit davon ab, dass der Darlehensgeber oder der Darlehensnehmer kündigt.
(2) Ein auf unbestimmte Zeit abgeschlossener Sachdarlehensvertrag kann, soweit nicht ein anderes vereinbart ist, jederzeit vom Darlehensgeber oder Darlehensnehmer ganz oder teilweise gekündigt werden.

Die Pflicht zur Rückerstattung (§ 607 Rn 6) wird fällig mit Ablauf der vereinbarten Überlassungszeit, mangels Laufzeitvereinbarung mit der Kündigung des Darlehensvertrags durch eine Vertragspartei (I). 1

Die (ganze oder teilweise) Kündigung bei unbestimmter Laufzeit ist mangels vertraglicher Regelung ohne weitere Voraussetzung jederzeit zulässig und sofort wirksam (II). Auch bei bestimmter Laufzeit ist die außerordentliche Kündigung möglich (§ 314). 2

§ 609 Entgelt. Ein Entgelt hat der Darlehensnehmer spätestens bei Rückerstattung der überlassenen Sache zu bezahlen.

1 Mangels Vereinbarung ist das Darlehensentgelt bei Rückerstattung fällig.

§ 610 – weggefallen –

Titel 8 Dienstvertrag

§ 611 Vertragstypische Pflichten beim Dienstvertrag. (1) Durch den Dienstvertrag wird derjenige, welcher Dienste zusagt, zur Leistung der versprochenen Dienste, der andere Teil zur Gewährung der vereinbarten Vergütung verpflichtet.
(2) Gegenstand des Dienstvertrags können Dienste jeder Art sein.

1 **A. Zweck der Regelung.** § 611 I regelt die Grundverpflichtung der Parteien des Dienstvertrags, also des Dienstverpflichteten zur Dienstleistung und des Dienstberechtigten zur Vergütungszahlung. § 611 II stellt lediglich klar, dass Gegenstand Dienste jeder Art sein können. Sie müssen der Befriedigung eines fremden Bedürfnisses dienen (BAG NZA 08, 1135). § 611 gilt für privatrechtliche Dienstverhältnisse, nicht für öffentlich-rechtliche.

2 **I. Grundlagen.** Für Dienstverhältnisse gelten neben den Vorschriften des **allg Teils** für Rechtsgeschäfte und Verträge und des **allg Schuldrechts** für vertragliche Schuldverhältnisse auch die Regelungen zu gegenseitigen Verträgen, §§ 320 ff (MüKo/*Müller-Glöge* § 611 Rz 7). Erhält der Dienstverpflichtete daher keine Vergütung über den Vorleistungszeitraum (§ 614 Rn 1–3) hinaus, steht ihm ein Leistungsverweigerungsrecht zu (vgl ArbG Hannover EzA Nr 6 zu § 273). Verstößt der Dienstberechtigte, namentlich der Arbeitgeber, gegen Arbeitsschutzvorschriften oder vertragliche Rücksichtnahmepflichten, besteht ein Zurückbehaltungsrecht des Dienstverpflichteten gem § 273 (§ 618 Rn 4). Bei berechtigter Leistungsverweigerung oder Zurückbehaltung der Dienstleistung gerät der Dienstberechtigte in Annahmeverzug, § 298, und hat die Vergütung gem § 615 fortzuzahlen. Der Grundsatz des § 326 I „ohne Arbeit kein Lohn" ist im Arbeitsrecht durch zahlreiche Spezialvorschriften (Rn 77) durchbrochen. § 326 II gilt, wenn der Dienstberechtigte die Unmöglichkeit der Dienstleistung schuldhaft herbeiführt. Die Rücktrittsrechte der §§ 323–326 sind durch die Kündigungsmöglichkeiten nach §§ 621, 622, 626, 627 ersetzt.

3 Dienstverhältnisse sind regelmäßig Dauerschuldverhältnisse, die nicht durch Erfüllung enden, sondern durch Ablauf der vereinbarten Zeit (§ 620 Rn 8 ff) oder Kündigung (§ 620 Rn 31 ff).

4 Die **Dienstleistung** hat der Verpflichtete im Zweifel **in Person** zu erbringen (§ 613 1), und zwar in der Art, die er bei angemessener Anspannung seiner geistigen und körperlichen Kräfte auf Dauer ohne Gefährdung seiner Gesundheit zu leisten imstande ist (BAG NZA 08, 693). Er muss die von ihm übernommenen Aufgaben erfüllen können, andernfalls kommt eine Haftung wegen Übernahmeverschuldens in Betracht. Er hat die im Verkehr erforderliche Sorgfalt zu beachten, für Arbeitnehmer gelten Haftungserleichterungen (Rn 92 f).

5 **II. Abgrenzung des Dienstverhältnisses zu anderen Rechtsverhältnissen. 1. Werkvertrag.** In der Praxis bedeutsam ist die Abgrenzung zwischen Dienstvertrag und Werkvertrag (§§ 631–651). Während der Dienstverpflichtete zur **Dienstleistung als solcher** verpflichtet ist, schuldet der Werkunternehmer als Arbeitsergebnis deren **Erfolg** (BGH NJW 02, 3323). Daher regelt Werkvertragsrecht anders als Dienstvertragsrecht (BGH NJW 02, 1571) eine verschuldensunabhängige Gewährleistung bei Mangelhaftigkeit des Werkes (§ 638 I 1).

6 **2. Gesellschaftsvertrag.** Beim Dienstvertrag ist der Dienstverpflichtete allein für die Zwecke des Dienstberechtigten tätig und wird von diesem vergütet, demgegenüber schließen sich beim Gesellschaftsvertrag die Gesellschafter zur **Erreichung eines gemeinsamen Zwecks** zusammen (§ 705). Durch Erfolgs- oder Gewinnbeteiligung (Tantieme) wird der Dienstvertrag nicht zum Gesellschaftsvertrag; nicht Dienstverpflichteter, sondern Gesellschafter ist aber, wer an Gewinn und stillen Reserven des Unternehmens beteiligt ist, gesellschaftsrechtlichen Bestandsschutz genießt und die Mitsprache- und Informationsrechte eines Gesellschafters hat (vgl BAG NZA 91, 392).

7 **3. Geschäftsbesorgungsvertrag.** Gegenstand des Dienstvertrags kann gem § 675 Geschäftsbesorgung sein, wenn der Dienstverpflichtete eine ursprünglich dem Dienstberechtigten obliegende selbständige wirtschaftliche Tätigkeit wahrnimmt (BGH NJW-RR 04, 989). Dazu gehört insb die Wahrnehmung bestimmter Vermögensinteressen, zB Prozessvertretung, Vermögensverwaltung, Baubetreuung (Palandt/*Weidenkaff* Einf § 611 Rz 24; vgl § 675 Rn 9 ff, 35 ff). Dann finden gem § 675 I die §§ 663, 665–670, 672, 674 und ggf 671 II Anwendung. Auch im Arbeitsverhältnis sind analog § 675 die §§ 666, 667, 669, 670 anwendbar (vgl BAG GS NJW 62, 414; NZA 86, 324).

4. Dienstverschaffungsvertrag. Während beim Dienstvertrag der Dienstverpflichtete sich zur Erbringung der Leistung verpflichtet, **verschafft** er beim Dienstverschaffungsvertrag dem Dienstberechtigten **die Dienste oder Arbeit eines Dritten** und haftet für dessen Eignung zur vorausgesetzten Dienst- oder Arbeitsleistung (BGH NJW 71, 1129). Typische Dienstverschaffungsverträge sind Ordens- bzw Schwesterngestellungsverträge (BAG AP Nr 10 zu § 611 – „Rotes Kreuz"), Vermietung von Flugzeugen mit Bedienungs- oder Wartungspersonal (BAG AP Nr 9 zu § 10 AÜG), Überlassung eines Schiffes mit Besatzung (RGZ 69, 129), Arbeitnehmerüberlassungsverträge (MüKo/*Müller-Glöge* § 611 Rz 38), deren gewerbsmäßige Ausübung das AÜG erheblich einschränkt (Rn 103). 8

5. Auftrag. Der Auftrag ist anders als der Dienstvertrag immer **unentgeltlich**. Bei Entgeltlichkeit handelt es sich oft um einen Geschäftsbesorgungsvertrag. Gleichwohl ist die Unentgeltlichkeit als Abgrenzungskriterium nur bedingt geeignet, kennt die Rechtsordnung doch auch unentgeltliche Verträge, wie etwa Volontär- oder Praktikantenverträge, auf die primär dienst- und arbeitsvertragliche Vorschriften anzuwenden sind (BLDH/*Lingemann* Kap 8 Rz 2 ff, M 8.2 f; MüKo/*Müller-Glöge* § 611 Rz 34). 9

6. Öffentlich-rechtliche Dienstverhältnisse. Beamte, Richter und Soldaten arbeiten in öffentlich-rechtlich begründeten und gestalteten Dienstverhältnissen, für die nicht das allg Arbeitsrecht gilt, sondern Sondervorschriften (vgl BBG, BRRG, DRiG und SG). 10

7. Vereinsmitgliedschaft. Ein **Mitgliedsbeitrag** (§ 58 Nr 2) zum Verein kann in der Leistung von Diensten, auch in persönlicher Abhängigkeit, bestehen. Anders als beim Dienstvertrag ist Rechtsgrund der Beitragsleistung jedoch nicht ein schuldrechtlicher gegenseitiger Austauschvertrag, sondern die Vereinssatzung mit der Beitragsabrede (Juris-PK § 611 Rz 97). Die Beitragsleistung dient dazu, den Vereinszweck zu fördern. Auch die Begründung vereinsrechtlicher Arbeitspflichten darf allerdings nicht gegen §§ 134, 138 verstoßen und damit zwingende arbeitsrechtliche Schutzbestimmungen umgehen (vgl BAG NZA 02, 1414). 11

8. Gemischte Verträge. Typische Dienstvertragspflichten werden häufig in einem gemischten Vertrag **mit anderen Pflichten verbunden**, zB beim Krankenhausaufnahmevertrag oder Vertrag über Aufnahme in Alters- und Pflegeheim; die Gewährleistung richtet sich danach, welchem Vertragstyp die jeweilige Leistung zuzuordnen ist (BGH NJW 02, 1337). 12

9. Einzelfälle. Der **Arztvertrag**, also der Behandlungsvertrag zwischen Arzt (BGHZ 76, 259, 261) bzw Zahnarzt (BGHZ 63, 306; OLG Zweibrücken NJW 83, 2094; aA *Jakobs* NJW 75, 1437) und Patienten, ist regelmäßig **Dienstvertrag**, auch wenn Gegenstand die Durchführung einer bestimmten Operation (vgl BGH NJW 80, 1452), ggf nur kosmetisch (Ddorf NJW-RR 03, 89 f; Köln MDR 88, 317; aA erwägend MüKo/*Müller-Glöge* § 611 Rz 79), ist. Eine verschuldensunabhängige Gewährleistung gibt es damit nicht. Nur bei der technischen Anfertigung von Prothesen u.ä. oder bei Laborleistungen richtet sich die Gewährleistung nach Werkvertragsrecht (BGHZ 63, 306). Der Vertrag zwischen (Chef-)Arzt und Klinik ist regelmäßig ein Arbeitsvertrag, beim Belegarzt dagegen ein verkehrstypisch gemischter Vertrag (BGH NJW 72, 1128). Auch zwischen Kassenarzt und Patient besteht ein Dienstvertrag, obwohl sich der Vergütungsanspruch nicht gegen den Patienten oder die Krankenkasse, sondern – auf öffentlich-rechtlicher Grundlage – gegen die kassenärztliche Vereinigung oder eine Ersatzkasse richtet (BGH NJW 99, 2732; BGHZ 47, 78). Dies folgt aus § 76 IV SGB V, wonach der Kassenarzt dem Kassenpatienten zur Sorgfalt nach den Vorschriften des bürgerlichen Vertragsrechts verpflichtet ist (MüKo/*Müller-Glöge* § 611 Rz 84). Bei Überweisung an einen anderen Arzt kommt ein neuer Dienstvertrag mit diesem zustande (BGH NJW 99, 2732 f). Für die Behandlung eines bewusstlosen Patienten gilt GoA (§§ 677 ff, MüKo/*Müller-Glöge* § 611 Rz 87). 13

Krankenhausverträge gibt es in **drei** typischen Ausgestaltungen (*Palandt/Weidenkaff*, Einf. § 611 Rz 19): Der **totale Krankenhausaufnahme-Vertrag** ist ein gemischter Vertrag mit mietvertraglichen (Raumüberlassung) und werkvertraglichen (Verpflegung), vorherrschend aber dienstvertraglichen (ärztliche Behandlung, Krankenpflege) Elementen (OLG Brandenburg NJW-RR 03, 1383). Für Behandlungsfehler haftet vertraglich nur das Krankenhaus. Beim **gespaltenen Arzt-Krankenhausaufnahme-Vertrag** schließt der Patient mit dem Arzt einen Behandlungsvertrag und mit dem Krankenhaus einen Krankenhausvertrag ohne ärztliche Behandlung (BGH NJW 95, 1613). Typisch ist dies für die Belegarztbehandlung. Für Behandlungsfehler haftet nur der Arzt, nicht das Krankenhaus. Beim **totalen Krankenhausaufnahme-Vertrag mit Arztzusatzvertrag** schließt der Patient über den totalen Krankenhausaufnahmevertrag hinaus einen Vertrag mit dem Arzt über zusätzliche Leistungen. Bei Behandlungsfehlern haften Krankenhaus und Arzt als Gesamtschuldner. Der BGH nimmt zum Schutz des Patienten im Zweifel diesen Vertragstyp an und nicht gespaltenen Arzt-Krankenhaus-Vertrag (BGHZ 95, 68; BGH NJW 98, 1779). Abweichungen in AGB sind in engen Grenzen möglich (BGHZ 121, 107). 14

Der Vertrag zwischen Bauherrn und **Architekten** ist, auch wenn Gegenstand nur Bauleitung oder Bauaufsicht ist, **Werkvertrag** (BGHZ 82, 100). Nur bei rein überwachender oder beratender Tätigkeit des Architekten ohne Bauführung kommt Dienstvertrag in Betracht. **Beratervertrag** ist typischerweise freier Dienstvertrag. **Bewirtung** einer Veranstaltung ist regelmäßig freier Dienstvertrag, auch wenn wirtschaftliche Rahmenbedingungen vom Veranstalter vorgegeben werden (BAG NZA 02, 787). Auch wenn der **Detektiv** das Ergebnis seiner Tätigkeit zusammenfassen soll, handelt es sich im Schwerpunkt um einen Dienstvertrag (BGH NJW 90, 2549). Ob 15

Forschungs- und Entwicklungsleistungen Gegenstand eines Dienst- oder eines Werkvertrags sind, richtet sich danach, ob Eintritt des Erfolgs mit entspr verschuldensunabhängiger Haftung oder nur den Regeln der Wissenschaft und Technik entspr Vorgehen (BGH DB 06, 1422; NJW 02, 3323) geschuldet sein soll. Der **Rechtsanwaltsvertrag** ist regelmäßig Dienstvertrag (BGH NJW 65, 106). Nur wenn der Anwalt ausschl einen Vertrag zu entwerfen oder ein Rechtsgutachten zu erstatten hat, kommt Werkvertrag in Betracht (BGH NJW 65, 106). Der **Steuerberatungsvertrag** ist grds Dienstvertrag (BGH NJW 97, 516). Bei konkreten Einzelaufträgen, wie etwa Erstellung des Jahresabschlusses oder bestimmter Bilanzen, kommt auch Werkvertrag in Betracht (BGH NJW 92, 308; NJW-RR 88, 1264). Beim **Wirtschaftsprüfer** gelten die gleichen Grundsätze. Namentlich Prüfung einzelner Jahresabschlüsse (BGH NJW 00, 1107) oder einzelner Strukturierungen (BGH NJW 01, 360) kann auch Gegenstand eines Werkvertrags sein.

16 **B. Arbeitsverhältnis. I. Abgrenzung zum freien Dienstverhältnis, Definition Arbeitnehmer und Arbeitgeber.** Praktisch wohl bedeutsamstes Dienstverhältnis ist das **Arbeitsverhältnis**. Es ist zwar in seinen Grundlagen in den §§ 611–630 geregelt, wird jedoch durch zahlreiche arbeitsrechtliche Spezialgesetze, meist Arbeitnehmerschutzvorschriften (Rn 39) bestimmt. Daher ist die Abgrenzung vom freien Dienstverhältnis von großer Bedeutung.

17 **1. Abgrenzungskriterien. a) im Arbeitsrecht.** Selbständig ist, wer **im Wesentlichen frei seine Tätigkeit gestalten und seine Arbeitszeit bestimmen kann** (vgl § 84 I 2 HGB). Dies gilt allg für die Abgrenzung von freien Dienstverhältnissen und Arbeitsverhältnissen (BAG NZA-RR 07, 424; iE BLDH/*Lingemann* Kap 9 Rz 1 ff). Die Vertragsfreiheit geht nicht so weit, dass ein Vertragsverhältnis, das aufgrund objektiver Würdigung der Einzelumstände als Arbeitsverhältnis zu beurteilen ist, als freies Dienstverhältnis vereinbart wird (BAG NZA-RR 07, 424; NZA 04; 98). Ist indes ein Arbeitsverhältnis vereinbart, kommt es auf die tatsächliche Ausübung des Weisungsrechtes nicht an (BAG NZA 07, 580).

18 Wenn sich der Status nicht aufgrund des Vertrages und der tatsächlichen Durchführung einordnen lässt, ist der im Vertrag niedergelegte Wille der Parteien maßgeblich (BSG BB 81, 1581). Maßgebliche Kriterien **für ein Arbeitsverhältnis** sind: **Weisungsgebundenheit** hinsichtlich Ort, Zeit und Art der Tätigkeit (BAG NZA-RR 07, 424 mwN), **Einrichtung eines Arbeitsplatzes** für den Dienstverpflichteten (BAG DB 76, 392), überhaupt **Eingliederung** in eine **Betriebsorganisation** (BAG NZA 02, 1232; 00, 1102), Pflicht, die **Leistung** grds **persönlich** zu erbringen (BAG NZA 02, 787) und **Überwachung** des Dienstverpflichteten, soweit dies für ihn mit nachteiligen Konsequenzen verknüpft ist (BAG NZA-RR 07, 424; NZA 00, 1102). Indizien **gegen ein Arbeitsverhältnis** und damit für ein freies Dienstverhältnis sind: enge Bindung der **Vergütung** an den Erfolg der Tätigkeit (BSG BB 82, 806; einschränkend BAG DB 97, 2437), **freie Entscheidung** des Dienstverpflichteten **über die Annahme von Aufträgen** des Dienstherrn (BAG NZA 92, 835), Möglichkeit, sich nach eigenem Ermessen **von anderen Personen vertreten zu lassen** (BAG NZA 02, 787; DB 98, 624), sowie eigenes **Unternehmerrisiko**, jedenfalls dann, wenn dem unternehmerische Chancen gegenüberstehen (BSG NZA 91, 907). Indiz für die Einordnung kann auch die **Eigenart der jeweiligen Tätigkeit** sein, wobei allerdings manche Tätigkeiten sowohl abhängig als auch frei erbracht werden können. Bei **untergeordneten, einfachen Arbeiten** wird eher eine Eingliederung in die fremde Arbeitsorganisation angenommen als bei gehobenen Tätigkeiten (BAG NZA 00, 447; DB 97, 2437; BFHE 169, 154; 144, 225).

19 **b) im Steuerrecht.** Wird **steuerrechtlich** ein Arbeitsverhältnis angenommen, begründet dies die Pflicht des Arbeitgebers zur Abführung von Lohnsteuer (§ 41a I 1 EStG). Die Abgrenzung folgt den vorgenannten (Rn 18) Kriterien.

20 **c) im Sozialversicherungsrecht.** Nicht identisch, aber im Wesentlichen deckungsgleich mit dem Arbeitsverhältnis ist das **sozialversicherungsrechtliche Beschäftigungsverhältnis** gem § 7 I SGB IV. Es begründet die Pflicht des Arbeitgebers zur Abführung der Sozialversicherungsbeiträge (Renten-, Arbeitslosen-, Kranken- und Pflegeversicherung). Im Vordergrund steht, ob der Dienstnehmer ein eigenes Unternehmerrisiko trägt, dem entsprechende unternehmerische Chancen gegenüberstehen (BSG NZA 91, 907) zu Vorstand und Geschäftsführer s. Rn 32 f. Die Beteiligten können gem § 7a SGB IV zur Klärung des sozialversicherungsrechtlichen Status ein Statusverfahren beantragen (Rn 24).

21 **2. Einzelfälle. Arbeitnehmer:** Assessor in Anwaltskanzlei (BAG BB 76, 139), Chefarzt (BAG NJW 61, 2085), Croupier einer Spielbank, der seine Vergütung aus dem Tronc erhält (BAG AP Nr 1 und 2 zu § 611 – „Croupier"), Fleischbeschau-Tierarzt, selbst bei Vergütung aus Anteilen an Gebühren (BAG AP Nr 3 zu § 611 – „Fleischbeschauer-Dienstverhältnis"), Fußballlizenzspieler (BAG NJW 96, 2388; NZA 93, 750; *Kelber* NZA 01, 11 mwN; differenzierend zum Vertragsamateur BAG NZA 91, 308) und andere Berufssportler (*Hilpert* RdA 97, 92), Kundenberater (BAG NZA 99, 205), Lehrkräfte an privaten Schulen (BAG NZA-RR 04, 9), Lehrkraft, sofern sie aufgrund Lehrauftrags an allg bildenden Schulen unter Einschluss von Abendgymnasien tätig wird (BAG AP Nr 10 zu § 611 – „Lehrer, Dozenten"; NZA 97, 600; 93, 174), Mitarbeiter des fremdsprachlichen Dienstes einer Rundfunkanstalt (BAG BB 76, 271), Rundfunksprecher; wenn sie nach Dienstplänen ständig eingesetzt werden (BAG NZA 95, 21; 622), Orchestermusiker (BAG BB 76, 184, zu Einschränkungen s. BAG SAE 76, 252), angestellte Prokuristen, auch wenn sie Mitgeschäftsführer der Komplementär-GmbH

einer GmbH & Co. KG sind (BGH NJW 95, 3338), hauptamtliche Mitarbeiter eines Vereins (BAG NJW 96, 143 zu Scientology), auch wenn sie besondere Vertreter iSd § 30 sind (BAG NZA 97, 959), Werkstudenten (anders BAG AP Nr 28 zu § 611 – „Haftung des Arbeitnehmers" bei Einzelaufträgen), Zeitungsboten (BAG AP Nr 1 zu § 7 BetrVG 1972).

Nicht Arbeitnehmer: Aushilfstaxifahrer (BAG NZA 92, 36), Belegarzt (BGH NJW-RR 06, 1427), Berufssportler, soweit weisungsfrei unternehmerisch tätig (zB Tennisprofi vgl *Hilpert* RdA 97, 95), Bildberichterstatter einer Zeitung, jedenfalls, wenn er die Übernahme einzelner Fototermine auch ablehnen kann (BAG NZA 92, 835), Dozent an Volkshochschulen, es sei denn, dass die Kurse zu allg Schulabschlüssen führen (BAG DB 06, 1502NZA 96, 477), DRK-Schwester (BAG MDR 96, 75), Gastregisseur im Nebenberuf (BAG AP Nr 23 zu § 611 – „Abhängigkeit"), Geschäftsführer (Rn 31), 1-EUR-Jobber, § 16 III 2 SGB II aF (BAG NZA 07, 53), Gesellschafter (*v Hoyningen-Huene* NJW 00, 3233), gesetzlicher Vertreter juristischer Personen (Rn 31, 33) einschl Geschäftsführer von Betriebskrankenkassen (BAG NJW 96, 3293), Helfer im freiwilligen sozialen Jahr (BAG NZA 93, 334), Kommissionär (BAG AP Nr 115 zu § 611 – „Abhängigkeit"), Kurierdienstfahrer, soweit im Wesentlichen weisungsfrei tätig (BAG NJW 02, 2125), Lehrbeauftragter an Universitäten und Fachhochschulen (BAG NZA 94, 381), Vorstandsmitglied einer AG (Rn 31, 33). 22

Stark abhängig von der einzelnen Vertragsgestaltung ist der Status insb bei folgenden Vertragsverhältnissen: **Frachtführer** (BAG NZA 99, 376) und **Handelsvertreter** (BAG NJW 04, 462): selbständig, es sei denn, über das gesetzlich Gebotene (vgl § 418 bzw § 86 HGB) hinaus eingeschränkt. **Künstler:** selbständig, wenn auch iRe Engagements Arbeitszeit noch im Wesentlichen frei zu gestalten ist (BAG NZA 07, 1072). Nicht programmgestaltende Mitarbeit von **Rundfunk- und Fernsehmitarbeitern:** idR Arbeitsverhältnis (BAG NZA 98, 705; enger NZA-RR 07, 424); Zuweisung von Arbeiten in Dienstplänen ist starkes Indiz für ein Arbeitsverhältnis (BAG NZA 01, 551; 98, 706). Abhängig von der Ausgestaltung auch **soziale Arbeit** (BAG NZA 98, 875 f; 96, 33), **Versicherungsvertreter** (BAG NZA 00, 1162), auch Einfirmenvertretung muss selbständiger Tätigkeit nicht entgegenstehen (BAG NJW 03, 2628), **Rechtsanwalt** (LAG Düsseldorf NZA-RR 02, 567), **Gebührenbeauftragter von Rundfunkanstalten** (BAG AP Nr 104 zu § 611 – „Abhängigkeit"). 23

3. Folgen einer falschen Einordnung. Wird ein Arbeitsverhältnis **fälschlich als freies Dienstverhältnis eingeordnet** (Scheinselbständigkeit), so können die Folgen erheblich sein (iE BLDH/*Lingemann* Kap 9 Rz 18 ff). Arbeitsrechtlich gelten für den Arbeitnehmer die besonderen Schutzvorschriften des **Arbeitsrechts** (Rn 39). Sozialversicherungsrechtlich trifft den Arbeitgeber auch die Pflicht, die **Sozialversicherungsbeiträge** (Arbeitgeber- und Arbeitnehmeranteil) für das laufende und die vorangegangenen vier Jahre, bei Vorsatz sogar für 30 Jahre, nachzuzahlen (§ 28e SGB IV, zur Verjährung § 25 SGB IV, BayLSG DB 02, 904). Da die Arbeitnehmerbeiträge durch Abzug vom Lohn gem § 28g SGB IV nur bei den nächsten drei Lohn- oder Gehaltszahlungen nachgeholt werden können, fallen sie iÜ dem Arbeitgeber alleine zur Last; nur im Falle eines Anfrageverfahrens nach § 7a SGB IV (Rn 20) kann der Abzug nach Unanfechtbarkeit der Statusentscheidung noch nachgeholt werden. Vom Mitarbeiter in Rechnung gestellte **USt** kann das Unternehmen nicht mehr gem § 15 I UStG abziehen (vgl aber EuGH DStRE 00, 1166). Der Arbeitgeber unterfällt zudem der **Lohnsteuerhaftung** über § 42d III 3 EStG iVm § 44 II 1 AO. Zusätzlich können vom Arbeitgeber abgeführte Arbeitnehmeranteile zur Sozialversicherung ohne Abzug nach § 28g SGB IV zu versteuernder geldwerter Vorteil des Arbeitnehmers sein. 24

4. Prozessuales. Mit der **Statusklage** kann der Dienstverpflichtete, solange das Vertragsverhältnis besteht, auf Feststellung des Bestehens eines Arbeitsverhältnisses klagen (BAG AP Nr 78 zu § 256 ZPO 1977), nach Beendigung allerdings nur, wenn mit Feststellung des Arbeitsverhältnisses zugleich feststeht, dass noch Ansprüche des Beschäftigten aus dem Arbeitsverhältnis zumindest dem Grunde nach bestehen (BAG NZA 02, 760). Der Einwand kann gegen **Treu und Glauben** (§ 242) verstoßen (BAG NZA 98, 597; 03, 341; ArbG Passau BB 98, 1266). Wird ein Arbeitsverhältnis festgestellt, hat der Arbeitgeber Anspruch auf Rückzahlung der Differenz zwischen gezahlten Honoraren und dem, was als Arbeitsentgelt hätte gezahlt werden müssen (BAG NZA 02, 1328). 25

Die **Darlegungs- und Beweislast** für das Vorliegen eines Arbeitsverhältnisses trägt der Dienst-/Arbeitnehmer, der sich darauf beruft (BAG NJW 04, 461). 26

II. Grundbegriffe des Arbeitsrechts. 1. Arbeitnehmer, Arbeitgeber, arbeitnehmerähnliche Person. Zu den Begriffen **Arbeitnehmer** und **Arbeitgeber** Rn 17 f, 35; zu Einzelfällen Rn 21–23. 27

Arbeitnehmerähnliche Personen sind keine Arbeitnehmer, da sie nur **wirtschaftlich**, nicht aber persönlich **abhängig** sind, bedürfen jedoch eines ähnlichen sozialen Schutzes (vgl § 12a I Nr 1 TVG; BAG NJW 07, 1709; *Willemsen/Müntefering* NZA 08, 193). Zu ihnen gehören ua Heimarbeiter, Hausgewerbetreibende und ihnen Gleichgestellte (HAG), Einfirmenvertreter mit geringem Einkommen, ggf auch Künstler, Schriftsteller und Volkshochschuldozenten (BAG DB 06, 1502). Die Arbeitsgerichte sind zuständig (§ 5 I 2 ArbGG), TVG ist analog anwendbar (§ 12a I TVG), ebenso BUrlG (§ 2 2 BUrlG, BAG DB 06, 1502), BetrAVG nach Maßgabe von § 17 I 2 BetrAVG und ArbSchG (§ 2 II Nr 3 ArbSchG), **nicht** KSchG. 28

29 **2. Arbeiter, Angestellter, leitender Angestellter.** Die Unterscheidung zwischen **Arbeitern** (überwiegend körperliche Tätigkeit in Produktion/Technik) und **Angestellten** (überwiegend geistige, dh kaufmännische oder büromäßige Tätigkeiten, in Produktion/Technik leitende Tätigkeiten) ist weitgehend obsolet, einige Tarifverträge knüpfen jedoch noch daran an.

30 **Leitende Angestellte** sind iGgs zu Organmitgliedern zwar Arbeitnehmer, es gelten jedoch zahlreiche Sondervorschriften. Der Begriff des leitenden Angestellten wird abhängig vom Zweck der Sonderregelungen – § 14 KSchG oder § 5 BetrVG – unterschiedlich definiert.

31 **3. Organmitglieder.** Der **Anstellungsvertrag** des Organmitglieds ist idR **Dienst-, nicht Arbeitsvertrag** (BGH NJW 00, 1864; BAG NZA 99, 839), zuständig sind daher ordentliche und nicht Arbeitsgerichte, grds auch nach Abberufung aus der Organstellung (BAG NZA 99, 839; 94, 906). Wird allerdings ein leitender Angestellter ohne Änderung seines Arbeitsvertrags in eine Organstellung berufen, kann das Arbeitsverhältnis für die Dauer der Bestellung ruhen und mit der Abberufung erneut wirksam werden (BAG NZA 94, 906; vgl auch BAG NZA 06, 366; 08, 168). Ein schriftlicher Geschäftsführervertrag enthält jedoch die konkludente und schriftliche (§ 623) Auflösung des Arbeitsverhältnisses (BAG NZA 09, 669; *Bauer/Arnold* DB 08, 350).

32 Auch wenn der **Geschäftsführer** einer **GmbH** grds nicht Arbeitnehmer iSd arbeitsrechtlichen Vorschriften (§ 5 II Nr 1 BetrVG, § 14 I Nr 1 KSchG) ist, schließt dies ein abhängiges Beschäftigungsverhältnis iSd **Sozialversicherungsrechtes** nicht aus (iE *Freckmann* BB 06, 2077; BLDH/*Lingemann* Kap 4 Rz 21 ff). Ein Fremdgeschäftsführer, der nicht am Stammkapital der Gesellschaft beteiligt ist, gilt grds als abhängig Beschäftigter der GmbH und damit als sozialversicherungspflichtig (Rn 20), es sei denn, die Gesellschafter lassen ihm bei der Ausführung seiner Tätigkeit völlig freie Hand (BSG NJW-RR 02, 758). Ein Alleingesellschafter-Geschäftsführer ist auch nicht rentenversicherungspflichtig (§ 2 1 Nr 9 SGB VI). Im **Insolvenzfall** werden Forderungen des Geschäftsführers grds wie die eines Arbeitnehmers behandelt (BGH NZA 03, 439), es sei denn, er übt über eine erhebliche Minderheitsbeteiligung (mind 10%) wesentlichen Einfluss auf die Gesellschafter aus (BGH NZA 04, 159).

33 Der **Vorstand** der **Aktiengesellschaft** ist wegen der eigenverantwortlichen Leitung der Gesellschaft (§ 76 AktG) kein Arbeitnehmer. Auch besteht keine Versicherungspflicht in der gesetzlichen Renten- (§ 1 4 SGB VI), Arbeitslosen- (§ 27 I Nr 5 SGB III), Kranken- und Pflegeversicherung (BSG DB 00, 329).

34 **4. Betrieb, Unternehmen, Konzern. Betrieb** ist die organisatorische Einheit, innerhalb derer ein Arbeitgeber allein oder mit seinen Arbeitnehmern mit Hilfe technischer und immaterieller Mittel bestimmte arbeitstechnische Zwecke fortgesetzt verfolgt (BAG NZA-RR 09, 255). Mehrere Unternehmen können arbeitsrechtlich einen gemeinsamen Betrieb (§ 1 I 2 BetrVG) bilden, sofern sie sich ausdrücklich oder konkludent rechtlich miteinander verbunden haben und ein einheitlicher Leitungsapparat in den zentralen personellen und sozialen Bereichen besteht (BAG NZA-RR 09, 255). Von den vielen Auswirkungen des Betriebsbegriffs sind besonders wichtig die betriebsweite Reichweite der Sozialauswahl bei der betriebsbedingten Kündigung (§ 1 III KSchG; § 620 Rn 80) und die Erstreckung der Zuständigkeit des Betriebsrats gem § 1 I BetrVG auf den Betrieb. Zum Betriebsbegriff bei § 613a s. dort Rn 3.

35 **Unternehmen** ist der Rechtsträger, der einen oder mehrere Betriebe unterhält, bei juristischen Personen des Privatrechts daher die juristische Person, bei OHG und KG die Personengesellschaft; auch BGB-Gesellschaften und eingetragene Vereine sowie Partnerschaftsgesellschaften kommen in Betracht. Es ist der Vertragspartner des Arbeitnehmers und damit Arbeitgeber. Bei der betriebsbedingten Kündigung sind anderweitige Beschäftigungsmöglichkeiten durch freie Arbeitsplätze unternehmensweit zu prüfen (§ 620 Rn 77; Ausn s. Rn 36), Gesamtbetriebsrat (§ 47 BetrVG) und Wirtschaftsausschuss (§ 106 BetrVG) sind auf Unternehmensebene zu bilden. Der arbeitsrechtliche Gleichbehandlungsgrundsatz gilt unternehmensweit (Rn 52).

36 Der **Konzern** bestimmt sich auch im Arbeitsrecht nach § 18 I AktG (vgl §§ 8 I 2 BetrVG, 54 I BetrVG, 5 MitBestG). Er scheidet mangels Rechtssubjektivität als Arbeitgeber aus, der Begriff spielt jedoch eine Rolle bei erlaubnisfreier konzerninterner Arbeitnehmerüberlassung (§ 1 III Nr 2 AÜG; Rn 103), der Zuständigkeit des Konzernbetriebsrats (§ 54 I 1 BetrVG) und bei konzernweiter Weiterbeschäftigungspflicht (vgl BAG NZA-RR 09, 205; NZA 99, 539 m Anm *Lingemann/v Steinau-Steinrück* DB 99, 2161). Letztere besteht nicht, sofern nicht kollektiv (BAG NZA 07, 1281; NZA-RR 09, 295) oder individuell Abweichendes vereinbart oder in der Vergangenheit geübte Praxis ist (BAG NZA 08, 939), und das kündigende Unternehmen bestimmenden Einfluss auf weitere Konzernunternehmen hat (BAG NZA-RR 09, 205) oder mehrere Konzernunternehmen einen Gemeinschaftsbetrieb iSv § 1 I 2 BetrVG bilden (BAG AP Nr 29 zu § 23 KSchG 1969; EzA Nr 25 zu § 23 KSchG).

37 **III. Rechtsquellen des Arbeitsverhältnisses. 1. Internationales Recht.** Die internationalen Vereinbarungen des Arbeitsvölkerrechts binden unmittelbar nur die vertragschließenden Staaten. Nach Ratifizierung der Vereinbarung ist durch Auslegung zu ermitteln, inwieweit auch unmittelbar subj Rechte der Bürger begründet werden, wie bspw durch die Europäische Konvention zum Schutz der Menschenrechte und Grundfreiheiten vom 4.11.50 (Art 11 und 14) oder die Europäische Sozialcharta vom 18.10.61 (Teil II = Art 1–19). Das **Primärrecht** der EU enthält vorwiegend Zielvorgaben für die Mitgliedstaaten, Kompetenzregeln und die institutionellen Vorschriften, vereinzelt aber auch subj Rechte, wie das Verbot der Diskriminierung wegen Staatsangehörigkeit (Art 45 II AEUV) oder Alters (EuGH NZA 10, 85 – *Kücükdeveci*, Anm *Lingemann*, ArbR 10, 64;

EuGH, BB 05, 2748 – *Mangold/Helm*). Insoweit können auch Richtlinien (dazu sogleich) mglw unmittelbare Rechtswirkungen jedenfalls dahin entfalten, dass entgegenstehende Bestimmungen des nationalen Rechts unanwendbar sind (EuGH aaO; iE Einführung AGG Rn 7). Nach der Lissabon-Entscheidung des BVerfG (NJW 09, 2267) ist diese unmittelbare Wirkung jedoch möglicherweise eingeschränkt. Vom Primärrecht abgeleitet ist das **Sekundärrecht**, dessen wichtigste Instrumente **VO** und **RL** sind (Art 288 AEUV). Die VO entfaltet unmittelbare Geltung zwischen den Arbeitsvertragsparteien, die RL bedarf hierfür der Umsetzung durch die Mitgliedstaaten (Art 288 AEUV). Ausnahmen sind va in zwei Fällen denkbar: Zum einen sind Richtlinien auch schon vor ihrer Umsetzung iRd Auslegung nationalen Rechts zu berücksichtigen (richtlinienkonforme Auslegung, vgl EuGH NJW 84, 2022), wobei die Wortlautgrenze gilt (BAG NZA 03, 742). Zum anderen kann sich der Bürger im Verhältnis zum Staat nach ungenutztem Ablauf der Umsetzungsfrist oder bei fehlerhafter Umsetzung uU auf die RL berufen. Im Arbeitsrecht können so unmittelbare Wirkungen zwischen öffentlichen Arbeitgebern und Arbeitnehmern entstehen (EuGHE 87, 3986; EuGH NZA 03, 506; BAG NZA 03, 742) und Schadensersatzansprüche betroffener Bürger gegen den säumigen Mitgliedstaat für gesetzgeberisches Fehlverhalten (EuGH NJW 96, 3141; 96, 1267; 92, 165).

2. Grundgesetz. Die Grundrechte des Grundgesetzes sind m Ausn von Art 9 III 2 GG im Arbeitsverhältnis **nicht unmittelbar** anwendbar, strahlen jedoch über Generalklauseln wie §§ 138, 242, 307, 315, 626 und § 1 KSchG in das Zivilrecht aus (BVerfG NZA 03, 959 f; MüKo/*Müller-Glöge* § 611 Rz 279). Aus Art 1 I, 2 I GG folgt die Beschäftigungspflicht (BAG GS AP Nr 14 zu § 611 – „Beschäftigungspflicht"; Rn 95 ff), die Unwirksamkeit von Ethikrichtlinien, die Liebesbeziehungen zwischen Mitarbeitern untersagen (LAG Düsseldorf DB 06, 163; zur Mitbestimmung BAG BB 08, 2520), aus Art 3 I GG der arbeitsrechtliche Gleichbehandlungsgrundsatz, aus Art 6 I GG die Unwirksamkeit einer Zölibatsklausel (BAG NJW 57, 1688), aus Art 6 IV GG das Kündigungsverbot des MuSchG (BAG AP Nr 2 zu § 58 AGB-DDR), aus Art 6 V GG das Verbot der Schlechterbehandlung von Müttern nichtehelicher Kinder bei der Kindergeldregelung (BAG AP Nr 77 zu Art 3 GG). Art 4 GG kann die Ablehnung einer Arbeitsaufgabe aus Gewissensgründen rechtfertigen (*Leuze* RdA 93, 16) oder ein Recht auf Gebetspausen begründen (LAG Hamm NZA 02, 1091 f). Art 12 I GG führt zu Einschränkungen bei der Vereinbarung von Wettbewerbsverboten (vgl BAG NZA 95, 72; BAG E 22, 130) und Rückzahlungsklauseln (BAG AP Nr 18 zu § 611 – „Ausbildungsbeihilfe"). Die Grundrechtsbindung der Tarifvertragsparteien ist str (dafür BAG DB 06, 167; iE MüKo/*Müller-Glöge* § 611 Rz 280 f).

3. Gesetzliche Vorschriften. Spezielle gesetzliche Vorschriften für Arbeitsverhältnisse finden sich namentlich (1.) im AGG, AÜG, ArbPlSchG, ArbZG, BDSG BetrVG, BEEG, EFZG, GenDG (seit 1.1.10), GewO, HAG, KSchG, MuSchG, TVG, TzBfG, (2.) innerhalb des BGB in §§ 612 III, 612a, 613, 613a, 619a, 622, 623. Daneben gelten (3.) die (allgemeinen) Vorschriften über den Dienstvertrag (§§ 611–630), die zT durch Spezialregelungen verdrängt werden können (zB § 109 iVm § 6 II GewO als Spezialregelung zu § 630), (4.) der allg Teil des BGB (§§ 1–240), des Schuldrechts (§§ 241–432) sowie die Regelungen über gegenseitige Verträge (§§ 320–326; Rn 2), (5.) unterhalb des Gesetzesrechtes Rechtsverordnungen, namentlich zur Ausführung arbeitsschutzrechtlicher, tarifvertraglicher oder betriebsverfassungsrechtlicher bzw personalvertretungsrechtlicher Gesetze (zB Wahlordnung zu § 126 BetrVG, Verordnung zur Durchführung des Tarifvertragsgesetzes zu § 11 TVG sowie die Verordnungen zu § 18 ArbSchG wie die BildschirmarbeitsVO). Für den Arbeitsschutz bedeutsam sind insb die Unfallverhütungsvorschriften der Berufsgenossenschaften.

4. Tarifvertrag. Tarifverträge sind **Vereinbarungen zwischen Gewerkschaften einerseits und Arbeitgebern oder Vereinigungen von Arbeitgebern andererseits** (§ 2 I TVG, Abschluss mit nichttariffähiger Partei ist nichtig, BAG NZA 07, 448). Daran gebunden sind die Mitglieder der Tarifvertragsparteien und der Arbeitgeber, wenn er selbst Partei des Tarifvertrags ist (§ 3 I TVG), bei Allgemeinverbindlicherklärung auch nicht tarifgebundene Arbeitgeber und Arbeitnehmer im Geltungsbereich des Tarifvertrags (§ 5 IV TVG). Für die Auslegung des normativen Teils von Tarifverträgen gelten die Regeln der Gesetzesauslegung (BAG DB 09, 1474), für den schuldrechtlichen der Vertragsauslegung. Bei Anwendbarkeit mehrerer Tarifverträge im Betrieb (Tarifkonkurrenz) oder auf das Arbeitsverhältnis (Tarifpluralität) gilt der speziellere Tarifvertrag (für Tarifpluralität sehr str, BAG NZA 07, 448, aA Sächs LAG NZA 08, 59; *Jacobs*, NZA 08, 325; Rn 41 aE). Bei Kollision zwischen Tarifvertrag und Arbeitsvertrag gilt das Günstigkeitsprinzip (§ 4 III TVG; BAG NZA 08, 364, 649; Rn 42).

Die Arbeitsvertragsparteien können im Arbeitsvertrag auf einen Tarifvertrag Bezug nehmen (**Bezugnahmeklausel**); Einzelheiten mit Formulierungsvorschlägen bei BLDH/*Lingemann* Kap 2 M 2.2 Ziff 5 mwN; *Bauer/Günther* NZA 08, 6; *Bayreuther*, NZA 09, 935; *Bepler*, RdA 09, 65; *Greiner*, NZA 09, 877; *Hohenstatt/Kuhnke*, RdA 09, 107; *Holthausen*, ArbR 09, 106; *Klebeck* NZA 06, 15; *Preis/Greiner* NZA 07, 1073. Die Bezugnahme ist **statisch**, wenn sie nur eine bestimmte Fassung eines bestimmten Tarifvertrags in Bezug nimmt, oder dynamisch, wenn sie auf die jeweils gültige Fassung eines bestimmten Tarifvertrags verweist („**kleine dynamische Klausel**", BAG BB 06, 386). Ist der Arbeitgeber tarifgebunden, so dienen **vor dem 1.1.02 vereinbarte** (BAG NZA 07, 965; 06, 607) kleine dynamische Bezugnahmeklauseln regelmäßig dazu, nicht organisierte und organisierte Arbeitnehmer gleichzustellen (BAG NZA 09, 323; NZA-RR 09, 537 – „Gleichstellungsabrede"); dh bei Beendigung der Tarifbindung durch Verbandsaustritt des Arbeitgebers oder Betriebsübergang gilt der vereinbarte Tarifvertrag wegen der Gleichstellungsfunktion nur noch statisch weiter, der Arbeitnehmer nimmt also an Tarifentwicklungen nach Beendigung der Tarifbindung des Arbeitgebers nicht mehr teil (BAG NZA 09, 323; NZA-RR 09, 537). Ist der Arbeitgeber bei Vertragsschluss jedoch nicht an den im Arbeitsvertrag genannten Tarifvertrag gebunden, so ändert die Beendigung der – anderweitigen – Tarifbindung nichts an der weiteren dynamischen Anwendbarkeit des in Bezug genommenen Tarifvertrags (iE *Lingemann* FS ARGE Arbeitsrecht im DAV, 71 ff). **Ab dem 1.1.02 vereinbarte kleine dynamische Bezugnahmeklauseln** führen unabhängig von der Tarifbindung des Arbeitgebers trotz Wegfalls oder Änderung der Tarifbindung zur dynamischen Fortgeltung der tariflichen Ansprüche (BAG NZA 09, 323). Nimmt die Klausel kein konkretes Tarifwerk in Bezug, sondern verweist sie nur auf die für den Betrieb des Arbeitgebers jeweils einschlägigen Tarifverträge in ihrer jeweils gültigen Fassung, so handelt es sich iZw um eine **Tarifwechselklausel**. Ändert sich der für den Betrieb geltende Tarifvertrag infolge Betriebsübergang, Änderung des Betriebszwecks, räumlicher Verlegung des Betriebs oder Abschluss eines Haustarifvertrags mit einer anderen Gewerkschaft, so wird der danach einschlägige Tarifvertrag durch die Tarifwechselklausel in Bezug genommen (BAG NZA 03, 390; anders für nachwirkende Tarifverträge BAG NZA 98, 42). Die Bezugnahmeklauseln wirken konstitutiv und damit ggü organisierten und nicht organisierten Arbeitnehmern gleich (BAG AuR 08, 181 m Anm *Haußmann* FD-ArbR 07, 240797). Verweist eine Bezugnahmeklausel auf zwei Tarifverträge, so findet idR der Tarifvertrag Anwendung, der dem Betrieb räumlich, betrieblich, fachlich und persönlich am nächsten steht (BAG NZA 06, 744; aA SächsLAG NZA 08, 59). Ein kraft betrieblicher Übung anwendbarer Tarifvertrag wirkt idR nur statisch (*Sutschet* NZA 08, 679).

42 **5. Betriebsvereinbarung.** Betriebsvereinbarungen sind **Vereinbarungen zwischen Betriebsrat und Arbeitgeber** (§ 77 I BetrVG). Normative Regelungen in Betriebsvereinbarungen gelten unmittelbar und zwingend für die vom Betriebsrat vertretenen Arbeitnehmer (§ 77 IV 1 BetrVG). Sie sind wie Gesetze auszulegen (BAG E 39, 102; vgl Rn 40). Gesetzesrecht hat **Vorrang** vor den Rechtsnormen in Tarifverträgen und Betriebsvereinbarungen, soweit es nicht Abweichungen ausdrücklich zulässt (§ 622 IV 1; § 13 I 1, II, III BUrlG). Für die in § 87 I BetrVG genannten Gegenstände der zwingenden Mitbestimmung des Betriebsrats geht der Tarifvertrag Betriebsvereinbarungen nur vor, soweit der Arbeitgeber an einen entspr Tarifvertrag gebunden ist (§ 87 Einl.satz). Außerhalb von § 87 I BetrVG gilt dies für Arbeitsentgelte und sonstige Arbeitsbedingungen auch dann, wenn über sie ein Tarifvertrag abgeschlossen worden ist und der Betrieb des Arbeitgebers in den Geltungsbereich dieses Tarifvertrags fällt, gleich, ob er tarifgebunden ist oder nicht (§ 77 III BetrVG; BAG AP Nr 11 zu § 77 BetrVG 1972 – „Tarifvorbehalt"). Im Kollisionsfalle greift iRv § 77 III und § 87 BetrVG auch nicht das Günstigkeitsprinzip, sondern allein die Regelung des Tarifvertrags. IÜ gilt zwischen Tarifvertrag und Betriebsvereinbarung, zwischen Tarifvertrag und Einzelarbeitsvertrag (§ 4 III TVG) und zwischen Betriebsvereinbarung und Einzelarbeitsvertrag (BAG GS NZA 1990, 819 f) das Günstigkeitsprinzip (Rn 40).

43 **6. Arbeitsvertrag.** Wesentliche Rechtsquelle **zwischen Arbeitnehmer und Arbeitgeber** ist der Arbeitsvertrag (Einzelheiten und zahlreiche Muster bei BLDH/*Lingemann* Kap 2, 3, 6–8, 10, 11; *Preis* Arbeitsvertrag, 1 ff; *Schaub/Neef/Schrader* 1 ff; *v Steinau-Steinrück/Hurek* Arbeitsvertragsgestaltung 1 ff). Er enthält typischerweise Regelungen zum Vertragsbeginn (auch rückwirkende Änderungen möglich, BAG DB 07, 861), Gegenstand der geschuldeten Tätigkeit, ggf mit Versetzungsklausel, zur Arbeitszeit, Vergütung, zu Gratifikationen (zB Weihnachts- und Urlaubsgeld, Jubiläumszuwendungen), Über- und Mehrarbeit, Abtretungsausschluss für Vergütung und Kostenregelung bei Gehaltspfändungen, Arbeitsverhinderung, Entgeltfortzahlung im Krankheitsfall, Urlaub, Verschwiegenheitspflicht, Wettbewerbsverbot, Diensterfindungen, Nebenbeschäftigung, Vertragsstrafen, Kündigungsfrist, Freistellung, Vorschüsse und Darlehen, Vertragsänderung und Salvatorische Klausel, ggf Ausschlussfristen (Verfallfristen) und eine Bezugnahme auf Tarifverträge. Zur AGB-Kontrolle des Arbeitsvertrages Rn 60 ff: Wenig gebräuchlich ist ein Vorvertrag (BAG NZA 06, 539). Anspruchsbegründende Ergänzungen des Arbeitsvertrags können sich auch aus **Gesamtzusage**, also einseitiger Erklärung des Arbeitgebers, zB über Intranet, ergeben (BAG NJW 08, 1612).

44 **7. Betriebliche Übung.** Betriebliche Übung ist die **regelmäßige Wiederholung** bestimmter Verhaltensweisen des Arbeitgebers, aus denen die Arbeitnehmer schließen können, dass ihnen aufgrund dieser Verhaltensweisen gewährte Leistungen oder Vergünstigungen künftig auf Dauer gewährt werden sollen (stRspr, BAG NZA 08, 942; *Bepler* RdA 04, 226). So begründet die **mindestens dreimalige vorbehaltlose Gewährung** einer Gratifikation einen Anspruch auch für die Zukunft. Das Verhalten des Arbeitgebers wird als konkludente Willenserklärung von den Arbeitnehmern schlüssig angenommen (§ 151). Es kommt nicht auf einen Verpflichtungswillen des Arbeitgebers an, sondern darauf, wie der Arbeitnehmer sein Verhalten verstehen durfte (stRspr, BAG EzA-SD 06, Nr 18, 14; NZA 04, 1152). Unerheblich ist, ob der betreffender Arbeitnehmer selbst in die Übung einbezogen wurde (BAG EzA-SD 06, Nr 18, 14). Keine betriebliche Übung entsteht bei Fragen der Betriebsorganisation (BAG AP 78 zu § 242 BGB Betriebliche Übung).

45 *Betriebliche Übung* scheidet aus, wenn ein **fehlender Bindungswille** des Arbeitgebers für die Arbeitnehmer **erkennbar** war, zB bei jährlichen Gehaltsanpassungen entspr tariflicher Entwicklung durch nicht tarifgebundenen Arbeitgeber (BAG NZA 02, 632), bei wirksamer (zur AGB-Kontrolle Rn 63) Erklärung, dass die

Gewährung keinen Leistungsanspruch für die Zukunft begründet – dem genügen Formulierungen wie „freiwillig unter Ablehnung eines Rechtsanspruchs für die Zukunft" (BAG DB 75, 2089, Einzelheiten bei *Lingemann/Gotham*, DB 08, 2307; s. Rn 63)), nicht aber die Bezeichnung „freiwillige Sozialleistung des Unternehmens" (BAG DB 03, 286; BAG NZA 05, 352) – oder wenn der Arbeitgeber erkennbar annimmt, zur Leistung verpflichtet zu sein (BAG DB 82, 2521). Auch eine **doppelte Schriftformklausel im Arbeitsvertrag** verhindert, sofern wirksam (iE *Lingemann/Gotham* NJW 09, 268), wohl die Entstehung einer betrieblichen Übung (BAG NZA 08, 1233, zT weiter NZA 03, 1145, iE *Lingemann/Gotham* aaO; *Leder/Scheuermann* NZA 08, 1222; *Schramm/Kröpelin* DB 08, 2362). Eine betriebliche Übung entsteht nicht, solange andere individual- oder kollektivrechtliche Anspruchsgrundlagen die Leistungsgewährung regeln (BAG NZA 07, 1293; 08, 941).

Diese Grundsätze gelten nicht für den **öffentlichen Dienst**. Ein Anspruch kann zwar entstehen (BAG NZA 06, 692), der Arbeitnehmer muss aber idR davon ausgehen, dass der öffentlich-rechtliche Arbeitgeber sich nur zur Erbringung rechtlich vorgeschriebener Leistungen verpflichten will (BAG AP Nr 59, 67 zu § 242 – „Betriebliche Übung"). **46**

Gegenstand betrieblicher Übung können nahezu alle Leistungen des Arbeitgebers sein, zB Gratifikationen (BAG BB 63, 938), betriebliche Altersversorgung (§ 1b I 4 BetrAVG; BAG NZA 03, 875), Bezugnahme auf Tarifverträge (BAG NZA 02, 1096; 99, 879; *Sutschet* NZA 08, 679). **47**

Ein einseitiger und nicht vorbehaltener **Widerruf** der betrieblichen Übung durch den Arbeitgeber ist **nicht wirksam** (BAG AP Nr 47 zu § 242 – „Betriebliche Übung"). Sie kann nur durch Änderungskündigung (BAG NZA 97, 1009) oder einvernehmlich (BAG NZA 96, 1323), jedoch nicht (mehr) durch gegenläufige betriebliche Übung (BAG NZA 09, 601) beseitigt werden. **48**

8. Arbeitsrechtlicher Gleichbehandlungsgrundsatz. Der arbeitsrechtliche **Gleichbehandlungsgrundsatz** verbietet dem Arbeitgeber die sachfremde Schlechterstellung einzelner Arbeitnehmer ggü anderen Arbeitnehmern in vergleichbarer Lage (BAG DB 08, 130; NZA 07, 1424). Bildet der Arbeitgeber nach einem generalisierenden Prinzip Gruppen von begünstigten und benachteiligten Arbeitnehmern (kein bloßer Normenvollzug, BAG NZA 08, 709), muss die Gruppenbildung nach dem Zweck der Leistung sachlichen Kriterien entsprechen (BAG DB 09, 2664). Der Grundsatz gilt nicht für individuell vereinbarte Löhne oder Gehälter, wenn der Arbeitgeber sie nicht nach allg Regeln gewährt (BAG NZA 05, 1418, stRspr). Arbeitnehmer haben keinen Anspruch auf Einführung eines generalisierenden Prinzips (BAG NZA 95, 939). **49**

Kein **Anspruch** auf Gleichbehandlung besteht unter Arbeitnehmern in unterschiedlichen Ordnungs- und Regelungsbereichen, **zB** Beamten und Angestellten (BAG NZA 04, 1184), oder als Folge unterschiedlicher Vergütungssysteme (BAG DB 08, 710). Die Differenzierung zwischen Arbeitern und Angestellten rechtfertigt für sich alleine keine unterschiedliche Behandlung, die Arbeitsmarktlage ggf schon (BAG NZA 05, 1418 mwN). Zulässig ist auch Differenzierung zwischen „normalen" Arbeitnehmern und solchen auf zuwendungsfinanzierten Stellen (BAG NZA 03, 1274), solchen, die das Unternehmen verlassen und solchen, die bleiben (BAG NJW 07, 1548), solchen mit flexiblem und mit festem Einsatz (BAG NZA 08, 56), alt eingesessenen und gem § 613a übernommenen Arbeitnehmern (BAG NZA 06, 265). Kein Anspruch auf Abschluss eines Aufhebungsvertrages (BAG NZA 09, 547). Tarifvertragsparteien steht eine Einschätzungsprärogative zu (Art 9 III GG; BAG NZA 09, 214; 09, 218). **50**

Hat der Arbeitgeber entgegen dem Gleichbehandlungsgrundsatz einzelnen Arbeitnehmern höhere Leistungen gewährt, können **übergangene Arbeitnehmer** idR verlangen, entsprechend behandelt zu werden (BAG DB 08, 130; zu Einschränkungen dieser „Anpassung nach oben" s. § 7 AGG Rn 7 ff; *Lingemann/Gotham* NZA 07, 666; *Lingemann/Müller* BB 07, 2012). Der Gleichbehandlungsgrundsatz allein rechtfertigt keine Änderungskündigung zur Reduzierung der Leistung (BAG E 38, 354 f). Die Bevorzugung einer relativ kleinen Gruppe begründet nicht zwingend Ansprüche aller übrigen Arbeitnehmer, denn der Gleichbehandlungsgrundsatz verhindert nicht zwingend die Begünstigung einzelner Arbeitnehmer (BAG NZA 07, 221 (5%); 03, 215). Zahlt der Arbeitgeber an einige Arbeitnehmer irrtümlich ohne Verpflichtung, muss er andere nicht gleichbehandeln, sofern er die überzahlten Beträge zurückfordert (BAG NZA 99, 1108). **51**

Der Gleichbehandlungsgrundsatz gilt **unternehmensweit** (BAG NZA 09, 367; Rn 35). Eine unterschiedliche Betriebszugehörigkeit kann bei erheblichem Gewicht jedoch eine betriebsbezogene Gruppenbildung rechtfertigen (BAG NZA 09, 367; 99, 609). Auch kann ein Arbeitgeber den Arbeitnehmern betriebsratsloser Betriebe die Zahlung von Umsatzprämien versprechen und in Betrieben mit Betriebsrat das Ergebnis entspr Vereinbarungen mit dem Betriebsrat abwarten (BAG NZA 95, 1063). **Prozessual** muss der Arbeitgeber die Gründe für die Differenzierung substantiiert vortragen, und der Arbeitnehmer diese dann ggf substantiiert bestreiten (BAG NZA 05, 1418 mwN). **52**

IV. Anbahnung und Formalien des Arbeitsvertrags. 1. Anbahnung des Arbeitsvertrags. Zur Klärung der Eignung des Bewerbers dient das **Vorstellungsgespräch**. Veranlasst der Arbeitgeber das Gespräch, so trägt er gem §§ 670, 662 die verkehrsüblichen und erforderlichen Auslagen, nicht aber Zeitaufwand und Verdienstausfall (BAG NZA 89, 468; DB 77, 1194). **53**

Zulässige Fragen muss der **Bewerber** wahrheitsgemäß beantworten. Andernfalls kann der Arbeitgeber den Arbeitsvertrag anfechten (§ 123) oder kündigen (§ 626), wenn die wahrheitswidrige Antwort für die Einstel- **54** lung kausal war und der Bewerber dies erkennen musste (BAG NZA 94, 407; zu Einzelheiten und Einstellungsfragebogen BLDH/*Lingemann* Kap 1 und Kap 21). Nicht zulässig sind **Fragen nach:** (1.) **Schwangerschaft** (§ 3 I 2 AGG; EuGH NZA 00, 256 – Malburg; BAG BB 93, 433), auch, wenn die schwangere Bewerberin zur Vertretung einer schwangeren Arbeitnehmerin eingestellt wird (EuGH DB 01, 2451 – Teledanmark Anm *Thüsing*), (2.) **Behinderung** (§ 81 II 1 SGB IX; § 1 AGG), es sei denn, das Fehlen der Behinderung ist wesentliche und entscheidende berufliche Anforderung für die Tätigkeit (abw frühere Rspr des BAG DB 99, 852 f wohl obsolet); (3.) weiteren **Diskriminierungsmerkmalen des § 1 AGG** (Rasse, ethnische Herkunft, Geschlecht, Religion, Weltanschauung, Behinderung, Alter, sexuelle Identität), sofern nicht ein Rechtfertigungsgrund, §§ 8 ff AGG, vorliegt (Rn 4 ff zu § 2 AGG, Rn 5 zu § 22 AGG, BLDH/*Lingemann* Kap 1). **Einstellungsfragebögen** (§ 94 I BetrVG) und Einstellung (§ 99 BetrVG; BAG NZA 09, 1162) bedürfen der Zustimmung des Betriebsrats.

55 **2. Der Vertragschluss.** Der **Arbeitsvertrag** ist grds **formfrei**, § 105 GewO. Der Arbeitgeber hat jedoch spätestens einen Monat nach dem vereinbarten Beginn des Arbeitsverhältnisses die wesentlichen Vertragsbedingungen schriftlich niederzulegen, die Niederschrift zu unterzeichnen und dem Arbeitnehmer auszuhändigen (§ 2 NachwG). Eine Verletzung der **Nachweispflicht** berührt die Wirksamkeit des Arbeitsvertrags nicht, kann jedoch Beweiserleichterungen bis hin zur Beweislastumkehr zu Gunsten des Arbeitnehmers (vgl *Boudon* ArbRB 06, 155 ff; LAG Köln LAGE Nr 4 zu § 2 NachwG) und Schadensersatzansprüche des Arbeitnehmers begründen (BAG NZA 09, 805; 02, 800).

56 Der Arbeitsvertrag kann auch durch **Bevollmächtigte** geschlossen werden.

57 Soweit für Minderjährige als Arbeitgeber nicht § 112 I 1 und als Arbeitnehmer nicht § 113 I 1 gilt, ist für den Abschluss die **Zustimmung** des gesetzlichen Vertreters notwendig.

58 **3. Rechtsmängel des Vertrags.** Auch für den Arbeitsvertrag gelten die §§ 134 und 138. Typische Anwendungsfälle von **§ 134** sind etwa Verstöße gegen europa- und verfassungsrechtliche Grundrechte (zB geschlechtsbezogene Ungleichbehandlung entgegen Art 157 AEUV und Art 3 GG, BAG NZA 96, 653) oder nationale Verbotsgesetze (zB Benachteiligungsverbot des § 4 TzBfG, BAG BB 97, 262) sowie das Fehlen einer öffentlich-rechtlichen Erlaubnis (zB Arbeitserlaubnis, ErfK/*Preis* § 611 Rz 146). Ein Verstoß gegen ein öffentlich-rechtliches **Beschäftigungsverbot** (zB § 3 MuSchG) führt hingegen nicht zur Nichtigkeit des Arbeitsvertrags nach § 134, sondern nur zu einem Ruhen der vertraglichen Hauptpflichten; Nebenpflichten und Betriebszugehörigkeit bleiben aufrechterhalten (BAG AP Nr 13 zu § 611 – „Sachbezüge"; ErfK/*Schlachter* § 3 MuSchG Rz 2). Typische Fälle eines Verstoßes gegen **§ 138** sind (1) auf **sittenwidrige Leistung** gerichtete Arbeitsverträge (BAG DB 76, 2479) (2) Überwälzung des **Betriebs- oder Wirtschaftsrisikos** auf den Arbeitnehmer durch Vereinbarung einer Verlustbeteiligung (BAG DB 91, 659), (3) **ausschl erfolgsorientierte Vergütung**, wenn der Arbeitnehmer aus betrieblichen Gründen den monatlichen Provisionsabschlag nicht verdienen kann (LAG Berlin LAGE Nr 1 zu § 138; vgl auch LAG Hamm ZIP 90, 881) (4) eine **übermäßige Vertragsbindung** des Arbeitnehmers (LAG Hamm DB 89, 783). Wucher iSd § 138 II liegt allerdings vor, wenn die Arbeitsvergütung nicht einmal $^2/_3$ eines in der betreffenden Branche oder Wirtschaftsregion üblicherweise gezahlten Tariflohns erreicht (BAG DB 09, 1599). Eine Vergütungsvereinbarung mit Lehrkräften privater Ersatzschulen kann sittenwidrig sein, wenn sie unter 75% der Gehälter der vergleichbaren im öffentlichen Dienst stehenden Lehrkräften beträgt, sofern geleistete öffentliche Förderung von der Zahlung einer Vergütung iHv 75% abhängt (BAG AuR 06, 166).

59 Folge der **Nichtigkeit** einzelner Vertragsregelungen ist regelmäßig nicht die Nichtigkeit des gesamten Vertrags gem **§ 139**. Wird von einer zwingenden gesetzlichen Regelung gem § 134 abgewichen, so gilt diese. Häufig hilft die Rspr auch mit ergänzender Vertragsauslegung zu Gunsten des durch die Vertragsgestaltung benachteiligten Arbeitnehmers, etwa mit einer „Anpassung nach oben" bei Verstößen gegen den Gleichheitsgrundsatz (Rn 51). Bei Willensmängeln oder arglistiger Täuschung kommt auch eine Anfechtung des Arbeitsvertrags in Betracht (Rn 54; § 620 Rn 3). Ein nichtiger oder angefochtener Vertrag ist zwar von vornherein nichtig (BAG DB 98, 2618), nach Aufnahme der Tätigkeit besteht jedoch ein **faktisches Arbeitsverhältnis**, dh, der Arbeitnehmer behält für die Vergangenheit alle Ansprüche, die ihm auch aus einem fehlerfreien Arbeitsvertrag zugestanden hätten, das Arbeitsverhältnis kann jedoch mit Wirkung für die Zukunft ohne Einhaltung von Fristen durch einseitige Erklärung beseitigt werden (BAG NJW 84, 446). Allerdings scheidet ein faktisches Arbeitsverhältnis aus, wenn das Arbeitsverhältnis zwischenzeitlich außer Funktion gesetzt wurde, zB wegen Erkrankung des Arbeitnehmers. Dann wirkt die Anfechtung auf den Zeitpunkt zurück, zu dem das Arbeitsverhältnis außer Funktion gesetzt wurde (BAG NZA 99, 584).

60 **4. AGB-Kontrolle und Arbeitnehmer als Verbraucher. a) AGB-Kontrolle.** Die AGB-Kontrolle (BLDH/*Lingemann* Kap 2 Rz 82 ff; *Hunold* NZA-RR 08, 449; *Hromadka/Schmitt-Rolfes* NJW 07, 1777; *Lembke*, FA 09, 336; *Preis* Arbeitsvertrag) gilt für seit dem 1.1.02 geschlossene oder geänderte (BAG DB 08, 2199) Verträge (*Neuverträge*) und seit dem 1.1.03 auch für Altverträge (Art 229 § 5 EGBGB), für letztere zT mit Vertrauensschutz (BAG NJW 07, 536; enger jetzt BAG NZA 09, 428 – nur bei Anpassungsversuch bis 31.12.02).

61 **Besonderheiten des Arbeitsrechts** sind zu berücksichtigen (§ 310 IV 2, BAG NZA 06, 36; 05, 1053 f; 04, 731 f). Die Anwendung von § 305 II, III ist ausgeschlossen (§ 310 IV 2). Es gilt das Verbot geltungserhaltender Reduktion,

§ 306 II (BAG NZA 09, 666; NJW 08, 680). Neben Inhaltskontrolle (Rn 62–64) greift auch eine Ausübungskontrolle bei Änderungs- (Arbeitszeit, Leistung, Tätigkeit) und Widerrufsvorbehalten (BAG NJW 07, 536).
Zu einzelnen Klauseln (alphabetisch): (Einzelheiten mit Formulierungsvorschlägen BLDH/*Lingemann* Kap 2 Rz 82 ff „AGB-Klauselkontrolle von A-Z"): **Abgeltungsklausel:** idR nicht überraschend oder ungewöhnlich (BAG NZA 09, 318). **Änderungsklausel:** muss auf mindestens gleichwertige Tätigkeit gerichtet sein (BAG NZA 07, 145; iE *Preis/Genenger* NZA 08, 969). **Aktienoptionsplan:** Grundsätze AGB-Kontrolle zu Sonderzahlungen, Bindungsfristen, Verfallklauseln gelten nur eingeschränkt (BAG AP 12 zu § 305 BGB Anm *Lingemann/Gotham*). Einzelvertragliche **Altersgrenze:** bezogen auf das gesetzliche Rentenalter wirksam, wenn Arbeitnehmer nach Vertragsinhalt und -dauer gesetzliche Altersrente erwerben kann oder erworben hat (BAG NZA 06, 37; EuGH NJW 07, 3339). Str Altersgrenze von 60 Jahren für Kabinenpersonal im Flugverkehr (Vorlagebeschluss BAG DB 09, 850). **Anrechnungsvorbehalte:** weitgehend zulässig (BAG NZA 09, 49; DB 06, 1276, 1377). **Arbeit auf Abruf:** vom Arbeitgeber abrufbare Arbeit darf nicht mehr als 25% der vereinbarten wöchentlichen Mindestarbeitszeit betragen (BAG NZA 06, 423; anders für Tarifverträge BAG NZA 08, 431, 1194 oder zur Ermöglichung sozialverträglichen Personalabbaus BAG NZA-RR 08, 129). **Aufhebungsvertrag:** wegen Kontrollsperre, 307 III 1, keine Inhaltskontrolle von Beendigung und Abfindung (BAG NZA 04, 603; 1295). **Auflösende Bedingungen vor Ablauf Befristung:** im Vertragstext deutlich hervorzuheben (BAG NZA 08, 1208). **Ausgleichsquittungen:** Hervorhebung im Vertrag erforderlich (BAG NZA 05, 1139); auch ohne detailliertere Aufzählung ausgeschlossener Ansprüche wohl wirksam (aA LAG Berlin LAGE § 307 BGB 2002 Nr 13; Revision 5 AZR 506/07), s. aber **Klageverzicht**. Rückzahlung **Ausbildungskosten** (iE *Düwell/Ebeling* DB 08, 406): unwirksam, sofern ohne Rücksicht auf Beendigungsgrund vereinbart (BAG NZA 06, 1042), ebenso bei unklaren Voraussetzungen (BAG NZA 08, 1168). **Ausschlussfristen:** unwirksam, wenn einseitig zu Lasten Arbeitnehmer (BAG BB 06, 443), wirksam, sofern **beidseitig** und mindestens dreimonatige Frist für Geltendmachung (BAG NZA 08, 293) ab Fälligkeit (BAG NJW 06, 2205), bei kürzerer Frist nur auf einer Stufe einer zweistufigen Klausel iZw Teilunwirksamkeit (BAG NZA 08, 699).
Befristung des Vertrages: Keine Inhaltskontrolle, § 307 I 1, II), aber Gefahr der Überraschung (§ 305c I; BAG NZA 08, 876). **Befristung einzelner Vertragsteile:** Inhaltskontrolle nach § 307 (BAG NZA 08, 229; § 620 Rn 27). **Betriebsvereinbarungen:** nur Inhaltskontrolle nach § 75 BetrVG (BAG NZA 06, 563). **Beweislastregelung:** S. § 309 Nr 12. **Bezugnahmeklausel:** Kontrolle gem §§ 305 ff (BAG DB 08, 874); anzuwendende tarifliche Regelung ist kontrollfrei, wenn einschlägiges Tarifwerk als Ganzes oder ein geschlossenes Regelungssystem (BAG NZA-RR 09, 593) in Bezug genommen wird; werden branchenfremder Tarifvertrag oder nur einzelne Klauseln in Bezug genommen, sind sie an §§ 305 ff zu messen (BAG NZA-RR 09, 593); auch bei Bezugnahme auf einschlägiges Tarifwerk als Ganzes wird Bezugnahmeklausel selbst nach § 305c II ausgelegt (Rn 41; BAG NZA 07, 96; 06, 607), ebenso bei Vereinbarung der **Vergütung** (zur Auslegung als dynamische Verweisung BAG NZA 06, 202). **Dienstwagen:** Verpflichtung unwirksam, bei Beendigung des Arbeitsverhältnisses zur Privatnutzung überlassenen Dienstwagen zurückzugeben und dennoch für Restlaufzeit des Leasingvertrages anfallende Raten zu zahlen (BAG NZA 04, 484); für Widerrufsvorbehalt im laufenden Vertrag auch hier Grenze 25% (s.u. Widerrufsvorbehalt; BAG DB 07, 1253). **Freistellungsvorbehalt:** wirksam nur bei im Vertrag aufgeführtem sachlichen Grund (ausf Rn 96). **Freiwilligkeitsvorbehalt:** wirksam bei Sonderzahlung (BAG DB 08, 2194; *Lingemann/Gotham* DB 08, 2307), unwirksam bei laufenden Entgelten, jedenfalls soweit regelmäßige monatliche Leistungen im Synallagma (BAG DB 07, 1757 m Anm *Lingemann/Gotham* DB 07, 1754; *Schramm* NZA 07, 1325; *Reinecke* BB 08, 554); keine Umdeutung in Widerrufsvorbehalt bei Altverträgen (BAG DB 09, 684; Rn 60; aA *Lingemann/Gotham* aaO). Vorbehalt intransparent, wenn im Zusammenhang mit einem Anspruch genannt (BAG DB 09, 684; 08, 126 m Anm *Freihube* DB 08, 124; *Lingemann* FD-ArbR 08, 250044; *Lingemann/Gotham* NZA 08, 509). **Klageverzicht:** ohne Gegenleistung unwirksam (BAG NZA 08, 219 Anm *Lingemann* BeckFD-ArbR 07, 241903). **Konzernversetzungsklausel:** Wirksamkeit offen, s. aber BAG NZA 07, 30; 05, 929). **Pauschalabgeltung Mehrarbeit/Überstunden:** Umfang ist im Vertrag zu beschränken (BAG BB 06, 327). **Nebentätigkeitsverbot:** s. Rn 85. **Probezeitvereinbarung:** bei 6 Monaten wirksam, keine Gesetzesabweichung, § 307 III 1 (BAG NZA 08, 521), aber Probezeitbefristung unwirksam, wenn längere Vertragsbefristung drucktechnisch hervorgehoben (§ 305 c I, BAG BB 08, 1736). **Rücktrittsvorbehalt:** Sachlicher Rücktrittsgrund muss angegeben werden und bestehen (BAG DB 05, 2823). **Rückzahlung von Sonderzahlungen:** Bei stichtagsbezogenen Klauseln muss Höhe der Zahlung und Bindungsdauer in angemessenem Verhältnis stehen (BAG NZA 07, 875; BLDH/*Lingemann* Kap 12 Rz 33 M 12.15), ebenso bei reinen **Stichtagsklauseln** (BAG DB 08, 126); bei Auszahlungsstichtag im laufenden Jahr wohl zulässig (BAG NZA 09, 535); steht iÜ Höhe jedoch nicht fest, muss Regelung ggf Staffelung enthalten, möglicherweise sind vom Arbeitgeber veranlasste Beendigungsgründe und Sonderzahlungen von mehr als 25% der Gesamtvergütung auszunehmen (BAG aaO; *Lingemann/Gotham* NZA 08, 126). **Rückzahlung von Ausbildungskosten:** Angemessenes Verhältnis zwischen Ausbildungskosten und Bindungsdauer ist erforderlich sowie Herausnahme von vom Arbeitgeber veranlassten Beendigungsgründen (BAG BB 08, 721). **Doppelte Schriftformklausel:** wohl nur noch wirksam zur Vermeidung betrieblicher Übung, wenn entsprechend beschränkt (BAG NZA 08, 1233, damit iW überholt NZA 03, 1145, iE *Lingemann/Gotham* NJW 09, 268; Rn 45). **Selbständiges Schuldversprechen oder -anerkenntnis:** Einwand, dass zugrunde liegender Anspruch nicht besteht, darf nicht ausgeschlossen werden (BAG NZA 05, 682).

64 **Verfallklausel**: s. Ausschlussfristen. **Vergütungshöhe**: keine Angemessenheitskontrolle (BAG NZA 09, 428; *Lingemann* NZA 02, 189). **Versetzungsklausel**: Nennung konkreter Versetzungsgründe nicht erf, wenn Regelung materiell § 106 1 GewO nachgebildet (BAG NZA 07, 1985; 06, 1149). **Vertragsstrafenabrede**: für den Fall des Nichtantritts oder vorzeitiger vertragswidriger Kündigung zulässig; Höhe ein Bruttomonatsgehalt nicht bedenklich, sofern Vergütung bis zum nächst zulässigen Beendigungszeitpunkt nicht überschritten (BAG DB 08, 66; NZA 04, 733 f). Bei Wettbewerbsverboten muss Vertragsstrafe dauerhafte Verstöße klar von einmaligen trennen (BAG DB 08, 66; *Diller* NZA 08, 574). **Einseitige Leistungsbestimmungsrechte/Widerrufsvorbehalte**: bei Vergütung nach § 308 Nr 4 nur zulässig, wenn widerruflicher Anteil am Gesamtverdienst nicht mehr als 25/30% beträgt, Tariflohn nicht unterschritten wird, Kürzung angemessen ist und Klausel Widerrufsgrund (zB wirtschaftliche Gründe, Gründe in Leistung oder Verhalten des Arbeitnehmers) nennt (BAG NJW 07, 536 m Anm *Lingemann*; DB 06, 1061); für Altverträge (Rn 60) kommt ergänzende Vertragsauslegung in Betracht (BAG NJW 07, 536). Sind Widerrufs- und Anrechnungsvorbehalt in einer Klausel verbunden, sind sie getrennt zu betrachten (BAG NZA 06, 748; Einzelheiten BLDH/*Lingemann* Kap 2, Rz 82 ff, „AGB-Klauselkontrolle von A-Z"); bei Widerrufs- und Freiwilligkeitsvorbehalt in einer Klausel sind beide Vorbehalte unwirksam (BAG NZA 08, 1173).

65 **b) Der Arbeitnehmer als Verbraucher.** Der Arbeitnehmer ist **Verbraucher** iSv § 13. Daher greift AGB-Kontrolle schon, wenn vorformulierte Regelung nur zur einmaligen Verwendung bestimmt ist (§ 310 III Nr 2; BAG NZA 08, 1004). Auch den Vertragsschluss begleitende Umstände sind zu berücksichtigen (§ 310 III Nr 3; BAG NZA 09, 1253). Kein **Widerrufsrecht** des Arbeitnehmers gem §§ 312 I 1 Nr 1, 355 trotz § 312 für Aufhebung des Arbeitsvertrags (BAG AP Nr 1, 2 zu § 312; AP Nr 27 zu § 620 – „Aufhebungsvertrag").

66 **V. Rechte und Pflichten aus dem Arbeitsverhältnis. 1. Arbeitspflicht des Arbeitnehmers/Dienstverpflichteten.** Die Arbeitspflicht ist **Hauptpflicht** des Arbeitnehmers/Dienstverpflichteten, die im Zweifel persönlich zu leisten und nicht vererblich ist (§ 613 Rn 1, 3). Als Fixschuld ist sie regelmäßig nicht nachholbar.

67 **a) Art und Umfang der Arbeitspflicht.** Der Arbeitgeber bestimmt über das Weisungsrecht (**Direktionsrecht**, § 106 GewO; Rn 70), begrenzt durch die vertragliche Vereinbarung, die **Art** der Leistung. Der **Umfang** der Arbeitsleistung richtet sich nach dem Vertrag; der Arbeitnehmer schuldet nur die Arbeitsleistung, die er bei angemessener, auf Dauer ohne Gesundheitsgefährdung möglicher Ausschöpfung seiner Fähigkeiten und Kräfte nach seinem persönlichen und subj Leistungsvermögen erbringen kann (BAG NJW 04, 2545). Bleibt er dahinter deutlich zurück, kann dies eine personenbedingte Kündigung rechtfertigen (§ 620 Rn 71), jedoch kein Recht zur Entgeltminderung (BAG NZA 07, 1015).

68 **b) Ort der Arbeitsleistung.** Der **Ort** der Arbeitsleistung wird grds durch die Vorgaben im Arbeitsvertrag bestimmt, § 2 I 2 Nr 4 NachwG. Haben die Parteien dort einen bestimmten Arbeitsort festgelegt, so kann er nur durch Vertragsänderung oder Änderungskündigung geändert werden. Enthält der Arbeitsvertrag keine Regelung, kann der Arbeitgeber eingeschränkt an einen anderen Ort versetzen, zB einen Filialleiter in eine andere Filiale, nicht aber mehr als 100 km vom alten Tätigkeitsort entfernt (BAG DB 73, 1304 – Tübingen nach Freiburg) oder eine Stationsleiterin in eine andere Station desselben Krankenhauses (BAG NZA 96, 1088).

69 **c) Zeit der Arbeitsleistung.** Der zeitliche **Umfang** richtet sich nach dem Arbeitsvertrag, § 2 I 2 Nr 7 NachwG, die Grenzen des ArbZG sind zu beachten. Die **Lage** der Arbeitszeit ist Kerngegenstand des Weisungsrechtes (BAG NZA 08, 118); bei kollektiven Tatbeständen besteht ein Mitbestimmungsrecht des Betriebsrats, § 87 I Nr 2 BetrVG (BAG NZA 09, 1207). Eine Pflicht zur Leistung von Überstunden besteht nur bei Vereinbarung (zu AGB BAG NZA 06, 40); die Beweislast für Überstunden trägt im Vergütungsrechtsstreit der Arbeitnehmer (BAG NZA 94, 837). Mehrarbeit ist Arbeitsleistung über tarifliche Höchstarbeitszeiten hinaus (BAG NZA 07, 446). Zur Pauschalabgeltung von Überstunden und/oder Mehrarbeit im Formularvertrag s. Rn 63. **Kurzarbeit** ist die Herabsetzung der im Betrieb üblichen Arbeitszeit; soweit nicht im Arbeitsvertrag vorbehalten, kann der Arbeitgeber Kurzarbeit durch Tarifvertrag, Betriebsvereinbarung, Vereinbarung mit dem Arbeitnehmer oder Änderungskündigung einführen, ein Mitbestimmungsrecht gem § 87 I Nr 3 BetrVG besteht.

70 **d) Weisungsrecht des Arbeitgebers.** In den Grenzen von § 106 GewO kann der Arbeitgeber Inhalt, Ort und Zeit der Arbeitsleistung nach billigem Ermessen, § 315 (NZA 09, 1011), bestimmen, soweit diese nicht durch Arbeitsvertrag, Betriebsvereinbarung, Tarifvertrag oder G festgelegt sind. Direktionsrechterweiternde Klauseln sind in den Grenzen von §§ 305 ff zulässig (Rn 64), einseitige Eingriffe des Arbeitgebers in das Synallagma nur unter engen Voraussetzungen (Rn 63, 64; BAG NZA 09, 3115; *Preis/Genenger* NZA 08, 969).

71 **e) Prozessuales.** Die Erfüllung der Dienstpflicht kann eingeklagt werden, ist jedoch nur bei vertretbaren *Dienstleistungen*, § 887 ZPO, vollstreckbar, ansonsten nicht, § 888 III ZPO.

72 **2. Vergütungspflicht des Arbeitgebers/Dienstberechtigten.** Zahlung der Vergütung für die Arbeitsleistung ist **Hauptleistungspflicht** des Arbeitgebers/Dienstberechtigten.

a) Anspruchsgrundlage der Vergütung. Der Anspruch ergibt sich meist aus **Arbeitsvertrag** oder **Tarifvertrag**. Fehlt eine Vereinbarung oder ist sie unwirksam, gilt § 612 II Alt 2 (§ 612 Rn 5). Der Arbeitgeber muss über Vergütung schriftlich abrechnen und soweit erforderlich Auskunft erteilen (BAG NJW 07, 1378; NZA 06, 1294). 73

b) Ausgestaltung der Vergütung. **Festvergütung** nach Zeitabschnitten (Vergütung nach Stunden, Wochen, Monaten oder auch Jahren), ist unabhängig vom Erfolg der Tätigkeit innerhalb des Zeitraumes geschuldet. **Akkordvergütung** bestimmt sich allein nach erbrachter Leistung (berechnet nach Arbeitsmengeneinheiten, zB Stückzahl, Gewicht) als Geldakkord oder als Zeitakkord nach festen Vorgabezeiten als Verrechnungsfaktor. Leistungsbezogen sind auch **Prämien** oder **Provisionen**. Neben Grundvergütung kommen in Betracht übertarifliche Zulagen, Zuschläge (zB Sonn- und Feiertagsarbeit BAG NZA 06, 372), Tantiemen, Gratifikationen (zB Weihnachts- und Urlaubsgeld, EuGH ArbRB 06, 97); Jubiläumszuwendungen, Dienstwagen, Dienstwohnung, Arbeitgeberdarlehen, Zielvereinbarungen (zum Anspruch bei unterbliebener Zielvereinbarung BAG NZA 09, 256; DB 08, 437; *Gaul/Rauf* DB 08, 869), **Aktienoptionen** (Formulierungsvorschläge BLDH/*Lingemann* Kap 12), zu Freiwilligkeits- und Widerrufsvorbehalten Rn 63, 64. Arbeitnehmer hat Anspruch auf Aufwendungsersatz (§ 670), für freiwillige Vermögensopfer (Auslagen, BAG NZA 08, 1012) und unfreiwillige Einbußen (Sach- und Vermögensschäden, zB am Pkw, BAG AuR 96, 147). Vergütung ist auch **betriebliche Altersversorgung** (vgl §§ 1 ff BetrAVG). Bonuspunkte aus einem Miles-and-More-Programm sind nicht Vergütung und stehen dem Arbeitgeber zu (BAG DB 06, 2068). 74

Arbeitsentgelt ist grds in Euro zu berechnen und auszuzahlen (**§ 107 I GewO**). Sachbezüge sind nur in den engen Grenzen des § 107 II GewO zulässig (**Truck-Verbot**; vgl *Bauer/Opolony* DB 02, 1593), zB Deputate oder Aktien (*Bauer/Opolony* aaO). Waren auf Kredit sind unzulässig, § 107 II 2 GewO, Waren unter Anrechnung auf die Vergütung nur zulässig bei Anrechnung zu den durchschnittlichen Selbstkosten, § 107 II 3 GewO. Bei Verstoß gegen § 107 II GewO erlischt der Anspruch auf die in Geld zu leistende Vergütung gem § 107 I GewO nicht (ErfK/*Preis*, § 107 Rz 7). 75

c) Höhe der Vergütung. Die Höhe der Vergütung richtet sich nach der Vereinbarung, sofern nicht zwingende gesetzliche (zB Regelungen zum gesetzlichen **Mindestlohn** in § 1 ff AEntG, seit 20.4.09, iVm Verordnungen nach § 2 Nr 1, AEntG) oder kollektive Regelungen (Tarifverträge, Betriebsvereinbarungen) für den Arbeitnehmer höhere Vergütungen vorsehen (Rn 42, zu Sittenwidrigkeit Rn 58). 76

d) Vergütung ohne Arbeitsleistung. Der Arbeitgeber kann in gesetzlich bestimmten Fällen **Vergütung ohne Arbeitsleistung** schulden, zB Entgeltfortzahlung im Krankheitsfall (§§ 3 ff EFZG; *Bauer/Röder/Lingemann* Kap 1 und 2) und an Feiertagen (§ 2 EFZG), Urlaubsentgelt (§ 11 BUrlG), bezahlte Freistellung von Betriebsräten (§§ 37 III, VII, 38 BetrVG, zu Teilzeit BAG NZA 05, 937), nach den **Bildungsurlaubsgesetzen** der Länder oder nach tarifvertraglichen Freistellungsregelungen, bspw für besondere familiäre Ereignisse. 77

e) Abtretung von Entgeltforderungen. Die **Abtretung** von Entgeltforderungen kann wirksam ausgeschlossen werden (§ 399), sie ist dann ggü dem Abtretungsempfänger (absolut) unwirksam (ebenso Verpfändung, § 1274 II), Pfändung durch Gläubiger des Arbeitnehmers lässt sich dadurch jedoch nicht verhindern. 78

f) Verlust von Vergütungsansprüchen. Der **Vergütungsanspruch** kann **verloren gehen** durch Ablauf von Ausschlussfristen (für Rechte aus Tarifvertrag/Betriebsvereinbarung nur durch Tarifvertrag/Betriebsvereinbarung, § 4 IV 3 TVG, § 77 IV 4 BetrVG), Verwirkung (nicht für Rechte aus Tarifvertrag/Betriebsvereinbarung, § 4 IV 2 TVG, § 77 IV 2 BetrVG), Verjährung (§ 195), Aufrechnung (Grenze Pfändungsfreibetrag, § 394 iVm § 850 ff ZPO). Verzicht des Arbeitnehmers auf Vergütungsansprüche ist nur eingeschränkt zulässig (§ 12 EFZG, § 13 I BUrlG; vgl *Bauer/Röder/Lingemann* 62); Verzicht auf Rechte aus Tarifvertrag nur in einem von Tarifvertragsparteien gebilligten Vergleich, § 4 IV 1 TVG; aus Betriebsvereinbarungen nur mit Zustimmung des Betriebsrats, § 77 IV 2 BetrVG; Einigung über die tatsächlichen Voraussetzungen ist jedoch zulässig (MüKo/*Müller-Glöge* § 611 Rz 858). 79

g) Leistungsstörungen und Vergütung. Bei Leistungsstörungen ist zwischen Nicht- und Schlechtleistung des Arbeitnehmers zu unterscheiden: 80

Der Anspruch auf Vergütung besteht nur, wenn der Dienstverpflichtete die Dienstleistung erbringt oder der Dienstberechtigte im Annahmeverzug ist (§ 615 Rn 4 ff). Bei **Nichtleistung** kann der Dienstberechtigte, je nachdem, ob die Leistung nachholbar ist oder nicht, die Leistung gem §§ 326 I 1, 275 oder § 320 I 1 verweigern. In Arbeitsverhältnissen kann die Arbeitsleistung, da Fixschuld, regelmäßig nicht nachgeholt werden. An die Stelle des Rücktritts tritt die Kündigung auch bei Vertragsbeendigung bereits vor Dienst- bzw Arbeitsantritt (vgl auch § 620 Rn 3; § 626 Rn 1). 81

Minderung der Vergütung bei **Schlechtleistung** sehen §§ 611 ff nicht vor (BAG AP Nr 3 zu § 11 MuSchG 1968; AP Nr 71 zu § 611 – „Haftung des Arbeitnehmers"). Der Arbeitgeber kann aber mit Schadensersatzanspruch gem § 280 I bis zur Pfändungsfreigrenze (§§ 850a ff ZPO) aufrechnen (BAG AP Nr 3 zu § 11 MuSchG 1968). 82

83 **h) Prozessuales.** Wegen des grds Verbots der Vorwegnahme der Hauptsache kann Vergütungszahlung mit **einstweiliger Verfügung** nur geltend gemacht werden, wenn der Arbeitnehmer glaubhaft macht, dass der Anspruch mit überwiegender Wahrscheinlichkeit besteht (Verfügungsanspruch) und er sich in unverschuldeter finanzieller Notlage befindet (Verfügungsgrund; nicht, wenn er Leistungen bei der Bundesagentur für Arbeit nicht beantragt hat, LAG Köln LAGE Nr 1 zu § 935 ZPO 2002).

84 **3. Nebenpflichten des Arbeitnehmers/Dienstverpflichteten. a) Treuepflicht.** Der Dienstverpflichtete hat seine Verpflichtungen aus dem Arbeitsverhältnis so zu erfüllen, seine Rechte so wahrzunehmen und die im Zusammenhang mit dem Arbeitsverhältnis stehenden Interessen so zu wahren, wie dies von ihm nach Treu und Glauben billigerweise verlangt werden kann (Küttner/*Kreitner* Nr 405 Rz 1). Diese **Treuepflicht** wirkt über die Dauer des Arbeitsverhältnisses hinaus. Schwerwiegende Verstöße, zB Annahme von Schmiergeld, können eine außerordentliche Kündigung rechtfertigen (BAG EzA Nr 7 zu § 626 – „Unkündbarkeit"; AP Nr 175 zu § 626), in minder schweren Fällen kann eine Abmahnung und im Wiederholungsfall eine ordentliche Kündigung sozial gerechtfertigt sein (§ 620 Rn 65 ff).

85 **aa) Unterlassung von Wettbewerb und Nebentätigkeiten.** Der Arbeitnehmer muss **Wettbewerb** unterlassen (vgl § 110 GewO; BAG NZA 07, 977), ebenso **Nebentätigkeiten**, soweit das Arbeitsverhältnis dadurch beeinträchtigt wird (BAG DB 71, 581). Er darf zwar während des Arbeitsverhältnisses einen Arbeitsvertrag bei einem Konkurrenzarbeitgeber unterzeichnen oder den Aufbau eines eigenen Konkurrenzunternehmens durch formale oder organisatorische Maßnahmen, wie etwa das Anmieten von Räumen oder die Anwerbung von Arbeitskräften – sofern er dabei keine Mitarbeiter des Arbeitgebers abwirbt – vorbereiten (BAG AP Nr 6 zu § 60 HGB, Bl 843, 845), nicht aber die Arbeit bei seinem neuen Arbeitgeber aufnehmen oder bei Kunden des Arbeitgebers zur Möglichkeit späterer Geschäftsbeziehungen „vorfühlen" (BAG DB 70, 1645 f) oder diese gar abwerben (BAG DB 71, 50); iE BLDH/*Diller* Kap 25; *Bauer/Diller* Wettbewerbsverbote 13 ff; *Hunold* NZA-RR 08, 617.

86 **bb) Verschwiegenheitspflicht.** Der Arbeitnehmer ist unabhängig von arbeitsvertraglichen und spezialgesetzlichen Regelungen (vgl §§ 17 I UWG, 79 BetrVG, 9 2 Nr 6 BBiG, 24 II ArbNErfG, 93 I 2, 116 AktG, 5 BDSG) zur **Verschwiegenheit** über Betriebs- und Geschäftsgeheimnisse verpflichtet (BAG NZA 04, 429). Die Verschwiegenheitspflicht umfasst auch Tatsachen, die die Person des Arbeitgebers oder eines Arbeitskollegen in besonderem Maße berühren und die der Arbeitnehmer aufgrund seiner Tätigkeit im Betrieb erfahren hat (Küttner/*Kreitner* Nr 405 Rz 10). Sie gilt auch nachvertraglich, allerdings – sieht man von besonderen Regelungen (§§ 17 II UWG, 79 I 2 BetrVG, 5 3 BDSG) ab – wegen Art 12 I GG nur, soweit der Arbeitnehmer dadurch in seiner weiteren beruflichen Tätigkeit nicht eingeschränkt wird (BAG NZA 88, 503 f; MüKo/*Müller-Glöge* § 611 Rz 1093). Vertragliche Erweiterung ist nur bei berechtigten betrieblichen Interessen zulässig (LAG Hamm DB 89, 784). Praxisrelevant sind Ausweitungen nach Ende des Arbeitsverhältnisses (vgl BAG NJW 07, 2204). Eine Vereinbarung zur Verschwiegenheit über die Kundenliste des ehemaligen Arbeitnehmers hindert den Arbeitnehmer allerdings nicht, diese Kunden abzuwerben, anders bei nachvertraglichem Wettbewerbsverbot (BAG SAE 06, 182; NZA 88, 503 f).

87 Zunehmend bedeutsam wird „**Whistleblowing**", also die Anzeige betrieblicher Missstände ggü Dritten. Der Arbeitnehmer muss soweit zumutbar zunächst einen innerbetrieblichen Klärungsversuch unternehmen (BAG NJW 07, 2204; NZA 04, 427 ff), es sei denn, er ist iRe gegen seinen Arbeitgeber geführten staatsanwaltlichen Ermittlungsverfahrens zur Aussage verpflichtet (BVerfG NZA 01, 889 f). Das Interesse des Arbeitgebers an unternehmensinterner Aufklärung geht vor, wenn nicht der Arbeitgeber selbst, sondern ein (auch vorgesetzter) Mitarbeiter Pflichten verletzt bzw strafbar handelt (BAG NZA 04, 430). Zunehmend richten Unternehmen auch Whistleblower-Hotlines ein (dazu BLDH/*Haußmann* Kap 33 Rz 4, M 33.4). Gesetzliche Regelung war beabsichtigt in § 612 a BGB (*Sasse* NZA 08, 990; *Mahnhold* NZA 08, 737), ist zZt jedoch „auf Eis".

88 **cc) Sonstige Pflichten.** IRd Treuepflicht hat der Arbeitnehmer die **im Betrieb bestehende Ordnung** zu beachten (zB Rauchverbote) und Kontrollen zu deren Aufrechterhaltung hinzunehmen, soweit sie nicht heimlich erfolgen und entwürdigend sind, Art 2 I iVm 1 I GG (zum Einsatz versteckter Videokameras BAG NZA 08, 1189), sich kollegial und kooperativ zu verhalten, wozu auch die Unterlassung von Mobbing (BAG DB 08, 2086; *Sasse* BB 08, 1450) und Diskriminierung zählt (dazu iE Rn 14 zu § 7 AGG, BLDH/*Lingemann/Diller* Kap 13 Rz 1, 26 ff, 55 ff).

89 Der Arbeitnehmer muss mit **Arbeitsmitteln** sorgfältig umgehen, ferner **Unfallverhütungs- und Arbeitsschutzvorschriften** beachten und Störungen und Schäden aus seinem Arbeitsbereich anzeigen, um dem Arbeitgeber die erforderlichen Maßnahmen zu ermöglichen (vgl § 16 I ArbSchG). Keine Pflicht zur Selbstbezichtigung (BGH DB 89, 1464), aber zur Mitteilung von Pflichtverletzungen von Arbeitskollegen, wenn Personen- oder erhebliche Sachschäden drohen (MüKo/*Müller-Glöge* § 611 Rz 1082; weiter wohl BAG DB 70, 1598).

90 Ein arbeitsunfähig krankgeschriebener Arbeitnehmer muss sich **gesundheitsfördernd** verhalten (BAG AP 14 zu § 636 BGB Krankheit; *Bauer/Röder/Lingemann* 148 ff). Dazu kann auch gehören, sich bei begründetem Anlass auf Aufforderung des Arbeitgebers ärztlich untersuchen zu lassen (Küttner/*Kreitner* Nr 405 Rz 13).

Auch das **Verbot der Schmiergeldannahme** folgt aus der Treuepflicht. 91

b) Haftung des Arbeitnehmers. Führt ein Pflichtverstoß des Arbeitnehmers zu einem Schaden, so hat der 92
Arbeitgeber uU Anspruch auf Schadensersatz (§§ 823 ff, §§ 7, 18 StVG; § 280 I 1). Der Arbeitnehmer haftet
iRd innerbetrieblichen Schadensausgleichs bei **leichtester Fahrlässigkeit** (bei geringfügigen und leicht entschuldbaren Pflichtverletzungen, die jedem Arbeitnehmer unterlaufen können) nicht, bei **mittlerer Fahrlässigkeit** anteilig und nur bei **grober Fahrlässigkeit** und **Vorsatz** unbeschränkt (BAG NZA 03, 39). Selbst bei
grober Fahrlässigkeit kommt im Einzelfall Schadensquotelung in Betracht (BAG NZA 07, 1230); zT geht das
BAG von einer fünfjährigen Schadenstilgungsdauer als Haftungsobergrenze aus (BAG NZA 03, 41; 98, 141).
Das **Verschulden** des Arbeitnehmers muss sich auf Pflichtverletzung und Schaden beziehen (BAG NZA 03, 93
40 f). Er ist beweisrechtlich durch **§ 619a** privilegiert (§ 619a Rn 3). Bei Mitverschulden des Arbeitgebers (zB
Organisationsmängel, fehlerhafte Anweisungen) gilt § 254.
Eine **vertragliche Haftungsverschärfung** ist bei finanziellem Risikoausgleich wirksam (LAG Hessen DB 70, 94
888; ErfK/*Preis* § 619a Rz 37), Mankohaftung daher nur bis zur Höhe der gewährten Mankovergütung
(BAG NZA 00, 716 f; 99, 144; § 619a Rn 42).

4. Nebenpflichten des Arbeitgebers/Dienstberechtigten. a) Beschäftigungspflicht. Der Arbeitnehmer hat 95
aus dem allg Persönlichkeitsrecht (Art 2 I iVm Art 1 GG) gegen den Arbeitgeber einen Anspruch auf
Beschäftigung (§§ 611, 613 iVm § 242; BAG GS AP Nr 14 zu § 611 – „Beschäftigungspflicht"; Rn 38). Der
Arbeitgeber kann den Arbeitnehmer ohne Rechtsgrundlage (Rn 96) nicht **einseitig von der Arbeit freistellen** (BAG AP Nr 6 zu § 1 BildungsurlaubsG NRW; Sächs LAG v 12.6.03 – 2 Sa 715/02), es sei denn, dies
vermeidet als milderes Mittel eine sofortige fristlose Kündigung (§ 626; LAG Köln LAGE Nr 44 zu
§ 611 – „Beschäftigungspflicht"), oder ist wegen überwiegender schutzwürdiger Interessen des Arbeitgebers
geboten (LAG Hamm LAGE Nr 36 zu § 611 – „Beschäftigungspflicht"; LAG München LAGE Nr 32 zu
§ 611 – „Beschäftigungspflicht"; zu weiteren Fallgruppen Schaub/*Koch* § 110 Rz 10). Keine Beschäftigungspflicht besteht im Falle eines Teilstreiks (BAG BB 95, 410 f) oder einer rechtmäßigen Aussperrung (Jauernig/*Mansel* § 611 Rz 44).
Allerdings können die Vertragsparteien ein **Recht des Arbeitgebers zur Freistellung des Arbeitnehmers vereinbaren**, wenn dafür ein sachlicher Grund vorliegt und in der Vereinbarung genannt ist. Ein überwiegendes 96
schutzwürdiges Interesse des Arbeitgebers ist nicht erforderlich, auch der vorausgegangene Ausspruch einer
Kündigung ist sachlicher Grund (LAG Hamburg LAGE Nr 37 zu § 611 – „Beschäftigungspflicht"; ArbG Düsseldorf NZA 94, 559). Bei leitenden Angestellten dürfte sogar die Vereinbarung einer jederzeitigen Freistellungsmöglichkeit zulässig sein, sofern die Vergütung unangetastet bleibt. Ob auch in **Formulararbeitsverträgen Freistellungsklauseln** nach § 307 wirksam sind, ist str (für Unwirksamkeit ArbG Frankfurt DB 04, 934 f;
ArbG Berlin v 4.2.05 – 9 Ga 1155/05; *Fischer* NZA 04, 233, 234; *Ohlendorf/Salamon* NZA 08, 856; für Wirksamkeit ArbG Stralsund NZA-RR 05, 23 f in obiter dictum; BLDH/*Lingemann* Kap 2 Rz 103, M 3.1 § 16 VI).
Tarifliche Freistellungsregelungen sind zumindest dann unbedenklich, wenn sie eigentlich zulässige ordentliche Kündigungen aus betrieblichen Gründen (§ 1 KSchG) in bezahlte Freistellungen umwandeln, selbst wenn
dabei die Bezüge der Arbeitnehmer reduziert werden (BAG NZA 02, 1099).
Der Arbeitnehmer kann den Beschäftigungsanspruch durch **einstweilige Verfügung** durchsetzen, wenn er 97
dringend auf die sofortige Weiterbeschäftigung **angewiesen** ist (LAG München, Hamburg, Hamm, Köln
LAGE Nr 32, 37, 41 und 44 zu § 611 – „Beschäftigungspflicht"). Rechtsmissbräuchliches Verhalten des
Arbeitgebers ist hinreichender Verfügungsgrund (ArbG Frankfurt DB 04, 935).
Die **Pflicht zur Vergütungszahlung** bleibt – sieht man von Teilstreik, Aussperrung (§ 615 Rn 24) oder anderen Ausnahmefällen (vgl dazu LAG Hessen NZA-RR 00, 633; LAG Bremen NZA-RR 00, 632) ab – **von der** 98
Freistellung unberührt (BAG BB 64, 1045). Die Parteien können jedoch Anrechnung der Freistellung auf den
Resturlaub vereinbaren (ErfK/*Preis* § 611 Rz 571). Nimmt der Arbeitnehmer während der Freistellung eine
anderweitige Tätigkeit auf, so kann sein dabei erzielter Verdienst nur angerechnet werden, wenn dies vertraglich vereinbart wurde, § 615 2 soll nicht anwendbar sein (LAG Hamm LAGE Nr 49 zu § 615 mwN; ErfK/*Preis*
§ 611 Rz 571). Bei unberechtigter Freistellung gerät der Arbeitgeber hingegen in Annahmeverzug, § 615 2
greift direkt (LAG Hamm aaO; ErfK/*Preis* § 611 Rz 567, 571). iE. § 615 Rn 1 ff.
Nach Ausspruch einer Kündigung und Ablauf der Kündigungsfrist besteht ein **Weiter**beschäftigungsanspruch des Arbeitnehmers nur, wenn er in erster Instanz mit seiner Kündigungsschutzklage obsiegt (allg Weiterbeschäftigungsanspruch, BAG GS AP Nr 14 zu § 611 – „Beschäftigungspflicht") oder der Betriebsrat der 99
Kündigung gem § 102 III BetrVG widersprochen hat (§ 102 V BetrVG).

b) Fürsorgepflicht. Die **Schadensabwendungspflicht** als Teil der Fürsorgepflicht verpflichtet den Arbeitgeber, Vorkehrungen zum Schutz von Leben, Gesundheit und Persönlichkeit der Arbeitnehmer zu treffen 100
(§ 618 Rn 2 f) und iRd Zumutbaren ihre Gegenstände vor Beschädigung zu schützen (BAG NZA 00, 1052)
und vor drohenden Gefahren zu warnen (BAG NZA 09, 193). Der Arbeitgeber darf auch selbst keine Rechtsgüter verletzen, Zurechnung bei Erfüllungsgehilfen nach § 278 (BAG NZA 00, 1053). (1.) Besondere Ausformungen der Schadensabwendungspflicht regelt § 12 AGG zur **Verhinderung von Diskriminierungen**
(Einzelheiten Rn 2 ff zu § 12 AGG). (2.) Soweit der Arbeitgeber Auskünfte erteilt, müssen sie richtig und

vollständig sein (BAG NZA 03, 687; 01, 206), von sich aus unterrichten muss er jedoch nur bei besonderen Gefahrensituationen (BAG NZA 09, 608; 02, 1047; LAG München NZA 08, 362), die Interessen des Arbeitgebers und des Arbeitnehmers sind gegeneinander abzuwägen (BAG NZA 01, 206). Praxisrelevant ist dies bei Aufhebungsverträgen auf Initiative und im Interesse des Arbeitgebers (BAG NZA 03, 687; 02, 1048), wenn erhebliche Versorgungseinbußen aufgrund vom Arbeitgeber gesetzter Regelungen drohen (BAG NZA 01, 206). Kann der Arbeitnehmer das Problem erkennen und eingehende Beratung an anderer Stelle erlangen, besteht keine Hinweis- und Auskunftpflicht des Arbeitgebers (BAG NZA 01, 206). Gesetzliche Auskunfts- und Unterrichtspflichten ua in § 81 I 2, IV BetrVG (Arbeitsaufgabe), § 82 II 1 BetrVG (Berechnung des Entgelts) und § 83 I 1 BetrVG (Einsicht in Personalakten). (3.) Der Arbeitnehmer muss überholte oder unrichtige Abmahnungen und Unterlagen ohne Bezug zum Arbeitsverhältnis aus der Personalakte entfernen (BAG NZA 08, 367). (4.) Bei Verletzung von Nebenpflichten kann der Arbeitnehmer ein **Zurückbehaltungsrecht gem § 273** oder ein **Leistungsverweigerungsrecht** haben, auch einen Anspruch auf **Schadensersatz** gegen den Arbeitgeber bei Verschulden. (5.) Bei Personenschäden aus Arbeitsunfällen außerhalb des allg Verkehrs gelten **Besonderheiten** im **Arbeitsrecht:** gem § 104 SGB VII ist der Arbeitgeber über die Berufsgenossenschaften außer im Falle vorsätzlich verursachter Körperverletzung (BAG DB 03, 724) von der Haftung (BGH VersR 04, 133; *Rolfs* NJW 96, 3177; § 839 NJW 29, 37, 45) freigestellt, auch ein Schmerzensgeldanspruch besteht nicht (BVerfG NJW 73, 502). Stattdessen hat der Arbeitnehmer öffentlich-rechtliche Ansprüche gegen die Berufsgenossenschaft (nicht auf Schmerzensgeld). Mittelbar Geschädigte und Hinterbliebene haben abw von §§ 844, 845 keine Ansprüche gegen den Arbeitgeber, § 104 I SGB VII. Bei vorsätzlicher oder grob fahrlässiger Verursachung des Arbeitsunfalls können Sozialversicherungsträger den Schädiger in Regress nehmen (§ 110 SGB VII), regelmäßig bei Verstoß gegen Unfallverhütungsvorschriften (BGH NZA 84, 205; LAG Düsseldorf BB 95, 155).

101 **VI. Besondere Arten von Arbeitsverhältnissen. 1. Aus- und Fortbildungsverhältnisse.** Zur **Ausbildung** dienen Berufsbildungsverträge und Verträge mit Praktikanten (Ausn: wenn wie Arbeitnehmer eingesetzt, LAG BW NZA 08, 768), zur **Fortbildung** Verträge mit Arbeitnehmern. Wer einen anderen zur Berufsausbildung einstellt (Ausbildender), hat mit ihm einen Berufsausbildungsvertrag zu schließen (§ 10 I BBiG), der wesentliche Inhalt ist schriftlich niederzulegen (§ 11 I BBiG). Pflichten des Auszubildenden gem § 13 BBiG, Vergütungspflicht gem § 17 I BBiG (BAG NZA 08, 828). Nach der Probezeit kann der Ausbilder nur aus wichtigem Grund kündigen (§ 22 II BBiG), mit schriftlicher Angabe der Kündigungsgründe (!) (§ 22 III BBiG). Auszubildender kann mit Frist von vier Wochen kündigen (§ 15 II Nr 2 BBiG). **Berufliche Fortbildung** dient dazu, berufliche Kenntnisse und Fertigkeiten zu erhalten, zu erweitern, der technischen Entwicklung anzupassen oder beruflich aufzusteigen (§ 1 IV BBiG). §§ 3 ff BBiG gelten für den **Fortbildungsvertrag** nicht. Zur Wirksamkeit von Klauseln zur Rückzahlung von Bildungskosten s. Rn 63, Überblick, Muster und Tabelle bei BLDH/*Lingemann* Kap 8 Rz 13 ff.

102 **2. Probearbeitsverhältnis.** Das Probearbeitsverhältnis dient der Erprobung und kann befristet (§§ 14 ff TzBfG; § 620 Rn 23) oder unbefristet mit kurzer Kündigungsfrist (§ 622 III, § 622 Rn 4) gestaltet sein.

103 **3. Leiharbeitsverhältnis.** Leiharbeitnehmer werden **von ihrem Arbeitgeber (Verleiher) einem Dritten (Entleiher) zur Arbeitsleistung überlassen** (§ 1 I 1 AÜG). Zwischen Verleiher und Arbeitnehmer besteht ein Arbeitsvertrag, zwischen Verleiher und Entleiher ein Arbeitnehmerüberlassungsvertrag. Zur gewerbsmäßigen Arbeitnehmerüberlassung bedarf der Überlasser der Erlaubnis gem § 1 I 1 AÜG (Ausnahme: konzernintern iRv § 1 III Nr 2 AÜG) Hat der Verleiher die Erlaubnis nicht, entsteht ein Arbeitsverhältnis zwischen Entleiher und Leiharbeitnehmer (§ 10 I AÜG; BAG E 105, 65). Leiharbeitnehmer und vergleichbare Arbeitnehmer des Entleihers sind gleich zu behandeln (§§ 3 I Nr 3, 9 Nr 2, 10 IV AÜG; BAG DB 08, 243; *Röder/Krieger* DB 06, 2122). Für den Vertrag zwischen Leiharbeitnehmer und Verleiher gelten besondere formale Vorschriften (§ 11 I AÜG). Vor Übernahme des Leiharbeitnehmers in den Entleiherbetrieb ist der Betriebsrat des Entleihers zu beteiligen (§ 99 BetrVG; § 14 III AÜG). Der Verleiher haftet aus dem Arbeitnehmerüberlassungsvertrag („Dienstverschaffungsvertrag", Rn 8) dafür, dass der Arbeitnehmer für die vorgesehene Dienstleistung tauglich und geeignet ist, nicht aber für die ordnungsgemäße Dienstleistung selbst (BGH NJW 71, 1129). Der Entleiher hat ggü dem Leiharbeitnehmer den Arbeitsschutz einzuhalten, auch wenn keine vertraglichen Beziehungen bestehen. Während beim Arbeitnehmerüberlassungsvertrag der Entleiher den Leiharbeitnehmer wie eine eigene Arbeitskraft einsetzt, organisiert bei einem Dienst- oder Werkvertrag des Unternehmer die zur Erfüllung notwendigen Handlungen (BAG BB 04, 669). Seine Arbeitnehmer sind nicht Leiharbeitnehmer, sondern seine Erfüllungsgehilfen (BAG NZA 87, 128). Die Unterscheidung ist wichtig, da Arbeitnehmerüberlassung, nicht aber Dienst- oder Werkvertrag gem § 1 I AÜG erlaubnispflichtig ist (iE BLDH/*Lingemann* Kap 10 Rz 1 ff, M 10.1.1 ff).

104 **4. Mittelbares Arbeitsverhältnis.** Ein mittelbares Arbeitsverhältnis liegt vor, wenn ein Mittelsmann, der selbst Arbeitnehmer eines Dritten (des mittelbaren Arbeitgebers) ist, im eigenen Namen Hilfskräfte einstellt, die **mit Wissen des Dritten unmittelbar für diesen Arbeitsleistungen erbringen** (st Rspr, BAG NZA 02, 788), der mittelbare Arbeitgeber dem Mittelsmann **konkrete Weisungen zur Einstellung der Arbeitnehmer**

erteilt und ein **Weisungsrecht ggü den vom Mittelsmann eingestellten Beschäftigten** ausübt (BAG NZA 02, 788). Die Fälle sind selten. Der mittelbare Arbeitgeber haftet für alle Ansprüche des Arbeitnehmers aus dessen Arbeitsverhältnis mit dem Mittelsmann nur subsidiär (BAG BB 90, 1064; restriktiver (keine subsidiäre Haftung) BAG AP Nr 3 zu § 611 – „Mittelbares Arbeitsverhältnis"). Der Arbeitnehmer kann auch Kündigungsschutzklage nur gegen seinen Arbeitgeber, den Mittelsmann, erheben (BAG BB 90, 1064), dieser wiederum nur gegen seinen, den mittelbaren, Arbeitgeber. Auch Lohnsteuer muss regelmäßig der Mittelsmann abführen (Küttner/*Huber/Seidel* Nr 313 Rz 21). Die sozialversicherungsrechtlichen Pflichten treffen den mittelbaren Arbeitgeber, jedoch ist zwischen Entgelt für den Mittelsmann und den Arbeitnehmer zu differenzieren (LSG Nds Breithaupt 61, 497).

Sofern der Mittelsmann nur das ihm ggü bestehende Direktionsrecht des mittelbaren Arbeitgebers an seine 105 eigenen Mitarbeiter vermittelt, kommt Arbeitnehmerüberlassung (Rn 103) in Betracht (Küttner/*Röller* Nr 313 Rz 2).

5. Gruppenarbeitsverhältnis. Zu unterscheiden ist zwischen Eigen- und Betriebsgruppen: In einer **Eigen-** 106 **gruppe** sind Arbeitnehmer zum Zweck eines gemeinsamen Vertragsabschlusses mit einem Arbeitgeber zusammengeschlossen (zB Musikband *Heinze* NJW 85, 2112), typischerweise als BGB-Gesellschaft (§ 705). Nur alle Arbeitsverhältnisse können gekündigt werden, auch wenn der Kündigungsgrund nur in einer Person vorliegt (vgl LAG Sachsen-Anhalt NZA-RR 00, 528). Der Vergütungsanspruch steht idR der Gruppe zu (ErfK/*Preis* § 611 Rz 171). In der **Betriebsgruppe** sind mehrere Arbeitnehmer durch den Arbeitgeber zu gemeinschaftsbedingter Arbeit verbunden (zB Akkordgruppe). Die Vergütung richtet sich nach dem gemeinsamen Erfolg. IÜ bestehen jedoch einzelne Arbeitsverhältnisse und direkte Vergütungsansprüche der einzelnen Gruppenmitglieder, die auch nur für eigene Pflichtverletzungen haften (BAG NJW 74, 2255; ErfK/*Preis* § 611 Rz 166 f).

6. Job-Sharing. Beim Job-Sharing (**Arbeitsplatzteilung**) vereinbart der Arbeitgeber mit mehreren Arbeit- 107 nehmern, dass diese sich die Arbeitszeit an einem Arbeitsplatz teilen (§ 13 I 1 TzBfG). Die Aufteilung der Arbeitszeit untereinander bestimmen die Job-Sharer selbst. Fällt einer aus, sind die anderen zu seiner Vertretung verpflichtet, wenn es im Arbeitsvertrag geregelt ist, ein dringendes betriebliches Erfordernis vorliegt und ihnen dies zumutbar ist (§ 13 I 3 TzBfG). Darüber hinaus kann dies nur für jeden Vertretungsfall gesondert vereinbart werden (§ 13 I 2 TzBfG; LAG München DB 93, 2599). Nach § 13 IV TzBfG kann durch Tarifvertrag auch zuungunsten des Arbeitnehmers von diesen Grundsätzen abgewichen werden (iE BLDH/*Lingemann* Kap 6 Rz 80, M 6.4).

7. Abrufarbeit. Bei Abrufarbeit (KAPOVAZ) hat der Arbeitnehmer seine Arbeitsleistung entspr dem 108 Arbeitsanfall zu erbringen (§ 12 I 1 TzBfG). Eine bestimmte (Mindest)Dauer der Arbeitszeit (pro Woche, Monat oder Jahr) muss vereinbart werden (§ 12 I 2 TzBfG), andernfalls gilt eine wöchentliche Arbeitszeit von **10 Stunden** (§ 12 I 3 TzBfG). Der Arbeitgeber muss dem Arbeitnehmer die Lage der Arbeitszeit jeweils mindestens **4 Tage im Voraus mitteilen**, sonst ist der Arbeitnehmer nicht zur Arbeitsleistung verpflichtet, hat aber Anspruch auf die Vergütung (§ 615 iVm § 12 II TzBfG). Der Arbeitgeber muss jeweils für **mindestens 3 aufeinander folgende Stunden** die Arbeitsleistung abfordern, es sei denn, der Arbeitsvertrag enthält eine abweichende Regelung (§ 12 I 4 TzBfG; iE BLDH/*Lingemann* Kap 6 Rz 81, M 6.5; zu Formularverträgen Rz 62).

8. Teilzeitarbeitsverhältnis. Teilzeitbeschäftigt sind Arbeitnehmer, deren regelmäßige **Wochenarbeitszeit** 109 **kürzer ist als die regelmäßige Wochenarbeitszeit vergleichbarer vollzeitbeschäftigter Arbeitnehmer** (§ 2 I 1 TzBfG). Ohne ausdrückliche Vereinbarung ist das Weisungsrecht des Arbeitgebers zu Lage und Dauer der Arbeitszeit eingeschränkt, da der Teilzeitarbeitnehmer auch anderen Tätigkeiten nachgeht. Ein Genehmigungsvorbehalt im Arbeitsvertrag erfasst auch Nebentätigkeiten (BAG NZA 97, 145). Der Arbeitnehmer hat einen Anspruch auf Teilzeit, § 8 TzBfG, soweit er sie ordnungsgemäß beantragt (BAG DB 08, 2543, NZA 08, 289) und betriebliche Gründe nicht entgegenstehen, § 8 IV 1 TzBfG. Solche stehen insb entgegen, wenn (1) der vom Arbeitgeber als erforderlich angesehenen Arbeitszeitregelung ein Organisationskonzept zugrunde liegt, das (2) dem Arbeitszeitverlangen tatsächlich entgegensteht, und (3) das Gewicht der entgegenstehenden Gründe das Interesse des Arbeitnehmers an Teilzeit überwiegt (BAG DB 08, 1436; Formulierungsvorschläge BLDH/*Lingemann* Kap 6 Rz 34 ff, M 6.2.1 ff). Das unternehmerische Konzept selbst ist nur auf Missbrauch, *seine* Durchführung aber voll gerichtlich überprüfbar (BAG DB 07, 2846). Erweiterter Anspruch in § 15 BEEG, Anspruch auf Verlängerung in § 9 TzBfG (BAG NZA 07, 1349). §§ 4, 5 TzBfG untersagen Diskriminierung von Teilzeitkräften (vgl BAG DB 04, 320).

C. Internationales Privatrecht. Das international anwendbare Recht richtet sich nach Art 27, 30, 34 EGBGB 110 iVm Rom I und Rom II (s. die Kommentierungen dazu).

§ 611a Geschlechtsbezogene Benachteiligung. – *aufgehoben* –

§ 612

1   durch das G zur Umsetzung europäischer RL zur Verwirklichung des Grundsatzes der Gleichbehandlung v 14.8.06, BGBl I 1897 vgl Rn 4 Einf AGG, Rn 1 zu § 33 AGG.

§ 611b – *aufgehoben* –

1   durch das G zur Umsetzung europäischer RL zur Verwirklichung des Grundsatzes der Gleichbehandlung v 14.8.06, BGBl I 1897 vgl Rn 4 Einf AGG, Rn 1 zu § 33 AGG.

§ 612 Vergütung. (1) Eine Vergütung gilt als stillschweigend vereinbart, wenn die Dienstleistung den Umständen nach nur gegen eine Vergütung zu erwarten ist.
(2) Ist die Höhe der Vergütung nicht bestimmt, so ist bei dem Bestehen einer Taxe die taxmäßige Vergütung, in Ermangelung einer Taxe die übliche Vergütung als vereinbart anzusehen.
(3) – *weggefallen* –

1   **A. Zweck der Vorschrift.** I grenzt den Dienstvertrag von unentgeltlichen Auftrags- und Gefälligkeitsverhältnissen ab. Enthält der Vertrag keine Regelung, greift II. § 612 erfasst alle Dienstverhältnisse, Sonderregelungen in §§ 87, 87b I HGB (Handelsvertreter), §§ 17 ff BBiG (Ausbildungsverhältnisse). An die Stelle von III (geschlechtsbezogene Lohngleichheit) sind §§ 1 ff iVm § 8 II AGG getreten (Rn 4 Einf AGG, Rn 1 zu § 33 AGG).

2   **B. Vergütungspflicht, Abs 1. I. Dienstleistungen.** Dienstleistungen sind alle Arten von Dienstleistungen im freien oder abhängigen Dienstverhältnis, auch Geschäftsbesorgungen. Die Dienstleistung muss vereinbart sein, andernfalls gilt GoA (§§ 677–687) oder Bereicherungsrecht (§§ 812–822). I greift nur, wenn die Parteien **keine** – auch keine konkludente – **wirksame** (BAG AP Nr 38 zu § 2 BeschFG 1985; AP Nr 2 zu § 138; str, vgl ErfK/*Preis* § 612 Rz 2) Vereinbarung über die Vergütung für die konkrete Dienstleistung (BAG NZA 98, 540) getroffen haben, und bei fehlgegangener Vergütungserwartung (BAG NJW 78, 444).

3   **II. Den Umständen nach nur gegen Vergütung zu erwarten.** Den Umständen nach nur gegen Vergütung zu erwarten ist die Dienstleistung, wenn objektiv für den Empfänger der Dienstleistung **mit Entgeltlichkeit zu rechnen** war (maßgeblich Verkehrssitte, Stellung der Beteiligten zueinander, Umfang und Dauer der Dienste), zB bei Dienstleistungen im Hauptberuf des Leistenden (BAG NJW 98, 1581), Leistungen, für die keine Vergütungsregelung besteht (BAG NZA 02, 1328; BAG v 5.6.03 – 6 AZR 237/02 nv) oder Leistung höherwertiger als der vereinbarten Dienste auf Veranlassung oder mit Billigung des Dienstberechtigten (BAG AP Nr 31 zu § 612). Schwierig ist die Abgrenzung bei Dienstleistungen im familiären Bereich, die auch auf § 1356 I 2 oder § 1619 beruhen können, zwischen Verlobten oder im Rahmen formloser nichtehelicher Lebensgemeinschaften.

4   Der **Beweis** der Tatsachen gem I obliegt dem Dienstleistenden, der (Gegen-)Beweis für Vereinbarung von Unentgeltlichkeit dem Dienstberechtigten. Ist nach I Vergütung geschuldet, kann Dienstberechtigter nicht deshalb wegen Irrtums anfechten (MüKo/*Müller-Glöge* § 612 Rz 5).

5   **C. Höhe der Vergütung, Abs 2.** II gilt auch, wenn die Vergütungsregelung nichtig ist (zB sittenwidrig, BAG NZA 09, 837; 06, 1357; LAG BW NZA 2008, 768) und bestimmt die **Höhe der Vergütung** und die Reihenfolge in Betracht kommender Vergütungsgrundlagen. **Taxen** sind nach Bundes- oder Landesrecht festgelegte oder zugelassene Gebühren, die va für freie Berufe wie etwa Rechtsanwälte (RVG), Steuerberater (StBGebV), Architekten (AIHonO) sowie für die Privatliquidation von Ärzten (GOÄ) und Zahnärzten (GOZ) feste Höchst- oder Mindestsätze enthalten. **Üblich** ist die Vergütung, die an dem betreffenden Ort in gleichen oder ähnlichen Gewerben oder Berufen für gleiche oder ähnliche Dienstleistungen unter Berücksichtigung der persönlichen Verhältnisse gewöhnlich gewährt wird, maßgeblich ist also der vergleichbare Wirtschaftskreis (BAG NZA 06, 1357; 04, 971) nach den Umständen des Einzelfalls (BGH NJW-RR 90, 349). Voraussetzung für die Üblichkeit sind gleiche Verhältnisse in zahlreichen Einzelfällen (BGH NJW 01, 151). Es kann sich um feste Vergütung oder Vergütungsbandbreite handeln (BGH NJW-RR 07, 57 zu § 632 II). Im Arbeitsverhältnis wird häufig Tariflohn üblich sein (BAG NZA 95, 178; 93, 1049), was indes Abweichungen davon nicht ausschließt (BAG NZA 95, 178). II ergänzt nur Höhe der Vergütung, nicht aber sonstige Regelungen (zB Verfallklauseln, BAG NZA 91, 247). Zuschläge für Überstunden sind nicht iSv II üblich. Für selbständige Dienstleistungen und bei Organmitgliedern bedarf es der Feststellung im Einzelfall (vgl *Lingemann*, BB 09, 1918 mwN; BGH NJW 01, 151). Zum Anspruch des Handlungsgehilfen auf Überhangprovision s. BAG NZA 08, 1124. Lässt sich weder eine Taxe noch die übliche Vergütung ermitteln, kann die Höhe einseitig durch den Dienstleistenden in den Grenzen von §§ 315 I, 316) bzw bei Unbilligkeit durch gerichtliches Urt (§ 315 III; BGH aaO) bestimmt werden (BGH NJW-RR 90, 349.

§ 612a Maßregelungsverbot. Der Arbeitgeber darf einen Arbeitnehmer bei einer Vereinbarung oder einer Maßnahme nicht benachteiligen, weil der Arbeitnehmer in zulässiger Weise seine Rechte ausübt.

A. Zweck und Anwendungsbereich. § 612a will **verhindern, dass Arbeitnehmer ihre Rechte nicht wahrnehmen,** weil sie befürchten müssen, deswegen **benachteiligt** zu werden. Geschützt sind Arbeitnehmer einschl leitender Angestellter, Auszubildender (§ 10 II BBiG) und arbeitnehmerähnliche Personen (ArbG Berlin PersR 01, 45; MüKo/*Müller-Glöge* § 612a Rz 4), nicht freie Dienstnehmer (*Müller-Glöge* aaO; Sonderregelung in § 16 AGG). 1

B. Voraussetzungen. § 612a erfasst nicht nur die Ausübung von **Rechten aus dem Arbeitsverhältnis,** sondern jede Form der Ausübung von **Rechten durch Arbeitnehmer** und gewährleistet umfassenden Schutz als allg Maßregelungsverbot. Geschützt ist nur die Ausübung **tatsächlich bestehender Rechte in zulässiger Weise** (ErfK/*Preis* § 612a Rz 5 f). Fehleinschätzungen (auch schuldlos) fallen dem Arbeitnehmer zur Last (MüKo/*Müller-Glöge* § 612a Rz 10). **Beispiele** für Rechtsausübung: Ausspruch Kündigung (LAG Nürnberg LAGE Nr 2 zu § 612a), Erhebung Kündigungsschutzklage (LAG Nds NZA-RR 03, 578), Ablehnung verlängerter Arbeitszeiten (BAG NJW 03, 772) oder des Verzichts auf tarifliches Entgelt (BAG NJW 03, 3219), ferner Streikteilnahme (BAG NZA 00, 487), Gewerkschaftstätigkeit (LAG Hamm NZA 88, 586), Geltendmachung von Ansprüchen zB auf tarifvertragliches Vorruhestandsgeld (BAG NZA 88, 18 f), Weihnachtsgeld (LAG Hamm LAGE Nr 5 zu § 20 BetrVG 1972), Entgeltfortzahlung (BAG NJW 96, 1299) oder Überstundenvergütung (LAG Hamm LAGE Nr 5 zu § 20 BetrVG 1972). Der Arbeitnehmer kann sich jedes **zulässigen** Mittels bedienen. Klageerhebung ist zulässig, sofern **nicht mutwillig** (BAG NZA 96, 251). **Vereinbarungen** sind einzel- oder kollektivrechtliche (Betriebsvereinbarungen, Firmentarifverträge Sozialpläne) Abreden. Allerdings scheidet Maßregelung aus, wenn die Vereinbarung bereits vor der Rechtsausübung getroffen wurde, es sei denn, sie enthält bereits Sanktionen für den Fall der Rechtsausübung (LAG Köln LAGE Nr 39 zu Art 9 GG – „Arbeitskampf"). 2

Maßnahmen sind vom Willen des Arbeitgebers getragene einseitige Verhaltensweisen tatsächlicher, geschäftsähnlicher oder auch rechtsgeschäftlicher Art (MüKo/*Müller-Glöge* § 612a Rz 13), **zB** Weisungen, Kündigungen (BAG NZA 06, 429), Gewährung von Leistungen. **Benachteiligung** ist die im Einzelfall bewirkte Schlechterstellung des Arbeitnehmers, **zB** Entzug bzw Vorenthaltung freiwilliger Zuwendungen und ähnl Vorteile (BAG NZA 02, 862), sachfremde Gruppenbildung (BAG NZA 09, 1135), Unterlassung von Überstundenzuweisungen (BAG NJW 03, 3219), streikbedingte Sonderzuwendung, es sei denn, sie soll besondere Erschwernisse nicht streikender Arbeitnehmer ausgleichen (BAG NZA 93, 39; *Gaul* NJW 94, 1025), wozu psychische Belastungen durch Streikposten, Streikgassen und Kritik streikender Arbeitnehmer zählen (BAG NZA 93, 267). **Zulässig** sind: Anwesenheitsprämien bzw Kürzung von Prämien wegen Abwesenheiten, sofern nicht die Fortzahlung gesetzlich zwingend ist (BAG NZA 95, 1511; iE *Bauer/Röder/Lingemann* 45 ff), Einrichtung betrieblicher Altersversorgung nur bei Abschluss einer Betriebsvereinbarung zur flexiblen Arbeitszeit (BAG NZA 08, 56), Ablehnung eines befristeten Folgevertrags bei Vorbehalt der Befristungskontrolle für vorangegangene Verträge (BAG NZA 07, 806). Beschränkung von Sonderzahlungen auf Arbeitnehmer mit Urlaubs- oder Lohnverzicht (BAG NZA 09, 1202; 1135). 3

Die Rechtsausübung muss für die benachteiligende Maßnahme **kausal,** also nicht alleiniger, aber **tragender Beweggrund** und damit **wesentliches Motiv** sein (BAG NZA 07, 806). Daher keine unzulässige Benachteiligung **bei sachlichen Gründen** (BAG NZA 09, 2495; 95, 267) oder Orientierung an der Rechtsordnung (BAG NZA 07, 806). Anders, wenn zwar ein sachlicher Grund für die Benachteiligung vorlag, der Arbeitgeber sich jedoch von anderen Motiven, zB Rachsucht wegen zulässiger Rechtsverfolgung, leiten ließ (BAG SAE 04, 50 f; NZA 88, 19). 4

C. Rechtsfolge. Der Arbeitnehmer wird so gestellt, als **sei die Benachteiligung nicht erfolgt** (BAG NZA 02, 1391). Willenserklärungen des Arbeitgebers wie Kündigungen sind nach § 134 nichtig (BAG NZA 09, 974); die Drei-Wochenfrist des § 4 KSchG gilt (MüKo/*Müller-Glöge* § 612a Rz 20). Tatsächliche Maßnahmen wie Arbeitszuweisungen sind rechtswidrig, brauchen also nicht befolgt zu werden bzw sind wieder aufzuheben (ErfK/*Preis* § 612a Rz 23). Bei vorenthaltenen Leistungen wirkt § 612a **anspruchsbegründend** (BAG NZA 02, 1391; 01, 683), bei schuldhaftem Verhalten kommt ein Anspruch auf **Schadensersatz** ua nach § 280 I oder § 823 II (§ 612a ist Schutzgesetz) in Betracht (LAG Hamburg v 19.3.02 – 3 Sa 76/00; ErfK/*Preis* § 612a Rz 23), bei Wiederholungsgefahr ein **Unterlassungsanspruch.** 5

D. Prozessuales. Die **Beweislast** für Benachteiligung und Kausalität trägt der Arbeitnehmer (BAG NZA 88, 18), ein Anscheinsbeweis kann ihm zugute kommen (BAG NZA 93, 39; LAG Kiel LAGE Nr 4 zu § 612a). 6

§ 613 Unübertragbarkeit.
¹Der zur Dienstleistung Verpflichtete hat die Dienste im Zweifel in Person zu leisten. ²Der Anspruch auf die Dienste ist im Zweifel nicht übertragbar.

A. Dienstleistung in Person, S 1. I. Zweck und Anwendungsbereich. 1 enthält eine **Auslegungsregel,** abweichende Vereinbarungen sind zulässig. Sie gilt für Arbeitsverhältnisse und freie Dienstverhältnisse. Die Leistung durch den Arbeitnehmer persönlich ist für Arbeitsverhältnisse typisch, Zulässigkeit der Leistungserbringung durch Dritte ein starkes Indiz gegen ein Arbeitsverhältnis (§ 611 Rn 18). 1

2 II. Voraussetzungen. Der Verpflichtete darf die Leistung **im Zweifel nicht delegieren**, auch der Wahlarzt hat die seine Disziplin prägende Kernleistung idR persönlich und eigenhändig zu erbringen, abweichende Vereinbarung ist individualvertraglich unter engen Voraussetzungen möglich, in AGB nur für Fälle unvorhergesehener Verhinderung (BGH NJW 08, 897; zu Arztverträgen allg § 611 Rn 13). Bei Verträgen mit Rechtsanwälten in einer Sozietät oder PartG sind regelmäßig alle Rechtsanwälte Vertragspartner des Mandanten (BGH NJW 81, 2741), sofern nicht Einzelmandatierung erfolgt; Delegation auf Bürovorsteher ist für anwaltliche Kernaufgaben ausgeschlossen (BGH NJW 81, 2741).

3 III. Rechtsfolgen. Hat der Verpflichtete die Leistung in Person zu erbringen, besteht bei Heranziehung Dritter **kein Anspruch auf** vertragliche **Vergütung**, wohl aber können nach allg Regeln **Schadensersatzansprüche** entstehen. Bei eigener Verhinderung muss der Verpflichtete auch nicht für Vertretung sorgen. Da das Dienstverhältnis und damit der Dienstleistungspflicht mit dem **Tode** erlischt, haben Erben kein Eintrittsrecht in den Dienstvertrag, müssen allerdings nach §§ 1922, 1967 ggf einzelne Pflichten daraus erfüllen, zB dem Verstorbenen überlassenes Arbeitsmaterial herausgeben (Schaub/*Linck* § 45 Rz 2). Sie erben entstandene Ansprüche auf Vergütung (LAG Hamm NZA 87, 669), auch auf Abfindung aus Aufhebungsvertrag, es sei denn, der Arbeitnehmer stirbt vor Entstehung des Anspruchs (idR dem vereinbarten Vertragsende, BAG DB 06, 2131; NZA 00, 1236). Frühere Vererblichkeit kann im Aufhebungsvertrag vereinbart werden (BAG NZA 88, 466). Urlaubsabgeltungsansprüche (§ 7 IV BUrlG) sind nicht vererblich (BAG NZA 97, 880). Hat der Arbeitnehmer bereits zu Lebzeiten alle Voraussetzungen erfüllt, und ist der Arbeitgeber mit der Erfüllung des Abgeltungsanspruchs in Verzug, können Erben **Schadensersatz**, §§ 280 II, 286, geltend machen (BAG NZA 97, 880).

4 B. Unübertragbarkeit der Dienste, S 2. Auch 2 ist **Auslegungsregel** und daher abdingbar. Trotz Unübertragbarkeit ist der Anspruch auf die Dienstleistung **vererblich** (BAG AP Nr 18 zu § 74 HGB). Ist sie (zB bei Privatsekretären oder Krankenpflegern) speziell an die Person des das Dienstberechtigten gebunden, wird das Dienstverhältnis idR auflösend bedingt sein (ErfK/*Preis* § 613 Rz 11; vgl BAG aaO). Im Dienstverhältnis genügt konkludente Vereinbarung, im Arbeitsverhältnis muss auflösende Bedingung „Tod des Arbeitgebers" schriftlich fixiert werden (§§ 14 IV, 21 TzBfG). IÜ geht die Stellung als Dienstberechtigter auf Erben über. Kein außerordentliches Kündigungsrecht selbst bei außergewöhnlichen finanziellen Belastungen durch das „geerbte" Dienstverhältnis, Erben können jedoch die Erbschaft ausschlagen oder die Haftung auf deren Wert beschränken (BAG FA 05, 222). Bei Betriebsübergang gehen Arbeitsverhältnisse trotz § 613 auf Betriebsübernehmer über (§ 613a), sofern Arbeitnehmer nicht widerspricht (iE § 613a Rn 3 ff; 45 ff).

§ 613a Rechte und Pflichten bei Betriebsübergang.

(1) ¹Geht ein Betrieb oder Betriebsteil durch Rechtsgeschäft auf einen anderen Inhaber über, so tritt dieser in die Rechte und Pflichten aus den im Zeitpunkt des Übergangs bestehenden Arbeitsverhältnissen ein. ²Sind diese Rechte und Pflichten durch Rechtsnormen eines Tarifvertrags oder durch eine Betriebsvereinbarung geregelt, so werden sie Inhalt des Arbeitsverhältnisses zwischen dem neuen Inhaber und dem Arbeitnehmer und dürfen nicht vor Ablauf eines Jahres nach dem Zeitpunkt des Übergangs zum Nachteil des Arbeitnehmers geändert werden. ³Satz 2 gilt nicht, wenn die Rechte und Pflichten bei dem neuen Inhaber durch Rechtsnormen eines anderen Tarifvertrags oder durch eine andere Betriebsvereinbarung geregelt werden. ⁴Vor Ablauf der Frist nach Satz 2 können die Rechte und Pflichten geändert werden, wenn der Tarifvertrag oder die Betriebsvereinbarung nicht mehr gilt oder bei fehlender beiderseitiger Tarifgebundenheit im Geltungsbereich eines anderen Tarifvertrags dessen Anwendung zwischen dem neuen Inhaber und dem Arbeitnehmer vereinbart wird.
(2) ¹Der bisherige Arbeitgeber haftet neben dem neuen Inhaber für Verpflichtungen nach Abs. 1, soweit sie vor dem Zeitpunkt des Übergangs entstanden sind und vor Ablauf von einem Jahr nach diesem Zeitpunkt fällig werden, als Gesamtschuldner. ²Werden solche Verpflichtungen nach dem Zeitpunkt des Übergangs fällig, so haftet der bisherige Arbeitgeber für sie jedoch nur in dem Umfang, der dem im Zeitpunkt des Übergangs abgelaufenen Teil ihres Bemessungszeitraums entspricht.
(3) Abs. 2 gilt nicht, wenn eine juristische Person oder eine Personenhandelsgesellschaft durch Umwandlung erlischt.
(4) ¹Die Kündigung des Arbeitsverhältnisses eines Arbeitnehmers durch den bisherigen Arbeitgeber oder durch den neuen Inhaber wegen des Übergangs eines Betriebs oder eines Betriebsteils ist unwirksam. ²Das Recht zur Kündigung des Arbeitsverhältnisses aus anderen Gründen bleibt unberührt.
(5) Der bisherige Arbeitgeber oder der neue Inhaber hat die von einem Übergang betroffenen Arbeitnehmer vor dem Übergang in Textform zu unterrichten über:
1. den Zeitpunkt oder den geplanten Zeitpunkt des Übergangs,
2. den Grund für den Übergang,
3. die rechtlichen, wirtschaftlichen und sozialen Folgen des Übergangs für die Arbeitnehmer und
4. die hinsichtlich der Arbeitnehmer in Aussicht genommenen Maßnahmen.

(6) ¹Der Arbeitnehmer kann dem Übergang des Arbeitsverhältnisses innerhalb eines Monats nach Zugang der Unterrichtung nach Absatz 5 schriftlich widersprechen. ²Der Widerspruch kann gegenüber dem bisherigen Arbeitgeber oder dem neuen Inhaber erklärt werden.

I. Zweck und Anwendungsbereich. Die Vorschrift soll dem Arbeitnehmer trotz Wechsels des Betriebsinhabers den Arbeitsplatz erhalten, gleichzeitig soll der Inhalt des Arbeitsverhältnisses nicht durch den Betriebsübergang für den Arbeitnehmer nachteilig verändert werden (BAG NZA 09, 1091). § 613a beruht auf der Betriebsübergangsrichtlinie 77/187 vom 14.2.77, zuletzt geändert durch RL 2001/23/EG v 12.3.01, ABl EG Nr L 082, und ist richtlinienkonform auszulegen (Lit: *Schiefer/Worzalla* DB 08, 1566). 1

Vereinbarungen zwischen Erwerber und Arbeitnehmer, die zu seinen Lasten von den Rechtsfolgen des § 613a abweichen, sind nach dem Betriebsübergang auch ohne Vorliegen eines sachlichen Grundes zulässig (BAG NZA 08, 530; *Dzida/Wagner* NZA 08, 571). Nichtig sind jedoch Vereinbarungen, die auf Umgehung der gesetzlich vorgesehenen Kontinuität zielen (Rn 13). 2

II. Übergang des Betriebes und Betriebsteils, Abs 1. 1. Betrieb oder Betriebsteil. Betrieb iSv § 613a ist eine auf Dauer angelegte wirtschaftliche Einheit, also eine organisierte Gesamtheit von Personen und Sachen zur Ausübung einer wirtschaftlichen Tätigkeit mit eigener Zielsetzung (BAG NZA 06, 1101; EuGH NZA 99, 190). **Betriebsteil** ist demgegenüber eine selbständig abtrennbare organisierte Gesamtheit von Personen und Sachen, in der innerhalb des betrieblichen Gesamtzwecks ein Teilzweck verfolgt wird (BAG NZA 08, 1133). Nur die übernommenen Betriebsmittel schon beim Veräußerer die Qualität zumindest eines Betriebsteils haben, kommt ein Betriebsübergang in Betracht, die Entstehung eines Betriebsteils beim Erwerber reicht nicht (BAG ZIP 08, 801). Die bloße Fortführung einer bestimmten Tätigkeit beim Erwerber ist nur **Funktionsnachfolge**, die § 613a nicht erfasst (BAG NZA 08, 1132; 07, 793; BDH/*Dreher* Rz 45). 3

2. Übergang der wirtschaftliche Einheit auf einen anderen Inhaber. Der Betrieb oder Betriebsteil, die „wirtschaftliche Einheit", geht über, wenn der Inhaber wechselt, sie jedoch auch beim neuen Inhaber ihre Identität bewahrt (BAG NZA 08, 1130). Maßgeblich sind eine Vielzahl wertender Kriterien (st Rspr EuGH 11.3.1997 – C-13/95 – Ayse Süzen Rz 13 – 18, Slg 1997, I-1259; BAG NZA 09, 905): u.a. die **Art des betreffenden Unternehmens oder Betriebs** (BAG NZA 07, 1432; DB 06, 2130), der etwaige **Übergang der materiellen Betriebsmittel** wie Gebäude oder bewegliche Güter, der **Wert der immateriellen Aktiva** im Zeitpunkt des Übergangs, die etwaige **Übernahme der Hauptbelegschaft**, der etwaige **Übergang der Kundschaft** (jedoch kein Betriebsübergang bei Übernahme von Kundenaufträgen durch Dritten und Fortsetzung der Abwicklung im bisherigen Betrieb (BAG NZA 07, 1428) sowie der **Grad der Ähnlichkeit** zwischen den vor und nach dem Übergang verrichteten Tätigkeiten und die Dauer einer eventuellen Unterbrechung dieser Tätigkeit. Die Identität der Einheit kann sich auch aus anderen Merkmalen, wie ihrem Personal, ihren Führungskräften (BAG NZA 08, 1130), ihrer Arbeitsorganisation, ihren Betriebsmethoden und ggf den ihr zur Verfügung stehenden Betriebsmitteln ergeben. Den für das Vorliegen eines Übergangs maßgeblichen Kriterien kommt je nach der ausgeübten Tätigkeit und je nach den Produktions- und Betriebsmethoden unterschiedliches Gewicht zu (Rn 5, 6). Die bloße **Möglichkeit der unveränderten Fortführung** reicht nicht aus, sondern nur der tatsächlich entspr Fortführung durch den Erwerber (BAG NZA 07, 1432). Die Einheit muss ihre organisatorische Selbständigkeit nicht bewahren, sofern die funktionelle Verknüpfung zwischen den übertragenen Produktionsfaktoren beibehalten wird und es dem Erwerber erlaubt, diese Faktoren zu nutzen, um derselben oder einer gleichartigen wirtschaftlichen Tätigkeit nachzugehen (EuGH NZA 09, 251 – Klarenberg Anm *Lingemann*, FD ArbR 09, 277465; BAG NZA 09, 905). 4

Bei **betriebsmittelgeprägten Betrieben** ist wesentliches Indiz für den Übergang die **Übernahme der materiellen Betriebsmittel** wie Gebäuden oder beweglichen Gütern und damit die Nutzung von beim Veräußerer vorhandenen Betriebsmitteln nach dem Übergang durch den Erwerber, sofern ihr Einsatz bei wertender Betrachtungsweise den eigentlichen **Kern des zur Wertschöpfung erforderlichen Funktionszusammenhangs** ausmacht (BAG NZA 07, 1432; 07, 927). **Fehlende eigenwirtschaftliche Nutzung** der Betriebsmittel schließt einen Betriebsübergang nicht aus (BAG NZA 07, 1432; EuGH BB 06, 272 – Güney-Görres). In **betriebsmittelgeprägten Betrieben** kann ein Betriebsübergang auch ohne vorgesehene Übernahme von Personal vorliegen (BAG NZA 07, 1432; 06, 1101; EuGH NZA 03, 1385 – Carlito Abler). 5

Bei **betriebsmittelarmen Betrieben** kann wesentliches Indiz neben Fortführung der Tätigkeit sein der Übergang eines nach Zahl und Sachkunde **wesentlichen Teils der Belegschaft** (BAG DB 09, 2554), bei Nicht-Know-how-Trägern reichen 75% nicht aus (BDH/*Dreher* Rz 62), bei Know-how-Trägern genügt schon ein deutlich geringerer Anteil (BAG NZA 00, 1180; LAG Köln NZA-RR 00, 634). Hingegen stellt die bloße Fortführung der Tätigkeit durch einen anderen Auftragnehmer (Funktionsnachfolge, Rn 3) ebenso wenig einen Betriebsübergang dar wie die reine Auftragsnachfolge (BAG NZA 09, 905). 6

Eine **Betriebsstilllegung** vor der Übernahme schließt einen **Betriebsübergang aus** (BAG NZA 09, 1267; 07, 1287). Eine **Betriebsunterbrechung** kann je nach Dauer einer Stilllegung gleichstehen, zB bei neunmonatiger Betriebsunterbrechung in einem Modefachgeschäft (BAG NZA 97, 1050) oder dreimonatiger Unterbrechung in einer Kindertagesstätte (LAG Köln NZA-RR 98, 290). 7

8 **3. Durch Rechtsgeschäft. Rechtsgeschäft** ist der einverständliche Wechsel der Inhaberschaft vom Veräußerer auf den Erwerber, ggf auch eine Vergabeentscheidung (BAG NZA 06, 1105; BGH NZA 09, 848). Ein wirksamer Vertrag ist nicht zwingend erforderlich (BAG DB 08, 989; NZA 08, 826), eine aufschiebende Bedingung unschädlich (BAG DB 08, 1161). **§ 613a greift nicht** bei Gesamtrechtsnachfolge (zB Erbfolge, §§ 1922 ff), Hoheitsakt (NZA 08, 825), öffentlichrechtlicher Funktionsnachfolge (BAG NZA 00, 371 – Notariat), Ausgliederung auf Personen des öffentlichen Rechts (BAG NZA 09, 905), Übergang kraft Gesetzes (BAG NZA 06, 848), Sicherungsübereignung (BAG BB 03, 1793) oder Gesellschafterwechsel (BAG NJW 08, 314; NZA 07, 1428; vgl auch BAG DB 09, 910).

9 **4. Übergang der Arbeitsverhältnisse.** Maßgeblich für den **Übergang** und damit Eintritt der Rechtsfolgen des § 613a ist der **Zeitpunkt**, zu dem der Veräußerer seine wirtschaftliche Betätigung in dem Betrieb einstellt und der Übernehmer die wirtschaftliche Einheit im Wesentlichen unverändert fortführt, namentlich Arbeitsanweisungen erteilen kann (BAG DB 08, 1384, 1161; 989; 825). **Vom Übergang erfasst sind alle Arbeitsverhältnisse** (§ 611 Rn 16 ff), auch von Auszubildenden (BAG DB 06, 2750), Arbeitsverhältnisse ohne Kündigungsschutz (BAG NJW 03, 2473), Altersteilzeitverhältnisse auch in der Freistellungsphase (BAG DB 09, 741; NZA 08, 705), **nicht** aber Heimarbeiter (BAG DB 98, 1669), Ruheständler (BAG NZA 88, 246), Dienstverhältnisse außerhalb des Arbeitsverhältnisses, insb von Organen juristischer Personen (BAG NJW 03, 2930, 2473).

10 Diejenigen Arbeitsverhältnisse gehen über, die zu dem übergehenden Betrieb/Betriebsteil gehören (BAG DB 03, 1741; 06, 2818 m Anm *Lingemann* FD-ArbR 06, 204766). Maßgeblich sind, soweit übereinstimmende Festlegungen zwischen Veräußerer, Übernehmer und Arbeitnehmer fehlen (BAG DB 97, 2282; *Commandeur/Kleinebrinck* NJW 08, 3467) fehlen, objektive Kriterien: in **Querschnittsbereichen** (Buchhaltung, Personalverwaltung, Rechtsabteilung) entscheidet der **Schwerpunkt der Tätigkeit** des Arbeitnehmers (BAG DB 03, 1740). Bei Verschmelzung, Spaltung oder Vermögensübertragung ist in Grenzen grober Fehlerhaftigkeit auch die Zuordnung in einem Interessenausgleich möglich (§ 323 UmwG). **Widerspricht** der Arbeitnehmer gem IV (Rn 45 ff) einem Teilbetriebsübergang, fällt das Arbeitsverhältnis in den Bereich zurück, dem es sachlich zuzuordnen ist oder dem es der Arbeitgeber ausdrücklich oder konkludent zuordnet (BAG DB 03, 1741).

11 **5. Eintritt des Erwerbers in Rechte und Pflichten aus dem Arbeitsverhältnis.** Der Erwerber wird **Schuldner** aller Verbindlichkeiten aus dem Arbeitsverhältnis, auch aus der Zeit vor dem Betriebsübergang (BAG NZA 08, 241; Rn 26 ff). Dies gilt für alle Vergütungsbestandteile (zur Anrechnung von Beschäftigungszeiten BAG NZA 08, 713), also auch Prämien, Versorgungsanwartschaften (unverfallbar oder verfallbar, BAGE 70, 213; zur Unterstützungskasse BAG AP Nr 15 zu § 613a; zum Auskunftsanspruch gem § 4a BetrAVG BAG NZA 07, 1283), künftige Gehaltssteigerungen, soweit bereits vereinbart (BAG NZA 08, 241), Ansprüche aus Aktienoptionsplan, sofern nicht von Dritten gewährt (Rn 28), Ansprüche aus betrieblicher Übung (§ 611 Rn 44 ff). Die Dauer der Betriebszugehörigkeit bleibt je nach Regelungszweck erhalten (BAG DB 08, 244; NZA 08, 713). **Nicht erhalten bleibt** beim Veräußerer erwachsener Kündigungsschutz, wenn beim Erwerber das KSchG nicht gilt (§ 620 Rn 51; BAG NZA 07, 739), die Aussicht auf einen erzwingbaren Sozialplan, wenn der Erwerber unter § 112a II BetrVG fällt (BAG DB 07, 62) oder der Anspruch auf Einräumung eines Personalrabatts, soweit die tatsächliche Möglichkeit der Vorteilsgewährung entfällt (BAG E 112, 23 – Jahreswagen; s. aber BAG NZA 07, 325 – Flugvergünstigungen). Der **Gleichbehandlungsgrundsatz** (§ 611 Rn 49 ff) führt nicht zur Anpassung mit Ansprüchen anderer Arbeitnehmer beim Erwerber (BAG BB 06, 440; § 611 Rn 50).

12 Der Erwerber wird auch **Gläubiger** aller entstandenen und fällig gewordenen Ansprüche aus und im Zusammenhang mit dem Arbeitsverhältnis (ErfK/*Preis* § 613a Rz 79). Auch **Gestaltungsrechte** wie Kündigung und Anfechtung gehen über, ebenso Wettbewerbsverbote, Befristungen, auflösende Bedingungen, Ausschlussfristen (BAG v 19.9.07 – 4 AZR 712/06 Rz 24, nv). Kenntnis des Veräußerers von Sonderkündigungsschutz bindet auch den Erwerber (BAG NZA 09, 556), ebenso ein Beendigungsvergleich zwischen Veräußerer und Arbeitnehmer, wenn der Erwerber mit diesem einverstanden ist (BAG NZA 07, 328; Rn 34).

13 Ein **Aufhebungsvertrag** ist zulässig, wenn nicht auf endgültiges Ausscheiden gerichtet und nicht auf neues Arbeitsverhältnis zum Übernehmer mit schlechteren Konditionen (BAG NZA 09, 1091 – Erlaßvertrag), es sei denn, die Verschlechterungen sind **sachlich berechtigt** (BAG DB 08, 989; NZA 07, 328), wie zB bei Wechsel in Transfergesellschaft zur Vermeidung einer Insolvenz (BAG NZA 07, 1054; *Krieger/Fischinger* NJW 07, 2289).

14 **6. Auswirkungen auf Betriebsvereinbarungen, Abs 1 S 2–4. Betriebsvereinbarungen** gelten nach Betriebsübergang kollektivrechtlich weiter, wenn die Identität des Betriebes beim Erwerber im Wesentlichen erhalten bleibt (BAG NZA 03, 670; BDH *Hauck* BetrVG Rz 61), Gesamtbetriebsvereinbarungen gelten zumindest als Einzelbetriebsvereinbarung fort (BAG NZA 03, 670; iE *Niklas/Mückl* DB 08, 2250, zu Konzernbetriebsvereinbarungen *Salamon*, NZA 09, 471).

15 Bleibt die **Identität nicht erhalten**, lösen für übergegangene Arbeitnehmer kollektiv-rechtlich im aufnehmenden Betrieb bestehende Betriebsvereinbarungen beim Veräußerer geltende Betriebsvereinbarungen mit *demselben Regelungsgegenstand ab* („**Ablösung**"), I 3 (BAG NZA 05, 1431). Soweit beim Erwerber keine regelungsidentischen Betriebsvereinbarungen bestehen, werden die beim Veräußerer im Zeitpunkt des Betriebsübergangs geltenden Regelungen nach I 2 Inhalt des Arbeitsverhältnisses („**Transformation**", vgl Rn 20). Maßgeblich für die Regelungsidentität ist ein Sachgruppenvergleich (BAG AP Nr 242 zu § 613a).

Bei Ablösung von **Versorgungszusagen** ist allerdings bis zum Betriebsübergang erdienter Versorgungsbesitz 16
zu wahren, eine Verschlechterung ist nur nach den Sonderregeln zur Verschlechterung betrieblicher Versorgungszusagen möglich (BAG NZA 08, 600; 02, 520).
Außer in Fällen des I 4 (Rn 25) gilt bei Transformation die „**Veränderungssperre**", eine Änderung zum 17
Nachteil des Arbeitnehmers ist vor Ablauf **eines Jahres** nach dem Betriebsübergang unzulässig, I 2. Außerhalb der Transformation (Rn 15, 20) gilt die Veränderungssperre nicht, insb also nicht für Ablösung (Rn 15, 22) oder Änderung (Rn 2) rein arbeitsvertraglicher Ansprüche.

7. Auswirkungen auf Tarifverträge, Abs 1 S 2–4. Sind Betriebserwerber, Betriebsveräußerer und Arbeitnehmer **kongruent an denselben Tarifvertrag gebunden**, gilt der beim Veräußerer anwendbare Tarifvertrag 18
beim Übernehmer kollektiv-rechtlich weiter („**Weitergeltung**", BAG NZA 01, 1320; zur Ablösung nachwirkender TV BAG NZA 08, 552).
Für einen **Firmentarifvertrag** gilt das nur bei Gesamtrechtsnachfolge (zB § 20 I 1 UmwG), nicht aber aufgrund von § 613a (BAG ArbR 09, 192 Anm *Winzer*). **Allgemeinverbindliche Tarifverträge** gelten auch ohne 19
Tarifbindung beim Übernehmer fort, vgl § 5 IV TVG, sofern der Erwerber dem Geltungsbereich unterfällt.
Ist der **Übernehmer nicht tarifgebunden**, so gelten im Zeitpunkt des Betriebsübergangs beim Veräußerer 20
kollektiv-rechtlich anwendbare (auch nachwirkende, § 4 V TVG) Tarifverträge gem I 2 als Bestandteil des Arbeitsverhältnisses beim Erwerber fort („**Transformation**", BAG NZA 10, 41; vgl auch Rn 15, daher keine Kündigung durch oder ggü Erwerber, BAG BB 09, 1973 Anm *Haussmann*, FD-ArbR 09, 288531). Soweit nicht I 4 greift (Rn 25) gilt auch hier die einjährige **Veränderungssperre** (Rn 17).
Spätere Änderungen der Tarifverträge beim Veräußerer wirken sich nicht mehr aus; die Transformation 21
erfolgt statisch (BAG NZA 00, 154; 436; vgl EuGH NZA 06, 376 – *Werhof*; anders häufig die Wirkung von Bezugnahmeklauseln, Rn 24; § 611 Rn 41).
Sind **Übernehmer und Arbeitnehmer** kongruent an einen **anderen** Tarifvertrag gebunden als der Veräußerer, gilt der Tarifvertrag des Übernehmers („**Ablösung**"), soweit Regelungsidentität (Rn 15) zwischen beiden 22
Tarifverträgen besteht. Dies gilt unabhängig davon, ob der Tarifvertrag des Erwerbers günstiger oder ungünstiger ist als der bisherige. Soweit keine Regelungsidentität besteht, erfolgt gem I 2 Transformation (vgl Rn 15; BAG AP Nr 242 zu § 613a; AP Nr 108 zu § 613a BGB).
Ist der **Übernehmer nicht tarifgebunden** oder fehlt **Regelungsidentität** (Rn 22), so kommt eine (**Über- 23
Kreuz-)Ablösung durch kongruente Betriebsvereinbarung außerhalb zwingender Mitbestimmung nicht** in Betracht (BAG NZA 08, 542). Zu beachten wäre ohnehin der Tarifvorrang gem §§ 77 III, 87 I BetrVG.
Häufig wird ein Tarifvertrag **arbeitsvertraglich in Bezug genommen;** dann gilt bei Klauseln ab 1.1.02 Fort- 24
geltung nach I 2 (BAG NZA 08, 364, 649) und das Günstigkeitsprinzip (BAG NZA 08, 649, § 611 Rn 40). Zu den Folgen verschiedener Bezugnahmeklauseln bei Betriebsübergang iE § 611 Rn 41. Zur Klärung der kollektivrechtlichen Folgen (Rn 14 ff) kann eine mehrseitige Überleitungsvereinbarung sinnvoll sein (*C Meyer* NZA 07, 1408; DB 09, 1350; *ders* Unterrichtung 200 ff; *Lingemann* FS ARGE Arbeitsrecht 71 ff).

8. Ausnahmen von der einjährigen Veränderungssperre, Abs 1 S 4. Nach I 4 greift die einjährige Veränderungssperre (I 2) nicht, wenn die (transformierte) kollektivrechtliche Regelung (Tarifvertrag, Betriebsvereinbarung) nicht mehr gilt (Hs 1) oder Erwerber und Arbeitnehmer zwar nicht kollektiv an den Tarifvertrag im 25
Geltungsbereich des Erwerbers gebunden sind, dessen Anwendung jedoch vereinbaren (Hs 2), idR durch Bezugnahmeklausel (*C Meyer* NZA 03, 1126; Rn 20, 24, § 611 Rn 41).

III. Haftung des Veräußerers und des Erwerbers, Abs 2 u 3. Ab dem Betriebsübergang richten sich die 26
Ansprüche übergegangener Arbeitnehmer gegen den Erwerber. Jedoch besteht **gesamtschuldnerische Haftung** des Veräußerers für Verpflichtungen gem II (BAG NZA 09, 848 – Betriebsrenten) sowie ggf nach den §§ 133, 134 UmwG, §§ 25, 28 HGB. Für **Verpflichtungen gem II 2** haftet der Veräußerer **pro rata temporis** (zB bei jahreszeitanteiligen Leistungen wie 13. Monatsgehalt, Tantiemen).
Der Erwerber wird auch Schuldner der **Versorgungsanwartschaften** übergehender Arbeitnehmer; kann er sie 27
nicht unverändert fortführen, muss er eine gleichwertige Versorgung verschaffen (BAG DB 02, 1279). Da Rentner nicht übergehen, bleibt nur der Veräußerer zu Rentenzahlungen an diese verpflichtet.
Soweit **mit Dritten**, typischerweise konzernverbundenen Unternehmen, Ansprüche aus Nebenabreden zum 28
Arbeitsvertrag getroffen werden, richten sich die Ansprüche auch nach dem Betriebsübergang nicht gegen den Erwerber, sondern unverändert gegen den Dritten (BAG AP Nr 243 zu § 613a m Anm *Lingemann*).
Gem **III** tritt keine gesamtschuldnerische Haftung ein, wenn der bisherige Arbeitgeber durch Umwandlung 29
erlischt, seine Haftungsmasse liegt dann vollständig bei dem durch Umwandlung entstandenen neuen Arbeitgeber.
Bei Übergang des Betriebes **nach Eröffnung des Insolvenzverfahrens** haftet der Erwerber nicht für Verbind- 30
lichkeiten, die vor Eröffnung entstanden sind (BAG NZA DB 05, 2362; 03, 318); für Urlaubsansprüche soll § 613a aber anwendbar sein (BAG NZA 04, 43, 651; NJW 04, 1972). Übernimmt der Erwerber den Betrieb **vor Eröffnung**, haftet er uneingeschränkt nach II (BAG aaO).

31 **IV. Kündigungsverbot, IV. 1. Kündigung „wegen" Betriebsübergangs.** IV 1 verbietet **Kündigungen** des Arbeitsverhältnisses **„wegen" des Betriebs(teil)übergangs**, dh wenn der Betriebs(teil)übergang tragender Grund und nicht nur äußerer Anlass für die Kündigung ist (BAG NZA 06, 672 mwN). Das Kündigungsverbot gilt unabhängig von der Anwendbarkeit des KSchG (§ 13 III KSchG), somit auch in der Wartezeit (§ 1 KSchG) und in Kleinbetrieben (§ 23 I 2 ff KSchG; § 620 Rn 51 f).

32 Kündigungen aus anderen Gründen, also personen-, verhaltens- oder betriebsbedingte Kündigungen nach § 1 II KSchG (§ 620 Rn 54 ff), sind gleichwohl zulässig (IV 2). Bei Kündigung wegen Betriebsstilllegung muss die Stilllegung bei Kündigungszugang **greifbare Formen angenommen** haben und die Prognose gerechtfertigt sein, dass mit Ablauf der Kündigungsfrist der Arbeitnehmer nicht mehr eingesetzt werden kann (BAG DB 91, 2442); ändert sich während der Kündigungsfrist diese Prognose, insb durch Übergang nach § 613a und Fortführen des Betriebes, kann ein **Wiedereinstellungsanspruch** bestehen (§ 620 Rn 98 f), jedoch nicht bei Veräußerung in der Insolvenz (BAG DB 04, 2107). Wird nur der nicht übergehende Betriebsteil stillgelegt, erstreckt sich die Sozialauswahl auch auf den übergehenden Betriebsteil (BAG NZA 05, 285). Im Insolvenzfall können betriebsbedingte Kündigungen des Veräußerers auch mit dem Sanierungskonzept des Erwerbers begründet werden (vgl BAG AP Nr 147 zu § 613a; NZA 03, 1027). Unklar ist, ob dies nur gilt, wenn das Konzept auch vom Veräußerer hätte durchgeführt werden können (so noch BAG DB 83, 2691; anders möglicherweise BAG NZA 03, 1027).

33 Maßgeblicher **Zeitpunkt** für die Wirksamkeit der Kündigung ist ihr **Zugang** (BAG NZA 07, 1287).

34 **2. Prozessuales.** Eine Vorlage der nationalen Gerichte nach Art 267 AEUV an den EuGH zur Vorabentscheidung ist möglich (s. Rn 1). Klagegegner einer auf IV und das KSchG gestützten **Kündigungsschutzklage** ist der Arbeitgeber, der die Kündigung ausgesprochen hat (BAG NZA 99, 706; 85, 493). Hat er das Arbeitsverhältnis allerdings nach dem Betriebsübergang erst gekündigt, ist die Klage unbegründet, weil kein Arbeitsverhältnis mit dem Veräußerer mehr besteht (BAG NZA 06, 597; 06, 668). Hat der Veräußerer das Arbeitsverhältnis vor dem Betriebsübergang gekündigt, **bleibt** er trotz Betriebsübergangs **Beklagter** der Kündigungsschutzklage (BAG NZA 07, 328; 97, 397). In diesen Fällen gilt im **Verhältnis zum Erwerber**: Ist er **nach Rechtshängigkeit** der Kündigungsschutzklage gegen den Veräußerer dessen Rechtsnachfolger geworden, muss er gem **§ 325 ZPO** ein rechtskräftiges Urt gegen sich gelten lassen. § 325 ZPO gilt jedoch nicht bei Betriebsübergang **vor Rechtshängigkeit** der Kündigungsschutzklage gegen den Veräußerer (BAG NZA 99, 648; 99, 708; ErfK/*Preis* § 613a Rz 180; MüKo/*Müller-Glöge* § 613a Rz 214 ff). Dann muss der Arbeitnehmer trotz gewonnenen Kündigungsschutzprozess gegen den Veräußerer auch noch den Erwerber auf Feststellung des Fortbestands des Arbeitsverhältnisses verklagen, sofern dieser sich auf die Wirksamkeit der Kündigung beruft (LAG Hamm NZA-RR 02, 85; *Löwisch* § 4 Rz 40). In Zweifelsfällen sollte der Arbeitnehmer daher **Betriebsveräußerer und Betriebserwerber** verklagen. Der Veräußerer kann auch einen **Auflösungsantrag** nach §§ 9, 10 KSchG stellen, wenn der Auflösungszeitpunkt vor dem Betriebsübergang liegt (BAG NZA 05, 1180). Schließt der beklagte Veräußerer einen **Beendigungsvergleich**, wirkt dieser zumindest dann ggü dem Erwerber, wenn dieser mit dem Vergleich einverstanden war bzw ihn genehmigt hat (BAG NZA 07, 328; Rz 12). Im **Beschlussverfahren** wird der Erwerber mit dem Übergang automatisch Beteiligter (BAG NZA 09, 254). Einzelheiten sowie Muster bei BDH/*Hauck* 291; BLDH/*Lingemann* Kap 56 Rz 42, M 56.4).

35 **V. Unterrichtung der Arbeitnehmer, Abs 5** (Lit: BDH Rz 138 ff; *Willemsen* NZA 08, 155). Gem V ist ein Arbeitnehmer vom bisherigen oder vom neuen Arbeitgeber (zu Widersprüchen *Rupp* NZA 07, 301) über den Betriebsübergang zu unterrichten. Dadurch soll der Arbeitnehmer eine **ausreichende Wissensgrundlage für die Ausübung des Widerspruchsrechts** (VI) erhalten (BAG DB 06, 2407; Einzelheiten sowie Vorschläge *C Meyer* Unterrichtung 21 ff, 235 ff; BLDH/*Lingemann* Kap 56 Rz 13 ff; M 56.1 ff). Ist die Unterrichtung formal korrekt und nicht offensichtlich fehlerhaft, muss der Arbeitnehmer behauptete Mängel näher darlegen, der Arbeitgeber dann die Fehlerfreiheit beweisen (BAG NZA 08, 642).

36 Mitgeteilte **Tatsachen** müssen **zutr** sein (BAG aaO). Mitzuteilen ist neben den Unterrichtungsgegenständen gem V Nr 1–4 auch der **Betriebserwerber mit genauer Firmenbezeichnung und Adresse** (BAG DB 10, 58; NZA-RR 09, 62), der Gegenstand des Betriebsübergangs, also der Betrieb oder genau abgegrenzt der Betriebsteil (BAG DB 06, 2407), ferner, ob nur bewegliche Anlageteile übernommen werden oder auch das Betriebsgrundstück (BAG NZA 08, 642).

37 Der (geplante) **Zeitpunkt des Übergangs** (Nr 1) ist der (geplante) Stichtag.

38 Angabe des **Grundes** (Nr 2): **schlagwortartige Schilderung der dem Betriebsübergang zugrunde liegenden Umstände** und unternehmerischen Gründe reicht aus (zB die rechtsgeschäftliche Fremdvergabe von Küchenleistungen aufgrund von Kostensteigerungen im Gesundheitswesen, BAG DB 06, 2409).

39 Der Arbeitgeber muss sorgfältig über die **rechtlichen Folgen** (Nr 3) des Betriebsübergangs informieren, bei komplexen Rechtsfragen reicht nach angemessener Prüfung der Rechtslage (Einholung von Rechtsrat kann nötig sein) die Mitteilung einer **vertretbaren Rechtauffassung** aus (BAG DB 06, 2409 f). Mitzuteilen sind: **Eintritt des Betriebserwerbers** in die Rechte und Pflichten aus dem Arbeitsverhältnis (BAG NZA 09, 547), beim Erwerber anzuwendende **Tarifverträge und/oder Betriebsvereinbarungen** nach I 2–4, mit Angabe, ob diese kollektivrechtlich oder individualrechtlich fortwirken (BAG ArbRB 09, 193; *Mohnke/Betz* BB 08, 498),

ggf Veränderungssperre (I 2) bei transformierten Regelungen, **Haftung von Veräußerer und Erwerber** (II und ggf §§ 133, 134 UmwG, 25, 28 HGB), eventueller Haftungsausschluss des Veräußerers (III), **kündigungsrechtliche Situation**, sofern Kündigungen sich abzeichnen (BAG 27.11.08, 8 azr 1018/06 nv), wohl auch etwaiger Fortfall der Sozialplanpflicht oder des Kündigungsschutzes beim Erwerber, ferner das **Widerspruchsrecht** des Arbeitnehmers (VI) mit Adressat (BAG NZA 09, 1354), Monatsfrist und Schriftformerfordernis (VI 1; BAG 20.3.08, 8 AZR 1030/06 nv). Eine Unterrichtung über **wirtschaftliche und soziale Folgen** (Nr 3) ist erforderlich, soweit sie für die Entscheidung des Arbeitnehmers über den Widerspruch von Bedeutung sind (BAG DB 06, 2410), zB Auswirkungen auf den Bestand des **Betriebsrates**, räumliche oder funktionale Veränderungen, Auswirkungen auf den sozialen Besitzstand, etwaige **Personalabbaumaßnahmen**, Interessenausgleichs- und Sozialplanverhandlungen oder **Ansprüche aus Sozialplänen**, wenn sie in Betracht kommen können (BAG DB 06, 2410), die **Gefahr betriebsbedingter Kündigung bei Widerspruch** (VI) und ein damit ggf entstehender **Abfindungsanspruch** (BAG DB 06, 2409, 2410).
Hinsichtlich der Arbeitnehmer in Aussicht genommen (Nr 4) sind: alle **konkret geplanten** (BAG DB 06, 40 2410) **Maßnahmen** (§§ 92 ff BetrVG), dh personelle Maßnahmen, Weiterbildungsmaßnahmen, ggf geänderte Aufgabe beim Übernehmer und Übriges, was die berufliche Entwicklung der Arbeitnehmer betrifft.
Adressat der Unterrichtung sind **alle Arbeitnehmer**, deren Arbeitsverhältnis übergeht, wenn sie dem 41 Betriebsübergang nicht widersprechen (Rn 35, 45 ff). **Form:** Die Unterrichtung darf **standardisiert** erfolgen, muss aber eventuelle **Besonderheiten des jeweiligen Arbeitsverhältnisses** erfassen; maßgebend ist der Bezug zum Arbeitsplatz (BAG DB 06, 2407, 2409). Die Unterrichtung kann auch per Email geschehen, zumindest **Textform** (§ 126b) ist aber zwingend (§ 126 Rn 1 ff).
Maßgeblich für den Inhalt ist der Kenntnisstand des Unterrichtenden zum **Zeitpunkt** der Unterrichtung 42 (*Göpfert/Winzer* ZIP 08, 761), ein Anspruch auf **ergänzende Aufklärung über neu aufgetretene Umstände** besteht nur, wenn es sich nicht mehr um denselben Betriebsübergang handelt, der Betrieb also zB auf einen anderen Erwerber übergeht (BAG DB 06, 2410) oder zu einem ganz anderen Zeitpunkt.
Die Unterrichtung ist eine **Rechtspflicht** (BAG AP BGB § 613a Nr. 284; DB 06, 2750). Eine unvollständige 43 oder falsche Unterrichtung begründet Anspruch auf **Ersatz kausaler Schäden** (BAG NZA 08, 1297 Anm *Merten* FD ArbR 08, 270098; BAG DB 06, 2752 m Anm *Lingemann* FD-ArbR 06, 200881), aber kein Kündigungsverbot (BAG DB 05, 2472; Rn 47).
Eine **unwirksame Unterrichtung** löst die einmonatige Widerspruchsfrist gem VI nicht aus (BAG NZA DB 08, 2660). Dann besteht ein zeitlich unbegrenztes Widerspruchsrecht, VI, auch nach Beendigung des Arbeitsverhältnisses (BAG DB 08, 2660; *Löwisch*, BB 09, 326). Grenze ist **Verwirkung** (*Rolf*, BB 09, 1423; *Gaul/Niklas*, DB 09, 452, *Dzida*, DB 09, 167): Das **Zeitmoment** steht in **Wechselwirkung** mit dem Umstandsmoment (BAG DB 09, 69) und beträgt zwischen 2 Monaten (BAG aaO) und einem Jahr (BAG NZA 07, 1675, ist aber BAG DB 07, 2752 m Anm *Lingemann* FD-ArbR 06, 200881) nach Zugang der Unterrichtung in Textform (BAG 27.11.08, 8 azr 1018/06 nv). Für das **Umstandsmoment** (Kenntnis Erwerber oder Veräußerer genügt, BAG NZA 09, 552) ist **nicht ausreichend**: bloße Weiterarbeit beim Erwerber (BAG NZA 09, 752; 08, 1359), Hinnahme Kündigung des Veräußerers (BAG NZA 08, 1359), Kündigungsschutzklage gg Erwerber (BAG DB 09, 2213); **nach** Widerspruch: Aufhebungsvertrag mit Erwerber (BAG BB 09, 2141) oder Angebot Aufhebungsvertrag/Abfindung mit Veräußerer und verbesserter Arbeitsvertrag mit Erwerber (BAG NZA 09, 1095); **ausreichend aber**: Erklärung des Arbeitnehmers, er habe nicht widersprochen (BAG NZA 07, 1675), Aufhebungsvertrag mit Erwerber **vor** Widerspruch (BAG NZA 09, 1149), Hinnahme Kündigung des Erwerbers (BAG DB 08, 2716), Inanspruchnahme des Erwerbers gem II 1 (BAG NZA 08, 1296). Unerheblich ist, ob der (Nicht-)Widerspruch auf dem Unterrichtungsfehler beruht (BAG BB 07, 1340).
Zu unterrichten ist „**vor dem Übergang**" (V); eine unterbliebene oder nicht ordnungsgemäße Unterrich- 44 tung kann jedoch jederzeit nachgeholt, korrigiert oder ergänzt werden und löst dann die Monatsfrist aus (BAG BB 07, 1340).

VI. Widerspruchsrecht des Arbeitnehmers, Abs 6. Innerhalb eines Monats nach Zugang der Unterrichtung 45 kann der Arbeitnehmer dem Übergang des Arbeitsverhältnisses schriftlich (§ 126; begl Abschrift Anwaltsschriftsatz genügt, BAG NZA 06, 1409) **widersprechen** (VI).
Die Monatsfrist beginnt mit **Zugang** ausreichender (Rn 35 ff, 44) Unterrichtung, **Adressat** des Widerspruchs 46 ist bisheriger oder neuer Betriebsinhaber. Der Widerspruch kann nicht widerrufen, mit Vorbehalt versehen oder vom Veräußerer und Arbeitnehmer aufgehoben werden (BAG NZA 04, 481). Er ist auch wirksam ohne *sachlichen Grund* (Rn 47), aber **rechtsmissbräuchlich**, wenn der Arbeitnehmer zuvor dem Betriebsübergang zugestimmt hatte (BAG NZA 84, 33) oder ein Massenwiderspruch weitergehende Rechte als den gesetzlichen Bestandsschutz erzwingen soll (BAG NZA 05, 43). Verzicht kann nach Unterrichtung schriftlich erklärt werden (*Hauck* AuA 04, Heft 6 14 ff). Kein Widerspruchsrecht bei gesetzlich angeordnetem Übergang des Arbeitsverhältnisses (BAG DB 09, 1604).
Das Arbeitsverhältnis des Widersprechenden bleibt beim Veräußerer. Der Widerspruch wirkt zurück (BAG NZA 47 08, 1354). Mit dem Betriebsübergang fällt der Arbeitsplatz für den widersprechenden Arbeitnehmer beim Veräußerer weg, dieser kann bei Vorliegen der sonstigen Voraussetzungen (§ 620 Rn 74 ff) **betriebsbedingt kündigen** (BAG NZA 08, 33). Besonderheiten: **Unvollständige Unterrichtung** nach V hindert Kündigung nicht (Rn 43); auf

fehlende **anderweitige Beschäftigungsmöglichkeit** (§ 620 Rn 77) kann sich der Veräußerer eines Betriebsteils gem § 162 nicht berufen, wenn er mit Widerspruch des Arbeitnehmers rechnen musste und den in Betracht kommenden Arbeitsplatz bereits mit einem neu eingestellten Arbeitnehmer besetzt hat (BAG NZA 03, 431). Widerspricht ein **Betriebsratsmitglied**, muss der Arbeitgeber ggf einen Arbeitsplatz für ihn freikündigen (vgl BAG NZA 01, 321). Die **Sozialauswahl** (§ 620 Rn 78 ff) ist bei Betriebsteilübergang mit den Arbeitnehmern in den verbleibenden Betriebsteilen nach allg. Grundsätzen (§ 620 Rn 79) durchzuführen (BAG NZA 05, 1302), unerheblich sind Gründe für den Widerspruch (BAG NZA 07, 1362; DB 08, 1106), der Arbeitgeber kann aber evtl gem § 1 III 2 KSchG einen Mindestbestand eingearbeiteter Arbeitnehmer aus der Sozialauswahl ausnehmen (BAG NZA 03, 853; § 620 Rn 85). Ein **Widerspruch ohne sachlichen Grund** kann bei Kündigung wegen Widerspruchs zum Ausschluss von Sozialplanabfindungen führen, soweit sie bei Ablehnung eines zumutbaren Arbeitsplatzes nicht gewährt werden (BAG NZA 05, 1263), löst jedoch keine Sperrzeit aus (BSG BB 09, 1581). **Sachlicher Grund** wäre Wegfall der Sozialplanpflicht beim Erwerber (LAG Berlin NZA-RR 98, 63; LAG Hamm NZA 95, 471), **nicht** Geltung ungünstigeren Tarifvertrags beim Erwerber (BAG NZA 98, 158). § 1 V KSchG gilt auch bei Interessenausgleich mit **Namensliste** von bei Widerspruch zu kündigenden Arbeitnehmern (BAG NZA 00, 788; § 620 Rn 88).

48 **VII. Besonderheiten im Umwandlungsrecht.** § 613a greift auch bei **Verschmelzung, Spaltung oder Vermögensübertragung**, § 324 UmwG. Seine **Voraussetzungen** sind jeweils selbständig zu prüfen (BAG NZA 00, 1115). Zusätzlich gelten § 21a III BetrVG (Übergangsmandat des Betriebsrats, Vermutung für einheitlichen Betrieb bei einheitlicher Organisation), §§ 322, 323 I UmwG (kündigungsrechtliche Sicherung übergehender Arbeitsverhältnisse für zwei Jahre) und § 323 II UmwG (Zuordnung von Arbeitsverhältnissen im Interessenausgleich; Rn 10). Das Widerspruchsrecht (VI) besteht auch bei Umwandlung von Unternehmen, § 324 UmwG (str, *Graaf* NZA 06, 1078 ff), jedoch nicht bei Erlöschen des übertragenden Rechtsträgers (§ 20 I Nr 2 UmwG, bzw § 131 I Nr 2 UmwG; BAG NZA 08, 815; *Bauer/Lingemann* NZA 94, 1057).

49 **VIII. Auswirkungen auf das Betriebsratsamt.** Hat der **aufnehmende Betrieb** einen **Betriebsrat**, enden die Ämter des Betriebsrats im übergehenden Betrieb mit dem Betriebsübergang.

50 Besteht **im aufnehmenden Betrieb kein Betriebsrat**, hängen die Auswirkungen auf das Betriebsratsamt davon ab, ob der Betrieb seine Identität wahrt (BDH/*Hauck* BetrVG Rz 15 ff; dann besteht der Betriebsrat unverändert fort), ob nur ein Betriebsteil übergeht (dann enden die Ämter der übergehenden Betriebsratsmitglieder, allerdings besteht ein **Übergangsmandat** des Betriebsrats des Veräußerers, § 21a I 1, III BetrVG) oder ob die betriebliche Identität vollständig aufgelöst wird (dann erlischt der Betriebsrat und es besteht nur ein Restmandat gemäß § 21b BetrVG, vgl BAG DB 07, 2843). Werden mehrere Betriebe oder Betriebsteile mit Betriebsrat zu einem Betrieb zusammengefasst, nimmt das Übergangsmandat der Betriebsrat des nach der Zahl der wahlberechtigten Arbeitnehmer größten Betriebs/Betriebsteils, § 21a II, III BetrVG wahr.

51 **IX. Mitbestimmungsrechte des Betriebsrats. Mitbestimmungsrechte des Betriebsrats nach §§ 111, 112 BetrVG** (Sozialplanpflicht, Interessenausgleich, § 620 Rn 97) werden nicht durch den Betriebsübergang an sich begründet. Betriebs**teil**übergänge sind aber idR verbunden mit einer Betriebsspaltung beim Veräußerer und häufig Zusammenlegung von Betrieben (§ 111 III Nr 3 BetrVG) beim Erwerber (vgl BAG NZA 00, 1069), die Mitbestimmungsrechte nach § 111 BetrVG auslösen, und zwar bei einer Spaltung auch dann, wenn der ausgegliederte Betriebsteil die Schwellen des § 17 KSchG nicht erreicht (BAG NZA 97, 898; krit *Lingemann/Göpfert* NZA 97, 1325).

§ 614 Fälligkeit der Vergütung.
¹Die Vergütung ist nach der Leistung der Dienste zu entrichten. ²Ist die Vergütung nach Zeitabschnitten bemessen, so ist sie nach dem Ablauf der einzelnen Zeitabschnitte zu entrichten.

1 Nach 1 ist der Dienstverpflichtete **vorleistungspflichtig**; § 320 I 1 gilt insoweit nicht (§ 611 Rn 2). Bei Insolvenz Ausgleich durch Insolvenzgeldzahlung der Bundesagentur für Arbeit (§§ 183 ff SGB III).

2 § 614 gilt für Zeit- und Akkordvergütung (§ 611 Rn 74) und erfasst **Arbeits- sowie Dienst- und Geschäftsbesorgungsverträge** (bei letzteren zT zusätzlich ordnungsgemäße Rechnungslegung erforderlich, BGH NJW-RR 88, 1264 f). § 614 wird häufig **abbedungen** (durch Einzelvertrag, Betriebsvereinbarung, Tarifvertrag; LAG Hamm v 21.4.06, 10 Sa 2044/05). Dabei werden oft Vorschuss- und Abschlagszahlungen vereinbart, im kaufmännischen Verkehr durch AGB (OLG Frankfurt NJW-RR 88, 1458 f). Auch negatives Guthaben auf Arbeitszeitkonto ist Vorschuss des Arbeitgebers (BAG AP Nr 31 zu § 394). Gesetzliche Vorschussregelungen in § 9 RVG (Rechtsanwälte), § 8 StBGebV (Steuerberater), § 87a I 2 Hs 2 HGB (Handelsvertreter) und § 65 HGB iVm § 87a I 2 Hs 2 HGB (Handlungsgehilfen).

3 Typisch für **Arbeitsverhältnisse** ist Vergütung nach Zeitabschnitten gem 2. Vergütung ohne Arbeitsleistung (§ 611 Rn 77) ist Ausn von 1, für die Fälligkeit gilt auch hier 2, nur Urlaubsentgelt ist vor Urlaubsantritt zu zahlen (§ 11 II BUrlG). Nichtzahlung am Ende des Zeitabschnittes löst ohne weitere Mahnung Verzug aus, § 286 II Nr 1, und kann nach entspr Abmahnung ein Recht des Arbeitnehmers zur außerordentlichen Kündigung begründen (BAG NZA 07, 1419; § 626 Rn 8). Auch hat der Arbeitnehmer Anspruch auf Ersatz des Verzögerungsschadens (§§ 280 II, 286; BAG NZA-RR 99, 511).

§ 615 Vergütung bei Annahmeverzug und bei Betriebsrisiko. ¹Kommt der Dienstberechtigte mit der Annahme der Dienste in Verzug, so kann der Verpflichtete für die infolge des Verzugs nicht geleisteten Dienste die vereinbarte Vergütung verlangen, ohne zur Nachleistung verpflichtet zu sein. ²Er muss sich jedoch den Wert desjenigen anrechnen lassen, was er infolge des Unterbleibens der Dienstleistung erspart oder durch anderweitige Verwendung seiner Dienste erwirbt oder zu erwerben böswillig unterlässt. ³Die Sätze 1 und 2 gelten entsprechend in den Fällen, in denen der Arbeitgeber das Risiko des Arbeitsausfalls trägt.

A. Zweck und Anwendungsbereich. § 615 trägt der Tatsache Rechnung, dass der Dienstverpflichtete zur 1 Bestreitung seines Lebensunterhaltes regelmäßig auf die Vergütung angewiesen ist, ausgefallene Zeiten nicht ohne weiteres nacharbeiten und seine Arbeitskraft idR nicht kurzfristig anderweitig verwerten kann (vgl Palandt/*Weidenkaff* § 615 Rz 1). 3 gilt nur für Arbeitsverhältnisse, 1 und 2 auch für freie Dienstverhältnisse, zB nicht eingehaltene Behandlungstermine beim Arzt (LG Konstanz NJW 94, 3015; *Muthorst*, ZGS 09, 409 mwN), Zahnarzt (AG Ludwigsburg NJW-RR 03, 1695) oder Krankengymnasten (AG Ludwigsburg NJW-RR 03, 1695) sowie für Beratungsverträge mit Rechtsanwälten (OLG München NJW-RR 94, 507) und Ausbildungsverhältnisse (BAG NZA 06, 1406).

§ 615 ist keine selbständige Anspruchsgrundlage, sondern sichert den Vergütungsanspruch für die Zeit des 2 Annahmeverzugs (BAG AP Nr 99 zu § 615; AP Nr 11 zu § 611 – „Haftung des Arbeitgebers"). Vergütungshöhe, Zahlungsbedingungen, Fälligkeit (§ 614), Verfall- und Verjährungsfristen richten sich nach Dienst-/Arbeitsvertrag. § 254 gilt nicht (BGH NJW 67, 250). § 615 schließt gleichzeitigen Schuldnerverzug (§ 286) des Dienstberechtigten nicht aus, wenn er zur Annahme der Dienste verpflichtet ist. Für Schuldnerverzug gelten allg Regeln (BAG NZA 03, 48). 1 und 2 sind **abdingbar** (BAG NZA 03, 973; zu Formularverträgen § 611 Rn 60 ff.), der Arbeitgeber darf jedoch sein Arbeitsentgeltrisiko nicht generell auf den Arbeitnehmer verlagern (ErfK/*Preis* § 615 Rz 8). Abdingbarkeit von 3 ist in Formularverträgen wegen §§ 307 II Nr 1, 310 IV 2 zw (ErfK/*Preis* § 615 Rz 130).

B. Die einzelnen Regelungen. I. Annahmeverzug, S 1. Die **Voraussetzungen des Annahmeverzugs** des 3 Dienstberechtigten sind in den §§ 293–300 geregelt, während §§ 301–304 die für Dauerschuldverhältnisse wenig passenden allg und § 615 die nur für Dienst- und Arbeitsverhältnisse geltenden **besonderen Rechtsfolgen** festlegt (ErfK/*Preis* § 615 Rz 16).

1. Voraussetzungen des Annahmeverzugs. a) Erfüllbares Dienstverhältnis. Voraussetzung ist zunächst ein 4 **wirksames – auch faktisches (§ 611 Rn 59) – Dienst-/Arbeitsverhältnis**. Das Dienstverhältnis ist erfüllbar, wenn Dienstverpflichteter zur Dienstleistung verpflichtet und Dienstnehmer dazu berechtigt ist. Daher kein Annahmeverzug, wenn Dienstverpflichteter wirksam von Dienstpflicht befreit ist, zB bei Urlaubsgewährung (BAG NZA 01, 597), vertraglich vereinbarter Freistellung (BAG NZA 08, 595; 02, 1055) oder ruhendem Arbeitsverhältnis (zB Elternzeit, LAG Hannover LAG R 04, 168).

b) Ordnungsgemäßes Angebot. Der dienstverpflichtete Arbeitnehmer muss idR seine Leistung **anbieten**, 5 § 293, soweit dies nicht ausnahmsweise entbehrlich ist (§ 296). Grds ist tatsächliches Angebot (§ 294) erforderlich „in eigener Person, zur rechten Zeit, am rechten Ort und in der rechten Weise" (BAG MDR 94, 77). Ein **wörtliches Angebot** genügt, wenn der Dienstberechtigte (Arbeitgeber) vorher erklärt hat, er werde die 6 Leistung nicht annehmen, oder erforderliche Mitwirkungshandlungen unterlässt (§ 295 1). Wörtlichem Angebot steht Aufforderung an Arbeitgeber, die Mitwirkungshandlung vorzunehmen, gleich (§ 295 2). Ein tatsächliches oder wörtliches Angebot ist auch im ungekündigten Arbeitsverhältnis – zB bei Wiedereintritt der Leistungsfähigkeit oder -bereitschaft – erforderlich (BAG MDR 94, 77), ein tatsächliches Angebot, wenn die Wirksamkeit eines Aufhebungsvertrags strittig ist (BAG NZA 06, 435). Vom Arbeitgeber als erfüllungsuntauglich eingestufte Arbeit muss der Arbeitnehmer nicht anbieten (BAG DB 08, 1573):

Kündigung (§ 620 Rn 31 ff) ist wichtigster Fall der Ablehnungserklärung iSv § 295 1 (Rn 11). 7
Freie Dienstnehmer (auch die Organe juristischer Personen, § 611 Rn 31) müssen grds auch nach Kündi- 8 gung ihre Dienste gem § 295 anbieten (BGH NJW-RR 97, 538). Ausreichend ist jedoch, wenn Protest des Dienstverpflichteten gegen die Kündigung erkennbar ist, zB durch Gehaltsklage (BGH aaO). Wenn Weiterbeschäftigung ausgeschlossen ist, zB weil neuer Geschäftsführer bestellt ist, ist Angebot gem § 296 entbehrlich (BAG NZA 06, 1094; BGH NJW 01, 288).

Im **gekündigten Arbeitsverhältnis** ist **Angebot** des Arbeitnehmers wegen § 296 1 grds **entbehrlich** (stRspr, 9 NJW 04, 316 mwN), ebenso ggf nach fehlerhafter Unterrichtung iRv § 613 a BGB (BAG NZA 06, 1406 m Anm *Lingemann* BeckFDArbR 06, 200881). War der Arbeitnehmer jedoch bei Kündigung an der Erbringung seiner Arbeitsleistung gehindert (§ 297 vgl Rn 10), muss er Wiederherstellung seiner Leistungsfähigkeit bzw -bereitschaft dem Arbeitgeber in Form des § 295 anzuzeigen. Hierfür genügt Erhebung einer Kündigungsschutzklage (BAG NJW 95, 2653; 92, 933), anders bei Anfechtung eines Auflösungsvertrags (BAG NZA 06, 435). Nach **außerordentlicher Kündigung eines Dienstverhältnisses** ist gleichfalls ein wörtliches Angebot erforderlich, ausreichend jedoch Widerspruch gegen Kündigung oder Erhebung einer Vergütungsklage (BAG ArbRB 06, 294).

10 c) Leistungsfähigkeit und -willigkeit des Dienstverpflichteten. Der Dienstverpflichtete muss gem § 297 zur Erbringung seiner Leistung im Stande, also **leistungsfähig** und **leistungswillig** sein (BAG NZA 05, 1348), andernfalls besteht Unmöglichkeit (§ 275), die Annahmeverzug ausschließt (BAG AP Nr 20 zu § 615; NZA 03, 1334). **Nicht leistungsfähig** ist: ein arbeitsunfähig erkrankter Dienstverpflichteter (BAG DB 08, 2653; NZA 97, 27), ein Kraftfahrer ohne Fahrerlaubnis (BAG AP Nr 2 zu § 297), ein Arbeitnehmer, der aufgrund Gewissensentscheidung Leistung nicht erbringen kann (BAG AP Nr 1 zu § 611 – „Gewissensfreiheit"), sofern ihm keine andere Aufgabe zugewiesen werden kann (BAG AP Nr 2 zu § 297; BAG NZA 06, 442). **Leistungsfähig** ist auch der Dienstverpflichtete, dessen Leistungsvermögen nur teilweise eingeschränkt ist und dem der Dienstberechtigte eine **vertragsgemäße** leidensgerechte Tätigkeit zuweisen kann (BAG NZA 08, 1410; 03, 1334). **Leistungswillig** ist, wer unabhängig von der den Annahmeverzug begründenden Kündigung bereit ist, die betreffende Arbeit bei dem Vertragspartner zu den vertraglichen Bedingungen zu leisten (BAG EzA § 615 BGB 2002 Nr 9). **Nicht leistungswillig** ist, wer das Arbeitsverhältnis aufgrund einer ordentlichen Kündigung für beendet hält (LAG Köln LAGE Nr 5 zu § 615), vorträgt, das Arbeitsverhältnis sei so zerrüttet, dass es auf keinen Fall mehr fortgesetzt werden könne (BAG NZA 03, 1387 f), oder trotz Abmahnung und rechtskräftiger Abweisung einer Feststellungsklage nicht willens ist, seine Arbeit an einem neuen Arbeitsort aufzunehmen (BAG AP Nr 108 zu § 615). Annahmeverzug liegt jedoch vor, wenn Dienstberechtigter auf die Dienstleistung verzichtet oder Dienstverpflichteter ein Leistungsverweigerungsrecht geltend gemacht hat (ErfK/*Preis* § 615 Rz 47). **Leistungswille** wird noch **nicht ausgeschlossen**, wenn der Arbeitnehmer Zweifel an seiner Arbeitsfähigkeit äußert (BAG AP Nr 27 zu § 615), oder nach fristloser Kündigung wegen angeblicher völliger Unfähigkeit die weitere Tätigkeit im Betrieb als unzumutbar bezeichnet (LAG Nürnberg NZA 94, 270). Vom Arbeitnehmer abgelehnte Arbeit muss der Arbeitgeber nicht anbieten (BAG DB 08, 2653 m Anm *Lingemann* BeckFDArbR 08, 26093).

11 d) Nichtannahme der Arbeitsleistung durch den Dienstberechtigten. Annahmeverzug setzt weiter voraus, dass der Dienstberechtigte die Leistung **nicht angenommen oder die Annahme rechtswidrig beschränkt** hat (BGH NJW 03, 3219). **Nichtannahme** ist jedes Verhalten, das den Erfüllungseintritt verhindert (ErfK/*Preis* § 615 Rz 55 mwN). Auf Verschulden des Dienstberechtigten, namentlich Irrtum über tatsächliche oder rechtliche Lage, kommt es nicht an (BAG NZA 06, 442). **Bsp**: rechtswidrige Aussperrung, rechtswidrige Kurzarbeit (LAG RP v 30.3.06, 11 Sa 609/05), rechtswidrige vorübergehende Stilllegung des Betriebes, unwirksame Änderungskündigung, unwirksame Arbeitsfreistellung, unwirksames Hausverbot, unwirksame Verlegung der Arbeitszeit entgegen § 87 I Nr 2 BetrVG (BAG AP Nr 99 zu § 615) und natürlich unwirksame Kündigung (Rn 7; BAG NZA 06, 1406). Annahmeverzug liegt auch dann vor, wenn der Betriebsrat der Kündigung des Arbeitsverhältnisses frist- und ordnungsgemäß widersprochen (§ 102 III BetrVG) und der Arbeitnehmer Kündigungsschutzklage erhoben hat (BAG NZA 03, 1191), es sei denn, der Arbeitgeber wurde gem § 102 V 2 BetrVG von der Weiterbeschäftigungspflicht entbunden. Kündigt der Dienstverpflichtete fristlos, gerät der Dienstberechtigte auch dann nicht in Annahmeverzug, wenn die Kündigung unwirksam ist (BGH NJW 00, 1329 f).

12 e) Unzumutbarkeit. Ist dem Arbeitgeber die **Annahme der Leistung unzumutbar**, so gerät er nicht in Annahmeverzug, insb wenn bei Weiterbeschäftigung Gefahr für wichtige Rechtsgüter des Arbeitgebers oder anderer Arbeitnehmer droht (BAG NZA 88, 465), der Arbeitnehmer dem Arbeitgeber also zB nach dem Leben trachtet oder Erzieher einer Kindertagesstätte Kinder sexuell missbraucht (LAG Berlin NZA-RR 96, 284).

13 2. Ende des Annahmeverzugs. Annahmeverzug endet naturgemäß durch Annahme der Leistung als Erfüllung, wobei nach Kündigung nicht befristete (Prozess-)Beschäftigung, sondern nur dauerhafte Weiterbeschäftigung ausreichen soll (BAG AP Nr 106 zu § 615, NZA 05, 1348; aA *Gaul* EzA Nr 46 zu § 615). Allerdings wird der Arbeitnehmer idR zur Vermeidung der Folgen von 2 eine befristete Prozessbeschäftigung annehmen müssen (BAG NJW 04, 316; 00, 2374; Rz 20). Annahmeverzug endet auch mit Ende des Dienstverhältnisses, oder wenn Dienstverpflichtetem Leistungserbringung unmöglich wird (zB Freiheitsstrafe; BAG AP Nr 20 zu § 615). Ein Betriebsübergang beendet den Annahmeverzug nicht (BAG AP Nr 49 zu § 615).

14 3. Der Annahmeverzugslohn. Der Dienstverpflichtete **behält seinen Vergütungsanspruch**, ohne zur Nachleistung verpflichtet zu sein. Dieser umfasst die Bruttovergütung nach dem Lohnausfallprinzip (BAG AP Nr 99 zu § 615; Staud/*Richardi* § 615 Rz 120), leistungsabhängige Vergütungen (ggf nach § 287 II ZPO geschätzt; BAG AP Nr 28 zu § 1 Feiertagslohnzahlungsgesetz), Wert von vorenthaltenen Sachbezügen (zB Dienstwagen) nebst Zinsen nach §§ 288, 286 IV (BAG NZA 03, 48). Nachträglicher Verzicht auf Annahmeverzugslohn ist wirksam, da 1 abdingbar ist (s.o. Rn 2).

15 II. Anrechnung anderweitigen Erwerbs, S 2. 1. Zweck und Anwendungsbereich. 2 soll verhindern, dass *der Arbeitnehmer aus Annahmeverzug mehr erhält als bei ordnungsgemäßer Abwicklung des Vertrages* (BAG NZA 91, 223; AP Nr 52 zu § 615). 2 gilt für alle **Dienstverhältnisse**, für Arbeitsverhältnisse ist § 11 KSchG lex specialis (Palandt/*Weidenkaff* § 615 Rz 18) und, anders als 2, nicht dispositiv (ErfK/*Kiel* § 11 KSchG Rz 3). „Anrechnung" iSv 2 ist nicht Aufrechnung, sondern **automatische Reduzierung des**

Anspruchs aus 1, eine besondere Erklärung des Dienstberechtigten ist daher nicht erforderlich (BAG NJW 04, 316), Pfändungsgrenzen (§§ 850 ff ZPO) greifen nicht (MüKo/*Henssler* § 615 Rz 63).

2. Umfang der Anrechnung. Auch **ersparte Kosten** für Fahrten, Berufskleidung etc sind anzurechnen (2 – anders § 11 KSchG; str, vgl MüKo/*Henssler* § 615 Rz 65).

Anzurechnen ist **anderweitiger Erwerb**, bei böswilligem Unterlassen aufgrund hypothetischer Berechnung (BAG NJW 04, 316), also die Einkünfte, für deren (mögliche) Erzielung der Wegfall der Dienstleistung **kausal** war, nicht aber Nebenverdienste, die der Dienstverpflichtete auch regulär neben der Arbeit hätte realisieren können (BAG NZA 91, 223). Ausgangspunkt ist die **Bruttovergütung** (KG DB 79, 170; MüKo/*Henssler* § 615 Rz 68), abzusetzen sind für ihre Erzielung erforderliche Aufwendungen (*Henssler* aaO). Zur anzurechnenden Vergütung gehören auch Forderungen, die erst nach Ende des Annahmeverzugs fällig werden, soweit sie bereits vorher erarbeitet wurden (BAG NZA 06, 736 – **Prinzip der Gesamtberechnung**).

Öffentlich-rechtliche Leistungen sind anzurechnen (BAG NZA 06, 1452); mit Erbringung findet allerdings idR gem § 115 SGB X gesetzlicher Forderungsübergang auf den Leistungsträger statt, § 615 2 ist insoweit entbehrlich. Angerechnet werden Arbeitslosengeld (BAG NZA 07, 561), Beiträge zur Sozialversicherung (BAG AP Nr 1 zu § 11 KSchG 1969; aA wohl BAG NZA 03, 1335), Altersruhegelder und Erwerbsunfähigkeitsrenten (LAG Köln NZA-RR 96, 286), nicht aber Berufsunfähigkeitsrenten (BAG NZA 03, 1335). Soweit Vergütung teilweise wegen böswilligen Unterlassens (Rn 19 ff) nicht geschuldet ist, wird Bezug von Arbeitslosengeld nur anteilig angerechnet (BAG NZA 06, 1453).

3. Böswilliges Unterlassen. Böswillig unterlassen iSv 2 (entspr § 11 Nr 2 KSchG, BAG NJW 04, 316) wird Zwischenverdienst, wenn der Arbeitnehmer zumutbare Arbeit grundlos ablehnt, oder vorsätzlich verhindert, dass ihm zumutbare Arbeiten angeboten werden, auch wenn er nicht beabsichtigt, seinen Arbeitgeber zu schädigen (BAG NZA 07, 561). Maßgeblich sind alle Umstände nach Treu und Glauben (BAG AP Nr 39 zu § 615), namentlich Vergütungsform, Arbeitszeit, Anfall von Überstunden, Art und Umfang von Sozialleistungen, Gefährlichkeit der Arbeit und Ort der Tätigkeit (BAG NJW 07, 2062; *Bayreuther* NZA 03, 1365).

Beim bisherigen Arbeitgeber ist bei betriebs- oder personenbedingter Kündigung eine vorläufige Weiterbeschäftigung (Prozessarbeitsverhältnis) regelmäßig zumutbar, bei verhaltensbedingter, namentlich außerordentlicher Kündigung je nach Art und Schwere der Vorwürfe nicht, es sei denn, der Kündigungssachverhalt ist unstr oder der Arbeitnehmer hat einen Antrag auf Weiterbeschäftigung für die Dauer des Kündigungsschutzprozesses gestellt (BAG NJW 04, 316). Auch die Ablehnung vertraglich nicht geschuldeter Arbeitsleistung in unstr bestehendem Arbeitsverhältnis kann böswillig sein (BAG NZA 07, 561), sogar Ablehnung einer Änderungskündigung statt Annahme unter Vorbehalt, § 2 KSchG (BAG DB 08, 67). Eine dauerhafte Modifikation des Arbeitsvertrages muss der Arbeitnehmer allerdings nicht akzeptieren (BAG NZA 06, 314). Zur vorübergehenden Wiederaufnahme der Arbeit ist er stets nur auf Aufforderung des Arbeitgebers verpflichtet, er muss also nicht von sich aus ein Weiterbeschäftigungsurteil nutzen (BAG NJW 00, 2374).

Bei Verstoß des Arbeitnehmers gegen §§ 38, 122 SGB III kommt Anrechnung hypothetischen Verdienstes in Betracht (MüKo/*Henssler* § 615 Rz 75; aA Palandt/*Weidenkaff* § 615 Rz 20; zur alten Rechtslage BAG NJW 01, 243). Der Arbeitnehmer muss nicht jede ihm angebotene und den og. Anforderungen (Rn 19) genügende Stelle annehmen. Verweigerung der Beschäftigung bei einem anderem Arbeitgeber, die die Rückkehr an den bisherigen Arbeitsplatz erschweren oder von einem Wettbewerbsverbot erfasst würde, ist idR nicht böswillig (BAG AP Nr 2 zu § 615 – „Böswilligkeit"). Schlägt der Arbeitnehmer allerdings das Weiterbeschäftigungsangebot des Betriebserwerbers aus, schließt ein wirksamer Widerspruch gegen den Übergang des Arbeitsverhältnisses, § 613a VI, Böswilligkeit nicht aus (BAG NJW 98, 3140).

4. Prozessuales. Der Dienstberechtigte (Arbeitgeber) trägt die **Darlegungs- und Beweislast** für die Anrechnungsvoraussetzungen nach 2 (BAG BB 02, 1703). Bei Anhaltspunkten für anderweitige Erwerbstätigkeit des Dienstverpflichteten (BAG NJW 79, 286) hat er gem § 74c II HGB (analog) Anspruch auf Auskunft über die tatsächlichen Umstände, die seine Pflicht zur Zahlung von Annahmeverzugsvergütung zum Erlöschen bringen (BAG BB 02, 1703; NZA 00, 820). Wird die Auskunft nicht oder nur ungenügend erteilt, kann der Dienstberechtigte die Zahlung verweigern; eine Klage des Dienstverpflichteten wäre dann als zzt unbegründet abzuweisen (BAG BB 02, 1703; NZA 00, 820). Überzahlte Beträge kann der Dienstberechtigte nach § 812 auch noch herausverlangen, wenn über den Anspruch des Dienstverpflichteten aus Annahmeverzugslohn bereits rechtskräftig entschieden wurde, denn Anrechnung nach 2 erfolgt ipso iure (Rn 15) und wird – anders als Aufrechnung (§ 322 II ZPO) – nicht von Rechtskraft der Entscheidung erfasst (BAG AP Nr 52 zu § 615).

III. Betriebsrisikolehre, S 3. Soweit sich das Betriebsrisiko, also das Risiko des Arbeitsausfalls verwirklicht, muss der Arbeitgeber die Arbeitsvergütung fortzahlen, auch wenn er den Arbeitnehmer nicht beschäftigen kann. **Betriebsrisiko** ist das Risiko, den Arbeitnehmer aus betriebstechnischen Gründen nicht einsetzen zu können (BAG DB 81, 321), **Wirtschaftsrisiko** ist das Verwendungsrisiko, also das Risiko, dass der Einsatz wegen Auftrags- oder Absatzmangels wirtschaftlich sinnlos wird (BAG aaO). Das Wirtschaftsrisiko trägt der Arbeitgeber nach 1, das Betriebsrisiko nach 3. Jedenfalls das **Wirtschaftsrisiko** kann der Arbeitgeber durch Einführung von Kurzarbeit mildern (§ 611 Rn 69). Zum **Betriebsrisiko** des Arbeitgebers zählen ua Beeinträchtigungen durch Unterbrechung der Versorgung mit Rohstoffen (RAG ARS 14, 363), Strom (BAG AP Nr 33 zu § 615 – „Betriebsrisiko"), Gas bzw Wasser, oder durch Defekt einer Maschine (RAG ARS 8, 260), Naturkatastrophen, extreme Witterungsverhältnisse (vgl BAG NZA 09, 913; DB 83, 1496), Einstellung des Betriebes wegen fehlender behördlicher Genehmigungen oder aufgrund behördlicher Verbote (BAG DB 63, 836). **Nicht zum Betriebsrisiko** zählt das Wegerisiko des Arbeitnehmers, insoweit besteht kein Vergütungsanspruch nach § 615 (BAG DB 83, 396).

24 Besonderheiten bestehen beim **Arbeitskampfrisiko**: Bei Teilstreik des Betriebes kann der Arbeitgeber den kampfbetroffenen Betrieb oder Betriebsteil stilllegen und auch die arbeitswilligen Arbeitnehmer ohne Vergütung freistellen (BAG NZA 94, 1097). Die Vergütungspflicht entfällt auch bei rechtmäßiger Aussperrung (BAG NZA 96, 212). Fernwirkungen eines Streiks (vgl EuGH NZA 08, 124 – Viking) gehören zum Betriebsrisiko, es sei denn, sie sind geeignet, das Kräfteverhältnis der Tarifvertragsparteien zu beeinflussen (zB weil die für die betroffenen Betriebe zuständigen Verbände oder Gewerkschaften identisch oder organisatorisch verbunden sind, BAG NJW 81, 937; aA *Lieb* NZA 90, 289). Das Betriebsrisiko trägt der Arbeitgeber jedoch nicht, wenn damit die Existenz des Betriebes gefährdet würde (BAG DB 73, 187). Beim Wellenstreik tragen die Streikenden das Vergütungsrisiko, wenn dem Arbeitgeber eine darauf eingestellte Arbeitsplanung unmöglich oder unzumutbar ist (BAG NJW 97, 1801). Hat der Arbeitgeber die Arbeit an Fremdunternehmen ausgegeben und bleibt der erwartete Vollstreik aus, so trifft ihn das Betriebsrisiko (BAG NJW 99, 2388).

§ 616 Vorübergehende Verhinderung.
¹Der zur Dienstleistung Verpflichtete wird des Anspruchs auf die Vergütung nicht dadurch verlustig, dass er für eine verhältnismäßig nicht erhebliche Zeit durch einen in seiner Person liegenden Grund ohne sein Verschulden an der Dienstleistung verhindert wird. ²Er muss sich jedoch den Betrag anrechnen lassen, welcher ihm für die Zeit der Verhinderung aus einer auf Grund gesetzlicher Verpflichtung bestehenden Kranken- oder Unfallversicherung zukommt.

1 **A. Anwendungsbereich der Vorschrift.** § 616 gilt für **freie Dienstverhältnisse** umfassend, für **Arbeitsverhältnisse** nur, soweit keine Sonderregelungen (zB §§ 2, 3 EFZG, zu weiteren § 611 Rn 77) bestehen. § 616 kann abbedungen werden, formularmäßig jedoch nur nach §§ 305 ff (BAG ZUM 07, 507; § 611 Rn 60). § 616 ist Sonderregelung zu §§ 275, 326 I und II (*Richardi* NZA 02, 1007). Hat der Dienstberechtigte die Verhinderung zu vertreten, kommen Schadensersatzansprüche des Dienstverpflichteten in Betracht (§ 280).

2 **B. Voraussetzungen des Vergütungsanspruchs, S 1. Verhinderung** ist tatsächliche Unmöglichkeit oder Unzumutbarkeit der Erbringung der Dienstleistung (vgl § 275 III; BAG NJW 83, 1078) speziell in der Person des Betroffenen. **Bsp:** besondere familiäre Ereignisse, persönliche Unglücksfälle (BAG DB 83, 396), Wahrnehmung zwingender Termine bei Behörden und Gerichten (BAG NZA 02, 1105), Arztbesuche, soweit medizinisch notwendig oder aus zwingenden Gründen nur während der Arbeitszeit möglich (BAG NZA 84, 33), **nicht:** Ehrenämter in privaten Vereinen und Kandidaturen für öffentliche Ämter (BAG NZA 96, 383; aA noch BAG DB 83, 396). Häusliche Pflege naher Angehöriger ist nur dann berücksichtigt, wenn eine anderweitige Versorgung nicht möglich ist (BAG NJW 80, 903). Freistellungsansprüche nach §§ 1, 3 PflegeZG begründen keine weitergehenden Vergütungsansprüche nach § 616 (*Freihube/Sasse* DB 08, 1320).

3 Der Anspruch besteht nur, wenn die Verhinderung eine **nicht erhebliche Zeit** umfasst, bei längerer Zeit entfällt insgesamt (vgl BAG GS NJW 60, 741). Die Konturen einer „nicht erheblichen Zeit" sind unscharf; maßgebend sind alle Umstände des Einzelfalls, insb die Dauer des Dienstverhältnisses (BAG AP 21, 41 zu § 616 BGB). IdR ist Vergütung nur für wenige Tage geschuldet (BAG DB 77, 2332), in Ausnahmefällen für mehrere Wochen (BAG ZIP 95, 1280; aA ErfK/*Dörner* § 616 Rz 10). Bei jedem Verhinderungsfall, der auf einem neuen Grund beruht, entsteht der Anspruch neu (Staud/*Oetker* § 616 Rz 101). Zumindest bei krankheitsbedingten Verhinderungen gilt die Obergrenze des § 3 EFZG (vgl BAG DB 77, 2332).

4 Fehlendes **Verschulden** meint wie bei Entgeltfortzahlung im Krankheitsfall (vgl BAG NJW 84, 1704) „Verschulden gegen sich selbst" iSe Obliegenheit (BAG EEK I/934). Es wird ua bejaht bei Unfällen infolge Alkoholmissbrauchs (BAG NZA 87, 452), Rotlichtverstoßes, Verstößen gegen Gurtanlegepflicht (BAG NJW 82, 1013), Unfallverhütungsvorschriften oder bei Ausübung besonders gefährlicher Sportarten (BAG NJW 72, 1215, zB Kickboxen, ArbG Hagen NZA 90, 311; weitere Bsp bei *Bauer/Röder/Lingemann* 13 ff).

5 **C. Anrechnung öffentlicher Leistungen, S 2.** 2 ist in Krankheitsfällen wegen § 115 SGB X gegenstandslos, und außerhalb von Krankheitsfällen deswegen, weil keine öffentlichen Leistungen erbracht werden.

§ 617 Pflicht zur Krankenfürsorge.
(1) ¹Ist bei einem dauernden Dienstverhältnis, welches die Erwerbstätigkeit des Verpflichteten vollständig oder hauptsächlich in Anspruch nimmt, der Verpflichtete in die häusliche Gemeinschaft aufgenommen, so hat der Dienstberechtigte ihm im Falle der Erkrankung die erforderliche Verpflegung und ärztliche Behandlung bis zur Dauer von sechs Wochen, jedoch nicht über die Beendigung des Dienstverhältnisses hinaus, zu gewähren, sofern nicht die Erkrankung von dem Verpflichteten vorsätzlich oder durch grobe Fahrlässigkeit herbeigeführt worden ist. ²Die Verpflegung

und ärztliche Behandlung kann durch Aufnahme des Verpflichteten in eine Krankenanstalt gewährt werden. ³Die Kosten können auf die für die Zeit der Erkrankung geschuldete Vergütung angerechnet werden. ⁴Wird das Dienstverhältnis wegen der Erkrankung von dem Dienstberechtigten nach § 626 gekündigt, so bleibt die dadurch herbeigeführte Beendigung des Dienstverhältnisses außer Betracht.
(2) Die Verpflichtung des Dienstberechtigten tritt nicht ein, wenn für die Verpflegung und ärztliche Behandlung durch eine Versicherung oder durch eine Einrichtung der öffentlichen Krankenpflege Vorsorge getroffen ist.

Die **praktische Bedeutung** von § 617 ist **gering**, die Aufnahme Dienstverpflichteter in die häusliche Gemeinschaft selten. § 617 gilt für Dienstverträge einschl Arbeitsverträgen (Palandt/*Weidenkaff* § 617 Rz 1). **Dauernd** ist das unbefristete und das längere befristete Dienstverhältnis (BAG NZA 06, 1094; § 627 Rn 1). **Vollständige oder hauptsächliche Inanspruchnahme** des Dienstverpflichteten sind idR zeitlich zu bestimmen (ErfK/*Dörner* § 617 Rz 2). Zur **Aufnahme in die häusliche Gemeinschaft** zählt auch die Unterbringung und Verpflegung in vom Dienstberechtigten zur Verfügung gestellter Unterkunft (BAG AP Nr 1 zu § 618), **Erkrankung** entspricht Arbeitsunfähigkeit iSv § 3 EFZG. **Verschuldensausschluss** meint wie bei § 616 Ausschluss Verschulden gegen sich selbst (§ 616 Rn 4), **Verpflegung** ist die Gewährung von Nahrung und Arzneimitteln; die Wahl des Arztes für die ärztliche Behandlung obliegt Dienstberechtigtem. **Erfüllung** umfasst gem 2 auch Aufnahme des Verpflichteten in ein Krankenhaus. Der Leistungspflicht bis zu sechs Wochen wird nicht durch zwischenzeitliche Kündigung berührt (s. § 8 EFZG). Der Anspruch aus § 617 tritt neben den auf Vergütung, Anrechnung erfolgt gem 3. 1

§ 618 Pflicht zu Schutzmaßnahmen.
(1) Der Dienstberechtigte hat Räume, Vorrichtungen oder Gerätschaften, die er zur Verrichtung der Dienste zu beschaffen hat, so einzurichten und zu unterhalten und Dienstleistungen, die unter seiner Anordnung oder seiner Leitung vorzunehmen sind, so zu regeln, dass der Verpflichtete gegen Gefahr für Leben und Gesundheit soweit geschützt ist, als die Natur der Dienstleistung es gestattet.
(2) Ist der Verpflichtete in die häusliche Gemeinschaft aufgenommen, so hat der Dienstberechtigte in Ansehung des Wohn- und Schlafraums, der Verpflegung sowie der Arbeits- und Erholungszeit diejenigen Einrichtungen und Anordnungen zu treffen, welche mit Rücksicht auf die Gesundheit, die Sittlichkeit und die Religion des Verpflichteten erforderlich sind.
(3) Erfüllt der Dienstberechtigte die ihm in Ansehung des Lebens und der Gesundheit des Verpflichteten obliegenden Verpflichtungen nicht, so finden auf seine Verpflichtung zum Schadensersatz die für unerlaubte Handlungen geltenden Vorschriften der §§ 842 bis 846 entsprechende Anwendung.

A. Zweck und Anwendungsbereich. § 618 enthält die allg Pflicht zum Arbeitsschutz als Teil der Fürsorgepflicht des Dienstberechtigten (§ 611 Rn 100) und gilt für alle Dienstverträge, für Arbeitsverhältnisse konkretisiert durch Sonderregelungen (zB §§ 62 HGB, 12 HAG, 80 SeemannsG, Arbeitsschutzgesetz, Arbeitsstättenverordnung oder Arbeitsstättengesetz; BAG NZA 04, 927). Ggf analoge Anwendung auf andere Vertragstypen wie Auftrag, Werkvertrag (BGHZ 16, 270 f; vgl BGHZ 56, 269; Stuttg NJW 84, 1904). § 618 ist **nicht abdingbar** (§ 619); anders ggf bei analoger Anwendung (BGHZ 56, 269). 1

B. Schutzpflicht des Dienstberechtigten, Abs 1. Die Schutzpflicht gilt ua für die Gestaltung des **Arbeitsplatzes** und Einhaltung der gesetzlichen Höchst**arbeitszeit** (BAG NZA 04, 927). **Räumlich** erfasst sie den eigentlichen Arbeitsplatz (zB Schreibtisch, Maschine, PC) oder Arbeitsraum und alle Räume, die der Dienstverpflichtete zur Erbringung seiner Dienstleistung zu betreten hat (Flure, Zuwege, Treppen, Aufenthaltsräume, Kantinen, Nebenräume oder Toiletten), auch Arbeitsplätze im Freien, zB Baustellen (BGHZ 26, 371). Der Dienstberechtigte hat eine der Gesundheit zuträgliche Raumtemperatur, Belüftung und Beleuchtung zu gewährleisten (BGH VersR 74, 565) und dafür Sorge zu tragen, dass die Schadstoffbelastung das sonst in der Umwelt übliche Maß nicht übersteigt (BAG NZA 97, 86). Der Dienstverpflichtete hat Anspruch auf Durchführung einer Gefährdungsbeurteilung nach § 5 ArbSchG (BAG DB 08, 2030). Besondere Fürsorgepflicht besteht bei gesetzlichem Rauchverbot (BAG NZA 09, 775; 98, 1231). 2

C. Häusliche Gemeinschaft, Abs 2. II erfasst wie § 617 nur die häusliche Gemeinschaft, gilt jedoch entspr für vom Dienstberechtigten unterhaltene Gemeinschaftsunterkünfte (BAG AP Nr 1 zu § 618). 3

D. Ansprüche des Dienstverpflichteten. Der Dienstverpflichtete kann **Erfüllung** der Pflichten aus I und II verlangen (BAG NZA 04, 927). Ihm steht nach § 273 (nicht § 320; BAG NZA 99, 34; 97, 822) sowie speziellen Vorschriften (vgl §§ 22 1 Nr 3 ABBergV, 9 III ArbSchG) ein **Zurückbehaltungsrecht** zu, dessen Ausübung gem §§ 615 iVm, 298 bzw 295 den Vergütungsanspruch unberührt lässt. Auch kann er gem § 670 (analog) **Erstattung seiner Aufwendungen** für Arbeitsschutz (zB Schutzbekleidung) verlangen (BAG NZA 86, 324 f; BB 98, 2527). 4

Gem III (Rechtsfolgenverweisung) kommen **vertragliche Schadensersatzansprüche** in Betracht. § 278 ist anzuwenden (BGH ZIP 95, 1280). Die Bedeutung von III ist relativ gering, da im **Arbeitsrecht** für Personen- 5 schäden die **Haftungsprivilegierung von § 104 SGB VII** zugunsten des Arbeitgebers eingreift (§ 611 Rn 100). Für III relevante Schadensersatzansprüche bestehen danach nur, wenn der Dienstberechtigte einem Arbeitnehmer vorsätzlich oder auf einem der in § 8 II Nr 1–4 SGB VII genannten Wege (§ 104 I SGB VII), oder einem freien Dienstnehmer, auf den § 104 SGB VII nicht anwendbar ist, Schaden an Gesundheit oder Leben zufügt hat (Staud/*Oetker* § 618 Rz 324). Außerdem können **deliktische Schadensersatzansprüche** bestehen. Entgegen allg **Beweislastregeln** genügt es, wenn der Dienstverpflichtete einen objektiv ordnungswidrigen Zustand der Räume, Vorrichtungen oder Gerätschaften, der generell zur Herbeiführung des eingetretenen Schadens geeignet ist, nachweist. Der Dienstberechtigte muss dann den Gegenbeweis mangelnder Ursächlichkeit und mangelnden Verschuldens führen (BAG NZA 97, 91). Für **Mobbingfälle** gelten diese Beweislastgrundsätze nicht (BAG NZA 07, 1154).

§ 619 Unabdingbarkeit der Fürsorgepflichten.
Die dem Dienstberechtigten nach den §§ 617, 618 obliegenden Verpflichtungen können nicht im Voraus durch Vertrag aufgehoben oder beschränkt werden.

1 § 619 gilt für die speziellen Ausformungen (§§ 617, 618), **nicht** für die allg Fürsorgepflicht (BAG NJW 59, 1557; § 611 Rn 100). Soweit Vereinbarungen § 617, 618 zu Lasten des Dienstverpflichteten abbedingen, sind sie gem § 134 ggf iVm § 139 nichtig. Nach Schadenseintritt kann der Dienstverpflichtete durch Erlassvertrag (§ 397) oder Vergleich verzichten (ErfK/*Wank* § 619 Rz 2; Staud/*Oetker* § 619 Rz 21 f; aA MüKo/*Lorenz* § 619 Rz 12).

§ 619a Beweislast bei Haftung des Arbeitnehmers.
Abweichend von § 280 Abs. 1 hat der Arbeitnehmer dem Arbeitgeber Ersatz für den aus der Verletzung einer Pflicht aus dem Arbeitsverhältnis entstehenden Schaden nur zu leisten, wenn er die Pflichtverletzung zu vertreten hat.

1 § 619a statuiert von § 280 I 2 abw **Beweislastverteilung** bei der Arbeitnehmerhaftung und gilt **nur für Arbeitsverhältnisse** sowie ggf **analog** für sonstige Dienstverhältnisse, wenn bei diesen die Grundsätze der beschränkten Arbeitnehmerhaftung entspr angewendet werden (Berufsausbildungs- und Eingliederungsverhältnisse iSv § 229 SGB III, Staud/*Oetker* § 619a Rz 4; Juris-PK, § 619a Rz 1).
2 § 619a ist **in Grenzen abdingbar**, zulässig daher zB Mankoabrede (BAG NZA 00, 716 f; § 611 Rn 94).
3 Die **Beweislastregel** gilt für die Verletzung von Haupt- und Nebenpflichten des Arbeitnehmers, **nicht** des Arbeitgebers (Palandt/*Weidenkaff* § 619a Rz 3 f; zu den Pflichten § 611 Rn 66–99). **Teleologische Reduktion**, soweit die schadensstiftende Tätigkeit des Arbeitnehmers nicht betrieblich veranlasst war (Staud/*Oetker* § 619a Rz 5).
4 Der Arbeitgeber hat die **Beweislast** für schuldhaftes Handeln des Arbeitnehmers. Wegen der Nähe des Arbeitnehmers zum schadensstiftenden Sachverhalt muss der Arbeitgeber zunächst jedoch nur Indizien für das Verschulden vortragen (zB alleinigen Zugriff des Arbeitnehmers auf bestimmte Gegenstände, BGH NZA 99, 144) und ggf beweisen. Der Arbeitnehmer muss sich dazu substantiiert äußern (BAG NZA 99, 144).

§ 620 Beendigung des Dienstverhältnisses.
(1) Das Dienstverhältnis endigt mit dem Ablauf der Zeit, für die es eingegangen ist.
(2) Ist die Dauer des Dienstverhältnisses weder bestimmt noch aus der Beschaffenheit oder dem Zwecke der Dienste zu entnehmen, so kann jeder Teil das Dienstverhältnis nach Maßgabe der §§ 621 bis 623 kündigen.
(3) Für Arbeitsverträge, die auf bestimmte Zeit abgeschlossen werden, gilt das Teilzeit- und Befristungsgesetz.

1 **I. Allgemeines.** §§ 620–627 regeln die Voraussetzungen für die Beendigung von Dienst-/Arbeitsverhältnissen, §§ 628–630 Rechtsfolgen (Rn 7).
2 **II. Beendigung von Dienstverhältnissen. 1. Beendigungsgründe für Dienst-/Arbeitsverhältnisse.** Das **Dienstverhältnis** endet durch Kündigung, Ablauf der Befristung, Eintritt einer auflösenden Bedingung oder Zweckerreichung. Beim **Arbeitsverhältnis** wird demggü das Recht des Arbeitgebers zur ordentlichen Kündigung durch §§ 1 ff KSchG weitgehend eingeschränkt (dazu Rn 51 ff), es kann auch vertraglich ausgeschlossen werden (BAG BB 04, 2303). Das Arbeitsverhältnis endet gem III durch Fristablauf, auflösende Bedingung oder Zweckerreichung nur gem dem TzBfG (Rn 9 ff).
3 **Anfechtungsregeln (§§ 119, 123)** sind anwendbar, die **Anfechtung** wirkt entgegen § 142 jedoch nur ex nunc, soweit nicht das Dienst-(Arbeits-)verhältnis bereits außer Vollzug gesetzt wurde (§ 611 Rn 54, 59). **Ordentliche Kündigungen** sind an Fristen gebunden (§ 620 II, 621, 622, vgl auch § 624), während **außerordentliche Kündigungen** fristlos (§§ 626, 627) oder mit sozialer Auslauffrist ausgesprochen werden können. **Rücktrittsrechte** gem §§ 323, 326 sind ausgeschlossen, selbst bei Vertragsbeendigung bereits vor Dienst- bzw Arbeitsantritt (MüKo/*Hesse* Vor § 620 Rz 124; Staud/*Neumann* Vor §§ 620 ff Rz 62). Der Arbeitnehmer kann sich auch durch **Verweigerungserklärung** gem §§ 12, 16 KSchG vom Arbeitsverhältnis lösen (nicht bei selbst. Tätigkeit, BAG NZA 08, 1074). Zum **Tod** des Dienstverpflichteten oder des Dienstberechtigten § 613 Rn 3, 4.

Ein **Insolvenzverfahren** des Dienstberechtigten gibt beiden Seiten ein Sonderrecht zur Kündigung (§ 113 4
InsO), nur Geschäftsbesorgungsverträge können automatisch enden (§ 116 InsO).
Das Erreichen einer **Altersgrenze** beendet das Dienstverhältnis, sofern dies wirksam einzelvertraglich (§ 611 5
Rn 62; BAG NZA 04, 96; § 41 SGB IV ist zu beachten) oder in kollektiven Regelungen (*Lingemann/Gotham*
NZA 07, 666) vereinbart ist.
Daneben endet das Dienst(Arbeits-)verhältnis durch (bei Arbeitsverhältnis schriftlichen § 623) **Aufhebungs-** 6
vertrag (*Bauer* Arbeitsrechtliche Aufhebungsverträge; BLDH/*Lingemann* Kap 23) oder, wenn die Fortsetzung
trotz sozial gerechtfertigter Kündigung unzumutbar ist, mit **Auflösung durch Urt** (§§ 9, 10 KSchG; Rz 102;
BAG NZA 09, 966; iE *Lingemann/Beck* NZA-RR 07, 232), oder nach § 21 I BBiG (BAG BB 95, 1418).

2. Folgen der Beendigung. Die Beendigung des Dienst-/Arbeitsverhältnisses führt zum **Erlöschen der** 7
Hauptpflichten (§ 611 Rn 66 ff), nachwirkende Nebenpflichten (§ 611 Rn 84 ff) bleiben erhalten. Ansprüche
auf Ruhestandsbezüge, soweit vereinbart, entstehen idR erst mit Beendigung. Originäre Pflichten werden aus-
gelöst, zB die Pflicht zur Zeugniserteilung (§ 630), Rückgabe von Arbeitsmitteln, Herausgabe, Ausfüllung von
Arbeitspapieren; nachvertragliche Wettbewerbsverbote, sofern wirksam vereinbart (§ 110 GewO iVm § 74
HGB; *Bauer/Diller* Wettbewerbsverbote 20 ff).

III. Beendigung durch Ablauf der Befristung. 1. Dienstverträge. Bei **Dienstverträgen** ist eine **Befristung**, 8
kalendarisch oder durch Zweckangabe, oder eine auflösende Bedingung **unproblematisch** wirksam.

2. Arbeitsverhältnisse. Bei **Arbeitsverhältnissen** gelten gem III die Einschränkungen des **TzBfG**: 9

a) Grundlagen. Befristete Arbeitsverträge (iE BLDH/*Lingemann* Kap 6 Rz 1 ff, M 6.1.1 ff) sind vor Ablauf 10
einer vereinbarten Frist nicht ordentlich kündbar, es sei denn, die Parteien haben dies ausdrücklich vereinbart, § 15 III TzBfG. Der Arbeitnehmer kann jedoch nach Ablauf von fünf Jahren kündigen, § 15 IV TzBfG.
Die Befristung selbst ist nur wirksam, wenn sie vor **Aufnahme der Tätigkeit** (BAG NZA 05, 923, 924 f)
schriftlich vereinbart wurde, § 14 IV TzBfG (zur AGB-Kontrolle § 611 Rn 60 ff; BAG NZA 08, 876). Wurde
vor Unterzeichnung des schriftlichen Arbeitsvertrages mündlich jedoch keine oder eine abweichende Befristungsabrede getroffen, wahrt die spätere Befristungsvereinbarung die gesetzliche Schriftform (BAG DB 07,
2485). Bestand demggü eine identische mündliche Vereinbarung, kann nur eine Sachgrundbefristung
(Rn 18 ff), nicht aber eine sachgrundlose (Rn 15; BAGE 113, 75; 114, 146), auch später schriftlich vereinbart
werden, wenn der Arbeitgeber den Vertragsschluss von der Einhaltung der Schriftform abhängig gemacht
hatte (BAG BB 08, 1959). Der Befristungsgrund bedarf bei kalendarischer Befristung nicht der Schriftform
(BAG DB 07, 59), anders bei Zweckbefristung (BAG BB 06, 894). Gerichtlicher Vergleich wahrt die Schriftform (BAG NZA 07, 466). Die Einschränkungen des TzBfG gelten im Wesentlichen auch für **auflösend**
bedingte Arbeitsverträge (§ 21 TzBfG; BAG DB 08, 1976). Formwidrige Befristung ist unwirksam, ermöglicht aber Kündigung, § 16 2 TzBfG (BAG NZA 09, 1260 Anm *Krieger*, FD-ArbR 09, 287635).

Bei **kalendermäßiger Befristung** (§ 3 I iVm § 15 I TzBfG) ist der Endzeitpunkt kalendarisch bestimmt, bei 11
Zweckbefristung (§ 3 I iVm § 15 II TzBfG) ist er von einem Ereignis abhängig, dessen Eintritt die Parteien
als sicher, den Zeitpunkt jedoch als ungewiss ansehen (BAG BB 1987, 1257).

Bei **kalendermäßiger Befristung** endet das Arbeitsverhältnis **automatisch** mit Ablauf des vereinbarten Datums, 12
bei **Zweckbefristung** gem § 15 II TzBfG zwei Wochen nach Zugang der schriftlichen Unterrichtung durch den
Arbeitgeber über den Zeitpunkt der Zweckerreichung. Besonderheiten bei § 21 III BEEG und § 6 PflegeZG.

Materiell ist die Befristung nur wirksam, wenn sie entweder **gesetzlich ausdrücklich zugelassen** (§ 14 II, IIa, 13
III TzBfG, Rn 15 ff) oder durch **sachlichen Grund** gerechtfertigt (§ 14 I TzBfG, Rn 18 ff) ist.

Ist die **Befristung unwirksam**, oder wird ein ursprünglich befristetes Arbeitsverhältnis vom Arbeitnehmer 14
bewusst und mit Wissen des Arbeitgebers (BAG v 11.07.07 – 7 AZR 197/06 nv) über den Beendigungszeitpunkt hinaus fortgesetzt, entsteht ein unbefristetes Arbeitsverhältnis, § 15 V TzBfG, das nur nach KSchG
(Rn 51 ff) kündbar ist.

b) Befristung ohne Sachgrund. Die Befristung **neu** abgeschlossener (BAG NZA 08, 1347) Arbeitsverhält- 15
nisse kann gem § 14 II TzBfG bis zur Dauer von **zwei Jahren** wirksam vereinbart werden, sofern mit demselben Arbeitgeber noch kein Arbeitsverhältnis bestanden hat. Bis zu dieser Gesamtdauer kann ein befristeter
Arbeitsvertrag höchstens dreimal verlängert werden. Wird er anlässlich einer solchen Verlängerung verändert,
so entsteht ein unbefristetes Arbeitsverhältnis, auch wenn die Änderung zugunsten des Arbeitnehmers erfolgt
(BAG NZA 08, 883; krit *Bauer* NZA 07, 208), auf die er keinen Anspruch hat (BAG NZA 08, 701). Ein
Anspruch auf Verlängerung besteht idR nicht (BAG NZA 09, 27)

Gem § 14 II a TzBfG ist in den **ersten vier Jahren** nach Gründung eines Unternehmens die kalendermäßige 16
Befristung eines Arbeitsvertrags ohne Sachgrund sogar bis zur Dauer von vier Jahren zulässig und bis dahin
auch die mehrfache Verlängerung.

§ 14 III TzBfG erlaubt eine Befristung bis zu 5 Jahren bei Arbeitnehmern ab dem 52. Lebensjahr unter engen 17
Voraussetzungen, mehrfache Verlängerung innerhalb der 5 Jahre ist zulässig. § 21 BEEG erlaubt die befristete
Einstellung einer Vertretung für die Dauer der Beschäftigungsverbote nach MuschG und die Elternzeit, § 6 Pfle-
geZG für die Pflegezeit. Das WissZeitVG regelt besondere Befristungsmöglichkeiten im Hochschulbereich.

18 **c) Sachgrundbefristung.** Über § 14 II, II a TzBfG, § 21 BEEG, § 6 PflegeZG und das WissZeitVG hinaus kann nur ein **sachlicher Grund** (§ 14 I 1 TzBfG) die Befristung rechtfertigen. Bei mehreren Befristungen ist nur die Wirksamkeit der letzten Befristung zu prüfen (BAG DB 09, 2272), sofern nicht ein Vorbehalt vereinbart oder der letzte Vertrag nur unselbständiger Annex ist (BAG NZA 08, 467). Maßgeblicher **Zeitpunkt** ist der Vertragsschluss; entsteht später ein sachlicher Grund, wird die Befristung dadurch nicht wirksam (BAG BB 85, 2729). § 14 I TzBfG nennt nicht abschließend (BAG NZA 09, 1099; zur Altersbefristung zB § 611 Rn 62) folgende **Befristungsgründe**:

19 (1.) § 14 I 2 Nr 1 TzBfG: vorübergehender **betrieblicher Bedarf an der Arbeitsleistung: 2 Fallgruppen:** a) **vorübergehender Mehrbedarf**, zB vorübergehender Anstieg der Daueraufgabe, zeitweise übernommene Zusatzaufgabe (BAG DB 08, 2598), Arbeit in zeitbegrenztem Projekt (BAG NZA 08, 467), Saisonarbeiten, zB Ernte, Weihnachts-, Urlaubsgeschäft, Inventur, Jahresabschlussarbeiten) oder b) **absehbarer Minderbedarf**, zB Einführung einer neuen technischen Anlage, Ablauf eines Projektes ohne Folgeaufträge (BAG NJW 08, 538), nicht: Betriebsteilübergang (BAG NZA 09, 723). Maßgeblich ist die **Prognoseentscheidung** bei Vertragsschluss, nach der der Mehrbedarf wegfällt, sobald das befristete Arbeitsverhältnis ausgelaufen ist. Prognosefehler ist unschädlich, solange Sachgrund nicht vorgeschoben (BAG DB 08, 2598).

20 (2.) § 14 I 2 Nr 2 TzBfG: Einmalige (BAG DB 08, 131) Befristung **im Anschluss an Ausbildung oder Studium:** soll dauerhafte Übernahme in ein Beschäftigungsverhältnis erleichtern (BTDrs 14/4374 19). Nahtloser Übergang von Studium und Aufnahme der Tätigkeit ist nicht erforderlich, wohl aber enger zeitlicher Zusammenhang (drei bis vier Monate, Annuß/Thüsing/*Maschmann* § 14 Rz 38).

21 (3.) § 14 I 2 Nr 3 TzBfG: **Vorübergehender Vertretungsbedarf** besteht, wenn der Arbeitgeber mit Rückkehr eines vorübergehend ausfallenden Mitarbeiters rechnet (BAG NZA 06, 781). Erforderlich ist **Prognose** des Arbeitgebers über voraussichtlichen Wegfall des Vertretungsbedarfs durch Rückkehr des zu vertretenden Mitarbeiters. Unerheblich ist, ob der Zeitpunkt des Ablaufs der Befristung („wann") mit dem der Wiederkehr der Stammkraft übereinstimmt (BAG NZA 02, 665; DB 01, 1509), es sei denn, der Arbeitgeber hat erhebliche Zweifel an der Rückkehr der Stammkraft („ob") (BAG NZA 02, 666). Bloße Unsicherheit über die künftige Auftragsentwicklung oder vorgesehener Einsatz von Leiharbeitnehmern rechtfertigen keine Befristung (BAG NZA 07, 566). Die dem Vertreter zugewiesene Tätigkeit muss sich im Rahmen dessen halten, was auch dem Vertretenen nach Rückkehr zugewiesen werden könnte (BAG NZA 06, 781). Ein befristet eingestellter Vertreter muss nicht notwendig Aufgaben der Stammkraft erledigen, auch **Vertretungsketten** sind zulässig, soweit der Einsatz des befristet beschäftigten Arbeitnehmers wegen Arbeitskräftebedarfs erfolgt, der durch vorübergehende Abwesenheit Stammkraft entstanden ist (BAG NZA 06, 781).

22 (4.) § 14 I 2 Nr 4 TzBfG: Die Befristung wegen **Eigenart der Arbeitsleistung** geht auf verfassungsrechtliche Gewährleistungen, insb Rundfunk- (Art 5 I 2 GG) und Kunstfreiheit (Art 5 III GG), zurück. Typisch bei programmgestaltenden Mitarbeitern von Rundfunkanstalten (BAG NZA 07, 147), künstlerischen Berufen (Schauspieler, Tänzer etc; *Opolony* NZA 01, 1351), und Sportlern.

23 (5.) § 14 I 2 Nr 5 TzBfG: Für eine **Probezeit** kann die Befristung sachlich gerechtfertigt sein. Die Dauer muss sich am Befristungsgrund orientieren, kann im Einzelfall auch länger als sechs Monate sein (BAG AP Nr 163 zu § 620 – „Befristeter Arbeitsvertrag", iE § 611 Rn 63), Regelung darf nicht intransparent sein (§ 611 Rn 63)

24 (6.) § 14 I 2 Nr 6 TzBfG: **Gründe in der Person des Arbeitnehmers** können sozialer Natur sein (BAG NZA 09, 727), aber auch der Wunsch des Arbeitnehmers, befristet eingestellt zu werden, sofern der Arbeitnehmer auch bei Angebot eines unbefristeten nur ein befristetes Arbeitsverhältnis vereinbart hätte (BAG NZA 05, 896).

25 (7.) § 14 I 2 Nr 7 TzBfG: **haushaltsrechtliche Gründe:** Haushaltsmittel müssen mit einer Zwecksetzung für eine Aufgabe von nur vorübergehender Dauer ausgebracht werden, die der Arbeitnehmer überwiegend wahrnimmt (BAG NZA 09, 676). Die Bloße Ausweisung für eine befristete Beschäftigung ohne besondere Zweckbestimmung reicht nicht aus (BAG aaO). Erforderlich ist zudem **Prognose** des Arbeitgebers bei Vertragsschluss, dass nur vorübergehend Haushaltsmittel zur Beschäftigung des Arbeitnehmers zur Verfügung stehen (BAG aaO; NZA 09, 1144), künftiger kw-Vermerk allein reicht nicht (BAG NZA 09, 1257).

26 (8.) § 14 I 2 Nr 8 TzBfG: Die Befristung aufgrund **gerichtlichen Vergleichs** erfordert Mitwirkung des Gerichts beim Zustandekommen und offenen Streit zwischen den Parteien über Bestand oder Dauer des Arbeitsverhältnisses (BAG DB 06, 2070). Nr 8 gilt nicht für außergerichtlichen Vergleich (BAG DB 06, 2070).

27 **d) Befristung einzelner vertraglicher Bestimmungen.** Für die Wirksamkeit der Befristung einzelner Vertragsbestimmungen gilt nicht das TzBfG, sondern §§ 242, 305 ff. (BAG NZA 08, 431; *Lunk/Leder* NZA 08, 594; § 611 Rn 63). Die Einhaltung der Anforderungen des TzBfG indizierter jedoch Angemessenheit gem § 307 I BGB (BAG NZA 08, 229).

28 **e) Prozessuales.** Der Arbeitnehmer kann gem § 17 TzBfG innerhalb von **drei Wochen** nach dem vereinbarten Ende des befristeten Arbeitsverhältnisses bzw der Erklärung des Arbeitgebers nach § 17 III TzBfG (Rn 12), Klage auf Feststellung der Unwirksamkeit der Befristung erheben („**Entfristungsklage**"). Die Klagefrist gilt auch für Befristungen außerhalb des TzBfG, zB WissZeitVG, § 21 BEEG, § 6 PflegeZG und gem § 21 iVm § 17 TzBfG für auflösende Bedingungen und Klagen gegen Altersgrenzen (BAG DB 03, 394). Sie

beginnt mit Ablauf jeder Befristung für diese (BAG NZA 04, 283). Ein Klageverzicht in der Befristungsabrede ist unwirksam (BAG NZA 09, 35). Die **Beweislast** für die Wirksamkeit der Befristung (tatsächliche Voraussetzungen für Befristungsgründe und damit idR die Prognose) hat der Arbeitgeber (BAG DB 95, 980), Dokumentation der Prognose vor Vertragsschluss ist ratsam.

f) Beteiligung des Betriebsrats. In Unternehmen mit idR mehr als 20 wahlberechtigten Arbeitnehmern hat der Betriebsrat gem § 99 I BetrVG bei der Einstellung auf Grundlage eines befristeten Arbeitsverhältnisses und Verlängerung oder Umwandlung in ein unbefristetes Arbeitsverhältnis mitzubestimmen (BAG 09, 35). 29

g) Abdingbarkeit. Das TzBfG ist (Ausn s. § 22 I TzBfG) **nicht zu Ungunsten des Arbeitnehmers** abdingbar. Höchstdauer Befristung und Anzahl Verlängerungen kann abw von § 14 II 1 TzBfG durch Tarifvertrag festgelegt werden, Bezugnahme im Arbeitsvertrag ist im Geltungsbereich zulässig (§ 14 II 3 TzBfG). 30

IV. Beendigung durch Kündigung. 1. Allgemeines. Die **Kündigung** ist eine bedingungsfeindliche (Rn 39) einseitige empfangsbedürftige **Willenserklärung**. 31

Das **Dienstverhältnis** kann unproblematisch mit den Fristen des § 622 gekündigt werden (BAG NZA 08, 168), das nach § 620 I befristete Dienstverhältnis vor Ablauf Befristung nur, wenn die ordentliche Kündigung im Vertrag ausdrücklich vorbehalten ist. Für die Kündigung von **Arbeitsverhältnissen** gelten die Grundsätze Rn 51 ff, das Kündigungsrecht des Arbeitgebers ist also entgegen II durch das KSchG erheblich eingeschränkt. 32

a) Arten der Kündigungen. Die **ordentliche Kündigung** zielt auf die fristgerechte Beendigung des Dienst-/Arbeitsverhältnisses, die **außerordentliche Kündigung** (§ 626 I) auf die fristlose, sie kann aber auch mit sozialer Auslauffrist ausgesprochen werden (iE BLDH/*Lingemann* Kap 22, Rz 2 ff, 135; M 22.1 ff). 33

Wird die Kündigung ausgesprochen, weil von dritter Seite auf den Kündigenden Druck ausgeübt wird, handelt es sich um eine **Druckkündigung** (§ 626 Rn 10; *Breucker* NZA 08, 1046), zB nach Drohung von Arbeitnehmern, ihrerseits zu kündigen, falls der Arbeitgeber nicht einem bestimmten Arbeitnehmer kündigt (LAG Rheinland-Pfalz v 11.1.06 – 10 Sa 580/05). Bei formalen Mängeln der Kündigung kann eine **Wiederholungskündigung** zulässig sein (iE *Lingemann/Beck* NZA-RR 07, 225). 34

Die **Beendigungskündigung** zielt auf die Beendigung des Dienst-/Arbeitsverhältnisses, die **Änderungskündigung** auf Veränderung der Arbeitsbedingungen (iE BLDH/*Lingemann* Kap 20), die unwirksame **Teilkündigung** hingegen nur auf die Beendigung einzelner Vereinbarungen des Vertrages (BAG NZA 97, 711, großzügiger wohl BAG DB 06, 1621). 35

Kollektivvertragliche oder einzelvertragliche **Beschränkungen des ordentlichen Kündigungsrechtes** zu Lasten des Arbeitgebers sind regelmäßig wirksam (Rn 2), zu Lasten des Arbeitnehmers, auch mittelbar über Rückzahlungsklauseln, nur in den Grenzen von § 242, § 305 ff (§ 611 Rn 63). 36

b) Kündigungserklärung. Der Wille zur Vertragsbeendigung muss sich für einen objektiv urteilenden Erklärungsempfänger aus der Kündigungserklärung **deutlich und zweifelsfrei** ergeben (§ 133; BAG NZA 92, 452). Die **außerordentliche Kündigung** muss ausdrücklich als solche erklärt werden (§ 626 Rn 11). 37

Soll Beendigung eines befristeten Arbeitsverhältnisses auch vorsorglich (für den Fall der Unwirksamkeit der Befristung) gekündigt werden, muss dies hinreichend klar geschehen, die bloße **Nichtverlängerungsanzeige** reicht nicht aus (BAG AP Nr 28 zu § 620 – „Befristeter Arbeitsvertrag"; iE BLDH/*Lingemann* M 6.1.3.2). 38

Die Kündigung unter einer **Bedingung** ist unwirksam (BAG DB 68, 1588). Zulässig ist jedoch eine **Rechtsbedingung**, zB für den Fall der Unwirksamkeit einer zuvor ausgesprochenen Kündigung („hilfsweise"/„vorsorgliche" Kündigung). 39

c) Kündigungsform. Die Kündigung von **Dienstverhältnissen** ist formfrei wirksam, bei **Arbeitsverhältnissen** gilt die gesetzliche **Schriftform** (§§ 623, 126); **die elektronische Form ist ausgeschlossen** (§ 623 Rn 1 ff). 40

Der **Kündigungsgrund** muss nicht angegeben werden, Ausnahmen: §§ 22 III BBiG, 9 III 2 MuSchG. 41

Wird der Ablauf **der Kündigungsfrist** im Kündigungsschreiben nicht oder zu kurz angegeben wirkt die Kündigung zum nächstzulässigen Termin (BAG DB 85, 2255; LAG Köln BB 05, 1455). 42

d) Kündigungszugang. Die Kündigung wird mit **Zugang** beim Adressaten wirksam (§ 130 Rn 1 ff; BAG NZA 04, 477; zur Zugangsvereitelung NZA 06, 204). Die **Beweislast** für den Zugang trägt der Kündigende. 43

Sie kann jederzeit zugestellt werden; auch zur **Unzeit**, zB am Heiligen Abend (vgl BAG NZA 86, 97). 44

Wird sie bei Abwesenheit des Arbeitnehmers zugestellt (zB Einwurf in Hausbriefkasten trotz Urlaubs oder Krankenhausaufenthalts), so kann er gem § 5 KSchG Antrag auf nachträgliche Zulassung innerhalb der dort geregelten Fristen stellen. Ebenso, wenn eine Frau von ihrer Schwangerschaft aus nicht von ihr zu vertretendem Grund erst nach Ablauf Frist des § 4 KSchG erfährt, § 5 I 2 KSchG. 45

Ist die Kündigung zugegangen, kann der Kündigende sie nicht mehr zurücknehmen (BAG DB 81, 2438); die **Zurücknahme** durch den Arbeitgeber enthält jedoch das Angebot, den Arbeitnehmer zu unveränderten Arbeitsbedingungen weiterzubeschäftigen. In der Annahme des Angebots ist der Arbeitnehmer frei, die Ablehnung kann jedoch zum Verlust von Ansprüchen nach § 615 2 oder von Sozialplanansprüchen führen, wenn zB der Sozialplan Leistungen bei Weiterbeschäftigungsangeboten ausschließt. 46

47 e) Kündigungsberechtigung. Die Kündigungsberechtigung richtet sich nach allg Regeln. Neben Dienstberechtigtem/Arbeitgeber sind ggü Arbeitnehmern kündigungsberechtigt idR Personalabteilungsleiter, nicht aber Personalsachbearbeiter (BAG NZA 93, 307). Ggü Bevollmächtigten kann der Empfänger gem **§ 174 2** Recht unverzüglich zurückweisen, wenn mit der Kündigung kein **Original der Vollmachtsurkunde** vorgelegt wird (§ 174 Rn 3 ff). Wirksame (formfreie, vgl § 167 II) Erteilung einer **Außenvollmacht** gem § 167 I kommt in Betracht (LAG Köln NZA 94, 419). Ein Zusatz „iA" macht die Kündigung nicht per se unwirksam (BAG NZA 08, 403). Die Kündigung eines GmbH-Geschäftsführers erfolgt (vorbehaltlich abw Regelungen in Satzung) wie die Abberufung nach § 38 I GmbHG durch Gesellschafter (§ 46 Nr 5 GmbHG), eines Vorstands der AG durch den Aufsichtsrat (§ 84 III 1 AktG).

48 f) Kündigungsfrist. Die Grundkündigungsfrist richtet sich für freie Dienstverhältnisse nach § 621, für Arbeitsverhältnisse nach § 622 (§ 621 Rn 1, § 622 Rn 1).

49 g) Betriebsratsanhörung, § 102 BetrVG, Betriebsratszustimmung, § 103 BetrVG. Gem § 102 I BetrVG hat der **Arbeitgeber** vor (BAG NZA 03, 961) jeder Kündigung (auch verabredeter Kündigung vor Abwicklungsvertrag, BAG BB 06, 1059) den **Betriebsrat** zu unterrichten und **anzuhören** (Einzelheiten und Formulierungsvorschläge bei BLDH/*Lingemann* Kap 22 Rz 22 ff; M 22.10 ff). **Bedenken** gegen eine ordentliche Kündigung muss der Betriebsrat unter Angabe der Gründe innerhalb einer Woche (§ 102 II 1 BetrVG), bei außerordentlicher Kündigung innerhalb von drei Tagen (§ 102 II 3 BetrVG) schriftlich mitteilen. Er kann innerhalb dieser Frist auch **widersprechen** aus Gründen des § 102 III Nr 1 bis 5 BetrVG, das hindert die Kündigung nicht, kann jedoch den besonderen Weiterbeschäftigungsanspruch gem § 102 V BetrVG begründen. Mit formal wirksamem Kündigungsausspruch ist die vorangegangene Betriebsratsanhörung verbraucht, eine erneute Kündigung ist daher idR nur nach erneuter Anhörung möglich (BAG NZA 08, 807; 06, 491; *Lingemann/Beck* NZA-RR 07, 225). Bei **Betriebsratsmitgliedern** ist gem § 103 I BetrVG nur eine außerordentliche Kündigung mit Zustimmung des Betriebsrats wirksam (Rn 96). Verweigerte Zustimmung kann im Zustimmungsersetzungsverfahren ersetzt werden, § 103 II BetrVG. Der Antrag muss innerhalb Frist des § 626 II gestellt werden, die dem Betriebsrat zustehende Drei Tage-Frist verlängert diese Frist nicht (BAG AP Nr 18 zu § 103 BetrVG 1972; § 626 Rn 15).

50 Bei **leitenden Angestellten** muss ein etwaiger Sprecherausschuss angehört werden, § 31 SprAuG; Unterrichtung des Betriebsrates gem § 105 BetrVG ist nicht Wirksamkeitsvoraussetzung (BAG BB 76, 743). Bei Zweifeln hins Status ist (auch) Anhörung gem § 102 BetrVG (Rn 49) ratsam (BAG AP Nr 21 zu § 102 BetrVG 1972).

51 2. Anwendbarkeit des KSchG. Das Kündigungsschutzgesetz (KSchG) gilt für alle ordentlichen Kündigungen einschließlich Änderungskündigungen (§ 2 KSchG). **Zwei Voraussetzungen:** (1.) Das Arbeitsverhältnis – nicht: Ausbildungsverhältnis, Dienstvertrag von Organmitgliedern (§ 14 Abs I KSchG) – hat im selben Betrieb oder Unternehmen bei Kündigungszugang (§ 130) einschl vorhergehender Berufsausbildung (BAG NJW 04, 1405) ohne Unterbrechung (BAG NZA 06, 429) länger als **6 Monate** bestanden. Während dieser „**Wartezeit**" kommt nur Nichtigkeit der Kündigung nach allg Regeln in Betracht (Rn 53).

52 (2.) Gem § 23 I 2 KSchG (sog „Kleinbetriebsklausel") werden im inländischen (BAG NZA 09, 920) Betrieb oder der Verwaltung grds mehr als **5 Arbeitnehmer** beschäftigt (vgl BAG NZA 04, 479), für Arbeitnehmer, die nach dem 1.1.04 eingestellt worden sind, ist die Grenze **10 Arbeitnehmer** (§ 23 I 3 KSchG; Vertrauensschutz BAG ArbRB 09, 166), Teilzeitbeschäftigte werden anteilig berücksichtigt (§ 23 I 4 KSchG). Ggf kann Bezugsgegenstand statt Betrieb das Unternehmen sein (§ 611 Rn 34–36 ; BVerfG NZA 98, 470; BAG DB 98, 2167).

53 Die Kündigung kann – abgesehen vom KSchG – auch nach **allgemeinen Vorschriften**, §§ 105, 111, 125, 134, 138, 142, 242, 613a, IV unwirksam sein (vgl *Berkowsky*, NJW 09, 113; im Kleinbetrieb BAG NZA 03, 717; 02, 87, 89; BB 01, 1683). § 242 erfordert idR keine vergebliche Abmahnung vor ordentlicher verhaltensbedingter Kündigung außerhalb des KSchG (BAG BB 01, 1902; anders § 314 II bei außerordentlicher Kündigung).

54 3. Kündigungsgründe nach dem KSchG. Im Anwendungsbereich von §§ 1, 2 KSchG ist die Kündigung unwirksam, wenn sie **sozial ungerechtfertigt**, dh nicht durch Gründe in der Person (Rn 55 ff) oder dem Verhalten des Arbeitnehmers (Rn 65 ff) oder durch dringende betriebliche Erfordernisse (Rn 74 ff) bedingt ist.

55 a) Personenbedingte Kündigung. Bei personenbedingter Kündigung gem § 1 II 1 Var 1 KSchG ist anders als bei verhaltensbedingter gem § 1 II 1 Var 2 KSchG (Rn 65 ff) der Kündigungsgrund **nicht willensgesteuert**. Daher ist **keine Abmahnung** erforderlich (LAG Düsseldorf NZA 86, 431). Wichtigster Anwendungsfall ist die **krankheitsbedingte Kündigung** (*Bauer/Röder/Lingemann* S 99 ff; *Lepke* Kündigung bei Krankheit). Sie verstößt nicht gegen die EU-Antidiskriminierungsrichtlinie 2000/87/EG (EuGH NZA 06, 839; näher *Bauer/Röder/Lingemann* 109 f; aA LAG BW v 18.6.07, 4 Sa 14/07 nv). Sie ist sozial gerechtfertigt, wenn drei Voraussetzungen erfüllt sind: (1.) **negative Gesundheitsprognose**, derzufolge in Zukunft mit erheblichen Fehlzeiten zu rechnen ist, (2.) **erhebliche Beeinträchtigung der betrieblichen Interessen** des Arbeitgebers durch diese Fehlzeiten und (3.) abschließende **Interessenabwägung**, die der Kündigung nicht entgegensteht (iE *Bauer/Röder/Lingemann* S 99 ff; *Lepke* 159 ff). Zu unterscheiden ist zwischen Kündigung wegen häufiger Kurzerkrankungen (Rn 56 ff), lang anhaltender Erkrankungen (Rn 60) und (krankheitsbedingter) Leistungsminderung (Rn 61). Nicht Wirksamkeitsvoraussetzung ist die vorherige Durchführung eines **betrieblichen Eingliederungsmanagements** nach § 84 II SGB IX; fehlt es, hat der Arbeitgeber jedoch eine erhöhte Darlegungs- und Beweislast zu betrieblichen Auswirkungen und dem Fehlen eines leidensgerechten Arbeitsplatzes (Rn 63; BAG NZA 08, 1431; 08, 173 m Anm *Lingemann* FD-ArbR 07, 230854;).

aa) Häufige Kurzerkrankungen. (1.) Sind beim Arbeitnehmer in den vergangenen zwei bis drei Jahren krankheitsbedingt Fehlzeiten von jeweils **mehr als sechs Wochen/Jahr** (BAG NZA 08, 593) aufgetreten, so ist idR die **negative Gesundheitsprognose** gerechtfertigt, dass auch in Zukunft mit entspr Fehlzeiten zu rechnen ist, es sei denn, die Krankheit ist ausgeheilt oder beruht auf einmaligen Ereignissen wie zB Sportunfall. **Maßgeblicher Prognosezeitpunkt** ist der Kündigungszugang (Rn 43). Die Kündigung bleibt wirksam, wenn die negative Gesundheitsprognose später wegfällt (zB infolge erfolgreicher Therapie), der Arbeitnehmer kann jedoch bis Ende der Kündigungsfrist einen **Wiedereinstellungsanspruch** haben (Rn 98 f; BAG BB 01, 1586). Umgekehrt wird eine mangels negativer Gesundheitsprognose unwirksame Kündigung nicht wirksam, wenn krankheitsbedingte Fehlzeiten nach Kündigungszugang die Prognose doch rechtfertigen; der Arbeitgeber kann nur erneut kündigen (BAG DB 99, 1681; *Bauer/Röder/Lingemann* 125). 56

(2.) **Erhebliche Beeinträchtigung betrieblicher Interessen** sind **Betriebsablaufstörungen** (zB Stillstand von Produktionslinien, Maschinen, ständig wechselnder Schichtplan, Produktionsausfälle, einzuarbeitendes oder nicht beschaffbares Ersatzpersonal, häufige Überstunden des verbleibenden Personals, Verlust von Kundenaufträgen) oder **unzumutbare wirtschaftliche Belastungen** (mehr als sechs Wochen Entgeltfortzahlung/Jahr in den vergangenen zwei bis drei Jahren, BAG NZA 08, 593). 57

(3.) Bei der **Interessenabwägung** sind zu beachten (BAG NZA 06, 655): Das Ausmaß betrieblicher Beeinträchtigung, die wirtschaftliche Lage des Unternehmens, Verschulden des Arbeitnehmers bei Herbeiführung der Erkrankung oder Verzögerung der Genesung, Sicherheitsrisiken im Betrieb, Überdurchschnittlichkeit der Ausfälle (BAG NZA 95, 1051); zugunsten des Arbeitnehmers insb fortgeschrittenes Alter, lange störungsfreie Betriebszugehörigkeit, erhebliche Unterhaltspflichten (vgl BAG BB 00, 1300 m Anm *Lingemann* BB 00, 1835), betriebliche Krankheitsursachen (BAG NZA 91, 185). IE *Bauer/Röder/Lingemann* 117 f; *Lepke* 214 ff. 58

(4.) Der Arbeitgeber muss die negative Gesundheitsprognose **darlegen,** der Arbeitnehmer dann konkret dartun, weshalb mit baldiger und endgültiger Genesung zu rechnen ist, und ggf die Ärzte von der Schweigepflicht entbinden. Dann muss der Arbeitgeber die negative Gesundheitsprognose durch Vernehmung der Ärzte oder durch Sachverständigengutachten beweisen (BAG NZA 06, 655). 59

bb) Lang anhaltende Erkrankung. Die negative Gesundheitsprognose führt zur **Störung im Austauschverhältnis** (BAG NZA 93, 497), wenn der Arbeitnehmer zum Kündigungszeitpunkt bereits **längere Zeit** (BAG NZA 93, 498: 18 Monate) infolge Krankheit an der Arbeitsleistung verhindert ist und ein Ende der Erkrankung nicht absehbar (BAG BB 00, 49), jedenfalls aber die Wiederherstellung für längere Zeit ungewiss ist (BAG NZA 06, 665). Besteht auch für die nächsten 24 Monaten keine günstige Prognose für die Genesung (BAG NZA 02, 1085), muss eine weitere Beeinträchtigung betrieblicher Interessen nicht mehr dargelegt werden (BAG BB 07, 1904). Zur **Interessenabwägung** Rn 58. Zur **Darlegungs- und Beweislast** Rn 59. 60

cc) Krankheitsbedingte Leistungsminderung. Auch eine **erhebliche Leistungsminderung** aufgrund von Krankheit kann die personenbedingte Kündigung rechtfertigen (BAG NZA 04, 784), wenn die **negative Prognose** gerechtfertigt ist, dass auf längere Sicht die Leistungsfähigkeit quantitativ (Rn 62), qualitativ oder zeitlich erheblich eingeschränkt ist. Die **erhebliche Beeinträchtigung betrieblicher Interessen** besteht dann in der Störung des vertraglichen Austauschverhältnisses, **Betriebsablaufstörungen** sind nicht erforderlich (BAG NZA 90, 727). Die **Interessenabwägung** fällt aufgrund dauerhafter Störung des Austauschverhältnisses idR zugunsten des Arbeitgebers aus (BAG NZA 90, 727). Erst recht begründet krankheitsbedingte **dauernde Leistungsunfähigkeit** die personenbedingte Kündigung (BAG BB 07, 1904). 61

dd) Dauernde Leistungsminderung unabhängig von Krankheit. Auch unabhängig von Krankheit kann eine auf Dauer nur bei 66% der Normalleistung liegende Leistung, (BAG NZA 04, 786; Rn 71) oder dreifach überdurchschnittliche Fehlerquote (BAG NZA 08, 693) eine Kündigung rechtfertigen, bei willensgesteuertem Verhalten verhaltensbedingt (BAG NZA 08, 693; Rn 72), ansonsten personenbedingt (BAG NZA 04, 784, 786). IE *Bauer/Röder/Lingemann* 129 ff. 62

ee) Versetzung auf leidensgerechten Arbeitsplatz. Ist ein zumutbarer (nicht: höherwertiger, BAG NZA 07, 1041) Arbeitsplatz im Betrieb oder Unternehmen vorhanden und für den vermindert leistungsfähigen Arbeitnehmer geeignet (**leidensgerechter Arbeitsplatz**), so muss der Arbeitgeber ihn dort weiterbeschäftigen, ggf den Arbeitsplatz sogar mittels Weisungsrecht (§ 611 Rn 70) freimachen (BAG BB 97, 894 f; krit *Lingemann* BB 98, 1106). Stimmt der Betriebsrat nicht nach § 99 BetrVG zu, so kann die Versetzung unterbleiben, ein Verfahren nach § 99 II BetrVG muss der Arbeitgeber nicht einleiten (BAG BB 97, 894 f; anders bei schwerbehinderten Menschen gem § 81 IV 1 Nr 1 SGB IX, BAG NZA 03, 1215; enger BAG NZA 07, 91); einen entspr Arbeitsplatz frei**kündigen** muss der Arbeitgeber nicht (BAG AP Nr 1 zu § 1 KSchG – „Krankheit"). Wird ein freier leidensgerechter Arbeitsplatz allerdings „uno actu" mit der Kündigung anderweitig besetzt, so ist die Kündigung unwirksam (§ 162; BAG NZA 06, 665). Zur Interessenabwägung Rn 58. 63

64 **ff) Suchterkrankungen.** Bei Suchterkrankungen mit medizinischem Krankheitswert greift nicht die verhaltensbedingte (Rn 65 ff) sondern die **personenbedingte Kündigung** (BAG NZA 87, 811). Eine negative Gesundheitsprognose besteht aber erst bei Verweigerung einer Entziehungskur (BAG NZA 87, 811) oder Rückfälligwerden nach Entziehungskur (BAG DB 88, 402; LAG Hamm NZA 87, 669). IE *Bauer/Röder/Lingemann*, 134 ff, *Lepke*, 369 ff.

65 **b) Verhaltensbedingte Kündigung. aa) Pflichtverletzung.** Die verhaltensbedingte Kündigung gem § 1 II 1 Var 2 KSchG setzt eine **Pflichtverletzung** des Arbeitnehmers voraus. Diese muss „**an sich**" geeignet sein, die Kündigung zu rechtfertigen (BAG DB 91, 1226; Kataloge bei *Bauer/Röder* 105 ff; *Berkowsky* NZA-RR 01, 1 ff, 57; *Tschöpe* BB 02, 778), aktuell insb private Internetnutzung (BAG DB 07, 922 mwN; *Kramer* NZA 07, 1338) und Whistleblowing (BAG DB 07, 808); Unterschlagung geringwertiger Sachen (LAG-BB, NZA-RR 09, 188, nrkr); Tätlichkeiten (BAG DB 09, 964); Ankündigung von Krankheit (BAG NZA 09, 779).

66 Die Kündigung muss zudem bei verständiger Würdigung in **Abwägung der Interessen** der Vertragspartner billigenswert und angemessen sein (BAG DB 92, 1479), unter Berücksichtigung der Gesamtumstände muss das Interesse des Arbeitgebers an der Kündigung das Interesse des Arbeitnehmers an der Fortsetzung des Arbeitsverhältnisses überwiegen (BAG NJW 07, 2654). Neben der Schwere der Pflichtverletzung können auch erhebliche betriebliche Störungen und Sozialdaten des Arbeitnehmers eine Rolle spielen (*Lingemann* BB 00, 1835). Da die Kündigung **ultima ratio** ist, ist auch zu prüfen, ob der Arbeitnehmer auf einem anderen freien Arbeitsplatz im Unternehmen eingesetzt werden kann, auf dem sich das Fehlverhalten nicht mehr auswirkt, insb nicht mit Wiederholungen zu rechnen ist (BAG NZA 97, 487; zw). Bei Verstößen im Vertrauensbereich und Straftaten kann Wiederholungsgefahr entbehrlich sein (BAG BB 89, 1427).

67 **bb) Abmahnung.** Grds setzt die verhaltensbedingte Kündigung eine **Abmahnung** und erneute vergleichbare Pflichtverletzung voraus (zur Kündigung aus wichtigem Grund § 314 II Rn 7). Die Abmahnung verbraucht – auch in der Wartezeit – das Kündigungsrecht (BAG DB 08, 1863) wegen der abgemahnten Pflichtverletzung und wirkt für eine gewisse Dauer (idR 2 Jahre, *Hunold* NZA-RR 00, 174). Sie hat (auch bei formalen Mängeln, BAG NZA 09, 894) insb Warnfunktion, die dem Arbeitnehmer verdeutlicht, dass weitere vergleichbare Vertragspflichtverletzungen den Bestand des Arbeitsverhältnisses gefährden können. Eine erneute vergleichbare Pflichtverletzung begründet idR die negative Prognose (BAG NZA 08, 589).

68 Die Abmahnung ist idR **entbehrlich**, wenn die Warnfunktion nicht mehr erreicht werden kann, zB weil die Pflichtwidrigkeit des Handelns für den Arbeitnehmer ohne weiteres erkennbar und eine Hinnahme durch den Arbeitgeber von vornherein offensichtlich ausgeschlossen war (vgl BAG AP Nr 112 zu § 626; DB 99, 1121), oder wenn sie im Hinblick auf die Einsichts- oder Handlungsfähigkeit des Arbeitnehmers keinen Erfolg verspricht (BAG BB 94, 1857). § 314 II 2 verweist für die **außerordentliche Kündigung** auf § 323 II. Bei Pflichtverletzungen im **Vertrauensbereich** ist die Abmahnung nicht entbehrlich, wenn der Arbeitnehmer annehmen durfte, sein Verhalten sei nicht vertragswidrig bzw der Arbeitgeber werde es zumindest nicht als erhebliches, den Bestand des Arbeitsverhältnisses gefährdendes Verhalten ansehen (BAG NZA 97, 1281). Demnach ist bei Diebstahl regelmäßig keine Abmahnung erforderlich, auch bei abgeschriebenen Waren, die nach Meinung des Arbeitnehmers zur Entsorgung bestimmt sind (BAG NZA 04, 486) oder bei Tätlichkeiten unter Arbeitskollegen (BAG NZA 06, 431).

69 Zur **Vorbereitung einer Kündigung** ist die Abmahnung nur geeignet, wenn sie zumindest enthält (1.) die konkrete (BAG NZA 09, 842) Mitteilung der Tatsachen, die das pflichtwidrige Verhalten begründen, (2.) die Aufforderung, dieses Verhalten einzustellen bzw dieses oder ein vergleichbares Verhalten nicht zu wiederholen, (3.) die Erklärung, dass der Arbeitnehmer im Wiederholungsfalle mit einer Kündigung rechnen muss (Formulierungsvorschläge BLDH/*Lingemann* Kap 22 Rz 44; Kap 13, Rz 5 ff; M 13.1 f). Wird mehrmals wegen gleichartiger Pflichtverletzungen abgemahnt (zB fünfmal wegen Zuspätkommens), muss die Kündigungsandrohung in der letzten Abmahnung vor der Kündigung besonders eindringlich sein (BAG BB 02). Eine frühere Kündigung gilt als Abmahnung, wenn der dortige Pflichtenverstoß abmahnungswürdig, für die Kündigung jedoch nicht ausreichend war.

70 **Abmahnberechtigt** sind Mitarbeiter, die dem Arbeitnehmer verbindliche Weisungen zu Ort, Zeit, Art und Weise der geschuldeten Arbeitsleistung erteilen können (BAG DB 80, 1351; NZA 93, 220), auch wenn sie nicht kündigungsberechtigt sind (BAG AP Nr 3 zu § 1 KSchG 1969 – „Verhaltensbedingte Kündigung"). Die Rechtmäßigkeit der Abmahnung ist auch im **Kündigungsschutzprozess** (inzident) zu prüfen, soweit für die Wirksamkeit der Kündigung erheblich. Das Recht zur Abmahnung ist nicht fristgebunden, kann aber verwirken.

71 **cc) Leistungsbedingte Kündigung.** Die **leistungsbedingte Kündigung** kann personen- oder verhaltensbedingt sein. **Personenbedingt:** wenn der Arbeitnehmer über längere Zeit trotz Ausschöpfung seiner Leistungsmöglichkeiten leistungsschwach war, auch in der Zukunft mit einer schweren Störung des Vertragsgleichgewichts zu rechnen ist und mildere Mittel zu dessen Wiederherstellung nicht bestehen (BAG NZA 09, 842; 08, 693; Rn 62); **verhaltensbedingt:** wenn der Arbeitnehmer seine Leistungsmöglichkeiten nicht angemessen ausschöpft (BAG aaO).

dd) Verdachtskündigung. Auch der dringende **Verdacht** einer schweren Pflichtverletzung kann die Kündigung rechtfertigen, wenn er das für die Fortsetzung des Arbeitsverhältnisses erforderliche Vertrauen zerstört (BAG NZA 08, 809). Der Arbeitgeber muss jedoch **vor Ausspruch der Kündigung** alles Zumutbare zur Aufklärung des Sachverhaltes tun, insb den Arbeitnehmer **anhören** (BAG NZA 09, 604; 08, 809; DB 08, 2260; *Eylert/Friedrichs* DB 07, 2203; § 626 Rn 9). Bei einer außerordentlichen Verdachtskündigung (§ 626 Rn 9) gilt für die Anhörung eine Regelfrist von **einer Woche** ab Vorliegen des dringenden Tatverdachts (BAG DB 89, 282; 72, 2119). 72

ee) Beweislast. Die **Darlegungs- und Beweislast** für die Pflichtverletzung (oder Verdacht, Rn 72) trägt der Arbeitgeber, ebenso für das Fehlen von Rechtfertigungsgründen. Bei Vorgängen aus eigener Wahrnehmung muss der Arbeitnehmer sich zu den Kündigungsgründen jedoch substantiiert einlassen. 73

c) Betriebsbedingte Kündigung. „Betriebsbedingt" ist die Kündigung sozial gerechtfertigt, wenn sie durch dringende Erfordernisse bedingt ist, die der Weiterbeschäftigung des Arbeitnehmers im Betrieb entgegenstehen, § 1 II 1 Var 3 KSchG (Überblick *Schiefer*, BB 09, 733). Dies setzt voraus, dass der Arbeitsplatz weggefallen ist (Rn 75 f), keine anderweitige Beschäftigungsmöglichkeit besteht (Rn 77) und die Sozialauswahl zu Lasten des zu kündigenden Arbeitnehmers ausfällt (Rn 78 ff). 74

aa) Arbeitsplatzwegfall. Der Arbeitsplatz kann wegfallen durch **außerbetriebliche** (Auftragsrückgang, Rohstoffmangel, Liefersperren) oder **innerbetriebliche Ursachen,** typischerweise auf Basis einer **Unternehmerentscheidung** (*Gilberg* NZA 03, 817; *Kleinebrinck* DB 08, 1858) zB zur Stilllegung eines Betriebes oder Betriebsteils (BAG NZA 06, 720), Einführung neuer Arbeits- bzw Produktionsmethoden, Aufgabe einzelner Produktionsbereiche, Fremdvergabe von Arbeiten (BAG NZA 08, 878), Streichung einer Hierarchieebene (BAG NZA 08, 819), dauerhaften Personalreduzierung (BAG BB 06, 1572), Änderung der Aufgabenprofile (BAG DB 06, 341). 75

Die **Unternehmerentscheidung** unterliegt nur gerichtlicher Missbrauchskontrolle dahin, ob sie offenbar **unsachlich, unvernünftig oder willkürlich** ist (stRspr, BAG NZA 08, 523). Bei Ausgliederung eines Betriebsteils mit Kündigung aller Arbeitnehmer und anschließender Neugründung einer GmbH, die wirtschaftlich in das Unternehmen eingegliedert wurde und dieselben Aufgaben übernimmt, hat das BAG erstmalig Missbrauch bejaht (BAG NZA 03, 549). Je näher die Unternehmerentscheidung an den Kündigungsentschluss rückt, desto mehr muss der Arbeitgeber verdeutlichen, dass das Beschäftigungsbedürfnis für den Arbeitnehmer entfallen ist, insb das verbleibende Arbeitsvolumen ohne überobligationsmäßige Leistung verbleibender Arbeitnehmer bewältigt werden kann (BAG DB 06, 341; 99, 1399). In der GmbH trifft die Unternehmerentscheidung idR die Gesellschafterversammlung (§ 49 II GmbHG); ein Beschl der Geschäftsführung reicht aus bei Prognose im Kündigungszeitpunkt, dass die Entscheidung planmäßig durchgeführt wird (BAG DB 01, 1782; NZA 98, 879). 76

bb) Anderweitige Beschäftigungsmöglichkeit. Trotz Arbeitsplatzwegfall ist die betriebsbedingte Kündigung sozial nicht gerechtfertigt, wenn der Arbeitnehmer an einem anderen **freien** geeigneten Arbeitsplatz im selben **Unternehmen** (§ 611 Rn 35) weiterbeschäftigt werden kann (§ 1 II 2 Nr 1b KSchG, BAG NZA 08, 1180). Der Anspruch greift idR nicht konzernweit (§ 611 Rn 36). Der Arbeitgeber muss dem Arbeitnehmer eine zumutbare Weiterbeschäftigung zu gleichen oder schlechteren, nicht zu besseren (BAG aaO; aA *Houben* NZA 08, 851) Vertragsbedingungen anbieten und ggf durch Änderungskündigung umsetzen (BAG aaO). Die Zumutbarkeit entfällt nur in Extremfällen (BAG aaO; krit *Bauer/Winzer* BB 06, 266). Das Anforderungsprofil kann jedoch der Arbeitgeber in den Grenzen des Missbrauchs bestimmen (BAG aaO). Konkurrieren mehrere Arbeitnehmer um denselben freien Arbeitsplatz, ist wohl nach Grundsätzen umgekehrter Sozialauswahl zuzuordnen (vgl BAG NZA 03, 605; BB 95, 930). Auf Widerspruch des Betriebsrates kommt es entgegen § 1 II 2 Nr 1b KSchG nicht an. 77

cc) Sozialauswahl. Ist der Arbeitnehmer, dessen Arbeitsplatz weggefallen ist, mit anderen Arbeitnehmern vergleichbar, so ist aufgrund der **Sozialauswahl**, § 1 III 1 Hs 1 KSchG, nicht unbedingt ihm zu kündigen, sondern dem vergleichbaren Arbeitnehmer, der bei ausreichender Berücksichtigung von **Dauer der Betriebszugehörigkeit** (richtiger: Unternehmenszugehörigkeit), **Lebensalter, Unterhaltspflichten** und etwaiger **Schwerbehinderung** am wenigsten sozial schutzbedürftig ist. Zum Einfluss des AGG s. § 10 AGG Rn 21 ff. 78

Der Kreis der in soziale Auswahl einzubeziehenden vergleichbaren, dh austauschbaren Arbeitnehmer bestimmt sich in erster Linie nach arbeitsplatzbezogenen Merkmalen, also zunächst nach ausgeübter Tätigkeit („**qualifikationsmäßige Austauschbarkeit**", BAG NZA 08, 1122), dh Berufsgruppe, Ausbildungsberuf, individuellen Kenntnissen, Fähigkeiten, Leistungsbereitschaft, Lernfähigkeit und Erfahrungen; ein bloßer Routinevorsprung hindert die Vergleichbarkeit nicht. Der Arbeitnehmer muss in der Lage sein, die neue Funktion nach angemessener Einarbeitungszeit – „Faustregel": drei Monate – zu übernehmen (vgl BAG NZA 08, 1122). Vergleichbar sind auch nur solche Arbeitsplätze, auf die der Arbeitgeber den Arbeitnehmer einseitig, also kraft Direktionsrecht, um- oder versetzen kann („**arbeitsvertragliche Austauschbarkeit**"; BAG aaO). 79

80 Die Sozialauswahl beschränkt sich auf den jeweiligen **Betrieb** (§ 611 Rn 34; auch Gemeinschaftsbetrieb, BAG NZA 08, 1060, nicht Teilbetrieb, BAG NZA 05, 285), auch bei betriebsübergreifender Versetzungsklausel (BAG NZA 06, 590).

81 Für die **Sozialauswahl zwischen Vollzeit- und Teilzeitkräften** gilt: Trifft der Arbeitgeber eine konkretisierte Organisationsentscheidung, für bestimmte Arbeiten nur Vollzeitkräfte einzusetzen, ist keine übergreifende Sozialauswahl erforderlich; anders jedoch insb bei bloßem Abbau insgesamt geleisteter Arbeitsstunden (BAG NZA 05, 523; 00, 30; DB 99, 487; krit *Bauer/Klein* BB 99, 1162).

82 Arbeitnehmer mit gesetzlichem **Sonderkündigungsschutz** (zu Betriebsratsmitgliedern BAG NZA 05, 1307) sind nicht in die Sozialauswahl einzubeziehen, wenn die erforderliche Zustimmung zum Kündigungszeitpunkt nicht vorliegt (str bei Arbeitnehmern, bei denen die ordentliche Kündigung von der Zustimmung der zuständigen Behörde abhängig ist, zB Schwerbehinderte, § 85 SGB IX; Arbeitnehmer in Elternzeit, § 18 BEEG, vgl KR/*Etzel* § 1 KSchG Rz 638; *Löwisch* § 1 Rz 322). Offen ist die Einbeziehung von tarif- oder einzelvertraglich kündigungsgeschützten Arbeitnehmern (*Bauer/Röder* 156 f; BAG NZA 98, 771; LAG Sachsen NZA 02, 905). Arbeitnehmer in der sechsmonatigen Wartefrist (§ 1 KSchG; Rn 51) sind ggü kündigungsgeschützten Arbeitnehmern vorrangig zu kündigen.

83 Die **Kriterien für die soziale Schutzbedürftigkeit** (§ 1 III 1 KSchG Rz 78) sind abschließend (BAG NZA 08, 33).

84 Bei **Gewichtung der Kriterien im Verhältnis zueinander** hat der Arbeitgeber einen Wertungsspielraum (§ 1 III 1 KSchG), soziale Gesichtspunkte sind **nur „ausreichend" zu berücksichtigen** (BAG NZA 06, 1577; *Lingemann* BB 00, 1835). Vertraglich vereinbarte Betriebszugehörigkeitszeiten sind in den Grenzen des Missbrauchs zu beachten (BAG BB 06, 496). Bei **Betriebsänderungen** beschränkt sich der Prüfungsmaßstab bei Interessenausgleich mit Namensliste, auf grobe Fehlerhaftigkeit (§ 1 V KSchG; Rz 88). War die Sozialauswahl fehlerhaft, konnte sich nach bisheriger Rechtsprechung jeder schutzwürdigere vergleichbare Arbeitnehmer darauf berufen (**„Dominotheorie"**; BAG BB 85, 1263; zur Korrektur *Löwisch/Spinner* § 1 KSchG Rz 406 mwN); jedenfalls bei **Sozialauswahl anhand abschließenden Punkteschemas** gilt das nur noch für den, dem bei fehlerfreier Sozialauswahl nicht gekündigt worden wäre (BAG AP 87 zu § 1 KSchG betriebsbedingte Kündigung m Anm *Lingemann/Beck*; *Bauer/Gotham* BB 07, 1729).

85 Die Sozialauswahl muss gem § 1 III 2 KSchG nicht erstreckt werden auf Arbeitnehmer, deren Weiterbeschäftigung insb wegen ihrer Kenntnisse, Fähigkeiten und Leistungen oder zur Sicherung einer ausgewogenen Personalstruktur des Betriebes **im berechtigten betrieblichen Interesse** liegt. Abzuwägen ist das betriebliche Interesse des Arbeitgebers an der Herausnahme des Leistungsträgers mit dem Schutzinteresse des zu kündigenden Arbeitnehmers (BAG NZA 08, 1120; krit *Lingemann/Rolf* NZA 05, 265 f). „Leistungen" iSv § 1 III 2 KSchG sind qualitative und quantitative Umsetzung der Anforderungen im Betrieb, „Fähigkeiten" über die Ausbildung hinaus auch besondere Kenntnisse zur Umsetzung dieser Anforderungen.

86 Zur Sicherung (nicht Herstellung, anders § 125 I Nr 2 InsO) einer **ausgewogenen Personalstruktur** kann der Arbeitgeber Altersgruppen (BAG NZA 07, 139; BB 05, 2084; *Röder/Krieger* BB 05, 2578; BLDH/*Lingemann* Kap 22 Rz 98) innerhalb der zur Sozialauswahl anstehenden Arbeitnehmer bilden und diesen anteilmäßig kündigen. Das gilt auch nach Einführung des AGG jedenfalls iRd § 1 V KSchG (Rn 88; BAG NZA 08, 405; § 10 AGG Rn 24).

87 Zum berechtigten betrieblichen Interesse zählt auch die Vermeidung von Ablaufstörungen bei Massenentlassungen (BAG DB 03, 1909).

88 Die erheblichen Arbeitgeberrisiken bei betriebsbedingten Kündigungen können vermindert werden, wenn bei Kündigungen iRv Betriebsänderungen nach § 111 BetrVG (Rn 97; freiwilliger Interessenausgleich reicht nicht, BAG NZA 07, 1307) Arbeitnehmer, denen gekündigt werden soll, **im Interessenausgleich** zwischen Arbeitgeber und Betriebsrat **namentlich bezeichnet** sind (*Gehlhaar* DB 08, 1496; Teilnamensliste reicht idR nicht, BAG NZA 09, 1882 Anm *Lingemann*, FD-ArbR 09, 288533). Dann wird das dringende betriebliche Erfordernis vermutet, **§ 1 V 1 KSchG, die soziale Auswahl** (BAG NZA 09, 1023) inkl auswahlrelevantem **Personenkreis** (BAG NZA 07, 2319; auch nach § 1 III 2 KSchG (Rn 85, 86; BAG NZA 09, 1023), ist lediglich auf grobe Fehlerhaftigkeit zu prüfen (BAG NZA 09, 1023), ebenso die **fehlende anderweitige Beschäftigungsmöglichkeit** (Rn 77), sofern von Betriebsrat mitgeprüft (BAG NZA 08, 633). **Formal** muss die Namensliste entweder im Zeitpunkt der Unterzeichnung (BAG NZA 07, 266) mit dem Interessenausgleich mittels Heftmaschine fest verbunden (BAG NZA 98, 933; EzA Nr 9 zu § 1 KSchG – „Interessenausgleich") oder von den Betriebsparteien zeitnah (BAG NZA 09, 1882) mit ausdrücklicher Bezugnahme auf den Interessenausgleich gesondert unterschrieben sein (BAG NZA 08, 103, Anm *Schuster* FD-ArbR 233172).

89 **dd) Darlegungs- und Beweislast.** Hinsichtlich dringender betrieblichen Erfordernisse gilt eine **abgestufte Darlegungs- und Beweislast.** Der Arbeitgeber trägt die Darlegungs- und Beweislast für die **inner- oder außerbetrieblichen Gründe** und den daraus resultierenden Arbeitsplatzwegfall (Rn 76). Will der Arbeitnehmer anderweitige Beschäftigungsmöglichkeiten im Unternehmen einwenden (Rn 77), muss er dartun, wie er sich eine solche Weiterbeschäftigung vorstellt (BAG E 102, 97). Erst dann muss der Arbeitgeber darlegen und beweisen, dass es keinen entspr freien Arbeitsplatz im Unternehmen gibt (BAG BB 06, 1572). Gem § 1 III 3 KSchG trägt zwar der Arbeitnehmer die Beweislast für Fehlerhaftigkeit Sozialauswahl. Da der Arbeitgeber jedoch zunächst darlegen muss, welche Arbeitnehmer er in die **Sozialauswahl** einbezogen hat und welche

Kriterien für die Sozialauswahl er wie gewichtet hat, kommt diese Beweislast kaum zum Tragen. Der Arbeitgeber trägt die Beweislast für die Voraussetzungen des § 1 III 2 KSchG (BAG NZA 08, 1122; Rn 85–87). Für grobe Fehlerhaftigkeit der Kündigung bei Namensliste (Rn 88) ist der Arbeitnehmer beweispflichtig (BAG NZA 08, 103).

ee) Abfindungsanspruch nach § 1a KSchG. Erhebt der Arbeitnehmer nach betriebsbedingter Kündigung **90** (zur Änderungskündigung BAG NZA 08, 528) nicht bis zum Ablauf der Frist des § 4 1 KSchG Kündigungsschutzklage, hat er mit Ablauf der Kündigungsfrist **Anspruch auf eine Abfindung** nach § 1a KSchG (0,5 Monatsverdienste/Beschäftigungsjahr, § 1a II KSchG), sofern der Arbeitgeber in der Kündigung auf die Betriebsbedingtheit der Kündigung und den Abfindungsanspruch bei Verstreichenlassen der Frist hingewiesen hat (§ 1a I 2 KSchG). Eine Abfindung in dieser Höhe löst keine Sperrzeit (§ 144 SGB III) aus (BSG NZA 06, 1359). Will der Arbeitgeber nur eine geringere Abfindung anbieten, muss er unmissverständlich erklären, dass sein Angebot keines nach § 1a KSchG ist (BAG NZA 08, 528; 696; 07, 1357). Die Rücknahme einer Kündigungsschutzklage löst den Anspruch nicht mehr aus (BAG NZA 08, 696).

4. Sonderkündigungsschutz. Schwerbehinderten Menschen kann nur nach Zustimmung des Integrationsamtes gekündigt werden, § 85 SGB IX (Ausnahmen § 73 II Nr 2–7 SGB IX; *Powietzka* BB 07, 2118; *Seel* MDR **91** 07, 499; BLDH/*Lingemann* Kap 16, M 16.1 f). Die Zustimmung kann bei gleichbleibendem Sachverhalt mehrere Kündigungen abdecken (BAG NZA 08, 471). Der Antrag auf Anerkennung muss bei bestehender Behinderung spätestens 3 Wochen vor Kündigungszugang gestellt worden sein (BAG NZA 08, 302, 361, 407), bei Unkenntnis des Arbeitgebers muss der Arbeitnehmer spätestens 3 Wochen nach Kündigungszugang seine Schwerbehinderung einwenden (BAG NZA 08, 1055). Bei der außerordentlichen Kündigung gelten für die Antragstellung die Fristen des § 91 II SGB IX, für den Kündigungsausspruch §§ 88 III, 91 V SGB IX, zur Mindestkündigungsfrist bei der ordentlichen Kündigung § 86 SGB IX. Ein Präventionsverfahren (§ 84 I SGB IX) ist nicht formal Kündigungsvoraussetzung, sein Fehlen führt aber zur Unwirksamkeit, wenn das Verfahren Schwierigkeiten hätte ausräumen können (BAG NZA 07, 617).
Werdende Mütter haben Sonderkündigungsschutz nach § 9 I MuSchG, eine zulässige Kündigung bedarf gem **92** § 9 III 2 MuSchG der Schriftform und der schriftlichen Begründung (zum Verfahren BAG NZA 03, 1329). Auch während formgerecht beantragter (BAG DB 08, 2368) **Elternzeit** besteht Sonderkündigungsschutz, § 18 **93** BEEG; Kündigungen sind nur mit behördlicher Zustimmung wirksam, § 18 I 2–4 BEEG.
Pflegezeitberechtigte haben in Unternehmen mit mehr als 15 Beschäftigten Anspruch auf Pflegezeit, §§ 2, 3 **94** PflegeZG, von der Ankündigung der Pflegezeit bis zu ihrem Ende sind Arbeitgeberkündigungen nur mit behördlicher Zustimmung wirksam, § 5 PflegeZG.
Auszubildenden kann nach Ablauf der Probezeit nur aus wichtigem Grund gekündigt werden, § 22 II Nr 1 **95** BBiG, Kündigung und Kündigungsgründe müssen schriftlich mitgeteilt werden, § 22 III BBiG.
Betriebsratsmitgliedern sowie Mitgliedern der Jugend- und Auszubildendenvertretung, Bordvertretung oder **96** des Seebetriebsrats kann nur mit (ggf gerichtlich ersetzter, Rn 49) Zustimmung des Betriebsrats (§ 103 BetrVG) aus wichtigem Grund **außerordentlich** gekündigt (auch änderungsgekündigt, BAG NZA 05, 156) werden, § 15 I 1 KSchG. Die Privilegierung gilt für ein Jahr (bzw sechs Monate bei einem Mitglied der Bordvertretung) nach Beendigung der Amtszeit fort, § 15 I 2 KSchG, für Mitglieder des Wahlvorstands und für Wahlbewerber, s. § 15 III KSchG, für Wahlinitiatoren s. § 15 IIIa KSchG. Wird ein Betrieb oder eine Betriebsabteilung **stillgelegt**, ist eine **ordentliche** Kündigung zulässig (§ 15 IV, V KSchG), dann genügt Anhörung des Betriebsrates (§ 102 BetrVG), Zustimmung (§ 103 BetrVG) ist nicht erforderlich (BAG DB 01, 1729).

5. Betriebsänderung. Liegt der Kündigung eine **Betriebsänderung** zugrunde, so gelten §§ 111 ff BetrVG. **97** Gem § 113 III BetrVG muss zur Vermeidung von Nachteilsausgleichsansprüchen und ggf einstweiligen Verfügungen auf Unterlassung der Betriebsänderung der Arbeitgeber einen Interessenausgleich bis hin zur Einigungsstelle versuchen (zur Namensliste gem § 1 V KSchG Rz 88); gem § 112 I, IV, V BetrVG kann der Betriebsrat (Ausnahmen § 112a BetrVG) zudem einen Sozialplan erzwingen. Beides ist nicht Wirksamkeitsvoraussetzung für die Kündigung. Bei Massenentlassungen ist Wirksamkeitsvoraussetzungen jedoch eine vorherige (BAG NZA 08, 425, 476; AP Nr 28 zu § 17 KSchG 1969) Anzeige nach § 17 KSchG, nach Information an den Betriebsrat (§ 17 III 3 KSchG, BAG NZA 08, 476).

6. Wiedereinstellungsanspruch. Der Arbeitnehmer kann einen **Wiedereinstellungsanspruch** haben, wenn **98** der **Kündigungsgrund während der Kündigungsfrist** wegfällt (BAG BB 01, 573), zB bei krankheitsbedingter Kündigung die negative Gesundheitsprognose sich innerhalb der Kündigungsfrist ändert (BAG NZA 01, 1135; Rn 56), bei Verdachtskündigung (Rn 73) sich der Verdacht zerstreut (BAG NZA 97, 1343), bei Kündigung wegen Betriebsstilllegung innerhalb oder unmittelbar im Anschluss an den Ablauf der Kündigungsfrist der Betrieb übergeht (§ 613a Rn 32) oder durch neue Aufträge der prognostizierte Arbeitsplatzwegfall hinfällig wird (BAG BB 01, 574). **Kein** Wiedereinstellungsanspruch besteht nach vollzogenem Betriebsübergang, wenn sich das Anforderungsprofil für die Beschäftigten geändert hat (BAG ZIP 06, 1545), oder wenn im Anschluss an eine Befristung entgegen der Prognose (Rn 19 ff) eine Weiterbeschäftigungsmöglichkeit besteht (BAG NZA 02, 898).

99 Der Weiterbeschäftigung können **berechtigte Interessen des Arbeitgebers** entgegenstehen, zB wenn der Arbeitsplatz bereits anderweitig wieder besetzt ist (BAG BB 01, 574). Bei Auswahl zwischen mehreren Berechtigten sind die sozialen Belange zu berücksichtigen (BAG NZA 00, 533). Der Arbeitnehmer muss den Wiedereinstellungsanspruch spätestens binnen **3 Wochen** (BAG NZA 99, 313 f), bei § 613a **1 Monat** (BAG NZA 09, 29; 08, 357) **nach Kenntnis** von den anspruchsbegründenden Tatsachen, geltend machen.

100 **7. Hinweis des Arbeitgebers auf Meldepflicht (§§ 2, 38 SGB III).** Nach § 2 II 2 Nr 3 SGB III „soll" der Arbeitgeber den Arbeitnehmer über die Verpflichtung zur unverzüglichen Meldung bei der Agentur für Arbeit (§ 38 SGB III) informieren, eine Verletzung führt jedoch nicht zur Schadensersatzpflicht (BAG NZA 05, 1406).

101 **8. Kündigungsschutzklage.** Gem § 4 I KSchG muss der Arbeitnehmer innerhalb von **drei Wochen** nach Zugang der schriftlichen Kündigung (zu doppelter Kündigungserklärung BAG NZA 08, 636) Kündigungsschutzklage erheben, will er geltend machen, dass die Kündigung sozial ungerechtfertigt oder aus anderen Gründen unwirksam ist. Hat er die Frist gewahrt, muss er **alle Einwände** gegen die Wirksamkeit der Kündigung (Ausn: fehlende Schriftform oder Nichteinhaltung Kündigungsfrist (BAG DB 06, 1116)), also auch nicht ordnungsgemäße Betriebsratsanhörung (Rn 49), Kündigung entgegen § 613a IV (§ 613a Rn 31 f) und ordentliche Unkündbarkeit (BAG NZA 08, 936) bis zum Schluss der mdl Verhandlung I. Instanz erheben, § 6 I KSchG. Der Arbeitgeber kann Kündigungsgründe aus der Zeit vor Ausspruch der Kündigung im Prozess nachschieben, wenn sie ihm erst nach Ausspruch bekannt wurden (BAG NZA 08, 636).

102 Gleiches gilt für die **außerordentliche Kündigung** (13 I 2 KSchG; § 626 Rn 21).

103 **9. Auflösung gegen Abfindung, §§ 9, 10 KSchG.** Arbeitnehmer oder Arbeitgeber können nach Maßgabe von §§ 9, 10 KSchG Antrag auf **Auflösung des Arbeitsverhältnisses gegen Abfindung** stellen, bei außerordentlicher Kündigung jedoch nur der Arbeitnehmer, § 13 I 3 KSchG (Rn. 8; iE BLDH/*Lingemann/Diller* Kap 22, Rz 132 ff; M 22.17 f; *Lingemann/Beck* NZA-RR 07, 233).

§ 621 Kündigungsfristen bei Dienstverhältnissen.
Bei einem Dienstverhältnis, das kein Arbeitsverhältnis im Sinne des § 622 ist, ist die Kündigung zulässig,
1. wenn die Vergütung nach Tagen bemessen ist, an jedem Tag für den Ablauf des folgenden Tages;
2. wenn die Vergütung nach Wochen bemessen ist, spätestens am ersten Werktag einer Woche für den Ablauf des folgenden Sonnabends;
3. wenn die Vergütung nach Monaten bemessen ist, spätestens am 15. eines Monats für den Schluss des Kalendermonats;
4. wenn die Vergütung nach Vierteljahren oder längeren Zeitabschnitten bemessen ist, unter Einhaltung einer Kündigungsfrist von sechs Wochen für den Schluss eines Kalendervierteljahres;
5. wenn die Vergütung nicht nach Zeitabschnitten bemessen ist, jederzeit; bei einem die Erwerbstätigkeit des Verpflichteten vollständig oder hauptsächlich in Anspruch nehmenden Dienstverhältnis ist jedoch eine Kündigungsfrist von zwei Wochen einzuhalten.

1 § 621 gewährt dem Gekündigten eine Frist, um sich auf das Ende des Dienstvertrags einzustellen. § 621 gilt nur für **freie Dienstverhältnisse** (§ 611 Rn 17 f; 21–23); für Organmitglieder **ohne beherrschende Gesellschafterstellung** gilt – obwohl idR keine Arbeitnehmer (§ 611 Rn 31–33) – § 622 I entspr (BGH NJW 84, 2528). § 621 ist **abdingbar** (in Formularverträgen s. §§ 305 ff; BGHZ 120, 113 ff; ErfK/*Müller-Glöge* § 621 Rz 14).

2 Die Kündigungsfrist bestimmt sich danach, nach welchen **Zeitabschnitten** die **Vergütung „bemessen"** ist, also ermittelt wird, und nicht danach, wie sie gezahlt wird. Auch wenn Jahresvergütung in zwölf Teilbeträgen gezahlt wird, gilt daher Nr 4, bei Tageslohn, auch wenn wöchentlich gezahlt, Nr 1. Wird Vergütung **nicht nach Zeitabschnitten bemessen**, gilt keine Kündigungsfrist (Nr 5). Nimmt das Dienstverhältnis die Erwerbstätigkeit des Verpflichteten jedoch vollständig oder hauptsächlich, also mehr als zur Hälfte, in Anspruch, beträgt die Kündigungsfrist zwei Wochen. Auf die Dauer der Dienstzeit kommt es nicht an. Für die Berechnung der Frist gelten §§ 186 ff, nicht § 193 (§ 622 Rn 3 mwN).

§ 622 Kündigungsfristen bei Arbeitsverhältnissen.
(1) Das Arbeitsverhältnis eines Arbeiters oder eines Angestellten (Arbeitnehmers) kann mit einer Frist von vier Wochen zum Fünfzehnten oder zum Ende eines Kalendermonats gekündigt werden.
(2) ¹Für eine Kündigung durch den Arbeitgeber beträgt die Kündigungsfrist, wenn das Arbeitsverhältnis in dem Betrieb oder Unternehmen
1. zwei Jahre bestanden hat, einen Monat zum Ende eines Kalendermonats,
2. fünf Jahre bestanden hat, zwei Monate zum Ende eines Kalendermonats,
3. acht Jahre bestanden hat, drei Monate zum Ende eines Kalendermonats,
4. zehn Jahre bestanden hat, vier Monate zum Ende eines Kalendermonats,
5. zwölf Jahre bestanden hat, fünf Monate zum Ende eines Kalendermonats,
6. 15 Jahre bestanden hat, sechs Monate zum Ende eines Kalendermonats,
7. 20 Jahre bestanden hat, sieben Monate zum Ende eines Kalendermonats.

²Bei der Berechnung der Beschäftigungsdauer werden Zeiten, die vor der Vollendung des 25. Lebensjahrs des Arbeitnehmers liegen, nicht berücksichtigt.
(3) Während einer vereinbarten Probezeit, längstens für die Dauer von sechs Monaten, kann das Arbeitsverhältnis mit einer Frist von zwei Wochen gekündigt werden.
(4) ¹Von den Absätzen 1 bis 3 abweichende Regelungen können durch Tarifvertrag vereinbart werden. ²Im Geltungsbereich eines solchen Tarifvertrags gelten die abweichenden tarifvertraglichen Bestimmungen zwischen nicht tarifgebundenen Arbeitgebern und Arbeitnehmern, wenn ihre Anwendung zwischen ihnen vereinbart ist.
(5) ¹Einzelvertraglich kann eine kürzere als die in Absatz 1 genannte Kündigungsfrist nur vereinbart werden,
1. wenn ein Arbeitnehmer zur vorübergehenden Aushilfe eingestellt ist; dies gilt nicht, wenn das Arbeitsverhältnis über die Zeit von drei Monaten hinaus fortgesetzt wird;
2. wenn der Arbeitgeber in der Regel nicht mehr als 20 Arbeitnehmer ausschließlich der zu ihrer Berufsbildung Beschäftigten beschäftigt und die Kündigungsfrist vier Wochen nicht unterschreitet.

²Bei der Feststellung der Zahl der beschäftigten Arbeitnehmer sind teilzeitbeschäftigte Arbeitnehmer mit einer regelmäßigen wöchentlichen Arbeitszeit von nicht mehr als 20 Stunden mit 0,5 und nicht mehr als 30 Stunden mit 0,75 zu berücksichtigen. ³Die einzelvertragliche Vereinbarung längerer als der in den Absätzen 1 bis 3 genannten Kündigungsfristen bleibt hiervon unberührt.
(6) Für die Kündigung des Arbeitsverhältnisses durch den Arbeitnehmer darf keine längere Frist vereinbart werden als für die Kündigung durch den Arbeitgeber.

A. Zweck und Anwendungsbereich. § 622 räumt dem Arbeitnehmer eine Frist ein, um einen neuen Arbeitsplatz zu finden, und gibt dem Arbeitgeber Planungssicherheit. § 622 gilt (1.) für alle **Arbeitsverhältnisse** und analog für Organmitglieder, die keine beherrschende Gesellschafterstellung haben, **nicht** jedoch für arbeitnehmerähnliche Personen (§ 621 Rn 1), (2.) für Arbeitsverhältnisse auf unbestimmte Zeit und befristete, bei denen die ordentliche Kündigung im Vertrag vorbehalten wurde (§ 620 Rn 32; § 15 III TzBfG), (3.) für Beendigungs- und Änderungskündigungen (BAG NZA 94, 751), nicht aber für außerordentliche Kündigungen; ist bei tariflich unkündbaren Arbeitnehmern eine soziale Auslauffrist einzuhalten, so entspricht sie der Kündigungsfrist gem § 622 (BAG NZA 95, 1157; 85, 559). Sonderregelungen insb in §§ 22 BBiG, 63, 78 II SeemannsG, 29 HAG, 113 InsO (gilt nicht für den „starken" vorläufigen Insolvenzverwalter nach § 22 I InsO, BAG DB 05, 1691). § 622 ist nur nach Maßgabe von IV-VI abdingbar. II 2 stellt eine **Altersdiskriminierung** dar (Rn 2).

B. Kündigungsfristen, Abs 1 u 2. Soweit keine anderweitige Regelung (vgl III–VI) besteht, gilt die **Grundkündigungsfrist** des I von 4 Wochen zum 15. oder zum Ende des Kalendermonats, bei Kündigung durch den Arbeitgeber ist II Nr 1 zu beachten. II sieht für die **Arbeitgeberkündigung** eine Verlängerung der Kündigungsfrist, gestaffelt nach der **Bestandsdauer** des Arbeitsverhältnisses, vor. Zur Bestandsdauer zählt auch eine unmittelbar vorhergehende Ausbildung (BAG NJW 00, 1355) und uU Geschäftsführertätigkeit (LAG RP DB 08, 1632) beim selben Unternehmen. **Arbeitgeber** ist das Unternehmen, nicht der Betrieb, in dem der Arbeitnehmer beschäftigt ist. Ein Betriebsübergang (§ 613a) berührt den Bestand des Arbeitsverhältnisses nicht (BAG NZA 04, 319). Unschädlich ist der Ausfall der Arbeitsleistung durch Krankheit oder Streik, solange das Arbeitsverhältnis rechtlich besteht. Eine rechtliche Unterbrechung des Arbeitsverhältnisses schadet, es sei denn, es besteht ein enger Zusammenhang zwischen früherem und späterem Arbeitsverhältnis (BAG NZA 04, 319). Berücksichtigt werden nur Zeiten ab Vollendung des 25. Lebensjahres des Arbeitnehmers; die Regelung verstößt gegen das europarechtliche Diskriminierungsverbot (und ist daher nicht mehr anwendbar (EuGH NZA 10, 85 – *Kücükdeveci*, Anm *Lingemann*, ArbR 10, 64; EuGH NZA 07). Maßgeblich für die Zeiträume nach II ist der Zugang der Kündigungserklärung gem § 130 (idR auch bei Kündigung vor Arbeitsaufnahme; BAG NZA 06, 1207) und nicht der in ihr genannte Kündigungstermin (ErfK/*Müller-Glöge* § 622 Rz 11).

Für die **Fristberechnung** gelten §§ 186 ff, nicht § 193 (BGH NJW 05, 1354; LAG Köln NZA-RR 02, 355 f). Fristende kann auch **Samstag, Sonntag** oder **Feiertag** sein. Eine Kündigungserklärung mit zu kurzer Frist gilt zum nächsten zulässigen Termin (BAG NZA 86, 229). Für die Rüge zu kurzer Kündigungsfrist gilt die Dreiwochenfrist des § 4 KSchG nicht (BAG DB 06, 1116), es sei denn, die Kündigungstermin ist tragend für die Kündigungserklärung (BAG NZA 06, 791); Verwirkung ist möglich (BAG NZA 09, 29). Der Kündigende kann mit längeren Fristen kündigen, muss jedoch die Kündigungstermine (zB zum Monatsende und/oder 15. eines Monats) beachten (BAG NZA 09, 29; 08, 476).

C. Probezeit, Abs 3. III soll den Abschluss von **unbefristeten Probearbeitsverhältnissen** fördern, indem er dem Arbeitgeber und Arbeitnehmer in der Anfangsphase die Möglichkeit kurzfristiger Kündigung einräumt. Das Arbeitsverhältnis kann für einen Zeitraum von bis zu **sechs Monaten** innerhalb von **zwei Wochen** gekündigt werden, ohne dass bestimmte Kündigungstermine einzuhalten sind. Die Probezeit muss entweder tarif- oder arbeitsvertraglich vereinbart sein, die Zweiwochenfrist muss nicht genannt werden (MüKo/*Hesse*

§ 622 Rz 31), wohl aber, wenn III iRe **befristeten Probearbeitsverhältnisses** (§ 611 Rn 102) angewendet werden soll (§ 15 III TzBfG). Wird eine Probezeit von mehr als 6 Monaten vereinbart, gilt nach Ablauf von 6 Monaten die allg Kündigungsfrist nach I u II (BAG DB 08, 1217). Beginn der Sechsmonatsfrist ist vereinbarter Tag der Arbeitsaufnahme, nicht Vertragsschluss (BAG NJW 03, 1829). III gilt auch für eine Kündigungserklärung, die erst am letzten Tag der Probezeit zugeht (§ 130), auch wenn sie das Arbeitsverhältnis erst nach Ablauf der Sechsmonatsfrist beendet (allg BAG NJW 66, 1478; MüKo/*Hesse* § 622 Rz 32). Die **Beweislast** für die Dauer der vereinbarten Probezeit trägt derjenige, der sich auf die verkürzte Kündigungsfrist beruft.

5 **D. Abweichende Vereinbarungen, Abs 4–6.** Durch **tarifvertragliche Regelungen** können nach **IV 1** gesetzliche Kündigungsfristen verkürzt (oder verlängert) werden, auch durch Änderung der Anzahl der Kündigungstermine sowie in Kleinbetrieben durch Verzicht auf die Staffelung nach Alter und Betriebszugehörigkeit (BAG DB 08, 2028). Eine Differenzierung innerhalb der Arbeitnehmerschaft ist wegen Art 3 I GG (§ 611 Rn 49 ff) nur bei sachlichem Grund zulässig (BVerfG NZA 90, 721), zwischen Arbeitern und Angestellten regelmäßig sachwidrig (vgl BAG NZA 05, 1418). Im (sachlichen, räumlichen und persönlichen) Geltungsbereich eines Tarifvertrags können nach **IV 2 nicht tarifgebundene** Arbeitgeber und Arbeitnehmer die Anwendung der tarifvertraglichen Kündigungsfristen vereinbaren.

6 Abweichende **individualvertragliche Vereinbarungen** sind – abgesehen von IV 2 – nur nach **V** zulässig. Bei Aushilfskräften kann gem V 1 Nr 1 die Grundkündigungsfrist bis zur Vereinbarung der fristlosen Kündigungsmöglichkeit verkürzt werden (BAG NZA 87, 60). Dem Wortlaut von V 1 Nr 2 nach kann in Kleinunternehmen lediglich auf Kündigungstermine, nicht jedoch auf die Grundkündigungsfrist des V verzichtet werden. Damit wäre die Vorschrift weitgehend überflüssig, daher ist „verständige Auslegung" geboten (Staud/*Preis* § 622 Rz 48). Für den Schwellenwert im Unternehmen (Arbeitgeber), nicht: Betrieb (§ 611 Rn 34 ff), werden ruhende Arbeitsverhältnisse nicht, Teilzeitbeschäftigte nach V 2 berücksichtigt. Entscheidend ist die Personalstärke im Allgemeinen, nicht speziell zum Kündigungstermin (vgl BAG NZA 87, 587).

7 Die **Vereinbarung von längeren Fristen** oder **weniger Kündigungsterminen** ist grds zulässig (V 3; BAG BB 02, 624), eine unbegrenzte Bindung des Arbeitnehmers wegen Art 12 GG jedoch nicht. Bindung von einem Jahr ist idR unproblematisch (BAG AP Nr 7 zu § 611 – „Treuepflicht"; BAG AP Nr 37 zu § 256 ZPO 1977: Kündigungsfrist von 6 Monaten bei nur einem Kündigungstermin/Jahr). Keinesfalls kann ein Arbeitnehmer länger als fünfeinhalb Jahre gebunden werden (§ 15 IV TzBfG, § 624 BGB; Staud/*Preis* § 622 Rz 50).

8 Nichtige individualvertragliche Kündigungsbestimmungen (§§ 134, 138) sind durch ergänzende Vertragsauslegung, ggf gesetzliche Regelung (BAG AP Nr 13 zu § 622), zu ersetzen.

9 Soweit **individual- oder tarifvertraglich** von gesetzlichen Kündigungsfristen gem IV u 5 abgewichen werden kann, darf gem VI die Arbeitnehmerkündigung nicht an längere Fristen gebunden oder auf weniger Kündigungstermine beschränkt werden als die Arbeitgeberkündigung (BAG NZA 09, 370; NJW 72, 1070). Eine Schlechterstellung des Arbeitgebers ist zulässig. Bei Verletzung von VI gelten die für den Arbeitnehmer vereinbarten längeren Kündigungsfristen für den Arbeitgeber (MüKo/*Hesse* § 622 Rz 107 mwN). Das Kündigungsrecht des Arbeitnehmers darf auch nicht durch Vereinbarungen faktisch erschwert werden, zB Kündigungssanktionen wie Vertragsstrafen (BAG AP Nr 12 zu § 622) oder Verfall bereits verdienten Arbeitsentgelts (BAG AP Nr 6 zu § 87a HGB). Entsprechende Vereinbarungen sind nichtig, der Arbeitnehmer kann ungehindert kündigen (BAG AP Nr 12 zu § 622).

§ 623 Schriftform der Kündigung.
Die Beendigung von Arbeitsverhältnissen durch Kündigung oder Auflösungsvertrag bedürfen zu ihrer Wirksamkeit der Schriftform; die elektronische Form ist ausgeschlossen.

1 **A. Zweck und Anwendungsbereich.** Das **konstitutive Schriftformerfordernis** dient der Rechtssicherheit, der Erleichterung der Beweisführung und dem Schutz vor Übereilung (Warnfunktion) (BAG NZA 05, 162, 636). § 623 gilt nur für Arbeitsverhältnisse, nicht für arbeitnehmerähnliche Personen (Palandt/*Weidenkaff* § 623 Rz 2). Weitergehende Formerfordernisse dürfen vereinbart werden, geringere nicht. Strengere Anforderungen in §§ 22 III BBiG, 9 III 2 MuSchG und §§ 62 I, 64 II, 68a, 78 II, III SeemannsG.

2 **B. Beendigung des Arbeitsverhältnisses.** § 623 gilt für: die **Arbeitnehmer- und die Arbeitgeberkündigung**, für ordentliche und außerordentliche (mit oder ohne Auslauffrist), ferner für **Änderungskündigung** und das ihr zugrunde liegende Änderungsangebot (wesentlicher Inhalt des Angebots muss sich in der Kündigung wiederfinden, BAG NZA 05, 635 f), die Lossagung des Arbeitnehmers gem § 12 KSchG (ErfK/*Müller-Glöge* § 623 Rz 3; Staud/*Oetker* § 623 Rz 28). **§ 623 gilt nicht für**: Teilkündigung, Nichtverlängerungsmitteilung des Arbeitgebers bei befristeten Arbeitsverhältnissen (ErfK/*Müller-Glöge* § 623 Rz 3), Widerspruch des Arbeitgebers gem § 625 bzw § 15 V TzBfG, Abmahnung, Anfechtung des Arbeitsverhältnisses und einseitige Lossagung von faktischem Arbeitsverhältnis (§ 611 Rn 59), wenn der Nichtigkeitsgrund von Anfang an bestand (Staud/*Oetker* § 623 Rz 26 mwN), Aufhebung der Kündigung bzw des Auflösungsvertrags (jurisPK § 623 Rz 33) oder Umschulungsverhältnisse, § 1 V BBiG (BAG NZA 07, 97).

Auflösungsvertrag iSv § 623 ist jede Vereinbarung, die das Arbeitsverhältnis einvernehmlich beendet, auch 3
Vorvertrag (BAG 17.12.09, 6 AZR 242/09), Arbeitgebertausch iRe dreiseitig vereinbarten Vertragspartnerwechsels (LAG Köln AR-Blattei ES 260 Nr 22) oder Klageverzichtsvereinbarungen im unmittelbaren zeitlichen und sachlichen Zusammenhang mit Ausspruch der Kündigung (BAG NZA 07, 1227). Geschäftsführerdienstvertrag hebt, sofern die Schriftform eingehalten ist, ein vorangegangenes Arbeitsverhältnis auf (BAG NZA 09, 669; 08, 1002; 07, 1095). **Kein Auflösungsvertrag** sind Ausgleichsquittungen, soweit diese nicht gleichzeitig die Beendigung enthalten (LAG Düsseldorf DB 05, 1464), Änderungsverträge, es sei denn, durch die Änderung wird das Arbeitsverhältnis abgelöst (zB Umwandlung in freies Mitarbeiterverhältnis, LAG Berlin NZA-RR 03, 516), eine dreiseitig vereinbarte Rücknahme des Widerspruchs gegen Betriebsübergang gem § 613a VI (LAG Hamm v 15.1.04 – 16 Sa 391/03) oder Abwicklungsverträge (BAG NZA 07, 467).

C. Das Schriftformerfordernis. Es gilt gesetzliche Schriftform (§§ 126 ff), dh Aussteller oder Bevollmächtigter muss die Urkunde **eigenhändig unterzeichnen**, § 126 I, bei einem Vertrag beide Parteien auf derselben 4
Urkunde, § 126 II. Nicht ausreichend: Telegramm, Telefax (BGH NJW 99, 1126), elektronische Form (Hs 2; § 126a). Eine Vollmachtserteilung selbst bedarf nicht der Schriftform (§ 167 II), sie muss aber **auf der Urkunde andeutungsweise zum Ausdruck** kommen (BAG NZA 08, 403). Ein gerichtlicher Vergleich wahrt die Schriftform (BAG NZA 07, 467).

D. Rechtsfolgen eines Verstoßes. Kündigung oder Auflösungsvertrag ohne Schriftform ist **unheilbar nichtig**, § 125 1 (BAG NZA 05, 162 f), auch Kündigungserklärungsfristen (vgl § 626 II, ferner § 88 III SGB IX) 5
werden nicht gehemmt. Erforderlich ist neue form- und ggf fristgerechte Kündigung (BAG AP Nr 71 zu § 1 KSchG 1969). **Umdeutung** einer formunwirksamen Kündigung in eine Anfechtung ist möglich (ErfK/*Müller-Glöge* § 623 Rz 15), in Angebot auf Abschluss eines Auflösungsvertrags nicht.
Für die Rüge der Formunwirksamkeit gilt die **Dreiwochenfrist (§ 4 KSchG) nicht**, nur eine „schriftliche" 6
Kündigung löst die Frist aus (BAG NZA 07, 972; 06, 1207), jedoch ist Verwirkung möglich (BAG AP Nr 6 zu § 242 – „Prozessverwirkung") oder Treuwidrigkeit (BAG NZA 05, 162; 98, 420).

§ 624 Kündigungsfrist bei Verträgen über mehr als fünf Jahre. ¹Ist das Dienstverhältnis für die Lebenszeit einer Person oder für längere Zeit als fünf Jahre eingegangen, so kann es von dem Verpflichteten nach dem Ablauf von fünf Jahren gekündigt werden. ²Die Kündigungsfrist beträgt sechs Monate.

§ 624 gilt für freie Dienstverhältnisse und für gemischte Verträge, wenn das dienstvertragliche Element überwiegt (BGH NJW-RR 93, 1460; Juris-PK, § 624 Rz 3). Für Arbeitsverhältnisse ist § 15 IV TzBfG lex specialis. 1
§ 624 schützt nur den Verpflichteten vor einer Bindung über fünf Jahre hinaus und ist nicht verletzt, wenn sich das Dienstverhältnis automatisch nach 5 Jahren verlängert (BAG NZA 92, 543). 1 ist zwingend, die Frist des 2 kann nur verkürzt werden (Jauernig/*Mansel* § 624 Rz 3).

§ 625 Stillschweigende Verlängerung. Wird das Dienstverhältnis nach dem Ablauf der Dienstzeit von dem Verpflichteten mit Wissen des anderen Teils fortgesetzt, so gilt es als auf unbestimmte Zeit verlängert, sofern nicht der andere Teil unverzüglich widerspricht.

§ 625 gilt für **alle Dienstverhältnisse**, dh Anstellungsverträge von Organen juristischer Personen (soweit 1
gleichzeitig die Organbestellung verlängert wird, Karlsr WM 96, 168; ErfK/*Müller-Glöge* § 625 Rz 2), unbedingte und unbefristete Arbeitsverhältnisse, die durch Aufhebung, Anfechtung oder Kündigung (nicht Änderungskündigung) beendet werden (BAG NZA 04, 256), **nicht** jedoch für befristete und auflösend bedingte Arbeitsverhältnisse (für diese gelten §§ 15 V, 21 TzBfG) oder Ausbildungsverhältnisse nach Abschluss (§ 24 BBiG). § 625 ist abdingbar (BAG AP Nr 5 zu § 625; zum Formularvertrag Staud/*Preis* § 625 Rz 40). §§ 15 V, 21 TzBfG sind zwingend (§ 22 TzBfG).
Ablauf der Dienstzeit ist nicht nur Vertragsablauf, sondern auch Beendigung durch Kündigung, Aufhebung, 2
Anfechtung (BAG NJW 04, 1126), nicht jedoch Änderung einzelner Vertragsbedingungen (BAG NJW 04, 1126). Weiterhin erforderlich ist die **bewusste Fortsetzung** der Tätigkeit durch den Verpflichteten unmittelbar nach Ablauf der Dienstzeit (BAG NZA 02, 780) mit **Wissen des Dienstberechtigten**. Schließt die Fortsetzung erst an Freizeit (Urlaub, Überstundenausgleich) an, die nach Beendigung des Dienstverhältnisses gewährt werden, greift § 625 mangels unmittelbaren Anschlusses nicht (BAG NJW 99, 1654). Der Dienstberechtigte darf der Fortsetzung **nicht unverzüglich (§ 121) widersprochen** haben (BAG NJW 01, 532), Antrag auf Abweisung der Weiterbeschäftigungsklage reicht aus (LAG Köln NZA-RR 96, 202). Für die **Beweislastverteilung** gelten allg Grundsätze (iE Staud/*Preis* § 625 Rz 41).
Rechtsfolge ist die Fortsetzung des Dienst-/Arbeitsverhältnisses auf unbestimmte Zeit zu den bisherigen 3
Konditionen (LAG BB Hamm, LAGE Nr 2, 5 zu § 625; ErfK/*Müller-Glöge* § 625 Rz 7). Auch die vertraglichen Kündigungsfristen bleiben grds bestehen (Ausn: s. BAG NZA 89, 596).

§ 626 Fristlose Kündigung aus wichtigem Grund.

(1) Das Dienstverhältnis kann von jedem Vertragsteil aus wichtigem Grund ohne Einhaltung einer Kündigungsfrist gekündigt werden, wenn Tatsachen vorliegen, auf Grund derer dem Kündigenden unter Berücksichtigung aller Umstände des Einzelfalles und unter Abwägung der Interessen beider Vertragsteile die Fortsetzung des Dienstverhältnisses bis zum Ablauf der Kündigungsfrist oder bis zu der vereinbarten Beendigung des Dienstverhältnisses nicht zugemutet werden kann.

(2) ¹Die Kündigung kann nur innerhalb von zwei Wochen erfolgen. ²Die Frist beginnt mit dem Zeitpunkt, in dem der Kündigungsberechtigte von den für die Kündigung maßgebenden Tatsachen Kenntnis erlangt. ³Der Kündigende muss dem anderen Teil auf Verlangen den Kündigungsgrund unverzüglich schriftlich mitteilen.

1 **A. Zweck und Anwendungsbereich der Vorschrift.** I konkretisiert für das Dienst-/Arbeitsverhältnis den **Grundsatz des § 314**, wonach jedes Dauerschuldverhältnis aus wichtigem Grund ohne Einhaltung einer Kündigungsfrist gekündigt werden kann. II soll verhindern, dass der Kündigungsberechtigte sich den Kündigungsgrund aufspart und dadurch den möglichen Kündigungsempfänger unter Druck setzt (BAG NZA 07, 744; 97, 1159 f). § 626 schließt Rücktrittsrechte gem §§ 323, 326 aus, auch wenn es zur Vertragsbeendigung bereits vor Dienst- bzw Arbeitsantritt kommt (vgl MüKo/*Henssler* § 626 Rz 43; Staud/*Preis* § 626 Rz 13). Die Vorschrift gilt für alle Dienst-/Arbeitsverhältnisse, gleich, ob befristet oder nicht, zT bestehen jedoch Einschränkungen aufgrund gesetzlicher Anhörungs- und Zustimmungserfordernisse (Rn 17–19). Sonderregelungen in §§ 22 IV BBiG, § 627, 89a HGB (BGH NJW 87, 57; *Börner/Hubert* BB 89, 1633, str), §§ 64–68, 78 I, III SeemannsG. Während in Arbeitsverhältnissen **Abweichungen** zu Lasten des Arbeitnehmers regelmäßig unzulässig sind (sehr restriktiv BAG AP Nr 180 zu § 626 mwN; NJW 08, 360), können für freie Dienstnehmer wohl weitergehende außerordentliche Kündigungsgründe (vgl BGHZ 91, 217) und Kündigungserschwernisse iRd Zumutbaren (BGH NZG 08, 471) vereinbart werden.

2 **B. Voraussetzungen der außerordentlichen Kündigung.** Für die außerordentliche Kündigung durch den Dienstberechtigten/Arbeitgeber und den Dienstverpflichteten/Arbeitnehmer gelten dieselben Grundsätze (BAG NZA 09, 840).

3 **I. Wichtiger Grund. 1. Allgemeine Anforderungen.** Entscheidend ist, ob dem Kündigenden eine Fortsetzung des Vertragsverhältnisses auch nur bis zum Ablauf der ordentlichen Kündigungsfrist oder der vereinbarten Vertragslaufzeit nicht mehr zumutbar ist (BAG ArbRB 06, 292). IRe **zweistufigen Prüfung** (BAG NZA 06, 1034) ist (1) zu prüfen, ob der Sachverhalt **an sich** geeignet ist, einen wichtigen Grund darzustellen, und (2), ob bei Berücksichtigung der **besonderen Umstände des Einzelfalls** und der Abwägung der Interessen beider Vertragsteile die konkrete Kündigung gerechtfertigt und somit verhältnismäßig ist (BAG NZA 06, 1033; DB 05, 1850). Maßgeblich ist regelmäßig die Prognose, ob zum Zeitpunkt des Kündigungszugangs damit zu rechnen war, dass sich die Gründe (ohne den Ausspruch der Kündigung) zukünftig konkret nachteilig auf das Arbeitsverhältnis auswirken werden (BAG NZA 97, 487; 95, 777), ob also Wiederholungsgefahr besteht (BAG NZA 08, 1415; NZA-RR 07, 571). Diese ist bei schwerwiegenden Verstößen in der Vergangenheit idR indiziert. Bei verhaltensbedingten Kündigungen fließen in die Interessenabwägung (Überblick BAG NZA 06, 1034) ua ein: **Dauer des Dienstverhältnisses ohne Pflichtverletzungen** (BAG NZA 96, 82), Alter (BAG NZA 00, 1332), Unterhaltspflichten des Arbeitnehmers (nur nachrangig, BAG NZA 06, 1033; 99, 589 f), **Art und Schwere der Pflichtverletzung** (zB besondere Verwerflichkeit), entstandener **Schaden** (BAG NZA 00, 421), **Auswirkungen** des Fehlverhaltens auf andere Arbeitnehmer im Betrieb (BAG NZA 04, 486), Nachahmungsgefahr durch andere Arbeitnehmer (LAG Nürnberg BB 08, 171), besondere Struktur des Arbeitgebers (zB religiöse Vorgaben beim kirchlichen Arbeitgeber BAG NZA 98, 143). Ordentliche Unkündbarkeit des Arbeitnehmers wirkt nicht zu seinen Gunsten (BAG ArbRB 06, 292).

4 Der Wichtige Grund erfordert **keine subj Komponente,** die Pflichtverletzung muss also nicht zwingend schuldhaft sein (BAG NZA 04, 786; 99, 863). Auch muss sich der zu Kündigende der Unzumutbarkeit nicht bewusst gewesen sein (BAG AP Nr 1 zu § 626 – „Nachschieben von Kündigungsgründen").

5 Nach dem **Verhältnismäßigkeitsprinzip** darf die außerordentliche Kündigung nur ultima ratio, also das mildeste geeignete Mittel zur Beseitigung der Störung sein (BAG NZA-RR 07, 571; BAG NZA 04, 486; 94, 74). Das gilt umso mehr bei schuldlosen Pflichtverletzungen, Verdachts- und Druckkündigungen (Rn 9 f) und Entlassungsverlangen des Betriebsrats gem § 104 1 BetrVG (ErfK/*Kania* § 104 BetrVG Rz 4). Hier sind als mildere Mittel auch eine Versetzung oder eine Änderungskündigung (BAG NZA 09, 481) zu erwägen. Freistellung (§ 611 Rn 95) unter Fortzahlung der Bezüge ist als milderes Mittel jedoch nicht geboten (BAG NZA 01, 839 f; 99, 587; aA LAG Düsseldorf LAGE Nr 120 zu § 626).

6 **Maßgeblicher Zeitpunkt** für das Vorliegen des wichtigen Grundes ist der **Ausspruch der Kündigung**. Gründe, die bereits zu diesem Zeitpunkt vorlagen, dem Kündigenden aber erst später bekannt wurden, können ungeachtet II 1 **nachgeschoben** werden (BAG NZA 08, 636; BGH DB 05, 1850). Auf Gründe, die erst nach Ausspruch der Kündigung auftraten, kann nur eine erneute Kündigung – ggf auch unter erneuter Verwendung der alten Kündigungsgründe – (BAG AP Nr 1 zu § 67 HGB; vgl auch BAG NZA 04, 921) oder im

Anwendungsbereich des KSchG ein **Auflösungsantrag** nach § 13 iVm § 9 KSchG (iE BAG NZA 03, 261; § 620 Rn 103) gestützt werden. Soweit die Mitarbeitervertretung zu beteiligen ist (Rn 18 f), ist sie zu nachgeschobenen Kündigungsgründen gesondert anzuhören (BAG NZA 97, 1160; 86, 674); ein Nachschieben scheidet allerdings aus, wenn dem Arbeitgeber die Kündigungsgründe bereits zum Zeitpunkt der ersten Anhörung bekannt waren. Bei Kündigung von **Organmitgliedern** – Geschäftsführer, Vorstand – bedarf das Nachschieben von Kündigungsgründen eines Beschlusses des für die Kündigung zuständigen Organs – Gesellschafterversammlung, Aufsichtsrat, ggf Insolvenzverwalter (BGH DB 05, 1850; NZA 04, 175).

2. Beispielsfälle für wichtige Gründe. a) Kündigung durch den Dienstberechtigten. Arbeitsleistung: 7
Beharrliche Verweigerung der Arbeitsleistung (BAG NZA 97, 487), nicht bloße Schlechtleistung (LAG Kiel Rz K I 6a Nr 208; LAG Düsseldorf LAGE Nr 2 zu § 626), die aber zur ordentlichen Kündigung berechtigen kann (BAG NZA 04, 784, 786; 92, 1028), Nichtbefolgen von Weisungen des Arbeitgebers (BAG NJW 02, 698), wobei je nach Ausmaß eine Abmahnung erforderlich sein kann, Trunkenheit unterhalb der Fahrverbotsgrenze bei Berufskraftfahrer (LAG Nürnberg NZA-RR 03, 301), Entzug der Fahrerlaubnis bei als Kraftfahrer eingestelltem Arbeitnehmer (BAG NJW 79, 332), auch bei Schuldlosigkeit (BAG NZA 99, 863), unentschuldigtes Fernbleiben (BAG DB 93, 2534), Unmöglichkeit wegen Verbüßung einer Freiheitsstrafe, soweit kein Freigängerstatus besteht, an dessen Erlangung mitzuwirken der Arbeitgeber aufgrund seiner Fürsorgepflicht gehalten sein kann (BAG NZA 95, 777), Verstoß eines Zeitungsredakteurs gegen das Gebot der Loyalität zur Tendenz der Zeitschrift (BAG NZA 08, 1415), vorzeitiges Verlassen des Arbeitsplatzes (LAG Hamm BB 73, 141); Skiunfall eines krankgeschriebenen Arbeitnehmers (BAG NZA-RR 06, 636); **Arbeitszeit:** Auslösen der Stechuhr für abwesende Arbeitskollegen (BAG NZA 06, 484), Gleitzeitmanipulation (BAG NZA 06, 27), unkorrekte Arbeitszeiterfassung (BAG NZA 03, 1193), Unpünktlichkeit bei gleichzeitiger Störung des Betriebsablaufs oder Betriebsfriedens (BAG NZA 02, 968); **Betriebsbedingte Gründe:** Nach der Betriebsrisikolehre (§ 615 Rn 23) ist grds nur eine ordentliche Kündigung möglich, nur falls diese ausgeschlossen ist, kommt unter **strengen Voraussetzungen** eine außerordentliche Kündigung mit sozialer Auslauffrist in Betracht (BAG DB 05, 59; AP Nr 180 zu § 626); **Betriebsrat:** Amtspflichtverletzungen von Betriebsratsmitgliedern sind nach § 23 BetrVG sanktioniert, können jedoch gleichzeitig Grund für fristlose Kündigung sein („doppelrelevante Tatsachen", vgl BAG NZA 09, 669; BAG NZA 94, 74); **E-Mail, Telefon- und Internetnutzung:** Private Internetnutzung mit pornographischem Inhalt (BAG DB 06, 1849; NZA 06, 98; einschl LAG RP NZA-RR 05, 303) oder für ausgedehnte Zeiträume (BAG NZA 07, 922; 06, 100), Privattelefonate mit erheblichen Kosten für den Arbeitgeber (Überseetelefonate), wenn Verdacht zunächst auf Unschuldige gelenkt wird (BAG NJW 04, 2612), **Krankheit:** Erkrankungen – auch längerfristige – idR nicht, es sei denn, die ordentliche Kündigung ist ausgeschlossen (s.o. bei betriebsbedingten Gründen; BAG NZA 04, 1118), Verstoß gegen Pflicht zu gesundheitsförderndem Verhalten (LAG Ba-Wü BB 70, 534); **Nebentätigkeit:** Unerlaubte Nebentätigkeit, bei der zusätzlich Kosten des Arbeitgebers entstehen (LAG Hamm NZA-RR 99, 126), oder bei Arbeitsunfähigkeit, zumindest nach einschlägiger Abmahnung (LAG Nürnberg LAGE Nr 1 zu § 626 BGB 2002 – „Unkündbarkeit"), Verstoß gegen Wettbewerbsverbot (BAG NJW 91, 518; 88, 438; LAG Köln NZA-RR 07, 73; BAG DB 08, 2544); **Organmitglieder:** Unberechtigte Amtsniederlegung (Celle NZG 04, 475), Insolvenzverschleppung (BGH NZA 08, 648; DB 05, 1849, 1850 f); Verstoß gegen die innergesellschaftliche Kompetenzordnung (BGH BB 08, 955); Buchführungspflicht (DB 09, 557); **Persönlichkeitsrechtsverletzungen:** sorgfältige Abwägung mit Meinungsfreiheit (Art 5 GG) geboten (BAG NZA 06, 650); **Streik:** Kein Kündigungsgrund ist die Teilnahme an rechtmäßigem Streik, wohl aber an rechtswidrigem (BAG GS NJW 71, 1668), es sei denn, Arbeitnehmer hielt Streik nicht vorwerfbar für rechtmäßig (BAG NJW 84, 1371); **Strafbare Handlungen:** Annahme von Schmiergeldern (BAG NZA 06, 104), Diebstahl gegen Arbeitgeber oder Dritte (BAG NZA 07, 502), auch geringwertiger Sachen (BAG NZA 08, 1008; 04, 486), Hehlerei mit Produkten eines Geschäftspartners des Arbeitgebers auf dessen Betriebsgelände (BAG NZA 04, 921), Betrug von Kunden (BAG NZA 01, 838), Vortäuschen von Arbeitsunfähigkeit (LAG Hamm NZA-RR 04, 292), Spesenbetrug (BAG NZA 08, 636), nicht aber offene Abrechnung nicht erstattungsfähiger Spesen (BGH NJW 03, 431), Straftaten gegen Freiheit, Gesundheit (vgl BAG NZA 00, 1282; NJW 95, 3005), sexuelle Integrität (LAG Nds NZA-RR 04, 19) oder Ehre (BGH NJW 00, 1638; LAG Düsseldorf LAGE Nr 85 zu § 1 KSchG – „Verhaltensbedingte Kündigung") gegen Dienstberechtigten und andere Mitarbeiter, Verletzung Verschwiegenheitspflicht als Arbeitnehmervertreter im Aufsichtsrat (BAG DB 74, 1067), Verrat von Betriebsgeheimnissen (§ 17 UWG; BAG NZA 08, 636); **Urlaub:** Eigenmächtiger Urlaubsantritt (BAG NZA-RR 08, 294), Überschreitung des Urlaubs (BAG NZA 07, 404), Androhung Erkrankung für den Fall der Urlaubsablehnung (BAG NZA 09, 779; 04, 564); **Vertragsanbahnung:** Vorlage falscher Zeugnisse, soweit im Zeitpunkt der Kündigung noch relevant (BAG NJW 70, 1565); **Whistleblowing:** Leichtfertig oder wissentlich falsche Angaben in Strafanzeige gegen Arbeitgeber (§ 611 Rn 87).

b) Kündigung durch den Dienstverpflichteten. Grds gilt derselbe Maßstab wie bei Dienstberechtigten 8 (BAG NZA 09, 840); **Arbeitssicherheit:** Gesundheitsgefährdung, insb aufgrund von Fürsorgepflichtverletzungen, Verstöße gegen Arbeitssicherheitsvorschriften; **Beschäftigungspflicht, Umsetzung:** schuldhafte unberechtigte Suspendierung (BAG AP Nr 4 zu § 611 – „Beschäftigungspflicht"), nicht aber eine Umsetzung innerhalb des Weisungsrechts (LAG Niedersachsen LAGE Nr 5 zu § 315 BGB) oder bei Gebietsverkaufsbeauftragten Entzug eines Teils des Verkaufsgebiets (BAG NJW 02, 1595); **Straftaten:** Tätlichkeiten, Ehrverletzungen, auch sexuelle Belästigungen (LAG Niedersachsen NZA-RR 04, 19); **Vergütungszahlung:** Wiederholte Nichtzahlung der Vergütung trotz Abmahnung (BAG NZA 07, 1419).

9 c) **Verdachtskündigung (§ 620 Rn 72).** Wichtiger Grund kann auch der **Verdacht** einer schwerwiegenden Verfehlung, typischerweise einer Straftat, sein. Dies setzt voraus, dass starke Verdachtsmomente bestehen, die auf objektiven, zum Zeitpunkt der Kündigung bestehenden Tatsachen beruhen, und dass das für eine Fortsetzung des Dienstverhältnisses unerlässliche Vertrauen zerstört ist (BAG NZA 09, 604; 08, 636 (Spesenbetrug); 04, 920). Einleitung eines staatsanwaltlichen Ermittlungsverfahrens und richterliche Durchsuchungsanordnung alleine reicht nicht aus (BAG DB 08, 709). Der Dienstberechtigte muss alles Zumutbare zur Aufklärung des Sachverhalts tun, va auch den Dienstverpflichteten innerhalb einer Woche (!) **anhören** (Rn 13; BAG BB 08, 900, NZA 08, 809; Einzelheiten *Eylert/Friedrichs* DB 07, 2203), es sei denn, dieser ist zu substanziierter Äußerung nicht bereit (BAG DB 08, 2260). Schuldhafte Verletzung der Anhörungspflicht führt zur Unwirksamkeit der Verdachtskündigung (BAG AP Nr 37 zu § 626 – „Verdacht strafbarer Handlung"; NZA 96, 83) II gilt auch hier. Wird der Verdacht **endgültig** ausgeräumt (Einstellung Ermittlungsverfahrens genügt nicht), kann ein **Anspruch auf Wiedereinstellung** bestehen (§ 620 Rn 98; BAG NZA 97, 1343; BAG E 16, 72).

10 d) **Druckkündigung (§ 620 Rn 34).** Verlangen Mitarbeiter die Entlassung eines bestimmten Dienstverpflichteten unter der Drohung, andernfalls ihre eigenen Dienstverhältnisse zu beenden oder in einen Massenstreik zu treten, und drohen dem Dienstberechtigten schwere Schäden, so kann er als ultima ratio (Rn 5) außerordentlich kündigen (BAG AP Nr 12, 13 zu § 626 – „Druckkündigung"). Eine Anhörung des betroffenen Dienstverpflichteten ist – anders als bei der Verdachtskündigung (Rn 9) – nicht Wirksamkeitsvoraussetzung (BAG AP Nr 12 zu § 626 – „Druckkündigung").

11 **II. Kündigungserklärung.** Die Kündigung, die idR fristlos erfolgt, bedarf der **Schriftform des § 623** (§ 623 Rn 4). Wird sie mit einer Auslauffrist erklärt (BAG ZIP 07, 1724; DB 05, 59), bedarf es der eindeutigen Erklärung, dass es sich (gleichwohl) um eine außerordentliche Kündigung handelt (BAG AP Nr 50 zu § 1 KSchG; Nr 31 zu § 626).

12 **III. Kündigungserklärungsfrist.** Gem II 1 kann die Kündigung nur innerhalb von **zwei Wochen ab Kenntnis** der für sie maßgebenden Tatsachen erklärt werden; länger zurückliegende Geschehnisse können bei „innerem Zusammenhang" mit dem aktuellen Kündigungsgrund berücksichtigt werden (LAG Ba-Wü NZA-RR 07, 350). II 1 ist ein gesetzlich begründeter **Verwirkungstatbestand** (BAG NZA 07, 744), Versäumen der Frist führt zur Unwirksamkeit der Kündigung, Wiedereinsetzung ist ausgeschlossen. Bei einer Kündigung Schwerbehinderter wird II 1 nicht durch § 91 II 1 SGB IX verdrängt (BAG NZA 07, 745) und ist selbst bei bestandskräftiger Zustimmung des Integrationsamtes eigenständig vom Arbeitsgericht zu prüfen (BAG ArbRB 06, 239).

13 Die Zweiwochenfrist beginnt gem II 2, sobald der **Kündigungsberechtigte** möglichst sichere und vollständige **positive Kenntnis** (BAG NZA DB 08, 2312; 07, 744) – grob fahrlässige Unkenntnis genügt nicht – aller kündigungsrelevanten Tatsachen hat (BAG NZA 08, 1415; 03, 1055). Dies ist bei einem Geständnis des Kündigungsgegners grds immer der Fall (BAG NZA 07, 746; 03, 1055). Soweit **Ermittlungen** erforderlich sind, hat der Kündigungsberechtigte sie mit der **gebotenen Eile** durchzuführen (BAG NZA 07, 746; 03, 1055). Die **Anhörung** des Kündigungsgegners – iRe Verdachtskündigung zwingend (Rn 9) – muss idR innerhalb einer Woche durchgeführt werden (BAG NZA 06, 1214; NJW 89, 734). Bei **Straftaten** kann der Kündigende – unabhängig von Geständnis im Ermittlungsverfahren – die rechtskräftige Verurteilung abwarten (vgl BAG DB 08, 2312; NZA 06, 101). Bei Dauerzuständen wie eigenmächtigem Fernbleiben (BAG BB 98, 1213), andauernder krankheitsbedingter Arbeitsunfähigkeit (BAG NJW 97, 1656), dauerhaftem Wegfall des Arbeitsplatzes (BAG DB 98, 1035), autoritärem Führungsstil (BAG AP Nr 13 zu § 626 – „Druckkündigung") oder Insolvenzverschleppung (BGH DB 05, 1849, 1850) beginnt die Frist nicht vor Beendigung des Dauerzustandes (BGH DB 05, 1850; 98, 1035).

14 Bei **Juristischen Personen** kommt es auf die Kenntnis des zuständigen gesetzlichen Vertreters oder des von diesem Kündigungsbevollmächtigten an. Wissen eines nicht kündigungsberechtigten Dritten kann nur zugerechnet werden, wenn (1) seine Stellung im Betrieb den Umständen nach erwarten lässt, dass er den Kündigungsberechtigten über den Kündigungssachverhalt unterrichtet und (2) die verspätet erlangte Kenntnis des Kündigungsberechtigten darauf beruht, dass die Organisation des Betriebes zu einer Verzögerung des Fristbeginns geführt hat, obwohl eine andere Organisation sachgemäß und zumutbar gewesen wäre (BAG NZA 94, 1086). Bei Kündigung des Anstellungsvertrags eines Geschäftsführers bzw Vorstands durch Gesellschafterversammlung bzw Aufsichtsrat, kommt es grds auf die **Kenntnis des gesamten Kollegialorgans** (BGH NJW-RR 07, 690) an. Kenntnis eines Mitglieds wird aber zugerechnet, wenn dieses seine Kollegen nicht mit aller zumutbaren Beschleunigung informierte, obwohl ihm das möglich war (BGH NJW-RR 90, 1332; s. aber NJW-RR 02, 174).

Die **Frist** berechnet sich nach §§ 187, 188. Fristen für Unterrichtung oder Zustimmung von Betriebsrat/Personalrat (Rn 18 f) **hemmen** die Zweiwochenfrist **nicht,** hier ist also äußerste Eile geboten. Notwendige und mit der gebotenen Eile durchgeführte Ermittlungen (Rn 13) hemmen die Frist (BAG NJW 94, 1675). Sie wird gewahrt durch Zugang der Kündigung gem § 130 vor Fristablauf. Bei Ausspruch der Kündigung durch Bevollmächtigte ist wegen § 174 Beifügung der Originalvollmacht dringend anzuraten, Nachreichen innerhalb der Frist von II 1 gelingt regelmäßig nicht. Auch Genehmigungen nach §§ 177, 180 müssen innerhalb der Frist erklärt werden (LAG Nürnberg ZTR 04, 492, nach Schutzzweck von II zw). 15

IV. Angabe des Kündigungsgrundes, Abs 2 S 3. Die außerordentliche Kündigung bedarf (Ausn §§ 22 II BBiG, 9 III 2 MuSchG) für ihre Wirksamkeit **nicht der Angabe des Kündigungsgrundes** (BGH NZA 04, 175). Dem Gekündigten sind aber auf Verlangen die Kündigungsgründe schriftlich (§ 126 I) mitzuteilen, ein Verstoß kann Schadensersatzansprüche begründen. 16

V. Beteiligung Dritter. Behördliche Zustimmungserfordernisse bestehen für Arbeitnehmer in Elternzeit (§ 18 BEEG) oder Mutterschutz (§ 9 MuSchG) sowie für schwerbehinderte Menschen (§§ 85, 91 SGB IX; § 620 Rn 91 ff). 17

Daneben besteht die **Pflicht zur Anhörung des Betriebsrats** (§ 102 I BetrVG), bei leitenden Angestellten des Sprecherausschusses (§ 31 II SprAuG), im öffentlichen Dienst des Personalrats (§ 79 III BPersVG; zur Unterrichtung § 620 Rn 49 f). Dabei muss der Arbeitgeber zwingend mitteilen, (1) dass eine **außerordentliche Kündigung** beabsichtigt ist (BAG NZA 92, 416 f) und (2) **die für ihn maßgeblichen Tatsachen** (Grundsatz der subj Determinierung), die den Kündigungsgrund ausmachen (dazu BAG AP Nr 142 zu § 102 BetrVG 1972; EzA Nr 7 zu § 626 – „Unkündbarkeit"). Versäumt er dies, ist seine Kündigung unwirksam (BAG AP Nr 142 zu § 102 BetrVG 1972), ein Nachschieben von Kündigungsgründen nach Ablauf der Frist idR nicht mehr möglich (iE Rn 6). Für die Mitarbeitervertretung gilt dreitägige Äußerungsfrist (§§ 102 II 3 BetrVG, 31 II 4 Hs 2 SprAuG, 79 III 3 BPersVG). Äußert sie sich vor Ablauf abschließend, kann die Kündigung ausgesprochen werden, gleich, ob die Äußerung Zustimmung, Widerspruch oder Ablehnung enthält, oder nur abschließend besagt, die Mitarbeitervertretung wolle sich nicht weiter äußern (BAG NZA 88, 137). 18

In den Fällen der §§ 103 I BetrVG, 15 KSchG und §§ 47 I, 108 BPersVG darf Kündigung erst **nach Zustimmung des Betriebs- bzw Personalrats** erklärt werden (BAG NJW 78, 661; § 620 Rn 96; zu Ausnahmen für Tendenzbetriebe BAG 08, 777; NZA 04, 501). Wird sie verweigert, kann der Arbeitgeber sie gerichtlich ersetzen lassen (§§ 103 II BetrVG, 47 I 2, 108 I 2 BPersVG). Die Zustimmungsersetzung stellt den wichtigen Grund nicht bindend für einen späteren Kündigungsschutzprozess fest (BAG NJW 03, 1204). 19

C. Umdeutung und Auslegung. Eine unwirksame außerordentliche Kündigung kann **in eine wirksame ordentliche Kündigung umgedeutet** werden (BAG NJW 02, 2972), soweit dies, wie regelmäßig, dem für den Adressaten erkennbaren Willen des Kündigenden entspricht, sich in jedem Falle von dem Vertragsverhältnis zu lösen (BAG NJW 02, 2972). Ein besonderer Antrag des Kündigenden oder die ausdrückliche Berufung auf die Umdeutung ist nicht erforderlich (BAG NZA 04, 486). Wurde die **Mitarbeitervertretung** jedoch nur zur außerordentlichen Kündigung angehört, scheidet wegen §§ 102 I 3 BetrVG, 31 II 3 SprAuG, 79 IV BPersVG eine Umdeutung aus. Der Arbeitgeber sollte daher stets auch zu hilfsweiser ordentlicher Kündigung anhören. Umdeutung in Angebot auf Abschluss eines **Aufhebungsvertrags** scheidet wegen § 623 aus (§ 623 Rn 5). Umdeutung Verdachtskündigung in Tatkündigung ist möglich (BAG NZA 09, 436; LAG BB, NZA-RR 09, 188). 20

D. Prozessuales. Im Geltungsbereich des KSchG gilt die **Drei-Wochenfrist** (§§ 4, 13 I, 23 I KSchG), außerhalb des KSchG Verwirkung (uU schon nach 10 Wochen, LAG Mecklenburg-Vorpommern v 7.6.05 – 3 Sa 17/05; vgl auch LAG Hamm v 27.4.04 – 19 Sa 90/04). 21

Beweislastverteilung: Der Kündigende muss alle Voraussetzungen des § 626 darlegen und beweisen (BGH NJW-RR 07, 690; NJW 03, 432), namentlich das Vorliegen eines wichtigen Grundes (BGH NJW 03, 431) einschl Interessenabwägung (BAG NJW 79, 332), Zugang der Kündigung und Wahrung der Frist gem II 1 (BAG NZA 07, 746). Trägt der Gekündigte substantiiert Gründe vor, die sein Verhalten rechtfertigen, muss der Kündigende das Gegenteil beweisen (BGH NJW 03, 432). Auch betriebsverfassungswidrig erlangte Informationen sind nicht per se unverwertbar (BAG NZA 08, 1008). 22

§ 627 Fristlose Kündigung bei Vertrauensstellung. (1) Bei einem Dienstverhältnis, das kein Arbeitsverhältnis im Sinne des § 622 ist, ist die Kündigung auch ohne die in § 626 bezeichnete Voraussetzung zulässig, wenn der zur Dienstleistung Verpflichtete, ohne in einem dauernden Dienstverhältnis mit festen Bezügen zu stehen, Dienste höherer Art zu leisten hat, die auf Grund besonderen Vertrauens übertragen zu werden pflegen.
(2) ¹Der Verpflichtete darf nur in der Art kündigen, dass sich der Dienstberechtigte die Dienste anderweit beschaffen kann, es sei denn, dass ein wichtiger Grund für die unzeitige Kündigung vorliegt. ²Kündigt er ohne solchen Grund zur Unzeit, so hat er dem Dienstberechtigten den daraus entstehenden Schaden zu ersetzen.

§ 628

1 § 627 erweitert das Recht zur fristlosen Kündigung in besonderen Vertrauensverhältnissen. Die Regelung gilt nicht für Arbeitsverhältnisse oder **dauernde Dienstverhältnisse** mit festen Bezügen, daher **nicht:** bei einer Dienstpflicht von einem Jahr, wenn die Fortsetzung des Dienstverhältnisses objektiv möglich erscheint (BAG NZA 06, 1094; BGHZ 90, 280, 282; BGH NJW 67, 1416 – anders bei 5 Monaten; Celle NZBau 04, 684, 685), bei ständigen oder langfristigen Aufgaben, bei denen die Vertragspartner von der Möglichkeit und Zweckmäßigkeit einer Verlängerung ausgegangen sind (BGHZ 175, 102) oder wenn der Dienstverpflichtete von vornherein mit festgelegten Bezügen, die der Höhe nach nicht schwanken sollen, rechnen konnte (BGH aaO; BAG NZA 06, 1094; BGH DB 93, 2281). **Dienste höherer Art** setzen ihrer Art nach ein überdurchschnittliches Maß an Fachkenntnis, Kunstfertigkeit oder wissenschaftlicher Bildung, eine hohe geistige Phantasie oder Flexibilität voraus und verleihen damit eine herausgehobene Stellung, zB bei freien Berufen wie Arzt, Rechtsanwalt (BGH NJW 02, 2775; Celle NZBau 04, 684), Steuerberater bzw -bevollmächtigter (BGH NJW-RR 93, 374; Celle NZBau 04, 684), ferner Inkassobeauftragter (BGH NJW-RR 04, 989), oder Dienstleistungen, die den persönlichen Lebensbereich betreffen, wie Partnerschaftsvermittlung (BGH DB 99, 141, 142; weitere Bsp bei MüKo/*Henssler* § 627 Rz 14 ff) oder Internatsvertrag (BGH NJW 85, 2585; anders Privatschulvertrag BGHZ 175, 102). Die Dienste müssen aus **besonderem Vertrauen** (BGH NJW-RR 04, 989) in die Sachkompetenz und in natürliche, nicht juristische Person (str, wie hier KG NJW-RR 03, 1063 ff; aA MüKo/*Henssler* § 627 Rz 25 mwN; Celle NZBau 04, 684 f) getragen sein.

2 Beide Parteien haben das Recht zur jederzeitigen fristlosen Kündigung. Der Dienstverpflichtete darf idR nicht zur Unzeit kündigen (II 1), sonst bleibt die Kündigung zwar wirksam, verpflichtet aber zum Schadensersatz (II 2; BGH NJW 02, 2775) bis zur Höhe des negativen Interesses (ErfK/*Müller-Glöge* § 627 Rz 7).

3 Das Kündigungsrecht ist **abdingbar**, idR jedoch nur durch Individualvertrag (BGH WM 05, 1667; DB 99, 141). Eine feste Vertragslaufzeit ist noch keine wirksame Abbedingung (BGH NJW-RR 91, 440).

4 Die **Darlegungs- und Beweislast** für I trägt Kündigender. Fordert Dienstberechtigter Schadensersatz gem II 2, muss er die Tatsachen für die „Unzeit", Dienstverpflichteter die für den „wichtigen Grund" beweisen.

§ 628 Teilvergütung und Schadensersatz bei fristloser Kündigung.

(1) ¹Wird nach dem Beginn der Dienstleistung das Dienstverhältnis auf Grund des § 626 oder des § 627 gekündigt, so kann der Verpflichtete einen seinen bisherigen Leistungen entsprechenden Teil der Vergütung verlangen. ²Kündigt er, ohne durch vertragswidriges Verhalten des anderen Teiles dazu veranlasst zu sein, oder veranlasst er durch sein vertragswidriges Verhalten die Kündigung des anderen Teiles, so steht ihm ein Anspruch auf die Vergütung insoweit nicht zu, als seine bisherigen Leistungen infolge der Kündigung für den anderen Teil kein Interesse haben. ³Ist die Vergütung für eine spätere Zeit im Voraus entrichtet, so hat der Verpflichtete sie nach Maßgabe des § 346 oder, wenn die Kündigung wegen eines Umstands erfolgt, den er nicht zu vertreten hat, nach den Vorschriften über die Herausgabe einer ungerechtfertigten Bereicherung zurückzuerstatten.

(2) Wird die Kündigung durch vertragswidriges Verhalten des anderen Teiles veranlasst, so ist dieser zum Ersatz des durch die Aufhebung des Dienstverhältnisses entstehenden Schadens verpflichtet.

1 **I. Zweck und Anwendungsbereich.** I bestimmt die **Vergütung des Dienstverpflichteten bei außerordentlicher Kündigung**, II verhindert, dass der Vertragsteil, der die fristlose Kündigung verursacht hat, Vorteile daraus zieht (BAG NZA 89, 31). § 628 gilt nur für außerordentliche Kündigungen (§§ 626, 627) vor (ErfK/*Müller-Glöge* § 628 Rz 1) und nach Beginn der Dienstleistung. Wegen § 612 keine analoge Anwendung auf andere Beendigungstatbestände (BGH NJW 94, 1070). Besteht aber ein wichtiger Grund iSv § 626 I, so kann § 628 entspr angewendet werden, denn maßgeblich ist nicht Form, sondern Anlass der Vertragsauflösung (zu II BAG AP Nr 14, 16 zu § 628; Nr 8 zu § 4 KSchG 1969; zu I 2 ErfK/*Müller-Glöge* § 628 Rz 6; erwägend BAG AP Nr 2 zu § 628 – „Teilvergütung"). § 628 gilt für alle Dienstverhältnisse einschl Arbeitsverhältnissen, jedoch Sonderregelungen in §§ 23 BBiG (vgl BAG NJW 07, 3594), 89a II HGB und §§ 66, 70 SeemannsG. § 628 ist durch Individual-, auch Formularvertrag – abdingbar (MüKo/*Henssler* § 628 Rz 92; zu beachten § 307, bei Pauschalierung des Schadensersatzes § 309 Nr 5), im Arbeitsrecht ist allerdings vor Beendigung des Arbeitsverhältnisses eine Abweichung zu Ungunsten des Arbeitnehmers ausgeschlossen (Rechtsgedanke aus § 622 VI, *Henssler* aaO), zwingende Vorgaben (zB MuSchG, EFZG, BUrlG) dürfen nicht umgangen werden (ErfK/*Müller-Glöge* § 628 Rz 46).

2 **II. Teilvergütung, Abs 1 S 1.** Der nach § 614 vorleistungspflichtige Dienstverpflichtete kann vom Dienstberechtigten Vergütung seiner bisherigen Leistungen verlangen, bei Pauschalvergütung anteilig im Verhältnis zu den geschuldeten Leistungen (BGH NJW 87, 315).

3 **III. Herabsetzung der Teilvergütung, Abs 1 S 2.** I 2 bezieht sich nur auf den **Teilvergütungsanspruch** nach I 1 *(BGH NJW 97, 189)* und greift (1), wenn der **Dienstverpflichtete kündigt**, ohne dazu durch vertragswidriges Verhalten des Dienstberechtigten veranlasst worden zu sein (Alt 1), selbst wenn er zu seiner Kündigung durch eigene gravierende persönliche Probleme bestimmt wurde (ErfK/*Müller-Glöge* § 628 Rz 9), und (2), wenn der **Dienstberechtigte kündigt**, weil er dazu durch vertragswidriges Verhalten des Dienstverpflichteten veranlasst wurde (Alt 2). **Veranlassen** meint adäquate Kausalität (BGH NJW 63, 2068). Vertragswidriges Verhalten der jeweiligen Partei oder ihrer Erfüllungsgehilfen muss **schuldhaft** (§§ 276, 278) sein, zB der Ausspruch einer fahrlässig für wirksam gehaltenen außerordentlichen Kündigung (BAG AP Nr 2 zu § 276 – „Vertragsverletzung"). Haben sich beide Seiten schuldhaft vertragswidrig verhalten, wird der Teilvergütungsanspruch gem I 1 des Dienstverpflichteten analog § 254 gekürzt (ErfK/*Müller-Glöge* § 628 Rz 9). Anspruchskürzung iÜ nur, wenn das **Interesse** an der bisherigen Leistung gerade infolge der Kündigung **weggefallen ist** (BAG AP Nr 2 zu § 628 – „Teilvergütung"), erbrachte Dienstleistungen für den Dienstberechtigten also ganz oder teilweise nutzlos sind.

IV. Vorausgezahlte Vergütung, Abs 1 S 3. I 3 ist eigene Anspruchsgrundlage (MüKo/*Henssler* § 628 Rz 29) **4** und gestaltet die **Rückgewährpflicht verschuldensabhängig**: Hat der Dienstverpflichtete die Kündigung zu vertreten, muss er gem I 3 Alt 1 iVm § 346 II die Vergütung auch bei Entreicherung zurückgewähren, hat er sie nicht zu vertreten, kann er sich gem I 3 Alt 2 iVm § 818 III auf Entreicherung berufen. I 3 gilt entspr, wenn die Vergütung bereits gezahlt wurde (MüKo/*Henssler* § 628 Rz 22; ArbR BGB/*Corts* § 628 Rz 14; aA Erman/*Belling* § 628 Rz 13 mwN).

V. Schadensersatz wegen Auflösungsverschuldens, Abs 2. II gilt bei Kündigung des Dienstverpflichteten **5** oder des Dienstberechtigten und ist **Spezialregelung ggü Schadensersatz aus Vertrag und unerlaubter Handlung** (BAG DB 04, 1784).

Der Schadensersatzanspruch setzt zunächst voraus, dass das Dienstverhältnis **wirksam beendet** wurde **6** (BAG AP Nr 14 zu § 628), was nicht unbedingt eine außerordentliche Kündigung erfordert (Rn 1). Die Beendigung muss in der Frist des § 626 II (§ 626 Rn 12 ff) erfolgen (BAG AP Nr 13, 14 zu § 628). Das vertragswidrige Verhalten desjenigen, der die Kündigung des anderen Teiles veranlasst hat, muss das Gewicht eines wichtigen Grundes gem § 626 I haben (BAG AP Nr 13, 16 zu § 628), Insolvenzeröffnung reicht nicht aus (BAG DB 2007, 2265). Haben beide Parteien ein Recht zur fristlosen Kündigung, kann der Kündigende nicht Schadensersatz nach § 628 II verlangen (BGH NJW 66, 347 f; MüKo/*Henssler* § 628 Rz 67). **Veranlassung** iSv II meint unmittelbaren Zusammenhang (adäquate Kausalität) zwischen vertragswidrigem Verhalten und Beendigung (BAG AP Nr 14 zu § 628).

Als **Rechtsfolge** kann der Vertragspartner seine **„Verfrühungsschäden"** ersetzt verlangen, also die Schäden, **7** die durch die verfrühte Beendigung **adäquat kausal** verursacht wurden und nicht entstanden wären, wenn der Dienstvertrag erst zum nächstzulässigen Beendigungsdatum aufgrund ordentlicher Kündigung beendet worden wäre (**Erfüllungsinteresse**, BAG AP Nr 13, 14, 18 zu § 628; aA – keine Beschränkung auf Verfrühungsschäden – LAG BaWü v 27.7.00 – 19 Sa 44/99; ebenso für Haftung des Rechtsvertreters bei fehlerhafter Beendigung BGH NZA 07, 753). Bei unterschiedlichen Kündigungsfristen ist jeweils die Kündigungsfrist des anderen Teils maßgeblich (vgl Karlsr NJW-RR 04, 191). Mögliche **Schadenspositionen** bei **Dienstberechtigten** sind: Mehrausgaben für Ersatzkraft, Überstundenzuschläge für die Zeit, in der der Dienstverpflichtete ersetzt werden muss, allerdings jeweils unter Abzug ersparter Vergütung; Schäden, die Lieferanten für kausal verursachte Lieferengpässe zu erstatten sind. Auf Seiten des **dh: Dienstverpflichteten**: Vergütungsansprüche einschl aller Nebenleistungen und Tantieme (Palandt/*Weidenkaff* § 628 Rz 8), zusätzliche Aufwendungen für neuen Arbeitsplatz (BAG NZA 97, 648, 649), und Abfindung nach §§ 9, 10 KSchG (BAG AP Nr 13, 18 zu § 628), falls nicht auch der Arbeitgeber im Zeitpunkt der Arbeitnehmerkündigung berechtigterweise hätte kündigen können (BAG DB 07, 2717). Der Dienstverpflichtete muss sich anderweitigen Verdienst sowie gem § 254 unterlassenen anderweitigen Erwerb – anders als bei § 615 2 kommt es auf Böswilligkeit nicht an – anrechnen lassen (BAG AP Nr 4 zu § 628; MüKo/*Henssler* § 628 Rz 68).

VI. Darlegungs- und Beweislast. I: Die **Voraussetzungen** des Teilvergütungsanspruchs (1) hat der **Dienst- 8 verpflichtete zu beweisen**, die der **Einwendung** nach 2 der **Dienstberechtigte** (BGH NJW 97, 189), dem allerdings zugutekommen § 280 I 2 (analog) zum Verschulden und § 287 ZPO zur Höhe der für ihn verwertbaren Leistungen (ErfK/*Müller-Glöge* § 628 Rz 48). Begehrt der Dienstberechtigte Rückgewähr im Voraus entrichteter Vergütung (3), so muss er Vorschusszahlung und – soweit er Alt 1 iVm § 346 anstrebt – Vertretenmüssen des Dienstverpflichteten hinsichtlich der außerordentlichen Kündigung darlegen und beweisen (ErfK/*Müller-Glöge* § 628 Rz 49; aA – Dienstverpflichteter haftet nach Alt 1 iVm § 346, sofern er sich nicht exkulpieren kann – Staud/*Preis* § 628 Rz 65).

II: Die **Beweislast** für schuldhaft vertragswidriges Verhalten des anderen Teils und doppelte Kausalität für **9** den Schaden trägt der **Anspruchsteller**, zur Höhe des Schadens Beweiserleichterungen gem §§ 287 ZPO, 252 (BGH NJW 98, 748; 72, 37). Eine etwaige anspruchsausschließende Gegenkündigungsmöglichkeit muss der Anspruchsgegner beweisen (MüKo/*Henssler* § 628 Rz 94).

§ 629 Freizeit zur Stellungssuche.
Nach der Kündigung eines dauernden Dienstverhältnisses hat der Dienstberechtigte dem Verpflichteten auf Verlangen angemessene Zeit zum Aufsuchen eines anderen Dienstverhältnisses zu gewähren.

§ 630

1 Die Norm ist anwendbar auf Dienst- Arbeits- und Ausbildungsverhältnisse (§ 10 II BBiG; Staud/*Preis* § 629 Rz 6 mwN), nicht auf Aushilfs- und Probearbeitsverhältnisse (ErfK/*Müller-Glöge* § 629 Rz 2 f). Sie ist unabdingbar (Staud/*Preis* § 629 Rz 4).

2 § 629 gibt dem Dienstverpflichteten Anspruch auf **angemessene** (§ 315) Freizeit zur Stellensuche, damit er bereits unmittelbar nach Vertragsbeendigung eine neue Stelle antreten kann. Der Anspruch setzt voraus, dass in **dauerndem** Dienstverhältnis (§ 627 Rn 1) die **Beendigung** bevorsteht. Das **Verlangen** auf Freizeitgewährung muss Grund, Datum und voraussichtliche Dauer der Freistellung enthalten und rechtzeitig gestellt sein. Während der Freistellung besteht Vergütungsanspruch gem § 616 (BAG NJW 57, 1292; *Sibben* DB 03, 826; jedoch abdingbar, § 616 Rn 1).

3 Verweigert der Dienstberechtigte unberechtigt die Freistellung, kann der Dienstverpflichtete einstw Verfügung beantragen oder Zurückbehaltungsrecht, § 273, vor angestrebter Freistellung ausüben (ErfK/*Müller-Glöge* § 629 Rz 8; weitergehend LAG Düsseldorf DB 67, 1228; Staud/*Preis* § 629 Rz 20), sich jedoch nicht selbst freistellen oder beurlauben.

§ 630 Pflicht zur Zeugniserteilung.
¹Bei der Beendigung eines dauernden Dienstverhältnisses kann der Verpflichtete von dem anderen Teil ein schriftliches Zeugnis über das Dienstverhältnis und dessen Dauer fordern. ²Das Zeugnis ist auf Verlangen auf die Leistungen und die Führung im Dienst zu erstrecken. ³Die Erteilung des Zeugnisses in elektronischer Form ist ausgeschlossen. ⁴Wenn der Verpflichtete ein Arbeitnehmer ist, findet § 109 der Gewerbeordnung Anwendung.

1 Die Vorschrift gibt dem Dienstverpflichteten im Falle der **Beendigung** eines **dauernden** (§ 627 Rn 1) **Dienstverhältnisses** (zum Arbeitsverhältnis 4) einen Anspruch auf ein Zeugnis, bzw vor Beendigung auf Zwischenzeugnis. Anspruchsberechtigt sind auch Organmitglieder juristischer Personen, sofern an der Gesellschaft nicht maßgeblich beteiligt (BGH NJW 68, 396), arbeitnehmerähnliche Personen (§ 5 I 2 ArbGG, Heimarbeiter, Einfirmenhandelsvertreter § 92a HGB, kleine Handelsvertreter (§ 84 II HGB), nicht Dienstleister, die freiberuflich und weisungsfrei tätig sind (ErfK/*Müller-Glöge* § 630 Rz 2).

2 **Form:** Schriftform (1, § 126), nicht: elektronische Form (3, § 126a); Unterschrift von ranghöherem Vorgesetzten (BAG NZA 06, 436). **Art:** Berechtigter hat nur einfaches (1) und auf Verlangen qualifiziertes (2) Zeugnis auszustellen (Formulierungsvorschläge bei BLDH/*Lingemann* Kap 24). **Inhalt:** ohne Anhaltspunkte für Abweichung nach oben oder unten ist **befriedigende Leistung** („zu unserer vollen Zufriedenheit") zu bescheinigen (BAG NJW 04, 2772). Ohne Anlass dürfen branchenübliche Bewertungen nicht weggelassen („beredtes Schweigen"), BAG DB 08 2546) und darf vom Zwischenzeugnis nicht abgewichen werden (BAG NZA 08, 298). Verpflichteter kann ggf Berichtigung verlangen, nicht beanstandete Teile dürfen nicht zu seinem Nachteil geändert werden (BAG DB 05, 2361), es sei denn, nachträglich bekannt gewordene Tatsachen rechtfertigen dies (BAG NZA 06, 104). Im Streitfall hat Verpflichteter Tatsachen für bessere und Berechtigter für schlechtere Beurteilung als „befriedigend" darzulegen und zu beweisen (BAG NJW 04, 2772). Die Ansprüche auf Zeugniserteilung und -berichtigung werden nach § 888 ZPO nicht nach § 894 ZPO vollstreckt.

Titel 9 Werkvertrag und ähnliche Verträge

Untertitel 1 Werkvertrag

Einführung

1 **A. Rechtsnatur.** Die Rechtsnatur des Werkvertrages erschließt sich im Wesentlichen bereits aus den knappen Worten des § 631 I: Der Unternehmer (auch Auftragnehmer) schuldet die Herstellung des versprochen Werkes, der Besteller (auch Auftraggeber) die Entrichtung der hierfür vereinbarten Vergütung. Der Werkvertrag ist also ein **entgeltlicher, gegenseitiger Vertrag**, dessen Besonderheit in Abgrenzung zum Dienstvertrag (iE hierzu Rn 7) darin besteht, dass die Leistungsverpflichtung des Unternehmers nicht in der Ausführung von bestimmten Tätigkeiten (so § 611 I für den Dienstvertrag), sondern – ergebnisbezogen – in der Herbeiführung des ausbedungenen **Werkerfolges** besteht (BGHZ 149, 57 = NJW 02, 749; vgl auch: BGH NJW 98, 1027; BGHZ 82, 100, zuletzt: BGH NJW 08, 511 = BauR 08, 344). Das ändert freilich nichts daran, dass der solcherart geschuldete Erfolg regelmäßig durch „Arbeit oder Dienstleistung" erreicht wird, wie § 632 II ausdrücklich hervorhebt. Diese Erkenntnis ist nicht ohne praktische Relevanz. So orientiert sich die rechtsgeschäftliche **Preisbildung** der Vertragsparteien insb im Baugeschäft in aller Regel nicht etwa am (Markt-) Wert des fertigen Gewerkes, sondern – insoweit tätigkeitsbezogen – an den herstellungsbedingten Kosten. Sichtbarer Ausdruck dessen ist es, dass der Unternehmer uU selbst dann nach werkvertraglichen Vorschriften zu bezahlen ist, wenn der Werkerfolg nicht verwirklicht wird. Er kann beispielsweise gem § 649 die vereinbarte Vergütung unter Abzug kündigungsbedingt ersparter Aufwendungen und anderweitigen Erwerbs verlangen,

wenn der Besteller den Vertrag vor der Vollendung des Werkes kündigt; und § 642 billigt ihm eine ua am vertraglichen Vergütungsanspruch zu orientierende angemessene Entschädigung für den Fall zu, dass der Besteller gegen Mitwirkungspflichten verstößt und solcherart in Annahmeverzug kommt. Daraus ist abzuleiten, dass sich im geschuldeten Werkerfolg konkrete Tätigkeiten des Unternehmers repräsentieren, deren Art und Umfang nicht ohne Bedeutung für die Vertragsabwicklung ist. IÜ ist darauf hinzuweisen, dass das EG-Recht in den für das Schuldrecht maßgeblichen Richtlinien die dem deutschen Recht inhärente Trennung zwischen Dienst-, Werk-, Arbeits- und Geschäftsbesorgungsverträgen nicht kennt. Dort ist durchgängig von Dienstverträgen die Rede.

Charakteristisch für den Werkvertrag ist abseits seiner Erfolgsbezogenheit die **wirtschaftliche Unabhängigkeit** des Unternehmers, der abgesehen von den vertraglichen Leistungsvorgaben nur in relativ engen Grenzen den Weisungen des Bestellers zu folgen hat (vgl § 645). Es unterliegt seiner unternehmerischen Entscheidung, welche Arbeitsmittel oder sonstigen betrieblichen Ressourcen er für die Verwirklichung des Werkerfolges einsetzt und welchen Preis er hierfür verlangt. Auch darin unterscheidet er sich vom Dienstverpflichteten, der typischerweise in wirtschaftlich abhängiger Stellung tätig wird (BGH NJW-RR 03, 773). 2

Als **Gegenstand der Leistungsverpflichtung** des Werkunternehmers nennt § 631 II in erster Linie die **Herstellung oder Veränderung einer Sache**. Hierunter fällt zum einen die Schaffung einer neuen Sache, auch durch Verbindung, Vermischung und Verarbeitung (§§ 946 ff – AnwK/*Raab* Vor §§ 631 ff Rz 10), wobei allerdings § 651 einen Vertrag über die Lieferung (neu) herzustellender **beweglicher Sachen** im Wesentlichen den Vorschriften des Kaufrechts unterwirft. „Veränderung" ioS ist weit zu verstehen und umfasst nicht nur Bearbeitung und Reparatur, sondern auch **Wartungsarbeiten** uä (BaRoth/*Voit* § 631 Rz 8, 30). IÜ hat die in § 631 II hervorgehobene Konkretisierung werkvertraglicher Leistungsverpflichtungen keinen eigenständigen Aussagewert, weil nach nämlicher Vorschrift Werkvertragsrecht ohnehin immer dann Anwendung findet, wenn ein „durch Arbeit oder Dienstleistung herbeizuführender Erfolg" geschuldet ist. Das betrifft insb die Herstellung **unkörperlicher Werke**, etwa Theateraufführungen, Konzerte, Beratungs- oder Untersuchungsleistungen (BGH BauR 02, 315 – Forschungsbericht); auch Planungs- sowie Objektüberwachungsleistungen des Architekten (iE Kuffer/Wirth/*Leupertz* Kap 10, Teil C, Rz 2 ff) sowie Gutachtertätigkeiten (BGH BauR 87, 456, 457; OVG Thüringen BauR 99, 167, 168) unterfallen dem Werkvertragsrecht (iE Rn 12). 3

Für die Verwirklichung des Werkerfolges kommt es grds nicht darauf an, ob sich auch der vom Besteller erstrebte **(wirtschaftliche) Zweck** realisiert. Beispielsweise hat der Bauunternehmer die mangelfreie Herstellung des Gebäudes zu gewährleisten, nicht hingegen die vom Besteller an die beabsichtigte Veräußerung oder Vermietung des Objektes geknüpfte Renditeerwartung. Allerdings sind die Grenzen zwischen vertraglicher Leistungspflicht und einseitig gebliebenen Verwertungsvorstellungen des Bestellers nicht immer leicht zu ziehen. Das gilt besonders für Bauleistungen, wo der oft von konkreten Zweckbestimmungen des Bestellers durchdrungene **funktionale Erfolg** den geschuldeten Leistungsumfang bestimmt (BGH NJW 08, 511 = BauR 08, 344; BauR 03, 236; 00, 411; vgl auch: *Thode* NZBau 02, 297; iE hierzu § 633 Rn 20 ff). 4

B. Abgrenzung. I. Grundlagen. Die nach obigen Grundsätzen vorzunehmende Abgrenzung des Werkvertrages von anderen Vertragstypen ist wegen der Besonderheiten des Werkvertragsrechts im Bereich der Mängelhaftung, der Mitwirkungspflichten, der Sicherungsrechte, der Kündigung und der Verjährung bedeutsam. Darüber hinaus kennt nur das Werkvertragsrecht die rechtsgeschäftlichen **Abnahme** (§ 640) mit erheblichen Auswirkungen auf die weitere Vertragsabwicklung (s. § 640 Rn 6). Maßgebliches Abgrenzungskriterium ist in erster Linie die **Erfolgsbezogenheit** des Werkvertrages. Lässt sie sich nicht eindeutig feststellen, so muss der Vertrag nach allgemeinen Grundsätzen unter besonderer Berücksichtigung des mit der vereinbarten Leistung verfolgten Zwecks ausgelegt werden (§§ 133, 157). Dabei kommt der von den Parteien gewählten Bezeichnung allenfalls untergeordnete Bedeutung zu; entscheidend sind der Regelungsgehalt der vertraglichen Vereinbarungen und die sich aus den sonstigen feststellbaren Umständen ergebende, im Vertrag manifestierte Interessenlage (BGH NJW 02, 3323, 3324 mwN; 84, 2406; ausf: Staud/*Peters* Vorb Zu §§ 631 ff Rz 24 ff). 5

II. Einzelfälle. 1. Kaufvertrag/Werkvertrag. Beim Kaufvertrag besteht die geschuldete Leistung in der **Lieferung und Übereignung** der Kaufsache und nicht in deren Herstellung (BGHZ 87, 112). Berührungspunkte zum Werkvertragsrecht bestehen zum einen dort, wo der Verkäufer die Kaufsache selber **herstellt**. Dann gilt: Handelt es sich um **bewegliche Sachen**, findet gem § 651 Kaufrecht Anwendung, und zwar mit den dort genannten Ausnahmen auch dann, wenn es sich um **unvertretbare Sachen** (Spezialanfertigungen) handelt *(Bsp: Der Fensterhersteller soll Fenster nach vorgegebenen Sondermaßen liefern;* Nürnbg BauR 07, 122 – *Türen nach Aufmaß; iE zum Ganzen: Leupertz BauR 06, 1648 f).* Zum anderen kommt es häufig vor, dass der (Baustoff-) **Lieferant** ohne Hersteller zu sein auch die **Montage** des zu liefernden Gegenstandes (Baustoff/Bauteil) übernimmt. Dann stellt sich die Frage, worauf der Schwerpunkt der Leistungsverpflichtung liegt. Entscheidend ist nach ständiger Rspr des BGH, ob die Verschaffung von Eigentum und Besitz an der Sache oder die übernommene Montageverpflichtung den Charakter des Vertrages prägt (BGHZ 67, 359; BGH NJW-RR 04, 850; BauR 99, 39, 40). Das wiederum hängt ab von der Art des zu liefernden Gegenstandes, dem Wertverhältnis von Lieferung und Montage sowie von den Besonderheiten des geschuldeten Endergebnisses (BGH NJW-RR 04, 850; vgl auch: BauR 99, 39, 40; Schlesw IBR 07, 667 – Windkraftanlage = Kaufver- 6 trag). Für den Bereich **baubezogener** Zulieferungen mit Einbauverpflichtung steht mit Blick auf die vom Leistungszweck regelmäßig umfasste **Funktionalität** des vereinbarten Montageerfolges (s. Rn 4) meist das letztgenannte Kriterium im Mittelpunkt, so dass in derartigen Fällen oft Werkvertragsrecht Anwendung finden wird (*Leupertz* aaO, 1649 mwN). Ist das – bei ioS **untergeordneten Montageleistungen** – nicht der Fall, richtet sich die Sachmängelhaftung hingegen gem § 434 II 1 auch dann allein nach Kaufrecht, wenn die beanstandungsfreie Kaufsache lediglich fehlerhaft eingebaut wurde. (Zur Anwendbarkeit des Werkvertragsrechts beim Erwerb vom Altbauten mit Renovierungspflicht des Veräußerers: Rn 11).

7 **2. Dienstvertrag/Werkvertrag.** Beim Dienstvertrag ist nicht der Erfolg der Dienstleistung, sondern diese selbst geschuldet. Dementsprechend erhält der Dienstverpflichtete die – oft turnusmäßig für festgelegte Zeiträume – vereinbarte Vergütung auch dann, wenn der vom Dienstberechtigten mit der ausbedungenen Dienstleistung erstrebte Erfolg ausbleibt. Sichtbarer Ausdruck dessen ist es, dass das Dienstvertragsrecht keine **Abnahme** des fertigen Arbeitsergebnisses als entscheidende Zäsur zwischen Erfüllungs- und Nacherfüllungsstadium des Vertrages kennt, sondern lediglich die Erbringung und Entgegennahme der vertraglich ausbedungenen Tätigkeiten des Dienstverpflichteten voraussetzt. Schlagen die Bemühungen des Werkunternehmers im Ergebnis fehl, so ist er gem §§ 634 Nr 1, 635 zur Nacherfüllung verpflichtet, wohingegen der Dienstverpflichtete nicht für das Ergebnis seiner vertragsgerecht ausgeführten Tätigkeit einzustehen hat (vgl AnwK/*Raab* Vor §§ 631 ff Rz 18 f mwN). Trotz dieser signifikanten strukturellen Unterschiede ist die Abgrenzung zwischen Werk- und Dienstvertrag in der Praxis nicht immer leicht. Maßgebend sind die vertraglichen Vereinbarungen der Parteien, deren Inhalt und Ziel unter Heranziehung sämtlicher Umstände des Einzelfalles zu ermitteln ist (BGH NJW 02, 3323, 3324). So arbeitet bspw der mit der Prozessvertretung beauftragte Anwalt nach Dienstvertragsrecht, wohingegen seine Tätigkeiten im Zusammenhang mit der Erstellung eines Rechtsgutachtens nach werkvertraglichen Vorschriften zu beurteilen sind (BGH NJW 67, 717). Auch für die Geschäftsfelder der **Steuerberater, Wirtschaftsprüfer** und **Unternehmensberater** gilt der hierin zu Tage tretende Grundsatz, dass sich die wechselseitigen Vertragspflichten nach Dienstvertragsrecht richten, wenn lediglich eine nicht erfolgsbezogene beratende Tätigkeit geschuldet ist, wohingegen Werkvertragsrecht Anwendung findet, wenn einzelne konkret umschriebene und in sich abgeschlossene Leistungen erbracht werden müssen (BGH NJW 00, 1107 – Wirtschaftsprüfer). Besonders problematisch ist die Bestimmung der Rechtsnatur von Verträgen, in denen erfolgs- und tätigkeitsbezogene Leistungspflichten zusammentreffen. Solche **gemischten Verträge** kommen insb im Baugeschäft als **Projektsteuerungs-, Projektmanagement- und Baubetreuungsverträge** vor, die in Anlehnung an die gefestigte Rspr des BGH zum Architektenvertrag (dazu unten Rn 12) jedenfalls dann insgesamt den Vorschriften des Werkvertragsvertragsrecht unterliegen, wenn die Leistungsverpflichtung des Auftragnehmers **schwerpunktmäßig** in der eigenständigen Koordinierung und Organisation des Gesamtbauvorhabens besteht und solcherart der Ergebnisbezug der geschuldeten Tätigkeiten dem Vertrag das entscheidende Gepräge gibt (BGH BauR 99, 1317; 02, 315 – für den Projektsteuerer; ausf zum Ganzen: *Eschenbruch* Rz 288 ff mwN; *Werner/Pastor* Rz 1429). **Arbeitnehmerüberlassungsverträge** sind jedenfalls dann Dienstverträge, wenn die Leistungsverpflichtung sich in der Überlassung geeigneter Arbeitskräfte erschöpft, die – ohne in den Betrieb des Unternehmers eingegliedert zu sein – lediglich seinen projektbezogenen Weisungen unterliegen (BGH NJW-RR 03, 773; BAG BB 04, 669; vgl auch: Naumbg BauR 05, 447).

8 **3. Miet- Leihvertrag/Werkvertrag.** Beim Miet- oder Leihvertrag schuldet der Leistungsverpflichtete die **Überlassung** einer Sache zum Gebrauch. Werkvertragsrecht findet allerdings uU dort Anwendung, wo die Verpflichtung zur Gebrauchüberlassung von weiteren, erfolgsbezogenen Vertragspflichten überlagert ist (zB beim Beförderungsvertrag, Zurverfügungstellung eines Sitzplatzes beim Theaterbesuch; s.a. Rn 1; Celle BauR 07, 1583: Überlassung eines **Baugerüstes** über die vertraglich vereinbarte Standzeit hinaus unterliegt Mietvertragsrecht). Ob Verträge betreffend die **Überlassung von Geräten** mit Bedienungspersonal im Schwerpunkt Miet- oder Werkvertragscharakter haben, ist eine Frage des Einzelfalles, die unter Heranziehung sämtlicher Umstände und unter Berücksichtigung der wechselseitigen Vertragsinteressen zu beantworten ist (BGH WM 96, 1785). Um einen mit Mietvertragselementen durchsetzten **Dienstverschaffungsvertrag** handelt es sich, wenn die Durchführung der Arbeiten ausschließlich bei dem Besteller/Mieter liegt und das vom Vermieter gestellte Bedienungspersonal den Weisungen des Mieters unterworfen ist (Celle NJW-RR 97, 469: Bei einem Vertrag zwischen einem Schiffs-Serviceunternehmen, das eine Motoryacht an Land bringen und reinigen sollte, und einem **Kranbetreiber**, der das Boot unter Gestellung des Hebezugs und Bedienungspersonal zu heben und auf ein Transportfahrzeug zu befördern hatte, soll Werkvertragsrecht nur in Betracht kommen, wenn der Kranbetreiber zumindest auch für das „Anschlagen" des Schiffs und die Befestigung der Hebegurte verantwortlich war; vgl auch: Frankf IBR 04, 133 – *Bolz*; Celle IBR 05, 88; zur unentgeltlichen Überlassung eines Kfz für Transportzwecke: BGH VersR 70, 934).

9 **4. Reisevertrag.** Der Reisevertrag ist von seiner Grundstruktur her **Werkvertrag**, der die Erbringung einer Gesamtheit von Reiseleistungen zum Gegenstand hat (§ 651a). Er stellt mit den Sonderregelungen in §§ 651a ff einen eigenen Vertragstyp dar, auf den die Vorschriften des Werkvertragsrechts nur subsidiär und ggf bei Erbringung von lediglich einzelnen Reiseleistungen Anwendung finden (s. § 651a Rn 4 ff).

5. Maklervertrag. Beim Maklervertrag ist nur das Makeln selbst, nicht jedoch ein konkreter Erfolg geschuldet. Für ihn gelten die Sonderregelungen der §§ 652 ff.

III. Besondere Werkvertragsverhältnisse/gemischte Verträge. 1. Bauvertrag. Der **Bauvertrag** ist idR Werkvertrag, bei dem die Herstellung des Bauwerks oder einzelner Teile hiervon selbst dann im Vordergrund steht, wenn der Unternehmer sämtliche hierfür erforderlichen Baustoffe und Bauteile beschafft und liefert. Nichts anderes gilt für (handwerkliche) **Sanierungs-, Instandsetzungs- oder Modernisierungsarbeiten** an einem bereits bestehenden Gebäude. Tritt in einem solchen Fall zum Herstellungsversprechen des Unternehmers der **Erwerb** des (dann sanierten) **Altbaus** oder der Altbauwohnung durch den Besteller/Erwerber hinzu, so kommt es für die Rechtsnatur des Vertrages auf den Schwerpunkt der Leistungsverpflichtung an. Nur wenn die übernommene Herstellungsverpflichtung insgesamt nach Art und Umfang Neubauarbeiten vergleichbar ist, haftet der Unternehmer für Sachmängel der gesamten Bausubstanz einschließlich der unbearbeitet gebliebenen Gebäudeteile nach den Mängelhaftungsregeln des Werkvertragsrechts (BGH BauR 07, 1036; BGH BauR 06, 99; BGH BauR 05, 542 – „Sanierung bis auf die Grundmauern", alle auch zur (Un-) Wirksamkeit eines individuell vereinbarten Gewährleistungsausschlusses im notariellen Erwerbervertrag; zuletzt: BGH BauR 07, 1407; vgl auch: *Derleder* NZBau 04, 237; aA für nicht bearbeitete Gebäudeteile: *Ott* NZBau 03, 233, 236). Ist das – bei weniger substantiellen Sanierungsarbeiten – nicht der Fall, unterliegt der Vertrag nur hinsichtlich der Verletzung der Herstellungsverpflichtung den Regelungen der §§ 633 ff; iÜ findet dann **Kaufrecht** Anwendung (BGH BauR 06, 99). An diesen, noch für den Geltungsbereich des alten Schuldrechts vom BGH entwickelten Grundsätzen hat sich durch die Einführung des Schuldrechtsmodernisierungsgesetzes nichts geändert (so ausdrücklich: BGH BauR 07, 1036). Sie greifen unabhängig davon, ob die Absicht, das zu bearbeitende Bauwerk/Grundstück zu veräußern, schon bei Ausführung der Bauleistung bestand (BGH BauR 07, 1407) und folglich auch dann, wenn die geschuldete Modernisierung bzw Sanierung im Zeitpunkt des Vertragsschlusses bereits abgeschlossen war (BGH BauR 05, 542, 544; für den Erwerb eines bereits fertig gestellten **Neubaus**: BGH BauR 81, 571, 572; 85, 314, 315; ebenso: *Derleder* NZBau 04, 237; aA Hambg BauR 97, 835, 836; Palandt/*Sprau* Vorb v § 633 Rz 3; ebenso mit Blick auf die Harmonisierung der Sachmängelhaftung nach Einführung des Schuldrechtmodernisierungsgesetzes: *Ott* NZBau 03, 233, 238).

2. Architektenvertrag/Ingenieurvertrag. Der Architektenvertrag ist nach gefestigter Rechtsprechung des BGH in aller Regel Werkvertrag, weil die Leistungen des **Architekten** der Herbeiführung eines Erfolges, nämlich der Herstellung des Bauwerks dienen (grdl: BGH NJW 60, 431). Das gilt nicht nur für die Beauftragung mit der **Vollarchitektur** (Planung, Vergabe und Objektüberwachung, – betreuung) sondern auch dann, wenn der Architekt lediglich Teilleistungen aus dem Leistungskatalog nach § 15 II HOAI zu erbringen hat (isolierte Beauftragung mit Lph 5-9 nach § 15 II HOAI: BGH BauR 74, 211, 212 f; nur **Planung** oder Teile hiervon: München BauR 92, 534, *Werner/Pastor* Rz 650; nur **Objektüberwachung**: BGH BauR 82, 79, 81 f; nur **Vergabe**: *Locher/Koeble/Frik* Einl Rz 5; *Motzke/Wolff* 37; nur **Objektbetreuung**: *Motzke/Wolff* 37; *Kniffka/Koeble* 12. Teil Rz 355; nur **Grundlagenermittlung**: *Motzke/Wolff* 37; *Kuffer/Wirth/Leupertz* Kap 10, Teil C, Rz 4; str aA: *Locher* § 22 Rz 369). Werkvertragsrecht ist ebenfalls anwendbar, wenn die Leistungsverpflichtung des Architekten sich in der Erstellung von **Kostenermittlungen** nach DIN 276 (*Werner/Pastor* Rz 653), in der **Rechnungsprüfung** (Kuffer/Wirt/*Leupertz* Kap 10, Teil C Rz 4) oder in der Erstattung eines (Mangel-)**Gutachtens** erschöpft (BGH BauR 87, 456; BauR 99, 167, 168). Tätigkeitsbezogen und damit nach **Dienstvertragsrecht** zu beurteilen sind hingegen Verträge, mit denen der Architekt ausschließlich Beratungs-, Kontroll- und Informationspflichten übernimmt, bspw die (isolierte) Führung eines **Bautagebuches** (Kuffer/Wirth/*Leupertz* Kap 10, Teil C, Rz 3), das Auflisten von **Gewährleistungsfristen** (*Locher/Koeble/Frik* Einl Rz 6; *Locher* § 22 Rz 368), die **Beratung** des Auftraggebers im Zusammenhang mit dem Erwerb des Grundstückes oder der Finanzierung des Bauvorhabens (*Werner/Pastor* Rz 653; *Schmalz* BauR 77, 80, 83 f), Bauleitertätigkeiten nach den Landesbauordnungen (*Werner/Pastor* Rz 653; *Schmalz* BauR 77, 80, 83 f) oder die Mitwirkung bei der Freigabe von Sicherheiten (Hamm BauR 95, 579, 580).

Nach den soeben dargestellten Grundsätzen findet auch auf Verträge mit **Ingenieuren** in aller Regel Werkvertragsrecht Anwendung. Das gilt insb für den **Tragwerksplaner** (BGH BauR 72, 182; Köln BauR 91, 649), den **Vermessungsingenieur** (BGH BauR 72, 255, 256; Ddorf NJW-RR 96, 269, 270), den **Bodengutachter** (BGH NJW-RR 92, 1078), den **Sanitär- und Heizungsingenieur** (München NJW 74, 2238), den **Elektroingenieur** (Hamm BauR 90, 104, 105) und den **Fachingenieur für Fördertechnik** (BGH BauR 99, 670).

3. Baubetreuung/Projektsteuerung. Die rechtliche Einordnung von Baubetreuungs- und Projektsteuerungsverträgen fällt schwer, weil die ihnen inhärente **Geschäftsbesorgung** idR sowohl erfolgsbezogene Elemente der Mitwirkung an der technischen und organisatorischen Abwicklung des Bauvorhabens, als auch tätigkeitsbezogene Beratungs-, Kontroll- und Informationspflichten umfasst. Der BGH hat solcherart umfängliche **Baubetreuungsleistungen** insgesamt nach Werkvertragsrecht beurteilt (BGH BauR 91, 475; vgl auch NJW 94, 2825). Dem wird im Ausgangspunkt auch für **Projektsteuerungs- und Projektmanagementverträge** zumindest dann zuzustimmen sein, wenn der Schwerpunkt der Leistungsverpflichtung des Projektsteuerers ergebnisbezogen in der eigenständigen Sicherung und Steuerung von Kosten, Terminen und Qualitäten sowie in der Gesamtkoordination und Gesamtorganisation des Bauvorhabens liegt (ausf hierzu: *Eschenbruch*

Rz 288 ff, 294 mwN). IÜ wird in Anwendung der in Rn 5 dargestellten Grundsätze im Einzelfall zu entscheiden sein, ob und wenn ja, in welchem Umfang Werkvertragsrecht Anwendung findet (BGH BauR 91, 475; 99, 1317).

15 4. **Bauträgervertrag.** Beim Bauträgervertrag verpflichtet sich der Bauträger, dem Erwerber ein nach dessen Vorstellungen zu bebauendes Grundstück zu veräußern. Er führt das Bauvorhaben im eigenen Namen und auf eigene Rechnung durch und vereinbart als Gegenleistung für die Verschaffung des sodann bebauten Grundstückes ein Gesamtpreis (vgl BGHZ 145, 265). Nach ganz hM steht bei derartigen Verträgen (auch beim Erwerb von Wohnungseigentum) die **Herstellungsverpflichtung** im Vordergrund, so dass auf den Bauträgervertrag trotz des kaufvertraglichen Elements des Grunderwerbs insgesamt **Werkvertragsrecht** Anwendung findet (BGHZ 60, 362; BGH BauR 89, 219; BauR 91, 85), und zwar auch dann, wenn das Bauvorhaben im Zeitpunkt des Abschlusses des Bauträgervertrages bereits teilweise oder ganz fertig gestellt ist (BGH BauR 82, 493 – Musterhaus; BGH BauR 97, 1030, 1031; aA: Schlesw BauR 82, 60). Dass die Parteien den Vertrag in der Praxis üblicherweise als „Kaufvertrag" bezeichnen, ändert an alledem nichts (BGH BauR 91, 85; Hamm NJW-RR 98, 1031). In letzter Zeit sind allerdings in der Lit Stimmen laut geworden, die mit Rücksicht auf die schuldrechtsreformbedingte Harmonisierung der Sachmängelrechte zu einer differenzierten Betrachtungsweise (*Teichmann* ZfBR 02, 13, 19) bzw zur Anwendung des Kaufrechts auf den Bauträgervertrag tendieren (*Ott* NZBau 03, 233 ff; *Hertel* DNotZ 02, 6, 18; *Hoffmann/Joneleit* NZBau 03, 641 ff). Indes: Durch die Neugestaltung des Schuldrechts hat sich abseits weiterhin bestehender, signifikanter Divergenzen zwischen kauf- und werkvertraglicher Sachmängelhaftung (hierzu: *Leupertz* BauR 06, 1648, 1652 ff) nichts daran geändert, dass die Herstellungsverpflichtung dem Bauträgervertrag in aller Regel das entscheidende Gepräge gibt. Deshalb ist es richtig, den Bauträgervertrag auch nach jetziger Rechtslage idR dem Werkvertragsrecht zu unterstellen (ebenso insb: *Thode* NZBau 02, 297, 299). Das gilt freilich nur mit den bereits in Rn 11 aufgezeigten Einschränkungen, wenn das Baugeschäft in der Verschaffung eines Grundstückes mit zu renovierendem oder zu sanierendem **Altbau** besteht. IÜ führt die Verpflichtung zur Übertragung eines (zu bebauenden) Grundstückes dazu, dass der Bauträgervertrag insgesamt der **Formvorschrift** des § 311b I 1 unterliegt (BGH NJW 81, 274) und auch die zum Vertragsgegenstand erhobene, wenngleich nur die werkvertragliche Herstellungsverpflichtung betreffende **Baubeschreibung** notariell beurkundet werden muss (BGH BauR 05, 866).

16 IV. **Weitere Einzelfälle. Die Anwendung des Werkvertragsrechts kommt in Betracht für folgende Vertragsverhältnisse** (alphabetisch): **Abbruchvertrag** (BGH WM 74, 391). **Abfallverwertung** und -entsorgung (Oldbg NJW-RR 99, 1575, 1576; Schlesw NJW-RR 00, 896, 897). **Abschleppvertrag** (LG Frankfurt VersR 02, 1260). **Anlagenvertrag** nur bei Errichtung auf bestellereigenem Grundstück, sonst § 651. **Anzeigenvertrag** (AnwK/*Raab* Vor §§ 633 Rz 25 mwN) zur Abnahmeverpflichtung vgl § 646. **Arztvertrag** idR Dienstvertrag, nur wenn Erfolg geschuldet Werkvertrag (zB bei Untersuchungen für anderen Arzt, Ddorf MDR 85, 1028 f; Kobl NJW-RR 95, 567 – Laborleistungen). **Aufführung** Theater, Konzert; ggü Besucher Werkvertrag mit mietrechtlichem Einschlag bzgl Sitzplatz (AG Herne NJW 98, 3651); Vertrag zw Veranstalter (Konzertagentur) u Künstler ist Werkvertrag, sofern Aufführung als Erfolg geschuldet wird (München NJW-RR 05, 616), wird nur Mitwirkung geschuldet idR DienstV (Palandt/*Sprau* Einf v § 631 Rz 29 mwN; ausnahmsweise bei Regie auch WerkV, KG MDR 99, 538).

17 **Bankvertrag** Geschäftsbesorgungsvertrag s. § 675. **Beförderungsleistungen** (BaRoth/*Voit* § 631 Rz 11; Soergel/*Teichmann* vor § 631 Rz 56); allerdings werden die Vorschriften des Werkvertragsrechts weitgehend verdrängt durch Sonderregelungen – bei Landfrachtverträgen §§ 407 ff, 664 ff HGB, ADSp; daneben BinnSchG, HaftPflG, GüKG, PersBefG, PostG, bei Bahnbeförderung EVO; Beförderung mit Luftfahrzeug (BGH NJW 74, 852; s.a. VO (EG) Nr 261/2004 ABl 2004 L 46 u die durch VO (EG) 889/2002 L 140 geänderte VO (EG) 2027/97 ABl 97 L 258; LuftVG mit Montrealer Üb, v 6. 4. 04 BGBl II 458 (hierzu: *Schmidt/Müller-Rostin* NJW 03, 3516; *Schmidt-Bendun* NJW 04, 646 u 1879); mit Binnenschiff (BGH NJW 59, 1366); mit Kfz (RGZ 62, 119). **Beratervertrag** – je nach Einzelfall: meist Dienstvertrag (Dresd NJW-RR 00, 652); für Unternehmensberatung als Werkvertrag: Ddorf NJW-RR 97, 1005. **Bergungsvertrag** ist im Zweifel Dienstvertrag (§§ 740 ff HGB; Staud/Peters/*Jacoby* Vorbem zu §§ 631 ff Rz 34). **Bestattungsvertrag** (AG Heidelberg NJW-RR 01, 1132) aber idR mit Elementen der Geschäftsbesorgung und des Kaufs. **Bewachungsvertrag** idR Dienstvertrag (BGH NJW 00, 648); anders uU, wenn Honorar für konkrete Ermittlungsergebnisse gezahlt wird (Aufenthaltsort einer Person – iE: Schünemann/Stober/*Lindacher* Haftungsgrundsätze und Haftungsgrenzen des Sicherheitsgewerbes, 35 ff). **Bodenaushub** (Ddorf NJW-RR 99, 1432). **Buchführung**; auch als gemischter Vertrag möglich (BGH NJW 02, 1571). **EDV, Software** (Rspr-Übersicht: *Junker* NJW 04, 3162; 05, 2829; ausf: BaRoth/*Voit* § 631 Rz 13 mwN; vgl auch: *Henssler* MDR 93, 489 ff) Programmierleistungen und individuell hergestellte Software idR Werkvertrag (BGHZ 102, 135, 141; BGH NJW 93, 1063; iE *Junker* NJW 99, 1294, 1297 mwN); auch Anpassung von Standardsoftware (Karlsr CR 03, 95; Hamm NJW-RR 00, 1224; Ddorf NJW-RR 98, 345); Programmübertragung auf anderes Betriebssystem (BGH CR 02, 1994); Erwerb von Standardsoftware ist Kauf (BGHZ 102, 135; auch zusammengefasste Programme, Brandbg NJW-RR 99, 850); str, ob die Erstellung von Steuerungs-, Regelungs- und Überwachungssoftware der Errichtung eines Bauwerks

zugerechnet wird (Folge: fünfjährige Verjährungsfrist für Mängelrechte; bei BGH BauR 97, 640; abl Ddorf BauR 03, 1938); reine Programmierleistungen sind uU Dienstvertrag (LG München CR 95, 33).
Fernsehbeitrag Produktion mit vereinbartem Thema einschl Buch u Regie (LG Mainz NJW-RR 05, 854) **Fertighausvertrag** inkl Errichtungsverpflichtung. **Friseur** bei Vertrag über Haarfärbung, auch bei Haarschnitt. **Filmentwicklung** Saarbr NJW-RR 03, 122. **Gerüstbau** gemischter Vertrag; Aufbau ist nach Werkvertragsrecht, Überlassung nach Mietrecht zu beurteilen (Köln BauR 00, 1874). **Gutachten**: s. Rn 12. **Kommissionsvertrag** wohl Dienstvertrag (str). **Krankenhaus** Regelfall des direkten Vertrags des Patienten mit dem Krankenhausträger ist gemischter Vertrag, wobei mit eingeschlossener ärztlicher Behandlung das Dienstvertragelement überwiegt (Brandbg NJW-RR 03, 1383); bei Belegarztvertrag oder zusätzlichem Vertrag über ärztliche Behandlung getrennte Dienstverträge (BGH NJW 98, 1778). **Kunstwerke** Portrait, Fotographie. **Löschen, Entladen** zB Schiffsladung; LKW-Fracht. **Mobilfunk** s. Telekommunikation. **Partnerschaftsservice/-vermittlung** str; für Dienstvertrag: BGHZ 106, 341, 344 f; 112, 122, 123 – jedenfalls bei ausschl Vermittlung von Kontakten oder Kontaktmöglichkeiten; München NJW-RR 92, 1205, 1206; für Werkvertrag: Bambg NJW 84, 1466, 1467). **Piercing. Postdienstleistungen** bzgl Beförderung. **Rechtsberatung** nur bei geschuldetem Erfolg (zB Vertragsgestaltung, Entwurf von AGB), sonst idR Dienstvertrag. **Reinigung** von Gebäuden oder Geschäftsräumen, sofern AN Person des Ausführenden und Art der Ausführung bestimmt und dem AG keine Einzelweisungsbefugnis zusteht (so Hambg MDR 72, 866, jedoch soll Kündigung bei längerfristigen Reinigungsverträgen nach Dienstvertragsrecht erfolgen). **Reparatur**, auch bei Lieferung benötigter Ersatzteile (Karlsr NJW-RR 92, 1014). **Sachverständiger** für Gutachtenerstellung s. Rn 12. **Schiedsrichtervertrag** der Vertrag zwischen Parteien und Schiedsrichter wird zT als Vertrag eigener Art (BGH LM § 1025 ZPO Nr 5), bei Unentgeltlichkeit als Auftrag angesehen; die Haftung im Schiedsrichtervertrag bestimmt sich zwar nach den allgemeinen schuldrechtlichen Vorschriften, jedoch ist eine Haftungsbeschränkung wie beim staatlichen Richter (§ 839 II) als stillschweigend vereinbart anzunehmen (BGHZ 42, 313). **Schornsteinfeger** BGH VersR 54, 404.
Sportveranstaltung s. Aufführung; zur Manipulation durch Schiedsrichter *Schwab* NJW 05, 938. **Steuerberater** Geschäftsbesorgungsvertrag mit Dienstvertragscharakter (BGHZ 54, 106, 107; BGH VersR 80, 264 f), so bei laufender Tätigkeit (BGHZ 54, 106); Werkvertrag bei Einzelleistung wie Beantwortung spezieller Fragestellung oder Anfertigung des Jahresabschlusses möglich (BGHZ 115, 382, 386; BGH NJW 02, 1571, 1572; 02, 1107). **Strom-, Wärmelieferung** Kaufvertrag (BGHZ 59, 303). **Telekommunikationsdienste** je nach Vertragsinhalt; Leitungsfreischaltung ist idR Dienstvertrag (für Mobilfunkvertrag BGH NJW 02, 361, 362; Brandbg NJW-RR 02, 1080; Sonderregelung in TKG, TKV); ebenso Access-Provider-Vertrag (BGH NJW 05, 2076); bei Mehrwertdiensten (0190, 0900 Nummern) zusätzliches Vertragsverhältnis mit dem Diensteanbieter (TDG findet Anwendung – BGH NJW 04, 1590 auch zur Beweislast; s.a. AG Trier NJW-RR 05, 921; AG Bremen NJW-RR 05, 1287); bei speziellen Online-Diensten wie Download Werkvertrag aber auch Kaufvertrag möglich. **Tierzuchtvertrag** BGH NJW 91, 166. **TÜV-Abnahme** Werkvertrag bei Verpflichtung zur Herbeiführung der Abnahme (BGH NJW 72, 46). **Verlagsvertrag** wird durch das Verlagsgesetz geregelt. **Vermessung. Wartung** Werkvertrag (Frankf WRP 83, 626; Ddorf NJW-RR 88, 441 – Dauerwartung); uU auch Dienstvertrag möglich, wenn Serviceleistungen im Vordergrund stehen (BGH NJW-RR 97, 942 – Telefonanlage). **Werbung** kann Werkvertrag sein, sofern bestimmter Arbeitserfolg in Form eines individualisierbaren Werks wie Design eines Firmenlogos geschaffen wird (Ddorf NJW-RR 91, 120; Aushängen von Plakaten, BGH NJW 84, 2406) **Wirtschaftsprüfer** Geschäftsbesorgungsvertrag § 675 (Saarbr BB 78, 1434), s.a. Steuerberater. **Zahnarzt** idR Dienstvertrag; Werkvertrag hingegen ist die technische Anfertigung von Zahnprothesen (BGHZ 63, 309). **Zahntechniker** WerkV (Frankf NJW-RR 05, 701; Kobl NJW-RR 95, 567).

C. Rechtsgrundlagen. I. Allgemeines. Die Erscheinungsformen des Werkvertrages sind vielfältig und als solche in den §§ 631–651 nur unvollkommen geregelt. Vor diesem Hintergrund greifen für einzelne Sonderformen erfolgsbezogener vertraglicher Leistungsbeziehungen spezielle gesetzliche Regelungen, welche die Vorschriften des allgemeinen Werkvertragsrechts ersetzen bzw ergänzen. Das gilt bspw für den **Reisevertrag** (§§ 651a ff) und für **handelsrechtliche Frachtgeschäfte** (§§ 407 ff HGB), findet seinen Niederschlag allerdings auch in den für den **Geschäftsbesorgungsvertrag** (§ 675) geltenden Vorschriften des Auftragsrechts (insb §§ 666 f, 670), die etwa bei **Baubetreuungs- und Projektsteuerungsleistungen** mit engem Bezug zu den Vermögensinteressen des Auftraggebers (ergänzende) Anwendung finden können (vgl hierzu: *Eschenbruch* Rz 308 ff mwN. Für das in der Praxis stark von **Allgemeinen Geschäftsbedingungen** durchdrungene Werkvertragsrecht (zur VOB vgl Rn 25 ff) haben überdies die hierfür maßgeblichen Bestimmungen der §§ 305 ff große Bedeutung. Das gilt namentlich für die nach Maßgabe der Vorschriften in §§ 307-309 vorzunehmende **Inhaltskontrolle** und das durch § 307 I 2, III 2 in Umsetzung der Klauselrichtlinie nunmehr gesetzlich normierte **Transparenzgebot**. Darüber hinaus ist (nicht nur) das nationale Werkvertragsrecht auch nach der Einführung des Schuldrechtsmodernisierungsgesetzes (dazu sogleich) stark vom Regelungsgehalt **europarechtlicher Richtlinien** beeinflusst (zur richtlinienkonformen Auslegung des Sachmangelbegriffs in § 633 II anhand der **Verbrauchsgüterkaufrichtlinie** – ABl EG Nr L 171 12 § 633 Rz 21; s.a. *Thode* NZBau 02, 297, 300; zu deren Bedeutung für § 651: *ders* NZBau 02, 362; zur Bedeutung der **Klauselrichtlinie** für das Bauträgergeschäft: *Thode* ZNotP 04, 210 ff und 06, 208; BauR 99, 1294; zur 6.

Umsatzsteuerrichtlinie 77/388/EWG: BGH BauR 99, 1294). Art 27-29 EGBGB (IPR) enthält kollisionsrechtliche Bestimmungen für Werkverträge mit Auslandsbezug (s. dort).

22 **II. Schuldrechtsmodernisierung.** Die entscheidend durch die Vorgaben der Verbrauchsgüterkaufrichtlinie (ABl EG Nr L 171 12) veranlasste Einführung des Schuldrechtsmodernisierungsgesetzes hat zu einer tief greifenden Neugestaltung des Werkvertragsrechts geführt (vgl: *Haas* BB 01, 1313; *Voit* BauR 02, 145; *Sienz* BauR 02, 181; *Thode* NZBau 02 297 u 360). Die wichtigsten Neuerungen betreffen die in der **Neufassung des § 651** repräsentierte Ausweitung des Kaufvertragsrechts auf früher als Werklieferungsverträge über unvertretbare Sachen dem Werkvertragsrecht unterstellte Leistungsbeziehungen (iE dazu § 651 Rn 1), die der Harmonisierung des Leistungsstörungsrechts geschuldete Reform des **Sachmängelhaftungsrechts** (früher: Gewährleistungsrecht) nebst Einführung eines geänderten **Sachmangelbegriffs** (§ 633 II; zur richtlinienkonformen Auslegung: *Thode* NZBau 02, 197, 302 ff) und die Neuregelung des **Verjährungsrechts** (hierzu: *Lenkeit* BauR 02, 196) einschließlich der jetzt in § 634a niedergelegten Bestimmungen zur Verjährung der Mängelrechte. Hinzu treten zahlreiche redaktionelle Änderungen und Ergänzungen, wie sie sich beispielsweise in § 632 III betreffend die (nicht bestehende) Vergütungspflicht für **Kostenvoranschläge** finden.

23 Das neu gefasste Werkvertragsrecht gilt gem Art 229 § 5 EGBGB für alle Werkverträge, die **nach dem 31.12.01** geschlossen wurden, wobei allerdings für die Anwendung des **Verjährungsrechts** die besonderen Übergangsregelungen in Art 229 § 6 EGBGB zu beachten sind. Bei nach dem 31.12.01 begründeten **Dauerschuldverhältnissen** greift das neue Werkvertragsrecht gem Art 229 § 5 2 erst für die Zeit ab dem 1.1.03 (der Bauvertrag ist kein Dauerschuldverhältnis idS: BGH BauR 03, 533; aA *Anker/Zacher* BauR 02, 1772 – zumindest für die Erfüllungsphase).

24 Weitere Modifizierungen des Werkvertragsrechts hat das für nach dem 1.1.09 geschlossene Verträge geltende **Forderungssicherungsgesetz** vom 23.10.08 (FoSiG – BGBl I 2022; Übergangsregelung Art 229 § 18 [richtig: § 19]) mit zT signifikanten Änderungen der Regelungen in §§ 632a; 641 II, III; 648a und 649 S. 2 (iE s. dort; eingehend zum FoSiG: *Deckers* Das neue Forderungssicherungsgesetz, Werner Verlag, 09; zusammenfassend: *Hildebrandt* BauR 09, 4) gebracht. Darüber hinaus ist § 641a (Fertigstellungsbescheinigung) gestrichen und mit der gleichzeitigen Neugestaltung des **Bauforderungssicherungsgesetzes** (vormals: Gesetz über die Sicherung der Bauforderungen – GSB) sind die Voraussetzungen für die (deliktische) Haftung der Baugeldempfänger und ihrer (geschäftsführenden) Organe erheblich gesenkt worden.

25 **III. Vergabe-, Vertrags- bzw Verdingungsordnungen.** Weil die insoweit lückenhaften Regelungen des gesetzlichen Werkvertragsrechts den Bedürfnissen insb der Baurechtspraxis nicht gerecht werden, haben eigens für diesen Geschäftsbereich geschaffenen Vergabe-, Vertrags- und Verdingungsordnungen große praktische Bedeutung. Sie finden sich für **Bauleistungen** in der VOB, für **freiberufliche Leistungen** (Architekten und Ingenieure) in der VOF und für **andere Leistungen** in der VOL. Die vom Deutschen Vergabe- und Vertragsausschuss für Bauleistungen (DVA) erlassene und regelmäßig fortgeschriebene **VOB** (letzte Fassung 2006; davor anlässlich der Einführung des Schuldrechtsmodernisierungsgesetzes Fassung 2002 – BAnZ Nr 202 v 29.10.02) besteht aus 3 Teilen: **Teil A** enthält Vorschriften für die Vergabe von Bauaufträgen durch die öffentlichen Hand (dazu Rn 26), **Teil B** Vertragsbedingungen für die Abwicklung von Bauaufträgen (Rn 27 f) und **Teil C** Allgemeine Technische Vertragsbedingungen (ATV – Rn 30 f). Obwohl sie im Bundesanzeiger veröffentlicht werden, stellen die Teile B und C keine Rechtsnormen dar (zur Rechtsnatur: Rn 27 ff). Demgegenüber soll die VOB/A aufgrund der Verweisung der gem §§ 97 VI, 127 GWB erlassenen Vergabeverordnung (in §§ 4–6 VgV) Rechtsnormqualität zumindest oberhalb der EG-Schwellenwerte haben (*Quack* BauR 04, 1492 – für die VOB/A; nach BGHZ 139, 259, 266: Rechtssatzqualität). Unterhalb der Schwellenwerte kommt ihr hingegen lediglich der Rang einer Verwaltungsvorschrift mit rein innerdienstlicher Wirkung zu (BGH IBR 96, 487–489).

26 **1. VOB/A.** Teil A der VOB enthält Regelungen für die Vergabe von Aufträgen durch die öffentliche Hand. Sie geben vor, wie und mit welchem Inhalt ein Vertrag geschlossen werden kann (Vergabeverfahren und Vergabebedingungen), nicht aber die Vertragsbedingungen (die VOB/A enthält kein Bauvertragsrecht, so *Quack* BauR 04, 1492). Im Zuge der Umsetzung verschiedener EG-Richtlinien gelten für diese Aufträge besondere Vorschriften, insb die §§ 97 ff GWB (Vergabe- und Nachprüfungsverfahren) und die Vergabeverordnung; nach § 97 VII GWB besteht ein gerichtlich nachprüfbarer Anspruch des einzelnen Bewerbers (Bieters) auf Einhaltung der Vergabevorschriften (zu den Anforderungen bzgl der Antragsbefugnis im Nachprüfungsverfahren: BVerfG BauR 04, 1837. Danach genügt ein durch die Teilnahme an der Vergabe indiziertes Interesse am Auftrag und die Rüge der Nichtbeachtung von Vergabeverfahrensvorschriften). **Unterhalb der Schwellenwerte** gilt dieser Primärrechtsschutz nicht (BVerfG BauR 07, 98 = NJW 06, 3701; vgl ausf zu den Auswirkungen dieser Entscheidung: *Franke* FS Ganten, 273 ff) und auch der Weg zu den Verwaltungsgerichten zwecks Überprüfung des Vergabeverfahrens ist nach der Rspr des BVerwG (VergR 07, 337 = NJW 07, 2275) *in diesem Fällen nicht eröffnet* (anders noch die Vorinstanz: OVG Nordrhein-Westfalen VergR 07, 196). Im Ergebnis bleibt dem Bieter dann idR nur die (nachträgliche) Geltendmachung von zivilrechtlichen Schadensersatzansprüchen, die insb bei Verletzung des durch das Vergabeverfahren entstehenden Vertrauensverhältnisses gegeben sein können (BGHZ 49, 79; 60, 223; zum zivilrechtlichen Charakter der Vergabeentscheidung

zuletzt: LG Cottbus IBR 07, 695 f; s.a. § 126 GWB). Diese umfassen den Vertrauensschaden (negatives Interesse), ausnahmsweise auch den entgangenen Gewinn (positives Interesse), falls dem übergangenen Bieter der ausgeschriebene Vertrag hätte erteilt werden müssen (zB aufgrund Ausschlusses der anderen Bieter) und dieser tatsächlich an einen anderen Bieter erteilt wurde (so BGH BauR 04, 1503 für den Fall der zu Unrecht erfolgten Aufhebung einer Vergabe; Naumbg ZfBR 05, 210). Ausf zu Schadensersatzansprüchen des Bieters bei Vergabeverstößen: Ingenstau/Korbion/*Vygen*, Einl Rz 52 ff. Die VOB/A 09 idF ihrer amtlichen Bekanntmachung (BAnz Nr 155 v 15.10.09, 3549) soll im Frühjahr 2010 durch eine Änderung der VergabeVO und Veröffentlichung als DIN Norm zur Anwendung vorgeschrieben werden. Sie besteht nur noch aus 2 Abschn (zuvor 4); Abschn 1 enthält die Basisparagraphen für die öffentliche Vergabe von Aufträgen unterhalb der Schwellenwerte, Abschn 2 in den sog „a-Paragraphen" zusätzliche Bestimmungen nach der VergabekoordinierungsRL vom 31.3.04 (2004/18/EG) für Aufträge oberhalb der Schwellenwerte (EU-Vergaben) nach Maßgabe des GWB und der VergabeVO (sog **Kaskadenprinzip**). Für eine weitere inhaltliche Auseinandersetzung mit dem Regelungsgefüge der VOB/A und dem Regelungsgehalt der dort niedergelegten Bestimmungen ist an dieser Stelle kein Raum. Insoweit wird auf die einschlägige Literatur verwiesen.

2. VOB/B. Teil B der VOB (ebenso die VOL) enthält Vertragsbedingungen, die auf die Besonderheiten der zu 27 erbringenden Leistung abgestimmt sind und einen (im Wesentlichen) ausgewogenen Ausgleich der Beteiligteninteressen gewährleisten (BGHZ 86, 135). Sie bezieht sich grds nur auf **Bauleistungen**, so dass die in einem Generalunternehmervertrag zusätzlich übernommenen Architekten- und Ingenieurleistungen nicht erfasst sein sollen (BGH NJW 88, 142; Hamm BauR 90, 104; zur Geltung für das **Bauträgergeschäft**: Werner/Pastor Rz 1017 mwN). Allerdings ist die VOB/B weder Rechtsnorm noch Ausfluss einer Verkehrssitte oder eines Handelsbrauchs, sondern AGB (krit dazu: *Leupertz* Jahrbuch Baurecht 04, 43 ff). Als solche unterliegt sie den in §§ 305 ff niedergelegten Wirksamkeitsvoraussetzungen. Das führt dazu, dass sie unter den sich aus § 305 I, II ergebenden Voraussetzungen wirksam in den Vertrag **einbezogen** werden muss (vgl aber die Sonderregelungen in § 310 I bei Verwendung ggü Unternehmern oder der öffentlichen Hand – BGH WM 91, 459). Voraussetzung hierfür ist zunächst eine entsprechende **rechtsgeschäftliche Vereinbarung** der Parteien. Darüber hinaus müssen **Verbraucher** in angemessener Weise Gelegenheit zur Kenntnisnahme des vollständigen VOB-Textes erhalten (BGHZ 109, 192; BauR 91, 328; für Notarverträge: BGH BauR 92, 503), was regelmäßig durch Einbindung in den Vertragstext oder durch gesonderte Aushändigung eines Text-Exemplars geschehen sollte. Ggü im Baurecht bewanderten Vertragspartnern genügt demgegenüber der bloße Verweis auf ihre Geltung (BGH BauR 99, 1186; BGHZ 86, 135). Ebenso, wenn der Auftraggeber durch einen Architekten oder einen anderen Baufachmann rechtsgeschäftlich vertreten/beraten wird (Hamm NJW-RR 91, 277 – Architekt; Ddorf BauR 93, 508 – Treuhänder). Vertragsinhalt wird, sofern die Vertragsparteien keine andere Vereinbarung getroffen oder die (nach Köln BauR 05, 765 unklare) Formulierung „in der jeweils gültigen Fassung" verwendet haben, die im Zeitpunkt des Vertragsschlusses veröffentlichte aktuelle Fassung. Allerdings ist insoweit auch eine nachträgliche Parteivereinbarung möglich (BGH NJW 99, 3261). Umstr ist, ob dabei der Zeitpunkt der „Veröffentlichung" mit dem Tag des Abdrucks im Bundesanzeiger, ein früherer (so Köln IBR 05, 128 mit Anm *Putzier*) oder ggf ein späterer (Verbindlichkeitserklärung) maßgebend ist. Hinsichtlich eines Fassungswechsels während der Vertragsverhandlungen ist auf die allgemeinen Regeln zum Vertragsschluss und der Vertragsauslegung abzustellen (Kobl NJW-RR 99, 748). Im Prozess ist vAw zu überprüfen, ob die sich so ergebenden Anforderungen an eine wirksame Einbeziehung erfüllt sind. Die Parteien obliegt es mithin, hierzu nachprüfbar vorzutragen (*Kniffka/Koeble* 3. Teil Rz 24).

Seit Jahren wird unter dem Schlagwort **„Gesamtprivilegierung der VOB/B"** streitig diskutiert, ob und wenn 28 ja, inwieweit die Bestimmungen der VOB/B einer **isolierten Inhaltskontrolle** nach §§ 307 ff entzogen sind. Die ältere Rspr sah die VOB/B unter der Geltung des alten Schuldrechts und anknüpfend an § 23 II Nr 5 AGBG aF ohne Weiteres als insgesamt privilegiert an, und zwar selbst dann, wenn die Vertragsparteien einzelne Regelungen der VOB/B im Vertrag abgeändert hatten, soweit darin kein Eingriff in den Kernbereich der VOB/B lag (grdl: BGH BauR 83, 161; zuletzt: BauR 03, 380). Diese sog **„Kernbereichrechtsprechung"** hat der BGH im Jahr 2004 mit dem Ergebnis aufgegeben, dass nur noch bei Vereinbarung der VOB/B **ohne jede Abänderung** („als Ganzes") eine Gesamtprivilegierung überhaupt in Betracht kommt (BGH NJW 04, 1597 = BauR 04, 668). Dahinter steht die Annahme, bei der VOB/B handele es sich (nur) in ihrer Gesamtheit um ein ausgewogenes, die Interessen von Unternehmern und Bestellern gleichermaßen angemessen berücksichtigendes Regelwerk. Dieses Ausgewogenheitspostulat greift nach der jüngsten Rspr des BGH jedenfalls dann nicht, wenn der Vertragspartner des Verwenders ein **Verbraucher** ist (BGH BauR 08, 1603). Wird die VOB/B mithin ggü Verbrauchern verwendet, unterliegen ihre einzelnen Klauseln auch dann der nach §§ 307 ff vorzunehmenden Inhaltskontrolle, wenn sie als Ganzes ohne jede Änderung vereinbart ist. Diese Rspr korrespondiert mit der durch das Inkrafttreten des FoSiG (Rn 24) seit dem 1.1.09 bestehenden Rechtslage, wonach die singulären Ausnahmetatbestände der §§ 308 Nr. 5 und 309 Nr. 8b ff entfallen und gem § 310 I 3 nF die Klauseln der als Ganzes in den Vertrag einbezogenen VOB/B in ihrer jeweils gültigen Fassung (mit verfassungsrechtlichen Bedenken gegen eine solche dynamische Verweisung: *Thode* jurisPR-PrivBauR 11/08, Anm 1) bei Verwendung ggü einem Unternehmer, einer juristischen Person des öffentlichen Rechts oder einem öffentlich-rechtlichen Sondervermögen insgesamt der AGB-rechtlichen Inhaltskontrolle entzogen sind. Demgegenüber bleibt es auch weiterhin der gerichtlichen Überprüfung nach Maßgabe der §§ 307 ff überlassen, ob die VOB/B als Ganzes überhaupt ein ausgewogenes Regelwerk enthält (vgl dazu: *Oberhauser*, Jahrbuch Baurecht 02, 1) und im obigen Sinne (eingeschränkt) „privilegierungsfähig" ist (BGH aaO; ebenso die Gesetzesbegründung: BTDrs 16/9787 18). Die weitgehende Entprivilegierung der VOB/B führt dazu, dass ihre einzelnen Klauseln idR der Inhaltskontrolle gem §§ 307 ff unterliegen. Ua wegen der damit verbundenen AGB-Anfälligkeit auch zentraler Regelungen der VOB/B wird im Interesse der Rechtssicherheit diskutiert, ein besonderes BGB-Bauvertragsrecht zu schaffen (s. dazu das Thesenpapier des Arbeitskreises I des Deutschen Baugerichtstages eV, zum 3. Deutschen Baugerichtstag, abrufbar unter www.baugerichtstag.de).

29 Derzeit gilt die VOB/B idF 09 (BAnz Nr 155 v 15.10.09, 3549), die nunmehr in Anlehnung an die für gesetzliche Bestimmungen geltenden Usancen in §§, Abs, Nrn und S. gegliedert ist. Inhaltliche Änderungen haben sich im Vergleich zur VOB/B 06 nur durch die Einfügung des § 16 V Nr 4 VOB/B ergeben, wonach der Unternehmer in Ansehung der jüngsten BGH-Rspr zur Unwirksamkeit des bisherigen § 16 Nr 5 III VOB/B (BauR 09, 1736, 1741) Verzugszinsen in gesetzlicher Höhe (§ 288 II) auch ohne Nachfristsetzung verlangen kann, wenn der Auftraggeber das fällige unbestrittene Guthaben nicht innerhalb von 2 Monaten nach Zugang der Schlussrechnung zahlt (vgl § 286 III). Ob die Zinsklauseln in § 16 V VOB/B der Inhaltskontrolle nun standhalten kann, erscheint gleichwohl fraglich, weil ein nach dem Gesetz vorgesehener Anspruch auf Fälligkeitszinsen (vgl § 641 IV) weiterhin ausgeschlossen ist (vgl BGH aaO, Tz 52). Darüber hinaus hat der DVA in Fn 8 mit Rücksicht auf die og Entscheidung des BGH (BauR 08, 1603) hervorgehoben, dass er die VOB/B ausschließlich zur Anwendung ggü Unternehmen, juristischen Personen des öffentlichen Rechts und öffentlich-rechtlichen Sondervermögens empfiehlt.

30 **3. VOB/C. Teil C der VOB** enthält in den dort als DIN-Normen niedergelegten Allgemeinen Technischen Vertragsbedingungen (ATV) nicht nur **anerkannte Regeln der Technik** (iE dazu sowie zu deren Bedeutung für die Sachmängelhaftung § 633 Rn 23), sondern auch **Vertragsregeln** zur Bestimmung und Abrechnung einer Bauleistung. (Jedenfalls) Insoweit handelt es sich um **AGB** (BGH NJW-RR 04, 1248), die grds nur kraft wirksamer Einbeziehung (dazu oben Rn 27) unmittelbare Geltung beanspruchen (ausf hierzu: Beck'scher VOB-Komm/*Vogel* Teil C, Syst. V, Rz 14ff). Indes: Haben gewerblich im Baugeschäft tätige Unternehmer die VOB/B wirksam vereinbart, so werden die Bestimmungen der VOB/C auch ohne besonderen Einbeziehungsakt bereits durch die Verweisung in § 1 Nr 1 VOB/B Vertragsbestandteil (BGH BauR 06, 2040). Anders, wenn es sich bei dem Vertragspartner des Verwenders um einen nicht im Baugewerbe bewanderten **Verbraucher** handelt. Dann setzt die wirksame Einbeziehung der VOB/C auch iRe VOB/B-Vertrages voraus, dass ihm Gelegenheit gegeben wird, in angemessener Weise vom Inhalt der VOB/C-Bestimmungen Kenntnis zu nehmen (BGH NJW 94, 2547; *Tempel* NZBau 03, 465; s. iE Rn 27).

31 Soweit die VOB/C Vertragsbestandteil geworden ist, kommt ihr insb durch die in Abschn 4 der einzelnen DIN-Normen geregelte Unterscheidung zwischen Nebenleistungen und Besonderen Leistungen Bedeutung für die **Vertragsauslegung** im Zusammenhang mit der Ermittlung des (vergütungspflichtigen) Leistungsumfangs zu (so jetzt ausdrücklich: BGH BauR 06, 2040). Ob und wenn ja, in welchem Umfang sie auch ohne eine wirksame Einbeziehung Auslegungskriterium idS sein kann, ist bisher nicht abschließend geklärt (ausf zur Rechtsnatur und Bedeutung der VOB/C: Beck'scher VOB-Komm/*Motzke* Teil C, Syst. III, Rz 55 ff mwN; vgl auch: *Kniffka* ibr-online-Kommentar Bauvertragsrecht, Stand 26.5.09, § 631 Rz 518, 529).

§ 631 Vertragstypische Pflichten beim Werkvertrag. (1) Durch den Werkvertrag wird der Unternehmer zur Herstellung des versprochenen Werkes, der Besteller zur Entrichtung der vereinbarten Vergütung verpflichtet.
(2) Gegenstand des Werkvertrags kann sowohl die Herstellung oder Veränderung einer Sache als ein anderer durch Arbeit oder Dienstleistung herbeizuführender Erfolg sein.

1 **A. Regelungsgehalt und allgemeine Grundlagen.** § 631 definiert die im Synallagma stehenden werkvertraglichen Leistungspflichten (zur Rechtsnatur des Werkvertrages iE: Vor §§ 631 bis 651 Rn 1 ff), ohne deren Inhalt näher festzulegen. Die Vorschrift bestimmt solcherart also lediglich den Rahmen, in dem die Vertragsparteien privatautonom darüber entscheiden, worin der geschuldete **Werkerfolg** bestehen soll und welche **Vergütung** hierfür als Gegenleistung zu zahlen ist. Das führt in der Praxis dann zu erheblichen Problemen, wenn – wie insb im Baugeschäft üblich – der Besteller über die bloße Festlegung des Werkergebnisses hinaus im Wege einer konkreten **Leistungsbeschreibung** Vorgaben dazu macht, welche Leistungen im Einzelnen ausgeführt werden sollen, um den erstrebten Werkerfolg zu erreichen (vgl dazu: BGH NJW 02, 265). Dann stellt sich oft die Frage, ob und wenn ja, unter welchen Voraussetzungen der Unternehmer auch solche (Teil-) Leistungen erbringen muss, die über den vom Besteller vorgegebenen Leistungsumfang hinaus zur Verwirklichung eines den Vorstellungen der Vertragsparteien entsprechenden, **funktionierenden Gewerkes** erforderlich sind. Insoweit erlangt der Grundsatz besondere Bedeutung, dass der Unternehmer den vereinbarten **Erfolg** (BGH BauR 03, 236, 238) und nicht (nur) die Abarbeitung der Ausführungsvorgaben in der Leistungsbeschreibung des Bestellers schuldet (BGHZ 139, 244 = BGH NJW 98, 3707; BGH NJW-RR 00, 465; zuletzt: BGH BauR 08, 344 = NJW 08, 511). Wird der funktionale Erfolg trotz vollständiger und mangelfreier

Umsetzung der Leistungsbeschreibung verfehlt, so haftet der Unternehmer nach den Vorschriften des werkvertraglichen Sachmängelhaftungsrechts (§§ 634 ff), wenn er den Besteller nicht rechtzeitig und ausreichend auf für ihn **erkennbare Unzulänglichkeiten** der Leistungsbeschreibung und die sich hieraus für die Realisierung des Bauvorhabens ergebenden Konsequenzen **hingewiesen** hat (vgl §§ 13 III, 4 III VOB/B, deren Regelungsgehalt über § 242 auch auf den BGB-Bauvertrag Anwendung findet – BGH BauR 87, 86; Ddorf BauR 94, 762; iE zu **Prüfungs- und Hinweispflichten** des Unternehmers: Rn 27 und § 633 Rn 22). Diese Grundsätze gelten nach der jüngsten Rspr des BGH trotz verändertem Mangelbegriff (dazu: § 633 Rn 20 ff) uneingeschränkt auch für das neue Schuldrecht (BGH NJW 08, 511 = BauR 08, 344).

Noch schwieriger zu beantworten ist in derartigen Fällen die Frage, ob der Unternehmer für solche **zusätzlichen Leistungen** ein **besonderes Entgelt** erhält. Dafür ist zunächst – ggf im Wege der **Vertragsauslegung** (§§ 133, 157 – eingehend hierzu: BGH BauR 06, 2040; zur Auslegung einer funktionalen Ausschreibung: BGH BauR 08, 1131; vgl auch: *Leupertz/Merkens* § 7 Rz 19 f; *Markus* Jahrbuch Baurecht 04, 1 ff) – der nach dem Vertrag **vergütungspflichtige Leistungsumfang** zu ermitteln, der nach obigen Grundsätzen nicht notwendig dem tatsächlich erforderlichen Leistungsumfang entspricht. Denn die Vertragsparteien gehen iR ihrer nach allgemeinen Grundsätzen zur Geschäftsgrundlage zu rechnenden **Äquivalenzerwartung** in Ermangelung gegenteiliger tatsächlicher Anhaltspunkte regelmäßig davon aus, dass bereits die Erbringung der nach der Leistungsbeschreibung vorgesehenen Leistungen zur Erreichung des Bauerfolges führen wird und dass die hierfür vereinbarte Vergütung eine adäquate Gegenleistung (nur) für diese Leistungen darstellt (vgl: *Leupertz* BauR 05, 775, 788 mwN). Daraus folgt: Die vertraglich vereinbarte Vergütung deckt nur den nach obigen Grundsätzen verpreisten Leistungsumfang ab. Zusätzlich für die Erreichung des Werkerfolgs notwendig werdende Leistungen sind nach dem auch für den BGB Werkvertrag geltenden **Konsensprinzip** nur dann gesondert zu vergüten, wenn und soweit die Parteien eine entsprechende **rechtsgeschäftliche Vereinbarung** nach Maßgabe der §§ 631, 632 treffen (anders beim VOB/B-Vertrag, wo dem Besteller durch §§ 1 III, IV VOB/B mit den durch §§ 2 V, VI, VII VOB/B festgelegten Folgen für die (Nachtrags-) Vergütung ein einseitiges **Leistungsbestimmungsrecht** eingeräumt ist; für den BGB-Bauvertrag besteht ein aus Treu und Glauben hergeleitetes **einseitiges Anordnungsrecht** nach hM nur in Ausnahmefällen – BGH, BauR 96, 378, 380; weitergehend: MüKo/*Busche* § 631 Rz 123 – Leistungsbestimmungsrecht aus der Natur des Bauvertrages mit der Vergütungsfolge des § 632 II; BaRoth/*Voit* § 631 Rz 37 – Leistungsänderungsrecht des Bestellers mit Verpflichtung zur Fortschreibung der Vertragspreise). Für das (konkludente) Zustandekommen einer solchen vertraglichen Abrede reicht die schlichte Entgegennahme der Zusatzleistungen durch den Besteller uU nicht aus (BGH NJW 97, 1982), erst recht nicht, wenn Uneinigkeit zwischen den Parteien über den nach dem Ausgangsvertrag geschuldeten Leistungsumfang besteht und sich nachträglich herausstellt, dass die vermeintlich zusätzlich erforderlichen Leistungen schon vom ursprünglich verpreisten Leistungsumfang umfasst waren (*Kniffka* ibr-online-Kommentar Bauvertragsrecht, Stand 26.5.09, § 631 Rz 428 ff; zur Unterscheidung zwischen kostenloser **Mängelbeseitigung** und vergütungspflichtigem Zusatzauftrag: Celle BauR 03, 265; Karlsr BauR 03, 1241). Andererseits hat der zur Verwirklichung eines mangelfreien, funktionstauglichen Gewerkes gezwungene Unternehmer (s. Rn 1) uU einen Anspruch darauf, vom Besteller gegen entsprechendes Entgelt mit der Ausführung tatsächlich erforderlicher Zusatzleistungen beauftragt zu werden (hierzu: *Kniffka* ibr-online-Kommentar Bauvertragsrecht, Stand 26.5.09, § 631 Rz 424 – Ausfluss der **Kooperationspflicht**, vgl BGH BauR 00, 409). Kommt eine solche Vereinbarung nicht zustande, bleibt ihm indes nur der Weg über Ansprüche aus GoA, Bereicherungsrecht oder aus dem Gesichtspunkt einer Vertragsanpassung wegen einer Störung der Geschäftsgrundlage gem § 313 II (eingehend hierzu: *Leupertz* BauR 05, 775; zur Anwendbarkeit des § 313 II bei signifikanten **Mengenänderungen**: *Werner/Pastor* Rz 2501 mwN).

B. Wirksamer Vertrag. I. Zustandekommen. Maßgebend für das Zustandekommen eines wirksamen Werkvertrages sind die allgemeinen Grundsätze der Rechtsgeschäftslehre – § 104 ff. Unternehmer und Besteller müssen sich also mit **Angebot und Annahme** über die wesentlichen Vertragsbedingungen (essentialia negotii) einigen (bei der **öffentlichen Vergabe** erfolgt die Annahme des Angebots durch den Zuschlag – zB § 28 VOB/A; zum Zustandekommen eines Werkvertrages im Wege einer Internetauktion: Hamm BauR 07, 1048; zu den Wirkungen eines kaufm Bestätigungsschreibens: Oldbg BauR 07, 1742), wozu außer der Bestimmung der werkvertraglichen Leistungsverpflichtung des Unternehmers grds auch die hierfür vom Besteller als Gegenleistung zu zahlende Vergütung gehört (§ 631 I; s.o. Rn 2 und Rn 35 ff). Allerdings gilt für den Werkvertrag die sich aus § 632 I ergebende Besonderheit, dass die Vertragsparteien keine Vergütungsvereinbarung treffen müssen, um einen wirksamen Werkvertrag zu schließen (Ddorf NZBau 02, 279). Vielmehr reicht es aus, wenn die Herstellung des ausbedungenen Werkes nach den **Umständen** nur gegen eine Vergütung zu erwarten ist (iE dazu: § 632 Rn 3 ff). Solche Umstände muss der Unternehmer darlegen und beweisen, wobei sich insb der **gewerbliche Unternehmer** idR auf den **Erfahrungssatz der Entgeltlichkeit** berufen kann (hierzu: BGH BauR 87, 454; ausf: *Kniffka* ibr-online-Kommentar Bauvertragsrecht, Stand 26.5.09, § 632 Rz 17 ff). Demgegenüber trägt nach Auffassung des BGH (BauR 87, 454) der Besteller die Beweislast für eine die Fiktion des § 632 I beseitigende **Unentgeltlichkeitsabrede** (krit hierzu: *Kniffka* ibr-online-Kommentar Bauvertragsrecht, Stand 26.5.09, § 632 Rz 22). Allerdings muss in Abgrenzung zum Gefälligkeitsverhältnis in jedem Fall ein **Rechtsbindungswille** der Vertragsparteien gegeben sein. Daran kann es im Einzelfall fehlen,

§ 631   Vertragstypische Pflichten beim Werkvertrag

wenn der Unternehmer Bauleistungen nicht in Ausübung seiner beruflichen Tätigkeit, sondern auf der Grundlage **freundschaftlicher, nachbarschaftlicher oder verwandtschaftlicher Beziehungen** zum Besteller erbringt (vgl hierzu: BGH NJW 85, 1778; Celle BauR 02, 1427; Köln NJW-RR 94, 1239, 1240 – keine unentgeltliche Gefälligkeit bei Leistungen von bedeutendem Wert unter Einsatz eigener Finanzmittel).

4 Daran anknüpfend stellt sich insb im Zusammenhang mit **Architektenleistungen** oft die Frage, wann der Bereich der unentgeltlichen **Akquisition**, dh der werbenden Tätigkeit endet. Erbringt der Architekt solche Leistungen (zumeist Grundlagenermittlung oder Vorentwürfe – Lph 1, 2 nach § 15 II HOAI) lediglich in der Erwartung, dadurch den Abschluss eines weitergehenden Architektenvertrages zu befördern, so handelt es sich nach der – allerdings oft bedenklich weit gehenden – Rspr der Instanzgerichte um „Hoffnungsinvestitionen in die Zukunft" ohne rechtsgeschäftliche Grundlage, die dementsprechend vergütungslos bleiben (vgl: Celle BauR 04, 361; Ddorf BauR 03, 1251; Dresd BauR 01, 1769; Hamm NZBau 01, 508). Ob das der Fall ist, muss im Einzelfall unter Berücksichtigung aller maßgeblichen Umstände ermittelt werden (BGH BauR 99, 1319, 1320; Kobl IBR 05, 428; Thode/Wirth/Kuffer/*Schwenker* § 4 Rz 95 mwN). Dabei kann allein aus der Entgegennahme von Vorentwürfen nicht ohne weiteres auf den Willen des Bauherrn geschlossen werden, ein evt. darin liegendes Vertragsangebot anzunehmen (BGH BauR 99, 1319, 1320). Nicht mehr im vergütungsfreien akquisitorischen Bereich anzusiedeln ist es hingegen, wenn sich der Bauherr die Planungsleistungen iR einer Bauvoranfrage (BGH BauR 97, 1060; IBR 00, 331) oder einer Genehmigung mit Ausnahmen von den Festsetzungen des Bebbauungsplans (Stuttg BauR 05, 1202) zu Nutzen macht. Gleiches gilt, wenn der Bauherr die vom Architekten erbetenen Planungsleistungen zur Einschätzung der Baukosten verwendet (Stuttg BauR 05, 1202). Ob ein Architektenvertrag konkludent durch die Entgegennahme von Leistungen geschlossen wurde, ist im Einzelfall durch Auslegung zu ermitteln (BGH NJW-RR 08, 110). Darlegungs- und beweispflichtig für einen Vertragsschluss mit wechselseitigen Rechtsbindungswillen ist der Architekt (BGH NJW-RR 05, 19), für den allerdings zumindest im Ausgangspunkt ebenfalls die Vermutung spricht, dass er in aller Regel nur entgeltlich arbeitet (BGH NJW 87, 2742; s. Rn 3).

5 Kein vollwirksamer Werkvertrag liegt vor, wenn dieser unter einer **aufschiebenden Bedingung** (§ 158 I) geschlossen wurde und die Bedingung (noch) nicht eingetreten ist (Bsp für solche Bedingungen: Erwerb des Baugrundstücks, Finanzierung, Erteilung öffentlich-rechtlicher Genehmigungen; vgl BGH Urt v 18.12.08 – VII ZR 189/06 – Erteilung eines [bedingten] Auftrages über Architektenleistungen für den Fall der [positiven] Bauentscheidung des Bestellers; zur Rechtslage bis zum Ausbleiben der Bedingung: § 158 Rn 23); ebenso bei Eintritt einer vereinbarten **auflösenden Bedingung** (§ 158 II). Auch für diese Fälle gilt im Ausgangspunkt, dass die **Beweislast** für den Vertragsschluss grds derjenige trägt, der aus dem Vertrag Rechte herleiten will (BGH NJW 85, 497; MüKo/*Westermann* § 158 Rz 49 mwN). Daran ändert sich nichts, wenn der auf die vertragliche Vergütung in Anspruch genommene Auftraggeber einwendet, der Vertrag sei aufschiebend bedingt geschlossen worden und die Bedingung sei (noch) nicht eingetreten. Dann muss nach herrschender **Leugnungstheorie** der Unternehmer im Streitfall nicht nur den Abschluss eines unbedingten Vertrages, sondern ggf auch den Eintritt der Bedingung beweisen (BGH NJW 02, 2862; Jena MDR 99, 1381; Staud/*Bork* Vor §§ 158 ff Rz 50; MüKo/*Westermann* § 158 Rz 49; aA: AnwK/*Wackerbarth* § 158 Rz 77; Soergel/*Wolf* Vor § 158 Rz 47). Beruft sich der Besteller hingegen auf eine nachträgliche Änderung des zunächst unbedingt geschlossenen Vertrages durch die spätere Vereinbarung und den Eintritt einer auflösenden Bedingung, so trägt er hierfür die Beweislast (*Kniffka/Koeble*, 12. Teil Rz 20 ff). Insb Architekten werden oft **stufenweise** mit Planungs- und Überwachungsleistungen beauftragt, zumeist in Form eines **„Optionsvertrages"**. Damit behält sich der Auftraggeber vor, einzelne Leistungsteile des Gesamtauftrages gesondert durch rechtsgeschäftliche Erklärung abzurufen (hierzu: Korbion/Mantscheff/Vygen/*Wirth*, Einf Rz 94f). Das geschieht in aller Regel zu den bereits im Ausgangsvertrag vereinbarten Bedingungen. Insb die dortigen Honorarvereinbarungen stehen unter der aufschiebenden Bedingung des Abrufs der jeweiligen Leistung; sie sind auch für später abgerufene Leistungen wirksam bei Vertragsschluss vereinbart – vgl § 4 I HOAI (BGH BauR 09, 264; einschränkend für die Durchführung eines vom Ausgangsvertrag abweichenden Projekts: BGH BauR 09, 523).

6 Einigen sich die Parteien auf die Erbringung **zusätzlicher oder geänderter Leistungen** (vgl hierzu Rn 2), ohne hierfür eine Vergütung zu bestimmen, ergibt sich die Vergütungspflicht grds aus § 632, es sei denn die Parteien haben anderes vertraglich vereinbart (Bsp: Vereinbarung der VOB/B. Aufgrund der Regelungen in § 2 VOB/B findet § 632 keine Anwendung). AGB, wonach die Vergütung für zusätzliche Leistungen von einem schriftlichen Auftrag abhängig gemacht wird, sind idR unwirksam (§ 307, BGH BauR 05, 94). Verlangt der Unternehmer eine (vertragliche) Vergütung für die Mehrleistungen, muss er nicht nur den Vertragsschluss, sondern auch beweisen, dass die Mehrleistungen nicht bereits zum ursprünglichen Leistungsumfang gehörten (BGH NJW 02, 740; NJW-RR 96, 952; s.a. Rn 2). Bei Architekten-/Ingenieurleistungen ist zudem das zwingende Preisrecht der HOAI zu beachten.

7 Die Parteien können sich bei Abschluss des Vertrages nach allgemeinen Grundsätzen **rechtsgeschäftlich vertreten lassen** – §§ 164 ff. Allerdings ist der vom Besteller mit der Planung und/oder Überwachung des Bauvorhabens beauftragte Architekt nicht ohne weiteres **bevollmächtigt**, ggü dem Unternehmer rechtsgeschäftliche Erklärungen für den Besteller abzugeben (ebenso: Bauleiter und Baubetreuer). Vielmehr bedarf es hierfür der rechtsgeschäftlichen Erteilung einer Vollmacht (vgl BGH NJW 78, 995; Frankf BauR 08, 1144 – konklu-

dent; Ddorf BauR 00, 1198; ausf: Kuffer/Wirth/*Neumeister* Kap 10 Teil A, Rz 172 ff mwN; zum Umfang: Bambg BauR 07, 1780), die sich aus dem Architektenvertrag ohne besondere Regelungen allenfalls für einem geordneten Bauablauf geschuldete Erteilung von **kleineren Zusatzaufträgen** ergibt (BGH NJW 60, 859; BauR 75, 358; Saarbr NJW-RR 99, 668). IÜ sind die Grundsätze der **Duldungs- und Anscheinsvollmacht** zu beachten (KG BauR 08, 97 – Anscheinsvollmacht des Architekten).

II. Form. Der Werkvertrag ist grds **formfrei**, die Parteien können jedoch anderes bestimmen. Gemischte oder zusammengesetzte Verträge, bei denen Teile formbedürftig sind (zB nach § 311b), unterliegen demgegenüber insgesamt dem Formzwang, soweit ein einheitlicher Vertrag vorliegt. So insb Verträge über die Verpflichtung zur Errichtung eines Gebäudes auf sodann zu übertragendem Grundstück (BGH NJW 81, 2749). Dann erstreckt sich die Beurkundungspflicht auf sämtliche Vertragsbestandteile, auch auf die zum Vertragsgegenstand erhobene Baubeschreibung (BGH BauR 05, 866). Von den bindenden Preisvorschriften der **HOAI** können die Vertragsparteien eines Architektenvertrages gem § 4 I HOAI nur durch schriftliche Vereinbarung abweichen, die zudem bei Auftragserteilung getroffen werden muss. Sonst schuldet der Auftraggeber nur das Mindestsatzhonorar – § 4 IV HOAI. **Schriftformklauseln** sind – auch als AGB – grds zulässig. Unwirksam sind jedoch formularmäßige Schriftformklauseln, die dazu dienen, nach Vertragsschluss getroffene mündliche Individualabreden auszuschließen (BGH NJW 04, 502; IBR 06, 52). IRd Stellvertretung bedarf die **Vollmacht** des abschlussberechtigten Vertreters keiner Form (§ 167 II). **8**

Rechtsfolge der Formunrichtigkeit ist regelmäßig die Nichtigkeit des Vertrages (§ 125, bei Teilbarkeit § 139 Hs 2). Die formunwirksam iRe Werkvertrages vereinbarte Übertragung von Grundstückseigentum kann allerdings gem § 311b I 2 durch Auflassung geheilt werden. Bei Vertragsschlüssen mit **Kirchen und Kommunen** ist zwischen gesetzlichen Form- und Vertretungsregeln zu unterscheiden. Bei Kirchen liegen gem EGBGB bundesrechtliche Formvorschriften iSd § 125 vor. Bei Kommunen finden sich in den jeweiligen Landesregelungen materielle Vertretungsregeln iSd §§ 164 ff (§ 54 GemO-BW, § 64 I GO-NRW, § 63 GO-Niedersachsen). Sie dienen dem Schutz der öffentlich-rechtlichen Körperschaften und ihrer Mitglieder (BGH BauR 04, 495). Bei nicht ordnungsgemäßer Vertretung der Kommune ist zunächst von schwebender Unwirksamkeit des Vertrags auszugehen (§§ 177 ff), eine Genehmigung ist möglich (BGH NJW 72, 940); ggf ergeben sich Vergütungsansprüche aus § 2 Nr 8 II VOB/B (instruktiv BGH BauR 04, 495 zur Frage „mutmaßlicher Wille") oder §§ 677, 812 ff (BGH BauR 04, 495) sowie Schadensersatzansprüche nach § 311 (BGHZ 157, 168). **9**

III. Widerrufsrecht des Bestellers. Bei Verbraucherverträgen hat der Besteller die gesetzlichen Widerrufsrechte (s. für Haustürgeschäfte § 312; für Fernabsatzgeschäfte § 312b; für Darlehen/Zahlungsaufschub/Teilzahlungsgeschäfte §§ 495, 499 I, 501). Bei Bauverträgen kommen insb § 312b III Nr 4, § 491 II Nr 3 iVm § 499 III Bedeutung zu. **10**

IV. Unwirksamkeit. 1. § 134. Die Unwirksamkeit des Werkvertrages kann sich aus einem Verstoß gegen gesetzliche Verbote iSd § 134 ergeben. Danach ist der Werkvertrag bspw nichtig, wenn **beide Seiten** gegen das Gesetz zur Bekämpfung verbotener **Schwarzarbeit** verstoßen (BGHZ 85, 39; 111, 308, 311; BGH NJW 90, 2542; Brandbg BauR 07, 1586 – keine Mängel- und Bereicherungsansprüche). Anders hingegen, wenn keine Anhaltspunkte dafür vorliegen, dass dem Besteller ein solcher Verstoß bewusst war (Ddorf NJW-RR 05, 852). Bei einem einseitigem Verstoß muss die andere Partei diesen nämlich zumindest erkennen und zudem bewusst zu ihrem Vorteil ausnutzen; ansonsten ist der Vertrag wirksam (BGH NJW 85, 2403; NJW-RR 02, 557; NJW 84, 1175; Ddorf NJW-RR 98, 1710; aA AnwK/*von Sachsen Gessaphe* § 817 Rz 6 mwN – halbseitige Nichtigkeit). Insgesamt nichtig ist das Grundgeschäft hingegen idR bei Verstößen gegen das **Rechtsberatungsgesetz** (BGH BauR 01, 397; NJW 01, 3774 – Treuhänder; auch für Bevollmächtigung: BGH NJW 02, 66; soll durch das Rechtsdienstleistungsgesetz – RDG – ersetzt werden) oder das StBerG (BGH NJW-RR 05, 1290). Allein die fehlende Eintragung eines Bauhandwerkers in der Handwerksrolle lässt die Wirksamkeit des Vertrages nicht entfallen (BGH MDR 76, 392; Ddorf NJW-RR 96, 661). Gleiches gilt für die Vereinbarung der Abrechnung **ohne Rechnung**, dh ohne MwSt (BGHZ 136, 125; NJW-RR 01, 380), die allerdings für sich genommen gem §§ 134, 135 unwirksam ist und gem § 139 regelmäßig zur Nichtigkeit des gesamten Vertrages führt. Auf die Gesamtnichtigkeit kann sich der Unternehmer ggü Sachmängelhaftungsansprüchen des Bestellers indes nach Treu und Glauben nicht berufen, wenn er die Werkleistung bereits (mangelhaft) erbracht hat (BGH BauR 08, 1301 und 1330; eingehend zum Ganzen: *Orlowski* BauR 08, 1963). **11**

Auch das **Koppelungsverbot** in Art 10 § 3 MRVG stellt ein gesetzliches Verbot iSd § 134 dar. Danach sind Vereinbarungen untersagt, durch die der Erwerb eines Grundstückes von der Beauftragung eines bestimmten Architekten oder Ingenieurs für den Entwurf (BGH NJW 82, 2189), die Planung und die Ausführung eines Bauwerkes auf dem Grundstück abhängig gemacht wird (KG BauR 04, 385). Die ehemals strenge Rspr hat der BGH nunmehr für die Fälle gelockert, in denen die Initiative für die gekoppelte Beauftragung eines Architekten vom Besteller/Bauwilligen ausgeht (BGH BauR 08, 2059). **Rechtsfolge** des Verstoßes gegen das Koppelungsverbot ist die Unwirksamkeit des solcherart abgeschlossenen Architektenvertrags, wohl auch des mit dem Nachweis eines Baugrundstücks gekoppelten Architekten**vor**vertrages (Palandt/*Sprau* § 631 Rz 2). Demgegenüber bleibt die Wirksamkeit der den Erwerb des Grundstückes betreffenden schuldrechtlichen und dinglichen Vereinbarungen idR unberührt (Ausf zum Ganzen: Korbion/Mantscheff/Vygen/*Vygen* Art 10 § 3 MRVG Rz 1 ff; *Werner/Pastor* Rz 668 ff mwN). **12**

13 **2. § 138.** Ob ein Vertrag sittenwidrig (§ 138) ist, richtet sich nach den allgemeinen Grundsätzen (s. hierzu iE § 138). So zieht bspw die Zahlung von **Bestechungsgeldern**, die für einen der Beteiligten zu einer nachteiligen Vertragsgestaltung führt, regelmäßig die Nichtigkeit des Vertrages nach sich (BGH NJW 01, 1065). Auch die Vereinbarung einer **stark überhöhten Vergütung** kann im Einzelfall sittenwidrig sein (Frankf NJW-RR 02, 471; KG NJW-RR 95, 1422), zB wenn die Vergütung den Wert der Leistung um ca das Doppelte übersteigt (BGH NJW 04, 2671; zur Sittenwidrigkeit einer **spekulativ überhöhten Vergütungsvereinbarungen** für Mehrmengen im VOB/B-Vertrag: BGH BauR 09, 491 = BGHZ 179, 213). Gleiches gilt für eine nach den Umständen völlig unangemessen geringe Vergütung. Die Vermutung einer verwerflichen Gesinnung setzt nicht voraus, dass der Begünstigte das besonders grobe Missverhältnis kannte (BGHZ 146, 298).

14 **3. Rechtsfolgen der Nichtigkeit des Werkvertrages.** Ist der Werkvertrag nichtig, so bestehen wechselseitig keine vertraglichen Erfüllungs- und/oder Mängelansprüche. Vielmehr hat die Abwicklung der auf unwirksamer Vertragsgrundlage gegründeten Rechtsbeziehungen der Beteiligten nach den Grundsätzen der GoA, sonst bereicherungsrechtlich nach Maßgabe der §§ 812 ff zu erfolgen. Geht es dabei um bereits erbrachte Werkleistungen des Unternehmers, so muss der Besteller idR den Wert des ohne Rechtsgrund Erlangten abzgl evtl mangelbedingter Wertminderungen erstatten (BGHZ 111, 308, 314; Ddorf BauR 93, 124). Allerdings ist in den Fällen, in denen auch den Bereicherungsgläubiger (Leistenden) der Vorwurf eines Verstoßes gegen ein gesetzliches Verbot oder gegen die guten Sitten trifft, der **Kondiktionsausschlussgrund** des § 817 2 zu beachten (iE hierzu, insb zu den Problemen bei Schwarzarbeit: § 817 Rn 4, 13 ff mwN).

15 **V. Beendigung.** Das Vertragsverhältnis als Schuldverhältnis iwS endet abgesehen von evtl nachwirkenden Treuepflichten (s. § 362 Rn 16) „planmäßig", wenn die wechselseitigen vertraglichen Ansprüche auf Leistung und Gegenleistung (Herstellung des Werkes sowie Abnahme und Bezahlung desselben – § 631 I) vollständig und vertragsgerecht **erfüllt** sind – §§ 362 ff. Zum gleichen Ergebnis führt der Eintritt einer **auflösenden Bedingung** (§ 158 II; ebenso iE das (endgültige) Ausbleiben einer aufschiebenden Bedingung § 158 I, weil durch die Bedingung nur die Rechtsfolgen des Rechtsgeschäfts bis zum Ereignis hinausgeschoben sind – s. § 158 Rn 23 und oben Rn 5).

16 In der Praxis hat die Beendigung des Vertragsverhältnisses durch **Kündigung** große Bedeutung. Das hängt in erster Linie damit zusammen, dass § 649 1 dem Besteller ein **freies Kündigungsrecht** gewährt, für dessen Ausübung es keiner sachlichen Gründe bedarf (vgl iE die Kommentierung zu § 649). Weitere Kündigungsmöglichkeiten mit unterschiedlichen Rechtsfolgen finden sich in § 650 I (Überschreitung des Kostenanschlages) und § 643 (Kündigung bei unterlassener Mitwirkung – § 642); darüber hinaus besteht für beide Parteien nach allgemeinen Grundsätzen das Recht, den Vertrag aus wichtigem Grund zu kündigen. Und schließlich können die den Vertrag durch übereinstimmende rechtsgeschäftliche Erklärungen **aufheben**.

17 Von alledem zu unterscheiden sind die Fallkonstellationen, in denen das auf den Leistungsaustausch gerichtete Vertragsverhältnis insgesamt in ein **Abrechnungs- oder Abwicklungsverhältnis** übergeleitet wird. So etwa, wenn der Besteller aufgrund vom Mängeln der Werkleistung (wirksam) vom Vertrag **zurücktritt** (§§ 634 Nr 3, 636, 323 I, V; 346 ff) oder **Schadensersatz statt der ganzen Leistung** beansprucht (§§ 634 Nr 4, 280, 281 I 2, V – dazu § 281 Rn 24 ff). Ebenso kann **Unmöglichkeit**, die zunächst nur die jeweilige Leistungsverpflichtung als Schuldverhältnis ieS entfallen lässt, über § 326 I 1, V zu einer Umgestaltung des gesamten Vertrages und zur Rückabwicklung des bereits vollzogenen Leistungsaustausch nach Maßgabe der §§ 346 ff führen. Auch in der **Insolvenz** einer Vertragspartei entsteht ein Abrechnungsverhältnis, wenn der Insolvenzverwalter die Erfüllung ablehnt (§ 103 InsO; vgl BGH NJW 97, 3434; zur Rechtslage bis zur Entscheidung des Insolvenzverwalters: BGH BauR 02, 1264; *Koenen* BauR 05, 202, 210).

18 **C. Vertragsparteien. I. Besteller und Unternehmer.** Die Parteien eines Werkvertrages bezeichnet das Gesetz als Besteller und Unternehmer, die VOB/B als Auftraggeber und Auftragnehmer. **Besteller** ist derjenige, dem ggü sich der Unternehmer zur Erbringung einer Werkleistung verpflichtet hat. Gibt es mehrere Besteller, so sind diese im Hinblick auf die geschuldete Werkleistung zumeist Mitgläubiger iSd § 432 (s. dort) und bzgl der Verpflichtung, den Werklohn zu leisten, Gesamtschuldner nach § 421. Der Begriff des Unternehmers iSd § 631 ist historisch gewachsen und nicht identisch mit dem Unternehmerbegriff des § 14. Werkunternehmer kann demnach auch ein Verbraucher iSd § 13 sein; es kommt insb nicht darauf an, ob er die Werkleistungen als Kaufmann (§§ 1 ff HGB) oder überhaupt iR einer gewerblichen Tätigkeit ausübt.

19 **II. Unternehmereinsatzformen/mehrerer Unternehmer. 1. Allgemeines.** Bei umfangreicheren Projekten (insb Bauwerken) sind oft mehrere Unternehmer beteiligt. Für das Baugeschäft haben sich im Wesentlichen folgende Unternehmereinsatzformen herausgebildet, wobei die Terminologie nicht immer ganz einheitlich ist:
– Der vom Bauherrn mit einem oder mehreren Gewerken beauftragte **Hauptunternehmer** überlässt die Ausführung eines Teils der Leistungen kraft eigenständiger vertraglicher Vereinbarung nachgeordneten **Subunternehmern**, die ihrerseits in keiner vertraglichen Beziehung zum Bauherrn stehen. Allerdings ist der Subunternehmer Erfüllungsgehilfe (§ 278) des Hauptunternehmers im Verhältnis zum Besteller/Bauherrn.

- Der **Nachunternehmer** erbringt sein Gewerk auf der Grundlage bereits fertig gestellter Werkleistungen des **Vorunternehmers** (Bsp: Der Nachunternehmer bringt den Außenputz auf das vom Rohbauunternehmer errichtete Mauerwerk auf).
- Der **Generalunternehmer** unterscheidet sich vom Hauptunternehmer dadurch, dass er sämtliche zur Durchführung des Bauvorhabens erforderlichen Bauleistungen übernommen hat, diese selbst aber nur zT ausführt und iÜ Subunternehmern überlässt.
- Auch der **Generalübernehmer** hat sich ggü dem Bauherrn zur Herstellung des gesamten Bauwerks verpflichtet, lässt sich aber sämtliche Bauleistungen von Subunternehmern ausführen (vgl BGH NJW 78, 1054). In der Praxis treten insb Wohnungsunternehmen und Anlagegesellschaften als Generalübernehmer auf.
- Von **Totalunternehmer** und **Totalübernehmer** spricht man, wenn zu den Bauleistungen auch noch die für die Realisierung des Bauvorhabens erforderlichen Planungsleistungen übernommen werden.
- Vor allem für große Bauvorhaben mit unterschiedlichen Spezialisierungsanforderungen an die ausführenden Unternehmen ist es üblich, dass sich mehrere Unternehmen zu einer Arbeitsgemeinschaft (**ARGE**) zusammenschließen. Das geschieht meistens in der Rechtsform der OHG (so Dresd BauR 02, 1414; KG BauR 01, 1790; Kapellmann/Messerschmidt/*Messerschmidt*/*Thierau* Anhang Teil A, Rz 119 ff mwN; vgl auch *Scheef* BauR 04, 1079) oder der BGB-Gesellschaft (so für die Zeit vor der Handelsrechtsreform vom 1.7.98: BGH NJW 97, 2754), die nach der neueren Rspr des BGH ebenfalls teilrechts- und parteifähig ist (BGH NJW 01, 1056; 02, 1207). Die ARGE schließt als solche den Bauvertrag mit dem Auftraggeber und regelt im Innenverhältnis durch entsprechende rechtsgeschäftliche Abreden die Modalitäten der Auftragsausführung (meist Subunternehmerverhältnis zu Mitgliedern der ARGE).
- Der **Baubetreuer** verpflichtet sich, auf dem Grundstück des Bauherrn für dessen Rechnung ein Bauvorhaben auszuführen bzw ausführen zu lassen. Davon zu unterscheiden ist der **Bauträger,** der es übernimmt, auf einem eigenen oder von ihm noch zu erwerbenden Grundstück ein Bauwerk für fremde Rechnung zu errichten. Der Bauträger schließt die Bauverträge mit den ausführenden Bauhandwerkern idR im eigenen Namen und verpflichtet sich, das Eigentum an dem fertig bebauten Grundstück auf den Erwerber zu übertragen. Auf den Bauträgervertrag findet nach ganz hM Werkvertragsrecht Anwendung (s. Vor §§ 631–651 Rn 15). Darüber hinaus sind die Bestimmungen der **Makler- und Bauträgerverordnung (MaBV)** zu beachten.

2. Rechtsbeziehungen bei mehreren Unternehmern. Der Besteller kann anstelle der Beauftragung eines Generalunternehmers/Generalübernehmers nebeneinander verschiedene Unternehmer mit unterschiedlichen Gewerken für die Realisierung seines Bauvorhabens beauftragen. Dann begründet er mehrere, voneinander unabhängige Rechtsbeziehungen zu den von ihm beauftragten Unternehmern, die getrennt nach allgemeinen Grundsätzen zu beurteilen und abzuwickeln sind. Zwischen den Beteiligten solcher mehrgliederigen Vertragskonstellationen bestehen idR **keine Gesamtschuldverhältnisse**, und zwar grds auch nicht zwischen **Vor- und Nachunternehmern** (Oldbg OLGR 04, 6; MüKo/*Busche* § 631 Rz 40; *Zerr* NZBau 02, 241), es sei denn, es entstehen Mängel, die ihre Ursache zumindest teilweise in beiden Gewerken haben und sinnvoll nur einheitlich beseitigt werden können. Dann haften Vor- und Nachunternehmer uU als Gesamtschuldner auf Mängelbeseitigung (BGH BauR 03, 1378, 1380; vgl auch Frankf BauR 04, 1669; Stuttg IBR 05, 312). IÜ treffen den Nachunternehmer **Prüfungs- und Hinweispflichten** hinsichtlich der Qualität der Leistungen des Vorunternehmers (§ 4 III VOB/B – gilt über § 242 auch für den BGB-Werkvertrag – BGH BauR 96, 702; für das neue Schuldrecht: BGH BauR 08, 344 = BGHZ 174, 110; Hamm NZBau 01, 691; iE Rn 27), deren Missachtung selbst dann zur Mängelhaftung des Nachunternehmers führen kann, wenn seine Werkleistung nur aufgrund der unzureichenden Beschaffenheit des Vorunternehmergewerkes mangelhaft ist (vgl § 13 III VOB/B; Bsp: Der vom Parkettleger aufgebrachte Oberboden löst sich, weil der darunter vom Estrichleger hergestellte Estrich – für den Parkettleger erkennbar – nicht vertragsgerecht verlegt worden war; zu Beschränkungen der Haftung des Subunternehmers ggü dem Hauptunternehmer in der Leistungskette: BGH BauR 07, 1564; BauR 07, 1567; s. hierzu § 634 Rn 20; iE zum Ganzen: *Werner/Pastor* Rz 1527 ff mwN). Gleiches gilt, wenn der Unternehmer auf der Grundlage einer für ihn erkennbar fehlerhaften Planung des Architekten einen Baumangel produziert (BGH BauR 03, 690; Dresd BauR 03, 262).

Demgegenüber ist der einzelne Unternehmer kein **Erfüllungsgehilfe** anderer Unternehmer im Verhältnis zum Besteller oder des Bestellers in dessen Verhältnis zu anderen Unternehmern (Hamm NJW-RR 98, 163). Das gilt insb für den Vorunternehmer im Verhältnis des Bestellers zum Nachunternehmer (BGH BauR 85, 561 – „Vorunternehmen I"; BGH BauR 00, 722 – „Vorunternehmen II", auch im Ersatzansprüchen aus § 642; aA mit guten Gründen: Ddorf BauR 99, 1309, 1312; vgl auch: *Vygen* BauR 89, 387 ff mwN). Dem Besteller ist das Verschulden eines Unternehmers im Verhältnis zu anderen Unternehmern daher nicht gem § 278 mit den sich aus § 254 ergebenden Folgen zuzurechnen (BGHZ 143, 32). Ausnahmen von diesem Grundsatz können sich allerdings ergeben, soweit einzelne Unternehmer Obliegenheiten des Bestellers im Verhältnis zu anderen Unternehmern zu erfüllen haben, so zB bei Übernahme der Planung und Koordinierung von Ausführungsgewerken durch den Architekten (BGHZ 95, 128). Dementsprechend ist der mit **Planungsleistungen** beauftragte **Architekt oder Sonderfachmann** Erfüllungsgehilfe des Bestellers im Verhältnis zu den mit der Ausführung der Werkleistungen befassten Unternehmern (BGHZ 95, 128; BGH BauR 02, 86; Ergebnis:

Besteller muss sich gem § 278 Planungsfehler des Architekten ggü dem Unternehmer iRd § 254 als eigenes Mitverschulden zurechnen lassen – Köln NJW-RR 02, 15; Hamm NZBau 01, 691). Gleiches gilt nach der jüngsten, in Abkehr von der bisher an eine Leistungsverpflichtung („Schuld") anknüpfenden Terminologie nunmehr auf den zentralen Begriff der **Obliegenheit** abstellenden Rspr des BGH für den planenden Architekten im Verhältnis des Bauherrn zum bauüberwachenden Architekten (BGH BauR 09, 515 = BGHZ 179, 55), nicht jedoch für den lediglich mit der **Objektüberwachung** betrauten Architekten, weil den Besteller gerade keine Obliegenheit trifft, den von ihm mit der Ausführung der Werkleistungen beauftragten Unternehmer zu überwachen (BGH NZBau 02, 514; vgl zum Ganzen auch: Kuffer/Wirth/*Leupertz*, Kap 10 Teil C, Rz 172 ff; ausf zu Gesamtschuldverhältnissen im Baugeschäft: *Soergel* BauR 05, 239ff mwN; zu den Problemen beim gestörten Gesamtschuldnerausgleich: *Kniffka* BauR 05, 274 ff).

22 **D. Vertragspflichten des Unternehmers. I. Hauptpflichten.** Die Vergütungspflicht des Bestellers als Hauptpflicht korrespondiert im Synallagma mit der Hauptpflicht des Unternehmers, für die rechtzeitige mangelfreie **Herstellung und Verschaffung** des versprochenen Werks zu sorgen – §§ 631 I, 633 (zu den Anforderungen an eine vertragsgerechte Ausführung: § 633 Rn 10 ff und Rn 1 f). Der Unternehmer kann hieraus allerdings kein Recht auf Herstellung herleiten, da der Besteller bis zur Vollendung des Werkes jederzeit kündigen kann (§ 649). Das BGB-Werkvertragsrecht kennt grds keine Verpflichtung zur persönlichen Leistungserbringung, es sei denn, die Realisierung des Werkerfolgs ist an eine höchstpersönliche Erbringung der Werkleistungen geknüpft (BGHZ 89, 369). Solches kann sich im Einzelfall aus der Natur des geschuldeten Werks ergeben (Gesangsdarbietung, Portrait) oder durch die Notwendigkeit besonderer Fähigkeiten oder Vertrauenswürdigkeit auf Seiten des Unternehmers bedingt sein. Die Einbeziehung von Gehilfen oder Subunternehmern ist also möglich (und insb im Baugeschäft üblich), wenn nichts Abweichendes vereinbart ist (vgl § 4 Nr 8 VOB/B). Bei künstlerischen Leistungen hat der Unternehmer eine weitgehende Gestaltungsfreiheit, die seiner künstlerischen Eigenart entspricht und ihm erlaubt, seine individuelle Schöpferkraft und seinen Schöpferwillen zum Ausdruck zu bringen (BGHZ 19, 382). Abhängig von der Art des Werks ist der Unternehmer auch zur Eigentums- und Besitzübertragung verpflichtet (s. Vor §§ 631–651 Rn 11, 15). Die Verletzung von herstellungsbezogenen Hauptleistungspflichten führt zur **Sachmängelhaftung** des Unternehmers nach Maßgabe des §§ 633 ff (s. dort). Darüber hinaus kommt bei mangelbedingter Verletzung anderer Rechtsgüter des Bestellers eine **deliktische Haftung** des Unternehmers aus § 823 in Betracht (BGHZ 55, 392, 394 f; BGH BauR 92, 388, 392).

23 **1. Leistungs-/Erfüllungsort.** Der **Leistungsort** bestimmt sich nach § 269. **Erfüllungsort** idS wird häufig der Ort sein, an dem das Werk nach dem Vertrag herzustellen ist. Zwingend ist das indes nicht. So fallen Herstellungsort und Ablieferungsort auseinander, wenn der Unternehmer das Werk im eigenen Betrieb herstellen soll und zusätzlich die Verpflichtung übernommen hat, das fertige Gewerk dem Besteller an dessen Wohnsitz zu übergeben. Dann ist dessen Wohnsitz Erfüllungsort (Staud/*Peters/Jacoby* § 631 Rz 48). Für den Bauvertrag wird ein gemeinsamer Erfüllungsort für Werkerstellung und Vergütung am Ort des Bauwerkes angenommen (BGH NJW 86, 935), ebenso beim **Architektenvertrag**, soweit bauwerkbezogene Planungs- und Überwachungsleistungen zu erbringen sind (BGH BauR 01, 979).

24 **2. Fälligkeit.** Für die **Fälligkeit** der Werkleistung sind in erster Linie die vertraglich vereinbarten Termine oder Fristen maßgeblich (BGH NJW 00, 1403). Ansonsten tritt Fälligkeit nach Ablauf einer den Umständen angemessenen Frist ein (§ 271 I). Hierbei ist zu beachten, dass der Unternehmer vorbehaltlich anderweitiger Vereinbarungen (Kapellmann/Messerschmidt/*Langen* Teil B, § 5 Rz 59 f) oder sonstiger Sachzwänge (Bsp: Notwendige Planvorgaben des Bestellers fehlen; dann ggf Verstoß gegen Mitwirkungspflicht nach § 642 und Annahmeverzug; vgl auch München NJW-RR 00, 204: vorbehaltene Freigabe durch Besteller) mit der Herstellung alsbald zu beginnen und sie in angemessener Frist zügig zu erbringen hat (BGH NJW-RR 04, 209, 210; 01, 806; vgl auch § 5 VOB/B). Der Werkunternehmer trägt die Beweislast dafür, dass die angemessene Herstellungsfrist noch nicht abgelaufen ist (BGH NJW-RR 04, 209, 210). Wenn nichts anderes vereinbart ist, kommt es auf den Zeitpunkt für die Ablieferung des Gesamtwerkes an (BGH NJW-RR 97, 1376; zur vereinbarten Herstellung in selbständigen Teilabschnitten: BGHZ 1, 234).

25 **3. Erfüllung.** Die Erfüllung der Verpflichtung zur Werkerstellung und -verschaffung erfolgt mit der **Abnahme** des Werkes (§ 640). Neben der Pflicht zur Herstellung besteht je nach Art des Werkes die Verpflichtung zur Ablieferung des Werkes, dh der Unternehmer ist verpflichtet, Besitz- und Eigentum zu übertragen (s. § 633 I). Da die Vergütung anders als die Herstellungspflicht gem § 641 erst mit Abnahme fällig wird, ist der Unternehmer **vorleistungspflichtig**. Die rechtzeitige Erfüllung kann durch ein Vertragsstrafeversprechen des Unternehmers bzw durch Erfüllungsbürgschaften abgesichert werden. Die Leistungspflicht kann nach § 275 mit den sich aus § 326 ergebenden Konsequenzen ausgeschlossen sein.

26 **II. Nebenpflichten. 1. Allgemeines.** Den Nebenpflichten kommt im Werkvertragsrecht aufgrund der häufig bestehenden *Unwägbarkeiten* bei der Vertragsabwicklung eine besondere Bedeutung zu. Dies auch vor dem Hintergrund, dass die Erreichung des Werkerfolgs – insb bei Bauverträgen – eine längerfristige kooperative Zusammenarbeit der Vertragsparteien voraussetzt. Die Vertragsparteien sind verpflichtet, alles zu tun, was den Werkerfolg herbeiführt und alles zu unterlassen, was diesen verhindern oder gefährden könnte (grdl zur **Kooperationspflicht** der Vertragsparteien: BGH BauR 96, 542; 00, 409). Nebenpflichten können sich aus der Natur des Werkvertrages, bzw aus dem Grundsatz von Treu und Glauben (§ 242) ergeben oder vertraglich vereinbart sein. Dabei ist zwischen leistungsbezogenen und nichtleistungsbezogenen Nebenpflichten zu unterscheiden.

2. Leistungsbezogene Nebenpflichten. Leistungsbezogene Nebenpflichten berühren das Leistungsinteresse des Bestellers. Beziehen sie sich auf die mangelfreie Herstellung des Werks, können sie zu Hauptleistungspflichten des Unternehmers werden (BGH NJW 00, 280, Karlsr NJW-RR 03, 963). Als leistungsbezogene Pflichten kommen va **Beratungs-, Prüfungs-** (BGH NJW 00, 280; Prüfung vom Besteller gelieferter Sachen; jedoch ggf keine eigene Prüfungspflicht des Unternehmers, wenn Architekt des Bauherrn nach eigener Prüfung Leistungen eines Vorunternehmers freigibt, Frankf BauR 03, 1727; auch keine Vorort-Prüfung von Vorleistungen vor Angebotsabgabe, BauR 05, 602), **Aufklärungs-, Überwachungs-, Informations- und Hinweispflichten** (BGH BauR 05, 1016: Hinweis des Unternehmers auf vertragswidrige Planung des Architekten; BGHRep 03, 1053: Hinweis auf Frostgefahr bei verlegten Rohren; Oldbg BauR 07, 717: Hinweispflicht ggü Nachunternehmer; Köln BauR 07, 887: Prüfung eines Baugrundgutachtens) in Betracht. Anlass zur Aufklärung und Beratung des Bestellers hat der Unternehmer immer dann, wenn sich konkrete Anhaltspunkte für eine Gefährdung der Vertragsdurchführung ergeben (BGH NJW-RR 87, 664; Zweibr NJW-RR 03, 1600). Der Umfang der Beratungs- und Prüfungspflicht bestimmt sich nach der vertraglich übernommenen Verpflichtung (BGH NJW 00, 2102). Dabei ist auch der Beratungsbedarf des Bestellers zu beachten (unter Berücksichtigung ihm zurechenbarer Kenntnis seiner Fachleute; dann uU verminderte Anforderungen an Hinweis- und Beratungspflichten des Unternehmers – BGH BauR 01, 622; 97, 420, 421); ebenso der Kenntnisstand des Unternehmers. Der Besteller kann hierbei beim Unternehmer das für die Erstellung des Werks erforderliche Fachwissen voraussetzen (BGH NJW-RR 96, 789). Aufklärungs-, Prüfungs- und Beratungspflichten beschränken sich auf das beauftragte Werk und damit zusammenhängende Umstände (für den Fall der Kfz-Reparatur: Ddorf NJW-RR 99, 1210), sofern nicht erkennbare Sicherheitsmängel vorliegen (Zweibr NJW-RR 00, 1554). Der Unternehmer hat vor Abgabe eines Angebots eine Erkundigungspflicht, wenn er Lücken oder Fehler des Leistungsverzeichnisses erkennt (BGH NJW-RR 87, 1306; BGH NJW 66, 398; Unzulässigkeit des Nachprüfungsantrags iRv Vergabeverfahren bei unterlassener Rüge erkannter Lücken oder Fehler § 107 III GWB). Der Unternehmer muss den Besteller über die mit der Verwendung bisher nicht erprobter Baustoffe verbundenen Gefahren hinweisen (BGH WM 02, 2254). Baut seine Leistung auf einer Vorleistung eines anderen Unternehmers auf, hat er auch diese zu prüfen und Erkundigungen über deren Geeignetheit für sein Werk einzuholen, bei Mängeln auf diese hinzuweisen (Fliesenlegerarbeiten auf für Nassräume ungeeignetem Estrich, Kobl IBR 05, 13; zur Rechtnatur und Wirkungsweise der sich aus dem Rechtsgedanken der §§ 4 III, 13 IV VOB/B ergebenden Prüfungs- und Hinweispflichten des Unternehmers: BGH BauR 08, 344 = NJW 08, 511; ausf: *Leupertz* BauR 09, 273, 277 ff, ders: FS Kapellmann, 253, 258 ff mwN; s.a. § 633 Rn 22). Bei Divergenzen zwischen Produktempfehlungen des Herstellers und DIN-Normen muss der Unternehmer beim Hersteller rückfragen oder auf den Einbau ggf verzichten (BGH IBR 05, 141).

Unabhängig davon, ob man die Pflichten des **Architekten** im Zusammenhang mit den Kostenermittlungen als Haupt- oder leistungsbezogene Nebenpflichten ansieht, geht der BGH (BauR 05, 400) davon aus, dass eine nicht zutreffende oder nicht rechtzeitige Information des Auftraggebers/Bauherrn über die voraussichtlichen **Baukosten** die Verletzung einer Aufklärungspflicht darstellen kann. Dies unabhängig davon, dass der Architekt turnusmäßig (vgl §§ 6 II, 33 II HOAI und den Leistungskatalog in Aufl 11) verschiedene Kostenermittlungen vorzulegen hat und iÜ für die Einhaltung verbindliche Kostenzusagen (= Beschaffenheitsvereinbarung iSd § 633 II) einstehen muss (zum Problemkreis **Bausummenüberschreitung**: Kuffer/Wirth/*Leupertz* 10 Kap Teil C, Rz 113 ff mwN). Bereits iRd Grundlagenermittlung ist er gehalten, für seinen Auftraggeber den wirtschaftlichen Rahmen des Bauvorhabens abzustecken (bereits BGH BauR 91, 366 f) und diesen hinsichtlich der Kosten aufzuklären und zu beraten (BGH NJW-RR 05, 318; vgl auch Ddorf BauR 04, 1024).

Weitere Nebenpflichten können sein, die Überlassung von **Bedienungs- und Gebrauchsanleitungen**, das hergestellte Werk zur Abnahme zu bringen, die Verwahrung des Werks bis zur Abholung, die Herausgabe von Versicherungsleistungen (Dresd NJW-RR 98, 373). Zweifelhaft ist, ob die Überlassung von Plänen (Baupläne, Genehmigungspläne, Bewehrungspläne), statischen Berechnungen oder Nachweisen (zB zum Schallschutz) eine Nebenpflicht des Architekten oder Bauunternehmers darstellt (für den Kauf: Hamm NJW-RR 00, 867; Köln MDR 83, 225 f, die § 444 weit auslegen; abl München BauR 92, 95; Karlsr NJW 75, 694). Darüber hinaus sind insb bei Werkverträgen mit Geschäftsbesorgungscharakter Nebenpflichten zur Auskunft und Rechnungslegung gegeben (BGHZ 41, 318). Zusätzlich können nachvertragliche Aufklärungs- und Betreuungspflichten bestehen (Architekt BGH NJW-RR 01, 383; Bauunternehmer BGH NJW 83, 876).

3. Nicht leistungsbezogene Nebenpflichten/Schutzpflichten. Vertragliche **Fürsorgepflichten** iSd § 241 II betreffen den Schutz des Bestellers (zB bei Beförderungsverträgen, aber auch Bau- und Architektenverträgen), seines Eigentums und Vermögens sowie uU den Schutz dritter Personen. Dazu gehören Familienangehörige des Bestellers (BGH BB 94, 1455), dessen Mitarbeiter und sonstige Betriebsangehörige (BGH NJW 89,

2115; VersR 74, 889), zudem andere mit der Erstellung der jeweiligen Werkleistung befasste Unternehmer (Frankf BauR 92, 258 – Subunternehmer; Brandbg BauR 01, 656, 657). Auch können sich aus dem Vertrag weitergehende Fürsorgepflichten ergeben (BGH WM 72, 138), insb nachvertragliche Sorgfaltspflichten des Unternehmers (Zweibr NJW-RR 03, 1600). Abseits dieser vertraglichen Nebenpflichten trifft den Unternehmer für die Dauer der Bauzeit die primäre **Verkehrssicherungspflicht**, für die Sicherheit auf der Baustelle zu sorgen und die nach den allgemeinen Sicherungserwartungen geeigneten und erforderlichen Maßnahmen zum Schutze Dritter vor den von seinen Werkleistungen ausgehenden Gefahren des Baustellenbetriebs zu treffen (Brandbg BauR 01, 656, 657).

31 Im Rahmen seiner **Obhutspflicht** hat der Unternehmer die zu bearbeitenden Sachen des Bestellers durch geeignete Sicherungsmaßnahmen im zumutbaren Umfang vor Schaden oder Verlust zu bewahren (BGH NJW 83, 113; 05, 422; Köln BauR 99, 768). Die Obhutspflicht kann nach § 241 II auch bzgl bestellereigener Sachen bestehen, die nicht selbst Gegenstand des herzustellenden Werks sind (BGH VersR 76, 166). So dürfte beim Notschutz gegen eindringendes Regenwasser iRv Bauarbeiten, die das Abdecken des Daches erfordern, eine Obhutspflicht zu bejahen sein (Celle NJW-RR 03, 15); nicht hingegen für den ausschließlich mit der Abdeckung und Entsorgung eines alten Hausdaches beauftragten Unternehmer, der diese Arbeiten bei gutem Wetter ausführt und dahin informiert wurde, dass am nächsten Tag der Zimmermann einen neuen Dachstuhl errichten soll (Ddorf BauR 01, 1760).

32 Bei schuldhafter Verletzung nicht leistungsbezogener Nebenpflichten ist der Unternehmer zum **Schadensersatz** gem §§ 280 I, 241 II verpflichtet (für Verstoß gegen Kooperationspflicht: BGH BauR 00, 409). Das folgt für den vorvertraglichen Bereich aus § 311 II (früher cic). Die vertraglichen Erfüllungsansprüche des Bestellers bleiben davon grds unberührt. Allerdings kann der Besteller gem § 282, 281, 241 II zum **Schadensersatz statt der Leistung** übergehen oder gem §§ 324, 241 II zurücktreten, wenn ihm die Leistung des Schuldners infolge der Pflichtverletzung nach den Umständen nicht mehr zugemutet werden kann. Dann erlöschen insoweit seine Erfüllungsansprüche und der Schadensersatzanspruch des Bestellers erstreckt sich auf die Nachteile, die er durch die Nichtausführung der Leistung erleidet (AnwK/*Raab* § 631 Rz 41). Darüber hinaus kann der Besteller bei schwerwiegenden Pflichtverstößen zur **Kündigung** des Vertrages aus wichtigem Grund berechtigt sein. Für Schadensersatzansprüche wegen Verletzung nicht leistungsbezogener Nebenpflichten aus §§ 280, 282, 241 II, 311 II gilt die **Regelverjährung** von drei Jahren gem §§ 195, 199. Für den Rücktritt (unverjährbares Gestaltungsrecht) ist § 218 zu beachten.

33 **4. Sicherheiten des AN.** Der AN hat Sicherheiten (Vorauszahlungs-, Erfüllungs- o Gewährleistungsbürgschaft) nur bei besonderer Vereinbarung zu stellen (s.a. *Thode* ZfBR 02, 4), die wirksam auch formularmäßig getroffen werden kann (BGH NJW-RR 04, 814). Dann allerdings zumindest iRe Bauvertrages nicht in Form einer Bürgschaft auf erstes Anfordern (zur Vertragserfüllungsbürgschaft aeA: BGH NJW 02, 2388; bei Verträgen vor 1.1.03: Auslegung als Anspruch auf einfache selbstschuldnerische Bürgschaft entgegen des Verbots der geltungserhaltenden Reduktion – BGH NJW 02, 3098; Ddorf BauR 04, 1319; auch bei Beteiligung der öffentlichen Hand, BGH NJW-RR 04, 880).

34 **E. Vertragspflichten des Bestellers. I. Hauptleistungspflichten. 1. Übersicht.** Vertragliche Hauptleistungspflichten des Bestellers sind die Entrichtung der (vereinbarten) **Vergütung** (§ 631 I, 632; vgl auch: § 632 Rn 4 ff) und die **Abnahme** des Gewerkes (§ 640). Daneben hat der Unternehmer zur Absicherung seines Vorleistungsrisikos unter den in §§ 648, 648a genannten Voraussetzungen einen Anspruch auf Gestellung von **Sicherheiten** (Sicherungshypothek und Bauhandwerkersicherheit). Die Mitwirkung des Bestellers an der Herstellung des Werkes (§ 642; idR nur Obliegenheit) kann als Hauptpflicht vereinbart werden.

35 **2. Die vereinbarte Vergütung – § 631 I. a) Allgemeines.** § 631 I bestimmt, dass der Unternehmer für die vertragsgerechte Herstellung des Gewerkes die vereinbarte Vergütung erhält. Welcher **Art** diese Vergütung ist, ergibt sich hieraus nicht. Sie wird zwar fast immer in einer Geldleistung bestehen; den Parteien steht es allerdings frei, anderes zu vereinbaren (anders gem § 433 II beim Kauf-„Kaufpreis"). Auch über die **Höhe** der Vergütung sagt das Gesetz nichts. Ihre Bestimmung unterliegt vielmehr auch insoweit der privatautonomen Entscheidung der Vertragsparteien, die grds von der zur Geschäftsgrundlage zu rechnenden Vorstellung getragen ist, dass der zu zahlende Werklohn einen **äquivalenten Gegenwert** für die ausbedungenen Werkleistungen darstellt (s. Rn 2). Der solcherart „verpreiste" Leistungsumfang kann insb bei Bauverträgen mit Rücksicht auf die komplexen, bei Vertragsschluss in ihren Einzelheiten oft nicht absehbaren bautechnischen Anforderungen an die Verwirklichung des Bauvorhabens schwer zu bestimmen sein. Er deckt sich deshalb nicht notwendig mit dem tatsächlich für die Herstellung des Werkes erforderlichen Leistungen. Diese Erkenntnis hat in der Praxis große Bedeutung, weil die Vertragsparteien nicht selten darüber streiten, ob der Unternehmer für **zusätzlichen Aufwand** eine besondere, über die vertraglichen Preisabsprachen hinausgehende Vergütung beanspruchen kann. Dann ist zunächst mit den Mitteln der **Vertragsauslegung** zu klären, ob es sich überhaupt um solche zusätzlichen, im Ausgangsvertrag nicht verpreisten Leistungen handelt (iE zum Ganzen: Rn 1 f mwN). Um diese, sich aus der Komplexität des Baugeschehens ergebenden Unwägbarkeiten abzufedern, haben sich in der Baupraxis verschiedene Vergütungsmodelle herausgebildet (dazu Rn 38 ff).

Der Unternehmer trägt die **Darlegungs- und Beweislast** für Grund und Höhe seiner Werklohnforderung 36
(BGH BauR 95, 91). Das betrifft auch diejenigen Umstände, aus denen sich bei fehlender Vergütungsvereinbarung gem § 632 I die Vergütungspflicht ergeben soll (iE hierzu: Rn 3 und § 632 Rn 7). Behauptet der Besteller eine vereinbarte (Pauschal-)Vergütung (§ 631 I), muss der nach (Einheitspreisen bzw) der Üblichkeit (§ 632 II) abrechnende Unternehmer im Prozess beweisen, dass eine entsprechende Vereinbarung nicht getroffen wurde (BGH NJW 81, 1442; Hamm NJW-RR 93, 1490). Allerdings ist es in diesen Fällen zunächst Sache des Bestellers, das Zustandekommen der behaupteten Vergütungsabrede schlüssig darzulegen (BGH NJW-RR 92, 848; Ddorf BauR 00, 269). Das gilt im Ausgangspunkt auch für den **Architektenvertrag** (vgl § 4 I, IV HOAI), für den allerdings das **bindende Preisrecht der HOAI** zu beachten ist (Lit hierzu: Motzke/*Wolff* Praxis der HOAI, 4. Aufl; *Korbion/Mantscheff/Vygen* HOAI, 7. Aufl; s.a. die zusammenfassende Darstellung in Kuffer/Wirth/*Neumeister* Handbuch des Fachanwalts Bau- und Architektenrecht, Kap 10 Teil D). Die Vergütung umfasst die üblicherweise für die Werkerstellung anfallenden Nebenleistungen (Fahrtkosten, Sicherungsmaßnahmen), es sei denn, Abweichendes wurde vereinbart. Zur Teilvergütung nach Kündigung s. § 649 Rn 5 ff. Der Vergütungsanspruch **verjährt** nach den allgemeinen Regelungen in §§ 195, 199. Zur Abtretbarkeit der Werklohnforderung und der Wirkung von vertraglichen **Abtretungsverboten** (§ 399): MüKo/*Busche* § 631 Rz 100 ff – unter Hinweis auf die Ausnahmevorschrift des § 354a HGB; vgl auch: BGH BauR 09, 241.

b) Mehrwertsteuer, Bauabzugssteuer. Grds schließt der vereinbarte Preis die Umsatzsteuer ein, für eine abw 37
Vereinbarung ist der Unternehmer beweispflichtig (BGH NJW 01, 2464). Ist bei einer Bauleistung (nicht Planungsleistungen des Architekten, BGH IBR 05, 549) der Besteller als Leistungsempfänger Unternehmer iSd § 2 UStG oder juristische Person des öffentlichen Rechts, ist er gem § 48 EStG zu Abzug und Abführung der Bauabzugssteuer iHv 15% des Bruttowerklohnes verpflichtet, es sei denn eine Freistellungsbescheinigung iSd § 48b EStG liegt vor (bei Abtretung der Werklohnforderung ist eine entspr Bescheinigung des Leistenden erforderlich, BGH IBR 05, 411). Nimmt ein Leistungsempfänger den Steuerabzug vor und führt er den Abzugsbetrag an das Finanzamt ab, tritt hinsichtlich der Werklohnforderung entsprechend Erfüllungswirkung ein (im Zeitpunkt der Zahlung; Anmeldung allein ist nicht ausreichend, München BauR 05, 1188; auch iF der Abtretung BGH NJW-RR 05, 1261). Dies gilt nicht, wenn für den Leistungsempfänger im Zeitpunkt der Zahlung eindeutig erkennbar war, dass eine Verpflichtung zum Steuerabzug nicht bestand (BGH IBR 05, 411).

c) Einzelne Vergütungsmodelle. aa) Einheitspreisvertrag. Der Einheitspreisvertrag, bei dem es sich nach 38
herkömmlichen, an § 2 Nr 2 VOB/B anknüpfendem Verständnis um den Normaltyp des Bauvertrages handeln soll (Hamm BauR 02, 319, 320; Ingenstau/Korbion/*Keldungs* Teil B, § 2 Nr 2 Rz 1; krit zu Recht: Horsch/ Oberhauser Jahrbuch Baurecht 99, 136; jedenfalls besteht trotz § 2 Nr 2 keine tatsächliche Vermutung für das Zustandekommen eines Einheitspreisvertrages – Kapellmann/Messerschmidt/*Kapellmann* Teil B, § 2 Rz 131), basiert idR auf den in der **Leistungsbeschreibung** (**Leistungsverzeichnis**, Baupläne, Baubeschreibungen, Verhandlungsprotokollen) niedergelegten Ausführungsvorgaben des Bestellers. Allerdings ergibt sich der Vertragspreis grds erst nach der Fertigstellung der Arbeiten aus der Summe der im Leistungsverzeichnis den einzelnen Leistungspositionen zugewiesenen Positionspreise, die sich wiederum aus dem Produkt der **Einheitspreise** mit den nach Aufmaß **tatsächlich angefallenen Massen** (Vordersätze) errechnen. Anders ausgedrückt: Beim Einheitspreisvertrag ist die Vergütung durch die Festlegung der Einheitspreise für die den einzelnen Leistungspositionen zugeordneten Teilleistungen „bestimmt" iSd § 631. Gleichwohl wissen die Vertragsparteien bei Vertragsschluss nicht, wie hoch die letztlich zu zahlende Vergütung sein wird, weil für die Preisbildung (vereinbarungsgemäß!) nicht die im Leistungsverzeichnis in Ansatz gebrachten Mengen und Massen (Vordersätze), sondern die tatsächlichen Ausführungsmengen maßgeblich sind (BGH NJW 96, 1282; Kleine-Möller/Merl/*Kleine-Möller* § 10 Rz 14; vgl § 2 Nr 2 VOB/B). Das bedeutet in rechtlicher Konsequenz, dass **Mengen- und Massenabweichungen** beim Einheitspreisvertrag strukturell von der Preisvereinbarung der Parteien erfasst sind, die damit wechselseitig das Risiko für Unzulänglichkeiten der Ermittlung des vertraglich zugrunde gelegten Leistungsumfangs übernommen haben. Eine Anpassung der Vergütung kommt insoweit also nur in Betracht, wenn in besonders gelagerten Einzelfällen die zu Geschäftsgrundlage zu rechnende Äquivalenzerwartung der Vertragsparteien tangiert und nach allgemeinen Grundsätzen eine **Vertragsanpassung** gem § 313 II veranlasst ist (hierzu: *Werner/Pastor* Rz 2501; *Leupertz/Merkens* § 9 Rz 26; iE anders beim VOB/B-Vertrag, wo § 2 Nr 3 eine Anpassung der Einheitspreise schon für Mengen- und Massenabweichungen von mehr als 10% gewährt). Soweit indes **Änderungen der im Leistungsverzeichnis niedergelegten Leistungspositionen** (bspw: Bauplanänderungen; zusätzlich für die Erreichung des Bauerfolges erforderliche Leistungen) zu Mehraufwand führen, so liegt darin eine Abweichung vom vergütungspflichtigen Leistungsumfang (Bausoll), die nicht kalkulatorische Unzulänglichkeiten der Vordersätze (Mengenannahmen) betrifft. Hierfür kann der Unternehmer grds eine zusätzliche Vergütung beanspruchen, die er allerdings rechtsgeschäftlich mit dem Besteller vereinbaren muss (zur Verpflichtung des Bestellers, einen entsprechenden Zusatzauftrag zu erteilen: *Kniffka* ibr-online-Kommentar Bauvertragsrecht, Stand 26.5.09, § 631 Rz 424; vgl auch: BGH BauR 00, 409, s.a. Rn 2). Sonst bleiben nur Ersatzansprüche aus GoA oder Bereicherungsrecht

(hierzu ausf: *Leupertz* BauR 05, 775 ff). Zu Mehrvergütungsansprüchen des Unternehmers wegen der infolge eines Nachprüfungsverfahrens **verzögerten Vergabe** von Bauleistungen: BGH BauR 09, 1131; BauR 09, 1896; BauR 09, 1901; BauR 09, 1908 – Verhandlungsverfahren.

39 bb) Pauschalvertrag. Beim Pauschalpreisvertrag ist die Vergütung im Unterschied zum Einheitspreisvertrag **betragsmäßig** bestimmt. Das beantwortet freilich nicht die Frage, für welche Leistungen der solcherart festgelegte Werklohn geschuldet ist. Insoweit kommt es auf die Struktur des Pauschalvertrages an. Es ist zu unterscheiden zwischen **Detail- und Globalpauschalverträgen**.

40 Dem **Detailpauschalvertrag** liegt – ebenso wie dem Einheitspreisvertrag (Rn 38) – eine detaillierte Leistungsbeschreibung mit konkreten Ausführungsvorgaben zugrunde. Allerdings ist die vertraglich geschuldete Vergütung im Unterschied zum Einheitspreisvertrag durch die Pauschalierung des Gesamtpreises von den tatsächlich für die vertragsgerechte Bauausführung erforderlichen Mengen und Massen abgekoppelt. Mengenabweichungen haben also keinen Einfluss auf den pauschalierten Vertragspreis (vgl § 2 VII Nr 1 VOB/B). Abw davon soll auch der vereinbarte Pauschalpreis nur die sich aus der detaillierten Leistungsbeschreibung ergebenden Mengenvorgaben (Vordersätze) abdecken, wenn der Unternehmer trotz Verlangen vom Besteller keine Mengenermittlungsgrundlagen mitgeteilt bekommt und er deshalb den Preis nicht verlässlich kalkulieren kann (sog „Scheinpauschale" – *Kapellmann/Schiffers* Bd 2, Rz 66–75, 288; Kapellmann/Messerschmidt/ *Kapellmann* Teil B, § 2 Rz 236 f). Das erscheint problematisch und ist mit dem Ergebnis eines „verkappten Einheitspreisvertrages" nur dann gerechtfertigt, wenn die **Auslegung** des Vertrages im Einzelfall ergibt, dass die Vertragsparteien keine Pauschalierung ioS gewollt haben. Denn es darf nicht übersehen werden, dass es den Vertragsparteien nach allgemeinen Grundsätzen der Rechtsgeschäftslehre frei steht, auch unkalkulierbare Risiken zu übernehmen (BGH BauR 97, 126 – „Kammerschleuse"). Lässt der Unternehmer sich auf eine Pauschalpreisvereinbarung ein, kann er sich später in aller Regel nicht darauf berufen, er habe den Preis nicht zutr kalkuliert bzw. kalkulieren können. Demgegenüber bleibt es auch für den Detailpauschalvertrag bei dem Grundsatz, dass nach dem Vertrag nicht vorgesehener **Mehraufwand** nicht vom Vertragspreis umfasst ist (s. Rn 2, 38). Soweit der Unternehmer solchen Mehraufwand zur Verwirklichung des vom Besteller vorgegebenen funktionalen Bauerfolgs (Erfolgssoll) erbringen muss, kann er hierfür idR vom Besteller die Erteilung eines entsprechenden entgeltlichen Zusatzauftrages verlangen (s. Rn 2, 38 mwN). In der Praxis versuchen Auftraggeber häufig, das ihnen nach obigen Grundsätzen auch bei Abschluss eines Detailpauschalvertrages verbleibende Risiko betreffend den Leistungsumfang durch sog **Komplettheitsklauseln** auf den Unternehmer abzuwälzen. Solche Klauseln sind beim Detailpauschalvertrag jedenfalls dann unwirksam, wenn sie vom Besteller als **AGB** in den Vertrag eingeführt werden und auch die der Leistungsbeschreibung zugrunde liegende Ausführungsplanung von ihm stammt. Dies deshalb, weil der Besteller sich auf diese Weise von den in seine Planungsverantwortung fallenden Folgen einer fehlerhaften Leistungsbeschreibung auf Kosten des Unternehmers befreien möchte, der seinerseits mit unkalkulierbaren Risiken belastet wird (Brandbg BauR 03, 716, 718; München NJW-RR 87, 621; München BauR 90, 776; ausf; Kapellmann/Messerschmidt/*Kapellmann* Teil B, § 2 Rz 244 mwN).

41 Werden solche Komplettheitsklauseln hingegen individuell vereinbart, sind sie wirksam und es entsteht ein **(einfacher) Globalpauschalvertrag**, durch den der Unternehmer kraft rechtsgeschäftlicher Abrede auch das kalkulatorische Planungsrisiko und damit das Risiko übernimmt, selbst dann alle zur Realisation des Bauerfolgs erforderlichen Leistungen zum Vertragspreis erbringen zu müssen, wenn hierfür nach dem Vertrag nicht vorgesehener **Mehraufwand** erforderlich ist. Das freilich nur in dem Umfang, in dem er sich vernünftigerweise bereit erklärt hat, die vergütungsrechtlichen Folgen von Divergenzen zwischen den Leistungsvorgaben des Bauvertrages und dem tatsächlich für die Verwirklichung des funktionalen Bauerfolgs erforderlichen Aufwand zu tragen (so zutr insb: Kapellmann/Messerschmidt/*Kapellmann* Teil B, § 2 Rz 265 mwN). Hierfür ist die **Auslegung** des Vertrages maßgebend (grdl hierzu: BGH BauR 06, 2040), die regelmäßig zu der Erkenntnis führen wird, dass der Unternehmer jedenfalls nicht für **Planungsfehler** des Bestellers einstehen will (Kapellmann/Messerschmidt/*Kapellmann* Teil B, § 2 Rz 265, 272; vgl auch: BGH BauR 97, 126; BauR 99, 37). Dass iÜ planänderungsbedingter Mehraufwand nicht vom Vertragspreis umfasst ist, ergibt sich bereits nach allgemeinen Grundsätzen (BGHZ 176, 23 – „Bistro"; s. Rn 2, 35).

42 Beim **komplexen Globalpauschalvertrag** lösen sich die Vertragparteien völlig von einer detaillierten Beschreibung des für die Herstellung des Werkes erforderlichen Leistungsumfangs. Stattdessen beschreibt der Besteller die Bauleistung zielorientiert mit **funktionalen Leistungsvorgaben**, die lediglich die Beschaffenheit des fertigen Bauwerks definieren. Eine solche funktionale Ausschreibung mit **Leistungsprogramm** sieht § 9 Nr 15 bis 17 VOB/A für die öffentliche Bauvergabe ausdrücklich als eine Art der Leistungsbeschreibung vor. Sie findet auch für den privaten Baubereich insb im **Schlüsselfertigbau** und bei sonstigen Verträgen mit Totalunternehmern/-übernehmern Anwendung. Hat der Unternehmer solcherart über die Ausführung der Bauleistung hinaus die gesamte Planungsverantwortung übernommen, so sind die für die Verwirklichung des Bauerfolgs tatsächlich erforderlichen Leistungen „Bausoll" und damit vom Pauschalpreis umfasst. Das gilt indes auch beim Globalpauschalvertrag nicht für zusätzlichen Aufwand, der aus einer vom Besteller nachträglich veranlassten Änderung der Bauplanung (vgl § 1 Nr 3 VOB/B) resultiert. In der Praxis behält sich allerdings der Besteller häufig die Bauplanung oder Teile hiervon trotz funktionaler Ausschreibung vor (hierzu: Kapellmann/

Messerschmidt/*Kapellmann* Teil B, § 2 Rz 263 ff mwN). Dann ist es abermals eine Frage der **Vertragsauslegung**, inwieweit der tatsächlich erforderliche Aufwand vom vergütungspflichtigen Leistungsumfang abgedeckt ist (eingehend hierzu: Kapellmann/Messerschmidt/*Kapellmann* Teil B, § 2 Rz 265, 269).

cc) Stundenlohnvertrag. Beim Stundenlohnvertrag ist nicht der Leistungsumfang, sondern der **Aufwand an Zeit und Material** maßgebend für die Preisbildung. Solche reinen **Aufwandsverträge** sind wegen der damit für den Besteller verbundenen Kalkulationsrisiken in der Praxis selten; gebräuchlich sind hingegen Einheits- und Detailpauschalverträge mit sog **angehängten Stundenlohnarbeiten**, woraus ein Leistungsvertrag mit Elementen des Aufwandsvertrages entsteht, der dementsprechend abgerechnet werden muss. Die Vergütung nach Aufwand setzt iRe VOB/B-Vertrages eine entsprechende rechtsgeschäftliche Vereinbarung voraus – § 2 X VOB/B. Das gilt nicht für den BGB-Werkvertrag (Ingenstau/Korbion/*Keldungs* Teil B, § 2 X Rz 5). Fehlt eine ausdrückliche Stundenlohnabrede, so ist gem § 632 I, II uU dennoch nach Aufwand abzurechnen, wenn gerade das der **Üblichkeit** entspricht, wie etwa bei kleineren Baunebenleistungen ohne nennenswerten Materialaufwand (Reparatur- und Nacharbeiten, Baustellenreinigung, Handaushub ...). Für die schlüssige Abrechnung von Stundelohnarbeiten muss der Unternehmer entgegen einer auch bei den Instanzgerichten weit verbreiteten Auffassung grds nur darlegen, wie viele Stunden für die Erbringung der Vertragsleistungen angefallen sind; dass dieser Aufwand nicht erforderlich iS einer **wirtschaftlichen Betriebsführung** war, muss hingegen der Besteller darlegen und ggfls beweisen; insoweit trifft den Unternehmer allerdings eine sekundäre Darlegungslast (iE zum Ganzen: BGH BauR 09, 1162; BauR 09, 1291; vgl auch: BGH BauR 00, 1197, 1198 – für Wirtschaftsprüferhonorar; iE ebenso: *Keldungs* BauR 02, 322; aA: Hamm BauR 02, 319, 321). In der Praxis wird der Stundennachweis idR durch vom Besteller (oder seinem Repräsentanten auf der Baustelle) abgezeichnete Stundenlohnzettel (Rapportzettel, Tagesberichte; zu den Sonderregelungen für den VOB/B-Vertrag vgl § 15 VOB/B) geführt. In der Unterzeichnung solcher Stundenlohnzettel liegt regelmäßig ein **deklaratorisches Anerkenntnis** des Bestellers betreffend Art und Umfang der dokumentierten Leistungen (BGH BauR 94, 760), nicht hingegen hinsichtlich der **Erforderlichkeit** jener Leistungen für die Herstellung des Gewerkes (Hamm BauR 02, 319, 321; Frankf NZBau 01, 27, 28). Eine andere Form des Aufwandsvertrages ist der **Selbstkostenerstattungsvertrag** (hierzu: AnwK/*Langen* Anhang zu §§ 631-651: „Vertragstypen im Baurecht", Rz 62).

II. Nebenpflichten. Die den Besteller betreffenden **Aufklärungs-, Schutz- und Obhutspflichten** sind zumeist nicht leistungsbezogen (§ 241 II). Die Mitwirkung des Bestellers an der Herstellung des Werks kann Nebenpflicht sein (wohl idR bloße Obliegenheit § 642, Vertragsauslegung; iE s. § 642 Rn 3). Der Besteller hat den Unternehmer insb auf ihm bekannte, für den Unternehmer jedoch schwer erkennbare Umstände hinzuweisen, durch die die Herstellung des Werkes gefährdet werden könnte (MüKo/*Soergel* § 631 Rz 180; vgl auch Stuttg NJW-RR 97, 1241). Er hat darüber hinaus ggf das Nötige zu unternehmen, um die Verwirklichung solcher Gefahren zu verhindern (BGH NJW 00, 280; Soergel/*Teichmann* § 631 Rz 49 – Schutz von Arbeitsgerät). Im Verhältnis zwischen Nachunternehmer und Besteller ist der von diesem eingeschaltete Vorunternehmer nicht Erfüllungsgehilfe (BGH BauR 00, 722 = NJW 00, 1336). Verstöße gegen derartige Pflichten führen zur **Schadensersatzpflicht** des Bestellers gem §§ 280, 241 II, 311 II und berechtigen den Unternehmer gem §§ 241 II, 324 ggf vom Vertrag zurückzutreten. Hinsichtlich der Rechtsfolgen grds nicht schadensersatzbewehrter **Obliegenheitsverletzungen** finden sich Sonderregelungen in § 642 (Entschädigungsanspruch), § 643 (Kündigung) und § 648a I 1 (Leistungsverweigerungsrecht).

F. VOB/B. Die VOB/B enthält zahlreiche, zT erheblich vom BGB-Werkvertragsrecht abw Bestimmungen zur Ausgestaltung der wechselseitigen vertraglichen Pflichten der Bauvertragsparteien (zusammenfassende Darstellung: AnwK/*Leupertz* Anh zu §§ 631-651: Der VOB/B-Bauvertrag Rz 15 ff). Die wichtigsten sind:
– § 1 III VOB/B: einseitiges Leistungsbestimmungsrecht des Auftraggebers durch **bauplanänderungsbedingte Anordnungen** gegen zusätzliche Vergütung nach Maßgabe der §§ 2 V, VII VOB/B;
– § 1 IV VOB/B: einseitiges Leistungsbestimmungsrecht des Auftraggebers für **zusätzliche Leistungen**, soweit diese für die Erreichung des geschuldeten Bauerfolgs erforderlich sind; zusätzliche Vergütung gem § 2 VI, VII VOB/B;
– § 2 III VOB/B: Vergütungsanpassung bei **Mengenmehrungen/Mengenminderung**; Pauschalpreisvertrag – § 2 VII VOB/B;
– § 2 V VOB/B: Zusätzlichen Vergütung bei **bauplanänderungsbedingtem Mehraufwand** (auch infolge „sonstiger Anordnungen") – s. § 1 III VOB/B; Pauschalpreisvertrag – § 2 VII VOB/B;
– § 2 VI VOB/B: Zusätzliche Vergütung für **erforderlichen Mehraufwand** – s. § 1 IV VOB/B; Pauschalpreisvertrag – § 2 VII VOB/B;
– § 3 VOB/B: Zurverfügungstellung von **Ausführungsunterlagen/Einmessung** durch den Auftraggeber; **Prüfpflicht** des Auftragnehmers – § 3 III VOB/B; Pflicht zur Vorlage von **Bauunterlagen** durch den Auftragnehmer – § 3 V VOB/B;
– § 4 VOB/B: **Aufsichts- und Koordinierungspflichten, Aufsichtsrecht, Anordnungsrechte** des Auftraggebers – § 4 I VOB/B; **Überlassungspflichten** des Auftraggebers – § 4 IV VOB/B; **Prüf- und Bedenkenhinweispflicht** des Auftragnehmer – § 4 I Nr 4, III VOB/B; **Schutzpflichten** des Auftragnehmers – § 4 V

VOB/B; **technische Abnahme** auf Verlangen einer Partei – § 4 X VOB/B; **Sachmängelhaftung** des Auftragnehmers **vor Abnahme** – § 4 VII VOB/B;
- § 5 VOB/B: Ausführungsfristen; **Arbeitsbeginn** – § 5 II VOB/B; **Verzögerung** – § 5 IV VOB/B;
- § 6 VOB/B: Pflicht zur **Behinderungsanzeige** durch Auftragnehmer – § 6 I VOB/B; Verlängerung von **Ausführungsfristen** bei Behinderung – § 6 II VOB/B; **Schadensersatz** bei Behinderung – § 6 VI VOB/B;
- § 7 VOB/B: Sonderregeln für die **Verteilung der Gefahr**;
- § 8 VOB/B: Sonderregelung für **Kündigung (Auftragsentziehung)** durch Auftraggeber;
- § 9 VOB/B: Sonderregelungen für **Kündigung durch Auftragnehmer**;
- § 10 VOB/B: Sonderregelungen für die **Haftungsverteilung** zwischen den Parteien;
- § 12 VOB/B: Sonderregelungen Abnahme; **Abnahmefrist**; **Teilabnahme** – § 12 II VOB/B; **förmliche Abnahme** auf Verlangen – § 12 IV VOB/B; **fiktive Abnahme** – § 12 V VOB/B;
- § 13 VOB/B: Sonderregelungen für Sachmängelhaftung und Verjährung;
- § 14 VOB/B: Abrechnung der Werkleistungen; Pflicht zur **prüfbaren Abrechnung** – § 14 I VOB/B; Verpflichtung, die zur **Abrechnung notwendigen Feststellungen** (Aufmaß!) gemeinsam zu treffen – § 14 II VOB/B; **Frist** zur Einreichung der Schlussrechnung – § 14 III VOB/B;
- § 15 VOB/B: Sonderregelungen für die Vereinbarung und Abrechnung von **Stundenlohnarbeiten**;
- § 16 VOB/B: Zahlung; Sonderregelungen für **Abschlagszahlungen** – § 16 I VOB/B und **Vorauszahlungen** – § 16 II VOB/B; Sonderregelungen für **Fälligkeit und Abrechnung der Schlusszahlung** – § 16 III VOB/B; **Teilzahlungen** – § 16 IV VOB/B; **Zahlungen, Skonto, Verzugszinsen** – § 16 V VOB/B;
- § 17 VOB/B: **Sicherheiten**;
- § 18 VOB/B: **Streitigkeiten und Streitbeilegung**.

§ 632 Vergütung. (1) Eine Vergütung gilt als stillschweigend vereinbart, wenn die Herstellung des Werkes den Umständen nach nur gegen eine Vergütung zu erwarten ist.
(2) Ist die Höhe der Vergütung nicht bestimmt, so ist bei dem Bestehen einer Taxe die taxmäßige Vergütung, in Ermangelung einer Taxe die übliche Vergütung als vereinbart anzusehen.
(3) Ein Kostenanschlag ist im Zweifel nicht zu vergüten.

1 **A. Regelungsgehalt.** Ist in einem Werkvertrag keine Vereinbarung über die Vergütung getroffen worden, wird gem I unter den dort genannten Voraussetzungen eine stillschweigende Einigung über die Entgeltlichkeit **fingiert**. Die Auslegungsregel des II füllt dann die mangels Regelung der Vergütungshöhe verbleibende Vertragslücke. Dabei wird auf die taxmäßige oder übliche Vergütung abgestellt. III wurde durch das SMG (BTDrs 14/6040 259) eingeführt und regelt, dass der Kostenanschlag im Zweifel nicht zu vergüten ist.

2 **B. § 632 I – Fiktion der Vergütungsvereinbarung. I. Wirkungsweise und Zweck.** Gem § 632 I gilt eine Vergütung als stillschweigend vereinbart, wenn die Herstellung des Werkes nach den Umständen nur gegen eine **Vergütung zu erwarten ist.** Darin liegt die **Fiktion** einer Vergütungsvereinbarung (MüKo/*Busche* § 632 Rz 4; Staud/*Peters/Jacoby* § 632 Rz 45; aA Soergel/*Teichmann* § 632 Rz 2 – Auslegungsregel), die als wesentliche Vertragsbedingung (essentialia negotii) notwendige Voraussetzung für das Zustandekommen eines wirksamen entgeltlichen Vertrages ist. Dessen Abschluss wird durch die Fiktion indes nicht ersetzt (BGH NJW 99, 3554), deren Funktion vielmehr darin besteht, den mit **Rechtsbindungswillen** getroffenen rechtsgeschäftlichen Vereinbarungen auch dann zur Geltung zu verhelfen, wenn die Vertragsparteien sich (nur) über die Vergütung nicht verständigt haben. Damit ist die Anwendung der Regeln über den **offenen oder versteckten Einigungsmangel** iSd §§ 154, 155 zur Vermeidung der Rechtsfolgen eines Dissenses in diesem Punkt ausgeschlossen. Darüber hinaus kommt im Geltungsbereich der Fiktion eine Anfechtung wegen Irrtums nach § 119 nicht in Betracht (MüKo/*Busche* § 632 Rz 6; aA Soergel/*Teichmann* § 632 Rz 2). Die Rechtsfolgen des § 632 treten kraft Gesetzes ein. Auf einen entsprechenden Willen des Bestellers kommt es nicht an (BGH NJW-RR 96, 952). Ergibt sich hingegen aus den Umständen, dass sich die Vertragsparteien nicht rechtsgeschäftlich mit einem entgeltlichen Vertrag haben binden wollen, so ist kein Vertrag zustande gekommen und § 632 I greift nicht.

3 **II. Voraussetzung: Wirksamer Werkvertrag.** Aus den obigen Erwägungen folgt, dass die Anwendung des § 632 I das Zustandekommen eines Werkvertrages voraussetzt (BGHZ 136, 33). Die Vertragsparteien müssen sich also mit Ausnahme der Vergütung über alle vertragswesentlichen Vertragsbedingungen mit Rechtsbindungswillen geeinigt haben. Insoweit ist die Abgrenzung zum **Gefälligkeitsverhältnis** (s. hierzu § 631 Rn 3) und zur **unentgeltlichen Akquisition** (§ 631 Rn 4) von Bedeutung, darüber hinaus sind die Besonderheiten bei **bedingt geschlossenen Verträgen** zu beachten (§ 631 Rn 5). Die **Darlegungs- und Beweislast** für das Zustandekommen des Vertrages trägt nach allgemeinen Grundsätzen der Unternehmer, der eine Vergütung beansprucht (BGH NJW 99, 3554; NJW 97, 3017). Weil sich der Vertragsschluss mangels ausdrücklicher vertraglicher Abreden nicht selten nur den Umständen entnehmen lässt, kann der iÜ iRd § 632 I zu berücksichtigende **Erfahrungssatz der Entgeltlichkeit** schon in diesem Zusammenhang für die Abgrenzung von Gefälligkeitsverhältnissen und Akquisition Bedeutung erlangen (s. § 631 Rn 3 f).

III. Keine Vergütungsvereinbarung. Wird in einem Werkvertrag eine Vergütungsvereinbarung getroffen oder ist die Vergütung aus dem Vertrag bestimmbar, findet § 632 keine Anwendung (so beim Einheitspreisvertrag oder bei Vereinbarung eines Stundenlohns – BGH NJW 02, 1107, BGHZ 132, 229). Der Besteller schuldet dann die vereinbarte Vergütung. Eine Vergütung ist nicht vereinbart, wenn die Vertragsparteien die Frage der Vergütung weder positiv noch negativ geregelt haben (BGH ZfBR 95, 16; Köln NJW-RR 02, 1425). Für das **Architekten- und Ingenieurfach** ergibt sich das geschuldete Honorar entweder aus der bei Vertragsschluss getroffenen Vergütungsabrede (§ 7 I HOAI); sonst gilt das auf der Grundlage der bindenden Preisvorgaben der **HOAI** zu ermittelnde **Mindesthonorar** als vereinbart (§ 7 VI HOAI). Die Architektenvergütung ist also immer „vereinbart" iSd § 631 I, so dass § 632 I, II schon deshalb keine Anwendung findet. Es kommt für die Bestimmung der Vergütung der Architekten und Ingenieure iRd Geltungsbereichs der HOAI also weder auf die **Üblichkeit** der sich hieraus ergebenden Honorarsätze (so zutr: Korbion/Mantscheff/Vygen/*Vygen* § 1 Rz 3 mwN), noch auf die Rechtsnatur der HOAI als **Taxe** iSd § 632 II an. Sie stellt vielmehr in der dargestellten Weise **bindendes Preisrecht** für Architekten- und Ingenieurleistungen dar, wenn das geschuldete Werk nach seinem Gesamtbild durch die in ihr beschriebenen Leistungsbilder geprägt wird (das ist nicht der Fall, wenn Architekten- und Ingenieurleistungen lediglich untergeordneter Bestandteil einer werkvertraglichen Gesamtleistung sind – für Bauträgervertrag: Köln NJW-RR 00, 611). Die HOAI findet unabhängig von der schuldrechtlichen Einordnung des Vertrages Anwendung auf die von ihrem Regelungsbereich umfassten Leistungen (BGH NJW-RR 00, 1333), auch wenn sie nicht von Architekten oder Ingenieuren erbracht werden (BGH BauR 97, 677; 98, 813). Sie gibt allerdings lediglich den Rahmen für die Höhe der Vergütung (und damit für Vergütungsvereinbarungen, BGH NJW-RR 05, 669) durch **Mindest- und Höchstsätze** vor, regelt jedoch weder das „Ob" eines Vergütungsanspruches noch sonstige Umstände, nach denen Leistung nur gegen Vergütung zu erwarten ist (BGH NJW 97, 3017). Folge der Mindestsatzunterschreitung ist – sofern kein Ausnahmefall vorliegt (bejaht bei Angemessenheit, BGH BauR 97, 677 oder persönlichen/sozialen Gründen, Köln NJW-RR 99, 1109) – die Unwirksamkeit der Honorarvereinbarung, der Architekt kann den Mindestsatz verlangen. Fraglich ist, ob nationale Mindestsatzregelungen (HOAI, RVG) mit der **europäischen Dienstleistungsfreiheit** in Art 49 EG-Vertrag zu vereinbaren sind (vgl Schlussanträge des Generalanwalt beim EuGH in Vorabentscheidungsersuchen Rs C 94/04, IBR 06, 150). Bei Vereinbarung eines unter den Mindestsätzen liegenden Pauschalhonorars und schutzwürdigem Vertrauen des Bauherrn hierauf (hat vertraut, durfte vertrauen und hat sich darauf bei der Vermarktung des Bauobjekts eingerichtet, dh kann nicht beim Käufer nachfordern, BGH BauR 98, 815), soll das spätere Verlangen der Mindestsätze hingegen treuwidrig sein (§ 242; BGH BauR 97, 677; Dresd IBR 05, 496; vgl auch BGH BauR 09, 262 – zu den nämlichen Kriterien für die Bindung des Architekten an seine Schlussrechnung). Kein schutzwürdiges Vertrauen und damit keine Beschränkung auf den Mindestsatz besteht hingegen bei einem Generalplaner, der sowohl mit dem Bauherrn als auch mit seinem Subplaner Abrechnung unter den Mindestsätzen vereinbart hat, da er als Architekt um die Mindestsätze wusste (Kobl IBR 06, 35). Bzgl der Unterschreitung der Mindestsätze ist der Beschl des BVerfG v 26.9.05 zu beachten. Danach soll eine „grundrechtsgeleitete Interpretation" des § 4 II HOAI jetzt § 7 II HOAI zum Ergebnis führen, dass das Verbot der Unterschreitung der Mindestsätze grds nicht für die Vergütung von Wettbewerbsbeiträgen gilt (BVerfG NJW 06, 495). Fordert der Architekt nach Kündigung des Vertrages Honorar für erbrachte Leistungen, hat er diese in der Schlussrechnung im Einzelnen darzulegen, wie auch das auf der Grundlage der Honorarvereinbarung ermittelte anteilige Honorar (BGH NJW-RR 05, 749; zu der vom BGH „wieder entdeckten" Anwendung von Tabellen für die Abrechnung und die Bemessung der Minderung [Steinfort-, Siemon-Tabelle] vgl BGH BauR 04, 1640, abl dagegen *Schramm/Schwenker* IBR-Online 18.8.05.) Bei Kündigung des Architektenvertrags soll der Architekt den auf der Grundlage der Honorarvereinbarung ermittelten Anteil eines Pauschalhonorars auch dann verlangen können, wenn dieses unter den Mindestsätzen liegt (BGH NJW-RR 05, 749); bei Bauzeitverlängerung eine Erhöhung jedoch nur bei transparenten Vereinbarungen (BGH NJW-RR 05, 322).

Der nach § 632 I, II die übliche Vergütung beanspruchende Unternehmer muss nach allgemeinen Grundsätzen **beweisen**, dass die vom Besteller behauptete Vergütungsvereinbarung iSd § 631 I tatsächlich nicht getroffen wurde (BGH NJW-RR 96, 952; vgl auch BGH NJW 81, 1422; Hamm NJW-RR 93, 1490). Allerdings hat der Besteller in einem solchen Streitfall seinerseits zunächst das Zustandekommen der Vereinbarung nach Ort, Zeit und Höhe der Vergütung substantiiert darzulegen (qualifizierte **Darlegungslast** – BGH NJW-RR 96, 952; BGH NJW-RR 92, 848; Ddorf BauR 00, 269). Anderes gilt aufgrund des zwingenden Preisrechts der HOAI beim **Architektenvertrag**, wenn der Besteller die Vereinbarung eines unter den Mindestsätzen liegendes Pauschalhonorar behauptet. Dann trifft in insoweit die Beweislast (BGH NJW-RR 02, 1597).

IV. Werkleistung nur gegen Vergütung zu erwarten. § 632 I greift, wenn der Abschluss eines Werkvertrages ohne konkrete Vergütungsvereinbarung feststeht. Dann kommt es darauf an, ob nach den Umständen des jeweiligen Einzelfalles die Werkleistung nur gegen Vergütung zu erwarten war. Das wiederum ist dann der Fall, wenn der Leistungsempfänger bei objektiver Betrachtungsweise im Zeitpunkt des Vertragsschlusses davon ausgehen musste, die versprochene Werkleistung nur gegen Zahlung eines entsprechenden Entgelts zu erhalten. Maßgebend hierfür sind ua die Verkehrssitte, die Stellung der Vertragsparteien zueinander sowie Umfang, Dauer und Wert der Werkleistung (Köln NJW-RR 94, 1239). Besondere Bedeutung hat in diesem

Zusammenhang der **Erfahrungssatz der Entgeltlichkeit**, wonach davon auszugehen ist, dass Unternehmer und Architekten/Ingenieure ihren Beruf oder Gewerbe üblicherweise nur gegen Zahlung eines Entgelts ausüben (BGH BauR 87, 454; IBR 00, 331, s. § 631 Rn 3). Allerdings wird es in den Fällen, in denen schon die Entgeltlichkeitsvermutung nicht greift, oft bereits an einem wirksamen Vertragsschluss fehlen (s. § 631 Rn 3 f). Sofern keine Vergütungsvereinbarung festgestellt werden kann und durchgreifend Zweifel daran bestehen, dass die Herstellung des Werks nur gegen eine Vergütung zu erwarten war, besteht kein Vergütungsanspruch (BGH IBR 04, 480 = NZBau 04, 498). Die Umstände, nach denen Leistung nur gegen Vergütung zu erwarten ist, hat der Unternehmer zu **beweisen** (BGH NJW 97, 3017), dass gleichwohl unentgeltlich geleistet werden sollte, der Besteller (BGH NJW 87, 2742; BauR 87, 454; krit hierzu: *Kniffka* ibr-online-Kommentar Bauvertragsrecht, Stand 26.5.09, § 632 Rz 22).

8 **C. § 632 II – Vergütungshöhe. I. Grundlagen.** Haben die Parteien keine Vergütungsabrede getroffen und gilt die Vergütung nach § 632 I als stillschweigend vereinbart, ist für die Höhe gem § 632 II zunächst auf die **Taxe**, in Ermangelung einer solchen auf die **Üblichkeit** abzustellen. Eine fehlende Bestimmung der Vergütungshöhe liegt vor, wenn der Vertrag weder einen konkreten Vergütungsbetrag noch Maßstäbe für eine Berechnung der Vergütung beinhaltet (BGH NJW 00, 1107) und diese auch nicht durch **ergänzende Vertragsauslegung** ermittelt werden können (*Kniffka* ibr-online-Kommentar Bauvertragsrecht, Stand 26.5.09, § 632 Rz 23). Macht der Unternehmer die Vergütung nach II geltend, hat er zu **beweisen**, dass die vom Besteller schlüssig behauptete Vergütungsvereinbarung nicht getroffen wurde (BGH NJW-RR 96, 952; Bambg BauR 04, 883; BGHZ 80, 257, s. Rn 3).

9 **II. Taxe.** Eine Taxe ist ein hoheitlicher, nach Bundes- oder Landesrecht bestimmter Preis. Bsp hierfür sind die Gebührenordnungen für Rechtsanwälte (RVG), Steuerberater, Ärzte und Zahnärzte (zur **HOAI** s. Rn 5).

10 **III. Übliche Vergütung.** Üblich iSd § 632 II ist die Vergütung, die zur Zeit des Vertragsschlusses nach allgemeiner Auffassung der beteiligten Kreise am Ort der Werkleistung für Leistungen gleicher Art, Güte und Umfang in zahlreichen Einzelfällen (BGH NJW 01, 151, 152) gewöhnlich gewährt wird (BGH NJW-RR 00, 1560). Für den VOB/B-Vertrag entspricht die Abrechnung nach Einheitspreisen der Üblichkeit (vgl § 2 II VOB/B). Ob die Vertragsparteien die die Üblichkeit begründenden Umstände kennen, ist ohne Belang (BGH NJW 70, 699; Palandt/*Sprau* § 632 Rz 15).

11 **IV. Anderweitige Bestimmung der Vergütungshöhe.** Lässt sich eine übliche Vergütung im Einzelfall nicht ermitteln, so kommt zunächst die **ergänzende Auslegung** des Vertrages in Betracht, die in Ermangelung anderweitiger Anhaltspunkte zu dem Ergebnis führen kann, dass die Parteien eine **angemessene Vergütung** vereinbart hätten (BGHZ 94, 98, 101 f; BGH NJW- RR 00, 1560, 1562), deren Maßstäbe sich aus einer Abwägung der beiderseitigen Interessen unter Berücksichtigung sämtlicher Umstände ergeben (Müko/*Busche* § 632 Rz 23). Erst dann kann bei fortbestehenden Unklarheiten auf die allgemeine Regelung in §§ 315, 316 zurückgegriffen (BGH NJW02, 817, 818) und die Vergütung nach den Maßstäben der Billigkeit in Ausübung eines **einseitigen Bestimmungsrechts** des Unternehmers unter Berücksichtigung der Angemessenheit (§ 315 III) festgelegt werden (BGH NJW-RR 00, 1560, 1562; vgl auch Ddorf NJW-RR 02, 163).

12 **D. § 632 III – Kostenanschlag/Vorarbeiten.** Die Regelung in § 632 III konkretisiert I und entspricht weitgehend der früheren Rspr (BGH NJW 82, 765; BauR 79, 509). Danach ist der Kostenanschlag im Zweifel unentgeltlich. Eine Vergütungspflicht besteht idR nur kraft besonderer **rechtsgeschäftlicher Vereinbarung**, deren Zustandekommen der Unternehmer im Streitfall darlegen und beweisen muss. Lässt sich keine ausdrückliche Vereinbarung betreffend die Bezahlung des Kostenanschlages feststellen, sind für das Vorliegen einer Beauftragung die Umstände des Einzelfalles maßgebend (Ddorf NZBau 03, 442). Sie werden nur ausnahmsweise den Schluss auf eine einvernehmliche Vergütung des Kostenanschlages zulassen, dessen Zweck nach allgemeinem Verständnis darin besteht, dem Besteller eine Vorstellung über die Höhe der Vergütung für den beabsichtigten Werkauftrag zu verschaffen und es ihm zu ermöglichen, Konkurrenzangebote zu vergleichen. Nach der Vorstellung des Gesetzgebers gehören die Aufwendungen des Unternehmers zu Erstellung eines Kostenvoranschlages deshalb nach der Verkehrserwartung zu seinen Gemeinkosten (vgl RegEntw 613). **AGB** des Unternehmers, die die Verpflichtung zur Vergütung eines Kostenvoranschlags beinhalten, dürften als überraschende Klausel (§ 305c) und aufgrund unangemessener Benachteiligung des Bestellers (§ 307) unwirksam sein (so zur alten Rechtslage BGH NJW 82, 765).

13 § 632 III gilt nur für den Kostenanschlag und findet auf **sonstige Vorarbeiten** keine, auch keine entsprechende Anwendung (vgl RegEntw 614). Maßgebend ist also § 631 I, wonach entscheidend darauf abzustellen ist, in wessen **Interesse** die Vorarbeiten liegen (Kobl MDR 98, 343; Nürnbg NJW-RR 93, 760, 761). Vergütungslos bleiben deshalb Bemühungen, die der Unternehmer in erster Linie mit dem Ziel unternimmt, im Wettbewerb mit anderen Bewerbern den Zuschlag für den Auftrag zu erhalten (Ddorf BauR 03, 1046, 1047; *Köln NJW-RR 98, 309*). Das gilt insb für die Erstellung eines annahmefähigen **Angebots** (BGH BauR 79, 509; Kobl MDR 98, 343). Auf der anderen Seite stehen **echte Vorarbeiten**, die zur Erreichung des sodann vertraglich geschuldeten Erfolgs erforderlich sind und solcherart eine Teilerfüllung darstellen (MüKo/*Busche* § 632 Rz 12; Ddorf NJW-RR 91, 120 – Firmenlogo; Frankf NJW-RR 97, 120 – Titelbild). Das Ausfüllen eines

Angebotblanketts allein lässt nach diesen Grundsätzen nicht auf einen Vergütungswillen der Parteien schließen (Palandt/*Sprau* § 632 Rz 10). Wird hingegen ein Architekt zur Erbringung von Leistungen aufgefordert und werden dessen Vorentwürfe verwertet, muss der Auffordernde idR mit einer Vergütungspflicht rechnen (Celle BauR 04, 361). Dies gilt insb, wenn die Leistung des Architekten iRd späteren Hauptauftrags vergütet werden sollte (BGHZ 136, 33) oder der Besteller Anpassungen verlangt (Stendal NJW-RR 00, 230). Verlangt der Besteller iR einer Ausschreibung die Ausarbeitung von Entwürfen, Plänen und Zeichnungen uä, sieht § 20 Nr 2 VOB/A eine festzusetzende angemessene Entschädigung für die Bieter vor (iE zur unentgeltlichen **Akquise** § 631 Rn 4 mwN).

§ 632a Abschlagszahlungen.

(1) ¹Der Unternehmer kann von dem Besteller für eine vertragsgemäß erbrachte Leistung eine Abschlagszahlung in der Höhe verlangen, in der der Besteller durch die Leistung einen Wertzuwachs erlangt hat. ²Wegen unwesentlicher Mängel kann die Abschlagszahlung nicht verweigert werden. ³§ 641 Abs. 3 gilt entsprechend. ⁴Die Leistungen sind durch eine Aufstellung nachzuweisen, die eine rasche und sichere Beurteilung der Leistungen ermöglichen muss. ⁵Die Sätze 1 bis 4 gelten auch für erforderliche Stoffe und Bauteile, die angeliefert oder eigens angefertigt oder bereitgestellt sind, wenn dem Besteller nach seiner Wahl Eigentum an den Stoffen oder Bauteilen übertragen oder entsprechende Sicherheit hierfür geleistet wird.
(2) Wenn der Vertrag die Errichtung oder den Umbau eines Hauses oder eines vergleichbaren Bauwerks zum Gegenstand hat und zugleich die Verpflichtung des Unternehmers enthält, dem Besteller das Eigentum an dem Grundstück zu übertragen oder ein Erbbaurecht zu bestellen oder zu übertragen, können Abschlagszahlungen nur verlangt werden, soweit sie gemäß einer Verordnung auf Grund von Artikel 244 des Einführungsgesetzes zum Bürgerlichen Gesetzbuch vereinbart sind.
(3) ¹Ist der Besteller ein Verbraucher und hat der Vertrag die Errichtung oder den Umbau eines Hauses oder eines vergleichbaren Bauwerks zum Gegenstand, ist dem Besteller bei der ersten Abschlagszahlung eine Sicherheit für die rechtzeitige Herstellung des Werkes ohne wesentliche Mängel in Höhe von 5 vom Hundert des Vergütungsanspruchs zu leisten. ²Erhöht sich der Vergütungsanspruch infolge von Änderungen oder Ergänzungen des Vertrages um mehr als 10 vom Hundert, ist dem Besteller bei der nächsten Abschlagszahlung eine weitere Sicherheit in Höhe von 5 vom Hundert des zusätzlichen Vergütungsanspruchs zu leisten. ³Auf Verlangen des Unternehmers ist die Sicherheitsleistung durch Einbehalt dergestalt zu erbringen, dass der Besteller die Abschlagszahlungen bis zu dem Gesamtbetrag der geschuldeten Sicherheit zurückhält.
(4) Sicherheiten nach dieser Vorschrift können auch durch eine Garantie oder ein sonstiges Zahlungsversprechen eines im Geltungsbereich dieses Gesetzes zum Geschäftsbetrieb befugten Kreditinstituts oder Kreditversicherers geleistet werden.

A. Allgemeines. Das Recht auf Abschlagszahlungen wurde durch das Gesetz zur Beschleunigung fälliger Zahlungen v 30.3.00 in das BGB eingefügt (BGBl I 330; BTDrs 14/1246 1). Der dieserhalb neu geschaffene § 632a ist auf alle seit dem 1.5.00 abgeschlossenen Werkverträge anzuwenden (Art 229 § 1 II, 1 EGBGB – **zeitlicher Anwendungsbereich**). Bei vor dem 1.5.00 begründeten Schuldverhältnissen konnte der Unternehmer – wenn keine Abschlagszahlungen vertraglich vereinbart waren (meist durch Einbeziehung der VOB/B) – nur ausnahmsweise Abschlagszahlungen fordern. Dieses Ausnahmerecht wurde aus dem Grundsatz von Treu und Glauben abgeleitet (BGH BauR 87, 694). Durch das FoSiG (Vor §§ 631 bis 651 Rn 24) ist § 632a nun mit Wirkung für alle ab dem 1.1.09 geschlossenen Verträge stark geändert und erweitert worden. § 632a I ist unter Fortfall der Voraussetzung, Abschlagszahlungen nur für in sich abgeschlossene Teile des Werkes beanspruchen zu können, völlig neu gefasst worden; § 632a II–IV wurden neu angefügt. **Sachlich** erfasst § 632a weiterhin alle Arten von Werkverträgen. 1

I. Zweck. Ohne Abschlagszahlungen muss der vorleistungspflichtige Unternehmer oft teure Materialien und Personal über einen längeren Zeitraum vorfinanzieren. Durch § 632a soll er einen Ausgleich für die hierdurch bedingten wirtschaftlichen Nachteile erhalten (BGH NJW 85, 1840). Abschlagszahlungen sind in Abgrenzung zu **Vorauszahlungen**, die nicht unter § 632a fallen, Zahlungen auf bereits erbrachte Teilleistungen (zB entsprechend dem Baufortschritt). Vorauszahlungen sind als Vorleistung auf den Anspruch aus § 632a anzurechnen, iRd Schlussrechnung sind sie wie Abschlagszahlungen auszugleichen. 2

II. Begriff. Abschlagszahlungen stellen keine abschließende Vergütung des Teilgewerks dar, sondern von einer Abnahme unabhängige Anzahlungen für das Gesamtwerk (BGH NJW 99, 2113). Sie sind ihrer Natur nach vorläufige Zahlungen auf der Grundlage vorläufiger Berechnung (BGH IBR 04, 361). Daraus resultiert die Pflicht des Unternehmers, die Bauleistung nach deren Fertigstellung endgültig abzurechnen (zur Frage der Fälligkeitsvoraussetzung § 641 Rn 3). Aufgrund ihres vorläufigen Charakters sind Abschlagszahlungen grds auch nicht als (Teil-)Abnahme der Werkleistung zu werten. Der Anspruch auf Abschlagszahlung ist nicht mehr durchsetzbar ab dem Zeitpunkt, in dem der Unternehmer seine Leistung vollständig erbracht hat (zum Begriff der „**Fertigstellung**": BGH BauR 09, 1724, 1730 f, Tz 53 ff), diese abgenommen ist und er seine 3

Schlussrechnung stellen kann (BGH BauR 09, 1724, 1729 f – beim VOB/B-Vertrag mit Ablauf der Frist des § 14 III VOB/B; BauR 04, 1146; Hamm NJW-RR 99, 528; Ddorf NJW-RR 92, 1373 – nach Kündigung), erst recht, wenn er sie schon gestellt hat (BGH BauR 09, 1724, 1728 f; BauR 91, 81; BauR 85, 1840; Hamm BauR 99, 776). Er wird vom Gesamtvergütungsanspruch ebenso verdrängt, wenn der Unternehmer die **Erfüllung endgültig verweigert** (Ddorf NJW-RR 00, 231), wenn der **Vertrag gekündigt** wird (BGH NJW-RR 87, 724; Ddorf 92, 1373) oder wenn das Werk **durch einen Dritten endgültig fertig** gestellt wird (Nürnbg NZBau 00, 509). Im Prozess darf der Unternehmer indes auch nach Fertigstellung der Leistung den Anspruch auf Abschlagszahlung hilfsweise für den Fall geltend machen, dass er die Abnahme(reife) und damit die Fälligkeit seines Schlusszahlungsanspruchs nicht nachweisen kann (BGH BauR 02, 1482). Der Anspruch auf Abschlagszahlung unterliegt der dreijährigen **Regelverjährung** der §§ 195, 199. Zu den prozessualen Besonderheiten für die Geltendmachung von Abschlagsforderungen s. Rn 16.

4   **III. Abweichende Vereinbarungen.** Von der Regelung in § 632a kann grds sowohl zugunsten des Bestellers (zB Ausschluss von Abschlagszahlungen oder Zahlung nur gegen Stellung einer Vertragserfüllungsbürgschaft) als auch zugunsten des Unternehmers (Abschlagszahlungen ohne die Voraussetzungen des § 632a) abgewichen werden. Die Grenze bilden § 138, bei AGB zudem §§ 307 ff, wobei formularmäßige Abweichungen vom gesetzlichen Leitbild des § 632a idR der AGB-rechtlichen Inhaltskontrolle nicht standhalten (zum alten Recht: BGH BauR 86, 694; NJW 93, 3264 – Abschläge auch bei nicht vertragsgerecht erbrachter Leistung; BGH BauR 85, 192, 195 – Zahlung von „90% der Rechnungssumme bei Anlieferung"). Das gilt insb für einen **völligen Ausschluss** von Abschlagszahlungen in AGB des Bestellers (*Kniffka* ZfBR 00, 227, 229; zurückhaltender: BaRoth/*Voit* § 632a Rz 22, 26). Eine Klausel in AGB des Bestellers, wonach dem Architekten oder Ingenieur Abschlagszahlungen in Höhe von (nur) 95 vH des Honorars für die nachgewiesenen Leistungen einschließlich Umsatzsteuer gewährt werden, weicht vom gesetzlichen Leitbild des § 8 II HOAI ab und ist deshalb unwirksam (BGH IBR 06, 212; vgl auch: BGHZ 101, 357 – Einbehalt von 10% bis zur Schlusszahlung). Zu Abschlagszahlungen im Bauträgervertrag s. Rn 16.

5   **B. Voraussetzungen (Abs 1). I. Überblick.** Die gesetzlichen Voraussetzungen für einen Anspruch auf Abschlagszahlungen haben sich mit der Neufassung des § 632a I ab dem 1.1.09 geändert. Zwar sind Abschläge auch weiterhin nur für **vertragsgemäß** erbrachte Leistungen zu zahlen (Rn 7), die allerdings nicht mehr in sich abgeschlossene Teile des Gesamtgewerkes betreffen müssen (vgl hierzu Voraufl Rz 7) und iÜ unwesentliche Mängel aufweisen dürfen (dann allerdings Leistungsverweigerungsrecht nach § 632a I 3; vgl Rn 7 f). Die nach altem Recht erforderliche **Eigentumsverschaffung** (s. Voraufl Rz 10) ist nur noch für die vorfällige Bezahlung von gesondert angefertigten oder angelieferten Bauteilen und Baustoffen Anspruchsvoraussetzung (§ 632a I 5; Rn 12); dafür kann der Unternehmer Abschlagszahlungen nun nur noch in der Höhe verlangen, in der der Besteller durch die vertragsgemäß erbrachten Werkleistungen einen **Wertzuwachs** erlangt hat (§ 632a I 1; Rn 9 f).

6   **II. Vertragsgemäß erbrachte Leistung/Leistungsverweigerungsrecht (Abs 1 S 1-3).** Gem § 632a I 1 steht dem Unternehmer ein Anspruch auf Abschlagszahlung für **vertragsgemäß erbrachte** Leistungen zu. Vertragsgemäß idS sind grds alle Leistungen, die der Unternehmer zum vertraglich vereinbarten Preis schuldet einschließlich etwaiger Mehr- bzw Zusatzleistungen, für die er eine gesonderte Vergütung beanspruchen kann (Palandt/*Sprau* § 632a Rz 7; Ingestau/Korbion/*U. Locher* § 16 Nr 1 Rz 6 – für den VOB/B-Vertrag). Darüber hinaus stellt I 2 nun klar, was zuvor bereits hM war: Abschläge sind nicht nur für vollständig mangelfreie Teilleistungen zu zahlen (aA für § 632a aF: *v Craushaar* BauR 01, 471, 473; *Vogel* Sicherung der Rechte und Ansprüche aus Bau- und Bauträgervertrag, 47 ff, 50 f; *Kiesel* NJW 00, 1673, 1674; *Rodemann* BauR 02, 863, 866); es reicht vielmehr aus, dass sie **im Wesentlichen vertragsgerecht** erbracht sind (ebenso zum alten Recht: Schlesw BauR 07, 1579; MüKo/*Busche* § 632a Rz 6 mwN; BaRoth/*Voit* § 623a Rz 3; AnwK/*Raab* § 632a Rz 10). Soweit der Unternehmer demnach trotz bestehender (unwesentlicher) Mängel Abschlagszahlungen beanspruchen kann, steht dem Besteller ein **Leistungsverweigerungsrecht** aus §§ 320, 641 III in Höhe der (voraussichtlichen) Mängelbeseitigungskosten nebst Druckzuschlag zu – § 632a I 3 (ebenso zum alten Recht: BaRoth/*Voit* § 623a Rz 3; AnwK/*Raab* § 632a Rz 10; *Kniffka* ZfBR 00, 227, 229; *Motzke* NZBau 00, 489, 491). Der Maßstab für die **Unwesentlichkeit** entspricht dem gem § 640 I 2, wobei das Gewicht des Mangels naturgemäß nicht am (noch nicht fertig gestellten) Gesamtgewerk zu messen ist, sondern an der vertraglich geschuldeten (Soll-) Beschaffenheit der abgerechneten Teilleistungen (Palandt/*Sprau* § 632a Rz 7; zur Unwesentlichkeit iE § 640 Rn 5). Insoweit gilt nichts anderes als für den vorzeitig beendeten Vertrag (vgl hierzu: BGH BauR 1993, 469, 471). Soweit erbrachte Teilleistungen mit **wesentlichen Mängeln** behaftet sind, besteht kein Anspruch auf Abschlagszahlung – § 623a I 1, 2 (Brandbg IBR 09, 73).

7   Das Recht, Abschlagszahlungen verlangen zu können, führt rechtsdogmatisch zu einer Durchbrechung der vertragstypischen Vorleistungspflicht des Unternehmers. Er soll zur Abminderung seines Vorfinanzierungsrisikos schon vor der an die Abnahme der Werkleistungen geknüpften Fälligkeit seines Werklohnanspruchs eine (vorläufige) Vergütung für fertig gestellte Teilleistungen erhalten. Theoretisch hätte der Gesetzgeber es dabei belassen und den Besteller mit der Geltendmachung von eventuellen Mängelrechten auf die Schlussabrechnung des Unternehmers verweisen können. Dann freilich müsste der Besteller das Risiko tragen, mangel-

bedingt überzahlte Abschläge vom insolventen Unternehmer nicht mehr zurückerlangen zu können. Um dem zu begegnen, verknüpft das Gesetz die Abschlagsforderungen des Unternehmers durch § 632a I 2, 3 mit der mangelfreien Erbringung der abgerechneten Teilleistungen. Das ist im Grundsatz zwar interessengerecht, bei näherer Betrachtung allerdings nicht unproblematisch, weil die Leistungen des Unternehmers nach der gesetzlichen Systematik erst mit dem Eintritt der Fälligkeit des Erfüllungsanspruchs des Bestellers frei von Mängeln sein müssen (vgl § 633 Rn 7) und es im Einzelfall schwierig zu beantworten sein wird, ob die in die Abschlagsforderung eingeflossenen Teilleistungen den berechtigten Erwartungen des Bestellers an ein funktionstaugliches Gesamtwerk genügen oder nicht. Gleichwohl ist es in der Sache richtig und gerechtfertigt, dass der Besteller den Abschlagsforderungen des Unternehmers ein Leistungsverweigerungsrecht in Höhe der voraussichtlichen Kosten für die Beseitigung feststellbarer Mängel nebst Druckzuschlag entgegenhalten kann – §§ 632a I 3, 641 III. Demgegenüber geht die in § 632a I 2 manifestierte Entscheidung des Gesetzgebers zu weit, dem Unternehmer in Anlehnung an die für die Abnahme geltende Regelung in § 640 I 2 Abschlagsforderungen für Teilleistungen mit wesentlichen Mängeln ganz zu versagen. Sie nimmt ihm systemwidrig und unnötig auf die schlichte Behauptung des Bestellers, die abgerechneten Teilleistungen seien mit wesentlichen Mängeln behaftet, die realistische Möglichkeit, zeitnah liquide Mittel für tatsächlich (mangelfrei) erbrachte Teilleistungen generieren zu können. Mit dem solcherart für viele Fälle absehbaren, ggf gerichtlich auszufechtenden Streit um die Wesentlichkeit behaupteter Mängel wird § 632a seiner auf einen interessengerechten Zahlungsfluss ausgerichteten Wirkung weitgehend beraubt (ebenso zum alten Recht: *Kniffka* ZfBR 00, 227, 229; *Motzke* NZBau 00, 489, 491 – nur Leistungsverweigerungsrecht des Bestellers).

III. Wertzuwachs/Höhe der Abschlagsforderung (Abs 1 S 1). Die durch das FoSiG geschaffene Neuregelung **8** verzichtet vorbehaltlich der Regelung in § 632a I 5 (Rn 12) auf das Erfordernis der Eigentumsverschaffung/Sicherheitsleistung als Anspruchsvoraussetzung (vgl hierzu Vorauf Rz 10). Stattdessen hängt nun die Höhe der Abschlagsforderung davon ab, inwieweit der Besteller durch die abgerechneten Leistungen einen **Wertzuwachs** erlangt hat. Damit soll sichergestellt werden, dass der Besteller für seine Zahlungen einen adäquaten Gegenwert erhält. Wie der Wertzuwachs zu ermitteln ist, ergibt sich nicht aus dem Gesetz. Den in diesem Punkt ebenfalls wenig erhellenden Gesetzesmaterialien ist zu entnehmen, dass die Teilleistungen für den Erwerber einen nicht mehr entziehbaren Wert darstellen müssen (BTDrs 16/511 14). Dementsprechend soll ein Wertzuwachs idR durch **Eigentumserwerb** nach §§ 946ff entstehen (BTDrs 16/9787 24); andererseits geht der Gesetzgeber offenbar davon aus, dass auch vertragsgemäß erbrachte Teilleistungen für den Besteller ohne Wert sein können (BTDrs 16/9787 18), wodurch der Anspruch auf Abschlagszahlung insgesamt entfallen würde. Das alles wirft zahlreiche Fragen auf und bietet Anlass für die Annahme, dass erst die Gerichtspraxis taugliche Kriterien für eine zweckentsprechende Handhabung der Regelung entwickeln wird. Dabei wird es jedenfalls idR nicht auf eine messbare Vermehrung des Vermögens des Bestellers ankommen können. Das liegt für Leistungen, die der Unternehmer strukturell nicht an Vermögensgegenständen des Bestellers erbringt, auf der Hand (Software; Gutachten; Anlagen- und Maschinenbau im Betrieb des Unternehmers), muss aber auch für Bauleistungen auf dem Grundstück des Bauherrn gelten. Sonst ginge der **Subunternehmer** in der Vertragskette leer aus, weil er seine Leistungen nicht auf dem Grundstück des Hauptunternehmers, seines Vertragspartners erbringt. Und auch der bspw mit Rodungs- oder Bodenaushubarbeiten befasste Unternehmer wird kaum für sich in Anspruch nehmen können, durch seine Leistungen eine (signifikante) Steigerung des Grundstückswerts herbeigeführt zu haben. Vor diesem Hintergrund dürfte für die Werthaltigkeit der Teilleistungen deshalb vorrangig darauf abzustellen sein, ob sie vom Besteller **eigenständig genutzt** und für die funktionsgerechte Herstellung des jeweiligen Gesamtwerks/Bauwerks bzw für die Erfüllung diesbezüglicher Vertragspflichten (Hauptunternehmer) verwendet werden können (ebenso: Palandt/*Sprau* § 632a Rz 6).

Daraus folgt, dass der Wertzuwachs idR dem nach der vertraglichen Vergütung zu bemessenden Vertragswert **9** der abgerechneten Teilleistungen entsprechen dürfte. Abschlagszahlungen umfassen also grds weiterhin die für die Teilleistung vereinbarte Vergütung einschließlich Umsatzsteuer und gesetzlichen Zinsen (§ 641 IV findet keine Anwendung). Beim Einheitspreisvertrag ist die Höhe durch Ansatz der mit der Teilleistung erbrachten Massen anhand der Einheitspreise zu bestimmen, beim Pauschalpreisvertrag ist der Wert der Teilleistung in Relation zur Gesamtvergütung zu setzen. Überzahlungen (zB aufgrund von Mängeln der Leistung) sind spätestens iRd Schlussrechnung auszugleichen; davor steht dem Besteller ein Zurückbehaltungsrecht an den nächsten Abschlagszahlungen zu. Darüber hinaus kann er einen **vertraglichen Rückzahlungsanspruch** geltend machen (BGH NJW-RR 05, 129 – kein bereicherungsrechtlicher Herausgabeanspruch). Zahlt der Besteller auf berechtigte Abschlagsforderungen des Unternehmers nicht, darf dieser die Erbringung weiterer Werkleistungen gem § 320 verweigern. Doch ist in diesem Zusammenhang Vorsicht geboten: Der Unternehmer muss im Streitfall nachweisen, dass er den Abschlag fordern durfte. Gelingt ihm dieser Nachweis nicht, erweist sich die Einstellung der Arbeiten uU als schuldhafter Pflichtverstoß und es drohen insb (bauverzögerungsbedingte) Schadensersatzansprüche des Bestellers aus § 280 I.

IV. Aufstellung (Abs 1 S 4). Nach der neu eingefügten Regelung in § 632a I 4 muss der Unternehmer seine **10** Abschlagsforderung durch eine geordnete **Aufstellung** nachweisen. Fehlt sie, ist ein Anspruch auf Abschlagszahlung nicht gegeben. Der Gesetzgeber hat bewusst darauf verzichtet, das im ansonsten wortgleichen § 16

Nr 1 2 VOB/B enthaltene Kriterium der Prüfbarkeit in das Gesetz zu übernehmen. Da die Aufstellung dem Besteller gleichwohl eine rasche und sichere Beurteilung der abgerechneten Leistungen ermöglichen muss, dürften sich in der Sache allerdings kaum Unterschiede ergeben. Der Besteller muss der Abschlagsrechnung jedenfalls ohne weiteres entnehmen können, welche Vertragsleistungen der Unternehmer seiner Abschlagsforderungen mit welchen Rechnungswerten zugrunde legt. Soweit dem Vertrag eine detaillierte Leistungsbeschreibung zugrunde liegt, wird sich der Nachweis der erbrachten Leistungen daran zu orientieren haben. Für die Abrechnung seiner Leistungen muss der Unternehmer abw von der bis zum 31.12.08 geltenden Gesetzeslage berücksichtigen, dass die Höhe seiner berechtigten Abschlagsforderungen nach der jetzt geltenden Regelung dem beim Besteller durch die abgerechneten Teilleistungen eingetretenen Wertzuwachs entspricht – § 632a I 1. Dieser Betrag deckt sich idR, jedoch nicht notwendig mit dem Vertragspreis der einzelnen Teilleistungen (vgl Rn 9 f). Der Unternehmer wird also konkret unter Heranziehung der Vertragsunterlagen darlegen müssen, wie er den Wertzuwachs und damit seine Abschlagsforderung ermittelt hat. Inhaltlich ist die (berechtigte) Abschlagsforderung aus der Differenz zwischen der Vergütung für die nachgewiesen erbrachten und (im Wesentlichen) mangelfreien Vertragsleistungen und hierauf bereits geleisteten Zahlungen zu berechnen (Bei unwesentlichen Mängeln ergibt sich die Kürzung der Abschlagsforderung um die voraussichtlichen Mängelbeseitigungskosten nebst Druckzuschlag aus dem vom Besteller geltend zu machenden Leistungsverweigerungsrecht nach § 320, 641 III). Die Abrechnung muss also leistungsbezogen aufgestellt sein. Eine isolierte Durchsetzung der Vergütung für einzelne Positionen kommt nur in Betracht, wenn in deren Höhe ein positiver Saldo festgestellt werden kann (zum Ganzen: BGH, BauR 09, 1724, 1730 f).

11 **V. Stoffe und Bauteile (Abs 1 S 5).** Für erforderliche Stoffe oder Bauteile, welche der Unternehmer an den für die Herstellung der Werkleistungen vom Besteller bestimmten Ort **angeliefert**, sonst abgesondert und verwendungsbezogen **bereitgestellt** oder eigens, dh für das konkrete Gewerk **angefertigt** hat, kann er Abschlagszahlungen ebenfalls nur unter den Voraussetzungen des § 632a I 1-4 verlangen (Rn 6–11). **Erforderlich** idS sind die für die vertragsgerechte Herstellung der Werkleistungen benötigten Materialien (Stoffe) und eigenständig verwendbaren beweglichen Sachen (Bauteile). Darüber hinaus muss der Besteller gem § 632a I 5 **Eigentum** an den Stoffen oder Bauteilen erlangt haben. Gemeint ist der rechtsgeschäftliche Eigentumserwerb gem § 929; liegen die Voraussetzungen des § 946 vor, so ergibt sich der Anspruch des Unternehmers auch hinsichtlich der verarbeiteten Stoffe und Bauteile bereits aus § 632a I 1 (Palandt/*Sprau* § 623a Rz 10). Soweit keine Eigentumsübertragung an den Besteller erfolgt, hat der Unternehmer zur Wahrung seines Anspruchs auf Abschlagszahlung **Sicherheit** nach den allgemeinen Regeln der §§ 232 ff zu leisten. Über die Art der Besicherung entscheidet der Unternehmer. Der Regelfall ist eine Sicherheit durch Bankbürgschaft gem § 232 II; § 632a IV lässt weitere Arten der Sicherheitsleistung zu (wortgleich § 648a II 1, s. die Kommentierung dort Rn 13 ff) Die Höhe der Sicherheitsleistung bemisst sich nach der Höhe der auf die Stoffe und Bauteile entfallenden Abschlagszahlung. Bei teilweiser Eigentumsübertragung ist deren Anteil an der Abschlagszahlung nicht zu berücksichtigen. Dementspr ist bei nachträglichem Eigentumserwerb (auch nach § 946) eine zuvor vom Unternehmer gestellte Sicherheit zurückzugeben (Palandt/*Sprau* § 632a Rz 10).

12 **C. Sonderfall: Bauträgervertrag.** Der durch das FoSiG eigens hierfür neu geschaffene § 632a II soll für die Praxis den Streit (Überbl bei: Palandt/*Sprau* § 632a Rz 14 mwN) um die materiellrechtliche Wirksamkeit der Vorschriften der Makler- und Bauträgerverordnung (MaBV) zu Abschlagsforderungen des Bauträgers beenden. § 632a II enthält nun eine gesetzliche Legitimierung der Ermächtigungsnorm in **Art 244 EGBGB**, auf deren Grundlage wiederum die Verordnung über Abschlagszahlungen bei Bauträgerverträgen (**HausbauVO** – BGBl I 01 S 981 v 23.5.01) erlassen wurde. Dort ist in § 1 geregelt, dass iRe Bauträgerverträgen Abschlagszahlungen zulässig nur nach Maßgabe der Vorschriften der MaBV verlangt werden können. § 632a greift insoweit nicht; nur die Verbraucherschutzvorschriften in § 632a III sind kraft ausdrücklicher Anordnung in § 1 3 HausbauVO auf Bauträgerverträge anzuwenden. Daraus folgt: **Gesetzliches Leitbild** für Abschlagszahlungen auf Vergütungsansprüche des Bauträgers sind die Vorschriften der MaBV, nicht die des § 632a (so schon zum alten Recht: BGH NJW 07, 1947). In der Sache ordnet § 3 I, II MaBV an, dass abw von § 632a Raten gem Zahlungsplan nach Baufortschritt zu leisten sind, wenn der Eigentumserwerb durch Vormerkung oder die Rückzahlung des Kaufpreises durch Bürgschaft gesichert ist (krit zum sog **Vormerkungsmodell**: Thode ZNotP 04, 210 ff mwN; für § 632a nF: *Heland* IBR 08, 627). Umfasst sind alle Verträge betr Bauleistungen auf dem Grundstück des Unternehmers mit anschließender Eigentumsverschaffungspflicht bzw. Verpflichtung zur Einräumung eines Erbaurechts, sofrn sie die Errichtung oder den Umbau (Umgestaltung eines vorhandenen Bauwerks mit wesentl Eingriffe in Konstruktion und Bestand = Modernisierung und Sanierung von Altbauten; Palandt/*Sprau* § 632a Rz 1 und Hinweise auf BTDrs 16/511 15) eines Hauses oder eines vergleichbaren Bauwerks zum Gegenstand haen. Darunter fallen insb Eigentumswohnungen.

13 **D. Verbraucherverträge (Abs 3).** Der ebenfalls neu eirefügte § 632a III soll **Verbraucher** vor dem Verlust zu Unrecht geleisteter Abschlagszahlungen schützen indem er den Anspruch des Unternehmers auf Abschlagszahlung an die Gestellung einer **Sicherheit** ; des Bestellers knüpft. Der Unternehmer muss die Sicherheit unaufgefordert erbringen, allerdings grds r bei der ersten Abschlagsforderung. Geschieht das nicht, darf der Besteller/Verbraucher (§ 13) die Abschlagszahlung verweigern (BTDrs 16/511 15). Er kann

allerdings auch zahlen und nachträglich bis zur abnahmereifen Herstellung des Gewerkes („ohne wesentliche Mängel") von seinem Sicherungsanspruch Gebrauch machen. Abs. 3 betrifft alle Verträge über Bauleistungen zwecks Errichtung oder Umbau von Häusern und vergleichbaren Bauwerken (s. Rn 13); durch die Bezugnahme in § 1 I 3 HausbVO sind auch **Bauträgerverträge** erfasst.

Sicherheit erhält der Besteller/Verbraucher für die rechtzeitige Herstellung des Werkes ohne wesentliche **14** Mängel (§ 632a I 1). Sie betrifft also sein **Erfüllungsinteresse**, das mit der abnahmereifen Erbringung der geschuldeten Werkleistungen endet (Palandt/*Sprau* § 632a Rz 18). Dann muss er folgerichtig die Sicherheit **zurückgeben**. Anders nur, wenn der Sicherungsfall zu diesem Zeitpunkt bereits eingetreten war und (noch) nicht wieder beseitigt ist. Bei vorbehaltenen Mängeln (§ 640 II) kann der Sicherungsfall trotz Abnahme insoweit noch eintreten. Der Besteller darf die Sicherheit deshalb in Höhe der voraussichtlichen Mängelbeseitigungskosten nebst Druckzuschlag (§ 641 III) behalten; (nur) iÜ muss er sie zurückgeben.

Die Höhe der Sicherheit ist gesetzlich festgelegt und beträgt pauschal 5% der vertraglich vereinbarten, sonst **15** der üblichen (§ 632 II) Vergütung einschließlich evt Mehrvergütungen für Mehr- oder Zusatzleistungen (vgl § 631 Rn 2). Nur wenn die für die erste Abschlagsforderung als Bezugsgröße herangezogene Vergütung sich durch nachträgliche Änderungen oder Ergänzungen des Vertrages um mehr als 10% erhöht hat, muss der Unternehmer mit der nächsten Abschlagszahlung eine weitere Sicherheit leisten, diesmal in Höhe von 5% der Mehrvergütung – § 632a III 2. Die zugelassenen Arten der Sicherheit ergeben sich aus § 232 und § 632a IV (s. § 648a Rn 13 ff); darüber hinaus kann der Unternehmer gem § 632a III 3 vom Besteller verlangen, dass er als Sicherheit einen entsprechenden Einbehalt von der Abschlagsforderung vornimmt.

E. Prozessuales/Beweislast. Der Anspruch auf Abschlagszahlung kann für den Fall, dass die Voraussetzungen **16** des Schlusszahlungsanspruches strittig sind, neben diesem hilfsweise geltend gemacht werden (BGH NJW 00, 2818). Ein Übergang vom Anspruch auf Abschlagszahlung auf den auf Schlusszahlung stellt einen Fall der Klageumstellung nach § 264 ZPO dar und ist damit keine Klageänderung (modifizierte Form des einheitlichen Werklohnanspruches: BGH BauR 06, 414; BauR 05, 400; anders noch: BGH NJW 99, 713). Er ist daher auch in der Berufungsinstanz zulässig (BGH BauR 05, 400). Die **Beweislast** für die anspruchsbegründenden Tatsachen – auch betr die Vertragsgemäßheit/Mangelfreiheit der abgerechneten Werkleistungen und den Wertzuwachs – liegt beim Unternehmer (BGH BauR 97, 129 – vor der Abnahme; Ddorf NJW-RR 00, 312, zweifelnd für unwesentliche Mängel: Knipp IBR 09, 1228), und zwar auch dann, wenn der Besteller Erstattung angeblich überzahlter Beträge verlangt (BGH NZBau 05, 41, 42). Die seine Einwendungen (Bsp: Schlusszahlungsreife) begründenden Tatsachen muss demgegenüber der Besteller beweisen.

F. Besonderheiten im Baurecht. I. VOB/B. Gem § 16 I besteht ein Anspruch auf Abschlagszahlungen für **17** vertragsgemäß erbrachte Teilleistungen bzw für Bauteile und Stoffe erst nach prüfbarer Abrechnung. Eine Sicherheitsleistung ist ebenfalls lediglich bei Stoffen und Bauteilen Anspruchsvoraussetzung, sofern eine Übereignung nicht erfolgt. Fälligkeit ist 18 Tage nach Einreichung der entsprechenden Rechnungen gegeben. Leistet der Besteller nicht, hat der Unternehmer gem § 9 I Nr 2 nach Ablauf einer angemessenen Frist mit Kündigungsandrohung ein Kündigungsrecht (Celle NJW 00, 234). Dem Unternehmer steht abw von § 632a I 2 auch für Teilleistungen mit wesentlichen Mängeln ein Anspruch auf Abschlagszahlung zu, dem der Besteller freilich mit der Geltendmachung eines Leistungsverweigerungsrechts aus § 320 (nebst Druckzuschlag – Ingestau/Korbion/*U. Locher* § 16 I Rz 10) begegnen kann. Vor diesem Hintergrund erscheint es fraglich, ob § 16 I VOB/B der am gesetzlichen Leitbild des § 632a zu orientierenden AGB-rechtlichen Inhaltskontrolle nach § 307 I 1, II weiterhin standhält (verneinend: *Hildebrandt* BauR 09, 4, 7).

II. HOAI. Gem § 15 II haben Architekten und Ingenieure mit der Vorlage einer prüffähigen Rechnung zu **18** den vereinbarten Zeitpunkten, sonst in angemessenen Abständen Anspruch auf Abschlagszahlung für nachgewiesene Teilleistungen (Stuttg NJW-RR 98, 1392; Celle NJW-RR 00, 899).

§ 633 Sach- und Rechtsmangel.

(1) Der Unternehmer hat dem Besteller das Werk frei von Sach- und Rechtsmängeln zu verschaffen.
(2) ¹Das Werk ist frei von Sachmängeln, wenn es die vereinbarte Beschaffenheit hat. ²Soweit die Beschaffenheit nicht vereinbart ist, ist das Werk frei von Sachmängeln,
1. wenn es sich für die nach dem Vertrag vorausgesetzte, sonst
2. für die gewöhnliche Verwendung eignet und eine Beschaffenheit aufweist, die bei Werken der gleichen Art üblich ist und die der Besteller nach der Art des Werkes erwarten kann.
³Einem Sachmangel steht es gleich, wenn der Unternehmer ein anderes als das bestellte Werk oder das Werk in zu geringer Menge herstellt.
(3) Das Werk ist frei von Rechtsmängeln, wenn Dritte in Bezug auf das Werk keine oder nur die im Vertrag übernommenen Rechte gegen den Besteller geltend machen können.

A. Grundlagen und Struktur des Mängelhaftungsrechts. I. Überblick. Durch die Einführung des Schuld- **1** rechtsmodernisierungsgesetzes und der damit einhergehenden Harmonisierung des Leistungsstörungsrechts ist auch das werkvertragliche Mängelhaftungsrecht völlig neu geordnet worden. Das hat dazu geführt, dass wichtige Rechtsfolgen der mangelhaften Herstellung des geschuldeten Gewerkes über die zentrale Verweisungsnorm in § 634 nunmehr im allgemeinen Schuldrecht aufgefunden werden. Das Recht auf Wandlung ist zugunsten eines im Wesentlichen allgemeinen Vorschriften unterliegenden **Rücktrittsrechts** (vgl § 634 Nr 3 iVm §§ 323, 326 V; iE § 634 Rn 9 ff) entfallen. Und weil nach der gesetzlichen Konzeption nun jeder schuldhaft vom Unternehmer verursachte Mangel eine **pflichtwidrige Vertragsverletzung** darstellt, verweist § 634 Nr 4 insoweit auf die für alle Vertragstypen geltenden **Schadensersatzansprüche** gem §§ 280, 281. Die sich hieraus ergebenden Konsequenzen sind nicht ohne praktische Relevanz, weil sich die früher für die Verjährung bedeutsame Frage nach der Unterscheidung zwischen „nahen" und „entfernten" **Mangelfolgeschäden** so nicht mehr stellt; jetzt kommt es für die Abgrenzung zwischen § 280 und § 281 iRd Mängelhaftung nur noch darauf an, ob die schadensrechtlich relevanten Folgen eines Mangels durch Nacherfüllung hätten vermieden werden können (dann § 281) oder nicht (dann § 280; iE § 634 Rn 16 ff). Weiterhin vertragsbezogen geregelt sind hingegen die Verpflichtung des Unternehmers zur **Mängelbeseitigung** – jetzt Nacherfüllung (§§ 634 Nr 1, 635; s. dort) – und das Recht des Bestellers auf **Selbstvornahme** und **Kostenersatz** (§§ 634 Nr 2, 637; s. dort), dies ergänzt um einen nunmehr gesetzlich geregelten Anspruch auf **Vorschuss** auf die Mängelbeseitigungskosten (§ 637 III).

2 **II. Abgrenzung. 1. Anwendbarkeit des Werkvertragsrechts.** Der **Regelungsbereich** des werkvertraglichen Mängelhaftungsrechts ist in mehrfacher Weise begrenzt. Er umfasst – selbstverständlich – zunächst nur die Fälle, in denen überhaupt **Werkvertragsrecht** Anwendung findet. Das ist in der Praxis indes nicht immer leicht zu entscheiden, wie die mannigfaltigen Abgrenzungsprobleme gerade bei häufig auftretenden gemischten Verträgen zeigen (s. iE Vor §§ 631–651 Rn 5 ff). An der besonders virulenten Schnittstelle zwischen Werkvertrag und Kauf (vgl Vor §§ 631–651 Rn 6 u 15) ist zudem § 651 zu beachten, wodurch Lieferverträge über **bewegliche Sachen** selbst dann weitgehend dem Kaufrecht unterstellt sind, wenn mit ihnen eine auf die Sache bezogene Herstellungsverpflichtung einhergeht (s. iE § 651 Rn 3 ff).

3 Die präzise Unterscheidung zwischen werk- und kaufvertraglichen Leistungspflichten ist trotz der vom Gesetzgeber mit der Schuldrechtsmodernisierung gerade insoweit angestrebten (allerdings in vielen Punkten verfehlten) Vereinheitlichung des Schuldrechts entgegen der in diesem Punkt oft indolenten Vertrags- und Rechtspraxis gerade für das Sachmängelhaftungsrecht keineswegs obsolet geworden. Zu nennen sind Divergenzen hinsichtlich des Zeitpunkts des **Gefahrübergangs** (Werkvertrag: bei Abnahme – § 644 I 1; Kaufvertrag: bei Ablieferung/Versendung – §§ 446, 447), des **Rechtsverlustes bei Mangelkenntnis** (Werkvertrag: positive Kenntnis – § 640 II; Kaufvertrag: grob fahrlässige Unkenntnis reicht – § 442) und des **Wahlrechts** betreffend die Art und den Umfang der (geschuldeten) **Nacherfüllung** (Werkvertrag: Unternehmer – 635 I; Kaufrecht: Käufer – § 439 I; zu den Rechtsfolgen: Köln BauR 06, 687; zu weitgehend: Karlsr BauR 05, 109; vgl auch *Leupertz* BauR 06, 1648, 1653f). Das Kaufvertragsrecht kennt keine **Selbstvornahme**, keinen Kostenersatz und dementsprechend auch keine **Vorschusspflicht** (§ 637 III), die indes gerade für die Abwicklung von nicht selten kostenintensiven baubezogenen Mängeln von großer praktischer Bedeutung für den Bauherrn sein kann. Für den beiderseitigen **Handelskauf** droht bei Verstößen gegen die sich aus §§ 377 ff HGB ergebenden **Prüfungs- und Anzeigepflichten** für den Käufer der totale Rechtsverlust. Weil das auch für Vertragskonstellationen im Regelungsbereich des § 651 (vgl § 381 II HGB) gilt, läuft der nach Werkvertragsrecht wegen Mängeln der von ihm beschafften Bauteile oder Baustoffe in Anspruch genommene Werkunternehmer mit uU desaströsen Folgen Gefahr, den Schaden nicht an seinen Lieferanten weitergegeben zu können (vgl Dresd IBR 00, 228 – Frauenkirche; iE *Leupertz* BauR 06, 1648, 1654 f). Und schließlich können die Parteien eines (reinen) Kaufvertrages wegen der strukturellen Unterschiede zum Werkvertrag und der dadurch bedingten Verschiebung des gesetzlichen Leitbildes die **VOB/B** mit den darin enthaltenen Sonderregelungen zum Sachmängelhaftungsrecht (§§ 4 Nr 7; 13 VOB/B) kaum wirksam vereinbaren (vgl *Thode* NZBau 02, 360, 362).

4 **2. Verhältnis zum allgemeinen Leistungsstörungsrecht.** Dogmatisch folgt aus der Vereinheitlichung des Leistungsstörungsrechts die Erkenntnis, dass die Herstellung eines mangelhaften Gewerkes als Unterfall der (teilweisen) **Nichterfüllung des Vertrages** zu behandeln ist. Das ändert freilich nichts daran, dass die im Werkvertragsrecht verbliebenen, vertragsspezifischen Vorschriften zum Mängelhaftungsrecht **abschließende Sonderregelungen** darstellen, die den allg Vorschriften vorgehen (BaRoth/*Voit* § 634 Rz 2 f; Anwk/*Raab* § 634 Rz 27; zum alten Recht: BGH NJW 99, 2046, 2047). Die Verzahnung zwischen Werkvertragsrecht und allgemeinem Leistungsstörungsrecht bewerkstelligt § 634, der sowohl auf die dem Werkvertragsrecht inhärenten Mängelrechte der Nacherfüllung (§ 634 Nr 1 iVm § 635), der Selbstvornahme (§ 634 Nr 2 iVm § 637) und der Minderung (§ 634 Nr 3 iVm § 638), als auch auf die jetzt im allgemeinen Leistungsstörungsrecht verankerten Ansprüche auf Rücktritt (§ 323) und Schadensersatz (§§ 280-283) verweist (§ 634 Nr 3, 4), die wiederum in den zusätzlich in Bezug genommenen Vorschriften des Werkvertragsrechts (lediglich) modifiziert werden. Im Ergebnis lässt sich also festhalten, dass alle mangelbedingten Haftungsansprüche ihren gesetzlichen Anknüpfungspunkt im Werkvertragsrecht haben.

5 Allerdings stehen dem Besteller die werkvertraglichen Mängelhaftungsrechte grds erst ab **Abnahme** (auch fiktiv – § 640 I 3) zu. Denn bis zu diesem Zeitpunkt hat er gem § 633 I einen auf Verschaffung des versprochenen mangelfreien Werkes gerichteten **Erfüllungsanspruch**, der hinsichtlich evtl Leistungsstörungen den

Vorschriften des allgemeinen Schuldrechts in §§ 280 ff und 323 (auch Verzug und Unmöglichkeit) unterliegt (AnwK/*Raab* § 634 Rz 29; Palandt/*Sprau* Vorb v § 633 Rz 6; *Drossart* BrBp 03, 356; abl *Vorwerk* BauR 03, 1, 8 ff). Folgerichtig beginnt gem § 634a II auch die **Verjährung** der Mängelansprüche erst mit der Abnahme. Diese, sich aus der gesetzlichen Systematik ergebende zeitliche Zäsur zwischen allgemeinem Leistungsstörungsrecht und den Sachmängelhaftungsrechten ist indes wenig zufriedenstellend, weil dann derjenige Besteller, der die Abnahme zu Recht wegen vorhandener Mängel verweigert, kein **Selbstvornahmerecht** (§§ 634 Nr 2, 637) einschl des hieran geknüpften Kostenerstattungs- und Vorschussanspruchs und kein Recht zur **Minderung** (§§ 634 Nr 3, 638) hat; er steht also ohne sachlichen Grund signifikant schlechter als der Besteller, der die mangelhafte Werkleistung abnimmt (Beim VOB/B-Vertrag enthält § 4 Nr 7 gerade für diese Fälle eine praxisgerechte Sonderregelung). Deshalb wird man über eine den Gesetzeszweck sinnwahrend umsetzende Harmonisierung der Begriffe „Erfüllung" und „Nacherfüllung" (§ 635) dazu gelangen können, dass der Besteller auch schon vor der Abnahme Sachmängelhaftungsrechte ausüben darf (so insb: *Kniffka* ibr-online-Kommentar Bauvertragsrecht, Stand 26.5.09, § 634 Rz 12; *Vorwerk* BauR 03, 1, 8 ff; aA: *Vygen/Joussen* Rz 1029 ff; *Drossart* BrBp 03, 356, 357; BaRoth/*Voit* § 634 Rz 3). Das jedenfalls in den Fällen, in denen die (Leistungs-)Gefahr bereits anderweitig übergegangen ist, insb wenn der Besteller sich mit der Abnahme des nur mit unwesentlichen Mängeln behafteten Werkes in **Annahmeverzug** befindet – § 644 I 2 (AnwK/*Raab* § 634 Rz 29).

Damit sind die Probleme freilich nicht gelöst. Eine ganz andere Frage ist es nämlich, ob der Besteller Sachmängelhaftungsrechte auch schon vor dem **Eintritt der Fälligkeit** der Werkleistung verlangen kann. Insoweit lässt sich nur schwer begründen, dass er bei fortbestehendem Erfüllungsanspruch berechtigt sein soll, durch die vorzeitige Geltendmachung von Sachmängelhaftungsrechten in die allein den Entscheidungen des Unternehmers unterliegende Ausführung der Werkleistung einzugreifen. Vielmehr muss er grds den vertraglich vereinbarten oder den sich aus den Umständen ergebenden Fertigstellungstermin (§ 271) abwarten. Indes: Das Gesetz hält in **§ 323 IV** eine Ausnahmeregelung bereit, wonach der Besteller bereits vor dem Eintritt der Fälligkeit vom Vertrage **zurücktreten** kann, wenn offensichtlich ist, dass die Voraussetzungen des Rücktritts eintreten werden. Es erscheint angebracht, diesem Rechtsgedanken aus dem Gesichtspunkt von Treu und Glauben (§ 242) auch hinsichtlich der werkvertraglichen Mängelhaftungsrechte jedenfalls dann Geltung zu verschaffen, wenn schon vor dem vertraglichen Fertigstellungstermin feststeht, dass die Beseitigung tatsächlich bestehender Mängel auch bei Fortführung der Arbeiten nicht oder zumindest nicht fristgerecht gelingen kann (iE ebenso: *Kniffka* ibr-online-Kommentar Bauvertragsrecht, Stand 26.5.09, § 634 Rz 15 f; MüKo/*Busche* § 634 Rz 4; AnwK/*Raab* § 634 Rz 31; Staud/*Peters* § 634 Rz 10). Darüber hinaus ist das Erfüllungsstadium verlassen, wenn der Vertrag vorzeitig beendet wird oder der Besteller auf seinen Erfüllungsanspruch verzichtet. Erweisen sich die bis dahin erbrachten Leistungen als mangelhaft, so stehen dem Besteller insoweit ebenfalls die werkvertraglichen Sachmängelhaftungsrechte zu (MüKo/*Busche* § 634 Rz 4; aA mit Blick auf die nach BGH BauR 03, 689 und 05, 1913 auch nach Kündigung geschuldete Abnahme der erbrachten Teilleistungen: AnwK/*Raab* § 635 Rz 8).

3. Weitere Abgrenzungsfragen. Weil die werkvertraglichen Sachmängelhaftungsrechte abschließende Sonderregelungen darstellen (s. Rn 4), sind eine **Anfechtung wegen Eigenschaftsirrtum** (§ 119 II) und die Anpassung des Vertrages aus dem Gesichtspunkt einer **Störung der Geschäftsgrundlage** (§ 313 II) ausgeschlossen, soweit ein dem Bereich der Mängelhaftung unterfallendes Beschaffenheitsmerkmal des Werks in Rede steht. Eine Anfechtung nach § 119 I und § 123 ist hingegen möglich. Mangelbezogene Ansprüche aus **Geschäftsführung ohne Auftrag** oder aus **ungerechtfertigter Bereicherung** kommen bei bestehendem Werkvertrag nicht in Betracht, und zwar auch dann nicht, wenn der Besteller einen Mangel im Wege der Selbstvornahme beseitigt hat, ohne zuvor die tatbestandlichen Voraussetzungen (vgl § 637) hierfür geschaffen zu haben (BGH WM 78, 953, 954). Dies gilt auch für Aufwendungen des Unternehmers im Zusammenhang mit der Beseitigung eines von Dritten an seinem Gewerk verursachten Mangels oder für Aufwand, den der Unternehmer für die Beseitigung eines Mangels an einem Fremdgewerk unternimmt (Hamm NJW-RR 98, 163).

Zwischen Ansprüchen aus **unerlaubter Handlung** (§§ 823 ff) und den Sachmängelrechten des Bestellers besteht grds **Anspruchskonkurrenz** (grdl: BGH BauR 77, 277). Allerdings stellt die mangelhafte Herstellung oder Bearbeitung eines Bauwerks (oder einer Sache) nach ständiger Rspr des BGH keine Eigentumsverletzung iSd § 823 I dar (BGHZ 105, 346, 355; BGH BauR 92, 388, 391; 01, 800, 801). Erst wenn der Werkmangel zu Schäden an anderen, zuvor schon im Eigentum des Bestellers stehenden und bis dahin unversehrten Teilen des zu bearbeitenden Gegenstandes führt, liegt eine Verletzung des Eigentums an diesen Teilen und – jedenfalls wenn mangelhafte mit zuvor mangelfreien Bauteilen gem § 946 verbunden werden – an der neu geschaffenen Gesamtsache vor (BGH NJW 90, 908; BauR 92, 388, 392 – sog „weiterfressender" Schaden). Maßgebend für die demnach gebotenen Abgrenzung ist also, dass nicht lediglich das **Nutzungs- und Äquivalenzinteresse** des Auftraggebers an der fehlerfreien Erbringung der Werkleistung tangiert ist und der Schaden sich nicht **stoffgleich** (hierzu: BGH BauR 01, 800, 801 mwN) in dem mangelbedingten Unwert erschöpft, welcher der Werkleistung ohnehin von Anfang an anhaftet (BGH NJW 01, 1346; BauR 01, 800, 801).

10 **B. Regelungsgehalt. I. Verschaffung eines mangelfreien Werkes (Abs 1).** In § 633 I tritt die **Erfolgsbezogenheit** des Werkvertrages zu Tage. Der Besteller schuldet nicht die Herstellung als solche, sondern die Herstellung eines **mangelfreien, funktionstauglichen Gewerkes** (iE hierzu: § 631 Rn 1). Hinzu kommt eine „**Verschaffungspflicht**", dh, der Unternehmer muss die mangelfrei hergestellte Sache beim Besteller abliefern bzw diesem zur Verfügung stellen (AnwK/*Raab* § 633 Rz 6). Dass damit nicht zusätzlich die Verschaffung des **Eigentums** an der bearbeiteten Sache gemeint ist, erhellt sich schon aus dem Umstand, dass Werkleistungen oft an Sachen des Bestellers oder an solchen Gegenständen ausgeführt werden, die im Eigentum Dritter stehen (Palandt/*Sprau* § 633 Rz 3).

11 Aus § 633 I geht nicht eindeutig hervor, zu welchem **Zeitpunkt** das Werk frei von Sach- und Rechtsmängeln sein muss, damit der Unternehmer seine Herstellungsverpflichtung vertragsgerecht erfüllt hat. Maßgebend ist der Zeitpunkt des **Gefahrübergangs** (Soergel/*Teichmann* vor § 633 Rz 32; BaRoth/*Voit* § 633 Rz 3), idR also die **Abnahme** (§ 640; für den VOB/B-Vertrag ausdrücklich **§ 13 Nr 1 VOB/B**) oder der Zeitpunkt, in dem der Besteller in **Annahmeverzug** gerät (§ 644 I 2). Denn nur bis zu diesem Zeitpunkt trägt der Unternehmer das Risiko des Fehlschlagens seiner Leistungsbemühungen.

12 Für Verwirrung sorgt in diesem Zusammenhang immer wieder die Diskussion um die Beantwortung der Frage, welcher Stand der **anerkannten Regeln der Technik** (zur Bedeutung für den Sachmangelbegriff Rn 23) einzuhalten ist (zum Meinungsstand: *Werner/Pastor* Rz 1467 f mwN; Kapellmann/Messerschmidt/*Weyer* Teil B, § 13 Rz 41 mwN). Anlass hierfür sind va große Bauvorhaben mit uU mehrjährigen Vertragslaufzeiten, wenn zu besorgen ist, dass sich die bei Vertragsschluss geltenden anerkannten Regeln der Technik nachträglich ändern. Auch dann gilt: Maßgebend für die vertragsgerechte Erfüllung der Herstellungsverpflichtung ist der Stand der anerkannten Regeln der Technik im Zeitpunkt der **Abnahme** (BGH BauR 00, 261; 99, 37; 98, 872; NJW-RR 95, 472; vgl auch: *Kratzenberg* NZBau 02, 177, 181). Das kann dazu führen, dass der vertraglich geschuldete Erfolg, zu dem in Ermangelung gegenteiliger Vereinbarungen auch die Einhaltung der anerkannten Regeln der Technik (Stand Abnahme!) gehört, mit der Abarbeitung der nach einem zwischenzeitlich veralteten Stand dieser Regeln vereinbarten Leistungsvorgaben nicht erreicht wird. Dann muss der Unternehmer zur Erfüllung seiner vertraglichen Leistungsverpflichtung **Mehraufwand** betreiben, den er allerdings nur gegen zusätzliche Vergütung erbringen muss (*Jagenburg* Jahrbuch Baurecht 00, 210, 213; Kapellmann/Messerschmidt/*Weyer* Teil B, § 13 Rz 41; iE hierzu: § 631 Rn 2). Entsteht solcher Mehraufwand erst im Zusammenhang mit der **Nacherfüllung**, greifen die Grundsätze der **Vorteilsausgleichung** und der Besteller muss die „**Sowiesokosten**" tragen (BGH NJW 98, 307 f; BauR 95, 230; 84, 510, 512 f). Allerdings ist bei alledem zu berücksichtigen, dass den Unternehmer idR kein **Verschulden** trifft, wenn er die Weiterentwicklung der anerkannten Regeln der Technik bei Vertragsschluss nicht absehen konnte. Er haftet insoweit also nicht auf Schadensersatz gem §§ 634 Nr 4, 280, 281. Von der soeben erörterten Problematik zu unterscheiden sind die Fälle, in denen der Werkerfolg **objektiv** nicht erreicht ist (Bsp: Risse im Bereich der Koppelfugen einer Spannbetonbrücke; Frankf NJW 83, 456 – „Blasbachtalbrücke") und sich die Ursachen hierfür erst aufgrund der Weiterentwicklung der technischen Erkenntnisse nach Abnahme ermitteln lassen. Dann ist das Gewerk ebenfalls – uU unverschuldet – mangelhaft, auch wenn der Unternehmer die während der Ausführung der Werkleistung geltenden technischen Vorgaben beachtet hat (Frankf aaO; BGH BauR 95, 230; NJW 68, 43 – Flachdach I; BGH NJW 71, 92 – Flachdach II).

13 **C. Sachmangelbegriff (Abs 2). I. Grundlagen und Systematik.** Der mit der Schuldrechtsmodernisierung neu in das Werkvertragsrecht eingeführte Sachmangelbegriff der § 632 II entspricht – bis auf marginale Abweichungen im Wortlaut – dem für das Kaufrecht maßgeblichen in § 434 I. Die damit erzwungene Harmonisierung ist ein gesetzgeberisches Missgriff, dessen Ergebnis bei wörtlicher Umsetzung des § 633 II mit zentralen Grundsätzen des werkvertraglichen Sachmängelhaftungsrechts kollidiert (dazu unten Rn 20 ff).

14 § 633 II ist **dreistufig** aufgebaut. Danach soll es für die Sachmangelfreiheit der Werkleistungen in erster Linie darauf ankommen, ob das Gewerk die **vereinbarte Beschaffenheit** hat (1. Stufe – § 633 II 1 – Rn 15 f). Nur soweit derartige Beschaffenheitsvereinbarungen fehlen, also **alternativ**, kommt es auf die **vertraglich vorausgesetzte** (2. Stufe – § 633 II 2 Nr 1 – Rn 17), sonst (ebenfalls alternativ) auf die **gewöhnliche Verwendungseignung** und die **übliche Beschaffenheit** an (3. Stufe – § 633 II 2 Nr 2 – Rn 18). Die sich aus dieser Dreistufigkeit für die Handhabung des Sachmangelbegriffs ergebenden Konsequenzen sind entgegen verbreiteter Auffassung weit reichend (dazu Rn 21 ff). Sie erschließen sich nur über die Begriffe (vereinbarte) „Beschaffenheit" und „Verwendungseignung".

15 **II. Vereinbarte Beschaffenheit (1. Stufe – § 633 II 1).** Nach obiger Systematik ist das Gewerk mangelfrei, wenn es die „vereinbarte Beschaffenheit" hat. Darin findet sich der somit fortgeltende **subjektive Mangelbegriff** des § 633 I aF wieder (BGH NZBau 04, 672; BGH NZBau 06, 641), wonach ein Sachmangel immer dann vorliegt, wenn die „**Ist-Beschaffenheit**" von der (vereinbarten) „**Soll-Beschaffenheit**" abweicht (BaRoth/*Voit* § 633 Rz 3; AnwK/*Raab* § 633 Rz 8; Palandt/*Sprau* § 633 Rz 5). Damit ist indes wenig gewonnen, solange nicht feststeht, worin genau die Soll-Beschaffenheit im Einzelnen besteht. Sie wird nach jetziger Gesetzeslage in erster Linie durch die **vertraglichen Beschaffenheitsvereinbarungen** der Vertragsparteien bestimmt. Allerdings hat der Gesetzgeber bewusst darauf verzichtet, den Begriff der „vereinbarten Beschaffenheit" näher zu definieren (BTDrs 14/4060

S 213 – zum Kauf). Jedenfalls muss sie „vereinbart" sein, was ausdrücklich oder konkludent geschehen kann (BGH NJW-RR 02, 1533; zur Formbedürftigkeit einer Baubeschreibung: § 631 Rn 8). Beschaffenheitsvereinbarungen idS können die Art der **Ausführung** der Werkleistungen (Bsp: Lagerung bzw Verwendung von Bodenaushub), die Beschaffenheit und die Qualität der hierfür verwendeten **Materialien** (Bsp: Fensterglas mit bestimmten Wärmedämmwerten; ein nach Hersteller und Typ vorgegebener Heizkessel) oder das **Werkergebnis** selbst (Bsp: Funktionale Ausschreibung – s. § 631 Rn 42; künstlerische Leistung) betreffen (vgl AnwK/*Raab* § 633 Rz 10 f; MüKo/*Busche* § 633 Rz 12 mwN). Sind solche zur Vertragsgrundlage erhobenen Vorgaben des Bestellers nicht eingehalten, ist das Gewerk mangelhaft, ohne dass es auf die nach altem Recht für das Vorliegen eines Fehlers iSd § 633 I aF bedeutsame Aufhebung oder Minderung des Wertes oder der Gebrauchstauglichkeit des Werkes ankommt. Der Unternehmer schuldet die Realisierung der vereinbarten Beschaffenheiten also auch dann, wenn deren Umsetzung zur Verwirklichung des mit der Werkleistung angestrebten Zwecks nicht erforderlich ist (Bsp: Der Besteller verlangt eine zweilagige Verlegung von Dichtungsbahnen, obwohl schon eine Lage desselben Materials die Dichtigkeit des Flachdachs gewährleisten würde; vgl auch Ddorf BauR 07, 1254, 1255). Andererseits entlastet ihn bei einer Abweichung von vereinbarten Beschaffenheiten auch die Verwendung **höherwertigen** Materials nicht (Bsp: Bestellt sind vergitterte Kellerfenster; der Unternehmer baut – teureres – Sicherheitsglas ein – s. § 633 II 3). All dies galt nach altem Recht für die Einhaltung **„zugesicherter Eigenschaften"**, die dementsprechend jetzt vorbehaltlich einer weiter reichenden Garantieübernahme (dazu § 634 Rn 4) von den vereinbarten Beschaffenheiten umfasst sein dürften (MüKo/*Busche* § 633 Rz 13; Palandt/*Sprau* § 633 Rz 5; AnwK/*Raab* § 633 Rz 11; aA: *Mundt* NZBau 03, 73, 75).

Welche Beschaffenheiten konkret vereinbart sind, ergibt sich aus dem Vertrag. In Bauverträgen finden sie sich zumeist in der **Leistungsbeschreibung** (Leistungsverzeichnis, Baupläne, Verhandlungsprotokolle), die bei evtl Unklarheiten oder Widersprüchen nach allgemeinen Grundsätzen in ihrer Gesamtheit (zum Grundsatz „speziell vor allgemein": BGH NJW 03, 743) **auszulegen** ist. Maßgebend hierfür ist idR die **objektive** Sichtweise und Verständnismöglichkeit des Unternehmers (BGH BauR 02, 935 – „Konsolträgergerüst"; 93, 595, 596 f; 94, 236 – „Wasserhaltung II"), der iÜ grds auf die **Vollständigkeit und Richtigkeit** der vom Auftraggeber erarbeiteten und ihm zur Verfügung gestellten Planunterlagen vertrauen darf (BGH BauR 84, 395; ausf hierzu: Kapellmann/Messerschmidt/*Kapellmann* Teil B § 2 Rz 105 ff mwN; zur „VOB/A-konformen" Auslegung: BGH BauR 03, 743; 03, 536; 97, 466). 16

III. Vertraglich vorausgesetzten Verwendung (2. Stufe – § 633 II 2 Nr 1). Nur soweit keine Beschaffenheitsvereinbarung vorliegt, soll es auf die Eignung des Gewerkes für die **vertraglich vorausgesetzte Verwendung** ankommen (§ 633 II 2 Nr 1; näher dazu unten Rn 22). Gemeint ist die bei Vertragsschluss vom Besteller beabsichtigte und dem Unternehmer bekannte und gebilligte **Verwendung** (AnwK/*Raab* § 633 Rz 21). Das Werk muss sich für die solcherart festgelegte Verwendung **eignen**, es muss also idS **funktionstauglich** sein (zuletzt: BGH BauR 08, 344 = NJW 08, 511; BGH NJW-RR 02, 1533; BauR 01, 823; NJW 98, 3707 f; BauR 84, 510, 512 f; BGHZ 90, 344, 346 f). Daran fehlt es, wenn die **Gebrauchtauglichkeit** aufgehoben (nicht genehmigungsfähige Architektenplanung – BGH BauR 99, 934, 935; Ddorf 86, 469, 470) oder gemindert ist (BGH NJW 02, 3543 f; NJW 03, 1188, 1189). So nicht nur bei verminderter Nutzbarkeit, sondern auch bei erhöhtem Verschleiß, mit dem der Besteller nach den Umständen nicht rechnen musste (BGH NJW 03, 1188, 1189; NJW-RR 05, 607), und ggf selbst dann, wenn die Werkleistungen nur aufgrund von **optischen Abweichungen** nicht für die vereinbarte Verwendung taugen (Ddorf NJW-RR 94, 342 – Farbveränderung an einer Schieferfassade; Hamm BauR 03, 1403 – Größenabweichungen bei Haustürpodest aus Natursteinen). In besonders gelagerten Einzelfällen kann die Verwendungseignung überdies schon dann nachteilig tangiert sein, wenn (nur) die nach dem Vertrage vorausgesetzte **Verkäuflichkeit** des Werks nicht gewährleistet oder signifikant beeinträchtigt ist (sog **merkantiler Minderwert**, BGH NJW 86, 428 – zu § 633 I aF). 17

IV. Gewöhnliche Verwendungseignung/Übliche Beschaffenheit (3. Stufe – § 633 II 2 Nr 2). Wiederum nur alternativ („sonst") für den Fall, dass sich keine vertraglich vorausgesetzte Verwendung feststellen lässt, bestimmt sich die Verwendungseignung nach der **gewöhnlichen Verwendung** (II 2 **Nr 2**), dh nach der für die Art des Werks üblichen Verwendung. Maßgebend sind dann nicht die (fehlenden) subjektiven Vorstellungen der Vertragsparteien betreffend die Verwendung der Werkleistungen, die stattdessen **objektiv** und damit entscheidend durch die **Verkehrssitte** bestimmt wird (BaRoth/*Voit* § 633 Rz 7; Palandt/*Sprau* § 633 Rz 7). Das Werk ist in diesem Fall nur frei von Sachmängeln, wenn es sich für die demnach gewöhnliche Verwendung eignet und zudem eine **Beschaffenheit** aufweist, die bei Werken der gleichen Art **üblich** ist und die der Besteller nach der Art des Werkes mit Rücksicht auf die **Verkehrsanschauung** erwarten kann (AnwK/*Raab* § 633 Rz 28). Die Beschaffenheitsüblichkeit spielt im Gegensatz zu dem durch den Wortlaut des § 633 II 2 nahe gelegten Regelungszusammenhang uU auch dann eine Rolle, wenn und soweit sich aus der vertraglich vorausgesetzten Verwendung (2. Stufe – § 633 II 2 Nr 1) nicht ableiten lässt, welche (objektiven) Beschaffenheiten die Werkleistungen haben müssen, um den Werkerfolg zu verwirklichen (Bsp: Der Unternehmer schuldet ohne konkrete Ausführungsvorgaben die Herstellung eines Wärmedämmputzes. Dann muss der Putz nicht nur die ihm über den Verwendungszweck zugewiesene Funktion – Wärmedämmung – erfüllen, sondern auch sonst den üblichen Beschaffenheitskriterien hinsichtlich Verarbeitung und Erscheinungsbild entsprechen). 18

19 **V. Aliud und Mindermengen (Abs 2 S 3).** Ein mangelhaftes Werk liegt schließlich auch vor, wenn dieses nicht nur hinsichtlich seiner Ausführung, sondern auch seiner Art nach nicht dem geschuldeten entspricht oder das Werkergebnis in zu geringer Menge hergestellt wird. Ein **anderes Werk** (II 3 Alt 1; Falschleistung, aliud) ist gegeben, wenn ausgehend vom Vertragszweck die Werkleistung nach ihrer Art und Bestimmung überhaupt nicht der vertraglichen entspricht. Die Herstellung einer **zu geringen Menge** (II 3 Alt 2) ist von einer nicht unter II 3 fallenden Teilleistung (§ 281 I 2, 323 V) abzugrenzen. Um eine Mengenabweichung iSd § 633 II 3 handelt es sich nur dann, wenn die tatsächlich mengen- oder massenmäßig unvollständige Leistung als vollständige Erfüllung gelten soll (Palandt/*Sprau* § 633 Rz 8). § 633 II 3, der inhaltlich der für den Kauf geltenden Regelung in § 434 III entspricht, kommt im Werkvertragsrecht anders als dort schon deshalb nur geringe Bedeutung zu, weil die Neuerstellung auch nicht vertretbarer beweglicher Sachen, bei der diese Fallkonstellationen typischerweise auftreten, gem § 651 regelmäßig dem Kaufrecht unterliegt (iE hierzu: § 434 Rn 95 ff).

20 **VI. Richtlinienkonforme Auslegung.** Ziel der Schaffung eines neuen, einheitlichen Sachmangelbegriffs für Kauf- und Werkvertrag war es, die **Verbrauchsgüterkaufrichtlinie** umzusetzen, nach deren Art 2 II die Vertragsgemäßheit von Verbrauchsgütern vermutet wird, wenn diese
– mit der vom Verkäufer gegebenen Beschreibung übereinstimmen...;
– sich für einen bestimmten vom Verbraucher angestrebten Zweck eignen...;
– sich für Zwecke eignen, für die Güter der gleichen Art gewöhnlich gebraucht werden;
– eine Qualität und Leistungen aufweisen, die bei Gütern der gleichen Art üblich sind und die der Verbraucher (*nach den Umständen*) vernünftigerweise erwarten kann ...
Die sich so ergebenden Anforderungen an die Vertragsgemäßheit des Verbrauchsguts gelten für den Regelungsbereich der Richtlinie **kumulativ** (*Thode* NZBau 02, 297, 304; *Kniffka* ibr-online-Kommentar Bauvertragsrecht, Stand 25.6.08, § 633 Rz 4 unter Hinweis auf Nr 8 der Erwägungsgründe für die RL). Das entspricht weitgehend dem unter der Geltung des alten Schuldrechts etablierten Sachmangelbegriff, wonach das vertragsgerechte Gewerk nicht nur den **subjektiv** von den Parteien (als Beschaffenheiten) vereinbarten Qualitätsparametern entsprechen, sondern zur Verwirklichung des **funktionalen Werkerfolgs** (s. dazu § 631 Rn 1) auch zu dem gewöhnlichen oder dem nach dem Vertrage vorausgesetzten Gebrauch (Zweck) taugen muss (vgl § 633 I aF).

21 Dieser Regelungszusammenhang ist im Wortlaut des § 633 II in reparaturbedürftiger Verkennung der sich hieraus ergebenden Konsequenzen unterrepräsentiert. Danach würde nämlich gelten: Soweit der Unternehmer die regelmäßig in den Ausführungsvorgaben des Bestellers enthaltenen Beschaffenheitsvereinbarungen umsetzt, ist sein Gewerk mangelfrei. Das wäre völlig unzureichend, weil mit dem Grundsatz der Erfolgsbezogenheit der Werkleistungsverpflichtung nicht in Einklang zu bringen. So entspricht es – zu Recht – der stRspr des BGH, dass der Unternehmer auch dann nicht vertragsgerecht gearbeitet hat, wenn er zwar die Ausführungsvorgaben des Bestellers (Beschaffenheitsvereinbarungen) beanstandungsfrei umgesetzt, gleichwohl aber den **funktionalen Erfolg** seiner Werkleistung verfehlt hat (so jetzt ausdrücklich für das neue Schuldrecht: BGH BauR 08, 344 = NJW 08, 511; zum alten Recht: BGH NJW-RR 02, 1533; BauR 01, 823; NJW 98, 3707 f; BauR 84, 510, 512 f; BGHZ 90, 344, 346 f). Dabei geht der Gesetzgeber (RegEntw 499) offenbar davon aus, dass die Funktionalität regelmäßig zur vereinbarten Beschaffenheit gehört. Diese Sichtweise, welche die Funktionalität unterscheidungslos dem Tatbestandsmerkmal der Beschaffenheitsvereinbarung zuordnet, liegt wohl auch der jüngsten Rspr des BGH zugrunde (BGH BauR 08, 344 = NJW 08, 511). Sie greift nach hier vertretener Auffassung jedenfalls in der dogmatischen Herleitung zu kurz und überzeugt insoweit nicht. Denn die Funktionalitätserwartung der Vertragsparteien reicht iaR nicht weiter, als die rechtsgeschäftlichen Abreden, denen sie innewohnt. Sie betrifft zunächst also nur die Beschaffenheitsvereinbarungen selbst, das Gesamtergebnis der Werkleistungen, dessen Funktionalität der Unternehmer zu gewährleisten hat, hingegen nur dann, wenn diese durch die Einhaltung der Beschaffenheitsvereinbarungen überhaupt erreicht werden kann (iE ebenso: MüKo/*Busche* § 633 Rz 14). Das ist keineswegs selbstverständlich, wie folgendes Bsp verdeutlichen mag: Der Unternehmer soll einen Industrieestrich in einer Werkhalle des Bestellers verlegen, die – zu seiner Kenntnis – mit schwerem Gerät befahren wird. Im Leistungsverzeichnis sind Hersteller und Typ des Estrichmaterials sowie dessen Verarbeitung konkret vorgegeben. Obwohl der Unternehmer sich exakt an diese Vorgaben hält, zeigen sich im Estrich alsbald Risse, weil dieser den Belastungen durch die nach dem Vertrag vorausgesetzte Benutzung mit schwerem Gerät nicht standhält. Dann ist das Gewerk nach der vorerwähnten Rspr des BGH trotz der beanstandungsfreien Abarbeitung aller Ausführungsvorgaben mangelhaft, weil der Estrich zwar den an ihn zu stellenden Funktionsanforderungen genügt, gleichwohl aber der **funktionale Werkerfolg** nicht erreicht ist (zu den Anforderungen an die Mängelhaftung des Unternehmers in solchen Fällen vgl Rn 22). Es ist nichts dafür ersichtlich, dass der Gesetzgeber diese nach altem Recht weit gehend unumstrittenen Grundsätze mit der Einführung des neuen § 633 II hat in Frage stellen wollen (so ausdrücklich *BGH* BauR 08, 344 = NJW 08, 511; vgl auch *Kniffka* ibr-online-Kommentar Bauvertragsrecht, Stand 26.5.09, § 633 Rz 11). Er hat sie nach dem Wortlaut der Vorschriften des § 633 II durch die Schaffung einer Alternativität zwischen den einzelnen Stufen des Mangelbegriffs gleichwohl teilweise außer Kraft gesetzt. Denn der Grund für die Mangelhaftigkeit der Werkleistung liegt im vorerörterten Fall nicht in der

fehlerhaften Umsetzung der Beschaffenheitsvereinbarungen, sondern in der fehlerhaften Ausschreibung, die einen Estrich vorgegeben hat, der den Anforderungen an den **vertraglich vorausgesetzten Verwendungszweck** nicht genügt. Rechtlicher Anknüpfungspunkt für den Mangelvorwurf ist dann aber nicht die Nichteinhaltung von Beschaffenheitsvereinbarungen (1. Stufe), sondern die Verfehlung der nach dem Vertrage vorausgesetzten Verwendungseignung (2. Stufe), wo sich das Kriterium der **Funktionalität** wieder findet (s. Rn 17). Die in alledem zu Tage tretenden Unzulänglichkeiten des § 633 II sind demnach durch eine **richtlinienkonforme Auslegung** dahin zu korrigieren, dass die dort tatbestandlich genannten Voraussetzungen **kumulativ**, also nebeneinander, erfüllt sein müssen, um die Mangelfreiheit des Werkes konstatieren zu können (iE ebenso: *Werner/Pastor* Rz 1457; *Vorwerk* BauR 03, 1, 4). Die Werkleistungen müssen also auch bei getroffenen Beschaffenheitsvereinbarungen dem vertraglich vorausgesetzten, sonst dem gewöhnlichen Verwendungsweck entsprechen, soweit dieser nicht bereits in den in jedem Fall zu berücksichtigenden Beschaffenheitsvereinbarungen repräsentiert ist. Darüber hinaus kommt es in Ermangelung konkreter Beschaffenheitsvereinbarungen auch dann auf die **übliche Beschaffenheit** (3. Stufe – § 633 II 2 Nr 2) an, wenn sich aus dem von den Parteien übereinstimmend vorausgesetzte Verwendungszweck (2. Stufe – § 633 II 2 Nr 1) nicht oder nicht vollständig ergibt, welche Beschaffenheitskriterien das Werk erfüllen muss (iE ebenso: *Kniffka* ibr-online-Kommentar Bauvertragsrecht, Stand 26.5.09, § 633 Rz 5; s.a. Rn 18 aE).

VII. Wirkungsweise. Aus alledem folgt: Sind **vereinbarte Beschaffenheiten** nicht eingehalten, ist das 22 Gewerk auch ohne eine Einschränkung der Gebrauchs- und Funktionstauglichkeit mangelhaft; erst recht kommt es nicht auf die Entstehung eines Schadens an (Ddorf NJW-RR 96, 146; Köln NJW-RR 05, 1042 – unzureichende Architektenplanung einer Abdichtung gegen drückendes Wasser). Andererseits ist der Unternehmer selbst dann zur Herstellung eines voll funktionstauglichen Gewerkes verpflichtet, wenn der solcherart geschuldete Werkerfolg durch die vertraglichen Vorgaben zur Ausführung der Werkleistungen nicht erreicht werden kann (BGH BauR 00, 411 – dichtes Dach; NJW-RR 02, 1533; BauR 01, 823; NJW 98, 3707 f; BauR 84, 510, 512 f; BGHZ 90, 344, 346 f; Rostock BauR 05, 441 – dichter Keller). Hat in einem solchen Fall der Besteller die Art der Ausführung (fehler- oder lückenhaft) vorgegeben, so haftet der Unternehmer gleichwohl dann nicht, wenn er die Unzulänglichkeiten der Leistungsbeschreibung unter Berücksichtigung seiner gewerbebezogenen Fachkenntnisse nicht erkennen konnte oder wenn er den Besteller auf diese Unzulänglichkeiten ausreichend hingewiesen hat (BGH BauR 05, 1314). Eine derartige **Prüfungs- und Hinweispflicht** folgt für den VOB/B-Vertrag mit den sich aus § 13 III VOB/B für die Mängelhaftung ergebenden Konsequenzen unmittelbar aus § 4 III VOB/B. Sie gilt in Ausprägung der **Kooperationspflicht** der Vertragsparteien (grdl: BGH BauR 96, 542; insb: BauR 02, 409) auch für den BGB-Werkvertrag (zuletzt: BGH BauR 08, 344 = NJW 08, 511), wo sie insb für das Baugeschäft wegen der soeben aufgezeigten Zusammenhänge eine zentrale Rolle spielt (ausf zum Ganzen mit zahlreichen Bsp: *Werner/Pastor* Rz 1519 ff, 1533). Die Verpflichtung des Unternehmers, verbindliche Vorgaben und Vorleistungen des Bestellers auf ihre Geeignetheit für die Herstellung eines funktionstauglichen Werkes zu **überprüfen**, ist Gegenstand seiner vertraglichen Erfolgsverpflichtung (ebenso: *Kniffka* ibr-online-Kommentar Bauvertragsrecht, Stand 26.5.09, § 633 Rz 13). Sie erzwingt einen entsprechenden **Hinweis**, wenn sich aus der maßgeblichen Sicht eines fachkundigen Unternehmers Bedenken gegen die Leistungsvorgaben des Bestellers ergeben (müssen). Die Erfüllung der Prüfungs- und Hinweispflicht ist ohne Einfluss auf die Anforderungen an eine funktional mangelfreie Leistung. Sie begründet vielmehr einen eigenständigen Tatbestand, der den Unternehmer von der Sach- und Rechtsmangelhaftung befreit (BGHZ 174, 110, 120 Tz 22 = BauR 08, 344; *Kniffka* ibr-online-Kommentar Bauvertragsrecht, Stand 26.5.09, § 633 Rz 13 f; aA: Verstoß gegen Bedenkenhinweispflicht = schadensersatzbewehrte Nebenpflichtverletzung: *Peters* NZBau 08, 609, 610; ähnl: *Vorwerk*, BauR 03, 1, 5 f). Der Unternehmer wird von der Mängelhaftung frei, wenn er die erforderlichen Bedenkenhinweise erteilt. Das gleiche gilt, wenn er trotz ausreichender Prüfung keine Bedenken haben muss (*Kniffka* ibr-online-Kommentar Bauvertragsrecht, Stand 26.5.09, § 633 Rz 13; vgl auch: *Leupertz* BauR 09, 273, 279; ders: FS Kapellmann, 253, 259 ff; aA: *Fuchs* BauR 09, 404, 409). Anders ausgedrückt: Die Bedenkenhinweispflicht besteht unabhängig von den tatbestandlichen Anknüpfungspunkten für die Sachmängelhaftung des Unternehmers und schafft insoweit lediglich eine Exkulpationsmöglichkeit. **Darlegungs- und beweispflichtig** für eine ausreichende Prüfungs- und Hinweistätigkeit ist der Unternehmer (BGH BauR 73, 313). Auf **erkannte** Unzulänglichkeiten der vom Besteller vorgelegten Ausschreibung muss der Unternehmer unter Offenlegung der sich andernfalls für die Ausführung des Werkes ergebenden Konsequenzen (BGH BauR 78, 54; Ddorf BauR 04, 99, 100; Hamm BauR 95, 852) hinweisen; sonst haftet er uU allein für die Mangelfolgen (Bambg BauR 02, 1708 – str). Bei **fahrlässigen** Verstößen gegen die Prüfungs- und Hinweispflicht trifft den Besteller mit Rücksicht auf die in seine Verantwortung fallenden Fehler in den Leistungsvorgaben je nach den Umständen des Einzelfalles eine **Mitverantwortung** für die Entstehung des Mangels, so dass er gem § 254 (bei Planungsfehlern des von ihm beauftragten Architekten über § 278) die Mangelbeseitigungskosten mit einem quotal seinem Verursachungsbetrag entsprechenden Betrag **bezuschussen** muss (BGH NJW 99, 416; s.a. *Leitzke* NZBau 01, 672 – zu Hamm NZBau 01, 502; vorprozessual: nur Sicherheitsleistung in entsprechender Höhe – BGH BauR 84, 395; Nürnbg BauR 00, 273; *Raiser* – NZBau 01, 598, 599 – und *Preussner* – BauR 02, 231, 241 – sind der Auffassung, dass sich ungeachtet der Erkennbarkeit aus der Verweisung auf § 442 I 1 in § 651 2 eine Beschränkung der Haftung für Hinweispflichtverstöße des Unternehmers bei fehlerhaften Stofflieferungen des Bestellers ergebe; dagegen mit Recht: *Kniffka* ibr-online-Kommentar Bauvertragsrecht, Stand 26.5.09, § 633 Rz 13). Gleiches gilt für eventuelle mangelbeseitigungsbedingte **"Sowiesokosten"** (BGH BauR 02, 86; NJW-RR 00, 465; Karlsr NJW-RR 99, 1694). Allerdings ist bspw in der Zustimmung des Bestellers zur Ausführung gem Muster nicht zugleich ein Verzicht auf die Gebrauchstauglichkeit des bemusterten Bauteils zu sehen (Frankf IBR 05, 421).

23 **VIII. Sonderfall: Anerkannte Regeln der Technik.** Ein wichtiges Kriterium für die Mangelfreiheit der Werkleistungen ist die Einhaltung der **anerkannten Regeln der Technik**. Solche finden sich bspw in den Regeln des Handwerks (Ddorf NJW-RR 99, 1657), DIN-Normen (insb VOB/C), VDE-Bestimmungen, europäischen Normen oder Unfallverhütungsvorschriften. Für DIN-Normen spricht die – widerlegbare – Vermutung, dass sie die allgemein anerkannten Regeln der Technik richtig wiedergeben (Hamm NJW-RR 95, 17; Stuttg BauR 77, 129; zu den Auswirkungen auf die Beweislast: *Werner/Pastor* Rz 1461 mwN). In diesem Zusammenhang hat der BGH festgestellt, dass die derzeit gültige DIN 4109 nicht die Mindestanforderungen an den Schallschutz widerspiegelt, den der Erwerber einer Wohnung oder einer Doppelhaushälfte als üblichen Qualitäts- und Komfortstandart erwarten darf (BGH BauR 07, 1570 – eingehend auch zur Ermittlung des geschuldeten Schallschutzes durch Auslegung des Vertrages unter Berücksichtigung der vereinbarten Bauweise; vgl. hierzu auch BGH BauR 98, 872; anders noch für Stand 2000: Karlsr BauR 07, 557). Baut der Unternehmer gleichwohl nach der DIN 4109, missachtet er die anerkannten Regeln der Technik und seine Werkleistung ist mangelhaft. Etwas anderes gilt nur dann, wenn er den Besteller im Vertrag hinreichend deutlich auf die Nichteinhaltung der anerkannten Regeln der Technik aufmerksam macht und der Besteller dies akzeptiert. Dafür reicht der schlichte Hinweis, der Besteller erhalte eine „Schalldämmung nach DIN 4109" nicht aus (BGH BauR 09, 1288). Des Weiteren spricht eine – ebenfalls widerlegbare – Vermutung dafür, dass zeitlich und örtlich im Zusammenhang mit der Missachtung von anerkannten Regeln der Technik aufgetretene Mängel auf die Verletzung dieser Regeln zurückzuführen sind (BGH NJW 91, 2021). Die anerkannten Regeln der Technik sind zwar in § 633 II nicht erwähnt (anders § 13 I VOB/B); sie gelten indes mit Rücksicht auf die zu unterstellende **Funktionalitätserwartung** der Vertragsparteien (s. Rn 21 f) für **alle 3 Stufen** des Sachmangelbegriffs als stillschweigend vereinbart (*Mundt* NZBau 03, 73, 75 ff; *Kniffka* ibr-online-Kommentar Bauvertragsrecht, Stand 26.5.09, § 633 Rz 48; zum anderen Recht: BGH BauR 98, 872, 873), soweit keine eindeutigen anderweitigen Abreden (auch konkludent) getroffen sind (Hamm BauR 95, 767 – Altbausanierung; Brandbg ZfBR 01, 112 – Einsatz neuer/unerprobter Techniken und Materialien; vgl hierzu auch: BGH NJW-RR 06, 1309). Andernfalls liegt bei Nichteinhaltung der anerkannten Regeln der Technik auch ohne Schadenseintritt ein Mangel vor (Ddorf NJW-RR 96, 146).

24 **D. Rechtsmängel (Abs 3).** Gem III werden Rechtsmängel den Sachmängeln auf der Rechtsfolgenseite gleichgestellt, der Besteller kann die Mängelrechte des § 634 geltend machen. Rechtsmängel können vorliegen bzgl des Eigentums bei vom Unternehmer zu beschaffenden Zutaten, bei geistigem Eigentum, Urheberrechten (zB bei Planungsleistungen von Architekten), Patent- und sonstigen gewerblichen Schutzrechten, sowie bei Gemeinschaftsverhältnissen (Wohnungseigentum) und öffentlich-rechtlichen Beschränkungen. Umstr ist, ob auch die gescheiterte Verschaffung des Eigentums am Werk zu den Rechtsmängeln zu zählen ist (so insb für den Erwerb vom Bauträger: *Thode* NZBau 02, 297, 303; aA Palandt/*Putzo* § 435 Rz 8, da gesonderte Vertragspflicht).

25 **E. VOB/B.** Der für den VOB/B-Vertrag in **§ 13 Nr 1 VOB/B** niedergelegte Sachmangelbegriff entspricht inhaltlich dem des § 633 II, nennt aber ausdrücklich die Einhaltung der **anerkannten Regeln der Technik** als Kriterium für die Mangelfreiheit. Der wichtigste Unterschied zum BGB-Werkvertragsrecht besteht in der Regelung des **§ 4 Nr 7 VOB/B**, wonach der Auftragnehmer auch solche Leistungen, die schon **während der Ausführung** als mangelhaft oder vertragswidrig erkannt werden, auf eigene Kosten durch mangelfreie zu ersetzen hat. Der Auftraggeber kann bei Geltung der VOB/B also schon vor der Abnahme und dem Eintritt der Fälligkeit die Mängelbeseitigung erzwingen (zu den Problemen im Zusammenhang mit der Geltendmachung der Sachmangelrechte vor Abnahme und Fälligkeit beim BGB-Werkvertrag s. Rn 6 f); darüber hinaus muss der Auftragnehmer den durch eine Mangelbeseitigung nicht mehr behebbaren **Schaden** ersetzen, wenn er den hierfür ursächlichen Mangel zu vertreten hat (Ingenstau/Korbion/*Oppler* Teil B § 4 Nr 7, Rz 29 mwN). Kommt der Auftragnehmer der Pflicht zur Beseitigung des Mangels nicht nach, kann ihm der Auftraggeber eine angemessene Frist zur Beseitigung des Mangels setzen und erklären, dass er ihm nach fruchtlosem Ablauf der Frist den Auftrag entziehe (**§ 8 Nr 3 VOB/B**).

§ 634 Rechte des Bestellers bei Mängeln. Ist das Werk mangelhaft, kann der Besteller, wenn die Voraussetzungen der folgenden Vorschriften vorliegen und soweit nicht ein anderes bestimmt ist,
1. nach § 635 Nacherfüllung verlangen,
2. nach § 637 den Mangel selbst beseitigen und Ersatz der erforderlichen Aufwendungen verlangen,
3. *nach den §§ 636, 323 und 326 Abs. 5 von dem Vertrag zurücktreten oder nach § 638 die Vergütung mindern und*
4. nach den §§ 636, 280, 281, 283 und 311a Schadensersatz oder nach § 284 Ersatz vergeblicher Aufwendungen verlangen.

Rechte des Bestellers bei Mängeln   § 634

A. Allgemeines/Regelungsgehalt. In § 634 tritt die Neustrukturierung des Mängelhaftungsrechts durch das 1
Schuldrechtsmodernisierungsgesetz sichtbar zu Tage. Die Vorschrift setzt die Mangelhaftigkeit des Gewerkes
iSd § 633 II voraus und nennt in Form einer zentralen **Verweisungsnorm** die einzelnen Mängelrechte des
Bestellers, ohne sie näher zu definieren. Insoweit wird für die primär geschuldete **Nacherfüllung** auf § 635,
für die werkvertraglichspezifische **Selbstvornahme** nebst Kostenerstattungs- und Vorschussansprüchen auf
§ 637 und für die **Minderung** auf § 638 verwiesen- § 634 Nr 1–3. Für den **Rücktritt**, der an die Stelle der ent-
fallenen Wandlung getreten ist (§ 634 I 3 aF), enthält die insoweit in Bezug genommene werkvertragliche
Vorschrift in § 636 lediglich eine Sonderreglung für die Entbehrlichkeit der Fristsetzung; demgegenüber ergeben sich die abseits des Erfordernisses der Mangelhaftigkeit der Werkleistung (§ 633 II) bestehenden tatbestandlichen Voraussetzungen für den Rücktritt aus den in § 634 Nr 3 genannten Bestimmungen des allg Leistungsstörungsrechts in §§ 323, 326 V, die wiederum hinsichtlich der Rechtsfolgen durch die Vorschriften in
§§ 346 ff ergänzt werden. Gleiches gilt im Ausgangspunkt für den **mangelbedingten Schadensersatz**, für den
§ 634 Nr 4 ebenfalls auf die Vorschriften des allg Leistungsstörungsrechts in §§ 280, 282, 283 und 311a verweist. Aus alledem erhellt sich, dass die im Werkvertragsrecht aufgefundenen Mängelhaftungsregeln im
Ergebnis nur noch dem Zweck dienen, das allg Leistungsstörungsrecht vertragstypenbezogen zu vervollständigen. Soweit ihnen allerdings ein eigenständiger Regelungsgehalt zukommt, gehen sie dem allg Leistungsstörungsrecht als speziellere Regelungen vor (iE zum Verhältnis zwischen den Mängelhaftungsrechten und den
Vorschriften des allg Leistungsstörungsrecht: § 633 Rn 4 ff). Hinsichtlich der Ansprüche des Bestellers auf
Nacherfüllung (§ 635), Selbstvornahme (§ 637) und Minderung (§ 638) wird auf die Kommentierung der
genannten Vorschriften verwiesen. Für **Rücktritt, Schadensersatz** und **Aufwendungsersatz** finden sich im
Werkvertragsrecht mit Ausnahme der Annexbestimmung in § 636 keine Regelungen. Diese, den Vorschriften
des allg Leistungsstörungsrechts zugewiesenen Rechte werden deshalb im Folgenden näher erörtert
(s. Rn 9 ff).

B. Verhältnis der Mängelrechte zueinander. I. 1. Stufe – Nacherfüllung. Die in Mängelrechte stehen in 2
einem **Stufenverhältnis**, was sich nicht unmittelbar aus dem Wortlaut des § 634 erschließt. Auf der ersten
Stufe kann der Besteller im Wege der **Nacherfüllung** (§§ 634 Nr 1, 635, iE s. dort) die Beseitigung von Mängeln der Werkleistung verlangen. Dabei handelt es sich, wie nach altem Recht, um einen **modifizierten Erfüllungsanspruch**, durch den die vertraglichen Leistungspflichten des Unternehmers für die Zeit nach der
Abnahme prolongiert und auf das in diesem Zeitpunkt bestehende Gewerk konkretisiert werden (BaRoth/
Voit § 634 Rz 3; Palandt/*Sprau* § 634 Rz 3). Die weiteren, in § 634 Nr 2-4 genannten Mängelrechte stehen ihm
grds erst nach dem ergebnislosem Ablauf einer **angemessenen Nacherfüllungsfrist** zu (zur Entbehrlichkeit
der Fristsetzung: § 636 Rn 3 ff). Die Geltendmachung von Mängelrechten kann eine **unzulässige Rechtsausübung** darstellen (§ 242), wenn der Besteller den zu ihrer Begründung herangezogenen Mangel selbst
herbeigeführt hat (BGH NJW 95, 392 – Gutachter). Allein die Erteilung eine **Baustellenverbots** nach Vertragskündigung führt hingegen nicht zum Verlust des Nacherfüllungsanspruchs und der hieran geknüpften
Mängelrechte (BGH NJW-RR 04, 1461 – Annahmeverzug).

II. 2. Stufe – Wahlrecht des Bestellers. Auch nach Ablauf der Nacherfüllungsfrist kann der Besteller auf der 3
zweiten Stufe der Mängelhaftung grds **frei wählen**, ob er den Unternehmer auf Mängelbeseitigung (Nacherfüllung) in Anspruch nehmen oder andere Mängelrechte (Selbstvornahme, Minderung, Rücktritt, Schadensersatz) geltend machen will (anders nach altem Recht, wo der Besteller nach Ablauf einer **Mängelbeseitigungsfrist mit Ablehnungsandrohung** auf die Wandlung, Minderung oder Schadensersatz beschränkt war –
BGHZ 74, 258). Demgegenüber hat der Unternehmer nach ergebnislosem Fristablauf sein **Nachbesserungs-
recht** (iE hierzu: § 635 Rn 4 ff) verloren und er kann die einmal versäumte Nachbesserung nicht mehr gegen
den Willen des Bestellers erzwingen (BGH BauR 03, 693, 694; 04, 501; aA unzutreffend für § 633 III aF:
Hamm BauR 05, 1190 – vgl hierzu *Janssen* BauR 05, 1089). Gleiches gilt, wenn der Unternehmer die **Nacherfüllung ernsthaft und endgültig verweigert** und der Besteller unter Abstandnahme vom Nacherfüllungsverlangen eines der Sekundärmängelrechte geltend macht (BGH NJW 00, 2997). IÜ muss sich der Besteller
innerhalb angemessener Frist entscheiden, welches Mängelrecht er ausüben will, wenn der Unternehmer
taugliche Nachbesserung anbietet (BGH NJW 02, 669). Lässt er nach Ablauf der Nacherfüllungsfrist die
(angebotene) Mängelbeseitigung zu und schlägt diese fehl, muss er zunächst abermals eine angemessene Frist
zur Nacherfüllung setzen, um zu den Sekundärrechten aus § 634 Nr 2–4 zurückkehren zu können (Celle
NJW 05, 2094).

Die auf Herbeiführung des ursprünglichen Leistungserfolges gerichteten Mängelrechte auf Nacherfüllung, 4
Selbstvornahme und Kostenersatz erlöschen, wenn der Besteller seine mangelbedingten **Gestaltungsrechte**
(**Rücktritt, Minderung** – Palandt/*Sprau* § 634 Rz 5) ausübt oder **Schadensersatz statt der Leistung** gem
§ 634 Nr 4, 280, 281 verlangt (vgl § 281 IV). Begehrt er hingegen gem §§ 634 Nr 4, 280 I Schadensersatz für
Mangelfolgeschäden an anderen Rechtsgütern, die nicht durch eine Nachbesserung der Werkleistungen hät-
ten vermieden werden können (zur Abgrenzung zwischen § 280 und § 281 s. Rn 15), so kann er daneben weiterhin seine sonstigen Mängelrechte aus § 634 verfolgen (Palandt/*Sprau* § 634 Rz 8). Das gilt erst recht für die
Geltendmachung von solchen Schäden, die nicht ursächlich auf einen Werkmangel zurückzuführen sind.

Insoweit finden die §§ 633 ff keine Anwendung und es gilt § 280 unmittelbar (Palandt/*Sprau* § 634 Rz 9). Verlangt der Besteller die Erstattung von Selbstvornahmekosten (§§ 634 Nr 2, 637 I), so ist er dadurch nicht gehindert, weitergehenden Schadensersatz wegen evtl Mangelfolgeschäden zu beanspruchen. Demgegenüber sind Rücktritt und Minderung in einem solchen Fall ausgeschlossen, weil der rechtliche Grund hierfür durch die Beseitigung des Mangels entfallen ist.

5 Rücktritt und Minderung schließen einander aus (AnwK/*Raab* § 634 Rz 18 f). Aus **§ 325** folgt hingegen, dass der Besteller auch nach erklärten **Rücktritt** noch zum **Schadensersatz statt der (ganzen) Leistung** gem §§ 634 Nr 4, 280, 281 übergehen kann; erst recht steht ihm ein Schadensersatzanspruch gem §§ 634 Nr 4, 280 für sonstige Schäden zu. Indes: Durch den Rücktritt wird der Vertrag insgesamt in ein Abrechnungs- und Abwicklungsverhältnis umgestaltet (vgl §§ 346 ff), so dass die wechselseitigen Erfüllungsansprüche entfallen. Damit ist es dogmatisch nur schwer in Einklang zu bringen, dass der Besteller gleichwohl „**kleinen Schadensersatz**" verlangen können soll, was den Fortbestand der wechselseitigen vertraglichen Leistungspflichten gerade voraussetzt (dagegen deshalb mit Recht: AnwK/*Raab* § 634 Rz 18; jetzt auch: BaRoth/*Voit* § 634 Rz 26; ebenfalls krit: *Kniffka* ibr-online-Kommentar Bauvertragsrecht, Stand 26.5.09, § 636 Rz 2; *Kleine/Scholl* NJW 06, 3462, 3465 mwN; aA: Palandt/*Sprau* § 634 Rz 5; vgl auch: *Derleder* NJW 03, 998, 1000).

6 Weil der Besteller nach § 638 I mindern kann **statt** zurückzutreten, soll § 325 auch für die **Minderung** gelten (*Derleder* NJW 03, 998, 1002). Das erscheint ebenfalls bedenklich, jedenfalls soweit **Schadensersatz statt der ganzen Leistung** (großer Schadensersatz) beansprucht wird. Auch dann erlöschen nämlich alle wechselseitigen Erfüllungsansprüche (§ 281 IV) und das Vertragsverhältnis wird insgesamt in ein Abrechnungsverhältnis umgewandelt (§ 281 V). Die sich so ergebenen Rechtsfolgen widersprechen denen der Minderung, die die vertragliche Leistungsbeziehung zwischen den Parteien nicht entfallen lässt und nur in dem Umfang zum Erlöschen der Leistungsverpflichtungen führt, in dem sie mangelbezogen geltend gemacht wird. Deshalb kann der Besteller nach hier vertretener Auffassung neben der Minderung keinen Schadensersatz statt der ganzen Leistung, wohl aber **kleinen Schadensersatz** beanspruchen, soweit dieser die bereits durch die Minderung abgedeckten Mängelbeseitigungskosten übersteigt (noch weitergehend wegen des Erklärungswerts der Minderung für Unanwendbarkeit des § 325: AnwK/*Raab* § 634 Rz 20; BaRoth/*Voit* § 634 Rz 26; ähnl: *Kniffka* ibr-online-Kommentar Bauvertragsrecht, Stand 26.5.09, § 638 Rz 4; aA *Derleder* NJW 03, 998, 1002).

7 **III. Nacherfüllungsfrist – Entbehrlichkeit der Fristsetzung.** Bei Mängeln der Werkleistung kann der Besteller zunächst nur Nacherfüllung (Mangelbeseitigung) vom Unternehmer verlangen. Die weitergehenden Mängelrechte gem § 634 Nr 2-4 stehen ihm grds erst nach ergebnislosem Ablauf einer **angemessenen Nacherfüllungsfrist** zu. Das folgt für die Selbstvornahme aus § 637 I, für den Rücktritt aus § 323 I, für die Minderung aus § 638 I iVm § 323 I und für den Schadensersatz statt der Leistung aus § 281 I 1. Die fristgebundene Aufforderung zur Nacherfüllung ist eine **rechtsgeschäftsähnliche Handlung**, auf welche die Vorschriften über Willenserklärungen entsprechende Anwendung finden (AnwK/*Raab* § 636 Rz 5). Sie bedarf keiner Form, muss aber (nachweisbar) **zugehen**, um die Frist in Gang zu setzen und sollte deshalb stets schriftlich erfolgen. Aus ihr muss klar hervorgehen, dass der Besteller die Werkleistungen nicht als vertragsgerecht akzeptiert und Abhilfe verlangt. Dafür genügt es nicht, dass er den Unternehmer lediglich auffordert, sich zu erklären, ob er den Mangel anerkenne und bereit sei, diesen zu beseitigen (BGH NJW 99, 3710, 3711). Durch die Bestimmung der Nacherfüllungsfrist soll dem Unternehmer auch nach Abnahme (eine zweite) Gelegenheit gegeben werden, das geschuldete Gewerk mangelfrei herzustellen. Dementsprechend muss die Frist **konkret bestimmt** (Staud/*Peters* § 634 Rz 48; BaRoth/*Voit* § 636 Rz 9 – unzureichend sind Formulierungen wie „unverzüglich" oder „alsbald") und so bemessen sein, das sie dem Unternehmer im Einzelfall **angemessen** Gelegenheit gibt, zu reagieren (zu den Besonderheiten bei vorausgegangenen Annahmeverzug des Bestellers: BGH BauR 07, 1410). Das wirft in der Praxis nicht selten Probleme auf, weil der Besteller sein Nacherfüllungsverlangen nur mit der nachprüfbaren Darstellung der **Mangelerscheinungen** begründen muss (München BauR 07, 2073; **Symptom-Rspr** – vgl BGH BauR 02, 613; NJW-RR 01, 138; iE Rn 27), wohingegen der Unternehmer seinerseits vor die uU schwierige Aufgabe gestellt ist, vor der eigentlichen Ausführung der Nachbesserungsarbeiten zunächst die Mangelursachen und die für ihre Beseitigung erforderlichen Maßnahmen ermitteln zu müssen (Bsp: Der Besteller rügt Feuchtigkeit im Keller; es ist völlig unklar, woher die Feuchtigkeit kommt und welche bautechnischen Zusammenhänge hierfür maßgeblich sind). Hinzu kommt: Erweist sich die von dem Beststeller gesetzte Frist unter Berücksichtigung auch solcher Umstände als unangemessen kurz, gilt statt dessen eine **tatsächlich angemessene** Frist (BGH NJW 85, 2640). Den sich aus alledem ergebenden Unwägbarkeiten versuchen die Vertragsparteien insb im Zusammenhang mit komplexen bautechnischen Zusammenhängen zuweilen durch ein mehrstufiges Prozedere zu begegnen, indem der Unternehmer zunächst innerhalb bestimmter Frist klären und erklären soll, wie er die Nacherfüllung auszuführen gedenkt und welchen Zeitraum er hierfür benötigt. In alledem liegt zwar nicht die Bestimmung einer angemessenen Nacherfüllungsfrist ioS, die auch nicht ersetzt wird (Erst recht nicht, wenn – mit gleichem Ziel – *nur ein Termin für den* **Beginn der Nachbesserungsarbeiten** vorgegeben wird). Gleichwohl kann diese Vorgehensweise für alle Beteiligten sinnvoll sein, um einen geordneten Bauablauf zu gewährleisten. Der Unternehmer läuft nicht Gefahr, trotz aus seiner Sicht unangemessen kurzer Frist mit den Nachbesserungsarbeiten beginnen zu müssen, die er nur in besonderen Ausnahmefällen nach Treu und Glauben (§ 242) verweigern

darf, wenn eine taugliche Mängelbeseitigung innerhalb der ihm gesetzten Frist schlechterdings und für den Besteller erkennbar ausgeschlossen ist (ebenso: AnwK/*Raab* § 636 Rz 10). Der Besteller wiederum muss nicht befürchten, vor Ablauf einer tatsächlich angemessenen Frist und deshalb zur Unzeit die Selbstvornahme veranlasst zu haben, deren Kosten er dann selber tragen müsste. Bemisst er hingegen die Frist nach dem vom Unternehmer selbst ermittelten Nachbesserungszeitraum, wird sie iaR als angemessen zu gelten haben und den Unternehmer dementsprechend binden.

Die Bestimmung einer Nacherfüllungsfrist ist **entbehrlich**, wenn sie sich unter Berücksichtigung der konkreten Umstände des Einzelfalles als bloße Förmelei erweisen würde. Die hierzu zum alten Recht ergangene Rspr wirkt in den nunmehr im Wesentlichen in §§ 636, 637, 281 II, 323 II und § 326 V gesetzlich geregelten Tatbeständen fort (iE § 636 Rn 10 ff). 8

C. Einzelheiten zum Rücktritt – § 634 Nr 3. Sind die Werkleistungen des Unternehmers mangelhaft (§ 633 II), ergeben sich die weiteren Bestimmungen für den Rücktritt vom Vertrage und die hieran geknüpften Rechtsfolgen über die Verweisungsnorm des § 634 Nr 3 aus den Bestimmungen des allg Schuldrechts in §§ 323, 326 V und 346 ff. Unabhängig davon hängt die Berechtigung zum Rücktritt grds davon ab, dass der Nacherfüllungsanspruch des Bestellers **fällig und durchsetzbar** ist. Dies allerdings mit der Einschränkung, dass der Besteller gem § 323 IV ausnahmsweise sogar schon **vor dem Ablauf der vertraglichen Fertigstellungsfrist** wegen eines Werkmangels zurücktreten kann, wenn bereits zu diesem Zeitpunkt feststeht, dass der Mangel nicht vor Ablauf der Fertigstellungsfrist behoben werden kann (iE zu zeitlichen Geltungsbereich des werkvertraglichen Mängelhaftungsrechts § 633 Rn 5 ff). IÜ muss der Besteller grds eine angemessene **Nacherfüllungsfrist** setzen und die Frist muss erfolglos, dh ohne dass die Werkleistung vertragsgerecht hergestellt ist, abgelaufen sein (s. Rn 7; zur Entbehrlichkeit der Fristsetzung s. § 636 Rn 3 ff). 9

Der Rücktritt ist gem § 323 V 2 bei **unerheblichen Mängeln** ausgeschlossen. Maßstab hierfür dürften die von der Rspr zu § 634 III aF und § 13 Nr 7 III VOB/B entwickelten Grundsätze sein (vgl BGH NJW-RR 99, 381; BauR 81, 284), wonach nicht allein die (besonders hohen) Mängelbeseitigungskosten, sondern va das Ausmaß der mangelbedingten Beeinträchtigung der vertraglich vorausgesetzten Verwendungstauglichkeit maßgeblich ist (Palandt/*Sprau* § 636 Rz 6; iE ähnl: AnwK/*Raab* § 636 Rz 27). Unerheblich idS werden in der Praxis zumeist nur kleinere Schönheitsfehler, insb optische Mängel sein, wohingegen Verstöße gegen Beschaffenheitsvereinbarungen mit negativen Auswirkungen auf die Gebrauchs- bzw Funktionstauglichkeit kaum je als unerheblich anzusehen sein dürften (AnwK/*Raab* § 636 Rz 27; Erman/*Schwenker* § 636 Rz 16). Einen weiteren Ausschlussgrund nennt § 326 VI. Danach darf der Besteller nicht zurücktreten, wenn er **allein oder weit überwiegend für die Umstände verantwortlich ist**, die ihn zum Rücktritt berechtigen würden. Das ist wie bei § 254 eine Frage der Abwägung der wechselseitigen Verursachungsbeiträge einschließlich des Verschuldens. In Betracht kommen insoweit va die Fälle, in denen der Mangel auf vorwerfbar fehlerhafte Anordnungen und Vorgaben des Bestellers zurückzuführen ist (insb: fehlerhafte Bauplanung, über § 278 auch des vom Besteller beauftragten Architekten), deren Korrektur der Unternehmer in Wahrnehmung seiner **Prüfungs- und Hinweispflichten** hätte bewirken können und müssen (iE hierzu § 633 Rn 22; ohne Verstoß gegen Hinweispflichten ist der Unternehmer von der Mängelhaftung frei). Allerdings ist auch dann im Einzelfall zu entscheiden, ob der dem Besteller anzulastende Mitwirkungspflichtverstoß (§ 645) den Verursachungsbeitrag des Unternehmers weit überwiegt (ebenso: Palandt/*Sprau* § 636 Rz 6), was keineswegs selbstverständlich ist (deshalb zu weitgehend: AnwK/*Raab* § 636 Rz 29). Gerät der Besteller in **Annahmeverzug**, etwa indem er ein taugliches Nachbesserungsangebot des Unternehmers ohne zureichende sachliche Begründung ablehnt, so ist der Rücktritt gem § 323 VI Alt 2 ausgeschlossen. 10

Bei **Teilleistungen** hat der Besteller im Ausgangspunkt ein Rücktrittsrecht nur hinsichtlich der noch nicht erbrachten Leistungen; vom ganzen Vertrage darf er nur zurücktreten, soweit er an den erbrachten Teilleistungen **kein Interesse** hat – § 323 V 1. Dafür reicht es nicht aus, dass der Besteller die unfertige Werkleistung nicht nutzen kann, solange sie sich im Wege der Selbstvornahme in einen vertragsgerechten Zustand versetzen lässt. Vielmehr kommt es darauf an, ob der Besteller an einem eingeschränkten Leistungsaustausch berechtigterweise nicht interessiert ist, weil der Vertragszweck sich mit der vorhandenen Teilleistung überhaupt nicht verwirklichen lässt. So bspw, wenn feststeht, dass die für die Realisierung des vereinbarten Verwendungszwecks maßgeblichen Vorgaben des Bestellers bei Verbleib der Teilleistungen nicht eingehalten werden können oder wenn der Unternehmer einen verbindlich vereinbarten Fertigstellungstermin nicht einhalten kann und der Besteller seinerseits auf die rechtzeitige Herstellung des Werkes angewiesen ist. 11

Durch die wirksame **Ausübung** *des Rücktrittsrechts* entsteht ein **Rückgewähr- und Abwicklungsverhältnis** nach Maßgabe der §§ 346 ff (iE s. die Kommentierung dort). Im Grundsatz gilt: Die vertraglichen Leistungs- und Gegenleistungspflichten erlöschen. Stattdessen sind die empfangenen Leistungen und die gezogenen Nutzungen zurückzugewähren – § 346. Anders als nach § 351 aF ist der Rücktritt nun nicht mehr ausgeschlossen, wenn der Besteller den Untergang oder eine wesentliche Verschlechterung der Sache zu vertreten hat. Jetzt muss der Rücktrittsberechtigte in derartigen Fällen gem § 346 II **Wertersatz** leisten, wenn die Rückgabe oder Herausgabe nach der Natur des Erlangten ausgeschlossen ist § 346 II 1 Nr 1, etwa weil der Rückbau bereits erbrachter Bauleistungen zu einem Eingriff in die Substanz und die Funktionstauglichkeit des bearbeiten Gebäudes führen würde (ähnl: *Kniffka* ibr-online-Kommentar Bauvertragsrecht, Stand 26.5.09, 12

§ 636 Rz 18; *Voit* BauR 02, 154). Demgegenüber stellt der nach § 946 vollzogene Eigentumserwerb des Bestellers an eingebauten Bauteilen für sich genommen kein Rückgabehindernis iSd § 346 II 1 Nr 1 dar (*Kniffka* ibr-online-Kommentar Bauvertragsrecht, Stand 26.5.09, § 636 Rz 18; aA: *Englert* Verträge am Bau, 343). Wertersatz anstatt Rückgewähr ist ebenfalls geschuldet, wenn der Besteller den empfangenen Gegenstand verbraucht, veräußert, belastet, verarbeitet oder umgestaltet hat – § 346 II 1 Nr 2. Schließlich bestimmt § 346 II 1 Nr 3, dass Wertersatz zu leisten ist, wenn der empfangene Gegenstand sich **verschlechtert hat oder untergegangen ist**, wobei allerdings die Verschlechterung durch eine bestimmungsgemäße Ingebrauchnahme außer Betracht zu bleiben hat. Insoweit sind überdies die Bestimmungen in § 346 III 1 Nr 2 u 3 zu beachten, nach denen schon die Verpflichtung zum Wertersatz entfällt, wenn der Unternehmer die Verschlechterung oder den Untergang der Sache zu vertreten hat (Nr 2), ebenso wenn die Verschlechterung bzw der Untergang beim Besteller eingetreten ist, obwohl er die eigenübliche Sorgfalt beachtet hat (Nr 3). Das bedeutet iE, dass der Unternehmer iRd Rückgewährschuldverhältnisses für eigenes Verschulden und Zufall haftet, solange der Besteller die Sache in bestimmungsgemäßen Gebrauch genommen hat. Er ist dann gem § 346 III 2 darauf verwiesen, vom Besteller die diesem verbliebene Bereicherung herauszuverlangen.

13 Die **Höhe des Wertersatzes** entspricht gem § 346 II 2 grds der vertraglich vereinbarten Vergütung abzgl eines evtl mangelbedingten Minderwerts (*Gaier* WM 02, 1, 5), der regelmäßig den (voraussichtlichen) Mängelbeseitigungskosten entsprechen dürfte. IÜ gelten für die Rückabwicklung des Vertrages die allg Vorschriften des Rücktrittsrechts. Insoweit wird auf die Kommentierung zu § 347 I (Wertersatz für pflichtwidrig vom Besteller nicht gezogene **Nutzungen**) und § 347 II (**Verwendungs- und Aufwendungsersatzansprüche** des Bestellers) verwiesen. Besonders hinzuweisen ist auf die Neuregelung in § 347 II 2, wonach der Besteller nicht nur notwendige Verwendungen, sondern auch sonstige Aufwendungen erstattet verlangen kann, soweit der Unternehmer bereichert ist. Dazu gehören sicher nützliche Verwendungen, uU sogar unnütze Verwendungen. Eine **Verpflichtung** des Unternehmers zur **Rücknahme** der erbrachten Leistungen (Rückbau) ergibt sich nicht aus den gesetzlichen Rücktrittsregeln. Allerdings kann sich eine solche Pflicht aus Treu und Glauben (§ 242) ergeben, wenn der Besteller ein besonderes Interesse an der Rücknahme hat und die Rückgabe nicht schon nach der Natur des Erlangten ausgeschlossen ist (vgl hierzu: *Kniffka* ibr-online-Kommentar Bauvertragsrecht, Stand 26.5.09, § 636 Rz 39).

14 **D. Einzelheiten zum Schadensersatz – §§ 634 Nr 4, 280, 281, 283. I. Grundlagen – Abgrenzung § 280/§ 281.** Der mangelbedingte Schadensersatzanspruch des Bestellers ist über die Verweisungsnorm des § 634 Nr 4 in den Vorschriften der §§ 280, 281 geregelt. Hieraus ergibt sich, dass der Gesetzgeber die Herstellung einer mangelhaften Werkleistung nunmehr unter den weiten Begriff der **Pflichtverletzung** iSd § 280 fasst (zur Dogmatik vgl: AnwK/*Raab* § 636 Rz 39). Die darin manifestierte Vereinheitlichung des vertragsbezogenen Schadensersatzrechtes ändert indes nichts daran, dass weiterhin schon wegen der unterschiedlichen Verjährungsfolgen zwischen Schadensersatzansprüchen wegen mangelhafter Werkleistungen (§ 634a) und solchen wegen anderer Pflichtwidrigkeiten (Regelverjährung nach §§ 195, 199) differenziert werden muss. Allerdings ist die früher in Abgrenzung zur positiven Vertragsverletzung bedeutsame Unterscheidung zwischen **nahen und entfernten Mangelfolgeschäden** jedenfalls in diesem Zusammenhang obsolet geworden (iE dazu Rn 16, 19).

15 Nach der gesetzlichen Systematik enthält § 280 den allg Grundtatbestand für Schadensersatzansprüche wegen vertraglicher Pflichtverletzungen (auch im vorvertraglichen Bereich – §§ 311 I, 241 II), der über die Verweisung in § 280 III durch den Sondertatbestand „**Schadensersatz statt der Leistung** wegen nicht oder nicht wie geschuldet erbrachter Leistung" in § 281 qualifiziert ist. § 281 gewährt dem Geschädigten also einen Ausgleich für sein enttäuschtes **Erfüllungsinteresse** und lässt die hieran geknüpfte Leistungsverpflichtung des Unternehmers entfallen, sobald Schadensersatz statt der Leistung beansprucht wird (vgl § 281 IV und Rn 4). Demgegenüber ist § 280 nicht auf das Erfüllungsinteresse, sondern auf **sonstige Schäden** gerichtet. Daraus folgt, dass Schadensersatzansprüche aus §§ 634 Nr 4, 280 oder unmittelbar aus § 280 (Rn 17) auch neben den vertraglichen Erfüllungsansprüchen des Bestellers bestehen können.

16 Entscheidendes Kriterium für die Abgrenzung zwischen § 280 und § 281 ist der nach § 281 I 1 nur für die Geltendmachung von Schadensersatz statt der Leistung geforderte erfolglose Ablauf einer zuvor vom Schadensersatzberechtigten (Besteller) gesetzten angemessenen **Nacherfüllungsfrist**. Insoweit korrespondiert § 281 mit dem in §§ 634 ff verankerten Grundprinzip des Vorrangs der Nacherfüllung (s. Rn 7), wodurch dem Unternehmer eine zweite Gelegenheit gegeben werden soll, das geschuldete Gewerk vertragsgerecht herzustellen. Aus diesem Regelungszusammenhang erhellt sich, dass § 281 alle Schäden umfasst, die bei ordnungsgemäßer Erfüllung der werkvertraglichen Leistungspflichten und ggf tauglicher Nachbesserung nicht entstanden wären. Anders ausgedrückt: Solche Schäden, die auch im Wege der Nacherfüllung nicht hätten beseitigt werden können, unterfallen § 280, weil eine fristgebundene Aufforderung zur Mängelbeseitigung insoweit ohne Sinn gewesen wäre und deshalb nicht zu den tatbestandlichen Voraussetzungen für die Geltendmachung mangelbedingter Schadensersatzes gehören kann (zum Ganzen ebenso mit überzeugender Begründung: AnwK/*Raab* § 636 Rz 43 mwN). Aus alledem lässt sich weiterführend die wichtige, in der Lit freilich oft ignorierte (vgl: *Werner/Pastor* Rz 1697, 1699) Erkenntnis gewinnen, dass es für die Abgrenzung zwischen § 280 und § 281 nicht auf die herkömmliche Unterscheidung zwischen Mangel- und (nahen oder entfernten) **Mangelfolgeschäden** ankommt (so jetzt auch Palandt/*Sprau* § 634 Rz 6; s.a. Rn 19).

Verursacht der Unternehmer durch die Ausführung der Werkleistungen Schäden, die nicht in einem adäquat 17
kausalen Zusammenhang mit Mängeln des Gewerkes stehen, so ergibt sich ein evtl Schadensersatzanspruch
des Bestellers außerhalb des werkvertraglichen Schachmängelhaftungsrechts unmittelbar aus § 280. Das
betrifft va die Verletzung von **Aufklärung- und Hinweis- und Kooperationspflichten** (vgl BGH BauR 02,
409; iE § 633 Rn 22) oder sonstiger nebenvertraglicher **Sorgfaltspflichten** (iE hierzu § 631 Rn 26 ff), auch
soweit sie dem **vorvertraglichen Pflichtenkreis** zuzuordnen sind – §§ 311 II, 241 II. Für schuldhaft verursachte Personenschäden schuldet der Unternehmer gem §§ 280 I, 253 II uU Zahlung eines **Schmerzensgeldes**. Ebenfalls von der Sachmängelhaftung nach § 634 zu unterscheiden ist die Haftung des Unternehmers für
Folgen einer verzögerten Fertigstellung des Gewerkes. Insoweit verweist § 280 II auf den in § 286 geregelten
Verzug, dessen Voraussetzungen (Mahnung) zusätzlich gegeben sein müssen. Im Einzelfall können sich
gleichwohl Berührungspunkte zur Sachmängelhaftung ergeben, wenn die verzögerte Fertigstellung der Werkleistungen (auch) auf das Vorhandensein eines Mangels zurückzuführen ist (vgl hierzu: *Kniffka* ibr-online-Kommentar Bauvertragsrecht, Stand 26.5.09, § 636 Rz 95 ff mwN).

II. Schadensersatz statt der Leistung. Der Besteller kann Schadensersatz statt der Leistung verlangen, wenn 18
die Werkleistungen mit einem **Mangel** behaftet sind (§§ 633 II, 634 Nr 4) und der Unternehmer diesen Mangel zu vertreten hat. Sein **Verschulden** wird allerdings vermutet, wie sich aus § 281 I 2 ergibt. Darüber hinaus
muss der Schaden nach allg Grundsätzen **ursächlich** auf eine Pflichtverletzung – gemeint ist die mangelhafte
Herstellung des Gewerkes (s. Rn 14) – zurückzuführen sein. **Mitursächlichkeit** reicht (BGH NJW 91, 2021).
Soweit anerkannte Regeln der Technik feststellbar nicht eingehalten sind, spricht nach der Rspr des BGH eine
widerlegbare Vermutung dafür, dass damit zeitlich und örtlich in Zusammenhang stehende Schäden auf die
Missachtung dieser Regeln und damit auf einen vorwerfbaren Pflichtverstoß ioS zurückzuführen sind
(BGH BauR 03, 386, 387; 02, 1399; 02, 1847). Schließlich muss vorbehaltlich ihrer Entbehrlichkeit (dazu
§ 636 Rn 3 ff) eine angemessene **Nacherfüllungsfrist** ergebnislos abgelaufen sein – § 281 I 1.

Der Schadensersatz statt der Leistung (**kleiner Schadensersatz**) ist abw von § 249 I grds auf **Geld** gerichtet 19
(BGH NJW-RR 04, 1462; Staud/*Peters* § 634 Rz 126; BaRoth/*Voit* § 636 Rz 51), weil die andernfalls geschuldete Naturalrestitution faktisch auf eine regelungsimmanent ausgeschlossene (Nach-) Erfüllung hinausliefe
(AnwK/*Raab* § 636 Rz 48). IÜ gilt der allg Grundsatz, dass der Geschädigte so zu stellen ist, wie er stehen
würde, wenn der Unternehmer mangelfrei geleistet hätte. Erstattungspflichtig ist also der **mangelbedingte
Schaden**, der entgegen anderer Auffassung (Palandt/*Sprau* § 636 Rz 13; *Werner/Pastor* Rz 1697, 1699) indes
nicht nur die **Mangelbeseitigungskosten** einschließlich aller Nebenkosten (s. hierzu: BGH NJW-RR 03, 878;
Celle BauR 03, 403), sondern grds auch evtl (nahe oder entfernte) **Mangelfolgeschäden** umfasst, soweit diese
durch eine fristgerechte Nacherfüllung hätten vermieden werden können (s.o. Rn 16; iE ebenso: *Däubler*
NJW 01, 3729, 3731). Als gem § 281 I erstattungsfähige Mangelfolgeschäden kommen unter Beachtung dieser
Grundsätze mithin in Betracht: **Entgangener Gewinn** (BGH BauR 00, 1190, merkantiler und technischer
Minderwert (Ddorf BauR 98, 126, 128), **Gutachterkosten** (BGH NJW 02, 141), **Nutzungsausfall**
(BGH NJW 87, 50; einschränkend BGH BauR 80, 271; vgl zum Meinungsstand: Werner/Pastor Rz 1687
mwN) und **Zinsverluste** (beides allerdings wohl nur für die Zeit nach Ablauf der Nacherfüllungsfrist), Kosten eines **Vorprozesses** (Celle BauR 00, 759) sowie Schäden an **sonstigen Rechtsgütern** des Bestellers, soweit
sie ursächlich auf den Mangel zurückzuführen (zur Kausalität zwischen Mangel und – vereinbarter – Mietminderung: BGH BauR 07, 2052) sind und durch eine taugliche Nacherfüllung vermieden worden wären.
Bsp: Der Unternehmer verweigert die tatsächlich geschuldete Nachbesserung einer mangelhaften Außenmauerwerksabdichtung. Ca 1 Jahr nach der fristgebundenen Mängelrüge des Bestellers tritt erstmalig Feuchtigkeit
in den Innenbereich des Gebäudes ein, wodurch der dort anderweitig verlegte Parkettboden Schaden nimmt.
Dann ist die ggf erforderliche Erneuerung des Parkettbodens als Mangelfolgeschaden vom Schadensersatz
statt der Leistung gem § 281 I umfasst. In rechtlicher Konsequenz bedeutet dies, dass der Besteller zur Vermeidung von Rechtsverlusten gehalten ist, dem Unternehmer eine Nacherfüllungsfrist zu setzen, sobald er
ausreichend gesicherte Kenntnis vom Vorhandensein eines schadensersatzrelevanten Mangels hat (Das kann
er gefahrlos tun, weil die Bestimmung einer Nacherfüllungsfrist nicht zu einer Beschränkung seiner Mängelrechte führt – s. Rn 3). Setzt er die Nacherfüllungsfrist – idS verspätet – erst zu einem Zeitpunkt, in dem es
bereits zu Mangelfolgeschäden gekommen ist, die bei rechtzeitiger Nacherfüllung vermieden worden wären,
so kann er nach hier vertretener Auffassung nicht auf § 280 zurückgreifen und er muss aus dem Gesichtspunkt eines vorwerfbaren Verstoßes gegen seine insoweit im Kooperations- und Mitwirkungsgrundsatz
begründete **Schadensminderungspflicht** gem § 254 II die Aufwendungen für die Beseitigung der Mangelfolgeschäden uU ganz oder teilweise selber tragen. Es gilt iE nichts anderes als in den Fällen, in denen der nach
Verkörperung seiner Fehlleistung im Bauwerk grds nicht mehr zur Nacherfüllung berechtigte **Architekt**
(BGH BauR 88, 592, 593; Bambg BauR 96, 284 f; vgl auch: Kuffer/Wirth/*Leupertz* 10 Kap, Teil C Rz 29 mwN)
nachweist, dass er den auf seinen Planungsfehler zurückzuführenden Baumangel ausnahmsweise selbst tauglich und mit deutlich geringeren Kosten hätte beseitigen können, als sie der Besteller im Wege des Schadensersatzes geltend macht. Auch dann verstößt der Besteller gegen seine Schadensminderungspflicht, wenn er
dem Planer keine Gelegenheit zur Beseitigung des Baumangels gibt, obwohl er dessen Bereitschaft zur Erfolg
versprechenden Nachbesserung kennt (BGH BauR 96, 735, 737; NJW 70, 756).

20 Der Besteller kann Schadensersatz statt der Leistung mindestens in Höhe der Mängelbeseitigungskosten unabhängig davon beanspruchen, ob er die Mängelbeseitigung tatsächlich durchführt oder nicht; auch die Veräußerung des mangelhaft bearbeiteten Grundstücks oder Wohnungseigentums steht der Liquidierung des (hypothetischen) Mängelbeseitigungsaufwandes nicht entgegen (stRspr des BGH, zuletzt: BGH BauR 07, 1567; BauR 04, 1617; vgl auch: *Kniffka* ibr-online-Kommentar Bauvertragsrecht, Stand 26.5.09, § 636 Rz 69 f mwN). Die hierin zu Tage tretende weitreichende Abkoppelung des mangelbedingten Schadensersatzanspruches vom tatsächlich anfallenden Mängelbeseitigungsaufwand entspringt dem im allg Schadensrecht verankerten Grundsatz der Dispositionsfreiheit des Geschädigten und gilt solcherart grds auch in der **Leistungskette** für die wechselseitigen Ansprüche zwischen Besteller, Hauptunternehmer (HU) und (Nach-) Subunternehmer (SU). Das führte nach der bisherigen Rspr des BGH (NJW 77, 1819) dazu, dass bspw der HU vom SU Schadensersatz in Höhe der vollen Kosten für die Beseitigung von Mängeln am Subunternehmergewerk verlangen konnte, obwohl er selbst von seinem Auftraggeber (Besteller) nicht oder nur in geringerem Umfang auf Erstattung eben dieser Kosten in Anspruch genommen wurde. Diese mit Recht als unbefriedigend empfundenen Konsequenzen des allg Schadensrechts hat der VII. Zivilsenat des BGH durch zwei Entscheidungen vom 28.6.07 zu korrigieren versucht. Danach ist dem HU die in der Sache berechtigte Geltendmachung von Schadensersatzansprüchen gegen den SU aus dem Gesichtspunkt der **Vorteilsanrechnung** untersagt, soweit der Auftraggeber/Besteller seine Ansprüche wegen eben dieser Mängel gegen den HU nicht mehr durchsetzen kann, etwa weil insoweit Verjährung eingetreten ist (BGH – VII ZR 81/06 – BauR 07, 1564 – auch dann, wenn die Verjährungseinrede noch nicht erhoben ist) oder weil der HU mit dem Besteller eine seine Einstandspflicht beschränkende Vereinbarung getroffen hat (BGH – VII ZR 8/06 – BauR 07, 1567). Das Ergebnis ist in beiden Fällen gerecht und deshalb im Grundsatz richtig. Nicht zu überzeugen vermag indes die aus dem Prinzip der Vorteilsausgleichung abgeleitete Begründung. Denn der Vorteil des HU erweist sich bei näherer Betrachtung nicht als (adäquat) kausale Folge des Schadenseintritts; nur dann wäre er auszugleichen (s. s § 249 Rn 78 ff; *Palandt/Heinrichs* Vorb v § 249 Rz 121 mwN; vgl auch: *Vogel* IBR 07, 472, 607; *Weise* NJW-Spezial 07, 405). Zudem erscheint es wenig konsequent, dem Besteller einerseits einen Anspruch in Höhe der vollen Mängelbeseitigungskosten selbst dann zuzubilligen, wenn er iRd (gewerblichen) Weiterveräußerung des fehlerhaft bebauten Grundstücks keinen mangelbedingten Nachlass auf den Kaufpreis hat hinnehmen müssen, und ihn andererseits im Verhältnis zu seinem Subunternehmer auf die tatsächlich aus seinen vertraglichen Beziehungen zum Bauherrn resultierenden Vermögenseinbußen zu verweisen (idS BGH NJW 94, 49). In der Sache geht es deshalb nicht um die Anrechnung von Vorteilen, sondern um eine dem Gedanken von Treu und Glauben (§ 242) entspringende sinnvolle Begrenzung der Schadensersatzpflicht und der (auch in vielen anderen Bereichen) zu weit gehenden Dispositionsfreiheit des Geschädigten (eingehend zum Ganzen: *Jansen* BauR 07, 800). Rechtlicher Anknüpfungspunkt hierfür ist die vom BGH zutr herangezogene Erwägung, dass der HU in der Leistungskette regelmäßig nur Zwischenstation ist und im Mangelfall faktisch eine Vermögenseinbuße nur in dem Umfang erleidet, in dem er vom Besteller in Anspruch genommen wird (BGH BauR 07, 1564, 1566). Ob er vor diesem Hintergrund seines Schadenersatzanspruches gegen den SU allerdings bereits dann verlustig geht, wenn er im Verhältnis zum Besteller die Verjährungseinrede erheben kann (so BGH BauR 07, 1564, 1566), dürfte eine nach den Umständen zu beurteilende Frage des Einzelfalles sein (krit: *Weise* NJW-Spezial 07, 405; *Jansen* BauR 07, 800, 803 f). Nicht als Vorteil anrechnen lassen muss sich der Bauträger seinen (noch nicht beigetriebenen) Anspruch gegen den Erwerber auf Rückzahlung eines auf Mängelbeseitigungskosten geleisteten Vorschusses. Allerdings muss der Nachunternehmer analog § 255 mangelbedingten Schadensersatz nur gegen Abtretung jenes Anspruchs zahlen. Insoweit steht ihm ein Zurückbehaltungsrecht aus § 273 zu (zum Ganzen: BGH BauR 08, 1877).

21 Liegen die Voraussetzungen der §§ 280, 281 vor, kann der Besteller im Rahmen seines Schadensersatzbegehrens grds frei wählen, ob er den mangelfreien Teil der Werkleistungen behalten oder **Schadensersatz statt der ganzen Leistung** (**großer Schadensersatz**) geltend machen will, was zur Rückabwicklung des gesamten Vertrages führt. Der Besteller kann bereits gezahlten Werklohn zurückzuverlangen und überdies den weitergehenden Nichterfüllungsschaden liquidieren (hierzu sowie zur Unverhältnismäßigkeit iRd § 635 aF: BGH NJW 06, 2912). Er wiederum muss die empfangenen Leistungen nach Maßgabe des § 346 herausgeben – § 281 V (iE dazu Rn 12 f), wozu die vom Erwerber einer neu errichteten Eigentumswohnung erzielten Steuervorteile iaR nicht gehören (BGH BauR 08, 1450 – insoweit grds kein Vorteilsausgleich). Schadensersatz statt der ganzen Leistung kommt nicht in Betracht, wenn die Pflichtverletzung **unerheblich** ist – § 281 I 3. Die Vorschrift entspricht inhaltlich der des § 323 V 2, so dass hinsichtlich der Kriterien für die Abgrenzung zwischen erheblichen und unerheblichen Pflichtverletzungen auf die dortigen Ausführungen verwiesen werden kann (Rn 10). Gleiches gilt für die § 323 V 1 entsprechende Regelung in § 281 I 2, wonach bei **Teilleistungen** des Unternehmers die Geltendmachung des großen Schadensersatzes daran geknüpft ist, dass der Besteller an den Teilleistungen kein Interesse hat (s. dazu Rn 11).

22 **E. Aufwendungsersatzanspruch – § 634 Nr 4, 284.** Der Besteller kann nur wahlweise **Aufwendungsersatz** gem §§ 634 Nr 4, 284 **oder** Schadensersatz statt der Leistung beanspruchen, weshalb die hierfür maßgeblichen Voraussetzungen erfüllt sein müssen (§ 284 „anstelle"). Erstattungsfähige Aufwendungen sind insb frustrierte Vertragskosten und vergeblicher Finanzierungsaufwand (s. iE die Kommentierung zu § 284).

F. Berechtigte und Verpflichtete. I. Mehrere Besteller. Handelt auf Bestellerseite eine Personenmehrheit, so gelten für die Vertragsabwicklung die allg Grundsätze des Vertretungsrechts und der Verwaltungsbefugnis (vgl §§ 709, 710 – Gesellschaft; § 2038 – Erbengemeinschaft). Erteilen mehrere Besteller einen Werkauftrag zur Herstellung einer Werkleistung an einer in ihrem **Miteigentum** stehenden Sache, kann jeder von ihnen im eigenen Namen die Beseitigung von Mängeln im Wege der **Nacherfüllung** verlangen – § 744 II. Demgegenüber sind sie gem §§ 351, 638 II zur Geltendmachung von Rücktritt und Minderung (Gestaltungsrechte) nur gemeinschaftlich befugt. Für Ehepartner ist bei kleineren Werkaufträgen § 1357 zu beachten (vgl Ddorf NJW-RR 01, 1084). 23

II. Sonderfall: Wohnungseigentumsgemeinschaft. In der Praxis bereiten die häufigen Fälle Probleme, in denen Ansprüche der Wohnungseigentümer gegen den Veräußerer (oft: Bauträger) wegen Mängeln am **Gemeinschaftseigentum** in Rede stehen (ausf zum Ganzen: *Kniffka* FS Ganten, 125; *Werner/Pastor* Rz 464 ff; *Holtkamp/Rust* BrBp 03, 61, 62 f; *Leupertz/Merkens* § 32 Rz 4 ff, jeweils mwN). Dann stellt sich die Frage, ob und wenn ja, welche Mängelrechte den einzelnen Erwerbern oder der Gemeinschaft zustehen. Im Ausgangspunkt gilt: Die Mängelrechte entspringen dem jeweiligen Erwerbervertrag. Dementsprechend ist grds jeder einzelne Erwerber berechtigt, die sich so ergebenden Mängelansprüche im eigenen Namen geltend zu machen (BGH BauR 07, 1221; BauR 97, 488, 489; 94, 105; Dresd BauR 01, 1276, 1277; zu Beschränkungen des Leistungsverweigerungsrechts aus § 320: *Werner/Pastor* Rz 481 ff mwN), wobei der einzelne Erwerber einen **Vorschuss** auf die Kosten für die Beseitigung von Mängeln am Gemeinschaftseigentum nur mit der Maßgabe beanspruchen kann, dass dieser an die Gemeinschaft zu zahlen ist (so jetzt ausdrücklich im Anschluss an die hM in der Lit: BGH BauR 07 1221, 1223 mwN). Hinsichtlich der Rechte betreffend Mängel am Gemeinschaftseigentum sind die Wohnungseigentümer **Mitgläubiger** iSd § 432 (BGH BauR 80, 69; 85, 445; Karlsr BauR 90, 622, 623; *Palandt/Sprau* § 634 Rz 15; *Werner/Pastor* Rz 492; aA: BGHZ 74, 259; Dresd BauR 01, 1276, 1278 – Gesamtgläubiger). Daraus folgt, dass jeder von ihnen anspruchsberechtigt ist und unabhängig von seiner Miteigentumsquote (BGH BauR 99, 657; 91, 606, 609 f) volle Leistung an alle verlangen kann – § 432 I 1 (anders bei Gesamtgläubigerschaft; dann kann jeder legitimierte Erwerber Zahlung an sich verlangen, die er freilich im Innenverhältnis abrechnen muss). Das alles gilt – bei fortbestehendem Erwerbswillen – auch für den noch nicht im Grundbuch eingetragenen, bisher nur durch eine Vormerkung gesicherten Erwerber (Stuttg BauR 03, 1394; Frankf NJW-RR 93, 339). Demgegenüber können sog **Zweiterwerber** werkvertragliche Mängelrechte nur aus abgeleitetem Recht geltend machen (Abtretung oder – zu vermutende – Ermächtigung BGH NJW 97, 2173; Köln NZBau 00, 569, 579). Allerdings hat die am 1.7.07 in Kraft getretene WEG-Reform hinsichtlich der **Durchsetzung** der unverändert den Erwerbern zustehenden Mängelrechte in § 10 VI 3 WEG nF eine wichtige Änderung gebracht. Danach ist es jetzt ausdrücklich der (teilrechtsfähigen – BGH BauR 05, 1462) Wohnungseigentümergemeinschaft vorbehalten, die **gemeinschaftsbezogenen Rechte** der Wohnungseigentümer auszuüben, worüber gem § 21 III, V Nr 2 WEG nF durch Mehrheitsbeschluss – für alle Wohnungseigentümer bindend (§ 10 V WEG nF) – befunden werden kann (nicht muss – *Pause/Vogel* BauR 07, 1298, 1307; vgl auch: *Wenzel* ZWE 06, 462, 467: Beschlussermessen). Nicht eindeutig geklärt ist, welche Rechte (und Pflichten) „gemeinschaftsbezogen" idS sind (ausf hierzu: *Pause/Vogel* BauR 07, 1298). Für Mängel am Gemeinschaftseigentum hat der BGH seine bisher uneinheitliche Rspr (zum Meinungsstand: Vorauf § 634 Rz 24) in zwei wichtigen Entscheidung vom 12.4.07 (BauR 07, 1221 = NJW 07, 1952 und BauR 07, 1227) zu folgenden Eckpunkten verdichtet (eingehend zu dieser Rspr: *Kniffka* FS Ganten, 125, 129 ff), die als Leitfaden für die Handhabung des neuen § 10 VI 3 WEG herangezogen werden können (krit: *Pause/Vogel* BauR 07, 1298, 1300 ff): Keine Beschlusskompetenz der Gemeinschaft besteht für solche Mängelrechte der einzelnen Erwerber, die auf die Rückabwicklung des jeweiligen Erwerbervertrages abzielen. Das sind **Rücktritt** und („großer") **Schadensersatz statt der ganzen Leistung.** Dahin gehende Ansprüche können deshalb von den betroffenen Erwerbern im eigenen Namen ohne Mitwirkung der Gemeinschaft und sogar gegen deren Willen (*Kniffka* FS Ganten, 125, 130 f) verfolgt und durchgesetzt werden (BGH BauR 07, 1221; BauR 06, 1747; BauR 06, 979). Gleiches gilt im Ergebnis für Ansprüche auf Erstattung der Aufwendungen für eine auf Veranlassung des Erwerbers und auf dessen Kosten bereits durchgeführte **Selbstvornahme** (BGH BauR 05, 1623; 04, 1148; vgl auch: *Kniffka* FS Ganten, 125, 128). Demgegenüber kann die Wohnungseigentümergemeinschaft in pflichtgemäßer Ausübung ihres **Zugriffsermessens** (*Wenzel* ZWE 06, 462, 467) die Geltendmachung aller auf die ordnungsgemäße Herstellung des Gemeinschaftseigentums gerichteten Rechte der Erwerber durch entsprechende Beschlussfassung an sich ziehen, soweit die ordnungsgemäße Verwaltung des Gemeinschaftseigentums ein gemeinschaftliches Vorgehen erfordert. Davon umfasst sind nach Auffassung des BGH (BauR 07, 1221, 1227) die Ansprüche auf **Nacherfüllung** nebst anschließender **Selbstvornahme** und einschließlich daraus resultierender Kostenerstattungsansprüche sowie **Kostenvorschussansprüche.** Darüber hinaus ist die Gemeinschaft von vorneherein allein zuständig für die Geltendmachung der gemeinschaftsbezogenen Rechte auf **Minderung** und („kleinen") **Schadensersatz statt der Leistung,** deren Voraussetzungen zu schaffen ebenfalls allein ihr vorbehalten ist (stRspr: BGH BauR 07, 1221, 1223; 06, 979; 98, 783). Soweit die Wohnungseigentümergemeinschaft Mängelrechte an sich gezogen hat, ist sie rechts- und parteifähig (BGH BauR 07, 1221) und solcherart befugt, diese Rechte als gesetzliche Prozessstandschafterin gerichtlich durchzusetzen (*Werner/Pastor* Rz 474 mwN). Sie kann darüber hinaus 24 von einzelnen Miteigentümern/Erwerbern rechtsgeschäftlich ermächtigt werden, auch außerhalb ihrer Beschlusskompetenz liegende Mängelansprüche – etwa betreffend das Sondereigentum – außergerichtlich und gerichtlich (dann gewillkürte Prozessstandschaft) geltend zu machen (BGH BauR 07, 1221, 1224; zur Behandlung von Altfällen: *Kniffka* FS Ganten, 125, 136 f mwN. Durch Mehrheitsbeschluss können der (außergerichtlich ohnehin vertretungsberechtigte) Verwalter oder einzelne Miterwerber (BGH NJW 05, 3146) ermächtigt werden, die von der Gemeinschaft an sich gezogenen Mängelansprüche als gewillkürte Prossstandschafter im eigenen Namen einzuklagen. Der Klageantrag lautet dann grds auf Leistung an die Gemeinschaft; Leistung an sich kann der einzelne Miteigentümer nur kraft besonderer Ermächtigung (BGH NJW-RR 00, 304) oder hinsichtlich solcher (Teil-) Ansprüche verlangen, die nicht im oS gemeinschaftsbezogen sind.

25 III. Mehrere Unternehmer. Grds richtet sich ein Mangelanspruch nur gegen den Vertragspartner, in dessen Leistungsverantwortung der Mangel fällt. Sind mehrere Unternehmer jeweils aufgrund selbständiger Werkverträge tätig, bestehen auch die Mängelansprüche nur selbständig nebeneinander (BGH NJW-RR 04, 165). Das gilt auch für die Vertragsbeziehungen des Bestellers zu Vor- und Nachunternehmern (Ddorf NJW-RR 98, 527) sowie zu Haupt- und Subunternehmern (BGH BauR 81, 383). Eine gesamtschuldnerische Mängelhaftung kommt jedoch in Betracht, wenn ein Unternehmer bzgl der mangelhaften Leistung eines anderen Unternehmers **Prüfungs- und Hinweispflichten** vorwerfbar verletzt (*Soergel* BauR 05, 239, 248) oder wenn die Mangelursachen zumindest teilweise von beiden Unternehmer gesetzt werden und eine Nachbesserung wirtschaftlich sinnvoll nur einheitlich vorgenommen werden kann (BGH BauR 03, 1379; Stuttg IBR 05, 312; Frankf IBR 05, 473). IÜ kommen bei Zusammenwirken Mehrerer für die Entstehung eines Baumangels Gesamtschuldverhältnisse insb in Betracht zwischen
- Unternehmer (Ausführungsfehler) und bauüberwachendem Architekt (Überwachungsfehler – BGHZ 43, 227; Hamm BauR 00, 1363; Ddorf NJW-RR 94, 1240);
- Unternehmer (Ausführungsfehler) und planendem Architekt (Planungsfehler – *Werner/Pastor* Rz 1972 mwN); allerdings kein Gesamtschuldnerausgleich, wenn Unternehmer in Anspruch genommen wird, weil sich der Besteller dann den Planungsfehler über § 278 als Mitverursachungsbeitrag (§ 254) zurechnen lassen muss (BGH BauR 84, 395, 397; Karlsr OLGR 02, 291); ebenso ist nach der jüngsten Rspr des BGH der planende Architekt Erfüllungsgehilfe des Bauherrn im Verhältnis zum bauüberwachenden Architekten (BGH Urt v 27.11.08 – VII ZR 206/06; so auch: *Soergel* BauR 05, 239, 246; *Werner/Pastor* Rz 1989; aA: Karlsr BauR 03 1921; Stuttg NZBau 03, 446, 447), worin eine allgemeine Tendenz aufscheint, die bisher restriktive Rspr zur Erfüllungsgehilfenhaftung auszuweiten;
- planendem Architekten (Planungsfehler) und bauüberwachendem Architekten (Überwachungsfehler – BGH BauR 89, 97; Köln NJW-RR 97, 597);
- darüber hinaus nach obigen Grundsätzen zwischen Unternehmern/Architekten und Sonderfachleuten (BGH BauR 97, 488; 03, 1247 – Architekt/Tragwerksplaner).

26 Der Ausgleich im **Innenverhältnis** zwischen den Gesamtschuldnern richtet sich nach § 426 (iE s. dort). Maßstab sind die wechselseitigen Verursachungsbeiträge (§ 254), so dass die Gesamtschuldner idR quotal nach den Umständen des Einzelfalles haften (vgl hierzu: *Werner/Pastor* Rz 1972 ff mzN; ausf zum **gestörten Gesamtschuldnerausgleich**: *Kniffka* BauR 05, 274 ff). Hiervon abw soll trotz Aufsichtspflichtverletzung des Architekten im Innenverhältnis eine alleinige Haftung des Unternehmers in Betracht kommen, der einen Ausführungsfehler zu verantworten hat (Kobl IBR 05, 221 mit der wenig überzeugenden Begründung, dass der Besteller dem Unternehmer ggü nicht zur Aufsicht verpflichtet sei); ebenso beim planenden Architekten ggü Objektüberwacher (Frankf BauR 04, 1329); krit hierzu *Kniffka* (BauR 05, 274, 277), da somit faktisch Haftungsfreiheit für den Bauaufsichtspflichtigen bestehe.

27 G. Darlegungs- und Beweislast. Darlegungs- und beweispflichtig sind: Der **Besteller**
- nach Abnahme für Mängel der Werkleistung (BGH NJW 02, 223; BauR 94, 242, 243), es sei denn, diese wurden bei Abnahme vorbehalten – § 640 II (BGH NJW-RR 97, 339, krit: *Marbach/Wolter* BauR 98, 36, 38 f);
- für den Mangelvorbehalt bei Abnahme – § 640 II (Palandt/*Sprau* § 640 Rz 13);
- für die Höhe der Mängelbeseitigungskosten und den merkantilen/technischen Minderwert;
- für die Bestimmung einer angemessenen Nacherfüllungsfrist oder deren Entbehrlichkeit (Werner/*Pastor* Rz 1659);
- für solche Umstände, nach denen beim Rücktritt gem § 346 III der Wertersatzanspruch des Unternehmers entfällt (Palandt/*Grüneberg* § 346 Rz 21);
- für solche Umstände, nach denen er kein Interesse an der bereits erbrachten Teilleistung hat – §§ 323 V 1, 281 I 2;
- für den ursächlichen Zusammenhang zwischen Mangel und Schaden, es sei denn, die anerkannten Regeln der Technik sind feststellbar verletzt; dann besteht eine vom Unternehmer zu widerlegende Vermutung für den Ursachenzusammenhang (s. Rn 18 u § 633 Rn 24);
- für die Schadenshöhe.

Der **Unternehmer**
- bis zur Abnahme für Mängelfreiheit (Abnahmefähigkeit) der Werkleistung (BGH NJW-RR 99, 347);
- für das (Nicht-) Vorliegen bei Abnahme vorbehaltener Mängel (BGH NJW-RR 97, 339, krit: *Marbach/Wolter* BauR 98, 36, 38 f), und zwar grds auch dann, wenn der Besteller die vorbehaltenen Mängel nach der Abnahme im Wege der Ersatzvornahme hat beseitigen lassen (BGH Urt v 23.10.08 – VII ZR 64/08). Allerdings kann in einem solchen Fall eine unzureichende Dokumentation der Mängel und ihrer Beseitigung durch den Besteller eine Beweisvereitelung und ggfls sogar einen Kooperationspflichtverstoß mit einer echten Umkehr der Beweislast als Folge darstellen (BGH BauR 09, 237);
- nach der Abnahme für die (fristgerechte) Erfüllung des Nachbesserungsverlangens (*Baumgärtel* § 634 Rz 1);
- für die Ausschlussgründe nach § 323 VI;
- für Grund und Höhe des Wertersatzanspruches gem § 346 II (Palandt/*Grüneberg* § 346 Rz 21);
- für die Unerheblichkeit des Mangels – § 323 V 2;
- für fehlendes Verschulden – § 280 I 2;
- für ein Mitverschulden des Bestellers (BGH NJW 94, 3105; BGHZ 91, 243, 260);
- für die bei der Schadensberechnung anzurechnenden Vorteile (BGH ZfBR 92, 270) – Abzüge „neu für alt", Sowiesokosten, Steuervorteile, gezogene Nutzungen.

Für mangelbezogene Streitigkeiten in Bausachen besteht die Besonderheit, dass der Besteller lediglich die **28**
Mangelsymptome, dh die sichtbaren Mangelerscheinungen, aus denen er die Mangelhaftigkeit der Bauleistung ableitet, schlüssig darlegen muss (sog **Symptomrspr**: BGH NJW 02, 2470; 99, 1330). Dies gilt auch im Architektenprozess (BGH NJW 02, 2708). Bei Vorschussprozessen sind überdies idR reduzierte Anforderungen an die nachprüfbare Darlegung des Mängelbeseitigungsaufwandes zu stellen (BGH NJW-RR 01, 739).

H. VOB/B. Gem § 4 VII VOB/B kann der Besteller auch schon vor der Abnahme Mangelbeseitigung verlan- **29**
gen und – nach erfolglosem Fristablauf und Auftragsentziehung – nach **§ 8 III Nr 2 VOB/B** die Selbstvornahme erzwingen oder den Nichterfüllungsschaden erstattet verlangen. Darüber hinaus erhält er einen evtl weiter gehenden Schaden ersetzt. Den Rücktritt vom Vertrag sieht die VOB/B nicht vor (nach *Kratzenberg* NZBau 02, 177, 183 abbedungen), Minderung kann der Besteller nur unter den erschwerten Voraussetzungen des **§ 13 VI VOB/B** beanspruchen. IÜ regelt § 13 V VOB/B den Nacherfüllungsanspruch des Bestellers (I) und sein Selbstvornahmerecht nebst Kostenersatz (II); **§ 13 VII VOB/B** enthält strukturell stark von den gesetzlichen Bestimmungen abw Regelungen zu mangelbedingten Schadensersatzansprüchen.

§ 634a Verjährung der Mängelansprüche. (1) Die in § 634 Nr. 1, 2 und 4 bezeichneten Ansprüche verjähren
1. vorbehaltlich der Nummer 2 in zwei Jahren bei einem Werk, dessen Erfolg in der Herstellung, Wartung oder Veränderung einer Sache oder in der Erbringung von Planungs- oder Überwachungsleistungen hierfür besteht,
2. in fünf Jahren bei einem Bauwerk und einem Werk, dessen Erfolg in der Erbringung von Planungs- oder Überwachungsleistungen hierfür besteht, und
3. im Übrigen in der regelmäßigen Verjährungsfrist.

(2) Die Verjährung beginnt in den Fällen des Absatzes 1 Nr. 1 und 2 mit der Abnahme.
(3) ¹Abweichend von Absatz 1 Nr. 1 und 2 und Absatz 2 verjähren die Ansprüche in der regelmäßigen Verjährungsfrist, wenn der Unternehmer den Mangel arglistig verschwiegen hat. ²Im Falle des Absatzes 1 Nr. 2 tritt die Verjährung jedoch nicht vor Ablauf der dort bestimmten Frist ein.
(4) ¹Für das in § 634 bezeichnete Rücktrittsrecht gilt § 218. ²Der Besteller kann trotz einer Unwirksamkeit des Rücktritts nach § 218 Abs. 1 die Zahlung der Vergütung insoweit verweigern, als er auf Grund des Rücktritts dazu berechtigt sein würde. ³Macht er von diesem Recht Gebrauch, kann der Unternehmer vom Vertrag zurücktreten.
(5) Auf das in § 634 bezeichnete Minderungsrecht finden § 218 und Absatz 4 Satz 2 entsprechende Anwendung.

A. Überblick. Im Zuge der vollständigen Renovierung des Verjährungsrechts mit Einführung der Schuld- **1**
rechtsmodernisierung ist auch die werkvertragliche Verjährung der Mängelansprüche in § 634a neu geregelt worden. Die hierdurch bedingten Abweichungen von § 638 aF sind erheblich. Anstelle der Fristenstaffelung des § 638 aF (6 Monate/1 Jahr – Grundstücke, 5 Jahre – Bauwerke) betragen die **Verjährungsfristen für Mängelansprüche** bei sachbezogenen Werkleistungen nunmehr 2 Jahre (§ 634a I Nr 1), bei bauwerksbezogenen Arbeiten 5 Jahre (§ 634a I Nr 2), iÜ (§ 634 Nr 3) und bei arglistigem Verschweigen eines Mangels (§ 634a III) nach der Regelverjährung (§§ 195, 199) 3 Jahre bis zur Höchstfrist von 30 (Schadensersatz – § 199 II, III) bzw 10 Jahren (sonstige Ansprüche – § 199 IV). Die besondere Verjährungsfrist für Mängelansprüche bei grundstücksbezogenen Werkleistungen ist also entfallen. Dafür hat der Gesetzgeber entsprechend den bereits vor der Schuldrechtsnovellierung bestehenden Usancen **Planungs- und Überwachungsleistungen** (der Architekten und Ingenieure) verjährungsrechtlich nunmehr ausdrücklich den Ausführungsgewerken gleichgestellt (s. § 634 I Nr 1, 2). Der früher insb für Verjährungsfragen bedeutsamen Unterscheidung zwischen

Mangel- und Mangelfolgeschäden bedarf es nach neuem Recht nicht mehr, weil nun auch **entfernte Mangelfolgeschäden** vom werkvertraglichen Schadensersatzanspruch nach §§ 634 Nr 4, 280 I, 281 I umfasst sind (s. § 634 Rn 14, 16, 19) und deshalb unzweifelhaft der werkvertraglichen Verjährung nach Maßgabe des § 634a unterliegen (Mansel/*Budzikiewicz* § 5 Rz 209). Unverändert geblieben ist, dass die Verjährung grds mit der **Abnahme** beginnt – **§ 634a II** (iE Rn 13). **§ 634a IV** enthält Sonderregelungen für den als Gestaltungsrecht unverjährbaren **Rücktritt**, der durch die Verweisung auf § 218 ausgeschlossen ist, wenn der Unternehmer sich zu Recht auf die Verjährung des Erfüllungs- oder Nacherfüllungsanspruchs nach Maßgabe des § 634 I, III beruft. Gleiches gilt für die **Minderung**, die durch § 638 I („statt zurückzutreten") dem Rücktritt auch insoweit gleichgestellt ist.

2 **B. Regelungsgehalt. I. Anwendungsbereich.** Für den **zeitlichen Anwendungsbereich** des § 634a ist **Art 229 § 6 EGBGB** zu beachten. Danach gilt neues Verjährungsrecht auch für bereits vor dem 1.1.02 geschlossene Verträge, soweit die Verjährung noch nicht eingetreten ist. Der Beginn, die Hemmung, die Ablaufhemmung und der Neubeginn der Verjährung bestimmen sich gem Art 229 § 6 I 2 Alt 1 EGBGB für den Zeitraum vor dem 1.1.02 hingegen grds nach altem Recht. Für die Überleitungsfälle nach Art 229 § 6 IV 1 EGBGB ist nunmehr höchstrichterlich geklärt, dass der Beginn der regelmäßigen Verjährungsfrist nach § 195 nF unter Einbeziehung der subjektiven Voraussetzungen des § 199 I nF zu ermitteln ist; dementsprechend beginnt die Regelverjährung in diesen Fällen nur dann am 1.1.02, wenn der Gläubiger in diesem Zeitpunkt Kenntnis von seinem Anspruch hat oder diese nur infolge grober Fahrlässigkeit nicht hat (BGH BauR 07, 871, 873 mwN; BauR 07, 1044; zuletzt: BauR 08, 351 = NJW-RR 08, 258; ebenso: Bambg NJW 06 304; Karlsr ZIP 06, 1855, 1857; aA: Celle ZIP 06, 2163, 2166; Hamm WM 06, 1477, 1480).

3 **Sachlich** betrifft die werkvertragliche Mängelverjährung die in § 634 Nr 1, 2, 4 genannten Mängelansprüche (**Nacherfüllung, Selbstvornahme, Schadensersatz und Aufwendungsersatz**), über §§ 634a IV, V; 218 mit entsprechenden Auswirkungen auf **Rücktritt und Minderung**. Nicht umfasst sind Ansprüche des Unternehmers (Vergütung) und Schadensersatzansprüche des Bestellers **ohne Mangelbezug**, etwa aus Verzug (§§ 280 I, II; 286) oder aus dem Gesichtspunkt eines Verstoßes gegen **nicht leistungsbezogene Nebenpflichten** (Sorgfalts- Fürsorge und Obhutspflichten – s. § 631 Rn 30 ff; Mansel/*Budzikiewicz* § 5 Rz 212; BaRoth/*Voit* § 634a Rz 2; Palandt/*Sprau* § 634a Rz 6; ebenso bei selbständiger Garantie), und zwar auch dann nicht, wenn der Besteller in einem solchen Fall über §§ 282, 280 I, 241 II zum Schadensersatz statt der Leistung gelangt (*Lenkeit* BauR 02, 196, 207). Insoweit gilt die Regelverjährung gem §§ 195, 199, ebenso für die aus der **Ausübung** von Minderung oder Rücktritt resultierenden Ansprüche (§§ 346, 323, 638 IV) und die **Rückgewähransprüche** aus §§ 635 IV, 281 V (AnwK/*Raab* § 634a Rz 16). Nach der gesetzlichen Systematik stehen dem Besteller die Mängelrechte aus § 634 Nr 1-4 grds erst ab dem Zeitpunkt der Abnahme zu (iE hierzu: § 633 Rn 5 ff). Das wird auch in der Vorschrift des § 634a II deutlich, die den Beginn der Mängelverjährung an eben diesen Zeitpunkt knüpft. Soweit der Besteller ausnahmsweise bereits vor der Abnahme zur Geltendmachung von Mängelrechten berechtigt ist (s. § 633 Rn 6 f), unterliegen die sich so ergebenden Ansprüche nach obigen Grundsätzen der werkvertraglichen Verjährung gem § 634a (AnwK/*Raab* § 634a Rz 14 aE). Dann stellt sich die Frage, wann die Verjährungsfrist des § 634a zu laufen beginnen. Das wird in Anlehnung an die Fälle der berechtigten vorläufigen Abnahmeverweigerung (s. Rn 13) erst mit der späteren Abnahme oder dem Eintreten eines diese ersetzenden Umstandes der Fall sein.

4 Für Ansprüche aus **unerlaubter Handlung** gilt § 634a nach obigen Grundsätzen nicht, soweit die Rechtsgutverletzung nicht in der mangelhaften Herstellung des Gewerkes besteht (Mansel/*Budzikiewicz* § 5 Rz 261 f). Anders hingegen jedenfalls unter der Geltung des neuen Verjährungsrechts (zum vormaligen Meinungsstand: Mansel/*Budzikiewicz* § 5 Rz 265 ff), wenn die dann grds auch nach § 823 I erstattungsfähigen Schäden (vgl BGH BauR 01, 800; 86, 211) an sonstigen Rechtsgütern des Bestellers ursächlich auf eine Werkmangel zurückzuführen sind. Andernfalls wäre der vom Gesetzgeber angestrebte und in der Einbeziehung werkvertraglicher Schadensersatzansprüche für entfernte Mangelfolgeschäden (s. Rn 1) gerade für die hier interessierenden Fälle manifestierte Gleichlauf der Verjährung mangelbedingter Ansprüche ohne einen tragfähigen sachlichen Grund faktisch durchbrochen (ebenso: Mansel/*Budzikiewicz* § 5 Rz 269 ff; aA: AnwK/*Raab* § 634a Rz 18).

5 **II. § 634a I – Systematik.** § 634a I unterscheidet hinsichtlich Verjährungsfrist und -beginn nach der Art der geschuldeten Werkleistungen (§ 634a I). § 634a III durchbricht dieses Prinzip für arglistig verschwiegene Mängel zugunsten einer Verweisung auf die Regelverjährung und der damit einhergehenden Anknüpfung an subjektive Umstände für den Verjährungsbeginn. Nach der gesetzlichen Systematik geht § 634a I Nr 2 (bauwerksbezogene Werkleistungen) als **speziellere Regelung** § 634a I Nr 1 (sachbezogene Werkleistungen) vor, der wiederum Vorrang vor § 634a I Nr 3 (sonstige Werkleistungen) hat. Beim Zusammentreffen von Arbeiten mit unterschiedlichen Verjährungsfristen in einem einheitlichen Vertrag ist – wenn keine Trennung möglich oder vereinbart ist – regelmäßig die längere Frist maßgeblich (Ddorf NJW-RR 00, 1336).

6 *III. Bauwerksbezogene Werkleistungen* – **§ 634a I Nr 2.** Die fünfjährige Verjährungsfrist des § 634a I Nr 2 greift, wenn Gegenstand der vertraglich geschuldeten Werkleistungen entweder ein Bauwerk oder Planungs- oder Überwachungsleistungen hierfür sind. **Bauwerk** idS ist nach weiter geltenden Begrifflichkeit eine unbewegliche, durch Verwendung von Arbeit und Material iVm dem Erdboden hergestellte Sache (grundlegend:

BGHZ 57, 60, 61 mwN). Für eine solche Verbindung reicht es aus, wenn das fertige Gewerk (auch **technische Anlage**) wegen seiner Größe und seines Gewichts nur mit großem Aufwand vom Grundstück getrennt werden kann (BGH NJW-RR 03, 1320, 1321 – Pelletieranlage; NJW-RR 02, 664, 665 – Müllpresse; NJW 99, 2434, 2435 – Förderanlage). Nach stRspr des BGH kommt es insoweit darauf an, ob das geschuldete Werk selbst in der Errichtung oder der grundlegenden Erneuerung eines Gebäudes oder eines anderen Bauwerks besteht (BGH NJW 02, 2100). Dabei müssen sich die geschuldeten Arbeiten derart auf ein bestimmtes Bauwerk beziehen, dass bei wertender Betrachtung die Feststellung gerechtfertigt ist, der Unternehmer habe bei dessen Errichtung mitgewirkt (BGH NJW 02, 2100). Demnach sind unter Arbeiten bei Bauwerken iSd § 634a I Nr 2 sämtliche Arbeiten zur Herstellung eines neuen Gebäudes zu verstehen (BGHZ 53, 43, 45; BGH, NJW 1993, 3195 mwN). Das trifft auf bloße **Abbrucharbeiten** nicht zu (BGH NJW-RR 03, 1163), ebenso nicht auf reine **Landschafts- bzw Gartenbauarbeiten** (Ddorf NJW-RR 02, 1336 f). Arbeiten an einem Bauwerk sind andererseits nicht nur solche an einem Gebäude iSd § 93. Auch **Tiefbauarbeiten** (BGH NJW-RR 02, 644), bspw die Herstellung von Straßen und Pflasterungen (BGH BauR 92, 502) oder die Errichtung eines ins Erdreich eingelassenen Schwimmbeckens (BGH BauR 83, 64) gehören dazu. **Reparatur-, Erneuerungs- Modernisierungs- und Umbauarbeiten** an einem bereits bestehenden Bauwerk sind ebenfalls Arbeiten an demselben, wenn sie mit denen für eine Neuherstellung vergleichbar, also nach Art und Umfang für Konstruktion, Bestand, Erhaltung und Nutzbarkeit des Bauwerks von wesentlicher Bedeutung sind (BGH BauR 84, 168; 78, 303). Die Rspr ist hier großzügig und hat bspw die Verlegung eines verklebten Teppichbodens (BGH NJW 91, 2486), das Ausschachten der Baugrube (BGHZ 68, 208), den Einbau einer eingepassten Küchenzeile (KG NJW-RR 96, 977) und umfangreiche Malerarbeiten (BGH NJW 93, 3195) als bauwerksbezogene Werkleistungen angesehen. Demgegenüber zählen bloße **Reparaturen, Ausbesserungen und Instandhaltungen** nicht zu den bauwerksbezogenen Leistungen (Bsp: Arbeiten an einem Parkettboden – Hamm BauR 99, 766; Einbau einer Beleuchtungsanlage – BGH BauR 71, 128; Gartenbrunnen – Ddorf BauR 00, 734).

Planungs- und **Überwachungsleistungen** iSd § 634 I Nr 2, sind typischerweise Leistungen der Architekten/Ingenieure iRd Bauplanung und Objektüberwachung (auch Statik – BGHZ 58, 85 und Baugrundgutachten – BGHZ 72, 257), soweit sie sich auf ein Bauwerk ioS beziehen (AnwK/*Raab* § 634a Rz 24). Str ist, ob **Planungsleistungen** nur dann unter § 634 I Nr 2 fallen können, wenn es zur Errichtung des geplanten Bauwerks kommt, sie sich also in ihm verkörpern. Das wird zT mit der Begründung bej, dass ein Bedürfnis für die Anwendung der Sonderregelung des § 634a I Nr 2 nicht bestehe, wenn keine Bauleistung ausgeführt werde. Der Gesetzgeber habe den Gleichlauf der Verjährungsfristen für Unternehmer und Architekten/Ingenieure zu dem Zweck gesetzlich verankert, in der gesamtschuldnerischen Haftung der Beteiligten begründete Haftungsdivergenzen zu vermeiden. Diese Besorgnis bestehe nicht, wenn es nicht zur Ausführung des Bauvorhabens komme (Mansel/*Budzikiewicz* § 5 Rz 227 ff; *Lenkeit* BauR 02, 196, 208; AnwK/*Raab* § 634a Rz 25). Das findet freilich keinen Anklang im Wortlaut des Gesetzes, wonach lediglich der **geschuldete** Erfolg in einer bauwerksbezogenen Planungsleistung bestehen muss. IÜ ist darauf hinzuweisen, dass die gesetzliche Regelung die angestrebte Verjährungsharmonisierung in diesem Punkt ohnehin verfehlt (dazu sogleich Rn 8). Dann aber besteht kein durchgreifender sachlicher Grund, die Verjährung für Ansprüche wegen mangelhafter Planungsleistungen von dem geschlossenen Regelungssystem des § 634a I abzukoppeln, wenn die Bauplanung nicht ausgeführt wird. Für **Überwachungsleistungen** stellt sich diese Frage nicht, weil sie überhaupt nur dann (mangelhaft) erbracht werden können, wenn und soweit gebaut wird.

Die Verjährungsfrist gem § 634a I Nr 2 beträgt 5 Jahre und **beginnt** gem II mit der Abnahme. Bei Architektenverträgen, die auch die Objektbetreuung beinhalten (Leistungsphase 9 gem § 15 II HOAI), ist für den Beginn der Verjährung nicht auf die Abnahme des Bauwerks, sondern auf den Zeitpunkt abzustellen, in dem der Architekt die Betreuungsleistung vollständig und vertragsgerecht erbracht hat, regelmäßig also mit Ablauf der Mängelhaftungsfrist für das letzte Ausführungsgewerk (BGH NJW-RR 00, 1468; Ddorf NZBau 04, 454; KG NZBau 04, 337). Das führt dazu, dass der mit der Vollarchitektur befasste Architekt idR 5 Jahre länger haftet, als der mit dem Abschlussgewerk beauftragte Unternehmer. Endet sein Auftrag mit der Objektüberwachung (Leistungsphase 8 gem § 15 II HOAI), sind seine Leistungen erst mit Abschluss der Rechnungsprüfung und damit regelmäßig ebenfalls nach Abnahme des letzten Ausführungsgewerkes abnahmereif fertig gestellt. Der nur planende Architekt (bis Leistungsphase 5 gem § 15 II HOAI) erbringt seine Leistungen schließlich idR vor Baubeginn, jedenfalls vor der Abnahme der Unternehmerleistungen. Von einem durch den Wortlaut des § 634a I Nr 1, 2 nahe gelegten Gleichlauf der Verjährung von Mängelansprüchen betreffend **Unternehmer-** und Architektenleistungen kann in der Sache also keine Rede sein (iE zum Ganzen: Kuffer/Wirth/*Leupertz* Kap 10, Teil C Rz 182 ff).

IV. Sachbezogene Werkleistungen – § 634a I Nr 1. Soweit § 634a I Nr 2 nicht greift, ist zu prüfen, ob der geschuldete Werkerfolg in der Herstellung, Wartung oder Veränderung einer Sache oder in der Erbringung von Planungs- oder Überwachungsleistungen hierfür besteht – § 634 I Nr 1. Der Begriff der **Sache** entspricht § 90 und umfasst Grundstücke und bewegliche Sachen (gem § 90a auch Tiere). Nicht hierunter fallen somit Leistungen am lebenden Menschen (Palandt/*Sprau* § 634a Rz 8). Für bewegliche Sachen greift nicht § 634a I Nr 1, sondern § 438, wenn lediglich die Verschaffung (Lieferung) einer – ggf vom Verkäufer herzustellenden (§ 651) – Sache geschuldet ist. Das gilt nicht für (selbständig beauftragte) sachbezogene **Planungs- und**

Überwachungsleistungen, die nach obigen Grundsätzen auch dann dem werkvertraglichen Verjährungsrecht zuzuordnen sind (AnwK/*Raab* § 634a Rz 29). § 634 I Nr 1 betrifft also in erster Linie **Reparatur- und Wartungsarbeiten** an Maschinen, Anlagen und Grundstücken (Gartenarbeiten – Ddorf NJW-RR 02, 1336 f), uU auch solche an Gebäuden, wenn sie mit denen für eine Neuherstellung nicht vergleichbar sind (s. Rn 6).

10 **V. Sonstige Werkleistungen – 634a I Nr 3.** I Nr 3 stellt einen Auffangtatbestand dar. Hierunter fallen sämtliche nicht von Nr 1 oder Nr 2 erfassten Werkleistungen, dh Leistungen an Personen (Tätowierung, Operationen, Friseur) sowie unkörperliche Leistungen (Auskunft, Beratung, Gutachten soweit sie nicht Planungs- und Überwachungsleistungen an Sachen oder Bauwerken darstellen; auch Beförderung, Individual-Softwareerstellung; anders bei Standardsoftware – Mansel/*Budzikiewicz* § 5 Rz 246). Es gilt die Regelverjährung. Sie beträgt 3 Jahre und **beginnt** am Ende des Jahres, in dem der Anspruch entstanden ist und der Besteller Kenntnis von dem Mangel und der Person des Schuldners erlangt bzw ohne grob fahrlässig nicht erlangt hat (§ 199 I), spätestens jedoch 10 Jahre nach deren Entstehung (§ 199 IV). Für Schadensersatzansprüche, die auf die Verletzung des Lebens, Körpers, der Gesundheit oder Freiheit beruhen, beträgt die ultimo-Frist 30 Jahre ab Pflichtverletzung (§ 199 II). Für sonstige Schadensersatzansprüche gilt § 199 III (dh 10 bzw 30 Jahre).

11 **VI. § 634a III – arglistiges Verschweigen des Mangels.** Arglistiges Verschweigen durch den Unternehmer ist gegeben, wenn dieser ungeachtet seiner Kenntnis von einem Mangel diesen dem Besteller nicht offenbart, obgleich ihm bewusst ist, dass der Mangel für den Besteller erhebliche Bedeutung hat und damit zu rechen ist, dass dieser bei Kenntnis die Abnahme verweigern würde (München BauR 05, 1493; allg zum arglistigen Verschweigen: BGH NJW 02, 2776; 92, 1754). Dafür reicht das Wissen des Bestellers von der konkreten Möglichkeit des Vorhandenseins eines Mangels aus; er muss sich die dahin gehenden Kenntnisse seiner Wissensvertreter zurechnen lassen (BGH BauR 05, 1624). Keine Offenbarungspflicht besteht hinsichtlich solcher Mangelumstände, die der Unternehmer zwar kennt, von deren Unerheblichkeit für den Besteller er aber berechtigterweise ausgehen darf (BGH BauR 05, 1624). Weitere subjektive Elemente (Schädigungsabsicht, ein bewusstes Inkaufnehmen der Folgen der vertragswidrigen Ausführung oder Streben nach eigenem Vorteil) auf Seiten des Unternehmers sind nicht Voraussetzung (BGH NJW 02, 2776). Der Unternehmer muss sich die Kenntnis nur derjenigen seiner Mitarbeiter zurechnen lassen, die iRd Herstellung des Werkes Verantwortlichkeit dafür übernommen haben, dass die Werkleistungen auf etwaige Mängel geprüft und dass solche Mängel dem Besteller offenbart werden (BGHZ 62, 63, 68; BGH NJW 92, 1754, zB Bauleiter Karlsr BauR 79, 335; aA – § 166: Erm/*Schwenker* § 639 Rz 4). **Maßgeblicher Zeitpunkt** ist die Abnahme bzw die Vollendung des Werks (BGHZ 62, 63; s. iE § 639 Rn 3). Die verjährungsrechtlichen Folgen arglistigen Verschweigens ergeben sich bei arbeitsteiliger Bauwerkerstellung ggf aus dem Gesichtspunkt eines Verstoßes des Unternehmers gegen **Organisationsobliegenheiten**. Das ist der Fall, wenn er aufgrund mangelnder organisatorischer Voraussetzungen die Mangelfreiheit des Werks nicht sachgerecht beurteilen kann und Mängel dadurch unentdeckt bleiben (BGHZ 117, 318 – „Dachpfettenfall"; BauR 05, 550 = NJW 05, 893; Hamm BauR 02, 1706; BGH BauR 07, 144 – Subunternehmer; zuletzt: BGH BauR 09, 517, 518 f – auch zur Rechtsnatur des Organisationsverschuldens als Obliegenheitsverletzung und den Anforderungen an eine der Arglist gleichstehende Verletzung der Organisationsobliegenheit; BauR 08, 87, 88 f; vgl auch: Ddorf BauR 07, 1748, 1750 – Beweiserleichterungen für AG; Naumbg BauR 07, 1888). Für die **Frist** und deren **Beginn** gelten die §§ 195, 199 (jedoch Ablaufhemmung nach III 2).

12 **VII. § 634a IV, V – Rücktritt und Minderung.** Aufgrund der Gestaltungswirkung von **Rücktritt und Minderung** sind I–III insoweit nicht anwendbar. Dementsprechend verweist I nur auf § 634 Nr 1, 2 und 4. Dann könnte der Besteller auch noch nach Eintritt der Verjährung der übrigen Mängelrechte zurücktreten oder mindern. Dem wirkt IV entgegen, wonach der **Rücktritt** im Zusammenspiel mit § 218 ausgeschlossen ist, wenn sich der Unternehmer auf die Verjährung des Nacherfüllungsanspruchs berufen hat; er wird unwirksam, wenn sich der Unternehmer nachträglich auf Verjährung beruft. Ob ein Nacherfüllungsanspruch tatsächlich bestand, oder gem §§ 275, 635 III ausgeschlossen war, ist ohne Belang (Palandt/*Sprau* § 634a Rz 22). Bei Unwirksamkeit des Rücktritts nach § 218 I kann der Besteller gem § 634a IV 2 die Bezahlung der Vergütung verweigern, soweit er hierzu aufgrund des Rücktritts berechtigt wäre. Im Unterschied zu § 641 III steht ihm dieses Leistungsverweigerungsrecht unabhängig vom Bestehen eines Nacherfüllungsanspruches zu, jedoch müssen die Voraussetzungen des Rücktritts vor Eintritt der Verjährung vorgelegen haben. Der Unternehmer kann dann gem IV 3 seinerseits zurücktreten (dies gilt mangels entspr Verweisung auf IV 3 nicht für die Minderung). Bereits geleistete Zahlungen (Vorschüsse, Abschlagszahlungen) kann der Besteller nicht zurückfordern (§ 218 II, 214 II). Für die **Minderung** verweist V auf § 218 und IV 2. Diesbzgl gelten die obigen Ausführungen entsprechend. Dem Vergütungsanspruch des Unternehmers kann nur eine Mangeleinrede in Höhe des Minderungsbetrags entgegengehalten werden.

13 **VIII. Verjährungsfrist.** Die Fristen des § 634a I Nr 1, 2 beginnen mit der **Abnahme**, auch beim gekündigten Vertrag (BGH NJW 03, 1450, 1452) und soweit der Besteller sich die Rechte wegen erkannter Mängel vorbehält – § 640 II (Staud/*Peters* § 634a Rz 34). Bei fiktiver Abnahme gem § 640 I 3 ist der Zeitpunkt des Fristablaufs maßgebend. Soweit die Abnahme wegen der Beschaffenheit des Werkes ausgeschlossen ist, kommt es

auf die Vollendung der Werkleistungen an. Eine **berechtigte vorläufige Abnahmeverweigerung** (verbunden mit der Aufforderung zur Mängelbeseitigung) des Bestellers setzt die Verjährung nicht in Gang, weil er dann idR weiter Erfüllung verlangen kann und die Mängelrechte iSd § 634 nicht gegeben sind. Verweigert der Besteller die Abnahme **vorläufig zu Unrecht**, muss der Unternehmer den Weg über die fiktive Abnahme beschreiten, um die Verjährung beginnen zu lassen. Demgegenüber führt eine **ernsthafte und endgültige Abnahmeverweigerung** dazu, dass die Verjährung nach § 634a I Nr 1, 2 zu laufen beginnt, und zwar unabhängig davon, ob die Abnahmeverweigerung berechtigt oder unberechtigt erfolgt (BGH NJW 00, 133; NJW-RR 98, 1027; iE zum Ganzen: AnwK/*Raab* § 634a Rz 32 f mwN). Für die nach § 634a I Nr 3, III maßgebliche Regelverjährung gelten die allgemeinen Vorschriften in §§ 195, 199 (s. Rn 9).

Für **Hemmung** (zB bei einverständlicher Untersuchung auf Mängel; zum „Verhandeln" iSd § 203 1: BGH **14** BauR 07, 380), **Ablaufhemmung** und **Neubeginn** gelten die allgemeinen Vorschriften (§§ 203 ff, s. dort; zu den Übergangsregelungen für Altverträge s. Rn 2; zur Verjährungsunterbrechung durch Mahnbescheid gem § 209 II Nr 1 aF und Individualisierung von Mängelansprüchen im Mahnbescheidsantrag: BGH BauR 07, 1221). Die Geltendmachung von Mängelrechten hemmt die Verjährung aller Rechte aus der behaupteten Mangelerscheinung (BGH NJW 08, 576; nicht nur hinsichtlich einer von mehreren Mangelursachen – BGH NJW-RR 05, 1037). Ein Antrag des Unternehmers auf Durchführung des selbständigen Beweisverfahrens mit dem Ziel, die Abwesenheit von Mängeln feststellen zu lassen, bewirkt keine Verjährungshemmung des Werklohnanspruches nach § 204 I Nr 7 (Saarbr NJW-RR 06, 163). Die Klage auf Vorschuss hat verjährungshemmende Wirkung auch für spätere Erhöhungen der Mangelbeseitigungskosten, sofern sie denselben Mangel betreffen (BGH NJW-RR 05, 1037). Eine im Prozess hilfsweise erklärte Aufrechnung führt auch dann gem § 204 I Nr 5 zur Hemmung der Verjährung, wenn sie nicht beschieden wird (BGH BauR 08, 1305). Erklärt der Schuldner einer abgetretenen Forderung im Einziehungsprozess des Zessionars gem § 406 die Aufrechnung mit einer Gegenforderung gegen den Zedenten, so ist die Verjährung dieser Forderung ggü dem Zedenten gem § 204 I Nr 5 gehemmt (BGH BauR 08, 1305).

C. Abweichende Vereinbarungen. IRd §§ 200, 202 sind individualvertraglich **abweichende Vereinbarungen** **15** zum Fristbeginn (BGH NJW-RR 04, 954), zur Frist selbst (Verlängerung oder Verkürzung) und zur Hemmung möglich. Für AGB des Unternehmers sind die sich aus § 309 Nr 7a, b und § 309 Nr 8b ff (auch bei nur mittelbaren Verkürzungen) ergebenden Grenzen zu beachten. Eine **Fristverlängerung** ist grds zulässig; sie kann insb verbunden sein mit einer unselbständigen Garantie, mit der der Unternehmer über den Gewährleistungszeitraum hinaus die Gewähr für eine bestimmte Beschaffenheit oder bestimmte Eigenschaften des Gewerkes übernimmt (zur Garantie: § 639 Rn 5 ff). Bei Bauwerken soll eine Fristverlängerung nur bei Vorliegen eines besonderen Interesses des Bestellers zulässig sein (BGHZ 132, 383; Flachdach 10 Jahre + 1 Monat in AGB). Bei Unwirksamkeit einer fristverlängernden Abrede gilt die gesetzliche Verjährungsfrist (BGH NJW 88, 1259; § 306 II).

D. Beweislast. Der Unternehmer hat die Voraussetzungen der Verjährung zu beweisen, der Besteller die Vereinbarung einer Fristverlängerung, ebenso arglistiges Verschweigen (BGH WM 75, 525). Hinsichtlich des grds ebenfalls vom Besteller zu beweisenden Organisationsverschuldens spricht bei gravierenden Mängeln an besonders wichtigen Gewerken oder bei offensichtlichen Mängeln eine tatsächliche Vermutung dafür, dass sie vom Unternehmer oder seinen Hilfspersonen hätten erkannt werden müssen. **16**

E. VOB/B. Gem § 13 IV **VOB/B** beträgt die Verjährungsfrist bei Bauwerken vorbehaltlich anderweitiger Vereinbarungen 4 Jahre, für Arbeiten an einem Grundstück und bestimmte Teile von Feuerungsanlagen 2 Jahre (uU 1 Jahr), ebenso bei wartungsbedürftigen Anlagen, sofern die Wartung nicht dem Unternehmer übertragen worden ist, jeweils beginnend mit der Abnahme (bei abgeschlossenen Teilleistungen mit der Teilabnahme § 12 II VOB/B). Ein schriftliches **Mängelbeseitigungsverlangen** des Bestellers setzt gem § 13 V Nr 1 2 VOB/B eine eigenständige Frist von 2 Jahren in Gang, die für alle Mängelansprüche gilt (BGH NJW-RR 05, 605) und jedenfalls nicht vor Ablauf der Regelfrist (ggf vereinbarte Frist) des § 13 IV VOB/B endet. Die Prolongierung der Verjährung greift nur einmal; sie kann nicht durch mehrmalige Mängelrügen für denselben Mangel wieder in Gang gesetzt werden (BGH IBR 04, 66). **17**

§ 635 Nacherfüllung.

(1) Verlangt der Besteller Nacherfüllung, so kann der Unternehmer nach seiner Wahl den Mangel beseitigen oder ein neues Werk herstellen.
(2) Der Unternehmer hat die zum Zwecke der Nacherfüllung erforderlichen Aufwendungen, insbesondere Transport-, Wege-, Arbeits- und Materialkosten zu tragen.
(3) Der Unternehmer kann die Nacherfüllung unbeschadet des § 275 Abs. 2 und 3 verweigern, wenn sie nur mit unverhältnismäßigen Kosten möglich ist.
(4) Stellt der Unternehmer ein neues Werk her, so kann er vom Besteller Rückgewähr des mangelhaften Werkes nach Maßgabe der §§ 346 bis 348 verlangen.

A. Allgemeines/Überblick. Die Vorschriften des § 635 sind im Zuge Schuldrechtsmodernisierung an die Stelle des § 633 II aF getreten. **§ 635 I** stellt klar, dass die unter den Voraussetzungen der §§ 633 II, 634 Nr 1 geschuldete Nacherfüllung nach Wahl des Unternehmers (anders § 439 I – Wahrecht des Käufers!) im Wege **1**

der Mängelbeseitigung (Nachbesserung – s. § 633 II 1 aF) oder durch Neuherstellung des Werkes erfolgen kann (dazu Rn 2 ff). **§ 635 II** ersetzt § 633 II 2 aF nebst Verweisung auf § 476a aF und betrifft im Wesentlichen inhaltsgleich den Nacherfüllungsaufwand (dazu Rn 5 f). **§ 635 III** greift mit leichten Änderungen (früher: „unverhältnismäßiger Aufwand"; jetzt: „unverhältnismäßige Kosten") das vormals in § 633 II 3 niedergelegte Weigerungsrecht des Unternehmers auf, das systembedingt auf die in § 275 II, III geregelten Fälle der Unmöglichkeit erstreckt wird (dazu Rn 7 ff). **§ 635 IV** ist neu und betrifft die Rechtsfolgen der Neuherstellung iSd § 635 I (dazu Rn 10). Allgemein zum Anwendungsbereich des Sachmängelhaftungsrechts § 633 Rn 2 ff; für das Verhältnis der Sachmängelrechte zum allg Leistungsstörungsrecht s. § 633 Rn 4 ff, zum Verhältnis der Mängelrechte zueinander § 634 Rn 2 ff.

2 **B. Regelungsgehalt. I. Nacherfüllungsanspruch – § 635 I. 1. Voraussetzungen/Nacherfüllungsverlangen.** Der Nacherfüllungsanspruch des Bestellers setzt einen wirksamen Werkvertrag (§ 631 Rn 3 ff) und das Vorliegen eines Mangels (§ 633 Rn 13 ff) voraus. Dann ist der Unternehmer gem § 635 I zur Nacherfüllung verpflichtet, wenn der Besteller sie allgemein verlangt. Dieses **Nacherfüllungsverlangen** ist eine geschäftsähnliche Handlung, auf welche die allgemeinen Regeln über Willenserklärungen entsprechend anzuwenden sind (BGH BauR 02, 945, 948). Aus ihr muss hervorgehen, dass der Besteller die Werkleistungen als nicht vertragsgerecht ansieht und Abhilfe verlangt (BGH WM 78, 953). Demgegenüber ist es nicht erforderlich, dass der Besteller einen in die Verantwortung des in Anspruch genommenen Unternehmers fallenden Ausführungsfehler, die technischen **Ursachen** für den Mangel (BGH NJW-RR 03, 1239; s. allerdings Hambg BauR 05, 1339 – zu den Anforderungen an einen tauglichen Prozessvortrag des Bestellers bei unaufgeklärten Verursachungsbeiträgen mehrer Unternehmer für den gerügten Mangel; hierzu auch: *Putzier* BauR 04, 1060) oder gar den Umfang der erforderlichen Nachbesserungsarbeiten aufzeigt. Vielmehr reicht eine nachprüfbare Beschreibung der **Mangelerscheinungen** aus (**Symptomtheorie** – BGH BauR 03, 693, 694; 02, 613, 617; 00, 261), die allerdings soweit konkretisiert sein müssen, dass der Unternehmer in der Lage versetzt wird, die Mangelursachen eigenständig zu ermitteln und die damit in Zusammenhang stehenden Werkmängel zu beseitigen (BGH BauR 98, 632, 633; 82, 66, 67; Celle MDR 01, 686). Der Besteller tut gut daran, es dabei zu belassen. Nur so kommen ihm nämlich uneingeschränkt die Vorteile der Symptomtheorie zugute, deren Konsequenz ua darin besteht, dass der Unternehmer sämtliche in einem ursächlichen Zusammenhang mit den beschriebenen Mangelsymptomen stehenden Mängel (seines Gewerkes!) und Mangelursachen beseitigen muss (BGH NJW-RR 97, 1376), und zwar unabhängig davon, ob dem Besteller die Ursachen bekannt waren oder nicht. Zu den Besonderheiten für die gerichtliche Geltendmachung des Nacherfüllungsanspruchs: Leupertz/*Mertens* § 14 Rz 1 ff; § 15 Rz 4 f.

3 Ein Nacherfüllungsanspruch besteht nicht, wenn die Nacherfüllung unmöglich oder für den Unternehmer unzumutbar ist (Rn 7 ff). Er erlischt, wenn der Besteller (wirksam) vom Vertrag zurücktritt, mindert oder Schadensersatz statt der Leistung beansprucht (iE hierzu § 634 Rn 3 ff). Die **vorzeitige Beendigung** des Vertrages (insb durch Kündigung gem § 643, § 649) lässt den Anspruch auf Beseitigung von Mängeln an dem bereits erstellten Teilleistungen grds unberührt; allerdings kann der Nacherfüllungsanspruch entgegen aA (BGH NJW 88, 140; Hamm NJW-RR 95, 724) auch dann grds erst **nach der Abnahme** des Teilgewerkes (zur Abnahmepflicht bei gekündigtem Bauvertrag: BGH NJW 03, 1450, 1452; grds zur Geltendmachung eines Nacherfüllungsanspruchs vor Abnahme: § 633 Rn 5 ff) geltend gemacht werden. Vor der Abnahme schuldet der Unternehmer die vertragsgerechte Herstellung der bis zur Kündigung erbrachten Leistungen als Erfüllung gem § 631 I (ebenso: AnwK/*Raab* § 635 Rz 8 mit zutreffender Beurteilung der rechtlichen Konsequenzen aus BGH NJW 03, 1450).

4 **2. Inhalt.** Der Nacherfüllungsanspruch (iE s. § 635) ist ein **modifizierter Erfüllungsanspruch**, der die vertraglichen Leistungspflichten des Unternehmers auf die Zeit nach der Abnahme erstreckt und auf das in diesem Zeitpunkt bestehende Gewerk konkretisiert (Palandt/*Sprau* § 634 Rz 3; zur zeitlichen Abgrenzung zwischen werkvertraglichen Mängelrechten und den allgemeinen Vorschriften des Leistungsstörungsrechts – § 633 Rn 4 ff). Nacherfüllung bedeutet entweder **Neuherstellung** oder **Mangelbeseitigung** (§ 635 I), wobei der Unternehmer grds zwischen beiden Varianten **wählen** kann (anders § 439 I für den Kauf = Wahlrecht des Käufers). Darüber hinaus unterliegt es seiner Entscheidung, auf welche Weise er Mängel beseitigt, solange seine Nachbesserungsbemühungen zu einem vertragsgerechten Gewerk führen (BGH BauR 04, 380; BGHZ 61, 42). Dabei wird in der gerichtlichen Praxis von allen Beteiligten oft übersehen, dass die – auch nachhaltige – Beseitigung von Mangelerscheinungen und Mangelfolgen nicht notwendig zur Herstellung einer vertragsgerechten Leistung führt (Bsp: Der Unternehmer hat ein Flachdach entgegen den vertraglichen Vorgaben mit nicht ausreichendem Quergefälle hergestellt. Die dadurch bedingte Pfützenbildung kann durch den nachträglichen Einbau von Ablauföffnungen ohne nachteilige Auswirkung auf die Funktionstauglichkeit des Daches verhindert werden. Der Unternehmer bleibt dennoch zur Herstellung des Daches mit ausreichendem Gefälle verpflichtet; vgl auch: BGH BauR 06, 1468 – schimmelpilzbefallene Holzkonstruktion). Der Besteller kann sich im Wege einer rechtsgeschäftlichen Einigung über die Art und Weise der Nachbesserung (kein Verzicht auch weitergehende Mängelrechte und Neuherstellung für den Fall des Fehlschlagens – BGH BauR 02, 472, 473) auf solche – oft von Bausachverständigen aus Kostengründen vorgeschlagene – **Sanie-**

rungsmaßnahmen einlassen, er muss es aber nicht (BGH BauR 09, 1295; BGH BauR 03, 1209; vgl auch: *Kniffka/Koeble* 6. Teil, Rz 106; zur ausnahmsweisen Verpflichtung, eine der vertraglich geschuldeten Leistung gleichwertige Nachbesserung auszuführen: BGH BauR 89, 462). Anderseits ist der Besteller grds nicht befugt, dem Unternehmer eine bestimmte Art der Nachbesserung vorzuschreiben. Auch das Gericht begeht einen schweren, das Wahlrecht des Unternehmers ignorierenden **Tenorierungsfehler**, wenn es ihm bestimmte Ausführungsvorgaben macht, anstatt es bei der Verurteilung zur Beseitigung des freilich konkret (nach seinen Erscheinungsformen) zu bezeichnenden Mangels zu belassen (zu den Auswirkungen eines solchen Urteils = fortbestehender Nachbesserungsanspruch: Hamm NJW 03, 3568). Nur in Ausnahmefällen ist der Unternehmer zur Neuherstellung oder zu einer bestimmten Art der Mängelbeseitigung verpflichtet, wenn sich der vertragsgerechte Zustand nur auf solche Weise erreichen lässt (BGH BauR 97, 638 – Neuherstellung). Der Nacherfüllungsanspruch besteht auch nach Ablauf einer vom Besteller bestimmten Nacherfüllungsfrist (s. § 634 Rn 7) fort, bis dieser von seinen vertragsumgestaltenden Mängelrechten (§§ 634 Nr 3-4) wirksam Gebrauch macht (s. § 634 Rn 3 ff) oder den Mangel erfolgreich im Wege der Selbstvornahme beseitigt (s. § 634 Rn 3 ff). Außerdem kann eine schuldhafte Verletzung der Nacherfüllungspflicht zu Schadensersatzansprüchen des Bestellers gem §§ 280 I, 241 II und §§ 280 I, II, 286 führen (AnwK/*Raab* § 635 Rz 16 mwN).

3. Umfang – § 635 II. Der Anspruch umfasst den gesamten für die Beseitigung des Mangels notwendigen **5** Aufwand (Bambg BauR 05, 1219). Der Unternehmer hat also außer den unmittelbaren **Mangelbeseitigungskosten** alle **Nebenkosten** für **Vor- und Nacharbeiten** (BGH NJW 79, 2095; BauR 75, 130) zu tragen, die zur Herstellung eines vertragsgerechten Zustandes der Werkleistungen und zur Beseitigung evtl nachbesserungsbedingter **Schäden am sonstigen Eigentum** des Bestellers erforderlich sind (BGHZ 96, 221; BGH NJW 79, 2095; BauR 75, 130). Das sind insb Transport-, Wege-, Arbeits- und Materialkosten (§ 635 II; grundlegend BGH NJW 79, 2095; vgl auch: BGH NJW-RR 99, 813), aber auch alle solchen Aufwendungen für Gutachter und andere Hilfspersonen, die im Zusammenhang mit der in die Verantwortung des Unternehmers fallenden Klärung der Mangelursachen und Erarbeitung einer tauglichen Nachbesserungslösung anfallen (BGH NJW 79, 2095; 72, 1280; Hamm BauR 95, 109). **Nachtarbeit** kann für die Mangelbeseitigung ohne zusätzliche Vergütung anfallen; uU ist die Übergabe eines Bauzeitenplanes geschuldet (Kobl IBR 05, 368). Der Unternehmer trägt das sog **Prognoserisiko** für die Art und die Ausführung der Nacherfüllung und hat deshalb auch die Kosten erfolgloser oder sich später als unverhältnismäßig teuer herausstellender Nachbesserungsversuche zu tragen (Bambg BauR 05, 533; Karlsr IBR 05, 81; Celle BauR 04, 1018). IÜ muss das Ergebnis der Nacherfüllungsbemühungen des Unternehmers der vertraglich geschuldeten Werkleistung entsprechen; der Besteller muss keine anderweitige Sanierung oder Billiglösung akzeptieren (Hamm IBR 05, 474; Frankf IBR 05, 366 – Gesamtaustausch eines Bodenbelags bei Farbabweichungen; s.a. Rn 4). Hat der Mangel der Werkleistungen des Unternehmers zu Schäden an **Vorgewerken** Dritter geführt, gehören die zur Beseitigung solcher Schäden anfallenden Kosten nicht zum Nacherfüllungsaufwand (BGH NJW 86, 922; Ddorf BauR 98, 126, 128). Insoweit haftet der Unternehmer allenfalls aus §§ 634 Nr 4, 280, 281. Gleiches gilt, wenn der Mangel am Gewerk auf Fehlleistungen eines Vorunternehmers beruht, für deren Folgen der Unternehmer wegen eines vorwerfbaren Hinweispflichtverstoßes einzustehen hat (s. hierzu: § 633 Rn 22). Auch dann hat er nur sein eigenes Gewerk betreffenden Mängelbeseitigungskosten zu tragen (München NJW-RR 88, 20).

Die nach obigen Grundsätzen geschuldete Nacherfüllung kann mit Aufwand verbunden sein, der von Anfang an **6** für die Verwirklichung des geschuldeten Werkerfolgs erforderlich, aber nicht von dem nach dem Vertrage **vergütungspflichtigen Leistungsumfang** umfasst war (iE dazu: § 631 Rn 1 f, 35). Soweit der Besteller solche Leistungen also ohnehin gesondert hätte beauftragen und bezahlen müssen (s. § 631 Rn 2), handelt es sich iRd Nacherfüllung um sog **Sowiesokosten**, die dem Besteller nach den Grundsätzen der **Vorteilsausgleichung** mit den im Zeitpunkt des Vertragschlusses geltenden Preisen (Nürnbg BauR 01, 961) zur Last fallen (BGH BauR 04, 305; 02, 86; NJW 99, 416). Gleiches gilt, soweit sich eine taugliche Mängelbeseitigung nur durch Herstellung einer ggü dem geschuldeten Leistungsumfang höherwertigen Werkleistung erreichen lässt und der Besteller hierdurch einen vermögenswerten Vorteil erlangt (BGHZ 91, 206, 208; vgl aber auch Hamm NJW-RR 96, 272 – kein Vorteil durch Wertsteigerung wegen überlanger Herstellungsdauer). Eine Einschränkung des vom Unternehmer zu tragenden Nacherfüllungsaufwandes ergibt sich zudem, wenn den Besteller oder seinen Erfüllungsgehilfen (§ 278) ein Mitverschulden an dem Zustandekommen des Werkmangels trifft. Bsp: Der Architekt des Bestellers hat eine Mauerwerksabdichtung fehlerhaft geplant; der Unternehmer unterlässt die gebotenen Hinweise (s. § 633 Rn 22) und führt die Abdichtungsarbeiten zudem auch noch mangelhaft aus. Dann muss sich der Besteller im Verhältnis zum Unternehmer gem § 254 mit einem quotal seinem Verursachungsbeitrag entsprechenden Betrag an den Mängelbeseitigungskosten beteiligen (BGH BauR 03, 1213; NJW 99, 416). In beiden Fällen – Sowiesokosten und Mitverursachung – kann der Unternehmer allerdings vom Besteller zunächst nur **Sicherheit** in Höhe des Zuschussbetrages verlangen (BGH BauR 84, 401; BGHZ 90, 344). Solange der Besteller die mit Recht verlangte Sicherheit nicht leistet, darf der Unternehmer die Nacherfüllung verweigern (BGHZ 90, 344). Im Prozess entfällt die Beschränkung auf das Sicherungsverlangen, was im Werklohnprozess zur „doppelten Zug-um-Zug-Verurteilung" führen kann, weil der Besteller die Bezahlung der Vergütung nur gegen Mängelbeseitigung schuldet, die der Unternehmer wiederum von der Bezuschussung durch den Besteller abhängig machen darf (BGHZ 90, 354; ausf zum Ganzen: Kleine-Möller/Merl/*Merl* § 12 Rz 340 ff).

7 II. Verweigerungsrecht des Unternehmers – § 635 III. Die Nacherfüllung ist ausgeschlossen, wenn sie **objektiv unmöglich** ist – § 275 I. Das ergibt sich zwar nicht unmittelbar aus § 635 III, der nur auf § 275 II, III verweist, liegt aber in der Natur der Sache, weil für den gleichgerichteten Nacherfüllungsanspruch nichts anderes gelten kann als für den Erfüllungsanspruch. Dem gleich gestellt ist gem § 275 I die **subjektive Unmöglichkeit**, bei der gerade der verpflichtete Unternehmer die gebotene Nacherfüllung nicht erbringen kann. **Objektive** Unmöglichkeit liegt vor, wenn der in Rede stehende Mangel von niemandem behoben werden kann, auch nicht im Wege der Neuherstellung (AnwK/*Raab* § 635 Rz 25). Dafür können technische Gründe (unüberwindbare statische Probleme; völlig untauglicher Baugrund), rechtliche Hindernisse (endgültig versagte Baugenehmigung – BGH NJW-RR 93, 560) oder zeitliche Zwänge (absolutes Fixgeschäft) maßgebend sein. Ebenfalls unmöglich iSd ist die Beseitigung von **Planungs- oder Überwachungsfehlern** des Architekten, wenn sich diese bereits im Bauwerk verkörpert haben (BGH NZBau 03, 38; anders beim Generalunternehmer Ddorf NZBau 03, 445 oder wenn die Beseitigung von Baugenehmigungsproblemen im Wege des Dispenses möglich ist – Hamm MDR 78, 226).

8 Der Unternehmer darf die Nacherfüllung gem § 635 III **verweigern**, wenn sie ihm unter den Voraussetzungen der Bestimmungen in § 275 II, III **nicht zugemutet** werden kann (iE s. dort Rn 17 ff – zur wirtschaftlichen Unzumutbarkeit; Rn 28 ff – zur persönlichen Unzumutbarkeit) oder wenn sie mit **unverhältnismäßigen Kosten** verbunden wäre (§ 635 III). Die Abgrenzung zwischen § 275 II, wo von einem **groben Missverhältnis zwischen Aufwand und Nutzen** als Unzumutbarkeitsgrund die Rede ist, und § 635 III, der lediglich an **unverhältnismäßig hohe Kosten der Nachbesserung** anknüpft, ist nicht eindeutig geklärt (vgl AnwK/*Raab* § 635 Rz 32 ff). Allerdings dürften die Voraussetzungen für das Verweigerungsrecht nach § 275 II schon mit Rücksicht auf das Erfordernis eines groben Missverhältnisses in jedem Fall deutlich höher sein, als die des § 635 III, zumal § 275 auf der Rechtsfolgenseite die Leistungsverpflichtung des Unternehmers insgesamt entfallen lässt und damit auch eine (verschuldensunabhängige) Minderung ausschließt, die dem Besteller bei einer Nacherfüllungsverweigerung nach § 635 III erhalten bleibt. (vgl hierzu: *Kniffka* ibr-online-Kommentar Bauvertragsrecht, Stand 2.6.08, § 635 Rz 52). IE wird man deshalb die Nacherfüllungsverweigerung des Unternehmers iaR an § 635 III messen können, dessen tatbestandlichen Voraussetzungen trotz einer – dem Gleichlauf mit § 439 III 2 geschuldeten – sprachlichen Neufassung denen des § 633 II 3 aF entsprechen dürften (ebenso: *Kniffka* ibr-online-Kommentar Bauvertragsrecht, Stand 26.5.09, § 635 Rz 42). Die hierzu ergangene Rspr kann also weiter herangezogen werden. Danach ist ein unverhältnismäßiger Aufwand gegeben, wenn er in keinem vernünftigen Verhältnis zu dem mit der Nacherfüllung für den Besteller erzielbaren Erfolg steht (BGH BauR 06, 382; BauR 06, 377 – jeweils zu § 635; zu § 633 II 3 aF: BGH NJW-RR 97, 1106; BGHZ 96, 111, 123), dh einem objektiv geringen Interesse des Bauherrn an der Mangelbeseitigung steht ein erheblicher Aufwand ggü (BGH BauR 02, 613; Köln IBR 05, 584), wobei alle Umstände des Einzelfalles einschließlich Verschulden (§ 275 II 2 – BGH BauR 06, 377; vgl. auch: BGH BauR 08, 1140, 1141; BauR 09, 1151 – Gesamtabwägung auch erforderlich bei vorsätzlich oder grob fahrlässig herbeigeführten Mängeln; NJW 95, 1836; aA: Palandt/*Sprau* § 635 Rz 12) zu berücksichtigen sind (BGH NJW-RR 97, 1106; BauR 02, 613). Auch die Erheblichkeit des Mangels und evtl Auswirkungen auf die Gebrauchstauglichkeit des Gewerkes spielen eine wichtige Rolle (Schlesw IBR 06, 86). Entspricht die Werkleistung den anerkannten Regeln der Technik, nicht aber der vereinbarten höherwertigen und risikoärmeren Art der Ausführung, so ist die Inanspruchnahme des Unternehmers auf Beseitigung des darin liegenden Mangels und Verwirklichung der vereinbarten Beschaffenheiten (§ 633 I, II 1) iaR nicht unverhältnismäßig iSd § 635 III (BGH BauR 08, 1140). Soweit die Funktionalität der Werkleistungen beeinträchtigt ist, sind selbst hohe, den Vertragspreis uU deutlich übersteigende Nachbesserungskosten idR nicht unverhältnismäßig (idS BGH BauR 06, 377; NJW 96, 3269; Hamm BauR 04, 1459 u IBR 04, 415; Köln IBR 03, 242). Demgegenüber kommt es für § 635 III auf das Verhältnis zwischen den Nachbesserungskosten und den Vertragspreisen nicht an (BGH BauR 06, 377). Eine Unzumutbarkeit kann indes darin liegen, dass eine erfolgreiche und vollständige Mangelbeseitigung vom Unternehmer nicht geschuldete Vorarbeiten voraussetzt und der Besteller jegliche Zahlung von Sowieso-Kosten ablehnt (München BauR 03, 720).

9 Verweigert der Unternehmer die Nacherfüllung zu Recht, wird er von der Nacherfüllungspflicht frei und der Besteller verliert sein Leistungsverweigerungsrecht gem §§ 320, 641 III. Darüber hinaus ist ihm die Selbstvornahme gem § 637 verwehrt. Es bleiben Minderung (§ 638 I 1; zur Berechnung der Minderung in einem solchen Fall: § 638 Rn 4), Rücktritt (vgl §§ 634 Nr 3, 323, 326 V) und Schadensersatz (§§ 634 Nr 4, 281, 280), wobei die Geltendmachung von Rücktritt und Schadensersatz statt der Leistung bei unerheblichen Mängeln ausgeschlossen ist (§§ 323 V 2, 281 I 3).

10 III. Rückgewähr bei Neuherstellung – § 635 IV. Sofern der Besteller Neuherstellung verlangt, ist er zur Rückgabe des bereits überlassenen Werkes nach Maßgabe der Vorschriften in §§ 346-348 verpflichtet. Es entsteht also ein Rückgewährschuldverhältnis mit den sich hieraus uU ergebenden Verpflichtungen zum Wert- und Nutzungsersatz (iE dazu: § 634 Rn 12 f).

11 C. VOB/B. Für den VOB/B-Vertrag regelt § 13 Nr 5 I VOB/B die Nachbesserung, die der Auftraggeber im Unterschied zum BGB-Werkvertrag **schriftlich** verlangen muss. Die Umstände, unter denen der Auftragnehmer die

Nachbesserung verweigern darf, ergeben sich mittelbar aus § 13 Nr 6 VOB/B, indem der Besteller auf die Minderung verwiesen wird, wenn die Beseitigung des Mangels unmöglich ist, für den Auftraggeber unzumutbar wäre oder einen unverhältnismäßig hohen Aufwand erfordern würde und der Auftragnehmer sie deshalb verweigert.

§ 636 Besondere Bestimmungen für Rücktritt und Schadensersatz.
Außer in den Fällen der §§ 281 Abs. 2 und 323 Abs. 2 bedarf es der Fristsetzung auch dann nicht, wenn der Unternehmer die Nacherfüllung gemäß § 635 Abs. 3 verweigert oder wenn die Nacherfüllung fehlgeschlagen oder dem Besteller unzumutbar ist.

A. Allgemeines/Nacherfüllungsfrist. § 636 ergänzt die im allgemeinen Leistungsstörungsrecht verankerten 1
Vorschriften betreffend die Mängelrechte des **Rücktritts** (§§ 634 Nr 3, 323; iE hierzu: § 634 Rn 9 ff) und des **Schadensersatzes statt der Leistung** (§§ 634 Nr 4, 281 I; iE hierzu: § 634 Rn 14 ff), indem den dort niedergelegten Gründen für die **Entbehrlichkeit der Nachfristsetzung** weitere, vertragsspezifische hinzugefügt werden (zu Struktur und Aufbau des werkvertraglichen Mängelhaftungsrechts – § 634 Rn 1). Die Regelung korrespondiert solcherart mit § 637 II, wo allerdings für die Selbstvornahme der Entbehrlichkeitsgrund der berechtigten Nacherfüllungsverweigerung (§ 635 III) nicht genannt ist, die stattdessen gem § 637 I aE das Selbstvornahmerecht des Bestellers entfallen lässt. § 636 gilt über § 638 I 1 auch für die **Minderung**.
Der Besteller muss dem Unternehmer grds Gelegenheit geben, etwaige Mängel der Werkleistungen innerhalb 2
einer **angemessenen Nacherfüllungsfrist** (iE hierzu: § 634 Rn 7) zu beseitigen. Erst nach ergebnislosem Ablauf dieser Frist stehen ihm die Sekundärmangelrechte aus § 634 Nr 2-4 zu (§ 634 Rn 2, 7). Steht allerdings bereits fest, dass der Unternehmer nicht nachbessern wird, weil die Nacherfüllung überhaupt nicht mehr möglich wäre oder weil er sie endgültig und ernsthaft verweigert hat, wäre es eine unsinnige Förmelei, dem Besteller gleichwohl abzuverlangen, den Ablauf einer Nacherfüllungsfrist abzuwarten, um seine weiter gehenden Mängelrechte ausüben zu können. Deshalb sieht das Gesetz in diesen Fällen die Entbehrlichkeit der Bestimmung einer Nacherfüllungsfrist vor, die überdies aufgrund einer entsprechenden Wertungsentscheidung des Gesetzgebers auf solche Konstellationen erstreckt wird, in denen die Nacherfüllung sich als unzumutbar für einen der Beteiligten erweist. Die hierfür maßgeblichen Ausnahmevorschriften finden sich in § 634, der insoweit auf §§ 636, 637, 281 II, 283, 323 II und 326 V verweist.

B. Entbehrlichkeit der Fristsetzung nach allgemeinen Regeln. I. § 283; § 326 V. Man ist geneigt, die an 3
versteckter Stelle in § 326 V und § 283 für **Rücktritt** und **Schadensersatz statt der Leistung** inhaltsgleich geregelten Ausnahmetatbestände zu übersehen. Dabei behandeln sie einen besonders nahe liegenden Fall der entbehrlichen Bestimmung einer Nacherfüllungsfrist. Denn es liegt auf der Hand, dass eine Nacherfüllung nicht erfolgen kann, wenn sie objektiv oder subjektiv **unmöglich** iSd § 275 I ist. Und weil durch die in §§ 283, 326 V ebenfalls ausdrücklich in Bezug genommenen Vorschriften des § 275 II und III der Schuldner (Unternehmer) auch dann von seiner – in den hier interessierenden Fällen zur Nacherfüllung verdichteten – Leistungsverpflichtung frei wird, wenn er hierfür einen nach den Umständen unzumutbaren Aufwand betreiben müsste (§ 275 II – iE zur **„wirtschaftlichen Unzumutbarkeit"** § 275 Rn 17 ff; zur Abgrenzung von § 635 III s. dort Rn 8) oder wenn ihm nach den sonstigen Umständen persönlich nicht zugemutet werden kann, seine Leistungspflicht zu erfüllen (§ 275 III – iE zur **„persönlichen Unzumutbarkeit"** § 275 Rn 28 ff), entfällt kraft gesetzlicher Anordnung auch insoweit das Erfordernis einer fristgebundenen Nacherfüllungsaufforderung. Der Besteller hat dann die Wahl, ob er – ohne Fristsetzung – unter Aufrechterhaltung des Vertrages iÜ Schadensersatz statt der Leistung (**kleinen Schadensersatz**) verlangen oder die Rückabwicklung des Leistungsverhältnisses durch Geltendmachung des Schadensersatzes statt der ganzen Leistung (**großen Schadensersatz** – §§ 283 2, 281 I 2, 281 V) bzw Ausübung seines **Rücktrittsrechts** (§ 326 V) betreiben will. Darüber hinaus kann er sofort **mindern** – §§ 638 I 1, 326 V.
Bei alledem wird der Besteller zu berücksichtigen haben, dass § 326 I 2, II die Grundregel des § 326 I 1 teil- 4
weise außer Kraft setzt und der Vergütungsanspruch des Unternehmers trotz Unmöglichkeit nicht entfällt, wenn der Besteller den Unmöglichkeitsgrund zumindest weit überwiegend zu vertreten hat oder wenn die Unmöglichkeit zu einem Zeitpunkt eintritt, in dem er sich in Annahmeverzug befindet. Er muss dann also einen der vorbezeichneten Mängelansprüche (beachte aber § 326 VI, dessen tatbestandliche Voraussetzungen sich allerdings nicht mit denen des § 326 II decken, weil die dort für den Rücktritt genannten Umstände nicht zwangsläufig den Gründen für die Unmöglichkeit der Nacherfüllung entsprechen) geltend machen, um den Vergütungsanspruch des Unternehmers (teilweise) abzuwehren. Dass ein **Selbstvornahmerecht** des Bestellers nicht besteht, wenn die Nacherfüllung objektiv unmöglich ist (§ 275 I), liegt in der Natur der Sache (vgl Palandt/*Sprau* § 637 Rz 1). Gleiches gilt gem § 637 I aE indes auch für die in § 275 II, III geregelten Fälle der **wirtschaftlichen und persönlichen Unmöglichkeit**, weil der Unternehmer dann berechtigt ist, die grds geschuldete Nacherfüllung zu verweigern (AnwK/*Raab* § 637 Rz 1, s.a. § 637 Rn 2).

II. §§ 281 II, 323 II. § 323 II nennt für den **Rücktritt** drei Tatbestände, nach denen die Bestimmung einer 5
Nacherfüllungsfrist ausnahmsweise entbehrlich ist. Entsprechendes gilt über § 637 II 1 und § 638 I 1 auch für **Selbstvornahme** und **Minderung**. Der wichtigste ist in § 323 II Nr 1 niedergelegt und findet sich für den

Schadensersatz statt der Leistung in § 281 II wieder. Danach ist eine Fristsetzung ist entbehrlich, wenn der Unternehmer die geschuldete Nacherfüllung **ernsthaft und endgültig** verweigert hat (BGH BauR 03, 386, 387; 02, 1847; 01, 667, 669; Ddorf BauR 02, 963, 965, s. iE § 281 Rn 12), was auch konkludent geschehen kann (BGH NJW 02, 1571). Allerdings sind die Anforderungen an eine solche Erklärung mit Recht hoch; sie muss unmissverständlich erkennen lassen, dass auch eine fristgebundene Nachbesserungsaufforderung den Unternehmer nicht dazu bewegen wird, die geschuldete Nacherfüllung vorzunehmen (BGH NJW 02, 3019, 3020). Dafür reicht es nicht aus, dass der Unternehmer sich unentschlossen zeigt oder um Aufschub bittet (AnwK/*Raab* § 636 Rz 16). Anders, wenn der im **Prozess** mit Mängelrügen des Bestellers konfrontierte Unternehmer jede Verantwortlichkeit für die Mängel kategorisch bestreitet (BGH NJW 02, 3019, 3020; 03, 580, 581; einschränkender bei bereits durchgeführter Selbstvornahme – unmaßgebliches Nachverhalten: BGH BauR 09, 976). § 323 II erfasst schließlich auch die Fälle, in denen sich der Unternehmer zu Unrecht auf ein Leistungsverweigerungsrechte aus §§ 275, 635 III oder 648a beruft (München NJW-RR 03, 1602; iE AnwK/*Raab* § 636 Rz 17).

6 Nach § 323 II Nr 2 bedarf es keiner Fristsetzung, wenn die Vertragsparteien ein **Fixgeschäft** vereinbart haben und die Werkleistungen zu dem solcherart verbindlich festgelegten Zeitpunkt nicht **vertragsgerecht** erbracht sind (s. iE § 323 Rn 29 f). § 323 II Nr 3 regelt unter Heranziehung besonderer Umstände, die den Besteller zum sofortigen Rücktritt berechtigen, Sachverhalte, die zumeist denen entsprechen dürften, die auch gem §§ 636, 637 II 2 wegen Unzumutbarkeit der Nacherfüllung zur Entbehrlichkeit der Fristsetzung führen (s. Rn 9; vgl BGH NJW-RR 08, 1052 – Besteller hat Vertrauen in die Leistungsfähigkeit des Unternehmers verloren). Allerdings stellt § 323 II Nr 3 auf die beiderseitigen Interessen der Vertragsparteien ab, wohingegen §§ 636, 637 hinsichtlich der Unzumutbarkeit auf die Interessen des Bestellers rekurrieren. **§ 281 II Alt 2** enthält eine inhaltsgleiche Regelung für den **Schadensersatz statt der Leistung**.

7 C. Regelungsgehalt des § 636. I. Unverhältnismäßige Kosten § 635 III. § 636 betrifft durch die Bezugnahme auf § 635 III zunächst einen weiteren Fall, in dem die Entbehrlichkeit der Fristsetzung aus dem Umstand resultiert, dass der Unternehmer berechtigt ist, die Nacherfüllung zu verweigern. Die gesetzgeberischen Gründe für die Schaffung dieses Ausnahmetatbestandes sind also die gleichen wie bei §§ 283 und 326 V (s. Rn 3 f). Der Selbstvornahmeanspruch des Bestellers ist hier wie dort ausgeschlossen (Rn 4). Wegen der tatbestandlichen Voraussetzungen an ein Nacherfüllungsverweigerungsrecht und die Abgrenzung zwischen § 275 II und § 635 III wird auf die Kommentierung zu § 635 (dort Rn 7 ff) verwiesen.

8 II. Fehlschlagen der Nacherfüllung. So weit die og Entbehrlichkeitstatbestände der Unmöglichkeit und der (berechtigten oder unberechtigten) Nacherfüllungsverweigerung reichen (Rn 3 ff), kommt es auf ein Fehlschlagen der Nacherfüllung für die Entbehrlichkeit der Fristsetzung nicht an. Fehlgeschlagen iSd § 633 ist die Nacherfüllung mithin, wenn Nachbesserungsbemühungen des bisher nicht fristgebunden zur Mängelbeseitigung aufgeforderten Unternehmers (sonst kommt es auf die Entbehrlichkeit der Fristsetzung nicht an) erfolglos geblieben sind (BGH NJW-RR 98, 1268 – zum alten Recht). Dies festzustellen fällt in der Praxis nicht immer leicht und bietet oft Anlass für Streit, wenn der Unternehmer meint, ihm sei nicht ausreichend Gelegenheit gegeben worden, das Gewerk vertragsgerecht herzustellen. Dann geht es meistens um die Frage, **wie viele Nachbesserungsversuche** ihm zu gestatten waren. Für den Kauf wird insoweit gem **§ 440 2** vermutet, dass die Nachbesserung nach **zwei erfolglosen Versuchen** fehlgeschlagen ist, wenn sich nicht aus den besonderen Umständen des jeweiligen Einzelfalles Gegenteiliges ergibt. Eine solche Regelung findet sich im Werkvertragsrecht nicht; sie gilt auch nicht entsprechend (AnwK/*Raab* § 636 Rz 21), bietet uU aber gleichwohl einen Anhaltspunkt für die Beurteilung vergleichbarer Fallkonstellationen bei Werkmängeln. Letztlich sind allerdings die konkreten Umstände des jeweiligen Einzelfalles maßgebend (hierzu: Staud/*Peters* § 636 Rz 60; BaRoth/*Voit* § 636 Rz 24). Ein Fehlschlagen kann dementsprechend auch schon bei nur einem erfolglosen Nachbesserungsversuch vorliegen (Bremen IBR 05, 673) oder sogar während der laufenden Nachbesserungsfrist, wenn absehbar ist, dass die Mängelbeseitigung nicht mehr fristgerecht gelingen kann (Palandt/*Sprau* § 636 Rz 15; *Knütel* BauR 02, 689, 690). Der umsichtige Besteller wird sich all diesen Unwägbarkeiten indes nicht aussetzen und – ohne die Gefahr der Beschränkung seiner Rechte (s. § 634 Rn 3) – seine Mängelrüge spätestens nach dem ersten erfolglosen Nachbesserungsversuch des Unternehmers mit einer fristgebundenen Aufforderung zur (nochmaligen) Nacherfüllung verbinden.

9 III. Unzumutbarkeit der Nacherfüllung. Mit der letzten Alternative des § 636 hat der Gesetzgeber einen **Auffangtatbestand** für die verbleibenden Fälle geschaffen, in denen die Unzumutbarkeit der Nacherfüllung nicht bereits von den anderweitig normierten Entbehrlichkeitstatbeständen umfasst ist. Unzumutbar idS ist die Nacherfüllung für den Besteller, wenn sein **Vertrauen** in die Verlässlichkeit und Kompetenz des Unternehmers so nachhaltig **erschüttert** ist, dass aus seiner (objektivierten) Sicht eine erfolgreiche Nacherfüllung nicht zu erwarten ist (BGH BauR 75, 137; BGHZ 50, 160 – zum alten Recht). Ebenso bei vorausgegangenen schwerwiegenden Vertragsverstößen des Unternehmers oder sofern die begründete Besorgnis besteht, dass sich der Unternehmer seiner Nacherfüllungspflicht zu entziehen sucht (BGH BauR 82, 496). Schließlich können unzumutbare Auswirkungen weiteren Zuwartens des Bestellers zur Entbehrlichkeit einer Fristsetzung führen, bspw bei absehbaren, nicht hinzunehmenden Betriebsstörungen von Gewicht (BGH NJW 02, 1571).

Selbstvornahme § 637

oder wenn der Weiterverkauf des Werkes sonst zu scheitern droht (AnwK/*Raab* § 636 Rz 22 mwN). Auch bei in der Natur des Mangels und dem Verwendungszweck des Werkes begründeter **besonderer Eilbedürftigkeit** kann im Einzelfall Unzumutbarkeit zu bejahen sein (Ddorf NJW-RR 93, 477 – Rohrbruch, zu § 634 II Alt 3 aF; Heizungsausfall im Winter).

D. Beweislast. Der Besteller hat die fristgebundene Nacherfüllungsaufforderung, deren fruchtlosen Ablauf 10 und ggf die für die Entbehrlichkeit einer Fristsetzung maßgeblichen Umstände darzulegen und zu beweisen (Müko/*Busche* § 637 Rz 33). Der Unternehmer hat zu beweisen, dass er den Mangel fristgerecht behoben hat, sofern er dies behauptet (BGH NJW-RR 98, 1268).

§ 637 Selbstvornahme. (1) Der Besteller kann wegen eines Mangels des Werkes nach erfolglosem Ablauf einer von ihm zur Nacherfüllung bestimmten angemessenen Frist den Mangel selbst beseitigen und Ersatz der erforderlichen Aufwendungen verlangen, wenn nicht der Unternehmer die Nacherfüllung zu Recht verweigert.
(2) ¹§ 323 Abs. 2 findet entsprechende Anwendung. ²Der Bestimmung einer Frist bedarf es auch dann nicht, wenn die Nacherfüllung fehlgeschlagen oder dem Besteller unzumutbar ist.
(3) Der Besteller kann von dem Unternehmer für die zur Beseitigung des Mangels erforderlichen Aufwendungen Vorschuss verlangen.

A. Überblick. § 637 betrifft mit Vorschriften zum **Selbstvornahmerecht** des Bestellers ein wichtiges Instru- 1 ment für die interessengerechte Abwicklung von Werkmängeln, das weiterhin keine Entsprechung im Kaufvertragsrecht findet. Das führt im Zusammenspiel mit der durch die Harmonisierung von Kauf- und Werkvertragsrecht bedingten Neufassung des § 651 dazu, dass dem Besteller abw von der früheren Rechtslage kein Selbstvornahmerecht nebst Kostenerstattungs- und Vorschussanspruch mehr zusteht, soweit die Leistungsverpflichtung seines Vertragspartners (nur) die Lieferung unvertretbarer, von ihm selbst hergestellter Sachen betrifft und keine Montageleistungen von Gewicht umfasst (s. § 651 Rn 4, 7). **§ 637 I** enthält den Kerntatbestand des Selbstvornahmerechts und des hieran geknüpften Aufwendungsersatzanspruches. Die Vorschrift ersetzt also § 633 III aF, verzichtet jedoch auf das Erfordernis des Verzugs. Stattdessen reicht es jetzt aus, dass – verschuldensunabhängig – eine zuvor vom Besteller gesetzte Nacherfüllungsfrist erfolglos abgelaufen ist. Darüber hinaus stellt § 637 I klar, dass kein Selbstvornahmerecht besteht, wenn der Unternehmer die Nacherfüllung zu Recht verweigert (§§ 275, 635 II). In **§ 637 II** finden sich die nunmehr gesetzlich geregelten Tatbestände für die Entbehrlichkeit einer fristgebundenen Aufforderung zur Nacherfüllung, die inhaltlich den für den Rücktritt geltenden Vorschriften in §§ 323 II und 636 entsprechen. Der schon nach altem Recht kraft richterlicher Rechtsfortbildung geltende Anspruch des Bestellers auf Kostenvorschuss ist jetzt in **§ 637 III** gesetzlich geregelt. Allgemein zum Anwendungsbereich des Sachmängelhaftungsrechts § 633 Rn 2 ff; für das Verhältnis der Sachmängelrechte zum allgemeinen Leistungsstörungsrecht s. § 633 Rn 4 ff, zum Verhältnis der Mängelrechte untereinander § 634 Rn 2 ff.

B. Regelungsgehalt. I. Selbstvornahme und Aufwendungsersatz – § 637 I. 1. Voraussetzungen. Im Aus- 2 gangspunkt enthält § 637 I eine Selbstverständlichkeit. Natürlich steht es dem Besteller frei, etwaige Mängel des abgenommenen Gewerks selbst zu beseitigen oder beseitigen zu lassen. Der Regelungsgehalt der Vorschrift betrifft also eigentlich (nur) die Frage, wer die hierdurch bedingten **Kosten** zu tragen hat. Die allgemeinen tatbestandlichen Voraussetzungen für diesen **Aufwendungsersatzanspruch** entsprechen denen der Minderung und des Rücktritts: Die Werkleistungen müssen also im Zeitpunkt der Abnahme mit einem Mangel behaftet gewesen sein, der auch nach Ablauf einer angemessenen Nacherfüllungsfrist nicht beseitigt ist. Dann kann der Besteller grds frei zwischen den sich aus § 634 Nr 2-4 ergebenden Mängelrechten wählen (s. § 634 Rn 3 ff), wobei allerdings die Geltendmachung von Schadensersatz zusätzlich ein Verschulden des Unternehmers voraussetzt. Für die **Entbehrlichkeit** einer fristgebundenen **Nacherfüllungsaufforderung** gelten ebenfalls die gleichen Voraussetzungen wie beim Rücktritt, was sich aus der in Bezug genommenen Vorschrift des § 323 II und aus § 636 ergibt (hierzu iE: § 636 Rn 5 ff). Das Recht zur Selbstvornahme ist gem § 637 I aE **ausgeschlossen**, wenn der Unternehmer die Nacherfüllung gem §§ 275, 635 III verweigern darf (iE hierzu: § 635 Rn 7 ff) und tatsächlich verweigert. Sonst liefe die Freistellung von der Nacherfüllungspflicht leer, weil er dann die – bei der Ersatzvornahme idR sogar höheren – Kosten hierfür tragen müsste. Eine erneute Aufforderung zur Nacherfüllung mit *Fristsetzung ist erforderlich*, wenn der Unternehmer die nach erstmaliger Fristsetzung vereinbarte Nachbesserungsmaßnahme nicht oder nicht tauglich ausführt (Köln IBR 05, 15).

2. Rechtsfolgen. a) Allgemeines. Der ergebnislose Ablauf der Nacherfüllungsfrist stellt eine wichtige zeitli- 3 che Zäsur dar. Der Unternehmer kann die Nacherfüllung nicht mehr erzwingen, der Besteller kann sie unbeschadet der Geltendmachung etwaiger bereits entstandener **Verzögerungsschäden** (§§ 280 I, II, 286) aber noch gestatten (s. § 634 Rn 3 – BGH BauR 03, 693; BauR 04, 501). Sind die tatbestandlichen Voraussetzungen für die Selbstvornahme mangels Fristsetzung nicht erfüllt oder schreitet der Besteller schon vor Ablauf einer angemessenen Frist zur Selbstvornahme, so steht ihm kein Kostenerstattungsanspruch aus § 637 I zu, und zwar unabhängig davon, ob er die Mängel selbst beseitigt hat oder von einem Dritten hat beseitigen lassen.

Evtl Ansprüche aus GoA und Bereicherungsrecht sind ausgeschlossen, weil § 637 eine **abschließende Sonderregelung** darstellt (BGHZ 46, 242, 246; BaRoth/*Voit* § 637 Rz 17; Palandt/*Sprau* § 637 Rz 5; MüKo/*Busche* § 637 Rz 7). Die insb für das Kaufrecht heftig diskutierte Frage, ob der Besteller nach unberechtigter (vorzeitiger) Selbstvornahme gem § 326 II 2 (analog) die Anrechnung der vom Verkäufer ersparten Aufwendungen für die Mängelbeseitigung auf den Kaufpreis verlangen oder den bereits gezahlten Kaufpreis in dieser Höhe zurückfordern kann, hat der VIII. ZS des BGH mittlerweile mit nämlicher Begründung (Sonderregelung) ausdrücklich verneint und dabei hervorgehoben, dass diese Grundsätze auch für das Werkvertragsrecht zu gelten hätten (BGHZ 162, 219 = BauR 05, 1021; anders noch kurz zuvor derselbe Senat zu § 324 I 2 aF – BGH NJW-RR 05, 357; *Dauner-Lieb/Dötsch* NZBau 04, 233, 235 ff; *Dötsch* MDR 04, 975; aA: *Lorenz* NJW 03, 1417; Staud/*Peters* § 634 Rz 36; für eine Vorteilsanrechnung aus dem Rechtsgedanken des § 649 II 2: AnwK/*Raab* § 637 Rz 24 f).

4 Nach berechtigter Selbstvornahme kann der Besteller die hierfür erforderlichen Aufwendungen erstattet verlangen – § 637 I. Das gilt – anders als beim Auftrag – auch für **Eigenleistungen**, die der Besteller für die Beseitigung des Mangels erbringt, weil er sonst entgegen § 637 I faktisch die Mängelbeseitigungskosten doch tragen müsste (BGH NJW 73, 46). Der Aufwendungsersatzanspruch ist abtretbar (§ 398). Zur Frage der Aufrechnung mit Vergütungsansprüchen vgl § 387.

5 **3. Erforderliche Aufwendungen. a) Grundlagen.** Vom Erstattungsanspruch umfasst sind alle Aufwendungen, die objektiv erforderlich waren, um die Mängel und deren Erscheinungsformen zu beseitigen (BGH NJW 73, 46). Weil die Selbstvornahme in der Sache nichts anderes ist als die – nun vom Besteller übernommene – Nacherfüllung (§ 635), lassen sich für den Umfang der Kostenerstattungspflicht die dort geltenden Maßstäbe heranziehen (iE § 635 Rn 5). Dementsprechend sind außer den eigentlichen Kosten der **Mängelbeseitigung** auch die Aufwendungen für erforderliche **Vor- und Nacharbeiten** (BGH NJW 91, 1604) einschließlich der Beseitigung von nachbesserungsbedingten **Schäden am sonstigen Eigentum** des Bestellers (Karlsr BauR 05, 1485) sowie solche für die **Ermittlung der Mangelursachen** (BGHZ 113, 251, 261) und die **Überwachung** der von einem Ersatzunternehmer ausgeführten Mängelbeseitigungsarbeiten (BGH NJW-RR 91, 789) erstattungsfähig. **Anwalts- und Gutachterkosten**, die nicht im Zusammenhang mit dem Auffinden der Schadensursache oder Beratung im Hinblick auf die Mängelbeseitigung stehen, können hingegen nur im Wege des Schadensersatzes geltend gemacht werden (BGH NW-RR 99, 813, 814). Bei alledem muss der Besteller unnötig hohe Aufwendungen vermeiden (BGH NJW-RR 91, 789). Er muss den Aufwand also in den vertretbaren Grenzen einer **zweckentsprechenden Mängelbeseitigung** halten (Ddorf BauR 74, 61) und sich dabei an dem orientieren, was ein vernünftig und wirtschaftlich handelnder Besteller aufgrund sachkundiger Beratung im konkreten Einzelfall für geeignet halten durfte (BGH BauR 03, 1209 – für Schadensersatz; NJW-RR 89, 86, 88). Dabei ist auf den Zeitpunkt der geschuldeten Vertragserfüllung abzustellen (BGH ZfBR 95, 197). Soweit eine taugliche Mängelbeseitigung im Einzelfall nur durch **Neuherstellung** zu bewerkstelligen ist, sind auch die hierfür erforderlichen Aufwendungen voll erstattungsfähig (AnwK/*Raab* § 637 Rz 20). Ein Gelingen der Selbstvornahme ist nicht Voraussetzung für den Ersatzanspruchs (BGH NJW-RR 89, 86; Palandt/*Sprau* § 637 Rz 6).

6 **b) Mängelbeseitigung durch Ersatzunternehmer.** Der Einsatz eines **Ersatzunternehmers** für die Mangelbeseitigung führt idR zu höheren Kosten, als dies bei einer Beseitigung der Mängel durch den Unternehmer (Nacherfüllung) der Fall gewesen wäre. Gleichwohl muss sich der Besteller nicht auf die (hypothetischen) Eigennachbesserungskosten des doppelt vertragsuntreuen Unternehmers verweisen lassen. Er darf iÜ darauf vertrauen, dass die durch die Beauftragung eines anerkannten Fachunternehmens angefallenen Kosten der Mängelbeseitigung ioS erforderlich und angemessen waren, wofür eine vom Unternehmer zu widerlegende (BGH NJW-RR 92, 1300) tatsächliche Vermutung spricht (Dresd NZBau 00, 333, 336). Der Unternehmer trägt also das **Prognoserisiko**. Er muss die im Zusammenhang mit der Mängelbeseitigung angefallenen Aufwendungen grds auch dann voll erstatten, wenn der ohne ein **Auswahlverschulden** des Bestellers beauftragte Fachunternehmer im Zuge der Beseitigungsmaßnahme unnötige Arbeiten ausführt oder überhöhte Preise in Ansatz bringt (Karlsr BauR 05, 879; Celle BauR 04, 1018 – für Schadensersatz), ohne dass der Besteller dies erkennen konnte. Gleiches gilt, wenn die solcherart „gutgläubig" eingeleitete Nachbesserungsmaßnahme sich objektiv als ungeeignet erweist (BGH BauR 07, 1618). Ihm ist es iRd gebotenen Interessenabwägung (schnelle und zuverlässige Mängelbeseitigung auf Seiten des Bestellers ggü möglichst geringem Mängelbeseitigungsaufwand auf Seiten des Unternehmers) idR nicht zuzumuten, mehrere Angebote einzuholen oder gar eine Ausschreibung durchzuführen. Unter mehreren möglichen Arten der Mängelbeseitigung darf er die sicherere wählen (BaRoth/*Voit* § 637 Rz 9; Palandt/*Sprau* § 637 Rz 7), bei gleich sicheren ist er nach obigen Grundsätzen auf die kostengünstigere verwiesen (Staud/*Peters* § 637 Rz 71).

7 **c) Eigenleistungen des Bestellers.** Nimmt der Besteller die Mängelbeseitigung ganz oder teilweise in Eigenleistung vor, kann er die hierdurch angefallenen Vermögensaufwendungen in Form von **Fahrt- und Materialkosten**, darüber hinaus den Aufwand an **Arbeitszeit und Arbeitskraft** erstattet verlangen (BGHZ 59, 328, 330; AnwK/*Raab* § 637 Rz 18 mwN). Soweit er die Eigennachbesserung im Rahmen seiner **gewerblichen Tätigkeit**, bspw als Subunternehmer im Verhältnis zum Hauptunternehmer, ausführt, darf er die hierfür

üblicherweise in Ansatz zu bringenden Preis einschließlich der Gemeinkosten abrechnen (KG VersR 79, 233 – ohne Gewinn; AnwK/*Raab* § 637 Rz 18 mwN). Sonst ist gem § 287 ZPO zu schätzen, wobei der Lohn eines in beruflicher Abhängigkeit Tätigen (abzgl des Unternehmerzuschlags) einen Anhaltspunkt bietet (BGH NJW 73, 46).

d) Beschränkungen. Für die Ermittlung des gem § 637 I erstattungspflichtigen Aufwands sind die allg Grundsätze der **Vorteilsausgleichung** zu berücksichtigen. Der Besteller muss sich also **Sowiesokosten** auf den Erstattungsbetrag anrechnen lassen, die auch dann entstanden wären, wenn der Unternehmer sogleich vertragsgerecht geleistet hätte (iE dazu § 635 Rn 6 mwN). Soweit den Besteller ein **Mitverschulden** an der Entstehung des Mangels trifft (bspw durch die Zurverfügungstellung einer fehlerhaften Bauplanung oder einen sonstigen vorwerfbaren Verstoß gegen Mitwirkungs- und Kooperationspflichten), sind die erstattungspflichtigen Aufwendungen quotal um einen seinem Verursachungsbeitrag entsprechenden Betrag zu kürzen (MüKo/*Busche* § 637 Rz 14; iE § 635 Rn 6). 8

II. Vorschuss – § 637 III. 1. Grundlagen. Der Vorschussanspruch ist auf Zahlung eines Geldbetrages gerichtet, den der Besteller nur zur Nachbesserung verwenden darf (Ausnahme: der Hauptunternehmer kann den vom Subunternehmer gezahlten Vorschuss zu einer die Nachbesserungskosten nicht übersteigenden Vergleichsregelung mit dem Bauherrn einsetzen – Palandt/*Sprau* § 638 Rz 10). Neben dem Recht des Bestellers zur Selbstvornahme (s. Rn 2) ist die **Absicht** des Bestellers zur Mangelbeseitigung Voraussetzung des Anspruchs. Diese wird grds unterstellt. Sie fehlt jedoch, wenn der Besteller ersichtlich den Mangel nicht beseitigen will (BGH BauR 84, 406; NJW 77, 1336 f) oder ihn nicht innerhalb angemessener Frist beseitigen kann (BGH BauR 82, 66, 67 – Mangel schon beseitigt; Nürnbg NJW-RR 03, 1601 – Wohnungseigentümergemeinschaft widerspricht Mängelbeseitigungsverlangen eines Eigentümers bei laufendem Beweissicherungsverfahren). Die Beweislast hierfür trägt grds der Unternehmer (BGH NJW 67, 1366 f). Allerdings kann von fehlender Beseitigungsabsicht des Bestellers auszugehen sein, wenn er von seinen vertragsumgestaltenden Mängelrechten wie Rücktritt, Minderung oder Schadensersatz Gebrauch macht (BGH NJW 67, 1366 f; Celle BauR 01, 1753; nicht hingegen, wenn er im Prozess primär Minderung und hilfsweise Vorschuss geltend macht – BGH BauR 99, 631). Stellt sich nachträglich heraus, dass der Besteller den Vorschuss ohne Beseitigungsabsicht eingezogen hat, ist ein bereits bezahlter Vorschuss zurückzuzahlen (Kobl OLGR 00, 157). Allerdings wird dann zu erwägen sein, ob der Besteller den solcherart unberechtigt empfangenen Geldbetrag nicht durch die Geltendmachung eines grds nicht ausgeschlossenen Schadensersatzanspruches in Höhe des erstattungsfähigen Schadens behalten darf (vgl BGHZ 99, 81). Der Besteller kann mit dem Vorschussanspruch gegen den Werklohnanspruch des Unternehmers aufrechnen (BGH NJW-RR 89, 406), es sei denn, der Unternehmer führt nachträglich die ihm gestattete Mängelbeseitigung erfolgreich durch (Nürnbg NJW-RR 02, 1239). Die Aufrechnungsbefugnis des Unternehmers kann in AGB nicht wirksam ausgeschlossen werden (LG München NJW-RR 90, 30). Der Vorschussanspruch verjährt nach § 634a (BGH DB 87, 2092 zum alten Recht). Er erlischt mit dem Entfallen des Nacherfüllungsanspruchs oder des Selbstvornahmerechts. 9

Nach altem Recht galt: Ein Vorschussanspruch ist **ausgeschlossen**, sofern der Besteller den zur Mangelbeseitigung erforderlichen Geldbetrag **auf andere Weise** erlangen kann (BGH BauR 00, 881; s.a. MüKo/*Soergel* 3. Aufl, § 637 Rz 159 mwN), so im Wege der Aufrechnung gegen den Vergütungsanspruch (BGH BauR 93, 96), der Geltendmachung eines Zurückbehaltungsrechts (Oldbg BauR 94, 371), im Falle des Bestehens einer ausreichender Sicherheitsleistung oder bei ausreichendem Einbehalt durch den Besteller (BGHZ 67, 388; BGH BauR 84, 406; Hamm NJW-RR 96, 1046), auch wenn dieser nur die Möglichkeit zum Einbehalt hat (Ingenstau/Korbion/*Wirth* Teil B, § 13 Nr 5 Rz 198 mit Verweis auf Oldbg BauR 94, 371). Diese Grundsätze werden in der jüngeren Lit für den Anwendungsbereich des neuen Schuldrechts zuweilen mit dem Hinweis in Zweifel gezogen, dass der Gesetzgeber den zuvor aus dem Grundsatz von Treu und Glauben (§ 242) entwickelten Vorschussanspruch nunmehr in § 637 III gesetzlich geregelt habe, ohne den Besteller vorrangig auf anderweitige Befriedigungsmöglichkeiten zu verweisen (AnwK/*Raab* § 637 Rz 28; vgl auch: MüKo/*Busche* § 637 Rz 20). Daraus folgt indes nicht, dass der Gesetzgeber die als bekannt zu unterstellende Rspr zum alten Recht negieren wollte. Vielmehr bleibt es auch unter der Geltung des § 637 III dabei, dass der Besteller gegen Treu und Glauben (§ 242) verstößt, wenn er aus § 637 III gegen den Unternehmer vorgeht, obwohl er des allein der Abfederung seines Vorfinanzierungsrisikos dienenden Vorschusses nicht bedarf, weil er über den zur Mängelbeseitigung erforderlichen Geldbetrag durch eine entsprechende Kürzung des Vergütungsanspruchs des Unternehmers bereits verfügen kann. 10

2. Umfang. Die Vorschusspflicht des Bestellers umfasst alle mutmaßlich für die Mängelbeseitigung erforderlichen Kosten (BGH BauR 99, 631), die sich idR durch Gutachten oder eingeholte Angebote ermitteln lassen. Der Besteller ist allerdings nicht zur Einholung von Kostenvoranschlägen oder gar eines Privatgutachtens verpflichtet, nur um den voraussichtlichen Mängelbeseitigungsaufwand beziffern zu können; er darf vielmehr seinem Kenntnisstand entsprechend schätzen und für die Richtigkeit seiner Angaben Sachverständigenbeweis anbieten (BGH BauR 03, 1247; BauR 99, 631). Es ist dann Sache des Gerichts, den vorschusspflichtigen Aufwand – ggf durch Einholung eines Sachverständigengutachtens – zu klären (BGH BauR 03, 1247). Auch insoweit kann allerdings bei ausreichender Tatsachengrundlage gem § 287 ZPO geschätzt werden (BGH NJW-RR 11

04, 1023), wovon die Gerichte in der Praxis viel zu wenig Gebrauch machen. Gegenstand des Vorschussanspruches sind all diejenigen (voraussichtlichen) Aufwendungen, die der Unternehmer bei durchgeführter Selbstvornahme hätte bezahlen müssen (s. Rn 5 ff u § 635 Rn 5). Davon umfasst sind also auch alle Kosten für **Vor- und Nacharbeiten**, selbst wenn hierdurch zugleich Mängel eines Nachfolgeunternehmers beseitigt werden (Karlsr IBR 05, 252). Daneben sog Regiekosten (Köln ZfBR 00, 105, 112), nicht jedoch der merkantile Minderwert (BGH NJW-RR 97, 339; lediglich als Schadensersatz). Der Vorschuss ist unter den Voraussetzungen des § 286 zu verzinsen, allerdings gerät der Unternehmer insoweit nicht schon durch den Ablauf der Nacherfüllungsfrist in Verzug (BGH NJW 80, 1955).

12 **3. Abrechnung.** Die Vorschusszahlung ist ihrer Natur nach nicht endgültig (BGH BauR 89, 81). Der Besteller muss deshalb nach durchgeführter Mängelbeseitigung die Kosten ggü dem Unternehmer **abrechnen** (BGH NJW-RR 89, 405, 406) und zwar innerhalb angemessener Frist (BGH BauR 90, 358; Müko/*Busche* § 637 Rz 22; Celle NJW-RR 94, 1174 – Frist bis zur Rechtskraft der Verurteilung des Unternehmers). Macht der Unternehmer geltend, noch nicht zur Abrechnung in der Lage zu sein, hat er dies zu beweisen (BGH aaO). Für Form und Inhalt der Abrechnung können die Regeln des Auftragsrechts (§§ 667, 670; Anspruch auf Auskunft und Rechnungslegung, §§ 666, 259) herangezogen werden (Palandt/*Sprau* § 637 Rz 10). Auf den Vorschuss gezahlte Verzugs- und Prozesszinsen bleiben außer Betracht, soweit nicht der geleistete Vorschuss die tatsächlichen Mängelbeseitigungskosten übersteigt (BGH NJW 85, 2325). Zuviel gezahlter Vorschuss ist vom Besteller **zurückzugewähren** (BGH BauR 85, 569; 89, 592 – vertraglicher, kein bereicherungsrechtlicher Anspruch), es sei denn, der Besteller kann Schadensersatz mindestens in gleicher Höhe beanspruchen, wodurch bereits die Verpflichtung zur Abrechnung entfallen kann (BGHZ 99, 81; BGH WM 89, 648). Andererseits darf der Besteller bei nicht ausreichendem Vorschuss **nachfordern** (BGHZ 66, 138; München NJW-RR 94, 785; einschr Kobl OLGR 00, 158; auch nach Auftragsentziehung gem §§ 4 VII, 8 III VOB/B; BGH NJW-RR 89, 849), und zwar auch dann, wenn er den bereits empfangenen Vorschuss gerichtlich erstritten hat. Denn der Streitgegenstand der Vorschussklage ist nicht auf den dort geltend gemachten Betrag beschränkt, sondern umfasst die tatsächlich für die Mängelbeseitigung erforderlichen Kosten (BGH BauR 86, 576). Die Verurteilung zur Zahlung eines bezifferten Vorschusses auf die Mängelbeseitigungskosten enthält zugleich die Feststellung, dass der Unternehmer auch die darüber hinaus für die Mängelbeseitigung anfallenden Kosten tragen muss (BGH BauR 08, 2041). Dementsprechend steht der (auch gerichtlichen) Nachforderung des Bestellers nicht die Rechtskraft eines zunächst über einen geringeren Vorschussbetrag ergangenen Urteils entgegen. Demgegenüber hat die Vorschussklage verjährungshemmende Wirkung (§ 204) auch für spätere Erhöhungen der Mangelbeseitigungskosten, sofern sie denselben Mangel betreffen (BGH IBR 05, 364).

13 **C. VOB/B.** Gem § 13 V 2 VOB/B steht dem Besteller ein **Selbstvornahmerecht** nebst Kostenerstattungsanspruch nach Ablauf einer angemessenen Mängelbeseitigungsfrist zu. Es gelten im Wesentlichen die gleichen Grundsätze wie für § 637, auch hinsichtlich des in § 13 V 2 VOB/B nicht ausdrücklich genannten Vorschussanspruches. Allerdings ist das Selbstvornahmerecht aus § 13 V 2 VOB/B abzugrenzen vom Recht zur Mängelbeseitigung nach § 4 VII VOB/B für bereits während der Ausführung auftretende Mängel. Letzteres besteht außer bei Erfüllungsverweigerung erst nach Entziehung des Auftrags gem § 8 III (BGH NJW-RR 02, 160).

14 **D. Beweislast.** Für alle Voraussetzungen des Selbstvornahmerechts sowie des Aufwendungsersatz- oder Vorschussanspruches trägt der Besteller die Beweislast. Der Unternehmer trägt die Darlegungs- und Beweislast dafür, dass der Besteller iRd Selbstvornahme übermäßige Leistungen ausführen ließ (BGH NJW-RR 92, 1300).

§ 638 Minderung. (1) ¹Statt zurückzutreten, kann der Besteller die Vergütung durch Erklärung gegenüber dem Unternehmer mindern. ²Der Ausschlussgrund des § 323 Abs. 5 Satz 2 findet keine Anwendung.
(2) Sind auf der Seite des Bestellers oder auf der Seite des Unternehmers mehrere beteiligt, so kann die Minderung nur von allen oder gegen alle erklärt werden.
(3) ¹Bei der Minderung ist die Vergütung in dem Verhältnis herabzusetzen, in welchem zur Zeit des Vertragsschlusses der Wert des Werkes in mangelfreiem Zustand zu dem wirklichen Wert gestanden haben würde. ²Die Minderung ist, soweit erforderlich, durch Schätzung zu ermitteln.
(4) ¹Hat der Besteller mehr als die geminderte Vergütung gezahlt, so ist der Mehrbetrag vom Unternehmer zu erstatten. ²§ 346 Abs. 1 und § 347 Abs. 1 finden entsprechende Anwendung.

1 **A. Allgemeines.** § 638 wurde durch die Schuldrechtsmodernisierung neu gefasst. Die Minderung ist jetzt Gestaltungsrecht, dessen Ausübung unmittelbar zu einer Herabsetzung der Vergütung um den nach § 638 III zu ermittelnden Minderungsbetrag führt. Insoweit sind nunmehr gem § 638 III 2 ausdrücklich Schätzungen erlaubt und ggf geboten. Neu ist auch der zeitliche Bezugspunkt für die Berechnung der Minderung: Maßgebend ist nicht mehr die Abnahme, sondern in Übereinstimmung mit § 441 III der Zeitpunkt des Vertragsschlusses (s. Rn 5). Allg zum Anwendungsbereich des Sachmängelhaftungsrechts § 633 Rn 2 ff; für das Verhältnis der Sachmängelrechte zum allgemeinen Leistungsstörungsrecht s. § 633 Rn 4 ff, zum Verhältnis der Mängelrechte untereinander § 634 Rn 2 ff.

B. Voraussetzungen/Minderungserklärung. Weil der Besteller gem § 638 I 1 mindern darf „statt zurückzutreten", müssen auch für die Minderung die tatbestandlichen Voraussetzungen des Rücktritts erfüllt sein (iE hierzu § 634 Rn 9). Allerdings greift gem § 638 I 2 der Ausschlussgrund des § 323 V 2 nicht. Dem Besteller steht also auch bei unerheblichen Mängeln ein Minderungsrecht zu. Die Ausübung des Gestaltungsrechts erfolgt durch eine empfangsbedürftige einseitige **Willenserklärung** des Bestellers ggü dem Unternehmer (§ 638 I 1 – BaRoth/*Voit* § 638 Rz 2; Staud/*Peters* § 638 Rz 98), die rechtsgestaltend wirkt und deshalb unwiderruflich und bedingungsfeindlich ist (Palandt/*Sprau* § 638 Rz 3; differenzierend: BaRoth/*Voit* § 638 Rz 2). Die taugliche Minderungserklärung setzt voraus, dass die zu ihrer Begründung herangezogenen Mängel ihren **Erscheinungsformen** nach (s. § 634 Rn 7, 27 – **Symptomrechtsprechung**) konkret bezeichnet werden. Nur auf diese Mängel beschränkt sich das Minderungsbegehren, dessen **Umfang** sich überdies aus der Erklärung ergeben muss (Palandt/*Sprau* § 638 Rz 3; aA – jedenfalls keine Bezifferung erforderlich: AnwK/*Raab* § 638 Rz 10). Bei Personenmehrheit auf Besteller- oder Unternehmerseite kann die Minderungserklärung nur einheitlich abgegeben werden (§ 638 II; zum Sonderfall bei Wohnungseigentümern s. § 634 Rn 24). Dies setzt zwar keine „gleichzeitige" Abgabe voraus, jedoch tritt die Wirksamkeit erst mit Abgabe der letzten der erforderlichen Erklärungen ein (MüKo/*Busche* § 638 Rz 6).

C. Berechnung der Minderung (Abs 3). § 638 III gibt vor, wie die Minderung zu berechnen ist und ersetzt im Gleichlauf mit § 441 III die zuvor maßgebliche Regelung in §§ 634 IV, 472 aF. Dabei sind die Parameter für die Berechnung im Wesentlichen die gleichen geblieben, so dass insoweit auf die zum alten Recht ergangene Rspr zurückgegriffen werden kann. Im Ausgangspunkt gilt nach der gesetzlichen Definition also weiterhin, dass die geminderte Vergütung in demselben Verhältnis zum vollen Werklohn stehen muss, in dem der Wert der mangelhaften Leistung zum Wert der vertragsgerechten (mangelfreien) Werkleistung steht. Maßgeblich ist der (objektive) Verkehrswert, der nicht notwendig der vereinbarten Vergütung und damit den subjektiven Wertvorstellungen der Vertragsparteien entspricht (Staud/*Peters* § 634 Rz 61; MüKo/*Busche* § 638 Rz 10). Hat eine mangelhafte Architektenleistung zu einem Mangel am Bauwerk geführt, ist deshalb bspw bei der Berechnung der Minderung der Wert des mangelhaften Architektenwerks (nicht des Bauwerks) im Verhältnis zum mangelfreien heranzuziehen (BGH NJW 72, 821). Gleichwohl wird die Minderung auch nach neuem Recht nach der sog **Differenzmethode** zumeist den **Mängelbeseitigungskosten** einschließlich der Aufwendungen für alle notwendigen Begleitarbeiten (Ddorf BauR 94, 764) entsprechen (vgl BGHZ 58, 181, 183; BGH NJW-RR 97, 688; NJW 96, 3001). Sofern im Einzelfall davon auszugehen ist, dass trotz der (hypothetischen) Beseitigung der Mängel ein **merkantiler und/oder technischer Minderwert** verbleiben würde, so ist auch dieser in den Minderungsbetrag einzurechnen (BGH NJW-RR 95, 591; 91 1428; Hamm NJW-RR 89, 602).

Die Differenzmethode legt der Berechnung der Minderung also faktisch den **Nachbesserungsaufwand** zugrunde. Sie greift deshalb nicht, wenn der Unternehmer ausnahmsweise nicht zur Nacherfüllung verpflichtet ist, weil ihm dann über die Minderung eben diejenigen Aufwendungen zur Last fielen, von denen er nach den gesetzlichen Regelungen freigestellt ist. Dann kann folgerichtig auch für die Berechnung der Minderung nicht auf die Kosten der Mängelbeseitigung zurückgegriffen werden. Stattdessen ist der Minderungsbetrag gem § 638 III 2 anderweitig zu **schätzen**. Hierfür hat der BGH in einer noch zum alten Recht ergangenen Entscheidung vom 9.1.03 (BauR 03, 533 = NJW 03, 1188) für das Baugeschäft einen Weg aufgezeigt, nach dem außer dem festgestellten technischen und merkantilen Minderwert ggf noch der Teil von der vertraglichen Vergütung abzuziehen ist, der den durch Verwendung minderwertigen Materials vom Unternehmer **eingesparten Kosten** entspricht (krit hierzu: *Weyer* Jahrbuch Baurecht 04, 243, 265 f). Eine andere standardisierte Schätzungsmethode ist das sog **Zielbaumverfahren** nach Aurnhammer (*Aurnhammer* BauR 83, 979; zust: *Pauly* BauR 02, 1321, 1323f). Bei völlig unbrauchbarer Werkleistung mindert sich der Werklohn ggf **auf null** (BGHZ 42, 232). IÜ ist bei der Bestimmung der geminderten Vergütung ein evtl **Mitverschulden** des Bestellers (bspw Verstoß gegen Mitwirkungs- oder Kooperationspflichten) in entspr Anwendung des § 254 zu berücksichtigen. Dann ist der zunächst nach obigen Grundsätzen ermittelte Minderungsbetrag quotal um den Verursachungsanteil des Bestellers zu kürzen.

§ 638 III 1 bestimmt jetzt ausdrücklich, dass der Zeitpunkt des **Vertragsschlusses** maßgebend sein soll für die Berechnung der Minderung. Das ist für den Kauf (dort ebenso in § 441 III) unproblematisch, führt hingegen für das Werkvertragsrecht uU zu erheblichen Problemen, wenn bei umfangreichen Bauvorhaben mit langer, oft mehrjähriger Planungs- und Bauzeit Anhaltspunkte dafür vorliegen, dass der Wert der vertraglich geschuldeten Bauleistung in der Zeit zwischen Vertragsschluss und Abnahme eine feststellbare Veränderung erfahren hat. Dann ist es kaum einzusehen, dass für die Berechnung der Minderung der Zeitpunkt des Vertragsschlusses der maßgebliche sein soll. Deshalb entsprach es nach altem Recht stRspr des BGH (BGH NJW 96, 3001; BGHZ 58, 181, 183) und ganz hM in der Lit (zum Meinungsstand: Kapellmann/Messerschmidt/*Weyer* Teil B, § 13 Rz 323), die Berechnung der Minderung nach den Wertverhältnissen im Zeitpunkt der **Abnahme** vorzunehmen (Durch die Verweisungssystematik in § 634 I, IV war für den Werkvertrag die Möglichkeit eröffnet, einen anderen als den in § 472 I genannten Zeitpunkt – Verkauf der Sache – heranzuziehen). Ob sich der in alledem zu Tage tretende gesetzgeberische Missgriff bei der Neufassung des § 638 durch Aufrechterhaltung der bisherigen Rspr im Wege einer **teleologischen Reduktion** (*Teichmann* JuS 02, 417, 421) oder der **berichtigenden Auslegung** (*Weyer* Jahrbuch Baurecht 04, 243, 250f; Kapellmann/Messerschmidt/ *Weyer* Teil B, § 13 Rz 324) des § 638 III 1 aufrechterhalten lässt, ist derzeit noch heftig umstr (Dagegen: *Werner/Pastor* Rz 1666; *Wirth* BauR 02, 53; *Kemper* BauR 02, 1613, 1617f).

6 **D. Rechtsfolgen.** Macht der Besteller die Minderung geltend, behält er das mangelhafte Werk und die vertraglich geschuldete Vergütung wird mit Zugang der Minderungserklärung um den Minderungsbetrag herabgesetzt. Da die Minderung die ganze Vergütung betrifft, ist der Minderungsbetrag im Prozess nicht notwendig vom eingeklagten Teilbetrag, sondern stets vom letztrangigen Teil der Vergütungsforderung abzuziehen (BGH NJW 71, 1080). Zu berücksichtigen sind nur die mit der Minderungserklärung unterscheidbar geltend gemachten Mängel (s. Rn 2). Hinsichtlich etwaiger weiterer Mängel kann der Besteller erneut mindern oder von seinen übrigen Mängelrechten Gebrauch machen (zum Verhältnis zwischen den einzelnen Mängelrechten s. § 634 Rn 2 ff). Hat der Besteller bereits einen über die geminderte Vergütung hinausgehenden Betrag an den Unternehmer gezahlt, kann er die **Überzahlung** unmittelbar gem § 638 IV 1 zurückfordern, ohne auf bereicherungsrechtliche Ansprüche zurückgreifen zu müssen. Insoweit entsteht gem § 638 IV 2 ein **Rückabwicklungsverhältnis**, auf dass die allgemeinen Vorschriften der §§ 346 ff Anwendung finden. Bei einer (berechtigten) Minderung „auf null" entsprechen die Rechtsfolgen also faktisch denen des Rücktritts (BGH NJW 65, 152) und der Besteller muss unter Berücksichtigung der einschlägigen Wert- und Nutzungsersatzvorschriften seinerseits die empfangenen Werkleistungen herausgeben (iE hierzu § 634 Rn 12 f).

7 **E. VOB/B.** Gem **§ 13 VI** VOB/B ist das Minderungsrecht abw von § 638 beschränkt auf die Fälle, in denen die Mängelbeseitigung unmöglich oder dem Besteller nicht zuzumuten ist, darüber hinaus, wenn der Unternehmer die Nacherfüllung wegen unverhältnismäßigen Aufwandes verweigern darf und auch tatsächlich verweigert. Für das Kriterium des „unverhältnismäßige Aufwandes" gilt ein strenger Maßstab; vorrangig ist immer das Recht des Bestellers auf ein „funktionierendes" Werk zu berücksichtigen (Ingenstau/Korbion/ *Wirth* Teil B, § 13 Nr 6 Rz 21). Für den Besteller ist die Zulassung der Mängelbeseitigung nur dann „unzumutbar" iSd § 13 Nr 6 VOB/B, wenn andernfalls seine berechtigten Interessen unter Berücksichtigung aller Umstände des Einzelfalles in außergewöhnlicher Weise eingeschränkt werden. Eine lediglich dilettantische Ausführung der bisherigen Werkleistungen genügt hierfür nicht (Kobl NJW-RR 02, 669). Wegen § 309 Nr 8b bb sollen die Bestimmungen des § 13 VI VOB/B trotz der signifikanten Abweichung vom gesetzlichen Leistbild in § 638 und unabhängig von einer Gesamtprivilegierung der VOB/B (Vor §§ 631–651 Rn 28) einer isolierten Inhaltskontrolle standhalten (Kapellmann/Messerschmidt/*Weyer* Teil B, § 13 Rz 332 mwN).

§ 639 Haftungsausschluss.
Auf eine Vereinbarung, durch welche die Rechte des Bestellers wegen eines Mangels ausgeschlossen oder beschränkt werden, kann sich der Unternehmer nicht berufen, soweit er den Mangel arglistig verschwiegen oder eine Garantie für die Beschaffenheit des Werkes übernommen hat.

1 **A. Allgemeines.** Die der kaufrechtlichen Vorschrift in § 444 entspr Regelung ersetzt und ergänzt § 637 aF. Sie entzieht die Mängelrechte des Bestellers der grds gegebenen Dispositionsfreiheit der Vertragsparteien, soweit sie einen **arglistig** vom Unternehmer **verschwiegenen Mangel** oder eine Beschaffenheit des Gewerkes betreffen, für die der Unternehmer eine **Garantie** übernommen hat. Eine haftungsbeschränkende Vereinbarung iSd § 639 kann individualvertraglich erfolgen oder in AGB enthalten sein, wodurch dann über den Anwendungsbereich des § 639 hinaus die AGB-rechtliche Inhaltskontrolle eröffnet ist (iE Rn 6 f). Auf den Zeitpunkt der Abrede kommt es nicht an; auch ein nach Abnahme erklärter Verzicht auf Mängelrechte kann gem § 639 unwirksam sein (Staud/*Peters* § 639 Rz 7).

2 **B. Haftungsbeschränkung und Haftungsausschluss.** Die Vereinbarung einer Haftungsbeschränkung iSd § 639 ist grds zu unterscheiden von den rechtsgeschäftlichen Abreden der Vertragsparteien über die **Beschaffenheit** des herzustellenden Gewerkes. Es steht ihnen iRd Privatautonomie bspw frei, eine hinter den anerkannten Regeln der Technik (zur Bedeutung für die Mangelfreiheit des Werkes s. § 633 Rn 23) zurückbleibende Art der Ausführung zu vereinbaren. Darin liegt keine Haftungsbeschränkung, sondern eine wirksame Bestimmung des zu erbringenden Leistungsumfangs, so dass der Unternehmer bei Beachtung der ihm obliegenden **Prüfungs- und Hinweispflichten** hinsichtlich der gleichwohl möglichen Verfehlung des geschuldeten Werkerfolgs schon nicht der werkvertraglichen Mängelhaftung unterliegt (Palandt/*Sprau* § 639 Rz 2; AnwK/ *Raab* § 639 Rz 10; iE hierzu § 633 Rn 22). Die Grenze zum Anwendungsbereich des § 639 ist erst überschritten, wenn die Beschaffenheitsvereinbarung des Unternehmers eine **Garantie** beinhaltet (s. Rn 4).

3 Vom Unwirksamkeitspostulat des § 639 umfasst sind grds alle rechtsgeschäftlichen Vereinbarungen, soweit sie die sich aus § 634 ergebenden **Mängelrechte** (BaRoth/*Voit* § 639 Rz 19; Staud/*Peters* § 639 Rz 2) sowie **mangelbezogene Schadensersatzansprüche** aus §§ 634 Nr 4, 280 I, 281 I (zur Abgrenzung zwischen Schadensersatz statt der Leistung gem § 281 I und Schadensersatz nach § 280 I s. § 634 Rn 14 ff) und **Delikt** (AnwK/*Raab* § 639 Rz 8) mit **für den Besteller** nachteiligen Auswirkungen abw von der gesetzlichen Bestimmungen regeln. Ob allerdings eine dann an § 639 zu messende Haftungsbeschränkung im Einzelfall derartige Ansprüche überhaupt betrifft, muss ggfls durch **Auslegung** (§§ 133, 157) geklärt werden. Insoweit wird man in Ermangelung gegenteiliger Anhaltspunkte grds davon ausgehen können, dass ein mangelbezogener Gewährleistungsausschluss

auch evtl **Mangelfolgeschäden** umfasst, für die der Unternehmer andernfalls nach §§ 634 Nr 4, 280 I, 281 I einzustehen hätte. Das mag nach altem Recht mit Rücksicht auf die Differenzierung zwischen werkvertraglichem Schadensersatz gem § 635 aF und Ansprüchen aus pVV jedenfalls für entfernte Mangelfolgeschäden anders zu beurteilen gewesen sein (vgl BGH WM 82, 980, 982). Nach jetzt geltendem Recht unterliegt hingegen auch der Anspruch auf Ersatz entfernter Mangelfolgeschäden der werkvertraglichen Mängelhaftung (s. § 634 Rn 18), so dass der rechtsgeschäftliche Erklärungswert einer die Mängelhaftungsrechte beschränkenden Abrede auch derartige Mangelfolgen umfasst, wenn sich aus der Vereinbarung nach gebotener Auslegung nichts Gegenteiliges ergibt (für eine grds restriktive Auslegung derartiger Klauseln: BaRoth/*Voit* § 639 Rz 19). Anders liegen die Dinge für mangelbedingte deliktische Schadensersatzansprüche, die nicht der werkvertraglichen Mängelhaftungsrecht unterliegen und deshalb nur dann von einem Haftungsausschluss umfasst sein dürften, wenn die Vertragsparteien solches feststellbar besonders vereinbart haben (ebenso zum Ganzen: Palandt/*Sprau* § 639 Rz 3 – unter Hinweis auf BGH WM 79, 435, 436). Erst recht dürfte die Haftung für nicht mangelbedingte Schäden von einer Haftungsbeschränkung für Bauwerkschäden in einem Architektenvertrag nicht umfasst sein (BGH BB 77, 516). Die Beweislast für das Zustandekommen und den Inhalt einer haftungsausschließenden oder haftungsbeschränkenden Vereinbarung trägt der Unternehmer.

C. Unwirksamkeitsgründe. I. Arglistiges Verschweigen – § 639 Alt 1. Der Unternehmer kann sich auf einen Haftungsausschluss nicht berufen, soweit er Mängel arglistig verschwiegen hat (iE zur Arglist § 634a Rn 11). Der Unwirksamkeitsregelung des § 639 reicht nicht weiter als die Arglist des Unternehmers. Betrifft sie nur einen oder einige von mehreren Mängeln, hat der Haftungsausschluss hinsichtlich der übrigen vorbehaltlich anderer Unwirksamkeitsgründe Bestand (Palandt/*Sprau* § 639 Rz 4). Maßgeblich für die den Arglistvorwurf rechtfertigende Verletzung der Offenbarungspflicht ist der Zeitpunkt der Abnahme (BGH NJW 74, 553), ersatzweise der Vollendung des Werks (BaRoth/*Voit* § 639 Rz 10; Palandt/*Sprau* § 639 Rz 4), bei nachträglicher Vereinbarung einer Haftungsbeschränkung dieser (BaRoth/*Voit* § 639 Rz 10). Die sich insoweit ergebende Abweichung von kaufvertraglichen Beurteilungsmaßstäben (für § 444 kommt es grds auf den Zeitpunkt des Zustandekommens der Vereinbarung an – s. § 444 Rn 7) rechtfertigt sich aus dem Umstand, dass der Unternehmer – anders als der Verkäufer – im Zeitpunkt des Vertragsschlusses und einer damit einhergehenden Haftungsabrede iaR noch gar keine Kenntnis von evt Mängeln des erst noch herzustellenden Gewerkes haben kann (so zutr AnwK/*Raab* § 639 Rz 13).

II. Garantie – § 639 Alt 2. Der Gesetzgeber hat den Begriff der **Garantie** nicht näher definiert. Ob und wenn ja, in welchem Umfang der Unternehmer eine solche übernommen hat, ergibt sich idR aus dem Vertrag und muss ggf durch Auslegung (§§ 133, 157) ermittelt werden. Dabei sind verschiedene Erscheinungsformen von Garantieversprechen zu unterscheiden. Dem Regelungszusammenhang zwischen § 639 und § 634 ist zu entnehmen, dass § 639 jedenfalls die **Beschaffenheitsgarantie** (s. § 443 I) erfasst, durch die der Besteller über seine werkvertragliche Einstandspflicht hinaus die Gewähr dafür übernimmt, dass seine Werkleistungen im Zeitpunkt des Gefahrübergangs (idR Abnahme) bestimmte Eigenschaften aufweisen. In rechtlicher Konsequenz haftet er dann verschuldensunabhängig auf Schadensersatz, wenn dem Gewerk die garantierten Beschaffenheiten fehlen. Darin unterscheidet sich die Beschaffenheitsgarantie von der nach altem Recht in § 633 I aF verankerten werkvertraglichen **Eigenschaftszusicherung**, mit der der Besteller zwar das Versprechen verband, das Gewerk mit den zugesagten Eigenschaften auszustatten, nicht aber, auch für die Folgen ihres Fehlens verschuldensunabhängig einstehen zu wollen (BGHZ 96, 111; BGH NJW-RR 96, 783; anders die kaufvertragliche Eigenschaftszusicherung nach § 463 aF – hierzu: BGH NJW 07, 1346). Daraus wird man folgern müssen, dass es sich bei derartigen werkvertraglichen Eigenschaftszusicherungen, die jetzt iÜ hinsichtlich der physischen Beschaffenheit der Werkleistung den von § 633 II 1 erfassten Beschaffenheitsvereinbarungen stark angenähert sein dürften, nicht um Garantieerklärungen iSd § 639 handelt (*Kniffka/Koeble* 6. Teil Rz 34; BaRoth/*Voit* § 639 Rz 17; AnwK/*Raab* § 639 Rz 16; aA: Palandt/*Sprau* § 639 Rz 5; *Werner/Pastor* Rz 1434; *Voppel* BauR 02, 843, 848). Umgekehrt liegt der Rückschluss auf eine Garantieerklärung nahe, wenn der Unternehmer über die vertraglichen Beschaffenheitsvereinbarungen hinaus ergebnisbezogene Zusagen macht, an deren Einhaltung der Besteller nach den Umständen ein besonderes Interesse hat (bspw Zusagen über die Einhaltung bestimmter Wärmedämm- oder Schallschutzwerte, die Bebaubarkeit oä; zum Ganzen mwN: *Kniffka* ibr-online-Kommentar Bauvertragsrecht, Stand 26.5.09, § 639 Rz 4 ff mwN; *v Westphalen* ZIP 02, 545; *de Vasconcellos* NZBau 03, 121 – zum Anlagenbau).

Andere Erscheinungsformen einer **unselbständigen Garantie** betreffen **Haltbarkeits- und Verfügbarkeitszusagen** (s. § 443 I) des Unternehmers, mit denen er die vertragsgerechte Beschaffenheit seines Werkes für einen bestimmten, über den Zeitpunkt des Gefahrübergangs hinausgehenden Zeitraum verspricht. Auch solche Garantieerklärungen sind an § 639 zu messen (AnwK/*Raab* § 639 Rz 17). Nicht von § 639 umfasst sind hingegen sog **selbständige Garantien** (s. § 443 Rn 11) mit einem von den werkvertraglichen Mängelhaftungsrechten vollständig abgekoppelten Inhalt (*Werner/Pastor* Rz 1434; Palandt/*Sprau* § 634 Rz 26).

III. Allgemeine Geschäftsbedingungen – Inhaltskontrolle gem §§ 307 ff. Formularmäßige Haftungsausschlüsse unterliegen über § 639 hinaus der Inhaltskontrolle nach §§ 307 ff. Insb kommt eine Unwirksamkeit gem § 309 Nr 8b aa (Ausschluss und Verweisung auf Ansprüche gegen Dritte), § 309 Nr 8b bb (Beschränkung auf Nacherfüllung) und § 309 Nr 12 (Beweislast) in Betracht. Darüber hinaus ist § 309 Nr 7a zu beachten, wonach jedwede formularmäßige Haftungsbeschränkung für Schäden aus der Verletzung von Leben, Köper und Gesundheit verboten ist.

8   Die Erscheinungsformen formularmäßiger Haftungsausschlussklauseln sind ohne Zahl; die hierzu ergangene Rspr und Lit ebenso (vgl für das Baurecht die ausführliche Darstellung bei *Werner/Pastor* Rz 2182 mzN). Folgende Grundsätze lassen sich hieraus ableiten:

– Der vollständige oder teilweise **Ausschluss** der Mängelhaftung durch AGB ist unwirksam (§ 309 Nr 8b aa), und zwar gem § 307 II auch im kaufmännischen Rechtsverkehr (vgl BGH NJW-RR 93, 561); ebenso ein individualvertraglicher Ausschluss der Sachmängelhaftung für den Erwerb neu errichteter Bauwerke (auch Eigentumswohnungen) bei fehlender ausführlicher Belehrung und Beratung über die Folgen durch den Notar (BGH NJW 89, 2748; 05, 1115, 1117).

– Eine **Verkürzung der Verjährungsfrist** für Mängel, auch durch Vorverlegung des Verjährungsbeginns (BGH BauR 92, 794), ist in AGB des Unternehmers unwirksam (BGH BauR 92, 794; 87, 113).

– Formularmäßige **Subsidiaritätsklauseln**, mit denen der Bauträger oder Generalunternehmer seine Mängelhaftung ausschließt und den Besteller stattdessen auf die (gerichtliche) Geltendmachung (abgetretener) Mängelrechte gegen Dritte (ausführende Unternehmen; Subunternehmer) verweist, sind nach der jüngeren Rspr des BGH (grundlegend: BGH BauR 02, 1385 = NJW 02, 2470) in Verträgen mit **Verbrauchern** unwirksam. IÜ können solche Klauseln in Fortgeltung der früheren Rspr wirksam sein, soweit die Eigenhaftung des Unternehmers für in seine Ausführungsverantwortung fallende Mängel erhalten bleibt und iÜ nicht von der vorherigen (erfolglosen) gerichtlichen Inanspruchnahme Dritter abhängig gemacht wird (BGH NJW 98, 904; 95, 1675).

– Dem Besteller muss mindestens ein unbedingter, verschuldensunabhängiger **Nacherfüllungsanspruch** (der sämtliche Nebenkosten abdeckt; BGH NJW 81, 1510), sowie für dessen Verzögerung, Unterlassen, Unmöglichkeit oder Misslingen ein Rücktrittsrecht bzw Schadensersatzanspruch verbleiben (BGH NJW 02, 511; NJW-RR 93, 560). Bei Bauleistungen ist gem § 309 Nr 8b bb eine Beschränkung auf Nacherfüllung unter Ausschluss des Rücktritts zulässig (dies gilt nicht für Bauträgerleistungen, BGH NJW 02, 511), vorausgesetzt, dass bei Fehlschlagen der Nacherfüllung weitere Rechte (Minderung) bestehen.

– Der formularmäßige Ausschluss von mangelbedingten **Zurückbehaltungsrechten** ist gem § 309 Nr 2 unwirksam, auch unter Kaufleuten – § 307 II (*Kniffka/Koeble* 12. Teil, Rz 450).

– Die **gesamtschuldnerische Haftung** zwischen Architekt und Unternehmer kann gem § 309 Nr 8b aa nicht formularmäßig ausgeschlossen werden (München NJW-RR 88, 336, 338).

§ 640 Abnahme.

(1) ¹Der Besteller ist verpflichtet, das vertragsmäßig hergestellte Werk abzunehmen, sofern nicht nach der Beschaffenheit des Werkes die Abnahme ausgeschlossen ist. ²Wegen unwesentlicher Mängel kann die Abnahme nicht verweigert werden. ³Der Abnahme steht es gleich, wenn der Besteller das Werk nicht innerhalb einer ihm vom Unternehmer bestimmten angemessenen Frist abnimmt, obwohl er dazu verpflichtet ist.
(2) Nimmt der Besteller ein mangelhaftes Werk gemäß Absatz 1 Satz 1 ab, obschon er den Mangel kennt, so stehen ihm die in § 634 Nr. 1 bis 3 bezeichneten Rechte nur zu, wenn er sich seine Rechte wegen des Mangels bei der Abnahme vorbehält.

1   **A. Allgemeines.** Die Abnahme stellt eine wichtige zeitliche Zäsur für die Rechtsbeziehungen zwischen den Werkvertragsparteien dar. Sie markiert den Übergang vom Erfüllungsstadium zu den Mängelrechten (§ 634) mit weit reichenden Auswirkungen auf die Vertragsabwicklung (zu den Rechtswirkungen der Abnahme: Rn 6). Ihre große praktische Relevanz zeigt sich va bei umfangreichen Bauvorhaben unter Beteiligung mehrerer Unternehmer, wenn bei fortschreitendem Bautenstand und ggf drohender Überbauung oft nur durch rechtzeitige und verlässliche Feststellungen zum Umfang und zur Beschaffenheit des Gewerkes eine ausreichende Tatsachengrundlage für die Abrechnung der Werkleistungen geschaffen und – mit vertretbarem Aufwand – gesicherte Erkenntnisse über das Vorhandensein etwaiger Mängel gewonnnen werden können. Der richtige Zeitpunkt hierfür ist derjenige der Abnahme. Dementsprechend sieht die VOB/B mit einem auch iÜ differenzierten Regelungsgefüge (s. § 12 VOB/B) vor, dass die Vertragsparteien derartige Feststellungen grds im Rahmen einer förmlichen Abnahme treffen und dokumentieren sollen (vgl § 12 Nr 4 VOB/B). In der Praxis verzichten die Vertragsparteien viel zu oft und leichtfertig auf die sich für beide Seiten aus einer geordneten Abnahme ergebenden Vorteile, wobei insb die Auftraggeber zuweilen meinen, trotz eines im Wesentlichen vertragsgerecht erstellten Gewerkes die Abnahme endgültig verweigern zu sollen, um im Vergütungsprozess mit dem Einwand fehlender Abnahme reüssieren zu können. Das ist nicht ungefährlich, weil die Abnahme Hauptleistungspflicht ist und ihre unberechtigte Verweigerung Annahmeverzug und den Vorwurf einer den Schuldnerverzug begründenden Pflichtverletzung rechtfertigen kann. Allerdings hat der Gesetzgeber den Unternehmern durch die mit dem Gesetz zur Beschleunigung fälliger Geldzahlungen vom 30. 3. 00 eingeführte Regelung zur fiktiven Abnahme in § 640 I 3 nunmehr eine probate Möglichkeit eröffnet, die Abnahme auch ohne Mitwirkung des Besteller herbeizuführen (iE Rn 12 f). Dann ist allerdings zu beachten,

dass § 640 II nicht auf § 640 I 3 Bezug nimmt, so dass der Besteller bei der fiktiven Abnahme keinen Rechtsverlust befürchten muss, wenn er sich seine Mängelrechte für erkennbare Mängel nicht vorbehält (iE Rn 14).

B. Regelungsgehalt. I. Begriff und Rechtnatur. Die Abnahme ist die **körperliche Hinnahme** der Leistungen des Unternehmers, verbunden mit der – auch konkludenten (Hamm BauR 01, 1914) – **Anerkennung (Billigung)** des Werkes durch den Besteller als **im Wesentlichen vertragsgerecht** (BGH BauR 94, 242, 243; NJW 93, 1972). Sie ist vertragliche **Hauptleistungspflicht** und selbständig einklagbar (BGH BauR 96, 386). Daran ändert auch die vorzeitige Beendigung des Vertrages durch **Kündigung** nichts (BGH BauR 06, 1294; 03, 689). Die Rechtsnatur der Abnahmeerklärung ist streitig (für **Willenserklärung**: RGZ 110, 404, 407; BGH NJW 74, 95; *Locher* Rz 81; Kapellmann/Messerschmidt/*Havers* Teil B, § 12 Rz 1 mwN; für **rechtsgeschäftsähnliche Handlung**: BaRoth/*Voit* § 640 Rz 5; AnwK/*Raab* § 640 Rz 7 mwN; vgl zum Meinungsstand auch Staud/*Peters* § 640 Rz 10 f mwN; *Thode* ZfBR 99, 116); jedenfalls finden die Vorschriften über Willenserklärungen (entsprechende) Anwendung (*Thode* ZfBR 99, 116), folglich auch die Grundsätze der **Anscheins- und Duldungsvollmacht** (zur Stellvertretung s. Rn 8) und der **Anfechtung**, wobei allerdings die mangelbezogene Berufung auf § 119 durch die spezialgesetzlichen Regelungen des Mängelhaftungsrechts ausgeschlossen ist. Gem § 130 muss die Abnahmeerklärung grds **zugehen**, um Wirksamkeit entfalten zu können (Staud/*Peters* § 640 Rz 13 mwN). Allerdings wird ein Zugang in der Praxis häufig entsprechend § 151 entbehrlich sein, so insb, wenn der Besteller die Werkleistungen nach Prüfung ohne Beanstandung in Gebrauch nimmt (AnwK/*Raab* § 640 Rz 8 mwN). Die körperliche Entgegennahme genügt, wenn eine Abnahme nach der Beschaffenheit des Werkes ausgeschlossen ist (§ 646). Andererseits reicht eine billigende Erklärung aus, wenn die körperliche Hinnahme nicht mehr in Betracht kommt, etwa weil der Besteller bereits im Besitz des vollendeten Gewerkes ist (BGHZ 125, 111). Fehlende Abnahmereife (Rn 4 f) hindert die ausdrückliche Abnahme nicht, diese kann vielmehr unter Vorbehalt selbst gravierender Mängel erklärt werden (§ 640 II; Brandbg BauR 03, 1054). Es müssen dann jedoch gewichtige Umstände vorliegen, welche abseits einer ausdrücklichen Abnahmeerklärung die Annahme rechtfertigen, der Besteller habe das Werk als vertragsgemäß gebilligt (BGH BauR 04, 337). Eine **Teilabnahme** kann der Unternehmer nur kraft entsprechender vertraglicher Vereinbarung verlangen (*Thode* ZfBR 99, 116, 117; so bei Vereinbarung der VOB/B, dort § 12 Nr 2). Mit der Teilabnahme wird der Werklohn für die teilabgenommene Leistung fällig und die Verjährung der beiderseitigen Ansprüche wegen bis dahin erbrachten Leistungen beginnt (Brandbg BauR 05, 152).

Auch **Architekten- und Ingenieurleistungen** sind abzunehmen (BGH BauR 00, 128; für Statiker und Sonderfachleute: BGHZ 48, 257, 263), wobei sich in der Praxis die Abnahme nach obigen Grundsätzen zumeist in der Billigung der unkörperlichen Planungs- oder Überwachungsleistungen erschöpft (BGH NJW 99, 2113 – Entwurfsplanung). Leistungen des Architekten iRd Objektbetreuung (Leistungsphase 9 gem § 15 HOAI) sind erst nach Ablauf der Verjährungsfrist für Mängelrechte des Bauherrn hinsichtlich des letzten Ausführungsgewerkes vollständig und damit abnahmefähig erbracht (Köln NJW-RR 92, 1173).

II. Abnahmepflicht trotz unwesentlicher Mängel – § 640 I 2. Gem § 640 I 2 darf der Besteller die Abnahme nicht wegen unwesentlicher Mängel verweigern. Daraus folgt im Umkehrschluss, dass eine **Abnahmepflicht** besteht, wenn das Gewerk **abnahmereif**, dh ohne wesentliche Mängel (zur Unbeachtlichkeit der abweichenden Terminologie in § 12 Nr 3 VOB/B: Kapellmann/Messerschmidt/*Havers*, Teil B, § 12 Rz 83 mwN; *Motzke* NZBau 00, 489, 493; aA: *Peters* NZBau 00, 169, 171) hergestellt ist. Bei wesentlichen Mängeln darf der Besteller die Abnahme hingegen verweigern (insb bei nicht behebbaren Mängeln, Hamm BauR 04, 1459). Eine vollständig und damit abnahmereife Leistung liegt erst vor, wenn die vom Leistungsumfang umfassten Unterlagen ausgehändigt sind (zB vereinbarte Dokumentation – BGH NJW-RR 93, 1461), bei Anpassung oder Herstellung von Software insb das Benutzerhandbuch (BGH BauR 04, 337).

Unwesentlich ist ein Mangel, wenn es dem Besteller unter Abwägung aller Umstände zuzumuten ist, die Leistung als im Wesentlichen vertragsgemäße Erfüllung anzunehmen und sich mit den Mängelrechten nach § 634 zu begnügen (BGH NJW 92, 2481; 81, 1448; Ddorf BauR 97, 842; Hamm NJW-RR 90, 917 – er kann dann allerdings wegen §§ 323 V 2, 281 I 3 nicht zurücktreten oder Schadensersatz statt der ganzen Leistung verlangen). Die Frage, ob abzunehmen ist, ist unter Berücksichtigung der Art und des Umfangs des Mangels sowie seiner konkreten Auswirkungen nach den Umständen des Einzelfalls zu beantworten (BGH NJW 92, 2481; Stuttg IBR 01, 167). Auch ein eventuelles Verschulden findet Berücksichtigung. Maßgebende Kriterien sind va die Auswirkungen des Mangels auf den vertraglich vorausgesetzten Verwendungszweck und die Gebrauchstauglichkeit der Werkleistungen (BGH NJW 92, 2481; NJW-RR 04, 782; Hamm BauR 04, 1459 – Aufzug nicht rollstuhlgerecht; Karlsr BauR 95, 246 – von den vertraglichen Vorgaben abweichende Estrichhöhe; Ddorf IBR 04, 571 – Unterschreitung der vertraglich vereinbarten Schalldämmwerte), ebenso die **Mängelbeseitigungskosten** (BGH BauR 00, 1482). Indes: Auch ein Mangel, der mit relativ geringem Aufwand beseitigt werden kann, berechtigt zur Abnahmeverweigerung, wenn er sicherheitsrelevant ist und von ihm ein erhebliches Gefahrenpotential ausgeht (Hamm BauR 05, 731 – fehlende Absturzsicherung im Wert v 2.000 € bei Auftragssumme von 1,5 Mio €). Ebenso (nur) **optische Mängel**, wenn ihr Vorhandensein die nach dem Vertrag vorausgesetzte Verwendung der Werkleistungen beeinträchtigt (Köln MDR 02, 877; Dresd BauR 03, 1242; kein wesentlicher Mangel: Hamm BauR 03, 1403 – reiner Schönheitsfehler bei Türschwellen; KG BauR

84, 529 – kleine Unebenheiten im Treppenpodest). Mehrere, für sich genommen unwesentliche Mängel, können in ihrer Summe die Unwesentlichkeitsgrenze des § 640 I 2 überschreiten (Hambg BauR 03, 1590; Palandt/*Sprau* § 640 Rz 9). Noch ausstehende kleinere, die Gebrauchsfähigkeit nicht beeinträchtigende Restarbeiten von untergeordneter Bedeutung berühren die Abnahmereife nicht.

6 III. Rechtswirkungen der Abnahme. Mit der Abnahme endet das **Erfüllungsstadium** und der Besteller ist fortan auf die Mängelrechte des § 634 verwiesen (s. iE § 633 Rn 5 ff). Es treten der **Gefahrübergang** (§§ 644, 645) und die **Fälligkeit der Vergütung** (§ 641) nebst **Verzinsungspflicht** (§ 641 IV) ein; die **Verjährung** beginnt zu laufen. Die **Beweislast** für die Mangelfreiheit des Werks trägt bis zur Abnahme der Unternehmer. Nach der Abnahme hat der Besteller das Vorliegen von Mängeln (mit Ausnahme der vorbehaltenen) zu beweisen. Erkennbare Mängel muss sich der Besteller bei der Abnahme vorbehalten; sonst verliert er insoweit gem § 640 II seine Mängelrechte mit Ausnahme des Anspruches auf Schadensersatz (s. Rn 14). Die Abnahmewirkungen treten grds auch durch die Abnahmefiktionen in § 640 I 3 und § 641a ein (s. iE Rn 12 f, insb zur Beweislastverteilung bei fiktiver Abnahme nach § 640 I 3). Maßgeblich für den Eintritt der Abnahmewirkungen ist der Zeitpunkt der Abnahmeerklärung (ausdrücklich oder stillschweigend), in den Fällen des § 646 die Werkvollendung, bei der Abnahmefiktion des § 640 I 3 der Ablauf der Frist.

7 IV. Abweichende Vereinbarungen. Den Vertragsparteien steht es grds frei, individualvertragliche Abreden über Zeitpunkt und Form der Abnahme sowie hinsichtlich des Erfordernisses der Abnahmereife zu treffen (BGHZ 131, 392). Für AGB ergeben sich hingegen aus dem Gesichtspunkt der Inhaltskontrolle und des Transparenzgebots (§ 307 I, II) erhebliche Einschränkungen. Auch in AGB wirksam vereinbart werden kann indes eine **förmliche Abnahme**, wie sie für den VOB/B-Vertrag durch § 12 Nr 4 I vorgesehen ist, wenn nur eine Vertragspartei solches verlangt. Allerdings kommt es in der Praxis oft vor, dass die Parteien trotz entsprechender Vereinbarung die förmliche Abnahme gleichwohl nicht durchführen. Dann liegt keine wirksame Abnahme vor (RGRK/*Glanzmann* § 640 Rz 14), wenn sich nicht aus den feststellbaren Umständen ergibt, dass die Parteien durch ihr Verhalten konkludent auf die Durchführung der förmlichen Abnahme verzichtet haben, etwa wenn längere Zeit nach Inbenutzungnahme des Gewerkes keine der Parteien auf die förmliche Abnahme zurückkommt (BGH BauR 77, 344; s. hierzu auch: Ddorf BauR 07, 1254; Karlsr BauR 04, 518). IÜ kann das Beharren eines der Beteiligten auf einer förmlichen Abnahme im Einzelfall treuwidrig sein – § 242 (vgl: BGH NJW 90, 43). Die **Abnahmefiktion** des § 640 I 3 kann in AGB des Bestellers nicht wirksam abbedungen werden (Kleine-Möller/Merl/*Merl* § 11 Rz 70). Eine formularmäßige Vereinbarung in AGB des Unternehmers, wonach mit Fristablauf die Rechtswirkungen einer rechtsgeschäftlichen Abnahme eintreten sollen, hält einer Inhaltskontrolle nach § 307 ebenfalls nicht Stand, weil dadurch das der Fiktion inhärente Erfordernis der Abnahmereife entfallen würde (s. Rn 12) und der Besteller zudem ohne den insoweit rechtfertigenden Anknüpfungspunkt einer rechtsgeschäftlichen Billigungserklärung der Gefahr eines Rechtsverlust nach § 640 II ausgesetzt wäre (BaRoth/*Voit* § 640 Rz 12; aA: Staud/*Peters* § 640 Rz 50 f). Formularmäßige Abreden, mit denen die Abnahme an Umstände außerhalb der vertraglichen Leistungsbeziehungen der Vertragsparteien geknüpft, insb von **Handlungen/Erklärungen Dritter** abhängig gemacht oder in sonstiger Weise hinausgeschoben werden soll, sind von der Rspr stets krit beurteilt und zumeist für unwirksam erachtet worden (vgl: München BB 84, 1386, 1388; Ddorf BauR 99, 497; s.a. Ingenstau/Korbion/*Oppler* Teil B § 12 Rz 50 mw Bsp). Das gilt grds für formularvertragliche Klauseln in AGB des Hauptunternehmers, nach denen seine Abnahmepflicht im Verhältnis zum **Subunternehmer** bis „zur Gesamtabnahme des Bauwerks" durch den Bauherrn hinausgeschoben wird (BGH BauR 97, 202; 96, 378; Ddorf BauR 84, 95; vgl aber auch BGH BauR 89, 322; 95, 234; 86, 202, 203 – uU berechtigtes Interesse des Generalunternehmers an gemeinsamer Endabnahme, zB wenn sich die Vertragsgerechtheit der Subunternehmerleistung erst bei Fertigstellung des Gesamtbauwerks verlässlich beurteilen lässt). Der Besteller darf sich in seinen AGB nicht vorbehalten, die Abnahme auch bei unwesentlichen Mängeln verweigern zu dürfen (Glatzel/Hofmann/Frickel 243); der Unternehmer darf in seinen AGB dem Besteller nicht aufgeben, die Werkleistungen auch bei Vorliegen wesentlicher Mängel abnehmen zu müssen (Ingenstau/Korbion/*Oppler* Teil B § 12 Rz 50).

8 V. Abnahmeformen. 1. Ausdrückliche Abnahme/Stellvertretung. Es ist Sache des Bestellers, die Abnahme zu erklären (s. hierzu Rn 2), indem er – nicht notwendig unter Verwendung des Begriffs „Abnahme" – unmissverständlich zu erkennen gibt, die Werkleistungen des Unternehmers als im Wesentlichen vertragsgerecht akzeptieren zu wollen. Er kann sich insoweit nach allgemeinen Grundsätzen durch **Dritte** vertreten lassen, was grds die Erteilung einer rechtsgeschäftlichen Vollmacht voraussetzt (BGH NJW-RR 00, 164). Das gilt auch für von ihm beschäftigte **Architekten und Bauleiter**, die nicht schon kraft ihres Leistungsauftrages mit einer sog „originären Vollmacht" ausgestattet sind (BGHZ 68, 169; Ddorf BauR 97, 647, 648). Allerdings kann sich ihre Vertretungsmacht uU nach den Grundsätzen der **Anscheins- oder Duldungsvollmacht** ergeben (BGH BauR 99, 1300). Nach Auffassung des OLG Köln (NJW-RR 97, 756; ebenso: Palandt/*Sprau* § 640 Rz 5) soll das fertig gestellte Werk des Subunternehmers im Verhältnis zum Generalunternehmer als abgenommen gelten, wenn der Auftraggeber des Generalunternehmers das die Werkleistungen des Subunternehmers umfassende Gesamtgewerk abnimmt. Das erscheint bedenklich, weil damit der Boden der Rechtsgeschäftslehre verlassen wäre, zumal der Hauptunternehmer auch nach der Abnahme evtl Mängelrechten seines

Auftraggebers wegen Mängeln am Gewerk des Subunternehmers ausgesetzt sein kann und es deshalb seiner rechtsgeschäftlichen Entscheidung überlassen bleiben muss, ob er dessen Werkleistungen abnahmen will oder nicht (mit Recht abl deshalb: Hamm BauR 07, 1617). IÜ besteht nach jetziger Rechtslage kein praktisches Bedürfnis mehr für eine solcherart übergeleitete Abnahme, weil der Subunternehmer diese unmittelbar über § 640 I 3 erzwingen kann. Bei **Wohnungseigentumsgemeinschaften** ist jeder Erwerber Besteller ioS und deshalb berechtigt und verpflichtet, sein Sondereigentum sowie seinen Anteil am Gemeinschaftseigentum abzunehmen (BGH NJW 85, 1551).

2. Konkludente Abnahme. Insb bei kleinteiligen Werkverträgen mit Baubezug und erst recht im Zusammenhang mit Leistungen von Architekten und Ingenieuren findet eine ausdrückliche Abnahme regelmäßig nicht statt. Dann stellt sich – oft erst im Prozess – die Frage, ob der Besteller die Werkleistungen wenigstens konkludent durch schlüssiges Verhalten abgenommen hat. Das ist der Fall, wenn der Unternehmer aus dem Verhalten des Bestellers nach Treu und Glauben und mit Rücksicht auf die Verkehrssitte (§§ 133, 157) auf die Billigung der Leistung als im Wesentlichen vertragsgemäß schließen darf (BGH NJW 74, 95). Weil es sich dabei um eine rechtsgeschäftliche Abnahme handelt, muss die **Abnahmreife** hierfür grds nicht vorliegen, wenngleich sich bei nicht fertig gestellten Werkleistungen oder bei Vorhandensein erkennbarer schwerwiegender Mängel regelmäßig kein rechtsgeschäftlicher Abnahmewillen des Bestellers wird feststellen lassen (BGH NJW-RR 04, 782 – Funktionsmängel; BauR 95, 91; Hamm BauR 93, 604). Kleinere, die Gebrauchsfähigkeit nicht beeinträchtigende Mängel und Restarbeiten von untergeordneter Bedeutung stehen einer schlüssigen Abnahme indes selbst dann nicht unbedingt entgegen, wenn sie gerügt worden sind (Hamm NJW-RR 95, 1233; Köln BauR 92, 514), ohne dass der Besteller damit erkennbar eine (endgültige) Verweigerung der Abnahme zum Ausdruck bringen wollte (dann kein Abnahmewille – BGH NJW-RR 96, 883). 9

Eine konkludente Abnahme idS kann sich insb aus der beanstandungslosen **Ingebrauchnahme** des fertigen Gewerkes ergeben (BGH BauR 04, 337, 339; NJW 85, 731; Kobl NJW-RR 94, 786; enger: KG IBR 07, 476), allerdings nicht bereits durch die erste Benutzungshandlung, sondern erst nach einer an den Umständen des Einzelfalles zu messenden, eine angemessene Prüfung der Werkleistungen ermöglichenden Nutzungsdauer (BGH NJW 92, 1078; NJW 85, 731, 732; Brandbg BauR 07, 1582 – Außenanlagen; Hamm NJW-RR 95, 783; Ddorf BauR 94, 771 – jeweils für Bauleistungen; München NJW 91, 2158 – Software; Ddorf NJW 95, 782 – Kfz-Reparatur; BGH WM 92, 1579 – Gutachten). Eine schlüssige Abnahme durch Benutzung kommt kaum in Betracht, soweit und solange der Besteller faktisch zur Nutzung gezwungen ist (BGH BauR 94, 242, 244; NJW 79, 549; Hamm BauR 07, 1617). Bsp: Der Mieter muss in das neu errichtete Wohnhaus einzuziehen, weil er seine vorherige Mietwohnung gekündigt hat. 10

In der vorbehaltlosen **Bezahlung** des Werklohns kann eine konkludente Abnahmeerklärung liegen (BGH BauR 02, 108, 109; NJW-RR 94, 373; Hamm BauR 03, 106), ebenso in der **Weiterveräußerung** des fertigen Werks (BGH NJW-RR 96, 883), bzw in der Übergabe desselben an den Endabnehmer (BGH BauR 03, 1900, 1902) oder in der Freigabe einer vom Unternehmer bestellten Sicherheit (BGH NJW 63, 806). Keine schlüssige Abnahmehandlung stellt dagegen die Bezahlung von Abschlagsrechnungen (BGH Beck'scher VOB-Komm/*Jagenburg* Teil B, vor § 12 Rz 16), die Kündigung des Vertrages (BGH BauR 03, 692) und die Erstellung eines gemeinsamen Aufmaßes dar (BGH NJW 74, 646). 11

3. Fiktive Abnahme – § 640 I 3. Die **Abnahmefiktion** gem § 640 I 3 ermöglicht es dem Unternehmer, die Abnahmewirkungen auch ohne eine entsprechende rechtsgeschäftliche Erklärung des Besteller herbeizuführen. Er sollte davon in allen Zweifelsfällen Gebrauch machen, um den oft erst viel später im Prozess auftretenden Unwägbarkeiten einer ungeklärten Abnahmesituation wirkungsvoll zu begegnen. Voraussetzung hierfür ist, dass der Besteller das Werk nicht innerhalb einer ihm hierfür vom Unternehmer bestimmten **angemessenen Frist** abnimmt, obwohl er hierzu verpflichtet ist. Eine solche Verpflichtung besteht gem § 640 I 2 nur, wenn keine wesentlichen Mängel vorhanden sind (s. Rn 5). Die Fiktion greift also nur, wenn die Werkleistungen idS **abnahmereif** fertig gestellt sind (Schlesw BauR 08, 360). Das wirft die Frage auf, wer die Abnahmereife **beweisen** muss. Das ist nach allgemeinen Grundsätzen der Unternehmer, der dann allerdings nahezu sämtlicher Vorteile der Abnahmefiktion beraubt wäre, weil er im Prozess – wie bei ausstehender Abnahme – das Vorhandensein der vom Besteller behaupteten wesentlichen Mängel widerlegen müsste. Deshalb erscheint es angebracht und gesetzeskonform, dem Besteller die Beweislast für die fehlende Abnahme jedenfalls in den Fällen aufzuerlegen, in denen er innerhalb der Frist keine konkreten Mängelrügen vorgebracht oder die Verweigerung der Abnahme erklärt hat (noch weitergehend: *Kniffka* ibr-online-Kommentar Bauvertragsrecht, Stand 26.5.09, § 640 Rz 75, der auf die konkrete Abnahmesituation abstellen und bereits die Abnahmereife danach beurteilen will, ob der Besteller wegen erkennbarer Mängel (subjektiv) hätte Anlass haben können, die Abnahme zu verweigern). 12

Von einer **angemessenen Frist** ist auszugehen, wenn sie dem Besteller ausreichend Gelegenheit gibt, das Werk nach seiner konkreten Beschaffenheit unter gewöhnlichen Verhältnissen zu prüfen und abzunehmen (bei Bauwerken werden entsprechend zu § 12 Nr 5 VOB/B 12 Werktage als angemessen betrachtet). Wird die gesetzte Frist zu kurz bemessen, gilt idR die angemessene. Nach zutreffender Auffassung ist eine Fristbestimmung nach allgemeinen Grundsätzen (vgl §§ 281 II, 323 II) entbehrlich, wenn der Besteller die Abnahme 13 bereits endgültig unberechtigt verweigert hat (*Kniffka* ibr-online-Kommentar Bauvertragsrecht, Stand 26.5.09, § 640 Rz 79; aA Palandt/*Sprau* § 640 Rz. 10), zumal die Abnahmewirkungen dann ohnehin unmittelbar eintreten. Die fristgebundene Aufforderung zur Abnahme bedarf keiner Form; Schriftform ist zweckmäßig. Unerheblich ist, ob der Besteller den fruchtlosen Fristablauf zu vertreten hat. Auch in Anbetracht der Möglichkeit des Unternehmers, die Abnahmewirkung durch Fristsetzung im Wege der Fiktion herbeizuführen, dürfte die bisherige Rspr (BGHZ 132, 96) aufrecht zu erhalten sein, wonach die Möglichkeit besteht, auf Abnahme zu klagen – mit anschließender Zwangsvollstreckung nach § 888 ZPO.

14 **VI. Mangelvorbehalt – § 640 II.** Der Besteller muss sich bei der rechtsgeschäftlichen Abnahme (auch konkludent) die ihm bekannten Mängel des Werkes **vorbehalten**, sonst geht er gem § 640 II seiner Mängelrechte aus § 634 bis auf Schadensersatz und Aufwendungsersatz (§ 634 Nr 4) verlustig. Auch das an den Bestand der Nacherfüllungsverpflichtung geknüpfte Leistungsverweigerungsrecht nach §§ 320, 641 III ist ausgeschlossen. Eine vorbehaltlose fiktive Abnahme (Rn 12 f) führt nicht zum Ausschluss (Celle BauR 04, 381; anderes beim VOB/B-Vertrag, s. Rn 15). Die Kenntnis muss sich auf den konkreten Mangel beziehen (vgl § 442), bloßes Kennenmüssen genügt nicht. Abnahme und Kenntnis hat der Unternehmer zu **beweisen** (zu offenkundigen Mängeln, Dresd BauR 02, 1274), den Vorbehalt bei Abnahme der Besteller.

15 **C. VOB/B.** Die Abnahme ist in der VOB/B in **§ 12** zT abw von § 640 geregelt. Nach **I** hat der Besteller auf Verlangen des Unternehmers nach Fertigstellung des Werks binnen 12 Werktagen abzunehmen. **II** gibt dem Unternehmer das Recht auf Teilabnahme abgeschlossener Teilleistungen, **III** entspricht § 640 I 2 (Abnahmeverweigerung wegen wesentlicher Mängel). **IV** regelt die Durchführung insb der förmlichen Abnahme (auf Verlangen eines Teils). **V** enthält **neben** § 640 I 3 zwei weitere Abnahmefiktionstatbestände: mit Ablauf von 12 Werktagen nach schriftlicher Mitteilung der Fertigstellung (1) oder mit Ablauf von 6 Werktagen ab Beginn der Nutzung (2). Ob insoweit Abnahmereife vorliegen muss, ist str (Kapellmann/Messerschmidt/*Havers* Teil B § 12 Rz 106 mwN). Auch im VOB/B-Vertrag führt die vorbehaltlose Abnahme des Werks zum Ausschluss der Rechte gem § 640 II (Köln NJW-RR 93, 211; Rn 14), eine konkludente Abnahme ist möglich.

§ 641 Fälligkeit der Vergütung.

(1) ¹Die Vergütung ist bei der Abnahme des Werkes zu entrichten. ²Ist das Werk in Teilen abzunehmen und die Vergütung für die einzelnen Teile bestimmt, so ist die Vergütung für jeden Teil bei dessen Abnahme zu entrichten.
(2) Die Vergütung des Unternehmers für ein Werk, dessen Herstellung der Besteller einem Dritten versprochen hat, wird spätestens fällig,
1. soweit der Besteller von dem Dritten für das versprochene Werk wegen dessen Herstellung seine Vergütung oder Teile davon erhalten hat,
2. soweit das Werk des Bestellers von dem Dritten abgenommen worden ist oder als abgenommen gilt oder
3. wenn der Unternehmer dem Besteller erfolglos eine angemessene Frist zur Auskunft über die in den Nummern 1 und 2 bezeichneten Umstände bestimmt hat.
Hat der Besteller dem Dritten wegen möglicher Mängel des Werkes Sicherheit geleistet, gilt Satz 1 nur, wenn der Unternehmer dem Besteller entsprechende Sicherheit leistet.
(3) Kann der Besteller die Beseitigung eines Mangels verlangen, so kann er nach der Fälligkeit die Zahlung eines angemessenen Teils der Vergütung verweigern; angemessen ist in der Regel das Doppelte der für die Beseitigung des Mangels erforderlichen Kosten.
(4) Eine in Geld festgesetzte Vergütung hat der Besteller von der Abnahme des Werkes an zu verzinsen, sofern nicht die Vergütung gestundet ist.

1 **A. Überblick.** § 641 regelt mit Bestimmungen zur Fälligkeit die für den **vorleistungspflichtigen** Unternehmer besonders wichtige Frage, ab welchem Zeitpunkt er die vertragliche Vergütung vom Besteller verlangen kann. Das ist gem § 641 I 1 der Zeitpunkt der Abnahme (iE Rn 4), ggfls auch der Teilabnahme – § 641 I 2. Allerdings wird dieser Grundsatz in nicht wenigen Sonderfällen durchbrochen (iE Rn 6 ff). So auch durch die mit dem Gesetz zur Beschleunigung fälliger Zahlungen v 30.3.00 (BGBl I 330) eingeführte **Durchgriffsfälligkeit** gem § 641 II (iE Rn 10 ff), die durch das Forderungssicherungsgesetz (FoSiG, s. Vor § 631 Rn 24) mit Wirkung ab dem 1.1.09 abermals modifiziert worden ist. Ebenfalls geändert hat sich die Höhe des sog Druckzuschlages, der nun gem § 641 III statt mindestens dem Dreifachen idR das Doppelte der voraussichtlichen Mängelbeseitigungskosten beträgt (iE Rn 14 ff). Der Regelungsgehalt des § 641 III entspricht bis auf die neu festgelegte Höhe des Druckzuschlages den von der Rspr zum altem Recht entwickelten Grundsätzen und dürfte deshalb im Gegensatz zu II (Art 229 EGBGB § 1 II 1) auch auf vor dem 1.5.00 abgeschlossene Verträge anwendbar sein (Art 229 EGBGB § 1 II 2; BGH NJW 04, 502, 505).

2 Beim **VOB/B-Vertrag** hängt die Fälligkeit der Vergütungsanspruchs gem § 16 Nr 3 VOB/B zusätzlich von der Erteilung einer **prüffähigen Schlussrechnung** (vgl § 14 Nr 1 1 VOB/B) und dem Ablauf einer Prüffrist von höchstens 2 Monaten ab. Die gilt nicht für den BGB-Werkvertrag (Palandt/*Sprau* § 641 Rz 3), und zwar entgegen einer starken Gegenansicht (Ddorf BauR 97, 1052; Frankf BauR 97, 856; *Werner/Pastor* Rz 1370 f mwN;

Kapellmann/Messerschmidt/*Messerschmidt* Teil B, § 14 Rz 3 f) nach bisher hM auch dann nicht, wenn er **Bauleistungen** zum Gegenstand hat (BGH BauR 81, 199; 79, 62; ebenso Frankf NJW-RR 00, 755; Celle NJW 86, 327; Oldbg OLGR 99, 50; Stuttg NJW-RR 94, 17; vgl auch BGH BauR 02, 938, 939 – für den Beginn der Verjährung). Der hM ist mit Rücksicht auf den eindeutigen Wortlaut des § 641 I im Ausgangspunkt zuzustimmen. Zwar hat der Besteller gerade bei Bauverträgen mit komplexem Leistungsbild und den sich daraus ergebenden Unwägbarkeiten für die Ermittlung des letztlich zu zahlenden Werklohns (s. § 631 Rn 2, 38 ff) ein berechtigtes und naheliegendes Interesse daran, eine aufgeschlüsselte Abrechnung des Werklohns zu erhalten. Andererseits droht ihm bei Ausbleiben einer solchen Schlussrechnung kein allzu großes Unheil. Er kann bis zur schlüssigen Abrechnung der Werkleistungen mangels Verschulden mit der Bezahlung des (Rest-)Werklohns nicht in Verzug geraten (Frankf BauR 97, 856); darüber hinaus steht ihm bis zur hinreichenden Konkretisierung des Werklohnanspruch ein Zurückbehaltungsrecht aus § 273 zu, dessen Geltendmachung auch den Zinsanspruch des Unternehmers aus § 641 IV entfallen lassen dürfte (BaRoth/*Voit* § 641 Rz 31; AnwK/ *Raab* § 641 Rz 6, 42; vgl auch: Ddorf NJW 71, 2310). IÜ verliert der Unternehmer den Werklohnprozess, wenn er seine Werklohnforderung nicht schlüssig und damit ioS nachprüfbar darlegt (Hamm BauR 97, 656). Auf der anderen Seite würde die Erteilung einer Schlussrechnung als Fälligkeitsvoraussetzung dazu führen, dass der Unternehmer durch die in seine Hände gegebene Rechnungslegung den Zeitpunkt der Fälligkeit und damit auch den des Verjährungsbeginns bestimmen könnte (vgl BGH BauR 81, 199).

Indes: Berücksichtigt man die zuletzt vom BGH (BauR 02, 938 = NJW 02, 1567) bekräftigte Rspr, wonach **3** der Unternehmer auf den Werklohn geleistete Voraus- und Abschlagszahlungen nach Fertigstellung des Gewerkes abrechnen muss, was letztlich nur durch eine schlüssige Darlegung der Gesamtvergütung geschehen kann (Ddorf BauR 97, 1052; Hamm 97, 656), so wird die **Auslegung** zumindest eines komplexen Bauvertrages mit Rücksicht auf die Interessenlage und den Gepflogenheiten der Baubranche ergeben können, dass die Vertragsparteien **konkludent eine Schlussrechnungspflicht** ioS vereinbart haben (Ddorf 99, 655; ähnl: Frankf BauR 97, 856; Kapellmann/Messerschmidt/*Messerschmidt* Teil B, § 14 Rz 4; BaRoth/*Voit* § 641 Rz 4; vgl auch: Frankf NJW-RR 05, 169 f; Bambg OLGR 03, 132). Dann hängt auch für den BGB-Werkvertrag die Fälligkeit des Vergütungsanspruchs von der Erteilung einer prüffähigen (aA: Bambg BauR 03, 1227) Schlussrechnung ab (Ddorf BauR 99, 655). Im Zweifel dürften die Anforderungen an eine **prüfbare Schlussrechnung** denen des § 14 Nr 1 VOB/B entsprechen (hierzu ausf: Ingenstau/Korbion/*U. Locher* Teil B, § 14 Nr 1 Rz 2 ff mwN; zu den prozessualen Folgen mangelnder Prüfbarkeit und des Berufens hierauf: *Leupertz/ Merkens* § 9 Rz 75 ff mwN).

B. Regelungsgehalt. I. Fälligkeit bei Abnahme – § 641 I 1. Der Vergütungsanspruch des Unternehmers **4** wird fällig mit der **Abnahme** seiner Werkleistungen (Begriff und Rechtsnatur der Abnahme s. § 640 Rn 2). Diese kann ausdrücklich oder konkludent erfolgen (s. iE § 640 Rn 8 ff); auch die **Abnahmefiktion** des § 640 I 3 führt zur Fälligkeit des Werklohnanspruchs im Zeitpunkt des Fristablaufs. Soweit die Vertragsparteien **Teilabnahmen** vereinbart haben (s. § 640 Rn 2), wird mit jeder Teilabnahme der Vergütungsanspruch des Unternehmers für die bis dahin jeweils erbrachten Teilleistungen fällig, sofern der solcherart gerechtfertigte Werklohnanspruch sich auf der Grundlage der vertraglichen Vergütungsabreden den abzurechnenden Teilleistungen zuordnen lässt – § 641 I 2. Vereinbarte (Teil-)Zahlungen des Bestellers vor der Abnahme sind als Vorauszahlungen oder Abschlagszahlungen zu werten.

Die Parteien können die Fälligkeitsvoraussetzungen abw von den gesetzlichen Bestimmungen regeln. Auch in **5** **AGB** sind solche Vereinbarungen grds wirksam, solange sie nicht zu einer unangemessenen Benachteiligung des Vertragspartners des Verwenders führen (§ 307 I, II) oder intransparent sind (§ 307 I 2). So ist insb das Hinausschieben der Fälligkeit auf den Zeitpunkt des Zugangs einer prüffähigen Schlussrechnung oder den Abschluss der Rechnungsprüfung innerhalb angemessener Zeit (s. § 16 Nr 3 VOB/B, 8 I HOAI) nicht zu beanstanden (BGH NJW-RR 04, 445; zur Schlussrechnung als Fälligkeitsvoraussetzung s. Rn 2 f mwN), ebenso, wenn die Vergütung erst mit Bezugsfertigkeit fällig werden soll (Hamm BauR 04, 690). IÜ ist der Regelungsgehalt vertragliche Fälligkeitsregelungen durch Auslegung zu ermitteln. Formulierungen wie „nach Abnahme" oder „nach Vollendung", „Zahlung nach vollständiger Fertigstellung" oder „tadelloser Inbetriebsetzung" (vgl: Ddorf BauR 03, 93; BGH BauR 00, 881) geben in Ermangelung gegenteiliger Anhaltspunkte uU lediglich die gesetzlichen Regelung in § 641 I 1 wieder (Palandt/*Sprau* § 641 Rz 10). Im Subunternehmervertrag kann die Fälligkeit jedenfalls für den Fall der Insolvenz des Hauptauftraggebers nicht von dessen Zahlung an den Hauptunternehmer abhängig gemacht werden (Ddorf NJW-RR 99, 1323).

II. Fälligkeit ohne Abnahme. 1. Allgemeine Grundsätze. Die Fälligkeit des Vergütungsanspruchs tritt **in 6 gesetzlich geregelten Ausnahmefällen** ohne Abnahme ein, wenn eine Abnahme nach der Beschaffenheit des Werkes ausgeschlossen ist (§ 646) oder wenn der Unternehmer eine Fertigstellungsbescheinigung vorlegt (§ 641a). Lange war streitig, ob nach vorzeitiger Beendigung des Vertrages durch **Kündigung** der Vergütungsanspruch aus § 649 auch ohne die Abnahme der bis dahin erbrachten Teilleistungen fällig wird. Diese Frage hat der BGH unter Abstandnahme von seiner früheren Rspr (zB BGHZ 142, 278; vgl auch Hamm BauR 03, 1746) nun verneint (BGH BauR 06, 1294) und damit an seine Ausführungen zur Abnahmepflicht des Bestellers auch bei gekündigtem Bauvertrag angeknüpft (BGH BauR 03, 689). Soweit der Besteller ausnahmsweise

§ 641

schon vor der Abnahme wegen tatsächlich vorhandener Mängel **Schadensersatz statt der Leistung** oder **Minderung** beanspruchen kann und beansprucht, wird das Vertragsverhältnis in ein **Abwicklungsverhältnis** umgestaltet und der verbleibende Vergütungsanspruch des Unternehmers wird trotz ausstehender Abnahme fällig (BGH BauR 02, 3019 – Schadensersatz nach VOB/B; BGH NJW 02, 3019 – Minderung; BGH BauR 00, 98 – Fristsetzung mit Ablehnungsandrohung nach § 634 aF).

7 **2. Abnahmeverweigerung.** Fälligkeit tritt nicht ein bei **berechtigter Verweigerung der Abnahme**, und zwar auch dann nicht, wenn der Besteller gem §§ 293, 295 in **Annahmeverzug** gerät, weil er eine vom Unternehmer angebotene taugliche Nachbesserung gerügter Mängel nicht annimmt. Dann kann der Unternehmer allerdings nach § 322 II auf **Leistung nach Empfang der Gegenleistung** klagen (BGH NJW 02, 1262), was bei entsprechender Titulierung faktisch dazu führt, dass der Besteller Zug-um-Zug gegen Beseitigung der Mängel zahlen muss – § 322 III, 274 II (Köln DJB 89, 873). Wegen § 756 sollte der Unternehmer mit einem entsprechenden Feststellungsantrag den Annahmeverzug schon im Erkenntnisverfahren titulieren lassen. Die berechtigte Abnahmeverweigerung lässt vertragliche oder gesetzliche Ansprüche des Unternehmers auf **Abschlagszahlungen** für erbrachte Leistungen unberührt.

8 Bei **unberechtigter Abnahmeverweigerung** (s. § 640 Rn 4 f – zur Abnahmereife) ist der Unternehmer nach der allerdings zum alten Schuldrecht ergangen Rspr berechtigt, sogleich auf Zahlung des Werklohns zu klagen, ohne zunächst Klage auf Abnahme erheben zu müssen (BGHZ 50, 175; BGH NJW 96, 1280; Köln NJW-RR 99, 853, 854). Allerdings muss er dann all diejenigen Umstände schlüssig darlegen und beweisen, aus denen sich die Verpflichtung des Bestellers zur Abnahme ergibt, idR also die abnahmereife Herstellung der geschuldeten Werkleistungen. Nach jetzt geltendem Recht ist durch die Vorschrift des § 640 I 3 zur **fiktiven Abnahme** eine neue rechtliche Situation entstanden, die es dem Unternehmer ermöglicht, die Abnahmewirkungen auch ohne eine entsprechende Erklärung des Bestellers herbeizuführen. Eine Änderung der vorerwähnten Rspr ist dadurch gleichwohl nicht veranlasst. Wenn nämlich der Besteller die Abnahme endgültig und ernsthaft verweigert hat, bedarf es zur Herbeiführung der Abnahmefiktion keiner fristgebundenen Aufforderung mehr, die dann reine Förmelei wäre (s. § 640 Rn 13). Der Unternehmer kann bei unberechtigter Abnahmeverweigerung also weiterhin auf Werklohn klagen, ohne zuvor die Abnahme betreiben zu müssen (ebenso: BaRoth/*Voit* § 641 Rz 5; *Motzke* NZBau 00, 489, 495; *Henkel* MDR 03, 913, 916 f; Palandt/*Sprau* § 641 Rz 5; vgl auch BGH NJW 03, 200 – Fristsetzung jedenfalls dann entbehrlich, wenn Fälligkeit bereits vor Inkrafttreten der Neuregelung am 1.5.00 eingetreten war).

9 Des Weiteren wird die Fälligkeit des Vergütungsanspruchs ohne Abnahme bejaht, wenn der Besteller die erforderliche **Mitwirkung** an der Herstellung des Werkes (BGH NJW-RR 86, 211), auch im Wege der Nacherfüllung, **grundlos endgültig verweigert** (BGH NJW 90, 3008; Köln NJW-RR 96, 624). Ebenso bei endgültiger Zurückweisung des Werks als mangelhaft (BGH NJW-RR 96, 883). Der Unternehmer ist dann nicht auf seine Rechte aus §§ 642, 643, 645 beschränkt (BGHZ 50, 175; str, aA: AnwK/*Raab* § 641 Rz 15 mwN).

10 **3. Durchgriffsfälligkeit – § 641 II.** § 641 II geht von **gestuften Vertragsverhältnissen** („Leistungskette") aus, in denen der Besteller (Hauptunternehmer) seinem Auftraggeber (Bauherr) Werkleistungen schuldet, die er aufgrund selbstständiger Vertragsbeziehungen zum (Sub-) Unternehmer zumindest teilweise von diesem erbringen lässt. Die Regelungen zur Durchgriffsfälligkeit sollen der widersprüchlichen Vertragspraxis vieler Hauptunternehmer und Bauträger beggnen, die ihnen von ihrem Auftraggeber (Bauherr) voll bezahlten Werkleistungen ihrer Subunternehmer nicht abzunehmen, um die Vergütung an den Subunternehmer (noch) nicht zahlen zu müssen. Dieser Zweck der Vorschrift wurde in der Praxis schon deshalb nicht verwirklicht, weil der Subunternehmer zumeist keine Kenntnis davon hat, welche Zahlungen der Hauptunternehmer von seinem Auftraggeber für welche Subunternehmergewerke erhalten hat. Weil er dazu im Prozess allerdings schlüssig vorzutragen hat, blieb ihm im Ernstfall nichts anderes übrig, als seinen Vertragspartner auf Auskunft zu verklagen, womit der Sinn des § 641 II (rascher Geldfluss) verfehlt war. Durch die Neufassung des § 641 II hat sich die Lage für den Subunternehmer verbessert. Er kann sich zur Begründung der Fälligkeit gem § 641 II 1 Nr 2 nunmehr auf die Abnahme seiner Werkleistungen durch den Auftraggeber im Verhältnis zum Hauptunternehmer berufen; der sich zudem gem § 641 II 1 Nr 3 nach dem ergebnislosen Ablauf einer angemessenen Auskunftsfrist entgegenhalten lassen muss, dass der Werklohnanspruch des Subunternehmers trotz in beiden Vertragsverhältnissen fehlender Abnahme fällig geworden ist. Im Einzelnen gilt:

11 Nach **§ 641 II 1 Nr 1** wird der Vergütungsanspruch des Subunternehmers für die von ihm fertig gestellten Leistungen fällig, wenn der Hauptunternehmer gerade für diese Leistungen seinen Werklohn ganz oder teilweise von seinem Auftraggeber erhalten hat (*Kniffka* ZfBR 00, 227, 231). Das ist jedenfalls dann der Fall, wenn der Besteller voll bezahlt ist; bei **Teilzahlungen** des Dritten wird die Vergütung des Subunternehmers hingegen nur mit einem Betrag fällig, der seinem Anteil an den vom Dritten bezahlten Werkleistungen entspricht (BaRoth/*Voit* § 641 Rz 18; AnwK/*Raab* § 641 Rz 23). Nach der Begründung des Regierungsentwurfs *(BTDrs 14/1246 7)* war es der eindeutige Wille des Gesetzgebers, dass auch **Abschlagszahlungen** des Dritten die Fälligkeit der Vergütung des Subunternehmers auslösen können (*Kniffka* ZfBR 00, 227, 231; aA *Peters* NZBau 00, 169, 172). Das ist wenig befriedigend, weil dann der Subunternehmer in den Genuss der Fälligkeit seines Werklohnspruches kommt, wohingegen der Unternehmer befürchten muss, seinerseits die empfangene

Abschlagszahlung abrechnen und ggf zurückzahlen zu müssen (ähnl: *Kniffka* ibr-online-Kommentar Bauvertragsrecht, Stand 26.5.09, § 641 Rz 18). Sofern der Besteller an den Dritten **Sicherheit** wegen möglicher Mängel des Werks geleistet hat, besteht eine Durchgriffsfälligkeit nur, wenn auch der Unternehmer dem Besteller Sicherheit in entsprechender Höhe leistet (**II 2**, „soweit"), die allerdings bei verständiger Handhabung der gesetzlichen Regelung betragsmäßig nur dem Anteil der Subunternehmerleistungen am Gesamtgewerk entsprechen muss (AnwK/*Raab* § 641 Rz 26; aA: BaRoth/*Voit* § 641 Rz 22 – nur in Höhe des vom Unternehmer geforderten Betrages).

§ 641 II 1 Nr 2 ist neu und betrifft den Fall, dass der Bauherr die Leistungen des Hauptunternehmers abgenommen hat, wohingegen die Abnahme der Werkleistungen des unbezahlt gebliebenen Subunternehmers aussteht. Auch für diese Fälle stellt das Gesetz den Vergütungsanspruch des Subunternehmers nun fällig, ohne dass es hiefür einer Abnahme durch den Hauptunternehmer bedarf. Der praktische Nutzen dieser Regelung ist allerdings ebenfalls eher gering. Hat der Subunternehmer vertragsgerecht gearbeitet, kann er die Abnahme seiner Werkleistungen gem § 640 I 3 erzwingen; wird sie vom Hauptunternehmer (zu Unrecht) verweigert, so wird sein Vergütungsanspruch ohnehin ohne Abnahme fällig (s. Rn 8). Waren die Werkleistungen des Subunternehmers hingegen mangelhaft, so ist der Hauptunternehmer ungeachtet der ihm ggü erklärten Abnahme des Bauherrn nicht gehindert, dem Subunternehmer Sachmängelrechte entgegenzuhalten und insb ein Leistungsverweigerungsrecht aus §§ 320, 641 III geltend zu machen (s. Rn 14). 12

Schließl eröffnet die ebenfalls neu eingeführte Regelung in **§ 641 II 1 Nr 3** dem Subunternehmer die Möglichkeit, dem Hauptunternehmer eine angemessene Frist zu setzen, in der dieser Auskunft über die nach § 641 II 1 Nr 1 u 2 maßgeblichen Umstände (Zahlungen, Abnahme) erteilen muss. Das ist theoretisch mit den soeben bereits dargestellten Einschränkungen ein relativ scharfes Schwert, weil der Vergütungsanspruch des Subunternehmers sofort nach ergebnislosem Ablauf der Frist in voller Höhe und unabhängig von der konkreten Abnahmesituation fällig wird. In der Praxis wird der Subunternehmer allerdings oft an (in der Sache) unbefriedigenden Auskünften scheitern, deren Richtigkeit er weder im Verfahren nach § 641 II noch sonst zeitnah überprüfen kann. Erweisen sie sich tatsächlich als falsch, bleiben nur Schadensersatzansprüche aus § 280 (ebenso: Palandt/*Sprau* § 641 Rz 8). 13

Behält der Dritte aufgrund von Mängeln des Subunternehmergewerkes die an den Besteller zu zahlende Vergütung (teilweise) gem § 641 III ein, steht auch dem Besteller ggü dem Unternehmer ein **Leistungsverweigerungsrecht** wegen dieser Mängel zu. Das gilt nach zutreffender, durch den geänderten Wortlaut des § 641 III („Fälligkeit") gestützter Auffassung auch dann, wenn der Dritte trotz vorhandener Mängel den Hauptunternehmer voll bezahlt (Nürnbg NJW-RR 03, 1526; BaRoth/*Voit* § 641 Rz 24; AnwK/*Raab* § 641 Rz 30; jetzt auch: Palandt/*Sprau* § 641 Rz 9; aA: *Kniffka* ZfBR 00, 227, 232; MüKo/*Busche* § 651 Rz 27). Die Geltendmachung eines mangelbedingten Leistungsverweigerungsrechts ist von der (Durchgriffs-) Fälligkeit der Vergütung zu trennen. Andernfalls würde der Besteller/Hauptunternehmer nämlich durch § 641 II schlechter stehen, als er stehen würde, wenn er die (immerhin mangelhaften) Leistungen des Subunternehmers (unter Vorbehalt seiner Mängelrechte – § 640 II) abgenommen und so die Fälligkeit der Subunternehmervergütung herbeigeführt hätte. Dann wäre er unabhängig von evtl Zahlungen seines Auftraggebers im Verhältnis zum Subunternehmer zum vollen Mängeleinbehalt nach §§ 320, 641 III berechtigt. Es ist nicht einzusehen, warum ihm diese, dem Gebot der Trennung zwischen verschiedenen schuldrechtlichen Rechtsbeziehungen geschuldete Möglichkeit durch § 641 II genommen sein soll, zumal er auch nach voller Bezahlung durch seinen Auftraggeber für die Dauer der Mängelhaftungsfrist (§ 634a) weiterhin befürchten muss, von diesem wegen evt Mängel des Subunternehmergewerkes nach § 634 in Anspruch genommen zu werden. Die ihm hierdurch entstehenden Nachteile werden auch nicht dadurch angemessen kompensiert, dass er gegen den Vergütungsanspruch des Subunternehmers mit eigenen Ansprüchen auf Kostenvorschuss (§ 637 III) und Schadensersatz (§§ 634 Nr 4, 280 f) aufrechnen kann (aA: *Kniffka* ZfBR 00, 227, 232), wofür er dem Subunternehmer zunächst erfolglos Gelegenheit zu der vom Endabnehmer (bisher) nicht verlangten Nacherfüllung geben müsste (s. § 634 Rn 2). 14

Von § 641 II abweichende **individualvertragliche Vereinbarungen** sind in den allgemeinen Grenzen der §§ 134, 138, 242 zulässig (aA *Peters* NZBau 00, 169, 172). Geschieht dies in **Allgemeinen Geschäftsbedingungen**, sind zudem die Vorschriften der §§ 305 ff zu beachten. Eine vollständige Abbedingung von § 641 II in AGB dürfte gegen § 307 verstoßen und damit unzulässig sein (*Kniffka* ZfBR 00, 227, 232). 15

C. Leistungsverweigerungsrecht und Druckzuschlag – § 641 III. I. Grundlagen/Voraussetzungen. Vor der Abnahme ist der Vergütungsanspruch vorbehaltlich der unter Rn 5 ff dargestellten Ausnahmen nicht fällig und damit nicht (gerichtlich) durchsetzbar. Es bedarf also keines Leistungsverweigerungsrechts des Bestellers, um Zahlungsansprüche des Unternehmers abzuwehren (vgl allerdings Rn 7 zur Klage auf Leistung nach Empfang der Gegenleistung bei Annahmeverzug des Bestellers). 16

Nach der Abnahme besteht der Erfüllungsanspruch des Bestellers nicht mehr; er ist auf die Mängelrechte gem § 634 verwiesen und der Vergütungsanspruch des Unternehmers ist fällig. Erst in dieser Konstellation ist dem Besteller zur Realisierung seines Nacherfüllungsanspruchs (§§ 634 Nr 1, 635) ein mangelbedingtes Leistungsverweigerungsrecht zuzubilligen, dessen rechtliche Grundlage sich in § 320 findet und das durch § 641 III inhaltlich konkretisiert wird (vgl zur dogmatischen Herleitung: AnwK/*Raab* § 641 Rz 34 f mwN). Abwei- 17 chende vertragliche Regelungen sind zulässig (in AGB iRd §§ 307 ff). Ein vollständiger Ausschluss des Zurückbehaltungsrechts in AGB ist jedoch unwirksam (BGH BauR 05, 1010).

18 Das Leistungsverweigerungsrecht des Bestellers aus § 320 besteht auch dann fort, wenn der Besteller mit der Entgegennahme tauglicher Nacherfüllung in **Annahmeverzug** gerät (Celle BauR 05, 600; Hamm BauR 96, 123, 126; Köln NJW-RR 96, 499; Schlesw BauR 01, 115, 116; aA: Hamm OLGR 94, 194, 195; Schlesw IBR 01, 183). Allerdings entfällt dann nach zutreffender Auffassung der **Druckzuschlag** gem § 641 III und der Besteller darf die Bezahlung der Vergütung nur noch in Höhe der einfachen Mängelbeseitigungskosten verweigern (BGH BauR 02, 1403; Celle BauR 05, 600; BauR 04, 884; vgl auch: *Werner/Pastor* Rz 2531 mwN zum Meinungsstand).

19 Die Vertragsparteien können schon in dem Vertrag einen **Sicherheitseinbehalt** (vom Schlussrechnungsbetrag) für evt Mängel des Unternehmergewerkes vereinbaren (s. § 17 II, VI VOB/B; ausf hierzu sowie zu den sich va um das Austauschrecht des Unternehmers rankenden Problemen: Ingenstau/Korbion/*Joussen* Teil B, § 17 VI Rz 1 ff – Einbehalt; und § 17 III Rz 1 ff – Austauschrecht). Solche Vereinbarungen können auch formularmäßig getroffen werden (vgl Ddorf BauR 03, 1585). Sie sind dann allerdings an § 307 zu messen und solcherart unwirksam, wenn dadurch die Fälligkeit eines erheblichen Teils des Werklohns ohne angemessenen Ausgleich für unverhältnismäßig lange Zeit hinausgeschoben wird (BGHZ 136, 27) oder wenn sie unklar sind (BGH NJW 00, 1863). Die einbehaltene Sicherheit lässt das Leistungsverweigerungsrecht nebst Druckzuschlag des Bestellers nicht entfallen, ist allerdings bei der Bemessung des nach §§ 320, 641 III einzubehaltenden Betrages mit zu berücksichtigen (BGH NJW 82, 2494; BGH NJW 81, 2801; s.a. Rn 19).

20 Die erfolgreiche Geltendmachung des Leistungsverweigerungsrechts setzt voraus, dass dem Besteller ein **Nacherfüllungsanspruch** aus §§ 634 Nr 1, 635 zusteht. Ist dieser ausgeschlossen, erloschen, unmöglich geworden oder aufgrund berechtigter Nacherfüllungsverweigerung (s. § 635 Rn 7 ff) bzw wegen eines unterlassenen Mängelvorbehalts (§ 640 II) entfallen, besteht auch kein Leistungsverweigerungsrecht (BGH NJW 04, 502, 506; es soll insoweit eine Abrechnung stattfinden s.a. BGH BauR 03, 88). Str ist, ob dies auch bei Verjährung des Nacherfüllungsanspruchs gilt (§ 634a; bei: MüKo/*Busche* § 641 Rz 32; abl: Palandt/*Sprau* § 641 Rz 11). Das Leistungsverweigerungsrecht besteht grds nur nach Abnahme oder Eintritt einer Abnahmefiktion (§ 640 I 3; s. Rn 14 f). Anders hingegen bei fälligen Abschlagszahlungen, für die gem § 632a I 3 bei unwesentlichen Mängeln der Teilleistung 641 III entsprechend gilt (so entgegen dem Wortlaut des § 641 III „nach Abnahme" auch schon für § 632a aF: BGH BauR 79, 159 – zu § 16 I VOB/B; BGH NJW 81, 2801).

21 **II. Höhe.** Gem § 641 III aF durfte der Besteller als sog **Druckzuschlag** „mindestens" das Dreifache der für die Mängelbeseitigung erforderlichen Kosten einbehalten. Von dieser starren Regelung hat der Gesetzgeber für nach dem 1.1.09 geschlossene Werkverträge Abstand genommen. Maßgebend ist nun idR das **Doppelte der Mängelbeseitigungskosten**. Ein **höherer Betrag** kann gerechtfertigt sein (BGHZ 26, 337 – das 4fache), insb bei mehrfach fehlgeschlagenen Nachbesserungsversuchen (bedenklich: Oldbg NJW-RR 96, 817 – das 21fache), ein geringerer Betrag wohl nur in besonders gelagerten Einzelfällen, etwa bei im Verhältnis zum Wert der Werkleistungen besonders hohen Nachbesserungskosten unterhalb der Unverhältnismäßigkeitsgrenze des § 635 III oder bei Annahmeverzug des Bestellers (eingehend zum Ganzen: Messerschmidt/*Voit*/ *Messerschmidt* § 641 Rz 253 f). Die für die Mängelbeseitigung voraussichtlich erforderlichen Kosten sind im Prozess ggf zu schätzen. Ein vereinbarter **Sicherungseinbehalt** (s. Rn 17) kann sich auf die Höhe des Einbehalts auswirken (BGH NJW 81, 2801); jedoch soll der Besteller hinsichtlich der Leistungsverweigerung nicht auf den den Sicherheitseinbehalt übersteigenden Betrag beschränkt sein (BGH NJW 81, 2801; 82, 2494; 79, 650). Vielmehr kann er über den Einbehalt hinaus einen als Druckmittel erforderlichen weiteren Betrag zurückhalten (BGH NJW 81, 2801).

22 **III. Weitere Rechtsfolgen.** Soweit ein Leistungsverweigerungsrecht besteht, gerät der Besteller mit der Vergütungszahlung nicht in **Verzug** (BGH NJW 66, 200; damit insoweit kein Anspruch des Unternehmers auf Verzugszinsen). Im Vergütungsprozess erfolgt bei Geltendmachung der Einrede aus § 320 gem § 322 I eine **Verurteilung Zug um Zug** gegen Behebung der nach ihrem Erscheinungsbild konkret zu bezeichnenden Mängel (BGH NJW 58, 706; zur schlüssigen Darlegung der das Leistungsverweigerungsrecht begründenden Mängel: § 635 Rn 2). Einen evt überschießenden Betrag erhält der Unternehmer unbedingt. So muss auch tituliert werden. Soweit der Besteller die Mängelbeseitigungskosten aus dem Gesichtspunkt der Sowiesokosten oder des Mitverschuldens bezuschussen muss (s. § 635 Rn 6), kann es zu einer **doppelten Zug-um-Zug-Verurteilung** kommen.

23 **D. Fälligkeitszinsen – § 641 IV.** Nach 641 IV ist die fällige Vergütung vom Zeitpunkt der Abnahme (auch § 640 I 3) an zu verzinsen. Das gilt nicht für Voraus- oder Abschlagszahlungen (Palandt/*Sprau* § 641 Rz 15). Keine Zinspflicht besteht, soweit die Vergütung gestundet ist (AnwK/*Raab* § 641 Rz 42) oder dem Besteller ein Leistungsverweigerungsrecht aus §§ 320, 641 III zusteht (Ddorf NJW 71, 2310; Palandt/*Sprau* § 641 Rz 15). Der Zinssatz bestimmt sich nach § 246 bzw bei Handelsgeschäften nach § 352 HGB. Ein höherer Verzögerungsschaden, insb der Verzugszins aus § 288 kann bei Vorliegen der Verzugsvoraussetzungen (insb Verschulden § 286 IV) anstelle IV verlangt werden. Beim VOB/B-Vertrag erhält der Unternehmer gem § 16 V keine Fälligkeitszinsen. Ob diese Klausel der Inhaltskontrolle standhält, erscheint fraglich (s. Einleitung Rn 27).

E. Beweislast. Im Rahmen der Werklohnklage des **Unternehmers** muss dieser die Abnahme, für § 640 I 3 die Abnahmereife und den erfolglosen Ablauf der Frist beweisen. Gleiches gilt für solche Umstände, aus denen sich die unberechtigte Verweigerung der Abnahme (s. Rn 8) oder die fehlende Mitwirkung des Bestellers ergeben soll (s. Rn 9). Hinsichtlich des Leistungsverweigerungsrechts aus §§ 320, 641 III reicht es im Prozess aus, dass der Besteller unter hinreichend konkreter Beschreibung der Mangelsymptome einen bestimmten, an § 641 III orientierten Betrag einredeweise geltend macht. Es ist dann Sache des Unternehmers darzulegen und zu beweisen, dass der einbehaltene Betrag auch bei Berücksichtigung des Durchsetzungsinteresses des Bestellers unbillig hoch ist (zuletzt für § 641 III aF: BGH BauR 08, 510 = NJW-RR 08, 401; BGH BauR 97, 133; aA für die Höhe des Leistungsverweigerungsrechtes: AnwK/*Raab* § 641 Rz 41 mwN). Daran dürfte sich durch den Fortfall der Mindestbetragsregelung in § 641 III aF nichts geändert haben. IÜ bleibt es dabei, dass der Besteller **nach der Abnahme** das Vorhandensein von Mängeln beweisen muss. 24

F. Sonderregelungen. Gem § 16 III VOB/B wird der Vergütungsanspruch alsbald nach Prüfung und Feststellung einer prüffähigen Schlussrechung, spätestens 2 Monate nach deren Zugang fällig. Die Anforderungen an die Prüfbarkeit ergeben sich weitgehend aus § 14 I VOB/B (iE dazu: Ingenstau/Korbion/*U. Locher* Teil B, § 14 I Rz 2 ff mwN; zu den prozessualen Folgen mangelnder Prüfbarkeit und des Berufens hierauf: Leupertz/Merkens § 9 Rz 75 ff mwN). Die Schlussrechnung ist neben der Abnahme Fälligkeitsvoraussetzung, nicht hingegen ein gemeinsames Aufmaß (BGH NJW-RR 99, 1180 str). Auch bei vorzeitiger Vertragsbeendigung bedarf es einer prüffähigen Schlussrechnung (BGH NJW 87, 382). Legt der Unternehmer keine Schlussrechnung vor, kann der Besteller ihm hierfür eine Frist setzen und nach ergebnislosem Fristablauf selbst die Schlussrechnung erstellen – § 14 IV VOB/B (BGH NJW 02, 676). 25

G. HOAI. Für die Fälligkeit des Honoraranspruchs setzt die Sonderregelung in § 15 I HOAI lediglich die vertragsgemäße Leistungserbringung (Abnahmereife § 640 Rn 4 f; BGH BauR 94, 1276) und den Zugang einer prüffähigen Schlussrechnung voraus, abw von § 641 BGB hingegen nicht die Abnahme (BGH BauR 86, 596; 94, 392; aA *Thode* ZfBR 99, 116; nach BGH BauR 81, 582 soll § 15 HOAI – früher § 8 HOAI – [noch] zwingendes Preisrecht und von der gesetzlichen Ermächtigungsgrundlage in Art 10 §§ 1 u 2 MRVG gedeckt sein; aA Thode/Wirth/Kuffer/*Leitzke* Praxishandbuch Architektenrecht, 2004, § 28 Rz 26). Nicht behebbare Mängel sollen die Fälligkeit nicht beeinträchtigen (Frankf BauR 00, 435). 26

§ 641a Fertigstellungsbescheinigung.
Entfallen mit Inkrafttreten des Gesetzes zur Sicherung von Werkunternehmeransprüchen und zur verbesserten Durchsetzung von Forderungen v 23.10.08 (Forderungssicherungsgesetz – FoSiG, BGBl I 2022) am 1.1.09. § 641a gilt weiterhin für bis zum 31.12.08 geschlossene Verträge. Vgl hierzu die Kommentierung in der Vorauflage.

§ 642 Mitwirkung des Bestellers.
(1) Ist bei der Herstellung des Werkes eine Handlung des Bestellers erforderlich, so kann der Unternehmer, wenn der Besteller durch das Unterlassen der Handlung in Verzug der Annahme kommt, eine angemessene Entschädigung verlangen.
(2) Die Höhe der Entschädigung bestimmt sich einerseits nach der Dauer des Verzugs und der Höhe der vereinbarten Vergütung, andererseits nach demjenigen, was der Unternehmer infolge des Verzugs an Aufwendungen erspart oder durch anderweitige Verwendung seiner Arbeitskraft erwerben kann.

A. Grundlagen. Die Mitwirkung des Bestellers bei der Durchführung eines Werkvertrages ist notwendiges Korrektiv für die dem Unternehmer strukturell aufgebürdete Verpflichtung, den Werkerfolg eigenverantwortlich unter Berücksichtigung der vertraglichen Vorgaben und Verwendungserwartungen des Bestellers verwirklichen zu müssen (s. iE § 633 Rn 10 ff). Gerade bei hochkomplexen Bauleistungen ist er während der oft langen Vertragslaufzeit in fast allen Stadien der Bauausführung auf eine kooperative Zusammenarbeit mit dem Besteller angewiesen, um seinen vertraglichen Leistungspflichten gerecht werden zu können. Diese Zusammenhänge hat der BGH in mittlerweile gefestigter Rspr zu der rechtlichen Erkenntnis verdichtet, dass die Vertragsparteien wechselseitig zu einer nach den Umständen des jeweiligen Falles zu beurteilenden **Kooperation** verpflichtet sind, die sich nicht in der Mitwirkung an einer geordneten Vertragsabwicklung erschöpft, sondern bereits beim Vertragsschluss und sogar bei der Vertragsanbahnung (§ 311 II) ansetzt (BGH BauR 00, 409; 96, 542; ausf: *Kniffka* Jahrbuch Baurecht 01, 1 ff). § 642 regelt einen den Besteller betreffenden Ausschnitt dieses Pflichtenkreises, indem ihm mittelbar durch die Sanktionierung ihrer Nichtbeachtung nicht näher definierte **Mitwirkungshandlungen** bei der Vertragsdurchführung abverlangt werden, soweit sie für die Herstellung des Werkes erforderlich sind – § 642 I. § 642 II ergänzt I auf der Rechtsfolgenseite durch nähere Vorgaben für die Berechnung des nach I begründeten Entschädigungsanspruches. 1

B. Tatbestand. I. Erforderliche Mitwirkungshandlung. § 642 gibt weder Auskunft über die rechtliche Qualität der geforderten Mitwirkung, noch über Art und Umfang erforderlicher Mitwirkungshandlungen. Gemeint sind Handlungen oder ein Unterlassen des Bestellers (BGH NJW 00, 1336, 1338), von deren Erbringung bzw Ausbleiben die vertragsgerechte Fertigstellung der Werkleistungen abhängt (vgl BGH NJW 03, 1601, 1602). Nach nahezu einhelliger Auffassung handelt es sich bei der so verstandenen Mitwirkung des 2

Bestellers iSd § 640 I um eine **Gläubigerobliegenheit** (BGHZ 50, 175, 178; BGH BauR 00, 722; BaRoth/*Voit* § 642 Rz 6; Palandt/*Sprau* § 642 Rz 2; AnwK/*Raab* § 642 Rz 6), die nicht selbstständig einklagbar ist (*Kniffka* Jahrbuch Baurecht 01, 1, 3). Aus § 640 I erhellt sich weiter, dass der Besteller verschuldensunabhängig haftet, wenn er durch das Unterlassen der gebotenen Mitwirkung in **Annahmeverzug** gerät. Daraus folgt, dass aus einer Obliegenheitsverletzung idS keine – verschuldensabhängigen – Schadensersatzansprüche abgeleitet werden können.

3 Anders, wenn die unterbliebene Mitwirkungshandlung zugleich **vertragliche Leistungspflicht** ist, für deren Nichterfüllung der Besteller gem §§ 280 I, 241 II, 311 II einzustehen hat. Maßgebend hierfür ist der rechtsgeschäftliche Wille der Vertragsparteien, soweit er sich aus dem ggf auszulegenden Vertrag unter Heranziehung der sonstigen Umstände des jeweiligen Einzelfalles ergibt (eingehend: *Kniffka* Jahrbuch Baurecht 01, 1, 6ff). Vertraglich geregelte **Aufklärungs-, Anzeige- und Beratungspflichten** sind danach regelmäßig vertragliche Nebenpflichten idS (*Kniffka* Jahrbuch Baurecht 01, 1, 8), des Weiteren solche **Mitwirkungshandlungen** des Bestellers, ohne die eine Durchführung des Vertrages endgültig vereitelt wäre (BGHZ 50, 175, 177f; 11, 80ff), etwa betreffend die Zurverfügungstellung von Bauplänen (BGH, NJW 85, 2475; 84, 1676, 167); auch der vom Architekten zu fertigenden Baupläne, der insoweit Erfüllungsgehilfe des Bestellers im Verhältnis zum Unternehmer ist – BGH NJW 02, 3543) oder die Einholung der erforderlichen Baugenehmigung (BGH NJW 74, 1080; zur Vertragspflicht, kooperativ bei der Abwicklung von **Nachträgen** mitzuwirken – BGHZ 143, 89). Demgegenüber stellt die rechtzeitige Bereithaltung tauglicher **Vorunternehmerleistungen** im Verhältnis zum Nachunternehmer ohne gegenteilige konkrete Anhaltspunkte (BGH ZfBR 92, 31; Celle BauR 94, 629 – „Behelfsbrücke") nach gefestigter Rspr des BGH keine vertragliche Leistungspflicht dar, für deren Erbringung sich der Besteller des Vorunternehmers als Erfüllungsgehilfen bedienen müsste (BGH BauR 00, 722, 724; BGHZ 143, 132). Wohl aber erhält der Unternehmer in derartigen Fällen eine Entschädigung nach § 642, weil – bspw – die verspätete Bereitstellung des Vorunternehmergewerks eine **Obliegenheitsverletzung** ioS darstellt, wenn der Nachunternehmer aus diesem Grunde seine Arbeiten nicht aufnehmen oder fortsetzen kann (BGH BauR 00, 722, 725). Hieraus lässt sich ersehen, dass die Übergänge zwischen Obliegenheit und vertraglicher Leistungspflicht fließend sind und die Einordnung stark von den Umständen des jeweiligen Einzelfalles abhängen kann. Zwischen dem Entschädigungsanspruch aus § 642 und evtl Schadensersatzansprüchen aus § 280 I besteht Anspruchskonkurrenz (*Kniffka* ibr-online-Kommentar Bauvertragsrecht, Stand 26.5.09, § 642 Rz 70).

4 **Obliegenheiten** iSd § 640 bestehen in vielfältiger Weise. Sie reichen von der Gewährung des zweckentsprechenden **Zugangs** zum Baugrundstück (Hamm 03, 1042; Ddorf NJW-RR 00, 466), über die Bereitstellung eines für die Leistungen des Unternehmers **aufnahmebereiten Baugrundstücks** (BGHZ 143, 32), die für den Baufortgang notwendige **Koordinierung** unterschiedlicher Gewerke mehrerer Unternehmer (Dresd IBR 04, 9; Köln BauR 99, 768; Hamm NJW-RR 99, 319 – s. § 4 Nr 1 VOB/B), die Vornahme von Bemusterungen und **Auswahlentscheidungen** (*Kniffka* ibr-online-Kommentar Bauvertragsrecht, Stand 26.5.09, § 642 Rz 18), die Gestattung und Förderung tauglicher **Nachbesserungsarbeiten** (vgl BGH NJW 66, 200, 201 – Leistungsverweigerungsrecht entfällt) bis zur kooperativen Bearbeitung und Bescheidung evt **Nachtragsforderungen** des Unternehmers (BGHZ 143, 89). Auch der noch nicht zur eigentlichen „Herstellung" gehörende rechtzeitige **Abruf der geschuldeten Leistungen** stellt eine Obliegenheit dar (BGH NJW 72, 99 – § 642 analog; ebenso: *Kniffka* ibr-online-Kommentar Bauvertragsrecht, Stand 26.5.09, § 642 Rz 17; aA: BaRoth/*Voit* § 642 Rz 5), die bei entsprechender vertraglicher Vereinbarung zur Leistungspflicht erstarken kann (BGH BauR 76, 207; Palandt/*Sprau* § 642 Rz 3). Nicht unter § 642 I fallen hingegen nach dem eindeutigen Wortlaut der Vorschrift solche Mitwirkungshandlungen, die erst **nach der Abnahme** anfallen (AnwK/*Raab* § 642 Rz 8). Ob das auch für Handlungen im Zeitraum zwischen der Vollendung der Werkleistungen und der Abnahme gilt, ist str (s. hierzu AnwK/*Raab* § 642 Rz 8 mwN). Soll die Mitwirkungshandlung nach der Organisationsstruktur des Bestellers von einem **Dritten** erbracht werden, hat er verschuldensunabhängig für dessen Versäumnisse einzustehen (*Kniffka* ibr-online-Kommentar Bauvertragsrecht, Stand 26.5.09, § 642 Rz 22).

5 **II. Annahmeverzug.** Der Entschädigungsanspruch des § 642 I setzt voraus, dass der Besteller wegen der versäumten Mitwirkung in **Annahmeverzug** gerät. Maßgebend sind §§ 293 ff; der Unternehmer muss dem Besteller die geschuldete Leistung grds also so angeboten haben, wie sie zu bewirken war – § 294, dh vertragsgerecht und zur rechten Zeit. Ein wörtliches Angebot reicht gem § 295 aus, wenn der Unternehmer die geschuldete Leistung nicht ohne die Mitwirkung des Bestellers erbringen kann (AnwK/*Raab* § 642 Rz 9) oder wenn dieser die Entgegennahme verweigert (ausf hierzu: *Kniffka* ibr-online-Kommentar Bauvertragsrecht, Stand 26.5.09, § 642 Rz 29 ff). Der Besteller gerät nicht in Annahmeverzug, wenn ihm die geschuldete Mitwirkungshandlung **unmöglich** ist (dann bleiben die Rechte aus §§ 643, 645); der Annahmeverzug entfällt, wenn sie ihm nachträglich unmöglich wird (dann § 326 II 1 – BaRoth/*Voit* § 642 Rz 13) oder wenn er die vermisste Mitwirkungshandlung vollständig erbringt und nach ihrem Zweck auch noch erbringen kann.

6 **III. Entschädigungsanspruch.** Liegen die tatbestandlichen Voraussetzungen des § 642 I vor, steht dem Unternehmer ein Anspruch auf angemessene Entschädigung zu. Dabei handelt es sich nach Auffassung des BGH um einen **Anspruch eigener Art**, der weder Vergütungs-, noch Schadensersatzanspruch ist (BGH BauR 00, 722,

724; ebenso: Köln NJW-RR 04, 818; aA: *Roskosny/Boldt* BauR 06, 1804 mwN; *Boldt* BauR 06, 185, 193; Kapellmann/Messerschmidt/*v. Rintelen* Teil B, § 9 Rz 87 – Vergütungscharakter; MüKo/*Busche* § 642 Rz 16 – Schadensersatzanspruch; ähnl: Celle BauR 00, 416, 419). Er umfasst diejenigen **Mehraufwendungen**, die dem Unternehmer durch den Annahmeverzug entstehen (*Boldt* BauR 06, 185, 193 f – nicht begrenzt durch das Ende des Annahmeverzuges), also Mehrkosten für die Bereithaltung von Gerät und Personal sowie zusätzliche Subunternehmerkosten und verzugsbedingt höhere Gemeinkosten einschließlich Umsatzsteuer (BGHZ 175, 118 = BauR 08, 821). Sein vertraglicher Vergütungsanspruch bleibt hiervon unberührt (BGHZ 143, 32, 40). Die solcherart erfassten Mehrkosten sind gem II nach den vereinbarten, sonst nach den üblichen Preisen zu ermitteln, für deren Bemessung die Preisermittlungsgrundlagen des Vertrages heranzuziehen sind (*Kniffka* ibr-online-Kommentar Bauvertragsrecht, Stand 26.5.09, § 642 Rz 56), nach Auffassung des BGH allerdings ohne **Gewinn und Wagnis** (BGH BauR 00, 722, 724; aA: *Boldt* BauR 06, 185, 196 ff; *Roskosny/Bolz* BauR 06, 1804, 1814; Staud/*Peters* § 642 Rz 25 – jeweils mwN). Auf die Entschädigung muss sich der Unternehmer die infolge des Annahmeverzuges ersparten Aufwendungen sowie anderweitigen Erwerb anrechnen lassen.

IV. Sonstiges. Der Unternehmer gerät nicht in Verzug, solange er die geschuldete Leistung mangels Mitwirkung des Bestellers nicht erbringen kann. (BGH NJW 96, 1745). Der Entschädigungsanspruch nach § 642 BGB besteht neben den Vergütungsansprüchen des Unternehmers und schließt auch die Geltendmachung eines weitergehenden Schadens nach §§ 280 I, 280 II, 286 (Palandt/*Sprau* § 642 Rz 5) bzw § 6 Nr 6 VOB/B (BGH BauR 00, 722) nicht aus. Der Besteller kann den Vertrag gem § 643 unter den Voraussetzungen des § 642 kündigen und hat dann neben dem Anspruch aus § 642 einen Vergütungsanspruch aus § 645 I für die bis zur Kündigung erbrachten Leistungen (weitergehend: BaRoth/*Voit* § 642 Rz 8; AnwK/*Raab* § 642 Rz 19 – § 649 entspr). Gleiches gilt im Falle der freien Kündigung für den Vergütungsanspruch aus § 649 2 (BGHZ 143, 32, 40). Der Unternehmer muss die tatbestandlichen Voraussetzungen des § 642 einschließlich der Dauer des Annahmeverzuges und der hierdurch bedingten Mehraufwendungen **darlegen und beweisen** und im Prozess schlüssig zu ersparten Aufwendungen und anderweitigem Erwerb vortragen (Staud/*Peters* § 642 Rz 26). Es ist dann Sache des Bestellers, höhere Ersparnisse bzw Ersatzeinkünfte zu beweisen. 7

C. VOB/B. Nach **§ 3 I VOB/B** hat der Auftraggeber dem Auftragnehmer die erforderlichen Unterlagen unentgeltlich und rechtzeitig zu übergeben. In **§ 4 VOB/B** findet sich eine Regelung zur Verteilung der Verantwortlichkeiten zwischen den Vertragsparteien im Zusammenhang mit der Bauausführung. Der Besteller hat nach § 4 Nr 1 I VOB/B insb die öffentlich-rechtlichen Genehmigungen zu beschaffen. Nach **§ 6 VI VOB/B** haftet der Besteller auf Schadensersatz, wenn er die „hindernden Umstände", dh ggf auch eine unterbliebene Mitwirkung, zu vertreten hat. § 642 findet daneben Anwendung (s. Rn 7). Bei unterlassener Mitwirkung steht dem Unternehmer gem **§ 9 I und II** ein Kündigungsrecht zu (§ 643). 8

§ 643 Kündigung bei unterlassener Mitwirkung.
¹Der Unternehmer ist im Falle des § 642 berechtigt, dem Besteller zur Nachholung der Handlung eine angemessene Frist mit der Erklärung zu bestimmen, dass er den Vertrag kündige, wenn die Handlung nicht bis zum Ablauf der Frist vorgenommen werde. ²Der Vertrag gilt als aufgehoben, wenn nicht die Nachholung bis zum Ablauf der Frist erfolgt.

A. Allgemeines. Die Regelung gibt dem Unternehmer bei Unterlassen der gebotenen Mitwirkung durch den Besteller nach § 642 zusätzlich zum dort geregelten Entschädigungsanspruch die Möglichkeit, das Vertragsverhältnis durch Kündigung zu beenden. Sie trägt damit dem Umstand Rechnung, dass dem Unternehmer mit der Entschädigung allein nicht immer gedient ist. So insb, wenn durch die Ungewissheit über den Fortgang der Werkerstellung bei fehlender Mitwirkungshandlung eine nicht mit Entschädigungszahlungen auszugleichende Belastung durch Vorhalten von Arbeitskräften und Material entstehen würde, zumal der Unternehmer die Mitwirkung des Bestellers nicht auf dem Klageweg erzwingen kann. Eine vertragliche Beschränkung des Rechts auf Kündigung dürfte bis zur Grenze des Sittenverstoßes zulässig sein (so zB Vereinbarung, dass nur aus wichtigem Grund gekündigt werden darf). Dies gilt auch in AGB (MüKo/*Busche* § 643 Rz 9); jedoch sind §§ 307 ff zu beachten. 1

B. Vertragsaufhebung. I. Voraussetzungen. Voraussetzung für die Vertragsbeendigung gem § 643 ist zunächst, dass der Besteller sich aufgrund unterlassener Mitwirkungshandlung in **Annahmeverzug** befindet (§ 642 I). Darüber hinaus muss der Unternehmer eine mit **Kündigungsandrohung** verbundene, angemessene **Frist für die Nachholung der Mitwirkung** gesetzt haben und diese Frist muss erfolglos abgelaufen sein. Die fristgebundene Aufforderung kann (nur) durch einen bevollmächtigten Vertreter erfolgen (die Genehmigung der Aufforderung durch einen vollmachtlosen Vertreter nach Fristablauf ist nicht möglich BGH MDR 03, 263). Ob die Frist angemessen ist, muss unter Berücksichtigung der Interessen der Parteien sowie der Möglichkeit der Nachholung im Einzelfall bestimmt werden. An die Stelle einer zu kurz bemessenen Frist tritt die angemessene (MüKo/*Busche* § 643 Rz 2). Bei ernsthafter und endgültiger Verweigerung oder Unmöglichkeit der Nachholung der Mitwirkungshandlung kann die Fristsetzung entbehrlich sein (Soergel/*Teichmann* § 643 Rz 5). Zusätzlich muss dem Besteller die Kündigung angedroht werden. Dabei muss das Wort „kündigen" 2 nicht verwendet werden; es genügt, wenn der Besteller mit genügender Klarheit erkennen kann, dass der Unternehmer nach Fristablauf keinerlei Leistungen mehr erbringen wird. Eine bloße Ankündigung, bei Fristablauf über die Kündigung entscheiden zu wollen, genügt nicht (BaRoth/*Voit* § 643 Rz 4). Es ist umstr, ob die Kündigungsandrohung aufgrund ihrer rechtsgestaltenden Wirkung unwiderruflich sein soll (Müko/*Busche* § 643 Rz 5; RGZ 53, 161, 167) oder vor Fristablauf einseitig rücknahmefähig ist (Palandt/*Sprau* § 643 Rz 2; Staud/Peters/*Jacoby* § 643 Rz 15). Von der Schwere der unterlassenen Mitwirkung soll das Kündigungsrecht in Abweichung zur Regelung in § 9 Nr 1a VOB/B nicht abhängig sein (MüKo/*Busche* § 643 Rz 6).

3 **II. Rechtsfolgen.** Die Vertragsaufhebung tritt nach fruchtlosem Ablauf der Frist ein („gilt als aufgehoben"). Einer Kündigungserklärung bedarf es nicht. Eine teilweise nachgeholte Mitwirkung reicht nicht aus, um den Eintritt der Rechtswirkungen des § 643 2 zu verhindern; die geforderte Mitwirkung muss bis zum Fristende vollständig erbracht worden sein (es besteht jedoch die Grenze der Unbeachtlichkeit nach § 242). Das Vertragsverhältnis wird für die Zukunft aufgehoben. Die Rechtsfolgen ergeben sich sowohl aus § 642 (dort Rn 6), als auch aus § 645 I 1 u 2. Der Besteller hat den der geleisteten Arbeit entspr Teil der Vergütung und Ersatz der in der Vergütung nicht inbegriffenen Auslagen zu bezahlen (BGH NJW 00, 1257; Ddorf BauR 01, 434, 435). Der Entschädigungsanspruch nach § 642 besteht bis zum Zeitpunkt der Vertragsaufhebung neben dem Kündigungsrecht (Palandt/*Sprau* § 643 Rz 2).

4 **C. VOB/B.** Gem § 9 I, II VOB/B hat der Unternehmer ein Kündigungsrecht, wenn der Besteller eine ihm obliegende Mitwirkungshandlung nach § 642 unterlässt und der Unternehmer dadurch seine Leistung nicht erbringen kann. Dies gilt insb für den Fall, dass der Besteller fällige Zahlungen nicht leistet oder sonst in Schuldnerverzug gerät. Voraussetzung ist auch hier die fruchtlose Setzung einer angemessenen Frist mit Kündigungsandrohung. Der Vertrag gilt nach deren Ablauf nicht wie bei § 643 als aufgehoben, vielmehr bedarf es einer **schriftlichen Kündigungserklärung** (§ 9 II 1; BGH NJW 73, 1463). Nach **§ 9 III 1 VOB/B** kann der Unternehmer für die bisherigen Leistungen entspr § 645 I 2 anteilige Vergütung verlangen, **§ 9 III 2 VOB/B** verweist für den zusätzlichen Entschädigungsanspruch jedoch auf § 642, weitergehende Ansprüche des Unternehmers bleiben unberührt (BGH WM 97, 628, 629 = NJW 97, 403). Bei dreimonatiger Unterbrechung gibt § 6 VII VOB/B beiden Parteien ein Kündigungsrecht. Dieses scheidet aus, wenn zuvor eine Kündigung nach § 9 VOB/B ausgesprochen worden ist.

§ 644 Gefahrtragung.
(1) ¹Der Unternehmer trägt die Gefahr bis zur Abnahme des Werkes. ²Kommt der Besteller in Verzug der Annahme, so geht die Gefahr auf ihn über. ³Für den zufälligen Untergang und eine zufällige Verschlechterung des von dem Besteller gelieferten Stoffes ist der Unternehmer nicht verantwortlich.
(2) Versendet der Unternehmer das Werk auf Verlangen des Bestellers nach einem anderen Ort als dem Erfüllungsort, so findet die für den Kauf geltende Vorschrift des § 447 entsprechende Anwendung.

1 S Kommentierung zu § 645.

§ 645 Verantwortlichkeit des Bestellers.
(1) ¹Ist das Werk vor der Abnahme infolge eines Mangels des von dem Besteller gelieferten Stoffes oder infolge einer von dem Besteller für die Ausführung erteilten Anweisung untergegangen, verschlechtert oder unausführbar geworden, ohne dass ein Umstand mitgewirkt hat, den der Unternehmer zu vertreten hat, so kann der Unternehmer einen der geleisteten Arbeit entsprechenden Teil der Vergütung und Ersatz der in der Vergütung nicht inbegriffenen Auslagen verlangen. ²Das Gleiche gilt, wenn der Vertrag in Gemäßheit des § 643 aufgehoben wird.
(2) Eine weitergehende Haftung des Bestellers wegen Verschuldens bleibt unberührt.

1 **A. Überblick/Grundlagen.** §§ 644, 645 betreffen die **Gefahrtragung** und damit die Frage, welche Rechtsfolgen sich ergeben, wenn die geschuldete Werkleistung nicht erbracht werden kann oder nachträglich beeinträchtigt wird, ohne dass eine der Vertragsparteien die hierfür maßgeblichen Umstände zu vertreten hat (Staud/*Peters* § 644 Rz 1). Sie regeln unmittelbar nur die **Vergütungsgefahr** (Palandt/*Sprau* §§ 644/645 Rz 1; AnwK/*Raab* § 644 Rz 6), die freilich nur dann auf den Besteller übergehen kann, wenn er – nach allgemeinen Regeln – auch die **Leistungsgefahr** trägt und der Unternehmer nicht mehr iRd Erfüllung zur Herstellung des vertragsgerechten Gewerkes gegen Zahlung der vertraglichen Vergütung verpflichtet ist (so zutr: AnwK/*Raab* § 644 Rz 2). Der Regelungsgehalt der §§ 644, 645 erhellt sich in seinen Einzelheiten nur durch eine Gegenüberstellung mit den Bestimmungen des allgemeinen Schuldrechts zur Verteilung der Leistungs- und Vergütungsgefahr.

2 Der Unternehmer bleibt nach allgemeinen Regeln grds zur Leistung verpflichtet, bis der geschuldete Werkerfolg bewirkt ist – § 362 I. Er trägt also die **Leistungsgefahr.** Anders im Ausgangspunkt nur, wenn die Leistung gem § 275 I unmöglich wird oder vom Unternehmer gem § 275 II, III verweigert werden kann. Darüber hinaus wird er nach Abnahme von der Leistungsverpflichtung gem § 635 III frei, wenn er die Nacherfüllung wegen unverhältnismäßigen Aufwandes verweigern darf. IÜ darf der Besteller ihn nach ergebnislosem Ablauf einer ange-

messenen Nacherfüllungsfrist durch Geltendmachung der sich aus § 634 ergebenden Mängelrechte von weiteren Bemühungen um eine vertragsgerechte Herstellung der Werkleistungen ausschließen (s. § 634 Rn 3 ff). Die **Vergütungsgefahr** trägt der vorleistungspflichtige Unternehmer grds bis zur Abnahme – § 644 I 1. Das 3 gilt gem § 326 I 1 vorbehaltlich der Ausnahmetatbestände in § 326 II 1 (überwiegendes Verschulden des Bestellers und Annahmeverzug) auch dann, wenn er zuvor gem § 275 I–III von der Leistungsverpflichtung frei wird. Demgegenüber behält der Unternehmer den Anspruch auf die Gegenleistung, wenn er gem § 275 I–III die nach Abnahme geschuldete Nacherfüllung nicht zu erbringen braucht – § 326 I 2. Hat der Besteller vor der Abnahme die Verschlechterung oder den Untergang des Werkes zu vertreten, kann der Unternehmer uU Schadensersatz gem § 280 I beanspruchen; evt werthaltige Teilleistungen muss der Besteller bezahlen (Palandt/*Sprau* §§ 644, 645 Rz 4). In dieses Regelungsgefüge greift § 645 zu seinen Gunsten ein.

B. Sachgefahr – § 644 I 3. Von der Leistungs- und Vergütungsgefahr zu unterscheiden ist die **Sachgefahr**. 4 Sie betrifft die vom Besteller für die Werkerstellung beigestellten Stoffe und Materialien, für die der Unternehmer nach allgemeinen Grundsätzen obhutspflichtig ist (BGH NJW 83, 133; s. iE § 631 Rn 30). Verletzt der Unternehmer diese Obhutspflichten schuldhaft, haftet er gem §§ 280 I, 241 II auf Schadensersatz. Sonst sind der Untergang und die Verschlechterung der Stoffe und Materialien für den Unternehmer zufällig und er wird gem § 644 I 3 von der Sachgefahr freigestellt, die dann der Besteller trägt. Das ändert freilich nichts daran, dass der Unternehmer keine Vergütung für das unausführbar gewordene Gewerk erhält (Palandt/*Sprau* §§ 644/645 Rz 4). Der Unternehmer hat zu beweisen, dass er keine Obhutspflichten verletzt hat. Im Annahmeverzug des Bestellers kommen ihm die Haftungserleichterungen des § 300 zugute (AnwK/*Raab* § 644 Rz 18).

C. Übergang der Vergütungsgefahr. I. Grundsatz: Abnahme – § 644 I. Im Ausgangspunkt gilt: Der Unternehmer trägt die Vergütungsgefahr bis zur **Abnahme**, danach trägt sie gem § 644 I 1 der Besteller und die Regelungen des § 645 werden durch §§ 633 ff verdrängt (iE § 633 4 ff). 5

II. Vor Abnahme. 1. Annahmeverzug – § 644 I 2. Der Zeitpunkt des Gefahrübergangs wird vorverlegt, 6 wenn der Besteller in **Annahmeverzug** gerät – § 293 ff, weil er das vertragsgerecht hergestellte und angebotene Gewerk nicht abnimmt (nicht bei Annahmeverzug durch unterbliebene Mitwirkungshandlung nach § 642 – AnwK/*Raab* § 644 Rz 16).

2. Versendung – § 644 II. Die Vergütungsgefahr geht in Anlehnung an die Regelung in § 447 auch beim 7 Werkvertrag vor der Abnahme auf den Besteller über, wenn der Unternehmer das Werk auf sein Verlangen an einen anderen Ort als den Erfüllungsort (Ort der Werkherstellung) versendet (s. hierzu: § 447 Rn 8 ff).

3. § 645 I 1. Gem § 645 I 1 trägt der Besteller die Vergütungsgefahr auch **vor der Abnahme**, wenn das Werk 8 wegen eines Mangels eines von ihm beigestellten Stoffes oder aufgrund seiner Anweisungen unausführbar bzw verschlechtert wird oder untergeht. Die von den allgemeinen Regeln abw Verteilung der Vergütungsgefahr beruht auf der Erwägung, dass in diesen Fällen die objektive Verantwortlichkeit für die Leistungsstörung beim Besteller liegt, der die Risikolage herbeigeführt hat. Die Regelung gilt unabhängig davon, ob die Herstellung noch nachgeholt werden kann oder nicht (BGHZ 60, 14). „**Stoffe**" iSd § 645 I 1 sind alle dem Unternehmer vom Besteller zum Zwecke der Ausführung der Werkleistungen gelieferten Gegenstände, also auch Hilfsmittel, die der Unternehmer zur Werkerstellung benötigt (BGH NJW 73 318; AnwK/*Raab* § 645 Rz 9; Staud/*Peters* § 645 Rz 12). Baustoffe idS sind bspw der Baugrund (Naumbg NZBau 05, 107) und die bereits vorhandene Bausubstanz (BGH NJW-RR 05, 669), an der der Unternehmer die Werkleistungen vornehmen soll. Die Beeinträchtigung des Werkes muss auf einem Mangel des vom Besteller beigestellten Stoffes zurückzuführen sein. Maßgebend hierfür sind in erster Linie die insoweit getroffenen Beschaffenheitsvereinbarungen (§ 633 II). Nicht erkennbare Fabrikationsfehler rechtfertigen eine Gefahrverlagerung gem § 635 nicht (BGH BauR 96, 702).

Eine **Anweisung** des Bestellers liegt vor, wenn er damit in die grds dem Unternehmer gebührende Dispositionsbefugnis eingreift. Der Besteller muss also zu erkennen geben, dass er eine bestimmte Art der Werkausführung ernstlich verlangt und der Unternehmer muss dieses Verlangen als eindeutige und für ihn verbindliche Aufforderung verstehen dürfen, die Herstellung des Werkes in einer bestimmten, von dem Besteller vorgegebenen Art und Weise vornehmen zu sollen (AnwK/*Raab* § 645 Rz 12; Staud/*Peters* § 645 Rz 14; BaRoth/*Voit* § 645 Rz 10). Keine Anweisungen idS sind die bereits im Vertrag enthaltene Vorgaben für die Werkausführung (BGH NJW 80, 2189; zur Abgrenzung BiHZ 83, 197, 202 f). 9

4. Anwendung des § 645 I auf vergleichbare Fälle. Bei vergleichbaren Risikolagen ist eine **analoge Anwendung** der Gefahrtragungsregelung des § 645 in Betracht zu ziehen. Diese kann bspw der Fall sein, wenn das Werk durch einen zufälligen Untergang des Werkstoffes unausführbar wird, **bevor** dieser in die Sphäre des Unternehmers gelangt ist (zB das frei zu schleppende Schiff sinkt; das zu renovierende Bauwerk brennt nieder). Auch die Fälle der **Zweckerreichung** gehören uU hierher (frei zu schleppendes Schiff kommt durch einsetzende Flut von selbst noch vor dem Eintreffen des Schleppunternehmers frei). Schließlich wird eine analoge Anwendung auch in besonders gelagerten Einzelfällen zu erwägen sein, in denen die Leistung des 10

Unternehmers aufgrund von Umständen untergeht oder unausführbar wird, die in der Person des Bestellers begründet liegen oder auf dessen Handlungen zurückgehen (BGHZ 136, 303; 137, 35). Diese Voraussetzungen hat der BGH im sog „Schürmannbaufall" (BGH BauR 97, 1019) wegen eines vom Besteller nicht zweckentsprechend gewährleisteten Hochwasserschutzes für gegeben erachtet (vgl auch BGHZ 40, 71 – vom Besteller eingebrachtes Heu entzündet sich in der neu hergestellten aber noch nicht abgenommen Scheune; Köln OLGZ 75, 323 – Besteller lässt Schweißarbeiten ausführen, die das Gewerk in Brand setzen; weiter Bsp bei Palandt/*Sprau* §§ 644, 645 Rz 8).

11 Aus alledem lässt sich indes nicht der allgemeine Grundsatz ableiten, dass der Besteller stets die Vergütungsgefahr zu tragen haben, wenn die für die Beeinträchtigung der Werkausführung iSd § 645 I ursächlichen Umstände aus seiner **Sphäre** stammen (wie hier: Palandt/*Sprau* §§ 644/645 Rz 9; AnwK/*Raab* § 645 Rz 18 mwN). Eine von den allgemeinen Grundsätzen abw Verteilung des Vergütungsrisikos lässt sich vielmehr nur durch eine am Einzelfall orientierte Parallelwertung zu den durch § 645 I vorgegebenen Beurteilungsmaßstäben rechtfertigen, die keineswegs immer schon dann erfüllt sind, wenn der beeinträchtigende Umstand in nicht näher qualifizierter Weise aus der Risikosphäre des Bestellers stammt (vgl: Hamm BauR 80, 576; München ZfBR 92, 33).

12 **5. Gefahrtragung im Fall des § 643 (I 2).** § 645 I 2 ergänzt § 643 und stellt klar, das die Gefahrtragungsregelung nach I 1 auch dann Anwendung findet, wenn der Vertrag aufgrund unterlassener Mitwirkung des Bestellers gem § 643 2 als aufgehoben gilt.

13 **III. Vergütung – § 645 I 1.** Soweit die (Vergütungs-) Gefahr gem § 644 auf den Besteller übergegangen ist, hat der Unternehmer Anspruch auf die volle vertragliche Vergütung nach Maßgabe der §§ 631 I, 632. Anders liegen die Dinge in Regelungebereich des § 645, dh wenn die Werkleistungen des Unternehmers durch in die Risikosphäre des Bestellers fallende Gründe tangiert sind. Dann steht dem Unternehmer der auf die **erbrachten Leistungen** entfallende Teil der vertraglichen Vergütung zu, der nach den für § 649 2 maßgeblichen Grundsätzen zu ermitteln ist (BGH NJW 99, 2036; BGH NJW 96, 1282; 96, 3270 – s. dort Rn 5 ff). Darüber hinaus kann er die Erstattung der in diesem Vergütungsteil nicht enthalten **Auslagen** verlangen. Das sind va die nutzlos für die Vorbereitung der ausstehenden Arbeiten bereits angefallenen Aufwendungen, bspw Transport- und Beschaffungskosten für Gerät und Material (vgl BGH NJW 98, 456, 457). Demgegenüber fallen die erst in Reaktion auf die beeinträchtigenden Umstände aufgewendeten Kosten nicht unter § 645 I 1 (BGH aaO). Die Abnahme der erbrachter Teilleistungen ist für die Fälligkeit nicht erforderlich (BGH WM 82, 586; Ddorf BauR 78, 404).

14 **IV. Sonstige Ansprüche des Unternehmers – § 645 II.** § 645 II stellt klar, dass der Besteller unabhängig von der Vergütungsregelung in § 645 I 1 für schuldhafte Pflichtverletzungen haftet. Insoweit kommen Ansprüche des Unternehmers auf den Werklohn für nicht erbrachte Leistungen (abzgl ersparter Aufwendungen und anderweitigen Erwerbs – § 326 II 2) aus § 280 I, 241 II in Betracht, wenn er das Gewerk infolge eines vom Besteller zu vertretenden Umstandes nicht ausführen kann. Allerdings muss der Besteller ein evtl Verschulden der von ihm beauftragten Vor- und Folgeunternehmer idR nicht zurechnen lassen (§ 642 Rn 3 – keine Erfüllungsgehilfen). Zu evtl deliktischen Ansprüche s. Palandt/*Sprau* § 645 Rz 10.

15 **D. VOB/B.** § 12 VI VOB/B entspricht zunächst § 644 I 1, verweist dann aber auf § 7 VOB/B, der eine für den Unternehmer günstigere Regelung enthält, indem er gem § 6 V VOB/B einen § 645 entsprechenden Teil seiner Vergütung verlangen kann, wenn die Werkleistungen vor der Abnahme durch höhere Gewalt und objektiv unabwendbare Ereignisse beschädigt oder zerstört wird (BGHZ 61, 144).

§ 646 Vollendung statt Abnahme.
Ist nach der Beschaffenheit des Werkes die Abnahme ausgeschlossen, so tritt in den Fällen des § 634a Abs. 2 und der §§ 641, 644 und 645 an die Stelle der Abnahme die Vollendung des Werks.

1 § 646 ist im Zuge der Schuldrechtsmodernisierung nur durch die Verweisung auf § 634a II (früher § 638 aF) redaktionell der neuen Gesetzeslage angepasst worden. Die Vorschrift ergänzt weiterhin § 640 I Hs 1 für die Fälle, in denen eine Abnahme nach der Beschaffenheit ausgeschlossen ist. Davon ist auszugehen, wenn eine Abnahme nach der Verkehrssitte unüblich oder sinnlos ist, so insb bei Beförderungsleistungen (Ddorf NJW-RR 94, 1122; BGHZ 89, 160), Theateraufführungen und Konzerten etc. Dann tritt gem § 646 die **Vollendung des Werkes** an die Stelle der Abnahme, deren Wirkungen iRd in Bezug genommenen Vorschriften – § 634a II (Verjährungsbeginn), § 641 (Fälligkeit), §§ 644,645 (Gefahrtragung) – eintreten. „Vollendung" meint die **vollständige Fertigstellung** der Werkleistungen und umfasst solcherart nicht das der Abnahme inhärente (subjektive) Element der Billigung. Dementsprechend kommt es für den Eintritt der in § 646 genannten *Abnahmewirkungen* auf die Mangelfreiheit der Werkleistungen nicht an, wie sich iÜ aus der fehlenden Bezugnahme auf § 640 II (Rechtsverlust bei vorbehaltloser Abnahme trotz erkennbarer Mängel) ergibt.

§ 647 Unternehmerpfandrecht.

Der Unternehmer hat für seine Forderungen aus dem Vertrag ein Pfandrecht an den von ihm hergestellten oder ausgebesserten beweglichen Sachen des Bestellers, wenn sie bei der Herstellung oder zum Zwecke der Ausbesserung in seinen Besitz gelangt sind.

A. Allgemeines/Anwendungsbereich. § 647 soll im Zusammenspiel mit §§ 648, 648a und 632a das erhebliche **Vorleistungsrisiko** des Unternehmers abmildern. Die Vorschrift gewährt ihm hierfür ein **gesetzliches Pfandrecht** an den zur Ausführung der Werkleistungen in seinen Besitz gelangten Sachen des Bestellers und unterscheidet sich ua darin von den Sicherungsrechten in §§ 648 und 648a, die den Unternehmer auf schuldrechtliche Sicherungsansprüche (§ 648 – Anspruch auf Einräumung einer Sicherheitshypothek) und die hieraus resultierenden Sekundärrechte (§ 648a – Leistungsverweigerungsrecht und Kündigungsmöglichkeit) verweisen. Trotz dieser Vorzüge ist die praktische Bedeutung des § 647 eher gering, weil gerade in den besonders durch wechselseitige Sicherungsbedürfnisse geprägten Bauvertragsverhältnissen der Unternehmer regelmäßig nicht in den Besitz einer im Eigentum des Bestellers stehenden beweglichen Sache gelangt. 1

Darüber hinaus wird der Anwendungsbereich des § 647 nach neuem Schuldrecht durch **§ 651** eingeschränkt, wonach auf Verträge über die Lieferung herzustellender beweglicher Sachen im Wesentlichen **Kaufrecht** Anwendung findet, das eine § 647 entsprechende Sicherungsmöglichkeit nicht vorsieht. Geht man mit der hier vertretenen Auffassung (s. § 651 Rn 7) davon aus, dass § 651 auch die Fälle erfasst, in denen der Besteller bereits durch den Herstellungsprozess kraft gesetzlicher Regelung in § 950 Eigentum an der (überwiegend) aus von ihm beigestellten Material hergestellten Sache erlangt (s.a. *Leupertz* BauR 06, 1648, 1651 f), so wäre der Anwendungsbereich des § 647 faktisch auf reine **Reparaturverträge** (klassisches Bsp: Kfz-Reparatur) beschränkt. Daran ändert sich auch dann nichts, wenn man der – unter der Geltung des neuen Schuldrechts freilich ohnehin bedenklichen (so mit Recht: *Hagen* JZ 04, 713, 718 ff) – Rspr des BGH folgend (BGHZ 14, 114, 117; 20, 159, 163 f), den Besteller bei derartigen Konstellationen bereits als Hersteller iSd § 950 ansieht. Auch dann bleibt es nämlich dabei, dass der Vertrag die Lieferung einer herzustellenden beweglichen Sache zum Gegenstand hat und deshalb der Bestimmungen des § 651 unterliegt (aA offenbar: AnwK/*Raab* § 647 Rz 3). Allerdings wäre die Sache dann nicht als **„von ihm"** (dem Unternehmer) hergestellt anzusehen, was § 647 jedoch ausdrücklich voraussetzt. Es erscheint gerechtfertigt, diese systemwidrige **Sicherungslücke** durch eine entsprechende Anwendung des § 647 zu schließen (ebenso: AnwK/*Raab* § 647 Rz 3; Staud/*Peters* § 647 Rz 7; aA: Hagen aaO, 716). 2

B. Unternehmerpfandrecht. I. Gesicherte Forderungen. Das Pfandrecht sichert alle Forderungen „aus dem Vertrag". Gemeint ist der Vertrag des Unternehmers mit dem Besteller, also der **Werkvertrag**. Um einen solchen handelt es sich nicht, soweit die Rechtsbeziehungen der Vertragsparteien nach § 651 dem Kaufrecht unterliegen (s. Rn 2, auch zu einer **analogen** Anwendung des § 647). Der Begriff der „Forderungen" iSd § 647 ist weit zu fassen. Er umfasst die **Vergütungsansprüche** des Unternehmers, auch diejenigen nach **Kündigung des Vertrages** aus § 649 2 oder aus §§ 645 I 1, 2, 643. Darüber hinaus sind die aus der Vertragsabwicklung resultierenden **Sekundäransprüche** des Unternehmers aus §§ 280 ff, 286 (Schadensersatz; auch Vertragsstrafenanspruch), § 642 (Entschädigung) und § 645 I 1 (vergütungsgleicher Aufwendungsersatz) sowie die sich aus der mangelbedingten Rückabwicklung des Vertrages (Rücktritt und Schadensersatz statt der ganzen Leistung) ergebenden Forderungen des Unternehmers sicherungsfähig (ebenso zum Ganzen: AnwK/*Raab* § 647 Rz 4; BaRoth/*Voit* § 647 Rz 3; Staud/*Peters* § 647 Rz 2). Auf außervertragliche Ansprüche aus **GoA, Delikt** und **Bereicherungsrecht** findet § 647 hingegen keine Anwendung (AnwK/*Raab* § 647 Rz 4; BaRoth/*Voit* § 647 Rz 3; Palandt/*Sprau* § 647 Rz 2). 3

II. Pfandgegenstand. 1. Bewegliche Sache. Das Pfandrecht des Unternehmers entsteht nur an **beweglichen Sachen** iSd § 90 (s. dort), die von ihm hergestellt oder ausgebessert werden sollen. Dazu gehören folglich nicht die zur Ausführung der Arbeiten vom Besteller zur Verfügung gestellten **Gerätschaften**, das von ihm beigestellte **Material** erst, wenn es mit der dem Unternehmer zur Bearbeitung ebenfalls überlassenen Hauptsache iRd Werkausführung verbunden (§ 946) oder zu einer solchen zusammengefügt wird (§ 950; iE ebenso: Erman/*Schwenker* § 647 Rz 3; zu der sich hieraus im Zusammenspiel mit § 651 ergebenden Problematik: Rn 2, 6). 4

2. Besitz des Unternehmers. Das Gesetz knüpft die Entstehung des Pfandrechts an den **Besitz** des Unternehmers, der ebenfalls nach allgemeinen Vorschriften (§§ 854 ff) zu beurteilen ist. **Mittelbarer Besitz** (§ 868) – bspw des Hauptunternehmers an der dem Subunternehmer zur Bearbeitung überlassenen Sache – reicht aus (BaRoth/*Voit* § 647 Rz 6; Palandt/*Sprau* § 647 Rz 3). Führt der Unternehmer die Werkleistungen an einer im unmittelbaren Besitz des Bestellers verbliebenen Sache aus, entsteht idR bereits kein Besitzmittlungsverhältnis iSd 868. Nur wenn der Unternehmer nach dem Vertrag berechtigt ist, die Sache unter Ausschluss der Einwirkungsmöglichkeiten des Bestellers aus dessen Machtbereich zu entfernen, greift § 647 (ähnl: Staud/*Peters* § 647 Rz 6). 5

3. Eigentum des Bestellers. Der Besteller muss **Eigentümer** der zum Zwecke der Werkausführung in den Besitz des Unternehmers gelangten Sache(n) sein. Daran fehlt es, wenn der Unternehmer die Sache aus von 6 ihm zu beschaffenden Stoffen herstellen soll, weil er dann über § 950 Eigentümer der hergestellten Sache wird und das Eigentum hieran bis zur Ablieferung behält (iÜ gilt dann § 651, s. Rn 2). Stammen die für die Herstellung erforderlichen Stoffe hingegen (überwiegend) vom Besteller, wird dieser unter den sich aus § 950 ergebenden Voraussetzungen Eigentümer der hergestellten Sache, nach Auffassung des BGH (BGHZ 14, 114, 117; 20, 159, 163 f; mit Recht krit im Hinblick auf § 651 nF: *Hagen* JZ 04, 713, 718 ff) sogar unabhängig vom Wertverhältnis zwischen Verarbeitung und Material. Damit wäre der Anwendungsbereich des § 647 grds für die Zeit ab Fertigstellung der Sache (s. Rn 4) eröffnet. Gleichwohl kommt nur eine entsprechende Anwendung des § 647 auf die dann wegen § 651 dem Kaufrecht unterliegenden Rechtsbeziehungen der Beteiligten in Betracht (s. Rn 2 mwN).

7 Führt der Unternehmer vereinbarungsgemäß Werkleistungen an einer ihm vom **Vorbehaltskäufer** übergebenen Sache aus, erstreckt sich das Pfandrecht nach allgemeinen Grundsätzen auf das an der Sache bestehende **Anwartschaftsrecht** des Bestellers/Vorbehaltskäufers (AnwK/*Raab* § 647 Rz 9; BaRoth/*Voit* § 647 Rz 9; Palandt/*Sprau* § 647 Rz 4 – unter Hinweis auf BGH NJW 65, 1475 – Vermieterpfandrecht). Demgegenüber entsteht grds kein Unternehmerpfandrecht an **bestellerfremden Sachen**. Das ist für den Unternehmer misslich, wenn bspw an Miet- oder Leasingfahrzeugen Reparaturen ausgeführt werden sollen. Einem **gutgläubigen Erwerb** des gesetzlichen Pfandrechts steht die stRspr des BGH zu § 1257 entgegen (s. dort Rn 3 mN zum Meinungsstand). Dann bleibt nur der Weg über die Einwilligung des Eigentümers in die Übergabe der Sache an den Unternehmer zum Zwecke der Ausführung von Werkleistungen und die hieran entsprechend §§ 183, 185 geknüpfte Entstehung des Pfandrechts (str; iE hierzu mwN: AnwK/*Raab* § 647 Rz 12; abl: BGHZ 34, 122, 125 f).

8 **III. Anwendung der Regeln über das Vertragspfandrecht.** Für die Verwertung und das Erlöschen des gesetzlichen Pfandrechts nach § 647 gelten gem § 1257 die Regeln über das vertraglich begründete Pfandrecht. Maßgebend für die **Verwertung** sind also die §§ 1228 ff (s. dort); das Verwertungsrecht des Unternehmer entsteht demnach mit der **Fälligkeit** der gesicherten Forderung – § 1228 II (hierzu iE § 641). Das Pfandrecht erlischt gem § 1253, wenn der Unternehmer die Sache freiwillig an den Eigentümer herausgibt. Danach lebt es auch dann nicht wieder auf, wenn er abermals in den Besitz der Sache gelangt (BGHZ 51, 250; 87, 274, 280 f).

§ 648 Sicherungshypothek des Bauunternehmers.

(1) ¹Der Unternehmer eines Bauwerks oder eines einzelnen Teiles eines Bauwerks kann für seine Forderungen aus dem Vertrag die Einräumung einer Sicherungshypothek an dem Baugrundstück des Bestellers verlangen. ²Ist das Werk noch nicht vollendet, so kann er die Einräumung der Sicherungshypothek für einen der geleisteten Arbeit entsprechenden Teil der Vergütung und für die in der Vergütung nicht inbegriffenen Auslagen verlangen.
(2) ¹Der Inhaber einer Schiffswerft kann für seine Forderungen aus dem Bau oder der Ausbesserung eines Schiffes die Einräumung einer Schiffshypothek an dem Schiffsbauwerk oder dem Schiff des Bestellers verlangen; Abs. 1 Satz 2 gilt sinngemäß. ²§ 647 findet keine Anwendung.

1 **A. Allgemeines.** Der Zweck der Vorschrift besteht darin, das **Vorleistungsrisiko** des Bauunternehmers abzumildern, der seine Werkleistungen typischerweise an einem Bauwerk des Bestellers erbringt und solcherart selten in den Genuss des an den Besitz geknüpften gesetzlichen Pfandrechts nach § 647 kommt (s. dort Rn 1). Es werden jedoch – anders als nach § 648a – nur bereits erbrachte Leistungen mit dem Wert der nach dem Vertrage hierfür geschuldeten Werklohnforderung abgesichert (vgl *Kniffka* ibr-online-Kommentar Bauvertragsrecht, Stand 26.5.09, § 648 Rz 3). Im Unterschied zu § 647 begründet § 648 kein (dingliches) Sicherungsrecht, sondern lediglich einen **schuldrechtlichen Anspruch** hierauf. Der Unternehmer muss idR also **Klage** erheben, um mit der so gem § 894 ZPO ersetzten Bewilligung des Bestellers die Eintragung der Sicherungshypothek bewirken zu können – § 873 I. Darin liegt eine Schwäche des Sicherungsanspruchs gem § 648, dessen Realisierung in der Praxis oft schon daran scheitert, dass das Baugrundstück des Bestellers mit vorrangigen Sicherungsrechten der finanzierenden Banken belastet ist und der Unternehmer selbst über die mittels einstweiliger Verfügung erwirkte Eintragung einer **Vormerkung** (§ 885 I 1) keine verwertbares Grundstücksvermögen mehr vorfindet. Darüber hinaus kann der Unternehmer die Einräumung einer Sicherungshypothek an dem Baugrundstück grds nur dann verlangen, wenn das von ihm bearbeitete Baugrundstück dem Besteller gehört (iE Rn 3 ff). Das ist in der Baupraxis oft nicht der Fall (Bsp: Der Besteller ist Mieter/Pächter des Baugrundstückes) und führt dazu, dass Subunternehmer faktisch von den Vergünstigungen des § 648 ausgeschlossen sind. Der Anspruch aus § 648 ist abdingbar, in **AGB** des Bestellers allerdings nur, soweit dem Unternehmer statt dessen eine andere ausreichende Sicherheit eingeräumt wird (Karlsr NJW-RR 97, 658). Er entfällt, wenn der Besteller dem Unternehmer eine Sicherheit gem § 648a I, II gestellt hat (§ 648a IV). Für die Bestellung der Hypothek und die Sicherung des Anspruchs hierauf durch Eintragung einer Vormerkung gelten die allgemeinen Grundsätze (hierzu: Palandt/*Sprau* § 648 Rz 5).

2 **B. Regelungsgehalt. I. Sicherungsberechtigter.** Berechtigter iSd § 648 ist der Unternehmer, soweit er aufgrund der **vertraglichen Beziehungen** zum Besteller ein Bauwerk herstellen oder Arbeiten an einem solchen verrichten soll (vgl: Hamm 99, 383; Celle NJW-RR 00, 387 f; KG NJW-RR 99, 1247). Daran fehlt es bei Leis-

tungen des **Subunternehmers**, der seine Leistungen am Bauwerk aufgrund vertraglicher Beziehungen zum Hauptunternehmer erbringt, der wiederum regelmäßig nicht Eigentümer des Baugrundstückes ist (s. iÜ auch Rn 1). Auch **Baustoff- und Bauteillieferanten** gehören, selbst wenn sie den Besteller unmittelbar beliefern, nicht zum Kreis der Sicherungsberechtigten (Palandt/*Sprau* § 648 Rz 2; Siegburg BauR 90, 32, 42 f), weil ihre Leistungsverpflichtung keine **werkvertragliche Bauleistung** iSd § 648 zum Gegenstand hat, wenn nicht Montagearbeiten von Gewicht hinzutreten (vgl § 651 Rn 6 f). IÜ ist ein großzügiger Maßstab für den Bauwerksbezug der Vertragsleistungen anzulegen, so dass auch dem mit **Abbrucharbeiten** befassten Unternehmer zumindest dann ein Sicherungsanspruch nach § 648 zustehen soll, wenn sie im Zusammenhang mit weiteren, für die Bauerrichtung notwendigen Arbeiten erbracht werden (München IBR 04, 678; anders iRd § 634a – s. dort Rn 6 f). Ob der Gerüstbau unter § 648 fällt, ist str (Köln BauR 00, 1874). **Architekten**, Statiker und Sonderfachleute sind – wenn sie aufgrund eines Vertrages mit dem Besteller tätig werden – sicherungsberechtigt, soweit sich ihre Leistungen im Bauwerk verkörpern (BGHZ 51, 190; Kobl NZBau 06, 188; Ddorf NJW-RR 00, 166). Anders bei nicht bauerfolgsbezogenen Tätigkeiten des genannten Personenkreises, wie sie insb iRv gemischten Vertragsverhältnissen mit **Projektsteuerern** und **Baubetreuern** vorkommen (allg zur Abgrenzung vom Dienst- oder Geschäftsbesorgungsvertrag s. Vor §§ 631–651 Rn 7, 12 ff; vgl auch Frankf BauR 88, 343 f; München NJW 73, 289). **Bauträger** bauen idR nicht auf einem Grundstück des Bestellers/Erwerbers und fallen deshalb nicht unter § 648 (Palandt/*Sprau* § 648 Rz 2; s.a. Vor §§ 631–651 Rn 15). IÜ entsteht der Sicherungsanspruch erst, wenn die Bauleistung zumindest teilweise hergestellt ist und sich werterhöhend auf das Grundstück ausgewirkt hat – s. § 648 I 2 (dazu unten Rn 3 f).

II. Sicherungsobjekt. Dogmatischer Anknüpfungspunkt für den Anspruch auf Einräumung einer Sicherungshypothek ist ua der durch die Bauleistungen herbeigeführte Mehrwert des **Baugrundstückes** (vgl: BGH BauR 84, 413; auch das **Erbbaurecht** – BGHZ 91, 139, 142). Pfandgegenstand kann deshalb grds nur das Baugrundstück **des Bestellers** sein, für den der Unternehmer die Bauleistung erbringt – § 648 I 1. Denn nur diesem kommt der Mehrwert zugute. Daraus folgt allerdings nicht, dass der Anspruch auf Sicherung (nur) den grundstücksbezogenen Mehrwert betrifft. Der Unternehmer erhält die Sicherheit für tatsächlich am Bauwerk erbrachte Leistungen vielmehr unabhängig davon, ob und wenn ja, in welchem Umfang hierdurch eine Steigerung des Grundstückswertes eingetreten ist (BGH BauR 00, 1083 = NJW 00, 1861). Das zeigt sich deutlich in den Fällen, in denen die auf **einheitlicher Vertragsgrundlage** beruhenden Werkleistungen auf **mehreren Grundstücken** erbracht werden. Dann kann der Unternehmer nach § 648 eine **Gesamthypothek** (§ 1132 I) nebst Vormerkung wegen seiner gesamten Vergütung auf allen Grundstücken beanspruchen, die dem oder den Bestellern gehören (BGH aaO; vgl auch Köln IBR 03, 300 – Errichtung von 4 Doppelhaushälften für Wohnungseigentümergemeinschaft). Nicht so hingegen, wenn mehrere Grundstücke auf der Grundlage entsprechend getrennter Verträge bebaut werden (Palandt/*Sprau* § 648 Rz 3). 3

Der Sicherungsanspruch erfasst stets das gesamte Grundstück, nicht nur den zu bebauenden Teil (Palandt/*Sprau* § 648 Rz 3). Eine bereits zugunsten des Unternehmers eingetragene Hypothek oder Vormerkung bleibt von der **späteren Veräußerung** des Grundstückes nach allgemeinen Grundsätzen unberührt. Die **Aufteilung** des Grundstückes durch Bildung von Wohnungseigentum hindert den Unternehmer nicht, zur Sicherung seines Anspruch aus § 648 in jedem Wohnungsgrundbuch eine Vormerkung für die volle Sicherungshypothek eintragen zu lassen (Hamm NJW-RR 99, 383; vgl auch Frankf BauR 95, 737; Ddorf BauR 83, 376), und zwar selbst dann nicht, wenn im Zeitpunkt des Abschlusses des Werkvertrags bereits Wohnungseigentum gebildet war (Hamm aaO). Veräußert der Besteller indes solcherart abgetrennte Grundstücksteile/Wohnungseigentumseinheiten, bevor die Hypothek/Vormerkung eingetragen ist, kann die dingliche Sicherheit an den nicht mehr im Eigentum des Bestellers stehenden Teilen nicht mehr begründet werden. 4

Der sich aus § 648 I 1 ergebende Grundsatz, dass Hypothek und Vormerkung nur an einem dem Besteller gehörenden Grundstück begründet werden können, gilt nach der Rspr des BGH nicht einschränkungslos. Das Erfordernis einer streng formalen **Personenidentität** darf nicht zu untragbaren Ergebnissen für den Unternehmer führen (grundlegend: BGHZ 102, 95). So soll sich der vom Besteller personenverschiedene Grundstückseigentümer aus dem Gesichtspunkt von Treu und Glauben iRd § 648 dann nicht darauf berufen dürfen, nicht Besteller der Bauleistung zu sein, wenn er diesen wirtschaftlich beherrscht und solcherart die Vorteile aus der Bauleistung des Unternehmers zieht (BGH BauR 88, 88; Ddorf BauR 07, 1590; Hamm BauR 08, 141; Celle BauR 01, 834). Gleiches kann bei engen persönlichen Beziehungen und einer sich hieraus ergebenden wirtschaftlichen Verflechtung zwischen Besteller und Eigentümer ergeben, wenn der Wert der Werkleistungen auch dem Eigentümer unmittelbar zugute kommt (Dresden BauR 08, 722; Frankf BauR 01, 129 – Ehegattenmiteigentümer; enger: Celle NJW-RR 95, 460 – bloße Kenntnis vom Vertrag und spätere Mitbenutzung genügt nicht). Eine rein wirtschaftliche Identität zwischen Besteller und Eigentümer reicht nicht aus (BGHZ 102, 95, 100 f; Celle NJW-RR 03, 236, 27). 5

III. Sicherbare Forderungen. Sicherbar sind alle Forderungen „aus dem Vertrag". Insoweit gelten zunächst die gleichen Grundsätze wie für § 647 (s. dort Rn mwN). Erfasst sind also außer dem **Vergütungsanspruch** des Unternehmers Entschädigungsansprüche aus § 642, Aufwendungsersatzansprüche (§ 645 I) und vertragliche Schadensersatzansprüche (BGH BauR 88, 88, nicht hingegen außervertragliche Ansprüche aus GoA, 6

Bereicherungsrecht und Delikt. Unter § 648 fallen auch die Kosten der (zweckentsprechenden) Rechtsverfolgung (AnwK/Raab § 648 Rz 9) und die Kosten der Erwirkung der Hypothek oder Vormerkung.

7 Aus § 648 I 2 ergibt sich, dass der Unternehmer Sicherheit nur „für einen der geleisteten Arbeit entsprechenden Teil der Vergütung und für die hierin nicht inbegriffenen Auslagen" verlangen kann. Der Umfang der sicherbaren Werklohnforderung entspricht also dem Betrag, den der Unternehmer nach dem **Stand der Bauleistung** als Teilvergütung gem § 645 I beanspruchen könnte (s. dort Rn 13; *Kniffka* ibr-online-Kommentar Bauvertragsrecht, Stand 13.11.07, § 648 Rz 30). Daraus folgt, dass der Unternehmer nach **kündigungsbedingter Beendigung** des Vertrages die Sicherung seines Vergütungsanspruches aus § 649 2 für erbrachte Leistungen betreiben kann (Stuttg BauR 05, 1047; Brandbg BauR 03, 578; Ddorf NJW-RR 04, 189), nicht hingegen für nicht erbrachte Leistungen (Jena BauR 99, 177 – allerdings mit unzutreffender, auf die fehlende Wertsteigerung abstellender Begründung).

8 Die **Fälligkeit** der Werklohnforderung ist nicht Voraussetzung (vgl Brandbg BauR 03, 578, 579 – Schlussrechnung); Skonto und vereinbarte **Sicherheitseinbehalte** bleiben deshalb außer Ansatz (BGH NJW-RR 00, 387; Hamm BauR 98, 885). Weil der Sicherungsanspruch nur die Vergütung des Unternehmers für erbrachte Bauleistungen betrifft, sind die Kosten für die Beseitigung vorhandener **Mängel** (ohne Druckzuschlag gem § 641 III: Stuttg BauR 05, 1047; BaRoth/*Voit* § 648 Rz 17 mwN; Palandt/*Sprau* § 648 Rz 4) vom sicherbaren Werklohnanspruch abzuziehen (BGHZ 68, 180, 186; Hamm NJW-RR 00, 971; Celle BauR 03, 133; Brandbg BauR 03, 578, 580), soweit dem Besteller entsprechende Mängelrechte zustehen (AnwK/*Raab* § 648 Rz 8; ein Leistungsverweigerungsrecht nach § 648a reicht nicht – Celle BauR 03, 133, 134). Kein Sicherungsanspruch besteht mit Rücksicht auf die Akzessorietät zwischen der zu sichernden Forderung und dem Anspruch gem § 648 I für erloschene und solche Forderungen, denen eine dauernde Einrede entgegensteht (Palandt/*Sprau* § 648 Rz 4). Maßgebend für den Umfang der hypothekarischen Sicherung ist der Inhalt der Grundbucheintragung. Nur die dort – ggf mittelbar durch Bezugnahme auf die Eintragungsbewilligung oder die sie ersetzende Entscheidung/einstweilige Verfügung – genannten Forderungen sind gesichert (BGH NJW 01, 3701 – keine rangwahrende Wirkung einer Vormerkung für Abschlagsforderung hinsichtlich der Schlussforderung; vgl auch BGH NJW 74, 1761).

§ 648a Bauhandwerkersicherung.
(1) ¹Der Unternehmer eines Bauwerks, einer Außenanlage oder eines Teils davon kann vom Besteller Sicherheit für die auch in Zusatzaufträgen vereinbarte und noch nicht gezahlte Vergütung einschließlich dazugehöriger Nebenforderungen, die mit 10 vom Hundert des zu sichernden Vergütungsanspruchs anzusetzen sind, verlangen. ²Satz 1 gilt in demselben Umfang auch für Ansprüche, die an die Stelle der Vergütung treten. ³Der Anspruch des Unternehmers auf Sicherheit wird nicht dadurch ausgeschlossen, dass der Besteller Erfüllung verlangen kann oder das Werk abgenommen hat. ⁴Ansprüche, mit denen der Besteller gegen den Anspruch des Unternehmers auf Vergütung aufrechnen kann, bleiben unberücksichtigt, es sei denn, sie sind unstreitig oder rechtskräftig festgestellt. ⁵Die Sicherheit ist auch dann als ausreichend anzusehen, wenn sich der Sicherungsgeber das Recht vorbehält, sein Versprechen im Falle einer wesentlichen Verschlechterung der Vermögensverhältnisse des Bestellers mit Wirkung für Vergütungsansprüche aus Bauleistungen zu widerrufen, die der Unternehmer bei Zugang der Widerrufserklärung noch nicht erbracht hat.
(2) ¹Die Sicherheit kann auch durch eine Garantie oder ein sonstiges Zahlungsversprechen eines im Geltungsbereich dieses Gesetzes zum Geschäftsbetrieb befugten Kreditinstituts oder Kreditversicherers geleistet werden. ²Das Kreditinstitut oder der Kreditversicherer darf Zahlungen an den Unternehmer nur leisten, soweit der Besteller den Vergütungsanspruch des Unternehmers anerkennt oder durch vorläufig vollstreckbares Urteil zur Zahlung der Vergütung verurteilt worden ist und die Voraussetzungen vorliegen, unter denen die Zwangsvollstreckung begonnen werden darf.
(3) ¹Der Unternehmer hat dem Besteller die üblichen Kosten der Sicherheitsleistung bis zu einem Höchstsatz von 2 vom Hundert für das Jahr zu erstatten. ²Dies gilt nicht, soweit eine Sicherheit wegen Einwendungen des Bestellers gegen den Vergütungsanspruch des Unternehmers aufrechterhalten werden muss und die Einwendungen sich als unbegründet erweisen.
(4) Soweit der Unternehmer für seinen Vergütungsanspruch eine Sicherheit nach den Absätzen 1 oder 2 erlangt hat, ist der Anspruch auf Einräumung einer Sicherungshypothek nach § 648 Abs. 1 ausgeschlossen.
(5) ¹Hat der Unternehmer dem Besteller erfolglos eine angemessene Frist zur Leistung der Sicherheit nach Absatz 1 bestimmt, so kann der Unternehmer die Leistung verweigern oder den Vertrag kündigen. ²Kündigt er den Vertrag, ist der Unternehmer berechtigt, die vereinbarte Vergütung zu verlangen; er muss sich jedoch dasjenige anrechnen lassen, was er infolge der Aufhebung des Vertrags an Aufwendungen erspart oder durch anderweitige Verwendung seiner Arbeitskraft erwirbt oder zu erwerben böswillig unterlässt. ³Es wird vermutet, dass danach dem Unternehmer 5 vom Hundert der auf den noch nicht erbrachten Teil der Werkleistung entfallenden vereinbarten Vergütung zustehen.
(6) ¹Die Vorschriften der Absätze 1 bis 5 finden keine Anwendung, wenn der Besteller
1. eine juristische Person des öffentlichen Rechts oder ein öffentlich-rechtliches Sondervermögen ist, über deren Vermögen ein Insolvenzverfahren unzulässig ist, oder

2. eine natürliche Person ist und die Bauarbeiten zur Herstellung oder Instandsetzung eines Einfamilienhauses mit oder ohne Einliegerwohnung ausführen lässt.
²Satz 1 Nr. 2 gilt nicht bei Betreuung des Bauvorhabens durch einen zur Verfügung über die Finanzierungsmittel des Bestellers ermächtigten Baubetreuer.
(7) Eine von den Vorschriften der Absätze 1 bis 5 abweichende Vereinbarung ist unwirksam.

A. Überblick. Die durch §§ 647, 648 nur unzureichend gewährleistete Absicherung des Vorleistungsrisikos 1 des Unternehmers wird durch die zu diesem Zweck mit Wirkung zum 1.5.93 eingefügten und durch das Gesetz zur Beschleunigung fälliger Zahlungen vom 30.3.00 mit Wirkung ab dem 1.5.00 geänderten (s. Vorauflage Rz 1) Vorschriften des § 648a ergänzt. Durch das Forderungssicherungsgesetz vom 23.10.08 (FoSiG), das für alle ab dem 1.1.09 geschlossenen Verträge gilt (ÜberleitungsV Art 229, § 18 [richtig: § 19]; vgl Vor §§ 631 bis 651 Rn 24) ist I grundlegend geändert worden. Nach bis zum 31.12.08 geltendem Recht gewährte § 648a dem Unternehmer keinen durchsetzbaren Anspruch auf Gewährung einer Sicherheit (BGHZ 146, 24, 28). Vielmehr durfte er die geschuldete Bauleistung bei nicht fristgerechter Gestellung der verlangten Sicherheit verweigern und gem § 648a V aF die Aufhebung des Vertrages nach Maßgabe der §§ 643, 645 I betreiben sowie einen evtl Vertrauensschaden geltend machen (iE Voraufl Rz 18ff). Diese Regelung gilt für nach dem 1.5.00 und vor dem 1.1.09 geschlossene Verträge fort (Palandt/*Sprau* § 648a Rz 2). Jetzt steht dem Unternehmer nach I 1 ein eigenständiger, einklagbarer Anspruch auf Stellung der Sicherheit zu. Darüber hinaus sind die Vorschriften in I 2-4 neu eingefügt worden. V regelt die an das Ausbleiben der Sicherheit geknüpften Rechtsfolgen abw von der bisherigen Rechtslage (Rn 18 ff).

§ 648a schließt einige der Sicherungslücken, die §§ 647, 648 für den Unternehmer lassen. So ist die Bauhand- 2 werkersicherung weder an den Besitz des Unternehmers (§ 647, s. dort Rn 1 f), noch an die tatsächliche Erbringung der Bauleistungen und die Identität zwischen Besteller und Grundstückseigentümer geknüpft (§ 648, s. dort Rn 5 ff). Auch entfällt iRd § 648a die Besorgnis des Unternehmers, wegen vorrangiger Grundpfandrechte mit seinem Sicherungsbegehren auszufallen (s. § 648 Rn 1).

Das Sicherungsverlangen nach § 648a betrifft gem I 1 die Vergütung des Unternehmers für seine Leistungen 3 im Zusammenhang mit der Herstellung eines Bauwerks, einer Außenanlage oder eines Teils davon (Rn 8). Keine Anwendung findet § 648a I-V gem Abs 6 Nr 1 auf **juristische Personen des öffentlichen Rechts** und öffentlichrechtliche Sondervermögen, die nicht insolvenzfähig sind, weil insoweit kein Insolvenzrisiko besteht, das abgesichert werden müsste (Palandt/*Sprau* § 648a Rz 2). Gem VI Nr 2 gilt § 648a I-V ebenfalls nicht für **natürliche Personen**, soweit die von ihnen beauftragten Bauarbeiten iSd § 648a I 1 die Herstellung oder Instandsetzung eines **Einfamilienhauses** mit oder ohne Einliegerwohnung betreffen. Dem liegt die Erwägung des Gesetzgebers zugrunde, dass private, nicht zur kommerziellen Verwertung bestimmte Bauvorhaben idR solide finanziert seien und der Unternehmer überdies durch die unbegrenzte Haftung des Bestellers mit dessen Privatvermögen ausreichend abgesichert sei (BTDrs 12/1836 11 und 12/4526 11). Daraus erklärt sich wiederum die Einschränkung in § 648a VI Nr 2, wonach die Freistellung des privaten Bestellers von der Sicherungsverpflichtung nicht greift, wenn ein entsprechend ermächtigter Baubetreuer über die Finanzierungsmittel des Bestellers verfügen kann.

Gem **§ 648a VII** sind **Vereinbarungen** unwirksam, mit denen von den Vorschriften in § 648a I–V abgewichen 4 werden soll. Der BGH hat klargestellt, dass dieses Unwirksamkeitspostulat nur die **nach Vertragsschluss** gem § 648a einseitig verlangte Sicherheit betrifft, nicht hingegen eine bereits im Bauvertrag getroffene Sicherungsabrede (BGH NJW 06, 2475). Allerdings dürften im erstgenannten Fall abändernde Vereinbarungen auch dann unwirksam sein, wenn sie sich zu Gunsten des sicherungsberechtigten Unternehmers auswirken würden (BGH aaO; vgl auch BGH BauR 05, 1019; 01, 1426; aA: *Vogel* ZfIR 05, 285; *Schmitz* BauR 02, 798, 799). Ein iRd Vertragsschlusses erklärter Verzicht auf die Rechte aus § 648a ist unwirksam (BGHZ 146, 24, 28).

B. Regelungsgehalt. I. Sicherungsanspruch – § 648a I 1. Gem I 1 hat der Unternehmer einen eigenständi- 5 gen, einklagbaren Anspruch auf Sicherheitsleistung. Der Anspruch entsteht mit Abschluss des Bauvertrages, muss allerdings gem I 1 nur **auf Verlangen** des Unternehmers erfüllt werden. Es handelt sich also um einen **verhaltenen Anspruch**, für den die dreijährige **Regelverjährung** (§ 195) nach zutr hM erst mit der Ausübung des Verlangens zu laufen beginnt (vgl § 199 Rn 5 mwN; für § 648a im Erg ebenso: Palandt/*Sprau* § 648a Rz 13). Das Verlangen ist an keine Form gebunden (Schriftform ratsam), muss aber erkennen lassen, in welcher Höhe Sicherheit beansprucht wird (Dresd BauR 02, 1274). Sie kann nur einen Teil der offen stehenden Vergütung oder eines sie ersetzenden Anspruchs (I 2) betreffen. Der Sicherungsanspruch besteht, solange der Unternehmer einen gem I 1, 2 sicherbaren Anspruch gegen den Besteller hat (dazu Rn 10 ff). Auf die Fertigstellung und **Abnahme** der Werkleistungen kommt es nicht an, wie I 3 nun ausdr klarstellt (ebenso für die bish Rechtslage: BGH BauR 07, 2052, BauR 05, 555, BauR 04, 1453 – sofern der Besteller weiterhin (Nach-)Erfüllung in Form von Mängelbeseitigung verlangt; s. Voraufl Rz 12).

Die (freie) **Kündigung** des Bestellers (§ 649) hindert den Unternehmer ebenfalls nicht, Sicherheit für noch 6 nicht erfüllte (Vergütungs-) Ansprüche nach I 1, 2 zu verlangen (Ingenstau/Korbion/*Joussen*, Teil B, Anh 1 Rz 167 mwN; aA offenbar: Palandt/*Sprau*, § 648a Rz 13). Nach neuem Recht dürfte eine im Zeitraum der besonderen Insolvenzanfechtung gewährte Sicherheit als kongruente Deckung iSd § 130 InsO anzusehen sein.

Die **Vollstreckung** des Sicherheitsanspruchs erfolgt gem § 887 ZPO (zu den Folgen: *Heiland* IBR 08, 628, allerdings unzutr, soweit es sich bei dem Sicherungsanspruch um einen solchen auf Zahlung einer bestimmten Geldsumme handeln soll, der im Urkundsprozess geltend gemacht werden könne – vgl: *Zöller/Gerger* § 592 Rz 1).

7 **II. Sicherungsberechtigter.** Sicherheitsleistung kann nach dem Wortlaut des I 1 zum einen der Unternehmer **eines Bauwerks** verlangen. Hierzu kann zunächst auf die Ausführungen zu § 648 (dort Rn 2) wiesen werden, wenngleich sich der Unternehmerbegriff in § 648a nicht mit dem des § 648 deckt, weil § 648a nicht voraussetzt, dass die Bauleistungen sich werterhöhend ausgewirkt haben müssen (Ddorf BauR 05, 416). Deshalb kann iRd § 648a bspw auch der **planende Architekt**, dessen Planungsleistungen sich noch nicht im Bauwerk verkörpert haben, Sicherheit nach § 648a verlangen (Ddorf BauR 05, 416 mwN; Köln BauR 00, 1874, 1875; vgl auch: *Kniffka* BauR 07, 246, 249 f; aA Dresden IBR 96, 432; Frankf IBR 95, 377).

8 Zum anderen betrifft § 648a Arbeiten des Unternehmers an **einer Außenanlage**. Davon umfasst sind Werke, denen grundstücksbezogene Leistungen wie Erd-, Pflanz-, Rasen-, Saatarbeiten, sowie entwässerungs- und vegetationstechnische Arbeiten durch Unternehmen des Garten-, Landschaft- und Sportplatzbaues zugrunde liegen (Palandt/*Sprau* § 648a Rz 6 – unter Hinweis auf BTDrs 12/4526 10). Unternehmer idS ist hingegen nicht, wer Rodungsarbeiten und sonstige Arbeiten ausführt, die lediglich dazu dienen, das Baugrundstück frei zu machen (BGH BauR 05, 1019). Das hat freilich entgegen aA (Palandt/*Sprau* § 648a Rz 7) im Kern nichts damit zu tun, dass solche Arbeiten regelmäßig nicht zu einer Wertsteigerung des Grundstückes führen. Entscheidend ist vielmehr, dass sie nicht mit denen zur **Herstellung** eines Bauwerks oder einer Außenanlage vergleichbar sind (BGH aaO; vgl auch: Ddorf BauR 05, 416, 417).

9 **III. Sicherungsverpflichteter.** Das Sicherungsverlangen richtet sich an den **Besteller**, der – anders als bei § 648 – nicht zugleich Eigentümer des Baugrundstückes sein muss. Dieser Unterschied wirkt sich va für den **Subunternehmer** günstig aus, der demnach von seinem Vertragspartner, dem Hauptunternehmer, Sicherheit nach § 648a beanspruchen kann (anders bei § 648, s. dort Rn 1, 2). Auch der durch Nachunternehmervertrag verpflichtete Gesellschafter einer Dach-ARGE kann ungeachtet seiner Gesellschafterstellung von dieser Sicherheit verlangen (KG BauR 05, 440; *Diehr* ZfBR 04, 3). Kein Unternehmer iSd I 1 ist wegen § 651 der Baustofflieferant, wenn er nicht zusätzlich Montageleistungen von Gewicht auszuführen hat (s. § 648 Rn 2 mwN).

10 **IV. Sicherbare Ansprüche.** Sicherbar iSd § 648a I 1 sind zunächst alle vertraglichen **Vergütungsansprüche** des Unternehmers für von ihm zu erbringende Leistungen, seit dem 1.5.00 einschließlich der von ihnen abhängigen **Nebenforderungen** (insb Zinsen: Frankf BauR 07, 1430 – auch Prozesskosten), die gem § 648a I 1 Hs 2 mit einem Pauschalbetrag von 10% des sicherungsfähigen Werklohns anzusetzen sind, sofern sie dem Grunde nach bestehen. Sie dürfen nur nicht bereits vergütet sein (BGHZ 146, 24, 31). Abgesichert werden können bereits erbrachte, nach dem Vertrag vergütungspflichtige und noch nicht bezahlte Leistungen; **Voraus- oder Abschlagszahlungen** sind zu berücksichtigen (BGHZ 146, 24, 31). Auf die Fälligkeit des Vergütungsanspruchs kommt es nicht an; ob der Besteller mangelbedingt die Einrede des nichterfüllten Vertrages erheben kann (§§ 320, 641 III), ist für das Sicherungsverlangen mithin ebenfalls ohne Belang (BTDrs 16/511 17; ebenso: Ingenstau/Korbion/*Joussen*, Teil B, Anh 1 Rz 174). Die **Aufrechnung** mit (mangelbedingten) Gegenansprüchen des Bestellers führt nur dann zu einer Verminderung des sicherbaren Anspruchs, wenn die Gegenforderung unstr oder rechtskräftig festgestellt ist – I 4. Für die **Minderung** gilt nichts anderes (ebenso: Palandt/*Sprau* § 648a Rz 16 aE). Weil das berechtigte Sicherungsverlangen nicht davon abhängt, ob die geschuldeten Bauleistungen bereits erbracht sind, sind für ausstehende Teilleistungen die voraussichtlichen Vergütungsansprüche maßgebend. Für die Ermittlung des sicherbaren Vergütungsanspruchs sind die **vertraglichen Preisvereinbarungen** heranzuziehen (vgl iE § 631 Rn 38 ff).

11 Gem § 648a I 1 umfasst die Sicherungsobliegenheit des Bestellers auch eine evt Vergütung für erteilte **Zusatzaufträge** (so bei veränderten oder zusätzlichen Leistungen; Karlsr NJW 97, 263; Ingenstau/Korbion/*Joussen* Teil B, Anhang 2 Rz 165; *Werner/Pastor* Rz 329 mwN; abzugrenzen von der Frage, ob diese von einer nach § 648a bereits erteilten Bürgschaft vor dem Hintergrund der Unzulässigkeit von nachträglichen Erweiterungen der Hauptschuld gesichert sind – s. BGH IBR 06, 22; Brandbg IBR 05, 588; München BauR 04, 1316; entspr Formulierungsvorschlag bei *Koppmann* IBR 05, 682). Abzulehnen ist die Ansicht des OLG Ddorf, wonach solche zusätzlichen oder geänderten Leistungen nicht anzusetzen sein sollen, die lediglich dem Grunde nach ohne eine Vereinbarung über die Vergütung beauftragt wurden (Ddorf IBR 05, 321). Dies widerspricht dem Ziel des § 648a. Andernfalls könnte der Besteller das unabdingbare Recht des Unternehmers auf Besicherung unbezahlter Vergütungsansprüche durch Blockieren einer Einigung über die Vergütung umgehen. § 648a I 1 ist deshalb dahin auszulegen, dass auch die für einen Zusatzauftrag nach § 632 II zu zahlende Vergütung iSd Vorschrift „vereinbart" ist (ebenso: *Hofmann/Koppmann* 119; Palandt/*Sprau* § 648a Rz 16). Gleiches gilt im Ergebnis für Mehrvergütungsansprüche des Unternehmers nach §§ 2 V, VI VOB/B, die zwar keine Vereinbarungsfiktion, wohl aber den Maßstab für die Bemessung der an den Unternehmer zu zahlenden Vergütung enthalten, wenn keine andere Vereinbarung getroffen werden. Es liegt nahe, dass der Gesetzgeber bei der Neufassung § 648a I 1 diese Möglichkeit eines vereinbarungslosen Mehrvergütungsan-

spruchs nicht bedacht hat; dass er solche Forderungen vom Sicherungsanspruch des Unternehmers hat ausnehmen wollen, ist nicht ersichtlich (aA: Ingenstau/Korbion/*Joussen*, Teil B, Anh 1 Rz 166).

Durch die neu eingefügte Regelung in I 2 sind nun auch Ansprüche gem § 648a absicherbar, die dem Unternehmer **anstelle der Vergütung** zustehen. Gemeint sind Ansprüche auf Schadensersatz statt der Leistung gem § 281 (BTDrs 16/511 17; Ingenstau/Korbion/*Joussen*, Teil B, Anh 1 Rz 169) oder solche gem §§ 643, 645 Abs. 2 BGB, wohl auch annahmeverzugbedingte Entschädigungsansprüche nach § 642 (Ingenstau/Korbion/*Joussen*, Teil B, Anh 1 Rz 169; zweifelnd: Palandt/*Sprau* § 648a Rz 15). Nicht erfasst sind hingegen Ansprüche aus GoA oder aus §§ 812 ff und Schadensersatzansprüche gem § 280 ohne Bezug zur Erfüllung der werkvertraglichen Zahlungsverpflichtung des Bestellers (Palandt/*Sprau* § 648a Rz 15 aE).

V. Art der Sicherheit – § 648a II. In § 648a II 1 sind exemplarisch („auch") als mögliche Sicherheiten die **Garantie** oder ein **sonstiges Zahlungsversprechen** eines Kreditinstituts oder -versicherers genannt. Daneben kommen die in §§ 232 ff genannten Arten von Sicherheiten in Betracht, insb die **Bürgschaft**. Die Sicherheit muss sich auf die Vergütungsforderung des Unternehmers beziehen und ihm unbefristet (Frankf BauR 03, 412) einen unmittelbaren Zahlungsanspruch gegen den Sicherungsgeber einräumen (BGHZ 146, 24, 349). Darüber hinaus wird gefordert, dass die Sicherheit insolvenzfest sein muss (Palandt/*Sprau* § 648 Rz 10). Der Besteller kann zwischen mehreren in Betracht kommenden Sicherungsarten wählen – § 262 (Ingenstau/Korbion/*Joussen*, Teil B, Anh 1 Rz 178; Palandt/*Sprau* § 648a Rz 10).

Ist ein Dritter Sicherungsgeber (zB ein Kreditinstitut bei Bürgschaft), kann er sich im Hinblick auf § 490 I ggü dem Besteller den **Widerruf** seines Versprechens für den Fall vorbehalten, dass sich die Vermögensverhältnisse des Bestellers nach Abschluss des Bauvertrages wesentlich verschlechtern. Dann greift § 648a I 3 mit dem Ergebnis, dass der Widerruf die Sicherheit für im Zeitpunkt seiner Erklärung noch nicht erbrachte Bauleistungen entfallen lässt (s.a. BGHZ 146, 24, 35). Den Zeitpunkt der Widerrufserklärung muss im Streitfall der Sicherungsgeber beweisen, der Beweis für die bis dahin erbrachten Leistungen obliegt dem Unternehmer (Palandt/*Sprau* § 648a Rz 11), der dann allerdings die noch nicht erbrachten Leistungen ggü dem Besteller gem § 321 I verweigern darf.

Der Sicherungsgeber darf gem § 648a II 2 nur unter den dort genannten Voraussetzungen Zahlungen an den Unternehmer erbringen. Der Besteller muss also entweder den gesicherten Vergütungsanspruch des Unternehmers **anerkannt** haben oder er muss **vollstreckbar** zur Zahlung **verurteilt** worden sein. Damit soll sichergestellt werden, dass der Besteller durch von ihm nicht legitimierte Zahlungen des Sicherungsgebers nicht evtl (mangelbedingter) Leistungsverweigerungsrechte beraubt wird; zudem soll der Sicherungsgeber nicht in (gerichtliche) Auseinandersetzungen über den Bestand der gesicherten Forderung mit dem Unternehmer getrieben werden. Aus alledem ergibt sich, dass der Unternehmer nicht die Bestellung einer **Bürgschaft auf erstes Anfordern** verlangen kann, wodurch die sich aus § 648a II 2 ergebenden Anforderungen an die Auszahlung der Sicherheit umgangen würden (Ddorf MDR 00, 328). Eine dahingehende Vereinbarung zwischen den Vertragsparteien ist gem § 648a VII unwirksam.

VI. Kostenerstattung – § 648a III. Vor dem Hintergrund, dass die Sicherheit im Interesse des Unternehmers und aufgrund seines Verlangens zu leisten ist, kann der Besteller gem § 648a III die zunächst ihm hierfür zur Last fallenden Kosten vom Unternehmer erstattet verlangen. Erstattungsfähig sind die im Einzelfall **üblichen Sicherungskosten**, begrenzt auf den Höchstsatz von 2% per annum; darüber hinausgehende Mehrkosten muss der Besteller selbst tragen (BaRoth/*Voit* § 648a Rz 19). Das gilt gem § 648a II 2 auch für solche Sicherungskosten, die nur deshalb anfallen, weil die Sicherheit wegen unbegründeter Einwendungen des Bestellers gegen berechtigte Vergütungsforderungen länger bereitgestellt werden muss (AnwK/*Raab* § 648a Rz 17).

C. Sicherheit wird gestellt – § 648a IV. Hat der Unternehmer Sicherheit gem § 648a I, II erlangt, kann er gem § 648 IV keine Sicherungshypothek gem § 648 mehr verlangen, soweit nicht weiterhin ungesicherte Ansprüche bestehen. Auf der anderen Seite steht dem Unternehmer keine Bauhandwerkersicherheit mehr zu, wenn und soweit seine nach § 648a I 1 sicherbaren Forderungen bereits durch eine den Anforderungen des I 1 entspr Sicherungshypothek abgesichert sind (Palandt/*Sprau* § 648a Rz 3).

D. Ausbleiben der Sicherheit – 648a V. I. Wahlrecht des Unternehmers – § 648a V 1. V knüpft an die Ausgestaltung des Sicherungsrechts als eigenständigen Anspruch an und regelt die Folgen unzureichender Sicherheitsleistung völlig neu (zur bisherigen Rechtslage: 3. Aufl Rz 18 ff). Jetzt gilt im Grundsatz: Erbringt der Besteller die nach I zu Recht verlangte Sicherheit innerhalb **angemessener Frist** (dazu Rn 19) nicht, kann der Unternehmer weiterhin Sicherheit beanspruchen und die (ausstehende) Leistung verweigern oder den Vertrag kündigen. Insoweit hat er ein **Wahlrecht** (Ingenstau/Korbion/*Joussen*, Teil B, Anh 1 Rz 207). Er muss nicht ankündigen, in welcher Weise er von diesem Wahlrecht Gebrauch machen will.

II. Fristsetzung – § 648a V 1. Die Rechte aus I stehen dem Unternehmer erst nach Ablauf einer angemessenen Frist zur Erbringung der gem I verlangten Sicherheit zu. Die **Angemessenheit** der Frist hängt von den Umständen des Einzelfalles ab (BGH NJW 05, 1939). Maßstab hierfür ist, ob es dem sich in normalen finanziellen Verhältnissen befindlichen Besteller ermöglicht wird, die Sicherheit ohne schuldhaftes Zögern fristgerecht zu beschaffen (BGH NJW 05 1939; vgl auch BaRoth/*Voit* § 648a Rz 23). Insoweit sollen idR 7–10 Tage ausreichend sein (amtl Begründung, BTDrs 12/1836 S 9), bei unerwartetem Verlangen auch deutlich mehr (Naumbg BauR 03, 556). Ist die vom Unternehmer bestimmte Frist unangemessen kurz, gilt die tatsächlich angemessene (BaRoth/*Voit* § 648a Rz 23). Wird der Besteller mit einem in der Höhe nicht gerechtfertigten Sicherungsverlangen des Unternehmers konfrontiert, muss er fristgerecht Sicherheit in angemessener Höhe anbieten (BGHZ 146, 24, 35).

20 **III. Leistungsverweigerungsrecht – §§ 648aV 1, 320.** Entscheidet sich der Unternehmer dafür, von seinem Leistungsverweigerungsrecht Gebrauch zu machen, braucht er die ausstehenden Leistungen einschließlich etwaiger Mängelbeseitigungsarbeiten (auch nach Abnahme, arg I 3) nicht zu beginnen oder fortzusetzen. Er gerät insoweit nicht in Verzug (BGH BauR 07, 2052, 2056; Ddorf BauR 05, 572). Vielmehr befindet sich der Besteller wegen der nicht geleisteten Sicherheit in Schuldnerverzug (Folge: Schadensersatz nach §§ 280 I, II; 286; Ingenstau/Korbion/*Joussen*, Teil B, Anh 1 Rz 202) und zugleich in Annahmeverzug, weil er es unterlässt, an der Erbringung der Vertragsleistung durch den insoweit leistungsbereiten Unternehmer mitzuwirken (Folge: Anspruch aus § 642; Ingenstau/Korbion/*Joussen*, Teil B, Anh 1 Rz 204). Um diesen Zustand zu beenden, kann er gem § 649 kündigen. Für teilweise erbrachte Sicherheitsleistungen gilt § 320 II (Palandt/*Sprau* § 648a Rz 21; *Oberhauser* BauR 08, 421, 424; aA: MüKo/*Busche* § 648a Rz 31). Das Leistungsverweigerungsrecht entfällt, wenn er die verlangte Sicherheit erhält – § 320 I 1.

21 **IV. Kündigung – § 648a V 1, 2.** V 1 räumt dem Unternehmer nach ergebnislosem Ablauf der Frist zur Beibringung der Sicherheit ein außerordentliches Kündigungsrecht ein. Die Rechtsfolgen der Kündigung für seinen Vergütungsanspruch decken sich mit denen der freien Kündigung des Bestellers, wie sich aus den mit § 649 inhaltsgleichen Regelungen in V 2, 3 ergibt. Insoweit wird auf die Kommentierung zu § 649 (dort Rn 5 ff) verwiesen. Weil der Unternehmer nach I 3 Sicherheit auch noch nach Abnahme verlangen kann, wird man ihm im Hinblick auf etwaige Mängelbeseitigungsansprüche des Bestellers auch für diesen Fall ein Kündigungsrecht aus V 1 zubilligen müssen (anders bei § 649, s. dort Rn 3), das in der Sache freilich leer läuft, weil er zur Beseitigung von Mängeln der bis zur Kündigung erbrachten Leistungen verpflichtet bleibt (insoweit nicht anders als bei § 649, s. dort Rn 4). Ein Leistungsverweigerungsrecht wegen der Nichterbringung der Sicherheit (Rn 20) steht ihm in diesem Fall nicht zu. Unklar ist, wie sich der nach Kündigung gem V 2 bestehende Vergütungsanspruch zum mangelbedingten Leistungsverweigerungsrecht des Besteller aus §§ 320, 641 III verhält. Für das vom BGH nach altem Recht auf Herbeiführung einer „Zwangsminderung" gerichtete Verfahren über §§ 643, 645 I (s. 3. Aufl Rz 12) fehlt es nach der Neufassung des V an einem rechtlichen Anknüpfungspunkt. Im Ausgangspunkt steht dem Besteller folglich wegen evt Mängeln an den bis zur Kündigung erbrachten Leistungen ein Leistungsverweigerungsrecht nebst Druckzuschlag zu (§§ 320, 641 III). Dann bliebe sein Versäumnis, die zu Recht verlangte Sicherheit nicht gestellt zu haben, insoweit sanktionslos und der kündigungsbedingte Vergütungsanspruch des Unternehmers wäre erheblich entwertet. Vor diesem Hintergrund erscheint es parallel zu den Fällen, in denen der Besteller sich mit der Annahme der Nachbesserung in Verzug befindet, gerechtfertigt, ihn auf den einfachen Betrag der Mängelbeseitigungskosten zu beschränken (vgl § 641 Rn 18; iE ebenso: Ingenstau/Korbion/*Joussen*, Teil B, Anh 1 Rz 237 mwN). Steht die Abnahme der Werkleistungen nach der Kündigung noch aus, ergibt sich für den Unternehmer auf erste Sicht das Problem, dass sein Zahlungsanspruch aus § 649 nicht fällig wäre (BGH BauR 06, 1294; vgl § 641 Rn 6). Hier schafft indes V 2 einen eigenständigen Vergütungsanspruch, dessen Fälligkeit nach dem Regelungszusammenhang mit I 3 nicht von der Abnahme der erbrachten Leistungen abhängt. Sind diese Werkleistungen mit wesentlichen Mängeln behaftet und verweigert der Besteller die Abnahme aus diesem Grund, stehen ihm (dem Besteller) die allg Sachmängelhaftungsrechte (§ 634) einschließlich des sich aus §§ 320, 641 III ergebenden Leistungsverweigerungsrechts, nach hier vertretener Auffassung allerdings ohne Druckzuschlag, zu.

§ 649 Kündigungsrecht des Bestellers.
¹Der Besteller kann bis zur Vollendung des Werkes jederzeit den Vertrag kündigen. ²Kündigt der Besteller, so ist der Unternehmer berechtigt, die vereinbarte Vergütung zu verlangen; er muss sich jedoch dasjenige anrechnen lassen, was er infolge der Aufhebung des Vertrags an Aufwendungen erspart oder durch anderweitige Verwendung seiner Arbeitskraft erwirbt oder zu erwerben böswillig unterlässt. ³Es wird vermutet, dass danach dem Unternehmer 5 vom Hundert der auf den noch nicht erbrachten Teil der Werkleistung entfallenden vereinbarten Vergütung zustehen.

1 **A. Allgemeines/Normzweck.** § 649 gestattet es dem Besteller, das Vertragsverhältnis nach Belieben durch eine sog **„freie" Kündigung** zu beenden. Damit trägt der Gesetzgeber dem für Austauschgeschäfte (insb Kauf) eigentlich systemwidrigen Gedanken Rechnung, dass der Besteller frei darüber entscheiden können soll, ob er vom Unternehmer nach seinen Wünschen und Vorgaben herzustellende Leistung haben will. Diese weit reichende Dispositionsfreiheit des Bestellers ist für den Unternehmer hinnehmbar, weil er *in § 649 2 den Anspruch* auf die **vertragliche Vergütung** behält und sich nur seine durch die Kündigung ersparten Aufwendungen sowie anderweitigen Erwerb anrechnen lassen muss. Die Regelung ist also darauf angelegt, die im Vertragsschluss repräsentierten Äquivalenzerwartungen der Vertragsparteien (s. § 631 Rn 2) in das durch die Kündigung nach allgemeinen Grundsätzen entstehende **Abwicklungsverhältnis** zu transportieren.

Vor diesem Hintergrund spielt § 649 insb im **Bauvertragsrecht** eine große Rolle. Denn gerade dort können die Unwägbarkeiten eines oft komplexen Baugeschehens für den dann regelmäßig auf längere Zeit an den ausführenden Unternehmer gebundenen Besteller in vielfältiger Weise Anlass bieten, von der weiteren Ausführung der Bauleistung Abstand zu nehmen und sich vom Vertrage zu lösen. § 649 gilt allerdings nicht für den **Bauträgervertrag**, den der Erwerber mit Rücksicht auf die besondere Vertragsstruktur (s. Vor §§ 631–651 Rn 15) nur aus wichtigem Grund kündigen kann (BGH BauR 86, 208). 3 ist durch das Forderungssicherungsgesetz (FoSiG, s. Vor § 631 Rn 24) für alle seit dem 1.1.09 geschlossenen Verträge neu in die iÜ unveränderte Vorschrift eingefügt worden.

B. Regelungsbereich/andere Beendigungsgründe. Der Besteller ist in der Ausübung des Kündigungsrechtes 2 nach § 649 wirklich „frei". Die Kündigungsmöglichkeit besteht neben anderen Beendigungstatbeständen, etwa der **Kündigung aus wichtigem Grund** nach allgemeinen Regeln (s. Rn 17 ff) oder gem § 650 (Kostenanschlag), die gleichwohl für den Besteller wegen der für ihn im Verhältnis zu § 649 2 günstigeren Folgen für die Vergütung nicht obsolet sind. Neben denen der Kündigung kommen als weitere Beendigungsgründe das Erlöschen der wechselseitigen Leistungspflichten durch **Unmöglichkeit** oder Unzumutbarkeit gem §§ 275, 326 I, darüber hinaus der **Rücktritt** gem §§ 323, 324 oder nach § 313 III 1 in Betracht. Auch die Geltendmachung von **Schadensersatz statt der ganzen Leistung** beendet die wechselseitigen vertraglichen Leistungspflichten für die Zukunft (vgl § 281 V). Der **Unternehmer** kann demgegenüber nur aus wichtigem Grund kündigen, wenn ein solcher vorliegt (hierzu: BGH NJW-RR 06, 1309). Darüber hinaus kann er bei Mitwirkungspflichtverstößen des Bestellers gem § 643 und bei Ausbleiben der verlangten Bauhandwerkersicherheit nach § 648a V 1 die Aufhebung des Vertrages herbeiführen.

C. Tatbestand. I. Kündigung – § 649 S 1. 1. Allgemeine Wirksamkeitsvoraussetzungen. Für die Wirksamkeit der Kündigung nach § 649 gelten die allgemeinen Grundsätze. Erforderlich ist eine **Kündigungserklärung**, die dem Unternehmer zugehen muss. Sie bedarf **keiner Form** und kann deshalb grds auch konkludent erfolgen (Palandt/*Sprau* § 649 Rz 2). Allerdings muss der Besteller klar und eindeutig zum Ausdruck bringen, dass er den Vertrag vorzeitig beenden will; der Verwendung des Begriffes „Kündigung" bedarf es hierfür nicht (Ingenstau/Korbion/*Vygen* Teil B, Vor §§ 8 und 9, Rz 6). Die Kündigung ist ein Gestaltungsrecht und deshalb **bedingungsfeindlich** (Ingenstau/Korbion/*Vygen* Teil B, Vor §§ 8 und 9, Rz 6). Sie kann wirksam nur „bis zur **Vollendung** des Werkes" erklärt werden. Das ist in erster Linie bei vollständiger Fertigstellung der Werkleistungen iSd § 646 (AnwK/*Raab* § 649 Rz 8), uU auch bei Vorhandensein von Mängeln der Fall, wenn diese nicht mehr behoben werden können (MüKo/*Busche* § 649 Rz 11; RGRK/*Glanzmann* § 649 Rz 2). Nach zutreffender Auffassung entfällt die Kündigungsmöglichkeit des § 649 mit der **Abnahme** (BGH BauR 75, 280; Ingenstau/Korbion/*Vygen* Teil B, Vor §§ 8 und 9, Rz 5), und zwar auch dann, wenn die Werkleistungen in diesem Zeitpunkt mit (behebbaren) Mängeln behaftet sind (AnwK/*Raab* § 649 Rz 8; BaRoth/*Voit* § 649 Rz 3; aA: MüKo/*Busche* § 649 Rz 11; Erman/*Schwenker* § 651 Rz 8).

2. Allgemeine Rechtsfolgen. Die wirksam erklärte Kündigung **beendet** den Bauvertrag **für die Zukunft**. Der 4 Unternehmer muss das Werk nicht fertig stellen, kann aber hinsichtlich der bis zur Kündigung vertragsgerecht erbrachten Leistungen (Teil-) **Abnahme** verlangen (BGH BauR 03, 689). Durch die wirksame Kündigung erlischt das Recht des Unternehmers aus § 632a, **Abschlagszahlungen** auf den Werklohn verlangen zu dürfen (Hamm BauR 02, 1105, 1106); er muss **schlussrechnen** und eine auf Abschlagszahlungen gerichtete Klage dementsprechend umstellen (vgl BGH NJW-RR 87, 724; BGH BauR 00, 1482). Hinsichtlich der bis zur Kündigung erbrachten Leistungen stehen dem Besteller die allgemeinen **Sachmängelrechte** weiterhin zu; der Auftragnehmer ist andererseits durch die Kündigung nicht gehindert, verlangte Nachbesserungsarbeiten auszuführen, um seine bis zur Kündigung erbrachten Leistungen in einen vertragsgerechten Zustand zu bringen (BGH BauR 89, 462; Ingenstau/Korbion/*Vygen* Teil B, Vor § 8 und 9, Rz 8).

II. Vergütung – § 649 S 2. 1. Grundlagen. Nach wirksamer Kündigung kann der Unternehmer grds die **ver-** 5 **einbarte Vergütung** beanspruchen – § 649 2 Hs 1. Er muss sich aber hinsichtlich der noch nicht erbrachten Leistungen **ersparte Aufwendungen** und **anderweitigen Erwerb** anrechnen lassen – § 649 2 Hs 2. Hieraus ergeben sich für den gekündigten Werkvertrag besondere Anforderungen an eine nachprüfbare, im Prozess schlüssige Abrechnung der Vergütung, weil die durch §§ 649 vorgezeichnete Unterscheidung zwischen erbrachten und nicht erbrachten Leistungen den Unternehmer – wenn er sich nicht auf eine Vergütung nur für geleistete Arbeit beschränken will – dazu zwingt, seine Schlussrechnung in **zwei Teile** zu untergliedern. Diese muss zum einen nachvollziehbar erkennen lassen, welche Leistungen er erbracht hat und welche Vergütung er hierfür auf der Grundlage der vertraglichen Preisabsprachen beansprucht. Im zweiten Teil der Rechnung sind dann gesondert in entsprechender Weise die nicht erbrachten Leistungen mit den ihnen zuzuordnenden **ersparten Aufwendungen** und dem **anderweitigen Erwerb** prüffähig darzulegen (Zum Ganzen: BGH BauR 02, 1403, 1404; 00, 726; NJW 99, 2036). Sodann ist es Sache des Gerichts, ggf im Wege der Schätzung nach § 287 ZPO (Saarbr IBR 08, 426) zu ermitteln, in welcher Höhe die Werklohnforderung des Unternehmers in der Sache gerechtfertigt ist (BGH BauR 07, 1753 = NJW-RR 06, 1455).

6 **2. Erbrachte Leistungen. a) Unterscheidung nach Vertragstypen.** Die og Abrechnungsgrundsätze führen weitergehend dazu, dass der Unternehmer die vertraglich vereinbarten Preise den tatsächlich erbrachten und den kündigungsbedingt nicht erbrachten Leistungen zuordnen muss. In welcher Weise das zu geschehen hat, hängt vom vertraglichen Preisgefüge und damit für den besonders praxisrelevanten Bereich der **Bauleistungen** entscheidend vom Vertragstyp ab (iE dazu: § 631 Rn 38 ff).

7 **aa) Einheitspreisvertrag.** Beim gekündigten Einheitspreisvertrag folgt die Abrechnung der erbrachten Leistungen im Wesentlichen den Grundsätzen, die auch für den vollendeten Vertrag zu gelten haben. Vergütungspflichtig sind die **erbrachten Massen und Mengen**, die den einzelnen Positionen des Leistungsverzeichnisses zuzuordnen und mit den hierfür **vereinbarten Einheitspreisen** zu multiplizieren sind. Das führt für nur teilweise ausgeführte Leistungspositionen uU zu Schwierigkeiten, weil der Unternehmer dann jedenfalls auf einen entsprechenden Einwand des Bestellers konkret darlegen muss, aus welchen tatsächlichen Umständen sich die von ihm in Ansatz gebrachten Mengen und Massen ergeben. Das wird in aller Regel nur gelingen, wenn er rechtzeitig ein – im besten Falle gemeinsames (vgl § 14 Nr 2 1 VOB/B) – **Aufmaß** genommen hat.

8 **bb) Pauschalvertrag.** Die soeben erläuterten Abrechnungsgrundsätze gelten im Ausgangspunkt auch für den Pauschalpreisvertrag. Maßgebend sind die vertraglichen Preise, die tätigkeitsbezogen auf die erbrachten Leistungen umgelegt werden müssen. Die Höhe der Vergütung ist also nach dem Verhältnis des Werts der erbrachten Teilleistung zum Wert der nach dem Pauschalvertrag geschuldeten Gesamtleistung zu ermitteln (BGH BauR 02, 1403, 1404; 00, 726; NJW 99, 2036; 77, 733). Der Unternehmer muss folglich in einem ersten Schritt durch Aufmaß die erbrachten Teilleistungen ermitteln und die hierfür geschuldete Vergütung sodann aus dem Pauschalpreis „herausrechnen".

9 Beim **Detail-Pauschalvertrag** (dazu § 631 Rn 40) bereitet das zumeist keine besonderen Schwierigkeiten. Der Auftragnehmer kann dann nämlich idR auf sein **Einheitspreisangebot** zurückgreifen und nach den dort kalkulierten Einheitspreisen abrechnen. Er muss dann nur noch den üblicherweise in die Pauschale eingerechneten **Nachlass** prozentual vom Einheitspreis abziehen. Probleme entstehen immer dann, wenn im Ergebnis **Massenmehrungen oder -minderungen** entstanden sind, die – anders als beim Einheitspreisvertrag – beim Pauschalpreisvertrag zu keiner Veränderung des Vertragspreises führen (s. § 631 Rn 2, 40). Dann dürfen sich solche Umstände auch beim gekündigten Pauschalpreisvertrag hinsichtlich der nur teilweise erbrachten Leistungen nicht zu Gunsten einer Vertragspartei auf das Preisgefüge auswirken. Der Unternehmer darf in einem solchen Fall also nicht einfach die durch Aufmaß ermittelten Massen mit den von ihm kalkulierten Einheitspreisen multiplizieren und dann den prozentualen Abschlag abziehen, sondern er muss die erbrachte Teilleistung unter Beibehaltung des Preisgefüges „bewerten" (BGH NJW 96, 3270).

10 Haben die Parteien einen (komplexen) **Global-Pauschalvertrag** geschlossen (s. § 631 Rn 41 f), dem kein verwertbares Einheitspreisangebot des Auftragnehmers zugrunde liegt, bereitet die ioS preisbezogene Bewertung der erbrachten Leistungen zusätzliche Schwierigkeiten, weil sich aus den Vertragsunterlagen nicht ergibt, welche Leistungen mit welchem Wert für die Preisbildung in Ansatz gebracht worden sind. Dann bleibt dem Auftragnehmer oft nichts anders übrig, als zum Zwecke der Abrechnung **nachträglich Leistungspositionen** zu bilden (vgl hierzu insb: BGH NJW 99, 2036) und seine für die Preisbildung maßgebliche **Kalkulation** offen zu legen.

11 **3. Nicht erbrachte Leistungen.** Im Grundsatz erhält der Unternehmer nach freier Kündigung des Bauvertrages durch den Besteller die volle vertragliche Vergütung – § 649 2 Hs 1. Er muss sich jedoch dasjenige anrechnen lassen, was er infolge der Aufhebung des Vertrages an **Aufwendungen erspart** oder durch **anderweitige Verwendung seiner Arbeitskraft erwirbt oder zu erwerben böswillig unterlässt** – § 649 2 Hs 2. Für erbrachte Leistungen kommen solche Abzüge nicht in Betracht. Deshalb muss der Unternehmer, der auch für nicht erbrachte Leistungen eine Vergütung beanspruchen will, seine Abrechnung dementsprechend aufgliedern und von der nach obigen Grundsätzen ermittelten Vergütung für die nicht erbrachten Leistungen ersparte Aufwendungen und anderweitigen Erwerb abziehen. Maßgebend ist auch insoweit das vertragliche Preisgefüge, dh, die ersparten Aufwendungen und der anderweitige Erwerb müssen **vertragsbezogen** den einzelnen Positionen des Leistungsverzeichnisses oder – falls nicht vorhanden – den vom Unternehmer aufzuschlüsselnden Teilgewerken zugeordnet werden (BGH BauR 96, 846). Soweit die geschuldete Vergütung auf den nicht erbrachten Teil des Werkes entfällt, ist nach der Rspr des BGH (VII. Zivilsenat) keine **Umsatzsteuer** in Ansatz zu bringen (BGH BauR 08, 506, 507).

12 **Erspart** sind Aufwendungen, die der Auftragnehmer bei Ausführung des Vertrages hätte machen müssen, aber aufgrund der Kündigung nicht mehr machen muss. Es kommt auf die **tatsächlichen Einsparungen** (BGH NJW-RR 99, 1464) an, zu denen der Unternehmer im Streitfall nachprüfbar vortragen muss. Als solche kommen zunächst **auftragsbezogene Material- und Gerätekosten** in Betracht. Insoweit gehören angelieferte, aber im Zeitpunkt der Kündigung noch nicht eingebaute Bauteile und Materialien nicht zu den vom Unternehmer erbrachten Leistungen (BGH NJW 95, 1837) und müssen schon deshalb nicht vergütet werden. Aufwendungen für auftragsbezogen fremdbeschafftes Material und Gerät sind erspart und bleiben vergütungslos, wenn noch nicht bestellt war oder die Bestellung storniert werden kann. Eventuelle **Stornokosten** sind dann allerdings nicht erspart und müssen vergütet werden (Ingenstau/Korbion/*Vygen* Teil B, § 8 Nr 1

Rz 54). Kann das Material anderweitig verwendet werden, so sind die hiefür angefallenen Aufwendungen erspart (Ingenstau/Korbion/*Vygen* Teil B, § 8 Nr 1 Rz 54). Soweit bereitgestelltes Gerät oder fertige Bauteile auf anderen Baustellen Verwendung finden können, muss sich der Unternehmer den dort eingesparten Aufwand uU als anderweitigen Erwerb anrechnen lassen (Ingenstau/Korbion/*Vygen* Teil B, § 8 Nr 1 Rz 54).

Die **auftragsbezogenen** Aufwendungen für kündigungsbedingt nicht eingesetztes **Personal** sind erspart. Wird das nicht eingesetzte Personal anderweitig eingesetzt, können sich weitere Abzüge für anderweitigen Erwerb ergeben (BGH NJW 00, 653). Hätte der Unternehmer weiteres Personal einstellen müssen, um den Auftrag vertragsgerecht ausführen zu können, ist die hierfür zu kalkulierenden Aufwendungen erspart (BGH BauR 00, 126; 02, 510). Weitere Ersparnisse können **Baustellengemeinkosten** sein, soweit sie bauablaufbezogen kalkuliert waren (hierzu im Einzelnen: Ingenstau/Korbion/*Vygen* Teil B, § 8 Nr 1 Rz 53). Auch **Nachunternehmerkosten** sind erspart, soweit noch kein Auftrag erteilt ist und die Beauftragung des Subunternehmers noch ohne finanzielle Folgen storniert werden kann. In der Praxis muss der Auftragnehmer seinem Nachunternehmer allerdings idR ebenfalls kündigen und gem § 649 bezahlen. Erspart ist dann also nur die sich hieraus ergebende Differenz zum vertraglichen Subunternehmerlohn. Schließlich muss der Unternehmer das einkalkulierte **Wagnis** abziehen, soweit sich das Risiko infolge der Kündigung nicht realisiert hat (BGH NJW-RR 98, 451; aA mit beachtlichen Argumenten: Ingenstau/Korbion/*Vygen* Teil B, § 8 Nr 1 Rz 52). Nicht zu den ersparten Aufwendungen gehören **Allgemeine Geschäftskosten** und **Gewinn**.

Anderweitiger Erwerb iSd § 649 2 Hs 2 resultiert va aus Ersatz- oder **Füllaufträgen,** die der Unternehmer mit dem für die Erledigung des gekündigten Vertrages vorgehaltenen Personal und Gerät bedienen kann. Anrechnungspflichtig ist solcher Erwerb indes nur, wenn die hierfür eingesetzten Kapazitäten **ausschließlich** durch die Kündigung des abzurechnenden Vertrages frei geworden sind. Zwischen der Kündigung und dem anderweitigen Erwerb muss also ein **ursächlicher Zusammenhang** bestehen (vgl: Frankf NJW-RR 87, 979). Dafür reicht es aus, dass der Unternehmer die Ausführung eines für einen späteren Zeitpunkt vorgesehen anderen Auftrages vorziehen kann (BGH BauR 96, 382).

Böswillig unterlassen ist der anderweitige Erwerb, wenn der Unternehmer den Besteller bewusst schädigen will oder er es sich zumindest in einer gegen Treu und Weise verstoßenden Weise zu Nutze macht, untätig zu bleiben (Ingenstau/Korbion/*Vygen* Teil B, § 8 Nr 1 Rz 68). Dass gilt nicht nur in den Fällen, in denen der Unternehmer mögliche Ersatzaufträge nicht annimmt, sondern überhaupt immer, wenn er sich entgegenhalten lassen muss, böswillig Kosteneinsparungsmöglichkeiten nicht wahrgenommen zu haben (Ingenstau/Korbion/*Vygen* Teil B, § 8 Nr 1 Rz 69).

4. Pauschalierung (S 3). Aus den vorstehenden Ausführungen erhellt sich unschwer, dass die Anforderungen an die Darlegung eines kündigungsbedingten Vergütungsanspruchs hoch sind. Um dem gekündigten Unternehmer die Abrechnung zu erleichtern, enthält 3 eine widerlegbare Vermutung (BTDrs 16/511 18) des Inhalts, dass dem Unternehmer 5% der auf den nicht erbrachten Teil der Werkleistung entfallenden Nettovergütung zu stehen. Der Rest gilt als ersparte Aufwendungen und anderweitiger Erwerb. Beiden Vertragsparteien bleibt es unbenommen, eine höhere bzw niedrigere Vergütung nachzuweisen.

5. Abweichende Vereinbarungen. Den Vertragsparteien steht es frei, die Abrechnung des gekündigten Vertrages durch **Individualvereinbarungen** anderweitig zu gestalten. In der Praxis wird davon oft in der Weise Gebrauch gemacht, dass Vergütungsansprüche für nicht erbrachte Leistungen pauschal abgerechnet werden sollen. Vereinbarungen in **Allgemeinen Geschäftsbedingungen**, mit denen die Vertragsparteien von dem durch § 649 2 vorgegebenen Abrechnungssystem abweichen wollen, halten einer Inhaltskontrolle nach Maßgabe der §§ 307 ff indes nur in engen Grenzen stand. Unwirksam sind Formularklauseln mit denen sich der Unternehmer den vollen Vergütungsanspruch auch für tatsächlich nicht erbrachte Leistungen sichern (BGH NJW 73, 1190) oder den Besteller verpflichten will, tatsächlich nicht angefallene Aufwendungen pauschal zu vergüten (Kobl OLGR 02, 296). In AGB des Bestellers halten Klauseln der Inhaltskontrolle nicht stand, mit denen jegliche Vergütungsansprüche des Unternehmers für nicht erbrachte Leistungen ausgeschlossen werden (BGH BauR 07, 1724 – auch bei einvernehmlicher Vertragsaufhebung auf Initiative des AG; BGHZ 92, 244).

D. Kündigung aus wichtigem Grund. Das Werkvertragsrecht kennt keinen Kündigungstatbestand „aus wichtigem Grund". Es verweist den Besteller für die einseitige Beendigung des Vertrages vielmehr in erster Linie auf den **Rücktritt** (§§ 634 Nr 3, 323; 324), dessen Anwendungsbereich nach neuem Schuldrecht erheblich ausgeweitet ist. *Damit ist dem Besteller freilich oft nicht geholfen, weil er insb bei umfangreichen Bau*leistungen regelmäßig kein Interesse an einer Rückabwicklung der bereits empfangenen Leistungen hat (vgl § 634 Rn 9 ff). In der Sache geht es deshalb darum, ihm bei Pflichtverstößen des Unternehmers die Möglichkeit zu eröffnen, den Vertrag für die Zukunft beenden zu können, ohne nach § 649 2 auch nicht erbrachte Leistungen vergüten zu müssen (vgl AnwK/*Raab* § 634 Rz 27). Deshalb ist in Rspr und Lit seit jeher anerkannt, dass der Besteller den Werkvertrag **aus wichtigem Grund kündigen** kann, wenn der Unternehmer durch ein den Vertragszweck gefährdendes Verhalten die vertragliche Vertrauensgrundlage zum Besteller derart erschüttert, dass diesem eine Fortsetzung des Vertragsverhältnisses nicht zugemutet werden kann (BGH NJW 03, 3474; BGHZ 31 224, 229; BGH NJW 93, 1972; Hamm BauR 07, 1247 – ungeeignete Betonrezeptur; Staud/*Peters* § 649 Rz 36; BaRoth/*Voit* § 649 Rz 22; Palandt/*Sprau* § 649 Rz 10). Daran hat sich auch nach jetziger Gesetzeslage nichts geändert. Lediglich über die dogmatische Herleitung des Kündigungsrechts besteht Streit (ausf hierzu: *Voit* BauR 02, 1776). Richtig erscheint es, die Kündigung aus wichtigem Grund ergebnisbezogen aus einer **teleologischen Reduktion** des § 649 2 abzuleiten, wonach der Unternehmer hinsichtlich seines Werklohns für nicht erbrachte Leistungen auf den allgemeinen vertragsrechtlichen Grundsatz „keine Leistung – keine Bezahlung" zurückgeworfen wird, wenn dem Besteller aus vom Unternehmer zu verantwortenden Gründen die Fortsetzung des Vertrages nicht zuzumuten ist (ebenso: *Voit* BauR 02, 1776, 1786; AnwK/*Raab* § 649 Rz 27; Erman/*Schwenker* § 649 Rz 11; vgl auch: BGH NJW 99, 3554; aA: Palandt/*Sprau* § 649 Rz 10; *Sienz* BauR 02, 181, 194; MüKo/*Busche* § 649 Rz 31 – Analogie zu § 314; *Boldt* NZBau 02, 655, 657 – Teilrücktritt nach § 324).

19 Damit wäre auch die Grundlage für eine konsistente Beurteilung der Fälle geschaffen, in denen der Besteller zu der gleichwohl aus wichtigem Grund erklärten Kündigung nicht berechtigt war. Dann geht es in der Praxis oft darum, ob die Erklärung wenigstens als **freie Kündigung** nach § 649 1 mit der Vergütungsfolge des § 649 2 aufzufassen ist. Das wiederum ist mit Rücksicht auf die hier bevorzugte dogmatischen Herleitung des Rechts zur Kündigung aus wichtigem Grund aus § 649 2 (Rn 17) keine Frage der **Umdeutung** iSd § 140 (so aber: Palandt/*Sprau* § 649 Rz 10; *Schmidt* NJW 95, 1313, 1314 f mwN), sondern schlicht durch **Auslegung** (§§ 133, 157) der Kündigungserklärung unter Berücksichtigung der Umstände des Einzelfalles zu ermitteln, wobei in Betracht zu ziehen ist, dass die Verknüpfung der Kündigungserklärung mit einem wichtigem Grund den Willen des Bestellers indizieren kann, nicht erbrachte Leistungen gerade nicht vergüten zu wollen (wie hier: *Voit* BauR 02, 1776, 1787; noch weitergehend AnwK/*Raab* § 649 Rz 35, wonach das Vorliegen eines wichtigen Grundes für die in jedem Fall wirksame Beendigung des Vertrages sich nur auf die Vergütungsfolge des § 649 2 auswirken soll). Nach der Rspr des BGH soll jedenfalls für den Bauvertrag davon auszugehen sein, dass der Besteller mit der Kündigungserklärung idR zu erkennen gibt, den Vertrag in jedem Fall beenden zu wollen (BGH NJW 03, 3474).

20 Der Besteller muss den wichtigen Grund für die Kündigung **darlegen und beweisen** (BGH NJW-RR 90, 1109). Maßgebend für die **Unzumutbarkeit** der Vertragsfortführung ist eine anhand der hierfür bedeutsamen Umstände vorzunehmende Abwägung der Parteiinteressen. Sie wird nach Rspr des BGH insb dann bej, wenn der Vertragszweck erheblich und auf Dauer gefährdet wird, so bei hartnäckiger Nichteinhaltung von verbindlichen **Vertragsfristen** (BGHZ 144, 242; NJW 03, 1600), bei **ungerechtfertigter Kündigung** (BGH NJW 00, 807) oder bei **unberechtigter endgültiger Leistungsverweigerung** (BGH NJW 89, 1248; Brandbg IBR 05, 302 – Unternehmer macht Arbeitsaufnahme von der Bewilligung eines nicht gerechtfertigten Nachtrages abhängig), die uU in der Weigerung des Architekten bestehen kann, seine Planung dem verbindlich vereinbarten Kostenrahmen anzupassen (BGH NJW 99, 3554, 3556; Karlsr IBR 05, 268; Ddorf NZBau 02, 686). Dem Recht zur Kündigung aus wichtigem Grund kann die Grundlage entzogen sein, wenn nach den Umständen zu erwarten ist, dass der Unternehmer sich in Zukunft (wieder) vertragstreu verhalten wird (BGH NJW-RR 99, 19, 20). Hat der Besteller selbst zur Zerrüttung des Vertragsverhältnis maßgeblich beigetragen, ist ein Kündigungsrecht ebenfalls ausgeschlossen (Ddorf NJW-RR 96, 730, 731; Saarbr MDR 98, 899).

21 Die Kündigung aus wichtigem Grund wirkt ebenso wie die freie Kündigung ex nunc. Daraus folgt im Zusammenwirken mit § 645 I 1, dass die bis zur Kündigung **vertragsgerecht erbrachten Teilleistungen** grds mit den Vertragspreisen zu vergüten sind (BGH NJW 99, 3554, 3556; NZBau 01, 621, 622; NJW 97, 3017, 3018). Allerdings stehen dem Besteller insoweit die allgemeinen Mängelrechte aus § 634 zu. IÜ kann der Vergütungsanspruch ganz entfallen, wenn das fertig gestellte Teilgewerk unbrauchbar ist oder dem Besteller die Verwertung aus sonstigen Gründen nicht zugemutet werden kann (BGH NJW 99, 3554, 3556; 97, 3017, 3018).

22 **E. Darlegungs- und Beweislast. Darlegungs- und beweispflichtig** für den Leistungsstand und die anzusetzenden Vertragspreise ist nach allgemeinen Grundsätzen der Unternehmer. Im Prozess muss er darüber hinaus auch zu den ersparten Aufwendungen und zum anderweitigen Erwerb nachvollziehbar vortragen (**Erstdarlegungslast**). Anders nur, wenn er sich auf die gesetzliche Vermutung des 3 beruft, die sodann der Besteller zu seinen Gunsten widerlegen muss. Welche Anforderungen an die prozessuale Darlegungspflicht sich hieraus konkret ergeben, ist eine Frage des Einzelfalles und hängt vom Informationsbedürfnis des Bestellers ab. Entgegen weit verbreiteter Auffassung ist die Offenlegung der Kalkulation hierfür nicht zwingend geboten (*Kniffka* Jahrbuch Baurecht 02, 10 ff). Der Unternehmer muss allerdings soviel über die nur ihm bekannten **kalkulatorischen Grundlagen** mitteilen, dass der Besteller in die Lage versetzt wird, iSe sachgerechten Rechtswahrung zu höheren Einsparungen oder weitergehendem Erwerb vorzutragen, wofür er **darlegungs- und beweispflichtig** ist (BGH NJW-RR 01, 385; BGH NJW 96, 1282).

§ 650 Kostenanschlag.
(1) Ist dem Vertrag ein Kostenanschlag zugrunde gelegt worden, ohne dass *der Unternehmer die Gewähr für die* Richtigkeit des Anschlags übernommen hat, und ergibt sich, dass das Werk nicht ohne eine wesentliche Überschreitung des Anschlags ausführbar ist, so steht dem Unternehmer, wenn der Besteller den Vertrag aus diesem Grunde kündigt, nur der im § 645 Abs. 1 bestimmte Anspruch zu.

(2) **Ist eine solche Überschreitung des Anschlags zu erwarten, so hat der Unternehmer dem Besteller unverzüglich Anzeige zu machen.**

A. Allgemeines/Regelungszweck. § 650 korrespondiert mit § 632 III, wonach der Kostenanschlag im Zweifel nicht zu vergüten ist. Dass er gleichwohl nicht ohne Rechtswirkungen bleibt, folgt aus § 650 I. Danach hat der Besteller ein **Sonderkündigungsrecht**, wenn die veranschlagten Kosten nicht eingehalten werden können. Praktischer Hintergrund für diese Regelung ist die werkvertragstypische Besonderheit, dass die Parteien mit Rücksicht auf die Unwägbarkeiten betreffend den tatsächlich für die Erreichung des geschuldeten Werkerfolges erforderlichen Aufwand im Zeitpunkt des Vertragsschlusses oft nicht verlässlich absehen können, wie hoch die letztlich zu zahlende Vergütung sein wird (iE hierzu: § 631 Rn 35). Diese Unsicherheit trifft insb den Besteller, der grds das volle Risiko einer seinen Äquivalenzerwartungen widersprechenden Preisentwicklung trägt. Anders ausgedrückt: Er muss in Ermangelung anderweitiger vertraglicher Abreden (s. §§ 631 I, 632 I, II) nicht den bei Vertragsschluss kalkulierten, sondern den tatsächlich für die Verwirklichung des Werkerfolges erforderlichen Aufwand bezahlen. Das ist der Fall, wenn die Parteien keine Vergütungsvereinbarung getroffen (s. § 632 Rn 4 ff) oder einen Einheitspreisvertrag (ebenso Stundenlohnvertrag) geschlossen haben (s. § 631 Rn 38), wohingegen beim Pauschalvertrag grds der Unternehmer das Preisentwicklungsrisiko übernommen hat (s. § 631 Rn 39 ff). Mit der Erstellung und Überreichung eines Kostenanschlages durch den Unternehmer bewegen sich die Vertragsparteien in der Mitte zwischen diesen Vertragsvarianten. Der Unternehmer übernimmt mit dem Kostenanschlag zwar keine der Pauschalpreisvereinbarung vergleichbare Gewähr für die Höhe der Vergütung (s. § 650 I – „ohne…Gewähr"); der Besteller trägt also weiterhin das Preisentwicklungsrisiko. Dieses wird indes durch die Regelung in § 650 I in der Weise abgemildert, dass der Besteller sich bei einer **wesentlichen Überschreitung** des für seine Äquivalenzerwartung und damit für seine Vertragsentscheidung maßgeblichen Kostenanschlags vom Vertrag lösen kann. Der Vorteil dieser so eröffneten Kündigungsmöglichkeit ggü der ihm ohnehin gestatteten freien Kündigung nach § 649 liegt darin, dass der Unternehmer im Unterschied zu der Vergütungsfolge des § 649 2 (s. dort Rn 5 ff) gem § 650 I eine Vergütung nur für tatsächlich erbrachte Leistungen sowie für nicht inbegriffene Auslagen erhält – § 645 I 1. Dogmatisch betrifft § 650 I also eine Störung der rechtsgeschäftlich verankerten Äquivalenzerwartung der Parteien und solcherart eine **Störung der Geschäftsgrundlage** iSd § 313 (BaRoth/*Voit* § 650 Rz 2; Staud/*Peters* § 650 Rz 17; aA Soergel/*Teichmann* § 650 Rz 4 – Motivirrtum).

B. Kostenanschlag. § 650 I setzt einen **Kostenanschlag** iSd Vorschrift voraus. Um einen solchen handelt es sich, wenn der Unternehmer iRd Vertragsanbahnung aus seiner fachmännischen Sicht Angaben zu den voraussichtlich durch die Herstellung des Gewerkes erforderlichen Kosten macht (Palandt/*Sprau* § 650 Rz 1; AnwK/*Raab* § 650 Rz 4), nach denen der Besteller kalkulieren kann und kalkuliert hat; nur dann ist der Anschlag zur Vertragsgrundlage erhoben worden (AnwK/*Raab* § 650 Rz 6). Davon zu unterscheiden sind vertragsgestaltende Abreden der Parteien, mit denen der Unternehmer darüber hinaus die **Gewähr** für die Richtigkeit dieser Angaben übernimmt, etwa bei Pauschal-, Höchst- oder Maximalpreisabreden (s. Rn 1 und § 631 Rn 39 ff), ebenso, wenn er die Einhaltung der veranschlagten Preise anderweitig garantiert (Palandt/*Sprau* § 650 Rz 1). Dann liegt kein Kostenanschlag iSd § 650 vor und die Rechtswirkungen des § 650 treten nicht ein (vgl BGH NJW-RR 87, 337). Ob die Kostenangaben des Unternehmers in Erwägung dessen als Kostenanschlag iSd § 650 anzusehen sind, ist eine Frage der nach allgemeinen Grundsätzen vorzunehmenden Vertragsauslegung (§§ 133, 157) und muss im Einzelfall unter Berücksichtigung der Interessenlage entschieden werden (AnwK/*Raab* § 650 Rz 5).

C. Regelungsgehalt. I. Kündigungsrecht – § 650 I. Der Besteller darf den Vertrag kündigen, wenn das Werk nicht ohne eine **wesentliche Überschreitung** des Anschlages ausgeführt werden kann. Ob eine **Überschreitung** vorliegt, ist durch eine Gegenüberstellung der veranschlagten und der tatsächlich anfallenden **Gesamtkosten** zu ermitteln (Palandt/*Sprau* § 650 Rz 2), wobei die kostenmäßigen Auswirkungen leistungsändernder Anordnungen des Bestellers außer Betracht zu bleiben haben (AnwK/*Raab* § 650 Rz 8 – s. hierzu § 631 Rn 2). Maßstab für die **Wesentlichkeit** sind die Umstände des Einzelfalles unter besonderer Berücksichtigung des Grades der Bestimmtheit der Kostenangaben und ihrer sich hieraus für den Besteller erkennbar ergebenden Verlässlichkeit als Kalkulationsgrundlage (Anwk/*Raab* § 650 Rz 10; *Köhler* NJW 83, 1633, 1634; vgl auch *Schenk* NZBau 01, 470). Auf die wirtschaftliche Leistungsfähigkeit des Bestellers kommt es im Gegensatz zu § 313 II (s. dort) nicht an. Schon daraus ergibt sich, dass die Wesentlichkeitsanforderung des § 650 I nicht im Wege einer Parallelwertung anhand der für § 313 II bestimmenden Zumutbarkeitsgrenze ermittelt werden kann (so zutr: AnwK/*Raab* § 650 Rz 9). Der in der Lit zuweilen erwogenen Festlegung der Wesentlichkeitsgrenze durch eine prozentuale Bewertung der Kostensteigerung ist mit Vorsicht zu beggnen (ebenso: *Kniffka* ibr-online-Kommentar Bauvertragsrecht, Stand 26.5.09, § 650 Rz 19 mwN). Derartige Prozentsätze sind allenfalls ein Anhaltspunkt für die Wesentlichkeit (vgl Palandt/*Sprau* § 650 Rz 2 mwN).

Liegt eine wesentliche Überschreitung des Anschlages vor, darf der Besteller den Vertrag mit Wirkung für die Zukunft kündigen, ohne dass die wesentliche Kostenüberschreitung hierfür (nachweisbar) ursächlich gewesen sein muss (str; wie hier: AnwK/*Raab* § 650 Rz 11 mwN). Er bleibt dann zur Entrichtung der Vergütung für die bis dahin erbrachten Leistungen nach Maßgabe des § 645 I 1 verpflichtet (iE s. dort Rn 13). Darüber hinaus kann er ggf gem §§ 311 II, 280 I kündigungsbedingten Mehraufwand als Schadensersatz beanspruchen (Palandt/*Sprau* § 650 Rz 1; MüKo/*Busche* § 650 Rz 14 – jeweils mwN).

5 **D. Anzeigeverpflichtung – § 650 II.** Der Unternehmer hat den Besteller ohne schuldhaftes Zögern (dh unmittelbar nach Erlangung der Kenntnis von den für die Kostensteigerung maßgeblichen Umständen) von einer zu erwartenden Überschreitung des Kostenanschlags zu unterrichten. Zweck dieser Verpflichtung ist es, dem Besteller die für die Ausübung seines Kündigungsrechts erforderliche Informationen zu vermitteln und ihn vor Übervorteilung zu schützen. Das Unterlassen der (rechtzeitigen) Anzeige stellt eine **Pflichtverletzung** dar, die iVm § 280 I zu Schadensersatzansprüchen des Bestellers führen kann, soweit der Unternehmer den Verstoß gegen die Anzeigepflicht zu vertreten hat. Zu ersetzen ist das negative Interesse des Bestellers, der gem § 249 I so zu stellen ist, wie er bei rechtzeitiger Unterrichtung gestanden hätte. Ein erstattungsfähiger Schaden entsteht ihm folglich nur dann, wenn er (hypothetisch) in Kenntnis der Kostensteigerung von der Kündigungsmöglichkeit des § 650 I Gebrauch gemacht hätte (Karlsr BauR 03, 1589; Frankf NJW-RR 89, 209, 210). Dann ist weiter zu unterscheiden: Ist nach den Umständen davon auszugehen, dass er das Gewerk anderweitig durch einen Ersatzunternehmer hätte fertig stellen lassen, besteht der Schaden in dem hierdurch bedingten Mehraufwand, der sich aus der Differenz zwischen der im Falle der zu unterstellenden Kündigung an den Unternehmer gem § 645 I zu zahlenden Vergütung zzgl der danach angefallenen Drittunternehmerkosten und dem tatsächlich an den Unternehmer zu leistenden Werklohn ergibt. Andernfalls (die Werkleistungen wären nicht fertig gestellt worden) ist im Ausgangspunkt auf den Teil der an den Unternehmer tatsächlich zu zahlenden Vergütung abzustellen, den der Besteller bei hypothetischer Kündigung des Vertrages unter Berücksichtigung der Vergütungsregelung in §§ 650 I, 645 I 2 nicht hätte zahlen müssen.

6 Dann allerdings würde der Besteller die nach dem hypothetischen Kündigungszeitpunkt vom Unternehmer erbrachten Leistungen faktisch kostenlos erhalten. Um dem zu begegnen, werden in Rspr und Lit unterschiedliche Lösungswege beschritten, die von einer Beschränkung des Werklohnanspruchs des Unternehmers auf den Betrag des Kostenanschlages zzgl einer zulässigen Überschreitung (Palandt/*Sprau* § 650 Rz 3; *Rohlfing/Thiele* MDR 98, 632; *Werner* FS Korbion 473, 478; *Schenk* NZBau 01, 470, 473), über die Berücksichtigung des objektiven Werts der nach dem hypothetischen Kündigungszeitpunkt erbrachten Leistungen im Wege der **Vorteilsausgleichung** (Celle NJW-RR 03, 1243, 1245; für die Berücksichtigung subjektiver Kriterien: *Kniffka* ibr-online-Kommentar Bauvertragsrecht, Stand 26.5.09, § 650 Rz 31; ähnl: Frankf NJW-RR 89, 209, 210) bis zu einer **bereicherungsrechtlich** verankerten Anrechnung der unter Berücksichtigung subjektiver Gesichtspunkte dem Besteller zugeflossenen **Wertsteigerung** reichen (so: AnwK/*Raab* § 650 Rz 19; vgl auch: *Köhler* NJW 83, 1633, 1635). Insoweit erscheint der in den Grundsätzen des Schadensersatzrechts verankerte Weg über eine mit subjektiven Beurteilungskriterien durchsetzte Vorteilsausgleichung vorzugswürdig.

7 **Darlegungs- und beweispflichtig** für die tatbestandlichen Voraussetzungen des § 650 II und den sich aus einer evtl Pflichtverletzung ergebenden Schaden ist grds der Besteller (Ausnahme: Verschulden – § 280 I 2), und zwar auch hinsichtlich der hypothetischen Kündigung (Frankf OLGR 00, 305; Celle OLGR 03, 261), die sich allerdings plausibel bereits aus einer mit den dem Besteller zur Verfügung stehenden Finanzmitteln nicht vereinbaren Kostensteigerung ergeben kann (ähnl: AnwK/*Raab* § 650 Rz 21).

§ 651 Anwendung des Kaufrechts.

[1]Auf einen Vertrag, der die Lieferung herzustellender oder zu erzeugender beweglicher Sachen zum Gegenstand hat, finden die Vorschriften über den Kauf Anwendung. [2]§ 442 Abs. 1 Satz 1 findet bei diesen Verträgen auch Anwendung, wenn der Mangel auf den vom Besteller gelieferten Stoff zurückzuführen ist. [3]Soweit es sich bei den herzustellenden oder zu erzeugenden beweglichen Sachen um nicht vertretbare Sachen handelt, sind auch die §§ 642, 643, 645, 649 und 650 mit der Maßgabe anzuwenden, dass an die Stelle der Abnahme der nach den §§ 446 und 447 maßgebliche Zeitpunkt tritt.

1 **A. Allgemeines.** § 651 wurde durch das SMG neu gefasst. Nach § 651 aF war bei Werkerstellung nebst Übernahme der Beschaffung des Materials durch den Unternehmer zu unterscheiden: Wurde eine vertretbare Sache hergestellt, fand Kaufrecht Anwendung, bei einer nicht vertretbaren Sache im Wesentlichen Werkvertragsrecht mit wenigen kaufrechtlichen Modifikationen; hatte der Unternehmer lediglich „Zutaten" oder „sonstige Nebensachen" zu beschaffen (so regelmäßig bei Bauverträgen, da das Grundstück als Hauptsache angesehen wurde), handelte es sich um einen Werkvertrag. Zweck der Neufassung war die Umsetzung der Vorgaben der VerbrauchsgüterkaufRL (1999/44/EG), wonach Verträge über die Lieferung beweglicher Sachen, die erst herzustellen oder zu erzeugen sind, insgesamt dem Kaufrecht unterstellt werden. Eine Unterscheidung nach Herkunft des Materials und Art der herzustellenden Sache findet nicht mehr statt. Die Abgrenzung von Kauf-, Werk- und Werkliefervertrag erfolgt anhand der Begriffe Herstellung/Erzeugung (Rn 4) und bewegliche Sache (Rn 7 ff). Daher findet nunmehr auch Kaufrecht Anwendung auf die Lieferung unvertretbarer Sachen, wie speziell vom Baustofflieferanten angefertigter Fenster mit besonderen Maßen, vorausgesetzt, es wird kein Einbau geschuldet (s. Rn 4 ff; jedoch gelten über 3 bestimmte werkvertragliche Regelungen). Zeitlich gilt die Regelung nur für ab dem 1.1.02 geschlossene Verträge (Art 229 EGBGB § 5).

Der Gesetzgeber hat über die Richtlinie hinausgehend auch Nicht-Verbraucherverträge in die Regelung einbezogen und dem Kaufrecht unterstellt (BGH BauR 09, 1581, 1584 – unter Hinweis auf BTDrs 14/6040, 267 f; aA: Erman/*Schwenker* § 651 Rz 5).

Ungeachtet der Angleichung der Mängelhaftung nach Kauf- und Werkvertragsrecht ist eine Abgrenzung der Vertragsarten aufgrund der jeweiligen Besonderheiten nach wie vor von Bedeutung. So gibt es nur beim Werkvertrag das Recht auf Selbstvornahme und Kostenvorschuss (§ 637), Anspruch auf Abschlagszahlungen (§ 632a), Sicherungmöglichkeiten des Unternehmers über §§ 647 ff; auch tritt Fälligkeit der Vergütung erst nach Abnahme (§ 641) ein, es besteht eine Mitwirkungspflicht des Bestellers (§ 642) sowie ein jederzeitiges Kündigungsrecht des Bestellers nach § 649. Der Gefahrübergang erfolgt im Werkvertragsrecht mit Abnahme, im Kaufrecht mit Ablieferung, das Nacherfüllungswahlrecht liegt im Kaufrecht beim Käufer, beim Werkvertrag beim Unternehmer. Die Mängelrechte mit Ausnahme des Schadensersatzes entfallen im Werkvertragsrecht gem § 640 II nur bei positiver Kenntnis des Bestellers vom Mangel, im Kaufrecht entfallen der Mängelrechte schon bei grob fahrlässiger Unkenntnis (§ 442). Im Kaufrecht haftet der Verkäufer auch für Werbeaussagen des Herstellers (§ 434 I 3, keine entspr Regelung im Werkvertragsrecht), die VOB/B kann nicht vereinbart werden, es finden die Rügepflichten der §§ 377, 381 II HGB Anwendung, beim Verbrauchsgüterkauf besteht die Möglichkeit des Rückgriffs gegen den Lieferanten über §§ 478 f. 2

B. Abgrenzung. Gem 1 unterfallen dem **Kaufvertragsrecht** sämtliche Verträge, die die Lieferung herzustellender oder zu erzeugender beweglicher Sachen zum Gegenstand haben. **Lieferung** ist dabei die Verschaffung der hergestellten/erzeugten Sache, dh die Eigentumsübertragung (BGH DB 69, 346 zum früheren Recht). Dafür kann abhängig von der vertraglichen Regelung die bloße Bereitstellung zur Abholung ausreichend sein (Palandt/*Sprau* § 651 Rz 2), über §§ 946 ff auch der Einbau, die Verarbeitung oder Vermengung. 3

I. Herstellung/Erzeugung. 1. Grundsätzliches. § 651 findet nur Anwendung auf Verträge mit einer Herstellungs- oder Erzeugungspflicht, dh Pflicht zur Erstellung eines Arbeitserfolgs. Es ist die Schaffung von etwas Neuem geschuldet. Die Erzeugung unterscheidet sich von der Herstellung dadurch, dass der Erfolg nicht wie bei der Herstellung aus eigener Kraft des Unternehmers erfolgt, sondern mittels der Natur, insb tierischer oder pflanzlicher Produktion (Erman/*Schwenker* § 651 Rz 8 f; BaRoth/*Voit* § 651 Rz 7). Durch das Merkmal der Herstellung/Erzeugung eines Arbeitserfolgs grenzt sich der § 651 unterliegende Vertrag vom „reinen" Kaufvertrag ab. Im erstgenannten Fall wird neben der Lieferung eine Herstellung/Erzeugung geschuldet, beim Kaufvertrag nur die Lieferung in Form der Beschaffung einer fertigen Sache (§ 433 I 1, Übergabe und Übereignung). Der bloße Handel mit Baustoffen, dh die Lieferung eines von einem (anderen) Hersteller produzierten Baustoffs oder Bauteils, unterfällt daher nicht § 651, sondern stellt einen Kaufvertrag dar. 4

2. Reparaturverträge. Nicht auf eine Herstellung, sondern auf Leistungen an einer bestehenden Sache gerichtet sind **Reparaturverträge**. Sie unterfallen daher dem Werkvertragsrecht (BTDrs 14/6040, 268). Dies soll selbst dann gelten, wenn iRd Reparatur in erheblichem Maße Ersatzteile eingebaut werden (Austauschmotor, AnwK/*Raab* § 651 Rz 5). Der Erwerb umfassend sanierter Altbauten unterliegt Werkvertragsrecht, auch wenn die Sanierung bei Vertragsschluss bereits fertig gestellt war (BGH IBR 05, 154; s. Vor §§ 631–651 Rn 11 mwN). 5

3. Lieferung mit Einbauverpflichtung. Problematisch sind die Fälle, bei denen der Unternehmer sowohl Liefer- als auch werkvertragliche Herstellungsverpflichtungen übernimmt. Dem Kaufrecht unterfallen dabei Verträge, bei denen der Veräußerer lediglich eine **Montageverpflichtung** übernommen hat, die als werkvertragliche Nebenpflicht von untergeordneter Bedeutung einzustufen ist, dh den Charakter des Vertrags nicht prägt (BGH BauR 86, 437; 99, 39; 04, 882; Schlesw BauR 07, 1939 – Windkraftanlage). Bildet die Einbauleistung hingegen den Schwerpunkt des Vertrags, findet Werkvertragsrecht Anwendung. Bei der Bestimmung der Bedeutung ist anhand einer Gesamtbetrachtung der Schwerpunkt der Leistungen zu ermitteln. Maßgeblich sind dabei insb deren Wertverhältnis und die Art des Liefergegenstands (BGH BauR 04, 882). Auch die Besonderheiten des geschuldeten Ergebnisses sind zu berücksichtigen (BGH BauR 04, 850). Daher findet Kaufrecht Anwendung bei nur geringen Änderungen und Montageleistungen, die auch vom Käufer selbst durchgeführt werden könnten; nicht jedoch bei aufwendiger Anpassung oder umfangreicher Einbauleistung. Werkvertrag wurde bej, wenn der mit der Tätigkeit zu erbringende Erfolg wesentlich über die Herstellung und Verschaffung einer beweglichen Sache hinausgeht und im Vordergrund steht (s. zu § 651 aF BGH NJW 98, 3197; Hamm NJW-RR 01, 1309). Die *Rspr zu dieser Abgrenzungsfrage* war bislang uneinheitlich. Sie hat Kaufrecht angenommen beim Einbau speziell für Parkhauszufahrten gefertigten Heizmatten (Frankf BauR 00, 423), bei einem Hausbausatzvertrag (Lieferung zum – durch einen Fachmann betreuten – Selbstaufbau durch den Käufer mit Zusatzleistung Planerstellung, Ddorf NJW-RR 02, 14), Verkleidung eines Wohnhauses mit Kunststoffelementen (Hamm NJW-RR 86, 1053); Werkvertrag hingegen bei Einpassung einer Serieneinbauküche (BGH BauR 90, 351; Frankf BauR 08, 1494) oder dem Verkleben eines zu liefernden Teppichbodens (BGH BauR 91, 603). Insb aus den beiden letztgenannten Entscheidungen wird erkennbar, dass bei der Ermittlung des Schwerpunkts der Leistung dem Kriterium der **Funktionalität** der zu liefernden Sache für den vereinbarten Erfolg entscheidende Bedeutung zukommt (vgl zum Ganzen auch *Leupertz* BauR 06, 1648, 1649 mwN). 6

7 Bisher nicht endgültig geklärt ist, ob die soeben erörterten Kriterien für die Abgrenzung zwischen Werk- und (reinem) Kaufvertrag auch dann gelten, wenn der Unternehmer die zu liefernde Sache nicht nur montieren, sondern auch **herstellen** soll, so dass der Regelungsbereich des § 651 tangiert ist. Das ist zu bejahen (Nürnbg BauR 07, 122 – Türen nach speziellem Aufmaß; offen gelassen von BGH BauR 09, 1581, 1583 Tz 14). Denn die durch den Einbau regelmäßig kraft Gesetzes nach § 946 vollzogene Lieferverpflichtung tritt auch dann unter den gleichen Voraussetzungen in ihrer Bedeutung für die Verwirklichung des vertraglich vereinbarten Leistungszwecks hinter der auf die Realisierung des Werkerfolgs gerichtete Montageleistung zurück, wenn diese nach den rechtsgeschäftlichen Vorstellungen der Vertragsparteien den Schwerpunkt der Leistungsverpflichtung des Unternehmers/Herstellers bildet (näher hierzu: *Leupertz* BauR 06, 1648, 1650; ebenso: BaRoth/*Voit* § 651 Rz 6; AnwK/*Raab* § 651 Rz 14; *Teichmann* JuS 02, 417, 423; aA: *Thode* NZBau 02, 360, 361). Eine Anwendung des § 651 bei Baustofflieferungen mit Einbau in ein Bauwerk/Grundstück wird zT mit der Begründung abgelehnt, dass eine die Lieferung kennzeichnende Übereignung in den Fällen des gesetzlichen Eigentumserwerbs über § 946 durch Einbau fehle (*Voit* BauR 02, 145; BaRoth/*Voit* § 651 Rz 8; Palandt/*Sprau* § 651 Rz 2). Das überzeugt schon deshalb nicht, weil sich der Eigentumsübertragungsakt bei derartigen Geschäften geradezu typisch nach §§ 946 ff vollzieht und die soeben erörterten Fallkonstellationen zeigen, dass es für die Anwendbarkeit des § 651 nicht auf die Rechtsnatur des Eigentumsübertragungsaktes ankommen kann. IÜ liefe die vom Gesetzgeber offenbar bewusst aufgenommene Verweisung auf § 442 I 1 weitgehend leer, wenn die Anwendbarkeit des § 651 nur bei Stellung eines untergeordneten Teils des für die Herstellung benötigten Materials eröffnet wäre (vgl zum Ganzen: *Mankowski* MDR 03, 854, 855; *Leupertz* BauR 06, 1648, 1651; AnwK/*Raab* § 651 Rz 21 f; – mit Verweis auf europarechtliche Vorgaben *Hagen* JZ 04, 713; *Röthel* NJW 05, 625).

8 **II. Bewegliche Sachen. 1. Allgemeine Definition.** § 651 erfasst nur die Herstellung beweglicher Sachen. Der Begriff der beweglichen Sache ist zwar für das Sachenrecht in § 90 legaldefiniert und umfasst neben vertretbaren und nicht vertretbaren Sachen nach § 90a auch Tiere. **Beweglich** sind nach der Rspr alle Sachen, die nicht Grundstück, den Grundstücken gleichgestellt (Erbaurecht; Wohnungseigentum) oder Grundstücksbestandteile (§ 94) sind (RGZ 55, 284; 87, 51). Abgrenzungsschwierigkeiten bereiten dabei die Fälle des § 95 (Scheinbestandteile), dh der vorübergehenden Verbindung von Sachen mit einem Grundstück (dies wird widerleglich vermutet bei Errichtung eines Gebäudes durch Mieter oder Pächter des Grundstücks, BGH NJW 96, 916; daneben ist die Verkehrsanschauung entscheidend). Scheinbestandteile sind keine Bestandteile des Grundstücks und damit bewegliche Sachen (§ 95 1; RGZ 55, 284). Gleiches gilt nach § 95 2 für ein Gebäude oder anderes Werk, das in Ausübung eines Rechts an einem fremden Grundstück von dem Berechtigten mit dem Grundstück verbunden worden ist (dies trifft insb auf den Fall der Errichtung eines Gebäudes auf einem Erbbaugrundstück zu). Bei Anwendung dieses sachenrechtlichen Verständnisses auf den Begriff der „beweglichen Sache" in § 651 würde auf Verträge über Bauleistungen auf Miet- oder Erbbaugrundstücken Kaufrecht Anwendung finden. Weil das zu kaum hinnehmbaren Ergebnissen führen würde (vgl *Thode* NZBau 02, 361) ist es richtig, den Begriff der **beweglichen Sache** iSd § 651 nicht an den sachenrechtlichen Maßstäben des BGB (Zweck: Schutz wirtschaftlicher Werte vor der Zerschlagung) zu messen, sondern richtlinienkonform idS auszulegen, dass die Herstellung/Erzeugung und Lieferung aller (tatsächlich) beweglichen körperlichen Gegenstände mit Ausnahme der in Art 1 II lit b VerbrauchsgüterkaufRL näher bezeichneten Gütern dem Regelungsbereich des § 651 unterliegt (s. *Voit* BauR 09, 369, 370, *Sienz* BauR 02 181, 191; Messerschmidt/Voit/*Messerschmidt/Leidig* § 651 Rz 17; *Thode* NZBau 02, 360, 362; *Konopka/Acker* BauR 04, 251, 254; idS auch: BGH BauR 09, 1581, 1582 Tz 11).

9 **2. Im Einzelnen: Richtlinienkonforme Auslegung.** Die Verbrauchsgüterkaufrichtlinie stellt in Art 1 II lit b auf bewegliche **körperliche Gegenstände** ab und nimmt dabei zum einen Güter aus, die aufgrund von Zwangsvollstreckungsmaßnahmen oder anderer gerichtlicher Maßnahmen verkauft werden, zum anderen nicht abgegrenztes, abgefülltes Wasser/Gas sowie Strom (nicht körperlich). IÜ ist die RL in diesem Punkt wenig aussagekräftig, eine Präzisierung des Begriffs durch die Rspr des EuGH ist noch nicht erfolgt. Sie umfasst allerdings nach ihrem Ziel und Zweck nur Verbrauchsgüter. Deshalb wird erwogen, nur Verbrauchsgüter als bewegliche Sache iSd § 651 anzusehen (Erman/*Schwenker* § 651 Rz 5, mit dem Hinweis auf die negative Folge der unterschiedlichen Definition des Begriffs bewegliche Sache; vorbehaltlich EuGH-Überprüfung; ähnl *Metzger* AcP 204, 231, 253; in diese Richtung auch Voraufl Rz 9). Das ist abzulehnen. Dem Wortlaut des § 651 ist keine Beschränkung auf Verbrauchsgüter zu entnehmen. Sie war vom Gesetzgeber auch nicht beabsichtigt, der im Interesse einer starken Vereinfachung des Rechts für § 651 nF gerade keine Aufspaltung zwischen Verbrauchs- und Investitionsgütern vorgenommen hat (vgl BGH, BauR 09, 1581, 1584 Tz 19 unter Hinweis auf BTDrs 14/6040 267 f; vgl auch: *Rudolph*, BauR 09, 1796, 1810 f). Aus der RL selbst und ihrer Entstehungsgeschichte (hierzu: *Rudolph*, Die Abgrenzung zwischen Kauf- und Werkvertragsrecht, 67 ff) *ergibt sich die Notwendigkeit* einer Beschränkung des § 651 auf Geschäfte mit „Massengütern", die zum Verbrauch bestimmt sind, nicht. Denn auch die RL erfasst nach der Legaldefinition des Verbrauchsguts in Art 1 II grds alle Geschäfte mit Verbrauchern über körperliche bewegliche Gegenstände, also auch solche, die typischerweise nicht von Verbrauchern bestellt werden. Ausgenommen hiervon sind nur die in Art 1 II RL

ausdrücklich aufgeführten Güter (BGH BauR 09, 1581, 1584 Tz 20). Wegen der überschießenden Umsetzung der RL findet § 651 über den Regelungsbereich der RL hinaus auch auf Verträge mit Unternehmern Anwendung (ausf zum Ganzen: *Rudolph*, BauR 09, 1796, 1812 ff – keine „gespaltene Auslegung").

3. Weitere Einzelfälle/Planung und Konstruktion. Nicht unter 1 zu subsumieren sind sicherlich **Arbeiten an Personen** (da keine Gegenstände; zB Haarschnitt) und die Herstellung von **geistigen Werken** (Architektenplanung, Gutachten, Theateraufführungen). Dies gilt selbst dann, wenn diese Werke in einem Gegenstand verkörpert werden (so bei schriftlichen Gutachten, individuellen Softwarelösungen auf Datenträger, künstlerischen Leistungen, Plänen). Dies vor dem Hintergrund, dass das geistige Werk und nicht die Sache als Träger des geistigen Werks prägend ist. Daher unterfallen auch in Plänen festgehaltene Architektenleistungen dem Werkvertragsrecht (vgl BTDrs 14/6040, 268). Anders zu beurteilen sind hingegen die Fälle, in denen Planungs- bzw Konstruktionsarbeiten zwar zum Gegenstand eines Vertrages über die Herstellung und Lieferung von Bau- bzw Anlagenteilen gehören, aber nicht den **Schwerpunkt** des Vertrages bilden (BGH BauR 09, 1581, 1585 Tz 24 ff – Statik einer Siloanlage). Auch nach der Neufassung des § 651 ist die **Errichtung eines Bauwerks** (zum Begriff s. § 634a Rn 6) nach Werkvertragsrecht zu beurteilen (MüKo/*Busche* § 651 Rz 9 mwN), da insofern eine unbewegliche Sache hergestellt wird, Arg § 634a I Nr 2 (früher ebenfalls Werkvertrag, weil Baustoffe bloße Zutaten und das Baugrundstück regelmäßig die Hauptsache darstellten). Das gilt für alle Arbeiten, die für die Konstruktion, den Bestand, die Erhaltung und die Benutzbarkeit des Bauwerks von wesentlicher Bedeutung sind (vgl BGH BauR 03, 1391). Werkvertragsrecht findet deshalb auch Anwendung bei Lieferung **und** Einbau von Einzelteilen oder technischen Anlagen/Maschinen, die ins Bauwerk integriert werden und dessen funktionsgerechter Herstellung, Umgestaltung oder Erhaltung dienen (Pelletiermaschine BGH BauR 03, 1391; Müllpresse BGH NJW 02, 664; Getriebegenerator BGH BauR 02, 1260). Demgegenüber unterliegt die bloße Herstellung und Lieferung von Bauteilen ohne (prägenden) Einbau über § 651 den Bestimmungen des Kaufrechts (s. Rn 6), dass solche Bauteile idR zum Einbau in ein Bauwerk bestimmt sind, ändert daran nichts (BGH BauR 09, 1581, 1583 Tz 15; vgl auch: *Leupertz* BauR 06, 1648, 1649f; aA *Mankowski* MDR 03, 854, 856; *Schudnagies* NJW 02, 396, 398).

C. Rechtsfolgen. Sofern die Voraussetzungen des **1** gegeben sind, ist Kaufrecht anzuwenden, wobei 2 und 3 lediglich ergänzend die zusätzliche Anwendung bestimmter Vorschriften des Werkvertragsrechts anordnet. Über **2** wird die Anwendung von § 442 I 1 (Ausschluss der kaufrechtlichen Mangelhaftung bei Kenntnis des Käufers vom Mangel) auf die Fälle der Verursachung von Mängeln der herzustellenden Sache durch **vom Besteller gelieferte Stoffe** (§ 645) ausgedehnt. Über **3** sind die werkvertraglichen Regelungen bzgl der Mitwirkungspflicht des Bestellers (§ 642), dessen Verantwortlichkeit (§ 645), sein jederzeitiges Kündigungsrecht (§ 649) und der Kostenanschlag (§ 650) bei Herstellung von **nicht vertretbaren** Sachen neben dem Kaufrecht anwendbar. Hinsichtlich des Gefahrübergangs verweist 3 bei nicht vertretbaren Sachen nicht auf die im Kaufrecht nicht vorkommende Abnahme, sondern auf den Zeitpunkt der Übergabe an den Käufer, bzw den Spediteur/Frachtführer (§§ 446, 447). **Nicht vertretbare Sachen** (§ 91) sind durch die Art ihrer Herstellung den Bestellerwünschen angepasst und individualisiert. Ein Austausch oder eine sonstige Absetzbarkeit ist nicht oder nur schwer gegeben (zB Lieferung und Einbau einer nach Bestellerwünschen maßgefertigten Einbauküche BGH BB 90, 1093; Frankf NJW-RR 01, 55; Reiseprospekte BGH NJW 66, 2307).

Untertitel 2 Reisevertrag

§ 651a Vertragstypische Pflichten beim Reisevertrag.
(1) ¹Durch den Reisevertrag wird der Reiseveranstalter verpflichtet, dem Reisenden eine Gesamtheit von Reiseleistungen (Reise) zu erbringen. ²Der Reisende ist verpflichtet, dem Reiseveranstalter den vereinbarten Reisepreis zu zahlen.
(2) Die Erklärung, nur Verträge mit den Personen zu vermitteln, welche die einzelnen Reiseleistungen ausführen sollen (Leistungsträger), bleibt unberücksichtigt, wenn nach den sonstigen Umständen der Anschein begründet wird, dass der Erklärende vertraglich vorgesehene Reiseleistungen in eigener Verantwortung erbringt.
(3) ¹Der Reiseveranstalter hat dem Reisenden bei oder unverzüglich nach Vertragsschluss eine Urkunde über den Reisevertrag (Reisebestätigung) zur Verfügung zu stellen. ²Die Reisebestätigung und ein Prospekt, den der Reiseveranstalter zur Verfügung stellt, müssen die in der Rechtsverordnung nach Artikel 238 des Einführungsgesetzes zum Bürgerlichen Gesetzbuche bestimmten Angaben enthalten.
(4) ¹Der Reiseveranstalter kann den Reisepreis nur erhöhen, wenn dies mit genauen Angaben zur Berechnung des neuen Preises im Vertrag vorgesehen ist und damit einer Erhöhung der Beförderungskosten, der Abgaben für bestimmte Leistungen, wie Hafen- oder Flughafengebühren, oder einer Änderung der für die betreffende Reise geltenden Wechselkurse Rechnung getragen wird. ²Eine Preiserhöhung, die ab dem 20. Tage vor dem vereinbarten Abreisetermin verlangt wird, ist unwirksam. ³§ 309 Nr. 1 bleibt unberührt.

(5) ¹Der Reiseveranstalter hat eine Änderung des Reisepreises nach Absatz 4, eine zulässige Änderung einer wesentlichen Reiseleistung oder eine zulässige Absage der Reise dem Reisenden unverzüglich nach Kenntnis von dem Änderungs- oder Absagegrund zu erklären. ²Im Falle einer Erhöhung des Reisepreises um mehr als fünf vom Hundert oder einer erheblichen Änderung einer wesentlichen Reiseleistung kann der Reisende vom Vertrag zurücktreten. ³Er kann statt dessen, ebenso wie bei einer Absage der Reise durch den Reiseveranstalter, die Teilnahme an einer mindestens gleichwertigen anderen Reise verlangen, wenn der Reiseveranstalter in der Lage ist, eine solche Reise ohne Mehrpreis für den Reisenden aus seinem Angebot anzubieten. ⁴Der Reisende hat diese Rechte unverzüglich nach der Erklärung durch den Reiseveranstalter diesem gegenüber geltend zu machen.

1 **A. Zweck.** Der Reisevertrag (§§ 651a–k aF) wurde durch G v 4.5.79 (BGBl I 509) eingefügt. Insb durch Umsetzung der **Pauschalreise-RL** vom 13.6.90 (90/314/EWG; ABl EG L 158, 59) durch G v 29.6.94 (BGBl I 1322) wurden die Normen erheblich verändert; sie sind richtlinienkonform auszulegen (Einl Rn 35). Ihr Ziel ist es, die wirtschaftlich bedeutsame Pauschalreise angemessener zu normieren als sie es durch die Vielzahl berührter Vertragstypen, insb das Werkvertragsrecht, auf das zuvor zurückgegriffen wurde (BGH NJW 73, 318), würde. Zudem war der AGB-Kontrolle (§ 307) ein gesetzliches Leitbild vorzugeben. Auch sollte erleichtert werden, eine Pauschalreise EU-weit als Dienstleistung anzubieten bzw nachzufragen. Der schon anfangs intendierte Verbraucherschutz wurde zB durch die neueren III-5 und Einführung des Insolvenzschutzes (§ 651k) erweitert. Die §§ 651a-l sind weitgehend nicht zum Nachteil des Reisenden abdingbar (§ 651m 1). Bei **Regelungslücken** kann bei ähnl Interessenlage insb auf die §§ 631 ff zurückgegriffen werden (BGH NJW 87, 1931; 83, 2699), da der Reisevertrag ein besonderer Werkvertrag ist (hM). Erachtet man ihn entspr der Titelüberschrift als dem Werkvertrag nur ähnl Vertrag, ist das Werkvertragsrecht ggf analog anwendbar. In §§ 4–11 der **BGB-InfoV** (Ermächtigungsgrundlage: Art 238 EGBGB) sind Informations- und Nachweispflichten des Reiseveranstalters sowie ein Muster des Sicherungsscheins (§ 651k) bestimmt. Zum **internationalen Recht** s. Rn 41 f. Lit *Schulz/Kettner* VuR 09, 203; *Staudinger/Schürmann* NJW 09, 2788; *Urbach* RRa 09, 2.

2 IdR ist bei Reisen als Dienstleistungen iSd EG-Rechts § 2 Nr 8 AGG erfüllt (dort Rn 12; *Ramming* ZGS 03, 60), so dass § 19 I Nr 1 AGG gilt. **Differenzierungen** wegen Rasse und ethnischer Herkunft (§ 1 AGG) sind **unzulässig** (§ 19 II AGG), wegen des Geschlechts, der Religion oder Weltanschauung, einer Behinderung, des Alters oder der sexuellen Identität bedürfen sie sachlicher Rechtfertigung (§ 20 I AGG), zB weil eine Reise sich an Jugendliche, Senioren, Familien, Männer, Frauen oder Vereinsmitglieder richtet (RegBegr BTDrs 16/1780 43), religiösen Inhalt (BTDrs aaO 43) oder iÜ besondere Voraussetzungen (Sportlichkeit etc) hat.

3 **B. Reise.** Eine Reise ist eine **Gesamtheit** von Reiseleistungen (I 1), nicht eine einzelne Reiseleistung wie ein einzelner Beherbergungs- oder Beförderungsvertrag (Individualreise). Unabhängig von der Zeitdauer (s.a. § 651k VI Nr 2) der Reise kommt es darauf an, dass mindestens **zwei** verschiedene, miteinander **verbundene** Reiseleistungen von nicht völlig untergeordneter Bedeutung verkauft oder zum Verkauf angeboten werden; idR, aber nicht zwingend, wird dafür ein Gesamtpreis als Reisepreis kalkuliert. Die Pauschalreise-RL (Rn 1) nennt in Art 2 Nr 1 als Leistungen: Beförderung, Unterbringung und andere touristische Dienstleistungen, die die Gesamtleistung nicht unbeträchtlich ausmachen; die Einzelabrechnung für im Rahmen derselben Reise erbrachte Leistungen schadet nicht. Zur Reise gebündelt werden typischer Weise die in der RL genannten Leistungen wie Transport (AG München RRa 96, 109) und Unterkunft (BGH NJW 02, 2238; LG Frankfurt NJW-RR 94, 634), ferner mit anderen Leistungen die Verpflegung (LG Frankfurt NJW-RR 87, 175 [mit Betreuung vor Ort]). Relevante Teilleistungen können auch nur gelegentlich der Reise erbracht werden, wenn sie mit der Ortsveränderung typischer Weise verbunden sind, zB Ausflüge am Urlaubsort (Celle NJW-RR 02, 1637), Konzerte oder Musicals (LG Frankfurt NJW-RR 99, 57), Theaterbesuche, Ausstellungen, Fitness- oder Wellnessprogramme, Sportveranstaltungen, Freizeiteinrichtungen (BGH NJW 00, 1639: zu Ferienparks), Stellung eines Mietwagens (vgl EuGH NJW 05, 3055). Demnach liegt eine Gesamtheit von Reiseleistungen vor bei Abenteuer- und Expeditions- (Karlsr OLGZ 82, 250; München OLGZ 84, 234), Bergsteiger- (München NJW-RR 02, 694: mit Übernachtung, Halbpension und Silvesterparty), Studien-, Sprach- (BGH NJW 93, 263; Karlsr NJW-RR 98, 841: mit Transfer und Unterbringung; s.a. BFH BB 06, 1781) und Seminarreisen mit fachbezogenen Veranstaltungen sowie bei einem Ferienfahrschulvertrag (LG Frankfurt NJW-RR 89, 1399) und idR bei einer Kreuzfahrt. **Irrelevant** sind untergeordnete Teilleistungen, die der eigenständigen Teilleistung als deren Bestandteil zugeordnet sind, so dass ihre Verbindung als Paket typisch ist, zB bei einem Flug die übliche Verpflegung oder der Transfer vom Flughafen, Reiseversicherungen oder neben der Unterkunft die örtliche Reiseleitung oder Halb- und selbst **Vollpension** (so BTDrs 8/786 13; MüKo/*Tonner* Rz 25; aA München NJW 84, 132; Staud/*Eckert* Rz 16). Zu **ARB** s. Rn 26.

4 Fehlt es an einer Gesamtheit von Reiseleistungen, scheidet eine unmittelbare Anwendung des Reisevertragsrechts aus (BGH NJW 90, 317; 85, 906). Die Rspr wendet es aber zT **entspr** an, wenn zwar lediglich eine einzelne *Reiseleistung* geschuldet wird, aber die Interessenlage der Beteiligten derjenigen bei einem Reisevertrag iSd § 651a gleicht (BGH NJW 95, 2629; 92, 3158; 85, 906). Wird zB ein Ferienhaus oder eine Ferienwohnung zu Urlaubszwecken von einem Nichteigentümer (sonst: Miete; vgl Frankf NJW-RR 97, 1209; zum Kuraufenthalt LG Paderborn NJW-RR 03, 346) bereitgestellt, sind damit der Rahmen und die Grundzüge der Urlaubs-

reise (Anreise, Aufenthaltsort, Umgebung) und die wichtigsten Urlaubsbedingungen sowie die Rückreise vorgegeben, selbst wenn mit dem Anbieter lediglich die Überlassung eines Hauses oder einer Wohnung vereinbart und alles weitere, zB die Anreise, individuell vom Abnehmer organisiert wird (BGH NJW 00, 2329; 92, 3158). Die Abgrenzung ist schwierig. Die Anwendung der §§ 651a ff wurde **bejaht** bei der Anmietung von Ferienhäusern (s.o.; Köln NJW-RR 05, 703 [mit Prüfung der Eignung und Transport]), eines Wohnmobils (Ddorf NJW-RR 98, 50; Karlsr NJW-RR 88, 954), einer Hotelunterkunft aufgrund eines Katalogs (LG Frankfurt NJW-RR 93, 124; AG Bad Homburg NJW-RR 05, 856), **abgelehnt** für die Charter einer Hochseejacht BGH NJW 00, 2329; 95, 2629 [gegen Schlesw VuR 94, 342; s.a. München NJW-RR 87, 748]: idR bloße Miete), bloße Transportleistung (bloßer Flug: AG Bad Homburg RRa 01, 101; AG Hannover RRa 05, 41; AG Berlin-Mitte NJW-RR 96, 1400 [mit Zwischenübernachtung]), Vorbestellung einer Fährverbindung (Hamm NJW-RR 98, 1668), Buchung des Hin- und Rückflugs sowie der Hotelübernachtung mit Bereitstellung eines Mietwagens (Hambg NJW-RR 98, 1670). **S.a. Rn 12.** Bei einem **Flugbeförderungsvertrag** handelt es sich um einen Werkvertrag und dabei idR nicht um ein absolutes Fixgeschäft, so dass eine Verspätung nicht die Unmöglichkeit der Leistung begründet. Das gilt selbst dann, wenn der Gläubiger durch die Verspätung einen Anschlussflug verpasst. Auch stellt eine Flugverspätung keinen Mangel der Beförderungsleistung dar, da diese selbst idR trotz der Zeitverzögerung die geschuldete Beschaffenheit aufweist; es bleiben ggf Rechte aus §§ 286, 280 (BGH NJW 09, 2743, 2744). Für den inländischen **Eisenbahnverkehr** gilt das Fahrgastrechtegesetz, welches die eisenbahnrechtlichen Vorschriften an die VO (EG) 1371/2007 (Rn 43) anpasst.

C. Reisender. I. Er ist der Vertragspartner des Reiseveranstalters, der in eigenem Namen für sich und/oder 5
andere Reiseteilnehmer eine Reise bucht (BGH NJW 02, 2238; 89, 2750). Bucht ein Anmelder in eigenem Namen eine Reise für sich und **Dritte**, ist nur er, nicht auch der bloße Teilnehmer, Reisender iSd Gesetzes (BGH NJW 02, 2238). „Reisender" kann auch sein, wer als Vertragspartei eine Reise für Dritte bucht, ohne eine der Reiseleistungen persönlich in Anspruch zu nehmen, zB ein Unternehmen, das Reisen als Verkaufsförderungsinstrument und damit zu gewerblichen Zwecken bucht (sog Incentive-Reisen), um die gebuchten Reiseleistungen Dritten zu Urlaubs- und Erholungszwecken zuzuwenden (BGH NJW 02, 2238). Der Dritte, denen der Reisende die Reise im Einvernehmen mit dem Veranstalter überlässt, hat keine eigenen Mängelansprüche, ist aber in den Schutzbereich des Vertrags einbezogen und kann Ansprüche nach § 328 (BGH NJW 02, 2238; 85, 1457) und § 651 f haben. Zum Gastschulaufenthalt s. § 651 l.
Bei einer **Gruppenreise** werden idR die einzelnen Reisenden Vertragspartner des Reiseveranstalters und han- 6
deln für andere Mitreisende, für die sie mitbuchen, als Bote (zB bei Sammelbestellungen) oder Vertreter (BGH NJW 89, 2750; Frankf NJW 86, 1941: zur Klassenfahrt). Die berechtigt (sonst: § 179) Vertretenen werden dann unmittelbar (§ 164 I 1) berechtigt (Ddorf NJW-RR 87, 888) und haften für den Reisepreis. Wegen eines anderen Erscheinungsbildes nach außen (§§ 133, 157) gilt das **nicht**, bucht jemand auch für (nicht selbst handelnde, vgl AG Baden-Baden RRa 06, 29) Familienangehörige (Ddorf NJW-RR 91, 1202; 90, 186; einschr AG Düsseldorf RRa 02, 123, wenn die Ehefrau anderen Namen trägt) oder den erkennbaren Lebenspartner (AG Bad Homburg NJW 03, 347; LG Frankfurt RRa 00, 235; AG Köln RRa 04, 18; enger: LG Düsseldorf RRa 04, 14; AG Hannover NJW-RR 02, 701), oder wenn er ausdrücklich erklärt, in eigenem Namen handeln zu wollen (Frankf NJW-RR 04, 1285). Hier kommt der Vertrag allein mit dem Buchenden zustande. Er allein wird vertraglich berechtigt und verpflichtet; bei einer angemessenen Reise haftet allerdings ein Ehepartner für den Preis nach § 1357 mit (einschr Köln NJW-RR 91, 1092: zur außergewöhnlichen Reise; LG Hamburg NJW 02, 1055: zur teuren Reise; s. § 1357 Rn 9). Entsprechendes gilt idR, wird ein Doppelzimmer gebucht. Der Dritte kann gem § 328 II eigene Erfüllungs- sowie Schadensersatzansprüche (BGH NJW 89, 2750; Ddorf RRa 03, 211) haben, doch ihm vom Veranstalter § 334 entgegen gehalten werden.
Zwar zielen die §§ 651a ff insb darauf, den Verbraucher zu schützen, und spricht die Pauschalreise-RL in 7
Art 2 Nr 4 statt vom „Reisenden" vom „Verbraucher". Die dortige Begriffsbestimmung erfasst aber **auch gewerblich Reisende.** Daher kann auch ein Unternehmer (§ 14) bzw Geschäftsreisender Reisender iSd § 651a sein, auch wenn die Reise nicht touristischen Zwecken dient (MüKo/*Tonner* Rz 11, 16; aA *Führich* Rz 86, 91).

II. Pflichten. Der Reisende hat den im Reisevertrag (Rn 23) vereinbarten Reisepreis einschließlich Neben- 8
kosten (vgl § 1 I PAngVO), der bindend in der Reisebestätigung genannt (§ 6 II BGB-InfoV) und im Prospekt anzugeben ist, sowie vereinbarte Zusatzkosten zB für Transport, Visa, Versicherungen zu zahlen (I 2). Er ist gem §§ 646, 641 nach Beendigung der Reise fällig (aA: § 320). IdR wird durch ARB eine Vorleistungspflicht vereinbart (s. Rn 26). Daneben ergeben sich aus dem Vertragsinhalt und -zweck sowie gem § 242 Obliegenheiten (zB Anzeigepflichten) und Mitwirkungs- (Vorlage von Gesundheits- oder Ausweispapieren), Obhuts-, Melde- und Verhaltenspflichten (Frankf NJW 83, 235: keine Störung der Mitreisenden).

D. Reiseveranstalter. I. Nach Art 2 Nr 2 der Pauschalreise-RL (Rn 1) ist Veranstalter, wer Pauschalreisen 9
nicht nur gelegentlich organisiert und sie direkt oder über Vermittler verkauft oder zum Verkauf anbietet. § 651a I erfasst darüber hinaus auch Gelegenheitsanbieter. Demnach ist Reiseveranstalter, wer eine Reise (Rn 3) verantwortlich organisiert und anbietet (BGH X ZR 128/04), mithin mehrere Reiseleistungen gebündelt idR zu einem Gesamtpreis (BGH NJW 80, 2192) verkauft. Nicht entscheidend ist, ob der Veranstalter die geschuldeten Reiseleistungen selbst erbringt oder sich dazu eines anderen unabhängigen Leistungsträgers

§ 651a

10 bedient (BGH NJW 00, 1639). Auch auf Gewerblichkeit oder Gewinnstreben kommt es nicht an (LG Hildesheim VuR 89, 140: Volkshochschule; AG Essen NJW-RR 93, 1401: Privatschule; LG Stuttgart RRa 06, 25: Ferienwerk einer Diözese; Celle NJW-RR 02, 559: Skiverein); bei nur gelegentlicher, nicht gewerblicher Veranstaltung gelten aber § 651k I-V (s. § 651k VI Nr 1) und §§ 4-8 BGB-InfoV (§ 11 BGB-InfoV) nicht.

10 Entscheidend für die **Abgrenzung zum** (nur) **Vermittler** (Rn 20) ist die objektive Sicht eines verständigen Reisenden (§§ 133, 157; vgl BGH NJW 04, 681; 00, 1639; 92, 3158; 87, 1931; Ddorf RRa 05, 121; zur Zurechnung aufgrund Anscheinsvollmacht Celle NJW-RR 03, 197). Insoweit ist für § 651a kennzeichnend, dass sich die Reise nicht in Einzelleistungen wie Transport, Unterkunft oder Beschäftigungsangebot erschöpft, sondern die Reiseveranstaltung als Gegenstand des Reisevertrags über die **Teilleistungen hinaus** eine bestimmte Gestaltung der Reise selber umfasst (BGH NJW 95, 2629). Der Veranstalter verspricht zB eine bestimmt gestaltete Urlaubsreise und insoweit auch erhoffte Urlaubsfreude (BGH NJW 85, 906). Er haftet für den **Erfolg des Urlaubs**, soweit dieser von seinen Leistungen abhängt (BGH NJW 00, 1188; 95, 2629).

11 Angegebene, die Reise charakterisierende Bestandteile können nicht als Fremdleistung nur vermittelt werden. Treten zu den Hauptleistungen (Rn 3) wahlweise und gesondert zu buchende **Leistungen hinzu** – zB weil sie erst am Urlaubsort vereinbart und von einem Dritten ausgeführt werden (Sportmöglichkeiten, Tagesausflüge etc) – haftet der Veranstalter für sie, wenn sie nachträglich in den Reisevertrag einbezogen worden sind (s. Rn 27). Anders ist es, wenn er sie nur als Fremdleistung vermittelt. Dann hat er mit ihrer Vermittlung seine Pflichten erfüllt. Für den Erfolg der Leistung braucht er nicht einzustehen. Er haftet nur für Schlechterfüllung des Vermittlungsvertrags, nicht für Leistungsstörung und insb nicht für das Verschulden des ausführenden Dritten. Die Abgrenzung richtet sich danach, wie sich die Vertragspartner tatsächlich gegenüberstehen, insb wie das Reiseunternehmen bei objektiver Würdigung der Gesamtumstände aus der Sicht eines vernünftigen und objektiv urteilenden Reisenden auftritt (BGH NJW 04, 681; NJW-RR 07, 1501, 1502). Legt das Verhalten nahe, dass die Veranstaltung trotz gesonderter Buchung im Organisations- und Verantwortungsbereich des Veranstalters stattfindet und der Reisende sich bei Mängeln allein mit dem Reiseveranstalter auseinanderzusetzen hat, wird dieser Vertragspartner (BGH NJW 00, 1188; Ddorf RRa 06, 112; 05, 121). Darf der Reisende das Gesamtverhalten des Reiseunternehmens dahin verstehen, dass dieses selbst der Veranstalter und damit sein Vertragspartner ist, setzt sich das Unternehmen nach Treu und Glauben in Widerspruch mit seinem tatsächlichen Auftreten, wenn es vorgibt, nicht in eigenem, sondern in fremdem Namen zu handeln (BGH NJW 04, 681; Frankf RRa 09, 31, 32; 143, 144). § 651a II (Rn 13) gilt auch für zur Wahl stehende Zusatzleistungen. Der Veranstalter vermittelt nur, wenn er darauf spätestens beim Vertragsschluss deutlich, zB in der Reisebestätigung (vgl § 6 II Nr 3 BGB-InfoV) oder im Prospekt, hinweist (vgl AG Frankfurt NJW-RR 05, 131: zusätzlicher Safariausflug bei einer Pauschalreise, wobei der Reiseprospekt und die Ausflugtickets auf die Durchführung durch eine Partneragentur als Fremdleistungen hinwies). Es muss der Charakter als Fremdleistung, dh ihre Erbringung außerhalb des Organisations- und Verantwortungsbereichs des Veranstalters (BGH NJW 04, 681), für einen durchschnittlichen Reisenden klar sein. Hiervon ist bei einer ausdrücklichen Vermittlungserklärung und eindeutigen Indizien wie einer fakultativen Leistung, die zu einem gesondert ausgewiesenen Preis vor Ort gebucht wird, auszugehen (Ddorf RRa 05, 118; Bad Homburg RRa 04, 115; aA Ddorf RRa 05, 121), nicht aber, wenn die Leistung im Prospekt des Veranstalters beworben wird und auf Quittungen für sie sein Firmenzeichen steht (LG Frankfurt RRa 06, 73; s.a. BGH NJW-RR 07, 1501, 1502). Wo die Buchung und an wen die Zahlung erfolgt und ob ein Zusammenhang zur Hauptreise besteht (vgl AG Frankfurt aaO; BGH aaO) ist nur ein Indiz, da der Reisevertrag auch noch vor Ort ergänzt werden kann (Ddorf RRa 05, 118; *Teichmann* JZ 06, 447; zT aA Köln RRa 05, 161: aber ggf Änderungsangebot vor Ort). Insb spricht für die **Einordnung als Veranstalter**, dass eigene Prospekte herausgegeben oder selbstständig Preise (vgl BGH NJW 06, 3137) gestaltet werden (Köln NJW-RR 95, 314), typische Funktionen eines Veranstalters übernommen (Ddorf NJW-RR 90, 186) oder sich als solcher geriert (LG Aachen NJW-RR 00, 133; Ddorf NJW-RR 98, 50; Frankf NJW-RR 00, 351; LG Frankfurt NJW-RR 93, 124), die Mängelanzeige an sich verlangt (BGH NJW 92, 3158; Karlsr RRa 99, 221) oder besonderes Vertrauen in Anspruch genommen wird (BGH aaO; Celle RRa 95, 52; Köln NJW-RR 95, 314).

12 Werden Einzelleistungen von einem Anbieter zur Zusammenstellung zB in einem Katalog als Paket aus einer Hand angeboten und vom Reisenden als voneinander abhängig gebucht (sog **Baukastenprinzip**), ist der Kataloganbieter Veranstalter (vgl BGH NJW 06, 3137; Ddorf NJW-RR 98, 50; LG Frankfurt NJW-RR 03, 640). Das **Reisebüro selbst** ist Veranstalter, wenn es Teile der Reise aus selbstständigen Einzelleistungen verschiedener Anbieter auf Wunsch und nach Vorgabe des Reisenden vor Vertragsschluss zusammenstellt und organisiert (EuGH v 30.4.02 Slg 02 I-4051 Rn 15 ff, 20 f; MüKo/*Tonner* Rz 22 f; aA [Reisevermittlungsvertrag] Dresd RRa 03, 32, 33; LG München RRa 02, 29; s.a. AG Baden-Baden RRa 99, 9; LG Würzburg RRa 05, 213 m Anm *Brüning*; AnwK/*Niehuus* Rz 12; *Eckert* RRa 03, 194, 197). Ein nur zeitlicher Zusammenhang vom Reisenden eigenverantwortlich zusammengestellter Teilleistungen reicht aber nicht. Für die Veranstaltereigenschaft ist insoweit relevant, ob das Büro die Teilleistungen als zu einer Gesamtheit verbunden überblickt und organisierend auf die Reise einwirkt (vgl Rn 10; str; s.a. LG Bielefeld RRa 05, 35). Entspr gilt, stellt der Kunde sich über Internet-Reiseportale einzelne Leistungen ggf auch aus unterschiedlichen Quellen gebündelt als Reise eines Veranstalters zu einem Gesamtpreis zusammen (dynamic packaging; str, vgl *Tonner* Rz 9), während keine Reise vorliegt, wenn er mehrere Leistungen selbst abgestimmt separat bucht (dynamic bundling). Der Betreiber einer Buchungsplattform ist kein Veranstalter, wenn er keine Reisen im eigenen Namen anbietet, sondern nur als „online-Reisebüro" vermittelt (Frankf v 28.09.09 – 16 U 238/08).

II. Irrelevanz von Vermittlungsklauseln (Abs 2). Tritt jemand aus der maßgeblichen Sicht des Reisenden eigenverantwortlich und damit als Veranstalter auf, kann er sich nicht durch eine abw Erklärung der Haftung des Reiseveranstalters entziehen (BGH NJW 04, 681: zu AGB). Dazu führte schon eine Vertragsauslegung nach §§ 133, 157 (BGH NJW-RR 07, 1501, 1502; NJW 04, 681); ggf auch bei Buchung nur einer Reiseleistung (Rn 4; BGH NJW 85, 906) oder bei Zusatzleistungen (BGH NJW 00, 1188). Die unabdingbare (§ 651m) Unwirksamkeit solcher Klauseln gewährleistet, dass der Reisende seine Rechte ggü dem Veranstalter einfordern kann und sie nicht ggü den einzelnen Leistungsträgern durchsetzen muss. 13

III. Pflichten. Nach der Auswahlentscheidung des Kunden und Beginn seiner Verhandlungen über den konkreten Reisevertrag mit einem bestimmten Reiseveranstalter beginnt die Durchführung der gewählten Reise. Die Durchführung ist mitsamt den anfallenden Aufklärungs- und Hinweispflichten Sache des Veranstalters (BGH NJW 06, 2321). Mit ihrem Beginn setzt seine vorvertragliche Haftung ein. 14

Zur „Durchführung" gehört auch die Buchung der ausgewählten Reise sowie bestimmte Unterrichtungen, so zB der **Hinweis** auf Verkaufsveranstaltungen, die anlässlich der Reise stattfinden (Hamm RRa 06, 44), auf wesentlichen Veränderungen im Zielgebiet zwischen Buchung und Reiseantritt, idR auf ein Pass- oder Visumerfordernis (vgl § 4 I Nr 6, § 5 Nr 1 BGB-InfoV; BGH NJW 06, 2321; Rostock RRa 09, 98) sowie auf eine Reiserücktrittskosten- und eine Rücktransportkosten-, nicht auf eine Reiseabbruchversicherung (vgl §§ 5, 6 II Nr 9 BGB-InfoV; BGH NJW 06, 3137) oder Unfallversicherung (Celle NJW-RR 02, 559). Erfüllt das Reisebüro diese Pflicht, zB durch Übergabe eines Prospekts iSv **§ 4 BGB-InfoV**, handelt es als Erfüllungsgehilfe des Vermittlers (BGH NJW 06, 2321). Er haftet für ein Verhandlungsverschulden des Büros (BGH aaO). Nicht zuzurechnen sind Äußerungen des Reisebüros, die im offenen Widerspruch zum Inhalt des Prospekts und der anschließenden Reisebestätigung (III) stehen (Ddorf NJW-RR 05, 644: zur Erforderlichkeit von Einzelvisa; Frankf NJW-RR 95, 1462). Hinzuweisen ist zB bei Anlass auf gesundheitliche Risiken, politische Unruhen (Köln NJW-RR 92, 1014: Golfkrieg), einen Hotel- (Frankf NJW-RR 80, 1196) oder Flughafenstreik (LG Hannover NJW-RR 89, 820: zu nebenvertraglichen Fürsorgepflichten), eine Großbaustelle (LG Düsseldorf NJW-RR 87, 176; s.a. Celle RRa 05, 205) oder Gefährdung am Zielgebiet (vgl BGH NJW 82, 1521; Köln NJW-RR 00, 61), ggf durch höhere Gewalt (BGH NJW 02, 3700; Frankf NJW-RR 03, 1139: Hurrikan). Nicht hinweisen muss er auf Gefahren allg Art, die der Reisende selbst kennen und berücksichtigen muss (Ddorf RRa 02, 210: Eignung zur Jeep-Safari), oder auf einen billigeren Preis, wenn nicht danach gefragt war. Daneben enthalten **§§ 4 ff BGB-InfoV** zahlreiche Informationspflichten. Sie sind Hauptpflichten. Ihre (ggf vorvertragliche) Verletzung kann Schadensersatzansprüche des Reisenden nach § 651f bzw § 311 II und Unterlassungsansprüche (§ 1, 3 UWG) begründen. Die vorsätzliche bzw arglistige Informationspflichtverletzung oder die Verletzung nebenvertraglicher Informationspflichten führt zu § 280 I (vgl BGH NJW 02, 3700). 15

Der Veranstalter hat dem Reisenden die vereinbarte Reise einschließlich ihrer Organisation und Vorbereitung mangelfrei (§ 651c) zu erbringen (BGH NJW 06, 3268). Er haftet für ihren Erfolg (Rn 10). Bei Pauschalreisen ist zur Bestimmung der **Leistungsverpflichtungen** des Reiseveranstalters neben der Reisebestätigung (vgl III; § 6 BGB-InfoV) auch der von diesem herausgegebene, bei Buchung gültige Reiseprospekt (§ 4 I BGB-InfoV) heranzuziehen, in dem sich die detaillierten Angaben über die Gestaltung und die Leistungen des Veranstalters zB über Beförderung, Unterkunft (Lage, Kategorie, Ausstattung, Umgebung) und Sonstiges (zB Sportmöglichkeiten) wahr und vollständig befinden (BGH NJW 04, 681). Dieser ist als AGB Vertragsgrundlage (BGH NJW 00, 1188; 87, 1931) und jedenfalls bei Buchung im Reisebüro dem Reisenden zur Verfügung zu stellen (BGH NJW 07, 2549, 2552; aA LG Frankfurt RRa 07, 273, 274). Eine Zusage des Leistungserbringers, zB des Hotels, wirkt nicht ggü dem Veranstalter (AG München B 103 C 13205/04 v 8.2.05). 16

Den Veranstalter treffen zudem Obhuts- und Fürsorgepflichten (Ddorf NJW-RR 03, 59) und allg **Verkehrssicherungspflichten** (§ 823 Rn 107 ff). In deren Rahmen hat er durch erforderliche und zumutbare Sicherungsmaßnahmen, die ein verständiger, umsichtiger, vorsichtiger und gewissenhafter Angehöriger der jeweiligen Berufsgruppe getroffen hätte, Gefahren gering zu halten und nach Möglichkeit zu vermeiden (BGH NJW 06, 3268), zB bei Werbung mit kindgerechter Ausstattung für Gefahren aufgrund dieser Ausstattung (BGH NJW 06, 2918). Diese Verpflichtung betrifft die Auswahl und Kontrolle des eigenen Personals und eigener Transportmittel, aber auch die sorgfältige Auswahl und regelmäßige Überwachung vom Veranstalter eingesetzter Leistungsträger im Hinblick auf deren Eignung und Zuverlässigkeit (BGH NJW 09, 2811, 2813; 00, 1188; 88, 1380). Entspr gilt hinsichtlich gesondert zu buchender Veranstaltungen des Leistungsträgers auf Grund des mit diesem bestehenden Vertragsverhältnisses (BGH NJW-RR 02, 1056; Celle NJW 05, 3647). Örtlichkeiten wie Treppen und Flure, Aufzüge, Zimmer und Balkone hat er selbst zu betreten und überprüfen und Sicherheitsrisiken zu entdecken, die er bis auf die genauerem Hinsehen jedermann offenbaren (BGH NJW 88, 1380; Frankf RRa 01, 243). Seine Verkehrssicherungspflicht erstreckt sich auch auf vom Leistungsträger vor Ort erbrachten Animationsleistungen, die der Veranstalter als eigene Leistungen anbietet (BGH NJW 07, 2549, 2550) und Einrichtungen eines Vertragshotels, die er im Reisekatalog nicht erwähnt hat, sofern sie aus 17 der Sicht des Reisenden als Bestandteil der Hotelanlage erscheinen, selbst wenn der Hotelbetreiber für die Benutzung ein gesondertes Entgelt erhebt (BGH NJW 06, 3268; einschr Ddorf RRa 06, 112 zum Besuch eines türkischen Bades). Für Pflichtwidrigkeiten kommt ein reisevertraglicher Ersatzanspruch wegen eines Mangels in Betracht (§§ 651 f, 651c I; BGH NJW 07, 2549, 2550), der mit der Verletzung einer Verkehrssicherungspflicht zusammenfallen kann (Ddorf NJW-RR 03, 59; Karlsr MDR 04, 35; Köln RRa 09, 133, 134). Dieser vertragliche Anspruch ist nach § 253 II im Falle einer Gesundheitsverletzung auch auf Schmerzensgeld gerichtet (BGH NJW 06, 3268). IÜ haftet der Veranstalter nach §§ 823, 253 (BGH NJW 06, 2918 f; Ddorf aaO). Er haftet **nicht** bei Verkettung ganz ungewöhnlicher Umstände (Hambg OLGR 05, 494) oder wenn die Gefahr für den Reisenden offensichtlich und vermeidbar war (Köln RRa 08, 111: Badeunfall mit Boot außerhalb markierter Schwimmzone; Karlsr NJW-RR 07, 1356: Etagenbett mit Absturzsicherung nicht über die ganze Bettlänge; Köln NJW-RR 04, 59; LG Frankfurt NJW-RR 02, 1485; vgl § 651c Rn 5).

18 Geschuldet wird das **Maß an Leistung**, welches ein deutscher Reisender unter Zugrundelegung insb des Prospekts und des Reiseorts vernünftiger Weise von einem ordentlichen Veranstalter (vgl BGH NJW 02, 3700) erwarten kann (beachte § 651c Rn 5). So besteht keine Pflicht, im Ausland dem deutschen Standard entspr Ärzte vorzuhalten (Celle NJW-RR 04, 562; s.a. Ddorf NJW-RR 00, 787 zur Überprüfung von Bussen).

19 Dem **Reisebüro**, zu dem idR ein Handelsvertretervertrag besteht (Rn 20), schuldet der Veranstalter **Vergütung** der Vermittlung. Es nimmt ggf bei entspr Vollmacht (vgl §§ 84, 55 III, § 93 I HGB) für diesen als Inkassostelle Zahlungen des Reisenden entgegen (vgl § 651k IV 2; BGH NJW 03, 743; einschr Stuttg RRa 00, 92).

20 **E. Reisebüro/-vermittler. I.** Nach Art 2 Nr 3 Pauschalreise-RL (Rn 1) ist (nur) Vermittler, wer die vom Veranstalter zusammengestellte Pauschalreise (in fremdem Namen und auf fremde Rechnung) verkauft oder anbietet. Ist dieses für den Reisenden erkennbar (Rn 10; vgl auch LG Düsseldorf RRa 03, 172), handelt das Reisebüro nur als Verkaufsstelle, Vermittler, Agent oder Handelsvertreter iSv §§ 84 ff HGB (LG Würzburg RRa 05, 213; s.a. BGH NJW 06, 2321; 03, 743; 88, 488; 82, 377; 74, 1242). Insoweit kann es Erklärungsbote für den Veranstalter und den Reisenden sein. Als Handelsvertreter kann es Erklärungen für den Veranstalter abgeben und entgegennehmen (zB Mängelanzeigen). Seine Bevollmächtigung zum Inkasso ist eine Inkassozession (§ 398; vgl § 651k IV 2). Berät der Vermittler den Reisenden bei der Planung einer Reise, die nach dem Baukastenprinzip (Rn 12), allerdings aus Einzelleistungen verschiedener Anbieter zusammengesetzt war, und überschaut nur er die Reise in ihrer Gesamtheit, schuldet er deshalb eine Versicherungsberatung (Rn 15) wie ein Veranstalter und hat er grds ungefragt übliche Reiseversicherungen wie Rücktrittskosten-, Kranken-, Haftpflicht- und Gepäckversicherung zu empfehlen (BGH NJW 06, 3137; anders Kobl OLGR 01, 373).

21 Das Reisebüro kann auch selbst **Veranstalter** sein (s. Rn 9), zB wenn es die Reise im eigenen Namen anbietet (Ddorf OLGR 06, 489) oder für eine bestimmte, von ihm zusammengestellte Reise wirbt, sie als Gesamtleistung anbietet und so selbst als Reiseveranstalter auftritt (Ddorf NJW-RR 98, 50; MüKo/*Tonner* Rz 43).

22 **II. Pflichten.** Zwischen einem Reisebüro, das mehrere Reiseveranstalter vertritt, und einem Kunden, den es bei der Auswahl einer Pauschalreise berät, kommt ein Vertrag zustande (BGH NJW 06, 3137). Nach hM wird stillschweigend ein selbstständiger **Reisevermittlungsvertrag** mit Haftungsfolgen geschlossen (LG Düsseldorf WRP 06, 389; LG Frankfurt RRa 02, 26; LG Kleve RRa 00, 210; AG Kronach RRa 02, 83; LG Baden-Baden RRa 03, 82). Auf diesen Vertrag sind die §§ 651a ff grds (s. aber: § 651k III 4, IV) **nicht** anwendbar. Vielmehr handelt es sich um einen Geschäftsbesorgungsvertrag mit werkvertraglichem Charakter (§§ 675, 631). Insoweit schuldet das Büro Auswahlberatung mit der Sorgfalt eines ordentlichen Reisebürokaufmanns. Dazu hat es die Wünsche des Kunden zu erforschen, eine entspr Produktauswahl vorzulegen und ungefragt Umstände offen zu legen, von denen die Kunden erfahrungsgemäß ihre Entscheidung abhängig machen. Dazu gehören alle wesentlichen Merkmale der Reise, ua Lage, Klima und touristische Angebote des Urlaubsorts, Größe und Lage des Hotels, Abflug- und Ankunftsflughafen und Fluggesellschaft sowie der Reisepreis (BGH NJW 06, 2321). Weitere Umstände hat das Büro unaufgefordert darzulegen, wenn es erkennen kann, dass es dem betr Kunden auf Grund seiner speziellen persönlichen Situation auf diese Umstände ankommt (BGH NJW 06, 2321). Es hat ungefragt auf Einreisebedingungen nur dann hinzuweisen, wenn deren Relevanz für die vom Kunden beabsichtigte Reise nahe liegt (BGH aaO;). Bei der Durchführung hat es Erklärungen, Wünsche (AG Menden NJW-RR 06, 1288: zur Falschbuchung) und Zahlungen (s.a. LG Düsseldorf RRa 06, 31) des Reisenden richtig und rechtzeitig zu übermitteln. An den Reisenden hat das Büro über es selbst verschickte Tickets nach Überprüfung (LG Konstanz NJW-RR 92, 691) rechtzeitig weiterzuleiten (Ddorf RRa 93, 15). Für Pflichtverletzungen kann das Reisebüro dem Reisenden auf Schadensersatz haften (§§ 280, 281, 311 II, III). IÜ richten sich Schadensersatzansprüche wegen Verschuldens bei Verhandlungen über den mit dem Unternehmer abzuschließenden Hauptvertrag grds allein gegen den Unternehmer, der für das Büro als Erfüllungsgehilfe haftet (§ 278; s. Rn 14 f). Ausnahmen deshalb, weil der Vertreter in besonderem Maße Vertrauen in Anspruch genommen und dadurch die Verhandlungen erheblich beeinflusst hat (§§ 311 III, 241 II; vgl LG Frankfurt NJW-RR 99, 1145; LG Kleve NJW-RR 02, 558; AG Kronach RRa 02, 83) oder am Vertragsschluss ein unmittelbares eigenes wirtschaftliches Interesse hat, sind idR nicht gegeben (BGH NJW 06, 2321). Wenn ein Reisebüro als Vermittler nach § 651k IV 2 eine gesetzliche Inkassoermächtigung für den Veranstalter hat, ist es Einwendungen aus dem Reisevertrag ebenso ausgesetzt wie der Veranstalter (zur Minderung wegen Män-

geln LG Gera RRa 05, 171; s. a. LG München RRa 09, 179: eine Kündigung ggü dem Veranstalter kann nicht gegen den Vermittler eingewandt werden, wenn dieser seine Leistung erbracht hat).

F. Reisevertrag. Er ist nach **I** ein Reiseveranstaltungsvertrag zwischen Reiseveranstalter und Reisendem (Art 2 Nr 5 Pauschalreise-RL), nach dem jener die Reise (Rn 3) zu erbringen und dieser den Reisepreis zu zahlen (I 2) hat. Der Reiseprospekt ist noch kein bindendes Angebot, sondern lädt dazu bloß ein. Daher geht idR vom Reisenden das auch formlos mögliche, bindende Angebot (Buchung) aus (vgl Ziff 1 der Konditionenempfehlung des DRV [dazu *Noll* RRa 07, 61]), das der Reiseveranstalter (Rn 9) in der Frist des § 147 II annehmen kann; sie beträgt idR zwei Wochen. Die formlos mögliche Annahme kann mit der Reisebestätigung (III 1) erfolgen, doch kann diese schon vor Vertragsschluss ausgehändigt werden. Diese muss, auch bei Buchung über das Internet, anders als die Annahme in verkörperter Form erfolgen (III 1; § 6 I BGB-InfoV: Urkunde; Ausnahmen: §§ 6 V, 11 BGB-InfoV). Bei Buchungen über Reservierungssysteme (CRS) wie START liegt die Annahme in der entsprechenden mündlichen oder elektronischen Erklärung an den Reisenden. Zugegangen ist die Annahme, wenn sie in den Machtbereich des Reisenden gelangt. Dazu gehört das Reisebüro (Rn 20) nicht (AG Kleve RRa 96, 10f; aA AG Berlin-Schöneberg NJW-RR 92, 116f). Dieses ist aber idR vom Veranstalter ermächtigt, Willenserklärungen entgegenzunehmen, so dass ihm solche des Reisenden zugehen, wenn sie das Büro entgegengenommen hat. Ob dieses die Erklärung richtig übermittelt, geht, auch wenn es (nur) Empfangsbote ist, auf Risiko des Veranstalters (BGH NJW 82, 377). 23

Eine Änderung in der Bestätigung, die nicht nur klarstellend, sondern die Annahme sein soll, führt zu einem neuen Angebot des Veranstalters (§ 150 II; LG Frankfurt RRa 07, 273). Der Reisende kann es auch konkludent, zB durch Reisepreiszahlung oder Reiseantritt, annehmen (AG Bad Homburg RRa 96, 186; LG Frankfurt RRa 95, 18). Sein bloßes Schweigen ist aber keine Annahme. Der Vertrag ist nicht formbedürftig. Individualvereinbarungen gehen wegen § 305b in AGB vereinbarten Schriftformklauseln vor. Bei Online-Buchungen gilt § 312e, wegen § 312b III Nr 6 (s. dort Rn 16) gelten aber idR die Vorschriften über Fernabsatzverträge beim Vertragsschluss über Fernkommunikationsmittel nicht. Insoweit kann sich eine Haftung gem §§ 312c II, 280 I 1 ergeben (LG Berlin RRa 05, 220: keine Buchungsbestätigung). Der nicht nur gelegentlich agierende Veranstalter hat spätestens unmittelbar nach Vertragsschluss dem Reisenden eine **Reisebestätigung** zur Verfügung zu stellen (III 1), die die nach **§§ 4 ff BGB-InfoV** erforderlichen Angaben enthält (III 2). 24

Regelmäßig verwendet der Veranstalter Allgemeine Reisebedingungen (**ARB**). Ihre Einbeziehung richtet sich nach §§ 305 ff. Die erforderliche Kenntnis (§ 305 II Nr 2) verschafft er einem Verbraucher als Reisenden idR, indem er den Katalog oder Prospekt mit den verwendeten Klauseln (Rn 16) dem Reisenden vor Vertragsschluss **tatsächlich aushändigt**; die bloße Möglichkeit der Kenntnisnahme im Reisebüro genügt nicht (BGH NJW 09, 1486 f m Anm *Führich* RRa 09, 114). Entspr müssen nach § 6 III BGB-InfoV die ARB dem Reisenden vor Vertragsschluss vollständig übermittelt werden, wozu genügt, dass der Reisende den Prospekt, auf den für die verwendeten Klauseln verwiesen ist, ausgehändigt erhält. Auf die Klauseln ist, auch bei telefonischer Buchung, bei Vertragsschluss ausdrücklich hinzuweisen (§ 305 II Nr 1). Beim Verweis auf einen Katalog ist die konkrete Fundstelle anzugeben. Ein nachträglicher Hinweis, zB auf einer nur klarstellenden Reisebestätigung (vgl Rn 23), genügt nicht (LG Düsseldorf NJW 03, 3062). Wird über Internet gebucht, genügt es, dass der Reisende die ARB ohne weiteres herunterladen oder ausdrucken kann (vgl § 312e I 1 Nr 4). Bei telefonischer Buchung kann der Kunde auf ihre Kenntnisnahme im Einzelnen durch Individualvereinbarung verzichten (AG Duisburg RRa 03, 167, 168; Staud/*Eckert* Rz 87; aA MüKo/*Tonner* Rz 70). Die Verletzung der Pflicht nach § 6 III BGB-InfoV hindert nicht die Einbeziehung der ARB (LG Frankfurt RRa 07, 273, 274; Staud/*Eckert* Rz 85; aA MüKo/*Tonner* Rz 69), kann aber zu Schadensersatzansprüchen führen. 25

ARB veranlassten die Rspr schon früh einzugreifen **Zulässig** ist, dass mit Erhalt der Reisebestätigung und Aushändigung des Sicherungsscheins 20% des Reisepreises nach Vertragsschluss (BGH NJW 93, 263) als Anzahlung fällig werden (BGH NJW 06, 3134). **Unwirksam** nach § 305c ist, dass bei Nichtantritt des Hinflugs der Rückflug ersatzlos gestrichen werden kann (AG Frankfurt NJW 06, 3010), dass eine Änderung des Programmablaufs vorbehalten ist (§ 308 Nr 4; s. LG Nürnberg-Fürth RRa 08, 245) oder ein Veranstalter, der Ferienunterkünfte bereitstellt, nicht für die Erfüllung der Verpflichtungen der Eigentümer haftet (§§ 307, 309 Nr 7), die Haftung auf den gezahlten Mietpreis beschränkt ist (§ 309 Nr 7; § 651h I), Umbuchungen innerhalb von 40 Tagen vor Reiseantritt als Rücktritt verbunden mit einer Neuanmeldung gewertet werden (§ 308 Nr 5), Angaben, die nicht direkt das Mietobjekt betreffen, erfolgen, trotz sorgfältiger Recherche ohne Gewähr sind (§ 307), der Mieter für die Dauer der Vermietung für evtl Schäden am Ferienobjekt haftet, welche diese durch ihn verursacht wurden (§ 307, zum Ganzen BGH NJW 92, 3158). Unwirksam gem § 307 I ist ein Verbot der Abtretung nur vom Reisenden geltend zu machender Ansprüche aus dem Reisevertrag oder dass der Reisende, wenn weder die örtliche Reiseleitung noch eine Kontaktadresse erreichbar sind, ausnahmslos eine Mängelanzeige oder ein Abhilfeverlangen an die Zentrale des Reiseveranstalters in Deutschland zu richten hat (BGH NJW 89, 2750; s.a. NJW 93, 263; 92, 3158), dass sich der Umfang der vertraglichen Leistungen aus der Leistungsbeschreibung des Reiseveranstalters unter Berücksichtigung der Landesüblichkeit bestimme (BGH NJW 87, 1931), dass der Preis bis 28 Tage vor Reiseantritt zu zahlen ist, der Veranstalter aber bis 14 Tage vor Antritt die Reise absagen kann (LG Hamburg NJW-RR 08, 439 f), gem § 307 I 2 eine Klausel, nach der Preise sich im dem Umfang, wie sich eine Erhöhung (Rn 28) pro Person bzw pro Sitzplatz auf den Reise- 26 preis auswirkt, anpassen (BGH NJW 03, 507; 746), gem § 307 II Nr 2 eine Haftungsfreistellung für Schaden aufgrund mangelhafter Unterrichtung über Einreisebestimmungen (vgl BGH NJW 85, 1165) oder dass keine Erstattung oder Ersatz bei Verlust oder Diebstahl eines mit Namen des berechtigten Fahrgastes beschriebenen Fahrscheins erfolgt (BGH NJW 05, 1774), gem § 309 Nr 5b die Stornierungsbedingung, dass bei Rücktritt innerhalb von 40 Tagen vor Mietbeginn 50% des Mietpreises und bei Rücktritt außerhalb von 40 Tagen vor Mietbeginn 35% des Mietpreises zu zahlen ist (BGH NJW 92, 3163), gem § 309 Nr 7a/b, dass nach Verjährungseintritt die Haftung für Reisemängel generell ausgeschlossen ist, ohne dass Schäden durch die Verletzung des Lebens, des Körpers oder der Gesundheit oder Fälle eines groben Verschuldens des Reiseveranstalters oder seiner Erfüllungsgehilfen ausgenommen sind (BGH NJW 09, 1486, 1487)). Zur Unwirksamkeit einer Vermittlerklausel für iRe Reise oder zusätzlich zu dieser erbrachten Beförderung sowie zur Klausel, die Leistungsstörungen im Bereich von vermittelten Fremdleistungen ausschließt, s. BGH NJW 04, 681.

27 **G. Leistungsträger.** Sie werden ggf vom Veranstalter eingeschaltet, um die einzelnen Reiseleistungen auszuführen (II). Bsp sind Hotels oder Beförderungsunternehmen wie Flug- oder Busunternehmen. Im Verhältnis zu ihnen ist der Veranstalter nicht Reisender iSd §§ 651a ff (Celle NJW-RR 04, 1698). Sie schließen als selbstständige Unternehmen nicht mit dem Reisenden, sondern dem Veranstalter einen Vertrag, doch wirkt dieser idR zu Gunsten des Reisenden als Dritten (§ 328 II), wobei § 334 idR abbedungen ist (BGH NJW 85, 1457 f: zum Charterflug). Bei Vertragsdurchführung handeln sie als Erfüllungs-, aber, anders als im Inland beschäftigte Angestellte und Arbeitnehmer und der im Zielgebiet tätige Reiseleiter (Frankf OLGR 93, 202), idR nicht als Verrichtungsgehilfen iSv § 831 des Veranstalters, da es an der dafür erforderlichen Abhängigkeit und Weisungsgebundenheit fehlt (BGH NJW 88, 1380; 07, 2549, 2550; Ddorf NJW-RR 00, 787). Den Veranstalters trifft sowohl die vertragliche Haftung für Reisemängel (§ 651f BGB), bei der er für ein Verschulden des Ausführenden als seines Leistungsträgers einstehen muss (§ 278 BGB), als auch die deliktische Haftung, wenn er seine Verkehrssicherungspflicht zur sorgfältigen Auswahl und regelmäßigen Überwachung des Leistungsträgers verletzt hat (§ 823 I; vgl BGH NJW-RR 07, 1501, 1502). Der Reisende kann auch eigene Schadensersatzansprüche unmittelbar gegen den Leistungsträger haben.

28 **H. Preis- und Leistungsänderungen; Kündigung aus wichtigem Grund. I. Vor** Vertragsschluss kann der Veranstalter eine im Katalog vorbehaltene Preisänderung erklären (§ 4 II 2, 3 BGB-InfoV; *Führich* RRa 09, 162). Eine nachträgliche **Reisepreiserhöhung** (IV) durch den Veranstalter (vgl Art 4 IVa Pauschalreise-RL) muss im Vertrag **vorgesehen** sein. **Im Vertrag** müssen genaue, abstrakt formulierte Angaben zur Berechnung der Erhöhung enthalten sein; nachträgliche Information zB in der Reisebestätigung genügt nicht. Aufgrund der Angaben muss der Vertragspartner des Verwenders den Umfang einer Preissteigerungen bei Vertragsschluss aus der Formulierung der Klausel erkennen und die Berechtigung einer von dem Verwender vorgenommenen Erhöhung an der Ermächtigungsklausel nach Grund und Höhe selbst nachvollziehen (Frankf RRa 02, 177) und die Erhöhung rechnerisch auf ihre Berechtigung überprüfen können (Celle RRa 02, 270). Dazu sind ihm die relevanten Kostenpositionen (s. zur Angabe des Preises als Grundlage des Erhöhungsbegehrens BGH NJW 03, 507), für die Berechnung der Kostensteigerung entscheidende Bezugszeitpunkte (vgl BGH NJW 03, 746), für die einzelnen Kostenpositionen anzuwendenden Verteilungsmaßstäbe und der daran anknüpfende Berechnungsweg mitzuteilen (Ddorf NJW 02, 447; str). Das Preiserhöhungsrecht ist nicht an eine spiegelbildliche Preissenkungsverpflichtung gebunden (Ddorf aaO; RRa 02, 32; aA MüKo/*Tonner* Rz 107).

29 Abschließend genannte **Erhöhungsgründe** sind, dass **nach** Vertragsschluss (KG RRa 01, 72: zu AGB) einkalkulierte Beförderungskosten (zB Treibstoffkosten) oder Abgaben (zB Flughafengebühren; zur Einbeziehung in den Endpreis s. BGH MDR 04, 953; 02, 471) steigen und Wechselkursveränderungen. Eine dieser Gründe muss **ursächlich** für eine nachteilige Veränderung der Kosten des Veranstalters sein. Hier ist eine nachträgliche Erhöhung gerechtfertigt, weil der Veranstalter diese Kosten idR nicht beeinflussen und nur beschränkt in seiner Kalkulation berücksichtigen kann (Ddorf NJW 02, 447).

30 **Zeitgrenze**: Die Erhöhung ist unverzüglich (V 1; § 121 I 1) nach Kenntnis vom Grund (Rn 29) zu verlangen. Die einseitige rechtsgestaltende Erklärung muss spätestens bis zum 21. Tage vor dem Reisetermin dem Reisenden **zugehen** (IV 2). Bei **AGB** gilt daneben die Schranke des § 309 Nr 1 (IV 3; BGH NJW 03, 507; Celle RRa 02, 270): Es ist keine Erhöhung zulässig, liegen zwischen Vertragsschluss und Leistungserbringung höchstens 4 Monate. Das gilt auch bezüglich eingepreister Beförderungstarife oder Steuern. Daneben ist eine Angemessenheitskontrolle nach § 307 möglich (BGH aaO).

31 **Rechte des Reisenden**: Er kann durch **unverzügliche** Erklärung (V 4) bei einer Preiserhöhung von mehr als 5% kostenfrei **zurücktreten** (V 2), oder, wenn der Veranstalter eine Alternativ-Reise anbieten kann, an dieser teilnehmen; verlangen kann der Veranstalter das aber nicht.

32 **II.** Eine **Leistungsänderung** durch den Veranstalter setzt voraus: Sie muss im Vertrag **vorgesehen** und konkretisiert (Hambg NJW-RR 86, 122 zu § 308 Nr 4; str) sein. Sie muss **zumutbar** sein, wie es § 308 Nr 4 für AGB verlangt. **Unzumutbar** ist eine Änderung, wenn sie geplant oder ihre Gründe dem Veranstalter schon bei Vertragsschluss bekannt bzw fahrlässig unbekannt waren. Nicht zumutbar ist idR auch ein Änderungsvorbehalt, der eine Leistung erheblich oder den Gesamtzuschnitt der Reise ändert. Unwirksam sind zB der Wechsel des Zielortes (BGH NJW 83, 35; AG Ddorf RRa 02, 123; AG Frankfurt RRa 01, 139; str) oder am

Zielort des Hotels (str, s. § 651c Rn 15), der im Prospekt (vgl § 4 I Nr 2 BGB-InfoV; MüKo/*Tonner* Rz 119; LG Kleve NJW-RR 02, 1058) oder der Reisebestätigung (AG Hamburg RRa 04, 122; str) genannten Fluggesellschaft in eine potenziell unsichere Gesellschaft (LG Kleve RRa 99, 14) bzw in unsicheres Fluggerät, vom Linien- zum Charterflug, oder in ein unbequemeres Transportmittel (LG Frankfurt NJW-RR 98, 1590; AG Hamburg RRa 95, 224). Ein Änderungsvorbehalt bzgl einer wesentlichen Reiseleistung ist nur durch Individualvereinbarungen, nicht in AGB zulässig (§ 308 Nr 4).

Zumutbar ist nach hM (s. aber § 651c Rn 11) eine Änderung der Flugzeit am An- oder Abreisetag (zT auch 33 bei Ankunft erst nach Mitternacht, vgl AG Bad Homburg NJW-RR 98, 1357; AG Duisburg RRa 05, 169; abl *Tonner* Rz 87), unzumutbar aber eine Verlegung von über 10 Std (vgl AG Ddorf RRa 97, 226; AG Hamburg-Altona RRa 01, 104) oder von einem Tag- in einen Nachtflug, zumutbar ist eine Zwischenlandung mit zweistündiger Flugzeitverlängerung (LG Frankfurt RRa 05, 167), wenn kein non-stop-Flug zugesagt ist (AG Hamburg RRa 03, 169), dass bei einer Rundreise die Reihenfolge der Zielorte vertauscht wird (LG Leipzig NJW-RR 05, 995), nicht aber die Änderung der Abfolge bei einer kombinierten Reise (Rundreise/Hotelaufenthalt; LG Mönchengladbach NJW-RR 90, 317). Die **Erheblichkeit** bestimmt sich entspr § 651e I (s. dort Rn 4 ff), dh erhebliche Leistungsänderungen begründen einen Mangel. Sie sind idR unzumutbar (einschr BaRoth/ *Geib* Rz 44). **Geltendmachung:** V 1 (s. Rn 30).

Rechte des Reisenden. Geringfügige Änderungen, die nicht zu einem Mangel führen (§ 651c), hat er ersatzlos 34 hinzunehmen. Entspr gilt bei einer zulässigen, zumutbaren und vorbehaltenen Leistungsänderung, die nicht erheblich ist. Ist sie eine erhebliche Änderung einer wesentlichen Leistung, besteht ein grds freies (vgl BGH NJW 05, 1047: zum nicht gleichwertigen Ersatzangebot) Wahlrecht zwischen Annahme der geänderten Reise, kostenfreien Rücktritt (V 2) und einer Alternativreise (V 3). Bei einer unzulässigen Leistungsänderung kann er Durchführung der vereinbarten Reise, ansonsten Schadensersatz statt der Leistung (§ 281) begehren. Führt er die unzulässig geänderte Reise ohne Annahme des Änderungsangebots durch, entstehen Gewährleistungsansprüche (§ 651c ff; MüKo/*Tonner* Rz 126; *Tonner* Rz 81, 88, 91).

III. Absage. Der Veranstalter kann vom Reiseveranstaltungsvertrag (Rn 23) nur durch Absage zurücktreten 35 (stornieren), wenn ein entspr Vorbehalt im Vertrag vereinbart wurde. **Rücktrittsgründe** sind nur, dass die Mindestteilnehmerzahl nicht erreicht wurde (zum insoweit notwendigen Hinweis s. §§ 4 I Nr 7, 6 II BGB-InfoV) oder höhere Gewalt (Art 4 VI Pauschalreise-RL). Der Reisende ist über einen solchen Grund unverzüglich zu informieren (vgl München RRa 04, 142). Für AGB verlangt § 308 Nr 3 zudem, dass der Grund sachlich gerechtfertigt ist. **Rechtsfolge:** Liegt ein zulässiger Grund vor, kann der Reisende mit unverzüglicher Erklärung vollständige Rückzahlung des Preises (§§ 346 ff) oder eine Ersatzreise verlangen, soweit diese verfügbar ist (Rn 31). Hat er den Rücktritt verschuldet, hat er keine Rechte aus V. Liegt ein anderer Grund vor, schuldet der Veranstalter dem Reisenden Durchführung der vereinbarten Reise, ansonsten Schadensersatz wegen Nichterfüllung (§ 651f).

IV. Daneben besteht ein Recht zur **Kündigung aus wichtigem Grund** (§ 314), wenn der Reisende Pflichten 36 zur Rücksichtnahme ggü dem Leistungsträger und/oder Dritten (Mitreisenden) in einem solchen Maße verletzt, dass dem Reiseveranstalter eine Fortsetzung des Vertrages nach Treu und Glauben unzumutbar ist (LG Frankfurt NJW-RR 94, 375; 93; str). IdR ist eine Abmahnung vorausgesetzt. Bei schwerwiegenden Verstößen wird das Vertragsverhältnis sofort rückabgewickelt (aaO). Weitere Fälle, für die eine Kündigungsvereinbarung zulässig ist, sind, dass erforderliche Dokumente oder Impfungen fehlen oder der Reisende zum Antritt nicht pünktlich erscheint. Insoweit griffen auch §§ 275 I, II, 326 I, II. Zulässig ist eine Klausel, dass der Reisepreis abzgl ersparter Aufwendungen und Erlös aus anderer Verwendung zu zahlen ist.

I. Prozessuales. Den Abschluss des Reisevertrags, Nebenabreden, Anzahlungen, die Unwirksamkeit einer 37 Vermittlerklausel, Erfüllung der Pflichten nach der BGB-InfoV, die Zumutbarkeit einer Leistungsänderungsklausel in ARB und dass eine konkrete Leistung eine Fremdleistung ist muss beweisen, wer sich darauf beruft. Bei einem Pauschalpreis besteht eine Vermutung, dass eine Gesamtheit von Reiseleistungen vereinbart ist.

Die örtliche **Zuständigkeit** bestimmt sich im Anwendungsbereich des MÜ (Rn 41) nach Art 33 MÜ, bei 38 Online-Buchungen ggf nach der EuGVVO (*Staudinger* RRa 07, 98). Ansonsten ist örtlich zuständig bei Streitwerten bis 5.000 € das Amtsgericht am Wohnsitz des verklagten Reisenden (§§ 12, 13 ZPO) bzw Sitz (Angabe: § 6 II Nr 6 BGB-InfoV) des verklagten Veranstalters (§ 17 I ZPO); der besondere Gerichtsstand der Niederlassung (§ 21 ZPO) ist idR durch AGB ausgeschlossen. Abweichende Gerichtsstandsvereinbarungen (§ 38 I ZPO) sind unzulässig, wenn der Reisende kein Kaufmann ist. Beim ausländischen Veranstalter s. § 15 I c, § 5 Nr 5 EuGVVO. Ggf ist ein außergerichtliches Schlichtungsverfahren (§ 15a EGZPO) vorgeschaltet (Nachw zum Landesrecht: Schönfelder Ergänzungsband Nr 104 ff), das aber umgangen wird, wenn ein Antrag auf Erlass eines Mahnbescheids (vgl §§ 688 ff ZPO) gestellt wird. Für Ansprüche gem §§ 651c ff ist zu beachten, dass behauptete Mängel hinreichend substantiiert sind. Wenn möglich sollten sie mit objektiven Beweismitteln (Fotos, Mängelprotokoll) belegt werden (vgl LG Frankfurt RRa 07, 226). Insoweit hat das Gericht ggf eine Hinweispflicht (§§ 139, 273 II Nr 1 ZPO). Ein Zahlungsantrag muss beziffert sein, wenn dieses nicht unmöglich oder unzumutbar ist wie idR beim Entschädigungsanspruch nach § 651f II.

Aktivlegitimiert für Ansprüche und Rechte gem §§ 651d, e, und j ist nur der Reisende. Hat ein (nur) Mitrei- 39 sender einen Schaden iSd § 651 f, ist er selbst anspruchsberechtigt (Rn 6). Will der Reisende den Anspruch geltend machen, muss er an ihn abtreten oder ihm eine Vollmacht erteilt werden. An sich zulässige Abtretungsverbote in AGB sind unwirksam, wenn sie dazu führen, dass ein mitreisender Vertragspartner seine Ansprüche nicht geltend machen kann (Rn 26). Auch dürften sie bei Familienreisen (LG Hannover RRa 04, 117) als unangemessen unwirksam sein. Entspr sollte bei einem für den Veranstalter erkennbaren besonderen Näheverhältnis des Reisenden zum nur Mitreisenden gelten (AG Köln RRa 04, 19; str).

40 Gerichtskosten. §§ 34, 48 GKG mit KV 1210 (3,0 Gebührenansatz; Mahnverfahren: 0,5 [KV 1110]). **Anwaltsgebühren.** Außergerichtliche Regulierung: 0,5-2,5 Geschäftsgebühr nach dem voraussichtlichen Wert der Forderung (Nr 2300 VV; idR nicht über 1,3); (nur) Klageauftrag: 0,8 der vollen Gebühr (Nr 3101 Nr 1 VV). Es entsteht die Geschäftsgebühr, deren Ersatz ggf als Nebenforderung mit eingeklagt werden kann, in voller Höhe, doch wird die Verfahrensgebühr des folgenden gerichtlichen Verfahrens nach Vorbemerkung 3 IV VV RVG reduziert, was im Kostenfestsetzungsverfahren berücksichtigt wird (BGH NJW 07, 2049; 2050; 3500). Terminsgebühr: grds 1,2 (Nr 3104 VV). Auslagen: Nr 7002 VV: 20% der Gebühren, höchstens 20 €.

41 J. Internationales Recht. Der **inner**gemeinschaftliche vertragliche **Luftfrachtführer** haftet vorrangig gem dem **Montrealer Abkommen** (MÜ; s. dort Art 29) und nach dem EU-Luftfahrtrecht der (an das MÜ angepassten) VO (EG) Nr 2027/97. Das MÜ löste am 28.6.04 für Flüge mit Personen-, Gepäck- oder Verspätungsschäden (Art 19, 22) aufgrund lufttfahrttypischer Unfälle (verneint: München RRa 03, 269: Rutschgefahr; LG Düsseldorf RRa 03, 172: Verbrühen) das Warschauer Abkommen v 12.10.29 ab (BGBl II 04, 458). Es gilt ua für alle Flüge, die in Europa, den USA, Kanada und Japan beginnen. Art 17 MÜ sieht eine verschuldensunabhängige, unabdingbare (BGH X ZR 165/03: zu AGB) Schadensersatzpflicht des Luftfrachtführers (nur) ggü dem Fluggast (Frankf RRa 08, 38 f) für aufgegebenes Gepäck (Höhe: Art 22 MÜ) vor, welches an Bord oder während der Zeit, in der es in der Obhut des Luftfrachtführers war, beschädigt, zerstört oder verloren gegangen ist. Bei Personenschäden (Höhe: Art 21 MÜ) und Schäden des Handgepäcks (Art 17 I MÜ; vgl Stuttg NJW-RR 07, 566) haftet er für die Zeit zwischen Ein- bis Aussteigen. Beschädigungen hat der Gast unverzüglich schriftlich zu rügen (Art 31 MÜ; Stuttg aaO). Art 39 ff MÜ ordnen an, dass der Reiseveranstalter als vertraglicher Luftfrachtführer neben dem ausführenden Luftfrachtführer gesamtschuldnerisch haftet. IRd Anwendungsbereichs des MÜ richten sich Schadensersatzansprüche abschließend nach diesem Abkommen; § 651 f I, §§ 823 ff sind insoweit verdrängt. Ansprüche aufgrund Selbstabhilfe (§ 651c III), Minderung (§ 651d), Kündigung (§ 651e), vertaner Urlaubszeit (§ 651 f II; LG Frankfurt RRa 07, 269, 271; *Führich* Rz 498; aA *Bollweg* RRA 07, 242, 243) oder auf Schmerzensgeld (§ 253 II) bleiben unberührt.

42 Bei **Flugreisen** räumt die wirksame (EuGH NJW 06, 351) EG VO Nr 261/2004 (ABl L Nr 46 v 17.2.04; dazu KOM 07, 168 endg) auch bei einer Pauschalreise dem Fluggast (neben den Ansprüchen gem dem MÜ) wichtige Mindestrechte (nur) ggü dem ausführenden Luftbeförderungsunternehmen (nicht: Veranstalter, vgl BGH RRa 08, 175) ein, obwohl er selbst nicht dessen Vertragspartner ist. Ggü dem Reiseveranstalter als vertraglichen Luftfrachtführer hat er als Reisender iSd § 651a nur die allg Ansprüche, also ggf gem dem MÜ und insb gem §§ 651d u e (*Führich* RRa 07, 58). Nach der VO begründet die unfreiwillige Nichtbeförderung (dazu Frankf RRa 08, 129) ohne vertretbare Gründe (Art 2j), insb wegen Überbuchung, entfernungsabhängig Zahlungsansprüche des Fluggastes (Art 4 iVm Art 7; vgl AG Düsseldorf RRa 06, 130). Dem Fluggast steht nach Art 2j, 3 II, 4 III der VO ein Ausgleichsanspruch wegen „Nichtbeförderung" zu, wenn er über eine bestätigte Buchung für den betreffenden Flug verfügt, er sich zur angegebenen Zeit oder mangels einer solchen Angabe 45 Minuten vor dem planmäßigen Abflug zur Abfertigung eingefunden hat und ihm trotz Erscheinens am Flugsteig der Einstieg gegen seinen Willen verweigert wird (BGH NJW 09, 2740, 2741). Daneben hat er einen Anspruch auf anderweitige Beförderung (Art 8 – zu Einschränkungen zur Erstattung s. dort II) sowie, auch bei Billigfliegern (vgl Kobl NJW-RR 06, 1356), unentgeltliche Betreuungsleistungen (Art 9), wobei diese ua in angemessenen Mahlzeiten und Erfrischungen und zwei Telefongesprächen bestehen. Entspr Ansprüche können bei Flugannullierung (Art 5) entstehen (vgl AG Schöneberg NJW-RR 06, 498; AG Berlin Mitte NJW-RR 06, 920; LG Köln NJW 08, 2129), wobei ein Ausschluss wegen „außergewöhnlicher Umstände" (Art 5 III) nur vorliegen kann bei technischen Problemen, die auf Vorkommnisse zurückgehen, die nicht zur normalen Tätigkeit des betroffenen Unternehmens gehören und von ihm nicht zu beherrschen sind (EuGH NJW 09, 347, 348). Hinsichtlich der Rechte aus Art. 5-7 der VO sind Fluggäste verspäteter Flüge im Hinblick auf den Ausgleichsanspruchs den Fluggästen annullierter Flüge gleichgestellt, wenn sie wegen eines verspäteten Fluges einen Zeitverlust von drei Stunden oder mehr erleiden (EuGH NJW 10, 43, 45 f). Bei absehbarer großer Verspätung (Maßstab: s. § 651c Rn 10) hat der Gast verschuldensunabhängig zudem die Ansprüche aus Art 9 und nach 5 Std zT aus Art 8 (Art 6). Werden diese Ansprüche nicht erfüllt, bestehen Schadensersatzansprüche (Art 15 II). Über die Rechte ist der Gast zu informieren (Art 14). Diese Ansprüche sind nach Art. 12 I 2 VO auf entspr nach §§ 651a ff anzurechnen (*Bollweg* RRa 09, 10). Der BGH hat die Frage, ob eine Umbuchung durch Art 4 III der VO erfasst ist (NJW 09, 285), dem EuGH vorgelegt. Zum zuständigen Gericht für Entschädigungsansprüche des Flugpassagiers s. EuGH NJW 09, 2801: wahlweise Ort des Abflugs oder der Ankunft.

43 Zu internationalen **Seereisen**, die keine Pauschalreisen sind, vgl § 644 HGB mit Anl (Bestimmungen über die Beförderung von Reisenden und ihrem Gepäck auf See), die auf dem Athener Übereinkommen beruhen (2. SeeRÄndG; dazu zB BGH NJW 06, 1271), bei grenzüberschreitenden **Bahnreisen** regelt seit dem 3.12.09 VO

(EG) 1371/2007 über Rechte und Pflichten der Fahrgäste im Eisenbahnverkehr in Kapitel III (Art 11-14 iVm Art 33-52, 54-64 CIV) die Haftung von Eisenbahnunternehmen für Fahrgäste und deren Gepäck; zum Beförderungsvertrag und Informationspflichten s. aaO, Art 4 ff.

§ 651b Vertragsübertragung.
(1) ¹Bis zum Reisebeginn kann der Reisende verlangen, dass statt seiner ein Dritter in die Rechte und Pflichten aus dem Reisevertrag eintritt. ²Der Reiseveranstalter kann dem Eintritt des Dritten widersprechen, wenn dieser den besonderen Reiseerfordernissen nicht genügt oder seiner Teilnahme gesetzliche Vorschriften oder behördliche Anordnungen entgegenstehen.
(2) Tritt ein Dritter in den Vertrag ein, so haften er und der Reisende dem Reiseveranstalter als Gesamtschuldner für den Reisepreis und die durch den Eintritt des Dritten entstehenden Mehrkosten.

A. Ersetzungsbefugnis. Alternativ zum Rücktritt (§ 651i) vom Reisevertrag kann der Reisende nach der unabdingbaren Norm (§ 651m) vom Veranstalter ohne Angabe von Gründen einseitig mit empfangsbedürftiger Willenserklärung verlangen, dass ein einverstandener Dritter (Ersatzreisender) durch rechtsgeschäftliche Übertragung in den (ganzen) Vertrag eintritt (§ 398 Rn 27 ff). Hat der Veranstalter zuvor Pflichten ggü dem ursprünglichen Vertragspartner erfüllt, wirkt das auch ggü dem Eintretenden. IdR wird der Reisende den Dritten benennen. Es kann Auswahl durch den Veranstalter vereinbart werden. 1

Zeitgrenze: Grds bis Reiseantritt, doch nach § 242 (str) möglichst mit einer solchen Frist, dass der Veranstalter ggf sein Widerrufsrecht ausüben, seine Leistungsträger informieren und neue Reiseunterlagen ausstellen kann. IdR genügen 1–2 Tage; bei Last-Minute-Reisen besteht höchstens die Frist wie für die Buchung selbst. 2

B. Widerspruchsrecht (Abs 1 S 2). Die Gründe sind abschließend und können nicht vertraglich erweitert werden. **Reiseerfordernisse** können sich ergeben aus der Art (zB Senioren- oder Jugendreise; Flugreise), dem Ziel (gesundheitliche Anforderungen wie Impfungen oder Tropentauglichkeit), oder dem Programm der Reise (zB Fitness und Erfahrung bei Berg-, Tauch-, Segel- oder Skitour). Das andere Geschlecht des Eintreten rechtfertigt einen Widerspruch nur, wenn eine Unterbringung in Mehrbettzimmern vorgesehen und ein Bettwechsel nicht mehr möglich ist. 3

Entgegenstehende **gesetzlichen Vorschriften** oder **behördliche Anordnungen** können sich ergeben zB bei einem Sammelvisum, sonstigen Einreisebestimmungen, bezüglich Gesundheitszeugnisse, **nicht** aus vertraglichen Vereinbarungen wie AGB. Beim wirksamen Widerspruch ist der Eintritt unwirksam. 4

C. Rechtsfolge. Nach Eintritt hat nur der Eintretende Rechte (auch: Gewährleistungsrechte) aus dem Vertrag (aA MüKo/Tonner Rz 6: Minderungsrecht bestehe mit Buchendem als Gesamtgläubiger). Er selbst schuldet einen noch nicht gezahlten Reisepreis einschließlich durch den Eintritt verursachter (erforderlicher) Mehrkosten (II), zB Kosten und Gebühren für Umbuchungen, Porti, Telefongespräche, Fernschreiben. Eine angemessene Pauschalierung der Mehrkosten ist in Grenzen der §§ 651m, 308 Nr 7, 309 Nr 5 zulässig (Führich Rz 195; aA MüKo/Tonner Rz 12); im Prozess kann § 287 I, II ZPO helfen. Die zusätzliche Haftung des ursprünglichen Vertragspartners (vgl § 421 I 1) dient der Sicherung des Veranstalters. Zwischen dem ursprünglichen Vertragspartner und dem Reisenden wird idR ein Übernahmevertrag vorliegen, der die jeweiligen Rechte und Pflichten im Innenverhältnis regelt. Nimmt der Reisende wegen eines unberechtigten Widerspruchs nicht an der Reise teil, muss er nicht den Preis zahlen und hat er Ansprüche gem §§ 280, 241 II. 5

§ 651c Abhilfe.
(1) Der Reiseveranstalter ist verpflichtet, die Reise so zu erbringen, dass sie die zugesicherten Eigenschaften hat und nicht mit Fehlern behaftet ist, die den Wert oder die Tauglichkeit zu dem gewöhnlichen oder nach dem Vertrag vorausgesetzten Nutzen aufheben oder mindern.
(2) ¹Ist die Reise nicht von dieser Beschaffenheit, so kann der Reisende Abhilfe verlangen. ²Der Reiseveranstalter kann die Abhilfe verweigern, wenn sie einen unverhältnismäßigen Aufwand erfordert.
(3) ¹Leistet der Reiseveranstalter nicht innerhalb einer vom Reisenden bestimmten angemessenen Frist Abhilfe, so kann der Reisende selbst Abhilfe schaffen und Ersatz der erforderlichen Aufwendungen verlangen. ²Der Bestimmung einer Frist bedarf es nicht, wenn die Abhilfe von dem Reiseveranstalter verweigert wird oder wenn die sofortige Abhilfe durch ein besonderes Interesse des Reisenden geboten wird.

A. Zweck. Als zentrale Norm des reiserechtlichen Gewährleistungsrechts stellt § 651c klar, dass der Veranstalter ab Vertragsschluss (BGH NJW 87, 1931, 86, 1748) verschuldensunabhängig für den Erfolg der Reise (vgl § 651a Rn 10) haftet (I). Im Fall eines Mangels kann der Reisende Abhilfe verlangen (II 1) und ggf gegen Erstattung der Aufwendungen selbst Abhilfe schaffen (III 1). Zum Verhältnis zu anderen Normen s. Rn 24 ff. 1

B. Fehler. Die Reise ist fehlerhaft, wenn eine Reiseleistung von der vereinbarten Beschaffenheit abweicht und dadurch ihr Wert oder ihre Tauglichkeit zu dem vertraglich vorausgesetzten oder gewöhnlichen Nutzen aufgehoben oder gemindert ist (BGH NJW 07, 2549, 2550; Ddorf NJW-RR 03, 59). Erfasst sind grds alle Umstände, die nicht in der Person des Reisenden liegen (und auch die, wenn sie in den Vertrag einbezogen sind), die die Reise bzw die Einzelleistungen stören, selbst wenn die Umstände vom Veranstalter nicht beein- 2

§ 651c   Abhilfe

flussbar sind (MüKo/*Tonner* Rz 23; str), also Aliud-, Minder-, Schlechtleistung und auch Unmöglichkeit und Leistungsverweigerung (Rn 25). Eine Grenze bildet das allg Lebensrisiko (Rn 5). Wird wegen höherer Gewalt (dazu LG Kleve RRa 00, 99) gekündigt greift insoweit § 651j als *lex specialis* zu § 651e.

3   Ein **Fehler** (Bsp: Rn 9 ff) liegt vor, weicht die Ist- von der Sollbeschaffenheit ab. Fehlen individualisierende Vereinbarungen über die Reise, ist die normale, objektive Beschaffenheit der Reiseleistung aus Sicht eines Durchschnittsreisenden maßgeblich (Ddorf NJW-RR 03, 59). Hauptkriterium ist, wie der verständige Reisende die (bindende: § 4 I 2 BGB-InfoV) Beschreibung im Reiseprospekt bzw -katalog (einschl Fotos) und der Reisebestätigung (dazu § 6 BGB-InfoV) des Veranstalters verstehen durfte (§ 651a Rn 16; München NJW-RR 02, 694), wobei auch der Art und dem Charakter der Reise (Kreuzfahrt, Aktivurlaub, Bildungsurlaub, Abenteuer-, Foto-, Hochzeitsreise), dem Preis (Billig-, Normal- oder Luxusreise) und der Ortsüblichkeit Bedeutung zukommen (AG Duisburg RRa 06, 30). Bei Glücks-, Joker- oder Fortunareisen sind nur das Zielgebiet und evtl die Unterkunftskategorie festgelegt. In diesem Rahmen hat der Veranstalter ein Bestimmungsrecht (§ 315); eine ausgeübte Konkretisierung (§ 243 II) ist bindend (LG Frankfurt NJW 85, 143; AG Flensburg RRa 99, 48). Maßgeblich ist zuvor auch hier der Standard, der sich aus dem Vertrag und dem zugrunde gelegten Prospekt ergibt. Erhebliche Abweichungen von Prospektangaben begründen einen Fehler (BGH NJW 92, 3158). Da der Prospekt AGB ist (§ 651a Rn 16), gehen Unklarheiten im Zweifel zu Lasten des verwendenden Veranstalters (§ 305c II). Es gilt der Grds der Prospektklarheit und -wahrheit (München NJW-RR 02, 694). Daher darf zB durch Fotos nicht vorgetäuscht werden, was nicht da ist und ist auch auf negative Umstände wie lärmende Bauarbeiten, Straßen, Discos in klarer Art und Weise hinzuweisen. Der Reisende muss nicht „zwischen den Zeilen" lesen. Dass der Veranstalter vor Reiseantritt nicht auf einen ihm bereits bekannten Mangel hinweist, begründet keinen weiteren Mangel wegen Verletzung der Informationspflicht (Celle RRA 09, 174; s. § 651a Rn 15).

4   Die Abgrenzung eines Fehlers zur bloßen (ggf ortsüblichen) Unannehmlichkeit (sog nicht erheblicher Mangel), die den Wert oder die Tauglichkeit der Reise nicht mindert, sondern ersatzlos vom Reisenden hinzunehmen ist, bestimmt sich aufgrund einer Gesamtwürdigung. Auch insoweit kommt der Prospektbeschreibung entscheidende Bedeutung zu (Celle RRa 05, 205). IdR bloße Unannehmlichkeit ist das Benehmen und die Kleidung Mitreisender (AG Frankfurt RRa 96, 200; AG Duisburg RRa 04, 118; zur Jodlergruppe LG Hamburg NJW-RR 93, 1465; aA LG Frankfurt NJW-RR 93, 951). Bei Auslandsreisen ist primäres Kriterium die **Ortsüblichkeit**, auf die der Veranstalter aber verständlich für den nicht auslandserfahrenen Reiseinteressenten hinzuweisen hat (BGH NJW 87, 1931). Als bloße Unannehmlichkeit wird gewertet, wenn im Ausland landestypisch ein anderer (geringerer) Standard herrscht und somit dort der deutsche Standard nicht erwartet werden darf (zB bei der Zimmerausstattung, vgl zur Busreise durch Indien AG Königstein RRa 94, 45; zum Plumpsklo als Toilette in Südschweden LG Hamburg RRa 04, 29), zB landestypisch zubereitete oder ausgewählte (Ddorf NJW-RR 96, 887; auch 98, 922) Speisen oder das Vorkommen von Insekten (LG Hamburg NJW-RR 97, 1205: Stechmücken am Strand in der Karibik). Das gilt auch für den Sicherheitsstandard (Ddorf NJW-RR 93, 315; München RRa 99, 174; LG Koblenz RRa 05, 27). Ein Mindeststandard darf mangels abw Hinweise aber erwartet werden, wenn keine Abenteuerreise (dazu München OLGZ 84, 234; LG München I NJW-RR 94, 124) vorliegt (Frankf NJW-RR 99, 1356; RRa 09, 223: Wasserversorgung). Eine Landesüblichkeitsklausel ist unwirksam (BGH NJW 87, 1931).

5   IÜ ist die Haftung des Veranstalters **ausgeschlossen**, wenn sich der Fehler als eine Konkretisierung des **allg Lebensrisikos** darstellt. Er haftet zB grds nicht, wenn Reisende Opfer eines nicht vorhersehbaren Terroraktes (Celle NJW-RR 05, 3647) oder außerhalb seines Einflussbereichs überfallen (LG Bremen NJW-RR 02, 919: bei Landgang während Kreuzfahrt; LG Frankfurt NJW-RR 09, 402: Überfall auf einen Transfer-Bus) oder in einer Bungalowanlage bestohlen werden (AG Hamburg NJW-RR 99, 931; München NJW-RR 04, 1698), auf unbeleuchteten (LG Düsseldorf RRa 05, 29: Hoteldisko) oder gerade gewischten Stufen einer Treppe (Frankf OLGR 01, 141; LG Düsseldorf RRa 03, 215) oder feuchten Fliesen am Hotelpool ausrutschen (Frankf RRa 01, 243; LG Frankfurt RRa 03, 217; LG Baden-Baden RRa 03, 162), in Südamerika an Durchfall erkranken (AG Düsseldorf RRa 94, 103), als Skischüler bei Übungen im Stand hinfallen (Celle NJW-RR 02, 559), am Poolrand von einem Ball bei einem angekündigten Wasserballspiel getroffen werden (Ddorf RRa 05, 21), unvorhersehbar durch Tiere beeinträchtigt werden (Celle NJW-RR 03, 197: Eselbiss; LG Frankfurt NJW-RR 00, 786: Bienenschwarm; LG Frankfurt NJW-RR 01, 52: Ziege auf dem Hotelgelände), wenn weibliche Gäste am öffentlichen Strand belästigt werden, oder für Wetterkapriolen (Frankf RRa 01, 178, 00, 165; LG Frankfurt NJW-RR 87, 495), wenn nicht ein bestimmtes Wetter zugesichert wurde (zB „schneesicher"; vgl LG Frankfurt NJW-RR 91, 879; LG Verden RRa 97, 21: zur Windstärke).

6   **C. Zugesicherte Eigenschaft. Eigenschaften** sind alle tatsächlichen und rechtlichen Verhältnisse der Reise bzw der Reiseleistungen, die idR aufgrund ihrer Art und Dauer nach der Verkehrsanschauung Einfluss auf die vertragsmäßige Beschaffenheit oder die Wertschätzung der Reise haben. Bsp: Zielort, Hotellage und -einrichtung, Zimmerausstattung, Verpflegung sowie Beförderungsmittel.

7   **Zugesichert** ist die Eigenschaft, wenn der Veranstalter oder ein für ihn Handelnder (ggf Reisebüro; vgl BGH NJW 82, 377; 1390: zu §§ 54 ff HGB) ausdrücklich oder konkludent, im Katalog oder durch individuelle Zusage, dem Reisenden zeigt, dass die Eigenschaft Vertragsbestandteil werden soll und dass er für den

Bestand der Eigenschaft einsteht. IdR sind Erklärungen des Reisebüros dem Veranstalter zuzurechnen, wenn sie nicht dem eindeutigen Prospektinhalt zuwider laufen (§ 651a Rn 15).

Zugesichert sind auch die in der Reisebestätigung gemachten Angaben und darüber hinaus auch solche, die hier trotz Vereinbarung entgegen § 6 II Nr 5 BGB-InfoV nicht aufgenommen wurden (LG Frankfurt NJW-RR 91, 878). Katalogangaben kommt eine Doppelnatur als Werbe- und Vertragsaussage zu (München NJW-RR 02, 694). Sie (zB besondere Hochwertigkeit, Kindergarten, Kochgelegenheit, Hausriff, wissenschaftlich qualifizierte Reiseleitung; Packeis [Hamb RRa 09, 17]) sind zugesichert (vgl § 651a Rn 16; Ddorf RRa 04, 65), wenn sie bestimmte Merkmale oder Verhältnisse besonders herausstellen und Gewicht verleihen und nicht allg, unverbindliche Angaben sind, die durch ihre anpreisende Art für den Durchschnittsreisenden erkennbar nur Werbung sind. **Fehlt** die zugesicherte Eigenschaft, besteht ein Minderungsanspruch auch, wenn die Reise hierdurch tatsächlich nicht beeinträchtigt wird (Ddorf aaO). Es kann gem § 276 I 1 eine verschuldensunabhängige Haftung für die Übernahme einer Garantie bzw eines Beschaffungsrisikos bestehen. **8**

D. Beispiele für Mängel. Unter Beachtung, dass es auf die **individuellen** Umstände des Falles ankommt, können Bsp (vgl *Alexy* VuR 06, 6; *Schmid* NJW 05, 1168) sein bei der **Beförderung** des Reisenden (s. schon § 651a Rn 32), dass der vereinbarte Flugtag geändert wird oder eine erhebliche Verspätung. **9**

Nach der Rspr sind 4 Std Verspätung entschädigungslos hinzunehmen (Frankf RRa 09, 72, 73; LG Frankfurt RRa 05, 167; NJW-RR 97, 820; LG Hannover NJW-RR 86, 602; LG Münster MDR 92, 450; AG Essen RRa 96, 60; AG Kleve RRa 96, 113; zu weitgehend Ddorf NJW-RR 92, 1330: 8 Std bei Langstreckenflug; AG Düsseldorf NJW-RR 99, 353: 6 Std bei Billigreise). Für den Rückflug wurden zT noch längere Verspätungen toleriert. Nunmehr sollte Art 6 VO EG Nr 261/2004 (§ 651a Rn 42) für Hin- und Rückflug maßgeblich sein (aA LG Frankfurt RRa 07, 226, 227; BaRoth/*Geib* Rz 19): Bei Strecken bis 1.500 km besteht ab 2 Std, bis 3.500 km ab 3 Std und ab 3.500 km ab 4 Std ein Mangel und damit ein Minderungsanspruch (*Führich* Rz 252, 329, 1042, 1060). Er geht auf 5% des Tagespreises pro Std, aber auf mehr, wenn die Verspätung sehr lang ist. Bei Änderung des Flughafens gilt er für die gesamte Dauer der Verzögerung, nicht erst nach 3 Std (AG Kleve RRa 99, 180; *Führich* Rz 331; s.a. AG Düsseldorf RRa 96, 78; AG Essen RRa 96, 60; AG Gifhorn RRa 05, 69; AG Hamburg-Altona RRa 01, 104; AG Hamburg RRa 04, 122). **10**

Entgegen der Rspr (AG Bad Homburg RRa 03, 180; 00, 13; AG Duisburg RRa 03, 29; AG Düsseldorf RRa 98, 165; 95, 151; AG Freising RRa 00, 6; AG Hamburg RRa 01, 253; AG Hannover RRa 02, 277; 01, 250) dient jedenfalls bei kürzeren Transferzeiten der erste und letzte Reisetag nicht allein der An- oder Abreise, so dass auch an diesen Tagen Flugzeiten nicht beliebig verschoben werden dürfen, wenn nicht anderes vereinbart wurde (aA hM). Eine um 5 Stunden verlängerte Flugzeit (AG München 6.5.09 – 212 C 1623/09) oder die Vorverlegung von 10 Uhr auf 2 Uhr wurde zu Recht als Mangel angesehen (vgl AG Bad Homburg RRa 04, 31; AG Hamburg RRa 00, 197; AG Hannover RRa 04, 79; zur Beeinträchtigung der Nachtruhe AG Duisburg RRa 05, 169; AG Düsseldorf RRa 05, 169; AG Hamburg RRa 05, 217). **11**

Mängel sind ferner verfrühte Abreise (LG Frankfurt NJW-RR 86, 1174; AG Düsseldorf NJW-RR 98, 51), kurzfristige Flugverlegung (LG Frankfurt RRa 07, 225), zu später Transfer zum Flughafen (AG Wiesbaden RRa 01, 8), Zurückweisung des verspätet am Schalter erscheinenden Reisenden, während der Abfertigungsvorgang noch läuft (LG Frankfurt NJW 91, 2572), zu kurz bemessene Umsteigezeiten (LG Berlin NJW-RR 89, 1020), überlange Wartezeiten beim Zustieg (LG Frankfurt NJW-RR 88, 1451), schlechtere Komfortstufe beim Flug (LG Duisburg RRa 07, 167), Verlust des **Gepäcks** oder verspätete Zustellung (Frankf NJW-RR 93, 1147; MDR 84, 667; AG Frankfurt NJW-RR 01, 639: pro Tag um 25%; LG Hannover NJW 85, 2903 [m Hinw auf ein Kündigungsrecht nach § 651 e]; AG Nürnberg NJW-RR 99, 1068: insgesamt 50% bei 8-tägiger Reise). Das gilt insb bei einer Luxusreise (vgl LG Frankfurt NJW-RR 94, 309). Schadensersatzansprüche richten sich nach Art 17, 22 MÜ (§ 651a Rn 41). **12**

Mängel bezüglich des **Reiseziels** bestehen, wenn der Ort gewechselt wird (§ 651a Rn 32), wenn die Verhältnisse am Ort nicht dem Vereinbarten entspr, zB ein Hotel nicht von „herrlichen langen Sandstränden umgeben" (LG Düsseldorf MDR 85, 232: s.a. AG Frankfurt NJW-RR 91, 1144: statt flach abfallender Sandstrand steil abfallender Strand aus groben Sand-Kiesgemisch), ein Strand weiter entfernt (AG Düsseldorf RRa 94, 116) oder nicht so sauber wie versprochen ist (Frankf NJW-RR 05, 132), außer es liegt eine nicht vorhersehbare Ursache (LG Frankfurt NJW-RR 90, 761; LG Hannover NJW-RR 91, 376: Algenpest) und keine Zusicherung (LG Tübingen NJW-RR 91, 376) vor. **13**

Mängel können sich auch wegen des **Reisezwecks** ergeben, zB wenn bei einer Jagdsafari keine Tiere gejagt werden können (BGH NJW 80, 2192), bei einer Kreuzfahrt ein Höhepunkt entfällt (Köln NJW-RR 08, 1588, 1589) oder bei einer Segelfahrt trotz Windes mit Motor gefahren wird (LG Hannover NJW-RR 99, 1004), eine Jugendreise ohne Jugendliche (AG Bielefeld RRa 01, 183) oder statt einer Piratenfahrt mit Jugendlichen auf einem Zweimastmotorsegler eine Fährdampferfahrt nur mit Reisenden im Alter von über 75 Jahren geboten wird (LG Frankfurt RRa 05, 166), bei einer Kreuzfahrt das Schiff brennt (BGH NJW 87, 1938) oder auf ein Riff aufläuft (Frankf RRa 96, 84), bei einer Sportreise die Sportmöglichkeit fehlt oder mit einer Veranstaltung geworben wird, an der die Teilnahme unmöglich ist (LG Berlin NJW-RR 97, 1206), oder wenn die Reisenden gefährdet sind (BGH NJW 00, 1188: bekannt fehlende Eignung und Zuverlässigkeit eines Reittiers; München NJW-RR 02, 694: Lawinenun- **14** glück bei einer Skitour beim Anstieg auf einem Hang mit 40 Grad Neigung, wenn die Touren im Katalog als sichere, sanfte Anstiege mit Genussabfahrten beschrieben sind).

15 Die **Unterkunft** ist mangelhaft bei einem Wechsel in ein anderes als das vereinbarte Hotel (LG Frankfurt NJW 85, 1474; NJW-RR 08, 1638, 1639; AG Hannover RRa 08, 229; enger Karlsr NJW-RR 88, 246), und zwar auch, wenn das andere Hotel im gleichen Ort liegt und die gleiche Kategorie hat (AG Duisburg RRa 04, 179; str; Grenze: § 242, insb bei besserer Kategorie), denn der Reisende hat eine konkrete Reise gebucht und nicht eine Gattungs- oder -wahlschuld begründet (vgl BGH NJW 05, 1047; 83, 35; Ausn: Glücksreise). Mängel liegen vor, wenn der versprochene Shuttle-Service zum Ortskern fehlt (LG Düsseldorf RRa 04, 14), das Zimmer im Hotel schlechter liegt als vereinbart (BGH NJW 82, 377: im mittleren statt im dritten obersten Stockwerk mit Meeresblick; AG Köln NJW-RR 04, 488: Nord- statt Südseite) oder zu klein ist, wenn statt Doppel- zwei Einzelzimmer oder statt eines Familien- zwei Doppelzimmer geleistet werden (Celle RRa 04, 9; s.a. Frankf NJW-RR 95, 224; Köln NJW-RR 05, 703: Villa mit 3 statt 5 Doppelzimmern), wenn zwei Zimmer statt wie zugesagt zusammen getrennt liegen (Ddorf NJW-RR 92, 1273), das Zimmer baulich nicht fertig gestellt (Ddorf NJW-RR 98, 53) oder in ihm trotz Zusage ein Bett, Zusatzraum, Terrasse bzw Balkon, Heizung (vgl LG Bonn NJW-RR 99, 129: ohne Zusage nicht erforderlich auf den Kanaren) oder Bad (vgl LG Düsseldorf RRa 05, 164: nur zur Mitbenutzung) fehlt, wenn es einen geringeren Standard hat als durch den Prospekt suggeriert wird (Celle NJW-RR 05, 425; LG Frankfurt NJW-RR 92, 380) oder in ihm Schimmel, Ungeziefer (Ddorf RRa 00, 199: Ameisenplage auf Mallorca) oder Gestank ist oder die Betten verschmutzt oder Abflüsse verstopft sind, eine zugesagte Klimaanlage fehlt oder unzureichend oder lärmend ist, eine zugesagte Diskothek oder Strandbar oder insb bei Sonnen- und Badeurlaub ein Hotelpool und ggf Sonnenschirme fehlen, wenn von der Einrichtung des vom Reiseveranstalter ausgewählten Beherbergungs- und Restaurationsbetriebes eine Gefahr für die Sicherheit des Reisenden ausgeht, mit der er nicht zu rechnen braucht (Ddorf NJW-RR 03, 59: zur Stufe als „Stolperfalle"). Nach Rostock (NJW 09, 302) sei ein Kabinenrauchverbot ein Mangel (zw). Häufiges Ärgernis ist **Lärm**, der ein Mangel ist, wenn er (ohne konkreten Hinweis [vgl Ddorf NJW-RR 98, 921; LG Frankfurt NJW-RR 08, 1640, 1641; zu großzügig AG Hamburg RRa 94, 131] bei Vertragsschluss) über das Übliche hinausgeht (zur Schifffahrt AG Frankfurt NJW-RR 06, 194), zB durch angrenzende Hauptstraßen oder Baustellen (Frankf NJW-RR 88, 153 [mit Wasserunterbrechungen]; LG Hamburg RRa 02, 214; LG Hannover NJW-RR 87, 496; AG Köln RRa 03, 268; zu lärmenden Baumaßnahmen mit Staubentwicklung, die den Strand unbenutzbar macht und den Meer- bzw Seeblick einschränken Celle RRa 05, 205) oder Hoteleinrichtungen wie Diskotheken (LG Hannover VuR 87, 106) oder auch ständig nachts lärmende Mitgäste (LG Frankfurt RRa 05, 165). Eine gewisse Beschallung ist idR, insb in touristischen Zentren mit Hinw auf reges Nachtleben und bei Hotels, die sich gerade an jüngere Gäste richten, insb bis Mitternacht hinzunehmen (vgl AG Duisburg RRa 04, 214), wenn nicht ein ruhiges Zimmer vereinbart ist (dazu Köln NJW-RR 00, 1439). Entspr gilt für Kinderlärm (LG Kleve NJW-RR 97, 1208).

16 Mängel der **Verpflegung** werden oft nicht hinreichend substantiiert geltend gemacht. Zudem wird bisweilen die Landesüblichkeit (Rn 5) nicht beachtet. Mängel liegen vor, wenn versprochenes Essen verdorben ist oder sogar zu Gesundheitsbeeinträchtigungen führt (Ddorf NJW-RR 90, 187; LG Düsseldorf NJW 01, 1872: Salmonellenvergiftung; LG Düsseldorf NJW-RR 01, 1063: Erkrankung an Ciguatera), im Katalog angegebene Snacks nicht (LG Duisburg RRa 06, 30) oder dass Essen nicht wie vereinbart (Buffet statt Service; LG Frankfurt NJW-RR 08, 1590: nur 2 Hauptspeisen trotz höchster Hotelkategorie) und mit Wartezeit (½ Std) angeboten wird (Frankf NJW-RR 88, 153).

17 Als **sonstige Umstände** begründen Mängel, dass eine Reiseleitung trotz Buchung bei einem deutschen Veranstalter kein deutsch spricht oder keine Ahnung von Land und Leuten hat (LG Düsseldorf NJW-RR 98, 562: Amerikarundreise mit ‚deutschsprachiger Betreuung eines qualifizierten Reiseleiters,) oder Reisende am Zielort unzureichend betreut werden (Köln NJW-RR 1448, 1449: keine Begleitung auf unbeleuchtetem Weg; Nürnbg RRa 00, 91; LG Hannover NJW-RR 98, 194; LG Köln MDR 91, 839: fehlende Kinderanimation bzw -betreuung) sowie dass sie, ohne dass darauf bei Vertragsschluss hingewiesen wurde, zur Inanspruchnahme der all-inclusive-Leistungen permanent ein nicht abnehmbares Plastikarmband tragen müssen (LG Frankfurt NJW 97, 2246; AG München NJW-RR 99, 116; aA hM, zB Ddorf NJW-RR 01, 49 mit Hinw auf Treu und Glauben; LG Hamburg RRa 99, 214). Erfasst sind auch Beeinträchtigungen infolge von **Sicherheitsdefiziten** im Verantwortungsbereich des Veranstalters (BGH NJW 07, 2549, 2551; s.a. § 651a Rn 17). Zur „**Ausstrahlungswirkung**" einer Verletzung auf Familienangehörige s. BGH NJW 00, 1188; Ddorf NJW-RR 03, 59.

18 **Keine Mängel** sind idR fehlender Komfort und Service oder getrennt liegende Sitze während des Flugs (vgl LG Düsseldorf RRa 04, 67; AG Hannover RRa 03, 239; zu Unrecht LG Nürnberg-Fürth RRa 04, 168 bei Transport auf dem Notsitz), die Lage des Hotels neben einem Friedhof, eine 100 m weitere Entfernung zum Strand als angegeben, ggf verschmutztes Wasser, wenn es nicht gesundheitsgefährdend und Baden ohne Abscheu und Ekel möglich ist (Ddorf NJW-RR 99, 491: Lagune in Acapulco), Einsatz von Insektenbekämpfungsmitteln, Unterbringung im Nebengebäude, wenn sie nicht im Hauptgebäude geschuldet war (LG Düsseldorf RRa 03, 68), Verwendung von Papp- oder Plastikbecher im Außenbereich oder mittags zubereitetes Essens auch am Abend, Essen in Schichten (LG Düsseldorf MDR 93, 212), geringe Wartezeiten (Frankf RRa 03, 255; LG Düsseldorf RRa 03, 68), einheitliches Essen bei Gruppenreisen, eher geringe Anzahl von Sonnen-

schirmen auf der Terrasse, unbedeutende Abweichung des Pools von der Katalogabbildung, keine Deutschkenntnisse der Servicemitarbeiter im Ausland, idR das Alter Mitreisender, Belästigungen am öffentlichen Strand zB durch Strandverkäufer oder Bettler, idR, wenn ohne Verschulden des Hotelier unter Verwendung des Zimmerschlüssels aus dem Hotelzimmer Sachen gestohlen werden (Stuttg NJW-RR 03, 776; LG Duisburg RRa 05, 225; s.a. Köln OLGR 05, 56: Schmuck war nicht im Safe gesichert).

E. Abhilfeverlangen; Abhilfe (Abs 2). Mit dem Verlangen nach Abhilfe verlangt der Reisende Erfüllung des 19 vertraglich Geschuldeten. Er zeigt mit ihr zugleich den Mangel an (§ 651d), während die Mängelanzeige (oder ein Rückbeförderungsverlangen) idR kein Abhilfeverlangen ist. Das Verlangen muss, soweit das zumutbar ist, den in § 8 I Nr 3 BGB-InfoV Genannten, also idR dem Veranstalter bzw dessen Vertreter zugehen (Urt v 5.10.09 – 5 U 766/09), idR also der örtlichen Reiseleitung, die erreichbar sein muss (LG Frankfurt NJW 85, 330; NJW-RR 91, 631; 86, 55). Fehlt eine örtliche Reiseleitung, kann es ersatzweise an den einzelnen Leistungsträger gerichtet werden (BaRoth/*Geib* Rz 43; Palandt/*Sprau* Rz 4; aA Kobl aaO Erman/*Seiler* Rz 10; MüKo/*Tonner* Rz 54; Staud/*Eckert* Rz 150). Die Abhilfe besteht in einer dem Reisenden subjektiv und objektiv zumutbaren (Bsp für Unzumutbarkeit Frankf NJW-RR 88, 632: Umquartierung kurz vor Urlaubsende; LG Frankfurt NJW-RR 89, 312: zweifache Umquartierung), wenigstens gleichwertigen oder ggf kostenfrei höherwertigen vertragsgemäßen (BGH NJW 83, 35) Ersatzleistung (KG NJW-RR 93, 1209); bei Fehlen zugesicherter Eigenschaften bestimmt sich die Zumutbarkeit rein subjektiv. Der Reisende ist über die angebotene Ersatzleistung zu informieren (LG Frankfurt NJW 86, 1616; 83, 233: Möglichkeit einer Besichtigung). Besondere Anforderungen bestehen, hat der Veranstalter den Mangel bewusst wider Treu und Glauben verursacht, zB durch planmäßige Überbuchung eines Hotels (vgl Celle RRa 04, 9; BaRoth/*Geib* Rz 44). Eine Abhilfe, die diesen Vorgaben nicht entspricht, muss der Reisende nicht als Ersatzleistung annehmen; im Einzelfall kann § 242 eine Grenze bilden (vgl BGH NJW 05, 1047).

Abhilfekosten (zB für Kommunikation oder Transport) trägt analog §§ 637, 634 Nr 2 der Veranstalter 20 (BGH NJW 83, 448). Nach Abhilfe bleibt das Minderungsrecht (§ 651d) für zuvor entstandene oder verbleibende Beeinträchtigungen bestehen. Lehnt der Reisende eine zumutbare Ersatzleistung ab, behält er es bis zu der Höhe, in der er hätte mindern dürfen, wenn er das zumutbare Angebot angenommen hätte (LG Frankfurt NJW 85, 1474). Ist auch die Ersatzleistung mangelhaft, kann er sie annehmen und ergänzend mindern. Ein Verzicht am Urlaubsort auf weitere Ansprüche ist unwirksam (hM); im Einzelfall kann darin ein Vergleich liegen. **Verweigert (II 2)** werden darf die Abhilfe bei unverhältnismäßigem Aufwand (vgl §§ 635 III, 275 II), also zB bei im Vergleich zur Größe und Bedeutung des Mangels unverhältnismäßigen Beseitigungskosten.

F. Selbsthilferecht (Abs 3). Erst nachdem die vom Reisenden gesetzte angemessene Frist (Pflicht zum Hin- 21 weis: § 6 II Nr 7 [Reisebestätigung], ggf durch Prospekt: § 6 IV BGB-InfoV) fruchtlos abgelaufen ist (LG Freiburg NJW-RR 94, 125), kann er selbst abhelfen. Auf Verzug oder Verschulden des Veranstalters kommt es nicht an. Sie ist entbehrlich, wenn der Mangel überhaupt nicht in angemessen kurzer Frist abgestellt werden kann (Köln NJW-RR 93, 252).

Ob eine Frist **angemessen** ist, ist nach Lage des Einzelfalls zu beurteilen. Kriterien sind die Dauer der Reise 22 und die Schwere ihres Mangels. IdR muss innerhalb der Frist Beseitigung des Mangels möglich, sie aber auch dem Reisenden zumutbar sein. Daher ist sie bei fehlendem Gepäck (vgl Frankf FVE 9, 101) oder fehlender Unterkunft sehr kurz, bei einem unangemessenen Zimmer 1 Tag (LG Frankfurt NJW 85, 1473). Dass der Mangel so erheblich ist, dass er zum Rücktritt (§ 651e) berechtigt, ist nicht erforderlich (aA LG Frankfurt NJW-RR 95, 1521; 92, 310). Entbehrlich ist die Frist **(III 2)**, wenn Abhilfe (zT) verweigert (auch bei Hinhaltetaktik) oder eine unzumutbare Ersatzleistungen angeboten wird oder das besondere Interesse des Reisenden sofortige Abhilfe gebietet (vgl § 323 II Nr 1, 3), zB bei fehlender Unterkunft bei nächtlicher Ankunft oder fehlendem Transfer zum Flughafen. Auch wenn seitens des Veranstalters kein Ansprechpartner vor Ort ist, ist Fristsetzung entbehrlich (LG Frankfurt NJW 85, 330; s.a. KG NJW-RR 93, 1209).

Erforderlich sind Aufwendungen, die der Reisende *ex ante* im Einzelfall nach sorgfältiger Prüfung für ange- 23 messen halten durfte, um eine der vertraglich geschuldeten Leistung möglichst entspr Ersatzleistung zu erhalten; auch ggf Telefon- und Taxikosten. Erforderlich kann auch eine höherwertige Leistung sein, wenn sie die einzige Abhilfemöglichkeit ist (KG aaO; Köln NJW-RR 93, 252). Der Reisende hat insoweit ein Vorschussrecht gegen den Veranstalter (Frankf MDR 84, 668).

G. Andere Rechte. Es bestehen neben dem modifizierten Erfüllungsanspruch aus § 651c nach den jeweiligen 24 Voraussetzungen die Rechte gem §§ 651d–f, dh zu minern (s. Rn 20; § 651d; beachte dort Rn 9) und/oder zurückzutreten (§ 651e) und/oder Schadensersatz zu verlangen (§ 651f). Andere Gewährleistungsvorschriften greifen nicht (Ddorf NJW-RR 03, 776; München RRa 9, 174: zu § 701; aA LG Berlin NJW 85, 2425; AG Bamberg NJW-RR 94, 1137). Das gilt abgesehen von internationalen Abkommen auch, wenn der Veranstalter Leistungen selbst erbringt (LG Berlin NJW 85, 144; A LG Frankfurt NJW 83, 2264).

Das **allg Leistungsstörungsrecht** (§§ 280 ff, 323 ff) ist beim Mangel iSd Rn 2 ff, der **nach** Vertragsschluss 25 auftritt, ausgeschlossen. Es handelt sich grds um einen Reefehler, für den der Veranstalter nach §§ 651c ff haftet (BGH NJW 86, 1748; str), und zwar auch bei einer vertraglichen Pflichtverletzung, wenn sie sich in eine

§ 651d   Minderung

Beeinträchtigung der Reise umgesetzt hat (BGH NJW 87, 1931), zB Angaben im Katalog fehlerhaft oder die Unterkunft bereits überbucht war. Das gilt auch für die vollständige Nichterbringung der geschuldeten Leistung: Umstände, die die gesamte Reise oder Einzelleistungen wie Beförderung, Unterbringung, Verpflegung und sonstige Betreuung ganz oder teilw unmöglich machen, oder eine Leistungsverweigerung des Reiseveranstalters verhindern oder mindern den nach dem Vertrag vorausgesetzten Nutzen der Reise und werden daher vom reisevertraglichen Gewährleistungsrecht der §§ 651c ff einschließlich des § 651f erfasst (BGH NJW 05, 1047; 83, 35). Es gilt die **Ausschlussfrist** und **Verjährung** des § 651g. **Anwendbar** bleiben §§ 280 ff, 323 ff für Pflichtverletzungen, die keinen Mangel iSd §§ 651c ff begründen (Celle NJW-RR 01, 1558).

26   **Deliktsansprüche** (§§ 823 ff) bleiben möglich (s. zB § 651a Rn 17). In seinem Anwendungsbereich geht das MÜ (§ 651a Rn 41) §§ 651c ff vor. In Fällen höherer Gewalt gilt § 651j.

27   **H. Prozessuales.** Der Reisende muss den Mangel – ggf, zB wenn viele Essensgäste in einem Hotel erkranken, hilft der Anscheinsbeweis (Ddorf RRa 01, 49; LG Frankfurt RRa 03, 249) – und sein Abhilfeverlangen mit Setzung einer angemessenen Frist bzw deren Entbehrlichkeit und seine erforderlichen Aufwendungen beweisen (BGH NJW 85, 132). Substantiiert dargelegte Mängeln können nur entspr (LG Frankfurt NJW-RR 91, 378; 86, 540), die in einem gemeinsam unterschriebenen vorbehaltlosen Protokoll aufgeführten Mängel gar nicht mehr bestritten werden (AG Düsseldorf NJW-RR 97, 1340; AG Neuwied RRa 03, 269; *Tonner* § 651d Rz 15; str). Das gilt nicht, wenn behauptete Mängel ausdrücklich nur „zur Kenntnis genommen" sind (LG Berlin NJW-RR 89, 1213; aA LG Frankfurt NJW-RR 89, 309). Aber dann gilt insb, dass der Veranstalter einen behaupteten Mangel nur substantiiert, nicht mit Nichtwissen (§ 138 IV ZPO), bestreiten kann. Er muss ferner beweisen, dass er Abhilfe geleistet hat (vgl Frankf MDR 84, 668) bzw ihr Aufwand unzumutbar und dass ein Ersatzangebot für den Reisenden zumutbar war (BGH NJW 05, 1047).

§ 651d Minderung. (1) ¹Ist die Reise im Sinne des § 651c Abs. 1 mangelhaft, so mindert sich für die Dauer des Mangels der Reisepreis nach Maßgabe des § 638 Abs. 3. ²§ 638 Abs. 4 findet entsprechende Anwendung.
(2) Die Minderung tritt nicht ein, soweit es der Reisende schuldhaft unterlässt, den Mangel anzuzeigen.

1   **A. Zweck.** Ist die Reise mangelhaft, mindert sich quotenmäßig nach grds erforderlicher Mängelanzeige durch Gesetz der Gesamtreisepreis. Ist er schon geleistet, besteht ein vertraglicher Rückerstattungsanspruch.

2   **B. Voraussetzungen. I.** Es muss ein **Mangel** der Reise vorliegen (I; s. § 651c). Tritt er nur während eines Teils der Reise auf, besteht das Recht nach § 651d idR nur für diese Zeit (Rn 6). Tritt er erst nach Beendigung der Reise auf, greift nur § 651f. Bei § 651d kommt es auf ein Verschulden des Veranstalters nicht an.

3   **II.** Der Reisende darf es nicht schuldhaft unterlassen haben, den Mangel unverzüglich **anzuzeigen**. Ansonsten besteht kein Minderungsrecht **(II)**. Im Verlangen nach Abhilfe (§ 651c II) liegt eine Mängelanzeige. Ist die Anzeige verspätet, kann erst ab ihrem Zeitpunkt Minderung verlangt werden (Ddorf NJW-RR 89, 735; Frankf RRa 03, 255; LG Hannover NJW 84, 1626). Adressat der formlos möglichen Erklärung ist der Veranstalter bzw sein Vertreter (vgl § 651c Rn 19). Der Leistungsträger ist idR Bote des Reisenden. Erschwerungen sind unwirksam (§ 651 m). Im Einzelfall ist die Anzeige entbehrlich bzw ihr Unterlassen unverschuldet (vgl § 651c Rn 19, 21; *Humberg* RRa 03, 250), zB wenn entgegen § 6 II Nr 7 BGB-InfoV ein Hinweis auf die Anzeigepflicht fehlte, der Reisende minderjährig ist (AG Bielefeld NJW-RR 99, 156), die Anzeige nicht zumutbar (s.a. AG Hamburg NJW-RR 02, 1060: 2-3 Std Wartezeit bei erheblichen Mängeln zumutbar), der Veranstalter nicht erreichbar (LG Frankfurt NJW-RR 88, 634; zur Anzeige beim Leistungsträger LG Duisburg RRa 06, 113; zu AGB § 651a Rn 26), ihm der Mangel offensichtlich schon bekannt (LG Frankfurt NJW 83, 233; aA LG Duisburg RRa 08, 171, 172; LG Düsseldorf RRa 05, 64; LG Frankfurt NJW-RR 08, 1590, 1591; zu evidenten Mängeln s. AG Frankfurt NJW-RR 00, 787) oder Abhilfe unmöglich war (BGH NJW 85, 132; Ddorf NJW-RR 89, 735; Frankf NJW-RR 99, 202; LG Arnsberg NJW-RR 07, 930; aA LG Düsseldorf RRa 05, 64; LG Frankfurt aaO). Kennt der Veranstalter einen Mangel fahrlässig nicht, ist die Anzeige nicht entbehrlich. Hier hat sie gerade die Funktion, ihn zu informieren und Abhilfe zu ermöglichen (str).

4   **C. Folge.** Bei wirksamer Minderung verringert sich der vereinbarte Reisepreis entspr der Berechnung nach Rn 5. Eine entgegenstehende Verzichtserklärung am Urlaubsort ist unwirksam. Bei (üblicher) Vorauszahlung kann der Reisende aufgrund Vertrags (hM) Rückzahlung verlangen (§§ 651d I 2, 638 IV, 346 I, 347 I).

5   **D. Berechnung.** Gem I iVm § 638 III ist der Reisepreis bei Vorliegen eines Mangels in dem Verhältnis herabzusetzen, in dem der tatsächliche Wert der mangelhaften Reise zu dem wirklichen Wert gestanden hätte. In der Praxis wird der Minderungsbetrag gem § 638 II 2; § 287 ZPO geschätzt, und zwar als prozentualer Abschlag vom Reisepreis. Ausgangsbasis ist der Gamtpreis der Reise (Ddorf NJW-RR 95, 368; München NJW 84, 132; LG Hannover NJW-RR 99, 1004; aAG Frankfurt RRa 01, 76). Zum Gesamtpreis gehört auch die Vergütung für die gewöhnliche Beförderung (elle NJW 04, 2985: Mietwagenkosten; NJW-RR 03, 200: Flugkosten; Frankf RRa 09, 71), Kerosinpreis- ul Flugzuschlag und Sicherheitsgebühren, nicht aber für zusätzlich vereinbarte Leistungen wie zB Versicherungen (LG Frankfurt NJW-RR 92, 51).

Besteht ein Mangel nur zeitweise, wird der Preis idR auch nur für diese Zeit anteilig nach den beeinträchtig- 6
ten Reisetagen gemindert (LG Düsseldorf NJW-RR 01, 50), es sei denn, die Reise hatte wegen eines gravierenden Mangels insgesamt keinen Nutzen (BGH NJW 00, 1188: erhebliche Gesundheitsverletzung am 4. Tag;
08, 2775: Beinaheabsturz auf Rückflug).

Relevant für die konkrete Ermittlung der Minderungsquote ist das Verhältnis des Nutzens der Reise unter 7
Berücksichtigung ihrer spezifischen Art (zB Abenteuer-, Bade-, Bildungsurlaub; zur Verpflegungsart Frankf
RRa 03, 255) und Qualität (Luxus-, Standard-, Billigreise) zur Art und Dauer des Mangels. Bei der konkreten
Ermittlung der Minderungsquote hat eine rein objektive (Frankf RRa 03, 255), wertende Betrachtung aller
Umstände des Einzelfalles zu erfolgen (Celle RRa 05, 205, 04, 9; NJW 04, 2985). Liegen mehrere Mängel vor
werden sie nicht schematisch anhand Tabellenwerten addiert. Die Bewertung ist auch hier das Ergebnis einer
ergänzend vorzunehmenden Gesamtschau und Gewichtung der festgestellten Mängel (Celle RRa 04, 9; NJW
04, 2985). Eine Minderung um 100% kommt idR nicht in Betracht, wenn der Reisende zT Leistungen in
Anspruch genommen hat. Ein Mitverschulden des Reisenden ist gem § 242 zu berücksichtigen (Ddorf NJW-
RR 03, 59: Sturz trotz erkennbarer Stufe).

In einer vom **LG Frankfurt** entwickelten **Tabelle** sind für Teilleistungen wie zB Unterkunft und Verpflegung 8
typische Mängel mit prozentualen Minderungssätzen und ggf Zu- und Abschlägen angegeben (NJW 85, 113;
94, 1639; dazu *Tempel* NJW 85, 97; RRa 98, 19). Sie gibt Anhaltspunkte (str), darf aber keinesfalls schemati-
sierend angewandt werden. Die Praxis greift selten ausdrücklich auf sie zurück. Aktuellere Orientierungshilfen sind der **Mainzer Minderungsspiegel** (*Kaller* Rz 223-235), die **Kemptener Reisemängeltabelle** (*Führich*
S 973 ff [www.reiserecht-fuehrich.de]) und die **ADAC-Tabelle** (NJW 05, 2507-2517; DAR 07, 482-492; auch:
www.adac.de, dort: Recht und Rat/Reiserecht/Reisepreisminderung). S. ferner *Schulz* VuR 06, 177.

E. Andere Rechte. Nach einer Kündigung ist keine Minderung mehr möglich, da dann auch kein Anspruch 9
des Veranstalters auf den Reisepreis besteht (§ 651e III 1; LG Frankfurt NJW-RR 91, 880). Schadensersatzansprüche (§ 651f I) kann der Reisende neben einer Minderung geltend machen. Insoweit darf der gleiche Mangel aber nicht doppelt berücksichtigt werden (BGH NJW 85, 132).

F. Prozessuales. Der Reisende muss einen Mangel (s. § 651c Rn 2 ff), dessen Dauer und – trotz der systemati- 10
schen Stellung – nach dem BGH auch die Anzeige als Anspruchsvoraussetzung beweisen (BGH NJW 85, 132;
auch LG Hannover NJW-RR 90, 1018; AG Hamburg RRa 95, 26). Die Instanzgerichte folgen dem zT zu
Recht nicht (LG Frankfurt NJW-RR 86, 540; RRa 08, 264; LG Hannover NJW-RR 90, 1018; LG Kleve NJW-
RR 97, 1207; AG Düsseldorf RRa 04, 213). Demnach hat der Veranstalter zu beweisen, dass eine mögliche
Anzeige nicht rechtzeitig erfolgte (aA hM). Den Reisenden trifft insofern die sekundäre Behauptungslast, dh
er hat mitzuteilen, wann und wo und welche Mängel er angezeigt hat (BaumgLP/*Eyinck* Rz 4). Er muss
beweisen, dass, wenn er nicht anzeigte, dieses schuldlos oder die Anzeige entbehrlich war. Der Veranstalter
hat dann zu beweisen, dass er nach Anzeige hätte abhelfen können (MüKo/*Tonner* Rz 26).

§ 651e Kündigung wegen Mangels.
(1) ¹Wird die Reise infolge eines Mangels der in § 651c bezeichneten Art erheblich beeinträchtigt, so kann der Reisende den Vertrag kündigen. ²Dasselbe gilt, wenn ihm die Reise infolge eines solchen Mangels aus wichtigem, dem Reiseveranstalter erkennbarem Grund nicht zuzumuten ist.
(2) ¹Die Kündigung ist erst zulässig, wenn der Reiseveranstalter eine ihm vom Reisenden bestimmte angemessene Frist hat verstreichen lassen, ohne Abhilfe zu leisten. ²Der Bestimmung einer Frist bedarf es nicht, wenn die Abhilfe unmöglich ist oder vom Reiseveranstalter verweigert wird oder wenn die sofortige Kündigung des Vertrags durch ein besonderes Interesse des Reisenden gerechtfertigt wird.
(3) ¹Wird der Vertrag gekündigt, so verliert der Reiseveranstalter den Anspruch auf den vereinbarten Reisepreis. ²Er kann jedoch für die bereits erbrachten oder zur Beendigung der Reise noch zu erbringenden Reiseleistungen eine nach § 638 Abs. 3 zu bemessende Entschädigung verlangen. ³Dies gilt nicht, soweit diese Leistungen infolge der Aufhebung des Vertrags für den Reisenden kein Interesse haben.
(4) ¹Der Reiseveranstalter ist verpflichtet, die infolge der Aufhebung des Vertrags notwendigen Maßnahmen zu treffen, insbesondere, falls der Vertrag die Rückbeförderung umfasste, den Reisenden zurückzubefördern. ²Die Mehrkosten fallen dem Reiseveranstalter zur Last.

A. Zweck. Bei erheblichen Mängeln oder solchen, die die Reise unzumutbar machen, kann der **Reisende** 1
kündigen, und zwar schon vor Reiseantritt, wenn die Kündigungsvoraussetzungen schon dann bestehen
(BGH NJW 90, 572; 80, 2192; Ddorf NJW-RR 98, 51; LG Hanau NJW-RR 94, 1264; AG Bad Homburg RRa
06, 45; aA LG Frankfurt NJW 86, 1616).

Die Kündigung kann für ihn günstiger als Rücktritt (vgl § 651i II 2) sein. Mit ihr entfällt der Anspruch auf 2
den Reisepreis auch für schon erbrachte Leistungen. Daher schließt sie Minderung (§ 651d) aus. Ggf besteht
neben dem Kündigungsrecht nach § 651e ein solches auch nach § 651a V (s. dort). § 314 bleibt auch für den
Reisenden im Einzelfall anwendbar (str). Bei höherer Gewalt kann nur gem § 651j gekündigt werden.

3 **B. Voraussetzungen. I. Mangel iSv § 651c (Abs 1 S 1).** Es muss die Reise fehlerhaft sein oder eine zugesicherte Eigenschaft fehlen (§ 651c Rn 2 ff).

4 **II. Erheblichkeit (Abs 1 S 1).** Der Fehler oder das Fehlen der zugesicherten Eigenschaft müssen die Reise objektiv erheblich beeinträchtigen. Insoweit ist **wie bei § 651d** (dort Rn 7) eine Gesamtwürdigung anzustellen. Auch vielzählige kleinere Mängel können insgesamt erheblich sein. Teils wird durch Quantifizierung ein Minderungsprozentsatz bezüglich des mangelbehafteten Teils angesetzt, von dem ab eine erhebliche Beeinträchtigung der Reise vorliegt (ab 20%: LG Frankfurt NJW-RR 93, 61; RRa 00, 190; AG Essen RRa 97, 104; ab 25%: LG Duisburg RRa 08, 119; ab 50% [Vergleich zu § 651f II]: LG Hannover NJW-RR 98, 194; 92, 50; 86, 213; Stuttg RRa 94, 28; ab 33%: MüKo/*Tonner* Rz 10; im Einzelfall Kobl RRa 02, 215).

5 Vorzugswürdig ist statt starrer Prozentsätze eine am Reisezweck und -charakter orientierte Gesamtwürdigung aller Umstände des Einzelfalls (BGH NJW 09, 287, 288; Ddorf NJW-RR 86, 1175; Frankf NJW-RR 05, 132; Köln NJW-RR 89, 565). Maßgebend ist, ob dem Reisenden die Fortsetzung der Reise angesichts der Art, Schwere und Dauer der Reisemängel zumutbar ist. Für die Beurteilung sind neben Mängeln auch bloße Unannehmlichkeiten zu berücksichtigen (Frankf aaO). Bei einer **Quote ab 50%** dürfte **immer** Unzumutbarkeit vorliegen (vgl Celle NJW-RR 05, 425). Eine unberechtigte Selbstabhilfe kann eine Minderung darstellen.

6 Bsp für erhebliche Beeinträchtigungen sind, dass vor Reiseantritt ohne wichtigen Grund der Abflug- oder Ankunftsort (LG Kleve RRa 97, 228; zur Abflugverzögerung s.a. LG Aachen MDR 89, 817; LG Frankfurt NJW-RR 97, 820) oder die zugesicherte Fluggesellschaft (LG Köln NJW-RR 00, 786) oder -klasse (Ddorf NJW-RR 08, 785: Economy statt First Comfort Class) gewechselt wird, ein Schiff wegen ausgefallenen Bustransfers (AG Frankfurt RRa 95, 73) nicht erreicht wird oder dieses untergeht (Frankf RRa 96, 84), im Winter in einem Skigebiet die im Prospekt beschriebene Liftanlage außer Betrieb ist (AG Münster RRa 04, 186), der Reisende auf eine Tierplage allergisch reagiert (Ddorf NJW-RR 92, 245), ständiger Baulärm den Erholungszweck der Reise vereitelt (LG Düsseldorf NJW-RR 02, 269; LG Stuttgart NJW- RR 86, 349), die Unterbringung statt wie zugesagt nicht in einem FKK-Hotel erfolgt oder umgekehrt (Frankf 16 U 143/02), in die Unterkunft Wasser einbricht (Ddorf NJW-RR 95, 314; AG Bad Homburg NJW-RR 97, 818; Köln NJW-RR 07, 62) oder sie baulich nicht fertig gestellt ist (Ddorf NJW-RR 98, 53), das Gepäck noch am 4. Tag nicht zur Verfügung steht (LG Hannover NJW 85, 2903), bei einer Studienreise die Lehrkraft kocht und sich mit Kleinkindern und Hunden beschäftigt (LG Frankfurt NJW-RR 90, 1210).

7 **Nicht** ausreichend sind kurze (zw BGH NJW 08, 287, 288: Versäumnis zweier Tage bei 14-tägiger Rundreise) und marginale Beeinträchtigungen wie dass die Nachtruhe kurz gestört ist oder Fahrstühle gelegentlich ausfallen; s.a. § 651c Rn 4 f, 18.

8 **III. Unzumutbarkeit (Abs 1 S 2).** Insoweit kommt es nicht darauf an, ob der Mangel erheblich ist, sondern nur, ob in der konkreten Situation subjektiv gerade dem betreffenden Reisenden aufgrund verständiger Erwägungen aus für den Veranstalter erkennbaren, in der Person des Reisenden liegenden Gründen (zB Behinderung; notwendige Diät) eine Fortsetzung objektiv nicht zumutbar ist (BGH NJW 09, 287, 289).

9 **IV. Fruchtlose Fristsetzung (Abs 2 S 1).** Grds muss vor Kündigung die angemessene Abhilfefrist (§ 651c II) fruchtlos abgelaufen sein (Hinweispflicht: § 6 II Nr 7 BGB-InfoV). Umso gravierender der Mangel ist, desto kürzer kann die Frist sein. Eine Kündigungsandrohung ist nicht erforderlich. Wie bei § 651c (s. dort Rn 21) kann es entbehrlich sein, vor Kündigung eine Frist zu setzen (II 2) und Abhilfe zu verlangen (insoweit aA AnwK/*Niehuus* Rz 22), zB wenn Abhilfe objektiv nicht möglich oder die Reiseleitung unerreichbar ist (LG Frankfurt NJW-RR 96, 888). Zusätzliche förmliche Kündigungsvoraussetzungen als nach I, II 1 können nicht vereinbart werden (§ 651m).

10 Ein **besonderes Interesse** des Reisenden an der sofortigen Kündigung (**II 2**) liegt vor, wenn das Vertrauen des Reisenden auf eine ordnungsgemäße Abhilfe ernstlich erschüttert ist, zB aufgrund der Reaktion (zB Verweigerung der Abhilfe oder Angebot einer unzumutbaren Abhilfemaßnahme) des Veranstalters (Köln NJW-RR 05, 703), weil so zahlreiche Mängel vorhanden sind, dass es aussichtslos erscheint, sie vor Urlaubsende zu beseitigen (Frankf NJW-RR 05, 132; AG Bielefeld RRa 95, 152; AG Flensburg RRa 99, 48; LG Frankfurt RRa 00, 52), oder weil Mitreisende schwer verletzt wurden (LG Frankfurt NJW 91, 498).

11 **V. Kündigungserklärung.** Adressat ist der Veranstalter oder die von ihm benannte Stelle. Ist eine Kündigung möglich, ist idR sie und nicht Rücktritt vom Reisenden gewollt, wenn er erklärt, die Reise beenden zu wollen. Ansonsten ist sie nicht in eine Rücktrittserklärung umdeutbar, wenn sich die jeweiligen Rechtsfolgen gravierend unterscheiden (LG Leipzig NJW-RR 05, 995). Die Kündigung kann auch konkludent, zB durch Abreise aus der Ersatzunterkunft (LG Frankfurt RRA 08, 22, 23; AG Hannover RRa 05, 170; s.a. Ddorf NJW-RR 98, 53) oder durch Verlangen nach bzw Ankündigung eines Rückflugs (Frankf NJW-RR 05, 132; LG Frankfurt NJW-RR 86, 55) erklärt werden. Nach Treu und Glauben ist die Kündigung, ist sie gewollt, alsbald nach Fristablauf zu erklären (Ddorf NJW-RR 98, 52). Dass der Veranstalter danach Abhilfe anbietet, steht ihrer Wirksamkeit nicht entgegen (Köln NJW-RR 95, 314).

12 **C. Folge. I.** Der **Reisevertrag** wandelt sich bei wirksamer Kündigung in ein Rückgewährschuldverhältnis (Frankf NJW-RR 05, 132). Der Reisepreis kann nicht mehr verlangt werden (**III 1**). Ist er bereits entrichtet, besteht ein vertraglicher Rückzahlungsanspruch entspr § 638 IV iVm §§ 346 f; BGH NJW 83, 33).

II. Vergütung und Entschädigungsanspruch (Abs 3 S 2). Er geht wegen Leistungen, die der Veranstalter 13
dem Reisenden mangelfrei erbracht hat, auf einen Prozentsatz des vereinbarten Reisepreis. Die Berechnung
richtet sich nach § 638 III; ggf hilft Schätzung nach § 287 ZPO. Der Veranstalter kann für den nach Reisetagen
bemessenen Teil des Gesamtpreises (grds inklusiv Transportkosten; aA LG Frankfurt RRa 01, 76) Vergütung
verlangen, den er tatsächlich erbracht hat bzw zur Beendigung (zB Rückflug) noch erbringen wird abzgl des
auf diesen Teil entfallenden Minderungsbetrags (vgl LG Düsseldorf RRa 05, 165; AnwK/*Niehuus* Rz 30).
Es **entfällt** der Anspruch, wenn die erbrachte Reiseleistung infolge der Aufhebung des Vertrags für den Rei- 14
senden kein Interesse hat (**III 3**). Ob das der Fall ist hängt im Einzelfall vom vereinbarten Urlaubszweck und
der Dauer und Schwere der Beeinträchtigung ab (Frankf NJW-RR 05, 132). ZB ist die bloße Flugreise wertlos, wenn wegen Kündigung der Aufenthalt nur kurz ist (LG Frankfurt NJW-RR 03, 640; 89, 312), ggf bei
mangelhafter Unterkunft (Ddorf NJW-RR 86, 1175) oder fehlendem Gepäck in einem sehr exklusiven Hotel
(LG Hannover NJW 85, 2903).

III. Rücktransport (Abs 4). Diese unverzüglich zu erfüllende Pflicht ist nur beispielhaft. Erfasst sind auch 15
Organisation und Kosten einer erforderlichen (ggf teureren; IV 2) Einzelrückreise, auch ein Linienflug, wenn
die Beförderung zu den geschuldeten Leistungen gehörte. Der Veranstalter hat auch zB Kosten für Verpflegung und Unterbringung bis zur Rückreise zu übernehmen. Pflichtverletzungen können einen Anspruch
nach § 651f begründen. Der Reisende, der in Vorlage tritt, hat einen Erstattungsanspruch nach §§ 683, 670
oder § 651c III.

D. Prozessuales. Der Reisende hat die jeweiligen Voraussetzungen des § 651e (Mangel, Erheblichkeit, Unzu- 16
mutbarkeit, Fristsetzung, Kündigungserklärung) zu beweisen bis auf die Höhe der Entschädigung nach III 2,
die der Veranstalters ebenso wie eine zumutbare Ersatzleistung zu beweisen hat (str).

§ 651f Schadensersatz.
(1) Der Reisende kann unbeschadet der Minderung oder der Kündigung
Schadensersatz wegen Nichterfüllung verlangen, es sei denn, der Mangel der Reise beruht auf einem
Umstand, den der Reiseveranstalter nicht zu vertreten hat.
(2) Wird die Reise vereitelt oder erheblich beeinträchtigt, so kann der Reisende auch wegen nutzlos aufgewendeter Urlaubszeit eine angemessene Entschädigung in Geld verlangen.

A. Zweck. Neben dem Recht zu mindern oder kündigen steht der verschuldensabhängige vertragliche Scha- 1
densersatzanspruch (**I**), der auf Ersatz des Nichterfüllungs- und Mangelfolgeschadens geht. Für vertane
Urlaubszeit entschädigt ein immaterielles Ausgleich für die entgangene Urlaubsfreude daneben **II**. I (nicht: II)
ist im Anwendungsbereich des **Art 29 MÜ** (§ 651a Rn 41) ausgeschlossen. Außerhalb einer Reise (§ 651a
Rn 3 f) gilt § 651f II nicht (BGH NJW 81, 1833). **Fristen:** § 651g. **Begrenzung:** Ggf § 651h.

B. Schadensersatz. I. Voraussetzungen. Es muss ein **Reisemangel** (§ 651c Rn 2 ff) vorliegen (BGH NJW 85, 2
132), wozu auch teilw oder vollständige Unmöglichkeit führen (§ 651c Rn 25).
Dadurch muss ein **Schaden** entstanden sein. Art und Umfang des Ersatzes richten sich nach §§ 249 ff. Auch 3
im adäquaten Zusammenhang mit der Mängelbeseitigung erlittene Köper-, Sach- oder reine Vermögensschäden (*Tonner* Rz 6) und über § 253 II immaterielle Begleit- oder Folgeschäden sind erfasst (vgl BGH NJW 05,
1047; 87, 1931; 86, 1748). Auch erforderliche Rechtanwaltskosten sind idR erstattungspflichtig (vgl LG Berlin
NJW-RR 05, 361), ggf als Verzugsschaden. Deliktische Ansprüche bleiben daneben möglich und sind insb in
Fällen der §§ 843, 844 sowie nach Ablauf der Anmeldefrist (§ 651g) relevant. Neben dem vertraglichen
Anspruch können so zB bei der Verletzung von Verkehrssicherungspflichten entstehen (§ 651a Rn 17). Das
allg Leistungsstörungsrecht (§§ 280 ff, 323 ff) ist weitgehend ausgeschlossen (BGH NJW 87, 1931) und
nur anwendbar bei Pflichtverletzungen, die keinen Mangel begründen (§ 651c Rn 25). Insoweit können auch
§§ 241 II, 311 II, III greifen, wenn der Veranstalter eine Nebenpflicht ggü dem Reisenden verletzt.
Der Reisende hat wie bei §§ 651d II, 651e II (mit den entspr Ausnahmen) den Mangel alsbald **anzuzeigen** 4
(BGH NJW 85, 132; Ddorf NJW-RR 89, 735).
Verschulden (§ 276) des Veranstalters ist erforderlich. Es wird nach **I 2** vermutet (BGH NJW 05, 1047). 5
Exkulpation ist möglich (§ 280 Rn 19, 24–26), zB weil der Schaden auf einem Verschulden des Reisenden
oder unvorhersehbaren und unabwendbaren Versäumnissen eines Dritten oder auf höherer Gewalt beruht.
Ggf ist ihm das Verhalten seiner Erfüllungsgehilfen (§ 278; zB idR das Reisebüro) einschließlich der seiner
Leistungsträger zuzurechnen (BGH NJW 07, 2549, 2550: stichprobenartige Überprüfung von Animateuren;
s.a. Karlsr MDR 04, 35; zu Busunternehmen Ddorf NJW-RR 00, 787; zu Schwimmanlagen Köln RRa 09,
133, 135).

II. Folge. Es ist der mangelbedingte Nichterfüllungsschaden, das positive Interesse, zu ersetzen. Insoweit der 6
mangelbedingte Minderwert schon durch Minderung geltend gemacht ist, ist er bei der Schadenshöhe nicht
noch einmal zu berücksichtigen. Erfasst sind bei § 651f auch Mangelfolge- und Begleitschäden wie Körperschäden (zB Behandlungskosten), Aufwendungen für eine nutzlose Anreise, Kommunikationskosten oder
Mehrkosten einer angemessenen Ersatzreise (LG Darmstadt RRa 02, 121 m Hinw auf die Schadensminde-

rungspflicht des Reisenden; s.a. Karlsr MDR 04, 35: § 254 bei Verletzung aufgrund erkennbar gefährlicher Animation). Auch **Schmerzensgeld** ist ggf zu zahlen (§ 253 II; vgl AG Bad Homburg RRa 04, 111).

7 **C. Ersatz für Urlaubszeit (Abs 2). I. Voraussetzung.** Die Reise muss durch den Mangel vereitelt oder erheblich beeinträchtigt worden sein (BGH NJW 05, 1047).

8 **Vereitelt** wurde die Reise, wenn sie nicht angetreten werden konnte (LG Düsseldorf RRa 03, 163), zB aufgrund Überbuchung, oder sogleich zu Anfang abgebrochen werden musste, zB weil der Reisende nicht im vereinbarten oder einem genehmigungsfähigen Hotel untergebracht wurde (BGH NJW 05, 1047; 83, 35; Ddorf NJW-RR 94, 950; LG München I NJW-RR 02, 268: bei unzureichender Ersatzunterkunft; aA LG Duisburg RRa 04, 165: nach einvernehmlicher Kündigung des Reisevertrags), oder wenn sie mit so erheblichen Mängeln behaftet ist, dass sie dem Reisenden nicht nützt.

9 Die Reise ist **erheblich beeinträchtigt**, wenn sie oder ein Teil (Köln NJW-RR 08, 1588, 1590) unter Berücksichtigung ihres Zwecks und ihrer Art aufgrund der Art und Schwere des Mangels als ganz oder teilw vertan erscheint (vgl § 651e Rn 5 f). Ab einer **Minderungsquote von 50%** ist das idR zu bejahen (Ddorf NJW-RR 03, 59; Frankf NJW-RR 03, 1139; 95, 1462; RRa 03, 255; Köln aaO). Wegen Art 5 der RL 90/314/EWG (§ 651a Rn 1; vgl EuGH NJW 02, 1255) sind auch darunter liegende Beeinträchtigungen erheblich, wenn sie eine gewisse Bedeutung erlangen und nicht bereits mit der Minderung hinreichend abgegolten sind (LG Düsseldorf v 23.5.07 – 4 O 526/05; aA LG Frankfurt RRa 07, 69, 73; einschr Köln aaO). Relevant ist idR nur die Zeit, in der die Beeinträchtigung besteht. Nach hM wird der Erholungswert der vorausgegangenen mangelfreien Reise nicht durch einen späteren Mangel genommen (LG Frankfurt NJW-RR 93, 1330; LG Düsseldorf NJW-RR 01, 50; zu Recht aA Ddorf NJW-RR 90, 187 [Salmonellenvergiftung]; s. § 651d Rn 6).

10 Damit sind alle Anspruchsvoraussetzungen erfüllt. Einer Kündigung (§ 651e I) bzw das Vorliegen ihrer Voraussetzungen bedarf es nicht. Es kommt nicht darauf an, ob die Reise, falls der Reisende ein Ersatzangebot angenommen hätte, infolge dessen Unterschied zum ursprünglich gebuchten Urlaubsort erheblich beeinträchtigt gewesen wäre (BGH NJW 05, 1047). Auch hängt der Anspruch nach II nicht davon ab, wie der Reisende die für die Reise vorgesehene Zeitspanne tatsächlich verbracht hat, ob sie für ihn also nutzlos oder er krank war oder er in ihr gearbeitet oder eine Reise eines anderen Veranstalters unternommen hat. Diese Umstände sind weder bei der Schadensberechnung einzusetzen noch findet insoweit eine Vorteilsanrechnung statt (iE *Führich* MDR 09, 906 ff). Mit der Vereitelung der Reise steht der haftungsausfüllende Tatbestand der vertanen Urlaubszeit fest (BGH aaO). Den immateriellen Entschädigungsanspruch (EuGH NJW 02, 1255) können auch Hausfrauen (BGH NJW 83, 35), Schüler (BGH NJW 83, 218), Studenten und Rentner haben (Begr RegE BTDrs 8/786, 30; BGH NJW 05, 1047). Für Kleinkinder soll es darauf ankommen, ob für sie ein erhöhter Reisepreis zu zahlen war (LG Bremen NJW-RR 05, 282; BaRoth/*Geib* Rz 17).

11 Da bei Gruppenreisen idR Mitreisende in den Reisevertrag einbezogen sind und dieser Schutzwirkung entfaltet, haben auch sie den Entschädigungsanspruch. Im Einzelfall, insb in Bagatellefällen, kann von der Zuerkennung einer Entschädigung abzusehen sein (BGH NJW 05, 1047; 92, 1043).

12 **II. Höhe.** Sie ist einzelfallabhängig und hat in einer angemessenen Beziehung zum Umfang der Beeinträchtigung und zum Reisepreis, der zeigt, wie viel Geld der mit der geplanten Reise verbundene immaterielle Gewinn dem Reisenden wert war (BGH NJW 05, 1047: zu Pauschalreisen; LG Frankfurt RRa 07, 69, 73), zu stehen. Auf sein Nettoeinkommen kommt es nicht an. Es gilt kein starrer Maßstab. So kann bei einer vereitelten Reise die Hälfte des Preises zu bemessen sein. Bei durchgeführter, aber so erheblich beeinträchtigter Reise, dass ein zusätzlicher Ausgleich gefordert ist, kann für jeden gänzlich vertanen Urlaubstag die zeitanteilige Quote des vollen Reisepreises anzusetzen sein (München RRa 02, 57; *Führich* Rz 423; *Tonner* Rz 55: Preis/Dauer*vertane Tage*Minderungsquote). Der Reisende kann dann den Preis zurückverlangen (§§ 326 I 1, 812) und den gleichen Betrag als Entschädigung nach II fordern (erwägend BGH aaO). Im Ergebnis kommt man idR zu ähnlichen Ergebnissen, wird die Entschädigung nach den Umständen des Einzelfalls, dh neben der (primär maßgeblichen) Höhe des Reisepreises zB nach der Schwere der Beeinträchtigung, den Kosten einer Ersatzreise und der Schwere des Verschuldens des Veranstalters bemessen (vgl Frankf RRa 03, 68; 255).

13 Starre, vom Reisepreis unabhängig bestimmte Tagessätze, an die angelehnt wie bei der Minderung ein Teil oder das Ganze als Entschädigung geschätzt wird (so aus der älteren Rspr LG Frankfurt NJW-RR 03, 640; Ddorf NJW 03, 59: 72 € pro vertanem Reisetag; LG Düsseldorf RRa 06, 70; differenzierend LG Hannover, NJW-RR 00, 1162; 89, 633), können den Kriterien im Ergebnis genügen. Der BGH ließ das offen.

14 **Nicht** mindert der Resterholungswert eines zu Hause verbrachten Urlaubs den Anspruch, denn die zu Hause genossene Freizeit ist nicht Gegenstand der geschuldeten Leistung (BGH NJW 05, 1047).

15 **D. Prozessuales.** Der Reisende hat den Gewährleistungsfall sowie die Anzeige zu beweisen (BaumgLP/*Eyinck* Rz 2). Der Veranstalter hat die Darlegungs- und Beweislast dafür, dass sämtliche ernstlich in Betracht kommenden Verschuldenstatbestände auf seiner Seite, also weder bei ihm noch den von ihm eingesetzten *Leistungsträger noch dessen Erfüllungsgehilfen* (BGH NJW 87, 1938), nicht vorlagen. Für seinen Entlastungsbeweis gelten keine strengeren Voraussetzungen als für den Nachweis fehlenden Verschuldens nach § 276 (BGH NJW 05, 418). Für II hat der Reisende die Vereitelung bzw bei durchgeführter Reise die erhebliche Beeinträchtigung und den Schaden zu beweisen und darzulegen, dass kein Resterholungswert vorhanden war.

Entgegen der Rspr (Frankf OLGR 01, 141; LG Duisburg RRa 06, 70) sollte eine Kostenpauschale für Kommunikationskosten etc in geringer Höhe anerkannt werden. Der Kläger kann ggf unbeziffertem Klageantrag stellen (LG Hannover NJW-RR 89, 633; str; s. § 651a Rn 38).

§ 651g Ausschlussfrist, Verjährung.

(1) ¹Ansprüche nach den §§ 651c bis 651f hat der Reisende innerhalb eines Monats nach der vertraglich vorgesehenen Beendigung der Reise gegenüber dem Reiseveranstalter geltend zu machen. ²§ 174 ist nicht anzuwenden. ³Nach Ablauf der Frist kann der Reisende Ansprüche nur geltend machen, wenn er ohne Verschulden an der Einhaltung der Frist verhindert worden ist.

(2) ¹Ansprüche des Reisenden nach den §§ 651c bis 651f verjähren in zwei Jahren. ²Die Verjährung beginnt mit dem Tage, an dem die Reise dem Vertrag nach enden sollte.

A. Zweck. Die Obliegenheit nach I, innerhalb der nur einmonatigen Frist Ansprüche nach §§ 651c–651f geltend zu machen, soll dem Veranstalter kurzfristig Klarheit verschaffen, ob der Reisende (oder Dritte aus übergegangenem Recht: BGH, NJW 09, 2811, 2812 f) ihn wegen dieser Ansprüche in Anspruch nehmen will, und ggf die Möglichkeit erhalten, zeitnah über behauptete Mängel etc eigene Nachforschungen anzustellen und ggf Beweise zu sichern, um eigene Ansprüche und Regressansprüche ggü Leistungsträgern geltend zu machen (vgl BGH NJW aaO). Für die Verjährung gilt II, wobei in Grenzen abw Vereinbarungen möglich sind (§ 651m). **Hinweispflicht:** § 6 II Nr 7, 8 BGB-InfoV.

B. Ausschlussfrist. I. Erfasste Ansprüche sind die ausdrücklich genannten, also alle aus §§ 651c–f. Entspr gilt § 651g auch für Ansprüche aus § 651j (AG Stuttgart RRa 95, 227), **nicht** aber aus § 651i (AG Hamburg RRa 00, 186). **Nicht** erfasst sind ferner Ansprüche aus §§ 280, 311 II, III, §§ 280, 241, §§ 812 ff (vgl AG Kleve RRa 01, 11) und §§ 812, §§ 823 ff (BGH NJW 04, 3777; 2965; 1324; 88, 1380).

Eine AGB-Klausel, nach der die Geltendmachung aller Ansprüche, auch solcher aus unerlaubter Handlung, nach Fristablauf ausgeschlossen ist, verstößt gegen § 307 I (BGH NJW 04, 3777; 2965). Bzgl Personenschäden ist sie auch wegen § 309 Nr 7a unwirksam (BGH NJW 09, 1486, 1487; zum unwirksamen Ausschluss vertraglicher Ansprüche s. Frankf RRa 09, 68, 69). Zulässig dürfte sein, andere Ansprüche aus §§ 823 ff insoweit auszuschließen, als dass das durch § 823 geschützte Integritätsinteresse mit dem durch die reisevertraglichen Gewährleistungsansprüche geschützten Äquivalenzinteresse deckungsgleich ist (vgl Frankf NJW-RR 03, 348 [offen gelassen in BGH NJW 04, 2965]; *Führich* Rz 441; abl MüKo/*Tonner* Rz 4 f).

II. Frist. Die Einhaltung der Frist durch den Anspruchsinhaber selbst (vgl. BGH NJW 09, 2811, 2812: bei Abtretung nicht durch den Reisenden, sondern durch den Zessionar [zB bei § 116 I 1 SGB X]) ist **vAw** zu beachten. Sie beträgt 1 Monat (beachte § 651m) und **beginnt** mit der vertraglich vorgesehenen Beendigung der Reise; ggf hilft I 3 (BGH NJW 04, 3178). Auch vor Beendigung der Reise können Ansprüche geltend gemacht werden (BGH NJW 88, 488). Die tatsächliche Dauer der Reise ist nur maßgeblich, wenn sie später als vereinbart endet, nicht, wenn sie vorzeitig abgebrochen oder gar nicht angetreten wird (*Führich* Rz 444; aA LG Frankfurt NJW-RR 94, 376: keine Ausschlussfrist bei Nichtantritt; MüKo/*Tonner* Rz 7). Gem §§ 187 I, 188 II Alt 1 zählt der letzte Reisetag nicht mit (aA AG Hamburg RRa 99, 141). Der Zugang (§ 130; s. aber LG Düsseldorf NJW-RR 01, 347; AG Hannover RRa 06, 118: § 130 gilt nicht) muss grds zur üblichen Geschäftszeit erfolgen (§ 358 HGB; LG Hamburg RRa 99, 141; s. aber AG Kleve RRa 01, 142).

Dass die Frist abgelaufen ist schadet nicht, wenn der Reisende unverschuldet (Maßstab: § 276) gehindert war, sie einzuhalten (**I 3**). Bsp sind schwere Krankheit (LG Köln NJW-RR 05, 944: zB bei Arbeitsunfähigkeit von 80%) oder unverschuldeter Verlust des rechtzeitig abgesandten Schreibens. Eine schuldhafte Versäumung scheidet aus, wenn der Reisende die Frist nicht kannte und nicht kennen musste. Diesbezüglich besteht eine widerlegliche Vermutung zu seinen Gunsten, wenn er vom Veranstalter trotz § 6 II Nr 6-8 BGB-InfoV nicht oder falsch auf die Frist hingewiesen worden ist. Die Vermutung gilt nicht für einen Zessionar (BGH NJW 09, 2811, 2813). An den Entschuldigungsbeweis sind keine zu hohen Anforderungen zu stellen (*Führich* RRa 09, 25 f). Bzgl Fahrlässigkeit kommt es darauf an, ob der Reisende die Versäumung der Frist voraussehen konnte (BGH NJW 07, 2459, 2552). Vorhersehbarkeit setzt auch Kenntnis oder Erkennbarkeit des Schadensersatzanspruchs voraus; Unkenntnis zB des anspruchbegründenden Schadens bei Spätschäden ist ein Entschuldigungsgrund (BGH aaO, 2553). Der Reisende hat die Anspruchsanmeldung unverzüglich iSv § 121 I 1 nachzuholen, wenn zuvor ein Hinweis auf die Ausschlussfrist erfolgte oder er von ihr auf andere Weise Kenntnis erhielt (BGH aaO, 2552). Eine Verweisung auf die im vom Veranstalter hrsgg und dem Reisenden zur Verfügung gestellten Prospekt (vgl § 6 IV BGB-InfoV) enthaltenen AGB zB in der Reisebestätigung warnt nicht hinreichend vor der Ausschlussfrist (BGH aaO, 2551).

III. Geltendmachung. Sie ist eine geschäftsähnl Handlung. Sie erfolgt primär ggü dem Veranstalter entspr der Angabe nach § 6 II Nr 8 BGB-InfoV (dazu Frankf RRa 09, 75). Einige sehen in dieser Angabe eine wirksame Beschränkung der Empfangszuständigkeit. Geltendmachung sollte aber auch bei den Agenturen bzw Vertretern gestattet sein (vgl *Tonner* Rz 8; aA *Führich* Rz 447). Ggü dem Reisebüro (vgl BGH NJW 88, 488; 82, 377) ist sie wenigstens zulässig, wenn es Empfangsvertreter ist (§ 91 II 1 HGB; einschr *Führich* Rz 447) oder sich nicht durch die Zwischenschaltung der Zugang über die Frist hinaus verzögert (BGH NJW 05, 1420; s. aber AG Hannover RRa 05, 129; 41). Entspr ist Geltendmachung bei der örtlichen Reiseleitung möglich, wenn der Reisende darauf vertrauen darf, dass eine Anspruchsanmeldung an den Veranstalter weitergeleitet wird (BGH NJW 04, 3777: bei Meldung einer erheblichen Gesundheitsverletzung; aA Frankf RRa 03, 20; 08, 228, 229: Reiseleiter sei weder Vertreter noch Empfangsbote).

7 Ist deutlich, dass der Reisende Ansprüche geltend macht (Rn 8), kann deren Anmeldung iSv I auch mit einer Mängelanzeige iSv § 651d II zusammenfallen (BGH NJW 88, 488). Sie kann auch unmittelbar durch Klage erfolgen (aA AG Bad Homburg RRa 95, 49; *Führich* Rz 450), doch sind bei sofortigem Anerkenntnis die Kosten zu tragen (§ 93 ZPO). Auch gilt § 167 ZPO nicht, da andere Möglichkeiten der Geltendmachung bestehen (AG Düsseldorf NJW 86, 593). Handelt für den Reisenden ein Bevollmächtigter, muss er nicht eine Vollmachtsurkunde iSd § 174 vorlegen (**I 2**). Ein Dritter, auf den der Anspruch übergegangen ist, muss ihn selbst fristgerecht geltend machen (Celle RRa 06, 212). Einer **Form** bedarf es nicht. Abweichende Klauseln sind unwirksam (§ 651m; BGH NJW 84, 1752).

8 **Inhaltlich** muss der Veranstalter aus der Anmeldung erkennen können, dass der Reisende eindeutig und vorbehaltlos Ansprüche nach §§ 651c ff (Rn 2) ggü ihm durchsetzen will (BGH NJW 01, 289) und welche konkreten Mängel er behauptet (Frankf RRa 98, 219; *Rodegra* MDR 09, 782 ff). Das gilt auch, wenn die Mängel dem Veranstalter an sich bekannt sind. Es reicht aus, dass der Reisende erklärt, dass er den Vorfall nicht auf sich beruhen lassen will (s. Hamm v 23.06.09 – 9 U 169/08: Widerruf der Bankeinzugsermächtigung) und dabei die Mängel nach Ort, Zeit, Geschehensablauf und Schadensfolgen so konkret beschreibt, dass der Veranstalter die zur Aufklärung des Sachverhalts gebotenen Maßnahmen zur Wahrung seiner Interessen ergreifen kann (BGH NJW 05, 1420; vgl BGH NJW 04, 3777: angezeigte erhebliche Gesundheitsverletzung). Im Einzelfall kann eine konkrete stichwortartige Tatsachenangabe genügen (Bsp: durch Öl verschmutzter Strand), in anderen Fällen genauere Darlegung erforderlich sein (enger LG Frankfurt RRa 03, 116; Ddorf NJW 85, 146: Mängel sind iE zu beschreiben). Sind vor Ort ggü einem Vertreter des Veranstalters Mängel iE gerügt worden, genügt bei ihrer Anzeige Bezugnahme hierauf (BGH NJW 84, 1752; aA LG Frankfurt NJW-RR 01, 1497; LG Kleve NJW-RR 99, 486).

9 Eine bloße Rüge von Mängeln mit dem Ziel, deren Beseitigung oder eine andere Abhilfe zu erreichen, reicht aber ebenso nicht (BGH aaO) wie die Ankündigung einer ausführlichen Schilderung oder die bloße Bitte um Überprüfung und Klärung (AG Duisburg RRa 05, 68), wenn nicht deutlich wird, dass der Reisende seine Rechte wahrnehmen will und nicht nur unverbindlich anfragt oder seinem Ärger Ausdruck verleiht (hM). Bezifferung (aA AG Stuttgart RRa 94, 93) und rechtliche Einordnung (BGH NJW 05, 1420; aA AG Düsseldorf RRa 03, 166 für immaterielle Ansprüche, wenn nur materielle geltend gemacht wurden) sind nicht erforderlich. Es können aber weitergehende Ansprüche nicht mehr geltend gemacht werden, wenn dadurch, dass ein mit einem Vergleichsvorschlag übersandter Scheck eingelöst wurde, ein Vergleich zu Stande kam (Frankf RRa 09, 175; *Schmid/Hopperdietzel* NJW 09, 652 f; zu § 93 ZPO Celle NJW-RR 03, 200).

10 **C. Folge.** Der fristgemäß geltend gemachte Anspruch ist nicht ausgeschlossen, wohl aber bei der Geltendmachung nicht erwähnte Mängel (Frankf RRa 03, 255; AG Köln RRa 03, 268; LG Düsseldorf RRa 94, 102). Insoweit erlöschen Ansprüche, außer es gilt I 3 (Rn 5).

11 **D. Verjährung.** Die zweijährige Frist (II 1), in der die erfassten Ansprüche (Rn 2) verjähren, **beginnt** an dem Tag, an dem die Reise enden sollte (II 2). Der letzte Tag wird nicht mitgerechnet (§ 187 I). Entspr § 634a III gilt (nur) die Frist nach II, anders als die Ausschlussfrist (I), nicht, wenn der Veranstalter arglistig war; insoweit sind dann §§ 195, 199 anwendbar. Eine vertragliche Verkürzung auf 1 Jahr (LG Duisburg NJW-RR 07, 771: zu AGB) und nach Mitteilung eines Mangels noch weitergehend ist möglich (§ 651m 2).

12 Für die **Hemmung** gelten die allg Regeln, insb § 203 (s. dort). Sie endet also zB, wenn der Veranstalter nicht mehr antwortet (AG Baden-Baden RRa 05, 30: idR nach 2 Monaten).

13 **E. Prozessuales.** Der Reisende hat zu beweisen, dass er die Ausschlussfrist (I 1) eingehalten (Celle NJW-RR 04, 1647) bzw im Fall des I 3, dass er sie schuldlos versäumt und die Geltendmachung unverzüglich nachgeholt hat. Den Veranstalter trifft insoweit eine sekundäre Behauptungslast. Einen Zugang hat er ordnungsgemäß zu dokumentieren, zB durch Eingangsstempel. Auch die Voraussetzungen der Verjährung (II) und ggf das Ende einer Hemmung hat er zu beweisen, der Reisende aber die Voraussetzungen von Hemmung und Unterbrechung (BaumgLP/*Eyinck* Rz 4).

§ 651h Zulässige Haftungsbeschränkung.

(1) Der Reiseveranstalter kann durch Vereinbarung mit dem Reisenden seine Haftung für Schäden, die nicht Körperschäden sind, auf den dreifachen Reisepreis beschränken,
1. soweit ein Schaden des Reisenden weder vorsätzlich noch grob fahrlässig herbeigeführt wird, oder
2. soweit der Reiseveranstalter für einen dem Reisenden entstehenden Schaden allein wegen eines Verschuldens eines Leistungsträgers verantwortlich ist.

(2) Gelten für eine von einem Leistungsträger zu erbringende Reiseleistung internationale Übereinkommen oder auf solchen beruhende gesetzliche Vorschriften, nach denen ein Anspruch auf Schadensersatz

nur unter bestimmten Voraussetzungen oder Beschränkungen entsteht oder geltend gemacht werden kann oder unter bestimmten Voraussetzungen ausgeschlossen ist, so kann sich auch der Reiseveranstalter gegenüber dem Reisenden hierauf berufen.

A. Zweck. I ermöglicht dem Veranstalter, sein Risiko für Schäden, die keine Körperschäden sind und die höchstens fahrlässig herbeigeführt (I Nr 1) oder nur durch einen Leistungsträger (§ 651a Rn 27) verschuldet sind (I Nr 2), auf eine Höchstsumme zu begrenzen. II eröffnet ihm eine Einrede ggü dem Reisenden, wenn internationale Abkommen oder auf solchen beruhende Rechtsnormen die Haftung seines Leistungsträgers für Schadensersatz ihm ggü beschränken. 1

B. Abs 1. I. Allgemeines. Es bedarf einer Beschränkung durch **Vereinbarung**; idR werden AGB des Veranstalters einbezogen. Die Beschränkung darf der Höhe nach nicht auf weniger als den **dreifachen Reisepreis**, der sich einzeln pro Reisenden berechnet, gehen. Sie kann sich nur auf Sach- oder Vermögensschäden beziehen. Beschränkungen für **Körperschäden** sind unzulässig. 2

§ 651h gilt ferner nur für **vertragliche Schadensersatzansprüche**, also Ansprüche aus § 651f und aus allg Leistungsstörungsrecht (§§ 280, 241 II bzw 311 II, III). Andere Ansprüche (zB aufgrund Selbsthilfe gem § 651c III, Minderung gem § 651d, Kündigung gem § 651e III, IV) sind nicht erfasst (BGH NJW 87, 1931). Die im Vertragsrecht eingeräumte Gestaltungsbefugnis gilt nicht für konkurrierende deliktische Ansprüche (aA Staud/*Eckert* Rz 16 f; s.a. § 651g Rn 3). Denn die Folgen unerlaubter Handlungen können auch bei Sach- und Vermögensschäden erheblich über die üblichen Reisemangelschäden hinausgehen. Nur die weitergehende, nicht auf dem Reisevertrag beruhende Haftung rechtfertigt die Beschränkung der Vertragshaftung (vgl BGH NJW 88, 1380; 87, 1931: insb zu Personenschäden). 3

II. Nr. 1. Zulässig ist eine Begrenzung für Schäden aufgrund **einfacher Fahrlässigkeit**. Nur insoweit kann der Veranstalter seine und die Haftung seiner Erfüllungsgehilfen (§ 278; zB Angestellte, Reisebüro-Agenturen, idR auch örtlicher Reiseleiter, Animateur, Bergführer), die nicht Leistungsträger (§ 651a Rn 27) sind, begrenzen. Erfolgt die Vereinbarung durch AGB, müssen diese einer Inhaltskontrolle nach §§ 307 ff standhalten, doch ist, soweit sie § 651h entspr, § 309 Nr 7, 8, 9 nicht anwendbar (hM). Da solche AGB zu Lasten des Reisenden gehen, sind sie eng auszulegen. 4

III. Nr 2. Die Begrenzung nach Nr 2 gilt für jedes Verschulden, auch für Vorsatz oder grobe Fahrlässigkeit. Ihr Grund ist, dass der Veranstalter idR insb auf ausländische Leistungsträger schlecht einwirken kann, da diese oft selbstständige Unternehmer sind. Daher ist Nr 1 und nicht Nr 2 einschlägig, wenn der Leistungsträger im Einzelfall doch dem Veranstalter entspr wirtschaftlich oder organisatorisch verbunden ist (str). Nr 2 bezieht sich nur auf den Leistungsträger, nicht auf eine ggf zugleich bestehende Haftung des Veranstalters zB wegen Verletzung seiner Verkehrssicherungs- (§ 651a Rn 17) oder Überprüfungspflicht oder wegen Auswahl- oder Organisationsverschuldens. Ein Anspruch des Reisenden gegen den Leistungsträger bleibt unberührt. 5

C. Abs 2. Die gesetzlich eingeräumte Befugnis setzt voraus, dass der Reisende gegen den Veranstalter einen Schadensersatzanspruch hat, weil der Leistungsträger Reiseleistung, die dieser zu erbringen hat, nicht vertragsgemäß erbracht hat, und dass der Veranstalter dafür haftet (§ 278). II gilt nicht für eine eigene Haftung des Veranstalters nach § 276. Zudem muss die Haftung des Leistungsträgers ggü dem Veranstalter aufgrund internationaler Abkommen bzw gerade darauf beruhenden Rechtsnormen beschränkt oder (zT) ausgeschlossen sein. Dann soll der Veranstalter nicht schärfer haften als der den Schaden (auch: Körperschaden) verursachende Leistungsträger selbst. Nur vertraglich vereinbarte Haftungsbegrenzungen (zB auf Grund der IATA-Klauseln) oder behördlich genehmigte Bedingungen rechtfertigen diese Freistellung nicht. 6

Bsp für solche internationalen Abkommen sind das MÜ, an dass das LuftVG angepasst ist, und das COTIF (§ 651a Rn 41). Bsp für erfasste deutsche Normen sind die §§ 701–704 (vgl BGBl II 1966, 269) und bei Seereisen Rechte gem der Anlage zu § 664 HGB (*Führich* Rz 499; aA MüKo/*Tonner* Rz 38; s. § 651a Rn 43). Die Eisenbahnverkehrsverordnung (§ 17 EVO enthält gewisse Mindestrechte) gilt wie das Haftpflichtgesetz (HPflG) nur im innerdeutschen Bahnverkehr; der Veranstalter kann sich auf hier enthaltene Haftungsausschlüsse nicht berufen (MüKo/*Tonner* Rz 25, 27 ff; *Führich* Rz 497, 1121). 7

D. Prozessuales. Der Veranstalter muss die Voraussetzungen einer Beschränkung nach I beweisen, dh eine *zulässige Vereinbarung und für Nr 1, dass keine* grobe Fahrlässigkeit bzw Vorsatz vorlag. Für I Nr 2 hat er zu beweisen, dass (nur) ein Leistungsträger, der nicht sein Erfüllungsgehilfe ist, und er selbst nicht verantwortlich ist. Für II hat er zu beweisen, dass der Leistungsträger ihm ggü (zT) nicht wegen der Abkommen bzw Normen (Rn 7) haftet. Abweichende AGB sind gem § 309 Nr 12a unwirksam. 8

§ 651i Rücktritt vor Reisebeginn. (1) Vor Reisebeginn kann der Reisende jederzeit vom Vertrag zurücktreten.
(2) ¹Tritt der Reisende vom Vertrag zurück, so verliert der Reiseveranstalter den Anspruch auf den vereinbarten Reisepreis. ²Er kann jedoch eine angemessene Entschädigung verlangen. ³Die Höhe der Ent-

schädigung bestimmt sich nach dem Reisepreis unter Abzug des Wertes der vom Reiseveranstalter ersparten Aufwendungen sowie dessen, was er durch anderweitige Verwendung der Reiseleistungen erwerben kann.
(3) Im Vertrag kann für jede Reiseart unter Berücksichtigung der gewöhnlich ersparten Aufwendungen und des durch anderweitige Verwendung der Reiseleistungen gewöhnlich möglichen Erwerbs ein Vomhundertsatz des Reisepreises als Entschädigung festgesetzt werden.

1 **A. Zweck.** Vor Antritt der Reise kann (nur) der Reisende jederzeit ohne Angabe von Gründen formlos zurücktreten (**I**), zB weil er nach (ggf frühzeitiger) Buchung das Interesse verloren hat, krank oder beruflich unabkömmlich geworden ist. Er muss dann nicht den Reisepreis zahlen (**II 1**), §§ 326 II, 649 gelten insoweit nicht, aber den Veranstalter entschädigen (**II 2, 3, III**). Daher wird § 651i verdrängt, wenn die für den Reisenden günstigeren Rücktritts- bzw Kündigungsmöglichkeiten nach §§ 651a V 2, 651e, 651j, 651l IV 1 bestehen.

2 **B. Voraussetzungen.** Grds setzt der Rücktritt einen geschlossenen **Reisevertrag** voraus. Entspr sollte der Reisende auch die Buchung als bindendes Vertragsangebot widerrufen können (zur Internet-Buchung AG Hamburg-Harburg RRa 06, 80). Nicht erfasst sind öffentlich-rechtliche Verträge (OVG Münster NJW 88, 1872; VG Berlin NJW 00, 2040; VerwG Saarl 1 K 21/05: jeweils zur Klassenfahrt).

3 Die Rücktrittserklärung muss **vor Beginn** der Reise, dh bevor der Reisende die erste Reiseleistung wenigstens zT in Anspruch nimmt (LG München I RRa 02, 183), erklärt werden. Das ist zB der Fall für die Zeit der Fahrt zum Abflughafen (LG München I aaO), nicht aber nach Einchecken durch Gepäckaufgabe (Dresd NJW-RR 01, 1610) oder Antritt des Zubringerfluges (AG München RRa 03, 91). **Nach** Reisebeginn ist § 651i **nicht** anwendbar (LG Köln RRa 04, 130; MüKo/*Tonner* Rz 6), auch nicht entspr (aA RGRK/*Recken* Rz 2). Bei Reiseabbruch gilt dann § 649 entspr (hM).

4 Die erforderliche **Rücktrittserklärung** ggü dem Veranstalter (entspr § 349) oder einer empfangsberechtigten Person (idR: Reisebüro [§ 91 II 1 HGB]; MüKo/*Tonner* Rz 9; *Führich* Rz 514; aA *Teichmann* JZ 06, 504; s. § 651g Rn 6) erfolgt durch einseitige, formfrei mögliche (s. § 651m), empfangsbedürftige Willenserklärung. Sie wird mit Zugang wirksam (§ 130). Die Erklärung kann konkludent erfolgen, zB durch ein Verhalten, das zeigt, dass der Reisende die Reise nicht mehr durchführen will, zB indem er nicht zum Antritt erscheint (hM). Dieses gilt aus Sicht des Veranstalters auch, wenn der Reisende im Einzelfall keinen Rücktrittswillen hat, sich zB verspätet und keine andere Nachricht gibt. Umbuchungswünsche sind keine Rücktrittserklärung (vgl BGH NJW 92, 3158: zur unwirksamen Fiktion eines Rücktritts verbunden mit einer Neubuchung), sondern ein Angebot auf Änderung des Vertrags. Die Annahme kann von einem angemessenen Entgelt (s. § 308 Nr 5b, Nr 7b) abhängig gemacht werden.

5 **C. Wirkungen. I.** Der Reisende muss **nicht** den **Reisepreis** zahlen (**II 1**) und kann die Reise nicht mehr verlangen. Hat er bereits geleistet, kann er den Preis entspr §§ 346 ff zurückverlangen bzw rechnet der Veranstalter mit seinem Entschädigungsanspruch auf, nur den diesen Anspruch übersteigenden Betrag.

6 **II. Entschädigung (Abs 2, 3).** Die Berechnung geht vom Reisepreis (einschl Gewinn) aus und kann konkret (**II 3**) oder wahlweise (BGH NJW-RR 90, 114; str) aufgrund einer Pauschalierung erfolgen (**III**). Ersparte Aufwendungen sind jeweils abzuziehen. Tritt der Reisende erst kurz vor Reisebeginn zurück, wird der Veranstalter idR nur wenig dadurch sparen, dass er die Reiseleistung nicht erbringt. Relevant kann zB sein, dass Transfer-, Unterkunfts- oder Verpflegungskosten erspart oder für andere Reisende verwandt werden konnten (zB Ersatzkunde bei ansonsten ausgebuchter Reise). Die Bewertung ist ggf zu schätzen, § 287 ZPO (LG Frankfurt NJW 91, 498). Ist wie üblich eine prozentuale Pauschale vereinbart (III), hat sie die Art der Reise, die Saison, in der die Reise stattfinden sollte, und wie kurzfristig der Rücktritt erfolgte zu berücksichtigen. Taugliche Grundlage ist zB die Vorjahresstatistik. In der Pauschale dürfen Aufwendungen nicht nochmals einzeln berechnet werden (München NJW-RR 87, 493) und müssen ersparte Aufwendungen und anderweitige mögliche Verwendungen berücksichtigt sein, und zwar alle Ermäßigungen und Nachlässe, die dem Veranstalter eingeräumt werden, zB Gutschriften für nicht geleisteten Transfer, entfallene Unterkunft oder Verpflegung. Eine unangemessene Pauschale (idR: 100%) ist unwirksam; dann gilt II 3 (§ 306 II), wobei es in Betracht kommt, die Entschädigung gem § 287 ZPO zu schätzen (vgl Celle RRa 95, 52), aber nicht anhand branchenüblicher Pauschalen (LG Düsseldorf NJW 03, 3062; AG Bad Homburg RRa 03, 119). Maßstab für Pauschalen in AGB sind neben III §§ 307, 308 Nr 5, 7 und 309 Nr 5 (BGH NJW 85, 633). Der Nachweis keines (dazu AG München NJW-RR 08, 140, 141) oder eines niedrigeren Schadens muss möglich bleiben (BGH NJW 92, 3163).

7 **D. Hinweispflicht.** Der Veranstalter (idR nicht das Reisebüro, § 651a Rn 15, 20) hat auf eine Reiserücktrittskostenversicherung hinzuweisen (§ 6 II Nr 9 BGB-InfoV; vgl *Führich* Rz 790). Ansonsten ist er ggf schadensersatzpflichtig (§§ 280 I, 241 II). Der Abbruch einer angetretenen Reise ist kein Rücktritt. Entfällt eine Entschädigung wegen anderweitiger Verwendungsmöglichkeit, besteht kein Anspruch gegen den Versicherer (München NVersZ 02, 463).

E. Prozessuales. Der Reisende muss beweisen, ob und ggf wann er den Rücktritt erklärt hat und, ist die Entschädigung pauschaliert, insoweit tatsächlich ein geringerer Schaden entstanden ist (vgl auch Köln RRa 01, 3). Der Veranstalter hat die Pauschalierung (III) und ihre Angemessenheit (BGH NJW-RR 90, 114) bzw die Voraussetzungen der konkret berechneten Entschädigung (II 3) zu beweisen, und zwar auch, dass er keine höheren Aufwendungen erspart hat und keine anderweitige Verwertung möglich war. 8

§ 651j Kündigung wegen höherer Gewalt.

(1) Wird die Reise infolge bei Vertragsabschluss nicht voraussehbarer höherer Gewalt erheblich erschwert, gefährdet oder beeinträchtigt, so können sowohl der Reiseveranstalter als auch der Reisende den Vertrag allein nach Maßgabe dieser Vorschrift kündigen.
(2) ¹Wird der Vertrag nach Absatz 1 gekündigt, so findet die Vorschrift des § 651e Abs. 3 Satz 1 und 2, Abs. 4 Satz 1 Anwendung. ²Die Mehrkosten für die Rückbeförderung sind von den Parteien je zur Hälfte zu tragen. ³Im Übrigen fallen die Mehrkosten dem Reisenden zur Last.

A. Zweck. Das – ggü dem Reisenden unabdingbare (§ 651m) – Recht ermöglicht bis Ende der Reise beiden Vertragspartnern eine Kündigung bei unvorhersehbarer höherer Gewalt. Liegt dieser besondere Grund, den keine Partei zu vertreten hat (vgl § 313), vor und wird deswegen gekündigt, richten sich die Kündigungsfolgen **allein** nach § 651j (*Tonner* Rz 3; aA Köln NJW-RR 07, 62). § 651e gilt dann nicht. § 651j greift auch, wenn höhere Gewalt die Reise unmöglich macht. § 326 ist insoweit verdrängt. 1

Ggf kann der Reisende daneben mindern (§ 651c), aus **anderen** Gründen gem § 651a V 2 oder gem § 651e I 1 oder (wie auch der Veranstalter) nach § 313 kündigen. Grds kann er vor Reisebeginn auch nach § 651i zurücktreten. Wegen der ungünstigeren Folgen wird er das idR nicht wollen. 2

Erkennt der Veranstalter, dass ein Kündigungsrecht nach § 651j besteht, muss er den Reisenden, auch nach Reisebeginn (Frankf NJW-RR 03, 1139), entspr **informieren**. Er hat zudem eine Erkundigungspflicht (BGH NJW 02, 3700). Maßstab: § 276; ggf § 347 HGB. Ansonsten haftet er ggf auf Schadensersatz (BGH aaO; Celle NJW 05, 3647) gem § 651f bzw §§ 280 I, 241 II. 3

B. Höhere Gewalt. Sie ist ein von außen kommendes, keinen betrieblichen Zusammenhang aufweisendes und auch durch äußerste vernünftigerweise zu erwartende Sorgfalt nicht abwendbares Ereignis (BGH NJW 02, 2238; 87, 1938). Warnhinweise des Auswärtigen Amtes oder der WHO sind wichtige Indizien für höhere Gewalt, aber keine Voraussetzung (AG Augsburg RRa 05, 84). Notwendig ist, dass das Ereignis noch auf die Reise **fortwirkt** (vgl Köln NJW-RR 01, 1064; AG Dachau RRa 06, 78; AG Neuwied RRa 02, 231). 4

Bsp sind **Krieg** (zu Ausstrahlungen des Golfkriegs AG Stuttgart-Bad Cannstatt NJW-RR 92, 312: bej für Ägypten; LG Leipzig NJW-RR 05, 995: bej für Kreuzfahrt im östlichen Mittelmeer; Köln NJW-RR 92, 1014: bej für türkische Riviera), **innere Unruhen** (LG Frankfurt NJW-RR 91, 1205: zu China), **Epidemien und Naturkatastrophen** (zB Seuchen, SARS – dazu AG Augsburg RRa 05, 84; Überschwemmungen – AG Dachau RRa 06, 78 [Tsunami in Südostasien]; Wirbelstürme – BGH NJW-RR 90, 1334; NJW 83, 33; Frankf RRa 00, 165; Erdrutsche – dazu LG Frankfurt NJW-RR 90, 1017; Algenpest – LG Frankfurt NJW-RR 90, 761; Blitzschlag – LG Frankfurt NJW-RR 91, 1272; oder radioaktive Strahlung – BGH NJW 90, 572). 5

Im Einzelfall erfasst ist ein überraschender **Streik**, wenn er nicht in die Risikosphäre des Veranstalters fällt (LG Frankfurt NJW-RR 87, 823; NJW 80, 1696: nicht bei Leistungsträgerpersonal), also insb durch außenstehende Dritte wie Pass- oder Zollbeamte oder Fluglotsen (LG Frankfurt NJW-RR 91, 691; LG Hannover NJW-RR 89, 820). Auch unvorhergesehene behördliche Maßnahmen wie die Einführung einer Visumspflicht ist höhere Gewalt (Frankf NJW-RR 05, 282). 6

Keine höhere Gewalt sind durch vertretbare und nicht übermäßig aufwändige Maßnahmen abwendbare Gefahren (Rn 4; LG München RRa 08, 269: Chikungunya-Erkrankung) oder bloße Unruhen ohne konkrete Gefährdung (LG Frankfurt NJW 91, 691). Bei **Terrorakten** wird höhere Gewalt verneint, wenn sie in einer Region nur unübliche Einzelakte und nicht flächendeckende bürgerkriegsähnl Unruhen darstellen (vgl AG Hamburg RRa 94, 150; AG Bad Homburg RRa 94, 635; LG Amberg NJW-RR 04, 1140 [zu Bali]). Sie unterfallen dem allg Lebensrisiko. Anderes sollte gelten, wenn sie systematisch und zielgerichtet auf Touristen erfolgen, so dass sich für diese die Gefahr konkret und deutlich erhöht hat (vgl *Führich* Rz 540; zu Recht bej AG Bielefeld NJW-RR 04, 703: Städtereise nach Istanbul, wo kurz zuvor mehrere Anschläge stattfanden; s.a. AG Worms NJW-RR 01, 348; AG Hannover RRa 02, 226). Höhere Gewalt wurde bei Anschlägen in der Türkei (LG Düsseldorf RRa 08, 117, 118: zu vier zeitgleichen Anschlägen) und in Ägypten überwiegend verneint (AG Charlottenburg NJW-RR 94, 312; AG Ludwigsburg RRa 94, 311; LG Frankfurt NJW-RR 95, 883; AG Leverkusen NJW-RR 97, 1204; anders AG Frankfurt RRa 94, 151), nach dem Anschlag vom 11.9.01 in New York für USA-Reisen in engem zeitlichen Zusammenhang bej (LG Frankfurt NJW 03, 2618 [10 Wochen]; AG Hannover RRa 02, 226), aber nicht bei Reisen in andere Zielgebiete (LG Bonn RRa 03, 214: Karibik); entspr gilt für eine Mittelmeer-Kreuzfahrt mit Landgängen in Italien im Hinblick auf den Irak-Krieg (AG München NJW-RR 04, 1355). 7

Auch ist ein technischer Defekt (KG VersR 09, 1375: Vogelschlag) **keine** höhere Gewalt, oder dass Vorlieferanten ausfallen und dadurch Schwierigkeiten bei der Beschaffung des Leistungsgegenstandes entstehen, da das grds dem Betriebsrisiko des Veranstalters zuzurechnen ist (BGH NJW 02, 2238). 8

9 **C. Unvorhersehbarkeit.** Entscheidend ist die Vorhersehbarkeit des Kündigenden bei Vertragsschluss. So sind bestimmte typische Tropenkrankheiten (LG München RRa 08, 269) und Wetterlagen vorhersehbar (Bremen MDR 97, 1108: bei Seereisen Stürme und erhöhter Wellengang im Herbst und Winter). Bei Reisen in Gebiete mit lang anhaltenden politischen Krisen können Unruhen im Einzelfall vorhersehbar sein (zu Sri Lanka Ddorf NJW-RR 90, 573; RRa 04, 104; aA noch Frankf NJW-RR 91, 691; zu China nach Verhängung des Kriegsrechts LG Frankfurt NJW-RR 91, 314; zum Konflikt zwischen der PKK und dem türkischen Staat AG Düsseldorf NJW-RR 00, 1441). Wer sehenden Auges eine Reise bucht, kann sie nicht wegen der vorher erkannten Gefahr kündigen. Vorhersehbarkeit kann auch für den einen zu bejahen und für den anderen zu verneinen sein, so dass nur ein Vertragspartner kündigen kann (Frankf NJW-RR 05, 282).

10 **D. Erhebliche Erschwerung; Gefährdung; Beeinträchtigung.** Nur wenn sich die höhere Gewalt bei objektiver Betrachtung zum Zeitpunkt der Kündigung entspr auf die Reise auswirkt, gilt § 651j. **Erschwerung** meint, dass die Reise noch geleistet werden kann, dazu aber in unzumutbarer Weise Schwernisse zu überwinden wären. Bei einer **Gefährdung** wären unzumutbare Risiken insb für die Sicherheit des Reisenden zu überwinden. Das Kündigungsrecht besteht, wenn zur Zeit der Kündigungserklärung mit dem Eintritt des schädigenden Ereignisses mit erheblicher, und nicht erst dann, wenn mit ihm mit überwiegender Wahrscheinlichkeit zu rechnen ist (BGH NJW 02, 3700: bej bei 25%). Ab welchem Gefährdungsgrad an eine erhebliche Wahrscheinlichkeit anzunehmen ist und damit eine Hinweispflicht (Rn 3) besteht, richtet sich nicht nach einer festen Größe, sondern beantwortet sich fallweise unter Berücksichtigung des konkreten Inhalts des Reisevertrags. Bei Abenteuer- oder Expeditionsreisen (dazu Karlsr NJW-RR 93, 1076: Trekking-Tour in Kamerun) in klimatisch besonders exponierte Gebiete können andere Maßstäbe angemessen sein als bei Badereisen in gut erschlossene Urlaubsgebiete, bei denen von einer besonderen Risikobereitschaft der Reisenden nicht ausgegangen werden kann. Bei einer **erheblichen Beeinträchtigung** kann der Erfolg der Reise nicht wie geschuldet (§ 651a Rn 10) erbracht werden, sondern wäre sie so mangelhaft, dass der Preis 50% oder mehr gemindert werden könnte (§ 651e Rn 6).

11 **E. Kündigungserklärung.** Sie ist eine formlos mögliche, empfangsbedürftige Willenserklärung, die dem Veranstalter zugehen muss. Sie bedarf keiner Begründung. Sie kann konkludent erfolgen, zB dadurch, dass der Reisende den Reisepreis zurückfordert, an der Reise nicht teilnimmt oder sofortige Rückbeförderung verlangt.

12 **F. Folge (Abs 2).** Der Veranstalter verliert den Anspruch auf den Reisepreis (II 1 iVm § 651e III 1). Bereits erhaltene Zahlungen muss er gem § 651j zurückzahlen. Ggf kann er zT aufrechnen: Er erhält einen Entschädigungsanspruch (nur) für erbrachte oder noch zu erbringende Reiseleistungen (II 1 iVm § 651e III 2 iVm § 638 III), selbst wenn sie für den Reisenden ohne Interesse sind. Er muss an notwendigen Maßnahmen der Vertragsbeendigung mitwirken, insb den Reisenden zurückbefördern, wenn Rückbeförderung vereinbart war und möglich ist (II 1 iVm § 651e IV 1); Mehrkosten der Rückbeförderung sind hälftig zu tragen (II 2) und fallen iÜ (Verpflegung, Unterkunft) dem Reisenden zur Last (II 3). Nicht zuzustimmen ist dem BGH (NJW 90, 572), dass Stornokosten des Veranstalters ggü seinen Leistungsträgern, zB für eine Hotelreservierung, die ja keine erbrachte Reiseleistung darstellt, (im Einzelfall) nach Treu und Glauben in Anlehnung an II 2 je zur Hälfte zu tragen seien (s. § 651m); Vereitelungstatbestände in der neutralen Sphäre gehen zu Lasten des Veranstalters (so OGH RRa 07, 138, 140).

13 **G. Prozessuales.** Die Voraussetzungen des Kündigungsrechts hat zu beweisen, wer sich darauf beruft. Bezüglich der höheren Gewalt und ihrer Unvorhersehbarkeit sollten keine zu hohen Anforderungen gelten. Die Höhe und Grundlagen seines Entschädigungsanspruchs hat der Reiseveranstalter zu beweisen.

§ 651k Sicherstellung, Zahlung.

(1) ¹Der Reiseveranstalter hat sicherzustellen, dass dem Reisenden erstattet werden
1. der gezahlte Reisepreis, soweit Reiseleistungen infolge Zahlungsunfähigkeit oder Eröffnung des Insolvenzverfahrens über das Vermögen des Reiseveranstalters ausfallen, und
2. notwendige Aufwendungen, die dem Reisenden infolge Zahlungsunfähigkeit oder Eröffnung des Insolvenzverfahrens über das Vermögen des Reiseveranstalters für die Rückreise entstehen.

²Die Verpflichtungen nach Satz 1 kann der Reiseveranstalter nur erfüllen
1. durch eine Versicherung bei einem im Geltungsbereich dieses Gesetzes zum Geschäftsbetrieb befugten Versicherungsunternehmen oder
2. durch ein Zahlungsversprechen eines im Geltungsbereich dieses Gesetzes zum Geschäftsbetrieb befugten Kreditinstituts.

(2) ¹Der Versicherer oder das Kreditinstitut kann seine Haftung für die von ihm in einem Jahre insgesamt nach diesem Gesetz zu erstattenden Beträge auf 110 Millionen Euro begrenzen. ²Übersteigen die in einem Jahr von einem Kundengeldabsicherer insgesamt nach diesem Gesetz zu erstattenden Beträge die in Satz 1 genannten Höchstbeträge, so verringern sich die einzelnen Erstattungsansprüche in dem Verhältnis, in dem ihr Gesamtbetrag zum Höchstbetrag steht.

(3) ¹Zur Erfüllung seiner Verpflichtung nach Absatz 1 hat der Reiseveranstalter dem Reisenden einen unmittelbaren Anspruch gegen den Kundengeldabsicherer zu verschaffen und durch Übergabe einer von diesem oder auf dessen Veranlassung ausgestellten Bestätigung (Sicherungsschein) nachzuweisen. ²Der Kundengeldabsicherer kann sich gegenüber einem Reisenden, dem ein Sicherungsschein ausgehändigt worden ist, weder auf Einwendungen aus dem Kundengeldabsicherungsvertrag noch darauf berufen, dass der Sicherungsschein erst nach Beendigung des Kundengeldabsicherungsvertrags ausgestellt worden ist. ³In den Fällen des Satzes 2 geht der Anspruch des Reisenden gegen den Reiseveranstalter auf den Kundengeldabsicherer über, soweit dieser den Reisenden befriedigt. ⁴Ein Reisevermittler ist dem Reisenden gegenüber verpflichtet, den Sicherungsschein auf seine Gültigkeit hin zu überprüfen, wenn er ihn dem Reisenden aushändigt.

(4) ¹Reiseveranstalter und Reisevermittler dürfen Zahlungen des Reisenden auf den Reisepreis vor Beendigung der Reise nur fordern oder annehmen, wenn dem Reisenden ein Sicherungsschein übergeben wurde. ²Ein Reisevermittler gilt als vom Reiseveranstalter zur Annahme von Zahlungen auf den Reisepreis ermächtigt, wenn er einen Sicherungsschein übergibt oder sonstige dem Reiseveranstalter zuzurechnende Umstände ergeben, dass er von diesem damit betraut ist, Reiseverträge für ihn zu vermitteln. ³Dies gilt nicht, wenn die Annahme von Zahlungen durch den Reisevermittler in hervorgehobener Form gegenüber dem Reisenden ausgeschlossen ist.

(5) ¹Hat im Zeitpunkt des Vertragsschlusses der Reiseveranstalter seine Hauptniederlassung in einem anderen Mitgliedstaat der Europäischen Gemeinschaften oder in einem anderen Vertragsstaat des Abkommens über den Europäischen Wirtschaftsraum, so genügt der Reiseveranstalter seiner Verpflichtung nach Absatz 1 auch dann, wenn er dem Reisenden Sicherheit in Übereinstimmung mit den Vorschriften des anderen Staates leistet und diese den Anforderungen nach Absatz 1 Satz 1 entspricht. ²Absatz 4 gilt mit der Maßgabe, dass dem Reisenden die Sicherheitsleistung nachgewiesen werden muss.

(6) Die Absätze 1 bis 5 gelten nicht, wenn
1. der Reiseveranstalter nur gelegentlich und außerhalb seiner gewerblichen Tätigkeit Reisen veranstaltet,
2. die Reise nicht länger als 24 Stunden dauert, keine Übernachtung einschließt und der Reisepreis 75 Euro nicht übersteigt,
3. der Reiseveranstalter eine juristische Person des öffentlichen Rechts ist, über deren Vermögen ein Insolvenzverfahren unzulässig ist.

A. Zweck. Der Veranstalter hat den Reisenden (Ausn: VI) bezüglich bezahlter Reiseleistungen (auch: Anzahlungen) und erforderlicher Aufwendungen für die Rückreise durch Kundengeldabsicherung für den Fall zu sichern, dass er zahlungsunfähig oder insolvent wird (I 1 1; zu Art 7 Pauschalreise-RL EuGH NJW 99, 3181; 98, 2201). Den Vermittler trifft ggf eine Prüfpflicht (III 4) sowie wie den Veranstalter das Verbot nach IV 1. 1

B. Sicherungspflicht (Abs 1 S 1). I. Gegenstand. § 651k zielt darauf den Preis für eine **Reise iSd § 651a** abzusichern (BGH NJW 02, 2238). § 651k gilt nicht, auch nicht analog, wenn der Reisende keine Reise bucht, sondern eigenverantwortlich Buchungen bei verschiedenen Firmen (Fluggesellschaft, Hotelbetreiber, Mietwagenunternehmen) zusammenstellt und einzelne Verträge schließt (LG Würzburg RRa 05, 213). Die Insolvenzversicherung deckt nur Ansprüche des Reisenden auf Erstattung des **Reisepreises** (vgl Köln NJW-RR 03, 930: auch Taschengeld) soweit Reiseleistungen infolge Zahlungsunfähigkeit des Veranstalters oder infolge Eröffnung des Insolvenzverfahrens über sein Vermögen ausfallen (I 1 Nr 1) sowie eigene Aufwendungen des Reisenden, die für eine Rückreise infolge Zahlungsunfähigkeit des Veranstalters entstehen (I 1 Nr 2). Insoweit sind **notwendige Aufwendungen** zB Kosten für Unterkunft bis zum nächstmöglichen Flug und der Rückflug (vgl Köln RuS 02, 173: zum Anspruch aus § 812 I 1 Alt 2 einer anderen Fluggesellschaft gegen den Versicherer), nicht aber ein Linienflug statt eines zumutbaren preisgünstigeren Charterflugs. Der Versicherungsschutz umfasst nicht die Organisation der Rückreise oder Gewährleistungsansprüche wegen Reisemängeln, die nach der Reise wegen einer erst danach eingetretenen Insolvenz nicht durchgesetzt werden können (BGH NJW-RR 05, 782). 2

II. Maßnahmen (Abs 1 S 2). Der Veranstalter kann die Verpflichtung aus I 1 erfüllen, indem er die Ansprüche bei einem **Kundengeldabsicherer** absichert. Das kann nach I 2 durch Abschluss einer Versicherung bei einem Versicherungsunternehmen oder durch ein Zahlungsversprechen eines Kreditinstituts erfolgen. Darauf, wie das den Sicherungsscheinen zugrunde liegende Rechtsverhältnis zwischen dem Veranstalter und dem Absicherer im Einzelnen ausgestaltet ist, kommt es nicht an (BGH NJW 02, 2238). Dass die Haftung auf eine **Höchstgrenze** begrenzt werden kann (II 1), soll Rückversicherungen zu angemessenen Konditionen ermöglichen, kann aber im Fall einer Großinsolvenz zu Lücken führen und ist europarechtswidrig (MüKo/Tonner Rz 16 ff; str). Ist der Höchstbetrag erreicht, verringern sich die Erstattungsansprüche verhältnismäßig (II 2). Der Reisende hat dann ggf einen Teil erhaltener Entschädigung zurückzuzahlen (§ 812 I 2 Alt 1), wenn die Zahlung unter einem schon im Sicherungsschein erwähnten Vorbehalt erfolgte. Der Absicherer kann einen Teil der Entschädigung bis zum Ende des Geschäftsjahres (idR 31.10.) zurückbehalten, wenn entspr Kürzungen konkret zu erwarten sind (str). 3

§ 651k Sicherstellung, Zahlung

4 **C. Sicherungsschein (Abs 3).** Der Veranstalter sichert den Reisenden, indem er ihm einen unmittelbaren einwendungsunabhängigen Direktanspruch gegen den Kundengeldabsicherer verschafft (§ 328) und einen von diesem oder auf dessen Veranlassung ausgestellten Sicherungsschein übergibt. Durch den Sicherungsschein gibt der Sicherungsgeber ein selbstständiges Garantieversprechen ggü dem Reisenden ab; für Banken handelt es sich um ein banktübliches Garantiegeschäft (vgl § 1 I Nr 8 KWG). Der Versicherte hat gegen den Absicherer aus dem Sicherungsschein einen Anspruch auf ungekürzte Rückerstattung des gezahlten Reisepreises, wenn die versicherte Reiseleistung ausfällt, weil der Reiseveranstalter nach dem Vertragsschluss insolvent geworden ist, und zwar auch, wenn er die ursprünglich gebuchte Reise letztlich angetreten hat (AG Hamburg RRa 06, 139). Wird der Veranstalter während der Reise insolvent, ist vom Absicherer der anteilige Reisepreis für ausgefallene Reiseleistungen einschließlich erbrachter, aber nutzloser Reiseleistungen wie idR Beförderung (vgl § 651e Rn 14) zu entschädigen. Bleibt der Reisende vor Ort und zieht zB in ein anderes Hotel, kann er Ersatz für dadurch verursachte Mehrkosten nicht beanspruchen.

5 Auf **Einwendungen** (vgl § 334) ggü dem Reisenden aus dem Kundengeldabsicherungsvertrag (Bsp: Verzug mit Prämienzahlung) oder darauf, dass der Sicherungsschein nach Beendigung dieses Vertrags ausgestellt worden ist, kann der Absicherer sich nicht berufen (**III 2**). Er erlangt, befriedigt er den Reisenden, dessen Anspruch gegen den Veranstalter (**III 3**). Im Sicherungsschein, dessen **Inhalt** für inländische Veranstalter durch §§ 9 (mit Anl 1), 10 BGB-InfoV vorgegeben ist, ist der Absicherer und idR der Gläubiger benannt. Insoweit genügt, dass Buchungsnummer und Reisedatum aufgeführt sind (BGH NJW 02, 2238).

6 Der **Vermittler** (vgl § 651a Rn 20) hat den auszuhändigenden Sicherungsschein auf seine Gültigkeit hin zu überprüfen (**III 4**). Ansonsten kann er auf Schadensersatz (§ 280) haften (BGH X ZR 128/04). Hat ein Reisebüro einen Reisepreis für einen Reisenden verauslagt, so wird auch diese Zahlung von der Insolvenzabsicherung des Reiseveranstalters gem § 651k erfasst. Fällt der Reiseveranstalter in Insolvenz, so dass die Reise nicht durchgeführt werden kann, kann der Reisende den ihm zustehenden Anspruch auf Reisepreisrückzahlung an das Reisebüro abtreten (AG München RRa 03, 81).

7 **D. Anzahlung (Abs 4).** Jede (An)Zahlung darf nur gefordert oder angenommen werden, wenn ein Sicherungsschein übergeben wird (**IV 1**). Ansonsten liegt eine OWi vor (§ 147b I GewO). Ein Verstoß gegen III oder IV ist gleichzeitig eine wettbewerbswidrige Handlung iSd § 1 UWG (München RRa 00, 141; auch Köln NJW-RR 05, 992; LG Oldenburg VuR 04, 191; LG Köln GRUR-RR 07, 401). **IV 1** soll sicherstellen, dass dem Reisenden im Fall des Ausfalls von Reiseleistungen infolge Zahlungsunfähigkeit oder infolge der Eröffnung des Insolvenzverfahrens über das Vermögen des Veranstalters der gezahlte Reisepreis, zu dem auch Anzahlungen auf den Reisepreis gehören (BGH NJW 01, 1934: zu unwirksamen AGB), erstattet werden. Die Vorschrift schützt den Verbraucher unabhängig von der Frage, ob und ggf wie er einen Erstattungsanspruch in der Insolvenz des Reiseveranstalters realisieren kann, dadurch, dass ihm zu einem Anspruch gegen einen Kundengeldabsicherer zu verschaffen, mithin dessen Einstandspflicht zu begründen ist. Wegen dieser Absicherung sind AGB, dass nach Vertragsschluss mit Erhalt der Reisebestätigung und Aushändigung des Sicherungsscheins 20% des Reisepreises als Anzahlung fällig werden, zulässig. Dem Gerechtigkeitsgehalt des § 320 wird genügt, weil dem Reisenden 80% des Preises verbleiben (BGH NJW 06, 3134).

8 Über **IV 2** wird dem Veranstalter das Handeln iSv 1 des Vermittlers zugerechnet, wenn dieser nicht ohnehin Vertreter ist: IV 2 fingiert die **Inkassofunktion**, wenn der Vermittler den Sicherungsschein übergibt oder vom Veranstalter mit der Vermittlung von Reiseverträgen betraut und der Reisende schutzwürdig ist. Zahlt der Reisende, erlischt (§ 362) insoweit die Reisepreisforderung des Veranstalters. § 651k begründet aber keine Befugnis des Reisebüros, an Stelle des Veranstalters oder des Verwalters in der Insolvenz über sein Vermögen über erhaltene Anzahlungen auf den Reisepreis zu verfügen (BGH NJW 03, 743). Auch bei gefälschten Sicherungsscheinen haftet der Veranstalter ggf nicht (AG München RRa 04, 185). Der **Ausschluss** nach IV 3 setzt eine streng zu beurteilende hervorgehobene Form voraus.

9 **E. Herkunftslandsprinzip (Abs 5).** Für die genannten Veranstalter genügt, dass sie gem dem Recht ihres Sitzstaates Sicherheit in einer I 1 genügenden Weise leisten. Die Dienstleistungsfreiheit (Art 49 EGV) steht unnötigen Beschränkungen des freien Dienstleistungsverkehrs entgegen. Über § 10 BGB-InfoV wird auch die Form des Sicherungsscheins erleichtert. Erforderlich ist, dass er in deutscher oder einer für den Verbraucher leicht verständlichen Sprache verfasst ist.

10 **F. Einschränkungen (Abs 6).** In den Fällen der Nr 1, beim Gelegenheitsveranstalter, der bis zu 2 Reisen im Jahr anbietet und dabei nicht im Rahmen seiner gewerblichen Tätigkeit handelt, und Nr 2, bei Tagesreisen für geringen Preis (zB Busreise mit Konzert- oder Museumsbesuch), wurde ein Insolvenzschutz nicht für erforderlich erachtet. Im Fall der Nr 3, zB bei von Volkshochschulen veranstalteten Reisen, besteht wegen Insolvenzunfähigkeit kein Insolvenzrisiko (§ 12 InsO). Daher gilt Nr 3 nicht, wenn die öffentliche Hand in Formen des Privatrechts Reisen veranstaltet.

11 **G. Prozessuales.** Der Reisende hat entspr I 1 darzulegen und zu beweisen, dass Reiseleistungen infolge Zahlungsunfähigkeit oder Insolvenz des Reiseveranstalters ausgefallen sind und welche Zahlungen oder notwendige Aufwendungen er geleistet hat. Kommt er dem nach, ist es Sache des Kundengeldabsicherers zu belegen,

dass die Reiseleistungen auch ohne die Zahlungsunfähigkeit oder die Insolvenz des Reiseveranstalters aufgrund anderer Ursachen ausgefallen wären (BGH NJW 02, 2238).

§ 651l Gastschulaufenthalte. (1) ¹Für einen Reisevertrag, der einen mindestens drei Monate andauernden und mit dem geregelten Besuch einer Schule verbundenen Aufenthalt des Gastschülers bei einer Gastfamilie in einem anderen Staat (Aufnahmeland) zum Gegenstand hat, gelten die nachfolgenden Vorschriften. ²Für einen Reisevertrag, der einen kürzeren Gastschulaufenthalt (Satz 1) oder einen mit der geregelten Durchführung eines Praktikums verbundenen Aufenthalt bei einer Gastfamilie im Aufnahmeland zum Gegenstand hat, gelten sie nur, wenn dies vereinbart ist.
(2) Der Reiseveranstalter ist verpflichtet,
1. für eine bei Mitwirkung des Gastschülers und nach den Verhältnissen des Aufnahmelands angemessene Unterbringung, Beaufsichtigung und Betreuung des Gastschülers in einer Gastfamilie zu sorgen und
2. die Voraussetzungen für einen geregelten Schulbesuch des Gastschülers im Aufnahmeland zu schaffen.
(3) Tritt der Reisende vor Reisebeginn zurück, findet § 651i Abs. 2 Satz 2 und 3 und Abs. 3 keine Anwendung, wenn der Reiseveranstalter ihn nicht spätestens zwei Wochen vor Antritt der Reise jedenfalls über
1. Namen und Anschrift der für den Gastschüler nach Ankunft bestimmten Gastfamilie und
2. Namen und Erreichbarkeit eines Ansprechpartners im Aufnahmeland, bei dem auch Abhilfe verlangt werden kann,
informiert und auf den Aufenthalt angemessen vorbereitet hat.
(4) ¹Der Reisende kann den Vertrag bis zur Beendigung der Reise jederzeit kündigen. ²Kündigt der Reisende, so ist der Reiseveranstalter berechtigt, den vereinbarten Reisepreis abzüglich der ersparten Aufwendungen zu verlangen. ³Er ist verpflichtet, die infolge der Kündigung notwendigen Maßnahmen zu treffen, insbesondere, falls der Vertrag die Rückbeförderung umfasste, den Gastschüler zurückzubefördern. ⁴Die Mehrkosten fallen dem Reisenden zur Last. ⁵Die vorstehenden Sätze gelten nicht, wenn der Reisende nach § 651e oder § 651j kündigen kann.

A. Zweck. Gastschulaufenthalte (s. *Klein* RRa 08, 2 ff) sind Reisen iSd § 651a (Karlsr NJW-RR 98, 841; Köln NJW-RR 00, 1509; RRa 01, 3). Nach dem EuGH (Slg 99, I-825=RRa 99, 132) sind bei solchen Aufenthalten die Art, Unentgeltlichkeit und Dauer der Unterbringung zusammengenommen keine Unterbringung und die Auswahl der Schule oder Gasteltern keine touristische Dienstleistung iSd Pauschalreise-RL. § 651l bestätigt und stellt klar, dass §§ 651a-k grds anwendbar sind (LG Berlin RRa 05, 227; NJW-RR 05, 361: **nicht** § 651f II). Ergänzende Regelungen betreffen Leistungs- und Informationspflichten des Veranstalters (**III**) und va das Rücktrittsrecht des Reisenden (**IV**). 1

B. Anwendungsbereich (Abs 1). Es muss ein **Reisevertrag** zwischen einem Veranstalter und einem Reisenden vorliegen (vgl § 651a). Reisende sind, insb bei minderjährigen Schülern, idR dessen Eltern. Als Reiseleistungen, die in ihrer Gesamtheit die Reise bilden, werden typische Elemente eines Gastschulaufenthalts im Ausland genannt, nämlich geregelter **Schulbesuch** und **Aufenthalt in der Gastfamilie** von mindestens je **3 Monaten** im **Ausland**. Weitere Leistungen, zB Beförderung, können hinzutreten. Liegt nur der Schulbesuch oder Aufenthalt in der Gastfamilie vor, gilt nicht § 651l, aber ggf §§ 651a ff (§ 651a Rn 3 f; AG Bielefeld RRa 01, 183). Nicht erfasst sind Internatsbesuche. Der Anwendungsbereich kann durch Vereinbarung erweitert werden, zB auf kürzere Aufenthaltszeiträume oder Praktika (**II 2**). 2

C. Zusätzliche Pflichten des Veranstalters (Abs 2). Nr 1 nennt Unterbringung, Beaufsichtigung und Betreuung. Der Veranstalter soll gewährleisten, dass die Unterkunft ortsüblich und entspr den durchschnittlichen Verhältnissen im Gastland, quasi nach mittlerer Art und Güte, ist (verneint für Schweinemastbetrieb LG Berlin NJW-RR 05, 361; vgl auch LG Berlin RRa 05, 227: Gastschüler kann in Frankreich ein eingerichtetes Zimmer mit Schreibtisch und funktionierendem Schrank sowie ordentliche hygienische Verhältnisse erwarten; Köln NJW-RR 08, 364, 365: Gefahr einer Malariainfektion). Der Veranstalter schuldet es grds nicht, den Schüler in einer bestimmten (langjährig erprobten, vgl LG Berlin aaO) Familie oder gesellschaftlichen Sicht oder in einer bestimmten räumlichen Umgebung unterzubringen. Er ist aber dafür verantwortlich, dass die Gasteltern innerlich bereit und fähig sind und Zeit haben (vgl LG Berlin aaO: idR zu verneinen beim Alleinstehenden, der häufig abwesend ist), sich um den Schüler entspr seinem Reifegrad und Alter zu kümmern. Ohne Vereinbarung besteht kein Anspruch auf Übersendung von Referenzen, schriftlicher Bewerbungsunterlagen sowie Gesprächsprotokollen (LG Berlin aaO). 3

Nr 2 verlangt, dass die individuelle, altersgemäße schulische Leistungsfähigkeit des Schülers berücksichtigt wird. Ziel ist, dass die Leistungen im Inland angerechnet werden können. Die Möglichkeit zur alsbaldigen Unterrichtsteilnahme und das Umfeld, zB die Beförderung von und zur Schule, sind zu verschaffen. Überwachen muss der Veranstalter den Schulbesuch aber nicht. Ohne Vereinbarung besteht kein Anspruch auf eine bestimmte Schule oder bestimmten Unterrichtszeitraum. 4

5 Der **Schüler** hat mitzuwirken (**II Nr 1**), dh insb zur Schule zu gehen, aber auch zB altergemäß im Haushalt mitzuhelfen, und Rücksicht auf die Gastfamilie zu nehmen (LG Frankfurt RRa 02, 212). Entspr den individuellen Umständen muss er sich angemessenen Wünschen der Gasteltern fügen.

6 **D. Informationspflichten; Rücktritt vor Reisebeginn (Abs 3).** Der Reisende, nicht notwendig der Schüler, kann entschädigungslos zurücktreten (vgl § 651i II 2, 3, III), wenn der Veranstalter ihn nicht bis spätestens 2 Wochen **vor** Reiseantritt über Namen und Anschrift der Gastfamilie (Nr 1; zum Bestimmungsort s. § 6 II Nr 1 BGB-Info) und Name und Erreichbarkeit eines Ansprechpartners, einer Kontaktperson für Abhilfeverlangen, im Aufnahmeland informiert sowie angemessen vorbereitet hat. Es reicht nicht, ein Vorbereitungscamp zu benennen, wohl aber, die erste Gastfamilie, auch wenn danach ein Folgeaufenthalt bei einer anderen Familie vorgesehen ist. Die Informations- und Vorbereitungspflicht soll auf die örtlichen Lebensumstände, Sitten, Gebräuche und Risiken vorbereiten. Sie kann durch Übergabe schriftlichen Materials erfüllt werden.

7 Ergänzend gilt **§ 7 BGB-Info** für Informationspflichten **während** der Reise. Demnach hat der Veranstalter den Reisenden auch über Veränderungen des Namens und der Adresse der Gastfamilie oder des Ansprechpartners sowie über Abhilfeverlangen des Schülers und der dazu ergriffenen Maßnahmen zu informieren. Verletzt der Veranstalter diese Informationspflichten, kann das seine Schadensersatzpflicht (§ 651f I; aA: § 280) begründen (LG Berlin NJW-RR 05, 361).

8 **E. Kündigung des Reisenden (Abs 4).** Das Kündigungsrecht (IV 1) ggü dem Veranstalter soll den Schüler schützen. Unbenommen bleibt die Pflicht, infolge der Kündigung entstandene Mehrkosten (IV 4) und den Reisepreis abzgl ersparter Aufwendungen (IV 2) zu zahlen. Bei einer Kündigungsmöglichkeit gem §§ 651e oder 651j greift IV 1-4 nicht, weil sie für den Reisenden günstiger ist (IV 5). Der Veranstalter hat die infolge der Kündigung notwendigen Maßnahmen zu treffen und, wenn es Vertragsinhalt war, den Schüler zurückzubefördern (IV 3). Er selbst kann ggf nach § 314 kündigen (str).

9 **F. Prozessuales.** Der Reisende hat die ihm günstigen Anspruchsvoraussetzungen zu beweisen, insb dass der Veranstalter seine Pflichten nach II nicht vertragsgemäß erfüllt hat. Kündigt der Schüler, hat der Veranstalter nachzuweisen, dass er seine Informationspflichten erfüllt hat. Er muss für seinen Preisanspruch offen legen, für welche Leistungen welche Aufwendungen veranschlagt wurden und tatsächlich angefallen sind (AG Bensheim RRa 05, 40; s.a. LG Köln RRa 04, 130; aA BaumgLP/*Eyinck* Rz 4; *Klein* RRa 08, 1, 9).

§ 651m Abweichende Vereinbarungen.

¹Von den Vorschriften der §§ 651a bis 651l kann vorbehaltlich des Satzes 2 nicht zum Nachteil des Reisenden abgewichen werden. ²Die in § 651g Abs. 2 bestimmte Verjährung kann erleichtert werden, vor Mitteilung eines Mangels an den Reiseveranstalter jedoch nicht, wenn die Vereinbarung zu einer Verjährungsfrist ab dem in § 651g Abs. 2 Satz 2 bestimmten Verjährungsbeginn von weniger als einem Jahr führt.

1 **A. Zweck.** Als Vorschriften, die gerade auch den Verbraucherschutz bezwecken, kann zu §§ 651a-l und über Art 238 EGBGB auch von §§ 4-8 BGB-InfoV nur zum Vorteil des Reisenden abgewichen werden. Das gilt für AGB (vgl § 651a Rn 25) und Individualvereinbarungen. Auch die Umgehung ist erfasst (vgl § 312 f, § 475 I).

2 **B. Abweichung.** (Fast) jede für den Reisenden nachteilige Abweichung, die bis zum Reiseende getroffen wird (hM), ist nichtig (§ 134; BGH NJW 84, 1752); Ausn: 2; § 651h. Ob im Vertrag zugleich günstigere als die gesetzlichen Regelungen vereinbart wurden, ist egal: keine Kompensation. Erfasst sind zB Haftungsausschlüsse und -beschränkungen, die über 2 hinausgehen, Gewährleistungsverzicht oder Erlass (nach hM auch gegen Abfindung: Ddorf NJW-RR 98, 922; 92, 245; LG Kleve NJW-RR 92, 1525; aA AG Frankfurt RRa 00, 9; nach Teil der Lit: in den Grenzen des § 138 möglicher Vergleich [§ 779]), Abfindungs- oder Auszahlungsvereinbarung als Abhilfemaßnahme (vgl AG Bad Homburg NJW-RR 03, 1140, wo die Zahlung nicht als Abhilfe, sondern aus Kulanz interpretiert wurde).

3 **Folge**: Nach § 139 bestimmt sich, ob der Vertrag iÜ wirksam bleibt. Das ist idR zu bejahen. An die Stelle der unwirksamen tritt die gesetzliche Regelung. Bei AGB gelten zudem §§ 305 ff (s. zB BGH NJW 04, 2965; 681).

4 **C. Verjährung (S 2).** Nach § 651g II 1 verjähren Ansprüche des Reisenden in 2 Jahren. Es kann aber eine kürzere Frist oder Hemmung (§§ 202 ff) vereinbart werden, und zwar **nach** Mitteilung des Mangels auch eine Frist von unter 1 Jahr (zu AGB vgl § 309 Nr 7, 8a). Diese gilt in den Grenzen des § 242 dann auch für noch nicht mitgeteilte Mängel. Als Mitteilung gilt jede Erklärung an den Veranstalter bzw dessen Vertreter (idR nicht: der einzelne Leistungsträger), dass irgendein Mangel der Reise vorliegt. Sie ist im Abhilfeverlangen iSd § 651c II (s. dort Rn 19) enthalten.

Titel 10 Mäklervertrag

Untertitel 1 Allgemeine Vorschriften

§ 652 Entstehung des Lohnanspruchs.
(1) ¹Wer für den Nachweis der Gelegenheit zum Abschluss eines Vertrags oder für die Vermittlung eines Vertrags einen Mäklerlohn verspricht, ist zur Entrichtung des Lohnes nur verpflichtet, wenn der Vertrag infolge des Nachweises oder infolge der Vermittelung des Mäklers zustande kommt. ²Wird der Vertrag unter einer aufschiebenden Bedingung geschlossen, so kann der Mäklerlohn erst verlangt werden, wenn die Bedingung eintritt.
(2) ¹Aufwendungen sind dem Mäkler nur zu ersetzen, wenn es vereinbart ist. ²Dies gilt auch dann, wenn ein Vertrag nicht zustande kommt.

A. Überblick. Der 10. Titel enthält Regelungen zum Maklervertrag. Dabei lassen sich die Regelungen in den §§ 652–654 als allg Grundsätze verstehen, welche durch die Sonderregelung für den Nachweis der Gelegenheit sowie die Vermittlung zum Abschluss von Dienstverträgen (§ 655) ergänzt werden. Besondere Vorschriften gelten für die Darlehensvermittlung zwischen einem Unternehmer und einem Verbraucher (§§ 655a–655e) sowie für die Ehevermittlung (§ 656). Außerhalb des BGB sind insb die Vorschriften für Wohnungsmakler im WoVermG und die Regeln im SGB III (§§ 35, 292, 296, 297) im Hinblick auf die Vermittlung von Beschäftigungsverhältnissen besonders zu beachten. In Bezug auf die Vermittlung von Versicherungsverträgen sind die Mitteilungs- und Beratungspflichten in §§ 60 ff VVG zu berücksichtigen. Ferner sind insoweit die statusbezogenen Informationspflichten nach § 11 VersVermV zu erfüllen. 1

Für **Handelsmakler** gelten vorrangig die Vorschriften des HGB (§§ 93 ff HGB); die BGB-Vorschriften sind nur ergänzend heranzuziehen. Ein Handelsmakler unterscheidet sich von einem Zivilmakler in drei Bereichen. Einerseits betreibt der Handelsmakler ein Handelsgewerbe (§ 1 HGB); für den Zivilmakler ist das nicht erforderlich. Andererseits wird der Handelsmakler zwingend als Vermittlungsmakler tätig, während der Zivilmakler auch Nachweismakler sein kann. Entscheidend ist allerdings idR die Art des zur Vermittlung vorgesehenen Geschäfts. Handelsmakler ist nur, wer die Vermittlung von Verträgen über die Anschaffung und Veräußerung von Waren oder Wertpapieren, über Versicherungen, Güterbeförderungen, Schiffsmiete oder sonstige Gegenstände des Handelsverkehrs (Patente, Schutzrechte, Bankgeschäfte: München NJW 70, 1924 – Kaufpreisfinanzierung; RGZ 76, 252) übernimmt; folglich beziehen sich die Vermittlungen des **Zivilmaklers auf andere Gegenstände**, insb Grundstücke, Wohnungen, Unternehmen, Dienstverträge, aber auch Kredit- oder Leasingverträge (KG MDR 02, 629). Dabei ist zu berücksichtigen, dass eine Person abhängig von der Tätigkeit Zivil- und Handelsmakler sein kann. Im Gegensatz zum Zivilmakler wird der Handelsmakler als Mittler für beide Parteien des abzuschließenden Vertrags (Hauptvertrag) tätig (§§ 98, 99 HGB). 2

Um die Risiken für Auftraggeber bzw Kunden von Maklern zu minimieren, wurden **öffentlich-rechtliche Vorschriften** geschaffen, die einen präventiven Ansatz verfolgen. Die Maklertätigkeit in Bezug auf Grundstücke, Wohnräume oder Darlehensverträge sowie den Erwerb bestimmter Vermögensanlagen steht nach § 34c I GewO unter einem Erlaubnisvorbehalt. Die Tätigkeitsmerkmale des Maklers nach der GewO entsprechen grds denen in § 652. Auf das Begehren eines Provisionsanspruchs kommt es allerdings für die Erlaubnispflicht nach der GewO nicht an. So hat das BVerwG (NVwZ 91, 267) entschieden, dass eine Erlaubnispflicht auch besteht, wenn eine Datenbank geführt wird, in welcher Immobilien- und Wohnungsangebote gesammelt und auf Anfrage herausgegeben werden. Wer ohne die erforderliche Erlaubnis seine Tätigkeit ausübt, der hat mit Sanktionen bis zur Schließung des Geschäftsbetriebs zu rechnen (§ 15 II GewO). Zum Schutz der Allgemeinheit und der Auftraggeber wurde ferner die MaBV erlassen (Ermächtigung: § 34c III), die Verpflichtungen enthält, um dem Makler anvertraute Vermögenswerte des Auftraggebers zu sichern (§ 2 MaBV). Darüber hinaus sind Vorgaben für die Verwaltung der Vermögenswerte einzuhalten (§§ 6, 8, 10 MaBV). Die (hauptberufliche) Vermittlung von Versicherungsverträgen als Versicherungsmakler bedarf nach §§ 34d GewO grds ebenfalls einer Erlaubnis. Bei der zuständigen IHK wird ein öffentliches Register über die zugelassenen Versicherungsvermittler geführt. Einzelne Regelungen zB zu statusbezogenen Informations- und sonstigen Pflichten finden sich in der auf der GewO beruhenden VersVermV (vgl *Reiff* VersR 07, 717). 3

Das auf den Maklervertrag **anwendbare Recht** bestimmt sich bei Verbindung des Sachverhalts zu einer anderen Rechtsordnung ua nach Art 3 I, 4 Rom I-VO bzw Art 27, 28 EGBGB. Dabei ist das auf den Maklervertrag anwendbare Recht bei fehlender Rechtswahl idR an den gewöhnlichen Aufenthalt bzw die gewerbliche Niederlassung des Maklers anzuknüpfen (LG Frankfurt RIW 94, 778). Das Vertragsstatut des mit der Maklerleistung erstrebten Hauptvertrags kann im Hinblick auf den Vergütungsanspruch von Bedeutung sein (BGH NJW-RR 91, 1073 – s. Rn 34). 4

B. Maklervertrag. Der Maklervertrag ist im BGB nur in Grundzügen geregelt. § 652 enthält eine Differenzierung zwischen dem **Nachweis- und dem Vermittlungsmakler**. Geregelt sind in der Vorschrift lediglich der Vergütungsanspruch des Maklers und die Abhängigkeit des Aufwendungsersatzanspruchs von einer besonderen Vereinbarung. § 653 enthält eine Vermutung für die Entgeltlichkeit (I) und eine Auslegungsregel für die 5

Höhe der Vergütung (II). Ist Gegenstand des Maklervertrags ein Dienstvertrag, kann die Vergütung durch das Gericht herabgesetzt werden (§ 655). Ein besonderer Verstoß des Maklers gegen seine Treupflichten wird mit dem Verlust des Vergütungs- und Aufwendungsersatzanspruchs sanktioniert (§ 654).

6 In der Praxis wird **der Vertragstyp von AGB geprägt**. Ursache dafür ist neben der Zurückhaltung des Gesetzgebers die eher schwache Stellung des Maklers nach dem gesetzlichen Leitbild. Bezeichnend sind insoweit die erfolgsabhängige Ausgestaltung der Vergütung, die Freiheit der Entscheidung des Auftraggebers und die Ursächlichkeit der Tätigkeit des Maklers für den Vertragsschluss, aber auch die fehlende Verpflichtung des Maklers zur Tätigkeit (zB BGH NJW-RR 03, 699). Für die Praxis der Maklertätigkeit kommt daher der **Inhaltskontrolle der AGB** (§§ 307 ff) durch die Gerichte eine große Bedeutung zu. Die Gerichte üben mit der Wahrnehmung der Inhaltskontrolle einen erheblichen Einfluss auf die Gestaltung des Maklervertrags aus (MüKo/*Roth* § 652 Rz 2).

7 **I. Wesen des Maklervertrags.** Der Maklervertrag ist kein gegenseitig, sondern nur einseitig verpflichtender Vertrag; § 320 ist nicht anwendbar (BGHZ 94, 100). Eine Verpflichtung besteht lediglich für den Auftraggeber, dieser hat die Vergütung zu entrichten. Der Makler muss zum Erlangen des Anspruchs auf Vergütung die Gelegenheit zum Abschluss eines Vertrags nachweisen oder den Abschluss eines Vertrags vermitteln. Der Lohn ist allerdings ferner davon abhängig, dass ein (Haupt-)Vertrag zwischen dem Auftraggeber und einem Dritten tatsächlich abgeschlossen wird, der auf den Nachweis oder die Vermittlung des Maklers zurückzuführen ist. Aus dem gesetzlichen Leitbild in § 652 I ergibt sich, dass weder eine **Verpflichtung des Maklers** besteht, im Hinblick auf den angestrebten Vertrag tätig zu werden (MüKo/*Roth* § 652 Rz 3, 4), noch eine **Verpflichtung des Auftraggebers** besteht, eine nachgewiesene Gelegenheit zum Abschluss eines Vertrags wahrzunehmen oder einen vermittelten Vertrag abzuschließen (BGH NJW-RR 03, 699; BaRoth/*Kotzian-Marggraf* § 652 Rz 2). Die Beziehung zwischen Makler und Auftraggeber begründet daher zunächst lediglich Pflichten nach § 241 II. Im Hinblick auf die weite Anwendung des § 654 über dessen Wortlaut hinaus (§ 654 Rn 10) kann eine solche Pflichtverletzung aber Auswirkungen auf den Primäranspruch haben. Aufwendungsersatz kann der Makler ohne besondere Vereinbarung nicht verlangen (§ 652 II).

8 Vom Maklervertrag abzugrenzen ist **der erstrebte Hauptvertrag**, der zwischen dem Auftraggeber und einem Dritten geschlossen wird. Mit Ausnahme der Doppeltätigkeit des Maklers (§ 654) besteht zwischen Makler und Drittem keine Vertragsbeziehung. Der Makler wird im Hinblick auf den Hauptvertrag idR auch nicht als Vertreter tätig. Seine Aufgabe besteht im Nachweis oder in der Vermittlung. Eine Haftung des Maklers ggü dem Dritten über das Deliktsrecht hinaus kann sich aber aus §§ 280, 311 II, III ergeben, wenn der Makler als Repräsentant auftritt oder die Verhandlungen als Vertrauensperson führt (BGH NJW 04, 2156; 01, 358; zum Vertrieb von Immobilien: BGH NZM 03, 405, 407). Ferner kann ihn die Haftung als Vertreter ohne Vertretungsmacht treffen (BGHZ 140, 111, 116).

9 **II. Unterschiede zu anderen Vertragstypen.** Die Regelungen zum Maklervertrag sind dispositiv. Durch Vertragsgestaltung kann der Maklervertrag auch mit **Elementen aus ähnlichen Verträgen kombiniert** werden (BGH NJW 88, 967). Die Rspr hat insoweit die Terminologie des Maklerdienstvertrags (BGH NJW-RR 99, 1499) und des Maklerwerkvertrags (BGH NJW 88, 967; Oldbg NJW-RR 05, 1287) eingeführt. Für die Inhaltskontrolle im Hinblick auf AGB, die häufig zur Vertragsgestaltung eingesetzt werden, ist aber wichtig, den Kern bzw das Leitbild des Maklervertrags hervorzuheben (Rn 70 ff).

10 **1. Auftrag, Dienstvertrag, Werkvertrag.** Der Maklervertrag und der **Auftrag** unterscheiden sich einerseits im Hinblick auf die Entgeltlichkeit und andererseits dadurch, dass der Beauftragte fremdnützig tätig wird, während der Makler eigennützig handelt (Bremen OLGZ 65, 1965; Palandt/*Sprau* Einf § 652 Rz 5). Zum Ausdruck kommt der Unterschied in der fehlenden Verpflichtung des Maklers zur Tätigkeit; dagegen steht dem Beauftragten von Gesetzes wegen ein Anspruch auf Aufwendungsersatz zu. Der **Dienstvertrag** begründet ebenfalls eine Verpflichtung zur Tätigkeit und wird im Gegensatz zum Maklervertrag nicht durch ein Erfolgselement geprägt. Bei gemischten Vertragsgestaltungen, die eine Verpflichtung zur Tätigkeit des Maklers begründen (zB Alleinauftrag – s. Rn 31; Nachweis von Bauvorhaben – München NJW-RR 97, 1146), spricht die Rspr von einem Maklerdienstvertrag (zum Unternehmenserwerb: Rozijn NZG 01, 494). Beim **Werkvertrag** steht die Verpflichtung zur Herbeiführung eines bestimmten Erfolgs im Vordergrund. Für einen Maklervertrag kommt eine Verpflichtung zum Erfolg nur selten in Betracht. Die Rspr ist bei der Beschaffung von Finanzierungen mit entspr Sicherheiten (BGH NJW-RR 91, 627; Oldbg NJW-RR 05, 1287) ausnahmsweise von einem Maklerwerkvertrag ausgegangen.

11 **2. Sonstige Vertragstypen.** Übernehmen es Makler iRv Bauherrenmodellen, die Finanzierung zu vermitteln, liegt idR eine **Geschäftsbesorgung** auf werkvertraglicher Grundlage vor (BGH NJW-RR 91, 914). Entscheidend für die Zuordnung ist, dass nicht die Beschaffung der Finanzierung im Mittelpunkt steht, sondern die Zusage des Bauherrn, die beschaffte Finanzierung zu akzeptieren. Damit handelt es sich um ein fremdnütziges Geschäft. Für den Handelsmakler gelten die BGB-Vorschriften nur subsidiär. Abzugrenzen ist der Makler auch vom **Handelsvertreter**. Der Handelsvertreter ist im Gegensatz zum Handelsmakler Interessenvertreter und mit der Vermittlung ständig betraut (§§ 84, 93 HGB). Der Kommissionär (§ 383 HGB) schließt Verträge

im eigenen Namen (anderenfalls Stellvertretung). Das Maklerrecht findet keine Anwendung, denn Aufgabe des Maklers ist es, die Parteien des Geschäfts zusammenzuführen. Die Abgrenzung kann für die Rechtsbeziehung zum Auktionator relevant werden, insoweit können Ähnlichkeiten zum Maklervertrag vorliegen (KG OLGR 01, 190), falls der Auktionator nicht im eigenen Namen auftritt.

III. Vergütungsanspruch des Maklers (§ 652 I). § 652 setzt einen Maklervertrag voraus und regelt den Anspruch des Maklers auf Vergütung (§ 652 I) sowie den Ersatz von Aufwendungen (§ 652 II). Für den Vergütungsanspruch des Maklers müssen **folgende Voraussetzungen** vorliegen: Ein wirksamer Maklervertrag, die Ausführung der vertraglich vereinbarten Maklertätigkeit, ein wirksamer geschlossener Hauptvertrag und die Ursächlichkeit der Maklertätigkeit für den Abschluss des Hauptvertrags. In Rspr und Lehre wird überwiegend darüber hinaus die Kenntnis des Auftraggebers von der Maklertätigkeit gefordert (zB Karlsr NJW-RR 98, 996; Staud/*Reuter* § 652 Rz 41). Grundvoraussetzung ist ein wirksamer Maklervertrag. Die Regeln über das Rechtsgeschäft sind auf den Vertrag vollumfänglich anwendbar. Gleiches gilt für die Regeln des allg Schuldrechts auf den wirksamen Maklervertrag. 12

1. Vertragsparteien. Weder das BGB noch das HGB grenzt den Kreis der Vertragsparteien des Maklervertrags ein. Als Makler und als Auftraggeber können **natürliche und juristische Personen sowie rechtsfähige Personengesellschaften** auftreten. Ein Auftraggeber kann auch mehrere Makler nebeneinander einschalten. Die einzelnen Verträge haben ein eigenständiges Schicksal. Bei Vorliegen der Voraussetzungen können daher Vergütungsansprüche mehrerer Makler ggü einem Auftraggeber entstehen. Der Makler kann zur Ausführung des Vertrags Hilfskräfte einsetzen, für die er ggü dem Auftraggeber nach § 278 einstehen muss (MüKo/*Roth* § 652 Rz 266). 13

Arbeiten mehrere Makler bei der Ausführung des Vertrags zusammen, hat der Auftraggeber aber nur mit einem Makler einen Vertrag geschlossen, hängen die rechtlichen Beziehungen von den Absprachen unter den Maklern ab (BGH NJW-RR 87, 171). Neben der Zusammenarbeit der Makler in einer Gesellschaft kommt dabei auch das Zusammenwirken aufgrund eines **Untermaklervertrags** in Betracht (partiarisches Rechtsverhältnis besonderer Art, zB MüKo/*Roth* § 652 Rz 271; Palandt/*Sprau* Einf vor § 652 Rz 11). Der Hauptmakler ist dabei im Hinblick auf die vom Untermakler angedienten Informationen frei (MüKo/*Roth* § 652 Rz 271). Im Verhältnis zum Auftraggeber ist der Untermakler lediglich Erfüllungsgehilfe des Hauptmaklers (BGH WM 78, 245; Frankf NJW-RR 88, 1200). Die Vergütung des Untermaklers hängt idR vom Vergütungsanspruch des Hauptmaklers ab (Stuttg NZM 01, 901). Eine Art des Untermaklers ist der sog **„Zubringer"**. So wird ein Makler bezeichnet, der über gelegentliche Mitteilungen einem anderen Makler einen Auftraggeber zuführt (BGH BB 68, 729). Sein Vergütungsanteil ist regelmäßig geringer (BGH NJW 74, 1082). 14

Ferner kann das Zusammenwirken von Maklern in der Form vereinbart werden, dass jeder Makler mit einer Partei des Hauptvertrags einen Maklervertrag schließt, die Informationen aber unter den Maklern ausgetauscht werden, sog **Gemeinschaftsgeschäfte** (BGH NJW-RR 94, 636). Für die Absprachen unter den Maklern bei derartigem Zusammenwirken gibt es „Geschäftsbedingungen für Gemeinschaftsgeschäfte" (*R. Koch Immo Makler* Anh 9). Diese müssen allerdings zur Wirksamkeit in den Vertrag einbezogen sein und gelten nicht als Handelsbrauch (Stuttg NJW-RR 02, 783). Die anfallende Vergütung ist bei Gemeinschaftsgeschäften idR zu teilen. Informationspflichtverletzungen können Schadensersatzansprüche begründen (BGH NJW-RR 87, 171). Unvollkommene Absprachen sind der Auslegung zugänglich (zur Erstreckung der Absprache auf ein Folgegeschäft: BGH NJW 82, 1052). Gemeinschaftsgeschäfte allein reichen für eine Behandlung als Erfüllungsgehilfe in den Maklerverträgen nicht aus (Karlsr NJW-RR 98, 996). 15

2. Vertragsschluss. Der Maklervertrag kommt nach den allg Regeln durch **Angebot und Annahme** zustande (§§ 145 ff). Ein Verhalten der Parteien, das den Willen zum Abschluss eines Maklervertrags eindeutig erkennen lässt, ist auch noch nach dem Erbringen der Maklertätigkeit möglich (Hambg NJW-RR 03, 487). Bei der Auslegung der Willenserklärung ist allerdings zu berücksichtigen, dass der Interessent an einem solchen Vertragschluss idR kein Interesse mehr hat (Karlsr NZM 05, 72). Der ausdrückliche Vertragsschluss wird regelmäßig keine Probleme bereiten, anders der Vertragschluss durch schlüssiges Verhalten. 16

a) Vertragschluss durch schlüssiges Verhalten. Wegen der grds Formfreiheit des Maklervertrags wird die Rechtspraxis häufig mit vermeintlich konkludent geschlossenen Verträgen beschäftigt. Dabei gilt: An den Vertragsschluss durch konkludentes Verhalten werden strenge **Anforderungen** gestellt; Unklarheiten gehen zu Lasten des Maklers (zB BGH NZM 02, 533, 534). Das bloße Entgegennehmen von Maklerdiensten reicht für sich allein nicht aus (BGH WM 71, 904; MüKo/*Roth* § 652 Rz 46). Ferner führen die Vereinbarung von Besichtigungsterminen sowie werbende Inserate oder die Anpreisung eines Objekts im Geschäftslokal nicht zu rechtlichen Vertragsangeboten (BGHZ 95, 393, 395). Unverlangt an Personen übermittelte Informationen über ein Objekt lösen daher für den Empfänger keine Bindung oder Sperre aus, ohne der Makler(lohn) den Vertrag über das Objekt mit dem Verkäufer zu schließen. 17

Entscheidendes Kriterium auf dem Weg zum Maklervertrag ist das **ausdrückliche Vergütungsverlangen** des Maklers an den potentiellen Vertragspartner (Hambg MDR 97, 819). Soweit das Gegenteil nicht bekannt ist, darf der Interessent davon ausgehen, der Makler erbringe die Leistung für den Anbieter (hM BGHZ 95, 393, 18

395). Die Annahme von Leistungen eines gewerblichen Maklers führt daher auch unter Berücksichtigung des § 653 nicht zwingend zu einem Vertrag (BGHZ 163, 332). Es ist Sache des Maklers, das mehrdeutige Verhalten aufzuklären (BGH NJW 05, 3779, 3780). Die Umstände des Einzelfalls sind aber zu berücksichtigen (BGH NJW 00, 282, 283; Celle OLGR 02, 117: Inanspruchnahme einer zweiten Besichtigung in Kenntnis der Vergütungsforderung). Selbst wenn sich der Interessent mit einem Suchauftrag an den Makler wendet, kann nicht ausgeschlossen werden, dass nur Objekte aus dem Bestand abgefragt werden und mehrdeutiges Verhalten vorliegt (BGH NJW 05, 3779; anders noch München NZM 05, 71). Bei einem eindeutigen Vergütungshinweis (auch in einem Inserat möglich vgl *Fischer* NJW 09, 3210) und dem anschließenden Verlangen nach weiteren Nachweisen ist allerdings von einem Vertragsschluss auszugehen (Karlsr NJW 05, 574). Das Ersetzen einer schriftlichen Vergütungsklausel durch den Ausdruck „nach Vereinbarung" ändert am Zustandekommen eines Maklervertrags nichts (BGH NJW 02, 817).

19 Die Grundsätze zum Vertragsschluss durch konkludentes Verhalten gelten unabhängig davon, von welcher Seite der Anstoß zur Handlung ausgeht. Es ist Sache des Maklers, eindeutig zum Ausdruck zu bringen, dass er für den Interessenten Makler sein will (BGH NJW 02, 817). Das kann auch in wirksam einbezogenen AGB erfolgen (Ddorf NJW-RR 96, 1466) oder in einem übermittelten Exposé zum Ausdruck kommen (BGH WM 07, 662; Ddorf NJW-RR 97, 368). Der Empfängerhorizont des jeweiligen Kunden ist dabei zu berücksichtigen (BGH WM 71, 904; Karlsr NZM 99, 231). Der bloße Hinweis auf das Anfallen „einer" Vergütung genügt nicht (im Zusammenhang mit einem Kaufpreis: Hamm NJW-RR 99, 127; mit einer Miete: Dresd NZM 98, 1016). In der Übergabe eines Exposés kann zwar ein schlüssiges Angebot des Maklers zum Abschluss eines Maklervertrags liegen. In der Fortsetzung des laufenden Gesprächs durch den Kaufinteressenten liegt aber noch nicht die schlüssige Annahme, weil der Makler nicht davon ausgehen kann, dass der Kaufinteressent sogleich nach der Übergabe die in dem Exposé aufgeführte Provisionsforderung zur Kenntnis genommen hat (Schlesw NJW 07, 1982). Der Abschluss eines Maklervertrags mit dem Käufer wird nicht dadurch ausgeschlossen, dass der Makler auch mit dem Verkäufer einen Maklervertrag geschlossen hat. Das **Auftreten als „Doppelmakler"** ist in einigen Maklerbereichen durchaus üblich und bei entspr Vereinbarung in Abweichung von § 654 auch erlaubt (MüKo/*Roth* § 652 Rz 54; s.a. § 654 Rn 1). Gleiches gilt, falls der Käufer mit einem anderen Makler einen Maklervertrag über dasselbe Objekt geschlossen hat. Lehnt der Kunde dagegen ein eindeutiges Vergütungsverlangen ausdrücklich ab, kommt auch bei der Inanspruchnahme weiterer Maklertätigkeiten ein Vertrag nur zustande, wenn eine neue veränderte Erklärung abgegeben wird (BGH NJW 02, 817). Der Makler hat es in der Hand, vor einem ausdrücklichen Vertragsschluss die Informationen zurückzuhalten; gibt er seine Informationen ohne Vertrag dennoch heraus, verwirklicht sich sein Risiko.

20 **b) Unklarheiten hinsichtlich der Vergütung.** Bezieht sich die **Uneinigkeit nur auf die Höhe der Vergütung,** finden die allg Regeln (insb §§ 154, 155), ergänzt durch § 653 Anwendung. Der Vertragsschluss an sich setzt das eindeutige Verlangen des Maklers voraus, von seinem Vertragspartner für seine Tätigkeit (Nachweis oder Vermittlung) bei Erfolgseintritt eine Vergütung zu erhalten (BGH NJW 00, 282). Die Vergütungsangabe allein reicht ohne den Bezug auf den konkreten Kunden nicht aus (Hamm NJW-RR 99, 127). Wird die Vergütungszusage nicht insgesamt abgelehnt, sondern nur auf eine spätere Vereinbarung im Hinblick auf die Höhe verwiesen, liegt ein Maklervertrag vor (BGH NJW 02, 817). § 653 I verhindert, dass der Maklervertrag an einem Dissens über die Entgeltlichkeit der Vereinbarung scheitert (s. § 653 Rn 1). Die Höhe der Vergütung kann über die Auslegungsregel des § 653 II bestimmt werden. Ausnahmsweise kann der Makler einen Vergütungsanspruch auch aus einem Kaufvertrag mit einer sog **„Maklerklausel"** erhalten. Darin verspricht der Käufer ggü dem Verkäufer an den Vermittler eine Vergütung zu bezahlen. Dabei handelt es sich um eine Vereinbarung zugunsten Dritter (§ 328 I), die für den Makler einen Anspruch begründet (BGHZ 131, 318, 321).

21 **3. Wirksamkeit des Maklervertrags.** Die Wirksamkeit des Maklervertrags bestimmt sich nach allg Vorschriften (§§ 108 I, 125 I, 134, 138, 142 I). Spezielle Bedeutung für den Maklervertrag haben die Form, gesetzliche Verbote und die Sittenwidrigkeit. Handelt es sich bei dem Makler um einen Kaufmann, kann auch s. **§ 354 HGB** den Vergütungsanspruch bei Unwirksamkeit des Vertrags nur in seltenen Fällen retten (umstr s. MüKo/*Roth* § 652 Rz 82; zu den Voraussetzungen BGHZ 95, 393). Es muss zumindest ein Verhältnis vorliegen, dass die Tätigkeit des Maklers rechtfertigt (BGHZ 163, 332).

22 **a) Form.** Der Maklervertrag bedarf grds keiner bestimmten Form. Ausnahmen ergeben sich aus besonderen Regelungen: Beispiele für die Schriftform sind: Darlehensvermittlungsvertrag (§ 655b) und Arbeitsvermittlungsvertrag mit dem Arbeitsuchenden (§ 296 SGB III). Nach allg Regeln kann der Maklervertrag formbedürftig sein, wenn im Hinblick auf die Vergütung für die Vermittlung **zumindest eine sonstige Finanzierungshilfe** eingeräumt wird (BGH ZIP 05, 1179: § 492) oder Verträge zur Wirksamkeit nach Landesrecht der Schriftform bedürfen (Hessische GemO: BGH MDR 66, 753). Erhebliche Bedeutung für den Maklervertrag hat die Form der **notariellen Beurkundung nach § 311b** I, falls der Auftraggeber des Maklers, entgegen dem *gesetzlichen Leitbild,* zumindest faktisch zum Abschluss eines Grundstückskaufvertrags zu feststehenden Bedingungen verpflichtet sein soll (abgelehnt aufgrund des unterschiedlichen Schutzzwecks dagegen für § 15 III u IV GmbHG: BGH BB 97, 1227). Der Schutzzweck der Formvorschrift kann in solchen Fällen nur bei der Erstreckung des Normbefehls auf den Maklervertrag erreicht werden. Neben den Fällen der Verpflich-

Entstehung des Lohnanspruchs § 652

tung des Kunden ggü dem Makler zum Verkauf oder Ankauf von Grundstücken (BGH NJW 71, 557; 70, 1915) ist der Maklervertrag auch beurkundungsbedürftig, wenn ein gleichwertiger unangemessener Druck zum Abschluss eines Grundstücksvertrags (Erwerbs- oder Übertragungspflicht) besteht. Beispiele sind die Einräumung eines erfolgsunabhängigen Vergütungsanspruchs (jedenfalls bei mehr als 15% der Erfolgsprovision) des Maklers allein für die Tätigkeit (BGH NJW-RR 94, 559), die Vereinbarung einer Vertragsstrafe oder eines uneigentlichen Strafgedinges sowie eines besonderen Aufwendungsersatzes, wenn der Auftraggeber an den zugeführten Interessenten nicht verkauft (BGH NJW 71, 557). Auf die Bezeichnung der besonderen Vergütung (Reservierungsgebühr, Bemühensentgelt) kommt es nicht an (BGH NJW 87, 54). Ein Verstoß gegen die gesetzliche Form führt zur Nichtigkeit des Maklervertrags (zur Teilbarkeit: BGH NJW-RR 4, 559), es sei denn, es besteht eine Heilungsmöglichkeit (BGH NJW 87, 1628) und die Heilung tritt ein. Die heilende Wirkung schließt die Verwirkung der Vergütung aber nicht aus (entspr § 654 – MüKo/*Roth* § 652 Rz 65). Im Hinblick auf den Schutzzweck der Formvorschriften besteht bei Nichteinhaltung der gesetzlichen Form kein Vergütungsanspruch des Maklers; auch nicht aus Bereicherungsrecht oder § 354 HGB (BGHZ 163, 332, 335).

b) Gesetzliches Verbot (§ 134). Gesetzliche Verbote, die sich an beide Parteien richten (vgl § 134 Rn 20), können bei einem Verstoß zur Nichtigkeit des Maklervertrags führen. Besondere Bedeutung erlangen insoweit **gesetzliche Vermittlungsverbote**. Ein solches Verbot besteht für die Vermittlung von Adoptionen (§ 5 AdVermG). Die Vermittlung ist Sache der zuständigen Stellen. Das Verbot gilt auch für die Ersatzmuttervermittlung (§§ 13c, 13 AdVermG). Ausbildungs- und Arbeitsvermittlungen sind nur verboten, wenn es um Vermittlungen in oder aus Ländern außerhalb der EU und der EWR geht (§ 292 SGB III). Wegen der besonderen Stellung ist es dem Notar verboten (dazu BGH NJW-RR 90, 948), Darlehen und Grundstücksgeschäfte zu vermitteln (§ 14 IV BNotO). Entgegen dem Verbot abgeschlossene Verträge sind nichtig. Die gleiche Wirkung hat das Verbot bei einem Verstoß von Anwaltsnotaren oder Sozietätskollegen (BGHZ 147, 39). Andere **Berufsregelungen** sind allerdings regelmäßig nicht als gesetzliche Verbote iSd § 134 einzuordnen. Ein unter Verstoß gegen die Berufsordnung (§ 14 II 8 BRAO – BGH NJW 04, 212) von einem Anwalt geschlossener Maklervertrag ist ebenso wirksam (BGH NJW 00, 3067) wie ein entgegen der Berufsordnung (§ 57 IV StBerG) geschlossener Maklervertrag eines Steuerberaters (BGHZ 78, 263); anders dagegen bei einem Verstoß gegen § 49b BRAO (Staud/*Reuter* § 652 Rz 55 ff). Die Wirksamkeit eines Maklervertrags über Wohnraum hängt nicht davon ab, dass ein Auftrag des Vermieters zum Angebot des Wohnraums vorliegt. § 6 WoVermG ist kein gesetzliches Verbot nach § 134 (BGHZ 152, 10). Gleiches gilt für das Koppelungsverbot, das bei einem Verstoß die Wirksamkeit des Maklervertrags unberührt lässt (§ 3 IV WoVermG). Bei Vereinbarungen mit unzulässiger Vergütungshöhe (über 2 Monatsmieten) wird der Auftraggeber über die geltungserhaltende Reduktion (§ 5 WoVermG) geschützt (Palandt/*Sprau* § 652 Rz 61). Beim **Fehlen einer gewerblichen Erlaubnis** zur entspr Tätigkeit des Maklers ist der Maklervertrag regelmäßig wirksam (BGHZ 78, 269: zum Verstoß gegen § 34c GewO), allerdings führt die Darlehensvermittlung im Reisegewerbe zur Nichtigkeit des Vermittlungsvertrags (BGH NJW 99, 1636). Vereinbarungen, die gegen die Regelungen der MaBV verstoßen, sollen grds nicht zur Nichtigkeit führen (MüKo/*Roth* § 652 Rz 22). Der BGH hat aber bei einem Verstoß gegen § 3 II MaBV die Nichtigkeit der Vereinbarung nach § 134 wegen des Abweichens zum Nachteil des Kunden (§ 12 MaBV) angenommen (BGH NJW 07, 1947; NJW 01, 818; zu § 7 MaBV: Karlsr WM 01, 729). Im Einklang mit den allg Grundsätzen ist der Maklervertrag bei einem Verstoß gegen das RDG nichtig (MüKo/*Roth* § 652 Rz 77). Allerdings sind Tätigkeiten, die sich im Auffinden, der Lektüre, der Wiedergabe und der bloßen schematischen Anwendung von Rechtsnormen erschöpfen, keine (verbotenen) Rechtsdienstleistungen. Verboten ist die **Rechtsberatung durch den Makler**, wenn sie nicht im unmittelbaren Zusammenhang mit der Vermittlung steht (BGH NJW-RR 00, 1502). Verboten ist der Vertragsgestaltung, nicht aber das Anfertigen und Bereithalten von Vertragsentwürfen (BGH NJW 74, 1328). Gaststättenmakler können zB den Antrag auf Schankerlaubnis stellen (Palandt/*Sprau* § 652 Rz 8). Verboten ist dagegen die Beratung des Auftraggebers bei der Durchsetzung von Schadensersatzansprüchen durch den Versicherungsmakler (zur Beratung im Vergabeverfahren: *Fetzer* VersR 00, 1311) sowie grds auch jede Hilfe in Steuersachen. Dagegen dürfte Immobilienmaklern ein entspr Hinweis in Grundbuchsachen erlaubt sein. Ferner ist die Vergütung eines Vermittlers von Finanzprodukten nicht als Behinderung der zwingenden Kündbarkeit zu werten (BGHZ 162, 62).

c) Sittenwidrigkeit (§ 138). Die Sittenwidrigkeit eines Maklervertrags kann sich aus den Umständen beim Vertragsschluss oder dem Inhalt des Vertrags ergeben. Anknüpfungspunkt ist häufig die **Vergütungsvereinbarung**. Dabei ist allerdings zu berücksichtigen, dass den Parteien insoweit ein weiter Gestaltungsspielraum einzuräumen ist. Erfolgsabhängige Vergütungen sind nur bei einem auffälligen Missverhältnis zur üblichen Vergütung und dem Hinzutreten weiterer Umstände sittenwidrig (zur Übererlösklausel: BGHZ 125, 135). Neben der prozentualen Unangemessenheit (Vertriebsprovision von 30% kann angemessen sein: BGH NJW-RR 03, 699; Fünffache der üblichen Provision: BGH NJW 00, 2669) kann auch das Überschreiten einer absoluten Grenze zur Sittenwidrigkeit führen (BGH VersR 01, 1235). In einzelnen Bereichen (nicht für Architekten: BGH NJW 99, 2360) soll die **Vermittlung von Verträgen schlechthin sittenwidrig** sein: Vermittlung von Mandaten für einen Rechtsanwalt (KG NJW 89, 2893), von Patienten für einen Arzt (BGH NJW 86, 2360). Der Maklervertrag ist auch sittenwidrig, wenn die Vermittlung ausschl auf sittenwidrige Verträge gerichtet ist (zur Prostitution: MüKo/*Roth* § 652 Rz 66). Maklerverträge im Zusammenhang mit Schmiergeldern können nichtig sein (BGHZ 94, 268). Dabei sind Gepflogenheiten in anderen Kulturkreisen bei der Gesamtwürdigung zu berücksichtigen (BGH NJW-RR 98, 591; MüKo/*Roth* § 652 Rz 70). Sittenwidrig soll auch der Abschluss eines Maklervertrags sein, wenn der Makler bereits Vertrauensperson der anderen Vertragspartei des Hauptvertrags ist und sich gleichwohl ohne Offenbarung der Zusammenhänge eine Vergütung versprechen lässt (für Berater: Steuerberater – BGHZ 95, 81, Rechtsanwalt – Frankf NJW 90, 2131, Vermögensverwalter – BGHZ 146, 235).

25 **4. Vertragsdauer.** Der Maklervertrag kann nur für die Zukunft durch **Kündigung oder Aufhebungsvertrag** beendet werden. Auf einen bereits entstandenen Vergütungsanspruch hat die Beendigung daher keine Wirkung. Der Maklervertrag wird regelmäßig auf unbestimmte Dauer geschlossen, soweit nichts anderes vereinbart ist. Ein befristeter Maklervertrag endet durch Zeitablauf. Auf den Bestand des Maklervertrags sind die Vorschriften des Auftragsrechts anzuwenden. Von Seiten des Auftraggebers ist daher bei Verträgen auf unbestimmte Dauer jederzeit eine Kündigung (§ 671 spricht von Widerruf) möglich (BGH WM 86, 72). Der Makler soll dagegen nur unter den Voraussetzungen des § 314 kündigen können, unabhängig davon, ob der Vertrag für eine bestimmte oder unbestimmte Dauer geschlossen wurde (MüKo/*Roth* § 652 Rz 87); anders unter Hinweis auf § 671 II, III Staud/*Reuter* § 652 Rz 68). Mangels Tätigkeitsverpflichtung des Maklers sind seine Interessen dadurch ausreichend geschützt. Bei Alleinaufträgen (Rn 31) sind Besonderheiten zu beachten. Mit dem **Tod des Maklers** ist der Vertrag regelmäßig beendet (§ 673 entspr). Die Insolvenz des Maklers begründet in jedem Fall einen wichtigen Grund zur Kündigung des Vertrags. Beim Tod des Auftraggebers ist § 672 entspr anzuwenden. Seine Insolvenz führt zur Vertragsbeendigung (§§ 115, 116 InsO).

26 **IV. Erscheinungsformen der Maklertätigkeit.** Der Makler hat die vertraglich vereinbarte Tätigkeit zu erbringen, um den Vergütungsanspruch zu erwerben. Orientiert sich die Vereinbarung am Gesetz, lassen sich die Fallgruppen: Nachweis der Gelegenheit zum Abschluss eines Vertrags (sog **Nachweismakler**) und Vermittlung eines Vertrags (sog **Vermittlungsmakler**) unterscheiden. Die erfolgsbezogenen Tätigkeiten können auch kombiniert werden, so dass ausnahmsweise beide Tätigkeiten die Vergütungspflicht auslösen (Kobl NJW-RR 94, 824). Andere als die vereinbarte Tätigkeit genügen nicht (BGH NJW-RR 91, 950). Fehlt eine Vereinbarung, ist die erfolgversprechende Tätigkeit durch Auslegung zu ermitteln (BGHZ 161, 349). Die Bezeichnung durch die Parteien ist nicht allein ausschlaggebend (zur Verwendung des Worts „Vermittlungsprovision" München NJW-RR 96, 239). Bei verbleibenden Zweifeln reicht der Nachweis aus (BGH NJW 67, 1366). Sonstige vertragsfördernde Tätigkeiten (Beratung, Beschaffung von Unterlagen usw) lösen keinen Vergütungsanspruch nach § 652 I aus (Hamm NZM 01, 898; Dresd NZM 98, 1018).

27 **1. Nachweismakler.** Der Nachweis der Gelegenheit zum Abschluss eines Vertrags ist mehr als nur die Ermittlung und Weitergabe eines geeigneten, bisher dem Auftraggeber nicht bekannten Vertragsobjekts. Die Ermittlungsmöglichkeit durch den Auftraggeber reicht nicht aus (BGHZ 119, 32, 33). Der Nachweismakler hat den Auftraggeber vielmehr in die Lage zu versetzen, dass **zumindest konkrete Verhandlungen über den angestrebten Hauptvertrag** geführt werden können (BGHZ 161, 349; 112, 63). Die zeitliche Reihenfolge des Vertragschlusses mit dem Auftraggeber und des Nachweises ist nicht relevant (BGH NJW 98, 62); ein nachträglicher Vertragschluss ist aber ungewöhnlich (Rn 16). Ferner hindert allein die Kenntnis des Objekts seitens des Auftraggebers nicht, dass eine Nachweistätigkeit erbracht wird (BGH WM 90, 1677). Erforderlich für den Nachweis ist regelmäßig die Mitteilung und die eindeutige Bezeichnung des Objekts sowie Name und Anschrift des am Abschluss des Hauptvertrags interessierten (verfügungsberechtigten) Dritten (BGH NJW-RR 96, 113; NJW 87, 1628, 1629; der Auslegung zugänglich BGHZ 161, 349). Der Dritte muss im Zeitpunkt des Nachweises bereit und in der Lage (Vormerkungsberechtigter reicht: BGH NJW-RR 96, 113) sein, den angestrebten Vertrag abzuschließen (BGH NJW-RR 97, 884; Ddorf NJW-RR 00, 1504). Für Immobilienerwerber bzw -nutzer reicht das generelle Interesse am Vertragsschluss aus, soweit es dem in den Blick genommenen Objekt ähnelt (BGH NJW-RR 09, 1282). Ein bei Gelegenheit des Nachweises aufkommendes Interesse des Dritten reicht nicht aus (Frankf NJW-RR 09, 642). Geringfügige Abweichungen, bei einer im Grundsatz aber bestehenden Bereitschaft, sind unschädlich (Teilvermietung: BGH NJW-RR 97, 884). Im Rahmen wertender, wirtschaftlicher Betrachtungsweise ist bei Unternehmens(an)teilen vom Vorliegen der Verkaufsbereitschaft auszugehen, wenn das vertretungsberechtigte Organ entsprechende Bereitschaft erkennen lässt und keine Anhaltspunkte für eine Ablehnung auf Seiten der Gesellschafter erkennbar sind (BGHZ 161, 349, 358).

28 Erleichterungen bestehen, falls mit der **Objektbezeichnung eine Individualisierung** auch im Hinblick auf den Verfügungsberechtigten ohne weitere Umstände möglich ist (Kobl NZM 02, 180 – gleiche Adresse). Bei mehreren Berechtigten werden die Angaben in Bezug auf einen Berechtigten idR ausreichen (für Miteigentümer: Hamm NJW-RR 99, 632). Die Individualisierung eines Objekts kann ferner in den Fällen genügen, in denen wegen Unentschlossenheit zunächst auf Angaben zum Verfügungsberechtigten verzichtet (BGH NJW 06, 3062) *und der Hauptvertrag* später unter Umgehung des Maklers geschlossen wurde (BGH NJW 87, 1628; Ddorf NJW-RR 99, 349). Allerdings ist der Makler dafür beweispflichtig (Ddorf NJW-RR 99, 349, 350). Das gilt auch, wenn die Informationen des Maklers erhebliche Lücken aufweisen. Ein Nachweis kann aber die vereinbarte Verweisung an andere Makler sein (indirekter Nachweis), die den angestrebten Abschluss nach-

weisen (BGH NJW-RR 94, 559; Palandt/*Sprau* § 652 Rz 26). Beim Erwerb im Zwangsversteigerungsverfahren wird ohne besondere Individualvereinbarung (in AGB nicht wirksam: BGHZ 119, 32) kein Vergütungsanspruch entstehen (BGHZ 112, 59), weil aufgrund der hoheitlichen Prägung des Verfahrens weder eine Vermittlung noch ein Nachweis möglich ist (Celle NZM 05, 265).

Der Nachweis des Maklers muss für den **Abschluss des Hauptvertrags wesentlich** sein (BGH NJW 83, 1848). Die einfache Kausalität irgendeiner Tätigkeit genügt nicht (BGHZ 141, 40). Ein Nachweis in Form einer wesentlichen Tätigkeit ist auch noch möglich, wenn der Auftraggeber schon einzelne Kenntnisse im Hinblick auf das nachgewiesene Objekt hatte. Es muss dabei allerdings Raum für den Makler verbleiben, zusätzliche Informationen zu liefern, welche das Bemühen um das Objekt steigern (zur Möglichkeit des Nachweises in solchen Fällen MüKo/*Roth* § 652 Rz 105). Die Wesentlichkeit ist abzulehnen, wenn es an der Parteienidentität fehlt (BGH NJW-RR 90, 1008). Die nachgewiesene Gelegenheit muss darüber hinaus dem verwirklichten Vertrag entspr (BGH NJW-RR 91, 950). Die Voraussetzung ist jeweils bei wertender Betrachtung unter Berücksichtigung der Verkehrsauffassung zu ermitteln (Auswirkung kann ausreichen: BGHZ 141, 40). Ein Nachweis liegt auch vor, wenn der Hauptvertrag erst zustande kommt, nachdem ein zuvor mit einem anderen Interessenten geschlossener Vertrag durch Ausübung eines vertraglichen Rücktrittsrechts gescheitert ist (BGH WM 07, 1075). Die latente Verkaufsbereitschaft reicht für den Nachweis aus.

2. Vermittlungsmakler. Die Vermittlung geht über das bloße Zusammenführen der Vertragsparteien des angestrebten Hauptvertrags hinaus. Von einer Vermittlung ist auszugehen, wenn ein **bewusstes und zweckgerichtetes Einwirken auf den Willensentschluss des Dritten** (Partner des Hauptvertrags) vorliegt (BGHZ 112, 59). Neben dem Herbeiführen eines solchen Entschlusses (BGHZ 114, 95) wird die Förderung der Bereitschaft zum Vertragsschluss als ausreichend angesehen (BGH NJW-RR 97, 884; Hamm NJW-RR 01, 567). Ob sich die Parteien des Hauptvertrags schon kennen, spielt insoweit keine Rolle (Hambg ZMR 03, 274). Der Makler muss nicht mit den Parteien verhandeln oder gar beim Vertragsschluss anwesend sein (BGH WM 74, 257). Verliert der Makler seine selbständige Stellung, wird er Beauftragter und Auftragsrecht findet Anwendung (MüKo/*Roth* § 652 Rz 108). Er kann sich für die Tätigkeit eines Erfüllungsgehilfen bedienen. Das Einwirken des Maklers auf andere Personen als den Vertragspartner des Hauptvertrags kann nur als (mittelbare) Vermittlung wirken, wenn eine auf Dauer angelegte familien- oder gesellschaftsrechtliche Beziehung zwischen dem Vertragspartner und der final „bearbeiteten" Person besteht (BGH NJW 84, 358). Ein zufälliges Zusammentreffen der vertragschließenden Personen reicht nicht aus (für den Notar: BGH WM 76, 118).

3. Alleinauftrag. Eine Sonderform der Tätigkeit als Nachweis- oder Vermittlungsmakler ist der Alleinauftrag. Das weithin dispositive Maklerrecht hat im Rechtsverkehr zur Herausbildung des Alleinauftrags (auch zB Festauftrag, Exklusivvertrag) als eigenständigem Vertragstyp (gegenseitiger Vertrag) geführt. Gleichwohl sollen die Vereinbarungen am Maklerrecht (Maklerdienstvertrag) zu messen sein (BGHZ 60, 377). Im Gegensatz zum gesetzlichen Leitbild zeichnet sich der Alleinauftrag durch eine Tätigkeitsverpflichtung des Maklers und die **Bindung des Auftraggebers an den Makler** aus (MüKo/*Roth* § 652 Rz 228; Soergel/*Lorentz* § 652 Rz 94). Die Vereinbarung erfolgt häufig durch eine entspr AGB-Klausel (möglich: Hamm NJW-RR 98, 842, 843). Am Vertragsschluss mit einem nicht durch den Makler, sondern einen anderen Makler, nachgewiesenen oder vermittelten Dritten ist der Auftraggeber gleichwohl nicht gehindert (Frankf NZM 02, 181); anders aber bei einer Individualvereinbarung. Ein Verbot von Direktabschlüssen ist dem Alleinauftrag nicht zu entnehmen (BGHZ 60, 377), kann aber individuell als **„qualifizierter Alleinauftrag"** vereinbart werden (BGH NJW 91, 1678). Keine Auswirkung hat der Alleinauftrag auf die Freiheit des Auftraggebers den Hauptvertrag abzuschließen (BGHZ 103, 235).

Die Bindung des Auftraggebers soll Anreiz für die Erledigung schwieriger Tätigkeiten sein und zeigt sich in zwei Bereichen. Einerseits schränkt der Alleinauftrag die Möglichkeit ein, jederzeit zu kündigen (BGH NJW-RR 87, 944). Eine zeitliche Bindung für einen längeren Zeitraum ist zulässig (zB sechs Monate), nicht dagegen eine unbegrenzte Bindung (BGH NZM 98, 677). Eine überlange Bindung führt allerdings nicht zur Unwirksamkeit des Vertrags, sondern zur Herabsetzung auf eine angemessene Zeit (BGH NJW RR 94, 560 – geltungserhaltende Reduktion; anders wohl Palandt/*Sprau* § 652 Rz 76). Die Kündigung aus wichtigem Grund (§ 314) kann nicht ausgeschlossen werden (BGH NJW 69, 1629: bei Untätigkeit des Maklers). Andererseits ist es **dem Auftraggeber nicht erlaubt**, andere Makler mit dem gleichen Ziel einzusetzen.

Die **Pflichten des Maklers** sind verstärkt. Insb begründet der Alleinauftrag eine Tätigkeitspflicht, auf den Erfolg hinzuarbeiten. Im Zusammenhang mit der Tätigkeit stehende Nebenpflichten werden ebenfalls ausgeweitet. Dazu zählt etwa die Beratung des Auftraggebers im Hinblick auf einen vorteilhaften Vertragsschluss (Ddorf NJW-RR 97, 1278). Je länger die Bindung, umso stärker wachsen die Pflichten (zu sog gesteigerten Beratungspflichten BGH WM 73, 1382). Das kann dazu führen, dass der Makler nicht mehr für die andere Partei als Vermittlungsmakler tätig sein kann (sog Vertrauensmakler BGH NJW-RR 98, 992).

V. Angestrebter Hauptvertrag. Eine weitere Voraussetzung für den Vergütungsanspruch des Maklers ist der Abschluss des angestrebten Vertrags mit einem Dritten. Das Risiko, dass der Vertrag zwischen dem Auftraggeber und dem Dritten nicht abgeschlossen wird oder unwirksam ist, trägt der Makler (BGH NJW 83, 1130).

Der **Auftraggeber ist im Hinblick auf den Abschluss des Vertrags grds frei**. Eine treuwidrige Vereitelung kann allerdings einen Schadensersatzanspruch begründen (Köln MDR 93, 1175). Was als Hauptvertrag angestrebt wird, ist durch Auslegung des Maklervertrags zu ermitteln. IdR handelt es sich dabei um einen schuldrechtlichen Vertrag, auf die Ausführung (Erfüllung) kommt es für den Vergütungsanspruch nicht an (BGH WM 74, 257). Nur ausnahmsweise ist der Abschluss eines Vorvertrags ausreichend (BGH WM 91, 819). Gleiches gilt für die Einräumung von Vorkaufsrechten, Optionsrechten, Anwartschaftsverträgen oder bei Anzahlung (BGH WM 76, 28; Ddorf NJW-RR 98, 1594). Besonderheiten sind beim Darlehensvermittlungsvertrag (§ 655a) zu beachten: Der Vergütungsanspruch setzt die Auszahlung des Darlehens und den Ausschluss des Widerrufsrechts voraus (dazu § 655c). Auf die Darlehensvermittlung an Unternehmer ist die Regelung nur bei entspr Vereinbarung anwendbar (MüKo/*Roth* § 652 Rz 141), allerdings dürfte es sich dabei auch um einem Maklervertrag handeln (Oldbg NJW-RR 05, 1287). Eine **zeitliche Reihenfolge** im Hinblick auf den Abschluss des Makler- und des Hauptvertrags gibt es nicht (zum nachträglichen Maklervertrag: BGH NJW 66, 2008; Karlsr NZM 05, 72). Auf der einen Seite des Hauptvertrags steht der Auftraggeber, auf der anderen Seite ein Dritter. Allerdings ist nicht entscheidend, dass auf Seiten des Auftraggebers bei beiden Verträgen völlige Identität besteht (Ein Unternehmen beauftragt einen Makler zur Suche nach einem Anteilskäufer: BGH NJW-RR 06, 496). Ferner ist eine Verflechtung des Maklers mit seinem Auftraggeber für den Vergütungsanspruch unschädlich (BGH WM 76, 1334).

35 **1. Dritter als Vertragspartei.** Der Hauptvertrag muss mit einem Dritten geschlossen werden. Der Dritte ist dabei insb vom Makler abzugrenzen. Ein **Eigengeschäft des Maklers** mit dem Auftraggeber reicht als Hauptvertrag zum Entstehen des Vergütungsanspruchs nicht aus (BGHZ 112, 240). Der Nachweismakler gibt in solchen Fällen lediglich ein eigenes Vertragsangebot ab und weist keine Gelegenheit zum Abschluss nach (BGH NJW 85, 2473). Das Einwirken des Vermittlungsmaklers auf sich selbst scheidet als vereinbarte Tätigkeit des Maklers aus (Staud/*Reuter* § 652 Rz 165). Die Beurteilung, ob ein Eigengeschäft vorliegt, ist anhand einer wirtschaftlichen Betrachtung (nicht formal rechtlich) vorzunehmen. Parteien kraft Amtes kommen daher als Makler für das verwaltete Vermögen (Dritter) nicht in Betracht (zum Testamentsvollstrecker BGH NJW 00, 3781). Von einem Eigengeschäft ist beispielsweise auszugehen, wenn das Eigeninteresse des Maklers am Vertragsschluss deswegen dominiert, weil er Eigentümer oder Miteigentümer (auch als Mitgesellschafter) der betroffenen Sache ist (gilt auch für Inhaber von Rechten) ist (BGH WM 77, 317). Das ergibt sich auch aus dem allg Rechtsgedanken in § 2 II WoVermG (MüKo/*Roth* § 652 Rz 129). Danach können weder Eigentümer, Vermieter, Verwalter (dazu BGH NJW 03, 1393; nur für Miete, nicht für Kauf: BGH NJW-RR 05, 1033) noch Mieter einer Wohnung als Makler auftreten. Allerdings ist in Bezug auf Verwalter sehr genau zu prüfen, ob es sich um Verwalter iSd Vorschrift handelt (BGH NZM 03, 358, 359). Aufgrund der wirtschaftlichen Betrachtung sind die Einschaltung eines **Strohmanns** oder von Dritten, die für Rechnung des Maklers handeln, als Eigengeschäfte einzuordnen. Die Übernahme einer Mietgarantie des Wohnungsvermittlers ggü dem Eigentümer oder Vermieter allein reicht dafür aber nicht aus (BGH NJW-RR 06, 728). Dem Gedanken entgegenstehende AGB, die das Eigengeschäft mit der Folge der Vergütungspflicht erlauben, sind unwirksam (BGH NJW 91, 1678).

36 Schwierig ist die Frage zu beantworten, wie weit das Eigengeschäft bzw die Gleichstellung mit dem Eigengeschäft (BaRoth/*Kotzian-Marggraf* § 652 Rz 39) bei wirtschaftlicher Betrachtung genau reicht. Die Identität von Makler und Drittem soll auch gegeben sein, wenn **eine echte wirtschaftliche Verflechtung** besteht. Grund dafür ist, dass bei entspr Verflechtung die nach dem gesetzlichen Leitbild bestehende Unparteilichkeit und Unabhängigkeit wegen der unvermeidlichen Interessenkollision fehlt (BGH NJW 85, 2473). Eine Verflechtung liegt insb vor, wenn der Makler auf den Dritte oder der Dritte auf den Makler aufgrund der **wirtschaftlichen oder rechtlichen Abhängigkeit beherrschenden Einfluss** ausüben kann (kapitalmäßige Verflechtung mit einer Kapitalgesellschaft BGH NJW 85, 2473). Das ist immer dann der Fall, wenn die Eigenverantwortlichkeit nicht mehr festgestellt werden kann, etwa die wesentliche Beteiligung des Dritten an der Maklergesellschaft oder umgekehrt. Von einer wesentlichen Beteiligung ist erst auszugehen, wenn die Beteiligungsquote mindestens 20–25% beträgt (BGH DB 76, 2203; Oldbg ZMR 96, 83). Allerdings müssen bei solchen Quoten noch organisatorische oder funktionelle Verflechtungen hinzukommen. Eine geringfügige Beteiligung führt zur keiner relevanten Verflechtung (Frankf NJW-RR 03, 1428: 2%). Gleichzustellen ist der Fall, dass der Makler und der Dritte von derselben Obergesellschaft beherrscht werden (BGH NJW 74, 1130). Kriterium für die Entscheidung, ob eine echte Verflechtung vorliegt, ist letztlich die Zuordnung von Makler und Drittem zum gleichen Lager. Maßgebend sind insoweit die tatsächlichen gesellschaftsrechtlichen und wirtschaftlichen Verhältnisse. Die Wirkungen des § 15 HGB reichen nicht aus, um eine Verflechtung zu begründen (BGH NJW 09, 1809).

37 Im gleichen Lager stehen der Makler und der Dritte idR auch bei einem **institutionalisierten Interessenkonflikt** (sog unechte Verflechtung). Die Verflechtung wird insoweit aber nicht über eine Beteiligungsquote vermittelt (BGHZ 138, 170). Von solchen Interessenkonflikten ist auszugehen, wenn der Makler zur **Wahrnehmung der Interessen des Kunden als ungeeignet anzusehen** ist (BGH NJW-RR 98, 992; bei Gewinnbeteiligung: Frankf NJW-RR 03, 1428). Es muss anzunehmen sein, dass sich der Makler bei normalem Verlauf auf die Seite des Dritten stellt (BGH NJW-RR 05, 1033). Entspr Konflikte können bei einer Verbindung über

Dienst-, Arbeits- oder ähnliche Verhältnisse entstehen (Wohnungsverwalter: BGH NJW 03, 1393; bei Kauf: BGH NJW-RR 05, 1033; Handelsvertreter: BGH NJW 98, 1552). Dabei ist aber nicht jedes Arbeitsverhältnis zwingend ein Fall der unechten Verflechtung (BGHZ 138, 170). Nicht erfasst sind ferner die Verwalter von Wohnungseigentum (umstr MüKo/Roth § 652 Rz 122; anders bei Zustimmungsvorbehalt Köln NJW-RR 03, 516). Der BGH hat es abgelehnt, die Einschränkungen des WoVermG für Verwalter auf die Vermittlung oder den Nachweis von Kaufverträgen über Wohneigentum zu übertragen (BGH NJW-RR 05, 1033). Eine unechte Verflechtung ist auch anzunehmen, wenn der Makler zur Vertretung des Dritten ohne weitere Weisungen berechtigt ist (BGH NJW-RR 98, 992). Auf die Grundlage der Vertretungsmacht kommt es nicht an (für Geschäftsführer: BGH NJW 75, 1215). Darüber hinaus soll auch die Identität des Geschäftsführers für die unechte Verflechtung ausreichen können (Stuttg NJW 73, 1975; Hambg MDR 74, 228; bei wirtschaftlich identischen Gesellschaften BGH NJW 85, 2473).

Rein **persönliche Beziehungen** genügen dagegen nicht, um die Abhängigkeit zu begründen (BGH NJW 87, 1008). Zwischen Ehegatten/Lebenspartnern besteht allein wegen der Ehe keine unechte Verflechtung (BVerfGE 76, 126; 78, 128). Bei intakter Ehe ist der Schluss auf eine Verflechtung aber nahe liegend, was die Berücksichtigung gegenläufiger Interessen hindert. Bei Kenntnis des Auftraggebers von der Verflechtung soll der Vergütungsanspruch allerdings erhalten bleiben (BGH NJW 03, 1249; zur Übertragung auf andere Fälle Hamm MDR 00, 634 – Sohn). Darüber hinaus kann bei Eigengeschäften oder Verflechtungen ein von § 652 unabhängiges Vergütungsversprechen vereinbart werden (BGHZ 138, 170). In welcher Form das individualvertragliche Vergütungsversprechen abgegeben wird, auch als Vertrag zugunsten Dritter möglich (vgl BGH NJW 09, 1199), ist nicht entscheidend. Davon ist auszugehen, wenn das Versprechen in Kenntnis der Umstände abgegeben wurde, dass eine am gesetzlichen Leitbild orientierte Maklertätigkeit nicht möglich ist (BGH NJW 03, 1249; 00, 3781). 38

2. Auftraggeber des Hauptvertrags. Der tatsächlich abgeschlossene Hauptvertrag muss mit dem nach dem Maklervertrag durch Nachweis oder Vermittlung angestrebten Hauptvertrag übereinstimmen. Die entspr Entscheidung wird anhand der **persönlichen und wirtschaftlichen (inhaltlichen) Übereinstimmung** der Verträge getroffen (häufig auch mit Identität oder Kongruenz umschrieben). Um den Makler nicht schutzlos der Gestaltungsfreiheit der Vertragsparteien auszusetzen, kommt es darauf an, dass bei wertender Betrachtung keine wesentlichen Abweichungen zwischen den zu vergleichenden Verträgen vorliegen (BGH NJW 89, 1486; Karlsr NJW-RR 03, 1695). Für Verträge, welche die Kriterien nicht erfüllen, besteht eine Vergütungspflicht nur bei entspr individualvertraglicher Vereinbarung (Rn 37). Ferner ist eine nachträgliche Änderung und Anpassung des Maklervertrags denkbar. Eine solche Änderung kann aber nicht allein darin gesehen werden, dass der Auftraggeber eine sich bietende Gelegenheit ausnutzt, die aber als Maklerleistung nicht angestrebt wurde (Karlsr NJW-RR 03, 1695, 1697). Ausnahmsweise kann die Berufung auf die fehlende Übereinstimmung der Verträge treuwidrig sein, wenn im Einzelfall derselbe wirtschaftliche Erfolg erzielt wird (BGH NJW-RR 04, 851). Die Beweislast liegt beim Makler (BGH NJW 98, 2277). Um Streitigkeiten zu vermeiden, empfiehlt es sich, die wirtschaftlichen Ziele im Maklervertrag möglichst genau festzulegen. 39

a) Wirtschaftliche inhaltliche Übereinstimmung. Bei der Beurteilung der inhaltlichen Übereinstimmung des mit der Maklerleistung angestrebten Vertrags mit dem tatsächlich abgeschlossenen Vertrag ist von dem im Maklervertrag niedergelegten wirtschaftlichen Ziel auszugehen (BGH NJW 98, 2278). Dabei ist zu berücksichtigen, dass nur der Abschluss des Hauptvertrags Voraussetzung für den Vergütungsanspruch des Maklers ist. Die Durchführung des Vertrags bleibt daher bei der Entscheidung regelmäßig unberücksichtigt, ob eine Übereinstimmung vorliegt. Keine Auswirkungen auf die Übereinstimmung haben damit Mängel des Vertragsobjekts (Ddorf NJW-RR 00, 1724), die über das Gewährleistungsrecht zu beheben sind. Ferner beseitigen unwesentliche Abweichungen die Übereinstimmung nicht. Zur Frage der Wesentlichkeit gibt es zahllose Gerichtsentscheidungen, die jeweils die **konkreten Umstände des Einzelfalles** betonen. Ein hinter dem angestrebten Vertragsgegenstand zurückbleibender Vertragsgegenstand überschreitet die Grenze zur Wesentlichkeit erst, wenn er nicht mehr gleichwertig einsetzbar ist; nicht aber bei einer geringeren Darlehenssumme, welche die Finanzierung gleichwohl ermöglicht (BGH NJW 82, 2662) oder den Erwerb bzw die Anmietung eines Teilobjekts (BGH NJW 90, 184; 96, 113 – für Miteigentum statt Alleineigentum; dagegen Kongruenz bei Miteigentum statt Alleineigentum – BGH NJW 08, 651). Die Ablösung einer im Verhältnis zum Kaufpreis geringwertigen Mietoption eines Dritten ist eine unwesentliche Abweichung (Hambg NZM 03, 160). Abweichungen, insb nach unten, sind bei der Gegenleistung (Kaufpreis) unerheblich, soweit sie sich in einem für das Geschäft üblichen Rahmen halten (BGHZ 141, 40 – knapp 10%; weitere Beispiele: Frankf NZM 01, 908 – 15%; Stuttg NZM 00, 918; Zweibr NJW-RR 99, 1502 – 19%) Die Erheblichkeit wurde aber bei mehr als 20% angenommen (Ddorf NJW-RR 93, 1272). Aus dem Maklervertrag kann sich allerdings ergeben, dass es auf den Preis nicht entscheidend ankommt; ferner ist eine nachträgliche Änderung des Vertrags denkbar (BGHZ 141, 40). **Wirtschaftlich gleichwertig** kann auch der Austausch des Objekts sein, wenn statt des angestrebten Grundstücks alle Anteile an der Eigentümer GmbH erworben werden (BGH NJW 98, 2277; BGHZ 161, 349; NJW-RR 06, 496: Zur Gleichwertigkeit von hare deal und asset deal). 40

41 Ergibt sich aus den Umständen, dass eine Teilfläche den ursprünglichen Vorstellungen nicht entspricht, liegt eine **wesentliche Abweichung** vor (Köln MDR 01, 500). Gleiches gilt bei der Anmietung erheblich kleinerer Räumlichkeiten (Hamm NJW-RR 99, 633). Der Erwerb von Wohnungseigentum und der beabsichtigte Erwerb einer Doppelhaushälfte sind nicht gleichwertig (Karlsr NJW-RR 03, 1695). Das gilt regelmäßig auch für einen anderen als den beabsichtigten Vertragstyp, etwa Tausch statt Kauf, Vermietung statt Verkauf (Karlsr NJW-RR 95, 753) oder Zwangsversteigerung statt Kauf (BGHZ 112, 59, 60; s.a. Rn 28). Entsteht eine doppelt so hohe monatliche Belastung bei der tatsächlich durchgeführten Finanzierung, kann nicht mehr von einer Übereinstimmung ausgegangen werden (zB Zwischenkredit statt Hypothekendarlehen BGH NJW 88, 967). Ist der Vertrag aus Rechtsgründen nicht erfüllbar, soll ebenfalls eine wesentliche Abweichung vorliegen (Hamm NZM 01, 898).

42 **b) Persönliche Übereinstimmung.** Bezugssubjekt der persönlichen Übereinstimmung ist der Auftraggeber des Maklervertrags. Ein Dritter ist es nur dann, wenn das Geschäft mit einem bestimmten Dritten abgeschlossen werden sollte (Hamm NJW-RR 95, 820). Der Hauptvertrag muss regelmäßig zwischen dem **Auftraggeber des Maklervertrags und einem Dritten** zustande kommen. Abweichende Festlegungen zum Vertragspartner des Hauptvertrags sind im Maklervertrag möglich und führen bei entspr Umsetzung zur Übereinstimmung (BGH NJW 98, 62; Vater für den Sohn: Karlsr NJW-RR 03, 1495). Gleichwohl bleibt der Auftraggeber Schuldner der Maklervergütung. Der Makler hat den Vergütungsanspruch allerdings erworben, wenn statt des Auftraggebers eine andere Person Vertragspartei des Hauptvertrags wird und wirtschaftlich das gleiche (angestrebte) Ergebnis erzielt wird (BGH NJW 95, 3311). Das ist insb der Fall, wenn zwischen dem Auftraggeber des Maklervertrags und der anderen Person persönlich oder wirtschaftlich enge Verbindungen bestehen (BGH NJW-RR 98, 411). Ein bewusstes Vorschieben ist nicht erforderlich (BGH NZM 04, 428).

43 Besonders deutlich kann die Gleichwertigkeit sein, wenn statt des **Auftraggebers ein naher Familienangehöriger** Vertragspartner wird und ein gemeinsamer Nutzen aus dem Hauptvertrag gezogen wird (für Ehegatten: BGH NJW 76, 1844; Kobl NJW-RR 04, 414; aA zweifelhaft Hamm NJW-RR 88, 686; für den Bruder: Im Einzelfall ausreichend Frankf NJW-RR 00, 434, ansonsten abzulehnen Hambg NZM 03, 160). Darüber hinaus kann ein Lebensgefährte als Vertragspartner ausreichen, wenn der Lebensgefährte Mitauftraggeber des Maklervertrags ist (BGH NJW 91, 490; zum Sonderfall Wohngemeinschaft Jena NJW-RR 05, 1509). Die engen persönlichen Beziehungen erfordern eine gewisse Dauer und einen gemeinsamen Nutzen aus dem Hauptvertrag. Selbst bei Vorliegen der Merkmale ist die indizierte Vermutung im Einzelfall widerlegbar (BaRoth/*Kotzian-Marggraf* § 652 Rz 32). Die persönliche Beziehung allein erlaubt keinen Schluss auf die persönliche Übereinstimmung der Verträge.

44 **Enge wirtschaftliche Verbindungen** sind den persönlichen Bindungen gleichzustellen. Auf den gemeinsamen Nutzen wird man auch dabei nicht verzichten können. Die Identität von Gesellschaftern und Geschäftsführern bei zwei Gesellschaften lassen einen solchen Schluss zu, wenn eine Gesellschaft Auftraggeber des Maklervertrags und die andere Gesellschaft Vertragspartner des Hauptvertrags ist (BGH NJW 95, 3311). Nicht ausreichend ist die bloße Zugehörigkeit von zwei Gesellschaften zu einem Konzern (München NJW-RR 95, 1525). Nicht in diesen Zusammenhang gehören die Fälle der Rechtsnachfolge (Erbe oder Gesellschafter einer Personengesellschaft BGH WM 93, 2255), insoweit reicht die rechtliche Verknüpfung aus. Das gilt auch für den Fall der Vorgesellschaft und die durch Eintragung entstehende Kapitalgesellschaft.

45 **3. Wirksamkeit des Hauptvertrags.** Voraussetzung für den Vergütungsanspruch des Maklers ist neben dem Vertragsschluss in Bezug auf den Hauptvertrag auch dessen Wirksamkeit. Der Makler trägt damit das **Risiko der im Vertrag angelegten Unvollkommenheit** (BGH NJW 01, 966). Das betrifft alle rechtshindernden Einwendungen, insb die Formnichtigkeit, Gesetzes- und Sittenwidrigkeit sowie die Anfechtung wegen Irrtums und arglistiger Täuschung. Ferner kann bei einem Vertragsschluss unter einer aufschiebenden Bedingung die Vergütung erst verlangt werden, wenn die Bedingung eingetreten ist (§ 652 I 2 – zB Aufbringung von Mitteln: Ddorf NJW-RR 98, 1207; Sicherung der Erschließung: BGH NZM 01, 476). Der Auftraggeber ist nicht zur Herbeiführung der Bedingung verpflichtet (BGH WM 71, 905). § 162 ist insoweit allerdings zu beachten (BGH NJW-RR 02, 50). Im Gegensatz zur aufschiebenden Bedingung entsteht bei einer auflösenden Bedingung der Vergütungsanspruch mit wirksamem Vertragsschluss (zur abweichenden Vereinbarung: BGH WM 77, 21). Die Gefahren der Vertragsdurchführung und damit zusammenhängende rechtsvernichtende Einwendungen (zB Rücktritt, Aufhebung, Kündigung) fallen in den Risikobereich des Auftraggebers und lassen den Vergütungsanspruch des Maklers grds unberührt (BGH WM 74, 257, 259). Darüber hinaus gibt es aber Sachverhalte, die sich nicht eindeutig dem wirksamen Vertragsabschluss einerseits oder der Vertragsdurchführung andererseits zuordnen lassen (zB anfängliche Unmöglichkeit, vereinbarter Rücktritt und Widerruf; dazu Rn 48, 50).

46 **a) Abschlussgefahren.** Dem Risikobereich des Maklers sind die Gefahren der **Formnichtigkeit** (§ 125) des *Hauptvertrags* zuzuordnen. Wird bei Grundstückskaufverträgen die Form des § 311b I nicht eingehalten, entsteht kein Anspruch auf Vergütung (BGH WM 77, 1049). Worauf der Formmangel zurückzuführen ist, spielt idR keine Rolle (auch bei unzutreffend beurkundetem Kaufpreis: Palandt/*Sprau* § 652 Rz 35). Wird der Formmangel allerdings geheilt, ist dies für den Vergütungsanspruch des Maklers zu berücksichtigen. Ein Verstoß des Hauptvertrags gegen ein **gesetzliches Verbot** (Hamm MDR 86, 756) führt genauso zur Nichtigkeit des Hauptvertrags, wie ein Verstoß gegen die **guten Sitten** oder Wucher (BGH NJW 99, 2360; zum Vergütungsanspruch von „Callgirl-Agenturen": MüKo/*Roth* § 652 Rz 66). Bei Beteiligung von Geschäftsunfähigen fehlt es schon an einem Vertragsschluss.

Die Nichtigkeit des Hauptvertrags aufgrund der **Rückwirkung der Anfechtung** (§ 142 I) lässt den Vergütungsanspruch ebenfalls entfallen (aA: BGH DB 76, 2256; Staud/*Reuter* § 652 Rz 94). Erforderlich ist aber die Anfechtung, die bloße Anfechtbarkeit genügt nicht (Hamm NJW-RR 00, 1724, 1725). Neben der arglistigen Täuschung (§ 123) ist die Rechtsfolge auch für den Irrtum (§ 119) sachgerecht, weil die Willensentschließung und Willensbetätigung der Parteien frei von derartigen Einflüssen erfolgen soll (s.a. *Fischer* NJW 07, 3107, 3109). Bei welcher Partei des Hauptvertrags der Anfechtungsgrund vorliegt, ist nicht entscheidend (BGH DB 80, 2076). Schiebt der Makler für den Abschluss des Hauptvertrags lediglich einen Strohmann vor und täuscht seinen Auftraggeber arglistig, ist er nicht Dritter iSd § 123 II (Zweibr. NZM 02, 175). 47

Nicht vollständig geklärt ist die Rechtslage bei anfänglicher **Unmöglichkeit der im Hauptvertrag** versprochenen Leistung. Die ältere Rspr ist nur noch bedingt verwertbar (etwa BGH NJW-RR 92, 558), da seit Einführung des § 311a I Verträge, deren Erfüllung anfänglich objektiv unmöglich ist, gleichwohl wirksam sind. Aus dem Gedanken des § 652 I 2 dürfte zu entnehmen sein, dass aus dem Hauptvertrag zumindest ein Anspruch im Hinblick auf die Hauptleistung möglich sein muss. Erst dadurch soll der Makler seine Vergütung verdient haben. Bei anfänglich objektiver Unmöglichkeit kann kein Sachleistungsanspruch entstehen (§ 275 I). Ist auch kein Schadensersatzanspruch statt der Leistung entstanden (§ 311a II), wäre eine Vergütungspflicht für den Auftraggeber nicht sachgerecht (ähnl MüKo/*Roth* § 652 Rz 170; *Dehner* NJW 02, 3747; aA BaRoth/*Kotzian-Marggraf* § 652 Rz 34; *Althammer* ZMR 03, 129). 48

Eine Gefahr, die dem Risikobereich des Maklers zuzuordnen ist, stellt die **Genehmigungsbedürftigkeit des Hauptvertrags** dar. Nur beim Vorliegen der Genehmigung, von welcher die Wirksamkeit des Vertrags abhängig ist, entsteht der Vergütungsanspruch (BGH NJW-RR 08, 564; BGHZ 60, 385; zur Baugenehmigung: BGH NZM 01, 476). Bezieht sich das Genehmigungsbedürfnis nur auf das Erfüllungsgeschäft und kann die Genehmigung nicht erteilt werden, liegt ein Fall der anfänglichen Unmöglichkeit vor (vgl dazu Rn 48). Liegt die Erteilung der Genehmigung hingegen im Ermessen der Behörde, verwirklicht sich eine Gefahr, die mit der Vertragsdurchführung im Zusammenhang steht (MüKo/*Roth* § 652 Rz 167). 49

b) Gefahren der Vertragsdurchführung. Ohne Einfluss auf den Vergütungsanspruch des Maklers bleiben nachträgliche Geschehnisse mit Wirkungen auf den Hauptvertrag. Die Parteien des Hauptvertrags können sich dem Vergütungsanspruch insb nicht dadurch entziehen, dass sie den Vertrag einvernehmlich aufheben (BGH NJW-RR 93, 248; 02, 50). Gleiches gilt für den Rücktritt aufgrund eines **gesetzlichen Rücktrittsrechts** (BGH NJW 74, 694) sowie die Minderung (BGH WM 77, 21; Hamm NJW-RR 00, 1724). Das gilt unabhängig davon, ob das gesetzliche Rücktrittsrecht über das Gewährleistungsrecht (§§ 437 Nr 2, 634 Nr 3) oder das allg Leistungsstörungsrecht (§§ 323, 326 V) berufen ist. In die Reihe lassen sich ferner die Kündigung und die Wirkungen beim **Wegfall der Geschäftsgrundlage** (§ 313 III) einordnen (BGH NJW-RR 05, 1506), aber auch die nachträgliche Unmöglichkeit der Sachleistung. Das Risiko der nachträglichen Vertragseinwirkungen trägt der Auftraggeber des Maklervertrags. Der BGH hat auch die Forderung von Schadensersatz statt der ganzen Leistung aufgrund einer Pflichtverletzung als für die Vergütung unschädlich angesehen, wenn die ursprüngliche Wirksamkeit des Vertrags erhalten bleibt (BGH NJW 09, 2810). 50

Die Grundsätze sind allerdings nicht für alle Fälle passend. Wird ein Vertrag gekündigt, obwohl auch eine Anfechtung (zB wegen arglistiger Täuschung) hätte erklärt werden können, so verwirklicht sich letztlich doch der anfängliche Makel. Das gilt insb im Gesellschaftsrecht, wenn die Kündigung als Gestaltungsrecht auch für Anfechtungsgründe in Betracht kommt (BGH NJW 79, 976). Hier ist der Anspruch auf Vergütung ausgeschlossen (BGH NJW 01, 966). Für den vertraglichen Rücktritt oder die einvernehmliche Vertragsaufhebung kann bei vorhandener Anfechtungslage nichts anderes gelten (Hambg NJW-RR 99, 351; Köln NJW-RR 97, 693). Darauf hat der BGH (NJW 05, 3778, 3779) für den Fall der Arglist nochmals hingewiesen. Umstr ist das Schicksal des Vergütungsanspruchs, wenn neben dem **Rücktrittsgrund eine Anfechtungsmöglichkeit** nach § 119 II besteht. Dabei ist zu entscheiden, ob der Vorrang des Gewährleistungsrechts im Hauptvertrag auf den Maklervertrag zu übertragen ist (eher abzulehnen: MüKo/*Roth* § 652 Rz 171; Palandt/*Sprau* § 652 Rz 39). 51

Besondere Schwierigkeiten wirft die Zuweisung des Risikos im Hinblick auf den Vergütungsanspruch beim **vertraglichen Rücktrittsrecht** und dem Widerrufsrecht auf. Während bei der Ausübung des gesetzlichen Rücktrittsrechts der Vergütungsanspruch regelmäßig unberührt bleibt (Rn 50, 51), ist beim vertraglichen Rücktrittsrecht zu differenzieren. Die Rspr folgt der Zuweisung des Risikos zum Auftraggeber nur, wenn mit der Vereinbarung lediglich eine Verstärkung oder Absicherung des gesetzlichen Rücktrittsrechts erfolgen soll (BGH NJW 74, 695; WM 93, 342). Anders soll dagegen zu entscheiden sein, wenn ein vorbehaltsloses Rücktrittsrecht eingeräumt wird (BGHZ 66, 270; Karlsr NJW-RR 05, 574). Letztlich wird sich die Gefahr nur anhand des Einzelfalles dem Vertragsschluss oder der Vertragsdurchführung zuweisen lassen (BGH NJW 97, 1583). Maßgebend ist die Vereinbarung im Maklervertrag. Von der Zuordnung der Gefahr zum Vertragsschluss soll auszugehen sein, wenn das Rücktrittsrecht an die Zahlung des Kaufpreises geknüpft wird und mit 52 der Zahlung die Vergütung beglichen werden sollte (Kobl NJW-RR 97, 887). Gleiches dürfte für die Fälle gelten, in denen das Rücktrittsrecht von Umständen bzw Unsicherheiten abhängig gemacht wird, die von keiner Partei beeinflussbar sind (Dresd NJW-RR 96, 694) oder an kurze Fristen gebunden werden (BGH NJW-RR 00, 1302). Letzteres dürfte auch auf das **Widerrufsrecht** zutreffen.

53 Den Gefahren der Vertragsdurchführung ist die Ausübung eines **schuldrechtlichen Vorkaufsrechts** zuzuweisen. Für einen Verkäufer bestehen insoweit zwei Möglichkeiten, von denen er eine Möglichkeit erst durch seine Entscheidung vereitelt. Auf den Vergütungsanspruch des Maklers hat dies keine Auswirkung (Staud/*Reuter* § 652 Rz 109). Führt der Hauptvertrag aber deshalb nicht zum Erfolg, weil ein **gesetzliches oder dingliches Vorkaufsrecht** ausgeübt wird, entfällt der Vergütungsanspruch des Maklers (zu vergütungserhaltenden Maklerklauseln zu Lasten des Käufers: BGHZ 131, 318). Die Maklerleistung ist für den Auftraggeber (Käufer) von Anfang an wertlos (BGH NJW 99, 2271; anders aber beim Kreditmakler: BGH NJW 82, 2662). Ist der Verkäufer der Auftraggeber des Maklers, bleibt der Vergütungsanspruch erhalten, sofern ein gleichwertiges Geschäft abgeschlossen wird (Palandt/*Sprau* § 652 Rz 41).

54 **VI. Kausalzusammenhang und Kenntnis. 1. Kausalzusammenhang.** Zwischen der Tätigkeit des Maklers und dem Abschluss des Hauptvertrags muss ein ursächlicher Zusammenhang bestehen. Der Vergütungsanspruch entsteht nur, wenn der Hauptvertrag „infolge" der Tätigkeit des Maklers wirksam zustande gekommen ist. Dabei ist allg anerkannt, dass ein mitursächlicher Beitrag genügt. Der Beitrag muss aber wesentlich sein (BGH WM 88, 725; Zweibr NJW-RR 99, 1502). Entscheidend ist insoweit, ob der Abschluss des Hauptvertrags noch als **Ergebnis der finalen Tätigkeit** des Maklers angesehen werden kann (BGHZ 141, 40, 46). Das hat zur Folge, dass beim Tätigwerden von mehreren Vermittlungsmaklern auch mehrere Vergütungsansprüche entstehen können, falls ein mitursächlicher wesentlicher Beitrag mehrerer Makler festzustellen ist (MüKo/*Roth* § 652 Rz 178). Der bloße Eintritt des angestrebten Erfolgs an sich genügt für den Vergütungsanspruch aber nicht (BGHZ 141, 40, 45). Hypothetische Kausalabläufe (zB Kunde und Dritter wären auch auf anderem Wege zueinander gekommen) sind nicht zu berücksichtigen (Karlsr NJW-RR 96, 628). Eine abweichende Individualvereinbarung der Parteien ist möglich (BGH WM 86, 209), allerdings nur soweit gesetzlich kein ausdrückliches Verbot besteht (§§ 655c, 655e, § 2 I, V WoVermG).

55 Die **Mitursächlichkeit** der wesentlichen Maklertätigkeit für den Abschluss des Hauptvertrags wird nicht allein dadurch beseitigt, dass ein längerer Zeitraum zwischen den Verträgen liegt (BGH NJW 99, 1255: vier Monate; Hambg ZMR 02, 839: drei Jahre). Sind zwischen dem Nachweis und dem Abschluss des Hauptvertrags ein Jahr oder mehr vergangen, ist ein Schluss auf den Ursachenzusammenhang aber nicht mehr ohne weiteres möglich (BGH NJW 06, 3062). Die Rspr ist im Hinblick auf die Kausalität jedoch in anderen Bereichen großzügig, insb, wenn die Verhandlungen über den Abschluss des Hauptvertrags gescheitert sind und später doch noch ein entspr Vertrag zustande kommt (BGH NJW 08, 651; NJW-RR 96, 69). Die Kausalität soll selbst dann noch vorliegen, wenn der spätere (erneute) Kontakt durch eine geschaltete Anzeige entsteht (BGH NJW 80, 123; 99, 1255). Die wesentliche Maklertätigkeit dürfte insoweit zumindest fraglich sein und ist abzulehnen, wenn der Dritte die Absicht zum Vertragsschluss zunächst ohne Vorbehalte aufgegeben hat. Die Rspr geht nur ausnahmsweise von der **Unterbrechung des Kausalzusammenhangs** aus (Zweibr NJW-RR 99, 1502). Dabei ist die Abgrenzung zum Abschluss eines nicht übereinstimmenden Hauptvertrags allerdings fließend (Rn 34 ff).

56 Die Ursächlichkeit der Tätigkeit des Nachweismaklers setzt voraus, dass ein Anstoß für den Abschluss des **konkreten Hauptvertrags** gegeben wurde (BGHZ 141, 40, 45). Der Vergütungsanspruch des Nachweismaklers kann durch entspr Vorkenntnisse des Auftraggebers ausgeschlossen sein. In diesen Fällen fehlt es an einem Ursachenzusammenhang des Nachweises mit dem Abschluss des Hauptvertrags (BGH NJW-RR 98, 411). Das gilt allerdings nur, soweit die nachgewiesenen Informationen tatsächlich bekannt waren (BGH NJW-RR 96, 114). Falls nur das Objekt bekannt war, ist der Nachweis der Verkaufsbereitschaft ausreichend, um den Vergütungsanspruch entstehen zu lassen (BGH NJW-RR 91, 950; **Beweislast der Ursächlichkeit** beim Makler: BGH WM 85, 359, allerdings Erleichterung falls hinreichend enger zeitlicher Zusammenhang: BGH NJW 71, 1133, dann muss der Auftraggeber die Vorkenntnis nachweisen: MüKo/*Roth* § 652 Rz 190). Dabei ist zu berücksichtigen, dass der BGH es bisher abgelehnt hat, eine (mögliche) Verpflichtung zur Unterrichtung des Maklers über Vorkenntnisse oder anderweitig erhaltene Informationen anzunehmen bzw aus der Verletzung Wirkungen für den Vergütungsanspruch abzuleiten (BGH NJW 71, 1133; eine Pflicht angedeutet: Köln NJW-RR 93, 764).

57 Die Ursächlichkeit der Tätigkeit des Vermittlungsmaklers ist gegeben, wenn dadurch nicht lediglich ein unwesentlicher Beitrag (zur Vermittlung s. Rn 30) zum Abschluss des Hauptvertrags geliefert wurde (BGH WM 74, 257). **Vorkenntnisse** des Auftraggebers spielen insoweit keine Rolle. Ferner wirkt die Vermittlungstätigkeit auch fort, wenn der Maklervertrag beendet wurde und der Hauptvertrag gleichwohl zustande kommt. Sehr strenge Anforderungen stellt die Rspr an völlig neue Vertragsverhandlungen zwischen den zum *Abschluss des Hauptvertrags vorgesehenen Parteien*, die keinen Vergütungsanspruch begründen (BGH NJW-RR 96, 691; MüKo/*Roth* § 652 Rz 184; Palandt/*Sprau* § 652 Rz 51). Das Einschalten mehrerer Makler kann bei wesentlichen Beiträgen mehrere Vergütungsansprüche auslösen (s. Rn 54).

2. Kenntnis des Auftraggebers. Es ist allg anerkannt, dass als ungeschriebenes Tatbestandsmerkmal für das **58** Entstehen des Vergütungsanspruchs des Maklers regelmäßig die Kenntnis des Auftraggebers von der Tätigkeit des Maklers erforderlich ist (so schon RGZ 31, 289, 291; MüKo/*Roth* § 652 Rz 196). Die Kenntnis muss spätestens bei Abschluss des Hauptvertrags vorliegen. Der Grund für das Erfordernis der Kenntnis wird darin gesehen, dass die **Vergütung als Gestaltungsfaktor** für den Preis eine Rolle spielt. Die bloße Möglichkeit der Kenntnisnahme kann daher nicht ausreichen (Karlsr ZMR 99, 38; Palandt/*Sprau* § 652 Rz 52). Andererseits ist die Kenntnis nicht erforderlich, wenn feststeht, dass der Auftraggeber den Hauptvertrag in jedem Fall mit dem entspr Inhalt abgeschlossen hätte (BGH NJW-RR 94, 1260, 1261). Der Auftraggeber soll sich auch nicht mit dem Argument seiner Vergütungspflicht entziehen können, dass er keine Kenntnis hatte, wenn er eine gebotene Rückfrage beim Makler unterlassen hat (München NJW 68, 894). Der Zugang eines Objektangebots an den Auftraggeber wird als Indiz für die Kenntnis zu werten sein. Gleiche Ergebnisse lassen sich für den Auftraggeber ausschl anhand der Tatbestandsmerkmale des § 652 I erzielen, wenn im Einzelfall ein Schadensersatzanspruch des Auftraggebers gegen den Makler wegen einer Informationspflichtverletzung gewährt wird (MüKo/*Roth* § 652 Rz 197).

VII. Vergütung. § 652 I bezeichnet die Vergütung als Mäklerlohn. In der Praxis sind **andere Bezeichnun- 59 gen** üblich: Provision, Courtage, Gebühr oder Lohn. Auf die Bezeichnung kommt es aber nicht an. Die Vergütungspflicht kann im Hauptvertrag auf Dritte abgewälzt werden. Dabei handelt es sich insoweit um eine Vereinbarung zugunsten des Maklers (§ 328 I; BGHZ 138, 172; NJW 05, 3778). Wurde die Vereinbarung pflichtwidrig nicht in den Hauptvertrag aufgenommen, kann ein Schadensersatzanspruch bestehen (BGH NJW-RR 01, 705). Bei dem einem Makler gegebenen Versprechen, ihm unabhängig von einer Tätigkeit eine Provision zu zahlen, ist zu prüfen, welchen rechtlichen Charakter die Parteien dem Versprechen beilegen wollten. Es kann ein verschleierter Teil des Kaufpreises sein, es kann sich um eine Vergütung für Dienste handeln, die nicht unter § 652 fallen und es kann sich auch um ein Schenkungsversprechen handeln (BGH NJW-RR 07, 55).

1. Höhe der Vergütung. Für die Höhe der Vergütung ist primär die vertragliche Vereinbarung und bei **60** Fehlen einer Vereinbarung § 653 II maßgebend (zur ergänzenden Berücksichtigung von Handelsbräuchen BGHZ 94, 98). Sonderregelungen sind für den Darlehensvermittlungsvertrag (Angabe eines Prozentsatzes: § 655b I) und die Wohnungsvermittlung (§§ 3 I, 7 WoVermG) zu berücksichtigen. Für Wohnungsmakler sind **Höchstgrenzen** vorgesehen (§ 3 II WoVermG). Bei Wohnräumen darf die Vergütung zwei Monatsmieten (in zulässiger Höhe: BGHZ 51, 181; LG Dresden NJW-RR 97, 1481) zzgl Umsatzsteuer nicht überschreiten. Betriebskosten sind nicht einzubeziehen (anders bei Gewerberäumen: MüKo/*Roth* § 652 Rz 200). Die Vereinbarung eines Prozentsatzes der Gegenleistung des Hauptvertrags ist allerdings in anderen Maklerverträgen üblich (BGH NJW-RR 91, 914 zum vermittelten Kapital). Zur Gegenleistung zählen auch übernommen Belastungen (BGH NJW 98, 2277). Das gilt aber idR nicht für Verbindlichkeiten, die bei einem Unternehmenskauf übernommen werden (BGH NJW 95, 1738: Differenz zwischen Aktiva und Passiva). Maßgebend ist der Verkaufswert (BGHZ 161, 349). Eine Herabsetzung der Gegenleistung nach Vertragsschluss hat keine Auswirkung auf die Höhe der Vergütung. Vereinbarungen, dass dem Makler ein über einer bestimmten Gegenleistung hinausgehender Betrag zustehen soll, sind bis zur Grenze der Sittenwidrigkeit ebenfalls möglich (sog Übererlösklausel: BGH NJW-RR 94, 1260; Sittenwidrigkeit bei 12% des Kaufpreises). Wohnungs- (§ 2 IV WoVermG) und Arbeitsvermittler (§ 296 III SGB III) dürfen keine Vorschüsse verlangen oder entgegennehmen.

2. Durchsetzbarkeit. Der Vergütungsanspruch des Maklers wird bei voller Wirksamkeit des Hauptvertrags **61** fällig (BGH NJW 91, 2844). Eine **Vorverlagerung der Gesamtfälligkeit** zugunsten des Maklers ist mit dem Leitbild des § 652 I nicht vereinbar (Hamm NJW-RR 96, 1526); anders dagegen die Verschiebung zugunsten des Auftraggebers. Entspr kann die Fälligkeit bis zur Durchführung des Hauptvertrags hinausgeschoben werden (Palandt/*Sprau* § 652 Rz 71); das ist auch konkludent möglich (BGH WM 85, 482). Aus § 655c kann der allg Grundsatz abgeleitet werden, dass bei Widerrufsrechten die Fälligkeit erst eintreten soll, wenn das Recht ausgeschlossen ist (Fristablauf). Der **Anspruch verjährt** in drei Jahren (§§ 195, 199); darüber hinaus gelten die allgem Regeln. Zur Verwirkung des Vergütungsanspruchs s. § 654. Zur Bestimmung und Durchsetzung des Anspruchs auf Vergütung steht dem Makler ggü dem Auftraggeber ein Auskunftsanspruch zu (zur Grundlage vgl § 242 Rn 68 ff; Ddorf NJW-RR 96, 1464). Die Vorlage des Hauptvertrags kann allerdings idR *nicht verlangt werden* (Ddorf NJW-RR 96, 1464). Die Voraussetzungen des § 810 liegen nicht vor.

3. Beweislast. Die Darlegungs- und Beweislast für alle anspruchsbegründenden Tatsachen trägt der Makler. **62** Das bezieht sich auf: die Wirksamkeit des Maklervertrags (zum Hinweis auf die Entgeltlichkeit: BGH NJW-RR 99, 361), den Nachweis oder die Vermittlung, den Abschluss des wirksamen Hauptvertrags, der mit der angestrebten Maklertätigkeit übereinstimmt (zu Erleichterungen bei wirtschaftlicher (und persönlicher) Gleichwertigkeit BGH NJW 98, 2277) und im Grundsatz für den Kausalzusammenhang zwischen der Maklertätigkeit und dem Abschluss des Hauptvertrags (Ausnahmen Rn 56).

63 4. Gerichtliche Durchsetzung. Neben der gewöhnlichen Leistungsklage zur Durchsetzung des Anspruchs auf Vergütung wird häufig eine Stufenklage in Betracht kommen. Der Bezifferung der Klage geht dabei das Begehren um Auskunft voraus, welches es ermöglichen soll, die Vergütung zu bestimmen, die abhängig von der Gegenleistung des Hauptvertrags vereinbart wurde und der Durchsetzung des materiellen Auskunftsanspruchs (Rn 61) dient (BaRoth/*Kotzian-Marggraf* § 652 Rz 54). Im gerichtlichen Streit um Fragen des Hauptvertrags kann eine Streitverkündung angezeigt sein, um für den Auftraggeber einheitliche Wirkungen, auch im Hinblick auf den Maklervertrag, zu gewährleisten.

64 VIII. Aufwendungsersatz § 652 Abs 2. Der Makler kann für seine Aufwendungen im Zusammenhang mit seiner Tätigkeit vom Auftraggeber Ersatz nur verlangen, wenn eine entspr Vereinbarung besteht (auch bei Alleinauftrag: BGH BB 73, 1141). Ohne eine solche Vereinbarung besteht kein Anspruch, auch nicht aus Bereicherungsrecht. Der Aufwendungsersatz ist ohne besondere Vereinbarung insbesondere in den Fällen ausgeschlossen, in denen wegen des nicht zustande gekommenen Vertrags kein Vergütungsanspruch besteht. Die Vereinbarung des Aufwendungsersatzes kann individuell oder in AGB erfolgen (BGHZ 99, 374). Im letzteren Fall kann aber lediglich der Ersatz der konkret entstandenen Aufwendungen wirksam vereinbart werden (BGHZ 99, 374, 382). Die **Vereinbarung von Pauschalen** ist nur in engen Grenzen möglich (BGHZ 99, 374, 383; Oldbg NJW-RR 05, 1287). Nicht ersatzfähig sind allg Aufwendungen für den Geschäftsbetrieb oder den Zeitaufwand. Bei individualvertraglichen Absprachen können Pauschalen und Prozentsätze eingesetzt werden (zum Erfordernis der notariellen Beurkundung bei Grundstückskaufverträgen: Frankf NJW-RR 86, 597). Ein **Erfolgsbezug** ist für den Aufwendungsersatz nicht erforderlich (MüKo/*Roth* § 652 Rz 212). Weitere Beschränkungen finden sich für den Wohnraummakler (§ 3 III WoVermG) und den Darlehensvermittler (§ 655d). Auf den vereinbarten Aufwendungsersatzanspruch finden die Regeln des Auftragsrechts Anwendung (§§ 670, 669, 667; zur Abrechnung von Vorschüssen: Karlsr NJW-RR 03, 1426).

65 IX. Weitere Pflichten aus dem Maklervertrag. Neben der Verpflichtung zur Zahlung des Maklerlohns ergeben sich aus dem Maklervertrag für den Makler und für den Auftraggeber weitere Pflichten. Nach dem gesetzlichen Leitbild ergibt sich aber keine Verpflichtung des Maklers zur Tätigkeit. Grundlage der **vertraglichen Pflichten ist § 241 II**. Je enger das Vertrauens- oder Treueverhältnis zwischen Makler und Auftraggeber ausgeprägt ist, desto mehr Rücksicht auf die Interessen der anderen Vertragspartei kann erwartet werden (BGH NZM 01, 474, 475). Bei sog Vertrauensmaklern, die zur ausschl Interessenwahrnehmung für den Auftraggeber verpflichtet sind, zeigen sich die besonderen Pflichten aus dem Vertrauensverhältnis ganz deutlich. Ein Vertrauensmakler darf nicht auf beiden Seiten als Vermittlungsmakler (wohl aber auf einer Seite als Nachweismakler) tätig sein (BGH NJW 64, 1467, Ausnahme: BGH NJW-RR 00, 430). Anhaltspunkte für die Stellung als Vertrauensmakler sind eine lange Vertragsdauer oder eine ungewöhnlich geringe Vergütung.

66 1. Pflichten des Maklers. Den Makler treffen ggü dem Auftraggeber eingeschränkte Auskunfts- und Hinweispflichten. Das ist Ausdruck der Rolle des Maklers als Interessenvertreter des Auftraggebers. **Besondere Kenntnisse** können vom Makler aber grds nicht erwartet werden (Celle NJW-RR 03, 418: Nachweismakler). Der Makler hat den Auftraggeber über alle ihm bekannten vertragsrelevanten Umstände (tatsächliche und rechtliche) richtig und vollständig aufzuklären (BGH NJW-RR 03, 700). Die Reichweite bestimmt sich nach den Umständen des Einzelfalls (BGH NJW 00, 3642; zum Hauptvertrag: BGH NJW-RR 07, 1503; Hinweispflichten des Versicherungsmaklers: BGH WM 09, 1753; WM 09, 1435). **Nachforschungspflichten** treffen den Makler allerdings nicht ohne besondere Vereinbarung (Hamm NJW-RR 02, 780). Zweifel soll er dem Auftraggeber aber mitteilen (Kobl NJW-RR 97, 1281). Ferner hat er darauf zu achten, dass die Angaben seinem Auftraggeber keine falschen Vorstellungen vermitteln (BGH NJW-RR 91, 627). Bei besonderer wirtschaftlicher Bedeutung des Geschäfts für den Auftraggeber und entspr Sachkunde des Maklers können gesteigerte Pflichten bestehen (Möglichkeit eines Konkurrenzbetriebs in unmittelbarer Nähe: Ddorf NZM 01, 482). Gleiches dürfte bei einem erkennbar gesteigerten Informationsbedürfnis des Auftraggebers der Fall sein (BGH NJW 81, 2685). Im Immobilienbereich können die gesteigerten Pflichten bis zur Beratungsverpflichtung reichen (BGH NJW 00, 3642; Belehrung bei Kenntnis vom fehlenden Bebauungsplan: BGH WM 78, 1069). Gleiches gilt beim Nachweis oder der Vermittlung einer Kapitalanlage (BGH NJW 04, 1732) und allg bei riskanteren Geschäften. Steuerliche oder rechtliche Beratung im Hinblick auf den angestrebten Hauptvertrag schuldet der Makler idR nicht (§ 3 RDG, §§ 2, 3 StBerG; dazu Ddorf NJW-RR 97, 1280; Kobl NZM 03, 830). Bei der Vermittlung von Anlagen ist zu beachten, dass eine anlagegerechte Beratung zumindest in den Fällen geschuldet wird, in denen die Anwendbarkeit des WpHG (§§ 31 f WpHG) zu bejahen ist. Ein bei der Beurkundung des Hauptvertrags anwesender Makler, für den im Wege des Vertrags zugunsten Dritter ein eigener Provisionsanspruch gegen den Vertragsgegner seines Kunden begründet wird, ist dem Vertragsgegner nach den Grundsätzen der culpa in contrahendo zur Aufklärung verpflichtet, wenn er Kenntnis davon hat, dass sein Kunde bei einem vereinbarten Gewährleistungsausschluss unrichtige Angaben über den Zustand des Vertragsgegenstandes macht (BGH NJW 05, 3778).

67 Der Makler hat grds keine Verpflichtung, die erhaltenen **Angaben zu prüfen** (BGH NJW 00, 3642). Unerheblich ist, ob er die Angaben vom Auftraggeber oder von dritter Seite erhalten hat (Angaben im Exposé: Hambg ZMR 03, 511). Er darf allerdings insoweit keine falschen Auskünfte erteilen, dass er die Richtigkeit geprüft habe (BGH WM 91, 246). Bei eigenen Zweifeln hat er seinen Auftraggeber zumindest darauf hinzuweisen, dass er selbst keine Prüfung vorgenommen habe (BGH NJW-RR 03, 700). Eine eigene Prüfung muss er erst vornehmen, wenn die Angaben nach den vorauszusetzenden Kenntnisse seines Berufstandes ersichtlich unrichtig, nicht plausibel oder bedenklich sind (BGH NJW-RR 07, 711). Falls sich der Makler die Angaben zu Eigen macht, muss er sich daran festhalten lassen (Hamm NJW-RR 98, 269). Die Bonität des Dritten muss der Makler idR nicht überprüfen (Hamm MDR 93, 1174). Die Daten zur Ermittlung der Bonität (zB Schufa-Auskunft) müssen aber, falls eine Ermittlung vereinbart ist, vollständig ermittelt werden. Bei der Tätigkeit als Doppelmakler sollen nur die Anforderungen an die Informationspflicht als solche erhöht sein (MüKo/*Roth* § 652 Rz 265). In letztgenannten Fällen tritt die grds zu beachtende Verpflichtung zur Verschwiegenheit hinter die Informationsverpflichtung zurück.

Schuldhafte Verletzungen der Pflichten durch den Makler führen zu **Schadensersatzansprüchen** des Auftraggebers nach § 280 I. Der Anspruch kann dem Vergütungsanspruch des Maklers entgegengehalten bzw bei Bezifferung aufgerechnet werden. Ausnahmsweise kann als Naturalrestitution auch die Befreiung vom Vergütungsanspruch geschuldet werden, wenn der Auftraggeber den Hauptvertrag ohne die Pflichtverletzung nicht abgeschlossen hätte (BGH NJW 82, 1145; zur Drohung, die zur Vergütungsvereinbarung führte: Hamm, NJW-RR 01, 710). Beim Wechsel der privaten Krankenversicherung ist der Verlust der Altersrückstellung allein kein vom Makler zu ersetzender Schaden wegen fehlerhafter Beratung. Es ist vielmehr auf die Prämiendifferenz als konkreter Vermögensschaden abzustellen (BGH VersR 06, 1072). Das Verschulden eines Erfüllungsgehilfen wird nach § 278 zugerechnet; Mitverschulden ist nach § 254 zu berücksichtigen. In schwerwiegenden Fällen kann der Vergütungsanspruch verwirkt sein (§ 654 Rn 10). **68**

2. Pflichten des Auftraggebers. Der Auftraggeber ist ggü dem Makler zur Zahlung der Vergütung verpflichtet. Ansonsten treffen ihn nur die Nebenpflichten aus § 241 II. Eine Pflichtverletzung liegt idR nicht vor, wenn der Auftraggeber die ursprüngliche Absicht zum Abschluss des Hauptvertrags aufgibt oder erforderliche Mitwirkungshandlungen unterlässt (BGH NJW 67, 1225). Über die Entscheidung muss er den **Makler aber zeitnah unterrichten** (BGH WM 72, 444). Er muss nach dem gesetzlichen Leitbild ohne Vereinbarung weder Aufwendungsersatz leisten (§ 652 II), noch Gründe für die Ablehnung des Abschlusses des nachgewiesenen oder vermittelten Hauptvertrags darlegen. Er ist aber zum vertraulichen Umgang mit dem vom Makler erhaltenen Nachweisen verpflichtet (Kobl NJW-RR 94, 180). Falls keine andere Vereinbarung getroffen wird, darf der Auftraggeber mehrere Makler gleichzeitig einschalten. Schuldhafte Pflichtverletzungen des Auftraggebers führen zu einem **Schadensersatzanspruch** des Maklers nach § 280 I. Dabei wird häufig der Ersatz von nutzlosen Aufwendungen im Vordergrund stehen. Der Nachweis einer entgangenen Vergütung dürfte dem Makler regelmäßig nicht gelingen (Ddorf NJW-RR 00, 1079). **69**

X. Besondere Vereinbarungen der Vertragsparteien. Die auf einzelne Vorschriften beschränkten Regelungen zum Maklervertrag und die Möglichkeit zur Disposition über die Regelungen haben in der Praxis zu zahlreichen, weit verbreiteten Vereinbarungen geführt, die vom gesetzlichen Leitbild abweichen. Dabei ist zwischen Individualabreden und Vereinbarungen in AGB zu unterscheiden. Für **Individualvereinbarungen** stellen lediglich die Sittenwidrigkeit und die geltenden unabdingbaren gesetzlichen Sondervorschriften zum Maklerrecht (für Wohnraum- oder Arbeitsvermittlung, für die Darlehensvermittlung § 655e II) Grenzen dar (BGH WM 70, 392). In **AGB** versuchen gewerbliche Makler häufig, eine Rechtstellung ggü dem gesetzlichen Leitbild zu verbessern. Soweit die AGB Bestandteil des Vertrages werden (§§ 305 II, 305c I), unterliegen sie aber einer Inhaltskontrolle, wenn sie eine von den Rechtsvorschriften abweichende oder ergänzende Regelung enthalten (§ 307 III). Für die Beurteilung einer **unangemessenen Benachteiligung** (§ 307 I), die zur Unwirksamkeit der Klausel führt (§ 306 I), kommt dem gesetzlichen Leitbild des § 652 (BGH NJW 92, 2568) entscheidende Bedeutung zu (§ 307 II Nr 1). Zum gesetzlichen Leitbild sind insb die Voraussetzungen des Vergütungsanspruchs des Maklers und der damit einhergehende Erfolgsbezug der Tätigkeit zu rechnen sowie die Abschluss- und Entschließungsfreiheit des Auftraggebers im Hinblick auf den Hauptvertrag. Andere Normen, zB des VVG, können nicht in die Abwägung einbezogen werden, wenn sie sich gegen den Vertragspartner des Auftraggebers wenden (BGHZ 162, 67, 75). Dabei ist allerdings zu berücksichtigen, dass sich insb der Alleinauftrag als eigenständiger Vertragstyp herausgebildet hat (Rn 31) und auch iRd AGB als solcher behandelt werden sollte (MüKo/*Roth* § 652 Rz 253). Bestätigungen, dass eine Vereinbarung „ausgehandelt und vereinbart" sei, machen die Vereinbarung noch nicht zur Individualvereinbarung (BGHZ 99, 374). Eine Inhaltskontrolle findet ferner statt, falls der Maklervertrag ein Verbrauchervertrag (§ 310 III) ist. **70**

1. Einzelfälle zugunsten des Maklers. Die Vereinbarung einer erfolgsunabhängigen Vergütung bedarf einer klaren und eindeutigen Individualabrede (BGH NJW 84, 2162; beachte aber die gesetzlichen Einschränkungen: Wohnraumvermittlung und Darlehensvermittlung und bei Doppeltätigkeit: BGHZ 61, 17). In AGB ist eine Klausel wegen der **Abweichung vom gesetzlichen Leitbild unwirksam**, die dem Makler eine Vergütung ohne Rücksicht auf den Erfolg der Tätigkeit sichern soll (BGHZ 99, 374). Gleiches gilt für Klauseln, die der Vorverlagerung des Entstehens des Vergütungsanspruchs dienen, etwa durch Vereinbarung der Abhängigkeit von einem Vorvertrag oder einer Anzahlung (BGH NJW 75, 647; zu Reservierungsklauseln BGHZ 103, 235, 240). In diese Reihe gehört auch eine Klausel, nach welcher der Makler den Vergütungsanspruch selbst dann **71**

erwerben soll, wenn der Hauptvertrag nicht oder nicht wirksam abgeschlossen wird (sog Nichtabschlussklausel oder „Reuegeld", dazu BGHZ 103, 235, 239; 79, 367). Ferner eine Klausel, die den Auftraggeber verpflichtet, den Makler in jedem Fall hinzuzuziehen (BGHZ 88, 368, 371). Nur durch Individualabrede können Ersatzansprüche des Maklers in Höhe der Vergütung für den Fall von Vertragsverletzungen vereinbart werden. Der Anspruch auf Vergütung kann als besonderer Schadenersatz, als pauschalierter Schadensersatz oder als herabsetzbare Vertragsstrafe vereinbart werden (BGHZ 49, 84; beachte dabei § 4 WoVermG). In AGB zulässig ist dagegen eine Klausel, nach der die Vergütung geschuldet wird, wenn der Nachweis an einen Dritten weitergegeben wird und dieser den Vertrag abschließt (BGH NJW 87, 2431).

72 Klauseln, die den **Vergütungsanspruch des Maklers sichern sollen**, indem sie dem Auftraggeber den Einwand der Vorkenntnis abschneiden oder von der Mitteilung binnen kurzer Fristen abhängig machen (BGH NJW 71, 1133; zur Auslegung München NJW-RR 95, 1524), sind unwirksam. Gleiches dürfte idR für Klauseln gelten, die eine Vergütung für Folgegeschäfte vorsehen (Ddorf NJW-RR 98, 1594). Entspr Handelsbräuche sind allerdings zu berücksichtigen (BGH NJW 86, 1036). Bei Individualvereinbarungen ist der Wille der Parteien durch Auslegung der konkreten Formulierung zu ermitteln. Unwirksam sind regelmäßig auch Klauseln, die eine Vergütungspflicht für einen anderen oder ähnlichen Hauptvertrag vorsehen (BGHZ 119, 32). Das gilt auch für die Vereinbarung eines pauschalierten Aufwendungsersatzes, wenn ein prozentualer Anteil des erzielten Preises zur Berechnungsgrundlage gemacht wird (BGHZ 99, 374). Im Grundsatz ist eine Vereinbarung über den pauschalierten Ersatz von Aufwendungen in AGB möglich, insb für den Fall des Vertragsbruchs (BGHZ 60, 377; pauschalierter Schadensersatz: § 309 Nr 5). Unwirksam ist ferner eine sog Widerrufsklausel. Darin wird vereinbart, dass der Alleinmakler die Vergütung schon dann erhält, wenn der Auftraggeber vertragswidrig einen anderen Makler beauftragt (BGH NJW 67, 1225). Gegen das Leitbild des Maklers kann es verstoßen, wenn Klauseln vereinbart werden, nach welchen der Makler zugleich für Verkäufer und Kaufinteressenten handeln darf, Vergütungen von beiden Parteien verlangen kann, aber die konkret vereinbarten Pflichten die Objektivität nicht gewährleisten.

73 **2. Einzelfälle zugunsten des Auftraggebers.** Fälle, in denen AGB den Auftraggeber unangemessen begünstigen, kommen seltener vor. Die Vereinbarung von weiteren Erfordernissen für den Vergütungsanspruch weicht vom gesetzlichen Leitbild in § 652 I ab, soll aber gleichwohl zulässig sein (Hamm NZM 01, 903). Dagegen ist es ohne Bedenken möglich, die **Fälligkeit** durch entspr Vereinbarungen bis zur vollständigen Durchführung des Hauptvertrags **hinauszuschieben** (BGH NJW 05, 756). Zwischen dem Auftraggeber und dem Makler kann vereinbart werden, dass die Vergütung von dem Dritten zu tragen ist, der Vertragspartner des Hauptvertrags wird. Solche Klauseln können den Auftraggeber verpflichten, eine entspr Vereinbarung zugunsten des Maklers in den Hauptvertrag auszunehmen (BGH NJW-RR 01, 705).

§ 653 Mäklerlohn. (1) Ein Mäklerlohn gilt als stillschweigend vereinbart, wenn die dem Mäkler übertragene Leistung den Umständen nach nur gegen eine Vergütung zu erwarten ist.
(2) Ist die Höhe der Vergütung nicht bestimmt, so ist bei dem Bestehen einer Taxe der taxmäßige Lohn, in Ermangelung einer Taxe der übliche Lohn als vereinbart anzusehen.

1 **A. Überblick.** Die Norm setzt den Abschluss eines Maklervertrags voraus. Nach I wird **vom Gesetz vermutet**, dass die dem Makler übertragene Tätigkeit gegen Vergütung erfolgt (BGH NJW 65, 1226). Die Regelung entspricht den §§ 612 I, 632 I und 689. Die Wirksamkeit des Maklervertrags kann daher lediglich an einer fehlenden Willensübereinstimmung scheitern, nicht aber an einem Dissens über die Entgeltlichkeit scheitern (MüKo/*Roth* § 652 Rz 1). Darüber hinaus ist auf diesem Wege die Frage der Entgeltlichkeit der Anfechtung wegen Irrtums (§ 119 I) entzogen (BaRoth/*Kotzian-Marggraf* § 653 Rz 1a). II enthält eine **Auslegungsregel für die Höhe** der Vergütung. Mangels bestimmter Vereinbarung, die im Einzelfall auch eine Vertragsnichtigkeit wegen Dissenses zur Folge haben könnte, wird bei Bestehen einer Taxe die entspr Vergütung, anderenfalls die übliche Vergütung geschuldet (BGH NJW 02, 817). Aufgrund der strengen Anforderungen im Hinblick auf die Entgeltlichkeit für den Vertragsschluss durch schlüssiges Verhalten (BGH NJW 05, 3778; § 652 Rn 17) hat die Vorschrift nur geringe praktische Bedeutung.

2 **B. Entgeltlichkeitsvermutung.** Eine stillschweigende Vereinbarung der Entgeltlichkeit setzt voraus, dass dem Makler eine **Leistung übertragen** wurde. Die Ausführung der übertragenen Leistung darf ferner nach den Umständen nur gegen Vergütung zu erwarten sein. Bei der Übertragung von Leistungen ist zu unterscheiden: Es reicht nicht aus, wenn ein Nachweis bestimmter Objekte erfolgen soll und dabei nicht klar wird, für welche Seite der Makler seine Tätigkeit erbringt (BGH NJW 81, 279). Es muss vielmehr zum Ausdruck kommen, dass der Makler gerade für den Interessenten tätig werden möchte. IdR werden daher Willenserklärungen vorliegen, die mit der Übertragung zum Abschluss eines Maklervertrags führen (BGH NJW 05, 3778, 3779). Die Anwendung des § 653 I bleibt für den **Vertragschluss durch schlüssiges Verhalten** idR ohne Bedeutung, weil insoweit das klare Vergütungsverlangen Voraussetzung für die entspr Willenserklärung sein soll (§ 652 Rn 17). Ähnl ist die Situation im Anwendungsbereich des § 354 HGB. Dabei handelt es sich nach überwiegender Ansicht um ein gesetzliches Schuldverhältnis (BGHZ 95, 393), allerdings ist ohne Abschluss eines

Maklervertrags die nach § 354 HGB erforderliche Besorgung für einen anderen zweifelhaft. Die Rspr verlangt für den Anspruch aus § 354 HGB eine vertragliche Grundlage (BGH NJW 00, 72, 73). Damit bleibt der Anwendungsbereich des § 653 I auf ausdrücklich abgeschlossene Maklerverträge begrenzt, bei denen die Frage der Entgeltlichkeit keinen Niederschlag in der Vereinbarung gefunden hat.

Maßgebend für die Rechtsfolge des § 653 I sind die konkreten Umstände. Die **Entgeltlichkeit wird sich aus den Umständen ergeben**, wenn es sich um eine gewerbsmäßig ausgeübte Maklertätigkeit handelt (BGH NJW-RR 89, 1071, 1072). Die Rspr geht dabei von der Kontrollüberlegung aus, ob der Makler insoweit auch ohne ein Entgelt tätig geworden wäre (BGH NJW 81, 1444). Weitere zu berücksichtigende Kriterien können der Umfang und die Dauer der Maklertätigkeit sowie bestehende Beziehungen zwischen den Parteien sein (Palandt/*Sprau* § 653 Rz 2). Damit greift die Vermutung für Gelegenheitsmakler idR nicht ein (BGH NJW 70, 700). Die Rechtsfolge ist als gesetzliche Fiktion formuliert, wird aber **überwiegend als Vermutung verstanden** (MüKo/*Roth* § 653 Rz 10). Der Makler trägt dabei die **Beweislast** für die Umstände (BGH NJW 70, 700). Für eine behauptete Unentgeltlichkeit in solchen Fällen trägt der Auftraggeber die Beweislast (BGH NJW 81, 1444). 3

C. Üblicher Lohn. Die Anwendung der Auslegungsregel des II setzt voraus, dass die Entgeltlichkeit des Maklervertrags feststeht und **lediglich die Höhe der Vergütung nicht bestimmt** ist. Eine Taxe gibt es für Maklerleistungen nicht, so dass in solchen Fällen der übliche Lohn als Vergütung vereinbart ist. Der **übliche Lohn** ist auf der Grundlage und am Maßstab der allg Verkehrsanschauung in den beteiligten Kreisen im Zeitpunkt des Vertragsschlusses zu ermitteln (Frankf NJW-RR 00, 59, 60). Dabei sind örtliche Besonderheiten zu berücksichtigen. Auskünfte können bei Berufsverbänden oder den Industrie- und Handelskammern eingeholt werden (MüKo/*Roth* § 653 Rz 14). Für Gelegenheitsvermittler soll insoweit ein Abschlag von bis zu 50% hinzunehmen sein (krit Staud/*Reuter* § 652 Rz 168). Bei Vergütungsspannen in Prozent sind anhand der Umstände des Einzelfalls die Aspekte für Zu- und Abschläge durch ergänzende Vertragsauslegung zu ermitteln (BGH NJW-RR 94, 1260; BGHZ 94, 98). Die Leistungsbestimmung durch den Makler (§ 316) soll insoweit regelmäßig ausgeschlossen sein (BGHZ 94, 98, 102; NJW 02, 817; *Fischer* NZM 02, 480). Bei Grundstücksgeschäften (ohne Wohnraummiete) dürften übliche Vergütungen bei 3% der Gegenleistung zzgl Umsatzsteuer liegen (Frankf NJW-RR 00, 58). In anderen Bereichen wird teilweise bis zu 6% abgerechnet. Der Nachweis der Üblichkeit ist Sache des Maklers. Er trägt insoweit die **Darlegungs- und Beweislast** (BGH NJW 69, 1711). Dabei kann im Anwendungsbereich des § 287 ZPO die übliche Vergütung mit begrenztem Aufwand festgestellt werden (BaRoth/*Kotzian-Marggraf* § 652 Rz 7). 4

5

§ 654 Verwirkung des Lohnanspruchs. Der Anspruch auf den Mäklerlohn und den Ersatz von Aufwendungen ist ausgeschlossen, wenn der Mäkler dem Inhalt des Vertrags zuwider auch für den anderen Teil tätig gewesen ist.

A. Überblick. I. Allgemeines. Die Vorschrift des § 654 enthält eine Regelung zum Schicksal des Vergütungs- und Aufwendungsersatzanspruchs, wenn der Makler vertragswidrig auch für die andere Vertragspartei des angestrebten Hauptvertrags als Makler tätig wird. Dabei steht die **Vertragswidrigkeit der „Doppeltätigkeit"** im Vordergrund. Die Möglichkeit des Maklers, für beide Seiten des Hauptvertrags tätig zu werden, ist allg anerkannt (zB BGH NJW 92, 681; Staud/*Reuter* § 654 Rz 1; für den Handelsmakler §§ 98, 99 HGB). Für den Zivilmakler ist danach zu unterscheiden, ob er erlaubt oder unerlaubt für beide Vertragsparteien des Hauptvertrages tätig wird. Bei unerlaubter Doppeltätigkeit wird der Makler mit dem Ausschluss des Vergütungs- und Aufwendungsersatzanspruchs sanktioniert. Die Rspr misst dem § 654 **Strafcharakter** zu (BGHZ 36, 323, 326). Auf einen Schaden beim Auftraggeber kommt es für die Rechtswirkung nicht an (BGH NJW-RR 05, 1423). Überwiegend wird die Wirkung der Norm mit der Verwirkung des Anspruchs gleichgestellt (etwa die Übersicht bei MüKo/*Roth* § 654 Rz 1; atypische Forderungsverletzung BaRoth/*Kotzian-Marggraf* § 654 Rz 5). Es handelt sich dabei um eine vAw zu beachtende Einwendung. Bereicherungsrechtliche Ansprüche wegen der geleisteten Dienste sind ebenfalls ausgeschlossen. Die Rechtsfolge des § 654 steht nicht zur Disposition der Vertragsparteien. 1

II. Verhältnis zu anderen Vorschriften. Verletzungen von Vertragspflichten des Maklers können sich auf den Vergütungsanspruch auch nach allg Regeln über Schadensersatzansprüche (§ 652 Rn 69) auswirken, die darauf gerichtet sind, den Auftraggeber vom Vergütungsanspruch zu befreien (§ 249 I). Darüber hinaus sind bei Vertragsverletzungen eigenständige Schadensersatzansprüche des Auftraggebers denkbar (§ 280 I), die zur Aufrechnung mit dem Vergütungsanspruch berechtigen können (BGH NJW 81, 2685). Dabei ist zu berücksichtigen, dass insoweit einfache Fahrlässigkeit zur Begründung des Anspruchs ausreicht. Dagegen wird wegen des Strafcharakters, der in § 654 zum Ausdruck kommt, als **subjektives Erfordernis ein „schweres Verschulden"** des Maklers gefordert. Grobe Fahrlässigkeit soll nicht ausreichen (MüKo/*Roth* § 654 Rz 2). Der Makler darf die Vergütung nicht verdient haben (BGHZ 36, 323; 92, 184). Die Reichweite des Anwendungsbereichs der Norm und das Verhältnis zum Schadensersatzanspruch ist umstr. Teilweise wird § 654 als Sonderfall des § 242 gesehen, der auch für sonstiges vertragswidriges Verhalten relevant sein kann (zB Erman/ 2

Werner § 654 Rz 1). Das führt zu einer erheblichen Ausdehnung des Anwendungsbereichs des § 654 auf Pflichtverletzungen, die sich aus einem Verstoß gegen Treu und Glauben ergeben.

3 Die Rspr und Teile der Literatur wollen bei vertragswidriger Doppeltätigkeit die **Verwirkung und den Schadensersatz nebeneinander** anwenden, allerdings die Verwirkung mit den weit höheren subjektiven Anforderungen nach § 654 (BGHZ 36, 323, 325; Hamm NJW-RR 01, 567; 01, 1276). Für sonstige Pflichtverletzungen kann danach die Rechtsfolge des § 654 eingreifen, wenn eine entspr schwere Pflichtverletzung vorliegt. Das wird insb angenommen, wenn der Makler durch Verletzung wesentlicher Vertragspflichten den Interessen seines Auftraggebers in erheblicher Weise zuwider handelt (BGH MDR 85, 741; Rn 11). Problematisch erscheint die Ausdehnung des Anwendungsbereichs über den Wortlaut hinaus aus zwei Gesichtspunkten: Einerseits ist zweifelhaft, ob bei anderen als der in § 654 angesprochenen Pflichtverletzung eine analogiefähige Regelungslücke vorliegt (BaRoth/*Kotzian-Marggraf* § 654 Rz 8; MüKo/*Roth* § 654 Rz 3), andererseits ist die extensive Anwendung einer Vorschrift mit Strafcharakter an sich problematisch. **Ein Bedürfnis**, die Rechtsfolge des § 654 gleichwohl heranzuziehen, ergibt sich insb aus den Schwierigkeiten des Schadensnachweises beim Auftraggeber. Der Nachteil der Verwirkung besteht allerdings darin, dass sich iRd Schadensersatzanspruchs wegen § 254 differenziertere Ergebnisse erzielen lassen.

4 In der Rspr wurde für das Eingreifen der Rechtsfolge des § 654 eine **zeitliche Grenze** im Hinblick auf die auslösende Pflichtverletzung eingeführt. Danach sollen Pflichtverletzungen nach der Zahlung der fälligen Vergütung nicht mehr geeignet sein, die Anwendung des § 654 zu begründen (BGHZ 92, 184). In der Literatur wird die Grenze zutr als schwer begründbar kritisiert (MüKo/*Roth* § 654 Rz 5) und in der instanzgerichtlichen Rspr werden zumindest Ausnahmen zugelassen (etwa Hamm NJW-RR 97, 889). Für vorvertragliches Fehlverhalten kommt § 654 nach Ansicht der Rspr nicht in Betracht (BGH NJW 84, 232). Hier verbleibt es bei einem möglichen Schadensersatzanspruch aus §§ 280 I, 311 II. Vor dem Hintergrund der Präventivwirkung des § 654 erscheint die Begrenzung ebenfalls zweifelhaft. Instanzgerichte lassen auch insoweit zumindest Ausnahmen zu (Hamm NJW-RR 00, 59).

5 **B. Vertragswidrige Doppeltätigkeit.** Die vertragswidrige Doppeltätigkeit des Maklers hat die Verwirkung des Vergütungs- und des Aufwendungsersatzanspruchs zur Folge. Das gilt in Bezug auf jeden Maklervertrag, also für beide Verträge, falls der Makler sowohl im Hinblick auf den Auftraggeber als auch auf einen anderen Vertragspartner vertragswidrig tätig war. Die subjektiven Voraussetzungen bedürfen bei vertragswidriger Doppeltätigkeit idR keiner besonderen Feststellung (BGHZ 48, 344, 350). Ist die Vergütung an den Makler schon bezahlt worden, kann diese nach Bereicherungsrecht mit der Leistungskondiktion (§ 812 I 1 Var 1) zurückgefordert werden. § 214 II ist nicht analog anwendbar (KG NJW-RR 86, 598, 600). Ein Bereicherungsanspruch des Maklers wegen geleisteter Dienste kommt nicht in Betracht (ebenso Palandt/*Sprau* § 654 Rz 3). Die Darlegungs- und **Beweislast** für die tatsächlichen Voraussetzungen des § 654 trägt der Auftraggeber.

6 **I. Doppeltätigkeit.** Eine Doppeltätigkeit des Maklers liegt vor, wenn er mit beiden Parteien des Hauptvertrags einen Maklervertrag abgeschlossen hat. Gesetzlich verboten ist eine solche Doppeltätigkeit nicht (BGH NJW-RR 98, 992; Rz 1). Die Anknüpfung an den Abschluss eines Maklervertrags mit beiden Parteien des Hauptvertrags ist zu eng. Im Vordergrund steht **die vertragswidrige Tätigkeit für beide Parteien**. Auf welcher Grundlage dies geschieht (zB Maklervertrag, Auftrag), ist nicht entscheidend (BGH NJW 92, 681). **Vertragswidrig** ist die Doppeltätigkeit, wenn sie nicht erlaubt ist. Die Erlaubnis kann sich aus der vertraglichen Gestattung ergeben. Erforderlich ist die Gestattung durch beide Auftraggeber (BGHZ 61, 17, 24). Dafür ist grds nur eine Individualvereinbarung geeignet, weil die Doppeltätigkeit vom gesetzlichen Leitbild des § 652 abweicht und eine entspr AGB-Klausel der Inhaltskontrolle idR nicht standhält (wie hier MüKo/*Roth* § 654 Rz 8). Ausnahmen sind in bestimmten Bereichen denkbar, in denen die Doppeltätigkeit üblich geworden ist (etwa für Immobilienmakler oder bei Versteigerungen: BGH NJW-RR 03, 991; 98, 992, 993). In diesen Bereichen kann durch Vertragsauslegung sogar bei fehlender Vereinbarung im Maklervertrag von der Zulässigkeit der Doppeltätigkeit auszugehen sein (BGH NJW-RR 03, 991). Eine **typische Konstellation** ist die Vermittlungstätigkeit für einen Auftraggeber und der Nachweis für den anderen Auftraggeber (zur Übertragung auf den Finanzierungsmakler NJW-RR 04, 1126). Neben der Gestattung ist daher auch beim Fehlen einer Interessenkollision (Zweifel an solchen Fällen: Staud/*Reuter* § 654 Rz 5) nicht ohne weiteres von einer vertragswidrigen Doppeltätigkeit auszugehen.

7 **II. Fehlen einer Interessenkollision.** Das **Vorliegen einer Interessenkollision** ist anhand der konkreten Umstände des Einzelfalles, ausgehend von der vertraglichen Pflicht und der ausgeführten Tätigkeit des Maklers, zu entscheiden (BGH NJW 64, 1467; 70, 1075). Eine Interessenkollision soll sich regelmäßig nicht ergeben, wenn der Makler zumindest für eine Partei nur den Nachweis führt (BGH NJW-RR 98, 992; 03, 991). Ferner bringen andere Tätigkeiten des Maklers insoweit regelmäßig keine Interessenkollision (zB Rechtsanwalt für eine Seite BGH NJW 00, 3067). Obwohl bei einer Vermittlungstätigkeit die Interessenkollision grds *vorliegt, kann sich die „Erlaubnis"* ausnahmsweise daraus ergeben, dass die Doppeltätigkeit für die jeweils andere Seite klar und eindeutig erkennbar ist (BGH NJW-RR 98, 992, 998; 00, 430). Dafür wird man einen entspr Hinweis des Maklers verlangen müssen. Unzutreffende Angaben des Maklers können eine Interessenkollision nicht beseitigen (Frankf NJW-RR 88, 1199). Ferner können sog **Vertrauensmakler** (dazu § 652

Rn 65) nicht als Vermittlungsmakler für die andere Partei des Hauptvertrags tätig werden (BGH NJW-RR 00, 430). Darüber hinaus wird man die Möglichkeit der Doppeltätigkeit ablehnen müssen, wenn den Makler eine besondere Pflicht zur Unparteilichkeit trifft oder er mit der Doppeltätigkeit das Vertrauen und die Interessen seiner Auftraggeber verletzt (BGH NJW 04, 154, 157).

III. Besondere Maklerpflichten. Die erlaubte Doppeltätigkeit des Maklers führt zur **Erweiterung der bestehenden vertraglichen Pflichten.** Auf Nachfrage einer Partei hat der Makler seine Tätigkeit für die andere Partei zu offenbaren (BGH NJW-RR 03, 991). Fraglich ist, ob den Makler auch ohne Nachfrage eine **Offenbarungspflicht** trifft. Eine generell gültige Antwort lässt sich insoweit nicht geben. Sofern keine besonderen Verhältnisse vorliegen, die eine Interessenkollision unter allen relevanten Gesichtspunkten ausschließen, wird von einer Offenbarungspflicht auszugehen sein (BGH NJW 00, 3067; für Darlehens- und Finanzierungsmakler Karlsr NJW-RR 95, 500). Im Einzelfall ist auf die konkreten Umstände abzustellen, wobei für die Doppeltätigkeit als Nachweismakler geringere Anforderungen an die Verpflichtung zur Offenbarung zu stellen sind (ev in AGB zB Palandt/*Sprau* § 652 Rz 70; großzügig etwa Münster MDR 02, 209; Oldbg ZMR 02, 208). Die Doppeltätigkeit dürfte mit einer erfolgsunabhängigen Vergütungsvereinbarung nicht vereinbar sein (BGHZ 61, 17). 8

Die Doppeltätigkeit verpflichtet den Makler zur **Unparteilichkeit** (BGHZ 48, 344, 347). Das Gebot der Fairness ist ggü beiden Auftraggebern einzuhalten, um jeweils den Anspruch auf die volle Vergütung zu erhalten (BGH NJW-RR 98, 992, 993). Die Interessen beider Auftraggeber sind gleichwertig zu berücksichtigen (BGH NJW 04, 154). Die gebotene Aufklärung ggü einem Auftraggeber überlagert in solchen Fällen regelmäßig die Verpflichtung zur Verschwiegenheit ggü dem anderen Auftraggeber (Staud/*Reuter* § 654 Rz 7). Der Hinweis, dass der Makler von beiden Vertragsparteien eine Vergütung erhält, dürfte dagegen nicht mehr erforderlich sein (BGH NJW-RR 03, 991); jedenfalls nicht ohne eine entspr Nachfrage. Der Makler darf sich **nicht zum Interessenvertreter** eines Auftraggebers machen (Ddorf NJW-RR 00, 1363) und hat seiner Aufklärungspflicht (§ 241 II) ggü beiden Vertragsparteien nachzukommen, um sie vor einem möglichen Schaden zu bewahren (Naumbg NJW-RR 96, 1082). In die Preisverhandlungen des Hauptvertrags darf der Makler bei der Tätigkeit für beide Parteien nicht aktiv eingreifen (BGHZ 48, 344). Das gilt auch für alle sonstigen Maßnahmen, die mittelbar Einfluss auf den Preis haben können (Einschaltung weitere Interessenten: Ddorf NJW-RR 01, 1134; Finanzielle Stützung einer Partei: München OLGR 00, 235; Eigenes Interesse anmelden: Hamm VersR 91, 545). Eine andere Vereinbarung ist möglich. Sobald der Makler eigenes Interesse bekundet, kann darin ein Antrag auf Aufhebung des Maklervertrags liegen, was den Vergütungsanspruch entfallen lässt (BGH NJW 83, 1847). Solange aber lediglich eine **Bindung ggü einem Auftraggeber** besteht, ist eine Beratung im Hinblick auf den Preis nicht zu beanstanden (Kobl NJW-RR 02, 491). 9

C. Andere Treuepflichtverletzungen. Die Verwirkung kommt neben dem in § 654 geregelten Fall der vertragswidrigen Doppeltätigkeit auch bei weiteren **schweren Treuepflichtverletzungen** in Betracht. Die Rspr sieht Raum für eine entspr Anwendung der Rechtsfolge des § 654, falls die Pflichtverletzungen einen vergleichbaren Grad erreichen. Dabei geht es um Nebenpflichtverletzungen (§ 241 II), bei denen der Makler vorsätzlich oder leichtfertig die Interessen des Auftraggebers in schwerster Weise verletzt und sich der Vergütung nicht als würdig erweist (BGH NJW-RR 92, 817; 90, 372). Die insoweit relevanten Nebenpflichten steigern sich, je intensiver die Vertragsbeziehung zwischen dem Makler und dem Auftraggeber ausgestaltet ist. Ein schuldhaftes Fehlverhalten von Hilfspersonen muss sich der Makler über § 278 zurechnen lassen (zB Hamm NJW-RR 00, 59). Ein Mitverschulden des Auftraggebers bleibt insoweit außer Betracht; § 254 ist auf die Verwirkung nicht anwendbar (BGHZ 36, 323, 326). Bei Fahrlässigkeit oder grober Fahrlässigkeit kommen lediglich Schadensersatzansprüche in Betracht (BGH NJW-RR 05, 1423). So führen unwirksame Vertragsbestimmungen – unzulässige AGB – allein noch nicht zur Verwirkung des Anspruchs auf Vergütung (BGH NJW-RR 05, 1423; anders noch Hamm NZM 00, 1073). 10

Eine Verwirkung aufgrund von schweren Treuepflichtverletzungen kommt insb bei **fehlerhaften Informationen** in Betracht, wenn die erforderliche Schwelle auf subjektiver Seite überschritten wird. Vorsätzlich oder leichtfertig erteilte falsche Angaben zu allen wesentlichen Vertragsbestandteilen können daher zur Verwirkung des Vergütungsanspruchs führen (zB Wohnfläche: Ddorf NJW-RR 99, 848; Kaufpreis: Kobl NJW-RR 02, 489; Kapazität eines Hotels: BGH WM 81, 590). Eine vielfältige Kasuistik gibt es zur **Wesentlichkeit der Information** und zur Verpflichtung, die Information auch ungefragt zu offenbaren. Der Makler ist allerdings nur zur Information verpflichtet, soweit ihm die Informationen bekannt sind. Ein Nachforschungspflicht besteht grds nicht (BGH NJW 82, 1147). Beispiele aus der Rspr sind: Verschweigen eines Konkurrenzbetriebs in unmittelbarer Nähe: Frankf NJW-RR 86, 601; anhängiges Zwangsversteigerungsverfahren: Karlsr NJW-RR 93, 1273; Nutzbarmachung eines Zwischengewinns für sich selbst: Brandbg NJW-RR 95, 965; finanzielle Schwierigkeiten eines Bauträgers: Hambg NJW-RR 98, 1206; Reservierungsversprechen oder Alleinauftrag oder bei weiterem Angebot: Hamm NJW-RR 01, 1276; Verschweigen eines Gutachtens: Naumbg NJW-RR 02, 1208; Verschweigen von Reparaturbedarf: Celle MDR 03, 983; Hinweis auf die soziale Problematik des Wohngebiets: LG Heidelberg MDR 06, 859; Warnpflicht bei schlechten wirtschaftlichen Verhältnissen des Auftraggebers: Köln MDR 05, 974. Zum Holzbockbefall eines Objekts und den Rechtsfolgen, falls der Makler eine vorhandene Kenntnis nicht offenbart (BGH NJW 05, 3778). 11

12 Ein für die Verwirkung des Vergütungsanspruchs relevantes Fehlverhalten stellt ferner die **schwere Vertragsuntreue des Maklers** dar. So etwa, wenn er die bei seinem Auftraggeber vorhandene Unkenntnis ausnutzt, um irrige Vorstellungen über eine bereits bestehende rechtliche Bindung hervorzurufen (BGH NJW-RR 92, 817, 818; 90, 372). Der erweckte Eindruck kann sich auf die Bindung durch den Hauptvertrag oder eine erfolgsunabhängige Vergütung beziehen (BGH NJW 81, 280; formnichtige Ankaufsverpflichtungen und Reservierungsvereinbarungen: Berlin NJW-RR 01, 706). Dazu zählt auch das nachträgliche verdeckte Anstreben der Verschlechterung der Vertragsbedingungen zulasten einer Partei im Zusammenwirken mit der anderen Partei (Hamm NJW-RR 88, 689). Gleiches gilt, wenn eine für den Makler günstige Änderung des Maklervertrags mit Mitteln erreicht wird, die eine grobe Pflichtverletzung begründen (BGH NJW 86, 2573). Eine schwere Vertragsuntreue liegt ferner vor, wenn der Makler versucht, Mitarbeiter des Auftraggebers durch das Versprechen der Vergütungsteilung zu beeinflussen (MüKo/*Roth* § 654 Rz 21). Gleiches sollte gelten, wenn der Makler unter Verstoß gegen § 6 I WoVermG eine Mietwohnung anbietet (*Fischer* NJW 07, 3107, 3112)

13 Auf **Vertragsverletzungen des Auftraggebers** kann die Norm des § 654 nicht entspr angewandt werden (BGH MDR 68, 405). Ein Vergütungsanspruch wird aufgrund einer Pflichtverletzung nicht begründet. In Betracht kommen Schadensersatzansprüche des Maklers (§ 280 I). Dabei hat die Rspr die Vergütung als Schaden angesehen, wenn der Makler nachweisen kann, dass ihm bei Vertragstreue des Auftraggebers der Abschluss des angestrebten Hauptvertrags gelungen wäre (BGH NJW-RR 00, 705). Die praktische Relevanz dürfte aber aufgrund der Abschlussfreiheit des Auftraggebers im Hinblick auf den Hauptvertrag gering sein.

§ 655 Herabsetzung des Mäklerlohns.

¹Ist für den Nachweis der Gelegenheit zum Abschluss eines Dienstvertrags oder für die Vermittlung eines solchen Vertrags ein unverhältnismäßig hoher Mäklerlohn vereinbart worden, so kann er auf Antrag des Schuldners durch Urteil auf den angemessenen Betrag herabgesetzt werden. ²Nach der Entrichtung des Lohnes ist die Herabsetzung ausgeschlossen.

1 Nach der Vorschrift des § 655 ist es möglich, eine **unangemessenen hohe Vergütung** für den Nachweis der Gelegenheit zum Abschluss eines Dienstvertrags, aber auch für die Vermittlung eines solchen Vertrags herabzusetzen. Die Herabsetzung erfolgt durch einen rechtsgestaltenden Akt des Richters. Vergleichbar dem § 343 wird dem Richter die Macht zur geltungserhaltenden Reduktion der konkreten vertraglichen Vereinbarung eingeräumt. Soweit es allein um die Höhe der Vergütung geht, findet § 138 im Regelungsbereich des § 655 keine Anwendung (MüKo/*Roth* § 655 Rz 6; aA Staud/*Reuter* § 655 Rz 11). Dabei ist zu berücksichtigen, dass Raum für die Sittenwidrigkeit bleibt, wenn im Hinblick auf die Höhe der Vergütung auch die subjektiven Voraussetzungen des § 138 vorliegen (BGHZ 87, 309). Die Vorschrift ist wegen der Schutzrichtung (Schuldner) nicht abdingbar (MüKo/*Roth* § 655 Rz 5).

2 § 655 erfasst die Vergütung für eine Maklertätigkeit, mit der ein **Dienstvertrag als Hauptvertrag** angestrebt wird. In der Literatur wird eine erweiternde Anwendung über den Dienstvertrag hinaus befürwortet (*Schwertner* Maklerrecht Rz 764), aber auch ein völliges Ignorieren der Norm erwogen (Staud/*Reuter* § 655 Rz 9). Ferner werden zahlreiche Differenzierungen im aufgezeigten Spektrum vorgenommen (etwa MüKo/*Roth* § 655 Rz 9 für den Alleinauftrag). Insgesamt ist im Hinblick auf eine Abweichung vom Wortlaut Zurückhaltung geboten. Notwendig ist eine Differenzierung in Bezug auf die **Vermittlung von Arbeitsverträgen**. Bei der weitgehend zulässigen, erlaubnisfreien Arbeitsvermittlung muss nach Auftraggebern differenziert werden. Ist der Arbeitgeber der Auftraggeber des Maklers, bestehen keine Bedenken, § 655 anzuwenden (MüKo/*Roth* § 655 Rz 4). Zeitarbeitsunternehmen sind keine Makler, welche für die Überlassung vergütungsberechtigt wären (§ 9 Nr 3 AÜG; s.a. BGH NJW 03, 2906). Ist hingegen der Arbeitsuchende Auftraggeber des Maklers, sind vorrangig die Sondervorschriften des SGB III (§§ 296 III, 297) heranzuziehen. Die Beschränkung auf einen Vergütungshöchstbetrag ergibt sich insoweit aus (§§ 296 III, 421g SGB III). Bei einem Verstoß ist die geltungserhaltende Reduzierung der Vergütung aus § 297 SGB III abzuleiten. Im Hinblick auf die Vermittlung **atypischer Arbeitnehmer** (zB Künstler, Fotomodelle, Berufssportler) ist die VO auf der Grundlage von § 301 SGB III zu beachten. Bedeutung erlangt § 655 bei der Erbringung von selbständigen Dienstleistungen. Beispiele sind die Anstellungsverträge von Geschäftsführern einer GmbH oder von Vorstandsmitgliedern einer AG. Gleiches gilt für freie Mitarbeiter, die nicht als Arbeitnehmer zu qualifizieren sind (BaRoth/*Kotzian-Maggraf* § 655 Rz 8).

3 Bei der Entscheidung, ob eine unverhältnismäßig hohe Vergütung vereinbart wurde, sind die Interessen des Maklers und der Nutzen des Auftraggeber zu berücksichtigen (Palandt/*Sprau* § 655 Rz 3). Die **Herabsetzung durch das Gericht** erfordert einen entspr Antrag des Auftraggebers. Der Antrag ist in einer (einredeweisen) Berufung auf § 655 zu sehen (BGH NJW 68, 1625 zu § 343). Die richterliche Gestaltung im Hinblick auf die Höhe der Vergütung muss sich an der angemessenen Vergütung ausrichten. Ansprüche des Maklers auf eine darüber hinausgehende Vergütung nach sonstigen Anspruchsgrundlagen kommt nicht in Betracht (zum Bereicherungsrecht und § 817 2 s. BGHZ 46, 24, 27). Die **Befugnis zur Herabsetzung** besteht nur, solange die Vergütung nicht entrichtet ist (§ 655 2). Leistungen erfüllungshalber schließen die Herabsetzung nicht aus. Die Voraussetzungen der Herabsetzung sind vom Auftraggeber darzulegen und zu beweisen.

Untertitel 2 Darlehensvermittlungsvertrag zwischen einem Unternehmer und einem Verbraucher

Vorbemerkungen vor §§ 655a

Die §§ 655a – e sind durch das **Gesetz zur Umsetzung der Verbraucherkreditrichtlinie**, des zivilrechtlichen Teils der Zahlungsdiensterichtlinie sowie zur Neuordnung der Vorschriften über das Widerrufs- und Rückgaberecht v 29.7.09 (BGBl I 2355) durch Anfügung eines II bei § 655a, substantielle Änderung des § 655b, unbedeutende Änderung des § 655c, Einfügung eines 3 in § 655d und eine bloße Folgeänderung in § 655e mit Wirkung vom 11.6.10 geändert worden. Nachfolgend sind die §§ 655a – e in der bis zum 10.6.10 geltenden Fassung kursiv abgedruckt. Wegen der Kommentierung der bis zum 10.6.10 geltenden Fassung wird auf die Vorauflage verwiesen. 1

§ 655a Darlehensvermittlungsvertrag

¹Für einen Vertrag, nach dem es ein Unternehmer unternimmt, einem Verbraucher gegen Entgelt einen Verbraucherdarlehensvertrag zu vermitteln oder ihm die Gelegenheit zum Abschluss eines Verbraucherdarlehensvertrags nachzuweisen, gelten vorbehaltlich des Satzes 2 die folgenden Vorschriften. ²Dies gilt nicht in dem in § 491 Abs. 2 bestimmten Umfang.

§ 655b Schriftform

(1) ¹Der Darlehensvermittlungsvertrag bedarf der schriftlichen Form. ²In dem Vertrag ist vorbehaltlich sonstiger Informationspflichten insbesondere die Vergütung des Darlehensvermittlers in einem Prozentsatz des Darlehens anzugeben; hat der Darlehensvermittler auch mit dem Unternehmer eine Vergütung vereinbart, so ist auch diese anzugeben. ³Der Vertrag darf nicht mit dem Antrag auf Hingabe des Darlehens verbunden werden. ⁴Der Darlehensvermittler hat dem Verbraucher den Vertragsinhalt in Textform mitzuteilen.
(2) Ein Darlehensvermittlungsvertrag, der den Anforderungen des Absatzes 1 Satz 1 bis 3 nicht genügt, ist nichtig.

§ 655c Vergütung

¹Der Verbraucher ist zur Zahlung der Vergütung nur verpflichtet, wenn infolge der Vermittlung oder des Nachweises des Darlehensvermittlers das Darlehen an den Verbraucher geleistet wird und ein Widerruf des Verbrauchers nach § 355 nicht mehr möglich ist. ²Soweit der Verbraucherdarlehensvertrag mit Wissen des Darlehensvermittlers der vorzeitigen Ablösung eines anderen Darlehens (Umschuldung) dient, entsteht ein Anspruch auf die Vergütung nur, wenn sich der effektive Jahreszins oder der anfängliche effektive Jahreszins nicht erhöht; bei der Berechnung des effektiven oder des anfänglichen effektiven Jahreszinses für das abzulösende Darlehen bleiben etwaige Vermittlungskosten außer Betracht.

§ 655d Nebenentgelte

¹Der Darlehensvermittler darf für Leistungen, die mit der Vermittlung des Verbraucherdarlehensvertrags oder dem Nachweis der Gelegenheit zum Abschluss eines Verbraucherdarlehensvertrags zusammenhängen, außer der Vergütung nach § 655c Satz 1 ein Entgelt nicht vereinbaren. ²Jedoch kann vereinbart werden, dass dem Darlehensvermittler entstandene, erforderliche Auslagen zu erstatten sind.

§ 655e Abweichende Vereinbarungen, Anwendung auf Existenzgründer

(1) ¹Von den Vorschriften dieses Untertitels darf nicht zum Nachteil des Verbrauchers abgewichen werden. ²Die Vorschriften dieses Untertitels finden auch Anwendung, wenn sie durch anderweitige Gestaltungen umgangen werden.
(2) Dieser Untertitel gilt auch für Darlehensvermittlungsverträge zwischen einem Unternehmer und einem Existenzgründer im Sinne von § 507.

§ 655a Darlehensvermittlungsvertrag (i.d.F. ab 11.6.10).
(1) ¹Für einen Vertrag, nach dem es ein Unternehmer unternimmt, einem Verbraucher gegen ein vom Verbraucher oder einem Dritten zu leistendes Entgelt einen Verbraucherdarlehensvertrag oder eine entgeltliche Finanzierungshilfe zu vermitteln oder ihm die Gelegenheit zum Abschluss eines solchen Vertrags nachzuweisen, gelten vorbehaltlich des Satzes 2 die folgenden Vorschriften. ²Dies gilt nicht in dem in § 491 Abs. 2 bestimmten Umfang
(2) ¹Der Darlehensvermittler hat den Verbraucher über die sich aus § 247 § 13 des Einführungsgesetzes zum Bürgerlichen Gesetzbuch ergebenden Einzelheiten in der dort vorgesehenen Form zu unterrichten. ²Der Darlehensvermittler ist gegenüber dem Verbraucher zusätzlich wie ein Darlehensgeber gemäß § 491a verpflichtet. ³Satz 2 gilt nicht für Warenlieferanten oder Dienstleistungserbringer, die in lediglich untergeordneter Funktion als Darlehensvermittler tätig werden, etwa indem sie als Nebenleistung den Abschluss eines verbundenen Verbraucherdarlehensvertrages vermitteln.

A. Grundlagen. §§ 655a–e, früher §§ 1 I 1, III, 3 I und 15–17 VerbrKrG, setzen die Vorgaben aus Art 3 f, 5 – 7 sowie Art 21 der Verbraucherkreditrichtlinie v 23.4.08 (Abl L 133 v 22.5.08 66 ff) um und behandeln den Darlehensvermittlungsvertrag als Unterform des Maklervertrages. Daher gelten die §§ 652–655 und §§ 93 ff HGB, soweit die §§ 655a–e nichts anderes bestimmen (*Rott* VuR 08, 281, 282). § 655a I 1 enthält die **Legaldefinition** eines Darlehensvermittlungsvertrages. 1

2 B. Sachlicher Anwendungsbereich. Gegenstand des Vermittlungsvertrages sind nur Verbraucherdarlehen (§§ 491 ff) und ab 11.6.10 auch **entgeltliche Finanzierungshilfen (§ 506 I u II)** wie Finanzierungsleasing und Teilzahlungsgeschäfte (§§ 506 III, 507; Palandt/*Sprau* Rz 3), nicht aber Sachdarlehen (§§ 607 ff) Ausgenommen sind nach I 2 iVm § 491 II Bagatelldarlehen unter 200 €, Pfandleiherdarlehen, Darlehen mit einer Laufzeit bis zu drei Monaten und nur geringen Kosten, zinsgünstige Arbeitgeber- und auf Vorgaben der öffentlichen Hand beruhende zinsgünstige Förderdarlehen (Einzelheiten § 491).

3 1 erfasst Verträge sowohl mit **Vermittlungs- als auch Nachweismaklern** (LG Darmstadt NJW-RR 02, 351), die Verbraucherkredite vorstellen, anbieten, bei der Aufnahme helfen oder für den Kreditgeber abschließen (Art 3 Buchst f Verbraucherkreditrichtlinie 2008; s.a. § 652 Rn 2), nicht aber bevollmächtigte, nicht zur Vermittlung verpflichtete Geschäftsbesorger (München NJW-RR 02, 925).

4 Nur **entgeltliche Vermittlungsverträge** fallen unter §§ 655a–e. Anders als vor dem 11.6.10 werden auch Verträge erfasst, bei denen der Darlehensgeber oder ein anderer Dritte ein Entgelt schuldet. Als Entgelt genügt ohne Rücksicht auf die Bezeichnung und Zulässigkeit (dazu § 655c) jede Art von Vergütung, gleichgültig ob sie einmal oder in Raten zu zahlen ist. Die Vereinbarung eines über Kleinstbeträge hinausgehenden Entgelts genügt (Köln ZIP 94, 776 f; Dresden ZIP 00, 830, 833; LG Karlsruhe NJW-RR 00, 1442, 1443 – 0,92 DM).

5 C. Persönlicher Anwendungsbereich. Vertragspartner muss als Auftraggeber ein Verbraucher (§ 13) oder Existenzgründer iSv § 512 (§ 655e II), nicht der Darlehensgeber, und ein selbständiger Vermittler als Unternehmer (§ 14) sein. Der Unternehmer kann Zivil- (§§ 652 ff) oder Handelsmakler (§§ 93 ff HGB; LG Darmstadt NJW-RR 02, 351) sein, nicht aber ein Handelsvertreter (§§ 84 ff HGB; BGH NJW 92, 2818, 2819; MüKo/*Habersack* Rz 11; Staud/*Kessal-Wulf* Rz 3; Erman/*Saenger* Rz 5; aA *Bülow/Artz* § 655a Rz 8, 10; *Bülow* NJW 91, 129, 133; *Schmelz/Klute* ZIP 89, 1509, 1517). Eine ständige Geschäftsverbindung des selbständigen Vermittlers zu einer Bank etwa in Form eines Rahmen- oder Einreichervertrages ohne Tätigkeits- und Andienungsverpflichtung schadet nicht (BGH WM 82, 272, 273; NJW 92, 2818, 2819). Ist der Vermittler nicht selbständig, sondern steht in einem Abhängigkeitsverhältnis zur Bank, gelten die §§ 655a ff nicht, da er nicht Unternehmer (§ 14) ist. Auch auf Treuhänder des Verbrauchers sind §§ 655a ff nicht anwendbar (Karlsr WM 00, 1996, 2001).

6 D. Gewerberechtliche Vermittlungsverbote. Gewerberechtlich bedürfen entgeltlich tätige Darlehensvermittler einer Erlaubnis (§ 34c I 1 GewO). Deren Fehlen lässt die Wirksamkeit des Vermittlungsvertrages unberührt (BGHZ 78, 269, 271 f = NJW 81, 387). Gleiches gilt, wenn der Vermittler gegen § 32 I 1 KWG verstößt (Karlsr WM 07, 350, 352 f) oder ein Rechtsanwalt oder Steuerberater standeswidrig als Vermittler tätig wird (BGHZ 78, 263, 264 ff = NJW 81, 399; 95, 81, 83 = NJW 85, 2523; 92, 681, 682; 00, 3067, 3068). Ein von einem Notar entgegen § 14 IV 1 BNotO geschlossener Vermittlungsvertrag ist dagegen nach § 134 nichtig (BGHZ 147, 39, 44 = NJW 01, 1569; 92, 681, 682; WM 90, 1250, 1251). Eine Vermittlung von Darlehensverträgen im Reisegewerbe verstößt gegen § 56 I Nr 6 GewO, führt aber nicht zur Nichtigkeit des Vermittlungsvertrages (BGHZ 131, 385, 388 = NJW 96, 926 für Darlehensvertrag), soweit ein Widerrufsrecht (§ 312) besteht (Staud/*Kessal-Wulf* Rz 13; MüKo/*Habersack* Rz 14; *Habersack/Schürnbrand* WM 03, 261, 264).

7 E. Informationspflichten (Abs 2). 2 erlegt dem Darlehensvermittler in Umsetzung von Art 5 I und VI sowie Art 6 I Verkraucherkreditrichtlinie 2008 dem Erwägungsgrund (24) entsprechend zusätzlich zum Darlehensgeber die vollen vorvertraglichen Informations- und Erläuterungspflichten aus § 491a und Art 247 EGBGB (Einzelheiten dort) auf. Das gilt angesichts der uneingeschränkten Verweisung auf § 491a auch für die Pflicht zur Vorlage eines Darlehensvertragsentwurfs (§ 491a Abs II). Das **Verhältnis von Darlehensgeber und Darlehensvermittler ist gesamtschuldnerähnlich** (§ 421). Darlehensgeber werden die Informationspflicht sinnvollerweise durch Übergabe eines dem Formular „Europäische Standardinformationen für Verbraucherkredite" entsprechenden Formblatts erfüllen (Art 5 I 3 Verbraucherkreditrichtlinie 2008). Die Erfüllung ihrer Informations- und Erläuterungspflicht erfüllt auch die des Darlehensvermittlers und umgekehrt. Das gilt allerdings nicht, wenn der Darlehensvermittler dem Verbraucher unrichtige Informationen oder Erläuterungen erteilt. Eine **Schadensersatzpflicht** aus § 280 I trifft in einem solchen Fall nur den Vermittler, nicht den Darlehensgeber (aA *Rott* VuR 08, 281, 285).

8 3 nimmt in Umsetzung von Art 7 Verbraucherkreditrichtlinie 2008 Warenlieferanten und Dienstleistungserbringer, die zur Förderung eigenen Absatzes Darlehen lediglich als **Nebenleistung zur Finanzierung** eines verbundenen (§ 358 III) oder ähnlichen Geschäfts vermitteln von den Pflichten des 2, nicht des 1, aus, da sie oftmals nicht über die erforderliche Kompetenz zur Information und Erläuterung verfügen. Gleiches gilt für Vermittler, die bei Anbahnung und Abschluss des Darlehensvertrages nur in untergeordneter Funktion tätig sind.

9 1 normiert in Umsetzung von Art 21 Verbraucherkreditrichtlinie 2008 zusätzlich zu 2 eine originäre, den Darlehensgeber nicht treffende Pflicht des Darlehensvermittlers zur Information des Verbrauchers über die in *Art 247 § 13 EGBGB genannten Angaben*, insb über **Vergütung, Nebenentgelte, ihre Höhe** und seine Tätigkeit nur für bestimmte Darlehensgeber bzw seine Unabhängigkeit (Einzelheiten dort Rn 2 – 6). Die schuldhafte Verletzung dieser Pflicht begründet eine Schadensersatzpflicht nur des Vermittlers aus § 280I, nicht des Darlehensgebers (*Rott* VuR 08, 281, 284, 285).

§ 655b Schriftform (i.d.F. ab 11.6.10).

(1) ¹Der Darlehensvermittlungsvertrag bedarf der schriftlichen Form. ²Der Vertrag darf nicht mit dem Antrag auf Hingabe des Darlehens verbunden werden. ³Der Darlehensvermittler hat dem Verbraucher den Vertragsinhalt in Textform mitzuteilen.
(2) Ein Darlehensvermittlungsvertrag, der den Anforderungen des Absatzes 1 Satz 1 und 2 nicht genügt oder vor dessen Abschluss die Pflichten aus Artikel 247 § 13 Abs. 2 des Einführungsgesetzes zum Bürgerlichen Gesetzbuche nicht erfüllt worden sind, ist nichtig.

A. Normzweck und Inhalt. § 655b, früher § 15 VerbrkrG, halbzwingend (§ 655e I 1), hat Warnfunktion und soll die der mit der Einschaltung eines Vermittlers verbundenen Mehrbelastungen des Verbrauchers von idR 5–7% transparent machen.   1

B. Wirksamkeitsvoraussetzungen (Abs 1 S 1–2). I. Formerfordernis (Abs 1 S 1). Vermittlungsverträge und nachträgliche Änderungen müssen einschl der wesentlichen Nebenabreden unter genauer Bezeichnung des zu vermittelnden Darlehens zur Vermeidung der Nichtigkeit (II) schriftlich (§ 126) abgeschlossen, dh von beiden Parteien unterzeichnet werden. AGB müssen mit dem Vertrag körperlich fest verbunden werden (MüKo/*Habersack* Rz 4). Die Schriftform kann durch notarielle oder elektronische Form (§ 126a) ersetzt werden (§ 126 III, IV), nicht aber durch Textform (§ 126b). Eine Blankounterschrift des Verbrauchers genügt trotz der Information nach Art 247 § 13 II EGBGB nicht (*Bülow/Artz* Rz 5; aA Palandt/*Sprau* Rz 8). Eine Vollmacht zum Abschluss eines Vermittlungsvertrages bedarf grds keiner Schriftform; § 492 IV gilt nur für Verbraucherdarlehens-, nicht aber für -vermittlungsverträge (Staud/*Kessal-Wulf* Rz 1; Palandt/*Sprau* Rz 2; aA *Bülow/Artz* Rz 18; Baumbach/*Hopt* § 93 HGB Rz 5; *Habersack/Schürnbrand* WM 03, 261, 263).   2

II. Trennungsgebot (Abs 1 S 2). Das Gebot, den Vermittlungsvertrag und die Darlehensvertragserklärung (§ 492 I 5) des Verbrauchers nicht zu verbinden, soll dem Verbraucher die rechtliche Selbständigkeit der beiden Verträge verdeutlichen. Es müssen getrennte Urkunden erstellt werden (Karlsr WM 00, 1996, 2001). Ein Verstoß dagegen, ein Wettbewerbsverstoß (LG Berlin NJW-RR 92, 678), liegt vor, wenn der Verbraucher nach der Vertragsgestaltung annehmen kann, der Vermittlungsvertrag enthalte auch eine Darlehensvertragserklärung (MüKo/*Habersack* Rz 16).   3

C. Mitteilung des Vertragsinhalts (Abs 1 S 3). Als einklagbare Nebenpflicht (Erman/*Saenger* Rz 5), deren Verletzung zu Schadensersatz verpflichtet (§ 280 I) und dem Vergütungsanspruch des Vermittlers entgegengehalten werden kann (§ 273 I), hat der Vermittler dem Verbraucher den Vertragsinhalt in Textform (§ 126b) mitzuteilen.   4

D. Nichtigkeit des Vertrages (Abs 2). Ein Verstoß gegen I 1–2 oder Art 247 § 13 II (Einzelheiten dort Rn 3 – 6) führt, anders als ein solcher gegen I 3, zur Nichtigkeit des Vermittlungsvertrages (BGHZ 163, 332, 335 = WM 05, 1696), idR aber nicht zu der des vermittelten Darlehensvertrages (Karlsr WM 00, 1996, 2001; LG Stuttgart WM 00, 1492, 1495) oder eines Vermittlungsvertrages mit dem Darlehensgeber, es sei denn, § 139 greift ein (LG Frankfurt WM 00, 301, 305). Dem Vermittler steht dann ein Vergütungs- und ein Aufwendungsersatzanspruch nicht zu. Einen solchen kann er angesichts des Schutzzwecks des II auch nicht aus § 354 HGB oder aus § 812 herleiten (BGHZ 163, 332, 335 ff = WM 05, 1696). Nichtig sein kann der Vermittlungsvertrag auch nach § 138 wegen überhöhter Vergütung (BGH NJW 91, 1810).   5

Für Darlehensvermittlungsverträge zwischen Darlehensgeber und Vermittler gilt insb. auch II nicht (MüKo/*Habersack* Rz 20)   6

§ 655c Vergütung (i.d.F. ab 11.6.10).

¹Der Verbraucher ist zur Zahlung der Vergütung nur verpflichtet, wenn infolge der Vermittlung oder des Nachweises des Darlehensvermittlers das Darlehen an den Verbraucher geleistet wird und ein Widerruf des Verbrauchers nach § 355 nicht mehr möglich ist. ²Soweit der Verbraucherdarlehensvertrag mit Wissen des Darlehensvermittlers der vorzeitigen Ablösung eines anderen Darlehens (Umschuldung) dient, entsteht ein Anspruch auf die Vergütung nur, wenn sich der effektive Jahreszins nicht erhöht; bei der Berechnung des effektiven Jahreszinses für das abzulösende Darlehen bleiben etwaige Vermittlungskosten außer Betracht.

A. Normzweck und Inhalt. Die Vorschrift, früher § 16 VerbrKrG, verschärft zum Schutz des Verbrauchers die Voraussetzungen für den Vergütungsanspruch des Maklers für die Darlehensvermittlung (1) bzw bei Umschuldungsdarlehen (2). Der Vermittler kann die Vergütung erst verlangen, wenn das Darlehen valutiert und ein Widerruf des Verbrauchers (§§ 355, 495) nicht mehr möglich ist. Der Verbraucher soll durch die Vermittlungsvergütungspflicht nicht von der Ausübung seines Widerrufsrechts abgehalten werden. 2 versagt Vermittlern zur Begegnung von Missbrauch einen Vergütungsanspruch bei wirtschaftlich sinnlosen Umschuldungsdarlehen.   1

B. Voraussetzungen für Vergütungsanspruch (S 1). I. Darlehensvalutierung. Zusätzlich zu den Voraussetzungen des § 652 I (s. dort Rn 12 ff), also insb der Wirksamkeit des vermittelten Darlehensvertrages und der Kausalität der Maklertätigkeit, erfordert eine Vergütungspflicht streng erfolgsbezogen die tatsächliche, vom   2

Vermittler zu beweisende Leistung des Darlehens (§ 494 II 1, dort Rn 5), sei es auch nur durch weisungsgemäße Auszahlung an einen Dritten – an den Vermittler nur, soweit er den Betrag behalten darf (Staud/*Kessal-Wulf* Rz 4) – oder durch vertragsgemäße Verrechnung. Ein Vergütungsanspruch besteht danach auch dann nicht, wenn die Darlehensvalutierung aus Gründen in der Person des Verbrauchers scheitert (Köln ZIP 93, 1541, 1542) oder der Darlehensvertrag wegen Verschuldens bei Vertragsschluss rückabgewickelt wird (Hamm NJW-RR 91, 249 f). Bei einem nach § 494 II geheilten Darlehensvertrag entsteht der Vergütungsanspruch mit der Heilung. Nach Darlehensvalutierung eintretende Umstände lassen den Vergütungsanspruch unberührt (BGH NJW-RR 91, 820, 821; 93, 248, 249).

3 **II. Unwiderruflichkeit.** Weitere Voraussetzung für das Entstehen des Vergütungsanspruchs ist die Unwiderruflichkeit des Darlehensvertrages nach §§ 495, 355. Diese ist gegeben mit Ablauf der zweiwöchigen Widerrufsfrist nach Aushändigung einer ordnungsgemäßen Widerrufsbelehrung (§ 355 I – III) oder mit Erlöschen des Widerrufsrechts (§ 355 IV). Fehlt es an einer ordnungsgemäßen Belehrung handelt der Verbraucher rechtsmissbräuchlich (§ 242), wenn er in Kenntnis seines Widerrufsrechts davon keinen Gebrauch macht, gleichwohl aber die Zahlung der Vermittlungsvergütung verweigert.

4 **C. Besonderheiten bei Umschuldungsdarlehen (S 2). I. Umschuldung.** Sie ist nur die freiwillige vorzeitige Ablösung eines ungekündigten Darlehens, nicht auch die eines fälligen, durch ein davon unabhängiges neues desselben oder eines anderen Darlehensgebers. Bei dem alten Darlehen muss es sich nicht um ein Verbraucherdarlehen handeln. Bei einer Erhöhung der Darlehenssumme gilt 2, soweit alte und neue Summe sich decken.

5 **II. Kenntnis.** Der Darlehensvermittler muss die Verwendung des vermittelten Darlehens zur Umschuldung positiv kennen. Die Beweislast dafür trifft den Verbraucher. Kenntnis des Vermittlers wird aber widerleglich vermutet, wenn die Valuta mit seinem Wissen nicht an den Verbraucher, sondern an einen anderen Darlehensgeber ausgezahlt wird (Staud/*Kessal-Wulf* Rz 14).

6 **III. Effektivzinsvergleich.** Ein Provisionsanspruch für eine Umschuldung erfordert, zusätzlich zu 1, nach 2 Hs 1, dass der effektive Jahreszins (Art 247 § 3 I Nr 3; dort Rn 7) des vermittelten Darlehens, soweit sich die Darlehenssummen decken, nicht höher ist als der des abzulösenden Altkredits. Auch bei einem sittenwidrigen alten Darlehen ist auf den vereinbarten Effektivzins abzustellen (Staud/*Kessal-Wulf* Rz 17; MüKo/*Habersack* Rz 27), und zwar auf den anfänglichen Zins, bei variablen Zinsen auf den aktuellen Zins.

7 Bei **mehreren abzulösenden Krediten** bedarf es eines gesonderten Vergleichs der jeweiligen effektiven Jahreszinses. Ist das neue Darlehen nur im Vergleich zu einem Teil der abzulösenden Altdarlehen ungünstiger, fällt nur insoweit keine Vergütung an (Staud/*Kessal-Wulf* Rz 16). Für den Aufstockungsteil des neuen Darlehens gilt 2 nicht, sondern nur 1.

8 Gem 2 Hs 2 ist bei der **Berechnung des effektiven Jahreszinses des Altdarlehens** die damals vom Darlehensnehmer und/oder Darlehensgeber gezahlte Vermittlungsprovision nicht zu berücksichtigen. Dadurch soll dem Vermittler der Provisionsanreiz für eine mehrfache Umschuldung genommen werden.

§ 655d Nebenentgelte (i.d.F. ab 11.6.10).
[1]Der Darlehensvermittler darf für Leistungen, die mit der Vermittlung des Verbraucherdarlehensvertrags oder dem Nachweis der Gelegenheit zum Abschluss eines Verbraucherdarlehensvertrags zusammenhängen, außer der Vergütung nach § 655c Satz 1 ein Entgelt nicht vereinbaren. [2]Jedoch kann vereinbart werden, dass dem Darlehensvermittler entstandene, erforderliche Auslagen zu erstatten sind. [3]Dieser Anspruch darf die Höhe oder die Höchstbeträge, die der Darlehensvermittler dem Verbraucher gemäß Art. 247 § 13 Abs. 2 Nr. 4 des Einführungsgesetzes zum Bürgerlichen Gesetzbuche mitgeteilt hat, nicht übersteigen.

1 **A. Normzweck und Inhalt.** Zweck der Vorschrift, früher § 17 VerbrKrG, ist die Beschränkung von Darlehensvermittlern auf das Erfolgshonorar (§ 655c 1), um eine Ausbeutung von Darlehensinteressenten bei aussichtslosen Darlehenswünschen zu verhindern.

2 **B. Unwirksamkeit von Nebenentgelten.** Nebenentgelt ist ohne Rücksicht auf die Bezeichnung jede über § 655c hinausgehende Vergütung, etwa in Form von Bearbeitungs- und Reservierungsgebühren, Auslagenpauschalen, usw (Zweibr MDR 99, 1491). Die Vereinbarung eines Nebenentgelts ist nichtig (§ 134; Karlsr NJW-RR 96, 1451, 1452; VuR 98, 83, 84). IÜ bleibt der Vermittlungsvertrag wirksam. Bei AGB gilt § 306 I.

3 **C. Auslagenersatz (S 2 und 3).** Auslagenersatz kann der Vermittler im nachfolgenden Umfang bei schriftlicher Vereinbarung (§ 655b I 1; *Grote/Wellmann* VuR 07, 258), AGB genügt (Karlsr NJW-RR 96, 1451, 1452), neben der Vergütung nach § 655c auch ohne Vermittlungserfolg verlangen (Köln ZIP 93, 1541, 1542). Auslagen sind vom Vermittler für den Verbraucher getätigte Aufwendungen, etwa für Porti, Telefonate (Karlsr VuR 98, 83, 84), Anzeigen gerade für die konkreten Darlehensinteressenten sowie Kosten für Auskünfte, Wertgutachten (Köln ZIP 93, 1541, 1542) oder Sicherheitenbestellungen, nicht aber für allgemein werbende Zeitungsinserate (Karlsr NJW-RR 96, 1451, 1452; LG Berlin VuR 95, 19, 21). Es bedarf insoweit stets eines vom Vermittlers zu erbringenden Einzelnachweises (LG Hannover VuR 97, 420, 423). Eine Auslagenpauschale sowie ein auslagenbezogener Vorschuss sind auch als Mindestpauschale unzulässig (Karlsr NJW-RR 96, 1451, 1452; VuR 98, 83, 84; Zweibr BB 96, 179 f; MDR 99, 1491 f; Hambg OLGR 97, 334, 335 f; KG Cottbus MDR 93, 620 f; Erman/*Saenger* Rz 2). Zulässig ist die Angabe von Maximalbeträgen (Zweibr MDR 99, 1491, LG Berlin VuR 95, 19; LG Frankenthal VuR 99, 55, 56).

Nur objektiv erforderliche (Karls NJW-RR 96, 1451, 1452) Auslagen sind erstattungsfähig, nicht allgemeine 4 Betriebs- und Bürokosten (Zweibr BB 96, 179 f; MDR 99, 1491, 1492; Hambg OLGReport 97, 334, 336; Stuttg VuR 99, 349, 351; LG Berlin VuR 95, 19, 21), für den Abschluss des Darlehensvermittlungsvertrages aufgewandte Kosten des Vermittlers einschließlich Fahrtkosten (Karls NJW-RR 96, 1451, 1452; VuR 98, 83, 84 f; Zweibr BB 96, 179 f; Stuttg OLGR 99, 432, 433 f; LG Berlin VuR 95, 19, 21; AG Daun VuR 03, 187; *Kothe* VuR 03, 187 f; *Grote/Wellmamm* VuR 07, 258). Die Erforderlichkeit von Auslagen ist vom Vermittler zu belegen (Karls NJW-RR 96, 1451, 1452; VuR 98, 83, 84). Verzinsung gem § 256.

3 bestimmt zum Schutz des Verbrauchers, dass der dem Vermittler nach 2 zustehende Ersatz der Auslagen 5 auf die Höhe bzw Höchstbeträge der dem Verbraucher vor Abschluss des Darlehensvermittlungsvertrags mitgeteilten Nebenentgelte (Art 247 § 13 II Nr 4 EGBGB Rn 6) begrenzt ist.

§ 655e Abweichende Vereinbarungen, Anwendung auf Existenzgründer (i.d.F. ab 11.6.10).
(1) ¹Von den Vorschriften dieses Untertitels darf nicht zum Nachteil des Verbrauchers abgewichen werden. ²Die Vorschriften dieses Untertitels finden auch Anwendung, wenn sie durch anderweitige Gestaltungen umgangen werden.
(2) Dieser Untertitel gilt auch für Darlehensvermittlungsverträge zwischen einem Unternehmer und einem Existenzgründer im Sinne von § 512.

A. Abweichende Vereinbarungen und Umgehungen (Abs 1). I 1, früher § 18 VerbrKrG, regelt den halb- 1 zwingenden Charakter der §§ 655a ff. Er macht nur Abweichungen, auch in Form eines Verzichts, zu Lasten des Verbrauchers unwirksam. Ob eine solche Abweichung vorliegt, ist anhand der einzelnen Klausel ohne eine Gesamtschau des gesamten Vertrages zu beurteilen. Einzelheiten § 511 Rn 2.

I 2 normiert ein Umgehungsverbot. Dieses verhindert, dass die Anwendung der §§ 655a–d für wirtschaftlich 2 vergleichbare Tatbestände durch entspr Vertragsgestaltung umgangen wird. Bei einem Verstoß ist die betreffende Vereinbarung nach §§ 655a–d zu beurteilen. Einzelheiten § 511 Rn 3.

B. Erstreckung auf Verträge mit einem Existenzgründer (Abs 2). II erstreckt den Untertitel (§§ 655a–e) über 3 § 13 hinaus auf Verträge zwischen Unternehmern und Existenzgründern iSd § 512. Einzelheiten § 512 Rn 1 – 5.

Untertitel 3   Ehevermittlung

§ 656 Heiratsvermittlung.
(1) ¹Durch das Versprechen eines Lohnes für den Nachweis der Gelegenheit zur Eingehung einer Ehe oder für die Vermittlung des Zustandekommens einer Ehe wird eine Verbindlichkeit nicht begründet. ²Das auf Grund des Versprechens Geleistete kann nicht deshalb zurückgefordert werden, weil eine Verbindlichkeit nicht bestanden hat.
(2) Diese Vorschriften gelten auch für eine Vereinbarung, durch die der andere Teil zum Zwecke der Erfüllung des Versprechens dem Mäkler gegenüber eine Verbindlichkeit eingeht, insbesondere für ein Schuldanerkenntnis.

A. Grundlagen. Die Vorschrift besteht seit Inkrafttreten des BGB am 1.1.1900 mit unverändertem Wortlaut. 1 Trotz der im letzten Jahrhundert grdl geänderten Sitten- und Moralauffassung wird die Vorschrift in Rspr und Lit grds weit ausgelegt (aA AG Gardelegen FamRZ 02, 1626), um möglichst alle Rechtsvorgänge, die mit Ehevermittlung zu tun haben können, mit dieser engen gesetzlichen Regelung zu erfassen.

Der BGH (FamRZ 83, 1134) hat noch eine sittliche Missbilligung der Tätigkeit des Ehemaklers als Grundlage 2 für die gesetzliche Regelung gesehen. Das BVerfG (FamRZ 66, 301) ist dieser Ansicht nicht gefolgt. Nach seiner Ansicht verletzt der Ausschluss der Einklagbarkeit des Ehemäklerlohnes die Menschenwürde und den Gleichheitssatz. Das Gesetz zur Regelung der Rechtsverhältnisse der Prostituierten vom 20.12.01 hat keine Veränderung der Rechtsprechung zur Folge gehabt (FamRZ 08, 256 m Anm *Majer* NJW 08, 1926).

B. Regelungsgehalt. I. Heiratsvermittlung. Grds ist ein Vertrag, der auf den Nachweis der Gelegenheit zur 3 Eingehung einer Ehe gerichtet ist, nicht unwirksam, insb nicht nichtig. Vielmehr wird durch die gewählte Rechtskonstruktion eine unvollkommene Verbindlichkeit geschaffen (BGH FamRZ 83, 987). Dies bedeutet, dass der Vertrag als solcher wirksam ist und grds gezahlte Vergütungen nicht zurückgefordert werden können. Dies schließt im Einzelfall jedoch die Rückzahlung nicht aus, insb wenn der Vertrag als solcher wegen Verstoß gegen die guten Sitten (§ 138) nichtig ist. Für eine solche Annahme ist jedoch nicht ausreichend, dass die Vergütung einerseits und die Leistungen des Vermittlers andererseits in einem Missverhältnis stehen, es muss jedoch auch noch ein subjektives Element hinzukommen. Unwirksamkeit ist auch nicht gegeben, wenn der Partnervermittlungsvertrag aufgrund eines Lockvogelangebotes erfolgt (NJW 08, 982 m abl Anm Wichert ZMR 08, 638). Eine Nichtigkeit des Vertrages können auch nicht daraus hergeleitet werden, dass im Regelfall Vorausleistung des Auftraggebers in demselben geregelt wird. Der BGH (FamRZ 83, 987) führt hierzu aus, dass das Gesetz durch den Ausschluss der Klagbarkeit des Ehemäklerlohns den Vermittler zur Vorauskasse zwingt. Eine Klage ist daher als unbegründet, nicht aber als unzulässig abzuweisen. Da die entgeltliche Ehevermittlung als eine rechtlich erlaubte und vom sittlichen Standpunkt aus unbedenkliche Tätigkeit anzusehen ist, darf den Vermittlern nicht die einzige rechtliche Möglichkeit genommen werden, sich ihren Vergütungsanspruch zu sichern. Unwirksam ist jedoch eine Klausel, die keinerlei Rückzahlung der gezahlten Vergütung vorsieht selbst für den Fall, dass der Auftraggeber von seinem vertraglichen Kündigungsrecht Gebrauch macht. Nicht zu beanstanden ist nach BGH der Ausschluss der Rückforderung wegen Nichterreichung des Erfolges (Eheschließung), die Vereinbarung einer erfolgsunabhängigen Vergütung sei nicht zu beanstanden.

4 Erfasst von der gesetzlichen Regelung werden alle Arten von Verträgen, gleichgültig, wie sie benannt werden. Beim Partnerschaftsvermittlungsvertrag (FamRZ 05, 181; Kobl FamRZ 06, 1200) lässt die Schlechterfüllung die vorab bezahlteVergütung grds unberührt (krit *Wichert* ZMR 07, 241 zugleich Anm zu LG Hamburg ZMR 06, 866). Ist die Leistung jedoch völlig unbrauchbar, kann die Einrede des nicht erfüllten Vertrags greifen. Eine Rückzahlungsanspruch ist stets dann gegeben, wenn der Auftraggeber nachweist, dass nicht oder schlecht erfüllt wurde; insoweit hat er die Darlegungs- und Beweislast. Kein Rückzahlungsanspruch besteht, wenn die Zahlung insgesamt für die ersten fünf Partnervorschläge zu zahlen ist (konkret: 5.000 €) und bei Bedarf weitere Vorschläge kostenfrei zugesichert werden (FamRZ 09, 1575).

5 Die Rspr der Instanzgerichte wendet die Vorschrift auch auf alle Verträge an, die mit einer Partnerschaftsvermittlung zusammenhängen, wenn nicht nur ein kurzzeitiger Kontakt Gegenstand der Tätigkeit sein soll.

6 Die Vorschrift ist auch anwendbar auf sog Depotverträge, bei denen der Kunde eine bestimmte Zahl von Adressen aus einem Adressendepot erhalten soll und keine weitere Verpflichtung des Vermittlers vereinbart wird (LG Dresden NJW-RR 04, 346).

7 Nach BGH (NJW-RR 88, 114) ist der Ehemaklervertrag gerichtet auf eine Leistung höheren Dienstes und deshalb nach § 627 I für den Auftraggeber jederzeit, für den Auftragnehmer nur nach Maßgabe des II kündbar.

8 **II. Verbindlichkeiten zum Zwecke der Erfüllung (§ 656 II).** Da es naheliegend ist, dass aufgrund der Nichteinklagbarkeit der Vergütung Auswege gesucht werden, um diese gesetzliche Regelung zu umgehen, bestimmt II, dass die Nichteinklagbarkeit auch für alle Vereinbarungen Gültigkeit hat, durch die der Auftraggeber zum Zwecke der Erfüllung des Versprechens dem Mäkler ggü eine Verbindlichkeit eingeht. Genannt wird beispielhaft das Schuldanerkenntnis. Auch wenn in einem gerichtlichen Vergleich eine Vergütung vereinbart wird erfasst die Regelung des II diese mit der Folge, dass der Vergleich letztlich nicht vollstreckt werden darf (AG Düsseldorf NJW-RR 01, 913). Ein Notar darf deshalb trotz der Vorschrift des § 14 III BNotO die Protokollierung eines Anerkenntnisses verweigern (LG Wuppertal MittBayNot 94, 273) und eine Lohnabtretung zum Zwecke der Begleichung des Ehemäklerlohnes ist unwirksam (LG Trier NJW 84, 181).

9 Wird zum Zwecke der Bezahlung des Ehemäklers ein Darlehen aufgenommen ist II entspr anwendbar, wenn zwischen der Bank und dem Ehemakler eine enge planmäßige geschäftliche Zusammenarbeit besteht (LG Düsseldorf NJW 74, 1562; vgl auch LG München NJW 72, 2129).

10 Auch wenn der maßgebliche Gesellschafter und alleinige Geschäftsführer eines Partnerschaftsvermittlungsinstituts zum alleinigen Nutzen des Instituts im eigenen Namen mit einem Institutskunden einen Darlehensund Schuldanerkenntnisvertrag abschließt, muss der Schutzzweck des § 656 dazu führen, dass nicht nur ein Einwendungsdurchgriff stattfindet, sondern von vornherein durch den Darlehensvertrag eine Verbindlichkeit nicht entsteht (Hamm 12 U 45/89 zitiert nach JURIS).

11 Wer sich auf die Unwirksamkeit einer Urkunde beruft kann dies nur mit der Erinnerung gegen die Vollstreckungsklausel tun, nicht hingegen mit der Vollstreckungsgegenklage nach § 767 ZPO (NJW-RR 87, 1149 st Rspr; aA Hamm aaO).

Titel 11 Auslobung

§ 657 Bindendes Versprechen. Wer durch öffentliche Bekanntmachung eine Belohnung für die Vornahme einer Handlung, insbesondere für die Herbeiführung eines Erfolges, aussetzt, ist verpflichtet, die Belohnung demjenigen zu entrichten, welcher die Handlung vorgenommen hat, auch wenn dieser nicht mit Rücksicht auf die Auslobung gehandelt hat.

1 **A. Allgemeines.** Regelungsgegenstand ist das öffentlich bekannt gemachte Versprechen einer Belohnung für die Vornahme einer Handlung oder das Erreichen eines bestimmten Erfolgs, so zB für das Auffinden eines *entlaufenen Haustieres, das Herbeischaffen* einer abhanden gekommen Sache oder das Aufklären einer Straftat. Durch das Aussetzen einer Belohnung soll die Öffentlichkeit oder nur eine bestimmte Zielgruppe animiert werden, die ausgelobte Handlung vorzunehmen. Auf den mit der Auslobung verfolgten Zweck (eigen-

oder gemeinnützig, selbstlos) kommt es nicht an (Mot II 518). Die §§ 657 ff bieten die *Rechtsgrundlage* nicht nur für die Startgelder bei Sportveranstaltungen, sondern auch für die Ausschreibung von Architektenwettbewerben (BGHZ 88, 373).

Bei ähnlichen Rechtsinstituten wie Spiel, Wette oder Schenkung handelt es sich um einen Vertrag, welcher der Annahme durch den Erklärungsempfänger bedarf. **2**

Ein **Spiel** bzw eine Ausspielung liegt vor, wenn die Anforderungen leicht und ohne Schwierigkeiten zu erfüllen sind oder ein sittlicher oder wirtschaftlicher Zweck fehlt (Soergel/*Lorentz* § 657 Rz 4). Allerdings bedarf es nach § 763 der Genehmigung (Ddorf NJW 1997, 2122). Streitig ist auch die Behandlung von sog. Mehrwertdiensten, wie zB Zuschauergewinnspiele über 0137-Rufnummern, die teilweise als Spiel (Gabriel/*Barth* VuR 06, 301), teilw als Auslobung (*Ernst* NJW 06, 186) qualifiziert werden. Eine vermittelnde Meinung (§ 762 Rn 8) geht beim Einsatz der Mitspieler, der höher liegt als die Portokosten für einen Brief oder eine Postkarte, von einem Spiel aus. Bei einem geringeren Einsatz ist eine Auslobung anzunehmen. Liegt ein Spiel vor, steht den Mitspielern kein einklagbarer Anspruch auf Übertragung des gewonnenen Preises zu, was aber nach Treu und Glauben als unbillig erscheint, weil sich ein Veranstalter, wie bei einer Auslobung, an eine unbestimmte Anzahl von Personen wendet und letztlich konkrete Gegenstände zur Verteilung auslobt. Daher wird der Veranstalter eines solchen Gewinnspiels wie ein Auslobender behandelt, auch wenn es sich dogmatisch um ein Spiel handelt. **3**

Die Abgrenzung ist schwieriger, wenn eine ernsthafte, dem wissenschaftlichen Beweis zugängliche These durch ein öffentliches Versprechen bekräftigt wird, dass demjenigen ein bestimmter Betrag bezahlt wird, der die These widerlegt (vgl Dasbachsche Auslobung: „Der Zweck heiligt die Mittel"; vgl näher Erman/*Ehmann* § 657 Rz 5), weil die Öffentlichkeit die Erklärung des Auslobenden als Verpflichtungserklärung auffasst, dass die Belohnung an den zu leisten ist, dem die Widerlegung der These gelingt (Soergel/*Lorentz* § 657 Rz 4). **4**

Im Mittelpunkt der **Wette** steht die Richtigkeit einer Behauptung des Wettenden, nicht aber die Erbringung einer Leistung. **5**

IdR liegen auch die Voraussetzungen eines **Schenkungsversprechens** nicht vor, da es nicht öffentlich bekannt gemacht wird und keine bestimmte Handlung des Beschenkten erforderlich ist. **6**

B. Voraussetzungen der Auslobung. I. Versprechen. Die Auslobung ist ein einseitig verpflichtendes, nicht empfangsbedürftiges, wohl aber veröffentlichungsbedürftiges (Mot II 529) Rechtsgeschäft, durch welches ausschl der Auslobende eine schuldrechtliche Verpflichtung eingeht und die weder des Zugangs (Jauernig/*Mansel* § 657 Rz 2) noch der rechtsgeschäftlichen Annahme bedarf. Dem Auslobungstext muss die bindende Leistungsverpflichtung des Auslobenden zu entnehmen sein (MüKo/*Seiler* § 657 Rz 6). Da iÜ die §§ 104 ff gelten, kann das Versprechen unter den Voraussetzungen der §§ 119 f angefochten werden. Zur Wirksamkeit des Versprechens und zur Geltendmachung des Anspruchs auf die Belohnung bedarf es nicht der Kenntnis des Bewerbers. Allerdings darf die Erklärung weder gegen ein gesetzliches Verbot, insb gegen Bestimmungen des UWG, noch gegen die guten Sitten verstoßen (BGH GRUR 73, 474). Die Auslobung unter einer Bedingung ist zulässig (Ddorf GRUR 51, 463). **7**

Einer Identität des Auslobenden und des Bekanntmachenden bedarf es nicht. Vielmehr kann die Polizei/Staatsanwaltschaft im Namen einer nicht näher bezeichneten Person eine Belohnung aussetzen (BaRoth/*Kotzian-Marggraf* § 657 Rz 7). Ausgeschlossen sind allerdings Beamte, zu deren Berufspflicht die Verfolgung strafbarer Handlungen gehört(*Kornblum* JuS 81, 804). **8**

Beim Tod des Auslobenden geht die Leistungsverpflichtung auf den/die Erben über (Erman/*Ehmann* § 657 Rz 7). Unschädlich ist auch der nachträgliche Verlust der Geschäftsfähigkeit des Auslobenden (Erman/*Ehmann* § 657 Rz 4). Der Rechtsnachfolger kann, ebenso wie der gesetzliche Vertreter, die Auslobung nach § 658 widerrufen (Staud/*Wittmann* § 657 Rz 2). **9**

II. Belohnung. Belohnung iSd § 657 ist jeder nicht notwendigerweise vermögensrechtliche Vorteil (BGH NJW 84, 1118). In Betracht kommt neben der Zahlung eines Geldbetrages die Gewährung von Reisen (Frankf Justiz 80, 435), der Gewinn von Wettbewerben (BGH WM 83, 1267), die Verleihung eines Titels (RGZ 143, 259) oder sonstiger Anerkennungen. Die Art der Belohnung darf aber nicht gegen §§ 134, 138 verstoßen. **10**

III. Öffentliche Bekanntmachung. Die öffentliche Bekanntmachung als Kundgabe ggü einer unbestimmten Anzahl von Personen, wobei aber auch das Wenden an einen festgelegten Personen- oder Berufskreis der *öffentlichen Bekanntmachung* nicht entgegensteht (München NJW 83, 759) ist Wirksamkeitsvoraussetzung für die Belohnung (Mot II 529: Ohne Publizität keine Auslobung). IÜ muss sich das Versprechen an die Öffentlichkeit richten. Die Form der Bekanntmachung kann schriftlich oder mündlich erfolgen und reicht von Ausrufen und Anschlägen am schwarzen Brett über Postwurfsendungen, die Mitteilung in der Presse oder Internet bis hin zu Rundfunk und Fernsehen. **11**

Dagegen stellt die Bekanntmachung ggü einem individuell abgrenzbaren Personenkreis ein Vertragsangebot dar, das bei Annahme und Vornahme der Leistung zur Zahlung verpflichtet. **12**

13 **IV. Gegenstand der Auslobung.** Der Bewerber erhält die Belohnung nur für die Vornahme/Unterlassung einer Handlung oder die Herbeiführung eines Erfolges; maßgebend ist das Tätigwerden und der nicht Eintritt des Erfolges (AnwK-BGB/*Ring* § 657 Rz 16). Da sie auf einen **Realakt** und somit auf eine menschliche Tätigkeit, wie zB der Wiedererlangung einer verlorenen Sache, der Ergreifung eines Straftäters oder der Erbringung eines besonderen sportlichen oder wissenschaftlichen Leistung gerichtet ist, kommt es auf die Geschäftsfähigkeit des Berechtigten nicht an (HK/*Schulze* § 657 Rz 3), sofern die Leistung nicht in einem Rechtsgeschäft besteht. Im Zweifel ist der Auslobungsgegenstand durch Auslegung zu ermitteln.

14 Nicht erforderlich, aber unschädlich ist die Bestimmung einer Frist für die Vornahme der Handlung bzw die Herbeiführung des Erfolges.

15 Unklar ist, ob die Belohnung auch dann geschuldet wird, wenn die Handlung schon vor der Auslobung vorgenommen wurde. Für die Entscheidung dieser Frage kommt es auf die Vorstellung des Auslobenden an: Wollte er die Vornahme der Handlung durch die Belohnung veranlassen, kann dieser Zweck nicht mehr erreicht werden, so dass die Belohnung nicht mehr geschuldet ist. Soll die Auslobung nur die Handlung als solche belohnen, kommt es auf den Zeitpunkt der Vornahme der Handlung nicht an.

16 Entspricht die Leistung nicht den Anforderungen in der Auslobung oder ist sie mangelhaft, findet das Leistungsstörungsrecht entsprechende Anwendung (Erman/*Ehmann* § 657 Rz 6). Ist zB die Sache, für deren Wiederbeschaffung eine Belohnung ausgesetzt wurde, beschädigt, kommt eine um einen angemessenen Teil herabgesetzte Belohnung in Betracht (Staud/*Wittmann* § 657 Rz 12).

17 Verstößt dagegen der Bewerber gegen die Teilnahmebedingungen, macht er sich schadensersatzpflichtig, ggf auch wegen Betrugs strafbar (Staud/*Wittmann* § 657 Rz 7).

18 Die Auslobung „Angaben, die zur Wiedererlangung der gestohlenen Gemälde führen" findet keine Anwendung auf Polizeibeamte, den Dieb oder Hehler (Soergel/*Lorentz* § 661 Rz 2). Im Falle der Auslobung des Nachweises einer Mietwohnung durch den Mietinteressenten steht § 2 II Wohnungsvermittlungsgesetz dem Anspruch des Vermieters auf die Auslobung entgegen (AG Freiburg NJW-RR 91, 12).

19 **V. Berechtigung.** Berechtigt, die Belohnung zu fordern und in Empfang zu nehmen, ist, wer die geforderte Handlung vorgenommen bzw den Erfolg herbeigeführt hat; es trägt die Beweislast für die Vornahme der Handlung (Baumgärtel/*Laumen* § 657 Rz 1). Wurde die Handlung von mehreren Bewerbern vorgenommen, konkretisieren die §§ 659, 660 die allg Vorschrift des § 657.

20 Der Anspruch auf die Belohnung kann im Wege der Leistungsklage gegen den Auslobenden geltend gemacht werden (MüKo/*Seiler* § 657 Rz 18). Die Gerichte sind auch dann zur Entscheidung berufen, wenn es um die Klärung schwieriger technischer, wissenschaftlicher oder künstlerischer Fragen geht. Hat sich der Auslobende die Bestimmung der Belohnung vorbehalten und nimmt er diese Bestimmung nicht vor oder ist die Entscheidung unbillig iSd § 315 III 2, kommt die Gestaltungsklage in Betracht.

21 **VI. Haftung.** Der Bewerber haftet, wenn die ausgelobte Handlung in der Herstellung eines Werkes besteht, für die gefahrlose Beschaffenheit des hergestellten Werkes (*Planck* § 657 Anm 5). Der Belohnungsanspruch entsteht nicht, wenn die Handlung nicht den Anforderungen, die im Auslobungstext niedergelegt sind, entspricht. Daher scheidet auch eine Haftung des Handelnden wegen Verletzung von Schutzpflichten, ähnl der cic, aus (MüKo/*Seiler* § 657 Rz 22).

22 Der Auslobende muss die versprochene Belohnung an den Bewerber, der die Handlung vorgenommen hat, erbringen. Er haftet, wenn die Belohnung nicht in Geld gewährt wird für Sach- und Rechtsmängel gemäß §§ 523, 524 analog (Staud/*Wittmann* § 657 Rz 12). Wird die Vornahme der Handlung oder die Herbeiführung des Erfolges durch ein Verhalten des Auslobenden unmöglich, hat der Bewerber bis zur Vornahme der Handlung keinen Anspruch auf Schadensersatz (*Planck* Vorbem IV 5a vor § 657). Die Haftung wegen § 826 bleibt hiervon unberührt.

§ 658 Widerruf.
(1) ¹Die Auslobung kann bis zur Vornahme der Handlung widerrufen werden. ²Der Widerruf ist nur wirksam, wenn er in derselben Weise wie die Auslobung bekannt gemacht wird oder wenn er durch besondere Mitteilung erfolgt.
(2) Auf die Widerruflichkeit kann in der Auslobung verzichtet werden; ein Verzicht liegt im Zweifel in der Bestimmung einer Frist für die Vornahme der Handlung.

1 **A. Allgemeines.** Die Auslobung ist eine einseitige Willenserklärung, die durch einen Widerruf zurückgenommen werden kann. Bis zur Vollendung seiner Leistung hat der Bewerber die Aufwendungen auf eigenes Risiko erbracht. § 162 findet keine Anwendung (Erman/*Ehmann* § 658 Rz 1).

2 **B. Widerruf.** Durch den Widerruf kann sich der Auslobende und seine Erben (BaRoth/*Kotzian-Marggraf* § 658 Rz 1) von der Verpflichtung zur Leistung einer Belohnung befreien, sofern die Leistung noch nicht erbracht ist. Der Anspruch nach § 657 erlischt rückwirkend. Innerhalb der zeitlichen Grenzen des Widerrufs ist auch eine eventuelle Änderung der Auslobungsbedingungen möglich (Frankf OLGE 41, 123). Danach bleibt dem Bewerber der Erfüllungsanspruch erhalten, und zwar unabhängig von seiner Kenntnis (Staud/*Wittmann* § 658 Rz 2).

Der Bezeichnung als „Widerruf" bedarf es nicht, solange der Wille des Auslobenden, nicht an das Auslobungsversprechen gebunden zu sein, unmissverständlich zum Ausdruck kommt. Eine Begründung ist nicht erforderlich. Der Bewerber hat im Falle des Widerrufs weder Anspruch auf Ersatz der von ihm gemachten Aufwendungen noch auf Schadensersatz für die von ihm ausgeführten Vorbereitungshandlungen (Mot II 521). Widerruft der Auslobende trotz Verzichts, ist der Widerruf wegen Verstoßes gegen § 242 unwirksam. 3

Der Verlust der Geschäftsfähigkeit des Auslobenden oder sein Tod stehen dem Widerruf gleich (von *Mayr* 67). Dagegen hat der Verlust der Geschäftsfähigkeit des Bewerbers keinen Einfluss auf die Belohnung, da diese Handlung ein Realakt ist. 4

Der Auslobende trägt die Darlegungs- und Beweislast für den Widerruf (Baumgärtel/*Laumen* § 658 Rz 1). 5

C. Bekanntmachung. Der Widerruf bedarf zu seiner Wirksamkeit der öffentlichen Bekanntmachung, die entsprechend der Auslobung erfolgen muss. Nicht zwingend ist, dass das gleiche Publikationsmittel verwendet wird, sofern die Wirkung identisch ist. 6

Der Widerruf kann auch durch besondere Mitteilung erfolgen. Sie ist eine empfangsbedürftige Willenserklärung, die ggü denjenigen erklärt werden muss und wirksam wird, ggü denen sie gemacht worden ist (Soergel/*Lorentz* § 658 Rz 1). Dann wirkt der Widerruf nur ggü den Erklärungsempfängern. Der Kontakt zwischen Auslobenden und Bewerber verpflichtet den Auslobendenden zu einer besonderen Mitteilung (AnwK/*Ring* § 658 Rz 2). Verstößt der Auslobende hiergegen, muss er dem Berechtigten die nach dem Widerruf getätigten Aufwendungen ersetzen (Erman/*Ehmann* § 658 Rz 1; aA Soergel/*Lorentz* § 658 Rz 1). Der Bewerber darf aber weder Kenntnis vom Widerruf gehabt haben noch hätte haben dürfen. 7

D. Verzicht. Ein Verzicht des Auslobenden führt zur Unwiderruflichkeit der Auslobung führt. Eine Frist ist nicht zu beachten. Allerdings deutet die Bestimmung einer Frist für die Vornahme der Handlung nach dem Willen des Gesetzgebers auf einen Verzicht hin, sofern keine anderen Anhaltspunkte vorhanden sind (Vermutungsregel). 8

Der Verzicht muss entweder in der Auslobungserklärung enthalten sein oder kann in einer der Form des Widerrufs entsprechenden Weise zu einem späteren Zeitpunkt erklärt werden (Staud/*Wittmann* § 658 Rz 4). Für den Verzicht des Widerrufs trifft die Beweislast den Bewerber (Staud/*Wittmann* § 658 Rz 4). 9

Kommt ein Widerruf wegen Verzichts nicht in Betracht, ist die **Anfechtung** wegen Irrtums bzw Täuschung oder Drohung möglich. Sie richtet sich nach § 143 IV gegen jeden, der die Handlung vorgenommen hat. Nach hM gelten für die Anfechtung dieselben Formerfordernisse wie beim Widerruf (Erman/*Ehmann* § 658 Rz 2). Nicht entschieden ist, ob die Anfechtungsfrist schon vor der Vornahme der Handlung zu laufen beginnt (vgl Mot II 520). 10

§ 659 Mehrfache Vornahme. (1) Ist die Handlung, für welche die Belohnung ausgesetzt ist, mehrmals vorgenommen worden, so gebührt die Belohnung demjenigen, welcher die Handlung zuerst vorgenommen hat.
(2) ¹Ist die Handlung von mehreren gleichzeitig vorgenommen worden, so gebührt jedem ein gleicher Teil der Belohnung. ²Lässt sich die Belohnung wegen ihrer Beschaffenheit nicht teilen oder soll nach dem Inhalt der Auslobung nur einer die Belohnung erhalten, so entscheidet das Los.

A. Allgemeines. Nehmen mehrere Personen die in der Auslobung vorgesehene Handlung vor, entspricht es dem mutmaßlichen Willen des Auslobenden, wenn bei der getrennten Vornahme der erste und bei gleichzeitiger Vornahme der Handlung durch mehrere diese einen gleichen Anteil an der Belohnung erhalten (Mot II 523). 1

Die Vorschrift ist dispositiv (Erman/*Ehmann* § 659 Rz 1); in den Auslobungsbedingungen kann Abweichendes geregelt werden (Frankf Justiz 80, 437). Sie kann von den Beteiligten, je nach dem entsprechenden Verständnis von der Auslobung, auch dahingehend interpretiert werden, dass jeder, der die Handlung in seiner Gesamtheit vornimmt, die gesamte Belohnung erhalten soll, dh die Belohnung ggf mehrfach in vollem Umfang zu erbringen ist. Denkbar ist aber auch eine Zuteilung nach billigem Ermessen, § 315 (RGZ 167, 225). Hierfür bedarf es aber konkreter Anhaltspunkte, da der Auslobende idR die Belohnung nur einmal erbringen will (HK/*Schulze* § 659 Rz 1). 2

B. Mehrfache Vornahme (Abs 1). Nach I haben mehrere Personen selbständig und getrennt voneinander die in der Auslobung geforderte Handlung vorgenommen. Bei einem zeitlichen Nacheinander gilt der **Prioritätsgrundsatz:** *Die Belohnung erhält derjenige, der die Handlung zuerst vorgenommen und abgeschlossen hat.* Er trägt hierfür die Beweislast (Baumgärtel/*Laumen* § 659 Rz 1), wohingegen der Auslobende nachweisen muss, dass die Handlung von mehreren vorgenommen wurde (RGRK/*Steffen* § 659 Rz 5). Maßgebend ist der Zeitpunkt der Vornahme der Handlung, nicht der des Bekanntwerdens (MüKo/*Seiler* § 659 Rz 2). Ist festgestellt, dass die ausgelobte Handlung von mehreren vorgenommen wurde, muss der Bewerber beweisen, dass er als Erster gehandelt hat (BGHR BGB § 659 I Beweislast 1). 3

Wurde die Belohnung irrtümlich an denjenigen geleistet, der die Handlung als Zweiter vorgenommen hat, weil der Auslobende zuerst von seiner Leistung Kenntnis erlangt hat, steht dem Auslobenden die Leistungskondition nach § 812 I 1 zu. Dagegen bestehen zwischen den Bewerbern keine direkten Ansprüche, auch 4 nicht aus ungerechtfertigter Bereicherung (Soergel/*Lorenz* § 659 Rz 1) sofern der Berechtigte nicht nach § 816 II gegen den Leistungsempfänger vorgeht (BaRoth/*Kotzian-Marggraf* § 659 Rz 2).

5 Sollte der Berechtigte auf die Belohnung verzichten, rückt nicht der Zweite nach; forderungsberechtigt ist nur der Erste, der die ausgelobte Handlung vornimmt (Staud/*Wittmann* § 659 Rz 4). Allerdings kann der Berechtigte seinen Anspruch einem Mitbewerber zur Geltendmachung abtreten (RGRK/*Steffen* § 659 Rz 3).

6 **C. Gleichzeitige Vornahme (Abs 2).** Wird die Handlung von mehreren Personen gleichzeitig vorgenommen oder kann die zeitliche Abfolge der Handlungsabläufe nicht mehr festgestellt werden (MüKo/*Seiler* § 659 Rz 6) und ist die Belohnung teilbar, erhält jeder einen gleichen Teil. Hierauf hat der Bewerber einen selbständigen Anspruch. Bei einer unteilbaren Leistung entscheidet das Los, sofern der Auslobende im Auslobungstext nichts anderes bestimmt hat oder die Beteiligten nachträglich vereinbaren. Unter Beachtung des Grundsatzes von Treu und Glauben kann der Auslobende die Art der Verlosung frei bestimmen, solange und soweit die Zufälligkeit des Losverfahrens gewährleistet ist. Allerdings kann der Auslobende auch eine Entscheidung nach billigem Ermessen, § 315, treffen.

7 Streiten die Beteiligten darüber, wem die Belohnung zusteht, muss der angeblich Berechtigte den Auslobenden verklagen. Nach § 372 kann dieser die Belohnung hinterlegen.

8 Der Berechtigte, der nur einen Teil der Belohnung verlangt, trägt die Beweislast für die Vornahme der Handlung (RGRK/*Steffen* § 659 Rz 5). Dagegen muss der Auslobende darlegen und ggf beweisen, dass entweder kein oder nur ein geringerer Anspruch besteht (Baumgärtel/*Laumen* § 659 Rz 2).

§ 660 Mitwirkung mehrerer.

(1) ¹Haben mehrere zu dem Erfolg mitgewirkt, für den die Belohnung ausgesetzt ist, so hat der Auslobende die Belohnung unter Berücksichtigung des Anteils eines jeden an dem Erfolg nach billigem Ermessen unter sie zu verteilen. ²Die Verteilung ist nicht verbindlich, wenn sie offenbar unbillig ist; sie erfolgt in einem solchen Fall durch Urteil.
(2) Wird die Verteilung des Auslobenden von einem der Beteiligten nicht als verbindlich anerkannt, so ist der Auslobende berechtigt, die Erfüllung zu verweigern, bis die Beteiligten den Streit über ihre Berechtigung unter sich ausgetragen haben; jeder von ihnen kann verlangen, dass die Belohnung für alle hinterlegt wird.
(3) Die Vorschrift des § 659 Abs. 2 Satz 2 findet Anwendung.

1 **A. Allgemeines.** § 660 ist nur anwendbar, wenn die Leistung erst durch das Zusammenwirken mehrerer Personen erbracht worden ist. Sie regelt die Verteilung der Belohnung. Bedeutung hat die Vorschrift dann, wenn die Staatsanwaltschaft zur Ergreifung eines gesuchten Straftäters eine Belohnung aussetzt (vgl RGZ 11, 281) oder ein gestohlenes Gut wiederbeschafft werden soll (Prot II 348). Diejenigen, deren Hinweise und Handlungen zur Ergreifung des Straftäters geführt haben, sind an der Belohnung zu beteiligen (BaRoth/*Kotzian-Marggraf* § 660 Rz 1).

2 **B. Mitwirkung.** Wird der Erfolg von mehreren Beteiligten herbeigeführt, sind alle Mitwirkenden anteilsberechtigt (Elster ArchBürgR 18, 179), entspr ihres Anteils am Erfolg. Der Berechtigte hat seinen ursächlichen Beitrag zum Erfolg sowie die Unbilligkeit der zu seinen Lasten eingreifenden Verteilungsentscheidung darzulegen und ggf zu beweisen. (BGHR BGB § 660 Kausalität 1).

3 Ist die Belohnung unteilbar, entscheidet nach § 659 II 2, der in III für anwendbar erklärt wird, das Los.

4 **C. Verteilung.** Der Auslobende ist berechtigt und verpflichtet, die Belohnung angemessen zu verteilen. Insoweit übt er diese Funktion nicht als Schuldner, sondern als Preisrichter aus (Prot II 349). Dabei hat er den Anteil jedes einzelnen an der Gesamtleistung zu berücksichtigen. Die Beteiligten haben danach einen Anspruch auf Verteilung (Soergel/*Lorentz* § 660 Rz 2). Dieser Anspruch wird fällig, wenn sämtliche Berechtigte die Verteilung als verbindlich anerkennen oder eine gerichtliche Entscheidung über die Anerkennung vorliegt (BaRoth/*Kotzian-Marggraf* § 660 Rz 5). Der Entscheidungsspielraum des Auslobenden ist großzügig zu bemessen. Der Auslobende muss die Wertung nicht selbst vornehmen; er kann sie einem Dritten übertragen; einer Bekanntmachung bedarf es nicht (Staud/*Wittmann* § 660 Rz 2).

5 Die Verteilung erfolgt durch eine Willenserklärung, für die die allg Bestimmungen gelten.

6 Nach I 2 ist die Verteilung unverbindlich, wenn sie offenbar unbillig ist, dh in grober Weise gegen den Grundsatz von Treu und Glauben verstößt und sich die Unbilligkeit einem sachkundigen und unbefangenen Beobachter aufdrängt (BGH NJW 91, 2761).

7 Der Verteilungsanspruch ist mit der Leistungsklage durchzusetzen, wobei für die Zwangsvollstreckung § 888 ZPO gilt (Erman/*Ehmann* § 660 Rz 1). Ein Anspruch auf ungeteilte Aushändigung der Belohnung an alle besteht nicht (Staud/*Wittmann* § 660 Rz 2).

8 **D. Streitigkeiten.** Streiten die Beteiligten über ihre Berechtigung und erkennen sie die Verteilung nicht als verbindlich an, ist dieser Streit nur unter ihnen auszutragen. Anders als bei § 659 ist der Auslobende an der Auseinandersetzung über die Höhe des Anteils an der Belohnung nicht zu beteiligen. Wird die Verteilung durch das Gericht bestätigt, ergeht ein Feststellungsurteil; weicht es von der Verteilungsentscheidung des Aus-

lobenden ab, erlässt es ein Gestaltungsurteil (Erman/*Ehmann* § 660 Rz 1). Bis zur Erledigung des Streits kann der Auslobende die Erfüllung verweigern. Hierbei handelt es sich um ein einredeweise geltend zu machendes Leistungsverweigerungsrecht.

Der Auslobende ist berechtigt, die Belohnung gem § 372 zu hinterlegen. Auf Verlangen eines Beteiligten muss 9 er die Belohnung für alle hinterlegen. Hat der Auslobende die gerichtliche Entscheidung nicht abgewartet und an einen der Beteiligten geleistet, richten sich die Ansprüche der übrigen Beteiligten ausschl gegen den Auslobenden (LG Frankfurt/M NJW 54, 1685). Leistet er an einen Nichtberechtigten, setzt sich der Auslobende einer Nachforderung des berechtigten Beteiligten und damit einer bereicherungsrechtlichen Rückabwicklung nach § 816 II aus (BaRoth/*Kotzian-Marggraf* § 660 Rz 5).

§ 661 Preisausschreiben.
(1) Eine Auslobung, die eine Preisbewerbung zum Gegenstand hat, ist nur gültig, wenn in der Bekanntmachung eine Frist für die Bewerbung bestimmt wird.
(2) ¹Die Entscheidung darüber, ob eine innerhalb der Frist erfolgte Bewerbung der Auslobung entspricht oder welche von mehreren Bewerbungen den Vorzug verdient, ist durch die in der Auslobung bezeichnete Person, in Ermangelung einer solchen durch den Auslobenden zu treffen. ²Die Entscheidung ist für die Berechtigten verbindlich.
(3) Bei Bewerbungen von gleicher Würdigkeit findet auf die Zuerteilung des Preises die Vorschrift des § 659 Abs. 2 Anwendung.
(4) Die Übertragung des Eigentums an dem Werk kann der Auslobende nur verlangen, wenn er in der Auslobung bestimmt hat, dass die Übertragung erfolgen soll.

A. Allgemeines. Das Preisausschreiben ist eine besondere Form der Auslobung: Der Auslobende verspricht 1 durch öffentliche Bekanntmachung (MüKo/*Seiler* § 661 Rz 6) für die Vornahme einer Handlung eine Belohnung, wobei der Preisrichter entscheidet, ob die erbrachte Leistung den Anforderungen der Auslobung entspricht und welcher Bewerber den Preis erhält (HK/*Schulze* § 661 Rz 1). § 661 findet auf ein **nicht öffentlich bekannt** gemachtes Preisausschreiben, wie zB einen Architektenwettbewerb, entspr Anwendung (BGHZ 17, 366).

Die Bewerbung erfolgt, anders als die Auslobung, freiwillig und richtet sich nach der Art des Preisausschreibens (BaRoth/*Kotzian-Marggraf* § 661 Rz 4). 2

Im Vergaberecht spielen die §§ 657 ff wegen der spezielleren Regelungswerke der VOB, VOL, Vergabeverordnung u dgl, eine nur geringe Rolle; wenngleich die Fristbestimmung in § 661 I bei Preisbewerbungen und die §§ 659, 660 Anwendungshilfen bereitstellen (iE MüKo/*Seiler* § 661 Rz 19 ff). 3

B. Preisausschreiben. Das Preisausschreiben ist eine Auslobung, die eine Preisbewerbung zum Gegenstand 4 hat (MüKo/*Seiler* § 661 Rz 4) dh der Preis wird nur denen versprochen, die an einem Wettbewerb teilnehmen, die geforderte Leistung erbringen und eine besondere Preiszuerkennung vorliegt, die über die Berechtigung entscheidet. Der Bewerber kann sich vor oder nach der geforderten Leistung bewerben. Ist die Teilnahme an dem Wettbewerb von der Zahlung einer Teilnahmegebühr abhängig und handelt es sich dabei nur um Bearbeitungskosten, schließt dies die Annahme einer Auslobung iS eines Preisausschreibens nicht aus.

Von der Auslobung unterscheidet sich das Preisausschreiben dadurch, dass entweder die Handlung in verschiedener Weise vorgenommen werden kann oder mehrere Bewerber um den Erfolg konkurrieren (AnwK/ *Ring* § 661 Rz 2). Die Leistungserbringung allein begründet noch keinen Anspruch auf die ausgesetzte Belohnung. Sie kann entweder für die beste Leistung ausgesetzt sein oder so, dass mehrere Preise vorgesehen sind, diese aber nach dem Verhältnis der Einzelleistungen abgestuft werden (Staud/*Wittmann* § 661 Rz 1). 5

Eine Preisbewerbung iSd § 661 erfordert eine nicht unbedeutende menschliche Tätigkeit und kann ihren 6 Gegenstand in der Lösung von Aufgaben verschiedenster Art haben: So können die Aufgaben aus den Gebieten der Wissenschaft, Kunst und Technik (Mot II 523), aber auch aus dem Sportbereich stammen. Zu nennen sind insb Architektenwettbewerbe, Wettrennen und Regatten (BGH LM Nr 2 zu § 661), Rednerwettstreite und Gesangswettbewerbe. Preisausschreiben, die gegen ein gesetzliches Verbot oder gegen die guten Sitten verstoßen, wie zB Preisausschreiben, die mit einem Kaufzwang verbunden sind (BGH GRUR 73, 474), sind nichtig (Staud/*Wittmann* § 661 Rz 1).

Können die Anforderungen ohne Schwierigkeiten von jedermann erfüllt werden handelt es sich um ein 7 genehmigungspflichtiges Spiel bzw eine Ausspielung iSd §§ 762 ff (Stuttg MDR 1986, 756), wobei eine Verbindlichkeit hierdurch nicht begründet wird (Ddorf NJW 97, 2122).

C. Frist. Voraussetzung eines Preisausschreibens ist die Bestimmung einer Frist für die Bewerbung. Sie ist 8 Wirksamkeitserfordernis somit zwingend. Durch die Fristbestimmung ist der Auslobende daran gehindert, die Entscheidung über die Preiszuteilung zu verzögern, um bessere Leistungen abzuwarten (Erman/*Ehmann* § 661 Rz 2). Eine nachträgliche Fristbestimmung ist nicht möglich (MüKo/*Seiler* § 661 Rz 7; aA: Soergel/ *Lorentz* § 661 Rz 1). Es muss auch ein fester Termin für die Konkurrenzleistung, wie sie bei sportlichen Wettkämpfen üblich ist, bestimmt werden (Staud/*Wittmann* § 661 Rz 4). Nach Ansicht des BGH können fristgerecht eingereichte Werke im Einverständnis mit den Bewerbern weiterentwickelt werden (NJW 84, 1118).

9 Nach I muss die Bewerbung innerhalb der vom Auslobenden zu bestimmenden Frist vorliegen; auf den Zeitpunkt der Erbringung der Leistung kommt es insoweit nicht an. Der Auslobende kann im Einvernehmen mit denjenigen, die ihre Bewerbung fristgerecht eingereicht haben, die bereits abgelaufene Frist verlängern (MüKo/*Seiler* § 661 Rz 7). Bei Fristversäumnis, über die der Auslobende entscheidet (BGH NJW 83, 442), scheidet der Bewerber aus dem Wettbewerb aus. Bis zur Entscheidung kann die Bewerbung zurückgenommen werden.

10 In der Fristbestimmung ist zugleich der Verzicht auf den Widerruf der Auslobung enthalten, § 658 II Hs 2 (HK/*Schulze* § 661Rz 2). Die Anfechtung ist nach den allg Regeln, auch nach der Preisentscheidung, möglich.

11 **D. Preisrichter.** In der Auslobung ist der schiedsrichterähnliche (BGHZ 17, 366) Preisrichter zu bezeichnen. Mehrere Preisrichter entscheiden gem § 1052 I ZPO analog mit Stimmenmehrheit (= absolute Mehrheit) (BGHZ 17, 366). Fehlt es hieran, übt der Auslobende die Funktion des Preisrichters aus.

12 Der Preisrichter haftet dem Auslobenden ggü nur beschränkt (BGHZ 15, 12) wegen vorsätzlicher Pflichtverletzung gem § 826; gegen den Preisrichter hat der Bewerber keinen Anspruch, er kann aber vom Auslobenden verlangen, dass der Preisrichter tätig wird (Soergel/*Lorentz* § 661 Rz 2) und die Entscheidung fällt. Dieser Anspruch wird nach § 888 ZPO vollstreckt.

13 **E. Entscheidung über die Preiszuteilung.** Der Preisrichter hat das Preisgericht zu bestellen, welches über die Preiszuteilung entscheidet. Grundlage der Preiszuteilung sind die in der Auslobung enthaltenen Bedingungen. So kann der Preisrichter zum Ergebnis gelangen, dass keine der eingereichten Lösungen der Aufgabenstellung gerecht wird oder dass die Lösung zwar die Vorstellungen des Auslobenden nicht vollumfänglich trifft, ihnen aber nahe kommt und daher preiswürdig ist (LG Dortmund BauR 75, 143). Bei gleicher Preiswürdigkeit gilt hinsichtlich der Preiszuteilung III, der auf den Teilungsgrundsatz in § 659 II verweist.

14 Das Verfahren des Preisrichters kann, da die Vorschriften über die Zuerkennung des Preises dispositiv sind, gerichtlich überprüft werden. Der Rahmen des § 1041 ZPO ist zu beachten (BGHZ 17, 366). Hat ein Bewerber die formellen Ausschreibungsanforderungen erfüllt und wird er zu Unrecht nicht zu einem Preisausschreiben zugelassen, ist die Entscheidung des Preisgerichts gerichtlich überprüfbar (BGH NJW 83, 442).

15 Die Entscheidung wird durch eine einseitige, nicht empfangsbedürftige Willenserklärung Mitteilung (Staud/*Wittmann* § 661 Rz 9), bekannt gegeben, wodurch für den ausgewählten Bewerber nach §§ 661, 657 der Anspruch auf die ausgelobte Leistung entsteht (BaRoth/*Kotzian-Marggraf* § 661 Rz 5).

16 Nach II 2 ist die Entscheidung des Preisrichters **bindend** und auf ihre sachliche Richtigkeit hin gerichtlich nicht überprüfbar (BGH MDR 66, 572). Unter den Voraussetzungen des § 1059 II ZPO ist die Feststellung von groben Verfahrensfehlern möglich, die die Entscheidung selbst beeinflussen (BGH NJW 84, 1118). Der Preisspruch kann insoweit überprüft werden, ob er sonst in rechtlich unzulässiger Weise, etwa durch Bestechung des Preisrichters, zustande gekommen ist (Staud/*Wittmann* § 661 Rz 10). Werden die Fehler iRe Feststellungsklage festgestellt, führt dies nicht zur Zuerkennung des Preises, sondern zur Unwirksamkeit der preisrichterlichen Entscheidung. Der Preisrichter muss erneut entscheiden, (BGH MDR 84, 28) Schadensersatz ist möglich. Die Entscheidung kann wegen Irrtums angefochten werden (vgl Rn 10).

17 **F. Pflicht zur Eigentumsübertragung.** Der Bewerber hat nach IV nur dann einen Anspruch auf Übertragung des Eigentums, wenn dies in den Auslobungsbedingungen entspr niedergelegt ist. Die eingereichten Arbeiten sind an den Bewerber zurückzugeben, sofern das Eigentum nicht kraft ausdrücklicher Bestimmung auf den Auslobenden übergegangen ist. Die Vorschrift ist auf Urheber- und Erfinderrechte entspr anwendbar (Erman/*Ehmann* § 661 Rz 4).

§ 661a Gewinnzusagen. Ein Unternehmer, der Gewinnzusagen oder vergleichbare Mitteilungen an Verbraucher sendet und durch die Gestaltung dieser Zusendungen den Eindruck erweckt, dass der Verbraucher einen Preis gewonnen hat, hat dem Verbraucher diesen Preis zu leisten.

1 **A. Einführung.** Die dem § 5j österreichisches Konsumentenschutzgesetz v 19.8.99 nachgebildete Vorschrift wurde im Zuge der Umsetzung der FernabsatzRL eingeführt, ist selbst aber nicht europarechtlich veranlasst und erfasst nach dem 29.6.00 entstandene Sachverhalte (Art 229 § 2 I EGBGB; AG Heinsberg NJW-RR 01, 1274). Sie wird rechtspolitisch kritisiert (ua Erman/*Ehmann* Rz 5; BaRoth/*Kotzian-Marggraf* Rz 10; *Hoffmann* Verfahrensrechtliche Aspekte grenzüberschreitender Gewinnzusagen nach § 661a BGB, 2007, 180 ff), ist aber **verfassungskonform** (BGH NJW 03, 3620; Nichtannahmebeschl BVerfG NJW 04, 762), jedenfalls soweit das Verhältnismäßigkeitsprinzip gewahrt wird (aaO 3621 aE; *Mörsdorf-Schulte* JZ 05, 780), und auch vereinbar mit der RL 2007/29/EG gegen unlautere Geschäftspraktiken (BGH WM 09, 126).

2 **Zweck** ist – mit ähnl generalpräventiver Zielsetzung wie § 241a (*Lorenz* IPRax 02, 192; HK/*Schulze* Rz 1), aber anders als Strafschadensersatz (BGH NJW 03, 3620) – der Schutz des Verbrauchers: Diesem sollen nicht mit „leeren" Gewinnversprechen Warenangebote aufgedrängt werden, mit denen er sich nicht befassen möchte. Er wird daher in die Lage versetzt, den Unternehmer beim Wort zu nehmen und den mitgeteilten Gewinn zu verlangen (BTDrs 14/2658 48/49). Daneben setzt der Versender sich ggf Deliktsansprüchen (BGH WM 09, 127) u **wettbewerbsrechtlichen Sanktionen** aus (vgl UWG-Anh Nr 17, BGBl 08 I 2949, eingef aufgrd UGR-

RL Abl EU L 149/2005/22; BGH NJW 03, 3620; ausf *Meller-Hannich* NJW 06, 2516 mwN; Staud/*Bergmann* Rz 2 mwN; *Lorenz* IPRax 02, 195 Fn 34: soweit sie trotz des Erfüllungsanspruchs überhaupt noch eingreifen), insb einer **Strafbarkeit** und Verfallanordnung wegen sog Reklameschwindels nach § 16 UWG (BGH WM 09, 127, GRUR 08, 818). Da durch die Versendung Rechtsansprüche zahlreicher Verbraucher gegen den Unternehmer entstehen (zB 60.000 Versendungen in BGH GRUR 08, 818; über 25.000 Gewinnanforderungen in BGH NJW 06, 232), **bewirkt** § 661a leicht dessen **Insolvenz** (*Braun* BuW 03, 732; *Schneider* BB 02, 1657), was der BGH (WM 09, 127) als im Interesse wirksamer Sanktionierung gewollt erachtet. Daraus können sich iÜ zu sanktionierende Pflichtverletzungen der dahinter stehenden Personen ergeben. § 661a selbst hat **keinen Strafcharakter** (BGH NJW 03, 3620; Palandt/*Sprau* Rz 1; aA Ddorf DB 04, 128; *Schäfer* JZ 06, 523).

Da sich der Inhalt des § 661a als „Erfüllungsanspruch" (BGH WM 09, 127; NJW 03, 3621) ausschließlich nach der vom Unternehmer (Ob, Höhe, Art des Preises) völlig frei gestalteten und gegebenen (BGH NZI 08, 370) Zusage oder Mitteilung richtet (*Schmidt-Räntsch* FS U. Huber 06, 576), handelt es sich – wie bei der gesetzessystematisch benachbarten Auslobung (§ 657 Rn 7) – um ein einseitiges **Rechtsgeschäft** (BGH NJW 06, 232/233 – unsicher; NJW 04, 3040; 03, 427 u 3621; Hamm NJW-RR 02, 717; Dresd IPRax 02, 421; Nürnbg NJW 02, 3637 – jeweils alternativ zur geschäftsähnl Qualifikation; *Mörsdorf-Schulte* JZ 05, 774 Fn 58 und ausf ZZPInt 8 (03) 460-467; weiter gehend für vertragliche Qualifikation *Wagner/Potsch* JURA 06, 407; Staud/*Bergmann* Rz 18; *Häcker* ZVglRWiss 103 (04) 479 ff; *Feuchtmeyer* NJW 02, 3599). Der BGH rückt inzwischen aber wieder verstärkt die Deutung als gesetzliches Schuldverhältnis (WM 09, 127) aufgrund geschäftsähnl Handlung in den Vordergrund (NZI 08, 370; NJW 06, 2549 aE und unsicher 232 f; *Rauscher* NJW 07, 3546 Fn 77; *Lorenz* NJW 06, 474; *Meller-Hannich* NJW 06, 2417). Deliktisch qualifizieren noch Ddorf DB 04, 128; *Jordans* IPRax 06, 584; MüKo/*Seiler* Rz 4; *Staudinger* ZEuP 04, 767. 3

B. Voraussetzungen. I. Parteien. Der Sender muss **Unternehmer** iSd § 14 (BGH NJW 04, 3040) und der Adressat **Verbraucher** iSd § 13 (§ 13 Rn 12, bzw bei nicht rechtsgeschäftlicher Qualifikation [Rn 3] iSd §§ 13 f analog, MüKo/*Micklitz* § 13 Rz 70) sein. **Geschäftsfähigkeit** ist auf der Sender- (MüKo/*Seiler* Rz 10), nicht aber auf der Adressatenseite Voraussetzung; denn die Verpflichtung kommt auch ohne rechtsgeschäftliche Mitwirkung des Adressaten zustande (LG Berlin NJOZ 03, 2003; Erman/*Ehmann* Rz 2). 4

II. Form. Aus dem Begriff des Sendens wird die Notwendigkeit einer gewissen **Verkörperung und Textform** (Briefe, Faxe, E-Mails, SMS) gefolgert (LG Köln MMR 08, 834: nicht Werbeeinblendung im Internet; *Meller-Hannich* NJW 06, 2517; *Wagner/Potsch* JURA 06, 402; MüKo/*Seiler* Rz 8; Erman/*Ehmann* Rz 3; *Schneider* BB 02, 1654). Die Einschränkung überzeugt weder technisch noch psychologisch, hier stehen inzw für unerbetene Telefonwerbung ein ausr Sanktionsinstrumentarium zur Verfügung, zB Rufnummernabschaltung (VG Köln v 16.4.08 – 11 L 307/08, BeckRS 2008, 34851), Verbot der Rufnummernunterdrückung nach 102 I TKG (OVG Münster NJW 08, 3657), Neufassung der §§ 7 II Nr 220 UWG (Bußgeld wegen unerlaubter Telefonwerbung) und Erweiterung des Widerrufsrechts in § 312d f. Die **Form des § 518 I muss nicht** beachtet werden (LG Braunschweig IPRax 02, 214; *Schröder/Thiessen* NJW 04, 721). 5

III. Zugang. Auch wenn der Gesetzestext nur von Senden und nicht von Empfangen spricht, soll der Anspruch den **Zugang** der Mitteilung beim Empfänger voraussetzen, §§ 130 ff (Nürnbg NJW 02, 3640; Staud/*Bergmann* Rz 50; MüKo/*Seiler* Rz 13 auch zu beschr Geschäftsfähigen; *Dörner* Kollhosser-FS II, 76; *Schneider* BB 02, 1654; *Fetsch* RIW 02, 943). Später, etwa auf telefonische Nachfrage hin, mitgeteilte Beschränkungen oder sonstige Angaben (BGH NJW 04, 3556 Unternehmerangabe auf Überweisungsträger) haben jedenfalls keine Rechtswirkung. Eines Vertrauens des Empfängers in die Redlichkeit der Zusage oder irgendeiner Mitwirkung bedarf es nicht (BGH NJW 06, 2550; LG Braunschweig IPRax 02, 215). 6

IV. Notwendiger Inhalt. Die Mitteilung eines **Preis**gewinnes setzt die Behauptung voraus, der Adressat sei zuvor durch eine auf Zufall beruhende Entscheidung (aleatorisch) ausgewählt worden (*Schneider* BB 02, 1654; aA AG Bremen NJW-RR 02, 417: auch Treuepaket als Belohnung). Maßgeblicher Teil der Erklärung ist die Zusage der **Erfüllung** (aA wohl *Meller-Hannich* NJW 06, 2517), die sich als schenkweises Anerkenntnis einer bestehenden Schuld verstehen lässt (*Schröder/Thiessen* NJW 04, 721). Unerheblich ist, ob die Zusage als Versprechen oder bloße Benachrichtigung ausgedrückt wird (*Lorenz* NJW 06, 475). Der versprochene Preis kann in jeder Art von **Leistung** bestehen, zB der Zahlung von Geld, Lieferung von Gegenständen, Erbringung von Dienstleistungen (*Schneider* BB 02, 1654) oder Begründung einer Forderung (Kobl VersR 03, 377f – Kontoguthaben; *Wagner/Potsch* JURA 06, 402), und ist auch der Höhe nach prinzipiell unbegrenzt (KG KG-Report 04, 220; *Wagner/Potsch* JURA 06, 402; Staud/*Bergmann* Rz 51; *Mankowski* EWiR 04, 276 – zum Übermaß aber s. Rz 1). Der Preis muss nicht genau beschrieben, aber aus Sicht des Empfängers **bestimmbar** sein (BeschlEmpf Rechtsausschuss BTDrs 14/3195; AG Hamburg NJOZ 02, 1547; Palandt/*Sprau* Rz 2; Jauernig/*Mansel* Rz 4); unbestimmte Angaben wie „ein Koffer voller Bargeld" oder ein Mitgewinn ohne Angabe der Quote dürften nicht ausreichen (*Meller-Hannich* NJW 06, 2518; aA Staud/*Bergmann* Rz 43 und Erman/*Ehmann* Rz 2: Quote iZw 50%, sonst 10%; bei bloßer Höchstgewinnangabe gelte diese). Mitgewinner haben ggü dem Unternehmer Hinterlegungs- und Auskunftsansprüche (Erman/*Ehmann* Rz 2: §§ 432, 660 II). Enthält die Zusage mehrere Gewinne, unter denen der Verbraucher einen aussuchen kann, steht ihm nach den allg Vorschriften ein Wahlrecht zu (Stuttg NJW-RR 04, 1063). 7

Das Aufstellen weiterer **Bedingungen** für das Abrufen des Gewinns (Formalitäten, Angaben, Gebühren, Warenbestellung, ggf zur Ansicht) ist für die Qualifikation als Gewinnzusage unschädlich (BGH NJW 06, 2549 f; Köln MDR 04, 499; *Lorenz* NJW 06, 475; 00, 3306), solange es sich nicht um eine (mit der notwendigen besonderen Deutlichkeit, s. Rn 9, zum Ausdruck gebrachte) Relativierung der **Verbindlichkeit** der Zusage als solcher handelt (zB Chance statt Gewinn, Jena OLG-NL 04, 56). Aus der Erklärung muss hervorgehen, **wer verpflichtet** sein soll („Sender", s. Rn 4, 16). Eine namentliche Nennung des Berechtigten ist nicht erforderlich (*Schneider* BB 02, 1654 unter Hinweis auf Gesetzgebungsverf), doch muss die Erklärung **an ihn individuell** und nicht, wie etwa bei Zeitungsbeilagen (Jauernig/*Mansel* Rz 5; offen gelassen Karlsr OLGR 09, 233) oder Werbeeinblendungen im Internet (LG Köln MMR 08, 835) an einen unbestimmten Personenkreis gerichtet sein.

8 **V. Auslegung.** Im Ausgangspunkt bestimmt sich der Inhalt der Gewinnzusage nach den allg Auslegungsgrundsätzen der §§ 133, 157 (BGH NJW 04, 1652; *Wagner/Potsch* JURA 06, 402). Maßgeblich ist der objektive Erklärungsgehalt mit zwei Besonderheiten:

9 1. Zum einen gilt nicht der **Empfängerhorizont** des verständigen Dritten (dazu Palandt/*Heinrichs* § 133 Rz 9), sondern des **durchschnittlichen Verbrauchers** (BGH NJW 06, 2549 f; 04, 1653; Stuttg NJW-RR 04, 1063; MDR 03, 350; Saarbr OLGR 03, 55; Frankf MDR 02, 1023; dazu s. 3. Aufl), den geringere Aufmerksamkeit sowie eben diejenige Leichtgläubigkeit charakterisiert, auf die der Versender gesetzt hat. Dass der aufgeklärte Normalverbraucher Gewinnmitteilungen niemals für seriös hielte (so MüKo/*Seiler* Rz 10; *Schäfer* JZ 05, 984; Erman/*Ehmann* Rz 2), wird von der ungebrochenen Praxis der Versendung von Gewinnzusagen widerlegt. Der Maßstab der im Massenverkehr der Werbepost üblichen **flüchtigen Kenntnisnahme** schließt auch ausdrückliche Vorbehalte, Klarstellungen der Unverbindlichkeit oder Hinweise auf diese begründende Normen wie § 762 (Kobl VersR 03, 378), Einschränkungen (zB Aufteilung des Gewinns unter allen Antwortenden) und Bedingungen des Unternehmers von der Berücksichtigung aus, solange sie – wie Kleingedrucktes oder Bemerkungen auf der Innenseite des Kuverts – in ihrer objektiven Erscheinungsform oder auch Verständlichkeit (München NJW 04, 1672 – nicht Empfängerhorizont des krit Juristen) deutlich hinter der Gewinnmitteilung zurücktreten (Bremen NJW RR 04, 348; Jauernig/*Mansel* Rz 4; BaRoth/*Kotzian-Marggraf* Rz 2; *Lorenz* NJW 00, 3306); der Unternehmer wird nur beim „lauten Wort" genommen (BGH NJW 04, 3556; 03, 3621; *Mankowski* EWiR 02, 874). Dieser Maßstab des oberflächlichen ersten Eindrucks ist gröber als der der §§ 305 ff, so dass diese daneben ohne Bedeutung sind (Staud/*Bergmann* Rz 33; *Lorenz* IPRax 02, 196; *Schneider* BB 02, 1655), auch wenn sie teilw zur Rechtfertigung herangezogen werden (Rostock NJW-RR 06, 210; München NJW 04, 1672; Stuttg NJW-RR 04, 1064; Celle MDR 04, 867; Oldbg NJW-RR 03, 1654; Kobl MDR 02, 1359; LG Potsdam VersR 03, 378; LG Braunschweig IPRax 02, 215; AG Cloppenburg NJW-RR 01, 1275). Unwirksame **AGB** sind jdf nicht denkbar (s. 3. Aufl). Bei **Vereiteln des Bedingungseintritts** gilt § 162 I (iE Oldbg OLGR 04, 227 m abw Begr – ausgefallene Busfahrt zur Preisaushändigung an unbekanntem Ort).

10 2. Zum anderen geht es nicht um den wirklich beim Empfänger hervorgerufenen Eindruck, sondern um die **abstrakte Eignung einen Eindruck zu erwecken** (BGH NJW 06, 2549 f; 04, 1653), so dass weder Eigenschaften (Frankf NJW-RR 05, 1366 – Rechtsanwalt) noch tatsächliche Vorstellungen (Ge- oder Misslingen der Täuschung, Köln VuR 03, 474; *Schneider* VuR 03, 476) des **konkreten Empfängers** Berücksichtigung finden und auch bei Kenntnis des wirklichen Willens des Senders diesem die Einrede des § 116 2 verwehrt ist (BGH NJW 06, 232; 04, 1653). Bei alledem ist nicht nur auf den unmittelbaren sprachlichen Inhalt abzustellen, sondern auch auf mitgeteilte Begleitumstände und optische **Gestaltung**smerkmale, die, wie etwa offiziöse Siegel und Stempel, geeignet sind, eine Vorstellung zu beeinflussen (Stuttg MDR 03, 350: Vorspiegelung von Sicherheitstresor und weiteren Sicherheitsmaßnahmen relevant für die Höhe).

11 **VI. Anfechtung. Widerruf.** Eine Irrtumsanfechtung kommt nach den allg Regeln der §§ 119 ff – aus Sicht der geschäftsähnl Qualifikation: analog – in Betracht, wobei Irrtum hinsichtlich des Eindruck des Gewinns nicht geltend gemacht werden kann (HK/*Schulze* Rz 4). Eine Widerrufsmöglichkeit analog § 658 I besteht nicht (HK/*Schulze* Rz 4; Jauernig/*Mansel* Rz 4; *Schneider* BB 02, 1655; Palandt/*Sprau* Rz 4).

12 **C. Rechtsfolgen. I. Anspruchsinhalt.** Der Erfüllungsanspruch ist in jeder Hinsicht (vgl BGH NJW 04, 3556) auf das gerichtet, was die Gewinnzusage nach ihrem, nach den og besonderen Maßstäben festzustellenden (s. Rn 9 ff) **objektiven Erklärungsgehalt** verspricht.

13 1. **Gewinn.** Dies gilt zunächst für den Gewinn.

14 Auch der **Erfüllungsort** richtet sich nach der Erklärung: Ist eine Bringschuld vereinbart worden, so liegt er nach § 269 I am Wohnsitz des Verbrauchers (Nürnbg NJW 02, 3640), ohne besondere Bestimmung nach §§ 270 IV, 269 II, I an der Niederlassung des Schuldners (Braunschw NJW 06, 162; *Lorenz* NJW 06, 474; *Jordans* IPRax 06, 584; *Mörsdorf-Schulte* JZ 05, 777/778; *Oberhammer* ZZP 117 (2004) 93; *Piekenbrock/Schulze* IPrax 03, 330; aA *Häcker* ZVglRWiss 103 [2004] 490), auch wenn sie nur vorgespiegelt ist (Verwendung deutscher Sprache und deutscher Absenderadresse durch im Ausland niedergelassenen Sender, vgl *Mörsdorf-Schulte* JZ 05, 778). Der BGH nimmt auch ohne Anhaltspunkte in der Gestaltung der Zusage generell einen Erfüllungsort am Verbraucherwohnsitz an (NJW 06, 233, krit die Lit: *Lorenz* NJW 06, 474; *Jordans* IPRax 06, 584; *Mörsdorf-Schulte* JZ 05, 777/778; s.a. 3. Aufl).

Einschränkende **Modalitäten und Bedingungen** der Preisanforderung hält der BGH generell für unverbindlich, weil das Handeln des Senders sonst teilw erfolgreich bliebe (NJW 06, 2550 zur Angabe personenbezogener Daten; Köln VuR 03, 474 zur geforderten Warenbestellung; iE ebenso Staud/*Bergmann* Rz 34, 50; aA Köln r+s 05, 288; Schlesw OLGZ 05, 121). Richtigerweise kann aber denjenigen Bedingungen die Geltung nicht versagt werden, die der Unternehmer von vornherein mit der erforderlichen Deutlichkeit mitteilt (s. Rn 9, nicht also etwa die weiteren Auszahlungsvoraussetzungen auf der Rückseite in nicht deutlich hervorgehobener Schrift, Jena v 18.2.04 – 2 U 798/03); denn er soll an seinem „lauten Wort", dh dem Erklärungswert der privatautonomen Gestaltung festgehalten werden, nicht mehr und nicht weniger (ausf s. 3. Aufl). **Entstehungszeitpunkt des Anspruchs** auf Auszahlung des scheinbar gewonnenen Preises ist nach Ansicht von BGH NJW 06, 2549 nach dem Gesetzeswortlaut bereits die Zusendung der Gewinnzusage. 15

2. Passivlegitimation. Welcher Unternehmer als **Sender** (dazu Rn 4, 7) verpflichtet sein soll, muss sich, ggf im Wege der Auslegung (Rn 9 ff) aus der Erklärung selbst ergeben. Irrelevant ist, wer Vertragspartei oder Lieferant des beworbenen Versandhandels- oder anderen Geschäfts ist oder sonst an dem wirtschaftlichen Erfolg der Gewinnzusage ein Interesse hat (BGH NJW 04, 3556; Ddorf DB 04, 128; aA Frankf NJW-RR 05, 1366: in die Veranstaltung des Gewinnspiels vielfältig eingebundener Vermieter des Telefonanschlusses als „Mitversender"). Sender ist derjenige, den ein durchschnittlicher Verbraucher in der Lage des Empfängers einer Gewinnzusage als Versprechenden ansieht (BGH NJW-RR 06, 702; NJW 04, 3556). Bei juristischen Personen ist das die Rechtsperson selbst und nicht ihr gesetzlicher Vertreter (BGH NJW 04, 3039 ff). Bei Verwendung nicht existierender oder falscher Namen, Firmen, Geschäftsbezeichnungen oder Anschriften ist nach allg Grundsätzen der darunter Handelnde verpflichtet (BGH NJW-RR 05, 1365 f; NJW 05, 827). Wenn die fremde natürliche oder juristische Person, unter deren Namen der Unternehmer handelt, tatsächlich existiert, hängt es davon ab, ob aus Sicht des Verbrauchers ein Geschäft des Namensträgers mit bloßer Fehlvorstellung zur Identität oder ein Eigengeschäft des Handelnden vorliegt; auch ohne Vertretungswille des Handelnden wird nach allg Grundsätzen im ersten Falle der Namensträger verpflichtet, im zweiten Falle, entspr § 179, der Handelnde (BGH NJW-RR 06, 702; s.a. § 164 Rn 46). 16

Eine über diese allg Regeln des Gesellschafts- und Vertretungsrechts hinausgehende spezielle **Durchgriffshaftung** auf oder **Mithaftung** von Personen mit wirtschaftlichem Interesse an dem beworbenen Geschäft oder sonstigen Wirkungen der Gewinnzusage kennt der streng an dem nach außen tretenden Erklärungsgehalt orientierte § 661a nicht (BGH NJW 04, 3040 f u 3556; aA Frankf NJW-RR 05, 1366 für sog Mitversender, s. Rn 16). 17

3. Aktivlegitimation. Aktiv legitimiert ist der Verbraucher, dem die Erklärung als Adressat zugegangen ist, dazu s.o. Rn 4, 7 aE. 18

II. Leistungsstörungen. Für Leistungsstörungen gelten die **allg Regeln** der §§ 280 ff, 311a II (*Wagner/Potsch* JURA 06, 402; *Schmidt-Räntsch* FS U. Huber 06, 587; Staud/*Bergmann* Rz 52; Erman/*Ehmann* Rz 3; HK/*Schulze* Rz 5; Jauernig/*Mansel* Rz 6), aber auch § 523 f (MüKo/*Seiler* Rz 15). 19

D. Verfahrensrecht, Auslandsbezug, Vollstreckung. 1. Zuständigkeit. Gewinnzusagen werden ganz überwiegend aus dem Ausland versandt (Jauernig/*Mansel* Rz 2). Kommt es zum Abschluss des mit der Gewinnzusage angebahnten Verbrauchervertrages und hängt der Gewinn nach der Mitteilung von diesem ab, so kann der Verbraucher hinsichtlich der **internationalen Zuständigkeit** wählen zwischen seinem Wohnsitzstaat und demjenigen des Unternehmers (EuGH NJW 02, 2697 – *Gabriel*: akzessorische Anknüpfung nach Art 13 f EuGVÜ bzw 15 f EuGVO). Für isolierte Gewinnzusagen nimmt der EuGH einen Gerichtsstand am Verbraucherwohnsitz nach Art 15 I Buchst c EuGVO an, soweit der Unternehmer sich mit der Gewinnzusage rechtlich gebunden hat (EuGH RIW 09, 485 – *Ilsinger*), was bei § 661a der Fall ist (offengelassen noch v BGH NJW 06, 231; dafür *Lorenz* IPRax 06, 475; 02, 194; *Wagner/Potsch* JURA 06, 408 f; *Schäfer* JZ 06, 524; *Mörsdorf-Schulte* JZ 05, 779 f; *Dörner* Kollhosser-FS 04 Bd II S 83; *Häcker* ZVglRWiss 103 (04) 491). Der BGH stützt die Zuständigkeit im Wohnsitzstaat des Verbrauchers jedenfalls auf Art 5 Nr 1 EuGVÜ/EuGVO (vertragl Gerichtsstand, ebenso EuGH NJW 05, 811 – *Engler* m Aufs *Mörsdorf-Schulte* JZ 05, 770; zur EuGVO Braunschw NJW 06, 162), indem er einen dortigen Erfüllungsort (Rn 14) annimmt, der nach der deutschen (Rn 21) lex causae zu bestimmen sei (BGH NJW 06, 230). Die **örtliche Zuständigkeit** kann mangels deliktsrechtlicher Qualifikation nicht aus § 32 ZPO folgen (Dresd MDR 05, 591; aA Karlsr v 28.11.03 – 15 AR 49/03), aber aus § 29 ZPO (Staud/*Bergmann* Rz 63). Im Anwendungsbereich der EuGVO ergibt sich neben der internationalen auch die örtliche Zuständigkeit aus deren Vorschriften (vgl *Lorenz* IPRax 06, 475 m Nachw). 20

2. Anwendbares Recht. Kollisionsrechtlich anwendbar ist zwar nach Art 3 Rom I-VO/27 EGBGB das durch Zugrundelegung im Prozess von den Parteien stillschweigend gewählte Recht (BGH NJW 04, 1653 und 3040; 03, 3620; aA BGH NJW 06, 232), sonst das objektive Vertragsstatut des Art 4 Rom I-VO/28 EGBGB (Braunschw NJW 06, 162; Staud/*Bergmann* Rz 64), wobei vorrangig Art 6 Rom I-VO/29 EGBGB zu beachten wäre. Vor deutschen Gerichten findet § 661a jedenfalls nach Art 9 I Rom I-VO/34 EGBGB als **Eingriffsnorm** Anwendung (BGH NJW 06, 233 mwN; *Rauscher* NJW 07, 3546; aA Staud/*Bergmann* Rz 64); vor den Gerichten anderer EU-Mitgliedstaaten ließe sich das ggf mit einer analogen Heranziehung des Art 9 III Rom I-VO 21 über seinen auf erfüllungshindernde Einwendungen beschränkten Wortlaut hinaus erreichen. S. ausf zum Meinungsstand ex Art 29 EGBGB Rn 9, ex Art 34 EGBGB Rn 13, 40 EGBGB Rn 19.

22 **3. Durchsetzbarkeit.** Die Realisierung der Forderung aus § 661a ist regelmäßig schwierig: Versender sind meist vermögenslose ausl Briefkastenfirmen. **PKH** darf aber allein deshalb nicht verweigert werden (BGH NJW 03, 1192; Köln, Beschl v 7.10.04, 16 W 25/03; Hamm NJW-RR 05, 723; Karlsr v 22.10.03 – 14 W 59/03; aA vorbehaltl Darlegung ausnw Realisierungsmglk Kobl VersR 09, 1427; Hamm OLGR 05, 409; Dresd NJW-RR 04, 1079; LG Wuppertal Beschl v 1.6.04 – 1 O 118/04 nach Insolvenzantrag der Bekl). Nach den neuen Bedingungen für Rechtsschutzversicherungen (ARB 2000) muss eine Deckung für Prozesse aus § 661a nicht mehr übernommen werden (*Hoffmann* aaO 139 ff; *Streck* NJW 03, 3680; *Felke/Jordans* IPRax 04, 412), anders noch unter ARB 1994 (LG Görlitz NJW-RR 03, 1388). Von der Ausschlussklausel des § 3 II Buchst f ARB 2002 werden Ansprüche aus § 661a nicht erfasst (BGH NJW 06, 2549). Ggf empfiehlt sich Abtretung an einen Verbraucherverband zur gerichtlichen Geltendmachung (*Meller-Hannich* NJW 06, 2519 f).

23 Einzig **verwertbarer Vermögenswert** kann der Anspruch gegen den Telekommunikationsdienstleister auf einen Anteil der aus der Nutzung der 0190-Nummern durch die Gewinnmitteilungsempfänger erzielten Gebühren sein, der pfändbar und mit einem dinglichen Arrestverfahren nach §§ 916 ff ZPO sicherbar ist (AG Waren Müritz IPRax 06, 606 m zust Aufs *Tamm/Gaedtke* ebda 484 ff). **In der Insolvenz** (Rn 2) ist der Anspruch aus § 661a BGB wegen Unentgeltlichkeit gem § 39 I Nr 4 InsO **nachrangig** (BGH WM 09, 126, NZI 08, 369). Eine Nichtigkeit des mit Gewinnzusage **angebahnten Vertrages** (§ 138) lässt sich nach rechtskräftiger Titulierung der Zahlungsforderung (Mahnbescheid) nicht mehr nach § 826 gegen die Entgeltforderung einwenden (BGH NJW 05, 2991).

Titel 12 Auftrag und Geschäftsbesorgungsvertrag

Untertitel 1 Auftrag

§ 662 Vertragstypische Pflichten beim Auftrag.
Durch die Annahme eines Auftrags verpflichtet sich der Beauftragte, ein ihm von dem Auftraggeber übertragenes Geschäft für diesen unentgeltlich zu besorgen.

1 **A. Wesen und Begriff.** Durch einen Auftrag verpflichtet sich der Beauftragte ggü dem Auftraggeber, ein Geschäft für diesen unentgeltlich zu besorgen. Der Auftrag ist aufgrund seiner Unentgeltlichkeit ein **unvollkommen zweiseitiger Vertrag**. Die §§ 320 ff sind nicht anwendbar (BGHZ 15, 102). Die fehlende Gegenleistung macht den Auftrag zum Gefälligkeitsvertrag mit den charakteristischen Merkmalen Unentgeltlichkeit und Fremdnützigkeit. Die Anwendbarkeit des deutschen Rechts bestimmt sich nach Art 3 I, 4 Rom I-VO bzw Art 27 ff EGBGB.

2 Im Geschäftsverkehr und im allgemeinen Sprachgebrauch wird die Bezeichnung „Auftrag" in einem viel weiteren Sinne verwendet. Einseitige Willensäußerungen, wie Weisungen oder Befehle iR eines Dienstvertrags oder einer Geschäftsbesorgung und Anträge, die auf den Abschluss eines Kauf-, Dienst- oder Werkvertrags gerichtet sind, werden häufig als „Auftrag" getätigt. Gleiches gilt für die „Aufträge" in Form einer Bitte bei unentgeltlichen Gefälligkeiten, die mangels Rechtsbindungswillen auf keiner vertraglichen Grundlage beruhen. Darüber hinaus wird der Begriff des Auftrags auch in Gesetzen nicht einheitlich iSd § 662 verwendet (zB §§ 753, 755 ZPO; §§ 6, 7 II RVG).

3 **B. Vertrag.** Der Auftrag iSd § 662 ist ein vertragliches Schuldverhältnis. Für den Vertragsschluss gelten die allgemeinen rechtsgeschäftlichen Regeln. Das Vertragsangebot kann vom Auftraggeber oder vom Beauftragten ausgehen. Die Annahme kann auch konkludent durch die Ausführung des Auftrags erklärt werden. Schweigen reicht dagegen nicht aus. § 663 normiert insoweit keine Ausnahme. Ein Verstoß gegen die Verpflichtung zur Ablehnungsanzeige begründet lediglich einen Schadensersatzanspruch (s. § 663 Rdn 1).

4 Der Auftrag ist von Gefälligkeiten abzugrenzen, die ebenfalls unentgeltlich und fremdnützig sind. Der bloßen **Gefälligkeit** des täglichen Lebens mangelt es aber am Rechtsbindungswillen (kein Schuldverhältnis iSd § 280 I). Die Entscheidung, ob eine Erklärung oder ein Verhalten mit Rechtsbindungswillen erfolgt, ist im konkreten Einzelfall nach Treu und Glauben unter Rücksicht auf die Umstände und die Verkehrssitte zu treffen (BGHZ 21, 101; NJW 09, 840: Verwendung einer Kaution; 06, 2321: Reisender und Reisebüro). Dabei sind die erkennbaren wirtschaftlichen Interessen des Auftraggebers (zB erhebliche Vermögenswerte, wesentliche Bedeutung; s. Hamm FamRZ 03, 97; Köln VersR 05, 1396: Empfehlung einer Kapitalanlage) ebenso zu berücksichtigen, wie besondere Qualifikationen oder Interessen des Beauftragten (BGHZ 56, 204; 88, 373; Hamm VersR 02, 705). Ferner muss die Gefahr berücksichtigt werden, welche sich bei einer fehlerhaften Leistung realisieren kann. IRd Abwägung spricht die Übernahme einer Aufgabe aus familiärer Verbundenheit (BGH JZ 69, 232; NJW 00, 3199; differenzierend dagegen FamRZ 08, 1841), Mitmenschlichkeit (BGH NJW 92, 498), nachbarschaftlicher Verbundenheit (Beaufsichtigung von Kindern aus der

Nachbarschaft: BGH NJW 68, 1874) oder Freundschaft (Verwaltung eines Lottoscheins: BGH NJW 74, 1705) für eine Gefälligkeit. Von einer Rechtsbindung ist auszugehen, wenn sich der Auftraggeber auf die Entfaltung der Tätigkeit verlassen hat und erhebliche Werte auf dem Spiel stehen (Zweibr VersR 04, 1057). Sicherheiten, die ein Ehegatte während intakter Ehe für Verbindlichkeiten des anderen bestellt, können nach dem Scheitern der Ehe über Auftragsrecht rückabgewickelt werden (Bremen NJW 05, 3502). Von einem rechtlichen Bindungswillen ist ferner bei Fahrgemeinschaften auszugehen (Köln VersR 04, 189); nicht aber bei einer Zusatzfahrt (BGH NJW 92, 498).

I. Form und Inhalt. Die Wirksamkeit des Auftrags ist grds an **keine Form** gebunden. Ein Auftrag ist notariell zu beurkunden, wenn dieser eine rechtsgeschäftliche Verpflichtung zur Übertragung oder zum Erwerb von Grundstücken begründet (§ 311b I; BGHZ 19, 69; 85, 245; 127, 168). Die Heranziehung anderer Formvorschriften (zB §§ 766, 780) kommt idR nicht in Betracht, da durch den Auftrag keine endgültige Bindung der Parteien herbeigeführt wird (§ 671: jederzeit Widerruf und Kündigung) – bei Unwirksamkeit des Auftrags s. § 677 Rn 14.

Inhaltlich kann sich das zu besorgende Geschäft auf alle rechtsgeschäftlichen und tatsächlichen Handlungen wirtschaftlicher oder ideeller Art beziehen (BGHZ 56, 204). Nicht maßgebend ist, ob nur eine Handlung vorzunehmen ist oder eine Gesamtheit von Handlungen bzw Angelegenheiten zu erledigen sind. Erforderlich ist **positives Tun**, bloßes Dulden oder Unterlassen reicht nach hM nicht aus (MüKo/*Seiler* § 662 Rz 20; Palandt/*Sprau* § 662 Rz 6). Ein gewisser Spielraum des Beauftragten bei der Besorgung des Geschäfts ist für einen Auftrag nicht erforderlich (zwischen Notariatsangestellten und den Vertragsparteien in Bezug auf die Auflassung: BGH NJW 03, 578).

Der Auftrag geht über andere unentgeltliche Verträge wie Leihe, Verwahrung oder Schenkung hinaus. Während bei der Leihe und Verwahrung lediglich die Überlassung bzw Obhut notwendig ist, setzt der Auftrag eine darüber hinausgehende Tätigkeit voraus. In Abgrenzung zur Schenkung ist beim Auftrag keine Vermögensminderung auf Seiten des Beauftragten erforderlich.

Ob die Handlungen im eigenen oder im fremden Namen vorgenommen werden, ist nicht entscheidend. Die Handlungen müssen aber fremdnützig sein. Wünscht der Auftraggeber die Tätigkeit, ist von der Fremdnützigkeit auszugehen (RGZ 59, 10: Übernahme einer Bürgschaft; BGH MDR 55, 283; Karlsr FamRZ 91, 802: Bestellung eines dinglichen Sicherungsrechts an Sachen des Beauftragten ebenso Bremen NJW 05, 3502; München AG 05, 691: Weiterleitung eines Darlehensbetrags). Fehlt es an einer konkreten Vereinbarung oder einem erkennbaren Wunsch, ist der Pflichten- und Interessenkreis maßgeblich, aus dem das zu besorgende Geschäft stammt. Eigene Interessen des Beauftragten schließen eine fremdnützige Tätigkeit nicht aus (BGHZ 19, 12; 56, 204).

II. Unentgeltlichkeit. Die Besorgung des Geschäfts für den Auftraggeber muss vereinbarungsgemäß unentgeltlich erfolgen. Vorschüsse iSd § 669 und Aufwendungsersatz iSd § 670 sind **keine Gegenleistung** und schließen die Unentgeltlichkeit nicht aus. Wird dagegen die Leistung selbst oder der Zeitaufwand vergütet, liegt kein Auftragsverhältnis vor. Das gilt auch, wenn die konkrete Tätigkeit den Umständen nach nur gegen Entgelt zu erwarten ist (gesetzliche Vermutung: §§ 612 I, 632 I, 653 I, 689 und 354 HGB) und keine entgegenstehende ausdrückliche Vereinbarung getroffen wurde. Keine Gegenleistung soll eine Zuwendung aus Anerkennung oder Dankbarkeit sein (MüKo/*Seiler* § 662 Rz 27; BaRoth/*Czub* § 662 Rz 9). Ein nachträglich bezahltes Entgelt wird regelmäßig als Vertragsänderung (§§ 145, 151) anzusehen sein, welche die Unentgeltlichkeit beseitigt (keine Schenkung: dazu RGZ 72, 188; 74, 139). Ist die Leistung nur gegen Entgelt zu erwarten, trägt der Beauftragte die Beweislast für die Unentgeltlichkeit (BGH MDR 75, 739), anderenfalls der Auftraggeber.

C. Vertragliche Pflichten. I. Auftraggeber. Beim Auftrag fehlt es an einer vertraglichen Hauptpflicht des Auftraggebers (Unentgeltlichkeit). Auf Verlangen hat er dem Beauftragten einen Vorschuss zu leisten (§ 669) und die notwendigen Aufwendungen zu ersetzen (§ 670). Die Nebenpflichten des Auftraggebers ergeben sich aus dem Vertrag und § 241 II. Insoweit können auch Pflichten zur Mitwirkung bestehen (zB Aushändigung von Unterlagen, Auskünfte usw) sowie dem Dienstvertrag entspr Schutzpflichten (§ 618 I) bei engen persönlichen und sachbezogenen Vertrauensverhältnissen (BGHZ 16, 265).

II. Beauftragter. Unter den Voraussetzungen des § 663 besteht im Vorfeld des Auftrags die Verpflichtung, die Ablehnung eines auf den Auftrag gerichteten Antrags anzuzeigen. Mit Abschluss eines wirksamen Auftragsverhältnisses ist *der Beauftragten im Zweifel zur* persönlichen (§ 664) Besorgung des übertragenen Geschäfts verpflichtet. Er muss sich bei der Besorgung an den Interessen des Auftraggebers orientieren; das gilt auch dann, wenn eine konkrete Vereinbarung oder Weisung (§ 665) fehlt (Loyalität). Weitere Pflichten sind die Erteilung von Auskünften, Hinweisen und die Rechenschaftslegung (§ 666). Die Besorgung muss sorgfältig und sachkundig erfolgen. Daraus können Aufklärungs- und Prüfungspflichten entstehen (Geldanlage durch Banken: BGHZ 22, 222; 33, 293). Ein **Anspruch auf Ausführung** hat der Beauftragte nach hM nicht (Staud/*Martinek* § 662 Rz 24; Palandt/*Sprau* § 662 Rz 9; aA MüKo/*Seiler* § 662 Rz 43).

12 **1. Erfüllung.** Werden Hauptpflichten nicht befolgt, liegt keine Erfüllung (§ 362) vor (MüKo/*Seiler* § 662 Rz 39). Die Besorgung eines anderen Geschäfts braucht der Auftraggeber nicht gegen sich gelten zu lassen (BGH WM 01, 1716). Der Erfüllungsanspruch des Auftraggebers besteht fort. Die Schlechterfüllung steht insoweit der Nichterfüllung gleich; die Leistung muss nicht angenommen werden (RGZ 114, 268). Ausnahmen können sich bei Geringfügigkeit oder besonderen Umständen ergeben. Das Einverständnis mit einem anderen Geschäft stellt eine Vertragsänderung dar.

13 **2. Nebenpflichten.** Der Beauftragte hat darüber hinaus Neben- und Nebenleistungspflichten zu beachten. Er muss im Interesse des Auftraggebers liegende Abweichungen von Weisungen idR vorher anzeigen (§ 665) und die zur Verwahrung erhaltenen Gegenstände sowie das aus der Ausführung des Auftrags Erlangte an den Auftraggeber herausgeben (§ 667). Für eigene Zwecke verwendete Gelder sind vom Beauftragten zu verzinsen (§ 668). Weitere Pflichten treffen den Beauftragen bei Beendigung des Auftrags (zB keine Kündigung zur Unzeit § 671 II; Fortführung bei Tod des Auftraggebers § 672 II 2). Ferner bleiben die allgemeinen vertraglichen Nebenpflichten (§ 241 II – zB Kaskoversicherung für Probefahrten: BGH NJW 86, 1099; Informationspflichten über Mängel: BGH WM 98, 290); insb hat er über die Umstände des Auftrags Verschwiegenheit zu bewahren (BGHZ 27, 241).

14 **D. Haftung.** Auftraggeber und Beauftragte haften bei Pflichtverletzungen verschuldensabhängig für einen kausalen Schaden (§ 280 I). Haftungsmaßstab ist § 276 I; danach reicht einfache Fahrlässigkeit aus (BGHZ 30, 40). Eine **Herabsetzung des Haftungsmaßstabs** für den Beauftragten auf Vorsatz und grobe Fahrlässigkeit kommt nicht in Betracht (Köln VersR 04, 189). Die Unentgeltlichkeit der Leistung allein rechtfertigt eine Herabsetzung nicht (Sachsen-Anhalt OLGR 04, 162). §§ 521, 599, 690 sind aufgrund der unterschiedlichen Interessenlage auf den Auftrag nicht entspr anwendbar. Ausnahmsweise kann sich eine Haftungsbegrenzung aus der Vereinbarung zwischen den Parteien (Frankf NJW 98, 1232) oder der besonderen Situation des Auftrags (entspr § 680) ergeben. Ein allgemeiner stillschweigender Ausschluss wäre dagegen reine Fiktion ohne eine gesetzliche Grundlage (Hamm VersR 02, 705). Bei Verschulden von Gehilfen ist § 278 anwendbar (§ 664 3). Zum Ausgleich von zufälligen Schäden beim Beauftragten und Haftungsschäden ggü Dritten s. § 670 Rn 6 ff.

15 **E. Auftrag und Vollmacht.** Inhalt des Auftrags kann auch die Besorgung eines Geschäfts im fremden Namen sein. Die wirksame Verpflichtung des Auftraggebers in Bezug auf ein Rechtsgeschäft setzt eine wirksame Bevollmächtigung des Beauftragten voraus (§ 167). Während die Vollmacht die Rechtsmacht des Beauftragten ggü Dritten festlegt, bestimmt sich die Befugnis im Verhältnis zum Auftraggeber nach dem Auftrag. Das BGB trennt die Vollmacht und das Auftragsverhältnis im Hinblick auf Entstehungsgrund, Inhalt und Wirksamkeit („Abstraktheit"; Ausnahme: RBerG; BGHZ 153, 214; 154, 283; 159, 294; NJW 02, 2325; 03, 2088). Verbunden sind das Grundgeschäft (Auftrag) und die Vollmacht aber hinsichtlich des Bestandes (§ 168). Die Vollmacht allein reicht für die Begründung eines Auftragsverhältnisses nicht aus (BGH NJW 00, 3199 – Kontovollmacht).

16 **F. Erweiterung des Anwendungsbereichs.** In zahlreichen Normen wird auf das Auftragsrecht oder einzelne Vorschriften daraus verwiesen (§§ 675; 681, 994), ferner: Vorstand eines Vereins (§ 27 III), Geschäftsführer einer GbR (§§ 712 II, 713), Vormund, Betreuer oder Pfleger (§§ 1835 I, 1908i I, 1915 I) sowie Testamentsvollstrecker (§ 2218 I). Verweisungen finden sich auch in Gesetzen außerhalb des BGB: Kommission (§§ 385 II, 396 II HGB). Das Auftragsrecht eignet sich auch zum Ausgleich von Sonderbeziehungen, falls fremde Vermögensinteressen wahrgenommen werden: staatliche Verwalter (BGHZ 137, 183); Freistellung von Verbindlichkeiten nach gescheiterter Ehe (BGH FamRZ 89, 835; Bremen NJW 05, 3502); Abrechnung von Vorschüssen beim Maklervertrag (Karlsr NJW-RR 03, 1426).

17 Die Normen über den Auftrag können auf ein **öffentlich-rechtliches Auftragsverhältnis** entspr Anwendung finden (Sächsisches OVG VBL 06, 188: Haftung von ehrenamtlichen Verbandsvorsitzenden) soweit die Interessenlage vergleichbar ist (*Kriebel* DÖV 62, 766; *Schack* JZ 66, 640). Die Zulässigkeits- und Wirksamkeitsvoraussetzungen öffentlich-rechtlicher Verträge sind dem VwVfG zu entnehmen (§§ 54 ff). Andere Beziehungen zwischen Bürger und Behörde sowie Behörden untereinander sind dagegen regelmäßig keine Auftragsverhältnisse (BVerwGE 12, 253).

§ 663 Anzeigepflicht bei Ablehnung.
¹Wer zur Besorgung gewisser Geschäfte öffentlich bestellt ist oder sich öffentlich erboten hat, ist, wenn er einen auf solche Geschäfte gerichteten Auftrag nicht annimmt, verpflichtet, die Ablehnung dem Auftraggeber unverzüglich anzuzeigen. ²Das Gleiche gilt, wenn sich jemand dem Auftraggeber gegenüber zur Besorgung gewisser Geschäfte erboten hat.

1 **A. Regelungsgehalt.** § 663 schützt das Vertrauen und die Erwartungen des Rechtsverkehrs. Grundlage für das Vertrauen können eine öffentliche Bestellung, ein öffentliches Sich-Erbieten (1) oder ein Erbieten ggü einem Interessenten (2) sein. Anders als im Anwendungsbereich des § 362 I HGB führen das Vertrauen und *eine nicht erklärte Ablehnung* aber nicht zu einem wirksamen Vertrag (keine Fiktion). Vielmehr stellt die nicht unverzüglich mitgeteilte Anzeige der Ablehnung lediglich eine **vorvertragliche Pflichtverletzung** dar, die Schadensersatzansprüche auslösen kann.

B. Anzeigepflicht. Die Anzeigepflicht entsteht in allen drei Tatbestandsvarianten des § 663. Eine **öffentliche Bestellung** liegt immer dann vor, wenn ein Träger der öffentlichen Verwaltung die Ernennung zur Wahrnehmung bestimmter Aufgaben ausspricht. Die Tätigkeit selbst muss allerdings privatrechtlicher Natur sein, anderenfalls handelt es sich um Amtspflichten. Praktische Bedeutung erlangt die Variante bei der entgeltlichen Geschäftsbesorgung (§§ 675, 663) durch öffentlich bestellte Sachverständige (§ 36 GewO) und sog Beliehene (MüKo/*Seiler* § 663 Rz 7). Umstr ist, ob die Variante auch die Bestellung durch eine nicht öffentliche Stelle umfasst (dafür: Palandt/*Sprau* § 663 Rz 2; dagegen: MüKo/*Seiler* § 663 Rz 5 ff).

Von einem **öffentlichen Sich-Erbieten** ist auszugehen, wenn die Kundgabe, die Besorgung von Geschäften zu übernehmen, an einen unbestimmten Personenkreis gerichtet ist (zB Banken, Berater, Makler). Die Kundgabe (zB Anzeigen, Schilder) ist eine geschäftsähnliche Handlung (invitatio) und auch in konkludenter Form möglich. Die Regeln über Rechtsgeschäfte sind entspr anwendbar. Im Unterschied dazu richtet sich das **Sich-Erbieten** nach 2 an einen bestimmten Personenkreis (bzw bestimmte Person).

Die Anzeigepflicht wird durch eine Erklärung ggü dem Antragenden erfüllt. Es handelt sich um eine geschäftsähnliche Handlung. Umstr ist, ob das Absenden ausreicht (Soergel/*Beuthien* § 663 Rz 12; BaRoth/*Czub* § 663 Rz 3) oder der Zugang erforderlich ist (MüKo/*Seiler* § 663 Rz 17). Für Rechtsanwälte gilt die dem § 663 entspr Bestimmung in § 44 BRAO.

C. Rechtsfolgen. Eine nicht oder nicht rechtzeitig vorgenommene Anzeige stellt eine besonders geregelte Pflichtverletzung des vorvertraglichen Verhältnisses (§ 311 II) dar, das im Zeitpunkt des Zugangs des Auftragsangebots entsteht. Unter den weiteren Voraussetzungen des § 280 I kommt ein Schadensersatzanspruch in Betracht. Zu ersetzen ist das negative Interesse (RGZ 104, 265), das sich auch aus dem Vertrauen ergibt, das vorgesehene Geschäft nicht auf anderem Wege zu erledigen (BGH NJW 84, 866).

§ 664 Unübertragbarkeit; Haftung für Gehilfen.
(1) ¹Der Beauftragte darf im Zweifel die Ausführung des Auftrags nicht einem Dritten übertragen. ²Ist die Übertragung gestattet, so hat er nur ein ihm bei der Übertragung zur Last fallendes Verschulden zu vertreten. ³Für das Verschulden eines Gehilfen ist er nach § 278 verantwortlich.
(2) Der Anspruch auf Ausführung des Auftrags ist im Zweifel nicht übertragbar.

A. Regelungsgehalt. Die Vorschrift enthält in I und II jeweils eine Auslegungsregel (vergleichbar § 613). Dabei geht es um Beschränkungen der Übertragbarkeit von vertraglichen Pflichten aus dem Auftragsverhältnis und die Beteiligung Dritter bei der Ausführung. Dritten kann die selbstständige Ausführung des Auftrags idR nicht übertragen werden (I 1). Dagegen können sie als Hilfspersonen zur Ausführung hinzugezogen werden (I 3). In zahlreichen Vorschriften ist die entspr Anwendung von § 664 angeordnet (§§ 27 III, 713, 2218 I). Die hM befürwortet auch für § 675 eine am Einzelfall ausgerichtete entspr Anwendung der Auslegungsregeln (BGH NJW 52, 257; MüKo/*Seiler* § 664 Rz 19).

B. Substitution. Grundlage des Auftrags ist eine besondere persönliche Vertrauensbeziehung zwischen dem Auftraggeber und dem Beauftragten. Eine vollständige (BGH NJW 93, 1704) oder teilweise (RGZ 78, 310) Übertragung der zu besorgenden Geschäfte auf Dritte, mit **selbstständiger Ausführung** in eigener Verantwortung (Substitution), wird den Interessen des Auftraggebers häufig nicht gerecht. Eine Substitution kommt daher lediglich bei der Gestattung durch den Auftraggeber in Betracht (nur ausnahmsweise durch Auslegung der Parteivereinbarung: MüKo/*Seiler* § 664 Rz 5; Palandt/*Sprau* § 664 Rz 3). Die Beweislast für die Gestattung trägt der Beauftragte. AGB-Klauseln, welche die Gestattung zur Regel machen, sind nach § 307 unwirksam (LG Köln WM 00, 720).

Handelt der Beauftragte bei der **gestatteten Substitution** im fremden Namen, ist der Dritte unmittelbar ggü dem Auftraggeber nach den §§ 662 ff berechtigt und verpflichtet. Das Handeln im eigenen Namen führt dagegen ausschl zu Vertragsbeziehungen zwischen dem Beauftragten und dem Dritten (keine Vertragsübernahme oder cessio legis: RGZ 78, 310; 109, 280; BGH VersR 58, 40). Bei schuldhaften Pflichtverletzungen des Dritten kann der Beauftragte allerdings auch den kausalen Schaden des Auftraggebers geltend machen (Drittschadensliquidation). Die Abtretung des Anspruchs an den Auftraggeber erfolgt iRd § 667. Der Beauftragte haftet bei gestatteter Übertragung ggü dem Auftraggeber nur für die sorgfältige Auswahl des Dritten und dessen ausreichende Einweisung (§ 664 I 2). Eine darüber hinausgehende Zurechnung von Pflichtverletzungen und Verschulden nach § 278 kommt nicht in Betracht (BGH NJW 93, 1704; RGZ 78, 310).

Liegt **keine Gestattung** zur Substitution vor, muss der Beauftragte für alle durch die Übertragung (adäquat) verursachten Schäden beim Auftraggeber einstehen (§ 280 I). Auf ein Verschulden bei der Ausführung kommt es nicht an. Der Auftraggeber ist grds nicht verpflichtet, die Erledigung durch den Dritten als Erfüllung gegen sich gelten zu lassen. Ausnahmen können sich aus Treu und Glauben (§ 242) ergeben (MüKo/*Seiler* § 664 Rz 10; BaRoth/*Czub* § 664 Rz 5). Mangels vertraglicher Beziehung hat der Auftraggeber gegen den Dritten allenfalls gesetzliche Ansprüche, es sei denn, er kann die im fremden Namen erklärte Substitution genehmigen.

5 C. Erfüllungsgehilfen. Die Zuziehung von Dritten unter Beibehaltung der Leitung des zu besorgenden Geschäfts durch den Beauftragten stellt keine Substitution dar und ist grds zulässig (zB Sekretariatsarbeiten, Transport). Etwas anders kann sich aus der Vereinbarung ergeben, etwa bei qualifizierten Tätigkeiten, die besondere Sachkunde oder Diskretion voraussetzen. Von den Gehilfen, die zur Erfüllung der Besorgung eingeschaltet werden, sind Personen abzugrenzen, deren Einsatz vom Beauftragten lediglich zu veranlassen ist (zB Handwerker bei der Vermögensverwaltung). Der Beauftragte hat das Verhalten der Gehilfen nach § 278 zu verantworten (§ 664 I 3). Maßstab ist die eigene Verantwortlichkeit (BGH NJW 52, 257). Beim unzulässigen Einsatz von Gehilfen haftet der Beauftragte wegen der darin liegenden Pflichtverletzung für alle kausalen Schäden.

6 D. Übertragbarkeit des Anspruchs auf Ausführung. Der Anspruch des Auftraggebers auf Ausführung ist grds nicht übertragbar. Nicht erfasst werden bereits entstandene sonstige Ansprüche (zB § 667). Der Anspruch ist mangels Übertragbarkeit auch nicht pfändbar oder verpfändbar. Er fällt nicht in die Insolvenzmasse (§ 36 I InsO).

§ 665 Abweichung von Weisungen.
¹Der Beauftragte ist berechtigt, von den Weisungen des Auftraggebers abzuweichen, wenn er den Umständen nach annehmen darf, dass der Auftraggeber bei Kenntnis der Sachlage die Abweichung billigen würde. ²Der Beauftragte hat vor der Abweichung dem Auftraggeber Anzeige zu machen und dessen Entschließung abzuwarten, wenn nicht mit dem Aufschub Gefahr verbunden ist.

1 A. Regelungsgehalt. § 665 enthält den Grundsatz der Bindung des Beauftragten an Weisungen des Auftraggebers. Der Beauftragte darf Weisungen aber nicht blind befolgen. Er muss die Weisungen vielmehr im Hinblick auf die konkrete Sachlage bei der Ausführung des Auftrags prüfen (hM „denkender Gehorsam" MüKo/*Seiler* § 665 Rz 2; Palandt/*Sprau* § 665 Rz 1). Maßstab ist das sich aus den Umständen ergebende Interesse des Auftraggebers bei Kenntnis der Sachlage. Vor einer Abweichung wird vom Beauftragten grds eine Anzeige an den Auftraggeber und das Abwarten einer Reaktion verlangt. Das gilt nicht, wenn mit dem Aufschub der Ausführung Gefahren verbunden sind (§ 665 2). Eine Verpflichtung zur Erteilung von Weisungen enthält die Vorschrift nicht (BGHZ 131, 347). Die entspr Anwendung der Vorschrift ist in §§ 27 III, 675, 713, 2218 I angeordnet.

2 B. Weisung. Unter einer Weisung (gesetzlich nicht definiert) ist eine einseitige Anordnung des Auftraggebers an den Beauftragten zu verstehen, welche die Ausführung des Auftrags konkretisiert (Art und Weise). Sie ist eine einseitige, empfangsbedürftige **Willenserklärung** und kann auch nach Vertragsschluss abgegeben werden. Abzugrenzen ist die Weisung von der bloßen Empfehlung, die zwar die Pflicht zur Beachtung, aber keine Bindung des Beauftragten auslöst (häufig bei besonderer Sachkunde, zB qualifizierte Berater). Weisungen sind unterschriebene Belastungsbelege des Kreditkarteninhabers (BGHZ 152, 75) und die Einreichung eines Schecks zum Inkasso (BGHZ 118, 171; 150, 269). Das Risiko einer gefälschten Weisung trägt der Auftraggeber, wenn er einen zurechenbaren Rechtsschein hinsichtlich der Echtheit der Weisung gesetzt hat und der Beauftragte gutgläubig ist (BGH NJW 01, 2968), anderenfalls liegt das Fälschungsrisiko beim Beauftragten.

3 Der Beauftragte ist grds an die **Weisung gebunden** (BGHZ 98, 24; 103, 143). Weisungen sind auslegungsfähig (§ 133); Grenzen (Umstände, Art der Tätigkeit, § 242) sind zu beachten (vgl Staud/*Martinek* § 665 Rz 11 f). Das Überschreiten der Grenzen führt ebenso wie die Unwirksamkeit der Weisung zur Unbeachtlichkeit (MüKo/*Seiler* § 665 Rz 13). Ist der Beauftragte zur Umsetzung einer wirksamen Weisung nicht gewillt, bleibt ihm nur die Kündigung des Auftrags (§ 671 I). Bei zweifelhaften oder unverständlichen Weisungen sowie bei Lücken muss der Beauftragte Rücksprache halten.

4 Der Auftraggeber ist an eine wirksame Weisung erst gebunden, wenn sie vollständig ausgeführt ist (BGH NJW 91, 2210). Vor diesem Zeitpunkt ist ein **Widerruf** (Willenserklärung) jederzeit möglich (BGHZ 103, 143). Die bis zum Widerruf bereits ausgelösten Rechtsfolgen bleiben unberührt (§§ 667, 670).

5 Die Bindung des Beauftragten an die Weisung besteht unabhängig davon, ob er sie für zweckmäßig oder interessengerecht hält. Bei besonderer Sachkunde kann sich eine Hinweispflicht ergeben (BGH VersR 84, 658). Weicht die Sachlage von den erkennbaren Vorstellungen des Auftraggebers ab, trifft den Beauftragten eine **Anzeigepflicht**. Nach Ablauf einer Frist ohne Reaktion des Auftraggebers ist der Beauftragte zur Abweichung von der Weisung, orientiert an den Interessen des Auftraggebers (vermuteter Wille), berechtigt. Die Angemessenheit der Wartefrist hängt von den Umständen des Einzelfalls ab (ähnl § 147 II). Drohende Gefahr kann die Frist, aber auch die Anzeige entbehrlich machen (RGZ 114, 375), wenn mit einer Billigung durch den Auftraggeber zu rechnen ist (BGH VersR 77, 421). Die Pflicht zur nachträglichen Unterrichtung des Auftraggebers folgt aus § 666.

6 C. Haftung. Die **weisungswidrige Ausführung** des Auftrags führt nicht zur Erfüllung (hM BGH NJW 71, 558). Ansprüche aus §§ 666, 667, 670 werden bei weisungswidriger Ausführung nicht begründet. Ausnahmsweise kann eine geringfügige Abweichung für die Erfüllungswirkung unbeachtlich sein (BGH WM 80, 587).

Der Auftraggeber kann die weisungswidrige Handlung nachträglich als Erfüllung annehmen (BGH VersR 68, 792). Dadurch entstehen auch die Folgeansprüche (BGH WM 76, 904).
Der Beauftragte ist dem Auftraggeber bei Verschulden zum Ersatz des kausalen Schadens verpflichtet 7 (§§ 280 I, 249 ff). Als relevante **Pflichtverletzung** kommen auch die unterlassene Anzeige und ein Verstoß gegen die Wartepflicht in Betracht (RGZ 114, 375; MüKo/*Seiler* § 665 Rz 39). Für die Fälle der Unmöglichkeit der Ausführung und des Verzugs gelten die allgemeinen Regeln. Der Auftraggeber hat die Erteilung der Weisung und den Inhalt zu beweisen, der Beauftragte die weisungsgemäße Ausführung (BGH NJW 88, 60).

§ 666 Auskunfts- und Rechenschaftspflicht. Der Beauftragte ist verpflichtet, dem Auftraggeber die erforderlichen Nachrichten zu geben, auf Verlangen über den Stand des Geschäfts Auskunft zu erteilen und nach der Ausführung des Auftrags Rechenschaft abzulegen.

A. Regelungsgehalt. § 666 enthält drei **Informationspflichten**, die der Beauftragte ggü dem Auftraggeber 1 erfüllen muss. Neben der allgemeinen Benachrichtigungspflicht hat der Beauftragte auf Verlangen Auskunft zu erteilen und spätestens nach Beendigung des Auftrags Rechnung zu legen. Grundlage für die Ansprüche ist das Bedürfnis des Auftraggebers nach zeitnaher und vollständiger Information (BGHZ 107, 104; 109, 260). Die Informationsansprüche sind selbstständige Leistungspflichten (aA Staud/*Martinek* § 666 Rz 2), die nicht zwingend einen durchsetzbaren Anspruch auf die Besorgung eines Geschäfts voraussetzen (BGH NJW 01, 1486). Allerdings können die Ansprüche grds nicht ohne einen Anspruch, dessen Durchsetzung sie dienen, abgetreten oder gepfändet werden (hM RGZ 52, 35; BGHZ 107, 104; NJW 01, 1486; zur Pfändung bei Giroverträgen: BGHZ 165, 53).
Der Beauftragte ist vorleistungspflichtig (RGZ 102, 110). Zurückbehaltungsrechte (§ 273) kommen insoweit 2 nicht in Betracht (BHG WM 76, 868). Die Vorschrift ist grds dispositiv. Parteivereinbarungen dürfen jedoch nicht dazu führen, dass die Informationspflicht vollständig ausgeschlossen ist (zB Verdacht der Schädigung; außergewöhnlich hohe Beträge; hM BGH NJW 01, 1131; NJW 94, 1861: zur Auslegung; MüKo/*Seiler* § 666 Rz 18). Maßstab für entspr Vereinbarungen ist § 138 und bei AGB-Klauseln § 307. Aus der Fremdnützigkeit ergibt sich der weitere Anwendungsbereich der Norm (§§ 27 III, 675, 681, 713, 2218). Die Pflicht hat aber auch über die gesetzlichen Verweisungen hinaus Bedeutung (BGHZ 97, 188; 126, 109). §§ 259, 260 sind zu beachten.

B. Benachrichtigung. Mit Vertragsschluss entsteht für den Beauftragten die Verpflichtung, den Auftraggeber 3 über alle erheblichen Umstände der Besorgung des Geschäfts unaufgefordert zu informieren (BGH NJW 98, 680: Hausverwalter über Baumängel). Auf diesem Wege soll dem Auftraggeber die sachgerechte Entscheidung im Hinblick auf Weisungen (§ 665), aber auch die Beendigung des Auftragsverhältnisses ermöglicht werden. Mehrere Auftraggeber sind Gesamtgläubiger nach § 432 (BGH NJW 96, 656). Die Benachrichtigung muss klar sowie verständlich sein und unverzüglich erfolgen. § 130 I 1 ist nicht anwendbar (BGHZ 151, 5). **Grenzen** der Benachrichtigungspflicht ergeben sich aus Erforderlichkeits- und Zumutbarkeitserwägungen (BGH WM 84, 1164; für Banken Celle EWiR 08, 521). Unbeachtlich soll sein, dass sich der Beauftragte einer strafbaren Handlung bezichtigen muss (BGHZ 41, 318) oder der Auftraggeber die Information selbst beschaffen könnte (BGH NJW 98, 2969).

C. Auskunftserteilung. Auf Verlangen des Auftraggebers hat der Beauftragte über den Stand des Geschäfts 4 Auskunft zu erteilen. Der Anspruch besteht im Gegensatz zur Benachrichtigungspflicht auch, wenn keine neuen erheblichen Umstände eingetreten sind. Neben Einzelfragen (typischerweise Inhalt der Benachrichtigung) kann das Auskunftsbegehren auf die **Abgabe eines Gesamtberichts** gerichtet sein. Inhalt und Umfang bestimmen sich nach der Üblichkeit im Geschäftsverkehr (BGHZ 41, 318; 109, 260; 152, 339: wesentliche tatsächliche und rechtliche Umstände; Name von Mietern: BGH NJW 07, 1528). Bei der Verfügung über Gegenstände ist die Auskunft nach § 260 I zu leisten (RGZ 90, 137). Missbräuchliche Verlangen (Anzahl und Inhalt) müssen nicht erfüllt werden (BGHZ 107, 104: noch zumutbar). Fehlendes rechtliches Interesse allein reicht dafür aber nicht aus (BaRoth/*Czub* § 666 Rz 4; aA Frankf MDR 66, 503). Gleiches gilt, wenn sich der Beauftragte ggü Dritten zur Verschwiegenheit verpflichtet hat (BGH NJW 97, 2528). Ferner sprechen datenschutzrechtlich Belange idR nicht gegen die Erfüllung des Anspruchs (BGH NJW 07, 1528).

D. Rechenschaftslegung. Nach Ausführung des Geschäfts hat der Beauftragte Rechenschaft abzulegen. Die 5 Rechenschaft muss klar und verständlich sowie vollständig und einer Nachprüfung zugänglich sein (RGZ 53, 252; BGHZ 109, 260). **Vollständigkeit** liegt grds nur vor, wenn Rechnungen und Belege vorgelegt werden (BGHZ 39, 87: fehlende Belege). Das gilt insb, wenn es sich bei der Besorgung um eine mit Einnahmen und Ausgaben verbundene Verwaltung handelt (§ 259). Die Abwälzung der Rechenschaftslegung auf den Auftraggeber durch Überlassung der Belege reicht zur Erfüllung regelmäßig nicht aus (BGHZ 39, 87). Unmöglichkeit der Rechenschaftslegung liegt erst vor, wenn weder aus den Unterlagen noch aus der Erinnerung oder Rückfrage bei Dritten eine Rechenschaft möglich ist (Saarbr NJW-RR 00, 229).
Die Rechenschaftspflicht ist idR nach Ausführung des Geschäfts **fällig**. Der Ausführung steht die Beendigung 6 des Auftragsverhältnisses gleich (RGZ 56, 116). Von einer abweichenden Vereinbarung ist auszugehen, wenn

das Geschäft mehrere selbstständige Teile umfasst oder periodisch wiederkehrend erfolgt (BGH WM 76, 868: Ende eines Geschäftsjahrs). Jahrelange Nichtausübung des Anspruchs kann zur Verwirkung oder zum Verzicht führen (BGHZ 39, 87; 109, 260: Treu und Glauben; NJW 01, 1131: nicht für § 667). Die Pflicht erlischt idR durch Erfüllung (BGH WM 89, 1813: zum Erlöschen durch Tod). Eine Nachbesserung kommt in Betracht, wenn sich im Nachhinein Zweifel aufdrängen (BGHZ 39, 87). Im Hinblick auf die Gegenstände der Rechenschaftslegung entfällt ein Auskunftsanspruch (BGHZ 93, 327). Die Beweislast für die Richtigkeit trägt der Beauftragte.

7 **E. Haftung.** Die Informationsansprüche sind einklagbar. Die Zwangsvollstreckung erfolgt über §§ 887, 888 ZPO. Eine eidesstattliche Versicherung (§ 261) kommt nur für die Auskunft und Rechenschaftslegung in Betracht (§§ 259 II, 260 II – zum Übergang auf den Erben BGHZ 104, 369). Die schuldhafte Nicht-, Schlecht- oder verzögerte Erfüllung der Informationspflichten können zu Schadensersatzansprüchen des Auftraggebers führen (§ 280 I).

§ 667 Herausgabepflicht. Der Beauftragte ist verpflichtet, dem Auftraggeber alles, was er zur Ausführung des Auftrags erhält und was er aus der Geschäftsbesorgung erlangt, herauszugeben.

1 **A. Regelungsgehalt.** § 667 begründet für den Auftraggeber einen schuldrechtlichen Anspruch gegen den Beauftragten, die Vorteile an sich zu ziehen, die mit der Besorgung des Geschäfts verbunden sind. Inhalt des **Herausgabeanspruchs** ist neben dem zur Ausführung Erhaltenen auch das aus der Geschäftsbesorgung Erlangte. Der Anspruch ist gesetzliche Rechtsfolge eines wirksamen Auftrags (BGH WM 62, 1056). Er löst daher keine Pflicht zur notariellen Beurkundung (§ 311b I) des Auftrags aus (BGHZ 82, 292). Die Regelung ist dispositiv (BGH WM 89, 1813). Der Herausgabeanspruch ist vom vertraglichen Erfüllungsanspruch zu unterscheiden (zur Herausgabe von Arbeitsergebnissen BGH NJW-RR 04, 1290). Er ist abtretbar und pfändbar. Vergleichbar ist § 384 II HGB. Eine analoge Anwendung wird beim Handelsvertretervertrag befürwortet (BGH NJW 93, 1786), nicht dagegen für die eheliche Lebensgemeinschaft (BGH NJW 00, 3199; aber für andere familiäre Beziehungen FamRZ 08, 1841) und Beamte (BVerwG NJW 02, 1968). Für Vollmachtsurkunden gilt § 175.

2 **B. Herausgabepflicht. I. „Erhaltene".** Zur Ausführung des Auftrags hat der Beauftragte alles erhalten, was dem Zweck dient, das Geschäft zu besorgen (zB Geld, Sachen, Daten – BGH NJW-RR 04, 121; 04, 1290; auch NJW 02, 825). Ob die zur Verfügung gestellten Mittel zur Rückgabe oder zum Verbrauch vorgesehen sind, ist nicht entscheidend (BGH NJW 97, 47). **Gegenstand der Herausgabe** kann jede rechtliche oder tatsächliche Position sein (Eigentum, Inhaberstellung, Besitz). Für die Bestimmung der Rechtsposition sind die sachenrechtlichen Regeln maßgebend. An Treugut bestehen auch nach Übereignung der Gegenstände an den Beauftragten Rechte des Auftraggebers iSd § 771 ZPO bzw § 47 InsO (RGZ 84, 214; 153, 366). Werden zur Ausführung notwendige Sachen zum Besitz überlassen, begründet das Auftragsverhältnis bis zur Beendigung ein Recht zum Besitz (§ 986).

3 **II. „Erlangte".** Aus der Geschäftsbesorgung erlangt ist jeder Vorteil, den der Beauftragte aufgrund eines inneren Zusammenhangs mit dem geführten Geschäft erhalten hat (BGH NJW-RR 92, 560; MüKo/*Seiler* § 667 Rz 9; Staud/*Martinek* § 667 Rz 6). **Vorteil** kann nicht nur ein Vermögenswert (Sachen und Rechte sowie Nutzungen einschl Surrogaten BGHZ 143, 373), sondern auch Akten, Unterlagen und Schriftverkehr mit Dritten sein (BGH NJW 07, 1528: Mietverträge; BGHZ 109, 260, 264: Handakten eines RA; MüKo/*Seiler* § 667 Rz 16 zur Herausgabe von Krankenunterlagen). Erlangt sind nur tatsächliche Vorteile, nicht dagegen, was der Beauftragte hätte erlangen können oder wieder zurückgegeben hat (BGH NJW 01, 2476). Abzugrenzen ist das Erlangte von den Vorteilen, die der Beauftragte nur bei Gelegenheit des Auftrags erhalten hat. Kriterium für die Abgrenzung ist die Möglichkeit, den Beauftragten mit dem Vorteil bei der Ausführung des Auftrags zu beeinflussen. Provisionen (BGH NJW 92, 560), Sondervorteile und Schmiergelder sind daher idR aus der Geschäftsbesorgung erlangt (BGHZ 39, 1; WM 87, 781: Zuwendung an Strohmann; 88, 1320: Honorar; NJW 01, 2476). Auf den Zweck, den der Dritte mit der Zuwendung verfolgt, kommt es nicht an (BGHZ 39, 1).

4 Der schuldrechtliche Herausgabeanspruch des Auftraggebers hat **keine unmittelbare Rechtsänderung** an den Gegenständen zur Folge (BGH NJW 71, 559). Das Eigentum an Sachen geht nur dann ohne Durchgangserwerb auf den Auftraggeber über, wenn der Beauftragte im fremden Namen und mit Vollmacht handelt. In Fällen der mittelbaren Stellvertretung ergibt sich kein Interventionsrecht in der Zwangsvollstreckung oder Insolvenz (§§ 771 ZPO, 47 InsO). Ausnahmen sind bei der Kommission zu beachten (§ 392 II HGB).

5 **C. Rechtsfolge.** Der Herausgabeanspruch ist auf die Verschaffung der rechtlichen und tatsächlichen Positionen an dem jeweiligen Gegenstand gerichtet. Eigentum ist zu übertragen, Forderungen und andere Rechte sind abzutreten und Besitz ist zu überlassen. Der Anspruch ist regelmäßig bei Beendigung des Auftrags **fällig**. Abw Zeitpunkte können sich aus konkreten Vereinbarungen bzw den Umständen ergeben. Für das Erhaltene *ist darauf abzustellen*, ob es für die Ausführung des Auftrags noch benötigt wird (MüKo/*Seiler* § 667 Rz 20; Geld für eine Kaution BGH NJW 09, 840). Bei Daueraufträgen wird der Anspruch auf das Erlangte idR fällig sein, sobald der Vorteil beim Beauftragten eintritt (§ 271 I).

Der Anspruch geht durch Erfüllung (§ 362) oder Unmöglichkeit (§ 275 I) unter. Die **Gefahr des Untergangs** 6
des Vorteils trägt grds der Auftraggeber (BGHZ 28, 123). Eine Ausnahme besteht, wenn der Anspruch auf
Geld gerichtet ist (BGH NJW 91, 1884). Erlangte Geldmittel müssen auch dann herausgegeben werden, wenn
sie beim Beauftragten zwar nicht mehr vorhanden sind, aber nicht zu dem vorgesehenen Zweck verwendet
wurden (BGH NJW 97, 47; NZG 03, 215 – Beschaffungsrisiko). Das Risiko der Insolvenz einer Bank bei
angelegten Geldern trägt der Beauftragte nur bei Verschulden (BGHZ 165, 298). Die ganz hM weist dem Auftraggeber entgegen § 270 das Übermittlungsrisiko zu. § 254 ist auf § 667 grds nicht anwendbar (BGHZ 28,
123; NJW-RR 98, 484). Ausnahmen hat die Rspr bei Weisungen im Bankvertragsrecht anerkannt (BGHZ
108, 386; 130, 87).

Die **Aufrechnung** mit gleichartigen Gegenansprüchen ist jedenfalls dann zulässig, wenn die Ansprüche aus 7
dem Auftragsverhältnis stammen (§ 670) oder mit dem Herausgabeanspruch in einem rechtlichen und wirtschaftlichen Zusammenhang stehen (BGHZ 14, 342; 71, 380; WM 72, 53). Ein Ausschluss kann sich aus Treu
und Glauben (Umstände und Zweck des Auftrags) ergeben (BGHZ 14, 342: für Treuhandverhältnisse; BGH
NJW 93, 2041; BGH WM 05, 1956: Abwickler einer Kanzlei). Gleiches gilt für **Zurückbehaltungsrechte**
(§ 273; BGH VersR 98, 852). Gesetzliche Sonderregelungen sind zu beachten (§ 50 III BRAO: Durchsetzung
von Honoraransprüchen).

Die **Darlegungs- und Beweislast** hinsichtlich des Auftrags, der Hingabe und des Erlangens der Vorteile treffen den Auftraggeber (BGH NJW 91, 1884). Hilfsmittel ist § 666. Der Beauftragte trägt die Beweislast für alle 8
Ausschlussgründe (zB ordnungsgemäße Verwendung) und Einwendungen (BGH NJW-RR 04, 927).

Ist ein Herausgabeanspruch nach § 667 entstanden und hat der Beauftragte die Unmöglichkeit der Herausgabe der Gegenstände zu vertreten oder hat er sich auf andere Weise vertragswidrig verhalten, kommen **Schadensersatzansprüche** nach § 280 ff in Betracht (MüKo/*Seiler* § 667 Rz 22; BaRoth/*Czub* § 667 Rz 8). Mitverschulden ist nach §§ 254, 278 zu berücksichtigen. Ist der Anspruch auf die Herausgabe von Geld gerichtet, 9
kommt ein Verzugszins nach § 288 I in Betracht (BGH NJW 05, 3709).

§ 668 Verzinsung des verwendeten Geldes. Verwendet der Beauftragte Geld für sich, das er dem Auftraggeber herauszugeben oder für ihn zu verwenden hat, so ist er verpflichtet, es von der Zeit der Verwendung an zu verzinsen.

§ 668 sanktioniert **vertragswidriges Verhalten** des Beauftragten. Der Auftraggeber kann Verzinsung verlangen, wenn der Beauftragte Geld unberechtigt für sich verwendet hat. Ähnliche Regeln gelten für den Verwahrer (§ 698) und den Vormund (§ 1834). In weiteren Fällen findet die Vorschriften entspr Anwendung 1
(s. § 662 Rn 16).

Der Beauftragte muss das ihm nicht zustehende Geld für sich verwendet haben. Notwendig ist hierzu der 2
Verbrauch oder Einsatz zu eigenen Zwecken; nicht ausreichend ist die Einzahlung auf ein eigenes Konto des
Beauftragten (MüKo/*Seiler* § 668 Rz 4). Ein Verschulden des Beauftragten ist nicht erforderlich. Die **Pflicht
zur Verzinsung** besteht für den Zeitraum der Verwendung zu eigenen Zwecken (zB Vermischung mit eigenen
Mitteln). Der Zinssatz beträgt § 246 (4%) bzw § 352 HGB (5%).

Weitergehende Ansprüche des Auftraggebers kommen unter den allgemeinen Voraussetzungen in Betracht. 3
Für schuldhafte Pflichtverletzungen sind vertragliche (§§ 280 ff) und deliktische (§§ 823 II iVm 246, 266
StGB) Schadensersatzansprüche denkbar. Verzögerungen können unter den Voraussetzungen des § 288 zu
einem höheren Zinssatz führen.

§ 669 Vorschusspflicht. Für die zur Ausführung des Auftrags erforderlichen Aufwendungen hat der Auftraggeber dem Beauftragten auf Verlangen Vorschuss zu leisten.

§ 669 soll sicherstellen, dass der Beauftragte die Aufwendungen zur Ausführung des Auftrags nicht vorfinanzieren muss. Der auf Geld gerichtete **Anspruch auf Vorschuss** ist nach hM wegen des idR fehlenden eigenen 1
Interesses des Beauftragten an der Ausführung des Auftrags nicht einklagbar (BGHZ 77, 60; 94, 330). Solange
der Vorschuss auf Verlangen nicht geleistet wird, kann der Beauftragte die Ausführung des Auftrags verweigern. Steht dem Beauftragten ausnahmsweise ein Anspruch auf Ausführung des Auftrags zu, kann er den
Vorschuss einklagen (etwa BGHZ 47, 272; 56, 136). § 669 ist dispositiv. Die Vorschrift ist auf zahlreiche Fälle
entspr anwendbar (dazu § 662 Rn 16). Eine Sondervorschrift für Rechtsanwälte enthält § 9 RVG.

Neben einem wirksamen Auftragsverhältnis bedarf es zur Begründung des Anspruchs eines Verlangens des 2
Beauftragten (**verhaltener Anspruch**). Die Höhe des Vorschusses richtet sich nach den erforderlichen Aufwendungen des Beauftragten. Die notwendige Prognose ist anhand objektiver Gesichtspunkte vorzunehmen.
Teilvorschüsse sind möglich. Der Anspruch besteht nicht, wenn der Beauftragte auf einen Vorschuss verzichtet bzw sich verpflichtet hat, eigene Mittel einzusetzen, oder bei der Ausführung keine Aufwendungen entstehen. Sonderregelungen sind zu beachten (§§ 775, 778).

Der Beauftragte muss über die Verwendung des Vorschusses **Rechenschaft** ablegen (§ 666). Er darf den Vorschuss nur vertragsgemäß verwenden (Beweislast beim Beauftragten), anderenfalls drohen Schadensersatzan- 3 sprüche (§§ 280 ff). Der Auftraggeber hat einen Rückzahlungsanspruch (§ 667), falls die tatsächlich erforderlichen Aufwendungen (§ 670) geringer ausgefallen als der Vorschuss.

§ 670 Ersatz von Aufwendungen. Macht der Beauftragte zum Zwecke der Ausführung des Auftrags Aufwendungen, die er den Umständen nach für erforderlich halten darf, so ist der Auftraggeber zum Ersatz verpflichtet.

1   A. **Regelungsgehalt.** § 670 begründet eine **Ersatzpflicht** des Auftraggebers ggü dem Beauftragten für Aufwendungen, die zum Zwecke der Ausführung des Auftrags entstanden sind. Der Aufwendungsersatzanspruch hat keinen Einfluss auf die Unentgeltlichkeit des Auftrags, sondern bewirkt lediglich, dass der Begünstigte, dem der Ertrag zusteht (§ 667), letztlich auch die Aufwendungen zu tragen hat. Die allgemeinen Vorschriften zum Aufwendungsersatz (§§ 256, 257) sind zu beachten. Sonderregelungen gehen § 670 vor bzw ergänzen die Bestimmung (zB Handelsvertreter: §§ 87d HGB; Gesellschafter einer OHG oder KG: § 110 HGB; Kommission: § 396 II HGB; RA: § 11 I RVG). In zahlreichen Bereichen, in denen fremde Interessen wahrgenommen werden, wird (teilweise über die GoA) auf § 670 verwiesen (s. § 662 Rn 17). In weiteren gleichartigen Fallgruppen (zB im Arbeitsrecht) wird § 670 analog angewandt (BAG E 89, 26). Die Regelung ist vertraglich dispositiv (BAG NJW 04, 2036; Staud/*Martinek* § 670 Rz 5).

2   B. **Aufwendungsersatz.** Der Ersatzanspruch setzt Aufwendungen voraus, die der Beauftragte für erforderlich halten durfte und zum Zwecke der Ausführung des Auftrags getätigt hat. Grds besteht der Anspruch nur bei einem **wirksamen Auftragsverhältnis**. Allerdings wendet die Rspr (seit BGHZ 37, 258) § 670 bei Tätigkeiten aufgrund eines vermeintlichen Auftrags über die GoA ebenfalls an (§§ 683, 670; s. § 683 Rn 8; nicht bei fehlender Weisung: § 665 Rn 6). Auf die tatsächliche oder erfolgreiche Besorgung eines Geschäfts kommt es für den Anspruch nicht an; ein Handeln des Beauftragten ist aber notwendig (BGHZ 137, 43).

3   I. **Aufwendungen.** Aufwendungen sind **freiwillige Vermögensopfer**. Es muss sich einerseits um Vorgänge handeln, die für das Vermögen von Bedeutung sind (BGHZ 38, 302) und sich negativ darauf auswirken (nicht: eigene Arbeitskraft oder Zeit). Andererseits ist die Freiwilligkeit erforderlich, dadurch unterscheiden sich Aufwendungen von Schäden. Die Freiwilligkeit wird durch eine Verpflichtung ggü Dritten nicht ausgeschlossen. Aufwendungen können durch Auslagen in Geld oder den Verbrauch von Sachen (zB Treibstoff) bzw Rechten (zB Aufrechnung) entstehen (§ 256). Ferner können sich Aufwendungen aus gewährten Sicherheiten oder aus eingegangenen Verbindlichkeiten ergeben (§ 257).

4   Für den Ersatzanspruch nach § 670 sind nur solche Aufwendungen relevant, die **zweckgerichtet** im Hinblick auf das zu besorgende fremde Geschäft erbracht werden (BGH NJW 89, 1284) oder sich als notwendige Folge im Einzelfall ergeben (RGZ 75, 208: Steuern, Gebühren). Umstr ist die Behandlung von allgemeinen Unkosten (Nutzung des eigenen Fahrzeugs, Telefon usw). Bei Anwendung der genannten Kriterien können auch insoweit Aufwendungen vorliegen (wie hier MüKo/*Seiler* § 670 Rz 8, für die GoA BGHZ 65, 384; aA BaRoth/ *Czub* § 670 Rz 7). Keine Aufwendung ist alles, was zum Inhalt der Leistung selbst zu rechnen ist und damit unentgeltlich erbracht werden muss (zB eigene Arbeitsleistung und Arbeitszeit, normale Abnutzung an Sachen, die zur Ausführung verwendet werden: BAG E 89, 26).

5   II. **Ersatzfähigkeit.** Im Gegensatz zum Vorschuss (§ 669) kommt es für die Ersatzfähigkeit der Aufwendungen nicht nur auf die **Erforderlichkeit** aus objektiver Sicht an. Entscheidend ist vielmehr, was der Beauftragte nach sorgfältiger Prüfung, der ihm bekannten Umstände, vernünftigerweise aufzuwenden hatte (BGHZ 95, 375). Bei der Einschätzung sind die Interessen des Auftraggebers im Zeitpunkt der auslösenden Handlung maßgeblich zu berücksichtigen. An der Erforderlichkeit der Aufwendungen für die Ausführung fehlt es grds, wenn die Geschäftsbesorgung verboten (§ 134) oder sittenwidrig (§ 138) ist (BGHZ 37, 258; 118, 142; BGH NJW 1997, 47; zum Fall des nicht offen zu Tage tretenden Gesetzesverstoßes Saarl OLGR 09, 453). Gleiches gilt für die Übernahme von Sicherheiten für unwirksame oder verjährte Forderungen bzw deren Bezahlung (BGHZ 95, 375), als überhöht erkennbare Beträge sowie grds für Schmiergelder und ähnl Sonderzahlungen (BGHZ 94, 268).

6   III. **Ersatz von Schäden.** Eine Regelung zum Ersatz für ausführungsbedingt entstandene Schäden des Beauftragten fehlt im Auftragsrecht. Der Auftraggeber haftet unter den allgemeinen Voraussetzungen (§ 280 I) für einen kausalen Schaden. Als Pflichtverletzung kommt insb ein Verstoß gegen § 241 II in Betracht. Darüber hinaus ist allgemein anerkannt, dass der Auftraggeber auch ohne Verschulden für Schäden des Beauftragten einstehen muss, die sich aufgrund eines mit der Geschäftsbesorgung verbundenen Risikos realisiert haben (**Zufallsschäden**). Umstr ist lediglich, ob § 670 insoweit (zumindest analog) anwendbar (BGHZ 33, 251; 38, 270; 89, 153) oder der Ersatz auf eine Risikohaftung zu stützen ist (*Canaris* RDA 66, 41; *Genius* AcP 173, 481, 512).

7   Für die Beurteilung der **Ersatzfähigkeit** lassen sich verschiedene Stufen unterscheiden: Eine Sonderregelung enthält § 110 HGB für OHG-Geschäftsführer (Ersatz von Verlusten). Gleiches gilt für Arbeitgeber ggü ihren Arbeitnehmern aufgrund der Eingliederung in die fremde Organisation, sofern für die Gefahren kein besonde-

res Entgelt bezahlt wird und die Vermögenseinbuße über den normalen Verschleiß hinausgeht (BAG E 33, 108). Für Besorgungen in einer Notlage ergibt sich ein Ersatzanspruch des Beauftragten wegen seiner Aufopferung aus Billigkeit (BGHZ 52, 115). Bei anderen Auftragsverhältnissen hat der Auftraggeber Ersatz zu leisten, wenn sich **tätigkeitsspezifische Risiken** in einem Schaden verwirklicht haben (BGHZ 38, 270). Dazu zählen auch Schäden aus der Betriebsgefahr eines vom Beauftragten eingesetzten Fahrzeugs (BGH NJW 63, 251).

IV. Anspruchsinhalt und Umfang. Inhalt und Umfang des Aufwendungsersatzanspruchs bestimmen sich nach §§ 256, 257. Verauslagte Geldbeträge sind nach Verrechnung mit dem Vorschuss (§ 669) zu erstatten (BGH WM 69, 1416). Sachaufwendungen sind in Höhe des Verkehrswertes in Geld auszugleichen. Bei eingegangenen Verbindlichkeiten besteht ein Befreiungsanspruch. Sind die Verbindlichkeiten noch nicht fällig, ist Sicherheit zu leisten. Beim Ersatz von Schäden ist § 254 uneingeschränkt entspr anwendbar (bewusste Gefahrerhöhung führt zum Ausschluss). Ein Anspruch auf Ersatz immaterieller Schäden (§ 253 II) kommt bei einem funktionalen Verständnis des § 670 ebenfalls in Betracht (wie hier wohl Palandt/*Sprau* § 670 Rz 13; *Däubler* JuS 02, 625; dagegen: BGHZ 52, 115; BaRoth/*Czub* § 670 Rz 17). Der Anspruch nach § 670 verjährt nach allgemeinen Regeln (§§ 195, 199). Dem Auftraggeber steht ein Zurückbehaltungsrecht zu (§ 273). Die Aufrechnung ist möglich. Der Beauftragte trägt die Beweislast für den Auftrag, die Aufwendungen und deren Erforderlichkeit (BGH WM 60, 373). 8

§ 671 Widerruf; Kündigung.
(1) Der Auftrag kann von dem Auftraggeber jederzeit widerrufen, von dem Beauftragten jederzeit gekündigt werden.
(2) ¹Der Beauftragte darf nur in der Art kündigen, dass der Auftraggeber für die Besorgung des Geschäfts anderweit Fürsorge treffen kann, es sei denn, dass ein wichtiger Grund für die unzeitige Kündigung vorliegt. ²Kündigt er ohne solchen Grund zur Unzeit, so hat er dem Auftraggeber den daraus entstehenden Schaden zu ersetzen.
(3) Liegt ein wichtiger Grund vor, so ist der Beauftragte zur Kündigung auch dann berechtigt, wenn er auf das Kündigungsrecht verzichtet hat.

A. Regelungsgehalt. § 671 enthält zwei Instrumente (Widerruf, Kündigung), die zur Beendigung des Auftrags mit Wirkung für die Zukunft führen. Bereits entstandene Ansprüche bleiben davon unberührt (BGH NJW 91, 2210). Der Widerruf des Auftraggebers und die Kündigung des Beauftragten können jederzeit erfolgen. Es handelt sich um **einseitige empfangsbedürftige, gestaltende Willenserklärungen**, deren Abgabe an keine Form oder Frist gebunden ist. Macht der Beauftragte von seinem Kündigungsrecht ohne Rücksicht auf die Interessen des Auftraggebers (zur Unzeit) und ohne wichtigen Grund Gebrauch, hat er dem Auftraggeber den daraus entstehenden Schaden zu ersetzen (§ 671 II 2). Das Recht zur Kündigung aus wichtigem Grund bleibt auch dann erhalten, wenn der Beauftragte auf die Kündigung verzichtet hat (§ 671 III). Eine gesetzliche Verweisung auf § 671 I gibt es nicht. Anderes gilt für § 671 II und III (§§ 712 II, 2226 3); § 675 verweist lediglich auf § 671 II. Sonderregelungen sind zu beachten (§ 775); für die Vollmacht gilt § 168 I. 1

B. Widerruf des Auftraggebers. Die Beendigung des Auftrags durch jederzeitigen Widerruf des Auftraggebers ist wegen der Fremdnützigkeit des zu besorgenden Geschäfts und der damit verbundenen Vertrauensstellung des Beauftragten gerechtfertigt (BGH WM 71, 956; ausf *Grundmann* AcP 198, 457, 481). Der Widerruf unter einer Bedingung ist entgegen den allgemeinen Regeln für Gestaltungsrechte grds zulässig (hM: MüKo/*Seiler* § 671 Rz 4; Soergel/*Beuthien* § 671 Rz 6; BaRoth/*Czub* § 671 Rz 2). Nach vollständiger Ausführung des Geschäfts durch den Beauftragten ist ein Widerruf nicht mehr möglich (BGHZ 17, 317). Eine Disposition über das Widerrufsrecht (zB Verzicht) ist jedenfalls dann unwirksam, wenn der Auftrag ganz überwiegend den Interessen des Auftraggebers dient (RGZ 160, 122; BGH WM 71, 956). Bei Vorliegen eines wichtigen Grundes gilt § 671 III entspr. Bereits erfolgte Verfügungsgeschäfte werden durch den Widerruf nicht beeinträchtigt. 2

C. Kündigung des Beauftragten. Für die Kündigung gelten im Grundsatz die gleichen Regeln, was wegen der Unentgeltlichkeit des Auftrags gerechtfertigt erscheint. Die **ordentliche Kündigung** muss so gewählt werden, dass der Auftraggeber anderweitig Fürsorge für das Geschäft treffen kann (zB anderer Sicherungsgeber BGH WM 72, 661). Eine zur Unzeit erklärte Kündigung ist gleichwohl wirksam, verpflichtet aber zum Schadensersatz (§ 671 II 2). IdR geht der Anspruch auf den Vertrauensschaden und nur ausnahmsweise auf das Erfüllungsinteresse, dabei ist die Möglichkeit der ordnungsgemäßen Kündigung zu berücksichtigen (MüKo/*Seiler* § 671 Rz 13; BaRoth/*Czub* § 671 Rz 7). Das gilt nicht für die **außerordentliche Kündigung** aus wichtigem Grund. Das Vorliegen eines wichtigen Grundes bestimmt sich nach § 314 I 2. Ein Verzicht auf die Kündigung aus wichtigem Grund ist nicht möglich (§ 671 III). 3

§ 672 Tod oder Geschäftsunfähigkeit des Auftraggebers.
¹Der Auftrag erlischt im Zweifel nicht durch den Tod oder den Eintritt der Geschäftsunfähigkeit des Auftraggebers. ²Erlischt der Auftrag, so hat der Beauftragte, wenn mit dem Aufschub Gefahr verbunden ist, die Besorgung des übertragenen Geschäfts fortzusetzen, bis der Erbe oder der gesetzliche Vertreter des Auftraggebers anderweit Fürsorge treffen kann; der Auftrag gilt insoweit als fortbestehend.

1 § 672 1 enthält eine **Auslegungsregel**. Danach hat der Tod des Auftraggebers für den Bestand des Auftragsverhältnisses nur Bedeutung, wenn das Ereignis als Beendigungsgrund besonders vereinbart ist oder sich solches aus den Umständen ergibt (Hamm NJW-RR 03, 800). Gleiches gilt bei nachträglich eintretender Geschäftsunfähigkeit des Auftraggebers und im Bereich einer nachträglich angeordneten Betreuung mit Einwilligungsvorbehalt (§ 1903; hM: vgl nur Staud/*Martinek* § 672 Rz 9). Bei Insolvenz des Auftraggebers gilt § 115 InsO (Grundsatz: Erlöschen). § 672 2 schützt die Interessen des Auftraggebers (bzw seiner Erben), falls der Auftrag erlischt.

2 Ergibt sich unter Berücksichtigung aller Umstände der **Fortbestand des Auftrags**, tritt der Erbe (§ 1922) in die Rechtsstellung des Auftraggebers ein. In anderen Fällen nimmt der gesetzliche Vertreter die Rechte und Pflichten des Auftraggebers wahr. An bereits vor dem Ereignis erteilte Weisungen bleibt der Beauftragte gebunden. Unter den Voraussetzungen des § 671 ist der Widerruf des Auftrags, aber auch der Widerruf einer Weisung möglich. Ein vollständiger Verzicht auf das Widerrufsrecht mit Bindung für die Erben ist nicht möglich (BGH NJW 75, 382). Ein unwiderruflicher Auftrag zur Nachlassverwaltung kann nur durch formwirksame Einsetzung als Testamentsvollstrecker erfolgen (RGZ 139, 41). Eine Verpflichtung des Beauftragten zur Nachfrage wegen der veränderten Umstände besteht nicht (BGHZ 127, 239; NJW 69, 1245). Eine rechtsgeschäftliche Vollmacht bleibt bestehen (§ 168).

3 Ist der Auftrag entgegen der Auslegungsregel erloschen, treffen den Beauftragten **Notbesorgungspflichten** zur Abwendung von Gefahren, die mit einem Aufschub verbunden sind. Für diese Maßnahmen (nur insoweit) gilt der Auftrag als fortbestehend. Das Auftragsrecht bleibt anwendbar (zB § 670). Mit anderen Maßnahmen kann der Beauftragte in den Schutzbereich des § 674 fallen. Bei zu vertretender Verletzung der Verpflichtung zur Gefahrenvorsorge und -abwehr hat der Auftraggeber einen vertraglichen Schadensersatzanspruch (§ 280 I).

§ 673 Tod des Beauftragten.
¹Der Antrag erlischt im Zweifel durch den Tod des Beauftragten. ²Erlischt der Auftrag, so hat der Erbe des Beauftragten den Tod dem Auftraggeber unverzüglich anzuzeigen und, wenn mit dem Aufschub Gefahr verbunden ist, die Besorgung des übertragenen Geschäfts fortzusetzen, bis der Auftraggeber anderweit Fürsorge treffen kann; der Auftrag gilt insoweit als fortbestehend.

1 § 673 enthält eine Auslegungsregelung für den Fall des **Todes des Beauftragten**. Anders als nach § 672 erlischt der Auftrag mit dem Tod des Beauftragten, es sei denn, Vereinbarungen oder Umstände sprechen dagegen. In Abweichung zu § 672 wird die Geschäftsunfähigkeit des Beauftragten nicht geregelt. Die Erledigung von Rechtsgeschäften ist dem Beauftragten in einem solchen Fall wegen § 105 I unmöglich (§ 275 I). Ein Anspruch des Auftraggebers auf Ausführung ist ausgeschlossen (wie hier Staud/*Martinek* § 673 Rz 4; Palandt/*Sprau* § 673 Rz 1; aA BaRoth/*Czub* § 673 Rz 2). Auf die Geschäftsbesorgung (§ 675) ist die Vorschrift entspr anzuwenden. Ferner verweist § 2218 auf § 673 2. Die Anwendung der Regel bei Beendigung einer juristischen Person ist umstr (dafür MüKo/*Seiler* § 673 Rz 2; Palandt/*Sprau* § 673 Rz 3; aA BaRoth/*Czub* § 673 Rz 2). Bei Umwandlungen geht § 20 UmwG vor (*K. Schmidt* DB 01, 1019).

2 Greift die Auslegungsregel ein, ist der Auftrag mit **Wirkung für die Zukunft** beendet. Bereits entstandene Ansprüche (§§ 666, 667) sind von den Erben zu erfüllen (BGHZ 104, 369). Um eine rasche Reaktion des Auftraggebers im Hinblick auf das zu besorgende Geschäft zu gewährleisten, sieht § 673 2 eine Anzeigepflicht der Erben vor. Die Anzeige ist eine geschäftsähnliche Handlung, es genügt die Anzeige durch einen Erben (§ 2038 I 2). Bei einem schuldhaften Verstoß gegen die Anzeigepflicht sind die Erben schadensersatzpflichtig (§ 280 I).

3 Der Auftrag wird als fortbestehend fingiert, soweit die Erben ihrer **Notbesorgungspflicht** nachkommen. Die Erben haben eine Fürsorgepflicht und müssen Maßnahmen treffen, um Gefahren abzuwehren, die mit einem Aufschub des zu besorgenden Geschäfts verbunden sind (§ 673 2). Bei einem schuldhaften Verstoß gegen die Verpflichtung sind die Erben schadensersatzpflichtig.

§ 674 Fiktion des Fortbestehens.
Erlischt der Auftrag in anderer Weise als durch Widerruf, so gilt er zugunsten des Beauftragten gleichwohl als fortbestehend, bis der Beauftragte von dem Erlöschen Kenntnis erlangt oder das Erlöschen kennen muss.

1 Zum Schutz des Beauftragten wird der **Fortbestand des Auftrags** zu seinen Gunsten fingiert (§ 674), wenn er ohne Vorsatz oder Fahrlässigkeit (§ 122 II) trotz Erlöschen des rechtswirksamen Auftrags von dessen Fortbestand ausgeht. Für die Beendigung durch Widerruf greift die Fiktion nicht ein (§ 130). Die Fiktion endet, sobald der Beauftragte vom Erlöschen erfährt oder sich Fahrlässigkeit einstellt. Ohne die Fiktion finden die Regeln der §§ 677 ff Anwendung. Die Beweislast für die Kenntnis oder fahrlässige Unkenntnis des Beauftragten trägt der Auftraggeber. Auf die Geschäftsbesorgung (§ 675) und Testamentsvollstreckung (§ 2218) ist die Norm entspr anwendbar.

2 Relevante **Fallgruppen** für die Beendigung des Auftragsverhältnisses ohne Kenntnis des Beauftragten können die Zweckerreichung, der Tod bzw die Geschäftsunfähigkeit des Auftraggebers (entgegen § 672) oder dessen Insolvenz sein. Im letzteren Fall greift allerdings die gleichartige Sonderregelung des § 115 III InsO ein. Die

Fiktion des Fortbestands bezieht sich lediglich auf die Position des Beauftragten (§§ 666, 667, 670; s. Nürnbg NJW 64, 304). Eine dem Beauftragten erteilte Vollmacht bleibt ggü gutgläubigen Dritten bestehen (§ 169). Eine Schadensersatzpflicht des Beauftragten wegen Nichtausführung kann sich allenfalls in den Fällen des § 672 2 ergeben.

Untertitel 2   Geschäftsbesorgungsvertrag

§ 675 Entgeltliche Geschäftsbesorgung.
(1) Auf einen Dienstvertrag oder einen Werkvertrag, der eine Geschäftsbesorgung zum Gegenstand hat, finden, soweit in diesem Untertitel nichts Abweichendes bestimmt wird, die Vorschriften der §§ 663, 665 bis 670, 672 bis 674 und, wenn dem Verpflichteten das Recht zusteht, ohne Einhaltung einer Kündigungsfrist zu kündigen, auch die Vorschrift des § 671 Abs. 2 entsprechende Anwendung.
(2) Wer einem anderen einen Rat oder eine Empfehlung erteilt, ist, unbeschadet der sich aus einem Vertragsverhältnis, einer unerlaubten Handlung oder einer sonstigen gesetzlichen Bestimmung ergebenden Verantwortlichkeit, zum Ersatz des aus der Befolgung des Rates oder der Empfehlung entstehenden Schadens nicht verpflichtet.

A. Regelungsgegenstand. § 675 enthält einerseits Regeln zur entgeltlichen Geschäftsbesorgung (§ 675 I) und andererseits Regeln über die Haftung für Rat und Empfehlung (§ 675 II). Die Vorschrift steht am Beginn eines eigenen Unterabschnitts über den Geschäftsbesorgungsvertrag. Der Unterabschnitt wurde im Zuge der Umsetzung der Überweisungs- (97/5/EG, ABl L 43 25) und der Zahlungsrichtlinie (98/26/EG, ABl L 166 45) in das deutsche Recht geschaffen und im Zuge der Umsetzung der Richtlinie über die Zahlungsdienste (2007/64/EG, ABl L 319, 1) neu strukturiert. Besondere Regelungen haben die Zahlungsdienste in einem eigenen Untertitel erfahren (§§ 676c ff). Bei Verbindungen eines Sachverhalts zu anderen Rechtsordnungen bestimmt sich die Anwendung des deutschen Rechts nach Art 3 I, 4 Rom I bzw 27 ff EGBGB. 1

B. Geschäftsbesorgung. I. Wesen und Begriff. Der Geschäftsbesorgungsvertrag ist ein Dienst- oder Werkvertrag, der eine Geschäftsbesorgung zum Gegenstand hat (§ 675 I). Er ist gegenseitiger Vertrag, auf den zahlreiche Vorschriften des Auftragsrechts anwendbar sind. Vom Auftrag unterscheidet sich der Geschäftsbesorgungsvertrag nicht nur durch die Entgeltlichkeit (Staud/*Martinek* vor §§ 662 ff Rz 9 ff). Die Festlegung der Geschäftsbesorgung erfolgt vielmehr ausgehend vom Dienst- bzw Werkvertrag. § 675 I geht davon aus, dass es besondere Tätigkeiten gibt, die grds dem Dienst- bzw Werkvertrag zuzuordnen sind, für die das Auftragsrecht aber sachgerechtere Regelungen enthält. Nach hM muss die Tätigkeit **selbstständig ausgeübt werden, wirtschaftlicher Art sein und der Wahrnehmung fremder Interessen dienen** (BGHZ 45, 223; NJW-RR 92, 560; 04, 989). In der Lit wird überwiegend betont, dass es in Bezug auf die „Geschäftsbesorgung" nicht um eine exakte begriffliche Festlegung, sondern um die Umschreibung eines Typus gehe (etwa MüKo/*Heermann* § 675 Rz 4). 2

1. Merkmale. Erscheinungsformen der entgeltlichen Geschäftsbesorgung sind insb Beratungen in rechtlichen, steuerlichen oder wirtschaftlichen Angelegenheiten sowie die Leistungen im Zusammenhang mit Vertragsabschlüssen (zB Vermittlung, Vertretung) für Rechnung des Geschäftsherrn oder mit dessen Vermögen (Bank-, Baubetreuung oder Treuhandvertrag). 3

Eine **selbstständige Tätigkeit** setzt neben einem aktiven Tun (s. § 662 Rn 6) ein gewisses Maß an Eigenverantwortlichkeit beim Geschäftsbesorger voraus. Das Kriterium der Eigenverantwortlichkeit schränkt den Kreis der Tätigkeiten ggü dem Auftrag ein. Ohne einen Spielraum bei der Überlegung oder Betätigung des Willens (fehlt bei Arbeitsverhältnissen) liegt keine Geschäftsbesorgung vor (BGHZ 137, 69). Die Tätigkeit wird idR auf rechtsgeschäftliches Handeln gerichtet sein; tatsächliches Handeln ist aber ebenfalls ausreichend (Palandt/*Sprau* § 675 Rz 3). 4

Die Tätigkeit muss **wirtschaftlicher Art** sein und sich im Gegensatz zum Auftrag und der GoA dem Bereich des Wirtschaftslebens zuordnen lassen (Staud/*Martinek* § 675 Rz A 16). Der Vermögensbezug allein ist nicht ausreichend. Keine Geschäftsbesorgungen idS sind bspw die Tätigkeiten im nicht wirtschaftlichen Bereich als Arzt, Musiker oder Künstler. 5

Die Tätigkeit muss einen Vermögensbezug aufweisen, nur auf diesem Wege ist die **Wahrnehmung fremder Vermögensinteressen** möglich. Das kann durch das Verwalten, das Halten und die Vermehrung des Vermögens des Geschäftsherrn geschehen. Fremdnützigkeit liegt vor, wenn es sich um Tätigkeiten handelt, die an sich der Geschäftsherr selbst zu besorgen hat. Die Verfolgung auch eigener Interessen schließt die Fremdnützigkeit nicht aus. Umstr ist die Fremdnützigkeit, wenn der Geschäftsbesorger dem Geschäftsherrn nichts abgenommen hat, also keine bestehende Verpflichtung oder Obliegenheit des Geschäftsherrn wahrnimmt, sondern ein neuer Aufgabenkreis geschaffen wird (abl: BGHZ 45, 223; aA MüKo/*Heermann* § 675 Rz 8). Keine fremden Vermögensinteressen werden bei Leistungen an den Vertragspartner aufgrund gewöhnlicher Dienst- oder Werkverträge wahrgenommen (Handwerker, Architekt usw). Gewöhnliche Dienste werden nur an, aber nicht für einen anderen geleistet (BGH DB 59, 168). 6

7 Das **Entgelt** ist bei der Geschäftsbesorgung Gegenleistung für die Tätigkeit wirtschaftlicher Art zur Wahrnehmung fremder Vermögensinteressen. Ausreichend ist, wenn die Tätigkeit iR eines Dienst- bzw Werkvertrags regelmäßig nur gegen Entgelt zu erwarten ist (§§ 612, 632).

8 **2. Anwendbare Normen und Pflichten.** Die anwendbaren Normen und Pflichten lassen sich bei der Vielzahl an Erscheinungsformen der entgeltlichen Geschäftsbesorgung nur ganz abstrakt beschreiben. Ferner sind die Regelungen in § 675 I dispositiv und werden in speziellen Bereichen von Sonderregelungen (§§ 84 ff; 383 ff HGB) verdrängt. Generelle Anwendung finden die Regeln über den Vertragsschluss und die Verbraucherschutzrechte (§§ 312 ff). Die **Vertragspflichten** ergeben sich aus der Vereinbarung der Parteien, den Sonderregelungen, den in die Verweisung aufgenommenen Auftragsvorschriften (nicht §§ 664 und 671 I) und erg aus dem Dienst- bzw Werkvertragsrecht. §§ 669, 670 finden keine Anwendung, soweit der Aufwendungsersatz in der Vergütung bereits enthalten ist. Anderes gilt regelmäßig bei Diensten höherer Art oder entspr Sonderregelungen (§ 1 RVG). In der Lit wird § 664 für entspr anwendbar gehalten (MüKo/*Seiler* §§ 664 Rz 19; BaRoth/*Czub* § 664 Rz 5). In der Insolvenz unterscheiden sich die entgeltliche Geschäftsbesorgung und der Auftrag nicht (§ 116 InsO).

9 **II. Beraterverträge. 1. Rechtsberatung.** Die entgeltliche Rechtsberatung und Vertretung durch Anwälte (§ 3 I BRAO) kann dienst- (zB Beratung und Prozessvertretung) oder werkvertraglicher (zB Gutachten) Natur sein. Bei diesen typischen anwaltlichen Leistungen werden selbstständig fremde Vermögensinteressen iR einer Geschäftsbesorgung wahrgenommen. Das Auftragsrecht ist anwendbar (BGH NJW 72, 1044; 96, 842). Das gilt nicht, falls die typische anwaltliche Tätigkeit völlig in den Hintergrund tritt (BGH NJW 92, 681; 01, 1569). An den Vertragsschluss durch schlüssiges Verhalten sind in Zweifelsfällen erhöhte Anforderungen zu stellen (BGH NJW 91, 2084); iÜ gelten die allgemeinen Regeln. Eine besondere Form ist für die Wirksamkeit des Anwaltsvertrags grds nicht erforderlich (beachte: § 4 I RVG).

10 **a) Vertragspflichten.** Der **Hauptleistungspflicht** zur Ausführung der anwaltlichen Tätigkeit stehen Sorgfalts- und Obhutspflichten zur Seite. Das Mandat ist so auszuführen, dass Rechte, Rechtsgüter und Interessen (§ 241 II) des Mandanten nicht verletzt werden (Offenbarungspflicht bei Beziehungen zum Parteigegner, BGH NJW 08, 1307). Die Pflichten des Anwalts bestehen grds nur während der Vertragsdauer. Ausnahmsweise kommt bei besonderen Risiken oder Gefahren für den Mandanten eine Hinweispflicht auch für die Zeit nach Beendigung des Mandats in Betracht (BGHZ 94, 380).

11 Die **Rechtsberatung** muss umfassend und erschöpfend sein (BGH NJW 92, 1159). Maßstab ist das erteilte Mandat (BGH NJW 09, 1589 – Vergleich). Wesentlicher Beitrag zur Beratung ist die Aufklärung des Sachverhalts (BGH NJW 98, 2048). Die Aufklärungspflicht bezieht sich auf alle Vorgänge des konkreten Sachverhalts, die geeignet sind, den vom Mandanten gewünschten Erfolg herbeizuführen (BGH NJW 00, 730: Nachfragepflicht). Der Mandant ist seinerseits verpflichtet, seinen Anwalt vollständig und wahrheitsgemäß zu unterrichten (BGH NJW 96, 2929). Auf die Angaben des Mandanten darf sich der Anwalt grds verlassen (BGH NJW 85, 1154; 98, 2048). Die Aufklärungs- und Hinweispflicht des Anwalts kann reduziert sein, wenn der Mandant spezielle Vorkenntnisse hat (BGH NJW 98, 1486). An die Rechtskenntnisse eines Anwalts und die rechtliche Prüfung stellt die Rspr hohe (teilweise unrealistische) Anforderungen. Neben der Kenntnis des Gesetzes und der höchstrichterlichen Rspr (BGH NJW 83, 1665; angemessene Frist nach der Veröffentlichung: NJW 79, 877) hat der Anwalt auch Entwicklungen in der Rspr und Lit zu verfolgen (BGH NJW 93, 3323). Letzteres allerdings nur, wenn in dem Bereich erkennbar Änderungen der höchstrichterlichen Rspr zu erwarten sind. Zum geltenden deutschen Recht zählen auch das Europarecht sowie internationale Üb, wie das UN-Kaufrecht. Als Ergebnis der Beratung muss der Anwalt dem Mandanten den sichersten und gefahrlosesten Weg vorschlagen, der zum angestrebten Erfolg führt (BGH NJW 09, 2949). Bei mehreren Wegen ist eine Belehrung erforderlich, in der mögliche Risiken aufgezeigt werden und der Mandant über Folgen umfassend aufgeklärt wird (BGH WM 01, 98). Zur Belehrung zählt auch die Vorsorge im Hinblick auf den Erhalt von Rechten (BGH NJW 97, 1302: Verjährung) und ein Hinweis zu bestehenden Risiken (BGH WM 05, 2345; BGH NJW 07, 2046: Hinweis auf künftige Risiken). Vor rechtlichen Gefahren, die zwar in keinem inneren Zusammenhang mit dem Mandat stehen, muss der Anwalt aber gleichwohl warnen, wenn sie bekannt oder offenkundig sind (BGH NJW 02, 1117). Im Einzelfall kann nach Art und Umfang des Mandats eine eingeschränkte Belehrung ausreichend sein, etwa bei besonderer Eilbedürftigkeit oder bei einem Aufwand, der außer Verhältnis zum Streitgegenstand steht. Inhalt und Umfang der Aufklärung haben sich aber jeweils nach den erkennbaren Interessen des Mandanten zu richten (BGH NJW 07, 2485).

12 Bei der **Vertretung** des Mandanten ggü Dritten (zB Vorlage einer Vollmacht bei Kündigung wegen § 174) und in Rechtsstreitigkeiten vor Gericht hat der Anwalt die Interessen des Mandanten zu wahren und Nachteile für diesen möglichst zu vermeiden. Ist eine Klage aussichtslos, muss der Anwalt davon abraten (BGHZ 97, 372; NJW 97, 2168). Gerichtstermine darf er nicht schuldhaft versäumen (BGH NJW 93, 1323) und muss *dem Mandanten günstige Anträge* rechtzeitig stellen (BGH NJW 92, 2694: zur beschränkten Erbenhaftung). Zur Interessenwahrung gehören auch die allgemeinen Weisungen an seine Mitarbeiter, bspw bei der Übermittlung von fristwahrenden Schriftstücken per Telefax Einzelnachweise über den Sendevorgang auszudrucken und die Fristen im Kontrollbuch erst danach zu löschen (BGH NJW 02, 522). Die Prüfung einer notier-

ten Frist darf nicht erst am letzten Tag der Frist, wenn der Anwalt die eigentliche Bearbeitung der Sache vornimmt, erfolgen (BGH NJW 07, 2332). Vor dem Abschluss eines Vergleichs muss der Anwalt den Mandanten umfassend und sachgerecht beraten (BGH NJW 09, 1589, 00, 1944); Auslegungsrisiken sind zu vermeiden (BGH NJW 02, 1048). Auch ohne ausdrückliche Weisung hat der Anwalt nach einer „Flucht in die Säumnis" Einspruch gegen das Versäumnisurteil einzulegen (BGH NJW 02, 290). Bei Fehlern des Gerichts hat der Anwalt gegenzusteuern (BGH IX ZR 74/08; NJW 88, 3013; WM 02, 513), allerdings trifft ihn nicht das Risiko falscher Gerichtsentscheidungen (BVerfG NJW 02, 2937; BGH NJW 08, 1309).

b) Haftung. Eine schuldhafte Pflichtverletzung des Anwalts kann zu einem **Schadensersatzanspruch** des Mandanten nach § 280 I führen. Geht es um die Beurteilung der Folgen des hypothetisch richtigen Verhaltens, ist bei Gerichtsentscheidungen maßgebend, was nach damaliger Rechtsauffassung (Gesetz bzw höchstrichterliche Rspr) hätte entschieden werden müssen (BGHZ 72, 328; 133, 110; 145, 256). Später hinzutretende Rechtsirrtümer des Gerichts entlasten den Anwalt idR nicht (BGH NJW 98, 2049). Dem Mandanten ist nur zu ersetzen, was ihm nach materieller Rechtslage zugestanden hätte (BGHZ 145, 256). Gleiches gilt bei gebundenen Entscheidungen im Verwaltungsverfahren. Ein Schaden, der dem Vergütungsanspruch entgegengehalten werden kann, liegt bei der Vereitelung eines Kostenerstattungsanspruchs vor (BGH NJW 04, 2817). Die Regeln zur Beschränkungen des Ersatzanspruchs, welche das BAG für den kündigende Arbeitnehmer aufgestellt hat, sind auf den Schadensersatzanspruchs des Arbeitnehmers gegen seinen Rechtsvertreter nicht übertragbar (BGH NJW 07, 2043). 13

Die **Beweislast** für die Pflichtverletzung und Kausalität begründenden Umstände trägt der Mandant (BGHZ 126, 217). Ihm kommen die Grundsätze des Anscheinsbeweises zugute, wenn es darum geht, ob er sich entspr der pflichtgemäß anzuratenden Weise verhalten hätte (BGHZ 123, 311; 126, 217; NJW 02, 1117), anderes gilt, wenn ein Verhalten nach einem richtigen Vorschlag des Anwalts abgelehnt wird (BGH NJW 07, 2485). Kommen für den Mandanten verschiedene Handlungsweisen ernsthaft in Betracht, die unterschiedliche Vorteile und Risiken in sich bergen, ist grds kein Raum für einen Anscheinsbeweis (BGH NJW 07, 2046). Eine generelle Beweislastumkehr wird von der Rspr abgelehnt (BGH NJW 09, 1591). Eine für den Mandanten günstige Beweislastregel aus dem Ausgangssachverhalt ist aber auch im Regressverfahren zu beachten (BGHZ 133, 110; NJW 02, 593). 14

Mitverschulden des Mandanten (§ 254) kommt im Hinblick auf die rechtliche Behandlung des Mandats grds nicht in Betracht (BGH WM 06, 105). Das gilt regelmäßig auch bei pflichtwidrigem Handeln eines vom Mandanten nachträglich eingeschalteten weiteren Anwalts (BGH NJW 02, 1117). Ein vertraglicher Schadensersatzanspruch verjährt nach allgemeinen Regeln. Für den Verjährungsbeginn kommt es auf die Kenntnis des Mandanten von der Pflichtverletzung bzw des Schadens an (§ 199). Die Rspr hat Anwälten die Verpflichtung auferlegt, den Mandanten auf den Schadensersatzanspruch und dessen Verjährung hinzuweisen (BGHZ 94, 380; NJW 03, 822). Die Verletzung der Pflicht führt dazu, den Mandanten so zu stellen, als sei die Verjährung im Hinblick auf den Schadensersatzanspruch nicht eingetreten (Sekundäranspruch). Die Hinweispflicht besteht nur, solange das Vertragsverhältnis andauert und der Mandant keine anderweitige anwaltliche Beratung im Hinblick auf den Schadensersatzanspruch in Anspruch genommen hat (BGH NJW 00, 1263; 01, 826). 15

c) Vergütung. Die Vergütung des Anwalts bestimmt sich grds nach dem RVG. Sie setzt sich aus Gebühren und Auslagen zusammen (§ 1 RVG). Der Anwalt kann einen angemessenen Vorschuss fordern (§ 9 RVG). Auf außergewöhnlich hohe Gebühren muss er nur unter besonderen Umständen hinweisen (BGH NJW 98, 3486). Abw Vergütungsvereinbarungen sind iRd § 4 RVG möglich. Für Honorare unterhalb der gesetzlichen Vergütung und Erfolgshonorare ist das grds Verbot in § 49b BRAO zu beachten. Die Abtretung der Honoraransprüche ist nur wirksam (§ 134), wenn kein Verstoß gegen § 203 I StGB vorliegt (BGH NJW 05, 507). 16

d) Sozietät und Beendigung. Die **Anwaltssozietät** ist grds eine GbR und als Gesamthandsgemeinschaft rechtsfähig (BGHZ 146, 341). Der Vertrag (§ 675) kommt mit der GbR zustande und muss durch einen zur Berufsausübung Befähigten erfüllt werden. Die Gesellschafter haften für die Verbindlichkeiten der GbR (Primär- und Sekundäransprüche) analog § 128 HGB (BGHZ 154, 370). Neu eintretende Gesellschafter haften analog § 130 HGB (BGHZ 154, 370). Die Haftung kann nur durch individuelle Vereinbarung für Fahrlässigkeit ausgeschlossen werden (§ 51a BRAO). Die persönliche Haftung der Gesellschafter lässt sich durch eine Partnerschaft (§ 8 II PartGG) oder GmbH (§ 59c ff BRAO) vermeiden. Wird nach außen der Schein einer Sozietät erweckt, haften die Träger des Rechtsscheins zumindest für Forderungen aus anwaltstypischen Tätigkeiten (BGH WM 08, 1136). 17

Die **Beendigung** des Anwaltsvertrags hängt von der vereinbarten Leistung ab. Beendigungsgründe sind die Erreichung des vereinbarten Zwecks, die Erledigung des Mandats und die Abnahme des geschuldeten Werks (BGH NJW 96, 661). Darüber hinaus kann der Vertrag von beiden Seiten gekündigt werden. Rechtsgrundlage ist § 627 (§ 675 verweist nicht auf § 671). § 628 findet idR ebenfalls Anwendung. 18

2. Steuerberatung. Verträge mit Steuerberatern können unterschiedliche Pflichten zum Inhalt haben. Nach § 33 StBerG sind typischerweise die Beratung, Vertretung und die Hilfe in steuerlichen Angelegenheiten Gegenstand des Steuerberatervertrags. Darüber hinaus sind Tätigkeiten als Vermögensbetreuer oder Wirt- 19 schaftsberater denkbar (§ 57 III StBerG). IdR liegt insoweit ein Dienstvertrag vor, der als Geschäftsbesorgung einzuordnen ist. Das gilt insb für die Wahrnehmung aller steuerlichen Pflichten (BHGZ 54, 106) und die steuerliche Beratung. Bei einer Vereinbarung über abgeschlossene Einzelleistungen (zB Bilanz) kann ausnahmsweise ein Werkvertrag (§§ 675, 631) vorliegen (BGHZ 115, 382). Die Grundsätze zum Anwaltsvertrag gelten für den Vertrag mit Steuerberatern weitgehend entspr.

20 **a) Vertragpflichten.** Die einzelnen Pflichten bestimmen sich nach der konkreten **Vereinbarung** (Inhalt und Umfang des Mandats). Bei der Wahrnehmung der steuerlichen Pflichten hat der Steuerberater den Mandanten umfassend zu beraten (sicherster und gefahrlosester Weg) und muss dabei auch die Möglichkeiten zur Steuerersparnis einbeziehen (BGH NJW 98, 1221, 1486; 01, 3477; nicht bei eingeschränktem Mandat und anderweitiger fachkundiger Beratung: BGH NJW-RR 05, 1511; zur Kirchensteuerersparnis: BGH WM 06, 1736). Die Übernahme der Buchführung und die Erstellung des Jahresabschlusses verpflichten den Steuerberater dagegen noch nicht zu Hinweisen auf mögliche Steuerersparnisse (BGHZ 128, 358). Dem Steuerberater hat die Rechtslage und die höchstrichterliche Rspr bekannt zu sein (BGHZ 145, 256). Bei der Beratung in steuerlichen Angelegenheiten muss er den Mandanten auch auf eine günstige (ständige) Verwaltungspraxis hinweisen (BGH NJW 95, 3248). Werden Vorschläge zur Änderung des Steuerrechts in der Öffentlichkeit diskutiert, kann der Steuerberater zur Information über allgemein zugängliche Quellen verpflichtet sein, wenn bei der Umsetzung die Ziele des Mandanten gefährdet wären (BGH NJW 04, 3487). Ferner muss er iRd Zumutbaren darauf hinwirken, dass steuerliche Fristen eingehalten werden (BGHZ 115, 382). Bei der Vertretung des Mandanten darf sich der Steuerberater in Bezug auf seine Rechtsauffassungen nicht allein auf Rechtsbehelfe verlassen (BGH NJW-RR 92, 1110). Er hat den Mandanten auf eine außerhalb seines Auftrags liegende steuerliche Fehlentscheidung hinzuweisen, wenn sie für einen durchschnittlichen Berater auf den ersten Blick ersichtlich ist oder er aufgrund seines persönlichen Wissens die Sach- und Rechtslage positiv kennt (BGHZ 128, 358). Wirtschaftsberatung wird dagegen nur geschuldet, wenn sie gesondert vereinbart ist (BGH WM 85, 1530).

21 **b) Haftung.** Für schuldhafte Pflichtverletzungen kommt eine Haftung des Steuerberaters nach § 280 I in Betracht. Als Schaden können neben vermeidbaren Steuerbelastungen auch Mehrkosten und Bußgelder ersatzfähig sein (BGH WM 93, 1511; NJW 97, 518). Hängt die Entscheidung über einen Wertpapierverkauf erkennbar davon ab, dass entstandene Kursverluste mit Gewinnen verrechnet werden können und erteilt der Steuerberater daraufhin eine rechtlich fehlerhafte Auskunft, die den Mandanten veranlasst, von der Veräußerung abzusehen, so haftet der Berater dem Mandanten grds für weitere Kursverluste (BGH NJW-RR 07, 742). Der vertragliche Schadensersatzanspruch verjährt nach allgemeinen Regeln (§§ 195, 199). Zur Hinweispflicht des Steuerberaters Rn 15 (für Steuerberater: BGH DStR 09, 1602). Aus der Geschäftsbesorgung erlangte Vorteile (zB Provisionen) hat der Steuerberater grds nach § 667 herauszugeben (BGH NJW 00, 2669).

22 **3. Wirtschaftsprüfung.** Wirtschaftsprüfer führen wirtschaftliche Prüfungen durch, insb von Jahresabschlüssen der Unternehmen, und erteilen Bestätigungsvermerke über solche Prüfungen (§ 2 WPO). Darüber hinaus kann ein Wirtschaftsprüfer als Berater in wirtschaftlichen Angelegenheiten oder solchen mit Vermögensbezug tätig werden. Vertragliche Vereinbarungen über derartige Tätigkeiten sind regelmäßig Geschäftsbesorgungen. Die beratenden Tätigkeiten sind als Dienstvertrag, einzelne vom Erfolg bestimmte Tätigkeiten (zB Gutachten und Prüfungen mit Bestätigungsvermerk) sind als Werkvertrag zu qualifizieren (BGH NJW 00, 1107). Für die Pflichten gelten die Ausführungen zu Rechtsanwälten und Steuerberatern entspr (Rn 11, 12, 20). Bei schuldhaften Pflichtverletzungen können Schadensersatzansprüche entstehen (§ 280 I). Ein Wirtschaftsprüfer, der es iR eines Kapitalanlagemodells übernimmt, die Einzahlungen der Anleger und die Mittelverwendung regelmäßig zu überprüfen, diese Kontrolle tatsächlich jedoch nicht in dem den Anlegern versprochenen Umfang durchführt, in seinen Prüftestaten aber gleichwohl Geldfluss und Mittelverwendung bestätigt, haftet späteren Anlegern auf Schadensersatz aus Verschulden bei Vertragsschluss (zur Haftung ggü Dritten im Schutzbereich des Prüfungsvertrags: BGH NJW 06, 1975). Voraussetzung ist allerdings, dass die Anleger im Vertrauen auf die Richtigkeit früherer Testate Geldanlagen getätigt haben und der Wirtschaftsprüfer damit rechnen musste (BGHZ 145, 187). IRd gesetzlichen Abschlussprüfung ist § 323 I 3 und II HGB zu beachten (zur Reichweite der Privilegierung: MüKo/*Ebke* § 323 HGB Rz 159). Die Verjährung bestimmt sich nach allgemeinen Regeln (§§ 195, 199).

23 **4. Bankverträge.** Zahlreiche Bankgeschäfte (§ 1 I KWG) und solche, die von Banken betrieben werden, sind als Dienst- (zB bargeldloser Zahlungsverkehr, Factoring) oder Werkverträge (zB Bankgarantie, Akkreditivgeschäft) zu qualifizieren, die eine Geschäftsbesorgung zum Gegenstand haben. Spezielle bankvertragliche Geschäftsbesorgungsverträge sind in §§ 675c ff geregelt (Zahlungsdienste). Soweit der Anwendungsbereich der Regelungen (§§ 675c ff) reicht, gehen diese dem § 675 vor. Lücken sind durch Anwendung des Auftragsrechts (§ 675c I) zu schließen. Für den Vertragsschluss gelten grds die allgemeinen Regeln. Besondere Formvorschriften sind nicht zu beachten. Das Entgelt ist bis zur Grenze der §§ 134, 138 frei vereinbar. Eine Ausnahme ist für grenzüberschreitende Zahlungen zu beachten; das Entgelt darf nur die Höhe erreichen, wie es bei inländischen Vorgängen angefallen wäre (EG-VO 2560/2001). In AGB-Klauseln vereinbarte Entgelte sind nur zulässig, wenn an den Kunden erbrachte Leistungen vergütet werden, die sich nicht schon aus einer Nebenpflicht ergeben (*Steppeler* WM 00, 1176). Bei Klauseln mit Entgelten für Sonderleistungen findet eine Inhaltskontrolle (§ 307 III) idR nicht statt (BGHZ 133, 10; 137, 27).

a) Rechte und Pflichten. Wegen der besonderen Sachkompetenz auf Seiten der Banken ergeben sich aus der Geschäftsbesorgung idR **Auskunfts-, Aufklärungs-, Beratungs- und Warnpflichten** ggü dem Kunden. Dabei darf die Eigenverantwortlichkeit des Kunden nicht unberücksichtigt bleiben; Risikogeschäfte sind Teil der Privatautonomie (BGHZ 107, 92; WM 90, 304). Banken dürfen regelmäßig davon ausgehen, dass die Kunden entweder selbst über die notwendigen Kenntnisse und Erfahrungen verfügen oder sich jedenfalls der Hilfe von Fachleuten bedient haben (BGH ZIP 03, 160). Erhöhte Anforderungen an die Banken können sich aus den auf das konkrete Geschäft bezogenen (fehlenden) Kenntnissen des Kunden ergeben (stRspr: BGH WM 99, 678; NJW 00, 2352; WM 08, 725: nicht bekannte Anlageform iRe chancenorientierten Anlagestrategie). Gleiches gilt bei erkennbarer Unerfahrenheit (BGH NJW 89, 1667; BGHZ 111, 117; WM 99, 678) und gesteigerten Risiken (BGH ZIP 03, 160). Der kreditsuchende Kunde muss nicht nur auf eine erkannte Sittenwidrigkeit der Kaufpreisvereinbarung, sondern auch auf eine erkannte arglistige Täuschung des Verkäufers über wesentliche Eigenschaften der Kaufsache ungefragt hinweisen werden (BGH NJW-RR 07, 257; ähnl BGH NJW 07, 2396: Risiken eines Mietpools). Aus der Pflicht zur Loyalität wird die Verpflichtung der Banken zur Verschwiegenheit entnommen. Die Weitergabe von Informationen bedarf grds der Einwilligung des Kunden (zB „Schufa-Klausel"). Die Einwilligungsbefugnis geht nach dem Tod des Kunden auf den Erben über (BGHZ 107, 104). Die nähere Festlegung der Rechte und Pflichten für einzelne Geschäfte erfolgt durch die AGB der Banken sowie Sparkassen (zur Einbeziehung §§ 305 II, III, 310 I). Informationen in AGB sind ebenfalls denkbar (BGH WM 09, 1647). Zur Beweislast des Zeichners einer Vermögensanlage keinen Anlageprospekt erhalten zu haben s. BGH WM 06, 1288.

Die neuere Rspr geht davon aus, dass es keinen **allgemeinen Bankvertrag** gibt, der die einzelnen Bankgeschäfte umrahmt und der mit Eröffnung einer Bankverbindung begründet wird (BGHZ 152, 114; aA Baumbach/*Hopt* Anh 7 A/6). Die Rechte und Pflichten ergeben sich ausschl aus den einzelnen Verträgen über die Bankgeschäfte. Es liegt allerdings ein Pflichten begründender (stillschweigenden) Beratungsvertrag vor, wenn die Bank ein Beratungsgespräch führt und das Gespräch erkennbar Grundlage für eine Vermögensdisposition des Kunden sein soll (BGHZ 100, 117; 123, 126). Insoweit reicht bei Empfehlung einer Kapitalanlage eine bloße Plausibilitätsprüfung nicht aus (BGH WM 08, 2166).

b) Einzelne Geschäftsbesorgungsverträge mit Banken. Die besonderen Bankverträge im Zusammenhang mit Zahlungsdiensten werden bei den §§ 675c ff kommentiert. Weitere Geschäftsbesorgungsverträge sind die Lastschrift im Abbuchungsverfahren oder aufgrund Einzugsermächtigung, der Scheckvertrag und die Geld- bzw Kreditkartenverträge. Letztere werden im Zusammenhang mit dem Missbrauch von Zahlungskarten (§ 676h) kommentiert. Eine Geschäftsbesorgung zwischen der Bank und dem Kunden liegt auch bei sog **Garantiegeschäften** vor (zB Bürgschaft, Akkreditiv, sonstige Gewährleistung). Typischerweise handelt es sich insoweit um Dreiecksbeziehungen, wobei das Verhältnis zwischen Bank und Kunde nach § 675 I zu beurteilen ist.

c) Lastschrift. Die Lastschrift wird im Gegensatz zur Überweisung nicht vom Schuldner der Leistung, sondern vom Gläubiger eingeleitet und daher auch als „rückläufige Überweisung" umschrieben (BGHZ 69, 82). Der Gläubiger hat unter Vorlage der Belege selbst für den Einzug der Forderung zu sorgen. Er ist für die Rechtzeitigkeit der Leistung verantwortlich (BHGZ 69, 361). Im Lastschriftverfahren erteilt die Inkassobank dem Gläubiger aufgrund der eingereichten Lastschrift eine Gutschrift in Form eines bedingten abstrakten Schuldversprechens (BGHZ 70, 177). Die Lastschrift wird durch Weisung zum Einzug im Verkehr zwischen den Banken an die Bank des Schuldners weitergegeben. Die Banken und Finanzdienstleistungsinstitute haben sich insoweit einem Abkommen über den Lastschriftverkehr angeschlossen, aus dem sich ihre Rechte und Pflichten untereinander ergeben. Die giroähnliche Verbindung enthält zumindest im bargeldlosen Zahlungsverkehr keine Schutzpflichten für Gläubiger und Schuldner (BGHZ 176, 281). Führt die im Abkommen vereinbarte Beschränkung der bei jedem Geschäftvorfall zu übermittelnden Daten zu einer Fehlbuchung, so beruht diese auf einem Organisationsverschulden, das eine Schadensersatzpflicht der Bank begründet (Celle WM 07, 685). Die Lastschrift wird eingelöst und dem Konto des Schuldners belastet, wenn ein Abbuchungsauftrag oder eine Einzugsermächtigung vorgelegt wird (BGH NJW 96, 988). Der Schuldner hat lediglich die Pflicht, für Kontendeckung zu sorgen (zu ABG-Klauseln bei Mobilfunkleistungen: BGH NJW 03, 1237). Sind Gläubiger- und Schuldnerbank identisch, liegt eine Eigen- oder Umbuchungslastschrift vor. Zahlungen per Lastschrift vom Bankkonto des Gemeinschuldners sind (auch) ihm zurechenbare Rechtshandlungen (BGH WM 03, 524).

Die Vereinbarung zwischen Gläubiger und Inkassobank ist ein **Geschäftsbesorgungsvertrag** mit dem Inhalt, eine Forderung einzuziehen. Aufwendungen der Bank im Zusammenhang mit der Einlösung muss der Gläubiger ersetzen, es sei denn, sie sind Inhalt der vereinbarten Entgelts (BGH NJW 89, 1672).

Liegt dem Gläubiger ein **Abbuchungsauftrag** vor, ist die Lastschrift von der Schuldnerbank (Zahlstelle) einzulösen. IRd Girovertrags (§ 676f) erteilt der Schuldner idR die generelle Weisung, Lastschriften des Gläubigers zu Lasten seines Kontos einzulösen (BGHZ 72, 343). Voraussetzung ist die ausreichende Deckung auf dem Konto oder die Genehmigung der Einlösung durch die Schuldnerbank bzw den Schuldner (BGHZ 74, 352). Anderenfalls besteht für die Schuldnerbank die Verpflichtung zur umgehenden Rückgabe der Lastschrift (BGH NJW 83, 220). Nach der Einlösung steht dem Schuldner kein Widerrufsrecht mehr zu (BGH DB 78, 1826; NJW 96, 988). Der Abbuchungsauftrag selbst kann trotz vereinbarter Unwiderruflichkeit aus wichtigem Grund einseitig widerrufen werden (Ddorf WM 84, 724).

30 Hat der Schuldner dem Gläubiger eine **Einzugsermächtigung** erteilt, ist die Lastschrift ebenfalls von der Schuldnerbank einzulösen. Der Gläubiger soll nur schriftliche Einzugsermächtigungen vorlegen. Es besteht aber keine generelle Verpflichtung der Gläubigerbank ggü dem Schuldner zur Prüfung, ob eine wirksame Einzugsermächtigung vorliegt (BGHZ 69, 186). Im Gegensatz zum Abbuchungsauftrag ist die Schuldnerbank zur Einlösung der Lastschrift nur mit Zustimmung (Einwilligung bzw Genehmigung) des Schuldners (bzw des Verfügungsberechtigten) berechtigt (BGHZ 161, 49). Der Girovertrag ist keine ausreichende Grundlage für eine allgemeine Weisung des Schuldners an die Schuldnerbank. Allein das widerspruchslose Entgegennehmen eines Tagesauszugs stellt noch keine Zustimmung dar (BGHZ 144, 349; Genehmigung durch Nutzung des Kontos in Kenntnis der Lastschrift und Besprechung des Kontostands mit der Bank als Genehmigung: München ZIP 05, 2102). Bis zur Erteilung der Zustimmung kann der Schuldner der Lastschrift widersprechen. Der Widerspruch beinhaltet die Zustimmungsverweigerung sowie ein Rückbuchungsverlangen und ist an keine Frist gebunden (Widerruf ausgeschlossen: BGH NJW 89, 1672). Der Ausschluss aufgrund AGB (6 Wochen nach Mitteilung des Rechnungsabschlusses) ist zu beachten. Nach einem Widerspruch des Schuldners hat die Schuldnerbank ohne Prüfung der Berechtigung oder der materiellen Rechtslage die Buchung rückgängig zu machen (BGHZ 95, 103; WM 02, 2408). Der Anspruch auf Rückvergütung der Lastschrift ggü der Gläubigerbank besteht 6 Wochen. Die Gläubigerbank wird aufgrund des Bedingungseintritts die Gutschrift auf dem Gläubigerkonto rückgängig machen (Zum Bereicherungsanspruch der Schuldnerbank gegen den Gläubiger BGH NJW 06, 1965).

31 Bei schuldhaften Pflichtverletzungen des Schuldner, also insb einem unberechtigten Widerspruch, entstehen **Schadensersatzansprüche** ggü dem Gläubiger (§ 280 I), aber uU auch ggü der Gläubigerbank (§ 826), falls eine Rückbelastung scheitert (BGH NJW 79, 2146; zur Widerspruchsmöglichkeit des Insolvenzverwalters *Nobbe/Ellenberger* WM 06, 1885). Gleiches gilt, falls der Schuldner einen Abbuchungsauftrag widerruft, obwohl ein materieller Anspruch besteht (Ddorf WM 84, 724).

32 **d) Scheckverkehr.** Der Scheck ist eine Sonderform der Anweisung (§ 783). Der **Scheckvertrag** ist ein Werkvertrag, der eine Geschäftsbesorgung zum Gegenstand hat (BGHZ 135, 116). Der Kunde (Aussteller) ist aufgrund der Vereinbarung berechtigt, Schecks auf die Bank (Bezogener) zu ziehen. Die Bank ist bei Vorlage eines formgültigen Schecks zur Zahlung verpflichtet. Der Vertrag kommt häufig stillschweigend durch Aushändigung entspr Vordrucke zustande (BGH NJW 94, 2082). Nach den AGB der Banken ist die Einlösung regelmäßig von der ausreichenden Deckung auf dem Konto des Kunden abhängig. Die Einlösung berechtigt die Bank, den Betrag als Aufwendungsersatz (§ 670) dem Konto des Kunden zu belasten. Eine Schecksperre durch Widerruf des Kunden kann bei entspr Vereinbarung schon vor Ablauf der Vorlegungsfrist zu berücksichtigen sein (BGHZ 35, 217). Entgegenstehende AGB sind unwirksam (BGHZ 104, 374).

33 Das **Risiko**, dass die Schecks abhanden kommen, trägt grds der Kunde, es sei denn, die Bank handelt bei der Prüfung der Berechtigung iRd Einlösung grob fahrlässig (BGH NJW 96, 195). Kreditinstitute sind vor der Einlösung zu einer Sichtprüfung (zB Echtheit der Unterschrift, Missbrauch) unter Einbeziehung der Kontenunterlagen verpflichtet (BGHZ 91, 229; NJW 97, 2236). Gesteigerte Anforderungen bestehen bei ungewöhnlichen Umständen (BGH NJW 93, 534). Anders ist die Risikozuweisung bei gefälschten oder aus anderen Rechtsgründen unwirksamen Schecks (BGHZ 135, 116). Unberechtigte Auszahlungen gehen zu Lasten der Bank. Ein Aufwendungsersatzanspruch gegen den Kunden besteht nicht. Schuldhafte Pflichtverletzungen können **Schadenersatzansprüche** auslösen (§ 280 I). Die mangelhafte Prüfung bei der Einlösung kann zu Schadensersatzansprüchen des Kunden führen. Der sorglose Umgang mit den Scheckvordrucken (zB Verwahrung, Beaufsichtigung), verspätete Informationen über den Verlust oder fehlende Kontrolle der Kontenbelastungen können Schadensersatzansprüche der Banken begründen (BGHZ 91, 229; 135, 116; NJW 97, 2236).

34 **e) Scheckinkasso.** Beim Scheckinkasso hat die beauftragte Bank den eingereichten Scheck auf schnellste und sicherste Weise bei der bezogenen Bank zur Einlösung vorzulegen (BGHZ 22, 304; 96, 9). Die Vereinbarung ist als Dienstvertrag zu qualifizieren, der eine Geschäftsbesorgung zum Gegenstand hat (BGHZ 118, 171; 150, 269). Die Gutschrift auf dem Konto des den Scheck einreichenden Kunden ist bis zur Einlösung Vorschuss (Celle NJW-RR 01, 1416). Die Rückbelastung ist zulässig, wenn die Inkassobank aus der Geschäftsbesorgung tatsächlich nichts erlangt (§ 667); auf die Berechtigung zur Verweigerung der Einlösung kommt es nicht an. Das gilt nach den AGB selbst dann, wenn der Scheck durch Erklärung der bezogenen Bank als eingelöst gilt (BGHZ 135, 307). Für das Verhältnis der Inkassobank zur bezogenen Bank und weiteren beteiligten Banken gilt das Scheckabkommen (BGHZ 109, 235). Die entspr Pflichten können Schutzwirkung zugunsten des den *Scheck einreichenden Kunden* entfalten. Die Inkassobank ist grds nicht verpflichtet, weitergehende Ansprüche des Kunden zu verfolgen (zB scheckrechtliche Regress- oder Bereicherungsansprüche; BGHZ 135, 307). Schuldhafte Verzögerungen bei der Einlösung können Schadensersatzansprüche begründen (§ 280 I).

5. Vermögensbetreuungsverträge. a) Baubetreuung. Eine Variante, um Aufgaben im Zusammenhang mit der Errichtung eines Bauwerks zu übertragen, ist der Einsatz eines Baubetreuers. Der Baubetreuer nimmt Aufgaben im Bereich der Planung und Durchführung von Bauprojekten wahr und entlastet den Bauherrn. Nach § 34c I Nr 2b GewO bedarf er für seine Tätigkeit regelmäßig einer Gewerbeerlaubnis. Die Ausübung der Tätigkeit hat im Einklang mit den Vorschriften der Makler- und Bauträgerverordnung (MaBV) zu erfolgen. 35

Der **Baubetreuer** wird im Namen und mit Vollmacht auf Rechnung des Bauherrn tätig (BGH NJW 81, 757). Die Vereinbarung, die technischen und wirtschaftlichen Angelegenheiten für den Bauherrn gegen Entgelt zu erledigen, ist eine Geschäftsbesorgung (§ 675 I). Sie hat Werkvertragscharakter, wenn die technische und wirtschaftliche Gesamtbetreuung geschuldet wird (BGHZ 126, 326; 145, 265). Sie hat dagegen Dienstvertragscharakter, wenn lediglich die organisatorische bzw wirtschaftliche Betreuung übernommen wird (Saarbr BauR 05, 890). Die technische Betreuung vermittelt den werkvertraglichen Erfolgsbezug und ist entscheidendes Abgrenzungskriterium (BGHZ 145, 265). Das Risiko des Bauprojekts trägt der Bauherr (BGHZ 76, 86). Der Baubetreuer schuldet nicht die Errichtung des Bauwerks, sondern nur das Entstehen lassen (BGHZ 126, 326). Das Grundstück, auf dem das Bauvorhaben verwirklicht wird, gehört typischerweise dem Betreuten oder (noch) einem Dritten. Im Hinblick auf die Wirksamkeit der Vereinbarung ist zu beachten, dass ein auf rechtliche Angelegenheiten beschränkter Baubetreuungsvertrag – einschl Vollmacht – nach § 134 wegen Verstoßes gegen das RBerG nichtig sein kann (BGH NJW 04, 841, 844). 36

Der Baubetreuer verpflichtet regelmäßig den Bauherrn als seinen Geschäftsherrn. Die Reichweite der Vollmacht bestimmt den Umfang der möglichen Verpflichtungen. Eine Preisgarantie des Baubetreuers führt nicht zwingend zum Überschreiten der Vertretungsmacht, wenn der Betreuer nach Erreichen der Summe mit weiteren Handwerkern Verträge im fremden Namen schließt (BGHZ 67, 334). Für die Bestimmung der **Pflichten** ist die konkrete vertragliche Vereinbarung maßgebend. Die Haftung des Baubetreuers hängt von der jeweils verletzten Pflicht ab. Werden Pflichten bei der technischen Betreuung nicht vertragsgemäß erbracht, findet das Gewährleistungsrecht des Werkvertrags Anwendung (Saarbr NJW-RR 99, 1397). Dabei ist zu berücksichtigen, dass der Baubetreuer nur die Planung, Durchführung und Überwachung schuldet (BGHZ 126, 326). Der Fehler des Baubetreuers muss sich im Bauwerk realisieren. Fehler bei der wirtschaftlichen Beratung sind nach §§ 280 ff, 323 ff zu beurteilen. Weitere Pflichten ergeben sich aus den Auftragsvorschriften (zB §§ 666, 667). 37

Vom Baubetreuer ist der **Bauträger** abzugrenzen. Der Bauträger errichtet ein Bauwerk für den Vertragspartner. Er verpflichtet sich in der Vereinbarung zur Übereignung des fertigen Werks (formbedürftig: § 311b). Das Grundstück steht im Eigentum des Bauträgers; dieser ist selbst Bauherr (BGHZ 145, 265). Die Verträge zwischen Bauträger und Bauhandwerkern werden im eigenen Namen und auf eigene oder fremde Rechnung geschlossen (BGH NJW 81, 757). Der Bauträgervertrag hat insb kauf- und werkvertragliche Elemente. Die Gewährleistung richtet sich im Hinblick auf das Bauwerk nach Werkvertragsrecht (Unterschiede zum Kaufvertrag: kein Wahlrecht bei der Nacherfüllung – § 635, Recht auf Selbstvornahme – § 637, Verjährungsbeginn: Abnahme – § 634a). Wird auf dem Grundstück des Vertragspartners gebaut, liegt regelmäßig ein gewöhnlicher Werkvertrag mit dem Bauunternehmer vor. Übernimmt ein **Architekt** über die Planung und Bauaufsicht (Werkvertrag: BGHZ 31, 224; 43, 227) hinaus weitere Leistungen, kann der Vertrag Geschäftsbesorgungscharakter erhalten (BGHZ 41, 318; NJW 02, 749). 38

b) Treuhandvertrag. Die Bezeichnung Treuhandvertrag beschreibt unterschiedliche Vertragsverhältnisse, die durch die Besorgung fremder Geschäfte einerseits und einen Überschuss an Rechtsmacht des Treuhänders im Außenverhältnis andererseits gekennzeichnet sind (MüKo/*Heermann* § 675 Rz 108). Bei Entgeltlichkeit der Vereinbarung zwischen Treugeber und Treuhänder liegt ein **Geschäftsbesorgungsvertrag** vor, bei Unentgeltlichkeit ein Auftrag (BGH NJW 02, 2459). Im Hinblick auf die Wirksamkeit des Vertrags sind §§ 125, 311b und § 134 iVm RBerG zu beachten. Ein Treuhandvertrag, der umfassende Befugnisse zur Vornahme oder Änderung von Rechtsgeschäften zum Gegenstand hat, ist auf die Besorgung fremder Rechtsangelegenheiten gerichtet (BGH NJW 03, 2088; 04, 841). Der Überschuss an Rechtsmacht zeigt sich in der dinglichen Rechtsstellung des Treuhänders. Das gilt jedenfalls bei der echten (sog fiduziarischen) Treuhand. Dabei kommt es zur Vollrechtsübertragung auf den Treuhänder. Allerdings sind die Treuhänder treffende Beschränkungen in der Treuhandvereinbarung ggü dem Treugeber zu beachten (§ 137). Die Treuhand kann im überwiegenden Interesse des Treugebers oder des Treuhänders bestehen. Im ersten Fall wird von einer eigennützigen Sicherungstreuhand gesprochen (zB Sicherungsabtretung, Sicherungsgrundschuld oder Sicherungsübereignung). In letzteren Fall wird häufig die Bezeichnung (fremdnützige) Verwaltungstreuhand gebraucht. Der Vertrag über die Errichtung einer unselbständigen Stiftung ist ebenfalls eine Art der Treuhand (BGH NJW 09, 1738). Bei der Geldanlage hat der Treuhänder auch die Absicherung zu berücksichtigen (BGHZ 165, 298). Die Beendigung der Treuhand löst den Herausgabeanspruch des Treugebers aus (§ 667 – BGH NJW 97, 2106). Der Inhalt des Anspruchs hängt davon ab, ob die Vermögensübertragung unter der auflösenden Bedingung der Beendigung des Treuhandvertrags erfolgt ist oder nicht (BGH NJW 94, 726). Der Ausschluss der Kündigungsmöglichkeit zu Lebzeiten in AGB verstößt gegen § 309 Nr 9a (BGH NJW 09, 1738). 39

40 c) Wohnungs- oder Hausverwalter. Die Verwaltung von Häusern und Wohnungen, aber auch anderer Vermögensgegenstände (BGH NJW 98, 449) stellt eine Geschäftsbesorgung dar, die dem Dienstvertrag zuzuordnen ist (BGH NJW 98, 680). Aus der vertraglichen Vereinbarung ergeben sich Überwachungs-, Auskunfts- und Informationspflichten für den Verwalter. Die Informationspflicht bezieht sich insb auf grundlegende Mängel und Risiken (BGH NJW 00, 947). Die Hinweispflicht des Hausverwalters ggü den Eigentümern über Mängel des verwalteten Objekts erstreckt sich auch auf grundlegende Planungs- und Ausführungsfehler, die auf der Errichtung des Bauwerks beruhen (BGH NJW 98, 680). Zu den Pflichten des Hausverwalters zählt die Abwendung erkennbarer Vermögensnachteile oder Schäden des Vermieters und insb auch die Auswahl finanziell „zuverlässiger" Mieter. Zu diesem Zweck hat sich der Verwalter zumindest eine Selbstauskunft sowie aktuelle Lohnbescheinigungen des jeweiligen Mietinteressenten vorlegen zu lassen (Saarbr NZM 06, 878).

41 d) Ergänzende Beispiele. Werden **Agenturen** für bestimmte Tätigkeiten eingesetzt, liegt regelmäßig eine Geschäftsbesorgung vor. Die **Anlageberatung** ist nur iRd fremden Vermögensbetreuung als Geschäftsbesorgung anzusehen (BGH NJW 02, 1868). Wer sie betreibt, benötigt eine Erlaubnis nach dem KWG. Es handelt sich um eine eigenständige Wertpapierdienstleistung (§ 2 III Nr 9 WpHG). Lediglich registrierungspflichtig ist die Beratung bei Fondsanteilen. Gleiches gilt für **Anlagevermittler** oder einen **Anlagenvertrag**, der regelmäßig Werkvertrag sein wird (MüKo/*Heermann* § 675 Rz 103). Die Verpflichtung zur anleger- und anlagegerechten Beratung sind nicht immer und umfassend anwendbar, wenn es jemand innerhalb seines Familienkreises gegen Gewinnbeteiligung übernimmt, einen größeren Geldbetrag in Aktien anzulegen (BGH NJW-RR 07, 1271). Mit **Aufsichtsräten** einer Gesellschaft besteht ein Dienstvertrag, der eine Geschäftsbesorgung zum Gegenstand hat (RGZ 146, 145; BGH DB 08, 2074). Das gilt auch für die Beziehung zwischen **Auktionator** bzw Versteigerer und Einlieferer bei Handeln im fremden Namen (RGZ 152, 273), ansonsten Kommission (§ 383 HGB). Geschäftsbesorgung ist ferner ein **Betriebsführungsvertrag** (BGH NJW 82, 1817). Ein **Chartervertrag** kann Geschäftsbesorgung sein, wenn der Charterer die Beförderung vermittelt (BGHZ 93, 271). **Gerichtsvollzieher** werden nur aufgrund öffentlich-rechtlicher Vorschriften tätig (RGZ 82, 85). Der **Geschäftsführer** einer GmbH erbringt ebenfalls eine Geschäftsbesorgung, auch wenn er gerichtlich bestellt wird (BayObLG BB 75, 1037). Der **Handelsvertretervertrag** betrifft die besonderen Vorschriften (§§ 84–92c HGB) unterliegende Geschäftsbesorgung. Keine Geschäftsbesorgung erbringt der **Handelsmakler** (§§ 93 ff HGB) und Makler (§ 652), da er zur Tätigkeit nicht verpflichtet ist. Geschäftsbesorgungsverträge sind Grundlage für die Tätigkeit von **Herausgebern** von Druckwerken (RGZ 113, 70; 115, 358), für die Einziehung von fremden Forderungen durch eine **Inkassostelle** (BGH NJW-RR 04, 989), für Kautionsversicherungen (BGH ZIP 06, 1781), für die Ausgabe von **Kreditkarten** (BGH 91, 221) und für **Management- bzw Promotiontätigkeiten** mit Sportlern und Künstlern (BGH NJW 83, 1191). Keine Geschäftsbesorgung, sondern ein Vertrag auf den im Grundsatz die Regeln des Mietrechts anwendbar sind, ist der (Finanzierungs-)**Leasingvertrag** (BGHZ 82, 121; 97, 65). **Notare** werden bei ihrer Amtstätigkeit nicht auf der Grundlage eines zivilrechtlichen Vertrags tätig. Für den **Patentanwalt** gelten in seinem Aufgabenbereich die Ausführungen zum Rechtsanwalt entspr (s. Rn 9 ff). Die Leistungen eines **Reisebüros** werden regelmäßig aufgrund einer Geschäftsbesorgung iR eines Dienst- oder Werkvertrags erbracht (BGHZ 82, 219; BGH NJW 03, 743). § 651f II BGB ist darauf weder direkt noch analog anwendbar. Ein **Vertragshändlervertrag** enthält Elemente der Geschäftsbesorgung. Es handelt sich um einen Rahmenvertrag, welcher der Handelsvertretung nahe steht. Der Vertragshändler übernimmt ggü dem Hersteller die Verpflichtung, Waren im Vertragsgebiet im eigenen Namen und auf eigene Rechnung zu vertreiben. Im Hinblick auf den **Vormund** und die Pflegschaft enthält das BGB spezielle Regelungen, die teilweise auf das Auftragsrecht verweisen. Schließlich ist der Vertrag mit einer **Werbeagentur** eine Geschäftsbesorgung, die je nach Leistung einen Dienst- oder Werkvertrag (Ddorf OLGR 03, 309) zum Gegenstand hat.

42 C. Haftung für Rat und Empfehlung. I. Regelungsgehalt. Die Regelung in § 675 II, die vor der Änderung durch das Überweisungsgesetz im Jahr 1999 fast wortgleich in § 676 aF enthalten war, stellt klar, dass die Erteilung und Befolgung von Rat und Empfehlung im Grundsatz keine Haftung auslösen. Die Vorschrift selbst nennt drei Ausnahmen: Wird ein Rat oder eine Empfehlung auf vertraglicher Grundlage erteilt, kommt eine Haftung nach allgemeinen Regeln in Betracht. Ferner können sich Haftungsfolgen ergeben, falls Rat oder Empfehlung eine unerlaubte Handlung darstellen. Schließlich sind spezialgesetzliche Regelungen zu beachten, die über die Haftung nach den Normen des BGB hinausgehen (zB § 44 BörsG, §§ 37b, 37c WpHG, §§ 13, 13a VerkProsG).

43 Besondere Bedeutung erlangt die Klarstellung in § 675 II in erster Linie für die Fälle, in denen Rat oder Empfehlung unentgeltlich erteilt werden. Die Regelung erhöht die Anforderungen, im Einzelfall einen Rechtsbindungswillen anzunehmen. Gleichzeitig kommt mit der Klarstellung zum Ausdruck, dass Rat und Empfehlung allein für einen geschäftlichen Kontakt (§ 311 II Nr 3) nicht ausreichen. Im Grundsatz ist vielmehr von einer Gefälligkeit auszugehen. Systematisch wäre die Regelung bei § 662 besser aufgehoben gewesen, da bei vereinbartem Entgelt die Schwelle zum Vertrag regelmäßig überschritten ist. Neben Rat und Empfehlung wird die Regelung auch für Auskünfte herangezogen, was angesichts des deklaratorischen Charakters der Norm unbedenklich erscheint.

II. Anwendungsbereich. Während eine Auskunft auf die Mitteilung bestimmter Tatsachen gerichtet ist, geht es bei einem Rat auch um die Darstellung und Bewertung der Tatschen und bei der Empfehlung darüber hinaus um einen Vorschlag, gerichtet auf ein bestimmtes Verhalten. 44

III. Ausnahmen. 1. Verantwortlichkeit für Auskunft, Rat und Empfehlung. Die Verantwortlichkeit für Auskunft, Rat und Empfehlung kann sich aus speziellen Verträgen mit entspr Leistungsinhalt oder aus vertraglichen Nebenpflichten anderer Verträge (allgemein: § 241 II, 242; speziell: §§ 402, 666) ergeben. Dabei ist zu berücksichtigen, dass ein selbstständiger Auskunftsvertrag neben einen anderen Vertrag treten kann, wenn weitergehende Auskünfte oder Beratung geleistet wird (BGH NJW 97, 3227; 99, 1540; Köln VersR 05, 1396: Empfehlung einer Kapitalanlage neben einem bestehenden Beratungsvertrag). Nicht in den Anwendungsbereich der Regelung fällt der Handel mit marktgängigen Informationen (§§ 453, 433). Ferner kommen vertragsähnliche Verbindungen als Schuldverhältnisse in Betracht (§ 311 II, III), die Haftungsfolgen auslösen. Spezielle gesetzliche Regelungen und unerlaubte Handlungen schließen den Kreis der Ausnahmen. 45

2. Spezielle Verträge. Verträge, die eine Auskunft, einen Rat oder eine Empfehlung zum Gegenstand haben, können Dienst- oder Werkverträge (BGH NJW 99, 1540) sein; bei einer Geschäftsbesorgung findet § 675 I Anwendung. Ohne Gegenleistung (unentgeltlich) kommt ein Auftrag (§ 662) in Betracht. 46

3. Stillschweigender Vertrag. Auf den Vertragsschluss finden die Regeln der Rechtsgeschäftslehre Anwendung, sodass der Vertrag auch konkludent geschlossen werden kann (BGHZ 140, 111). Die Entgeltsfestlegung ist Indiz für die Rechtsbindung. Die Unentgeltlichkeit allein steht dem stillschweigenden Vertragsschluss nicht entgegen. Vor dem Hintergrund des § 675 II setzt ein stillschweigender Vertragsschluss aber voraus, dass die Gesamtumstände ergeben (BGH NJW 91, 32; 92, 2080), dass die Parteien nach ihren Erklärungen die Auskunft (bzw Rat oder Empfehlung) tatsächlich zum Inhalt vertraglicher Pflichten gemacht haben (BGH NJW 86, 180; abgel für die Informationen eines Reisbüros nach der getroffenen Auswahlentscheidung BGH NJW 06, 205). 47

Zur Beurteilung der **Rechtsbindung** wird von der Rspr insoweit auf zwei Kriterien abgestellt: Auf der Seite des Anfragenden sind der Grad der Bedeutung der Leistung und die erkennbar auf der Grundlage der Anfrage zu treffende Entscheidung zu berücksichtigen (BGHZ NJW 89, 2882; 97, 730). Auf der anderen Seite sind die besondere Sachkunde im Hinblick auf die Leistung und ein eigenes wirtschaftliches Interesse der Auskunftsperson zu beachten (BGH 100, 117). Die genannten Kriterien allein reichen für das Zustandekommen eines stillschweigend geschlossenen Auskunftsvertrags aber nicht aus (BGH NJW 86, 180; NJW 91, 352: Anlass der Auskunft). 48

Die Grundsätze wurden anhand von **Bankdienstleistungen** entwickelt (BGHZ 61, 176: Auskunft über die Einlösung von Scheck und Wechsel; BGHZ 123, 126: zur Anlage angebotene Papiere). Für das Zustandekommen eines Auskunftsvertrages kann es genügen, wenn der Anleger um einen Beratungstermin bittet und der Anlagevermittler daraufhin Angaben zu der fraglichen Anlage macht (BGH NJW-RR 05, 1120). Auf die interne Funktionsteilung bei den Banken kommt es dabei nicht an (BGH NJW-RR 98, 1343). Ein Vertrag kommt stillschweigend zustande, wenn der Interessent deutlich macht, dass er, auf eine bestimmte Anlageentscheidung bezogen, die besonderen Kenntnisse und Verbindungen des anderen in Anspruch nehmen will (BGH WM 07, 2228; WM 00, 426: Anlagevermittler) und der Anlagevermittler die gewünschte Tätigkeit aufnimmt (BGH NJW 07, 1362). Bei Auskünften von Bank zu Bank geht die Rspr von einem Auskunftsvertrag aus (BGH WM 91, 1629). Darüber hinaus wird die Auskunft eines Herstellers zur Verwendbarkeit seiner Produkte für einen bestimmten Zweck idR auf vertraglicher Grundlage erbracht (BGH WM 99, 1540; nicht aber in der Gebrauchsanweisung: BGH NJW 89, 1029). 49

Zurückhaltung ist geboten, wenn es um die Beurteilung von stillschweigend geschlossenen **Verträgen mit Dritten** geht, die von einer Auskunft, Empfehlung oder einem Rat profitieren. Die Annahme eines entspr Vertrags gerät schnell in die Nähe zur Fiktion. Im Grundsatz ist ein vertragliches Verhältnis auf Fälle zu beschränken, in denen ein unmittelbarer Kontakt zum Dritten entsteht (BGH GWR 09, 299; NJW 95, 392). Es muss eine Einstandspflicht für Wahrheit und Vollständigkeit übernommen werden. Das bloße Wissen um die Verwendung der Informationen reicht nicht. Die Figur des „**Vertrags für den, den es angeht**" ist für die Übernahme einer Haftung durch Sachkundige (zB Bank) ggü beliebigen noch unbekannten Dritten ungewöhnlich und daher regelmäßig zu verneinen (BGHZ 12, 105; NJW 70, 1737). Eine solche Risikoübernahme wäre mit dem Sinn und Zweck des § 675 II unvereinbar. 50

4. Vertragliche Pflichten. Die vertraglichen Pflichten richten sich in erster Linie nach dem Inhalt der Abrede. Geschuldet wird grds die tatsächliche bzw fachliche Richtigkeit der Informationen (**Wahrheit und Vollständigkeit**). Dabei ist der Wissensstand des Empfängers mit zu berücksichtigen (BGH WM 00, 1441; 01, 134). Eine Bankauskunft ist korrekt, wenn sie dem tatsächlichen Informationsstand der Bank entspricht und das vorhandene Wissen bei der Formulierung der Auskunft zutr umgesetzt wird (anleger- und objektgerechte Beratung: BGHZ 170, 226; WM 09, 1647). Einzelheiten in Bezug auf die zur Verfügung stehenden und berücksichtigten Informationsquellen sind idR nicht erforderlich (BGH WM 01, 134; Auswertung der Wirtschaftspresse BGH NJW-RR 09, 687). Bei der Weitergabe von ungeprüften Informationen darf allerdings 51 nicht der Eindruck einer Prüfung erweckt werden (BGHZ 74, 103). Kommt es entscheidend auf die ungeprüften Informationen an, muss auf die fehlende Prüfung hingewiesen werden (BGH WM 03, 2064). Die Kenntnis von der Unrichtigkeit der Information löst eine Verpflichtung zur Berichtigung aus (BGHZ 74, 281), es sei denn, die Unrichtigkeit ergibt sich erst durch nachträglich eingetretene Veränderungen.

52 **5. Schadensersatz.** Bei Pflichtverletzungen ist unter den Voraussetzungen des § 280 I ein Schadensersatzanspruch denkbar (§§ 276, 278). Ersatzfähig ist der Schaden, der kausal durch das Vertrauen auf die Richtigkeit der Auskunft entstanden ist. Der Geschädigte ist so zu stellen, wie er ohne das pflichtwidrige Verhalten stehen würde (BGH WM 95, 941). Hat der Geschädigte aufgrund eines Zweitgutachtens erkannt, dass ein eingeholtes erstes Gutachten möglicherweise unrichtig ist und kommt es danach gleichwohl zu einem Schaden, steht ihm ein Ersatzanspruch gegen den Erstgutachter nicht zu (BGH NJW 01, 512). Der Zurechnungszusammenhang kann ferner bei einer erkennbar unvollständigen Kreditauskunft fehlen, wenn vom Angebot der erg Unterrichtung kein Gebrauch gemacht wird (BGH NJW 89, 2882). Die Grenze im Hinblick auf den Umfang der Haftung bildet das Garantieinteresse des Geschädigten (BGHZ 116, 209). Dabei ist der Schutzzweck der verletzten Pflicht zu ermitteln, der sich aus der Vereinbarung ergibt (BGH NJW 98, 982). Hätten die Eltern bei richtiger und vollständiger genetischer Beratung durch einen Arzt von der Zeugung eines Kindes abgesehen, ist der volle Unterhaltsbedarf als ersatzfähig anzusehen (BGHZ 124, 128). Den Schaden eines Dritten (Drittschadensliquidation) kann der Vertragspartner nicht geltend machen (BGHZ 133, 36). Der Auskunftsvertrag kann allerdings Schutzwirkung für Dritte entfalten und einen Anspruch des Dritten begründen (BGHZ 127, 378; 138, 257).

53 **Mitverschulden** des Geschädigten ist nach § 254 zu berücksichtigen. Das gilt insb, wenn die Auskunft offensichtlich Anlass zur Rückfrage gibt (zurückhaltend: BGH NJW 82, 1095; 84, 921). Prüfungspflichten oder Obliegenheiten des Auskunftsempfängers bestehen regelmäßig nicht. Eine Freizeichnung durch Individualvereinbarung hat ihre Grenzen in § 276 III; durch AGB in § 309 Nr 7, das gilt nicht, soweit der Inhalt der vertraglichen Verpflichtung reicht (BGH WM 00, 426; 01, 134).

54 Die **Verjährung** richtet sich nach §§ 195, 199 (BGH NJW 99, 1540). Die Verteilung der **Beweislast** bestimmt sich nach allgemeinen Regeln. Der Geschädigte muss neben dem Vertragsschluss und der Pflichtverletzung auch die Ursächlichkeit zwischen Pflichtverletzung und Schaden nachweisen (BGH WM 08, 112). Dabei gilt der Grundsatz, dass bei richtiger Aufklärung der Geschädigte ein einzig mögliches, vernünftiges Verhalten auch gewählt hätte (BGHZ 124, 151). Fehlendes Verschulden oder anrechenbare Vorteile hat der Auskunftsgeber zu beweisen.

55 **6. Vertragsähnliches Verhältnis.** Besteht kein Vertragsverhältnis, kann sich eine Haftung für Auskunft, Rat und Empfehlung aus einem vertragsähnlichen Verhältnis iSd § 311 II ergeben (längere Geschäftsverbindung: BGH WM 69, 247). Eine klare und scharfe Abgrenzung zwischen stillschweigendem Vertrag und vorvertraglichem Verhältnis ist in der Rspr bisher nicht zu erkennen (Haftung eines Anlagevermittlers sowohl wegen Verletzung von Pflichten aus einem stillschweigend geschlossenen Auskunftsvertrag als auch aus dem Gesichtspunkt der Verletzung vorvertraglicher Aufklärungspflichten: BGHZ 74, 103).

56 Eine Haftung trifft nicht nur den möglichen oder vorgesehenen Vertragspartner, sondern auch Dritte, die bei den Verhandlungen mitgewirkt haben. Dabei geht es um Personen, die kein Interesse an einer eigenen Vertragsbeziehung haben, die aber aufgrund der ausgestrahlten Objektivität und Neutralität (persönliches Vertrauen) maßgebend zu einem Vertragsschluss beitragen (**Sachwalter**). Rechtsfolge der Verletzung von Schutz- und Rücksichtnahmepflichten (§ 241 II) ist die Eigenhaftung des Dritten (§ 311 III 2). Betroffen sind nur solche Dritte, die über das gewöhnliche Verhandlungsvertrauen hinaus in besonderem Maße Vertrauen für sich in Anspruch nehmen und dadurch die Verhandlungen oder den Vertragsschluss erheblich beeinflussen. Die Rspr hat eine Haftung von Verhandlungsgehilfen und sonstigen „Sachwaltern" (Gebrauchtwagenhändler, Anlagevermittler) anerkannt (grundlegend: BGHZ 70, 337).

57 Über das benannte Regelbeispiel des Sachwalter hinaus bietet § 311 III auch Raum für die Haftung von **Sachverständigen**, die in besonderem Maße Vertrauen bei der Erbringung ihrer Leistungen in Anspruch nehmen (zB Rechtsanwälte, Steuerberater, öffentlich bestellte Gutachter). Grundlage der Haftung sind die Schutz- und Rücksichtnahmepflichten (§ 241 II) ggü Dritten, denen die Leistungen der Sachverständigen als Entscheidungsgrundlage bei Vertragsverhandlungen oder für Vertragsschlüsse dienen (BGHZ 127, 378; 145, 187). Erforderlich für das verkörperte Vertrauen ist allerdings, dass die Leistung auch für den konkreten Zweck bestimmt ist.

58 In § 311 III lässt sich ferner die **bürgerlich-rechtliche Prospekthaftung** ansiedeln. Prospekte werden nicht nur eingesetzt, um Wertpapiere am Kapitalmarkt zu platzieren und zu verkaufen, sondern auch um andere Anlageobjekte (BGHZ 111, 314; 115, 214: Bauherrenmodelle; BGHZ 145, 121: Bauträgermodelle) zu vertreiben. Häufig handelt es sich bei dem Prospekt um die einzige Informationsquelle für die Anlageentscheidung. Während für das Kapitalmarktrecht eine Prospekthaftung normiert ist (§ 44 BörsG, §§ 13, 13a VerkProspG, auch für den „grauen" Kapitalmarkt – § 8f VerkProspG; § 127 InvG), fehlt eine Regelung in anderen Bereichen. Die das Management bildenden Initiatoren eines Projekts haften den beitretenden Interessenten für Vollständigkeit und Richtigkeit der mit ihrem Wissen und Willen in Verkehr gebrachten Werbeprospekte

(BGHZ 111, 314; "typisiertes Vertrauen" BGH GWR 09, 299). Darüber hinaus können weitere Personen haften, die mit Rücksicht auf ihre besondere berufliche und wirtschaftliche Stellung oder auf ihre Eigenschaft als berufsmäßige Sachkenner eine Garantenstellung einnehmen. Dazu müssen sie durch ihr nach außen in Erscheinung tretendes Mitwirken am Prospekt einen Vertrauenstatbestand schaffen (BGHZ 111, 314; 126, 166; 145, 187).

7. Unerlaubte Handlung. Ansprüche aus unerlaubter Handlung wegen falscher Auskünfte sind nur ausnahmsweise denkbar. Mangels eines primären Vermögensschutzes in § 823 I kommen Ansprüche allenfalls in Betracht, wenn die falsche Auskunft ein Schutzgesetz verletzt (§ 823 II) oder als vorsätzlich sittenwidrige Schädigung (§ 826) einzuordnen ist. Die Rspr lässt zwar die Leichtfertigkeit in Form von gewissenlosem Handeln ausreichen (BGH NJW 87, 1758), ein Nachweis dürfte gleichwohl häufig schwer fallen. 59

8. Sonstige gesetzliche Bestimmungen. Sonderregelungen für falsche Auskünfte und Ratschläge finden sich insb im Börsen- und Kapitalmarktrecht. Neben den Prospekthaftungsansprüchen (§§ 44 BörsG, §§ 13, 13a VerkProspG) kommen Haftungsansprüche auch für fehlerhafte (und unterlassene) ad hoc Informationen (§ 15 WpHG) in Betracht (§§ 37b, 37c WpHG – zur Einordnung als Schutzgesetze s. BGH NJW 04, 2664; 04, 2791). 60

§ 675a Informationspflichten.
Wer zur Besorgung von Geschäften öffentlich bestellt ist oder sich dazu öffentlich erboten hat, stellt für regelmäßig anfallende standardisierte Geschäftsvorgänge (Standardgeschäfte) schriftlich, in geeigneten Fällen auch elektronisch, unentgeltlich Informationen über Entgelte und Auslagen der Geschäftsbesorgung zur Verfügung, soweit nicht eine Preisfestsetzung nach § 315 erfolgt oder die Entgelte und Auslagen gesetzlich verbindlich geregelt sind.

A. Überblick. § 675a geht ursprünglich auf die überschießende Umsetzung der Überweisungsrichtlinie (97/5/EG, ABl Nr L 43, 25) in deutsches Recht zurück. Im Zuge der Umsetzung der Zahlungsdiensterichtlinie (2007/64/EG, ABl l 319, 1) wurden die Informationspflichten bei der Erbringung von Zahlungsdiensten abschließend in §§ 675c ff geregelt. Der Raum für weitergehende Informationspflichten ist insoweit entfallen. Natürliche und juristische Personen, die zur Besorgung von Geschäften öffentlich bestellt sind oder sich dazu öffentlich erboten haben (vgl § 663), müssen für ihre Standardgeschäfte bestimmte Informationspflichten in genereller Form erfüllen. Betroffen sind insb Entgelte und Auslagen. 1

B. Anwendungsbereich. § 675a begründet eine **Informationspflicht** für alle Personen, die zur Besorgung von Geschäften öffentlich bestellt sind oder sich dazu öffentlich erboten haben. Die beiden Varianten sind an die Regelung in § 663 angelehnt (s. § 663 Rn 2, 3). Die Informationspflicht besteht unabhängig von einem vertraglichen Verhältnis und ergänzt § 666. Für die Frage, ob eine Geschäftsbesorgung vorliegt, gelten die Ausführungen zu § 675 I (§ 675 Rn 2 ff). Für Zahlungsdienste gelten spezielle Pflichten §§ 675c ff. 2

I. Standardgeschäft und Pflichten. Die Informationspflicht betrifft nur Standardgeschäfte. Nach der gesetzlichen Definition sind Standardgeschäfte regelmäßig anfallende, schematisierte Geschäftsbesorgungen. Die gleichförmigen Geschäfte müssen mit einer gewissen Häufigkeit vorkommen bzw geplant sein (MüKo/*Heermann* § 675a Rz 5). Als allgemeine Indizien dafür können festgelegte Entgelte oder das Bereithalten von AGB gewertet werden (Erman/*v Westphalen* § 675a Rz 4). Muss ein Entgelt erst ausgehandelt werden, spricht dies gegen ein Standardgeschäft. Ausgenommen von der Verpflichtung sind Fälle, in denen eine Preisfestsetzung vereinbarungsgemäß durch eine Partei erfolgt (§ 315) oder die Entgelte und Auslagen gesetzlich verbindlich festgelegt sind (zB RVG, HOAI). 3

Gegenstand der Informationspflicht sind das Entgelt (zB Preis, Provision, Gebühr) und die Auslagen (Aufwendungen) der Geschäftsbesorgung. Damit soll bereits im Vorfeld des Vertragsschlusses die Gegenleistung für den Kunden abschätzbar sein und eine gewisse Markttransparenz gewährleistet werden (MüKo/*Heermann* § 675a Rz 7). 4

Die Informationen müssen „**schriftlich**", in geeigneten Fällen können sie auch **elektronisch** zur Verfügung gestellt werden (nicht §§ 126, 126a). Ziel der Regelung ist eine leicht verständliche und transparente Form für die Informationsvermittlung. Geeignete Fälle für die elektronische Information sind jedenfalls elektronisch auszuführende Geschäfte (zB Internetgeschäfte, Homebanking), wobei die Nachweisbarkeit der Information gewährleistet sein muss. Kunden müssen vor Vertragsschluss tatsächlich die Möglichkeit zur Kenntnisnahme haben (Unterrichtung, Bekanntgabe auf Anforderung). Die Aufnahme in ein Preisverzeichnis nach § 5 PrAngV (zB Aushang) reicht aus. Die Informationsverpflichtung ist unentgeltlich zu erfüllen. Ein Entgelt darf nur für zusätzliche, über die Erfüllung der Informationspflicht hinausgehende Leistungen verlangt werden (zB Porto). 5

II. Haftung. Die Verletzung der Informationspflichten kann Schadensersatzansprüche nach §§ 280 I, 241 II, 311 II bzw aus dem Geschäftsbesorgungsvertrag (§§ 280 I, 675 I) begründen. Ferner ist ein deliktischer Anspruch aus § 823 II wegen der Verletzung des Schutzgesetzes (§ 675a) denkbar (Palandt/*Sprau* § 675a Rz 9). Die praktische Bedeutung des Anspruchs wird allerdings angesichts eines häufig fehlenden Schadens gering bleiben. Ein Verstoß gegen die Verpflichtung stellt wettbewerbswidriges Verhalten (§ 3 UWG) dar (BGHZ 155, 301). 6

§ 675b Aufträge zur Übertragung von Wertpapieren in Systemen. Der Teilnehmer an Wertpapierlieferungs- und Abrechnungssystemen kann einen Auftrag, der die Übertragung von Wertpapieren oder Ansprüchen auf Herausgabe von Wertpapieren im Wege der Verbuchung oder auf sonstige Weise zum Gegenstand hat, von dem in den Regeln des Systems bestimmten Zeitpunkt an nicht mehr widerrufen.

1 **A. Überblick.** § 675b verkürzt den bisherigen § 676 auf dessen 3 und dient zur Umsetzung des Art 5 der Zahlungssicherungsrichtlinie (98/26/EG, ABl Nr L 166 45) in das deutsche Recht. Die Norm nimmt aus dem Bereich der Bankgeschäfte den Sonderfall des Auftrags, der die Übertragung von Wertpapieren oder Ansprüche auf Herausgabe von Wertpapieren im Wege der Verbuchung oder auf sonstige Weise zum Gegenstand hat, heraus und regelt insoweit lediglich Besonderheiten zum Widerruf. Der Zeitpunkt der Unwiderruflichkeit eines Auftrags kann insoweit aufgrund der speziellen Regeln der Lieferungs- und Abrechnungssysteme von den Regeln zu Unwiderruflichkeit bei Zahlungsaufträgen abweichen (§ 675p).

2 **B. Regelungszusammenhang.** Zweck der Regelung ist der Schutz vor Gefahren im Zusammenhang mit **Wertpapiergeschäften** iRv Lieferungs- und Abrechnungssystemen. Wertpapiere, wie Aktien oder Inhaberschuldverschreibungen, werden von den Kreditinstituten für die Anleger verwahrt. Zwischen Anleger und Kreditinstitut wird zu diesem Zweck regelmäßig ein Vertrag nach dem Depotgesetz abgeschlossen. Die Wertpapiere werden von dem Kreditinstitut aber grds nicht selbst verwahrt, sondern in Sammelverwahrung bei einer Wertpapiersammelbank (§ 5 DepotG) gegeben (Clearstream Banking AG oder Europäische Zentralbank). Das Eigentum an den einzelnen Wertpapieren geht dabei unter, an dessen Stelle entsteht ein entspr Miteigentum am Sammelbestand (§ 6 DepotG). Der Anleger hat einen Auslieferungsanspruch auf Wertpapiere aus dem Sammelbestand in Höhe des Nennbetrags der hingegebenen Stücke (§ 7 I DepotG). Bei der Veräußerung der Wertpapiere verbleiben diese regelmäßig im Sammeldepot. Der Erwerber erhält den Miteigentumsanteil durch Umbuchung der Wertpapiere in sein Depot (*Einsele* WM 01, 7).

3 **C. Auftrag und Widerruf.** Wird der Herausgabeanspruch geltend gemacht oder eine Veräußerung durchgeführt, tritt der Anleger an das Kreditinstitut heran, mit dem er den Depotvertrag abgeschlossen hat. Die depotführende Bank wird dadurch zur Weiterleitung von Wertpapieren veranlasst. Die Erfüllung erfolgt durch die Erteilung des Auftrag.im Rahmen von Wertpapierlieferungs- und Abrechnungssystemen, die erforderlichen Umbuchungen vorzunehmen. Das beauftragte Kreditinstitut handelt bei der Erfüllung entweder in Vertretung des Anlegers oder im Wege der Verkaufskommission mit dessen Einwilligung (§ 185).

4 Regelungsgegenstand der Vorschrift ist nur der Widerruf des Auftrags durch den Auftraggeber. Der Widerruf ist wirksam, wenn er nach den im System vorgegebenen Regeln bis zum festgelegten Zeitpunkt erfolgt. Mit Erreichen des festgelegten Zeitpunkts wird der Auftrag unwiderruflich. Es soll dadurch gewährleistet werden, dass dem depotführenden Kreditinstitut ausreichend Zeit verbleibt, um den Widerruf unter Wahrung der gebotenen Sorgfalt noch vor der Verbuchung auf dem Konto des Begünstigten (Erwerber der Wertpapiere bzw der Zessionar des Anspruchs) zu berücksichtigen. Für den maßgebenden Zeitpunkt ist auf die Regeln im konkreten Wertpapierlieferungs- und Abrechnungssystem abzustellen. Ein System idS ist eine schriftliche Vereinbarung nach Artikel 2 Buchstabe a der Zahlungssicherungsrichtlinie einschließlich der Vereinbarung zwischen einem Teilnehmer und einem indirekt teilnehmenden Kreditinstitut, die von der Deutschen Bundesbank oder der zuständigen Stelle eines anderen Mitgliedstaats oder Vertragsstaats des Europäischen Wirtschaftsraums der Kommission der Europäischen Gemeinschaften gemeldet wurde (§ 1 XVI KWG). In der Insolvenz gilt § 115 InsO.

5 Die **Rechtsfolge** eines wirksamen Widerrufs besteht in der Zurückleitung der Wertpapiere oder der Ansprüche auf Herausgabe der Wertpapiere an das depotführende Kreditinstitut des widerrufenden Auftraggebers bzw Anlegers (buchungstechnischer Vorgang). Ist der Auftrag unwiderruflich, ist die Ausführung mit Rechtsgrund erfolgt.

Untertitel 3 Zahlungsdienste

Kapitel 1 Allgemeine Vorschriften

§ 675c Zahlungsdienste und elektronisches Geld. (1) Auf einen Geschäftsbesorgungsvertrag, der die Erbringung von Zahlungsdiensten zum Gegenstand hat, sind die §§ 663, 665 bis 670 und 672 bis 674 entsprechend anzuwenden, soweit in diesem Untertitel nichts Abweichendes bestimmt ist.
(2) *Die Vorschriften dieses* Untertitels sind auch auf einen Vertrag über die Ausgabe und Nutzung von elektronischem Geld anzuwenden.
(3) Die Begriffsbestimmungen des Kreditwesengesetzes und des Zahlungsdiensteaufsichtsgesetzes sind anzuwenden.

§ 675c

A. Einführung. Mit Einführung der §§ 675c–676c haben Teile des Bankvertragsrechts eine Regelung im BGB 1
erhalten. Um der wirtschaftlichen Bedeutung der Zahlungsdienste Rechnung zu tragen, aber auch um den
von der Zahlungsdiensterichtlinie (2007/64/EG, ABl Nr L 319, 1) vorgegebenen Detailregelungen gerecht zu
werden, wurden die Regelungen für Zahlungsdienste in einen eigenen Untertitel als **spezielle Geschäftsbesorgungsverträge** in die besonderen Schuldverträge aufgenommen. Die Regelungen lösen die bisherigen Vorschriften zum Überweisungs-, Zahlungs- und Girovertrag ab. Die Regelungen dienten der Umsetzung der
Überweisungs- (97/5/EG, ABl Nr L 43, 25) und Zahlungssicherungsrichtlinie (98/26/EG, ABl Nr L 166, 45).
Ferner wird der bisherige § 676h entbehrlich, der die Umsetzung von Art 8 der Fernabsatzrichtlinie zum
Gegenstand hatte und sich mit dem Missbrauch von Zahlungskarten beschäftigte. Mit der Umsetzung der
Zahlungsdiensterichtlinie ist ein großer Schritt in Richtung auf einen einheitlichen Euro-Zahlungsverkehrsraum (SEPA) getan. Neben der Überweisung werden nun auch alle anderen bargeldlosen Zahlungsverfahren
(zB Lastschrift, Kreditkarte) geregelt. Weitere Schritte werden auf EU-Ebene schon auf den Weg gebracht vgl
Mitteilung KOM(2009) 471 zum Plan für die nächsten Jahre.

Die Regelungen über Zahlungsdienste im Untertitel 3 sind in drei Kapitel eingeteilt (Allgemeine Regelungen, 2
Zahlungsdienstevertrag, Erbringung und Nutzung von Zahlungsdiensten). Die Erbringung und Nutzung von
Zahlungsdiensten ist unterteilt in die Autorisierung von Zahlungsvorgängen, die Ausführung der Zahlungsvorgänge und die Haftung bei Fehlern. Die Regelungen sind für **folgende Bankgeschäfte** heranzuziehen: Ein-
und Auszahlungsgeschäft, Lastschrift-, Überweisungs- und Zahlungskartengeschäft, Zahlungsgeschäfte mit
Kreditgewährung, Zahlungsauthentifizierungsgeschäft, digitalisiertes Zahlungsgeschäft und Finanztransfergeschäft. Ergänzend ist die Regelung in II zu beachten (elektronisches Geld). Andere Bankgeschäfte sind vom
Regelungsbereich nicht erfasst. Handelt es sich bei anderen Bankgeschäften um Geschäftsbesorgungen,
kommt § 675 zur Anwendung (s. § 675 Rn 23 ff). Die Regeln sind im Grundsatz zuungunsten des Zahlungsdienstleisters zwingend. Nur soweit § 675e in Bezug auf Unternehmer (nicht Verbraucher) als Zahlungsdienstnutzer Abweichungen zulässt, sind abweichende Vereinbarungen wirksam.

I. Ziel. Ziel der einheitlichen Regeln für Zahlungsdienste ist es, den Nutzern mehr Sicherheit bei der Ausfüh- 3
rung von **bargeldlosen Zahlungen** zu gewährleisten. Das gilt insb im Hinblick auf die zur Verfügung stehenden Verfahren, die Dauer und Kosten (§ 675f ff) der bargeldlosen Zahlung, deren fristgerechter Aus- und
ungekürzter Durchführung sowie den Ersatz bei Fehlschlägen. Die Regelungen haben nicht nur den Verbraucherschutz beim bargeldlosen Zahlungsverkehr im Blick, vielmehr sind kleine und mittlere Unternehmen
ebenfalls Schutzadressaten. Die Regelungen des Untertitels beziehen alle Zahlungsdienste mit ein.

Neben vertraglichen und vorvertraglichen Informationspflichten (§ 676d) finden sich in dem Untertitel 4
detaillierte Vorgaben über die **Verfahren der bargeldlosen Zahlung**. Über die Regelungen zum Zahlungsdienstevertrag (§ 675f) hinaus werden Entgelte, die Autorisierung und der Widerruf von Zahlungsvorgängen,
der Zahlungsauftrag und dessen Widerruf, die Ausführungsfristen, die Wertstellung und die Leistungsstörungen sowie die Haftung normiert. In Bezug auf dieselben Rechtsfolgen sind diese Haftungsregeln spezieller
und schließen andere Regelungen aus.

II. Geltungsbereich. Die Regelungen für die Zahlungsdienste gelten grds für alle Sachverhalte, auf die deut- 5
sches Recht Anwendung findet (Art 3 I, 4 Rom I-VO bzw Art 27 ff EGBGB). Die Zahlungsdiensterichtlinie
regelt die Frage des anwendbaren Rechts nicht. Der **Anwendungsbereich der Zahlungsdiensterichtlinie**
selbst ist nicht auf grenzüberschreitende Sachverhalte beschränkt, sondern erfasst auch den innerstaatlichen
Zahlungsverkehr. Im Hinblick auf den räumlichen Anwendungsbereich hat der deutsche Gesetzgeber mit den
Umsetzungsregeln ein gesetzliches Leitbild geschaffen, das grds auf alle Zahlungsvorgänge anwendbar ist, also
auch auf solche mit Drittstaatenbezug (nicht EU oder EWR). Ausnahmen sind bei Bezug der Zahlungsvorgänge zu Drittstaaten aber zu beachten (zB Informationspflichten, § 675d I 2; Entgelte, Ausführungsfristen
usw, § 675e II).

B. Überblick. § 675c I stellt allgemein klar, dass es sich bei den Zahlungsdiensten um Geschäftsbesorgungs- 6
verträge handelt und erklärt bestimmte Vorschriften aus dem Auftragsrecht in Ergänzung für entsprechend
anwendbar. Durch die Regelung in II wird der Einsatz von elektronischem Geld in den Regelungsbereich einbezogen. In der Zahlungsdiensterichtlinie ist der Einsatz von **elektronischem Geld** nicht ausdrücklich
genannt. III ist dem materiellen Anwendungsbereich der Regelungen gewidmet. Geht es um Begrifflichkeiten
im Zusammenhang mit Zahlungsdiensten, verweist die Norm auf das KWG und das ZahlungsdiensteaufsichtsG (ZAG). Welche Zahlungsdienste von den Regeln des Untertitels also betroffen sind, ergibt sich aus
der Begriffsbestimmung in § 1 ZAG.

I. Anwendbare Normen. Die Klarstellung in I, dass es sich bei Verträgen über die Erbringung von Zahlungs- 7
diensten um Geschäftsbesorgungsverträge handelt, steht im Einklang mit der bisherigen gesetzlichen Regelung für Überweisungs-, Zahlungs- und Giroverträge. Die genannten Verträge finden sich nach der Neuregelung im Zahlungsdienstevertrag iSd § 675f wieder. Der mögliche Inhalt eines solchen Vertrags geht aber über
die bisherigen Regelungsbereiche weit hinaus. Insb sollen alle **bargeldlosen Zahlungsverfahren** erfasst werden. Es ist dabei zwischen einem Einzelzahlungs- und einem Zahlungsdiensterahmenvertrag zu unterschei-

den (s. § 675f). Ergeben sich in den speziellen Vorschriften des Untertitels 3 keine Regelungen, können die besonders aufgezählten Vorschriften aus dem **Auftragsrecht entsprechend** herangezogen werden. Neben der Anzeigepflicht (§ 663), den Bindungen an Weisungen (§ 665), der Auskunfts- und Rechnungslegung (§ 666), der Herausgabe- (§ 667), Verzinsungs- (§ 668) und Vorschusspflicht (§ 669) sowie dem Aufwendungsersatz sind auch die Vorschriften zum Tod des Auftraggebers und Beauftragten (§§ 672 bis 674) ausdrücklich in Bezug genommen. Kündigung und Widerruf in Bezug auf den Zahlungsdienstevertrag sind in §§ 675h, 675j, 675p geregelt, so dass ein Rückgriff auf § 671 nicht in Betracht kommt.

8 II. **Elektronisches Geld.** Die Regelung in II enthält ebenfalls eine **Klarstellung**. Die Vorschriften des Untertitels sind auch auf den Einsatz von elektronischem Geld anzuwenden. Da in der Zahlungsdienstrichtlinie der Einsatz von elektronischem Geld nicht ausdrücklich als Zahlungsdienst genannt ist, soll die Regelung Klarheit bringen. Berücksichtigt man den Gesamtkontext, kommt der Einbeziehung aber lediglich deklaratorischer Charakter zu. Unter **elektronischem Geld** ist nach der sog E-Geld-Richtlinie (2000/46/EG) ein monetärer Wert in Form einer Forderung gegen die ausgebende Stelle, der auf einem Datenträger gespeichert ist, gegen Entgegennahme eines Geldbetrags ausgegeben wird, dessen Wert nicht geringer ist als der ausgegebene monetäre Wert und von anderen Unternehmen als der ausgebenden Stelle als Zahlungsmittel akzeptiert wird. Bei der Ausgabe und beim Einsatz von elektronischem Geld finden die Regeln über Zahlungsdienste daher grds Anwendung. Es muss allerdings die Natur des Zahlungsmittels ausreichend berücksichtigt werden. Die Erleichterungen für Kleinbetragsinstrumente (§ 675i III, Art 248 § 11 EGBGB) tragen diesem Erfordernis in Bezug auf die bestehenden Informationspflichten Rechnung.

9 III. **Begriffsbestimmungen.** Was unter Zahlungsdiensten und anderen Begriffen des Unterabschnitts genau zu verstehen ist, legt das BGB selbst nicht fest, sondern verweist auf die Regeln des KWG bzw des ZAG. Der materielle Anwendungsbereich des Untertitels wird va durch den Begriff des Zahlungsdienstes bestimmt. Der Verweis ist erforderlich, da die **Maßgeblichkeit der Definitionen** in den aufgeführten Gesetzen (teilweise) auf diese Gesetze beschränkt ist. Bei den Zahlungsdiensten handelt es sich nach der gesetzlichen Umschreibung von Einzelfällen um alle Zahlungsverfahren des bargeldlosen Zahlungsverkehrs, also insb Überweisungen, Lastschriften und Kartenzahlungen (vgl § 1 II ZAG). Eine negative Abgrenzung nimmt das ZAG in § 1 X vor, indem es 15 Kategorien benennt, die keine Zahlungsdienste sind (zB Bargeldzahlung, Scheck, Wechsel). Bei der Kreditgewährung bleiben die Reglungen zum Verbraucherkredit unberührt.

§ 675d Unterrichtung bei Zahlungsdiensten.

(1) Zahlungsdienstleister haben Zahlungsdienstnutzer bei der Erbringung von Zahlungsdiensten über die in Artikel 248 §§ 1 bis 16 des Einführungsgesetzes zum Bürgerlichen Gesetzbuche bestimmten Umstände in der dort vorgesehenen Form zu unterrichten. Dies gilt nicht für die Erbringung von Zahlungsdiensten in der Währung eines Staates außerhalb des Europäischen Wirtschaftsraums oder die Erbringung von Zahlungsdiensten, bei denen der Zahlungsdienstleister des Zahlers oder des Zahlungsempfängers außerhalb des Europäischen Wirtschaftsraums belegen ist.
(2) Ist die ordnungsgemäße Unterrichtung streitig, so trifft die Beweislast den Zahlungsdienstleister.
(3) Für die Unterrichtung darf der Zahlungsdienstleister mit dem Zahlungsdienstnutzer nur dann ein Entgelt vereinbaren, wenn die Information auf Verlangen des Zahlungsdienstnutzers erbracht wird und der Zahlungsdienstleister
1. diese Information häufiger erbringt, als in Artikel 248 §§ 1 bis 16 des Einführungsgesetzes zum Bürgerlichen Gesetzbuche vorgesehen,
2. eine Information erbringt, die über die in Artikel 248 §§ 1 bis 16 des Einführungsgesetzes zum Bürgerlichen Gesetzbuche vorgeschriebenen hinausgeht, oder
3. diese Information mithilfe anderer als der im Zahlungsdiensterahmenvertrag vereinbarten Kommunikationsmittel erbringt
Das Entgelt muss angemessen und an den tatsächlichen Kosten des Zahlungsdienstleisters ausgerichtet sein.
(4) Zahlungsempfänger und Dritte unterrichten über die in Artikel 248 §§ 17 und 18 des Einführungsgesetzes zum Bürgerlichen Gesetzbuche bestimmten Umstände.

1 A. **Überblick.** § 675d gewährleistet für die Nutzer von Zahlungsdiensten sehr umfangreiche Informationen über die Dienste. Dabei bestimmt § 675d über die Verweisung in das EGBGB nicht nur ganz konkrete **Informationspflichten** des Zahlungsdienstleisters ggü dem Nutzer der Zahlungsdienste, sondern für die weit überwiegende Zahl an Pflichten auch, auf welche Art und Weise Informationen zu geben sind. Dabei orientiert sich die Regelung an den Vorgaben der Zahlungsdienstrichtlinie (2007/64/EG – Art. 30 bis 48). Die Richtlinie sieht zwei Möglichkeiten für die Unterrichtung der Nutzer der Dienste vor. Die Unterrichtung über die erforderlichen Informationen kann durch "Mitteilung" oder "zugänglich machen" erfolgen. Die differenzierten Formen der Unterrichtung sollen einerseits den Bedürfnissen der Nutzer und andererseits den technischen Aspekten sowie der Kosteneffizienz Rechnung tragen. Der räumliche Anwendungsbereich der ange-

strebten Informationsdichte wird eingeschränkt. Zahlungsvorgänge mit Drittstaatenbezug sind nach I 2 ausgenommen. Bei Streitigkeiten über die Unterrichtung trifft den Zahlungsdienstleister nach II die Beweislast, die ordnungsgemäße Unterrichtung nachzuweisen. Die gesetzlich auferlegten Informationspflichten sind im Grundsatz unentgeltlich zu erbringen. Ausnahmen werden in III abschließend geregelt. In besonderen Fällen sind Informationspflichten auch von Zahlungsempfängern oder Dritten zu erfüllen. IV enthält einen entsprechenden Hinweis auf die Pflichten. Eine abweichende vertragliche Vereinbarung, welche die Informationspflichten entfallen lässt, die Beweislast ändert oder die Unentgeltlichkeit verändert, ist mit Verbrauchern nicht möglich, wohl aber mit Unternehmern (§ 675e IV).

B. Regelung. Die Regelung in § 675d richtet sich an Zahlungsdienstleister und Zahlungsdienstnutzer. Bei der 2 Erbringung von Zahlungsdiensten sind bestimmte Informationspflichten **grds unentgeltlich** zu erfüllen. Was unter Zahlungsdienstleistern zu verstehen ist, bestimmt § 1 ZAG. **Zahlungsdienstleister** sind zunächst Kreditinstitute, die im Inland zum Geschäftsbetrieb berechtigt sind. Ferner sind Zahlungsdienstleister iSd Norm E-Geld-Institute, die im Inland zum Geschäftsbetrieb berechtigt sind, aber auch Bund, Länder und Gemeinden, wenn sie nicht hoheitlich tätig sind, die Europäische Zentralbank, die Deutsche Bundesbank sowie andere Zentralbanken in der Europäischen Union oder den anderen Staaten des Abkommens über den Europäischen Wirtschaftsraum, wenn sie nicht in ihrer Eigenschaft als Währungsbehörde oder andere Behörde handeln und andere Zahlungsinstitute.

Die genannten Zahlungsdienstleister haben die Informationspflichten bei der Erbringung von Zahlungs- 3 diensten zu erfüllen. Die **Zahlungsdienste** sind in § 1 II ZAG positiv und in § 1 X negativ umschrieben. Zahlungsdienste mit entsprechenden Informationspflichten sind danach das Ein- oder Auszahlungsgeschäft, die Ausführung von Lastschriften einschließlich einmaliger Lastschriften, die Ausführung von Überweisungen einschließlich Daueraufträgen, die Ausführung von Zahlungsvorgängen mittels einer Zahlungskarte oder eines ähnlichen Zahlungsinstruments, das Zahlungsgeschäft mit Kreditgewährung, das Zahlungsauthentifizierungsgeschäft, das digitalisierte Zahlungsgeschäft und das Finanztransfergeschäft.

I. Informationspflichten. Die Informationspflichten sind durch den Verweis in I Art 248 §§ 1 – 16 EGBGB 4 bestimmt. Neben den Informationen selbst ist dort auch die Art und Weise der Information geregelt. Daher wird in § 675d der Begriff der Unterrichtung als Oberbegriff verwendet. Zur Unterrichtung kommt nach den Vorgaben der Richtlinie neben der "Mitteilung" oder "Übermittlung" das "Zugänglichmachen" in Betracht. Bei der **Mitteilung** geht es um die unaufgeforderte Übermittlung von Informationen vom Zahlungsdienstleister an den Nutzer zum entsprechend vorgegebenen Zeitpunkt. Das **Zugänglichmachen** hingegen erfordert eine Mitwirkung des Nutzers. Dieser muss sich die bereitgestellte Information durch aktive Beteiligung verschaffen. Neben der ausdrücklichen Anforderung sind auch das Einloggen in eine Mailbox oder die Nutzung einer Kontokarte zum Ausdruck ausreichend. Das Zugänglichmachen kann daher mit zur Verfügung stellen gleichgesetzt werden.

Die Informationspflichten, die nach der Verweisung in I zu erfüllen sind, lassen sich einteilen in solche, die 5 den Zahlungsdiensterahmenvertrag (§§ 3 – 11) betreffen und solche, die Einzelzahlungsverträge betreffen (§§ 12-16). Innerhalb der einzelnen Verträge lassen sich vorvertragliche Informationspflichten von anderen Informationspflichten unterscheiden. Vorab ist allgemein geregelt, dass die besonderen Informationspflichten für Zahlungsdienste auch bei gleichzeitig vorliegenden **Fernabsatzverträgen** grds einzuhalten sind (§ 1). Ferner ist als Sprache für die Unterrichtung allgemein festgelegt, dass die Amtssprache des Staates maßgebend ist, in dem der Zahlungsdienst angeboten wird. Die Parteien haben aber die Möglichkeit, eine andere Sprache für die Unterrichtung zu vereinbaren (§ 2). Daneben müssen die Informationen dem Transparenzgebot ausreichend Rechnung tragen. Im Hinblick auf die Form ist zu beachten, dass für Informationen in Bezug auf den Zahlungsdiensterahmenvertrag die Textform vorgeschrieben ist (§ 3), während bei Einzelzahlungsverträgen die Textform nur bei Informationen auf Verlangen des Nutzers von Zahlungsdiensten vorgeschrieben ist (§ 12). Ferner sind die Informationspflichten in Bezug auf den Zahlungsdiensterahmenvertrag regelmäßig durch Mitteilung zu erfüllen, während in Bezug auf Einzelzahlungsverträge Informationen regelmäßig zur Verfügung zu stellen sind.

Inhaltlich geht es bei den Informationspflichten im **Vorfeld der Verträge** um Angaben zum Zahlungsdienst- 6 leister, die zu erbringenden Zahlungsdienste mit Ausführungsfristen, Entgelte, Zinsen und Wechselkurse, die Kommunikation mit dem Zahlungsdienstleister, den Schutz- und Abhilfemaßnahmen, also insb die Haftung, zu Änderungen der Bedingungen und Kündigungsmöglichkeiten. In Bezug auf Einzelzahlungsverträge sind die Informationen konkret auf den Zahlungsdienst bezogen zur Verfügung zu stellen. Im Hinblick auf die **Vertragsdurchführung** sollen die Informationen die Transparenz der Vorgänge fördern und die Kontrollmöglichkeit verbessern (zB zugeordnete Kennung, Betrag, Entgelte, Wertstellung). Für Kleinbetragsinstrumente und elektronisches Geld sind Erleichterungen vorgesehen.

II. Anwendungsbereich. Der räumliche Anwendungsbereich des Untertitels erfasst auch Zahlungsdienste 7 mit Bezug zu Drittstaaten (§ 675c Rn 4). I 2 enthält eine Ausnahme für die Informationspflichten bei Bezug der Zahlungsdienste zu Drittstaaten. **Drittstaatenbezug** haben einerseits solche Zahlungsvorgänge, die in der Währung eines Drittstaates erfolgen (zB Dollar, Yen). Andererseits liegt ein Drittstaatenbezug auch vor, wenn der Zahlungsdienstleister des Zahlers oder des Zahlungsempfängers in einem Drittstaat belegen ist. Die Währung ist bei dieser Variante ohne Bedeutung. Dabei ist im Hinblick auf die Belegenheit des beteiligten Zahlungsdienstleisters auf den Standort der konkreten Stelle abzustellen, die an der Erbringung des Zahlungsdienstes beteiligt ist. Maßgebend ist also der Standort in Bezug auf das konkrete Geschäft (zB Niederlassung, Agent), nicht etwa der Satzungssitz der Gesellschaft.

8 **III. Beweislast.** Im Streit um die ordnungsgemäße Unterrichtung iSd Art 248 §§ 1-16 EGBGB trifft die Beweislast den **Zahlungsdienstleister**. Kann der Zahlungsdienstleister die Mitteilung bzw. zur Verfügung stellen der erforderlichen Informationen nicht nachweisen und bestreitet der Nutzer von Zahlungsdiensten die Unterrichtung, ist von einer nicht ordnungsgemäßen Unterrichtung auszugehen.

9 **IV. Entgelt.** Die Erfüllung der Informationspflichten hat **grds unentgeltlich** zu erfolgen. III erlaubt nur in ganz bestimmten Fällen der Unterrichtung die Vereinbarung eines Entgelts. Der Zahlungsdienstleister hat nur dann ein Anspruch auf ein Entgelt, wenn die Informationen auf Verlangen des Nutzers des Zahlungsdienstes erbracht werden. Ferner muss einer der drei abschließend aufgezählten Fallgruppen vorliegen. Die verlangten Informationen müssen über den gesetzlich festgelegten Umfang hinausgehen (Quantität und Qualität). Gleiches gilt, wenn die gesetzlich vorgesehen Informationen häufiger als in der Regelung vorgesehen erbracht werden (zeitlicher Aspekt). Ein Entgelt kann auch verlangt werden, wenn die Informationen in anderer Form verlangt werden als dies im Zahlungsdiensterahmenvertrag vereinbart wurde. Die Handlungen des Zahlungsdienstleisters gehen also jeweils auf Verlangen des Nutzers über die gesetzlichen Anforderungen hinaus.

10 Das Entgelt für die **zusätzlichen Informationsleistungen** muss dem Grunde und der Höhe nach vereinbart sein. Dabei muss das Entgelt für die zusätzlichen Informationen angemessen und an den tatsächlichen Kosten ausgerichtet sein. Die Höhe des vereinbarten Entgelts unterliegt einer gerichtlichen Kontrolle. Dabei findet insoweit eine doppelte Kontrolle statt. Neben der Ausrichtung an den tatsächlichen Kosten muss das vereinbarte Entgelt auch insgesamt angemessen sein. Ferner scheidet aufgrund der Ausrichtung des Entgelts an den tatsächlichen Kosten ein darüber hinausgehender Aufwendungsersatz aus.

11 **V. Zahlungsempfänger und Dritte.** Bei der Erbringung von Zahlungsdiensten bestehen auch für Zahlungsempfänger und bestimmte Dritte **Informationspflichten**. Auf die Verpflichtung zur Unterrichtung nach Art 248 §§ 17 und 18 wird in IV lediglich gesondert hingewiesen. Die Informationspflichten betreffen Entgelte des Zahlungsempfängers im Zusammenhang mit Zahlungsauthentifizierungsinstrumenten in einer anderen Währung als Euro (§ 17). In Bezug auf Dritte sind die Entgelte im Zusammenhang mit Zahlungsauthentifizierungsinstrumenten allgemein Gegenstand der Informationsverpflichtung (§ 18). Eine vertragliche Vereinbarung, welche die Informationspflichten entfallen lässt, ist mit Verbrauchern nicht möglich, wohl aber mit Unternehmern (§ 19).

§ 675e Abweichende Vereinbarungen.
(1) Soweit nichts anderes bestimmt ist, darf von den Vorschriften dieses Untertitels nicht zum Nachteil des Zahlungsdienstnutzers abgewichen werden.
(2) Für Zahlungsdienste im Sinne des § 675d Abs. 1 Satz 2 sind § 675q Abs. 1 und 3, § 675s Abs. 1, § 675t Abs. 2, § 675x Abs. 1 und § 675y Abs. 1 und 2 sowie § 675z Satz 3 nicht anzuwenden; soweit solche Zahlungsdienste in der Währung eines Staates außerhalb des Europäischen Wirtschaftsraums erbracht werden, ist auch § 675t Abs. 1 nicht anzuwenden. Im Übrigen darf für Zahlungsdienste im Sinne des § 675d Abs. 1 Satz 2 zum Nachteil des Zahlungsdienstnutzers von den Vorschriften dieses Untertitels abgewichen werden; soweit solche Zahlungsdienste jedoch in Euro oder in der Währung eines Mitgliedstaats der Europäischen Union oder eines anderen Vertragsstaats des Abkommens über den Europäischen Wirtschaftsraum erbracht werden, gilt dies nicht für § 675t Abs. 1 Satz 1 und 2 sowie Abs. 3.
(3) Für Zahlungsvorgänge, die nicht in Euro erfolgen, können der Zahlungsdienstnutzer und sein Zahlungsdienstleister vereinbaren, dass § 675t Abs. 1 Satz 3 und Abs. 2 ganz oder teilweise nicht anzuwenden ist.
(4) Handelt es sich bei dem Zahlungsdienstnutzer nicht um einen Verbraucher, so können die Parteien vereinbaren, dass § 675d Abs. 1 Satz 1, Abs. 2 bis 4, § 675f Abs. 4 Satz 2, die §§ 675g, 675h, 675j Abs. 2 und § 675p sowie die §§ 675v bis 676 ganz oder teilweise nicht anzuwenden sind; sie können auch eine andere als die in § 676b vorgesehene Frist vereinbaren.

1 **A. Überblick.** § 675e bestimmt, inwieweit die Regelungen zu Zahlungsdiensten **zwingend anzuwenden** sind. Nur soweit ausdrücklich eine Abweichung gesetzlich zugelassen ist, kann zum Nachteil des Zahlungsdienstnutzers wirksam von den gesetzlichen Regeln abgewichen werden (I). Die Vorschrift macht dabei keinen Unterschied zwischen abweichenden individuellen Vereinbarungen und solchen in AGB. Ausnahmen enthalten *neben einigen Einzelvorschriften auch II – IV*. Im Hinblick auf die Zahlungsdiensterichtlinie werden Art 30, 51, 68 und 86 III umgesetzt. Da der deutsche Gesetzgeber im Anwendungsbereich über die Vorgaben der Richtlinie hinausgegangen ist, waren für den Drittstaatenbezug Abweichungen erforderlich (II). Bestimmte Abweichungen können für EWR Sachverhalte vereinbart werden, wenn die Währung nicht Euro

ist (III). Um Bedürfnissen des Marktes gerecht zu werden, sind ferner bestimmte Abweichungen ggü Unternehmern als Zahlungsdienstnutzer vorgesehen (IV).

B. Reglungen. I. Grundsatz. § 675e I enthält den Grundsatz, dass durch eine Vereinbarung von den Vorschriften über die Zahlungsdienste nicht zum Nachteil des Zahlungsdienstnutzers abgewichen werden kann. **Ausnahmen** bestehen, wenn die Regelungen ausdrücklich eine Abweichung erlauben (zB II – IV). Liegt keine gesetzliche Erlaubnis vor, haben abweichende Vereinbarungen keine Rechtswirkungen. Im Umkehrschluss sind abweichende Vereinbarungen zugunsten der Zahlungsdienstnutzer rechtswirksam möglich (BTDrs 16/11643).

II. Drittstaatenbezug. Da die nationale Regelung für Zahlungsdienste über den Anwendungsbereich der Zahlungsdiensterichtlinie in räumlicher Hinsicht hinausgeht, sind **Einschränkungen** des gesetzlichen Leitbildes der Erbringung von Zahlungsdiensten bei Drittstaatenbezug erforderlich. Neben abweichenden Vereinbarungen sieht die Regelung auch die Unanwendbarkeit bestimmter Regeln vor. Der Drittstaatenbezug wird durch die Verweisung auf § 675d I S 2 festgelegt. Danach liegt Drittstaatenbezug vor, wenn die Erbringung von Zahlungsdiensten in der Währung eines Drittstaates erfolgen soll oder der Zahlungsdienstleister außerhalb des EWR belegen ist (vgl § 675d Rn 7).

Die in II 1 von der **Anwendbarkeit** insoweit ganz ausgenommenen Regelungen eignen sich nicht für ein Leitbild bei Drittsaatenbezug der Zahlungsdienste. Das Leitbild ist im Hinblick auf Vereinbarungen in AGB für die Inhaltskontrolle von erheblicher Bedeutung. Betroffen von der Nichtanwendbarkeit sind insb die Regelung über die verschuldensunabhängige Haftung des Zahlungsdienstleisters des Zahlers für einen Entgeltabzug durch zwischengeschaltete Institute (§ 675q I), die Regelung zur Entgeltteilung (§ 675q III), die kurzen Ausführungsfristen für Zahlungsvorgänge (§ 675s I), der Erstattungsanspruch des Zahlers bei autorisierten Zahlungen in bestimmten Fällen (§ 675x I) sowie die insoweit bestehende verschuldensunabhängige Haftung des Zahlungsdienstleisters (§ 675y I u II). Die Realisierung von Regressmöglichkeiten ist in letztgenannten Konstellationen nicht gewährleistet. Gleiches gilt in Bezug auf die Verschuldenszurechnung (§ 675z S 3). Für Zahlungsdienste in der Währung eines Drittstaates ist ferner die Wertstellungs- und Verfügbarkeitsregelung des § 675t I nicht anwendbar. Die Regelungslücken sind bei Drittstaatenbezug durch die entsprechende Anwendung der Auftragsvorschriften und des § 675 zu schließen (§ 675c I).

Die in II 2 eröffnete Möglichkeit für **abweichende Vereinbarungen** bei Drittstaatenbezug (§ 675d I 2) erstreckt sich ausdrücklich auch auf Abweichungen zum Nachteil des Zahlungsdienstnutzers. Die Öffnung erstreckt sich auf alle Regeln des Untertitels. Eine Gegenausnahme ist aber für solche Sachverhalte mit Drittstaatenbezug vorgesehen, in denen die Zahlungsdienste in Euro oder einer EWR Währung erbracht werden (zB Standort des Zahlungsdienstleisters im Drittstaat, Zahlungsdienst in Euro). Eine von § 675t abweichende Vereinbarung in Bezug auf die Wertstellung und Verfügbarkeit ist insoweit nicht möglich. Die Regelung hat ihre Grundlage in Art 2, 68 der Zahlungsdiensterichtlinie.

III. EWR-Währungen. Vom Gesetz abweichende Vereinbarungen sind zwischen Zahlungsdienstleister und Zahlungsdienstnutzer ebenfalls möglich, wenn Zahlungsvorgänge in einer **anderen EWR-Währung** als Euro erfolgen. Ein Zahlungsvorgang erfolgt nach Art 68 der Zahlungsdiensterichtlinie aber schon dann in Euro, wenn bei einem grenzüberschreitenden Zahlungsvorgang mit nur einer Währungsumrechnung zwischen dem Euro und einer anderen EWR-Währung der grenzüberschreitende Transfer in Euro stattfindet und die Währungsumrechnung in dem nicht der Eurozone angehörenden EWR-Mitgliedstaat in die dortige Währung erfolgt. Der Spielraum für abweichende Vereinbarungen ist zudem begrenzt. Die Öffnung bezieht sich nur auf § 675t I 3 und II. Dabei geht es um die Verfügbarmachung von Zahlungsbeträgen, wenn der Zahlungsempfänger kein Zahlungskonto unterhält und bei Bareinzahlung. Die Bedeutung der Regelung in III ist auf den EWR begrenzt. Bei Drittstaatenbezug greift II ein.

IV. Unternehmer. Um den Bedürfnissen des Marktes gerecht zu werden, können Zahlungsdienstleister bei Verträgen, die nicht mit Verbrauchern geschlossen werden, von bestimmten Vorschriften ganz oder teilweise abweichen. Die Vorschriften, die einer **abweichenden Vereinbarung** (individuell oder in AGB) zugänglich sind, werden in der Norm abschließend aufgeführt. Neben den Informationspflichten (§ 675d) sind das Entgelt für die Erfüllung von Nebenpflichten (§ 675f IV 2), die Änderung und ordentliche Kündigung (§§ 675g, 675h), der Widerruf der Zustimmung zum Zahlungsvorgang (§ 675j II) sowie die Unwiderruflichkeit eines Zahlungsauftrags (§ 675p) einer abweichenden Vereinbarung zugänglich. Gleiches gilt für die Haftungsregelungen (§§ 675v bis 676), mit Ausnahme der Haftung für nicht autorisierte Zahlungsvorgänge. Ferner sind die Fristen nach § 676b einer abweichenden Vereinbarung zugänglich.

Kapitel 2   Zahlungsdienstevertrag

§ 675f Zahlungsdienstevertrag.
(1) Durch einen Einzelzahlungsvertrag wird der Zahlungsdienstleister verpflichtet, für die Person, die einen Zahlungsdienst als Zahler, Zahlungsempfänger oder in beiden Eigenschaften in Anspruch nimmt (Zahlungsdienstnutzer), einen Zahlungsvorgang auszuführen.

(2) Durch einen Zahlungsdiensterahmenvertrag wird der Zahlungsdienstleister verpflichtet, für den Zahlungsdienstnutzer einzelne und aufeinander folgende Zahlungsvorgänge auszuführen sowie gegebenenfalls für den Zahlungsdienstnutzer ein auf dessen Namen oder die Namen mehrerer Zahlungsdienstnutzer lautendes Zahlungskonto zu führen. Ein Zahlungsdiensterahmenvertrag kann auch Bestandteil eines sonstigen Vertrags sein oder mit einem anderen Vertrag zusammenhängen.
(3) Zahlungsvorgang ist jede Bereitstellung, Übermittlung oder Abhebung eines Geldbetrags, unabhängig von der zugrunde liegenden Rechtsbeziehung zwischen Zahler und Zahlungsempfänger. Zahlungsauftrag ist jeder Auftrag, den ein Zahler seinem Zahlungsdienstleister zur Ausführung eines Zahlungsvorgangs entweder unmittelbar oder mittelbar über den Zahlungsempfänger erteilt.
(4) Der Zahlungsdienstnutzer ist verpflichtet, dem Zahlungsdienstleister das für die Erbringung eines Zahlungsdienstes vereinbarte Entgelt zu entrichten. Für die Erfüllung von Nebenpflichten nach diesem Untertitel hat der Zahlungsdienstleister nur dann einen Anspruch auf ein Entgelt, sofern dies zugelassen und zwischen dem Zahlungsdienstnutzer und dem Zahlungsdienstleister vereinbart worden ist; dieses Entgelt muss angemessen und an den tatsächlichen Kosten des Zahlungsdienstleisters ausgerichtet sein.
(5) In einem Zahlungsdiensterahmenvertrag zwischen dem Zahlungsempfänger und seinem Zahlungsdienstleister darf das Recht des Zahlungsempfängers, dem Zahler für die Nutzung eines bestimmten Zahlungsauthentifizierungsinstruments eine Ermäßigung anzubieten, nicht ausgeschlossen werden.

1 **A. Einführung.** § 675f ist die zentrale Norm im Untertitel der Zahlungsdienste. Mit dem Zahlungsdienstevertrag wird ein neuer besonderer Geschäftsbesorgungsvertrag geschaffen. Bei der Sonderform der Geschäftsbesorgung lassen sich zwei Arten unterscheiden. I regelt den **Einzelzahlungsvertrag** und II den **Zahlungsdiensterahmenvertrag**. Inhalt eines Zahlungsdienstevertrags, in beiden Formen, ist die Ausführung von Zahlungsvorgängen. Das Pflichtenprogramm ist aber unterschiedlich. Ferner sind an die Unterarten unterschiedliche Informationsverpflichtungen geknüpft (vgl § 675d Rn 5). Regelungen zur Änderung, Kündigung sowie zur Erbringung und Nutzung der Zahlungsdienste im Einzelnen, aber auch zur Haftung bei Fehlern und Pflichtverletzungen sind in besonderen Vorschriften des Untertitels enthalten. Der Begriff des Zahlungsdienstnutzers wird in I legal definiert. Was unter einem Zahlungsvorgang zu verstehen ist, wird in III umschrieben. Ferner enthält III die Definition für den Zahlungsauftrag. Regelungen zum Entgelt für die Erbringung eines Zahlungsdienstes finden sich in IV. Darin ist ferner der Grundsatz niedergelegt, dass die Erfüllung von Nebenpflichten unentgeltlich erfolgt. V beschäftigt sich mit Grenzen des Inhalts von Zahlungsdiensterahmenverträgen in Bezug auf die Nutzung bestimmter Zahlungsauthentifizierungsinstrumente.

2 **B. Regelungen. I. Einzelzahlungsvertrag.** Die Regelung in I legt die **Primärpflichten** seitens des Zahlungsdienstleisters in einem Einzelzahlungsvertrag fest und definiert gleichzeitig den Zahlungsdienstnutzer. Durch die Sonderform des Geschäftsbesorgungsvertrages nach I wird der Zahlungsdienstleister verpflichtet, bei der Erbringung eines Zahlungsdienstes einen Zahlungsvorgang auszuführen. Die Ausführung bedeutet, dass ein Erfolg herbeigeführt werden muss, die Weiterleitung allein reicht nicht aus (*Rösler/Werner* BKR 09, 1). Die Verpflichtung besteht ggü einem Zahlungsdienstnutzer, der für die Erbringung des Zahlungsdienstes das vereinbarte Entgelt zu entrichten hat (IV). **Zahlungsdienstnutzer** ist eine Person, die einen Zahlungsdienst (vgl § 675c Rn 3) als Zahler und/oder als Zahlungsempfänger in Anspruch nimmt. Beide Kriterien (Zahler und Zahlungsempfänger) sind bei einem Zahlungsdienst beispielsweise erfüllt, wenn der Zahlungsdienstnutzer am Schalter des Zahlungsdienstleisters oder am Geldautomaten Geld abhebt (BTDrs 16/11643, 102).

3 Der **Einzelzahlungsvertrag** ist ein gegenseitiger Vertrag. Der Vertragschluss richtet sich nach allgemeinen Regeln. Besondere Formvorschriften gibt es nicht. Das Angebot kann von beiden Vertragspartnern ausgehen. Ausreichend sind neben der Einreichung eines Überweisungsträgers beispielsweise die Eingabe von entspr Daten durch ein Erfassungsgerät oder im Wege des Online-Banking (zur Abgabe bei Verwendung von PIN und TAN: Kobl ZIP 04, 353). Wird die Annahme nicht ausdrücklich erklärt, kommt der Vertrag bei einer dauernden Geschäftsverbindung zwischen den Vertragspartnern (zB Zahlungsdiensterahmenvertrag) durch Schweigen zustande, wenn keine unverzügliche Zurückweisung (idR gleicher Tag) erfolgt (§ 362 I HGB). Anderenfalls kann mit Beginn der Ausführung von einer stillschweigenden Annahme ausgegangen werden, wobei der Zugang der Erklärung entbehrlich ist (§ 151 1). Eine Verpflichtung zum Abschluss eines Einzelzahlungsvertrags kann sich aus dem Zahlungsdiensterahmenvertrag ergeben, wenn keine sachlichen Gründe entgegenstehen, zB fehlende Deckung des Kontos, fehlende Angaben (vgl BGH NJW 04, 2517). Die Grundsätze zur Zurechnung eines Rechtsscheins und zum Blankettmissbrauch sind zu beachten (BGH WM 01, 1712). Der Zahlungsdienstevertrag löst den bisher geregelten Überweisungsvertrag ab und bezieht andere bargeldlose Zahlungsformen in den Vertragstyp mit ein.

4 **1. Überweisung.** Die Überweisung ist als klassischer Zahlungsdienst Gegenstand eines Zahlungsdienstevertrags. Die Überweisung ist ein **tatsächlicher, buchungstechnischer Vorgang**, der dazu führt, dass ein bestimmter Geldbetrag einem Konto bei einem Kreditinstitut (Zahlungsdienstleister) gutgeschrieben wird. Die Veranlassung für die Überweisung muss vom Überweisenden ausgehen -mittelbar reicht aus- und das Ziel verfolgen, die Gutschrift auf einem Konto des Begünstigten zu erreichen. Nicht erforderlich ist, dass der

Überweisende über ein Konto verfügt; der zu überweisende Geldbetrag kann dem Kreditinstitut auch in bar zur Verfügung gestellt werden. Überweisender und Begünstigter können eine Person sein.

a) Abgrenzung. Keine Überweisung liegt vor, wenn die Veranlassung vom Begünstigten ausgeht (zB Lastschrift) oder der Begünstigte in anderer Form bei der Gutschrift auf sein Konto mitwirkt (zB Einsatz von Karten). Die Überweisung ist ferner abzugrenzen vom Auftrag an ein Kreditinstitut, Geld in bar an den Begünstigten auszuzahlen (zu den Sorgfaltsanforderungen: BGHZ 130, 87).

b) Erscheinungsformen. Im Hinblick auf die Dispositionsmöglichkeiten der Parteien über die gesetzlichen Regelungen sind **In- und Auslandsüberweisungen** zu unterscheiden. Dabei ist für Auslandsüberweisungen weiter zwischen Überweisungen in EU- und EWR-Staaten sowie in sog Drittstaaten zu differenzieren. Eine inländische Überweisung liegt vor, wenn die kontoführenden Stellen des Überweisenden und des Begünstigten im Inland belegen sind. Ausreichend ist die inländische Belegenheit der kontoführenden Zweigstelle eines Kreditinstituts. Ist die kontoführende Stelle im Ausland belegen, handelt es sich um eine Auslandsüberweisung.

Eine Überweisung, die nur ein Kreditinstitut betrifft -Zahler und Empfänger nutzen das gleiche Institut-, führt zu einer internen oder innerbetrieblichen Verrechnung (**institutsinterne Überweisung**). Sind zwei Kreditinstitute beteiligt, liegt eine **institutsfremde oder -übergreifende Überweisung** vor. Die Abwicklung kann über ein dafür eingerichtetes Konto oder die Vereinbarungen iR eines Verrechnungsnetzes erfolgen. Während bei der Beteiligung von zwei Kreditinstituten von einer eingliedrigen Überweisung gesprochen wird, führt die Zwischenschaltung weiterer Institute zu mehrgliedrigen Überweisungen.

Von der gewöhnlichen Banküberweisung lassen sich **Sonderformen** unterscheiden. Grds wird der Überweisende mit dem von ihm ausgewählten Kreditinstitut einen Zahlungsdienstrahmenvertrag abgeschlossen haben. Notwendig für eine Überweisung ist dies allerdings nicht (§ 675f I). Neben der Einzelüberweisung sind **Daueraufträge** und **Sammelaufträge** verbreitet. Im ersten Fall werden Einzelüberweisungen vorweg für bestimmte (regelmäßige) Ausführungstermine an den gleichen Begünstigten vereinbart. Bei Sammelaufträgen handelt es sich um eine (elektronische) Zusammenfassung von Einzelüberweisungen an unterschiedliche begünstigte Empfänger.

2. Lastschrift. Die Lastschrift wird im Gegensatz zur Überweisung nicht vom Schuldner der Leistung (Zahler), sondern vom Gläubiger (Zahlungsempfänger) eingeleitet und daher auch als „rückläufige Überweisung" umschrieben (BGHZ 69, 82). In § 1 IV ZAG ist der Begriff definiert. Die **Definition** ist auch für das BGB maßgebend (§ 675c III). Eine Lastschrift ist danach ein vom Zahlungsempfänger ausgelöster Zahlungsvorgang zur Belastung des Zahlungskontos des Zahlers, dem dieser ggü dem Zahlungsempfänger, dessen Zahlungsdienstleister oder seinem eigenen Zahlungsdienstleister zustimmt. Der Gläubiger hat unter Vorlage der Belege selbst für den Einzug der Forderung zu sorgen. Er ist für die Rechtzeitigkeit der Leistung verantwortlich (BHGZ 69, 361). Im Lastschriftverfahren erteilt die Inkassobank dem Gläubiger (Empfänger) aufgrund der eingereichten Lastschrift eine Gutschrift in Form eines bedingten abstrakten Schuldversprechens (BGHZ 70, 177). Die Lastschrift wird durch Weisung zum Einzug im Verkehr zwischen den Banken an die Bank des Schuldners weitergegeben. Die Banken und Finanzdienstleistungsinstitute haben sich insoweit einem Abkommen über den Lastschriftverkehr angeschlossen, aus dem sich ihre Rechte und Pflichten untereinander ergeben. Die giroähnliche Verbindung enthält zumindest im bargeldlosen Zahlungsverkehr **keine Schutzpflichten** für Gläubiger und Schuldner (BGHZ 176, 281). Führt die im Abkommen vereinbarte Beschränkung der bei jedem Geschäftsvorfall zu übermittelnden Daten zu einer Fehlbuchung, so beruht diese auf ein Organisationsverschulden, das eine Schadensersatzpflicht der Bank begründet (Celle WM 07, 685). Die Lastschrift wird eingelöst und dem Konto des Schuldners belastet, wenn ein Abbuchungsauftrag oder eine Einzugsermächtigung vorgelegt wird (BGH NJW 96, 988). Der Schuldner hat lediglich die Pflicht, für Kontendeckung zu sorgen (zu AGB-Klauseln bei Mobilfunkleistungen: BGH NJW 03, 1237). Sind Gläubiger- und Schuldnerbank identisch, liegt eine Eigen- oder Umbuchungslastschrift vor. Zahlungen per Lastschrift vom Bankkonto des Gemeinschuldners sind (auch) ihm zurechenbare Rechtshandlungen (BGH WM 03, 524).

Liegt dem Gläubiger ein **Abbuchungsauftrag** vor, ist die Lastschrift von der Schuldnerbank (Zahlstelle) einzulösen. IRd Zahlungsdiensterahmenvertrags (§ 675f) erteilt der Schuldner idR die generelle Weisung, Lastschriften des Gläubigers (Empfängers) zu Lasten seines Kontos einzulösen (BGHZ 72, 343). Voraussetzung ist die ausreichende Deckung auf dem Konto oder die Genehmigung der Einlösung durch die Schuldnerbank bzw den Schuldner (BGHZ 74, 352). Anderenfalls besteht für die Schuldnerbank die Verpflichtung zur umgehenden Rückgabe der Lastschrift (BGH NJW 83, 220). Nach Zugang des Zahlungsauftrags steht dem Schuldner kein Widerrufsrecht mehr zu. Der Abbuchungsauftrag selbst kann trotz vereinbarter Unwiderruflichkeit aus wichtigem Grund einseitig widerrufen werden (Ddorf WM 84, 724). IRd § 675x II ist eine besondere Erstattungsmöglichkeit vereinbar, aber auch abdingbar (§ 675x III).

Hat der Schuldner dem Gläubiger eine **Einzugsermächtigung** erteilt, ist die Lastschrift ebenfalls von der Schuldnerbank einzulösen. Der Gläubiger soll nur schriftliche Einzugsermächtigungen vorlegen. Es besteht aber keine generelle Verpflichtung der Gläubigerbank ggü dem Schuldner zur Prüfung, ob eine wirksame Einzugsermächtigung vorliegt (BGHZ 69, 186). Im Gegensatz zum Abbuchungsauftrag ist die Schuldnerbank

§ 675f   Zahlungsdienstevertrag

zur Einlösung der Lastschrift nur mit Zustimmung (Einwilligung bzw Genehmigung – Autorisierung) des Schuldners (bzw des Verfügungsberechtigten) berechtigt (BGHZ 161, 49). Der Zahlungsdiensterahmenvertrag ist keine ausreichende Grundlage für eine allgemeine Einwilligung des Schuldners an die Schuldnerbank. Allein das widerspruchslose Entgegennehmen eines Tagesauszugs stellt noch keine Zustimmung dar (BGHZ 144, 349; Genehmigung durch Nutzung des Kontos in Kenntnis der Lastschrift und Besprechung des Kontostands mit der Bank als Genehmigung: München ZIP 05, 2102). Bis zur Erteilung der Zustimmung kann der Schuldner der Lastschrift widersprechen. Der Widerspruch beinhaltet die Zustimmungsverweigerung sowie ein Rückbuchungsverlangen und ist an keine Frist gebunden (Widerruf ausgeschlossen: BGH NJW 89, 1672). Der Ausschluss aufgrund AGB (6 Wochen nach Mitteilung des Rechnungsabschlusses) ist zu beachten. Nach einem Widerspruch des Schuldners hat der Zahlungsdienstleister (Schuldnerbank) ohne Prüfung der Berechtigung oder der materiellen Rechtslage die Buchung rückgängig zu machen – §§ 675u, 676b II. Es besteht ein Anspruch auf Rückvergütung der Lastschrift ggü der Gläubigerbank. Die Gläubigerbank wird aufgrund des Bedingungseintritts die Gutschrift auf dem Gläubigerkonto rückgängig machen (Zum Bereicherungsanspruch der Schuldnerbank gegen den Gläubiger BGH NJW 06, 1965).

12 **3. Zahlkartengeschäft.** Die Grundstruktur bei Zahlungskarten zeichnet sich dadurch aus, dass der Karteninhaber mit der Karte, die er vom Kartenaussteller erhalten hat, in der Lage ist, eine Zahlung des Kartenausstellers an ein Vertragsunternehmen zu veranlassen. Die Verwendung der Karte wird auf diese Weise zum Bargeldersatz. **Zahlungskarten** sind nicht nur die klassischen Kreditkarten (zB VISA, Eurocard, American Express), sondern auch ec-Karten, Geldkarten und bestimmte Kundenkarten mit Garantiefunktion, soweit sie im Hinblick auf die Funktion und Risiken der Kreditkarte vergleichbar sind.

13 An einer Transaktion unter Einsatz einer **Kreditkarte** sind regelmäßig drei oder vier Personen beteiligt. Ein Vorgang im Zweipersonenverhältnis (zB Barabhebung an Einrichtungen des Ausstellers) ist ebenfalls denkbar. Im gewöhnlichen Drei-Partner-System wird die Kreditkarte von einem Aussteller an den Kreditkarteninhaber gegen Entgelt ausgegeben. Grundlage ist regelmäßig ein Geschäftsbesorgungsvertrag („**Emissionsvertrag**"), der den Karteninhaber berechtigt, den Kartenaussteller durch Weisung zu verpflichten (Deckungsverhältnis – BGHZ 91, 221; 125, 343). Das Dauerschuldverhältnis kann auch ein Zahlungsdiensterahmenvertrag sein. Der Karteninhaber kann die Karte einsetzen, um seine Zahlungsverpflichtungen aus einem Schuldverhältnis mit Dritten, den Vertragsunternehmen, zu erfüllen (Valutaverhältnis). Die Leistung unter Einsatz der Kreditkarte erfolgt idR erfüllungshalber (§ 364 II). Die Zuwendung an das Vertragsunternehmen geht vom Kartenaussteller aus. Grundlage für die Zuwendung ist die Weisung des Karteninhabers (zB Unterschrift des Belastungsbelegs, Weitergabe der Kartennummer). Das Vertragsunternehmen erwirbt beim Einsatz der Kreditkarte einen Anspruch gegen den Kreditkartenaussteller, der als **abstraktes Schuldversprechen** (§ 781) anzusehen ist (BGH NJW 02, 2234). Einwendungen und Einreden aus dem Valutaverhältnis sind insoweit grds nicht relevant (BGH NJW 02, 3698). Vor der Zahlung hat der Kartenaussteller die Übereinstimmung von Karteninhaber und Besteller zu prüfen (BGH NJW-RR 04, 1122). Der Ausgleich zwischen dem Kartenaussteller und dem Karteninhaber erfolgt über den Aufwendungsersatzanspruch (§ 670). Die Beweislast liegt insoweit beim Kartenaussteller. Geben Kreditinstitute die Kreditkarten nicht als Kartenaussteller, sondern als Lizenznehmer eines Kartenausstellers aus (Übernahme der Abrechnung), entsteht ein Vier-Personen-Verhältnis.

14 Die **ec-Karte** wird regelmäßig iR eines Zahlungsdiensterahmenvertrags (AGB – Sonderbedingungen für ec-Karten) ausgegeben. Die ec-Karte dient auch als Zahlungskarte. Beim Einsatz der ec-Karte sind zwei Formen zu unterscheiden. Bei der Nutzung der ec-Karte an elektronischen Kassen kann die Karte unter Eingabe einer PIN (POS-System) oder ohne PIN (POZ-System) verwendet werden. Daneben kann die Karte für Barabhebungen an Geldautomaten eingesetzt werden.

15 Beim Einsatz im **POS-System** entspricht die Funktion der ec-Karte weitgehend der einer Kreditkarte. Mit der Autorisierung nach Eingabe der PIN an der Kasse eines Unternehmens, das sich durch Rahmenvertrag dem System angeschlossen hat, wird ein abstraktes Schuldversprechen des Kartenausstellers begründet (BGH NJW 03, 1256). Der Karteninhaber erteilt die Weisung zur Zahlung des entspr Betrags. Erfolgt der Einsatz der ec-Karte dagegen an einer **POZ-Kasse**, werden lediglich die auf der ec-Karte gespeicherten Daten gelesen und für die Erstellung eines Lastschriftbelegs (Unterschrift des Karteninhabers) verwendet. Der Beleg mit dem Betrag wird dem Kartenaussteller im Einzugsermächtigungsverfahren (s. § 675f Rn 11) vorgelegt. Eine eigene Verbindlichkeit des Kartenausstellers durch Weisung des Karteninhabers wird insoweit nicht begründet.

16 Kreditinstitute geben iRv Zahlungsdienstrahmenverträgen auch **Geldkarten** aus, die zur Zahlung an Geldkarten-Terminals geeignet sind. Die ec-Karte kann ebenfalls mit der Funktion ausgestattet sein. Die Verwendung der Karte beruht darauf, dass der Kartenaussteller es ermöglicht, die Karte mit einem Guthaben aufzuladen (§ 669), das wie Bargeld eingesetzt werden kann. Der Einsatz der Karte führt zu einem abstrakten Schuldversprechen des Kartenausstellers ggü dem Vertragsunternehmen. Andere Karten, insb Kundenkarten sind nach den gleichen Kriterien zu behandeln. Dabei ist zu berücksichtigen, dass zahlreichen Kundenkarten keine Zahlungsfunktion zukommt; sie dienen lediglich zur Stundung bzw Kreditierung der Gegenleistung.

II. Zahlungsdienstrahmenvertrag. Der **Vertragstyp** verpflichtet den Zahlungsdienstleister, für den Zahlungsdienstnutzer einzelne oder aufeinander folgende Zahlungsvorgänge auszuführen. Damit entsprechen die Pflichten denen aus I. Hinzu kommt aber, dass der Zahlungsdienstleister für den Zahlungsdienstnutzer ein Zahlungskonto führen muss. Dabei ist zu berücksichtigen, dass solche Verträge, die Zahlungsdienstleistungen zum Gegenstand haben, auch Bestandteil sonstiger Verträge sein können oder mit anderen Verträgen zusammenhängen können (II 2). Der bisherige Girovertrag wird also nach der neuen Terminologie zumindest auch Zahlungsdiensterahmenvertrag sein. 17

1. Vertragsinhalt. Der Vertragsinhalt des Zahlungsdiensterahmenvertrags ergibt sich aus § 675f II. Im Mittelpunkt steht die Verpflichtung zur Ausführung von Zahlungsvorgängen im Zusammenhang mit der Erbringung von Zahlungsdiensten (vgl § 675d Rn 3) und die **Errichtung und Führung eines Zahlungskontos**. Ferner kann im Zusammenhang mit einem Zahlungsdiensterahmenvertrag, entsprechend der bisherigen Praxis im Girovertrag, vereinbart werden, dass Schecks ausgegeben oder Kreditgeschäfte eingegangen werden, etwa besondere Vereinbarungen, welche die Einräumung eines über die Kontendeckung hinausgehenden Verfügungsrahmens zum Gegenstand haben (Dispositionsrahmen). 18

2. Vertragsschluss. Der Abschluss eines Zahlungsdiensterahmenvertrags richtet sich nach allgemeinen Regeln. Während auf Kundenseite (Zahlungsdienstnutzer) jede natürliche oder juristische Person sowie eine entspr zu behandelnde Personenvereinigung (zB OHG, GbR) stehen kann, ist die Kontoführung den Zahlungsdienstleistern vorbehalten (§ 1 I ZAG). Ein **Kontrahierungszwang** besteht grds nicht. Sind Kreditinstitute der öffentlichen Hand (zB Sparkassen) ggü öffentlichen Stellen eine Selbstverpflichtung zur Errichtung von Girokonten auf Guthabenbasis eingegangen, können sie damit aber einem unmittelbaren Kontrahierungszwang ggü Kunden unterliegen (LG Berlin WM 03, 1895). Das gilt auch, wenn die Eröffnung eines Girokontos für das Kreditinstitut im Einzelfall unzumutbar ist (Bremen ZIP 06, 798; *Bachmann* ZBB 06, 257). Dabei darf das Verhalten einer politischen Partei von Sparkassen (BGHZ 154, 146) und der Postbank AG (BGH NJW 04, 1031) nur unter Berücksichtigung von Art 21 II GG verwertet werden. Der Vertrag ist an keine Form gebunden, wird aber regelmäßig schriftlich abgeschlossen. 19

3. Zahlungskonto. Hauptpflicht des Zahlungsdienstleisters aus dem Zahlungsdiensterahmenvertrag ist neben der Ausführung von Zahlungsvorgängen die Einrichtung und das Führen eines Zahlungskontos (§ 675f 1). Ein Zahlungskonto ist ein auf den Namen eines oder mehrerer Zahlungsdienstnutzer lautendes und der Ausführung von Zahlungsvorgängen dienendes Konto, das die Forderungen und Verbindlichkeiten zwischen dem Zahlungsdienstnutzer und dem Zahlungsdienstleister innerhalb der Geschäftsbeziehung buch- und rechnungsmäßig darstellt und für den Zahlungsdienstnutzer dessen jeweilige Forderung ggü dem Zahlungsdienstleister bestimmt (§ 1 III ZAG). Die Person des Kontoinhabers bestimmt sich nach dem erkennbaren Willen des die Kontoeröffnung beantragenden Kunden. Maßgeblich ist, wer Gläubiger bzw Schuldner des Zahlungsdienstleisters sein soll (BGHZ 127, 229). Dabei kommt der Bezeichnung des Kontoinhabers entscheidende Bedeutung zu (BGH NJW 96, 840 – formale, nicht materielle oder wirtschaftliche Bestimmung). 20

Ein Konto wird idR für eine Person als **Einzelkonto** geführt. Dritten kann über das Einzelkonto Verfügungsbefugnis eingeräumt werden (zB Eltern, Ehegatte). Ein Konto kann ferner für mehrere Personen (Zahlungsdienstnutzer) als **Gemeinschaftskonto** geführt werden. Bei solchen Konten ist zwischen Oder- sowie Und-Konten zu unterscheiden. Im ersten Fall kann jeder Mitinhaber einzeln verfügen. Die Mitinhaber sind Gesamtschuldner (§ 421) bzw Gesamtgläubiger (§ 428). Im zweiten Fall können nur alle gemeinsam verfügen. Die Mitinhaber sind Gesamtschuldner und bilden regelmäßig eine Gesamthands- oder Bruchteilsgemeinschaft (§ 741). 21

Die Kontoführung selbst ist im Gesetz nicht näher umschrieben. In den AGB wird üblicherweise vereinbart, dass das Zahlungskonto als **Kontokorrent** (§ 355 HGB) geführt wird. Die auf dem Konto verbuchten kontokorrentfähigen Forderungen werden in eine laufende Rechnung eingestellt. Die Einzelforderungen verlieren dadurch ihre rechtliche Selbstständigkeit (BGHZ 80, 172; 84, 371) und werden verrechnet. Forderungen des Kunden werden als Gutschrift, Forderungen des Kreditinstituts (§ 670) als Belastung gebucht. Unberechtigte Belastungen führen zu einem Beseitigungsanspruch (§ 675u – BGHZ 121, 98: Rückbuchung), können aber auch einen Schaden darstellen (BGH NJW 01, 3183). Der Saldo wird zu einem vereinbarten Zeitpunkt (zB Quartalsende) festgestellt. Er ist Gegenstand eines abstrakten Schuldanerkenntnisses (BGHZ 93, 307), das aufgrund der AGB von Seiten des Kunden als angenommen gilt, wenn nicht innerhalb einer Frist (idR 6 Wochen) Einwendungen erhoben werden. Die Zusendung von Kontoauszügen mit Tages- oder Monatssalden *erfolgt lediglich zu Informationszwecken*; Mindestanforderungen sind aber auch dabei zu beachten (Celle WM 05, 171). Der Anspruch auf Erteilung von Kontoauszügen und Rechnungsabschlüssen ist ein selbstständiger Anspruch aus dem Vertrag, der bei einer Kontenpfändung nicht als Nebenanspruch der Hauptforderung mitgepfändet werden kann (BGHZ 165, 53). 22

Über **Tagessalden** zwischen den Feststellungszeitpunkten kann der Kunde regelmäßig verfügen. Bei Guthaben liegt eine unregelmäßige Verwahrung (s. § 700 Rn 3) vor (BGHZ 131, 60), die vom Zahlungsdiensterahmenvertrag zu trennen ist. Gleiches gilt, wenn der Kunde Einzahlungen auf das Zahlungskonto tätigt. Das verwahrte Guthaben kann je nach Vereinbarung bar oder an Geldautomaten ausbezahlt werden. Der Anspruch ist übertragbar und pfändbar (BGHZ 84, 325; 84, 371; 135, 140). 23

24 **III. Zahlungsvorgang.** Die in beiden Varianten der Zahlungsdiensteverträge bestehende Verpflichtung der Zahlungsdienstleister liegt darin, Zahlungsvorgänge auszuführen. III 1 bestimmt, was unter einem Zahlungsvorgang zu verstehen ist. Der konkrete Vorgang erfolgt zwischen einem Zahler und einem Zahlungsempfänger. Inhaltlich erfasst sind die Varianten des **Bereitstellens, der Übermittlung und der Abhebung** eines Geldbetrages. Dabei kann es sich sowohl um Buch- als auch um Bargeldbeträge handeln. Die dem Vorgang zugrunde liegende Rechtsbeziehung zwischen Zahler und Zahlungsempfänger, also der Rechtsgrund, ist insoweit ohne Bedeutung. Ein Zahlungsvorgang, der sich nicht auf Zahlungsdienste bezieht, kann nicht Gegenstand eines Zahlungsdienstevertrags sein (vgl Rn 2).

25 **IV. Zahlungsauftrag.** Die Regelung in III 2 enthält die Definition für den Zahlungsauftrag, der für zahlreiche Pflichten im Zusammenhang mit den Zahlungsdiensten von erheblicher Bedeutung ist. Beim Zahlungsauftrag handelt es sich um einen Auftrag, also eine rechtsverbindliche Erklärung, die den **Zahlungsvorgang auslöst**. Der Zahlungsauftrag wird vom Zahler an den Zahlungsdienstleister zur Ausführung eines Zahlungsvorgangs unmittelbar oder mittelbar über den Zahlungsempfänger erteilt. Die rechtliche Erklärung, einen Zahlungsauftrag auszuführen, muss die erforderlichen Zahlungsinformationen (Personen, Betrag usw.) beinhalten. Die Ausführung des Zahlungsvorgangs erfolgt bei Vorliegen eines entsprechenden Zahlungsauftrags autorisiert (§ 675j). Kein Zahlungsauftrag ist allerdings beispielsweise die Einzugsermächtigung, die erst nach Genehmigung als autorisiert anzusehen ist (vgl Rn 11).

26 Der Zahlungsauftrag liegt in der Weisung des Zahlers an seinen Zahlungsdienstleister. Der Anstoß kann allerdings nicht nur vom Zahler, sondern auch vom Zahlungsempfänger ausgehen. Der erste unmittelbar vom Zahler ausgelöste Fall wird als „**Push**"-Zahlung bezeichnet. Darunter fallen die Überweisung oder ein Finanztransfer. Der zweite mittelbar vom Zahler über den Zahlungsempfänger ausgelöste Fall wird als „**Pull**"-Zahlung bezeichnet. Das trifft auf Lastschriften und Kreditkartenzahlungen zu.

27 **V. Entgelt.** IV 1 bestimmt zunächst die **Hauptleistungspflicht** des Zahlungsdienstnutzers, nämlich das vereinbarte Entgelt für die Erbringung des Zahlungsdienstes zu entrichten. In Bezug auf die Höhe der vereinbarten Entgelte müssen die Vorgaben der Verordnung (EG) 2560/2001 über grenzüberschreitende Zahlungen in Euro beachtet werden. Bis zu einem Betrag von 50.000 € dürfen bei grenzüberschreitenden Zahlungsvorgängen nur Gebühren in Höhe der Gebühren für vergleichbare Inlandsüberweisungen verlangt werden. Einer möglichen unentgeltlichen Erbringung von Zahlungsdiensten steht die Vorschrift nicht entgegen. Neben dem vereinbarten Entgelt kommt ein Aufwendungsersatz im Zusammenhang mit dem Zahlungsdienst regelmäßig nicht in Betracht.

28 IV 2 beschäftigt sich mit dem **Entgelt für die Erfüllung von Nebenpflichten**. Im Grundsatz sieht die Regelung keinen Anspruch des Zahlungsdienstleisters auf ein gesondertes Entgelt für die Erfüllung von Nebenpflichten vor. Davon sind Ausnahmen nur in den gesetzlich zugelassenen Fällen bei entsprechender Vereinbarung zwischen Nutzer und Dienstleister vorgesehen. Gesetzlich zugelassen ist eine gesonderte Entgeltvereinbarung bei der Unterrichtung über die berechtigte Ablehnung der Ausführung eines Zahlungsauftrags (§ 675o I 3), der Bearbeitung eines Widerrufs nach Ablauf der gesetzlichen Widerrufsfrist (§ 675p IV 3) und bei der Wiederbeschaffung eines Zahlungsbetrags nach einer fehlerhaften Ausführung wegen vom Nutzer fehlerhafter Kundenkennung (§ 675y III 3). Über die Entgelthöhe ist der Nutzer bei entsprechender Vereinbarung schon vorab zu informieren (Art 248 § 4 I Nr 3 EGBGB).

29 Das in den **Ausnahmefällen** für die Erfüllung von Nebenpflichten vereinbarte Entgelt muss angemessen sein und ist an den tatsächlichen Kosten auszurichten. Die Basis für die Berechnung des Entgelts müssen in Bezug auf die spezifische Nebenpflicht die beim Zahlungsdienstleister anfallenden Kosten sein. Die Vereinbarung eines unangemessenen Entgelts ist unwirksam. Soweit ein Entgelt vereinbart wurde, kommt daneben ein Aufwendungsersatz nicht in Betracht. Es ist davon auszugehen, dass Aufwendungen im Zusammenhang mit der spezifischen Nebenpflicht bei der Festlegung der Höhe des Entgelts Berücksichtigung gefunden haben.

30 **VI. Verbotene Einflussnahme.** V enthält bezüglich des Inhalts eines Zahlungsdiensterahmenvertrags ein Verbot. In einem Zahlungsdiensterahmenvertrag darf das Recht des Zahlungsempfängers, dem Zahler für die Nutzung eines bestimmten Zahlungsauthentifizierungsinstruments eine **Ermäßigung anzubieten**, nicht ausgeschlossen werden. Dabei geht es um Entgelte bzw Ermäßigungen, die Händler für die Nutzung eines bestimmten Instruments verlangen bzw gewähren können (sog Surcharging). Eine Ermäßigung kann darin bestehen, dass für andere Instrumente Entgelte verlangt werden. Nach der Regelung in Art 248 § 17 II hat der Zahlungsempfänger vor Auslösung des Zahlungsvorgangs eine Informationspflicht in Bezug auf erhobene Entgelte bzw Ermäßigungen (Vgl § 675d Rn 11). Die Stärkung der Rechtsposition des Händlers ggü Zahlungsdienstleistern begründet eine Informationsverpflichtung.

31 Ein **Zahlungsauthentifizierungsinstrument** ist jedes personalisierte Instrument oder Verfahren, das zwischen dem Zahlungsdienstnutzer und dem Zahlungsdienstleister für die Erteilung von Zahlungsaufträgen vereinbart wird und das vom Zahlungsdienstnutzer eingesetzt wird, um einen Zahlungsauftrag zu erteilen (§ 1 V ZAG). Instrumente bzw Verfahren idS sind die Debitkarte mit PIN, die Kreditkarte mit Unterschrift oder das Online-Banking mit PIN und TAN. Nicht darunter fallen reine Zahlungsverfahren wie die Überweisung oder Lastschrift. Das gilt auch, wenn aus einer Zahlkarte die Kontendaten nur ausgelesen werden, aber kein Zahlungsauftrag vorliegt (Einzugsermächtigungslastschrift, vgl Rn 25).

§ 675g Änderung des Zahlungsdiensterahmenvertrags. (1) Eine Änderung des Zahlungsdiensterahmenvertrags auf Veranlassung des Zahlungsdienstleisters setzt voraus, dass dieser die beabsichtigte Änderung spätestens zwei Monate vor dem vorgeschlagenen Zeitpunkt ihres Wirksamwerdens dem Zahlungsdienstnutzer in der in Artikel 248 §§ 2 und 3 des Einführungsgesetzes zum Bürgerlichen Gesetzbuche vorgesehenen Form anbietet.
(2) Der Zahlungsdienstleister und der Zahlungsdienstnutzer können vereinbaren, dass die Zustimmung des Zahlungsdienstnutzers zu einer Änderung nach Absatz 1 als erteilt gilt, wenn dieser dem Zahlungsdienstleister seine Ablehnung nicht vor dem vorgeschlagenen Zeitpunkt des Wirksamwerdens der Änderung angezeigt hat. Im Fall einer solchen Vereinbarung ist der Zahlungsdienstnutzer auch berechtigt, den Zahlungsdiensterahmenvertrag vor dem vorgeschlagenen Zeitpunkt des Wirksamwerdens der Änderung fristlos zu kündigen. Der Zahlungsdienstleister ist verpflichtet, den Zahlungsdienstnutzer mit dem Angebot zur Vertragsänderung auf die Folgen seines Schweigens sowie auf das Recht zur kostenfreien und fristlosen Kündigung hinzuweisen.
(3) Änderungen von Zinssätzen oder Wechselkursen werden unmittelbar und ohne vorherige Benachrichtigung wirksam, soweit dies im Zahlungsdiensterahmenvertrag vereinbart wurde und die Änderungen auf den dort vereinbarten Referenzzinssätzen oder Referenzwechselkursen beruhen. Referenzzinssatz ist der Zinssatz, der bei der Zinsberechnung zugrunde gelegt wird und aus einer öffentlich zugänglichen und für beide Parteien eines Zahlungsdienstevertrags überprüfbaren Quelle stammt. Referenzwechselkurs ist der Wechselkurs, der bei jedem Währungsumtausch zugrunde gelegt und vom Zahlungsdienstleister zugänglich gemacht wird oder aus einer öffentlich zugänglichen Quelle stammt.
(4) Der Zahlungsdienstnutzer darf durch Vereinbarungen zur Berechnung nach Absatz 3 nicht benachteiligt werden.

A. Überblick. § 675g enthält Regelungen, wie Vertragsbedingungen während eines Zahlungsdiensterahmenvertrags **auf Veranlassung des Zahlungsdienstleisters geändert** werden können. Die im Grundsatz erforderliche Zustimmung beider Parteien zur Vertragsänderung wird durch II mit einer Zustimmungsfiktion modifiziert. Voraussetzung ist allerdings ein formgerechtes Angebot unter Einhaltung einer Frist von zwei Monaten. Ferner ist ein Hinweis auf die Rechtsfolgen des Schweigens (Fiktion) und die Kündigungsmöglichkeit erforderlich. III enthält allgemeine Ausnahmen vom Zustimmungserfordernis für die Änderung von Zinssätzen oder Wechselkursen, sofern neben einer entsprechenden Vereinbarung im Vertrag die Bezugnahme auf Referenzzinssätze bzw -wechselkurse erfolgt. Die beiden Begriffe sind in III 2 u 3 definiert. Eine Benachteiligung des Zahlungsdienstnutzers darf sich insoweit bei der Vereinbarung zur Berechnung der Änderung nicht ergeben (IV).

B. Regelungen. Zahlungsdiensterahmenverträge sind auf längere Zeit angelegt und bedürfen häufig in einigen Teilen Anpassungen an die aktuelle Marktlage. Mit den Möglichkeiten der Änderung von solchen Verträgen auf Veranlassung des Zahlungsdienstleisters beschäftigt sich die Regelung. Eine Änderung **auf Veranlassung des Zahlungsdienstnutzers** ist nach allgemeinen Regeln jederzeit möglich. Mit der Regelung wurde ein einseitiges Bestimmungsrecht des Zahlungsdienstleisters (§ 315) vermieden. Für einzelne Umstände, die sich in Bezug auf den Zahlungsdienstleister ändern, besteht allerdings keine Zustimmungspflicht, insoweit reicht die Unterrichtung des Nutzers aus. Das gilt insb in den Fällen des Art 248 § 4 I Nr 1 EGBGB (zB Anschrift, Registerkennung usw), bei Änderungen ist insoweit die Information vorgesehen und ausreichend (Art 248 § 9 Nr 1 EGBGB). Die Norm setzt Art 44 der Zahlungsdienstrichtlinie um.

I. Änderungsvoraussetzungen. In I sind Voraussetzungen enthalten, die für eine Änderung **auf Veranlassung des Zahlungsdienstleisters** grds vorliegen müssen. Die Änderung muss dem Nutzer mindestens zwei Monate vor dem angestrebten Termin angeboten werden, an dem die Änderung wirksam werden soll. Das Angebot für den Nutzer muss in der Form erfolgen, die auch für Informationen im Vorfeld eines Zahlungsdiensterahmenvertrags vorgesehen ist (vgl § 675d Rn 5). Das bringt die Verweisung auf die Vorschriften im EGBGB zum Ausdruck. Neben der Sprache und dem Transparenzerfordernis ist eine Mitteilung, also eine Übermittlung an den Nutzer, in Textform erforderlich. Nimmt der Nutzer das Änderungsangebot an, sind die Änderungen Vertragsbestandteile geworden. Reagiert der Nutzer nicht, enthält II eine Fiktion, die der Änderung ebenfalls zur Wirksamkeit verhilft. Im Fall der Ablehnung bleibt dem Zahlungsdienstleister die *Kündigung* (§ 675h II). Der Zahlungsdienstleister kann das Änderungsangebot mit einer Kündigung bei vereinbartem Kündigungsrecht für den Fall der Ablehnung durch den Nutzer verbinden. Es handelt sich insoweit um eine auch bei einseitigen Willenserklärungen zulässige Potestativbedingung (*Derleder* NJW 09, 3195). Die Kündigungsfrist des § 675h II kann aber dadurch nicht verkürzt werden.

II. Fiktion. In II ist den Parteien die Möglichkeit eingeräumt, dem **Schweigen des Zahlungsdienstnutzers einen Erklärungswert** beizulegen. Haben die Parteien bestimmt, dass Schweigen als Zustimmung zu werten ist, wird die angebotene Änderung Vertragsbestandteil, wenn der Nutzer seine Ablehnung nicht vor dem vorgeschlagenen Zeitpunkt des Wirksamwerdens angezeigt hat. Die Anzeige der Ablehnung ist an keine Form gebunden. Die Vereinbarung in AGB ist möglich. Die Regelung geht § 308 Nr 5 vor. Voraussetzung der Fiktion ist allerdings, dass der Zahlungsdienstleister im Zusammenhang mit dem Änderungsangebot auf die Bedeutung des Schweigens hingewiesen hat und das Recht des Nutzers zur kostenfreien und fristlosen Kündigung in den Hinweis mit aufgenommen hat.

5 **III. Fristlose Kündigung.** Die Möglichkeiten des Nutzers, auf ein ordnungsgemäßes Angebot zur Änderung des Rahmenvertrags zu reagieren, werden durch II 2 erweitert. Neben der Zustimmung, dem Schweigen mit Erklärungswert (II 1) und der Ablehnung sieht die Regelung für den Nutzer die Möglichkeit zur fristlosen Kündigung vor. Voraussetzung ist die Vereinbarung eines Erklärungswerts für das Schweigen, die ein Bedürfnis für das Gestaltungsrecht begründen kann. Die fristlose Kündigung ist für den Nutzer **kostenfrei und an keine Form** gebunden. Auf das Recht ist mit dem Änderungsangebot hinzuweisen.

6 **IV. Ausnahmen.** Erleichterungen im Hinblick auf die Änderung von Zahlungsdiensterahmenverträgen sieht III für bestimmte Zinssätze und Wechselkurse vor. **Änderungen von Zinssätzen und Wechselkursen** (zugunsten und zuungunsten des Nutzers) können unmittelbar wirksam werden, wenn bestimmte Bedingungen erfüllt sind. Eine gesonderte Benachrichtigung ist grds nicht erforderlich. Im Hinblick auf Änderungen bei Zinssätzen ist die unverzügliche Unterrichtung des Nutzers vorgesehen. (Art 248 § 9 Nr 2 EGBGB). Voraussetzung für die Erleichterung ist zunächst, dass eine besondere Vereinbarung über eine entsprechende Anpassung im Vertrag vorgesehen ist. Ferner muss die Änderung der Zinssätze bzw Wechselkurse auf vereinbarten Referenzzinssätzen bzw – wechselkursen beruhen. Was darunter zu verstehen ist, wird in der Regelung definiert. Während beim Referenzzinssatz neben der Einbeziehung in den Vertrag als Grundlage der Zinsberechnung die Herkunft aus einer öffentlich zugänglichen und für beide Parteien überprüfbaren Quelle vorliegen muss, ist in Bezug auf die Währung ein allgemeiner oder aus einer öffentlich zugänglichen Quelle stammender Kurs ausreichend.

7 **V. Benachteiligungsverbot.** Die Regelung in IV enthält im Ergebnis ein Verbot für Vereinbarungen, Änderungen beim Zinssatz oder beim Wechselkurs so zu berechnen, dass sie zu einer Benachteiligung des Zahlungsdienstnutzers führen. Da Zinssätze und Wechselkurse allein bei der Berechnung nicht benachteiligen können, ist auf die **Vereinbarung zur Berechnung** abzustellen. Die Vereinbarung zur Berechnung der unmittelbar wirkenden Änderungen darf den Zahlungsdienstnutzer nicht benachteiligen. Falls insoweit eine Benachteiligung vorliegt, ist die Vereinbarung unwirksam.

§ 675h Ordentliche Kündigung eines Zahlungsdiensterahmenvertrags.

(1) Der Zahlungsdienstnutzer kann den Zahlungsdiensterahmenvertrag, auch wenn dieser für einen bestimmten Zeitraum geschlossen ist, jederzeit ohne Einhaltung einer Kündigungsfrist kündigen, sofern nicht eine Kündigungsfrist vereinbart wurde. Die Vereinbarung einer Kündigungsfrist von mehr als einem Monat ist unwirksam.
(2) Der Zahlungsdienstleister kann den Zahlungsdiensterahmenvertrag nur kündigen, wenn der Vertrag auf unbestimmte Zeit geschlossen wurde und das Kündigungsrecht vereinbart wurde. Die Kündigungsfrist darf zwei Monate nicht unterschreiten. Die Kündigung ist in der in Artikel 248 §§ 2 und 3 des Einführungsgesetzes zum Bürgerlichen Gesetzbuche vorgesehenen Form zu erklären.
(3) Im Fall der Kündigung sind regelmäßig erhobene Entgelte nur anteilig bis zum Zeitpunkt der Beendigung des Vertrags zu entrichten. Im Voraus gezahlte Entgelte, die auf die Zeit nach Beendigung des Vertrags fallen, sind anteilig zu erstatten.
(4) Der Zahlungsdienstnutzer darf durch Vereinbarungen zur Berechnung nach Absatz 3 nicht benachteiligt werden.

1 **A. Überblick.** § 675h regelt die **ordentlichen Kündigungsmöglichkeiten** bei einem Zahlungsdienstrahmenvertrag. Die ordentliche Kündigung durch den Zahlungsdienstnutzer ist in I geregelt und unabhängig von der Vertragslaufzeit grds jederzeit formlos möglich. Dagegen ist die ordentliche Kündigung durch den Zahlungsdienstleister formbedürftig und nur unter den besonderen Voraussetzungen bei einem auf unbestimmte Zeit geschlossen Vertrag vorgesehen. Entgelte sind nur bis zum Zeitpunkt der Beendigung des Vertrags zu entrichten (III). Die außerordentliche Kündigung ist nicht speziell geregelt. Mangels besonderer Regelungen und fehlender spezieller Verweisung in § 675c I ist für die außerordentliche Kündigung (aus wichtigem Grund) § 314 anwendbar.

2 **B. Regelungen.** Die Regelung bezweckt, dass der Zahlungsdienstnutzer die ordentliche Kündigung nutzen kann, um relativ leicht den **Zahlungsdienstleister zu wechseln.** Auf der anderen Seite soll er sich auf die Folgen der ordentlichen Kündigung durch den Zahlungsdienstleister sachgerecht vorbereiten können. Vereinbarungen sind zulasten des Zahlungsdienstnutzers nur sehr begrenzt möglich. Die Norm setzt Art 45 der Zahlungsdiensterichtlinie um.

3 **I. Kündigung des Zahlungsdienstnutzers.** Die ordentliche Kündigung des Zahlungsdienstnutzers ist grds **jederzeit ohne Begründung** möglich. Zur Wirksamkeit der Willenserklärung ist der Zugang beim Zahlungsdienstleister erforderlich. Eine Frist ist gesetzlich nicht vorgesehen. Die Parteien können allerdings (auch in AGB) verein-

baren, dass eine Kündigungsfrist einzuhalten ist. Die vereinbarte Frist darf aber nicht länger als ein Monat sein. Wird eine längere Frist vereinbart ist die Vereinbarung unwirksam und es gilt der gesetzliche Grundsatz. Die Kündigung ist für den Zahlungsdienstnutzer kostenlos; ein Entgeltanspruch kann insoweit nicht begründet werden. Von der Umsetzung des Art 45 II der Richtlinie (Entgelt) wurde in Deutschland abgesehen.

II. Kündigung des Zahlungsdienstleisters. Die ordentliche Kündigung durch den Zahlungsdienstleister ist nur unter besonderen Voraussetzungen vorgesehen. Der Vertrag muss einerseits auf **unbestimmte Zeit** geschlossen sein und es muss ein ordentliches Kündigungsrecht vereinbart sein. Die ordentliche Kündigung eines auf bestimmte Zeit abgeschlossenen Zahlungsdiensterahmenvertrags ist daher nicht möglich. Gleiches gilt, falls es an einer Vereinbarung über die ordentliche Kündigung fehlt. Zur Wirksamkeit der Willenserklärung ist neben dem Zugang beim Zahlungsdienstnutzer erforderlich, dass die gesetzlich bestimmte Form eingehalten wird. Die Sprache sowie die erforderliche Textform für die wirksame Kündigung ergeben sich aus der Verweisung nach Art 248 §§ 2 u 3 EGBGB. Die Kündigungsfrist beträgt mindestens zwei Monate. Eine andere Vereinbarung (auch in AGB) ist möglich; wirksam sind allerdings nur Verlängerungen der Frist. 4

III. Entgelte. Die Kündigung selbst ist für den Zahlungsdienstnutzer kostenlos. Darüber hinaus bestimmt III, dass für den Zahlungsdienst **vereinbarte Entgelte nur bis zum Zeitpunkt der Beendigung des Vertrags** geschuldet sind. Die Beendigung des Vertrags tritt aufgrund der Gestaltungswirkung der wirksamen Kündigung nach Ablauf der Kündigungsfrist ein. Regelmäßig erhobene Entgelte (zB Kontoführung) sind nur bis zum Zeitpunkt der Beendigung zu entrichten. Entgelte, die für künftige Zahlungsdienste im Voraus entrichtet wurden und auch auf die Zeit nach Beendigung des Vertrags fallen, sind anteilig zu erstatten (zB Jahresgebühr für Kreditkarten). Die Vorschrift ist eine eigene Anspruchsgrundlage. Ein Rückgriff auf das Bereicherungsrecht ist insoweit nicht erforderlich. 5

§ 675i Ausnahmen für Kleinbetragsinstrumente und elektronisches Geld.

(1) Ein Zahlungsdienstevertrag kann die Überlassung eines Kleinbetragsinstruments an den Zahlungsdienstnutzer vorsehen. Ein Kleinbetragsinstrument ist ein Mittel,
1. mit dem nur einzelne Zahlungsvorgänge bis höchstens 30 Euro ausgelöst werden können,
2. das eine Ausgabenobergrenze von 150 Euro hat oder
3. das Geldbeträge speichert, die zu keiner Zeit 150 Euro übersteigen

In den Fällen der Nummern 2 und 3 erhöht sich die Betragsgrenze auf 200 Euro, wenn das Kleinbetragsinstrument nur für inländische Zahlungsvorgänge genutzt werden kann.
(2) Im Fall des Absatzes 1 können die Parteien vereinbaren, dass
1. der Zahlungsdienstleister Änderungen der Vertragsbedingungen nicht in der in § 675g Abs. 1 vorgesehenen Form anbieten muss,
2. § 675l Satz 2, § 675m Abs. 1 Satz 1 Nr. 3, 4, Satz 2 und § 675v Abs. 3 nicht anzuwenden sind, wenn das Kleinbetragsinstrument nicht gesperrt oder eine weitere Nutzung nicht verhindert werden kann,
3. die §§ 675u, 675v Abs. 1 und 2, die §§ 675w und 676 nicht anzuwenden sind, wenn die Nutzung des Kleinbetragsinstruments keinem Zahlungsdienstnutzer zugeordnet werden kann oder der Zahlungsdienstleister aus anderen Gründen, die in dem Kleinbetragsinstrument selbst angelegt sind, nicht nachweisen kann, dass ein Zahlungsvorgang autorisiert war,
4. der Zahlungsdienstleister abweichend von § 675o Abs. 1 nicht verpflichtet ist, den Zahlungsdienstnutzer von einer Ablehnung des Zahlungsauftrags zu unterrichten, wenn die Nichtausführung aus dem Zusammenhang hervorgeht,
5. der Zahler abweichend von § 675p den Zahlungsauftrag nach dessen Übermittlung oder nachdem er dem Zahlungsempfänger seine Zustimmung zum Zahlungsauftrag erteilt hat, nicht widerrufen kann, oder
6. andere als die in § 675s bestimmten Ausführungsfristen gelten

(3) Die §§ 675u und 675v sind für elektronisches Geld nicht anzuwenden, wenn der Zahlungsdienstleister des Zahlers nicht die Möglichkeit hat, das Zahlungskonto oder das Kleinbetragsinstrument zu sperren. Satz 1 gilt nur für Zahlungskonten oder Kleinbetragsinstrumente mit einem Wert von höchstens 200 Euro.

A. Überblick. Die sehr dichten Regelungen für Zahlungsdienste, die im Grundsatz nicht zur Disposition der Parteien stehen, sind in **Bagatellfällen nicht zwingend erforderlich**. Neben Bereichsausnahmen im Fall von elektronischem Geld, insoweit sind die Haftungsregeln für nicht autorisierte Zahlungen und Missbrauch teilweise nicht anwendbar, können Vereinbarungen bei Kleinbetragsinstrumenten in erweiterten Umfang getroffen werden. Auf diese Weise sollen bei Geschäften zu niedrigen Preisen im Zusammenhang mit Waren und Dienstleistungen kostengünstige und benutzerfreundliche Zahlungsinstrumente zur Verfügung stehen (zB Geldkarte). Die Ausnahmen und Vereinbarungsmöglichkeiten können die Verwendung solcher Instrumente fördern bzw erst ermöglichen. Um die Risiken für die Nutzer in Grenzen zu halten, wurden die Regelungen auf Kleinbetragsinstrumente beschränkt bzw ein Höchstbetrag festgelegt. Die Norm setzt Teile der Art 34 u 53 der Zahlungsdiensterichtlinie um. 1

B. Regelungen. Die Norm befasst sich mit den **Ausnahmen von den Regelungen** des Untertitels für Kleinbetragsinstrumente und elektronisches Geld, die vom Anwendungsbereich der Normen aber umfasst sind (§ 675c Rn 7). Die Festlegung, was unter einem Kleinbetragsinstrument zu verstehen ist, erfolgt in I. Erwartungsgemäß erfolgt die Grenzziehung nach Betragszahlen. II eröffnet den Vertragsparteien die Möglichkeit, bei der Nutzung der Instrumente von zahlreichen Vorschriften des Untertitels abweichende Vereinbarungen zu treffen. In Bezug auf das elektronische Geld enthält III einen Anwendungsausschluss. Der Ausschluss betrifft die Haftungsregeln über nicht autorisierte Zahlungen und Missbrauch im Bereich bis 200 Euro, wenn keine Sperrmöglichkeit besteht.

I. Kleinbetragsinstrument. Kleinbetragsinstrumente sind Gegenstand eines Zahlungsdienstevertrags. Es handelt sich dabei um Mittel, die für Zahlungsvorgänge mit **bestimmten Betragsgrenzen** eingesetzt werden. Ein Kleinbetragsinstrument liegt vor, falls mit einem Mittel nur einzelne Zahlungsvorgänge bis höchstens 30 Euro ausgelöst werden können. Ferner sind solche Instrumente erfasst, die eine Ausgabenobergrenze von 150 Euro haben. Darüber hinaus liegt ein Kleinbetragsinstrument auch vor, wenn mit dem Mittel Geldbeträge von nicht mehr als 150 Euro gespeichert werden können. Instrumente idS sind daher pre- und post-paid-Produkte, aber auch an ein Zahlungskonto gebundene Produkte. Kleinbetragsinstrument kann auch elektronisches Geld (kartenbasiert oder serverbasiert) sein. Denn dabei handelt es sich um Werteinheiten in Form einer Forderung gegen die ausgebende Stelle, die auf elektronischen Datenträgern gespeichert sind, gegen Entgegennahme eines Geldbetrags ausgegeben werden und von Dritten als Zahlungsmittel angenommen werden, ohne gesetzliches Zahlungsmittel zu sein (§ 1 XIV KWG). Voraussetzung ist allerdings insoweit, dass die Höchstbeträge nicht überschritten werden.

Um eine Umstellung der in Deutschland in Umlauf befindlichen Instrumente zu vermeiden, hat der Gesetzgeber in I 3 auf den bestehenden Markt reagiert. In Übereinstimmung mit der Richtlinie wurde die Grenze von 150 Euro auf eine **Bagatellgrenze von 200 Euro** erhöht. Um die erhöhte Grenze zu berücksichtigen, ist aber erforderlich, dass das Instrument nur für rein inländische Zahlungsvorgänge genutzt werden kann. Es handelt sich dabei um eine Eigenschaft des Instruments, nicht entscheidend ist der Zahlungsvorgang.

II. Vereinbarungen. Für die Kleinbetragsinstrumente können die Parteien des Zahlungsdienstevertrags Vereinbarungen treffen, die von den im Grundsatz zwingenden Normen abweichen. In den verschiedenen Nr der Aufzählung geht es um die **Form von Änderungen** in den Vertragsbedingungen (Nr 1), bestimmte Pflichten, die ohne Sperrungsmöglichkeit nicht erfüllbar sind (Nr 2), Haftungsregeln, die aufgrund der Eigenart des Instruments nicht sachgerecht erscheinen (Nr 3), gleiches gilt für bestimmte Pflichten, die der Zahlungsdienstleister zu erfüllen hat (Nr 4), den Widerruf der Zustimmung zum Zahlungsauftrag (Nr 5) und Ausführungsfristen (Nr 6).

III. Elektronisches Geld. Für elektronisches Geld sind Sonderregelungen zu beachten. Dabei sind die Haftungsregelungen über nicht autorisierte Zahlungen und Missbrauch im Bereich bis 200 Euro nicht anwendbar, wenn **keine Sperrmöglichkeit** besteht. Die allgemeine Umschreibung von elektronischem Geld erlaubt vielfältige Gestaltungen. Es muss sich um Werteinheiten in Form einer Forderung gegen die ausgebende Stelle handeln, die auf elektronischen Datenträgern gespeichert sind, gegen Entgegennahme eines Geldbetrags ausgegeben werden und von Dritten als Zahlungsmittel angenommen werden, ohne gesetzliches Zahlungsmittel zu sein. Das elektronische Geld zeichnet sich durch eine Bargeldersatzfunktion aus. Das gilt insb für Geldkarten, die zur Zahlung an Geldkarten-Terminals geeignet sind. Die ec-Karte kann ebenfalls mit der Funktion ausgestattet sein. Die Verwendung der Karte beruht darauf, dass der Kartenaussteller es ermöglicht, die Karte mit einem Guthaben aufzuladen (§ 669), das wie Bargeld eingesetzt werden kann. Der Einsatz der Karte führt zu einem abstrakten Schuldversprechen des Kartenausstellers ggü dem Vertragsunternehmen.

Der Ausschluss der Haftungsregelung durch III führt für elektronisches Geld im Bereich bis 200 Euro ohne Sperrmöglichkeit dazu, dass der **Verwender das Risiko** von Verlust und Missbrauch wie beim Einsatz von Bargeld trägt. Wird mit dem Zahlungskonto oder dem Instrument die Grenze von 200 Euro überschritten, greift der Ausschluss nicht ein. Es erfolgt eine Risikoverlagerung auf den Zahlungsdienstleister nach allgemeinen Regeln. Der Anreiz, nicht sperrbare Produkte als elektronisches Geld auf den Markt zu bringen, wird sich daher in Grenzen halten.

Handelt es sich bei elektronischem Geld auch um ein Kleinbetragsinstrument nach I, geht III nicht vor. Vielmehr sind II und III **nebeneinander anwendbar**. Im Hinblick auf II Nr 3 kann III aber zu einer Überlagerung führen, wenn keine Sperrmöglichkeit besteht.

Kapitel 3 Erbringung und Nutzung von Zahlungsdiensten

Unterkapitel 1 Autorisierung von Zahlungsvorgängen; Zahlungsauthentifizierungsinstrumente

§ 675j Zustimmung und Widerruf der Zustimmung.
(1) Ein Zahlungsvorgang ist gegenüber dem Zahler nur wirksam, wenn er diesem zugestimmt hat (Autorisierung). Die Zustimmung kann entweder als Einwilligung oder, sofern zwischen dem Zahler und seinem Zahlungsdienstleister zuvor vereinbart, als Genehmigung erteilt werden. Art und Weise der Zustimmung sind zwischen dem Zahler und seinem Zahlungsdienstleister zu vereinbaren. Insbesondere kann vereinbart werden, dass die Zustimmung mittels eines bestimmten Zahlungsauthentifizierungsinstruments erteilt werden kann.
(2) Die Zustimmung kann vom Zahler durch Erklärung gegenüber dem Zahlungsdienstleister so lange widerrufen werden, wie der Zahlungsauftrag widerruflich ist (§ 675p). Auch die Zustimmung zur Ausführung mehrerer Zahlungsvorgänge kann mit der Folge widerrufen werden, dass jeder nachfolgende Zahlungsvorgang nicht mehr autorisiert ist.

A. Überblick. Die Regelung beschäftigt sich mit der *Wirksamkeit eines Zahlungsvorgangs* ggü dem Zahler. 1
Die Wirksamkeit hängt von der Autorisierung ab, die in I legal definiert wird. Entscheidend ist, ob eine Zustimmung des Zahlers vorliegt. Die Zustimmungsformen werden in I in Übereinstimmung mit § 182 bestimmt. Gleichgestellt wird ein vereinbartes Zahlungsauthentifizierungsinstrument. Nutzungsbegrenzungen und besondere Pflichten bei der Vereinbarung eines solchen Instruments sind in §§ 675k-675m geregelt. Eine konkrete Vereinbarung über die Art und Weise der Zustimmung ist in den Zahlungsdienstevertrag aufzunehmen. Mit der Widerrufsmöglichkeit für die Zustimmung beschäftigt sich II und lehnt die Wirkung an den Widerruf des Zahlungsauftrags an. Mit der Zustimmung für mehrerer Zahlungsvorgänge befasst sich II S. 2. Die Haftung für nicht autorisierte Vorgänge ist in § 675u geregelt. Die Norm setzt Art 54 und Teile von Art 55 der Zahlungsdiensterichtlinie um.

B. Regelungen. § 675j geht davon aus, dass jeder Zahlungsvorgang ggü dem Zahler nur nach entsprechen- 2
der **Autorisierung** wirksam ist. Das Mittel der Autorisierung ist die Zustimmung. Die Zustimmung ist eine einseitige und empfangsbedürftige Willenserklärung. Eine bestimmte Form ist nicht vorgesehen. Die Erklärung kann ausdrücklich, aber auch konkludent erfolgen. Die Willenserklärung kann bis zu einem bestimmten Zeitpunkt widerrufen werden. Ist der Widerruf wirksam, ist ein danach ausgeführter Zahlungsvorgang nicht autorisiert und daher ggü dem Zahler nicht wirksam. Es besteht insb kein Anspruch auf Aufwendungsersatz (§ 675u).

I. Zustimmung. Die Zustimmung und damit die **Autorisierung des Zahlungsvorgangs** kann vor der Aus- 3
führung (Einwilligung) und nach der Ausführung (Genehmigung) durch den Zahler erfolgen. Die zweite Variante (Genehmigung) kommt allerdings nur in Betracht, wenn vorher eine entsprechende Vereinbarung zwischen Zahler und Zahlungsdienstleister getroffen wurde. AGB reichen aus. Die Regelung in I S 3 gibt den Parteien auf, eine Regelung über die Art und Weise der Zustimmung zu treffen. Das entspricht der bisher üblichen Praxis der Banken. Auf diesem Wege bleiben zahlreiche Verfahren, die bisher in den Mitgliedstaaten verbreitet waren, weiterhin anwendbar, wenn entsprechende Vereinbarungen getroffen werden (zB Einzugsermächtigungslastschrift in Deutschland, § 675f Rn 11, vgl Hadding FS Hüffer 273, 279). Die Zustimmung erfolgt bei der Einzugsermächtigungslastschrift regelmäßig dadurch, dass innerhalb einer Frist (6 Wochen) dem Rechnungsabschluss nicht widersprochen wird. Einen anderen Weg geht das SEPA-Lastschriftverfahren, das gleichzeitige "Weisungen" an den Zahlungsempfänger und den Zahlungsdienstleister voraussetzt vgl Hadding FS Hüffer 273, 280 ff.

Die Zustimmung kann nach entsprechender Vereinbarung auch mittels eines **Zahlungsauthentifizierungsin-** 4
struments erfolgen. Ein Zahlungsauthentifizierungsinstrument ist jedes personalisierte Instrument oder Verfahren, das zwischen dem Zahlungsdienstnutzer und dem Zahlungsdienstleister für die Erteilung von Zahlungsaufträgen vereinbart wird und das vom Zahlungsdienstnutzer eingesetzt wird, um einen Zahlungsauftrag zu erteilen (§ 1 V ZAG). Zu möglichen Vereinbarungen von Nutzungsbegrenzungen s. § 675k.

II. Widerruf. Die Zustimmung des Zahlers zu einem Zahlungsvorgang kann grds jederzeit widerrufen wer- 5
den. Der Widerruf ist allerdings nicht mehr möglich, wenn der **Zahlungsauftrag unwiderruflich** ist (§ 675p). Die Autorisierung ist bei Unwiderruflichkeit des Zahlungsauftrags endgültig. Die Unwiderruflichkeit des Zahlungsauftrags ist vom jeweiligen Zahlungsverfahren abhängig (s. § 675p Rn 3 ff). Die Sonderregelung in II 2 regelt den Fall, dass eine Zustimmung für mehrere Zahlungsvorgänge autorisierende Wirkung hat (zB Daueraufträge). Der Widerruf ist auch für solche Zustimmungen möglich. Er hat allerdings nur die Wirkung, dass alle zeitlich nachfolgenden Zahlungsvorgänge nicht mehr autorisiert sind.

§ 675k Nutzungsbegrenzung. (1) In Fällen, in denen die Zustimmung mittels eines Zahlungsauthentifizierungsinstruments erteilt wird, können der Zahler und der Zahlungsdienstleister Betragsobergrenzen für die Nutzung dieses Zahlungsauthentifizierungsinstruments vereinbaren.
(2) Zahler und Zahlungsdienstleister können vereinbaren, dass der Zahlungsdienstleister das Recht hat, ein Zahlungsauthentifizierungsinstrument zu sperren, wenn
1. sachliche Gründe im Zusammenhang mit der Sicherheit des Zahlungsauthentifizierungsinstruments dies rechtfertigen,
2. der Verdacht einer nicht autorisierten oder einer betrügerischen Verwendung des Zahlungsauthentifizierungsinstruments besteht oder
3. bei einem Zahlungsauthentifizierungsinstrument mit Kreditgewährung ein wesentlich erhöhtes Risiko besteht, dass der Zahler seiner Zahlungspflicht nicht nachkommen kann

In diesem Fall ist der Zahlungsdienstleister verpflichtet, den Zahler über die Sperrung des Zahlungsauthentifizierungsinstruments möglichst vor, spätestens jedoch unverzüglich nach der Sperrung zu unterrichten. In der Unterrichtung sind die Gründe für die Sperrung anzugeben. Die Angabe von Gründen darf unterbleiben, soweit der Zahlungsdienstleister hierdurch gegen gesetzliche Verpflichtungen verstoßen würde. Der Zahlungsdienstleister ist verpflichtet, das Zahlungsauthentifizierungsinstrument zu entsperren oder dieses durch ein neues Zahlungsauthentifizierungsinstrument zu ersetzen, wenn die Gründe für die Sperrung nicht mehr gegeben sind. Der Zahlungsdienstnutzer ist über eine Entsperrung unverzüglich zu unterrichten.

1 **A. Überblick.** Die Regelung steht in engem Zusammenhang mit der Möglichkeit, die Zustimmung und damit die Autorisierung von Zahlungsvorgängen durch ein Zahlungsauthentifizierungsinstrument vorzunehmen (§ 675j I 4). Für das zur Autorisierung vereinbarte Zahlungsauthentifizierungsinstrument können **Nutzungsbegrenzungen** vereinbart werden. § 675k eröffnet den Spielraum für die Vereinbarung von Nutzungsbegrenzungen. Ferner sieht die Regelung unter bestimmten Voraussetzungen die Möglichkeit vor, eine Berechtigung für das Sperren des Instruments zu vereinbaren (II). Besondere Pflichten für Zahler und Zahlungsdienstleister sind in §§ 675l u 675m geregelt. Die Zahlungsdiensterichtlinie lässt Begrenzungen in Art 55 zu.

2 **B. Regelungen.** Nutzungsbegrenzungen für Zahlungsauthentifizierungsinstrumente können zwischen Zahler und Zahlungsdienstleister vereinbart werden. Die Regelung sieht in I **Betragsobergrenzen** für das Instrument und in II die Berechtigung zum **Sperren des Instruments** als Gegenstand von Vereinbarungen vor. Die Vereinbarungen können auch in AGB erfolgen.

3 **I. Betragsobergrenzen.** Der Einsatz eines Zahlungsauthentifizierungsinstruments ist nicht ohne Risiko. Um die Risiken des Missbrauchs zu begrenzen und die Parteien vor den Folgen zu schützen, kann die **Vereinbarung über die Erteilung der Zustimmung** und Autorisierung von Zahlungsvorgängen Betragsobergrenzen enthalten. Solche Vereinbarungen finden sich in Bezug auf die Obergrenzen für Überweisungen mittels Online-Banking oder für Kartenbargeldabhebungen.

4 **II. Sperren.** Unter bestimmten Voraussetzungen lässt II Vereinbarungen zwischen Zahler und Zahlungsdienstleister zu, nach denen der Zahlungsdienstleister berechtigt ist, das Zahlungsauthentifizierungsinstrument zu sperren. Die Sperre hat zur Folge, dass das Instrument nicht mehr zur Autorisierung eines Zahlungsvorgangs zur Verfügung steht. Die Einziehung des Instruments (zB Zahlungskarte) ist ebenfalls eine Sperre. **Fallgruppen, für die eine Vereinbarung** über eine Berechtigung zur Sperre in Betracht kommt, sind Sicherheitserwägungen in Bezug auf das Instrument (Nr 1), der Verdacht einer missbräuchlichen Verwendung (Nr 2) und falls sich bei Kreditgewährung ein erhöhtes Risiko in Bezug auf die Liquidität des Zahlers ergibt (Nr 3). Nimmt der Zahlungsdienstleister in Vollzug der Vereinbarung eine Sperrung vor, ist der Zahler spätestens unverzüglich nach der Maßnahme zu unterrichten. Ein Verstoß kann zu Schadensersatzansprüchen führen. Im Grundsatz ist bei der Unterrichtung durch Mitteilung auch der Grund für die Sperre anzugeben. Eine Ausnahme von der Mitteilung der Gründe sieht die Regelung vor, falls der Zahlungsdienstleister hierdurch gegen gesetzliche Verpflichtungen verstoßen würde (zB Geldwäsche).

5 II 5 enthält eine Anspruchsgrundlage für die **Entsperrung oder Neuausstellung** des Zahlungsauthentifizierungsinstruments, wenn die Gründe für die Sperrung entfallen sind. Zur Übermittlung des Verlangens an den Zahlungsdienstleister s. § 675m Rn 3. Die Entsperrung oder Neuausstellung ist regelmäßig unentgeltlich vorzunehmen. Dies ergibt sich aus dem Verbot, Entgelte für die Erfüllung von Nebenpflichten aus dem Zahlungsdienstevertrag zu erheben (§ 675f IV 2). Über die Entsperrung bzw Neuausstellung ist der Nutzer unverzüglich zu unterrichten. Die Unterrichtung ist durch den Zahlungsdienstleister in Form der Mitteilung vorzunehmen.

§ 675l Pflichten des Zahlers in Bezug auf Zahlungsauthentifizierungsinstrumente.

Der Zahler ist verpflichtet, unmittelbar nach Erhalt eines Zahlungsauthentifizierungsinstruments alle zumutbaren Vorkehrungen zu treffen, um die personalisierten Sicherheitsmerkmale vor unbefugtem Zugriff zu schützen. Er hat dem Zahlungsdienstleister oder einer von diesem benannten Stelle den Verlust, den Diebstahl, die missbräuchliche Verwendung oder die sonstige nicht autorisierte Nutzung eines Zahlungsauthentifizierungsinstruments unverzüglich anzuzeigen, nachdem er hiervon Kenntnis erlangt hat.

A. Regelung. § 675l nennt die **Schutz- und Anzeigepflichten**, die dem Zahler auferlegt werden, wenn die Nutzung eines Zahlungsauthentifizierungsinstruments zur Autorisierung von Zahlungsvorgängen mit dem Zahlungsdienstleister vereinbart wurde. Die Norm setzt Art 56 der Zahlungsdiensterichtlinie um. 1

I. Schutzpflichten. Der Zahler hat zunächst Vorkehrungen zu treffen, um die personalisierten Sicherheitsmerkmale vor unbefugtem Zugriff zu schützen. Der Schutz bezieht sich insoweit nicht auf alle personenbezogenen Daten, sondern nur auf solche Sicherheitsmerkmale, die eine Authentifizierung erlauben (zB Passwort, PIN, TAN; nicht: zB Kartennummer). Auf diesem Wege soll ein Schutz gegen missbräuchliche Verwendung geschaffen werden. Einzelheiten sind den vertraglichen Vereinbarungen zwischen Zahlungsdienstleister und Nutzer vorbehalten. Dabei kann der Inhalt der Pflichten dem konkreten Zahlungsauthentifizierungsinstrument angepasst werden. Die Pflicht entsteht ab dem Zeitpunkt des Erhalts des Instruments (zur Gefahrtragung bei Versendung s. § 675m Rn 4). 2

Die vertraglich auferlegten **Pflichten in AGB** sind anhand der §§ 305, 307 ff einer Kontrolle zu unterziehen. Bei der Inhaltskontrolle sind insb die detaillierten Haftungs- und Beweislastregeln des Untertitels in Bezug auf nicht autorisierte Zahlungsvorgänge mittels Zahlungsauthentifizierungsinstrument zu berücksichtigen, die insoweit gesetzliche Leitbildfunktion haben. 3

Ein **Verstoß** gegen die wirksam vereinbarten Pflichten kann zu Schadensersatzansprüchen führen (§ 675v II). Die Rspr geht von einem Pflichtverstoß aus, wenn etwa Karte und PIN nicht getrennt verwahrt werden (BGH 145, 337). Die PIN ist ferner geheim zu halten (Hamm NJW-RR 98, 561). 4

II. Anzeigepflichten. In den Fällen des Verlusts, Diebstahls oder der missbräuchlichen Verwendung bzw der sonstigen nicht autorisierten Nutzung, unabhängig davon, ob die Schutzpflichten eingehalten wurden oder nicht, entsteht eine **Verpflichtung zur unverzüglichen Anzeige** ggü dem Zahlungsdienstleister. Maßgebend für die Anzeige ohne schuldhaftes Zögern (§ 121) ist der Zeitpunkt der Kenntnis des Zahlers von der nicht autorisierten Nutzung bzw dem Verlust oder Diebstahl des Zahlungsauthentifizierungsinstruments. Die Anzeige wird mit Zugang wirksam (zur Bestätigung s. § 675m Rn 3). Die Regelung behandelt den Verlust und den Diebstahl als auslösende Ereignisse für die Anzeige, auch wenn es insoweit noch nicht zu einer nicht autorisierten Nutzung gekommen ist. Es besteht allerdings die Gefahr. Die missbräuchliche Verwendung ist dagegen ein Unterfall der nicht autorisierten Nutzung. Die Anzeige kann anstelle ggü dem Zahlungsdienstleister auch ggü einer von diesem benannten Stelle erfolgen. 5

§ 675m Pflichten des Zahlungsdienstleisters in Bezug auf Zahlungsauthentifizierungsinstrumente; Risiko der Versendung.

(1) Der Zahlungsdienstleister, der ein Zahlungsauthentifizierungsinstrument ausgibt, ist verpflichtet,
1. unbeschadet der Pflichten des Zahlungsdienstnutzers gemäß § 675l sicherzustellen, dass die personalisierten Sicherheitsmerkmale des Zahlungsauthentifizierungsinstruments nur der zur Nutzung berechtigten Person zugänglich sind,
2. die unaufgeforderte Zusendung von Zahlungsauthentifizierungsinstrumenten an den Zahlungsdienstnutzer zu unterlassen, es sei denn, ein bereits an den Zahlungsdienstnutzer ausgegebenes Zahlungsauthentifizierungsinstrument muss ersetzt werden,
3. sicherzustellen, dass der Zahlungsdienstnutzer durch geeignete Mittel jederzeit die Möglichkeit hat, eine Anzeige gemäß § 675l Satz 2 vorzunehmen oder die Aufhebung der Sperrung gemäß § 675k Abs. 2 Satz 5 zu verlangen, und
4. jede Nutzung des Zahlungsauthentifizierungsinstruments zu verhindern, sobald eine Anzeige gemäß § 675l Satz 2 erfolgt ist

Hat der Zahlungsdienstnutzer den Verlust, den Diebstahl, die missbräuchliche Verwendung oder die sonstige nicht autorisierte Nutzung eines Zahlungsauthentifizierungsinstruments angezeigt, stellt sein Zahlungsdienstleister ihm auf Anfrage bis mindestens 18 Monate nach dieser Anzeige die Mittel zur Verfügung, mit denen der Zahlungsdienstnutzer beweisen kann, dass eine Anzeige erfolgt ist.

(2) Die Gefahr der Versendung eines Zahlungsauthentifizierungsinstruments und der Versendung personalisierter Sicherheitsmerkmale des Zahlungsauthentifizierungsinstruments an den Zahler trägt der Zahlungsdienstleister.

1 A. Regelung. § 675m erläutert **besondere Pflichten** des Zahlungsdienstleisters, der Zahlungsauthentifizierungsinstrumente an den Zahlungsdienstnutzer ausgibt. Die Norm setzt Art 57 der Zahlungsdiensterichtlinie um. Die Pflichten nach I korrespondieren in weiten Teilen mit den Pflichten des Zahlers nach § 675l. II enthält eine Gefahrtragungsregelung.

2 I. Pflichten des Zahlungsdienstleisters. Die Aufzählung der Pflichten des Zahlungsdienstleisters im Zusammenhang mit der Ausgabe eines Zahlungsauthentifizierungsinstruments sind nicht abschließend. Hintergrund ist es, den **Missbrauch zu verhindern** oder die Folgen so gering wie möglich zu halten. In Bezug auf die personalisierten Sicherheitsmerkmale des Zahlungsauthentifizierungsinstruments ist zu gewährleisten, dass nur die zur Nutzung berechtigten Personen Zugang haben (Nr 1). Der Zahler hat eine entsprechende Verpflichtung (§ 675l Rn 2). Besonderen Gefahren, die entstehen können, wenn solche Instrumente unaufgefordert zugesendet werden, wirkt die Unterlassungsverpflichtung entgehen (Nr 2). Der Ersatz für ein bestehendes Instrument ist davon ausgenommen. Die Ausnahme trägt den praktischen Bedürfnissen beim Austausch von zB Zahlungskarten Rechnung.

3 An die Verpflichtung des Zahlers zur **Anzeige** von Verlust, Diebstahl, missbräuchlicher Verwendung oder sonstiger nicht autorisierter Nutzung knüpft die Verpflichtung des Zahlungsdienstleisters an, geeignete Mittel zur Verfügung zu stellen, so dass der Zahler seine Verpflichtung erfüllen kann. Das vom Zahlungsdienstleister zur Verfügung gestellte Mittel muss in der Lage sein, jederzeit eine Anzeige des Zahlers entgegen zu nehmen. Darüber hinaus muss das Mittel auch geeignet sein, den Anspruch auf Aufhebung einer Sperrung zu verlangen (§ 675k Rn 5). Eine zentrale Stelle, die 24 Stunden besetzt ist, wird den Anforderungen in der Regel gerecht. Der Zahlungsdienstleister ist ferner verpflichtet, auf Verlangen dem Zahlungsdienstnutzer eine Bestätigung der Anzeige zu übermitteln (I 2). Die Bestätigung muss dem Zahler den Beweis der Erfüllung seiner Anzeigepflicht ermöglichen. Die Bestätigung kann nur bis 18 Monate nach der Anzeige verlangt werden. Den Zahlungsdienstleister trifft ferner die Pflicht, nach der Anzeige jede Nutzung des Zahlungsauthentifizierungsinstruments zu verhindern (Nr 4).

4 II. Gefahrtragung. II weist die **Gefahr für die Versendung** des Zahlungsauthentifizierungsinstruments und der personalisierten Sicherheitsmerkmale (zB Passwort, PIN) ausdrücklich dem Zahlungsdienstleister zu. Eine abweichende Vereinbarung ist nicht möglich. Das ergibt sich aus dem zwingenden Charakter der Regelungen (§ 675e). Der Zahlungsdienstleister trägt daher bis zum Zeitpunkt des Zugangs des Zahlungsauthentifizierungsinstruments beim Zahler das Risiko und die Folgen einer missbräuchlichen Verwendung. Die besonderen Schutzpflichten des Zahlers setzen erst nach Erhalt ein (§ 675l).

Unterkapitel 2   Ausführung von Zahlungsvorgängen

§ 675n Zugang von Zahlungsaufträgen.
(1) Ein Zahlungsauftrag wird wirksam, wenn er dem Zahlungsdienstleister des Zahlers zugeht. Fällt der Zeitpunkt des Zugangs nicht auf einen Geschäftstag des Zahlungsdienstleisters des Zahlers, gilt der Zahlungsauftrag als am darauf folgenden Geschäftstag zugegangen. Der Zahlungsdienstleister kann festlegen, dass Zahlungsaufträge, die nach einem bestimmten Zeitpunkt nahe am Ende eines Geschäftstags zugehen, für die Zwecke des § 675s Abs. 1 als am darauf folgenden Geschäftstag zugegangen gelten. Geschäftstag ist jeder Tag, an dem der an der Ausführung eines Zahlungsvorgangs beteiligte Zahlungsdienstleister den für die Ausführung von Zahlungsvorgängen erforderlichen Geschäftsbetrieb unterhält.
(2) Vereinbaren der Zahlungsdienstnutzer, der einen Zahlungsvorgang auslöst oder über den ein Zahlungsvorgang ausgelöst wird, und sein Zahlungsdienstleister, dass die Ausführung des Zahlungsauftrags an einem bestimmten Tag oder am Ende eines bestimmten Zeitraums oder an dem Tag, an dem der Zahler dem Zahlungsdienstleister den zur Ausführung erforderlichen Geldbetrag zur Verfügung gestellt hat, beginnen soll, so gilt der vereinbarte Termin für die Zwecke des § 675s Abs. 1 als Zeitpunkt des Zugangs. Fällt der vereinbarte Termin nicht auf einen Geschäftstag des Zahlungsdienstleisters des Zahlers, so gilt für die Zwecke des § 675s Abs. 1 der darauf folgende Geschäftstag als Zeitpunkt des Zugangs.

1 A. Überblick. Die Regelungen in Unterkapitel 2 sind dem Zahlungsauftrag und dessen Ausführung gewidmet. Was unter einen Zahlungsauftrag zu verstehen ist, bestimmt § 675f III 2. Zahlungsauftrag ist danach jeder Auftrag, den ein Zahler seinem Zahlungsdienstleister zur Ausführung eines Zahlungsvorgangs entweder unmittelbar oder mittelbar über den Zahlungsempfänger erteilt. § 675n bestimmt den **Zugangszeitpunkt von Zahlungsaufträgen**, der für weitere Fristen als Anknüpfungspunkt dient. Ferner sind in dem Unterkapitel die Regeln zur Ablehnung von Zahlungsaufträgen (§ 675o), zur Unwiderruflichkeit (§ 675p), zu Entgelten (§ 675q) sowie zur Ausführung (§§ 675r, 675s) und Wertstellung (§ 675t) enthalten. Die Regelungen setzen die Art 65 ff der Zahlungsdiensterichtlinie um.

B. Regelungen. Die Vorschrift legt die Voraussetzungen der Wirksamkeit eines Zahlungsauftrags fest und bestimmt den Zeitpunkt des Zugangs (I). Dabei eröffnet die Norm Spielräume für Gestaltungen durch den Zahlungsdienstleister. II enthält Regeln für Terminaufträge.

I. Zugang. Der Zahlungsauftrag als Weisung des Zahlers an seinen Zahlungsdienstleister **wird wirksam**, wenn er dem Zahlungsdienstleister zugeht. Das entspricht der Regelung für Willenserklärungen in § 130 I. Auf welchem Weg der Zahlungsauftrag den Zahlungsdienstleister erreicht, unmittelbar oder mittelbar über den Zahlungsempfänger spielt dabei keine Rolle. Die allgemeine Regelung, dass neben dem Machtbereich des Zahlungsdienstleisters auch die Möglichkeit der Kenntnisnahme gegeben sein muss, um einen Zugang herbeizuführen, wird durch I 2 klargestellt. Danach kann ein Zugang nur an Geschäftstagen eintreten. Was unter einem Geschäftstag zu verstehen ist, definiert S. 4. Danach ist ein Geschäftstag danach zu bestimmen, ob der Zahlungsdienstleister den für die Ausführung von Zahlungsvorgängen erforderlichen Geschäftsbetrieb unterhält. Entscheidend ist insoweit die kontoführende bzw tatsächlich mit dem Zahler in Kontakt tretende Stelle (vgl § 675d Rn 7).

Der Zahlungsdienstleister kann einen **Zeitpunkt vor dem Ende des Geschäftstages** bestimmen, nach welchem alle Zahlungsaufträge als am darauffolgenden Geschäftstag eingegangen gelten. Diese Möglichkeit trägt den Bedürfnissen der Zahlungsdienstleister Rechnung, einen täglichen Rechnungsabschluss zu erstellen. Die Festlegung kann auch für den Zahlungsverkehr über das Internet oder Terminals erfolgen (BTDrs 16/11643, 107). Damit bleiben die bisher üblichen sog "Cut-off"-Zeiten weiterhin gültig. Die Festlegung ist für den Beginn der Ausführungsfrist von erheblicher Bedeutung. Auf die Geschäftszeiten einer Filiale kommt es bei der Festlegung nicht an. Gleichwohl muss der festgelegte Zeitpunkt nahe am Ende eines Geschäftstages liegen.

Für die Wirksamkeit des Zahlungsauftrags und den Zeitpunkt des Zugangs ohne Bedeutung ist die vorherige **Beteiligung des Zahlungsdienstleisters**. Weder die Mitwirkung bei der Erstellung des Zahlungsauftrags, noch Sicherheits- oder Deckungsprüfungen können den Zeitpunkt beeinflussen. Nicht in den Anwendungsbereich der Regelung fallen ferner Inkassoaufträge des Zahlungsempfängers, diese werden nicht an den Zahlungsdienstleister des Zahlers erteilt, sondern an den Zahlungsdienstleister des Zahlungsempfängers.

II. Terminaufträge. Für Zahlungsaufträge, die zu einem bestimmten Termin ausgeführt werden sollen (zB Terminüberweisungen), legt II den Zugangszeitpunkt abw von I fest. Maßgebend ist nicht der tatsächliche Zugang, sondern für Zwecke der Ausführungsfristen wird eine Fiktion eingeführt. Der tatsächliche Zugang des Zahlungsauftrags wird insoweit vorausgesetzt. Der Zeitpunkt des Zugangs des Zahlungsauftrags bestimmt sich nach dem zwischen den Parteien vereinbarten Termin. Fällt der Termin nicht auf einen Geschäftstag, ist der darauffolgende Geschäftstag als Zeitpunkt des Zugangs maßgebend. Die neutrale Verwendung des Zahlungsdienstnutzers schließt auch Terminvereinbarungen des Zahlungsempfängers mit seinem Zahlungsdienstleister mit ein (BTDrs 16/11643, 108).

§ 675o Ablehnung von Zahlungsaufträgen.

(1) Lehnt der Zahlungsdienstleister die Ausführung eines Zahlungsauftrags ab, ist er verpflichtet, den Zahlungsdienstnutzer hierüber unverzüglich, auf jeden Fall aber innerhalb der Fristen gemäß § 675s Abs. 1 zu unterrichten. In der Unterrichtung sind, soweit möglich, die Gründe für die Ablehnung sowie die Möglichkeiten anzugeben, wie Fehler, die zur Ablehnung geführt haben, berichtigt werden können. Die Angabe von Gründen darf unterbleiben, soweit sie gegen sonstige Rechtsvorschriften verstoßen würde. Der Zahlungsdienstleister darf mit dem Zahlungsdienstnutzer im Zahlungsdiensterahmenvertrag für die Unterrichtung über eine berechtigte Ablehnung ein Entgelt vereinbaren.
(2) Der Zahlungsdienstleister des Zahlers ist nicht berechtigt, die Ausführung eines autorisierten Zahlungsauftrags abzulehnen, wenn die im Zahlungsdiensterahmenvertrag festgelegten Ausführungsbedingungen erfüllt sind und die Ausführung nicht gegen sonstige Rechtsvorschriften verstößt.
(3) Für die Zwecke der §§ 675s, 675y und 675z gilt ein Zahlungsauftrag, dessen Ausführung berechtigterweise abgelehnt wurde, als nicht zugegangen.

A. Regelung. Die Regelung beschäftigt sich mit der **Ablehnung eines Zahlungsauftrags** durch den Zahlungsdienstleister. Dabei stehen nicht die Voraussetzungen einer Ablehnung im Vordergrund, sondern die Pflichten, die bei einer Ablehnung für den Zahlungsdienstleister und Nutzer entstehen. Während I die Unterrichtungsverpflichtung und die Angabe von Gründen sowie ein mögliche Entgeltverpflichtung des Nutzers regelt, enthält II eine grundsätzliche Ausführungsverpflichtung bei Erfüllung der festgelegten Bedingungen. In Bezug auf die Ausführungsfristen und die Haftungsregeln gelten berechtigterweise abgelehnte Zahlungsaufträge als nicht zugegangen. Die Norm setzt Art 65 der Zahlungsdiensterichtlinie um.

I. Unterrichtung bei Ablehnung. Der Zahlungsdienstleister kann die Ausführung eines Zahlungsauftrags ablehnen. Die **Gründe, die zu einer Ablehnung berechtigen**, sind in der Norm nicht genannt. Neben vorübergehenden Hindernissen (zB falsche Angaben, fehlende Deckung) können auch dauerhafte Hindernisse (zB Geldwäsche) eine Ablehnung rechtfertigen. Der Zahlungsdienstleister ist aber verpflichtet, egal aus welchen Gründen die Ausführung eines Zahlungsauftrags abgelehnt wird (berechtigt oder Unberechtigt), den Zahlungsdienstnutzer unverzüglich, also ohne schuldhaftes Zögern (§ 121), von der Entscheidung zu unterrichten. Als spätester Zeitpunkt für die Unterrichtung sind die Ausführungsfristen des § 675s I zu beachten. Danach ist eine Unterrichtung verspätet. Unterrichten ist in diesem Zusammenhang iSd § 675d zu verstehen (s. § 675 Rn 4). Regelmäßig wird also eine Mitteilung des Zahlungsdienstleisters an den Nutzer erforderlich sein. Das zur Verfügung stellen (zB Online-Banking Postfach oder Terminal) reicht nur bei entsprechender Vereinbarung aus.

3 Der Zahlungsdienstleister muss unverzüglich, aber **spätestens innerhalb der Ausführungsfristen** des § 675s I die Unterrichtung des Nutzers durchführen. Ausreichend ist dabei, dass der Zahlungsdienstleister alles in seiner Macht stehende unternimmt, um die Unterrichtung des Nutzers herbeizuführen. Regelmäßig werden die Parteien über das Kommunikationsmittel für derartige Fälle Abreden getroffen haben. Anderenfalls steht dem Zahlungsdienstleister jedes sachgerechte Mittel zur Verfügung.

4 In der Unterrichtung sind die Gründe für die Ablehnung grds anzugeben. Die **Angabe von Gründen** kann unterbleiben, soweit die Angabe nicht möglich ist oder ein Verstoß gegen Rechtsvorschriften (zB Geldwäsche) bedeuten würde. Ferner sind die Möglichkeiten mit aufzunehmen, wie Fehler, die zur Ablehnung geführt haben, beseitigt werden können. Damit soll die Grundlage für eine umgehende Reaktion des Zahlungsdienstnutzers geschaffen werden. Besondere Bedeutung kommt der Unterrichtung zu, wenn der Zahlungsauftrag über den Zahlungsempfänger und dessen Dienstleister an den Zahlungsdienstleister des Zahlers übermittelt werden soll und Angaben fehlen (zB nicht ausreichender Kreditkartenbeleg).

5 I 4 eröffnet dem Zahlungsdienstleister in Abweichung vom Grundsatz des § 675f IV 2 die Möglichkeit, um mit dem Zahlungsdienstnutzer eine Vereinbarung zu treffen, dass die Unterrichtung bei einer **berechtigten Ablehnung des Zahlungsauftrags zu vergüten** ist. Die Vereinbarung muss im Zahlungsdiensterahmenvertrag getroffen werden. Entsprechende AGB reichen insoweit aus. Die Angemessenheit und Orientierung an den tatsächlichen Kosten muss gewährleistet sein.

6 **II. Ausführungspflicht.** Unter den Voraussetzungen des II besteht eine Pflicht des Zahlungsdienstleisters, den Zahlungsauftrag auszuführen. Grundlage ist ein **autorisierter Zahlungsauftrag**. Erforderlich ist ferner eine Vereinbarung von Bedingungen für die Ausführung im Zahlungsdiensterahmenvertrag. Werden die vereinbarten Bedingungen eingehalten und liegt in der Ausführung auch kein Verstoß gegen sonstige Rechtsvorschriften, muss der Zahlungsdienstleister den Zahlungsvorgang ausführen. Eine Ablehnung ist nur berechtigt, wenn die Bedingungen beim konkreten Zahlungsauftrag nicht vorliegen. Der Zahlungsdienstnutzer soll sich insoweit auf die Ausführung verlassen können, unabhängig davon, wer den Zahlungsvorgang auslöst.

7 **III. Berechtigte Ablehnung.** III löst den Konflikt zwischen einem wirksamen Zahlungsauftrag, der zugegangen ist und grds die Ausführungsfristen und Haftungsfolgen auslöst, und der Ablehnung durch den Zahlungsdienstleister in Bezug auf die weiteren Rechtsfolgen. Nach der Fiktion in III gilt ein berechtigterweise abgelehnter Zahlungsauftrag im Hinblick auf die Ausführungsfristen und Haftungsfolgen als **nicht zugegangen**. Eine Haftung nach §§ 675y, 675z tritt nicht ein. Wird ein Zahlungsauftrag dagegen unberechtigterweise abgelehnt, treten die Haftungsfolgen ein.

§ 675p Unwiderruflichkeit eines Zahlungsauftrags.

(1) Der Zahlungsdienstnutzer kann einen Zahlungsauftrag vorbehaltlich der Absätze 2 bis 4 nach dessen Zugang beim Zahlungsdienstleister des Zahlers nicht mehr widerrufen.
(2) Wurde der Zahlungsvorgang vom Zahlungsempfänger oder über diesen ausgelöst, so kann der Zahler den Zahlungsauftrag nicht mehr widerrufen, nachdem er den Zahlungsauftrag oder seine Zustimmung zur Ausführung des Zahlungsvorgangs an den Zahlungsempfänger übermittelt hat. Im Fall einer Lastschrift kann der Zahler den Zahlungsauftrag jedoch unbeschadet seiner Rechte gemäß § 675x bis zum Ende des Geschäftstags vor dem vereinbarten Fälligkeitstag widerrufen.
(3) Ist zwischen dem Zahlungsdienstnutzer und seinem Zahlungsdienstleister ein bestimmter Termin für die Ausführung eines Zahlungsauftrags (§ 675n Abs. 2) vereinbart worden, kann der Zahlungsdienstnutzer den Zahlungsauftrag bis zum Ende des Geschäftstags vor dem vereinbarten Tag widerrufen.
(4) Nach den in den Absätzen 1 bis 3 genannten Zeitpunkten kann der Zahlungsauftrag nur widerrufen werden, wenn der Zahlungsdienstnutzer und sein Zahlungsdienstleister dies vereinbart haben. In den Fällen des Absatzes 2 ist zudem die Zustimmung des Zahlungsempfängers zum Widerruf erforderlich. Der Zahlungsdienstleister darf mit dem Zahlungsdienstnutzer im Zahlungsdiensterahmenvertrag für die Bearbeitung eines solchen Widerrufs ein Entgelt vereinbaren.
(5) Der Teilnehmer an Zahlungsverkehrssystemen kann einen Auftrag zugunsten eines anderen Teilnehmers von dem in den Regeln des Systems bestimmten Zeitpunkt an nicht mehr widerrufen.

1 **A. Regelung.** Die Regelung beschäftigt sich mit dem Zeitpunkt der **Unwiderruflichkeit des Zahlungsauftrags**. Nach Zugang des Zahlungsauftrags beim Zahlungsdienstleister des Zahlers ist ein Widerruf des Auftrags grds ausgeschlossen. Während der Grundsatz in I steht, sehen II – IV Sonderregelungen für bestimmte

Zahlungsvorgänge vor. Die Regeln betreffen das Verhältnis zwischen Zahlungsdienstleister und Zahlungsdienstnutzer. V ist den Teilnehmern (nur Zahlungsdienstleistern) eines Zahlungsverkehrssystems gewidmet. Der im System vereinbarte Zeitpunkt hat Vorrang vor den Regelungen in § 675p. Die Norm setzt Art 66 der Zahlungsdiensterichtlinie um.

I. Grundsatz. Nach dem Grundsatz in I kann der Zahlungsdienstnutzer einen Zahlungsauftrag nach Zugang beim Zahlungsdienstleister des Zahlers nicht mehr widerrufen. Für den **Zugang des Zahlungsauftrags** sind die Regeln in § 675n maßgebend. Danach stehen nur Geschäftstage als Zugangszeitpunkt zur Verfügung (§ 675n Rn 3). Die Unwiderruflichkeit von Zahlungsaufträgen tritt nach der Regelung erheblich früher ein als nach § 676a IV aF für den Überweisungsvertrag (dort das Bewirken). Der erheblich stärkeren Automatisierung und den verkürzten Ausführungsfristen wird auf diesem Wege aber Rechnung getragen. Kostspielige manuelle Eingriffe lassen sich nur auf diesem Wege sachgerecht vermeiden. 2

II. Auslösung über den Zahlungsempfänger. Den Besonderheiten der einzelnen Zahlungsvorgänge, die **vom oder über den Zahlungsempfänger** ausgelöst werden ("Pull"-Zahlungen), trägt II Rechnung. Dabei wird die Lastschrift anders als die anderen Zahlungsvorgänge behandelt (2). Die Anwendbarkeit der Regelung setzt die Auslösung des Zahlungsvorgangs vom oder über den Zahlungsempfänger voraus. Nicht darunter fällt die Erteilung einer Einzugsermächtigung, da insoweit kein widerrufsfähiger Zahlungsauftrag des Zahlers an den Zahlungsdienstleister vorliegt. In den beiden Fallgruppen des II, also vom Zahlungsempfänger ausgelöst oder über den Zahlungsempfänger ausgelöst (zB Kartenzahlung) einerseits und Lastschrift andererseits, sind von I abweichende Zeitpunkte für die Unwiderruflichkeit des Zahlungsauftrags geregelt. 3
Zahlungsvorgänge, die vom oder über den Zahlungsempfänger ausgelöst werden und **keine Lastschriften sind**, sind ab dem Zeitpunkt unwiderruflich, ab dem der Zahler dem Zahlungsempfänger die Grundlage für den Zahlungsvorgang übermittelt hat. Grundlage kann die Zustimmung (Autorisierung) oder der Zahlungsauftrag sein. Die Übermittlung setzt den Zugang beim Zahlungsempfänger voraus. Der Zeitpunkt ist ggü I vorverlagert. Damit wird den Kreditkarten- oder POS-Zahlungen Rechnung getragen. 4
Bei **Lastschriften**, also bei einem vom Zahlungsempfänger ausgelösten Zahlungsvorgang zur Belastung des Zahlungskontos des Zahlers, dem dieser ggü dem Zahlungsempfänger, dessen Zahlungsdienstleister oder seinem eigenen Zahlungsdienstleister zustimmt (§ 1 IV ZAG), besteht eine deutlich längere Widerrufsmöglichkeit. Der Zahler kann den Zahlungsauftrag bis zum Ende des Geschäftstags, der dem vereinbarten Fälligkeitstag vorangeht widerrufen. Der Erstattungsanspruch nach § 675x bleibt davon unberührt. 5

III. Terminzahlungsaufträge. Die **Vereinbarung von Terminen** für die Ausführung von Zahlungsaufträgen ist zwischen den Parteien möglich (§ 675n II). Der Widerruf eines Zahlungsauftrags für die Ausführung eines Zahlungsvorgangs zu einem bestimmten Termin ist bis zum Ende des Geschäftstages vor dem Tag des vereinbarten Termins möglich. Damit wird den Interessen der Parteien sachgerecht Rechnung getragen. 6

IV. Vereinbarungen. Nach IV können Zahlungsnutzer und Zahlungsdienstleister von den I – III abweichende **Vereinbarungen über spätere Zeitpunkte** für die Unwiderruflichkeit treffen. Eine Vorverlagerung der Unwiderruflichkeit durch Vereinbarung kommt ggü Verbrauchern als Zahlungsdienstnutzen dagegen nicht in Betracht (§ 675e IV). Zur Wirksamkeit des Widerrufs während der vereinbarten längeren Frist ist allerdings bei sog "Pull"-Zahlungen (II) die Zustimmung des Zahlungsempfängers erforderlich. Ist die Ausführung des Zahlungsvorgangs beendet, ist ein wirksamer Widerruf in letztgenannten Fällen daher ausgeschlossen. 7
Die Bearbeitung eines Widerrufs ist eine Nebenpflicht des Zahlungsdienstleisters, die regelmäßig nicht gesondert zu vergüten ist (§ 675f IV). Die Vereinbarung einer längeren Frist (IV 1) hat für den Zahler zur Folge, dass der Zahlungsdienstleister mit ihm im Zahlungsdiensterahmenvertrag eine **Vergütungsverpflichtung** vereinbaren kann. Die Bearbeitung eines Widerrufs aufgrund der verlängerten Widerrufsfrist kann dann ein gesondertes Entgelt begründen. Die Angemessenheit und Orientierung an den tatsächlichen Kosten muss gewährleistet sein. 8

IV. Zahlungsverkehrssysteme. Entsprechend der Regelung in § 675b für Wertpapierlieferungs- und Abrechnungssysteme ist auch für die Teilnehmer an Zahlungsverkehrssystemen der Widerruf eines Auftrags zugunsten eines anderen Teilnehmers nur bis zu dem in den **Regeln des Systems** festgelegten Zeitpunkt möglich. Ein Zahlungsverkehrssystem ist ein System zum Zwecke von Verarbeitung, Clearing, Verrechnung und Abwicklung von Zahlungsvorgängen auf Basis einer förmlichen Vereinbarung mit gemeinsamen Regeln, die zwischen einer Partei, die das System betreibt (Betreiber) und mindestens drei Teilnehmern zur Übermittlung von Geldbeträgen getroffen wurde; dabei wird eine etwaige von dem Betreiber verselbständigte Ver- und Abrechnungsstelle, zentrale Vertragspartei oder Clearingstelle nicht mitgerechnet. Teilnehmer können nur Zahlungsdienstleister sein (§ 1 VI ZAG – Zahlungssystem). 9

§ 675q Entgelte bei Zahlungsvorgängen.
(1) Der Zahlungsdienstleister des Zahlers sowie sämtliche an dem Zahlungsvorgang beteiligte zwischengeschaltete Stellen sind verpflichtet, den Betrag, der Gegenstand des Zahlungsvorgangs ist (Zahlungsbetrag), ungekürzt an den Zahlungsdienstleister des Zahlungsempfängers zu übermitteln.

(2) Der Zahlungsdienstleister des Zahlungsempfängers darf ihm zustehende Entgelte vor Erteilung der Gutschrift nur dann von dem übermittelten Betrag abziehen, wenn dies mit dem Zahlungsempfänger vereinbart wurde. In diesem Fall sind der vollständige Betrag des Zahlungsvorgangs und die Entgelte in den Informationen gemäß Artikel 248 §§ 8 und 15 des Einführungsgesetzes zum Bürgerlichen Gesetzbuche für den Zahlungsempfänger getrennt auszuweisen.
(3) Bei einem Zahlungsvorgang, der mit keiner Währungsumrechnung verbunden ist, tragen Zahlungsempfänger und Zahler jeweils die von ihrem Zahlungsdienstleister erhobenen Entgelte.

1 **A. Regelung.** Im Interesse einer voll integrierten und vollautomatischen Abwicklung von Zahlungsvorgängen, aber auch zur Gewährleistung von Rechtssicherheit muss der vom Zahler übermittelte Zahlungsbetrag dem Konto des Zahlungsdienstleister des Zahlungsempfängers **ungekürzt gutgeschrieben** werden. Während sich I mit der Abwicklung bis zum Zahlungsdienstleister des Zahlungsempfängers beschäftigt, wird die Verpflichtung zur ungekürzten Gutschrift zwischen Zahlungsdienstleister des Zahlungsempfängers und dem Zahlungsempfänger selbst in II geregelt. Eine Kürzung um Entgelte ist danach in diesem Verhältnis nur ausnahmsweise zulässig. III stellt für die Zahlungsdienstnutzer klar, dass sie die Entgelte der eigenen Zahlungsdienstleister jeweils selbst zu tragen haben. Die Norm setzt Art 67 (und 52 II) der Zahlungsdiensterichtlinie um.

2 **I. Ungekürzte Übermittlung.** I normiert die **Verpflichtung** für den Zahlungsdienstleister des Zahlers, aber auch für jede zwischengeschaltete Stelle, den Zahlungsbetrag ungekürzt an den Zahlungsdienstleister des Zahlungsempfängers zu übermitteln. Der Zahlungsbetrag wird dabei in der Norm legal definiert und ist der Betrag, der Gegenstand des Zahlungsvorgangs ist. Weder der Zahlungsdienstleister des Zahlers noch eine an der Ausführung eines Zahlungsauftrags beteiligte zwischengeschaltete Stelle ist zu Abzügen vom Zahlungsbetrag berechtigt. Die Regelung schließt nicht aus, dass der Zahlungsdienstleister vom Zahler ein Entgelt verlangen kann (§ 675f IV). Dies darf aber nicht über die Kürzung des Zahlungsbetrags erhoben werden, sondern ist gesondert in Rechnung zu stellen. Auf Zahlungsvorgänge mit Drittstaatenbezug ist die Regelung nicht anwendbar (§ 675e II).

3 **II. Gutschrift beim Zahlungsempfänger.** Die Verpflichtung zur ungekürzten Übermittlung in Form der Gutschrift auf dem Konto des Zahlungsempfängers gilt im Grundsatz auch für das Verhältnis zwischen dem Zahlungsempfänger und seinem Zahlungsdienstleister (II). Mit der Öffnungsklausel besteht aber Raum für eine **abweichende Vereinbarung** zwischen Zahlungsempfänger und seinem Dienstleister. Entgelte für den Eingang von Zahlungen können dann vor der Erteilung der Gutschrift vom Zahlungsbetrag abgezogen werden. Besteht eine solche Vereinbarung, hat der Zahlungsdienstleister aber besondere Informationsverpflichtungen zu erfüllen. Die Unterrichtung nach Ausführung eines Zahlungsvorgangs (Art 248 §§ 8, 15 EGBGB), der insoweit in der Gutschrift des gekürzten Zahlungsbetrags liegt, muss einerseits den ungekürzten Zahlungsbetrag und andererseits das Entgelt getrennt ausweisen. Damit wird gewährleistet, dass eine einfache Zuordnung zur konkreten Schuld möglich ist und die (vollständige) Erfüllung aus den Informationen abgelesen werden kann (BTDrs 16/11643, 110).

4 **III. Entgelte.** Die Regelung in III sieht vor, dass die an einem Zahlungsvorgang beteiligten Zahlungsdienstnutzer die **Entgelte ihrer jeweils eingesetzten Zahlungsdienstleister selbst tragen**. Das gilt allerdings nur, wenn der Zahlungsvorgang keine Währungsumrechnung erfordert. Werden die Zahlungsvorgänge auf Verlangen des Zahlers ausgeführt, trägt dieser die Entgelte seines Zahlungsdienstleisters. Der Zahlungsempfänger trägt allenfalls die Entgelte der Gutschrift. Regelmäßig werden letztgenannte Entgelte im Geschäft mit Endkunden nicht erhoben. Die Preisgleichheit für innerstaatliche und grenzüberschreitende Zahlungen in Euro bleibt von der Regelung unberührt. Die Regelung in III ist nicht abdingbar (§ 675e). Bei Zahlungsvorgängen mit Drittstaatenbezug ist III nicht anzuwenden.

§ 675r Ausführung eines Zahlungsvorgangs anhand von Kundenkennungen. (1)
Die beteiligten Zahlungsdienstleister sind berechtigt, einen Zahlungsvorgang ausschließlich anhand der von dem Zahlungsdienstnutzer angegebenen Kundenkennung auszuführen. Wird ein Zahlungsauftrag in Übereinstimmung mit dieser Kundenkennung ausgeführt, so gilt er im Hinblick auf den durch die Kundenkennung bezeichneten Zahlungsempfänger als ordnungsgemäß ausgeführt.
(2) Eine Kundenkennung ist eine Abfolge aus Buchstaben, Zahlen oder Symbolen, die dem Zahlungsdienstnutzer vom Zahlungsdienstleister mitgeteilt wird und die der Zahlungsdienstnutzer angeben muss, damit der andere am Zahlungsvorgang beteiligte Zahlungsdienstnutzer oder dessen Zahlungskonto zweifelsfrei ermittelt werden kann.
(3) Ist eine vom Zahler angegebene Kundenkennung für den Zahlungsdienstleister des Zahlers erkennbar keinem Zahlungsempfänger oder keinem Zahlungskonto zuzuordnen, ist dieser verpflichtet, den Zahler unverzüglich hierüber zu unterrichten und ihm gegebenenfalls den Zahlungsbetrag wieder herauszugeben.

Ausführungsfrist für Zahlungsvorgänge § 675s

A. Regelung. Die Regelung beschäftigt sich mit dem Umgang mit einer **Kundenkennung** und definiert den Begriff (II). In der Zahlungsdiensterichtlinie ist insoweit von "Kundenidentifikator" die Rede. Die Norm erlaubt zunächst Zahlungsvorgänge ausschließlich auf der Grundlage einer Kundenkennung auszuführen. Weitere Angaben sind zur Identifikation des Zahlungsempfängers nicht erforderlich, werden aber auch nicht geprüft. Damit sollen die kurzen Ausführungsfristen (§ 675s) ermöglicht werden. Was unter einer Kundenkennung zu verstehen ist, legt II fest. Ist die Ausführung eines Zahlungsvorgangs aufgrund der mitgeteilten Kennung erkennbar nicht möglich, besteht eine unverzügliche Informationsverpflichtung (III). Der Zahlungsbetrag ist, falls eine Belastung schon vorgenommen wurde, herauszugeben. Die Norm setzt Art 74 der Zahlungsdiensterichtlinie um.

I. Ausführung mit Kundenkennung. I erlaubt die Ausführung von Zahlungsvorgängen durch Zahlungsdienstleister ausschließlich anhand der angegebenen Kundenkennung. Aufgrund der Kundenkennung kann ein Zahlungsdienstnutzer zweifelsfrei erkannt werden. Wird die Kundenkennung verwendet, die der Zahlungsdienstnutzer zur Identifikation des Zahlungsempfängers angegeben hat, und der Zahlungsvorgang entsprechend ausgeführt, gilt die Ausführung des Zahlungsauftrags in Bezug auf den **durch die Kundenkennung bezeichneten Empfänger als ordnungsgemäß**. Die Haftung wegen mangelhafter Ausführung ist insoweit ausgeschlossen (§ 675y III). Eine Abgleich der Kundenkennung mit anderen Daten ist bei der Ausführung des Zahlungsvorgangs nicht mehr Pflicht des Zahlungsdienstleisters. Das gilt auch dann, wenn der Nutzer neben der Kundenkennung weitere Angaben macht, aus denen sich ein Fehler hätte erkennen lassen. Die Zahlungsdienstleister, auch die zwischengeschalteten Stellen, dürfen sich für die Ausführung auf die Kundenkennung beschränken. Die vollautomatische Bearbeitung ist daher möglich (vgl Rösler/Werner BKR 09, 10).

II. Kundenkennung. II definiert den Begriff der Kundenkennung. Es handelt sich insoweit um eine **Kombination aus Buchstaben, Zahlen oder Symbolen**, die den Zahlungsdienstnutzer oder dessen Zahlungskonto zweifelsfrei bezeichnen. Die Kennung wird vom Zahlungsdienstleister zur Verfügung gestellt. Eine solche Kennungen ist etwa die "IBAN" (International Bank Account Number). Damit sind voll automatisierte Verfahren zum Datenaustausch zwischen Banken verschiedener Staaten möglich und der Zahlungsdienstnutzer ist eindeutig zu identifizieren. Für verschiedene Zahlungsverfahren können für einen Zahlungsdienstnutzer auch unterschiedliche Kundenkennungen festgelegt werden.

III. Unterrichtung. Kann der vom Zahlungsdienstnutzer für den Zahlungsvorgang angegebenen Kundenkennung erkennbar weder ein Zahlungsempfänger noch ein Zahlungskonto zugeordnet werden, ist der Zahlungsdienstleister des Zahlers verpflichtet, den Zahler unverzüglich (also ohne schuldhaftes Zögern) darüber zu unterrichten. Erkennbar ist die **Unmöglichkeit der Zuordnung** für den Zahlungsdienstleister, wenn sie das Ergebnis einer standardmäßigen automatisierten Überprüfung ist. Ausreichend ist dabei, dass der Zahlungsdienstleister alles in seiner Macht stehende unternimmt, um die Unterrichtung des Nutzers herbeizuführen. Regelmäßig werden die Parteien über das Kommunikationsmittel für derartige Fälle Abreden getroffen haben. Anderenfalls steht dem Zahlungsdienstleister jedes sachgerechte Mittel zur Verfügung.
III ist darüber hinaus Anspruchsgrundlage für die **Herausgabe des Zahlungsbetrags** an den Zahler. Wurde der Zahlungsbetrag dem Zahler bereits belastet und kann der Zahlungsvorgang wegen des Fehlers in der angegebenen Kundenkennung nicht ausgeführt werden, ist der Zahlungsbetrag herauszugeben. Eine valutarische Korrektur kommt dagegen nicht in Betracht, da der Zahler die Ursache für die Weiterleitung des Zahlungsbetrags durch den Zahlungsdienstleister mit falschen Angaben selbst gesetzt hat. Die Herausgabe ist unverzüglich vorzunehmen. Die Erfüllung erfolgt durch Erstattung oder Gutschrift auf dem Zahlungskonto des Zahlers.

§ 675s Ausführungsfrist für Zahlungsvorgänge.
(1) Der Zahlungsdienstleister des Zahlers ist verpflichtet sicherzustellen, dass der Zahlungsbetrag spätestens am Ende des auf den Zugangszeitpunkt des Zahlungsauftrags folgenden Geschäftstags beim Zahlungsdienstleister des Zahlungsempfängers eingeht; bis zum 1. Januar 2012 können ein Zahler und sein Zahlungsdienstleister eine Frist von bis zu drei Geschäftstagen vereinbaren. Für Zahlungsvorgänge innerhalb des Europäischen Wirtschaftsraums, die nicht in Euro erfolgen, können ein Zahler und sein Zahlungsdienstleister eine Frist von maximal vier Geschäftstagen vereinbaren. Für in Papierform ausgelöste Zahlungsvorgänge können die Fristen nach Satz 1 um einen weiteren Geschäftstag verlängert werden.
(2) Bei einem vom oder über den Zahlungsempfänger ausgelösten Zahlungsvorgang ist der Zahlungsdienstleister des Zahlungsempfängers verpflichtet, den Zahlungsauftrag dem Zahlungsdienstleister des Zahlers innerhalb der zwischen dem Zahlungsempfänger und seinem Zahlungsdienstleister vereinbarten Fristen zu übermitteln. Im Fall einer Lastschrift ist der Zahlungsauftrag so rechtzeitig zu übermitteln, dass die Verrechnung an dem vom Zahlungsempfänger mitgeteilten Fälligkeitstag ermöglicht wird.

A. Regelung. Die Norm bestimmt **maximale Ausführungsfristen** für alle Zahlungsvorgänge. Die Ausführungsfristen schreiben den Zeitraum vor, innerhalb dessen der Zahlungsdienstleister des Zahlers die Ausführung eines Zahlungsvorgangs bis zum Zahlungsdienstleister des Zahlungsempfängers vorzunehmen hat. Die

Ausführungsfristen gelten für alle Arten von Zahlungsvorgängen. Es kommt nicht darauf an, ob der Zahler oder der Zahlungsempfänger beim jeweiligen Zahlungsdienstleister ein Zahlungskonto unterhält oder nicht (vgl Art 70 der Zahlungsdiensterichtlinie, der auf entsprechende Finanztransfergeschäfte ohne Zahlungskonto des Empfängers zugeschnitten ist). Unerheblich ist auch, ob und wie viele weitere Institute zwischengeschaltet sind. I behandelt die Ausführungsfristen für vom Zahler, aber auch für vom oder über den Empfänger angestoßene Zahlungen. II regelt die Frist zur Weiterleitung von Zahlungsaufträgen. Es geht also um die Weiterleitung von Weisungen, nicht um den Geldfluss. Die Norm setzt Art 69 und teilweise Art 70 der Zahlungsdiensterichtlinie um. Ergänzt wird die Norm durch die Zeitpunkte der Wertstellung und Verfügbarkeit beim Zahlungsempfänger (§ 675t). Ist nur ein Zahlungsdienstleister (für den Zahler und Empfänger) an dem Zahlungsvorgang beteiligt (zB institutsinterner Zahlungsvorgang), ist § 675t vorrangig. Einer Ausführung an den Zahlungsdienstleister des Zahlungsempfängers bedarf es in diesem Fall nicht.

2   **I. Ausführungsfristen.** Die Ausführungsfrist nach I ist kurz und beträgt **grds nur ein Tag**. Die Frist beginnt mit dem Zugang des Zahlungsauftrags beim Zahlungsdienstleister des Zahlers (§ 675n). Spätestens bis zum Ende des folgenden Geschäftstags muss der Zahlungsbetrag beim Zahlungsdienstleister des Zahlungsempfängers eingehen. Die Einhaltung der Frist ist als Pflicht des Zahlungsdienstleisters des Zahlers ausgestaltet. Die Verletzung der Verpflichtung ist haftungsbewährt (vgl §§ 675y, 675z). Im Zusammenspiel mit § 675t setzt die Regelung voraus, dass es sich auf Zahler- und Empfängerseite um zwei verschiedene Zahlungsdienstleister handelt (vgl Rn 1).

3   Für eine **Übergangszeit bis zum 1.1.12** kann eine Ausführungsfrist von bis zu drei Geschäftstagen zwischen Zahler und Zahlungsdienstleister vereinbart werden. Möglich ist auch eine Vereinbarung, die zu kürzeren Ausführungsfristen für den Zahler führt (§ 675e I). Die Frist kann durch Vereinbarung um einen weiteren Tag verlängert werden, wenn es sich um beleggebundene und nicht automatisiert zu bearbeitende Zahlungsvorgänge handelt. Längere Fristen bis zu maximal vier Geschäftstagen können Zahler und Zahlungsdienstleister für Zahlungsvorgänge innerhalb des EWR vereinbaren, die nicht in Euro erfolgen. Eine Verlängerung für beleggebundene Zahlungsvorgänge ist insoweit nicht vorgesehen. 3 verweist nur auf 1. Für Zahlungsvorgänge mit Drittstaatenbezug gelten die Ausführungsfristen nicht (§ 675e II).

4   **II. Weiterleitung des Zahlungsauftrags.** Die Regelung enthält eine Pflicht für den Zahlungsdienstleister des Zahlungsempfängers. Die Pflicht bezieht sich auf die **fristgerechte Weiterleitung von Zahlungsaufträgen**, die einem vom oder über den Zahlungsempfänger ausgelösten Zahlungsvorgang betreffen (zB Kartenzahlungen, Lastschrift). Die Pflicht ist allerdings keine ausschließlich im Gesetz begründete Pflicht, sondern knüpft an Vereinbarung an. Die Frist bestimmt sich nämlich nach den Vereinbarungen zwischen Zahlungsempfänger und seinem Zahlungsdienstleister. Die Vereinbarung wird von der Regelung vorausgesetzt. Bei der Vereinbarung der Frist sind die Parteien aber nicht völlig frei. In Bezug auf die Lastschrift ist eine Übermittlung so rechtzeitig vorzunehmen, dass eine Verrechnung zwischen den beteiligten Zahlungsdienstleistern an dem vom Zahlungsempfänger mitgeteilten Fälligkeitstag gesichert ist.

§ 675t Wertstellungsdatum und Verfügbarkeit von Geldbeträgen.
(1) Der Zahlungsdienstleister des Zahlungsempfängers ist verpflichtet, dem Zahlungsempfänger den Zahlungsbetrag unverzüglich verfügbar zu machen, nachdem er auf dem Konto des Zahlungsdienstleisters eingegangen ist. Sofern der Zahlungsbetrag auf einem Zahlungskonto des Zahlungsempfängers gutgeschrieben werden soll, ist die Gutschrift, auch wenn sie nachträglich erfolgt, so vorzunehmen, dass der Zeitpunkt, der der Zahlungsdienstleister für die Berechnung der Zinsen bei Gutschrift oder Belastung eines Betrags auf einem Zahlungskonto zugrunde legt (Wertstellungsdatum), spätestens der Geschäftstag ist, an dem der Zahlungsbetrag auf dem Konto des Zahlungsdienstleisters des Zahlungsempfängers eingegangen ist. Satz 1 gilt auch dann, wenn der Zahlungsempfänger kein Zahlungskonto unterhält.
(2) Zahlt ein Verbraucher Bargeld auf ein Zahlungskonto bei einem Zahlungsdienstleister in der Währung des betreffenden Zahlungskontos ein, so stellt dieser Zahlungsdienstleister sicher, dass der Betrag dem Zahlungsempfänger unverzüglich nach dem Zeitpunkt der Entgegennahme verfügbar gemacht und wertgestellt wird. Ist der Zahlungsdienstnutzer kein Verbraucher, so muss dem Zahlungsempfänger der Geldbetrag spätestens an dem auf die Entgegennahme folgenden Geschäftstag verfügbar gemacht und wertgestellt werden.
(3) Eine Belastung auf dem Zahlungskonto des Zahlers ist so vorzunehmen, dass das Wertstellungsdatum frühestens der Zeitpunkt ist, an dem dieses Zahlungskonto mit dem Zahlungsbetrag belastet wird.

1   **A. Regelung.** Die Regelung enthält zunächst Pflichten für den Zahlungsdienstleister des Zahlungsempfängers im Hinblick auf den Zahlungsbetrag, der dem Zahlungsempfänger **unverzüglich verfügbar zu machen** ist, *nachdem der Eingang beim Zahlungsdienstleister erfolgt ist* (I). Ferner ist der Zeitpunkt der **Wertstellung** auf dem Konto des Zahlungsempfängers geregelt. Ein Gewinn des Zahlungsdienstleisters durch Zwischenzinsen aufgrund der Verschiebung einer Gutschrift auf das Konto des Zahlungsempfängers bis zum nächsten Geschäftstag soll verhindert werden. Die Regelung knüpft an die Regeln zur Ausführung eines Zahlungsvorgangs an (§ 675s) und regelt den Abschluss des Vorgangs beim Empfänger. Das Verfügbar machen und die Wertstellung bei Bareinzahlungen auf ein Zahlungskonto bei einem Zahlungsdienstleister ist in II geregelt. Dabei sieht die Regelung bei Einzahlungen durch Verbraucher kürzere Fristen vor als bei Unternehmern. Mit dem Wertstellungsdatum bei Belastungen beschäftigt sich III. Die Norm setzt Art 71, 73 und teilweise Art 70 der Zahlungsdiensterichtlinie um.

I. Verfügbarkeit. In I wird zunächst eine Pflicht für den Zahlungsdienstleister des Zahlungsempfängers begründet, den Zahlungsbetrag unverzüglich verfügbar zu machen. Bezugspunkt ist der Eingang des Zahlungsbetrags auf dem Konto des Zahlungsdienstleisters. Aus der Verpflichtung, die Verfügbarkeit herzustellen, ergibt sich **regelmäßig ein Anspruch auf Gutschrift auf dem Zahlungskonto** des Zahlungsempfängers. Unverzüglich bedeutet dabei, dass die Gutschrift ohne schuldhaftes Zögern (§ 121) erfolgen muss. Die Verpflichtung des Zahlungsdienstleisters bezieht sich auf den eingegangenen Betrag. Falls etwa im Fall des Einzugs einer Lastschrift eine Erstattung droht, kann die Gutschrift unter Vorbehalt erklärt werden. Die Verfügbarkeit wird nicht dadurch ausgeschlossen, dass die Gutschrift in eine Kontokorrentabrede eingebracht wird oder übliche Pfand-, Zurückbehaltungs- sowie Aufrechnungsrechte an dem Betrag bestehen. Gleiches gilt, falls die Gutschrift auf einem debitorischen Konto erfolgt und sich dadurch der Überziehungskredit reduziert.

II. Wertstellung. Die Wertstellung eines Zahlungsbetrags auf dem Zahlungskonto des Zahlungsempfängers ist spätestens am Geschäftstag vorzunehmen, an welchem dem Zahlungsdienstleister des Empfängers der Betrag gutgeschrieben wurde. Daraus ergibt sich die **Verpflichtung zur tagggleichen Wertstellung**. Mit Wertstellung der Gutschrift beim Zahlungsempfänger wird der Betrag bei der Zinsberechnung (Soll und Haben) berücksichtigt. Nicht geregelt und damit nicht verpflichtend ist dagegen die "tagggleiche Buchung". Die eigentliche Buchung kann noch später über eine valutarische Gutschrift erfolgen. Für den Beginn der Verzinsung kommt es also auf die tatsächliche Gutschrift beim Empfänger nicht an (*Derleder* NJW 09, 3195). Eine abweichende Vereinbarung zwischen Zahlungsempfänger und seinem Zahlungsdienstleister kommt nicht in Betracht (§ 675e II u IV). Lediglich bei Zahlungen mit Drittstaatenbezug ist die Regelung nicht anwendbar (§ 675e II).

III. Kein Zahlungskonto. Unterhält der Zahlungsempfänger beim Zahlungsdienstleister kein Zahlungskonto, ist dieser gleichwohl verpflichtet, den Zahlungsbetrag **unverzüglich verfügbar** zu machen, nachdem er selbst den Eingang zu verzeichnen hat (I 3). Die Regelung hat allerdings nur konstitutive Wirkungen in den Fällen, in denen der Zahlungsempfänger mit dem Zahlungsdienstleister keinen Zahlungsdienstevertrag abgeschlossen hat. Anderenfalls ergibt sich die Verpflichtung schon direkt aus I 1. Für Zahlungsvorgänge, die innerhalb des EWR nicht in Euro erfolgen, ist die Regelung abdingbar (§ 675e III).

IV. Bareinzahlungen. Für Bareinzahlungen auf ein Zahlungskonto, das für den Empfänger beim Zahlungsdienstleister geführt wird, sind Verfügbarkeit und Wertstellung in II geregelt. Die Regelung gilt nur, falls die Währung des Einzahlungsbetrags mit der Währung der Kontoführung übereinstimmt. Die Regelung trennt die Verfügbarkeit und Wertstellung in Bezug auf die Person des Einzahlers. Handelt es sich um einen **Verbraucher**, ist die Verfügbarkeit und Wertstellung auf dem Konto unverzüglich nach der Entgegennahme durch den Zahlungsdienstleister zu gewährleisten. Einzahler und Empfänger müssen dabei nicht die gleiche Person sein. Für Einzahlungen eines **Unternehmers** ist die Verfügbarkeit und Wertstellung erst spätestens an dem auf die Entgegennahme folgenden Geschäftstag zu gewährleisten. Aus der Regelung in II ergibt sich keine Verpflichtung Bareinzahlungen entgegenzunehmen (zB Direktbanken). Für Einzahlungen mit Drittstaatenbezug ist die Regelung nicht anwendbar (§ 675e II). Soweit die Einzahlung nicht in Euro erfolgt, ist die Regelung zumindest abdingbar (§ 675e III).

V. Belastungen. Die Wertstellung von Belastungen wurde als zwingende Regelung für Abweichungen zuungunsten des Zahlers in III aufgenommen. Das **Wertstellungsdatum der Belastung** auf dem Zahlungskonto ist frühestens der Zeitpunkt, an dem das Zahlungskonto mit dem Zahlbetrag belastet wird. Erst der tatsächliche Mittelabfluss soll zur Wertstellung der Belastung auf dem Zahlungskonto führen und damit zB in die Kontokorrentabrede eingehen.

Unterkapitel 3   Haftung

§ 675u Haftung des Zahlungsdienstleisters für nicht autorisierte Zahlungsvorgänge.
Im Fall eines nicht autorisierten Zahlungsvorgangs hat der Zahlungsdienstleister des Zahlers gegen diesen keinen Anspruch auf Erstattung seiner Aufwendungen. Er ist verpflichtet, dem Zahler den Zahlungsbetrag unverzüglich zu erstatten und, sofern der Betrag einem Zahlungskonto belastet worden ist, dieses Zahlungskonto wieder auf den Stand zu bringen, auf dem es sich ohne die Belastung durch den nicht autorisierten Zahlungsvorgang befunden hätte.

§ 675v Haftung des Zahlers bei missbräuchlicher Nutzung eines Zahlungsauthentifizierungsinstruments

1 **A. Überblick.** Das Unterkapitel regelt zunächst die **Haftung** bei nicht autorisierten oder mangelhaft ausgeführten Zahlungsvorgängen in der Vertragsbeziehung zwischen Zahlungsdienstnutzer und Zahlungsdienstleister. Ferner finden sich in dem Unterkapitel Regeln zur Verteilung der Beweislast (§ 675w, 676). Die **Beweislast** für die rechtlich einwandfreie Ausführung liegt grds beim Zahlungsdienstleister. § 675u enthält Regeln für eine Haftung des Zahlungsdienstleisters bei nicht autorisierten Zahlungsvorgängen. In solchen Fällen besteht kein Aufwendungsersatzanspruch des Zahlungsdienstleisters und der bereits belastete Betrag ist unverzüglich zu erstatten. § 675v regelt die Haftung des Zahlers bei der missbräuchlichen Nutzung von Zahlungsauthentifizierungsinstrumenten. Die missbräuchliche Nutzung führt zu einer verschuldensunabhängigen Beteiligung des Zahlers am Schaden des Zahlungsdienstleisters in Höhe von bis zu 150 Euro. Grob fahrlässige und vorsätzliche Pflichtverletzungen führen grds zur Haftung für den gesamten Schaden, der vor der Verlust- oder Missbrauchsanzeige eintritt. Ist die Autorisierung eines Zahlungsvorgangs streitig, enthält § 675w Mindestanforderungen für die Darlegungs- und Beweislast.

2 Mit der Haftung des Zahlungsdienstleisters bei **autorisierten Zahlungsvorgängen** beschäftigt sich § 675x. In bestimmten Fällen kann auch insoweit der Aufwendungsersatzanspruch ausgeschlossen sein bzw auch ein Erstattungsanspruch des Zahlers bestehen. Die verschuldensunabhängige Haftung des Zahlungsdienstleisters bei **mangelhaft ausgeführten Zahlungsaufträgen** ist in § 675y geregelt. Im Vordergrund steht dabei der Erstattungsanspruch des Zahlers. Die Ansprüche des Zahlungsdienstnutzers gegen seinen Zahlungsdienstleister sind hinsichtlich der Rechtsfolgen im Grundsatz abschließend. Folgeschäden können allerdings unter den allgemeinen Voraussetzungen ersetzt verlangt werden (verschuldensabhängig). Für mangelhaft ausgeführte Zahlungsaufträge ist aber für bestimmte Folgeschäden (§ 675z) die Vereinbarung einer Haftungsobergrenze (12.500 Euro) möglich.

3 **B. Regelungen.** Die Regelung betrifft **nicht autorisierte Zahlungsvorgänge**. Sie hängt daher sehr eng mit § 675j zusammen, der die Voraussetzungen für die Autorisierung regelt. Im Falle der nicht autorisierten Zahlungsvorgänge verhindert die Vorschrift einerseits das Entstehen eines Aufwendungsersatzanspruchs (§ 670) des Zahlungsdienstleisters gegen den Zahler. Auf der anderen Seite gewährt die Norm dem Zahler einen Anspruch auf Erstattung eines auf dem Zahlungskonto belasteten Betrags mit Rückwirkung. Dabei handelt es sich um eine verschuldensunabhängige Einstandspflicht des Zahlungsdienstleister ggü dem Zahler. Weitere Ansprüche mit dem gleichen Anspruchsziel kommen neben dem Erstattungsanspruch nicht in Betracht (zB ungerechtfertigte Bereicherung oder GoA, § 675z). In Bezug auf verschuldensabhängige Schadensersatzansprüche und den Ersatz von Folgeschäden ist die Maßgabe des § 675z zu beachten. Die Regelung setzt Art 60 I der Zahlungsdiensterichtlinie um.

4 **I. Aufwendungsersatz.** Nur im Fall eines autorisierten Zahlungsvorgangs entsteht ein Aufwendungsersatzanspruch des Zahlungsdienstleisters des Zahlers gegen den Zahler. Der Ersatzanspruch selbst ergibt sich aus § 670. Die Aufwendungen des Zahlungsdienstleisters des Zahlers in Form des **Zahlungsbetrags** können nicht ersetzt werden, wenn es an der Autorisierung durch den Zahler fehlt. Eine Autorisierung liegt nur vor, wenn eine Zustimmung des Zahlers in Form der Einwilligung oder Genehmigung erteilt wurde (§ 675j I). Ein wirksamer Widerruf der Zustimmung führt ebenfalls zu einem nicht autorisierten Zahlungsvorgang (§ 675j II). Das Ergebnis entspricht der bisherigen Rechtslage in Deutschland. Bei einem Missbrauch einer Kreditkarte durch Dritte liegt keine Autorisierung vor, so dass ein Aufwendungsersatzanspruch entfällt (entsprechend § 676h aF). Bei der Verwendung von Zahlungsauthentifizierungsinstrumenten sind die besonderen Pflichten nach § 675l zu beachten, deren Verletzung aber zu Schadensersatzansprüchen führen können (§ 675v). Schadensersatzansprüche sind auch in anderen Fällen nicht ausgeschlossen. Die Einzugsermächtigungslastschrift ist zunächst ebenfalls kein autorisierter Zahlungsvorgang. Die Zustimmung (Autorisierung) erfolgt bei der Einzugsermächtigungslastschrift regelmäßig dadurch, dass innerhalb einer Frist (6 Wochen) dem Rechnungsabschluss nicht widersprochen wird (§ 675f Rn 11).

5 **II. Erstattungsanspruch.** Wird ein nicht autorisierter Zahlungsvorgang durch den Zahlungsdienstleister des Zahlers ausgeführt, besteht ein Erstattungsanspruch des Zahlers. Der **Erstattungsanspruch ist verschuldensunabhängig** ausgestaltet und nicht abdingbar. Wird ein Zahlungskonto durch Belastungen verändert (auch Kontokorrent), führt der Anspruch auf Erstattung ferner zur rückwirkenden Berichtigung des Kontos. Das Zahlungskonto ist auf den Stand zu bringen, auf dem es sich ohne die nicht autorisierte Belastung befunden hätte. Es ist eine valutarische Berichtigung vorzunehmen.

§ 675v Haftung des Zahlers bei missbräuchlicher Nutzung eines Zahlungsauthentifizierungsinstruments.

(1) Beruhen nicht autorisierte Zahlungsvorgänge auf der Nutzung eines verlorengegangenen, gestohlenen oder sonst abhanden gekommenen Zahlungsauthentifizierungsinstruments, so kann der Zahlungsdienstleister des Zahlers von diesem den Ersatz des hierdurch entstandenen Schadens bis zu einem Betrag von 150 Euro verlangen. Dies gilt auch, wenn der Schaden infolge einer sonstigen missbräuchlichen Verwendung eines Zahlungsauthentifizierungsinstruments entstanden ist und der Zahler die personalisierten Sicherheitsmerkmale nicht sicher aufbewahrt hat.

(2) Der Zahler ist seinem Zahlungsdienstleister zum Ersatz des gesamten Schadens verpflichtet, der infolge eines nicht autorisierten Zahlungsvorgangs entstanden ist, wenn er ihn in betrügerischer Absicht ermöglicht hat oder durch vorsätzliche oder grob fahrlässige Verletzung
1. einer oder mehrerer Pflichten gemäß § 675l oder
2. einer oder mehrerer vereinbarter Bedingungen für die Ausgabe und Nutzung des Zahlungsauthentifizierungsinstruments

herbeigeführt hat.

(3) Abweichend von den Absätzen 1 und 2 ist der Zahler nicht zum Ersatz von Schäden verpflichtet, die aus der Nutzung eines nach der Anzeige gemäß § 675l Satz 2 verwendeten Zahlungsauthentifizierungsinstruments entstanden sind. Der Zahler ist auch nicht zum Ersatz von Schäden im Sinne des Absatzes 1 verpflichtet, wenn der Zahlungsdienstleister seiner Pflicht gemäß § 675m Abs. 1 Nr. 3 nicht nachgekommen ist. Die Sätze 1 und 2 sind nicht anzuwenden, wenn der Zahler in betrügerischer Absicht gehandelt hat.

A. Regelung. Der Zahler hat bei Verlust, Diebstahl oder sonstigem Abhandenkommen eines Zahlungsauthentifizierungsinstruments eine **verschuldensunabhängige Beteiligung** von bis zu 150 Euro am Schaden des Zahlungsdienstleisters zu tragen. Gleiches gilt bei einer sonstigen missbräuchlichen Verwendung, die auf einer (einfach fahrlässigen) nicht sicheren Aufbewahrung der personalisierten Sicherheitsmerkmale durch den Zahler beruht. Für den Zahler günstigere Vereinbarungen sind möglich. II normiert eine verschuldensabhängige Haftung für den gesamten Schaden, falls Pflichtverletzungen in Bezug auf ein Zahlungsauthentifizierungsinstrument vorliegen. Die Haftung ist auf Fälle des Vorsatzes und der groben Fahrlässigkeit begrenzt. III enthält einen Haftungsausschluss für nach der Anzeige des Ereignisses durch den Zahler entstandene Schäden. Für die Selbstbeteiligung greift der Haftungsausschluss, wenn der Zahlungsdienstleister seiner Verpflichtung nicht nachgekommen ist, geeignete Mittel zur Anzeige zur Verfügung zu stellen. Der Haftungsausschluss greift nicht ein, wenn der Zahler in betrügerischer Absicht gehandelt hat. Die Regelung ist in erster Linie auf Zahlungskarten zugeschnitten, erfasst aber alle Zahlungsauthentifizierungsinstrumente. Die Regelung ist abschließend. Raum für Schadensersatzansprüche aus § 280 I besteht im Zusammenhang mit der missbräuchlichen Verwendung nicht, auch nicht in Bezug auf die Verletzung anderer spezifischer Pflichten des Zahlers. Die Norm setzt Art 61 der Zahlungsdiensterichtlinie um. **1**

I. Verschuldensunabhängige Haftung. I enthält zwei Varianten der Haftung. Schäden des Zahlungsdienstleisters, die durch **Verlust, Diebstahl oder das sonstige Abhandenkommen** eines Zahlungsauthentifizierungsinstruments entstehen, können auf den Zahler bis zur Höhe von 150 Euro abgewälzt werden, auch wenn kein Verschulden vorliegt. Ferner ist bei **sonstiger missbräuchlicher Verwendung** eine verschuldensabhängige Haftung des Zahlers bis zur Höhe von 150 Euro vorgesehen, sofern nicht ein Fall des II vorliegt. Ein Zahlungsauthentifizierungsinstrument ist jedes personalisierte Instrument oder Verfahren, das zwischen dem Zahlungsdienstnutzer (Zahler) und dem Zahlungsdienstleister für die Erteilung von Zahlungsaufträgen vereinbart wird und das vom Zahlungsdienstnutzer eingesetzt wird, um einen Zahlungsauftrag zu erteilen (§ 1 V ZAG). Für die verschuldensunabhängige Haftung sind in erster Linie Zahlungskarten von Bedeutung. Insoweit relevanter Schaden des Zahlungsdienstleisters ist der Schaden, der aufgrund eines nicht autorisierten Zahlungsvorgangs zeitlich vor der Verlust- bzw Missbrauchsanzeige entsteht (III). Die verschuldensunabhängige Beteiligung des Zahlers am vor der Anzeige entstehenden Schaden soll Anreiz für den Zahler zur schnellstmöglichen Reaktion (Anzeige) sein. **2**

II. Einfache Fahrlässigkeit. I S. 2 erweitert den Anspruch auf die Beteiligung bis zur Höhe von 150 Euro am Schaden des Zahlungsdienstleister, wenn eine sonstige missbräuchliche Verwendung eines Zahlungsauthentifizierungsinstruments vorliegt. Neben der sonstigen missbräuchlichen Verwendung ist aber erforderlich, dass der Zahler insoweit leichte Fahrlässigkeit (§ 276) bei der **Aufbewahrung der personalisierten Sicherheitsmerkmale** (zB PIN, TAN) an den Tag gelegt hat. Die sonstige missbräuchliche Verwendung ist von den Fällen des I 1 abzugrenzen und liegt vor, wenn in Bezug auf nicht körperliche Gegenstände (zB PIN, TAN) eine Fremdnutzung ermöglicht wird. Der Missbrauch muss aber personalisierte Sicherheitsmerkmale betreffen. Dabei handelt es sich nur um solche Sicherheitsmerkmale, die eine Authentifizierung erlauben (nicht: Kartennummer; s. § 675l Rn 2). Nicht erfasst ist also die missbräuchliche Verwendung von Kreditkartendaten wie Gültigkeitsdauer und Kartennummer, ohne dass die Karte selbst abhanden gekommen ist. Die Erstellung *einer Kartenkopie* sowie die Fälschung der Unterschrift führen ebenfalls nicht zur Haftung. **3**

III. Grobe Fahrlässigkeit und Vorsatz. II erweitert die Haftung des Zahlers auf den gesamten Schaden des Zahlungsdienstleisters, der infolge eines **nicht autorisierten Zahlungsvorgangs** entstanden ist. Voraussetzung ist aber entweder die betrügerische Absicht des Zahlers oder die grob fahrlässige bzw vorsätzliche Pflichtverletzung. Die Pflichtverletzung des Zahlers muss sich auf die gesetzlich bestimmten (§ 675l) oder vertraglich vereinbarten Anforderungen beziehen und der Schaden muss kausal darauf zurückzuführen sein. Grobe Fahrlässigkeit erfordert eine in ungewöhnlich hohem Maß verletzte Sorgfalt, also etwas unbeachtet zu lassen, was sich jedem aufgedrängt hätte. Das liegt etwa vor, wenn Karte und PIN gemeinsam an einem Ort aufbewahrt werden (BGHZ 145, 337). Verschiedene Stellen in einer Wohnung begründen aber regelmäßig **4**

keine grobe Fahrlässigkeit. Vom Umfang der Haftung ist in den Fällen von Vorsatz und grober Fahrlässigkeit nur der Schaden zeitlich vor der Verlust- oder Missbrauchsanzeige erfasst (III).

5 **IV. Ausschluss.** Die Regelung in III sieht zwei Ausschlusstatbestände für die Haftung des Zahlers vor. Für einen Schaden, der nach der **Verlust- oder Missbrauchsanzeige** durch die Nutzung eines Zahlungsauthentifizierungsinstruments entsteht, ist der Zahler nicht verantwortlich. Das gilt auch bei Vorsatz des Zahlers in Bezug auf die Pflichtverletzung. Lediglich im Falle der betrügerischen Absicht des Zahlers kommt der Ausschluss mangels Schutzbedürftigkeit nicht in Betracht. Ein Ausschluss ist auch vorgesehen, falls der Zahlungsdienstleister seiner Pflicht zur Sicherstellung von geeigneten Mitteln nicht nachkommt, die Anzeige jederzeit vorzunehmen bzw eine entsprechende Stelle zu benennen (§ 675m I Nr 3). Die Pflichtverletzung des Zahlungsdienstleister überlagert insoweit die Pflichtverletzung des Zahlers. Eine verschuldensunabhängige Beteiligung (I) wäre in diesen Fällen nicht sachgerecht. Die betrügerische Absicht schließt die Wirkung des Ausschlusses auch insoweit aus.

§ 675w Nachweis der Authentifizierung.

Ist die Autorisierung eines ausgeführten Zahlungsvorgangs streitig, hat der Zahlungsdienstleister nachzuweisen, dass eine Authentifizierung erfolgt ist und der Zahlungsvorgang ordnungsgemäß aufgezeichnet, verbucht sowie nicht durch eine Störung beeinträchtigt wurde. Eine Authentifizierung ist erfolgt, wenn der Zahlungsdienstleister die Nutzung eines bestimmten Zahlungsauthentifizierungsinstruments, einschließlich seiner personalisierten Sicherheitsmerkmale, mit Hilfe eines Verfahrens überprüft hat. Wurde der Zahlungsvorgang mittels eines Zahlungsauthentifizierungsinstruments ausgelöst, reicht die Aufzeichnung der Nutzung des Zahlungsauthentifizierungsinstruments einschließlich der Authentifizierung durch den Zahlungsdienstleister allein nicht notwendigerweise aus, um nachzuweisen, dass der Zahler
1. den Zahlungsvorgang autorisiert,
2. in betrügerischer Absicht gehandelt,
3. eine oder mehrere Pflichten gemäß § 675l verletzt oder
4. vorsätzlich oder grob fahrlässig gegen eine oder mehrere Bedingungen für die Ausgabe und Nutzung des Zahlungsauthentifizierungsinstruments verstoßen
hat.

1 **A. Regelung.** Die Regelung enthält Mindestanforderungen zur **Darlegungs- und Beweislast**, wenn die Autorisierung eines Zahlungsvorgangs zwischen Zahlungsdienstleister und Zahlungsdienstnutzer streitig ist. Die Regelung hat somit Bedeutung im Zusammenhang mit dem Aufwendungsersatz des Zahlungsdienstleisters gegen den Zahler und dem Erstattungsanspruch des Zahlers gegen den Zahlungsdienstleister (§ 675u) sowie dem Schadensersatzanspruch des Zahlungsdienstleisters nach § 675v wegen missbräuchlicher Verwendung eines Zahlungsauthentifizierungsinstruments. Die Norm setzt Art 59 der Zahlungsdiensterichtlinie um.

2 **I. Autorisierung.** Die Autorisierung eines ausgeführten Zahlungsvorgangs ist Voraussetzung für den Aufwendungsersatzanspruch (§ 670) des Zahlungsdienstleisters gegen den Zahler. Zum **Nachweis einer Autorisierung** hat der Zahlungsdienstleister eine Reihe von reibungslos abgelaufenen technischen Vorgängen nachzuweisen. Zunächst hat der Zahlungsdienstleister eine Authentifizierung nachzuweisen. Die Authentifizierung erfordert eine Überprüfung der Nutzung eines Zahlungsauthentifizierungsinstruments, einschließlich der personalisierten Sicherheitsmerkmale, durch ein Verfahren. Dabei geht es um die formalisierte Prüfung von vereinbarten Besitz- und Wissensmerkmalen (zB Karte, PIN), die zur Ausführung des Zahlungsvorgangs erforderlich sind. Ferner ist erforderlich, dass der Zahlungsdienstleister den Zahlungsvorgang ordnungsgemäß aufgezeichnet hat, der Vorgang selbst verbucht ist und nicht durch Störungen beeinträchtigt wurde. Kann der Zahlungsdienstleister den Nachweis nicht führen, trägt er die Beweislast. Der Zahlungsvorgang ist als nicht autorisiert zu behandeln. Bei einer Belastung des Zahlers besteht ein Erstattungsanspruch.

3 **II. Auslösung durch ein Zahlungsauthentifizierungsinstrument.** Wurde der Zahlungsvorgang mittels eines Zahlungsauthentifizierungsinstruments ausgelöst und ist die Autorisierung streitig, reicht der technisch **einwandfreie Ablauf der Nutzung und die Authentifizierung** allein nicht notwendigerweise aus, um für den Zahler nachteilige Vorgänge nachzuweisen. Dabei geht es um die Vorgänge, die einen Schadensersatzanspruch des Zahlungsdienstleisters begründen können oder zu einem Aufwendungsersatz führen. Die Vorschrift verschafft dem technisch einwandfreien Ablauf der Nutzung und der Authentifizierung aber insoweit den Charakter von Mindestvoraussetzungen, die für einen Anscheinsbeweis ausreichen. Das gilt im Hinblick auf die Autorisierung (Nr 1), ein Handeln in betrügerischer Absicht (Nr 2) und eine Sorgfaltspflichtverletzung bezüglich der Pflichten gem § 675l (Nr 3) oder den Bedingungen der Ausgabe und Nutzung (Nr 4). Dem Zahlungsdienstnutzer wird aber die Möglichkeit gegeben, mit einem substantiierten und glaubhaften Vorbringen den Geschehensablauf darzulegen und den Anscheinsbeweis zu erschüttern. Das Gericht entscheidet über den Erfolg des Vorbringens nach § 286 ZPO.

4 Die Verteilung der Beweislast entspricht weitgehend den bisher praktizierten Grundsätzen. Liegt die Schadensursache zB ausschl im Bereich des Karteninhabers, kommen weiterhin Erleichterungen in Betracht

("**Anscheinsbeweis**"). Bei ordnungsgemäßer Verwendung an einem Geldautomaten spricht der Anschein für eine Pflichtverletzung des Karteninhabers. Wird bspw zeitnah nach dem Diebstahl einer ec-Karte unter Verwendung dieser Karte und Eingabe der richtigen persönlichen Geheimzahl (PIN) an Geldausgabeautomaten Bargeld abgehoben, spricht der Beweis des ersten Anscheins dafür, dass der Karteninhaber die PIN auf der ec-Karte notiert oder gemeinsam mit dieser verwahrt hat, wenn andere Ursachen bei wertender Betrachtung außerhalb der Lebenserfahrung liegen (BGHZ 160, 308).

§ 675x Erstattungsanspruch bei einem vom oder über den Zahlungsempfänger ausgelösten autorisierten Zahlungsvorgang.

(1) Der Zahler hat gegen seinen Zahlungsdienstleister einen Anspruch auf Erstattung eines belasteten Zahlungsbetrags, der auf einem autorisierten, vom oder über den Zahlungsempfänger ausgelösten Zahlungsvorgang beruht, wenn
1. bei der Autorisierung der genaue Betrag nicht angegeben wurde und
2. der Zahlungsbetrag den Betrag übersteigt, den der Zahler entsprechend seinem bisherigen Ausgabeverhalten, den Bedingungen des Zahlungsdiensterahmenvertrags und den jeweiligen Umständen des Einzelfalls hätte erwarten können; mit einem etwaigen Währungsumtausch zusammenhängende Gründe bleiben außer Betracht, wenn der zwischen den Parteien vereinbarte Referenzwechselkurs zugrunde gelegt wurde

Der Zahler ist auf Verlangen seines Zahlungsdienstleisters verpflichtet, die Sachumstände darzulegen, aus denen er sein Erstattungsverlangen herleitet.
(2) Im Fall von Lastschriften können der Zahler und sein Zahlungsdienstleister vereinbaren, dass der Zahler auch dann einen Anspruch auf Erstattung gegen seinen Zahlungsdienstleister hat, wenn die Voraussetzungen für eine Erstattung nach Absatz 1 nicht erfüllt sind.
(3) Der Zahler kann mit seinem Zahlungsdienstleister vereinbaren, dass er keinen Anspruch auf Erstattung hat, wenn er seine Zustimmung zur Durchführung des Zahlungsvorgangs unmittelbar seinem Zahlungsdienstleister erteilt hat und er, sofern vereinbart, über den anstehenden Zahlungsvorgang mindestens vier Wochen vor dem Fälligkeitstermin vom Zahlungsdienstleister oder vom Zahlungsempfänger unterrichtet wurde.
(4) Ein Anspruch des Zahlers auf Erstattung ist ausgeschlossen, wenn er ihn nicht innerhalb von acht Wochen ab dem Zeitpunkt der Belastung des betreffenden Zahlungsbetrags gegenüber seinem Zahlungsdienstleister geltend macht.
(5) Der Zahlungsdienstleister ist verpflichtet, innerhalb von zehn Geschäftstagen nach Zugang eines Erstattungsverlangens entweder den vollständigen Betrag des Zahlungsvorgangs zu erstatten oder dem Zahler die Gründe für die Ablehnung der Erstattung mitzuteilen. Im Fall der Ablehnung hat der Zahlungsdienstleister auf die Beschwerdemöglichkeit gemäß § 28 des Zahlungsdiensteaufsichtsgesetzes und auf die Möglichkeit, eine Schlichtungsstelle gemäß § 14 des Unterlassungsklagengesetzes anzurufen, hinzuweisen. Das Recht des Zahlungsdienstleisters, eine innerhalb der Frist nach Absatz 4 geltend gemachte Erstattung abzulehnen, erstreckt sich nicht auf den Fall nach Absatz 2.
(6) Absatz 1 ist nicht anzuwenden auf Lastschriften, sobald diese durch eine Genehmigung des Zahlers unmittelbar gegenüber seinem Zahlungsdienstleister autorisiert worden sind.

A. Regelung. Die Regelung begründet auch für autorisierte Zahlungsvorgänge einen Erstattungsanspruch des Zahlers gegen seinen Zahlungsdienstleister. Vom Anwendungsbereich der Norm sind allerdings nur Zahlungsvorgänge erfasst, die **vom oder über den Zahlungsempfänger angestoßen** wurden. Ein aufgrund der Autorisierung zunächst bestehender und umgesetzter Aufwendungsersatzanspruch des Zahlungsdienstleisters wird durch den Erstattungsanspruch für die Zukunft korrigiert. Eine Rückwirkung kommt wegen der vorliegenden Autorisierung, die vom Zahler ausgeht, nicht in Betracht. Falls ein Zahlungskonto für den Zahler geführt wird, ist der Betrag auf dem Konto wieder gutzuschreiben. Für die Einzugsermächtigungslastschrift findet die Regelung keine Anwendung (VI), da es insoweit im Zeitpunkt der Belastung an der Autorisierung fehlt (s. § 675j Rn 3). Die Regelung erfasst aber zB Kreditkartenzahlungen u vergleichbare Fälle, das Abbuchungsauftragsverfahren sowie die geplante SEPA-Lastschrift. Die Regelung ist im Verhältnis zwischen Zahler und Zahlungsdienstleister abdingbar, wenn der Zahler Unternehmer ist (§ 675e IV). Auf die Person des Zahlungsempfängers kommt es dabei nicht an. In anderen Fällen ist zumindest eine Modifikation denkbar (II, III). IV enthält eine Ausschlussfrist für den Erstattungsanspruch des Zahlers. Die Norm setzt Art 62 u 63 der Zahlungsdiensterichtlinie um.

I. Erstattungsanspruch. I enthält die Grundlage für den Erstattungsanspruch des Zahlers gegen den Zahlungsdienstleister. Gerichtet ist der Anspruch auf den **gesamten belasteten Zahlungsbetrag**, nicht nur auf den unangemessenen Teil. In Betracht kommt der Erstattungsanspruch nur bei Autorisierung und Auslösung des Zahlungsvorgangs über den Zahlungsempfänger. Ferner müssen zwei weitere Voraussetzungen erfüllt sein, die sich in Nr 1 u Nr 2 finden. Diese weiteren Voraussetzungen müssen kumulativ vorliegen. Zunächst darf im Zeitpunkt der Autorisierung der genaue Betrag nicht angegeben worden sein. Das liegt etwa vor,

§ 675x Erstattungsanspruch bei vom Zahlungsempfänger ausgelöstem autorisierten Zahlungsvorgang

wenn bei Geschäften bereits zu Beginn des Vertragsverhältnisses ein Kartenabdruck blanko erstellt wird, ohne dass ein vollständig ausgefüllter Kartenbeleg vorliegt (zB Autovermietung, Hotel). Gleiches ist bei der telefonischen Vorabmitteilung der Kartennummer der Fall. Darüber hinaus muss der Zahlungsbetrag den Betrag übersteigen, den der Zahler hätte vernünftigerweise erwarten können. Der Erwartungshorizont des Zahlers soll sich aus seinem bisherigen Ausgabeverhalten, den Bedingungen des Zahlungsdiensterahmenvertrags und den jeweiligen Umständen des Einzelfalls ergeben. Der Erstattungsanspruch wird daher auf "Ausreißer" beschränkt bleiben. Gründe im Zusammenhang mit dem Währungsumtausch bleiben insoweit außer Betracht, wenn Referenzwechselkurse vereinbart wurden.

3 Der Zahler ist verpflichtet, die Sachumstände auf Verlangen des Zahlungsdienstleisters darzulegen, die den Erstattungsanspruch begründen. Die **Darlegung der Sachumstände** soll dem Zahlungsdienstleister die Prüfung der Berechtigung des Erstattungsanspruchs ermöglichen. Eine Änderung der Beweislast ergibt sich dadurch nicht.

4 **II. Sonderfall Lastschrift.** Über den Anspruch auf Erstattung nach I hinaus eröffnet II für Zahler und Zahlungsdienstleister die Möglichkeit, in Bezug auf Lastschriften **Vereinbarungen** über die Voraussetzungen einer Erstattung zu treffen. Auf diesem Wege kann der bloße Widerspruch des Zahlers gegen eine Lastschrift zum Erstattungsanspruch führen. Ferner kann auf Begründungen verzichtet werden. Da es sich insoweit um eine Begünstigung des Zahlers handelt, wäre eine Regelung nicht zwingend erforderlich gewesen (§ 675e I). Gleichwohl sieht auch die Richtlinie eine solche Regelung vor, da Zahlungsempfänger und dessen Dienstleister von einem Erstattungsanspruch ebenfalls betroffen sind und entsprechende Vorkehrungen treffen können (zB Rückbelastung bei Zahlungsempfänger). IRd geplanten SEPA-Lastschrift soll dem Zahler ein zeitlich befristetes Recht zur Erstattung des Zahlungsbetrags eingeräumt werden.

5 **III. Kein Erstattungsanspruch.** III eröffnet dem Zahler und dem Zahlungsdienstleister die Möglichkeit, einen Erstattungsanspruch nach I in bestimmten Fällen auszuschließen. Voraussetzung für eine solche Vereinbarung ist, dass der Zahler auch dem Zahlungsdienstleister unmittelbar die Zustimmung zur Durchführung des Zahlungsvorgangs erteilt hat. Im **Abbuchungsauftragsverfahren** (s. § 675f Rn 10) liegt eine solche Ausgangssituation vor. Damit soll die Endgültigkeit des Zahlungsvorgangs für den Zahlungsempfänger früher feststehen. Aufgrund der Vereinbarung nach III bleibt das Abbuchungsauftragsverfahren auch künftig in Bezug auf Verbraucher anwendbar.

6 Zur Sicherheit für den Zahler kann weiterhin vereinbart werden, dass die Wirkung des Ausschlusses des Erstattungsanspruchs nur eintritt, wenn der Zahler von dem Zahlungsvorgang **mindestens vier Wochen vor Fälligkeit** durch seinen Zahlungsdienstleister oder den Zahlungsempfänger unterrichtet wird. Das ist insb in Bezug auf Verbraucher sachgerecht. Ferner fördert und erlaubt III mit seinen beiden Öffnungsmöglichkeiten für Vereinbarungen die Weiterentwicklung von Lastschrift-Modellen.

7 **IV. Ausschlussfrist.** Der Erstattungsanspruch hängt von der Erfüllung einer **Obliegenheit** durch den Zahler ab. Der Zahler muss den Anspruch innerhalb von acht Wochen ab dem Zeitpunkt der Belastung des konkreten Zahlungsbetrags geltend machen. Die Geltendmachung ist eine geschäftsähnliche Handlung. Richtiger Empfänger ist der Zahlungsdienstleister. Inhaltlich muss der Erstattungsanspruch Gegenstand der Erklärung sein. Kommt der Zahler der Obliegenheit nicht nach, ist der Anspruch ausgeschlossen. Dabei handelt es sich um eine vAw zu beachtende das Recht (hier den Anspruch) vernichtende Einwendung, die mit Ablauf der Frist eintritt. Die Fristberechnung richtet sich nach §§ 187, 188. Die Beweislast für die rechtzeitige Erklärung der Geltendmachung trägt der Zahler. Die Ausschlussfrist gilt für alle Erstattungsansprüche nach § 675x.

8 **V. Frist für die Reaktion des Zahlungsdienstleisters.** Der Zahlungsdienstleister ist verpflichtet, dem Erstattungsverlangen des Zahlers innerhalb von **zehn Tagen nach Zugang** eine Reaktion folgen zu lassen. Der Zahlungsdienstleister hat innerhalb der Frist entweder den vollständigen Betrag zu erstatten oder dem Zahler die Gründe für die -aus seiner Sicht berechtigte- Ablehnung der Erstattung mitzuteilen. Im Fall der Ablehnung ist der Zahler auf die Beschwerdemöglichkeit nach § 28 ZAG und die Möglichkeit, eine Schlichtungsstelle anzurufen (§ 14 UKlaG), hinzuweisen. Die Erstattung des vollständigen Betrags darf nur abgelehnt werden, wenn die Voraussetzungen nach I nicht vorliegen. Eine nach II vereinbarte Erstattung darf vom Zahlungsdienstleister nicht abgelehnt werden, wenn die Geltendmachung innerhalb der Ausschlussfrist erfolgt (V 3).

9 **VI. Genehmigung von Lastschriften.** Die Genehmigung einer Lastschrift führt zur (nachträglichen) Autorisierung des Zahlungsvorgangs. Damit liegt die Ausgangssituation des I im Ergebnis vor. Gleichwohl geht I von einer **Autorisierung vor der Ausführung** eines Zahlungsvorgangs aus. Für Lastschriftverfahren, die eine Autorisierung des Zahlungsvorgangs erst nach dessen Ausführung vorsehen (zB Einzugsermächtigungslastschrift – s. § 675j Rn 3), stellt die Regelung in VI klar, dass eine Erstattung nach I nicht in Betracht kommt. Die Klarstellung steht in Einklang mit dem Anwendungsbereich der entsprechenden Regelung in der Zahlungsdiensterichtlinie (Art 62, 63).

§ 675y Haftung der Zahlungsdienstleister bei nicht erfolgter oder fehlerhafter Ausführung eines Zahlungsauftrags; Nachforschungspflicht.

(1) Wird ein Zahlungsvorgang vom Zahler ausgelöst, kann dieser von seinem Zahlungsdienstleister im Fall einer nicht erfolgten oder fehlerhaften Ausführung des Zahlungsauftrags die unverzügliche und ungekürzte Erstattung des Zahlungsbetrags verlangen. Wurde der Betrag einem Zahlungskonto des Zahlers belastet, ist dieses Zahlungskonto wieder auf den Stand zu bringen, auf dem es sich ohne den fehlerhaft ausgeführten Zahlungsvorgang befunden hätte. Soweit vom Zahlungsbetrag entgegen § 675q Abs. 1 Entgelte abgezogen wurden, hat der Zahlungsdienstleister des Zahlers den abgezogenen Betrag dem Zahlungsempfänger unverzüglich zu übermitteln. Weist der Zahlungsdienstleister des Zahlers nach, dass der Zahlungsbetrag rechtzeitig und ungekürzt beim Zahlungsdienstleister des Zahlungsempfängers eingegangen ist, entfällt die Haftung nach diesem Absatz.
(2) Wird ein Zahlungsvorgang vom oder über den Zahlungsempfänger ausgelöst, kann dieser im Fall einer nicht erfolgten oder fehlerhaften Ausführung des Zahlungsauftrags verlangen, dass sein Zahlungsdienstleister diesen Zahlungsauftrag unverzüglich, gegebenenfalls erneut, an den Zahlungsdienstleister des Zahlers übermittelt. Weist der Zahlungsdienstleister des Zahlungsempfängers nach, dass er die ihm bei der Ausführung des Zahlungsvorgangs obliegenden Pflichten erfüllt hat, hat der Zahlungsdienstleister des Zahlers dem Zahler gegebenenfalls unverzüglich den ungekürzten Zahlungsbetrag entsprechend Absatz 1 Satz 1 und 2 zu erstatten. Soweit vom Zahlungsbetrag entgegen § 675q Abs. 1 und 2 Entgelte abgezogen wurden, hat der Zahlungsdienstleister des Zahlungsempfängers den abgezogenen Betrag dem Zahlungsempfänger unverzüglich verfügbar zu machen.
(3) Ansprüche des Zahlungsdienstnutzers gegen seinen Zahlungsdienstleister nach Absatz 1 Satz 1 und 2 sowie Absatz 2 Satz 2 bestehen nicht, soweit der Zahlungsauftrag in Übereinstimmung mit der vom Zahlungsdienstnutzer angegebenen fehlerhaften Kundenkennung ausgeführt wurde. In diesem Fall kann der Zahler von seinem Zahlungsdienstleister jedoch verlangen, dass dieser sich im Rahmen seiner Möglichkeiten darum bemüht, den Zahlungsbetrag wiederzuerlangen. Der Zahlungsdienstleister darf mit dem Zahlungsdienstnutzer im Zahlungsdiensterahmenvertrag für diese Wiederbeschaffung ein Entgelt vereinbaren.
(4) Ein Zahlungsdienstnutzer kann von seinem Zahlungsdienstleister über die Ansprüche nach den Absätzen 1 und 2 hinaus die Erstattung der Entgelte und Zinsen verlangen, die der Zahlungsdienstleister ihm im Zusammenhang mit der nicht erfolgten oder fehlerhaften Ausführung des Zahlungsvorgangs in Rechnung gestellt oder mit denen er dessen Zahlungskonto belastet hat.
(5) Wurde ein Zahlungsauftrag nicht oder fehlerhaft ausgeführt, hat der Zahlungsdienstleister desjenigen Zahlungsdienstnutzers, der einen Zahlungsvorgang ausgelöst hat oder über den ein Zahlungsvorgang ausgelöst wurde, auf Verlangen seines Zahlungsdienstnutzers den Zahlungsvorgang nachzuvollziehen und seinen Zahlungsdienstnutzer über das Ergebnis zu unterrichten.

A. Regelung. Die Regelung widmet sich den Leistungsstörungen bei der Ausführung von Zahlungsvorgängen und enthält eigene Anspruchsgrundlagen für Ansprüche des Zahlungsdienstnutzers gegen den Zahlungsdienstleister. Dabei werden in § 675y nur die **verschuldensunabhängigen Ansprüche** des Nutzers gegen seinen Zahlungsdienstleister geregelt. Als Leistungsstörungen sind nur die nicht erfolgte und die fehlerhafte Ausführung eines Zahlungsauftrags erfasst. Andere Leistungsstörungen (zB Verspätungen) führen nur unter den Voraussetzungen des § 675z zu Ansprüchen gegen Zahlungsdienstleister. I gilt für Zahlungsvorgänge, die vom Zahler ausgelöst wurden. II bestimmt den Haftungsumfang bei vom oder über den Zahlungsempfänger angestoßenen Zahlungsvorgängen. III enthält einen Haftungsausschluss. IV beschäftigt sich mit der Erstattung von Entgelten und Zinsen. V begründet eine Nachforschungs- und Auskunftspflicht für den Zahlungsdienstleister. Die Norm setzt Art 75 u 67 III der Zahlungsdiensterichtlinie um.

I. Anstoß vom Zahler. I gilt nur für Zahlungsvorgänge, die vom Zahler ausgelöst werden. Die Regelung findet auf Zahlungsvorgänge mit Drittstaatenbezug keine Anwendung (§ 675e II). Sie gewährt dem Zahler einen verschuldensunabhängigen Anspruch auf unverzügliche (§ 121) und **ungekürzte Erstattung des Zahlungsbetrags** gegen seinen Zahlungsdienstleister, falls bestimmte Störungen bei der Ausführung eines Zahlungsauftrags auftreten. Eine Nachfrist ist nicht (mehr) erforderlich. Vom Anwendungsbereich umfasste Störungen sind die nicht erfolgte und die fehlerhafte Ausführung des Zahlungsauftrags. Nicht erfolgt ist die Ausführung, *wenn der* Zahlungsdienstleister schon gar keinen Versuch unternommen hat, den Zahlungsauftrag auszuführen oder der Zahlungsbetrag verloren geht. Eine fehlerhafte Ausführung ist anzunehmen, wenn der Zahlungsbetrag gekürzt oder fehlgeleitet wird. Eine solche Störung liegt aber nur vor, wenn der Zahlungsbetrag nicht beim Zahlungsdienstleister des Zahlungsempfängers angekommen ist (4). Die bloße Verspätung ist daher keine fehlerhafte Ausführung iSd Norm (vgl BTDrs 16/11643 116). Eine Erstattung des Zahlungsbetrags wäre insoweit nicht gerechtfertigt, da der Zahlungsdienstleister des Empfängers durch Gutschrift den mit dem Zahlungsauftrag bezweckten Erfolg herbeizuführen hat. Der bisherige pauschalierte Verzinsungsanspruch entfällt; an dessen Stelle tritt eine verschuldensabhängige Schadensersatzpflicht (§ 675z).

§ 675y Haftung der Zahlungsdienstleister bei nicht erfolgter Ausführung; Nachforschungspflicht

3 Wurde der Zahlungsbetrag einem **Zahlungskonto** (zB Girokonto) belastet, ist mit der Erstattung die Belastung vollständig zu beseitigen. Das Konto ist auf den Stand zu bringen, den es ohne den fehlerhaften Zahlungsvorgang gehabt hätte (I 2). Dazu zählt auch die Erstattung etwa belasteter Zinsen (Sollzinsen) oder nicht gewährter Zinsen (Habenzins). Es ist die belastete Valuta buchungstechnisch zu beseitigen.

4 Werden bei der Ausführung eines Zahlungsvorgangs Beträge (zB Entgelte) **abredewidrig einbehalten**, hat der Zahler gegen seinen Zahlungsdienstleister (idR das ausführende Kreditinstitut) einen Haftungsanspruch. Es handelt sich um eine Spezialregelung der Haftung des Zahlungsdienstleisters des Zahlers für den Fall der gekürzten Übermittlung des Zahlbetrags. Der Zahler kann die unverzügliche Übermittlung des abgezogenen Betrags an den Zahlungsempfänger verlangen (I 3). Ein Wahlrecht besteht nicht. Die Erstattung an sich selbst ist nicht (mehr) vorgesehen. Zusätzliche Gebühren oder Auslagen dürfen nicht berechnet werden. Beträge werden abredewidrig einbehalten, wenn der nach dem Zahlungsauftrag zu überweisende Betrag nicht vollständig auf dem Konto des Zahlungsempfängers (institutsintern) bzw beim Zahlungsdienstleister des Empfängers (institutsfremd) eingeht. Der Grund für die Abweichung ist nicht entscheidend (zB Verrechnung von Gebühren durch ein zwischengeschaltetes Kreditinstitut). Bei institutsinternen Zahlungsvorgängen kann es zur Konkurrenz mit dem Anspruch des Empfängers aus § 675t (§ 675t Rn 5) kommen. Bei Erfüllung eines Anspruchs wird der Zahlungsdienstleister frei (§ 428).

5 Die Haftung, gerichtet auf die Erstattung bzw Bereinigung der Belastung des Zahlungskontos und auch die Haftung bei gekürzter Übermittlung von Zahlungsbeträgen, entfällt, wenn der Zahlungsdienstleister den **Nachweis des rechtzeitigen und ungekürzten Eingangs des Betrags** beim Zahlungsdienstleister des Empfängers erbringt (I 4). Der Haftungsausschluss greift aber nur beim Nachweis des rechtzeitigen Eingangs. Ein verspätet eingegangener Betrag hat keinen Haftungsausschluss zur Folge. Ist der Zahlungsbetrag allerdings beim Zahlungsdienstleister des Empfängers vorhanden, entfällt die Haftung ab dem Zeitpunkt des Eingangs. Das Ziel, dem Empfänger den Zahlungsbetrag verfügbar zu machen, ist über § 675t gewährleistet.

6 Das Erstattungsverlangen des Zahlers und die Erstattung durch den Zahlungsdienstleister führen zur **Aufhebung des Zahlungsauftrags**. Der Zahlungsdienstleister hat keinen Anspruch auf das vereinbarte Entgelt oder Auslagen. Ein danach ausgeführter Zahlungsvorgang (zB Überweisung) führt idR zu einem Bereicherungsanspruch des Kreditinstituts gegen den Empfänger (Nichtleistungskondiktion).

7 **II. Anstoß vom Zahlungsempfänger.** II beschäftigt sich mit den vom Zahlungsempfänger angestoßenen Zahlungsvorgängen, bei denen sich Störungen ergeben. Dabei geht es um die Haftung des Zahlungsdienstleisters des Zahlungsempfängers, aber auch des Zahlungsdienstleisters des Zahlers (2). Im Hinblick auf die von der Regelung umfassten Leistungsstörungen kann auf Rn 2 verwiesen werden. Die Haftung nach 1 knüpft an die Verpflichtung des Zahlungsdienstleisters ggü dem Zahlungsempfänger aus § 675s II an, den **Zahlungsauftrag an den Zahlungsdienstleister des Zahlers zu übermitteln**. Ist der Zahlungsbetrag nicht beim Zahlungsempfänger eingegangen, muss der Zahlungsdienstleister des Empfängers die Übermittlung des Zahlungsauftrags erneut vornehmen. Die Verpflichtung ist unverzüglich (§ 121) zu erfüllen. Ist der Zahlungsauftrag vom Zahlungsdienstleister des Zahlers berechtigt abgelehnt worden, ist der Anspruch nicht mehr durchsetzbar.

8 Hat der Zahlungsdienstleister des Zahlungsempfängers die **ordnungsgemäße Übermittlung** des Zahlungsauftrags an den Zahlungsdienstleister des Zahlers nachgewiesen, haftet der Zahlungsdienstleister des Zahlers ggü dem Zahler für die ordnungsgemäße Ausführung. Das ist sachgerecht, da der Zahlungsdienstleister des Zahlungsempfängers in solchen Fällen keine "Gutschrift" erhalten hat. Vielmehr hat der Zahler gegen seinen Zahlungsdienstleister die Ansprüche nach I -also Erstattung oder Bereinigung der Belastung des Zahlungskontos, unverzüglich und mit ungekürztem Betrag-, falls eine Belastung bei ihm eingetreten ist.

9 Stellt der Zahlungsdienstleister des Zahlungsempfängers dem Zahlungsempfänger (regelwidrig) nur einen **um Entgelte gekürzten Betrag** bereit, haftet er dem Empfänger für die zu unrecht einbehaltenen Entgelte. Dabei kommt es nicht darauf an, welcher am Zahlungsvorgang beteiligte Zahlungsdienstleister (zB zwischengeschaltete Zahlungsdienstleister oder der des Zahlers) für den Abzug verantwortlich ist. Die Einstandpflicht trifft den Zahlungsdienstleister des Zahlungsempfängers also auch dann, wenn bei ihm selbst nur ein gekürzter Betrag eingegangen ist. Der Ausgleich zwischen den Zahlungsempfängern erfolgt über § 676a.

10 **III. Haftungsausschluss.** Die verschuldensunabhängige Haftung des Zahlungsdienstleisters des Zahlers ist ausgeschlossen, wenn die Ausführung des Zahlungsauftrags aufgrund der **fehlerhaften Kundenkennung** nicht erfolgreich oder fehlerhaft war. Dabei spielt es keine Rolle, welcher Zahlungsdienstnutzer die falsche Kundenkennung in den Zahlungsauftrag eingebracht hat. Das kann der Zahler, aber bei Auslösung des Zahlungsvorgangs vom oder über den Zahlungsempfänger auch dieser gewesen sein. Die Kundenkennung ist fehlerhaft, wenn sie nicht den vorgesehenen Zahlungsempfänger identifiziert. Hintergrund ist § 675r I, der für die korrekte Ausführung allein auf die Kundenkennung abstellt. Im Hinblick auf andere (zusätzliche) Informationen besteht keine Prüfpflicht, folglich kann daran auch keine verschuldensunabhängige Haftung angeknüpft werden.

11 Der Haftungsausschluss führt zu einer anderen Verpflichtung des Zahlungsdienstleisters, die aber bei entsprechender Vereinbarung gesondert zu vergüten ist. Der Zahlungsdienstleister muss sich im Rahmen seiner

Möglichkeiten um die **Wiedererlangung des Zahlungsbetrags** bemühen. Hat der unberechtigte Empfänger den Zahlungsbetrag erlangt, kann das Bemühen (zB Mitteilung oder Anfrage) etwa darin bestehen, von möglichen Stornierungen im Verhältnis unberechtigter Empfänger und dessen Zahlungsdienstleister Gebrauch zu machen.

Als gesetzlich geregelte Ausnahme iSd § 675f IV S 2 sieht III 3 die Möglichkeit vor, ein **Entgelt** für die Bemühungen des Zahlungsdienstleisters zu vereinbaren. Das Entgelt muss angemessen und an den tatsächlichen Kosten des Zahlungsdienstleisters ausgerichtet sein. 12

IV. Entgelte und Zinsen. Aufgrund der nicht erfolgten oder fehlerhaften Ausführung eines Zahlungsvorgangs durch den Zahlungsdienstleister sollen dem Zahlungsdienstnutzer **keine unmittelbaren Belastungen** verbleiben. IV sieht daher einen Anspruch des Zahlungsdienstnutzers gegen seinen Zahlungsdienstleister vor, gerichtet auf die Erstattung von Entgelten und Zinsen in Fällen der mangelhaften Ausführung von Zahlungsvorgängen. Darunter fallen nur Entgelte, die iRd Vertragsbeziehung zwischen Nutzer und Zahlungsdienstleister bei Zahlungsvorgängen nach I und II angefallen sind (zB Entgelte für die Ausführung eines Zahlungsauftrags, Entgegennahme eines Auftrags usw). Zinsen aus dem Verhältnis Zahler und Zahlungsempfänger sind als Folgeschaden von der Erstattungspflicht nicht umfasst (s. aber § 676z). 13

V. Unterrichtung. Zahlungsdienstleister haben auf Verlangen ihrer Zahlungsdienstnutzer eine **Nachforschungs- und Auskunftspflicht**, wenn ein Zahlungsauftrag nicht oder fehlerhaft ausgeführt wurde. Die Verpflichtung besteht für Zahlungsdienstleister, aber nur ggü ihrem Zahlungsdienstnutzer, der den Zahlungsvorgang ausgelöst hat. Die Verpflichtung kann daher sowohl den Zahlungsdienstleister des Zahlers (I) als auch den Zahlungsdienstleister des Zahlungsempfängers (II) treffen. Im Ergebnis muss der Zahlungsdienstleister seinem Nutzer Auskunft über den Ablauf des Zahlungsvorgangs erteilen (§ 666 Rn 4). Die Unterrichtung erfolgt nach den Vorgaben des § 675d. 14

§ 675z Sonstige Ansprüche bei nicht erfolgter oder fehlerhafter Ausführung eines Zahlungsauftrags oder bei einem nicht autorisierten Zahlungsvorgang.

Die §§ 675u und 675y sind hinsichtlich der dort geregelten Ansprüche eines Zahlungsdienstnutzers abschließend. Die Haftung eines Zahlungsdienstleisters gegenüber seinem Zahlungsdienstnutzer für einen wegen nicht erfolgter oder fehlerhafter Ausführung eines Zahlungsauftrags entstandenen Schaden, der nicht bereits von § 675y erfasst ist, kann auf 12 500 Euro begrenzt werden; dies gilt nicht für Vorsatz und grobe Fahrlässigkeit, den Zinsschaden und für Gefahren, die der Zahlungsdienstleister besonders übernommen hat. Zahlungsdienstleister haben hierbei ein Verschulden, das einer zwischengeschalteten Stelle zur Last fällt, wie eigenes Verschulden zu vertreten, es sei denn, dass die wesentliche Ursache bei einer zwischengeschalteten Stelle liegt, die der Zahlungsdienstnutzer vorgegeben hat. In den Fällen von Satz 3 zweiter Halbsatz haftet die von dem Zahlungsdienstnutzer vorgegebene zwischengeschaltete Stelle anstelle des Zahlungsdienstleisters des Zahlungsdienstnutzers. § 675y Abs. 3 Satz 1 ist auf die Haftung eines Zahlungsdienstleisters nach den Sätzen 2 bis 4 entsprechend anzuwenden.

A. Regelung. Die Regelung stellt in 1 klar, dass hinsichtlich der Ansprüche des Zahlungsdienstnutzers gegen den Zahlungsdienstleister wegen nicht autorisierter oder mangelhafter Ausführung eines Zahlungsauftrags die speziellen Normen (§§ 675u, 675y) grds abschließend sind. Von der **abschließenden Regelung** sind solche Ansprüche nicht betroffen, die zum Ersatz von Schäden führen, die nicht in den Anwendungsbereich der §§ 675u, 675y fallen (zB entgangener Gewinn). Für bestimmte Fallgruppen und Folgeschäden aufgrund mangelhafter Ausführung von Zahlungsaufträgen kann die Haftung auf 12.500 Euro begrenzt werden. Zwischengeschaltete Zahlungsdienstleister sind grds Erfüllungsgehilfen des Zahlungsdienstleisters des Nutzers, der den Zahlungsvorgang angestoßen hat (zB bei Überweisung des Zahlers). Eine Ausnahme besteht, falls der Nutzer einen zwischengeschalteten Zahlungsdienstleister vorgegeben hat. Der Haftungsausschluss nach § 675y III gilt auch für weitergehende Ansprüche. Die Norm setzt Art 86 I, 60 II, 76 der Zahlungsdiensterichtlinie um. 1

I. Abschließende Regelung. Die abschließende Regelung in 1 bezieht sich auf **alle Ansprüche des Zahlungsdienstnutzers** gegen den Zahlungsdienstleister, die auf dieselben Rechtsfolgen gerichtet sind, die auch §§ 675u, 675y enthalten (zB Bereicherungsrecht). Für die nicht autorisierten Zahlungen ist damit der Erstattungsanspruch des Zahlers abschließend; gleiches gilt für den Erstattungsanspruch des Zahlers bei mangelhaft ausgeführten Zahlungsaufträgen. Auf die Voraussetzungen der anderen Rechtsgrundlagen kommt es dabei nicht an. So sind auch verschuldensabhängige Ansprüche ausgeschlossen (zB § 280), wenn diese auf dieselben Rechtsfolgen gerichtet sind. Nicht ausgeschlossen sind andere Ansprüche dann, wenn sie auf eine andere Rechtsfolge zielen. Das ist etwa im Hinblick auf den Ersatz von Folgeschäden der Fall. Führt ein nicht autorisierter oder mangelhaft ausgeführter Zahlungsvorgang zu einem Folgeschaden, zB Verzögerungsschaden, entgangener Gewinn, ist ein Anspruch nach §§ 280 I, II, 286 bzw 280 I möglich. 2

II. Mangelhafte Ausführung. Die Regelung in 1 schließt solche Ansprüche nicht aus, die **nicht auf dieselben Rechtsfolgen** gerichtet sind. Geht es bei den weiterhin möglichen Ansprüchen um solche wegen mangelhaf- 3 ter Ausführung eines Zahlungsauftrags, kann insoweit eine Haftungsobergrenze von 12.500 Euro vereinbart werden. Die Möglichkeit besteht nicht, wenn ein nicht autorisierter Zahlungsvorgang Ursache des Schadens ist. Hier hat der Zahler keine Ursache für den Zahlungsvorgang gesetzt, der eine Haftungsbegrenzung rechtfertigen könnte. Für verschuldensabhängige Verzögerung- oder Nichterfüllungsansprüche, die auf den **Ersatz von Folgeschäden** wegen nicht erfolgter oder fehlerhafter Ausführung gerichtet sind, kann grds eine summenmäßige Haftungsbeschränkung auf 12.500 € vereinbart werden. Ausgenommen ist die Haftung bei vorsätzlichem und grob fahrlässigem Handeln des Zahlungsdienstleisters oder eines (zwischengeschalteten) Erfüllungsgehilfen. Gleiches gilt, falls eine Garantieerklärung abgegeben wurde. Darüber hinaus ist ein Zinsschaden generell nicht von der Haftungsobergrenze erfasst. Entspr AGB-Klauseln, die sich an den Vorgaben orientieren, sind wirksam.

4 III. **Erfüllungsgehilfen.** Die Regelung in 3 sieht eine **Verschuldenszurechnung** für das Verhalten von zwischengeschalteten Stellen (regelmäßig Zahlungsdienstleister) zum ausführenden Zahlungsdienstleister vor, die unabhängig davon vorzunehmen ist, ob die Voraussetzungen des § 278 vorliegen oder nicht. Die Zurechnung hängt davon ab, über welchen Zahlungsdienstleister der Zahlungsvorgang angestoßen wurde. Eine Ausnahme besteht, wenn die Einschaltung auf eine Weisung des Zahlungsdienstnutzers zurückzuführen ist und eine wesentliche Ursache für die Leistungsstörung beim zwischengeschalteten Zahlungsdienstleister liegt. Sind die Voraussetzungen für die Ausnahme erfüllt, ist der ausführende Zahlungsdienstleister von der Haftung frei. Eine Verschuldenszurechnung findet nicht statt. Bei Zahlungsvorgängen mit Drittstaatenbezug findet die Regelung über die Verschuldenszurechnung keine Anwendung (§ 675e II).

5 Muss sich der Zahlungsdienstleister das Verschulden einer zwischengeschalteten Stelle nicht zurechnen lassen, weil die Einschaltung auf eine Weisung des Zahlungsdienstnutzers zurückzuführen ist und eine wesentliche Ursache für die Leistungsstörung beim zwischengeschalteten Zahlungsdienstleister liegt, bleibt der Zahlungsdienstnutzer nicht ohne Rechte. Vielmehr erhält der Zahlungsdienstnutzer zum Ausgleich für den Verlust des Anspruchs gegen seinen Zahlungsdienstleister einen **Direktanspruch gegen den zwischengeschalteten Zahlungsdienstnutzer.** Dabei handelt es sich um ein besonderes gesetzlich begründetes Schuldverhältnis, das einen Direktanspruch des Zahlungsdienstnutzers gegen einen Nichtvertragspartner, den zwischengeschalteten Zahlungsdienstleister, gewährt. Das entspricht der bisherigen Regelung in §§ 676b III 7 aF bzw 676c II.

6 IV. **Haftungsausschluss.** Die verschuldensabhängige Haftung des Zahlungsdienstleisters ggü seinem Zahlungsdienstnutzer ist ebenfalls ausgeschlossen, wenn die Ausführung des Zahlungsauftrags aufgrund der **fehlerhaften Kundenkennung** nicht erfolgreich oder fehlerhaft war (vgl § 675 Rn 10). Die fehlerhafte Kundenkennung muss vom Zahlungsdienstnutzer stammen. Die Kundenkennung ist fehlerhaft, wenn sie nicht den vorgesehenen Zahlungsempfänger identifiziert. Hintergrund ist § 675r I, der für die korrekte Ausführung allein auf die Kundenkennung abstellt.

§ 676 Nachweis der Ausführung von Zahlungsvorgängen.
Ist zwischen dem Zahlungsdienstnutzer und seinem Zahlungsdienstleister streitig, ob der Zahlungsvorgang ordnungsgemäß ausgeführt wurde, muss der Zahlungsdienstleister nachweisen, dass der Zahlungsvorgang ordnungsgemäß aufgezeichnet und verbucht sowie nicht durch eine Störung beeinträchtigt wurde.

1 A. **Regelung.** In engem Zusammenhang mit der Haftung nach §§ 675y, 675z steht die Regelung in § 676. Kommt es zwischen Zahlungsdienstnutzer und seinem Zahlungsdienstleister zum Streit darüber, ob ein Zahlungsvorgang ordnungsgemäß ausgeführt wurde, liegt die **Beweislast zunächst beim Zahlungsdienstleister**. Dieser hat Mindestanforderungen nachzuweisen. Dabei geht es um die ordnungsgemäße Aufzeichnung des Zahlungsvorgangs und dessen ordnungsgemäße Verbuchung. Darüber hinaus hat der Zahlungsdienstleister auch nachzuweisen, dass keine beeinträchtigende Störung bei der Ausführung des Zahlungsvorgangs vorlag. Gelingt dem Zahlungsdienstleister der Nachweis nicht, ist von einem nicht ordnungsgemäß ausgeführten Zahlungsvorgang auszugehen. Gelingt der Nachweis, liegen zumindest die Mindestanforderungen vor. Die Beweislast richtet sich darüber hinaus nach den allgemeinen Regeln. Bei Ansprüchen des Zahlungsdienstnutzers hat dieser die Beweislast, falls trotz Erfüllen der Mindestanforderungen ein nicht ordnungsgemäß ausgeführter Zahlungsvorgang geltend gemacht wird. Die Norm setzt Art 59 I der Zahlungsdiensterichtlinie um.

§ 676a Ausgleichsanspruch.
Liegt die Ursache für die Haftung eines Zahlungsdienstleisters gemäß den §§ 675y und 675z im Verantwortungsbereich eines anderen Zahlungsdienstleisters oder einer zwischengeschaltete Stelle, so kann er vom anderen Zahlungsdienstleister oder der zwischengeschalteten Stelle den Ersatz des Schadens verlangen, der ihm aus der Erfüllung der Ansprüche eines Zahlungsdienstnutzers gemäß den §§ 675y und 675z entsteht.

1 A. **Regelung.** Die Regelung enthält die Grundlage für einen **verschuldensunabhängigen Regressanspruch** des Zahlungsdienstleisters gegen einen anderen Zahlungsdienstleister oder eine zwischengeschaltete Stelle. Voraussetzung dafür ist, dass es zu einer mangelhaften Ausführung eines Zahlungsauftrags kam, der eine

Haftung des Zahlungsdienstleisters ggü dem Nutzer nach §§ 675y, 675z nach sich zieht, und die Verantwortung bei einem anderen Zahlungsdienstleister oder einer zwischengeschalteten Stelle liegt. Die Norm setzt Art 77 der Zahlungsdiensterichtlinie um und regelt das Verhältnis der Zahlungsdienstleister (bzw zwischengeschalteten Stellen) untereinander.

I. Regressanspruch. Die Regelung betrifft das Verhältnis zwischen Zahlungsdienstleistern bzw zwischengeschalteten Stellen. Unabhängig davon, ob eine vertragliche Beziehung unter den Zahlungsdienstleistern besteht oder nicht, gewährt § 676a dem von seinem Nutzer in Anspruch genommenen Zahlungsdienstleister einen Regressanspruch. Der Regressanspruch richtet sich gegen den Zahlungsdienstleister oder die zwischengeschaltete Stelle, in deren **Verantwortungsbereich die Ursache** für einen mangelhaft ausgeführten Zahlungsauftrag oder nicht autorisierten Zahlungsvorgang liegt (zB fehlerhafte Überweisung). Auf diesem Wege wird die Verschuldenszurechnung nach § 675z ausgeglichen. Die an einem Zahlungsvorgang beteiligten Zahlungsdienstleister (und zwischengeschalteten Stellen) sollen sich darauf verlassen können, dass Regressansprüche bestehen, falls sie ihrerseits ggü den Nutzern für Leistungsstörungen haften. 2

Der verschuldensunabhängige Regressanspruch umfasst nur den Haftungsschaden des Zahlungsdienstleisters. Der **Eigenschaden des Zahlungsdienstleisters** wird von der Regelung nicht erfasst. Neben den verschuldensunabhängigen Erstattungsansprüchen, denen der Zahlungsdienstleister von Seiten des Zahlers bei Leistungsstörungen (mangelhafte Ausführung eines Zahlungsauftrags) ausgesetzt ist (§ 675y), fallen auch verschuldensabhängige Ansprüche nach § 675z, die der Zahlungsdienstleister zu erfüllen hat, unter den Regressanspruch. Voraussetzung des Regressanspruchs des Zahlungsdienstleisters ist die Erfüllung der Ansprüche seines Nutzers. 3

II. Andere Ansprüche. Von der Regelung **unberührt** bleiben andere Ansprüche aus dem (vertraglichen) Verhältnis zwischen Zahlungsdienstleister und dem Verursacher der Leistungsstörung. Die vertraglichen Vereinbarungen untereinander können zu weiteren Ansprüchen auf Ersatz des Haftungsschadens führen (ev verschuldensabhängig – § 280 I). Das gilt insb im Hinblick auf den Eigenschaden des haftenden Zahlungsdienstleisters. Insoweit ist die Regelung in § 676a nicht abschließend. Besteht zwischen dem Verursacher der Leistungsstörung und dem haftenden Zahlungsdienstleister keine Vertragsbeziehung, besteht gleichwohl ein Ausgleichsanspruch nach § 676a. 4

§ 676b Anzeige nicht autorisierter oder fehlerhaft ausgeführter Zahlungsvorgänge.

(1) Der Zahlungsdienstnutzer hat seinen Zahlungsdienstleister unverzüglich nach Feststellung eines nicht autorisierten oder fehlerhaft ausgeführten Zahlungsvorgangs zu unterrichten.
(2) Ansprüche und Einwendungen des Zahlungsdienstnutzers gegen den Zahlungsdienstleister nach diesem Unterkapitel sind ausgeschlossen, wenn dieser seinen Zahlungsdienstleister nicht spätestens 13 Monate nach dem Tag der Belastung mit einem nicht autorisierten oder fehlerhaft ausgeführten Zahlungsvorgang hiervon unterrichtet hat. Der Lauf der Frist beginnt nur, wenn der Zahlungsdienstleister den Zahlungsdienstnutzer über die den Zahlungsvorgang betreffenden Angaben gemäß Artikel 248 §§ 7, 10 oder § 14 des Einführungsgesetzes zum Bürgerlichen Gesetzbuche unterrichtet hat; anderenfalls ist für den Fristbeginn der Tag der Unterrichtung maßgeblich.
(3) Für andere als die in § 675z Satz 1 genannten Ansprüche des Zahlungsdienstnutzers gegen seinen Zahlungsdienstleister wegen eines nicht autorisierten oder fehlerhaft ausgeführten Zahlungsvorgangs gilt Absatz 2 mit der Maßgabe, dass der Zahlungsdienstnutzer diese Ansprüche auch nach Ablauf der Frist geltend machen kann, wenn er ohne Verschulden an der Einhaltung der Frist verhindert war.

A. Regelung. Die Norm enthält eine **Ausschlussfrist** für Ansprüche des Zahlungsdienstnutzers ggü seinem Zahlungsdienstleister. Betroffen von der Ausschlussfrist sind Ansprüche des Nutzers wegen nicht autorisierten oder fehlerhaft ausgeführten Zahlungsvorgängen. Für Ansprüche auf den Ersatz von Folgeschäden kann das Fristversäumnis entschuldbar sein. Die Norm setzt Art 58 der Zahlungsdiensterichtlinie um. 1

I. Anzeige. Wird ein Zahlungsvorgang nicht autorisiert oder fehlerhaft ausgeführt, hat der Zahlungsdienstnutzer seinen Zahlungsdienstleister **unverzüglich nach Feststellung** zu unterrichten. Die Anzeige (Obliegenheit) des Zahlungsdienstnutzers hat damit ohne schuldhaftes Zögern (§ 121) nach Feststellung des nicht autorisierten oder fehlerhaft ausgeführten Zahlungsvorgangs zu erfolgen. Auf diesem Wege soll sichergestellt werden, dass der Zahlungsdienstleister zeitnah reagieren kann. Das gilt auch in Bezug auf mögliche Ausgleichsansprüche nach § 676a. 2

II. Ausschluss. Der Zahlungsdienstnutzer kann Ansprüche und Einwendungen gegen seinen Zahlungsdienstleister wegen nicht autorisierter oder fehlerhaft ausgeführter Zahlungsvorgänge nur geltend machen, wenn die Vorgänge innerhalb einer **Frist von 13 Monaten ab dem Tag der Belastung** angezeigt werden. Der Ausschluss bezieht sich auf alle Ansprüche und Einwendungen des Unterkapitals. Nach Ablauf der Frist sind nicht nur Ansprüche, sondern auch Einwendungen ausgeschlossen. Die Zahlungsvorgänge, die nicht innerhalb der Frist als fehlerhaft oder nicht autorisiert angezeigt werden, sind damit als genehmigt zu behandeln, sofern eine Genehmigung nicht schon zu einem früheren Zeitpunkt anzunehmen ist (zB Rechnungsabschluss eine Zahlungskontos) 3

4 Der Fristlauf beginnt grds mit der Belastung des Zahlungsvorgangs beim Zahlungsdienstnutzer. Als **Anlaufhemmung** für die Frist wirkt die nicht erfolgte Unterrichtung über den Zahlungsvorgang durch den Zahlungsdienstleister. Nach Art 248 §§ 7, 10, 14 ist der Nutzer über den Zahlungsvorgang vom Zahlungsdienstleister zu unterrichten. Fehlt es an einer solchen Unterrichtung oder liegt der Tag der Unterrichtung nach dem Tag der Belastung, beginnt die Frist erst mit dem Tag der ordnungsgemäßen Unterrichtung zu laufen.

5 **III. Wirkung.** Die Ausschlussfrist bezieht sich nicht nur auf Erstattungsansprüche, sondern auch auf den Ersatz von Folgeschäden wegen eines nicht autorisierten oder fehlerhaft ausgeführten Zahlungsauftrags. Auf diesem Wege soll das Verhältnis zwischen Zahlungsdienstleister und Zahlungsnutzer nach Ablauf der Frist umfassend geklärt sein. Eine Ausnahme ist vorgesehen, falls der Zahlungsdienstnutzer die Einhaltung der Frist **ohne Verschulden** versäumt hat. Das ist etwa dann anzunehmen, wenn ein Schaden ihm ggü erst später geltend gemacht wird.

§ 676c Haftungsausschluss.
Ansprüche nach diesem Kapitel sind ausgeschlossen, wenn die einen Anspruch begründenden Umstände
1. auf einem ungewöhnlichen und unvorhersehbaren Ereignis beruhen, auf das diejenige Partei, die sich auf dieses Ereignis beruft, keinen Einfluss hat, und dessen Folgen trotz Anwendung der gebotenen Sorgfalt nicht hätten vermieden werden können, oder
2. vom Zahlungsdienstleister auf Grund einer gesetzlichen Verpflichtung herbeigeführt wurden

1 **A. Regelung.** Die Norm begründet weitere Tatbestände für den **Haftungsausschluss** und setzt Art 78 der Zahlungsdiensterichtlinie um. Ansprüche aus dem dritten Kapitel des Untertitels 3 sind in den zwei genannten Fallgruppen ausgeschlossen. Dabei geht es in der Nr 1 um alle Ansprüche, unabhängig von der Person des Schuldners. Der Haftungsausschluss nach Nr 2 betrifft Ansprüche des Zahlungsdienstnutzers. Ansprüche, die ihre Grundlage nicht in dem dritten Kapitel haben, sind vom Ausschluss nach § 676c nicht erfasst (zB § 280 I).

2 Der Haftungsausschluss nach der Nr 1 umschreibt Umstände, die nach nationalem Recht als "**höhere Gewalt**" einzuordnen sind. Der Begriff der höheren Gewalt wird nicht verwendet, weil die Umschreibung der Richtlinie vollständig übernommen wurde. Die den Anspruch begründenden Umstände dürfen nicht auf einem ungewöhnlichen und unvorhersehbaren Ereignis beruhen, auf das die sich darauf berufende Partei keinen Einfluss hat. Ferner ist erforderlich, dass sich die Folgen trotz aller Sorgfalt nicht hätten vermieden lassen.

3 Gleichgestellt sind solche den Anspruch begründende Umstände, die der Zahlungsdienstleister aufgrund einer **gesetzlichen Verpflichtung** herbeigeführt hat (Nr 2). Die Verpflichtung kann insoweit nur auf anderen als in Untertitel 3 enthaltenen gesetzlichen Verpflichtungen beruhen.

Titel 13 Geschäftsführung ohne Auftrag

§ 677 Pflichten des Geschäftsführers.
Wer ein Geschäft für einen anderen besorgt, ohne von ihm beauftragt oder ihm gegenüber sonst dazu berechtigt zu sein, hat das Geschäft so zu führen, wie das Interesse des Geschäftsherrn mit Rücksicht auf dessen wirklichen oder mutmaßlichen Willen es erfordert.

1 **A. Einführung.** Die Geschäftsführung ohne Auftrag (GoA) begründet ein auftragsähnliches **gesetzliches Schuldverhältnis**. Grundlage der GoA ist eine Tätigkeit einer Person (Geschäftsführer) für eine andere (Geschäftsherr), die weder auf einem Auftrag noch einer sonstigen Berechtigung beruht (BGH VIII ZR 302/07, RZ 18).

2 **Willenserklärungen** sind für das Entstehen des gesetzlichen Schuldverhältnisses nicht erforderlich, allerdings soll der natürliche Wille zur Geschäftsübernahme notwendig sein (Palandt/*Sprau* § 677 Rz 2: Abgrenzung von Gefälligkeiten; BGH VIII ZR 302/07, RZ 18). Teilweise werden insoweit die Regeln über Rechtsgeschäfte entspr herangezogen (Erman/*Ehmann* § 677 Rz 30; vorzugswürdig zurückhaltend: MüKo/*Seiler* vor § 677 Rz 5; dagegen Staud/*Bergmann* vor §§ 677 Rz. 49). Die GoA ist ein unvollkommen zweiseitiges Rechtsgeschäft. Die Pflichten des Geschäftsführers (§ 677) stehen in keinem Gegenseitigkeitsverhältnis zu den Pflichten des Geschäftsherrn (§§ 683, 684).

3 Die Regeln der GoA führen die auf Seiten des Geschäftsherrn und auf Seiten des Geschäftsführers bestehenden **Interessen einem Ausgleich** zu. Die Übernahme des Geschäfts durch den Geschäftsführer erfolgt ohne Erbitten (zB Hilfeleisten in Notfällen, Zahlung fremder Schulden, Übernahme von Sicherheiten ohne Vereinbarung, Reparatur fremder Sachen). Der Geschäftsherr wird vor der ungewollten Übernahme seiner Geschäfte und dem damit verbundenen Eindringen in seine Sphäre durch einen Schadensersatzanspruch und Privilegierungen beim Ersatz von Aufwendungen geschützt (§§ 678, 684, 687 II). Andererseits werden den Interessen des Geschäftsführers bei der Übernahme des Geschäfts aus anerkennenswerten, altruistischen Motiven bspw durch einen Aufwendungsersatzanspruch (§§ 670, 683) und Privilegien bei der Haftung für

Schäden (§ 680) Rechnung getragen. Die Wirkungen des Schuldverhältnisses beschränken sich auf das Innenverhältnis. Das Außenverhältnis zu Dritten bestimmt sich nach den allgemeinen Regeln (§§ 164, 166: Vertretungsmacht; 185: Verfügungsmacht). Die Nähe zum Auftrag ist unverkennbar, was den Standort der Vorschriften iRd besonderen Vertragsverhältnisse erklärt.

B. Übersicht. Während §§ 677 ff Regeln für die **echte** GoA enthält, beschäftigt sich § 687 II mit der **unechten** 4 GoA (Geschäftsanmaßung), bei der ein fremdes Geschäft in Kenntnis der Fremdheit als eigenes geführt wird. IRd echten GoA, bei der ein Geschäft für einen anderen geführt wird, lassen sich die **berechtigte** und die **unberechtigte** Geschäftsführung unterscheiden. Maßstab für die Abgrenzung ist das Interesse und der wirkliche oder mutmaßliche Wille des Geschäftsherrn (§ 683) in Bezug auf die Übernahme des Geschäfts durch den Geschäftsführer. Nicht vom Regelungsbereich der Normen umfasst sind die Fälle, in denen eigene Geschäfte besorgt werden, selbst wenn insoweit der Wille zur Besorgung eines fremden Geschäfts vorliegt. Ferner finden die Regelungen wegen § 687 I keine Anwendung, wenn ein fremdes Geschäft irrtümlich als eigenes besorgt wird. Besonderheiten gelten für geschäftsunfähige oder in der Geschäftsfähigkeit beschränkte Geschäftsführer (§ 682). Die Anwendung des deutschen Rechts bestimmt sich nach den Art 39, 41, 42 EGBGB bzw Art 11 Rom II.

I. Berechtigte GoA. Die berechtigte GoA zeichnet sich dadurch aus, dass die **Übernahme** der Geschäftsführung 5 dem Interesse und dem wirklichen oder hilfsweise dem mutmaßlichen Willen des Geschäftsherrn entspricht (§ 683). Eine berechtigte GoA liegt ferner unabhängig vom Willen des Geschäftsherrn vor, wenn die Geschäftsführung der Erfüllung einer im öffentlichen Interesse liegenden Pflicht des Geschäftsherrn dient oder einen gesetzlichen Unterhaltsanspruch befriedigt (§ 679).
Der Geschäftsführer hat das **Geschäft so auszuführen**, wie es das Interesse des Geschäftsherrn erfordert 6 (§ 677). Anknüpfungspunkt ist das objektive Interesse mit Rücksicht auf den wirklichen oder mutmaßlichen Willen. Der Geschäftsführer hat die Übernahme baldmöglichst anzuzeigen und Entschließungen des Geschäftsherrn grds abzuwarten (§ 681 1). Seine Rechtsstellung ist der eines Beauftragten vergleichbar (§§ 681, 683). Dabei kommt dem Geschäftsführer die Haftungsmilderung des § 680 zugute. Der Geschäftsherr hat die Stellung eines Auftraggebers (§§ 681, 683); ihm gebührt der Ertrag aus dem Geschäft.

II. Unberechtigte GoA. Entspricht die Übernahme der Geschäftsführung nicht dem Interesse und dem 7 wirklichen oder mutmaßlichen Willen des Geschäftsherrn, wird sie aber gleichwohl übernommen, ist sie unberechtigt. Der Geschäftsherr kann die unberechtigte GoA durch Genehmigung zur berechtigten GoA umwandeln (§ 684 2). Anderenfalls bestimmen sich die Pflichten des Geschäftsführers nach §§ 678, 677. Die Ausführung hat der Geschäftsführer nach dem Interesse und dem Willen des Geschäftsherrn auszurichten. Der unberechtigte Geschäftsführer soll auf diese Weise nicht besser stehen als ein berechtigter Geschäftsführer (hM MüKo/*Seiler* § 677 Rz 50; Staud/*Bergmann* vor §§ 677 Rz 98). Aufwendungsersatz kann der Geschäftsführer nur nach Bereicherungsrecht verlangen. Der Geschäftsherr hat bei schuldhafter, unberechtigter Übernahme des Geschäfts Schadensersatzansprüche nach § 678 und nach Maßgabe der allgemeinen Vorschriften (§§ 989 ff, 823 ff, 812 ff). Auf die Ausführung kommt es dabei nicht an. Die Haftungsmilderung für den Geschäftsführer (§ 680) ist zu beachten. Vor der Übernahme kommt für den Geschäftsherrn ein Unterlassungsanspruch in Betracht (Palandt/*Sprau* Vor § 677 Rz 5).

III. Unechte GoA. Die Eigengeschäftsführung eines objektiv fremden Geschäfts ist nicht vom Willen getra- 8 gen, ein Geschäft für einen anderen zu besorgen, und daher **keine GoA**. Besondere Regelungen gibt es insoweit nur für den Fall, dass sich jemand ein fremdes Geschäft als eigenes anmaßt. Bei einem Irrtum über die Fremdheit des Geschäfts finden die Regeln der GoA keine Anwendung. Störungen werden insoweit nach allgemeinen Regeln ausgeglichen (§§ 812 ff, 823 ff). Bei Kenntnis von der Fremdheit des Geschäfts ordnet § 687 II eine strenge Haftung des Geschäftsführers an. Der Geschäftsherr kann neben anderen Ansprüchen auch die Ansprüche aus GoA (Schadensersatz, Herausgabe des Erlangten) geltend machen (§§ 678, 681). Macht der Geschäftsherr die Ansprüche geltend, ist er dem Geschäftsführer zum Aufwendungsersatz nach Bereicherungsrecht verpflichtet.

C. Geschäftsführung ohne Auftrag. § 677 nennt drei **Voraussetzungen** für eine GoA. Danach muss eine 9 Geschäftsbesorgung übernommen werden, die Wahrnehmung muss für einen anderen erfolgen und ein Auftrag oder eine sonstige Berechtigung darf nicht vorliegen. Sind die Voraussetzungen gegeben, bestimmt § 677, dass der Geschäftsführer die Ausführung an den Interessen des Geschäftsherrn mit Rücksicht auf dessen Willen auszurichten hat. Eine Unterscheidung zwischen berechtigter und unberechtigter GoA findet sich in § 677 nicht (MüKo/*Seiler* § 677 Rz 1).

I. Geschäftsbesorgung. Die Geschäftsbesorgung nach § 677 ist im gleichen weiten Sinne zu verstehen (recht- 10 liche, tatsächliche oder sonstige Handlungen) wie beim Auftrag (§ 662 Rn 6). Nicht erfasst ist lediglich reines Dulden oder Unterlassen bzw Gewähren lassen (hM Palandt/*Sprau* § 677 Rz 2). Unerheblich ist, ob es sich um eine einzelne Handlung oder um eine laufende Interessenwahrnehmung über längere Zeit handelt. Die Geschäftsbesorgung muss nicht vom Geschäftsführer persönlich ausgeführt werden. Handlungen unter Einsatz von Gehilfen sind dem veranlassenden Geschäftsführer zuzurechnen (BGHZ 67, 368; nicht aber bei dienstlich handelnden Polizeibeamten NJW 04, 513).

11 II. Handeln für einen anderen. Eine Tätigkeit für einen anderen liegt nur vor, wenn das Bewusstsein und der Wille vorhanden sind, ein fremdes Geschäft zu besorgen. Dazu ist erforderlich, dass das ausgeführte Geschäft einem **fremden Rechts- und Interessenkreis** zuzurechnen ist (hM RGZ 97, 61). Darüber hinaus muss der Geschäftsführer den **Willen** haben, in den fremden Rechts- und Interessenkreis einzugreifen. Die Zurechnung eines Geschäfts zu einem fremden Rechts- und Interessenkreis wird anhand wertender Kriterien vorgenommen. Bloße mittelbare Beziehungen und Reflexvorteile reichen für die Zurechnung nicht aus (BGHZ 54, 157; 72, 151). Die hM unterscheidet zwischen objektiv fremden Geschäften und neutralen, aber zumindest subjektiv fremden Geschäften sowie eigenen Geschäften (etwa BaRoth/*Gehrlein* § 677 Rz 11 ff).

12 1. Objektiv fremdes Geschäft. Objektiv fremd ist ein Geschäft, das nach äußerem Erscheinungsbild und Inhalt einem fremden Rechts- und Interessenkreis zuzurechnen ist. Die Vornahme einer Tätigkeit im eigenen Namen ändert daran grds nichts. Bei der Übernahme und Ausführung eines objektiv fremden Geschäfts besteht eine tatsächliche **widerlegbare Vermutung** für den Willen zur Fremdgeschäftsführung (BGHZ 98, 235; 143, 9). Bsp für Handlungen im fremden Rechts- und Interessenkreis sind insb die Tilgung fremder Schulden (BGHZ 47, 370), die Veräußerung fremder Sachen (RGZ 138, 45), deren Reparatur oder Verwahrung (MüKo/*Seiler* § 677 Rz 6), die Abwendung von fremdzurechnenbaren Gefahren (BGHZ 43, 188), Hilfeleistung für andere (BGHZ 33, 251), Wahrnehmung von Aufgaben des Leasinggebers durch den Leasingnehmer (BGH NJW 94, 576: Prozessführung). Keine objektiv fremden Geschäfte sind solche, bei denen die Zurechnung zum fremden Rechtskreis nicht möglich ist: Unberechtigte Untervermietung (BGHZ 131, 297); Reparatur und Umbau von Mieträumen für den zahlungsunfähigen Mieter in Bezug auf den Bürgen (BGHZ 82, 323).

13 2. Subjektiv fremdes Geschäft. Dem subjektiv fremden Geschäft ist die Zugehörigkeit zu einem fremden Rechts- oder Interessenkreis nicht anzusehen (zB Kauf einer Sache). Es handelt sich um ein neutrales Geschäft, das seinen Fremdbezug allein durch den Willen zur Fremdgeschäftsführung erlangt. Ein entspr **Wille muss tatsächlich vorliegen** sowie äußerlich erkennbar sein (BGHZ 114, 258; 138, 281; 155, 342) und ist vom Geschäftsführer zu beweisen (BGHZ 40, 28). Ein Ausweichen zur Unfallverhütung kann ein fremdes Geschäft sein, wenn dem Geschäftsführer keine Betriebsgefahr zuzurechnen ist (BGHZ 38, 270; Hamm VersR 02, 1254).

14 3. Eigenes und fremdes Geschäft. Geschäfte berühren häufig nicht nur einen Rechts- und Interessenkreis. Handelt es sich um die Kreise mehrerer Dritter, liegt ein fremdes Geschäft des Geschäftsführers vor. Dieser hat bei dem Geschäft lediglich mehrere Geschäftsherren. Berührt das übernommene Geschäft aber auch den Rechts- oder Interessenkreis des Geschäftsführers selbst, wird von einem **auch fremden Geschäft** gesprochen (BGH NJW 00, 72; BGH VIII ZR 302/07, RZ 18). Die Verfolgung eigener Interessen steht einer GoA grds nicht entgegen (BGHZ 110, 313; Frankf NJW-RR 03, 964: notwendige erg Leistungen zu einem Bauvertrag). Die Rspr geht davon aus, dass in solchen Fällen der Wille zur Fremdgeschäftsführung idR vorliegt. Die tatsächliche Vermutung greift jedenfalls dann ein, wenn das Fremdinteresse im Vordergrund steht (BGHZ 140, 102; NJW 00, 72; 143, 9; NJW-RR 04, 956). Die Fallgruppe kann in den unterschiedlichsten Varianten auftreten: Leistet der Bürge auf seine eigene Verbindlichkeit, führt er zugleich ein Geschäft des Hauptschuldners aus (hM MüKo/*Seiler* § 677 Rz 26; BaRoth/*Gehrlein* § 677 Rz 14; für andere Sicherungsgeber BGH NJW 86, 1690). Gleiches gilt, wenn der Ehemann die Kosten für die Besuche von Angehörigen bei der verletzten Ehefrau übernimmt (BGH NJW 79, 598) oder ein die Ausfahrt versperrendes Kfz durch den Berechtigten abgeschleppt wird (Palandt/*Sprau* § 677 Rz 6). Es gehört nicht zum Pflichtenkreis der Anlieger, die Straßenverkehrsregeln bezüglich des Anlieferverkehrs zu überwachen (Karlsr WuM 07, 279). Bei Geschäftsführern, die durch öffentlich-rechtliche (BGHZ 40, 28: Feuerwehr) oder privatrechtliche Pflichten gebunden sind (Beseitigung von Straßenverschmutzungen: BGHZ 65, 354; andere Verunreinigungen: BGHZ 98, 235; BGHZ 110, 313), ist im Hinblick auf die Anwendung der GoA-Regeln **Zurückhaltung** geboten. Bei vertraglicher Verpflichtung des Geschäftsführers sollte die GoA allenfalls dann Anwendung finden, wenn der Geschäftsführer tatsächlich erkennbar den Willen hat, im Interesse auch eines Dritten zu handeln (BGHZ 101, 393; Saarbr NJW 98, 828; Palandt/*Sprau* § 677 Rz 7). Eine umfassende Regelung der Entgeltfrage innerhalb der wirksamen Vertragsbeziehung mit Dritten ist hinsichtlich des Ausgleichs für die jeweils erbrachten Leistungen auch im Verhältnis zum vermeintlichen weiteren Geschäftsherrn grds abschließend (BGH WM 07, 2123: für Einsatz des THW; ferner NJW-RR 04, 119; 04, 956). Ein Hoheitsträger, der zur Gefahrenabwehr dienstlich tätig wird, kann nicht zugleich das bürgerlich-rechtliche Geschäft eines Dritten führen (BGH NJW 04, 513). Besteht ein wirksamer Vertrag mit dem Geschäftsherrn oder eine vergleichbare andere Verpflichtung diesem ggü, liegt keine GoA vor (BGHZ 109, 354). Dies gilt auch für die Erfüllung von Schönheitsreparaturen des *Mieters* aufgrund vermeintlich vertraglicher Verpflichtungen (BGH VIII ZR 302/07, RZ 20).

15 4. Sonderregelungen. Die Regeln der GoA finden keine Anwendung, wenn Sonderregelungen für die Beziehung zwischen Geschäftsherrn und Geschäftsführer bestehen. Die darin vorgenommene Risikoverteilung darf nicht über die GoA unterlaufen werden (BGH NJW 00, 72): Eigentümer und Finder (§§ 965 ff); Helfer bei der Bergung in Seenot (§§ 740 ff HGB, 93 ff BinnenSchG). Die Wertungen anderer Bestimmungen sind bei der Einordnung als auch fremdes Geschäft zu berücksichtigen (BGHZ 98, 235). Das gilt insb für Handlungen iR einer Gesellschaft oder Gemeinschaft, wenn und soweit Sonderregelungen bestehen (§§ 744 ff, 705 ff). Gleiches muss für besondere Schuldverhältnisse gelten, wenn es um den Ersatz von Aufwendungen oder Schäden geht. Die **Gewährleistungsrechte** sind grds abschließende Sonderregelungen, die einen Rückgriff auf die GoA verbieten (BGHZ 162, 219: Kosten der Selbstvornahme bei mangelhafter Kaufsache; BGHZ 101, 393). Das gilt auch für den Anwendungsbereich des § 241a. Ferner lässt sich eine Vergütung, die nur auf vertraglicher Basis verlangt werden kann, nicht über den Ersatz von Aufwendungen iR einer GoA erzielen (BGH NJW 00, 72: Erbensucher; FamRZ 06, 775). Die Regeln der GoA greifen aber ein, wenn keine sperrenden Sonderregelungen bestehen (zB Selbstbeseitigung für den Verpflichteten nach § 1004: BGH NJW 05, 1366). Erschöpfende Regelungen des öffentlichen Rechts verbieten den Rückgriff auf die Grundsätze der GoA ebenfalls (BSGE 85, 110; 86, 66).

5. Geschäftsherr. Verpflichtet und berechtigt aus dem gesetzlichen Schuldverhältnis wird der wahre Geschäftsherr (§ 686). Ein Irrtum über die Person des Geschäftsherrn ist unbeachtlich, sofern nur willentlich eine Handlung für einen anderen erfolgt (BGHZ 43, 188). Dient die Tätigkeit mehreren Geschäftsherrn (BGHZ 67, 368; dazu auch KG NJW 99, 2906: Eltern und Kind), sind diese ggü dem Geschäftsführer als Gesamtschuldner (§ 427) zum Aufwendungsersatz verpflichtet (Staud/*Bergmann* vor §§ 677 Rz 238 f). Allerdings muss die Tätigkeit dem Rechts- oder Interessenkreis der entspr Person tatsächlich zugerechnet werden können. Das kommt nicht in Betracht für die Beseitigung von Unfallfolgen ggü der Kfz-Haftpflichtversicherung (BGHZ 54, 157; 72, 151) oder für die erste Hilfe an einem verletzten Arbeitskollegen ggü der Berufsgenossenschaft (BGHZ 55, 207). Gleiches gilt bei der vorprozessualen Abmahnung in Wettbewerbssachen, die vom BGH zwar als Fremdgeschäft gewertet wurde (BGHZ 115, 210; NJW 04, 2448), aber wohl nicht als solches des mittelbar begünstigten Störers (*Medicus* BürgR Rz 412). 16

III. Keine Berechtigung. Die Geschäftsführung muss ggü dem Geschäftsherrn **ohne Auftrag oder sonstige Berechtigung** erfolgen. Liegen Berechtigungstatbestände vor, ist der Interessenausgleich der beteiligten Personen nach diesen Regeln vorzunehmen. Tatbestände, die zu einer Legitimation führen, können sich insb aus Rechtsgeschäften (zB Auftrag, Dienst-, Werkvertrag), aber auch aus Benutzungs- (BGHZ 63, 119), Gemeinschaftsverhältnissen oder familienrechtlichen Beziehungen sowie aus Organ- oder Amtsstellungen und ferner aus einem öffentlich-rechtlichen Verhältnis (BVerwG DÖV 03, 732) ergeben. Keine ausreichende Legitimation zur Verdrängung der Regeln der GoA kommt dagegen idR Verträgen mit Dritten zu (BGHZ 143, 9) und gesetzlichen Bestimmungen, die lediglich allgemeine Pflichten auferlegen (§ 323c StGB: MüKo/*Seiler* § 677 Rz 43; Jauernig/*Mansel* § 677 Rz 7) oder Verhalten rechtfertigen (§ 227). 17

An einer Berechtigung fehlt es, wenn **Verträge beendet oder nichtig** sind. Soweit keine Sonderregelungen eingreifen (§§ 674, 729), wendet die Rspr in diesen Fällen die Regeln der GoA an (BGHZ 37, 258: unzulässige Rechtsberatung; 55, 128: Flugreise; 101, 393: nichtiger Treuhandvertrag; 111, 308: Schwarzarbeit). Ein Anspruch auf Aufwendungsersatz (§ 670) wird wegen der fehlenden Erforderlichkeit der Aufwendungen allerdings regelmäßig abgelehnt (BGHZ 111, 308; 118, 142; NJW-RR 97, 564; anders: BGH NJW 93, 3196). Die Bedenken im überwiegenden Schrifttum gegen die Anwendung der GoA in derartigen Fällen (vgl nur MüKo/*Seiler* § 677 Rz 48; BaRoth/*Gehrlein* § 677 Rz 18) werden in erster Linie damit begründet, dass die besonderen Vorschriften für die Rückabwicklung rechtsgrundlos erbrachter Leistungen umgangen werden (§§ 814, 817 2, 818 III). Ob ein Vertrag insgesamt nichtig ist, richtet sich nach § 139 (Ohne-Rechnung-Abrede: BGHZ 176, 198). Bei der **Überschreitung** von vertraglichen Befugnissen ist der Ausgleich im Leistungsstörungsrecht zu suchen, auch wenn eine Berechtigung zur konkreten Handlung nicht besteht (BGHZ 131, 297). Ein Geschäftsführer einer Gesellschaft handelt bei Überschreiten seiner Befugnis nicht ohne Auftrag iSd § 677, sondern begeht eine Pflichtverletzung des Gesellschaftsvertrags (BGH WM 88, 986; 89, 1335). 18

IV. Rechtsfolgen und Haftung. § 677 begründet bei jeder GoA die **Verpflichtung** für den Geschäftsführer, zur Führung des Geschäfts, wie es das Interesse des Geschäftsherrn mit Rücksicht auf dessen wirklichen oder mutmaßlichen Willen erfordert. Dabei handelt es sich um die Hauptpflicht des Geschäftsführers, die durch spezielle Nebenpflichten (§ 681) ergänzt wird. Die Art und Weise der Ausführung richtet sich vorrangig nach dem Interesse des Geschäftsherrn (MüKo/*Seiler* § 677 Rz 52; Palandt/*Sprau* § 677 Rz 12). Damit ist die objektive Nützlichkeit gemeint, während der Wille auf die subjektive Seite abstellt. Der Wille ist mit Ausnahme des *§ 679 bei der Ausführung zu berücksichtigen.* Die Pflicht, ein begonnenes, aber noch nicht beendetes Geschäft fortzuführen, ist nur ausnahmsweise denkbar (§ 242; entspr §§ 671 II, 673). 19

Bei einer schuldhaften Pflichtverletzung iRd Ausführung des Geschäfts kann der Geschäftsherr vom Geschäftsführer **Schadensersatz** verlangen. Grundlage des Anspruchs sind die §§ 280, 276, 278. Die Haftungsmilderung nach § 680 ist zu beachten (BGH NJW 72, 475). Ersatzfähig ist aber lediglich der ausführungsbedingt entstandene Schaden (BaRoth/*Gehrlein* § 677 Rz 19). Eine erfolgreiche Ausführung wird nicht geschuldet. Im Fall der unberechtigten Übernahme ist § 678 anwendbar. Eine Genehmigung (§ 684 2) schließt den Anspruch idR aus. Der Anspruch verjährt nach §§ 195, 199, auch wenn für das ausgeführte Geschäft kürzere Fristen vorgesehen sind (BGHZ 115, 210). 20

21 **V. Konkurrenzen zu anderen gesetzlichen Schuldverhältnissen.** Die Ansprüche aus GoA und aus § 179 können nebeneinander bestehen (BGH NJW-RR 89, 970; 04, 81).

22 Ansprüche aus **ungerechtfertigter Bereicherung** scheiden neben der berechtigten GoA grds aus. Die berechtigte GoA stellt den Rechtsgrund für die Leistung an den Geschäftsherrn oder einen Eingriff dar (BGH NJW 93, 3196). Nicht abschließend ist die berechtigte GoA nach Ansicht des BGH bei nichtigen Verträgen (OLG Saarbrücken 4 U 103/08 – 34, 4 U 103/08, RZ 53). Scheitert der Aufwendungsersatz an der „Erforderlichkeitshürde" des § 670, kommt ein Rückgriff auf das Bereicherungsrecht in Betracht (BGHZ 111, 308). Bei unberechtigter GoA wird für Ansprüche des Geschäftsführers auf das Bereicherungsrecht verwiesen (§ 684 1). In den Fällen der Eigengeschäftsführung (§ 687) sind die §§ 812 ff anwendbar, gleiches gilt in den Fällen des § 682.

23 Wegen der Übernahme einer berechtigten GoA kommen **deliktische Ansprüche** nicht in Betracht. Die Rechtswidrigkeit der unerlaubten Handlung entfällt (aA MüKo/Seiler Vor § 677 Rz 17). Darüber hinaus (zB Ausführung) sind die §§ 823 ff und die Tatbestände der Gefährdungshaftung neben der GoA anwendbar (BGHZ 142, 227), das gilt insb für die unberechtigte und angemaßte Geschäftsführung. Die Haftungsmilderung des § 680 ist bei allen Anspruchsgrundlagen zu beachten (BGH NJW 72, 475).

24 Fallen Inbesitznahme und Übernahme der GoA zusammen, sind die **§§ 987 ff** bei berechtigtem Handeln nicht anwendbar, weil dem Geschäftsführer ein Besitzrecht zusteht. Neben § 687 II sind die §§ 987 ff uneingeschränkt anwendbar, eine Sperrwirkung der §§ 987 ff kommt mangels Schutzbedürftigkeit des Geschäftsführers nicht in Betracht (BGHZ 39, 186). Umstr ist die Sperrwirkung der §§ 987 ff ggü anderen Ansprüchen bei unberechtigter GoA (dafür: BGH 41, 157; Palandt/Sprau Vor § 677 Rz 12; BaRoth/Gehrlein § 677 Rz 21; dagegen: MüKo/Seiler Vor § 677 Rz 18).

25 **VI. Entspr Anwendung.** In zahlreichen Vorschriften ist für den Ersatz von Verwendungen und Aufwendungen auf die Vorschriften der GoA verwiesen: zB §§ 539 I, 581 II, 994 II, 1216 I; 2125 I. Ein Wille zur Fremdgeschäftsführung ist nur bei §§ 539 I, 581 II erforderlich (vgl BGH VIII ZR 302/07, RZ 16 für § 539 als Rechtsgrundverweisung für die Regeln der GoA) Im Hinblick auf Rechte und Pflichten werden die GoA-Vorschriften im Erbrecht für entspr anwendbar erklärt (§§ 1959 I, 1978 I 3, III, 1991 I).

26 **VII. Beteiligung von Verwaltungsträgern.** Darüber hinaus ist die Anwendbarkeit der GoA auch im öffentlichen Recht anerkannt (etwa BVerwGE 18, 221; 80, 170; BGH NJW 04, 513). Eine **öffentlich-rechtliche GoA** liegt nur vor, wenn das Geschäft bei Vornahme durch den Geschäftsherrn dem öffentlichen Recht zuzuordnen wäre (BGHZ 138, 281; BGH NJW 71, 1218: privatrechtliche GoA bei Erfüllung der Streupflicht durch einen anderen Verwaltungsträger). Erforderlich ist daher die Beteiligung eines Trägers der öffentlichen Verwaltung an dem Rechtsverhältnis.

27 Während die Erfüllung **privater Geschäfte** einer juristischen Person des öffentlichen Rechts für einen anderen Verwaltungsträger privatrechtlich zu beurteilen ist, kommt die öffentlich-rechtliche GoA in dieser Beziehung in Betracht, falls mit dem Geschäft **öffentlich-rechtliche Pflichten** erfüllt werden (BGHZ 40, 18; 140, 102; BSGE 67, 100). Dabei sind die Ansprüche aus GoA aber regelmäßig durch Sondervorschriften ausgeschlossen: zB öffentlich-rechtlicher Erstattungsanspruch, §§ 87, 102 SGB X.

28 Erfüllt eine **Privatperson öffentlich-rechtliche Pflichten** einer juristischen Person des öffentlichen Rechts, sind die Regeln der GoA nur anwendbar, wenn keine vorrangigen gesetzlichen Regeln eingreifen. Ferner dürfen Ermessensspielräume des Verwaltungsträgers nicht übergangen werden. Die Ersatzfähigkeit wird häufig davon abhängig gemacht, dass die Übernahme durch eine besondere Dringlichkeit gerechtfertigt ist (BGH NJW 78, 1258: Gefährdung durch eine Autobahn; OVG Münster NWVBl 90, 99: Verlegen eines Abwasserkanals; BGH NJW 97, 1636; MüKo/Seiler Vor § 677 Rz 25).

29 Nimmt eine juristische Person des öffentlichen Rechts mit einer Handlung **auch ein Geschäft einer Privatperson** wahr, sind die Regeln der GoA grds anwendbar (BGH NJW 04, 513). Ist die Privatperson aber Zweitschuldner, sind idR Sondervorschriften zu beachten. Dabei wird häufig ein Forderungsübergang angeordnet (§ 116 SGB X). In Einzelfällen kommt der Rückgriff nach GoA in Betracht (VG Gelsenkirchen NJW 02, 1818: Schulträger gegen die Eltern für die Kosten einer Klassenfahrt, aA VG Berlin NJW 00, 2040). Sondervorschriften greifen regelmäßig auch ein, wenn der Verwaltungsträger öffentlich-rechtliche Pflichten einer Privatperson wahrnimmt (zB BGH NJW 04, 513: Ersatzvornahme iRd Gefahrenabwehr). Ein Polizeibeamter, der in dienstlicher Eigenschaft hoheitlich tätig wird, kann nicht zugleich das bürgerlich-rechtliche Geschäft eines Dritten führen. Sofern spezielle Regelungen fehlen, soll ein Rückgriff auf die GoA möglich sein (BGHZ 40, 28: Feuerwehr; 65, 354: Straßenverschmutzung; 65, 384: Störungsbeseitigung).

§ 678 Geschäftsführung gegen den Willen des Geschäftsherrn.

Steht die Übernahme der Geschäftsführung mit dem wirklichen oder dem mutmaßlichen Willen des Geschäftsherrn in Widerspruch und musste der Geschäftsführer dies erkennen, so ist er dem Geschäftsherrn zum Ersatz des aus der Geschäftsführung entstehenden Schadens auch dann verpflichtet, wenn ihm ein sonstiges Verschulden nicht zur Last fällt.

A. Überblick. § 678 begründet einen **verschuldensabhängigen Schadensersatzanspruch** des Geschäftsherrn 1
gegen den Geschäftsführer, wenn sich dieser mit der Übernahme des Geschäfts unberechtigt in einen fremden Rechts- und Interessenkreis einmischt (§§ 677, 683). Anknüpfungspunkt für die Berechtigung und das
Verschulden ist ausschl die Übernahme des Geschäfts, nicht dessen Ausführung (§ 678 letzter Hs). Bei angemaßter GoA ist die Vorschrift über § 687 II entspr anwendbar (ferner § 677 Rn 23).

B. Voraussetzungen. Maßgebend für die Berechtigung oder Nichtberechtigung ist der **Wille des Geschäfts-** 2
führers im Zeitpunkt des Beginns der Ausführungshandlung. Das objektive Interesse ist grds nicht relevant.
Es erlangt allenfalls Bedeutung, falls der mutmaßliche Wille, mangels Vorliegens eines wirklichen (äußerlich
in Erscheinung tretenden) Willens, zu ermitteln ist (MüKo/*Seiler* § 678 Rz 5). Der Widerspruch zum Willen
kann sich nicht nur aus der Übernahme des Geschäfts als solcher, sondern auch aus der Art und Weise der
Übernahme, dem Zeitpunkt oder der Person des Geschäftsführers ergeben (MüKo/*Seiler* § 678 Rz 4). Kein
Widerspruch zum Willen kann auftreten, wenn es auf den Willen nicht ankommt. Daher liegt die Voraussetzung in den Fällen des § 679 und bei Genehmigung nach § 684 2 nicht vor (BGHZ 128, 210).
Der Geschäftsführer muss die gegen den Willen gerichtete und damit unberechtigte Übernahme der 3
Geschäftsführung zu vertreten haben. Nach § 678 ist **Erkennbarkeit** erforderlich, die Vorsatz und Fahrlässigkeit iSd § 276 umfasst (§ 122). Dabei sind alle Umstände zu berücksichtigen, insb das objektive Interesse des
Geschäftsherrn. Die Haftungsmilderung bei drohender dringender Gefahr ist zu beachten (§ 680).

C. Rechtsfolge. Der aus der unberechtigten Übernahme entstandene **kausale Schaden** ist zu ersetzen. Erfasst 4
ist auch der bei der Ausführung der GoA eintretende Schaden (BHG NJW 72, 475). Ob insoweit ein Verschulden vorliegt ist nicht relevant (§ 678 letzter Hs). Der Ersatzanspruch richtet sich nach §§ 249, 251
(Anwaltskosten bei unberechtigter Abmahnung in Wettbewerbssachen: Hambg NJW-RR 03, 857). Vorteile
sind schadensmindernd zu berücksichtigen. Der Anspruch verjährt nach allgemeinen Regeln (§§ 195, 199).
Die Beweislast liegt beim Geschäftsherrn (zur Aufklärungspflicht des Geschäftsführers: BGH NJW 84, 1461).

§ 679 Unbeachtlichkeit des entgegenstehenden Willens des Geschäftsherrn. Ein der Geschäftsführung entgegenstehender Wille des Geschäftsherrn kommt nicht in Betracht, wenn ohne die Geschäftsführung eine Pflicht des Geschäftsherrn, deren Erfüllung im öffentlichen Interesse liegt, oder eine gesetzliche Unterhaltspflicht des Geschäftsherrn nicht rechtzeitig erfüllt werden würde.

A. Überblick. § 679 erklärt den Willen des Geschäftsherrn im Hinblick auf die Übernahme und die Ausfüh- 1
rung eines Geschäfts für unbeachtlich, wenn den in der Vorschrift genannten überwiegenden Interessen der
Vorgang ggü dem Selbstbestimmungsrecht des Geschäftsherrn einzuräumen ist. Liegen die Voraussetzungen
der Norm vor, handelt es sich auch bei entgegenstehendem Willen des Geschäftsherrn weder um eine unberechtigte Übernahme nach § 678 noch eine unberechtigte GoA iSd § 684.

B. Voraussetzungen. § 679 nennt zwei Fallgruppen, in denen der Wille des Geschäftsherrn unbeachtlich ist. 2
Einerseits wird auf eine **Rechtspflicht des Geschäftsherrn** abgestellt, die im öffentlichen Interesse liegt, andererseits auf eine **gesetzliche Unterhaltspflicht** des Geschäftsherrn. In beiden Fällen ist erforderlich, dass ohne
das Eingreifen des Geschäftsführers keine rechtzeitige Erfüllung der Pflicht erfolgen würde. Insoweit soll nur
die Erfüllung vor Fälligkeit ausgenommen werden (BGH NJW 78, 1258). Verzug des Geschäftsherrn ist nicht
erforderlich (Palandt/*Sprau* § 679 Rz 5).
Es besteht Einigkeit darüber, dass die **Rechtspflicht** des Geschäftsherrn sowohl privatrechtlicher als auch öffent- 3
lich-rechtlicher Natur sein kann (BGHZ 16, 12; 40, 18). Sie kann ihre Grundlage im Gesetz, in einem Hoheitsakt
oder in einem Vertrag haben. Eine sittliche Pflicht oder lediglich öffentliches Interesse genügen nicht (MüKo/*Seiler* § 679 Rz 4).
Die Erfüllung der Rechtspflicht und das Eingreifen des Geschäftsführers müssen **im öffentlichen Interesse** 4
liegen. Dabei reicht das allgemeine Interesse an der Erfüllung von Verbindlichkeiten nicht aus. Ein relevantes
konkretes öffentliches Interesse erfordert, dass der Geschäftsführer zur Vermeidung von Gefährdungen oder
Beeinträchtigungen für wichtige Schutzgüter (Leben, Körper, Gesundheit, wichtige Sachgüter) anstatt der
eigentlich zuständigen Person tätig wird. Ein ausreichendes öffentliches Interesse am Eingreifen des
Geschäftsführers liegt mit Ausnahme der Gefährdung der öffentlichen Sicherheit regelmäßig nicht vor, wenn
ein Handlungsermessen der zuständigen Stellen zu berücksichtigen ist (BGHZ 138, 281; NJW 78, 1258).
Die **Beispiele aus der Rspr** betreffen in erster Linie Verkehrssicherungspflichten: Abwehr von Gefahren für den 5
Straßen- und Bahnverkehr sowie die Schifffahrt (BGHZ 43, 188; 65, 354; 65, 384); Schutz für andere Rechtsgüter
vor Gebäudeeinsturz (BGHZ 16, 12); Abwehr von Gefahren für die Allgemeinheit (Gesundheit: BGHZ 110, 313).
Bei Maßnahmen für einzelne Personen sind erhöhte Anforderungen zu stellen: Krankenpflege und Krankenhilfe
(BGHZ 33, 251); Rücktransport mittelloser Urlauber anstelle der insolventen Fluggesellschaft (LG Frankfurt
NJW 83, 52). In der Lit wird auch die Übernahme der Beerdigungskosten für die Erben als Geschäft iSd § 679
angesehen (Staud/*Bergmann* § 679 Rz 24). Dagegen dürfte das öffentliche Interesse an der Bezahlung fremder
Steuerschulden nicht ausreichend sein (so aber BGHZ 7, 346; BaRoth/*Gehrlein* § 679 Rz 4; wie hier MüKo/*Seiler*
§ 679 Rz 9; Palandt/*Sprau* § 679 Rz 3); gleiches muss für Sozialleistungen gelten (BSG NJW-RR 01, 1282).

6 § 679 erfasst nur die **gesetzliche Unterhaltspflicht** (zB §§ 1360 ff, 1569 ff, 1601 ff, 1615a ff). Vertragliche Unterhaltspflichten oder solche aus unerlaubter Handlung fallen nicht in den Anwendungsbereich von § 679 Alt 2. Die vertragliche Ausgestaltung einer gesetzlichen Unterhaltspflicht lässt den Charakter aber unverändert (Staud/*Bergmann* § 679 Rz 26). Das Wahlrecht der Eltern nach § 1612 ist zu beachten (Hamm NJW 83, 2203). Für ärztliche Leistungen unter Ehegatten ist § 1357 vorrangig zu berücksichtigen.

7 **C. Erweiternde Anwendung.** Teile der Lit. sehen einen Bedarf, die Norm über den Wortlaut hinaus anzuwenden, wenn der Wille des Geschäftsherrn gegen ein gesetzliches Verbot (§ 134) oder die guten Sitten (§ 138) verstößt (Nachweise: MüKo/*Seiler* § 679 Rz 13). Als praktischer Fall wird die **Rettung eines Selbstmörders** angeführt. Vorzugswürdiger erscheint es, den entgegenstehenden Willen nach §§ 104 Nr 2, 105 I zu beurteilen (MüKo/*Seiler* § 679 Rz 13). Bei nachträglichem Einverständnis mit der Rettung kommt § 684 2 in Betracht („Selbstmord als Hilferuf"). Daneben ist ein Anspruch des Retters aus § 823 I wegen der Herausforderung denkbar (Soergel/*Beuthien* § 679 Rz 15).

§ 680 Geschäftsführung zur Gefahrenabwehr.
Bezweckt die Geschäftsführung die Abwendung einer dem Geschäftsherrn drohenden dringenden Gefahr, so hat der Geschäftsführer nur Vorsatz und grobe Fahrlässigkeit zu vertreten.

1 Der Geschäftsführer hat, falls das Geschäft zur Abwendung einer drohenden dringenden Gefahr dient, nur grobe Fahrlässigkeit und Vorsatz zu vertreten. Die **Haftungsmilderung** soll ermutigend für die Geschäftsführung in Notsituationen wirken und die Bereitschaft dazu fördern. Anwendung findet die Privilegierung allerdings nur im Verhältnis zwischen Geschäftsführer und Geschäftsherrn. Bei Ansprüchen Dritter ist § 680 nicht anwendbar.

2 Die Geschäftsführung dient zur Abwendung einer **drohenden dringenden Gefahr**, wenn ein Schaden für den Geschäftsherrn (Person bzw Vermögen) oder enge Angehörige (§ 844 II) unmittelbar bevorsteht. Nach hM genügt, dass der Geschäftsführer ohne Verschulden von einer solchen Situation ausgeht (Palandt/*Sprau* § 680 Rz 2; differenzierend: *Martinek/Theobald* JuS 97, 612, 618; aA MüKo/*Seiler* § 680 Rz 5). Ob die Gefahrabwendung tatsächlich gelingt, ist nicht relevant.

3 Der mildere Haftungsmaßstab **gilt** für die Ausführung einer berechtigten GoA (§ 280), die Übernahme einer unberechtigten GoA (§ 678, dazu BGHZ 43, 188) und erstreckt sich auch auf andere Anspruchsgrundlagen (BGH NJW 72, 475; zB § 823). Die Privilegierung ist ferner anwendbar, wenn es um eine Anspruchsminderung wegen Mitverschulden (§ 254) bei Ersatzansprüchen des Geschäftsführers geht (BGHZ 43, 188). Eine weitere Berücksichtigung der Gefahrenlage iRd Sorgfaltsanforderungen kommt nicht mehr in Betracht. Andere darüber hinausgehende Umstände sind zu berücksichtigen (BGH NJW 72, 475: Dinglichkeit, Zeitelement). Für **professionelle Nothelfer** (Notarzt, Feuerwehr) sollte der gemilderte Maßstab im Grundsatz zwar ebenfalls gelten (MüKo/*Seiler* § 680 Rz 6; aA Palandt/*Sprau* § 680 Rz 3), nicht aber, sofern Sonderregelungen eingreifen oder eine Vergütung für die Tätigkeit verlangt werden kann (etwa nach Vertrag oder § 683), ggf sind erhöhte Anforderungen an die konkrete Sorgfalt zu stellen (dazu München NJW 06, 1883). Die Beweislast trägt der Geschäftsführer.

§ 681 Nebenpflichten des Geschäftsführers.
¹Der Geschäftsführer hat die Übernahme der Geschäftsführung, sobald es tunlich ist, dem Geschäftsherrn anzuzeigen und, wenn nicht mit dem Aufschub Gefahr verbunden ist, dessen Entschließung abzuwarten. ²Im Übrigen finden auf die Verpflichtungen des Geschäftsführers die für einen Beauftragten geltenden Vorschriften der §§ 666 bis 668 entsprechende Anwendung.

1 § 681 enthält spezielle **Nebenpflichten** des Geschäftsführers und stellt ihn weitgehend dem Beauftragten gleich. Die Pflichten gelten für die berechtigte und unberechtigte GoA (hM MüKo/*Seiler* § 681 Rz 2 ff). Darüber hinaus verweist § 687 II auf § 681, wobei praktisch nur die Verweisung auf § 681 2 Bedeutung haben dürfte.

2 § 681 1 legt dem Geschäftsführer die Pflicht zur **Anzeige** der Übernahme des Geschäfts auf (BGH NJW-RR 05, 639; 05, 1426: Netzbetreiber ggü Endabnehmer bei Stromlieferung). Der Zeitpunkt („sobald es tunlich ist") ist von den Gesamtumständen abhängig (zB Erreichbarkeit, Bedeutung des Geschäfts; Staud/*Bergmann* § 681 Rz 4). Nach der Anzeige hat der Geschäftsführer die Entschließung des Geschäftsherrn abzuwarten, es sei denn, es ist Gefahr im Verzug (BGH MDR 08, 555: Keine Pflicht zum Mieterhöhungsverlangen). Die Anzeige wird regelmäßig den Schluss zulassen, dass mit dem Willen zur Fremdgeschäftsführung gehandelt wird; der Gegenschluss ist aber nicht zulässig (BGHZ 65, 354). § 681 2 enthält die Verpflichtung des Geschäftsführers zur Information und Rechnungslegung (§ 666). Ferner hat er das aus der Geschäftsführung **Erlangte** (einschl Gewinn) herauszugeben (§ 667).

3 Bei Pflichtverletzungen kommt ein **Schadensersatzanspruch** des Geschäftsherrn nach allg Regeln in Betracht (§§ 280 ff). Dabei ist der Geschäftsherr so zu stellen, wie er ohne die konkrete Pflichtverletzung (Verspätung der Anzeige, nicht gewartet, nicht unterrichtet) gestanden hätte (BGH NJW-RR 05, 639). Der Aufwendungsersatzanspruch des Geschäftsführers ist dadurch nicht von vornherein ausgeschlossen (BGHZ 65, 354).

§ 682 Fehlende Geschäftsfähigkeit des Geschäftsführers.
Ist der Geschäftsführer geschäftsunfähig oder in der Geschäftsfähigkeit beschränkt, so ist er nur nach den Vorschriften über den Schadensersatz wegen unerlaubter Handlungen und über die Herausgabe einer ungerechtfertigten Bereicherung verantwortlich.

§ 682 dient dem **Schutz** des geschäftsunfähigen und des in der Geschäftsfähigkeit beschränkten **Geschäftsführers**. Die Regelung gilt für die berechtigte und unberechtigte GoA. Der Geschäftsherr kann gegen solche Geschäftsführer keine Ansprüche aus GoA geltend machen (§§ 280, 677, 678, 681), sondern nur Schadensersatz nach §§ 823 ff (unter Beachtung der §§ 827–829) und Herausgabe nach §§ 812 ff (unter Beachtung der §§ 818 III, 819) verlangen (Rechtsgrundverweisung). § 682 enthält keine Regelung zur Frage, ob geschäftsunfähige oder in der Geschäftsfähigkeit beschränkte Personen Geschäftsführer sein können. Nach wohl überwiegender Ansicht sind die §§ 104 ff insoweit nicht anwendbar (zum Streitstand: MüKo/*Seiler* § 682 Rz 2 ff). Dem geschäftsunfähigen oder beschränkt geschäftsfähigen Geschäftsführer steht ein Anspruch auf Aufwendungsersatz nach §§ 670, 683 zu. § 680 ist zu beachten. 1

Die **Geschäftsunfähigkeit des Geschäftsherrn** hindert das Entstehen des gesetzlichen Schuldverhältnisses nicht. In Bezug auf den maßgebenden Willen (§§ 677, 683), die Entschließung (§ 681 2) oder die Genehmigung (§ 684 2) des Geschäftsherrn ist auf den gesetzlichen Vertreter abzustellen. Fehlt ein gesetzlicher Vertreter (zB bei bewusstlosem Geschäftsherrn), ist der mutmaßliche Wille entscheidend (Staud/*Bergmann* § 683 Rz 16). 2

§ 683 Ersatz von Aufwendungen.
¹Entspricht die Übernahme der Geschäftsführung dem Interesse und dem wirklichen oder dem mutmaßlichen Willen des Geschäftsherrn, so kann der Geschäftsführer wie ein Beauftragter Ersatz seiner Aufwendungen verlangen. ²In den Fällen des § 679 steht dieser Anspruch dem Geschäftsführer zu, auch wenn die Übernahme der Geschäftsführung mit dem Willen des Geschäftsherrn in Widerspruch steht.

A. Überblick. Dem Geschäftsherrn stehen die Erträge aus der GoA zu (§§ 667, 681). Zum Ausgleich gewährt § 683 dem Geschäftsführer einen Anspruch auf Ersatz seiner Aufwendungen (§ 670). Der Geschäftsführer muss iR einer GoA tätig werden (§ 677) und die Übernahme des Geschäfts muss dem Interesse und dem Willen des Geschäftsherrn entsprechen. Bei Schenkungsabsicht ist der Anspruch ausgeschlossen (§ 685). Sonderregelungen sind zu beachten (§ 677 Rn 15). Weicht der Geschäftsführer bei der Ausführung des Geschäfts von den Interessen oder dem Willen des Geschäftsherrn ab, ist der Anspruch nicht ausgeschlossen, es können aber Schadensersatzansprüche (§§ 280, 823) entstehen (§ 677 Rn 20). 1

B. Voraussetzungen. Die Übernahme der GoA muss dem Interesse und dem Willen des Geschäftsherrn entsprechen, anderenfalls findet § 684 Anwendung. Die Genehmigung des Geschäftsherrn führt zu § 683 zurück (§ 684 2). Das Risiko einer falschen Beurteilung im Hinblick auf Interesse und Willen des Geschäftsherrn liegt beim Geschäftsführer. Auf Verschulden kommt es nicht an. 2

Die Übernahme der Geschäftsführung ist **im Interesse des Geschäftsherrn**, wenn sie objektiv nützlich, also sachlich vorteilhaft ist (ganz hM BGHZ 16, 12). Ein vermögensrechtliches Interesse ist nicht erforderlich (BGHZ 33, 251). Bei der Beurteilung sind die gesamten Umstände des Einzelfalls zu berücksichtigen (zB Vermögens- und Familienverhältnisse; Begleichung einer einredefreien Verbindlichkeit des Geschäftsherrn: BGHZ 47, 370; anderes bei Einreden: BGHZ 98, 235). Auf diesem Wege gelangen auch subjektive Elemente in das maßgebende Interesse (Köln VersR 95, 1319). Unvorteilhafte Geschäfte können in der konkreten Situation des Geschäftsherrn ebenfalls nützlich sein (zB bei dringendem Geldbedarf: Staud/*Bergmann* § 683 Rz 10). Unsachgemäße oder überflüssige Maßnahmen entsprechen aber idR nicht dem Interesse des Geschäftsherrn. Das gilt auch, falls das mit der Maßnahme verbundene Risiko in keinem Verhältnis zum angestrebten Erfolg steht (Ddorf VersR 73, 826: Bergung eines Modellflugzeugs; ferner Bergrettung durch Unerfahrene: BGHZ 79, 35). Maßgebender Zeitpunkt für die Beurteilung ist die Übernahme des Geschäfts (Frankf NJW-RR 96, 1337). 3

Bei der Feststellung des Willens ist in erster Linie auf den wirklichen Willen des Geschäftsherrn bei Übernahme des Geschäfts abzustellen (Ausnahme: § 683 2, 679). Eine spätere Korrektur ist unbeachtlich. Dem mutmaßlichen Willen kommt lediglich hilfsweise Bedeutung zu. Das bloße Einverständnis mit den Vorteilen genügt nicht (BGHZ 82, 323; NJW 55, 747). 4

Der **wirkliche Wille** des Geschäftsherrn muss nach außen erkennbar geworden sein (ausdrücklich oder konkludent). Eine Zielrichtung auf den Geschäftsführer oder dessen Kenntnis ist nicht erforderlich (BGH NJW 55, 747; BaRoth/*Gehrlein* § 683 Rz 3). Der wirkliche Wille ist auch maßgebend, wenn er den objektiven Interessen widerspricht oder unvernünftig ist (BGHZ 8, 281; OLG Saarbrücken 4 U 103/08 – 34, 4 U 103/08, RZ 56). Ein Verbot des Geschäftsherrn ist ebenso zu beachten (zB Rückzahlung von Schulden: MüKo/*Seiler* § 683 Rz 9) wie ein abgelehnter Vertragsschluss (BGH NJW 55, 747) oder Andeutungen in nichtigen Verträgen (BGH WM 93, 217). Interesse und Wille müssen grds gemeinsam vorliegen. Der wirkliche Wille bestimmt jedoch idR das Interesse im Einzelfall (Roth/*Gehrlein* § 683 Rz 3; Palandt/*Sprau* § 683 Rz 4; *Medicus* BürgR Rz 422). 5

6 Der **mutmaßliche Wille** ist anhand aller Umstände der Geschäftsführung zu ermitteln (BGHZ 55, 128). Dabei ist ein objektiver Maßstab anzulegen, der idR zu den gleichen Erwägungen führt wie bei der Ermittlung des Interesses. Hätte der Geschäftsherr danach bei Übernahme zugestimmt, liegt eine berechtigte GoA vor (München NJW-RR 88, 1013).

7 **C. Rechtsfolge.** Der Geschäftsführer einer berechtigten GoA kann wie ein Beauftragter (§ 670) Ersatz seiner Aufwendungen verlangen, die er nach den Umständen für erforderlich halten durfte. Auf den Erfolg der Aufwendungen kommt es dabei nicht an. Das Risiko trägt der Geschäftsherr. Der Anspruch verjährt nach allgemeinen Regeln (§§ 195, 199). Die Beweislast liegt beim Geschäftsführer.

8 **I. Ersatz von Aufwendungen.** Entspr den Ausführungen zu § 670 Rn 3 handelt es sich bei Aufwendungen um freiwillige Vermögensopfer, die der Geschäftsführer zum Zwecke der Ausführung des Geschäfts erbracht hat (MüKo/*Seiler* § 683 Rz 17). **Mangels Erforderlichkeit** sind Aufwendungen anlässlich gesetzlich verbotener Tätigkeiten nicht zu ersetzen (BGHZ 37, 258; 111, 308). Gleiches gilt für Anwaltskosten bei einfachen Abmahnungen von Wettbewerbsverstößen (BGH NJW 84, 2525; 04, 2448). **Keine Aufwendungen** sind die Zeit und die Arbeitskraft des Geschäftsführers zur Durchführung des Geschäfts (§ 670 Rn 4). Davon sind Ausnahmen anerkannt, wenn die konkrete Tätigkeit zum Beruf oder Gewerbe des Geschäftsführers gehören (analog § 1835 III). Im Gegensatz zum Auftrag fehlt es bei der GoA an einer Vereinbarung über die Unentgeltlichkeit (BGHZ 65, 384; 143, 9), so dass ein differenzierteres Verständnis des Aufwendungsbegriffs als beim Auftrag sachgerecht erscheint. Teilweise wird darüber hinaus eine Vergütung für alle Tätigkeiten gefordert, die typischerweise nur gegen Entgelt erbracht werden (dazu BGHZ 131, 220). Bei Nichtigkeit eines Bauvertrages kann der Unternehmer nach Ansicht der Rspr die übliche Vergütung verlangen, wenn der Vertragspreis nicht niedriger ist (BGH NJW 93, 2182). Das ist im Hinblick auf den Gewinnanteil wegen der fehlenden vertragstypischen Gewährleistung zweifelhaft. Bei den sog „auch fremden Geschäften" sind die entstandenen Aufwendungen nach sachgerechten Kriterien aufzuteilen (MüKo/*Seiler* § 683 Rz 26). Der Geschäftsherr hat die Aufwendungen allein zu tragen, wenn ihm der wesentliche Teil des Ertrags zusteht. Bei Unterhaltsaufwendungen ist § 1613 zu beachten (BGH NJW 84, 2158; Palandt/*Sprau* § 683 Rz 8). Die Aufwendungen sind nach § 256 zu verzinsen. Mehrere Geschäftsherren haften als Gesamtschuldner.

9 **II. Ersatz von Schäden.** Der Geschäftsführer kann wie der Beauftragte Ersatz von Schäden nach § 670 verlangen (§ 670 Rn 5), aber nur soweit sich ein über das allgemeine Lebensrisiko hinausgehendes **tätigkeitsspezifisches Risiko** verwirklicht hat. Das gilt insb für Schäden, die im Zusammenhang mit der Abwehr von besonderen Gefahren in Notsituationen stehen. Ersatzfähig sind Personen- und Sachschäden. Schmerzensgeld (§ 253 II) sollte vor diesem Hintergrund bei Vorliegen der sonstigen Voraussetzungen ebenfalls gewährt werden (s. § 670 Rn 8, Staud/*Bergmann* § 683 Rz 69; aA MüKo/*Seiler* § 683 Rz 19). Bei der Höhe des Ersatzes ist die Mitverursachung durch den Geschäftsführer zu berücksichtigen (§§ 254, 680). Soweit Ansprüche auf Leistungen aus gesetzlichen Versicherungen bestehen, ist der Anspruch zu kürzen. Der gesetzliche Regress umfasst den Anspruch auf Aufwendungsersatz idR nicht (MüKo/*Seiler* § 683 Rz 21).

§ 684 Herausgabe der Bereicherung.
¹Liegen die Voraussetzungen des § 683 nicht vor, so ist der Geschäftsherr verpflichtet, dem Geschäftsführer alles, was er durch die Geschäftsführung erlangt, nach den Vorschriften über die Herausgabe einer ungerechtfertigten Bereicherung herauszugeben. ²Genehmigt der Geschäftsherr die Geschäftsführung, so steht dem Geschäftsführer der in § 683 bestimmte Anspruch zu.

1 **A. Überblick.** § 684 regelt die Folgen für den Geschäftsführer bei einer unberechtigt übernommenen Geschäftsführung. Grds kann der Geschäftsführer seine Aufwendungen vom Geschäftsherrn nur nach bereicherungsrechtlichen Vorschriften herausverlangen (§ 684 1). Der Geschäftsherr kann die Geschäftsführung aber genehmigen, was zu einem Anspruch des Geschäftsführers nach §§ 670, 683 führt (§ 684 2).

2 **B. Unberechtigte GoA.** Entspricht die Übernahme des Geschäfts nicht dem Interesse oder Willen des Geschäftsherrn (§ 683), kann der Geschäftsführer das Erlangte lediglich nach Bereicherungsrecht verlangen (Rechtsfolgenverweisung: BGH WM 76, 1056; aA MüKo/*Seiler* § 684 Rz 4; *Gursky* AcP 185, 13, 40). Erlangt ist jede Vermögensmehrung. Darunter fallen wertsteigernd Aufwendungen ebenso wie werterhaltende Aufwendungen, die unausweichlich angefallen wären (Ddorf JJW-RR 96, 913) und ohne objektive Wertsteigerung als ersparte Aufwendungen zu ersetzen sind (BGH NJW 01, 3184). Gleiches gilt bei der Erfüllung von Verbindlichkeiten des Geschäftsherrn (MüKo/*Seiler* § 684 Rz 9). Das Erfolgsrisiko der Aufwendungen trägt der Geschäftsführer. Der Anspruch ist abdingbar (BGH JW 59, 2163) und unter den Voraussetzungen des § 685 (BGH NJW 85, 313) ausgeschlossen. Zum Ausschluss kann ferner der Rechtsgedanke aus § 817 2 führen (BaRoth/*Gehrlein* § 684 Rz 1; im Ergebnis auch MüKo/*Seiler* § 684 Rz 7: Ersatz von Unterhaltskosten bei sittenwidrigem Entzug des Kindes). Sondervorschriften sd zu beachten (§ 677 Rn 15). Eine Begrenzung des Anspruchs auf die Höhe eines fingierten Anspruchs aus §83 ist wegen der unterschiedlichen Interessen abzulehnen (MüKo/*Seiler* § 684 Rz 9; aA BaRoth/*Gehrlein* §684 Rz 1). Der unberechtigte Geschäftsführer haftet nach §§ 678, 681 sowie §§ 812 ff, 823 ff.

C. Genehmigung. Die Genehmigung des Geschäftsherrn ersetzt die Voraussetzung des § 683 (BGHZ 128, 210), nicht jedoch die des § 677. Die Genehmigung kann nur eine unberechtigte zur berechtigten GoA umwandeln, nicht aber eine unechte GoA (§ 687) zur echten GoA. Ein Anspruch auf Genehmigung besteht nicht (Palandt/*Sprau* § 684 Rz 2). Die Genehmigung ist eine einseitige empfangsbedürftige Willenserklärung (München WM 99, 1878), ausreichend ist das Verlangen, gerichtet auf Erlösherausgabe (BGHZ 114, 248). Die Genehmigung bezieht sich nicht auf ein Rechtsgeschäft, gleichwohl wird von der hM die entspr Anwendung von §§ 182, 184 befürwortet (BaRoth/*Gehrlein* § 684 Rz 2; Palandt/*Sprau* § 684 Rz 2). Die Genehmigung betrifft nur das Innenverhältnis zwischen Geschäftsherrn und Geschäftsführer; die Außenwirkung beurteilt sich nach allgemeinen Regeln (§§ 177, 185). Nach wirksamer Genehmigung bestimmen sich die Rechte und Pflichten für beide Seiten nach §§ 683, 677. Bereits vor Erteilung der Genehmigung entstandene Schadensersatzansprüche wegen Fehlern bei der Ausführung gehen idR unter, wenn sich die Genehmigung auch darauf erstreckt (MüKo/*Seiler* § 684 Rz 18). 3

§ 685 Schenkungsabsicht.
(1) Dem Geschäftsführer steht ein Anspruch nicht zu, wenn er nicht die Absicht hatte, von dem Geschäftsherrn Ersatz zu verlangen.
(2) Gewähren Eltern oder Voreltern ihren Abkömmlingen oder diese jenen Unterhalt, so ist im Zweifel anzunehmen, dass die Absicht fehlt, von dem Empfänger Ersatz zu verlangen.

§ 685 enthält eine **rechtshindernde Einwendung** (BGH NJW 85, 313) für den Anspruch des Geschäftsführers gegen den Geschäftsherrn auf Aufwendungsersatz (§§ 670, 683 oder §§ 684 1, 812 ff). Die Schenkungsabsicht setzt nicht voraus, dass ein Schenkungsvertrag über den Ersatzanspruch zustande gekommen ist (MüKo/*Seiler* § 685 Rz 2). II stellt eine Rechtsvermutung für bestimmte Unterhaltsgewährungen auf (ähnl §§ 1360b, 1620). Die Norm hat keine Auswirkung auf die Ansprüche des Geschäftsherrn. 1

Die im Zeitpunkt der Übernahme vorhandene **Absicht** des Geschäftsführers, für die Aufwendungen aus der Geschäftsführung keinen Ersatz zu verlangen, verhindert das Entstehen eines Anspruchs. Die vom Willen getragene Absicht (§§ 107, 111) muss nach außen erkennbar sein (BGHZ 38, 302). Eine generelle Vermutung, dass unter nahen Angehörigen auf Ersatz verzichtet wird, gibt es nicht (Palandt/*Sprau* § 685 Rz 2; MüKo/*Seiler* § 685 Rz 4). Beim Ausbau einer Wohnung durch den Schwiegersohn für sich und seine Familie im Haus der Schwiegereltern ist von einem Verzicht auszugehen (BGH NJW 85, 313; ähnl Karlsr FamRZ 04, 1870). Wegen der Beweislast des Geschäftsherrn hat die Vorschrift kaum praktische Bedeutung. 2

Die **widerlegbare Rechtsvermutung** des § 685 II (BGH NJW 98, 978) betrifft nur die Beziehung zwischen Verwandten in gerader Linie (Eltern, Kinder, Großeltern usw). Die Vermutung ist ferner beschränkt auf das Verhältnis zwischen Leistendem und Empfänger und kommt nur dem Empfänger zugute (MüKo/*Seiler* § 685 Rz 9; Palandt/*Sprau* § 685 Rz 3). Sachlich bezieht sie sich nur auf Unterhaltsleistungen (§§ 1610 ff), die ohne Rechtspflicht geleistet werden. Der Geschäftsführer trägt die Beweislast für die Absicht, Ersatz zu verlangen. 3

§ 686 Irrtum über die Person des Geschäftsherrn.
Ist der Geschäftsführer über die Person des Geschäftsherrn im Irrtum, so wird der wirkliche Geschäftsherr aus der Geschäftsführung berechtigt und verpflichtet.

Aus dem Zusammenspiel von § 677 und § 687 I ergibt sich, dass für die GoA der Wille zur Übernahme eines fremden Geschäfts notwendig ist. Der Wille und die Vorstellungen des Geschäftsführers brauchen sich aber nicht auf die Identität oder Existenz eines bestimmten **Geschäftsherrn** zu beziehen. Ausreichend ist, dass der Geschäftsführer ein Geschäft ohne Auftrag für den, den es angeht, führt (MüKo/*Seiler* § 686 Rz 2; BaRoth/*Gehrlein* § 686 Rz 1). Fehlende Existenz des Geschäftsherrn lässt das gesetzliche Schuldverhältnis erst mit Beginn seiner Existenz wirksam werden (Bedingung: Nürnbg NJW-RR 87, 405). 1

Aus der Geschäftsführung wird nur der **wirkliche Geschäftsherr** berechtigt und verpflichtet. Das ist die Person, in deren Rechts- und Interessenkreis eingegriffen wird (§ 677 Rn 16). Der wirkliche Geschäftsherr ist auch entscheidend für die Ermittlung von Interesse und Wille (§§ 677, 683). Ausnahmsweise kann ein Irrtum iRd § 685 beachtlich sein (keine Wirkung gegen den wirklichen Geschäftsherrn), wenn es darum geht, von einem bestimmten Geschäftsherrn (oder einem von mehreren) keinen Ersatz zu verlangen (MüKo/*Seiler* § 686 Rz 4; Palandt/*Sprau* § 686 Rz 2). 2

§ 687 Unechte Geschäftsführung.
(1) Die Vorschriften der §§ 677 bis 686 finden keine Anwendung, wenn jemand ein fremdes Geschäft in der Meinung besorgt, dass es sein eigenes sei.
(2) ¹Behandelt jemand ein fremdes Geschäft als sein eigenes, obwohl er weiß, dass er nicht dazu berechtigt ist, so kann der Geschäftsherr die sich aus den §§ 677, 678, 681, 682 ergebenden Ansprüche geltend machen. ²Macht er sie geltend, so ist er dem Geschäftsführer nach § 684 Satz 1 verpflichtet.

A. Überblick. Die Vorschrift dient einerseits der Abgrenzung der GoA von anderen Fallgruppen (§ 687 I), auf welche die §§ 677 ff keine Anwendung finden. Maßgebendes Kriterium ist das Bewusstsein um die Füh- 1 rung eines fremden Geschäfts. Andererseits werden die Regelungen der GoA für wahlweise anwendbar erklärt, wenn eine vorsätzliche Verletzung fremder Rechte vorliegt (§ 687 II). Daraus ergibt sich, dass neben dem **Bewusstsein** (kognitives Merkmal) auch der **Wille** (finales Merkmal) erforderlich ist, ein fremdes Geschäft als solches zu führen.

2 **B. Irrtümliche Eigengeschäftsführung.** § 687 I erklärt die Regeln der GoA für nicht anwendbar, wenn bei der Übernahme eines objektiv fremden Geschäfts das Bewusstsein fehlt, es auch als fremdes zu besorgen (Veräußerung gestohlener Sachen durch Gutgläubigen: RGZ 105, 84). Auf ein Verschulden des Geschäftsführers hinsichtlich der Fehlvorstellung kommt es insoweit nicht an (Soergel/*Beuthien* § 687 Rz 3). Hält der Geschäftsführer das Geschäft für sein eigenes, richtet sich der Ausgleich ausschl nach allg Regeln (EBV: §§ 987 ff; anderenfalls oder soweit eröffnet: §§ 812 ff; bei schuldhafter Fehlvorstellung: §§ 823 ff; dazu MüKo/*Seiler* § 687 Rz 7). Einer Genehmigung (§ 684 2) ist ein solches Geschäft nicht zugänglich; es fehlt an einer GoA.

3 **C. Angemaßte Eigengeschäftsführung. I. Überblick.** § 687 II ist eine **eigene Anspruchsgrundlage** mit Ansprüchen für den Geschäftsherrn, uU auch für den Geschäftsführer. § 687 II 1 gewährt dem Geschäftsherrn ein Wahlrecht: Falls der Geschäftsführer vorsätzlich in einen objektiv fremden Rechts- und Interessenkreis eingegriffen hat, kann der Geschäftsherr die Ansprüche aus GoA geltend machen, insb auf Herausgabe des Erlangten (§§ 667, 681) und auf Schadensersatz (§ 678). § 687 II 2 ermöglicht es dann dem Geschäftsführer, seine Aufwendungen nach Bereicherungsrecht zu erlangen. In beiden Fällen handelt es sich um Rechtsfolgenverweisungen. Im Anwendungsbereich des § 241a I ist die Regelung ausgeschlossen (*Schwarz* NJW 01, 1449, 1453).

4 **II. Voraussetzungen.** Die Voraussetzungen entsprechen bis auf den Willen zur Fremdgeschäftsführung denen der GoA (§ 677), allerdings muss es sich um ein **objektiv fremdes Geschäft** handeln (BGH NJW 00, 72; MüKo/*Seiler* § 687 Rz 18). Der Anwendungsbereich der Norm bezieht sich insb auf Handlungen unter Verletzung fremder absoluter Rechte und gleichgestellter Rechtspositionen (BGHZ 39, 186: Benutzung eines fremden Grundstücks; BGHZ 57, 116: wettbewerbswidrige Nachahmung; Soergel/*Beuthien* § 687 Rz 16: Nutzung fremder Immaterialgüterrechte; zu Domainnamen: BGH 149, 191). Im Grundsatz kann auch die Verletzung fremder Persönlichkeitsrechte ausreichen, soweit sie im Einzelfall einer Kommerzialisierung zugänglich sind (*Beuthien* NJW 03, 1220). Schuldvertragliche Zuweisungen von Rechtspositionen sind dagegen zur Anmaßung nicht geeignet. Das gilt für die unberechtigte Untervermietung (BGHZ 131, 297), aber auch für den Geschäftsführer einer Gesellschaft, der sich über organschaftliche Befugnisse hinwegsetzt (BGH NJW-RR 89, 1255) oder den Verstoß gegen eine Alleinvertretungsabrede (BGH NJW 84, 2411) bzw ein Wettbewerbsverbot (MüKo/*Seiler* § 687 Rz 24). Ein zunächst eigenes Geschäft kann zum fremden Geschäft werden, wenn die Rechtsposition durch Anfechtung rückwirkend entfällt (§ 142 I). § 687 II kommt in Betracht, wenn der Geschäftsführer von der Anfechtbarkeit Kenntnis hatte (§ 142 II).

5 Der Geschäftsführer muss **Kenntnis von der Fremdheit** des Geschäfts sowie der fehlenden Berechtigung haben und gleichwohl in der Absicht handeln, das Geschäft als eigenes zu führen (nicht, wenn ein Merkmal fehlt: BGHZ 119, 257: Strohmann-GmbH und wirtschaftlicher Alleingesellschafter). Fahrlässigkeit reicht nicht aus. Unbeachtlich ist, ob der Geschäftsherr selbst das Geschäft vorgenommen hätte oder nicht (Palandt/*Sprau* § 687 Rz 2). Die Darlegungs- und Beweislast für die Voraussetzungen liegt beim Geschäftsherrn.

6 **III. Rechtsfolgen.** Der **Geschäftsherr** kann nach seiner Wahl auch die Ansprüche nach §§ 677, 678, 681, 682 geltend machen. Die Verweisung auf §§ 677 und 681 1 bleibt unklar und dürfte ohne praktische Relevanz sein (Palandt/*Sprau* § 687 Rz 3). Besondere Bedeutung haben neben der Auskunfts- und Rechenschaftspflicht va die Pflicht zur Herausgabe des Erlangten (§ 667) und der Schadensersatzanspruch nach § 678. Der Herausgabeanspruch erstreckt sich auf den gesamten erzielten Gewinn, unabhängig vom Beitrag des Geschäftsführers. Der Schadensersatzanspruch setzt in Bezug auf die Ausführung kein weiteres Verschulden voraus (BaRoth/*Gehrlein* § 687 Rz 4). Der Ausschluss zum Schutz Geschäftsunfähiger und beschränkt Geschäftsfähiger ist zu beachten. Der **Geschäftsführer** kann nach der Geltendmachung der Ansprüche durch den Geschäftsherrn seine Aufwendungen nach §§ 818, 684 1 ersetzt verlangen. Anderenfalls besteht kein Anspruch auf Ersatz der Aufwendungen (BGHZ 39, 186). Die Verweisung bezieht sich nur auf Aufwendungen (MüKo/*Seiler* § 687 Rz 15). Das Risiko des Erfolgs der Aufwendungen trägt der Geschäftsführer. Das Verlangen nach Auskunft reicht für die Geltendmachung noch nicht aus (BaRoth/*Gehrlein* § 687 Rz 4). Die Ansprüche verjähren nach §§ 195, 199.

Titel 14 Verwahrung

§ 688 Vertragstypische Pflichten bei der Verwahrung. Durch den Verwahrungsvertrag wird der Verwahrer verpflichtet, eine ihm von dem Hinterleger übergebene bewegliche Sache aufzubewahren.

§ 688

A. Überblick. § 688 enthält die charakteristische Leistung für den Vertragstyp Verwahrungsvertrag. Der Verwahrer hat einer beweglichen Sache Raum zu gewähren und die Obhut über sie zu übernehmen. Der Hinterleger hat die bewegliche Sache dem Verwahrer zu übergeben. Die Verwahrung kann entgeltlich oder unentgeltlich sein (§§ 689, 690). Bei Entgeltlichkeit handelt es sich um einen gegenseitigen Vertrag (§§ 320 ff), anderenfalls um einen unvollkommen zweiseitigen Vertrag, der auch als Gefälligkeitsvertrag bezeichnet wird. Der Verwahrungsvertrag ist Konsensualvertrag (BGHZ 46, 43; zum Hintergrund: MüKo/*Henssler* § 688 Rz 4). Die Anwendbarkeit des deutschen Rechts richtet sich nach Art 3 I, 4 Rom I-VO bzw Art 27 ff EGBGB.

B. Verwahrung. I. Abgrenzung. Gegenstand eines Verwahrungsvertrags können nur **bewegliche Sachen bzw Tiere** (§ 90a) sein. Rechte und Grundstücke werden nicht iSd § 688 verwahrt. Die Obhut über Grundstücke kann aufgrund eines Dienstvertrags (§ 611) oder Auftrags (§ 662) erfolgen (BaRoth/*Gehrlein* § 688 Rz 2). Im Gegensatz zur Leihe oder Miete steht dem Verwahrer an der übergebenen Sache grds kein Gebrauchsrecht zu (aber Gebrauchspflicht, wenn zur Erhaltung der Sachsubstanz notwendig: s. Rn 4), vielmehr trifft ihn eine **Obhutspflicht**. Die bloße Raumgewährung ist daher Miete oder Leihe (BGHZ 3, 200). In der Pferdehaltung hat die Offen- und Robusthaltung den Charakter eines Mietvertrags, dagegen liegt bei der Pferdepensionshaltung (Sicherheit, Erhaltung, Fütterung und Pflege) ein Verwahrungsvertrag vor (Brandbg NJW-RR 06, 1558; zu den Rechten im Einzelnen, zB Pfandrecht *Häublein* NJW 09, 2982). Während die übernommene Obhut bei der Verwahrung Hauptpflicht ist, stellt sie bei der Leihe oder Miete allenfalls eine Nebenpflicht dar. Solche Nebenpflichten treten auch bei anderen Vertragstypen (zB Dienst- oder Werkvertrag) auf (Obhutspflicht des Arbeitgebers für berechtigterweise eingebrachte Sachen des Arbeitnehmers: BAG E 9, 31; des Arbeitnehmers für Sachen des Arbeitgebers: BAG NZA 00, 715; in der Garderobe eines Vereinsheims abgelegte Sachen: RGZ 103, 265).

II. Vertragsschluss. Der Verwahrungsvertrag kommt nach den allgemeinen Regeln mit der Einigung (Konsensualvertrag) zustande. Die Abgrenzung der unentgeltlichen Verwahrung von der ohne Rechtsbindungswillen übernommenen Gefälligkeit kann dabei im Einzelfall schwierig sein. Die Gestattung eines Kfz-Händlers ggü einem Dritten, ein Kfz auf dem Betriebsgelände zum Zwecke des Verkaufs abzustellen, soll mangels Rechtsbindung keine Verwahrung (§§ 688, 690) darstellen, wenn die Gestattung uneigennützig erfolgt (Köln OLGZ 72, 213). Der Vertrag kann konkludent durch Übergabe der Sache oder von Schlüsseln (BGH WM 67, 343) geschlossen werden. Eine besondere Form ist nicht erforderlich (Ausnahme: DepotG). Der Hinterleger muss nicht Eigentümer der Sache sein.

III. Vertragspflichten. Der Verwahrungsvertrag begründet Pflichten für beide Vertragsparteien. Der **Hinterleger** hat bei entspr Vereinbarung die Vergütung zu entrichten (§§ 689, 699). Ihn können Aufwendungs- und Schadensersatzansprüche treffen (§§ 693, 694). Er ist ferner zur Rücknahme der Sache verpflichtet (§ 696). Der **Verwahrer** ist zur Aufbewahrung der beweglichen Sache verpflichtet. Er hat den Raum für die Sache zu gewähren und die Obhut zu übernehmen. Die Obhut erstreckt sich auf die gesamte Sache (BGH NJW 69, 789: Innenraum und Kofferraum eines Pkw; Köln NJW-RR 94, 25: bewachter Parkplatz). Die einzelnen Maßnahmen sind abhängig von der konkreten Sache (bei Tieren auch Fütterung und Bewegung: s. Karlsr VersR 94, 801; MüKo/*Henssler* § 688 Rz 11). Umfasst sind grds der Schutz vor Zerstörung, Verlust und Beschädigung sowie die gebotene Fürsorge zur Erhaltung der Sache. Eine Versicherungspflicht besteht idR nicht (Staud/*Reuter* § 688 Rz 9). Neben der Obhutspflicht hat der Verwahrer Nebenpflichten zu erfüllen (§ 241 II, aber auch Rettungs- und Hinweis- oder Anzeigepflichten). Die Sachgefahr (zufälliger Untergang) trägt regelmäßig der Hinterleger. Zumindest bei entgeltlicher Verwahrung hat der Verwahrer daher im Zweifel die verwahrte Sache vor eigenen Sachen zu retten (MüKo/*Henssler* § 688 Rz 12). Ferner ist der Verwahrer zur Rückgabe der Sache verpflichtet (§§ 695, 697) und hat Geld zu verzinsen (§ 698).

IV. Ergänzende Anwendung. Obhutspflichten können in zahlreichen Verträgen als Nebenpflichten zu beachten sein. Die §§ 688 ff sind insoweit aber im Grundsatz nicht anwendbar (Palandt/*Sprau* § 688 Rz 6; aA BaRoth/*Gehrlein* § 688 Rz 3). Es fehlt regelmäßig an einem typischen Element der Verwahrung, nämlich der Übergabe der Sache. Das gilt insb für die Fälle, bei denen eine Person zwar veranlasst wird, Teile der Kleidung abzulegen, aber keine Verpflichtung besteht, dies zu tun (zB Arzt oder Hilfsperson nimmt dem Patienten den Mantel ab: Köln VersR 99, 121; gleiches gilt beim Besuch anderer Dienstleister). Falls von einer Verpflichtung auszugehen ist, weil ein Zwang besteht, liegen Verwahrungselemente vor (MüKo/*Henssler* § 688 Rz 47: Kleider in der Badeanstalt oder Mantel beim Theaterbesuch; anders dagegen zum Ablegen und Lagern von Kleidung und Wertsachen in einem Spind während eines Saunabesuchs: Hamm NJW-RR 05, 1334). In Gaststätten wird die im Raum befindliche Garderobe idR ohne Zwang in Anspruch genommen (BGH NJW 80, 1096; anders bei Zwang zum Ablegen außerhalb des Gastraums: KG MDR 84, 846). Die Ausgabe von Garderobenmarken oder das Verlangen einer Vergütung sind Indizien für einen Verwahrungsvertrag. Für die Haftung spielt die Abgrenzung aufgrund der §§ 280, 241 II regelmäßig keine Rolle, allenfalls bei der Inhaltskontrolle von AGB-Klauseln (§ 307 II Nr 1).

V. Sonderfall: Abstellen von Fahrzeugen. Die Qualifikation des Vertrags über das Abstellen eines Kfz hat erhebliche Bedeutung für die Haftung (und evtl Pfandrecht: § 562). Handelt es sich um einen Mietvertrag, haftet der Parkplatzbetreiber für Schäden als Vermieter nach § 536a I (verschuldensunabhängig bei anfänglichem Mangel). Liegt eine Verwahrung vor, greift das allgemeine Leistungsstörungsrecht (§§ 280 ff). Entscheidendes Kriterium ist das Bestehen einer Obhutspflicht als Hauptleistungspflicht. Danach erfolgt das Parken auf **unbewachten Parkplätzen** (auch Kunden- oder Hotelparkplatz) nicht aufgrund eines Verwahrungsvertrags (BGHZ 63, 333; Hambg VersR 89, 1266). Bei **bewachten Parkplätzen** liegen Verwahrungselemente vor (Karlsr NJW-RR 05, 521), allerdings ist das Mietelement bei entgeltlichem Abstellen des Kfz zumindest gleichwertig, sodass von einem gemischten Vertrag auszugehen ist (§ 536a I ist anwendbar: BGHZ 63, 333). Beim Einstellen des Kfz in ein gewöhnliches Parkhaus dürfte ebenfalls von einem gemischten Vertrag (mit Obhutspflicht) auszugehen sein, bei dem das mietvertragliche Element dominiert (MüKo/*Henssler* § 688 Rz 55; aA Ddorf NJW-RR 01, 1607 – Sonderfall, nur Mietvertrag).

7 **VI. Haftung und Ausschluss.** Der Verwahrer und der Hinterleger **haften** bei Pflichtverletzungen nach allgemeinen Leistungsstörungsregeln (§§ 280 ff). Eine Haftung nach den Vorschriften der unerlaubten Handlung bleibt unberührt. Der Maßstab des Verschuldens (§§ 276, 278) ist für die unentgeltliche Verwahrung in § 690 modifiziert (§ 277). Die Rspr und hM in der Lit lassen iRd Verwahrung eine Drittschadensliquidation zu (BGH NJW 85, 2411). Das gilt insb, falls der Hinterleger nicht Eigentümer der Sache ist, der Eigentümer aber (zB mangels Verschulden) keine eigenen Ansprüche gegen den Verwahrer hat. Die Verjährung richtet sich nach §§ 195, 199.

8 Vereinbarungen über einen **Haftungsausschluss** oder eine Haftungsbeschränkung sind im Rahmen des §§ 276 III möglich. Bei AGB-Klauseln sind zusätzlich die Grenzen des § 309 Nr 7 zu beachten (BGH NJW 99, 1031), falls die Klausel wirksam in den Vertrag einbezogen wurde (§ 305 II). In Bezug auf die Hauptpflicht der Obhut kommt eine Haftungsfreizeichnung wegen § 307 II Nr 1 nicht in Betracht (Palandt/*Sprau* § 688 Rz 7).

9 **VII. Sonderformen der Verwahrung.** §§ 688 ff sind uneingeschränkt nur anwendbar, soweit keine speziellen Vorschriften eingreifen. Für das kaufmännische Lagergeschäft gelten die §§ 467 ff HGB; für die Pfandverwahrung § 1215. Bei freiwilliger Sequestration (Gemeinschaftsverwahrung) gelten die §§ 688 ff, falls bewegliche Sachen für mehrere verwahrt werden, die Rückgabe an alle oder einen von ihnen erfolgen soll (§§ 429, 430) und keine besonderen Abreden bestehen. Vergleichbar sind §§ 432 I 2, 1217 I, 1231, 1281, 2039. Bei Verträgen über die Verwahrung von Wertpapieren ist das DepotG zu beachten. In Fällen der Sonderverwahrung (§ 2 DepotG), der Drittverwahrung (§ 3 DepotG) und der Sammelverwahrung (§§ 5 ff DepotG) sind die §§ 688 ff allenfalls erg heranzuziehen. Die Sammelverwahrung ist wegen der besonderen Ausgestaltung eine Geschäftsbesorgung (s. § 675a). Besondere Regeln gelten auch für das Reise- und Handgepäck, das in Bahnhöfen verwahrt wird. Die Bahn haftet nach § 36 EVO; die §§ 688 ff sind erg zu berücksichtigen. Nicht erfasst sind Fundsachen, insoweit kommt nur eine Nebenpflicht zur Obhut aus dem Beförderungsvertrag in Betracht. **Lediglich verwahrungsähnlich** sind die unregelmäßige Verwahrung (§ 700) und die Hinterlegung (§ 372), die sich nach der öffentlich-rechtlichen Hinterlegungsordnung richtet.

10 **C. Öffentlich-rechtliche Verwahrung.** Neben der Hinterlegung sind zahlreiche andere Fälle der öffentlichen Fürsorge und Obhut in Bezug auf Privatvermögen denkbar, die als öffentlich-rechtliche Verwahrung anzusehen sind (BGHZ 34, 349). Auf das Rechtsverhältnis der öffentlich-rechtlichen Verwahrung finden die Vorschriften der §§ 688–699 und § 280 entspr Anwendung; nicht jedoch § 690 (BGHZ 4, 192). Der Amtshaftungsanspruch (§ 839, Art 34 GG) bleibt unberührt (BGH NJW 52, 931). Das öffentlich-rechtliche Verwahrungsverhältnis kann durch verwaltungsrechtlichen Vertrag, durch Verwaltungsakt und Inbesitznahme, also etwa Beschlagnahme und Sicherstellung einer Sache (RGZ 166, 218; Beschlagnahme durch Staatsanwalt: LG Hamburg NJW 04, 2455) sowie durch die bloße Inbesitznahme eines Gegenstandes begründet werden (Hinlegen von Gegenständen auf das Förderband bei der Passagierkontrolle am Flughafen: LG Frankfurt NJW 08, 2273; zur Gerichtsakte gereichte Urkunden: BGH NJW 51, 800; Pfändung und Aufbewahrung durch den Gerichtsvollzieher: BGHZ 142, 77; MüKo/*Henssler* § 688 Rz 60; Abstellen abgeschleppter Fahrzeuge: VGH Kassel NVwZ 88, 655). Erforderlich ist allerdings stets ein Besitzübergang (BGH NJW 64, 1670) an beweglichen Sachen, nicht an Forderungen oder Bankguthaben (BGH WM 62, 1033). Für Streitigkeiten ist der Zivilrechtsweg eröffnet (§ 40 II VwGO).

§ 689 Vergütung.
Eine Vergütung für die Aufbewahrung gilt als stillschweigend vereinbart, wenn die Aufbewahrung den Umständen nach nur gegen eine Vergütung zu erwarten ist.

1 § 689 enthält eine **Auslegungsregel** (keine Fiktion), nach der im Zweifel von der Entgeltlichkeit der Verwahrung auszugehen ist. Kein Entgelt ist der Aufwendungsersatz (§ 693). Die Anwendung der Zweifelsregel des § 689 setzt einen wirksamen Verwahrungsvertrag und keine ausdrückliche oder sich aus den Umständen ergebende Vereinbarung über die Entgeltsfrage voraus (§ 157). Von der Entgeltlichkeit der Verwahrung ist auszugehen, wenn die Gesamtumstände eine Vergütung erwarten lassen (zB Gewerbebetrieb, Zeit- und Raumbedarf). Bei einer vom Willen (Unentgeltlichkeit) abw Erklärung ist die Anfechtung (§ 119 I) möglich (MüKo/*Henssler* § 689 Rz 4; aA BaRoth/*Gehrlein* § 689 Rz 1).

Ersatz von Aufwendungen § 693

Greift die Auslegungsregelung ein, bestimmt sich die **Höhe der Vergütung** entspr §§ 612, 632, 653 nach Taxe 2
oder Üblichkeit. Subsidiär sind die §§ 315, 316 anwendbar. Sondervorschriften sind zu beachten (§§ 467 II,
354 HGB: Lagergeld; 410 Nr 3 FamFG: Sequestration). Die Vergütungspflicht endet mit Rückgabe bzw dem
Herausgabeverlangen des Hinterlegers. Bei der Geltendmachung von Zurückbehaltungsrechten (§ 273) richtet sich der Anspruch für die Folgezeit nach §§ 298, 304 (nicht: §§ 994 ff). Im Fall des Untergangs der Sache
wird der Hinterleger allenfalls für die Zukunft von der Vergütungspflicht frei (§ 326 I).

§ 690 Haftung bei unentgeltlicher Verwahrung. Wird die Aufbewahrung unentgeltlich
übernommen, so hat der Verwahrer nur für diejenige Sorgfalt einzustehen, welche er in eigenen Angelegenheiten anzuwenden pflegt.

§ 690 privilegiert den unentgeltlichen Verwahrer mit einer **Haftungsmilderung** (§ 277), weil er typischer- 1
weise fremdnützig tätig wird. Voraussetzung ist ein wirksamer unentgeltlicher Verwahrungsvertrag, nicht
lediglich eine Gefälligkeit (s. § 688 Rn 3). Die Unentgeltlichkeit fehlt, wenn auch nur ein mittelbarer Vorteil
mit der Verwahrung verbunden (Ermöglichung eines Gebäudeabbruchs: Ddorf MDR 76, 842) oder die Aufbewahrung Nebenpflicht eines entgeltlichen Vertrags ist. Grobe Fahrlässigkeit und Vorsatz hat der Verwahrer
stets zu verantworten (§ 277). Die Privilegierung ist auf die **Leistungspflichten beschränkt** (MüKo/*Henssler*
§ 690 Rz 9: nicht Nebenpflichten). Insoweit gilt sie aber grds auch für konkurrierende Ansprüche aus unerlaubter Handlung (BGHZ 46, 313; Zweibr NJW-RR 02, 1456). Keine Anwendung findet § 690 bei öffentlich-rechtlicher Verwahrung (BGHZ 4, 192) und auf Gefälligkeitsverhältnisse (BGHZ 21, 102; aA etwa BaRoth/
Gehrlein § 690 Rz 1).

§ 691 Hinterlegung bei Dritten. ¹Der Verwahrer ist im Zweifel nicht berechtigt, die hinterlegte
Sache bei einem Dritten zu hinterlegen. ²Ist die Hinterlegung bei einem Dritten gestattet, so hat der Verwahrer nur ein ihm bei dieser Hinterlegung zur Last fallendes Verschulden zu vertreten. ³Für das Verschulden eines Gehilfen ist er nach § 278 verantwortlich.

§ 691 behandelt die befugte und die unbefugte **Substitution** (§ 664 Rn 2 ff) sowie den Einsatz von Gehilfen. 1
Die eigenständige Verwahrung durch Dritte (Substitution) ist im Zweifel nicht gestattet (Ausnahme: §§ 3, 4
DepotG). Das Vertrauensverhältnis zwischen Verwahrer und Hinterleger lässt aber die Einschaltung von
Gehilfen (zB Besitzdiener) zu. Ist die Substitution gestattet, haftet der Erstverwahrer lediglich für die Auswahl
und Einweisung des Dritten. Die Substitution ist anzuzeigen (§ 692). Bei unbefugter Substitution haftet der
Erstverwahrer für alle aus dieser schuldhaften Pflichtverletzung entstehenden (Zufalls-)Schäden. Ansprüche
gegen den Dritten (§§ 823 ff, 987 ff) bleiben unberührt. Der Hinterleger hat auch ohne Vertragsverhältnis
einen unmittelbaren Rückgabeanspruch gegen den Drittverwahrer (§§ 546 II, 604 IV analog). Für die Gehilfenhaftung gilt § 278 (RGZ 101, 348: Diebstahl des Gehilfen).

§ 692 Änderung der Aufbewahrung. ¹Der Verwahrer ist berechtigt, die vereinbarte Art der Aufbewahrung zu ändern, wenn er den Umständen nach annehmen darf, dass der Hinterleger bei Kenntnis der
Sachlage die Änderung billigen würde. ²Der Verwahrer hat vor der Änderung dem Hinterleger Anzeige zu
machen und dessen Entschließung abzuwarten, wenn nicht mit dem Aufschub Gefahr verbunden ist.

§ 692 regelt einen Sonderfall der Verwahrung. Grds ist der Verwahrer bei der Entscheidung über die **Art der** 1
Verwahrung frei und kann sie in den Grenzen des § 691 jederzeit ändern. Haben die Parteien allerdings eine
bestimmte Art der Verwahrung vereinbart, kann diese nur unter den Voraussetzungen des § 692 geändert
werden. Dabei sind zwei Varianten zu unterscheiden: Zeigt der Verwahrer dem Hinterleger die veränderten
Umstände an, wozu er nach § 692 2 verpflichtet ist, hat er die Entschließung des Hinterlegers abzuwarten
(Vertragsänderung). Zur einseitigen Änderung der Art der Verwahrung ist er nach der Anzeige nur berechtigt, wenn mit dem Aufschub Gefahren drohen. Bei unmittelbarer Gefährdung der Sache ist der Verwahrer zur Änderung verpflichtet. Eine schuldhafte Pflichtverletzung führt zur Haftung für alle kausalen
Schäden; ein weiteres Verschulden ist nicht erforderlich (MüKo/*Henssler* § 692 Rz 6).

§ 693 Ersatz von Aufwendungen. Macht der Verwahrer zum Zwecke der Aufbewahrung Aufwendungen, die er den Umständen nach für erforderlich halten darf, so ist der Hinterleger zum Ersatz
verpflichtet.

Der Verwahrer hat einen **Aufwendungsersatzanspruch** gegen den Hinterleger, soweit er die zur Verwahrung 1
eingesetzten freiwilligen Vermögensopfer für erforderlich halten durfte. Die Norm entspricht § 670. Während
tätigkeitsspezifische Personen- und Sachschäden erfasst sein können, kommt der Einsatz der Arbeitskraft als
ersatzfähige Aufwendung nicht in Betracht (MüKo/*Henssler* § 693 Rz 3). Ausgeschlossen ist auch der Ersatz
von Aufwendungen, die der Verwahrer kraft vertraglicher Vereinbarung selber zu tragen hat, welche die Auf-

bewahrung erst ermöglichen (zB Raumgewährung) oder die mit dem Entgelt abgedeckt sind. Ersatzfähig können zB Futterkosten oder Versicherungsprämien sein. Die Erforderlichkeit bestimmt sich aus der Sicht eines verständigen Verwahrers. Der Inhalt des Anspruchs richtet sich nach §§ 256, 257. Dem Verwahrer steht insoweit ein Zurückbehaltungsrecht gegen den Anspruch des Hinterlegers aus § 695 zu (§ 273 – zu den Folgen § 689 Rn 2).

§ 694 Schadensersatzpflicht des Hinterlegers.
Der Hinterleger hat den durch die Beschaffenheit der hinterlegten Sache dem Verwahrer entstehenden Schaden zu ersetzen, es sei denn, dass er die Gefahr drohende Beschaffenheit der Sache bei der Hinterlegung weder kennt noch kennen muss oder dass er sie dem Verwahrer angezeigt oder dieser sie ohne Anzeige gekannt hat.

1 § 694 ist Grundlage für eine besondere **Haftung des Hinterlegers** bei Schäden des Verwahrers. Die Ursache des Schadens muss in der Beschaffenheit der Sache liegen (zB Gefahrgüter, Seuchenbefall). Die Haftung knüpft an die Pflicht des Hinterlegers an, den Verwahrer über Gefahren in der Beschaffenheit der Sache idR schon vor Vertragsschluss aufzuklären (Sonderregelung zu §§ 280, 311 II). Nicht vom Schutzbereich erfasst sind Schäden, die sich nur mittelbar aus der Beschaffenheit ergeben (LG München BB 91, 1667). Für andere Pflichtverletzungen gilt § 280. Der Hinterleger haftet aufgrund vermuteten Verschuldens. Er kann sich von der Haftung nur befreien, wenn ihm die Gefahr drohende Beschaffenheit bei gebotener Sorgfalt im Zeitpunkt der Hinterlegung unbekannt geblieben ist (bei späterer Kenntnis ohne Information des Verwahrers: § 280). Gleiches gilt, wenn er dem Verwahrer die Gefahr angezeigt hat (§ 130 analog) oder der Verwahrer von der Gefahr Kenntnis hatte (bei fahrlässiger Unkenntnis: §§ 254, 690).

§ 695 Rückforderungsrecht des Hinterlegers.
[1]Der Hinterleger kann die hinterlegte Sache jederzeit zurückfordern, auch wenn für die Aufbewahrung eine Zeit bestimmt ist. [2]Die Verjährung des Anspruchs auf Rückgabe der Sache beginnt mit der Rückforderung.

1 Das jederzeitige **Rückforderungsrecht des Hinterlegers** gilt für die entgeltliche (LG Ulm NJW-RR 04, 854: Pferdeeinstellung) und unentgeltliche Verwahrung gleichermaßen. Abw Vereinbarungen sind zulässig (MüKo/*Henssler* § 695 Rz 2). Das Verlangen des Hinterlegers stellt eine Kündigung des Verwahrungsvertrags dar, die dem Rückgabeanspruch vorausgeht (Palandt/*Sprau* § 695 Rz 1). Dabei sind die Grundsätze von Treu und Glauben zu beachten (nicht zur Unzeit, ggf angemessene Frist, bei Kaufleuten § 358 HGB – MüKo/*Henssler* § 695 Rz 4). In der Insolvenz des Verwahrers gibt der Anspruch ein Aussonderungsrecht (§ 47 InsO). Er umfasst Früchte und Gebrauchsvorteile (§ 100). Der Anspruch kann sich auch gegen Dritte richten (§§ 546 II, 604 IV analog). Er verjährt nach §§ 195, 199. § 695 2 enthält eine besondere Anlaufhemmung.

2 Bei verwahrten Sachen, die **Eigentum des Verwahrers** sind, besteht der Anspruch nur, wenn dem Hinterleger ein besseres Recht zum Besitz zusteht. Ist der **Hinterleger nicht Eigentümer** der Sache, darf der Verwahrer das Herausgabeverlangen eines Dritten aufgrund § 985 nur erfüllen, wenn dem Hinterleger ggü dem Eigentümer kein Besitzrecht (§ 986) zusteht (MüKo/*Henssler* § 695 Rz 8). Die Rückgabepflicht ggü dem Hinterleger entfällt (§ 275). Der Verwahrer haftet bei Unmöglichkeit der Herausgabe an den Hinterleger oder bei Beschädigung der Sache unter den Voraussetzungen der §§ 280 ff, 690, 254.

§ 696 Rücknahmeanspruch des Verwahrers.
[1]Der Verwahrer kann, wenn eine Zeit für die Aufbewahrung nicht bestimmt ist, jederzeit die Rücknahme der hinterlegten Sache verlangen. [2]Ist eine Zeit bestimmt, so kann er die vorzeitige Rücknahme nur verlangen, wenn ein wichtiger Grund vorliegt. [3]Die Verjährung des Anspruchs beginnt mit dem Verlangen auf Rücknahme.

1 § 696 enthält den Rücknahmeanspruch des Verwahrers. Das **Verlangen des Verwahrers** zur Rücknahme ist gleichzeitig Kündigung des Vertrags. Sie ist jederzeit (unter Berücksichtigung von § 242) zulässig, falls keine Zeit für die Verwahrung bestimmt ist (Lagergeschäft: § 473 HGB). Ist eine Zeit für die Verwahrung bestimmt, setzt das vorzeitige Rücknahmeverlangen einen wichtigen Grund voraus (§ 314 I). § 696 2 kann nicht wirksam ausgeschlossen werden (Palandt/*Sprau* § 696 Rz 1). Der Anspruch verjährt nach §§ 195, 199. § 696 3 enthält eine dem § 695 2 entspr Anlaufhemmung. Die Verweigerung der Rücknahme durch den Hinterleger kann für ihn zu Gläubiger- (§§ 695, 293 ff) und Schuldnerverzug (§§ 696, 286) führen. Neben den Kosten der anderweitigen Aufbewahrung (§ 304) kann der Verwahrer auch Schadensersatz verlangen (§§ 280, 286).

§ 697 Rückgabeort.
Die Rückgabe der hinterlegten Sache hat an dem Ort zu erfolgen, an welchem die Sache aufzubewahren war; der Verwahrer ist nicht verpflichtet, die Sache dem Hinterleger zu bringen.

1 Die Rückgabe der verwahrten Sache ist in § 697 als **Holschuld** ausgestaltet. Leistungs- und Erfolgsort der Rückgabe ist der vertragliche Aufbewahrungsort (§§ 691, 692). Die Bestimmung bezieht sich nur auf die verwahrte Sache und die Früchte, gilt aber auch für Geld (nicht § 270). Kosten der Rücksendung und die Gefahr

von Verlust oder Beschädigung trägt der Hinterleger ebenso wie seine Fahrtkosten zum Erfüllungsort. Die Regelung ist abdingbar. Sie gilt auch für die Rückgabe von in einem Strafverfahren beschlagnahmten Sachen (BGH NJW 05, 988).

§ 698 Verzinsung des verwendeten Geldes. Verwendet der Verwahrer hinterlegtes Geld für sich, so ist er verpflichtet, es von der Zeit der Verwendung an zu verzinsen.

Die unbefugte Verwendung von hinterlegtem Geld (Münzen und Scheine) führt zu einem **Strafzins** für den Verwahrer (ähnl § 668). Nicht anwendbar ist § 698 in den Fällen der gestatteten Verwendung nach § 700. Auf die (Miet-)Kaution findet das Verwahrungsrecht wegen anders gelagerter Interessen keine Anwendung (bei Wohnraum § 551, anderenfalls §§ 1213, 1214 analog). Der Zinssatz bestimmt sich nach § 246 (4%) bzw § 352 HGB (5%). Die Regelung ist abdingbar. Weitergehende Ansprüche (§§ 280, 678, 687 II, 823 ff, 812 ff) bleiben unberührt. 1

§ 699 Fälligkeit der Vergütung. (1) ¹Der Hinterleger hat die vereinbarte Vergütung bei der Beendigung der Aufbewahrung zu entrichten. ²Ist die Vergütung nach Zeitabschnitten bemessen, so ist sie nach dem Ablauf der einzelnen Zeitabschnitte zu entrichten.
(2) Endigt die Aufbewahrung vor dem Ablauf der für sie bestimmten Zeit, so kann der Verwahrer einen seinen bisherigen Leistungen entsprechenden Teil der Vergütung verlangen, sofern nicht aus der Vereinbarung über die Vergütung sich ein anderes ergibt.

Nach § 699 I ist der **Verwahrer vorleistungspflichtig**. § 320 ist nicht anwendbar. Die Vergütung ist bei Beendigung der Aufbewahrung (aufgrund des Verwahrungsvertrags) fällig, es sei denn, es sind Zeitabschnitte für die Vergütung festgelegt (dann: Ende des Abschnitts). Die Regelung ist abdingbar und entspricht § 614. Bei vorzeitiger Beendigung des Vertrags (zB §§ 695, 696) steht dem Verwahrer eine Teilvergütung zu (§ 699 II). Diese bestimmt sich nach den bis dahin erbrachten Leistungen (bei gleich bleibenden Leistungen zeitanteilig). 1

§ 700 Unregelmäßiger Verwahrungsvertrag. (1) ¹Werden vertretbare Sachen in der Art hinterlegt, dass das Eigentum auf den Verwahrer übergehen und dieser verpflichtet sein soll, Sachen von gleicher Art, Güte und Menge zurückzugewähren, so finden bei Geld die Vorschriften über den Darlehensvertrag, bei anderen Sachen die Vorschriften über den Sachdarlehensvertrag Anwendung. ²Gestattet der Hinterleger dem Verwahrer, hinterlegte vertretbare Sachen zu verbrauchen, so finden bei Geld die Vorschriften über den Darlehensvertrag, bei anderen Sachen die Vorschriften über den Sachdarlehensvertrag von dem Zeitpunkt an Anwendung, in welchem der Verwahrer sich die Sachen aneignet. ³In beiden Fällen bestimmen sich jedoch Zeit und Ort der Rückgabe im Zweifel nach den Vorschriften über den Verwahrungsvertrag.
(2) Bei der Hinterlegung von Wertpapieren ist eine Vereinbarung der im Absatz 1 bezeichneten Art nur gültig, wenn sie ausdrücklich getroffen wird.

A. Überblick. § 700 umschreibt den eigenständigen Vertragstyp „**unregelmäßige Verwahrung**", der Elemente des Verwahrungs- und des Darlehensrechts (§§ 488 ff, 607 ff) enthält. Eine unregelmäßige Verwahrung ist nur in Bezug auf vertretbare Sachen (§ 91) möglich. Im Unterschied zur Verwahrung verliert der Hinterleger das Eigentum mit Übergabe der Sache. Die Rückgabepflicht bezieht sich auf Sachen gleicher Art, Güte und Menge. Im Gegensatz zum Darlehen dient die unregelmäßige Verwahrung vorwiegend den Interessen des Hinterlegers, insb die Gewährleistung der jederzeitigen Verfügbarkeit gleichartiger Sachen. Die anwendbaren Vorschriften ergeben sich durch Verweisung auf das Geld- und Sachdarlehensrecht (§ 700 I 1). Aus dem Verwahrungsrecht sind nur die §§ 695–697 anwendbar (§ 700 I 3). 1

B. Voraussetzungen. Der **Vertragsschluss** richtet sich nach allgemeinen Grundsätzen. Eine besondere Form ist nicht erforderlich (Ausnahme: DepotG); in Bezug auf Wertpapiere ist aber eine ausdrückliche Vereinbarung notwendig (§ 700 II). Der Vertrag ist Konsensualvertrag und kann auf zwei Arten geschlossen werden: Nach § 700 I 1 treffen die Parteien eine Vereinbarung mit dem Inhalt, vertretbare Sachen zu übereigenen und Sachen gleicher Art, Güte und Menge zurückzugewähren. Ferner kann ein Verwahrungsvertrag *durch Umwandlung zur unregelmäßigen Verwahrung* werden (Vertragsänderung durch Gestattung der Aneignung und die Aneignung: § 700 I 2). Die Hinterlegung (§§ 372 ff) und die Treuhandverwahrung durch einen Notar sind mangels privatrechtlicher Beziehung keine unregelmäßige Verwahrung iSd § 700 (MüKo/*Henssler* § 700 Rz 5). 2

Die unregelmäßige Verwahrung kann nur bezüglich **vertretbarer Sachen** vereinbart werden. Hauptanwendungsbereich sind die Sichteinlagen (§ 1 I Nr 1 KWG) bei Banken und Sparkassen. Die Einlagen auf Girokonten sind ebenfalls Gegenstand einer unregelmäßigen Verwahrung (BGHZ 84, 371; 131, 60). Anders dagegen Spar- oder Termineinlagen, bei denen eine Kündigungsfrist einzuhalten ist (Gelddarlehen); es fehlt insoweit an der jederzeitigen Verfügbarkeit. Auf Giralgeld ist § 700 allenfalls analog anwendbar 3

4 § 700 I 3 begründet für den Hinterleger die **jederzeitige Verfügbarkeit** über gleichartige Sachen (§§ 695–697). IÜ finden ausschl die Geld- bzw Sachdarlehensnormen Anwendung. Bei Leistungsstörungen richten sich die Folgen nach den allg Regeln (Schadensersatz: §§ 280 ff; § 694 ist nicht anwendbar). Die Regelungen sind abdingbar.

Titel 15   Einbringung von Sachen bei Gastwirten

§ 701 Haftung des Gastwirts. (1) Ein Gastwirt, der gewerbsmäßig Fremde zur Beherbergung aufnimmt, hat den Schaden zu ersetzen, der durch den Verlust, die Zerstörung oder die Beschädigung von Sachen entsteht, die ein im Betrieb dieses Gewerbes aufgenommener Gast eingebracht hat.
(2) ¹Als eingebracht gelten
1. Sachen, welche in der Zeit, in der der Gast zur Beherbergung aufgenommen ist, in die Gastwirtschaft oder an einen von dem Gastwirt oder dessen Leuten angewiesenen oder von dem Gastwirt allgemein hierzu bestimmten Ort außerhalb der Gastwirtschaft gebracht oder sonst außerhalb der Gastwirtschaft von dem Gastwirt oder dessen Leuten in Obhut genommen sind,
2. Sachen, welche innerhalb einer angemessenen Frist vor oder nach der Zeit, in der der Gast zur Beherbergung aufgenommen war, von dem Gastwirt oder seinen Leuten in Obhut genommen sind.
²Im Falle einer Anweisung oder einer Übernahme der Obhut durch Leute des Gastwirts gilt dies jedoch nur, wenn sie dazu bestellt oder nach den Umständen als dazu bestellt anzusehen waren.
(3) Die Ersatzpflicht tritt nicht ein, wenn der Verlust, die Zerstörung oder die Beschädigung von dem Gast, einem Begleiter des Gastes oder einer Person, die der Gast bei sich aufgenommen hat, oder durch die Beschaffenheit der Sachen oder durch höhere Gewalt verursacht wird.
(4) Die Ersatzpflicht erstreckt sich nicht auf Fahrzeuge, auf Sachen, die in einem Fahrzeug belassen worden sind, und auf lebende Tiere.

1 **A. Überblick.** § 701 begründet eine verschuldensunabhängige Haftung des Gastwirts für Schäden durch Verlust, Zerstörung oder Beschädigung an Sachen, die ein aufgenommener Gast in den Betrieb des Gastwirts einbringt (Grundlage der Regelung ist das Übereinkommen des Europarats vom 17.12.62, BGBl II, 269). Die Einbringung führt zu einem **gesetzlichen Schuldverhältnis** zwischen Gast und Gastwirt, das unabhängig vom Abschluss oder der Wirksamkeit eines Beherbergungsvertrags entsteht (BGHZ 32, 149: Haftung für Betriebsgefahr). Die weitreichende Haftung erfasst nur Gastwirte mit gewerblichen Beherbergungsbetrieben. Fahrzeuge und lebende Tiere sind von der Ersatzpflicht ausgenommen (§ 701 IV). Die Haftung ist ausgeschlossen, falls der Gast oder eine ihm zurechenbare Person den Schaden allein verursacht hat. Gleiches gilt, wenn der Schaden auf der Beschaffenheit von eingebrachten Sachen oder höherer Gewalt beruht (§ 701 III). IÜ ist die Haftung idR der Höhe nach begrenzt (§ 702 I) und insoweit nicht abdingbar (§ 702a).
2 **Andere** vertragliche (§ 280) oder gesetzliche (§§ 823 ff) **Haftungsgrundlagen** bleiben von der auf Sachschäden begrenzten Haftung nach § 701 unberührt (BGHZ 63, 333). Die besonderen Regelungen in §§ 702, 702a, 703 finden insoweit keine Anwendung. Das gilt insb für die Haftung wegen einer Pflichtverletzung des Beherbergungsvertrags. Dabei handelt es sich um einen gemischten Vertrag, der von Elementen der Miete geprägt wird (BGHZ 71, 175), darüber hinaus aber auch Elemente des Kauf- und Dienst- bzw Werkvertrags (zB Verpflegung, Service) enthält. Die Haftung erlangt Bedeutung, soweit Sachen von § 701 nicht erfasst sind (BGH NJW 65, 1709: Schaden am Pkw bei Schwarzfahrt; s. § 688 Rn 6) oder Personenschäden entstehen.
3 **B. Haftungsvoraussetzungen.** Der Haftungstatbestand in § 701 I setzt voraus, dass ein im Beherbergungsgewerbe tätiger Gastwirt einen Gast aufnimmt und dieser Sachen in den Betrieb einbringt, an denen ein Schaden entsteht. Das gesetzliche Schuldverhältnis wird zu jedem Gast begründet. Eigentum des Gastes an den Sachen ist nicht erforderlich. Die Drittschadensliquidation ist in § 701 gesetzlich zugelassen. Der Ersatz richtet sich nach §§ 249 ff. Der Anspruch verjährt nach §§ 195, 199. Die Beweislast für die Anspruchsvoraussetzungen und den Schaden trägt der Gast (MüKo/*Henssler* § 701 Rz 38). Für Einwendungs- und Ausschlusstatbestände liegt die Darlegungs- und Beweislast beim Gastwirt. Für Streitigkeiten zwischen Gast und Gastwirt sind die Amtsgerichte zuständig (§ 23 Nr 2b GVG).
4 **I. Gastwirt und Beherbergungsgewerbe.** Die Haftung trifft nur den **Gastwirt**. Das können natürliche und juristische Personen sein, die als Betriebsinhaber anzusehen sind (zB Pächter, Nießbraucher). Nicht darunter fallen Verpächter und Reiseveranstalter (Ddorf NJW-RR 03, 776; MüKo/*Henssler* § 701 Rz 10).
5 Der Gastwirt muss die **Beherbergung von Gästen** gewerbsmäßig betreiben. Erforderlich ist die auf Gewährung von Unterkunft für die eigene Wohnung gerichtete Raumüberlassung einschl Serviceleistungen *(Verpflegung ist nicht notwendig*: RGZ 103, 92). Auf die Dauer des Aufenthalts kommt es nicht an. Der bloße Betrieb einer Schank- und Speisewirtschaft reicht nicht aus (BGH NJW 80, 1096). Gleiches gilt idR bei der Vermietung von Ferienwohnungen oder der Überlassung eines Stellplatzes auf einem Campingplatz (Kobl NJW 66, 2017). An einer Beherbergung fehlt es auch bei der Durchführung von Konferenzen oder

Tagungen in Hotels, soweit sich die Raumüberlassung auf den Tagungsraum beschränkt (Palandt/*Sprau* § 701 Rz 2). An der **Gewerbsmäßigkeit** fehlt es, wenn keine Gewinnerzielungsabsicht vorliegt (Jugendherberge, kirchliches Freizeitheim oder Hütten, die vom Alpenverein selbst bewirtschaftet werden: LG Koblenz NJW-RR 88, 1056; MüKo/*Henssler* § 701 Rz 14). Stellt die Beherbergung nur eine Nebenleistung dar, kommt die Haftung nach § 701 ebenfalls nicht in Betracht (Sanatorien; Altenpflege, aber auch Schlafwagenbetreiber oder Reederei: BaRoth/*Gehrlein* § 701 Rz 4).

II. Aufnahme eines Gastes. Die Aufnahme des Gastes ist ein Realakt des Wirts mit dem Ziel, den Gast in den Betrieb einzugliedern (BGHZ 63, 65). Die Eingliederung erfolgt idR durch Zuweisung eines Zimmers. Auf die Geschäftsfähigkeit der Personen kommt es für die Aufnahme nicht an (etwa Palandt/*Sprau* § 701 Rz 3). Gast ist auch der unentgeltlich untergebrachte Reiseleiter und Personen, die nur in den Beherbergungsvertrag einbezogen sind, wie Familienangehörige und Angestellte (BGHZ 63, 65). Besucher des Gastes oder Privatbesuche des Wirts sowie dessen Angestellte sind vom Anwendungsbereich der Norm nicht erfasst. 6

III. Eingebrachte Sachen. Das Einbringen von Sachen wird mittels einer **Fiktion** bestimmt (§ 701 II). Danach gelten Sachen als eingebracht, die in die Gastwirtschaft mitgenommen werden (Nr 1 Var 1), die auf Weisung des Gastwirts oder seiner Leute außerhalb der Gastwirtschaft in einem dafür vorgesehen Raum gelagert werden (Nr 1 Var 2) und solche, die in die Obhut des Gastwirts oder seiner Leute gegeben werden (Nr 1 Var 3). Während sich das Einbringen in den ersten beiden Varianten auf die Zeit der Beherbergung beschränkt (II Nr 1), liegt ein Einbringen in der letzten Variante auch für eine angemessene Zeit vor und nach der Beherbergung vor (Nr 2). 7

Die Haftung erfasst alle vom Gast in die Gastwirtschaft **mitgebrachten Sachen** (Ausnahme: § 701 IV). Neben den Gepäckstücken und deren Inhalt sind auch alle Sachen eingebracht, die der Gast bei sich führt (zB Kleider, Schmuck, Geldbeutel) oder auf Bestellung ins Hotel geliefert bekommt (BaRoth/*Gehrlein* § 701 Rz 8). Zur Gastwirtschaft zählt der gesamte Gebäudekomplex mit Freizeiteinrichtungen, Toiletten und Restaurants (LG Koblenz NJW 83, 760). 8

Werden Sachen an einen **Ort außerhalb der Gastwirtschaft** gebracht (zB Nebengebäude, Abstellräume), hängt das Einbringen von einer Anweisung des Gastwirts oder seiner Leute bzw der besonderen Übernahme der Obhut ab. Eine allgemeine Anweisung (zB Aushang) bezüglich eines Ortes reicht aus. Voraussetzung ist stets, dass die Sachen auch tatsächlich an den Ort gelangen. Die **Übernahme der Obhut** setzt eine zumindest konkludente Einigung voraus (zB Abholen von Sachen aus der Reinigung). 9

Das **Einbringen** wird grds durch die Dauer der Beherbergung begrenzt (§ 701 II Nr 1). Vom Gast bei der Abreise vergessene Sachen sind nicht mehr eingebracht (MüKo/*Henssler* § 701 Rz 24). Eine zwischenzeitlich entfernte Sache wird erneut eingebracht, wenn sie wieder in die Gastwirtschaft mitgenommen wird. Der Zeitraum verlängert sich um eine angemessene Frist (§ 701 II Nr 2), falls der Gastwirt oder seine Leute die Sache in Obhut genommen haben (zB Lagerung des Gepäcks nach Ausbuchung an der Rezeption; Transport zum Flughafen oder Bahnhof). Die Dauer der Frist wird kaum länger als ein Tag sein; maßgebend sind aber die Umstände des Einzelfalls. 10

IV. Leute des Gastwirts. Der Begriff „Leute des Gastwirts" ist in einem weiten Sinne zu verstehen (ähnl § 428 HGB). Auf die Eigenschaft als Erfüllungsgehilfe (des Beherbergungsvertrags – § 278) kommt es nicht an. Darunter fallen alle im Betrieb der Gastwirtschaft mit Zustimmung des Gastwirts tätigen Personen (zB Familienangehörige, Angestellte, Aushilfen). Die Personen müssen zumindest als vom Gastwirt zu der Tätigkeit (Anweisung oder Obhut) bestellt angesehen werden können. Maßgebend sind die konkreten Umstände (§ 701 II 2; zB Abholfahrer für das Gepäck). 11

V. Haftungsausschluss. Die Haftung des Gastwirts ist ausgeschlossen, wenn der Gast oder eine ihm zurechenbare Person den Schaden allein **verursacht** hat (§ 701 III). Auf das Verschulden kommt es nicht an. Mitverursachung und Mitverschulden (Diebstahl mit Nachlässigkeit des Gastes) werden lediglich nach § 254 berücksichtigt (BGHZ 32, 149). Zum Ausschluss führt ferner, falls die **Beschaffenheit** einer Sache den Schaden an der Sache oder an anderen eingebrachten Sachen verursacht hat. Gleiches gilt bei höherer Gewalt (zB Naturkatastrophe; nicht: Diebstahl – Bambg OLGR 02, 307). 12

VI. Anwendungsausschluss. Vom Anwendungsbereich ausgenommene Sachen sind **Fahrzeuge und lebende Tiere** (§ 701 IV). Der Begriff des Fahrzeugs umfasst alle Beförderungsmittel für Personen und Sachen (zB Pkw, Motorrad, Boot, Fahrrad). Ein Einbringen ist insoweit nicht möglich. Das gilt auch für Sachen im Innenraum eines Pkw oder außen angebrachte Sachen (zB Ski, Snowboard). Für andere Haftungsgrundlagen (§§ 280, 536a, 823) hat der Ausschluss keine Wirkung. 13

§ 702 Beschränkung der Haftung; Wertsachen. (1) Der Gastwirt haftet auf Grund des § 701 nur bis zu einem Betrag, der dem Hundertfachen des Beherbergungspreises für einen Tag entspricht, jedoch mindestens bis zu dem Betrag von 600 Euro und höchstens bis zu dem Betrag von 3 500 Euro; für Geld, Wertpapiere und Kostbarkeiten tritt an die Stelle von 3 500 Euro der Betrag von 800 Euro.

(2) Die Haftung des Gastwirts ist unbeschränkt,
1. wenn der Verlust, die Zerstörung oder die Beschädigung von ihm oder seinen Leuten verschuldet ist,
2. wenn es sich um eingebrachte Sachen handelt, die er zur Aufbewahrung übernommen oder deren Übernahme zur Aufbewahrung er entgegen der Vorschrift des Absatzes 3 abgelehnt hat.
(3) ¹Der Gastwirt ist verpflichtet, Geld, Wertpapiere, Kostbarkeiten und andere Wertsachen zur Aufbewahrung zu übernehmen, es sei denn, dass sie im Hinblick auf die Größe oder den Rang der Gastwirtschaft von übermäßigem Wert oder Umfang oder dass sie gefährlich sind. ²Er kann verlangen, dass sie in einem verschlossenen oder versiegelten Behältnis übergeben werden.

1 **A. Überblick.** § 702 I beschränkt das Haftungsrisiko des Gastwirts im Hinblick auf Ansprüche des Gastes aus § 701 und trägt dem Interesse des Gastwirts an der Kalkulierbarkeit und Versicherbarkeit der Risiken Rechnung. § 702 II enthält Ausnahmetatbestände für die Haftungsbeschränkung (Verschulden und Übernahme der Aufbewahrung von Sachen). § 702 III begründet die Pflicht des Gastwirts zur Aufbewahrung bestimmter Sachen.

2 **B. Haftungsbeschränkung.** Die **summenmäßige Haftungsbeschränkung** nach § 702 I ist von der Art der Sache und dem Beherbergungspreis (reiner Brutto-Übernachtungspreis, ohne Verpflegung: MüKo/*Henssler* § 702 Rz 3) abhängig. Ausgangsgröße ist eine Mindesthaftsumme von 600 €. Liegt der Tagespreis höher als 6 €, kann Ersatz für einen darüber hinausgehenden Schaden bis zum Hundertfachen des Tagespreises verlangt werden. Auf diesem Wege wird der gewählten Kategorie der Beherbergung Rechnung getragen. Die Obergrenze liegt bei 3.500 €. An die Stelle von 3.500 € tritt der Betrag von 800 €, falls Geld, Wertpapiere (Aktien, Schuldverschreibungen, Wechsel sowie Sparbücher und Reiseschecks) und Kostbarkeiten (zB Schmuck oder Luxusuhren) betroffen sind. Keine Kostbarkeiten sind als Kleidungsstück getragene Pelze (Hamm VersR 82, 1081). Diese können aber Wertsachen nach § 702 III sein und bei Übernahme der Aufbewahrung eine unbeschränkte Haftung des Gastwirts begründen (§ 702 II Nr 2).

3 Die Haftungsbeschränkung gilt für **jeden Gast** pro Aufenthalt (auch bei Mehrfachschädigungen), unabhängig davon, ob ein Zimmer von mehreren Personen oder allein bezogen wird (MüKo/*Henssler* § 702 Rz 5). Für den Tagespreis ist der Preis pro Gast maßgebend. Mitverursachung bzw Mitverschulden des Gastes führt nur zur Minderung des Ersatzanspruchs, nicht zur Reduzierung der Mindest- oder Höchstbeträge (BGHZ 32, 149).

4 **C. Unbeschränkte Haftung. I. Verschulden (§ 702 II Nr 1).** Der Gastwirt haftet unbeschränkt, wenn er oder seine Leute den Verlust, die Zerstörung oder Beschädigung der eingebrachten Sachen zu vertreten haben. Der Sorgfaltsmaßstab bestimmt sich nach § 276. Ein Gast kann somit ein höheres Maß an Sorgfalt einfordern, wenn er in einem Luxushotel absteigt (LG Berlin VersR 92, 323). Verschulden des Gastwirts wird von der Rspr angenommen, wenn er seine Sorgfaltspflichten verletzt: Sicherheitsüberprüfung nach Anzeige eines Diebstahls (RGZ 75, 386). **Kein Verschulden** liegt vor, wenn das Reinigungspersonal die Zimmertür lediglich zuzieht (AG München VersR 99, 584) oder der Gastwirt nicht auf das Vorhandensein eines Hotelsafes (LG Itzehoe VersR 00, 894; anders bei Mängeln eines Zimmersafes: Karlsr NJW-RR 05, 462) bzw den Ausschluss der Haftung für Sachen im Zimmersafe hinweist (LG Landshut VersR 97, 1284). Die Verwendung von Sicherheitsschlössern gehört nicht zur üblichen Sorgfalt (LG Itzehoe VersR 00, 894). Die Aufbewahrung der Schlüssel in einem gegen unbefugten Zutritt gesicherten Bereich ist ausreichend (Berlin VersR 87, 189).

5 **II. Aufbewahrung (§ 702 II Nr 2).** Eine unbeschränkte Haftung kommt ferner in Betracht, wenn der Gastwirt die Aufbewahrung von Sachen (nicht: § 701 IV) übernommen hat oder die Aufbewahrung von Sachen iSd § 702 III unberechtigt abgelehnt hat. Die Aufbewahrung geht über die Obhut nach § 701 II hinaus und setzt eine verwahrungsähnliche Vereinbarung voraus, die auch als Nebenpflicht im Beherbergungsvertrag vereinbart werden kann (Palandt/*Sprau* § 702 Rz 6). Neben der Vereinbarung muss es zur **Übergabe der Sache** an den Gastwirt kommen. Davon ist nur auszugehen, wenn ein ungehinderter Zugriff des Gastes ausgeschlossen ist (BaRoth/*Gehrlein* § 702 Rz 5).

6 Eine **unberechtigte Ablehnung** der Aufbewahrung von Geld, Wertpapieren, Kostbarkeiten und anderen Wertsachen (zB Foto, Filmausrüstung) liegt nur vor, wenn entspr Sicherheitseinrichtungen nach dem Zuschnitt des Beherbergungsbetriebs erwartet werden können (MüKo/*Henssler* § 702 Rz 14) und von der Sache keine Gefahren ausgehen. Bei berechtigter Ablehnung richtet sich die Haftung nach § 702 I bzw den allg Vorschriften.

§ 702a Erlass der Haftung. (1) ¹Die Haftung des Gastwirts kann im Voraus nur erlassen werden, soweit sie den nach § 702 Abs. 1 maßgeblichen Höchstbetrag übersteigt. ²Auch insoweit kann sie nicht erlassen werden für den Fall, dass der Verlust, die Zerstörung oder die Beschädigung von dem Gastwirt oder von Leuten des Gastwirts vorsätzlich oder grob fahrlässig verursacht wird oder dass es sich um Sachen handelt, deren Übernahme zur Aufbewahrung der Gastwirt entgegen der Vorschrift des § 702 Abs. 3 abgelehnt hat.

(2) Der Erlass ist nur wirksam, wenn die Erklärung des Gastes schriftlich erteilt ist und wenn sie keine anderen Bestimmungen enthält.

Eine **Freizeichnung** von der summenmäßig beschränkten Haftung nach §§ 701, 702 I kommt im Voraus nicht in Betracht. Entspr Vereinbarungen sind **unwirksam**. Bei unbeschränkter Haftung des Gastwirts nach §§ 701, 702 II ist eine Freizeichnung über die Höchstbeträge nach § 702 I hinaus unwirksam, falls es um grob fahrlässig oder vorsätzlich verursachte Schäden geht. Gleiches gilt für solche Fälle, in denen der Gastwirt die Aufbewahrung der Sache nach § 702 III unberechtigt abgelehnt hat. 1

Eine Freizeichnung von der unbeschränkten Haftung (§§ 701, 702 II) kommt lediglich für einen über den Höchstbetrag nach § 702 I hinausgehenden Schaden in Betracht und nur für Verschulden des Gastwirts und seiner Leute (s. § 701 Rn 11) bis zur Grenze der groben Fahrlässigkeit. Die **Freizeichnungserklärung** des Gastes muss schriftlich erfolgen (§ 702a II). Maßgebend ist insoweit § 126. Die Erklärung darf nur separat abgegeben (nicht: Anmeldeformular – MüKo/*Henssler* § 702a Rz 4) und nicht mit anderen Vereinbarungen verbunden werden. Nach Schadenseintritt kann ein Erlass für alle Ansprüche nach allg Regeln vereinbart werden. 2

§ 703 Erlöschen des Schadensersatzanspruchs. Der dem Gast auf Grund der §§ 701, 702 zustehende Anspruch erlischt, wenn nicht der Gast unverzüglich, nachdem er von dem Verlust, der Zerstörung oder der Beschädigung Kenntnis erlangt hat, dem Gastwirt Anzeige macht. Dies gilt nicht, wenn die Sachen von dem Gastwirt zur Aufbewahrung übernommen waren oder wenn der Verlust, die Zerstörung oder die Beschädigung von ihm oder seinen Leuten verschuldet ist.

§ 703 enthält einen besonderen **Erlöschensgrund** für Ansprüche aus § 701. Das Erlöschen des Anspruchs ist (auch) Rechtsfolge, wenn der Gast nicht unverzüglich (§ 121 I – ohne schuldhaftes Zögern) nach Kenntnis des Schadens dem Gastwirt Anzeige darüber erstattet. Die Anzeige (Willenserklärung) muss dem Gastwirt zugehen (§ 130). Eine besondere Form ist nicht erforderlich; bei AGB-Klauseln ist § 309 Nr 13 zu beachten. Inhaltlich müssen Objekt und Art des Schadens angegeben werden, um die erforderlichen Ermittlungen (Ursache und Höhe des Schadens) auf Seiten des Gastwirts einleiten zu können. 1

Der Anspruch bleibt ohne die Anzeige des Schadens **erhalten**, falls der Gastwirt die betroffenen Sachen zur Aufbewahrung übernommen hat (§ 702 II Nr 2). Nicht ausreichend ist die Übergabe an Leute des Gastwirts (§ 701 Rn 11). Der Anzeige bedarf es ferner nicht, wenn der Schaden durch Verschulden des Gastwirts oder seiner Leute eingetreten ist (§§ 276, 278). Der Gastwirt hat die Kenntnis des Gastes sowie den Zeitpunkt zu beweisen, der Gast rechtzeitige Anzeige oder die Voraussetzung des § 703 2. 2

§ 704 Pfandrecht des Gastwirts. ¹Der Gastwirt hat für seine Forderungen für Wohnung und andere dem Gast zur Befriedigung seiner Bedürfnisse gewährte Leistungen, mit Einschluss der Auslagen, ein Pfandrecht an den eingebrachten Sachen des Gastes. ²Die für das Pfandrecht des Vermieters geltenden Vorschriften des § 562 Abs. 1 Satz 2 und der §§ 562a bis 562d finden entsprechende Anwendung.

§ 704 begründet für den Gastwirt iSd § 701 (nicht: Schank- und Speisegastwirt) ein **besitzloses gesetzliches Pfandrecht** an eingebrachten Sachen des Gastes. Es wird weitgehend behandelt wie das Vermieterpfandrecht (§§ 562 ff, 704 2). Das Pfandrecht sichert Forderungen aus der Beherbergung. Darunter fallen Ansprüche aus dem Beherbergungsvertrag einschl aller Nebenleistungen (zB Reinigung, Telefongebühren), aber auch Ersatzansprüche wegen Beschädigung von Sachen des Gastwirts oder Bereicherungsansprüche bei Unwirksamkeit des Beherbergungsvertrags (MüKo/*Henssler* § 704 Rz 3; Palandt/*Sprau* § 704 Rz 1). Das Pfandrecht entsteht nur an eingebrachten Sachen, die im Eigentum des Gastes stehen (zum Anwartschaftsrecht: BGH NJW 65, 1475). Ein gutgläubiger Erwerb des besitzlosen Pfandrechts kommt nicht in Betracht (BGHZ 34, 153: zum Unternehmerpfandrecht). Kein Pfandrecht entsteht ferner an Sachen, die der Pfändung nicht unterworfen sind (§§ 811 ZPO, 562 2, 704 2). Wie das Vermieterpfandrecht erlischt das Pfandrecht nach § 704 mit der Entfernung der eingebrachten Sachen. Fehlendes Wissen oder ein Widerspruch des Gastwirts verhindern das Erlöschen (§ 562a). Dem vorübergehenden Entfernen einzelner Sachen (zB Kamera) darf der Gastwirt nicht widersprechen (MüKo/*Henssler* § 704 Rz 7); der Mitnahme aller Sachen bei der Abreise aber gleichwohl, auch wenn diese Art der Entfernung den gewöhnlichen Lebensverhältnissen entspricht (§ 562a 2). 1

Titel 16   Gesellschaft

§ 705 Inhalt des Gesellschaftsvertrages. Durch den Gesellschaftsvertrag verpflichten sich die Gesellschafter gegenseitig, die Erreichung eines gemeinsamen Zweckes in der durch den Vertrag bestimmten Weise zu fördern, insbesondere die vereinbarten Beiträge zu leisten.

1 A. Begriff und Wesen der Gesellschaft bürgerlichen Rechts. Die Gesellschaft bürgerlichen Rechts (**GbR**) ist ein vertraglicher Zusammenschluss zweier oder mehrerer Personen zur Erreichung eines gemeinschaftlichen Zwecks durch Übernahme schuldrechtlicher Pflichten. Dies gilt unverändert auch nach Anerkennung der Rechtsfähigkeit der GbR. Unterschieden wird zwischen dem engen und weiten **Gesellschaftsbegriff**. Letzterer definiert sich als rechtsgeschäftliche Verbindung mindestens zweier Personen zur Förderung eines gemeinsamen Zwecks und erfasst neben den Personengesellschaften des bürgerlichen und Handelsrechts (GbR, OHG, KG) die Partnerschaft, die Kapitalgesellschaften (AG, GmbH) sowie andere korporative Rechtssubjekte wie den Verein und die Genossenschaft. Die GbR fällt dagegen ebenso wie die anderen Personengesellschaften auch unter den engen Gesellschaftsbegriff, der sich durch das personalistische Element gegen die Körperschaften mit ihrer den Mitgliedern ggü verselbstständigten Struktur abgrenzt. Strukturgebend für die Gesellschaft ieS ist das Vorhandensein nicht beliebig auswechselbarer Gesellschafter.

2 Die GbR ist der Grundtypus der Personengesellschaften und grenzt sich durch das Fehlen konstituierender Merkmale anderer Personengesellschaften gegen diese ab. Andernfalls finden die entspr Sonderregelungen Anwendung (zB § 105 HGB). Aus diesem Grund kann die GbR sowohl bei nachträglichem Entfallen dieser Merkmale als auch durch formwechselnde Umwandlung entstehen (Rn 19, 20). **Wesensmerkmale der GbR** sind definitionsgemäß die Entstehung „durch Gesellschaftsvertrag", der gemeinsame Zweck sowie die angesprochene personale Struktur der Gesellschaft. Das **Vertragserfordernis** ist Ausdruck einer gewissen Dauerhaftigkeit der Zweckerreichung. Der bloße einmalige Austausch von Leistungen wäre nicht ausreichend, vielmehr besteht ein **Dauerschuldverhältnis** zwischen den Gesellschaftern. Dieses wird gekennzeichnet durch ein über dem einmaligen Leistungsaustausch stehendes Pflichtengefüge zwischen den Gesellschaftern, welches die einzelnen Rechtsgeschäfte überlagert. Der **gemeinsame Zweck** grenzt die GbR von auf bloßen Leistungsaustausch gerichteten Dauerschuldverhältnissen sowie der Gemeinschaft iSd § 741 ab. Auf diesen Zweck bezieht sich die primär durch Beitragszahlungen zu erfüllende Förderpflicht der Gesellschafter. Die Merkmale des dauerhaften Zusammenschlusses sowie des überindividuellen Zweckes ergeben in ihrer Kombination das dritte konstituierende Merkmal der GbR: **die personale Struktur**, die in der Treubindung der Gesellschafter und der grds personal geprägten Struktur des Zusammenschlusses liegt. Sie findet ihren Ausdruck in der grds Unübertragbarkeit der Mitgliedschaft sowie der Auflösung der Gesellschaft im Falle des Todes eines der Gesellschafter, § 727. Die gesellschaftsrechtlichen Regelungen der §§ 705 ff sind **mehrheitlich dispositives Recht** und können mit Ausnahme der §§ 716 II, 723 II, 724 1, 725 I, 738 I 1 sowie mit Einschränkungen der §§ 712 II, 728, 719 I abbedungen werden. Insb das Innenverhältnis unterliegt der Vertragsfreiheit der Gesellschafter; begrenzt wird diese abgesehen von allg Schranken (§ 138) lediglich durch den Gesellschaftszweck sowie die Verpflichtung zu seiner Förderung. Das gesetzliche Leitbild der GbR ist die **Gelegenheitsgesellschaft**, die auf nur begrenzte Dauer ausgelegt ist. Folglich besteht bei auf längere Zeit ausgelegter GbR idR ein großer Bedarf, vom Gesetz abw Regeln durch Gesellschaftsvertrag zu bestimmen.

3 B. Abgrenzung zu anderen Rechtsverhältnissen. Die GbR grenzt sich von anderen Dauerschuldverhältnissen über die konstitutiven Merkmale des gemeinsamen Zwecks sowie der darauf gerichteten Förderpflicht der Gesellschafter ab. Bei Vorliegen dieser Wesensmerkmale ist regelmäßig von einer GbR auszugehen. Anderes gilt, wenn diese Merkmale durch andere Elemente vertraglicher Beziehungen überlagert und in den Hintergrund gedrängt werden. Ausgehend von diesem Grundverständnis ergeben sich Abgrenzungsfragen zu verschiedenen Rechtsverhältnissen und -instituten. Diese Abgrenzung wird in der Praxis durch Fehlen eindeutiger vertraglicher Regelungen erschwert. Zudem erfassen die formgebenden Merkmale des gemeinsamen Zweckes und der Förderpflicht bereits aufgrund ihrer begrifflichen Weite eine Vielzahl von denkbaren Gestaltungsmöglichkeiten. Aufgrund dieser auch tatsächlich existierenden zahlreichen Variationen treten an den Begriffsrändern immer wieder Unschärfen bei der Abgrenzung auf.

4 I. Gemeinschaft. Von der Gemeinschaft (§§ 741 ff) ist die GbR durch die auf schuldrechtlicher Vereinbarung beruhende Förderung eines – über die bloße gemeinschaftliche Berechtigung an einem gemeinsamen Gegenstand hinausgehenden – überindividuellen Zweckes abzugrenzen. Im Gegensatz zur GbR ist die Gemeinschaft eine im Hinblick auf den gemeinsamen Gegenstand per Gesetz verbundene Vereinigung, welche sich auf das gemeinsame Haben und Halten beschränkt. Dies hindert nicht das gleichzeitige Bestehen sowohl einer GbR als auch einer Gemeinschaft zwischen denselben Personen bzw das Vorliegen von Mischformen, so zB das Halten eines gemeinschaftlichen Gegenstandes als Bruchteilsvermögen anstatt eines Gesamthandsvermögens (Ddorf NZG 01, 746).

5 II. Andere Personengesellschaften. Die GbR ist wegen der subsidiären Anwendbarkeit ihrer Vorschriften (§§ 105 III, 161 II HGB) sowie der gesetzlich angeordneten identitätswahrenden Umwandlung in die Rechtsform einer anderen Personengesellschaft bei Vorliegen der dafür bestimmten Voraussetzungen das Grundmodell der Personengesellschaften. Durch die Rspr zur Gleichstellung von (Außen-)GbR und OHG in haftungsrechtlicher Hinsicht (*BGHZ 146, 341; NJW 02, 1207*) wurde die GbR weiter an die Personenhandelsgesellschaft angenähert und damit ihr Charakter als Grundform der Personengesellschaft noch verstärkt. Eine Abgrenzung zwischen den Gesellschaftsformen ist aufgrund der handelsrechtlichen Sondervorschriften zu Vertretung, Geschäftsführung und Haftung zB des Kommanditisten dennoch von praktischer Bedeutung.

1. Abgrenzung. Die Abgrenzung erfolgt nach dem Gesellschaftszweck. Eine Personenhandelsgesellschaft liegt in den folgenden Konstellationen vor: 1) Der Zweck der Gesellschaft ist auf den Betrieb eines Handelsgewerbes gerichtet (§§ 105 I, 123 II HGB). Gem § 1 II HGB ist Handelsgewerbe jeder Gewerbebetrieb, es sei denn er erfordert nicht nach Art oder Umfang einen in kaufmännischer Weise eingerichteten Geschäftsbetrieb. 2) Die Gesellschaft betreibt ein Gewerbe und ist zugleich im Handelsregister eingetragen (§§ 2, 3 II HGB). 3) Die Gesellschaft betreibt ein land- oder forstwirtschaftliches Unternehmen und ist im Handelsregister eingetragen. 4) Andere Gesellschaften mit nicht-gewerblichem Betrieb nach § 1 II HGB oder Gesellschaften, welche eigenes Vermögen verwalten, wenn sie im Handelsregister eingetragen sind, vgl § 105 II HGB (BGH NJW 02, 368).

2. Handelsgesellschaft. Eine Änderung des Gesellschaftszweckes hin zum Betrieb eines Handelsgewerbes führt zur Umwandlung der GbR unter Wahrung ihrer Identität in eine OHG. Dies hat die Konsequenz, dass insb gewerblich tätige Gesellschaften vielfach auch ohne Eintragung in das Handelsregister eine OHG sein können. Gleiches gilt für die OHG/KG in der anderen Richtung bei Wegfall des handelsgewerblichen Zweckes und Nichteintragung ins Handelsregister, und zwar unabhängig vom Willen der Gesellschafter. Ebenso entsteht beim Irrtum der Gesellschafter einer vermeintlichen OHG/KG über den Umfang des Gewerbes eine GbR (BGHZ 10, 91, 97). Im Falle der Beibehaltung eines nichtgewerblichen Betriebes entsteht nur bei Eintragung der Gesellschaft in das Handelsregister eine Personenhandelsgesellschaft, vgl § 105 II HGB. Solange die Voraussetzungen des § 1 II HGB unerfüllt bleiben, kann jederzeit die Löschung der Registereintragung beantragt werden (§§ 105 II 2 iVm 2 II 3 HGB). Der Weg zurück zur GbR bleibt damit offen, solange das Größenmerkmal des § 1 II HGB nicht überschritten wird.

3. Partnerschaftsgesellschaft, EWIV. Die **Partnerschaftsgesellschaft** ist die auf Träger freier Berufe zugeschnittene Gesellschaftsform, welche diesen ein ihren Bedürfnissen angepasstes Modell zur Verfügung stellen soll. Sie ist geregelt im Partnerschaftsgesellschaftsgesetz und entsteht durch Eintragung in das Partnerschaftsregister bzw durch identitätswahrende Umwandlung einer GbR (BayObLG NJW 98, 1158), deren Regeln sie subsidiär folgt (§ 1 IV PartGG). Die Europäische wirtschaftliche Interessenvereinigung (**EWIV**) steht als Personengesellschaft für transnationale Unternehmenskooperationen zur Verfügung. Zweck der EWIV ist eine verbesserte Zusammenarbeit und Entwicklung ihrer Mitglieder, nicht dagegen eine Gewinnerzielung der Gesellschaft selbst. Die in der Praxis ohne große Bedeutung gebliebene EWIV ist rechts-, partei-, und prozessfähig; es findet das Recht der OHG und damit mittelbar auch das der GbR (§ 105 III HGB) erg Anwendung.

III. Gesellschaftsähnliche Rechtsverhältnisse. 1. Partiarische Rechtsverhältnisse. Partiarische Rechtsverhältnisse sind Austauschverträge, bei denen die Gegenleistung des einen Teils allein oder ua in einer Beteiligung am Gewinn oder Erfolg, welchen der Leistungsempfänger erzielt, besteht. Derartige Rechtsverhältnisse sind aufgrund ihrer Erfolgsabhängigkeit gesellschaftsähnlich, jedoch nicht selbst GbR. Die Gewinnerzielung ist nicht gemeinsamer Zweck, sondern lediglich Angelegenheit des Leistungsempfängers. Partiarische Rechtsverhältnisse verfolgen damit anders als die GbR keinen gemeinsamen Zweck. Bsp für partiarische Rechtsverhältnisse sind Umsatzbeteiligungen bei Mietverträgen, Dienstverträgen oder Darlehen mit Erfolgsbeteiligung. Demgegenüber ist bei einer Verlustbeteiligung des stillen Gesellschaftern (Schlesw NZG 00, 1176) bzw einer gewinnsteigernden Tätigkeit desselben (Celle NZG 99, 650) vom Vorliegen einer GbR auszugehen.

2. Gefälligkeitsverhältnisse. Im Bereich schuldrechtlicher Beziehungen zwischen einzelnen Rechtssubjekten ist die GbR in Form einer Gelegenheitsgesellschaft von den Gefälligkeitsverhältnissen abzugrenzen. Entscheidendes Kriterium ist das Vorliegen eines auf die Förderung eines überindividuellen Zweckes gerichteten Willens. Fehlt ein solcher und ist der Rechtsbindungswille auf die bloße Begründung von Neben- und Schutzpflichten gerichtet, handelt es sich um ein Gefälligkeitsverhältnis. Das Bestehen eines Verpflichtungswillens iSd § 705 bestimmt sich nach dem objektiven Empfängerhorizont und ist dann anzunehmen, wenn der Vertragspartner sich auf eine Mitwirkung am gemeinsamen Zweck verlassen durfte. Konkludent geschlossene Gesellschaftsverträge liegen insb dann vor, wenn ein unternehmerisches Risiko begründet wird, welches auf die Gesellschafter verteilt oder wenn auf gemeinsame Rechnung gehandelt wird.

3. Sternverträge. Von sonstigen Austauschverträgen unterscheidet sich die GbR sowohl durch ihren Charakter als Dauerschuldverhältnis als auch durch den über das bloße „do ut des" hinausgehenden überindividuellen Vertragszweck. Teilweise wird angenommen, die jeweils gleichartigen Vertragsbeziehungen eines zentralen *Unternehmens* zu mehreren untergeordneten Unternehmen (sog Sternverträge) würden das Vorliegen einer GbR zwischen den nachrangigen Einzelunternehmen begründen, wenn sie auf einen gemeinsamen Zweck gerichtet seien (MüKo/*Ulmer* § 705 Rz 21). Die Rspr lehnt dies unter Hinweis auf den fehlenden Abschluss eines Gesellschaftsvertrages zwischen den Unternehmen ab und nimmt lediglich eine Mehrzahl zweiseitiger Vertragsverhältnisse an (BGH EWiR 4/85).

C. Entstehung der Gesellschaft. Die GbR kann sowohl auf schuldrechtlicher als auch auf gesetzlicher Grundlage entstehen. Herkömmlicher Gründungsablauf ist der Abschluss eines Gesellschaftsvertrages durch die Gründungsgesellschafter. Daneben kommt eine Entstehung durch Umwandlung in Betracht (s. Rn 19 f).

13 I. Entstehung durch Gesellschaftsvertrag. 1. Gesellschaftsvertrag, Änderung. Der **Gesellschaftsvertrag** begründet die Pflicht wenigstens zweier Vertragspartner, einen gemeinsamen Zweck in einer festgelegten Art und Weise zu fördern. Einmann-Personengesellschaften sind nicht möglich; bei Wegfall eines von zwei Gesellschaftern besteht keine Gesellschaft mehr. Der Vertrag bedarf regelmäßig keiner **Form**; Ausnahmen ergeben sich bei Berührung allgemeiner Formvorschriften. Hier sind insb die §§ 311b, 518 zu beachten. Bei Erwerb von Grundstücken durch die GbR ist dabei zu differenzieren. Eine notarielle Beurkundung des Gesellschaftsvertrags ist nicht erforderlich bei sog Grundstücksgesellschaften, dh Gesellschaften, deren Zweck allgemein auf den Erwerb von Grundstücken gerichtet ist (BGH NJW 96, 1279; Köln NZG 00, 930; MüKo/ *Ulmer* § 705 Rz 39). Hier besteht keine Notwendigkeit des Eingreifens des § 311b I, da dem Normzweck des Schutzes vor übereilten Vertragsschlüssen durch die Formbedürftigkeit der späteren Kaufverträge ausreichend Rechnung getragen werde. Anderes gilt jedoch dann, wenn der Gesellschaftsvertrag bereits auf den Erwerb eines bestimmten Grundstückes gerichtet ist. Der Gesellschaftsvertrag, welcher zum Zweck des gesamthänderischen Erwerbs eines bereits identifizierten Grundstückes geschlossen wurde, bedarf der notariellen Form (Köln NZG 00, 930; *Ulmer/Löbbe* DNotZ 98, 711, 740). Für die GbR existiert kein formelles Gründungsverfahren. Dies führt dazu, dass anders als bei den handelsrechtlichen Sondervorschriften (§ 123 II HGB) die Gesellschaft erst mit der Wirksamkeit des Gesellschaftsvertrages entsteht. Eine Vorverlegung dieses Zeitpunktes durch die Aufnahme der Tätigkeit im Außenverhältnis gibt es anders als bei der Handelsgesellschaft nicht. Der Vertragsschluss kann auch konkludent erfolgen, was insb bei Innengesellschaften häufig der Fall ist. Nicht erforderlich ist ein Gesellschaftsvermögen.

14 Die **Änderung des Gesellschaftsvertrages** folgt den Regeln des Vertragsschlusses. Aus diesem Grund bedarf sie grds der Zustimmung aller Gesellschafter. Hierzu zählt wegen des personalen Charakters der GbR auch der Eintritt neuer Gesellschafter. Eine Vertragsänderung ist ebenfalls grds formfrei. Werden jedoch formbedürftige Teile des Vertrages geändert, kann dies einen Formzwang herbeiführen. Andernfalls kann der Vertrag auch konkludent geändert werden. Dies wird jedoch nicht schon bei einmaliger Vornahme bzw Abweichung, sondern erst bei einer unwidersprochen gebliebenen Übung von gewisser Dauer bzw Häufigkeit anzunehmen sein. In Ausnahmefällen folgt aus der Treuepflicht der Gesellschafter (Rn 22) eine Zustimmungspflicht zu Änderungen des Gesellschaftsvertrages, etwa dann, wenn die Änderungen für das erfolgreiche Fortbestehen der Gesellschaft erforderlich und dem Gesellschafter unter Abwägung seiner eigenen Belange zumutbar sind. Bsp sind die Erhaltung von Gesellschaftsvermögen oder die Vermeidung ökonomischer Verluste; nicht ausreichend ist dagegen die bloße wirtschaftliche Erfolglosigkeit der Gesellschaft (Celle NZG 00, 586).

15 2. Gesellschafter einer GbR. Keine Besonderheiten ergeben sich bei der Beteiligung unbeschränkt geschäftsfähiger natürlicher Personen. Auch Ehegatten können gemeinsam Gesellschafter der GbR sein (Rn 42); im Güterstand der Zugewinngemeinschaft sind allerdings die Beschränkungen des § 1365 zu beachten. Bei Gütergemeinschaft eines Gesellschafters ist dieser gesellschaftsrechtlich frei von Beschränkungen, sofern die Beteiligung Vorbehaltsgut ist. Dies ist jedenfalls dann der Fall, wenn sie mit ebensolchen Mitteln erworben wurde (vgl aber BGHZ 65, 79, 82). Beschränkt Geschäftsfähige bedürfen im Umfang ihrer Beschränkung zum Abschluss des Gesellschaftsvertrages der Genehmigung. Ein lediglich rechtlicher Vorteil iSd § 107 ist bei bloßen Innengesellschaften oder Unterbeteiligungen denkbar. Bei der Beteiligung Minderjähriger an einer GbR, welche ein Erwerbsgeschäft betreibt (Handwerk, Landwirtschaft, Kleinbetrieb), ist die Zustimmung des Familiengerichts erforderlich, § 1822 Nr 3. Die Zustimmung des gesetzlichen Vertreters nach § 112 ist dann nicht mehr notwendig.

16 Gesellschafter der GbR können neben natürlichen auch juristische Personen (private und öffentlich-rechtliche), Handelsgesellschaften oder auch wiederum BGB-Gesellschaften (dies bereits vor Anerkennung der Rechtsfähigkeit, BGH NJW 98, 376) sein. Die Beteiligung ausschl von Handelsgesellschaften an einer GbR führt nicht automatisch zur Annahme eines Handelsgewerbes und damit zur Umwandlung der GbR in eine Handelsgesellschaft. Es ist zwischen dem handelsrechtlichen Gesellschaftszweck der Gesellschafter und demjenigen der Gesellschaft selbst zu unterscheiden (hM; wie hier Erman/*Westermann* § 705 Rz 17). Auch die sog Vor-GmbH kann nach vorzugswürdiger und von der Rspr anerkannter Ansicht Gesellschafterin einer GbR sein (BGHZ 78, 311; 80, 129, 132, 143). Gleiches gilt für die Vor-AG. Dagegen können Erbengemeinschaften aufgrund ihres liquidatorischen Charakters nicht Gesellschafter einer GbR sein. Gleiches gilt auch für die Bruchteilsgemeinschaft, weil die Mitgliedschaft in der GbR, die auch ein Rechtsverhältnis ist, nicht mehreren zu Bruchteilen zustehen kann (MüKo/*Ulmer* § 705 Rz 83).

17 II. Die fehlerhafte Gesellschaft. Bei Vorliegen von Abschlussmängeln des Gesellschaftsvertrages hat die Rspr zum Schutz des Rechtsverkehrs sowie aufgrund der tatsächlichen Schwierigkeiten bei der Rückabwicklung derart komplexer Rechtsbeziehungen besondere Regeln aufgestellt. Die **Lehre von der fehlerhaften Gesellschaft** hält entgegen den allgemeinen Grundsätzen das Fortbestehen der Gesellschaft trotz Unwirksamkeit des Vertrages aufrecht, verbunden mit der Option der Gesellschafter, diese für die Zukunft zu beenden. Dogmatisch ist die Fehlerhaftigkeit des Vertrags ein Auflösungsgrund, der analog § 723 zur Kündigung der Gesellschaft mit der Folge Auflösung und ggf Ausscheiden berechtigt. Für die Vergangenheit ist die GbR im Außenverhältnis sowie zwischen den Gesellschaftern untereinander wirksam. Rechte und Pflichten der Gesellschafter (Rn 21 ff) bleiben unberührt und richten sich nach dem Gesellschaftsvertrag der fehlerhaften Gesellschaft. Ausnahmen von diesen Grundsätzen sind dann zu machen, wenn ein weiteres Bestehen der Gesellschaft gegen höherrangige Interessen der Allgemeinheit oder Einzelner verstoßen würde. Dies wird insb bei gesetzes- bzw sittenwidrigen Gesellschaftszwecken der Fall sein, so zB bei Verstoß gegen das GWB oder RBerG, ist aber auch dann zu erwägen, wenn der Beitritt eines Gesellschafters aufgrund einer nichtigen Vollmacht erfolgt ist (*Gehrlein* WM 05, 1489; BGH ZIP 05, 753 und ZIP 05, 759 für den Fall der stillen Gesellschaft). Die Rückabwicklung erfolgt in diesen Fällen im Innenverhältnis nach Kondiktionsrecht. Im Außenverhältnis haften die Gesellschafter gutgläubigen Dritten nach den Grundsätzen der Rechtsscheinhaftung. Bei geschäftsunfähigen oder beschränkt geschäftsfähigen Gesellschaftern, insb **Minderjährigen**, findet die Lehre von der fehlerhaften Gesellschaft keine Anwendung, weil ihre Schutzwürdigkeit höher gewertet wird. Ihre Beitrittserklärungen sind nichtig (§ 105 I) bzw schwebend unwirksam (§ 108 I). Es gelten die allgemeinen Regeln über die Willenserklärungen beschränkt Geschäftsfähiger. Die erbrachten Einlagen können aufgrund der Unwirksamkeit der Beitrittserklärung kondiziert werden. Eine Beteiligung am Verlustvortrag der Gesellschaft scheidet wegen des vorrangigen Minderjährigenschutzes aus. Gleiches muss auch für die Gewinnbeteiligung gelten, da Ratio der §§ 104 ff der Schutz des Minderjährigen vor nachteiligen Rechtsgeschäften, nicht dagegen dessen Chance einseitiger Gewinnmehrung ist (str, wie hier MüKo/*Ulmer* § 705 Rz 337). Anderes kann nur für unmittelbar mittels der Einlage des Geschäftsunfähigen erzielten Gewinn gelten, §§ 818 I, 987 ff. Eine Außenhaftung des Minderjährigen nach Rechtsscheinsgrundsätzen wegen in Anspruch genommenen Vertrauens scheitert an seiner überwiegenden Schutzwürdigkeit. Keinen Einschränkungen unterliegt die Lehre von der fehlerhaften Gesellschaft dagegen bei nach § 123 durch Täuschung oder Drohung erzwungenen Beitritten. Eine Gleichstellung dieser Konstellationen mit dem Beitritt Minderjähriger wurde von der Rspr erwogen (BGHZ 55, 5, 9), jedoch im Ergebnis abgelehnt. Gleiches gilt im Ergebnis sowohl bei der sittenwidrigen Ausnutzung eines Gesellschafters, bei Widerrufsansprüchen nach §§ 312, 355 sowie bei der Beteiligung eines Ehegatten mit seinem gesamten Vermögen iSd § 1365. In all diesen Fällen bestehen mit den allgemeinen Regeln bereits ausreichende Mittel, um diesen Situationen Rechnung zu tragen.

Die **Voraussetzungen** für die Anwendung der Grundsätze über die fehlerhafte Gesellschaft sind das Vorliegen eines Gesellschaftsvertrages, der in seiner Gesamtheit unwirksam ist und bereits vollzogen wurde: 1) Es müssen tatsächliche auf den Abschluss eines Vertrages gerichtete (zwar ggf nichtige oder anfechtbare) Willenserklärungen abgegeben worden sein. Fehlt es an einem derartigen rechtsgeschäftlichen Willen und Handeln der Gesellschafter, liegt nur eine auf tatsächlicher Grundlage beruhende Gemeinschaft zwischen den Beteiligten vor. Diese folgt den Regeln des Gemeinschaftsrechtes. 2) Der Vertrag muss in seiner Gesamtheit nichtig sein. Eine Unwirksamkeit einzelner Teile ist nicht ausreichend. Dieser Mangel darf auch nicht nachträglich entfallen sein, etwa durch Vollzug oder Genehmigung. Auf den Gesellschaftsvertrag finden die allg Unwirksamkeitsgründe der §§ 104 ff, 119 ff, 142, 125, 155, 181 grds Anwendung. Nichtigkeit nach den §§ 134, 138 liegt nur dann vor, wenn der Gesellschaftszweck selbst verboten bzw sittenwidrig ist. Bei Fehlerhaftigkeit einzelner Vertragsbestandteile hängt die Wirksamkeit des Vertrages von der Auslegung im Einzelfall ab, § 139. Regelmäßig wird der übrige Vertrag aufgrund des überwiegenden Interesses der Gesellschafter an der Fortführung des Gesellschaft ggü dem fehlerhaften Vertragsteil wirksam sein. Gleiches wird bei Vorhandensein einer salvatorischen Klausel gelten. 3) Die Gesellschaft muss in Vollzug gesetzt worden sein. Danach ist entscheidend, ob es bereits zur Durchführung des Vertragsverhältnisses gekommen ist. Eine Involluzugsetzung der Gesellschaft wird jedenfalls dann anzunehmen sein, wenn diese im Außenverhältnis tätig geworden ist. Umstr ist dagegen, ob bereits bloße innergesellschaftliche Rechtsgeschäfte ausreichend sind. Da die Lehre von der fehlerhaften Gesellschaft der Vermeidung unübersichtlicher Rückabwicklungsverhältnisse dient, ist dies nicht generell auszuschließen, sondern danach zu differenzieren, ob es bereits zur Durchführung von Vertragsbeziehungen gekommen ist, welche nur schwer rückabzuwickeln wären (Erman/*Westermann* § 705 Rz 79). **18**

III. Entstehung durch Umwandlung. Außer durch rechtsgeschäftliche Gründung kann die Gesellschaft auch durch Umwandlung einer Kapital- oder Personenhandelsgesellschaft in die Rechtsform einer GbR entstehen. Dies kann einerseits durch Form wechselnde Identität wahrende Umwandlung nach den §§ 190 ff UmwG erfolgen. Hierbei wird die Handels- oder Kapitalgesellschaft unter Wahrung der Identität des Rechtsträgers, dh Beibehaltung der Kontinuität der Rechtsverhältnisse in eine GbR umgewandelt. Eine nach früherem Recht erforderliche Auflösung und anschließende Neugründung der Gesellschaften unter Übergang des Gesellschaftsvermögens im Wege der Gesamtrechtsnachfolge ist nunmehr obsolet. Durch die Umwandlung bleibt die Identität der Gesellschaft hinsichtlich Gesellschafterbestand und Zuständigkeiten gewahrt. Voraussetzung der Umwandlung ist ein einstimmiger Gesellschafterbeschluss, dessen Einzelheiten das UmwG regelt (vgl §§ 233, 226, 193 UmwG). **19**

Weiterer Entstehungstatbestand einer GbR ist die Form wechselnde Umwandlung von Personenhandelsgesellschaften aufgrund des handelsrechtlichen Rechtsformzwanges, §§ 105 I, 161 I HGB. Erfüllt der Gesellschaftszweck einer OHG oder KG nicht (mehr) die Anforderungen der §§ 1 ff HGB an ein Handelsgewerbe und ist sie auch nicht Handelsgesellschaft kraft Eintragung nach § 105 II HGB, wandelt sich die Handelsgesellschaft automatisch in eine GbR um. Weitere Handlungen sind nicht erforderlich, ausgenommen Berichtigungen in Registern (zB Grundbuch, § 47 GBO). Wegen der möglichen Fortgeltung der handelsrechtlichen Vorschriften – das Innenverhältnis der Gesellschaft sowie die Außenhaftung betreffend – ist eine Klarstellung **20** im GbR-Vertrag zu empfehlen. Die überwiegend dispositiven Regelungen der §§ 705 ff bieten hierfür einen erheblichen Gestaltungsfreiraum. Fehlt eine solche vertragliche Regelung, stellt sich das Problem der Diskontinuität der bisherigen Rechtsordnung. Praktische Bedeutung erlangt diese Frage insb bei Umwandlung einer KG im Hinblick auf die Kommanditistenhaftung. Ein lediglich beschränkt haftender Gesellschafter ist dem Wesen der GbR fremd. Die Rspr löst dieses Problem mittels einer Übertragung der Geschäftsführungsbefugnis auf die Komplementäre (BGH NJW 87, 3126) unter gleichzeitigem Ausschluss der Haftung der Kommanditisten durch entspr Begrenzung der Vertretungsmacht (Baumbach/*Hopt* § 105 Rz 8).

21 **D. Rechte und Pflichten der Gesellschafter im Innenverhältnis. I. Grundsätze.** Aus der Mitgliedschaft in einer GbR folgen Rechte und Pflichten, die sich iE nach dem Gesellschaftsvertrag bestimmen. Das mit Gründung der GbR entstehende, über den einzelnen Rechtsgeschäften stehende Rechte- und Pflichtengefüge wird aufgrund der gesamthänderischen Bindung der Beteiligung von dem Grundsatz der gesellschaftlichen Treue geprägt, sowohl ggü der Gesellschaft als auch unter den Gesellschaftern. Aus diesem Charakter des Gesellschaftsverhältnisses als Vertrauensverhältnis folgen die Grundpflichten der allgemeinen Förderpflicht, der Treuepflicht sowie der Pflicht zur gleichmäßigen Behandlung.

22 **1. Treuepflicht.** Die Treuepflicht ist die besondere gesellschaftsspezifische **Ausprägung des Grundsatzes von Treu und Glauben** nach § 242. Aufgrund der bereits geschilderten Besonderheiten des gesellschaftlichen Rechtsverhältnisses geht die Treuepflicht über eine bloße Schranke eigener Rechtsausübung hinaus. Sie kann auch Pflichten des Gesellschafters erst begründen, so zB Zustimmungspflichten zu notwendigen Beschlüssen (Rn 14). Wie stark die Treuepflicht auf die Ausübung mitgliedschaftlicher Rechte wirkt, ist für eigennützige und uneigennützige Rechte zu differenzieren. **Uneigennützige Rechte** hat der Gesellschafter ausschl im Interesse der Gesellschaft, deshalb sind diese in besonderem Maß der gesellschaftlichen Treuepflicht unterworfen. Hierzu zählen zB das Geschäftsführungsrecht, das Widerspruchs- bzw Zustimmungsrecht iRd Geschäftsführung oder das Recht zur Entziehung der Geschäftsführungsbefugnis. Diese Rechte werden – soweit gesellschaftliche Belange dies erfordern – ggf vollständig durch die Treuepflicht eingeschränkt. Demgegenüber besteht die Treuepflicht im Bereich der **eigennützigen Mitgliedschaftsrechte** – Vermögens-, Informations-, Kontroll- und Kündigungsrechte des Gesellschafters – in geringerem Maß. Diese der Wahrung der individuellen Interessen des Gesellschafters dienenden Rechte treten nicht bereits generell, sondern nur in Ausnahmefällen hinter die Interessen der Gesellschaft oder der Mitgesellschafter zurück, etwa bei Berührung von Gesellschaftsinteressen von überragender Bedeutung und gleichzeitiger Zumutbarkeit des Rechtsverzichts für den betroffenen Gesellschafter. In sonstigen Fällen führt die gesellschaftliche Treuepflicht lediglich zur Verpflichtung des Gesellschafters, bei der Ausübung eigennütziger Mitgliedschaftsrechte unter möglichster Berücksichtigung der Interessen von Gesellschaft und Mitgesellschaftern zu handeln. Er hat das schonendste Mittel zur Wahrung seiner Interessen zu wählen und dabei den Verhältnismäßigkeitsgrundsatz zu beachten.

23 Neben der bloßen Beschränkung mitgliedschaftlicher Rechte kann die Treuepflicht auch konkrete Pflichten der Gesellschafter begründen. Außer der bereits angesprochenen Zustimmungspflicht zu notwendigen Beschlüssen können dies weitere Handlungs- oder Unterlassungspflichten sein. So kann sich auch bei Fehlen einer entspr Regelung im Gesellschaftsvertrag aus der allg Treuepflicht für den geschäftsführenden Gesellschafter ein **Wettbewerbsverbot** ergeben. Für nicht vertretungsberechtigte Gesellschafter setzt dies dagegen eine entspr vertragliche Vereinbarung voraus. Auch die Pflicht zur Wahrung von Geschäfts- und Betriebsgeheimnissen folgt aus der Treuepflicht.

24 Bei **Verstoß gegen die Treuepflicht** wird die Ausübung des Mitgliedschaftsrechtes idR unwirksam sein. Durch die allg Treuepflicht begründete Handlungspflichten kann die Gesellschaft mit einfacher **Leistungsklage**, deren Vollstreckung sich nach § 894 ZPO richtet, durchsetzen. Unterbleibt eine Leistungsklage, ist es umstr, ob die geforderte Mitwirkungshandlung des Gesellschafters fingiert werden kann. Diese Frage ist insb im Bereich der Zustimmungserfordernisse von praktischer Bedeutung. Die Rspr zieht hier enge Grenzen und fingiert die Zustimmung der sie treuwidrig verweigernden Gesellschafter unabhängig vom Inhalt des Beschlusses nur in Fällen existenzieller Bedeutung für die Gesellschaft (BGH WM 88, 23, 25; 86, 1556, 1557). Hierbei wird va der Notwendigkeit einer schnellen Umsetzung des Beschlusses Bedeutung beigemessen. Einen weiteren Maßstab legt die Rspr lediglich im Bereich von Publikumsgesellschaften an (BGH NJW 85, 974). In der Lit wird mehrheitlich danach differenziert, ob die zugrunde liegenden Beschlüsse Grundlagengeschäfte oder die Geschäftsführung betreffen. Nur in ersteren Fällen bedürfe es einer Leistungsklage; bei bloßen Maßnahmen der Geschäftsführung könne auf eine solche auf das Risiko der handelnden Gesellschafter (s. § 708 Rn 7) hin verzichtet werden (vgl zum Streitstand MüKo/*Ulmer* § 705 Rz 241). Eine Klage des treuwidrig widersprechenden Gesellschafters wäre nach dem dolo-agit-Grundsatz als rechtsmissbräuchlich zurückzuweisen. Durch Verstoß gegen die Treuepflicht kann ferner ein **Schadensersatzanspruch** der GbR begründet werden.

25 **2. Pflicht zur gleichmäßigen Behandlung.** Der gesellschaftsrechtliche Gleichbehandlungsgrundsatz verlangt die gleiche Behandlung vergleichbarer Sachverhalte im Verhältnis Gesellschaft – Gesellschafter. Er hat sich in den §§ 706 I, 709 I, 711, 722 I, 734, 735 niedergeschlagen. Aus dem dispositiven Charakter dieser Vorschriften ergibt sich auch die Abdingbarkeit des Gleichbehandlungsgrundsatzes in den Grenzen des § 138. Der Grund-

satz erfordert keine schematische Gleichstellung aller Gesellschafter, sondern verbietet lediglich die willkürliche Ungleichbehandlung vergleichbarer Sachverhalte ohne sachlichen Grund. Aus diesem Grund ist eine Abweichung im Gesellschaftsvertrag oder mit Zustimmung des benachteiligten Gesellschafters möglich. Von Bedeutung ist die Pflicht zur gleichmäßigen Behandlung va bei mehrheitlichen Gesellschafterbeschlüssen (§ 709 II). Verstoßen Mehrheitsbeschlüsse gegen diesen Grundsatz, sind sie unwirksam. Dies wird insb dann der Fall sein, wenn die Gesellschafterminderheit ohne sachliche Berechtigung benachteiligt wird.

Bei **Verletzung des Gleichbehandlungsgrundsatzes** sind entspr Beschlüsse unwirksam. Eine Heilung des Verstoßes ist sowohl durch nachträgliche Genehmigung der betroffenen Gesellschafter als auch durch Behebung der Ungleichbehandlung möglich. Ein Anspruch des benachteiligten Gesellschafter auf die den anderen Gesellschaftern treuwidrig gewährte Bevorzugung besteht nicht. Wie die Gesellschaft die Ungleichbehandlung korrigiert, liegt in ihrem Ermessen. Sie kann sich sowohl für die Gewährung des Vorteils an alle Gesellschafter als auch für die Rückforderung der unrechtmäßigen Vorzüge entscheiden. Bei einer Ausschüttung an alle Gesellschafter unter willkürlicher Außerachtlassung eines Gesellschafters kann dieses Ermessen jedoch in Richtung einer Gewährung des Vorteils an alle Gesellschafter auf Null reduziert sein. Ist dem benachteiligten Gesellschafter ein Schaden entstanden, kann er diesen von der Gesamthand ersetzt verlangen. 26

II. Sozialansprüche. 1. Ansprüche der Gesamthand gegen Gesellschafter. Sozialansprüche sind die Ansprüche der Gesamthand gegen einzelne Gesellschafter. Inhaber der Ansprüche ist ausschl die Gesamthand als teilrechtsfähige Rechtspersönlichkeit. Die Geltendmachung der Ansprüche obliegt nach den allg Grundsätzen der Geschäftsführung und damit den geschäftsführenden Gesellschaftern, das sind mangels abw Regelung sämtliche Gesellschafter gemeinsam mit Ausnahme des anspruchsverpflichteten Gesellschafters. Dies gilt grds auch bei der Innengesellschaft; Einschränkungen sind dann zu machen, wenn kein Gesamthandsvermögen gebildet wurde. 27

2. Actio pro socio. Für den Fall der Unterlassung der Geltendmachung fälliger Sozialansprüche durch die geschäftsführenden Gesellschafter hat die Rspr das Institut der actio pro socio entwickelt. Dieses berechtigt jeden der übrigen Gesellschafter unabhängig von seiner Geschäftsführungsbefugnis (und Vertretungsmacht) zur Geltendmachung der geschuldeten Leistung an die Gesellschaft durch Klage im eigenen Namen auf Leistung an die Gesamthand. Eine Ausnahme von der Verpflichtung, auf Leistung an die Gesellschaft zu klagen, kommt nur in der Liquidationsphase in Betracht, wenn die Leistung an den klagenden Gesellschafter selbst lediglich eine Vorwegnahme der Auseinandersetzung wäre (BGH WM 71, 723, 725). Die Durchbrechung der gesellschaftsrechtlichen Kompetenzverteilung durch die actio pro socio ist allgemein anerkannt und nur in ihrer dogmatischen Natur umstr. Die Rspr sieht hierin die Geltendmachung eines eigenen Anspruches des klagenden Gesellschafters; die actio pro socio sei Ausfluss der wechselseitigen Verpflichtungen der gesamthänderisch verbundenen Mitglieder (BGHZ 25, 47, 49; dogmatische Einordnung offengelassen: BGH NJW 85, 2830, 2831). Demgegenüber nimmt die hL einen Fall der Prozessstandschaft an, da der Gesellschafter lediglich ein der Gesellschaft zustehendes Recht, nämlich deren Sozialanspruch, geltend mache (Erman/*Westermann* § 705 Rz 57; BaRoth/*Timm/Schöne* § 705 Rz 117 mwN). Die **prozessuale Durchsetzung** ist nur von formellen Voraussetzungen abhängig. Hierzu gehört zunächst die Gesellschafterstellung des Klägers, der im eigenen Namen auf Leistung an die Gesellschaft Klage zu erheben hat. Bei Fehlen dieser Voraussetzung zB bei nachträglichem Wegfall der Gesellschafterstellung kann nach dem BGH § 265 ZPO Anwendung finden (BGH NJW 60, 964; aA Karlsr NJW 95, 1296; MüKo/*Ulmer* § 705 Rz 210). Dagegen ist weder die Darlegung der Gründe für die Klage keine Zulässigkeitsvoraussetzung. Nur im Fall treuwidriger Geltendmachung des Anspruchs ist die Klage als unzulässig abzuweisen (BGH NJW 57, 1358; aA MüKo/*Ulmer* § 705 Rz 210). Die Zustimmung der übrigen Gesellschafter zur actio pro socio des Mitgesellschafters ist nach oben Gesagtem nicht erforderlich. Umstr sind die Auswirkungen der actio pro socio im Hinblick auf eine spätere Klage der Gesellschaft selbst. Dies betrifft insb den Einwand der anderweitigen Rechtshängigkeit sowie die Frage der Rechtskraftwirkung eines Urteils iR einer actio pro socio. Nach hM steht weder eine interne Gesamthänderklage einer Klage der GbR entgegen, noch entfaltet erstere Rechtskraftwirkungen hinsichtlich einer solchen (BGH NJW 80, 2463; 81, 1097). Dies hat zur Folge, dass eine zunächst erhobene actio pro socio als unzulässig abzuweisen ist, wenn die GbR selbst Klage erhebt. Weitere (materielle) Voraussetzungen – die teilweise unter Hinweis auf eine angebliche Subsidiarität der actio pro socio verlangt werden – sind nicht erforderlich (BGHZ 25, 47, 50). 28

III. Sozialverpflichtungen. Sozialverpflichtungen sind Ansprüche einzelner Gesellschafter gegen die Gesellschaft, die ihre Grundlage in der Mitgliedschaft selbst haben. Dazu gehören nicht sog Drittverhältnisse (Rn 31), dh Ansprüche aus Rechtsverhältnissen zwischen einem Gesellschafter und der Gesamthand, welche nicht auf dem Gesellschaftsvertrag, sondern anderen Rechtsgrund beruhen. Anspruchsverpflichtet aus der actio pro socio ist die Gesellschaft als teilrechtsfähiges Rechtssubjekt. Bei der prozessualen Geltendmachung ist zwischen vermögenswerten und sonstigen Leistungen zu differenzieren. Bloße Verwaltungsrechte können sowohl ggü der Gesellschaft als auch ggü den einzelnen Mitgesellschaftern geltend gemacht werden, soweit letztere diese tatsächlich und rechtlich erfüllen können (BGH NJW 00, 2276). Dagegen können vermögenswerte Ansprüche vor Liquidation der Gesellschaft nicht gegen die Mitgesellschafter geltend gemacht werden 29

(BGHZ 103, 72), da dies entgegen § 707 zu einer Nachschusspflicht der Gesellschafter führte. Hiervon kann jedoch durch gesellschaftsvertragliche Vereinbarung abgewichen werden. Nach Anerkennung der Rechts- und Parteifähigkeit der GbR ist die Klage gegen diese selbst zu richten (BGH WM 08, 738 f). Daneben ist weiterhin eine Vollstreckung aus einem Titel gegen sämtliche übrigen Gesellschafter in das Gesellschaftsvermögen möglich, § 736 ZPO (BGH NJW 01, 1056, 1060). Der Vollstreckungstitel gegen die GbR ist an ihren vertretungsbefugten Geschäftsführer zuzustellen, bei mehreren (so auch bei Gesamtvertretungsmacht aller Gesellschafter) an einen von ihnen (§ 170 III ZPO, BGH DStR 06, 1516 f).

30 **IV. Ansprüche der Gesellschafter untereinander.** Hierzu zählen Ansprüche aus Handlungen einzelner Gesellschafter, welche nur einzelne Mitgesellschafter schädigen. Beispiel ist die Beschädigung einer von einem Gesellschafter nur zur Nutzung eingebrachten Sache. Der Verschuldensmaßstab ist dem § 708 zu entnehmen. Regelmäßig wird jedoch in diesen Fällen zumindest auch eine Schädigung der GbR vorliegen, wofür die Grundsätze für Sozialansprüche Anwendung finden.

31 **V. Ansprüche aus Drittverhältnissen.** Drittverhältnisse sind Rechtsverhältnisse zwischen der Gesellschaft und einem ihrer Gesellschafter, die nicht aus der mitgliedschaftlichen Stellung des Gesellschafters resultieren. Zu den Drittverhältnissen gehören auch Ansprüche aus einem separat abgeschlossenen Beherrschungsvertrag des Gesellschafters mit der GbR (BGH NJW 79, 231, 232). Die iRv Drittverhältnissen durch den Gesellschafter zu erbringenden Leistungen sind keine Beiträge iSd § 706. IRd Geltendmachung von Drittansprüchen gelten grds keine gesellschaftsspezifischen Besonderheiten. Der Gesellschafter steht der Gesellschaft wie ein beliebiger Dritter ggü. Eingeschränkt wird das Recht des Gesellschafters lediglich im Umfang der allgemeinen Treuepflicht. Nicht zu den Drittgeschäften, sondern zu den Sozialansprüchen (Rn 29) zählen Erstattungsansprüche eines Gesellschafters wegen Befriedigung eines Gesellschaftsgläubigers (§ 714 Rn 13).

32 Aus Drittverhältnissen resultierende Ansprüche der Gesellschaft gegen ihren Gesellschafter unterliegen der Geltendmachung durch die geschäftsführenden Gesellschafter. Eine sog externe Gesamthänderklage in Anlehnung an die actio pro socio iRv Sozialansprüchen ist dagegen abzulehnen (BGH WM 79, 366; für Handelsgesellschaften BGH WM 71, 723, 725).

33 **E. Außen- und Innengesellschaft. I. Abgrenzung.** Die Abgrenzung zwischen Außen- und Innen-GbR hat vor dem Hintergrund der neueren Rspr zur Rechtsfähigkeit der GbR größere Bedeutung erlangt. Die vom BGH entwickelten Grundsätze zur Rechtsfähigkeit gelten ausschl für die Außengesellschaft. Diese ist die Regelform der GbR, wie sie in §§ 705 ff normiert ist. Die einschlägigen Vorschriften sind jedoch dispositiv (Rn 2). Die Außen-GbR unterscheidet sich von der bloßen Innen-GbR durch ihre Teilnahme am Rechtsverkehr. Hierbei wird die Außen-GbR durch ihre Gesellschafter nach den §§ 709, 714 vertreten. Demgegenüber ist die Innen-GbR durch die interne Abrede der Gesellschafter zur Förderung eines gemeinsamen Zweckes geprägt, die nicht auf die Teilnahme am Rechtsverkehr nach außen zielt, womit bei der Innen-GbR auch die Vertretungsmacht für die Gesellschaft nach § 714 ausgeschlossen ist. Die Innen-GbR kann auch stillschweigend gegründet werden. Ausreichend ist die gemeinsame Verfolgung eines wirtschaftlichen Zwecks zB iR einer Ehe, einer nichtehelichen Lebensgemeinschaft oder einer Bauherrengemeinschaft. Ob diese Zweckverfolgung für Dritte erkennbar ist, ist nicht von Bedeutung.

34 Für die Abgrenzung zwischen den Erscheinungsformen ist ausschlaggebend die **Teilnahme am Rechtsverkehr** als Gesellschaft selbst. Eine Teilnahme am Rechtsverkehr ist dann anzunehmen, wenn Rechtsgeschäfte im Namen der GbR abgeschlossen werden. Bei der Frage, ob ein solches Auftreten nach außen vorliegt, ist nach richtiger Auffassung auf den inneren Willen der Gesellschafter und nicht auf das äußere Erscheinungsbild abzustellen (BGH WM 1966, 31, 32). Das äußere Auftreten kann insofern nur Indiz sein, entscheidend ist die gesellschaftsvertragliche Vereinbarung der Gesellschafter, die GbR im Rechtsverkehr auftreten zu lassen. Weiteres Abgrenzungskriterium und Indiz ist die Bildung von Gesamthandvermögen der Gesellschaft. Entgegen der Rspr (BGHZ 126, 226, 234) ist aber das Fehlen eines Gesamthandvermögens nicht zwingendes Merkmal einer Innen-GbR (MüKo/*Ulmer* § 705 Rz 280). Zwar ist es richtig, dass es infolge der Abbedingung der Stellvertretungsregel des § 714 der Innen-GbR verwehrt ist, Gesamthandsvermögen zu bilden. Dennoch ist es möglich, dass eine GbR etwa durch Einlagen der Gesellschafter erbrachtes Gesamthandsvermögen hält und abredegemäß dennoch nicht am Rechtsverkehr teilnimmt. Auch diese GbR erfüllt damit den wesentlichen Charakter der Innen-GbR. Eine Gesellschaft, die weder am Rechtsverkehr teilnimmt noch Gesamthandsvermögen hat, wird als **Innen-GbR ieS** verstanden. Hat dagegen eine GbR, die nicht am Rechtsverkehr teilnimmt, Gesamthandsvermögen, ist sie eine **Innen-GbR iwS**.

35 **II. Die Außengesellschaft. 1. Rechtsfähigkeit.** Mit der grundlegenden Entscheidung des BGH zur Rechtsfähigkeit der (Außen-)GbR (BGH NJW 01, 1056) haben sich Änderungen außer im Bereich der Haftung insb im Bereich der von der GbR einzunehmenden Rechtspositionen ergeben. Bereits früher war anerkannt, dass die GbR jede Rechtsposition innehaben kann, soweit dem keine speziellen Gesichtspunkte entgegenstehen. Hieran hat sich im Grundsatz nichts geändert. Jedoch ist die GbR nunmehr im Prozess sowohl aktiv als auch passiv parteifähig iSd § 50 ZPO (BGH aaO). Die GbR kann zudem Mitglied anderer Gesellschaften sein. Bereites anerkannt war ihre Fähigkeit, Mitglied einer Genossenschaft (BGH NJW 92, 449), einer AG (BGH NJW 92, 2222),

einer GmbH (BGH NJW-RR 96, 482) oder einer GbR selbst (BGH NJW 98, 376) zu sein. Ungeklärt ist weiterhin die Frage, inwieweit die GbR Gesellschafterin einer OHG oder KG sein kann; diese Möglichkeit wird in der Lit teilweise unter Hinweis auf das in diesem Zusammenhang gesteigerte Informationsbedürfnis der Gesellschaftsgläubiger hinsichtlich der Verhältnisse der Gesellschafter verneint (so *Ulmer* ZIP 01, 585, 596). Trotz Rechtsfähigkeit kann die GbR nicht Verwalter nach dem WEG sein (BGH DB 06, 607).

Die Gesellschaft ist darüber hinaus **scheck- und wechselfähig** (BGHZ 136, 254; NJW 01, 1056, 1061). Umstr **36** ist dagegen weiterhin die **Markenfähigkeit** der GbR. Während eine solche von der hL verstärkt bejaht wird (*Wertenbruch* DB 01, 419, 422; *K. Schmidt* NJW 01, 993, 998), hat der BGH sie jüngst abgelehnt (BGH NJR-RR 01, 114). In der Lit wird auch die Erbfähigkeit im Zuge der Annäherung der GbR an die OHG zunehmend befürwortet (vgl *Ulmer* ZIP 01, 585, 596; Erman/*Westermann* § 718 Rz 6; BaRoth/*Timm/Schöne* § 705 Rz 142). Eine generelle Erbunfähigkeit der GbR ist jedenfalls nicht anzunehmen, vielmehr ein Ausgleich der widerstreitenden Interessen des Erb- und Gesellschaftsrechts in Einzelfragen zu suchen.

Lange umstr war die Stellung der GbR im Zusammenhang mit Rechtspositionen, die ein **Publizitätserfordernis** **37** beinhalten. Dies betrifft insb die **Grundbuchfähigkeit** sowie die Möglichkeit, Kommanditistin einer KG zu sein. Hierbei stellt sich die praktisch bedeutsame Frage der Eintragung der Gesellschaft in Grundbuch bzw Handelsregister. Diese ist zu trennen von der mittlerweile anerkannten Tatsache, dass die GbR als solche Inhaberin des Rechtes sein kann. Zur Eintragungsfähigkeit in das Handelsregister vertritt der BGH die Auffassung, dass die Kommanditistenstellung der GbR eine Eintragung sämtlicher Gesellschafter erfordere (BGH ZIP 01, 1713). Nachdem der BGH nach langjährigem Streit entschieden hatte, dass die GbR ausschließlich unter ihrem Namen im Grundbuch eintragungsfähig sei (ZIP 09, 66, 68 f), sieht § 47 II GBO nun ergänzend vor, dass auch deren Gesellschafter einzutragen sind.

2. Name. Die Außengesellschaft ist frei darin, sich einen Namen zu wählen oder dies nicht zu tun. Mangels **38** Eintragung im Handelsregister sowie Betreibens eines kaufmännischen Gewerbes ist der Name einer GbR jedoch keine Firma iSd § 17 HGB. Bei der Wahl des Namens sind die Gesellschafter unter Beachtung berufs- und wettbewerbsrechtlicher Vorschriften frei. So darf insb keine Verwechslungsgefahr mit einer bereits existierenden Firma oder der Rechtsform einer Partnerschaft bestehen. Entspr Zusätze wie „und Partner" sind aus diesem Grund unzulässig. Dagegen ist der Zusatz „GbR" oder „Gesellschaft bürgerlichen Rechts" nicht zwingend erforderlich. Sonstige Zusätze wie „ARGE" oder „Konsortium" sind zulässig, soweit sie nicht eine Größe oder eine Tätigkeit der Gesellschaft suggerieren, welche ein vollkaufmännisches Gewerbe nahe legen würden.

F. Erscheinungsformen. Wegen der Dispositivität der meisten Regelungen der §§ 705 ff sind die Erschei- **39** nungsformen der GbR vielfältig. Dazu trägt weiter bei, dass der Abschluss des Gesellschaftsvertrages auch konkludent möglich ist und es den Gesellschaftern vielfach nicht bewusst sein wird, eine GbR zu gründen. Auch die Tatsache, dass die GbR nicht dauerhaft angelegt sein muss, sondern sich in der einmaligen Zweckerreichungen erschöpfen kann (vgl nur den Überblick bei MüKo/*Ulmer* Vor § 705 Rz 86 ff), führt zur Vielfalt ihrer Erscheinungsformen. Die nachfolgende Übersicht kann daher nur eine Auflistung der typischen Erscheinungsformen mit besonderer praktischer Bedeutung sein.

I. Arbeitsgemeinschaften (ARGE). ARGE sind eine typische Form der sog Gelegenheitsgesellschaft. Sie exis- **40** tieren insb im Baugewerbe und bestehen aus selbstständigen Unternehmen, welche sich für die Dauer eines gemeinsam zu erfüllenden Bauauftrages zusammenschließen. Regelmäßig handelt es sich dabei um eine Außengesellschaft, welche unter einem gemeinsamen Namen auftritt. In jüngster Zeit wird die Rechtsform der ARGE als GbR teilweise angezweifelt, und zwar unter Hinweis auf den nach der Handelsrechtsreform veränderten Gewerbebegriff (Dresd DB 03, 713; LG Bonn ZIP 03, 2160; vgl auch Palandt/*Sprau* § 705 Rz 37). Ein Gewerbe und damit eine OHG wären jedoch nur dann anzunehmen, wenn es sich bei der ARGE um eine „planmäßig anbietende Tätigkeit" handeln würde. Dies kann angesichts des Charakters als einmaliger Zusammenschluss zur Bewältigung eines Großvorhabens jedoch regelmäßig nicht angenommen werden (so auch MüKo-HGB/*Schmidt* § 1 Rz 18 ff). Als vermittelnde Auffassung wird an dieser Stelle auch eine entspr Anwendung der handelsrechtlichen Vorschriften auf die ARGE vertreten (Staud/*Habermeier* Vor § 705 Rz 73). Der bloße Hinweis auf die erhebliche wirtschaftliche Bedeutung der ARGE greift dabei aber zu kurz. Denn die wirtschaftliche Bedeutung ist kein Ausschlusskriterium für die GbR und kann daher die Anwendung handelsrechtlicher Normen auf die ARGE nicht rechtfertigen.

II. Bauherrengemeinschaften. Bauherrengemeinschaften sind regelmäßig bloße Innengesellschaften mit **41** dem Zweck der Errichtung eines Bauwerkes und der Schaffung von Wohnungseigentum der einzelnen Mitglieder. Die vertragliche Konstruktion umfasst meist einen Treuhänder, welcher im Außenverhältnis nicht die Gesellschaft, sondern die einzelnen Gesellschafter vertritt. Die Gesellschafter haften aus diesem Grund lediglich anteilig entspr der Größe ihres Anteils am Wohnungseigentum (BGHZ 75, 26, 30). Während intern eine GbR vorliegt, besteht nach außen idR eine Bruchteilsgemeinschaft hinsichtlich des zu Miteigentum erworbenen Grundstückes (BGH NJW 92, 1881). Die Innengesellschaft kann dabei mittels jeweils mit dem Treuhänder abgeschlossener Verträge der Bauherren begründet werden, ohne dass es einer darüber hinausgehenden

Verbindung der Mitglieder untereinander bedarf (BGH NJW-RR 88, 220). Nach Zweckerreichung tritt an die Stelle der GbR eine WEG. Handelt es sich bei der Bauherrengemeinschaft ausnahmsweise um eine Außen-GbR, so haften die Gesellschafter nach stRspr dennoch für die Herstellungskosten nur anteilig (zuletzt BGH NJW 02, 1642). Diese Rspr ist in der Konsequenz eine Einschränkung der akzessorischen Haftung der Gesellschafter für Gesellschaftsschulden (s. auch Dauner-Lieb/*Heidel*/*Pade* § 705 Rz 40 ff; rechtfertigend *K. Schmidt* GesR § 60 III 1).

42 **III. Ehegatten-GbR. 1. Ehegatten-GbR.** Die Begründung einer GbR zwischen **Ehegatten** folgt den allgemeinen Grundsätzen. Regelmäßig wird es sich um konkludent geschlossene Innengesellschaften handeln; eine Außengesellschaft ist jedoch ebenso möglich (BGH NJW 82, 170). Die GbR unterliegt dabei grds keinen Einschränkungen durch das eheliche Güterrecht (BaRoth/*Timm*/*Schöne* § 705 Rz 172; Erman/*Heckelmann* § 1356 Rz 16). Entscheidend für den (konkludenten) Abschluss eines Gesellschaftsvertrages ist der Wille der Ehegatten. Dieser muss darauf gerichtet sein, einen über den typischen Rahmen der ehelichen Gemeinschaft hinausgehenden Zweck zu verfolgen, dessen Ertrag beiden Eheleuten gemeinschaftlich zugute kommen soll (stRspr des BGH; zuletzt NJW 99, 2962, 2966). Der Wille muss in Kenntnis dieses Umstandes gefasst sein; dagegen ist das Bewusstsein, eine GbR zu gründen, nach den allgemeinen Grundsätzen nicht erforderlich. Nicht ausreichend für die Annahme einer Ehegatten-GbR ist es daher, wenn die Beiträge der Partner lediglich der Verwirklichung der Basis der ehelichen Gemeinschaft dienen, wie zB bei der Errichtung des Familienheimes (BGH NJW 99, 2962, 2964). Hier verbietet der familienrechtliche Typenzwang eine Ersetzung des Instituts der Ehe durch gesellschaftsrechtliche Lösungen. Die GbR ist ebenso von der bloßen Mehrung des Vermögens eines Ehegatten insb durch unbenannte Zuwendungen abzugrenzen (hierzu BGH aaO). Bei Beendigung der ehelichen Gemeinschaft entstehen im Falle der Annahme einer GbR neben erb- und familienrechtlichen Ansprüchen gesellschaftsrechtliche Ausgleichsansprüche.

43 **2. Verlobten-GbR.** Demgegenüber ist zwischen **Verlobten** das Vorliegen einer GbR regelmäßig abzulehnen (Palandt/*Sprau* § 705 Rz 39). Dies gilt jedenfalls für die Annahme konkludent geschlossener Gesellschaftsverträge analog zur Ehegatten-GbR. IÜ stehen Verlobte sonstigen Dritten gleich und sind frei in der Gründung einer GbR. Bei Lösung der Verlobung kommen insb Bereicherungsansprüche sowie Ansprüche wegen Störung der Geschäftsgrundlage (§ 313) in Betracht (Hamm FamRZ 83, 494).

44 **3. Nichteheliche Lebensgemeinschaft-GbR.** Gleiches wie für Verlobte gilt im Ergebnis für **nichteheliche Lebensgemeinschaften.** Konkludent geschlossene Gesellschaften werden hier nicht anzunehmen sein (BGH NJW 86, 51; BaRoth/*Timm*/*Schöne* § 705 Rz 178). Insb finden die zur Ehegatten-GbR dargestellten Grundsätze vor dem Hintergrund des Schutzes der Ehe in Art 6 GG sowie der Tatsache, dass sich die Mitglieder einer nichtehelichen Lebensgemeinschaft bewusst gegen dieses Modell entscheiden, keine Anwendung. Aus diesem Grund kann iRd Verbindung auch keine GbR mit dem Zweck einer späteren Ehe gegründet werden (BaRoth/*Timm*/*Schöne* § 705 Rz 178). Gesellschaftsrechtliche Regelungen und Grundsätze können jedoch auf Teilbereiche angewendet werden, insb auf während der Gemeinschaft gebildete oder erworbene Vermögenswerte, §§ 705 ff analog (Palandt/*Sprau* § 705 Rz 46). Voraussetzung hierfür ist, dass die Lebenspartner im Innenverhältnis die Absicht haben, einen über das bloße Zusammenleben hinausgehenden Zweck zu verfolgen. Dies kann insb dann der Fall sein, wenn die Vereinbarung besteht, einen wirtschaftlichen Wert zu schaffen, welcher nicht lediglich für die Dauer der Partnerschaft gemeinsam genutzt, sondern den Beteiligten nach deren Vorstellung auch gemeinsam gehören soll (BGH NJW 97, 3371; 99, 2962, 2964). Die formale Zuordnung des Gegenstandes zu einem Partner ist dabei unschädlich (BGH NJW 92, 906).

45 **4. Eingetragene Lebenspartnerschaft-GbR.** Sog **eingetragene Lebenspartnerschaften** gleichgeschlechtlicher Paare bedürfen demgegenüber keiner Anwendung des Gesellschaftsrechtes. Diese neu geschaffene rechtliche Basis gleichgeschlechtlicher Verbindungen ist seit 2001 durch das Lebenspartnerschaftsgesetz (BGBl I 01, 266) geregelt. Durch die weitgehende – verfassungsrechtlich bedenkliche – Annäherung an das Institut der Ehe wurde eine eigenständige personenrechtliche Vereinigung mit ebensolchen Regelungen geschaffen, welche keiner (entspr) Anwendung gesellschaftsrechtlicher Vorschriften bedarf (MüKo/*Ulmer* Vor § 705 Rz 84).

46 **IV. Freiberufler.** Neben der Bildung von Partnerschaften nach dem PartGG sowie von GmbHs schließen sich Angehörige freier Berufe, insb Ärzte und Rechtsanwälte, auch zu Gesellschaften bürgerlichen Rechts zusammen. Der Zusammenschluss mehrerer Ärzte zu einer GbR in Form von **Gemeinschaftspraxen** ist von bloß organisatorischen Zweckbündnissen abzugrenzen. Die Abgrenzung erfolgt nach dem Willensrichtung der Beteiligten, insb ob lediglich eine kostensparende gemeinsame Nutzung von Räumlichkeiten und Personal erfolgen soll oder ob eine darüber hinausgehende Zusammenarbeit angestrebt wird. Bei Vorliegen einer Gemeinschaftspraxis kommt der Vertrag des Patienten mit sämtlichen Ärzten der GbR zustande, während im anderen Fall nur der jeweils behandelnde Arzt Vertragspartner ist (BaRoth/*Timm*/*Schöne* § 705 Rz 182). Bieten die einzelnen Ärzte keine austauschbaren Leistungen an, was insb bei verschiedenen Fachrichtungen der Fall sein wird, dann entstehen auch bei Vorliegen einer GbR vertragliche Beziehungen der Patienten jeweils nur mit dem behandelnden Arzt (BGH NJW 99, 2731, 2734).

Das zu den ärztlichen Praxisgemeinschaften Gesagte gilt entspr für Zusammenschlüsse anderer Freiberuf- **47**
ler, insb **Anwaltssozietäten**. Diese sind nach den allgemeinen Grundsätzen von bloßen Bürogemeinschaf-
ten abzugrenzen. Bei der Sozietät erfolgt der Abschluss des Mandatsvertrages durch den jeweiligen Sozius.
Dieser besitzt Vertretungsmacht für die Sozietät und schließt den Vertrag in deren Namen, so dass das
Rechtsgeschäft mit sämtlichen Sozien zustande kommt (BGH NJW 00, 1333; 00, 1560). Bei Fehlen entspr
Vertretungsmacht kommt ein Vertragsschluss mit der Sozietät nach Rechtsscheingrundsätzen in Betracht
(vgl BGH NJW 90, 827). Lediglich bei Vorliegen besonderer Umstände kann angenommen werden, dass
ausnahmsweise ein Einzelmandat erteilt wurde (BGH NJW 00, 1333). In der Konsequenz steht der Zah-
lungsanspruch nunmehr nach Anerkennung der Rechtsfähigkeit der GbR dieser selbst zu (Erman/*Westermann* Vor § 705 Rz 32; Dauner-Lieb/*Heidel*/*Pade* § 705 Rz 49). Die Auffassung, wonach die Sozien den
Anspruch in ihrer gesamthänderischen Verbundenheit haben, ist überholt (so früher BGH NJW 96, 2859).
Korrespondierend haften die Sozien gesamtschuldnerisch für durch einen der Gesellschafter verursachte
Schäden (BGH NJW 92, 337; Erman/*Westermann* Vor § 705 Rz 32). Die Partner der Gesellschaft sind sämtlich auf den Briefbögen der Sozietät aufzuführen (BGH NJW 02, 1419). Werden Nichtmitglieder der Sozietät aufgeführt, ohne dies kenntlich zu machen, wird dies unter Rechtsscheinsgesichtspunkten regelmäßig
zur Annahme der Gesellschafterstellung und zu einer entspr Haftung führen. Dies gebietet der Vertrauensschutz der Mandanten (*Grunewald* FS Ulmer 2003, 141, 143 f; Erman/*Westermann* Vor § 705 Rz 32). Für
den Ein- und Austritt von Gesellschaftern gelten die allg Grundsätze. Bei ausgeschiedenen Sozien kommt
eine Rechtscheinhaftung dann in Betracht, wenn weiterhin der Eindruck erweckt wird, diese seien Mitglieder der GbR; so zB bei Verwendung des Namens auf Briefbögen und Namensschildern der Kanzlei. Dies
kann der Sozius nur dann vermeiden, wenn er alle ihm zumutbaren Maßnahmen zur Änderung dieses
Zustandes ergriffen hat (BGH NJW 91, 1225).

V. Publikumsgesellschaften. Publikumsgesellschaften setzen sich regelmäßig aus den Gründungsgesellschaf- **48**
tern sowie von diesen eingeladenen, nicht untereinander verbundenen und lediglich auf kapitalistischer Basis
beteiligten Mitgesellschaftern zusammen. Letzteren stehen zumeist nur Kontrollrechte zu, während die
Geschäftsführung und Vertretung der Gesellschaft bei den Initiatoren liegt. Zweck von Publikumsgesellschaften ist die Einwerbung von Kapital. IdR wird es sich bei diesen Modellen um Kapitalgesellschaften oder Personenhandelsgesellschaft, insb um GmbH & Co KGs, handeln. Sofern keine gewerbliche Tätigkeit vorliegt,
sind Publikumsgesellschaften jedoch als GbR organisiert, so zB bei Grundstückfonds (Dauner-Lieb/*Heidel*/
Pade § 705 Rz 70; BaRoth/*Timm*/*Schöne* § 705 Rz 192). Trotz der Rechtsform als Gesellschaft bürgerlichen
Rechts weist die Publikums-GbR zahlreiche körperschaftliche Elemente auf, weshalb die Rspr hierzu von den
allg Regeln abw Grundsätze aufgestellt hat. Diese gelten im Bereich der Auslegung (objektive Auslegung,
BGH ZIP 05, 1455 f) und Änderung des Gesellschaftsvertrages, der Gesellschafterhaftung (§ 708 Rn 3), der
Geschäftsführung (§ 709 Rn 3) sowie der Regelung des Stimmrechtes (§ 709 Rn 17).

Auch **geschlossene Immobilienfonds** können mangels Eintragung im Handelsregister nach § 105 II HGB **49**
GbR sein. Diese zeichnen sich durch einen festen Kreis von Anlegern aus und dienen der Errichtung und
Verwaltung von Immobilienobjekten. Von besonderer praktischer Relevanz ist an dieser Stelle die Rspr des
BGH, die abw von den allg Grundsätzen (BGH NJW 01, 1056) für die Kapital gebenden Fondsgesellschafter
den formularmäßigen Ausschluss ihrer persönlichen Haftung für rechtsgeschäftlich begründete Verbindlichkeiten der GbR weiterhin zulässt (BGH NJW 02, 1642, 1643). Begründet wird dies mit den Besonderheiten
von Immobilienfonds als reinen Kapitalanlagegesellschaften, von deren Gesellschaftern die Vertragspartner
typischerweise eine unbeschränkte gesamtschuldnerische Haftung nicht erwarten würden. Der formularmäßige Haftungsausschluss sei daher keine unzulässige Benachteiligung des Vertragspartners iSd § 307. Verbreitetes praktisches Problem geschlossener Immobilienfonds ist, dass ihre Initiatoren den Beitritt der Anleger
zur GbR häufig über einen Treuhänder gestalten, der zur Abgabe der erforderlichen Erklärungen bevollmächtigt wird. Der BGH hält solche Vollmachten der Anleger wegen Verstoßes gegen das RBerG für nichtig und
erstreckt die Nichtigkeitsfolge auch auf alle Verträge, die der Treuhänder für die Anleger abgeschlossen hat
(BGH WM 05, 1520 ff).

VI. Stille Gesellschaft bürgerlichen Rechts. Im Gegensatz zur stillen Gesellschaft iSd §§ 230 ff HGB ist die **50**
sog stille Gesellschaft bürgerlichen Rechts die vermögensmäßige Beteiligung an einem nicht kaufmännischen
Unternehmen. Diese Beteiligung vollzieht sich regelmäßig in der Form einer Innengesellschaft durch Vertragsschluss zwischen dem stillen Gesellschafter und dem Unternehmen. Zwischen verschiedenen stillen
Gesellschaftern entsteht nicht ohne weiteres eine GbR (BGH NJW 82, 99); eine solche kann jedoch als
gesamthänderische Beteiligung mehrerer an einer stillen Gesellschaft in Form einer GbR bestehen (BGHZ
127, 176). Auf die stille Gesellschaft bürgerlichen Rechts sind die §§ 230 ff HGB entspr anzuwenden (MüKo-
HGB/*Schmidt* § 230 Rz 25, 196 ff; BaRoth/*Timm*/*Schöne* § 705 Rz 187; Dauner-Lieb/*Heidel*/*Pade* § 705 Rz 71).
Dies führt dazu, dass der stille Gesellschafter nur an Gewinn und Verlust beteiligt ist, § 231 HGB. Eine Beteiligung am Wert des Unternehmens setzt eine entspr Vereinbarung voraus, sog atypische stille Gesellschaft
(BGH NJW-RR 94, 1185). Die stille Gesellschaft bürgerlichen Rechts hat kein Gesellschaftsvermögen. Die
bloße Teilnahme des stillen Gesellschafters an Gewinn und Verlust und die Rechtsnatur als Innengesellschaft

verbietet seine Außenhaftung, da dieser an der Geschäftsführung nicht beteiligt ist und vom Hauptgesellschafter nicht vertreten wird (zum Ganzen MüKo/*Ulmer* § 705 Rz 286).

51 **VII. Unterbeteiligungen.** Die Unterbeteiligung ist die Beteiligung an einer Beteiligung; sowohl an Anteilen von Kapital- als auch Personengesellschaften, wie zB Beteiligungen an OHG und KG oder wiederum an einer GbR (MüKo/*Ulmer* Vor § 705 Rz 93). Die Unterbeteiligung ist in ihrer praktischen Bedeutung eine der wichtigsten Erscheinungsformen der Innen-GbR. Anlass für den Abschluss von Unterbeteiligungen sind insb die Umgehung von Vinkulierungsklauseln sowie steuerliche Gesichtspunkte. Der Umfang der Unterbeteiligung wird durch Rechtsgeschäft zwischen dem Anteilsinhaber und dem Unterbeteiligten geregelt. Er reicht von der Einräumung sämtlicher Rechte des Gesellschafters bis zur Beschränkung auf einen Gewinnanteil. Abzugrenzen ist die Unterbeteiligung von der stillen Gesellschaft. Eine stille Gesellschaft liegt in den beschriebenen Konstellationen nicht vor, da der Hauptbeteiligte kein Handelsgewerbe betreibt. Dies gilt auch dann, wenn die Hauptgesellschaft ein Handelsgewerbe betreibt, denn die Unterbeteiligung besteht am Gesellschaftsanteil und nicht an der Hauptgesellschaft selbst (zum Ganzen MüKo/*Ulmer* Vor § 705 Rz 92 ff; BaRoth/*Timm/Schöne* § 705 Rz 188). Dennoch wendet die Rspr auch auf Unterbeteiligungen die §§ 230 ff HGB und teilweise auch die §§ 161 ff HGB entspr an (BGH NJW-RR 95, 165; NJW 68, 2003).

52 Durch die Unterbeteiligung entstehen Rechtsbeziehungen nur zwischen dem Unter- und Hauptbeteiligten, nicht dagegen zwischen dem Unterbeteiligten und der Hauptgesellschaft oder deren anderen Mitgliedern (BGHZ 50, 316, 324). Die einzelnen Rechtsverhältnisse sind aus diesem Grund streng zu unterscheiden. Im Verhältnis zur Hauptgesellschaft bleibt allein der Hauptbeteiligte berechtigt und verpflichtet. Auf der anderen Seite wirkt sich der Vertrag zwischen Hauptgesellschaft und -gesellschafter mehrfach auf die Unterbeteiligung aus. Dies wird auch als **Vorrang der Hauptgesellschaft** bezeichnet (MüKo/*Ulmer* Vor § 705 Rz 95). Dieser Vorrang führt zur Unzulässigkeit von Unterbeteiligungen, falls diese dem Gesellschaftsvertrag der Hauptgesellschaft oder der Treuepflicht des Hauptgesellschafters dieser ggü widersprechen. Diese Unzulässigkeit hat nicht ohne weiteres die Unwirksamkeit des Unterbeteiligungsvertrages zur Folge, kann jedoch zum Ausschluss des Hauptbeteiligten führen, was sich über § 313 als Störung der Geschäftsgrundlage auch auf die Unterbeteiligung auswirkt (MüKo/*Ulmer* Vor § 705 Rz 97; BaRoth/*Timm/Schöne* § 705 Rz 189).

§ 706 Beiträge der Gesellschafter.
(1) Die Gesellschafter haben in Ermangelung einer anderen Vereinbarung gleiche Beiträge zu leisten.
(2) ¹Sind vertretbare oder verbrauchbare Sachen beizutragen, so ist im Zweifel anzunehmen, dass sie gemeinschaftliches Eigentum der Gesellschafter werden sollen. ²Das Gleiche gilt von nicht vertretbaren und nicht verbrauchbaren Sachen, wenn sie nach einer Schätzung beizutragen sind, die nicht bloß für die Gewinnverteilung bestimmt ist.
(3) Der Beitrag eines Gesellschafters kann auch in der Leistung von Diensten bestehen.

1 **A. Grundlagen. I. Beitragspflicht.** § 706 ist nur eine Konkretisierung der sich bereits aus § 705 ergebenden allg Förderpflicht der Gesellschafter und gibt für die Leistung von Beiträgen Auslegungsregeln vor. Beiträge sind die nach dem Gesellschaftsvertrag oder Gesellschafterbeschluss zur Förderung des Gesellschaftszwecks zu erbringenden Leistungen. Dabei sind der Art des Beitrages grds keine Grenzen gesetzt; dieser kann sowohl materieller als auch ideeller, einmaliger oder wiederkehrender Natur sein. Keine Beiträge sind dagegen auf gesondertem Rechtsgeschäft beruhende Verpflichtungen des Gesellschafters, bei denen dieser der Gesellschaft wie ein Dritter ggü steht. Ebenfalls nicht hierzu zählen der nicht abgerufene Gewinn eines Gesellschafters (Köln NZG 00, 979) oder Aufwendungen der Gesellschafter, welche einen Anspruch nach den §§ 713, 670 entstehen lassen. Bei im Gesellschaftsvertrag aufgeführten Leistungen besteht eine Vermutung für ihren Beitragscharakter. Bereits bewirkte vermögenswerte Beiträge werden Einlagen genannt (vgl Staud/*Keßler* Rz 2). Der Anspruch der Gesellschaft ist ein Sozialanspruch (§ 705 Rn 27) und wird durch den geschäftsführungs- und vertretungsberechtigten Gesellschafter geltend gemacht; uU auch durch einzelne Gesellschafter auf Grundlage der actio pro socio (§ 705 Rn 28).

2 **II. Beitragshöhe.** Die Regelung des § 706 I zur Höhe der Beiträge ist gem ihrem Wortlaut subsidiär. Die Gesellschafter sind frei, die Beiträge der einzelnen Mitglieder unterschiedlich auszugestalten, was zumeist mit unterschiedlich hohen Beteiligungen am Vermögen und Ergebnis der Gesellschaft einhergeht. Die völlige Freistellung eines Gesellschafters von Beiträgen hat keinen Einfluss auf die Wirksamkeit der Mitgliedschaft des betroffenen Gesellschafters (BGH NJW 84, 2290). Sie ist – im Gegensatz zur Freistellung von der Verpflichtung zur Zweckförderung – ohne weiteres möglich. Die Gesellschafter sind auch in der Bewertung der Höhe der Beiträge frei und können für die Leistungen der verschiedenen Gesellschafter unterschiedliche Bewertungsmaßstäbe ansetzen. Grenze ist lediglich § 138 (BGH WM 75, 325). Im Zweifel sind Beiträge sofort fällig.

3 **B. Beiträge durch Übereignung und Gebrauchsüberlassung, Abs 2.** § 706 II enthält ebenfalls Auslegungsregelungen zum Inhalt der Beitragspflicht bei Leistung in Form von Sachbeiträgen. **Vertretbare und verbrauchbare Sachen** (§§ 91, 92) sind danach im Zweifel in das Eigentum der GbR übertragen. Für sonstige Sachen wird diese Regel durch 2 erheblich eingeschränkt. Bei der Beitragsleistung durch Sachen sind drei Erscheinungsformen zu unterscheiden: 1) Die Sacheinbringung kann durch Übereignung in das Gesellschaftsvermögen nach den allgemeinen Vorschriften erfolgen. Ein gutgläubiger Eigentumserwerb ist grds möglich, jedoch schadet bereits die Bösgläubigkeit eines, auch des beitragsverpflichteten Gesellschafters (BGH NJW 61, 1022). 2) Daneben kann die Sachleistung ohne Änderung der dinglichen Rechtslage (vgl BGH DStR 09, 2015f) durch Zuordnung der Sache zur Gesellschaft mittels Vereinbarung im Innenverhältnis erfolgen. Die Gesellschaft ist dann zwar nicht Eigentümer der Sache, doch hinsichtlich des Gegenstands dem einbringenden Gesellschafter ggü weisungsbefugt. Die Bewertung erfolgt im Zweifel nach den Verhältnissen im Zeitpunkt der Regelung; Wertänderungen gehen zu Gunsten und Lasten des Gesellschaftsvermögens. Im Falle der Auseinandersetzung der Gesellschaft findet nach bisher hM § 732 keine Anwendung. Vielmehr gilt § 733, dh es ist lediglich Wertersatz zu leisten (BGH WM 65, 744, 746). Die vorzuziehende Gegenansicht (s. § 732 Rn 2) gewährt dem Gesellschafter den Herausgabeanspruch analog § 732 1, bringt hierfür im Gegenzug jedoch den Wert des Gegenstandes zum Zeitpunkt der Rückgabe als Negativposten auf dem Kapitalkonto des Gesellschafters in Abzug. Auch hierdurch bleibt der Sachwert der Gesellschaft erhalten. 3) Schließlich ist die Beitragsleistung durch Sacheinbringung auch durch Gebrauchsüberlassung möglich. Hier verbleiben beim Gesellschafter die Verfügungsbefugnis und die Gefahr des Untergangs der Sache. Anders als bei Einbringung durch interne Zuordnung zum Gesellschaftsvermögen besteht bei der Auseinandersetzung ein Herausgabeanspruch des einbringenden Gesellschafters nach § 732. Die Nutzung des Gegenstands richtet sich nach der getroffenen Überlassungsabrede. In allen Fällen der Sacheinbringung liegt die Beweislast für das Eigentum an der Sache bzw für einen entspr Übereignungsanspruch bei der Gesellschaft (BaRoth/*Timm/Schöne* § 706 Rz 10).

Für **nicht vertretbare und nicht verbrauchbare** Sachen gilt die Vermutung des 1 dann, wenn diese gem II 2 nach einer Schätzung beizutragen sind, welche nicht bloß für die Gewinnverteilung bestimmt ist. Die Beweislast hierfür obliegt bei Streitigkeiten über diese Frage dem einbringenden Gesellschafter (Dauner-Lieb/*Heidel/Pade* § 706 Rz 8). 4

C. Beiträge durch Dienstleistungen. III lässt ausdrücklich den Beitrag durch Dienstleistung zu. Praktisch wichtigster Fall dieser Form der Beitragsleistung ist die Übernahme der Geschäftsführung der Gesellschaft. Eines Dienstvertrages nach § 611 bedarf es nicht, insb da die Dienstleistung regelmäßig in abhängiger, sondern in leitender Position erbracht werden wird. Aus dem Dienstvertragsrecht ist daher grds nur § 613 1 heranzuziehen. Bei Fehlen einer anderslautenden Vereinbarung ist die Gesellschaft idR nicht zur Zahlung einer Vergütung für die als Beiträge erbrachten Dienstleistungen verpflichtet, § 733 II 3 (BGH BB 76, 526). 5

D. Leistungsstörungen. Das Leistungsstörungsrecht unterscheidet sich iRd Beitragserbringung teilweise von den allgemeinen Regeln. Weil der Gesellschaftsvertrag kein reiner Austauschvertrag iS eines klassischen synalagmatischen Gegenseitigkeitsverhältnisses ist (§ 705 Rn 11), können die auf synalagmatische Austauschverhältnisse zugeschnittenen §§ 320 ff und besonderen Regelungen der einzelnen Schuldverhältnisse nicht uneingeschränkt Anwendung finden (vor §§ 320 ff Rn 8). Dazu kommt, dass sich der Gesellschaftsvertrag nicht in schuldrechtlichen Rechten und Pflichten der Gesellschafter erschöpft, sondern auch die Grundlage der organisationsrechtlichen Struktur der GbR ist (zum Ganzen K. *Schmidt* GesR § 20 III). 6

I. Unmöglichkeit. Bei anfänglicher oder nachträglicher Unmöglichkeit gelten einheitlich zwar die §§ 275, 280, 281, 283 – 285, nicht aber die ein Synallagma voraussetzenden §§ 323 ff (BaRoth/*Timm/Schöne* § 706 Rz 15; MüKo/*Ulmer/Schäfer* § 706 Rz 25). Der nicht leistungsfähige Gesellschafter haftet bei anfänglicher – subjektiver und objektiver – Unmöglichkeit gem § 311a II. Im Falle der zu vertretenden Unmöglichkeit bestimmt sich die Schadensersatzpflicht nach Maßgabe der §§ 280 I, III, 283. Der Verschuldensmaßstab ist aufgrund der gesellschaftsrechtlichen Besonderheiten § 708 zu entnehmen (Dauner-Lieb/*Heidel/Pade* § 705 Rz 148; BaRoth/*Timm/Schöne* § 706 Rz 15). Dagegen ist bei einem Vertretenmüssen der Gesellschaft § 326 II mit der Folge anwendbar, dass diese ihre Leistungspflichten dem Gesellschafter ggü (zB Gewinnanteil) weiter erfüllen muss (Erman/*Westermann* § 705 Rz 45). Bei Unmöglichkeit der Erbringung einer Beitragsleistung, insb einer Sachleistung, ohne Verschulden des Gesellschafters ist eine Auslegung des Gesellschaftsvertrages dahingehend erforderlich, ob der Gesellschafter zu einer Ersatzleistung verpflichtet ist (Staud/*Habermeier* § 706 Rz 40). Besteht keine Ersatzpflicht des Gesellschafters, gebietet seine Treuepflicht die Zustimmung zur angemessenen Herabsetzung seines Kapital- und Gewinnanteils (München NZG 01, 558, 560; Erman/*Westermann* § 705 Rz 45). Handelt es sich bei der Beitragsleistung um eine für die Verfolgung des Gesellschaftszwecks unentbehrliche Voraussetzung, kann die Nichtleistung einen **Auflösungsgrund** nach § 726 (MüKo/*Ulmer/Schäfer* § 706 Rz 25) sein. Ebenfalls einer Ersatzpflicht des Gesellschafters vorzuziehen sind in diesen Fällen die gesellschaftsspezifischen und damit interessengerechteren Regelungen der Kündigung (§ 723) bzw des Ausschlusses (§ 737) (BaRoth/*Timm/Schöne* § 706 Rz 15; Dauner-Lieb/*Heidel/Pade* § 705 Rz 148). 7

II. Verzug. Bei Nichtleistung des Gesellschafters trotz Möglichkeit hierzu finden die allg Regelungen der §§ 280 I, 286 Anwendung (MüKo/*Ulmer/Schäfer* § 706 Rz 25). § 323 ist dagegen mangels eines synalagamatischen Austauschverhältnisses nicht anwendbar (BaRoth/*Timm/Schöne* § 706 Rz 16). Der Verzug führt aus dem Gedanken des Gleichbehandlungsgrundsatzes zu einem Zurückbehaltungsrecht der übrigen Gesellschafter entsprechend § 273 I, jedoch außer bei einer Zweipersonengesellschaft oder dem Verzug sämtlicher Mitge- 8 sellschafter nicht zu einem Leistungsverweigerungsrecht nach § 320 (BaRoth/*Timm*/*Schöne* § 706 Rz 16; MüKo/*Ulmer* § 705 Rz 168, 169). Weitere Ausnahme kann die arglistige Täuschung eines Gesellschafters sein, um diesen zum Beitritt zur Gesellschaft zu bewegen, jedoch auch hier nur unter engen Voraussetzungen (BGHZ 26, 335). Auch aus dem Grundsatz von Treu und Glauben (§ 242) kann sich uU ein Zurückbehaltungsrecht ergeben (BaRoth/*Timm*/*Schöne* § 706 Rz 16). In gravierenden Fällen kann der Verzug des Gesellschafters eine Auflösung der Gesellschaft bzw ihre Kündigung rechtfertigen (§§ 723, 737).

9 **III. Schlechtleistung.** Für die Schlechtleistung von Beiträgen wird – insb bei Sachleistungen – teilweise eine eingeschränkte analoge Anwendung der Gewährleistungsvorschriften der einzelnen Schuldverhältnisse wie Kauf, Miete und Werkvertrag vorgeschlagen. Dabei sollen die gewährleistungsrechtlichen Rechtsfolgen gesellschaftsspezifisch „modifiziert" werden mit der Folge, dass das Gesellschafterverhältnis selbst tangierende Rechtsfolgen ausgeschlossen sind (Staud/*Habermeier* § 706 Rz 23; BaRoth/*Timm*/*Schöne* § 706 Rz 17, der allerdings eine verschuldensunabhängige Haftung im Ergebnis auch ausschließt). Dem kann nicht gefolgt werden, da diese Ansicht den gesellschaftsrechtlichen Besonderheiten nicht ausreichend Rechnung trägt und uU für den beitragspflichtigen Gesellschafter zu unzumutbaren Ergebnissen führt, insb zu einer nicht vorgesehenen Barleistungspflicht (MüKo/*Ulmer*/*Schäfer* § 706 Rz 27; Dauner-Lieb/*Heidel*/*Pade* § 705 Rz 150). Anwendung finden daher die allgemeinen Vorschriften der §§ 275 ff. Der Gesellschafter haftet bei anfänglichen Rechts- oder Sachmängeln nach § 311a II, iÜ nur bei Verschulden, hat aber das fehlende Verschulden nachzuweisen, § 280 I 2 (für verschuldensunabhängige Haftung auf Nachbesserung oder Nachlieferung dagegen Erman/*Westermann* § 706 Rz 10). Hat der Gesellschafter die Schlechtleistung nicht zu vertreten, kommen die gesellschaftsspezifischen Instrumente der Anpassung des Kapital- und Gewinnanteils, der Auflösung, der Kündigung oder des Ausschlusses in Betracht. Das soeben Gesagte gilt auch für die Beitragsleistung durch Sacheinbringung nur zum Gebrauch bzw dem Werte nach. Insb die verschuldensunabhängigen Ersatzansprüche der §§ 536, 536a, 634 Nr 1-3 aber auch des § 437 Nr 1, 2 sind mit dem gesellschaftlichen Treueverhältnis und dem daraus sich ergebenden Gebot der gegenseitigen Rücksichtnahme nicht zu vereinbaren (so auch BaRoth/*Timm*/*Schöne* § 706 Rz 17), es sei denn, dies ist mit einer gesellschaftsvertraglich vereinbarten erhöhten Vergütung des Gesellschafters gerechtfertigt oder ausdrücklich vereinbart. Das zur Sachleistung Gesagte gilt entspr für Beiträge durch Dienstleistungen. Bei mangelhafter Ausführung finden ebenfalls die allg Regeln der §§ 280, 281 Anwendung (Erman/*Westermann* § 706 Rz 11; MüKo/*Ulmer*/*Schäfer* § 706 Rz 29).

§ 707 Erhöhung des vereinbarten Beitrages. Zur Erhöhung des vereinbarten Beitrages oder zur Ergänzung der durch Verlust verminderten Einlage ist ein Gesellschafter nicht verpflichtet.

1 **A. Anwendungsbereich und Zweck.** Das § 707 zu entnehmende sog **Belastungsverbot** dient dem Schutz der Gesellschafter vor Verpflichtungen, welche zum Zeitpunkt des Abschlusses des Gesellschaftsvertrages nicht ersichtlich waren. Es ist zeitlich begrenzt für das Bestehen der Gesellschaft. Im Falle der Auseinandersetzung besteht eine Pflicht zur Verlustdeckung nach § 735. Gleiches gilt im Fall des Ausscheidens eines Gesellschafters gem § 739. § 707 findet darüber hinaus nur im Innenverhältnis zwischen den Gesellschaftern Anwendung. Ggü Gesellschaftsgläubigern – sowohl Dritten als auch Gesellschaftern – sind die Gesellschafter auch über ihre Einlage hinaus mit ihrem persönlichen Vermögen verpflichtet (BGH NJW 80, 339; 81, 1095). Keine Beitragserhöhung iSd § 707 liegt vor, wenn die Beitragshöhe im Gesellschaftsvertrag nicht beziffert ist und die Gesellschafter sich verpflichtet haben, entspr ihrer Beteiligung das zur Förderung des Gesellschaftszwecks Erforderliche beizutragen, wobei das Erforderliche objektiviert bestimmbar sein muss (BGH ZIP 05, 1455 f; MüKo/*Ulmer*/*Schäfer* § 707 Rz 3). Die Festsetzung obliegt dem geschäftsführenden Gesellschafter; die Grenze ist bei willkürlichen und nicht mehr von der gesellschaftsvertraglichen Vereinbarungen gedeckten Erhöhungen zu ziehen.

2 **B. Voraussetzungen.** Die Verpflichtung eines Gesellschafters zum **Nachschuss** kann nur durch Vereinbarung im Gesellschaftsvertrag oder durch Gesellschafterbeschluss mit Zustimmung aller Betroffenen (BGH WM 08, 737 f; 07, 1412 f) begründet werden. Sieht schon der Gesellschaftsvertrag unter bestimmten Bedingungen Nachschüsse vor, so müssen die Nachschüsse und ihre Voraussetzungen eindeutig bestimmt oder objektiv bestimmbar sein und dem Gesellschafter das Risiko in verständlicher Weise verdeutlichen (BGH NJW 83, 164; zur Publikums-GbR BGH DStR 08, 112; WM 07, 1412; ZIP 07, 812; ZIP 06, 754). Dies hindert eine konkludente Vereinbarung solcher Art jedoch nicht per se (BGH WM 61, 32, 34). Eine ausreichende Bestimmbarkeit kann sich auch iVm der Beitrittserklärung des Gesellschafters ergeben, die den Höchstbetrag bestimmt (BGH WM 08, 736 f; 07, 2381, 2383). Der Gesellschaftsvertrag kann die Beitragserhöhung durch Mehrheitsbeschluss zulassen, doch setzt dies eine ausdrückliche Regelung, nicht nur eine allg Mehrheitsklausel voraus. Auch dann kann aber ein Mehrheitsbeschluss unwirksam sein, wenn er dem Zweck zu dienen bestimmt ist, missliebige Gesellschafter durch Erhöhung des finanziellen Einsatzes hinauszudrängen. Fehlt eine – ausdrückliche oder stillschweigende – gesellschaftsvertragliche Regelung, ist eine Verpflichtung der Mitglieder zur Erhöhung der Beiträge aufgrund der allgemeinen Treuepflicht (§ 705 Rn 22) nur in Ausnahmefällen anzunehmen. Die bloße Gefährdung der Erreichung der Gesellschaftszweckes zB durch die Insolvenz der Gesellschaft ist hierfür nicht ausreichend (BGH NJW-RR 89, 993, 995).

Freiwillige Beitragserhöhungen sind ohne Zustimmung der übrigen Gesellschafter nicht möglich, da sie regelmäßig mit einer Veränderung der Beteiligungsverhältnisse korrespondieren werden. Allerdings kann in Krisenzeiten der Gesellschaft eine Zustimmungspflicht der übrigen Gesellschafter aus ihrer allg Treuepflicht bestehen (Erman/*Westermann* § 707 Rz 4; MüKo/*Ulmer/Schäfer* § 707 Rz 10). 3

§ 708 Haftung der Gesellschafter. Ein Gesellschafter hat bei der Erfüllung der ihm obliegenden Verpflichtungen nur für diejenige Sorgfalt einzustehen, welche er in eigenen Angelegenheiten anzuwenden pflegt.

A. Allgemeines. Die Vorschrift des § 708 definiert den Haftungsmaßstab im Innenverhältnis der Gesellschaft als die sog eigenübliche Sorgfalt, diligentia quam in suis, s. § 277. Hintergrund der Regelung ist der Gedanke, zwischen den Gesellschaftern bestehe eine Art „Schicksalsgemeinschaft" aufgrund ihrer selbst gewählten engen Verbundenheit und der damit verbundenen Konsequenz, die Mitgesellschafter so zu akzeptieren, „wie sie einmal seien" (*Mugdan* II, 985). Aus diesem Grund sei eine Haftungserleichterung dahingehend, dass jeder nur für das einzustehen habe, was nicht über seine in eigenen Angelegenheiten angewandte Sorgfalt hinausgehe, angemessen (zur Ausnahme bei Publikums-GbR vgl Rn 3). 1

§ 708 ist dispositives Recht. Bei der Frage nach dem Haftungsmaßstab sind daher vorrangig gesellschaftsvertragliche Vereinbarungen heranzuziehen, aus denen Haftungserleichterungen oder -verschärfungen folgen können. Der Anwendungsbereich der Vorschrift ist nicht auf vertragliche Ansprüche beschränkt, sondern gilt auch im deliktischen Bereich (BGH NJW 93, 23, 29; 85, 794). Andernfalls würde über das Deliktsrecht dem Haftungsprivileg des § 708 seine Wirkung genommen. Der erforderliche Zusammenhang zwischen Pflichtverletzung und Gesellschaftsverhältnis ist in diesen Fällen dann gegeben, wenn auch zugleich eine gesellschaftsvertragliche Pflicht verletzt wird. Zudem muss die Pflichtverletzung in Erfüllung gesellschaftsvertraglicher Pflichten entstanden sein und nicht lediglich bei deren Gelegenheit (s. Rn 5). 2

B. Anwendungsbereich. I. Gesellschaftsverhältnis. Über die §§ 161, 105 HGB gilt § 708 auch für die Personenhandelsgesellschaften der OHG und KG, über § 1 IV PartGG auch für die Partnerschaftsgesellschaft. Dagegen ist die Vorschrift entgegen § 54 1 nicht auf den nicht-rechtsfähigen Verein anzuwenden, da dieser körperschaftlich strukturiert ist und nicht dem Normzweck unterfällt (Erman/*Westermann* § 708 Rz 3; Palandt/*Sprau* § 708 Rz 3). Gleiches gilt im Ergebnis für **Publikumspersonengesellschaften.** Diese werden als kapitalistisch geprägter Zusammenschluss durch teleologische Reduktion des § 708 seinem Anwendungsbereich entzogen (BGHZ 75, 321, 327; 69, 207, 209), weil es an dem personalistischen Element unter den Gesellschaftern fehlt, das der Grund des Haftungsprivilegs ist. Die Differenzierung zwischen personalistisch oder kapitalistisch geprägten Rechtsverhältnissen gilt auch bei **GmbH & Co KGs** (MüKo/*Ulmer/Schäfer* § 708 Rz 5; BaRoth/*Timm/Schöne* § 708 Rz 6) und sonstigen der Gesellschaft ähnlichen Rechtsverbindungen wie die Gemeinschaft sowie partiarischen Rechtsverhältnissen, welche laut BGH (WM 88, 172) regelmäßig nicht unter § 708 fallen sollen, oder nichtehelichen Lebensgemeinschaften, welche jedenfalls als GbR in den Anwendungsbereich einbezogen sind (vgl Erman/*Westermann* § 708 Rz 3; BaRoth/*Timm/Schöne* § 708 Rz 6 aE). 3

Trotz Vorliegens eines Gesellschaftsverhältnisses macht der BGH bei einem **Handeln im Straßenverkehr** deutliche Einschränkungen. Häufig wird es sich hier um Innengesellschaften in Form von Gelegenheitsgesellschaften wie zB Fahrgemeinschaften handeln. Die Rspr reduziert den Anwendungsbereich jedoch für alle Gesellschaftsformen bis zum völligen Ausschluss des § 708 (BGHZ 46, 313, 317; Soergel/*Hadding* § 708 Rz 3; aA Erman/*Westermann* § 708 Rz 6; MüKo/*Ulmer/Schäfer* § 708 Rz 13; Dauner-Lieb/*Heidel/Pade* § 708 Rz 9). Begründet wird die Reduktion mit den Anforderungen des Straßenverkehrs, welcher keinen Raum für individuelle Sorglosigkeit biete. Diese Auffassung überzeugt angesichts des Normzwecks der Vorschrift nicht. § 708 findet lediglich im Binnenverhältnis der Gesellschaft Anwendung, wer sich einem solchen Mitgesellschafter selber aussuche, solle auch dessen individuellen Sorgfaltsmaßstab in Kauf nehmen müssen. Die Sorgfaltsanforderungen des Straßenverkehrs und dessen beabsichtigter Schutz können aus diesem Grund eine Nichtanwendbarkeit der Vorschrift im Innenverhältnis nicht begründen (Erman/*Westermann* § 708 Rz 6). 4

II. Beschränkung auf das Innenverhältnis. Das Haftungsprivileg des § 708 ist auf das Innenverhältnis der Gesellschaft und ihrer Gesellschafter beschränkt. Dem Anwendungsbereich entzogen sind dagegen Beziehungen zu Gläubigern der Gesellschaft sowie sog Drittverhältnisse (§ 705 Rn 31) zwischen Gesellschaft und Gesellschafter (Jauernig/*Stürner* § 708 Rz 2; BaRoth/*Timm/Schöne* § 708 Rz 8). 5

Das Tatbestandsmerkmal „bei der Erfüllung der ihm obliegenden Verpflichtungen" begrenzt den Anwendungsbereich der Vorschrift auf Handlungen, welche ihre Begründung im Gesellschaftsvertrag finden. Dies geschieht analog §§ 31, 831 in Abgrenzung zu Verrichtungen „bei Gelegenheit" der Erfüllung gesellschaftlicher Pflichten. Erforderlich ist demnach ein unmittelbarer innerer Zusammenhang zwischen schadensbegründender Handlung und dem Gesellschaftsverhältnis entspringender Pflicht (MüKo/*Ulmer/Schäfer* § 708 Rz 7). Hierunter fallen insb die iRd geschäftlichen Beziehungen anfallenden Hauptleistungspflichten, aber auch Neben- und Schutzpflichtverletzungen, wenn diese einen unmittelbaren Bezug zu den Risiken des Gesellschaftszweckes haben (MüKo/*Ulmer/Schäfer* § 708 Rz 7; *K. Schmidt* GesR § 59 III 2b). 6

7 III. Überschreiten der Befugnisse als Geschäftsführer. Seit jeher ist die Frage umstr, ob anders als bei der bloßen Schlechterfüllung der Tätigkeit als Geschäftsführer auf die Überschreitung der Geschäftsführungsbefugnisse das Recht der GoA Anwendung finden soll, was die Nichtanwendbarkeit des § 708 zur Folge hätte (so RGZ 158, 302, 312; heute noch zweifelnd Palandt/*Sprau* § 708 Rz 2). Eine solche Differenzierung ist aber sachlich nicht gerechtfertigt und zudem dogmatisch zweifelhaft (so auch MüKo/*Ulmer/Schäfer* § 708 Rz 9 ff; BaRoth/*Timm/Schöne* § 708 Rz 16; Dauner-Lieb/*Heidel/Pade* § 708 Rz 8). Sie kann nicht damit begründet werden, der Geschäftsführer handele in diesen Fällen nicht „bei der Erfüllung" seiner gesellschaftsvertraglichen Pflichten. Denn zu diesen gehört auch die Prüfung dessen, was von seiner Befugnis gedeckt ist. Bei einer Fehleinschätzung handelt es sich demnach ebenfalls um eine Schlechtleistung iwS. Bei der Frage, ob der Geschäftsführer bei seiner Bewertung schuldhaft handelte, muss diesem nach der Ratio des § 708 das Haftungsprivileg zugute kommen. Auch verlangen die §§ 667 ff ein Handeln ohne Auftrag; in den Fällen einer Überschreitung einer bestehenden vertraglichen Befugnis sind sie dagegen nach richtiger Ansicht unanwendbar (BGH NJW-RR 89, 1255, 1257; 88, 995, 996). Überschreitet der Geschäftsführer seine Kompetenz aber nach dem Maßstab des § 708 schuldhaft, haftet er wegen Verstoßes gegen seine vertraglichen Pflichten auf Schadensersatz nach den Grundsätzen der Geschäftsführung ohne Auftrag (§ 678). Damit haftet er auch dann, wenn er den bei Ausführung des Geschäfts entstandenen Schaden ohne Verschulden (§ 276 II) verursacht hat (BGH NJW 97, 314; MüHdBGesR I/*v. Ditfurth* § 7 Rz 61).

8 C. Rechtsfolge. § 708 regelt nur den Verschuldensmaßstab, nicht eine Anspruchsgrundlage. Bei Vorliegen der übrigen Voraussetzungen entsteht ein Schadensersatzanspruch aus § 280 I bzw § 311 II, III bei vorvertraglichen Pflichtverletzungen, jedenfalls dann, wenn in der Folge ein Gesellschaftsvertrag zustande kommt (KG NZG 99, 199, 201). Zur Geltendmachung vgl § 705 Rn 27 f. Die Beweislast folgt den allgemeinen Regeln. Die Gesellschaft braucht jedoch lediglich ein Verschulden iSd § 276 nachzuweisen. Der Nachweis der geringeren Sorgfalt in eigenen Angelegenheiten obliegt dann dem Gesellschafter, der sich damit entlasten will (BGH NJW 90, 573; Erman/*Westermann* § 708 Rz 2).

§ 709 Gemeinschaftliche Geschäftsführung.

(1) Die Führung der Geschäfte der Gesellschaft steht den Gesellschaftern gemeinschaftlich zu; für jedes Geschäft ist die Zustimmung aller Gesellschafter erforderlich.
(2) Hat nach dem Gesellschaftsvertrag die Mehrheit der Stimmen zu entscheiden, so ist die Mehrheit im Zweifel nach der Zahl der Gesellschafter zu berechnen.

1 A. Systematische Stellung. Die Vorschrift enthält rudimentäre Regelungen zu Grundsätzen der Geschäftsführung sowie zur Beschlussfassung der Gesellschaft und steht am Beginn der §§ 709–715, welche Geschäftsführung und Vertretung regeln. §§ 709–713 bestimmen das gesetzliche Modell zur Geschäftsführung, die §§ 714, 715 anschließend die Vertretung der Gesellschaft. Durch die neuere Rspr zur Teilrechtsfähigkeit der GbR sind zumindest die Formulierungen einiger Normen überholt. So spricht zB § 714 von der Vertretung der Mitgesellschafter statt der Gesellschaft. Die Vorschriften sind dispositiv und gelten vorbehaltlich abw gesellschaftsvertraglicher Regelung. § 709 ist Ausdruck des gesetzlichen Modells der GbR mit einer überschaubaren Zahl von einander persönlich bekannten Gesellschaftern. Aufgrund dieser personalistischen Struktur soll in Fragen der Geschäftsführung Einstimmigkeit herrschen. **Geschäftsführung** betrifft die Tätigkeit für die Gesellschaft in tatsächlicher und rechtlicher Hinsicht, die **Geschäftsführungsbefugnis** das „rechtliche Dürfen" hierzu. Die **Vertretungsmacht** bezeichnet dagegen das „rechtliche Können".

2 B. Geschäftsführung. I. Grundsätze. 1. Umfang der Geschäftsführung. Zur Geschäftsführung sind nach dem Leitbild der Vorschrift alle Gesellschafter berufen. Der Begriff der Geschäftsführung wird dabei weit verstanden. Hierunter fällt jede Art, ob tatsächlich oder rechtsgeschäftlich, ob mit oder ohne Außenwirkung, von Handlungen für die Gesamthand zur Förderung des Gesellschaftszweckes mit **Ausnahme** sog Grundlagengeschäfte (MüKo/*Ulmer/Schäfer* § 709 Rz 7). **Grundlagengeschäfte** sind Handlungen, welche den Gesellschaftsvertrag selbst oder die Grundlagen der Gesellschaft betreffen, dh deren Struktur und Organisation (Erman/*Westermann* § 709 Rz 6; Staud/*Habermeier* § 709 Rz 2; MüKo/*Ulmer/Schäfer* § 709 Rz 10). Dies sind insb Beitragserhöhungen, Änderungen im Gesellschafterbestand, die Auflösung sowie Modifikationen der Geschäftsführung oder des Gesellschaftszweckes. In diesen Bereichen ist ein einstimmiger Gesellschafterbeschluss erforderlich, es sei denn, der Gesellschaftsvertrag räumt dem Geschäftsführer eine entspr Dispositionsbefugnis ein (MüKo/*Ulmer/Schäfer* § 709 Rz 11).

3 2. Grundsatz der Selbstorganschaft. Die Regeln zur Geschäftsführung werden geprägt vom Grundsatz der Selbstorganschaft. Dieser Grundsatz, welcher im Gegensatz zu den Kapitalgesellschaften für alle Personengesellschaften gilt, besagt, dass die Geschäftsführung und die organschaftliche Vertretung zwingend den Gesellschaftern vorbehalten ist (BGH WM 01, 1056; WM 94, 237, 238; aA Erman/*Westermann* § 709 Rz 4). Die Befugnis zur Geschäftsführung ist demnach **Ausfluss der Mitgliedschaft** selbst. Dies verbietet zwar nicht eine Beteiligung Dritter an der Geschäftsführung durch den Abschluss entspr Anstellungs- oder Auftragsverhältnisse dergestalt, dass diese Aufgaben der Geschäftsführung übernehmen (MüKo/*Ulmer/Schäfer* § 709 Rz 5;

BaRoth/*Timm*/*Schöne* § 709 Rz 4 ff). Zulässig ist sogar eine umfassende Übertragung der Geschäftsführung. Entscheidend ist aber, dass zumindest ein Gesellschafter jederzeit in der Lage ist, ebenfalls die Geschäftsführung in vollem Umfang wahrzunehmen und keine Entkoppelung der Gesellschafter von der Geschäftsführung erfolgt (BGH WM 94, 237). Da die Geschäftsführungsbefugnis des Dritten nur abgeleitet ist, ist sie auch ohne seine Mitwirkung durch die Gesellschafter frei widerrufbar. Dementsprechend finden darauf auch die für die Geschäftsführung durch Gesellschafter geltenden §§ 712, 713 keine Anwendung (MüKo/*Ulmer*/*Schäfer* § 709 Rz 5). Die Schaffung einer mittelbaren Fremdorganschaft ist auch durch die Übertragung der Geschäftsführung auf eine GmbH als geschäftsführende Gesellschafterin möglich (MüHdBGesR I/*v Ditfurth* § 7 Rz 8). Eine Ausnahme vom Grundsatz der Selbstorganschaft macht die Rspr im Bereich der **Publikumsgesellschaften** aufgrund ihrer eher kapitalistischen Struktur (BGH NJW 06, 2980 f; ZIP 05, 1361, 1363). Weil die initiierenden Gründungsgesellschafter die Geschäftsführung vielfach nicht übernehmen können oder wollen, ist es dort zulässig, die Geschäftsführung auch ohne Widerrufsmöglichkeit für die Dauer des Anstellungsvertrages auf einen Dritten zu übertragen, wenn die organschaftliche Geschäftsführung von Gesellschaftern gewahrt bleibt (BGH NJW 06, 2980 f; MüKo/*Ulmer*/*Schäfer* § 709 Rz 6). Allerdings besteht ein Recht der Gesellschafter zum Widerruf der Vollmacht aus wichtigem Grund sowie zur außerordentlichen Kündigung (BGH aaO). IRd **Abwicklungsgesellschaft** gilt der Grundsatz der Selbstorganschaft ebenfalls nicht; auch hier kann ein Dritter durch einstimmigen Gesellschafterbeschluss zum Liquidator bestellt werden (Köln NJW-RR 96, 27; zum Ganzen Staud/*Habermeier* § 709 Rz 13; MüHdBGesR I/*v Ditfurth* § 7 Rz 8 ff).

3. Beirat. Zur Kontrolle der Geschäftsführung können durch Gesellschaftsvertrag entspr Gremien wie zB ein Beirat begründet werden. Hat dieses Gremium Entscheidungskompetenzen in Fragen der Geschäftsführung, sind auch dafür die Grenzen des Grundsatzes der Selbstorganschaft zu berücksichtigen, dh gesellschaftsfremden Personen ist die Mitgliedschaft in diesen Instanzen grds versagt (vgl auch MüKo/*Ulmer* § 705 Rz 259). **4**

4. Recht und Pflicht zur Geschäftsführung. Mangels abw Regelung haben die Gesellschafter das Recht auf und die Pflicht zur Geschäftsführung. Beides ist unmittelbarer Ausfluss der Gesellschafterstellung. Aus diesem Grund handelt es sich bei Änderungen der Geschäftsführung zugleich um Änderungen des Gesellschaftsvertrages. Das Recht zur Geschäftsführung kann nur unter den Voraussetzungen der §§ 712, 713 entzogen werden, sofern der Gesellschaftsvertrag keine darüber hinausgehenden Regelungen enthält (MüHdBGesR I/*v Ditfurth* § 7 Rz 12). Eine Blockierung der Geschäftsführung aus gesellschaftsfremden Gründen kann die Verwirkung des Rechts begründen (BGH NJW 72, 862, 864). Zudem kommt eine Haftung des Gesellschafters aus § 280 I wegen der Verletzung seiner mitgliedschaftlichen Pflichten in Betracht (BaRoth/*Timm*/*Schöne* § 709 Rz 12). **5**

II. Vergütung des Geschäftsführers und Aufwendungsersatz. 1. Vergütung. Weil die Pflicht zur Geschäftsführung schon aus der Gesellschafterstellung folgt, hat der Gesellschafter für seine Tätigkeit als Geschäftsführer keinen **Vergütungsanspruch**, außer dies ist ausdrücklich oder stillschweigend durch Gesellschaftsvertrag oder Gesellschafterbeschluss vereinbart (allgM; Staud/*Habermeier* § 709 Rz 34; Dauner-Lieb/*Heidel*/*Pade* § 709 Rz 10). Die Geschäftsführung ist bereits durch die Gewinnbeteiligung des Gesellschafters vergütet, und zwar auch, wenn nur einzelne Gesellschafter zur Geschäftsführung verpflichtet sind (Kobl WM 86, 590, 591). Anderes gilt nur dann, wenn der zu leistende Einsatz des Geschäftsführers das übliche oder vorsehbare Maß deutlich übersteigt, insb wenn diesem durch die Tätigkeit anderweitige Vermögenseinbußen entstehen. In diesen Fällen ist die stillschweigende Vereinbarung einer Vergütung anzunehmen (BGH NJW 55, 1277; MüKo/*Ulmer*/*Schäfer* § 713 Rz 17; Staud/*Habermeier* § 709 Rz 34). Die Einordnung des rechtlichen Charakters der Geschäftsführervergütung ist umstr. Teilweise wird angenommen, die §§ 611 ff seien auf diese Sachverhalte analog anzuwenden (BGH NJW 63, 1051, 1052; Erman/*Westermann* § 713 Rz 5; Palandt/*Sprau* § 713 Rz 1; differenzierend BaRoth/*Timm*/*Schöne* § 709 Rz 14). Richtigerweise handelt es sich jedoch um eine Gewinnverteilungsabrede, durch die der geschäftsführende Gesellschafter einen Gewinnvoraus erhält (Kobl WM 86, 590, 591; Hamm DB 77, 717; zum Ganzen MüKo/*Ulmer*/*Schäfer* § 709 Rz 32 ff; MüHdBGesR I/*v Ditfurth* § 7 Rz 22 ff). Durch die Einstufung der Tätigkeit des Geschäftsführers als Teil der Beitragsleistung des Gesellschafters iSd § 705 ist dieses Ergebnis bereits vorgegeben. Ist die Tätigkeit des geschäftsführenden Gesellschafters eine aus seiner Mitgliedschaft folgende Pflicht, so muss dementspr auch die Vergütung dogmatisch dem Gesellschaftsverhältnis entspringen. Hierfür spricht auch, dass die Entscheidung über eine Vergütung durch die Gesellschafterversammlung und nicht etwa die geschäftsführenden Gesellschafter getroffen wird (*Riegger* DB 83, 1909, 1910). **6**

2. Aufwendungsersatz. Der Anspruch des Geschäftsführers auf **Aufwendungsersatz** ist dagegen durch die §§ 713, 670 gesetzlich bestimmt und bedarf keiner gesellschaftsvertraglichen Vereinbarung. Hiernach kann der Geschäftsführer Ersatz der Aufwendungen verlangen, welche er zum Zweck der Geschäftsführung getätigt hat und die er den Umständen nach für erforderlich halten durfte (Erman/*Westermann* § 713 Rz 5; BaRoth/*Timm*/*Schöne* § 713 Rz 11). Dazu gehören neben freiwilligen Vermögensopfern auch Schäden und Verluste, welche aus der Geschäftsführung resultieren und in einem unmittelbarem Zusammenhang mit dieser stehen (MüKo/*Ulmer*/*Schäfer* § 713 Rz 16; MüHdBGesR I/*v Ditfurth* § 7 Rz 19). Wurde früher hierzu § 110 HGB, welcher **7**

entspr für OHG und KG regelt, herangezogen, ist dies mittlerweile nicht mehr erforderlich, da sich der Rechtsgedanke der Vorschrift auch iRd § 670 durchgesetzt hat (MüKo/*Ulmer/Schäfer* § 713 Rz 16; MüHdBGesR I/*v Ditfurth* § 7 Rz 19). Ausschlagend ist, dass sich ein tätigkeitsspezifisches Risiko realisiert hat, dh es muss sich eine Gefahr verwirklicht haben, welche mit der Art der Geschäftsführung typischerweise verbunden ist. Demgegenüber werden Schäden, in denen sich lediglich das allgemeine Lebensrisiko verwirklicht hat, nicht erfasst (Soergel/*Hadding* § 713 Rz 11). Der Anspruch auf Aufwendungsersatz richtet sich grds **gegen die Gesamthand**. Die Mitgesellschafter können lediglich iRd Abwicklung bei Liquidation der Gesellschaft anteilig haftbar gemacht werden (BGH ZIP 89, 852; NJW 80, 339, 340). Die Gegenansicht, welche bei Fehlen einer ausreichenden Gesellschaftsvermögens einen vorzeitigen Ausgleich befürwortet (Erman/*Westermann* § 713 Rz 5; MüKo/*Ulmer/Schäfer* § 713 Rz 15 mwN), kollidiert mit dem Gedanken des § 707, wonach es keine Nachschusspflicht der Gesellschafter gibt. Es steht den Gesellschaftern jedoch frei, davon Abweichendes gesellschaftsvertraglich zu vereinbaren (BGH NJW 80, 339, 340). Der Grundsatz, dass während der Dauer der Gesellschaft nur ein Ersatzanspruch gegen die Gesellschaft besteht, gilt grds auch für Regressansprüche des Gesellschafters wegen einer Inanspruchnahme durch Gesellschaftsgläubiger analog § 128 HGB. Aufgrund der gesamtschuldnerischen Struktur der akzessorischen Gesellschafterhaftung ist der in Anspruch genommene Gesellschafter jedoch berechtigt, bei Fehlen einer ausreichenden Haftungsmasse im Gesellschaftsvermögen seine Mitgesellschafter anteilig nach § 426 in Regress zu nehmen (BGH NJW 81, 1095, 1096; 80, 339, 340). Der Aufwendungsersatzanspruch besteht nur bei rechtmäßigem Handeln des Geschäftsführers. Aufwendungen des Notgeschäftsführers werden ebenfalls über §§ 713, 670 erstattet, da dieser die GbR nicht vertreten (BayObLG ZIP 80, 904, 905; Palandt/*Sprau* § 714 Rz 2) und demnach auch keinen Vergütungsanspruch erlangen kann.

8 **III. Umfang der Geschäftsführung.** Der Umfang der zulässigen Maßnahmen der Geschäftsführung richtet sich nach dem jeweiligen Zweck der Gesellschaft. Eine Unterscheidung in gewöhnliche und außergewöhnliche Maßnahmen wie bei § 116 HGB gibt es bei der GbR nicht. Von der Geschäftsführungsbefugnis umfasst sind **alle tatsächlichen und rechtlichen Handlungen**, welche der Förderung des Gesellschaftszweckes zu dienen bestimmt sind (MüKo/*Ulmer/Schäfer* § 709 Rz 23; BaRoth/*Timm/Schöne* § 709 Rz 15). Eine darüber hinausgehende Beschränkung der Geschäftsführungsbefugnis kann jedoch gesellschaftsvertraglich vereinbart werden. Nicht vom Umfang der Geschäftsführungsbefugnis gedeckt sind Grundlagengeschäfte (s. Rn 2).

9 **C. Gemeinschaftliche Geschäftsführung. I. Einstimmigkeitsprinzip. 1. Einstimmigkeitsprinzip.** Das Einstimmigkeitsprinzip des § 709 I ist der gesetzliche Regelfall der Vertretung, der immer dann gilt, wenn im Gesellschaftsvertrag weder ausdrücklich noch konkludent abw vereinbart ist. Danach bedarf auch in dringenden Fällen jede Geschäftsführungsmaßnahme der positiven Zustimmung aller Gesellschafter, ausgenommen nur der Fall der Notgeschäftsführung (Rn 11) und der Interessenkollision eines Gesellschafters (Rn 16). Eine **Stimmenthaltung** hat hier die Wirkung einer Ablehnung. Auch iRd Einstimmigkeitsprinzips ist es zulässig, dass sich die Gesellschafter zB iR einer Ressortierung der Geschäftsführung einander ermächtigen, alle oder bestimmte Maßnahmen der Geschäftsführung einzeln zu entscheiden (Soergel/*Hadding* § 709 Rz 16, 21). Dabei handelt der ermächtigte Gesellschafter aber nur aufgrund der Ermächtigung auch für die anderen und der Grundsatz der Einstimmigkeit wird mangels Änderung des Gesellschaftsvertrags nicht berührt.

10 **2. Ermessensspielraum.** Ob ein Gesellschafter einer Geschäftsführungsmaßnahme zustimmt, liegt grds in seinem freien (unternehmerischen) Ermessen. Zweckmäßigkeitsfragen unterliegen keiner gerichtlichen Überprüfung (BGH NJW 86, 844; 72, 862). Eine Zustimmungspflicht gilt nur dann, wenn ein Ermessensspielraum nicht mehr besteht, zB bei Erfüllung einer unstr Verbindlichkeit oder wenn die Maßnahme zur Erfüllung des Gesellschaftszwecks und im Interesse der Gesellschaft so dringend geboten ist, dass eine Verweigerung der Zustimmung gegen Treu und Glauben verstoßen würde. Dann ist die gerichtliche Durchsetzung der Zustimmung zur Maßnahme zulässig (BGH NJW 83, 1192; 82, 641; Soergel/*Hadding* § 709 Rz 16). Ist die Maßnahme sogar von existentieller Bedeutung für die Gesellschaft, kann die treuwidrige Verweigerung der Zustimmung mit der Folge unbeachtlich sein, dass die übrigen Gesellschafter auch ohne die Zustimmung zum Handeln berechtigt sind (BGH WM 86, 1556, 1557; BB 60, 112; Soergel/*Hadding* § 709 Rz 16). Wird die Zustimmung verweigert, besteht nach BGH „regelmäßig" eine Pflicht zur Begründung (NJW 72, 862, 863; aA *Flume* Personengesellschaft 267). Richtig ist, eine **Begründungspflicht** nur dann anzunehmen, wenn das Verhalten des Gesellschafters darauf hindeutet, dass seine Entscheidung auf sachfremden Erwägungen beruht. Eine generelle Begründungspflicht stünde im Widerspruch zu dem Grundsatz, dass der Gesellschafter privatautonom über die Zweckmäßigkeit einer Geschäftsführungsmaßnahme entscheiden darf (vgl zum ganzen MüKo/*Ulmer/Schäfer* § 709 Rz 44; MüHdBGesR I/*v Ditfurth* § 7 Rz 30).

11 **3. Notgeschäftsführung.** Zur Erhaltung bestimmter Gegenstände des Gesellschaftsvermögens oder der Gesellschaft selbst ist jeder Gesellschafter entspr § 744 II berechtigt, iRd **Notgeschäftsführung** die notwendigen Maßnahmen zu ergreifen, wenn dies zur Abwendung eines unmittelbar drohenden Schadens notwendig ist (BGHZ 17, 181, 183; MüKo/*Ulmer/Schäfer* § 709 Rz 21; MüHdBGesR I/*v Ditfurth* § 7 Rz 74). Dabei hat der handelnde Gesellschafter zwar keine Vertretungsbefugnis, kann aber die Rechte der Gesellschaft im eigenen Namen geltend machen (BayObLG ZIP 80, 904).

II. Mehrheitliche Geschäftsführung. § 709 II setzt eine Vereinbarung im Gesellschaftsvertrag voraus und lässt es dann genügen, dass Geschäftsführungsmaßnahmen (Rn 8) mehrheitlich entschieden werden, und zwar mangels abw Vereinbarung nach Köpfen. Notwendig ist absolute Mehrheit der stimmberechtigten Stimmen, so dass Stimmenthaltung oder Nichtbeteiligung an der Abstimmung wie eine Ablehnung wirken (MüKo/*Ulmer/Schäfer* § 709 Rz 47). Ein positiver Beschl erlaubt die Umsetzung der Maßnahme, an der auch überstimmte Gesellschafter – wie zB bei Gesamtvertretungsbefugnis erforderlich – mitwirken müssen. **12**

D. Gesellschafterbeschlüsse. I. Rechtsnatur und Beschlussgegenstände. 1. Rechtsnatur. Gesellschafterbeschlüsse sind mehrseitige Rechtsgeschäfte aus einer Vielzahl empfangsbedürftiger Willenserklärungen durch Stimmabgabe. Die Stimmabgabe ist gestaffelt möglich, mit der letzten Stimmabgabe ist der Beschl gefasst (Köln NZG 98, 767, 768). Die Willenserklärungen zur Stimmabgabe haben rechtsgeschäftlichen Charakter, auch wenn sie nicht auf Änderung des Gesellschaftsvertrages, sondern – wie meist – nur auf die interne Willensbildung der Gesamthand (vgl BGHZ 65, 93, 97) zielen. Aus dem rechtsgeschäftlichen Charakter der Willenserklärungen folgt, dass die allg Vorschriften des Schuldrechts (§§ 104 ff) auf Gesellschafterbeschlüsse anzuwenden sind. Auf die Vertretung von Gesellschaftern bei der Stimmabgabe ist § 181 anwendbar (BGHZ 112, 339, 340 ff; s. § 181 Rn 8). **13**

2. Beschlussgegenstände. Beschlussgegenstände betreffen insb folgende Fallgruppen: 1) Entscheidungen über Geschäftsführungsmaßnahmen; 2) Grundlagengeschäfte, insb Änderungen des Gesellschaftsvertrags (Rn 2); 3) Entscheidungen über die interne Organisation und Willensbildung wie zB Bilanzfeststellung, Gewinnverwendung und Entlastung; 4) weitere durch Gesellschaftsvertrag bestimmte Maßnahmen wie zB Wahl eines Beirats. Grds sind alle Gesellschafterbeschlüsse einstimmig zu fassen, doch werden die Mehrheitsanforderungen in der Praxis durch Gesellschaftsvertrag nach den unterschiedlichen Beschlussgegenständen differenziert (für die Geschäftsführung zB §§ 709 II, 710). **14**

II. Stimmrecht, Stimmverbote. 1. Stimmrecht. Das Stimmrecht folgt aus der Mitgliedschaft und ist höchstpersönlicher Natur. Damit unterliegt es dem Abspaltungsverbot des § 717 (§ 717 Rn 1). Zulässig bleibt aber die Stimmrechtsvollmacht an Mitgesellschafter oder aber bei Zustimmung der Mitgesellschafter (im Gesellschaftsvertrag oder ausdrücklich oder konkludent im Einzelfall) oder bei Verhinderung aus wichtigem Grund auch an Dritte (BGH NJW 70, 706). Ein sachverständiger und der Verschwiegenheitspflicht unterliegender **Berater** darf nur ausnahmsweise beigezogen werden (LG Köln BB 75, 342; *Saenger* NJW 92, 348). Durch Gesellschaftsvertrag oder Vereinbarung innerhalb einer Gesellschaftergruppe kann die Poolung der Stimmabgaben einer Gruppe, die dann nur einheitlich abstimmen kann, vorgesehen werden. Die Entscheidung darüber kann durch Mehrheitsentscheid innerhalb der Gruppe fallen (Ddorf NJW-RR 95, 171). Die **Stimmbindung** ist grds zulässig, entgegen der Rechtsprechung (BGH NJW 87, 1890, 1892; 83, 1910 f) wegen des Abspaltungsverbots aber nicht Dritten ggü, es sei denn, sie steht im Zusammenhang mit einer zulässigen Treuhand, Unterbeteiligung oder Nießbrauch (MüKo/*Ulmer/Schäfer* § 717 Rz 25 ff mwN). Die Stimmbindung unter Gesellschaftern kann durch Leistungsklage (BGH NJW 67, 1963) durchgesetzt und durch auf bestimmte Stimmabgabe gerichtete einstweilige Verfügung (Stuttg NJW 87, 2449; Hambg NJW 92, 186, 187) gesichert werden. **15**

2. Stimmverbot. Ein Stimmverbot besteht, soweit durch Gesetz (vgl §§ 712 I 1, 715, 737 2) oder Gesellschaftsvertrag angeordnet. Eine gesellschaftsvertragliche Regelung kann aber nicht den Eingriff in den Kernbereich der Mitgliedschaft des betroffenen Gesellschafters (Rn 18) sanktionieren, da hierfür stets die Zustimmung des Betroffenen erforderlich ist (BGH NJW 85, 974; Erman/*Westermann* § 709 Rz 25; MüKo/*Ulmer/Schäfer* § 709 Rz 63). Daneben besteht in entspr Anwendung gesetzlicher Regelungen im Verbandsrecht (s. §§ 34, 47 IV GmbHG, § 136 I AktG) ein Stimmverbot wegen Interessenkollision bei Beschlüssen über die Entlastung oder die Befreiung von einer Verbindlichkeit des betroffenen Gesellschafters oder die Einleitung eines Rechtsstreits gegen ihn (allgM, vgl nur München DStR 09, 2212; MüKo/*Ulmer/Schäfer* § 709 Rz 65), und wohl auch bei Beschlüssen über Rechtsgeschäfte mit einem Gesellschafter (dazu MüKo/*Ulmer/Schäfer* § 709 Rz 67–70). Kein Stimmverbot besteht bei Wahlen oder anderen Beschlüssen, die die innere Organisation betreffen. Bei Stimmverbot ist eine gleichwohl abgegebene Stimme nicht zu berücksichtigen. **16**

III. Mehrheitsbeschlüsse. 1. Bestimmtheitsgrundsatz. Der Gesellschaftsvertrag kann abw vom gesetzlichen Einstimmigkeitsprinzip bestimmen, dass Entscheidungen der Gesellschafter durch Mehrheitsbeschluss getroffen werden. Für welche Entscheidungen das Mehrheitsprinzip gilt, ist durch Auslegung des Gesellschaftsvertrags zu ermitteln (dazu Hambg ZIP 06, 895, 897). Die Mehrheit wird iZw nach Köpfen bestimmt (vgl § 709 II für Geschäftsführungsmaßnahmen). Für Mehrheitsbeschlüsse, die den Gesellschaftsvertrag einer typischen GbR ändern, hat der BGH seit den 50er Jahren in einer großen Zahl von Entscheidungen den sog Bestimmtheitsgrundsatz entwickelt. Danach ist die gesellschaftsvertragliche Anordnung von Mehrheitsentscheidungen nur wirksam, wenn der einzelne Gegenstand, der der Mehrheitsentscheidung unterliegt, ausreichend **genau bestimmt** ist (so zB BGH NJW 55, 825 und BGHZ 163, 385, 391: Erhöhung der Beiträge; NJW 73, 1602: Vertragsverlängerung; WM 86, 1556 f: Gewinnverteilung; NJW 67, 2157: Kündigungsregeln; WM 1966, 876: Liquidationsfolgen; NJW 85, 2830, 2931: Einschränkung der actio pro socio; NJW 88, 411, 412: **17**

Herabsetzung Mehrheitsquorum; WM 86, 1109: zusätzliche Entnahmen). Eine Auflistung der betroffenen Beschlussgegenstände ist nicht zwingend erforderlich; Grund und Tragweite der Mehrheitsklausel können sich auch durch Auslegung eindeutig ergeben (BGH WM 07, 501). Tragende Begründung für den Bestimmtheitsgrundsatz ist die Warnfunktion für den einzelnen Gesellschafter. Andererseits hat der BGH auch entschieden, der Bestimmtheitsgrundsatz sei abdingbar (BGH NJW 88, 411, 412). Und in einer Reihe von Entscheidungen hat er die Anwendung des Bestimmtheitsgrundsatzes auf **Publikumsgesellschaften** ganz ausgeschlossen (BGH NJW 76, 958; 77, 2160; 78, 1382). Die Vertragspraxis reagiert auf den Bestimmtheitsgrundsatz durch Abbedingung oder ausf Kataloge. In den letzten Jahren ist der Bestimmtheitsgrundsatz zu Recht vermehrt in Kritik gekommen, weil die üblichen Kataloge ihre Warnfunktion nicht wirksam erfüllen, eine formale Aufzählung der betroffenen Beschlussgegenstände ohne inhaltliche Aussagen (zB Höchstbetrag, der kraft Mehrheitsbeschlusses zusätzlich zu leisten ist) kaum die Fiktion einer Vorab-Zustimmung zulässt und die konkreten Entscheidungen letztlich doch eher auf eine verdeckte Inhaltskontrolle hinauslaufen. So zieht der BGH in verschiedenen Entscheidungen auch selbst den Bestimmtheitsgrundsatz in Zweifel, ohne ihn bisher aufzugeben (BGH NJW 95, 194 f; 96, 1678), und ergänzt ihn auf zweiter Stufe durch eine inhaltliche Wirksamkeitskontrolle, die prüft, ob in schlechthin unverzichtbare Gesellschafterrechte oder treupflichtwidrig in beachtenswerte Belange der Minderheit eingegriffen wurde (BGH WM 07, 501, 503; *K. Schmidt* GesR § 16 II 2c; *Goette* FS Sigle, 145, 149 ff). Nach anderer Auffassung soll der Bestimmtheitsgrundsatz durch die Kernbereichslehre (Rn 18), die sich allein auf die inhaltliche Kontrolle konzentriert, ganz ersetzt werden (MüKo/*Ulmer/Schäfer* § 709 Rz 90 ff).

18 **2. Schutz des Kernbereichs der Mitgliedschaft.** Einem Eingriff durch Mehrheitsbeschluss entzogen ist der Kernbereich der Mitgliedschaft, der nur mit ausdrücklicher Zustimmung des betroffenen Gesellschafters geändert oder entzogen werden kann (BGH NJW 95, 194 f; 85, 974; MüKo/*Ulmer/Schäfer* § 709 Rz 91 mwN). Demnach sind Mehrheitsentscheidungen zwar auch in diesem Bereich zulässig, sie bedürfen aber der Zustimmung des Betroffenen. Die Konturen des geschützten Kernbereichs sind nicht ganz klar. Dazu dürften in der typischen GbR zählen: Die Geschäftsführungsregeln, zeitliche Dauer der GbR, das Informations-, Stimm- oder Gewinnanteilsrecht sowie die Regeln über die Verteilung des Liquidationserlöses (BGH NJW 95, 194 f; MüKo/*Ulmer/Schäfer* § 709 Rz 93 mwN). Die Zustimmung kann nach richtiger Auffassung auch vorab erteilt werden, etwa auch im Gesellschaftsvertrag, doch wird eine solche Vorab-Zustimmung nur dann wirksam sein, wenn sie Art und Ausmaß des zulässigen Eingriffs, zB der Erhöhung der Beiträge, erkennen lässt (so richtig MüKo/*Ulmer/Schäfer* § 709 Rz 92).

19 **IV. Beschlussmängel.** Inhaltliche oder Verfahrensmängel von Beschlüssen führen nach ganz hM zu ihrer **Nichtigkeit** nach § 134. Eine bloße Anfechtbarkeit von Beschlüssen kennt das Personengesellschaftsrecht anders als das Kapitalgesellschaftsrecht dagegen nicht (BGH NJW 99, 3113, 3114; *Hueck* OHG § 11 V 2a; MüKo/*Ulmer/Schäfer* § 709 Rz 105 f). Werden nichtige Beschlüsse über die Änderung des Gesellschaftsvertrags dennoch umgesetzt, können sie damit nach den Grundsätzen der fehlerhaften Gesellschaft (§ 705 Rn 17) im Nachhinein mit Wirkung ex nunc wirksam werden (MüKo/*Ulmer/Schäfer* § 709 Rz 109). In anderen Fällen kann eine ausdrückliche oder konkludente Bestätigung den Mangel heilen oder der Verwirkungseinwand einer Berufung auf den Mangel entgegenstehen. Die Nichtigkeit eines Beschlusses ist durch **Feststellungsklage** gegen die Gesellschaft, die der beantragten Feststellung widersprechen, geltend zu machen (BGH NJW 99, 3113, 3115). Der Feststellungsklage steht nicht entgegen, dass die Mitgesellschafter erklären, aus dem Beschl derzeit keine Rechte herleiten zu wollen (BGH DStR 01, 495). Im Falle der Außen-GbR empfiehlt sich heute nach Anerkennung der Rechts- und Parteifähigkeit der GbR vorsichtshalber zugleich Klage auch gegen die GbR selbst. Der Gesellschaftsvertrag kann und wird sinnvollerweise Regeln enthalten, die für die Geltendmachung von Mängeln Verfahren und Ausschlussfristen bestimmen (dazu MüKo/*Ulmer/Schäfer* § 709 Rz 114).

§ 710 Übertragung der Geschäftsführung.
¹Ist in dem Gesellschaftsvertrag die Führung der Geschäfte einem Gesellschafter oder mehreren Gesellschaftern übertragen, so sind die übrigen Gesellschafter von der Geschäftsführung ausgeschlossen. ²Ist die Geschäftsführung mehreren Gesellschaftern übertragen, so findet die Vorschrift des § 709 entsprechende Anwendung.

1 Die Vorschrift enthält Auslegungsregeln für den Fall der Konzentration der Geschäftsführungsbefugnis auf einen oder einzelne Gesellschafter. Die Übertragung der Geschäftsführung ist ausdrücklich oder konkludent möglich, kann sich insb auch aus langjähriger Praxis konkludent ergeben. Sie kann umfassend sein oder sich auf inhaltliche (bestimmte Tätigkeiten) oder qualitative (gewöhnliche Geschäfte) Teilbereiche der Geschäftsführung beschränken. In diesem Umfang sind die anderen Gesellschafter vorbehaltlich ihres Notgeschäftsführungsrechts (§ 709 Rn 11) von der Geschäftsführung ausgeschlossen. Damit haben sie auch kein Widerspruchsrecht nach § 711. Ihre anderen Gesellschafterrechte, insb ihr Kontrollrecht nach § 716, ihr Recht auf Rechnungslegung nach § 721 und das Recht zur Entziehung der Geschäftsführungsbefugnis nach § 712 bleiben dagegen unberührt.

Bei Übertragung der Geschäftsführung auf mehrere Gesellschafter gilt mangels abw Bestimmung das **Einstimmigkeitsprinzip** des § 709 I. Alternativ kann das Mehrheitsprinzip des § 709 II oder Einzelgeschäftsführung nach § 711 vereinbart werden. Ist Gesamtgeschäftsführung durch bestimmte Gesellschafter angeordnet und ist der vorletzte dieser weggefallen oder dauerhaft verhindert, lebt im Zweifel die Geschäftsführungsbefugnis aller Gesellschafter auf (MüHdBGesR I/*v Ditfurth* § 7 Rz 46 mwN). Es empfiehlt sich, die Nachfolge in der Geschäftsführung gesellschaftsvertraglich zu regeln. 2

§ 711 Widerspruchsrecht. ¹**Steht nach dem Gesellschaftsvertrag die Führung der Geschäfte allen oder mehreren Gesellschaftern in der Art zu, dass jeder allein zu handeln berechtigt ist, so kann jeder der Vornahme eines Geschäfts durch den anderen widersprechen.** ²**Im Falle des Widerspruchs muss das Geschäft unterbleiben.**

§ 711 entspricht der gesetzlichen Regel der Geschäftsführung für die OHG (§ 115 HGB). Das **Widerspruchsrecht** setzt voraus, dass nach dem Gesellschaftsvertrag einer oder mehrere Gesellschafter je Einzelgeschäftsführungsbefugnis haben. Entspr gilt § 711, wenn die Geschäftsführung auf mehrere Gesellschaftergruppen aufgeteilt ist und jede Gruppe vorbehaltlich des Widerspruchs der anderen für sich allein handeln darf (MüHdBGesR I/*v Ditfurth* § 7 Rz 33 mwN). Das Widerspruchsrecht bezieht sich allein auf Geschäftsführungsmaßnahmen und besteht nur in dem Umfang, in der der Widersprechende selbst geschäftsführungsbefugt ist, also zB nicht, wenn er wegen Interessenkollision (§ 709 Rn 16) von der Mitwirkung an der Geschäftsführung ausgeschlossen ist. Das Widerspruchsrecht ist wie die Geschäftsführungsbefugnis selbst ein uneigennütziges **Pflichtrecht**, das im Interesse der Gesellschaft wahrzunehmen ist, wenn die beabsichtige Maßnahme nachteilig ist. Der Widerspruch ist eine empfangsbedürftige Willenserklärung und formlos, auch konkludent möglich. 1

Da der Widerspruch vor Ausführung der Geschäftsführungsmaßnahme zugehen muss, haben die geschäftsführenden Gesellschafter eine gegenseitige **Unterrichtungspflicht** über anstehende Maßnahmen mit einer Bedeutung, die erwarten lässt, dass die Mitgeschäftsführer auf eine vorherige Unterrichtung Wert legen (BGH BB 71, 759). Nur bei Verletzung der Unterrichtungspflicht besteht ein nachträgliches Widerspruchsrecht, das zur Rückgängigmachung der Maßnahme verpflichtet und die widersprechenden Gesellschafter dazu berechtigt (BGH aaO). 2

Der rechtzeitige Widerspruch schließt für das konkrete Geschäft die Einzelgeschäftsführungsbefugnis aus und begründet die Haftung des Handelnden, der sich darüber hinwegsetzt, § 678. Eine **Außenwirkung** entfaltet der Widerspruch außer bei Vollmachtsmissbrauch (s. § 164 Rn 69 ff) nach hM nicht (BGH WM 08, 1552, 1557; BGHZ 16, 394, 398 f; Erman/*Westermann* § 711 Rz 5; MüKo/*Ulmer/Schäfer* § 711 Rz 15; aA *Flume* I/1 § 15 II 4, 270 ff). 3

§ 712 Entziehung und Kündigung der Geschäftsführung. **(1) Die einem Gesellschafter durch den Gesellschaftsvertrag übertragene Befugnis zur Geschäftsführung kann ihm durch einstimmigen Beschluss oder, falls nach dem Gesellschaftsvertrag die Mehrheit der Stimmen entscheidet, durch Mehrheitsbeschluss der übrigen Gesellschafter entzogen werden, wenn ein wichtiger Grund vorliegt; ein solcher Grund ist insbesondere grobe Pflichtverletzung oder Unfähigkeit zur ordnungsmäßigen Geschäftsführung.**
(2) Der Gesellschafter kann auch seinerseits die Geschäftsführung kündigen, wenn ein wichtiger Grund vorliegt; die für den Auftrag geltende Vorschrift des § 671 Abs. 2, 3 findet entsprechende Anwendung.

A. Allgemeines. § 712 ist dispositiv, so dass Erleichterungen für Entziehung und Kündigung vereinbart werden können. Ein Verzicht auf das Kündigungsrecht nach § 712 II bleibt jedoch durch den Verweis auf § 671 III wirkungslos. Die Einschränkung oder der Ausschluss des Rechts nach § 712 I ist dagegen trotz § 314 möglich, weil die Geschäftsführungsbefugnis nicht dienstvertraglicher Natur ist und dann immer noch die Kündigung der Gesellschaft oder der Ausschluss des Betroffenen als Handlungsoption verbleibt (aA Dauner-Lieb/Langen/*Heidel/Pade* § 712 Rz 3). 1

B. Entziehung der Geschäftsführungsbefugnis. I. Anwendungsbereich. § 712 I findet in erster Linie auf die Fälle der übertragenen Geschäftsführung der §§ 710, 711 Anwendung, nach inzwischen hM richtigerweise aber auch auf Gesamtgeschäftsführer iSd § 709 (MüKo/*Ulmer/Schäfer* § 712 Rz 6; BaRoth/*Timm/Schöne* § 712 Rz 7; MüHdBGesR I/*v. Ditfurth* § 7 Rz 66; Erman/*Westermann* § 712 Rz 2), weil die Entziehung der Geschäftsführung das mildere Mittel ggü der Kündigung der Gesellschaft bzw dem Ausschluss des Betroffenen und zugleich im Interesse des Fortbestands der GbR ist. § 712 I gilt bei der Außen- wie bei der Innen-GbR (s. § 705 Rn 33 f). Ausgenommen ist nur die Innen-GbR ieS, wie zB der Unterbeteiligung, weil dort die Entziehung der Geschäftsführung die Grundstruktur der GbR umwälzen würde (Erman/*Westermann* § 712 Rz 2; MüHdBGesR I/*v Ditfurth* § 7 Rz 67 mwN). 2

3 **II. Wichtiger Grund.** Ein wichtiger Grund für die Entziehung liegt vor, wenn die weitere Geschäftsführung des Betroffenen (in dem vertraglich bestimmten Umfang) den Mitgesellschaftern unzumutbar ist und die Interessen der Gesellschaft erheblich gefährdet, was unter Abwägung aller Umstände des Einzelfalls und unter Beachtung der Treuepflicht zu beurteilen ist (BGH DB 08, 806 f; WM 67, 417). Ein Verschulden des Betroffenen ist beachtlich, aber – wie das zweite Bsp in § 712 I (Unfähigkeit zur Geschäftsführung) zeigt – nicht zwingende Voraussetzung. Bsp sind tiefgreifende Störungen des Vertrauensverhältnisses (BGH aaO), arglistiges oder sittenwidriges Verhalten (RG JW 35, 696), hartnäckiges Ignorieren der Mitwirkungsrechte der anderen Gesellschafter (BGH NJW 84, 173), offensichtlich sachfremde Widersprüche gegen Geschäftsführungsmaßnahmen (BGH NJW 72, 862), finanzielle Unregelmäßigkeiten (BGH DB 08, 806 f: auch in einer anderen Gesellschaft) oder ein unheilbares Zerwürfnis unter den Gesellschaftern (RGZ 162, 78, 83).

4 **III. Beschlussfassung.** Der Beschl wird ohne den Betroffenen gefasst, mangels abw vertraglicher Regeln (§ 709 Rn 17) durch die übrigen Gesellschafter einstimmig. Die Teilentziehung der Befugnisse ist möglich (BGH NJW-RR 02, 540 f). Mitgesellschafter können auf ihre Zustimmung zum Beschl verklagt werden, wenn ihnen die Mitwirkung zumutbar ist (MüKo/*Ulmer/Schäfer* § 712 Rz 15). In der **Zweipersonengesellschaft** tritt anstelle des Beschlusses die einseitige Erklärung des anderen Gesellschafters (RGZ 162, 78, 83). Die Entziehung der Geschäftsführung umfasst nicht ohne weiteres die Entziehung der Vertretungsmacht nach § 715, weshalb dies im Beschl klargestellt werden sollte. Der Beschl kann durch Feststellungsklage überprüft werden, die durch jeden Gesellschafter erhoben werden kann.

5 **Rechtsfolge der Entziehung** der übertragenen Geschäftsführung ist nach bisher hM das Aufleben der Gesamtgeschäftsführungsbefugnis des § 709. Mit vordringender Auffassung ist dies nur dann anzunehmen, wenn nur ein geschäftsführender Gesellschafter verbleibt, weil idR nicht das Erstarken seiner Befugnis zur Einzelgeschäftsführung gewollt sein wird (BGH NJW 64, 1624). Verbleiben aber zwei oder mehr geschäftsführende Gesellschafter, die nach den urspr Regelungen auf die Mitwirkung des Betroffenen nicht angewiesen sind, ist es dagegen richtig, dass diese ihre Befugnisse behalten (MüKo/*Ulmer/Schäfer* § 712 Rz 20; Erman/*Westermann* § 712 Rz 8; MüHdBGesR I/*v Ditfurth* § 7 Rz 70). Findet § 709 Anwendung, ist richtigerweise der betroffene Gesellschafter auch insoweit von der Geschäftsführung ausgeschlossen, weil die Entziehung der Geschäftsführung andernfalls einen großen Teil ihrer Wirkung verlieren würde (MüHdBGesR I/*v Ditfurth* § 7 Rz 71; aA Staud/*Kessler* § 712 Rz 5).

6 **C. Kündigung.** Auch die Kündigung ist nicht beliebig, sondern nur aus wichtigem Grund möglich. Ein **wichtiger Grund** liegt vor, wenn es dem Kündigenden unzumutbar ist, seine Pflichten als Geschäftsführer zu erfüllen, wobei es auch hier auf die Umstände des Einzelfalls ankommt. Die Rechtsfolge entspricht der bei der Entziehung (Rn 5).

7 Nach früher hM soll das Kündigungsrecht nicht für den Fall der gesetzlichen Geschäftsführung nach § 709 gelten, weil sie den Gesellschafter weniger belaste. Richtigerweise kommt sie aber auch dann in Betracht, wobei die geringere Belastung bei Ermittlung des wichtigen Grunds zu berücksichtigen ist (MüHdBGesR I/*v Ditfurth* § 7 Rz 72 mwN).

§ 713 Rechte und Pflichten der geschäftsführenden Gesellschafter.
Die Rechte und Verpflichtungen der geschäftsführenden Gesellschafter bestimmen sich nach den für den Auftrag geltenden Vorschriften der §§ 664 bis 670, soweit sich nicht aus dem Gesellschaftsverhältnis ein anderes ergibt.

1 **A. Allgemeines.** § 713 gilt für jede Art von Geschäftsführung aufgrund der Gesellschafterstellung, auch für die übertragene Geschäftsführung iSd § 710. Auch bei Vereinbarung einer festen Vergütung des geschäftsführenden Gesellschafters wird regelmäßig kein Auftrags- oder Dienstverhältnis bestehen. Die §§ 664–670 gelten unter dem Vorbehalt, dass sich aus dem Gesellschaftsverhältnis nichts anderes ergibt. Zur Vergütung und zum Aufwendungsersatz s. schon § 709 Rn 6 u 7. Denkbar ist neben der Geschäftsführung eine weitergehende Tätigkeit eines Gesellschafters aufgrund eines **gesonderten Auftrags**, für den die allgemeinen Regeln, also auch abw von § 708 die allgemeinen Haftungsregeln gelten, wenn nichts anderes vereinbart ist.

2 **B. Die einzelnen Vorschriften. I. § 644.** Die Unübertragbarkeit der Geschäftsführungsbefugnis ergibt sich nicht erst aus § 664, sondern folgt schon aus ihrer mitgliedschaftlichen Natur (s. § 709 Rn 3). Das Haftungsprivileg des § 664 I 2 gilt nur, wenn dem geschäftsführenden Gesellschafter die Übertragung eigener Aufgaben gestattet ist. Andernfalls haftet er nach § 708 für Schäden, die der von ihm unbefugt Beauftragte verursacht.

3 **II. § 645.** § 665 kann nur anwendbar werden, soweit Weisungen an den geschäftsführenden Gesellschafter durch Gesellschaftsvertrag oder Mehrheitsbeschluss nach § 709 II erteilt wurden. IÜ ist der Geschäftsführer anders als der Beauftragte nicht durch Weisungen gebunden.

4 **III. § 666.** Die Pflichten des § 666 bestehen anders als die Auskunftspflichten der §§ 716 und 721 nicht ggü einzelnen Gesellschaftern, sondern ggü der GbR, können aber im Wege der actio pro socio (§ 705 Rn 28) von einzelnen Gesellschaftern eingeklagt werden. Die Auskunftspflicht des § 666 Alt 1 verpflichtet den Geschäftsführer unaufgefordert zur Information der Gesellschafter über die Geschäfte, § 666 Alt 2 zusätzlich auf Ver-

Vertretungsmacht § 714

langen über den Stand der Geschäfte. § 666 Alt 3 begründet schließlich eine Rechenschaftspflicht bei Beendigung des Auftrags, hier der Geschäftsführung. Die Rechenschaftspflicht setzt bei längerfristig angelegter GbR Buchführung (§ 712 II) und geordnete Aufzeichnungen voraus. Bedeutung hat die Rechenschaftspflicht wegen § 721 primär bei vorzeitigem Ausscheiden des Geschäftsführers aus der Gesellschaft oder Beendigung seiner Geschäftsführungsbefugnis. Zum Inhalt der Rechenschaftspflicht s. § 259 Rn 3. Jedenfalls bei Gesellschaften mit erheblichem Vermögen kann sie wg § 138 nicht abbedungen werden (BGH WM 65, 709, 710).

IV. §§ 667, 668. Die Herausgabe- und Verzinsungspflicht der §§ 667 und 668 ist idR nur bei der Innen-GbR 5 iwS (mit Gesellschaftsvermögen) relevant, da das Vermögen bei der Innen-GbR ieS ohnehin beim (geschäftsführenden) Hauptgesellschafter verbleibt und bei der Außengesellschaft Gegenstände unmittelbar für das Gesamthandsvermögen erworben werden. § 667 erstreckt sich auch auf Sondervorteile, die der Geschäftsführer iR seiner Tätigkeit erwirbt (BGH NJW 80, 339, 340).

V. §§ 670, 669. Nach §§ 670, 669 hat der Geschäftsführer Anspruch auf Ersatz seiner Aufwendungen, die er 6 zum Zwecke der Geschäftsführung getätigt hat, und kann hierfür einen Vorschuss verlangen. Die Ansprüche richten sich zunächst nur gegen die Gesellschaft (BGH NJW 80, 339, 340), bei Fehlen einer abw Vereinbarung gegen die Mitgesellschafter wg § 707 erst iRd Liquidation (BGH NJW-RR 89, 966; NJW 80, 339, 340; 62, 1863; Kobl BB 80, 855; aA MüKo/*Ulmer*/*Schäfer* § 713 Rz 15: schon vorher, wenn aus Gesellschaftsvermögen kein Ersatz zu erlangen ist). Aufwendungen sind nach hM wie bei § 110 HGB auch alle Verluste (zB Vermögensnachteile wg Körper- oder Sachschäden), die der Geschäftsführer als tätigkeitsspezifisches Risiko erleidet (s. § 709 Rn 7), nicht dagegen Verluste aus dem allg Lebensrisiko (MüHdBGesR I/v. *Ditfurth* § 7 Rz 19). Der Anspruch auf Aufwendungsersatz begründet keine Tätigkeitsvergütung, weil Tätigkeit aus mitgliedschaftlicher Geschäftsführungspflicht resultiert (hM, s. § 709 Rn 6; MüKo/*Ulmer*/*Schäfer* § 713 Rz 17).

VI. Schadensersatzansprüche wegen Geschäftsführung. Schadensersatzansprüche gegen den Geschäftsführer ergeben sich nicht aus § 713, sondern aus den allg Regeln iVm § 708 (vgl dort insb Rn 7 f). 7

§ 714 Vertretungsmacht. Soweit einem Gesellschafter nach dem Gesellschaftsvertrag die Befugnis zur Geschäftsführung zusteht, ist er im Zweifel auch ermächtigt, die anderen Gesellschafter Dritten gegenüber zu vertreten.

A. Allgemeines. § 714 betrifft die organschaftliche Vertretungsmacht der für die Außen-GbR handelnden 1 Geschäftsführer und enthält die Auslegungsregel, dass Geschäftsführungsbefugnis und Vertretungsmacht im Zweifel übereinstimmen. Für die Innen-GbR ist § 714 nicht relevant (vgl § 705 Rn 33). Die organschaftliche Vertretungsmacht ist **Ausfluss des Mitgliedsrechts** und damit ebenso wenig wie die organschaftliche Geschäftsführungsbefugnis (§ 709 Rn 3) übertragbar und mangels abw Regelung nur zusammen mit dieser aus wichtigem Grund zu entziehen (§ 715). Auf die **gewillkürte Vertretungsmacht** durch rechtsgeschäftliche Vollmacht (an Gesellschafter oder Dritte, zur Zulässigkeit BGH NJW 83, 2498) finden die allg Regeln der §§ 164 ff Anwendung. Mangels einer gesonderten Bestimmung dazu (wie § 128 HGB für OHG) ist § 714 (teils historisch bedingt wegen früher herrschender Doppelverpflichtungstheorie, dazu MüKo/*Ulmer*/*Schäfer* § 714 Rz 3) auch der Ort für die Diskussion der Haftung der Gesellschafter.

B. Vertretung der Außen-GbR. I. Organschaftliche Vertretung. Der Wortlaut von § 714 deutet darauf hin, 2 dass es sich hierbei um die Vertretung der anderen Gesellschafter handelt. Seit Anerkennung der Rechtsfähigkeit der Außen-GbR auch in der Rspr (BGH NJW 01, 1056; bestätigt in NJW 02, 1642) steht es aber fest, dass es um die Vertretung der Außen-GbR selbst als selbstständigem Objekt von Rechten und Pflichten geht. Die geschäftsführenden Gesellschafter nehmen damit als Organe der Gesellschaft am Rechtsverkehr teil, womit ihre Vertretungsmacht wie bei den Personenhandelsgesellschaften organschaftlicher Natur ist (Soergel/*Hadding* § 714 Rz 7; MüKo/*Ulmer*/*Schäfer* § 714 Rz 16 f; aA die früher hM BGH WM 71, 1198 f; Staud/*Kessler* § 714 Rz 5). Auf die organschaftliche Vertretung finden §§ 164 ff nur eingeschränkt Anwendung: Ein einseitiges Rechtsgeschäft des Geschäftsführers ohne Empfänger nach § 174 ist zurückgewiesen worden (BGH NJW 02, 1194, 1195) und eine wirksame Vertretung der GbR setzt nach § 164 I iVm II voraus, dass das **Handeln für die GbR erkennbar** ist (Erman/*Westermann* § 714 Rz 7; Soergel/*Hadding* § 714 Rz 19; MüKo/*Ulmer*/*Schäfer* § 714 Rz 26). Auch gilt § 166 für Willensmängel und Wissenszurechnung bei der GbR (Palandt/*Sprau* § 714 Rz 6; vgl auch BGH NJW 99, 284, 286). Aus der Rechtsfähigkeit der Außen-GbR und der organschaftlichen Natur ihrer Vertretung folgt die Zurechnung schädigenden Verhaltens der Geschäftsführer nach § 31 (BGH NJW 03, 1445).

II. Auslegungsregel des § 714. Die Auslegungsregel des § 714 sorgt für den regelmäßigen Gleichlauf von 3 Geschäftsführungsbefugnis und Vertretungsmacht. Zu den verschiedenen Arten der Geschäftsführung vgl § 709 Rn 9, 12, § 710 Rn 1 f. Ist mehrheitliche Gesamtgeschäftsführung iSd § 709 II vereinbart, genügt die Vertretung unter Mitwirkung der entspr Mehrheit (Soergel/*Hadding* § 714 Rz 14; MüKo/*Ulmer*/*Schäfer* § 714 Rz 19). Eine weitergehende Vertretungsmacht kann konkludent eingeräumt werden (BGH BB 05, 792). Bei Wegfall eines von zwei Gesamtvertretern erstarkt nicht die Vertretungsbefugnis des verbleibenden zur Einzelvertretungsbefugnis, sondern führt zur Gesamtvertretungsbefugnis der verbleibenden Gesellschafter (BGH NJW 64, 1624). Anderes gilt aber dann, wenn einer von zwei Gesamtvertretern wegen des Verbots des Selbstkontrahierens (§ 181) gehindert ist, womit der verbleibende einzelvertretungsbefugt ist (BGH NJW 75, 1117; MüKo/*Ulmer/Schäfer* § 714 Rz 30). Der Widerspruch gegen eine Geschäftsführungsmaßnahme nach § 711 lässt die Vertretungsmacht des Handlungswilligen unberührt (BGH NJW 55, 825, 826; NJW-RR 91, 1441; MüKo/*Ulmer/Schäfer* § 714 Rz 20). Da § 714 nur eine Auslegungsregel ist, sind abw Regelungen unbenommen. Zur Anwendung von §§ 1821 f auf minderjährige Geschäftsführer vgl § 1821 Rn 4.

4   **III. Umfang und Grenzen der Vertretungsmacht. 1. Umfang der Vertretungsmacht.** Anders als bei Personenhandelsgesellschaften (§ 126 HGB) kann der **Umfang** der Vertretungsmacht wie auch die Geschäftsführungsbefugnis durch den Gesellschaftsvertrag **frei gestaltet** werden (BGH NJW 99, 3483; 62, 2344). Ebenso wenig wie die Geschäftsführungsbefugnis bezieht sich auch die Vertretungsmacht weder auf Grundlagengeschäfte (dazu § 709 Rn 2) noch auf Handlungen jenseits des Gesellschaftszwecks (MüKo/*Ulmer/Schäfer* § 714 Rz 25; str). Gesamtvertretungsberechtigte Geschäftsführer können für einzelne Maßnahmen, nicht aber generell (BGH ZIP 86, 501, 503), einen von ihnen zur Einzelvertretung ermächtigen. Auch bei Gesamtvertretung ist jeder Geschäftsführer zur Entgegennahme von Willenserklärungen berechtigt (BGH NJW 74, 1194) und genügt für die Zurechnung nach § 166 die Kenntnis nur eines Gesamtvertreters (BGH NJW 99, 284). Die Vertretungsmacht umfasst auch die Geltendmachung von Sozialansprüchen gegen Gesellschafter (vgl auch zur actio pro socio § 705 Rn 28) und die Vertretung im Prozess (BGH NJW-RR 04, 275, 276).

5   **2. § 181.** Das **Selbstkontrahierungsverbot** des § 181 gilt für den Geschäftsführer der GbR nach den allg Grundsätzen, kann aber generell oder für den Einzelfall abbedungen werden. Zur Vertretungsbefugnis des verbleibenden Gesamtgeschäftsführers vgl Rn 5.

6   **3. Anscheins- und Duldungsvollmacht.** Überschreitet ein Geschäftsführer seine Vertretungsmacht, kommt eine Haftung der GbR unter Anwendung der Grundsätze über die Anscheins- und Duldungsvollmacht in Betracht (vgl § 167 Rn 37 ff), was auch zur akzessorischen Haftung der Gesellschafter führt. Andernfalls gelten die §§ 177–179.

7   **C. Akzessorische Haftung der Gesellschafter. I. Grundlagen. 1. Relevanz bei Außen-GbR.** Mit der Anerkennung der Rechtsfähigkeit der **Außen-GbR** (mit eigenem Vermögen und eigenen Verbindlichkeiten) hat der BGH zugleich die akzessorische Haftung der Gesellschafter für Verbindlichkeiten der GbR wie im Falle der OHG (§§ 128–130 HGB) festgeschrieben und damit einen langjährigen Streit zwischen den Anhängern der früher herrschenden Doppelverpflichtungstheorie und denen der Akzessorietätstheorie zugunsten der letzteren entschieden (BGHZ 146, 341; 150 I). Danach hat die Außen-GbR nicht nur eigenes Vermögen, sondern auch eigene Verbindlichkeiten und haften die Gesellschafter für diese Verbindlichkeiten (untereinander als Gesamtschuldner) persönlich. Die **Innen-GbR** nimmt dagegen weder am Geschäftsverkehr teil noch tritt sie sonst nach außen in Erscheinung, weshalb sie auch keine eigenen gesetzlichen Verpflichtungen begründen kann. Damit kommen bei der Innen-GbR eigene Verbindlichkeiten und eine akzessorische Haftung der Gesellschafter nicht in Betracht, vielmehr nur Ausgleichsansprüche im Innenverhältnis nach § 713 iVm § 670. Zum gemeinschaftlichen Handeln der Gesellschafter einer Innen-GbR vgl MüKo/*Ulmer/Schäfer* § 714 Rz 10.

8   **2. Sachlicher Umfang.** Der sachliche Umfang der akzessorischen Gesellschafterhaftung umfasst im Grundsatz alle Verbindlichkeiten der Außen-GbR, also nicht nur rechtsgeschäftliche, sondern auch gesetzliche (BGH NJW 03, 1445, 1446) wie zB Verpflichtungen aus cic, Produkthaftung, Bereicherungsrecht und öffentlich-rechtlichen Normen. Hierzu zählen auch Verbindlichkeiten der GbR ggü Gesellschaftern aus Drittgeschäften (§ 705 Rn 31). Die akzessorische Gesellschafterhaftung erstreckt sich dabei auch auf deliktische Verbindlichkeiten, für die die Außen-GbR über die Zurechnungsnorm des § 31 haftet (BGH ZIP 07, 1460 f, NJW 03, 1445, 1446; *K. Schmidt* NJW 03, 1897, 1898 ff; *Ulmer* ZIP 03, 1113, 1114 f; aA *Flume* DB 03, 1775 ff).

9   **3. Persönliche Reichweite.** Die persönliche Reichweite der Haftung erstreckt sich auf alle Personen, die bei Begründung der Verbindlichkeit **Gesellschafter der Außen-GbR** waren (vgl für ausgeschiedene Gesellschafter § 736 II iVm § 160 HGB) auch der **Treuhänder**-Gesellschaft, nicht aber den offenen oder verdeckten Treugeber (BGH DStR 09, 335; 1920). Eintretende Gesellschafter haften entspr § 130 HGB für vorher begründete Verbindlichkeiten (BGH NJW 03, 1803; für die entspr Anwendung auch des § 139 HGB richtig MüKo/*Ulmer/Schäfer* § 714 Rz 74). Über die Rechtsscheinsgrundsätze erfasst die Haftung auch Scheingesellschafter oder Mitglieder einer Scheingesellschaft (BGH ZIP 07, 1460 f). Dagegen hält der BGH an seiner früheren Rspr fest, dass Mitglieder einer als Außen-GbR organisierten **Bauherrengemeinschaft** nur anteilig für die Schulden der GbR haften (BGH NJW 02, 1642). Mittelbar Beteiligte wie Treugeber oder Unterbeteiligte haften nicht, weil sie nur interne Rechte und Pflichten haben (BGH DStR 09, 1920; MüKo/*Ulmer/Schäfer* § 714 Rz 42 mwN).

10   **4. Inhalt der akzessorischen Haftung.** Der Inhalt der akzessorischen Haftung richtet sich grds nach der Verpflichtung der Außen-GbR, dh jeder Gesellschafter kann vom Gläubiger persönlich primär und sofort auf Erfüllung der Pflichten der GbR in Anspruch genommen werden (Erfüllungstheorie, BGH NJW 81, 1095, 1096; 87, 2367, 2369), jedenfalls aber haftet der Gesellschafter auf Schadensersatz wegen Nichterfüllung. Aus-

nahmen von der Primärleistungspflicht sind je nach Gestaltung der GbR in Einzelfällen denkbar (dazu MüKo/*Ulmer/Schäfer* § 714 Rz 44). Und die akzessorische Haftung ermöglicht es nicht, Gesellschafter auf Abgabe einer Willenserklärung der Gesellschaft in Anspruch zu nehmen (BGH WM 08, 738 f). Die Tilgung der Verbindlichkeit durch die GbR oder der Erlass ggü der GbR führen zum Erlöschen der akzessorischen Pflicht der Gesellschafter (aA zum Erlass, allerdings noch auf der Grundlage der Doppelverpflichtungstheorie, BGH WM 75, 974). Bei **Insolvenz** der Außen-GbR ist entspr § 93 InsO nur der Insolvenzverwalter zur Inanspruchnahme der Gesellschafter berechtigt und Prozesse der Gläubiger gegen Gesellschafter werden unterbrochen (BGH NJW 03, 590, 591).

II. Verhältnis der Haftung von Gesellschaft und Gesellschaftern untereinander. 1. Keine Gesamtschuld. 11
Zwischen der GbR und ihren Gesellschaftern besteht keine Gesamtschuld, weil die Haftung nicht gleichrangig ist, vielmehr die Natur der Haftung der Gesellschafter wie die einer selbstschuldnerischen Bürgenhaftung ist (MüKo/*Ulmer/Schäfer* § 714 Rz 47; *Habersack* AcP 198 (1998), 152, 159 ff). Folglich sind die §§ 422 ff im Verhältnis zwischen GbR und Gesellschafter nicht maßgeblich: Die Haftung des Gesellschafters besteht stets in dem Umfang wie die Haftung der GbR selbst.

2. Einwendungen und Einreden des Gesellschafters. Der Gesellschafter kann gegen einen Anspruch nicht 12
nur das Nichtbestehen der Verbindlichkeit der GbR einwenden (schon wegen der Akzessorietät seiner Verpflichtung), sondern gem § 129 I HGB analog auch alle rechtsvernichtenden Einreden der GbR erheben. Rechtshindernde oder rechtsvernichtende Gestaltungsrechte der GbR begründen gem § 129 II, III HGB analog persönliche Einreden des Gesellschafters (MüKo/*Ulmer/Schäfer* § 714 Rz 51; Palandt/*Sprau* § 714 Rz 15). Zusätzlich kann der Gesellschafter persönliche Einwendungen und Einreden wie Erlass, Stundung oder Aufrechnung mit eigener Forderung nach allgemeinem Schuldrecht geltend machen (MüKo/*Ulmer/Schäfer* § 714 Rz 49). Umgekehrt kann die GbR solche Einwendungen oder Einreden von Gesellschaftern nicht nutzen (BGH NJW 01, 1056, 1061).

3. Regress des Gesellschafters. Hat der Gesellschafter geleistet, kann er von der GbR gem §§ 713 iVm 670 13
Regress beanspruchen. Entgegen der hM vor Etablierung der Akzessorietätstheorie geht die Forderung des Gläubigers kraft cessio legis auf den leistenden Gesellschafter über (*Habersack* AcP 198 (98), 152, 159 ff; MüKo/*Ulmer/Schäfer* § 714 Rz 54) und damit auch akzessorische Sicherheiten und Vorzugsrechte gem §§ 401, 412 (MüKo/*Ulmer/Schäfer* § 714 Rz 54; BaRoth/*Timm/Schöne* § 714 Rz 29, 31). Wegen § 707 ist dagegen auch bei Ersatzansprüchen wegen Befriedigung von Gesellschaftsgläubigern (zum Ausgleich bei Sozialansprüchen s. schon § 705 Rn 29) ein **Ausgleich gegen Mitgesellschafter** idR nicht möglich, es sei denn, die GbR selbst hat keine verfügbaren Mittel zum Ausgleich. Dann kann der leistende Gesellschafter von den Mitgesellschaftern gem § 426 nach dem Maßstab der jeweiligen Verlustbeteiligung anteilig Ausgleich verlangen (BGH NJW 80, 339, 340; ZIP 02, 394, 396). Bei Verlusten wegen schuldhaften Verhaltens eines Gesellschafters kommt ein Innenausgleich nach dem Gedanken des § 254 gem der Verantwortung der Gesellschafter in Betracht (BGH WM 08, 1873). Bei Ausfall eines Gesellschafters ist sein Anteil auf die zahlungsfähigen Mitgesellschafter quotal umzulegen (BGH NJW 62, 1863). Der Ausgleichsanspruch entsteht bereits mit Entstehen des Gesamtschuldverhältnisses, also nicht erst mit der eigenen Leistung, (BGH ZIP 07, 2313 f).

III. Haftungsbeschränkung. Die Haftung kann ggü Gläubigern **ausdrücklich oder konkludent** auf das Vermögen der GbR beschränkt werden (Bsp BGH DStR 06, 335 f), doch genügt dafür der Zusatz „mbH" nicht 14
(BGH NJW 99, 3483; KG NZG 04, 714, 715; zum Vertrauensschutz für Altfälle BGH NJW 02, 1642 f). Wegen § 307 scheitert auch Haftungsbeschränkung durch AGB (krit MüKo/*Ulmer/Schäfer* § 714 Rz 66), wobei der BGH eine wenig systematische Ausnahme für **Publikumsgesellschaften** macht (BGH NJW 02, 1642, vgl § 705 Rn 49) und gesetzliche Sonderregeln zur Haftungsbeschränkung für rechts- und wirtschaftsberatende Berufe vorgehen. Die Lit befürwortet auch bei anderen Ausgestaltungen der GbR Erleichterungen (s. MüKo/*Ulmer/Schäfer* § 714 Rz 61).

§ 715 Entziehung der Vertretungsmacht.
Ist im Gesellschaftsvertrag ein Gesellschafter ermächtigt, die anderen Gesellschafter Dritten gegenüber zu vertreten, so kann die Vertretungsmacht nur nach Maßgabe des § 712 Abs. 1 und, wenn sie in Verbindung mit der Befugnis zur Geschäftsführung erteilt worden ist, nur mit dieser entzogen werden.

§ 715 betrifft die organschaftliche Vertretungsmacht (auch als Gesamtvertretung nach §§ 709, 714). Die 1
Voraussetzungen für ihre Entziehung (wichtiger Grund und Beschl) entsprechen § 712. Kündigt ein Gesellschafter die Geschäftsführung nach § 712 II, erlischt damit im Zweifel auch seine Vertretungsmacht.

§ 716 Kontrollrecht der Gesellschafter.
(1) Ein Gesellschafter kann, auch wenn er von der Geschäftsführung ausgeschlossen ist, sich von den Angelegenheiten der Gesellschaft persönlich unterrichten, die Geschäftsbücher und die Papiere der Gesellschaft einsehen und sich aus ihnen eine Übersicht über den Stand des Gesellschaftsvermögens anfertigen.

(2) Eine dieses Recht ausschließende oder beschränkende Vereinbarung steht der Geltendmachung des Rechts nicht entgegen, wenn Grund zu der Annahme unredlicher Geschäftsführung besteht.

1 **A. Grundlagen.** § 716 gewährt dem einzelnen Gesellschafter ein individuelles mitgliedschaftliches Kontrollrecht, das sich gegen die Gesamthand richtet, aber auch unmittelbar gegen den Geschäftsführer durchgesetzt werden kann (Saarbr NZG 02, 669). Es besteht auch noch in der Liquidation (BGH BB 70, 187) unabhängig von der Rechnungslegung nach § 721 I, nicht aber zugunsten des ausgeschiedenen Gesellschafters, den der BGH auf §§ 810, 242 verweist (BGH WM 94, 1925, 1928). Demgegenüber begründet § 713 iVm § 666 ein Auskunftsrecht der GbR gegen den Geschäftsführer. Das Kontrollrecht ist in der Grenze des § 716 II dispositiv, wobei die Voraussetzungen von II nicht zu hoch gesteckt werden dürfen. Es genügt der glaubhaft vorgetragene und nicht ausgeräumte Verdacht pflichtwidriger Schädigung durch den Geschäftsführer (BGH WM 84, 807, 808).

2 Das Kontrollrecht setzt kein besonderes Interesse voraus, darf aber nicht rechtsmissbräuchlich (zB zur Unzeit oder für Wettbewerbshandeln) ausgeübt werden. Als **Mitverwaltungsrecht** ist das Kontrollrecht höchstpersönlich und nicht übertragbar (BGHZ 25, 115, 122 f), wohl aber durch gesetzlichen Vertreter ausübbar (BGH NJW 65, 1961). Die **Beiziehung freiberuflicher Sachverständiger** als Hilfsperson ist dagegen zulässig (BGH NJW 57, 1555; BB 84, 1274 f). Das Kontrollrecht kann sich auf Einsicht durch den Sachverständigen beschränken, wenn der Gesellschafter potenzieller Wettbewerber der GbR ist (BGH NJW 95, 194, 195; WM 82, 1403 f).

3 **B. Gegenstand des Kontrollrechts.** Das Kontrollrecht richtet sich auf eigenständige Informationsbeschaffung, auf Auskunft dagegen nur, wenn die erforderlichen Angaben aus den Büchern, Papieren und anderen Aufzeichnungen (EDV) nicht ersichtlich sind (BGH BB 84, 1271, 1272; Saarbr NZG 02, 669, 670). Die Reichweite des Einsichtsrechts entspricht § 118 HGB. Es umfasst das Recht zur Einsicht in Papiere zu Beteiligungsgesellschaften der GbR (BGH BB 84, 1271, 1272) und – vorbehaltlich eines Geheimhaltungsinteresses der GbR – zur Anfertigung von Kopien auf eigene Kosten (Köln ZIP 85, 800, 802).

§ 717 Nichtübertragbarkeit der Gesellschafterrechte.
¹Die Ansprüche, die den Gesellschaftern aus dem Gesellschaftsverhältnis gegeneinander zustehen, sind nicht übertragbar. ²Ausgenommen sind die einem Gesellschafter aus seiner Geschäftsführung zustehenden Ansprüche, soweit deren Befriedigung vor der Auseinandersetzung verlangt werden kann, sowie die Ansprüche auf einen Gewinnanteil oder auf dasjenige, was dem Gesellschafter bei der Auseinandersetzung zukommt.

1 **A. Grundlagen.** Gem 1 sind nach hM nicht etwa nur Ansprüche (so der Wortlaut), sondern alle aus der Mitgliedschaft fließenden Rechte der Gesellschafter, also alle individuellen Verwaltungs- und – vorbehaltlich 2 – Vermögensrechte, unübertragbar (sog **Abspaltungsverbot**). Für Rechte der GbR selbst gilt § 717 nicht. § 717 1 ist zwingend (BGH NJW 52, 178; 62, 738), die Ausnahmen nach 2 sind abdingbar. 1 hindert aber nicht die einvernehmliche Überlassung einzelner Rechte zur Ausübung an Dritte (zB Geschäftsführung und Vertretung kraft Vollmacht), weil die überlassenen Rechte jederzeit wieder entzogen werden können (BGH NJW 62, 738). Zu den von § 717 erfassten Verwaltungsrechten der Gesellschafter zählen das Stimmrecht, das Kontrollrecht, die Geschäftsführungsbefugnis und Vertretungsmacht, das Recht zur Mitwirkung bei der Liquidation, das Kündigungsrecht und die actio pro socio. Die Vermögensrechte umfassen neben den in 2 genannten auch Ansprüche aus Sozialverpflichtungen der GbR (§ 705 Rn 29). Das Abspaltungsverbot folgt aus dem Wesen der Gesamthand.

2 Nicht erfasst von § 717 sind dagegen Ansprüche eines Gesellschafters aus Drittverhältnissen, weil sie ihren Ursprung nicht in der Mitgliedschaft haben. Bei dem Abspaltungsverbot geht es um das Verbot der Übertragung von Rechten an Nichtgesellschafter. Einer unterschiedlichen Ausgestaltung der Mitgliedschaftsrechte der Gesellschafter, die vorbehaltlich des Schutzes des mitgliedschaftlichen Kernbereichs (§ 709 Rn 18) zulässig ist, steht es nicht entgegen. Zur Stimmbindung s. § 709 Rn 15.

3 Bei **Treuhand** und **Unterbeteiligung** bleiben die Gesellschafterrechte grds beim Treuhänder bzw Hauptbeteiligten, doch können bei Offenlegung des Rechtsverhältnisses und Zustimmung der Mitgesellschafter auch dem Treugeber bzw Unterbeteiligten ohne Verstoß gegen das Abspaltungsverbot unmittelbare Rechtsbeziehungen zustehen (dazu MüKo/*Ulmer* § 705 Rz 89 ff und 92 ff). Ob der mit Zustimmung der Mitgesellschafter eingeräumte dingliche **Nießbrauch** die Überlassung von Verwaltungsrechten zulässt, ist höchst strittig (Dauner-Lieb/*Heidel*/Pade § 717 Rz 3).

4 **B. Übertragbare Vermögensansprüche.** Nach 2 sind Ansprüche des Gesellschafters auf Geschäftsführervergütung, auf Gewinnanteile und sein Anteil am Auseinandersetzungsguthaben selbstständig übertragbar und pfändbar. Gleiches gilt für den Anspruch auf Rückgabe überlassener Vermögensgegenstände (BGH NJW 98, 1551, 1552). Erworben wird nur die künftige Forderung, nicht die darauf bezogenen Verwaltungsrechte (BGH WM 83, 1279, 1280; zum Recht zur Durchsetzung im Klageweg BGH DStR 09, 495). So kann der Erwerb durch Änderung des GbR-Vertrages oder Übertragung des Gesellschaftsanteils (BGH NJW 97, 3370, 3371) vereitelt werden und die Verpfändung sowie Pfändung geht der Abtretung vor.

§ 718 Gesellschaftsvermögen. (1) Die Beiträge der Gesellschafter und die durch die Geschäftsführung für die Gesellschaft erworbenen Gegenstände werden gemeinschaftliches Vermögen der Gesellschafter (Gesellschaftsvermögen).
(2) Zu dem Gesellschaftsvermögen gehört auch, was auf Grund eines zu dem Gesellschaftsvermögen gehörenden Rechts oder als Ersatz für die Zerstörung, Beschädigung oder Entziehung eines zu dem Gesellschaftsvermögen gehörenden Gegenstands erworben wird.

A. Grundlagen. § 718 ist zusammen mit § 719 und § 738 I 1 die Grundregel für das Gesamthandprinzip und grenzt dabei das Gesamthandsvermögen iS eines den Gesellschaftern zur gesamten Hand zustehenden Sondervermögens von dem Privatvermögen der Gesellschafter ab. Das Gesamthandsvermögen steht sachenrechtlich den Gesellschaftern als Personengruppe zu und ist von dem wertmäßigen Anteil jedes Gesellschafters am gesamthänderisch gebundenen Vermögen zu unterscheiden. § 718 ist dispositiv und so sind GbRs ohne Gesellschaftsvermögen zulässig. Beispiele sind die Innen-GbR (§ 705 Rn 33 f) oder die Außen-GbR, der die Gesellschafter Vermögen nur zur Nutzung überlassen (BGH WM 65, 744, 745) und für die vereinbart ist, dass weitere dem gemeinsamen Zweck dienende Vermögensgegenstände (zB Sozialansprüche gegen Gesellschafter) als Bruchteilseigentum gehalten werden. 1

B. Gesellschaftsvermögen und -schulden. I. Vermögen. Zum Gesellschaftsvermögen iSd § 718 zählen alle Vermögensgegenstände, die der Gesellschaft als Sondervermögen ihrer Gesellschafter gesamthänderisch zugeordnet sind. § 718 I nennt ausdrücklich Beiträge der Gesellschafter (§§ 705 f), aber schon der Sozialanspruch der GbR auf Beitragsleistung fällt in ihr Gesamthandvermögen und kann aufgrund eines Titels gegen die GbR gepfändet und überwiesen werden (MüKo/*Ulmer/Schäfer* § 718 Rz 16). Zu den für die Gesellschaft erworbenen Gegenständen zählen alle Sachen, Rechte und sonstigen Vermögensgegenstände, die rechtsgeschäftlich (im Namen der GbR oder durch Geschäft für den, den es angeht) oder originär (§§ 946 ff) von der GbR erworben werden. Bei Erwerb eines Geschäftsführers im eigenen Namen hat die GbR einen Übertragungsanspruch gegen ihn gem §§ 713, 667. § 718 II erstreckt das Gesellschaftsvermögen auf Surrogate für Vermögensgegenstände der GbR. Im der ersten Alternative handelt es sich um den Erwerb aufgrund eines zum Gesellschaftsvermögen gehörenden Rechts, zB Sach- und Rechtsfrüchte (§ 99), in der zweiten um den Ersatz für die Zerstörung, Beschädigung oder Entziehung eines Vermögensgegenstands der Gesamthand. 2

II. Verbindlichkeiten. Korrespondierend zu § 718 ist es anerkannt, dass die GbR auch **eigene Verbindlichkeiten** haben kann. Diese können rechtsgeschäftlich, durch Gesellschaftsvertrag oder durch Gesetz begründet werden. Die Begründung rechtsgeschäftlicher Verbindlichkeiten setzt die ordnungsgemäße Vertretung der GbR voraus (§ 714 Rn 1 f). Verbindlichkeiten aus Gesellschaftsvertrag sind die Sozialverpflichtungen der GbR (§ 705 Rn 29) zB ggü dem Geschäftsführer auf Vergütung oder ggü den Gesellschaftern auf Gewinn oder Auseinandersetzungsguthaben. Zu den gesetzlichen Verbindlichkeiten zählen neben Verpflichtungen nach §§ 713 iVm 670 auf Aufwendungsersatz auch solche auf Haftung aus Organverschulden. Nach Anerkennung der Rechts- und Parteifähigkeit der GbR ist die **Klage** gegen diese selbst zu richten. Daneben ist weiterhin eine Vollstreckung aus einem Titel gegen sämtliche übrigen Gesellschafter in das Gesellschaftsvermögen möglich, § 736 ZPO (BGH NJW 01, 1056, 1060). Zur akzessorischen Haftung der Gesellschafter s. § 714 Rn 7 ff. 3

§ 719 Gesamthänderische Bindung. (1) Ein Gesellschafter kann nicht über seinen Anteil an dem Gesellschaftsvermögen und an den einzelnen dazu gehörenden Gegenständen verfügen; er ist nicht berechtigt, Teilung zu verlangen.
(2) Gegen eine Forderung, die zum Gesellschaftsvermögen gehört, kann der Schuldner nicht eine ihm gegen einen einzelnen Gesellschafter zustehende Forderung aufrechnen.

A. Grundlagen. § 719 ergänzt in I das schon in § 718 angesprochene Gesamthandsprinzip, während II eher nur eine Klarstellung ist, weil es schon an der für die Aufrechnung notwendigen Gegenseitigkeit der Forderungen fehlt. Ausgangspunkt der Bestimmung ist der Grundsatz, dass das Gesamthandvermögen sachenrechtlich den Gesellschaftern als Personengruppe zusteht (§ 718 Rn 1), jeder Gesellschafter daher nur eine (dingliche) Mitberechtigung hat. Die Mitberechtigung, für die es auf seine Quote am Vermögen nicht ankommt, ist die vermögensrechtliche Seite der Mitgliedschaft (Soergel/*Hadding* § 719 Rz 5) und unmittelbar und zwingend an diese gekoppelt. Davon unberührt ist die Frage der Übertragbarkeit der Mitgliedschaft (dazu Rn 5) oder einzelner Rechte aus der Mitgliedschaft (§ 717 Rn 4). 1

Nach **§ 719 I Hs 1 Alt 1** ist eine Verfügung über die Gesamthandsbeteiligung am Gesellschaftsvermögen ausgeschlossen, und zwar wegen der Bindung der dinglichen Mitberechtigung an das Mitgliedschaftsrecht zwingend (MüKo/*Ulmer/Schäfer* § 719 Rz 5). Gesellschafterstellung und Gesamthandsberechtigung sind damit unlöslich verknüpft. Nach **§ 719 Hs 1 Alt 2** sind Verfügungen jeder Art (auch Belastungen) über das Gesellschaftsvermögen, das anders als bei der Bruchteilsgemeinschaft (§ 747) in einem einheitlichen Sondervermögen zusammengefasst ist, allein Sache der Gesamthand. Pfändungen bleiben mangels Verfügungsobjekt wirkungslos (§ 859 I 2 ZPO). Die Gesamthand wird bei der Außen-GbR durch die hierzu befugten Geschäfts- 2 führer vertreten, durch andere Gesellschafter nur iRd actio pro socio (§ 705 Rn 28), nicht aber in Anwendung von § 432 (BGH WM 79, 366; MüKo/*Ulmer/Schäfer* § 719 Rz 11 mwN auch zu Ausnahmen).

3 **§ 719 I Hs 2** schließt (bis zu einer Auseinandersetzung nach §§ 730 ff) das Recht aus, Teilung des Gesellschaftsvermögens zu verlangen und ist ebenfalls zwingend. Die einvernehmliche Teilauseinandersetzung ist dagegen möglich.

4 Das Aufrechnungsverbot des **§ 719 II** ist Folge der Trennung von Gesamthands- und Privatvermögen der Gesellschafter, weshalb es an der Gegenseitigkeit von Forderung und Schuld fehlt (Ddorf ZIP 96, 1749, 1751). Auch umgekehrt ist eine Aufrechnung durch die GbR mit einer Forderung des Gesellschafters nicht möglich, es sei denn, der Gesellschafter hat seine Forderung abgetreten. Wird ein Gesellschafter vom GbR-Gläubiger wegen seiner akzessorischen Haftung in Anspruch genommen, kann er sich auf eine Gegenforderung der GbR berufen (BGHZ 38, 122, 127 f) und nach allgemeinen Grundsätzen auch mit einer privaten Gegenforderung gegen den Gläubiger aufrechnen (BGH NJW 58, 666).

5 **B. Verfügung über den Gesellschaftsanteil. I. Verfügung.** § 719 I hindert nicht die Verfügung über den **Gesellschaftsanteil im Ganzen.** Darunter fallen sowohl die Übertragung des gesamten Gesellschaftsanteils (BGH NJW 97, 860, 861) als auch seine Teilübertragung (Frankf NJW-RR 96, 1123). Möglich ist auch die gleichzeitige Übertragung aller Gesellschaftsanteile auf mehrere Erwerber (BGH NJW 78, 1525), die den Bestand der GbR unberührt lässt, es sei denn, die Anteile werden auf eine im Wesentlichen personengleiche GbR übertragen (BGH NJW RR 90, 798). Die Übertragung aller Anteile auf nur eine Person führt dagegen zum Erlöschen ohne Liquidation unter Anwachsung des Vermögens bei dem Erwerber (BGH WM 08, 1687; NJW 78, 1525; Ddorf NJW-RR 99, 619). Die Übertragung erfolgt nach §§ 413, 398 durch Vertrag zwischen Übertragendem und Erwerber (BGH NJW 81, 2747). Die Übertragung bedarf auch dann keiner besonderen Form, wenn die GbR ausschließlich Vermögen hat, dessen Übertragung formbedürftig ist (Grundstück, GmbH-Anteil), und zwar auch nicht bei Übertragung aller Anteile auf eine Person mit der Folge der Anwachsung (BGH NJW 83, 1110). Anderes gilt nur, wenn die GbR gerade der Umgehung der Formvorschriften dient (BGH DB 08, 980 f; NJW 97, 2220, 2222; 83, 1110). Gutgläubiger Erwerb ist auch hinsichtlich der gesamthänderischen Mitberechtigung am (Sach-)Vermögen der GbR ausgeschlossen, da diese Mitberechtigung nur als gesetzliche Folge des Erwerbs des Gesellschaftsanteils übergeht (BGH NJW 97, 860, 861). Bei Wechsel von Gesellschaftern einer Grundstücks-GbR kann vom Grundbuchamt steuerliche Unbedenklichkeitsbescheinigung verlangt werden (Frankf DStR 05, 1456).

6 **II. Zustimmung der Gesellschafter.** Die Übertragung, nicht aber das zugrunde liegende Verpflichtungsgeschäft (BGH WM 61, 303 f), bedarf wegen des höchstpersönlichen Charakters der GbR (Erman/*Westermann* § 719 Rz 8; MüKo/*Ulmer/Schäfer* § 719 Rz 27) der Zustimmung aller Mitgesellschafter, die schon vorab im Gesellschaftsvertrag umfassend oder eingeschränkt oder aber im Einzelfall durch Gesellschafterbeschluss erteilt werden kann (BGH NJW 80, 2708). Bis dahin ist die Übertragung schwebend unwirksam (BGH NJW 54, 1155). Gleiches gilt für dingliche Belastungen des GbR-Anteils (Hamm DB 77, 579, 580; vgl auch BGH NJW 99, 571, 572). Der Gesellschaftsvertrag kann vorsehen, dass die Zustimmung durch Mehrheitsbeschluss erteilt wird, wobei dies einer allg Mehrheitsklausel nicht ohne weiteres zu entnehmen ist (MüKo/*Ulmer/Schäfer* § 719 Rz 28). Besteht in der Person des Erwerbers ein Ausschlussgrund gem § 737, ist die Übertragung aus dem Gesichtspunkt der Treuepflicht trotz (Vorab-)Zustimmung unwirksam (BGH ZIP 82, 309, 310).

7 **III. Wirkung der Übertragung.** Die Wirkung der Übertragung ist das vollständige Einrücken des Erwerbers in die Rechtsstellung des Veräußerers (BGH DB 03, 1164; NJW 03, 1803, 1804). Dies umfasst auch eine Schiedsvereinbarung zum GbR-Vertrag (BGH NJW 98, 371), nicht aber höchstpersönliche Rechte wie zB die einem Gesellschafter übertragene Geschäftsführung (Soergel/*Hadding* § 719 Rz 17; MüKo/*Ulmer/Schäfer* § 719 Rz 41). Ausnahmen von der Übertragung der gesamten Rechtsstellung können bei abspaltbaren Rechten (§ 717 2) vereinbart werden (BGH DB 66, 854). Die §§ 738, 739 sind nicht anwendbar, weil sich die Übertragung nur zwischen Veräußerer und Erwerber abspielt (BGH NJW 81, 1095, 1096). Ggü Dritten haften Veräußerer und Erwerber als Gesamtschuldner für bis zur Übertragung begründete Verbindlichkeiten der GbR. Im Verhältnis zur GbR und den Mitgesellschaftern können die Verbindlichkeiten durch Vertrag entgegen BGH (NJW 66, 1307) nur wirksam abgegrenzt werden, wenn die Mitgesellschafter der konkreten Vereinbarung zustimmen (MüKo/*Ulmer/Schäfer* § 719 Rz 44). In jedem Fall wirkt die Abrede für den Gesamtschuldnerausgleich zwischen Veräußerer und Erwerber.

§ 720 Schutz des gutgläubigen Schuldners.

Die Zugehörigkeit einer nach § 718 Abs. 1 erworbenen Forderung zum Gesellschaftsvermögen hat der Schuldner erst dann gegen sich gelten zu lassen, wenn er von der Zugehörigkeit Kenntnis erlangt; die Vorschriften der §§ 406 bis 408 finden entsprechende Anwendung.

1 § 720 schützt den Schuldner eines Gesellschafters vor falscher (vgl § 420) Leistung, wenn die GbR die Forderung derivativ vom Gesellschafter erworben hat und der Schuldner zwar den Gläubigerwechsel, nicht aber die gesamtschuldnerische Bindung kennt. Kennt er auch nicht den Gläubigerwechsel, sind §§ 406–408 unmit-

telbar anwendbar. § 720 gilt auch für Forderungen, die Surrogat zB für zerstörte Vermögensgegenstände sind, nicht aber für deliktische Ansprüche, für die § 851 anwendbar ist.

§ 721 Gewinn- und Verlustverteilung. (1) Ein Gesellschafter kann den Rechnungsabschluss und die Verteilung des Gewinns und Verlustes erst nach der Auflösung der Gesellschaft verlangen.
(2) Ist die Gesellschaft von längerer Dauer, so hat der Rechnungsabschluss und die Gewinnverteilung im Zweifel am Schluss jedes Geschäftsjahres zu erfolgen.

A. Der gesetzliche Regelfall, Abs 1. Der dispositive I beschränkt sich für die Gelegenheitsgesellschaft (dem gesetzlichen Leitbild der GbR) darauf, vor der Auflösung die Rechnungslegung und die Verteilung von Gewinn und Verlust auszuschließen. Davon zu unterscheiden ist der Anspruch gegen den Geschäftsführer auf Rechnungslegung (§ 713 Rn 4). Die Abgrenzung zwischen Gelegenheitsgesellschaften oder auf Dauer ausgelegten Gesellschaften iSv II hat anhand ihres Zwecks zu geschehen. Gilt I, richtet sich die Gewinn- und Verlustverteilung nach §§ 733 bis 735. 1

B. Die jährliche Gewinnverteilung, Abs 2. Für Gesellschaften auf längere Dauer bestimmt II als Regelfall die jährliche Rechnungslegung und Gewinnverteilung. Der Rechungsabschluss ist Voraussetzung für die Gewinnverteilung und bedeutet die Aufstellung einer Bilanz und einer – den konkreten Verhältnissen der GbR angepassten – Gewinn- und Verlustrechnung sowie deren Feststellung durch die Gesellschafter. §§ 238 ff HGB finden zwar auf die GbR keine unmittelbare Anwendung, werden aber mangels abw Bestimmung im Gesellschaftsvertrag regelmäßig heranzuziehen sein. Für die Aufstellung des **Rechnungsabschlusses** sind die geschäftsführenden Gesellschafter verantwortlich (BGH BB 80, 121, 122), für seine Feststellung alle Gesellschafter durch Beschl, der mangels abw Bestimmung einstimmig zu fassen ist (BGH NJW 96, 1678). II berechtigt jeden Gesellschafter, den Rechnungsabschluss zu verlangen. Zur Durchsetzung der Rechnungsaufstellung kann er Klage gegen die Geschäftsführer erheben, zur Durchsetzung der Feststellung Klage auf Zustimmung gegen die ihre Zustimmung verweigernden Gesellschafter (BGH NJW 99, 571, 572). In beiden Fällen besteht keine notwendige Streitgenossenschaft (BGH aaO). 2

Der festgestellte Rechnungsabschluss ist Grundlage für die **Gewinnermittlung und Gewinnverteilung** (s. zum Verteilungsschlüssel § 722). Der Auszahlungsanspruch entsteht mit Bilanzfeststellung (BGH NJW 96, 1678), unterliegt aber evtl kraft Treuepflicht Einschränkungen. Der Gesellschaftsvertrag kann abw Regeln vorsehen, zB zu Vorab-Auszahlungen, Beschränkungen des Entnahmerechts oder gewinnunabhängigen Entnahmen durch den geschäftsführenden Gesellschafter. Ein nicht entnommener Gewinn erhöht anders als bei § 120 II HGB nicht die Einlage. Der Auszahlungsanspruch richtet sich wegen § 707 stets nur gegen die GbR. § 707 schließt bis zur Liquidation (§ 735) auch eine Pflicht zum Ausgleich von Verlusten aus. 3

§ 722 Anteile am Gewinn und Verlust. (1) Sind die Anteile der Gesellschafter am Gewinn und Verluste nicht bestimmt, so hat jeder Gesellschafter ohne Rücksicht auf die Art und die Größe seines Beitrags einen gleichen Anteil am Gewinn und Verlust.
(2) Ist nur der Anteil am Gewinn oder am Verlust bestimmt, so gilt die Bestimmung im Zweifel für Gewinn und Verlust.

§ 722 begründet nicht einen Gewinnanspruch, sondern enthält in I eine **dispositive Gewinnverteilungsregel** und in II eine Auslegungsregel. Beide gelten auch für die Innen-GbR (BGH WM 67, 346, 347), auch für die Ehegatten-Innen-GbR (BGH NJW 99, 2962, 2967). Hingegen ist es wegen der vergleichbaren Interessenlage sachgerecht, auf die stille GbR und die Unterbeteiligung § 231 I HGB anzuwenden (MüKo/*Ulmer/Schäfer* § 722 Rz 4). 1

Vorrang vor § 722 haben die **Vereinbarungen** der Gesellschafter. Sie sind primär im Gesellschaftsvertrag, aber auch durch erg Auslegung zu suchen (BGH NJW-RR 90, 736, 737 zum Indiz durch sehr unterschiedliche Einlagen; BGH NJW 82, 2816, 2817 zur ARGE) und konkludent möglich. Langjährige vom Vertrag abw Praxis spricht für Vermutung einer Vertragsänderung und macht den beweispflichtig, der sich auf den ursprünglichen Vertrag beruft (BGH NJW 66, 826, 827). IRd allgemeinen Grenzen (§ 705 Rn 2) sind beliebige Ausgestaltungen möglich, so zB die Anknüpfung an erbrachte oder geschuldete Einlagenhöhe, die Bestimmung durch einen Gesellschafter nach § 315 ff, den Ausschluss der Gewinnbeteiligung einzelner Gesellschafter und unterschiedliche Beteiligung an Gewinn und Verlust (entgegen der Auslegungsregel in II). 2

§ 723 Kündigung durch Gesellschafter. (1) ¹Ist die Gesellschaft nicht für eine bestimmte Zeit eingegangen, so kann jeder Gesellschafter sie jederzeit kündigen. ²Ist eine Zeitdauer bestimmt, so ist die Kündigung vor dem Ablauf der Zeit zulässig, wenn ein wichtiger Grund vorliegt. ³Ein wichtiger Grund liegt insbesondere vor,
1. wenn ein anderer Gesellschafter eine ihm nach dem Gesellschaftsvertrag obliegende wesentliche Verpflichtung vorsätzlich oder aus grober Fahrlässigkeit verletzt hat oder wenn die Erfüllung einer solchen Verpflichtung unmöglich wird,
2. wenn der Gesellschafter das 18. Lebensjahr vollendet hat.

⁴Der volljährig Gewordene kann die Kündigung nach Nummer 2 nur binnen drei Monaten von dem Zeitpunkt an erklären, in welchem er von seiner Gesellschafterstellung Kenntnis hatte oder haben musste. ⁵Das Kündigungsrecht besteht nicht, wenn der Gesellschafter bezüglich des Gegenstands der Gesellschaft zum selbständigen Betrieb eines Erwerbsgeschäfts gemäß § 112 ermächtigt war oder der Zweck der Gesellschaft allein der Befriedigung seiner persönlichen Bedürfnisse diente. ⁶Unter den gleichen Voraussetzungen ist, wenn eine Kündigungsfrist bestimmt ist, die Kündigung ohne Einhaltung der Frist zulässig.
(2) ¹Die Kündigung darf nicht zur Unzeit geschehen, es sei denn, dass ein wichtiger Grund für die unzeitige Kündigung vorliegt. ²Kündigt ein Gesellschafter ohne solchen Grund zur Unzeit, so hat er den übrigen Gesellschaftern den daraus entstehenden Schaden zu ersetzen.
(3) Eine Vereinbarung, durch welche das Kündigungsrecht ausgeschlossen oder diesen Vorschriften zuwider beschränkt wird, ist nichtig.

1 **A. Vorbemerkungen zu den §§ 723–740.** Die §§ 723–740 befassen sich mit der Auflösung (§§ 723–729) und der Auseinandersetzung (§§ 730–735) der GbR sowie mit dem Ausscheiden eines Gesellschafters bei Fortführung der GbR (§§ 736–740).

2 Für die Auflösung bestimmen §§ 723–729 verschiedene gesetzliche Gründe, die dispositiv und nicht abschließend sind. So kann zB für den Fall der Kündigung die Fortsetzung der GbR unter den übrigen Gesellschaftern vereinbart werden (vgl § 736 I). Und neben den gesetzlich geregelten sind weitere Auflösungsgründe zB die Anwachsung des Gesellschaftsvermögens beim letzten verbliebenen Gesellschafter (§ 719 Rn 5), der Ablauf der Zeit, für die die GbR eingegangen ist (s. § 131 I Nr 1 HGB), der Auflösungsbeschluss der Gesellschafter (s. § 131 I Nr 2 HGB) oder der Eintritt einer vereinbarten auflösenden Bedingung.

3 **Auflösungsfolge** ist außer im Fall der Anwachsung, die sofort zur Vollbeendigung führt, idR zunächst nur eine Zweckänderung der GbR: Anstelle der mit der GbR verfolgten Ziele tritt der Zweck ihrer Abwicklung. Die Geschäftsführung geht auf die Liquidatoren über (§ 730 II 2) und Nachschusspflichten werden gem § 735 fällig. Zur Liquidation bei der Innen-GbR ieS (ohne Gesellschaftsvermögen) vgl § 730 Rn 2.

4 **B. Grundlagen des § 723.** § 723 I unterscheidet zwischen ordentlicher und außerordentlicher Kündigung aus wichtigem Grund. Das Recht zur ordentlichen Kündigung besteht bei einer GbR, die auf unbestimmte Zeit eingegangen ist, das Recht zur außerordentlichen Kündigung wird dagegen nur relevant, wenn das ordentliche Kündigungsrecht entweder durch Bestimmung einer festen oder Mindestdauer der GbR (§ 723 I 2) oder durch Kündigungsfristen (§ 723 I 6) ausgeschlossen oder eingeschränkt ist. In beiden Fällen zieht die Kündigung zur Unzeit Ersatzpflichten des Kündigenden nach sich (§ 723 II). Die Kündigungsregeln sind nur beschränkt dispositiv (§ 723 III). Der spezielle wichtige Grund der **Vollendung des 18. Lebensjahrs** wurde in § 723 I durch das Minderjährigenhaftungsbeschränkungsgesetz (BGBl I 1998 2487) eingeführt. § 723 geht der allg Kündigungsregelung für Dauerschuldverhältnisse in § 314 vor und verdrängt damit insb die Voraussetzungen des § 314 II (MüKo/*Ulmer*/*Schäfer* § 723 Rz 5).

5 **C. Die Kündigung. I. Kündigungserklärung und -wirkung.** Die Kündigungserklärung ist ein einseitiges Gestaltungsrecht jedes Gesellschafters (nicht etwa der Gesellschaft) zur Beendigung des besonderen Dauerschuldverhältnisses der GbR. Ist für diesen Fall nicht die Fortführung der GbR vereinbart, hat sie ihre Auflösung zur Folge. Mangels abw Bestimmung hat die Erklärung allen Gesellschaftern zuzugehen, wobei auch die Weiterleitung an die Gesellschafter etwa durch den Geschäftsführer genügt (BGH NJW 93, 1002; Celle NZG 00, 586). Die Kündigung ist formfrei, wenn der Gesellschaftsvertrag nichts anderes bestimmt (RGZ 77, 70; Ddorf NJW-RR 98, 658). Sie ist auch konkludent möglich, etwa durch Verkauf des Gesellschaftsvermögens (BGH NJW 03, 1729: Eigentumswohnung) oder durch Mitwirkung an Abwicklungsmaßnahmen (MüKo/*Ulmer*/*Schäfer* § 723 Rz 12). Auch der Begriff „Kündigung" ist nicht erforderlich, vielmehr genügt es, wenn der Wille, die Auflösung herbeizuführen, eindeutig erkennbar ist. Ist eine Form vorgeschrieben, bedeutet Schweigen auf formlose Erklärung nicht den Verzicht auf das Formerfordernis (Staud/*Habermeier* § 723 Rz 10; MüKo/*Ulmer*/*Schäfer* § 723 Rz 12).

6 Eine **bedingte Kündigung** ist möglich, wenn der Bedingungseintritt vom Willen des Erklärungsempfängers abhängt oder an ein bevorstehendes und leicht feststellbares Ereignis anknüpft (Erman/*Westermann* § 723 Rz 9; Soergel/*Hadding*/*Kießling* § 723 Rz 17; MüKo/*Ulmer*/*Schäfer* § 723 Rz 16). Die **unwirksame (fristlose) Kündigung** kann nach den allg Grundsätzen (§ 140) in eine ordentliche Kündigung umgedeutet werden, wenn dies dem Willen des Kündigenden entspricht und dieser Wille dem Empfänger erkennbar ist (BGH NJW 98, 1551).

7 Nach Zugang bei allen Erklärungsempfängern ist eine **einseitige Rücknahme** der Kündigung auch dann nicht mehr möglich, wenn die Auflösung wegen der noch laufenden Kündigungsfrist noch aussteht (MüKo/*Ulmer*/*Schäfer* § 723 Rz 18). Die Anfechtung der Kündigungserklärung ist möglich, entfaltet ihre Wirkung aber nur bis zum Beginn der Abwicklung. Danach gelten die Grundsätze über die fehlerhafte Gesellschaft (Soergel/*Hadding*/*Kießling* § 723 Rz 23; MüKo/*Ulmer*/*Schäfer* § 723 Rz 18), dh die Abwicklungsmaßnahmen bleiben wirksam, doch der betroffene Gesellschafter kann die Fortsetzung der GbR verlangen, es sei denn, dem steht die fortgeschrittene Abwicklung entgegen. Unter engen Voraussetzungen, nämlich bei schädigen-

der Absicht oder besonders rücksichtsloser Verfolgung eigener Interessen, kann die Kündigung wegen Rechtsmissbrauchs unwirksam sein (Soergel/*Hadding/Kießling* § 723 Rz 50; MüKo/*Ulmer/Schäfer* § 723 Rz 58 f mwN).

Die Kündigung wird mit Zugang beim letzten Erklärungsempfänger (§ 120) wirksam, es sei denn, der Gesellschaftsvertrag sieht eine Kündigungsfrist vor, mit deren Eintritt sie dann frühestens wirksam wird. Die Mitgesellschafter können auf die Einhaltung der Kündigungsfrist verzichten (Celle NZG 00, 586, 587). Die **Wirksamkeit** der Kündigung führt zur Abwicklung der GbR nach § 730 Rn 3, es sei denn, der Gesellschaftsvertrag sieht die Fortsetzung unter den übrigen Gesellschaftern vor. 8

II. Ordentliche Kündigung. Die ordentliche (mangels vertraglicher Abrede fristlos zulässige) Kündigung ist nach § 723 I 1 jederzeit möglich, wenn die GbR unbefristet eingegangen ist. Der unbefristeten GbR steht nach § 724 eine GbR gleich, die auf Lebenszeit eingegangen oder nach Ablauf einer bestimmten Zeit fortgesetzt wurde. Die Befristung der GbR oder ihre Mindestdauer können sich auch konkludent aus dem Gesellschaftszweck (zB Gelegenheitsgesellschaft für einen bestimmten befristeten Zweck) oder dem Inhalt der Beitragsverpflichtungen der Gesellschafter ergeben (dazu MüKo/*Ulmer/Schäfer* § 723 Rz 23 ff). 9

III. Außerordentliche Kündigung. 1. Allgemeine Voraussetzungen. Das Recht zur außerordentlichen Kündigung aus wichtigem Grund nach § 723 I 2 verbleibt den Gesellschaftern, wenn die GbR auf bestimmte Zeit eingegangen, also die ordentliche Kündigung für einen bestimmten Zeitraum ausgeschlossen ist. Der wichtige Grund muss bereits bei Erklärung der außerordentlichen Kündigung vorliegen (BGH NJW 00, 3491, 3492) und ist in der Kündigungserklärung idR zu nennen, wenn er den Mitgesellschaftern nicht ohnehin bekannt ist (MüKo/*Ulmer/Schäfer* § 723 Rz 27). Ein Nachschieben von Gründen ist nur möglich, wenn diese Gründe schon im Zeitpunkt der Kündigungserklärung vorlagen und ein innerer Zusammenhang mit dem ursprünglichen Grund besteht, so dass die Mitgesellschafter damit rechnen mussten (BGH NJW 58, 1136). Das Kündigungsrecht muss in angemessener Frist ausgeübt oder wenigstens vorbehalten werden, um einen konkludenten Verzicht darauf (BGH WM 59, 134) oder die Verwirkung des Rechts (BGH WM 66, 2160, 2161) zu vermeiden. Selbst ohne Verzicht oder Verwirkung wird eine Kündigung erst lange nach Kenntnis des wichtigen Grundes ein Indiz dafür sein, dass das Festhalten an der GbR zumutbar ist, es sei denn, für die Verzögerung können besondere Umstände dargelegt werden (BGH aaO; Köln WM 93, 325, 328). 10

2. Wichtiger Grund. Ein wichtiger Grund liegt nach ständiger Rspr, die jetzt in der Legaldefinition des § 314 I 2 Niederschlag gefunden hat, vor, wenn dem Kündigenden unter Berücksichtigung aller Umstände des Einzelfalls und unter Abwägung der beiderseitigen Interessen die Fortsetzung der Gesellschaft bis zur vereinbarten Beendigung oder bis zum Ablauf einer Kündigungsfrist nicht zugemutet werden kann, weil das Vertrauensverhältnis grundlegend gestört oder ein gedeihliches Zusammenwirken aus sonstigen, namentlich auch wirtschaftlichen Gründen nicht mehr möglich ist (BGH WM, 136 ff; NJW 00, 3491; 82, 2821). Dabei sind die Individualinteressen des Kündigenden an der Auflösung der Gesellschaft gegen die Interessen der Mitgesellschafter an ihrer Fortführung abzuwägen (BGH NJW 82, 2821), wobei in die Gesamtabwägung alle Einzelumstände des Falles wie zB Art, Zweck und Dauer der Gesellschaft, Intensität der persönlichen Zusammenarbeit und der bis zur ordentlichen Kündigung verbleibende Zeitraum einzubeziehen sind (BGH NJW 96, 2573; 82, 2821). Liegt der wichtige Grund in der Person eines Gesellschafters, ist auch zu prüfen, ob nicht etwa der Entzug der Geschäftsführungs- und Vertretungsbefugnis als milderes Mittel genügt, um die Fortführung der GbR als zumutbar erscheinen zu lassen (MüKo/*Ulmer/Schäfer* § 723 Rz 29). 11

Die Abwägung nach den in Rn 11 genannten Grundsätzen ist auch für das Regelbeispiel des § 723 I 3 Nr 1 erforderlich (MüKo/*Ulmer/Schäfer* § 723 Rz 29). Zu den wesentlichen **personenbezogenen Pflichtverletzungen** zählen zB die Verletzung wesentlicher Mitwirkungspflichten (Köln NZG 01, 1082 f), der Vollmachtsmissbrauch (BGH WM 85, 997) oder andere nachhaltige Verstöße gegen Geschäftsführungspflichten. Bei Mängeln der Geschäftsführung ist vorrangig an das mildere Mittel des Entzugs der Geschäftsführungs- und Vertretungsbefugnis nach §§ 712, 715 zu denken. Wichtiger Grund kann je nach den Verhältnissen auch das außergesellschaftliche Verhalten sein (BGH DB 77, 87, 88; NJW 67, 1081). Eigenes vorwerfbares Verhalten des Kündigenden schließt die Berufung auf den Kündigungsgrund nicht aus, es sei denn, er hat selbst den wesentlichen Anlass für den wichtigen Grund gegeben (BGH NJW 96, 2573, 2574) oder er hat die Unzumutbarkeit der Fortsetzung der GbR vorsätzlich herbeigeführt (BGH NJW 00, 3491, 3492). Auch die **zweigliedrige GbR** kann aus wichtigem Grund gekündigt werden, wenn dem Kündigenden unter Würdigung aller Umstände eine Fortsetzung der GbR nicht zugemutet werden kann, wobei die beiderseitigen Verhaltensweisen beachtet werden müssen (BGH WM 06, 136, 138). 12

Neben den personenbezogenen wichtigen Gründen kommen auch **objektive Gründe** in Betracht, insb das Erreichen des Gesellschaftszwecks oder seine Unmöglichkeit. Beide Fälle begründen die Auflösung nach § 726. Unter der Erheblichkeitsschwelle des § 726 bleibt aber noch Raum für die Kündigung, etwa wenn bei nachhaltigen Verlusten eine Wende zum Besseren zwar möglich, aber nicht konkret absehbar ist (Soergel/*Hadding/Kießling* § 723 Rz 41; MüKo/*Ulmer/Schäfer* § 723 Rz 35). 13

14 **3. Besonderer Grund der Volljährigkeit.** Ein besonderer wichtiger Grund, der auch nicht der in Rn 11 beschriebenen Abwägung unterliegt, ist die Volljährigkeit des Minderjährigen (§ 723 I 3 Nr 2). Dieser Kündigungsgrund flankiert die Haftungsbeschränkung des § 1629a und insb seine Vermutungsregel in IV 1. Die Kündigung muss allen Empfängern innerhalb der 3-Monatsfrist zugehen. Ausgenommen von dem Kündigungsgrund ist die GbR-Beteiligung, an der der Minderjährige mit Zustimmung des Familiengerichts nach § 112 beteiligt ist und die Mitgliedschaft in einer GbR, die seinen persönlichen Bedürfnissen dient, zB einer Musikgruppe (vgl BTDrs 13/5624, 12).

15 **D. Kündigung zur Unzeit.** Die Anordnung der Schadensersatzpflicht bei Kündigung zur Unzeit ist die Sanktionierung eines besonderen Treuepflichtverstoßes. Unzeitig ist die Kündigung, wenn ihr Zeitpunkt die gemeinschaftlichen Interessen der Gesellschafter verletzt (Karlsr NZG 03, 324, 325). Der wichtige Grund nach 2 ist nicht identisch mit dem wichtigen Grund für die außerordentliche Kündigung, doch wird der Vorwurf der Kündigung zur Unzeit bei der außerordentlichen Kündigung regelmäßig ferner liegen als bei der ordentlichen Kündigung (MüKo/*Ulmer/Schäfer* § 723 Rz 54). Rechtsfolge ist die Pflicht des Kündigenden ggü seinen Mitgesellschaftern zum Ersatz des Schadens, der durch den unzeitigen Kündigungszeitpunkt entsteht.

16 **E. Verbot von Kündigungsbeschränkungen.** § 723 III führt zunächst zur Nichtigkeit von Regelungen, die das Recht zur Kündigung aus wichtigem Grund ausschließen oder anders als durch erfüllbare Verfahrensvorschriften beschränken. Damit dürfen auch Kataloge mit Konkretisierungen des wichtigen Grundes keine Erschwerung der Kündigung bewirken (MüKo/*Ulmer/Schäfer* § 723 Rz 75; Staud/*Habermeier* § 723 Rz 43).

17 § 723 III erfasst ferner das **Recht zur ordentlichen Kündigung** nach § 723 I 1, also bei einer auf nicht bestimmte Zeit eingegangenen GbR (BGH NJW 68, 2003). Die ordentliche Kündigung darf weder von bestimmten Kündigungsgründen abhängig gemacht werden (MüKo/*Ulmer/Schäfer* § 723 Rz 70 f), noch von einem Mehrheitsbeschluss (BGH NJW 73, 1602). Unzulässig sind auch eine ordentliche Kündigung ausschließende **Befristungen**, die weit über die Lebenserwartung der Gesellschafter hinausreichen (Erman/*Westermann* § 723 Rz 22) oder andere nicht mehr übersehbare Zeiträume (BGH ZIP 06, 2316 f; MüKo/*Ulmer/Schäfer* § 723 Rz 65).

18 Den beschriebenen rechtlichen Einschränkungen des Kündigungsrechts stehen wirtschaftliche Regelungen gleich, die, wie insb **unverhältnismäßige Abfindungsbeschränkungen**, die Entschließungsfreiheit des betroffenen Gesellschafters ernsthaft beeinträchtigen (BGH DStR 08, 785 f; DB 06, 999 f; NJW 89, 3272; 84, 1506).

19 Der Verstoß gegen § 723 III führt zur **Nichtigkeit** der beschränkenden Bestimmung, wegen § 139 regelmäßig nicht aber des ganzen Gesellschaftsvertrags. An die Stelle der nichtigen Bestimmung tritt das dispositive Recht, wenn für eine abw Auslegung keine Anhaltspunkte bestehen (BGH NJW 94, 2886, 2888; Ddorf NZG 00, 588, 589). Überlange Bindungen können im Wege erg Vertragsauslegung durch eine noch zulässige Bindung ersetzt werden (BGH aaO).

20 **F. Hinauskündigung.** Das Recht zur Hinauskündigung eines Mitgesellschafters, also seines Ausschlusses ohne Vorliegen eines sachlichen Grundes, kann grds nicht vereinbart werden (BGH ZIP 04, 903 f mwN). Anderes gilt nur bei Vorliegen besonderer Umstände, so bei Koppelung an einen Kooperationsvertrag (BGH ZIP 05, 706), an die Fortdauer der Tätigkeit (BGH ZIP 05, 1917 und 1920) oder bei Erwerb des bereits damit belasteten Anteils (BGH ZIP 07, 862 f).

§ 724 Kündigung bei Gesellschaft auf Lebenszeit oder fortgesetzter Gesellschaft.

Ist eine Gesellschaft für die Lebenszeit eines Gesellschafters eingegangen, so kann sie in gleicher Weise gekündigt werden wie eine für unbestimmte Zeit eingegangene Gesellschaft. Dasselbe gilt, wenn eine Gesellschaft nach dem Ablauf der bestimmten Zeit stillschweigend fortgesetzt wird.

1 1 von § 724 ist ebenso wie § 723 I 1 zwingend. Vorbehaltlich abw Auslegung (§ 723 Rn 19) ist damit die (fest oder mindestens) auf Lebenszeit eines Gesellschafters eingegangene GbR daher jederzeit ordentlich kündbar, und zwar auch für Gesellschafter, auf deren Lebenszeit nicht abgestellt wird. 2 beschränkt sich auf eine dispositive Auslegungsregel, die auch dann Anwendung findet, wenn die Gesellschafter die Fortsetzung beschließen, ohne eine zeitliche Vereinbarung zu treffen.

§ 725 Kündigung durch Pfändungspfandgläubiger.

(1) Hat ein Gläubiger eines Gesellschafters die Pfändung des Anteils des Gesellschafters an dem Gesellschaftsvermögen erwirkt, so kann er die Gesellschaft ohne Einhaltung einer Kündigungsfrist kündigen, sofern der Schuldtitel nicht bloß vorläufig vollstreckbar ist.

(2) Solange die Gesellschaft besteht, kann der Gläubiger die sich aus dem Gesellschaftsverhältnis ergebenden Rechte des Gesellschafters, mit Ausnahme des Anspruchs auf einen Gewinnanteil, nicht geltend machen.

1 **A. Anteilspfändung, § 725 Abs 1 Hs 1.** Gegenstand der Pfändung durch einen Privatgläubiger eines Gesellschafters ist nach heute hM die Mitgliedschaft als solche (Erman/*Westermann* § 725 Rz 1; MüKo/*Ulmer/Schäfer* § 725 Rz 8 ff mwN; aA noch BGH NJW 92, 830, 832), und die Pfändung führt zur Verstrickung der sich

aus der Mitgliedschaft ergebenden Vermögensrechte, insb der Gewinnansprüche und des Anspruchs auf den anteiligen Liquidationserlös (BGH ZIP 08, 1629), nicht aber der Forderungen des Gesellschafters aus Drittverhältnissen (§ 705 Rn 31). Unpfändbar ist für den Privatgläubiger dagegen der Anteil an Gegenständen des Gesellschaftsvermögens (Hamm DB 87, 574), womit auch ein Pfändungsvermerk im Grundbuch eines Grundstücks der GbR ausscheidet (Ddorf NZG 04, 415; BayObLG NJW-RR 90, 361).

Die **Durchführung der Pfändung** richtet sich nach § 857 ZPO, und Drittschuldner iSv §§ 829 II 1, 857 ist die Gesellschaft selbst (BGH NJW 86, 1991), also die Gesamthand. Folgerichtig genügt die Zustellung an die geschäftsführenden Gesellschafter, bei gemeinschaftlicher Geschäftsführung an einen der geschäftsführenden Gesellschafter (BGH aaO). 2

Die Pfändung bindet den betroffenen Gesellschafter hinsichtlich Verfügungen über seinen Anteil, die das Pfändungspfandrecht beeinträchtigen würden, lässt aber selbst **Verwaltungsrechte**, die mittelbaren Einfluss auf den Anteilswert haben, unberührt, ebenfalls sein Recht zur Kündigung (Erman/*Westermann* § 725 Rz 7; MüKo/*Ulmer/Schäfer* § 725 Rz 27 f). 3

B. Gewinnanspruch, § 725 Abs 2. Bereits vor Kündigung der GbR kann der Pfandgläubiger den Gewinnanspruch geltend machen und nach Überweisung dieses Anteils (§ 857 ZPO) oder des Gewinnanspruchs (§ 829 ZPO) von der GbR Zahlung verlangen. Diese Rechte stehen dem Gläubiger über den Wortlaut hinaus auch bezogen auf andere mit dem Anteil verbundene und ohne Kündigung fällige Geldforderungen zu. 4

C. Fristlose Kündigung, § 725 Abs 1 Hs 2. Zur (fristlosen und nicht durch § 723 II beschränkten) Kündigung nach § 725 I Hs 2 ist der Privatgläubiger des Gesellschafters nach Pfändung des Anteils aufgrund eines rechtskräftigen Schuldtitels berechtigt, wenn nicht die Mitgesellschafter seinen Anspruch nach § 268 abgelöst haben. In den Grenzen der Treuepflicht besteht das Kündigungsrecht auch für den Mitgesellschafter, der einen privaten Anspruch hat (BGH WM 78, 675 f). Das Kündigungsrecht ist unabdingbar. Die Kündigungserklärung hat sich mangels abw Bestimmung an alle Gesellschafter, auch den Vollstreckungsschuldner, zu richten (BGH WM 57, 163 = iVm § 135 HGB). Die nach § 717 2 iVm § 851 ZPO zulässige Pfändung des künftigen Anspruchs auf das Auseinandersetzungsguthaben berechtigt dagegen nicht zur Kündigung (str, so MüKo/*Ulmer/Schäfer* § 725 Rz 6, 14). 5

Die Kündigung hat die **Auflösung der GbR** oder, wenn der Gesellschaftsvertrag bei Kündigung die Fortsetzung vorsieht, das Ausscheiden des betroffenen Gesellschafters nach § 738 zur Folge. Der Gläubiger kann nach Kündigung den Anspruch auf Durchführung der Auseinandersetzung selbst geltend machen (BGH ZIP 08, 1629; NJW 92, 832) und nach richtiger Auffassung darüber hinaus auch die zur Durchsetzung des Anspruchs erforderlichen Verwaltungsrechte, insb Informations- und Kontrollrechte (MüKo/*Ulmer/Schäfer* § 725 Rz 20 gegen bisher hM). Solche Verwaltungsrechte kommen aber nicht in Betracht, wenn der betroffene Gesellschafter in Folge der Kündigung ausscheidet, weil damit die Mitgliedschaft entfällt und sich in einen Abfindungsanspruch umwandelt (§ 738 Rn 6). 6

§ 726 Auflösung wegen Erreichens oder Unmöglichwerdens des Zweckes. Die Gesellschaft endigt, wenn der vereinbarte Zweck erreicht oder dessen Erreichung unmöglich geworden ist.

§ 726 bestimmt zwingend (BGH WM 63, 728, 730) zwei Gründe, die ohne Kündigung unmittelbar zur Auflösung führen (zu den Folgen der Auflösung vgl § 723 Rn 3), es sei denn, die Gesellschafter beschließen unter Zweckänderung die Fortführung der GbR (BGH NZG 04, 227). Anders als das Wort „endigt" suggeriert, führen diese Gründe idR nicht unmittelbar zur Vollbeendigung der GbR. 1

Der Auflösungsgrund der **Zweckerreichung** kommt va bei Gelegenheitsgesellschaften in Betracht, zB einer GbR, die die Bebauung eines bestimmten Grundstücks zum Gegenstand hat (BGH NJW 81, 749). Die Zweckerreichung bei Bauherrengemeinschaften (§ 705 Rn 41) setzt außer der Fertigstellung des Baus auch die Leistung aller Kapitalbeiträge voraus (BGH WM 88, 661 f). 2

An die **Unmöglichkeit** sind hohe Anforderungen zu stellen (Köln BB 02, 1167). Notwendig ist, dass die Zweckverfolgung dauernd und offenbar unmöglich wird (BGH NJW 82, 2821; 57, 1279). Beispiele sind der Verlust eines unentbehrlichen und unersetzbaren Vermögensgegenstands (zB Verkauf oder Nichtigkeit eines Patents, dessen Verwertung Zweck der GbR war). Kapitalmangel kann nur Unmöglichkeit begründen, wenn die Gesellschafter notwendige Sanierungsmaßnahmen definitiv abgelehnt haben (Köln BB 02, 1167). Bei weniger gewichtigen Fällen kommt die Kündigung nach § 723 in Betracht (§ 723 Rn 13). 3

§ 727 Auflösung durch Tod eines Gesellschafters. (1) Die Gesellschaft wird durch den Tod eines der Gesellschafter aufgelöst, sofern nicht aus dem Gesellschaftsvertrag sich ein anderes ergibt.
(2) ¹Im Falle der Auflösung hat der Erbe des verstorbenen Gesellschafters den übrigen Gesellschaftern den Tod unverzüglich anzuzeigen und, wenn mit dem Aufschub Gefahr verbunden ist, die seinem Erblasser durch den Gesellschaftsvertrag übertragenen Geschäfte fortzuführen, bis die übrigen Gesellschafter in Gemeinschaft mit ihm anderweit Fürsorge treffen können. ²Die übrigen Gesellschafter sind in gleicher Weise zur einstweiligen Fortführung der ihnen übertragenen Geschäfte verpflichtet. ³Die Gesellschaft gilt insoweit als fortbestehend.

§ 727

1 A. Gesetzliche Regelung. Die dispositive Anordnung der Auflösung der GbR wegen Tod eines Gesellschafters in § 727 I folgt aus dem gesetzlichen Leitbild der höchstpersönlichen Gesellschafterstellung und ihrer grds Unübertragbarkeit. Eine Ausnahme von dieser Regel gilt bei Tod des Unterbeteiligten oder stillen Gesellschafters, der anders als der Tod des Hauptgesellschafters oder Inhabers die (Innen-)GbR unberührt lässt (vgl § 234 II HGB). Dem Tod eines Gesellschafters stehen seine Todeserklärung oder gerichtliche Feststellung des Todes nach § 9 oder § 39 VerschG gleich, nicht aber die bloße Verschollenheit (MüKo/*Ulmer/Schäfer* § 727 Rz 6 f). Bei juristischen Personen und Personengesellschaften setzt § 727 I ihre Vollbeendigung und nicht nur ihre Auflösung voraus (BGH NJW 82, 2821).

2 Der **Erbe** bzw die Erbengemeinschaft rückt als Mitglied der Abwicklungsgesellschaft in die Vermögens- und Verwaltungsrechte des Erblassers ein (BGH NJW 95, 3314, 3315). Mehrere Erben verwalten den Anteil gemeinschaftlich und entscheiden hierüber im Innenverhältnis bei Angelegenheiten ordnungsgemäßer Verwaltung nach § 2038 II 1 iVm § 745 I mehrheitlich. Eine angeordnete Testamentsvollstreckung erstreckt sich auch auf die Verwaltung des GbR-Anteils (BGH NJW 86, 912; vgl iÜ zur Testamentsvollstreckung § 2205 Rn 11, 13). Zur angeordneten Übertragung des GbR-Anteils auf einen Miterben bedarf der Testamentsvollstrecker nicht der Zustimmung der Miterben (KG ZIP 2009, 524).

3 Nach § 727 II 1 hat der Erbe die **Pflicht zur Anzeige** ggü allen Mitgesellschaftern. Das (befristete) Recht zur Notgeschäftsführung (mit Vertretungsmacht nach § 714) bei Gefahr für das Gesellschaftsvermögen hat der Erbe nur, wenn die Geschäftsführung dem Erblasser allein oder gemeinsam mit anderen Gesellschaftern übertragen war, nicht aber bei Gesamtgeschäftsführung nach § 709 oder Ausschluss des Erblassers von der Geschäftsführung. Es entsteht mit Anfall der Erbschaft und entfällt mit ihrer Ausschlagung rückwirkend; es gilt das Haftungsprivileg des § 708 (MüKo/*Ulmer/Schäfer* § 727 Rz 17, 19).

4 B. Abweichende Vereinbarungen. Abw von der Regel des § 727 I kann die Fortführung der GbR nach Tod eines Gesellschafters vereinbart werden, um so den Fortbestand der GbR mit oder ohne die Erben zu ermöglichen.

5 I. Fortsetzungsklausel. Bei einer GbR, die auf berufliche Qualifikation und/oder persönliche Verbindung beruht, wird regelmäßig eine **Fortsetzungsklausel** nach § 736 I vereinbart, die die Fortführung der GbR unter den verbliebenen Gesellschaftern und unter Ausschluss der Erben gegen Abfindung nach §§ 738–740 bewirkt (s. dort). Eine Fortführung mit den Erben ist durch eine Nachfolge- oder Eintrittsklausel möglich.

6 II. Nachfolgeklausel. Durch eine **Nachfolgeklausel** wird die Fortführung der GbR bei Tod eines Gesellschafters mit seinen Erben oder im Falle einer rechtsgeschäftlichen Nachfolgeklausel auch mit einem Nichterben fortgeführt.

7 1. Rechtsgeschäftliche Nachfolgeklausel. Mit der rechtsgeschäftlichen Nachfolgeklausel verfügt der Gesellschafter zu Lebzeiten aufschiebend bedingt auf seinen Tod über den Gesellschaftsanteil zugunsten seines Erben oder eines Dritten. Da es sich um eine rechtsgeschäftliche Verfügung handelt und Verfügungen zugunsten Dritter unzulässig sind, setzt sie die Mitwirkung des Nachfolgers voraus (BGH NJW 77, 1339, 1341). Ist der Nachfolger bereits Mitgesellschafter, genügt die Vereinbarung im Gesellschaftsvertrag, womit zugleich die Zustimmung zu dieser Nachfolge durch alle anderen Gesellschafter erteilt ist. Andernfalls ist eine gesonderte Vereinbarung mit dem Nachfolger nötig. § 2301 findet keine Anwendung, weil die (nur aufschiebend bedingte) Verfügung bereits zu Lebzeiten vollzogen wird (Palandt/*Edenhofer* § 2301 Rz 16).

8 2. Erbrechtliche Nachfolgeklausel. Die erbrechtliche Nachfolgeklausel stellt den Anteil vererblich. Seine Übertragung richtet sich nicht nach Gesellschaftsrecht, sondern nach Erbrecht. Der Erbe tritt nach § 1922 unmittelbar in die Gesellschafterstellung ein. Bei mehreren Erben wird entgegen der Regel des § 2032 I nicht die Erbengemeinschaft Gesellschafter, weil die Erbengemeinschaft nicht Gesellschafter einer werbenden GbR sein kann, sondern jeder Erbe selbst mit seiner Erbquote (BGH NJW 99, 571, 572). Dennoch sind die Gesellschaftsanteile Teil des Nachlasses und haften für die Nachlassverbindlichkeiten (BGH NJW 89, 3152, 3154), und zwar wegen § 2059 I 1 trotz Aufteilung des Gesellschaftsanteils auf die Erben vorrangig vor den Privatgläubigern der Erben (str, vgl MüKo/*Ulmer/Schäfer* § 727 Rz 35 ff). Str ist auch, ob der Erbe analog § 139 HGB sein Ausscheiden verlangen kann, wenn die Mitgesellschafter nicht zwecks Haftungsbeschränkung des Erben der Umwandlung in eine KG oder Partnerschaftsgesellschaft zustimmen (MüKo/*Ulmer/Schäfer* § 727 Rz 46 ff).

9 3. Qualifizierte Nachfolgeklausel. Bei der qualifizierten Nachfolgeklausel bestimmt der Gesellschaftsvertrag nur bestimmte Erben als nachfolgeberechtigt. Die bestimmte Person muss tatsächlich (gesetzlicher oder testamentarischer) Erbe werden (BGH NJW 77, 1339). Ein bloßes Vermächtnis genügt nicht. Die qualifizierte Nachfolgeklausel führt dazu, dass der Anteil nicht mit der auf ihn entfallenden Quote, sondern insgesamt auf den benannten Erben mit unmittelbarer erbrechtlicher Wirkung übergeht, während die übrigen Erben keinen Abfindungsanspruch gegen die GbR haben (BGH NJW 77, 1339). Dagegen haben sie einen erbrechtlichen Ausgleichsanspruch gegen den Nachfolger (BGH NJW 57, 180), es sei denn, er hat den Gesellschaftsanteil als Vorausvermächtnis erhalten.

III. Eintrittsklauseln. Eintrittsklauseln ergänzen eine Fortsetzungsklausel und berechtigen als Vertrag zu Gunsten Dritter (§ 328 I) den Erben oder einen Dritten, in die Gesellschafterstellung des Erblassers (rechtsgeschäftlich) einzutreten. Die Bestimmung des Berechtigten kann auch nach dem Tod durch einen hierzu ermächtigten Dritten erfolgen (BGH NJW-RR 87, 989). Anders als die Nachfolgeklausel hat die Eintrittsklausel nicht die unmittelbare Fortführung der Gesellschafterstellung zur Folge, sondern belässt es zunächst beim Ausscheiden des Erblassers aus der Gesellschaft und das Entstehen eines Abfindungsanspruchs der Erben. Der Eintrittsberechtigte muss daher zur Erlangung der Vermögensposition des Erblassers eine Einlage erbringen (MüKo/*Ulmer/Schäfer* § 727 Rz 58). Zweckmäßig ist, ihm durch Teilungsanordnung oder Vorausvermächtnis den Abfindungsanspruch zu überlassen, den er einbringen kann. Alternativ kann durch den Gesellschaftsvertrag Vorsorge getroffen werden, indem für den Fall des Eintritts der Ausschluss des Abfindungsanspruchs und der Übergang der mit dem Anteil verbundenen Vermögensrechte des Erblassers auf den Eintretenden vereinbart wird, wobei die Vermögensrechte bis zum Eintritt treuhänderisch durch die Mitgesellschafter gehalten werden (BGH NJW 78, 264, 265).

10

§ 728 Auflösung durch Insolvenz der Gesellschaft oder eines Gesellschafters. (1)
¹**Die Gesellschaft wird durch die Eröffnung des Insolvenzverfahrens über das Vermögen der Gesellschaft aufgelöst.** ²**Wird das Verfahren auf Antrag des Schuldners eingestellt oder nach der Bestätigung eines Insolvenzplans, der den Fortbestand der Gesellschaft vorsieht, aufgehoben, so können die Gesellschafter die Fortsetzung der Gesellschaft beschließen.**
(2) ¹**Die Gesellschaft wird durch die Eröffnung des Insolvenzverfahrens über das Vermögen eines Gesellschafters aufgelöst.** ²**Die Vorschrift des § 727 Abs. 2 Satz 2, 3 findet Anwendung.**

A. Gesellschaftsinsolvenz. I. Grundlagen. Der unabdingbare § 728 I ist mit der InsO zum 1.1.99 eingeführt worden. § 11 II Nr 1 InsO bestimmt die Insolvenzfähigkeit der GbR. Die Insolvenz betrifft nur die Außen-GbR, weil bei der Innen-GbR idR kein Gesellschaftsvermögen vorhanden ist und selbst bei Vorhandensein von Gesellschaftsvermögen mangels Außenhandelns der GbR keine rechtsgeschäftlichen Verbindlichkeiten bestehen, die zum Insolvenzverfahren führen können (MüKo/*Ulmer/Schäfer* § 728 Rz 7).

1

II. Rechtsfolge des Insolvenzverfahrens. Die Eröffnung des Insolvenzverfahrens nach § 27 I InsO führt zwingend zur Auflösung der GbR (LG Berlin ZInsO 02, 884), nicht aber die vorläufige Sicherungsmaßnahme (§ 21 InsO), die Einsetzung eines vorläufigen Insolvenzverwalters (§ 22 InsO) oder die Ablehnung der Eröffnung mangels Masse nach § 26 InsO (Palandt/*Sprau* § 728 Rz 1). Die Aufhebung des Eröffnungsbeschlusses im Beschwerdeverfahren lässt die Insolvenzeröffnung rückwirkend entfallen und die GbR wird wieder werbend (MüKo/*Ulmer/Schäfer* § 728 Rz 8). Das Insolvenzverfahren ist auch noch über die GbR im Liquidationsstadium möglich (MüKo/*Ulmer/Schäfer* § 728 Rz 6).

2

III. Eröffnungsgründe. Eröffnungsgründe sind die Zahlungsunfähigkeit (§ 17 InsO) und nur bei Antrag aller Gesellschafter (§ 18 III InsO) auch die drohende Zahlungsunfähigkeit. Die Überschuldung ist nach § 19 III InsO nur Insolvenzgrund, wenn kein Gesellschafter natürliche Person ist. Antragsberechtigt ist neben den Gläubigern (§ 14 I InsO) auch jeder Gesellschafter (§ 15 I InsO), antragsverpflichtet nur die geschäftsführenden Gesellschafter und zwar analog § 130a HGB nur dann, wenn kein Gesellschafter natürliche Person ist (MüKo/*Ulmer/Schäfer* § 728 Rz 12).

3

IV. Folgen der Insolvenzeröffnung. Mit Eröffnung des Insolvenzverfahrens gehen alle Verwaltungs- und Verfügungsbefugnisse über das Gesellschaftsvermögen auf den Insolvenzverwalter über (§ 80 I InsO). Die Insolvenz tritt an die Stelle der Liquidation (s. § 730 I Hs 2). Die geschäftsführenden Gesellschafter sind Adressat der Auskunftspflichten nach §§ 20 I, 97 InsO. Während der Dauer des Insolvenzverfahrens kann nach § 93 InsO nur noch der Insolvenzverwalter berechtigt, die persönliche Haftung der Gesellschafter (auch der ausgeschiedenen, *Gerhart* ZIP 00, 2181, 2182 f) geltend zu machen, soweit sich diese Haftung aus dem Gesellschaftsverhältnis und nicht aus anderen Rechtsverhältnissen (zB Bürgschaft eines Gesellschafters ggü einem Gesellschaftsgläubiger) ergibt (Stuttg DB 02, 1929; Jena NZG 02, 172, 173). Den Gesellschaftern bleiben dabei Einreden der GbR und eigene Einreden erhalten, und sie sind nicht zur Leistung verpflichtet, soweit die Insolvenzmasse zur Befriedigung der Insolvenzgläubiger genügt (BTDrs 12/2443 140). Mit Insolvenzeröffnung werden Prozesse zwischen Gläubigern und Gesellschaftern der GbR wegen der akzessorischen Gesellschafterhaftung analog § 17 I 1 AnfG unterbrochen und der Insolvenzverwalter kann diese selbst nach § 85 InsO aufnehmen (BGH NJW 03, 590, 591). Leistungen der Gesellschafter, die der Insolvenzverwalter nach § 93 InsO beitreibt, sind als Sondermasse zu Gunsten der Insolvenzgläubiger zu separieren und stehen nicht zur Deckung der Massekosten zur Verfügung (MüKo/*Ulmer/Schäfer* § 728 Rz 22). Für Verbindlichkeiten, die während des Insolvenzverfahrens begründet werden, haftet nur das Gesellschaftsvermögen (*Prütting* ZIP 97, 1725, 1732).

4

Die Gesellschafter können Drittforderungen oder rückständige Forderungen aus dem Gesellschaftsverhältnis (zB Aufwendungsersatz) selbst als Insolvenzforderung anmelden, der vor Insolvenzeröffnung ausgeschiedene Gesellschafter auch seinen Abfindungsanspruch (BGH NJW 58, 787).

5

6 Nach § 728 I 2 können die Gesellschafter die **Fortsetzung der Gesellschaft** beschließen, wenn das Insolvenzverfahren auf Antrag des Schuldners eingestellt (§§ 212, 213 InsO) oder mit Bestätigung eines Insolvenzplans nach § 248 InsO, der den Fortbestand der GbR vorsieht, aufgehoben wird. Gleiches muss gelten, wenn das Verfahren wegen Massearmut (§§ 207, 208 InsO) eingestellt wird (MüKo/*Ulmer/Schäfer* § 728 Rz 26 f).

7 **B. Gesellschafterinsolvenz.** Nach § 728 II begründet die Eröffnung (dazu Rn 2) eines Insolvenzverfahrens über das Vermögen eines Gesellschafters die Auflösung der GbR (auch der Innen-GbR). Zwingend sind das Ausscheiden des betroffenen Gesellschafters und die daraus resultierende Liquidation seines Anteils zu Gunsten der Insolvenzmasse des Gesellschafters. Dispositiv ist dagegen die Rechtsfolge der Auflösung der Gesellschaft, die unter dem Vorbehalt der Fortführung nach § 736 I bei Ausscheiden des Gesellschafters gegen Abfindung nach §§ 738-740 steht. Nicht von § 728 II erfasst ist die Nachlassinsolvenz (§§ 315 ff InsO), weil der Erbe durch Einsatz seines sonstigen Vermögens an dem GbR-Anteil festhalten kann (BGH NJW 84, 2104 – zur OHG).

8 Die **Auseinandersetzung** infolge der Gesellschafterinsolvenz geschieht außerhalb des Insolvenzverfahrens (§ 84 I InsO) nach den §§ 730-735 (BGH DStR 07, 630 f). Durch den Verweis auf § 727 II 3 wird bis zum Beginn der Auseinandersetzung der Fortbestand der GbR fingiert und die für die werbende GbR geltenden Geschäftsführungs- und Vertretungsregeln gelten fort. Kraft Verweises auf § 727 II 2 haben die Mitgesellschafter das Recht zur Notgeschäftsführung, nicht aber der Insolvenzverwalter und zwar auch dann nicht, wenn dem insolventen Gesellschafter die Geschäftsführung übertragen war (MüKo/*Ulmer/Schäfer* § 728 Rz 39). Dagegen hat der Insolvenzverwalter Gesamtgeschäftsführungsbefugnis im Zuge der Liquidation nach § 730 II 2.

9 Gesellschaftsrechtlich begründete **Forderungen der Mitgesellschafter** aus der Zeit vor der Insolvenzeröffnung können wegen des Absonderungsrechts des § 84 I 2 InsO mit dem zur Insolvenzmasse zählenden Auseinandersetzungsguthaben oder Abfindungsanspruch saldiert werden.

§ 729 Fortdauer der Geschäftsführungsbefugnis. ¹Wird die Gesellschaft aufgelöst, so gilt die Befugnis eines Gesellschafters zur Geschäftsführung zu seinen Gunsten gleichwohl als fortbestehend, bis er von der Auflösung Kenntnis erlangt oder die Auflösung kennen muss. ²Das Gleiche gilt bei Fortbestand der Gesellschaft für die Befugnis zur Geschäftsführung eines aus der Gesellschaft ausscheidenden Gesellschafters oder für ihren Verlust in sonstiger Weise.

1 § 729 ist nur für die übertragene Geschäftsführung (§ 712) relevant, weil die Gesamtgeschäftsführung nach § 709 mangels abw Vereinbarung auch für die Liquidation gilt (§ 730 II 2). Die dispositive Vorschrift des § 729 gilt für alle Fälle des Verlustes der Geschäftsführungsbefugnis eines Gesellschafters, etwa durch Auflösung (§§ 726-728), Entziehung der Geschäftsführung (§ 712 I) oder Ausscheiden aus der GbR (§ 736). Über § 714 gilt auch die Vertretungsmacht fort, außer bei Bösgläubigkeit des Vertragspartners (§ 169). Voraussetzung für die Fiktion des § 729 ist die Gutgläubigkeit des Geschäftsführers über den Fortbestand seiner Geschäftsführungsbefugnis, wobei § 708 der Maßstab für die von ihm anzuwendende Sorgfalt zur Vermeidung fahrlässiger Unkenntnis vom Erlöschen (Kennen müssen) ist.

§ 730 Auseinandersetzung; Geschäftsführung. (1) Nach der Auflösung der Gesellschaft findet in Ansehung des Gesellschaftsvermögens die Auseinandersetzung unter den Gesellschaftern statt, sofern nicht über das Vermögen der Gesellschaft das Insolvenzverfahren eröffnet ist.
(2) ¹Für die Beendigung der schwebenden Geschäfte, für die dazu erforderliche Eingehung neuer Geschäfte sowie für die Erhaltung und Verwaltung des Gesellschaftsvermögens gilt die Gesellschaft als fortbestehend, soweit der Zweck der Auseinandersetzung es erfordert. ²Die einem Gesellschafter nach dem Gesellschaftsvertrag zustehende Befugnis zur Geschäftsführung erlischt jedoch, wenn nicht aus dem Vertrag sich ein anderes ergibt, mit der Auflösung der Gesellschaft; die Geschäftsführung steht von der Auflösung an allen Gesellschaftern gemeinschaftlich zu.

1 **A. Grundlagen.** Die Auflösung führt idR noch nicht zur Vollbeendigung der GbR, sondern unter Fortbestand (auch ggü Dritten, Naumbg NZG 02, 813) nur zu ihrer Umwandlung in eine **Abwicklungsgesellschaft**, deren Zweck sich auf die Liquidation reduziert (BGH WM 66, 639, 640) und die im Falle der Außen-GbR rechtsfähig bleibt. Mit der Auflösung beschränken sich die Rechte und Pflichten der Gesellschafter auf das, was mit dem auf Liquidation gerichteten Gesellschaftszweck vereinbar ist (BGH NJW 78, 424). Dies gilt auch für die Treuepflicht (BGH NJW 80, 1628, 1629). Ausstehende Beiträge sind nur insoweit zu leisten, wie dies zur Abwicklung nötig ist (BGH WM 77, 617, 618). Die Abwicklung richtet sich nach den vertraglichen Abreden, erg nach den §§ 730 ff. Jeder Gesellschafter kann die Liquidation nach den anwendbaren Regeln von seinen Mitgesellschaftern verlangen, nicht aber ein Gläubiger der GbR. Das Ausscheiden aus der GbR ist während der Liquidation nicht durch Kündigung möglich (BGH WM 63, 729, 730), sondern nur einvernehmlich.

Die Liquidation ist bei der Innen-GbR ieS (ohne Gesellschaftsvermögen) (BGH NJW 90, 573, 574) oder 2
dann entbehrlich, wenn die GbR gar nicht in Vollzug gesetzt wurde (Frankf NJW-RR 96, 101, 102) oder im
Zeitpunkt der Auflösung weder Vermögen noch Verbindlichkeiten hat, so dass sich ihre Abwicklung erübrigt.
In diesen Fällen wie auch bei Anwachsung des GbR-Vermögens bei dem einzigen verbleibenden Gesellschafter (§ 719 Rn 5) führt die Auflösung unmittelbar zur **Vollbeendigung**. Bei Insolvenz der GbR tritt das Insolvenzverfahren an die Stelle der Liquidation (§ 730 I Hs 2), soweit nicht anschließend noch ein Überschuss
verbleibt (BGH NJW 85, 1468).

Weil die Auflösung der **Innen-GbR ieS** unmittelbar zu ihrer Vollbeendigung führt, ist zwar für die Liquida- 3
tion nach §§ 730 ff kein Raum. Dennoch werden verschiedene dieser Vorschriften entspr auf die Auseinandersetzung zwischen den Gesellschaftern angewandt, so zB § 738 I 2 auf die Abrechnung und Auszahlung durch
den Außengesellschafter (BGH NJW 83, 2375), § 733 II 2 auf die wertmäßige Rückerstattung einer etwa
erbrachten Sacheinlage (MüKo/*Ulmer/Schäfer* § 730 Rz 14), § 738 I 2 und § 732 auf die Rückgabe zum
Gebrauch überlassener Vermögensgegenstände (*Ulmer* aaO) und § 740 auf die Abwicklung schwebender
Geschäfte. Unanwendbar ist dagegen die Geschäftsführungsregel des § 730 II 2 (MüKo/*Ulmer/Schäfer* § 730
Rz 16). Auch bei der Auflösung einer Ehegatten-Innen-GbR tendiert der BGH zur Anwendung der §§ 730 ff
(BGH NJW 99, 2962), ebenso bei einer GbR zwischen den Partnern einer nichtehelichen Lebensge-
meinschaft (BGH WM 65, 793, 794; vgl auch BGH NJW-RR 93, 1475, 1476). Für die stille Gesellschaft gilt § 325 I entspr
(BGH WM 68, 278, 279).

B. Durchführung der Abwicklung. Zur Liquidation sind nach § 730 II 2 **alle Gesellschafter gemeinschaft-** 4
lich (Gesamtgeschäftsführung) berechtigt und verpflichtet, es sei denn, der Gesellschaftsvertrag bestimmt für
die Liquidation ausdrücklich etwas anderes. Die Regelung der Geschäftsführung für die werbende GbR ist
nicht ohne weiteres auf die GbR in Liquidation anzuwenden. Eine Vergütung kann mangels abw Vereinbarung nicht beansprucht werden (BGH WM 67, 682, 683). Die Vertretungsbefugnis folgt analog § 714 der
Geschäftsführungsbefugnis. Möglich ist, entspr § 146 II 2 HGB einen Dritten zum Liquidator zu bestimmen
(Köln NJW-RR 95, 27).

Zur Liquidation gehört die Abwicklung schwebender Geschäfte, und neue Geschäfte sind zulässig, soweit sie 5
mit dem Zweck der Liquidation vereinbar sind (§ 730 II 1). Im Zuge der Liquidation sind die Gesellschafter
zur Förderung und raschen **Beendigung der Auseinandersetzung** (BGH WM 69, 591, 592) und dabei zur
Auskunft und Mitwirkung am Rechnungsabschluss (BGH DB 02, 2708) verpflichtet. Schuldhafte Verstöße
gegen diese Pflichten begründen Schadensersatzansprüche der Mitgesellschafter (BGH DB 02, 2708). Die
Zustimmung zu Maßnahmen kann per Klage durchgesetzt werden (Kobl NJW-RR 02, 827).

C. Auseinandersetzung. I. Durchsetzungssperre für Einzelansprüche. Nach Auflösung der GbR können 6
Ansprüche der Gesellschafter gegen die GbR oder Mitgesellschafter nicht mehr selbstständig durch Leistungsklage durchgesetzt werden (sog Durchsetzungssperre, BGH NJW 98, 376; NJW-RR 91, 1049). Möglich ist
vielmehr nur die Feststellung im Wege der Feststellungsklage (BGH WM 98, 1020, 1025). Damit sollen wechselseitige Zahlungen im Abwicklungsstadium vermieden werden und ein Ausgleich erst nach Saldierung der
Ansprüche und Gegenansprüche im Zuge der Schlussabrechnung erfolgen. Die Durchsetzungssperre
erstreckt sich auf alle gesellschaftsvertraglichen Ansprüche wie zB auf Aufwendungsersatz (BGH NJW-RR 86,
456), Gewinn (Hamm NZG 02, 419), Ausgleich infolge einer Inanspruchnahme durch Gläubiger nach § 426
(BGH NJW 88, 1375, 1377) oder Schadensersatz aus dem Gesellschaftsverhältnis gegen die GbR (BGH WM
84, 1605, 1606) oder Mitgesellschafter (BGH NZG 03, 215). Entgegen der früheren Rspr gilt die Durchsetzungssperre aber nicht für Drittgläubigeransprüche eines Gesellschafters, weil sich hier Berechtigter und
Verpflichteter wie fremde Dritte ggü stehen (BGH ZIP 06, 994, 996; NZG 08, 68 f, so schon früher das
Schrifttum, vgl MüKo/*Ulmer/Schäfer* § 730 Rz 53). Die Rspr macht zahlreiche **Ausnahmen von der Durch-**
setzungssperre, wenn ihr Zweck, ein Hin- und Herzahlen zu verhindern, im konkreten Fall nicht einschlägig
ist, so zB wenn der geforderte Betrag dem Gesellschafter mit Sicherheit auch nach den anstehenden Saldie-
rungen zusteht (BGH NJW-RR 93, 1187), bei der zweigliedrigen GbR zwar Verbindlichkeiten bestehen, aber
kein Vermögen mehr vorhanden ist (BGH WM 06, 2359 f; 06, 433 f) oder bei einem Anspruch eines Gesellschafters, der gem Gesellschaftsvertrag an den Verlusten nicht teilnimmt (BGH WM 67, 346, 347; zu weiterer
Kasuistik s. MüKo/*Ulmer/Schäfer* § 730 Rz 54 ff).

II. Schlussabrechnung. Die von den Abwicklern aufzustellende Schlussabrechnung (**Auseinandersetzungs-** 7
bilanz) ist Grundlage der abschließenden Auseinandersetzung und bildet das Ende der Abwicklung, bei Gelegenheitsgesellschaften zugleich Grundlage der Ermittlung des mit der GbR erzielten Ertrags. Die Anforderungen an die Schlussabrechnung bestimmen sich anders als bei § 154 HGB (Bilanz) allein an den konkreten
Erfordernissen. Sind die Verhältnisse sehr überschaubar, kann sie sogar verzichtbar sein (Köln NZG 99, 152,
153).

Mit Feststellung der Schlussabrechnung durch die Gesellschafter wird ein Anspruch auf das **Auseinanderset-** 8
zungsguthaben eines Gesellschafters fällig (BGH NJW 95, 188, 189). Entstanden ist der Anspruch bereits mit
Auflösung (BGH NJW 97, 3370, 3371) und ist als künftiger Anspruch bereits mit Beginn der Mitgliedschaft
abtretbar und aufrechenbar (BGH NJW-RR 2000, 1295, 1296). Der Anspruch auf das Auseinandersetzungs-

guthaben richtet sich gegen die GbR und ist aus dem verbliebenen Vermögen nach §§ 733 II, 734 zu befriedigen. Mangels Vermögens der GbR (BGH ZIP 93, 1307) oder in einer Zweipersonen-GbR (BGH NJW 99, 1180, 1181) kann er auch unmittelbar gegen ausgleichspflichtige Mitgesellschafter durchgesetzt werden.

9 Beendigt ist die GbR, wenn sie kein Vermögen mehr hat (BGH NJW 57, 989). Soweit sich später weiteres Vermögen herausstellt, haben die Gesellschafter eine weitere Auseinandersetzung vorzunehmen (BGH NJW 79, 1987).

10 **III. Abweichende Vereinbarungen.** Eine abw Auseinandersetzung ist durch Vereinbarung im Gesellschaftsvertrag oder im Zuge der Abwicklung möglich und kann die Abwicklung entbehrlich machen oder vereinfachen. Beispiele dafür sind die Veräußerung des gesamten Gesellschaftsvermögens an einen Gesellschafter oder Dritten, die Realteilung der GbR, die Veräußerung sämtlicher Anteile an einen Gesellschafter oder Dritten oder die Einbringung sämtlicher Anteile in eine andere Gesellschaft. In den beiden letzten Fällen wächst das Vermögen der GbR bei dem Erwerber mit allen Rechten und Pflichten an.

§ 731 Verfahren bei Auseinandersetzung. ¹Die Auseinandersetzung erfolgt in Ermangelung einer anderen Vereinbarung in Gemäßheit der §§ 732 bis 735. ²Im Übrigen gelten für die Teilung die Vorschriften über die Gemeinschaft.

1 § 731 stellt einerseits die Dispositivität der Abwicklungsvorschriften der §§ 732–735 klar und ordnet andererseits für die Auseinandersetzung die **subsidiäre Anwendung des Gemeinschaftsrechts** (§§ 752 ff) an. Für die Regelung der Auseinandersetzung haben damit die Vereinbarungen der Gesellschafter (durch Gesellschaftsvertrag oder späteren Beschl) Vorrang. An zweiter Stelle gelten die Regelungen der §§ 730, 732–735, an dritter Stelle die §§ 752-758, soweit für sie überhaupt noch Raum bleibt. Zu Bsp abw vertraglicher Regelungen vgl schon § 730 Rn 10.

2 Der Verweis auf das Gemeinschaftsrecht setzt zunächst **teilungsfähiges Gesellschaftsvermögen** voraus. Aber auch dann geht er teilweise ins Leere, so bei § 755, weil die vorrangige Tilgung der Schulden schon aus § 733 I u III folgt. § 756 findet keine Anwendung, weil die gegenseitigen Ansprüche der Gesellschafter schon in der Schlussrechnung berücksichtigt werden (§ 730 Rn 7 f). § 754 2 ergibt sich schon aus Anordnung der gemeinschaftlichen Geschäftsführung in der Abwicklungsgesellschaft. Relevant ist dagegen § 752, wenn nicht die vollständige Liquidation des Gesamthandsvermögens vereinbart ist, sondern § 733 III anwendbar bleibt. Durch Verweis auf § 753 werden unteilbare oder nur unter Wertminderung teilbare Gegenstände im Wege des Pfandverkaufs (§§ 1235–1240 und 1246), Grundstücke durch Zwangsversteigerung liquidiert. Nach § 757 sind schließlich die kaufvertraglichen Gewährleistungsansprüche anwendbar, wenn ein Gesellschafter einen Vermögensgegenstand aus dem Gesamthandsvermögen übernimmt.

§ 732 Rückgabe von Gegenständen. ¹Gegenstände, die ein Gesellschafter der Gesellschaft zur Benutzung überlassen hat, sind ihm zurückzugeben. ²Für einen durch Zufall in Abgang gekommenen oder verschlechterten Gegenstand kann er nicht Ersatz verlangen.

1 **A. § 732 S 1.** In dem dispositiven § 732 1 geht es um die Rückgabe von Gegenständen, die ein Gesellschafter der GbR nur **zum Gebrauch überlassen**, also nicht in das Gesamthandsvermögen übertragen hat, und die nicht durch bestimmungsgemäße Verwendung oder Zufall untergegangen sind. Die Rückgabe geschieht außerhalb der Auseinandersetzung und zeitlich vorverlagert (BGH NJW 81, 2802), wenn nicht der Gegenstand während oder für die Liquidation erforderlich ist. Keine Gebrauchsüberlassung iSv 1 liegt vor, wenn ein Gegenstand aufgrund eines Drittgeschäfts vermietet wurde. Die GbR hat ein Zurückbehaltungsrecht, wenn der anspruchsberechtigte Gesellschafter mit großer Wahrscheinlichkeit iRd Schlussabrechnung zur Zahlung eines Nachschusses verpflichtet ist (BGH NJW 98, 1551, 1552).

2 Nach vordringender Auffassung soll 1 entspr auch auf Gegenstände angewandt werden, die ein Gesellschafter **dem Werte nach in die GbR eingebracht** hat, was sein dingliches Recht unberührt lässt. Während die Rspr und die früher hM in diesem Fall § 733 II 2 anwenden möchte (BGH WM 65, 744, 745 f), sprechen mit der vordringenden Auffassung in der Lit die besseren Gründe dafür, auch diesem Gesellschafter einen Rückgabeanspruch analog § 732 1 zu gewähren, wobei der Wert des Gegenstands von seinem Kapitalkonto abzuziehen ist (Erman/*Westermann* § 706 Rz 8; MüKo/*Ulmer/Schäfer* § 732 Rz 10 mwN). Denn es wäre widersinnig, ihm das Eigentum am eingebrachten Gegenstand gerade im Liquidationsstadium der GbR zu entziehen.

3 **B. § 732 S 2.** Der ebenfalls dispositive § 732 2 legt dem überlassenden Gesellschafter das Risiko für den zufälligen Untergang oder die Verschlechterung des Gegenstands auf, wozu auch der bestimmungsgemäße Verbrauch oder übliche Abnutzung zählen. Das Risiko der fehlenden Nutzungsmöglichkeit liegt dagegen bei der GbR (Soergel/*Hadding/Kießling* § 732 Rz 5). Ist der Untergang oder die Verschlechterung durch einen Angestellten oder Geschäftsführer (§ 708) der GbR verschuldet, so haftet diese nach § 278 auf Schadensersatz.

§ 733 Berichtigung der Gesellschaftsschulden; Erstattung der Einlagen.

(1) ¹Aus dem Gesellschaftsvermögen sind zunächst die gemeinschaftlichen Schulden mit Einschluss derjenigen zu berichtigen, welche den Gläubigern gegenüber unter den Gesellschaftern geteilt sind oder für welche einem Gesellschafter die übrigen Gesellschafter als Schuldner haften. ²Ist eine Schuld noch nicht fällig oder ist sie streitig, so ist das zur Berichtigung Erforderliche zurückzubehalten.
(2) ¹Aus dem nach der Berichtigung der Schulden übrig bleibenden Gesellschaftsvermögen sind die Einlagen zurückzuerstatten. ²Für Einlagen, die nicht in Geld bestanden haben, ist der Wert zu ersetzen, den sie zur Zeit der Einbringung gehabt haben. ³Für Einlagen, die in der Leistung von Diensten oder in der Überlassung der Benutzung eines Gegenstands bestanden haben, kann nicht Ersatz verlangt werden.
(3) Zur Berichtigung der Schulden und zur Rückerstattung der Einlagen ist das Gesellschaftsvermögen, soweit erforderlich, in Geld umzusetzen.

A. Grundlagen. Die dispositive Bestimmung des § 733 regelt die zentralen Aspekte der Liquidation, nämlich die Berichtigung der Gesellschaftsschulden und die Rückerstattung der Einlagen der Gesellschafter. Da § 733 Gesellschaftsvermögen voraussetzt, findet er auf die Innengesellschaft im engeren Sinne (§ 705 Rn 34) keine Anwendung. Doch kommt bei dieser eine entspr Anwendung des § 733 II 2 auf die wertmäßige Rückerstattung einer eingebrachten Sacheinlage in Betracht (§ 730 Rn 3). 1

Aus §§ 732 und 733 ergibt sich eine **Reihenfolge** der Liquidationsmaßnahmen. Nach Rückgabe der zum Gebrauch überlassenen Gegenstände (§ 732) folgt die Schuldenberichtigung (§ 733 I) und anschließend die Einlagenrückgewähr (§ 733 II), wofür jeweils die notwendigen Geldmittel zum Verkauf von Vermögen zu beschaffen sind (§ 733 III). 2

B. Schuldenberichtigung. Zu den gemeinschaftlichen Schulden iSd § 733 I zählen neben den Gesamthandsverbindlichkeiten (einschl Verbindlichkeiten ggü Gesellschaftern aus Drittverhältnissen, § 705 Rn 31) auch solche, die Gesellschafter im eigenen Namen, aber für die GbR eingegangen sind (BGH NJW 99, 2438, 2439). Ferner sind gemeinschaftliche Schulden auch Sozialverpflichtungen der GbR (§ 705 Rn 29), die jedoch nicht vorab zu berichtigen sind, sondern grds in die Schlussabrechnung eingehen (§ 730 Rn 6, dort auch zur Frage, ob dies auch für Verbindlichkeiten aus Drittverhältnissen mit Gesellschaftern gilt). Genügt das nach Tilgung der übrigen Schulden verbleibende Vermögen der GbR nicht zur Tilgung der Sozialverpflichtungen und Rückzahlung der Einlagen, ergibt sich aus der Rangfolge von § 733 I u II, dass die Sozialverpflichtungen vorrangig zu bedienen sind (MüKo/*Ulmer/Schäfer* § 733 Rz 7). 3

Ansprüche **zwischen den Gesellschaftern** zählen nicht zu den gemeinschaftlichen Schulden, auch wenn sie ihren Rechtsgrund im Gesellschaftsvertrag haben, wie zB Ersatzansprüche wegen eines durch den Mitgesellschafter verursachten Schadens oder der Anspruch auf Rückzahlung eines dem Mitgesellschafter gewährten Einlagenvorschusses. Solche Ansprüche unterliegen aber der Durchsetzungssperre und gehen in die Schlussabrechnung ein (MüKo/*Ulmer/Schäfer* § 733 Rz 8; aA für Rückzahlung des Einlagenvorschusses Staud/*Kessler* § 733 Rz 5). 4

Nach § 733 I 2 ist für noch nicht fällige oder str Verbindlichkeiten das zur Berichtigung Erforderliche zurückzubehalten. Mangels abw Vereinbarung sind die erforderlichen Gelder nach § 372 zu **hinterlegen**. Die Abwicklungsgesellschaft besteht für die Dauer der Hinterlegung fort, es sei denn, die Rücknahme des hinterlegten Betrages ist ausgeschlossen (BayObLG WM 79, 655). 5

C. Rückerstattung der Einlagen. Nach § 733 II sind den Gesellschaftern die Einlagen (dh die vermögenswerten Beiträge der Gesellschafter, § 706 Rn 1) zurückzuerstatten, soweit sie hiervon nicht nach 3 ausgenommen sind. Nicht zu den Einlagen iSd § 733 zählen die nur dem Wert nach eingebrachten Gegenstände, die nach richtiger Auffassung bereits nach § 732 zurückzugeben sind (§ 732 Rn 2). 6

Nicht nur Geldeinlagen, sondern auch **Sacheinlagen** sind in Geld zurückzuerstatten, Sacheinlagen in Höhe ihres Werts im Zeitpunkt der Einbringung. Dabei wird es vorrangig auf die Festsetzung des Werts im Gesellschaftsvertrag ankommen, andernfalls ist der damalige tatsächliche Wert der Sacheinlage zu ermitteln. Bei offensichtlich steuerlich motivierter Einlage zum (niedrigeren) Buchwert spricht alles dafür, im Zuge des § 733 einen Anspruch auf Rückerstattung des höheren tatsächlichen Werts zum Einbringungszeitpunkt zuzuerkennen (BGH WM 67, 682, 683; aA aber BGH WM 72, 213, 214). Wertveränderungen seit Einbringung gehen zu Gunsten und zu Lasten der GbR. 7

Einlagen in Form von **Dienstleistungen** sind nach § 733 II 3 von der Erstattung ausgenommen, werden aber, wenn sie im Vergleich zu Mitgesellschaftern überproportional sind, häufig in Form von Vergütungen oder erhöhter Gewinnentnahme Berücksichtigung finden. Eine Ausnahme von diesem Grundsatz kann gelten, wenn sich die Dienstleistungen in einem bleibenden Wert niedergeschlagen haben, ohne schon anderweitig abgegolten zu sein (BGH NJW 86, 51; NJW-RR 91, 422, 423; für Werkleistungen NJW 80, 1744, 1745). 8

D. Umsetzung in Geld. Nach § 733 III ist das Gesellschaftsvermögen nur insoweit zu liquidieren, wie dies zur Tilgung der Schulden und Rückerstattung der Einlagen erforderlich ist. Der verbleibende **Überschuss** ist dagegen mangels abw Vereinbarung **in Natur zu teilen** (§ 731 2 iVm § 752), es sei denn, die Teilung ist nach Art der Gegenstände ausgeschlossen (§§ 752 1, 753 I). 9

10 Die Umsetzung des Gesellschaftsvermögens in Geld geschieht bei Forderungen durch Einziehung (§ 731 2 iVm § 754), bei beweglichen Sachen entgegen der früher hM (Verkauf nach Verkehrssitte) grds nach den Grundsätzen des Pfandverkaufs (§ 731 2 iVm §§ 752, 1235 ff) und bei Grundstücken durch Zwangsversteigerung (MüKo/*Ulmer/Schäfer* § 733 Rz 23, differenzierend BGH NJW 92, 830, 832).

§ 734 Verteilung des Überschusses. Verbleibt nach der Berichtigung der gemeinschaftlichen Schulden und der Rückerstattung der Einlagen ein Überschuss, so gebührt er den Gesellschaftern nach dem Verhältnis ihrer Anteile am Gewinn.

1 Die Verteilung des Überschusses ist der letzte Schritt der Auseinandersetzung nach Auflösung der GbR. Sie betrifft in erster Linie den Abwicklungsgewinn, bei Gelegenheitsgesellschaften ohne laufende Gewinnverteilung zusätzlich auch die Gewinnverteilung nach § 721 I.

2 **A. Gegenstand der Verteilung.** Gegenstand der Verteilung ist das Aktivvermögen der GbR, das nach Berichtigung der Gesellschaftsverbindlichkeiten ggü Dritten (§ 733 Rn 3), Hinterlegung für betagte oder str Verbindlichkeiten (§ 733 Rn 5) und Ausgleich von Gesellschafterforderungen sowie Rückerstattung der Einlagen iRd Schlussabrechnung verbleibt. Zu dem Aktivvermögen zählen auch Sozialansprüche gegen Gesellschafter wie zB Schadensersatzansprüche, während Ansprüche auf Leistung von Einlagen schon bei Ermittlung des Rückerstattungsanspruchs nach § 733 II 1 zu berücksichtigen sind (MüKo/*Ulmer/Schäfer* § 734 Rz 4). Vermögensgegenstände der GbR, die nicht in Geld umgesetzt wurden (vgl § 733 III), sind in der Schlussabrechnung mit ihrem Veräußerungswert in Ansatz zu bringen, womit etwaige stille Reserven aufgedeckt werden (BGH WM 72, 213).

3 **B. Maßstab der Verteilung und ihre Umsetzung.** Maßstab für die Verteilung des Überschusses ist der vereinbarte Verteilungsschlüssel für den laufenden Gewinn, mangels abw Bestimmung also nach Köpfen (§ 722 I). Die Verteilung geschieht bei teilbaren Gegenständen nach § 731 2 iVm § 752 in Natur, sonst nach § 731 2 iVm § 753 durch Verteilung des Erlöses aus der Verwertung im Wege des Pfandverkaufs. Abw Vereinbarungen durch Gesellschaftsvertrag oder iRd Auseinandersetzung sind zulässig.

4 Der Überschussanteil ist Teil des Auseinandersetzungsguthabens eines Gesellschafters. Das **Auseinandersetzungsguthaben** umfasst daneben den Anspruch auf Einlagenrückerstattung (§ 733 II 1) und die weiteren unselbstständigen Rechnungsposten, die in die Schlussabrechnung eingehen (§ 730 Rn 6). Das Auseinandersetzungsguthaben ist grds erst mit Feststellung der Schlussabrechnung fällig (§ 730 Rn 8). Genügt das Gesellschaftsvermögen nicht zur Befriedigung aller Ansprüche, ist das Rangverhältnis der §§ 733, 734 zu beachten (zunächst Befriedigung von Sozialverpflichtungen des Gesellschafters § 733 I, s. § 733 Rn 3), dann die Rückerstattung des Wertes von Einlagen (§ 733 II) und zuletzt die Verteilung des Überschusses nach § 734. Ist die Verteilung umstr, ist der Liquidator zur Hinterlegung nach § 372 berechtigt (BayObLG WM 79, 655).

§ 735 Nachschusspflicht bei Verlust. ¹Reicht das Gesellschaftsvermögen zur Berichtigung der gemeinschaftlichen Schulden und zur Rückerstattung der Einlagen nicht aus, so haben die Gesellschafter für den Fehlbetrag nach dem Verhältnis aufzukommen, nach welchem sie den Verlust zu tragen haben. ²Kann von einem Gesellschafter der auf ihn entfallende Beitrag nicht erlangt werden, so haben die übrigen Gesellschafter den Ausfall nach dem gleichen Verhältnis zu tragen.

1 **A. Grundlagen.** § 735 tritt an die Stelle der Überschussverteilung nach § 734, wenn sich aus der Schlussabrechnung ein Fehlbetrag anstelle eines Überschusses ergibt, also das Aktivvermögen nicht zur Berichtigung der Schulden und Rückerstattung der Einlagen genügt. Während § 707 eine Nachschusspflicht oder Pflicht zum Verlustausgleich bei der werbenden GbR ausschließt, begründet § 735 diese Verpflichtung iRd Auseinandersetzung. § 735 betrifft allein das Innenverhältnis zwischen den Gesellschaftern und begründet damit keine Haftung ggü den Gläubigern der GbR, die sich aber unverändert auch nach der Auflösung der GbR im Wege der akzessorischen Gesellschafterhaftung schadlos halten und aufgrund eines Titels gegen die GbR einen Anspruch gegen Gesellschafter gem § 735 pfänden und sich nach §§ 829, 835 ZPO überweisen lassen können.

2 **B. Anwendungsbereich.** Auf die stille Gesellschaft ist § 735 nicht anwendbar (BGH WM 77, 973, 975). IÜ ist § 735 dispositiv (§ 731; MüKo/*Ulmer/Schäfer* § 735 Rz 2). Damit ist es auch möglich, im Innenverhältnis eine Verlustbeteiligung einzelner oder aller Gesellschafter auszuschließen (BGH WM 67, 346, 347). Ist sie für alle Gesellschafter ausgeschlossen, so ist im Zweifel auch für einen Ausgleich ungleicher Beitragsleistungen oder von Aufwendungen kein Raum (MüKo/*Ulmer/Schäfer* § 735 Rz 4).

3 **C. Ermittlung des Verlustes und Ausfallhaftung.** Für die Ermittlung des Verlustes vgl die Ausführungen zur Ermittlung des Überschusses (§ 734 Rn 2). Der Anteil des Gesellschafters am Verlust entspricht seinem Anteil am laufenden Verlust nach § 722, mangels abw Bestimmung also Verteilung nach Köpfen. Der Anspruch auf Verlustausgleich ist ein Sozialanspruch der GbR, der mit Feststellung der Schlussabrechnung fällig ist und durch die Liquidatoren durchgesetzt wird. Nach hM in der Lit kann der Anspruch auch durch Mitgesellschafter

im Wege der actio pro socio durchgesetzt werden (Erman/*Westermann* § 735 Rz 1; MüKo/*Ulmer/Schäfer* § 735 Rz 5; ebenso Ddorf NZG 99, 989, 990; aA BGH NJW 60, 433, 434). Ist der Anspruch das letzte Aktivum der GbR und ist mangels anderer Gesamthandsverbindlichkeiten letztlich nur ein Gesellschafter berechtigt, soll er zur unmittelbaren Klage auf Leistung an sich selbst berechtigt sein (BGH WM 71, 723, 725).

Nach § 735 2 besteht eine subsidiäre **Ausfallhaftung der Mitgesellschafter**, die entspr auch auf den Ausfall von sonstigen Sozialansprüchen gegen einen Gesellschafter gilt (BGH WM 75, 268). 4

§ 736 Ausscheiden eines Gesellschafters, Nachhaftung. (1) Ist im Gesellschaftsvertrag bestimmt, dass, wenn ein Gesellschafter kündigt oder stirbt oder wenn das Insolvenzverfahren über sein Vermögen eröffnet wird, die Gesellschaft unter den übrigen Gesellschaftern fortbestehen soll, so scheidet bei dem Eintritt eines solchen Ereignisses der Gesellschafter, in dessen Person es eintritt, aus der Gesellschaft aus.
(2) Die für Personenhandelsgesellschaften geltenden Regelungen über die Begrenzung der Nachhaftung gelten sinngemäß.

A. Grundlagen. § 736 I weist auf die Möglichkeit vertraglicher Regelungen über die Fortsetzung der Gesellschaft bei Ausscheiden von Gesellschaftern hin und nennt dafür – nicht abschließend – Bsp. Die Zulässigkeit vertraglicher Fortsetzungsklauseln ergibt sich schon aus dem für GbR-Verträge geltenden Grundsatz der Vertragsfreiheit (§ 705 Rn 2). Ohne vertragliche Bestimmung der Fortsetzung führt das Ausscheiden eines Gesellschafters zur Auflösung der GbR gem §§ 723–735. Scheidet ein Gesellschafter bei Fortsetzung der GbR aus, bestimmen sich die Rechtsfolgen mangels abw Vereinbarung nach den §§ 737–740. Der durch das Nachhaftungsbegrenzungsgesetz von 1994 eingeführte § 736 II mit seinem Verweis auf § 160 HGB ist zwingend und steht nur abw Vereinbarungen mit den Gläubigern offen. 1

B. Die Ausscheidensgründe. Die Kündigung durch einen Gesellschafter wird in § 736 I ausdrücklich als Grund seines Ausscheidens genannt. Ob dies auch für die Kündigung aus wichtigem Grund gilt, ist durch Auslegung des Gesellschaftsvertrags zu bestimmen (RGZ 162, 388, 392). Der Wortlaut des § 736 I erfasst nicht die Kündigung durch den Privatgläubiger eines Gesellschafters, doch kann die Fortsetzung auch für diesen Fall vereinbart werden (Soergel/*Hadding/Kießling* § 736 Rz 6; MüKo/*Ulmer/Schäfer* § 736 Rz 12). Bei der ordentlichen Kündigung sind die vereinbarten Kündigungsfristen zu berücksichtigen und eine Kündigung zur Unzeit kann Schadensersatzansprüche auslösen (§ 723 II). Die Fortsetzungsklausel gilt grds auch, wenn mehrere (die Mehrheit der) Gesellschafter kündigen (BGH WM 08, 1023, 1025; 1312). Schließen sich aber die Mitgesellschafter innerhalb der Kündigungsfrist der Kündigung an (BGH DStR 99, 171) oder kommt es zur Massenkündigung einer Publikums-GbR, die die Fortsetzung unmöglich macht (Stuttg JZ 82, 766), wird die GbR aufgelöst. Kündigt ein Gesellschafter aus wichtigem Grund, der von den Mitgesellschaftern gesetzt ist, kann er der Fortsetzung nach § 242 mit dem Einwand unzulässiger Rechtsausübung widersprechen (RGZ 162, 388, 394; aA MüKo/*Ulmer/Schäfer* § 736 Rz 11). 2

Für den Fall des Todes eines Gesellschafters wird der Gesellschaftsvertrag häufig die Nachfolge durch seine oder einen bestimmten **Erben** vorsehen (s. § 727 Rn 7–9), die das Ausscheiden gegen Leistung des Abfindungsguthabens vermeidet. 3

In Abweichung von § 728 II kann die Fortsetzung auch für die **Insolvenz** eines Gesellschafters bestimmt werden. Der Abfindungsanspruch zählt dann zur Insolvenzmasse und die GbR kann dagegen nicht mit vor Insolvenzeröffnung entstandenen gesellschaftsvertraglichen Gegenansprüchen aufrechnen. 4

Weitere Ausscheidensgründe wie zB die Pfändung eines Privatgläubigers in den Anteil oder die Wiederverheiratung (BGH WM 65, 1035) können vereinbart werden, sollten iSd Rechtssicherheit aber objektiv bestimmbar sein. Andernfalls empfiehlt sich eher ein Ausschließungsrecht nach § 737 (MüKo/*Ulmer/Schäfer* § 736 Rz 15). Eine weitere Gestaltungsvariante ist, anstelle der Fortsetzungsklausel den Mitgesellschaftern das Wahlrecht zu geben, die Fortsetzung zu beschließen (BGH WM 68, 697, 698). Erg kann auch einem Dritten das Recht zum Eintritt in die Rechtsstellung des ausscheidenden Gesellschafters gewährt werden. 5

Bei Eintritt des in der Fortsetzungsklausel bestimmten Ereignisses scheidet der betroffene Gesellschafter automatisch aus der GbR aus, die unter den verbleibenden Gesellschaftern fortgeführt wird. Der **Anteil des Ausscheidenden** wächst den verbliebenen Gesellschaftern (mindestens zwei) an. Verbleibt nur ein Gesellschafter, kann die GbR nicht fortgesetzt werden. Der Gesellschaftsvertrag kann für diesen Fall vorsehen, dass das Vermögen der GbR im Wege der Gesamtrechtsnachfolge bei dem verbleibenden Gesellschafter anwächst (BGH WM 08, 1687; NJW-RR 02, 538, 540; WM 57, 512). Fehlt eine solche Bestimmung, ist davon auszugehen, dass die Übernahme des Vermögens eine rechtsgestaltende Übernahmeerklärung des verbleibenden Gesellschafters ggü dem Ausscheidenden voraussetzt (MüKo/*Ulmer/Schäfer* § 730 Rz 77 ff), ohne die es trotz Fortsetzungsklausel zur Auflösung der Gesellschaft kommt. Der ausscheidende Gesellschafter erwirbt einen Abfindungsanspruch nach § 738. 6

C. Die Nachhaftung des ausgeschiedenen Gesellschafters. Ein Gesellschafter haftet für Verbindlichkeiten der GbR auch nach seinem **Ausscheiden**, gleichgültig ob nach § 736 oder durch Übertragung seines Anteils (s. § 719 7

8 § 736 II sieht für die **Begrenzung der Nachhaftung** des ausscheidenden Gesellschafters die entspr Geltung der handelsrechtlichen Vorschriften vor, und zwar auch für das Ausscheiden des vorletzten Gesellschafters bei Übergang des Gesellschaftsvermögens auf den letzten Gesellschafter (BGH NJW 00, 208). Davon ist unmittelbar nur § 160 HGB erfasst. Mit Rücksicht auf Wortlaut und systematische Stellung des § 736 II findet dagegen die Sonderverjährungsvorschrift des § 159 HGB für den Fall der **Auflösung** der Gesellschaft nur entspr Anwendung (*Seibert* DB 94, 461, 464; Erman/*Westermann* § 736 Rz 9; MüKo/*Ulmer/Schäfer* § 736 Rz 28), wobei für den Fristbeginn der Sonderverjährung bei der GbR dasselbe wie bei dem Haftungsausschluss nach § 160 HGB gilt (s. Rn 9; MüKo/*Ulmer/Schäfer* § 736 Rz 30).

Rn 5), akzessorisch fort, wenn der Rechtsgrund für die Verbindlichkeit der GbR, auch bei Dauerschuldverhältnissen der Abschluss des Vertrags (BGH NJW 00, 208), bereits im Zeitpunkt des Ausscheidens vorlag.

9 § 160 HGB begründet einen Haftungsausschluss für alle Ansprüche der Gesellschaftsgläubiger aus der akzessorischen Haftung gegen den Ausgeschiedenen nach Ablauf der Fünfjahresfrist, es sei denn, die Ansprüche sind vor Fristablauf fällig und gem § 197 I Nr 3 bis 5 festgestellt oder gerichtlich oder behördlich geltend gemacht worden oder aber gem § 160 II HGB schriftlich anerkannt. Der Haftungsausschluss ist vAw zu berücksichtigen. Für die Hemmung gelten die in § 160 I HGB genannten BGB-Vorschriften zur Verjährung entspr. Die **Fünfjahresfrist** beginnt bei der GbR, die anders als die Personenhandelsgesellschaft nicht an die Publizität durch Registereintragung des Ausscheidens anknüpfen kann, nach allgemeiner Ansicht mit Kenntnis des jeweiligen Gläubigers von dem Ausscheiden (*Seibert* DB 94, 461, 464; Erman/*Westermann* § 736 Rz 8; MüKo/*Ulmer/Schäfer* § 736 Rz 27; zur früheren Rechtslage schon BGH NJW 92, 1615). Daher ist ein Rundschreiben an die Gläubiger zweckmäßig, das über das Ausscheiden informiert.

10 **D. Haftung des eintretenden Gesellschafters für Altverbindlichkeiten.** Die Haftung des Gesellschafters, der etwa durch Gesellschafterbeschluss oder aufgrund eines Eintrittsrechts (§ 727 Rn 10) in die GbR neu eintritt, wird anders als bei der Personenhandelsgesellschaft (§ 130 HGB) im BGB nicht geregelt. Der BGH hat für die GbR die **entspr Anwendung des § 130 HGB** entschieden (BGH NJW 03, 1802, 1804), womit der eintretende Gesellschafter auch für vor seinem Eintritt begründete Schulden der GbR persönlich haftet (bei Vertrauensschutz für Altfälle vor der Entscheidung). Für Verbindlichkeiten aus beruflicher Haftung kann dagegen eine Ausnahme angenommen werden (BGH NJW 03, 1802, 1805).

§ 737 Ausschluss eines Gesellschafters.

¹Ist im Gesellschaftsvertrag bestimmt, dass, wenn ein Gesellschafter kündigt, die Gesellschaft unter den übrigen Gesellschaftern fortbestehen soll, so kann ein Gesellschafter, in dessen Person ein die übrigen Gesellschafter nach § 723 Abs. 1 Satz 2 zur Kündigung berechtigender Umstand eintritt, aus der Gesellschaft ausgeschlossen werden. ²Das Ausschließungsrecht steht den übrigen Gesellschaftern gemeinschaftlich zu. ³Die Ausschließung erfolgt durch Erklärung gegenüber dem auszuschließenden Gesellschafter.

1 **A. Grundlagen.** Der abdingbare § 737 ermöglicht bei einer GbR mit Fortsetzungsklausel anstelle der Kündigung aus wichtigem Grund den Ausschluss eines Gesellschafters, wenn der wichtige Grund in seiner Person liegt. Damit können die Folgen des wichtigen Grundes allein dem störenden Gesellschafter auferlegt werden. Dies ist auch noch im Abwicklungsstadium möglich (BGH WM 61, 32; Soergel/*Hadding/Kießling* § 737 Rz 9; einschränkend MüKo/*Ulmer/Schäfer* § 737 Rz 10). Anders als bei der parallelen Regelung des § 140 HGB bedarf der Ausschluss nach § 737 keiner Gestaltungsklage, sondern nur eines grds einstimmigen Beschlusses der anderen Gesellschafter. Auf die Innen-GbR kann § 737 mit der Maßgabe Anwendung finden, dass ein Ausschluss des Außengesellschafters nicht möglich ist (differenzierend Erman/*Westermann* § 737 Rz 2), wohl aber von Innengesellschaftern (MüKo/*Ulmer/Schäfer* § 737 Rz 5; aA Bambg NZG 98, 897; Palandt/*Sprau* § 737 Rz 1). Gibt es nur einen Innengesellschafter, hat zwar die Kündigung durch den Außengesellschafter die gleiche Wirkung. Bei mehreren Innengesellschaftern besteht aber Bedarf für die Anwendung des § 737, wenn nur einer ausgeschlossen werden soll.

2 Bei einer GbR mit Fortsetzungsklausel und nur zwei Gesellschaftern hat bei einem wichtigen Grund in der Person des einen Gesellschafters der andere in entspr Anwendung von § 737 ein **Übernahmerecht** (Hamm ZIP 99, 1484). Entspr gilt bei einer GbR mit mehreren Gesellschaftern, wenn ein wichtiger Grund in der Person aller anderen Gesellschafter gegeben ist (Erman/*Westermann* § 737 Rz 8; MüKo/*Ulmer/Schäfer* § 737 Rz 6).

3 **B. Voraussetzungen.** § 737 setzt zunächst voraus, dass eine Fortsetzungsklausel für den Fall der Kündigung vereinbart ist, die das Bestandsinteresse der Gesellschafter zum Ausdruck bringt.

4 Der **wichtige Grund** liegt vor, wenn in der Person des auszuschließenden Gesellschafters Umstände bestehen, die den anderen Gesellschaftern die Fortsetzung der GbR mit ihm als Mitgesellschafter unzumutbar machen. Ein Verschulden des betroffenen Gesellschafters ist zwar nicht Voraussetzung, wird aber häufig vorliegen. Bei pflichtwidrigem Verhalten aller Gesellschafter ist der Ausschluss eines von ihnen nur möglich, wenn sein Verschulden das der anderen überwiegt (BGH WM 03, 1084). An den wichtigen Grund sind dieselben Anforderungen wie bei § 723 zu stellen (s. § 723 Rn 11) und auch hier gilt, dass der Ausschluss nur ultima ratio ist (BGH NZG 03, 625, 626).

Der Gesellschaftsvertrag kann den Ausschluss auch ohne wichtigen Grund zulassen, doch setzt dies mit Blick 5
auf § 138 voraus, dass wenigstens ein **sachlicher Grund** vorliegt, der den Ausschluss rechtfertigt (BGH NJW-RR 96, 234, 235; Naumbg NZG 00, 541) oder aber die Erfüllung einer im Gesellschaftsvertrag bestimmten Voraussetzung (BGH NJW 04, 2013: befristete Probezeit nach Eintritt eines neuen Gesellschafters in eine Freiberufler-GbR). Andernfalls ist die Ausschlussklausel nach § 138 nichtig (BGH NJW 85, 2421, 2422), uU auch nur teilnichtig (BGH NJW 89, 834). Möglich ist schließlich auch, das automatische Ausscheiden bei Vorliegen bestimmter Gründe zu vereinbaren (BGH ZIP 03, 843, 844 f).

C. Verfahren. Der Ausschluss geschieht durch Beschl der Mitgesellschafter ohne Mitwirkung des Betroffe- 6
nen. Der Gesellschaftsvertrag kann eine Mehrheitsentscheidung zulassen oder das Entscheidungsrecht einem Gesellschafter allein geben (MüKo/*Ulmer/Schäfer* § 737 Rz 13). Aus der Treuepflicht kann sich eine Pflicht der Mitgesellschafter ergeben, an dem Beschl mitzuwirken (BGH NJW 77, 1013).

Der Ausschluss wird **mit Mitteilung** an den Betroffenen **wirksam**, wozu jeder Gesellschafter berechtigt ist. 7
Die Mitteilung von Gründen ist nicht Wirksamkeitserfordernis (MüKo/*Ulmer/Schäfer* § 737 Rz 14). Mit Wirksamkeit des Ausschlusses wächst sein Anteil den anderen Gesellschaftern nach § 738 an und er erwirbt den ihm danach zustehenden Abfindungsanspruch.

§ 738 Auseinandersetzung beim Ausscheiden.

(1) ¹Scheidet ein Gesellschafter aus der Gesellschaft aus, so wächst sein Anteil am Gesellschaftsvermögen den übrigen Gesellschaftern zu. ²Diese sind verpflichtet, dem Ausscheidenden die Gegenstände, die er der Gesellschaft zur Benutzung überlassen hat, nach Maßgabe des § 732 zurückzugeben, ihn von den gemeinschaftlichen Schulden zu befreien und ihm dasjenige zu zahlen, was er bei der Auseinandersetzung erhalten würde, wenn die Gesellschaft zur Zeit seines Ausscheidens aufgelöst worden wäre. ³Sind gemeinschaftliche Schulden noch nicht fällig, so können die übrigen Gesellschafter dem Ausscheidenden, statt ihn zu befreien, Sicherheit leisten.
(2) Der Wert des Gesellschaftsvermögens ist, soweit erforderlich, im Wege der Schätzung zu ermitteln.

A. Grundlagen. §§ 738–740 regeln die Rechtsfolgen des Ausscheidens eines Gesellschafters aus der iÜ fortbe- 1
stehenden GbR. Diese Rechtsfolgen gelten für alle Fälle des Ausscheidens (s. § 736 Rn 3 ff), in entspr Anwendung auch bei Ausscheiden des vorletzten Gesellschafters bei Anwachsung des GbR-Vermögens bei dem anderen (BGH WM 02, 293, 295; NJW 93, 1194). Keine Anwendung finden die §§ 738 ff bei Übertragung von Gesellschaftsanteilen auf einen Dritten (BGH NJW 81, 1095, 1096).

Durch Verweis auf die Vorschriften zur Liquidation soll der Ausscheidende vorbehaltlich abw Vereinbarung 2
iS einer partiellen Auseinandersetzung wirtschaftlich so gestellt werden, als nähme er an einer Auseinandersetzung der GbR teil. Neben der Rückgabe der überlassenen Vermögensgegenstände (§ 738 I 2 iVm § 732) geht es um die Rückerstattung der Einlagen und Verteilung des Überschusses (§ 738 I 2 iVm §§ 733 II 1, 734), Ausgleich eines Verlusts (§ 739) und anstelle der Berichtigung der Verbindlichkeiten der GbR (§ 733 I) die Schuldbefreiung des Ausgeschiedenen nach § 738 I 2 u 3.

Das Ausscheiden des Gesellschafters lässt sowohl die Verbindlichkeiten der GbR als auch die persönliche 3
(akzessorische) Haftung des Ausgeschiedenen für die Verbindlichkeiten unberührt. Seine **Nachhaftung** ggü Gesellschaftsgläubigern bestimmt sich nach § 736 II (s. § 736 Rn 7 ff).

Der **Schuldbefreiungsanspruch** des § 738 I 2 u 3 richtet sich nur gegen die GbR und umfasst die Haftung des 4
Ausgeschiedenen für Gesellschaftsverbindlichkeiten (s. § 734 Rn 10). Der Schuldbefreiungsanspruch besteht auch, wenn der Ausgeschiedene zum Verlustausgleich nach § 739 verpflichtet ist, doch wird die GbR dann ein Zurückbehaltungsrecht haben (BGH NJW 74, 899). Der Anspruch auf Schuldbefreiung erstreckt sich auch auf die Haftung aus übernommener Bürgschaft (BGH NJW 74, 899) und kann von der GbR entweder durch Tilgung der Gesamthandsverbindlichkeit oder durch Vereinbarung mit dem Gläubiger über die Schuldbefreiung des Ausgeschiedenen befriedigt werden (RGZ 132, 29, 31). Bei Inanspruchnahme des Ausgeschiedenen vor Befreiung hat er einen Ersatzanspruch auch gegen die Mitgesellschafter (*Hadding/Häuser* WM 88, 1585, 1588 f).

B. Ausscheiden und Anwachsung. Nach § 738 I 1 führt das Ausscheiden des Gesellschafters zum Anwachsen 5
seines Anteils am Gesellschaftsvermögen bei den übrigen Gesellschaftern. Diese Rechtsfolge ist anders als die übrigen Regelungen des § 738 zwingend. Soll das erfolgte Ausscheiden rückgängig gemacht werden, bleibt nur die Neuaufnahme des ausgeschiedenen Gesellschafters unter Einräumung seiner alten Rechtsstellung (BGH WM 82, 1146, 1147). Die Übertragung des Gesellschaftsanteils mit allen Rechten und Pflichten auf einen Dritten (s. § 719 Rn 5) führt nicht zur Anwachsung bei den übrigen Gesellschaftern.

Durch sein Ausscheiden verliert der Gesellschafter seine Gesellschafterrechte und -pflichten einschl seiner Kon- 6
troll- und Mitspracherechte und seiner Geschäftsführungsbefugnis (MüKo/*Ulmer/Schäfer* § 738 Rz 6). Anstelle der Kontrollrechte tritt ein **Auskunftsanspruch** nach § 810 (vgl auch BGH NJW 00, 2276, 2277). Es verbleibt eine nachvertragliche Treuepflicht sowohl des Ausgeschiedenen als auch der verbleibenden Gesellschafter, die die Erstellung einer Abfindungsbilanz umfasst und uU auch ein nachvertragliches Wettbewerbsverbot (zB bei Vereinbarung einer Abfindung in Höhe des vollen Anteils am Ertragswert der fortgeführten GbR, MüKo/*Ulmer/Schäfer* § 738 Rz 7).

7 Durch das Anwachsen des Anteils am Gesellschaftsvermögen bei den übrigen Gesellschaftern erhöht sich ihre Beteiligung am Gesamthandsvermögen. Eine Übertragung von Vermögensgegenständen ist nicht notwendig. Der Ausgeschiedene ist verpflichtet, einer Berichtigung von Registern, etwa des Grundbuchs, zuzustimmen.

8 **C. Abfindungsanspruch. I. Gesetzliche Regelung.** Der Abfindungsanspruch setzt das ersatzlose Ausscheiden des Gesellschafters aus der fortbestehenden GbR voraus und richtet sich gegen die Gesellschaft. Bei Vereinbarung über das Ausscheiden eines Gesellschafters bei gleichzeitigem Eintritt eines Dritten ist durch Auslegung zu ermitteln, ob es sich nicht tatsächlich um eine Übertragung des Gesellschaftsanteils handelt (MüKo/*Ulmer/Schäfer* § 738 Rz 15). Der Abfindungsanspruch richtet sich als Anspruch aus dem Gesellschaftsverhältnis gegen die GbR (Sozialverpflichtung der GbR). Wegen ihrer akzessorischen Haftung haften die Mitgesellschafter aber neben der GbR persönlich mit (BGH NJW 01, 2718; 01, 1056).

9 Der Abfindungsanspruch entsteht **mit Ausscheiden** und ist auf diesen Zeitpunkt zu berechnen. Ob er erst mit Feststellung der Abfindungsbilanz oder schon mit Ausscheiden oder mit Ablauf der unter den Umständen erforderlichen Zeit (§ 271 I) ab dem Ausscheiden fällig ist, ist umstr. Stellte das RG noch auf die Feststellung der Abfindungsbilanz ab, ist nach vordringender Auffassung auf den Zeitpunkt des Ausscheidens zzgl der für die Erstellung der Abfindungsbilanz notwendigen Zeit abzuheben (MüKo/*Ulmer/Schäfer* § 738 Rz 20 mwN). Unstr Mindestbeträge können jedenfalls schon ab Ausscheiden durchgesetzt werden (BGH WM 81, 487; 87, 1280, 1281). Zinsen sind mangels abw Vereinbarung erst ab Fälligkeit und Mahnung des Ausgeschiedenen (§§ 286 I, 288) zu leisten.

10 Der Abfindungsanspruch ist durch Aufstellung und Feststellung einer **Abfindungsbilanz** zu ermitteln. Für die Aufstellung sind die geschäftsführenden Gesellschafter verantwortlich (BGH NJW 79, 1330), wobei der Ausgeschiedene mitwirkungsberechtigt ist und dabei anzugeben hat, welche Ansätze er für unrichtig hält (BGH (31.5.65) DB 65, 1438). Die Feststellung ist die verbindliche Einigung auf die Abfindungsbilanz, die eine Bindungswirkung entspr der Feststellung nach § 779 bewirkt und daher unwirksam ist, wenn sich im Nachhinein herausstellt, dass beide Seiten von einem unzutr Sachverhalt ausgegangen sind und sie bei Kenntnis die Vereinbarung nicht getroffen hätten (BGH WM 72, 1443, 1444). Die Aufstellung der Abfindungsbilanz kann durch Leistungsklage durchgesetzt werden, die sich nach Eintritt der Fälligkeit (Rn 9) im Wege der Stufenklage gleichzeitig auch auf die Zahlung richten kann (Karlsr BB 77, 1475). Die Bilanzaufstellung durch das Gericht ist ausgeschlossen (BGH NJW 58, 57).

11 Mangels abw Bestimmung ist die Abfindungsbilanz unter Zugrundelegung der **tatsächlichen Werte** des Gesellschaftsvermögens zu erstellen. Wie die tatsächlichen Werte zu ermitteln sind, hängt von den Umständen des Einzelfalls ab (BGH NJW 93, 2101 2103). § 738 II eröffnet den Weg der Schätzung, im Streitfall durch die Gerichte (§ 287 II ZPO). IdR wird eine Bestimmung durch Sachverständigengutachten notwendig sein (BGH NJW 85, 192). Ist die GbR unternehmerisch tätig, ist auf den wirklichen Wert des lebenden Unternehmens abzustellen, wie er sich bei einem Verkauf als Einheit ergeben würde (BGH NJW 74, 312). Dies ist idR der **Ertragswert** der werbend fortgesetzten GbR (BGH NJW 93, 2101, 2103; 92, 892, 895; *Hülsmann* ZIP 01, 450). Weil der Ausgeschiedene so gestellt werden soll, als hätte er an einer Liquidation der GbR teilgenommen, kommt es auf den anteiligen Ertragswert des Unternehmens und nicht etwa auf den Wert seines (idR nicht ohne weiteres übertragbaren) Anteils an (BGH NJW 92, 892). Der **Liquidations- oder Substanzwert** (unter Aufdeckung stiller Reserven) ist nur maßgeblich, wenn es sich um nicht betriebsnotwendige Vermögensgegenstände handelt oder das Unternehmen der GbR unrentabel ist (Staud/*Habermeier* § 738 Rz 18 mwN) oder er den Ertragswert erheblich übersteigt (BGH DB 06, 999 f).

12 **II. Vertragliche Abfindungsvereinbarungen. 1. Abweichende Vereinbarung.** Der Abfindungsanspruch des ausgeschiedenen Gesellschafters und seine Zahlung können im Gesellschaftsvertrag oder durch sonstige Vereinbarung abw von den gesetzlichen Regeln bestimmt werden. Dies ist zumindest bei Gesellschaften, die auf längere Dauer ausgelegt sind, die Regel. Grund hierfür sind häufig der Schutz der GbR und der verbleibenden Gesellschafter vor Kapitalabfluss und der Wunsch nach einer vereinfachten und leicht rechenbaren Bestimmung der Abfindung. Daneben können spezifische Anliegen der Gesellschafter eine Rolle spielen, zB durch Vereinbarung einer Auseinandersetzung unter Mitnahme von Patienten, womit der anteilige Unternehmenswert abgefunden wird (BGH NJW 95, 1551). Neben Klauseln, die den Inhalt der Abfindung bestimmen, kommen auch Klauseln in Betracht, die den Zeitpunkt der Leistung regeln, zB die ratenweise Zahlung. Durch Auslegung ist im Einzelfall zu ermitteln, ob eine abw vertragliche Regelung vorliegt (vgl BGH DStR 02, 461, 462; NJW 95, 3313, 3314).

13 **2. Wirksamkeitsgrenzen.** Hat die GbR eine **ideelle Zielsetzung**, ist der vertragliche Ausschluss der Abfindung oder seine Einschränkung uneingeschränkt zulässig (BGHZ 135, 387, 390 f). Anderes gilt bei einer wirtschaftlich tätigen GbR. Bei dieser können die Abfindung beschränkende oder ausschließende Klauseln wegen sittenwidriger Knebelung nach § 138 oder wegen Gläubigerbenachteiligung **nichtig** oder aber wegen unvertretbarer *Einschränkung der Kündigungsfreiheit* entgegen § 723 III **undurchsetzbar** sein.

14 Bei sog **Buchwertklauseln**, die den Abfindungsanspruch auf den Buchwert der Beteiligung beschränken und damit eine Vergütung anteiliger stiller Reserven ausschließen, wird eine sittenwidrige Knebelung regelmäßig nicht vorliegen. Dies ergibt sich schon daraus, dass es bei § 138 I auf das Zustandekommen des Vertrags

ankommt und zu diesem Zeitpunkt das Gesellschaftsvermögen regelmäßig nicht über dem Buchwert liegt (vgl BGH NJW 94, 2536: keine Sittenwidrigkeit bei später entstehender Diskrepanz). Auf den Zeitpunkt der Änderung des Gesellschaftsvertrags ist dagegen abzustellen, wenn die Abfindungsklausel geändert wurde (*Sigle* ZGR 99, 659, 666). Nichtig ist die Buchwertklausel aber dann, wenn die Ausschließung ohne wichtigen Grund zugelassen ist (BGH NJW 79, 104). Eine Beschränkung des Abfindungsanspruchs auf einen Wert deutlich unter Buchwert bedarf dagegen besonderer Rechtfertigung, die nicht in der vorherigen Anteilsschenkung liegt (BGH NJW 89, 2685, 2686). Nichtig ist auch eine Bestimmung, die speziell für den Fall des Ausscheidens des Gesellschafters nach Kündigung durch den Gläubiger oder Insolvenz die Abfindung beschränkt (BGH NJW 00, 2819 – für GmbH).

Eine weitere Schranke für Abfindungsklauseln besteht in dem **Verbot von Kündigungsbeschränkungen** (§ 723 III). Anders als bei § 138 kommt es hier nicht auf den Zeitpunkt des Vertragsabschlusses an. Entsteht ein grobes Missverhältnis zwischen wahrem Wert und vertraglichen Abfindungsanspruch (etwa bei vereinbarter Buchwertklausel wg Aufbaus stiller Reserven), ist die Klausel zwar nicht unwirksam, ist jedoch die dadurch entstandene Vertragslücke im Wege erg Vertragsauslegung nach Treu und Glauben unter Abwägung der Interessen der GbR und des ausscheidenden Gesellschafters zu schließen (BGH NJW 93, 2101, 2102; 93, 3193; 94, 2536, 2540). Zu berücksichtigen sind bei der Abwägung die Dauer der Beteiligung des Ausgeschiedenen und seine Beiträge zum Erfolg der GbR, der Anlass seines Ausscheidens, die finanzielle Lage von Ausgeschiedenem und GbR und die Modalitäten der Auszahlung. 15

§ 739 Haftung für Fehlbetrag. Reicht der Wert des Gesellschaftsvermögens zur Deckung der gemeinschaftlichen Schulden und der Einlagen nicht aus, so hat der Ausscheidende den übrigen Gesellschaftern für den Fehlbetrag nach dem Verhältnis seines Anteils am Verlust aufzukommen.

Die Haftung des Ausgeschiedenen für den Fehlbetrag entspricht der Haftung nach § 735 im Fall der Auseinandersetzung der GbR und setzt das ersatzlose Ausscheiden des Gesellschafters voraus (vgl schon § 738 Rn 8). § 739 gilt entspr bei Übernahme des Gesellschaftsvermögens durch den letztverbliebenen Gesellschafter. Der vom Ausgeschiedenen zu tragende Fehlbetrag ist iRd Erstellung der Abfindungsbilanz (§ 738 Rn 10) unter Berücksichtigung des vereinbarten Schlüssels für die Verlustbeteiligung zu ermitteln. Ein negatives Kapitalkonto ist in der Abfindungsbilanz zu berücksichtigen, begründet aber nicht per se eine Haftung nach § 739 (BGH NJW 99, 2438 f). Anspruchsberechtigt ist die GbR. Für die Durchsetzung gegen den **Ausgeschiedenen** und sein Zurückbehaltungsrecht gelten die Anm in § 738 Rn 9 entspr (zum Zurückbehaltungsrecht vgl auch BGH NJW 74, 899). Der Ausgeschiedene kann einer Zahlungsverpflichtung nicht die Aussicht auf Gewinne aus schwebenden Geschäften (§ 740) entgegenhalten (BGH WM 69, 494). Eine Ausfallhaftung der übrigen Gesellschafter besteht wegen § 707 anders als bei § 735 nicht, doch erhöht der Ausfall des Ausgeschiedenen den auf die übrigen zu verteilenden (laufenden) Verlust (Erman/*Westermann* § 739 Rz 2; MüKo/*Ulmer/Schäfer* § 739 Rz 4). 1

§ 740 Beteiligung am Ergebnis schwebender Geschäfte. (1) ¹Der Ausgeschiedene nimmt an dem Gewinn und dem Verluste teil, welcher sich aus den zur Zeit seines Ausscheidens schwebenden Geschäften ergibt. ²Die übrigen Gesellschafter sind berechtigt, diese Geschäfte so zu beendigen, wie es ihnen am vorteilhaftesten erscheint.
(2) Der Ausgeschiedene kann am Schluss jedes Geschäftsjahrs Rechenschaft über die inzwischen beendigten Geschäfte, Auszahlung des ihm gebührenden Betrags und Auskunft über den Stand der noch schwebenden Geschäfte verlangen.

§ 740 I geht gedanklich von der Ermittlung des Abfindungsguthabens iSd § 738 nach der Substanzwertmethode aus, die **schwebende Geschäfte** nicht berücksichtigt. An ihnen soll der Ausgeschiedene dennoch teilhaben. Wird dagegen das Abfindungsguthaben auf der Basis des Ertragswerts ermittelt (§ 738 Rn 11), bleibt für § 740 kein Raum, denn der Ertragswert umfasst bereits die Ergebnisse aus schwebenden Geschäften (MüKo/ *Ulmer/Schäfer* § 740 Rz 3 mwN). In der Vertragspraxis wird § 740 häufig ausdrücklich oder durch feste Abfindungsregeln abgedungen, was zulässig ist. Die Beweislast für die Abbedingung trägt, wer einen Vorteil daraus hat, idR also die verbleibenden Gesellschafter (BGH WM 79, 1064, 1065). 1

Die Anwendung von § 740 ändert nichts daran, dass die Mitgliedschaft des Ausgeschiedenen beendet wurde. Er hat keine **Mitverwaltungsrechte** mehr (§ 740 I 2, möglich aber eine Schadensersatzpflicht der übrigen Gesellschafter unter dem Haftungsmaßstab des § 708), und sein Auskunftsanspruch nach § 740 II tritt an die Stelle des Kontrollrechts des § 716. 2

Schwebende Geschäfte sind solche, die unmittelbar auf Erwerb gerichtet und im Zeitpunkt des Ausscheidens zwar schon rechtlich bindend begründet, aber noch nicht beidseitig erfüllt waren (BGH NJW 93, 1194). Nicht dazu zählen Hilfsgeschäfte (zB Miete der Geschäftsräume). Auch Dauerschuldverhältnisse werden von § 740 nicht erfasst (BGH NJW-RR 86, 454, 455). Für die Auskunft und Rechnungslegung kommt es auf den Zahlungseingang an (BGH WM 61, 173). Die Auszahlung kann verlangt werden, wenn das Ergebnis des Geschäfts feststeht (BGH WM 80, 212, 213). 3

Titel 17 Gemeinschaft

§ 741 Gemeinschaft nach Bruchteilen. Steht ein Recht mehreren gemeinschaftlich zu, so finden, sofern sich nicht aus dem Gesetz ein anderes ergibt, die Vorschriften der §§ 742 bis 758 Anwendung (Gemeinschaft nach Bruchteilen).

1 **A. Wesen und Abgrenzung. I. Wesen und Entstehung.** Die Gemeinschaft iSd §§ 741 ff ist die Innehabung eines Rechts durch mehrere Rechtsträger zu ideellen Bruchteilen. Es handelt sich um eine geteilte Rechtszuständigkeit. Der gemeinsam gehaltene Gegenstand bleibt dagegen ungeteilt. Das Recht der einzelnen Mitglieder der Gemeinschaft besteht daher in einem ideellen Bruchteil an dem ungeteilten Gegenstand (eingehend Staud/*Langhein* Vor § 741 Rz 8 ff). Dieses dem Vollrecht wesensgleiche Recht wird lediglich beschränkt durch die Rechte der übrigen Teilrechtsinhaber. Das Recht ist ein selbstständiger Vermögensgegenstand, welcher zur Disposition des Inhabers steht, § 747 1. Damit kann er vom Inhaber übertragen werden und ist auch bei ihm pfändbar. Eine Übertragung des Gegenstandes selbst ist dagegen nur gemeinschaftlich möglich, § 747 2.

2 Die Anwendung der §§ 741 ff ist unabhängig vom Entstehungstatbestand der Bruchteilsgemeinschaft. Steht ein Recht mehreren gemeinschaftlich zu, richtet sich das Binnenverhältnis der Beteiligten nach diesen Vorschriften. Es kommen Gesetz und Rechtsgeschäfte, aber auch Realakte als **Entstehungstatbestand** in Betracht. Ein auf Bildung einer Gemeinschaft gerichteter Wille ist nicht erforderlich. In der Praxis wird die Bruchteilsgemeinschaft überwiegend durch Realhandlungen begründet (Palandt/*Sprau* § 741 Rz 2). Andernfalls wird oft eine Gesellschaft vorliegen. Umstr ist die rechtliche Natur der Bruchteilsgemeinschaft. Überwiegend wird angenommen, dass diese selbst kein gesetzliches Schuldverhältnis, jedoch Grundlage solcher Rechtsbeziehungen unter den einzelnen Teilrechtsinhabern sei (BGHZ 62, 243, 246; Jauernig/*Stürner* § 741 Rz 1; MüKo/*Schmidt* § 741 Rz 3 mwN). Praktische Bedeutung erlangt diese Frage bei der Haftung für Hilfspersonen nach § 278 statt nach §§ 823, 831.

3 Die Anwendung der Vorschrift ist insofern zwingend, dass der Kreis der Teilrechtsinhaber nicht disponibel ist. Der Umstand, dass ein Recht mehreren gemeinschaftlich zusteht, führt bereits zum Entstehen der Bruchteilsgemeinschaft. Dies jedenfalls insoweit, als „sich nicht aus dem Gesetz ein anderes ergibt". Daraus folgt nicht, dass jede Vorschrift der §§ 741 ff zwingend ist; vielfach ergibt die Auslegung der Normen die Abdingbarkeit. So sind die §§ 742 ff subsidiär anzuwenden, sofern die Sonderregelungen einschlägiger Interessengemeinschaften anwendbar sind. Besondere Bedeutung erlangen die Vorschriften über die Bruchteilsgemeinschaft über die Verweise auf ihre entspr Anwendung. So wird zB iRd §§ 731, 1477, 2042, 2044 auf die Bruchteilsgemeinschaft bzw Teile der entspr Vorschriften verwiesen.

4 **II. Abgrenzung zur Gesellschaft.** Die Bruchteilsgemeinschaft ist von der Gesamthand erstens dadurch abzugrenzen, dass es hier an einem übergeordneten Zweck, welcher über das – allerdings ebenfalls gleichlaufende – Interesse der Teilrechtsinhaber an dem Gegenstand hinausgeht, fehlt. Bei der Gemeinschaft erschöpfen sich die gleichlaufenden Interessen der Teilhaber in dem gemeinsamen Gegenstand als solchem (BGH WM 84, 873). Es besteht dagegen kein strikter Gegensatz zwischen Gesellschaft und Gemeinschaft. So ist zum einen bereits das „Halten und Verwalten" eines Vermögenswertes ausreichender Gesellschaftszweck einer GbR (BGH NJW-RR 91, 422). Zum anderen kann die Bruchteilsgemeinschaft mit der Gesellschaft kombiniert werden. So können sich die Mitglieder einer Bruchteilsgemeinschaft daneben zu einer Innen-GbR zusammenschließen, mit der sie einen auf das Bruchteilseigentum bezogenen gemeinsamen Zweck verfolgen. Wesentliches Abgrenzungskriterium ist zweitens die unterschiedliche Rechtszuordnung von Vermögensgegenständen. Während bei der GbR, in die ein Gegenstand zu Eigentum und nicht nur zur Nutzung eingebracht wurde, dieser Gegenstand Eigentum der GbR selbst ist, gibt es kein Eigentum der Bruchteilsgemeinschaft. Vielmehr entfaltet sich die Bruchteilsgemeinschaft gerade in der mehrheitlichen Rechtszuständigkeit der Berechtigten an dem Gegenstand. Es besteht ein Bruchteilseigentum des einzelnen Berechtigten an dem betreffenden Gegenstand. Die Bruchteilsgemeinschaft ist im Gegensatz zu den Personengesellschaften einschl der Außen-GbR kein organisierter Verband und nicht fähig, Trägerin von Rechten und Pflichten zu sein. Es fehlt ihr daher mangels Sondervermögens an der Parteifähigkeit im prozessualen Sinne (§ 50 II ZPO) sowie an der Möglichkeit, selbst am Rechtsverkehr teilzunehmen (zum Ganzen MüKo/*Schmidt* § 741 Rz 3 ff). Auch fehlt ihr die Insolvenzfähigkeit (§ 11 InsO).

5 **B. Gegenstand.** Der Gegenstand der Bruchteilsgemeinschaft ist grds nicht beschränkt. Recht iSd Vorschrift kann jedes Recht sein, welches der Aufteilung in mehrere Teilhaber offen steht. Eine Beschränkung auf Vermögensrechte besteht nicht. Hauptanwendungsfall der §§ 741 ff ist das Miteigentum. Eine Berechtigung mehrerer kann auch an einer Mehrheit von Gegenständen bestehen (BGHZ 140, 63), ebenso am Wohnungseigentum (BGHZ 49, 250). Daneben ist jedoch auch eine Teilhaberschaft an Forderungen möglich. So können zB Grundschulden, Hypotheken, Dienstbarkeiten oder dingliche Vorkaufsrechte Gegenstand einer Bruchteilsgemeinschaft sein (MüKo/*Schmidt* § 741 Rz 12). Gleiches gilt für subjektiv-öffentliche Rechte, wenn sie einen Vermögenswert besitzen. Dagegen ist entgegen der Rspr (BGHZ 62, 243, 245) der bloße Besitz nicht tauglicher Gegenstand einer Gemeinschaft iSd Norm (MüKo/*Schmidt* § 741 Rz 17 mwN zur Gegenansicht). Der

gemeinschaftliche Besitz mehrerer ist an anderer Stelle im Gesetz geregelt, Mitbesitz § 866. Eine gemeinschaftliche Berechtigung mehrerer iS ideeller Bruchteile steht im Kontrast zum Verständnis des Besitzes als tatsächlicher Herrschaft über eine Sache. Ebenso ist ein Bruchteil am Bruchteil nicht möglich (BGHZ 13, 133, 141). Im Falle der Übertragung eines Bruchteiles auf mehrere Erwerber erhalten diese jeweils einen unmittelbaren Bruchteil am Recht selbst, nicht dagegen an dem geteilten Bruchteil. Anders ist es bei Teilung eines Erbteiles. In diesem Fall entsteht eine Bruchteilsgemeinschaft am ungeteilten Erbteil (Erman/*Aderhold* § 741 Rz 10).

Nach den allg Grundsätzen sind auch Bruchteilsgemeinschaften an **Gesellschaftsanteilen** von Kapitalgesellschaften möglich, nicht dagegen an Personengesellschaften (MüKo/*Ulmer* § 705 Rz 83; Staud/*Langhein* § 741 Rz 141). Die Mitgliedschaft in einer Personengesellschaft ist ein grds höchstpersönliches Recht, welches daher unteilbar ist. Umstr ist die teilhaberische Beteiligung an einer stillen Beteiligung. Eine solche ist vor dem Hintergrund der Verknüpfung von stiller Einlage und gesellschaftsrechtlicher Beteiligung des Stillen abzulehnen (Staud/*Langhein* § 741 Rz 141). Dies muss jedenfalls für die sog atypische stille Beteiligung gelten, da diese das mitgliedschaftliche Element noch verstärkt (nur für diese: MüKo/*Schmidt* § 741 Rz 14). Die stille Einlage kann dagegen für sich genommen als Forderung Gegenstand einer Bruchteilsgemeinschaft sein (MüKo/*Schmidt* § 741 Rz 14). 6

Verbindlichkeiten sind nicht tauglicher Gegenstand iSd Vorschrift, da sie kein Recht verkörpern. Im Falle der Eingehung gemeinschaftlicher Verbindlichkeiten in Bezug auf den gehaltenen Gegenstand haften die Teilrechtsinhaber nicht als Gemeinschafter oder gar als „Gemeinschaft", sondern als Gesamtschuldner nach § 427. Entspr gilt für gemeinschaftliche Forderungen auf der Aktivseite, § 432. Umstr ist die Möglichkeit der Bruchteilsbeteiligung an einem **Rechtsverhältnis** als Gesamtheit von Rechten und Pflichten. Dies wird neuerdings teilweise bejaht (MüKo/*Schmidt* § 741 Rz 18). Richtigerweise ist diese Möglichkeit nach dem soeben Gesagten abzulehnen, da dies konsequenterweise auch eine entspr Beteiligung an den Verbindlichkeiten des Rechtsverhältnisses beinhalten würde. Zu der interessanten Variante der sog fiktiven Bruchteilsgemeinschaft, dh einer Gemeinschaft nur im Innenverhältnis ohne Vorliegen der objektiven Voraussetzungen des § 741, vgl MüKo/*Schmidt* § 741 Rz 19. 7

§ 742 Gleiche Anteile. Im Zweifel ist anzunehmen, dass den Teilhabern gleiche Anteile zustehen.

Die Vorschrift ist im Hinblick auf die Größe der Anteile **Auslegungsregel** bei rechtsgeschäftlicher Begründung der Bruchteilsgemeinschaft sowie gesetzliche Vermutung im Falle der Begründung kraft Gesetzes. Die Größe des Anteils ist Grundlage zahlreicher weiterer Aspekte der Gemeinschaft. So wird das Stimmrecht (§ 745), die Verteilung der Lasten und Kosten (§ 748), der Anteil bei Teilung in Natur (§ 752), der Anteil an den Früchten (§ 743) sowie der Erlösanteil im Falle eines Verkaufs (§ 753) danach bestimmt. Die Auslegungsregel kann dagegen nicht für die Frage des Vorliegens einer Bruchteilgemeinschaft herangezogen werden; sie setzt das Bestehen einer solchen voraus. Die Vorschrift des § 742 gilt für jegliche Art der Bruchteilsgemeinschaft. Bei Grundstücken ist die Bruchteilsquote im Grundbuch einzutragen (RGZ 54, 85, 86). 1

Die Vorschrift wird als bloße Zweifelsregel von gesetzlichen und rechtsgeschäftlichen **Sonderregelungen** verdrängt. Im Falle der durch Rechtsgeschäft begründeten Gemeinschaft entscheidet der ermittelte Parteiwille über die Quoten. Vorrangige gesetzliche Sondervorschriften sind zB die §§ 948, 1172 oder 1109. Eine abw Vereinbarung der Anteile kann schon daraus geschlossen werden, dass eine Gleichheit der Anteile aufgrund der Umstände des Einzelfalles nicht gerecht erscheinen würde (RGZ 169, 232, 239). Besonderer Anwendungsfall ist die Aufspaltung eines Rechtsträgers, § 123 I UmwG. Fehlt es in diesen Fällen an einer auslegungsfähigen Regelung im Spaltungsvertrag hinsichtlich der Zuteilung eines bestimmten Gegenstandes auf einen der beteiligten Rechtsträger, so findet die Vorschrift des § 131 III UmwG Anwendung. Dies führt zu einer Verteilung in dem Verhältnis, das sich aus der Aufteilung des Überschusses der Aktivseite der Schlussbilanz über deren Passivseite ergibt (MüKo/*Schmidt* § 742 Rz 3). 2

Die Vorschrift des § 742 enthält in prozessualer Hinsicht keine Beweisvermutung zu Gunsten gleicher Teile (BaRoth/*Gehrlein* § 742 Rz 3; Jauernig/*Stürner* § 742 Rz 2). Der **gute Glaube Dritter** an gleiche Bruchteile wird nicht geschützt (BGH NJW 54, 1035). 3

§ 743 Früchteanteil; Gebrauchsbefugnis. (1) Jedem Teilhaber gebührt ein seinem Anteil entsprechender Bruchteil der Früchte.
(2) Jeder Teilhaber ist zum Gebrauch des gemeinschaftlichen Gegenstandes insoweit befugt, als nicht der Mitgebrauch der übrigen Teilhaber beeinträchtigt wird.

A. Anwendungsbereich. Die Vorschrift regelt die Rechte der Teilhaber hinsichtlich der Nutzung des Gegenstandes. § 743 bildet das Gegenstück zu § 748, welcher die Lasten- und Kostentragung regelt. Grundgedanke ist die gleichmäßige Verteilung von Früchten und Nutzungen auf der einen sowie Lasten auf der anderen Seite. Dementspr korrespondiert der Anteil an den Früchten mit der Größe des Bruchteils. Die Norm ist außer für die Bruchteilsgemeinschaft auch auf die **Erbengemeinschaft** anwendbar, § 2038 II. § 743 gilt ledig- 1 lich im Innenverhältnis, nicht im Außenverhältnis. Dies bedeutet, dass der einzelne Teilhaber nur gegen die anderen Teilhaber einen Anspruch auf seinen Bruchteil der Früchte hat und er ggü Dritten keine anteilige Leistung der Früchte beanspruchen kann (BaRoth/*Gehrlein* § 743 Rz 2; MüKo/*Schmidt* § 743 Rz 5). Bei gemeinschaftlicher Vermietung eines Gegenstandes besteht demnach kein Recht des einzelnen Teilhabers, vom Mieter anteilige Zahlung des Mietzinses an sich zu verlangen; § 420 findet keine Anwendung (BGH NJW 69, 839). Wem das Einziehungsrecht zusteht, bestimmt sich ausschl nach den im Außenverhältnis abgeschlossenen Regelungen.

2 **B. Fruchtziehung, Abs 1.** Der Anspruch auf die Früchte ist ein schuldrechtlicher Anspruch des Teilhabers gegen die übrigen Mitglieder der Bruchteilsgemeinschaft. Er betrifft lediglich die vorhandenen Früchte. Was darunter fällt, unterliegt den Verwaltungsentscheidungen der Gesamtheit der Teilhaber, §§ 744, 745. Der Anspruch aus § 743 I ist mehrheitsfest; er kann nur mit Zustimmung des Teilhabers beschränkt werden, § 745 III 2 (BGH WM 08, 874). Eine derartige Beschränkung ist nur in Form von Verwaltungsregelungen nach §§ 744 f möglich (Palandt/*Sprau* § 743 Rz 3; Erman/*Aderhold* § 743 Rz 2). Dies betrifft jedoch nur den Anspruch selbst, nicht dagegen die Voraussetzungen der Fruchtziehung. Demnach steht es den Berechtigten frei, mehrheitlich die vollständige Fruchtziehung einem Teilhaber gegen Zahlung einer Abfindung zu überlassen (BGH NJW 53, 1427), was zu einem Ausgleichsanspruch der übrigen Teilhaber führt. Die Vorschrift gibt kein eigenes Recht zur Fruchtziehung entspr dem jeweiligen Anteil. Sie gewährt lediglich den Anspruch auf Beteiligung am Ertrag, dh die Verteilung der Früchte nach der Ernte (BGH NJW 58, 1723). Der Anspruch auf Auszahlung des Anteils an den Früchten ist nur im Wege der vorweggenommenen Auseinandersetzung möglich, §§ 752 ff.

3 Der Anspruch aus § 743 I erfasst neben natürlichen Früchten und Rechtsfrüchten (§ 99) auch **Gebrauchsvorteile** der Sache (§ 100) (BGH NJW 66, 1707). Dazu gehören auch Mieteinnahmen (BGH BB 72, 1245), die Gewinnbeteiligung aus einem Gesellschaftsanteil oder Wertpapierdividenden, ebenso im Falle der Erbengemeinschaft der Gewinn eines Unternehmens (BGH NJW 52, 1410; Soergel/*Hadding* § 743 Rz 5; MüKo/ *Schmidt* § 743 Rz 3). Der Anspruch auf die Früchte bestimmt sich nach dem Anteil am Nettoerlös (BGH NJW 64, 648). Dieser errechnet sich durch Abzug der Lasten und Kosten nach §§ 748, 756. Der Anspruch kann vom Teilrechtsinhaber abgetreten werden und ist bei diesem pfändbar (Frankf NJW 58, 65). Befindet sich der Erlös aus den Früchten bereits bei einem der Bruchteilsinhaber, so bedarf nach der Rspr der Herausgabeanspruch des einzelnen der Zustimmung der übrigen Berechtigen (BGH NJW 85, 1160, 1161; Soergel/*Hadding* § 743 Rz 3; zweifelnd MüKo/*Schmidt* § 743 Rz 6).

4 **C. Gebrauchsrecht, Abs 2.** § 743 II regelt ausschl das Ausmaß des Gebrauchs des gemeinschaftlichen Gegenstandes. Dagegen werden Art und Weise des Gebrauchs eines solchen durch Verwaltungsregelungen nach §§ 744, 745 definiert. Diese können in Form von Verträgen, Mehrheitsbeschlüssen oder gerichtlichen Entscheidungen ergehen. Inhalt des § 743 II ist ein Recht zum Gebrauch des gemeinschaftlichen Gegenstandes sowie ein Anspruch auf Duldung der gegenwärtigen und künftigen Nutzung. Im Gegensatz zum Fruchtziehungsrecht nach § 743 I kann das Gebrauchsrecht durch Mehrheitsentscheidung beschränkt werden (BGH NJW-RR 95, 267). Grds unzulässig ist lediglich ein dauerhafter Ausschluss vom Gebrauch der Sache (BGH WM 91, 821, 823; BaRoth/*Gehrlein* § 743 Rz 4). Dieser erfordert jedenfalls eine angemessene Ausgleichsregelung zu Gunsten des ausgeschlossenen Bruchteilsinhabers.

5 Das Gebrauchsrecht der einzelnen Teilhaber wird daneben grds durch das der übrigen **beschränkt**. Dies gilt jedoch nur für die tatsächliche Wahrnehmung dieser Rechte durch die Mitberechtigten, nicht aber schon für die abstrakte rechtliche Möglichkeit derselben (BGH NJW 66, 1707). Daraus folgt, dass der Teilhaber bei Nichtwahrnehmung dieser Rechte durch die übrigen das alleinige Gebrauchsrecht ausüben kann, ohne dass dadurch ein Bereicherungsanspruch der anderen Berechtigten entsteht. Voraussetzung für einen Ausgleich in Geld ist vielmehr, dass entweder eine Benutzungsvereinbarung vorliegt oder ein Antrag auf gerichtliche Entscheidung nach § 745 II gestellt oder aber dem Mitberechtigten der Mitgebrauch hartnäckig verweigert wurde (BGH NJW 66, 1707, 1708). Prozessual kann der in seinem Recht Beeinträchtigte durch Unterlassungsklage vorgehen, im Innenverhältnis nach § 743 II, ansonsten nach § 1004. Besitzschutzansprüche nach § 866 sind lediglich im Außenverhältnis zulässig (Palandt/*Sprau* § 743 Rz 4; BaRoth/*Gehrlein* § 743 Rz 5).

§ 744 Gemeinschaftliche Verwaltung. (1) Die Verwaltung des gemeinschaftlichen Gegenstands steht den Teilhabern gemeinschaftlich zu.
(2) Jeder Teilhaber ist berechtigt, die zur Erhaltung des Gegenstands notwendigen Maßregeln ohne Zustimmung der anderen Teilhaber zu treffen; er kann verlangen, dass diese ihre Einwilligung zu einer solchen Maßregel im Voraus erteilen.

1 **A. Gemeinschaftliche Verwaltung.** §§ 744–746 sind die gesetzlichen Regeln für die Verwaltung des gemeinschaftlichen Gegenstands. § 744 I bestimmt als Grundsatz die gemeinschaftliche Verwaltung durch die Teilhaber. Im Falle des Nießbrauchs an einem Miteigentumsanteil hat nach § 1066 I der Nießbraucher das Verwaltungsrecht anstelle des Teilhabers (BGH NJW 02, 1647). Die Bruchteilsgemeinschaft kann die Verwaltung

durch vertragliche Vereinbarung oder einstimmigen Beschl umfassend abw regeln, so zB durch Verweis auf eine für die spätere WEG geschaffene Gemeinschaftsordnung (BayObLG NJW-RR 02, 1022), eine selbst gesetzte korporative Verfassung (BGH NJW 99, 781, 783) oder durch Übertragung auf einem Teilhaber oder Dritten (BGH NJW 83, 449). Aus laufender Übung kann sich konkludent eine abw Vereinbarung ergeben (Celle MDR 98, 397).

Bei **Übertragung der Verwaltung** auf einen Teilhaber oder Dritten handelt es sich idR um ein Auftragsverhältnis oder einen Geschäftsbesorgungsvertrag, womit regelmäßig eine Vollmacht der Teilhaber verbunden ist (BGH NJW 99, 781, 782). Der Verwalter haftet nach § 276 (nicht nach § 708) und ist zur Rechnungslegung und Auskehrung der Erlöse verpflichtet (BGH WM 01, 305). Die Kündigung der Verwaltung ist aus wichtigem Grund stets möglich (BGH NJW 85, 2943; 83, 449, 450), worüber durch Mehrheitsbeschluss (§ 745 I) entschieden wird, während die Kündigungserklärung die Mitwirkung aller erfordert (BGH NJW 61, 1299). 2

Gegenstand der Verwaltung sind alle rechtlichen und tatsächlichen Maßnahmen, die die Erhaltung, Verwendung und Veränderung des gemeinschaftlichen Gegenstands betreffen, nicht aber Maßnahmen, die die innere Organisation, die Aufhebung der Gemeinschaft sowie die Verfügung über den gemeinschaftlichen Gegenstand betreffen (BGH NJW 99, 781, 783; MüKo/*Schmidt* §§ 744, 745 Rz 6; Erman/*Aderhold* § 744 Rz 2). Beispiele für Maßnahmen der Verwaltung sind Regelungen über die zeitanteilige Nutzung des gemeinschaftlichen Gegenstands (BGH NJW 95, 2637, 2639), über seine Verpachtung (BGH NJW 71, 1265, 1266), Baumaßnahmen am gemeinschaftlichen Gegenstand (Ddorf MDR 70, 416), Anlage von Geld und Zahlung laufender Verbindlichkeiten (BGH NJW 94, 1721; 86, 1340), Bestellung und Kündigung eines Verwalters (BGH NJW 83, 449) und die Belastung oder Veräußerung von Teilflächen zur Deckung der Verwaltungskosten (BGH NJW 99, 781, 782). Die Verwaltungsentscheidung nach § 744 I erfolgt mangels abw vertraglicher Regelung durch einstimmigen Beschl, soweit nicht nach § 745 I ein Mehrheitsbeschluss genügt. 3

B. Erhaltungsrecht. Der nicht abdingbare § 744 II Hs 1 sichert dem einzelnen Teilhaber das Recht, die zur Erhaltung des gemeinschaftlichen Gegenstands notwendigen Maßnahmen ohne Zustimmung der anderen Teilhaber zu ergreifen. Obwohl nach Hs 1 nicht erforderlich, kann er nach Hs 2 vorab die Zustimmung der anderen Teilhaber verlangen und nach § 894 ZPO durchsetzen, so dass er nicht mit der Unsicherheit belastet ist, ob er Kostenersatz für seine Aufwendungen erlangen kann (BaRoth/*Gehrlein* § 744 Rz 5). Der berechtigt Handelnde hat Anspruch auf Aufwendungsersatz nach § 748 und ggf auf Zinsen nach § 288 sowie Anspruch auf Vorschuss (MüKo/*Schmidt* §§ 744, 745 Rz 44 mwN). Aus § 744 II folgt auch die Verfügungsmacht des berechtigt Handelnden über den Gegenstand. Davon umfasst sind die Belastung eines Gegenstands zur Kaufpreisfinanzierung (BGH NJW-RR 87, 1294), die Kündigung von Verträgen und die Ausübung des Stimmrechts, aber auch, wenn dies zur Vermeidung des Verderbs notwendig ist, die Verfügung über den gemeinschaftlichen Gegenstand (BaRoth/*Gehrlein* § 744 Rz 6; MüKo/*Schmidt* §§ 744, 745 Rz 45; Staud/*Langhein* § 744 Rz 24; Palandt/*Sprau* § 744 Rz 3). Dagegen hat der Handelnde keine Vertretungsmacht für die anderen Teilhaber, sondern handelt im eigenen Namen (BaRoth/*Gehrlein* § 744 Rz 6; MüKo/*Schmidt* §§ 744, 745 Rz 46 mwN, aA Palandt/*Sprau* § 744 Rz 3). Der gute Glaube des Dritten in die Verfügungsmacht nach § 744 II ist nicht geschützt (Staud/*Langhein* § 744 Rz 42). 4

Notwendige Erhaltungsmaßnahmen sind tatsächliche Handlungen oder Rechtsgeschäfte, die zum Erhalt von Substanz oder Wert der Sache aus Sicht eines vernünftig und wirtschaftlich denkenden Eigentümers erforderlich sind (BGHZ 6, 76, 81). Nicht darunter fallen bloß nützliche (wertsteigernde) Maßnahmen (Rostock NJW-RR 03, 797, 798), aber auch nicht der Wiederaufbau des gemeinschaftlichen Gebäudes nach Zerstörung (BGH WM 74, 201, 202) oder wirtschaftlich unvertretbare Maßnahmen (BGH NJW 99, 1387, 1388). 5

§ 745 Verwaltung und Benutzung durch Beschluss.
(1) ¹Durch Stimmenmehrheit kann eine der Beschaffenheit des gemeinschaftlichen Gegenstands entsprechende ordnungsmäßige Verwaltung und Benutzung beschlossen werden. ²Die Stimmenmehrheit ist nach der Größe der Anteile zu berechnen.
(2) Jeder Teilhaber kann, sofern nicht die Verwaltung und Benutzung durch Vereinbarung oder durch Mehrheitsbeschluss geregelt ist, eine dem Interesse aller Teilhaber nach billigem Ermessen entsprechende Verwaltung und Benutzung verlangen.
(3) ¹Eine wesentliche Veränderung des Gegenstands kann nicht beschlossen oder verlangt werden. ²Das Recht des einzelnen Teilhabers auf einen seinem Anteil entsprechenden Bruchteil der Nutzungen kann nicht ohne seine Zustimmung beeinträchtigt werden.

A. Mehrheitsbeschlüsse, Abs 1 u 2. § 745 I knüpft an § 744 I an und ermöglicht, soweit keine Regelungen über die Verwaltung getroffen sind, Mehrheitsentscheidungen über Verwaltungsmaßnahmen in den Grenzen der I u III. Durch Bezug auf die ordnungsgemäße Verwaltung und Benutzung in I und die Einschränkung in III sind die Gegenstände der Verwaltungsentscheidung durch Mehrheitsbeschluss enger als Verwaltungsmaßnahmen iSd § 744 I, aber deutlich weiter als notwendige Erhaltungsmaßnahmen iSd § 744 II. Letztere können damit ohne weiteres auch mehrheitlich nach § 745 I beschlossen werden. I eröffnet der Mehrheit ein Ermessen bei der Auswahl aus verschiedenen ordnungsmäßigen Maßnahmen (BaRoth/*Gehrlein* § 745 Rz 2). Ein Beschl, der nicht der ordnungsmäßigen Verwaltung nach I u III genügt, ist nicht bindend (Ddorf NJW-RR 1

87, 1256), was durch Feststellungsklage (§ 256 ZPO) geklärt werden kann (BGH NJW-RR 95, 267). Bei Verstoß gegen § 745 III steht auch die Unterlassungsklage zur Verfügung (BGH NJW 70, 711; Hamm NJW-RR 92, 329).

2 **Bsp** für die ordnungsgemäße Verwaltung sind die Vermietung (BGH NJW 98, 372), die Bildung von Rücklagen (BGHZ 140, 63, 72) oder die Kündigung eines Verwaltervertrags (BGH NJW 85, 2943; 83, 449, 450). Selbst wenn eine Maßnahme ordnungsmäßige Verwaltung wäre, hat sie zu unterbleiben, wenn sie die Grenzen des III überschreiten würde. Unter § 745 III 1 fallen einschneidende Änderungen der äußeren Gestalt oder der wirtschaftlichen Zweckbestimmung (BGH NJW-RR 95, 267; NJW 87, 3177), insb auch unverhältnismäßig teure Maßnahmen (BGH NJW 83, 932, 933). Unzulässig ist danach die Bebauung eines landwirtschaftlichen Grundstücks (BGH WM 73, 82) oder der Wiederaufbau eines Gebäudes nach Zerstörung mit erheblichem Kostenaufwand (BGH BB 54, 913), es sei denn, dieser wird durch Versicherungsleistungen finanziert (Stuttg OLGE 8, 82). Noch keine wesentliche Änderung wird bei Ausbau einer Wohnung im Dachgeschoss eines Wohnhauses (KG OLGE 30, 184 f), bei Aufteilung größerer in kleinere Wohnungen (BGH NJW 83, 932, 933) oder im Tausch einzelner von 200 Grundstücken (BGH NJW 99, 781 f) gesehen. § 745 III 2 entzieht der Mehrheitsdisposition die Nutzungsquote des Teilhabers iSd § 743 I, nicht aber die Art der Nutzung (BGH NJW-RR 95, 267).

3 Die **Beschlussfassung** nach I ist formlos und auch konkludent (Celle NZG 99, 549) oder durch Vertreter (Erman/*Aderhold* § 745 Rz 2) möglich. Ein Stimmrechtsausschluss analog § 31 gilt bei Rechtsgeschäften mit dem Betroffenen (BGH NJW 83, 449, 450; 71, 1265).

4 Ein wirksamer Mehrheitsbeschluss verpflichtet alle Teilhaber zur Mitwirkung bei der **Umsetzung** (Hamm DNotZ 73, 549, 551) und die pflichtwidrige Verweigerung der Mitwirkung kann zum Schadensersatz verpflichten. Soweit möglich und nicht durch einstweilige Verfügung der Minderheit gehindert, kann die Mehrheit aber auch allein die Maßnahme vornehmen (BGH NJW 71, 1265; enger BGH NJW 68, 743). Im Außenverhältnis begründet der Mehrheitsbeschluss die Vertretungsbefugnis der Handelnden bei seiner Umsetzung auch zu Lasten der Minderheit (BGH aaO, Palandt/*Sprau* § 745 Rz 4; einschränkend MüKo/*Schmidt* § 744, 745 Rz 31, BaRoth/*Gehrlein* § 745 Rz 8 und Erman/*Aderhold* § 745 Rz 5: keine Begründung primärer Geldschulden; aA Jauernig/*Stürner* § 745 Rz 14) aber keine dingliche Verfügungsmacht (BHG NJW 99, 781, 782).

5 **B. Verwaltung durch gerichtliche Entscheidung, Abs 2.** § 745 II gewährt jedem Teilhaber einen Anspruch auf eine Verwaltung und Benutzung des Gegenstands nach billigem Ermessen im Interesse aller Teilhaber, soweit hierzu keine oder nur eine lückenhafte (BGH NJW 74, 364, 365) Regelung durch Vereinbarung oder Beschl vorliegen. Der Anspruch kann sich nur auf Verwaltungsentscheidungen richten, die nach I u III der Mehrheitsentscheidung zugänglich sind (BGH NJW 94, 1721, 1722; 83, 932, 933). Der Kreis möglicher Maßnahmen iSd II ist enger als bei I, weil hier vorausgesetzt wird, dass die Maßnahme nach billigem Ermessen dem Interesse aller Teilhaber entspricht. Der Anspruch wird durch Leistungsklage gegen die widersprechenden Teilhaber als notwendige Streitgenossen (§ 62 ZPO) durchgesetzt und hat sich auf eine konkrete Maßnahme zu beziehen, wie zB auf eine konkrete Vermietung oder die Durchsetzung einer Mieterhöhung. Das Gericht hat zu prüfen, ob die begehrte Maßnahme unter Berücksichtigung der Umstände des Einzelfalls interessengerecht ist; ist dies nicht der Fall, hat es nicht zu prüfen, welche andere Maßnahme interessengerecht wäre (BGH NJW 93, 3326).

6 Wird der gemeinschaftliche Gegenstand von einem Teilhaber ohne Regelung genutzt, können die anderen eine Regelung über das zu leistende **Entgelt** verlangen, das ab dem ersten ernsthaften Verlangen zu erbringen ist (BGH NJW 98, 372; 89, 1030, 1031). Dabei ist es möglich, unmittelbar auf Zahlung zu klagen (BGH aaO). Dies gilt auch bei Trennung von Ehegatten, wobei der Nutzer des gemeinsamen Hauses ein an der Kostenmiete orientiertes Entgelt zu leisten hat (BGH NJW 94, 1721).

§ 746 Wirkung gegen Sondernachfolger.
Haben die Teilhaber die Verwaltung und Benutzung des gemeinschaftlichen Gegenstands geregelt, so wirkt die getroffene Bestimmung auch für und gegen die Sondernachfolger.

1 § 746 erfasst jegliche Abreden iSd §§ 744 I oder 745 I sowie Regelungen durch Urt gem § 745 II und soll verhindern, dass solche Regelungen durch Übertragung des Anteils obsolet werden. Für die Gesamtrechtsnachfolge gilt schon § 1922. Sonderrechtsnachfolger iSd § 746 sind außer dem Erwerber auch der Nießbraucher oder Pfandgläubiger am Bruchteil (MüKo/*Schmidt* § 746 Rz 4 mwN).

2 Bei einer Bruchteilsgemeinschaft an einem **Grundstück** sind Verwaltungs- und Nutzungsregeln zu Lasten eines Sondernachfolgers nur wirksam, wenn sie im Grundbuch eingetragen sind, § 1010 I. Dies gilt auch bei positiver Kenntnis des Sondernachfolgers (MüKo/*Schmidt* § 746 Rz 2). Zugunsten des Sondernachfolgers wirken aber auch die nicht eingetragenen Verwaltungs- und Nutzungsregeln (Hamm NJW 98, 873, 874). Bei Übertragung seines Bruchteils hat der Übertragende zur Vermeidung von Schadensersatzpflichten ggü den anderen Teilhabern (BGH NJW 64, 648) darauf zu achten, dass sein Sonderrechtsnachfolger sich an die getroffenen Regelungen zur Verwaltung und Nutzung hält.

§ 747 Verfügung über Anteil und gemeinschaftliche Gegenstände. ¹Jeder Teilhaber kann über seinen Anteil verfügen. ²Über den gemeinschaftlichen Gegenstand im Ganzen können die Teilhaber nur gemeinschaftlich verfügen.

A. Verfügung über den Anteil, S 1. Anders als bei der Gesamthand kann jeder Teilhaber über seinen **Anteil frei verfügen** (ebenso § 2033 I für Erbengemeinschaft). Gleiches gilt für Verfügungen über einen Teil des Anteils (BayObLG MDR 79, 844). Für die Verfügung gelten die allgemeinen Vorschriften für die Verfügung über das Vollrecht (vgl BGH NJW-RR 01, 477 zur Abtretung von Forderungen aus Erfindergemeinschaft). Die freie Verfügbarkeit ist Folge der unmittelbaren Beteiligung am Gegenstand der Bruchteilsgemeinschaft und wegen § 137 1 zwingend. Schuldrechtliche Bindungen den anderen Teilhabern oder Dritten ggü sind aber nicht ausgeschlossen, § 137 2. Anders als bei der Erbengemeinschaft (§ 2034 f) haben die anderen Teilhaber ohne gesonderte Vereinbarung auch kein Vorkaufsrecht. Ein solches kann aber vereinbart und bei Grundstücken gem § 1094 ff dinglich gesichert werden. Ein Vorkaufsrecht für den Fall der Anteilsveräußerung wirkt nicht ohne weiteres für den Fall der Veräußerung des gemeinschaftlichen Gegenstands (BGH NJW 67, 1697; MüKo/*Schmidt* § 747 Rz 28). Gesetzliche Ausschlüsse der freien Verfügbarkeit des Anteils finden sich in § 12 WEG und § 8 II 1 UrhG. 1

1 erfasst grds Verfügungen jeder Art, also auch **Belastungen** des Anteils, etwa durch Nießbrauch, Pfandrecht oder Vorkaufsrecht. Etwas anders gilt nur insoweit, als durch die (Teil-)Verfügung ihrer Art nach der gemeinschaftliche Gegenstand selbst berührt würde, wie zB bei der Bestellung von Grunddienstbarkeit (§ 1018; BGHZ 36, 187, 189), beschränkt persönlicher Dienstbarkeit (§ 1090; KG MDR 77, 405) oder Erbbaurecht (§ 1 ErbbauVO; Erman/*Aderhold* § 747 Rz 3) oder bei Gestaltungsrechten wie Verzicht und Aufrechnung (MüKo/*Schmidt* § 747 Rz 4 f). 2

Aus einem Titel gegen den Teilhaber kann in seinen Anteil an der Bruchteilsgemeinschaft vollstreckt werden. Dabei sind auch bei beweglichen Sachen zum Schutz der anderen Teilhaber die Regelungen über die Vollstreckung in Rechte anzuwenden. Die **Verwertung** geschieht durch Veräußerung des Anteils oder Aufhebung der Gemeinschaft (MüKo/*Schmidt* § 747 Rz 37). 3

B. Verfügung über den gemeinschaftlichen Gegenstand, S 2. 2 erfasst die Übertragung wie auch die Belastung des gemeinschaftlichen Gegenstands. IdR ist die Mitwirkung aller Teilhaber notwendig, was auch mittels Vollmacht möglich ist. Fehlt die Mitwirkung eines Teilhabers, ist die Verfügung über den gemeinschaftlichen Gegenstand schwebend unwirksam, § 139 ist nicht anwendbar (BGH NJW 94, 1470, 1471). Es ist dann zu prüfen, ob durch Auslegung die Verfügung über den Gegenstand in eine Verfügung über die Anteile aller mitwirkenden Teilhaber umgedeutet werden kann (BGH aaO). Die Zwangsvollstreckung in den gemeinschaftlichen Gegenstand setzt grds einen Titel gegen alle Teilhaber voraus (BaRoth/*Gehrlein* § 747 Rz 8). So wie die Verfügung ist auch die Geltendmachung eines gemeinsamen Rechts im Prozess gemeinschaftliche Sache aller Teilhaber, die dabei einfache Streitgenossen sind (BGH NJW 85, 385). Im Passivprozess sind die Teilhaber notwendige Streitgenossen (BGH NJW 96, 1061; 94, 1470. 1471). Bei Durchsetzung von Ansprüchen aus § 1011 oder Maßnahmen nach § 744 II, die sich auf Leistung an alle richten, ist der einzelne Teilhaber prozessführungsbefugt (zur Rechtskrafterstreckung BGH NJW 85, 2825). 4

Abw vom Grundsatz in 2 besteht eine Verfügungsbefugnis des einzelnen Teilhabers über den gemeinschaftlichen Gegenstand iR seines Rechts nach § 744 II (s. § 744 Rn 4), nicht aber bei Umsetzung von Maßnahmen, die mehrheitlich beschlossen wurden (str, s. § 745 Rn 4). 5

§ 748 Lasten- und Kostentragung. Jeder Teilhaber ist den anderen Teilhabern gegenüber verpflichtet, die Lasten des gemeinschaftlichen Gegenstands sowie die Kosten der Erhaltung, der Verwaltung und einer gemeinschaftlichen Benutzung nach dem Verhältnis seines Anteils zu tragen.

Der dispositive § 748 betrifft nur das Innenverhältnis der Teilhaber und korrespondiert mit dem Anteil an den Früchten und dem Gebrauch nach § 743. Wer im Außenverhältnis haftet, bestimmt sich nach dem jeweiligen Schuldverhältnis mit dem Dritten. Eine gesetzliche Ausnahme vom Grundsatz des § 748 ist § 753 II. Zum Begriff der Lasten vgl § 103. Kosten der Erhaltung sind nur Aufwendungen, die gem § 744 II notwendig sind. Kosten der Verwaltung und Benutzung iSd § 748 sind nur solche, die durch zulässige Verwaltungsmaßnahmen verursacht worden sind. Keine Kosten sind Zeit- und Arbeitsaufwand des Handelnden (MüKo/*Schmidt* § 748 Rz 9; Staud/*Langhein* § 748 Rz 5; Erman/*Aderhold* § 748 Rz 2; aA Soergel/*Hadding* § 748 Rz 4). Bei Verbesserungen durch nicht zulässige Verwaltungsmaßnahmen kommen Ausgleichsansprüche wegen nützlicher Verwendungen in Betracht (BGH NJW 92, 114; 87, 3001). Übernimmt ein Miteigentümer alle Anteile, kann er nicht Ersatz für nachzuholende Reparaturen verlangen (RG JW 27, 1854). 1

Der Anspruch aus § 748 richtet sich unmittelbar auf **Aufwendungsersatz** in Höhe der Beteiligungsquote, nicht erst bei Aufhebung der Gemeinschaft (BGH NJW 75, 196). Ist eine Verbindlichkeit eingegangen worden, kann Befreiung nach § 257 verlangt werden (BGH NJW 92, 114). Die anderen Teilhaber haften als Teilschuldner, bei Ausfall eines Teilhabers quotal auch für dessen Anteil (RG JW 29, 854). Schuldner ist auch bei einem Nießbrauch am Anteil der Teilhaber, nicht der Nießbrauchberechtigte (BGH NJW 66, 1707). Die 2

Nichterfüllung des Aufwendungsersatzanspruchs kann nach den allgemeinen Bestimmungen einen Schadensersatzanspruch, die beharrliche Nichterfüllung einen Auflösungsanspruch nach § 749 II begründen (MüKo/*Schmidt* § 748 Rz 14).

§ 749 Aufhebungsanspruch. (1) Jeder Teilhaber kann jederzeit die Aufhebung der Gemeinschaft verlangen.
(2) ¹Wird das Recht, die Aufhebung zu verlangen, durch Vereinbarung für immer oder auf Zeit ausgeschlossen, so kann die Aufhebung gleichwohl verlangt werden, wenn ein wichtiger Grund vorliegt. ²Unter der gleichen Voraussetzung kann, wenn eine Kündigungsfrist bestimmt wird, die Aufhebung ohne Einhaltung der Frist verlangt werden.
(3) Eine Vereinbarung, durch welche das Recht, die Aufhebung zu verlangen, diesen Vorschriften zuwider ausgeschlossen oder beschränkt wird, ist nichtig.

1 **A. Grundlagen.** Die §§ 749–758 befassen sich mit der Aufhebung und Auseinandersetzung der Gemeinschaft. Dabei behandeln die §§ 749–751 den Grundsatz der jederzeitigen Aufhebbarkeit der Gemeinschaft, die Voraussetzungen für ihre Aufhebung und die Möglichkeit, einen Anspruch auf Aufhebung auszuschließen, während es in den §§ 752 ff um die Teilung und die Auseinandersetzung zwischen den Teilhabern geht. Außer nach den §§ 749 ff endet die Bruchteilsgemeinschaft auch durch Vereinigung aller Bruchteile in einer Hand oder durch ersatzlosen Untergang des gemeinschaftlichen Vermögensgegenstands.

2 **B. Aufhebungsanspruch. I. Rechtsnatur.** Das Recht, die Aufhebung zu verlangen (§ 749 I), ist nach allgM kein Gestaltungsrecht, sondern ein Anspruch auf Aufhebung, der durch Leistungsklage durchzusetzen ist. Nach heute überwiegender und richtiger Auffassung ist nicht zwischen dem Anspruch auf Einwilligung zur Aufhebung, auf Einwilligung in einen bestimmten Teilungsplan und auf Mitwirkung beim Vollzug des Teilungsplans zu unterscheiden, sondern der Anspruch richtet sich unmittelbar auf die geschuldete Herbeiführung der Aufhebung durch Umsetzung der Teilung (Hamm NJW-RR 92, 665; Erman/*Aderhold* § 749 Rz 2; MüKo/*Schmidt* § 749 Rz 20; offen gelassen BGH NJW 84, 1969, 1970).

3 **II. Durchsetzung der Aufhebung.** Der Aufhebungsanspruch wird durch Leistungsklage verfolgt, welche die für die Teilung abzugebenden oder zu duldenden Erklärungen und Handlungen iE zu bezeichnen hat (Staud/*Langhein* § 749 Rz 13). Bei der Gemeinschaft an einem Grundstück ist die Leistungsklage entbehrlich, weil die Versteigerung auch ohne Titel möglich ist (§ 181 ZVG). Sind zur Aufhebung der Gemeinschaft Verwaltungsmaßnahmen erforderlich, zB die Kündigung eines Mietvertrages, sind die Teilhaber zur Mitwirkung an der Kündigung verpflichtet (Hambg NJW-RR 02, 1165). Ansprüche aus dem Gemeinschaftsverhältnis sind als Teilhaberschulden nach § 756 vorab zu befriedigen und begründen daher kein Zurückbehaltungsrecht gegen den Anspruch auf Aufhebung (BGH NJW-RR 90, 134).

4 Die nur **teilweise Aufhebung** und Teilung kann nicht verlangt, wohl aber vereinbart werden. Dies gilt grds auch, wenn die Bruchteilsgemeinschaft mehrere Gegenstände umfasst (RGZ 91, 416, 418), es sei denn, es liegen besondere Gründe vor und die Interessen der anderen Teilhaber werden nicht beeinträchtigt (MüKo/*Schmidt* § 749 Rz 28).

5 Der **Aufhebungsanspruch** kann nicht selbstständig abgetreten werden, weil er unlöslich Bestandteil des Bruchteilseigentums ist (Staud/*Langhein* § 749 Rz 54). Möglich ist aber seine Pfändung und Überweisung an den Gläubiger (Hamm NJW-RR 92, 665 666), der damit die Miteigentümerrechte im Zuge der Zwangsversteigerung ausüben kann (Köln OLGZ 69, 338).

6 **C. Beschränkungen des Aufhebungsanspruchs.** Gesetzliche Beschränkungen des Aufhebungsanspruchs bestehen ua in §§ 922 III, 1066 II, 1258 II u 2043 ff sowie in § 11 I WEG. Unter besonderen, eher seltenen Voraussetzungen können sich auch aus § 242 Einschränkungen ergeben, so bei unbilliger Härte der Aufhebung iVm grober Pflichtverletzung des die Aufhebung begehrenden Teilhabers (BGH NJW 75, 687, 688) oder schikanöser Geltendmachung zum Schaden des Mitberechtigten (BGH NJW-RR 95, 334, 336). Bei Bruchteilsgemeinschaft am Familienheim kann § 1353 I 2 der Aufhebung entgegenstehen (BGH NJW 62, 1244, 1245), und nach der Scheidung kann eine Verpflichtung zur Übertragung des Anteils bestehen (BGH NJW 77, 1234). Der stillschweigende Ausschluss der Aufhebung ist möglich (BGH DStR 08, 1701). Eine Aufhebung zur Unzeit ist anders als bei der GbR (§ 723 II) nicht ausgeschlossen, allenfalls nach § 242.

7 II setzt voraus, dass die rechtsgeschäftliche **Beschränkung des Aufhebungsanspruchs** zulässig ist, also nicht mit III kollidiert. Grundlage können (auch konkludente, Köln DNotZ 04, 148) einvernehmliche Vereinbarungen unter den Teilhabern oder eine letztwillige Verfügung (§ 2044 I) sein. Die Beschränkung kann umfassend sein oder nur bestimmte Teilhaber, einen bestimmten Zeitraum oder eine bestimmte Teilungsart erfassen (MüKo/*Schmidt* § 749 Rz 9 mwN) oder aber die Aufhebung von bestimmten Voraussetzungen abhängig machen (Zustimmung Dritter, Mindesterlös etc). Sonderrechtsnachfolger werden gebunden, § 751 1, bei Grundstücken nur mit Eintragung, § 1010 I.

8 Nach II, III ist ein Aufhebungsverlangen **aus wichtigem Grund** möglich, auch wenn die Aufhebung in der einen oder anderen Weise rechtsgeschäftlich eingeschränkt oder ausgeschlossen ist. Vereinbarungen über die

Durchführung der Aufhebung sind davon unberührt, weil § 749 II nur die Voraussetzungen für den Aufhebungsanspruch betrifft (Staud/*Langhein* § 749 Rz 83). An den wichtigen Grund ist ein strenger Maßstab anzulegen (BGH NJW-RR 95, 267). Die Gemeinschaft ist unzumutbar, wenn eine ordnungsgemäße gemeinschaftliche Nutzung und Verwaltung unter Abwägung der Umstände nicht möglich ist und der die Aufhebung betreibende Teilhaber die Gründe hierfür nicht allein oder überwiegend herbeigeführt hat (BGH NJW-RR 95, 334, 335; WM 84, 873; zur Kasuistik MüKo/*Schmidt* § 749 Rz 11 ff mwN).

§ 750 Ausschluss der Aufhebung im Todesfall.
Haben die Teilhaber das Recht, die Aufhebung der Gemeinschaft zu verlangen, auf Zeit ausgeschlossen, so tritt die Vereinbarung im Zweifel mit dem Tode eines Teilhabers außer Kraft.

Es handelt sich um eine Auslegungsregel, die durch ausdrückliche Regelung oder andere Indizien außer Kraft gesetzt werden kann. Auch dann kann aber der Tod einen wichtigen Grund iSd § 749 II auslösen. 1

§ 751 Ausschluss der Aufhebung und Sondernachfolger.
¹Haben die Teilhaber das Recht, die Aufhebung der Gemeinschaft zu verlangen, für immer oder auf Zeit ausgeschlossen oder eine Kündigungsfrist bestimmt, so wirkt die Vereinbarung auch für und gegen die Sondernachfolger. ²Hat ein Gläubiger die Pfändung des Anteils eines Teilhabers erwirkt, so kann er ohne Rücksicht auf die Vereinbarung die Aufhebung der Gemeinschaft verlangen, sofern der Schuldtitel nicht bloß vorläufig vollstreckbar ist.

Wie § 746 für Vereinbarungen zu Verwaltung und Nutzung schützt § 751 1 eine Vereinbarung, die die Aufhebung beschränkt, vor Umgehung durch Übertragung. Ist der gemeinschaftliche Gegenstand ein Grundstück, ist der Erwerber nur bei Eintragung der Belastung im Grundbuch (§ 1010 I) gebunden. Bei anderen Gemeinschaften wirkt der Ausschluss auch ggü einem gutgläubigen Erwerber (RGZ 78, 273, 275). Teilungsvereinbarungen erfasst 1 nicht (Köln OLGZ 70, 276). 1

2 bestimmt eine Ausnahme für **Vollstreckungsgläubiger**, die ebenso für den Gläubiger eines vertraglichen Pfandrechts nach Eintritt der Pfandreife (§ 1258 II 2, § 1273 II) gilt. Die anderen Teilhaber haben die Abwendungsbefugnis des § 268 und erwerben damit die Forderung. Str ist, ob auch der Teilhaber mit Vollstreckung der übernommenen Forderung die Ausnahme des 2 nutzen kann (so Staud/*Langhein* § 751 Rz 12; aA MüKo/*Schmidt* § 751 Rz 6). 2

§ 752 Teilung in Natur.
¹Die Aufhebung der Gemeinschaft erfolgt durch Teilung in Natur, wenn der gemeinschaftliche Gegenstand oder, falls mehrere Gegenstände gemeinschaftlich sind, diese sich ohne Verminderung des Wertes in gleichartige, den Anteilen der Teilhaber entsprechende Teile zerlegen lassen. ²Die Verteilung gleicher Teile unter die Teilhaber geschieht durch das Los.

A. Grundlagen. Die §§ 752–754 behandeln den Inhalt eines Aufhebungsanspruchs nach § 749 und beschränken sich darauf, den Inhalt des schuldrechtlichen Anspruchs zu bestimmen. Die dingliche Realteilung folgt den jeweils anwendbaren allgemeinen Bestimmungen einschl § 747 2 zur Verfügungsbefugnis. Schuldrechtliche Vereinbarungen der Teilhaber haben Vorrang vor den gesetzlichen Regeln (RGZ 91, 416, 418). § 311b I 1 ist anwendbar und ein Formmangel wird durch Auflassung und Eintragung nicht geheilt (BGH NJW 02, 2560, 2561). Fehlen Vereinbarungen zwischen den Teilhabern, richtet sich ihr Aufhebungsanspruch bei teilbaren gemeinschaftlichen Gegenständen auf Teilung in Natur (§ 752), bei anderen auf Verkauf und Erlösteilung (§ 753). Faktisch ist die Teilung durch Verkauf die Regel. Für unteilbare und einziehbare gemeinschaftliche Forderungen gilt § 754. Ob eine Teilung in Natur in Betracht kommt, ist für jeden gemeinschaftlichen Vermögensgegenstand gesondert zu prüfen und nicht etwa iR eines einheitlichen Gesamtauseinandersetzungsverfahrens (BGH NJW-RR 01, 369). Trotz Teilbarkeit des gemeinschaftlichen Gegenstands scheidet die Teilung in Natur aus, wenn er zur Befriedigung gemeinschaftlicher Schulden verkauft werden muss (§§ 755 III, 756). 1

B. Teilung in Natur. Der gemeinschaftlich Gegenstand ist teilbar, wenn er in Teile zerlegt werden kann, deren Wertverhältnis den Anteilen der Teilhaber entspricht und die Zerlegung keine Wertminderung zur Folge hat (RG JW 35, 781; MüKo/*Schmidt* § 752 Rz 8; Staud/*Langhein* § 752 Rz 11). Neben der rechtlichen ist damit auch eine wirtschaftliche Unteilbarkeit möglich. Die Kosten der Teilung selbst sind dagegen unerheblich (BayObLG MDR 73, 143). Gleichartigkeit setzt nicht eine absolute Gleichartigkeit voraus, sondern eine der Verkehrsanschauung entspr Gleichwertigkeit (OLG Colmar OLGE 12, 92). Ist die Teilbarkeit wie bei einem gemeinschaftlichen Wertpapierpaket im Grundsatz gegeben, verbleibt aber bei der anteilsgerechten Verteilung ein unteilbarer Rest, scheitert daran nach richtiger Auffassung nicht die Anwendung von § 752 insgesamt, sondern ist nur der unteilbare Rest nach § 753 zu verwerten (MüKo/*Schmidt* § 752 Rz 14; Staud/*Langhein* § 752 Rz 9 f; aA RGZ 91, 416, 418). 2

Bsp für teilbare Sachen sind Geld, Flüssigkeiten, eine Mehrzahl gleichartiger Wertpapiere sowie Warenvorräte wie Holz, Kohle und Getreide. Forderungen sind teilbar, wenn eine Teilabtretung zulässig ist (MüKo/*Schmidt* § 752 Rz 19), GmbH-Anteile, wenn die Genehmigung der Teilung nach § 17 I GmbHG gegeben wird. Regel- 3 mäßig unteilbar sind **Gebäude** (auch keine Teilbarkeit durch Bildung von Wohnungseigentum, München NJW 52, 1297), zusammengesetzte Kunstwerke, gewerbliche Schutzrechte und Unternehmen.

4 Die Teilung in Natur setzt als Realakt die Zerlegung des Gegenstands, die Zuordnung der Teile an die einzelnen Teilhaber (bei gleichen Anteilen mangels Einigung durch Losentscheid, § 752 2) und die gemeinsame Verfügung zugunsten der Teilhaber nach § 747 2 voraus. Mangels Verkehrsgeschäft ist ein **gutgläubiger Erwerb** der Teilhaber ausgeschlossen (RG JW 27, 2521). Die Teilung wird durch Leistungsklage durchgesetzt, die die für die Teilung notwendigen Handlungen und Erklärungen genau zu bezeichnen hat. Die Beweislast für die Teilbarkeit hat der Kläger.

§ 753 Teilung durch Verkauf.
(1) ¹Ist die Teilung in Natur ausgeschlossen, so erfolgt die Aufhebung der Gemeinschaft durch Verkauf des gemeinschaftlichen Gegenstands nach den Vorschriften über den Pfandverkauf, bei Grundstücken durch Zwangsversteigerung und durch Teilung des Erlöses. ²Ist die Veräußerung an einen Dritten unstatthaft, so ist der Gegenstand unter den Teilhabern zu versteigern. (2) Hat der Versuch, den Gegenstand zu verkaufen, keinen Erfolg, so kann jeder Teilhaber die Wiederholung verlangen; er hat jedoch die Kosten zu tragen, wenn der wiederholte Versuch misslingt.

1 **A. Verwertung des Gegenstands.** Zum Verhältnis zwischen §§ 752 u 753 vgl § 752 Rn 1. § 753 begründet mangels abw Vereinbarung ein Recht auf Verkauf, wenn der Gegenstand nicht nach § 752 teilbar ist. Nach Versilberung des Gegenstands setzt sich die Gemeinschaft zunächst am Erlös als Surrogat des gemeinschaftlichen Gegenstands fort (BGH NJW 96, 2310, 2312), ebenso dingliche Belastungen am gemeinschaftlichen Gegenstand (BGH NJW 69, 1347). Beendet ist die Gemeinschaft erst nach Begleichung der Kosten der Verwertung und Befriedigung gemeinschaftlicher Schulden (§§ 755 III, 756) sowie Verteilung des verbleibenden Erlöses auf die Teilhaber (Staud/*Langhein* § 753 Rz 3). Wird der Erlös hinterlegt, hat jeder Teilhaber einen Anspruch gegen die Hinterlegungsstelle auf Herausgabe seines Anteils und die anderen Teilhaber können dem nicht wegen Ansprüchen aus einem anderen Rechtsverhältnis ein Zurückbehaltungsrecht entgegensetzen (BGH NJW 84, 2526, 2527; anders aber bei einvernehmlicher Hinterlegung auf Notar-Anderkonto BGH NJW-RR 90, 133, 134).

2 Die Teilung **beweglicher Sachen** richtet sich nach den Vorschriften über den Pfandverkauf, §§ 1233 ff, also idR durch Versteigerung nach § 1235 durch den Gerichtsvollzieher, § 383 III. Eine abw Art des Verkaufs kann nach § 1246 zugelassen werden, worüber nach § 166 FGG entschieden wird. Nicht teilbare oder einziehbare (§ 754) Forderungen werden nach § 1277 verwertet. Der Verkauf von **Grundstücken** und grundstücksgleichen Rechten geschieht durch Zwangsversteigerung gem §§ 180–184 ZVG. Sind die Teilhaber im Grundbuch eingetragen, ist für die Versteigerung ein vollstreckbarer Titel nicht erforderlich, § 181 I ZVG, es sei denn, der Ausschluss der Teilung ergibt sich aus dem Grundbuch, § 28 ZVG. Der widersprechende Teilhaber muss nach § 771 ZPO klagen. § 765a ZPO ist anwendbar (KG NJW-RR 99, 434).

3 Eine Versteigerung nur **unter den Teilhabern** (I 2) kommt in Betracht, wenn der Veräußerung an Dritte eine Vereinbarung unter den Teilhabern, eine letztwillige Verfügung (§ 2048 I) oder eine gesetzliche (zB § 399) oder gesetzlich begründete Beschränkung (etwa Vinkulierung nach § 15 V GmbHG) entgegensteht.

4 **B. Erfolglose Verwertung.** § 753 II begründet das Recht jedes Teilhabers, auf seine Kosten weitere Verwertungsversuche zu verlangen, wenn der erste gescheitert ist. Ein Scheitern des ersten Versuches liegt in diesem Zusammenhang nur vor, wenn das Scheitern an dem Fehlen eines Erwerbers lag, ohne dass der Verkauf durch gesetzlich nicht bestimmte Vorgaben der Teilhaber wie zB höheren Mindestpreisvorstellungen erschwert wurde (MüKo/*Schmidt* § 753 Rz 33). Solange eine Veräußerung scheitert und die Teilhaber sich nicht auf eine Übertragung des Gegenstands auf einen von ihnen verständigen, wird die Bruchteilsgemeinschaft fortgesetzt. Für eine richterliche Entscheidung über eine vom Gesetz abw Regelung aus Billigkeitsgesichtspunkten (§ 242) ist kein Raum (Oldbg NJW-RR 96, 137; Staud/*Langhein* § 753 Rz 48; aA Palandt/*Sprau* § 753 Rz 8).

§ 754 Verkauf gemeinschaftlicher Forderungen.
¹Der Verkauf einer gemeinschaftlichen Forderung ist nur zulässig, wenn sie noch nicht eingezogen werden kann. ²Ist die Einziehung möglich, so kann jeder Teilhaber gemeinschaftliche Einziehung verlangen.

1 § 754 hat praktische Bedeutung insb durch den Verweis aus §§ 731 2, 1477 I u 2042 II. Vereinbarungen unter den Teilhabern gehen § 754 vor (BGH NJW 84, 794). Forderungen, die Frucht des gemeinschaftlichen Gegenstands sind, sind bereits nach § 743 zu teilen (Staud/*Langhein* § 754 Rz 4). Als Anwendungsfall für § 754 verbleiben insb Ersatzansprüche für Beschädigung oder Nutzung des gemeinschaftlichen Gegenstands.

2 Für **gemeinschaftliche Forderungen** ergibt sich im Zuge der Aufhebung der Gemeinschaft folgende Rangfolge: Vorrangig sind sie in Natur zu teilen (§ 752). Scheidet dies aus, weil sie nicht abtretbar sind, ihr Gegenstand unteilbar oder der Teilung die Begleichung gemeinschaftlicher Schulden entgegenstehen, sind sie gemeinschaftlich einzuziehen, falls dies möglich ist. Unteilbar idS sind Mietzinsforderungen (BGH NJW-RR 01, 369). Einziehbar ist eine Forderung, wenn sie fällig ist oder durch Kündigung mit überschaubarer Frist

(Staud/*Langhein* § 754 Rz 8: 6 Monate) fällig gestellt werden kann. Zum Verkauf vgl § 753 Rn 2. Nach § 432 kann jeder Teilhaber die Leistung unteilbarer Forderungen an alle verlangen. Darüber hinaus besteht eine Mitwirkungspflicht der Teilhaber (BGH NJW 82, 928). Die Kosten der Einziehung sind nach § 748 anteilig zu tragen. Die Bruchteilsgemeinschaft setzt sich an der empfangenen Leistung fort, die nach §§ 752, 753 zu verwerten ist. Gleiches gilt für den Verkaufserlös.

§ 755 Berichtigung einer Gesamtschuld.
(1) Haften die Teilhaber als Gesamtschuldner für eine Verbindlichkeit, die sie in Gemäßheit des § 748 nach dem Verhältnis ihrer Anteile zu erfüllen haben oder die sie zum Zwecke der Erfüllung einer solchen Verbindlichkeit eingegangen sind, so kann jeder Teilhaber bei der Aufhebung der Gemeinschaft verlangen, dass die Schuld aus dem gemeinschaftlichen Gegenstand berichtigt wird.
(2) Der Anspruch kann auch gegen die Sondernachfolger geltend gemacht werden.
(3) Soweit zur Berichtigung der Schuld der Verkauf des gemeinschaftlichen Gegenstands erforderlich ist, hat der Verkauf nach § 753 zu erfolgen.

A. Grundlagen. Anders als bei der GbR gibt es für die Gemeinschaft keine umfassende Regelung der Auseinandersetzung, sondern beschränkt sich in den §§ 752–754 auf die Teilung des gemeinschaftlichen Gegenstands und in §§ 755, 756 auf die Bereinigung von Schulden ggü Dritten (§ 755) und Schulden unter den Teilhabern (§ 756). §§ 755 und 756 gelten nur im Innenverhältnis und stehen unter dem Vorbehalt abw Vereinbarungen. Im Außenverhältnis sind für Schulden die allg Vorschriften maßgeblich. 1

B. Berichtigung von Gemeinschaftsschulden. § 755 I setzt voraus, dass es sich um gesetzliche oder rechtsgeschäftliche Verbindlichkeiten handelt, die 1) Gesamtschulden der oder einzelner Teilhaber und 2) Verbindlichkeiten iSd § 748 sind, also Lasten des gemeinschaftlichen Gegenstands oder Kosten seiner Erhaltung, Verwaltung oder gemeinsamen Benutzung. Eine Gesamtschuld ieS ist nicht notwendig, vielmehr genügt auch die Verbindlichkeit nur eines Teilhabers, für die er einen Befreiungsanspruch gegen die anderen hat (Staud/*Langhein* § 755 Rz 4; BaRoth/*Gehrlein* § 755 Rz 2). Bei str oder noch nicht fälligen Verbindlichkeiten kann die Bildung einer Rücklage analog § 733 I 2 verlangt werden (MüKo/*Schmidt* §§ 755, 756 Rz 8). 2

Soweit erforderlich, ist nach § 755 III der gemeinschaftliche Gegenstand nach § 753 zu verkaufen, um die gemeinschaftlichen Schulden zu tilgen. Ein etwaiger Rest des gemeinschaftlichen Gegenstands kann bei Vorliegen seiner Voraussetzungen nach § 752 geteilt werden (RG SeuffA 74 Nr 173). Bei nicht teilbaren Gegenständen ist alles nach § 753 zu verkaufen und ein Erlösüberschuss nach Schuldenberichtigung unter die Teilhaber aufzuteilen (MüKo/*Schmidt* §§ 755, 756 Rz 9). Genügt der Erlös nicht zur Tilgung der Verbindlichkeiten, bleibt es für den Rest bei der Verteilung der Lasten nach § 748. 3

Nach II besteht der Anspruch nach I auch gegen **Sondernachfolger**. Bei Grundstücken gilt dies allerdings nur bei Eintragung (§ 1010 II), es sei denn, der Sondernachfolger hat persönlich die Verpflichtung übernommen (BGH WM 66, 577, 579). Gutgläubiger Erwerb des Anteils hindert den Übergang der Verpflichtung nicht (RGZ 78, 273, 275). Bei Insolvenz eines Teilhabers gewährt § 755 ein Recht auf abgesonderte Befriedigung (§ 84 I 1 InsO). 4

§ 756 Berichtigung einer Teilhaberschuld.
¹Hat ein Teilhaber gegen einen anderen Teilhaber eine Forderung, die sich auf die Gemeinschaft gründet, so kann er bei der Aufhebung der Gemeinschaft die Berichtigung seiner Forderung aus dem auf den Schuldner entfallenden Teile des gemeinschaftlichen Gegenstands verlangen. ²Die Vorschrift des § 755 Abs. 2, 3 findet Anwendung.

§ 756 berechtigt einen Teilhaber, im Zuge der Auseinandersetzung der Gemeinschaft die Berichtigung seiner Forderungen aus dem Gemeinschaftsverhältnis gegen andere Teilhaber zu verlangen und insoweit den Erlösanteil des Schuldners aus dem Verkauf des gemeinschaftlichen Gegenstands für sich zu beanspruchen. Forderungen aus dem Gemeinschaftsverhältnis sind solche, die wegen der Zugehörigkeit zur Gemeinschaft erworben wurden (BGH NJW 92, 114, 115). Dazu zählen insb Erstattungsansprüche nach § 748, aber auch der Aufwendungsersatzanspruch wegen Leistung von Raten eines zur Finanzierung des Gegenstands aufgenommenen Darlehens (BGH WM 93, 849, 853), Ansprüche aus internen Abreden über die Verteilung von Nutzen und Lasten (BGH WM 66, 577, 579), Ansprüche aus dem Nutzungsanteil nach § 743 (RG DR 41, 999, 1000) und Forderungen aus Teilungskosten wie zB Anwaltskosten (AG München AnwBl 97, 571; MüKo/*Schmidt* §§ 755, 756 Rz 13). Außer auf Geldleistung kann sich die Forderung auch auf Befreiung von einer Verbindlichkeit nach § 257 richten (BGH NJW 92, 114). Der Anspruch besteht auch für noch nicht fällige oder str Forderungen mit der Maßgabe, dass das dafür Erforderliche analog § 733 I 2 zurückzubehalten ist (Staud/*Langhein* § 756 Rz 8). 1

Die Forderung des Berechtigten wird dadurch berichtigt, dass sich der Erlösanteil des Gläubigers um einen entspr Betrag zu Lasten des Schuldners erhöht. Dem Anspruch unterliegen alle Teilhaber, doch kann der Gläubiger nur Befriedigung aus dem Anteil des Schuldners verlangen (MüKo/*Schmidt* §§ 755, 756 Rz 19). Aus § 755 III ergibt sich, dass der gemeinschaftliche Gegenstand nur insoweit verkauft werden muss, wie dies 2 zur bevorzugten Befriedigung des Gläubigers notwendig ist (MüKo/*Schmidt* §§ 755, 756 Rz 19). Eine Erhöhung der Zuteilungsquote bei Naturalteilung kommt nur in Betracht, wenn Geld Gegenstand der Gemeinschaft ist (BGH NJW 92, 114). Neben dem Anspruch nach § 756 hat der Gläubiger kein Zurückbehaltungsrecht gegen den Schuldner (BGH NJW 75, 687). Für die Sonderrechtsnachfolge und die Insolvenz eines Teilhabers gelten die Ausführungen in § 755 Rn 4 entspr.

§ 757 Gewährleistung bei Zuteilung an einen Teilhaber. Wird bei der Aufhebung der Gemeinschaft ein gemeinschaftlicher Gegenstand einem der Teilhaber zugeteilt, so hat wegen eines Mangels im Rechte oder wegen eines Mangels der Sache jeder der übrigen Teilhaber zu seinem Anteil in gleicher Weise wie ein Verkäufer Gewähr zu leisten.

1 Die Vorschrift ist erforderlich, weil die Zuteilung eines Gegenstands zu einem Teilhaber nach § 752 kein Verkauf ist und damit in diesem Fall die Gewährleistungsbestimmungen nicht unmittelbar gelten. Sie gilt auch für die GbR (§ 731 2) und die Erbengemeinschaft (§ 2042 II). Bei einem Verkauf an einen Teilhaber iRd § 753 finden die Gewährleistungsbestimmungen unmittelbar Anwendung. Unanwendbar ist § 757 schließlich, wenn bei der Naturalteilung alle Gegenstände gleichermaßen mangelhaft sind (MüKo/*Schmidt* § 757 Rz 4).

2 Da sich § 757 auf einen Verweis auf die kaufrechtlichen **Gewährleistungsbestimmungen** beschränkt, sind deren Voraussetzungen iÜ zu beachten. Auch § 442 I (kein Anspruch bei Kenntnis des Mangels) findet Anwendung. Wählt der Berechtigte den Rücktritt, muss idR insgesamt neu geteilt werden (Staud/*Langhein* § 757 Rz 5; über entspr Anwendung von § 139s MüKo/*Schmidt* § 757 Rz 6). Verpflichtet sind die anderen Teilhaber nur mit ihrem Anteil, ohne für einen Ausfall anderer Teilhaber zu haften (Erman/*Aderhold* § 757 Rz 3; BaRoth/*Gehrlein* § 757 Rz 3).

§ 758 Unverjährbarkeit des Aufhebungsanspruchs. Der Anspruch auf Aufhebung der Gemeinschaft unterliegt nicht der Verjährung.

1 § 758 bezweckt die Klarstellung, dass der (ab Beginn der Gemeinschaft bestehende) Aufhebungsanspruch nicht verjährt. Hierfür besteht anders als bei der GbR, bei der ein Auseinandersetzungsanspruch erst mit Auflösung entsteht oder fällig wird, Bedarf. Über § 2042 II gilt § 758 auch für die Erbengemeinschaft. Zum Anspruch auf Aufhebung der Gemeinschaft zählen außer §§ 749 ff auch der Anspruch auf Früchte nach § 743 (Staud/*Langhein* § 758 Rz 2; Soergel/*Hadding* § 758 Rz 1; MüKo/*Schmidt* § 758 Rz 2) und Rechte aus schuldrechtlichen Abreden über die Teilung oder Zuteilung, nicht dagegen andere auf die Gemeinschaft gründende Ansprüche wie zB aus § 748 (MüKo/*Schmidt* § 758 Rz 2).

Titel 18 Leibrente

§ 759 Dauer und Betrag der Rente. (1) Wer zur Gewährung einer Leibrente verpflichtet ist, hat die Rente im Zweifel für die Lebensdauer des Gläubigers zu entrichten.
(2) Der für die Rente bestimmte Betrag ist im Zweifel der Jahresbetrag der Rente.

1 **A. Übersicht: Begriff, Zustandekommen, Abtretbarkeit, Abdingbarkeit.** Die Leibrente ist ein einheitliches, iSv §§ 99 II, 100 nutzbares (RGZ 67, 204, 210) Recht, das dem Berechtigten **für die Lebensdauer eines Menschen eingeräumt ist** und dessen Erträge aus fortlaufend wiederkehrenden gleichmäßigen und in gleichen Zeitabschnitten (BGH WM 66, 248) zu gewährenden Leistungen in Geld oder vertretbaren Sachen bestehen (RGZ 67, 204, 212; BGH WM 80, 593, 594). Sie hat große praktische Bedeutung als Finanzierungsinstrument und ist Gegenstand **umfangreicher steuerrechtlicher Bestimmungen**, s. zB § 22 Nr 1 3 lit a EstG; BMF-Schreiben v 16.9.04 BStBl I 922 ff („Rentenerlass"); JurisPK-BGB/*Geisler* § 759 Rz 33 ff.

2 Die **Verpflichtung** zur Abgabe eines abstrakten Leibrentenversprechens wird durch ein (kausales) **Grundgeschäft** begründet: Meist ein entgeltlicher oder unentgeltlicher Vertrag, in dem die Leibrente als Gegenleistung zur Sicherung lebenslänglicher Versorgung gewährt wird (zB Kaufvertrag über eine Immobilie oder ein Unternehmen; für die Berücksichtigung der Leibrente im Zugewinn, wenn sie im Zusammenhang mit der Übertragung von Vermögen iSv § 1374 II versprochen wurde: BGH NJW 05, 3710), oder ein Vertrag zugunsten Dritter (§ 330), aber auch eine Auslobung oder ein Vermächtnis. Die Verpflichtung muss wirksam begründet werden (vgl zB BGH XII ZR 157/06 v 5.11.08 für eine sittenwidrige Unterhaltsvereinbarung). In Erfüllung dieser Pflicht (iSv § 362) gibt der Verpflichtete in einem **Bestellungsvertrag** ein vom Grundgeschäft abstraktes einseitiges **Leibrentenversprechen** ab, durch das ein **Leibrentenstammrecht** begründet wird (RGZ 67, 204, 210 f u zB BGH NJW-RR 91, 1035, abl die Vorinstanz: Celle NJW-RR 90, 1490 f). Es ist Grundlage für die **einzelnen Rentenleistungen**. Diese Konstruktion wird als **Stammrechtstheorie** (MüKo/*Habersack* § 759 Rz 4) bzw als **Einheitstheorie** (Staud/*Amann* Vorbem zu § 759 Rz 18, 26; Erman/*Terlau* § 759 Rz 6) bezeichnet. Das Stammrecht besteht unabhängig von sonstigen Beziehungen der Parteien (daher auch **Isolie-**

rungstheorie, zB Erman/*Terlau* aaO; krit *Reinhart* in FS Wahl 261, 265 ff). Weite Teile der Lit halten die Zwischenschaltung eines Stammrechts für überflüssig (s. zB Staud/*Amann* Vor § 759 Rz 31; MüKo/*Habersack* § 759 Rz 4 mwN; Erman/*Terlau* § 759 Rz 9). Praktisch wichtig wird der Unterschied im Fall der Leistungsstörung (s.u. Rn 9).

Das Leibrentenstammrecht und die einzelnen Leibrentenleistungen sind **abtretbar, pfändbar, verpfändbar** **3** **und** – zB mit einem Nießbrauch (§ 1073) – **belastbar** (statt vieler Erman/*Terlau* § 759 Rz 12). Die Ansprüche auf Erbringung der einzelnen Rentenleistungen **verjähren** gem §§ 195, 199 nach drei Jahren (Palandt/*Sprau* § 759 Rz 3). Sie können **verwirkt** werden (Zweibr FamRZ 08, 513: bei unterhaltssichernder Leibrente nach einem Jahr, s.a. § 1614 Rn 13).

Seit RGZ 67, 204, 208 ff ist anerkannt, dass der Anwendungsbereich des § 759 nur eröffnet ist, wenn die Leib- **4** rente eine lebenslängliche – wenn auch nicht immer nach dem Leben des Rentenempfängers zu bemessende – Rente ist. Für eine Auslegung lässt § 759 I damit wenig Raum (vgl Rn 6). Die Zweifelsregelung zu Jahresleistungen in **II** wird meist durch andere Regelungen verdrängt, insb monatliche Zahlung (Staud/*Amann* § 759 Rz 15).

Keine (formbedürftige) **Leibrente** liegt vor, wenn die Rentenzahlung typischerweise in einem engen sachli- **5** chen und zeitlichen Zusammenhang mit einem Schuldverhältnis begründet wird: zB Arbeits- oder Dienstvertrag (BGH WM 66, 248: Ruhegehaltszusage), Gesellschaftsvertrag (BGH aaO 248 f: Ausscheidensvereinbarung), uU auch Kaufvertrag (BGH NJW-RR 91, 1035), Deliktsrecht (BaRoth/*Litzenburger* § 759 Rz 5; MüKo/*Habersack* § 759 Rz 8 f). Die Abgrenzung ist durch **Auslegung** (§§ 133, 157) zu ermitteln (MüKo/*Habersack* § 759 Rz 8 ff).

B. Einzelheiten: Lebenszeit, Rentenleistungen. Die Leibrente muss auf **Lebenszeit** versprochen werden: **6** Bezugspunkt kann die Lebenszeit **des Gläubigers, des Schuldners oder eines Dritten** sein (Erman/*Terlau* § 759 Rz 2). Im Zweifel endet das Leistungsversprechen nach § 759 I mit dem Tod des Gläubigers. Der Vertrag kann einen Endtermin für die Verpflichtung zur Erbringung von Rentenleistungen vorsehen, sofern dadurch der Zweck der Lebensversorgung gewahrt bleibt (Erman/*Terlau* § 759 Rz 2, BaRoth/*Litzenburger* § 759 Rz 2; Staud/*Amann* Vorbem zu §§ 759 ff Rz 16: abgekürzte oder verlängerte Leibrente); zu steuerlichen Folgen s. *Schick/Franz*, BB 07, 1981. Vertraglich kann auch vereinbart werden, dass die Rentenleistung für eine bestimmte Dauer **über den Tod** des Berechtigten **hinaus** an Dritte erfolgen soll (BaRoth/*Litzenburger* aaO). Liegt der Endtermin deutlich jenseits der Lebenserwartung des Berechtigten, kann dies gegen das Vorliegen eines Leibrentenversprechens sprechen (zB bei Rentenanspruch von über 10 Jahren bei einem sehr alten Menschen, Staud/*Mayer* Vorbem zu §§ 759 ff Rz 24; Palandt/*Sprau* § 759 Rz 9).

Gegenstand der Rentenleistung können nur **Geld** oder andere **vertretbare Sachen iSv § 91** sein. Die einzel- **7** nen Leistungen müssen zeitlich und inhaltlich genau **bestimmt** sein (RGZ 137, 259, 261). Geldrenten müssen betragsmäßig bestimmbar sein: Daher liegt keine Leibrente vor, wenn die Rente vom Reingewinn eines Betriebes (RGZ 137, 259, 262) oder – wie bei Unterhaltsverträgen (RGZ 150, 385, 391) – von der Bedürftigkeit des Berechtigten abhängig ist. Ebenso wenig sind Vereinbarungen über Schadensersatzrenten und Rentenverpflichtungen mit variablen Tatbestandsmerkmalen als Leibrenten zu qualifizieren, es sei denn, Inhalt und Höhe ergeben sich aus unabhängigen Bezugsgrößen: zB Index, Besoldungstabelle (Hamm DB 75, 542) oder Tarifvertrag (LG Marburg BB 59, 207).

Die Leibrente muss durch **gleich bleibende wiederkehrende Leistungen** erbracht werden. Jedoch können die **8** Rentenleistungen während der Laufzeit **variieren**: zB aufgrund einer Wertsicherungsklausel (BGH WM 80, 593, 594 (noch zu § 3 WährG)); eines Wegfalls der Geschäftsgrundlage (§ 313) oder in Folge eines Abänderungsurteils nach § 323 ZPO (BFHE 112, 141, 146; BaRoth/*Litzenburger* § 759 Rz 4; anders uU für Verträge über Unterhaltsleistungen: BFHE 111, 37, 38 f).

C. Leistungsstörungen. Bei Nichtleistung einzelner Rentenzahlungen kann der Gläubiger Ersatz des **Ver- 9 zugsschadens** nach §§ 280 I, 286 ff verlangen. Da das Grundgeschäft mit der Bestellung des Rentenstammrechts erfüllt wird (s.o. Rn 2), besteht **kein Rücktrittsrecht** nach § 323 (RGZ 106, 93, 96; Hambg MDR 64, 414; Palandt/*Sprau* § 759 Rz 4; aA die Kritiker der Einheitstheorie: zB Celle NJW-RR 90, 1490, 1491 f (aufgehoben durch BGH s.o. Rn 2); MüKo/*Habersack* § 759 Rz 27; s.a. Staud/*Amann* Vorbem zu §§ 759 ff Rz 26 f: analoge Anwendung von § 314).

Ist das Grundgeschäft (s. Rn 2) unwirksam, so kann der Verpflichtete das Leibrentenversprechen nach **§ 812** **10** und die einzelnen Rentenleistungen nach § 813 kondizieren (Erman/*Terlau* § 759 Rz 8). Nach der Rspr (RGZ 106, 93, 98; Hambg MDR 64, 414 f) kommt zudem eine Kondiktion der für das Leibrentenstammrecht erbrachten Gegenleistung (zB des verkauften Grundstücks) in Betracht, wenn der Rentenschuldner mit den einzelnen Rentenleistungen in Verzug gerät und deshalb der mit dem Vertrag bezweckte Erfolg (Versorgung des Gläubigers) nicht eintritt, § 812 I 2 Alt 2.

§ 760 Vorauszahlung. (1) Die Leibrente ist im Voraus zu entrichten.
(2) Eine Geldrente ist für drei Monate vorauszuzahlen; bei einer anderen Rente bestimmt sich der Zeitabschnitt, für den sie im Voraus zu entrichten ist, nach der Beschaffenheit und dem Zwecke der Rente.

(3) Hat der Gläubiger den Beginn des Zeitabschnitts erlebt, für den die Rente im Voraus zu entrichten ist, so gebührt ihm der volle auf den Zeitabschnitt entfallende Betrag.

1 Die gesetzliche Regelung der Vorauszahlung in § 760 I ist zwar abdingbar (RG 69, 296, 297; Staud/*Amann* § 760 Rz 1), entspricht aber der gängigen Praxis. Hingegen wird die Dreimonatsregelung in § 760 II idR abbedungen (BaRoth/*Litzenburger* § 760 Rz 1). Auf die Regelung zur Vorauszahlung in § 760 wird im G mehrfach verwiesen: §§ 528 I 3, 843 II 1, 844 II 1, 845 2; § 8 II HPfG; § 13 II StVG; § 38 II LuftVG.

2 Stirbt der Berechtigte während eines Zeitraums, für den die Leibrente bereits nach § 760 I im Voraus entrichtet wurde oder zu entrichten gewesen wäre, steht den Erben des Gläubigers die Leibrente gleichwohl für den vollen Zeitabschnitt zu. Die Vorschrift gilt entspr, wenn das Leibrentenstammrecht (§ 759 Rn 2) aus anderen Gründen – Erreichen des Endtermins, vgl § 759 Rn 6 – erlischt (Colmar Recht 1910 Nr 681; Erman/*Terlau* § 760 Rz 3).

§ 761 Form des Leibrentenversprechens.

¹Zur Gültigkeit eines Vertrags, durch den eine Leibrente versprochen wird, ist, soweit nicht eine andere Form vorgeschrieben ist, schriftliche Erteilung des Versprechens erforderlich. ²Die Erteilung des Leibrentenversprechens in elektronischer Form ist ausgeschlossen, soweit das Versprechen der Gewährung familienrechtlichen Unterhalts dient.

1 Die Erteilung des Leibrentenversprechens (nicht aber dessen Annahme) bedarf nach § 761 1 der **Schriftform** (§ 126), die idR nach § 126a durch die elektronische Form ersetzt werden kann (arg 2). Ausn: Nach 2 ist die elektronische Form unzulässig für Leibrentenversprechen, mit denen **familienrechtlicher Unterhalt** gewährt werden soll. Die Schriftform schützt den Verpflichteten vor der übereilten Übernahme (BGH NJW 78, 1577) des mit einem Leibrentenversprechen verbundenen Risikos (ungewisse Dauer, geringe Anpassungsmöglichkeit – dazu § 759 Rn 8 –, vgl Staud/*Amann* § 761 Rz 1).

2 **Änderungen** sind nur dann formbedürftig, wenn sie den Schuldner zusätzlich beschweren (MüKo/*Habersack* § 761 Rz 3).

3 Das Schriftformgebot wird **weit ausgelegt**: Es umfasst auch das **Grundgeschäft** (s. § 759 Rn 2). Dies lässt sich aus dem Wortlaut ableiten (RGZ 67, 204, 211 f: arg „eine andere Form" kann sich nur auf das Grundgeschäft beziehen). Das Schriftformerfordernis gilt über seinen Wortlaut („Vertrag") hinaus auch für einseitige Rechtsgeschäfte unter Lebenden (MüKo/*Habersack* § 761 Rz 2; Erman/*Terlau* § 761 Rz 1; aA Palandt/*Sprau* § 761 Rz 1).

4 Wenn das Grundgeschäft (§ 759 Rn 2) in den Anwendungsbereich einer strengeren Formvorschrift fällt, erfasst diese auch den Bestellungsvertrag. Bsp: **Notarielle Form** für ein Leibrentenversprechen als Schenkung (§ 518 I) oder als Grundstückskaufpreis (§ 311b), Palandt/*Sprau* § 761 Rz 1 sowie alle Kritiker der Stammrechtstheorie, zB Staud/*Amann* § 761 Rz 7.

5 Das Schriftstück muss inhaltlich die **vollständige** Verpflichtungserklärung enthalten (RGZ 67, 204, 214). Das Versprechen muss überdies **erteilt** werden: dh willentliche Entäußerung der Urkunde in der Absicht, sie in die tatsächliche Verfügungsgewalt des Gläubigers gelangen zu lassen (MüKo/*Habersack* § 761 Rz 7).

6 Wird das Versprechen **formunwirksam** erteilt, ist das Rechtsgeschäft nichtig (§ 125). Eine Bestätigung nach § 141 bedarf der Schriftform (RGZ 150, 385, 391). Eine Heilung kommt nur in Betracht (1.) wenn das Leibrentenversprechen einer allg strengeren Formvorschrift unterliegt (s. Rn 4) und diese eine Heilungsmöglichkeit vorsieht (BGH NJW 78, 1577: Grundbucheintragung in Umsetzung eines unvollständig beurkundeten Grundstückskaufvertrages mit mündlichem Leibrentenversprechen), oder (2.) bei vollständiger Erfüllung eines nur der Form des § 761 unterliegenden Leibrentenversprechens (Staud/*Amann* § 761 Rz 6; MüKo/*Habersack* § 761 Rz 8); noch weitergehend: *Reinhart* in FS Wahl 261, 280 (bei Teilerfüllung).

Titel 19 Unvollkommene Verbindlichkeiten

§ 762 Spiel, Wette.

(1) ¹Durch Spiel oder durch Wette wird eine Verbindlichkeit nicht begründet. ²Das auf Grund des Spieles oder der Wette Geleistete kann nicht deshalb zurückgefordert werden, weil eine Verbindlichkeit nicht bestanden hat.
(2) Diese Vorschriften gelten auch für eine Vereinbarung, durch die der verlierende Teil zum Zwecke der Erfüllung einer Spiel- oder einer Wettschuld dem gewinnenden Teil gegenüber eine Verbindlichkeit eingeht, insbesondere für ein Schuldanerkenntnis.

1 **A. Einführung: Dogmatik, Normzweck, Bedeutung, Internationales Privatrecht.** Ansprüche aus Spiel und Wette sind nicht einklagbar. Sie können nur freiwillig erfüllt werden (Volksmund: „Ehrenschulden"). Gesetzgeberisches Motiv ist der **Schutz** des Spielers **vor existenzgefährdendem Spielverhalten** (Ddorf WM 87, 767, 768; Hamm NJW-RR 97, 1007, 1008). Die praktische Bedeutung des § 762 ist jedoch gering (*Bahr* Rz 534). Meist liegt entweder eine Erlaubnis vor (dann: § 763), oder es liegt wegen fehlender Erlaubnis nichtiges, straf-

bares Spiel vor (vgl Rn 7 f). Der Anwendungsbereich von § 762 ist damit im Kern beschränkt auf nicht öffentliches, nicht gewohnheitsmäßiges Glücksspiel oder Wette (Palandt/*Sprau* § 763 Rz 5; s. aber auch zB Rn 12).

Nach der Rspr begründet die Spiel- oder Wettverbindlichkeit eine **unvollkommene Verbindlichkeit** bzw Naturalobligation (Hamm NJW-RR 97, 1007, 1008; iE auch BGH NJW 80, 390, 391 und KG NJW 80, 2314, 2315 zu nach § 764 aF noch als Spiel anzusehenden Differenzgeschäften). Nach aA stellt die Spiel- oder Wettschuld lediglich einen unwirksamen Vertrag (Erman/*Terlau*, § 762 Rz 1: arg Wortlaut; MüKo/*Habersack* § 762 Rz 3 mwN) oder einen Erwerbsgrund (Palandt/*Heinrichs* Einl § 241 Rz 12) dar. Praktisch ist die dogmatische Einordnung jedoch nicht erheblich (Staud/*Engel* Vor § 762 ff Rz 3): Nach I ist – wie bei der Heiratsvermittlung (§ 656 I 2) – die **Rückforderung des gleichwohl Geleisteten ausgeschlossen**. 2

II soll **Umgehungsgeschäfte** verhindern (BaRoth/*Janoschek* § 762 Rz 10; Staud/*Engel* § 762 Rz 28). Die Durchsetzung eines Schuldanerkenntnisses einer Spiel- oder Wettschuld ist unzulässig. 3

Die Unklagbarkeit einer Spiel- oder Wettvereinbarung ist grds **vAw** zu berücksichtigen (RGZ 129, 134, 142; so auch BGH NJW 81, 1897 zu § 764 aF; Palandt/*Sprau* § 762 Rz 5; MüKo/*Habersack* § 762 Rz 18). Ist der Spiel- oder Wettcharakter eines Rechtsgeschäfts indes nicht äußerlich erkennbar, muss der **Spieleinwand** erhoben und bewiesen werden (Staud/*Engel* § 762 Rz 14). 4

Nur in Ausnahmefällen können dem Spiel- oder Wetteinwand seinerseits die **Einwendungen aus § 242** oder § 826 entgegen gehalten werden. So im Grundsatz BGHZ 139, 1, 11; NJW 91, 2705, 2706; im Einzelfall zugelassener Einwand: Frankf WM 81, 499, 500 (bei eklatanter Verletzung einer Aufklärungspflicht); LG Hamburg WM 86, 1052 (widersprüchliches Verhalten eines fach- und rechtskundigen Spekulanten); aA für § 242 MüKo/*Habersack* § 762 Rz 18; BaRoth/*Janoschek* § 762 Rz 6). Der Einwendungsausschluss kommt auch bei Spiel über 0137-Nummern (s. Rn 8) in Betracht. Damit wird die Einordnung als Spiel oder Auslobung (vgl *Gabriel/Barth* VuR 06, 301; *Ernst* NJW 06, 186) unerheblich. 5

Der Spieleinwand aus § 762 kann **nicht ggü einer Gewinnzusage** erhoben werden (§ 661a; Kobl VersR 03, 377, 378). 6

§ 762 gilt **nur bei wirksamem** Spiel- oder Wettvertrag: Ist er nach §§ 134, 138 **nichtig** (zB wegen Verstoßes gegen §§ 263, 284 ff StGB: Falschspiel, unerlaubtes Glücksspiel), richtet sich die Rückabwicklung nach den allgemeinen Regeln (insb §§ 812 ff). Die Rückforderungssperre in I 2 für Leistungen aus nicht verbotenem Spiel ist unanwendbar (BGHZ 37, 363, 366 f; NJW 06, 45, 46 u 08, 1942 unter I.3). Der Rückabwicklung nach Bereicherungsrecht kann jedoch uU § 817 2 entgegenstehen (vgl BGH NJW aaO unter I.2: bei **Schneeballsystemen** (zB Schenkkreis) ist § 817 2 unanwendbar nach dem Schutzzweck der Nichtigkeitssanktion. Auch Ansprüche aus Delikt werden nur die Ausnahme sein (vgl Celle NJW 96, 2660, 2661). Ein sittenwidriges Rechtsgeschäft im Hydra-, Pyramiden- oder Schneeballsystem ist kein Spiel iSv § 762 (Köln NJW 06, 3288, 3289; arg BGH NJW 06, 45, 46; s.a. BGHSt 43, 270); Warenabsatz auf diesem Weg verstößt gegen § 16 II UWG (vgl Baumbach/Hefermehl/*Bornkamm* § 16 Rz 31 ff; s.a. BGHZ 15, 356, 360 ff). Sittenwidrig ist auch das thailändische Share-Spiel (LG Karlsruhe NJW-RR 07, 200, Hilfsbegründung). 7

Ein Spiel- oder Wettvertrag, der unter Inanspruchnahme von wertneutralen **Mehrwert-Telefondienstleistungen** (zB Anrufe zu T-VoteCall-Verbindungen – 0137-Sondernummern) abgeschlossen wird, kann wettbewerbsrechtlich gegen §§ 3, 4 Nr 5-6 UWG und wegen mangelnder Erlaubnis gegen § 284 StGB verstoßen (vgl *Hecker/Ruttig* GRUR 05, 393, 394 ff); er kann damit nach § 134 nichtig sein (implizit Ddorf, Urt v 23.9.03, I-20 U 39/03 „Bei Anruf Millionär"; anders LG Berlin CR 05, 36, 37 f unter Hinweis auf BGH NJW 02, 361, 362 und die Wertneutralität des Vertrages über die Erbringung von Telefondienstleistungen: Jedenfalls bei einem Verstoß gegen § 284 StGB ist aber fraglich, ob die mit praktischen Erwägungen begründete Rspr des Bundesgerichtshofs zur Wertneutralität von Telefondienstleistungen bei Telefonsex übertragbar ist). 8

Das **anwendbare Recht** für einen Spiel- oder Wettvertrag – oder einen Nebenvertrag (Hamm NJW-RR 97, 1007 f: Auftrag) – ist nach *ex-Art 27 ff EGBGB* bzw Art 3 ff Rom I-VO (vgl VorIntSchVR Rz 1) zu bestimmen. Wenn – wie meist – keine Partei eine charakteristische Leistung erbringt, ist das Recht am **Ort der gemeinsamen charakteristischen Tätigkeit** der Durchführung bzw des Abschlusses das engste iSv *ex-Art* 28 I 1 EGBGB (MüKo/*Martiny* Art 28 Rz 376) bzw v Art 4 IV Rom I-VO. 9

Der Spieleinwand gehört zum deutschen **ordre public** und ist nach Art 6 EGBGB bzw Art 21 Rom I-VO auch ggü nach ausländischem Recht getroffenen Spiel- und Wettvereinbarungen durchsetzbar (Hamm NJW-RR 97, 1007, 1008; so auch für nach § 764 aF noch als Spiel anzusehende Differenzgeschäfte BGH NJW 75, 1600, 1601; 79, 488, 489; krit Erman/*Terlau* § 762 Rz 13); der Spieleinwand ist aber wohl keine zwingende Bestimmung iSv *ex-Art 34 EGBGB* (MüKo/*Martiny* Art 28 Rz 376; MüKo/*Sonnenberger* Einl IPR Rz 62) bzw Art 9 Rom I-VO. Er stellt eine gemeinschaftsrechtlich nach Art 56 AEUV **zulässige Beschränkung der Dienstleistungsfreiheit** dar (EuGHE 78, 1971, 1980 „Köstler"; 94, I-1078, 1096 f „Schindler"). 10

B. Tatbestandsvoraussetzungen, Abgrenzungen. Das Spiel hat die Erzielung von Gewinn zum Ziel: Die Vertragspartner sagen sich für den Fall des Spielgewinns eine Leistung zu. Für die Gewinnchance nimmt der Spieler ein Verlustrisiko in Kauf (vgl BaRoth/*Janoschek* § 762 Rz 3). Charakteristisch ist, dass dem Spielvertrag ein ernster sozialer oder wirtschaftlicher Zweck fehlt (vgl Staud/*Engel* Vorbem zu §§ 762 ff Rz 7). 11

12 Spiel iSv § 762 umfasst (1.) das Geschicklichkeitsspiel, bei dem Gewinn und Verlust wesentlich oder gänzlich von den persönlichen Fähigkeiten (vgl Celle NJW 96, 2660, 2662), Kenntnissen oder der Geschicklichkeit der Teilnehmer (zB Poker, dazu *Schmidt/Wittig* JR 09, 45 ff) abhängen sowie (2.) das Glücksspiel, bei dem Gewinn oder Verlust allein oder hauptsächlich vom Zufall abhängen (zB Sportwetten, vgl dabei jeweils zu § 284 StGB BGH NJW 02, 2175 f; Z 158, 343, 351 „Schöner Wetten"; BGHSt 2, 274, 276; JZ 03, 858, 859; ferner *Janz* NJW 03, 1694 ff; zur Immobilienverlosung vgl *Sterzinger* NJW 09, 3690 ff). Unterart des Spiels ist der Lotterie- und Ausspielvertrag, § 763 (Palandt/*Sprau* § 762 Rz 2).

13 Kein Spiel sind Finanztermingeschäfte iSv § 2 II, IIa WpHG (vgl *Casper* WM 03, 161 ff), für die der Einwand aus § 762 unzulässig ist (§ 37e WpHG; differenzierend *Mülbert/Böhmer* WM 06, 937, 943 ff; 985, 998; anderes gilt für vor dem 1.7.02 abgeschlossene Verträge: §§ 53 ff BörsG aF, § 764 aF). Liegen die Voraussetzungen der Anwendung von § 37e WpHG nicht vor, bleibt § 762 anwendbar (BTDrs 14/8017, 96; Schwark/*Zimmer* § 37e WpHG Rz 3).

14 Die **Wette** ist ein Vertrag, dessen Parteien sich unter Erhebung widerstreitender Behauptungen gegenseitig verpflichten, dass derjenige, dessen Behauptung sich als zutr erweist, eine bestimmte Leistung erhält (RGZ 61, 153, 155 f). Auch die **einseitige Wette**, bei der beide Parteien aus Spiel- oder Wettmotiven handeln, aber nur eine Vertragspartei einen Einsatz leistet, fällt als zweiseitiges Geschäft unter § 762 (vgl RGZ aaO, 156; Palandt/*Sprau* § 762 Rz 3 f). Die Regelungen in § 762 sind nur auf zweiseitige Geschäfte anwendbar (Umkehrschluss zu § 764 2 aF).

15 Von Bedeutung ist die **Abgrenzung** zwischen Spiel und Wette, da allein Spielverträge nach § 763 staatlich genehmigt werden können und §§ 284 ff StGB nur Glücksspiele betreffen (vgl Schönke/Schröder/*Eser/Heine* § 284 Rz 3).

16 **Weder Spiel noch Wette** sind andere gesetzlich vorgesehene Vertragstypen wie zB Versicherungsvertrag (Celle VersR 95, 405, 406, vgl auch RGZ 129, 134, 142), Leibrente, Bürgschaft und Auslobung (vgl zB MüKo/ *Habersack* § 762 Rz 9), die alle einen ernsthaften wirtschaftlichen oder sonstigen Zweck verfolgen (vgl Erman/ *Terlau* § 762 Rz 5c).

17 Ebenfalls nicht Spiel oder Wette sind Rechtsgeschäfte mit spekulativem oder gewagtem Charakter, aber ernsthaftem wirtschaftlichen oder sonstigen Zweck (der im Einzelfall festzustellen ist): zB (1) Versteigerung im Internet (BGHZ 149, 129, 139: Ungewissheit über die Stärke der Nachfrage im Angebotszeitraum); (2) Prämienversprechungen für Leistungen im Sport (Staud/*Engel* Vor §§ 762 ff Rz 7; differenzierend MüKo/*Habersack* § 762 Rz 8: Spiel, wenn auch der Veranstalter in Spielabsicht handelt, vgl zB LG Marburg NJW 55, 346 „Preisschießen"); (3) Prämienversprechen im Zusammenhang von sportlichen Leistungen Dritter (zB Zinserhöhung für Sparkonto bei jedem Sieg eines Rennautos, vgl *Servatius* WM 04, 1804, 1805 ff), (4) Vergnügungstombola und Verlosungen zu wohltätigen Zwecken (Palandt/*Sprau* § 762 Rz 4).

18 **C. Rechtsfolgen (Abs 1). I. Keine Primär- und Sekundäransprüche, Sicherheitenbestellungen unwirksam.** Der Gewinner hat nach I 1 **keinen Erfüllungsanspruch** gegen der Verlierer. Ebenso stehen ihm **keine Sekundäransprüche** (Schadensersatz statt der Leistung, Verzug) zu (Staud/*Engel* § 762 Rz 8): Der Gewinner kann mit seinem nicht einklagbaren Anspruch aus Spiel oder Wette ggü einem anderen Anspruch des Verlierers **nicht einseitig aufrechnen** (BGH NJW 81, 1897; Staud/*Engel* § 762 Rz 9). Der Verlierer hingegen kann ggü dem Anspruch des Gewinners aufrechnen.

19 Auf den **Rückzahlungsanspruch** eines zur Ermöglichung des Spiels aufgenommen **Darlehens** ist I 1 analog anzuwenden, wenn (1.) das Darlehen wirksam ist (s. Celle NJW-RR 87, 1190 zur Nichtigkeit eines iVm einer Pokerrunde aufgenommenen Darlehens; s.a. RGZ 70, 1, 2 f; BGH WM 61, 530; NJW 92, 316; ausf Staud/*Engel* § 762 Rz 42 f; Erman/*Terlau* § 762 Rz 10) und (2.) der Spieler den aufgenommenen Betrag einsetzt und verliert: Auch die Darlehensaufnahme dient dem Spiellust; der Rückzahlungsanspruch ist **nicht einklagbar** (obiter dictum BGH NJW 95, 1152, 1153; ausdrücklich: Celle NdsRpfl 61, 172 f zum „Spielen auf Borg"; AG Rendsburg NJW 90, 916; LG Mönchengladbach WM 94, 1374, 1376 f; ähnl Ddorf MDR 84, 757: § 762 II analog, aA: BGH WM 61, 530); ist die Darlehensaufnahme ein mit dem Spiel- oder Wettvertrag nach § 358 verbundener Verbrauchervertrag (Bsp: nicht öffentliche Lotterie oder Ausspielung), kann der Einwand aus I dem Rückzahlungsanspruch des Darlehens bereits unter den Voraussetzungen des § 359 entgegengehalten werden (MüKo/*Habersack* § 762 Rz 37). Spielt er hingegen nicht mit oder gewinnt er, ist das Darlehen zurückzuzahlen (BGH NJW 95, 1152, 1153: arg mit dem Schutzzweck von § 762 in einer Begründung zu § 817 2). S. ferner Rn 29 u § 763 Rn 12 für andere Darlehenskonstellationen im Zusammenhang mit Spiel und Wette.

20 Mangels Erfüllungsanspruchs aus Spiel und Wette sind auch hierauf bezogene **Sicherungsabreden unwirksam**: So (1.) das Pfandrecht (RGZ 47, 48, 52); (2.) die Bürgschaft (RGZ 52, 39, 40 u 362, 364; 140, 132, 136; KG WM 89, 669, 673).

21 (3.) Eine zu diesem Zweck bestellte Hypothek entsteht nach §§ 1163 I, 1177 I als Eigentümergrundschuld (MüKo/*Habersack* § 762 Rz 18; Staud/*Engel* § 762 Rz 11, arg RGZ 68, 97, 103 f). (4.) Einer **Sicherungsgrundschuld** kann der Spieleinwand über § 812 I 1 entgegengesetzt werden (BaRoth/*Janoschek* § 762 Rz 7). (5.) Eine *Sicherungsabtretung* oder Sicherungsübereignung muss zurückgewährt werden (MüKo/*Habersack* § 762 Rz 18). (6.) Gleiches gilt für eine Garantie (BGH NJW 84, 2037, 2038 zu § 55 BörsG aF). (7.) Das Versprechen einer **Vertragsstrafe** für den Fall der Nichterfüllung der Spiel- oder Wettschuld ist unwirksam (MüKo/*Habersack* § 762 Rz 18).

Bei Übernahme einer Wettschuld kann auch der Übernehmer den Spieleinwand erheben (§ 417 I 1), sofern er 22
nicht vAw berücksichtigt wird (s. Rn 4), RGZ 52, 39, 40. Der Gewinner kann ggü einem Anspruch des Verlierers
auf Herausgabe einer Sicherheit **kein Zurückbehaltungsrecht** geltend machen (RG JW 1897, 311 Nr 28).

II. Nebenpflichten. Kein Spieler bzw Wettender (oder Veranstalter) ist verpflichtet, seinen Vertragspartner 23
auf die **Unverbindlichkeit** des Vertrages und die Regelung in I 2 hinzuweisen (aus Sicht des Gewinners:
MüKo/*Habersack* § 762 Rz 19 sowie – jeweils zu § 55 BörsG aF – RGZ 147, 149, 153; Hamm WM 96, 2274,
2277). Dies gilt grds sogar, wenn er den Ausgang einer Wette kennt (sog „Spätwette" BGHSt 16, 120, 121 f;
MüKo/*Habersack* § 762 Rz 20; aA Erman/*Terlau* § 762 Rz 12 mwN) oder um seine besonderen Fähigkeiten bei
einem Geschicklichkeitsspiel weiß (MüKo/*Habersack* aaO).

Im **Einzelfall** können sich aus dem Vertrag oder seiner Gestaltung **Aufklärungspflichten** ergeben, § 241 II: 24
(1.) über Sonderwissen beim Glücksspiel (MüKo/*Habersack* § 762 Rz 20: Sonderwissen über den Ausgang des
Spiels bei einem nach den Spielregeln vom Zufall abhängigem Spiel); (2.) über besondere Gefahren für die
Spieler (arg BGHZ 25, 124, 126 f zum Verschulden eines Ehemäklers; 80, 80, 86 – zu § 55 BörsG aF – zur
Informationspflicht über überhöhte Provision eines Anlagevermittlers: entspr kann ein Spielveranstalter im
Einzelfall zur Information über besondere Risiken des Spiels verpflichtet sein). Die schuldhafte Verletzung
einer Aufklärungspflicht begründet einen Schadenersatzanspruch, § 282 (vgl auch die Rspr zu dem früher
nach § 764 aF als Spiel eingeordneten Differenzgeschäften, zB BGHZ 80, 80, 85).

III. (Keine) Rückforderung von bereits Geleistetem. Wer **nach Spielende** in Unkenntnis über die Unver- 25
bindlichkeit **zur Erfüllung** einer Spiel- oder Wettschuld leistet, kann das Geleistete nach **§ 762 I 2** nicht
zurückfordern, RGZ 147, 149, 153 (zu § 55 BörsG aF); anders als bei §§ 812, 814 kommt es auf das Wissen
um die Unverbindlichkeit nicht an (vgl Staud/*Engel* § 762 Rz 17). Der Rückforderungsausschluss gilt auch
für Leistungen durch **Erfüllungssurrogate** – zB die Aufrechnung iSv § 387 ff, die Hingabe an Erfüllungs
Statt (§ 364 I), oder die Leistung eines Dritten (zB Zahlung durch Lebenspartner, § 267), s. Staud/*Engel*
§ 762 Rz 18 ff.

Vorauszahlungen können vor Spielende unter den Voraussetzungen von §§ 812 ff zurückgefordert werden 26
(MüKo/*Habersack* § 762 Rz 23). Ab Spielende schützt I 2 den Zahlungsempfänger, sofern die Vorleistung als
Leistung iSv § 362 und nicht – wie meist – als Sicherheit zu qualifizieren ist (BGHZ 86, 115, 119 f zu § 55
BörsG aF; eine Vermutung streitet dafür, dass ein Spieler vor Spielende allenfalls Sicherheit leisten will: Ddorf
WM 82, 751, 753 f).

Das aufgrund eines (zB nach §§ 134, 138, 142) nichtigen Spiel- oder Wettvertrages Geleistete kann hingegen 27
nach §§ 812 ff zurückgefordert werden (s.o. Rn 7).

D. Erweiterung des Anwendungsbereichs von Abs 1 durch Abs 2. I. Rechtsgeschäfte zum Zwecke der 28
Erfüllung. § 762 II erweitert den Anwendungsbereich des I auf „zum Zwecke der Erfüllung" einer Spiel-
oder Wettschuld abgeschlossene Vereinbarungen: Auch sie begründen allenfalls unvollkommene Verbindlichkeiten, können aber Rechtsgrund für eine deshalb nicht rückforderbare Leistung sein (s.o. Rn 2).

Die Regelung in II nennt explizit das **Schuldanerkenntnis** (§ 781). Sie gilt darüber hinaus für: (1.) das 29
Schuldversprechen (§ 780, s. zB Staud/*Engel* § 762 Rz 29; Erman/*Terlau* § 762 Rz 8), (2.) den **in Umwandlung**
einer Spiel- oder Wettschuld abgeschlossenen Darlehensvertrag (Ddorf MDR 84, 757; so implizit zB auch
BGHZ 92, 317, 325 zu § 55 BörsG aF. Dieser Fall ist zu unterscheiden von dem nach Spielende bei einem
nicht am Spiel beteiligten Dritten zur Begleichung der Spiel- oder Wettschuld begründeten Darlehen, das
wirksam aufgenommen werden kann: MüKo/*Habersack* § 762 Rz 37);

(3.) erfüllungshalber – auch von einem Dritten (BGH NJW 81, 1898, 1899) – für eine Spiel- oder Wettschuld 30
begebene **Schecks** (BGH aaO, Ausn: Euroschecks unterhalb der Garantiesumme: BGHZ 131, 136, 140) oder
Wechsel (RGZ 52, 39 f), sofern eine etwaige Nichtigkeit des Grundgeschäfts (s.o. Rn 7 f) nicht auch zur Nichtigkeit des Scheck- oder Wechselvertrages führt (arg BGH NJW 92, 316 f: für einen Fall, in dem in Folge dessen auch der anschließende Begebungsvertrag zwischen einem Spielcasino und dessen Hausbank als unwirksam gewertet wurde). **Bis zur Einlösung** des (wirksam begebenen) Schecks oder Wechsels kann der Spieler
oder Wettende den Einwand der Unvollkommenheit der Verbindlichkeit aus § 762 II erheben (vgl BGH NJW
81, 1898, 1899) und das Wertpapier nach § 812 zurückfordern (oder nach dessen Indossierung an einen gutgläubigen Erwerber, Befreiung von der Verbindlichkeit aus dem Wertpapier verlangen, RGZ 77, 277, 279 f; vgl
ergänzend BaRoth/*Janoschek* § 762 Rz 10);

(4.) für einen **Vergleich**, der die Höhe einer Spiel- oder Wettschuld festlegt (RGZ 144, 242, 243). Ausnahms- 31
weise gilt § 762 II jedoch nicht, wenn der Vergleich eine ernsthafte Ungewissheit darüber beilegt, ob der
Spieleinwand besteht (RGZ 49, 192, 193-195; MüKo/*Habersack* § 762 Rz 28).

Eine bei Begründung einer neuen Verbindlichkeit iSv 762 II übergebene **Schuldurkunde** kann der Schuldner 32
zurückverlangen, solange die (neue) Verbindlichkeit nicht erfüllt ist (Staud/*Engel* § 762 Rz 29; BaRoth/*Jano-*
schek § 762 Rz 10).

II. Hilfs- und Nebengeschäfte. Zur Erreichung des gesetzgeberischen Schutzzwecks von § 762 (Rn 1) ist II 33
entspr anwendbar auf Hilfs- und Nebengeschäfte, die in engem Zusammenhang mit Spiel- und Wettverträ-

gen stehen (BGH NJW 74, 1821, vgl ausf Staud/*Engel* § 762 Rz 34 ff): Auch sie sind unvollkommen, können aber – sofern sie nicht selbst nichtig sind – Rechtsgrund für eine Leistung sein (s.o. Rn 2, 28).

34 Solche Hilfsgeschäfte können umfassen: (1.) einen **Dienstvertrag**, (2.) einen **Auftrag** oder **Geschäftsbesorgungsvertrag** (BGH WM 85, 563, 564; Hamm NJW-RR 97, 1007 f). Für die Rechtsfolge ist zu unterscheiden (ausf Staud/*Engel* § 762 Rz 36 ff; MüKo/*Habersack* § 762 Rz 33 f), so zB für einen Auftrag, Geld bei einer privaten Sportwette einzusetzen: (a) Bis zu seiner Ausführung ist der Auftrag unverbindlich. Der Auftraggeber kann etwaige Vorleistungen (Vorauszahlungen) zurückfordern (vgl Rn 26) und hat keinen Anspruch auf Ausführung noch Schadensersatz wegen Nichterfüllung (RGZ 40, 256, 259 für einen nicht erfüllten Auftrag, eine Wette für den Auftraggeber einzugehen: „Gibt es keine Klage daraus, dass gespielt ist, so kann es keine Klage daraus geben, dass nicht gespielt ist"; Hamm NJW-RR 97, 1007, 1008: in Wien nicht platzierte Fußballwette).

35 (b) Nach Ausführung des Auftrags hat der Auftraggeber bei Verlust etwaige Vorleistungen an den Auftragnehmer verloren (Dresd OLGE 12, 276; MüKo/*Habersack* § 762 Rz 33). Hat der Auftraggeber keine Vorleistung erbracht, schützt ihn II vor Gegenansprüchen des Auftragnehmers, zB Aufwendungsersatzansprüchen (RGZ 51, 156, 159; BGH WM 85, 563, 564 zu §§ 50 ff BörsG aF). Gewinn kann der Auftraggeber, der Vorleistungen erbracht hat, abzgl der Aufwendungen (§ 670) herausverlangen, § 667; der Auftragnehmer hat Anspruch auf eine etwa vereinbarte Vergütung (Frankf WM 79, 1251, 1252). Hat der Auftraggeber hingegen keine Vorausleistungen erbracht, ist str, wem der Gewinn zusteht (dem Auftraggeber, so zB Frankf aaO; arg RGZ 40, 256, 258; 51, 156, 159; zweifelnd BGH NJW 80, 1957, 1958; dem Auftragnehmer, da er das Risiko getragen hat: Staud/*Engel* § 762 Rz 36 arg § 242; MüKo/*Habersack* § 762 Rz 33; Erman/*Terlau* § 762 Rz 10). Ferner stehen dem Auftraggeber bei Schlechterfüllung des Auftrags Schadensersatzansprüche zu (BGHZ 80, 80, 86; WM 87, 581, 582, jeweils zu § 53 BörsG aF).

36 Ein Hilfsgeschäft kann ferner sein: (3.) ein Gesellschaftsvertrag: Bei einer zur Errichtung einer Spielgemeinschaft gegründeten Gesellschaft besteht keine Verpflichtung zur Einzahlung von Einlagen oder zur Auszahlung von Gewinnen (Hamm NJW-RR 88, 870, 871: Mehrere Kapitalgeber finanzieren das Spiel eines Mitgesellschafters; BaRoth/*Janoschek* § 762 Rz 13). Die Errichtung einer BGB-Gesellschaft zur Beteiligung an einem ausländischen Spielclub ist hingegen als außerhalb des Schutzzwecks von § 762 angesehen worden: so Ddorf WM 87, 767 f;

37 (4) ein Schiedsvertrag, in dem die Anwendung von § 762 abbedungen wird (vgl BGH WM 87, 1153, 1154; Palandt/*Sprau* § 762 Rz 8; ausf MüKo/*Habersack* § 762 Rz 39 mwN).

§ 763 Lotterie- und Ausspielvertrag.
Ein Lotterievertrag oder ein Ausspielvertrag ist verbindlich, wenn die Lotterie oder die Ausspielung staatlich genehmigt ist. Anderenfalls findet die Vorschrift des § 762 Anwendung.

1 **A. Normzweck, Anwendungsbereich, Bedeutung, Internationales Privatrecht.** Die Bestimmung des § 763 schafft eine **Ausnahme zu § 762**: Staatlich genehmigte private – oder staatlich veranstaltete (MüKo/*Habersack* § 763 Rz 8) – Lotterien und Ausspielungen sind verbindlich. Ist keine Genehmigung erforderlich, gilt § 762 (§ 763 2), sofern der Vertrag nicht wegen Gesetzesverstoßes nichtig ist (s. § 762 Rn 7 f).

2 Das Genehmigungserfordernis soll eine staatliche **Kontrolle des Spielwesens** gewährleisten. Es dient der Abwehr von Gefahren, die der Bevölkerung durch das Glücksspiel drohen (BVerfG NJW 07, 1521, 1523) und soll den Spielbetrieb in geordnete Bahnen lenken (BGH NJW 99, 54, 55). Über seinen Wortlaut hinaus ist § 763 entspr anwendbar auf **alle sonstigen Arten staatlich genehmigter Spiel- und Wettverträge** (BGH aaO). Die Unterscheidung von Lotterie- und Ausspielvertrag ist damit praktisch von geringer Bedeutung. Entscheidendes Kriterium für die Verbindlichkeit aller Spielverträge ist das Vorliegen einer staatlichen Genehmigung (Erman/*Terlau* § 763 Rz 2).

3 Bsp staatlicher bzw staatlich genehmigter Spielveranstaltungen sind (s. näher MüKo/*Habersack* § 763 Rz 8 ff; Staud/*Engel* § 763 Rz 19 ff; *Bahr* Rz 16 ff): (1.) Staatliche Klassenlotterien; (2.) sonstige Lotterien („Lotto", „GlücksSpirale", „Spiel 77"); (3.) Toto (zB „Oddset"; vgl BVerfG NJW 06, 1201 zu Grenzen des staatlichen Wettmonopols); (4.) Spiele in Spielbanken (LG Baden-Baden WM 98, 1685, 1687) oder an Spielautomaten; (5.) **Online-Spiel** (BGH NJW 08, 2026).

4 **Das anwendbare Recht** für einen Vertrag iSv § 763 ist für seit dem 17.12.09 abgeschlossene Verträge nach Art. 3 ff Rom I-VO und für Altverträge nach *ex-Art 27 ff* EGBGB zu bestimmen (MüKo/*Martiny* Art 28 Rz 384). Die staatliche Genehmigung muss nach dem zuständigen Landesrecht erteilt werden (s. Rn 13 f; vgl BGH NJW 02, 2175, 2176). Es gilt bei objektiver Anknüpfung das Recht am gewöhnlichen Aufenthalt (Art 19 Rom I-VO) des Veranstalters (vgl Art 4 Rom I-VO Rn 11 und Anhang zu Art 4 Rom I-VO Rn 44; für den Auszahlungsanspruch: BGH NJW 88, 647). Für Spiele in ausländischen Lotterien gilt im Zweifel das Recht des jeweiligen ausländischen Veranstalters (arg RGZ 58, 277, 280 f).

5 **B. Lotterie- und Ausspielvertrag.** Für Lotterie wie Ausspielung ist charakteristisch, dass der Veranstalter Verträge mit einer Mehrheit von Spielern abschließt, in denen er verspricht, gegen Einsatz (meistens Geld) nach Maßgabe eines Spielplans an die spielplangemäß ermittelten Gewinner zu leisten, wobei dem Zufall bei

der Ermittlung des oder der Gewinner(s) eine wesentliche Rolle zukommt (RGZ 77, 341, 344; 115, 319, 326; vgl Celle NdsRpfl 60, 270, 271). Zwischen den Spielern untereinander entstehen keine Vertragsverhältnisse (Celle aaO).

Die Ausspielung unterscheidet sich von der Lotterie allein dadurch, dass statt Geld Sachwerte zu gewinnen sind (RGZ 60, 379, 381 u 386; BGHSt 9, 39, 40). Erheblich ist die Abgrenzung nicht (s.o. Rn 2 aE). 6

Die Spieler können ihren Einsatz entweder offen (zB Loskauf) oder verdeckt (zB Eintrittsgeld, Vereinsbeitrag, Warenkaufpreis) entrichten. Die Annahme des Kaufangebots über ein Lotterielos ist idR nicht mehr möglich, wenn das Los bereits vor der Annahme des Vertrags (zB durch Geldzahlung im Wege per Nachnahme) gezogen ist (RGZ 50, 191, 193; 59, 296, 298, 300). 7

Der zwischen Veranstalter und Spieler abgeschlossene Vertrag ist trotz der öffentlich-rechtlichen Genehmigung ein **Vertrag zivilrechtlicher Natur** (BGHZ 131, 136, 138; BayVerfGH BB 64, 326). Der Veranstalter unterliegt keinem Kontrahierungszwang (BGHZ 131, 136, 138; NJW 06, 362; aA für Staatslotterien Staud/ *Engel* § 763 Rz 29). 8

Teilnahmebedingungen und Spielpläne der Veranstalter von Spielverträgen sind bei Vorliegen der Voraussetzungen der §§ 305 ff als **AGB** einzustufen (MüKo/*Habersack* § 762 Rz 16). Sondernormen enthalten § 309 Nr 7 aE (Hs 3) (besondere Schutznorm für den Spieler vor einer etwaigen Minderung der Gewinnsumme durch Schadensersatzverpflichtungen des Spielveranstalters; BTDrs 14/7052, 188 f) und § 312d IV Nr 4 (kein Widerrufsrecht bei Fernabsatzvertrag über Wett- und Lotteriedienstleistungen). 9

Pflichten: Der Teilnehmer muss den Einsatz leisten, der Veranstalter das Spiel durchführen, den Gewinn rechtzeitig ermitteln und an den Gewinner verteilen. Die auf nicht abgesetzte Lose fallenden Gewinne kann er für sich verbuchen (vgl Palandt/*Sprau* § 763 Rz 2). 10

Der Verstoß gegen eine staatliche Aufl (betr **Spiellimit**) führt nicht zur Nichtigkeit (BGH NJW 08, 2026 f). Die Vereinbarung einer **Spielsperre** nimmt späteren Willenserklärungen vorab die rechtliche Verbindlichkeit; der Spieler hat keinen Anspruch auf Auszahlung eines Gewinns (KG NJW-RR 03, 1359; Hamm NJW-RR 02, 1634). Ob die Spielsperre auch einen Schutz vor Verlusten bei trotz Spielsperre durchgeführten Spielen nach sich zieht, ist streitig und von den Umständen des Einzelfalls – Auslegung nach §§ 133, 157 – abhängig: Gegen Verlustschutz BGHZ (XI. ZS) 131, 136, 139 (in einem Fall, in dem der Spieler Gewinne eingeklagt und Schadensersatz für Verluste geltend gemacht hatte); dafür BGH (III. ZS) NJW 06, 362, 363 (Abhebung per Telecash) und 08, 840 (für Automatenspielsäle, wobei in dem Einzelfall der Anspruch wegen „entschuldbaren Rechtsirrtums" der Spielbank – vgl § 276 Rn 11 – verneint wurde. Keine vertraglichen Pflichten begründet die positiv beantwortete Bitte der Eltern eines volljährigen spielsüchtigen Sohns um Einrichtung einer Spielsperre: Hamm MDR 02, 268. 11

Die Verbindlichkeit des Vertrages nach § 763 erfasst auch **Nebenverträge** wie zB den Auftrag (zB einen Lottoschein abzugeben: BGH NJW 74, 1705, 1706). Zu staatlich genehmigtem Spiel gewährte **Darlehen** sind grds einklagbar (BGH NJW 74, 1821; Hamm NJW-RR 88, 870, 871). Sie können aber aufgrund der konkreten Umstände nichtig sein, insb wenn der Veranstalter oder ein Mitspieler das Darlehen gewährt haben (vgl BGH WM 61, 530; NJW 92, 316; Hamm NJW-RR 88, 870, 871 f). 12

C. Staatliche Genehmigung. Die zur Erzielung der Verbindlichkeit erforderliche Genehmigung erteilt die nach Landesrecht hierfür zuständige Landesbehörde (vgl zB § 1 I Rennwett- und LotterieG vom 8.4.22, RGBl I 22, 335, 393; BayVGH BayVBl 05, 241, 245). Die Genehmigung gilt grds allein auf dem Gebiet des genehmigenden Bundeslandes, die Anerkennung durch andere Länder kann aber erreicht werden (vgl *Horn* NJW 04, 2047, 2049). 13

Die Genehmigung eines anderen **Mitgliedstaates der EU** reicht nicht aus. Jeder Mitgliedstaat kann aus Gründen der öffentlichen Ordnung (Art 62, 52 AEUV) und des Allgemeinwohlinteresses eigene Beschränkungen der Dienstleistungsfreiheit zum Schutz der Spieler und der Sozialordnung erlassen (EuGH C 243/01 Gambelli; EuGH C 42/07 Bwin; BGH NJW 02, 2175, 2176 u Z 158, 343, 351 „Schöner Wetten": jeweils zu einem nach § 1 UWG aF iVm § 284 StGB unlauteren Vertrag). Daher bedürfen über das **Internet** veranstaltete ausländische Glücksspiele und Wetten (eingehend *Bahr* Rz 712 ff) sowie deren Bewerbung einer Erlaubnis auch in Deutschland, zumindest wenn sie für den deutschen Markt konzipiert sind (BGHZ aaO; Hambg NJW-RR 03, 760 f). Sie müssen die in § 14 LotStV geregelten, europarechtlich durch das Allgemeininteresse gerechtfertigten Pflichten einhalten (Ddorf VI-U (Kart) 26/06 v 6.6.07 zur Informationspflicht in § 14 II Nr 3 LotStV). 14

§ 764 – *aufgehoben* –

Titel 20 Bürgschaft

Vorbemerkungen vor §§ 765 ff Grundlagen, Abgrenzungen, Internationales

Inhaltsübersicht

	Rn		Rn
A. Einführung	1–52	2. Durchsetzung von Rechten aus Bürgschaftsverträgen im Prozess	41–45
I. Wesen und Bedeutung der Bürgschaft	1–13	3. Einstweiliger Rechtsschutz	46
1. Selbstständige Verpflichtung	5	VI. Bürgschaft im Insolvenzverfahren	47–52
2. Abstrakte Verpflichtung	6	1. Insolvenz des Hauptschuldners	47–50
3. Haftung mit dem gesamten Vermögen	7	a) Volle Erfüllung der Bürgschaftsschuld	48
4. Möglich für jede schuldrechtliche Verbindlichkeit	8	b) Teilerfüllung der Bürgschaftsschuld	49, 50
5. Schriftformerfordernis	9	2. Insolvenz des Bürgen	51, 52
6. Akzessorietät	10, 11	B. Abgrenzung zu anderen Rechtsgeschäften	53–65
7. Subsidiarität (§§ 771 ff)	12	I. Garantie	53, 54
8. Rechtsfolge: Cessio legis	13	1. Inhalt	53
II. Bürgschaft im Wirtschafts- und Bankenverkehr (Handels-, Gesellschafts- und Steuerrecht)	14–33	2. Abgrenzung zur Bürgschaft	54
		II. Schuldbeitritt	55–57
1. Überblick	14, 15	1. Inhalt	55
2. Besonderheiten im Wirtschafts- und Handelsverkehr	16, 17	2. Abgrenzung zur Bürgschaft	56
		3. Form	57
3. Gesellschaftsrechtliche Besonderheiten	18–28	III. Patronatserklärung	58–63
		1. Inhalt	58–62
a) Grundfall der Gesellschafterbürgschaft	18–21	2. Abgrenzung zur Bürgschaft	63
		IV. Wechsel- und Scheckbürgschaft	64
b) Gesellschafterbürgschaft und Bürgschaft der Gesellschaft	22–26	V. Delkredere	65
c) Aktienrechtliche und bankrechtliche Sonderfälle	27, 28	C. Internationales Privat- und Prozessrecht	66–69
		I. Selbständige Anknüpfung, Form	66, 67
4. Steuerrechtliche Besonderheiten	29	II. Verstoß gegen ordre public, Anerkennung und Vollstreckung ausländischer Entscheidungen	68, 69
5. Bankpraxis	30–33		
a) Bank als Gläubigerin	30–32	D. Rechtsvergleichung, -angleichung und -vereinheitlichung	70–74
b) Bank als Bürgin	33	I. Rechtsvergleichung	70–73
III. Verbraucherschutz	34–36	II. Rechtsangleichung und Rechtsvereinheitlichung	74
IV. Praktische Fragen bei der Inanspruchnahme aus einer Bürgschaft, Verjährung	37–39		
V. Bürgschaft im Prozess	40–46		
1. Prozessbürgschaft nach § 108 ZPO als besondere Erscheinungsform der Bürgschaft	40		

1 **A. Einführung. I. Wesen und Bedeutung der Bürgschaft.** Die Bürgschaft ist ein **Vertrag** zwischen dem Bürgen und dem Gläubiger eines Dritten, in dem sich der Bürge **einseitig** ggü dem Gläubiger verpflichtet, für die Verbindlichkeit des Dritten (des Hauptschuldners) einzustehen (Schuldhelfer). Aufgrund des Vertrages tritt der Bürge für eine fremde Schuld ein (Interzedent). Die Bürgschaft dient der **Sicherung des Gläubigers.** Dieser Grundgedanke prägt die Anwendung des Bürgschaftsrechts; im Detail geht es um die Herbeiführung eines ausbalancierten Systems zur Berücksichtigung der Interessen aller Beteiligten. Dabei belässt das Gesetz den Parteien viel Raum für eine vom Gesetz abw Vertragsgestaltung: Uneingeschränkt kommt das Gesetz nur selten zur Anwendung (Bsp: Ein Vertrag wird „als Bürge" mit unterschrieben, s. § 766 Rn 13). Wirtschaftlich stellt die Bürgschaft das wichtigste „persönliche" Kreditsicherungsgeschäft dar.

2 Darüber hinaus gibt es noch andere – gesetzlich bisher nicht geregelte – Fälle des Eintretens für die Schuld eines anderen. Große praktische Bedeutung haben insb die selbständige Garantie, der Schuldbeitritt und die Patronatserklärung (s. Rn 53 ff).

3 Das Bürgschaftsrecht in §§ 765–777 wird durch weitere Regelungen ergänzt: zB §§ 239, 566a. An zahlreichen Stellen hat der Gesetzgeber auf das Recht der Bürgschaft verwiesen: zB §§ 232 II, 239 II, 566 II 1, 1251 II 2; § 36 II 2 VerlG (zur Insolvenz des Verlegers); §§ 349–350 HGB; § 28e II 1 SGB IV (bürgengleiche Haftung des Entleihers vom Arbeitnehmern für Sozialversicherungsbeiträge, dazu BGH NJW 05, 884, 886); s. § 771 Rn 3. Überdies enthalten die §§ 1137 I 1, 1143 I 2, 1211 I 1 und § 1225 2 Verweise auf einzelne Vorschriften des Bürgschaftsrechts.

Die Bürgschaft ist durch folgende **Grundprinzipien** gekennzeichnet: 4

1. Selbstständige Verpflichtung. Durch den Bürgschaftsvertrag übernimmt der Bürge eine eigene Verpflichtung (BGHZ 147, 99, 101 mwN). Er verspricht weder die Erfüllung der Hauptschuld noch die Erfüllung durch den Hauptschuldner. Vielmehr steht er für die Hauptverbindlichkeit ein: Er verschafft dem Gläubiger möglichst das Gleiche wie die Erfüllung der Hauptschuld. Damit schuldet der Bürge und haftet nicht bloß (*Weber* 77). Die Bürgenschuld ist selbstständig einklagbar und wird durch das Urt über die Hauptforderung nicht präjudiziert (RGZ 56, 109, 110). Wenn der Bürge an den Gläubiger zahlt, so erfüllt er seine eigene Verbindlichkeit ggü dem Gläubiger, nicht diejenige des Hauptschuldners (Erman/*Herrmann* Vor § 765 Rz 2). Gleichwohl muss der Hauptschuldner nicht mehr an den Gläubiger leisten, dem aufgrund des Forderungsübergangs nach § 774 I 1 kein Anspruch gegen den Hauptschuldner mehr zusteht. Bürge und Hauptschuldner sind – anders als zB im englischen Recht (s. Rn 72) – nicht Gesamtschuldner, auch nicht im Falle der selbstschuldnerischen Bürgschaft (BGH WM 68, 918) oder bei der Bürgschaft auf erstes Anfordern (Ausnahme: § 43 InsO, s. Rn 50). 5

2. Abstrakte Verpflichtung. Der Grund, warum sich der Bürge ggü dem Gläubiger verpflichtet, liegt meist in seinem Verhältnis zum Hauptschuldner. Dieses sog „Deckungsverhältnis" hat aber keinen Einfluss auf den Bürgschaftsvertrag (RGZ 59, 11). Der Bürgschaftsvertrag ist somit abstrakt. Er trägt als gesetzlich geregelte Sicherungsform seinen Rechtsgrund iSv § 812 I in sich selbst und ist unabhängig vom Bestand der Hauptschuld gültig (BGHZ 147, 99, 101). 6

3. Haftung mit dem gesamten Vermögen. Der Bürgschaftsvertrag begründet wie alle Formen der persönlichen Kreditsicherung die Haftung mit dem „gesamten" Vermögen. Sie ist im Unterschied zu dinglichen Formen der Kreditsicherung nicht auf einzelne Vermögensgegenstände beschränkt. Im Gegensatz zu historischen Formen der Bürgschaft betrifft die Haftung nicht die Freiheit: in Rom drohte Sklaverei, im Mittelalter der Schuldturm. Durch die prozessualen Schutzschranken des Zwangsvollstreckungsrechts in §§ 811 ff, 851 ff ZPO wird die Haftung mit dem gesamten Vermögen eingeschränkt. Bürgen, die natürliche Personen sind, ermöglicht das Insolvenzrecht unter den Voraussetzungen von §§ 286 ff InsO auch die materiellrechtlich wirkende Befreiung von der Bürgschaftsschuld (§ 301 I InsO). Die gleichwohl nach wie vor sehr weit reichende persönliche Haftung führt zu einem strengen Beurteilungsmaßstab bei der Frage, ob ein Bürgschaftsvertrag die Grenzen der guten Sitten durchbricht (vgl § 765 Rn 21 ff zur Sittenwidrigkeit). 7

4. Möglich für jede schuldrechtliche Verbindlichkeit. Die gesicherte Hauptschuld kann jede schuldrechtliche Verbindlichkeit sein (Mot II 659, vgl zB BGH NJW 69, 1480, 1481: Bürgschaft für einen Freistellungsanspruch; private Bürgschaft für öffentlich-rechtliche Schuld (BGH WM 04, 1648, 1649 f: Zollschuld; BGH WM 09, 1180, 1182: Rückforderung einer staatlichen Subvention durch Verwaltungsakt). Dingliche Rechte (zB aus §§ 1113, 1147) können durch eine Bürgschaft hingegen nicht gesichert werden (RGZ 93, 234, 236). Es ist aber möglich, sich für das geldwerte Interesse des dinglichen Anspruchs zu verbürgen (Staud/*Horn* Vorbem zu §§ 765 Rz 15). 8

5. Schriftformerfordernis. Das Bürgschaftsversprechen des Bürgen, nicht aber die Annahme durch den Gläubiger, muss nach §§ 766 1, 126 I schriftlich erfolgen. Das Schriftformerfordernis bezweckt, den Bürgen vor den Gefahren der Bürgschaft zu warnen und ihn vor der Abgabe unüberlegter Erklärungen zu schützen (Mugdan II 1295; § 766 Rn 1). Um diesen Zweck erreichen zu können, müssen aus der Urkunde die wesentlichen Teile der Bürgschaftsverpflichtung erkennbar sein: der Verbürgungswille, die zu sichernde Hauptforderung sowie Gläubiger und Hauptschuldner (s. § 766 Rn 10 ff). 9

6. Akzessorietät. Die Bürgschaft setzt eine bestehende oder künftige Verbindlichkeit voraus und ist damit akzessorisch (Mot II 659; s. zB BGHZ 147, 99, 104; 153, 311, 316 aE). Die Hauptschuld und die Bürgschaft als akzessorisches Nebenrecht (lat accessio = das was hinzukommt) sind dergestalt miteinander verknüpft, dass das Schicksal der Hauptschuld unmittelbar auf das Nebenrecht einwirkt (*Medicus* Jus 71, 497): Das Nebenrecht ist in seiner Entstehung, seinem Inhalt, seinem Fortbestand und seiner Durchsetzbarkeit vom Hauptrecht abhängig (*Habersack* JZ 97, 857; *Medicus* SchuldR II Rz 521–526). Einzelheiten regeln §§ 767, 768, 770, aus denen sich aber auch **Einschränkungen** des Akzessorietätsprinzips ergeben (zB § 768 I 2; für weitere Einschränkungen: s. Rn 22 ff zur Gesellschafterbürgschaft in der Krise). Der Akzessorietätsgrundsatz findet seine Grenzen im Sicherungszweck der Bürgschaft. Bei Untergang des Hauptschuldners wegen Vermögenslosigkeit besteht daher die Bürgschaftsforderung fort (§ 767 Rn 10; s.a. Rn 51 zur Gesamtschuld bei „Doppelinsolvenz"). 10

Das Gesetz geht von der Identität zwischen dem Gläubiger der Hauptschuld und dem Bürgschaftsgläubiger aus (arg § 774 I 1, BGHZ 115, 177, 183). Die **Abtretung** der Hauptforderung führt nach § 401 (s.a. § 765 Rn 92 zu § 566a) zum Erwerb der Bürgschaftsforderung (sofern § 401 nicht abbedungen ist: BGHZ 151, 236, 239 f). In entspr Anwendung des Rechtsgedankens von § 1250 II erlischt die Bürgschaft, wenn der Gläubiger die **Hauptforderung** ohne die Bürgschaftsforderung abtritt (BGHZ 115, 177, 183 ff mit Hinweis auf AGB-rechtliche Grenzen bei der Ausnutzung dieser Rechtsfolge; BGH WM 06, 2274, 2275). Eine Abtretung der 11

Bürgschaft ohne die Hauptforderung ist unwirksam (BGHZ 115, 183; NJW 07, 1957, 1958 f: uU aber Umdeutung in Prozessstandschaft, s.u. Rn 42). Die isolierte Pfändung der Bürgschaftsforderung ist deshalb nach § 851 ZPO unzulässig.

12 **7. Subsidiarität (§§ 771 ff).** Die Bürgschuld ist subsidiär ggü der Hauptschuld (Mot II 667 ff). Nach dem gesetzlichen Leitbild soll der Bürge erst nach dem Hauptschuldner haften (BGH WM 66, 317, 319). Ausprägungen dieses Grundsatzes sind die Einreden der Aufrechenbarkeit (§ 770 II) und Vorausvollstreckung (§§ 771–773), BGHZ 95, 350, 361; BGHZ 169, 1, 16. In abgeschwächter Form gilt das Prinzip der Subsidiarität der Bürgschuld in den Fällen der selbstschuldnerischen Bürgschaft nach § 773 I Nr 1, der Bürgschaft auf erstes Anfordern (s. § 765 Rn 74 ff) sowie unter Kaufleuten (Ausschluss der Einrede der Vorausklage, § 349 HGB).

13 **8. Rechtsfolge: Cessio legis.** Befriedigt der Bürge den Gläubiger, so geht die Forderung des Gläubigers gegen den Hauptschuldner nach § 774 I 1 auf den Bürgen über (s. § 774 Rn 1). Dieser gesetzliche Forderungsübergang erleichtert den Rückgriff des Bürgen gegen den Schuldner erheblich. Neben dem – zumeist bestehenden – Aufwendungsersatzanspruch aus § 670 hat der Anspruch aus übergegangenem Recht insb den Vorteil, dass in Anwendung von **§§ 412, 401** sonstige akzessorische Sicherungsrechte, die die Forderung des Gläubigers gegen den Hauptschuldner sichern, auf den Bürgen übergehen. Aus diesen Sicherungsrechten kann sich der Bürge befriedigen, wenn – wie häufig – beim Hauptschuldner ein Rückgriff nicht mehr möglich ist.

14 **II. Bürgschaft im Wirtschafts- und Bankenverkehr (Handels-, Gesellschafts- und Steuerrecht). 1. Überblick.** Die Bürgschaft ist eine im Wirtschafts- und Bankenverkehr weit verbreitete Form der Personalsicherheit. Nach den statistischen Angaben der Bundesbank betrugen die Verbindlichkeiten aus Bürgschaften und Gewährleistungsverträgen per 30.9.08 ca 373 Mrd €. Im Vergleich zu den dinglichen Sicherheiten (zB Grundschuld, Verpfändung, Sicherungsübereignung, Sicherungszession) hat die Bürgschaft aus der Sicht des Gläubigers den **Vorteil**, dass das gesamte Vermögen des Bürgen haftet und der Gläubiger nicht nur auf ein bestimmtes Sicherungsobjekt zugreifen kann. Dem ggü hat die Bürgschaft den **Nachteil**, dass deren Wert maßgeblich von der uU schwer einzuschätzenden Gesamtvermögenssituation des Bürgen abhängt. Daher wird in der Praxis häufig die Bürgschaft mit dinglichen Sicherheiten (insb Grundpfandrechten) unterlegt.

15 Die Praxis hat unter Nutzung der Vertragsfreiheit **viele Erscheinungsformen** der Bürgschaft geschaffen (s. § 765 Rn 70 ff). Komplex sind häufig die Fragen an den Schnittstellen zwischen dem allg Zivilrecht und den wirtschaftlich geprägten Nachbargebieten des Handels-, Gesellschafts-, Steuer- oder Bankrechts. Einige von ihnen werden im folgenden vorab aufgegriffen (branchentypische Bürgschaften des Zivilrechts – im Zusammenhang mit Bauwerk- oder Mietverträgen – werden bei § 765 Rn 82 ff, 90 ff behandelt).

16 **2. Besonderheiten im Wirtschafts- und Handelsverkehr.** Im Wirtschaftsverkehr wird häufig die Bestellung einer **unwiderruflichen, unbedingten und unbefristeten Bürgschaft** unter ausdrücklichem **Verzicht auf die Einrede der Vorausklage** (s. § 773 I Nr 1) erwartet. Unwiderruflich heißt, dass die Willenserklärung nicht einseitig aufgehoben werden kann und der Bürge daran gebunden ist. Unbedingt bedeutet, dass die Bürgschaft keine aufschiebende oder auflösende Bedingung iSd § 158 enthalten darf. Unbefristet ist die Bürgschaft, wenn sie nicht iSd §§ 163, 777 zeitlich begrenzt ist.

17 Der Kaufmann, für den die Bürgschaft ein Handelsgeschäft darstellt, kann die Bürgschaft nach **§ 350 HGB** mündlich übernehmen (s. § 766 Rn 8). Ihm steht die Einrede der Vorausklage aus § 771 nicht zu (**§ 349 HGB**). Schließlich hindert die Einstellung einer Forderung in ein Kontokorrent nach Maßgabe von **§ 356 HGB** nicht die Befriedigung aus der Bürgschaft (s. § 765 Rn 12).

18 **3. Gesellschaftsrechtliche Besonderheiten. a) Grundfall der Gesellschafterbürgschaft.** Bürgschaften von Gesellschaftern kommt große praktische Bedeutung zu. Insb erwarten Geschäftspartner (zB Vermieter, Lieferanten, Banken) von **Kapitalgesellschaften** mit geringer Eigenkapitalausstattung häufig, dass ihre Gesellschafter-Geschäftsführer auch persönlich als Bürgen mit ihrem Vermögen für die Erfüllung der Hauptverbindlichkeit durch die Gesellschaft einstehen (arg „Wenn Sie als Gesellschafter dem Unternehmen nicht trauen, wer sonst?"; Banken sprechen in Anlehnung an die früher übliche Wechselpraxis vom „querschreiben"). Da der Bürge in diesen Fällen am Vertragsabschluss der Gesellschaft ein Eigeninteresse und Einflussmöglichkeiten auf die Gesellschaft hat, ist die Gesellschafterbürgschaft idR nicht sittenwidrig (s. § 765 Rn 35 ff).

19 Auch bei **Personengesellschaften** hat der Gläubiger durch die Bürgschaft eines persönlich haftenden Gesellschafters Vorteile: Zwar haftet dieser nach § 128 HGB (die Vorschrift gilt analog für die GbR: BGHZ 146, 341, 358) ohnehin persönlich für die Verbindlichkeiten der Gesellschaft. Allerdings wird er als Gesellschafter nach § 227 II iVm I InsO in der Insolvenz der Gesellschaft mit der im Insolvenzplan festgesetzten Befriedigung der Insolvenzgläubiger von seiner persönlichen Haftung aus § 128 HGB frei. Dem ggü haftet er als Bürge nach § 254 II InsO weiter. Überdies tritt bei der Bürgenhaftung keine Begrenzung der Nachhaftung nach §§ 159, 160 HGB (die für die GbR ebenfalls gelten, § 736 II) ein.

20 Aus der **Sicht des Gesellschafters** stellt die Bürgschaft damit ein oft zugkräftiges Finanzierungsinstrument dar. Dem steht – insb bei einer Globalbürgschaft – die Verlagerung des unternehmerischen Risikos in die Pri-

vatsphäre ggü. Vor Abgabe einer Bürgschaftserklärung sollte der Gesellschafter daher sorgfältig **abwägen**: Im Einzelfall mögen (privat weniger verpflichtende) unternehmerische Maßnahmen ausreichen, um dem Kreditsicherungsbedürfnis des Gläubigers (der kreditierenden Bank) gerecht zu werden: zB (1) die Schaffung von Transparenz ggü der Bank (s. die 2007 in Kraft getretenen „Basel II" Empfehlungen vgl BaFin, Rundschreiben 18/05, MaRisk, BTO 1.2.1), (2) strukturelle Maßnahmen im Unternehmen zur Verbesserung der Kreditwürdigkeit und/oder (3) der Abschluss einer Kreditausfallversicherung.

Scheidet der Gesellschafter, der sich für Verbindlichkeiten der Gesellschaft verbürgt hat, aus der Gesellschaft **aus**, kann er in vielen Fallkonstellationen kündigen; s. § 765 Rn 65 ff. 21

b) Gesellschafterbürgschaft und Bürgschaft der Gesellschaft. Mit **Einführung des MoMiG** hat der Gesetzgeber das bisherige Eigenkapitalersatzrecht abgeschafft (**zur alten Rechtslage bis zum 31.10.08**, insb zur Behandlung von Bürgschaften als **Eigenkapital ersetzend** und hiermit verbundener gesellschafts- und insolvenzrechtlicher Ansprüche, s. Voraufl Rz 22–30). Entspr wurden die §§ 32a, b GmbHG ersatzlos gestrichen. In § 30 I 3 sind nunmehr die Rückgewähr eines Gesellschafterdarlehens und Leistungen auf Forderungen aus Rechtshandlungen, die einem Gesellschafterdarlehen wirtschaftlich entsprechen – hierunter fallen auch Bürgschaften (MüKo(Inso)/*Stodolkowitz/Bergmann* § 135 InsO Rz 63, 82) – vom Verbot der Einlagenrückgewähr nach § 30 I 1 ausgenommen. Um die weggefallenen Eigenkapitalersatzregeln zu kompensieren, wurde der Anfechtungstatbestand des § 135 InsO angepasst. Diese Änderungen haben wesentlichen Einfluss auf die Beurteilung von Gesellschafterbürgschaften und Bürgschaften der Gesellschaft. 22

Intertemporales Recht. Bei **vor dem 1.11.08** eröffneten **Insolvenzverfahren** finden auf Bürgschaften weiterhin die alten Vorschriften des GmbHG und der InsO sowie die hierzu ergangene Rechtsprechung Anwendung (Art 25 MoMiG, Art 103d 1 EGInsO). Entsprechend ist das neue Recht auf Bürgschaften anzuwenden, bei nach dem 1.11.08 eröffneten Insolvenzverfahren. Eine Anfechtung einer Rechtshandlung, die vor dem Stichtag erfolgte, ist nach neuem Recht jedoch aus Gründen des Bestandschutzes nur dann zulässig, soweit die Rechtshandlung nach altem Recht anfechtbar war (Art 103d 2 EGInsO, zur neuen Rechtslage s. Rn 24–26). 23

Rechtslage ab dem 1.11.08. Die Abschaffung des Eigenkapitalersatzrechtes und die in § 30 I 3, 2. Alt GmbHG eingefügte Ausnahme bewirken, dass Gesellschafterbürgschaften und Bürgschaften von Gesellschaften keinen eigenkapitalersetzenden Charakter mehr besitzen können und zudem Rechtshandlungen, die aufgrund der Bürgschaft erfolgten, nicht mehr unter das Verbot der Einlagenrückgewähr fallen. Es verbleiben Anfechtungstatbestände nach InsO. 24

Im Falle einer **Bürgschaft durch die Gesellschaft** zugunsten eines Gesellschafters kann der Insolvenzverwalter nach § 135 I InsO – unabhängig davon, ob sich die Gesellschaft in einer Krise befand oder nicht – jede Bürgschaftserklärung der Gesellschaft und/oder Zahlung aufgrund einer solchen Bürgschaft anfechten, wenn die Erklärung oder Zahlung in den letzten **zehn Jahren** vor dem Antrag auf Eröffnung des Insolvenzverfahrens oder nach diesem Antrag vorgenommen worden ist. 25

Nach § 135 II InsO kann der Insolvenzverwalter Zahlungen einer Gesellschaft an einen Darlehensgeber anfechten, soweit sich für diese Zahlungen ein **Gesellschafter verbürgt hat** und die Zahlungen **im letzten Jahr** vor dem Antrag auf Eröffnung des Insolvenzverfahrens oder nach diesem Antrag erfolgten. Dieses Anfechtungsrecht besteht auch, wenn die Gesellschaft auf andere Weise ihren Gläubiger befriedigt. 26

c) Aktienrechtliche und bankrechtliche Sonderfälle. Die Bürgschaftserklärung einer Aktiengesellschaft bedarf unter den Voraussetzungen des § 89 AktG einer vorherigen **Zustimmung des Aufsichtsrats** (Wirksamkeitsvoraussetzung). Die Bürgschaft ist ein Fall der Kreditgewährung iSv § 89 I AktG (vgl MünchHdb GesR IV/*Wiesner* § 21 Rz 88). Die Zustimmung des Aufsichtsrats der Gesellschaft – ausnahmsweise: des Aufsichtsrats des herrschenden Unternehmens – ist erforderlich bei der Abgabe einer Bürgschaft für (1) die Verbindlichkeit eines Vorstandsmitgliedes, eines Prokuristen oder zum gesamten Geschäftsbetrieb ermächtigten Handlungsbevollmächtigten der Gesellschaft (§ 89 I, II 1 AktG) oder eines abhängigen oder des herrschenden Unternehmens (§ 89 II 2 AktG), oder für (2) die Verbindlichkeit einer diesem Personenkreis durch private Verhältnisse nahe stehende oder durch Tätigkeit verbundene Person (§ 89 III, IV AktG). 27

Für **Kreditinstitute** und **Finanzdienstleistungsinstitute**, iSd KWG für die die Übernahme der Bürgschaft ein Bankgeschäft ist (§ 1 Nr 8 KWG), gelten anstelle von § 89 AktG die speziellen Regelungen über Organkredite nach § 15 KWG. 28

4. Steuerrechtliche Besonderheiten. Nach **§ 8a IV 2 KStG** können Vergütungen (Zinsen) für Fremdkapital, das ein Gesellschafter oder eine ihm nahe stehende Person der Gesellschaft zugeführt hat, zu versteuernde verdeckte Gewinnausschüttungen sein. Darüber hinaus kann auch die Fremdkapitalgewährung durch einen Dritten (Bank) zu den Rechtsfolgen einer verdeckten Gewinnausschüttung führen, wenn der Dritte – wie bei einer Gesellschafterbürgschaft üblich – auf den Gesellschafter oder eine ihm nahe stehende Person Rückgriff nehmen kann (§ 8a IV KStG). Die Finanzverwaltung vertritt trotz dieser klaren gesetzlichen Formulierung den Standpunkt, dass nicht alle Fälle der Bürgschaftsgewährung schädlich iSd § 8a KStG sind (BMF-Schreiben vom 15.7.04 zur Gesellschafter-Fremdfinanzierung). Der in dieser Fallkonstellation eine Bürgschaft gebende Gesellschafter (oder der nahe stehende Dritte) sollte sich insoweit steuerlich beraten lassen. Dies gilt 29 entspr für die Bürgschaft der Gesellschaft für den Gesellschafter oder eine ihm nahe stehende Person (s. FG Münster 9 K 2994/00 v 10.2.06).

30 **5. Bankpraxis. a) Bank als Gläubigerin.** Häufig tritt die Bank als Gläubigerin auf: Sie erwartet Bürgschaften insb von Kaufleuten, Gesellschaftern von Kapitalgesellschaften und von Privatpersonen ohne Immobiliarvermögen (DerlKnopsBa/*Knops* Handbuch zum deutschen und europäischen Bankrecht, § 25 Rn 1). Dabei hat die Bank als Gläubigerin im Einzelfall **Aufklärungs- und Schutzpflichten** ggü dem Bürgen (s. § 765 Rn 55 ff).

31 Kreditinstitute verwenden beim Abschluss von Bürgschaftsverträgen weitestgehend einheitlich ausgestaltete **Bürgschaftsformulare** oder elektronisch vorgehaltene Module (beides AGB), die durch die AGB der Banken (s. www.bdb.de) ergänzt werden (s. zB Ziff 13 I 2 für den Anspruch der Bank zur Bestellung oder Verstärkung von Sicherheiten). Solch einheitliche **Allgemeine Geschäftsbedingungen** von Kreditinstituten stellen keine unzulässige Beschränkung des Wettbewerbs iSd Art 85 I EGV dar (EuGH C-215/96 Rz 37, 53 Bagnasco/Banca Popolare). Wegen ihrer überregionalen Bedeutung kann der BGH die formularmäßigen Bürgschaftsklauseln nach **§ 546 ZPO** selbst auslegen (BGH WM 92, 391, 392).

32 Typischerweise enthalten die formularvertraglichen Regelungen der Banken zB Bestimmungen zur selbstschuldnerischen Bürgschaft (s. § 773 Rn 4 ff), zum Verzicht auf die Einreden der Anfechtbarkeit und Aufrechenbarkeit (vgl § 770 Rn 4 ff), zum Verzicht auf die Rechte aus § 776 (s. § 776 Rn 3), uU zur Einschränkung der cessio legis nach § 774 I (s. § 774 Rn 5) sowie ggf Bestimmungen über Höchstbetragsbürgschaften (s. § 765 Rn 88 f). Wegen der Verbürgung für einen Bankkredit, wird zT auch von **Kreditbürgschaft** oder ggf **Kontokorrentbürgschaft** gesprochen.

33 **b) Bank als Bürgin.** Wenn sich die Bank im Auftrag eines Kunden für dessen Verbindlichkeiten ggü einem Dritten verbürgt, liegt dem regelmäßig ein **Avalkreditvertrag** zugrunde (vgl zB BGH WM 84, 768, 769). IdR handelt es sich dabei um einen Geschäftsbesorgungsvertrag (**Bürgschaftsauftrag**), durch den es die Bank gegen Zahlung einer Avalprovision vom Hauptschuldner übernimmt, für dessen Verbindlichkeiten ggü einem Dritten (Avalbegünstigten) einzustehen (s. zB BGH WM 85, 1387, 1388; Köln WM 91, 1751, 1752). Beim **Kreditauftrag (§ 778)** geht die Pflicht der Bank noch weiter: Dort übernimmt sie im Auftrag des Kunden die Gewährung eines Darlehens an einen Dritten.

34 **III. Verbraucherschutz.** Übernimmt ein Verbraucher (vgl § 13) die Bürgschaftsverpflichtung formularvertraglich (zB ggü einer Bank), ist das **AGB-Recht** in §§ 305 ff anwendbar. Bei der Einbeziehung der AGB ist das Formerfordernis des § 766 zu beachten (s. § 766 Rn 6). Ein besonderer Hinweis auf die AGB iSv § 305 II erübrigt sich, wenn ein Bürgschafts-Formularvertrag verwendet wird, der die AGB bereits im Vertragstext enthält (BGH NJW 95, 190).

35 Schließt der Bürge den Bürgerschaftsvertrag als Haustürgeschäft ab, steht ihm ein Widerrufsrecht nach §§ 312, 355 ff zu (BGH NJW 07, 2106, 2109).

36 **Unanwendbar** sind die Vorschriften über Verbraucherdarlehensverträge in §§ 491 ff (BGHZ 138, 321, 326 f sowie EuGH C-208/98 Rz 24 ff Berliner Kindl/Siepert zu der zu Grunde liegenden RL 87/102/EWG; *Peters* WM 06, 1183, 1186; aA *Kulke* NJW 06, 2223, 2224): Der Bürge wird durch das Schriftformerfordernis (§ 766, nicht: § 492, Ddorf WM 07, 2009, 2010) und die Einreden aus §§ 768, 770, 771, 776 hinreichend geschützt (BGHZ aaO; MüKo/*Habersack*, Vor § 765 Rz 8). Ebenfalls unanwendbar sind die Vorschriften über Fernabsatzverträge in §§ 312b, c.

37 **IV. Praktische Fragen bei der Inanspruchnahme aus einer Bürgschaft, Verjährung.** Für die Geltendmachung des Anspruchs gilt die Regelung des § 766 nicht. Der Anspruch sollte zu Beweiszwecken dennoch **schriftlich** geltend gemacht werden (umgangssprachlich: Die Bürgschaft wird „gezogen"). Bei der Geltendmachung sind ggf die im Bürgschaftsvertrag vereinbarten Voraussetzungen darzulegen, zB bei einer Ausfallbürgschaft der Ausfall des Hauptschuldners. Bei einer befristeten Bürgschaft ist darauf zu achten, dass die Willenserklärung zur Inanspruchnahme dem Empfänger rechtzeitig und in nachweisbarer Form zugeht: per **Einschreiben/Rückschein** oder per Telefax iVm einem anschließenden, umgehend schriftlich dem Vermerk dokumentierten Anruf, in dem sich ein Zeuge (also nicht der Anspruchsteller selbst, vgl §§ 373 ff ZPO im Gegensatz zu §§ 445 ff ZPO) den Zugang des Telefaxes bestätigen lässt. Die Nutzung der elektronischen Form wird meist bereits wegen des fehlenden Einverständnisses (vgl § 126a Rn 7) des Bürgen ausscheiden.

38 Der Anspruch aus Bürgschaft unterliegt der allg **dreijährigen Verjährung** aus §§ 195, 199 I. Der Bürge kann dem Gläubiger aber nach § 768 ggf eine **kürzere Verjährungsfrist** der Hauptschuld entgegenhalten, s. § 768 Rn 6). Der Anspruch entsteht mit der Fälligkeit der Hauptschuld (BGHZ 175, 161, 169 für die selbstschulnerische, WM 08, 1731, 1732 für die Bürgschaft auf erstes Anfordern, sofern nichts anderes vereinbart ist). Bei insolvenzrechtlich anfechtbarer Leistung lebt die Forderung und die Bürgschaft bei Rückzahlung ex tunc wieder auf (§ 144 InsO). Verjährungsrechtlich ist jedoch auf den Zeitpunkt der Rückzahlung abzustellen (Münch EWIR 09, 561 f). Verjährt die Hauptschuld später, kann die Auslegung der Bürgschaft eine Anpassung der Verjährungsfrist an die **längere Verjährung** der Hauptschuld gebieten (Palandt/*Ellenberger* § 195 Rz 3), wenn dies nicht bereits ausdrücklich vereinbart ist (zB „Verjährung nach § 195, frühestens aber drei Monate nach Verjährung der Hauptschuld"). Die **Inanspruchnahme** des Bürgen ist keine Voraussetzung für den Beginn

der Verjährung (BGH aaO und XI ZR 160/07 v 29.1.08, Änderung der Rspr ggü BGHZ 92, 295, 300; bestätigt durch BGH NJW-RR 09, 378 ff für Bürgschaft auf erstes Anfordern; aA *Gay*, NJW 05, 2585, 2587 f). Danach muss der Gläubiger darüber wachen, dass er den Bürgen rechtzeitig (und beweisbar: s. Rn 37) binnen drei Jahren ab Fälligkeit der Hauptschuld in Anspruch nimmt: Der Bürge kann zahlen oder die **Hemmung der Verjährung** des Bürgschaftsanspruchs durch Erhebung der Einrede der Vorausklage bewirken, § 771 2 (s. § 771 Rn 12 zu praktischen Problemen). Die Parteien können von der gesetzlichen Rechtslage abweichen und den Beginn der Verjährung von der Inanspruchnahme des Bürgen durch den Gläubiger abhängig machen (so zB München 19 U 3419/06 v 20.7.06; *Bolten* ZGS 06, 140, 149; *Schlösser* NJW 06, 645, 647); eine entsprechende AGB muss hinreichend bestimmt sein (Frankf WM 07, 1369, 1370 f). Das vermeidet das „Ping Pong" von pünktlicher Inanspruchnahme und Einredeerhebung nach § 771 1. Das Risiko des Bürgen lässt sich über einen objektiven Endzeitpunkt für die Bürgschaftsverjährung oder eine Gestaltung als Bürgschaft auf Zeit (§ 777) mindern. Zur **Unterbrechung der Verjährung** durch Anerkenntnis s. § 767 Rn 14.

Bei der **selbstschuldnerischen** Bürgschaft ist wegen § 768 I auch die **Verjährung der Hauptschuld** im Auge zu behalten (s. § 768 Rn 6) und ggf Hauptschuldnerklage zu erheben oder die Verzichtserklärung des Bürgen einzuholen; ein Verjährungsverzicht des Hauptschuldners genügt nicht (s. § 768 Rn 14); Ausnahme: Untergang des Hauptschuldners (s. § 767 Rn 10). 39

V. Bürgschaft im Prozess. 1. Prozessbürgschaft nach § 108 ZPO als besondere Erscheinungsform der Bürgschaft. S § 765 Rn 96 ff. 40

2. Durchsetzung von Rechten aus Bürgschaftsverträgen im Prozess. Ein Anspruch aus einer Bürgschaft ist in aller Regel – ebenso wie ein Regressanspruch aus § 774 (vgl § 774 Rn 19) – vor den **ordentlichen Gerichten** geltend zu machen. Maßgebend für den Rechtsweg ist die Rechtsnatur des erhobenen Anspruchs aus der Bürgschaft, wie sie sich aus dem tatsächlichen Vorbringen der klagenden Partei ergibt (BGHZ 90, 187, 189; s. zB auch BGH NJW 97, 328 f zum Zivilrechtsweg bei Hermes-Bürgschaften und BGH WM 04, 1648, 1649 für eine verbürgte Zollschuld). 41

Der Gläubiger kann den Hauptschuldner und den Bürgen (wie zB im Fall BGH NJW 68, 916) gemeinsam verklagen (ggf bei unterschiedlichem Gerichtsstand, nach Durchführung eines Verfahrens zur Bestimmung des Gerichtsstands nach §§ 36 Nr 3, 37 ZPO). Oder er verklagt sie getrennt. Sie sind keine notwendigen Streitgenossen iSd § 62 ZPO (BGH NJW 69, 1480; Zöller/*Vollkommer*, § 62 Rz 8). Schließlich kann der vom Gläubiger verklagte Bürge zur erleichterten Durchsetzung seiner Rückgriffsansprüche aus §§ 670, 774 I 1 dem Hauptschuldner nach § 72 ZPO den **Streit verkünden** (Zöller/*Vollkommer* § 72 Rz 7). Verklagt er den Bürgen, sind **Kosten** eines Beweissicherungsverfahrens gegen den Hauptschuldner mangels Parteiidentität keine Kosten des Rechtsstreits (Koblenz WM 04, 2253, 2254). Eine Klage aus Bürgschaft ist auch auf Grund **gewillkürter Prozessstandschaft** möglich, wenn der Ermächtigte auch zur Einziehung der verbürgten Hauptforderung ermächtigt ist (BGH NJW 07, 1957, 1959: zu einer umgedeuteten Abtretungserklärung). 42

Für den Erlass eines **Grundurteils** nach § 304 ZPO gegen den Bürgen muss neben der Feststellung des Bestandes und des Inhaltes des Bürgschaftsvertrages auch der Bestand der verbürgten Hauptverbindlichkeit dem Grunde nach feststehen (BGH NJW 90, 1366, 1367). Für die **Rechtskrafterstreckung** gilt: Der Gläubiger kann sich – außer im Fall der Streitverkündung – ggü Bürgen nicht auf ein für ihn positives Urt gegen den Hauptschuldner berufen (BGHZ 107, 92, 96 mwN). Der Bürge kann sich hingegen nach § 768 I 1 ggü dem Gläubiger darauf berufen, dass die Forderung gegen den Hauptschuldner rechtskräftig abgewiesen ist (BGH NJW 70, 279; Schimanski/Bunte/Lwowski/*Schmitz*, § 91 Rz 63). Für die Anerkennung und Vollstreckung ausländischer Entscheidungen s.u. Rn 69. 43

Beweislast: Der Gläubiger muss – im Urkundsprozess durch Urkunden (RGZ 97, 162) – die Entstehung der Hauptschuld (BGH NJW 95, 2161, 2162; 96, 719) und die Begründung der Bürgschaftsschuld beweisen (BGHZ 148, 283, 288; s. § 767 Rn 16). Der Bürge muss Einreden darlegen und beweisen (zB aus § 768 I 1: Zahlung des Hauptschuldners; vgl BGH NJW 88, 906; 95, 2161, 2162). Dabei hat er nach **§ 810** einen Anspruch auf Einsicht in die Handelsbücher des Gläubigers (BGH NJW 88, 906 f mwN). Beim **Saldoanerkenntnis** muss der Bürgschaftsgläubiger nachweisen, dass die Gegenansprüche und Leistungen des Kontokorrentschuldners richtig und vollständig in die Abrechnung aufgenommen sind (aaO). 44

Bei Klagen auf **Herausgabe** einer Bürgschaftsurkunde muss der Bürge darlegen und beweisen, dass der Grund für die Überlassung einer Bürgschaft entfallen ist (zB Brandbg NZBau 05, 155). Der Streitwert einer Herausgabeklage ist nach dem konkreten Missbrauchsrisiko zu bestimmen (Köln MDR 94, 101). 45

3. Einstweiliger Rechtsschutz. Für einstweiligen Rechtsschutz zur Vermeidung einer missbräuchlichen Inanspruchnahme bestehen für den Hauptschuldner folgende zT in Anlehnung an die Rspr zur Bankgarantie entwickelte Ansatzpunkte: (1) Der Hauptschuldner nimmt **den Bürgen** aus dem der Bürgschaft zu Grunde liegenden Geschäftsbesorgungsvertrag auf Unterlassung der Zahlung in Anspruch, weil ihm zwangläufig ein Rückgriff droht (s. LG Kleve ZIP 98, 1632, 1633); (2) er beantragt, dem **Gläubiger** aufzugeben, die Bürgschaftsurkunde an den Gerichtsvollzieher zur Verwahrung zu übergeben (Ddorf NJW 03, 3716 f: zur Sicherung eines Herausgabeanspruchs aus § 812 I 1 bei angekündigter Inanspruchnahme); (3) der Hauptschuldner verlangt vom Gläubiger, die Inanspruchnahme des Bürgen zu unterlassen (zB Frankf ZIP 90, 1393, 1394 ff; 46

vgl auch Brandbg NJW-RR 04, 1164 u BGHZ 152, 246, 251 f). Darüber hinaus kommt (4) ggf ein **Arrest** in den Anspruch des (rechtsmissbräuchlich handelnden) Gläubigers gegen einen selbstschuldnerischen Bürgen auf Auszahlung des Bürgschaftsbetrags in Betracht (vgl Hambg 5.3.03, Az 8 U 169/02, II 2 für einen Fall der rechtsmissbräuchlichen Ziehung eines den Kaufpreis besichernden Akkreditivs bei offensichtlich mangelhafter Ware).

47 **VI. Bürgschaft im Insolvenzverfahren. 1. Insolvenz des Hauptschuldners.** In der Insolvenz des Hauptschuldners ist der Bürge nicht Beteiligter des Insolvenzplans. Daher bestehen die Rechte des Gläubigers gegen den Bürgen bei einer Herabsetzung der Hauptschuld durch den **Insolvenzplan** (§ 254 II 1 InsO) und bei einer **Restschuldbefreiung** des Hauptschuldners (§ 301 II 1 InsO) unabhängig vom Schicksal der Hauptforderung fort (Einschränkungen des Akzessorietätsprinips, BGH NJW 03, 59, 60; *Lettl* WM 00, 1316, 1318; zur Auswirkung auf die Einrede der Vorausklage s. § 773 Rn 15 f). Sie werden allenfalls reduziert durch die insolvenzrechtliche Verwertung von Sicherungsgut (s. § 776 Rn 6, 9). Befriedigt der Bürge den Gläubiger, so hat er idR einen Rückgriffsanspruch sowohl aus § 670 als auch aus § 774 I 1 (einschl der Nebenrechte, s. § 774 Rn 1, die ggf als Absonderung nach §§ 49 ff InsO geltend gemacht werden können, BGH NJW-RR 08, 1007, 1008 zu § 51 Nr 1 InsO). Dabei dürfen die Forderung des Gläubigers und der Rückgriffsanspruch des Bürgen die **Masse insgesamt** nur **einmal belasten**. Es ist zu unterscheiden (für die Besonderheiten bei **Gesellschafterbürgschaften** s. Rn 25 ff):

48 a) **Volle Erfüllung der Bürgschaftsschuld.** Befriedigt der Bürge den Gläubiger voll, so geht die Hauptforderung nach § 774 I 1 auf den Bürgen über. Nur er nimmt am Insolvenzverfahren teil. Hat der Gläubiger die Forderung bereits im Verfahren angemeldet, muss er sie zurücknehmen, während der Bürge sie neu anmelden kann; in der Praxis wird der Fall wie die Abtretung einer Forderung nach Insolvenzeröffnung durch **Umschreibung** behandelt. Entspr gilt, wenn der **Teilbürge** (s. § 765 Rn 106) seine Bürgschaftsschuld in vollem Umfang erfüllt und dadurch die Wirkung von § 774 I 1 eintritt. Dann muss der Gläubiger, der seine Forderung bereits zur Tabelle angemeldet hat, seine Forderungsanmeldung um den Betrag ermäßigen, den er vom Bürgen empfangen hat; gleichzeitig kann der Bürge seinen Rückgriffsanspruch anmelden (vgl BGHZ 92, 374, 379 aE).

49 b) **Teilerfüllung der Bürgschaftsschuld.** Erfüllt der Bürge seine Bürgschaftsschuld nur teilweise, so ist zu unterscheiden: Wurde der **Forderungsübergang** wirksam vertraglich **verzögert** (s. § 774 Rn 4), nimmt der Bürge am Insolvenzverfahren nicht teil. **Sonst** kommt es auf den Erfüllungszeitpunkt an: Erfolgt die Teilerfüllung **vor Insolvenzeröffnung**, partizipiert der Bürge in Höhe der auf ihn übergegangenen Teilforderung am Insolvenzverfahren, während der Gläubiger nach § 43 InsO nur die ihm verbleibende Restforderung anmelden kann (vgl noch zu § 68 KO: BGHZ 92, 374, 379 f). Aus § 774 I 2 folgt jedoch, dass der Gläubiger außerhalb des Insolvenzverfahrens vom Bürgen den Betrag herausverlangen kann, um den seine Verfahrensquote höher ausgefallen wäre, wenn der Bürge sich mit seiner Teilforderung nicht am Verfahren beteiligt hätte (RGRK/*Mormann* § 774 Rz 4 II; so auch in RGZ 83, 401, 406 erwogen; s.a. Gottwald/*Eickmann* InsRHdb § 65 Rz 32 u Uhlenbruck/*Uhlenbruck* § 43 Rz 5).

50 Bei Teilerfüllung der Bürgschaftsschuld **nach Insolvenzeröffnung** bleibt der Gläubiger nach § 43 InsO für den gesamten angemeldeten Betrag bis zu seiner vollen Befriedigung Insolvenzgläubiger (es sei denn, er ist Ausfallbürge: § 765 Rn 71); § 767 I 3 schützt den Bürgen vor Verwertungsvereinbarungen zwischen einem absonderungsberechtigten Gläubiger und dem Insolvenzverwalter (s. § 767 Rn 13). Der Bürge ist von der Geltendmachung des Anspruches im Insolvenzverfahren ausgeschlossen (§ 44 InsO). Er kann seine auf ihn nach § 774 I übergegangene Forderung nur anmelden, wenn der Gläubiger seine Forderung nicht geltend macht.

51 **2. Insolvenz des Bürgen.** Der Gläubiger kann am Insolvenzverfahren des **selbstschuldnerischen Bürgen** (§ 773 I Nr 1) – das für diesen zur Schuldbefreiung führen kann (s.o. Rn 7) – nach §§ 38, 41 InsO teilnehmen, auch wenn die Hauptforderung noch nicht fällig ist. Steht dem Bürgen hingegen die Einrede der Vorausklage zu, wird die Bürgschaftsforderung nach **§§ 41, 191 InsO** als aufschiebend bedingter Anspruch in Höhe des Ausfalls berücksichtigt (Uhlenbruck/*Uhlenbruck* § 43 Rz 6). Die Einrede der Vorausklage entfällt nach § 773 I Nr 3, wenn der Hauptschuldner neben dem Bürgen gleichzeitig insolvent wird (vgl § 773 Rn 15 f); in diesem Fall der „Doppelinsolvenz" haften Hauptschuldner und Bürge als Gesamtschuldner iSv § 43 InsO.

52 Bei Insolvenz des Bürgen ist der Hauptschuldner oft zur Beibringung einer **neuen Bürgschaft** verpflichtet (s. Ziff 13 II AGB-Banken; § 240 und dazu – nach der Holzmann-Insolvenz – LG Berlin NZBau 04, 679 f).

53 **B. Abgrenzung zu anderen Rechtsgeschäften. I. Garantie. 1. Inhalt.** Der selbstständige Garantievertrag ist ein einseitig verpflichtender Vertrag, durch den sich der Garant verpflichtet, für den Eintritt eines bestimmten Erfolges einzustehen oder die Gefahr eines künftigen Schadens zu übernehmen (BGH NJW 96, 2569, 2570; ZIP 01, 1469). Die Regelungen des Bürgschaftsrechts gelten nicht (BGH NJW 67, 1020, 1021; Erman/*Herman*, Vor § 765 Rz 21); insb gilt zB nicht die Formvorschrift des § 766 1 (BGH WM 62, 576, 577) oder § 774 (s. zB Jaunernig/*Stadler*, Vor § 765 Rz 14). Str, aA zB *Larenz/Canaris* SchuldR II 2, § 64 III 3b–c mwN.

2. Abgrenzung zur Bürgschaft. Die Abgrenzung der Bürgschaft zum Garantievertrag bereitet insb deshalb 54 Schwierigkeiten, weil beide Verträge demselben wirtschaftlichen Zweck dienen (BGH LM § 765 Nr 1): der Sicherung einer fremden Forderung. Im Unterschied zur Bürgschaft will der Garant eine von der gesicherten Schuld **unabhängige Verpflichtung** (BGH NJW 67, 1020, 1021 aE) übernehmen, für die er auch dann einsteht, wenn die Hauptverbindlichkeit nie entstanden ist oder später wegfällt (BGH LM § 765 Nr 1 Bl 58; Brandbg 3 U 125/06 v 18.4.07). Für die Abgrenzung im Einzelfall kommt es nicht entscheidend auf den verwendeten Wortlaut an (zB BGH WM 77, 1120, 1121). Bei geschäftsgewandten Personen rechtfertigen aber nur besonders gewichtige Umstände eine vom Wortlaut abw Auslegung (BGH WM 75, 348, 349). Ein gewichtiger Anhaltspunkt für die Abgrenzung ist das **eigene Interesse des Garanten** an der Erfüllung der Hauptverbindlichkeit (BGH NJW 86, 580). Da die Bürgschaft den Normalfall der gesetzlich geregelten Sicherungsform darstellt, ist **im Zweifel** eine Bürgschaft anzunehmen (s. zB BGH WM 62, 577; NJW 67, 1020, 1021).

II. Schuldbeitritt. 1. Inhalt. Beim kumulativen Schuldbeitritt tritt der Mitübernehmer zusätzlich neben 55 dem bisherigen Schuldner in das Schuldverhältnis ein, so dass beide Gesamtschuldner iSd §§ 421 ff werden. Die Zulässigkeit des im BGB nicht geregelten Schuldbeitritts folgt aus der Vertragsfreiheit, § 311 I (anerkannt seit RGZ 59, 232, 233; BGH DB 75, 2081). Die Regelung in § 401 gilt entspr für den sichernden Schuldbeitritt (BGH NJW 72, 437, 439; BGH NJW 00, 575; *Bülow* Rz 1596).

2. Abgrenzung zur Bürgschaft. Sowohl die Bürgschaft als auch der Schuldbeitritt gewähren dem Gläubiger 56 einen Anspruch gegen einen Mithaftenden als zusätzliche Sicherheit (die ggf auch **Eigenkapitalersatz** sein kann: München 7 U 5152/05 v 22.3.06). Entscheidend für die Abgrenzung ist, ob eine **selbstständige** Schuld (dann Schuldbeitritt, §§ 241, 421 ff) **oder** eine **angelehnte** Schuld (dann Bürgschaft oder einseitig verpflichtende Mithaftungsübernahme, vgl BGH NJW 05, 973, 975) begründet werden soll (BGH NJW 86, 580; Hamm NJW 93, 2625). Einen Anhaltspunkt für das Vorliegen eines echten Schuldbeitritts bietet das wirtschaftliche oder rechtliche **eigene Interesse des Schuldbeitretenden** (BGH NJW 81, 47; NJW 86, 580). Wie bei der Abgrenzung ggü der Garantie ist in jedem Fall eine Einzelfallprüfung erforderlich: Ist der Wortlaut eindeutig, so ist dieser maßgebend und die Art des Interesses irrelevant (BGH LM § 133 [C] Nr 33). Führt die Auslegung zu keinem eindeutigen Ergebnis, so ist **im Zweifel** – wie bei der Abgrenzung der Bürgschaft ggü der Garantie (Rn 54) – von einer Bürgschaft als dem Normalfall der gesetzlich geregelten Sicherungsform auszugehen (zB BGHZ 6, 385, 397; NJW 86, 580; Hamm NJW 93, 2625).

3. Form. Der Schuldbeitritt kann grds formfrei erklärt werden, § 766 findet keine analoge Anwendung 57 (BGHZ 121, 1, 3 ff; 138, 321, 327; aA MüKo/*Habersack* Vor § 765 Rz 15). Der Schuldbeitritt unterliegt aber der Formvorschrift des Hauptvertrags, sofern diese (wie zB § 311b I) allg mit Rücksicht auf den Leistungsgegenstand aufgestellt ist (BGH aaO u NJW 91, 3095, 3098). Der Schuldbeitritt zu einem „Verbraucherdarlehensvertrag" ist aufgrund analoger Anwendung der Vorschriften zum Verbraucherdarlehensvertrag in §§ 491 ff (BGHZ 133, 71, 74 f; ZIP 06, 68 f) nach § 492 I schriftlich zu erklären und anzunehmen. Gilt für einen Schuldbeitritt die Schriftform, wird er aber nur einseitig vom Schuldbeitretenden schriftlich erklärt, ist dessen Erklärung in eine Bürgschaft **umzudeuten** (§ 140, BGH WM 07, 2370, 2371; WM 09, 1180, 1182).

III. Patronatserklärung. 1. Inhalt. In einer Patronatserklärung verspricht der „Patron" (zB die Konzern- 58 muttergesellschaft) idR **ggü dem Gläubiger** (zB Bank) eines Dritten (zB der Tochtergesellschaft) ein bestimmtes Verhalten, das die Aussichten auf Vertragserfüllung dem Gläubiger gegenüber (zB Rückzahlung eines Kredits durch die Tochtergesellschaft an die Bank) verbessert (vgl zB *Michalski* WM 94, 1229 f; *v Rosenberg/ Kruse* BB 03, 641–650). Bei einer „**harten" Patronatserklärung** übernimmt der Patron (idR ggü einem Gläubiger des Schuldners) die Rechtspflicht (BGHZ 117, 127, 133 f), den Schuldner mit ausreichender Liquidität auszustatten oder Verluste auszugleichen (BGH ZIP 06, 1199 f), um auf diese Weise die freiwillige Erfüllung oder zwangsweise Durchsetzung der durch die Patronatserklärung gesicherten Forderung des Gläubigers gegen den Schuldner zu ermöglichen (so MüKo/*Habersack* Vor § 765 Rz 50 mwN).

Die **Erklärung** kann ggü dem Gläubiger und/oder dem Schuldner formfrei (BGH ZIP 06, 1199, 1200: Keine 59 Schenkung) erklärt werden (*Kiethe* ZIP 05, 646, 647). Die nur **ggü dem Gläubiger** abgegebene Patronatserklärung ist kein Vertrag zugunsten des Schuldners iSd § 328 I, da dieser nur reflexartig begünstigt wird (aaO 648; *Bermuth* ZIP 99, 1501, 1502; MüKo/*Habersack* Vor § 765 Rz 51). Der Patron wird hier nur ggü dem Gläubiger verpflichtet.

Gibt der Patron die Erklärung **ggü dem Schuldner** ab, begründet sie eine Liquiditätszusage des Patrons ggü 60 dem Schuldner (aufschiebend bedingtes Darlehensversprechen iSv § 488). Sie schafft hingegen (zunächst) keine Rechte des Gläubigers (München ZIP 04, 2102, 2104). Eine Rechtspflicht ggü dem Gläubiger kann nur entstehen, wenn der Schuldner die Patronatserklärung dem Gläubiger bei den Vertragsverhandlungen vorlegt (*Kiethe* ZIP 05, 646, 650) und dies in der Erklärung nicht ausdrücklich untersagt ist.

Str – und noch offen – ist, ob die **Ausstattungspflicht** auch **in der Insolvenz** besteht (BGH ZIP 06, 1199, 2000 61 u 03, 1097, 1098 für einen Fall der Plünderung durch die Patronin; Celle – 9 U 14/08 v 18.6.08 bei „Stehenlassen" einer eigenkapitalersetzenden harten Patronatserklärung: keine Kündbarkeit, da Sicherungszweck sonst „ad absurdum" geführt werde; *Tetzlaff ZInsO 08, 337; Küpper/Heinze* ZInsO 06, 913 ff), weil sonst der Zweck einer Patronatserklärung durch Flucht in die Insolvenz (der Tochtergesellschaft) vermieden werden kann, oder ob der Anspruch mit der Insolvenz wegen Frustrierung der Zweckerreichung untergeht (so Celle Nds Rpfl 00, 309, 310). Der Patron ist frei zu entscheiden, wie er seine Ausstattungspflicht erfüllt (*Michalski* WM 94, 1229, 1238). Gleichwohl ist der Anspruch hinreichend bestimmt iSv § 253 II Nr 2 ZPO (München ZIP 04, 2102, 2104) und damit einklagbar. Zur Kündigung s. *Mirow*, Der Konzern 06, 112 ff; Ziemons, GWR 09, 411 ff.

62 Die sog **„weiche" Patronatserklärung** begründet keine Liquiditätsausstattungspflicht des Patrons (s. zB *Fleischer* WM 99, 666, 667). Zumeist liegt lediglich eine moralisch verpflichtende Good-Will-Erklärung oder eine bloße Information über die finanzielle Situation der Tochtergesellschaft vor. Eine rechtsgeschäftliche Bindung des Patrons scheidet grds aus (München ZIP 04, 2102, 2103; Karlsr, ZIP 92, 1394, 1397). Im Einzelfall kann aber eine Haftung auf Ersatz des Vertrauensschadens (vgl §§ 311 II, 241 II) in Betracht kommen (vgl Ddorf GmbHR 2003, 178 mit Anm *Maxemi*; s.a. *Michalski* WM 94, 1229, 1234 zur Haftung wegen falscher Auskunft) oder aber ein Schadensersatzanspruch aus § 280 bei Nichteinhaltung einer Zusicherung eines konkreten zukünftigen Verhaltens durch den Patron (*Saenger/Merkelbach* WM 07, 2309, 2311). Die Abgrenzung zwischen weicher und harter Patronatserklärung ist eine Frage der Auslegung (vgl zB Brandbg 3 U 129/06 v 19.9.07; Frankf DB 07, 2535, 2536 f; München DB 03, 711).

63 **2. Abgrenzung zur Bürgschaft.** Die ggü einem Gläubiger erklärte harte Patronatserklärung ähnelt durch die Übernahme einer Einstandsverpflichtung der Bürgschaft (deshalb gelten auch die gleichen allg Zustimmungserfordernisse vgl § 765 Rn 10). Es bestehen aber wesentliche Unterschiede (vgl zB *Michalski* WM 94, 1229, 1237 f): (1.) das Auseinanderfallen von Gläubiger (zB Bank) und Leistungsempfänger (Tochterunternehmen); (2.) die vom Vertrag mit dem Gläubiger losgelöste, uneingeschränkte Leistungspflicht (BGHZ 117, 127, 133) – die jedoch, wie die Bürgschaft, eine Hauptschuld vorausssetzt und dadurch akzessorisch ist (München DB 2003, 711); (3.) gleichwohl geht die Akzessorietät nicht so weit: Der Patron trägt das Risiko der wiederholten Ausstattung des Schuldners (Staud/*Horn* Vor § 765 Rz 412), während die Bürgschaft nach § 767 I auf den Umfang der Hauptverbindlichkeit beschränkt ist; (4.) der Anspruch ist – im Gegensatz zum Bürgschaftsanspruch, Rn 11 – **abtretbar** und **pfändbar** nach §§ 829, 835 f ZPO, sofern nicht die Abtretung ausgeschlossen ist (§ 399, s. *Michalski* WM 99, 1229, 1230 Fn 14; *v Rosenberg/Kruse* BB 03, 641, 644); (5.) dem Patron steht keine Einrede der Vorausklage (§ 771) zu.

64 **IV. Wechsel- und Scheckbürgschaft.** Die Wechselbürgschaft und die Scheckbürgschaft nach Art 30 ff WechselG, 25 ff ScheckG sind keine Bürgschaften iSd § 765. Sie stellen selbstständige Verpflichtungen eigener Art ohne strenge Akzessorietät dar (BGHZ 35, 19, 21).

65 **V. Delkredere.** Delkredere ist das bürgschaftsähnliche Einstehen eines **Handelsvertreters** nach § 86b HGB oder eines **Kommissionärs** nach § 394 HGB.

66 **C. Internationales Privat- und Prozessrecht. I. Selbständige Anknüpfung, Form.** Das auf den Bürgschaftsvertrag anwendbare Recht ist – unabhängig vom Statut der Hauptschuld – selbstständig nach dem deutschen internationalen Schuldrecht zu ermitteln (Reithmann/Martiny/*Martiny* Rz 1183; implizit zu ex-Art. 27 ff EGBGB: BGHZ 154, 378, 384 f). Es gilt das Prinzip der freien Rechtswahl. Art 3, 4 und ggf 6 Rom I-VO finden Anwendung (s. Anhang zu Art 4 Rom I-VO Rn 16). Charakteristische Leistung iSv Art 4 II Rom I-VO ist die Bürgschaftserklärung: Liegt der gewöhnliche Aufenthalt des Bürgen (Art 19 Rom I-VO) im Zeitpunkt der Bürgschaftserklärung in Deutschland, ist deutsches Recht anwendbar. Für Fragen der Legalzession (arg § 774) s. Art 15 Rom I-VO, für den Innenausgleich nach Zahlung Art 16 Rom I-VO Rn 2.

67 Die **Form** der Bürgschaft richtet sich nach Art 11 Rom I-VO. Für vor dem **17.12.2009** abgeschlossene Bürgschaften gelten ex Art 27 ff EGBGB (s. Vor IntSchV Rz 1; BGHZ 121, 224, 225).

68 **II. Verstoß gegen ordre public, Anerkennung und Vollstreckung ausländischer Entscheidungen.** Ein Verstoß gegen den deutschen **ordre public** (Art 6 EGBGB) kann vorliegen, wenn im Einzelfall ein **untragbares Ergebnis** eintreten würde (BGHZ 104, 240, 243 ff für einen Fall, in dem die Durchsetzung eines Bürgschaftsanspruchs im Widerspruch zu Art 14 GG die Anerkennung einer entschädigungslosen Enteignung im Ausland bedeutet hätte; Reitmann/Martiny/*Martiny* Rz 1186). Dadurch können sich im Einzelfall Wertungen zum **Grundrechtsschutz** des Bürgen, die im deutschen Recht bei der Beurteilung der Sittenwidrigkeit erörtert werden (vgl § 765 Rn 21 ff), ggü einer nach ausländischem Recht zu beurteilenden Bürgschaftsverpflichtung durchsetzen (ohne dass dies zur „Sittenrichterei" über fremdes Recht werden darf, s. Art 6 EGBGB Rn 6). Dies kommt nur in Betracht, wenn das ausländische Bürgschaftsrecht nicht selbst, wie zB Art L 313-10, L 341-4 des französischen Code de la Consommation, hinreichende Schutzvorschriften enthält.

69 Dies gilt auch bei der ordre-public-Prüfung im **Anerkennungs- und Vollstreckungsverfahren**: Wenn ein (international) zuständiges **ausländisches Gericht** einen Bürgen zur Zahlung verurteilt hat und dieses Urt in Deutschland vollstreckt werden soll, so ist die materiell-rechtliche Entscheidung des ausländischen Gerichts grds zu respektieren. Es findet lediglich eine Überprüfung statt, ob das Urt gegen den ordre public verstößt (§ 328 I Nr 4 ZPO iVm § 723 II ZPO), oder – bei Urteilen aus anderen Mitgliedstaaten der EU materiell eingeschränkter und prozessual erst im Beschwerdeverfahren – ob das Urt offensichtlich gegen den ordre public verstößt (Art 34 Nr 1 EuGVO; vgl statt vieler *Brödermann/Rosengarten* Rz 562 zum autonomen Prozessrecht,

543 f zum europäischen Prozessrecht). Um den Grundrechtsschutz des Bürgen zu gewährleisten, ist zu prüfen, ob der Schuldner wegen besonders krasser struktureller Unterlegenheit **durch die Vollstreckbarkeit** zweifelsfrei zum wehrlosen Objekt der Fremdbestimmung gemacht und hierdurch auf unabsehbare Zeit auf das wirtschaftliche Existenzminimum der Pfändungsfreigrenzen verwiesen würde (BGHZ 140, 395, 399).

D. Rechtsvergleichung, -angleichung und -vereinheitlichung. I. Rechtsvergleichung. Für **Europa** ist zu unterscheiden: In den **romanischen Rechtsordnungen** basieren die Regelungen zur Bürgschaft auf der fideiussio des römischen Rechts. Daher sind die Grundsätze im wesentlichen die Gleichen, so insb: (1) die **Haftung mit dem ganzen Vermögen** (zB Niederlande: Burgerlijk Wetboek 7:854), (2) die Möglichkeit der Sicherung **jeder schuldrechtlichen Verbindlichkeit** (zB: Portugal: Art 627 C civ); (3) die **Akzessorietät** (zB: Österreich: § 1346 I ABGB; Belgien, Frankreich, Luxemburg: arg Art 2012, 2013, 2036 C civ; Finnland: Sec 3 II G 361/1999 für bestimmte private Bürgschaften; Italien: Art 1936, 1939 C civ; Niederlande: Burgerlijk Wetboek 7:851; Portugal: Art 627 II C civ; Spanien: Art 1822, 1824 C civ; Ungarn: § 273 I Pogári Törvénykönyv), (4) die **Subsidiarität** (zB: Österreich: § 1346 ABGB; Belgien, Frankreich, Luxemburg: Art 2011, 2021 ff C civ; Portugal: Art 638 C civ). 70

IE bestehen erhebliche Unterschiede: So wird der Grundsatz der Akzessorietät zT strenger gehandhabt und **weniger Gestaltungsfreiheit** für die Bürgschaft eingeräumt. In Frankreich zB ist eine Bürgschaft auf erstes Anfordern unzulässig (*Eusterhus* 181 f). Auch die **Formvorschriften** unterscheiden sich: Überwiegend wird die Schriftform vorgesehen (zB Belgien, Frankreich, Luxemburg je Art 1326 C civ; Österreich § 1346 II ABGB; Niederlande: Burgerlijk Wetboek 7:859; Ungarn § 272 II Pogári Törvénykönyv). Dagegen besteht ein Formerfordernis in Skandinavien und außerhalb des Verbraucherschutzrechtes auch in den Niederlanden nicht. Ggü **Verbrauchern** gelten zT zusätzliche Formvorschriften und Informationspflichten (zB Frankreich Art L 313-7 ff, 341-2 f Code de la Consommation; Belgien: Art 34 Loi relative au crédit à la consommation). Wenn bei Eingehung der Bürgschaft der Umfang der gesicherten Forderung gegen den Hauptschuldner noch nicht feststeht, muss in Italien und in den Niederlanden für die Bürgschaft eines Verbrauchers ein Höchstbetrag festgelegt werden (Niederlanden: Burgerlijk Wetboek 7:858 I, 862 lit. a; Italien: Art 1938 C civ). 71

In **England** weist die auf das common law zurückführende **surety** – zT guarantee (mehrdeutiger Begriff) – im Vergleich zur Bürgschaft in den romanischen Rechtsordnungen einige signifikante Unterschiede auf. Insb ist die surety grds **nicht subsidiär** (*Chitty/Whittacker* Rz 44–66). Gleichwohl weist das englische Recht der surety zT ähnliche Grundsätze auf: die Haftung mit dem ganzen Vermögen (arg Moschi v Lep Air Services Ltd [1973] AC 393, 402), die Möglichkeit der Sicherung jeder schuldrechtlichen Verbindlichkeit (aaO 393, 400 f), die Akzessorietät (Harburg India Rubber Comb Co v Martin [1902] 1 KB 778, 784 f (CA)), das Schriftformerfordernis (Statute of Frauds 1677 sec. 4; nach Manchester, Urt v 7.4.06, Anm *Vogl* EWiR 06, 575 kann Email ausreichen). Auch bestehen zT ähnliche Verbraucherschutzvorschriften (Consumer Credit Act 1974 sec. 105 ff). 72

In den **Rechtsordnungen außerhalb Europas** ist die Bürgschaft unterschiedlich ausgestaltet. Oft lässt sich der Inhalt des Rechts in seinen großen Zügen durch die Verwandtschaft der Rechtsordnung mit einer europäischen Rechtsordnung erschließen. Bsp **USA**: Dort hat das Bürgschaftsrecht keine bundeseinheitliche Regelung gefunden. Den einzelstaatlichen Regelungen ist indes die Ähnlichkeit mit dem englischen Recht gemein (zB California Civil Code sec. 2787). Im **russischen Recht** ist die Bürgschaft nicht subsidiär (Art 361 Zivilgesetzbuch der Russischen Föderation; *Karimullin* 14). Ohne eine Regelung über eine kalendermäßige Erfüllungsfrist gilt eine einjährige Ausschlussfrist (aaO Art 367 Ziff 4 2, *Karimullin* 15). Wegen der unterschiedlichen Ausgestaltung der persönlichen Sicherheit der Bürgschaft ist eine Detailprüfung unumgänglich, bevor eine nach fremden Recht gestaltete Bürgschaft akzeptiert oder die Rechtswahl offen gelassen werden kann. 73

II. Rechtsangleichung und Rechtsvereinheitlichung. In die Arbeiten der **EU** zur Entwicklung des **Common Frame of Reference** der EU ist die Bürgschaft eingebunden. Nach dessen Verabschiedung ist die Schaffung eines Gemeinschaftsinstruments auch zum Bürgschaftsrecht denkbar. Der im Februar 2009 von einem wissenschaftlichen Team veröffentlichte Entwurf für den Gemeinsamen Referenzrahmen (Draft Common Frame of Reference, s. www.law-net.eu) regelt die Bürgschaft in Abschnitt G, Kapitel I, II u IV (dazu *Schürnbrand*, WM 2009, 873 ff; *Klingel*, Die Principes of European Law on Personal Security als neutrales Recht für internationale Bürgschaftsverträge, Diss. 2009). Ähnl wie in Frankreich und Belgien (s.o. Rn 71) sieht der Entwurf Sondervorschriften für Verbraucherbürgschaften vor: Informationspflichten vor (4:103) und nach (4:106) Vertragsabschluss, Formerfordernis (4:104), Kündigungsrecht (4:107). 74

§ 765 Vertragstypische Pflichten bei der Bürgschaft.

(1) Durch den Bürgschaftsvertrag verpflichtet sich der Bürge gegenüber dem Gläubiger eines Dritten, für die Erfüllung der Verbindlichkeit des Dritten einzustehen.
(2) Die Bürgschaft kann auch für eine künftige oder eine bedingte Verbindlichkeit übernommen werden.

A. Einführung: Übersicht und Rechtsnatur. Der Abschluss eines Bürgschaftsvertrages zwischen dem Gläubiger und dem Bürgen begründet Rechte und Pflichten, deren Bedeutung und Tragweite sich erst durch eine 1

Gesamtschau auf drei miteinander verknüpfte Rechtsverhältnisse erschließen: Bürge-Gläubiger/Gläubiger-Hauptschuldner/Hauptschuldner-Bürge. Bei der Nachbürgschaft (s. Rn 93) und der Rückbürgschaft (s. Rn 103) wird das Dreipersonenverhältnis um eine Person erweitert. Steht eine der (drei) Personen im Bürgschaftsumfeld ihrerseits zu **weiteren Personen** in einer besonderen Beziehung (zB als Gesellschafter, als Organ einer Aktiengesellschaft, als dessen Lebenspartner oder Verwandter, s. Vor § 765 Rn 18 ff, 27) oder stehen eine oder mehrere der Personen kraft ihres Status unter dem Schutz oder Zwang besonderer gesetzlicher Rechte oder Pflichten (zB aus dem Verbraucherrecht, Insolvenzrecht, s. Vor § 765 Rn 34 ff, 47 ff), wird die Anwendung des Bürgschaftsrechts noch komplexer. Um so wichtiger ist es, sich die vertragstypischen Grundpflichten zu vergegenwärtigen.

2 **I. Bürge und Gläubiger.** Das Schuldverhältnis zwischen Bürgen und Gläubiger kommt durch Abschluss des Bürgschaftsvertrages zustande (§ 311 I). Er begründet eine **selbstständige** (zuletzt BGH NJW 06, 845, 846) und **einseitige Verpflichtung des Bürgen**, dem Gläubiger eines Dritten **für die Erfüllung einer schuldrechtlichen Verbindlichkeit** (jeglicher Art, Vor § 765 Rn 8) des Dritten einzustehen (Vor § 765 Rn 5). Trotz der **Akzessorietät** zum Rechtsverhältnis zwischen Gläubiger und Hauptschuldner (Vor § 765 Rn 10) bestimmt sich der Rechtscharakter der Bürgschaft nicht aus der Natur der Hauptschuld (BGHZ 139, 214, 217). Der Bürge begründet seine – **subsidiäre** (s. Vor § 765 Rn 12) – **Verpflichtung** unabhängig (**abstrakt**) zu diesem Rechtsverhältnis (Vor § 765 Rn 6). Für den **Gläubiger** ergeben sich aus dem Bürgschaftsvertrag nur Nebenpflichten (s. Rn 55 ff).

3 Die Parteien können im Vertrag die Pflichten des Bürgen innerhalb der Grenzen der guten Sitten (s. Rn 21 ff) und des AGB-Rechts (§§ 305 ff) erweitern (**Vertragsfreiheit**). Sie können zB vorsehen (bei der Höchstbetragsbürgschaft nur begrenzt: Rn 88), dass die Bürgschaft auch Nebenforderungen (s. zB BGHZ 104, 240, 242) und etwaige **Ersatzforderungen** erfasst: zB Rückforderungsansprüche aus § 812 wegen Unwirksamkeit des Darlehensvertrages (BGH NJW 87, 2076, 2077); Schadensersatzansprüche wegen Nichterfüllung (BGHZ 153, 311, 318 bzw 320). Ob dies der Fall ist, ist ggf durch Auslegung des Bürgschaftsvertrages nach § 133, 157 zu ermitteln. Das Akzessorietätsprinzip (Vor § 765 Rn 10) streitet dabei stets gegen die Ausdehnung der Bürgschaftsverpflichtung auf eine Haftung für Ersatzforderungen jenseits der Hauptschuld. Ebenso können die Parteien individualvertraglich vereinbaren, dass der Bürge neben der Bürgschaft **weitere Sicherungsmittel** stellt. Formularvertraglich ist dies jedoch unangemessen iSv § 307 (s. BGHZ 92, 295, 299 f). Die Bürgschaft kann auch unter eine **Bedingung** gestellt werden (zB auflagenfreie Erfüllung des Hauptvertrags durch den Gläubiger, vgl BGH WM 03, 1948, 1951).

4 **II. Gläubiger und Hauptschuldner.** Gläubiger und Hauptschuldner sind durch das die **Hauptschuld** begründende Rechtsverhältnis verbunden, das dem zu sichernden Anspruch zugrunde liegt. Grds ist kein Schuldner verpflichtet, seinem Gläubiger einen Bürgen zu stellen. Häufig machen (künftige) Gläubiger die Gewährung einer Leistung aber in einer **Sicherungsabrede** oder aufgrund gesetzlicher Regelung (zB § 648a) von der Stellung einer Sicherheit abhängig. In der Praxis wird der Sicherungsvereinbarung oft der Entwurf des Bürgschaftstextes beigefügt (vgl zB BGH NJW-RR 05, 458, 459). Eine Verpflichtung zur **Sicherheitsleistung** (§ 232) kann nach § 239 durch die selbstschuldnerische Bürgschaft eines tauglichen Bürgen erfüllt werden.

5 Entfällt der Sicherungszweck oder ist die Sicherungsabrede unwirksam, kann der Hauptschuldner die Auflösung des Bürgschaftsvertrages und Rückgabe der Bürgschaftsurkunde verlangen (an den Bürgen: BGH NJW 89, 1482 f; an den Hauptschuldner: BGH NZBau 09, 116: Schadensersatz bei Nichtherausgabe). Nimmt der Gläubiger den Bürgen abredewidrig in Anspruch, kann der Hauptschuldner Unterlassung und ggf Rückerstattung der vom Bürgen erhaltenen Zahlung (BGHZ 139, 325, 328) oder Freistellung vom Aufwendungsersatzanspruch des Bürgen (s. Rn 7) verlangen (BGHZ 152, 246, 254).

6 Der Gläubiger ist ggü dem Hauptschuldner **nicht verpflichtet,** den Bürgen in Anspruch zu nehmen (arg § 771). Die Nicht-Inanspruchnahme stellt im Schadensersatzprozess zwischen Gläubiger und Hauptschuldner kein Mitverschulden iSv § 254 dar (BGH DB 1959, 284).

7 **III. Hauptschuldner und Bürge.** Oft ist das Verhältnis zwischen Hauptschuldner und Bürgen als ein **Auftragsverhältnis** nach §§ 662 ff oder ein **Geschäftsbesorgungsvertrag** (ggf als **Avalkreditvertrag**, vgl Vor § 765 Rn 33) zu qualifizieren (s. § 775 I; RGZ 59, 10, 11 f). Daraus erwächst dem **Bürgen** ein Aufwendungsersatzanspruch nach §§ 670, 683 (s. § 774 Rn 16 ff), der neben den Anspruch aus übergegangenem Recht nach § 774 I 1 tritt (arg Mot II 675 f; RGZ 59, 207, 209; MüKo/*Habersack* § 765 Rz 7). Möglich ist auch eine **GoA** zwischen Hauptschuldner und Bürge (Staud/*Horn* § 765 Rz 104). Der Bürge ist kraft seines Rechtsverhältnisses zum Schuldner verpflichtet, die **Interessen des Hauptschuldners** zu wahren und zu schützen (BGHZ 143, 381, 387). So darf eine Bank nicht ohne Abstimmung und ggf Belehrung anstelle der beauftragten einfachen Bürgschaft eine Bürgschaft auf erstes Anfordern (Rn 74) abgeben. Vor Zahlung an den Gläubiger muss der Bürge ggf aufgrund der Umstände des Einzelfalls Rücksprache beim Hauptschuldner wegen des Bestehens von etwaigen Gegenrechten halten (s. § 774 Rn 24).

B. Zustandekommen des Bürgschaftsvertrages. Meist wird der Bürgschaftsvertrag zweiseitig zwischen **Bürgen und Gläubiger** abgeschlossen, ohne dass es einer Mitwirkung des Schuldners bedarf. Als abstraktes Rechtsgeschäft kann die Bürgschaft **auch ohne Wissen und gegen den Willen des Schuldners** übernommen werden (BGHZ 143, 381, 385). In der Praxis führt die Vertragsfreiheit zu vielen Varianten (s.a. Staud/*Horn* § 765 Rz 132 ff): zB der Vereinbarung der Bürgschaft durch eine einzelne **Klausel** in einem mehrseitigen Vertrag. Der Gläubiger der Hauptforderung und der Gläubiger der Bürgschaftsforderung müssen identisch sein (s. Vor § 765 Rn 11).

Für den **Vertragsschluss** gelten die §§ 145 ff (insb ist der Zugang der Annahme unter den Voraussetzungen von § 151 1 entbehrlich; vgl BGHZ 158, 286, 294 für eine Vertragsänderung). Eine Stellvertretung ist nach den allg Regeln der §§ 164 ff möglich. Zur **Form** s. § 766 und § 350 HGB; zum **Widerrufsrecht** des Verbrauchers s. Vor §§ 765 ff Rn 35.

In vielen Fallkonstellationen ist aufgrund eines in der Person des Bürgen liegenden Grundes eine **Zustimmung** zum Abschluss des Bürgschaftsvertrages nach allg Vorschriften außerhalb des Bürgschaftsrechts einzuholen. Die Zustimmung kann Wirksamkeitsvoraussetzung sein: zB die des Aufsichtsrats nach § 89 I AktG (s. Vor § 765 Rn 27), die des Gerichts nach § 1822 Nr 10 (Vormund), § 1908 (Betreuer), § 1915 (Pfleger), § 1643 I (Eltern), oder die einer kommunalen Aufsichtsbehörde (BGHZ 142, 51, 53 ff: Schwebende Unwirksamkeit des Bürgschaftsvertrags bis zur Zustimmung; der fehlende Hinweis auf die Zustimmungspflicht kann zu Schadensersatz aus vorvertraglichen Verhalten führen, wobei nach § 254 I Mitverschulden des Vertragspartners zu berücksichtigen ist). Oft besteht eine Pflicht zur Einholung der Zustimmung der Gesellschafterversammlung (s. zB § 116 II HGB; § 37 I GmbHG iVm den in der Praxis üblichen Zustimmungskatalogen im Gesellschaftsvertrag oder iVm § 46 Nr 6 GmbHG), deren Verletzung nur gesellschaftsinterne Folgen hat (zB Haftung aus § 43 GmbHG).

Der Bürgschaftsvertrag kann auch **zwischen Bürgen** und einer anderen Person als dem Gläubiger (zB dem **Hauptschuldner**) zugunsten eines Gläubigers **als Vertrag zugunsten Dritter** (§ 328 I) abgeschlossen werden (BGHZ 115, 177, 183): Der Gläubiger kann die zu seinen Gunsten angebotene Bürgschaft nach § 333 zurückweisen. Nach § 334 muss er alle Einwendungen aus dem Vertrag zwischen Bürgen und Hauptschuldner gegen sich gelten lassen. Der zwischen dem Hauptschuldner und einer Bank abgeschlossene **Avalkreditvertrag** (vgl Vor § 765 Rn 33) ist idR kein Vertrag zugunsten des Gläubigers (BGH NJW 84, 2088 f).

C. Wirksamkeit des Bürgschaftsvertrages. I. Bestimmbarkeit der Bürgschaftsschuld (insbes Globalbürgschaften). Die besicherte Hauptschuld muss entweder im Bürgschaftsvertrag genau bezeichnet oder **zumindest bestimmbar** sein (BGH NJW 88, 907). Dies gilt insb für **bedingte** und **künftige** Verbindlichkeiten iSv § 765 II (s. § 767 Rn 4). Bei Bürgschaften, die auf Seiten des Bürgen ein **Handelsgeschäft** darstellen, führt die Anerkennung eines Rechnungsabschlusses durch den Hauptschuldner nach Einstellung der Forderung in ein **Kontokorrent** zu einer summenmäßigen Begrenzung auf den Saldo (§ 356 HGB). Bei mehreren Rechnungsabschlüssen gilt der niedrigste (BGHZ 26, 142, 150). Änderungen zwischen den Abschlüssen sind unerheblich (vgl zB BGHZ 50, 277, 283 f).

Bei **Globalbürgschaften** verpflichtet sich der Bürge in einer weiten Sicherungszweckerklärung zur Übernahme einer Bürgschaft für **alle** gegenwärtigen und künftigen Verbindlichkeiten (vgl § 765 II) des Hauptschuldners. Globalbürgschaften verstoßen nicht gegen den Bestimmtheitsgrundsatz: der umfassende Begriff „alle" beschreibt die Verbindlichkeiten in hinreichend bestimmter Weise. Sinn des Bestimmtheitsgrundsatzes ist es nicht, den Bürgen vor der Eingehung unübersehbarer und unkontrollierbarer Belastungen zu bewahren (BGHZ 130, 19, 22). Aus diesem Grund ist eine **individualvertragliche** Vereinbarung einer Globalbürgschaft grds wirksam (Erman/*Herrmann* § 765 Rz 3). Eine **formularvertraglich** vereinbarte Globalbürgschaft ist hingegen idR **unwirksam** (s.u. Rn 16 ff).

II. AGB-Kontrolle von Bürgschaftsklauseln (insbes Globalbürgschaften). Nach dem AGB-Recht in §§ 305-310 können einzelne Klauseln unwirksam sein (zur Einbeziehung von AGB s. Vor § 765 Rn 31): Nach § 309 Nr 12 ist eine Klausel unwirksam, durch welche der Gläubiger dem Bürgen die **Beweislast für das Nichtbestehen** der verbürgten **Forderung** – über die der Gläubiger die beste Kenntnis haben sollte – auferlegt (MüKo/*Habersack* § 765 Rz 34). Eine Klausel, die dem **Abschlussvertreter** eines Bürgen (zB Prokurist) eine Einstandspflicht ohne hierauf gerichtete ausdrückliche und gesonderte Erklärung auferlegt, verstößt gegen § 309 Nr 11 lit a (BGHZ 148, 302, 304).

Ist eine Klausel unwirksam, so bleibt der Vertrag nach § 306 I **iÜ wirksam**. Die Lücke ist idR nach § 306 II mit den gesetzlichen Vorschriften zu schließen (s. aber Rn 20 für die Globalbürgschaft) und der Vertrag anschließend unter Berücksichtigung der Lückenfüllung einer Unzumutbarkeitsprüfung nach § 306 III zu unterziehen. Ausnahmsweise kann die durch die Unwirksamkeit einer oder mehrerer Klauseln entstandene Lücke so groß sein, dass der als wirksam anzusehende Rest im Gesamtgefüge des Vertrages nicht mehr sinnvoll ist: Dann ergreift die Unwirksamkeit der Teilklausel die Gesamtregelung (idS BGH NJW 92, 896, 897 f und BGHZ 130, 19, 34 ff: beides Fälle zum Bürgschaftsrecht, in denen die Gesamtunwirksamkeit geprüft und abgelehnt wurde).

16 Eine **formularvertragliche Globalbürgschaftsklausel** kann **überraschend** iSv § 305c I sein: zB wenn der Bürge die Bürgschaft aus Anlass der Gewährung eines bestimmten Kredits übernommen hat (BGHZ 126, 174, 177; 130, 19, 24 ff; NJW 96, 1470, 1472 f). Die Begrenzung auf einen Höchstbetrag ändert an dem Vorliegen des überraschenden Charakters der Klausel nichts (aaO 1473). Eine Überraschung iSv § 305c I ist ausnahmsweise zu verneinen, wenn sich der Bürge bei der Übernahme der Bürgschaft die Höhe der Hauptschuld nicht vorstellt und sich keine Gedanken über deren Größenordnung macht (BGHZ 130, 19, 28).

17 Ist die formularvertragliche Globalbürgschaft nicht überraschend, ist sie gleichwohl idR als **unangemessene Benachteiligung** iSv § 307 I, II 1 unwirksam: Nach dem in § 767 I 3 zum Ausdruck kommenden Leitgedanken kann die Haftung des Bürgen nicht ohne dessen Mitwirkung durch Rechtsgeschäfte des Hauptschuldners mit dem Gläubiger nachträglich über die „Anlassforderung" hinaus erweitert werden (Verbot der Fremdbestimmung), BGHZ 130, 19, 26 f; ZIP 01, 1361. Eine formularmäßig weite Zweckerklärung trägt – auch bei Höchstbetragbürgschaften (s. Rn 88), insb bei solchen über einen die Anlassforderung übersteigenden Betrag (BGHZ 143, 95, 100; BAG NJW 00, 3299, 3301) – ein unabsehbares und nicht beherrschbares Risiko, das zu einer untragbaren Belastung führen kann (BGH ZIP 01, 1361). Deswegen verstößt eine Globalbürgschaft, die die Haftung auf alle bestehenden und künftigen Ansprüche (dazu BGHZ 130, 19, 27; 156, 302, 310) oder auch nur auf alle bestehenden, aber nicht näher bezeichneten Forderungen (dazu BGHZ 143, 95 98 ff; krit *Siems* JuS 01, 429, 432 ff) erweitert, gegen **Treu und Glauben** (§ 242). So auch BAG NJW 00, 3299, 3301: Unwirksame Höchstbetragbürgschaft einer Mutter für alle Ansprüche des Arbeitgebers gegen ihren Sohn (Verkaufsfahrer) aus dem Arbeitsverhältnis.

18 Diese Grundsätze gelten grds auch für **Bürgschaften von Kaufleuten** und juristischen Personen (zB BGHZ 151, 374, 378 ff: Unwirksamkeit der formularvertraglichen Globalbürgschaft einer GmbH für ihren Alleingesellschafter). Ausnahmen (Wirksamkeit): (1.) Die Übernahme gehört zum typischen Geschäftsbetrieb und wird entgeltlich übernommen (BGH ZIP 01, 1361); (2.) Der Bürge kennt Art und Umfang der verbürgten künftigen Kredite (vgl BGH NJW 00, 1179, 1182), kann eine Erweiterung der Verbindlichkeiten des Hauptschuldners verhindern und damit das **Risiko steuern** und begrenzen.

19 Dieser Maßstab ist va auch bei **Bürgschaften für Gesellschaften** anzulegen, zB durch den Allein- oder **Mehrheitsgesellschafter** – auch den Strohmann (BGH NJW 02, 1337, 1339) – oder den **Geschäftsführer einer Gesellschaft** (BGHZ 130, 19, 30; 142, 213, 216 ff; 151, 374, 377 f; 153, 293, 298; WM 04, 121, 122). Bei einem Anteil des Bürgen in Höhe von **50%** oder weniger an der Gesellschaft ist nach dem Inhalt des Gesellschaftsvertrags zu entscheiden, ob der Bürge steuern kann, wie sich die verbürgte Verbindlichkeit entwickelt (BGHZ, 142, 213, 216 f). Wirksam ist auch die Bürgschaft des **Prokuristen** oder Handlungsbevollmächtigten, der mit Zustimmung der Gesellschafter quasi wie ein Geschäftsführer die Geschäfte führen und Art und Höhe der Verbindlichkeiten der Gesellschaften beeinflussen kann (BGH NJW 00, 1179, 1182). Formalvertraglich vereinbarte Globalbürgschaften von „gewöhnlichen" **Kommanditisten** einer KG (vgl BGHZ 130, 19, 30) oder **Minderheitengesellschaftern** ohne bestimmenden Einfluss (BGHZ 142, 213, 215 ff; BGH ZIP 03, 621, 622) sind hingegen unwirksam.

20 Ist die Globalbürgschaftsklausel nach §§ 305c, 307 unwirksam, **begrenzt** die Rechtsprechung im Wege der ergänzenden Vertragsauslegung zur Füllung der entstehenden – durch dispositives Recht nicht füllbaren – Lücke **die Haftung** des Bürgen auf die Hauptschuld, die Anlass der Bürgschaft war (**Anlassbürgschaft** BGHZ 137, 153, 157 u zB ZIP 01, 1361, 1362; WM 03 1563, 1566; krit zB Jauernig/*Stadler* § 765 Rz 14; *Schmitz-Herscheidt* ZIP 98, 1218; *Masuch* BB 98, 2590, 2592 ff). Dazu muss der Gläubiger darlegen und beweisen, dass die Bürgschaft sich gerade auf die geltend gemachte Hauptschuld erstreckt (arg 767 I 1, BGHZ 143, 95, 102). Hat sich der Anlassbürge über den Umfang der Hauptschuld keine Gedanken gemacht, ist der Anlass objektiv nach dem Sicherungsbedürfnis zum Zeitpunkt des Vertragsschlusses zu bestimmen (BGHZ 142, 213, 218). Die Anlassbürgschaft schließt Nebenforderungen ein, soweit diese voraussehbar waren (BGH NJW 00, 2580, 2581 f: Zinsen). Bei einer Anlassbürgschaft für einen **Kontokorrentkredit** wird die Haftung begrenzt auf das zum Zeitpunkt der Bürgschaftsübernahme bestehende Kreditlimit (BGHZ 130, 19, 34), bei einem unlimitierten Kredit auf die Höhe des Kreditsaldos am Tage der Bürgschaftserklärung (BGHZ 137, 153, 160 f).

21 **III. Sittenwidrigkeit (§ 138 I). 1. Überblick.** Die Auslegung von Bürgschaftsverträgen erfolgt im Spannungsverhältnis zwischen einerseits der in Art 2 I GG begründeten Vertragsfreiheit für alle Parteien und andererseits der aus dem Sozialstaatsprinzip (Art 20 I, 28 I GG) abgeleiteten Verpflichtung, bei der Konkretisierung der zivilrechtlichen Generalklausel in **§ 138 I** über eine Inhaltskontrolle korrigierend in die Privatautonomie einzugreifen, wenn sich das starke Übergewicht des einen Vertragsteils für den anderen als Fremdbestimmung darstellt (BVerfGE 89, 214, 231–234; ZIP 06, 60, 63; BGHZ 140, 395, 397 f). Dies kann insb der Fall sein, wenn ein dem Hauptschuldner durch emotionale Nähe verbundener Bürge einer wirtschaftlich rational handelnden Bank **strukturell unterlegen** ist (*Nobbe/Kirchhof* BKR 01, 5, 7) und zugleich von ihr **in krasser Weise finanziell überfordert** wird. Dabei hängt die Anwendung von § 138 I vom Grad des Missverhältnisses zwischen dem Verpflichtungsumfang und der finanziellen Leistungsfähigkeit des dem Hauptschuldner persönlich nahe stehenden Bürgen ab (zB BGHZ 151, 34, 36 f).

22 Für diese Fälle hat die Rspr die **widerlegliche Vermutung** entwickelt, dass der Gläubiger die typischerweise gegebene emotionale Beziehung zwischen Bürgen und dem Hauptschuldner in sittlich anstößiger Weise aus-

genutzt hat (BGHZ 146, 37, 42 ff u zB 156, 302, 307; NJW 05, 971, 972; 05, 973, 975). Seit der Einführung der **Restschuldbefreiung** in §§ 286 ff InsO können die Folgen einer krassen finanziellen Überforderung zwar abgemildert werden. Im Ansatz ändert das aber nichts an der Begrenzung der Vertragsfreiheit bei billigender Inkaufnahme eines objektiven Sittenverstoßes (BGH NJW 07, 2671, 2673).

Verstößt der Bürgschaftsvertrag gegen § 138 I, so ist er **nichtig.** Eine teilweise Aufrechterhaltung des Vertrages 23 scheidet aus (BGHZ 68, 204, 206 f; 136, 347 ff; NJW 00, 1182, 1185). Hat der Gläubiger auf Grund des sittenwidrigen Bürgschaftsvertrags (vor der Leitentscheidung des BVerfG v 1993, Rz 21) einen Titel erlangt, kann er daraus nicht vollstrecken: Keine Perpetuierung des Unrechts. Den Bürgen schützen §§ 767 ZPO, 79 II BVerfGG analog (BVerfG ZIP 06, 60, 64 gegen BGHZ 151, 316, gestützt auf Art 2 I, 3 I GG).

Die Rspr hat insb unter folgenden Voraussetzungen eine Sittenwidrigkeit nach § 138 I angenommen (eine 24 Sittenwidrigkeit nach § 138 II scheidet aus, da es hierfür an dem erforderlichen Leistungsaustausch zwischen Bürgen und Gläubiger fehlt: BGH WM 88, 1156, 1159; NJW 01, 2466, 2467):

2. Krasse finanzielle Überforderung des Bürgen bei Ausnutzung emotionaler Verbundenheit. a) Krasse 25 **finanzielle Überforderung.** Die die Vermutung der Sittenwidrigkeit mit begründende finanzielle krasse Überforderung (vgl Rn 21 f) erfordert ein **erhebliches Missverhältnis** zwischen der Leistungsfähigkeit des Bürgen und der Gesamthöhe der übernommenen Verbindlichkeit (zB Celle NJW-RR 06, 131, 132: 10.000 €, Anm *Nielsen* EWiR 06, 99: für Bagatellgrenze). Unerheblich ist, ob der Gläubiger nur eine Teilsumme geltend macht (DerlKnopsBa/*Knops*, § 20 Rz 43; aA implizit Kobl WM 00, 31, 33). Maßgeblich ist das sich aus der Vertragsgestaltung ergebende rechtliche Risiko, sofern es nicht offenbar und hinreichend sicher deutlich herabgesetzt ist (BGHZ 136, 347, 353; 146, 37, 44; 151, 316, 319: ua Nichtberücksichtigung zusätzlich abgetretener Lebensversicherungen; LG Mönchengladbach NJW 06, 67, 68: Nichtberücksichtigung Sicherungseigentum wegen Wertfallrisiko [Motorrad]). Sicherheiten (des Kreditnehmers) sind bei der Sittenwidrigkeitsprüfung nur dann zu berücksichtigen, wenn gewährleistet ist, dass der Gläubiger den Bürgen erst nach einer ordnungsgemäßen Verwertung in Anspruch nimmt (BGH NJW 09, 2671, 2673).

Ein Missverhältnis liegt vor, wenn der Bürge bei lebensnaher Betrachtung aller erwerbsrelevanten Umstände 26 wie zB Alter, Ausbildung, familiäre Belastungen (BGH NJW 05, 971, 972) im Zeitpunkt des Vertragsabschlusses aus der Sicht eines vernünftigen und seriösen Kreditgebers (BGH NJW 05, 973, 974) nicht einmal in der Lage sein wird (**Prognose**), **die laufenden Zinsen aus** dem **pfändbaren Teil** seines **Einkommens und Vermögens** bei Eintritt des Sicherungsfalls dauerhaft aufzubringen (BGHZ 146, 37, 42 f; 156, 302, 306; NJW 05, 971, 972). Abzustellen ist auf den Zeitpunkt des Abschlusses der Bürgschaft. Eine spätere verbesserte Leistungsfähigkeit des Bürgen lässt die Sittenwidrigkeit nicht rückwirkend entfallen (Saarbr GmbHR 2009, 263).

Die **Leistungsfähigkeit des Bürgen** beurteilt sich ausschl nach seinen Vermögensverhältnissen; die Finanz- 27 kraft des Hauptschuldners ist unerheblich (BGHZ 146, 37, 43; NJW 02, 2705, 2706; s.a. 05, 973, 975 für den einseitig verpflichteten Mithaftenden). Dem Bürgen ist zuzumuten, dass von ihm bewohnte Eigenheim als einzigen werthaltigen Vermögensgegenstand zur Befriedigung des Gläubigers einzusetzen (BGHZ 152, 147, 151; *Tiedtke* NJW 03, 1359, 1360).

Auf dem unbeweglichen Vermögen des Bürgen **ruhende dingliche Belastungen** sind wertmindernd zu 28 berücksichtigen (BGHZ 151, 34, 38 f). Zu beachten sind zB auch etwaige Innenausgleichsansprüche aus § 767 ggü vermögenden Mitbürgen (BGHZ 137, 329, 338) oder ein Freistellungsanspruch des Strohmann-Bürgens aus § 257 iVm § 670 ggü dem Treugeber (aaO 339). Unbeachtlich sind theoretisch denkbare, praktisch aber ganz unwahrscheinliche Ereignisse wie ein Lotteriegewinn oder eine später (nach Vertragsabschluss) erfolgte unerwartete Erbschaft (BGHZ 120, 272, 276).

Bei der Prüfung der Einkommensverhältnisse eines Ehegatten, der für ein **Existenzgründungsdarlehen** an 29 den anderen Ehegatten bürgen und sein Einkommen ausschl als Angestellter des zu gründenden Unternehmens erzielen soll, dürfen weder unrealistische Marktanalysen für die Unternehmensentwicklung zugrunde gelegt noch darf die künftige Ertragskraft des zu finanzierenden Unternehmens überschätzt werden (BGH NJW 05, 971, 972).

Der Erfahrungssatz, dass sich die Einkommensverhältnisse von Personen idR nicht völlig unerwartet ändern, 30 streitet für eine widerlegliche **Vermutung**, dass die bei Eintritt des Sicherungsfalles tatsächlich bestehenden Einkommens- und Vermögensverhältnisse des Bürgens bei Übernahme der Bürgschaft vorhersehbar waren (*Nobbe/Kirchhof* BKR 01, 5, 10; BGHZ (IX. ZS) 132, 328, 335; s. aber auch *Nobbe/Kirchhof* aaO 15 aE zur offenen Rspr des XI. ZS).

b) Emotionale Verbundenheit. aa) Grundfälle. Die Grundfälle, in denen die sittenwidrige Ausnutzung der 31 Gefühlslage eines krass finanziell überforderten Bürgen vermutet wird (Rn 21 f), betreffen Bürgschaften für **dem Hauptschuldner nahe stehende Personen.** Hierzu gehören insb Bürgschaften des Ehegatten (BGHZ 146, 37 ff; NJW 05, 971), der Verlobten (BGHZ 136, 347, 350), des nichtehelichen Lebenspartners (BGH NJW 00, 1182; 02, 744), der Eltern (BGH NJW 01, 2466, 2467), uU eines Geschwisterteils (BGHZ 137, 329, 334 f; abgelehnt in 140, 395, 399 f) oder eines gerade erwachsen gewordenen Kindes (BGHZ 125, 206, 213: hier kommt die Ausnutzung der Verletzung der elterlichen Rücksichtnahmepflicht aus § 1618a hinzu; dazu Schimansky/Bunte/Lwowski/*Schmitz* § 91 Rz 35; BGH NJW 97, 52, 53).

32 **bb) Widerlegung der Vermutung.** Der Gläubiger kann die Vermutung sittenwidriger Ausnutzung der emotionalen Verbundenheit (Rn 22) widerlegen. Er kann über die tatsächlichen Vermögensverhältnisse **getäuscht** worden sein (iE der einzig verbleibende Rechtfertigungsfall der Nichtkenntnis, vgl BGH NJW 00, 1182, 1183 und *Nobbe/Kirchhof* BKR 01, 5, 10 f). Er kann darlegen, dass der **Bürge ein hinreichendes eigenes Interesse** an der Kreditaufnahme gehabt hat. Dabei muss es sich um einen **unmittelbar** und ins Gewicht fallenden geldwerten Vorteil aus der Verwendung der Darlehensvaluta handeln (BGHZ 146, 37, 45; WM 1563, 1565). Bsp: Erwerb von Miteigentum an dem aus Kreditmitteln zu erwerbenden Haus (BGHZ 120, 272, 278); gemeinsamer Aufbau eines Hotelbetriebs (trotz fehlender rechtlicher Absicherung: BGH WM 03, 1563, 1565); Finanzierung des zu aufwendigen Lebensstils von Bürge und Hauptschuldner (*Nobbe/Kirchhof* BKR 01, 5, 12; BGH NJW 99, 135).

33 Kein hinreichendes eigenes Interesse begründen hingegen **mittelbare** Vorteile wie zB eine Wohngelegenheit in dem mit dem verbürgten Kredit erbauten Haus (BGH NJW 00, 1182, 1184) oder die Aussicht auf eine höhere Unterhaltsleistung (BGHZ 120, 272, 278). Wenn der Abschluss des Darlehensvertrages nur **teilweise** im Interesse des Bürgen liegt, ist eine **Teilnichtigkeit** des Bürgschaftsvertrages nach § 139 in Betracht zu ziehen (BGHZ 146, 37, 47 f).

34 Keine Rechtfertigung für ein wirtschaftlich sinnloses Mithaftungsbegehren des Kreditgebers stellt allein das Ziel dar, Vermögensverschiebungen vorzubeugen (BGHZ 151, 34, 39 ff); anders kann es sein, wenn eine beiderseits erkennbare Absicht zur Vermögensverlagerung hinzukommt (s. *Nobbe/Kirchhof* BKR 01, 5, 11 unter Hinweis auf den Einwand des Rechtsmissbrauchs bis zu einer – im Verhältnis zur Kreditsumme erheblichen (vgl BGH aaO 40) – tatsächlichen Vermögensverlagerung; MüKo/*Habersack* § 765 Rz 28). Zulässig kann im Einzelfall eine **Vertragsgestaltung** sein, die die Haftung des Bürgen (mittels **pactum de non petendo**) auf das dem Bürgen vom Hauptschuldner übertragene Vermögen (MüKo/*Habersack* aaO) oder auf das bei Fälligkeit des Kredits vorhandene Vermögen (Larenz/*Canaris* II/2 § 60 II 3b) beschränkt.

35 **3. Bürgschaften von Gesellschaftern und Geschäftsführern.** Bei Bürgschaften von Gesellschaftern und Geschäftsführern für ihre Gesellschaft besteht auch bei krasser finanzieller Überforderung keine Vermutung der Sittenwidrigkeit. Ein Kreditinstitut hat grds ein berechtigtes Interesse daran, die persönliche Haftung **maßgeblich beteiligter (Geschäftsführer-) Gesellschafter** für Geschäftskredite zu verlangen (BGH NJW 02, 956; 02, 1337, 1338). Der Darlehensgeber darf iA davon ausgehen, dass die Bürgenhaftung in diesen Fällen kein unzumutbares Risiko darstellt: Der Gesellschafter-Bürge wird sich idR aus eigenem finanziellen Interesse an der Hauptschuldner-Gesellschaft beteiligt haben (BGHZ 137, 329, 336; BGH NJW 00, 1179, 1181; s.a. NJW-RR 02, 1130: Mönch als Bürge). Bei reiner Geschäftsführerstellung kann eine Ehegattenbürgschaft wegen krasser Überforderung sittenwidrig sein (BGH NJW 02, 2230f; Kobl 6 U 1553/06 v 28.2.08: Ehefrau im Verwaltungsrat einer luxemburgischen Gesellschaft).

36 Nur bei unbedeutenden **Bagatell- und Splitterbeteiligungen** des bürgenden Gesellschafters ist eine andere Beurteilung – und damit die Annahme der Sittenwidrigkeit – denkbar (BGH WM 03, 275, 276: 10%-iger GmbH-Anteil noch maßgeblich; noch darunter Kobl 1 U 295/06 v 14.2.07 mit Arg aus 1%-Grenze in § 17 EStG; die Beteiligungsgrenze ist hier damit wesentlich niedriger als bei der Prüfung von § 307: s. Rn 19).

37 Gleiches gilt für die Bürgschaft eines **Kommanditisten** für die Verbindlichkeiten der **KG** (BGH NJW 02, 2634, 2635). Unerheblich ist es, ob der bürgende Gesellschafter lediglich **Strohmann** ist (BGHZ 137, 329, 336 f; NJW 02, 956; 02, 2634, 2635), es sei denn, der Darlehensgeber weiß bei Abschluss des Bürgschaftsvertrages positiv oder muss offensichtlich wissen („darf ... davor nicht die Augen verschließen"), dass der Bürge wirtschaftlich nicht beteiligt ist und nur aus emotionaler Verbundenheit handelt (BGHZ 137, 329, 337; NJW 02, 1337, 1339; 02, 2634, 2635).

38 Beim **Handlungsbevollmächtigten** ist im Einzelfall zu prüfen, ob er hinreichende Einflussmöglichkeiten hat, die das Risiko zumutbar erscheinen lassen (vgl BGH NJW 00, 1179, 1181: Geschäftsleitung anstelle des Geschäftsführers reicht aus).

39 Der **Bürge** trägt die **Darlegungs- und Beweislast** für seine krasse finanzielle Überforderung, für das Vorliegen eines Ausnahmetatbestandes (zB nur unerhebliche Beteiligung oder Einflussmöglichkeit, emotionale Verbundenheit ohne eigenes wirtschaftliches Interesse) und für die Kenntnis oder das Kennen-Müssens des Gläubigers (vgl BGH NJW 02, 1337). Der Gläubiger hat eine zu erwartende Verbesserung der finanziellen Lage des Bürgen zum Zeitpunkt des Vertragsschlusses zu beweisen, die das Unwerturteil des § 138 entfallen lässt (Köln WM 09, 2040, 2041).

40 **4. Sonstige Fälle der Sittenwidrigkeit nach § 138 I (inkl Arbeitnehmerbürgschaften).** Die Bürgschaft eines **Arbeitnehmers** für seinen Arbeitgeber kann trotz typischerweise fehlender emotionaler Verbundenheit ebenfalls sittenwidrig sein: Wenn eine strukturell weit überlegene Gläubigerin (zB Bank) eines Arbeitgebers in wirtschaftlicher Notlage bei einem Arbeitnehmer mit mäßigem Einkommen die Angst um den Arbeitsplatz ausnutzt (BGHZ 156, 302, 307 ff; *Seifert* NJW 04, 1708 ff: Finanzielle Überforderung wegen Wegfall des Arbeitsplatzes spätestens bei Eintritt des Sicherungsfalls). Offen bleibt, ob in diesen Fällen eine Vermutung für ein weitgehend fremdbestimmtes Handeln des Arbeitnehmers spricht (BGHZ 156, 302, 308).

Ein Bürgschaftsvertrag kann ausnahmsweise aufgrund besonderer Umstände auch **ohne krasse finanzielle** 41
Überforderung des mit dem Hauptschuldner emotional verbundenen Bürgen sittenwidrig sein: wenn sich dies aus dem Gesamtcharakter des Vertrages ergibt (BGHZ 125, 206, 209; WM 97, 511, 512). So zB (1.) bei Ausnutzung des Ungleichgewichts der Verhandlungslage durch **Verharmlosung des Umfangs** und der Tragweite **der Haftung** („für meine Akten", BGH NJW 94, 1341, 1343; „Formsache", BGH WM 03, 1563, 1565); (2.) bei Ausnutzung der geschäftlichen Unerfahrenheit des Bürgen (BGHZ 125, 206, 210); (3.) bei Ausübung psychischen Druck des Hauptschuldners auf den Bürgen (BGH WM 97, 511, 512); (4.) bei Täuschung durch den Gläubiger über die Zahlungsfähigkeit des Hauptschuldners (BGH NJW 01, 2466, 2467). Dafür trifft den Bürgen die **Beweislast** (vgl jeweils implizit BGH NJW 01, 2466, 2467; 02, 1337, 1339).

Keine Sittenwidrigkeit folgt hingegen idR aus: (1.) Übersicherung (MüKo/*Habersack* § 765 Rz 30 unter Hin- 42
weis auf die Akzessorietät der Bürgschaft); (2.) Übernahme einer Bürgschaft gegen die bloße Zusage des Gläubigers, von einer Strafanzeige gegen den Hauptschuldner abzusehen (RGZ 33, 337, 339; s.a. Rn 49, 52).

5. Der subjektive Tatbestand des § 138 I. Der Gläubiger muss die die Sittenwidrigkeit begründenden 43
Umstände kennen und ausnutzen oder sich den ihm aufdrängenden Umständen bewusst verschließen (BGH NJW 02, 744, 745). Fragt eine Bank nicht nach, so ist davon auszugehen, dass ihr die objektiven Umstände bekannt waren (Köln WM 03, 280, 282).

IV. Anfechtung. 1. Irrtum nach § 119. Bei einem Inhalts- oder Erklärungsirrtum kann der **Bürge** seine 44
Bürgschaftserklärung nach **§ 119 I** anfechten: vgl zB BGH WM 57, 66, 67 (Motivirrtum über Existenz eines Mitbürgen unerheblich; Verwechslung von Nachbürgschaft und Mitbürgschaft erheblich); BGHZ 91, 324, 329 (fehlendes Erklärungsbewusstsein bei Abgabe einer objektiv als Bürgschaft zu verstehenden Erklärung); NJW 95, 190, 191 (Unterzeichnung der Bürgschaftsurkunde im Glauben, es sei eine Geldanlage). Kein Irrtum liegt vor, wenn der Bürge die Bürgschaftsurkunde ungelesen unterschreibt, ohne sich von deren Inhalt eine bestimmte, unrichtige Vorstellung zu machen (BGH NJW 02, 956, 957: Unterschrift ohne Brille).

Ein zur Anfechtung nach **§ 119 II** berechtigender Eigenschaftsirrtum ist selten: insb berechtigt ein Irrtum 45
über die Solvenz des Hauptschuldners den Bürgen nicht zur Anfechtung nach § 119 II, da er gerade das Insolvenzrisiko des Hauptschuldners übernimmt (BGH WM 56, 885, 889). Ein Irrtum über das Bestehen weiterer Sicherheiten für die Hauptschuld kann im Einzelfall zur Anfechtung berechtigen (vgl RGZ 75, 271 ff: Irrtum über das Bestehen eines Pfandrechts, welches den Bürgen bei Inanspruchnahme nach §§ 774 I, 412, 401 zustünde; *Weber* Kreditsicherheiten 60). Der Irrtum über die Werthaltigkeit einer weiteren Sicherheit berechtigt hingegen nicht zur Anfechtung (BGH WM 66, 92, 94).

Der **Gläubiger** kann einen Darlehensvertrag nach § 119 II anfechten, wenn er nachträglich von der Vermö- 46
genslosigkeit des Bürgen Kenntnis erlangt (Staud/*Horn* § 765 Rz 153; MüKo/*Kramer* § 119 Rz 126).

2. Täuschung nach § 123 I Alt 1. Täuscht der **Gläubiger** den Bürgen (ggf unter Verletzung einer Aufklä- 47
rungspflicht, s. Rn 57 f), kann der Bürge nach § 123 I Alt 1 anfechten: s. BGH NJW 01, 3331 (Täuschung über die Erteilung weitere Aufträge durch den Gläubiger an den Hauptschuldner); BGH NJW-RR 02, 1133 (Täuschung über die Verwendung des verbürgten Darlehens zur Umschuldung). Subjektiv genügt es, dass der Gläubiger mit der Möglichkeit rechnet, der Bürge werde sich durch die falsche Vorstellung zur Abgabe der Bürgschaftserklärung bestimmen lassen (BGH WM 62, 1393, 1396).

Wenn der **Hauptschuldner** den Bürgen täuscht, so ist der Hauptschuldner idR **Dritter iSd § 123 II 1** 48
(BGH WM 92, 1016): Der Bürge kann seine Bürgschaftserklärung anfechten, wenn der Gläubiger die Täuschung kannte oder kennen musste. Für eine fahrlässige Unkenntnis des Gläubiges reicht es, wenn die Umstände des Falles ihn veranlassen mussten, sich zu erkundigen, ob die Willenserklärung auf einer Täuschung beruht oder nicht (aaO 1016 f). Der Hauptschuldner ist ausnahmsweise nicht Dritter, wenn er als Verhandlungsführer oder -gehilfe des Gläubigers auftritt oder wegen einer besonders engen Beziehung zum Gläubiger als dessen Vertrauensperson erscheint (aaO 1016).

3. Widerrechtliche Drohung (§ 123 I Alt 2). Eine Anfechtung nach § 123 I Alt 2 kann sich auf eine widerrecht- 49
liche Drohung ggü dem **Bürgen** stützen (vgl – iE erfolglos – NJW 02, 956: Drohung mit Entzug des „Hausgelds"). Oder auf eine widerrechtliche Drohung ggü dem **Hauptschuldner**: Wenn der Bürge mit dem Hauptschuldner emotional so eng verbunden ist (vgl Rn 31), dass er bei seiner Entscheidung auf die Belange des Hauptschuldners Rücksicht nimmt. Nicht widerrechtlich sind idR Drohungen des Gläubigers mit: (1.) Kündigung (WM 97, 511, 412) bzw Nichtverlängerung des Kredits (BGH NJW 96, 1274, 1275); (2.) Zwangsvollstreckungsmaßnahmen (WM 84, 1249), (3.) Strafanzeige (vgl aaO 1250 u BGHZ 25, 217, 221, 223 ff; s. aber BGH WM 73, 36, 37; vgl auch Rn 42, 52), (4.) Insolvenzantrag (MüKo/*Habersack* § 765 Rz 39).

Ist eine Anfechtung wegen Versäumung der **Anfechtungsfrist nach § 124** ausgeschlossen, kann der Bürge die 50
Inanspruchnahme aus der Bürgschaft uU mit der Einrede des Rechtsmissbrauchs (§ 242) wegen Verletzung von **Nebenpflichten** (s. Rn 61) oder der Arglisteinrede (**§ 853**; MüKo/*Stein* § 853 Rz 5) abwenden.

V. Wegfall der Geschäftsgrundlage (§ 313). Ein Wegfall der Geschäftsgrundlage kommt in aller Regel nicht 51
in Betracht: Sowohl der unvorhergesehene Vermögensverfall (BGHZ 107, 92, 103 f; s. aber Rn 65 zur Kündigungsmöglichkeit) als auch die Zahlungsunwilligkeit des Hauptschuldners (BGHZ 104, 240, 242) werden

vom Bürgschaftsrisiko umfasst. Sie fallen in die Risikosphäre des Bürgen (arg §§ 773 I Nr 3, 774 I). Im Einzelfall kann das Bürgschaftsrisiko durch vertragliche Abrede auf bestimmte Ursachen der Zahlungsunfähigkeit des Hauptschuldners beschränkt werden (BGHZ 107, 92, 104). Der Fortbestand anderer gleichrangiger (BGH NJW 94, 2146, 2147) oder nachrangiger (BGH NJW 79, 646) Sicherheiten stellt keine Geschäftsgrundlage der Bürgschaft dar.

52 Demggü können außerhalb des typischen Bürgenrisikos liegende Umstände Geschäftsgrundlage sein: so zB die Erwartung, der Gläubiger werde gegen den Hauptschuldner keine Strafanzeige erstatten (obiter dictum BGH WM 73, 36; s.a. Rn 42, 49), eine geplante Sanierung werde in Angriff genommen (BGH WM 73, 752, 753) oder ein Übernahmevertrag werde durchgeführt (BGH WM 74, 1127, 1128). Auch die Ehe kann im Einzelfall Geschäftsgrundlage sein, wenn die Bürgschaft nicht sittenwidrig ist (s. Rn 31) und allein zur Vermeidung von Vermögensverschiebungen abverlangt wurde (BGHZ 128, 230, 237 ff; 132, 328, 332 ff; abl zB *Petersen* Fam RZ 1998, 1215 ff). Eine Gesellschafterstellung des Bürgen beim Schuldner ist idR nicht Geschäftsgrundlage (BGH ZIP 99, 877, 878); dem Bürgen steht bei der Aufgabe dieser Stellung ein Kündigungsrecht zu: vgl Rn 65.

53 **D. Pflichten der Parteien. I. Pflichten des Bürgen.** Der Bürge steht für die Hauptschuld ein (**Hauptpflicht**), die unterschiedlichen Inhalts sein kann und die Bürgenschuld prägt (s. Vor § 765 Rn 8, 10). Wenn der Bürge die Hauptschuld ihrem Inhalt nach nicht erfüllen kann, haftet er auf das **Erfüllungsinteresse** (Hambg ZMR 99, 630, 631: unvertretbare oder höchstpersönliche Leistung). Dies gilt im Zweifel auch für die Einstandspflicht für eine gegenständliche Leistung (zB BGH NJW 89, 1856, 1857: Hausbau), nicht aber notwendig für Handlungen oder Sachleistungen, die der Bürge nicht selbst erbringen kann (s. BGH NJW 69, 1480: Freistellungsanspruch; RG SeuffA 87 Nr 185: Auflassung). **Erfüllungsort** ist nach § 269 grds der Wohnsitz des Bürgen (BGHZ 134, 127, 133).

54 **Nebenpflichten und Obliegenheiten** des Bürgen können sich aus §§ 241 II, 242 ergeben (s. zB § 771 Rn 12: Erklärungspflicht). Daneben können sich Nebenpflichten und Obliegenheiten aus dem der Bürgschaft ggf zu Grunde liegenden Schuldverhältnis zwischen Hauptschuldner und Bürgen (s. Rn 7; s. zB § 768 Rn 2: Geltendmachung von Einreden; § 774 Rn 16: Anhörung des Hauptschuldners) ergeben. Wird eine Bank als Bürgin in Anspruch genommen, muss sie sich zunächst sorgfältig überzeugen, dass die verbürgte Hauptverbindlichkeit besteht (BGH NJW 05, 2552, 2554). Den Bürgen treffen idR **keine Warnpflichten** ggü dem Gläubiger (BGH NJW 87, 1631; anders im Einzelfall – Hinweis auf Genehmigungsbedürftigkeit der Bürgschaft – s. Rn 10).

55 **II. Pflichten des Gläubigers.** Den Gläubiger treffen **keine Hauptpflichten** (vgl Rn 2). Die einzige im Bürgschaftsrecht ausdrücklich geregelte Pflicht enthält § 776, nach der die Aufgabe von Sicherheiten nicht zu Lasten des Bürgen erfolgen kann (s. § 776 Rn 1). Aus dieser Bestimmung lässt sich aber **keine allg Sorgfaltspflicht** des Gläubigers zur Wahrung der Bürgeninteressen herleiten (Mot II 678 ff; vgl zB BGH WM 63, 24, 25; 86, 11, 12). Gleichwohl unterliegt die Bürgschaft wie jedes deutsche Schuldverhältnis dem Grundsatz von **Treu und Glauben** (§ 242; BGH WM 63, 24, 25; implizit NJW 96, 1274, 1275). Damit können den Gläubiger in allen Phasen der Abwicklung des Bürgschaftsvertrages Schutz- und Aufklärungspflichten bzw -obliegenheiten treffen – die dogmatische Unterscheidung ist meist unerheblich, s. Rn 61 –, s. zB § 776 Rn 3: keine willkürliche Aufgabe einer Sicherheit. Eine umfassende Freizeichnung des Gläubigers in **AGB** von den ihm obliegenden Sorgfaltspflichtverletzungen verstößt grds gegen §§ 307, 309 Nr 7 (MüKo/*Habersack* § 765 Rz 96).

56 **1. Vorvertragliche Nebenpflichten.** Grds besteht **keine allg Aufklärungspflicht** des Gläubigers (BGHZ 106, 269, 272 f; WM 86, 11, 12; NJW 01, 3331, 3332). Er muss den Bürgen vor Vertragsabschluss nicht auf sein Risiko hinweisen (BGHZ 125, 206, 218). Dies gilt auch ggü einem ausländischen Bürgen (BGH NJW 97, 3230, 3231) sowie ggü einem Bürgen, der vorher bereits Kunde der kreditgebenden Bank war (Bambg WM 00, 1582, 1585).

57 Macht der Gläubiger jedoch **Angaben**, müssen diese **vollständig** und wahrheitsgemäß sein (BGH NJW-RR 02, 1130). Überdies besteht eine Aufklärungspflicht, wenn der Gläubiger durch sein Verhalten erkennbar einen Irrtum des Bürgen über dessen erhöhtes Risiko veranlasst hat (BGH WM 66, 944, 945; NJW 97, 3230, 3231; 01, 3331, 3332) oder (arg §§ 311 II, 241 II) wenn es sich dem Gläubiger **aufdrängen** muss, dass der Bürge das Risiko offensichtlich falsch einschätzt (BGH WM 63, 24, 27; Hamm BB 82, 1512; MüKo/*Habersack* § 765 Rz 89; Erman/*Herrmann* § 765 Rz 11; aber offen gelassen in: BGH NJW 96, 1274, 1275).

58 **2. Nebenpflichten und Obliegenheiten des Gläubigers bei der Abwicklung des Bürgschaftsvertrags.** Der Gläubiger muss dem Bürgen auf Verlangen **Auskunft** über den Stand der Hauptschuld und die wirtschaftliche Situation des Hauptschuldners geben (MüKo/*Habersack* § 765 Rz 91; BaRoth/*Rohe* § 765 Rz 102). Nach Erfüllung der Bürgschuld ist der Gläubiger nach § 371 analog verpflichtet, die **Bürgschaftsurkunde** an den Bürgen zurückzugeben (LG Kiel WM 84, 805).

59 Weitere Nebenpflichten bestehen grds nicht (Rn 55). Der Gläubiger muss den Bürgen zB grds **nicht** über Umstände **aufklären**, die das Bürgschaftsrisiko erhöhen, da er sich gerade durch die Bürgschaft vor dem Risiko schützen will, das in der Person des Hauptschuldners begründet ist (BGH WM 78, 924, 925). Der

Gläubiger kann dem Hauptschuldner auch weiteren Kredit gewähren, ohne auf das Interesse des Bürgen Rücksicht nehmen zu müssen (BGH WM 71, 614, 615: anders nur bei echter Bindung des Bankengläubigers ggü dem Bürgen; München WM 00, 2298, 2300). Bei Eintritt der Fälligkeit der verbürgten Hauptschuld ist der Gläubiger idR nicht zu einer beschleunigten Rechtsverfolgung gegen den Hauptschuldner verpflichtet (MüKo/*Habersack* § 765 Rz 94). BGH NJW 08, 2165 f: Obliegenheit zur Prüfung der Bürgenadresse.

Bei der Abwicklung des Bürgschaftsvertrages darf sich der Gläubiger jedoch **nicht rechtsmissbräuchlich** verhalten. Bsp: (1.) Der Gläubiger zahlt trotz Warnung durch den Bürgen über die Kreditunwürdigkeit des Hauptschuldners die Darlehenssumme nur mit Blick auf die Bürgschaft aus (BGH WM 59, 1072, 1075); (2.) der Gläubiger veranlasst schuldhaft den wirtschaftlichen Zusammenbruch des Hauptschuldners und vereitelt dadurch den Rückgriff des Bürgen (BGH NJW 04, 3782, 3783: durch Nicht-Einlösung eines Schecks trotz bestehenden Kontokorrentkredits; 04, 3779, 3780 f); (3.) der Gläubiger veranlasst den Hauptschuldner, nicht zu leisten (BGH WM 66, 317, 318 f), (4.) Gläubiger (Leasinggeber) kündigt den verbürgten Leasingvertrag trotz schwerwiegender Vertragsverletzung seitens des Leasingnehmers nicht (BGH NJW 95, 1886, 1888), (5.) Auszahlung von Folgedarlehen durch den Gläubiger trotz Kenntnis von der Kreditunwürdigkeit des Hauptschuldners (München NJW 76, 1096, 1097). 60

3. Rechtsfolgen der Verletzung von Nebenpflichten und Obliegenheiten. Die Verletzung von Nebenpflichten und Obliegenheiten führt zum Verlust des Anspruchs aus § 765 I, wenn sich die Inanspruchnahme aufgrund der Pflichtverletzung als **rechtsmissbräuchlich** darstellt (s. Rn 60). Dabei kann die Unterscheidung zwischen Nebenpflichten und Obliegenheiten (dazu § 241 Rn 28) idR dahinstehen (vgl zB BGH WM 63, 24, 25: Einordnung als Obliegenheit), da der bei einer Nebenpflichtverletzung entstehende Schadensersatzanspruch aus § 311 II, 280 I idR auch nur das Verbot der Inanspruchnahme aus der Bürgschaft nach sich zieht (BGH NJW 99, 2814; s.a. Schlesw WM 97, 413, 416: Schadensersatzanspruch des Bürgen auf Befreiung von der Bürgschaftsschuld). Bei Mitverschulden des Bürgen verliert der Gläubiger seinen Anspruch nur teilweise (§ 254 direkt – so Hamm BB 82, 1512, 1513 – oder analog). Im Extremfall kann die Verletzung einer vorvertraglichen Aufklärungspflicht die Nichtigkeit des Bürgschaftsvertrages nach § 138 I nach sich ziehen (NJW-RR 02, 1130). 61

E. Beendigung des Bürgschaftsvertrages. I. Erlöschen oder Übernahme der Hauptschuld. Aufgrund der Akzessorietät der Bürgschaftsverbindlichkeit (s. Vor § 765 Rn 10) erlischt die Bürgschaft bei Untergang der Hauptschuld (§ 767 Rn 5), nicht aber durch pactum de non petendo zwischen Hauptschuldner und Gläubiger (der nur zu einer Einrede führen kann: § 768 Rn 9). Lebt die Hauptschuld wieder auf, gilt dies auch für die Bürgschaft (Mü ZIP 09, 1310). 62

Hat der Hauptschuldner mehr als eine Schuld bei demselben Gläubiger, muss der Bürge idR sowohl eine einseitige **Tilgungsbestimmung** des Schuldners iSv § 366 I als auch eine abw von § 366 zwischen dem Schuldner und dem Gläubiger getroffene **Tilgungsvereinbarung** akzeptieren (BGH NJW 93, 2043, 2044; 00, 2580, 2583). Fehlt beides, gilt § 366 II vorbehaltlich einer abw Vereinbarung zwischen **Bürge und Gläubiger**, dass durch die Leistung des Hauptschuldners zunächst die verbürgte Schuld getilgt werden soll (RGZ 136, 178, 184; Bambg NJW 56, 1240 f: Verstoß des Gläubigers gegen Abrede, die Zahlung des Hauptschuldners nicht in das Kontokorrent einzustellen, begründet Einwand unzulässiger Rechtsausübung). 63

Im Falle des **Übergangs der Hauptschuld** auf einen Dritten im Wege der Schuldübernahme erlischt die Bürgschaft nach **§ 418 I 1** (anders als bei der Abtretung durch den Gläubiger: Vor § 765 Rn 11). Bei einer Vertragsübernahme gilt § 418 I 1 analog, wenn mit dieser aus der Sicht des Bürgen ein Wechsel des Hauptschuldners verbunden ist (BGH WM 90, 1152, 1154 f). 64

II. Kündigung. Außer bei vertraglicher Kündigungsmöglichkeit ist die Bürgschaft nur eingeschränkt kündbar: (1) bei einer Bürgschaft auf unbestimmte Zeit **nach Ablauf eines gewissen Zeitraums** nach **Treu und Glauben** und bei Beachtung einer angemessenen Frist (BGH WM 59, 855, 856; NJW 85, 3007, 3008; NJW-RR 93, 944, 945; s. DerlKnopsBa/*Knops* § 20 Rz 76); (2) bei Eintritt **besonders wichtiger Umstände** (**§ 314**, vgl BTDrs 14/6040 176: außerordentliches Kündigungsrecht im Kern zwingend), zB (a) eine erhebliche Verschlechterung der Vermögenslage des Hauptschuldners (BGH NJW-RR 93, 944, 945; s.a. BGH WM 59, 1072, 1074 f (zu § 610 II aF); Erman/*Herrmann* § 765 Rz 8: bei Vermögensverschlechterung vor Auszahlung des Darlehens Kündigung nach **§ 490 I analog**), (b) Ausscheiden eines Gesellschafters aus der Gesellschaft, wenn die Gesellschafterstellung Anlass für den Abschluss des Bürgschaftsvertrages war (BGH ZIP 99, 877, 878), (c) *Eintritt des Bürgen als persönlich haftender Gesellschafter in die schuldende Gesellschaft* (BGH NJW 86, 2308, 2309), (d) Scheidung der Ehe zwischen Hauptschuldner und Bürgen (vgl BGH ZIP 02, 2123 f). 65

In Anwendung des Rechtsgedankens von § 488 III 2 ist oftmals eine **Kündigungsfrist** von drei Monaten als angemessen anzusehen (Celle NJW-RR 89, 548, für den dort offenbar gleichgestellten Fall der außerordentlichen Kündigung; *Derleder* NJW 86, 97, 102 (zu § 609 II aF, der § 488 III 2 entspricht); Erman/*Herrmann* § 765 Rz 8. Im Einzelfall können längere oder – insb nach Ablauf einer bestimmten Zeit oder bei einer Kündigung aus wichtigem Grund – kürzere Fristen angemessen sein (s. zB Celle NJW-RR 89, 548: 4–6 Wochen; Extremfall von BGH NJW 85, 3007, 3008: Reduzierung der Kündigungsfrist nach Treu und Glauben auf Null). Dabei kann auch die Art der verbürgten Hauptschuld zu berücksichtigen sein (vgl für einen Fall der Mietbürgschaft Ddorf 66

NJW 99, 3128, 3129: Wirksamkeit der Kündigung erst, wenn Gläubiger selbst ordentlich kündigen kann; KG 12 U 193/05 v 26.4.07: keine Kündigung der Mietbürgschaft bei befristetem Mietvertrag).

67 In **AGB** kann das Kündigungsrecht aus Treu und Glauben und aus § 314 nicht ausgeschlossen werden. Die Bestimmung einer Mindestlaufzeit der Bürgschaft und einer angemessenen Kündigungsfrist sind möglich (Ulmer/Brandner/Hensen/*Fuchs* Anh. § 310 BGB Rz 247).

68 Da die Kündigung **ex nunc** wirkt (BGH NJW-RR 93, 944, 945), wird durch die Kündigung die Bürgschaftsschuld auf die im Zeitpunkt ihres Wirksamwerdens bestehenden Verbindlichkeiten begrenzt (BGH NJW 85, 3007, 3008). Wer eine Entlassung aus der Bürgschaft wünscht, muss diese vertraglich mit dem Gläubiger vereinbaren.

69 **III. Erfüllung der Bürgenschuld und sonstige Gründe.** Die Bürgenschuld erlischt, wenn der Bürge oder ein Dritter nach § 267 die Bürgenschuld erfüllt (§§ 362 ff) oder ein Erlassvertrag (§ 397) über die Bürgschaft abgeschlossen wird (Hambg NJW 86, 1691; MüKo/*Habersack* § 765 Rz 59: In der Rücksendung der Bürgschaftsurkunde kann das (konkludente) Angebot auf den Abschluss eines Erlassvertrages zu sehen sein, das nach § 151 keines Zugangs bedarf). Sonderfälle, die zum Untergang der Bürgschaftsschuld führen können, sind die Aufgabe einer Sicherheit (selten, § 776) oder – bei der Zeitbürgschaft – die Voraussetzungen von § 777.

70 **F. Besondere Erscheinungsformen der Bürgschaft.** Das Gesetz sieht einige besondere Gestaltungen der Bürgschaft vor: **Mitbürgschaft** (§ 769), **Selbstschuldnerische Bürgschaft** (s. § 773 I Nr 1), **Bürgschaft auf Zeit** (§ 777). Darüber hinaus hat die Praxis weitere Formen der Bürgschaft entwickelt, die sowohl juristische als auch branchenspezifische Besonderheiten aufweisen (s.a. Vor § 765 Rn 15 ff zu Besonderheiten aus Schnittstellen zu anderen Rechtsgebieten – Handels- und Gesellschaftsrecht, Verbraucherschutz, Prozess- u Insolvenzrecht – sowie oben Rn 20 zur **Anlassbürgschaft**).

71 **I. Ausfallbürgschaft.** Der Ausfallbürge haftet stets nur „für den Ausfall" (die Einrede der Vorausklage aus § 771 wird quasi schon im Bürgschaftsvertrag erhoben). Sie ist das Gegenteil der selbstschuldnerischen Bürgschaft (BGH NJW 98, 2138, 2141). Der Ausfallbürge haftet nur, soweit der Gläubiger trotz Anwendung gehöriger Sorgfalt – insb durch Geltendmachung seines Anspruchs gegen den Hauptschuldner, durch Zwangsvollstreckung und Verwertung anderer Sicherheiten – keine Befriedigung beim Hauptschuldner erlangen konnte (BGH NJW 98, 2138, 2141; 99, 1467, 1469 f). In der **Insolvenz** des Hauptschuldners ist § 43 InsO unanwendbar (vgl RGZ 75, 186, 188).

72 Der **Gläubiger** trägt die **Beweislast** sowohl für den Ausfall als auch dafür, dass er bei der Durchsetzung der Forderung die gebotene Sorgfalt beachtet hat (BGH NJW 99, 1467, 1470). Anders als der gewöhnliche Bürge braucht der Ausfallsbürge nicht erst die Einrede der Vorausklage aus § 771 zu erheben (BGH NJW 89, 1484, 1485).

73 **AGB:** Eine Klausel, nach der der Ausfall ohne weiteres durch Anzeige des Ausfalls oder durch Ablauf einer bestimmten Frist als eingetreten gilt, ist überraschend iSd § 305c I (BGH NJW 98, 2138, 2141).

74 **II. Bürgschaft auf erstes Anfordern. 1. Funktion, Inhalt.** Die Bürgschaft auf erstes Anfordern hat im Banken- und internationalen Handelsverkehr das früher übliche „Bardepot" abgelöst (BGH NJW 84, 923; Kleve ZIP 98, 1632, 1633). Sie soll dem Gläubiger schnell Liquidität verschaffen (BGHZ 151, 236, 241 f). Zu diesem Zweck verpflichtet sich der Bürge selbstschuldnerisch bei Auflockerung des Akzessorietätsprinzips (BGHZ 147, 99, 104, vgl Vor § 765 Rn 10) aufgrund einfachen und formalisierten Verlangens (Anforderns, s. Rn 79) des Gläubigers **sofort und unter einstweiligem Verzicht auf Einwendungen** zu zahlen (vgl zB BGH aaO 102). Einwendungen kann der Bürge idR erst nach Zahlung in einem Rückforderungsprozess geltend machen (s. Rn 81; auch, wenn der Gläubiger den Bürgen im Urkundsprozess in Anspruch nimmt: BGH NJW 94, 380, 382). Damit übernimmt er das Risiko einer zwischenzeitlichen Insolvenz des Gläubigers (BGHZ 151, 236, 242), das er in der Praxis häufig (zB im Falle einer Bankbürgin oft durch schlichte Kontenbelastung) an den Hauptschuldner weitergibt (BGHZ 150, 299, 304).

75 **2. Wirksamkeit, Auslegung.** Die Beteiligten sind **individualvertraglich** begrenzt frei, eine Bürgschaft auf erstes Anfordern mit einer vom Gesetzesleitbild der Bürgschaft abw Risikoverteilung zu vereinbaren (BGHZ 95, 375, 387; NJW 98, 2280, 2281): Der Gläubiger darf einen dem Wortlaut nach klaren Bürgschaftstext (bei undeutlichem Text scheidet eine Bürgschaft auf erstes Anfordern ohnehin aus, vgl BGH WM 04, 1648, 1650) nur dann im banküblichen Sinne als Bürgschaft auf erstes Anfordern verstehen, wenn er nach den Umständen davon ausgehen darf, dass der Bürge das gleiche Verständnis hat (BGH NJW 98, 2280). Andernfalls muss er den Bürgen über die Gefährlichkeit der besonderen – den Gläubiger besonders privilegierenden (s. BGHZ 153, 311, 317) – Bürgschaftsform **aufklären** (BGH ZIP 01, 1089, 1090 f; BGHZ 143, 381, 387). Die Verletzung dieser Obliegenheit führt dazu, die Bürgschaft in Abweichung vom Wortlaut **als einfache Bürgschaft** auszulegen (BGH NJW 98, 2280; ZIP 01, 1089, 1091). Im Hinblick auf die **Gefahr der Umqualifizierung** einer *individualvertraglich* gemeinten Vereinbarung (wegen Nutzung von Mustern) in eine unwirksame formularvertragliche (s. Rn 76) sollte die Aufklärung im Vertrag einzelfallbezogen dokumentiert und die Bürgschaft individuell formuliert werden (vgl *Karst* NJW 04, 2059, 2061, der die Bürgschaft auf erstes Anfordern wegen dieser Gefahr als „Auslaufmodell" einschätzt).

Formularvertraglich kann eine Bürgschaft auf erstes Anfordern nur von Unternehmen verlangt werden, die 76
typischerweise über die erforderliche Erfahrung in Garantiegeschäften verfügen, um die Bedeutung einer Bürgschaft auf erstes Anfordern voll zu erfassen: zB Banken und Versicherungen (BGH ZIP 92, 466, 469) oder
Unternehmen, zu deren Geschäftsbetrieb solche Erklärungen typischerweise gehören (vgl BGHZ 148, 283, 287:
Baugewerbe). Sonst ist die formularvertragliche Gestaltung einer Bürgschaft durch den Gläubiger als Bürgschaft auf erstes Anfordern überraschend und unangemessen (§§ 305c, 307; BGH NJW 02, 3627, 3628).
Unwirksam ist bereits auch eine formularvertragliche Verpflichtung in der **Sicherungsabrede** (Rn 4) zur Bei- 77
bringung einer Bürgschaft auf erstes Anfordern (zB BGHZ 150, 299, 303 f; 157, 29, 31 aE; VII ZR 51/07 v
28.2.08: selbst bei Hinterlegungsmöglichkeit; a.A. für den internationalen Wirtschaftsverkehr *Oepen* NJW 09,
1110, 1113 f). Altverträge (bis **31.12.02:** BGH WM 04, 1079, 1080) über die Besicherung durch **Vertragser-
füllungsbürgschaften** können im Wege der ergänzenden Vertragsauslegung so auszulegen sein, dass stattdessen eine unbefristete, selbstschuldnerische Bürgschaft zu stellen ist (BGHZ (VII. ZS) 151, 229, 234 ff; 153,
311, 316; WM 04, 1079) und eine bereits gestellte Bürgschaft auf erstes Anfordern entspr umzudeuten ist
(BGHZ 153, 311, 316; 154, 378, 385). Der Bürge kann vom Gläubiger schriftliche Bestätigung darüber verlangen, nicht auf erstes Anfordern in Anspruch genommen zu werden (aaO 386 u WM 04, 1079, 1080). Hat
der Bürge aber bereits – das Ausmaß seiner Verpflichtung verkennend – auf eine solche Bürgschaft gezahlt,
steht ihm ein Rückforderungsanspruch nur zu, wenn der Gläubiger nach materiellem Bürgschaftsrecht keinen Anspruch auf die erhaltene Leistung hat (BGHZ 153, 311, 316).
Für eine **Gewährleistungsbürgschaftsklausel** auf erstes Anfordern ist eine solche ergänzende Vertragausle- 78
gung hingegen abgelehnt worden (BGH (VII. ZS) NJW-RR 05, 458, 460; 05, 1040, 1041: wegen fehlender
typischer Gestaltung; Ddorf 22 U 113/07 v 30.5.08: wegen Anwendungsmöglichkeit von § 641 als dispositives
Gesetzesrecht).

3. Inanspruchnahme und Einwendung des Rechtsmissbrauchs. Der Inhalt der Bürgschaftserklärung 79
bestimmt das Vorgehen beim „Anfordern": Dort vorgesehene Voraussetzungen sind zu erfüllen (BGH ZIP
01, 1089, 1090: Beibringung von Urkunden; BGHZ 145, 286, 293 f: Beachtung der im Text vorgesehenen,
sonst unmissverständlichen Ausdrucksweise); iÜ muss der Gläubiger zum Bestand der Hauptschuld nur pauschal vortragen. **Einwendungen** müssen liquide beweisbar sein (zB BGHZ 143, 381, 383; BGH NJW-RR 07,
1392, 1393), insb mit der Bürgschaftsurkunde (Bsp: Verwechslung der Hauptschuld, BGH NJW 96, 717 f)
und/oder sich aus dem unstreitigen Sachverhalt ergeben (BGHZ 143, 381, 384; 147, 99, 102). Unter diesen
Voraussetzungen kann der Bürge den Einwand **rechtsmissbräuchlicher Inanspruchnahme** aus § 242 erheben (BGH XI. ZS, NJW 02, 1493); wohl noch weitergehend BGHZ (IX. ZS) 147, 99, 102 f: Zulässigkeit der
auf § 768 gestützten Einrede, die Sicherungsabrede verpflichte nicht zur Gestellung einer Bürgschaft auf erstes
Anfordern. Diese Einrede kann im Einzelfall ihrerseits rechtsmissbräuchlich sein, wenn der Bürge bewusst
entgegen der Sicherungsabrede anstatt einer gewöhnlichen Bürgschaft eine Bürgschaft auf erstes Anfordern
gestellt hat (BGHZ 143, 381, 386 ff).
Rechtsmissbräuchlich ist es auch, wenn ein Gläubiger aus einer Bürgschaft auf erstes Anfordern vorgeht, 80
obwohl ein **Insolvenzverfahren** über das Vermögen des Gläubigers mangels Masse nicht eröffnet oder die Mas-
senunzulänglichkeit angezeigt wurde; in diesen Fällen ist dem Bürgen die Verweisung auf den Rückforderungsprozess nicht zuzumuten (BHGZ 151, 236, 242: einfache Insolvenz aber wohl kein Grund für Arglisteinrede).

4. Rückforderungsprozess. Der Bürge kann Zahlungen vom Gläubiger nach § 812 zurückfordern, wenn Ein- 81
wendungen bestehen gegen (1) die Hauptforderung (BGHZ 74, 244, 248; aA MüKo/*Habersack* § 765 Rz 104:
Rückforderungsanspruch aus Bürgschaftsvertrag. Obliegenheit: Nach Schlesw WM 06, 1294, 1296 muss der
Bürge ggf auf eine prüffähige Schlussrechnung hinwirken) oder (2) die Erteilung der Bürgschaft (arg BGHZ
143, 381, 384). Dabei trifft den Gläubiger die **Darlegungs- und Beweislast** für Hauptschuld und Bürgenschuld, den Bürgen die für die Zahlung auf erstes Anfordern und für Einwendungen (vgl Vor § 765 Rn 44).
Eine Rückforderung des Bürgen scheidet aus, wenn der Gläubiger einen Anspruch auf Verwertung der Bürgschaften hat (BGHZ 153, 311, 317 f; WM 04, 718, 720). Der Bürge kann auch **den Hauptschuldner** in Folge
der Zahlung auf erstes Anfordern in Anspruch nehmen (§§ 670, 683; s. § 774 Rn 3, 18). Dann kann der
Hauptschuldner seinerseits den Gläubiger aus einem eigenen originären Rückforderungsanspruch in Rückgriff nehmen, wenn dieser den Bürgen materiell zu Unrecht in Anspruch genommen hatte (BGHZ 139, 325,
328; 152, 246, 252). Alternativ kann der Hauptschuldner ggf vom Gläubiger Rückzahlung an den Bürgen verlangen (BGH aaO).

III. Bürgschaften bei Bauwerkverträgen. In Bauwerkverträgen werden häufig Bürgschaften vereinbart, insb 82
um das **gegenseitige Insolvenzrisiko** zu sichern. Der **Besteller** sichert mögliche Rückzahlungsansprüche aus
Vorauszahlungen oder Abschlagszahlungen sowie etwaige Erfüllungs- und Gewährleistungsansprüche; bei
Insolvenz des Mitgesellschafters einer ARGE schützt die Bürgschaft auch den das Werk vollendenden Mitgesellschafter (§§ 426 II, 401; BGH BauR 90, 758, 759). Der **Unternehmer** sichert seine Werklohnforderung
(gesetzlich, § 648a, oder vertraglich: s. § 648a Rn 4). Häufig handelt es sich bei diesen Bürgschaften um solche
auf erstes Anfordern (s. Rn 74 ff), die aber nicht bereits deshalb vorliegen, weil die Bürgschaft einen Bareinbe-
halt ersetzt (BGHZ 95, 375, 387).

83 Teil B der **VOB** verweist mehrfach auf das Bürgschaftsrecht: Als Sicherheit iSd § 17 Nr 2 VOB/B ist neben dem Einbehalt und der Hinterlegung auch das Stellen eines tauglichen Bürgen möglich. Die Bürgschaft muss den Anforderungen des § 17 Nr 4 VOB/B genügen. Möglich sind eine **Vertragserfüllungsbürgschaft** (vgl § 4 Nr 2 VOB/B), eine **Vorauszahlungsbürgschaft** (§ 16 Nr 2 II VOB/B), eine **Abschlagszahlungsbürgschaft** (vgl § 16 Nr 1 I VOB/B) und/oder eine **Gewährleistungsbürgschaft** (vgl § 13 Nr 1 VOB/B); ggf ist durch Auslegung zu ermitteln, welches Risiko erfasst wird (zB Celle NJW-RR 05, 969, 970: Vertragserfüllungsbürgschaft erfasst keinen nach Abnahme entstehenden Gewährleistungsanspruch). Bei nachträglicher Abnahmeerleichterung gilt § 767 I 3 (Rostock 7 U 2/06 v 31.8.06).

84 Nach § 17 Nr 3 VOB/B hat der Auftragnehmer die Wahl unter verschiedenen Arten der Sicherheit und kann eine Sicherheit durch eine andere ersetzen. Wenn ein Auftraggeber einen Teil des Werklohns einbehalten hat (Sicherungseinbehalt für die Dauer der Gewährleistungsfrist) und nunmehr der Unternehmer von seinem Austauschrecht Gebrauch und statt des Bareinbehaltes eine Bürgschaft stellt, muss der Auftraggeber den Sicherungseinbehalt unverzüglich auszahlen, wenn der Sicherungsfall noch nicht eingetreten ist (BGHZ 148, 151, 155). Die Auszahlungspflicht bleibt grds bestehen, auch wenn der Sicherungsfall später eintritt (aaO; Ausnahme: unmittelbar bevorstehender Sicherungsfall bei Geltendmachung des Austauschrechts durch den Auftragnehmer). Wird die Auszahlung verweigert, muss die Bürgschaft nach § 812 I 1 herausgegeben werden (BGHZ 147, 99, 105; 151, 229, 233 f; BGH ZIP 00, 1624, 1625: Kein Zurückbehaltungsrecht). Hat der Auftraggeber die Sicherheit pflichtwidrig verwertet, so hat der Sicherungsgeber einen Schadensersatzanspruch in Höhe der geleisteten Bürgschaftssumme (BGH ZIP 00, 1624, 1625). Die **Einrede der Verjährung** (s. § 768 Rn 6) kann aufgrund des Sicherungszwecks einer Gewährleistungsbürgschaft abgeschnitten sein, wenn die jeweiligen Mängel vom Hauptschuldner in unverjährter Zeit gerügt worden sind (arg § 17 Nr 8 VOB/B, BGHZ 121, 168, 173; 98, 1140, 1141).

85 Eine AGB-Klausel, die dem Auftragnehmer das Recht gibt, den Sicherungseinbehalt nur durch eine **Bürgschaft auf erstes Anfordern** abzulösen, stellt (im Gegensatz zu einer individual vertraglichen Regelung: zB Brandbg NJW-RR 04, 1164, 1165) idR eine unangemessene Benachteiligung iSd § 307 I dar (BHGZ 150, 299, 303; 151, 229, 233; 157, 29, 31 aE) und ist idR unwirksam (zB BGHZ 147, 99, 105; BGH NJW-RR 07, 1319), und zwar auch dann, wenn der Verwender die öffentliche Hand ist (BGH WM 04, 1079, 1080); und der Sicherheitseinbehalt auf ein Verwahrgeldkonto einzuzahlen ist (BGH NJW-RR 06, 389). S. Rn 77 zur Möglichkeit ergänzender Vertragsauslegung bei vor dem **31.12.02** abgeschlossenen Bürgschaften. Das Austauschrecht kann formularvertraglich auf eine selbstschuldnerische Bürgschaft begrenzt werden (BGHZ 150, 299, 304; 157, 29, 31 f). Ebenso unwirksam: Bürgschaft unter Verzicht auf sämtliche Einreden des § 768 (BGH ZIP 09, 1703, 1705 f).

86 Eine selbstschuldnerische Bürgschaft (s. § 771 Rn 3) nach **§ 7 I MaBV (Vorauszahlungs- oder Abschlagszahlungsbürgschaft,** vgl *Nobbe* FS Horn 765, 766, 769) soll dem Erwerber eines Bauwerks einen angemessenen Ausgleich für die Verpflichtung bieten, sofort und nicht erst bei Abnahme (vgl § 641 I 1) oder unter den Voraussetzungen von § 3 MaBV zu zahlen (BGH NJW-RR 03, 592; NJW 03, 285, 286). Nach dem Schutzzweck der Norm ist sie weit auszulegen (aaO, arg Verzicht auf Rechte aus § 320). Wenn nicht deutlich anders vereinbart (aaO 285), sichert sie alle Ansprüche, die sich aus einer Störung des Gleichgewichts zwischen den geleisteten Zahlungen des Erwerbers und den erbrachten Leistungen des Bauträgers ergeben (BGHZ 151, 147, 151 ff; NJW 03, 285): zB Ansprüche auf (1) Ersatz von Aufwendungen für Mängelbeseitigung (*Nobbe* aaO 773; BGH NJW 07, 1957, 1960 für Mängel am Gemeinschaftseigentum); (2) Rückgewähr wegen einem Rücktritt vom Vertrag gem § 326 (BGHZ 160, 277, 282), (3) Schadensersatz wegen (teilweiser) Nichterfüllung (BGHZ 151, 147, 153 f; BGHZ 169, 1, 14) sowie (4) Rückzahlung in Folge einvernehmlicher Aufhebung des Kauf- und Bauerrichtungsvertrages (ZIP 05, 939, 940). **Nicht erfasst** werden dagegen zB (a) ein weitgehend selbständiger Verzögerungsschaden (BGHZ 151, 147, 155; NJW-RR 03, 592 f); (b) Schadensersatzansprüche wegen entgangener Nutzungen (BGH NJW-RR 03, 452, 453; NJW 03, 285, 286); oder (c) nach mangelfreier Abnahme des Werkes auftretende Mängel (BGH NJW 03, 285, 286). Vereinbaren Hauptschuldner und Gläubiger nachträglich eine Verlängerung der Bauausführungsfrist ohne Zustimmung des Bürgen, ist dies ein Fall von § 767 I 3; die spätere Inanspruchnahme des Bürgen kann dann gegen Treu und Glauben (§ 242) verstoßen (BGH WM 04, 724, 726). Die notarielle Hinterlegung der grds nach § 2 IV 3 MaBV auszuhändigenden Bürgschaftsurkunde ist nur begrenzt zulässig (BGH NJW 07, 1360 ff).

87 **IV. Gesellschafterbürgschaft.** S. Vor § 765 Rn 18 ff (Grundfall, Gesellschafterbürgschaft in der Krise), Vor § 765 Rn 10 aE (Untergang des Hauptschuldners wegen Vermögenslosigkeit); oben Rn 18 (Gesellschafter-Globalbürgschaft); Rn 35 ff (Sittenwidrigkeitsprüfung), Rn 52 (Gesellschafterstellung und Geschäftsgrundlage); Rn 65 (Kündigung), § 766 Rn 8, 21 (Form der Bürgschaft eines GmbH-Geschäftsführers u eines Gesellschafterbürgen); § 767 Rn 7 (Hauptschuldnerwechsel bei Gesellschafterbürgschaft, inkl Übernahme der Hauptschuld durch GmbH); § 767 Rn 9 (Fortbestand der Bürgschuld bei Formwechsel und Anwachsung); *§ 768 Rn 10 (Einrede des Kapitalersatzes für den Bürgen);* § 771 Rn 6 (Einrede der Vorausklage bei Bürgschaft für Personengesellschaft); § 771 Rn 7 (Einrede der Vorausklage bei Firmenfortführung); § 774 Rn 26 (Innenausgleich bei Gesellschafter-Mitbürgschaften: im Zweifel nach den Beteiligungsverhältnissen); § 774 Rn 30 (Freistellungsanspruch des ausscheidenden Gesellschafters ggü Gesellschafter-Mitbürgen); § 775 Rn 6

(Anspruch des Gesellschafterbürgen auf Befreiung ggü der Gesellschaft beim Ausscheiden aus der Gesellschaft oder der Einziehung seines Anteils; § 775 Rn 3 für die entspr Anwendung von § 775 bei Bestellung einer Grundschuld für die Gesellschaft); § 775 Rn 10 (kein Befreiungsanspruch bei Vollbeendigung einer Personengesellschaft); § 776 Rn 8 (Hinnahme einer Unterdeckung ist keine Aufgabe einer Sicherheit); § 777 Rn 6, 8 (Zugehörigkeit zu einer Gesellschaft als Voraussetzung: Bürgschaft auf Zeit oder gegenständlich beschränkte Bürgschaft).

V. Gewährleistungsbürgschaft. S Rn 83. 88

VI. Höchstbetragsbürgschaft. Durch die Höchstbetragsbürgschaft beschränkt der Bürge sein Risiko auf einen bestimmten Betrag. Eine Einstandspflicht des Bürgen über diesen Betrag hinaus für Nebenforderungen kann individualvertraglich, nicht aber **formularvertraglich** vereinbart werden (Verstoß gegen §§ 305c, 307: BGHZ 151, 374, 381 ff; 156, 303, 310; s.a. Rn 17). Trifft der Hauptschuldner keine **Tilgungsbestimmung**, werden seine Zahlungen zunächst auf den nicht durch die Höchstbetragsbürgschaft gesicherten Teil der Forderung angerechnet, § 366 II analog (Staud/*Horn* Vorbem zu §§ 765 ff Rz 51). Steht der Bürge auch für Zinsen und Kosten ein, gilt § 367 analog (aaO). Diese Regelungen gelten nicht für Tilgungen einer verbürgten Kontokorrentschuld (BGHZ 77, 256, 261 ff; krit Staud/*Horn* Vorbem zu §§ 765 ff Rz 51; s. Rn 12 zu § 356 HGB). 89

VII. Mietbürgschaft. Mit der Mietbürgschaft verbürgt sich der Bürge für **alle** – auch unvertretbare und höchstpersönliche – Verbindlichkeiten aus dem Mietverhältnis: Erfüllt der Mieter diese Verbindlichkeiten nicht, haftet der Bürge nur auf Schadensersatz (Schmidt-Futterer/*Blank* Mietrecht § 551 Rn 21). Die Mietbürgschaft hat große praktische und wirtschaftliche Bedeutung. Sie kommt in vielen Formen vor: zB als Bürgschaft Verwandter für Kinder in der Ausbildung, als Gesellschafterbürgschaft, als Bürgschaft von Banken aufgrund Avalkreditvertrags (s. Vor § 765 Rn 33). Der Gerichtsstand aus § 29a ZPO gilt nicht für den Bürgen (BGH NJW 04, 1239 f). 90

Die Bürgschaft für eine **Wohnraummiete** ist nach § 551 auf das dreifache der Monatsmiete zu begrenzen (BGH NJW 04, 3045, 3046: die Unwirksamkeit der Regelung zur überhöhten Sicherheit führt zur Anpassung der Kautionsregelung auf das höchst zulässige Maß). Ausn: Ein Dritter verbürgt sich unaufgefordert ggü dem Vermieter unter der Bedingung, dass ein Wohnraummietvertrag zustande kommt (BGHZ 111, 361, 363; NJW 04, 3045, 3046). Der Bürge kann sich auf die Einrede aus § 551 nach § 768 I 1 berufen (BGHZ 107, 210, 214). Im Fall einer **befristeten** Mietbürgschaft haftet der Bürge nur für solche Verbindlichkeiten, die bis zum Ende der Befristung fällig sind (Ddorf DWW 92, 213, 214). Bei einer **unbefristeten** Mietbürgschaft steht der Bürge nach Beendigung des Mietverhältnisses nur für gesetzliche Ansprüche aus § 545 ein (Schmidt-Futterer/*Blank* § 551 Rz 28). 91

Zur eingeschränkten **Kündigungsmöglichkeit** des Bürgen s. Rn 66. Bei Veräußerung des Wohnraums (BGH NJW 82, 875) und bei vertraglicher Übernahme des Mietvertrags (vgl BGHZ 95, 88, 97 f) geht die Bürgschaft nach § 566a auf den Erwerber über. 92

VIII. Nachbürgschaft. Der Nachbürge **sichert den Anspruch des Gläubigers gegen den Vorbürgen/Hauptbürgen** (BGHZ 73, 94, 96) und haftet erst bei dessen Ausfall nach den §§ 767 ff. Aus Sicht des Nachbürgen ist der Vorbürge quasi „Hauptschuldner 2. Ebene" (s. Staud/*Horn* Vorbem zu §§ 765 ff Rz 57: gestaffelte Subsidiarität und Akzessorietät: So besteht zB eine Einrede der Vorausklage des Nachbürgen direkt aus § 771 und indirekt über § 768, s. § 771 Rn 8. 93

Wenn der **Nachbürge** den Gläubiger befriedigt, geht dessen Forderung gegen den Hauptschuldner nach § 774 I auf ihn über (BGHZ 73, 94, 97; Köln WM 95, 1224, 1226; MüKo/*Habersack* § 765 Rz 117: § 774 iVm §§ 412, 401). Zugleich kann dem Nachbürgen ein Aufwendungsersatzanspruch aus § 670 gegen den Vorbürgen zustehen (Köln WM 95, 1224, 1227). Streitig ist, ob der Hauptschuldner dem Nachbürgen nach § 774 I 3 (analog) die Einwendungen aus seinem Verhältnis zum Vorbürgen entgegenhalten kann: So Hamm MDR 61, 503; BaRoth/*Rohe* § 767 Rz 24; Staud/*Horn* Vorbem zu §§ 765 ff Rz 59; dagegen: Köln MDR 75, 932; MüKo/*Habersack* § 765 Rz 117. Wenn der **Vorbürge** den Gläubiger befriedigt, steht ihm kein Regressanspruch gegen den Nachbürgen zu (Staud/*Horn* Vorbem zu §§ 765 Rz 58). 94

IX. Nebenbürgschaft. S. § 769 Rn 2. 95

X. Prozessbürgschaft. Der **Inhalt** einer Prozessbürgschaft nach § 108 ZPO richtet sich grds nach dem Zweck der Sicherheitsleistung und kann idR der gerichtlichen Anordnung entnommen werden (BGHZ 158, 286, 294). Grundlage ist ein selbstständiges Garantieversprechen des Prozessgegners (aaO 291 f). Die Prozessbürgschaft zur Abwendung oder Aufhebung der Zwangsvollstreckung **sichert die Vollstreckungsbefugnisse des Titelgläubigers** (BGHZ 163, 59, 64 ff). Deshalb kann sie unabhängig vom Bestand (oder einer schon vor Erteilung der Bürgschaft verdeckt erfolgten Abtretung, aaO 66) der zu Grunde liegenden Forderung bestellt werden. 96

Die Bürgschaft muss nach § 108 I 2 ZPO **selbstschuldnerisch** (§ 239 II analog; Zöller/*Herget* § 108 ZPO Rz 7) sein und wird idR schriftlich, unwiderruflich, unbedingt und unbefristet (s. Vor § 765 Rn 16) abgegeben. Aufgrund gemeinschaftskonformer Auslegung von § 108 I 2 ZPO (vgl zB Brödermann/Iversen/*Bröder-* 97

§ 766   Schriftform der Bürgschaftserklärung

mann Rz 422, 483 f, 29 f) ist die zur Sicherheitsleistung verpflichtete Partei aufgrund ihrer passiven Dienstleistungsfreiheit frei, die Bürgschaft von einem Kreditinstitut aus einem anderen EU-Mitgliedstaat beizubringen (*Foerste* ZBB 01, 483, 483 ff unter Hinweis auf die dem Kreditinstitut zur Seite stehenden Kapitalverkehrsfreiheit; aA Baumbach/Lauterbach/*Hartmann* § 108 Rz 15; Zöller/*Herget* § 108 Rz 8).

98 Der **Abschluss** des Vertrages (s. Rn 9) erfolgt häufig auch durch Übergabe der Bürgschaftsurkunde an den Prozessvertreter des Gläubigers (s. Thomas/Putzo ZPO § 108 Rz 11, arg § 151), ggf durch Zustellung von Anwalt zu Anwalt (BGH NJW 79, 417, 418: Zustellung einer beglaubigten Abschrift ist ausreichend). Ob diese Zustellungsform (darüber hinaus) die Fiktion nach § 132 I auslöst, ist str: vgl einerseits dafür Baumbach/Lauterbach/*Hartmann*, § 108, Rz 13 mwN; andererseits Zöller/*Herget* § 108 Rz 11 mwN. Der Nachweis nach § 751 II ZPO kann durch Zustellung durch den Gerichtsvollzieher erbracht werden (BGH I ZB 14/07 v 10.4.08).

99 Bürgschaftserklärungen von Banken enthalten häufig eine **auflösende Bedingung**: Erlöschen der Bürgschaft bei Rückgabe der Urkunde. Darum sollte das Original zugestellt werden, um Missbrauch zu verhindern (vgl BGH NJW 79, 417, 418). Eine Hinterlegungsklausel, nach der sich der Bürge vorbehält, sich von der Bürgschaft jederzeit durch Hinterlegung des Sicherheitsbetrages in bar zu befreien, ist mit § 108 ZPO vereinbar (Kobl WM 95, 1223 f; LG Frankfurt JurBüro 89, 264, 265; Zöller/*Herget* § 108 Rz 9; aA Ddorf DGVZ 90, 156 f; LG Berlin DGVZ 91, 9; Baumbach/Lauterbach/*Hartmann* § 108 Rz 14).

100 Nach § 242 kann der Bürge im Einzelfall vom Gläubiger den **Austausch** einer bereits beigebrachten **Sicherheit** verlangen, wenn ihm dies schutzwürdige Vorteile und dem Gläubiger keine messbaren Nachteile bringt (BGH NJW 94, 1351, 1352 f).

101 Anders als im Normalfall (vgl Vor § 765 Rn 43) erkennt der Prozessbürge durch die Übernahme der Prozessbürgschaft regelmäßig den **Ausgang des Rechtsstreits** auch als für ihn verbindlich an (BGH NJW 75, 1119, 1121; Köln NJW-RR 89, 1396).

102 Die Prozessbürgschaft **erlischt** (über die Normalfälle hinaus, vgl Rn 62) insb durch gerichtliche Anordnung nach § 109 II ZPO oder § 715 I 2 ZPO.

103 **XI. Rückbürgschaft.** Der Rückbürge sichert idR den (Rückgriffs-)Anspruch **des Hauptbürgen** aus § 774 gegen den Hauptschuldner (BGHZ 95, 375, 379). Seltener sichert ein Rückbürge den Rückgriffsanspruch eines Nachbürgen (s. Rn 93) gegen den Vorbürgen. Die Rückbürgschaft kann auf erstes Anfordern (vgl Rn 74 ff) gestellt werden. Der Einwand rechtsmissbräuchlicher Inanspruchnahme ist in diesen Fällen deutlich schwieriger (vgl BGH WM 84, 44, 45 und BGHZ 145, 286, 290, 292 f (zum Parallelfall der Rückgarantie): „doppelter Rechtsmissbrauch".

104 **Befriedigt** der Rückbürge den Bürgen, erwirbt er nach § 774 I 1 analog den Anspruch gegen den Hauptschuldner, den der Bürge seinerseits nach § 774 I 1 von dem Gläubiger erworben hat (BGH BB 71, 333; Oldbg NJW 65, 253, 253 f; Staud/*Horn* Vor § 765 Rz 61; aA RGZ 146, 67, 70; Palandt/*Sprau* Vor § 765 Rz 10).

105 **XII. Staatsbürgschaft.** Staatsbürgschaften sind privatrechtliche Bürgschaften iSd § 765, die auf der Grundlage eines öffentlich-rechtlichen Bewilligungsbescheides erteilt werden (Zweistufentheorie; vgl BGH WM 61, 1143, 1145 u zB Z 40, 206, 210; BB 73, 258). Sie unterliegen der Beihilfenkontrolle nach Art 87 f EGV (vgl Mitteilung der Kommission über die Anwendung der Art 87 und 88 EG-Vertrag auf staatliche Beihilfen in Form von Haftungsverpflichtungen und Bürgschaften v 11.3.00, ABl EG 2000 C 71/14; vgl zB *Trollmann* WM 00, 2030, 2039 f; *Fischer* WM 01, 277–287).

106 **XIII. Teilbürgschaft.** Unter einer Teilbürgschaft versteht man eine **Bürgschaft für Teilbeträge einer** (einheitlichen, nicht in selbstständige Einzelforderungen zerlegten) **Verbindlichkeit**. Dabei muss es sich um einen gegenständlich individualisierten Teil der Hauptforderung handeln. Bsp: Teilbürgschaft für Forderungen aus Warenlieferungen an eine Genossenschaft nur in dem Umfang, in dem die Genossenschaft diese Waren im Auftrag und auf Rechnung des Teilbürgen vertreibt (BGH NJW 80, 1098, 1099, auch zu Beweislastfragen). IGgs zum Mitbürgen (§ 769) haftet der Teilbürge nicht gesamtschuldnerisch (Hambg HRR 33 Nr 1841). Auch eine Kombination von Mitbürgschaft und Teilbürgschaft ist dergestalt denkbar, dass mehrere Bürgen sich für einen Teil der Forderung als Mitbürgen verpflichten und sich ein weiterer Bürge für einen darüber hinaus gehenden Teil verbürgt (s.a. § 769 Rn 5: Abgrenzung zur Mitbürgschaft bei einer Vielzahl von Bürgschaften über Teilbeträge). Die Teilbürgschaft kann auch als Höchstbetragsbürgschaft für den individualisierten Teil der Forderung abgegeben werden.

107 **XIV. Vertragserfüllungs-, Vorauszahlungs- oder Abschlagszahlungsbürgschaft.** S. Rn 83, 86.

§ 766 Schriftform der Bürgschaftserklärung. ¹Zur Gültigkeit des Bürgschaftsvertrags ist schriftliche Erteilung der Bürgschaftserklärung erforderlich. ²Die Erteilung der Bürgschaftserklärung in elektronischer Form ist ausgeschlossen. ³Soweit der Bürge die Hauptverbindlichkeit erfüllt, wird der Mangel der Form geheilt.

A. Übersicht: Normzweck, Abgrenzung zur notariellen Form. Außerhalb des kaufmännischen Verkehrs 1
(s. § 350 HGB; Rn 8) dient das **Schriftformerfordernis** dem Schutz des Bürgen (BGHZ 132, 119, 122; 140,
167, 171). Er soll zur Vorsicht angehalten und vor nicht ausreichend überlegten Erklärungen geschützt werden (**Warnfunktion**, vgl BGHZ aaO; 147, 262, 268). Ferner dient die Schriftform der Klarstellung (Mot II
660). Die Verletzung der Form führt zur Nichtigkeit, § 125 1 (Rn 17).
Ausnahmsweise bedarf der Bürgschaftsvertrag aufgrund der Anwendbarkeit weiterer Formvorschriften einer 2
notariellen Beurkundung: (1) Die notarielle Form des **§ 311b I** ist zu beachten, wenn die Bürgschaftserklärung wesentlicher Inhalt des Grundstückskaufvertrags sein soll (BGH WM 57, 130, 132; NJW 62, 586, 587:
zu § 313 aF): Der Verstoß führt zur Nichtigkeit nach § 125; (2) Eine **Gefälligkeitsbürgschaft** stellt aufgrund
der bestehenden gesetzlichen Regressansprüche des Bürgen gegen den Hauptschuldner (§§ 774 I, 670, s. § 765
Rn 7) grds keine formbedürftige Schenkung an den Hauptschuldner – oder an den Gläubiger oder gar einen
Dritten – dar. Verzichtet der Bürge aber von vornherein auf den gesetzlichen Rückgriff und einen sonstigen
vertraglichen Ausgleich ggü dem Hauptschuldner (zB ein Treugeber-Bürge ggü einem Treunehmer-Hauptschuldner, ein Gesellschafterbürge ggü der Gesellschaft), kann darin eine nach **§ 518 I** zu beurkundende
Schenkung (BGH LM 516 Nr 2 Bl 3 li; Staud/*Horn* § 765 Rz 142) oder der Vollzug einer Schenkung liegen
(offen gelassen: BGH LM 516 Nr 2 Bl 3 re). Die etwaige Nichtigkeit der Verzichtserklärung berührt die Wirksamkeit der nur in der Form von § 766 oder § 350 HGB abgegebenen Bürgschaftserklärung nicht (so iE auch
MüKo/*Habersack* § 765 Rz 5; Staud/*Horn* § 766 Rz 14). Da diese Fragen höchstrichterlich nicht geklärt sind,
sollte der Hauptschuldner einen solchen Verzicht beurkunden lassen; (3) § 492 gilt bei Bürgschaften für **Verbraucherdarlehen** nicht (s. Vor § 765 Rn 36).

B. Anwendungsbereich. I. Grundsatz: Weiter Anwendungsbereich. 1. Entstehung der Bürgschaft. Das 3
Schriftformerfordernis des § 766 1 erfasst nur **die den Bürgen verpflichtenden Erklärungen**, nicht die
Annahmeerklärung des Gläubigers (BGH NJW 97, 2233; Erman/*Herrmann* § 766 Rz 1).
Der Anwendungsbereich des Formerfordernisses wird von der Rechtsprechung weit gefasst. Es gilt zum 4
Schutze des Bürgen (s. Rn 1) nicht nur für die **Bürgschaftserklärung** selbst, sondern auch für: (1) **Bürgschaftsverträge** (RGZ 76, 303, 304; BGH WM 1966, 139); (2) – entgegen dem Wortlaut von § 167 II – die
Vollmacht zur Erteilung einer Bürgschaft (BGHZ 132, 119, 125); (3) insb die vom Bürgen erteilte **Ausfüllungsermächtigung** (Weisung) zur Vervollständigung einer **Bürgschaftsblanketturkunde** (BGHZ 132, 119,
128; 140, 167, 172; NJW 00, 1179, 1180; WM 03, 1563, 1564) oder die **Abänderungsermächtigung** (zB zur
Anpassung der Person des Hauptschuldners, Staud/*Horn* § 766 Rz 44); (4) die nachträglich erteilte **Genehmigung** von (a) einer im Namen des Bürgen abgegebenen Bürgschaftserklärung (implizit MüKo/*Habersack*
§ 766 Rz 21), (b) einer Abänderung in der Bürgschaftsurkunde oder (c) einer weisungswidrig ausgefüllten
Blankettbürgschaft, bei der ein Vertrag weder über den eingesetzten Betrag noch in Höhe des absprachekonformen Betrags zustande kommt (BGH NJW 84, 798 f). Über die Zulässigkeit und Form der Genehmigung
hat der BGH noch nicht entschieden (s. BGH NJW 00, 1179, 1180); beides ist jedenfalls für die Fallgruppe (c)
str: S. einerseits Palandt/*Sprau* § 766 Rz 4: Genehmigung unzulässig; *Fischer* JuS 98, 205, 208: nur formgerechte Neuvornahme nach § 141 I möglich; andererseits *Keim* NJW 96, 2774; Staud/*Horn* § 766 Rz 45: Genehmigung nach § 184 I). Sachgerecht ist es, die Genehmigung zuzulassen, zur Durchsetzung der Warnfunktion
aber wie bei der Vollmacht (oben 2) – entgegen dem Wortlaut von § 182 II (MüKo/*Habersack* § 766 Rz 21:
teleologische Reduktion) – die Genehmigung der formunwirksamen Bürgschaft § 766 zu unterstellen (so
Erman/*Herrmann* § 766 Rz 2: jedenfalls für Fallgruppe (a)). Ohne schriftliche Genehmigung steht dem Erklärungsempfänger (zB Bank) bei Gutgläubigkeit allenfalls ein Anspruch aus dem vom „Bürgen" durch Zeichnung der Blanketturkunde gesetztem Rechtsschein (arg § 172 II, BGHZ 132, 119, 127 f; krit *Keim* NJW 96,
2774, 2775 f) und kein im Urkundsprozess durchsetzbarer Anspruch aus Bürgschaft zu; (d) die **Gestattung
zum Selbstkontrahieren** nach § 181 (BGHZ 132, 119, 125; Palandt/*Sprau* § 766 Rz 2).

2. Änderung der Bürgschaft, Nebenverträge, Auftrags- und Geschäftsbesorgungsvertrag. Abänderungen 5
zum Vorteil des Bürgen sind **formfrei** möglich (BGH NJW 94, 1656, 1657), wenn die Bürgschaftsurkunde
nicht ausnahmsweise eine qualifizierte Schriftformklausel enthält (s. § 127 Rn 2): Eine einfache Schriftformklausel steht einer formfreien (mündlichen oder konkludenten) Abänderung des Bürgschaftsvertrages zu
Gunsten des Bürgen nicht entgegen (BGH WM 55, 375, 376).
Nebenabreden und Vertragsergänzungen **zum Nachteil** des nicht im kaufmännischen Verkehr handelnden Bür- 6
gen unterliegen der **Formvorschrift** aus § 766 (BGH WM 97, 625, 627). Nur dann setzen sie sich auch nach
§ 305b ggü AGB durch (Ulmer/Brandner/Hensen/*Ulmer* § 305b BGB Rz 11; MüKo/*Basedow* § 305b Rz 5).
Für den Abschluss eines **Auftrags- bzw Geschäftsbesorgungsvertrages** zwischen dem Bürgen und dem 7
Hauptschuldner (§ 765 Rn 7) ist zu unterscheiden: Der Gesetzgeber hat für solche Verträge keine Form vorgesehen. Deshalb wird von der Rspr bisher keine Form verlangt: RGZ 59, 10, 14; Köln WM 95, 1224, 1227;
s.a. Jauernig/*Stadler* § 766 Rz 1; Staud/*Horn* § 766 Rz 3. Für den kaufmännischen Verkehr ist dem zuzustimmen (vgl Rn 8). Hat sich jedoch jemand im nicht kaufmännischen Verkehr zur Geschäftsbesorgung durch
Abgabe einer Bürgschaft verpflichtet, ist die Konstellation mit dem die Erwerbspflicht für ein Grundstück
begründenden Geschäftsbesorgungsvertrag vergleichbar, der der gleichen Form wie der Grundstückserwerb

selbst bedarf (s. § 311b Rn 5). Der von § 766 angestrebte Schutz des Bürgen streitet dementspr für seine Anwendung und die einhergehende Begrenzung der Privatautonomie: vgl MüKo/*Habersack* § 765 Rz 7; Erman/*Herrmann* § 766 Rz 2; *Medicus* Rz 373; *Reinicke/Tiedtke* Rz 62; *Lorenz* JuS 99, 1145, 1147 f.

8 **II. Nicht unter § 766 fallende Rechtsgeschäfte.** Nach § 350 HGB gilt die Formvorschrift in § 766 – nebst deren für sie entwickelten Auslegungskriterien (s. Rn 11), BGH NJW 67, 823; 93, 724, 725; Köln WM 92, 138 – nicht für die Bürgschaft eines **Kaufmanns** (wenn sie für ihn Handelsgeschäft ist, SachsAnh 2 U 49/05 v 22.12.05: Gesellschafterbürgschaft kein Handelsgeschäft) oder für die im **Betrieb eines Handelsgewerbes** abgegebene Bürgschaft. Dies gilt auch für Bürgschaften von Scheinkaufleuten (Hambg JW 27, 1109; Baumbach/*Hopt*, HGB § 5 Rz 14). Bürgschaften eines GmbH-Geschäftsführers fallen nicht unter § 350 HGB (BGHZ 132, 119, 122).

9 § 766 gilt nicht (analog) für **verwandte Kreditierungsinstrumente**, wie der Erfüllungsübernahme (BGH NJW 72, 576 f), den Kreditauftrag (vgl § 778 Rn 4), den Schuldbeitritt (s. Vor § 765 Rn 57) oder den Garantievertrag (s. Vor § 765 Rn 53).

10 **C. Umfang und Inhalt des Formerfordernisses. I. Notwendiger Inhalt der Bürgschaftsurkunde. 1. Übersicht: Essentialia, Auslegung, Reichweite.** Die Bürgschaftsurkunde muss zur Wahrung der Schriftform folgende Essentialia enthalten: (1) den Willen, für eine fremde Schuld einzustehen (**Verbürgungswille**), (2) den Gläubiger und den Hauptschuldner und (3) die verbürgte Forderung (BGHZ 132, 119, 122; 140, 167, 171; WM 03, 1563, 1564).

11 Die Essentialia müssen nicht unmittelbar aus dem Wortlaut der Urkunde ersichtlich sein. Außerhalb der Urkunde liegende Umstände können zur **Auslegung** herangezogen werden, wenn die Urkunde dafür einen zureichenden Anhaltspunkt enthält (**Andeutungstheorie**, BGHZ 26, 142, 146; NJW 92, 1448, 1449; ZIP 93, 102, 103; ZIP 00, 740, 741). Aus der Darstellung eines wesentlichen Merkmals lassen sich oft hinreichende Anhaltspunkte für ein anderes schließen (Staud/*Horn* § 765 Rz 33; s. aber zB BGH WM 89, 559, 562). Verbleibende Zweifel gehen zu Lasten des Gläubigers (BGH NJW 95, 959; 95, 1886, 1887). Ausnahme: Bei der Falschbezeichnung (falsa demonstratio) gilt das Gewollte auch ohne einen Anhaltspunkt in der Urkunde (BGH NJW 89, 1484, 1485; 95, 1886, 1887).

12 Diese Grundsätze gelten regelmäßig für **alle Rechtsgeschäfte, die unter § 766 1 fallen** (s. Rn 3 ff), so zB für die Ausfüllungsermächtigung zur Vervollständigung eines Bürgschaftsblanketts (BGHZ 132, 119, 128; 140, 167, 172; NJW 00, 1179, 1180). Bei einer Vertragsergänzung (vgl Rn 6) reicht die Bezugnahme auf die Bürgschaftsurkunde aus (vgl BGHZ 26, 142, 150).

13 **2. Einzelheiten.** Zum Ausdruck des **Verbürgungswillens** ist die Verwendung der Begriffe „Bürgschaft" oder „bürgen" nicht zwingend erforderlich. Die bloße Mitunterzeichnung der über die Hauptschuld errichteten Urkunde oder eines sonstigen Vertragstextes durch den Bürgen reicht allein nicht aus (RGZ 71, 113, 115; 78, 37, 39); es genügt aber zB, wenn der Bürge seiner Unterschrift die Worte „als Bürge" hinzufügt (RGZ 71, 113, 115) oder unmittelbar unter seiner Unterschrift die Worte „selbstschuldnerische Bürgschaft" (BGH NJW 95, 43, 45) ergänzt. Die Einstandspflicht muss sich gerade auf die Bürgschaft beziehen, nicht bloß auf ein sonstiges mögliches Sicherungsgeschäft (Erman/*Herrmann* § 766 Rz 4). Im Zweifel ist zu Gunsten des Sicherungsgebers (Erman/*Herrmann* aaO) von einer Bürgschaft auszugehen (s. für Vor § 765 Rn 54, 56 für die Abgrenzung ggü Garantie und Schuldbeitritt).

14 Eine individuelle Bezeichnung von **Gläubiger und Hauptschuldner** ist nicht notwendig (BGH NJW 92, 1448, 1449: Bürgschaft im Bauherrenmodell für eine Vielzahl von Gläubigern). So können zB aus der Bezeichnung der Hauptschuld der Gläubiger und der Hauptschuldner ermittelt werden (BGH NJW 93, 724, 725). Die Verbürgung auch für den „Rechtsnachfolger" eines Gläubigers ist möglich (BGHZ 26, 142, 148 f; NJW 92, 1448, 1449).

15 Für die Andeutung der **gesicherten Forderung** kann genügen: (1) die Bezeichnung von Gläubiger und Hauptschuldner in der Bürgschaftsurkunde (BGH NJW 95, 1886, 1887; s. aber WM 03, 1563, 1566: Bürgschaft ggü der Bank, die ein Eigenkapitalhilfedarlehen der Deutschen Ausgleichsbank verwaltet, erfasst das EKH-Darlehen nicht); (2) die allg Beschreibung eines künftigen Rechtsverhältnisses (arg § 765 II, BGHZ 25, 318, 319 f); (3) der Verweis auf Forderungen, die aus einem ganzen Kreis von Rechtsbeziehungen entstehen können (aaO).

16 Unzureichend: (1) pauschaler Verweis auf sonstige Urkunden oder auf AGB (Stuttg BB 77, 415, 416); (2) die bloße Angabe einer Bürgschaftssumme (BGH NJW 89, 1484, 1485).

17 **D. Rechtsfolge bei Verstoß (inkl § 766 S 3).** Eine formunwirksame Bürgschaftserklärung ist nach § 125 1 **nichtig**. Im Falle der **Teilunwirksamkeit**, zB bei einer formunwirksamen Nebenabrede (vgl Rn 6), findet § 139 Anwendung. Fehlen notwendige Angaben in der Bürgschaftsurkunde (vgl Rn 10 ff), ist die Bürgschaft wegen Formmangels nichtig, selbst wenn die Parteien sich iÜ über den Inhalt der Erklärung einig waren (BGH WM 89, 559, 562).

18 Der Formmangel wird nach § 766 3 **mit ex nunc-Wirkung** in der Höhe **geheilt**, in der der Bürge oder ein Dritter die Bürgschaftsverpflichtung – ggf teilweise (RGZ 76, 195, 198, BGH WM 58, 1275, 1276) – erfüllt:

Mit der Erfüllung erübrigt sich die Schutzfunktion der Schriftform (MüKo/*Habersack* § 766 Rz 28). Heilung liegt auch dann vor, wenn der Bürge in dem irrigen Glauben, seine Bürgschaftserklärung sei wirksam, erfüllt (Staud/*Horn* § 766 Rz 53). Eine Heilung ist auch durch Erfüllungssurrogate möglich, zB durch Leistung an Erfüllung statt (obiter RG HRR 33 Nr 1003; Staud/*Horn* § 766 Rz 53); unwiderrufliche Hinterlegung nach §§ 372, 378 (BGH WM 66, 139) oder durch Aufrechnung nach §§ 387 ff möglich (Staud/*Horn* § 766 Rz 53).

Keine Heilung tritt ein bei der Bestellung von Sicherungsrechten für die Bürgschaftsschuld (BGH WM 66, 19 139), bei der Schuldumwandlung in ein Darlehen (RG WarnR 08 Nr 506 400) sowie durch ein erfüllungshalber gegebenes Schuldversprechen oder Schuldanerkenntnis (RG WarnR 08 Nr 506 400; Staud/*Horn* § 766 Rz 53; MüKo/*Habersack* § 766 Rz 29).

Eine nichtige Bürgschaftserklärung kann unter den Voraussetzungen von § 140 in einen Schuldbeitritt, eine 20 Garantie oder einen Kreditauftrag **umgedeutet** werden (selten, s. § 778 Rn 4).

Die Berufung auf den Formmangel kann im Einzelfall **nach Treu und Glauben unzulässig** sein: zB (1) bei 21 Behandlung des Bürgschaftsvertrages über längere Zeit als gültig bei gleichzeitiger Ziehung von Vorteilen aus dem Geschäft (BGHZ 26, 142, 151 f; 132, 119, 129; WM 91, 536, 537); (2) wenn ein Gesellschafter-Geschäftsführer den Gläubiger durch sein bewusst unwirksames Bürgschaftsversprechen zum Abschluss des Geschäftes mit der Gesellschaft veranlasst hat (BGH NJW-RR 87, 42).

E. Beweislast. Nach § 416 ZPO begründet die Bürgschaftsurkunde den vollen Beweis für die Bürgschaftserklärung. Wird die Echtheit bestr, hat die Echtheit der Gläubiger zu beweisen, der sich auf die Urkunde beruft (§ 440 I ZPO). Für ihn streitet die **Echtheitsvermutung** für Urkunden aus § 440 II ZPO, die durch den Beweis des Gegenteils (§ 292 ZPO) widerlegt werden kann. Es gilt weiter die **Vermutung**, dass die Bürgschaftsurkunde im Hinblick auf die Verpflichtung des Bürgen vollständig und richtig ist (BGH WM 55, 265, 266). Beim (unstreitigen oder qualifiziert dargelegten) **Blankettfall** trägt der Gläubiger die Beweislast für die formgültige Erteilung (BGH NJW 00, 1179, 1180 f), der Bürge für dessen abredewidriges Ausfüllen (BGH NJW-RR 89, 1323, 1324). Auch hier gilt die Vermutung, dass die nachträgliche Ausfüllung des Blanketts vereinbarungsgemäß (richtig und vollständig) erfolgt ist (BGH aaO).

Der Bürge muss beweisen, dass (1.) die Parteien eine für ihn günstige **Nebenabrede** getroffen haben, (2.) 23 diese entgegen dem Inhalt der Urkunde Geltung haben soll und (3.) sie Teil des Bürgschaftsvertrages ist (implizit RGZ 65, 46, 49).

§ 767 Umfang der Bürgschaftsschuld.
(1) ¹Für die Verpflichtung des Bürgen ist der jeweilige Bestand der Hauptverbindlichkeit maßgebend. ²Dies gilt insbesondere auch, wenn die Hauptverbindlichkeit durch Verschulden oder Verzug des Hauptschuldners geändert wird. ³Durch ein Rechtsgeschäft, das der Hauptschuldner nach der Übernahme der Bürgschaft vornimmt, wird die Verpflichtung des Bürgen nicht erweitert.
(2) Der Bürge haftet für die dem Gläubiger von dem Hauptschuldner zu ersetzenden Kosten der Kündigung und der Rechtsverfolgung.

A. Übersicht: Normzweck und Bedeutung. § 767 I 1 ist Ausdruck des **Akzessorietätsprinzips** (Vor § 765 1 Rn 10). Nach diesem Prinzip ist die Bürgenverpflichtung vom jeweiligen Bestand und Umfang der Hauptschuld abhängig (Mot II 664). Es schützt den Bürgen davor, mehr leisten zu müssen als der Schuldner (BGH NJW 03, 59, 60; BGHZ 139, 214, 217). Nach § 767 I 2, II **erstreckt** sich die Bürgenhaftung auf durch **Leistungsstörung** und Rechtsdurchsetzung ggü dem Hauptschuldner entstandene Ansprüche. § 767 I 3 **vermeidet** eine **Haftungserweiterung** zu Lasten des Bürgen durch den Hauptschuldner.

Die Regelungen in § 767 sind **begrenzt dispositiv**: So kann der Umfang der Bürgenhaftung – formlos 2 (s. § 766 Rn 5) – beschränkt werden (RGZ 95, 9, 11). Wird die Haftung aber erweitert (zur Form s. § 766 Rn 6), so kann sich die Rechtsnatur des Vertragsverhältnisses ändern (BGH NJW 93, 1917, 1919; 02, 2867, 2869), zB in eine Garantie (s. Vor § 765 Rn 53 f) oder in ein selbstständiges Schuldversprechen (Staud/*Horn* § 767 Rz 6). Eine Abrede in **AGB**, die den Grundsatz der Akzessorietät antastet, ist unzulässig, da es sich hierbei um ein tragendes Prinzip des Bürgschaftsrechts handelt (BGHZ 95, 350, 356 f; 147, 99, 104). Zu inhaltlichen Grenzen von AGB s. § 765 Rn 17.

B. Grundsatz: Abhängigkeit der Bürgschaft vom Bestand der Hauptschuld (§ 767 I 1). Der Umfang der 3 Hauptschuld bestimmt auch den Umfang der Bürgenschuld: **Ohne Hauptschuld keine Bürgschaftsschuld.** Wieweit die Bürgenschuld genau reicht – ob sie zB Zinsen (BGH NJW 92, 2629 f) und Zinseszinsen (BGHZ 77, 256, 259, 262) erfasst –, kann im Bürgschaftsvertrag im Einzelnen geregelt werden und ist ggf durch Auslegung nach §§ 133, 157 zu ermitteln (s. zB BGH WM 08, 1350, 1352). Unklarheiten gehen zu Lasten des Gläubigers (BGHZ 76, 187, 189).

I. Bestehen einer Hauptschuld. Die Hauptschuld muss wirksam begründet sein; bei Nichtigkeit des Hauptvertrages sichert die Bürgschaft nur dann den **Bereicherungsanspruch**, wenn die Auslegung des Bürgschaftsvertrags einen entspr Willen ergibt (BGH NJW 00, 511 f; 01, 1859 f; kein solcher Wille: Frankf NJW 80, 2201 f; BGH XI ZR 20/06 v 12.12.06 für bürgschaftsunerfahrene Privatpersonen). Künftige Ansprüche (vgl

§ 765 II) sowie schwebend unwirksame Forderungen (zB §§ 108 I, 177 I) können Gegenstand einer Bürgschaft sein. Der Anspruch aus einem formunwirksamen, später aber nach § 311b I 2 geheilten Vertrag fällt ebenfalls unter § 765 II (vgl RGZ 134, 243, 246). Die Bürgschaft entsteht in diesen Fällen mit Wirksamwerden der Hauptschuld. Bei Verwaltungsakten kommt es auf deren Rechtmäßigkeit und nicht auf die Bestandskraft an (BGH WM 09, 1180, 1184).

5 **II. Erlöschen der Hauptschuld.** Die Bürgenschuld erlischt in dem gleichen Umfang, in dem die Hauptschuld erlischt (BGH NJW 99, 2113 f). Dabei ist es unerheblich, weshalb die Hauptschuld untergeht. Unter § 767 I fallen insb die **Erfüllung** (§ 362; Soergel/*Mühl* § 767 Rz 2; auch durch Dritte, vgl BGH JZ 76, 24 f), **Erfüllungssurrogate** (für Leistung an Erfüllungs statt: BGH NJW 70, 279), die **Aufrechnung** (BGH NJW 02, 2867, 2869), der Abschluss eines **Aufhebungsvertrages** (BGH NJW 03, 59, 60), der **Vergleich** (BGHZ 6, 385, 393), der **Erlassvertrag** nach § 397 I (BGH NJW 01, 2327, 2329), die **Kündigung** (BGH NJW 89, 27, 28), die erklärte **Anfechtung** (BGHZ 95, 350, 356), die **Leistungsbefreiung** nach § 275 (RGZ 134, 126, 128) und die **unzulässige Rechtsausübung** nach § 242, soweit sie zur Beschränkung der Hauptforderung führt (Köln ZIP 98, 150, 151). Eine einschränkende Vereinbarung zwischen Gläubiger und Hauptschuldner wie bspw die **Stundung** der Hauptschuld erfasst auch die Bürgschaft (BGHZ 72, 198, 201). Ist – wie bei der Unterhaltsverpflichtung nach §§ 1361, 1601 iVm 1603 – die Hauptschuld bereits tatbestandlich an die Leistungsfähigkeit des Hauptschuldners geknüpft, so mindert sich auch die Bürgenschuld entspr (RGZ 163, 91, 99; Erman/*Herrmann* § 767 Rz 5).

6 Haben die Parteien eine **Novation** vereinbart, so geht – abgesehen von den Fällen des § 356 HGB – die Bürgschaft unter (BGH NJW 99, 3708, 3709). Wegen der einschneidenden Rechtsfolgen für den Gläubiger soll **im Zweifel** keine Novation, sondern lediglich eine Vertragsänderung vorliegen (BGH NJW 03, 59). Wird eine bankinterne Umschuldung wie die Umwandlung eines Kontokorrentkredits in ein Darlehen vorgenommen, bleibt die Bürgschaftsforderung bestehen (BGH NJW 99, 3708, 3709). Ein Vergleich über die Hauptforderung führt idR nicht zur Novation (s. § 779 Rn 19); die Verpflichtung aus der Bürgschaft bleibt bestehen (Hamm NJW 05, 2238, 2239). Ist nur ein Teil der Forderung durch die Bürgschaft gesichert, so gilt § 366 II (s. § 765 Rn 63).

7 **III. Wechsel des Schuldners bzw des Gläubigers.** Im Fall einer befreienden Schuldübernahme der Hauptschuld erlischt die Bürgschaft nach **§ 418** I. Diese Vorschrift gilt entspr bei einer Vertragsübernahme auf **Schuldnerseite** (Hamm WM 90, 1152, 1154). Dies gilt jedoch nicht, wenn der Bürge selbst zu den ausscheidenden Gesellschaftern gehört und der Schuldnerwechsel auf seiner eigenen Maßnahme beruht (BGH NJW 93, 1917, 1918). Die Auslegung des Bürgschaftsvertrages kann ergeben, dass der Bürge auch für den Rechtsnachfolger haftet (München WM 98, 1966, 1968: Übernahme der Hauptschuld durch GmbH). Eine Formularklausel, wonach der Bürge auch bei einer Vertragsübernahme haftet, verstößt gegen § 307 I, wenn der Bürge danach für einen unbeteiligten Dritten einstehen müsste (DerlKnopsBa/*Knops* § 20 Rz 16).

8 Bei der **Vertragsübernahme** auf **Gläubigerseite** tritt dieser in vollem Umfang in den Bürgschaftsvertrag ein, wenn der Personenwechsel für den Bürgen keine Erhöhung des eingegangenen Risikos bedeutet (BGHZ 95, 88, 96). Im Falle einer **Gesamtrechtsnachfolge** auf **Gläubigerseite** bleibt die Bürgschaft dem Nachfolger in vollem Umfang erhalten (BGHZ 77, 167, 170 f).

9 Der **Formwechsel** einer Gesellschaft ändert an der Identität des Rechtsträgers nach § 202 I Nr 1 UmwG und damit an dem Fortbestand der Bürgschaft nichts (vgl BGH NJW 93, 1917, 1919). Ebenso wenig erlischt eine Bürgschaft für Verbindlichkeiten einer Personengesellschaft, wenn alle Gesellschafter bis auf einen ausscheiden und diesem die Gesellschaftsanteile anwachsen. Allerdings erstreckt sich die Haftung in diesem Fall nicht auf neue vom Einzelkaufmann begründete Verbindlichkeiten (für die KG: BGH aaO).

10 **IV. Untergang und Vermögenslosigkeit des Hauptschuldners.** Geht der Hauptschuldner als juristische Person unter – dies ist nicht beim Formwechsel der Fall, s. Rn 9 –, erlischt grds auch die Bürgschaft (vgl RGZ 153, 338, 343; da eine entschädigungslose Enteignung keinen Untergang des Hauptschuldners darstellt, bestehen Hauptschuld und Bürgschaft in einem solchen Fall fort: BGHZ 31, 168, 171). Geht der Hauptschuldner **infolge Vermögenslosigkeit** unter, insb im Falle einer Löschung nach § 141a FGG, bleibt die Bürgschaft bestehen: Der Sicherungszweck der Bürgschaft geht in diesem Fall dem Akzessorietätsgrundsatz vor (arg § 768 I 2; BGHZ 82, 323, 326 f; 153, 337, 340; ZIP 09, 1608, 1609). Aus demselben Grund besteht die Bürgschaftsforderung in der Insolvenz des Hauptschuldners fort (Vor § 765 Rn 47).

11 **C. Gesetzliche Veränderungen des Hauptschuldumfangs (§ 767 I 2, II).** Nach § 767 I 2 haftet der Bürge auch für **Sekundäransprüche** des Gläubigers. Hierzu gehören Schadensersatzansprüche nach §§ 280 ff sowie Ansprüche wegen Verzugs nach §§ 286 f. Überdies haftet er nach § 767 II für die **Kosten** der Kündigung und die Kosten der Rechtsverfolgung (RGZ 56, 256, 257; Schleswig WM 07, 1972; Staud/*Horn* § 767 Rz 33), nicht aber für die Kosten eines Anfechtungsprozesses nach InsO (BGH NJW 09, 1879, 1880).

12 Führt eine Umschuldung zu einer Reduktion der verbürgten Hauptforderung, so haftet der Bürge auch für mit der Umstellung verbundene Kosten, wie **Vorfälligkeitsentschädigung** und **Bereitstellungszinsen** (Frankf ZIP 02, 567 ff; BaRoth/*Rohe* § 767 Rz 17). Der Bürge muss eine nachteilige Anpassung der Hauptschuld

wegen **Wegfalls der Geschäftsgrundlage** (§ 313) nicht gegen sich gelten lassen, die ursprüngliche Haftung bleibt bestehen (Ddorf WM 01, 2382, 2384 f). Bei einem vom Hauptschuldner zu vertretenden **Rücktritt** sichert der Bürge den Rückgewähranspruch des Gläubigers nach §§ 323, 326 V, 324 (Erman/*Hermann* § 767 Rz 10; MüKo/*Habersack* § 767 Rz 7; aM Hambg MDR 64, 324; Palandt/*Sprau* § 767 Rz 2. Zum Bereicherungsanspruch bei Nichtigkeit s. Rn 4).

D. Rechtsgeschäftliche Erweiterungen der Hauptschuld (§ 767 I 3). § 767 I 3 ist Ausprägung des Verbots der Fremddisposition (BGHZ 130, 19, 33; 137, 153, 156; NJW 00, 2580, 2582); die Regelung gilt auch für Verwertungsvereinbarungen zwischen einem absonderungsberechtigten Gläubiger und dem Insolvenzverwalter des Hauptschuldners (BGH NJW 06, 228, 230: keine Verschärfung des Haftungsrisikos des Bürgen durch solch eine Absprache). Während nach Abschluss des Bürgschaftsvertrages vereinbarte **Einschränkungen** der Haftung des Bürgen ohne weiteres zulässig sind (BGH NJW 99, 3708, 3709), bedarf eine nach Übernahme der Bürgschaft getroffene, die **Haftung erweiternde** Vereinbarung zwischen Gläubiger und Schuldner einer einvernehmlichen Abänderung des Bürgschaftsvertrags (BGH BauR 2005, 873, 874; Staud/*Horn* § 767 Rz 40; *Schwenker* BauR 08, 175, 178 ff; anders Palandt/*Sprau* § 767 Rz 3: einseitige Zustimmung durch Bürgen), die unter Beachtung der Formvorschriften in aus §§ 766 BGB, 350 HGB zu erfolgen hat. Dies gilt nicht für unwesentliche Erweiterungen, wenn es dem Bürgen nach Treu und Glauben zugemutet werden kann, sich an seiner Verpflichtung festhalten zu lassen (BGH WM 62, 700, 701). 13

Str ist, ob ein abstraktes Schuldversprechen oder -anerkenntnis nach §§ 780, 781 wegen des damit einhergehenden Neubeginns der Verjährung (§ 212 I Nr 1) die Hauptschuld erweitert: Dann kann sie dem Bürgen nach § 767 I 3 nicht entgegen gehalten werden (so Ddorf MDR 75, 1019; dagegen München 19 U 4232/05 v 19.1.06: Bürge müsse mit Verjährungsverlängerung rechnen. Dieses Argument stellt die regelmäßige Verjährung des Bürgschaftsanspruchs – s. Vor § 765 Rn 38 – zu Unrecht zur Disposition des Hauptschuldners; s.a. § 768 Rn 14). 14

Ebenso wenig erfasst die Bürgschaft eine Vereinbarung, welche die Tilgungsregelung **zu Lasten des Bürgen** verschlechtert (BGH NJW 80, 2412, 2413; 00, 2580, 2581) oder einen schulderweiternden Vergleich nach § 779 (Erman/*Herrmann* § 767 Rz 9). Wird eine Auswechslung des Hauptschuldners vorgenommen (BGH NJW 93, 1917, 1918; anders beim Formwechsel, s. Rn 9) oder die Geschäftsverbindung zwischen Gläubiger und Hauptschuldner gekündigt (BGH NJW 89, 27, 28), haftet der Bürge nicht für die nach dem Schuldnerwechsel oder der Kündigung neu begründeten Verbindlichkeiten. 15

E. Beweislast. Der Gläubiger trägt die Beweislast für die Begründung, der Bürge für die Erfüllung der Hauptschuld (s. Vor § 765 Rn 44). Die Tilgung der Hauptforderung durch Nebenbürgen muss der Gläubiger darlegen: Sekundäre Behauptungslast, Kobl ZIP 06, 1438, 1439. Dabei kann sich der Bürge stets, der Gläubiger nur bei erfolgter Streitverkündung auf ein Urt über das Rechtsverhältnis zwischen Gläubiger und Hauptschuldner berufen (s. Vor § 765 Rn 43). 16

§ 768 Einreden des Bürgen. (1) ¹Der Bürge kann die dem Hauptschuldner zustehenden Einreden geltend machen. ²Stirbt der Hauptschuldner, so kann sich der Bürge nicht darauf berufen, dass der Erbe für die Verbindlichkeit nur beschränkt haftet.
(2) Der Bürge verliert eine Einrede nicht dadurch, dass der Hauptschuldner auf sie verzichtet.

A. Einführung: Normzweck und praktische Bedeutung. Die Vorschrift ist eine weitere Ausprägung des Akzessorietätsprinzips (Vor § 765 Rn 10): Dem Bürgen sollen ggü dem Gläubiger **alle rechtlichen Verteidigungsmittel** des Hauptschuldners zustehen (Mot II 661; RGZ 34, 153, 156 f). Dieser Grundsatz wird durch die Regelungen in § 768 I 2 u § 768 II (der funktional § 767 I 3 entspricht) **eingeschränkt**. Als Verteidigungsmittel steht § 768 dem Bürgen nur solange zur Verfügung wie die Hauptforderung besteht: Geht sie unter, greift § 767 (s. § 767 Rn 3 ff). 1

Die **Pflicht des Bürgen zur Erhebung von Einreden** des Hauptschuldners ggü dem Gläubiger wird bestimmt durch das Verhältnis zwischen Hauptschuldner und Bürgen (vgl § 765 Rn 7). Macht der Bürge vertrags- und/oder treuwidrig dem Hauptschuldner zustehende Einreden ggü dem Gläubiger nicht geltend, so kann sich dies auf seinen Regressanspruch auswirken (§§ 774 I 3, 670; RGZ 59, 207, 209; 146, 67, 71). Hat der Hauptschuldner auf eine Einrede verzichtet (Rn 14), ist auch der Bürge berechtigt, aber nicht verpflichtet, auf sie zu verzichten. 2

Die Regelungen in § 768 sind **begrenzt dispositiv**: In der Praxis werden die Rechte des Bürgen aus § 768 oft – insb bei der **Bürgschaft auf erstes Anfordern** (s. § 765 Rn 74 ff) – im Bürgschaftsvertrag abbedungen. Dies ist individualvertraglich bis zur Grenze des Rechtsmissbrauchs zulässig (BGH NJW 80, 445, 446). 3

Eine **Formularklausel**, die dem Bürgen den Schutz des § 768 umfassend entzieht, ist mit wesentlichen Grundgedanken der gesetzlichen Regelung nicht vereinbar. Sie schränkt die Rechte des Bürgen unangemessen ein und ist daher nach § 307 II 1 unwirksam (BGHZ 95, 350, 356 f; 147, 99, 104; NJW 01, 2327, 2329; 03, 59, 61). Die Verpflichtung des Hauptschuldners zur Sicherungsbestellung bleibt bestehen (BGH NJW 09, 1664, 1666). 4

5 B. Einreden iSd § 768 I 1. § 768 betrifft die Durchsetzung der Forderung durch den Gläubiger gegen den Bürgen. Unter den Begriff der **Einreden** iSd § 768 I 1 fallen daher nicht nur solche im traditionellen prozessualen Sinne, sondern sämtliche Einreden des Hauptschuldners (BGHZ 107, 210, 214), also sämtliche dem Hauptschuldner ggü der Hauptforderung zustehenden dilatorischen (vorübergehenden) und alle peremptorischen (dauernden) Einwendungen. Dabei bindet den Bürgen kein Titel des Gläubigers gegen den Hauptschuldner (s. Vor § 765 Rn 43 für Urt; BGH WM 04, 1648, 1651 für bestandskräftigen Steuerbescheid).

6 1. Grundfälle. Zu den Einreden iSd § 768 I 1 gehört insb die **Verjährung** der Hauptforderung (s. zB BGH BB 07, 2591; Ausnahmen: (1.) uU bei Gewährleistungsbürgschaften, s. § 765 Rn 84, u (2.) bei atypischer Vertragsgestaltung: BGH NJW 01, 2327, 2329 f). Der Bürge kann sich auch dann auf die Verjährung berufen, wenn diese erst nach Erhebung der Bürgschaftsklage eintritt und der Bürge nach § 773 I Nr 1 selbstschuldnerisch haftet (BGHZ 76, 222, 226: dem Gläubiger ist zuzumuten, erforderlichenfalls zwei Klagen zu erheben; 139, 214, 216 f). Dies gilt auch, wenn die Hauptschuldnerin zuvor durch Vermögensverfall untergegangen – dazu § 767 Rn 10 – ist (BGHZ 153, 337, 339 ff; krit *Peters* NJW 04, 1430 f). Tritt die Verjährung erst nach rechtskräftiger Verurteilung des Bürgen ein, kann dieser eine Vollstreckungsgegenklage nach § 767 ZPO erheben (BGH NJW 99, 278, 279). In diesen Fällen muss der Gläubiger ggü dem Hauptschuldner eine die Verjährung unterbrechende Maßnahme iSd § 204 I ergreifen. Weder § 216 I noch § 215 (§ 390 2 aF; BGHZ 138, 49, 53 f) gelten entspr.

7 Außerdem gehören zu den Einreden iSd § 768: die noch **ausstehende Fälligkeit** (Staud/*Horn* § 768 Rz 16); die **Nichterfüllung des Hauptvertrages** nach § 320 (Staud/*Horn* § 768 Rz 10); des **Zurückbehaltungsrecht** nach § 273 (BGHZ 24, 97, 99; BGH WM 65, 578, 579); der **Wegfall der Geschäftsgrundlage** nach § 313 I (Palandt/*Sprau* § 768 Rz 6); die **Stundung** (RGZ 153, 123, 125; BGH NJW 01, 2327, 2329); der Einwand der **unzulässigen Rechtsausübung** (Köln ZIP 98, 150, 151); die Einrede der **ungerechtfertigten Bereicherung** (BGHZ 107, 210, 214; ZIP 01, 833, 835 f; a.A. LG München ZIP 09, 1902); die Einrede der **unerlaubten Handlung** nach § 853 (wobei dem Bürgen diese Einrede auch zusteht, wenn der Hauptschuldner die Anfechtungsfrist des § 124 versäumt hat, BGHZ 95, 350, 357); der Einwand der **Vertragsanpassung** aus § 311 II, III (BGH NJW 99, 2032: zu cic); sowie der **auf dem Recht des Mieters aus § 551 I gegründete Einwand** (BGHZ 107, 210, 214).

8 Hat der Gläubiger dem Bürgen den Streit verkündet (vgl Vor § 765 Rn 42), können dem Bürgen aufgrund der Interventionswirkung nach § 68 ZPO Einreden nach §§ 768, 770 verwehrt sein (BGH NJW 69, 1480, 1481).

9 2. Sonderfälle. Besondere Erscheinungsformen der Bürgschaft bringen eigene Einreden mit sich: (1.) Der Bürge einer **Bürgschaft auf erstes Anfordern** kann nach § 768 ggü dem Gläubiger einwenden, zwischen dem Gläubiger und dem Hauptschuldner sei nur die Stellung einer normalen Bürgschaft vereinbart worden (§ 765 Rn 79). (2.) Es ist eine Auslegungsfrage, ob ein pactum de non petendo zwischen Gläubiger und Hauptschuldner auch zu Gunsten des **selbstschuldnerischen Bürgen** wirkt (Hamm WM 95, 153, 154 f; Palandt/*Sprau* § 768 Rz 6). Leistet der Bürge in Unkenntnis der Einrede, so kann er die Leistung – außer bei der Einrede der Verjährung (§§ 813 I 2, 214 II) – nach § 813 I 1 zurückfordern.

10 Ungeklärt ist, ob dem Bürgen für eine Kapital ersetzende Hauptverbindlichkeit ggü dem Gläubiger nach § 768 I 1 die **Einrede des Kapitalersatzes** der Hauptschuld zusteht (offen gelassen bei BGH IX. ZS NJW 96, 1341, 1342; dagegen: *K Schmidt* ZIP 81, 689, 696). Die Einrede ist jedenfalls dann abgeschnitten, wenn der Bürge – etwa der Gesellschafterbürge (s. Vor § 765 Rn 22) – die finanzielle Krise bei Abgabe der Bürgschaft kannte (BGH NJW 96, 1341, 1342). Wie bei der Wertung zum Fortbestand der Bürgschaft bei Untergang des Hauptschuldners wegen Vermögenslosigkeit (s. § 767 Rn 10) geht der Sicherungszweck der Bürgschaft dem Dogma der Akzessorietät vor (s.a. BGH WM 08, 1350, 1352).

11 C. Nicht unter § 768 I 1 fallende Einreden (inkl § 768 I 2). Nicht unter § 768 I 1 fallen: (1.) **rechtsvernichtende** Einwendungen; sie stehen dem Fortbestand der Forderung entgegen und fallen daher bereits unter § 767 (vgl § 767 Rn 5); (2.) noch nicht ausgeübte **Gestaltungsrechte** des Hauptschuldners; diese werden von § 770 erfasst (Erman/*Herrmann* § 768 Rz 2); (3.) **Wahlrechte** des Hauptschuldners nach § 262 (Palandt/*Sprau*, § 768 Rz 4);

12 (4.) nach **§ 768 I 2** die Einreden der **beschränkten Erbenhaftung** aus §§ 1973 f, 1989-1992, 2014 f. Vor dem Hintergrund des Sicherungszwecks der Bürgschaft ist dies nur konsequent, da der Gläubiger gerade im Falle der Unzulänglichkeit des Vermögens des Hauptschuldners geschützt werden soll (*Larenz/Canaris* Schuldrecht II/2, § 60 III 1 d);

13 (5.) die **Notbedarfseinrede** des Schenkers aus § 519 (Soergel/*Mühl* § 768 Rz 2): Seine Bedürftigkeit steht dem Vermögensverfall gleich (vgl § 767 Rn 10); (6.) **eigene** Einreden und Einwendungen des Bürgen, die dieser aufgrund des Bürgschaftsvertrages (zB Verjährung der Bürgschaftsforderung: vgl Vor § 765 Rn 38) oder aus sonstigen, nicht im Zusammenhang mit der Hauptschuld stehenden Gründen (Aufrechnung mit eigener Forderung, vgl BGH WM 65, 578, 579; Verwirkung: BGH WM 84, 586) gegen den Gläubiger hat. Hier wird § 768 nicht benötigt.

D. Verzicht des Hauptschuldners (§ 768 II). Die Regelung in § 768 II schützt den Bürgen vor einem Einredeverzicht des Hauptschuldners ggü dem Gläubiger oder kollusivem Zusammenwirken von Gläubiger und Hauptschuldner (vgl § 328 Rn 11: Kein Vertrag zu Lasten Dritter); s. zB BGH BB 07, 2591 zum Verjährungsverzicht. Der Bürge verliert eine ihm nach § 768 I 1 zustehende Einrede auch nicht, wenn der Hauptschuldner selbst sie durch sein **Prozessverhalten** verliert: zB Verlust der Einrede der Verjährung durch Versäumnisurteil (BGHZ 76, 222, 230 f) oder uU durch Anerkenntnis (s. § 212 I Nr 1; str: idS Ddorf MDR 75, 1019; Palandt/*Sprau* § 768 Rz 9; MüKo/*Habersack* § 768 Rz 8; aA: Kiel JW 33, 2343; München 19 U 4232/05 v 19.1.06; s.a. § 767 Rn 14. Dies muss im Einzelfall entschieden werden: Ein Anerkenntnis kann auch Schaden mindernd sein, § 767 II iVm § 254; s.a. Staud/*Horn* § 768 Rz 3). Will der Gläubiger die Verwertbarkeit der Bürgschaft bei drohender Verjährung der Hauptschuld sicherstellen, sollte er den Bürgen in die Rechtsverfolgung einbeziehen (s. Vor § 765 Rn 38, 42). 14

Verliert der Hauptschuldner eine Einrede nicht durch Verzichtserklärung, sondern **kraft Gesetzes**, verliert auch der Bürge die Einrede. So bindet der Aufrechnungsverzicht des Hauptschuldners auch den Bürgen (BGHZ 153, 293, 299 f). Dasselbe gilt bei der vorbehaltlosen Leistungsannahme und dem daraus nach § 341 III resultierenden Verlust des Anspruchs auf Vertragsstrafe (RGZ 53, 356, 358) sowie bei Verlust der Mängelrechte nach § 377 HGB (BGH NJW-RR 87, 1188, 1189). 15

§ 769 Mitbürgschaft. Verbürgen sich mehrere für dieselbe Verbindlichkeit, so haften sie als Gesamtschuldner, auch wenn sie die Bürgschaft nicht gemeinschaftlich übernehmen.

A. Übersicht: Normzweck und Bedeutung. Die Regelung in § 769 **weitet die Bürgenhaftung** im Interesse des Gläubigerschutzes **aus**: Mehrere Bürgen haften stets gesamtschuldnerisch, auch wenn sie nicht voneinander wissen. Die Regel in § 427, der eine Gesamtschuldschuldnerschaft nur bei gemeinsamer vertraglicher Verpflichtung entstehen lässt, ist unanwendbar (Mot II 667: modernes, einfaches und klares Recht). 1

§ 769 ist **dispositiv** (BGHZ 88, 185, 187; Mot II 667). **Gläubiger und Bürgen** können die gesamtschuldnerische Haftung ausschließen (**Nebenbürgschaft**, arg Kobl ZIP 06, 1438) und zB vereinbaren, dass ein Mitbürge aus der Haftung entlassen wird oder die Zahlung des einen Bürgen den **Fortbestand der Haftung** der anderen Bürgen nicht berührt (Ausschluss der Wirkung von § 423). Eine solche Vereinbarung zwischen Gläubiger und Mitbürge berührt den **Innenausgleich** zwischen den Mitbürgen regelmäßig nicht (BGHZ 88, 185, 188 ff; NJW 92, 2286, 2287; vgl *Wolf* NJW 87, 2472 ff). 2

B. Entstehung und Umfang. I. Mehrere Bürgschaftserklärungen für dieselbe Schuld. Eine Mitbürgschaft setzt Bürgschaftserklärungen von mindestens **zwei Bürgen** voraus. Vorbehaltlich des allg Formerfordernisses aus § 766 ist die Art und Weise der Bürgschaftserklärungen frei: gemeinschaftlich iSd § 427 oder gesondert in **einer oder in mehreren Urkunden** oder Erklärungen, **gleichzeitig oder zu verschiedenen Zeitpunkten** (Prot II 467 f), in **Kenntnis oder Unkenntnis der Mitverbürgung** (RGZ 77, 53, 55; 81, 414, 419). 3

Die Mitbürgschaft setzt die **Gleichstufigkeit** der Haftungsverhältnisse voraus (BGH NJW 86, 3131, 3132), dh die Bürgen müssen sich für **dieselbe Schuld** (oder denselben Teil einer Schuld) verbürgt haben. Verbürgen sich mehrere Bürgen in unterschiedlicher Höhe für dieselbe Verbindlichkeit, so liegt bis zur gemeinsamen Haftungsgrenze Mitbürgschaft – und nicht Teilbürgschaft (s. Rn 5) – vor (implizit RGZ 81, 414, 419; Hamm WM 84, 829; Stuttg ZIP 90, 445, 446). Indiz für die Begründung von Mitbürgschaften ist es, wenn sich die einzelnen Bürgschaftssummen jeweils mit dem Gesamtbetrag der Hauptverbindlichkeit decken oder die Bürgschaften jeweils in unbegrenzter Höhe übernommen wurden (*Weber* Kreditsicherheiten, 79 f). 4

Hingegen liegt mangels Gleichstufigkeit **keine Mitbürgschaft** zwischen Vor- und Nachbürgen (§ 765 Rn 93) und bei der Teilbürgschaft vor, bei der sich die Bürgen für verschiedene Teile einer Verbindlichkeit verbürgen (§ 765 Rn 106). Ist eine Vielzahl kleinerer Teilbeträge der Forderung verbürgt, liegen meistens Teilbürgschaften vor: Denn bei Annahme von Mitbürgschaften wäre im Widerspruch zum Parteiwillen ein Teil der Forderung nicht verbürgt (*Weber* Kreditsicherheiten, 79; *Beeser* BB 58, 970, 972). 5

II. Gegenseitige Abhängigkeit der Bürgschaftserklärungen. Ein (künftiger) Bürge kann seine Bürgschaft von der **Begründung einer Mitbürgschaft** als **Bedingung iSd § 158** abhängig machen (RGZ 138, 270, 273; BGH WM 74, 8, 10 f). Solch eine Bedingung muss idR ausdrücklich vereinbart sein oder sich durch Vertragsauslegung aus den Umständen ergeben (Köln BB 99, 758). Ein Motivirrtum über die Existenz eines Mitbürgen berechtigt idR nicht zur Anfechtung: s. § 765 Rn 45. 6

Die Anwendung von § 139, die zur **Nichtigkeit** sämtlicher Mitbürgschaften führen kann, kommt überhaupt nur in Betracht, wenn ein gemeinschaftlicher Mitbürgschaftsvertrag iSd § 427 vorliegt. Jedoch ist die Bürgschaftserklärung eines Mitbürgen in diesem Fall trotz der Unwirksamkeit einer anderen (Mit-)Bürgschaftserklärung regelmäßig entgegen dem Regelfall von § 139 wirksam, da es regelmäßig zwischen den Parteien zu einer Willenseinigung dahingehend kommt, dass eine Mitbürgschaft bestehen bleiben soll, wenn eine andere ausbleibt (RGZ 138, 270, 272; vgl auch 99, 52, 56; Soergel/*Mühl* § 769 Rz 2). Die Unwirksamkeit eines Bürgschaftsvertrages mit einem Mitbürgen stellt idR auch **keinen Wegfall der Geschäftsgrundlage** (§ 313) für die übrigen Mitbürgschaftsverträge dar (Frankf NJW-RR 88, 496, 497 unter Hinweis auf das Sicherungsinteresse des Gläubigers). 7

8 **C. Rechtsfolge. I. Außenverhältnis Mitbürge – Gläubiger.** Die Mitbürgen haften dem Gläubiger im Außenverhältnis als Gesamtschuldner nach Maßgabe der §§ 421–425. Insb kann der Gläubiger jeden Mitbürgen nach § 421 nach seinem Belieben in Anspruch nehmen (*Bayer* ZIP 90, 1523, 1525). Er kann auch auf einen Anspruch aus Mitbürgschaft verzichten.

9 **II. Innenverhältnis zwischen Mitbürgen.** Im Innenverhältnis gelten §§ 774 II, 426 I 1, es sei denn, die **Mitbürgen untereinander** treffen eine abw Haftungsverteilung (*Bayer* ZIP 90, 1523, 1528). Etwaige Vereinbarungen zwischen **Gläubiger und Mitbürgen** oder Verzichtserklärungen des Gläubigers ggü einem Mitbürgen berühren dieses Innenverhältnis nach der Rspr nicht (s. Rn 2). Deshalb werden die Voraussetzungen von § 776 nicht erfüllt: Da ein Mitbürge stets von anderen Mitbürgen nach § 774 II Ersatz erlangen kann, können Gläubiger und Mitbürge den gesetzlichen Gesamtschuldnerausgleichsanspruch eines (anderen) Mitbürgen nicht ohne dessen Zustimmung (durch Vertrag oder einseitige Verzichtserklärung) begrenzen (BGH NJW 92, 2286, 2287; s. § 776 Rn 2, 12); arg kein Vertrag zu Lasten Dritter. § 776 ist insoweit eine tote Norm.

10 Nimmt der Gläubiger **einen Mitbürgen in Anspruch**, so kann dieser von den anderen Mitbürgen verlangen, ihn von der Verbindlichkeit in der Höhe **zu befreien**, die der jeweiligen internen Ausgleichspflicht entspricht (BGH NJW 86, 3131, 3132). Gibt der Mitbürge eine ihm vom Hauptschuldner bestellte Sicherheit auf, so wirkt sich dies grds nicht auf den Ausgleichsanspruch des Mitbürgen aus. Im Einzelfall kann aufgrund der Sicherungsabrede zwischen den Beteiligten etwas anderes gelten (RG JW 1905 486 Nr 3).

§ 770 Einreden der Anfechtbarkeit und der Aufrechenbarkeit. (1) Der Bürge kann die Befriedigung des Gläubigers verweigern, solange dem Hauptschuldner das Recht zusteht, das seiner Verbindlichkeit zugrunde liegende Rechtsgeschäft anzufechten.
(2) Die gleiche Befugnis hat der Bürge, solange sich der Gläubiger durch Aufrechnung gegen eine fällige Forderung des Hauptschuldners befriedigen kann.

1 **A. Inhalt, Bedeutung (analoge Anwendung), Abdingbarkeit und Verzicht.** Die Regelung in § 770 ergänzt § 768 (s. § 768 Rn 11) und gibt dem Bürgen – auch dem selbstschuldnerischen, Prot II 471 – ggü dem Gläubiger **Leistungsverweigerungsrechte** (verzögerliche Einreden). I 1 stellt auf das nur dem Hauptschuldner zustehende (RGZ 59, 207, 210; 122, 146, 147) Gestaltungsrecht der **Anfechtung** ab und ist Ausdruck der Akzessorietät (s. Vor § 765 Rn 10). Das Recht aus II stellt auf die **Aufrechnungsmöglichkeit des Gläubigers** ab und stellt eine Ausprägung des Subsidiaritätsprinzips (s. Vor § 765 Rn 12) dar. So soll der Gläubiger zunächst beim Hauptschuldner Befriedigung suchen, bevor er sich beim Bürgen gütlich hält (BGHZ 95, 350, 361; 153, 293, 299).

2 Wenn der Hauptschuldner (§ 770 I) bzw der Gläubiger (§ 770 II) auf das **Gestaltungsrecht verzichtet**, verliert der Bürge sein Leistungsverweigerungsrecht aus § 770 I oder II, weil dieses vom Bestand des jeweiligen Gestaltungsrechts abhängig ist (Gegensatz zur Regelung in § 768 II für den Verzicht des Hauptschuldners auf Einreden). Bereits ausgeübte Gestaltungsrechte fallen nicht unter § 770: Sie wirken sich auf den Bestand der Hauptschuld aus und fallen unter § 767 I 1 (Erman/*Herrmann* § 770 Rz 1).

3 § 770 I ist vorbehaltlich der Abbedingung (Rn 4) **analog** anwendbar auf **sonstige Gestaltungsrechte**, wie zB Wahlrecht des Hauptschuldners (§ 263, dazu differenzierend Staud/*Horn* § 770 Rz 21); Rücktritt (kraft Vertrages nach § 346 oder kraft Gesetzes, zB § 323); Widerrufs- und Rückgaberecht nach § 355 ff (s. Vor §§ 765 ff Rn 35); Minderung (Kauf: § 437 Nr 2; Werkvertrag § 634 Nr 3). Wie den Bürgen schützt der Rechtsgedanke von § 770 I auch den **Miterben**: s. § 2040 Rn 6.

4 Die Vorschrift ist **begrenzt dispositiv**: Sie kann individualvertraglich ganz oder teilweise (s. Rn 10 aE) abbedungen werden. Ein **Verzicht** des Bürgen auf eine Einrede aus § 770 kann auch implizit **mit Abschluss des Bürgschaftsvertrages** erklärt werden: So wenn der Bürge die Anfechtbarkeit der dem Hauptschuld zugrunde liegenden Rechtsgeschäfts kannte (vgl Prot II 466; RGRK/*Mohrmann* § 770 Rz 2; Staud/*Horn* § 770 Rz 16).

5 Für **AGB** ist zu unterscheiden: (1.) Der Verzicht auf die **Einrede der Anfechtbarkeit** (§ 770 I) ist nach der Rspr derzeit wohl (noch) **zulässig** (BGHZ III. ZS 95, 350, 357; vgl BaRoth/*Rohe* § 770 Rz 4; *Lettl* WM 00, 1316, 1324), **aber zweifelhaft** (so BGH, IX. ZS, NJW 98, 1939, 1941; 01, 2466, 2468; Habersack/*Schürnbrand* JZ 03, 848, 849: rechnen mit einer Umkehr der Rspr; s.a. MüKo/*Habersack* § 770 Rz 3: unwirksam); (2.) Der Verzicht auf die **Einrede der Aufrechenbarkeit** (§ 770 II) ist nach dem Rechtsgedanken in § 309 Nr 3 jedenfalls dann **unangemessen iSv § 307**, wenn der Ausschluss auch für den Fall gilt, dass die Gegenforderung des Hauptschuldners unbestr oder rechtskräftig festgestellt ist (BGHZ 153, 293, 299; 156, 302, 310; NJW 04, 2232, 2235: alle entgegen dem auch sub (1.) in Zweifel gezogenen Urt BGHZ 95, 350). Im Wege einer ergänzenden Auslegung kann an die Stelle des unwirksamen Verzichts eine selbstschuldnerische Bürgschaft treten (Ddorf 22 U 113/07 v 30.5.08).

6 Ein Verzicht umfasst nicht die **Einrede der unzulässigen Rechtsausübung** (BGH NJW 91, 2908, 2909) sowie die **Arglisteinrede** nach § 853 (BGHZ 95, 350, 357). Der Bürge kann sich trotz eines Verzichts immer noch darauf berufen, dass der Hauptschuldner die Anfechtung (BGHZ 95, 350, 356) oder die Aufrechnung wirksam erklärt hat und damit die Bürgschaft **nach § 767 I untergegangen** ist (s. Rn 2 aE).

B. Einzelheiten. I. Einrede der Anfechtbarkeit (Abs 1). Die Leistungsverweigerung des Bürgen aus § 770 I 7
setzt eine **Anfechtungsmöglichkeit** des Hauptschuldners nach §§ 119 ff voraus. Von praktischer Bedeutung
ist die Einrede der Anfechtbarkeit va in den Fällen von § 123 (arglistige **Täuschung des Hauptschuldners,
Drohung**), weil das Anfechtungsrecht in allen anderen Fällen nach § 121 erlischt, wenn es nicht unverzüglich
durch den Hauptschuldner nach Kenntniserlangung ausgeübt wird (BGHZ 95, 350, 357). Mit Ablauf der
Anfechtungsfrist – oder bei anderweitigem Verlust des Anfechtungsrechts (zB durch Bestätigung des Hauptschuldners
nach § 144) – erlischt das Leistungsverweigerungsrecht des Bürgen aus § 770 I (RGZ 66, 332, 333).
Unberührt bleiben Anfechtungsrechte des Insolvenzverwalters (München WM 08, 442, 443).

II. Einrede der Aufrechnungsbefugnis (Abs 2). 1. Fälligkeit der Gegenforderung des Hauptschuldners. 8
Die **Gegenforderung des Hauptschuldners** muss nach dem Wortlaut von § 770 II **fällig** sein. Die Anforderung
ist strenger als nach § 387 (§ 387 Rn 17): Die dem Gläubiger im Zweifel nach § 271 II zustehende
Berechtigung, bereits vor der Fälligkeit zu zahlen, reicht nicht aus (MüKo/*Habersack* § 770
Rz 7). Es reicht
hingegen aus, wenn der Gläubiger **Klage auf künftige Leistungen nach §§ 257 ff ZPO** erheben kann; denn
wenn der Kläger sein Erfüllungsverlangen verfahrensrechtlich ausnahmsweise (wegen der besonderen
Voraussetzungen der §§ 257 ff ZPO) schon jetzt (bezogen auf den jeweiligen späteren Fälligkeitstermin) geltend
machen kann, so muss auch der Bürge rechtlich in der Lage sein, sich schon jetzt auf jenes Leistungsverweigerungsrecht
zu berufen (BGHZ 38, 122, 129).

2. Maßgeblichkeit der Aufrechnungsbefugnis des Gläubigers. Zur Fälligkeit oder Klagbarkeit der Hauptforderung 9
(s. Rn 8) muss die Aufrechnungsbefugnis **des Gläubigers** hinzukommen: Unerheblich ist, ob dem
Hauptschuldner ein Aufrechnungsrecht zusteht oder ob er es (zB nach § 767 II ZPO) verloren hat (BGHZ
153, 293, 301 f; vgl hierzu *Habersack/Schürnbrand* JZ 03, 848).
Erlischt die Aufrechnungsbefugnis des Gläubigers, verliert der Bürge sein Leistungsverweigerungsrecht. Bsp: 10
(1.) Der Gläubiger erfüllt die Forderung, mit der er sonst hätte aufrechnen können (RG WarnR 12 Nr 303),
(2.) der Gläubiger nutzt sein Bestimmungsrecht aus § 396 I 1 und rechnet mit einer anderen als der verbürgten
Forderung gegen den Anspruch des Hauptschuldners auf (BGH NJW 84, 2455). Im Einzelfall kann den
Bürgen die Berufung auf Treu und Glauben schützen: wenn der Gläubiger (nachweisbar) bei der Aufrechnung
nur zum Schaden des Bürgen handelt (BGH aaO); (3.) der Gläubiger verliert seine Aufrechnungsbefugnis
durch eine ungenaue Aufrechnungserklärung kraft gesetzlicher Bestimmung (§ 396 I 2 iVm § 366 II, BGH
aaO). Der Bürgschaftsvertrag kann die Wirkung einer Aufrechnung mit der verbürgten Forderung durch ein
Verbot beschränken.
Str ist, ob über den Wortlaut von § 770 II hinaus dem Bürgen die Einrede der Aufrechenbarkeit auch dann 11
zustehen soll, wenn (1.) der Gläubiger sein **Aufrechnungsrecht verwirkt** hat (§ 393), (2.) das Gesetz sein
Aufrechnungsrecht anderweitig ausschließt (§ 394) oder (3.) der Gläubiger – soweit dies zulässig ist (s. Rn 4,
5) – vertraglich auf sein Aufrechnungsrecht verzichtet hat. Das Reichsgericht lehnte dies ab, der Bürge sei
(meist) über §§ 273, 768 I hinreichend geschützt (RGZ 137, 34, 36 f). Der BGH hat dies unter Hinweis auf
diesen Schutz bisher offen gelassen (BGHZ 24, 97, 99 (VII. ZS); 42, 396, 398 (VIII. ZS); vgl *Habersack/
Schürnbrand* JZ 03, 848, die davon ausgehen, dass der BGH dem RG folgen wird). In der Lit wird dies zT
befürwortet (RGRK/*Mormann* § 770 Rz 4; MüKo/*Habersack* § 770 Rz 10; Soergel/*Mühl* § 770 Rz 6; *Medicus*
JuS 71, 497, 501 Fn 26; aA Staud/*Horn* § 770 Rz 10). Man wird nach den Fallgruppen unterscheiden und die
analoge Anwendung von § 770 II beim Aufrechnungsverbot aus § 393 genauso anwenden müssen („Keine Unerlaubte
Handlung zu Lasten Dritter"). Beim Aufrechnungsausschluss aus § 394 geht es hingegen um ein wirtschaftliches
Risiko, dass der Bürge gerade tragen soll (arg Sicherungszweck der Bürgschaft, s. Vor § 765 Rn 1).
Im Einzelfall kann die Berufung (insb des selbstschuldnerischen Bürgen, § 773 I Nr 1) auf § 770 II rechtsmissbräuchlich 12
sein (BGH NJW 66, 2009 f).

C. Rechtsfolgen. Soweit dem Bürgen eine Einrede aus § 770 I oder II zusteht, ist die Klage des Gläubigers als 13
derzeit unbegründet abzuweisen (BGHZ 38, 122, 129 f). **Leistet der Bürge in Unkenntnis** seiner Rechte
nach § 770, kann er das Geleistete nicht nach § 813 I 1 zurückverlangen: Denn als nur verzögerliche (nicht:
dauernde) Einrede fallen die Einreden aus § 770 nicht unter § 813 (str; s. § 813 Rn 3; RGZ 68, 302, 304; 120,
280, 281 f; offen gelassen: BGH WM 63, 946, 965).

§ 771 Einrede der Vorausklage.
¹Der Bürge kann die Befriedigung des Gläubigers verweigern,
solange nicht der Gläubiger eine Zwangsvollstreckung gegen den Hauptschuldner ohne Erfolg versucht
hat (Einrede der Vorausklage). ²Erhebt der Bürge die Einrede der Vorausklage, ist die Verjährung des
Anspruchs des Gläubigers gegen den Bürgen gehemmt, bis der Gläubiger eine Zwangsvollstreckung
gegen den Hauptschuldner ohne Erfolg versucht hat.

A. Einführung: Übersicht und begrenzte praktische Bedeutung. Die Einrede der Vorausklage aus § 771 1
ist – wie auch § 770 II – **Ausdruck der Subsidiarität** der Bürgschaftsverbindlichkeit (Vor § 765 Rn 12). Die
ergänzenden Regelungen in §§ 772 und 773 beschränken die Anforderungen an die vorrangige Inanspruchnahme
des Hauptschuldners.

2 Der **Begriff** der „Einrede der Vorausklage" ist **irreführend**, da die Klage gegen den Hauptschuldner weder erforderlich noch ausreichend ist (so treffend Staud/*Horn* § 771 Rz 7; MüKo/*Habersack* § 771 Rz 2). Notwendig ist ein **erfolgloser Vollstreckungsversuch** gegen den Hauptschuldner (§ 772). Die Erhebung einer (Voraus-)Klage kann in diesem Zusammenhang notwendig sein, um einen Titel als Grundlage für die Vollstreckung zu erwirken. Die erst 2002 durch das Schuldrechtsmodernisierungsgesetz eingeführte Regelung in § 771 2 soll die Verjährung der Bürgschaftsforderung während des Zwangsvollstreckungsversuches vermeiden (BTDrs 14/7052, 206).

3 Die Regelung wird in der wirtschaftsrechtlichen Praxis **meist abbedungen**: Das BGB sieht die **selbstschuldnerische Bürgschaft** in § 773 I Nr 1 ausdrücklich vor, s. Vor § 765 Rn 17 u § 773 Rn 4. Häufig ordnet das **Gesetz** selbst die selbstschuldnerische Bürgschaft an (s. § 773 Rn 2 f zur **Tragweite** solcher Regelungen); so in: (1) §§ 232 II, 239 II für die **Sicherheitsleistung durch Bürgen**, (2) §§ 566 II 1, 578 für die **Haftung des** Wohnraum oder ein Grundstück veräußernden **Vermieters** als Bürge, (3) § 773 I Nr 2–4 für **Vollstreckungsschwierigkeiten** ggü dem Hauptschuldner (inkl Insolvenz), (4) § 1251 II für die Haftung des **Pfandgläubigers** als Bürge beim Pfandrechtsübergangs, (5) § 349 HGB für den **kaufmännischen Verkehr**, (6) § 2 II 3 MaBV für Bauträgerbürgschaften (s. § 765 Rn 86), (7) § 257 II InsO für bestimmte Verpflichtungen eines Dritten für die Erfüllung eines **Insolvenzplans**, (8) § 28e II 1 SGB IV für die Haftung des Entleihers von Arbeitnehmern für Sozialversicherungsbeiträge, dazu BGH NJW 05, 884, 886, (9) § 36 II 2 VerlagsG für die **Haftung der Insolvenzmasse eines Verlegers** bei der Übertragung von Verlagsrechten. In diesen Fällen ist eine Einschränkung der selbstschuldnerischen Verpflichtung jedenfalls durch AGB unzulässig (BGHZ 169, 1, 15 f zum Erfordernis eines vorherigen Urteils gegen oder Vergleichs mit dem Hauptschuldner).

4 § 771 ist **nicht entspr** anwendbar auf die Wechselverpflichtung (BGHZ 45, 210, 212), den Garantievertrag (MüKo/*Habersack* § 771 Rz 2) sowie den Schuldbeitritt (Staud/*Horn*, Vor § 765 Rz 363).

5 **B. Voraussetzungen. I. Erfolgloser Vollstreckungsversuch.** Es genügt die Zwangsvollstreckung aufgrund irgendeines Titels iSd §§ 704 I, 794 ZPO. Eine Verurteilung des Hauptschuldners ist nicht notwendig (Staud/*Horn* § 771 Rz 7). Ausreichend ist idR **ein Zwangsvollstreckungsversuch** (Mot II 669); für **Geldforderungen** bestimmt § 772 den an die Vollstreckungs- und Verwertungspflicht gestellten Umfang (s. § 772 Rn 1). Dem Bürgen steht die Einrede der Vorausklage selbst dann nicht zu, wenn der Hauptschuldner nach dem Zwangsvollstreckungsversuch wieder zu Vermögen gekommen ist (RGZ 92, 219, 220; Staud/*Horn* § 771 Rz 7). Der Zwangsvollstreckungsversuch muss **nach** Abschluss des Bürgschaftsvertrages erfolgt sein: **Zuvor** durchgeführte Vollstreckungsversuche genügen nicht, um die Einrede der Vorausklage auszuschließen (MüKo/*Habersack* § 771 Rz 7).

6 Bei **Gesamtschuldnern** muss der Gläubiger nur diejenigen Gesamtschuldner in Anspruch nehmen, für die der Bürge die Haftung übernommen hat (MüKo/*Habersack* § 771 Rz 4). Bei einer Bürgschaft für Verbindlichkeiten einer Personengesellschaft ist daher ein erfolgloser Zwangsvollstreckungsversuch in das Vermögen von **jedem** persönlich haftenden Gesellschafter erforderlich (Staud/*Horn* § 771 Rz 8; MüKo/*Habersack* § 771 Rz 4; Soergel/*Mühl* § 771 Rz 1; aM Palandt/*Sprau* § 771 Rz 1; RGRK/*Mormann* § 771 Rz 1): Denn der Bürge soll nach dem Leitbild des Gesetzgebers erst der Haftungsmasse des Hauptschuldners haften, zu der bei der OHG – und begrenzt bei der KG – auch das Vermögen der Gesellschafter gehört (§§ 161 II, 128 HGB). Wer dies vermeiden will (Stichwort: Publikums-KG), muss § 771 abbedingen: s. Rn 3.

7 Der Bürge kann den Gläubiger durch die Einrede der Vorausklage nicht auf eine vorherige Inanspruchnahme eines **Schuldmitübernehmers** – zB aus **Firmenfortführung** – verweisen (RG JW 11, 158: zu § 25 HGB; Staud/*Horn* § 771 Rz 8; s.a. Hambg OLGE 34, 82: Haftung aus Wechselakzept).

8 **II. Ausnahmen und Sonderfälle.** Bei einer **Ausfallbürgschaft** ist die Erhebung der Einrede der Vorausklage nicht notwendig: s. § 765 Rn 71 ff. Dem **Nachbürgen** (s. § 765 Rn 93 ff) steht hingegen eine Einrede der Vorausklage direkt aus § 771 (zum Verweis auf die vorgehende Vollstreckung gegen den Vorbürgen) und indirekt über § 768 (zum Verweis auf die vorgehende Vollstreckung gegen den Hauptschuldner) zu. Denn der Nachbürge kann die Einrede der Vorausklage auch als **Verweis auf die Vollstreckung gegen den Hauptschuldner** in dem Maße erheben, in dem sie dem Vorbürgen zusteht (Mot II 672; RGRK/*Mormann* § 771 Rz 2). Hat der Hauptbürge auf die Einrede der Vorausklage erst nach Abschluss des Nachbürgschaftsvertrages verzichtet, bleibt sie dem Nachbürgen gleichwohl erhalten (arg § 767 I 3, s.a. Staud/*Horn* § 771 Rz 4).

9 Dem **Rückbürgen** (§ 765 Rn 103) steht die Einrede der Vorausklage als **Verweis auf die Vollstreckung gegen den Hauptschuldner** unter den gleichen Voraussetzungen wie einem „gewöhnlichen" Bürgen zu (Staud/*Horn* § 771 Rz 4).

10 **C. Rechtsfolge.** Liegen die Voraussetzungen von § 771 I vor, hat der Bürge eine dilatorische Einrede. Diese muss er **im Prozess** geltend machen (vgl § 214 Rn 1). Ein unbeschränkter Klagantrag des Gläubigers auf sofortige Leistung ist als **zur Zeit unbegründet** abzuweisen (Staud/*Horn* § 771 Rz 10). Um der Einrede der Vorausklage entgegenzutreten, muss der Gläubiger darlegen und beweisen, dass er die Voraussetzungen von § 772 erfüllt hat oder dem Bürgen aus anderen Gründen (s. Rn 3) die Einrede der Vorausklage nicht zusteht.

11 Erhebt der Bürge die Einrede der Vorausklage, ist eine **gleichzeitige** Verurteilung von Hauptschuldner und Bürge zur Leistung nicht möglich (MüKo/*Habersack* § 771 Rz 6). Der Gläubiger kann gegen den Bürgen – ggf

in einem Prozess mit der Leistungsklage gegen den Hauptschuldner – **Klage auf künftige Leistungen** iSd § 259 ZPO für den Fall des Ausfalls des Hauptschuldners erheben (RG LZ 1908, 942; Soergel/*Mühl* § 771 Rz 3; MüKo/*Habersack* § 771 Rz 6). Eine vollstreckbare Ausfertigung des Urteils nach § 726 I ZPO kann erst erteilt werden, wenn der Gläubiger dem Gerichtsvollzieher den erfolglosen Vollstreckungsversuch gegen den Hauptschuldner nachweist.

D. Verjährungshemmung nach S 2. Die Regelung zur Verjährungshemmung in § 771 2 soll dem **Gläubiger** 12 die notwendige Zeit verschaffen, den nach § 771 1 erforderlichen Vollstreckungsversuch (s. Rn 5 f) gegen den Hauptschuldner zu ermöglichen. Für den Beginn der Verjährungshemmung iSv § 209 ist nach § 771 2 erforderlich, dass der Bürge die Einrede erhebt, sich also erklärt. Dazu kann er nicht gezwungen werden: Denn die Erhebung der Einrede liegt im Gestaltungsfreiraum des Bürgen. Fordert der Gläubiger den Bürgen dazu auf, zu zahlen oder sich über die Erhebung der Einrede zu erklären und reagiert der Bürge trotz Mahnung nicht, schützt den Gläubiger nur Treu und Glauben (§ 242). Im Ergebnis ist daher von einer **Nebenpflicht des Bürgen** auszugehen, sich über die Erhebung der Einrede **zu erklären** (arg § 254: zur Vermeidung von Prozesskosten, die entstehen, wenn der Bürge die Einrede erst im Prozess erhebt); hierfür streitet zum einen der Zweck der gesetzlichen Regelung, den Gläubiger vor den Konsequenzen der Kürzung der Verjährungsfrist zu schützen (BTDrs 14/7052, 206), und zum anderen das rechtspolitische Ziel, die Gerichte von unnötigen Prozessen zu entlasten. In einem vom Gläubiger zur Meidung der Verjährung angestrengten Prozess gegen den Bürgen kann die nun erst erhobene Einrede der Vorausklage nach billigem Ermessen uU zur **(Teil-)Auferlegung der Kosten** auf den Bürgen führen (arg e contrario § 93 ZPO). Alternativ ist zu überlegen, dem Bürgen in einem nach Ablauf der Verjährung geführten Prozess die Berufung auf die Einrede der Verjährung als rechtsmissbräuchlich zu verwehren. Aus Praktikersicht ist es riskant, sich hierauf zu verlassen.

§ 772 Vollstreckungs- und Verwertungspflicht des Gläubigers.
(1) Besteht die Bürgschaft für eine Geldforderung, so muss die Zwangsvollstreckung in die beweglichen Sachen des Hauptschuldners an seinem Wohnsitz und, wenn der Hauptschuldner an einem anderen Orte eine gewerbliche Niederlassung hat, auch an diesem Orte, in Ermangelung eines Wohnsitzes und einer gewerblichen Niederlassung an seinem Aufenthaltsort versucht werden.
(2) ¹Steht dem Gläubiger ein Pfandrecht oder ein Zurückbehaltungsrecht an einer beweglichen Sache des Hauptschuldners zu, so muss er auch aus dieser Sache Befriedigung suchen. ²Steht dem Gläubiger ein solches Recht an der Sache auch für eine andere Forderung zu, so gilt dies nur, wenn beide Forderungen durch den Wert der Sache gedeckt werden.

A. Normzweck und Bedeutung. Die Vorschrift in § 772 I, II ergänzt § 771 **für Geldforderungen** (RGRK/ 1 *Mormann* § 772 Rz 2; Staud/*Horn* § 772 Rz 3; Soergel/*Mühl* § 772 Rz 2). Sie bestimmt den Umfang der erforderlichen Zwangsvollstreckungspflichten (s. § 771 Rn 5 f). Sie ist nur von Bedeutung, wenn die Einrede der Vorausklage nicht **abbedungen** ist (s. § 771 Rn 3).

Den Umfang der Vollstreckungspflichten beschränkt die Regelung auf die **Zwangsvollstreckung in bewegli-** 2 **che Sachen** an bestimmten Orten (I) sowie die Verwertung eines **Pfandrechts** und die Geltendmachung eines **Zurückbehaltungsrechts** (II). **In andere Vermögenswerte** muss der Gläubiger nach dem Wortlaut **nicht vollstrecken**, dh nicht in (1.) Immobilienvermögen (Mot II 669 f: unter Hinweis auf den oft erheblichen Aufwand bei geringem Erfolg), (2.) Forderungen und insb Forderungen des Hauptschuldners aus Bankguthaben bei Banken an den in I genannten Orten (MüKo/*Habersack* § 772 Rz 2). ZT wird in der Lit unter Hinweis auf die heutige Bedeutung des Buchgelds gefordert, dem Gläubiger unter entspr Anwendung von § 771 I auch die vorherige Vollstreckung in Bankkonten des Hauptschuldners abzuverlangen (so Staud/*Horn* § 772 Rz 2). Dies mag für offensichtlich – zB aus dem Briefpapier des Hauptschuldners – bekannte Konten plausibel und sinnvoll sein, greift aber in die gesetzliche Ausbalancierung der Interessen von Gläubiger und Bürge ein (s. Vor § 765 Rn 1). Grenzen sind schwer zu ziehen, insb bei bekannten, aber nur schwer zugänglichen Konten im Ausland. Deshalb ist es allein Sache des Gesetzgebers, § 772 abzuändern. Den Parteien steht es aber frei, dem Gläubiger im Bürgschaftsvertrag weitergehende Vollstreckungspflichten aufzuerlegen (s. Rn 3).

Die Regelungen in § 772 sind wie die in § 771 **dispositiv**: Im Bürgschaftsvertrag können die Anforderungen 3 an die Vollstreckungs- und Verwertungspflichten abw festgelegt werden.

B. Voraussetzungen. I. Zwangsvollstreckung in bewegliche Sachen (Abs 1). Die Regelung in I verlangt 4 **einen einzigen** (s. § 771 Rn 5) Vollstreckungsversuch am Wohnsitz des Hauptschuldners in sein bewegliches Vermögen: (1.) Für die Bestimmung des **Wohnsitzes** gelten die allg Regeln (§§ 7–11 sowie – für juristische Personen – §§ 24, 80 und RGZ 137, 1, 12 f: den für den Gerichtsstand iSd § 17 ZPO maßgebliche Verwaltungssitz; für Gesellschaften aus anderen Mitgliedstaaten der EU s. Art 60 EuGVO); (2.) **bewegliches Vermögen** umfasst bewegliche Sachen und die ihnen nach § 821 ZPO gleichgestellten Wertpapiere. Hat der Hauptschuldner an einem von seinem Wohnsitz getrennten Ort eine **gewerbliche Niederlassung** (§§ 13, 29 HGB, § 14 GewO), muss der Gläubiger **an beiden Orten** die Zwangsvollstreckung in das bewegliche Vermögen versuchen. Ist weder der eine noch der andere Ort feststellbar, ist die Vollstreckung am Aufenthaltsort des Hauptschuldners durchführen.

5 **Unerheblich** ist es nach § 772 I, ob sich der Wohnsitz, die Niederlassung oder der Aufenthaltsort im **In- oder Ausland** befindet. Der Gläubiger und der Bürge können sich beide über die Verhältnisse des Hauptschuldners bei Abschluss des Bürgschaftsvertrages informieren; wenn § 772 zur Anwendung kommt, haben sie die Möglichkeit, die Regelungen zur Vorausklage in §§ 771, 772 abzuändern (s. Rn 3), nicht genutzt. Sie müssen sich daher an den Konsequenzen aus dem gesetzlichen Leitbild der Subsidiarität (Vor § 765 Rn 12) festhalten lassen. Wird die Vollstreckung später durch Veränderungen beim Hauptschuldner **wesentlich erschwert**, beschränkt § 773 Nr 2 die Vollstreckungspflicht des Gläubigers.

6 **II. Sachliche Vorausvollstreckung (Abs 1). 1. Einrede der sachlichen Vorausvollstreckung aus Abs 2 S 1.** In Anwendung des Vorrangs der Sachhaftung vor der Bürgenhaftung (s.a. § 777 2 ZPO) wird der Gläubiger durch die Bestimmung in § 772 II verpflichtet, seine Befriedigungsversuche auf bewegliche Sachen auszudehnen, an denen er für seine Forderung ein **Pfandrecht** (§§ 1204 ff, 1257, 1293; 804 ZPO) oder ein **Zurückbehaltungsrecht** (§§ 273, 1000; § 369 HGB) hat.

7 Unter dem Begriff der **beweglichen Sachen** fallen auch **Inhaber- und Orderpapiere** iSd §§ 1292 f (Staud/*Horn* § 772 Rz 3; Erman/*Herrmann* § 772 Rz 3), nicht aber Forderungen (Hambg SeuffA 74 Nr 209; Jauernig/*Stadler* § 772 Rz 1). Die Vorschrift ist entspr anwendbar auf **Gegenstände**, die **im Sicherungs- oder Vorbehaltseigentum des Gläubigers** stehen (Erman/*Herrmann* § 772 Rz 3; MüKo/*Habersack* § 772 Rz 4; Jauernig/*Stadler* § 772 Rz 1; aM RG SeuffA 75 Nr 93). Eine **Ausnahme** gilt bei (durch Bürgschaft abgesicherten) **Teilzahlungsgeschäften**: Liegt ein Fall von § 503 II 4 (fingierte Rücktrittserklärung) vor, muss der Gläubiger die Sachen nicht verwerten (Erman/*Herrmann* § 772 Rz 3). Durch die fingierte Rücktrittserklärung würde die Hauptforderung untergehen; dies ist dem Gläubiger nicht zumutbar.

8 Hat der Gläubiger ein **Zurückbehaltungsrecht** an einer Sache aus § 273 oder § 369 HGB (mit der Befriedigungsmöglichkeit nach § 371 HGB), muss der Gläubiger einen Leistungstitel gegen den Hauptschuldner erwirken und die zurückbehaltene Sachen pfänden lassen (MüKo/*Habersack* § 772 Rz 5; Staud/*Horn* § 772 Rz 4). Ist dem Gläubiger das Pfandrecht durch **Pfandbruch** entzogen worden, kann der Bürgen ihn nicht auf ggf bestehende Ersatzansprüche verweisen (RG HRR 30 Nr 610; Staud/*Horn* § 772 Rz 4).

9 **2. Mehrheit von Forderungen (Abs 2 S 2). Besichern** die beweglichen Sachen des Hauptschuldners, an denen dem Gläubiger ein Pfand- oder Zurückbehaltungsrecht zusteht, **mehrere Forderungen** des Gläubigers, so wird die Einrede der Vorausvollstreckung aus § 772 II 1 eingeschränkt: Der Gläubiger muss in diesem Fall zur Erfüllung der Bedingungen der Einrede der Vorausklage aus § 771 (s. § 771 Rn 5) die bewegliche Sache nur verwerten, wenn deren Wert beide Forderungen deckt. Diese Einschränkung gilt indes **nicht**, wenn die verbürgte Forderung – etwa aufgrund vertraglicher Vereinbarung – den **besseren Rang** als die andere Forderung hat (Staud/*Horn* § 772 Rz 5; BaRoth/*Rohe* § 772 Rz 3; Palandt/*Sprau* § 772 Rz 2; Bley JW 32, 2285, 2286; aM Erman/*Herrmann* § 772 Rz 4). Durch Leistung des Bürgen an den Gläubiger ginge nach §§ 774, 412, 401 das Pfandrecht des Gläubigers ohnehin auf den Bürgen über, wodurch dessen volle Befriedigung für die andere Forderung vereitelt würde (Staud/*Horn* § 772 Rz 5).

10 **III. Beweislast.** Der Gläubiger trägt die Darlegungs- und Beweislast dafür, dass er den Vollstreckungsversuch nach I unternommen hat, der Bürge dafür, dass das Pfand- oder Zurückbehaltungsrecht nach § 772 II 1 besteht. Der Gläubiger muss die Voraussetzungen von II 2 darlegen und beweisen (Palandt/*Sprau* § 772 Rz 2).

§ 773 Ausschluss der Einrede der Vorausklage. (1) Die Einrede der Vorausklage ist ausgeschlossen:
1. wenn der Bürge auf die Einrede verzichtet, insbesondere wenn er sich als Selbstschuldner verbürgt hat,
2. wenn die Rechtsverfolgung gegen den Hauptschuldner infolge einer nach der Übernahme der Bürgschaft eingetretenen Änderung des Wohnsitzes, der gewerblichen Niederlassung oder des Aufenthaltsorts des Hauptschuldners wesentlich erschwert ist,
3. wenn über das Vermögen des Hauptschuldners das Insolvenzverfahren eröffnet ist,
4. wenn anzunehmen ist, dass die Zwangsvollstreckung in das Vermögen des Hauptschuldners nicht zur Befriedigung des Gläubigers führen wird.
(2) In den Fällen der Nummern 3, 4 ist die Einrede insoweit zulässig, als sich der Gläubiger aus einer beweglichen Sache des Hauptschuldners befriedigen kann, an der er ein Pfandrecht oder ein Zurückbehaltungsrecht hat; die Vorschrift des § 772 Abs. 2 Satz 2 findet Anwendung.

1 **A. Überblick und Bedeutung.** § 773 **hilft dem Gläubiger.** Er schränkt den Grundsatz der **Subsidiarität** der **Bürgschaft** (s. Vor § 765 Rn 12) ein: § 773 I Nr 1 lässt die **vertragliche** Abbedingung der Einrede der Vorausklage aus § 771 zu, durch die eine **selbstschuldnerische Bürgschaft** begründet wird; darin liegt die größte Bedeutung der Vorschrift (Erman/*Herrmann* § 773 Rz 2). Ferner enthält § 773 in I Nr 2–4 Tatbestände, in denen ein **gesetzlicher Ausschluss** der Einrede der Vorausklage vorgesehen ist. Die Norm ist insoweit nicht abschließend: vgl § 771 Rn 3 zu weiteren gesetzlichen Ausschlüssen der Einrede der Vorausklage.

Bei der selbstschuldnerischen Bürgschaft haftet der Bürge **primär** ab Fälligkeit der Hauptschuld (BGHZ 175, 161, 169) neben dem Hauptschuldner, aber **nicht** als **Gesamtschuldner** (RGZ 134, 126, 128; BGH WM 84, 128, 131). Der Gläubiger kann **unmittelbar den Bürgen** in Anspruch nehmen (BGHZ 169, 1, 16; Erman/*Herrmann* § 773 Rz 1) selbst, wenn eine Inanspruchnahme des Hauptschuldners Erfolg versprechend erscheint (vgl BGH WM 74, 1129, 1131). Der selbstschuldnerische Bürge übernimmt zusätzlich das Risiko der Zahlungsunwilligkeit des Schuldners, sofern diese nicht auf einem arglistigen Zusammenwirken zwischen Gläubiger und Hauptschuldner beruht (BGHZ 104, 240, 242 f). Der Bürge kann den Gläubiger idR nicht auf andere Sicherungsrechte verweisen (BGH NJW 66, 2009, 2010); § 773 II gilt nur für I Nr 3 u 4. Versucht der Gläubiger trotz des Vorliegens einer selbstschuldnerischen Bürgschaft, die Forderung zunächst beim Hauptschuldner einzutreiben, liegt darin keine nachträgliche Wiedereinräumung der Einrede der Vorausklage (BGH WM 70, 551, 552).

Die Akzessorietät der Bürgenhaftung (s. Vor § 765 Rn 10) bleibt bei der selbstschuldnerischen Bürgschaft unberührt (Mot II 670; RGZ 134, 126, 128; Staud/*Horn* § 773 Rz 5): Vorbehaltlich abw vertraglicher Gestaltung kann der in Anspruch genommene selbstschuldnerische Bürge zB Einreden nach §§ 767, 768, 770 erheben (und sich beim Hauptschuldner nach § 774 I 1 erholen).

B. Die einzelnen Ausschlussgründe. I. Vertraglicher Verzicht auf die Einrede der Vorausklage (Abs 1 S 1). Der vertragliche Verzicht auf die Einrede der Vorausklage kann vor, bei oder nach der Bürgschaftsübernahme vereinbart werden (BGH NJW 68, 2332). Er bedarf im nicht kaufmännischen Verkehr immer der **Schriftform**, da er die rechtliche Stellung des Bürgen verschlechtert (BGH NJW 68, 2332; § 766 Rn 6). Der Verzicht kann nicht nur **individualvertraglich** sondern grds **auch in AGB** vereinbart werden (BGHZ 95, 350, 361; NJW 01, 2466, 2468; U/B/H/*Brandner* Anh §§ 9–11 Rz 262; Staud/*Horn* § 773 Rz 3).

Der **individualvertragliche** Verzicht ergibt sich oft aus dem Wortlaut, zB: „Selbstschuldner" (§ 773 I Nr 1), „Selbstzahler", „Bürge und Zahler", „bürgt solidarisch" (Staud/*Horn* § 773 Rz 2; s.a. Prot II 477: „verbürgt sich samtverbindlich"). Ist dies nicht der Fall, ist eine Auslegung nach §§ 133, 157 erforderlich, bei der auch außerhalb der Urkunde liegende Umstände herangezogen werden können (s. BGH NJW 68, 2332; s. § 766 Rn 11 zur Andeutungstheorie). Unterwirft sich der Bürge nach § 794 I Nr 5 ZPO der **sofortigen Zwangsvollstreckung** (KG JW 34, 1292, 1293) oder sagt er die schnelle Erfüllung zu einem bestimmten Zeitpunkt zu (RG JW 21, 335, 336; Staud/*Horn* § 773 Rz 2), lässt dies auf einen Verzicht auf die Einrede der Vorausklage schließen. Bei Verträgen in **englischer Sprache**, die deutschem Recht unterliegen, spricht der von einem englischen Bürgen oder Vertreter verwendete Begriff „surety" für den Verzicht auf die Einrede der Vorausklage, weil das englische Recht die Subsidiarität nicht kennt (s. Vor § 765 Rn 72 u ex Art 32 EGBGB Rn 7 zur Berücksichtigung englischer Rechtsvorstellungen bei Auslegung eines Vertrags nach deutschem Recht).

Ein **formularmäßiger** Verzicht in AGB muss **eindeutig** sein: Das Transparenzgebot aus § 307 I 2 gebietet den klaren Hinweis darauf, dass der Bürge gleichrangig und nicht nur subsidiär haftet (Erman/*Herrmann* § 773 Rz 2; MüKo/*Habersack* § 773 Rz 4). Ausreichend ist zB eine Klausel, in der ein Bürge als selbstschuldnerisch Haftender bezeichnet wird, dem entgegen § 771 1 nicht das Recht zusteht, die Bürgenhaftung deswegen abzulehnen, weil der Gläubiger keine vergebliche Vollstreckung ggü dem Schuldner versucht hat (so der Vorschlag von *Graf v Westphalen* Rz 53). **Unzureichend** sind dagegen Klauseln mit einem unter dem Verbraucher nicht ohne weiteres in seiner Tragweite verständlichen Wortlaut, wie zB: „selbstschuldnerisch", „auf die Einrede der Vorausklage wird verzichtet" oder mit dem schlichten Hinweis, § 771 sei abbedungen (MüKo/*Habersack* § 773, Rz 3; Erman/*Herrmann* § 773 Rz 2; *Graf v Westphalen* Rz 53; U/B/H/*Brandner* Anh §§ 9–11 Rz 262 Fn 55).

II. Wesentliche Erschwerung der Rechtsverfolgung gegen den Hauptschuldner (Abs 1 Nr 2). 1. Überblick. Nach § 773 I Nr 2 **entfällt die Einrede der Vorausklage, sofern** die **Rechtsverfolgung** aufgrund im Gesetz näher bezeichneter (Lebens- bzw Wirkungs-)Umstände des Hauptschuldners im Vergleich zu seinen Verhältnissen bei Übernahme der Bürgschaft **wesentlich erschwert** ist. Treten diese ein, kann der Bürge unmittelbar in Anspruch genommen werden: Ab Abschluss des Bürgschaftsvertrags trägt der Bürge das wirtschaftliche Risiko der Veränderung der Umstände beim Hauptschuldner, die die Rechtsverfolgung wesentlich erschweren (da der Bürge weiterhin nur akzessorisch haftet, bleiben ihm die aus der Akzessorietät folgenden Einreden). Die **Einrede der Vorausklage** aus § 771 **lebt aber wieder auf,** wenn die Erschwerung nachträglich wegfällt (und damit auch die Voraussetzung des § 773 I Nr 2); der Bürge trägt hierfür die Beweislast (Erman/*Herrmann* § 773 Rz 3; Soergel/*Mühl* § 773 Rz 2 mit arg aus RG Recht 1907 Nr 3493 zu § 773 I Nr 4).

2. Voraussetzungen. Die **Rechtsverfolgung**, die nach § 773 I Nr 2 erschwert sein muss, umfasst das Verfahren von der Einleitung der Klage bis zur Durchführung der Zwangsvollstreckung (Colmar Recht 1906, 50, Nr 32, vgl §§ 771 Rn 1, 5 ff; 772 Rn 2, 4) sowie die Befriedigung aus einem Pfand- oder Zurückbehaltungsrecht nach § 772 II (Erman/*Herrmann* § 773 Rz 3).

Ob eine **wesentliche Erschwerung** durch Änderung des Wohnsitzes, der gewerblichen Niederlassung oder des Aufenthaltsorts des Hauptschuldners vorliegt, ist vom Gericht nach freiem Ermessen unter Berücksichtigung aller Umstände des Einzelfalls zu entscheiden (Staud/*Horn* § 773 Rz 6; MüKo/*Habersack* § 773 Rz 7). Es ist dabei abzuwägen, ob die Erschwerung so wesentlich ist, dass sie die sofortige Inanspruchnahme des Bürgen rechtfertigt, oder ob sich ggf zusätzlich erforderliche Anstrengungen des Gläubigers zur Rechtsverfolgung

§ 773

ggü dem Hauptschuldner unter Berücksichtigung der Umstände der Bürgschaft noch im zumutbaren Toleranzbereich bewegen (vgl MüKo/*Habersack* aaO). In der Änderung des Wohnsitzes oder des Aufenthaltsortes **innerhalb Deutschlands** liegt idR keine wesentliche Erschwerung (RGZ 6, 154, 156). Sie kann aber darauf beruhen, dass der neue Wohnsitz unbekannt ist, der Aufenthaltsort häufig wechselt oder der Hauptschuldner sich vor seinen Gläubigern verborgen hält (Colmar Recht 1906, 50, Nr 32).

10 Verlegt der Schuldner seinen Wohnsitz, seine gewerbliche Niederlassung oder seinen Aufenthaltsort **ins Ausland**, führt das häufig zu einer wesentlichen Erschwerung (Erman/*Herrmann* § 773 Rz 3; vgl RGZ 137, 1, 12 f): Dies liegt meist bereits in zusätzlich erforderlichem Aufwand (ggf Duplizierung der Anwaltskosten, Zustellungsaufwand, Anerkennungs- und Vollstreckungsverfahren). Folgende Umstände können – insb wenn sie kumulativ vorliegen – gegen eine wesentliche Erschwerung sprechen: (1.) Wechsel in einen Mitgliedstaat der EU oder des LugÜ (Schweiz, Norwegen), vgl Jauernig/*Stadler* § 773 Rz 4, MüKo/*Habersack* § 773 Rz 7; (2.) verbleibender deutscher Gerichtsstand nach **EuGVO**/LugÜ; (3.) Benennung eines Zustellungsbevollmächtigten im Inland (vgl § 184 I ZPO); (4.) verbleibendes bewegliches Vermögen (vgl § 772 Rn 2) im Inland (zB bei den Eltern während Studium des Hauptschuldners im Ausland).

11 Bei **juristischen Personen** entspricht die Änderung des Verwaltungssitzes der Änderung des Wohnsitzes einer natürlichen Person (Staud/*Horn* § 773 Rz 6; RGZ 137, 1, 12 f; KG OLGZ 82, 253). Es ist im Einzelfall unter Berücksichtigung des Internationalen Gesellschaftsrechts (s. Vor ex Art 27 Rn 17 ff) zu entscheiden, ob eine wesentliche Erschwerung vorliegt. Dabei kann zu berücksichtigen sein, dass zB eine aus Deutschland wegziehende Gesellschaft in Deutschland noch als Liquidationsgesellschaft vorhanden bleibt (s. Vor ex Art 27 Rn 32). Die Sitzverlegung einer ausländischen Hauptschuldnerin – zB von Den Haag nach London – bleibt aus deutscher Sicht jedenfalls im Anwendungsbereich der EuGVO/des LugÜ neutral (vgl Vor ex Art 27 Rn 30). Der Wegfall des Verwaltungssitzes durch Löschung ist der Änderung des Verwaltungssitzes gleichzustellen (KG OLGZ 82, 253: für liechtensteinische Anstalt; MüKo/*Habersack* § 773 Rz 7).

12 IÜ gilt § 773 I Nr 2 **nicht** für Fälle, in denen die Erschwerung der Rechtsverfolgung nicht auf einem Ortswechsel beruht, zB Tod, Teilnahme an Krieg (Staud/*Horn* § 773 Rz 6; Karlsr OLGE 32, 272 f).

13 **III. Wirtschaftliche Gründe in der Person des Hauptschuldners (Abs 1 Nr 3, 4 u Abs 2). 1. Überblick und Gemeinsamkeiten von Abs 1 Nr 3 und 4 (Zeitpunkt).** Vorbehaltlich der Beschränkung durch II (s. Rn 19) knüpft das Gesetz in § 773 I Nr 3, 4 ferner eine **primäre** – aber weiterhin **akzessorische** (vgl o Rn 3) – **Bürgenhaftung** (unter Ausschluss der Einrede der Vorausklage aus § 771) an bestimmte (unzureichende) Vermögensverhältnisse in der Person des Hauptschuldners. Dabei setzt Nr 3 **formal** an die Eröffnung eines Insolvenzverfahrens an; Nr 4 verlangt eine **materielle**, auf den Einzelfall bezogene Prognose über Aussichten der Vollstreckung.

14 **Maßgeblicher Zeitpunkt** ist die Inanspruchnahme des Bürgen bzw – bei Klagerhebung des Gläubigers gegen den Bürgen – der Abschluss der letzten mündlichen Tatsachenverhandlung (s. für Nr 3: BaRoth/*Rohe* § 773 Rz 4; Staud/*Horn* § 773 Rz 7; RGRK/*Mormann* § 773 Rz 4; Palandt/*Sprau* § 773 Rz 2; s. für Nr 4: Staud/*Horn* § 773 Rz 8; MüKo/*Habersack* § 773 Rz 9: Abstellung auf Klagerhebung). Erholt sich der Hauptschuldner während des Verfahrens, kann die Einrede der Vorausklage bis zum Abschluss der Berufungsinstanz wieder geltend gemacht werden (RG Recht 1907 Nr 3493: zu Nr 4). Bei der Vollstreckungsgegenklage kommt es dementspr nach § 767 II ZPO auf etwaige Änderungen in den Vermögensverhältnisses ab Schluss der mündlichen Verhandlung an (Staud/*Horn* § 773 Rz 7).

15 **2. Eröffnung des Insolvenzverfahrens über das Vermögen des Hauptschuldners (Abs 1 Nr 3).** § 773 I Nr 3 setzt die Eröffnung des Insolvenzverfahrens über das Vermögen des Hauptschuldners durch **Eröffnungsbeschluss** (§§ 11 ff, 27 InsO) voraus. Diese Voraussetzung ist **nicht** erfüllt: (1) während des Insolvenzantragsverfahrens (s.u. Rn 17); und (2) bei Ablehnung der Eröffnung mangels Masse (s.u. Rn 17). Wird der Eröffnungsbeschluss aufgrund sofortiger Beschwerde nach §§ 34 II, III InsO aufgehoben, ist die Einrede – vgl Rn 14 (zum Zeitpunkt) – wieder zulässig (Soergel/*Mühl* § 773 Rz 3; RGRK/*Mormann* § 773 Rz 4; Jauernig/*Stadler* § 773 Rz 4).

16 Bei der **Beendigung eines Insolvenzverfahrens** über das Vermögen des Hauptschuldners (s. Vor § 765 Rn 47) wird entspr dem Normzweck von § 773 I Nr 3 zu unterscheiden sein: (1.) In den **Extremfällen** der Aufhebung der Insolvenz nach § 213 InsO nach Befriedigung und mit Zustimmung der Gläubiger (in dem dann freilich eine Bürgenhaftung kaum noch denkbar ist; vgl aber Köln DB 83, 104, 105; RGRK/*Mormann* § 773 Rz 4; Staud/*Horn* § 773 Rz 7 aE) oder der Beendigung nach Verteilung eines Überschusses (§ 199) muss die Einrede der Vorausklage wieder aufleben, weil der Insolvenzgrund entfallen ist. (2.) Bei einer **Restschuldbefreiung** des Hauptschuldners muss hingegen das Insolvenzverfahren im Verhältnis zum Bürgen noch als „eröffnet" iSv 773 I Nr 3 gelten, weil es durch die insolvenzrechtliche Haftungsanordnung in § 301 II 1 InsO noch nachwirkt. (3.) Bei einer Beendigung des Insolvenzverfahrens aus anderem Grund – insb mangels Masse (§ 207 InsO) oder im **Regelfall der Schlussverteilung** (§ 200) – erscheint es vom Normzweck des § 773 I Nr 3 sachgerecht, den automatischen Ausschluss der Einrede der Vorausklage nicht fortgelten zu lassen (so aber Köln DB 83, 104, 105; RGRK/*Mormann* § 773 Rz 4; Staud/*Horn* § 773 Rz 7; Soergel/*Mühl* § 773 Rz 3; Palandt/*Sprau* § 773 Rz 2), sondern stattdessen das Insolvenzverfahren bei der

Einzelfall bezogenen Prognose nach Nr 4 zu berücksichtigen (Erman/*Herrmann* § 773 Rz 4; MüKo/*Habersack* § 773 Rz 8; BaRoth/*Rohe* § 773 Rz 4; Jauernig/*Stadler* § 773 Rz 4).

3. Mangelnde Erfolgsaussichten einer Zwangsvollstreckung gegen den Hauptschuldner (Abs 1 Nr 4). 17
§ 773 I Nr 4 ermöglicht dem Gläubiger den **direkten Zugriff auf den Bürgen** (vgl Rn 13) bei fehlender Aussicht, durch Vollstreckung in das Vermögen des Hauptschuldners eine vollständige Befriedigung seiner Forderung zu erlangen (**Prognose voraussichtlicher Erfolglosigkeit**). Die Norm will zwecklose Vollstreckungsversuche vermeiden (Mot II 671). Ist zu erwarten, dass der Gläubiger nur mit der **Befriedigung eines Teils seiner Forderung** rechnen kann, ist str, inwieweit § 773 I Nr 4 dem Gläubiger zur Seite steht und zum Ausschluss der Einrede der Vorausklage führt: ZT soll § 773 I Nr 4 unanwendbar sein und der Gläubiger sich zunächst an den Hauptschuldner halten müssen (arg RGZ 22, 44, 48; Soergel/*Mühl* § 773 Rz 4); zT soll § 773 I Nr 4 nur insoweit anzuwenden sein, als die Zwangsvollstreckung nicht Erfolg versprechend ist (Staud/*Horn* § 773 Rz 8; s.a. MüKo/*Habersack* § 773 Rz 9: wenn die Vorausvollstreckung wegen des zu erwartenden geringen Erfolgs nicht zumutbar ist). Nach dem Normzweck (Gläubigerhilfe bei mangelnder Aussicht auf Befriedigung) erscheint es sachgerecht, § 773 I Nr 4 jedenfalls dann anzuwenden, wenn die Befriedigung durch Zwangsvollstreckung überwiegend nicht Erfolg versprechend ist: Denn der Bürge trägt das wirtschaftliche Risiko; er kann ggf nach § 775 Befreiung vom Hauptschuldner begehren (führt dieser Anspruch voraussichtlich ins Leere, ist auch anzunehmen, dass die Vollstreckung des Gläubigers erfolglos bleiben wird).
Für die **Prognose** sind alle erheblichen Umstände heranzuziehen (vgl Ermann/*Herrmann* § 773 Rz 5). Erheblich sind: (1.) frühere vergebliche Vollstreckungsversuche Dritter (Dresd LZ 26, 952 f; RG Recht 10, Nr 1558), wobei es bei Geldforderungen nach § 772 I nur auf die Möglichkeit der Vollstreckung in bewegliche Sachen des Hauptschuldners ankommt (s. § 772 Rn 2; RGZ 92, 219, 220 f; Dresd LZ 26, 952 f: Wechsel unerheblich; Celle OLGE 18, 41, 42); (2.) Insolvenzantragsverfahren (insb, wenn das Insolvenzgericht die Eröffnung von einem bedeutenden Vorschuss abhängig macht, s. RG Recht 20 Nr 387); (3.) ein Mangels-Masse-Beschluss nach § 26 InsO (Palandt/*Sprau* § 773 Rz 2; BaRoth/*Rohe* § 773 Rz 5); (4.) Beendigung eines Insolvenzverfahrens mangels Masse oder durch Schlussverteilung (s.o. Rn 16). 18

4. Abs 2: Gemeinsame Beschränkungen der primären Bürgenhaftung nach Abs 1 Nr 3 u 4. § 773 II 19
schützt den Bürgen. Hs 1 schränkt den in I Nr 3 u 4 vorgesehen Ausschluss der Einrede der Vorausklage ein. Steht dem Gläubiger ein **Pfand- oder Zurückbehaltungsrecht** an einer beweglichen Sache zu, kann der Bürge darauf verweisen (**Einrede der sachlichen Vorausvollstreckung**): Der Gläubiger möge sich zunächst daraus befriedigen (Staud/*Horn* § 773 Rz 9). Deckt das Pfandrecht oder das Zurückbehaltungsrecht die verbürgte Forderung nur **teilweise** ab, kann der Bürge den Gläubiger auf diesen Teil verweisen und haftet für die Restforderung (ohne Einrede der Vorausklage) primär (MüKo/*Habersack* § 773 Rz 10). Hs 2 **schränkt den Bürgenschutz** durch Hs 1 **ein**: Wenn das Pfand- oder Zurückbehaltungsrecht des Gläubigers auch eine andere Forderung des Gläubigers sichert, kann der Bürge ihn nur dann auf das Pfand- oder Zurückbehaltungsrecht verweisen, wenn der Wert der verpfändeten oder zurückhaltbaren Sache beide Forderungen deckt (s. § 772 Rn 9).

C. Beweislast. Der Gläubiger trägt die Darlegungs- und Beweislast dafür, dass die Voraussetzungen von 20
§ 773 I Nr 1–4 vorliegen (MüKo/*Habersack* § 773 Rz 11). Der Bürge muss dagegen zwischenzeitlich eingetretene Tatsachen beweisen, die die Einrede der Vorausklage wieder aufleben lassen (Erman/*Herrmann* § 773 Rz 6; MüKo/*Habersack* § 773 Rz 9, 11).

§ 774 Gesetzlicher Forderungsübergang. (1) ¹Soweit der Bürge den Gläubiger befriedigt, geht die Forderung des Gläubigers gegen den Hauptschuldner auf ihn über. ²Der Übergang kann nicht zum Nachteil des Gläubigers geltend gemacht werden. ³Einwendungen des Hauptschuldners aus einem zwischen ihm und dem Bürgen bestehenden Rechtsverhältnis bleiben unberührt.
(2) Mitbürgen haften einander nur nach § 426.

A. Überblick: Normzweck, Bedeutung, Abdingbarkeit. Befriedigt der Bürge den Gläubiger, so ordnet 1
§ 774 I 1 einen gesetzlichen Forderungsübergang (*cessio legis*) an (vgl Mot II 673: subrogatio, cessio ficta). Die Forderung des Gläubigers gegen den Hauptschuldner geht auf den Bürgen über, dessen Regressanspruch aufschiebend bedingt bereits mit der Bürgschaftsübernahme entsteht (BGH NJW-RR 08, 1007, 1008). Mit der abgetretenen Forderung gehen kraft Gesetzes Nebenrechte mit über (§§ 412, 401). § 774 stellt weiter sicher, dass dem Gläubiger (§ 774 I 2), dem Hauptschuldner (§ 774 I 3) und dem Mitbürgen (§ 774 II) durch den Forderungsübergang keine Nachteile entstehen.
§ 774 I findet kraft Gesetzes **entspr Anwendung**, wenn ein **Hypothekengläubiger** durch den Grundstückseigentümer (§ 1143 I 2) oder ein **Pfandgläubiger** durch den Verpfänder (§ 1225 2) befriedigt wird. Die Norm wird auf andere schuldrechtliche Sicherungsverträge wie Garantie, Schuldbeitritt und Wechselverpflichtung **nicht analog** angewandt (RGZ 94, 85, 90; 96, 136, 139; Erman/*Herrmann* § 774 Rz 2; Jauernig/*Stadler* § 774 Rz 3; Staud/*Horn* § 774 Rz 61; aM *Castellvi* WM 95, 868 ff, 872: für Garantie). 2

3 In der Praxis treten die Ansprüche aus dem gesetzlichen Forderungsübergang häufig neben einen Aufwendungsersatzanspruch des Bürgen gegen den Hauptschuldner nach §§ 670, 683 (s. § 765 Rn 7, vgl auch BGH NJW-RR 08, 1007, 1008). Die Ansprüche stehen in **Anspruchskonkurrenz**: Der Bürge hat die Wahl, welchen Anspruch er geltend macht (RGZ 59, 207, 209; 146, 67, 69; Köln NJW-RR 89, 1266, 1267; für Abwägungskriterien s. Rn 18). Beide Ansprüche bilden prozessual einen **einheitlichen Streitgegenstand** (MüKo/*Habersack* § 774 Rz 16). Der Bürge kann seinen Anspruch aus § 774 I auch dann noch geltend machen, wenn der Aufwendungs- und Ersatzanspruch **verjährt** ist (Staud/*Horn* § 774 Rz 36).

4 § 774 I 1 ist **begrenzt dispositiv** (BGHZ 92, 374, 382). Bürgschaftsverträge enthalten oft Klauseln, nach denen Leistungen des Bürgen bis zur vollständigen Befriedigung des Gläubigers **nur als Sicherheit dienen**. Durch solch eine Regelung kann der Gläubiger den Forderungsübergang verzögern. Dies erhält dem Gläubiger insb im Insolvenzverfahren des Hauptschuldners eine stärkere Stellung (BGHZ 92, 374, 380 f; Schimanski/Bunte/Lwowski/*Schmitz* § 91 Rz 92; s. Vor § 765 Rn 49). **Individualvertraglich** ist dies zulässig, s.a. Rn 14 (Beschränkung der Übertragung selbständiger Sicherungsrechte) und Rn 33 (vertragliche Besserstellung eines Sicherungsgebers).

5 Ein vollkommener Ausschluss des § 774 I in **AGB** verstößt gegen § 307 II Nr 1 (*Graf v Westphalen* Rz 51; JurisPK-*Prütting* § 774 Rz 21). Bei einer formularmäßigen Einschränkung des § 774 I, nach der Zahlungen des Bürgen, die zur vollen Befriedigung des Gläubigers nicht ausreichen, vorläufig nur als Sicherheitsleistung anzusehen sind, ist zu unterscheiden: (1) In einer **Globalbürgschaftsvereinbarung** (s. § 765 Rn 13) ist eine solche Regelung wirksam. Im Hinblick auf das allg Vorrecht des Gläubigers aus § 774 I 2 (dazu unten Rn 20) wird der Bürge durch die weitere Verstärkung der Rechtsstellung des Gläubigers nicht übermäßig iSv § 307 I belastet (BGHZ 92, 374, 382 f; NJW 01, 2327, 2330; *Graf v Westphalen* NJW 02, 1688, 1697; Erman/*Herrmann* § 774 Rz 11; aA MüKo/*Habersack* § 774 Rz 5; *Tiedtke* ZIP 90, 413, 424). Die durch die Klausel bewirkte Besserstellung des Gläubigers ist durch dessen berechtigtes Interesse gerechtfertigt, eine sonst nach den §§ 412, 401 eintretende Schmälerung der auch für andere (Bank-)Schulden haftenden Sicherungsrechte bis zur Tilgung aller Verbindlichkeiten des Hauptschuldners zu verhindern (BGHZ 92, 374, 383). (2) In einer **einfachen Bürgschaft** ist die Klausel aber unangemessen iSv § 307 II (*Graf v Westphalen* Rz 51).

6 **B. Forderungsübergang** (*cessio legis*) **nach § 774 I 1. I. Voraussetzungen. 1. Bestehen einer Hauptverbindlichkeit.** Die cessio legis nach § 774 I 1 setzt voraus, dass der Bürge eine **bestehende Hauptverbindlichkeit** erfüllt (BGH NJW 00, 1563, 1565). Fehlt es an ihr, besteht die Bürgschaftsverbindlichkeit nicht (s. Vor § 765 Rn 10). Es findet weder eine Erfüllung der Bürgschaftsschuld noch ein Forderungsübergang statt. Der Bürge kann in diesem Fall eine erbrachte Leistung nach § 812 I 1 Alt 1 vom Gläubiger zurückfordern.

7 **2. Befriedigung des Gläubigers.** Der Bürge muss den Gläubiger befriedigen: durch **Leistung auf die Bürgenschuld** iSv § 362 oder durch Erfüllungssurrogate (Rn 8). Eine Leistung des Bürgen auf die Hauptschuld als Dritter iSd § 267 ist nicht ausreichend (RGZ 96, 136, 139; BGH NJW 86, 251; ZIP 98, 601, 602). Hat der Bürge bei seiner Leistung keine Zweckbestimmung getroffen, ist maßgeblich, ob die Zuwendung bei objektiver Betrachtungsweise aus der Sicht des Zuwendungsempfängers als eine Leistung des Bürgen oder eines Dritten iSd § 267 zu werten ist (BGH NJW 86, 251; WM 98, 443, 445). Unerheblich ist, ob der Bürge die Bürgschaftsverbindlichkeit aus eigenem Vermögen oder aus dem Vermögen des Hauptschuldners begleicht (RG JW 14, 78). Der Bürge kann nach § 271 II im Zweifel bereits vor Fälligkeit leisten (vgl BGH ZIP 98, 601, 603; MüKo/*Habersack* § 774 Rz 4); das kann wegen des einhergehenden Übergangs von Sicherheiten im Einzelfall Gestaltungsmöglichkeiten bieten. Begleicht der Bürge die ganze Hauptschuld, obwohl er nur für einen **Teil gebürgt** hat, stellt die Leistung auf den nicht verbürgten Teil eine **Zahlung eines Dritten iSd § 267** dar. In dieser Höhe findet kein Forderungsübergang statt (RGZ 96, 136, 139).

8 „Befriedigung" nach § 774 I 1 kann auch durch **Erfüllungssurrogate** erfolgen: die **Leistung an Erfüllungs statt** (BGH WM 69, 1103, 1104: zu §§ 1143 I 2, 774 I 1; BGH NJW-RR 88, 61, 62: Aufnahme eines eigenen Bankkredites des Bürgen bei der Bürgschaftsgläubigerin), die befreiende **Hinterlegung** nach §§ 372, 378 (BGH NJW 90, 1301) die **Aufrechnung** (§ 387 ff) mit einer eigenen (Gegen-)Forderung des Bürgen gegen den Bürgschaftsanspruch des Gläubigers (RGZ 53, 403, 405; BGH WM 65, 578, 579; NJW 90, 1301). Im Bürgschaftsvertrag können diese Möglichkeiten der Erfüllung beschränkt werden. Ob die Aufrechnung des Bürgen trotz eines Aufrechnungsverbots im Vertrag über die Hauptschuld zulässig ist, ist str (dafür: MüKo/*Habersack* § 774 Rz 4; dagegen: Staud/*Horn* § 774 Rz 10). Für die Möglichkeit der Aufrechnung spricht, dass sich das Erfüllungsinteresse des Gläubigers auf seine wirtschaftliche Befriedigung beschränkt. Im Einzelfall kann sich ein anderes Ergebnis aus der Auslegung des Bürgschaftsvertrags im Lichte des Vertrages über die Hauptschuld ergeben.

9 Notwendig ist die **endgültige** Befriedigung des Gläubigers. Unzureichend sind daher: (1.) Sicherheitsleistung durch Hinterlegung (RGZ 106, 311 f), (2.) Zahlung zur Abwendung der Zwangsvollstreckung aus einem nur *vorläufig* vollstreckbaren Urt (RGZ 98, 328, 329), (3.) die Leistung auf ein rechtskräftiges Vorbehaltsurteil (BGHZ 86, 267, 270: Vorbehaltsurteil iSv § 599 ZPO); (4) Teilleistung, wenn vereinbart ist, dass die Leistungen des Bürgen bis zur vollständigen Befriedigung des Gläubigers nur als Sicherheit dienen (s.o. Rn 4, BGHZ 92, 374, 378 ff). Die cessio legis tritt in Fall (4.) aber ein, wenn der Gläubiger zu erkennen gibt, dass er sich

aus der gezahlten Bürgschaftssumme befriedigt hat, die Leistung des Bürgen also nicht mehr als Sicherheit betrachtet (BGH NJW 87, 374, 376).
Befriedigt der Bürge den Gläubiger ohne ein Vermögensopfer, wie im Falle eines **Erlassvertrages zwischen** 10
Bürgen und Gläubiger, so wird keine Zession nach § 774 I 1 ausgelöst (BGH NJW 90, 1301).

II. Rechtsfolgen. 1. Übergang der Hauptforderung. Die Befriedigung des Gläubigers führt zum **gesetzli-** 11
chen Übergang der Hauptforderung (unverändert bleiben zB Verjährungsfrist, Erfüllungsort und Erfüllungszeit). Es gehen einerseits die Nebenrechte auf den Bürgen über (§§ 412, 401); andererseits bleibt die Forderung mit allen Einwendungen und Einreden behaftet, die dem Hauptschuldner ggü dem Gläubiger zustanden (§§ 412, 404), BGHZ 35, 172, 174; Rn 14 ff. Der Bürge erhält auch den **Zinsanspruch**, der auf der Hauptschuld lastet: auf die vom Bürgen an den Gläubiger gezahlten und (entgegen dem Wortlaut von § 774 I 1) auf die unbezahlten Zinsen; denn der Hauptschuldner soll nicht davon profitieren, dass der Bürge für ihn die Hauptverbindlichkeit erfüllt hat (BGH aaO; Staud/*Horn* § 774 Rz 6, 15; aM *Reinicke* DB 67, 847, 852). Der Hauptschuldner kann jedoch ggü dem Bürgen nach § 774 I 3 eine abw günstigere Zinsabrede einwenden (MüKo/*Habersack* § 774 Rz 18).
Ein rechtsgeschäftliches **Abtretungsverbot** (§ 399 Alt 2) der Hauptforderung steht der cessio legis (in Analo- 12
gie zu § 851 II ZPO) trotz § 412 grds **nicht entgegen** (Staud/*Horn* § 774 Rz 16; MüKo/*Habersack* § 774 Rz 5; aA Erman/*Herrmann* § 774 Rz 7): Das Abtretungsverbot soll im Kern vor einer Auswechslung des Gläubigers schützen; zum Bürgen besteht aber bereits (meist) ein Schuldverhältnis (s. § 765 Rn 7): Er gehört nicht zu dem Personenkreis, vor dem das Abtretungsverbot schützen will. Der vom Hauptschuldner mit dem Abtretungsverbot (meist) bezweckte Eigenschutz wird dadurch erreicht, dass nach §§ 412, 399 die weitere Abtretung durch den Bürgen unzulässig ist.
Bei einer für eine **Gesamtschuld** abgegebenen Bürgschaft erfasst der Forderungsübergang nur die Hauptfor- 13
derung gegen den oder die Gesamt(haupt-)schuldner, für den oder die sich der Bürge verbürgt hat. Forderungen gegen andere Gesamt(haupt-)schuldner erwirbt der Bürge durch die cessio legis nur in dem Maße, in dem der ausgefallene Gesamt(haupt-)schuldner, wenn er selbst geleistet hätte, durch seine Leistung nach § 426 II eine Forderung gegen die anderen Gesamt(haupt)schuldner erworben hätte (BGHZ 46, 14, 16).

2. Übergang von Nebenrechten. Mit der Hauptforderung gehen nach §§ 412, 401 auch alle von ihr abhängi- 14
gen **Nebenrechte,** insb **akzessorische Sicherheiten**, auf den Bürgen über (Mot II 674; BGHZ 110, 41, 43). Dies gilt unabhängig davon, ob die Nebenrechte vor oder nach Übernahme der Bürgschaft entstanden sind (arg § 776 2). **Selbständige Sicherungsrechte**, wie zB Sicherungsgrundschulden, Sicherungseigentum (BGH WM 94, 1161, 1163), Eigentumsvorbehalte (BGHZ 42, 53, 56 f), Sicherungsabtretung (BGHZ 78, 137, 143) oder Rentenschulden (Köln NJW 90, 3214) gehen nur dann in **analoger** Anwendung des § 774 I 1 auf den Bürgen über, wenn eine Abrede des Sicherungsgebers mit dem Gläubiger diesem nicht entgegensteht (BGH WM 67, 213, 214; Z 110, 41, 43). Sonst ist der Gläubiger in entspr Anwendung von §§ 774, 412, 401 zur Übertragung **verpflichtet**: BGHZ 144, 52, 54 f; NJW 01, 2327, 2330; Z 136, 347, 352. Der Gläubiger muss die Sicherungsrechte nach §§ 269, 270 – vorbehaltlich anderer Vereinbarung – an seinem Wohnsitz bzw wenn die Verbindlichkeit in seinem Gewerbebetrieb entstanden ist, an seiner gewerblichen Niederlassung übertragen (BGH NJW 95, 1546).
Nach §§ 774, 412, 402, 403 hat der Bürge einen Anspruch auf **Auskunft** sowie auf Ausstellung einer öffentlich 15
beglaubigten **Abtretungsurkunde** gegen den Gläubiger. Aufgrund dieser Ansprüche kann es ihm nicht versagt werden, nur Zug um Zug gegen Aushändigung der ihm zustehenden Erklärungen zur Zahlung verurteilt zu werden (RG HRR 32 Nr 2141).

3. Anspruchskonkurrenz mit Aufwendungsersatzanspruch aus §§ 670, 683. Neben den nach § 774 I über- 16
gehenden Anspruch tritt häufig ein Aufwendungsersatzanspruch aus §§ 670, 683 (s.o. Rn 3), wenn der Bürge die Befriedigung des Gläubigers nach sorgfältiger Prüfung unter Wahrung der Interessen des Geschäftsherrn (dh des Hauptschuldners) für **erforderlich** halten durfte (BGHZ 95, 375, 388: **Anhörung des Hauptschuldners** vor Zahlung zur Befragung über Einreden erforderlich). Dann steht dem Bürgen sogar ein Aufwendungsersatzanspruch gegen den Hauptschuldner zu, wenn er auf eine nicht mehr bestehende Hauptschuld geleistet hat, Zug um Zug gegen die Abtretung des **Bereicherungsanspruchs** des Bürgen gegen den Gläubiger (§ 667), MüKo/*Habersack* § 774 Rz 19.
Der Aufwendungsersatzanspruch schließt **Kosten** eines erforderlichen (misslungenen) Prozesses gegen den 17
Gläubiger zum Abwehr der Inanspruchnahme (MüKo/*Habersack* § 774 Rz 19) und Folgekosten einer Inanspruchnahme durch den Gläubiger ein (Bremen NJW 63, 861, 862: Verzugsschaden). Der Bürge verliert seinen Aufwendungsersatzanspruch im **Insolvenzverfahren** des Hauptschuldners, wenn der Gläubiger mit seiner Forderung an diesem teilgenommen hat und diese durch Insolvenzplan (§ 254 II InsO) oder im Wege der Restschuldbefreiung (§ 301 II InsO) ganz oder teilweise erlassen wurde (MüKo/*Habersack* § 774 Rz 21; vgl auch BGHZ 55, 117, 121).
Bei der vom Bürgen zu treffenden **Entscheidung** zwischen der (alternativen oder kumulativen) Geltendma- 18
chung des Rückgriffsanspruchs aus § 774 und des Aufwendungsersatzanspruches (s. Rn 3 zur Anspruchskonkurrenz) kommt es im Kern darauf an, **ob** dem Hauptschuldner **Gegenrechte aus dem Innenverhältnis**

(Rn 23 f) zustehen. Ist dies nicht der Fall, bietet die cessio legis den **Vorteil**, dass auch Neben- und Sicherungsrechte nach §§ 412, 401 übertragen werden (Staud/*Horn* § 774 Rz 6; RGRK/*Mormann* § 774 Rz 5). Etwaige Beweisschwierigkeiten des Anspruchs aus dem Innenverhältnis Bürge-Hauptschuldner entfallen (BGHZ 139, 214, 219). Verbürgt sich ein Partner einer nichtehelichen Lebensgemeinschaft für eine vom Lebenspartner eingegangene Verbindlichkeit, so hat der bürgende Lebenspartner idR einen Rückgriffsanspruch gegen seinen nichtehelichen Lebensgefährten nach § 774 I 1. Für eine andere Regelung trifft die **Beweislast** den Hauptschuldner (Hamm NJW-RR 89, 624 f; aM LG Bamberg NJW 88, 1219).

19 **III. Prozessuales.** War die verbürgte Forderung **öffentlich-rechtlicher Natur**, ist für den Rückgriffsanspruch gegen den Hauptschuldner der Zivilrechtsweg nach § 13 GVG eröffnet (BGH NJW 73, 1077, 1078; MüKo/*Habersack* § 774 Rz 17).

20 **C. Schranken ggü den Wirkungen des Forderungsübergangs. I. Vorrang des Gläubigers: Kein Forderungsübergang zu seinem Nachteil (774 I S 2).** Die Regelung in § 774 I 2 schützt den Gläubiger vor Nachteilen, die ihm durch die cessio legis entstehen können. Sie ist in allen Fällen der **Teilbefriedigung** des Gläubigers durch den Bürgen von praktischer Bedeutung (Teilbürgschaft, Teilleistung oder Teilleistung auf Teilbürgschaft: BGHZ 92, 374, 379). In diesen Fällen muss der Bürge – vorbehaltlich der Sonderregeln für den **Insolvenzfall** des Hauptschuldners (dazu Vor § 765 Rn 49 f) – mit der Geltendmachung der nach § 774 I 1 übergegangenen Rechte bis zur vollständigen Befriedigung des Gläubigers warten (RGZ 76, 195, 198). Man spricht vom **Vorrang des Gläubigers** für den ihm verbliebenen Forderungsteil samt Nebenrechten. Auf diesen Vorrang kann sich nur der Gläubiger, nicht auch der Hauptschuldner berufen (RG Recht 22 Nr 49). Unerheblich ist es idR, ob das Nebenrecht nur die verbürgte Forderung oder weitere Forderungen des Gläubigers sichert: Denn auch in diesem Fall genießt der Gläubiger den Vorrang (BGHZ 110, 41, 46: die Bürgschaft soll die Rechte des Gläubigers verstärken, arg § 772 II 2; BaRoth/*Rohe* § 774 Rz 11; Jauernig/*Stadler* § 774 Rz 5; aM Erman/*Herrmann* § 774 Rz 13).

21 Der Vorrang des Gläubigers gilt auch bei **nicht akzessorischen Sicherungsrechten** (s.o. Rn 14), die der Gläubiger dem Bürgen im Falle seiner Teilbefriedigung entspr § 774 I 1 anteilig übertragen muss (MüKo/*Habersack* § 774 Rz 11).

22 Wenn der **Bürge mehr leistet** als er nach dem Bürgschaftsvertrag schuldet (s.o. Rn 7 aE), um einen Vorrang des Gläubigers nach § 774 I 2 auszuräumen, tritt eine cessio legis nach § 774 I 1 hinsichtlich des über die Bürgschaft gezahlten Teils der Hauptschuld nicht ein, da es sich bei dem überschießenden Teil nicht um eine Leistung auf die Bürgenschuld handelt (RG LZ 18, 909, 910; MüKo/*Habersack* § 774 Rz 12).

23 **II. Gegenrechte des Hauptschuldners: Einwendungsdurchgriff nach § 774 I 3.** Aus § 774 I 3 folgt, dass der Hauptschuldner dem Bürgen, der die auf ihn übergegangene Forderung aus dem Hauptschuldverhältnis geltend macht, nur iRd **Innenverhältnisses** verpflichtet ist (BGH WM 76, 687, 689; 92, 908). Ggü übergeleiteten **Nebenrechten** schützen ergänzend §§ 404–410, 412. Hierzu gehört zB das Recht zur Aufrechnung (ggü dem Bürgen) mit Forderungen gegen den Gläubiger nach § 406 (RGZ 59, 207, 209: unter Hinweis darauf, dass kein solches Aufrechnungsrecht besteht, wenn der Bürge seinen Anspruch – s.o. Rn 3, 18 – auf § 670 stützt; Staud/*Horn* § 770 Rz 15; aM *Tiedtke* DB 70, 1721 ff). Im Einzelfall, insb bei „verspäteter" Aufrechnung, kann die Aufrechnung ggü dem Bürgen treuwidrig sein (Staud/*Horn* § 770 Rz 15).

24 Der Hauptschuldner kann nach § 774 I 3 zB **einwenden**: (1.) der Bürge habe es versäumt, Einreden oder Einwendungen ggü dem Gläubiger geltend zu machen (RGZ 59, 207, 209), (2.) die Bürgschaft sei eine Schenkung an den Hauptschuldner (RGZ 85, 72, 76; BGH WM 55, 377, 379), (3.) der Bürge sei ihm ggü ausgleichspflichtig (Stuttg ZIP 94, 200, 202).

25 **III. Rechte der Mitbürgen (§ 774 II).** Die Bestimmung in § 774 II **schützt die Mitbürgen** (§ 769): Der Forderungsübergang nach § 774 I 1 ist ausgeschlossen. Der den Gläubiger befriedigende Mitbürge erwirbt statt dessen die Forderungen gegen Mitbürgen nur in der Höhe der nach **§ 426** I bestimmten Ausgleichspflicht (BGHZ 88, 185, 189 f; Staud/*Horn* § 774 Rz 43; vgl § 769 Rn 9).

26 Nach § 426 I 1 sind Mitbürgen einander **zu gleichen Teilen** zum Ausgleich verpflichtet. Eine andere Aufteilung kann sich ergeben (1.) aus einer **abw Vereinbarung** („soweit nicht ein anderes bestimmt ist"); dafür trägt der Mitbürge, der sich darauf beruft, die **Beweislast** (BGH NJW 84, 482); oder (2.) **aus der Natur der Sache** (BGH NJW 87, 3126, 3129; 00, 1034, 1035). So wird zB für **Gesellschafter-Mitbürgen** angenommen, dass sie im Zweifel nach Maßgabe ihrer Beteiligung an der Gesellschaft haften (BGH NJW 86, 3131, 3133 f; NJW-RR 89, 685). Dies gilt auch, wenn sich die Anteile nachträglich geändert haben (BGH MDR 73, 927, 928; Köln NJW 95, 1685) oder sich nur ein Teil der Gesellschafter für die Verbindlichkeit verbürgt hat (Frankf MDR 68, 838).

27 Entlässt der Gläubiger einen **Mitbürgen** aus der Haftung, so berührt dies die Ausgleichsverpflichtung unter den Mitbürgen idR nicht (BGH NJW 92, 2286, 2287). Gläubiger und Mitbürge können allerdings vereinbaren, dass der Erlassvertrag Gesamtwirkung iSv § 423 für alle Mitbürgen hat. Für die Auslegung eines Erlassvertrages idS müssen konkrete Anhaltspunkte vorhanden sein (BGH NJW 86, 1097, 1098; 92, 2286, 2287).

Haben sich mehrere Bürgen mit **unterschiedlichen Haftungshöchstgrenzen** verbürgt, richtet sich der Innen- 28
ausgleich – vorbehaltlich einer abw Einigung – proportional nach dem jeweiligen Anteil am Haftungsrisiko
(sog **Quotenmodell**: BGHZ 137, 292, 294 ff – im Gegensatz zum Stufenmodell: RGZ 81, 414, 421 ff –;
MüKo/*Habersack* § 774 Rz 23; eingehend u mit Berechnungsbeispielen *Glöckner* ZIP 99, 821 ff; Staud/*Horn*
§ 774 Rz 56). Dabei sind die Sicherheiten zu berücksichtigen (BGH NJW 09, 437, 438).

Befriedigt ein Mitbürge den Gläubiger nur **teilweise**, steht ihm – in Abweichung von § 426 (BGH WM 61, 29
1170, 1172) – grds ein **Rückgriffsanspruch** gegen die übrigen Mitbürgen zu: insb auch dann, wenn die Teilzahlung nicht den Betrag übersteigt, der auf ihn im Verhältnis der Mitbürgen untereinander entfällt (BGHZ
23, 361, 364; 00, 1034, 1035). In zwei **Ausnahmefällen** genießt der Mitbürge dieses Privileg nicht: (1) Der
Ausgleichsanspruch wird auf den seinen Anteil an der gesamten Schuld übersteigende Leistung beschränkt,
wenn der **Hauptschuldner zahlungsunfähig** ist (BGH NJW 86, 1097, 1098; Köln NJW 95, 1685, 1686). (2)
Ein **Mitbürge**, dessen **Zahlungsunfähigkeit** feststeht, kann für eine an den Gläubiger geleistete, seine Haftungsquote im Innenverhältnis zu seinen Mitbürgen nicht erreichende Teilzahlung so lange keinen Ausgleichsanspruch geltend machen, als nicht feststeht, in welcher Höhe auch die Mitbürgen noch aufgrund
ihrer Bürgschaft an den Gläubiger zahlen müssen (BGHZ 83, 206, 210).

Scheidet ein bürgender **Gesellschafter** aus der Gesellschaft aus, sind die verbleibenden Gesellschafter ihm ggü 30
zur Freistellung verpflichtet. Hat der ausgeschiedene Gesellschafter bezahlt, wird er meist aufgrund impliziter
Vereinbarung iSv § 426 I 1 – oder Erlassvertrag (§ 397) – in voller Höhe bei den verbleibenden Gesellschafter-
Bürgen Regress nehmen können (BGH NJW-RR 89, 685; DStR 98, 539; LG Stuttgart NJW-RR 00, 623, 624).
Hat sich neben einem Gesellschafter einer OHG noch ein Dritter für eine Verbindlichkeit der OHG verbürgt,
so haftet im Innenverhältnis allein der Gesellschafter (BGH WM 59, 229; NJW 86, 1097, 1098).

Aufgrund der Unanwendbarkeit der §§ 774 I, 412, 401 ff hat der zahlende Mitbürge gegen die übrigen Mit- 31
bürgen keinen Auskunftsanspruch nach §§ 402, 403. Er hat aber einen Anspruch gegen den Gläubiger auf
Mitteilung der noch vorhandenen Mitbürgen (Braunschw SeuffA 61 Nr 132 232, 233).

D. Wettlauf der Sicherungsgeber: Ausgleich zwischen Bürgen und anderen Sicherungsgebern. I. 32
Zusammentreffen von Bürgschaft und dinglichen Sicherheiten. Sichert **neben dem Bürgen** ein Dritter
dieselbe Forderung mit einem **gleichrangigen** akzessorischen oder einem nicht akzessorischen Sicherungsmittel, so besteht die Gefahr eines Wettstreits (s. zB BGH NJW 92, 3228, 3229: Bürgschaft und Grundschuld): Wer zuerst den Gläubiger befriedigt, erwürbe nach der gesetzlichen Konzeption die Forderung
gegen den anderen Sicherungssteller (der Bürge nach §§ 401; 774 I 1, 412 bzw der Rspr zur Übertragung
nicht akzessorischer Sicherungsmittel – s.o. Rn 14 –; der Dritte zB nach §§ 401; 1225; 1143 I, 412 oder
§§ 398, 401 bei Befriedigung des Gläubigers Zug um Zug gegen Abtretung der Forderung). Um diesem
unbilligen Ergebnis zu begegnen, wird **analog §§ 774 II, 426** ein **anteiliger Ausgleich** zugelassen: Wenn ein
Sicherungsgeber den Gläubiger befriedigt, so kann er in Höhe des seinen Anteil übersteigenden Betrages
von den anderen Sicherungsgebern Ausgleich verlangen (BGHZ 108, 179, 183; NJW 92, 3228, 3229;
JurisPK-*Prütting* § 774 Rz 17 ff).

Eine **Besserstellung des Bürgen** im Vergleich zu anderen Sicherungsgebern lässt sich aus dem Rechtsgedan- 33
ken von § 776 nicht herleiten (BGH NJW 92, 3228, 3229; MüKo/*Habersack* § 774 Rz 30; Erman/*Herrmann*
§ 774 Rz 15; aM Staud/*Horn* § 774 Rz 68). Dies gilt auch, wenn der Bürge auf sein Recht nach § 776 verzichtet
hat (BGH NJW 92, 3228, 3229; mit dieser Einschränkung noch Z 108, 179, 182 f) oder wenn zwischen den
verschiedenen Sicherungsgebern aufgrund unterschiedlichen Haftungsinhalts keine echte Gesamtschuld
besteht (BGHZ 108, 179, 183). Möglich ist aber eine entspr **vertragliche Gestaltung**, durch die die Gleichrangigkeit der Sicherungsmittel durchbrochen wird. Bsp: Privilegierung des Bürgen durch Zustimmung des
Grundschuldbestellers zur Abtretung der Grundschuld an den Bürgen im Fall der Inanspruchnahme des Bürgen durch den Gläubiger (BGH ZIP 90, 1545, 1546; Schimanski/Bunte/Lwowski/*Schmitz* § 91 Rz 105). Umgekehrt haftet der Bürge allein, wenn dieser im Bürgschaftsvertrag auf eine Abtretung der für dieselbe Hauptschuld bestellten Grundschuld verzichtet hat (BGH NJW 82, 2308; Staud/*Horn* § 774 Rz 71).

Die **Höhe der Ausgleichshaftung** richtet sich nach § 426 I 1 im Zweifel nach Köpfen (s. aber *Larenz/Canaris* 34
Schuldrecht II/1 § 60 IV 3 b); *Schanbacher* AcP 91, 86, 100 f: interne Ausgleichspflicht nach der Höhe der
unterschiedlichen Risikotragung).

II. Schuldbeitritt. Da der sichernde Schuldbeitritt ein akzessorisches Sicherungsrecht iSd § 401 darstellt 35
(BGH NJW 00, 575, 576; mit Anm *Medicus* EWiR 00, 379), gelten die in Rn 32 dargestellten Grundsätze auch
für das Verhältnis von Bürge und Schuldmitübernehmer (Celle WM 86, 1224, 1225; Hamm OLGZ 90, 336,
337), sofern sich nicht aus der Schuldbeitrittsvereinbarung ein abw Wille ergibt (vgl den Fall von Hamm
OLGZ 90, 336, 340; zust *Selb* EWiR 90, 27; Staud/*Horn* § 774 Rz 73).

§ 775 Anspruch des Bürgen auf Befreiung.
(1) Hat sich der Bürge im Auftrag des Haupt-
schuldners verbürgt oder stehen ihm nach den Vorschriften über die Geschäftsführung ohne Auftrag
wegen der Übernahme der Bürgschaft die Rechte eines Beauftragten gegen den Hauptschuldner zu, so
kann er von diesem Befreiung von der Bürgschaft verlangen:

1. wenn sich die Vermögensverhältnisse des Hauptschuldners wesentlich verschlechtert haben,
2. wenn die Rechtsverfolgung gegen den Hauptschuldner infolge einer nach der Übernahme der Bürgschaft eingetretenen Änderung des Wohnsitzes, der gewerblichen Niederlassung oder des Aufenthaltsorts des Hauptschuldners wesentlich erschwert ist,
3. wenn der Hauptschuldner mit der Erfüllung seiner Verbindlichkeit im Verzug ist,
4. wenn der Gläubiger gegen den Bürgen ein vollstreckbares Urteil auf Erfüllung erwirkt hat.
(2) Ist die Hauptverbindlichkeit noch nicht fällig, so kann der Hauptschuldner dem Bürgen, statt ihn zu befreien, Sicherheit leisten.

1 **A. Übersicht: Inhalt, Bedeutung, Abtretbarkeit.** Die Vorschrift gewährt dem Bürgen – **auch dem selbstschuldnerischen** iSv § 773 I Nr 1 (Mot II 677; RGZ 8, 260, 263; Staud/*Horn* § 775 Rz 7) – unter bestimmten Voraussetzungen für die Zeit bis zur Inanspruchnahme durch den Gläubiger einen Befreiungsanspruch gegen den Hauptschuldner, wenn zwischen dem Bürgen und dem Hauptschuldner im Innenverhältnis ein **Auftrag oder ein ähnliches Rechtsverhältnis** besteht (Rn 6) **und** sein Rückgriffsanspruch durch den Eintritt einer der in § 775 I Nr 1–4 beschriebenen Tatbestände (Rn 9 ff) **gefährdet** wird (RG JW 27, 1689 Nr 17; 35, 3529 Nr 2). Nach der Befriedigung des Gläubigers tritt an seine Stelle der Regressanspruch aus § 774 I.

2 Der Anspruch des Bürgen ist **nur auf Befreiung** gerichtet; einen Zahlungsanspruch gegen den Bürgen erst, wenn und soweit er den Gläubiger befriedigt, § 774 I (BGHZ 140, 270, 273 f; NJW 00, 1643, 1644). Selbst in Fällen, in denen die Zahlungsunfähigkeit des Hauptschuldners und die Inanspruchnahme des Bürgen feststehen oder der Gläubiger den Bürgen bereits in Anspruch nimmt, wandelt sich der Befreiungsanspruch weder in einen Anspruch des Bürgen auf Zahlung an sich selbst (BGHZ aaO; MüKo/*Habersack* § 775 Rz 11) noch in einen Anspruch auf Zahlung an den Gläubiger um (BGH NJW aaO). Daher kann ein Bürge – mangels Gleichartigkeit der Ansprüche – mit seinem Befreiungsanspruch nicht gegen einen Zahlungsanspruch des Hauptschuldners aufrechnen (BGHZ 140, 270, 274; BaRoth/*Rohe* § 775 Rz 10).

3 Außerhalb des Bürgschaftsrechts ist **§ 775 analog** anwendbar auf eine Grundschuldbestellung, die der Besteller aufgrund eines Auftrags oder auftragsähnlichen Verhältnisses (s. Rn 6) zur Sicherung einer fremden Verbindlichkeit auf seinem Grundstück bestellt (LG Karlsruhe MDR 01, 624; konsequent MüKo/*Habersack* § 775 Rz 3: auch auf andere Fälle der Bestellung dinglicher Sicherheiten). Hingegen ist die Bestimmung **nicht entspr** anwendbar auf die bloße Mitunterschrift auf einem Wechsel, die keine Bürgschaft begründet (Marienwerder Recht 1905, 431 Nr 1744) oder auf die Schuldmitübernahme (Staud/*Horn* § 775 Rz 7; aA MüKo/*Habersack* § 775 Rz 3).

4 **§ 775 ist dispositiv.** Der Bürge kann **ggü dem Hauptschuldner** auf den Befreiungsanspruch verzichten, den Anspruch einschränken, konkretisieren oder Erweiterungen vereinbaren (BGH NJW 95, 2635, 2637; Erman/*Herrmann* § 775 Rz 3; Jauernig/*Stadler* § 775 Rz 3; aA für den formularmäßigen Verzicht: MüKo/*Habersack* § 775 Rz 5). Ein Verzicht ist als Teil der Gestaltung des Auftragsverhältnisses zwischen dem Bürgen (Auftragnehmer) und dem Hauptschuldner – nicht: Gestaltung des Bürgschaftsvertrags zwischen dem Bürgen und dem Gläubiger – **nicht formbedürftig** (RGZ 59, 10, 13 f; Staud/*Horn* § 775 Rz 13; Erman/*Herrmann* § 775 Rz 3; Palandt/*Sprau* § 775 Rz 1; Jauernig/*Stadler* § 775 Rz 3; aA MüKo/*Habersack* § 775 Rz 5).

5 Eine entspr Verzichtserklärung kann der Bürge **ggü dem Gläubiger** individualvertraglich auch zu Gunsten des Hauptschuldners (§ 328 I) im Bürgschaftsvertrag (arg BGH LM § 775 Nr 1; noch ohne AGB-Würdigung) oder einer **formgerechten** Nebenabrede (s. § 766 Rn 6) erklären. In Bürgschafts-AGB kann solch ein Verzicht überraschend (§ 305c) und unangemessen (§ 307) sein (Staud/*Horn* § 775 Rz 14).

6 **B. Voraussetzungen und Einzelheiten. I. Auftrag oder ein ähnliches Rechtsverhältnis.** Nach § 775 I muss im Innenverhältnis zwischen dem Hauptschuldner und dem Bürgen (Auftragnehmer) ein **Auftrag** oder eine **Geschäftsführung ohne Auftrag** vorliegen (s. § 765 Rn 7). Die Norm ist ferner auf folgende auftragsähnliche Rechtsverhältnisse anzuwenden: (1.) die entgeltliche **Geschäftsbesorgung** (BGH NJW 00, 1643); (2.) die **Bürgschaft eines ausscheidenden Gesellschafters**, da dieser entspr den Grundsätzen aus § 738 I wie ein Auftragnehmer von seiner Verpflichtung aus der Bürgschaft freizustellen ist (BGH WM 74, 214, 215; WM 89, 406, 407; Staud/*Horn* § 775 Rz 3; Palandt/*Sprau* Rz 1); (3.) dementspr die Bürgschaft des Gesellschafters, dessen GmbH-Anteil **eingezogen** wird (Hambg ZIP 84, 707); (4.) den Kreditauftrag (s. § 778 Rn 1) im Verhältnis zwischen dem (einem Bürgen gleichgestellten) **Kreditauftraggeber** iSv § 778 und dem (einem Hauptschuldner gleichgestellten) Kreditempfänger. Da die Erteilung des Kreditauftrags dem Interesse und Willen des Kreditempfängers meist entspricht, ist zumindest eine Geschäftsführung ohne Auftrag regelmäßig gegeben (RG WarnR 30 Nr 135 271).

7 § 775 **modifiziert und begrenzt** die sich aus dem **Innenverhältnis** ergebenden (gesetzlichen) Regelungen des Auftragsrechts: Der unbeschränkte Befreiungsanspruch aus §§ 683, 670, 257 wird auf die in § 775 I bestimmten Fälle begrenzt (RGZ 59, 10, 11 f). Der Anspruch auf Vorschuss (§ 669) wird, da er dem Sinn und Zweck der Bürgschaft nicht entspricht, durch § 775 ausgeschlossen (BGHZ 140, 270, 274; BaRoth/*Rohe* § 775 Rz 10); ebenso das jederzeitige Kündigungsrecht des § 671 I, II (Erman/*Herrmann* § 775 Rz 1; Palandt/*Sprau* Rz 1).

II. Gefährdung des Rückgriffsanspruchs (§ 775 I Nr 1–4). Der Hauptschuldner ist verpflichtet, den Bürgen 8
über Tatsachen zu **informieren**, die dessen Rückgriffsanspruch gefährden (Staud/*Horn* § 775 Rz 5; Erman/
Herrmann § 775 Rz 5). Soweit ein Auftrag oder auftragsähnliches Verhältnis (Rn 6) vorliegt, begründen folgende – in § 775 I abschließend aufgezählte Tatbestände (Staud/*Horn* § 775 Rz 8) – einen **Befreiungsanspruch** (dabei kommt es ggf auf den Abschluss der letzten mündlichen Tatsachenverhandlung der Klage des
Bürgen gegen den Hauptschuldner an, vgl entspr § 773 Rn 14):

1. Wesentliche Vermögensverschlechterung (Nr 1). Das Tatbestandsmerkmal der wesentlichen Vermögens- 9
verschlechterung ist wie bei §§ 321 I 1, 490 I zu verstehen. Dabei sind die **Vermögensverhältnisse** des Hauptschuldners (inkl Art und Höhe seiner Verbindlichkeiten) im Zeitpunkt der Bürgschaftsübernahme und der
Geltendmachung des Befreiungsanspruchs **zu vergleichen** (Staud/*Horn* § 775 Rz 8). Eine wesentliche Verschlechterung liegt vor, wenn der Hauptschuldner nicht mehr in der Lage ist, besonders wichtige und dringende
Verbindlichkeiten zu erfüllen, wie zB Steuern, Zinsen und Arztrechnungen (RGZ 150, 77, 78). Der mehrfache
Verzug mit Teilzahlungen (zB Unterhaltsverpflichtungen) kann Indiz für eine wesentliche Vermögensverschlechterung des Hauptschuldners sein (BGH JZ 68, 230, 231; s.a. Rn 13 zum Indiz des „bereinigten Verzugs").
An einer nach dem Normzweck von § 775 erforderlichen **Gefährdung** des Regressanspruchs (s. Rn 1) kann es 10
fehlen, wenn der Bürge hinreichend durch eine **Rückbürgschaft** gesichert ist (MüKo/*Habersack* § 775 Rz 6).
Ebenso liegt trotz Auflösung und **Vollbeendigung einer Personengesellschaft** (als Hauptschuldnerin) keine
Gefährdung vor, wenn und soweit die Vermögensverhältnisse von mindestens einem der persönlich haftenden Gesellschafter eine **gleichwertige Sicherheit** für den Rückgriff bieten (RG JW 27, 1689, 1690: für OHG).
Haben sich die **Vermögensverhältnisse** des Hauptschuldners **wieder gebessert**, entfällt der Befreiungsan- 11
spruch (MüKo/*Habersack* § 775 Rz 6).

2. Wesentliche Erschwerung der Rechtsverfolgung gegen den Hauptschuldner (Nr 2). Eine wesentliche 12
Erschwerung der Rechtsverfolgung infolge Änderung des Wohnsitzes, der gewerblichen Niederlassung oder
des Aufenthaltsorts (Nr 2) liegt unter den gleichen Voraussetzungen vor wie bei § 773 I Nr 2 (s. § 773 Rn 7 ff).

3. Verzug (Nr 3). Die Regelung in Nr 3 setzt einen Verzug des Hauptschuldners voraus. Der Befreiungsan- 13
spruch des Bürgen entfällt, wenn der Hauptschuldner die Hauptforderung **nachträglich tilgt** (RG JW 35,
3529 Nr 2; BGH JZ 68, 230, 231); ein durch Zahlung „bereinigter" Verzug kann aber ein Indiz für eine
wesentliche Verschlechterung der Vermögensverhältnisse des Hauptschuldners iSd § 775 I Nr 1 sein (RG u
BGH aaO). **Stundet** der Gläubiger dem Hauptschuldner nachträglich die Hauptforderung, entfällt der Befreiungsanspruch des Bürgen nicht (RG aaO), es sei denn dieser hat der Stundung zugestimmt (RGZ 59, 10,
12 f). Dem Bürgen steht der Befreiungsanspruch nach § 775 I Nr 3 unabhängig davon zu, ob er noch **andere
Sicherungsrechte** hat (RGZ 59, 10, 13; MüKo/*Habersack* § 775 Rz 8); denn das Recht auf Befreiung ist wertvoller (vgl Rn 16) als das auf Sicherheitsleistung (RGZ aaO). Gerät der Hauptschuldner mit einer **Teilleistung in Verzug**, hat der Bürge nur einen Befreiungsanspruch in einer der Teilleistung entspr Höhe (BGH JZ
68, 230, 231).

4. Vollstreckbares Urteil des Gläubigers gegen den Bürgen (Nr 4). Unter **Nr 4** fallen: (1) rechtskräftige 14
Urteile (Wortlaut); (2) vorläufig vollstreckbare **Urteile** (arg § 704 I ZPO; LG Meiningen ZIP 98, 991, 993); (3)
Vollstreckungsbescheide nach §§ 699, 700 I ZPO (MüKo/*Habersack* § 775 Rz 9; Erman/*Herrmann* § 775
Rz 9); (4) vollstreckbare **Schiedssprüche** nach §§ 1054 I, 1060 ZPO (MüKo/*Habersack* § 775 Rz 9; Staud/
Horn § 775 Rz 11).
Unanwendbar ist Nr 4 hingegen auf Titel, die der Gläubiger nicht (allein) „erwirkt" hat, sondern die er nur 15
durch **Mitwirkung des Bürgen** erlangen konnte: (1.) Prozessvergleich, § 794 I 1 ZPO (Erman/*Herrmann*
§ 775 Rz 9; MüKo/*Habersack* § 775 Rz 9; Staud/*Horn* § 775 Rz 11), (2.) die vollstreckbare Urkunde nach § 794
I 5 ZPO (*Erman, MüKo* u *Staud* aaO); (3.) der Schiedsspruch mit vereinbarten Wortlaut, § 1053 I 2 ZPO
(MüKo/*Habersack* § 775 Rz 9); (4.) Anerkenntnisurteil nach § 307 ZPO (*Geißler* JuS 88, 452, 455; MüKo/
Habersack § 775 Rz 9). Zahlt der Hauptschuldner vor Beginn der Vollstreckung aus dem Titel, entfällt der
Befreiungsanspruch (RG JW 35, 3529 Nr 2).

III. Rechtsfolge. Der **Hauptschuldner** ist verpflichtet, den Bürgen vom Risiko der Inanspruchnahme durch 16
den Gläubiger zu befreien. Wie er dies tut, kann er selbst **bestimmen**: zB durch (1.) Befriedigung des Gläubigers, (2.) Veranlassung des Gläubigers – ggf gegen Bestellung weiterer Sicherheiten – zur Entlassung des Bürgen aus der Bürgenverbindlichkeit (BGHZ 55, 117, 120); (3.) vertragliche Einigung mit dem Bürgen.
Keine Befreiung des Bürgen wird erzielt durch die (mangels Gleichartigkeit iSv § 387 unzulässige) **Aufrech-** 17
nung gegen den Befreiungsanspruch mit einer gegen den Bürgen gerichteten Geldforderung (BGHZ 12, 136,
144; 25, 1, 6; NJW 83, 2438 f; vgl auch oben Rn 2 aE für den umgekehrten Fall; aA MüKo/*Habersack* § 775
Rz 11; *Geißler* JuS 88, 452, 454: arg die Aufrechnungsforderung des Hauptschuldners auf Zahlung sei besser
als der zu erfüllende Befreiungsanspruch des Bürgen). Der Hauptschuldner kann **aber** ein **Zurückbehaltungsrecht** (§ 273) geltend machen, wenn sein Zahlungsanspruch auf demselben rechtlichen Verhältnis
beruht, wie der Befreiungsanspruch, mit der Folge, dass der Hauptschuldner im Prozess nur zur Leistung
Zug um Zug zu verurteilen ist (BGHZ 47, 157, 166 f; NJW 83, 2438, 2439).

18 Ein titulierter Befreiungsanspruch wird nach § 887 ZPO **vollstreckt**, da der Anspruch auf die Vornahme einer vertretbaren Handlung gerichtet ist (Staud/*Horn* § 775 Rz 5; RGZ 18, 435, 436; RGZ 150, 77, 80). Der Befreiungsanspruchs ist aufgrund seines Leistungsinhalts gem § 399 Alt 1 **nicht abtretbar. Ausnahmen:** (1.) Abtretung an den Gläubiger: Durch diese wandelt sich der Freistellungsanspruch in einen Zahlungsanspruch um (BGH DB 75, 445; BGHZ 12, 136, 144); es sei denn, dem Hauptschuldner steht ein Recht zur Sicherheitsleistung nach II zu (BaRoth/*Rohe* § 775 Rz 10); (2.) wohl auch Einziehungsermächtigung (Staud/*Horn* § 775 Rz 6), aber nicht zum Nachteil des Hauptschuldners (§ 242).

19 C. Sicherheitsleistung nach Abs 2. Bis zur Fälligkeit der Hauptforderung, dh in den Fällen von I Nr 1 u 2, hat der Hauptschuldner nach §§ 775 II, 232 ff das **Recht, dem Bürgen Sicherheit für den Befreiungsanspruch** zu leisten. Der Bürge hat **keinen hierauf gerichteten Anspruch** (Soergel/*Mühl* § 775 Rz 7). Die Entgegennahme einer Sicherheit bedeutet keinen Verzicht auf den Befreiungsanspruch aus § 775 I Nr 3 und 4 ab Fälligkeit der Hauptschuld (RGZ 59, 10, 12).

20 D. Darlegungs- und Beweislast. Im Prozess trägt der Bürge die Darlegungs- und Beweislast für das Vorliegen des Auftrags oder auftragsähnlichen Rechtsverhältnisses (s. Rn 1, 6; vgl BGH NJW 00, 1643; BaRoth/*Rohe* § 775 Rz 3; krit *Tiedtke* NJW 01, 1015, 1020 f) und für das Vorliegen der weiteren Anspruchsvoraussetzungen aus § 775 I Nr 1–4 (MüKo/*Habersack* § 775 Rz 14). Der Hauptschuldner muss ggf einen Verzicht auf die Rechte aus § 775 beweisen (aaO).

§ 776 Aufgabe einer Sicherheit.

¹Gibt der Gläubiger ein mit der Forderung verbundenes Vorzugsrecht, eine für sie bestehende Hypothek oder Schiffshypothek, ein für sie bestehendes Pfandrecht oder das Recht gegen einen Mitbürgen auf, so wird der Bürge insoweit frei, als er aus dem aufgegebenen Rechte nach § 774 hätte Ersatz erlangen können. ²Dies gilt auch dann, wenn das aufgegebene Rechte erst nach der Übernahme der Bürgschaft entstanden ist.

1 A. Übersicht: Normzweck, reduzierte Bedeutung, Abdingbarkeit. § 776 soll dem **Schutz des Bürgen** dienen (Erman/*Herrmann* § 776 Rz 1): Gibt der Gläubiger bestimmte Sicherungsrechte auf, entfällt die Bürgenhaftung nach **1**, soweit der Bürge nach §§ 774, 412, 401 aus diesem Sicherungsrecht hätte Ersatz erlangen können (aus § 776 folgt indes keine allg Sorgfaltspflicht des Gläubigers ggü dem Bürgen: s. § 765 Rn 55). Diese Regelung verstärkt die Durchsetzbarkeit des Rückgriffsanspruchs und mildert die Folgen der Bürgenhaftung ab (BGHZ 144, 52, 57). **2** dehnt den Kreis der Sicherungsrechte, für die 1 gilt, auf nach Übernahme der Bürgschaft entstandene Sicherheiten aus.

2 In der Praxis bekommt der Bürge den Schutz von § 776 meist nicht: Die **Rspr zum Ausgleichsverhältnis** zwischen einem Bürgen und seinem Mitbürgen (s. § 769 Rn 9) oder anderen Sicherheitsgebern (§ 774 Rn 32) **schützt den Bürgen anders**, weil die „Aufgabe" einer anderen Bürgschaft oder anderen gleichrangigen Sicherheit (zB Grundschuld) durch den Gläubiger den bereits mit der Bestellung mehrerer Sicherheiten für dieselbe Forderung entstandenen Ausgleichsanspruch des Bürgen unberührt lässt (BGH NJW-RR 91, 499, 500; s.u. Rn 12): Er verliert in diesem Fall gar keine Ersatzmöglichkeit (Staud/*Horn* § 776 Rz 6); die Voraussetzungen von § 776 1 sind damit nicht erfüllt. Die praktische Bedeutung von § 776 wird durch diese Rspr **auf Fälle beschränkt**, in denen der Gläubiger ein im Verhältnis zur Bürgschaft „höherrangiges" Sicherungsrecht aufgibt: etwa eine Vorbürgschaft (s. § 765 Rn 93) oder eine kraft Vereinbarung vorrangig der Befriedigung dienende Sicherheit (s. § 774 Rn 33). Die Norm gewinnt aber durch neue Rspr **insolvenzrechtliche Bedeutung** (s. Rn 6).

3 Ferner ist § 776 **begrenzt dispositiv**; er wird oft abbedungen (Staud/*Horn* § 776 Rz 6). Die Abbedingung kann – als eine den Bürgen belastende Abrede nur formgerecht (§ 766 Rn 6; MüKo/*Habersack* § 776 Rz 3) – **individualvertraglich** erfolgen (BGHZ 144, 52, 55). **Formularvertraglich** ist der Verzicht nicht pauschal (arg § 307 I, II Nr 1; vgl BGHZ 144, 52, 55 ff; NJW 02, 295; Z 156, 302, 310), sondern nur bei hinreichend **konkreter gegenständlicher Begrenzung** unter Beachtung der berechtigten Interessen des Bürgen zulässig (Bsp: Zulässigkeit der Freigabe von Pfandgut iRd ordnungsgemäßen Abwicklung der Geschäftsverbindung zwischen Gläubigerbank und Hauptschuldner; BGH NJW 02, 295). Auch bei wirksamer Abbedingung von § 776 findet die an sich zulässige Aufgabe einer Sicherheit ihre Grenze in der nach **Treu und Glauben** (s. § 765 Rn 55) willkürlichen Aufgabe einer Sicherheit (RG JW 37, 1410; BGHZ 78, 137, 143 f; NJW-RR 86, 518, 519).

4 Außerhalb des Bürgschaftsrecht wird § 776 **nicht analog** angewendet (Staud/*Horn* § 776 Rz 23; Palandt/*Sprau* § 776 Rz 4; im Erg auch *Weber* WM 01, 1229, 1232 f; aA *Wacke* AcP 170, 42, 62 f; MüKo/*Habersack* § 776 Rz 2). Da § 776 die Durchsetzbarkeit des Rückgriffsanspruchs des Bürgen aus § 774 I schützen soll, besteht für eine analoge Anwendung der Vorschrift auch kein Bedürfnis, soweit – wie zB bei der Schuldmitübernahme (BGH BB 62, 1346) – ein Regressanspruch nicht (analog) besteht: s. § 774 Rn 2. § 776 findet auch auf das Verhältnis zwischen Pfandgläubiger und Verpfänder keine analoge Anwendung (BGH NJW-RR 91, 499, 500; Erman/*Herrmann* § 776 Rz 2; Palandt/*Sprau* § 776 Rz 4). Für ein Bsp entspr **Anwendung auf bürgschaftsrechtliche Sachverhalte** s.u. Rn 5.

B. Voraussetzungen. I. Sicherheits- und Vorzugsrechte, Recht gegen einen Mitbürgen (§ 776 S 1). 1. Erfasste 5
Rechte. Die Regelung in § 776 1 erfasst neben den dort genannten Sicherheiten: (1.) die **Aufgabe aller akzessorischen Sicherungs- und Vorzugsrechte**, die nach §§ 774, 412, 401 mit der Hauptforderung auf den Bürgen übergehen: s. § 774 Rn 14, sowie (2.) die **Aufgabe aller selbständigen Sicherungsrechte** (zB Sicherungsgrundschulden, Sicherungseigentum oder Eigentumsvorbehalte), deren Übertragung der Bürge nach §§ 412, 401 verlangen kann (s. § 774 Rn 14).
In **entspr Anwendung von § 776** wird der Bürge auch insoweit frei, als der Verwertungserlös von Sicherungs- 6 gut, den der Gläubiger aufgrund einer insolvenzrechtlichen **Vereinbarung mit dem Insolvenzverwalter** nach § 168 III InsO erzielt, insolvenzrechtlich nicht auf die Hauptforderung angerechnet wird (BGH NJW 06, 228, 230). Die Vereinbarung schneidet dem Bürgen die Möglichkeit der eigenen Befriedigung aus dem Sicherungsgut nach §§ 774, 412, 401 ab. Durch ein solch nachträgliches Rechtsgeschäft kann das Haftungsrisiko des Bürgen nicht zu seinem Nachteil verändert werden (BGH aaO 229; krit *Foerste* NZI 06, 275).

2. Nicht erfasste Rechte. Nicht unter § 776 1 fallen zB: (1.) das Zurückbehaltungsrecht aus § 273 (Staud/ 7 *Horn* § 776 Rz 8), (2.) die Garantie (BaRoth/*Rohe* § 776 Rz 5); (3.) der Anspruch des Bauunternehmers auf Bestellung einer Sicherungshypothek aus § 648 bzw die Rechte aus § 648a (Breslau Recht 1902 Nr 2673; Staud/*Horn* § 776 Rz 8); (4.) die Entlassung eines Gesamtschuldners aus seiner Verbindlichkeit (RG JW 37, 1410; KG OLGE 25, 20, 22); (5.) die Aufgabe von Rechten aus einem erfüllungshalber gegebenen Wechsel (Breslau Recht 1902 Nr 2673); (6.) die Beendigung der Vollkaskoversicherung durch den Gläubiger einer verbürgten Leasingforderung (Köln WM 95, 1965); (7.) die Unterlassung der Aufrechnung des Gläubigers mit einer nicht verbürgten Gegenforderung gegen einen Anspruch des Hauptschuldners (BGH NJW 84, 2455, 2456).

II. „Aufgabe". Die „Aufgabe" einer Sicherheit liegt vor, wenn bei **wirtschaftlicher Betrachtung** (Köln NJW 8 90, 3214 f) ihre Verwertungsmöglichkeit durch **vorsätzliches und aktives Handeln** des Gläubigers (BGH WM 60, 51; Köln NJW 90, 3214, 3215; Erman/*Herrmann* § 776 Rz 4) ganz oder teilweise (Erman/ *Herrmann* § 776 Rz 4) **tatsächlich** (zB durch Zerstörung, Staud/*Horn* § 776 Rz 11) oder **rechtlich** beseitigt wird: zB durch (1.) Rangverschlechterung durch Vorrangeinräumung (Köln NJW 90, 3214 f) bzw **Rangrücktritt** (Staud/*Horn* § 776 Rz 11); (2.) Rückübertragung des Sicherungseigentums (BGH WM 60, 371, 372; Staud/*Horn* § 776 Rz 11); (3.) Verzicht auf eine Verwendungsmöglichkeit oder bewusste Beseitigung des wirtschaftlichen Werts (BGH NJW 99, 3195, 3197: Nicht ausreichend ist die Hinnahme einer Unterdeckung), (4.) Verrechnung des Verwertungserlöses auf eine von der Bürgschaft nicht erfasste Verpflichtung des Hauptschuldners (BGH WM 60, 371, 372). § 776 setzt weder ein Verschulden noch eine Benachteiligungsabsicht des Gläubigers voraus (Köln NJW 90, 3214, 3215; Erman/*Herrmann* § 776 Rz 5).
Keine „Aufgabe" liegt in: (1.) fahrlässigem Verlust einer Sicherheit (BGH WM 60, 51; NJW 66, 2009: verzö- 9 gerte oder ungünstige Verwertung); (2.) rein passivem Verhalten (BGH NJW 66, 2009; 99, 3195, 3197; Palandt/*Sprau* § 776 Rz 5; Staud/*Horn* § 776 Rz 11 f; aA MüKo/*Habersack* § 776 Rz 8); (3.) Unterlassen der Verteidigung eines Sicherungsrechts (RGZ 65, 396, 397); (4.) Handeln aufgrund staatlichen Zwangs (Erman/ *Herrmann* § 776 Rz 4); zB wenn der Gläubiger eine Sicherheit im **Insolvenzverfahren des Hauptschuldners** verwertet und sich die dem Bürgen zukommende Quote aus dem Verwertungserlös aufgrund der Zahlung von Feststellungskosten nach § 170 II InsO verringert; den Bürgen hätten diese Kosten bei einer Verwertung in gleicher Weise getroffen (*Vollkommer/Heinemann* JZ 00, 1163, 1166).

C. Rechtsfolge: Reduktion des Anspruchs des Gläubigers gegen den Bürgen. Die Aufgabe (Rn 8) der 10 Sicherheit führt zur **Reduktion des Anspruchs des Gläubigers** gegen den Bürgen: Der Bürge wird nur insoweit frei, als er aus dem aufgegebenen Recht hätte Ersatz erlangen können.
Keine Reduktion erfolgt daher wenn: (1.) der Regressanspruch des Bürgen aus § 774 I abbedungen ist 11 (vgl § 774 Rn 4 f); (2.) ggü dem nach § 774 I übergegangenen Regressanspruch Einwendungen aus dem Innenverhältnis zwischen Bürgen und Hauptschuldner (vgl § 774 Rn 23) bestehen (Staud/*Horn* § 776 Rz 16); (3.) die aufgegebene Sicherheit nicht werthaltig war (MüKo/*Habersack* § 776 Rz 11; Erman/*Herrmann* § 776 Rz 6).
Außerdem erfolgt nach dem Schutzzweck von § 776 keine Reduktion, wenn der Gläubiger ein Recht gegen 12 einen **Mitbürgen** aufgibt: Da dem Mitbürgen nach § 774 II eine Ersatzmöglichkeit gegen den vom Gläubiger „entlasteten" Mitbürgen verbleibt, wird er nicht beschwert (s. § 769 Rn 9). Ebenso beschwert die „Entlassung" eines anderen gleichstufigen Sicherungsgebers (zB einer Grundschuld) den Bürgen nicht, da sein Ausgleichsanspruch im Innenverhältnis bereits mit der Bestellung mehrerer Sicherheiten für dieselbe Forderung begründet wird und von der „Entlassung" nicht berührt wird (vgl § 774 Rn 32 f).
Leistet der Bürge in Unkenntnis der Aufgabe der Sicherheit, kann er das von ihm Geleistete aus **ungerecht-** 13 **fertigter Bereicherung** (§ 812 I 1 Alt 1) vom Gläubiger zurückverlangen (RG WarnR 35 Nr 21 47).
Der Gläubiger kann die Folgen von § 776 vermeiden, indem er vor der Freigabe einer Sicherheit eine entspr 14 **Einwilligung des Bürgen** einholt; eine solche ist insoweit regelmäßig als Verzicht des Bürgen auf seine Rechte aus § 776 auszulegen (RG WarnR 17 Nr 290 454, 455; BGH NJW 02, 295, 296).

§ 777 Bürgschaft auf Zeit. (1) ¹Hat sich der Bürge für eine bestehende Verbindlichkeit auf eine bestimmte Zeit verbürgt, so wird er nach dem Ablauf der bestimmten Zeit frei, wenn nicht der Gläubiger die Einziehung der Forderung unverzüglich nach Maßgabe des § 772 betreibt, das Verfahren ohne wesentliche Verzögerung fortsetzt und unverzüglich nach der Beendigung des Verfahrens dem Bürgen anzeigt, dass er ihn in Anspruch nehme. ²Steht dem Bürgen die Einrede der Vorausklage nicht zu, so wird er nach dem Ablauf der bestimmten Zeit frei, wenn nicht der Gläubiger ihm unverzüglich diese Anzeige macht.
(2) Erfolgt die Anzeige rechtzeitig, so beschränkt sich die Haftung des Bürgen im Falle des Absatzes 1 Satz 1 auf den Umfang, den die Hauptverbindlichkeit zur Zeit der Beendigung des Verfahrens hat, im Falle des Absatzes 1 Satz 2 auf den Umfang, den die Hauptverbindlichkeit bei dem Ablauf der bestimmten Zeit hat.

1   **A. Einführung: Normzweck und Anwendungsbereich.** Die Zeitbürgschaft bietet dem Gläubiger nur eine Sicherheit auf Zeit, die es ihm ermöglichen soll, dem Hauptschuldner während der bestimmten Zeit Kredit zu gewähren (BGHZ 91, 349, 355; *Mugdan* Bd 2, 1031). § 777 enthält eine gesetzliche Auslegungsregelung zugunsten des Gläubigers: Entgegen §§ 163, 158 II wird der Bürge nicht allein durch den Eintritt des Endtermins frei, sondern nur dann, wenn der Gläubiger die in § 777 beschriebenen Maßnahmen – das Betreiben der Einziehung der Hauptforderung und/oder die unverzüglich nach Ablauf der Zeit mögliche Anzeige an den Bürgen (s. Rn 11 ff) – nicht unverzüglich durchführt (BGH DB 66, 1053; BGHZ 76, 81, 85). Die Regelung in II begrenzt den Umfang der Bürgenhaftung als Rechtsfolge einer rechtzeitigen Anzeige.

2   Nach ihrem Wortlaut bezieht sich die Bürgschaft auf eine im Zeitpunkt der Bürgschaft schon bestehende Verbindlichkeit. § 777 ist aber auch auf eine Bürgschaft für künftige Verbindlichkeiten anwendbar (RGZ 82, 382, 384). Allerdings muss im Wege der Auslegung ermittelt werden, ob die Parteien eine Zeitbürgschaft iSd § 777 vereinbaren wollten oder lediglich eine gegenständliche Beschränkung der Bürgschaft bezweckten (s. Rn 6 f).

3   Die Vorschrift ist entspr auf die zeitlich begrenzte (wie die Bürgschaft akzessorische) Verpfändung anwendbar (vgl RGZ 68, 141, 145 f; Staud/*Horn* § 777 Rz 23), nicht hingegen auf die nach Art 1 Nr 2, 17, 32 I, II WG abstrakte Wechselbürgschaft (RGZ 74, 351, 352) und den eine selbständige Schuld (Vor § 765 Rn 55 ff) begründenden Schuldbeitritt (Hambg HRR 1934 Nr 1199; Staud/*Horn* § 777 Rz 23; aA MüKo/*Habersack* § 777 Rz 3).

4   Die Regelung in § 777 ist begrenzt dispositv: **Die Parteien können** individualvertraglich vereinbaren, dass die Inanspruchnahme in Abweichung von I 2 bis zum Ablauf der bestimmten Zeit erfolgen muss, mit der Folge, dass der Bürge ohne Anzeige mit Ablauf der Frist frei wird (BGHZ 99, 288, 291; 139, 325, 329; NJW-R 89, 1324, 1326). Endet die Frist in solchen Fällen an einem Sonn- oder Feiertag, ist § 193 anwendbar (BGHZ 99, 288, 291): Die Frist endet am nächsten Werktag. Wird das Anzeigeerfordernis ganz abbedungen (Palandt/*Sprau* § 777 Rz 2a), so ist die Bürgschaft unbefristet und nur gegenständlich beschränkt (s. Rn 6; Köln NJW 85, 2722, 2723; s.a. Hamm NJW 90, 54, 55).

5   Dementspr kann die formularmäßige Abbedingung des Anzeigeerfordernisses bei einer Zeitbürgschaft „typengehaltändernd", damit überraschend iSv § 305c (BGH NJW 04, 2232, 2234: bezweckt das Gegenteil des vom Bürgen gewollten) und unangemessen iSv § 307 II sein (Köln NJW 85, 2722 f; *Tiedtke* NJW 05, 2498, 2501; *Voss* MDR 90, 495, 497 f).

6   **B. Voraussetzungen. I. Zeitbestimmung, Auslegung: Abgrenzung zur gegenständlich beschränkten Bürgschaft.** Eine Zeitbürgschaft ist nicht bereits dann vereinbart, wenn die Hauptschuld an einem bestimmten Termin fällig wird (München WM 84, 469, 472). Voraussetzung des § 777 ist vielmehr eine Zeitbestimmung im Bürgschaftsvertrag, nach deren Ablauf die Verpflichtung des Bürgen erlöschen soll (Formulierungsbeispiel: „Unsere Verpflichtungen aus der Bürgschaft erlöschen spätestens am ..." s. München BauR 04, 1631, 1632), wenn der Gläubiger die in § 777 beschriebenen Maßnahmen nicht durchführt. Das Vorliegen eines kalendermäßig vereinbarten Endtermins (§ 163) ist nicht erforderlich, die Zeitbestimmung kann auch indirekt durch Anknüpfung an ein Rechtsverhältnis oder Ereignis erfolgen (MüKo/*Habersack* § 777 Rz 7). Bsp: „3 Monate nach Beendigung des Mietvertrages" (Frankf WM 79, 1318; Palandt/*Sprau* § 777 Rz 1); „mit Abnahme ... oder mit Rückgabe [der] Bürgschaftsurkunde ..." (BGHZ 139, 325, 329: Erfüllungsbürgschaft); Halbierung der Bürgschaft nach 2 Jahren (München BauR 07, 901); Fertigstellung einzelner Bauabschnitte (BGHZ 153, 311, 319; anders Kobl 5 U 239/04 v 5.1.06), uU – Auslegungsfrage – Zugehörigkeit zu einer Gesellschaft (RG HRR 35 Nr 581: s. dagegen Rn 8).

7   Eine zeitliche Begrenzung im Bürgschaftsvertrag kann auch den Sinn haben, eine unbefristete Bürgschaft gegenständlich zu beschränken: Der Bürge steht nur für die innerhalb einer bestimmten Frist begründeten Verbindlichkeiten ein, für diese aber unbefristet (BGH NJW 88, 908; 04, 2232, 2233). In diesem Fall ist § 777 nicht anwendbar: Der Gläubiger muss keine anspruchserhaltenden Maßnahmen (s. Rn 11 ff) ergreifen.

8   Welche Art von Bürgschaft gewollt ist, ist im Wege der Auslegung der Bürgschaftsverpflichtung unter Einbeziehung aller Umstände des Einzelfalls zu ermitteln (BGH NJW 88, 908; 04, 2232, 2233). Bei Bürgschaften für künftige Forderungen handelt es sich meist um eine gegenständliche Beschränkung der Bürgschaft, wenn nicht besondere Umstände vorliegen, die zur Annahme einer Zeitbürgschaft zwingen oder der Wortlaut inso-

weit eindeutig ist (BGH NJW 88, 908; München BauR 04, 1631, 1632). In folgenden Fällen ist eine gegenständlich beschränkte Bürgschaft bejaht worden: Bestehen einer Ehe (Braunschw FamRZ 78, 111, 112), Zugehörigkeit zu einer Gesellschaft (obiter dicta Braunschw aaO und RG HRR 35 Nr 581, das im konkreten Fall die Auslegung als Zeitbürgschaft bestätigt hatte: Die Verkürzung der Verjährung – s. Vor § 765 Rn 38 – erleichtert heute die Annahme einer gegenständlich beschränkten Bürgschaft), Bürgschaft für bestimmte Waren- oder Kontokorrentkredite (BGH NJW 88, 908) oder Ansprüche aus einer Geschäftsverbindung (zB … auf die bis zum … aus … entstandenen Forderungen, vgl Zweibr WM 94, 788, 789), Prozessbürgschaft (BGH NJW 79, 417, 418).

Kündigt der Bürge eine unbefristete Bürgschaft, wird diese nicht zur Zeitbürgschaft, sondern nur gegenständlich begrenzt: § 765 Rn 68. 9

II. Form. Da die Zeitbestimmung eine Haftungserleichterung für den Bürgen darstellt, ist sie formfrei möglich (s. § 766 Rn 5; MüKo/*Habersack* § 777 Rz 9). Dagegen bedürfen die Verlängerung der vereinbarten Frist (*Weber* 109) oder die Zustimmung zu einer Stundung der Hauptforderung ohne Bestimmung eines neuen Endtermins – mit der der Bürge die Beschränkung seiner Haftung auf bestimmte Zeit aufgibt, RG JW 1903 Beil Nr 252 – als den Bürgen beschwerende Erklärungen der Schriftform: § 766 Rn 6. 10

III. Anspruchserhaltende Maßnahmen des Gläubigers bei Zeitablauf, Grenzen. Bei einer selbstschuldnerischen Bürgschaft (§ 773 Rn 1) – dem Normalfall in der Praxis – muss der Gläubiger dem Bürgen die Inanspruchnahme aus der Bürgschaft unverzüglich nach dem Fristablauf anzeigen: Sonst wird der Bürge frei (§ 777 I 2). 11

Die **Anzeige** kann bereits vor Ablauf der Frist abgegeben werden, wenn die Hauptschuld fällig ist (BGHZ 76, 81, 83 ff): Denn durch eine selbstschuldnerische Zeitbürgschaft wird die Bürgschaftsforderung nicht gestundet (aaO S 85). 12

Im gesetzlichen Leitfall der mit Einrede der Vorausklage ausgestatteten Bürgschaft (s. § 771 Rn 1) muss der Gläubiger einer Geldforderung zunächst ab Fristablauf unverzüglich iSd § 121 I (1) die Einziehung nach Maßgabe des § 772 betreiben (s. § 772 Rn 2, 4) und das Verfahren ohne wesentliche Verzögerungen fortsetzen, bevor er (2) dem Bürgen die Inanspruchnahme anzuzeigen hat (§ 777 I 1). Bei anderen Forderungen muss der Gläubiger eine nach der ZPO zulässige Zwangsvollstreckungsmaßnahme (erfolglos) durchführen (s. § 771 Rn 5 f; Staud/*Horn* § 777 Rz 14) und dem Bürgen sodann unverzüglich die Inanspruchnahme anzeigen (§ 777 I 1 aE). Dies gilt auch bei der Ausfallbürgschaft (§ 765 Rn 71 ff), auf die § 777 I 1 anzuwenden ist (BGH NJW 02, 2869, 2870). 13

Eine Anzeige nach I 1 kann entgegen dem Wortlaut auch während der Beitreibungsmaßnahmen gegen den Hauptschuldner, etwa durch Streitverkündung ggü dem Bürgen, erfolgen (Kobl ZIP 05, 1822, 1823; Staud/*Horn* § 777 Rz 17). 14

Die **Inanspruchnahme** des Bürgen setzt grds die Fälligkeit der Hauptforderung voraus (BGHZ 91, 349, 355 f). Wird die Hauptschuld gleichzeitig mit dem Ablauf der bestimmten Zeit fällig – aus welchem Grund auch immer (zB Kündigung) –, erfüllt die anschließende unverzügliche Inanspruchnahme diese Voraussetzung (BGH NJW 89, 1856, 1858). 15

Ist die Forderung bei Ablauf der Bürgenzeit nicht fällig, erlischt die Bürgenhaftung mit Zeitablauf (KG NJW-RR 95, 1199). Keine Ausnahme (durch Eingriff in die Wertungen des Gesetzgebers) ist für den Fall zu machen, dass bei Ablauf der Bürgschaftszeit die Fälligkeit der Hauptschuld unmittelbar bevorsteht und die Nichterfüllung durch den Hauptschuldner abzusehen ist (LG Darmstadt WM 87, 1357, 1360; MüKo/*Habersack* § 777 Rz 5; offen gelassen von BGHZ 91, 349, 356; NJW 89, 1856, 1857). Hiervon zu unterscheiden ist der praktische Fall, dass (1) die Hauptschuld innerhalb der Bürgschaftszeit fällig wird, (2) die Fälligkeit der Hauptforderung unmittelbar bevorsteht, (3) die Bürgenzeit zeitgleich ebenfalls kurz vor ihrem Ende steht und nunmehr die Anzeige erfolgt (vgl Staud/*Horn* § 777 Rz 17). 16

Die Anzeige ist eine empfangsbedürftige Willenserklärung (RGZ 153, 124, 126). Sie bedarf keiner Form (Staud/*Horn* § 777 Rz 16) und muss den Betrag der Inanspruchnahme nicht einmal beziffern (Karlsr MDR 85, 585). Hat der Gläubiger dem Bürgen die Inanspruchnahme rechtzeitig angezeigt, bedarf es keiner unverzüglichen Klageerhebung des Gläubigers gegen den Bürgen (BGH NJW 83, 750, 751). Im Fall einer gerichtlichen Geltendmachung gilt § 167 ZPO nicht entspr (BGH NJW 82, 172, 173 zu §§ 693 II, 270 III ZPO aF): Der Gläubiger muss die Anzeige fristwahrend rechtzeitig auf anderem Wege als durch Klage kommunizieren. 17

C. Rechtsfolge, Beweislast. Führt der Gläubiger die anspruchserhaltenden Maßnahmen nach § 771 I (s. Rn 11 ff) durch, begrenzt § 777 II (wenn er nicht abbedungen ist; Rn 4) die Haftung des Bürgen: (1) bei der selbstschuldnerischen Bürgschaft (Rn 11 f) auf den Umfang der Hauptverbindlichkeit bei Ablauf der bestimmten Zeit (§ 777 II Alt 2), (2) bei der mit Einrede der Vorausklage ausgestatteten Bürgschaft (Rn 13 f) auf die zur Zeit der Beendigung des Beitreibungsverfahrens nach I 1 bestehende Hauptschuld (§ 777 II Alt 1; MüKo/*Habersack* § 777 Rz 14; Staud/*Horn* § 777 Rz 18). 18

Unterlässt der Gläubiger die anspruchserhaltenden Maßnahmen nach § 771 I (s. Rn 11 ff), wird der Bürge frei. Dies gilt selbst dann, wenn der Gläubiger eine Verzögerung der Fälligkeit der Hauptforderung nicht zu vertreten hat (BGH ZIP 00, 1610, 1611). 19

20 Der Gläubiger muss das Zustandekommen des Bürgschaftsvertrages darlegen und beweisen, der Bürge die Vereinbarung (BGH NJW 04, 2232, 2234) und den Ablauf der Zeitbestimmung (Palandt/*Sprau* § 777 Rz 2a). Demgegenüber trägt der Gläubiger die Darlegungs- und Beweislast dafür, dass die Zeitbestimmung die Bürgschaft nur gegenständlich beschränken sollte (BGH aaO). Sichert die Bürgschaft einen Kontokorrentkredit, ist dies ein Beweiszeichen für eine gegenständliche Beschränkung (BGH aa.O).

§ 778 Kreditauftrag.
Wer einen anderen beauftragt, im eigenen Namen und auf eigene Rechnung einem Dritten ein Darlehen oder eine Finanzierungshilfe zu gewähren, haftet dem Beauftragten für die aus dem Darlehen oder der Finanzierungshilfe entstehende Verbindlichkeit des Dritten als Bürge.

1 **A. Überblick: Bedeutung und Gegenstand.** Der Kreditauftrag ist ein **Auftrag** iSd § 662 (oder Geschäftsbesorgungsvertrag iSd § 675), der sich aufgrund der in § 778 vorgeschriebenen Rechtsfolge von einem gewöhnlichen Auftrag unterscheidet. An die Stelle der Haftung aus §§ 670, 675 tritt die Haftung als Bürge aus §§ 765 ff (vgl zur Entstehungsgeschichte RGZ 50, 160 f). Die Vorschrift ist **dispositiv**. Die praktische Bedeutung von § 778 in der Wirtschaft ist gering, da Banken idR gesonderte Bürgschaftsverträge abschließen (BuB Rz 4/1261).

2 Der Begriff der Gewährung eines Darlehens oder einer Finanzierungshilfe wird weit ausgelegt: Darunter fällt (1.) die Gewährung eines **Darlehens** iSv § 488 I (vgl BGH WM 84, 422, 423), (2.) die Gewährung einer **Finanzierungshilfe** iSv § 499 (zB Warenkredit: RGZ 87, 144, 146: „Sendet sofort Ware per Eilgut"; Hambg VersR 84, 795), (3.) die Erweiterung oder Verlängerung eines Darlehens oder einer Finanzierungshilfe (Erman/*Herrmann* § 778 Rz 3; Staud/*Horn* § 778 Rz 3) und (4.) die Zusage, auf Verlangen ein Darlehen oder eine Finanzierungshilfe zu gewähren (**Krediteröffnungsauftrag**; Staud/*Horn* aaO). Ist das Darlehen oder die Finanzierungshilfe bei Vertragsschluss bereits gewährt worden, handelt es sich nicht um einen Kreditauftrag (RGZ 56, 130, 132); in Betracht kommt die Übernahme einer Bürgschaft (s. Rn 4).

3 **B. Zustandekommen, Formfreiheit, Abgrenzung zu anderen Vertragstypen.** Ein Kreditauftrag liegt vor, wenn der Beauftragte (zB eine Bank) ein **Vertragsverhältnis** eingeht (RGZ 56, 130, 135; BGH WM 56, 463, 465; 1211, 1212; Köln DB 83, 104), aufgrund dessen er sich zur **Gewährung eines Darlehens oder einer Finanzierungshilfe** an einen Dritten **im eigenen Namen und auf eigene Rechnung verpflichtet**. Das Angebot des Auftraggebers muss einen auf die Übernahme der Haftung gerichteten **Verpflichtungswillen** erkennen lassen (BGH WM 56, 463, 465; 60, 879, 880; aA Frankf NJW 67, 2360, 2361). Eine Ermächtigung zur Kreditgewährung oder Empfehlung genügt nicht (BGH WM 56, 463, 465; 56, 1211, 1212). Das bloße Bestehen eines eigenen wirtschaftlichen Interesses des Auftraggebers an der Kreditgewährung stellt ein **Indiz** für einen Verpflichtungswillen dar, ist aber allein nicht ausreichend (BGH WM 56, 1211, 1212; 60, 879, 880; aA Frankf NJW 67, 2360, 2361); weitere Indizien müssen hinzutreten, zB der Wille zur Rückstellungsbildung für Ansprüche der Auftragsnehmerin aus §§ 778, 765 (Hambg VersR 84, 795). Das Vertragsverhältnis kommt dadurch zustande, dass der Beauftragte das Auftragsangebot annimmt (BGH WM 60, 879, 880). Die Annahme kann konkludent erfolgen, zB durch die Einräumung des Darlehens oder der Finanzierungshilfe (BGH WM 56, 463, 465).

4 Die Haftung des Auftraggebers „als Bürge" ist gesetzliche Folge des Kreditauftrags und nicht Vertragsinhalt. Der Kreditauftrag kann im Gegensatz zur nicht kaufmännischen Bürgschaft (§ 766) **formlos** erteilt werden (RGZ 50, 160; BGH NJW 72, 576, 577). Für die **Abgrenzung zwischen Kreditauftrag und Bürgschaft** kommt es auf eine Auslegung der Erklärung im Einzelfall an (BGH WM 56, 1211, 1212). Als Indiz für die Einordnung eines Rechtsgeschäftes als Kreditauftrag gilt die Veranlassung zu der Kreditgewährung durch den Auftraggeber (BGH WM 60, 879, 880); das Eigeninteresse des Auftraggebers an der Kreditgewährung genügt allein nicht (BGH BGH WM 56, 1211, 1212; aA Frankf NJW 67, 2360, 2361). Ein solches Eigeninteresse ist aber Voraussetzung für die mögliche Umdeutung einer formnichtigen Bürgschaft in einen Kreditauftrag (BaRoth/*Rohe* § 778 Rz 3). Wollte sich der „Auftraggeber" schlechthin und unwiderruflich binden, kann das Rechtsverhältnis auch als **Garantie** (s. Vor § 765 Rn 53 f) zu qualifizieren sein (Staud/*Horn* § 778 Rz 9).

5 Handelt der Beauftragte **im Namen des Auftraggebers** oder soll der Beauftragte auf Rechnung des Auftraggebers Kredit gewähren, liegt **kein** Kreditauftrag vor (Staud/*Horn* § 778 Rz 9). Ebenfalls vom Kreditauftrag zu unterscheiden ist der **Akkreditivauftrag** (s. § 783 Rn 2).

6 **C. Rechtsfolge: Anwendbare Rechtsvorschriften.** Auf den Kreditauftrag ist das **Auftragsrecht** anwendbar, das aber durch § 778 – und ggf weiter durch Parteivereinbarung – modifiziert wird: Es gelten (1) **§§ 662–668** und (2) **§§ 672–675**, nicht aber die Vorschusspflicht aus § 669, da dies dem Sinn des Kreditauftrags widerspräche (Palandt/*Sprau* § 778 Rz 4) und der Aufwendungsersatzanspruch aus § 670, da diese Vorschrift von den §§ 765 ff verdrängt wird (Erman/*Herrmann* § 778 Rz 6). Für § **671** (Widerruf des Auftraggebers, Kündigung des Auftragnehmers) ist zu unterscheiden: (1) Er gilt uneingeschränkt für unentgeltliche Kreditaufträge. (2) Für entgeltliche Kreditaufträge gilt § 671 I aufgrund der eingeschränkten Verweisung in § 675 nicht: Ein Kündigungsrecht aus wichtigem Grund ergibt sich aber bei einem Dauerschuldverhältnis aus § 314 (Erman/*Herrmann* § 778 Rz 6) und sonst aus § 490 I analog (Palandt/*Sprau* § 778 Rz 4). Wird dem gegen Entgelt ver-

pflichteten Kreditauftragnehmer – zB Bank – das Recht eingeräumt, fristlos zu kündigen, gelten nach § 675 I die Beschränkungen des Kündigungsrechts sowie die Pflicht zum Schadensersatz bei Kündigung zur Unzeit in § 671 II (MüKo/*Herrmann* § 675 Rz 25).
Ab der Gewährung des Darlehens oder der Finanzierungshilfe gelten die Rechtsfolgen aus den **Bürgschafts-** **regeln** in §§ 765 ff neben den §§ 662 ff (Staud/*Horn* § 778 Rz 14). 7

Titel 21 Vergleich

§ 779 Begriff des Vergleichs, Irrtum über die Vergleichsgrundlage. (1) Ein Vertrag, durch den der Streit oder die Ungewissheit der Parteien über ein Rechtsverhältnis im Wege gegenseitigen Nachgebens beseitigt wird (Vergleich), ist unwirksam, wenn der nach dem Inhalt des Vertrags als feststehend zugrunde gelegte Sachverhalt der Wirklichkeit nicht entspricht und der Streit oder die Ungewissheit bei Kenntnis der Sachlage nicht entstanden sein würde.
(2) Der Ungewissheit über ein Rechtsverhältnis steht es gleich, wenn die Verwirklichung eines Anspruchs unsicher ist.

A. Übersicht: Bedeutung, Rechtsnatur. § 779 regelt die materiell-rechtliche **Streitbeilegungsvereinbarung** 1 durch gegenseitiges Nachgeben. Sie enthält zum einen eine **Legaldefinition** des Vergleichs. Zum anderen regelt sie einen Unwirksamkeitsgrund, der einen **Sonderfall** des gemeinsamen **Irrtums über die Geschäftsgrundlage** (s. Rn 29) darstellt (BGH NJW 59, 2109, 2110; NJW-RR 94, 434, 435). Trotz seiner Rechtsstellung im BGB ist § 779 grds **in allen Rechtsgebieten** anwendbar (BaRoth/*Schwerdtfeger* § 779 Rz 4): s. Rn 30 für Erscheinungsformen in der ZPO. Daneben finden sich spezialgesetzliche Regelungen in den §§ 217 ff InsO (Insolvenzplan), §§ 305 ff InsO (Schuldenbereinigungsplan) und in § 55 VwVfG sowie § 106 VwGO (öffentlich-rechtlicher Vergleich). S. *Rittwage* NZBau 07, 484 zur Vergleichsvereinbarung bei der Vergabe öffentlicher Aufträge.
Der Vergleich ist ein rein **schuldrechtlicher Vertrag** (Verpflichtungsgeschäft), der von den zu seinem Vollzug 2 durchgeführten Geschäften (Verfügungsgeschäften) zu trennen ist (dafür: Erman/*Terlau* § 779 Rz 21 [Rechtsnatur folgt aus Gesetzessystematik]; Palandt/*Sprau* § 779 Rz 1a; differenzierend: Staud/*Marburger* § 779 Rz 41; *Bork* 97 ff, 139 ff, entweder Verpflichtungs-, Verfügungs- oder zusammengesetztes Rechtsgeschäft). Der Vergleich ist meist als gegenseitiger Vertrag ausgestaltet (BGH ZIP 02, 840, 842; Staud/*Marburger* § 779 Rz 51; Ausnahme zB beim Abfindungsvergleich im Arbeitsrecht, BAG DB 70, 259), da er ein beiderseitiges Nachgeben erfordert (BGHZ 116, 319, 330; MüKo/*Habersack* § 779 Rz 36).
Die Regelungen in § 779 sind **dispositiv** (BGH WM 71, 1120, 1121; BaRoth/*Schwerdtfeger* § 779 Rz 7; Bsp in 3 Rn 26, 29).

B. Vergleichsabschluss. I. Voraussetzungen des Vergleichs. 1. Bestehen eines Rechtsverhältnisses. Ausrei- 4 chend für einen Vergleich ist ein Rechtsverhältnis jeglicher Art zwischen den Parteien (MüKo/*Habersack* § 779 Rz 3). Es ist gleichgültig, ob das Rechtsverhältnis tatsächlich besteht, ob die Parteien nur von dessen Bestehen ausgehen (BGH NJW 72, 157; NJW-RR 92, 363) oder sich über künftige, bedingte und betagte Ansprüche vergleichen (BGH NJW 72, 157).

2. Dispositionsbefugnis über das Rechtsverhältnis. Das Rechtsverhältnis muss der Dispositionsbefugnis 5 der Parteien unterliegen. Sie fehlt, wenn Rechte Dritter (s. Rn 14) oder zwingendes Recht betroffen sind. Bsp: **Gesellschaftsrecht**: (1.) Im Aktienrecht wird (a) die **Befugnis** zum Abschluss eines Vergleichs zunächst **ein-** 6 **geschränkt** durch § 50 AktG (Ersatzansprüche gegen Gründer), § 53 AktG (Ersatzansprüche bei Nachgründung), § 93 IV AktG (Ersatzansprüche gegen Vorstandsmitglieder), § 302 III AktG (Ausgleichsanspruch bei Beherrschungs- oder Gewinnabführungsvertrag), §§ 309 III, 310 IV, 317 IV, 318 IV AktG (Ersatzansprüche gegen gesetzliche Vertreter im Konzern). Eine Reihe weiterer Bestimmungen lassen (b) zwar den Vergleichsabschluss zu, schliessen jedoch die Wirkung des Vergleichs oder Verzichts ggü Gläubigern der Gesellschaft aus: §§ 93 V AktG (Ersatzansprüche gegen Vorstandsmitglieder), § 117 V AktG (Schadensersatzpflicht bei unrechtmäßiger Beeinflussung), §§ 309 IV, 310 IV, 317 IV, 318 IV AktG (Ersatzansprüche gegen gesetzliche Vertreter im Konzern). Entspr Begrenzungen für Vergleiche über Ersatzansprüche enthalten im **GmbH-Recht** zu Gunsten der Gesellschaftsgläubiger §§ 9b I, 43 III 2, 64 II 4 GmbHG und im **Handelsrecht** § 130a III 4 HGB. (2.) Ein Vergleich über die **Verpflichtung zur Leistung der Einlage** bzw über die **Erstattung verbote-** **ner Rückzahlungen** ist nach § 19 II GmbHG und §§ 54, 65 f AktG grds unzulässig. Ob dies auch für einen Vergleich gelten soll, durch den eine begründete Rechtsunsicherheit über die bestehenden Verpflichtungen beseitigt werden soll, ist str (dafür: RGZ 79, 271, 274; BayObLG DB 85, 107; Hamm GmbH-Rdsch 88, 308; MüKo/*Habersack* § 779 Rz 10; dagegen: Staud/*Marburger* § 779 Rz 10). Gegen eine Zulässigkeit sprechen sowohl der Wortlaut als auch der Gläubiger schützende Zweck der gesetzlichen Kapitalisierungsvorschriften, die grds nicht zur Disposition der Gesellschaft und der Gesellschafter stehen. (3.) Ein Vergleich im Rechtsstreit über die **Anfechtung eines Hauptversammlungsbeschlusses**, der eine Änderung oder Aufhebung desselben herbeiführen soll, ist aufgrund mangelnder Dispositionsbefugnis der Parteien unzulässig (BGHZ 132, 278, 283 f). Bleibt aber der Hauptversammlungsbeschluss durch den Vergleich unberührt, ist zB die Vereinbarung der Klagrücknahme gegen Kostenbeteiligung zulässig (Staud/*Marburger* § 779 Rz 10).

7 Im **Arbeitsrecht** können sich nach § 4 IV TVG die Parteien über tarifliche Rechte nur mit Zustimmung der Tarifvertragsparteien vergleichen.

8 Im **Familienrecht** besteht keine Dispositionsbefugnis (1.) bei Statusverhältnissen (Abstammung: RGZ 164, 62, 63; BGH NJW 95, 2921, 2922; Ehe: BGHZ 15, 190, 192), (2) bei gesetzlichem Unterhaltsanspruch für die Zukunft (§ 1614). Demgegenüber ist ein Vergleich möglich über (1) Unterhaltsanspruch nach der Scheidung (§ 1585c), (2.) den das gesetzliche Mindestmaß überschreitenden Teil des zukünftigen Kindesunterhaltes und (3.) das Umgangsrecht der Eltern iSv § 1634 (Erman/*Terlau* § 779 Rz 5 mwN).

9 Im **Erbrecht** ist ein Vergleich nur teilweise möglich. Zulässig: Vergleich über (1.) Gültigkeit und Auslegung eines Testaments (BGH NJW 86, 1812, 1813; s. *Thonemann* NotBZ 06, 268) oder über (2.) erbrechtliche Gestaltungsrechte wie das Anfechtungsrecht oder die Ausschlagung (BayObLG 97, 217). Unzulässig: Vergleich über den Nachlass eines noch lebenden Dritten (§ 311b IV) oder Vergleich, der ein nicht bestehendes Erbrecht mit dinglicher Wirkung begründen soll (BayObLG 66, 233, 236).

10 **3. Streit, Ungewissheit iSv Abs 1 und Unsicherheit iSv Abs 2.** Streit oder Ungewissheit iSv **I** ist gegeben, wenn die Parteien ernsthaft gegensätzliche Standpunkte vertreten (RG JW 35, 1009). Der Streit oder die Ungewissheit der Vertragsparteien kann **tatsächlicher oder rechtlicher Natur** sein. Ausreichend sind bereits subjektive Zweifel über den Bestand des Ausgangsrechtsverhältnisses (BGH NJW-RR 92, 363). Nach **II** steht es der Ungewissheit gleich, wenn die Parteien sich über die Rechtsverwirklichung eines Anspruches unsicher sind (RG DR 41, 1997, 1998). Eine solche Unsicherheit ist regelmäßig dann gegeben, wenn die Erbringung von im Prozess erforderlichen Beweisen, die Leistungsfähigkeit des Schuldners oder der Erfolg der Vollstreckung in Frage steht (Erman/*Terlau* § 779 Rz 13).

11 Ein rechtskräftiges Urt lässt die Parteien nicht im Ungewissen: Ein Vergleich ist insoweit nur über die Auslegung des Urteils möglich (MüKo/*Habersack* § 779 Rz 24).

12 **4. Gegenseitiges Nachgeben.** Durch gegenseitiges Nachgeben muss der Streit, die Ungewissheit (§ 779 I) bzw die Unsicherheit der Anspruchsverwirklichung (§ 779 II) beseitigt werden. Ein gegenseitiges Nachgeben liegt bereits vor, wenn die Parteien, um zur Einigung zu gelangen, überhaupt Zugeständnisse machen. Geringes Nachgeben auch im kleinsten Standpunkt reicht insoweit aus (BGHZ 39, 60, 63; NJW 70, 1122, 1124; NJW-RR 06, 644, 645). Das gegenseitige Nachgeben muss sich nicht auf das str Rechtsverhältnis beziehen (RG WarnR 30 Nr 89 173; Staud/*Marburger* § 779 Rz 27). Gegenseitiges Nachgeben indiziert die Vermutung ausgewogenen Interessenausgleichs und schließt damit eine Anfechtung nach § 134 InsO wegen Unentgeltlichkeit aus (BGH NJW-RR 07, 263, 264). Ein gegenseitiges Nachgeben ist nicht gegeben, wenn nur eine Partei Zugeständnisse gemacht hat (RGZ 146, 355, 358; einseitiges Nachgeben kann ein deklaratorisches Anerkenntnis, BGH MDR 98, 1092, bzw Verzicht sein, Palandt/*Sprau* § 779 Rz 10).

13 **II. Abschluss des Vergleiches.** Der Vergleichsvertrag kommt nach den **allg Regeln** (§§ 145 ff, §§ 164 ff) zustande (häufig: Bedingung der Erfüllung iSv § 158 I). Eine **Form** ist grds nicht einzuhalten (RGZ 142, 1, 3; BGH NJW 03, 589, 590). Sie ist nur dann notwendig, wenn die Parteien im Vergleich (zB kraft Vereinbarung, vgl BAG DB 97, 882, oder nach §§ 311b, 623, 761, 766, 925) ein formbedürftiges Rechtsgeschäft abschließen (BGH NJW-RR 08, 643, 645). Dies gilt nach § 782 nicht bei Erteilung eines **Schuldversprechens oder -anerkenntnisses** in einem Vergleich. Ein **gerichtlicher Vergleich** (s. Rn 41 ff) ersetzt nach § 127a die notarielle Beurkundung. Außergerichtlich können sich die Parteien vor, während und sogar nach einem Prozess mit und ohne Mitwirkung eines Anwalts vergleichen (zum Anwaltsvergleich s. Rn 30 ff).

14 Beim Vergleichsabschluss sind etwaige **Zustimmungserfordernisse** aus Vertrag (zB Gesellschaftsvertrag) oder Gesetz (zB §§ 1822 Nr 12, 1908i I, 1915 I, 1643 I; § 116 II HGB; § 160 II InsO) zu beachten; bei Verstoß gelten die jeweils bestimmten Folgen (vgl zB einerseits § 182, andererseits § 126 II HGB). Für Prozessbevollmächtigte sind die Sondervorschriften der §§ 81, 83 ZPO zu beachten.

15 Schickt der Schuldner dem Gläubiger ein Vergleichsangebot zusammen mit einem Scheck, dessen Höhe die Forderung des Gläubigers unterschreitet, und löst der Gläubiger den Scheck widerspruchslos ein, so kann dies als Annahme des Vergleichsangebotes zu werten sein (§ 151). Entscheidend für das Zustandekommen eines wirksamen Vergleichs ist, ob der den Vergleich Anbietende redlicherweise mit der Annahme rechnen durfte (BGHZ 111, 97, 101 ff: äußere Indizien; Dresd WM 99, 487: nicht bei eklatantem Missverhältnis; Karlsruhe WM 99, 490, 491: objektiver Dritter; vertiefend zur „Vergleichsfalle" *Frings* BB 96, 809 ff; *Lange* WM 99, 1301 ff) oder ob der Gläubiger die Annahme des angebotenen Vergleichs (idR ausdrücklich) ablehnte (BGH aaO).

16 **C. Wirkung des Vergleichs.** Persönlich wirkt ein Vergleich grds nur inter partes (BGHZ 116, 319, 321). Ein Vergleich zu **Lasten Dritter** ist unzulässig (BGH NJW 99, 1782; MüKo/*Habersack* § 779 Rz 29), aber als **Vertrag zugunsten Dritter** iSv § 328 (in Grenzen, s. § 328 Rn 10) möglich. Zur Wirkung in der **Insolvenz** s. BAG ZIP 08, 846 u *Smid* InVo 06, 45.

Vereinbaren zwei Parteien einen **Abfindungsvergleich** und erteilen sich **Generalquittung** hinsichtlich aller 17
bekannten und nicht bekannten sowie (zumeist) künftigen Ansprüche, ist es eine Frage der Auslegung, ob
die Parteien auch unvorhersehbare Schäden einbeziehen wollten (vgl BGH NJW 57, 1395; NJW 84, 115). Voller Schadensersatz trotz Abfindungsvergleich, wenn die Vereinbarung aufgrund eines krassen Missverhältnisses zwischen Schaden und Abfindungssumme gegen Treu und Glauben (§ 242) verstößt (vgl Köln NJW-RR 88, 924; Erman/*Terlau* § 779 Rz 11).

Der Vergleich über ein schwebend unwirksames Geschäft beinhaltet seine Genehmigung (zB Stuttg 6 U 115/ 18
06 v 11.12.06; München 19 U 3326/06 v 1.2.07; s.a. Karlsr17 U 364/05 v 5.12.06).

Zumeist wollen die Parteien durch den Abschluss eines Vergleichs keine Schuldumschaffung (**Novation**), 19
BGHZ 52, 39, 46; NJW-RR 87, 1426, 1427. Ausnahmsweise kann der Vergleich eine Novation darstellen,
wenn zB zur Zeit des Vergleichsabschlusses der Anspruch einer Partei bereits verjährt war (Palandt/*Sprau*;
§ 779 Rz 11); dann erlöschen Sicherungsrechte und die Verjährungsfrist beginnt neu zu laufen (RGZ 134,
154, 155). Grds bestehen aber die für die ursprüngliche Verbindlichkeit gegebenen **Sicherheiten** weiter fort
(RGZ 164, 212, 216 f). Gleiches gilt für Einwendungen, Einreden und Nebenpflichten, falls sie nicht durch
den Vergleich erledigt werden sollten (RGZ 90, 169, 170; BGH NJW 02, 1878, 1880: beide für **fortlaufende
Verjährung**; BaRoth/*Schwerdtfeger* § 779 Rz 21). Enthält der Vergleich erstmals Leistungspflichten, die nicht
bereits Inhalt des ursprünglichen Rechtsverhältnisses waren, so ist für diese Ansprüche allein der Vergleich
maßgeblich (BGH WM 79, 205, 206; BaRoth/*Schwerdtfeger* § 779 Rz 24). Erkennt eine der Parteien bei Vergleichsverhandlungen einen Anspruch an, so kommt ein **Neubeginn der Verjährung** unter den Voraussetzungen von § 212 I Nr 1 in Betracht (BGH VersR 65, 1149, 1150; Staud/*Peters* § 212 Rz 13).

Ein **außergerichtlich geschlossener Vergleich** hat keine unmittelbaren Auswirkungen auf einen bereits 20
anhängigen Prozess. Vielmehr muss der Vergleich durch Einrede dem Gericht zur Kenntnis gebracht werden
(BGH NJW 02, 1503, 1504). Bei **Klagerücknahme** aufgrund Vergleichs gilt § 98 ZPO (LAG Köln 4 Ta 229/08
v 24.9.08). Betreibt der Kläger das Verfahren gleichwohl weiter, muss die Klage durch Prozessurteil abgewiesen werden (BGH NJW 64, 549, 550; MüKo/*Habersack* § 779 Rz 38; Zöller/*Greger* § 269 ZPO Rz 3).

Als schulrechtlicher Vertrag (s. Rn 2) begründet der Vergleich auch **Nebenpflichten** (zB Kooperation und 21
Information, LG Stendal 22 161/06 v 20.3.07).

D. Unwirksamkeit des Vergleiches. I. Unwirksamkeit des Vergleichs nach § 779. 1. Tatbestandsvoraus- 22
setzungen. (1) Falsche Sachverhaltsgrundlage: Der von den Parteien nach dem Inhalt des Vergleichs als
feststehend zugrunde gelegte Sachverhalt – das Vorhandensein oder Nicht-Vorhandensein tatsächlicher Gegebenheiten außerhalb des Streits oder der Ungewissheit – entspr nicht der Wirklichkeit (BGHZ 155, 342, 351;
VersR 03, 1174). Zum **Sachverhalt** gehört alles, was die Parteien als geschehen und bestehend angenommen
haben (vgl zB *Lenke/Liebrecht* ZOV 06, 9, 14 f: Verkennung des **AGB-Charakters** einer Klausel) und in der
Vergleichsvereinbarung zum Ausdruck gekommen ist (BGH JZ 63, 128, 129; DB 76, 141). Bloße Zukunftserwartungen wie die wirtschaftliche Entwicklung (BGH NJW-RR 86, 945, 946; BAG ZIP 00, 1781, 1785 f), die
künftige Rechtslage (RGZ 117, 307, 309 f; Schlesw BKR 06, 158, 159: außer wenn erkennbar Grundlage des
Vergleichs) oder der Fortbestand einer bestimmten Rechtsprechung (BGHZ 58, 355, 361 f) sind indes nicht
als Sachverhalt iSd § 779 anzusehen (BGH WM 61, 975, 976). Der Sachverhalt ist **unrichtig**, wenn die Vorstellung der Parteien von der Wirklichkeit abweicht. Erforderlich und ausreichend ist objektive Unrichtigkeit.
Es ist nicht notwendig, dass die Parteien die Unrichtigkeit der Vergleichsgrundlage später anerkannt haben
(RGZ 112, 215, 218).

Die Unterscheidung nach (für § 779 irrelevanten) **Rechtsirrtümern** und (für § 779 allein maßgeblichen) 23
Sachverhaltsirrtümern (so noch RGZ 112, 215, 218; Hamm NJW-RR 97, 1429; einschränkend BGH WM
63, 594, 597) ist kaum durchführbar. Daher können sowohl Rechtsirrtümer als auch Sachverhaltsirrtümer
unter § 779 fallen (LG Tübingen NJW-RR 97, 472, 473; Erman/*Terlau* § 779 Rz 24; MüKo/*Habersack* § 779
Rz 64; Palandt/*Sprau* § 779 Rz 14; offen gelassen: BGHZ 155, 342, 351 f; WM 04, 1100, 1101). Ein Irrtum
über Umstände, die der Vergleich gerade beheben soll, die mithin Gegenstand des Vergleichs sein sollen,
führt nicht zur Anwendung des § 779 I und ist unbeachtlich (BGH NJW 07, 838). Dies gilt auch für einen
Irrtum über in der Rspr später entwickelte Einwendungen (Frankf 9 U 79/06 v 14.2.07).

(2) Kausalität des Irrtums: Ferner ist für die Unwirksamkeit des Vergleiches nach § 779 erforderlich, dass der 24
Streit oder die Ungewissheit bei Kenntnis der Sachlage nicht entstanden wäre. Der Vergleich muss mithin auf
dem gemeinsamen Irrtum über bestimmte tatsächliche oder rechtliche Verhältnisse beruhen (BaRoth/
Schwerdtfeger § 779 Rz 45). Irrelevant ist, ob zwischen den Parteien bei Kenntnis der Sachlage überhaupt kein
Streit oder gar keine Ungewissheit entstanden wäre. Es genügt auch nicht, wenn die Parteien bei Kenntnis der
Sachlage einen Vergleich mit einem anderen Inhalt geschlossen hätten. Vielmehr ist erforderlich, aber auch
ausreichend, dass der Streit oder die Ungewissheit bei Kenntnis der wahren Rechtslage nicht entstanden wäre
(RGZ 122, 201, 203; 149, 140, 142; Zweibr FamRZ 08, 995).

2. Rechtsfolge. Liegen die Voraussetzungen von § 779 vor, ist der Vergleich unwirksam. Die Unwirksamkeit 25
des Vergleichs erfasst nicht das abstrakte Erfüllungsgeschäft (Erman/*Terlau* § 779 Rz 21; Palandt/*Sprau* § 779
Rz 21). Das ergibt sich aus der schuldrechtlichen Natur des Vergleichs (s. Rn 2). Die Rückabwicklung richtet

26 sich daher nach §§ 812 ff. Differenzierende Ansichten, die dem Vergleich im Einzelfall Verfügungscharakter zusprechen (s. Rn 2) kommen abw zu der Rechtsfolge, dass die Unwirksamkeit des Vergleichs direkt zur Nichtigkeit etwaiger Vollzugsakte führt; die ursprüngliche Rechtslage mithin automatisch wieder hergestellt wird (Staud/*Marburger* § 779 Rz 48).

26 Haben die Parteien des Vergleichs die Rechtsfolgen des Fehlens oder des Wegfalls der Geschäftsgrundlage ausdrücklich geregelt, so ist für eine Berufung auf § 779 I kein Raum (s. Rn 29). Ist der Vergleich unwirksam, kommt eine Heilung durch Erfüllung nicht in Betracht (RGZ 79, 240, 241). Eine Anpassung des Vergleichs an die veränderten Umstände ist – anders als beim Normalfall des Fehlens oder Wegfalls der Geschäftsgrundlage (§ 313) – nicht möglich (Erman/*Terlau* § 779 Rz 27). Bei Teilwirksamkeit des Vergleichs gilt § 139 (Köln OLGZ 72, 42, 49).

27 **II. Andere Unwirksamkeitsgründe. 1. Sittenwidrigkeit.** Bei der Beurteilung, ob ein Vergleich aufgrund des Missverhältnisses von Leistung und Gegenleistung sittenwidrig ist, darf nicht auf die beiderseits übernommenen Leistungen abgestellt werden. Stattdessen ist das **Verhältnis des beiderseitigen Nachgebens** maßgeblich (RGZ 156, 265, 267; BGH NJW 99, 3113; OLG Hamm VersR 09, 532, 533 stellt auf das Prozeßrisiko ab). Sittenwidrigkeit scheidet idR aus, wenn der Vergleich seinem Inhalt nach aus der Sicht beider Parteien bei Vergleichsabschluss als sachgerechte Bereinigung des Streitfalls erschien (BGH NJW 99, 3113). Soll der Vergleich den Parteien allerdings Vorteile aus einem verbotenen oder sittenwidrigen Geschäft erhalten oder verschaffen, so ist er unwirksam (BGH NJW-RR 89, 1143).

28 **2. Anfechtung.** Die Vorschriften über die Anfechtung (§§ 119 ff) sind anwendbar. Allerdings scheidet eine Irrtumsanfechtung nach § 119 aus, wenn sich der Irrtum der anfechtenden Partei auf einen Umstand bezieht, der gerade in dem Vergleich Gegenstand der Regelung des ungewissen oder streitigen Sachverhaltes war (RGZ 162, 198, 201 f). Demggü kann eine Anfechtung wegen arglistiger Täuschung nach § 123 I Alt 1 auch über den str oder mit Ungewissheit behafteten Punkt erfolgen (RG JW 27, 1993; BGH NJW-RR 86, 1258, 1259); die **Beweislast** trägt der Anfechtende (s. Brandbg 4 U 88/01 v 18.7.07: kein Anscheinsbeweis). Haben die Parteien aber einen Vergleich zur Bereinigung der durch eine Täuschung entstandenen zweifelhaften Lage geschlossen, so fehlt es an der für die Anfechtung notwendigen Kausalität zwischen Vergleichsabschluss und Täuschung (BGH NJW-RR 89, 1143; Erman/*Terlau* § 779 Rz 28).

29 **3. Störung (Wegfall) der Geschäftsgrundlage.** Außerhalb des Anwendungsbereichs von § 779 kann einem Vergleich die Geschäftsgrundlage fehlen (BGH NJW 00, 2497, 2498) und eine Anpassung des Vergleichs nach § 313 notwendig werden (Zweibr OLGR 02, 112, 114; BGH NJW-RR 08, 1716, 1717). Allerdings muss in solchen Fällen die vertragliche Risikoverteilung eingehend untersucht werden (s. zB BGZ NJW-RR 08, 649). So scheidet ein Wegfall der Geschäftsgrundlage bspw aus, wenn die Parteien bereits im Vergleichsinhalt eine Regelung für das Fehlen, den Wegfall oder die Veränderung bestimmter Umstände vereinbart haben (BGHZ 61, 153, 162; WM 71, 1120, 1121; BAG NJW 01, 1297, 1300; Staud/*Marburger* § 779 Rz 86).

30 **E. Drei besondere Erscheinungsformen in der ZPO. I. Anwaltsvergleich. 1. Begriff, Bedeutung.** Der Anwaltsvergleich iSv §§ 796a–c ZPO ist ein Vergleich, der außergerichtlich von Rechtsanwälten im Namen und mit Vollmacht ihrer Parteien abgeschlossen wird (BTDrs 13/5274 29; Zöller/*Geimer* § 796a Rz 1; Baumbach/Lauterbach/Albers/*Hartmann* § 796a Rz 1).

31 Sinn und Zweck des Anwaltsvergleichs ist es, die sofortige Zwangsvollstreckung aus dem Vergleich ohne eine Entscheidung des Gerichts im Erkenntnisverfahren zu ermöglichen (Baumbach/Lauterbach/Albers/*Hartmann* § 796a Rz 2; Zöller/*Geimer* § 796a Rz 2). Damit sollen gerichtliche Verfahren vermieden und die Justiz entlastet werden (Halle NJW 99, 3567; MüKo/*Wolfsteiner* § 796a Rz 1). **Vollstreckbar** werden Anwaltsvergleiche erst mit dem Beschl nach § 796b II 2 ZPO bzw § 796c I ZPO.

32 **2. Voraussetzungen § 796a ZPO. (1) Vergleich iSd § 779 I:** Der Anwaltsvergleich muss die Voraussetzungen der Legaldefinition des Vergleiches nach § 779 I erfüllen (s. Rn 4 ff).

33 **(2) Unterwerfung unter die sofortige Zwangsvollstreckung:** Notwendig für einen Anwaltsvergleich ist, dass sich der Schuldner der sofortigen Zwangsvollstreckung unterwirft (Zöller/*Geimer* § 796a Rz 12; Stein/Jonas/*Münzberg* § 796a Rz 7; Thomas/*Putzo* § 796a Rz 6). Gegenstand der Unterwerfung kann jeder einer Vollstreckung zugängliche Anspruch sein (Baumbach/Lauterbach/Albers/*Hartmann* § 796a Rz 5), der im Vergleich konkret bezeichnet werden muss (MüKo/*Wolfsteiner* § 796a Rz 9).

34 Nach § 796a II ZPO dürfen Vergleiche, die auf **Abgabe einer Willenserklärung** gerichtet sind oder den Bestand eines **Mietverhältnisses über Wohnraum** betreffen, nicht für vollstreckbar erklärt werden.

35 **(3) Anwaltliche Vertretung:** Beim Abschluss des Anwaltsvergleichs (nicht notwendigerweise beim Zustandekommen, vgl Zöller/*Geimer* § 796a Rz 11) muss für jede Partei ein von ihr bevollmächtigter und in ihrem Namen tätiger, ordnungsgemäß zugelassener **Anwalt** gehandelt haben (Thomas/*Putzo* § 796a Rz 5; MüKo/*Wolfsteiner* § 796a Rz 17; Baumbach/Lauterbach/Albers/*Hartmann* § 796a Rz 6).

36 **(4) Form:** Der Anwaltsvergleich ist in **Schriftform** abzufassen (arg Wortlaut des § 796a ZPO; Zöller/*Geimer* § 796a Rz 13).

3. Vollstreckbarerklärung. Der Anwaltsvergleich ist in Urschrift oder notarieller Ausfertigung und unter 37
Datumsangabe seines Zustandekommens **beim zuständigen Amtsgericht niederzulegen** (Stein/Jonas/*Münzberg* § 796a Rz 8). Zuständig ist nach Wahl der niederlegenden Partei jedes Amtsgericht, bei dem eine der
Vergleichsparteien bei Vertragsabschluss ihren allg Gerichtsstand hatte (MüKo/*Wolfsteiner* § 796a Rz 24). Der
Vergleich kann jedoch nach § 796c mit Zustimmung der Parteien auch **einem Notar zur Verwahrung** übergeben werden; der Notar muss seinen Amtssitz am Sitz des zuständigen Amtsgerichtes haben. Eine Frist für
die Niederlegung ist nicht einzuhalten (Thomas/*Putzo* § 796a Rz 7).
Die **Vollstreckbarkeit** wird auf Antrag einer Partei vom **Gericht** (§ 796b ZPO) oder vom **Notar** (§ 796c ZPO) 38
erklärt (Baumbach/Lauterbach/Albers/*Hartmann* § 796a Rz 11).
Ausschlussgründe für die Vollstreckbarerklärung normiert § 796a III ZPO (Unwirksamkeit des Vergleichs; 39
Verstoß gegen die öffentliche Ordnung). Ein Verstoß gegen die öffentliche Ordnung (ordre public) ist gegeben, wenn die Vollstreckbarerklärung des Vergleichs zu einem Ergebnis führt, dass mit den wesentlichen
Grundsätzen des deutschen Rechts, insb mit den Grundrechten, offensichtlich unvereinbar ist, vgl § 328 I
Nr 4 ZPO. Der Verstoß gegen die öffentliche Ordnung führt jedoch nicht notwendigerweise zur Unwirksamkeit des Vergleichs (Thomas/*Putzo* § 796a Rz 10).

4. Unterschiede zum Prozessvergleich (§ 794 I Nr 1 ZPO). Der Prozessvergleich beendet ein anhängiges 40
Verfahren vor einem staatlichen Gericht, wohingegen der Anwaltsvergleich (1.) kein rechtshängiges Verfahren
voraussetzt und (2.) auch nach Rechtshängigkeit noch zulässig ist (Zöller/*Geimer* § 796a Rz 2; MüKo/*Wolfsteiner* § 796a Rz 3). Zu weiteren Unterschieden s. Rn 31, 34.

II. Prozessvergleich nach § 794 I Nr 1 ZPO. 1. Begriff, Grundlagen, Rechtsnatur. Ein Prozessvergleich iSd 41
§ 794 I Nr 1 ZPO ist ein Vergleich, der zwischen den Parteien oder zwischen einer Partei und einem Dritten
zur gänzlichen oder teilweisen Beilegung eines Rechtsstreits vor einem deutschen Gericht oder vor einer
durch die Landesjustizverwaltung eingerichteten oder anerkannten Gütestelle abgeschlossen und nach
§ 118 I 3 ZPO oder § 492 III ZPO zum richterlichem Protokoll genommen worden ist. Auch der Prozessvergleich beruht auf einem **gegenseitigen Nachgeben** (BGHZ 39, 60, 62; aA BaRoth/*Schwerdtfeger* § 779 Rz 65
mit Verweis auf den schiedsrichterlichen Vergleich und § 1053 ZPO; vgl Rn 49). Der Vergleich kann abgeschlossen werden vor dem Prozessgericht, dem beauftragten oder ersuchten Richter, dem Rechtspfleger in
allen ihm übertragenen Verfahren (Zöller/*Stöber* § 794 Rz 5), dem Vollstreckungsgericht (RGZ 165, 161, 163),
dem Arbeitsgericht oder einem Gericht der freiwilligen Gerichtsbarkeit (Stuttg OLGZ 84, 131, 132).
Der gerichtliche Vergleich kann **über den Streitgegenstand hinausgehen** (BGHZ 14, 381, 387; 35, 309, 316). 42
Er kann nicht rechtshängige oder in anderen Verfahren streitige Ansprüche einbeziehen. Er kann Regelungen
zu Gunsten Dritter enthalten (§ 328). Dritte können dem Prozess auch zum Zwecke des Vergleichsabschlusses
beitreten: Dann ist er auch ihnen ggü vollstreckbar (Zöller/*Stöber* § 794 Rz 6).
Der Prozessvergleich hat eine **Doppelnatur**: Einerseits stellt er eine Prozesshandlung dar. Anderseits ist er 43
ein materiell-rechtlicher Vertrag nach § 779, auf den die zivilrechtlichen Vorschriften Anwendung finden
(BGHZ 16, 388, 390; stRspr zB NJW-RR 06, 644, 645). Zwischen prozessualer und materiell-rechtlicher Wirkung besteht folgende Wechselwirkung: Ein nach Prozessrecht unwirksamer Vergleich hat zwar nicht die
Wirkung des § 794 I Nr 1 ZPO, kann aber gleichwohl materiell-rechtlich gültig sein, wenn dies dem Willen
der Parteien entspricht (BGH NJW 85, 1962, 1963; Oldbg BauR 08, 1347). Ist ein Vergleich von Beginn an
materiell-rechtlich unwirksam oder wird er es aufgrund eines bereits zum Zeitpunkt des Vertragsschlusses
angelegten Mangels, kommt ihm auch keine prozessbeendende Wirkung zu (BGHZ 16, 388, 390; BAG ZIP
85, 1510, 1511). Demggü ändert eine materiell-rechtliche Unwirksamkeit, die auf **nachfolgenden Umständen**
beruht (zB nachträgliche einvernehmliche Aufhebung, Rücktritt), nichts an der prozessbeendigenden Wirkung des Vergleichs (BaRoth/*Schwerdtfeger* § 779 Rz 89).

2. Abschluss. Der Prozessvergleich muss **gerichtlich protokolliert** werden (BGHZ 16, 388, 390; Karlsr NJW 44
95, 1561, 1562). Für die Protokollierung gelten die Vorschriften der §§ 160 ff ZPO. Die Vergleichspartner
müssen während der mündlichen Verhandlung **anwesend** oder durch einen Prozessvertreter **vertreten** sein.
Besteht nach § 78 ZPO Anwaltszwang, müssen sich die Parteien durch einen Anwalt bei Gericht vertreten lassen. Ein dem Prozessvergleich beitretender Dritter ist auch im Anwaltsprozess nicht verpflichtet, sich durch
einen beim Prozessgericht zugelassenen Anwalt vertreten zu lassen (BGHZ 86, 160, 163). Die Protokollierung
ist nur **nach § 278 VI ZPO entbehrlich** (schriftlich unterbreiteter Vergleichsvorschlag der Parteien bzw des
Gerichts). Ist der Vergleich vor einem **nicht ordnungsgemäß besetzten Gericht** geschlossen worden, ist er
gleichwohl wirksam (BGHZ 35, 309, 310; jedoch muss das Gericht zumindest mit dem vorschriftsmäßigen
Vorsitzenden besetzt sein). Zur Vergleichsbefugnis des Prozessstandschafters s. *Klinck* WM 06, 417.
Vereinbaren die Parteien beim Abschluss des Prozessvergleichs einen **Widerrufsvorbehalt** innerhalb einer 45
bestimmten Frist, so ist dieser idR als aufschiebende Bedingung zu charakterisieren (BGHZ 88, 364, 367).
Der Vergleich sollte insb Regelungen zum Adressaten und der Form des Widerrufes enthalten. Fehlt es an
einer solchen Regelung im Vergleichsvertrag, kann der Widerruf sowohl ggü dem Gericht als auch ggü dem
Gegner erklärt werden (Kobl MDR 97, 883). Für den Zugang gilt § 130 I (BGH NJW-RR 89, 1214, 1215; Zöller/*Stöber* § 794 Rz 10b). Die Fristberechnung richtet sich nach den §§ 186 ff, insb ist § 193 zu beachten

(*Schneider* MDR 99, 595). Bindende Wirkung hat der Vergleich erst nach Ablauf der Widerrufsfrist. Erst dann kann aus dem Vergleich vollstreckt werden (BGHZ 88, 364, 367; Zöller/*Stöber* § 794 Rz 10).

46 **3. Wirkung des Prozessvergleichs** (s.a. Rn 16). Ist der Prozessvergleich wirksam, so wird das **Verfahren beendet** (BGHZ 41, 310, 311). Ein noch nicht rechtskräftiges Urt, das in der gleichen Sache ergangen ist, wird gegenstandslos (BGH JZ 64, 256, 257; Hamm MDR 77, 56). Deklaratorisch kann dies in einem Beschl nach § 269 IV ZPO ausgesprochen werden. Der Anspruch aus einem Prozessvergleich **verjährt** nach § 197 I Nr 4 nach 30 Jahren und entfaltet keine Rechtskraftwirkung nach § 322 ZPO (BGH NJW 83, 996, 997; Stein/Jonas/*Münzberg* § 794 ZPO Rz 34). Der Prozessvergleich ist nur insoweit **vollstreckbar**, als er einen hinreichend bestimmten vollstreckungsfähigen Inhalt besitzt (BGH NJW 93, 1995, 1996; 4.10.05, VII 46/05, 4).

47 **4. Streit über die Wirksamkeit des Prozessvergleichs.** Einen Streit über die prozessuale Wirksamkeit des Prozessvergleichs müssen die Parteien durch **Fortsetzung des alten Verfahrens** austragen (BGHZ 28, 171, 176; 87, 227, 230; 142, 253, 254). Für eine neue Klage fehlt grds das Rechtsschutzbedürfnis (BGHZ 142, 253, 256). Ist der Vergleich wirksam, ergeht ein Feststellungsurteil, in dem das Gericht die Erledigung des Rechtsstreits durch den Vergleich ausspricht (BaRoth/*Schwerdtfeger* § 779 Rz 98). Ist der Vergleich unwirksam, so kann ein Zwischenurteil nach § 303 ZPO oder nach einem Feststellungsantrag ein Feststellungsurteil nach § 256 II ZPO ergehen (MüKo/*Habersack* § 779 Rz 95). Nach dem Zwischenurteil ist das ursprüngliche Verfahren fortzuführen (BaRoth/*Schwerdtfeger* § 779 Rz 98). Es ist auch möglich, die Unwirksamkeit des Vergleichs in den Gründen des Endurteils auszusprechen (Erman/*Terlau* § 779 Rz 31).

48 Ein **neues Verfahren** ist anzustrengen, wenn es **nicht** um die (Un-)Wirksamkeit des Vergleiches geht, sondern um Einwendungen aus nachträglich eingetretenen Tatsachen (zB Rücktritt nach § 326, BGHZ 16, 388, 393; aA BAG 3, 43, 45; 4, 84, 85). Gleiches gilt für die Geltendmachung des Fehlens oder Wegfalls der Geschäftsgrundlage (BGH NJW 86, 1348, 1349) oder der einverständlichen Aufhebung (BGHZ 41, 310, 312). Haben die Parteien in dem Vergleich eine über den Streitgegenstand hinausgehende Regelung getroffen und streiten sie nunmehr ausschl über deren Unwirksamkeit, kann dies in einem neuen Verfahren geltend gemacht werden (BGHZ 87, 227, 231; 142, 253, 254). Geht es um eine Frage der Auslegung des Vergleichs und nicht um dessen Existenz, so kann eine Vollstreckungsgegenklage nach § 767 ZPO erhoben werden (BGH NJW 77, 583, 584).

49 **III. Schiedsrichterlicher Vergleich nach § 1053 ZPO. 1. Wesen, Rechtsnatur, Regelungsbereich.** Auch Schiedsverfahren können durch Vergleich beendet werden (zum Vergleich in internationalen Schiedsverfahren: zB *Nater-Bass*, ASA Bulletin 02, 433 ff; *Raeschke-Kessler* LCIA Arbitration International 05, 523 ff). Für inländische Schiedssprüche gilt § 1053 ZPO. Aus Gründen der leichteren Vollstreckbarkeit kann das Schiedsgericht auf Antrag der Parteien den Vergleich in Form eines **Schiedsspruchs mit vereinbartem Wortlaut** festhalten, sofern der Inhalt des Vergleichs nicht gegen die öffentliche Ordnung (ordre public) verstößt (§ 1053 I 1 ZPO). Wie dem Prozessvergleich kommt auch dem Schiedsvergleich eine Doppelnatur zu (Rn 43). In den schiedsrichterlichen Vergleich können auch – objektiv schiedsfähige – Gegenstände einbezogen werden, die außerhalb des anhängigen Rechtsstreits liegen (*Schütze* Schiedsgericht und Schiedsverfahren, Rz 213; Musielak/*Voit* § 1053 Rz 4). Umgekehrt kann sich der Schiedsspruch auch auf die Regelung eines Teils des Rechtsstreits beschränken. Die Einbeziehung eines (nicht beteiligten) Dritten in den Vergleich ist grds möglich (*Lachmann* Rz 1113 f).

50 **2. Form, Wirkung** (s.a. Rn 16). Der Schiedsspruch mit vereinbartem Wortlaut ist als Schiedsspruch zu bezeichnen und muss in formeller Hinsicht den Anforderungen entsprechen, die für jeglichen Schiedsspruch gelten, § 1053 II iVm § 1054 ZPO (Zöller/*Geimer* § 1053 Rz 6; Baumbach/Lauterbach/*Albers* § 1053 Rz 4).

51 Der Schiedsspruch mit vereinbartem Wortlaut beendet das Schiedsverfahren (§ 1056 I) und hat unter den Parteien die Wirkung eines rechtskräftigen Urteils (§ 1055 ZPO). Die prozesshindernde Einrede der Schiedsvereinbarung erlischt. Der Schiedsspruch wird nach § 1059 nur wegen Verstoßes gegen die öffentliche Ordnung aufgehoben und bedarf der Vollstreckbarerklärung durch das OLG, §§ 1060, 1061 ZPO.

Titel 22 Schuldversprechen, Schuldanerkenntnis

§ 780 Schuldversprechen. ¹Zur Gültigkeit eines Vertrags, durch den eine Leistung in der Weise versprochen wird, dass das Versprechen die Verpflichtung selbständig begründen soll (Schuldversprechen), ist, soweit nicht eine andere Form vorgeschrieben ist, schriftliche Erteilung des Versprechens erforderlich. ²Die Erteilung des Versprechens in elektronischer Form ist ausgeschlossen.

1 **A. Rechtsnatur und Abgrenzung.** Ein selbstständiges Schuldversprechen oder -anerkenntnis ist ein einseitig verpflichtender, **abstrakter Vertrag**, durch den eine selbstständige, vom zugrunde liegenden Kausalverhältnis losgelöste Verpflichtung eingegangen wird. Er kann auch auf Grund der Schuld eines Dritten (BGH NJW 00, 2984 f) geschlossen bzw zu Gunsten eines Dritten erteilt werden (München OLGZ 66, 385, 386). Das Schuldversprechen iSd § 780 und das Schuldanerkenntnis iSd § 781 sind also beide Erscheinungsformen des abstrakten Schuldvertrags. Sie unterscheiden sich sachlich/inhaltlich nicht, sondern lediglich in der äußeren Form des Vertrags bzw der Formulierung der Erklärung.

Durch **Auslegung** ist zu ermitteln, ob eine Erklärung mit Vertragscharakter (iSd §§ 780 oder 781) oder ohne Vertragscharakter gewollt ist. Liegt eine Erklärung mit Vertragscharakter vor, ist diese dahingehend auszulegen, ob ein abstrakter Vertrag geschlossen werden soll oder nur der Inhalt einer Verbindlichkeit festgestellt wird. Die Parteien müssen sich auch über die Selbstständigkeit der Verpflichtung geeinigt haben (vgl BGH NJW 99, 574, 575). Lediglich ein nicht §§ 780, 781 unterfallender Schuldbestätigungsvertrag oder ein Vergleich iSd § 779 liegt vor, wenn die Parteien nur eine zweifelhafte Forderung bestätigen und gegen Einwendungen sichern wollen. Es besteht nur ein einseitig verpflichtender Garantievertrag, wenn die Verpflichtung lediglich auf Schadloshaltung gerichtet ist (Einstandspflicht) und nicht unmittelbar auf Leistung. Gibt der Schuldner eine einseitige Erklärung ab, die vom Gläubiger nicht angenommen wird, ist keine vertragliche Verpflichtung iSd §§ 780, 781 gegeben. Die Erklärung kann aber eine Beweiserleichterung hinsichtlich des Bestehens der anerkannten Verpflichtung oder des Verjährungsneubeginns (§ 212 I Nr 1) bewirken (vgl § 781 Rn 13).

Bsp für ein abstraktes Schuldversprechen sind etwa die Bestätigung eines Akkreditivs (hM s. BGHZ 60, 262, 264; 108, 348, 350; NJW 94, 2018, 2019; 96, 1812, 1813), eine akkreditivähnliche bankbestätigte Zahlungsanweisung (Schlesw WM 80, 48, 49). Auch die Zahlungspflicht des Kreditkartenunternehmens ggü dem Vertragsunternehmen wird als abstraktes Schuldversprechen gesehen (BGHZ 150, 286, 295; 152, 75, 80 f; aA noch BGH NJW 90, 2880, 2881). Ein abstraktes Schuldversprechen kann auch durch Buchung auf einem nachvertraglich fortgeführten Girokonto nach allgemeinen Grundsätzen zustande kommen (BGH WM 06, 28, 30; NJW 07, 914, 916); auch durch Selbstverpflichtungserklärung eines Kreditinstituts, vgl LG Berlin EWiR 03, 963 964 (m Anm *Derleder*). Zur Frage, wann eine Finanzierungsbestätigung einer Bank ein abstraktes Schulversprechen enthält s. Brandbg WM 07, 1879. Abgelehnt wird das Vorliegen eines abstrakten Schuldversprechens etwa bei der Planung eines nicht verwirklichten Bauvorhabens hinsichtlich des Architektenhonorars (BGH NJW-RR 95, 1391) sowie bei der Vereinbarung zur Leistung einer Morgengabe (BGH NJW 99, 574, 575).

B. Tatbestand. I. Vertragsgegenstand. Ein abstraktes Schuldversprechen setzt einen Vertragsschluss voraus. Hierfür gelten die allg Regeln (vgl BGHZ 124, 263: Angebotsannahme auch durch Hinnahme von mit Zusätzen versehenen Wechselakzepten möglich). Ein ausdrückliches Versprechen oder Schuldbekenntnis ist nicht erforderlich (BGH WM 76, 907, 908 f). Wirksam ist das Versprechen erst mit dem Zugang der Urkunde beim Gläubiger. Gegenstand des Vertrags, auf den sich die Verpflichtung bezieht, kann jede Leistung (§ 241 I) sein (vgl aber Köln NJW-RR 04, 1081: keine rechtlich bindende Verpflichtung für Vaterschaftsbegutachtung). In der Regel, aber nicht zwingend, wird die Zahlung einer Geldsumme versprochen sein. Handelt es sich um nicht vertretbare Sachen, wird nur selten ein selbstständiges Schuldversprechen zu bejahen sein. Der Vertrag kann auch unter einer aufschiebenden **Bedingung** (BGH WM 77, 1025, 1027; BGHZ 124, 263, 269) oder mit einer Befristung geschlossen werden.

Das Schuldversprechen bzw -anerkenntnis kann also auch in Abhängigkeit von einer bestimmten Gegenleistung des Gläubigers erfolgen. Es kann jedoch aufgrund der Abstraktheit nicht, wie beim gegenseitigen Vertrag, auf eine Zug um Zug zu erbringende Leistung gerichtet sein. Nicht als selbstständiges Anerkenntnis ausgelegt werden können daher Vertragsklauseln hinsichtlich im Gegenseitigkeitsverhältnis stehender Verpflichtungen; möglich ist nur die Abgabe als eigenständiges Schuldanerkenntnis (RGZ 108, 105, 107).

II. Neue selbstständige Verpflichtung. 1. Grundverpflichtung. Dem selbstständigen Schuldversprechen oder -anerkenntnis kann eine Verpflichtung zur Leistung aus jedem privatrechtlichen Schuldverhältnis zugrunde liegen. Ob der Anspruch aus der Grundverpflichtung schon verjährt ist, ist unerheblich (BGH NJW 73, 1960, 1961). Unbeachtlich ist auch, ob die Verjährung bekannt ist oder nicht (BGH WM 86, 429, 430). Grundlage können auch andere unvollkommene Verbindlichkeiten sein (RGZ 160, 134, 138: Restforderung nach Zwangsvergleich); ebenso **öffentlich-rechtlich begründete Leistungen**, allerdings wird hier nur selten ein abstraktes privatrechtliches Versprechen oder Anerkenntnis gegeben sein (krit auch BaRoth/*Gehrlein* Rz 9). Angenommen werden kann dies etwa bei einem Baudispensvertrag (KG NJW 62, 965 f) oder bei überzahlten Dienstbezügen. Steht an Stelle eines Verwaltungsakts ein privatrechtliches Versprechen oder Anerkenntnis, besteht hinsichtlich der Zahlungsklage des Gläubigers sowie der Vollstreckungsabwehrklage des Schuldners die Zuständigkeit der Verwaltungsgerichte (BGHZ 102, 343, 344 f; NJW 94, 2620, 2621; BVerwG NJW 94, 2909).

2. Abstraktionswille. Die Parteien müssen neben der Grundverpflichtung eine neue, vom Grundgeschäft losgelöste, **selbstständige Verpflichtung** eingehen wollen (BGH NJW 08, 1589, 1590; WM 67, 824, 825; etwas anders BGH VersR 64, 1199, 1200; NJW 76, 567 f; NJW-RR 95, 1391 f). Die mit dem Versprechen übernommene Verpflichtung muss von ihren wirtschaftlichen und rechtlichen Zusammenhängen derart losgelöst sein (BGH NJW 99, 574, 575), dass der Gläubiger sich zur Geltendmachung des Anspruchs lediglich auf das Schuldversprechen oder -anerkenntnis berufen muss (BGH NJW 76, 567 f). Ob ein Wille zur Abstraktion vorliegt, ist Auslegungsfrage; er kann sich aus dem Wortlaut, dem Anlass des Vertrags, dem bezweckten Erfolg, der beiderseitigen Interessenlage oder sonstigen Umständen, die auch außerhalb der Urkunde liegen können, ergeben (BGH NJW-RR 95, 1391, 1392; BGHZ 161, 273, 279). Die Abstraktion muss notwendig sein, um den Vertragszweck zu verwirklichen. Eine Vermutung für ein abstraktes Leistungsversprechen besteht nicht (Ddorf NJW-RR 09, 1380ff).

8 Ein Indiz ist nach hM ferner, wenn in der Urkunde der Schuldgrund nicht oder nur allg benannt ist (BGH NJW 99, 574, 575) oder fingiert wurde (BGH NJW 80, 1158, 1159); s. aber Rn 10 zum Formerfordernis des § 518 I 2 bei Unentgeltlichkeit. Ansonsten liegt nur ein kausaler Versprechens- oder Anerkenntnisvertrag vor. Wird der Schuldgrund genannt, kann dies im Zweifel dahingehend ausgelegt werden, dass kein selbstständiges Schuldversprechen, sondern lediglich eine Beweisurkunde gewollt sein soll (BGH NJW 02, 1791, 1792). Allerdings können die jeweiligen Umstände auch eher die Annahme einer abstrakten Verpflichtung nahe legen (BGH BB 62, 1222: Darlehen; Brandbg WM 03, 132: Saldenbestätigung bei unklarer Sachlage). Wird der Verpflichtungsgrund dagegen exakt bezeichnet (BGH NJW 99, 574, 575: Morgengabe), so müssen für die Annahme eines selbstständigen Schuldversprechens besondere Umstände vorliegen, die vom Gläubiger zu beweisen sind (RGZ 142, 303, 306). Sind in der Urkunde wahrheitswidrige Angaben enthalten (BGH BB 62, 1222) oder wird eine Schuld begründende Tatsache wahrheitswidrig anerkannt (BGH NJW 80, 1158, 1159: Bestätigung, ein Darlehen erhalten zu haben), soll dies Indiz für das Vorliegen eines selbstständigen Schuldversprechens oder -anerkenntnisses sein. Einen relevanten Anhaltspunkt bei der Auslegung stellt häufig der **Zweck** des Rechtsgeschäfts dar, etwa die Klagebegründung zu erleichtern oder die finanzielle Absicherung durch Übertragung des hälftigen Grundstückswerts (Saarbr OLGRep 08, 285). Geschäfte, die nur eine bestehende Verbindlichkeit sichern sollen, werden regelmäßig kein selbstständiges Versprechen beinhalten. Weder für noch gegen ein selbstständiges Schuldversprechen besteht eine gesetzliche Vermutung. Auch die Bewilligung von Ratenzahlung ist unschädlich (BGH NJW 00, 2984, 2985).

9 **III. Form.** Bzgl seines Versprechens hat der Schuldner die **Schriftform** (§ 126) einzuhalten (§ 780 1). Zweck der Regelung ist die Schaffung von Rechtsklarheit über die Abgabe des Versprechens oder Anerkenntnisses und damit Rechtssicherheit (BGHZ 121, 1, 4 zu § 781). Ausreichend kann auch ein Brief oder eine Postkarte sein (Palandt/*Sprau* Rz 6). Der Schuldner kann seine Erklärung auch in notarieller Form (§ 126 IV) oder iRe gerichtlich protokollierten Vergleichs (§ 127a) abgeben. Nach § 780 2 ist eine Abgabe des Versprechens nicht in elektronischer Form (§ 126a) möglich. Der Versprechensempfänger dagegen kann seine Erklärung auch konkludent abgeben, da die Annahme formlos möglich ist (BGH NJW 91, 228, 229).

10 Sieht eine Regelung eine strengere **Form** vor (zB notarielle Beurkundung nach § 311b), ist diese auch in Bezug auf das selbstständige Schuldversprechen einzuhalten. Wird das Schuldversprechen schenkweise erteilt, bedarf es nach § 518 I 2 notarieller Beurkundung (BGH WM 76, 1053, 1055). Das muss auch bei einem bewusst wahrheitswidrigen Schuldversprechen ohne Gegenleistung gelten (BGH NJW 80, 1158, 1159). Ein selbstständiges schenkweise erteiltes Schuldversprechen liegt nicht vor bei Einstandserklärung des Vereinsvorstands für durch pflichtwidrige Vertragsabschlüsse entstandene Schäden (BGH NJW 08, 1589). **Keine Schriftform** ist für das Schuldversprechen eines Kaufmanns (§ 350 HGB) sowie in den Fällen des § 782 erforderlich. Wird die vorgeschriebene Form nicht eingehalten, ist das Schuldversprechen nichtig. In solchen Fällen kommt eine **Umdeutung** in einen Schuldbestätigungsvertrag in Betracht. Ist eine strengeren Formerfordernissen unterliegende Urkunde formnichtig, kann diese in ein selbstständiges Schuldversprechen oder -anerkenntnis umgedeutet werden (BGH NJW 88, 1468 f: formnichtiger Eigenwechsel; BGHZ 124, 263, 268 f: unwirksame Verpflichtung auf einem gezogenen Wechsel). Anders verhält sich dies bei einer unwirksamen Erklärung des Ausstellers und Indossanten sowie bei der Annahmeerklärung auf einem Scheck. Da eine auf den Scheck gesetzte Annahmeerklärung als nicht geschrieben gilt (Art 4 2 ScheckG), kann sie nicht in ein abstraktes Schuldversprechen umgedeutet werden (vgl BGH NJW 51, 598).

11 **C. Rechtsfolgen.** Durch das selbstständige Schuldversprechen zur Sicherung einer bestehenden Schuld wird konstitutiv eine neue Verpflichtung begründet, und zwar im Zweifel **erfüllungshalber** (§ 364 II) zur Erleichterung der Rechtsverfolgung (vgl München NJW-RR 88, 950, 951; *Ehmann* WM 07, 329, 330). Der Gläubiger kann also nach wie vor auf das Grundgeschäft zurückgreifen. Aufgrund der Abstraktheit kann der Gläubiger unabhängig von Einwendungen aus dem Grundgeschäft Erfüllung verlangen. Allerdings können Ansprüche aus ungerechtfertigter Bereicherung in Betracht kommen (s.u. Rn 15).

12 Mit der Befriedigung der einen Schuld (Grundverpflichtung oder neue selbständige Verpflichtung iSd § 780) ist zugleich die Aufhebung der anderen verbunden. Der Gläubiger kann nur einmal Zahlung verlangen. Die Auslegung kann auch ergeben, dass das Schuldversprechen an Erfüllungs statt iSd § 364 I erfolgt. Es kann auch das Grundgeschäft abändern oder anderweitig feststellen (Novation). Nach der Interessenlage der Parteien wird dies nur selten der Fall sein. Da im Schuldversprechen oder -anerkenntnis ein Anerkenntnis iSd § 212 I Nr 1 liegt, beginnt dadurch die Verjährung des Anspruchs aus dem Grundgeschäft neu.

13 **D. Einwendungen. I. Einwendungen gegen das Schuldversprechen selbst.** Einwendungen sind aus den allg Vorschriften (zB §§ 104 ff, 119 ff, 125, 133, 134, 157, 242) möglich. Die Nichtigkeit kann sich auch aus § 138 ergeben (BGH NJW 87, 2014, 2015, Kobl NJW-RR 03, 1559, 1560 und Köln NJW-RR 95, 1197 f: Überforde-

rung des Schuldners; Ddorf VersR 01, 590, 591: Anerkenntnis einer Auszubildenden ggü Arbeitgeber bzgl Diebstahls (Zwangslage); Köln NJW-RR 98, 1518, 1519: Prostituiertenfreikauf; Schleswig NJW 05, 225: Anerkenntnis in einem Nachtclub). Aufgrund des Abstraktionsprinzips kann nach Ansicht der Rspr und eines Teils des Schrifttums die Gesetzes- oder Sittenwidrigkeit des Grundgeschäfts (§§ 134, 138) nicht in Bezug auf die abstrakte Obligation wirken (BGH WM 76, 907, 909; Palandt/*Sprau* Rz 9; RGRK/*Steffen* Rz 41; aA MüKo/*Habersack* Rz 53; Staud/*Marburger* Rz 22). Anders ist dies nur, wenn das Gesetz ausdrücklich etwas anderes vorsieht. So ist nach § 656 II ein Schuldanerkenntnis bzgl eines Ehemäklerlohns nicht unabhängig vom Lohnversprechen. Das Gleiche gilt nach § 762 II für Schuldanerkenntnisse bzgl Spiel- und Wettverträgen.
Bei einem **formularmäßig** erteilten Schuldversprechen kann ein Verstoß gegen § 307 gegeben sein (BGHZ 114, 9, 14 f, BAG DNotZ 06, 47: Verzicht auf Einwendungen jeder Art zu Grund und Höhe des Schuldversprechens, BAG NZA 05, 682 f; aA Ddorf WM 87, 717, 718; Hamm WM 87, 1064). Dagegen ist nach der Rspr und einem Teil der Lit § 309 Nr 12 nicht auf das Schuldversprechen anzuwenden (BGHZ 99, 274, 275; BGH NJW 87, 2014, 2015; BGHZ 114, 9, 12), da das Anerkenntnis die materielle Rechtslage gestaltet und nicht die Beweislast in unzulässiger Weise verschiebt (vgl auch LAG Rheinland-Pfalz, 3 Sa 1008/06, 3 [5] Sa 1008/06). Allerdings kommt die Anwendung von § 305c I in Betracht (BGH WM 06, 84 ff; Oldbg NJW-RR 90, 1523 f, offen gelassen in BGHZ 114, 9, 13). 14

II. Ungerechtfertigte Bereicherung. Fällt aufgrund der Nichtigkeit des Grundgeschäfts der Rechtsgrund weg, ist das Schuldversprechen kondizierbar (BGH NJW-RR 91, 2140; 99, 573, 574 f; BGH NJW 00, 2501, 2502; Saarbr MDR 98, 828; Palandt/*Sprau* Rz 11; Staud/*Marburger* Rz 23; MüKo/*Habersack* Rz 47). Dasselbe gilt, wenn das Grundgeschäft nachträglich durch Tilgung oder Aufrechnung erloschen ist (BGH WM 70, 1457, 1459; Saarbr MDR 98, 828), einer dauernden (peremptorischen) Einrede ausgesetzt ist (Staud/*Marburger* Rz 25) oder sich der Schuldner irrig zur Erteilung der Erklärung verpflichtet glaubte (RGRK/*Steffen* Rz 43; Staud/*Marburger* Rz 24). Keine Kondiktion bei einem nicht im Darlehensvertrag angegebenen vollstreckbaren Schuldversprechen (BGH NJW 08, 3208, 3209). § 812 I 2 Hs 2 gilt, wenn der mit dem Schuldversprechen oder -anerkenntnis bezweckte Erfolg nicht eintritt (BGH WM 63, 666, 667). Dies ist etwa der Fall, wenn ein Verzicht auf eine Strafanzeige (LG Bonn NJW-RR 99, 50) oder die Erwartung einer Darlehenszahlung fehlschlägt. Ein abstraktes Schuldversprechen soll aufgrund § 216 II 1 analog wegen Verjährung des gesicherten Anspruchs nicht nach § 812 II kondiziert werden können (Frankf WM 07, 2196; *Cartano/Edelmann* WM 2004, 775, 779) da das abstrakte Schuldanerkenntnis als „Recht" iSd § 216 II zu sehen ist (s.a. *Krepold/Achors* BKR 07, 185, 189 f). 15

Der Schuldner kann entweder Befreiung von der Schuld verlangen oder einredeweise die Erfüllung verweigern (§§ 812, 821); er trägt dann die **Beweislast**. Die Bereicherungseinrede des § 821 kann nach Abtretung der abstrakten Forderung auch ggü dem neuen Gläubiger geltend gemacht werden (RGZ 86, 301, 304; Staud/*Marburger* Rz 28). **Ausscheiden** muss ein Bereicherungsausgleich, wenn durch das Schuldversprechen oder -anerkenntnis ohne Rücksicht auf die wirkliche Rechtslage eine Verpflichtung begründet werden sollte, etwa um klare Verhältnisse zu schaffen (vgl NJW 00, 2501 f). Eine Kondiktion scheidet auch in den Fällen der §§ 813 II, 814, 817 2 aus. 16

E. Verjährung. Ein Schuldversprechen/-anerkenntnis verjährt grds unabhängig vom Kausalgeschäft nach den §§ 195, 199 (dreijährige Regelfrist); dies gilt auch dann, wenn der Anspruch aus dem Grundgeschäft früher verjährt (BGH WM 84, 667, 668). Die Angabe des Schuldgrundes, für den eine kürzere Verjährung gilt, in der Urkunde kann auf die Vereinbarung dieser Frist auch für das selbstständige Schuldversprechen sprechen. Ein Schuldversprechen, das der Schuldner nach – ihm nicht bekanntem – Eintritt der Verjährung der Kausalforderung abgibt, bleibt voll wirksam (BGH WM 86, 429, 430). Wird das Versprechen/Anerkenntnis in einer notariellen Urkunde (§ 197 I Nr 4) abgegeben (BGH NJW-RR 99, 573, 574) kommt eine dreißigjährige Verjährungsfrist in Betracht (§§ 197, 201), da die Begründung des Anspruchs aus dem Schuldanerkenntnis ein „Recht" zur Sicherung eines Anspruchs iSd § 216 II 1 sein soll (BGH v 17.11.09 – XI ZR 36/09 Rz 18 ff; Frankf NJW 08, 379, 380; Frankf WM 06, 856 ff; aA Brandbg OLGR 09, 629, Rz 35 ff (mangelnde Vergleichbarkeit); s. auch *Krepold/Achors* BKR 07, 185, 189). 17

F. Beweislast. Der Kläger trägt die Beweislast allein dafür, dass das selbstständige Schuldversprechen oder -anerkenntnis eingegangen wurde. Zu Recht wird daher im Prozess die Wirkung des konstitutiven Anerkenntnisses in einer Beweislastumkehr zum Nachteil des Anerkennenden (Beklagten) gesehen (*Emmerich* BGB-Schuldrecht BT, 06, § 15 Rz 8). Der Kläger trägt die Beweislast für die Selbstständigkeit des Versprechens oder Anerkenntnisses dann, wenn in der Urkunde ein Schuldgrund angegeben ist. Der Beklagte hat dagegen mögliche Einwendungen, va aus dem Kausalverhältnis, zu beweisen. Ihm obliegt daher va der Beweis für das Vorliegen der Kondiktionsvoraussetzungen (BGH NJW-RR 99, 573, 574). Beruft sich der Beklagte (Versprechende) auf die Unentgeltlichkeit des Schuldversprechens, so hat er dies zu beweisen, da das Vorliegen der Voraussetzungen des § 518 I 2 zur von ihm erstrebten Klageabweisung führt (BGH WM 76, 1053, 1055). 18

§ 781 Schuldanerkenntnis.
¹Zur Gültigkeit eines Vertrags, durch den das Bestehen eines Schuldverhältnisses anerkannt wird (Schuldanerkenntnis), ist schriftliche Erteilung der Anerkennungserklärung erforderlich. ²Die Erteilung der Anerkennungserklärung in elektronischer Form ist ausgeschlossen. ³Ist für die Begründung des Schuldverhältnisses, dessen Bestehen anerkannt wird, eine andere Form vorgeschrieben, so bedarf der Anerkennungsvertrag dieser Form.

1 **A. Begriff und Abgrenzung.** § 781 betrifft das konstitutive (dh abstrakte) Schuldanerkenntnis, das, wie das Schuldversprechen des § 780, eine selbstständige einseitige Forderung begründet. Abzugrenzen hiervon ist das deklaratorische (dh kausale) Schuldanerkenntnis, durch welches lediglich eine bereits existierende Schuld endgültig festgelegt werden soll. Unabhängig vom Wortlaut des § 781 müssen sich die Parteien, wie bei § 780, auch über die selbstständige Natur der Verpflichtung geeinigt haben (vgl BGH WM 76, 907; MüKo/*Habersack* § 780 Rz 3 f). Eine Abgrenzung ist auch zum tatsächlichen einseitigen und nicht rechtsgeschäftlichen Anerkenntnis vorzunehmen, dem nur eine Beweisfunktion zukommt. Von § 781 nicht erfasst ist das negative Schuldanerkenntnis (§ 397 II) sowie das prozessuale Anerkenntnis (§ 307 ZPO). Auch Verträge, durch die andere Rechtsverhältnisse als Schuldverträge anerkannt werden (zB Eigentums- oder Familienrechte), fallen nicht unter § 781. Ein Anerkenntnis iSd § 781 ist in den §§ 214 II 2, 812 II gemeint. Die ohne Rechtsgrund begründete neue, abstrakte Verpflichtung ist kondizierbar (§ 812 II; vgl BGH NJW 00, 2501, 2502; 05, 2991, 2993; vgl oben § 780 Rn 15 f).

2 Ob ein konstitutives Schuldanerkenntnis iSd § 781 mit dem erforderlichen Abstraktionswillen (s. BGH NJW 00, 2984, 2985) oder lediglich ein deklaratorisches oder einseitiges Schuldanerkenntnis gewollt ist, ergibt sich durch **Auslegung** (LG Berlin NJW 05, 993 f: Verwendung des Begriffs Schuldanerkenntnis durch Hochschullehrer). Abzustellen ist dabei insb auf den mit der Erklärung verfolgten Zweck, die Interessenlage der Parteien sowie die allg Verkehrsauffassung über die Bedeutung einer solchen Erklärung. Dass der Schuldgrund genannt wird, kann zwar ein Indiz für ein konstitutives Anerkenntnis darstellen, mehr jedoch nicht (BGH NJW 80, 1158 f). Es gibt keine Vermutung für den einen oder anderen Inhalt. Allerdings sprechen, je exakter der Schuldgrund benannt ist, die Anzeichen gegen das Vorliegen eines selbstständigen Anerkenntnisses und je weniger ein solcher genannt wird, für dessen Vorliegen (vgl KG NJW 75, 1326, 1327).

3 **B. Konstitutives Schuldanerkenntnis. I. Voraussetzungen.** Das konstitutive Schuldanerkenntnis iSd § 781 ist ein einseitig verpflichtender **abstrakter Schuldvertrag**. Ohne dass sich dies im Wortlaut der Erklärung niederzuschlagen braucht, muss der Schuldner das Bestehen einer Verbindlichkeit anerkennen (Köln NJW-RR 95, 566: Übersendung eines Verrechnungsschecks). Es kann sich dabei auch um eine fremde Verbindlichkeit handeln (BGH NJW 00, 2984: Verpflichtung des GmbH-Geschäftsführers für Verbindlichkeiten der Gesellschaft; BGH BB 07, 1804 mit der Folge einer gesamtschuldnerischen Haftung nach § 421 BGB). Das Anerkenntnis schafft unabhängig vom bestehenden Schuldgrund eine neue selbstständige Verpflichtung, selbst wenn der ursprüngliche Anspruch nicht (mehr) besteht (BGH NJW 95, 961 f: Anfechtung).

4 Hinsichtlich der einzuhaltenden **Form** s. § 780 Rn 9. Die elektronische Form (§ 126a) ist ausdrücklich ausgeschlossen (§§ 781 2, 126 III). Ist für das Schuldverhältnis eine andere Form vorgeschrieben, so muss nicht allein die Anerkenntniserklärung, sondern auch der gesetzliche Anerkennungsvertrag der vorgeschriebenen strengeren Form genügen (§ 781 3). § 10 II VerbrKrG findet auf (vollstreckbares) abstraktes Schuldanerkenntnis keine analoge Anwendung (BGH NJW 05, 1576, 1578 mN zur aA). Zur **Beweislast** s.o. § 780 Rn 18; zur **Verjährung** s § 780 Rn 17.

5 **II. Beispiele.** Die Annahme der Anweisung nach § 784 ist ein abstraktes Schuldversprechen (s. § 784 Rn 2). Ebenso sind die durch Inhaberschuldverschreibungen (§§ 793 ff) verbrieften Forderungen konstitutiv (München WM 98, 1716, 1717; Köln NJW-RR 99, 557). Das **Saldoanerkenntnis** iRe **Kontokorrentverhältnisses** (§ 355 HGB; zu den Voraussetzungen s. Köln BKR 07, 170) wird nach hM als ein nicht formbedürftiges (§ 782) selbstständiges Anerkenntnis gesehen (BGH NJW 81, 1611, 1612; 85, 1706, 1708). Die Rspr lässt das Saldoanerkenntnis nicht nach § 364 II neben den Saldoanspruch treten (s. aber Staud/*Marburger* § 782 Rz 7, 9); vielmehr sollen durch das Saldoanerkenntnis die Einzelforderungen untergehen und an deren Stelle das Saldoanerkenntnis als neuer, selbstständiger Schuldgrund treten (BGH NJW 85, 634, 636 und BGH NJW 85, 1706, 1708; s.a. § 782 Rn 4). Auch die sog Akzeptanzverträge zwischen den Kreditkartenunternehmen und den angeschlossenen Vertragsunternehmen stellen ein konstitutives Anerkenntnis dar (BGHZ 150, 286; anders noch BGH WM 90, 1059). Die Erklärung der Bereitschaft zur Einlösung von **Wechseln** stellt nicht ohne weiteres ein Anerkenntnis dar (BGH WM 76, 562). Die **Gutschrift** des Überweisungsbetrags auf dem Empfängerkonto ist idR ein abstraktes Schuldanerkenntnis (vgl BGH NJW 02, 1722, 1723; BGHZ 161, 273). Dies gilt jedoch nicht für die Übersendung eines Kontoauszugs iRe Depotvertrags (BGHZ 161, 273, 279).

6 Ein abstraktes Schuldanerkenntnis liegt nach hM auch in der **Feststellung und Mitteilung einer Bilanz** einer Personengesellschaft, sofern damit die Entstehung von Rechten der Gesellschafter (Gewinnbeteiligung) oder Dritter verbunden ist (BGH BB 60, 187, 188; aA Staud/*Marburger* Rz 30). Auch eine einvernehmliche Bilanzfeststellung durch Gutachter wird im Hinblick auf die Ansprüche zwischen den Gutachtern und der Gesellschaft regelmäßig als abstraktes Schuldanerkenntnis gesehen (Ddorf NJW-RR 94, 1455; anders KG NZG 99,

23, 24). Die **wettbewerbsrechtliche Abschlusserklärung** wird zumeist ebenfalls abstraktes Anerkenntnis sein (s. BGH NJW-RR 93, 1000, 1001; BGHZ 130, 288, 292; NJW 98, 2439 f). Auch ein **Darlehensschuldschein** stellt ein Schuldanerkenntnis dar; ein solcher liegt schon dann vor, wenn die ausgestellte Urkunde erkennen lässt, dass sich der Aussteller zum Empfang eines Darlehens bekennt (BGH WM 76, 974, 975).

Umstr ist, wie die Erklärung des **Ladendiebs**, einen bestimmten Betrag zu zahlen, zu sehen ist. Teilweise wird ein abstraktes Anerkenntnis bejaht (Palandt/*Sprau* Rz 9), teilweise lediglich ein deklaratorisches Anerkenntnis (LG Braunschweig NJW 76, 1640), oder nur ein einseitiges tatsächliches Anerkenntnis, wobei ein Umkehr der Beweislast nicht eintreten soll (Staud/*Marburger* Rz 42). Die **Mitunterzeichnung** einer Erklärung der Ehefrau durch den Ehemann kann je nach Einzelfall (Auslegung) sowohl ein Schuldanerkenntnis als auch ein Schuldbeitritt sein (BGH WM 73, 1046). 7

Verpflichtungserklärungen können ein abstraktes Schuldversprechen oder -anerkenntnis darstellen (RGZ 154, 385, 389: Übernahme von Straßenbaukosten; KG NJW 62, 965: Geländeauflassungen in Baudispensverträgen; Saarbr MDR 98, 828: Schuldschein; Köln NJW-RR 98, 1518: Darlehensschuldschein; BGHZ 130, 288, 292: wettbewerbsrechtliche Unterlassungsverpflichtung; BGH NJW 98, 2439, 2440: Strafbewehrung). Wird in einer Grundschuldbestellungsurkunde die **Übernahme der persönlichen Haftung** erklärt, stellt dies regelmäßig ein Schuldversprechen (BGHZ 98, 256, 259; BGH NJW 92, 971, 972) oder -anerkenntnis dar (ausf Soergel/*Häuser* §§ 780, 781 Rz 66 ff). 8

C. Deklaratorisches Schuldanerkenntnis. I. Voraussetzungen. Das gesetzlich nicht geregelte deklaratorische Anerkenntnis ist ein **Schuldbestätigungsvertrag.** Zweck ist, das Schuldverhältnis als solches oder einzelne Punkte dessen dem Streit oder der Ungewissheit der Parteien zu entziehen und darüber eine endgültige Festlegung zu treffen (s. BGH NJW 95, 1978; 01, 2096, 2099). Es wird also keine neue Schuld begründet. Damit hat dieses Anerkenntnis vergleichsähnlichen Charakter, nur dass es auf einem einseitigen Nachgeben des Schuldners basiert. Ein Vertragsabschluss kann noch nicht in Äußerungen zu Bestand und Höhe eines Anspruchs iRv (gescheiterten) Vergleichsverhandlungen gesehen werden (BGH NJW 98, 306 f); sie sind regelmäßig nicht bindend, außer es soll nicht nur eine vorbereitende Klarstellung, sondern gerade der in Frage stehende Punkt außer Streit gestellt werden (BGH NJW 98, 1492). Der schuldbestätigende Vertrag kann jedoch selbst einen Vergleich darstellen (BGH NJW 63, 2316, 2317). Auch die geäußerte Rechtsansicht, dass dem Kläger dem Grunde nach ein Anspruch zustehe (BGH NJW 02, 1041), oder die tatsächliche Auskunft des Versicherers über die Zahlungsbereitschaft (BGHZ 66, 250, 257; Oldbg OLGR 09, 11f) vermag nicht auszureichen. Anders, wenn der Versicherer ein Abrechnungsschreiben mit einer Zahlungszusage schickt (Frankf OLGR 09, 362 f: keine ohne Rechtsbindungswillen abgegebene unverbindliche Mitteilung). Der für den Abschluss eines Schuldbestätigungsvertrags erforderliche besondere Anlass liegt im Streit oder der (subjektiven) Ungewissheit über das Bestehen der Schuld (BGH NJW 99, 2889; 00, 2501, 2502). Die Prüfung einer Rechnung, deren **Bezahlung** oder die Bezahlung der Rechnung nach Prüfung ist für sich genommen ebenfalls noch kein deklaratorisches Schuldanerkenntnis (BGH NJW 09, 580; NJW-RR 07, 530); ebensowenig die bloße **Ablösung** eines Darlehens (BGH NJW 08, 3425). Auch das am Unfallort abgegebene „Schuldanerkenntnis" stellt regelmäßig keine rechtsverbindliche Anerkenntniserklärung dar, sondern kann lediglich als Beweiszeichen gewertet werden (Ddorf NJW 08, 3366). Haben sich bei einem vorformulierten deklaratorischen Schuldanerkenntnis beide Seiten durch gegenseitiges Nachgeben darauf verständigt, soll das Anerkenntnis einen Verbraucher nicht deswegen unangemessen benachteiligen, weil er auf Einwendungen gegen die anerkannten Ansprüche verzichtet (BGH NJW 03, 2386). Zur AGB-rechtlichen Inhaltskontrolle kausaler Schuldanerkenntnisse einerseits BAG NJW 05, 3164, 3165 f (dazu *Fornasier/Werner* RdA 07, 235 ff; bejahend auch *Ehmann* WM 07, 329, 333) und andererseits BGH NJW 03, 2386 (zu § 307 II Nr 1). Ein kausales Anerkenntnis ist nach hM grds **formfrei** möglich. § 781 findet nicht, auch nicht analog Anwendung (Staud/*Marburger* Rz 22; MüKo/*Habersack* Rz 3, 6; Palandt/*Sprau* Rz 3; aA *Pawlowski* JZ 68, 401, 404). Formbedürftigkeit besteht jedoch, wenn die Schuldbegründung oder -änderung nur unter Einhaltung einer bestimmten Form (zB § 311b I) möglich ist. Der Zugang der Annahmeerklärung ist idR nach § 151 1 entbehrlich (BGH NJW 00, 276 f). 9

II. Rechtswirkungen. Die **Wirkung** des deklaratorischen Anerkenntnisses geht gem seinem Zweck regelmäßig dahin, alle Einwendungen tatsächlicher und rechtlicher Natur, die der Schuldner bei Abgabe der Erklärung kannte oder mit denen er rechnen musste, für die Zukunft auszuschließen (BGH NJW 98, 1492; 00, 2501, 2502). Ein weitergehender Ausschluss von Einwänden wird regelmäßig nicht gewollt sein (BGH DB 74, 1013, 1014; Frankf NJW-RR 87, 310), außer wenn eine Gesamtbereinigung der Rechtsbeziehungen ohne Rücksicht auf die Sach- und Rechtslage angestrebt wird (RGRK/*Steffen* Rz 10). Die Feststellung der Schuld kann sich auch nur auf einzelne Punkte des Schuldverhältnisses beziehen, zB die Höhe des Anspruchs, einzelne Einreden usw (BGHZ 66, 250, 254; BGH NJW 98, 1492). Das deklaratorische Schuldanerkenntnis kann auch bedingt oder befristet abgeschlossen werden (BGH WM 76, 251, 253; 77, 1025, 1027). Da es kein eigenständiges Schuldverhältnis begründet, sind der Haftungsmaßstab, nicht erledigte Einwendungen, die Verjährung (BGH NJW 92, 2228) usw nach dem jeweils zugrunde liegenden Rechtsverhältnis (Darlehensrecht, Deliktsrecht etc) zu bemessen. Das Anerkenntnis führt nach § 212 I Nr 1 zum Neubeginn der Verjährung 10

(BGH NJW 92, 2228; 02, 1791, 1792). Für das Zustandekommen des Feststellungsvertrags trägt der Gläubiger die Beweislast (Staud/*Marburger* Rz 16).

11 Ist der Feststellungsvertrag wirksam zustande gekommen, scheidet eine Kondiktion grds aus (BGHZ 66, 250, 254). Die erbrachten Leistungen iSd § 812 I werden durch den zum Vertragsinhalt gehörenden Feststellungszweck gerechtfertigt; dieser mit dem wirksamen Vertragsschluss erreichte Zweck ist Rechtsgrund iSd § 812 I (Staud/*Marburger* Rz 17). Eine Rückforderung nach § 812 II ist ausgeschlossen, wenn sich nach Vertragsschluss herausstellt, dass die anerkannte Schuld nicht besteht oder eine Einwendung oder Einrede gegen den bestätigten Anspruch doch gegeben ist (Naumbg NJW-RR 95, 154; vgl auch BGH NJW 05, 2991, 2993). Ist die anerkannte Forderung nichtig, gilt dies auch für das deklaratorische Schuldanerkenntnis (BGHZ 104, 18). § 779 ist analog auf den einseitigen Feststellungsvertrag anwendbar; haben die Parteien sich gemeinsam über einen dem Vertrag zugrunde gelegten streitausschließenden Umstand geirrt, führt dies zur Nichtigkeit nach § 779 (vgl Frankf NJW-RR 87, 310). Unanwendbar ist § 779 analog dann, wenn die Parteien eine Gesamtbereinigung unabhängig von der Sach- und Rechtslage wollten (BGH JR 62, 183, 184; s.a. BGH WM 66, 1280, 1281; 76, 907, 909).

12 **III. Beispiele.** Die Anerkenntniserklärung des Schuldners ggü dem Zessionar (Abtretungsbestätigung) wird idR ein deklaratorisches Anerkenntnis darstellen (BGHZ 69, 328, 331; NJW 73, 2019; 83, 1903, 1904). Dies kann auch die **Bezahlung** einer Rechnung ohne Einwendung sein (BGH NJW 95, 3311, 3312; Ddorf NJW-RR 98, 376; anders bei öffentlichem Auftrag Celle BauR 99, 1457; anders auch grds BGH WM 07, 796: Werklohnzahlung auf geprüfte Rechnung sei noch kein deklaratorisches Anerkenntnis), allerdings ohne Wirkung auf künftig entstehende Forderungen (BGH NJW 95, 3311), oder die Bitte um **Stundung** (Köln NJW-RR 98, 1133). Es kann nicht ohne weiteres ein Verzicht auf Einwendungen gegen künftige gleichartige Forderungen angenommen werden (BGH NJW 95, 3311). Ein deklaratorisches Anerkenntnis wird auch in der **Saldenbestätigung** von Rechnungen für Lieferungen zur Erstellung des Jahresabschlusses zu sehen sein (München NJW-RR 97, 945). Der **Beschl einer Gesellschafterversammlung** hinsichtlich einer teilweisen Forderungsbestätigung kann ebenfalls ein deklaratorisches Anerkenntnis darstellen (BGH NJW 98, 1492, 1493).

13 **D. Einseitiges Schuldanerkenntnis. I. Voraussetzungen.** Ein Anerkenntnis kann auch lediglich als einseitige tatsächliche Erklärung des Schuldners ohne rechtsgeschäftlichen Verpflichtungswillen erfolgen. Dann soll es von seinem Zweck her lediglich dem Gläubiger Erfüllungsbereitschaft anzeigen, damit dieser von Zwangsmaßnahmen Abstand nimmt bzw ihm der Beweis erleichtert wird. Der Schuldner gibt ein Zeugnis gegen sich selbst ab, das insofern der Beweiserleichterung dient, als es bei der Beweiswürdigung nach § 286 ZPO zumindest als Indiz dienen (BGH DB 74, 1013 f) oder eine Umkehr der Beweislast zur Folge haben kann (BGHZ 66, 250, 255; NJW 02, 1340). Die einseitige Erklärung ist jederzeit widerrufbar. Wird also eine Forderung bestätigt, ist der Bestätigende ggf beweispflichtig dafür, dass der Gläubiger keinen oder nur einen geringeren Anspruch hat (BGH WM 03, 1421, 1422). Durch ein einseitiges Schuldanerkenntnis beginnt die Verjährung neu (§ 212 I Nr 1).

14 **II. Beispiele.** Eine **einseitige Abrechnung** wird regelmäßig als einseitiges tatsächliches Anerkenntnis zu werten sein (LAG Rheinland-Pfalz MDR 03, 159; LAG Köln 11 Sa 1329/06: Gehaltsabrechnung; BGH NJW-RR 04, 92, 94 f: einseitige Abrechnung von Bauleistungen, wenn eine Partei dieses zunächst bestätigt oder unberechtigt fehlt). Eine **Drittschuldnererklärung** nach § 840 I Nr 1 ZPO ist nach heute hM kein abstraktes (früher hM) oder deklaratorisches Schuldanerkenntnis (so etwa München NJW 75, 174; Braunschw NJW 77, 1888), sondern als Wissenserklärung ohne rechtsgeschäftlichen Erklärungswert (BGHZ 69, 328, 330; WM 82, 1364) und führt zur Umkehr der Beweislast (BGHZ 69, 328, 332; aA MüKo/*Smid* § 840 ZPO Rz 17). Ist die Auskunft unrichtig oder unvollständig, ist er dem Pfändungsgläubiger nach § 840 II 2 ZPO zum Schadensersatz verpflichtet (BGHZ 69, 328, 332 f; 91, 126, 129 ff; WM 82, 1364). Allerdings begründet eine vorangehende freiwillige Auskunft des Drittschuldners keine Haftung. Die bejahende Erklärung des Drittschuldners führt nach hM zum Neubeginn der Verjährung nach § 212 I Nr 1 (BGH NJW 78, 1914; aA Staud/*Marburger* Rz 31). Eine widerspruchslose **Hinnahme von Rechnungen** und Kontoauszügen ist idR kein Anerkenntnis, kann aber ein **Indiz** sein und der Beweiserleichterung dienen (Frankf WM 87, 355). Der **Prüfvermerk** des Architekten auf der Schlussrechnung ist kein Anerkenntnis (BGH NJW-RR 02, 661), evtl aber der Prüfvermerk des Bestellers (Karlsr BauR 98, 403; s.a. Nürnbg NJW-RR 99, 1036).

15 Das in den AGB der **Versicherungen** häufig enthaltene Anerkenntnis ihrer Leistungspflicht nach Eintritt des Versicherungsfalls bewirkt, abgesehen von vertraglichen Folgen, zumeist lediglich eine tatsächliche Auskunft über die Zahlungsbereitschaft (BGHZ 66, 250, 255 ff) bzw eine Beweiserleichterung (Zweibr NJW-RR 97, 1316, 1317). Regelmäßig liegt ein einseitiges, nicht rechtsgeschäftliches Anerkenntnis vor. Auslegungsfrage ist, ob darin auch ein gegen den Versicherten wirkendes (Hamm BauR 00, 1363) deklaratorisches (Ddorf VersR 85, 728) oder ausnahmsweise auch ein konstitutives Anerkenntnis gesehen werden kann (BGHZ 66, 250, 254). Eine Auskunft über die Auszahlungssumme stellt regelmäßig noch kein Anerkenntnis dar (Köln VersR 03, 95). Der Vorbehalt in einer Abfindungserklärung führt nicht zwingend zur Annahme einer Befreiung von der Verjährungseinrede oder eines konstitutiven Schuldanerkenntnisses (BGH NJW 92, 2228; BGH NJW 02, 1878, 1879).

Bei **Erklärungen des Schädigers nach einem Unfall** kommt es auf den Einzelfall an (vgl Kobl NJW-RR 01, 1109 f). Zumeist wird hierin ein einseitiges tatsächliches Anerkenntnis liegen, das lediglich zur Beweiserleichterung führt (BGH NJW 82, 996, 998 f; 84, 799; 02, 1340: keine Anwendbarkeit auf vertragliche Ansprüche; aA aber Soergel/*Häuser* §§ 780, 781 Rz 52: keine rechtsgeschäftliche Bedeutung). Erklärt der Schädiger nicht nur, er habe den Unfall verschuldet, sondern übernimmt er ausdrücklich die Ersatzpflicht, so wird darin ein deklaratorisches Anerkenntnis zu sehen sein (s. Ddorf VersR 73, 719; 79, 626; Schlesw VersR 75, 673; aA Karlsr VersR 65, 1183 f: lediglich einseitiges Anerkenntnis). Ein Anerkenntnis durch AGB an der Unfallstelle soll wegen Verstoßes gegen § 307 unwirksam sein (Karlsr NJW 91, 112). Auch wenn die Direktklage gegen die Versicherung abgewiesen wird, kann der Versicherungsnehmer trotz § 3 Nr 8 PflVG aus einem Anerkenntnis verurteilt werden (BGH NJW 82, 996).

§ 782 Formfreiheit bei Vergleich. Wird ein Schuldversprechen oder ein Schuldanerkenntnis auf Grund einer Abrechnung oder im Wege des Vergleichs erteilt, so ist die Beobachtung der in den §§ 780, 781 vorgeschriebenen schriftlichen Form nicht erforderlich.

A. Form. Da sowohl eine Abrechnung als auch ein Vergleich den Verpflichtungswillen des Anerkennenden mit Sicherheit erkennen lassen, können sie formfrei erfolgen (BGH NJW 93, 584 f). Formfreiheit liegt nach § 350 HGB zudem bei einer Verpflichtungserklärung eines Vollkaufmanns vor. Strengere Formvorschriften sind zu beachten (§§ 311b, 518).

B. Vergleich. § 782 wird für den Vergleich (§ 779) in der Praxis kaum eine Rolle spielen, da auf Vergleichsbasis zustande gekommene Anerkenntnisse zumeist formfreie kausale Geschäfte sind und die Parteien nur ausnahmsweise zusätzlich ein konstitutives Anerkenntnis wollen (MüKo/*Habersack* Rz 3; Staud/*Marburger* Rz 2). Wird statt eines Vergleichs die Form des Anerkenntnisses gewählt, kann darin ein Verzichtsvertrag auf Erstattung von Vergleichskosten liegen (Stuttg NJW 05, 2161 f).

C. Abrechnung. Abrechnung ist die vertragliche Feststellung eines Rechnungsergebnisses aus mehreren Rechnungsposten (vgl RGZ 71, 102, 103). Legen die Parteien das Ergebnis einer gemeinsamen Abrechnung in Form einer Vereinbarung fest, so dass sich der Gläubiger künftig bzgl seiner Ansprüche nur noch auf diese zu berufen braucht, ist ein entspr Verpflichtungswille zu bejahen. Ein solcher kann auch stillschweigend erfolgen (vgl BGHZ 49, 24, 29: Rechnungsauszug von Spediteuren; BGH WM 58, 620: Laufende Rechnung zwischen Unternehmer und Provisionsvertreter). So kann eine Annahme in der widerspruchslosen Fortsetzung des bisherigen Rechnungsverhältnisses (BGH WM 58, 620, 621), in der Zahlung von Abschlägen (RGZ 95, 18, 20) oder in der Erklärung einer Ratenzahlung (RGZ 71, 102, 104) liegen. Allerdings soll bloße widerspruchslose Hinnahme einer Abrechnung keine Zustimmung bedeuten (Frankf WM 87, 355).

Eine Form des Abrechnungsverhältnisses stellt das **Kontokorrent** iSd § 355 HGB dar sowie das uneigentliche Kontokorrent und jede andere Art der Abrechnung (MüKo/*Habersack* Rz 3; Staud/*Marburger* Rz 12 f). Die iRd Kontokorrentabrede (BGH BB 91, 1818, 1819: auch konkludent) in das Kontokorrent einzustellenden Forderungen sind in gewissem Umfang nicht mehr rechtlich selbstständig (BGH NJW 96, 719, 720, BGHZ 77, 256, 261: nicht einklagbar; BGH WM 70, 184, 186: nicht einseitig zur Aufrechnung stellbar; BGH NJW 82, 1150, 1151; BGHZ 73, 259, 263: nicht abtretbar; BGHZ 80, 172, 175 f; NJW 85, 1218, 1219: nicht pfändbar), bleiben aber ihrem Bestand nach und in ihrer Rechtsnatur her unberührt (BGHZ 93, 307, 311; 105, 263, 265). Die nach § 355 I HGB erfolgende Verrechnung hat Tilgungswirkung; in der Höhe des Überschusses entsteht eine kausale Saldoforderung (BGHZ 70, 86, 93; NJW 02, 1722, 1723; aA BGHZ 77, 256, 261 ff; s. aber auch BGHZ 93, 307, 313 f). Die Rechtsnatur des sich an die Verrechnung anschließenden Saldoanerkenntnisses bemisst sich laut Rspr nach der sog Novationstheorie (zur aA im Schrifttum Staud/*Marburger* Rz 7), wonach die bisherigen Forderungen erlöschen und durch eine neue, abstrakte (§ 781) Saldoforderung ersetzt werden (s. etwa BGHZ 93, 307, 311 ff; 141, 116, 121; s.a. § 781 Rn 5).

D. Einwendungen. Als Einwendungen kommen die allg **Anfechtungs- und Nichtigkeitsgründe** in Betracht. Liegt ein Rechenfehler vor, wird ein nicht existierender Posten in die Abrechnung einbezogen oder ein bestehender Posten nicht einbezogen, kann im Einzelfall eine Anfechtung aufgrund von Täuschung erfolgen. Eine Irrtumsanfechtung kommt nicht in Betracht, da ein bloßer (unbeachtlicher) Motivirrtum vorliegt (s. Palandt/*Sprau* Rz 3). Die Rückabwicklung des Vertrags erfolgt über die §§ 812 ff (BGHZ 51, 346, 348; WM 72, 283, 286; Ddorf NJW 85, 2723: *irrtümliche Gutschrift);* die Bank hat aber zu beweisen, dass die Gutschrift ohne Rechtsgrund erfolgte (BGHZ 72, 9, 11). Bei irrtümlicher Lastschrift hat der Schuldner Einwendungen gegen die Richtigkeit des letzten anerkannten Saldos zu beweisen (BGH NJW 83, 2879); ein Kondiktionsausschluss kann sich aus § 814 ergeben, wenn Anerkennender und Schuldner der anerkannten Forderung nicht identisch sind (s. Köln NJW-RR 96, 42: Sammelbestellung).

E. Beweislast. Der sich auf ein formloses Anerkenntnis berufende Gläubiger trägt die Beweislast dafür, dass eine Abrechnung oder ein Vergleich vorliegt. Im Zusammenhang mit einer Abrechnung hat er allerdings grds nur den Abrechnungsvorgang darzulegen und nicht einzelnen Schuldposten (Staud/*Marburger* Rz 15; BGH

WM 02, 281, 282: bei Bürgschaft). Anders ist dies bei einem nicht anerkannten Abrechnungssaldo. Hier hat der Gläubiger alle einzelnen Ansprüche darzulegen, so dass dem Gericht eine vollständige Überprüfung ermöglicht wird (BGH NJW 91, 2908; NJW 96, 719, 720). Durch AGB kann dies nicht ausgeschlossen werden (Saarbr OLGR 99, 64). Ist eine Position streitig, so hat der Gläubiger des Überschusses die Aktivposten und der Gegner die Passivposten zu beweisen (BGHZ 105, 263, 265; NJW 96, 719, 720). Der Beklagte muss das Vorliegen der Einwendungen, auf die er sich beruft, beweisen. Behauptet ein Bürge die Tilgung durch den Hauptschuldner, so hat er dies auch dann zu beweisen, wenn sich die Bürgschaft auf einen nicht anerkannten Tagessaldo aus einem Kontokorrentverhältnis bezieht (s. BGH NJW 96, 719; anders NJW 85, 3007, 3009; 88, 906).

Titel 23 Anweisung

§ 783 Rechte aus der Anweisung. Händigt jemand eine Urkunde, in der er einen anderen anweist, Geld, Wertpapiere oder andere vertretbare Sachen an einen Dritten zu leisten, dem Dritten aus, so ist dieser ermächtigt, die Leistung bei dem Angewiesenen im eigenen Namen zu erheben; der Angewiesene ist ermächtigt, für Rechnung des Anweisenden an den Anweisungsempfänger zu leisten.

1 **A. Allgemeines.** Bei der in den §§ 783 ff geregelten Anweisung handelt es sich um einen Sonderfall des weitergehenden allg Anweisungsrechts (BGHZ 6, 378, 383). Es geht hier um die in einer Urkunde verbriefte Anweisung auf Leistung von Geld, Wertpapieren und vertretbaren Sachen, die an einen Dritten als Leistungsempfänger ausgehändigt worden ist. Fehlt eine dieser Voraussetzungen, können die §§ 783 ff entspr anwendbar sein (vgl BGH NJW 71, 1608, 1609). Die Anweisung als solche ist durch ein Dreipersonenverhältnis geprägt: Der Anweisende lässt dem Angewiesenen die Aufforderung zu einer Zuwendung an den Dritten (Anweisungsempfänger) zukommen. Der Angewiesene braucht nach § 785 aber nur gegen Aushändigung der Anweisung leisten. Die **praktische Bedeutung** der Anweisung iSd §§ 783 ff ist gering. Allerdings liegen diese Regelungen bestimmten Rechtsinstituten zugrunde (kaufmännische Anweisung iSd § 363 HGB, Wechsel, Scheck) und stellen den Grundgedanken für verschiedene Sonderformen der Anweisung dar, auf die sie entspr anwendbar sein können (näher Staud/*Marburger* Rz 6).

2 **B. Rechtsnatur und Abgrenzung. I. Rechtsnatur.** Mit der Aushändigung der Urkunde an den Anweisungsempfänger entsteht eine **doppelte Ermächtigung**, über ein fremdes Recht im eigenen Namen zu verfügen: Der Anweisungsempfänger ist ermächtigt, die Leistung beim Angewiesenen im eigenen Namen zu erheben; der Angewiesene ist ermächtigt, an den Anweisungsempfänger als Inhaber der Urkunde für Rechnung des Anweisenden (Ausstellers) zu leisten. Die Ermächtigungen sind abstrakt und damit ist die Anweisung ein abstraktes Rechtsgeschäft; es ist vom zugrunde liegenden Rechtsgeschäft sowie dem wirtschaftlichen Zweck losgelöst.

3 **II. Abgrenzung.** Abzugrenzen ist die Anweisung vom **Auftrag** iSd §§ 662 ff (Inkassomandat, Zahlungsauftrag). Die Anweisung begründet keine Verpflichtung, sondern lediglich eine Berechtigung des Empfängers sowie des Angewiesenen. Im Unterschied zur **Zession** (zB Inkassozession) wird bei der Anweisung kein Forderungsrecht auf den Empfänger übertragen, sondern der Anweisende bleibt Anspruchsgläubiger. Vom **Vertrag zugunsten Dritter** iSd §§ 328 ff unterscheidet sich die Anweisung darin, dass sie durch Rechtsgeschäft mit dem Anweisungsempfänger zustande kommt. Für die grds denkbare Ausgestaltung der Anweisung als Vertrag zugunsten Dritter wird regelmäßig kein praktisches Bedürfnis bestehen (vgl BGHZ 3, 238, 241; Kobl NJW-RR 89, 505, 506). Im Gegensatz zur **Vollmacht** ermächtigt die Anweisung den Empfänger die Leistung im eigenen Namen beim Angewiesenen zu erheben.

4 **C. Zugrunde liegende Rechtsverhältnisse. I. Valuta- und Deckungsverhältnis.** Kommt der Angewiesene der Aufforderung des Anweisenden nach, eine Zuwendung an den Dritten als Anweisungsempfänger zu erbringen, werden zwei Leistungen erbracht: Im Valutaverhältnis eine Leistung des Anweisenden an den Anweisungsempfänger und im Deckungsverhältnis eine Leistung des Angewiesenen an den Anweisenden (Simultanleistung). In dem zwischen Anweisendem und Anweisungsempfänger bestehenden **Valutaverhältnis** kann die Anweisung ein Schuldverhältnis (zB Darlehen, Schenkung) begründen oder der Tilgung einer bereits bestehenden Schuld dienen. Rechtlich liegt eine Leistung des Anweisenden vor; der Rechtsgrund der Leistung iSd § 812 ergibt sich aus dem Zuwendungsverhältnis.

5 Dem **Deckungsverhältnis** zwischen Anweisendem und Angewiesenen kann etwa ein Auftrag oder ein Geschäftsbesorgungsvertrag, § 675, zugrunde liegen. Es kann den Angewiesenen zur Annahme der Anweisung (§ 784 I) und zur Leistung an den Anweisungsempfänger verpflichten. Ist der Angewiesene Schuldner des Anweisenden wirkt die Leistung an den Anweisungsempfänger schuldbefreiend (§ 787); rechtlich liegt eine Leistung des Angewiesenen an den Anweisenden vor. Der Angewiesene kann durch die Leistung auch Gläubiger des Anweisenden werden (Anweisung auf Kredit), wenn er etwa einen Aufwandsersatzanspruch gegen den Anweisenden hat (§ 670).

Zwischen Angewiesenem und Anweisungsempfänger besteht kein Schuldverhältnis; ein solches wird auch **6**
nicht durch die Aushändigung der Anweisung begründet, sondern erst durch die Annahme der Anweisung,
die eine abstrakte Verpflichtung des Angewiesenen ggü dem Anweisungsempfänger entstehen lässt und durch
die Leistung der angewiesenen Sachen an den Anweisungsempfänger.

II. Unabhängigkeit der Grundverhältnisse. Die Anweisung ist ein abstraktes Rechtsgeschäft, dh ihre Wirk- **7**
samkeit hängt nicht vom Deckungs- oder Valutaverhältnis und deren Wirksamkeit ab. Allerdings können
Mängel in den Grundverhältnissen **bereicherungsrechtliche Ausgleichsansprüche** (§§ 812 ff) in Bezug auf
diejenigen Leistungen auslösen, die in Vollzug der Anweisung erbracht wurden. Bei mangelhaftem Valutaverhältnis hat der Anweisende einen Bereicherungsanspruch gegen den Anweisungsempfänger, ist das
Deckungsverhältnis mangelhaft, steht die Kondiktion dem Angewiesenen gegen den Anweisenden zu. Liegt
ein **Doppelmangel** (Mangel im Valuta- und im Deckungsverhältnis) vor, so wird überwiegend ein Durchgriff, dh ein unmittelbarer Kondiktionsanspruch des Angewiesenen gegen den Empfänger abgelehnt und eine
Rückabwicklung unter den Parteien des fehlgeschlagenen Grundverhältnisses vorgenommen (s. BGH NJW
95, 3315, 3316 mwN; BGHZ 88, 232, 234 f: unentgeltliche Leistung des Anweisenden; BGHZ 113, 62, 65 ff:
Abgrenzung zwischen Leistung des Schuldners durch Anweisung des Dritten und eigener Leistung des Drit-
ten; BGH NJW 01, 2880, 2881: Irrtum der Bank über Berechtigung zum Abruf der Kreditmittel aufgrund
Täuschungshandlung; s.a. § 812 Rn 90).
Leistet der Angewiesene aufgrund einer **nichtigen oder gefälschten** Anweisung hat er neben deliktischen **8**
Ansprüchen nach hM auch einen direkten bereicherungsrechtlichen Anspruch (Durchgriff) gegen den Emp-
fänger (BGH NJW 01, 1855, 1856: vollmachtloser Vertreter; BGHZ 111, 382, 384 ff: Geschäftsunfähigkeit des
Anweisenden; näher § 812 Rn 94).

D. Zustandekommen der Anweisung. I. Form und Inhalt der Anweisungsurkunde. Die Anweisung **9**
kommt mit Aushändigung einer bestimmten Urkunde an den Anweisungsempfänger zustande (§ 783 Hs 1).
Die Anweisung muss also in einer **Urkunde** verbrieft sein. Dies bedeutet, dass grds Schriftform erforderlich
ist (§ 126), allerdings kann diese auch durch die elektronische Form ersetzt werden (§ 126a). Eine mündliche
Anweisung ist grds zulässig (BGHZ 3, 238, 240). Hier gelten die §§ 783 ff, sofern sie sich nicht auf die Schriftform beziehen (§§ 784 I Hs 1, II, 785, 792), entspr. Aufgrund der fehlenden Legitimation des Empfängers ggü
dem Angewiesenen ist sie jedoch nicht praktikabel.
Notwendiger Inhalt der Urkunde ist daher die Nennung der Namen der am Anweisungsverhältnis Beteilig- **10**
ten, die grds Bezeichnung des Leistungsgegenstands und die Aufforderung an den Angewiesenen, diese Leistung an den Anweisungsempfänger zu erbringen. Die Bezeichnung „Anweisung" ist nicht erforderlich, allerdings muss der Wille zum Ausdruck kommen, eine vom Kausalverhältnis unabhängige, dh abstrakte
Ermächtigung an eine bestimmte Person zu erteilen. Im Zweifel ist durch Auslegung zu ermitteln, ob eine
Anweisung iSd § 783 gewollt ist oder ein anderes Rechtsverhältnis (zB Einziehungsvollmacht, Inkassozession,
Schuldversprechen). Entscheidend ist allein der aus der Interessenlage und dem Zweck abgeleitete Parteiwille.
Umstr ist, ob die Angabe des Deckungsverhältnisses oder des Valutaverhältnisses das Vorliegen einer Anwei-
sung ausschließt (verneinend: Staud/*Marburger* Rz 14; MüKo/*Habersack* Rz 17; bejahend: RGRK/*Steffen* Rz 6;
Erman/*Heckelmann/Wilhelmi* Rz 7). Da nach dem Gesetzeswortlaut die Urkunde „dem Dritten" auszuhändi-
gen ist, ist eine Anweisung auf den Angewiesenen selbst oder an **eigene Order** – außer bei § 363 HGB – nicht
möglich (RGRK/*Steffen* Rz 3; Staud/*Marburger* Rz 15; RG JW 30, 1376); anders ist dies beim Scheck (Art 6
I ScheckG) sowie beim Wechsel (Art 3 I WG). Auch eine **Anweisung auf den Inhaber** ist unzulässig (RGRK/
Steffen Rz 3; Soergel/*Häuser* Rz 7; Staud/*Marburger* Rz 15; sa MüKo/*Habersack* Rz 20); anders ist dies nach
Art 5 III ScheckG beim Scheck.
Es ist eine **Aushändigung** der Urkunde an den Anweisungsempfänger erforderlich (hM: Begebungsvertrag; **11**
zur umstrittenen rechtlichen Qualifikation Staud/*Marburger* Rz 16 mwN). Da die Anweisung durch Abtretung übertragen wird (§ 792 I, III 2), scheidet die Anwendung der Rechtsscheingrundsätze zum Schutze des
gutgläubigen Zweiterwerbers aus. Gutgläubiger Erwerb ist, abgesehen von § 405, ausgeschlossen. Dem Zessionar können jedoch die Einwendungen entgegengehalten werden, die dem Anweisenden gegen den Anweisungsempfänger zustanden (§§ 404, 406 analog).

II. Leistungsgegenstand. Leistungsgegenstand ist die Leistung von Geld, Wertpapieren oder anderen vertret- **12**
baren Sachen (§ 91). Bei Anweisungen auf sonstige Gegenstände finden die §§ 783 ff entspr Anwendung (RGZ
101, 297, 299). Die Anweisung auf Geld ist nach Ansicht aufgrund der elektronisch gestützten Zah-
lungssysteme wieder aktuell geworden (Staud/*Marburger* Rz 8). Auch eine Übernahmeerklärung hinsichtlich
Mietwagenkosten soll eine Geldanweisung darstellen (s. LG München VersR 81, 565). Eine Anweisung auf
Waren stellt der **Lieferschein** (delivery order) dar (BGHZ 46, 43, 47 ff); dieser ist eine Anweisung des Einla-
gerers an den Lagerhalter/Spediteur, eine bestimmte Sache an den Anweisungsempfänger zu liefern (s. Staud/
Marburger Rz 50).
Die Anweisung kann unter einer Bedingung (§ 158) oder einer Befristung (§ 163) erfolgen. Sie kann auch von **13**
einer Gegenleistung abhängig gemacht werden. So kann eine sich aus einem Kassalieferschein ergebende
Doppelermächtigung zur Auslieferung und Empfangnahme von Waren von der Begleichung des Gegenwerts

für die Ware abhängig gemacht werden (BGHZ 6, 378, 383). Die kaufmännische Anweisung ist jedoch grds von einer Gegenleistung unabhängig (§ 363 I HGB). Die Leistung kann je nach Inhalt der Urkunde „auf Sicht" gestellt werden, dh sofort bei Vorzeigen der Anweisung, sie kann aber auch nach Ablauf einer Frist oder zu einem bestimmten Zeitpunkt vorgesehen sein.

14 **E. Rechtsfolgen der Anweisung.** Das durch die Anweisung begründete Rechtsverhältnis ist als doppelte Ermächtigung (des Anweisungsempfängers sowie des Angewiesenen) ausgestaltet. Die Verfügungsgewalt wird übertragen, ohne dass der Ermächtigende seine eigene Verfügungsgewalt aufgibt. Der **Anweisungsempfänger**, der aufgrund der Ermächtigung die Leistung im eigenen Namen erheben kann (§ 783 Hs 1), ist weder Bevollmächtigter des Anweisenden noch liegt eine Einziehungsermächtigung vor (*Zöllner* § 8 III 2. a); aA *Larenz/Canaris* § 62 I 2b), sondern eine Empfangsermächtigung oder -zuständigkeit (Staud/*Marburger* Rz 20). Der Abweisungsempfänger ist grds zwar ermächtigt, nicht aber verpflichtet, die Leistung einzuziehen. Allerdings kann sich eine Verpflichtung zur Einziehung aus dem Kausalverhältnis ergeben (s. § 788 Rn 2). Wird die Annahme der Anweisung oder die Leistung vom Angewiesenen verweigert, ist der Anweisungsempfänger zur Anzeige an den Anweisenden verpflichtet (§ 789).

15 Der **Angewiesene** ist nach § 783 Hs 2 ermächtigt, im eigenen Namen für Rechnung des Anweisenden an den Anweisungsempfänger zu leisten. Allerdings kann er auch jetzt noch mit befreiender Wirkung an den Anweisenden leisten. Eine Verpflichtung des Angewiesenen ggü dem Anweisungsempfänger entsteht erst durch Annahme der Anweisung (§ 784 I).

16 Da die Anweisung lediglich eine Befugnis gewährt, kann somit **auch nach Erteilung der Anweisung** zum einen der Anweisende seine Ansprüche ggü dem Angewiesenen (Deckungsverhältnis) und zum anderen der Anweisungsempfänger ggü dem Anweisenden (Valutaverhältnis) geltend machen. Der Anweisende und der Angewiesene können zudem ihre aus dem jeweiligen Grundverhältnis resultierenden Pflichten erfüllen.

17 **F. Sonderformen der Anweisung.** Die **kaufmännische Anweisung** ist in den §§ 363–365 HGB geregelt. Der gezogene **Wechsel** ist im WG gesondert geregelt; es bestehen zahlreiche Unterschiede zur Anweisung. Ein formungültiger Wechsel kann uU in eine Anweisung umgedeutet werden (Staud/*Marburger* Rz 38; MüKo/*Habersack* Rz 28; einschr Palandt/*Sprau* § 783 Rz 13). Auch der **Scheck** unterscheidet sich von der bürgerlich-rechtlichen Anweisung (dazu Staud/*Marburger* Rz 39). Sofern im ScheckG keine Regelung vorgesehen ist, sind die §§ 783 ff ergänzend anwendbar; dies gilt allerdings nicht für § 787 I (BGH NJW 51, 598, 599).

18 Der **Kreditbrief** ist als eine Art des Akkreditivs eine schriftliche Anweisung. Bei dieser ermächtigt der Aussteller (Anweisender, idR eine Bank) eine andere Person (Anweisungsempfänger), beim Angewiesenen für Rechnung des Anweisenden unter Vorlage der Urkunde Geldzahlungen bis zu einem Höchstbetrag zu erheben (MüKo/*Habersack* Rz 29). Die §§ 783 ff finden unmittelbar Anwendung, § 785 nur eingeschränkt. Bei der **Kreditkarte** kann aufgrund der AGB eine Abtretung vorliegen (BGH NJW 90, 2880, 2881: Eurocard); ansonsten ist umstr, ob es sich um eine echte Anweisung handelt, auf die die §§ 783 ff unmittelbar anwendbar sind (bejahend: Frankf WM 94, 942; Karlsr NJW-RR 91, 237, 238; s.a. *Meder* NJW 94, 2597 f; verneinend: BGHZ 91, 221, 224; München WM 99, 2356, 2357) oder ob eine Weisung nach §§ 675 I, 665 vorliegt. Beim **Lieferschein** (delivery order) kann es sich um eine kaufmännische Anweisung iSd § 363 I 1 HGB handeln oder, falls eine der Voraussetzungen für eine solche fehlt, um eine bürgerlich-rechtliche Anweisung oder jedenfalls um eine Anweisung iwS, auf welche die § 783 ff analog anwendbar sind (BGHZ 6, 378, 383: versehentliche Auslieferung bei Kassalieferschein ohne Zahlung).

19 **G. Anweisungsähnliche Formen. I. Überweisungsauftrag.** Der **Überweisungsauftrag** ist keine Anweisung iSd §§ 783 ff. Die Frage, ob die §§ 783 ff analog angewendet werden können, ist mit der Schaffung der §§ 676a ff hinfällig geworden (MüKo/*Habersack* Rz 37 f; aA Staud/*Marburger* Rz 52).

20 **II. Akkreditiv.** Das **Akkreditiv** dient va der Zahlung eines vorzuleistenden Preises aus einem Rechtsgeschäft. Es gilt als abstraktes Zahlungsversprechen eines Kreditinstituts, gegen bestimmte Dokumente unter Einhaltung bestimmter Bedingungen einen festgesetzten Betrag für Rechnung des Auftraggebers innerhalb einer bestimmten Frist an den Begünstigten zu zahlen (Ddorf ZIP 03, 1785, 1786; s.a. Schlesw WM 80, 48: „Finanzierungsbestätigung" der Bank). Im Wesentlichen ist es durch die Einheitlichen Richtlinien und Gebräuche für Dokumentenakkreditive (ERA 1993), die weltweit Fragen der Erstellung und Abwicklung von Akkreditiven regeln. Das Akkreditiv stellt keine echte Anweisung iSd §§ 783 ff dar, wird aber nach hM als Anweisung iwS gesehen, da ein dieser entspr Dreiecksverhältnis vorliegt: Eine bestimmte Bank zahlt auf Veranlassung des Käufers den Kaufpreis an den Verkäufer, nachdem die Dokumente geprüft und ausgehändigt wurden (vgl *Baumbach/Hopt* (7) BankGesch Rz K/1; aA etwa *Peters* WM 78, 1030, 1034).

21 Im Valutaverhältnis liegt meist ein Kauf- oder Werklieferungsvertrag mit Akkreditivklausel zugrunde, es wird also die Abrede der Zahlung durch eine Bank aus einem befristeten, unwiderruflichen Dokumentenakkreditiv getroffen (BGHZ 60, 262, 264: konkludenter Aufrechnungsausschluss für die Laufzeit des Akkreditivs). Der im Deckungsverhältnis erteilte **Akkreditivauftrag** des Käufers an seine Bank stellt nach hM einen Geschäftsbesorgungsvertrag mit Werkvertragscharakter dar (WM 58, 1542; BGH NJW-RR 98, 1511). Die Bank geht damit dem Käufer ggü die Verpflichtung ein, an den Verkäufer bei Vorlage der Dokumente den Kaufpreis zu

zahlen; außerdem hat die Bank die Dokumente sorgfältig zu prüfen und sich an die Weisungen des Käufers zu halten (BGH WM 84, 1443; München WM 98, 554, 555). Der Käufer hat der Bank nach §§ 675, 670 alle Aufwendungen zu ersetzen, die diese den Umständen nach für erforderlich halten durfte. Dies gilt auch, wenn die Bank nach einer berechtigten Zahlungsverweigerung rechtskräftig zur Zahlung verurteilt wird (BGH WM 98, 1769).

Die akkreditiveröffnende Bank teilt dem Verkäufer als Begünstigtem die Eröffnung des Akkreditivs mit und verpflichtet sich ihm ggü bei Einreichung der vorgeschriebenen Dokumente im eigenen Namen für Rechnung des Käufers Zug um Zug zur Erbringung der im Akkreditiv versprochenen Leistung (BGH NJW-RR 87, 924; Ddorf ZIP 03, 1785, 1786). Nach hM liegt ein **abstraktes Schuldversprechen** iSd § 780 der Bank ggü dem Begünstigten vor (BGHZ 60, 262, 264; 108, 348, 350; NJW 94, 2018, 2019; 96, 1812, 1813). Tritt der Begünstigte (Verkäufer) den Zahlungsanspruch aus einem Akkreditiv schon vor seiner Entstehung an die akkreditiveröffnende Bank ab, entsteht kein Zahlungsanspruch; die Abtretung bewirkt eine Konfusion; im Zeitpunkt der möglichen Entstehung des Zahlungsanspruchs besteht damit ein Erlöschensgrund (Frankf NJW-RR 92, 684). Da der Begünstigte (Verkäufer) eine abstrakte Forderung erwirbt (BGHZ 132, 313, 316 f; NJW 89, 159, 160; 94, 2018, 2019), kann die Bank ihm zwar Einwendungen aus dem Akkreditiv entgegenhalten (Frankf WM 97, 1893: Rechtsmissbrauch), nicht aber Einwendungen aus dem Deckungsverhältnis (Verhältnis Bank – Kunde) oder dem Valutaverhältnis (Verhältnis Käufer – Verkäufer). Bei Vorlage der vereinbarten Dokumente muss die Bank auszahlen. Dies gilt nach BGH WM 88, 1298 selbst dann wenn der starke Verdacht besteht, dass der Kaufvertrag nicht ordnungsgemäß erfüllt wird (s.a. schon BGHZ 101, 84, 85: schwere Mängel der Ware). Nur in Ausnahmefällen ist eine Auszahlung trotz Kenntnis von schweren Mängeln ggü dem Auftraggeber treuwidrig (BGHZ 101, 84, 92: Mängel der Ware können nicht mehr als Kaufvertragserfüllung gesehen werden; NJW 96, 1812, 1813: unzulässige Rechtsausübung). Tritt der Begünstigte (Verkäufer) den Zahlungsanspruch aus dem Akkreditiv an die Bank ab, führt dies aufgrund von Konfusion zum Erlöschen des Anspruchs (Frankf WM 92, 569).

Beauftragt die akkreditiveröffnende Bank eine Bestätigungsbank am Sitz des Begünstigten (Verkäufers), so kann sich aus dem in Kenntnis setzen des Begünstigten durch diese weitere Bank von der Eröffnung des Akkreditivs bzw durch eine Zahlstellenfunktion dieser Bank ein Aufwendungsersatzanspruch nach § 670 ergeben (Frankf WM 81, 445). Bestätigt die weitere Bank das Akkreditiv dem Verkäufer ggü, soll darin ein (weiteres) Schuldversprechen ggü dem Begünstigten zu sehen sein (Palandt/*Sprau* Rz 18).

§ 784 Annahme der Anweisung. (1) Nimmt der Angewiesene die Anweisung an, so ist er dem Anweisungsempfänger gegenüber zur Leistung verpflichtet; er kann ihm nur solche Einwendungen entgegensetzen, welche die Gültigkeit der Annahme betreffen oder sich aus dem Inhalte der Anweisung oder dem Inhalte der Annahme ergeben oder dem Angewiesenen unmittelbar gegen den Anweisungsempfänger zustehen.
(2) ¹Die Annahme erfolgt durch einen schriftlichen Vermerk auf der Anweisung. ²Ist der Vermerk auf die Anweisung vor der Aushändigung an den Anweisungsempfänger gesetzt worden, so wird die Annahme diesem gegenüber erst mit der Aushändigung wirksam.

A. Bedeutung der Annahme. Zwar ist der Angewiesene durch die Anweisung als solche zur Leistung an den Anweisungsempfänger befugt, er ist diesem jedoch nicht dazu verpflichtet. Der Anweisungsempfänger hat keinen Anspruch auf Leistung gegen den Angewiesenen (vgl Nürnbg WM 77, 1440: Überweisungsauftrag in Animierlokal). Eine selbständige, vom Grundgeschäft unabhängige Verpflichtung des Angewiesenen entsteht ggü dem Anweisungsempfänger erst durch die Annahme der Anweisung zur Leistung (§ 784 I Hs 1). Damit entsteht erst durch die Annahme ein Anspruch des Anweisungsempfängers gegen den Angewiesenen. Es besteht grds keine Verpflichtung des Angewiesenen zur Annahme, auch dann nicht wenn er Schuldner des Anweisenden ist (§ 787 II). Allerdings kann sich der Angewiesene sowohl ggü dem Anweisenden als auch ggü dem Anweisungsempfänger vertraglich dazu verpflichten. Da ein auf den Scheck gesetzter Annahmevermerk nach Art 4 ScheckG als nicht geschrieben gilt, kann ein Scheck nicht angenommen werden.

B. Rechtsnatur der Annahme. Die ganz hM sieht in der Annahmeerklärung einen Antrag des Angewiesenen auf Vertragsabschluss, nämlich eines Schuldversprechens nach § 780 (Staud/*Marburger* Rz 9; aA RGRK/*Steffen* Rz 3: einseitige, empfangsbedürftige Verpflichtungserklärung). Erfolgt nach dem Verkehrssitte eine Annahme ohne Erklärung ggü dem Antragenden oder hat er auf eine Annahme verzichtet, so braucht der Anweisungsempfänger nach § 151 dem Angewiesenen ggü die Annahme nicht zu erklären (MüKo/*Habersack* Rz 2).

C. Form und Inhalt der Erklärung. Die Erklärung der Annahme kann nach § 784 II nur durch schriftlichen Vermerk (§ 126) auf der Anweisungsurkunde selbst erfolgen. Das kann sowohl vor als auch nach der Aushändigung der Anweisungsurkunde an den Anweisungsempfänger geschehen (BGH WM 82, 155). Allerdings entsteht in ersterem Fall der Anspruch des Anweisungsempfängers gegen den Annehmenden nach § 784 II 2 erst dann, wenn ihm die Anweisung mit der Annahmeerklärung ausgehändigt wird. Eine Annahme mittels elektronischer Form ist, da die Anweisung ein abstraktes Schuldversprechen darstellt, aufgrund von § 780 2 ausgeschlossen. Außerhalb der Urkunde liegende Umstände können die Annahmeerklärung nicht ersetzen (BGH WM 82, 155, 156: Der zweite Vertreter hat die Annahmeerklärung nur auf einer anderen Urkunde unterschrieben). Ob die bloße Unterschrift den Annahmewillen erkennen lässt, ist Frage des Einzelfalls (Erman/*Heckelmann/Wilhelmi* Rz 6; Staud/*Marburger* Rz 3); Art 25 I 3 WG entspr anzuwenden, wird überwiegend abgelehnt (Staud/*Marburger* Rz 3; aA RGRK/*Steffen* Rz 5). Der Vermerk „angenommen" ist nicht erforderlich; es muss aus dem Vermerk lediglich er Annahmewille klar hervorgehen. Der Ausdruck „gesehen" oder „Kenntnis genommen" lässt einen rechtsgeschäftlichen Willen, sich zu verpflichten, nicht erkennen (s. Schlesw WM 80, 48, 49). Die Annahme kann unter Einschränkungen, mit Befristung oder Bedingung versehen erfolgen; sofern die Annahme mit der hM als Vertrag gesehen wird (s.o. Rn 2), bedarf es dann nach § 150 II des Einverständnisses des Anweisungsempfängers.

4 Eine schriftlich außerhalb der Urkunde erklärte Annahme kann in ein selbständiges Schuldversprechen iSd §§ 780 f umgedeutet werden. Wird die Annahme mündlich erklärt, kann dies einen Vorvertrag mit der Verpflichtung zur Abgabe einer formgültigen Erklärung darstellen (RGRK/*Steffen* Rz 6; Palandt/*Sprau* Rz 4). Wird die Urkunde nicht ausgehändigt, kann eine Umdeutung in einen Vertrag zugunsten Dritter iSd § 328 möglich sein (BGH WM 82, 155, 156).

5 **D. Einwendungen.** Da die Annahme als abstraktes Schuldversprechen iSd § 780 eine abstrakte Verpflichtung des Angewiesenen begründet, sind Einwendungen nur beschränkt möglich. § 784 I Hs 2 ist insofern abschließend. Daher können lediglich Einwendungen **gegen die Gültigkeit der Annahme** erhoben werden (zB Geschäftsunfähigkeit bei Abschluss des Annahmevertrags, Anfechtung, Fälschung der Annahme), Einwendungen **aus dem Inhalt** der Anweisung oder (in der Urkunde enthaltene Einschränkungen, Bedingungen, Befristungen) sowie **persönliche Einwendungen** des Angewiesenen gegen den Empfänger (zB Tilgung, Erlass, Stundung, Aufrechnung, unzulässige Rechtsausübung). § 784 I Hs 2 entspricht zwar § 796, hat aber eine andere Funktion; er soll va Versuchen entgegenwirken, die abstrakte Leistungspflicht des Angewiesenen in irgendeiner Weise, etwa durch analoge Anwendung von § 139, vom Deckungs- oder Valutaverhältnis abhängig zu machen (Staud/*Marburger* Rz 12).

6 Nicht erhoben werden können damit Einwendungen, die sich aus dem Verhältnis Angewiesener – Anweisender (Deckungsverhältnis) oder dem Verhältnis Anweisender – Anweisungsempfänger (Valutaverhältnis) ergeben. Auch im Wege der Bereicherungseinrede (§§ 812, 821) kann sich der Angewiesene nicht auf das Deckungs- oder Valutaverhältnis beziehen (Staud/*Marburger* Rz 13). Zu den Ausnahmen s.a. Palandt/*Sprau* Rz 6; RGRK/*Steffen* Rz 10; Staud/*Lorenz* § 812 Rz 56.

§ 785 Aushändigung der Anweisung. Der Angewiesene ist nur gegen Aushändigung der Anweisung zur Leistung verpflichtet.

1 Da der Angewiesene **nur Zug um Zug** gegen Aushändigung der Urkunde zur Leistung verpflichtet ist, steht ihm ein Zurückbehaltungsrecht (§ 273) zu. Durch die Aushändigung der Anweisungsurkunde kann er seine Ansprüche im Deckungsverhältnis ggü dem Anweisenden leichter nachweisen. Eine entspr Regelung findet sich in Art 39 I WG sowie in Art 34 I ScheckG. § 785 findet auch dann Anwendung, wenn vor der Annahme der Anweisung gezahlt wird. Von seinem Wortlaut her gilt § 785 lediglich für angenommene Anweisungen, gilt ansonsten aber für die nicht angenommene Anweisung (Staud/*Marburger* Rz 2). Es besteht ein Recht auf eine Quittung (§ 368). Bei einem Zirkular- oder Rundkreditbrief kann Aushändigung erst mit der letzten Teilzahlung verlangt werden; frühere Teilleistungen werden auf der Urkunde vermerkt.

2 Der Angewiesene kann auch ohne Aushändigung der Anweisung leisten. Sein Rückgriffsanspruch gegen den Anweisenden (Deckungsverhältnis) ist von der Aushändigung unabhängig; allerdings wird dem Angewiesenen die Rechtsverfolgung mangels hinreichenden Beweises aber erschwert sein. Umstr ist, ob bei abhanden gekommener oder vernichteter Urkunde die Notwendigkeit eines Aufgebotsverfahrens zur Kraftloserklärung der Urkunde besteht (§ 1003 ZPO). Bei Abhandenkommen **vor** der Annahme, kann der Anweisende nach § 790 widerrufen und eine neue Anweisung ausstellen. Ist die Urkunde aber **nach** der Annahme abhanden gekommen, wird teilweise davon ausgegangen, dass ein Aufgebotsverfahren nicht erforderlich ist, da § 371 2 ausreichend Schutz biete (RGRK/*Steffen* § 790 Rz 9; Palandt/*Sprau* § 790 Rz 7). Andere gehen davon aus, dass auch die Anweisung in Analogie zu § 808 II, § 365 II HGB dem Aufgebotsverfahren unterliegt (MüKo/*Habersack* Rz 5; Staud/*Marburger* Rz 5).

§ 786 – weggefallen –

§ 787 Anweisung auf Schuld. (1) Im Falle einer Anweisung auf Schuld wird der Angewiesene durch die Leistung in deren Höhe von der Schuld befreit.
(2) Zur Annahme der Anweisung oder zur Leistung an den Anweisungsempfänger ist der Angewiesene dem Anweisenden gegenüber nicht schon deshalb verpflichtet, weil er Schuldner des Anweisenden ist.

A. Voraussetzungen. Die Vorschrift regelt die **Anweisung auf Schuld**, nicht die auf Kredit (MüKo/*Habersack* Rz 2; RGRK/*Steffen* Rz 1; Staud/*Marburger* Rz 1). Letztere ist gesetzlich nicht geregelt. Die Anweisung auf Schuld bezieht sich auf das Verhältnis von Anweisendem als Gläubiger und Angewiesenem als Schuldner (**Deckungsverhältnis**). Voraussetzung ist ein **Schuldverhältnis**, bei dem der Angewiesene dem Anweisenden die Sache schuldet, die er infolge der Anweisung an einen Dritten (Anweisungsempfänger) leisten soll. Die bloße Verpflichtung zur Leistung (zB Auftrag) kann nicht ausreichen. Nach hM (Staud/*Marburger* Rz 2; aA MüKo/*Habersack* Rz 3) ist darüber hinaus eine Einigung im Deckungsverhältnis darüber erforderlich, dass der Angewiesene zur Erfüllung seiner Schuld an einen Dritten leisten soll (**Tilgungsbestimmung**). Die Tilgungsbestimmung kann konkludent erfolgen und braucht nicht in der Anweisungsurkunde enthalten sein. Ohne Tilgungsbestimmung liegt kein Fall des § 787 vor, so dass durch die Leistungserbringung keine unmittelbare Befreiung von der Schuld eintritt. Der Angewiesene kann jedoch einen Erstattungsanspruch (zB aus Geschäftsbesorgung) geltend machen und mit der Forderung des Anweisenden aufrechnen.

B. Rechtsfolgen. Die Annahme der Anweisung durch den Angewiesenen führt noch nicht zu einem Freiwerden von der Leistung an den Anweisenden. Bis zur tatsächlichen Leistungserbringung hat der Angewiesene zwei Gläubiger. Eine Doppelinanspruchnahme scheidet aber entweder aufgrund von § 242 oder nach aA aufgrund von § 790 1 aus (Staud/*Marburger* Rz 4). Leistet der Angewiesene an den Anweisungsempfänger, ist er in Höhe der Leistung von seiner Verbindlichkeit ggü dem Anweisenden befreit. Leistung iSd § 787 meint nicht nur alle Erfüllungshandlungen, sondern auch alle Erfüllungssurrogate, wie etwa die Hingabe an Erfüllungs statt, die Aufrechnung ggü dem Anweisungsempfänger oder die berechtigte Hinterlegung (Palandt/*Sprau* Rz 3). Außerdem erlischt der Anspruch des Anweisungsempfängers, den dieser aus der Annahmeerklärung erlangt hat (§ 784). § 787 I findet auf den Scheck keine Anwendung (BGH NJW 51, 598, 599).

C. Keine Verpflichtung zur Annahme oder Leistung. § 787 II dient der Klarstellung. Allein die Stellung als Schuldner des Anweisenden begründet noch keine **Annahme- oder Leistungspflicht des Angewiesenen**. Lehnt er die Annahme ab, kommt er nicht in Schuldnerverzug (RGRK/*Steffen* Rz 8). Allerdings kann sich eine Annahme- oder Leistungspflicht dem Verhältnis zwischen Angewiesenem und Anweisendem ergeben; verletzt er diese sich aus dem Deckungsverhältnis ergebende Pflicht, haftet er dem Anweisenden auf Schadensersatz wegen Nichterfüllung (Erman/*Heckelmann/Wilhelmi* Rz 5; RGRK/*Steffen* Rz 8; Staud/*Marburger* Rz 7).

§ 788 Valutaverhältnis.
Erteilt der Anweisende die Anweisung zu dem Zwecke, um seinerseits eine Leistung an den Anweisungsempfänger zu bewirken, so wird die Leistung, auch wenn der Angewiesene die Anweisung annimmt, erst mit der Leistung des Angewiesenen an den Anweisungsempfänger bewirkt.

Zentraler Regelungsgehalt der Vorschrift ist, dass die Anweisung keine Zahlung darstellt. Dies entspricht dem allg Grundsatz des § 364 II. § 788 betrifft das Verhältnis zwischen Anweisendem und Anweisungsempfänger (**Valutaverhältnis**). Diese Regelung gilt jedoch nicht nur, wenn die Anweisung der Tilgung einer Schuld zwischen Anweisendem und Anweisungsempfänger dienen soll, sondern auch dann, wenn mit dieser andere Zwecke verfolgt werden (zB Darlehenshingabe, Schenkung). Die Regelung ist entspr auch auf den **Scheck** anwendbar (LG Braunschweig WM 79, 735).

Abgesehen von den §§ 788 f bestimmt sich die Rechtsbeziehung zwischen Anweisendem und Anweisungsempfänger (Valutaverhältnis) nach dem zugrunde liegenden Kausalverhältnis. Dies gilt va für die Frage, ob der Anweisungsempfänger eine Verpflichtung zur Einziehung hat oder ob er bei Nichtzahlung durch den Angewiesenen Rückgriff gegen den Anweisenden nehmen kann. Bei einer zahlungshalber erteilten Anweisung wird regelmäßig die Vereinbarung zugrunde liegen, dass sich der Anweisungsempfänger zunächst an den Angewiesenen halten soll und erst bei Nichteinlösung der Anweisung sich wegen der ursprünglichen Schuld an den Anweisenden halten darf (MüKo/*Habersack* Rz 4; RGRK/*Steffen* Rz 2; Staud/*Marburger* Rz 5; Palandt/*Sprau* Rz 3).

§ 789 Anzeigepflicht des Anweisungsempfängers.
¹Verweigert der Angewiesene vor dem Eintritt der Leistungszeit die Annahme der Anweisung oder verweigert er die Leistung, so hat der Anweisungsempfänger dem Anweisenden unverzüglich Anzeige zu machen. ²Das Gleiche gilt, wenn der Anweisungsempfänger die Anweisung nicht geltend machen kann oder will.

Der Anweisungsempfänger hat aus der Anweisung grds keine Verpflichtung ggü dem Anweisenden. Ausnahme ist die **Anzeigepflicht** nach § 789. „Leistungszeit" iSd § 789 meint Zeitpunkt der Fälligkeit. Die Anzeige hat **unverzüglich**, dh ohne schuldhaftes Zögern iSd § 121 zu erfolgen. Die Anzeigepflicht stellt eine Schutzpflicht iSd § 241 II dar (Staud/*Marburger* Rz 2). Sie gilt auch bei teilweiser Annahme- oder Leistungsverweigerung. Zwar stellt die Anzeige nach hM keine Willenserklärung dar, die rechtsgeschäftlichen Regelungen sind jedoch grds entspr anwendbar; dies gilt insb für § 130. Beschränkte Geschäftsfähigkeit beim Anzeigenden reicht aus (§ 107 analog). Wird eine Anzeige schuldhaft unterlassen oder erfolgt sie verspätet, ist der Anweisungsempfänger dem Anweisenden zum Schadensersatz verpflichtet (§§ 280 I, 241 II).

2 Über die Anzeigepflicht hinaus bestehen für den Anweisungsempfänger keine weiteren Pflichten, insb keine Pflicht, zur Leistung aufzufordern. Weitere Pflichten können sich allenfalls aus dem Grundverhältnis ergeben. Der Anweisungsempfänger hat regelmäßig auch keinen Rückgriffsanspruch gegen den Anweisenden. Anders kann dies nur dann sein, wenn sich aus dem zugrunde liegenden Kausalverhältnis anderes ergibt bzw wenn der Anweisende eine (zumindest konkludente) Garantie für die Einlösung übernommen hat.

§ 790 Widerruf der Anweisung.
¹Der Anweisende kann die Anweisung dem Angewiesenen gegenüber widerrufen, solange nicht der Angewiesene sie dem Anweisungsempfänger gegenüber angenommen oder die Leistung bewirkt hat. ²Dies gilt auch dann, wenn der Anweisende durch den Widerruf einer ihm gegen den Anweisungsempfänger obliegenden Verpflichtung zuwiderhandelt.

1 **A. Erklärung des Widerrufs.** Die lediglich Ermächtigungen, aber grds keine Verpflichtungen begründende Anweisung kann ggü dem Angewiesenen bis zur Annahme oder Leistung grds widerrufen werden. Das gilt nach § 790 2 selbst dann, wenn den Anweisenden ggü dem Anweisungsempfänger (Valutaverhältnis) eine Verpflichtung zur Aufrechterhaltung der Anweisung trifft (zB Kreditbrief). Diese Regelung dient dem Interesse des Angewiesenen, der nicht nachzuprüfen braucht, ob der Anweisende zum Widerruf berechtigt war oder nicht. Allerdings gilt § 790 2 nur, solange der Angewiesene nicht angenommen oder gar geleistet hat.

2 Auch der Widerruf einer kaufmännischen Anweisung ist bis zur Annahme oder Leistungsbewirkung nach § 790 möglich. Teilweise wird § 790 1 auf das **Akkreditiv** entspr angewendet (Erman/*Heckelmann/Wilhelmi* Rz 1; Staud/*Marburger* Rz 11; aA RGRK/*Steffen* Rz 6; Palandt/*Sprau* Rz 1). Hinsichtlich des **Schecks** ist in Abweichung von § 790 ein Widerruf erst nach Ablauf der Vorlegungsfrist wirksam (Art 32 I ScheckG). Die in der **Kreditkartenzahlung** liegende Anweisung ist aufgrund der zeitgleichen Annahme iSd § 784 nach § 790 1 von Anfang an unwiderruflich (Schlesw WM 91, 453, 454; Köln NJW-RR 02, 620 f; aA Karlsr NJW-RR 91, 237, 238; dazu auch *Meder* NJW 94, 2597 f), da die Ersatzfunktion der Karte für Bargeld entfiele, wenn der Karteninhaber nach Erhalt seiner Leistung die Zahlungsanweisung widerrufen könnte (Schlesw WM 91, 453).

3 Der Widerruf hat durch einseitige, empfangsbedürftige, formfreie Erklärung ggü dem Angewiesenen zu erfolgen. Weder ist nach dem Gesetzeswortlaut ein Widerruf ggü dem Anweisungsempfänger noch dessen Benachrichtigung vom Widerruf erforderlich. Allerdings soll nach einer Ansicht das Vertrauen des Empfängers nach §§ 170, 171 II, 172 II, 173 analog zu schützen sein (s. MüKo/*Habersack* Rz 4 aE; Staud/*Marburger* Rz 3). Eine Pflicht zur Benachrichtigung des Anweisungsempfängers kann sich aus dem Valutaverhältnis ergeben; ein lediglich diesem ggü erklärter Widerruf ist jedoch anweisungsrechtlich nicht wirksam (Staud/*Marburger* Rz 3 auch zur aA).

4 **B. Rechtsfolgen des Widerrufs.** Durch den Widerruf erlischt die Anweisung. Nimmt der Angewiesene trotz des Widerrufs die Anweisung an oder zahlt an den Empfänger, befreit ihn dies bei einer Anweisung auf Schuld nicht von seiner Verbindlichkeit ggü dem Anweisenden (Deckungsverhältnis). Weder nach Anweisungsrecht noch aus **GoA** (aA RGRK/*Steffen* Rz 5; Palandt/*Sprau* Rz 4) hat er einen Rückgriffsanspruch ggü dem Anweisenden. Umstr ist, ob dem Angewiesenen ein **Bereicherungsanspruch** ggü dem Anweisenden oder ggü dem Anweisungsempfänger zusteht (s. § 812 Rn 95 ff). Wer Schutzwürdigkeit analog §§ 170, 171 II, 172 II, 173 bejaht, wird einen Bereicherungsdurchgriff gegen den Anweisungsempfänger ablehnen (s. MüKo/*Habersack* Rz 4; Staud/*Marburger* Rz 4). Bei Bösgläubigkeit wird ein Durchgriff zu bejahen sein (vgl auch BGHZ 87, 393, 396 ff; NJW 84, 1348, 1349; 84, 2205).

5 **C. Erlöschen und Ausschluss des Widerrufsrechts.** Nach § 790 1 erlischt das Widerrufsrecht mit der Annahme der Anweisung (§ 784) oder der Leistung durch den Angewiesenen. Dies gilt auch bei Annahme und Leistung vor Fälligkeit. Ein **Verzicht** auf das Widerrufsrecht ggü dem Anweisungsempfänger hat grds keine Auswirkungen auf das Widerrufsrecht des Anweisenden ggü dem Angewiesenen (allgM, s. RGRK/*Steffen* Rz 3; Erman/*Heckelmann/Wilhelmi* Rz 1; Staud/*Marburger* Rz 6). Der Anweisende kann sich dem Anweisungsempfänger ggü lediglich zur Aufrechterhaltung der Anweisung verpflichten; ein unwiderrufliches Einziehungsrecht erhält der Anweisungsempfänger durch Zession und unwiderrufliche Inkassovollmacht. Der Anweisende kann nach hM ggü dem Angewiesenen auf den Widerruf verzichten; widerruft er dann doch, ist der Widerruf unwirksam. Teilweise wird eine (zugegangene) einseitige Verzichtserklärung des Anweisenden für genügend erachtet, da der Ausschluss für die anderen Beteiligten lediglich vorteilhaft sei (Staud/*Marburger* Rz 7; aA RGRK/*Steffen* Rz 3, 4). Daher wird auch ein Verzicht, der in die Anweisungsurkunde aufgenommen ist, als hinreichend angesehen (Staud/*Marburger* Rz 7; aA RG WarnR 1918 Nr 9).

6 **D. Sonstige Erlöschensgründe bzgl der Anweisung.** Die Anweisung erlischt bei Unmöglichkeit der Leistung an den Anweisungsempfänger. Umstr ist, ob der Untergang der Anweisungsurkunde zum Erlöschen der Anweisung führt (abl Erman/*Heckelmann/Wilhelmi* Rz 5; Staud/*Marburger* Rz 10; bejahend RGRK/*Steffen* Rz 9; Palandt/*Sprau* Rz 7). Eine Rückgabe an den Anweisenden, bevor an den Angewiesenen zur Annahme oder Zahlung vorgelegt wird, soll ebenfalls zum Erlöschen führen (s. Palandt/*Sprau* Rz 7; Staud/*Marburger* Rz 8). Bei Verlust der Urkunde nach der Annahme schützt § 785 den Angewiesenen; teilweise wird § 371 2 für anwendbar gehalten (Palandt/*Sprau* Rz 7; aA: § 365 II HGB analog).

§ 791 Tod oder Geschäftsunfähigkeit eines Beteiligten. Die Anweisung erlischt nicht durch den Tod oder den Eintritt der Geschäftsunfähigkeit eines der Beteiligten.

A. Tod oder Eintritt der Geschäftsunfähigkeit. Diese Regelung dient der Sicherheit des Zahlungsverkehrs. 1
Sie hat Geltung sowohl für die angenommene als auch die nicht angenommene Anweisung. Die Erben des Anweisenden können die Anweisung nach § 790 widerrufen. § 791 gilt nicht nur für den Fall des Todes oder Verlusts der Geschäftsfähigkeit eines Beteiligten, sondern auch bei Anordnung eines Einwilligungsvorbehalts iSd § 1903 (Palandt/*Sprau* Rz 1). Da § 791 abdingbar ist, kann sich eine abw Regelung etwa aus einer Einschränkung in der Urkunde oder dem Annahmevermerk oder aber ganz allg aus den Umständen ergeben (MüKo/*Habersack* Rz 1; RGRK/*Steffen* Rz 1; Staud/*Marburger* Rz 2; aA Erman/*Heckelmann/Wilhelmi* Rz 1: nur aus der Urkunde).

B. Insolvenz. Die Insolvenz eines Beteiligten führt nicht zum Erlöschen der Anweisung. Bei **Insolvenz des** 2
Anweisenden ist § 115 InsO selbst nicht anwendbar. Der Insolvenzverwalter kann die Anweisung, sofern sie noch nicht unwiderruflich geworden ist, zu widerrufen (§ 790). Bei der **Anweisung auf Schuld** (§ 787) wird der Angewiesene nach Eröffnung des Insolvenzverfahrens nur frei, wenn er entweder an den Insolvenzverwalter leistet oder das Geleistete in die Masse gelangt. Wird ohne Wissen vom Insolvenzverfahren geleistet, gilt der Schutz des § 82 InsO. Eine Befreiung tritt auch dann ein, wenn die Leistung an den Anweisungsempfänger durch eine Annahme erfolgt, die ggü der Insolvenzmasse wirksam ist (s. MüKo/*Habersack* Rz 4, Staud/ *Marburger* Rz 3). Bei der **Anweisung auf Kredit** dagegen findet § 82 InsO zugunsten des Angewiesenen weder bzgl der Leistung noch hinsichtlich der Annahme Anwendung.

Wird der **Angewiesene** insolvent, ist nach Eröffnung des Insolvenzverfahrens die Anweisung dem Insolvenz- 3
verwalter vorzulegen; nur dieser kann sie annehmen oder leisten (§§ 80 f InsO). Nimmt er, was nur selten der Fall sein wird, die Anweisung an, entsteht eine Masseschuld iSd § 55 I Nr 1 InsO. Hat der Angewiesene die Anweisung bereits vor der Eröffnung des Insolvenzverfahrens angenommen, ist der Anspruch eine Insolvenzforderung des Anweisungsempfängers (Palandt/*Sprau* Rz 2).

Bei Insolvenz des **Anweisungsempfängers** kann § 115 InsO nicht angewendet werden; die Anweisung erlischt 4
daher nicht. Mit Eröffnung des Insolvenzverfahrens kann der Insolvenzverwalter die Rechte aus der Anweisung geltend machen. Unabhängig davon, ob die Anweisung angenommen ist, gehört das Recht aus der Anweisung nach hM zur Insolvenzmasse (Staud/*Marburger* Rz 6). Umstr ist, ob dies auch dann gilt, wenn die Übertragung der Anweisung nach § 792 II ausgeschlossen ist (bejahend: Staud/*Marburger* Rz 6; verneinend: RGRK/*Steffen* Rz 4). Die Pflichten dem Anweisenden ggü untersagen dem Angewiesenen regelmäßig die Annahme der Anweisung, nachdem er Kenntnis von der Insolvenzeröffnung erlangt hat. Annahme oder Zahlung in Unkenntnis der Eröffnung des Insolvenzverfahrens muss der Anweisende gegen sich gelten lassen (RGRK/*Steffen* Rz 4; Staud/*Marburger* Rz 6).

§ 792 Übertragung der Anweisung. (1) ¹Der Anweisungsempfänger kann die Anweisung durch Vertrag mit einem Dritten auf diesen übertragen, auch wenn sie noch nicht angenommen worden ist. ²Die Übertragungserklärung bedarf der schriftlichen Form. ³Zur Übertragung ist die Aushändigung der Anweisung an den Dritten erforderlich.
(2) ¹Der Anweisende kann die Übertragung ausschließen. ²Die Ausschließung ist dem Angewiesenen gegenüber nur wirksam, wenn sie aus der Anweisung zu entnehmen ist oder wenn sie von dem Anweisenden dem Angewiesenen mitgeteilt wird, bevor dieser die Anweisung annimmt oder die Leistung bewirkt.
(3) ¹Nimmt der Angewiesene die Anweisung dem Erwerber gegenüber an, so kann er aus einem zwischen ihm und dem Anweisungsempfänger bestehenden Rechtsverhältnis Einwendungen nicht herleiten. ²Im Übrigen finden auf die Übertragung der Anweisung die für die Abtretung einer Forderung geltenden Vorschriften entsprechende Anwendung.

A. Übertragung der Anweisung. Nach § 792 I 1 ist eine Übertragung der Anweisung auf einen Dritten grds 1
möglich. Zu unterscheiden ist zwischen noch nicht angenommener und angenommener Anweisung. Bei noch nicht angenommener Anweisung wird die Einziehungsermächtigung übertragen (§§ 398 ff analog); nach Annahme der Anweisung erfolgt zugleich eine Abtretung der abstrakten Forderung aus der Annahme (§§ 398 ff; str s. MüKo/*Habersack* Rz 2, der vor Annahme von einer Substitution ausgehen will; anders Staud/ *Marburger* Rz 2). Die Übertragung erfolgt durch einen **Übertragungsvertrag** zwischen Anweisungsempfänger und Erwerber der Anweisung. Die Übertragungserklärung muss schriftlich abgegeben werden (§ 126), wobei dies nicht zwingend auf der Urkunde selbst zu erfolgen hat. Die Annahme durch den Erwerber ist formfrei und wird zumeist konkludent durch Entgegennahme der Anweisungsurkunde geschehen (Staud/ *Marburger* Rz 3; BaRoth/*Gehrlein* Rz 1). Erforderlich ist des Weiteren die **Aushändigung** der Anweisungsurkunde (Verschaffung des unmittelbaren Besitzes) an den Erwerber. Anders als die bürgerlich-rechtliche Anweisung werden die **kaufmännische Anweisung und der Scheck** durch Indossament übertragen (§§ 363 ff HGB, Art 14 ff ScheckG); hier besteht, anders als bei der bürgerlich-rechtlichen Anweisung, ein besonderer

Gutglaubensschutz zugunsten des Erwerbers. Ein Rückgriffsrecht wird bei Nichteinlösen der Anweisung durch den Angewiesenen gegen den jeweiligen Vormann lediglich nach dem Rechtsgeschäft, das der Übertragung der Anweisung zugrunde liegt, eröffnet.

2 **B. Ausschluss der Übertragung.** Nach § 792 II kann die Übertragung der Anweisung durch den Anweisenden ausgeschlossen werden. Der Ausschluss der Übertragung ist lediglich dann wirksam, wenn er sich entweder aus der Urkunde ergibt oder wenn der Anweisende den Ausschluss vor Annahme oder Leistung dem Angewiesenen mitgeteilt hat (§ 792 II 2). Damit kann anderweitige Kenntnisnahme des Angewiesenen nicht ausreichen. Es genügt damit nicht, nur dem Anweisungsempfänger Mitteilung vom Ausschluss zu machen. Auch eine Mitteilung erst nach der Annahme oder Leistung kann nicht ausreichen (vgl § 792 II 2). Für die Praxis unerheblich ist, ob die Mitteilung als Willenserklärung gesehen wird (RGRK/*Steffen* Rz 5) oder als einseitige geschäftsähnliche Handlung (Staud/*Marburger* Rz 12), da die §§ 130 ff jedenfalls entspr anwendbar sind.

3 **C. Einwendungen.** Erfolgt die **Übertragung vor Annahme** der Anweisung, kann der Angewiesene keine Einwendungen aus dem Rechtsverhältnis zwischen ihm und dem ersten Empfänger der Anweisung geltend machen. Erfolgt die **Übertragung nach Annahme** wird nicht nur die Empfangsermächtigung, sondern auch die abstrakte Forderung aus der Annahme durch den Angewiesenen übertragen. Anwendbar sind daher va die §§ 402, 404, 405 und 406. Die §§ 398 f werden durch § 792 I, II verdrängt, die §§ 403 und 409 f durch die §§ 792, 785. Als unanwendbar werden auch die §§ 407 f angesehen, da wegen § 785 der Angewiesene dieses Schutzes nicht bedarf (Staud/*Marburger* Rz 9).

Titel 24   Schuldverschreibung auf den Inhaber

§ 793 Rechte aus der Schuldverschreibung auf den Inhaber.
(1) ¹Hat jemand eine Urkunde ausgestellt, in der er dem Inhaber der Urkunde eine Leistung verspricht (Schuldverschreibung auf den Inhaber), so kann der Inhaber von ihm die Leistung nach Maßgabe des Versprechens verlangen, es sei denn, dass er zur Verfügung über die Urkunde nicht berechtigt ist. ²Der Aussteller wird jedoch auch durch die Leistung an einen nicht zur Verfügung berechtigten Inhaber befreit.
(2) ¹Die Gültigkeit der Unterzeichnung kann durch eine in die Urkunde aufgenommene Bestimmung von der Beobachtung einer besonderen Form abhängig gemacht werden. ²Zur Unterzeichnung genügt eine im Wege der mechanischen Vervielfältigung hergestellte Namensunterschrift.

1 **A. Grundlagen. I. Wertpapierbegriff.** Ein Wertpapier ist nach hM eine Urkunde, die ein privates Recht so verbrieft, dass zu dessen Geltendmachung das Innehaben der Urkunde erforderlich ist (weiter Wertpapierbegriff, s. *Zöllner* § 3 III 4b). Kein Wertpapier ist daher eine Urkunde, welche als einfaches Legitimationspapier nur zum Zwecke des Beweises dient (zB Schuldschein) oder den Inhaber zum Empfang der schuldbefreienden Leistung legitimiert (zB Garderobenmarke); hier kann der Gläubiger sein Recht auf andere Weise als durch Vorlage der Urkunde nachweisen. Wie das verbriefte Recht übertragen wird, spielt für die Eigenschaft als Wertpapier keine Rolle. Rektapapiere können lediglich durch Zession (§§ 398, 413) übertragen werden, Inhaber- und Orderpapiere auch durch Übereignung (§§ 929 ff) und Orderpapiere darüber hinaus durch Indossament (s. Art 11 WG). Je nach Art des verbrieften Rechts können Mitgliedschaftspapiere (zB Aktien), sachenrechtliche Wertpapiere (zB Grundschuldbrief), und forderungsrechtliche Wertpapiere (zB Schuldverschreibung auf den Inhaber) unterschieden werden (Palandt/*Sprau* Einf v § 793 Rz 1).

2 **II. Arten der Wertpapiere. 1. Inhaberpapiere.** Bei **Inhaberpapieren** verspricht der Aussteller die Leistung dem jeweiligen Inhaber der Urkunde, dh der Name des Berechtigten wird nicht genannt. Der jeweilige Inhaber ist als berechtigt ausgewiesen, das verbriefte Recht geltend zu machen (Legitimation des Inhabers), dh es besteht die widerlegbare Vermutung der materiellen Berechtigung. Die Durchsetzbarkeit des Rechts ist also vom Innehaben (nicht zwingend dem unmittelbaren Besitz) der Urkunde abhängig (*Zöllner* § 2 II 1). Die Übertragung des Rechts erfolgt grds durch Übereignung der Urkunde nach den §§ 929 ff, so dass gutgläubiger Erwerb bei abhanden gekommenen Urkunden nach § 935 II möglich ist; allerdings ist auch eine Übertragung nach den §§ 398, 413 möglich, so dass das Eigentum an der Urkunde nach § 952 II kraft Gesetzes übergeht. Inhaberpapiere können Forderungen verbriefen oder ein Mitgliedschaftsrecht. **Bsp** für Inhaberpapiere sind die Inhaberschuldverschreibung (§§ 793 ff), die Inhaberaktie (§ 10 I Alt 1 AktG), der Inhaberscheck (Art 5 ScheckG), der Inhabergrund- oder Rentenschuldbrief (§§ 1195, 1199). Auch die Inhaberzeichen des § 807 zählen zu den Inhaberpapieren. Die sich lediglich auf Forderungen beziehenden §§ 793–806 bzw § 807 können auf Mitgliedschaftsrechte entspr angewendet werden, sofern sich nicht aus der Eigenart des Mitgliedschaftsrechts etwas anderes ergibt (*Zöllner* § 29 II 1; RGRK/*Steffen* vor § 793 Rz 20). Dagegen ist der auf den Inhaber ausgestellte Versicherungsschein lediglich qualifiziertes Legitimationspapier (§ 4 I VVG iVm § 808; s. BGH NJW-RR 99, 898, 899; BGH NJW 00, 2103, 2104).

2. Orderpapiere. Die Orderpapiere werden auf eine konkrete Person oder deren Order ausgestellt. Der **3** Berechtigte, der das verbriefte Recht geltend machen kann, wird namentlich benannt. Eine Übertragung des verbrieften Rechts an einen anderen erfolgt durch Indossament (Begebungsvermerk) und Übereignung (§§ 929 ff) der Urkunde. Das Indossament ist eine einseitige schriftliche Erklärung, zu der regelmäßig eine Einigung über den Rechtsübergang (Begebungsvertrag) hinzutreten muss. Dem in dieser Weise Legitimierten können nur begrenzt Einwendungen entgegengehalten werden (vgl Einwendungsausschluss des Art 17 WG, § 364 HGB). Erfolgt die Übertragung durch Übereignung des Papiers oder Abtretung ohne Indossament, können die Wirkungen des Indossaments (zB Art 17 WG) nicht eintreten (BaRoth/*Gehrlein* Rz 4). Die widerlegbare Vermutung der materiellen Berechtigung besteht nur ggü dem vom Aussteller benannten Inhaber oder ggü dem durch eine ununterbrochene Reihe von Indossamenten als letzter Berechtigter Ausgewiesenen (vgl Art 16 I WG). **Geborene Orderpapiere** können allg (ohne nähere Bestimmung durch den Aussteller) durch Indossament übertragen werden (zB Wechsel, Art 11 I WG; Scheck, Art 14 I ScheckG). Sog **gekorene Orderpapiere** werden allein durch die Orderklausel (ausdrückliche Anordnung des Ausstellers im Papier) durch Indossament übertragbar (die sechs handelsrechtlichen Orderpapiere des § 363 HGB).

3. Namenspapiere (Rektapapiere). Namenspapiere benennen, wie der Begriff schon sagt, den Berechtigten **4** in der Urkunde. Nur der namentlich Berechtigte bzw sein Rechtsnachfolger ist befugt, die verbrieften Ansprüche geltend zu machen (BGH WM 87, 1038; WM 92, 1522). Nur für ihn begründet der Besitz des Papiers die widerlegbare Vermutung der materiellen Berechtigung. Erfolgt die Anlegung des Papiers auf den Namen eines Dritten, so ist dieser Gläubiger (s. aber BGH WM 92, 1522, 1523: Einschränkung der Berechtigung des Dritten). Ein Gläubigerwechsel kann nur durch Abtretung des Anspruchs (§§ 398, 413) eintreten. Erhoben werden können alle Einwendungen, die gegen den Rechtsvorgänger des Gläubigers entstanden sind, ein gutgläubiger Erwerb findet grds nicht statt (§ 404); Ausnahmen hierzu finden sich für die Hypothek (§§ 892 f, 1138) sowie für die Grundschuld (§§ 892 f). Der Eigentumsübergang an der Urkunde erfolgt nach § 952 kraft Gesetzes. **Bsp** für Namenspapiere sind der Hypothekenbrief (§ 1116), die bürgerlich-rechtliche Anweisung (§§ 783 ff), die handelsrechtlichen Wertpapiere des § 363 HGB, sofern sie nicht an Order lauten, Wechsel und Scheck mit negativer Orderklausel (Art 11 II WG, Art 14 II ScheckG) sowie der Sparkassenbrief (BGH WM 92, 1522, 1523: Namensschuldverschreibung; Hamm WM 99, 2021: Formularmäßige Verkürzung der Verjährungsfrist).

4. Legitimationspapiere. Legitimationspapiere entfalten ihre Legitimationswirkung nur zugunsten des **5** Schuldners. Werden sie vorgelegt, kann der Schuldner, ohne dazu verpflichtet zu sein, an den Inhaber mit befreiender Wirkung leisten. Qualifizierte Legitimationspapiere (oder hinkende Inhaberpapiere) nach § 808 sind Wertpapiere (zB Sparbuch, s. § 808 Rn 2). Eine Zahlungsverpflichtung des Ausstellers resultiert zwar nicht schon aus der Vorlage der Urkunde, allerdings kann er die Zahlung von der Urkundenvorlage abhängig machen und dann Zahlung mit befreiender Wirkung vornehmen. Der auf den Inhaber ausgestellte Versicherungsschein ist qualifiziertes Legitimationspapier (BGH NJW-RR 99, 898, 899; NJW 00, 2103, 2104). Einfache Legitimationspapiere sind dagegen keine Wertpapiere, da sie nicht selbst Träger von Vermögensrechten sind, sondern lediglich der Ausweiserleichterung dienen. Bsp sind Garderobenmarken, Gepäckscheine und Erneuerungsscheine iSd § 805 (Staud/*Marburger* Rz 14; Palandt/*Sprau* Einf v § 793 Rz 5). Der Schuldner kann hier mit befreiender Wirkung an den Inhaber leisten, der Gläubiger kann sein Recht aber auch ohne Vorlage des Papiers geltend machen, wobei er im Streitfall den Nachweis der Berechtigung zu führen hat.

III. Ergänzende Vorschriften. Die **§§ 793–806** stellen **keine abschließende** Regelung der Inhaberschuldverschreibung dar. Ergänzend sind daher heranzuziehen (näher Staud/*Marburger* Vor §§ 793–808 Rz 20 ff) die §§ 232 ff (Sicherheitsleistung), §§ 246 ff (Zins), §§ 929 ff, 935 II sowie §§ 366, 367 HGB (Übertragung), §§ 1006 I 2, 1007 II 2 (Eigentum und Besitz), §§ 1081–1084 (Nießbrauch an Inhaberpapieren), §§ 1187 f (Sicherungshypothek), § 1195 (Inhabergrundschuldbrief) sowie §§ 1293–1296 (Pfandrecht). Außerdem spielen die §§ 1814 f, 1908i I, 1915 I (Vermögensverwaltung des Vormunds, Pflegers oder Betreuers), die §§ 1643 I, 1822 Nr 9, 1646 I 2, 1667 III 2 (elterliche Vermögensverwaltung), der § 1362 I 3 (güterrechtliche Eigentumsvermutung) sowie die §§ 2116 ff, 2136 (Nacherbschaft) eine Rolle. § 808 behandelt die qualifizierten Legitimationspapiere.

Landesrechtliche Vorbehalte finden sich in den Art 97–102 sowie **Übergangsvorschriften** in den Art 174– **7** 178 EGBGB. Für die **Schuldverschreibungen der Bundesrepublik** gelten die Regelungen des Bundeswertpapierverwaltungsgesetzes. Für **Hypothekenpfandbriefe** gilt das Hypothekenbankgesetz. Die Ausgabe von **Schiffspfandbriefen** wird durch das Schiffsbankgesetz geregelt. Die Ausstellung und Ausgabe von **Investmentanteilscheinen** regelt das Investmentgesetz.

B. Begriff der Schuldverschreibung auf den Inhaber. Die Schuldverschreibung auf den Inhaber ist eine **8** Urkunde, in welcher der Aussteller zu einer Leistung an den verfügungsberechtigten Inhaber der Urkunde verpflichtet wird. Sie ist ein Inhaberpapier. Die Errichtung der Urkunde ist konstitutiv, dh das verbriefte Recht kann nicht ohne Urkunde entstehen. Zugunsten des Erwerbers sind Schutzvorschriften erstellt (§ 793 I 1, §§ 794, 796), da die Urkunde von ihrem wirtschaftlichen Zweck her zum Umlauf bestimmt ist.

Bei Inhaberschuldverschreibungen handelt es sich regelmäßig um abstrakte Schuldversprechen nach § 780 (München WM 98, 1716 ff).

9 **Beispiele:** Inhaberschuldverschreibungen sind verbriefte auf den Inhaber lautende Anleihen des Bundes, der Länder, der Gemeinden sowie der öffentlich-rechtlichen Körperschaften, Optionsscheine (Frankf WM 08, 1917, 1918), auf den Inhaber ausgestellte Genussscheine, Zerobonds, Aktienanleihen (Reverse Convertible Bonds), Pfandbriefe (München WM 98, 1716 ff), Inhabergrundschuldbriefe, Inhaberlagerscheine, Lotterielose (Staud/*Marburger* Vor §§ 793–808 Rz 66). **Keine** Inhaberschuldverschreibungen sind dagegen etwa Anteilscheine einer GmbH (lediglich Beweisurkunde, nicht selbst Wertträger, s. Palandt/*Sprau* Rz 6), Erneuerungsscheine (RGRK/*Steffen* § 803 Rz 9; zur aA Staud/*Marburger* § 803 Rz 14), Banknoten, Bundesschatzbriefe, Investmentanteilscheine, Sparbriefe (BGH WM 92, 1522: Namensschuldverschreibung), Inhaberaktien, Anweisungen (§ 783) und Wechsel, die nicht auf den Inhaber gestellt werden können (Art 1 Nr 6, 2 I WG).

10 **C. Voraussetzungen. I. Leistungsversprechen.** Inhalt der Urkunde ist das Leistungsversprechen des Ausstellers dem Inhaber der Urkunde ggü. Bei Zweifeln ist der Inhalt der Schuldverschreibungsurkunde durch **Auslegung** (§§ 133, 157) zu ermitteln. Die Auslegung erfolgt nach objektiven Kriterien. Ausgehend vom Wortlaut können aber auch außerhalb der Urkunde liegende Umstände (zB Anlass und Zweck der Ausgabe) bei der Auslegung Berücksichtigung finden (BGHZ 28, 259, 263 f; s.a. München WM 98, 1716 ff). Da es sich um massenhaft verwendete Erklärungen handelt, fragt sich, ob die für **AGB** geltenden Auslegungsgrundsätze herangezogen werden können. Anleihebedingungen von Inhaberschuldverschreibungen sind nach ganz hM als AGB zu sehen (s. BGHZ 119, 305, 312; Ddorf WM 91, 1375, 1379: für Genussscheinbedingungen; Frankf WM 93, 2089: für Anleihebedingungen). Nach überwiegender Ansicht im Schrifttum sowie nun des BGH fallen sie jedoch nicht in den Anwendungsbereich des § 305 II (BGH NJW 05, 2917 ff: funktionale Reduktion der Regelung; Frankf WM 08, 1917, 1918). Zur uneingeschränkten Nachprüfbarkeit der Auslegung durch das Revisionsgericht für im Bundesgebiet verbreitete Schuldverschreibungen s. BGHZ 28, 259, 263; NJW 62, 1436, 1437.

11 Das **Leistungsversprechen** des Ausstellers, dem Inhaber der Urkunde ggü eine Leistung zu erbringen, braucht nicht ausdrücklich zu erfolgen. Lediglich ein Forderungsrecht kann verbrieft werden (Bambg NJW-RR 89, 1449, 1450). Werden andere Rechte, zB Mitgliedschaftsrechte (Inhaberaktien), verbrieft, kommt allerdings eine analoge Anwendung der §§ 793 ff in Betracht. Unerheblich ist die Art der versprochenen Leistung, allerdings wird zumeist eine Geldleistung vorliegen. Möglich sind jedoch auch andere Leistungen (zB Inhaberlagerschein, Optionsscheine, die ein Bezugs- oder Veräußerungsrecht auf andere Papiere verbriefen (s. Palandt/*Sprau* Rz 2). Die Angabe einer bestimmten Geldsumme ist nicht erforderlich, die Leistung kann von einer Bedingung abhängig gemacht werden (zB Dividendenscheine). Nicht notwendig, aber zulässig ist die Angabe eines Schuldgrundes, etwa um sich Einwendungen aus dem Kausalverhältnis nach § 796 vorzubehalten. Auch Einschränkungen, wie etwa Bedingungen und Nebenabreden können vorgenommen werden (s. aber München NJW-RR 99, 557, wo eine Einschränkung bzgl der Steuerfreiheit der Zinsen bei Sozialpfandbriefen abgelehnt wird).

12 Die Leistung muss dem Inhaber der Urkunde versprochen werden (**Inhaberklausel**). Dies braucht nicht ausdrücklich und unter Verwendung des Wortes „Inhaber" zu erfolgen. Ausreichend ist vielmehr, dass aus dem Urkundsinhalt und der Verkehrssitte hinreichend deutlich wird, dass der Aussteller jedem berechtigten Inhaber verpflichtet sein will. Staatsschuldverschreibungen und Zinsscheine sind daher auf den Inhaber ausgestellt, auch wenn dies nicht ausdrücklich erwähnt wird. Zulässig ist es, einen bestimmten Gläubiger in der Urkunde zu nennen, sofern dort gleichzeitig deutlich wird, dass die Verpflichtung zur Zahlung jedem Inhaber ggü besteht. Die Ergänzung „für Inhaber oder Order" macht die Urkunde nicht zum Orderpapier, sofern nicht eine bestimmte Person bezeichnet wird, deren Order maßgeblich sein soll (RGZ 78, 149, 151).

13 Der **Aussteller** muss aus dem Inhalt der Urkunde erkennbar sein. An die Person des Ausstellers sind keine Bedingungen geknüpft, allerdings ergeben sich für einige Inhaberpapiere Beschränkungen (zB nach § 14 BBankG für Banknoten). Wollen Eltern, der Betreuer oder der Vormund Aussteller sein, ist für die Ausstellung eine Genehmigung des Familien- bzw des Vormundschaftsgerichts erforderlich (§§ 1643 I, 1822 Nr 9, § 1908i).

14 **II. Form.** Das Leistungsversprechen muss in einer **Urkunde** enthalten sein. Urkunde ist dabei eine schriftliche Gedankenäußerung, die den Aussteller erkennen lässt und zum Beweis im Rechtsverkehr geeignet und bestimmt ist (Staud/*Marburger* Rz 2). Die Unterschrift des Ausstellers kann abw von § 126 auch durch eine mittels mechanischer Vervielfältigung hergestellte Namensunterschrift (Faksimile) des Ausstellers erfolgen (§ 793 II 2). Eine lediglich in gewöhnlichem Druck hergestellte Namensunterschrift genügt dem Erfordernis des § 793 II 2 jedoch nicht. Die mechanische Herstellung der Unterschrift muss allerdings auch dem Willen des Ausstellers entspr. § 793 II findet auf sog kleine Inhaberpapiere des § 807 keine Anwendung. Nach § 793 II 1 kann die Gültigkeit der Unterschrift von der Beobachtung einer in der Urkunde vorgeschriebenen besonderen Form abhängig gemacht werden (zB Erfordernis eines Ausfertigungsvermerks oder Siegels, Unterschrift eines Kontrolleurs). Allerdings ist erforderlich, dass in der Urkunde auf die Notwendigkeit einer besonderen Form hingewiesen wird. Art 100 Nr 1 EGBGB sieht einen landesgesetzlichen Vorbehalt vor (keine besondere Vorschrift in der Urkunde erforderlich).

III. Entstehung der Verpflichtung. Für das Entstehen der Verpflichtung ist die Errichtung der Urkunde erforderlich, aber als solche noch nicht ausreichend. Notwendig ist darüber hinaus nach heute ganz hM ein **Begebungsvertrag**, dh die vertragliche Begebung des Papiers vom Aussteller an den ersten Nehmer (sog Vertragstheorie; s. BGH NJW 73, 282 ff; *Zöllner* § 6 V 4). Der Begebungsvertrag umfasst nach hM nicht nur den schuldrechtlichen Teil, sondern auch das dingliche Verfügungsgeschäft (Staud/*Marburger* Rz 14 mwN). Es wird also zum einen dadurch schuldrechtlich die verbriefte Forderung begründet, zum anderen wird sachenrechtlich das Eigentum an der Urkunde auf den Erwerber übertragen, §§ 929 ff (Einigung und Übergabe des Papiers). Auf den schuldrechtlichen Vertrag zwischen Aussteller und Ersterwerber sind grds die Regelungen zu den Nichtigkeitsgründen, Willens- und Vertretungsmängeln anwendbar. Allerdings bedarf die Vertragstheorie, um die Verkehrsfähigkeit der Inhaberschuldverschreibung zu erhalten, nach ganz hM einer Einschränkung. Die verbriefte Forderung entsteht in der Person des gutgläubigen Zweiterwerbers trotz fehlendem oder unwirksamem Begebungsvertrag, sofern der Aussteller den Rechtsschein eines gültigen Begebungsvertrags zurechenbar veranlasst hat (sog Rechtsscheintheorie; s. *Hueck/Canaris* § 3 II); dies ist regelmäßig dann der Fall, wenn der Aussteller bei Ausstellung voll geschäftsfähig oder die Zustimmung des gesetzlichen Vertreters vorhanden war und er die Urkunde bewusst und willentlich ausgestellt hat. Liegen diese Voraussetzungen nicht vor, so ist eine Einwendung iSd § 796 gegen die Gültigkeit der Ausstellung möglich.

IV. Rechtsfolgen. **Materiell berechtigt** und daher Gläubiger der verbrieften Forderung ist der **Eigentümer** des Papiers. Berechtigt ist daher zunächst der Ersterwerber, dessen Eigentumserwerb durch einen wirksamen Begebungsvertrag mit dem Aussteller sowie durch Übertragung nach den §§ 929 ff erfolgt. Gutgläubiger Erwerb nach §§ 932 ff, 935 II bzw §§ 366 f HGB ist wegen des besonders starken Verkehrsschutzbedürfnisses möglich (s. BGH NJW 94, 2093 f). Wird der Erwerb und die Veräußerung von Inhaberschuldverschreibungen durch eine Bank vermittelt, sind die §§ 18 I und III, 24 II DepotG zu beachten (*Zöllner* § 27 I 5). Erwirbt ein ehemals bösgläubiger, nichtberechtigter Inhaber die Schuldverschreibung zurück, kann er sich nicht auf die Gutgläubigkeit seiner Nachmänner berufen (BGH NJW 71, 806 bzgl Wechsel; BGH NJW 74, 1512, 1513 bzgl Scheck). Bei einem Rückerwerb der Schuldverschreibung durch den Aussteller soll aufgrund des starken sachenrechtlichen Einschlags der Rechtssatz vom Untergang der Forderung durch Zusammentreffen von Gläubiger- und Schuldnerschaft hier nicht anwendbar sein (RGZ 147, 233, 243 f; zust etwa Erman/*Heckelmann/Wilhelmi* Rz 8; genauer Staud/*Marburger* Rz 19). Dagegen erlischt die Forderung, wenn bei der Einlösung der Schuldverschreibung durch den Aussteller durch Zahlung (Staud/*Marburger* Rz 19).

Legitimationswirkung entfaltet die Inhaberschuldverschreibung zum einen zugunsten des Inhabers der Urkunde und zum anderen zugunsten des Ausstellers. Wer die formell ordnungsgemäße Urkunde in den Händen hält, gilt (widerlegbar) als der materiell Berechtigte **(formelle Legitimation des Inhabers)**. Der Aussteller trägt im Zweifel die Beweislast für die fehlende sachliche Berechtigung des Inhabers. Für den Urkundsbesitzer gilt die **Eigentumsvermutung** des § 1006. Inhaber ist, wer die rein tatsächliche Gewalt über das Papier ausübt. Dies kann auch der mittelbare Besitzer sein, sofern das verbriefte Recht für den Auftraggeber geltend gemacht wird. Macht es der Besitzdiener/Besitzmittler für sich selbst geltend, so ist er als Inhaber anzusehen, nicht mehr der mittelbare Besitzer (*Zöllner* § 2 II 1a). Der materiell berechtigte Inhaber kann nach § 793 I 1 vom Aussteller (gegen Aushändigung der Urkunde) die Leistung nach Maßgabe des Versprechens verlangen.

Mit der Legitimationswirkung zugunsten des Inhabers geht die **Legitimationswirkung zugunsten des Ausstellers** der Urkunde als Schuldner einher. Der Schuldner ist zwar einerseits jedem materiell berechtigten Inhaber zur Leistung verpflichtet (§ 793 I 1), andererseits ist er an den Inhaber der Urkunde zur Leistung berechtigt (§ 793 I 2), auch wenn dem Inhaber die materielle Berechtigung oder die Vertretungsbefugnis für den Berechtigten fehlt **(Liberationswirkung)**. Auch die Leistung an einen Geschäftsunfähigen oder beschränkt Geschäftsfähigen wirkt befreiend (MüKo/*Habersack* Rz 37; aA Staud/*Marburger* Rz 29 mwN). Der Aussteller muss damit die Legitimation des Inhabers nicht prüfen, er ist aber dazu berechtigt. Lehnt er eine Leistung an den Inhaber ab, so hat er zu beweisen, dass der Inhaber hinsichtlich der Urkunde nicht verfügungsbefugt ist, da er weder Eigentümer ist noch als Pfandgläubiger, Vormund, Betreuer, Insolvenzverwalter oder Testamentsvollstrecker seine Berechtigung von diesem ableiten kann. Nicht berechtigt ist etwa derjenige, der von einem Nichtberechtigten bösgläubig erworben hat, der die Urkunde gestohlen hat oder der den Besitz ohne Verfügungsbefugnis erlangt hat (zB Verwahrer). Der wahre Berechtigte hat gegen den Nichtberechtigten ggf einen Ausgleichsanspruch aus § 816 II.

Aufgrund der Schutzbedürftigkeit lediglich des redlichen Verkehrs liegt eine Ausnahme von der Liberationswirkung des § 793 I 2 und damit **keine schuldbefreiende Leistung** vor, wenn der leistende Aussteller die Nichtberechtigung oder fehlende Geschäftsfähigkeit (Ddorf WM 71, 231, 233 zu § 808) des Inhabers, die er positiv kennt, leicht nachweisen kann. Dabei soll nach hM – in analoger Anwendung von Art 40 III WG – die grob fahrlässige Unkenntnis der positiven Kenntnis gleichstehen (MüKo/*Habersack* Rz 36 f; *Zöllner* § 27 I 3; aA RGRK/*Steffen* Rz 23).

§ 794 Haftung des Ausstellers. (1) Der Aussteller wird aus einer Schuldverschreibung auf den Inhaber auch dann verpflichtet, wenn sie ihm gestohlen worden oder verloren gegangen oder wenn sie sonst ohne seinen Willen in den Verkehr gelangt ist.
(2) Auf die Wirksamkeit einer Schuldverschreibung auf den Inhaber ist es ohne Einfluss, wenn die Urkunde ausgegeben wird, nachdem der Aussteller gestorben oder geschäftsunfähig geworden ist.

1 § 794 ist nach heute allg Ansicht Ausfluss der Rechtsscheinshaftung. Der Aussteller ist aufgrund § 794 I nach heute hM nicht schon dem Ersterwerber der Urkunde, sondern nur dem **redlichen rechtsgeschäftlichen Zweiterwerber** bzw dem späteren Erwerber ggü verpflichtet. Erfasst ist der Fall, dass die Urkunde zwar ausgestellt ist, die Forderung aber aufgrund des Fehlens eines gültigen Begebungsvertrags nicht entstanden ist. Der Normzweck zielt also auf die gesteigerte Umlauffähigkeit der verbrieften Forderung. **Voraussetzung** ist, dass der Aussteller zum einen den zurechenbaren Rechtsschein einer Begebung gesetzt hat und zum anderen, dass der Inhaber der Urkunde zur Verfügung befugt ist, dh er muss entweder selbst gutgläubig erworben haben oder von einem gutgläubigen Vorerwerber. **Nicht anwendbar** ist § 794 (analog) auf Inhaberaktien (aA Staud/*Marburger* Rz 7), weil die Mitgliedschaft ohne Rücksicht auf die Verbriefung entsteht.

2 **Stirbt** der Aussteller oder wird er **geschäftsunfähig**, berührt dies die Wirksamkeit der Schuldverschreibung nicht, auch wenn die Urkunde erst danach ausgegeben wird. § 794 II liegt derselbe Rechtsgedanke wie § 130 II zugrunde. **Voraussetzung** ist allerdings nicht allein die bloße Ausstellung der Urkunde, sondern es ist ein wirksamer Begebungsvertrag („ausgegeben") zwischen Ersterwerber und Vertreter/Rechtsnachfolger notwendig. Liegt kein (wirksamer) Begebungsvertrag vor, kommt eine Verpflichtung des Rechtsnachfolgers nach Rechtsscheinsgrundsätzen in Betracht, dh das Recht aus dem Papier entsteht erst durch gutgläubigen Zweiterwerb bei vom Aussteller zurechenbar veranlassten Rechtsschein einer gültigen Verpflichtung (MüKo/*Habersack* Rz 5; Erman/*Heckelmann/Wilhelmi* Rz 2).

§ 795 – weggefallen –

§ 796 Einwendungen des Ausstellers. Der Aussteller kann dem Inhaber der Schuldverschreibung nur solche Einwendungen entgegensetzen, welche die Gültigkeit der Ausstellung betreffen oder sich aus der Urkunde ergeben oder dem Aussteller unmittelbar gegen den Inhaber zustehen.

1 **A. Regelungszweck.** Im Interesse der Umlauffähigkeit und damit zum Zwecke des Verkehrsschutzes sind Einwendungen des auf Leistung in Anspruch genommenen Ausstellers gegen den Inhaber der Schuldverschreibung lediglich in bestimmtem Umfang zulässig. Nach einhelliger Meinung ist § 796 über den Wortlaut hinaus korrigierend bzw weiterführend auszulegen (MüKo/*Habersack* Rz 2) und im Zusammenhang mit § 784 I Hs 2, § 364 II HGB, Art 17 WG, Art 22 ScheckG zu sehen.

2 **B. Einwendungen. I. Gültigkeitseinwendungen.** Einwendungen, die die Gültigkeit der Ausstellung betreffen sind solche, die sich gegen die Entstehung des verbrieften Rechts richten und nicht aus dem Papier ersichtlich sind (Staud/*Marburger* Rz 2). Ob zu diesen nicht nur Mängel der Urkundenausstellung (so RGRK/*Steffen* Rz 2, 6), sondern auf der Grundlage der Vertragstheorie auch Mängel des Begebungsvertrags zählen (so die hM, s. Staud/*Marburger* Rz 2) ist umstr. Einige Einwendungen sind absolute und damit nicht ausschlussfähige Einwendungen, die der Aussteller jedem Inhaber entgegenhalten kann (zB Fälschung, fehlende Geschäftsfähigkeit bzw -genehmigung). Diese sind auch bei Gutgläubigkeit des Erwerbes nicht überwindbar (s. BGH NJW 92, 117 bzgl Scheck; WM 75, 1002 bzgl vis absoluta). Alle anderen Einwendungen können dem bösgläubigen Zweiterwerber ggü entgegengehalten werden, nicht aber dem gutgläubigen rechtsgeschäftlichen Zweiterwerbern ggü, da der Aussteller zurechenbar den Rechtsschein eines wirksamen Begebungsvertrages gesetzt hat.

3 Bei einem Ausschluss der Einwendungen nach Rechtsscheinsgrundsätzen wird durch den einmal eingetretenen gutgläubigen Rechtserwerb die endgültige Heilung des Mangels bewirkt, so dass dieser späteren Erwerbern auch bei Kenntnis nicht mehr schaden kann (s. RGZ 135, 357, 362). Allerdings können dem Rückerwerber der Schuldverschreibung, sofern er früher bösgläubiger nichtberechtigter Inhaber war, die gegen ihn begründeten Einwendungen entgegengehalten werden, da ihm die Gutgläubigkeit der Nachmänner nicht zugute kommt (BGH NJW 71, 806 bzgl Wechsel; NJW 74, 1512, 1513 bzgl Scheck). Die Möglichkeit eines Einwendungsausschlusses soll bei präklusionsfähigen Gültigkeitseinwendungen bereits bei grober Fahrlässigkeit des Erwerbers entfallen (s. Staud/*Marburger* Rz 6).

4 **II. Einwendungen aus der Urkunde.** Urkundliche Einwendungen sind solche, die aus dem Inhalt des Papiers (Auslegung) ersichtlich sind. Das sind zB Formmängel, die sich aus der Urkunde ergeben, Bedingungen, Befristungen, Zeitbestimmungen oder Teilleistungen. Außerhalb der Urkunde liegende Umstände können nicht im Hinblick auf die Einwendungen regelmäßig nicht herangezogen werden (vgl aber München NJW-RR 99, 557, 558). Diese Einwendungen kann der Aussteller jedem Inhaber, auch dem gutgläubigen, entgegensetzen. Nicht zulässig dürfte die Einwendung sein, dass aus der Urkunde eine Ticketnutzung ausschließlich pri-

vat erfolgen dürfe und eine Veräußerung mit Preisaufschlag bzw über eine Internetauktion untersagt sei (so auch BGH NJW 09, 1504, 1509). Ein Wegfall der Geschäftsgrundlage (§ 313) ist bei Wegfall der Steuerfreiheit für Zinserträge grds abzulehnen (vgl München WM 98, 1716 ff; s. aber LG Köln ZIP 94, 1520, 1521 f: jeweils zur Kündigung von steuerbefreiten Sozialpfandbriefen).

III. Einwendungen unmittelbar gegen den Inhaber. Als Einwendungen gegen den Inhaber sind zum einen 5 sog persönliche Einwendungen denkbar und zum anderen Einwendungen gegen die Verfügungsbefugnis des Inhabers. **Persönliche Einwendungen** sind solche, die im Rechtsverhältnis zwischen Aussteller und Inhaber begründet sind (Palandt/*Sprau* Rz 4). Solche Einwendungen sind zB Stundung, Erlass, Aufrechnung mit einer Gegenforderung, die Bereicherungseinrede aus § 816 I 2, § 821 (analog) sowie die Arglisteinrede (vgl RGZ 96, 190, 191). Persönliche Einwendungen finden lediglich im Verhältnis zwischen Aussteller und Inhaber bzw dessen Gesamtrechtsnachfolger Berücksichtigung. Umstr ist, unter welchen Voraussetzungen die Einrede der Arglist (§ 242) geltend gemacht werden kann. Teilweise wird Absicht beim Urkundenerwerb, um dem Aussteller Einwendungen gegen den Vormann abzuschneiden, vorausgesetzt (RGRK/*Steffen* Rz 9), teilweise wird die beim Erwerber vorhandene bloße Kenntnis der Einwendung für ausreichend gehalten (vgl *Ulmer* FS Raiser 1974, 225, 247 f). Andere wiederum wollen die Regelungslücke durch eine Analogie zu Art 17 WG, Art 22 ScheckG schließen, so dass dem nachfolgenden Inhaber eine persönliche Einwendung dann entgegengehalten werden kann, wenn beim Erwerb bewusst zum Nachteil des Schuldners gehandelt wurde (Erman/*Heckelmann/Wilhelmi* Rz 6; MüKo/*Habersack* Rz 14). Erforderlich ist zumindest dolus eventualis; bloße Kenntnis vom Bestehen der Einwendung ggü dem Vor-Inhaber kann nicht ausreichen, da dem Erwerber die Schädigung des Schuldners bewusst gewesen sein muss (Staud/*Marburger* Rz 11). Die Kenntnis bzgl der Einwendung kann in der Praxis dann ausreichen, wenn damit Schädigungsbewusstsein verbunden ist (*Zöllner* § 21 V 2a; s.a. BGHZ 102, 68, 74 ff bzgl Scheck).

Der Aussteller kann daneben auch **Einwendungen gegen die Verfügungsbefugnis** des Inhabers über die 6 Urkunde, dh die materielle Berechtigung des Inhabers aus dem Papier erheben. Der Einwand ist jedem Inhaber der Urkunde ggü möglich. Solche Einwendungen sind zB bösgläubiger Erwerb vom Nichtberechtigten, Erwerb vom Geschäftsunfähigen, fehlende Einziehungsermächtigung, unwirksame Verpfändung oder Erlöschen des Pfandrechts. Bösgläubiger Erwerb liegt auch dann vor, wenn der Erwerber trotz hinreichender Verdachtsgründe die Prüfung der Rechtmäßigkeit des Besitzes seines Vormannes unterlassen hat (Palandt/*Sprau* Rz 4).

IV. Einwendungen gegen den Bestand der Schuldverschreibung. Obwohl dies idR nicht ausdrücklich auf- 7 geführt ist, kann der Aussteller jedem Inhaber auch Einwendungen gegen den Bestand der verbrieften Forderung entgegensetzen (Jauernig/*Stadler* Rz 1). In Betracht kommt etwa der Einwand einer schuldbefreienden Zahlung iSd § 793 I 2, einer Kraftloserklärung iSd § 799, des Erlöschens bzw der Verjährung nach § 801 oder der einer Zahlungssperre iSd § 802.

§ 797 Leistungspflicht nur gegen Aushändigung.
¹Der Aussteller ist nur gegen Aushändigung der Schuldverschreibung zur Leistung verpflichtet. ²Mit der Aushändigung erwirbt er das Eigentum an der Urkunde, auch wenn der Inhaber zur Verfügung über sie nicht berechtigt ist.

A. Zurückbehaltungsrecht. Da eine Inhaberschuldverschreibung grds Präsentationspapier ist, hat der Aus- 1 steller ein Leistungsverweigerungsrecht iSd §§ 273 f und braucht die Leistung lediglich Zug um Zug gegen Aushändigung der Urkunde vorzunehmen (§ 797 1; Frankf 8 U 59/03 Rz 15; 8 U 120/07 Rz 8; 8 U 146/07 Rz 13; aA BGH NJW 08, 3144 [Leistungspflicht „gegen Aushändigung der Inhaberschuldverschreibung"]). Damit ist er vor einer doppelten Inanspruchnahme, zB wenn ein Dritter gutgläubig erwirbt, geschützt. Da eine Vorlagepflicht besteht, liegt regelmäßig eine Holschuld vor. Das bedeutet, dass der Leistungsort nach § 269 regelmäßig am Wohnsitz des Schuldners (Ausstellers, § 269 I) oder am Ort seiner gewerblichen Niederlassung (§ 269 II) liegt. § 270 (Geldschuld) findet keine Anwendung (s. Staud/*Marburger* § 797 Rz 2). Allerdings ist eine abw Vereinbarung möglich (etwa Angabe einer Bank als Zahlstelle (s. MüKo/*Habersack* Rz 3). Der Anspruch des Ausstellers zur Ausstellung einer Quittung (§§ 368 f) bleibt unberührt. Der Inhaber braucht keine Teilleistungen anzunehmen (Staud/*Marburger* Rz 4; aA Erman/*Heckelmann/Wilhelmi* Rz 1;). Tut er dies doch, ist das bei der Annahme auf dem Papier zu vermerken (Rechtsgedanke des Art 39 III WG). Weigert sich der Inhaber, die Urkunde auszuhändigen, kommt er in Annahmeverzug (§ 298).

Das Zurückbehaltungsrecht des § 797 1 besteht nicht in den Fällen der §§ 799 f, 804. Für Zinsscheine gilt 2 § 803 II. Auf **Inhaberaktien** ist *§ 797 nicht*, auch nicht analog, anwendbar. Hat der Gläubiger die Urkunde *nur unter Vorbehalt der Nachforderung* ausgehändigt und hat sich der Aussteller darauf eingelassen, so scheidet ggü einer Nachforderung auf eine bereits eingelöste Schuldverschreibung die Berufung darauf, dass der Gläubiger nicht mehr Papierinhaber sei, aus (RGZ 152, 166, 168; s.a. Palandt/*Sprau* Rz 1).

B. Eigentumserwerb. Der Eigentumserwerb des Ausstellers an der Urkunde erfolgt kraft Gesetzes selbst 3 dann, wenn der Inhaber nicht verfügungsbefugt war (§ 797 2). Dies ergänzt konsequent die Rechtsvermutung des § 793 I 2, wonach auch der nichtberechtigte, aber förmlich legitimierte Inhaber als Gläubiger gilt. Mit dieser Regelung soll eine nachträgliche Vindikation der Urkunde (§ 985) durch den wahren Eigentümer verhindert werden. Mit dem Eigentumserwerb des Ausstellers nach § 797 2 verliert der wirklich Berechtigte das Eigentum am Papier. **Voraussetzung** ist, dass dem Aussteller die Urkunde zur Einlösung ausgehändigt wird. Eine Aushändigung lediglich zur Verwahrung, als Pfand usw soll ebenso wenig genügen wie eine sonstige Besitzerlangung zB durch Fund (vgl KG WM 58, 1261, 1262). Die hM lässt allerdings nicht schon mit Tilgung der Forderung das Eigentum wieder an den Aussteller fallen, sondern es ist die Aushändigung der Urkunde an den Aussteller erforderlich. Eine analoge Anwendung von § 952 scheidet damit aus (s. RGRK/*Steffen* Rz 8; aA aber Staud/*Marburger* Rz 8; s. a. Erman/*Ebbing* § 952 Rz 17). Außerdem muss der Aussteller schuldbefreiend geleistet haben. Der Aussteller erwirbt nach hM kein Eigentum nach § 797 2, wenn er unredlich war und daher nicht mit schuldbefreiender Wirkung leisten konnte (§ 793 I 2).

§ 798 Ersatzurkunde. ¹Ist eine Schuldverschreibung auf den Inhaber infolge einer Beschädigung oder einer Verunstaltung zum Umlaufe nicht mehr geeignet, so kann der Inhaber, sofern ihr wesentlicher Inhalt und ihre Unterscheidungsmerkmale noch mit Sicherheit erkennbar sind, von dem Aussteller die Erteilung einer neuen Schuldverschreibung auf den Inhaber gegen Aushändigung der beschädigten oder verunstalteten verlangen. ²Die Kosten hat er zu tragen und vorzuschießen.

1 **A. Anspruch auf Ersatzurkunde.** Beschädigung iSd § 798 meint ein Einreißen, Ansengen oder Durchlöchern des Materials der alten Urkunde; Verunstaltung bedeutet deren Beflecken, Verfärben oder Verknittern (MüKo/*Habersack* Rz 1). Es müssen also die wesentlichen Erklärungsinhalte und Unterscheidungsmerkmale des Papiers noch erkennbar sein (MüKo/*Habersack* Rz 1; Staud/*Marburger* Rz 2). Das Umtauschrecht soll die Handelsfähigkeit des Papiers sichern und setzt voraus, dass der wesentliche Inhalt der Urkunde sowie deren Unterscheidungsmerkmale (Aussteller, Serie, Nummer) noch erkennbar sind. Ist eine Erkennbarkeit nicht mehr gewährleistet oder ist die Urkunde völlig vernichtet, ist lediglich eine Kraftloserklärung im Aufgebotsverfahren iSd § 799 möglich. Die Urkunden sind Zug um Zug auszutauschen. Der Aussteller wird Eigentümer der alten Urkunde, die ihre Eigenschaft als Wertpapier einbüßt. Allerdings kann die alte Urkunde nach Rechtsscheinsgrundsätzen von einem redlichen Dritten erworben werden (MüKo/*Habersack* Rz 2; Staud/*Marburger* Rz 4). Die bestehenden Rechte setzen sich an der neuen Urkunde fort (s. nur etwa RGRK/*Steffen* Rz 3). Die Kosten der Ersatzausstellung sind vom Inhaber zu tragen und vorzuschießen (§ 798 2).

2 **B. Anwendbarkeit.** § 798 findet auf die Beschädigung oder Verunstaltung von Zins-, Renten- und Gewinnanteilscheinen keine Anwendung, da hierfür § 804 eine Sonderregelung enthält. Für Inhaberaktien und Zwischenscheine finden sich in § 74 AktG, für Grundschuldbriefe oder Rentenschuldbriefe in den §§ 67-69 GBO, für Investmentzertifikate in § 35 III InvG, für Banknoten in § 14 III BBankG Sonderregelungen.

§ 799 Kraftloserklärung. (1) ¹Eine abhanden gekommene oder vernichtete Schuldverschreibung auf den Inhaber kann, wenn nicht in der Urkunde das Gegenteil bestimmt ist, im Wege des Aufgebotsverfahrens für kraftlos erklärt werden. ²Ausgenommen sind Zins-, Renten- und Gewinnanteilscheine sowie die auf Sicht zahlbaren unverzinslichen Schuldverschreibungen.
(2) ¹Der Aussteller ist verpflichtet, dem bisherigen Inhaber auf Verlangen die zur Erwirkung des Aufgebots oder der Zahlungssperre erforderliche Auskunft zu erteilen und die erforderlichen Zeugnisse auszustellen. ²Die Kosten der Zeugnisse hat der bisherige Inhaber zu tragen und vorzuschießen.

1 **A. Regelungszweck.** Mit dem Verlust der Urkunde verliert der bisherige Inhaber seine Rechte zwar nicht, deren Ausübung ist jedoch aufgrund von § 797 ausgeschlossen, da sie an das Innehaben der Urkunde gebunden ist. Es besteht zudem die Gefahr, dass der Inhaber die Rechte an einen gutgläubigen Erwerber verliert (§§ 793 I 1, 932, 935 II). Zu seinem Schutz kann er, wenn er den neuen nicht berechtigten Inhaber kennt, einen Herausgabeanspruch nach § 985 gegen diesen geltend machen. Kennt er den neuen Inhaber nicht, kann er den Verlust im Bundesanzeiger bekannt geben (beachte die Sonderregelung des § 367 HGB), eine Kraftloserklärung iSd § 799 herbeiführen bzw eine Zahlungssperre iSd § 802 beantragen (s. Rn 5). Nach der Kraftloserklärung des § 799 kann der Aufbieter vom Aussteller die Erteilung einer neuen Schuldverschreibung verlangen (§ 800). Gem § 799 II hat der Aufbieter auch einen Anspruch auf Erteilung der Angaben und Zeugnisse, die nach § 1007 ZPO bzw §§ 1010 II, 1011 ZPO erforderlich sind.

2 **B. Anwendbarkeit.** Eine Kraftloserklärung iSd § 799 scheidet aus, wenn in der Urkunde das Aufgebotsverfahren ausgeschlossen wurde (§ 799 I 1). § 799 bezieht sich auf abhanden gekommene und vernichtete Inhaberschuldverschreibungen. Eine Kraftloserklärung scheidet auch ausdrücklich (§ 799 I 2) aus für auf Sicht zahlbare unverzinsliche Schuldverschreibungen sowie für Zins-, Renten- und Gewinnanteilscheine (s. die Regelung in § 804), für Erneuerungsscheine für Inhaberpapiere (s. § 805) sowie für die kleinen Inhaberpapiere (§ 807 verweist nicht auf § 799).

3 **Sondervorschriften** gelten auch für Aktien und Zwischenscheine (§§ 72 f AktG), für Hypotheken-, Grund- und Rentenschuldbriefe (§§ 1162, 1195, 1199 f), für Wechsel (Art 90 I WG), für Schecks (Art 59 I ScheckG), für kaufmännische Orderpapiere (§ 365 II HGB) sowie für Investmentzertifikate (§ 35 II InvG). Auch für

Namenspapiere mit Inhaberklausel existiert in § 808 II 2 eine Sondervorschrift. Landesgesetzliche Vorbehalte sehen Art 102 EGBGB und § 1024 ZPO vor.

C. Voraussetzungen. Es muss eine Schuldverschreibung abhanden gekommen oder vernichtet worden sein. **4** Das **Abhandenkommen** wird teilw wie in § 935 als unfreiwilliger Verlust des unmittelbaren Besitzes (Palandt/ *Bassenge* § 935 Rz 3), teilw eigenständig aus dem Zweck des Angebotsverfahrens heraus ausgelegt (BaRoth/ *Gehrlein* Rz 2). Ein Abhandenkommen soll auch dann vorliegen, wenn der Verbleib der Urkunde dem bisherigen Inhaber bekannt ist, er sie aber deshalb nicht zurückverlangen kann, weil sich die Papiere im Ausland befinden oder der Schuldner ständig den Ort wechselt (Stuttg NJW 55, 1154 ff). Dies ist abzulehnen, sofern man sich nicht an den Grundsätzen des § 935 orientieren will. Eine **Vernichtung** liegt zum einen bei völliger Zerstörung vor, zum anderen aber auch dann, wenn ein Umtausch iSd § 798 aufgrund der weitgehenden Beschädigung oder Zerstörung der Urkunde nicht mehr in Betracht kommt.

D. Rechtsfolgen. Antragsberechtigter (§ 1004 I ZPO) hinsichtlich des Aufgebotsverfahrens nach §§ 1003 ff ZPO **5** ist der letzte Inhaber des abhanden gekommenen oder vernichteten Papiers, selbst wenn er nicht berechtigter Inhaber ist. Der Aufbieter kann während oder auch schon vor der Einleitung des Aufgebotsverfahrens eine gerichtliche Zahlungssperre herbeiführen, welche die Vorlegungs- und Verjährungsfrist hemmt (§ 802). Das rechtskräftige Ausschlussurteil erklärt die alte Urkunde für kraftlos (§ 1017 I ZPO), so dass diese ihre Legitimationswirkung verliert. Daher ist eine Leistungsbefreiung des Schuldners durch Leistung an den Inhaber der Urkunde nicht möglich. Das Ausschlussurteil weist den Aufbieter als berechtigt aus (§ 1018 I ZPO), er ist dadurch **formell legitimiert**. Wird an ihn geleistet, so wirkt diese grds schuldbefreiend, auch wenn er nicht der wahre Berechtigte ist. Umstr ist, ob der Aufbieter unter Vorlage des Urteils die Rechte aus der Schuldverschreibung übertragen kann und gutgläubiger Erwerb hierbei möglich ist (bejahend: Staud/*Marburger* Rz 7; *Hueck/ Canaris* § 16 III 2c; verneinend: *Zöllner* § 7 II 1 f). Nicht verändert wird nach überwiegender Ansicht durch das Ausschlussurteil die **materielle Berechtigung** aus der Schuldverschreibung (MüKo/*Habersack* Rz 9; Staud/*Marburger* Rz 8). Begründet wird dies damit, dass es nicht Sinn und Zweck des Aufgebotsverfahrens entspreche, dem Antragsteller eine bessere Rechtsstellung als vor Vernichtung/Verlust der Urkunde zu verschaffen. Derjenige, der das Urt erwirkt hat, soll aus diesem nicht mehr Rechte als aus der für kraftlos erklärten Urkunde haben (Hamm WM 76, 198, 199). IÜ ist umstr, ob dem Schuldner der Einwand fehlender sachlicher Berechtigung abgeschnitten wird. Das Ausschlussurteil hat ggü Dritten keine Wirkung, so dass diese mit den vor Kraftloserklärung erworbenen materiellen Rechten aus dem Papier nicht ausgeschlossen werden. Hat der Aussteller an den durch das Urt förmlich Berechtigten schuldbefreiend bezahlt, kann er vom wahre Berechtigte bei Nachweis seines besseren materiellen Rechts vom Empfänger das Bezahlte herausverlangen (Palandt/*Sprau* Rz 5). Er kann auch Herausgabe des Urteils nach den §§ 985, 952 bzw §§ 812, 816 verlangen (Staud/*Marburger* Rz 8). Außerdem besteht ein Anspruch auf Ausstellung einer neuen Urkunde (s. § 800).

§ 800 Wirkung der Kraftloserklärung.
¹Ist eine Schuldverschreibung auf den Inhaber für kraftlos erklärt, so kann derjenige, welcher das Ausschlussurteil erwirkt hat, von dem Aussteller, unbeschadet der Befugnis, den Anspruch aus der Urkunde geltend zu machen, die Erteilung einer neuen Schuldverschreibung auf den Inhaber an Stelle der für kraftlos erklärten verlangen. ²Die Kosten hat er zu tragen und vorzuschießen.

Derjenige, der ein Ausschlussurteil erwirkt hat, hat nach § 800 1 einen **Anspruch auf Erteilung einer neuen** **1** **Urkunde**. Dadurch wird die Handelbarkeit der Urkunde wieder hergestellt. Das spielt va dann eine Rolle, wenn noch keine Fälligkeit der Leistung gegeben ist. Der Erneuerungsanspruch unterliegt grds keiner Frist. Ist aber die verbriefte Forderung auf Grund der Versäumnis der Vorlegungspflicht (§ 801) erloschen, erlischt auch der (akzessorische) Erneuerungsanspruch. Die Form der neuen Urkunde muss nicht derjenigen der für kraftlos erklärten Urkunde entspr, allerdings muss die neue Urkunde wirtschaftlich und rechtlich der alten gleichwertig sein (RGRK/*Steffen* Rz 2). Die alte Urkunde verliert ihre Eigenschaft als Wertpapier. Soll ein neuer Inhabergrundschuldbrief erteilt werden, ist dies beim Grundbuchamt zu beantragen (§§ 56, 67 f, 70 GBO, vgl Palandt/*Sprau* Rz 1). Mit der Aushändigung der neu erteilten Urkunde verliert das Ausschlussurteil seine Legitimationswirkung, die Ausschlusswirkung bleibt erhalten. Ein Anspruch auf Neuausstellung der Urkunde besteht dann nicht, wenn der Leistungsanspruch geltend gemacht wird (§ 1018 I ZPO), da derjenige, der das Ausschlussurteil erwirkt hat, dabei dem Aussteller das neue Papier aushändigen müsste (§ 797, s. Palandt/*Sprau* Rz 1).
§ 800 findet auf Investmentzertifikate und Investmentanteilscheine entspr Anwendung (§§ 19, 24 II 2 InvG). **2**

§ 801 Erlöschen; Verjährung.
(1) ¹Der Anspruch aus einer Schuldverschreibung auf den Inhaber erlischt mit dem Ablauf von 30 Jahren nach dem Eintritt der für die Leistung bestimmten Zeit, wenn nicht die Urkunde vor dem Ablauf der 30 Jahre dem Aussteller zur Einlösung vorgelegt wird. ²Erfolgt die Vorlegung, so verjährt der Anspruch in zwei Jahren von dem Ende der Vorlegungsfrist an. ³Der Vorlegung steht die gerichtliche Geltendmachung des Anspruchs aus der Urkunde gleich.

(2) ¹Bei Zins-, Renten- und Gewinnanteilscheinen beträgt die Vorlegungsfrist vier Jahre. ²Die Frist beginnt mit dem Schlusse des Jahres, in welchem die für die Leistung bestimmte Zeit eintritt.
(3) Die Dauer und der Beginn der Vorlegungsfrist können von dem Aussteller in der Urkunde anders bestimmt werden.

1 **A. Anwendbarkeit.** Teilw wird § 801 auf Inhabergrundschuldbriefe aufgrund des § 902 als nicht anwendbar angesehen (Staud/*Marburger* Rz 11; aA Soergel/*Welter* Rz 8). Für Erneuerungsscheine (s. § 805) findet § 801 keine Anwendung. Für die Verjährung des Anspruchs aus dem Schein gibt es keine spezielle Vorschrift, so dass die allg Regeln Anwendung finden. § 801 ist auch auf Inhaberpapiere, die keine Leistungspflichten verbriefen (zB Inhaberaktien) nicht anwendbar. Für Zins-, Renten- und Gewinnanteilscheine enthält § 801 II eine Sonderregelung. Hier gilt eine vierjährige Vorlegungsfrist, die mit Ablauf des Jahres beginnt, in welchem der Anspruch fällig wird.

2 **B. Versäumung der Vorlegungsfrist. I. Vorlegungserfordernis und Vorlegungsfrist.** Der Inhaber muss die Inhaberschuldverschreibung bzw das an die Stelle der für kraftlos erklärten Urkunde tretende Ausschlussurteil (§§ 799 f iVm § 1018 I ZPO) dem Aussteller zur Einlösung aushändigen (s. § 797). Damit braucht der Aussteller die versprochene Leistung nur dann erbringen, wenn die Urkunde ausgehändigt wird. Dies kann auch durch Übersendung an den Aussteller erfolgen. Der Vorlegung steht die gerichtliche Geltendmachung des Anspruchs gleich (§ 801 I 3). Wird die Vorlegung und Aushändigung verweigert, kann sich der Aussteller auf sein Leistungsverweigerungsrecht berufen.

3 Die Vorlegungsfrist ist eine Ausschlussfrist. Sie ist vAw zu beachten (vgl Erman/*Schmidt-Räntsch* Vor § 194, Rz 9; § 194 Rn 9). Der **Fristbeginn** bemisst sich vorrangig nach dem vom Aussteller in der Urkunde bestimmten Zeitpunkt (§ 801 III). Dabei ist § 796 zu beachten; eine individuelle Ausschlussfrist muss sich daher aus der Urkunde ergeben. Ein völliger Ausschluss der Vorlegungsfrist ist ebenso unmöglich wie ein Verzicht auf Urkundsvorlegung (RGRK/*Steffen* Rz 4). Ist kein Zeitpunkt bestimmt, ist die Fälligkeit der Leistung maßgeblich (§ 801 I 1). Sofern auch für diese kein Zeitpunkt festgelegt ist, ist eine Vorlage des Papiers durch den Inhaber jederzeit möglich (s. § 271 I). Nach hM läuft in diesem Fall keine Vorlegungsfrist (Erman/*Heckelmann/Wilhelmi* Rz 2 mwN). Dann gilt nur die allg Verjährungsfrist. Nach aA beginnt die Frist an dem der Ausstellung oder Begebung der Urkunde folgenden Tag (MüKo/*Habersack* Rz 3).

4 Auch die **Dauer der Vorlegungsfrist** richtet sich maßgeblich nach der vom Aussteller im Papier bestimmten Frist (§ 801 III). Ist in der Urkunde keine Frist vorgesehen, beträgt die Dauer 30 Jahre (§ 801 I 1) bzw für Nebenpapiere 4 Jahre (§ 801 II). Die Frist kann lediglich durch eine Zahlungssperre (s. § 802 1) gehemmt werden. Da die Vorlegungsfrist eine Ausschlussfrist ist, finden die allg Regelungen zur Hemmung und zum Neubeginn der Verjährungsfrist (§§ 203 ff, 212) keine Anwendung (vgl § 194 Rn 9; Erman/*Schmidt-Räntsch* Vor § 194 Rz 12). Erfolgt die Vorlegung durch Übersendung der Urkunde, muss diese dem Aussteller vor Fristablauf zugehen (s. BGHZ 53, 332, 338), im Falle der Klageerhebung ist eine Wahrung der Frist nur bei rechtzeitiger Zustellung der Klageschrift gegeben, § 167 ZPO, dh sie muss vor Ablauf der Vorlegungsfrist zugestellt sein, § 270 III ZPO findet keine Anwendung (BGHZ 53, 332, 338; 75, 307, 312 zu § 261b III ZPO aF). Der Aussteller trägt für die behauptete Dauer der Vorlegungsfrist, der Inhaber für den Zeitpunkt der Vorlage die Beweislast (BaRoth/*Gehrlein* Rz 3).

5 **II. Rechtsfolgen einer Fristversäumung.** Wird die Vorlegungsfrist versäumt, erlischt das verbriefte Recht kraft Gesetzes (§ 801 I 1). Daran ändert sich auch dann grds nichts, wenn der Inhaber an der fristgerechten Vorlegung gehindert war. Der Einwand unzulässiger Rechtsausübung wird als möglich angesehen, wenn die Berufung auf das Erlöschen mit Treu und Glauben schlechthin unvereinbar ist und der Fortbestand des Rechts den Aussteller nicht unbillig belastet (s. RGRK/*Steffen* Rz 8; Palandt/*Sprau* Rz 1). Andere stellen darauf ab, ob die Berufung auf den Fristablauf durch den Aussteller ggü seinem früheren Verhalten als rechtsmissbräuchlich erscheint (Staud/*Marburger* Rz 6 mwN). Der Anspruch aus einer Schuldverschreibung erlischt nicht nach § 801 I 1, sofern einmal eine rechtzeitige Vorlegung erfolgte (BGH NJW 09, 847). Der Aussteller kann das nach der Erlöschen Geleistete nach den §§ 812 ff zurück verlangen, wobei § 814 zu beachten ist. § 214 II findet keine Anwendung (Palandt/*Sprau* Rz 1), so dass einer Kondiktion nichts im Wege steht.

6 **C. Verjährung.** Die Verjährung beginnt erst mit dem Ende der Vorlegungsfrist (30 Jahre nach Fälligkeit der verbrieften Forderung), nicht schon mit der Vorlegung. In der Urkunde kann eine andere Verjährung vorgesehen werden. Die Dauer der Verjährungsfrist beträgt 2 Jahre (§ 801 I 2). Im Gegensatz zur Vorlegungsfrist können auf diese Frist die allg Regelungen zur Hemmung und zum Neubeginn der Verjährungsfrist Anwendung finden (§§ 203 ff, 212). Wurden nach der Verjährung Leistungen erbracht, so können diese nicht kondiziert werden. Die Wirkung der Verjährung bemisst sich nach § 214 I (Leistungsverweigerungsrecht), wobei allerdings § 796 zu berücksichtigen ist.

§ 802 Zahlungssperre. ¹Der Beginn und der Lauf der Vorlegungsfrist sowie der Verjährung werden durch die Zahlungssperre zugunsten des Antragstellers gehemmt. ²Die Hemmung beginnt mit der Stellung des Antrags auf Zahlungssperre; sie endigt mit der Erledigung des Aufgebotsverfahrens und, falls die Zahlungssperre vor der Einleitung des Verfahrens verfügt worden ist, auch dann, wenn seit der

Beseitigung des der Einleitung entgegenstehenden Hindernisses sechs Monate verstrichen sind und nicht vorher die Einleitung beantragt worden ist. ³Auf diese Frist finden die Vorschriften der §§ 206, 210, 211 entsprechende Anwendung.

Diese Regelung soll den Gläubiger, dessen Urkunde abhanden gekommen oder vernichtet worden ist, schützen. Der Antragsteller kann entweder vor oder bei der Einleitung des Aufgebotsverfahrens nach §§ 1019 f ZPO (vgl § 799) einen Antrag auf Erlass einer Zahlungssperre stellen. Dadurch wird dem Aussteller und den im Papier bezeichneten Zahlstellen verboten, an den Inhaber der Urkunde zu leisten (Palandt/*Sprau* Rz 1). 1

§ 802 sieht die Hemmung des Beginns und des Laufs der Vorlegungs- oder Verjährungsfristen vor, damit 2 diese während des Aufgebotsverfahrens nicht ablaufen. Die Hemmung tritt nach § 802 2 bereits mit der Antragstellung und nicht erst mit dem Erlass der Zahlungssperre ein. Sie endet mit der Erledigung des Aufgebotsverfahrens (§ 802 2 Hs 2). Erfolgt die Zahlungssperre schon vor Einleitung des Verfahrens, endet die Hemmung mit Ablauf von sechs Monaten seit Beseitigung des Verfahrenshindernisses, wenn nicht bis dahin die Einleitung beantragt worden ist (§ 802 2 Hs 2). Auf diese 6-monatige Frist sind nach § 802 3 die §§ 206, 210 sowie § 211 zur Hemmung der Verjährung entspr anwendbar.

§ 803 Zinsscheine. (1) Werden für eine Schuldverschreibung auf den Inhaber Zinsscheine ausgegeben, so bleiben die Scheine, sofern sie nicht eine gegenteilige Bestimmung enthalten, in Kraft, auch wenn die Hauptforderung erlischt oder die Verpflichtung zur Verzinsung aufgehoben oder geändert wird.
(2) Werden solche Zinsscheine bei der Einlösung der Hauptschuldverschreibung nicht zurückgegeben, so ist der Aussteller berechtigt, den Betrag zurückzubehalten, den er nach Absatz 1 für die Scheine zu zahlen verpflichtet ist.

A. Rechtsnatur und Inhalt der Regelung. Für verzinsliche Schuldverschreibungen werden neben der 1 Urkunde (Mantel) häufig Zinsscheine (Kupons) ausgegeben. Letztere verbriefen als selbständige Urkunden eine Zinsforderung. Der Aussteller braucht nur gegen Vorlage des Zinsscheins Zinsen zu zahlen. Diese Forderung kann ohne Vorlage der Haupturkunde vom Inhaber gegen Aushändigung des Zinsscheins geltend gemacht werden. Bei den auf den Inhaber lautenden Zinsscheinen handelt es sich um selbständige Inhaberschuldverschreibungen, sofern sie den Formerfordernissen des § 793 II genügen, dh eine faksimilierte Unterschrift tragen. Ohne Unterschrift handelt es sich um kleine Inhaberpapiere iSd § 807 (Staud/*Marburger* Rz 2 mwN auch zur aA).

Zinsscheine sind grds **unabhängig** vom Bestand der Hauptforderung (§ 803 I). Damit besteht hier eine Ausn 2 zu dem Grundsatz, dass eine Zinsforderung das Bestehen einer Hauptforderung voraussetzt (Erman/*Schaub* § 246 Rz 8). Die Regelung ist dispositiv, so dass eine gegenteilige Bestimmung möglich ist. Enthält die Urkunde selbst nicht eine abw Bestimmung, bleiben die Zinsscheine damit auch dann in Kraft, wenn die Haupturkunde für kraftlos erklärt worden ist, wenn die Hauptforderung erlischt oder nicht mehr durchgesetzt werden kann oder wenn die Zinsverpflichtung geändert oder aufgehoben wird. Zur Einziehung bedarf es weder der Vorlegung der Haupturkunde noch reicht diese aus. Es besteht aber die Möglichkeit der Arglisteinrede, sofern der Aussteller die Ausfolgung neuer Zinsscheine widerrechtlich verweigert hat (Erman/*Heckelmann/Wilhelmi* Rz 1; Staud/*Marburger* Rz 3). Für die Vorlegung bzw Verjährung findet nach überwiegender Ansicht § 801 II iVm I Anwendung (MüKo/*Habersack* Rz 2; aA RGRK/*Steffen* Rz 3). Auf Grund der grds Unabhängigkeit der Zinsforderung von der Hauptforderung besteht bei Einlösung von Zinsscheinen keine Verpflichtung der Bank zu kontrollieren, ob die zum Zinsschein gehörende Schuldverschreibung nicht bereits gekündigt ist (Köln WM 85, 1414, 1415).

Eine gewisse **Abhängigkeit** von der Haupturkunde besteht für Zinsscheine aufgrund des **Zurückbehaltungs-** 3 **rechts** des Ausstellers (§ 803 II). Dieser kann, sofern die Haupturkunde eingelöst wird, den zur Deckung für das Einlösen der Zinsscheine notwendigen Betrag einbehalten (dh von der Hauptsumme abziehen), falls die noch nicht fälligen Zinsscheine, aus denen er noch in Anspruch genommen werden kann, nicht mit vorgelegt werden (Palandt/*Sprau* Rz 2). Das Zurückbehaltungsrecht kann entspr § 273 III (Abwendung durch Sicherheitsleistung) abgewendet werden. Werden die Zinsscheine nachgeliefert, ist der einbehaltene Betrag nachzuzahlen. Das Zurückbehaltungsrecht gilt auch für Zinsscheine, die bei der Einlösung des Hauptpapiers bereits fällig waren (vgl LG Saarbrücken WM 92, 1271, 1272; LG Lübeck NJW 82, 1106, 1107 f). § 803 II findet **analoge** Anwendung, wenn der Gläubiger die vorzeitig gekündigte Schuldverschreibung erst einige Zeit nach Fälligkeit zur Einlösung vorlegt; abgezogen werden kann der Geldbetrag, den der Aussteller auf eingelöste Zinsscheine bezahlt hat, die erst nach der Kündigung der Hauptschuld fällig waren (s. LG Lübeck NJW 82, 1106, 1107 f).

B. Anwendbarkeit. Die Regelungen zu den Inhaberschuldverschreibungen finden grds auf Inhaberzins- 4 scheine Anwendung (§§ 793, 794, 796–798, 806). Nach hM findet § 801 für die Verjährung fälliger Zinsscheine Anwendung (vgl § 801 II); MüKo/*Habersack* Rz 2; Staud/*Marburger* Rz 4). Andere dagegen wollen die allg Verjährungsregeln anwenden (s. RGRK/*Steffen* Rz 3). Außerdem sind die Sonderregelungen für Zinsscheine (§§ 803–805) zu beachten. Nicht anwendbar sind dagegen die §§ 799, 800 und 802. Ist der Zinsschein kleines Inhaberpapier, sind die Einschränkungen des § 807 zu berücksichtigen.

5 **C. Entspr Anwendung.** § 803 ist analog auf **Inhaberrentenscheine** anwendbar (RGRK/*Steffen* Rz 5; MüKo/*Habersack* Rz 3; Palandt/*Sprau* Rz 3; zur aA s. Staud/*Marburger* § 803 Rz 11), die ein auf regelmäßige Geldzahlungen aus einem Grundstück (Rentenschuld) lautendes Forderungsrecht verbriefen (§§ 1199 f). Eine entspr Anwendung auf Gewinnanteilscheine (Dividendenscheine) und Erneuerungsscheine (Talons) kommt dagegen **nicht** in Betracht. Der Gewinnanteilschein wird zwar überwiegend grds als Inhaberpapier gesehen (s. BGHZ 26, 167, 170; aA *Zöllner* § 29 II 4: Legitimationspapier), § 803 ist aber nicht anwendbar, das verbriefte Recht ist abhängig vom Bestand des Rechts aus der Haupturkunde. Grund ist, dass der Gewinnanteilschein, anders als ein Zinsschein, nicht auf eine bestimmte Geldsumme lautet, sondern seine Höhe von der Festsetzung des Gewinnanteils seitens der Gesellschaftsorgane abhängt. § 72 II AktG sieht eine Akzessorietät des Gewinnanteilscheins von den Aktien vor, dh mit der Kraftloserklärung den Aktien erlöschen auch Ansprüche aus noch nicht fälligen Gewinnanteilscheinen. Der Erneuerungsschein wird überwiegend als bloßes Legitimationspapier gesehen (RGRK/*Steffen* Rz 9; zur aA s. Staud/*Marburger* Rz 14), so dass die §§ 793 ff nicht anwendbar sind und damit auch eine Anwendung von § 803 ausscheidet.

§ 804 Verlust von Zins- oder ähnlichen Scheinen.

(1) ¹Ist ein Zins-, Renten- oder Gewinnanteilschein abhanden gekommen oder vernichtet und hat der bisherige Inhaber den Verlust dem Aussteller vor dem Ablauf der Vorlegungsfrist angezeigt, so kann der bisherige Inhaber nach dem Ablauf der Frist die Leistung von dem Aussteller verlangen. ²Der Anspruch ist ausgeschlossen, wenn der abhanden gekommene Schein dem Aussteller zur Einlösung vorgelegt oder der Anspruch aus dem Schein gerichtlich geltend gemacht worden ist, es sei denn, dass die Vorlegung oder die gerichtliche Geltendmachung nach dem Ablauf der Frist erfolgt ist. ³Der Anspruch verjährt in vier Jahren.
(2) In dem Zins-, Renten- oder Gewinnanteilscheine kann der im Abs. 1 bestimmte Anspruch ausgeschlossen werden.

1 **A. Regelungszweck.** Da bei verloren gegangenen Nebenpapieren wie Zinsscheinen, Renten- oder Gewinnanteilscheinen eine Kraftloserklärung mittels Aufgebotsverfahren sowie eine Zahlungssperre nicht möglich sind (§ 799 I 2), ist diese Regelung zum Schutz des bisherigen Inhabers vor mit dem Verlust des Nebenpapiers verbundenen Nachteilen erforderlich. Die Rechte aus den Zins-, Renten- oder Gewinnanteilscheinen können ohne Vorlegung der Urkunde durch rechtzeitige Verlustanzeige gesichert werden. Daneben hat der bisherige Inhaber des Papiers die Möglichkeit, gegen den nicht berechtigten Besitzer nach § 985 vorzugehen (Staud/*Marburger* Rz 1).

2 **B. Voraussetzungen und Rechtsfolge.** Das Nebenpapier muss abhanden gekommen oder vernichtet worden sein (dazu § 799 Rn 1) und der Gläubiger (frühere Inhaber) hat den Verlust dem Aussteller anzuzeigen (kein Formerfordernis). Die Verlustanzeige ist als geschäftsähnliche Handlung empfangsbedürftig (Staud/*Marburger* Rz 4). Der Zugang der Anzeige beim Aussteller muss vor Ablauf der 4-jährigen Vorlegungsfrist des § 801 II 1 erfolgen. Die 4-jährige Verjährungsfrist nach § 804 I 3 beginnt mit dem Schluss des Jahres, in dem die für die Leistung bestimmte Zeit eintritt (§ 801 II), dh mit Ablauf der Vorlegungsfrist. Bei rechtzeitiger Verlustanzeige, besteht bis zum Ablauf der Vorlegungsfrist ein Schwebezustand. Nach § 804 I 1 ist die Fälligkeit des Anspruchs bis dahin aufgeschoben (s. MüKo/*Habersack* Rz 4). **Rechtsfolge** ist, dass der Gläubiger die Leistung nach Ablauf der Vorlegungsfrist vom Aussteller verlangen kann.

3 **C. Ausschluss des Anspruchs.** Der Leistungsanspruch besteht jedoch nicht, wenn ein Dritter dem Aussteller das Papier vor Ablauf der Vorlegungsfrist zur Einlösung vorlegt oder der Anspruch aus dem Papier gerichtlich geltend gemacht wird (§ 804 I 2). Dann kann der Gläubiger keine Einlösung verlangen. Vor der Einlösung durch den Dritten kann er sich mittels einstweiliger Verfügung schützen. Der Aussteller kann durch eine abw Regelung in der Urkunde den Anspruch ausschließen (§ 804 II). Landesgesetzliche Regelungen sind aufgrund Art 100 Nr 2 EGBGB für Papiere, die der Bundesstaat oder eine ihm angehörende Körperschaft, Stiftung oder Anstalt des öffentlichen Rechts ausstellt, zu beachten.

4 **D. Beweislast.** Der bisherige Inhaber (Anzeigende) ist beweispflichtig dafür, dass der Zugang der Verlustanzeige rechtzeitig erfolgt und die Vorlegungsfrist abgelaufen ist. Er muss jedoch nicht den Verlust der Urkunde beweisen (Staud/*Marburger* Rz 11 RGRK/*Steffen* Rz 12; aA MüKo/*Habersack* Rz 7; Erman/*Heckelmann/Wilhelmi* Rz 1; RGRK/*Steffen* Rz 12). Der Aussteller hat die Vorlegung der Urkunde oder die gerichtliche Geltendmachung zu beweisen und der frühere Inhaber, dass die Vorlegung oder gerichtliche Geltendmachung erst nach dem Ablauf der Vorlegungsfrist erfolgte.

§ 805 Neue Zins- und Rentenscheine.

¹Neue Zins- oder Rentenscheine für eine Schuldverschreibung auf den Inhaber dürfen an den Inhaber der zum Empfange der Scheine ermächtigenden Urkunde (Erneuerungsschein) nicht ausgegeben werden, wenn der Inhaber der Schuldverschreibung der Ausgabe widersprochen hat. ²Die Scheine sind in diesem Falle dem Inhaber der Schuldverschreibung auszuhändigen, wenn er die Schuldverschreibung vorlegt.

A. Regelungszweck und Anwendbarkeit. Mit § 805 soll der Inhaber der Haupturkunde va beim Verlust von 1
Zins- oder Rentenscheinen geschützt werden. **Erneuerungsscheine** sind nach hM lediglich Legitimationspapiere (RGRK/*Steffen* § 803 Rz 9; *Zöllner* § 27 II 2; zur aA s. Staud/*Marburger* § 803 Rz 14); mit dem Erlöschen der Haupturkunde werden sie kraftlos. Nach § 805 1 sind Erneuerungsscheine zum Empfang der (Zins- oder Renten-)Scheine ermächtigende Urkunden. § 805 ist dispositiv; insb kann der Erneuerungsschein als echte Inhaberschuldverschreibung ausgestellt werden, so dass eine Vorlage des Scheins bei Geltendmachung des Anspruchs auf Aushändigung neuer Zins- oder Rentenscheine erforderlich ist. § 805 findet für **Gewinnanteilscheine** keine Anwendung; eine vergleichbare Regelung findet sich in § 75 AktG.

B. Widerspruch. Der Widerspruch ist eine formfreie einseitige empfangsbedürftige Willenserklärung, dh er 2
wird mit Zugang beim Aussteller wirksam und ist stets zu beachten. Bei einem **Widerspruch** darf der Aussteller neue Zins- oder Rentenscheine nicht mehr dem Vorleger des Erneuerungsscheins, sondern nur noch dem Inhaber der Schuldverschreibung aushändigen (§ 805 2). Der Inhaber der Haupturkunde muss dem Aussteller ggü Beweis für den rechtzeitigen Widerspruch antreten; der Aussteller wiederum ist ggü dem Inhaber des Talons für den rechtzeitigen Widerspruch beweispflichtig. Obwohl § 805 von seinem Regelungszweck her dem Inhaber der Schuldverschreibung va im Falle des Verlustes Schutz gewähren soll, soll die Anwendung der Vorschrift nicht auf diesen Fall beschränkt sein, sondern ganz allg ohne Rücksicht auf die Gründe bestehen (Palandt/*Sprau* Rz 2).

§ 806 Umschreibung auf den Namen. ¹Die Umschreibung einer auf den Inhaber lautenden Schuldverschreibung auf den Namen eines bestimmten Berechtigten kann nur durch den Aussteller erfolgen. ²Der Aussteller ist zur Umschreibung nicht verpflichtet.

Die **Umschreibung des Inhaberpapiers** auf einen konkreten Berechtigten macht aus dem Inhaberpapier ein 1
Namenspapier. Dadurch wird die Verkehrsfähigkeit des Papiers aufgehoben. Ihr Zweck ist die Beseitigung der Gefahren, die für den Gläubiger mit dem Inhaberpapier verbunden sind. Eine Umschreibung kann lediglich vom Aussteller (im Papier selbst) vorgenommen werden (§ 806 1). Der Inhaber muss zustimmen (Staud/*Marburger* Rz 2). Durch die Umschreibung wird die förmliche Legitimation verändert, nicht jedoch die materielle Berechtigung. Eine Übertragung der verbrieften Forderung ist von da an lediglich nach §§ 398 ff (Abtretung), nicht mehr nach §§ 929 ff möglich. Der Aussteller ist zur Umschreibung nicht verpflichtet (§ 806 2), allerdings kann er sich dazu sowohl im Papier jedem Inhaber ggü als auch vertraglich formfrei einem konkreten Inhaber ggü verpflichten (MüKo/*Habersack* Rz 3; Palandt/*Sprau* Rz 1). Nach Art 97 f, 100 f und 174–176 EGBGB ist landesrechtlich eine abw Bestimmung möglich.
Sondervorschriften sind in den §§ 1667 III (Umschreibung zum Kindsvermögen gehörender Papiere), 1814 f 2
(Umschreibung zum Mündelvermögen gehörender Papiere), 2116 f (Umschreibung zur Erbschaft gehörender Papiere) sowie in § 24 AktG (Inhaber- und Namensaktien) enthalten.

§ 807 Inhaberkarten und -marken. Werden Karten, Marken oder ähnliche Urkunden, in denen ein Gläubiger nicht bezeichnet ist, von dem Aussteller unter Umständen ausgegeben, aus welchen sich ergibt, dass er dem Inhaber zu einer Leistung verpflichtet sein will, so finden die Vorschriften des § 793 Abs. 1 und der §§ 794, 796, 797 entsprechende Anwendung.

A. Abgrenzung. Karten, Marken und ähnlichen Urkunden können **einfache Beweispapiere** und keine Wertpapiere sein. Dies gilt etwa für Quittungen oder sonstige Belege. Sie können auch **Legitimationspapiere** sein, 1
wie etwa Garderobenmarken, Gepäckscheine oder Reparaturscheine (Staud/*Marburger* Rz 6; MüKo/*Habesack* Rz 13). Sie unterscheiden sich von den Inhaberpapieren dadurch, dass sie keinen Anspruch dokumentieren, dem Schuldner jedoch befreiende Leistung an den Inhaber des Papiers ermöglichen. All diese Papiere sind keine Inhaberzeichen iSd § 807, so dass diese Regelung keine Anwendung findet. Dies gilt auch für Geldkarten und Euroscheckkarten (vgl LG Köln NJW 87, 667 ff).

B. Kleine Inhaberpapiere iSd § 807. Inhaberkarten oder -marken iSd § 807 liegen lediglich dann vor, wenn 2
der Aussteller sie ausgegeben hat, dh wenn ein Begebungsvertrag mit dem ersten Nehmer vorliegt. Außerdem muss sich aus dem G, ausdrücklich oder konkludent durch Auslegung ergeben, dass der Aussteller dem vorlegenden Inhaber der Urkunde als solchem zu einer Leistung verpflichtet sein soll (Staud/*Marburger* Rz 4). Die Grenze zwischen Inhaberpapieren iSd § 807 und Legitimationspapieren ist teilw fließend.
Kleine (bzw unvollkommene) Inhaberpapiere geben, anders als Inhaberschuldverschreibungen (§ 793), das 3
Rechtsverhältnis und den Leistungsgegenstand regelmäßig unvollständig an, es wird teilw auch der Aussteller nicht genannt sein und/oder sich keine Unterschrift des Ausstellers finden. Allerdings soll, entgegen dem Wortlaut, keine Voraussetzung sein, dass der Name des Gläubigers fehlt (MüKo/*Habersack* Rz 9). Ist im Papier eine Übertragbarkeit ausgeschlossen (zB bei Fahrscheinen), so ist damit zumeist lediglich ein Ausschluss für die Zeit nach Beginn der Inanspruchnahme der Leistung gemeint, so dass es trotzdem Inhaberpapier sein kann.

4 Beispiele: Zu den kleinen Inhaberpapieren gehören (nicht personalisierte) Einzelfahrscheine, Eintrittskarten (Köln NJW-RR 94, 687; Hambg VuR 00, 451, 452; *Ensthaler/Zech* NJW 05, 3389, 3390; BGH NJW 09, 1504, 1508 sowie *Gutzeit* BB 07, 113: Fußballkarten), Versicherungsmarken, Essensmarken, Telefonkarten (BGHZ 148, 74 ff), Gutscheine (BGHZ 11, 274, 278; Hambg VuR 00, 451, 452) usw, sofern sie jeden Inhaber legitimieren sollen. Bei Theaterkarten etc besteht für den Veranstalter die Möglichkeit, bestimmte Personen trotz Vorlage der Eintrittskarte durch die Einwendung aus § 796 vom Zugang auszuschließen (s. RG JW 32, 862: Theaterkritiker). Eine Grenze bildet § 826. Auch Briefmarken fallen unter § 807 (BGH JZ 06, 368 mit Nachweisen zu den aA). **Keine Inhaberpapiere** iSd § 807 sind etwa auf konkrete Personen bezogene Fahr- oder Eintrittskarten wie zB Dauer- oder Netzfahrkarten (Rektapapiere, BaRoth/*Gehrlein* Rz 2), die meisten Flugscheine (BGH NJW 74, 852, 853: qualifiziertes Legitimationspapier), ec-Karten (BGH WM 88, 405, 407) sowie Eintrittskarten für geschlossene Veranstaltungen, signierte Zins- und Rentenscheine und sog Service-Coupons zum Abrufen von Mahndiensten eines Inkassounternehmens (BGH WM 04, 2398).

5 C. Anwendbares Recht. Es finden die in § 807 genannten Vorschriften zu den Inhaberschuldverschreibungen Anwendung (nicht § 793 II, §§ 798 – 806). Insb können dem Inhaber nach § 796 Einwendungen entgegengesetzt werden, deren tatsächliche Grundlage sich aus dem Inhalt der Urkunde ergibt (BGH NJW 09, 904, 906). Die verbriefte Forderung entsteht nach hM durch (stillschweigenden) Begebungsvertrag (aA BFH NJW 60, 982, 983: lediglich einseitige Ausstellung erforderlich). Die Übertragung erfolgt regelmäßig durch Übereignung der Urkunde (§§ 929 ff). Gutgläubiger Erwerb, auch an abhanden gekommenen Papieren, ist möglich (§§ 932, 935 II, § 366 HGB).

§ 808 Namenspapiere mit Inhaberklausel.
(1) ¹Wird eine Urkunde, in welcher der Gläubiger benannt ist, mit der Bestimmung ausgegeben, dass die in der Urkunde versprochene Leistung an jeden Inhaber bewirkt werden kann, so wird der Schuldner durch die Leistung an den Inhaber der Urkunde befreit. ²Der Inhaber ist nicht berechtigt, die Leistung zu verlangen.
(2) ¹Der Schuldner ist nur gegen Aushändigung der Urkunde zur Leistung verpflichtet. ²Ist die Urkunde abhanden gekommen oder vernichtet, so kann sie, wenn nicht ein anderes bestimmt ist, im Wege des Aufgebotsverfahrens für kraftlos erklärt werden. ³Die in § 802 für die Verjährung gegebenen Vorschriften finden Anwendung.

1 A. Qualifizierte Legitimationspapiere. I. Begriff. Namenspapiere mit Inhaberklausel (auch als qualifizierte Legitimationspapiere oder hinkende Inhaberpapiere bezeichnet) sind auf einen konkreten Berechtigten ausgestellte Leistungsversprechen. Dabei wird eine ausdrückliche namentliche Benennung nicht als erforderlich angesehen; ausreichend soll sein, dass der Berechtigte durch Auslegung des Urkundstextes bestimmbar ist (MüKo/*Habersack* Rz 8; Staud/*Marburger* Rz 5) Allerdings kann der Aussteller seine Leistung an jeden Inhaber der Urkunde mit befreiender Wirkung erbringen (Legitimationswirkung). Der Inhaber besitzt jedoch kein Forderungsrecht hinsichtlich der verbrieften Leistung (eingeschränkte Inhaberklausel). Allein der Gläubiger der Leistung kann diese verlangen, nachdem er ggf seine Gläubigerstellung bewiesen hat. Der Unterschied zwischen Namenspapieren mit Inhaberklausel und einfachen Legitimationspapieren besteht darin, dass ersteren Wertpapiercharakter zukommt. Von den Inhaberpapieren des § 793 unterscheidet sich die Namenspapiere mit Inhaberklausel durch die Individualisierung des Berechtigten, denn sie lauten regelmäßig auf den Namen eines bestimmten Berechtigten. Außerdem besteht für den Aussteller durch die Vorlage der Urkunde keine Verpflichtung, sondern lediglich eine Berechtigung, an den Inhaber zu leisten. Das Forderungsrecht entsteht nicht durch die Verbriefung des Versprechens, sondern die Pflicht zur Leistung ergibt sich aus dem allg schuldrechtlichen Verhältnis, so dass der Urkunde insoweit lediglich deklaratorischer Charakter zukommt.

2 II. Beispiele: Zu den Namenspapieren mit Inhaberklausel zählen Sparbücher (BGHZ 28, 368, 370; WM 98, 1623; s. Rn 7 ff), aber auch Leihhausscheine (BGH NJW 77, 1352), Versicherungsscheine (BGH NJW-RR 99, 898; NJW 00, 2103; NJW-RR 07, 1175; NJW-RR 09, 1327), auf den Inhaber ausgestellte Seetransportversicherungspolicen (BGH NJW 62, 1436 f), auf den Namen des Berechtigten ausgestellte Fahr- oder Flugscheine (BGH NJW 74, 852, 853), personalisierte Eintrittskarten (AG Syke NJW 03, 1054: Gutschein für Ballonfahrt; *Ensthaler/Zech* NJW 05, 3389, 3390: Fußball-WM 06) und Hinterlegungs- oder Depotscheine der Banken (s. RGZ 118, 34, 38). **Nicht** zu den Namenspapieren mit Inhaberklausel zählen ec-Karten (vgl etwa BGHSt 35, 152) oder Kreditkarten (BGHZ 114, 238, 242) sowie Sparbriefe bzw Sparkassenbriefe (Namensschuldverschreibung) und Sparkassenobligationen (Orderschuldverschreibung).

3 B. Rechtsfolgen. I. Übertragung. Der verbriefte Anspruch wird, da kein Inhaberpapier vorliegt, nicht nach sachenrechtlichen Normen übertragen und verpfändet, sondern durch Abtretung (§§ 398 ff, 1280). Damit scheidet ein gutgläubiger Erwerb der Forderung aus. Allenfalls durch § 405 besteht ein begrenzter Schutz, wonach die Einwendung des Scheingeschäfts iSd § 117 sowie diejenige der Unabtretbarkeit der Forderung nach § 399 ausgeschlossen werden (Staud/*Marburger* Rz 19). Das Eigentum am Papier folgt, umgekehrt wie bei Inhaberpapieren, kraft Gesetzes nach § 952 dem Gläubigerrecht an der Forderung. Da das Eigentum an der Urkunde kraft Gesetzes auf den Zessionar übergeht, ist eine Übergabe der Urkunde nicht erforderlich. Allerdings kann die Übergabe der Urkunde Anscheinsbeweis für die Abtretung sein (Staud/*Marburger* Rz 17). Auch die Urkunde kann wegen des § 952 nicht gutgläubig erworben werden. § 1006 (Eigentumsvermutung) findet hier keine Anwendung (Palandt/*Sprau* Rz 2 mN). § 407 ist auf die qualifizierten Legitimationspapiere nicht anwendbar (Ddorf NJW-RR 91, 1337).

II. Leistungsbefreiung. Nach § 808 I tritt eine Leistungsbefreiung durch Leistung an den Urkundeninhaber ein, wenn die Leistung dem verbrieften Versprechen entspr erfolgt (Liberationswirkung, s. BGHZ 28, 368, 373). Da diese Regelung dispositiv ist, sind Vereinbarungen wie zB Orderklauseln oder Zahlungssperren möglich, die diese Wirkung beschränken (Staud/*Marburger* Rz 8). Der Aussteller braucht weder eine Prüfung der materiellen Berechtigung des Inhabers, über das verbriefte Recht zu verfügen, noch der Berechtigung, die für die Entgegennahme der Leistung erforderlichen Handlungen vorzunehmen, durchzuführen (NJW-RR 09, 1327; Kobl VersR 02, 873, 874: Versicherungsvertragskündigung; s. aber Karlsr NJW-RR 99, 230: Vorrang des § 1812 vor der Schuldnerschutzvorschrift des § 808). Der Aussteller kann vom Gläubiger eine Legitimation verlangen und die Leistung bis dahin verweigern (§ 808 I 2, speziell zum Sparbuch s. Rn 8 ff). Eine materielle Berechtigung besteht nicht nur für den Inhaber, sondern kann auch von diesem abgeleitet oder als Vertreter bestehen, zB als Pfandgläubiger, Vormund, Betreuer, Insolvenzverwalter oder Testamentsvollstrecker (Palandt/*Sprau* Rz 4).   4

Eine **Leistungsbefreiung** tritt **nicht** ein, wenn der Aussteller **positive Kenntnis** über die Nichtberechtigung des Inhabers hat oder wenn sonst gegen Treu und Glauben die Zahlung bewirkt wird (BGHZ 28, 368, 371). Nach hM soll es aber ausreichen, wenn hinsichtlich des Wissens über die Nichtberechtigung grobe Fahrlässigkeit vorliegt (Ddorf NJW 87, 654, 655; aA BGHZ 28, 368, 371; RGRK/*Steffen* Rz 45 mwN). Begründet wird dies damit, dass die Liberationswirkung hier nicht weiter gehen kann als bei Inhaberpapieren (Erman/*Heckelmann/Wilhelmi* Rz 2 mwN).   5

C. Leistungsverweigerungsrecht. Der Aussteller braucht seine Leistung nur zu erbringen, wenn ihm die Urkunde ausgehändigt wird; insoweit steht ihm ein Leistungsverweigerungsrecht zu (§ 808 II 1). Ist die Urkunde vernichtet oder verloren gegangen, besteht nach § 808 II 2 die Möglichkeit der Amortisation. Die Kraftloserklärung nach § 808 II 2 entspricht im wesentlichen § 799 I 1. § 800 2 findet keine entspr Anwendung (BGH NJW-RR 98, 1661, 1662; aA Staud/*Marburger* Rz 35; AG Ddorf NJW-RR 00, 1442: Ersatzticket für Flugreise). Das Verfahren richtet sich nach § 1003 ff ZPO (s. aber Art 102 II EGBGB). Der Antrag auf Zahlungssperre führt zur Hemmung der Verjährung (§§ 808 II 3, 802). Da § 808 keinen Bezug auf § 801 nimmt, gilt diese Regelung nicht. Antragsberechtigt ist, anders als bei § 799, nur der aus dem Papier Berechtigte (Gläubiger), nicht der bisherige Inhaber, § 1004 II ZPO (Staud/*Marburger* Rz 35). Durch das Ausschlussurteil wird lediglich die Vorlegung der Urkunde ersetzt, der Aussteller kann also, anders als bei § 799, einen weiteren Nachweis des Gläubigerrechts verlangen (Palandt/*Sprau* Rz 5).   6

D. Sparbuch. I. Einordnung. Die Besonderheit des Sparbuchs als Namenspapier mit Inhaberklausel ist, dass sich der Gläubiger allein aus dem bei Kontoeröffnung geschlossenen Sparvertrag ergibt. Der Sparvertrag ist nach hM ein Darlehensvertrag iSd § 488 und kein Verwahrungsvertrag iSd § 700 (BGHZ 64, 278, 284; aA München WM 83, 1294, 1295).   7

II. Berechtigter. Regelmäßig wird Gläubiger der Einlageforderung (Berechtigter) derjenige sein, der auch Kontoinhaber ist. Dies ist jedoch nicht zwingend. Entscheidend kommt es auf die vertraglichen Vereinbarungen an. Berechtigter ist jedenfalls derjenige, der nach dem (erkennbaren) Willen des Kunden, der die Kontoeröffnung vornimmt, Bank ggü Gläubiger sein soll (BGH NJW 94, 931; Saarbrücken MDR 03, 1003). Ein eigenes Leistungsrecht des im Sparbuch Genannten kann sich im Einzelfall aus den Umständen (wie etwa Besitzverhältnisse am Sparbuch) ergeben (BGHZ 46, 199, 201; NJW 94, 931). Wird an einen Minderjährigen geleistet, kann § 1812 zu beachten sein (Karlsr NJW-RR 99, 230: Auszahlung einer Versicherungssumme an den Vormund).   8

Nichtig sind **Abreden** im Sparvertrag, wonach der Aussteller jede Person, die das Sparbuch vorlegt, als berechtigt ansehen kann, die ungekündigte Spareinlage entgegen zu nehmen. Zahlt die Bank an den wahren Berechtigten, ohne sich das Sparbuch vorlegen zu lassen, wirkt dies nicht schuldbefreiend, wenn der Berechtigte dem Zessionar das Sparbuch übergeben hat und der Zessionar aufgrund der Sparbedingungen davon ausgehen durfte, dass die Bank nur dann eine Leistung vornimmt, wenn das Sparbuch vorgelegt wird (Hamm WM 84, 801, 802; Ddorf NJW-RR 91, 1337).   9

III. Legitimationswirkung und deren Einschränkungen. Damit die **Legitimationswirkung** eintreten kann, ist die Vorlage des Sparbuchs erforderlich; nicht ausreichend ist das einzelne Kontoblatt, da dieses keine Urkunde iSd § 808 darstellt (Hamm WM 85, 1290: Vorlage von Sparbuchhülle und Kontoblättern als einheitliche Urkunde). Der Sparbuchinhaber kann iRd § 808 für den Sparguthabensgläubiger lediglich solche Willenserklärungen abgeben, die erforderlich sind, die versprochene Leistung in Empfang zu nehmen (BGHZ 64, 278; aA Ddorf NJW 87, 654 mwN). Er kann aber den Sparvertrag nicht ändern (auch bei Postsparbuch, s. BGH NJW 86, 2104, 2106). Ein Sperrvermerk kann deshalb allein durch den wahren Gläubiger aufgehoben   10 werden. Auch bei Vorlage seines Reisepasses ist der Inhaber des Sparbuchs nicht legitimiert, den Sperrvermerk aufzuheben (BGH NJW 88, 2100).

11 Eine **Einschränkung** der Legitimationswirkung des Sparbuchs kann aus verschiedenen Gründen vorliegen. Dies ist etwa der Fall bei **Bösgläubigkeit**: Leistet der Aussteller an einen nichtberechtigten Vorleger, tritt als Ausn von § 808 I 1 keine Befreiung ein, wenn ihm die Nichtberechtigung des Vorlegers bekannt ist. Nach hM reicht es auch, wenn er diese grob fahrlässig nicht kennt (MüKo/*Habersack* Rz 15; Staud/*Marburger* Rz 24: Analogie zu Art 40 III WG; Köln VersR 90, 1338, 1339; offen gelassen in BGHZ 28, 368, 371). Letzteres rechtfertigt sich daraus, dass dies nicht nur Legitimationsnachweis geleistet zu werden braucht (§ 808 I 2). Eine Einschränkung der Legitimationswirkung tritt zudem bei **vorzeitiger Leistung** ein. Eine Befreiung erfolgt lediglich im Umfang der rechtswirksam versprochenen Leistung (§ 808 I 1). Wird daher an einen Nichtberechtigten ohne Beachtung der vertraglich vereinbarten Kündigungs- oder Auszahlungsfrist geleistet, besteht kein Schutz durch die Legitimationswirkung (str, BGHZ 64, 278, 283; NJW 91, 420, 421).

12 Eingeschränkt wird die Legitimationswirkung zudem durch besondere **vertragliche Vereinbarungen** wie etwa Sperrvermerke (BGH NJW 76, 2211; 88, 2100, 2101). Sie umfasst grds nur Leistungen, zu denen der Aussteller vertraglich oder gesetzlich verpflichtet ist. Bei einer Zahlung vor Fälligkeit besteht daher keine Legitimationswirkung (BGHZ 28, 368, 372: Auszahlung trotz vereinbarter Kündigungsfrist; BGHZ 42, 302: vorzeitiger Abhebung von Sparguthaben; BGH NJW 76, 2211, 2212: Sperrung des Sparguthabens bis zur Volljährigkeit des Dritten).

13 **IV. Abtretung, Verpfändung.** Die Übertragung eines Sparguthabens kann formlos durch **Abtretung** nach § 398 erfolgen. IdR ist in der Übergabe des Sparbuchs ein wesentlicher Anhaltspunkt für die Abtretung der Forderung zu sehen (BGH WM 72, 383). Das Eigentum am Sparbuch geht gem § 952 über. Das Sparbuch muss für einen Rechtsübergang des Guthabens nicht übergeben werden. Der Besitzer des Sparbuchs, der Gläubiger der Spareinlagen und der im Sparbuch Genannte müssen nicht identisch sein.

14 Eine Spareinlage kann durch formlose Einigung und Anzeige nach § 1280 (§ 1274 Rn 23) an die Bank als Schuldner verpfändet werden (§ 1274 I 1). Die Übergabe des Sparbuchs ist jedoch nicht erforderlich, weil das Sparbuch kein Inhaberpapier ist (BGH WM 86, 749 unter Verweis auf RGZ 124, 217, 220). Eine Verpfändung des Sparbuchs allein ist, da kein Vermögenswert, nicht möglich. Dieser Vorgang kann jedoch dahingehend ausgelegt werden, dass ein vertraglich vereinbartes Zurückbehaltungsrecht bestehen soll. Bei **Zwangsvollstreckung** finden die Regelungen über die Forderungspfändung Anwendung (§§ 829 ff, 835, 846, 857 ZPO), wobei § 831 ZPO nicht anwendbar ist.

15 **V. Beweislast, Verjährung.** Der Sparbuchinhaber hat die Höhe der Guthabensforderung, die Bank eine Auszahlung zu beweisen (Köln VuR 01, 121). Nach § 416 ZPO begründet das Sparbuch nur in formeller Hinsicht den vollen Beweis dafür, dass die Urkundserklärungen vom Aussteller abgegeben worden sind. Der materielle Inhalt unterliegt dagegen freier richterlicher Beweiswürdigung (BGH NJW 02, 2707). Die Beweislast für eine Auszahlung ohne Vorlage des Sparbuchs trägt das Kreditinstitut; der Beweis der Auszahlung der im Sparbuch ausgewiesenen Einlage ist allein durch bankinterne Buchführung nicht möglich (Celle OLGRep 08, 656; Frankf NJW 98, 997, 998; Köln VuR 01, 121: allenfalls Vorlage eines vom Kunden unterzeichneten Überweisungsauftrags; BGH NJW 02, 2707: Beweiskraft der Unterschrift im Sparbuch; s. aber Frankf NJW 98, 997, 998 f: keine Umkehr der Beweislast nach Ablauf der Aufbewahrungspflicht des § 257 HGB; s. aber LG Frankfurt BKR 04, 39: Beweislastumkehr zu Gunsten der Bank nach 38 Jahren und zwei Erbgängen; Köln WM 04, 1475, 1476 mwN: Erschütterung der Beweiskraft durch bankinterne Unterlagen und „weitere Umstände"). Einigkeit besteht jedenfalls darin, dass allein der Ablauf der handelsrechtlichen Aufbewahrungspflicht nach § 257 HGB nicht ausreicht. Die Verjährung des Anspruchs richtet sich nach den §§ 195, 199.

§ 808a – *weggefallen* –

Titel 25 Vorlegung von Sachen

§ 809 Besichtigung einer Sache. Wer gegen den Besitzer einer Sache einen Anspruch in Ansehung der Sache hat oder sich Gewissheit verschaffen will, ob ihm ein solcher Anspruch zusteht, kann, wenn die Besichtigung der Sache aus diesem Grunde für ihn von Interesse ist, verlangen, dass der Besitzer ihm die Sache zur Besichtigung vorlegt oder die Besichtigung gestattet.

1 **A. Regelungszweck.** Ob ein durchsetzbarer Anspruch besteht, wird häufig erst nach der Vorlegung bzw Besichtigung einer Sache oder der Einsichtnahme in eine Urkunde beurteilt werden können. Dem Interesse an der Besichtigung steht das Interesse des Besitzers an der Wahrung seiner Privatsphäre ggü. Die §§ 809 f sehen daher nur unter bestimmten Voraussetzungen einen eigenen schuldrechtlichen Anspruch auf Besichtigung oder Einsichtnahme vor.

Der Anspruch aus § 809 hat lediglich vorbereitenden und unterstützenden Charakter. Daher können auch andere Ansprüche oder Rechte (vgl §§ 142, 144 ZPO) neben dem Vorlegungsanspruch bestehen, zB Herausgabe nach §§ 985 ff, Wegnahme nach §§ 229 ff oder Abholung nach § 867 (Palandt/*Sprau* Rz 1). Trifft der Vorlegungsanspruch mit anderen (schuldrechtlichen oder dinglichen) (zB §§ 667, 861, 985, 1007) Ansprüchen zusammen, besteht er neben diesen (BGH NJW 71, 656). In Bezug auf das schwieriger durchsetzbare Recht kann jedoch das Rechtsschutzbedürfnis fehlen (BGHZ 55, 201). Umstr ist, ob der Vorlegungsanspruch nach §§ 195, 199 **verjähren** kann (bejahend: MüKo/*Habersack* Rz 15; verneinend: Karlsr NJW-RR 02, 951; Jauernig/*Stadler* Rz 1, wobei mit Verjährung des Hauptanspruchs das Informationsbedürfnis und damit das schutzwürdige Interesse an der Vorlegung entfalle; vgl auch BGH NJW 85, 384, 385). In Bezug auf die Verpflichtung des Gegners (§ 422 ZPO) oder eines Dritten, der die Urkunde besitzt (§ 429 ZPO), zur Vorlegung der Urkunde wird ua auf § 810 Bezug genommen. 2

Abzugrenzen hiervon sind verschiedene Vorlage- und Informationsrechte innerhalb bestehender Rechtsverhältnisse, so etwa in den §§ 259 f, 371, 402, 666 f, 716, 867, 896, 1005, 1145, sowie in den §§ 87c IV, 118, 157, 166, 258 ff HGB, in § 131 AktG, § 51a GmbHG, §§ 80 II 2, 106 II BetrVG, § 8 III UmweltHG. Ausnahmsweise kann ein Besichtigungsrecht auch aus § 242 hergeleitet werden. Eine Abgrenzung ist auch erforderlich zur Einsicht in öffentliche Register, Akten etc (vgl §§ 79, 1563, 1953 III 2, 2010, 2081 II 2, 2146 II, 2228, 2264, § 9 I HGB, § 12 GBO, §§ 34, 78 FGG, § 299 ZPO, §§ 42, 144 ZVG, § 29 VwVfG). Zwischen dem Einsichtsrecht nach § 809 und dem allg Auskunftsanspruch nach §§ 259 f besteht regelmäßig Konkurrenz (BGHZ 55, 201, 204). 3

B. Voraussetzungen des Vorlegungsanspruchs. I. Sachen. Erfasst sind sowohl bewegliche als auch unbewegliche Sachen iSd § 90, also auch etwa Grundstücksbesichtigungen (s. Karlsr NJW-RR 02, 951). Für Tiere gilt aufgrund von § 90a § 809 entspr. Urkunden sind Sachen iSd § 809, sofern sie nicht von § 810 umfasst werden. Technische Aufzeichnungen ohne Urkundenqualität fallen unter § 809, zB Tonbänder, Computerprogramme (KG NJW 01, 233). **Nicht erfasst** sind der Körper eines lebenden Menschen und dessen ungetrennte sowie die mit ihm fest verbundenen künstlichen Teile. Aus § 809 ergibt sich daher kein Anspruch auf ärztliche Untersuchung eines anderen (*Schreiber* JR 08, 1); dies ist lediglich nach § 372a ZPO bzw § 81a, c StPO möglich. Ob der Leichnam als Sache angesehen werden kann, ist umstr (s. § 90 Rn 6; s.a. Staud/*Marburger* Rz 2); eine Leichenschau kann in Bezug auf erb- oder versicherungsrechtliche Ansprüche eine Rolle spielen (Palandt/*Sprau* Rz 3). Allerdings besteht kein zivilrechtlicher Anspruch gegen die nahen Angehörigen oder Erben auf Exhumierung und Leichenöffnung (RGRK/*Steffen* Rz 3). Inwiefern Computerprogramme als Sachen angesehen werden können, ist streitig (§ 90 Rn 5), jedenfalls aber wird § 809 als entspr anwendbar angesehen (Staud/*Marburger* Rz 3). 4

II. Anspruch in Ansehung der Sache. Es muss ein Anspruch **in Ansehung der Sache** bestehen (**Alt 1**). Der Vorlegungsanspruch besteht also nicht allein, wenn sich der Anspruch des Gläubigers auf die Sache erstreckt, sondern auch dann, wenn zwischen dem Anspruch und der Sache eine sonstige rechtliche Beziehung besteht (BGHZ 93, 191, 198 f mwN). Der Anspruch braucht auch nicht die Sache selbst zum Gegenstand haben (vgl BGHZ 93, 191, 198: Patentverletzung; BGHZ 150, 377, 382: Urheberrechtsverletzung, insb 383: nicht nur Faxkarte mit Software, sondern auch Quellcode). Ob es sich um einen schuldrechtlichen Anspruch oder einen dinglichen Anspruch auf Schadensersatz oder Unterlassung handelt, ist unerheblich (BGHZ 93, 191, 198 f). Eine Bedingung oder Befristung ist möglich. Es kann sich auch um ein Anfechtungsrecht handeln oder um einen Anspruch aus einem gewerblichem Schutzrecht (BGH NJW-RR 04, 916, 917: Urheberrecht; BGHZ 93, 191, 200: Patentrecht). 5

Alternativ kann ein Vorlegungsanspruch auch für denjenigen bestehen, der sich **Gewissheit über das Bestehen** eines solchen Anspruchs verschaffen will (**Alt 2**). Ob ein Hauptanspruch besteht, ist unerheblich, sofern die Vorlage der Gewissheitsverschaffung darüber dient. Voraussetzung ist jedoch, dass für den Rechtsverstoß bereits eine gewisse Wahrscheinlichkeit besteht (BGHZ 93, 191, 205; BGHZ 150, 377). Es ist ausreichend, wenn durch die Besichtigung beurteilt werden kann, ob ein Anspruch besteht; allerdings darf auch nur noch diese erforderlich sein, um das Bestehen des Anspruchs endgültig zu beurteilen (BGHZ 93, 191, 205 f: „letzte Klarheit"). Bei Patentverletzungen stellte die Rspr lange Zeit strengere Anforderungen, um schrankenlose Eingriffe in die rechtlich schutzwürdige Sphäre der Mitbewerber zu verhindern (BGHZ 93, 191, 205 f). Allerdings lässt sich aus BGH NJW-RR 07, 106, 108 folgern, dass künftig auch im Patentrecht ein „gewisser Grad" an Wahrscheinlichkeit ausreichend ist. 6

III. Interesse. Es ist ein besonderes und *ernstliches* Interesse des Vorlegungsberechtigten an der Besichtigung erforderlich (s. BGHZ 93, 191, 213). Dies braucht jedoch bei § 809 kein rechtliches (anders bei § 810) oder ein vermögensrechtliches Interesse zu sein. Allerdings genügt ein allg künstlerisches oder wissenschaftliches Interesse noch nicht. Ein schutzwürdiges Interesse entfällt nicht auf Grund von Verjährung des Besichtigungsanspruchs nach § 809, da dieser nicht der Verjährung unterliegt. Allerdings kann ein solches Interesse mit der Verjährung des Hauptanspruchs, dessen Durchsetzung der Besichtigungsanspruch dienen soll, mangels Informationsbedürfnis entfallen (vgl BGHZ 150, 377, 381; Karlsr NJW-RR 02, 951). Ein schutzwürdiges Interesse soll auch dann nicht bestehen, wenn der Berechtigte auf anderem Wege die erforderliche Information einfacher erlangen kann (Palandt/*Sprau* Rz 6). Außerdem besteht ein entspr Interesse 7 dann nicht, wenn durch die Vorlegung erstmalig Anhaltspunkte für eine Rechtsverfolgung gewonnen werden sollen (BGHZ 93, 191, 205).

8 **IV. Anspruchsberechtigter, Anspruchsgegner. Anspruchsberechtigter** ist der Inhaber des Hauptanspruchs, der gegen den Besitzer ein Interesse an der Besichtigung hat. Der Anspruch ist nicht übertragbar, da er lediglich ein unselbstständiger Nebenanspruch ist. Der Vorlegungsberechtigte kann zur Besichtigung dann einen Bevollmächtigten beauftragen, wenn sich nach den Umständen des Einzelfalls nichts anderes ergibt, va wenn dem nicht die Vertraulichkeit der Sache oder die Vertrauenswürdigkeit des Beauftragten entgegensteht. Regelmäßig wird ein ProzBev zuzulassen sein (s. München NJW 01, 2806, 2807).

9 Die **Vorlegungsverpflichtung** trifft den unmittelbaren Besitzer (§ 854) bzw jeden einzelnen Mitbesitzer (§ 866) der Sache; auf die Eigentumslage kommt es nicht an (RGZ 69, 406). Der mittelbare Besitzer ist nach hM vorlegungspflichtig, sofern er die Sache vom unmittelbaren Besitzer etwa aufgrund eines Verwahrungs- oder Auftragsverhältnisses herausverlangen kann, denn dann kann er den Anspruch erfüllen (MüKo/*Habersack* Rz 8). Ist der Besitzer eine juristische Person, richtet sich der Anspruch gegen diese, nicht gegen den Besitz ausübenden Vorstand (RGZ 83, 248, 250: Vorstand einer AG); auch bei der BGB-Gesellschaft, der OHG sowie der KG ist Schuldnerin die Gesellschaft und nicht der geschäftsführende Gesellschafter (str, s. MüKo/*Habersack* Rz 8).

10 **C. Inhalt und Grenzen des Vorlegungsanspruchs. Vorlegung** bedeutet das Vorzeigen der Sache. Bei Urkunden bedeutet dies, dass in diese am Aufbewahrungsort (§§ 810, 811) oder am Wohnsitz des Schuldners (§ 269 I) Einsicht genommen werden kann. Ausnahmsweise kann auch eine Verpflichtung zur Aushändigung bestehen (Köln NJW-RR 96, 382 mwN; München NJW 01, 2806, 2807; s.a. § 811 Rn 1). Die **Gestattung** der Besichtigung erfolgt regelmäßig bei unbeweglichen Sachen und beschränkt sich darauf, dem Berechtigten zu ermöglichen, die Sache in Augenschein zu nehmen. § 809 gewährt allerdings kein Durchsuchungsrecht an Geschäftsräumen des Schuldners; es besteht kein allg Besichtigungs- und Kontrollrecht zur Feststellung, ob sich die zu besichtigende Sache dort befindet (BGH NJW-RR 04, 916: Kopiergeräte). Der **Besichtigungsanspruch** erstreckt sich nicht nur auf die sinnliche Wahrnehmung, sondern umfasst auch eine eingehende Untersuchung, so dass ein Anfassen, Vermessen, Wiegen, Untersuchen mit dem Mikroskop oder Fotografieren erlaubt ist. Auch eine Inbetriebnahme der Sache (s. Ddorf DB 82, 2030, 2031; aA BGHZ 93, 191, 192, 209; s. aber auch KG NJW 01, 233, 235 für Computer), das Abnehmen einer Verkleidung, das Ausbauen einzelner Teile sowie andere beschränkte Eingriffe in die Substanz der Sache sind nicht zulässig bei unzumutbarer Beeinträchtigung des Integritätsinteresses des Schuldners (BGHZ 150, 377, 388). Dies wird va dann der Fall sein, wenn die Maßnahme zu dauerhaften Schäden führen kann (Frankf NJW-RR 86, 819, 820). Ein Sachverständiger kann zur Untersuchung der Sache hinzugezogen werden, va wenn nur so der Besichtigungsanspruch hinreichend ausgeübt werden kann (München NJW 01, 2806, 2807: Röntgenaufnahmen).

11 Dem Interesse des Berechtigten können **schutzwürdige Belange des Besitzers (Verpflichteten)** ggü stehen. Ein Besichtigungsanspruch wird dabei va dann verneint, wenn sich der Anspruchsgegner auf Betriebsgeheimnisse beruft, die bei einer Vorlegung oder Besichtigung offenbar werden, und wenn sich aus der Art der Sache und den Umständen ergibt, dass solche Betriebsgeheimnisse bestehen (Ddorf GRUR 83, 745). Liegen glaubhaft gemachte Geheimhaltungsinteressen des Vorlegungsschuldners vor, entfällt aber das Recht auf Besichtigung nicht, sondern wird regelmäßig eingeschränkt. In diesen Fällen ist ein neutraler zur Verschwiegenheit verpflichteter, sachkundiger Dritter zu beauftragen, der die Besichtigung für den Vorlegungsgläubiger unter Wahrung der Betriebsgeheimnisse des Vorlegungsschuldners durchführt (BGHZ 93, 191, 213; München GRUR 87, 33 f). Der Sachverständige ist ggü dem Vorlegungsgläubiger Beauftragter, ggü dem Vorlegungsschuldner hat er auf Grund der Geheimhaltungspflicht eine treuhänderische Stellung (München GRUR 87, 33 f). Dies soll nicht nur im Hinblick auf Betriebsgeheimnisse gelten, sondern auch dann wenn eine Einsicht einen Vertrauensbruch ggü einem Dritten darstellen würde, wenn der Verpflichtete dadurch der Gefahr einer strafrechtlichen Verfolgung ausgesetzt würde oder wenn die Einsichtnahme durch den Berechtigten einen Eingriff in das Persönlichkeitsrecht darstellen würde (Palandt/*Sprau* Rz 11).

12 **D. Rechtsfolgen, Beweislast, Durchsetzung.** Verweigert der Verpflichtete die Vorlage ohne hinreichenden Grund (s. Rn 11), **haftet** er ggf wegen Verzugs (§§ 280 II, 286) oder schuldhafter Nichterfüllung (§ 280 I). Will der Verpflichtete den Anspruch durch Übertragung des Besitzes an der Vorlagesache an einen anderen vereiteln, hat er uU nach § 826 auf Schadensersatz zu haften (Staud/*Marburger* Vor §§ 809–811 Rz 7).

13 Der Vorlegungsberechtigte hat als Kläger im Prozess die Voraussetzungen des Anspruchs zu **beweisen**, dh den Besitz des Vorlegungsverpflichteten, sein eigenes Interesse an der Vorlegung/Besichtigung sowie den Anspruch in Ansehung der Sache bzw die Tatsachen, aus denen sich das Bestehen eines solchen Anspruchs als möglich ergeben kann. Glaubhaftmachung (§ 294 ZPO) genügt hierfür nach hM nicht (vgl MüKo/*Habersack* Rz 16). Der Verpflichtete hat sein berechtigtes Gegeninteresse zu beweisen.

14 Der Vorlegungsanspruch kann durch Klage gegen den Besitzer geltend gemacht werden. Der Kläger ist hinsichtlich des Anspruches und des besonderen Interesses beweispflichtig; er muss auch diejenigen Tatsachen beweisen, aus denen sich die Möglichkeit eines Anspruchs ergibt. Sofern ein Besitzmittlungsverhältnis besteht, ist § 76 ZPO anwendbar mit der Folge der Ladung des mittelbaren Besitzers (MüKo/*Habersack*

Rz 16). Die **Durchsetzung** kann auch mittels einstweiliger Verfügung gem § 936 ZPO erfolgen (Karlsr NJW-RR 02, 951; KG NJW 01, 233); hierfür genügt im Prozess Glaubhaftmachung der Anspruchsvoraussetzungen (§§ 936, 920 II ZPO). Es kommt dann aber keine Einsichtnahme durch den Besichtigungsgläubiger, sondern nur eine solche durch eine unabhängige Person in Betracht (KG NJW 01, 233). Diese macht ihr Gutachten nur dem Gericht zugänglich. Zur Frage, wann die Verfahrensbeteiligten das Gutachten erhalten, s. einerseits Frankf GRUR-RR 2006, 295 („ggf am Ende des Verfügungsverfahrens") und KG GRUR-RR 01, 118, 119 („allenfalls am Ende des Verfügungsverfahrens") und andererseits LG Nürnberg GR 2004, 890 (unmittelbare Mitteilung zulässig). Die Zwangsvollstreckung erfolgt nach hM wie beim Herausgabeanspruch über § 883 ZPO analog (Staud/*Marburger* Vor §§ 809–811 Rz 10; Köln NJW-RR 88, 1210; NJW-RR 96, 382), nicht über § 888 ZPO (so aber MüKo/*Hüffer* Rz 17; Erman/*Heckelmann/Wilhelmi* Rz 5). Sobald die Vorlegung aber Teil einer umfassenden Auskunftsverpflichtung ist, soll nicht § 883 ZPO, sondern § 888 ZPO heranzuziehen sein (Köln NJW-RR 96, 382).

§ 810 Einsicht in Urkunden. Wer ein rechtliches Interesse daran hat, eine in fremdem Besitz befindliche Urkunde einzusehen, kann von dem Besitzer die Gestattung der Einsicht verlangen, wenn die Urkunde in seinem Interesse errichtet oder in der Urkunde ein zwischen ihm und einem anderen bestehendes Rechtsverhältnis beurkundet ist oder wenn die Urkunde Verhandlungen über ein Rechtsgeschäft enthält, die zwischen ihm und einem anderen oder zwischen einem von beiden und einem gemeinschaftlichen Vermittler gepflogen worden sind.

A. Voraussetzungen des Einsichtsrechts. I. Urkunde. § 810 enthält ggü § 809 eine Erweiterung für Urkunden mit rechtsgeschäftlichem Inhalt. Der Anspruch hängt allein vom Inhalt der Urkunde und vom Bestehen eines rechtlichen Interesses an der Einsichtnahme ab. Jeder Urkundenbesitzer ist zur Ermöglichung der Einsichtnahme verpflichtet (vgl BGH NJW 89, 225, 226); auf die Eigentumsverhältnisse kommt es nicht an. Eine entspr Anwendung auf vergleichbare Tatbestände wird als möglich angesehen (Jauernig/*Stadler* §§ 809–811 Rn 9). Urkunde bedeutet eine durch bleibende Zeichen verkörperte rechtserhebliche Gedankenerklärung (vgl *Grimme* JA 85, 320, 321). Daher wird regelmäßig ein Recht auf Vorlage von privaten Briefen oder Tagebüchern ausscheiden, da es sich hierbei nicht um Urkunden iSd § 810 handelt; anders wird es sich nur dann verhalten, wenn ein Brief eine rechtsgeschäftliche Erklärung enthält. 1

Technische Aufzeichnungen, die keine rechtsgeschäftliche Erklärung enthalten, sind keine Urkunde iSd § 810 und daher von § 809 erfasst. Dies gilt zB für Tonträger, Fotografien (BGHZ 65, 300 f), Tachometerscheiben oder Röntgenaufnahmen. Eine Ausn soll jedoch dann gelten (und § 810 analog anzuwenden sein), wenn die Einsichtnahme in technische Aufzeichnung im Sachzusammenhang mit sonstigen (schriftlichen) Unterlagen geltend gemacht wird (München NJW 01, 2806: Original-Röntgenaufnahmen). Umstr ist, ob § 810 analog auf rechtserhebliche Erklärungen, die mit technischen Tonträgern aufgezeichnet sind (ua Datenträger, Mikrodokumentation), anwendbar ist (Staud/*Marburger* Rz 8; direkte Anwendung bei Karlsr NZG 01, 654, 655) oder ob eine Vorlage nur nach § 809 verlangt werden kann (MüKo/*Habersack* Rz 3). Bei § 810 muss es sich regelmäßig um im Besitz eines anderen befindliche **Originalurkunden** handeln. Abschriften oder Fotokopien sind nur dann erfasst, wenn das Interesse gerade an diesen besteht, zB weil das Original unleserlich (AG Hagen NJW-RR 98, 262, 263) oder nicht mehr vorhanden ist (Celle BB 73, 1192, 1193; aA Hambg OLGE 22, 351). Umgekehrt kann der Berechtigte nicht in allen Fällen Einsicht in die Originale fordern; zB hat der Versicherer nur ausnahmsweise bei Fälschungsverdacht einen Anspruch auf Einsicht in die Original-Schadensbelege (Bremen NJW-RR 90, 1181, 1182). 2

II. Rechtliches Interesse. Für § 810 ist i Ggs zu § 809 ein **rechtliches** Interesse an der Einsicht in Urkunden erforderlich. Dieses liegt dann vor, wenn die Einsichtnahme zur Erhaltung, Förderung oder Verteidigung seiner rechtlich geschützten Interessen notwendig ist (BGH NJW 81, 1733; enger Hamm NJW-RR 87, 1395). Das Interesse braucht auch bei § 810 nicht vermögensrechtlicher Art sein, so dass ein familienrechtliches oder öffentlich-rechtliches Interesse ausreicht. Ein rechtliches Interesse liegt zB dann vor, wenn sich der Vorlegungsberechtigte nach dem Verlust seiner Vertretungsurkunde über die Existenz sowie den Umfang seines Rechts Gewissheit verschaffen will. Dies gilt auch, wenn ihm die Urkunde verschuldet abhanden gekommen ist (BGH WM 92, 977 ff; enger Hamm NJW-RR 87, 1395; AG Nürnberg WM 92, 593, 594). Auf alle Fälle muss auf einen Zusammenhang zwischen dem Inhalt der Urkunde und dem Rechtsverhältnis geschlossen werden können. Da das Interesse auch schutzwürdig sein muss (MüKo/*Habersack* Rz 11: ungeschriebene Anspruchsvoraussetzung) fehlt es an einem rechtlichen Interesse, wenn die Vorlegung einer **unzulässigen Ausforschung** dient, da hier lediglich erste Anhaltspunkte für die Rechtsverfolgung gegen den Besitzer der Urkunde oder Sache gewonnen werden sollen (BGHZ 109, 260, 267; BGH NJW-RR 92, 1072, 1073; vgl § 809 Rz 7). Ein schutzwürdiges rechtliches Interesse liegt auch dann nicht (mehr) vor, wenn wegen Verjährung des Hauptanspruchs kein Informationsbedürfnis mehr besteht (BGHZ 33, 373, 379; BGH NJW 85, 384, 385). Auch bei § 810 können Belange des Vorlegungspflichtigen dem Einsichtsinteresse des Anspruchstellers entgegenstehen (s. § 809 Rn 11). 3

4 **III. Die Vorlegungsfälle.** Der Anspruchsteller muss eine bestimmte Beziehung zur Urkunde haben. Alternativ kommen hierbei drei Fälle in Betracht. Eine analoge Anwendung auf andere Fälle wird als zulässig angesehen (BGH WM 66, 255 ff).

5 **1. Errichtung im Interesse des Anspruchstellers (§ 810 Alt 1).** Die Urkunde ist im eigenen Interesse des Anspruchstellers errichtet, wenn die Urkunde zumindest **auch** dazu bestimmt ist, ihm als Beweismittel zu dienen oder sonst seine rechtlichen Beziehungen zu fördern (BGH MDR 71, 574; Ddorf NJW-RR 96, 1464, 1466; s. auch Staud/*Marburger* Rz 12). Entscheidend kommt es nicht auf den Urkundsinhalt, sondern auf den Zweck ihrer Errichtung an. Bei der Feststellung eines rechtlichen Interesses ist daher auf den Zeitpunkt der Urkundserrichtung abzustellen. Ein Einsichtsrecht besteht auch dann, wenn es sich um eine angeblich gefälschte Urkunde handelt (s. RG JW 31, 1549).

6 **Beispiele:** Eine im Interesse des Anspruchstellers errichtete Urkunde ist der Versicherungsschein bei einer Lebensversicherung mit Drittbegünstigung (§ 328). Ein Einsichtrecht besteht auch in das Baubuch (BGH NJW 87, 1196, 1197) sowie in die Geschäftsunterlagen einer Gesellschaft (BGH NJW 89, 225: ausgeschiedener Kommanditist; Hambg ZIP 04, 1099: stiller Gesellschafter; Frankf NJW-RR 96, 871: kein Einsichtsrecht aus § 51a GmbHG mehr). Hierunter fällt auch der Anspruch des Verkäufers auf Einsicht in Unterlagen über voraus abgetretene Kundenforderungen bei verlängertem Eigentumsvorbehalt (BGHZ 94, 105, 116). **Nicht erfasst sind dagegen** das Protokoll eines Gläubigerbeirats, da es nicht im Interesse eines Vergleichsgaranten geführt wird (BGH DB 71, 1416), das Gutachten einer Versicherung (LG Berlin VersR 03, 94; s.a. Frankf MDR 92, 353: psychiatrisches Gutachten) sowie die Unterlagen eines Ombudsmanns (LG Bonn NJW 02, 3260). Einseitige Aufzeichnungen eines Sachbearbeiters, die dieser nur zur Gedächtnisstütze angefertigt hat, werden nicht (auch) im Interesse des Geschäftspartners angefertigt, so dass sie nicht von § 810 erfasst sind (BGH WM 73, 644, 649). Die von einer als Verein organisierten Studienstiftung geführten Personalakten dienen nicht dem Interesse der jeweiligen Stipendiaten (BGH NJW 81, 1733).

7 Operations- und **Krankenunterlagen** des Arztes werden nach heute hM nicht lediglich als Gedankenstütze des Arztes, sondern auch im Interesse des Patienten geführt (BGHZ 72, 132, 137 f). Daher hat der Patient einen Anspruch aus § 810 auf Einsichtnahme in die Krankenunterlagen des behandelnden Arztes (außerhalb eines Rechtsstreits), sofern es sich dabei um Urkunden handelt (Kobl NJW 95, 1625; s.a. BGHZ 85, 327, 337; 85, 339, 341); daneben ergibt sich ein Einsichtnahmerecht hinsichtlich anderer Unterlagen auch als Nebenpflicht aus dem Behandlungsverhältnis (Arztvertrag, GoA; BGHZ 85, 327, 331 f).

8 Der **Umfang** des Einsichtsrechts ist jedoch begrenzt. So besteht kein Recht auf Einsicht in Aufzeichnungen über subjektive Eindrücke, persönliche Notizen des Arztes und Verdachtsdiagnosen (BGHZ 85, 327, 333 ff). Ein Anspruch auf Einsichtnahme in die Dokumentation einer psychiatrischen Behandlung besteht lediglich dann, wenn dem keine schützenswerten Interessen des Patienten, des Arztes oder Dritter entgegenstehen (BGHZ 85, 327, 339; NJW 85, 674). Diese hat der Arzt, ohne dabei ins Detail gehen zu müssen, näher zu kennzeichnen (BGHZ 106, 146, 148; LG Frankfurt aM NJW-RR 07, 999). In Betracht kommt ua ein therapeutischer Vorbehalt, wenn aus der Kenntnis des Patienten von Inhalt wesentliche gesundheitliche Konsequenzen folgen können (BVerfG NJW 06, 1116, 1118). Dann kann allerdings die Vorlage an einen anderen Fachbehandler in Betracht kommen (LG Münster NJW-RR 08, 441). Der Anspruch auf Einsichtnahme kann auf die **Erben** übergehen, soweit dies mit der ärztlichen Schweigepflicht vereinbar ist (BGH NJW 83, 2627, 2628), etwa weil der Arzt vom (verstorbenen) Patienten von der Schweigepflicht entbunden wurde. Andernfalls haben einerseits die Erben ihr rechtliches Interesse an der Einsichtnahme sowie die mutmaßliche Einwilligung des (verstorbenen) Patienten konkret darzulegen und andererseits der Arzt, weshalb er sich durch die Schweigepflicht an der Gewährung der Einsicht gehindert sieht (BGH NJW 83, 2627, 2630: auch Auflistung der maßgeblichen Kriterien).

9 **2. Beurkundung eines Rechtsverhältnisses (§ 810 Alt 2).** Ein Einsichtsrecht besteht auch in Urkunden, die ein Rechtsverhältnis zwischen dem, der die Einsicht verlangt (Vorlegungsberechtigten), und einem anderen festhalten. Anders als bei § 810 Alt 1 kommt es hier auf den objektiven Inhalt der Urkunde und nicht auf deren Zweck an. Der andere muss nicht notwendig der Besitzer der Urkunde sein. Der Anspruchsteller muss allerdings an dem Rechtsverhältnis beteiligt sein, wobei es unerheblich ist, ob das Rechtsverhältnis noch fortbesteht und ob es gültig war oder nicht. Eine Beurkundung des gesamten Geschäfts ist nicht erforderlich (BGHZ 55, 201, 203).

10 **Beispiele:** Eine Vorlegungspflicht besteht für Vertragsurkunden, Schuldscheine, Quittungen (sofern sie Vertragsurkunden sind nach § 810 Alt 2, sofern nur ein einseitiges Empfangsbekenntnis § 810 Alt 1) sowie Handakten des Rechtsanwalts (RGRK/*Steffen* Rz 16; aA Soergel/*Hadding* Rz 9). Erfasst ist hiervon auch das Recht dessen, der am Gewinn einer Handelsgesellschaft beteiligt ist, in Geschäftsbücher und Bilanzberichte Einsicht zu nehmen, wobei es darauf abzuheben ist, ob sie unmittelbar über Geschäftsvorgänge zwischen den beteiligten Parteien Auskunft geben (BGH WM 63, 890); umfasst ist auch das Recht des früheren Vorstands einer AG *auf Einsichtnahme* in die Bücher zur Entkräftung des gegen sie erhobenen Vorwürfe der Verletzung aktienrechtlicher Pflichten (RG Warn 08, 465) sowie das Recht des Bürgen auf Vorlage der Geschäftsbücher des Gläubigers, aus denen sich die angeblichen Zahlungen des Hauptschuldners ergeben (BGH NJW 88, 906, 907; 95, 2161, 2162), das Recht desjenigen, der an den Einkünften eines anderen beteiligt ist, zur Einsicht in

dessen Steuererklärungen, Steuerbescheide und Prüfungsberichte (BGH BB 66, 99), das Recht des ausgeschiedenen Gesellschafters einer OHG, KG oder stillen Gesellschaft (sowie seiner Erben) in die Geschäftsbücher, die während seiner Zugehörigkeit geführt wurden, zur Prüfung des Abfindungsanspruchs (BGH NJW 89, 3272, 3273; Bambg OLGR 00, 275: stiller Gesellschafter; LG Karlsruhe NZG 01, 654: Gemeinschaftspraxis), das Recht des ausgeschiedenen Gesellschafters einer GmbH in die Bilanzen und Geschäftsbücher bis zum Ende des Jahres des Ausscheidens, um seine Abfindung zu überprüfen (BGH NJW 89, 225, 226). **Nicht erfasst sind dagegen** die Geschäftsbücher, die lediglich internen Betriebszwecken dienende Eintragungen enthalten. Erfasst sind außerdem nicht Akten von Behörden, sofern sie nicht im Rahmen rein privatrechtlicher Tätigkeit angelegt wurden (RGRK/*Steffen* Rz 17).

3. Verhandlungen über ein Rechtsgeschäft (§ 810 Alt 3). Von der Vorlagepflicht erfasst sind auch Urkunden, die Verhandlungen zwischen dem Anspruchsteller und einem anderen oder zwischen einem von ihnen und einem gemeinschaftlichen Vermittler enthalten. Dazu zählt insb der vor oder nach einem Vertragsschluss geführte Schriftwechsel der Parteien oder einer Partei mit dem gemeinschaftlichen Vermittler (Celle BB 73, 1192, 1193). Für den Vorlegungsanspruch kommt es nicht darauf an, ob die Vorverhandlungen zum Vertragsabschluss geführt haben oder nicht. Auch Briefe, die der Vermittler an beide Parteien gemeinsam gerichtet hat, gehören hierzu. Nicht von § 810 erfasst werden private Aufzeichnungen (KG NJW 89, 532, 533). 11

B. Inhalt, Grenzen und Durchsetzung. Die Gestattung der Einsicht bedeutet, dass die Urkunde vorzulegen ist. Die bloße Vorlegung von Kopien ist nicht ausreichend (MüKo/*Habersack* Rz 13; s. aber AG Hagen NJW-RR 98, 262), selbst wenn diese beglaubigt sind. § 810 gibt keinen Anspruch auf Herstellung einer Urkunde (Hambg ZIP 04, 1099). Der Einsichtsberechtigte darf grds Abschriften bzw Ablichtungen anfertigen, sofern sich nicht aus dem Gesichtspunkt der Geheimhaltung etwas anderes ergibt. § 810 kann sich auch darauf erstrecken, dass der Vorlegungsverpflichtete eine Versicherung darüber abgeben muss, dass die vorgelegten Unterlagen vollständig sind (AG Hagen NJW-RR 98, 262, 263). 12

Die **Durchsetzung** erfolgt außerhalb eines Prozesses durch Klage gegen den Besitzer der Urkunde (BGH NJW 89, 225, 226). Ist der Prozessgegner der Besitzer geschieht dies durch Vorlegungsantrag nach § 421 ZPO. Die prozessuale Pflicht zur Vorlegung beweiserheblicher Urkunden richtet sich nach den §§ 422 f, 429 ZPO (vgl Frankf WM 80, 1246; 1247). Bei einer einstweiligen Verfügung kann wegen des Sicherungscharakters regelmäßig nur eine Besichtigung durch einen neutralen Sachverständigen erfolgen (*Schreiber* JR 08, 1, 4; s. auch *Prieß/Gabriel* NJW 08, 331, 333 f). Die Mitteilung des Ergebnisses an den Antragsteller geschieht nicht vor dem Abschluss des Verfügungsverfahrens (KG NJW 01, 233, 234). 13

§ 811 Vorlegungsort, Gefahr und Kosten. (1) ¹Die Vorlegung hat in den Fällen der §§ 809, 810 an dem Orte zu erfolgen, an welchem sich die vorzulegende Sache befindet. ²Jeder Teil kann die Vorlegung an einem anderen Orte verlangen, wenn ein wichtiger Grund vorliegt.
(2) ¹Die Gefahr und die Kosten hat derjenige zu tragen, welcher die Vorlegung verlangt. ²Der Besitzer kann die Vorlegung verweigern, bis ihm der andere Teil die Kosten vorschießt und wegen der Gefahr Sicherheit leistet.

Vorzulegen ist die Sache nach der dispositiven Regelung des § 811, wie in § 269, in der politischen Gemeinde, in der sich die Sache befindet (BGHZ 87, 104, 110). Wo (zB in den Wohn- oder Geschäftsräumen des Verpflichteten) innerhalb dieser räumlichen Grenzen und unter welchen Bedingungen die Vorlegung stattfindet, kann der Vorlegungsverpflichtete unter Beachtung von Treu und Glauben und der Verkehrssitte frei festlegen. Nach § 811 I 2 kann jede Partei aus wichtigem Grund Vorlegung an einem anderen Ort verlangen (Krankheit, Feindschaft, Beschaffenheit der Sache). Im Einzelfall kann auch eine Pflicht zur Aushändigung der Sache bestehen (München NJW 01, 2806, 2807: umfangreiche Röntgenaufnahmen; Köln NJW-RR 96, 382: Unterlagen bzgl Baumaßnahmen); dies gilt insb bei umfangreichen Unterlagen. Allerdings muss dies dem Vorlegungspflichtigen zumutbar sein und von einer ordnungsgemäßen Rückgabe ausgegangen werden können (Köln NJW-RR 96, 382; München NJW 01, 2806, 2807; LG Kiel GesR 07, 318 f: Überlassung zur Einsichtnahme an Rechtsanwalt). Im Prozess erfolgt die Vorlegung ggü dem Gericht. 1

Die Gefahr und die Kosten (zB Verpackung, Transport, Porto, Sachverständiger) hat der Anspruchsteller zu tragen. Er hat damit für den Verlust oder die Beschädigung, auch ohne Verschulden zu haften (Palandt/*Sprau* Rz 2). Dies erstreckt sich jedoch nicht auf andere Gefahren, wie etwa Gebrauchsentziehungskosten des Besitzers für die Dauer der Vorlegung der Sache (Erman/*Heckelmann/Wilhelmi* Rz 2). Auf Grund entspr Anwendung des § 811 II soll sich die Vorleistungspflicht desjenigen ergeben, der Kopien verlangt (BGH NJW-RR 04, 1090, 1091). Die Kosten für die Besichtigung hat der Vorlegungsberechtigte zu tragen (München GRUR 87, 33, 34). Die Erstattung der Kosten durch den Vorlegungsschuldner kann nicht iRd prozessualen Kostenerstattung erfolgen, sondern ist iRe materiellrechtlichen Schadensersatzanspruchs geltend zu machen (München GRUR 87, 33, 34). Der Vorlegungsverpflichtete kann die Vorlegung verweigern, bis ein Vorschuss oder Sicherheitsleistung erbracht ist (§§ 232 ff). Dies gilt allerdings nur, wenn im Einzelfall Unkosten oder Gefahren zu erwarten sind. 2

Titel 26 Ungerechtfertigte Bereicherung

§ 812 Herausgabeanspruch. (1) ¹Wer durch die Leistung eines anderen oder in sonstiger Weise auf dessen Kosten etwas ohne rechtlichen Grund erlangt, ist ihm zur Herausgabe verpflichtet. ²Diese Verpflichtung besteht auch dann, wenn der rechtliche Grund später wegfällt oder der mit einer Leistung nach dem Inhalt des Rechtsgeschäfts bezweckte Erfolg nicht eintritt.
(2) Als Leistung gilt auch die durch Vertrag erfolgte Anerkennung des Bestehens oder des Nichtbestehens eines Schuldverhältnisses.

Inhaltsübersicht

	Rn
A. Allgemeine Grundlagen	1–7
I. Das Bereicherungsrecht als Ausgleichsordnung	1, 2
II. Vorteilsabschöpfung	3, 4
III. Restitutionshaftung und Güterschutz	5–7
B. Systematik und Normzweck	8–16
I. Die Kondiktionstatbestände	8–13
II. Abgrenzung Leistungskondiktion/Nichtleistungskondiktion	14–16
C. Anwendungsbereich	17–19
I. Verweisungen auf §§ 812 ff	17, 18
II. Konkurrenzen	19
D. Tatbestand	20–107
I. Leistungskondiktionen	20–53
1. condictio indebiti – § 812 I 1 Alt 1; condictio ob causam finitam – § 812 I 2 Alt 1	20–40
a) Anwendungsbereich	20, 21
b) Tatbestandsmerkmale	22–37
aa) Durch die Leistung eines anderen – Leistungsbegriff (Grundlagen)	22–27
bb) Etwas erlangt	28–30
cc) Auf dessen Kosten	31
dd) Ohne rechtlichen Grund	32–37
c) Konkurrenzen	38–40
2. condictio ob rem – § 812 I 2 Alt 2	41–51
a) Normzweck und Anwendungsbereich	41, 42
b) Tatbestandsmerkmale – Grundlagen	43–45
aa) Etwas durch Leistung erlangt	43, 44
bb) Nichteintritt des nach dem Inhalt des Rechtsgeschäfts bezweckten Erfolgs	45
c) Fallkonstellationen	46–51
aa) Vorleistung und Veranlassung	46
bb) Bauen auf fremdem Grund	47, 48
cc) Zweckstaffelung	49
dd) Zweckbezogene Schenkungen	50
ee) Dienstleistungen	51
3. Schuldanerkenntnis – § 812 II	52, 53
II. Nichtleistungskondiktionen – § 812 I 1 Alt 2	54–75
1. Grundlagen	54, 55
2. Grundtatbestand: Eingriffskondiktion	56–65
a) Grundgedanke und Anwendungsbereich	56, 57
b) Tatbestandsmerkmale	58–65
aa) Eingriff („in sonstiger Weise")	58–62
bb) Etwas auf Kosten eines anderen erlangt – Unmittelbarkeit	63
cc) Ohne rechtlichen Grund	64, 65
3. Aufwendungskondiktion	66–75
a) Grundgedanke und Anwendungsbereich	66, 67
b) Sonderproblem: Bauen auf fremdem Grund (Einbaufälle)	68–73
aa) Grundlagen	68–70
bb) Kondiktionssperre aus §§ 994 ff	71
cc) Schutz gegen aufgedrängte Bereicherungen	72, 73
c) Tatbestand und Rechtsfolgen	74, 75
III. Der Bereicherungsausgleich in Mehrpersonenverhältnissen	76–107
1. Einleitung	76
2. Allgemeine Grundsätze	77–84
a) Durchgriffsverbot	77
b) Leistungsbegriff	78
c) Unmittelbarkeitsgrundsatz	79
d) Schutz des gutgläubigen Erwerbers – Unerheblichkeit des Subsidiaritätsgrundsatzes	80–84
aa) Ausgangslage	80
bb) Grundfall – rechtsgeschäftlicher Erwerb vom Nichtberechtigten	81
cc) Rechtserwerb gem §§ 946 ff – Verarbeitungs- und Einbaufälle	82
dd) Ausnahme: Unentgeltlichkeit	83
ee) Zusammenfassende Wertungskriterien	84
3. Anweisungslagen	85–100
a) Grundlagen – der Begriff der Anweisung	85, 86
b) Grundmodell: Durchlieferung	87–90
c) Anweisungslagen im Bankverkehr – Grundlagen	91, 92
d) Sonderfall: fehlerhafte Anweisung	93–97
aa) Anfänglich unwirksame Anweisung	93, 94
bb) Widerrufene Anweisung	95–97
e) Vergleichbare Anweisungslagen	98–100
aa) Echter Vertrag zugunsten Dritter	98
bb) Zession	99, 100

	Rn		Rn
4. Drittleistungen ohne Anweisung des Schuldners	101–107	c) Irrtum über die Person des Leistenden – Lehre vom Empfängerhorizont	105–107
a) Grundlagen – Rückgriffskondiktion	101–103	E. Allgemeines	108, 109
b) Leistung auf vermeintlich eigene Schuld	104	I. Verjährung	108
		II. Beweislast	109

A. Allgemeine Grundlagen. I. Das Bereicherungsrecht als Ausgleichsordnung. § 812 ist die zentrale Vorschrift des Bereicherungsrechts. In ihr ist der allen Bereicherungstatbeständen inhärente Grundgedanke verankert, dass die nach den Kriterien der rechtsgeschäftlichen bzw gesetzlichen Güterzuordnung zu Unrecht im Vermögen des Bereicherungsschuldners befindlichen Gegenstände oder Werte an denjenigen herauszugeben sind, dem sie nach eben jenen Kriterien unter Berücksichtigung der Billigkeit gebühren. IdS erweist sich § 812 als Generalklausel einer am „unrechtmäßigen Haben" anknüpfenden, dieses korrigierenden **Ausgleichsordnung**, deren Bedeutung sich freilich nicht darin erschöpft, allg für unbillig erachtete rechtliche Konsequenzen der Anwendung des sonstigen Zivilrechts zu revidieren (AnwK/*v Sachsen Gessaphe* Vor §§ 812 ff Rz 1 ff). Vielmehr erfüllt der Bereicherungsausgleich eine eigenständige und notwendige Funktion iRd zivilrechtlichen Regelungsgefüges (so zutr: BaRoth/*Wendehorst* § 812 Rz 5; Erman/*Westermann* Vor § 812 Rz 1 f), die in der Terminologie der Rspr des BGH freilich häufig auf die zumindest missverständliche Formel reduziert wird, dass „Bereicherungsansprüche ... dem Billigkeitsrecht angehören" und solcherart „in besonderem Maße den Grundsätzen von Treu und Glauben" unterliegen (BGHZ 36, 232, 234 f; 55, 128, 134; NJW 01, 3184, 3186; mit Recht krit hierzu: BaRoth/*Wendehorst* § 812 Rz 3; Staud/*Lorenz* Vorbem zu §§ 812 ff Rz 32). Daran ist richtig, dass bspw. die Regelungen in §§ 814, 815 und 818 III (s. § 818 Rn 18) Ausprägungen eines in § 242 verankerten Treueschutzes darstellen, der sich iÜ auch in den weitgehend anerkannten Grundsätzen für die Saldierung wechselseitiger bereicherungsrechtlicher Herausgabeansprüche manifestiert (dazu iE § 818 Rn 32 ff). Andererseits zeigen gerade zwei jüngere Entscheidungen des BGH (NJW-RR 07, 710 – Rückforderung von Honorarzahlungen für unwirksam vereinbarte aber tatsächlich erbrachte ärztliche Wahlleistungen; NJW 07, 1130 – Rückforderung von Zahlungen auf eine unwirksam vereinbarte Treuhändervergütung), dass die Rspr dazu neigt, die ioS dem Treueschutz verpflichteten Grundsätze der **unzulässigen Rechtsausübung** auch dort zur Falllösung heranzuziehen, wo die schlichte Anwendung bereicherungsrechtlicher Grundsätze (hier: Wertersatzanspruch gem § 818 II, s. iE § 818 Rn 16) ausgereicht hätte (so: BGH NJW 00, 1560, 1562; ausf zum Ganzen: Staud/*Lorenz* Vorbem zu §§ 812 ff Rz 32 mwN; vgl auch: BGH NJW 01, 3184 – Werkleistungen). 1

Die typologische Einordnung und Ausgestaltung dieser Ausgleichsfunktion ist seit Jahrzehnten Gegenstand einer nicht zur Ruhe kommenden rechtsdogmatischen Diskussion, die sich insb vor dem Hintergrund der in vielen Einzelheiten problematischen Abwicklung des Bereicherungsausgleichs in Mehrpersonenverhältnissen (dazu iE Rn 76 ff) im Kern mit der Abgrenzung der Tatbestände der Leistungskondiktion von denen der Nichtleistungskondiktion beschäftigt (zum Meinungsstand: *Reuter/Martinek* 22 ff, 39 ff; Staud/*Lorenz* § 812 Rz 1 ff; MüKo/*Schwab* § 812 Rz 38 ff). Indes: Der Ertrag solcherart auf einer hohen Abstraktionsebene unternommenen Abgrenzungsversuche ist für die Rechtspraxis eher gering. Deshalb soll der Theorienstreit hier nur in Grundzügen nachgezeichnet (Rn 14 ff) und nur in dem Umfang bewertet werden, in dem sich Auswirkungen auf die praktische Handhabung der einzelnen Kondiktionstatbestände ergeben. 2

II. Vorteilsabschöpfung. Ziel des Bereicherungsausgleichs ist es, den ungerechtfertigten Vermögensvorteil des Bereicherten durch Wiederherstellung des vor dem Bereicherungsvorgang bestehenden Zustandes **abzuschöpfen**. Maßgeblich hierfür ist – anders als iRd Deliktsrechts (*Larenz/Canaris* §§ 67 I 1 b, 128) – nicht die **Entreicherung** des Bereicherungsgläubigers, also dessen Vermögenseinbuße, sondern die auf Seiten des Bereicherungsschuldners eingetretene **Bereicherung** (AnwK/*v Sachsen Gessaphe* Vor §§ 812 ff Rz 6). Denn nur soweit diese noch vorhanden ist, besteht gem § 818 III eine Verpflichtung des gutgläubigen und unverklagten Bereicherungsschuldners (andernfalls gilt die verschärfte Haftung gem §§ 818 IV, 292, 987, 989) zur Herausgabe oder zum Wertersatz. Andererseits kommt es für die Ausgleichspflicht des Bereicherten auf **Zurechnungs- und Verschuldensgesichtspunkte** nicht an, die sich vielmehr erst für die Ermittlung des herausgabepflichtigen Bereicherungsumfangs auf der durch §§ 818 IV – 820 konkretisierten Rechtsfolgenseite auswirken (s. § 818 Rn 36 ff). 3

Bei alledem gilt: **Dass** der ungerechtfertigte Vermögenserwerb herauszugeben ist, folgt bereits aus § 812 I; **was** ergänzend (Nutzungen) oder ersatzweise (Surrogate/Wertersatz) herausgegeben werden muss, ergibt sich aus §§ 818 ff. Anknüpfungspunkt für die auf dieser Grundlage vorzunehmende Vorteilsabschöpfung ist das konkret Erlangte (§§ 812 I, 818 I). Dieser, auf den **Gegenstand** der Bereicherung gerichtete Ansatz wird allerdings durch § 818 II, III faktisch aufgelöst, weil für den monetären Bereicherungsausgleich nicht isoliert auf den Wert des nicht mehr herausgabefähigen Bereicherungsgegenstandes, sondern auf den im **Gesamtvermögen** des Bereicherten letztlich verbliebenen Vermögenszuwachs abzustellen ist. Hieraus ergibt sich eine zumindest 4 in Teilaspekten bedenkliche **Privilegierung** des Bereicherungsschuldners (vgl § 818 Rn 18 ff; krit insb auch: MüKo/*Schwab* § 818 Rz 111 ff mwN).

5 **III. Restitutionshaftung und Güterschutz.** Es liegt in der Natur einer Ausgleichsordnung, dass sie dort korrigierend wirkt, wo Gerechtigkeitslücken im Rechtssystem zu schließen sind. Sichtbar wird dieses Grundprinzip im Tatbestandsmerkmal „ohne rechtlichen Grund", welches durch die Vorschriften des Bereicherungsrechts nicht ausgefüllt wird. Denn ob ein Vermögenserwerb rechtsgrundlos, also ungerechtfertigt eingetreten ist, lässt sich nur in Anwendung der sonstigen Bestimmungen des Zivilrechts unter Berücksichtigung der darin manifestierten Wertungen feststellen (zur Bedeutung des Tatbestandsmerkmals „ohne rechtlichen Grund" auch für die Fälle der Eingriffskondiktion: *Larenz/Canaris*, § 67 III 2, 138 ff; *Wilhelm* 98 ff u 173 ff; *Welker* 32 ff). Das bedeutet grds: Ein Bereicherungsausgleich findet nicht statt, soweit die Rechtsordnung eine Vermögensverschiebung billigt, iÜ (nur) unter den darüber hinaus sich aus §§ 812 ff ergebenden Voraussetzungen. Auf solche Weise ergänzen die §§ 812 ff das **Rechtsgefüge** und den **Güterschutz** (grdl: *Wilburg* 28, 35; *v Caemmerer* 333, 334 f; *Larenz/Canaris* § 67 I 2 b, 128).

6 Der bereicherungsrechtliche Ausgleich für rechtgrundlose Vermögensverschiebungen betrifft in der Form der **Leistungskondiktion** in erster Linie den rechtsgeschäftlichen Leistungsaustausch. Das wird besonders deutlich in den Fällen, in denen es die als Folge des Abstraktionsprinzips wirksame dingliche Vollziehung eines unwirksamen Kausalgeschäftes auszugleichen gilt. Die dann gebotene **Rückabwicklung** des Erfüllungsgeschäftes erfolgt gem § 812 I 1 Alt 1 (**condictio indebiti**). Insoweit steht das Bereicherungsrecht dem Rücktrittsrecht (§§ 346 ff) nahe, von dem es sich allerdings konstruktiv dadurch unterscheidet, dass kein bestehendes Schuldverhältnis rückabgewickelt, sondern ein neues, gesetzliches Schuldverhältnis begründet wird. Hinzu kommt, dass die vormals insb durch §§ 347 1, 327 2 aF bestehenden Berührungspunkte mit den sich aus §§ 818 ff ergebenden Haftungsmaßstäben durch die Einführung des SMG entfallen sind.

7 Auf einer anderen Ebene werden insb durch die **Eingriffskondiktion** unberechtigte Eingriffe in eine fremde Rechtssphäre korrigiert. Insoweit ergänzen die Vorschriften des Bereicherungsrechts den iÜ durch gesetzliche Herausgabeansprüche und verschuldensabhängige deliktische Schadensersatzansprüche nur unvollkommen gewährleisteten **Güterschutz** (*König* 1519).

8 **B. Systematik und Normzweck. I. Die Kondiktionstatbestände.** Maßgebend für die Systematik des gesamten Bereicherungsrechts ist die Generalklausel in § 812 I. In ihr sind die Grundparameter der bereicherungsrechtlichen Ausgleichordnung (Rn 1 ff) bezogen auf insgesamt vier Kondiktionstatbestände niedergelegt. Nach dem Wortlaut der Regelung in § 812 I 1 zerfallen diese Grundtatbestände wiederum in zwei Gruppen. Sie betreffen zum einen die Herausgabe von Leistungen, die der Bereicherungsgläubiger willentlich aufgrund einer rechtsgeschäftlichen Entschließung erbracht hat – **Leistungskondiktion**. Zum anderen sind die Fälle erfasst, in denen der Bereicherungsschuldner den „in sonstiger Weise" rechtsgrundlos erfolgten Erwerb herausgeben muss – **Nichtleistungskondiktion**. Die Unterscheidung und Abgrenzung beider Kondiktionsformen ist schon deshalb nicht nur von theoretischem Interesse, weil beispielsweise die Ausschlusstatbestände der §§ 814, 815 ausdrücklich auf leistungsbezogene Bereicherungsvorgänge beschränkt sind. Und insb bei Mehrpersonenverhältnissen zeigt sich, dass die Bestimmung der bereicherungsrechtlich relevanten Rechtsbeziehungen nicht selten entscheidend von der Beantwortung der Frage dominiert ist, inwieweit rechtsgeschäftlich veranlasste Leistungen erbracht worden sind (iE Rn 22 ff). Die darüber hinaus erforderliche Strukturierung und Präzisierung des Anwendungsbereichs der Nichtleistungskondiktion wird – oft in negativer Abgrenzung von der Leistungskondiktion – allg durch die Bildung von Fallgruppen vorgenommen (s. Rn 56 ff; vgl hierzu auch: Erman/*Westermann* § 812 Rz 67, 73, 74, 80), die sich teilw zu eigenständigen Kondiktionstatbeständen verdichtet haben (s. Rn 11 f).

9 § 812 I unterscheidet zwischen drei Hauptfällen der Leistungskondiktion:
 – Die Kondiktion wegen anfänglichen Fehlens des rechtlichen Grundes (condictio indebiti, § 812 I 1 Alt 1 – s. Rn 20 ff);
 – die Kondiktion wegen späteren Wegfalls des rechtlichen Grundes (condictio ob causam finitam, § 812 I 2 Alt 1 – s. Rn 34 ff)
 – die Kondiktion wegen Zweckverfehlung (condictio ob rem, § 812 I 2 Alt 2 – s. Rn 41 ff).
 Darüber hinaus sind gesetzlich geregelt:
 – die Kondiktion wegen einer Leistung auf eine zwar bestehende, aber mit einer dauernden Einrede behafteten Schuld (§ 813 I 1 – s. dort)
 – die Kondiktion wegen eines Verstoßes gegen die guten Sitten oder ein gesetzliches Verbot (condictio ob turpem vel iniustam causam, § 817 1 – s. dort).

10 Allen **Leistungskondiktionstatbeständen** ist gemein, dass sie an eine Störung der dem Zuwendungsvorgang zugrunde liegenden Leistungsbeziehung anknüpfen (BaRoth/*Wendehorst* § 812 Rz 19; vgl auch: BGH WM 07, 731 Rz 35). Insoweit nimmt die Zweckverfehlungskondiktion (condictio ob rem – § 812 I 2 Alt 2) allerdings eine gewisse Sonderstellung ein, weil der verfehlte Zweck der Leistung gerade nicht in der Erfüllung der im Kausalgeschäft verankerten und als solche erzwingbaren (Haupt-) Leistungspflichten bestehen darf (hierzu iE Rn 45 ff).

Von der Leistungskondiktion zu unterscheiden sind die Tatbestände der **Nichtleistungskondiktion**, denen 11
durch die gesetzeshistorisch (hierzu eingehend: *Reuter/Martinek* 20 ff) bedingt unspezifizierte Formulierung
„… oder in sonstiger Weise …" in § 812 I 1 Alt 2 ein weites Feld eröffnet ist. Die Bemühungen von Rspr und
Lit um eine dogmatisch abgesicherte Ausgestaltung aller denkbaren Erscheinungsformen der Nichtleistungskondiktion dauern an; sie stoßen insb in der Suche nach praktisch handhabbaren Kriterien für eine Abgrenzung von der Leistungskondiktion iRd bereicherungsrechtlichen Rückabwicklung von Mehrpersonenverhältnissen an Grenzen (hierzu iE Rn 76 ff).

Die Nichtleistungskondiktion ist dadurch gekennzeichnet, dass der bereicherungsrechtlich relevante Vorgang 12
nicht auf einem Willensentschluss des Entreicherten beruht, sondern auf eine einseitige „Ansichnahme" des
Bereicherungsgegenstandes durch den Bereicherten zurückzuführen ist (BaRoth/*Wendehorst* § 812 Rz 24,
120). Das gilt jedenfalls für den in § 812 I 1 Alt 2 normierten Grundtatbestand der **Eingriffskondiktion**
(s. Rn 56 ff) und die gleichgerichteten Ansprüche aus § 816. Ebenfalls dem Grundgedanken eines ungerechtfertigten Eingriffs verhaftet ist die Rechtsgrundverweisung in § 951 I 1, sofern die Verbindung, Vermischung
oder Verarbeitung durch den Bereicherten erfolgt ist.

Anders liegen die Dingen, wenn bspw der Entreicherte den Rechtsverlust nach §§ 946 ff herbeiführt. Ua dann 13
kommt eine bereicherungsrechtliche Rückabwicklung nach den Grundsätzen der sog **Aufwendungskondiktion** (uU „Verwendungskondiktion", so bspw MüKo/*Schwab* § 812 Rz 296 ff) in Betracht, die sich von der
Leistungskondiktion nur dadurch unterscheidet, dass der Entreicherte die Aufwendungen zwar mit eigenen
Mitteln, jedoch nicht willentlich als Leistung an den Bereicherten erbringt (iE Rn 66 ff). Besondere Bedeutung hat die Aufwendungskondiktion beim „Bau auf fremdem Boden". Ebenfalls ein Sonderfall der Nichtleistungskondiktion und eng verwandt mit der Aufwendungskondiktion ist die **Rückgriffskondiktion**, deren
Hauptanwendungsfall in der Rückabwicklung einer (rechtsgrundlosen) Zuwendung durch Tilgung fremder
Schuld (§ 267) besteht (iE Rn 101 ff).

II. Abgrenzung Leistungskondiktion/Nichtleistungskondiktion. Bereits die obigen Ausführungen (Rn 8– 14
12) haben gezeigt, dass eine – zudem im Wortlaut des § 812 I 1 angelegte – Differenzierung zwischen Leistungs- und Nichtleistungskondiktionstatbeständen für eine praktikable Handhabung des Bereicherungsrechts
unumgänglich ist. Gleichwohl erblickte die früher vorherrschende **Einheitstheorie** in § 812 I 1 einen einheitlichen, durch ungerechtfertigten Vermögenserwerb begründeten Grundtatbestand (Literaturnachweise bei:
Reuter/Martinek 22 ff; Erman/*Westermann* Vor § 812 Rz 1 ff). Die in dieser Sichtweise zum Ausdruck kommenden Bemühungen, das Bereicherungsrecht auf eine homogene tatbestandliche Grundlage zurückzuführen, sind bis heute erfolglos geblieben. Sie reichen letztlich nicht weiter als bis zu der wenig hilfreichen
Erkenntnis, dass das Bereicherungsrecht eine der Rechtsschutzergänzung verpflichtete Ausgleichsordnung
darstellt (so auch: AnwK/*v Sachsen Gessaphe* Vor §§ 812 ff Rz 13; s.o. Rn 1 ff). Vor diesem Hintergrund hat
sich aus einer zuerst von *Wilburg* (18, 22 f und 27 ff) und *v Caemmerer* (FS Rabel I, 337 ff, 376 ff) entwickelten Typologie der Bereicherungsansprüche ein stark am Leistungsbegriff ausgerichtetes Rechtsverständnis
herausgebildet, welches Leistungs- und Nichtleistungskondiktionen als wesensverschiedene Kondiktionstypen
begreift (vgl statt vieler: *Koppensteiner/Kramer* § 4 IV 1, 16 ff; *Esser/Weyers* BT 2 § 48 II 44 f; Staud/*Lorenz*
§ 812 Rz 1 mwN; Erman/*Westermann* Vor § 812 Rz 1 ff mwN). Das Verdienst dieser **Trennungstheorie** ist es,
die Eigenarten der in der Tat typologisch unterschiedlichen **Kondiktionsformen** aufgezeigt und für die
Rechtsanwendung nutzbar gemacht zu haben.

Andererseits ist nicht zu verkennen, dass die Trennungsformel dem **Leistungsbegriff** in einzelnen Ausprä- 15
gungen eine übergroße Dominanz einräumt, die im Zusammenspiel mit der insb von der Rspr (BGHZ 69,
186, 189; BGHZ 56, 228, 240) trotz mancher Kritik (AnwK/*v Sachsen Gessaphe* § 812 Rz 184; BaRoth/*Wendehorst* § 812 Rz 30 f) vertretenen Lehre von der **Subsidiarität** der Eingriffskondiktion ggü der Leistungskondiktion (s. Rn 80 ff) den Blick auf den immerhin gemeinsamen Ursprung aller Kondiktionstatbestände zu
verstellen droht (so insb *Reuter/Martinek* 22 ff, 39 ff). Ihr ist entgegenzutreten, soweit sie zu dem Schluss
führt, das Tatbestandsmerkmal „**auf dessen Kosten**" sei ausschl den Tatbeständen der Nichtleistungskondiktion zuzuweisen (so bspw AnwK/*v Sachsen Gessaphe* § 812 Rz 21). Richtig daran ist, dass eine Leistung die
willentliche Zuwendung eines Vermögensgegenstandes durch den Entreicherten voraussetzt und damit stets
„auf seine Kosten" erfolgt. Daraus folgt allerdings nicht, dass die tatbestandliche Voraussetzung „auf dessen
Kosten" für die Leistungskondiktion irrelevant ist; sie ist vielmehr regelmäßig erfüllt. An diesem Befund
ändert sich auch für die in diesem Zusammenhang problematischen **Anweisungsfälle** nichts, wenn man vom
Boden der hL davon ausgeht, dass gerade die für die Bestimmung der Leistungsbeziehungen maßgebliche,
dann divergierende Zweckrichtung der Zuwendungen im Valuta- und im Deckungsverhältnis regelmäßig
eine Rückabwicklung „übers Dreieck" erzwingt (vgl auch Rn 85 ff).

Auch in Erwägung dessen sind in jüngerer Zeit wieder Stimmen laut geworden, die dem Einheitsprinzip mit 16
allerdings zT unterschiedlichen Argumentationsansätzen durch eine stärkere Betonung des allen Kondiktionsformen zugrunde liegenden **Restitutionsgedankens** neue Geltung verschaffen wollen (so etwa: *Wilhelm*
173 ff; *Kellmann* 97 ff; *Flume* 525, 534 f; *Reuter/Martinek* 22 ff; vgl auch die Darstellungen von *Knieper* BB 91,
1578; *Schlechtriem* ZHR 149, 327; *Weitnauer* DB 84, 2496). Diesen dogmatischen Erwägungen soll hier nicht
weiter nachgegangen werden, weil ihr praktischer Nutzen eher gering ist. Sie sind indes Anlass und Grund-

lage für eine im obigen Sinne differenzierende Betrachtungsweise, die sich im Folgenden weniger an einer begriffsjuristischen Kategorisierung, als an einer normativen Typologisierung der Bereicherungstatbestände orientieren wird.

17 **C. Anwendungsbereich. I. Verweisungen auf §§ 812 ff.** Der Bereicherungsanspruch ist zunächst Folge der der durch §§ 812 ff normierten Kondiktionstatbestände. Darüber hinaus verweist das Gesetz an zahlreichen Stellen auf das Bereicherungsrecht, zB in §§ 346 2, 516 II 3, 527 I, 528 I, 531 II, 547 I 2, 628 I 2, 682, 684 1, 852 1, 951, 977, 988, 993, 1301 1, 1390 I 1, 1973 II 1, 2021, 2196 I, 2287 I, 2329 I 1, ZPO § 717 III, WG Art 89, ScheckG Art 58, InsO 81, 143 II, 144 II, 183 II, AnfG § 11 II, ZVG § 50, VerlG § 37 2, PatG § 141 3, GebrMG § 15 III 2. Dabei handelt es sich immer dann und deshalb in aller Regel um **Rechtsfolgenverweisungen,** wenn sich der Verweisungsnorm unmittelbar die Anordnung des Bereicherungsausgleichs entnehmen lässt (Erman/*Westermann* Vor § 812 Rz 8; BaRoth/*Wendehorst* Vor §§ 812 ff Rz 16 f). Andernfalls liegt eine **Rechtsgrundverweisung** vor, so etwa in **§ 531 II** (BGHZ 140, 275, 277; Staud/*Lorenz* Vor § 812 Rz 34; MüKo/*Kollhosser* § 531 Rz 3), **§ 951 I 1** (stRspr BGHZ 40, 272, 276; 55 176, 177) und **§ 1301** (BGHZ 45, 258, 262 ff). Demgegenüber beinhaltet **§ 852 1** nach zutreffender, allerdings bestr. Auffassung eine **Rechtsfolgenverweisung** (stRspr BGHZ 71, 86, 97 ff; 98, 77, 83 ff; BaRoth/*Wendehorst* § 812 Rz 33; AnwK/v *Sachsen Gessaphe* Vor §§ 812 Rz 19; Erman/*Westermann* Vor § 812 Rz 9; aA *Ebert*, NJW 03, 3035, 3036 f; v *Caemmerer* FS Rabel I, 333, 394 ff).

18 Die Unterscheidung zwischen Rechtsfolgen- und Rechtsgrundverweisung ist bedeutsam. Denn die Annahme einer Rechtsfolgenverweisung führt in dem hier interessierenden Kontext dazu, dass die tatbestandlichen Voraussetzungen des § 812 nicht erfüllt sein müssen und dem Gläubiger ohne weiteres ein Bereicherungsanspruch nach Maßgabe der §§ 818 ff zusteht. Hinzu kommt, dass die Kondiktionssperren der §§ 814, 815, 817 2 nicht greifen (BaRoth/*Wendehorst* § 812 Rz 33). In alledem tritt der Sinn und Zweck einer Rechtsfolgenverweisung auf das Bereicherungsrecht offen zu Tage: Der unverklagte gutgläubige Schuldner soll in Abweichung von den sich gemeinhin aus der Anwendung der allg Vorschriften ergebenden Rechtsfolgen (bspw § 280 I) verschuldensunabhängig (nur) in dem Umfang auf Herausgabe bzw Wertersatz haften, in dem er noch bereichert ist – § 818 III (AnwK/v *Sachsen Gessaphe* Vor § 812 Rz 18).

19 **II. Konkurrenzen.** Die Kondiktionstatbestände des § 812 konkurrieren in vielfältiger und unterschiedlicher Weise mit den sonstigen Vorschriften des Zivilrechts. Im Grundsatz gilt: **Vertragliche Ansprüche** auf Erfüllung (BGH WM 68, 776), Rückgewähr der vertraglich geschuldeten Leistung (BGH NJW 03, 2451, 2453), Schadensersatz wegen einer Leistungsstörung nach §§ 280, 281 (zum alten Recht: BGH WM 63, 750) sowie allg aus den Gesichtspunkt der Sachmängelhaftung (BGH NJW 63, 806) gehen bereicherungsrechtlichen Ausgleichsansprüchen vor und schließen diese aus (vgl auch BGHZ 44, 321, 323; WM 72, 888, 889, jeweils mwN). Insb der Anwendungsbereich der **Zweckverfehlungskondiktion** (condictio ob rem – § 812 I 2 Alt 2) wird zudem durch die vorrangigen Instrumentarien der (ergänzenden) **Vertragsauslegung** (§§ 133, 157) und der **Vertragsanpassung** gem § 313 II (Störung der Geschäftsgrundlage – zur Abgrenzung iE Rn 49 f) begrenzt (BGH WM 72, 888, 889; BAG NJW 87, 918). IÜ bestehen Berührungspunkte insb mit den gesetzlichen Schuldverhältnissen der **Geschäftsführung ohne Auftrag** und des **Eigentümer-Besitzer-Verhältnisses**. Die Erörterung der sich hieraus ergebenden Abgrenzungsprobleme erfolgt im Zusammenhang mit den Ausführungen zu den einzelnen Kondiktionstatbeständen (Zum Verhältnis zwischen Bereicherungsrecht und öffentlichem Recht: Palandt/*Sprau* Einf v § 812 Rz 9 ff; Erman/*Westermann* Vor § 812 Rz 19 ff).

20 **D. Tatbestand. I. Leistungskondiktionen. 1. condictio indebiti – § 812 I 1 Alt 1; condictio ob causam finitam – § 812 I 2 Alt 1. a) Anwendungsbereich.** Die Kondiktion wegen Fehlens des rechtlichen Grundes gem § 812 I 1 Alt 1 (*condictio indebiti*) ist der Grundtyp der Leistungskondiktion und hat solcherart Leitbildfunktion für alle übrigen Tatbestände dieser Kondiktionsform (s. Rn 8 f). Ihr Hauptanwendungsfall besteht in der Rückabwicklung von Zuwendungen, die der Bereicherungsgläubiger zum Zwecke der Erfüllung einer tatsächlich **von Anfang an nicht bestehenden** vertraglichen Verbindlichkeit erbracht hat. Der Bereicherungsschuldner soll dann das als Folge des Abstraktionsprinzips regelmäßig gleichwohl wirksam erworbene Eigentum am Zuwendungsgegenstand nicht behalten dürfen. Seine Verpflichtung zur Herausgabe bzw zum Wertersatz ergibt sich aus §§ 812 I 1 Alt1, 818 I, II. Das setzt allerdings voraus, dass die Zuwendung des Leistenden von der Fehlvorstellung getragen ist, vertraglich zur Leistung verpflichtet zu sein. Unterliegt er dieser Fehlvorstellung nicht, kann er keinen Bereicherungsausgleich beanspruchen – § 814.

21 Durch den in § 812 I 2 Alt 1 normierten Tatbestand der *condictio ob causam finitam* stellt das Gesetz klar, dass der Bereicherungsausgleich unter den iÜ für beide Kondiktionsformen geltenden Voraussetzungen auch dann stattzufinden hat, wenn der im Zeitpunkt der Zuwendung gegebene Rechtsgrund für die Leistung **später weggefallen** ist. Die praktische Relevanz einer strengen Differenzierung zwischen den beiden Kondiktionstatbeständen ist gering. Sie erlangt allerdings uU im Regelungsbereich des § 820 Bedeutung, der die **condictio indebiti** nicht betrifft, sowie in besonders gelagerten Einzelfällen, wenn der wiederum für die **condictio ob causam finitam** nicht geltende Ausschlussgrund des § 814 (Kenntnis von der Rechtsgrundlosigkeit der Leistung) in Rede steht (hierzu sowie allg zur Abgrenzung: Rn 33 ff).

b) Tatbestandsmerkmale. aa) Durch die Leistung eines anderen – Leistungsbegriff (Grundlagen). Am 22
Tatbestandsmerkmal „**durch die Leistung eines anderen**" scheiden sich Leistungs- und Nichtleistungskondiktionen (grds zur Erforderlichkeit einer Differenzierung: Rn 8, 14 ff). Was geleistet ist, kann nicht zugleich „in sonstiger Weise" erlangt sein. Leistungs- und Nichtleistungskondiktion schließen einander also aus (Alternativität). Einziges Kriterium für die Abgrenzung der beiden Kondiktionsformen ist nach dem Wortlaut des Gesetzes der **Leistungsbegriff**, der von diesem Boden über die weiter andauernden Bemühungen um die Entwicklung von allgemeingültigen und praktikablen Kriterien für die Abwicklung der Bereicherungsvorgänge in Mehrpersonenverhältnissen ins Zentrum des Bereicherungsrechts gerückt ist. Nach stRspr des BGH (grundlegend: BGHZ 58, 184, 188; 111, 382; BGH NJW 04, 1169 mwN; zuletzt: BGHZ 162, 157; NJW 05, 60; WM 07, 731 Rz 35) und hL (statt vieler: Staud/*Lorenz* § 812 Rz 4 ff; *Reuter/Martinek* 80 ff; Erman/*Westermann* § 812 Rz 10; AnwK/*v Sachsen Gessaphe* § 812 Rz 13; *Medicus* Rz 666, 686) ist unter einer Leistung iSd § 812 I 1 Alt 1 die **bewusste und zweckgerichtet Mehrung fremden Vermögens** zu verstehen. Mit diesem Begriffsverständnis ist die früher allg anerkannte Definition der Leistung als „bewusste Mehrung fremden Vermögens" (Nachw bei MüKo/*Lieb* § 812 Rz 26) um das Merkmal der **Zweckgerichtetheit** erweitert worden. Gerade darin stößt die hM auf beachtliche Kritik (etwa: *Kupisch* 14 ff; vgl hierzu insb auch *Canaris* FS Larenz 799 ff, 857 ff und *Larenz/Canaris* II/2 § 70 VI 2, 248 f; zum Meinungsstand: Staud/*Lorenz* § 812 Rz 4 ff mwN). Diese Kritik ist berechtigt, soweit sie einer allzu begrifflich-schematischen Überspitzung des modernen Leistungsbegriffs entgegenzuwirken sucht. Insb *Canaris* (aaO) hat überzeugend aufgezeigt, dass die für einen 23
geordneten Bereicherungsausgleich in Dreipersonenverhältnissen maßgeblichen **Wertungskriterien** normativen Ursprungs sind und sich nicht stimmig im Merkmal der Zweckgerichtetheit verankern lassen. Gleichwohl kommen auch *Canaris* und mit ihm viele andere Gegner der Zweckgerichtetheitshypothese bei der Lösung der meisten Problemfälle zu keinen anderen Ergebnissen als die hM. Das überrascht nicht, weil auch die hL jene Wertungskriterien im Grundsatz anerkennt (vgl: AnwK/*v Sachsen Gessaphe* § 812 Rz 13; Erman/*Westermann* § 812 Rz 10) und der BGH mehrfach betont hat, dass sich „bei der bereicherungsrechtlichen Behandlung von Vorgängen, an denen mehr als zwei Personen beteiligt sind, jede schematische Lösung verbietet und in erster Linie die Besonderheiten des einzelnen Falles zu beachten sind" (BGHZ 122, 46, 51; zuletzt: NJW 04, 1169; ohne Erwähnung des Leistungsbegriffs und statt dessen unter Rückgriff auf *Wertungskriterien*: BGH NJW 05, 1369). Es lässt sich deshalb sagen, dass der Bereicherungsausgleich abseits aller begrifflichen Auseinandersetzung jedenfalls den folgenden, grds Wertungen unterliegt (*Canaris* aaO, 802 f; MüKo/*Schwab* § 812 Rz 54 f, 68):

– Jeder Partei bleiben ihre **Einwendungen** gegen die andere Partei des fehlerhaften Kausalverhältnisses erhalten;
– Keine Partei ist Einwendungen ausgesetzt, die ihr Vertragspartner aus Rechtsbeziehungen zu Dritten ableitet (**exceptio ex iure tertii**);
– Jede Partei trägt nur das **Risiko der Zahlungsunfähigkeit** desjenigen, den sie sich selbst als (Vertrags-)Partner ausgesucht hat.

Letztlich versagt der moderne Leistungsbegriff dort, wo er sich von dem ihm selbst innewohnenden Wertegefüge löst und dieses mit begriffsjuristischen Erwägungen überlagert. Sichtbarster Ausdruck dieser Fehlentwicklung ist die va vom BGH zur Unterstützung der Zweckgerichtetheitshypothese (freilich nicht einheitlich) vertretene Lehre von der **Subsidiarität der Eingriffskondiktion** (BGH NJW 05, 60 f; 99, 1393 f; iE Rz 80 f), die keine Stütze in § 812 findet und unnötig den Blick darauf verstellt, dass die nur scheinbare Konkurrenzproblematik stattdessen durch eine präzise Analyse der maßgeblichen Bereicherungsvorgänge als normativen Wertungen unter Einbeziehung der **Gutglaubensvorschriften** (§§ 932 ff, 366 I HGB) und der Regelungen in **§§ 816, 822** gelöst werden kann und muss (Staud/*Lorenz* § 812 Rz 63 ff; AnwK/*v Sachsen Gessaphe* § 812 Rz 184, 188 ff; iE hierzu Rn 77 f). 24

Abgesehen von alledem muss der Bereicherungsgläubiger die auszugleichende Vermögensbewegung in jedem 25
Fall **bewusst**, also willentlich veranlasst haben. Gerade darin unterscheidet sich die Leistung von der Nichtleistung (s. Rn 8, 12; zur Abgrenzung von der Aufwendungskondiktion: Rn 66). Er entscheidet iRd Privatautonomie weitergehend darüber, was als Leistung gelten soll und wem er diese Leistung zuwenden will. Die darin liegende Tilgungsentscheidung (§ 366) findet sich im Zweckbestimmungselement des Leistungsbegriffs wieder, der dementsprechend mit den bereits angedeuteten Einschränkungen auch zur Beantwortung der Frage herangezogen werden kann, wer **Leistender und Leistungsempfänger** ist (näher: AnwK/*v Sachsen Gessaphe* § 812 Rz 17 f). Das ist für Zweipersonenverhältnisse naturgem unproblematisch. Sind – etwa bei der Direktlieferung – mehrere Personen am Leistungsaustausch beteiligt, so ergibt sich idR ebenfalls bereits aus der Anwendung des Leistungsbegriffs, dass der angewiesene Lieferant (A) mit der Auslieferung der Ware im Verhältnis zum Empfänger (C) keinen eigenen Leistungszweck verfolgt. Leistender ist vielmehr allein der anweisende Verkäufer (B), der sich zur Erfüllung seiner rechtsgeschäftlichen Verbindlichkeit ggü C des A als **Leistungsmittler** iFe Boten oder Stellvertreters bedient hat (ebenso: Erman/*Westermann* § 812 Rz 18; AnwK/*v Sachsen Gessaphe* § 812 Rz 17; *Kellmann* JR 88, 97 ff; MüKo/*Schwab* § 812 Rz 67; iE Rn 87 ff).

„Bewusst zweckgerichtet" idS ist die Vermögenszuwendung grds also auch dann, wenn der Bereicherungsgläubiger sie nicht selbst vornimmt, sondern auf seine **Anweisung** von einem Dritten vornehmen lässt 26

(Staud/*Lorenz* § 812 Rz 5; iE hierzu: Rn 85 ff). In Einzelheiten ungeklärt ist indes, nach welchen Kriterien die besonders problematischen Anweisungsfälle zu behandeln sind, in denen eine Anweisung fehlt oder unwirksam ist. Insoweit handelt es sich bei näherer Betrachtung um ein **Zurechnungsproblem** (BaRoth/*Wendehorst* § 812 Rz 232 ff mwN; AnwK/*v Sachsen Gessaphe* § 812 Rz 19 mwN), das die Rspr und ein Teil der Lit mit der **Lehre vom Empfängerhorizont** aus der Rechtsnatur der Zweckbestimmung mit einer iE streitigen Parallelwertung zu den Grundsätzen für die Ermittlung des Erklärungswertes von Willenserklärungen zu lösen versuchen (vgl BGHZ 106, 163, 166; BGH NJW-RR 09, 345; NJW-RR 09, 705, 706 – falsche Adressierung eines Überweisungsauftrages; NJW 05, 1356, 1357; wN bei Erman/*Westermann* § 812 Rz 14). Dieser im Kern richtige Ansatz (BaRoth/*Wendehorst* § 812 Rz 49f) greift zu kurz, soweit dabei außer Betracht bleibt, ob der Anweisende den **Rechtsschein** einer Leistung überhaupt zurechenbar veranlasst hat (iE so jetzt auch BGH NJW 01, 1855 f; NJW 03 582, 583; aus der Lit: *Reuter/Martinek* 101; *Schnauder* NJW 99, 2841; MüKo/*Schwab* § 812 Rz 115; AnwK/*v Sachsen Gessaphe* § 812 Rz 19), was iÜ für andere Konstellationen des Bereicherungsausgleiches in Mehrpersonenverhältnissen ebenfalls gelten muss (s. dort Rn 94 ff). Hat ein **nicht voll Geschäftsfähiger** die (fehlerhafte) Anweisung erteilt, so stellt sich überdies die Frage, inwieweit ihn unabhängig vom objektiv nach dem Verständnis des Empfängers zu bestimmenden Erklärungswert seiner Weisung die Bestimmungen der §§ 104 ff vor der bereicherungsrechtlichen Inanspruchnahme aus der Anweisung schützen (hierzu: Staud/*Lorenz* § 812 Rz 51, unter Hinweis auf BGHZ 152, 307, 312; 111, 382, 386; AnwK/*v Sachsen Gessaphe* § 812 Rz 20).

27 Aus dem Vorgesagten erhellt sich, dass die praktische Bedeutung des Theorienstreits um den Leistungsbegriff weit über die Abgrenzung von Leistungs- und Nichtleistungskondiktion hinausgeht. Seiner Bewertung und Ausgestaltung kommt vielmehr eine zentrale Funktion für die Festlegung der bereicherungsrechtlich relevanten **Leistungsbeziehungen in Mehrpersonenverhältnissen** und die sich daraus für die Rückabwicklung der Bereicherungsvorgänge ergebenden Konsequenzen zu. Die hierfür maßgeblichen, hochkomplexen rechtlichen Erwägungen entziehen sich einer zusammenhängenden theoretischen Darstellung auf vertretbarem Raum. Sie sollen deshalb im Zusammenhang mit der Erörterung der problematischen Fallkonstellationen des Bereicherungsausgleichs in Mehrpersonenverhältnissen näher beleuchtet werden (Rn 76 ff). Einstweilen lassen sich folgende **Grundsätze** festhalten:
- Die Anwendung des modernen Leistungsbegriffs auf den Bereicherungsausgleich in **Zweipersonenverhältnissen** ist unproblematisch (AnwK/*v Sachsen Gessaphe* § 812 Rz 184 mwN; Staud/*Lorenz* § 812 Rz 4; *Medicus* Rz 727).
- Er führt mit dem Merkmal der Zweckbestimmung auch in der Mehrzahl der Problemfälle bei **Mehrpersonenverhältnissen** zu praktikablen Ergebnissen.
- Die Zuordnung der Bereicherungsvorgänge in Mehrpersonenverhältnissen unterliegt den normativen Wertungen der **Einwendungslehre**, des **Vertrauens- und Gutglaubensschutzes**, der **§§ 104 ff** und der gerechten Verteilung des **Insolvenzrisikos**, die nicht im Leistungsbegriff enthalten sind (grundl: Canaris FS Larenz, 802 ff; Staud/*Lorenz* § 812 Rz 5 f).
- Diesen Wertungskriterien gebührt **Vorrang**, soweit sich das Ergebnis einer wertenden Beurteilung der Bereicherungsvorgänge nicht mit der Zweckbestimmungshypothese begründen lässt.

28 **bb) Etwas erlangt.** Der Bereicherte muss durch die Leistung des Entreicherten **etwas erlangt** haben. Das Tatbestandsmerkmal ist **gegenstandsbezogen**; gemeint ist das **konkret Erlangte**, nicht der in das Vermögen des Bereicherten übergeleitete Wert, wie es der insoweit missverständliche Leistungsbegriff („… Mehrung fremden Vermögens") nahe legt (grundl *v Caemmerer* FS Rabel I, 333; MüKo/*Schwab* § 812 Rz 1 ff; Staud/*Lorenz* § 812 Rz 65; Erman/*Westermann* § 812 Rz 3; AnwK/*v Sachsen Gessaphe* § 812 Rz 8; jetzt wohl auch: Palandt/*Sprau* § 812 Rz 8; differenzierend: *Reuter/Martinek* 520 ff). Die Gegenmeinung insb die ältere Rspr (BGH NJW 95, 53; BGHZ 55, 128, 131), welche die Bereicherung als Differenz zweier Vermögenslagen begreift, übersieht, dass der primär durch § 812 I gegebene Anspruch auf **Herausgabe** gerichtet ist und erst auf der Rechtsfolgenseite in Sekundäransprüche auf Herausgabe des Surrogats (§ 818 I Alt 2, 3) oder – nachrangig (BaRoth/*Wendehorst* § 818 Rz 19) – auf Wertersatz (§ 818 II) übergehen kann. Und erst dort, nämlich iRd § 818 III, wird bedeutsam, inwieweit der Bereicherungsvorgang sich noch im Vermögen des Bereicherten niederschlägt. Demgegenüber ist es im Gegensatz zum schadensrechtlichen Vermögensausgleich für § 812 **insgesamt** ohne Belang, ob und wenn ja, in welchem Umfang die Vermögensverschiebung zu einem Vermögensverlust auf Seiten des Bereicherungsgläubigers geführt hat (Erman/*Westermann* § 812 Rz 3).

29 Bereicherungsgegenstand idS kann jeder gegenständliche Vermögenswert sein. In Betracht kommen (zahlreiche weitere Bsp bei: Palandt/*Sprau* § 812 Rz 9 ff; Staud/*Lorenz* § 812 Rz 66 ff): Alle **dinglichen Rechte** einschl des Anwartschaftsrechts (Palandt/*Sprau* § 812 Rz 9; Staud/*Lorenz* § 812 Rz 66, 75 und Palandt/*Sprau* § 812 Rz 99 zur Kondizierbarkeit der Auflassung), ebenso **Forderungen** – bspw im Falle einer unwirksamen Abtretung (Palandt/*Sprau* § 812 Rz 9). Grds kondizierbar sind sonstige „**vorteilhafte Rechtsstellungen**" (Staud/*Lorenz* § 812 Rz 66), insb die rechtsgrundlos erlangte **Buchposition** (BGH NJW 73, 613; Staud/*Lorenz* § 812 Rz 74; RGZ 108, 329, 332 – Grundbuchrang). Darunter fällt auch der – etwa bei Unwirksamkeit des Kausal- **und** des Erfüllungsgeschäfts oder bei Lieferung unter Eigentumsvorbehalt dennoch erlangte – **Besitz** (BGH NJW 53, 58; zu einzelnen Streitfragen: Staud/*Lorenz* § 812 Rz 73; Erman/*Westermann* § 812 Rz 7),

nicht hingegen die Besitzdienerstellung (Staud/*Lorenz* aaO). Des Weiteren kann der Bereicherungsgegenstand in der **Befreiung von einer Verbindlichkeit oder einer Beschränkung** bestehen (BGH NJW 69, 1380, 1389), zB bei rechtsgrundlosem Erlass einer Schuld (Staud/*Lorenz*, § 812 Rz 67; AnwK/*v Sachsen Gessaphe* § 812 Rz 10). Hierher gehören auch die Fälle, in denen ein Dritter in der irrigen Annahme, hierzu verpflichtet zu sein, auf eine (bestehende) fremde Schuld zahlt. Dann ist der Schuldner rechtsgrundlos von der Verbindlichkeit befreit und er muss dem Dritten vorbehaltlich vorrangiger Ansprüche aus GoA den verauslagten Geldbetrag ggf im Wege der Rückgriffskondiktion erstatten (BGHZ 70, 389; iE Rz 101 ff). Hat der Bereicherungsschuldner **Geld** als ihm gehörig erhalten, so schuldet er die Herausgabe der Geldwertzeichen (§ 812 I) bzw Wertersatz (§ 818 II). Bei Gewährung eines Darlehens ist streitig, ob er auch die Vorteile einer **Kapitalnutzung** auf Zeit „erlangt" hat. Das ist mit dem Ergebnis zu verneinen, dass gem § 818 I nur die tatsächlich gezogenen Nutzungen herauszugeben sind (MüKo/*Schwab* § 818 Rz 27f; BaRoth/*Wendehorst* § 812 Rz 58; vgl auch: BGH NJW 61,2, 1148; aA noch Vorauf.; AnwK/*v Sachsen Gessaphe* § 812 Rz 11).

Problematisch ist die bereicherungsrechtliche Behandlung der sog **Nutzungsfälle**, in denen der Empfänger – **30** sei es durch Eingriff oder aufgrund eines unwirksamen Vertrages – rechtsgrundlos eigenen Nutzen aus Arbeits-, Dienst- oder Werkvertragsverhältnissen bzw aus fremden Rechten oder Sachen zieht (zum Meinungsstand: MüKo/*Schwab* § 812 Rz 17 ff, § 818 Rz 20 ff, jeweils mwN). Dabei besteht im Ausgangspunkt Einigkeit darüber, dass auch solche gegenständlich nicht fassbaren Vermögensvorteile einem Bereicherungsanspruch gem § 812 I unterliegen können (BGHZ 55, 128; NJW 79, 2036; BauR 02, 775, 779). Streitig ist, worin dann das Erlangte besteht, für das der Bereicherte gem § 818 II Wertersatz leisten muss. Die hierzu vertretene Auffassung, es sei auf den Wert der **Aufwendungen** abzustellen, die der Empfänger durch die unberechtigte Nutzung **erspart** habe (BGHZ 14, 7, 9; 20, 270, 275; *Kellmann* NJW 71, 865; RGRK/*Heimann-Trosien* § 812 Rz 9), begegnet durchgreifenden Bedenken, indem sie dem Empfänger bereits auf der Tatbestandsebene den Einwand eröffnet, er habe nichts erspart, also nichts erlangt, weil er sich bspw anderweitig (kostenlos) hätte behelfen können (vgl: MüKo/*Schwab* § 812 Rz 18). Tatsächlich betrifft dieser Einwand indes die Frage, inwieweit die Zuwendung sich im Vermögen des Empfängers (dauerhaft) niedergeschlagen hat und ist deshalb rechtssystematisch dem Regelungsbereich des § 818 III zuzuordnen. Die praktische Relevanz dessen zeigt sich am sog. **Flugreisefall** (BGHZ 55, 128 = NJW 71, 609), in dem ua entschieden werden musste, ob der **bösgläubige** Empfänger gem §§ 818 IV, 819 gehindert war, sich auf den Wegfall der Bereicherung zu berufen. Dazu kann man auf dem Boden der og Lehre nur mit dem jedenfalls angreifbaren Argument gelangen, der bösgläubige Bereicherungsschuldner könne sich auch dann nicht gem §§ 818 IV, 819 auf seine Entreicherung berufen, wenn eine Bereicherung überhaupt nicht entstanden sei (vgl auch BGHZ 20, 345, 355). Deshalb ist es mit der wohl hL richtig und systemgerecht, die rechtsgrundlos empfangene **Nutzung bzw Dienstleistung** selbst als das „Erlangte" iSd § 812 I anzusehen, deren für die Dauer der Nutzungsmöglichkeit kapitalisierten Wert der Bereicherungsschuldner herauszugeben hat – § 818 II (*Canaris* JZ 71, 560, 561; *Gursky* JR 72, 279 ff; *Batsch* NJW 72, 611; MüKo/*Schwab* § 812 Rz 18 f; Staud/*Lorenz* § 812 Rz 72 mwN; AnwK/*v Sachsen Gessaphe* § 812 Rz 12; BaRoth/*Wendehorst* § 812 Rz 57; Erman/*Westermann* § 812 Rz 9). Rechtsdogmatisch anders zu beurteilen sind die Fälle, in denen der Bereicherungsschuldner Nutzungen aus dem rechtsgrundlos erlangten Besitz oder Eigentum an einer Sache zieht. „Erlangt" iSd § 812 I hat er dann nur den Besitz bzw das Eigentum; zur Herausgabe der Nutzungen ist er nach § 818 I bzw gem §§ 819 I, 818 IV, 292 II, 987 verpflichtet (MüKo/*Schwab* § 812 Rz 20, § 818 Rz 7). Das gilt entgegen aA (BaRoth/*Wendehorst* § 812 Rz 57; Staud/*Lorenz* § 818 Rz 13; *Reuter/Martinek* 530 ff) auch bei nichtigen Gebrauchsüberlassungsverträgen, so dass nicht der objektive Wert der Nutzungs*möglichkeit*, sondern nur der Wert der tatsächlich gezogenen Nutzungen herauszugeben ist (ebenso: MüKo/*Schwab* § 818 Rz 27; *Larenz/Canaris* 256; *Koppensteiner* NJW 71, 1769, 1774; *Pinger* MDR 1972, 101, 102; zur gleichgelagerten Problematik bei der Gewährung von Darlehen s. Rn 29 aE).

cc) Auf dessen Kosten. Dass der Empfänger einen zweckgerichtet zugewendeten Vermögensgegenstand „auf **31** Kosten" des Zuwendenden erhält, liegt in der Natur der Sache. Deshalb ist das Tatbestandsmerkmal „auf dessen Kosten" im Regelungsbereich aller Leistungskondiktionen stets erfüllt (s. Rn 15). Ihm kommt auch für die Bestimmung der bereicherungsrechtlich relevanten Leistungsbeziehungen in Mehrpersonenverhältnissen **keine eigenständige Bedeutung** zu, weil die Abgrenzung nach hier vertretener Auffassung mit Hilfe des normativen Leistungsbegriffs erfolgen kann und muss (s. Rn 22 ff; im Ergebnis ebenso: BGHZ 68, 276, 277; zur Bedeutung des Kriteriums der „Unmittelbarkeit" für die Nichtleistungskondiktion Rn 63).

dd) Ohne rechtlichen Grund. Die Zuwendung erfolgt „ohne rechtlichen Grund", wenn der Empfänger sie **32** nach den Kriterien der rechtsgeschäftlichen bzw gesetzlichen Güterzuordnung nicht behalten darf. Geht es um eine Leistung iSd § 812 (dazu iE Rn 22 ff), so besteht der Rechtsgrund für das Behaltendürfen zumeist in dem zugrunde liegenden **Kausalverhältnis**, regelmäßig also in einem schuldrechtlichen Vertrag, dessen Erfüllung der Bereicherungsgläubiger mit der Zuwendung bezweckt – **objektiver Rechtsgrund** (*Larenz/Canaris* Schuldrecht II/2, § 67 III 1a; Staud/*Lorenz* § 812 Rz 76, 78). Fehlt diese **causa**, fehlt grds auch der Rechtsgrund für die Leistung. Die damit einhergehende Verfehlung des (**subjektiv**) mit der Zuwendung bezweckten Erfolges, nämlich die Tilgung einer Verbindlichkeit, ist nach hiesigem Leistungsbegriffsverständnis (Rn 22 ff) keine eigenständige Voraussetzung für die Rechtsgrundlosigkeit, sondern ihre notwendige Folge (BaRoth/*Wendehorst* § 812 Rz 60; AnwK/*v Sachsen Gessaphe* § 812 Rz 33; MüKo/*Lieb* § 812 Rz 337; aA Erman/*Westermann* § 812 Rz 44; *Ehmann* JZ 03, 709 f; *Koppensteiner/Kramer* 15). Gerade darin unterscheiden sich die Leistungskondiktionstatbestände in § 812 I 1 Alt 1 (**condictio indebiti**) und § 812 II 1 Alt 1 (**condictio ob causam finitam**) von der **Zweckverfehlungskondiktion** gem § 812 I 2 Alt 2 (**condictio ob rem**), die den Bereicherungsausgleich an die Nichterreichung eines über bestehende Kausalbeziehungen hinausgehenden, außerhalb des Synallagmas liegenden Leistungszwecks knüpft (dazu iE Rn 41 ff; ebenso: MüKo/*Schwab* § 812 Rz 337). Ist der Schuldner indes **rechtskräftig** zur Leistung verurteilt, so stellt der Titel unabhängig von der materiellen Rechtslage einen Rechtsgrund ioS dar (BGH NJW-RR 87, 831; BGHZ 83, 278, 280; BGH NJW 53, 745), nicht hingegen eine nur einstweilige Entscheidung (BGH NJW 84, 2095 f).

33 Rechtsgrundlos erbracht ist die Leistung auch dann, wenn trotz bestehendem Kausalverhältnis die mit der Zuwendung erstrebte Tilgungswirkung verfehlt wird, weil die tatsächlich erbrachte Leistung am vertraglich festgelegten Leistungsziel völlig vorbeigeht. Der Leistende kann also auch (nicht geschuldete) **Zuviellieferungen**, **Überzahlungen** sowie unbewusst auf eine fremde Schuld geleistete Zahlungen gem § 812 I 1 Alt 1 kondizieren. Eine Ausnahme von diesen Grundsätzen macht der BGH in stRspr allerdings für zusätzliche Leistungen, die ein Krankenhausträger auf der Grundlage einer (form-)unwirksamen Wahlleistungsvereinbarung erbringt. Derartige Zusatzleistungen sollen mit Rechtsgrund iRd bestehenden Krankenhausvertrages erbracht und deshalb auch nicht aus dem Gesichtspunkt der ungerechtfertigten Bereicherung zu vergüten sein (BGHZ 138, 91, 99; 157, 87, 97; vgl auch BGH NJW 05, 3633, 3635 – Zusatzleistungen des Heimträgers nach § 88 SGB XI; ebenso aus dem Gesichtspunkt der unzulässigen Rechtsausübung für den Anspruch des Patienten auf Erstattung gezahlter Wahlleistungsmehrvergütungsbeträge bei unwirksamer Wahlleistungsvereinbarung: BGH NJW-RR 07, 710). Leistungen, die sich iRe bestehenden Kausalverhältnisses lediglich als **nicht vertragsgerecht** erweisen, sind nach den Vorschriften des allg Leistungsstörungsrechts zu beurteilen, die dem Bereicherungsrecht vorgehen (s. Rn 19). Das trifft nach neuem Recht grds auch auf **Aliudleistungen** zu, deren rechtliche Beurteilung nunmehr durch §§ 434 III, 633 II 3 ebenfalls den Vorschriften des Sachmängelhaftungsrechts zugeordnet ist (darin liegt der – bspw von AnwK/*Büdenbender* § 434 Rz 81 übersehene – Unterschied zur Zuviellieferung, die nicht von §§ 434 III, 633 II 3 umfasst ist; hierzu: BaRoth/*Faust* § 434 Rz 117). Weist der Empfänger die Falschlieferung allerdings als nicht vertragsgerecht zurück, so besteht der Erfüllungsanspruch fort und er muss das aliud nach § 812 I 1 Alt 1 herausgeben. Anders, wenn der Empfänger die Falschlieferung entgegennimmt und seine Mängelrechte aus §§ 437, 634 geltend machen will. Dann steht es nach dem durch §§ 434 III, 437, 439 I; 633 II 3, 634 manifestierten gesetzlichen Leitbild gerade nicht im Belieben des Leistenden, das aliud zurückzuverlangen (*Musielak* NJW 03, 89, 90; *Canaris* Schuldrechtsmodernisierung 2002 S XXIII; BaRoth/*Faust* § 437 Rz 196; im Ausgangspunkt ebenso: AnwK/*v Sachsen Gessaphe* § 434 Rz 34; aA offenbar: Palandt/*Weidenkaff* § 434 Rz 57), und zwar unabhängig davon, ob man die Aliudlieferung grds als rechtsgrundlos ansieht (so bspw: *S. Lorenz* JuS 03, 39; MüKo/*Westermann* § 434 Rz 40; AnwK/*v Sachsen Gessaphe* § 812 Rz 34) oder nicht (so bspw: BaRoth/*Faust* § 437 Rz 205; Staud/*Matusche-Beckmann* § 437 Rz 53). Dem Zuwendenden bleibt dann allenfalls die Anfechtung seiner Tilgungsbestimmung, so dass er anschließend kondizieren kann (so bspw: BaRoth/*Faust* § 437 Rz 206; Staud/*Matusche-Beckmann* § 437 Rz 53; *Thier* AcP 203 (03), 421 ff). Diese Grundsätze gelten nach der gesetzlichen Haftungssystematik auch für die Lieferung eines **höherwertigen** aliuds. Davon zu trennen ist entgegen aA (AnwK/*v Sachsen Gessaphe* § 812 Rz 34 mwN) die Beantwortung der Frage, ob und wenn ja, in welchem Umfang dem Empfänger in einem solchen Fall überhaupt Sachmängelrechte zustehen (grds bejahend für §§ 633 II 3, 634: *Kniffka*, ibr-online Kommentar Bauvertragsrecht; Stand 26.5.09, § 634 Rz 51).

34 Erforderlich ist, dass die Rechtsgrundlosigkeit **endgültig** und nicht nur vorübergehend ist (Staud/*Lorenz* § 812 Rz 93 mwN). Sie muss im Falle der **condictio indebiti** bereits **im Zeitpunkt der Leistungserbringung** bestanden haben, wobei es nicht darauf ankommt, ob die vermeintlich zu tilgende Forderung überhaupt nicht entstanden (Bsp: Dissens – **condictio sine causa**, Nichtigkeit gem §§ 125, 134, 138) oder im Zeitpunkt der Leistungserbringung bereits erloschen war (§ 362 – Doppelzahlung). Anfänglich rechtsgrundlos idS ist auch die Leistung auf ein **aufschiebend bedingtes** Rechtsgeschäft vor Bedingungseintritt (Staud/*Lorenz* § 812 Rz 84; Erman/*Westermann* § 812 Rz 46; AnwK/*v Sachsen Gessaphe* § 812 Rz 35). Desgleichen die Leistung auf ein **schwebend unwirksames** Kausalgeschäft, wenn sie in Unkenntnis des Schwebezustandes oder zumindest in der berechtigten Erwartung späterer Genehmigung erbracht wird (BGHZ 65, 123, 126; MüKo/*Lieb* § 812 Rz 4). Nicht eindeutig geklärt ist demgegenüber die tatbestandliche Zuordnung der Fälle, in denen die Wirksamkeit des Kausalgeschäftes – beispielsweise durch **Anfechtung** (§ 142 I) – **ex tunc** beseitigt wird. Weil der nach hier vertretener Auffassung allein maßgebliche objektive Rechtsgrund (s. Rn 32) in diesen Fällen rückwirkend entfällt, erscheint es gerechtfertigt, den Bereicherungsausgleich auch dann über den Tatbestand der **condictio indebiti** abzuwickeln (ebenso: *Canaris* Schuldrechtmodernisierung 2002 S XXIII f; Staud/*Lorenz* § 812 Rz 88; AnwK/*v Sachsen Gessaphe* § 812 Rz 35; aA – **condictio ob causam finitam**: MüKo/*Lieb* § 812 Rz 175; Palandt/*Sprau* § 812 Rz 26; offen gelassen in: BGH NJW 08, 1878, 1879, Rn 15). In der Praxis wirkt sich die Entscheidung zwischen den beiden Konditkattatbeständen auch im Hinblick auf die Nichtanwendbarkeit des Ausschlussgrundes nach §§ 142 II, 814 auf die **condictio ob causam finitam** kaum aus. Weiß der

Leistende nämlich, dass er zur Anfechtung berechtigt ist und erbringt er die Leistung gleichwohl, so dürfte darin regelmäßig eine jeder Kondiktion entgegenstehende Bestätigung iSd § 144 zu sehen sein (vgl Staud/ *Lorenz* § 812 Rz 88). Kann – im umgekehrten Fall – der Empfänger anfechten und weiß der Leistende davon, greift § 814 schon tatbestandlich nicht ein (BGH NJW 08, 1878, 1879, Rz 17 mwN).

§ 812 I 2 Alt 1 stellt den **späteren Wegfall des im Zeitpunkt der Leistung bestehenden Rechtsgrundes** seinem anfänglichen Fehlen gleich. Die **condictio ob causam finitam** umfasst deshalb va die Tatbestände des **vorläufigen Erwerbs**, insb also die Herausgabepflicht beim Eintritt einer **auflösenden Bedingung** oder eines **vertraglichen Endtermins** (BGH NJW 52, 1171; MDR 59, 658). Weiter gilt: Hat der Eigentümer für den Verlust einer Sache vom Verantwortlichen Ersatz erhalten, muss er das Erlangte gem § 812 I 2 Alt 1 herausgeben, wenn er die Sache zurückbekommt, ohne dem Verantwortlichen im Gegenzug für die Ersatzleistung zuvor das Eigentum oder den Anspruch hierauf (§§ 931, 255) verschafft zu haben (vgl Staud/*Lorenz* § 812 Rz 96). Allerdings ist in den praktisch wichtigsten Fällen einer sich solcherart als überobligatorisch erweisenden, grds kondizierbaren **Versicherungsleistung** (RGZ 108, 110, 112; Ehrman/*Westermann* § 812 Rz 48) zu beachten, dass die auch dann gebotene Rückabwicklung vorrangig nach den einschlägigen Regelungen in den Versicherungsbedingungen zu erfolgen hat. Überhaupt gilt ganz allg der Grundsatz, dass die **condictio ob causam finitam** immer dann nicht greift, wenn sich deckungsgleiche Rückgewährpflichten nach ggf gebotener Auslegung bereits aus dem zugrunde liegenden Vertrag ergeben. So folgt bspw der Anspruch des Auftraggebers gegen den Werkunternehmer auf Rückgewähr zu viel geleisteter **Abschlagszahlungen** nach der Rspr des BGH nicht aus § 812, sondern aus einer stillschweigend mit Abschluss des Werkvertrages geschlossenen Rückzahlungsabrede (BGH NJW-RR 05, 129; BauR 02, 938, 939 f; BauR 99, 635, 640). Entspr gilt oft für nicht akzessorische **Sicherheiten**, soweit diese nach der Erledigung des Sicherungszwecks nicht verbraucht sind. Und auch die Rückabwicklung eines nach Rücktritt vom Kaufvertrag seiner Geschäftsgrundlage beraubten **Leasingvertrages** hat allenfalls vorbehaltlich anderweitiger vertraglicher Abreden nach bereicherungsrechtlichen Grundsätzen zu erfolgen (so: BGH NJW 85, 796; 90, 314 f).

Ein weiteres Anwendungsfeld für die **condictio ob causam finitam** betrifft die Kondiktion nicht verbrauchter Vorleistungen bei **vorzeitiger Beendigung** des zugrunde liegenden Vertrages (BGH NJW 58, 1582; Ddorf NZM 01, 1093 – im Voraus entrichteter Mietzins; BGHZ 29, 289 – verlorener Baukostenzuschuss; vgl auch: BGH NJW 79, 2398; NJW 67, 2255, 2256; anders zu Recht für die Rückforderung von nicht fristgerecht abgerechneten Vorauszahlungen auf Mietnebenkosten: BGH NJW 06, 2552). Indes: Gerade in den häufigen Fällen, in denen der Vertrag vorzeitig durch Rücktritt oder Kündigung beendet wird, kommt es hinsichtlich der bis zu diesem Zeitpunkt noch nicht verbrauchten (Vor-)Leistungen selten zum Bereicherungsausgleich, weil die Rückabwicklung des Vertrages zumeist nach den einschlägigen gesetzlichen Bestimmungen (insb §§ 346 ff) und evtl vertraglichen Regelungen zu erfolgen hat. Allerdings verweisen bspw die §§ 547 I 2 und 628 I 3 für den Ausgleich der bei Kündigung des Miet- bzw Dienstvertrages nicht verbrauchten Vorleistungen auf die **Rechtsfolgen des Bereicherungsrechts**. § 812 I 2 Alt 1 findet unmittelbar Anwendung auf Leistungen, die der Bereicherungsgläubiger aufgrund eines rechtskräftigen Urteils erbracht hat, das anschließend aufgehoben wurde (BGH DZWiR 07, 121, 123; RGZ 99, 168, 171; MüKo-ZPO/*Braun* § 590 Rz 9 mwN; Staud/*Lorenz* § 812 Rz 99; BaRoth/*Wendehorst* § 812 Rz 79).

Weil die **eheliche Lebensgemeinschaft** keinen Rechtsgrund iSd § 812 I darstellt (vgl hierzu: *Lieb* Ehegattenmitarbeit, 118 ff), ist ihre Beendigung abw von der älteren Rspr (BGH NJW 68, 245; WM 74, 947; Ddorf FamRZ 81, 770) grds schon deshalb nicht geeignet, bereicherungsrechtliche Rückabwicklungsansprüche zu begründen (heute ganz hM: BGH FamRZ 90, 855; NJW-RR 94, 258; Staud/*Lorenz* § 812 Rz 100 ff; Erman/ *Westermann* § 812 Rz 49, jeweils mwN; zur [Nicht-]Anwendbarkeit der condictio ob rem in diesem Bereich s. Rn 49 f). Stattdessen wird der Ausgleich für unbenannte (ehebedingte) Zuwendungen und überobligatorische Ehegattenmitarbeit je nach Güterstand über die Regeln des Ehegüterrechts, der Störung der Geschäftsgrundlage (§ 313) oder der Auseinandersetzung einer Innengesellschaft gesucht (zahlreiche Nachw aus der allerdings uneinheitlichen Rspr bei: Staud/*Lorenz* § 812 Rz 100 ff; Erman/*Westermann* § 812 Rz 49). Das gilt jedenfalls im Ausgangspunkt auch für **nichteheliche Lebensgemeinschaften** (BGH NJW 92, 906, 907; differenzierend jetzt: BGH NJW 08, 3277, 3279 f, Rz 29 ff, 34 – uU Anspruch aus § 812 I 2 Alt 2; ebenso: BGH NJW 08, 3282; vgl auch: BGH NJW 09, 1142, 1143 f, Rz 15; s. Rn 46 aE) und erst recht für **eingetragene Lebenspartnerschaften** iSd § 1 LPartG (Palandt/*Sprau* § 812 Rz 89; AnwK/*v Sachsen Gessaphe* § 812 Rz 45). In Erwägung dessen bleibt für die Rechtsfigur der **condictio ob causam finitam** in diesem Zusammenhang nahezu kein Raum. Sie wird von der Rechtsprechung allerdings in den freilich nicht eben seltenen Fällen herangezogen, in denen es um den Ausgleich für Um- oder Ausbauleistungen geht, die ein Ehegatte mit Rücksicht auf die bestehende Ehe an einer im Eigentum eines Angehörigen seines Ehepartners stehenden, zum kostenfreien Gebrauch überlassenen Familienwohnung vorgenommen hat. Zieht er – zumeist infolge des Scheiterns der Ehe – aus der gemeinsamen Ehewohnung aus, so soll durch die je nach den Umständen bereits damit einhergehende Beendigung des Leihverhältnisses mit der Rechtsgrund für die dann gem § 812 I 2 Alt 1 ausgleichspflichtigen Zuwendungen entfallen sein (vgl BGH NJW 02, 436, 437; BGHZ 111, 125, 128; aA – Störung der Geschäftsgrundlage: AnwK/*v Sachsen Gessaphe* § 812 Rz 45).

38 c) Konkurrenzen. Für die Leistungskonditionstatbestände der **condictio indebiti** und der **condictio ob causam finitam** ergeben sich abseits des Vorranges von vertraglichen und spezialgesetzlichen Regelungen zum Leistungsstörungsausgleich (s. Rn 19) Berührungspunkte zur **Geschäftsführung ohne Auftrag** (GoA). Insoweit gilt: Die berechtigte GoA (§§ 677, 683) ist Rechtsgrund für das Behaltendürfen des hieraus Erlangten (BGH NJW 93, 3196), so dass ein Bereicherungsausgleich nicht in Betracht kommt. Für die Rechtsfolgen der unberechtigten GoA verweist § 684 auf das Bereicherungsrecht, wobei ungeklärt ist, ob es sich insoweit um eine Rechtsfolgen- oder um eine Rechtsgrundverweisung handelt (für Ersteres: BGH MDR 92, 588 f; Hamm NJW-RR 91, 1303; Palandt/*Sprau* § 684 Rz 1; BaRoth/*Gehrlein* § 684 Rz 1; für Letzteres: MüKo/*Seiler* § 684 Rz 3; *Medicus* Bürgerliches Recht Rz 947). Streitig ist, welche Rechtsgrundsätze bei einer willens- und interessenkonformen (vgl § 683) Leistung zu gelten haben, die der Zuwendende zum Zwecke der Erfüllung eines unwirksamen Geschäftsbesorgungsvertrages iwS erbringt. Die in diesem Punkt ua durch werk- bzw bauvertragliche Besonderheiten beeinflusste Rspr des BGH lässt eine starke Tendenz erkennen, solche fehlgeschlagenen Leistungsbeziehungen über den Weg der berechtigten GoA abzuwickeln, weil die Geschäftsbesorgung regelmäßig „für einen anderen" erfolge und der Schuldner deshalb zumindest auch ein fremdes Geschäft führe (BGH NJW 00, 72 mwN; NJW 00, 1560, 1562; NJW 93, 3196). Dem ist jedenfalls für die Lösung der besonders virulenten Probleme im Bereich der unbestellt erbrachten Bauleistungen im Grundsatz zuzustimmen (hierzu iE: *Leupertz* BauR 05, 775, 776 ff mwN). Demgegenüber hält die hL die Regeln der GoA in diesen Fällen mit dem Hinweis für unanwendbar, dass dem Herausgabepflichtigen auf diese Weise ohne zureichenden sachlichen Grund der Entreicherungseinwand gem § 818 III und die Kondiktionssperren aus §§ 814, 817 2 genommen würden (*S. Lorenz*, NJW 96, 883 ff; Staud/*Lorenz* Vor §§ 812 ff Rz 45; AnwK/*v Sachsen Gessaphe* § 812 Rz 26; MüKo/*Seiler* 677, Rz 48; *Reuter/Martinek*, 709; *Medicus* Bürgerliches Recht Rz 411 f; *Larenz/Canaris*, Schuldrecht II/2 § 74 III 2).

39 Ein weiteres Problemfeld betrifft die Konkurrenz zwischen den auf Herausgabe des Besitzes gerichteten Leistungskonditionstatbeständen und den Regelungen des **Eigentümer-Besitzer-Verhältnisses** – EBV (zu den Konkurrenzproblemen bei Aufwendungskonditionen s. Rn 69 f). Eine solche besteht jedenfalls im Ergebnis nicht, soweit § 988 für die Herausgabe der **Nutzungen** des unentgeltlichen, gutgläubigen und unverklagten Besitzers der Muttersache auf die Rechtsfolgen des Bereicherungsausgleichs verweist. Im übrigen stellen nach hM die den Nutzungsersatz betreffenden Vorschriften der §§ 987–993 wegen der Privilegierung des redlichen unverklagten Besitzers in § 993 I 2 innerhalb ihres sachlichen Geltungsbereiches eine abschließende Sonderregelung dar (BGHZ 31, 129; 41, 157; krit hierzu insb Pinger, 11 ff mwN), neben der für einen Bereicherungsausgleich mit einer wichtigen Ausnahme kein Raum bleibt: Weil nämlich sonst der wegen der Unwirksamkeit des Kausalgeschäftes rechtsgrundlos besitzende Eigentümer gem § 812 I 1 Alt 1, 818 II weitergehend haften würde als derjenige, der infolge der Unwirksamkeit des (entgeltlichen) Verpflichtungs- **und** des Verfügungsgeschäftes (sog Doppelmangel) nur den Besitz erlangt hat (§ 993), stellt die Rspr für diese Fälle den rechtsgrundlosen Besitzer einem unentgeltlichen Besitzer gleich und gelangt so über § 988 zum Bereicherungsausgleich (BGHZ 32, 76; 71, 216, 222). Das führt allerdings bei Mehrpersonenverhältnissen zu dem wenig befriedigenden Ergebnis, dass der gegen Entgelt vom Dritten erwerbende, gutgläubige Besitzer die ihm aus dieser Rechtsbeziehung erwachsenen Einwendungen dem herausverlangenden Eigentümer nicht entgegenhalten kann. Deshalb lässt die hL die Leistungskondiktion (des Dritten!) in diesen Fällen zu und sucht eine Lösung „übers Dreieck" (zum Meinungsstand: Erman/*Westermann* Vor § 812 Rz 11; Staud/*Gursky* Vor § 987 Rz 44 f, jeweils mwN; iE zum Doppelmangel Rn 90).

40 Im umgekehrten Fall, wenn also der Besitzer **Verwendungen** auf die Sache vom Eigentümer ersetzt haben möchte, sollen die §§ 994 ff nach der Rspr des BGH ebenfalls abschließende Sonderregelungen enthalten, welche die Leistungskondiktion ausschließen (BGHZ 41, 157, 160; WM 73, 560; JZ 96, 366). Das trifft für den **Eigenbesitzer** sicher zu, weil er durch Verwendungen auf die vermeintlich eigene Sache keine (zweckgerichtete) Leistung an den Eigentümer erbringt und deshalb schon der Tatbestand des § 812 regelmäßig nicht erfüllt ist. Anders liegen die Dinge beim **unrechtmäßigen Fremdbesitzer**, dem in Anwendung des von der Rspr präferierten engen Verwendungsbegriffs über § 994 allerdings nur erhaltende Verwendungen ersetzt werden (iE zu den Auswirkungen des „engen" Verwendungsbegriffs auf den Bereicherungsausgleich: Rn 66, 71 f; zur Kondiktionssperre auch für andere, insb nützliche Verwendungen: BGH NJW 96, 52). Das führt zu Problemen, wenn bspw der auf Grund eines unwirksamen Mietvertrages besitzende Mieter grundlegende Umbaumaßnahmen an der Mietwohnung ausführt, die nicht nach Maßgabe des § 994, sondern allenfalls dem redlichen Besitzer gem § 996 zu erstatten wären (vgl hierzu iE: Erman/*Westermann* Vor § 812 Rz 13 f mwN; *Medicus* Bürgerliches Recht, Rz 894). Vor diesem Hintergrund und aufgrund der Erwägung, dass auch der bösgläubig besitzende Verwender nicht schlechter stehen dürfe als der Nichtbesitzende, wird in der Literatur mit unterschiedlichen Begründungen überwiegend befürwortet, die Leistungskondiktion (zum praktisch besonders bedeutsamen Verhältnis von Aufwendungskondiktion bzw § 951 und EBV s. Rn 71 f) zumindest außerhalb des engen Verwendungsbegriffs und des hierdurch begrenzten Anwendungsbereichs der §§ 994 ff zuzulassen (*Pinger*, 103 ff; MüKo/*Medicus* § 996 Rz 11; *ders* Bürgerliches Recht, Rz 894; Staud/*Gursky* Vor § 994 Rz 5; AnwK/*v Sachsen Gessaphe* § 812 Rz 29). Dann gilt hinsichtlich des Verhältnisses zwischen den Tatbeständen der Leistungskondiktion und den Regelungen des EBV für den

Verwendungsersatzanspruch des unrechtmäßigen Besitzers im Ergebnis nichts anderes als für den Nutzungsersatzanspruch des Eigentümers (s. Rn 39).

2. condictio ob rem – § 812 I 2 Alt 2. a) Normzweck und Anwendungsbereich. Die **condictio ob rem** 41 nimmt innerhalb der Leistungskondiktionstatbestände eine abstrakt nur schwer einzugrenzende Sonderstellung ein (zur historischen Entwicklung: *Reuter/Martinek* 146 ff). Das hängt mit ihrem Regelungsgehalt zusammen, der eine Paradoxie zu enthalten scheint: Der Empfänger soll eine Leistung nicht behalten dürfen, die der Leistende in der schließlich enttäuschten Erwartung erbracht hat, vom Empfänger eine – nicht notwendig gegenständliche – Gegenleistung zu erhalten, auf die er keinen durchsetzbaren Rechtsanspruch hat (ähnl: Staud/*Lorenz* § 812 Rz 108; MüKo/*Schwab* § 812 Rz 374; AnwK/*v Sachsen Gessaphe* § 812 Rz 49, 57; Erman/*Westermann* § 812 Rz 52). Es geht bei der **condictio ob rem** also jedenfalls nicht um die Rückabwicklung von Leistungen, die der Bereicherungsgläubiger (ausschl) zum Zwecke der Erfüllung einer vertraglichen Verbindlichkeit erbracht hat. Darin unterscheidet sie sich von den Tatbeständen der **condictio indebiti** und der **condictio ob causam finitam** (vgl Rn 20, 32).

Gleichwohl setzt die *condictio ob rem* tatbestandlich voraus, dass der mit der Leistung verfehlte Zweck rechts- 42 geschäftlich verankert sein muss („... nach dem Inhalt des Rechtsgeschäfts ..."). Von diesem Punkt aus lässt sich ihr Anwendungsbereich in zwei Richtungen weiter eingrenzen. Auf der einen Seite darf die letztlich enttäuschte Erwartung des Leistenden nicht bloß **einseitiges Motiv** für die Zuwendung geblieben sein. Erforderlich ist vielmehr eine **rechtsgeschäftliche Zweckabrede** (iE Rn 45). Der Empfänger muss die Erwartung des Leistenden also kennen und er muss die damit einhergehende Zweckbestimmung zumindest billigen, wofür es regelmäßig ausreicht, dass er die Leistung in Kenntnis der Erwartungshaltung des Leistenden widerspruchslos annimmt (BGH NJW-RR 09, 1142, 1143, Rz 15; BGHZ 115, 261, 262 f). Anderseits darf die Zweckabrede nicht in den Bereich wechselseitiger vertraglicher Leistungspflichten fallen, weil dann der Leistende einen die Zweckverfehlungskondiktion ausschließenden Anspruch auf die vermisste Gegenleistung hat (Rn 41, 45). Deshalb bleibt für die **condictio ob rem** wenig Raum, wenn dem Leistungsaustausch ein gegenseitig verpflichtender, **schuldrechtlicher Vertrag** zugrunde liegt (iE Rn 49; ebenso: MüKo/*Schwab* § 812 Rz 379 f). Welche Leistungen die Beteiligten dann wechselseitig zu erbringen haben, ergibt sich aus dem – ggf auslegungsbedürftigen (§§ 133, 157) – Vertrag; ob sie diese Leistungen behalten dürfen, ist vorrangig eine Frage des **Leistungsstörungsrechts** (s.o. Rn 19) und der Anwendbarkeit evtl spezialgesetzlicher Rückgabetatbestände (bspw: §§ 527, 1301). Ein Bereicherungsausgleich nach den Regeln der **condictio ob rem** kommt mithin nicht in Betracht, soweit es um die Behebung einer Äquivalenzstörung iRd vertraglichen **Synallagmas** geht. Besonders problematisch und letztlich von Wertungs- und Praktikabilitätserwägungen dominiert ist die Abgrenzung der **condictio ob rem** von den nunmehr gesetzlich in § 313 geregelten Fällen der **Störung der Geschäftsgrundlage**, in denen die Zweckverfehlung zugleich in dem unerwarteten Nichteintritt von Umständen begründet liegt, welche die Parteien übereinstimmend zur **Geschäftsgrundlage** ihrer rechtsgeschäftlichen Leistungsbeziehung erhoben haben (vgl Rn 50, 52).

b) Tatbestandsmerkmale – Grundlagen. aa) Etwas durch Leistung erlangt. Leistung iSd § 812 I 2 Alt 2 ist 43 jede **bewusste und zweckgerichtete Mehrung fremden Vermögens**. Insoweit gilt für die **condictio ob rem** nicht anderes als für die übrigen Tatbestände der Leistungskondiktion (zum Leistungsbegriff iE Rn 22 ff). Im Unterschied zur **condictio indebiti** und zur **condictio ob causam finitam** wird der **Leistungszweck** bei der **condictio ob rem** allerdings nicht durch den Bezug auf ein (fehlerhaftes) Kausalgeschäft, sondern durch eine **besondere Zweckabrede** festgelegt (Rn 42, 45 f).

Bereicherungsgegenstand ist das durch die Leistung **Erlangte**, also – wie bei allen Tatbeständen des § 812 – 44 der dem Empfänger zugeflossene **gegenständliche Vermögenswert** (hierzu iE Rn 28 ff).

bb) Nichteintritt des nach dem Inhalt des Rechtsgeschäfts bezweckten Erfolgs. Der Konditionsan- 45 spruch aus § 812 I 2 Alt 2 setzt eine **Zweckvereinbarung** voraus, die **rechtsgeschäftlicher** Natur sein muss und deshalb nicht bloß einseitiges Motiv des Leistenden für die Zuwendung sein darf. Erforderlich ist, dass der Bereicherungsgläubiger dem Empfänger mindestens konkludent zu verstehen gibt, die Leistung nur in der Erwartung des Eintritts eines bestimmten Erfolgs erbringen zu wollen, und dass der Empfänger die darin liegende Zweckbestimmung kennt und zumindest konkludent billigt (BGH NJW-RR 09, 1142, 1143, Rz 15; BGHZ 115, 261, 262 f). Leistung und Erfolg stehen mithin in einem inneren Zusammenhang, der den **Rechtsgrund für das Behaltendürfen** des Empfängers darstellt (vgl BGHZ 35, 356, 358). Die Besonderheit bei alledem besteht im Unterschied zu den übrigen Leistungskondiktionstatbeständen darin, dass dem Leistenden durch die Zweckabrede **kein durchsetzbarer Anspruch** auf die verabredete Gegenleistung erwachsen darf (ungeschriebenes Tatbestandsmerkmal: AnwK/*v Sachsen Gessaphe* § 812 Rz 52; *Larenz/Canaris* § 68 I 3, 150; *Reuter/Martinek* 149 f; Staud/*Lorenz* § 812 Rz 105; MüKo/ *Schwab* § 812 Rz 374). Die Zweckvereinbarung begründet also kein schuldrechtliches Austauschgeschäft, sondern sie stellt eine **Rechtsgrundabrede eigener Art** dar, die dem Empfänger solange einen Rechtsgrund für das Behaltendürfen der Leistung liefert, wie der bezweckte Erfolg noch realisiert werden kann (MüKo/*Schwab* § 812 Rz 376; AnwK/*v Sachsen Gessaphe* § 812 Rz 61; vgl auch BGHZ 35, 356, 358). Dementsprechend entsteht der Bereicherungsanspruch aus § 812 I 2 Alt 2 erst, wenn endgültig feststeht, dass der Empfänger die vom Leistenden nach der Zweckabrede mit Recht erwartete Gegenleistung nicht erbringen wird (BGH NJW 89, 2745).

46 **c) Fallkonstellationen. aa) Vorleistung und Veranlassung.** Ihren klassischen Anwendungsbereich hat die **condictio ob rem** in den Fällen, in denen der Bereicherungsgläubiger den Empfänger mit seiner Leistung **final** zu Herbeiführung eines bestimmten, letztlich ausbleibenden Erfolges bewegen will (grds zum Erfordernis einer finalen Verknüpfung von Leistung und bezwecktem Erfolg: *Reuter/Martinek* 170 f; AnwK/v *Sachsen Gessaphe* § 812 Rz 54; einschränkend: BaRoth/*Wendehorst* § 812 Rz 92). So etwa, wenn bereits vor dem Abschluss eines Vertrages **Anzahlungen** in der schließlich enttäuschten Erwartung geleistet werden, den ggü auf diese Weise zum Vertragsschluss zu veranlassen (BGH WM 67, 1042; RGZ 72, 342; Hamm FamRZ 94, 380; Staud/*Lorenz* § 812 Rz 110; Erman/*Westermann* § 812 Rz 53; *Reuter/Martinek* 151 ff; aA – condictio indebiti: *Welker* 102 f; vgl auch BGH NJW 91, 2139), oder wenn die (An-)Zahlung erfolglos zu dem Zweck geschieht, den Verkäufer mit den sich aus § 311b I 2 ergebenden Rechtswirkungen zur Vollziehung eines formnichtigen Grundstückskaufvertrages zu bewegen (BGH NJW 99, 2892; 80, 451; zur Nichtanwendbarkeit der Kondiktionssperren gem §§ 814, 815: § 814 Rn 3 und § 815 Rn 6 aE). Anders liegen die Dinge hingegen, wenn die Anzahlung aufgrund einer vertraglichen Vereinbarung erfolgt. Dann ergibt sich die Verpflichtung des Empfängers zur Abrechnung und Rückzahlung evtl zuviel geleisteter Voraus- oder Abschlagszahlungen idR bereits aus dem Vertrag (für das Werkvertragsrecht: BGH NJW-RR 05, 129; BauR 02, 938, 939 f; BauR 99, 635, 640). Demgegenüber können **Sicherheiten**, die bereits vor Abschluss des Sicherungsvertrages für eine tatsächlich nicht entstandene Hauptforderung erbracht wurden, nach § 812 I 2 Alt 2 kondiziert werden (MüKo/*Schwab* § 812 Rz 402; *Medicus* Bürgerliches Recht, Rz 495). Und auch die Fälle, in denen Leistungen ohne Erfolg zu dem vom Empfänger gebilligten Zweck erbracht werden, eine **Strafanzeige** abzuwenden, fallen in den Anwendungsbereich der Zweckverfehlungskondition (BGH BB 90, 735; AnwK/v *Sachsen Gessaphe* § 812 Rz 56). Ob das auch für solche unentgeltlichen Zuwendungen gilt, die den Empfänger zur künftigen Eheschließung (insoweit verneinend – Wegfall der Geschäftsgrundlage: MüKo/*Lieb* § 812 Rz 214) oder Rückkehr in die (eheliche) Lebensgemeinschaft veranlassen sollen, ist str (bejahend für den letztgenannten Fall: Brandbg NJWE-FER 97, 35; Staud/*Lorenz* § 812 Rz 108). IÜ findet ein Bereicherungsausgleich für unentgeltliche Zuwendungen unter **Ehegatten** (iE hierzu: MüKo/*Schwab* § 812 Rz 409 ff) sowie für **Mitarbeit** von Ehegatten und Kindern (vgl hierzu auch Rn 51) regelmäßig nicht statt (iE zum Ausgleich ehe- oder familienbezogener Zuwendungen: Rn 37). Ob das auch für nichteheliche Lebenspartner gilt, ist zuletzt zweifelhaft geworden. In zwei jüngeren Urteilen hat der BGH in Abkehr von seiner bis dahin restriktiven Rechtsprechungslinie einen Bereicherungsausgleich nach § 812 I 2 Alt 2 auf der Grundlage einer Zweckabrede der Lebenspartner des Inhalts in Betracht gezogen, dass die Partner zwar keine gemeinsamen Vermögenswerte schaffen wollen, der eine aber das Vermögen des anderen in der letztlich enttäuschten Erwartung vermehrt, an dem mit seiner Zuwendung Erworbenen langfristig partizipieren zu können (BGH NJW-RR 09, 1142, 1144, Rz 15; BGHZ 177, 193; krit hierzu: MüKo/*Schwab* § 812 Rz 419 f; für eine Rückabwicklung über §§ 730 ff: BGH NJW 92, 906, 907).

47 **bb) Bauen auf fremdem Grund.** Reichlich Diskussionsstoff bietet die Rückabwicklung von **Bauleistungen auf fremdem Grund**, die der Zuwendende ohne vertragliche Grundlage allein in der letztlich frustrierten Erwartung erbringt, später Eigentümer des Grundstückes zu werden. Insoweit stellt sich für die Anwendbarkeit der **condictio ob rem** die Frage, ob es sich bei derartigen Zuwendungen überhaupt um **Leistungen** iSd § 812 I 2 Alt 2 handelt. Das ist vom Boden des modernen Leistungsbegriffs (hierzu iE Rn 22 ff) in der Tat zweifelhaft. Zwar wird der Zuwendende Bauleistungen auf fremdem Grund idR in dem Bewusstsein erbringen, damit den Grundstückswert und folglich das Vermögen des Grundstückseigentümers zu mehren. Ihr Zweck ist indes **objektiv** auf die mit dem erhofften Erwerb einhergehende Schaffung eigener Vermögenswerte und deshalb eben nicht ohne Weiteres auf die Mehrung (noch) fremden Vermögens gerichtet (wohl idS gegen eine „Leistung": *Medicus* Bürgerliches Recht, Rz 693; *Reuter/Martinek* 170; AnwK/v *Sachsen Gessaphe* § 812 Rz 60; Staud/*Lorenz* § 812 Rz 112). Diese Erwägungen übersehen allerdings, dass die nach dem hier vertretenen Leistungsbegriff erforderliche Zweckrichtung der Zuwendung jedenfalls iRd **condictio ob rem** regelmäßig dem entspricht, was die Parteien rechtsgeschäftlich (**subjektiv**) als deren Zweck vereinbart haben (s. Rn 42, 45). Erbringt der Zuwendende die Bauleistungen also (zumindest auch) in der vom Grundstückseigentümer gebilligten, wenngleich nicht forderungsbewehrten Erwartung, von diesem das Eigentum an dem Grundstück zu erhalten, so kann er den solcherart zweckgerichtet geleisteten Vermögenswert nach den Grundsätzen der **condictio ob rem** kondizieren, wenn der bezweckte Erfolg, nämlich der Eigentumserwerb, nicht eintritt (iE ebenso: BGHZ 44, 321; 35, 356; 108, 256 ff – offen gelassen, ob **condictio ob rem** oder Verwendungskondiktion; zuletzt: NJW 01, 3118). Ohne eine solche Zweckabrede bleibt allerdings nur der Weg über die **Aufwendungskondition** (hierzu Rn 48 und iE Rn 66 ff).

48 Auf dieser Grundlage kam der BGH auch im folgenden Fall zur Zweckverfehlungskondition (**BGHZ 44, 321 ff**): Der von seiner Tante kurz danach zum Erben bestimmte Kläger hatte auf deren Grundstück ein Gebäude in der Hoffnung errichtet, schließlich das Eigentum an dem ihm iRe Pachtvertrages überlassenen Grundstück zu erben. Daraus wurde nichts, weil die Tante später eine andere Person zum Erben eingesetzt hatte. Die oft besprochene Entscheidung ist in der Lit insb mit der Erwägung kritisiert worden, der Kläger habe mit der Bauleistung keinen eigenen Leistungszweck verfolgt, weil er die Zuwendungen nicht mit dem Ziel erbracht habe, seine Tante **final** zu einer Gegenleistung zu veranlassen (so insb: *Medicus* aaO; *Reuter/ Martinek* 170 f; *Esser/Weyers* BT/2 § 49 II aE; *Staud/Lorenz* § 812 Rz 112; AnwK/*v Sachsen Gessaphe* § 812 Rz 60). Das ist so nicht richtig (ebenso: BaRoth/*Wendehorst* § 812 Rz 89). Maßgebend ist vielmehr auch insoweit, ob und wenn ja, mit welchem Inhalt die Parteien eine **Zweckabrede** getroffen hatten. Bestand diese darin, dem Kläger mit dem kraft Erbeinsetzung in Aussicht genommenen Anfall der Erbschaft das Grundstückseigentum zu verschaffen, so wird man nach obigen Grundsätzen (Rn 47) kaum bezweifeln können, dass der mit der Leistung bezweckte Erfolg iE nicht eingetreten war (iE ebenso: MüKo/*Schwab* § 812 Rz 390). Dies insb deshalb, weil die Zweckabrede sich nach den Feststellungen des BGH nicht in der Vereinbarung erschöpfte, mit dem Grundstückserbe bedacht zu werden, sondern darüber hinaus an den Fortbestand der zunächst tatsächlich erfolgten Erbeinsetzung bis zum Erbfall geknüpft war. Soweit die erwartete Gegenleistung – im (einzigen!) Unterschied zu den unter Rn 47 erörterten Fällen – damit letztlich auch darin bestand, anderweitige letztwillige Verfügungen zu **unterlassen**, hindert dies einen Bereicherungsausgleich nach den Regeln der **condictio ob rem** jedenfalls nicht (allgM: BGHZ 44, 321; BGHZ 108, 256; BaRoth/*Wendehorst* § 812 Rz 89; MüKo/*Schwab* § 812 Rz 390). Auf dem vom BGH demnach mit Recht beschrittenen Weg über die Zweckverfehlungskondiktion gelangt man iÜ zu dem interessengerechten Ergebnis, dass der Bereicherungsgläubiger Wertersatz erst dann beanspruchen kann, wenn endgültig feststeht, dass der bezweckte Erfolg nicht mehr eintritt (s. Rn 45 aE). Die Gegenmeinung muss hingegen, um überhaupt zu einem Wertausgleich zu kommen, auf die Aufwendungskondiktion gem § 812 I 1 Alt 2 zurückgreifen (so bspw: Staud/*Lorenz* § 812 Rz 112; AnwK/*v Sachsen Gessaphe* § 812 Rz 60). Das würde dazu führen, dass der dann sofort fällige Wertersatzanspruch gem §§ 195, 199 I Nr 2, IV in drei, spätestens in zehn Jahren und damit in einem Zeitpunkt verjährt, in dem der Bereicherungsgläubiger gerade in den kritischen Erbfällen oft noch gar keinen Anlass hat, den Bereicherungsausgleich zu betreiben.

cc) Zweckstaffelung. In der Praxis kommt es nicht selten vor, dass die Parteien mit dem Abschluss eines wirksamen schuldrechtlichen Vertrages einen über die sich hieraus ergebenden wechselseitigen Leistungspflichten hinausgehenden Zweck verfolgen. Um eine solche **Zweckstaffelung** handelt es sich bspw, wenn der Käufer eines Grundstückes dieses nach der übereinstimmenden Vorstellung der Parteien in einer bestimmten Weise nutzen oder bebauen soll. Wurde der solcherart „bezweckte Erfolg" nicht erreicht, war nach der älteren Rspr mit Hilfe der **condictio ob rem** rückabzuwickeln (RGZ 132, 238; BGH NJW 73, 612, 613; NJW 52, 60; zuletzt im Grundsatz noch: BGH NJW 92, 427, 428; ebenso: Erman/*Westermann* § 812 Rz 51; *Ehmann* JZ 03, 702, 706 f). Davon sind die hL (Staud/*Lorenz* § 812 Rz 106, MüKo/*Schwab* § 812 Rz 378 f; BaRoth/*Wendehorst* § 812 Rz 91; AnwK/*v Sachsen Gessaphe* § 812 Rz 57; *Larenz/Canaris* II/2 § 68 I 3d 153; *Wieling* § 3 III 3e; *v Caemmerer* FS Rabel I, 345 f; *Esser/Weyers* Schuldrecht II/2, § 49 II 66 f) und mit ihr zuletzt auch der BGH (NJW 92, 2690; vgl auch NJW 92, 427; 91 1269 f) in der richtigen Erkenntnis abgerückt, dass für die Anwendung der Zweckverfehlungskondiktion kein Raum sein kann, soweit die Parteien einen **voll ausgebildeten entgeltlichen Vertrag** geschlossen haben. Dann kommt es vielmehr darauf an, ob sich die Verwendungsbestimmung nach ggf gebotener Auslegung des Vertrages (§§ 133, 157) als Bestandteil der dort verankerten wechselseitigen Leistungspflichten erweist oder (nur) zur Geschäftsgrundlage des Vertrages zu rechnen ist. Bei Nichteintritt des bezweckten Erfolgs gelten im erstgenannten Fall – sofern nicht eine **auflösende Bedingung** vorliegt (hierzu Rn 35) – die Regeln des **Leistungsstörungsrechts** (s. Rn 19), wohingegen im zweiten Fall eine **Störung der Geschäftsgrundlage** anzunehmen ist, die eine Anpassung des Vertrages gem § 313 rechtfertigt (ebenso statt vieler: AnwK/*v Sachsen Gessaphe* § 812 Rz 57; MüKo/*Schwab* § 812 Rz 378, jeweils mwN; zum Vorrang des § 313 vor der **condictio ob rem**: BGH NJW 92, 2690; Z 84, 1, 10; MüKo/*Lieb* § 812 Rz 165 ff). War der „Zusatzzweck" hingegen bloßes **Motiv** für den Vertragsschluss, kommt ein (Bereicherungs-)Ausgleich ohnehin nicht in Betracht (s. Rn 42, 45).

dd) Zweckbezogene Schenkungen. Mit Hilfe der bereits dargestellten Grundsätze lassen sich auch die Fälle lösen, in denen der Leistende seine **unentgeltliche** Zuwendung an einen bestimmten **Verwendungszweck** knüpft. Im Ausgangspunkt gilt: Soweit sich der Verwendungszweck in einer **Schenkung unter Auflage** manifestiert, ist für die Anwendung der **condictio ob rem** kein Raum, weil der Leistende gem § 525 einen einklagbaren Anspruch auf die Erfüllung der Auflage hat. Bei Nichterfüllung hat die Rückabwicklung deshalb nach Maßgabe des § 527 zu erfolgen (Staud/*Lorenz* § 812 Rz 109; AnwK/*v Sachsen Gessaphe* § 812 Rz 59 mwN). Ebenfalls ausgeschlossen ist die Zweckverfehlungskondiktion, wenn die Verwendungserwartung des Schenkers nur **einseitiges Motiv** geblieben ist (s. Rn 42, 45), was nicht selten der Fall sein dürfte. Ob der Verwendungsbezug der Zuwendung im demnach allein bereicherungsrechtlich relevanten Raum zwischen Anspruch und Motiv liegt, ist letztlich eine Frage der **Auslegung** (so zutr: AnwK/*v Sachsen Gessaphe* § 812 Rz 59). Die in diesem Punkt uneinheitliche Rspr zieht zur Rückabwicklung derartiger **Zweckschenkungen** entweder die **condictio ob rem** (BGH NJW-RR 91, 1154; NJW 84, 233; 52, 620; Dorf NJW-RR 98, 1517; Köln NJW 94, 1540) oder die Grundsätze der **Störung der Geschäftsgrundlage** gem § 313 heran (Oldbg NJW 94, 1539; Dresden FamRZ 97, 739). Letztgenanntem Lösungsweg gebührt in aller Regel der Vorzug, weil der vom beiderseitigen Willen der Parteien getragene Verwendungsbezug der Zuwendung zumeist Geschäftsgrundlage des Schenkungsvertrages sein dürfte. Dann geht § 313 der **condictio ob rem** vor (BGH NJW 92, 2690; BGHZ 84, 1, 10). Deshalb fallen bspw an den Bestand der Ehe geknüpfte unentgeltliche Zuwendungen der Eltern an ihr Kind und dessen Ehegatten nach dem Scheitern der Ehe grds nicht in den Anwendungsbereich der **condictio ob rem** (Störung der Geschäftsgrundlage: Oldbg NJW 94, 1539; Dresd FamRZ 97, 739; aA BGH NJW-RR 91, 1154; Köln NJW 94, 1540).

51 **ee) Dienstleistungen.** Heftig umstr ist die rechtliche Beurteilung der Fälle, in denen **Dienstleistungen** – etwa in Form überobligatorischer Mitarbeit (§ 1619) erwachsener Kinder im Betrieb oder auf dem Hof der Eltern – in der letztlich enttäuschten Erwartung späterer **letztwilliger Zuwendungen** erbracht werden. Insoweit ist zu unterscheiden: Arbeitet der Leistende **unentgeltlich** ohne (dienst-)vertragliche Grundlage allein in der vom Empfänger gebilligten Hoffnung, durch dessen letztwillige Verfügung eine entspr Gegenleistung zu erhalten, dürfte der Ausgleich bei Ausbleiben dieser Gegenleistung mit der hL über die **condictio ob rem** zu suchen sein (*Medicus* Bürgerliches Recht, Rz 692; BaRoth/*Wendehorst* § 812 Rz 90; Erman/*Westermann* § 812 Rz 55; MüKo/*Schwab* § 812 Rz 384; AnwK/*v Sachsen Gessaphe* § 812 Rz 58). Demgegenüber will das BAG dem Dienstleistenden einen Vergütungsanspruch aus § 612 zubilligen (BAG AP § 612 Nr 15, 20 bis 29). Das ist mit Rücksicht auf das Fehlen einer vertraglichen Grundlage nicht nur dogmatisch bedenklich (hierzu: AnwK/*v Sachsen Gessaphe* § 812 Rz 58), sondern insb wegen der kurzen Verjährung gem §§ 195, 199 I Nr 2, IV auch unpraktikabel (s. Rn 48 aE; ebenso: *Medicus* aaO; das BAG versucht diesem Missstand – wenig überzeugend – durch die Annahme einer Stundungsfiktion abzuhelfen). Erbringt der Leistende seine Dienste hingegen auf (dienst-)**vertraglicher Grundlage solvendi causa** gegen ein inadäquat geringes Entgelt, kommt bei Ausbleiben der statt einer angemessenen Bezahlung erhofften letztwilligen Zuwendung außer dem freilich auch insoweit problematischen Weg über einen (ergänzenden) Vergütungsanspruch entspr § 612 (BAG AP § 612 Nr 15, 20 bis 29; ebenso: BGH FamRZ 73, 298 f; NJW 65, 1224) oder der Annahme eines **faktischen Arbeitsverhältnisses** (so für den Fall des § 2302: MüKo/*Lieb* § 812 Rz 208; *Canaris* BB 67, 165, 169) nach den allg für Zweckstaffelungen geltenden Grundsätzen (Rn 49 f) in erster Linie der Rückgriff auf eine **Störung der Geschäftsgrundlage** gem § 313 in Betracht. Die hL zieht allerdings auch dann die *condictio ob rem* vor (*Medicus* Bürgerliches Recht, Rz 692; BaRoth/*Wendehorst* § 812 Rz 90; Erman/*Westermann* § 812 Rz 55; AnwK/*v Sachsen Gessaphe* § 812 Rz 58), was mit Rücksicht auf eine ggf bewusst unvollkommene Vergütungsabrede der Parteien hinsichtlich der ausgebliebenen außervertraglichen Gegenleistung angehen mag.

52 **3. Schuldanerkenntnis – § 812 II.** § 812 II betrifft keinen eigenständigen Fall der Leistungskondition, sondern stellt lediglich klar, was sich ohnehin bereits aus I ergibt: Auch die bewusste Hingabe eines **abstrakten (konstitutiven) Schuldanerkenntnisses** gilt als Leistung iSd I und ist deshalb unter den dort weiter genannten Voraussetzungen kondizierbar (zum materiell unrichtigen Saldoanerkenntnis: BGH NJW 91, 2140, 2141; WM 75, 556, 557; Brandbg OLG-NL 00, 28; Ddorf NJW 85, 2723). Das gilt nicht nur für positive (§ 781) und negative Schuldanerkenntnisse (§ 397 II), sondern entspr auch für **abstrakte Schuldversprechen** (Staud/*Lorenz* § 812 Rz 10 f; vgl auch BGH NJW-RR 99, 573). Nicht unter § 812 II fallen hingegen **deklaratorische Schuldanerkenntnisse**, weil sie Bestandteil des zugrunde liegenden Kausalgeschäftes sind und keine eigenständige neue Verbindlichkeit begründen (BGH NJW 00, 2501 f; ZIP 91, 862; Staud/*Lorenz* § 812 Rz 11 mwN; Palandt/*Sprau* § 812 Rz 18 mwN; aA: Erman/*Westermann* § 812 Rz 58; diffenz: MüKo/*Schwab* § 812 Rz 28). Und auch das einseitige **prozessuale Anerkenntnis** kann mangels vertraglicher Abrede über seine Hingabe nicht gem § 812 II herausgefordert werden (Palandt/*Sprau* § 812 Rz 18).

53 Herauszugeben sind Anerkenntnis und Schuldversprechen, wenn sie **ohne Rechtsgrund** abgegeben wurden – § 812 I 1. Nicht eindeutig geklärt ist allerdings, worin genau der Rechtsgrund für ihre Hingabe besteht. Insoweit stellt va die ältere Rspr weitgehend unterschiedslos auf das Bestehen der Verbindlichkeit ab, die anerkannt werden soll (BGH WM 58, 620, 622; 82, 671, 672). Das begegnet indes insb dann durchgreifenden Bedenken, wenn das Anerkenntnis nach dem Willen der Parteien gerade ohne Rücksicht auf das tatsächliche Bestehen und den Umfang der Verbindlichkeit in Form etwa einer selbständigen **Schuldbestätigung** dazu bestimmt war, die Rechts- und Beweislage für die Zukunft verbindlich zu klären. So kann bspw das aufgrund eines **Vergleichs** abgegebene Anerkenntnis nicht mit der Begründung kondiziert werden, die verglichene Forderung habe nicht bestanden (zutr: BGH WM 66, 1280; vgl auch BGH NJW 00, 2501; WM 86, 50, 51). Aber auch ganz allg lässt sich nicht ohne Weiteres sagen, dass das Bestehen bzw Nichtbestehen der anerkannten Verbindlichkeit den Rechtsgrund für das hierauf erteilte Anerkenntnis liefert. Im Gegenteil: Dem Ausgangsschuldverhältnis wird in aller Regel gerade keine Verpflichtung zur Hingabe eines Anerkenntnisses zu entnehmen sein, deren rechtlicher Grund deshalb nicht im Kausalgeschäft, sondern in einer **gesonderten Abrede** der Parteien über die Hingabe des Anerkenntnisse zu finden ist (so im Grundsatz jetzt auch der BGH: NJW 00, 2501, 2502 – eine durch **Auslegung** zu klärende Frage des Einzelfalles; hL: AnwK/*v Sachsen Gessaphe* § 812 Rz 66; BaRoth/*Wendehorst* § 812 Rz 66; Palandt/*Sprau* § 812 Rz 81; *Reuter/Martinek* 119 f). Der Empfänger ist also auch dann zur Herausgabe verpflichtet, wenn der Anerkennende sich hat anerkannten Verbindlichkeit **irrtümlich** zur Abgabe eines Anerkenntnisse verpflichtet gesehen hat (Palandt/*Sprau* § 812 Rz 81; BaRoth/*Wendehorst* § 812 Rz 66). IÜ sind die praktischen Auswirkungen dieser dogmatisch verankerten Dif-

ferenzierung allerdings eher gering. Denn abseits der „Schuldbestätigungsfälle" wird das Bestehen der anerkannten Verbindlichkeit zumeist Geschäftsgrundlage für die Abrede über die Hingabe des Anerkenntnisses sein. Diese entfällt mit den sich aus § 313 ergebenden Rechtswirkungen, wenn die anerkannte Forderung nicht besteht, weil das Kausalgeschäft unwirksam ist (AnwK/*v Sachsen Gessaphe* § 812 Rz 66; Staud/*Lorenz* § 812 Rz 15; aA: BaRoth/*Wendehorst* § 812 Rz 66). IÜ ist an eine Gesamtnichtigkeit gem § 139 zu denken (AnwK/*v Sachsen Gessaphe* § 812 Rz 66).

II. Nichtleistungskondiktionen – § 812 I 1 Alt 2. 1. Grundlagen. Das Gesetz unterscheidet in § 812 I 1 zwischen zwei wesensverschiedenen Kondiktionstypen. Während bei allen Fällen der **Leistungskondiktion** der den Bereicherungsanspruch auslösende Zuwendungsvorgang auf eine (gescheiterte) rechtsgeschäftliche Entscheidung des Bereicherungsgläubigers, eben auf eine „Leistung" zurückzuführen ist (s. Rn 22 ff), muss der Bereicherungsschuldner iRd **Nichtleistungskondiktionen** das *„in sonstiger Weise"* rechtsgrundlos Erlangte herausgeben. Zwischen den Kondiktionstypen besteht echte **Alternativität** (AnwK/*v Sachsen Gessaphe* § 812 Rz 184 aE), die für den Bereicherungsausgleich in **Zweipersonenverhältnissen** außerhalb jeder Konkurrenzproblematik schon begrifflich den **Vorrang der Leistungskondiktion** erzwingt, weil der Empfänger dasjenige, was er durch Leistung erhalten hat, nicht zugleich „in sonstiger Weise" erlangt haben kann. Etwas komplizierter können die Dinge bei **Mehrpersonenverhältnissen** liegen. Erweist sich bspw die Leistung eines Nichtberechtigten (N) an den Empfänger (E) wegen § 932 als Eingriff in das Eigentum des Berechtigten (B), so stellt sich für den Bereicherungsausgleich die Frage, ob B trotz der im Verhältnis zwischen N und E bestehenden Leistungsbeziehung gem § 812 I 1 Alt 2 von E kondizieren kann. Va der BGH arbeitet in derartigen Fällen mit dem Grundsatz der **Subsidiarität der Nichtleistungskondiktion**, die immer dann ausgeschlossen sein soll, wenn der Bereicherungsgegenstand durch eine Leistung zugewendet worden ist (BGHZ 40, 272, 278; NJW 99, 1393, 1394; zuletzt: NJW 05, 60 f). Dieses „Kunstgriffs" bedarf es indes nicht, wenn man mit der hier ganz allg für den Bereicherungsausgleich in Mehrpersonenverhältnissen vertretenen Auffassung die Lösung über den Leistungsbegriff unter Berücksichtigung insb der sich aus §§ 816 I 2, 822, 932 ff ergebenden **Wertungskriterien** sucht (iE hierzu: Rn 76–84; vgl auch Rn 24, 27), mit deren Hilfe sich durchgängig konsistent entscheiden lässt, ob ein die Nichtleistungskondiktion ausschließender Behaltensgrund für den Empfänger besteht oder nicht. Das alles hat mit einer strukturellen Subsidiarität der Nichtleistungskondiktion letztlich nichts zu tun (iE zum Subsidiaritätsgrundsatz und zur Abgrenzung in den besonders problematischen **Verarbeitungs- und Einbaufällen**: Rn 80 ff).

Die in negativer Abgrenzung von der Leistungskondiktion nur unvollkommen als Auffangtatbestand definierte Nichtleistungskondiktion umfasst ganz unterschiedliche Bereicherungsvorgänge. Zu nennen sind in erster Linie die Fälle der **Eingriffskondiktion**, in denen die Vermögensverschiebung durch einen Eingriff (nicht notwendig des Bereicherungsschuldners) in den Zuweisungsgehalt einer fremden Rechtsposition erfolgt ist (dazu Rn 56 ff). Darunter fallen auch die spezialgesetzlich durch **§ 816** normierten Bereicherungskonstellationen. Bei der **Aufwendungskondiktion** (Verwendungskondiktion) geht es demgegenüber um Verwendungen des Bereicherungsgläubigers auf eine fremde Sache, die sich nach den hierfür maßgeblichen Grundsätzen weder als Leistung noch als Eingriff erweisen (dazu Rn 66 ff). Und schließlich sieht sich der ohne sein Zutun von einer Verbindlichkeit befreite Schuldner ggf der sog **Rückgriffskondiktion** des leistenden Dritten ausgesetzt, wenn dieser mit der Zuwendung an den Gläubiger gerade die Tilgung der für ihn fremden Schuld bezweckt hat. (Weil die Rückgriffskondiktion nur iRv Mehrpersonenverhältnissen in Betracht kommt, iE dort Rn 101 ff).

2. Grundtatbestand: Eingriffskondiktion. a) Grundgedanke und Anwendungsbereich. Charakteristisches Merkmal der **Eingriffskondiktion** ist es, dass die kondiktionsauslösende Vermögensverschiebung nicht wie bei § 812 I 1 Alt 1 vom Bereicherungsgläubiger (durch Leistung) bewirkt wird. Der Bereicherungsschuldner muss gem § 812 I 1 Alt 2 alle vermögenswerten Vorteile herausgeben, die er durch einen **unbefugten Eingriff** in eine nach der Rechtsordnung ausschl dem **Bereicherungsgläubiger zugewiesene Rechtsposition** erlangt hat. Die Eingriffskondiktion dient also dem iÜ insb durch §§ 823 ff und den Vindikationsanspruch des Eigentümers gewährleisteten **Güterschutz** (AnwK/*v Sachsen Gessaphe* § 812 Rz 74).

Zwischen den **deliktischen** Ansprüchen des Berechtigten und der allg Eingriffskondiktion besteht Anspruchskonkurrenz (BGHZ 68, 90, 94 ff; 77, 16, 25); Gleiches gilt für das Verhältnis zu **§ 985**, soweit es um die Herausgabe des rechtgrundlos erlangten Besitzes geht (AnwK/*v Sachsen Gessaphe* § 812 Rz 75). Demgegenüber lassen sich Ansprüche auf **Nutzungsersatz** grds nicht mit Hilfe der Eingriffskondiktion realisieren, die insoweit durch die wegen der Sperrwirkung des § 993 I 2 abschließenden Sonderreglungen der §§ 987 ff verdrängt wird (vgl ebenso für die Leistungskondiktion: Rn 39 mwN). Nicht vom Regelungsbereich der §§ 987 ff erfasst werden hingegen die durch **Veräußerung oder Verbrauch** des Eingriffsgegenstandes erlangten Surrogate, die demnach grds dem – für den Fall der unberechtigten Weitergabe allerdings durch § 816 spezialgesetzlich geregelten – Bereicherungszugriff des Berechtigten unterliegen (BGHZ 36, 56, 59; iE s. dort). Berührungspunkte bestehen darüber hinaus zur **angemaßten Eigengeschäftsführung**, bei der dem Geschäftsherrn durch § 687 II die Entscheidung überlassen ist, ob er den Geschäftsführer nach den Regeln der GoA oder gem § 812 I 1 Alt 2 auf Herausgabe des durch die Geschäftsanmaßung Erlangten in Anspruch nehmen will. Davon hängt dann auch ab, ob er selbst gem §§ 687 II 2, 684 1 dem Geschäftsführer nach bereicherungsrechtlichen Grundsätzen haftet (ebenso: AnwK/*v Sachsen Gessaphe* § 812 Rz 75).

58 **b) Tatbestandsmerkmale. aa) Eingriff ("in sonstiger Weise").** Der Bereicherungsanspruch aus § 812 I 1 Alt 2 setzt einen **Eingriff** in die Rechtssphäre des Bereicherungsgläubigers voraus. Was genau darunter zu verstehen ist, ergibt sich aus § 812 I 1 Alt 2 nicht. Für eine tatbestandskonforme Definition des Begriffs ist zu unterscheiden zwischen dem eigentlichen Eingriffsakt, seiner Qualifizierung als unbefugt und seinem Objekt.

59 Als „Eingriff" iSd § 812 I 1 Alt 2 kommen **Handlungen des Bereicherten** oder eines **Dritten** (Schulbeispiel: Hausmeister verfeuert fremde Kohle zugunsten des Hauseigentümers) in Betracht, die sowohl in aktivem Tun als auch in Unterlassen (Dulden) bestehen können (BaRoth/*Wendehorst* § 812 Rz 70). Darin unterscheidet sich die Eingriffskondiktion von der Aufwendungskondiktion, bei der die Vermögensverschiebung durch eine Handlung des Entreicherten herbeigeführt wird (vgl Rn 66). Des Weiteren kann auch der Erwerb **kraft Gesetzes** (etwa gem §§ 946 ff, wenn die Verbindung, Vermischung oder Verarbeitung vom Bereicherten vorgenommen wird; sonst: Aufwendungskondiktion), kraft **Hoheitsaktes** (Auskehrung des Versteigerungserlöses in der Zwangsvollstreckung) oder durch einen **Naturvorgang** (Zufliegen eines Bienenschwarms) einen Eingriff ioS darstellen (ausf mit weiteren Bsp: Erman/*Westermann* § 812 Rz 67 ff).

60 Dass nur der **unbefugte** Eingriff zum Bereicherungsausgleich führen kann, liegt auf der Hand. Daraus ließe sich auf erste Sicht der Schluss ziehen, jeden rechtswidrigen Zugriff auf ein fremdes Rechtsgut als „rechtsgrundlos" und deshalb konditionsauslösend anzusehen. Dieser Ansatz der von Schulz (AcP 105, 09, 1 ff) begründeten und in der Folgezeit in verschiedenen Ausprägungen weiterentwickelten (insb: *Kellmann* 110 ff; *Kleinheyer* JZ 70, 471 ff; wN bei MüKo/*Schwab* § 812 Rz 238 ff) **Rechtswidrigkeitstheorie** greift bei näherer Betrachtung allerdings in zweifacher Hinsicht zu kurz: Er umfasst einerseits auch solche Eingriffe, die ungeachtet ihrer Rechtswidrigkeit schon deshalb nicht bereicherungsrechtlich relevant sein können, weil dem Berechtigten keine geldwerte Verwertungsmöglichkeit des betroffenen Rechtsguts genommen wird (iE Rn 62). Auf der anderen Seite lassen sich Fallkonstellationen denken, in denen ein Bereicherungsanspruch gegeben sein muss, obwohl der Rechtsverlust ohne ein rechtswidriges Zutun des Bereicherten herbeigeführt wurde, so etwa beim Einbau gestohlener Baumaterialien durch den Bauhandwerker in das Gebäude des Bauherrn, der sich dann gem §§ 951 I iVm § 812 I 1 Alt 2 der Eingriffskondiktion des ursprünglichen Eigentümers der Baumaterialien ausgesetzt sieht (vgl *Larenz/Canaris* Schuldrecht II/2, § 69 I 1 b; iE zu den sog Einbaufällen: Rn 68 ff).

61 Vor diesem Hintergrund stellt nach heute hM jede im **Widerspruch zur rechtlichen Güterzuordnung** stehende Inanspruchnahme einer **fremden Rechtsposition mit ausschl Zuweisungsgehalt** einen Eingriff iSd § 812 I 1 Alt 2 dar (BGH NJW 07, 216, 217 Rz 17; Z 107, 117, 120; 99, 385, 387; 82, 299, 306; grdl: *Willburg* 27 ff; MüKo/*Schwab* § 812 Rz 244 ff; *Reuter/Martinek* 245 ff, 248; Erman/*Westermann* § 812 Rz 65; *Medicus* Rz 709 ff; BaRoth/*Wendehorst* § 812 Rz 122; AnwK/*v Sachsen Gessaphe* § 812 Rz 80 mwN). Dieser Sichtweise immanent ist eine stärkere Hinwendung zum **Eingriffsobjekt**, wodurch bei näherer Betrachtung Elemente des Tatbestandsmerkmals „auf dessen Kosten" für die tatbestandskonforme Bestimmung eines Bereicherungsvorgangs „in sonstiger Weise" herangezogen werden. Vereinfacht lässt sich also sagen: Es kommt entscheidend darauf an, **worauf** der Zugriff des Bereicherungsschuldners gerichtet war, nicht **wie** er erfolgt ist. Der Bereicherungsausgleich findet statt, soweit der aus der Inanspruchnahme des betroffenen Rechtsgutes resultierende **Vorteil** nach den Kriterien der allg Güterzuordnung dem Rechtsgutinhaber gebührt. Die gem § 812 I 1 Alt 2 bereicherungsrechtlich relevante Vermögensverschiebung ist also bei näherer Betrachtung das Ergebnis einer Beeinträchtigung der ausschl dem Rechtsgutinhaber zugewiesenen Befugnis, über die **kommerzielle Nutzung und Verwertung** einer ihm nach der rechtlichen Güterzuordnung zugewiesenen Rechtsposition entscheiden zu dürfen (BaRoth/*Wendehorst* § 812 Rz 123; AnwK/*v Sachsen Gessaphe* § 812 Rz 81 f, mwN). Anknüpfend an ein solcherart eingegrenztes Verständnis vom **„ausschl Zuweisungsgehalt"** des betroffenen Rechtsgutes lassen sich trotz eines va in dogmatischen Einzelheiten uneinheitlichen Meinungsbildes (ausf hierzu: MüKo/*Schwab* § 812 Rz 244 ff) alle wichtigen Kriterien für die Definition des Eingriffstatbestandes ableiten.

62 Nach obigen Grundsätzen muss der Bereicherungsschuldner eine dem Berechtigten zugewiesene **Nutzungs- oder Verwertungsmöglichkeit** okkupiert haben, die dieser ihm **gegen Entgelt** hätte gewähren können (BGHZ 107, 117, 120 f; BGH NJW 07, 216, 217 Rz 17; MüKo/*Schwab* § 812 Rz 250; BaRoth/*Wendehorst* § 812 Rz 123 f; AnwK/*v Sachsen Gessaphe* § 812 Rz 82; *Medicus* Rz 713). Hierfür reicht es aus, dass die **abstrakte Möglichkeit** einer entgeltlichen Verwertung bestand; ob der Berechtigte die Möglichkeit tatsächlich genutzt hätte oder im konkreten Einzelfall überhaupt hätte nutzen können, ist für die Entstehung eines Bereicherungsanspruchs nach allg M ohne Belang (BGH NJW 68, 197; München NJW-RR 96, 539; Hambg NJW-RR 99, 1204; AnwK/*v Sachsen Gessaphe* § 812 Rz 82; Erman/*Westermann* § 812 Rz 68; MüKo/*Schwab* § 812 Rz 249 f). Als taugliches Eingriffsobjekt kommen demnach in erster Linie alle durch § 823 I unmittelbar *geschützten* **absoluten Rechte und Rechtsgüter** in Betracht, namentlich das **Sacheigentum** mit den sich hieraus ergebenden Nutzungs-, Verwertungs- und Anwartschaftsrechten (allgM; vgl statt aller: Erman/*Westermann* § 812 Rz 67 mit zahlreichen Beispielen und Nachweisen; zur Auflassungsvormerkung: BGHZ 99, 385, 387; vgl auch BGH NJW 07, 216, 217 Rz 17: **Sicherungseigentümer** hat grds keinen Anspruch aus § 812 I 1

Alt 1 auf Herausgabe von Nutzungen aus dem Sicherungsgegenstand), des Weiteren **Immaterialgüterrechte**, insb Urheber-, Patent-, Gebrauchsmuster- und Markenrechte (iE hierzu: MüKo/*Schwab* § 812 Rz 263 ff; vgl zum Patent- und Gebrauchsmusterrecht: BGHZ 68, 90, 94 f; zum Markenrecht: BGHZ 99, 244; GRUR 01, 1156, 1158). Auch Verletzungen **allg Persönlichkeitsrechte** können zur Eingriffskondiktion führen, soweit sie einer entgeltlichen Verwertung zugänglich sind (BGHZ 20, 346 – Recht am eigenen Bild; BGHZ 81, 75, 80 ff – Namensrecht). Demgegenüber tangiert der Eingriff in den **eingerichteten und ausgeübten Gewerbebetrieb** keine kommerzialisierbaren Nutzungs- und Verwertungsrechte des Betriebsinhabers, so dass einer hierauf gestützten Eingriffskondiktion kein Erfolg beschieden sein sollte (BGHZ 107, 117, 121; 71, 86, 98; MüKo/*Schwab* § 812 Rz 269 mwN; aA: *Koppensteiner/Kramer* S 81 f; BaRoth/*Wendehorst* § 812 Rz 128; vgl auch: Staud/*Lorenz* Vor § 812 Rz 72). Ebenfalls keine eigenständige Nutzungs- und Verwertungsfunktion hat der (nichtberechtigte) **Besitz**, wohl aber das dem Mieter oder Pächter kraft rechtsgeschäftlicher Vereinbarung überlassene **Recht zum Besitz** (AnwK/*v Sachsen Gessaphe* § 812 Rz 83; BaRoth/*Wendehorst* § 812 Rz 126; idS wohl auch BGH NJW 06, 2323, 2325 – „rechtmäßiger Besitz"), soweit nicht die schuldrechtlichen Bestimmungen des Vertragsrechts vorgehen (hierzu: BGH NJW 87, 771, 772). Streitig ist, ob der Vermieter den durch eine unberechtigte **Untervermietung** erzielten Mietzins vom Mieter kondizieren kann. Der BGH hat dies mehrfach abgelehnt, weil dem Vermieter durch die unberechtigte Untervermietung kein eigenes verwertbares Recht genommen werde (BGH NJW 96, 838, 839; 64, 1853; ebenso Ddorf NJW-RR 94, 596; *Medicus* Rz 731; *Koppensteiner/Kramer* S 84). Dem dürfte mit der Einschränkung zuzustimmen sein, dass bereits die Gestattung der Untervermietung ein entgeltfähiges Verwertungsrecht des Vermieters darstellen kann, dessen Inanspruchnahme der Mieter sich ggf durch einen höheren Mietzins erkaufen muss. Die sich hieraus uU ergebende Mietzinsdifferenz wird der Vermieter deshalb wohl gem § 812 I 1 Alt 2 kondizieren dürfen (ähnl: Erman/*Westermann* § 812 Rz 71; vgl für den Sonderfall einer Überlassung für öffentliche Zwecke: BGH NJW 02, 60, 61). **Wettbewerbsverstöße** stellen in aller Regel keinen Eingriff in den Zuweisungsgehalt dar, weil die Vorschriften des UWG keine entgeltfähigen Rechtspositionen, sondern bloße Erwerbs- und Verwertungschancen schützen (BGHZ 107, 121; vgl iE: Staud/*Lorenz* Vor § 812 Rz 70 f, mwN). Anders nur in den Fällen der §§ 17, 18 UWG, für die der BGH das Konstrukt einer **Lizenzanalogie** heranzieht (BGHZ 57, 116, 117; NJW 77, 1062, 1063; ebenso bspw: MüKo/*Schwab* § 812 Rz 266 f; zum Meinungsstand: Staud/*Lorenz* Vor § 812 Rz 70 f).

bb) Etwas auf Kosten eines anderen erlangt – Unmittelbarkeit. Konditionsgegenstand ist wie bei 63 § 812 I 1 Alt 1 das „**erlangte Etwas**" (vgl Rn 28 ff). Der erlangte Vorteil geht allerdings nur dann iSd § 812 I 1 Alt 2 „**auf Kosten**" des Bereicherungsgläubigers, wenn er **unmittelbar** aus dem unbefugten Eingriff in dessen geschützte Rechtsposition stammt (BGHZ 71, 86, 99; ähnl: BGHZ 99, 385, 387 – Entreicherung und Bereicherung müssen auf „demselben historischen Vorgang" beruhen). Insb der BGH hat gegen skeptische Stimmen in der Lit (MüKo/*Schwab* § 812 Rz 44; *Koppensteiner/Kramer* 86 f; wohl auch AnwK/*v Sachsen Gessaphe* § 812 Rz 87) immer wieder die eigenständige Bedeutung des Kriteriums der **Unmittelbarkeit** betont, um die Parteien der Nichtleistungskondiktion festlegen und den Kondiktionsanspruch des Bereicherungsgläubigers auf dasjenige beschränken zu können, was der vermeintliche Bereicherungsschuldner tatsächlich aus dessen Vermögen (und nicht von einem Dritten) erlangt hat (BGHZ 94, 160, 165; vgl auch: BGHZ 99, 385, 390; zuletzt: BGH BauR 02, 775, 779; zutr zur Bedeutung des Unmittelbarkeitskriteriums insb BaRoth/*Wendehorst* § 812 Rz 133 f, 152 ff). Daran ist richtig, dass der aus dem Eingriff resultierende Vorteil nicht notwendig dem Eingreifenden zufließt (Schulbeispiel: Der Hausmeister verfeuert versehentlich fremde Kohle; die durch den Eingriff bedingte Bereicherung tritt – unmittelbar – beim Hauseigentümer ein), so dass dem Unmittelbarkeitsgedanken bei der Ermittlung des Bereicherungsschuldners Bedeutung zukommen kann. Des Weiteren lässt sich mit seiner Hilfe die Kondiktion von sog **Reflexvorteilen** vermeiden, wie sie bspw entstehen können, wenn ein Unternehmer von der behördlichen Genehmigung eines Produktes davon profitiert, dass ein anderer Unternehmer im Zusammenhang mit der Genehmigung eines ähnlichen Produkts den erforderlichen Forschungsaufwand bereits betrieben hat (BGHZ 107, 117, 118 ff; vgl auch: Karlsr NJW-RR 00, 1005, 1006 – Filmproduzent profitiert von der Schulung seiner Schauspieler durch einen Dritten; vgl auch BGH BauR 02, 775, 779).

cc) Ohne rechtlichen Grund. Die Erlangung eines Vermögensvorteils „durch Eingriff" ist zumeist schon 64 deshalb **rechtsgrundlos**, weil sie tatbestandsmäßig nur im Widerspruch zur rechtlichen Güterzuordnung erfolgen kann (dazu Rn 61 f). Dabei darf allerdings nicht übersehen werden, dass sich ein Behaltensgrund aus anderen Gründen, insb aus **gesetzlichen Bestimmungen** ergeben kann. IdS konditionsfest ist deshalb der **Gutgläubige** – wegen § 816 I 2 allerdings nur der entgeltliche – Erwerb vom Nichtberechtigten, wie sich bspw aus §§ 892 f, 932 ff, 1207, 1244, 2366 f BGB; 366 HGB ergibt (BaRoth/*Wendehorst* § 812 Rz 139; AnwK/*v Sachsen Gessaphe* § 812 Rz 89; vgl auch: Erman/*Westermann* § 812 Rz 80; Palandt/*Sprau* § 812 Rz 44). Keinen eigenständigen Behaltensgrund liefern hingegen die Vorschriften in §§ 946 ff, wie § 951 I 1 zu entnehmen ist (zum Behaltensgrund des gutgläubigen Erwerbs in diesen Fällen s. Rn 81 f).

Bei der Verwertung schuldnerfremder Sachen durch **Zwangsvollstreckung** scheidet eine Kondiktion gegen 65 den Ersteigerer aus, dem der Zuschlag nicht nur kraft Hoheitsaktes das Eigentum am Gegenstand der Versteigerung (vgl §§ 815, 817 ZPO; 90 ZVG), sondern auch einen Behaltensgrund verschafft. Demgegenüber kann der Vollstreckungsschuldner den ausgekehrten **Erlös** vom Vollstreckungsgläubiger mit der Eingriffskondiktion herausverlangen, weil seine materielle Berechtigung am verlorenen Eigentum sich am Versteigerungserlös fortsetzt, den der Vollstreckungsgläubiger mithin rechtsgrundlos (zu Eigentum) erlangt hat (hM: BGHZ 66, 150; zum Meinungsstand: Erman/*Westermann* § 812 Rz 74).

66 **3. Aufwendungskondiktion. a) Grundgedanke und Anwendungsbereich.** Im Unterschied zu den Tatbeständen der Eingriffskondiktion wird die konditionsauslösende Vermögensverschiebung bei der **Aufwendungskondiktion** nicht vom Bereicherten, sondern vom Entreicherten herbeigeführt (*Larenz/Canaris* Schuldrecht II/2, § 69 III 1a). Sie ist dadurch gekennzeichnet, dass der Bereicherungsschuldner mit eigenen Mitteln **Verwendungen** auf eine Sache des Bereicherungsgläubigers macht, wobei als Verwendungen idS neben dem von § 951 I 1 umfassten **Materialverlust** auch sonstige Aufwendungen, etwa **vermögenswerte Arbeitsleistungen** in Betracht zu ziehen sind, soweit sie auf Seiten des Bereicherungsgläubigers zu einer Vermögensmehrung geführt haben (AnwK/*v Sachsen Gessaphe* § 812 Rz 100 f). Darüber hinaus sind die für den Bereicherungsausgleich nach § 812 I 1 Alt 2 relevanten Aufwendungen von **Verwendungen iSd §§ 994 ff** zu unterscheiden, die nach – freilich bestrittener – Auffassung des BGH nur solche Vermögensaufwendungen umfassen sollen, die nicht zu einer grundlegenden Veränderung der Sache geführt haben (BGHZ 41, 157 ff; zu den sich hieraus ergebenden Konkurrenzproblemen in den sog Einbaufällen s. Rn 71 f). Die Abgrenzung zur **Leistungskondiktion** ergibt sich ohne weiteres aus der Anwendung des **normativen Leistungsbegriffs** (dazu Rn 22 ff). Der Anwendungsbereich der Aufwendungskondiktion endet folglich nach allg Grundsätzen dort, wo sich die Verwendungen als Leistung iSd § 812 erweisen (vgl Rn 54), ohne dass hierfür der von der Rspr insb für den Bereicherungsausgleich in Mehrpersonenverhältnissen herangezogene Subsidiaritätsgrundsatz bemüht werden muss (dazu iE Rn 80 ff). Die Aufwendungskondiktion greift deshalb nicht, soweit der **Nichtbesitzer** oder der (unrechtmäßige) **Fremdbesitzer** Aufwendungen im Hinblick auf einen (vermeintlich) bestehenden Vertrag tätigen. Demgegenüber erbringt der (unrechtmäßige, auch der bösgläubige) **Eigenbesitzer** schon denknotwendig keine Leistung, weil er sich den deshalb allenfalls gem § 812 I 1 Alt 2 kondizierbaren Vermögensvorteil selbst zuwendet (MüKo/*Schwab* § 812 Rz 302 f; *Medicus* Rz 892 f; AnwK/*v Sachsen Gessaphe* § 812 Rz 98). Soweit – bei bestehendem Vertragsverhältnis – die schuldrechtlichen Bestimmungen des **Leistungsstörungsrechts** Regelungen zum Aufwendungsausgleich enthalten (bspw in §§ 536 a II, 637), bleibt für Kondiktionsansprüche bereits nach allg Grundsätzen kein Raum (hierzu iE Rn 19).

67 Der gesetzlich nicht normierte Typus der Aufwendungskondiktion begegnet dem Rechtsanwender außerhalb des unmittelbaren Anwendungsbereichs von § 812 I 1 Alt 2 insb in der Vorschrift **§ 951 I 1**, die eine **Rechtsgrundverweisung** auf die Bestimmungen des Bereicherungsrechts enthält (BGHZ 40, 272, 276; 35, 356, 359). An deren tatbestandlichen Voraussetzungen führt in der Praxis idR allerdings dennoch kein Weg vorbei, weil es in den bereicherungsrechtlich relevanten Einbaufällen zumeist nicht nur um den von § 951 I 1 umfassten Materialaufwand (BGH WM 66, 369, 370; *Medicus* Rz 898), sondern auch um **frustrierte Arbeitsleistungen** geht (dazu iE unten Rn 71). Eine ebenfalls wichtige Verweisungsnorm ist **§ 684 1**, die hinsichtlich der hier interessierenden Aufwendungslagen durch die in §§ 539 I, 601 II und 994 II niedergelegten Verweisungen auf die Vorschriften der GoA zur Anwendung gelangen kann und über § 687 II 2 auch für die **angemaßte Eigengeschäftsführung** gilt, wenn der Geschäftsherr für eine GoA-Lösung optiert (hierzu Rn 57). Allen diesen mittelbar zu Konditionstatbeständen deklarierten Verwendungsersatzansprüchen ist gemein, dass sie an eine den Tatbestand des § 812 I 1 Alt 2 ausfüllende Rechtsgrundlosigkeit der erstattungspflichtigen Aufwendungen geknüpft sind, so dass in aller Regel offen bleiben kann, ob es sich bei § 684 1 um eine Rechtsgrundverweisung oder um eine Rechtsfolgenverweisung handelt (zum Meinungsstand s. Rn 38), zumal die ausschl die Tatbestände der Leistungskondiktion betreffenden Kondiktionssperren aus §§ 814, 815, 817 2 (s. dort) in keinem Fall greifen (iE ebenso: BaRoth/*Wendehorst* § 812 Rz 158; AnwK/*v Sachsen Gessaphe* § 812 Rz 96). Schließlich ist auf **§ 347 II 2** hinzuweisen, der für den Ersatzanspruch des Rückgewährschuldners für andere als notwendige Verwendungen ebenfalls auf die Bereicherung des Gläubigers abstellt (Rechtsfolgenverweisung – AnwK/*v Sachsen Gessaphe* § 812 Rz 97).

68 **b) Sonderproblem: Bauen auf fremdem Grund (Einbaufälle). aa) Grundlagen.** Besonders umstr ist die monetäre Abwicklung von **rechtsgrundlos erbrachten Bauarbeiten auf fremdem Boden.** Das überrascht nicht angesichts der Vielfalt der in Betracht zu ziehenden Erscheinungsformen solcher fremdnützigen Bautätigkeiten im Spannungsfeld zwischen Bereicherungsausgleich, Geschäftsführung ohne Auftrag (GoA – §§ 677 ff) und den Regeln zum Eigentümer-Besitzer-Verhältnis (EBV – §§ 987 ff). Deshalb erfordert abseits der gesondert zu erörternden Probleme bei Mehrpersonenverhältnissen (hierzu Rn 76 ff, 82 ff) bereits die rechtliche Beurteilung bauleistungsbezogener Rechtsbeziehungen in Zweipersonenverhältnissen eine differenzierte Betrachtungsweise.

69 Eine erste Gruppe von Fallkonstellationen betrifft echte **Bauleistungen**, die zumeist der Unternehmer für den Grundstückseigentümer/Bauherrn erbringt. Dann geht es nicht um Verwendungen, sondern um Leistungen, die bei fehlender vertraglicher Grundlage nach den Regeln der (berechtigten) **GoA** (so die Rspr: BGH NJW 00, 72 mwN; 00, 1560, 1562; 93, 3196), sonst mit Hilfe der **Leistungskondiktion** rückabzuwickeln sind (so

die hL: *S. Lorenz* NJW 96, 883 ff; Staud/*Lorenz* Vor §§ 812 ff Rz 45; AnwK/*v Sachsen Gessaphe* § 812 Rz 26; MüKo/*Seiler* § 677, Rz 48; *Reuter/Martinek* 709; *Medicus* Bürgerliches Recht Rz 411 f; *Larenz/Canaris* Schuldrecht II/2 § 74 III 2; vgl zum Ganzen auch Rn 38).

Anders, wenn der **Besitzer** Baumaßnahmen auf dem Grundstück des Eigentümers vornimmt. Insoweit ist zu unterscheiden: Aufwendungen des (unrechtmäßigen) **Fremdbesitzers** auf die für ihn fremde Sache unterliegen der **Leistungskondiktion**, soweit sie zwecks Erfüllung einer vermeintlich bestehenden vertraglichen Verbindlichkeit erbracht werden (Bsp: Umbaumaßnahmen des Mieters an der Mietwohnung; iE hierzu und zur Konkurrenz zwischen Leistungskondiktion und EBV: Rn 40). Erbringt der Fremdbesitzer diese Bauleistungen hingegen bewusst vertragslos in vom Eigentümer gebilligten, letztlich aber frustrierten Erwartung, Eigentümer des Grundstückes (etwa im Wege der Erbfolge) zu werden, so hängt die Konditionsform davon ab, ob man die Zuwendungen als (zu dem Zweck der Erlangung des Eigentums erbrachte) Leistung oder als Verwendung ansieht. Im erstgenannten Fall käme (ausschl!) die *condictio ob rem* in Betracht; andernfalls wäre mit Hilfe der **Verwendungskondiktion** gem §§ 951 I 1, 812 I 1 Alt 2 zu lösen. Richtig und praxisgerecht ist – das Bestehen einer rechtsgeschäftlichen Zweckabrede vorausgesetzt (dazu Rn 45) – der Weg über die **Zweckverfehlungskondiktion** (iE mN: Rn 47 f). 70

bb) Konditionssperre aus §§ 994 ff. Bleiben für die Aufwendungskondiktion also nur die Fälle, in denen der (unrechtmäßige) **Fremdbesitzer** ohne rechtsgeschäftlichen Vertrags- oder Zweckbezug, sonst der (unrechtmäßige) **Eigenbesitzer** Baumaßnahmen auf einem fremden Grundstück ausführt (vgl auch Rn 66). Das wirft dann allerdings die Frage nach der seit langem streitigen **Konkurrenz** zu den ebenfalls den Verwendungsersatz betr Bestimmungen in §§ 994 ff auf, die zumeist mit Blick auf die Verwendungskondiktion ieS aus § 951 I 1 diskutiert wird (zum Meinungsstand: *Medicus* Rz 895 ff mwN). Im Grunde gilt hier nichts anderes als für das Verhältnis zwischen der Leistungskondiktion und §§ 994 ff (hierzu: Rn 40): Folgt man der Rspr des BGH, wonach die **Sperrwirkung der §§ 994 ff** auch solche Aufwendungen des unrechtmäßigen Besitzers erfasst, die vom Boden des engen Verwendungsbegriffs keine Verwendungen iSd § 994 ff sind, weil sie zu einer grundlegenden Veränderung der Sache geführt haben (grundl BGHZ 41, 157, 160; ebenso: BGHZ 87, 296, 301; 131, 220, 222 f; anders noch BGHZ 10, 171 ff: Kondiktion einer sachverändernden Bebauung zulässig), so bleibt für die Aufwendungskondiktion in den hier interessierenden Fällen fast kein Raum (Ausnahme: **Exzessverwendungen** des berechtigten Besitzers – vgl BGHZ 23, 61 ff). Im Ergebnis ist der **unredliche Besitzer** dann auf sein Wegnahmerecht aus § 997 und – wegen §§ 994 II, 996 – auf Ersatzansprüche aus GoA nur für notwendige Verwendungen beschränkt, zu denen die hier in Rede stehenden Bauleistungen nach Auffassung des BGH gerade nicht gehören. Genau darum geht es: Der Eigentümer soll davor geschützt werden, die oft erheblichen Geldmittel für die Bezahlung sachverändernder Baumaßnahmen des bösgläubigen Besitzers aufbringen zu müssen, um seinen Vindikationsanspruch durchsetzen zu können – § 1000. Dem lässt sich freilich entgegenhalten, dass auf diese Weise der nichtbesitzende Verwender ohne erkennbaren sachlichen Grund schlechter gestellt wird, als der besitzende (*Medicus* Rz 897; AnwK/*v Sachsen Gessaphe* § 812 Rz 99). IÜ wird man § 951 II 1 die gesetzgeberische Vorgabe entnehmen müssen, dass jedenfalls der bereicherungsrechtliche Verwendungsersatzanspruch aus § 951 I 1 neben den Regelungen des EBV anwendbar sein soll (Medicus Rz 897; AnwK/*v Sachsen Gessaphe* § 812 Rz 99; BaRoth/*Wendehorst* § 812 Rz 160; aA Staud/*Gursky* Vor § 994 Rz 43). Vor diesem Hintergrund erscheint es richtig und gesetzeskonform, Ansprüche aus § 951 I 1 **neben** denen aus §§ 994 ff zuzulassen (ebenso: *Medicus* Rz 897; Staud/*Lorenz* Vor § 812 Rz 43; AnwK/*v Sachsen Gessaphe* § 812 Rz 99; *Koppensteiner/Kramer* 205 ff; vgl insb auch *Canaris* JZ 96, 344, 346 ff), was zur Vermeidung unüberbrückbarer Widersprüche dann aber außerhalb des durch § 951 I 1 gewährleisteten Verwendungsersatzes für **Materialaufwand** auch für **Arbeitsaufwand** und sonstige Aufwendungen gelten muss, die der Besitzer in unmittelbarer Anwendung des § 812 I 1 Alt 2 ersetzt verlangen kann (ebenso: *Medicus* Rz 897; AnwK/*v Sachsen Gessaphe* § 812 Rz 99; aA bspw: BaRoth/*Wendehorst* § 812 Rz 160 mwN). 71

cc) Schutz gegen aufgedrängte Bereicherungen. In rechtlicher Konsequenz führt die hier befürwortete **Anspruchskonkurrenz** zwischen §§ 951 I 1, 812 I 1 Alt 2 und §§ 994 ff allerdings zu dem insoweit wenig willkommenen Ergebnis, dass der Eigentümer den durch §§ 994 ff gewährleisteten Schutz vor einer übermäßigen Inanspruchnahme durch den Besitzer verliert, der überdies den Vindikationsanspruch des Eigentümers mit Hilfe seines verwendungsbedingten Kondiktionsanspruchs abwehren kann (§ 273). Der Eigentümer wäre also gezwungen, selbst unerwünschte Bauleistungen zu bezahlen, um sein Grundstück zurückzubekommen. Aus Sicht des BGH stellt sich dieses Problem nur bei **Exzessverwendungen** des **rechtmäßigen** Besitzers (s.o. Rn 71). Er hat für diese Fälle die Lösung über **§ 1001 2** gesucht und den Eigentümer von bereicherungsrechtlichen Verwendungsersatzansprüchen des Besitzers freigestellt, wenn er diesem die Möglichkeit einräumt, die unerwünschte Bauleistung zu beseitigen (BGHZ 23, 61 ff). Das ist indes nicht nur wirtschaftlich wenig sinnvoll, sondern angesichts des Rückgriffs auf eine Vorschrift zum EBV außerhalb der Regelungsbereichs der §§ 989 ff auch dogmatisch bedenklich. IÜ ist der Eigentümer ohnehin nicht schutzlos. Erweist sich nämlich die Verwendung zugleich als **Eigentumsverletzung**, kann er den sich solcherart aus §§ 1004, 823 I, 989, 990 iVm § 249 ergebenden Beseitigungsanspruch der Verwendungskondiktion des Besitzers als **dauernde Einrede** entgegenhalten (§ 813 greift nicht, s. dort), so dass diesem im Ergebnis nur die Wegnahme bleibt (ebenso: 72

Medicus Rz 899). Das ist freilich mangels zwingender Verknüpfung zwischen Verwendung und Eigentumsverletzung nicht immer der Fall (hierzu: *Medicus* Rz 899) und beseitigt iÜ nicht das Problem, dass der Eigentümer vorbehaltlich der wohl nur selten eingreifenden Kondiktionssperre aus § 819 I nur gegen Bezahlung des unerwünschten Aufwandes vindizieren kann.

73 Die Lit versucht dem Eigentümer mit unterschiedlichen Ansatzpunkten über eine Beschränkung des **Umfangs des Bereicherungsanspruchs** zu einem angemessenen Schutz gegen solcherart **aufgedrängte Bereicherungen** zu verhelfen (ausf zum Meinungsstand: MüKo/*Schwab* § 818 Rz 201 ff mwN). Im Zentrum der Diskussion steht dabei der in § 818 III verankerte Rechtsgedanke, dass der Bereicherungsschuldner über die tatsächlich wertmäßig vorhandene Bereicherung hinaus nichts von seinem sonstigen Vermögen hergeben muss (s. § 818 Rn 18). Diese Privilegierung des Bereicherungsschuldners wäre faktisch außer Kraft gesetzt, wenn er von ihm nicht veranlasste und weiterhin unerwünschte Aufwendungen des Besitzers voll bezahlen müsste. Vor diesem Hintergrund ist es gerechtfertigt, den gem § 818 II grds objektiv zu bestimmenden Wert des Erlangten nach **subjektiven Maßstäben** zunächst auf das zu beschränken, was der Bereicherungsschuldner sich **wirklich zunutze macht**, sei es durch Ingebrauchnahme oder durch kommerzielle Verwertung (AnwK/*v Sachsen Gessaphe* § 812 Rz 106; *Koppensteiner/ Kramer* 171 ff; Erman/*Westermann* § 814 Rz 6; abl jetzt: MüKo/*Schwab* § 818 Rz 202 ff – Lösung über § 818 III). Dann müsste der Bereicherungsgläubiger mit der Geltendmachung seines Kondiktionsanspruches allerdings warten, bis der Bereicherungsschuldner/Eigentümer die ihm zugeflossenen Nutzungsvorteile **tatsächlich realisiert**. Das erscheint wenig praktikabel und erzwingt deshalb nach zutreffender Auffassung letztlich eine **normative** Betrachtungsweise, die den bereits mit der rechtsgrundlosen Vermögensverschiebung entstanden Wertersatzanspruch des Bereicherungsgläubigers auf solche Wertsteigerungen erstreckt, die der Bereicherungsschuldner sich nach den Umständen **künftig** zunutze gemacht hätte oder unter **Zumutbarkeitsgesichtspunkten** zunutze machen müsste (ebenso: AnwK/*v Sachsen Gessaphe* § 812 Rz 107; noch weitergehend – Obliegenheit: *Larenz/ Canaris* Schuldrecht II/2, § 72 IV 3d). Allerdings darf der Bereicherungsanspruch betragsmäßig den **Wert der tatsächlich vom Bereicherungsgläubiger erbrachten Aufwendungen** nicht übersteigen (BGH NJW 99, 1626, 1630; aA *Reuter/Martinek* 548 f).

74 **c) Tatbestand und Rechtsfolgen.** Abseits der vorerörterten Anwendungsprobleme bestehen hinsichtlich der **tatbestandlichen Voraussetzungen** der Aufwendungskondiktion keine Besonderheiten ggü der allg Eingriffskondiktion. Auf die dortigen Ausführungen wird verwiesen (Rn 58–66).

75 Auf der Rechtsfolgenseite der Aufwendungskondiktion ist zu berücksichtigen, dass die Verwendungen nur selten *in natura* (§ 818 I) herausgegeben werden können. Deshalb kommt regelmäßig nur ein **Wertersatzanspruch** nach § 818 II in Betracht, der beim **Bau auf fremdem Boden** nach hM nicht etwa dem Wert der Verwendungen (Material und Arbeitsaufwand) entspricht, sondern vielmehr in der durch die Verwendungen eingetretenen **Verkehrswertsteigerung** des Grundstücks besteht (BGHZ 17, 236, 241; NJW 62, 2293; WM 66, 369, 370 f; Kobl NJW 90, 126; Staud/*Lorenz* § 818 Rz 26 mwN; aA: MüKo/*Schwab* § 818 Rz 99; Staud/*Gursky* § 951 Rz 24).

76 **III. Der Bereicherungsausgleich in Mehrpersonenverhältnissen. 1. Einleitung.** Der **Bereicherungsausgleich in Mehrpersonenverhältnissen** gehört zu den schwierigsten, jedenfalls zu den unübersichtlichsten Problemfeldern, die das allg Zivilrecht für den Rechtsanwender bereithält. Das hat zu einer bis in kleinste Verästelungen reichenden Diversifizierung der Meinungen in einer nicht unerheblichen Anzahl von dogmatischen Streitpunkten geführt, die eher geeignet ist zu vernebeln, was es zu erhellen gilt und sich in einer – wie der BGH selbst bekennt (insb BGH NJW 04, 1169) – stark von den Besonderheiten des jeweiligen Einzelfalles geprägten, deshalb zuweilen etwas konturlosen Rspr abbildet (krit hierzu insb: *Hadding* WuB, 187). Gleichwohl steht am Ende all dieser Bemühungen ein erstaunlich hohes Maß an Übereinstimmung in den gefundenen Ergebnissen, was wiederum auf einen weit reichenden, nicht zuletzt vom BGH in den sog „Anweisungsfällen" (s.u. Rn 85 ff) vorangetriebenen Grundkonsens hinsichtlich der für die rechtliche Beurteilung des Bereicherungsausgleichs in Mehrpersonenverhältnissen wichtigen Wertungsentscheidungen zurückzuführen sein dürfte. Die folgenden Ausführungen verzichten deshalb auf eine – auch nur anthologische – Darstellung des Meinungsbildes, das stattdessen als Fundament für die Erarbeitung zuverlässiger Entscheidungsgrundsätze aus den praktisch relevanten Fallkonstellationen dienen soll.

77 **2. Allgemeine Grundsätze. a) Durchgriffsverbot.** Am Anfang aller Erwägungen für eine geordnete Rückabwicklung rechtsgrundloser Zuwendungen in Mehrpersonenverhältnissen steht das historisch aus dem Verbot der **Versionsklage** entwickelte **Durchgriffsverbot**. Es besagt, dass der Bereicherungsgläubiger sich mit seinem Kondiktionsanspruch an denjenigen halten muss, dem der durch den Bereicherungsvorgang aus seinem Vermögen herausgelöste Kondiktionsgegenstand zugeflossen ist, und nicht auf das Vermögen anderer Personen zurückgreifen darf, die lediglich **mittelbar** von der kondiktionsauslösenden Vermögensverschiebung profitiert haben (vgl AnwK/*v Sachsen Gessaphe* § 812 Rz 127). Sichtbar wird dieser Grundsatz insb in der Vorschrift des § 822, die dem Bereicherungsgläubiger nur dann den Zugriff auf das Vermögen des begünstigten Zweiterwerbers ermöglicht, wenn er mit seinem Kondiktionsanspruch gegen den Ersterwerber ausfällt, weil dieser den Kondiktionsgegenstand an jenen **unentgeltlich** weitergegeben hat (vgl hierzu: § 822 Rn 2 ff). Der Durchgriff auf das Vermögen des Zweiterwerbers ist also die **Ausnahme** von der Regel, dass sich der Berei-

cherungsgläubiger an den unmittelbar begünstigten Ersterwerber halten muss. Die solcherart iÜ auch durch § 816 I gesetzlich verankerte **Schwäche des unentgeltlichen Erwerbs** als nicht kondiktionsfest (s. § 816 Rn 2) stellt im Zusammenspiel mit den Vorschriften zum **gutgläubigen Erwerb vom Nichtberechtigten** (§§ 932 ff; 366 I HGB) wiederum ein wichtiges Kriterium für die bereicherungsrechtliche Zuordnung von Vermögensverschiebungen in Mehrpersonenverhältnissen dar, auf das insb im Zusammenhang mit den sog **Einbaufällen** zurückzukommen sein wird (Rn 82 ff).

b) **Leistungsbegriff.** Für den Bereicherungsausgleich in **mehrgliedrigen Leistungsverhältnissen** führt das 78 Prinzip des Durchgriffsverbots zu der Erkenntnis, dass der Bereicherungsausgleich grds iRd **bestehenden Leistungsbeziehungen** stattzufinden hat (so ausdrücklich zuletzt: BGH NJW 08, 2331, Rn 9 mwN). Das gilt nicht nur für die sog „**Leistungskette**" (A verkauft und liefert an B, der an C weiterveräußert), sondern betrifft auch die sog „**Anweisungsfälle**" (dazu Rn 85 ff). Zwischen welchen Beteiligten dann solche Leistungsbeziehungen bestehen, lässt sich nach hiesigem Begriffsverständnis zumeist mit Hilfe des **normativen Leistungsbegriffs** beantworten (hierzu iE Rn 22 ff); nur in besonders gelagerten Problemfällen wird auf insb von *Canaris* (FS Larenz 799 ff, 857 ff und *Larenz/Canaris* II/2 § 70 VI 2, 248 f) herausgearbeitete, dem Leistungsbegriff iÜ weitgehend inhärente **Wertungskriterien** abzustellen sein (iE Rn 23, 27 aE), die mit Blick auf die hierauf im Folgenden aufbauenden Ausführungen an dieser Stelle noch einmal genannt seien:
- Jeder Partei müssen ihre **Einwendungen** gegen die andere Partei des fehlerhaften Kausalverhältnisses erhalten bleiben;
- Keine Partei darf Einwendungen ausgesetzt sein, die ihr Vertragspartner aus Rechtsbeziehungen zu Dritten ableitet (**exceptio ex iure tertii**);
- Jede Partei darf nur das **Risiko der Zahlungsunfähigkeit** desjenigen tragen, den sie sich selbst als (Vertrags-)Partner ausgesucht hat.

c) **Unmittelbarkeitsgrundsatz.** Im Bereich der **Eingriffskondiktionen** findet das Durchgriffsverbot seine 79 Ausprägung im **Unmittelbarkeitsgrundsatz**, mit dessen Hilfe konditionsfeindliche **Reflexvorteile** Dritter vom bereicherungsrechtlich relevanten Vermögenserwerb des eingreifenden Bereicherungsschuldners abgegrenzt werden können. Darüber hinaus lassen sich aus dem Unmittelbarkeitskriterium erhellende Rückschlüsse auf die **Person des Bereicherungsschuldners** ziehen, wenn der Vermögensvorteil überhaupt nicht beim Eingreifenden, sondern bei einem Dritten eintritt (zum Ganzen: Rn 63).

d) **Schutz des gutgläubigen Erwerbers – Unerheblichkeit des Subsidiaritätsgrundsatzes. aa) Ausgangslage.** 80 Erweist sich die Leistung (des Nichtberechtigten) zugleich als Eingriff in die Rechtssphäre eines anderen (des Berechtigten), so stellt sich vordergründig die Frage nach dem **Verhältnis zwischen Leistungs- und Eingriffskondiktion**, die va der BGH mit dem **Subsidiaritätsgrundsatz** zunächst dahin beantwortet hat, dass der Leistungskondiktion generell der Vorrang vor der Eingriffskondiktion gebühre: Die Nichtleistungskondiktion des beeinträchtigten Berechtigten soll nur dann greifen, wenn der Bereicherungsgegenstand dem Empfänger überhaupt nicht, also von niemandem geleistet wurde (BGHZ 40, 272, 278). Im Anschluss an die mit diesem Grundsatz nicht zu vereinbarende **Jungbullenentscheidung** (BGHZ 55, 176, s.u. Rn 82) hat der BGH seine Subsidiaritätshypothese zwar dahin relativiert, dass nur derjenige, der selbst etwas geleistet habe, bereicherungsrechtlich mit der Leistungskondiktion gegen seinen Vertragspartner vorgehen müsse und mit der Geltendmachung der Eingriffskondiktion gegen den neuen Eigentümer ausgeschlossen sei (BGHZ 56, 228 ff; NJW 99, 1393, 1394; zuletzt: NJW 05, 60 f). Die folgenden Untersuchungen werden indes zeigen, dass es dieses dogmatisch in beiden Erscheinungsformen kaum zu rechtfertigenden Grundsatzes nicht bedarf. Vielmehr kann und muss der Bereicherungsausgleich auch bei Zusammentreffen von Eingriff und Leistung nach allg Grundsätzen in einer verständigen Anwendung der soeben skizzierten **Wertungsprinzipien** (Rn 77–79) erfolgen (vgl zur Unbehelflichkeit des Subsidiaritätsgrundsatzes: AnwK/*v Sachsen Gessaphe* § 812 Rz 184 ff mwN aus der Lit). Als besonders bedeutsam erweist sich dabei das Grundprinzip der **Rechtsbeständigkeit des gutgläubigen entgeltlichen Erwerbs** (dazu iE Rn 82 f; für einen weitergehenden Abschied von der Heranziehung des Leistungsbegriffs und eine sachenrechtlich geprägte Beurteilung der bereicherungsrechtlichen Rückabwicklung in Mehrpersonenverhältnissen: *Hager* FS 50 Jahre BGH, 778).

bb) **Grundfall – rechtsgeschäftlicher Erwerb vom Nichtberechtigten.** Die bereicherungsrechtlich relevanten 81 Zusammenhänge beim Aufeinandertreffen von Leistung und Eingriff lassen sich exemplarisch an einem simplen Fall verdeutlichen: A übereignet ihm von B unter Eigentumsvorbehalt gelieferte Ware vorbehaltlos an den gutgläubigen Käufer C. Dann erwirbt C zu Lasten des vormals Berechtigten B kraft Gesetzes gem §§ 929, 932 I 1 das **Eigentum**. Einer **(Direkt-)Kondiktion** des B gegen C steht **§ 816 I 1** im Wege, wonach B sich bereicherungsrechtlich an A halten muss, von dem er den Verkaufserlös herausverlangen kann (iE hierzu: § 816 Rn 22). Dogmatischer Hintergrund hierfür ist: Der durch §§ 932 ff, 366 HGB privilegierte **gutgläubige Erwerber** soll nicht nach bereicherungsrechtlichen Grundsätzen das herausgeben müssen, was der Alteigentümer nach den Grundprinzipien des Gutglaubensschutzes nicht vindizieren kann (ausf zum Normzweck des § 816: MüKo/*Schwab* § 816 Rz 1 ff, mwN). Der gutgläubige Erwerb schafft bereicherungsrechtlich also kraft gesetzlicher Wertung einen **Behaltensgrund**, soweit er **entgeltlich** ist (AnwK/*v Sachsen Gessaphe*

§ 812 Rz 188). An alledem ändert sich nichts, wenn der Kaufvertrag **unwirksam** ist und A von C gem § 812 I 1 Alt 1 kondizieren kann (so zutr die in diesem Zusammenhang herrschende **Doppelkondiktionslehre**; iE hierzu: § 816 Rn 16). Probleme wirft dann allenfalls die Beantwortung der Frage auf, worin genau der Kondiktionsanspruch des A gegen C (Stichwort: Rückerwerb des Nichtberechtigten) und va der des B gegen A aus § 816 I 1 besteht (iE § 816 Rn 16; vgl zur vergleichbaren Situation beim Doppelmangel: Rn 90; eingehend hierzu: Erman/*Westermann* § 816 Rz 11). War C hingegen **bösgläubig** und die Verfügung A/C deshalb unwirksam (932 I 1), so kommt eine dann allenfalls den (mittelbaren) Besitz betr Eingriffskondiktion des B gegen C in Ermangelung eines tauglichen Eingriffsobjektes (vgl Rn 62) schon tatbestandlich nicht in Betracht. Die Frage nach der Subsidiarität der Eingriffskondiktion stellt sich in diesen Fällen also nicht.

82 **cc) Rechtserwerb gem §§ 946 ff – Verarbeitungs- und Einbaufälle.** Etwas anders liegen die Dinge, wenn der Berechtigte sein Eigentum nicht gem §§ 932 ff, 366 HGB durch eine rechtsgeschäftliche Verfügung des Nichtberechtigten, sondern erst kraft Gesetzes gem §§ 946 ff durch **Verbindung, Vermischung oder Verarbeitung** an den Erwerber verliert. Die Rechtslage wird deutlich an den viel diskutierten **Einbaufällen** (eingehend zum Meinungsstand: MüKo/*Lieb* § 812 Rz 270 ff): Bauunternehmer A baut ihm von Baustoffhändler B unter Eigentumsvorbehalt geliefertes Baumaterial in das Gebäude des gutgläubigen Grundstückseigentümers C ein. Hier hat C im Unterschied zum soeben erörterten Fall (Rn 81) das Eigentum nicht durch eine rechtsgeschäftliche Verfügung des A, sondern durch Verbindung gem § 946 **kraft Gesetzes** erworben. § 816 I 1 greift also nicht, so dass eigentlich der Weg für eine **Direktkondiktion** des B aus §§ 951 I 1, 812 I 1 Alt 2 gegen den eingreifenden Erwerber C frei wäre. Vordergründig scheint die sich auf diese Weise ergebende **Rechtsfortwirkung des Vindikationsanspruches** (grundlegend zur Funktion der Eingriffskondiktion: *Wilburg* 73 ff) des Alteigentümers vom Gesetz erzwungen. Denn § 951 I 1 ordnet ja gerade an, dass der Eigentumserwerb gem §§ 946 ff – anders als beim gutgläubigen Erwerb nach §§ 932 ff – keinen Behaltensgrund für den Erwerber schafft und deshalb nicht kondiktionsfest ist (AnwK/*v Sachsen Gessaphe* § 812 Rz 194). Damit wäre dann allerdings für den hier interessierenden Erwerb „übers Dreieck" das Grundprinzip der **Rechtsbeständigkeit des gutgläubigen Erwerbs** faktisch ausgehebelt: B könnte von C nach bereicherungsrechtlichen Grundsätzen etwas, nämlich das verlorene Eigentum, herausverlangen, was er im Falle einer **rechtsgeschäftlichen Übertragung** des Eigentums am Baumaterial beim Nichtberechtigten A weder hätte vindizieren, noch kondizieren können (vgl Rn 81). Ein sachlicher Grund für eine solche Differenzierung bei gleicher Interessenlage findet sich nicht. Deshalb ist es richtig und geboten, den Kondiktionsanspruch des Alteigentümers aus § 951 I 1 nach den gleichen Kriterien zu beurteilen, wie sie sich für den rechtsgeschäftlichen Erwerb aus §§ 816, 932 ff ergeben (iErg ebenso: Staud/*Lorenz* § 812 Rz 62 f; MüKo/*Schwab* § 816 Rz 17; *Hager* FS 50 Jahre BGH, 777, 814 ff – Analogie; AnwK/*v Sachsen Gessaphe* § 812 Rz 195 – Parallelwertung; *Medicus* Rz 729 f). Das bedeutet: Die Nichtleistungskondiktion des Alteigentümers gegen den Erwerber ist ausgeschlossen, soweit dieser sich in entspr Anwendung der durch §§ 816, 932 ff manifestierten Wertungen auf einen **Behaltensgrund** berufen darf. Das ist dann **nicht** der Fall, wenn er **bösgläubig** (§ 932 I 1) oder die Sache dem Alteigentümer **abhanden gekommen** war (§ 935). Dementsprechend hat der BGH beim gem § 950 wirksamen Erwerb von Eigentum an gestohlenen Gegenständen nicht den Subsidiaritätsgrundsatz (dazu oben Rn 80) angewendet, sondern die **Direktkondiktion** des Alteigentümers gegen den Erwerber gem §§ 951 I 1, 812 I 1 Alt 2, 818 II mit der Begründung zugelassen, dass sich der Erwerber ggü seinem vormaligen Eigentümer (nur) wegen § 935 nicht auf einen Behaltensgrund berufen könne (BGHZ 55, 176 – **Jungbullenfall**). Im Ausgangsfall kann der **gutgläubige** C demgegenüber den Kondiktionsanspruch des B abwehren, der sich stattdessen an A halten muss. Mit der Anwendung dieser Kriterien ist die Entscheidung gefallen, ob der Alteigentümer direkt beim entgeltlichen Erwerber kondizieren kann oder ob der Bereicherungsausgleich „über Eck" zu erfolgen hat. Sie hat unabhängig davon Bestand, ob der Zwischenmann bei Unwirksamkeit des Kausalgeschäfts seinerseits beim Erwerber kondizieren kann. Mit einer vermeintlich **originären Subsidiarität** der Nichtleistungskondiktion hat das alles nichts zu tun.

83 **dd) Ausnahme: Unentgeltlichkeit.** § 816 I 2 bestimmt, dass der ehemals Berechtigte direkt beim gutgläubigen Erwerber kondizieren darf, wenn der Nichtberechtigte **unentgeltlich** (wirksam – § 932 I) über sein Eigentum verfügt hat (zum Normzweck vgl § 816 Rn 12 ff). Damit ist der Behaltensgrund des gutgläubigen Erwerbs für diese Fälle **außer Kraft gesetzt**. Ähnliches gilt für die Vorschrift des § 822, die dem Alteigentümer die Direktkondiktion beim **unentgeltlichen Zweiterwerber** gestattet, wenn er mit seinem Kondiktionsanspruch gegen **den dinglich berechtigt Verfügenden** ausfällt, weil dieser nicht der verschärften Haftung gem § 818 IV, 819 unterliegt und sich wegen der unentgeltlichen Weitergabe des Bereicherungsgegenstandes gem § 818 III auf den Wegfall der Bereicherung berufen kann (iE hierzu und zum Verhältnis zwischen § 816 I 2 und 822: § 822 Rn 1). Der **unentgeltliche Erwerb** ist also nicht **kondiktionsfest**.

84 **ee) Zusammenfassende Wertungskriterien.** Aus dem Vorstehenden (Rn 80 ff) lassen sich für den Bereicherungsausgleich in Mehrpersonenverhältnissen über den og Wertungskatalog (Rn 78) hinaus weitere **Wertungskriterien** ableiten, die an den **dinglichen Teil** des Bereicherungsvorganges anknüpfen:
– Der durch den Eingriff in den Zuweisungsgehalt fremden Rechts erlangte Vermögensgegenstand ist ggü dem ehemals Berechtigten **kondiktionsfest**, wenn dem Erwerb eine nach bereicherungsrechtlichen Grundsätzen fehlerfreie Vermögensverschiebung zugrunde liegt.

- Fehlerfrei idS ist der Erwerb vom **Berechtigten**, darüber hinaus der **entgeltliche gutgläubige** Erwerb vom Nichtberechtigten (*Larenz/Canaris* Schuldrecht II/2, § 67 II 2 a–d; MüKo/*Lieb* § 812 Rz 282 ff).
- Der **unentgeltliche** Erwerb vom Nichtberechtigten ist nicht kondiktionsfest (§ 816 I 2).
- Auch bei einem **fehlerfreien** Erwerb vom Berechtigten sieht sich der Zweiterwerber der Direktkondiktion ausgesetzt, wenn die Vermögensverfügung **unentgeltlich** erfolgt ist und der ehemals Berechtigte mit seinem Kondiktionsanspruch gegen den verfügenden Ersterwerber **ausfällt** – § 822.

3. Anweisungslagen. a) Grundlagen – der Begriff der Anweisung. Bereicherungsrechtliche Probleme bereiten die in der Praxis häufig vorkommenden Fälle, in denen es um die Rückforderung von **Leistungen** geht, die der Schuldner durch einen entspr angewiesenen, ihm ggü rechtsgeschäftlich verpflichteten Dritten an seinen Gläubiger erbringen lässt. Exemplarisch hierfür ist die **Durchlieferung** (iE Rn 87). Dann sind im Ausgangspunkt drei Rechtsverhältnisse zu unterscheiden: Zwischen dem **Anweisenden** (im Folgenden: B) und dem **Angewiesenen** (im Folgenden: A) besteht ein Kausalverhältnis, das sog **Deckungsverhältnis**, ebenso zwischen B und dem (Anweisungs-) **Empfänger** (im Folgenden: C) das sog **Valutaverhältnis**. Die Rechtsbeziehungen zwischen A und C werden gemeinhin als **Zuwendungsverhältnis** bezeichnet, dem allerdings bis auf die Fälle der angenommenen Anweisung (vgl Rn 98) keine rechtsgeschäftliche Kausalbeziehung zugrunde liegt (Palandt/*Sprau* § 783 Rz 8). Für das Deckungsverhältnis zwischen B und A ist weitergehend zu differenzieren zwischen dem eigentlichen Kausalgeschäft und der sich hieraus rechtfertigenden Anweisung (vgl bspw: AnwK/*v Sachsen Gessaphe* § 812 Rz 136). Das zeigt sich insb beim **bargeldlosen Überweisungsverkehr**, wenn (nur) die Anweisung fehlerhaft ist oder rechtzeitig widerrufen wird (iE Rn 91 ff). 85

Darüber hinaus ist bei Anweisungslagen begrifflich zu unterscheiden: Die Vorschriften in §§ 783 ff betreffen technische **Anweisungen ieS**, die dadurch gekennzeichnet sind, dass C eine dem A von B erteilte schriftliche Leistungsermächtigung ausgehändigt wird. Solche Anweisungen kommen bspw als Lieferschein und Kreditbrief vor, finden sich va aber im **Wechsel und Scheck** wieder, wobei der Wechsel- und Scheckverkehr freilich abseits der Vorschriften der §§ 783 ff durch spezialgesetzliche Regelungen dominiert ist. Bereicherungsrechtliche Besonderheiten ergeben sich für die sog **angenommene Anweisung** (§ 784), mit der eine eigene Leistungsverpflichtung des A ggü C begründet und so eine dem **echten Vertrag zugunsten Dritter** vergleichbare Rechtslage geschaffen wird (s.u. Rn 98). **Anweisungen iwS** erfolgen im Verhältnis zwischen B und A, ohne dass C eine schriftliche Leistungsermächtigung ausgehändigt wird. Der wichtigste Anwendungsbereich solcher Anweisungen iwS betrifft den **bargeldlosen Überweisungsverkehr** (iE Rn 91 ff). 86

b) Grundmodell: Durchlieferung. Ausgangspunkt für die bereicherungsrechtliche Beurteilung von Anweisungslagen ist die sog **Durchlieferung**, bei der B seine – zumeist kaufvertraglichen – Leistungsverpflichtung ggü C dadurch erfüllt, dass er den ihm ggü in gleicher Weise verpflichteten A anweist, die Kaufsache direkt an C zu liefern. Dinglich findet dann ein **Geheißerwerb** zwischen B und C statt, in den A als Geheißperson und Leistungsmittler eingeschaltet ist (AnwK/*v Sachsen Gessaphe* § 812 Rz 137; grds zum Geheißerwerb: BGHZ 36, 56; NJW 74, 1132). Zugleich erweist sich die von B veranlasste Zuwendung des A an C als Leistung mit Tilgungswirkung im Kausalverhältnis zwischen A und B (BGH NJW 03, 582, 583 mwN; *Medicus* Bürgerliches Recht Rz 671 – doppelter Geheißerwerb). Bereicherungsrechtlich entsteht damit die gleiche Situation wie bei der **Leistungskette** (hierzu: *Medicus* Bürgerliches Recht Rz 669 ff; vgl auch: MüKo/*Schwab* § 812 Rz 68). 87

Ist das Kausalgeschäft im **Deckungsverhältnis B/A unwirksam**, kann A nicht direkt gegen C mit der **Leistungskondiktion** vorgehen, weil A mit der Zuwendung auf Geheiß des B keinen eigenen Leistungszweck ggü C verfolgt hat, sondern seine Leistungsverpflichtung ggü B tilgen wollte (Staud/*Lorenz* § 812 Rz 49; *Reuter/Martinek* 349 ff; Erman/*Westermann* § 812 Rz 19; AnwK/*v Sachsen Gessaphe* § 812 Rz 137; iE ebenso: MüKo/*Schwab* § 812 Rz 67). Da der Bereicherungsausgleich grds innerhalb der bestehenden Leistungsbeziehungen stattfinden hat (vgl Rn 76), muss A sich also an B halten, der ihm gem §§ 812 I 1 Alt 1, 818 II Wertersatz schuldet (BGH NJW 04, 1315, 1316; 03, 582, 583; 01, 2880, 2881- jeweils mwN; Staud/*Lorenz* § 812 Rz 50; *Reuter/Martinek* 394 ff; Erman/*Westermann* § 812 Rz 19; iE ebenso: MüKo/*Schwab* § 812 Rz 63 ff). Als einzige Ausnahme von diesem Grundsatz eröffnet **§ 822** dem A die Direktkondiktion bei C, wenn die Leistung im Valutaverhältnis **unentgeltlich** erfolgt ist und A mit seinem Kondiktionsanspruch gegen den redlichen unverklagten B ausfällt, weil dieser sich durch die Unentgeltlichkeit der Zuwendung an C gem § 818 III auf Entreicherung berufen kann (BGH NJW 01, 2880, 2881; NJW 84, 483 – entspr Anwendung; iE zu den Voraussetzungen des § 822: s. dort). 88

Bei **fehlerhaftem Valutaverhältnis** muss B sich nach obigen Grundsätzen ebenfalls iRd bestehenden Leistungsbeziehungen mit der **condictio indebiti** an seinen Vertragspartner C wenden (BGHZ 144, 245, 247). 89

Auch wenn beide Kausalverhältnisse im Deckungs- und Valutaverhältnis unwirksam sind – sog **Doppelmangel**, hat der Bereicherungsausgleich vorbehaltlich einer durch § 822 gerechtfertigten Direktkondiktion innerhalb der (fehlerhaften) Kausalbeziehungen **„übers Dreieck"** zu erfolgen (BGH NJW 08, 2331, Rn 9 mwN). A ist mithin auf die Leistungskondiktion bei B verwiesen, der wiederum C gem § 812 I 1 Alt 1 in Anspruch nehmen kann. (aA: BaRoth/*Wendehorst* § 812 Rz 192 ff mwN, wonach B mit Rücksicht auf die monetären Unwägbarkeiten der Rückabwicklung im Dreieck insb bei darlehensfinanzierten Geschäften analog der für 90 verbundene Verbraucherverträge geschaffenen Regelung in § 358 IV 3 wählen dürfe, entweder direkt bei A zu kondizieren oder sich an C zu halten; ebenfalls für eine Direktkondiktion B – A iRd § 9 II 4 VerbrKrG aF: BGH NJW 04, 2736, 2740). Streitig ist, worauf der Bereicherungsanspruch des A gegen B gerichtet ist, wenn B noch nicht bei C kondiziert hat. Auf erste Sicht besteht die kondizierbare Bereicherung des B dann in einem auf Herausgabe des Eigentums am Zuwendungsgegenstand gerichteten Bereicherungsanspruch gegen C. Es käme also zu einer **Kondiktion der Kondiktion** (so: BGHZ 36, 30, 32; *Koppensteiner/Kramer* 28 f; *Esser/Weyers* Schuldrecht II/2, § 48 III 3c). Damit wären indes zwei wichtige **Wertungskriterien** für den Bereicherungsausgleich in Mehrpersonenverhältnissen ausgehebelt (s. Rn 23, 78), weil A sich wegen § 404 nicht nur den Einwendungen seines Vertragspartners B, sondern auch denjenigen des C aus dem Kausalverhältnis mit B ausgesetzt sähe und er darüber hinaus das Insolvenzrisiko beider tragen müsste. Deshalb knüpft die hL für den Bereicherungsanspruch des A gegen B daran an, dass B den eigentlichen Leistungsgegenstand nicht herausgeben kann und deshalb gem § 818 II **Wertersatz** schuldet (Staud/*Lorenz* § 812 Rz 55; AnwK/*v Sachsen Gessaphe* § 812 Rz 141; MüKo/*Schwab* § 812 Rz 69; *Larenz/Canaris* Schuldrecht II/2, § 70 II 2b; *S. Lorenz* JuS 03, 732 f). Diese für ihn uU unliebsame Rechtsfolge kann er idR dadurch abwenden, dass er seinerseits bei C kondiziert und sodann den Zuwendungsgegenstand an A herausgibt – § 818 I. Ist der Konditionsgegenstand bei C nicht mehr vorhanden, bleibt es allerdings auch dann beim Wertersatz, wenn B bei C weder ein Surrogat, noch andere kondizierbare Vermögenswerte vorfindet und er deshalb mit seinem Bereicherungsanspruch ganz ausfällt. Auf den **Wegfall der Bereicherung** kann er sich ggü A nach zutreffender Auffassung nicht berufen, weil der solcherart insolvenzbedingte Vermögensnachteil die Folge seiner eigenen Disposition über den Zuwendungsgegenstand ist und dem insoweit unbeteiligten A das Insolvenzrisiko des C nicht aufgebürdet werden darf, nur weil sich das Deckungsverhältnis zufällig ebenfalls als unwirksam erweist (ebenso: MüKo/*Schwab* § 812 Rz 69 u § 818 Rz 190; iE zum Problem: § 818 Rn 18).

91 **c) Anweisungslagen im Bankverkehr – Grundlagen.** Lehre und Kasuistik zum Bereicherungsausgleich in Mehrpersonenverhältnissen sind stark geprägt von besonderen Rückabwicklungsproblemen beim **bargeldlosen Zahlungsverkehr.** Dessen Grundstrukturen sollen deshalb einleitend kurz beleuchtet werden. Beim **Überweisungsauftrag** erteilt B seiner Bank A den Auftrag, einen im Valutaverhältnis geschuldeten Geldbetrag auf ein Konto des C bei dessen Bank zu transferieren. Dann ist die Schuldnerbank A im Deckungsverhältnis mit B aufgrund des dort bestehenden **Geschäftsbesorgungsvertrages** (zumeist in Form eines Girovertrages) bei ausreichender Kontodeckung verpflichtet, die Überweisung auszuführen. Maßgebend hierfür ist die im Überweisungsauftrag repräsentierte **Anweisung**, mit der B den Zahlungsvorgang zugleich der **Tilgung** der Valutaschuld zuordnet. Mit der Erledigung der Anweisung überbringt A als Bote die Tilgungsbestimmung des B. Die Tilgungswirkung tritt ein, wenn der Überweisungsbetrag dem Konto des C gutgeschrieben wird. Bereits dann ist C um den Betrag der Gutschrift auf seinem Konto bereichert. Bereicherungsrechtlich relevante Rechtsbeziehungen zwischen der lediglich als **Zahlstelle** fungierenden Gläubigerbank (Nürnbg ZIP 02, 1762) und den übrigen Beteiligten entstehen durch diesen Zahlungsvorgang nicht (vgl: Ddorf WM 01, 2000, 2001).

92 Die gleichen Rechtsbeziehungen entstehen durch **Scheckzahlungen**. Lediglich die Abwicklung des Zahlungsvorgangs unterscheidet sich von der Überweisung dadurch, dass A die im Scheck repräsentierte Anweisung nebst Tilgungsbestimmung von der einlösenden Empfängerbank übermittelt werden, die den auf dem Konto des C bereits gutgeschriebenen Betrag unmittelbar oder über eine Verrechnungsstelle von A einzieht, die wiederum das Konto des B nach Maßgabe des Girovertrages belastet. Beim **Lastschriftverfahren** handelt es sich ebenfalls um ein „rückläufiges Überweisungsverfahren" (BGHZ 69, 82). Der wichtigste Unterschied zur Überweisung besteht im Weg der Anweisung, die C mit Einwilligung des B durch die Beauftragung seiner Bank, den geschuldeten Geldbetrag vom Konto des B einzuziehen, veranlasst. Dabei kann die Einwilligung in Form einer **Einzugsermächtigung** des B ggü C bestehen (diese betrifft allerdings nach Auffassung des BGH nur die Gestattung, das Lastschriftverfahren zu benutzen und stellt keine Weisung ioS dar – BGH WM 89, 520, 521; NJW 06, 1965, 1966; zu den Folgen für den Bereicherungsausgleich Rn 97 aE), wohingegen dem **Abbuchungsverfahren** eine widerrufliche Ermächtigung des B an A vorliegt, von C eingehende Lastschriften einzulösen. Sämtlichen Formen des bargeldlosen Zahlungsverkehrs ist gemein, dass ihnen **zwei Vermögensverschiebungen** zugrunde liegen: A erbringt im Deckungsverhältnis mit der Auszahlung des Schuldbetrages vom Konto des B eine Leistung an diesen, die sich aufgrund der Tilgungsbestimmung bzw Ermächtigung zugleich als Leistung des B an C im Valutaverhältnis erweist. Es besteht also ebenso wie bei der Durchleitung eines **Anweisungsdreieck**, so dass die dort für die bereicherungsrechtliche Rückabwicklung von fehlerhaften Zuwendungen maßgeblichen Grundsätze (Rn 87 ff) auch im **bargeldlosen Zahlungsverkehr** Geltung beanspruchen (BGH NJW 04, 1315, 1316; 03, 582, 583; 01, 2880, 2881; BGHZ 69, 186, 188 – für das Lastschriftverfahren; Staud/*Lorenz* § 812 Rz 49 f; AnwK/*v Sachsen Gessaphe* § 812 Rz 144 f). Bei fehlerhaftem Deckungsverhältnis (Geschäftsbesorgungsvertrag) kommt es also zur Leistungskondiktion A–B, wohingegen bei **Mängeln** im *Valutaverhältnis* B von C kondizieren muss. Ein Durchgriff A–C kommt wiederum nur unter den Voraussetzungen des § 822 in Betracht.

d) Sonderfall: fehlerhafte Anweisung. aa) Anfänglich unwirksame Anweisung. Die bisherigen Erwägungen gehen davon aus, dass der Zuwendung A–C eine wirksame Anweisung des B zugrunde liegt. **Fehlt** hingegen eine solche Anweisung oder ist sie **von Anfang an unwirksam**, so fehlt auch eine dem B **zuzurechnende Tilgungsbestimmung** (s. Rn 91 f), die sich bei näherer Betrachtung als entscheidendes Kriterium dafür erweist, die Zuwendung A–C als Leistung des B dem Valutaverhältnis zuordnen zu können (so insb: MüKo/*Schwab* § 812 Rz 48, 63 ff, 75 ff; AnwK/*v Sachsen Gessaphe* § 812 Rz 148; vgl auch: BGH NJW 03, 582, 583; 04, 1315, 1316 – trotz bestehender Valutaschuld). Für einen Bereicherungsausgleich „übers Eck" besteht dann keine Grundlage, weil B die Vermögensverschiebung nicht veranlasst hat und ihn die eigenmächtig ohne Tilgungswirkung von A erbrachte Zahlung nichts angeht. Vielmehr kann er von A gem § 812 I 1 Alt 2 verlangen, dass die mangels Auftrag ohne Rechtsgrund vorgenommene Kontobelastung durch eine berichtigende Wiedergutschrift korrigiert wird. A wiederum muss den gezahlten Betrag mit der **Aufwendungskondiktion** (§ 812 I 1 Alt 2 – vgl Rn 66 ff; keine Leistungskondiktion, weil A ggü C keinen eigenen Leistungszweck verfolgt, sondern eine vermeintliche Weisung ausführt – s. Rn 91 f) **direkt** von C herausverlangen, der durch § 818 III ausreichend geschützt ist (BGHZ 152, 307, 312; zuletzt: BGH NJW 08, 2331, Rn 10; ebenso für den Kondiktionsanspruch der eine Kapitalanlage finanzierenden Bank, wenn der Darlehensvertrag mit dem von einem Treuhänder vertretenen Kapitalanleger wegen eines Verstoßes gegen das Rechtsberatungsgesetz unwirksam ist: BGH MDR 08, 1050, Rn 19). Allerdings soll C nach Auffassung des BGH jedenfalls um den mangels Tilgungswirkung der Zuwendung fortbestehenden Anspruch aus dem Valutaverhältnis bereichert sein, den A dann kondizieren und im Wege der Aufrechnung dem Anspruch des B auf Kontoberichtigung entgegenhalten kann (BGHZ 147, 145, 152).

Dass in derartigen Fällen der Bereicherungsausgleich bei einer **Direktkondiktion** A–C ansetzen muss, steht trotz mancher Differenzen über die dogmatische Herleitung dieses Ergebnisses außer Streit (zum Meinungsstand: MüKo/*Schwab* § 812 Rz 80 ff). Richtig ist es, mit der Rspr und dem überwiegenden Teil der Lit an das im Leistungsbegriff verortete Kriterium der **Zurechenbarkeit** der Vermögensverschiebung anzuknüpfen (BGH NJOZ 09, 2672, 2675, Rz 21; NJW 08, 2331, Rz 10; 05, 3213, 3214; 04, 1315, 1316; 03, 582, 583; BGHZ 147, 145, 151; Ddorf ZIP 03, 897, 898; Stuttg NJW-RR 02, 1579, 1580; Staud/*Lorenz* § 812 Rz 51; *Larenz/Canaris* Schuldrecht II/2, § 70 IV 2; *Reuter/Martinek* 427 ff; jeweils mwN – vgl auch Rn 26). So lassen sich insb diejenigen Fälle lösen, in denen C das Fehlen der Weisung nach den Umständen nicht erkennen kann und sich die Zuwendung deshalb aus seiner Sicht als Leistung des B auf die Valutaschuld darstellt (vgl Rn 92 f). Tatsächlich liegt jedenfalls bei **anfänglich fehlender Weisung** (zum Widerruf einer bereits erteilten Weisung: Rn 95 ff) keine Leistung des B vor, weil er keine entspr Tilgungsbestimmung getroffen hat, die A dem C als Bote hätte überbringen können (s. Rn 91). Die gegenteilige Erwartung des C beruht also auf einem nur durch den gleichwohl weisungsbezogenen Zuwendungsakt begründeten **Rechtsschein**, den B sich nach allg Grundsätzen der Rechtsscheinlehre indes nur insoweit entgegenhalten lassen muss, wie er ihn **zurechenbar veranlasst** hat (BGH NJW NJOZ 09, 2672, 2675, Rz 21; NJW 08, 2331, Rz 10; 07, 3127, 3129 Rn 27; 06, 1965, 1966; 05, 3213, 3214 mwN; 04, 1315, 1316; BGHZ 147, 145, 151; vgl auch BGH NJW 06, 1731 – für Zahlungen an den Zessionar auf tatsächlich nicht von der Abtretung umfasste Forderungen; mit beachtlichen Erwägungen allgemein krit zum Kriterium des zurechenbaren Rechtsscheins: *v. Olshausen* FS Eisenhardt, 277, 293 ff – unter Bezugnahme auf BGH NJW 06, 1731; *ders* JR 280 – Anm zu BGH NJW 09, 2331; ebenso: *Hager* FS 50 Jahre BGH, 277, 805 ff, 819 ff – sachenrechtlicher Verkehrsschutz; *ders* JA 06, 738, 739 f). Das ist nicht der Fall, wenn er A keine Weisung erteilt hat, seine Verbindlichkeit ggü C zu tilgen. In der gerichtlichen Praxis hat sich die Rspr oft mit derartigen Fallkonstellationen befassen müssen und eine **Direktkondiktion** mit obigen Erwägungen bspw zugelassen bei doppelter Ausführung eines Überweisungsauftrages (Hamm ZIP 03, 662) oder Überweisung an den falschen Empfänger (Brandbg WM 02, 2010, 2012; anders – Rückabwicklung über das Valutaverhältnis – wenn B im Überweisungsauftrag eine falsche Adresse angibt: BGH NJW-RR 09, 705, 706 Rz 10 mwN), ebenso, wenn A einen nicht vom Kontoinhaber stammenden, gefälschten Überweisungsauftrag ausführt (BGH NJW 05, 3213, 3214; ZIP 01, 1666, 1669) oder einen nicht (BGHZ 66, 362, 265) bzw vom vollmachtlosen Vertreter (BGHZ 147, 145, 149; ZIP 04, 659, 660; WM 04, 1227, 1230; Ddorf ZIP 03, 897, 898) oder nicht voll Geschäftsfähigen (BGH NJW 90, 3194 – Geschäftsunfähiger; Erman/*Westermann* § 812 Rz 22; Staud/*Lorenz* § 812 Rz 51 – beschränkt Geschäftsfähiger) unterzeichneten Scheck einlöst. Auch die Fälle der Abbuchung trotz fehlender Einzugsermächtigung gehören hierher (BGHZ 69, 186). Demggü soll die angewiesene Bank (A) den über die wirksame Anweisung hinaus zuviel überwiesenen Betrag nicht vom gutgläubigen Empfänger kondizieren dürfen, weil der Kontoinhaber auch insoweit den Rechtsschein einer wirksamen Anweisung nebst Tilgungsbestimmung gesetzt habe (BGH NJW 08, 2331, 2333, Rz 22 ff; BGH WM 86, 1381, 1382; Hamm NJW-RR 87, 882; Köln OLGR 01, 387; aA Frankf MDR 03, 641; Hambg WM 82, 249; *Canaris* WM 80, 354; *ders* JZ 87, 201, 202; *v. Ohlhausen* JR 09, 281).

bb) Widerrufene Anweisung. Streitig ist die bereicherungsrechtliche Beurteilung solcher Fälle, in denen eine zunächst wirksam erteilte Anweisung, bspw in Form eines Überweisungsauftrages, noch vor ihrer Ausführung **widerrufen** wird. Während ein Teil der Lit auch dann eine Direktkondiktion A–C uneingeschränkt zulassen will (vgl Staud/*Lorenz* § 812 Rz 51 mwN), ist mit Rspr und hL abermals danach zu differenzieren, ob B zurechenbar den **Rechtsschein** einer eigenen Leistung auf die Valutaschuld veranlasst hat (BGHZ 61,

281, 293 f; BGHZ 87, 393, 398; BGHZ 89, 376, 379 f; AnwK/*v Sachsen Gessaphe* § 812 Rz 154; *Larenz/Canaris* Schuldrecht BT II/2, § 70 IV 3a; *Medicus* Bürgerliches Recht Rz 676; iE ebenso: MüKo/*Schwab* § 812 Rz 114 ff). Die Antwort liefert nicht das Bereicherungsrecht; sie ergibt sich aus dem der allg Rechtsscheinlehre inhärenten Grundsatz, dass nur der **Gutgläubige** den Schutz verdient, auf den von seinem Vertragspartner veranlassten Rechtsschein vertrauen zu dürfen. Bezugspunkt für den solcherart gewährleisteten **Vertrauensschutz** ist der durch die zunächst erteilte Anweisung von B aus der maßgeblichen **Empfängersicht** veranlasste Rechtsschein, A überbringe mit Botenmacht die mit der Anweisung einhergehende Tilgungsbestimmung (BGHZ 87, 246, 249; 89, 376, 379 f).

96 Daraus lassen sich folgende Entscheidungsgrundsätze entwickeln: Kein Rechtsschein ioS besteht entgegen anderweitiger Rechtsprechungspraxis des BGH (BGH NJW 08, 2331, 2332, Rz 12; BGHZ 87, 346, 249 f; 87, 376, 381 f; 89, 376, 380), wenn C **weder** von der ursprünglichen Anweisung, **noch** von deren Widerruf Kenntnis erlangt. Dann hat B – ebenso wie bei fehlender Anweisung – den Rechtsschein der fortbestehenden Botenmacht des A nicht zurechenbar veranlasst hat, der sich vielmehr hier wie dort allein auf die eigenmächtige Vorgehensweise des A gründet (iE ebenso für den Fall eines nicht offen gelegten Überweisungsauftrages: *v. Olshausen* FS Eisenhardt, 277, 291; *ders* JR 09, 280, 281; vgl auch: *Flume* AcP 199, 1, 6). Weiß C hingegen von der Anweisung (etwa durch vorherige Ankündigung der Überweisung oder Übergabe eines Verrechnungsschecks – dazu unten Rn 97), so fällt unter dem Gesichtspunkt der **Gutgläubigkeit** entscheidend ins Gewicht, ob er auch den Widerruf der Anweisung im Zeitpunkt der Zuwendung, regelmäßig also bei endgültiger Gutschrift des Überweisungsbetrages auf seinem Konto, **kennt** (BGH NJW 08, 2331, 2332, Rn 12; BGHZ 61, 281, 293 f; 87, 246, 249; 87, 393, 398; 89, 376, 379 f; iE ebenso: MüKo/*Schwab* § 812 Rz 119). Denn dann weiß C, dass der gutgeschriebene Überweisungsbetrag keine Leistung des B auf die Valutaschuld darstellt, sondern auf eine Fehlleistung der überweisenden Bank A zurückzuführen ist. Darüber hinaus führt nicht nur positive Kenntnis, sondern unter Heranziehung des in §§ 122 II, 172 II, 173 niedergelegten Rechtsgedankens auch **fahrlässige Unkenntnis** zur Zerstörung des Rechtsscheins (so insb: *Canaris* Bankvertragsrecht Rz 439; MüKoHGB/*Häuser* ZahlungsV Rz D 194; *Schnauder* ZIP 94, 1069, 1073; skeptisch: *Reuter/Martinek* 440 ff). In all diesen Fällen ist mithin nach obigen Grundsätzen (Rn 94) die **Direktkondiktion** A–C eröffnet (BGHZ 152, 307, 311; Brandbg WM 02, 2010, 2012 – Kenntnis). Ist C hingegen gutgläubig ioS, so müssen sich die Beteiligten kraft Rechtsscheins so behandeln lassen, als sei die durch A als (vermeintlicher) Bote überbrachte Tilgungsbestimmung des B wirksam. Das führt zum einen bei fehlerfreiem Valutaverhältnis zur Tilgung der Valutaschuld und erzwingt – zum anderen – die bereicherungsrechtliche Rückabwicklung innerhalb der **fehlerhaften Kausalbeziehungen**. IRd Rückabwicklung eines gem § 1 I HWiG wirksam widerrufenen **Realkreditvertrages** hat der BGH jüngst den Darlehensnehmer (B) als Leistungsempfänger ua deshalb für verpflichtet erachtet, die anderweitig ausgezahlte Darlehenssumme nebst Zinsen an die kreditierende Bank (A) zurückzahlen zu müssen, weil er als Anweisender „zurechenbaren Anlass zu dem Zahlungsvorgang gesetzt" habe (BGH VersR 07, 1232 Rz 32; gleichlautend: BGH Urt v 16.5.06 – XI ZR 63/04, Rz 31; anders der II. ZS: BGHZ 152, 331, 337 = NJW 03, 422; vgl auch: BGH NJW-RR 05, 986, 987 – „nur eine, nämlich die finanzierte Leistung"; krit hierzu: BaRoth/*Wendehorst* § 812 Rz 198 f mwN). Das wäre nach obigen Grundsätzen nur dann richtig, wenn der Zuwendungsempfänger im Zeitpunkt der Darlehensauszahlung von der Unwirksamkeit der Anweisung wusste und solcherart bösgläubig war. Dazu ist in beiden Urteilen nichts Konkretes nachzulesen. Der mitgeteilte Sachverhalt spricht dagegen.

97 Besonderheiten ergeben sich insoweit allerdings auf der einen Seite für die **Scheckzahlung**, wie der folgende Fall zeigt: B übergibt C einen auf A gezogenen Scheck, den er noch vor der Einlösung durch Schreiben an A sperren lässt. C legt den Scheck dennoch bei A vor, wo er versehentlich eingelöst wird. Hier kann A schon deshalb nicht direkt bei C kondizieren, weil B mit der Übergabe des Schecks zunächst eine wirksame Tilgungsbestimmung getroffen hat, die er nicht einseitig durch Widerruf ggü A rückgängig machen kann. Auf die Kenntnis des C vom Widerruf kommt es also nicht an (so zutr: AnwK/*v Sachsen Gessaphe* § 812 Rz 155 mwN; anders in der Begründung: BGHZ 61, 289 ff – maßgeblich sei der Empfängerhorizont). Auf der anderen Seite beinhaltet die dem Gläubiger erteilte **Einzugsermächtigung** nach Auffassung des BGH keine Weisung des Schuldners an seine Bank, den Forderungsbetrag an den Gläubiger auszuzahlen; die von der Schuldnerbank auf dieser Grundlage gleichwohl veranlasste Belastung des Schuldnerkontos erfolgt also zunächst unberechtigt (BGHZ 162, 294, 302 f mwN). Widerspricht der Schuldner der Belastung, so fehlt es an einer ihm zurechenbaren Anweisung und die Gutschrift auf dem Gläubigerkonto kann ihm nicht als Leistung zugerechnet werden. Das wiederum führt im Ergebnis dazu, dass die Schuldnerbank gem § 812 I 1 Alt 2 direkt beim Gläubiger Rückgriff nehmen kann (BGH NJW 06, 1965, 1966). Nichts anderes kann nach zutreffender Auffassung (*v. Olshausen* FS Eisenhardt, 277, 291 f) gelten, wenn der Anweisungsempfänger schon keine Kenntnis von der ursprünglich erteilten Anweisung – bspw durch Überweisungsauftrag an die Schuldnerbank – hatte (vgl auch Rn 96).

98 **e) Vergleichbare Anweisungslagen. aa) Echter Vertrag zugunsten Dritter.** Beim echten Vertrag zugunsten Dritter – und ebenso beim bereicherungsrechtlich gleichgelagerten Sonderfall der **angenommenen Anweisung** (§ 784 – s. Rn 86) – erhält der Leistungsempfänger (C) einen eigenen durchsetzbaren Anspruch auf eine Zuwendung, die der Versprechende (A) aufgrund vertraglicher Vereinbarung mit dem Versprechensempfänger (B) an C zu erbringen hat – § 328. Die Konstellation weist deutliche Parallelen zu den vorerörterten Anweisungsfällen auf, unterscheidet sich von diesen aber dadurch, dass A mit der Zuwendung auf erste Sicht einen **doppelten Leistungszweck** verfolgt, indem er sowohl seine Verbindlichkeit ggü B, als auch diejenige ggü C tilgen will. Dann hilft der (normative) Leistungsbegriff allein nicht weiter. Indes: Bei näherer Betrachtung wird man idR dazu kommen müssen, dass A die Zuwendung in erster Linie zu dem Zweck erbringt, seiner Leistungsverpflichtung ggü B nachzukommen, wohingegen seine Leistungsverpflichtung ggü C letztlich auf eine Entscheidung des B zurückzuführen ist, deren rechtliche Qualität nur deshalb über die einer „reinen" Anweisung hinausgeht, weil C ohne erkennbares Eigeninteresse des A mit einem eigenen Anspruch auf die im Deckungsverhältnis vereinbarte Leistung ausgestattet werden soll. Vor diesem Hintergrund erscheint es mit der hM idR gerechtfertigt, den Bereicherungsausgleich in entspr Anwendung der für die „reinen" Anweisungsfälle geltenden Grundsätze (Rn 85 ff) unter Berücksichtigung der auch dort maßgeblichen Wertungskriterien (Rn 78, 84) **„übers Eck"** vorzunehmen (MüKo/*Schwab* § 812 Rz 193; *Larenz/Canaris* Schuldrecht BT II/2, § 70 V 2a; AnwK/*v Sachsen Gessaphe* § 812 Rz 148; *S. Lorenz* NJW 03, 840 f; vgl auch BGHZ 122, 46; krit: Staud/*Lorenz* § 812 Rz 40; *Medicus* Bürgerliches Recht Rz 683 – unter Bezugnahme auf den Sonderfall BGHZ 58, 184 ff). Eine für die Praxis bedeutsame Ausnahme ergibt sich allerdings auch in diesem Zusammenhang aus § **822**, wenn die Zuwendung im Valutaverhältnis B–C **unentgeltlich** erfolgt (iE hierzu Rn 83 f; Bsp: C sollen die zwischen B und A vereinbarten Leistungen aus einer Lebensversicherung unmittelbar als Begünstigtem zu Versorgungszwecken zugute kommen; vgl MüKo/*Schwab* § 812 Rz 195).

bb) Zession. Ähnl wie beim echten Vertrag zugunsten Dritter lässt sich der Bereicherungsausgleich nach **Abtretung** einer tatsächlich nicht bestehenden Forderung über eine **Parallelwertung zu den Anweisungsfällen** bewerkstelligen (so die hM: BGH NJW 05, 1369 – abgetretene Versicherungsleistung; BGHZ 122, 46, 52, 105, 365, 368 ff; Staud/*Lorenz* § 812 Rz 41 mwN; AnwK/*v Sachsen Gessaphe* § 812 Rz 160; Erman/*Westermann* § 812 Rz 36; *Larenz/Canaris* Schuldrecht BT II/2, § 70 V 1a; aA: MüKo/*Schwab* § 812 Rz 209; *Reuter/Martinek* 489 ff mwN; *Tiedtke* WM 99, 517 – Leistungskondiktion Schuldner/Zessionar; vgl auch mwN: *v. Olshausen* FS Eisenhardt, 277, 279 Fn 4 f). Denn ebenso wie beim echten Vertrag zugunsten Dritter will der Putativschuldner mit der Zahlung in erster Linie die aus dem fortbestehenden Rechtsverhältnis zu seinem Vertragspartner resultierende Verbindlichkeit erfüllen, so dass sich die Abtretung bei verständiger Wertung der Leistungsbeziehungen aus seiner Sicht idR als bloße **Erfüllungsmodalität** erweist, die er auf Veranlassung des Zedenten zu berücksichtigen hat. Weil der Zedent seinerseits die Abtretung idR zur Erfüllung einer eigenen Verbindlichkeit ggü dem Zessionar vornimmt, ist es nicht zuletzt mit Blick auf die Regelung in § 404 gerechtfertigt, den Bereicherungsausgleich **innerhalb der fehlerhaften Kausalbeziehungen** vorzunehmen (so zuletzt grds: BGH NJW 06, 1731 mwN). Besteht die abgetretene Forderung nicht, muss der Schuldner folglich beim Zedenten kondizieren (aA MüKo/*Schwab* § 812 Rz 208), der sich bei Mängeln im Valutaverhältnis an seinen Vertragspartner, den Zessionar halten muss. Demgegenüber kommt eine **Direktkondiktion** nach § 812 I 1 Alt 1 in Betracht, wenn der Schuldner im Einzelfall mit der Zuwendung auch im Verhältnis zum entspr informierten Zessionar einen **eigenen Leistungszweck** verfolgt (BGH NJW 05, 1356 – Erwerber zahlt auf die vom Bauträger an die Bank abgetretene Forderung, um Freistellung von einer Globalgrundschuld zu erreichen; vgl auch: BGH NJW 89, 161 – Direktkondiktion, wenn Schuldner auf Drängen des Zessionars mehr zahlt als geschuldet, ohne dass der Zedent Einfluss hierauf genommen hat; iE ebenso für die Konstellation, dass der Schuldner bei wirksamer Abtretung irrtümlich und ohne Veranlassung durch den Zedenten Zahlungen an den Zessionar auf andere, nicht abgetretene Forderungen des Zedenten erbringt: BGH NJW 06, 1731; mit Recht krit zu dieser – allerdings iE zutreffenden – Entscheidung, weil es dort schlicht um fehlgeleitete Zahlungen und damit um eine *condictio indebiti* gem § 812 I 1 Alt 1 ging: *v. Olshausen* FS Eisenhardt, 277). Das ist iÜ auch dann der Fall, wenn der Schuldner einer tatsächlich bestehenden Forderung an den **pfändenden Vollstreckungsgläubiger** zahlt, um dessen Einziehungsrecht zu entgehen, zumal dann eine den Durchgriff hindernde Anweisung des Vollstreckungsschuldners fehlt, an den Vollstreckungsgläubiger zu zahlen (BGHZ 82, 28, 31; NJW 02, 2871 mwN; zu den weiteren Besonderheiten bei der Forderungspfändung s. AnwK/*v Sachsen Gessaphe* § 812 Rz 165 f).

Ist die **Abtretung unwirksam**, so kann der Berechtigte (Zedent) gem § 816 II direkt vom Nichtberechtigten (Zessionar) kondizieren, wenn der Schuldner nach Maßgabe der Vorschriften in §§ 409, 408, 407 mit befreiender Wirkung an diesen gezahlt hat (iE § 816 Rn 18 f). Bei Zahlungen **ohne befreiende Wirkung** kommt es aus den bereits für den Bereicherungsausgleich bei widerrufener Anweisung für maßgeblich erachteten Erwägungen (s. Rn 95 ff) grds darauf an, ob der vermeintliche Zedent den **Rechtsschein** einer wirksamen Abtretung – darin liegt der der Anweisung vergleichbare Akt – **zurechenbar veranlasst** hat (so zutr: AnwK/*v Sachsen Gessaphe* § 812 Rz 164; *S. Lorenz* JuS 03, 842 f; vgl auch: BGH NJW 06, 1731 – Zahlung an den vermeintlichen Zessionar auf tatsächlich nicht abgetretene Forderungen; aA: *v. Olshausen* FS Eisenhardt, 277, 285 ff). In der Praxis wird diese Differenzierung indes nur selten zum Tragen kommen, weil § 409 I für die wichtigsten Veranlassungstatbestände der Anzeige bzw urkundlichen Offenlegung mit den soeben aufgezeigten Konsequenzen für den Bereicherungsausgleich die befreiende Wirkung der Schuldnerzahlung anordnet. Deshalb sieht sich der Zessionar bei Zahlungen ohne Tilgungswirkung idR der **Aufwendungskondiktion** (iE Rn 66 ff) des Schuldners ausgesetzt (iE ebenso: BGHZ 113, 62, 70; BaRoth/*Wendehorst* § 812 Rz 260).

101 **4. Drittleistungen ohne Anweisung des Schuldners. a) Grundlagen – Rückgriffskondiktion.** Gegenstand der bisherigen Betrachtungen waren Fallkonstellationen, in denen der Schuldner (B) Leistungen eines Dritten (A) an seinen, des Schuldners, Gläubiger (C) zurechenbar veranlasst hat (Rn 85 ff). Eine solche Anweisungslage fehlt, wenn A **freiwillig, aus eigenem Antrieb**, Leistungen auf die für ihn fremde Schuld des B erbringt. Das bleibt nicht ohne Einfluss auf den Bereicherungsausgleich zwischen den Beteiligten, deren Rechtsbeziehungen sich wie folgt darstellen: Leistet A auf eine im Valutaverhältnis B–C **bestehende Verbindlichkeit**, wird B befreit (§ 267 I 1) und die Schuld erlischt (§ 362 I). Für eine Leistungskondiktion A–C ist kein Raum, weil C den Zuwendungsgegenstand mit Rechtsgrund erlangt hat. A muss sich also an B halten, der nicht selten nach den Regeln der **berechtigten Geschäftsführung ohne Auftrag** (GoA) gem §§ 677, 683, 670 **Aufwendungsersatz** schuldet, weil die schuldbefreiende Leistung des A seinem (mutmaßlichen) Willen und Interesse entspricht oder § 679 eingreift, was insb für freiwillige Unterhaltszahlungen Dritter in Betracht zu ziehen ist. War die in der Fremdleistung liegende Geschäftsführung hingegen **nicht willens- und interessenkonform**, etwa wenn A zahlt, um in eine von B bei C unter Eigentumsvorbehalt erworbene Kaufsache vollstrecken zu können, ohne eine Drittwiderspruchsklage des C befürchten zu müssen, so gelangt man vorbehaltlich der Genehmigung des B (§ 684 2) über § 684 1 zum **Bereicherungsausgleich**. Gleiches gilt gem § 687 II 2 für die **angemaßte Eigengeschäftsführung**, sofern B für die Rechte aus § 687 II optiert. Nach einer in Rspr und Lit weit verbreiteten Auffassung soll es sich bei § 684 1 um eine **Rechtsfolgenverweisung** auf § 818 handeln (BGH MDR 92, 588 f; Hamm NJW-RR 91, 1303; Palandt/*Sprau* § 684 Rz 1; BaRoth/*Gehrlein* § 684 Rz 1; s. Rn 38); dann erübrigen sich alle weiteren Fragen nach einem bereicherungsrechtlichen Anknüpfungstatbestand. Für die Anhänger der Gegenmeinung (**Rechtsgrundverweisung**: MüKo/*Seiler* § 684 Rz 3; *Medicus* Bürgerliches Recht Rz 947) ist der Weg über die **condictio indebiti** in den Fällen der unberechtigten Geschäftsführung kaum je eröffnet, weil A mit der von B nicht gewollten Zuwendung an C regelmäßig keine Leistung an B bezweckt (*Medicus* Bürgerliches Recht Rz 949; AnwK/*v Sachsen Gessaphe* § 812 Rz 116; *Larenz/Canaris* Schuldrecht BT II/2, § 69 III 2a). Das gilt natürlich erst recht für die angemaßte Eigengeschäftsführung.

102 Dann bleibt nur die Lösung über die Nichtleistungskondiktion in Form der sog **Rückgriffskondiktion,** deren eigenständige Bedeutung sich freilich in der Funktion eines eng umgrenzten Auffangtatbestandes für die außerhalb der (berechtigten) GoA nicht eben häufigen Fälle erschöpft, in denen der Dritte aus eigenem Antrieb Zuwendungen erbringt, die er aus der insoweit maßgeblichen **objektiven Empfängersicht** zumindest auch auf eine tatsächlich bestehende Verbindlichkeit des Schuldners ggü dem Gläubiger bezogen wissen will (BGH NJW 03, 1192, 1195; BGHZ 137, 89, 95; 113, 62, 69; 70, 389, 397; vgl allg zur Rückgriffskondiktion: MüKo/*Schwab* § 812 Rz 317 ff; AnwK/*v Sachsen Gessaphe* § 812 Rz 109 ff; *Medicus* Bürgerliches Recht Rz 945 ff, 950). Allerdings kommt es zur Rückgriffskondiktion nur, soweit keine anderen gesetzlichen Bestimmungen den Rückgriff regeln. Zu nennen sind in diesem Zusammenhang insb die Tatbestände einer gesetzlich angeordneten **Legalzession**, wie sie sich bspw in § 268 III für die Ausübung eines Ablösungsrechts und in § 426 II für den Innenausgleich zwischen Gesamtschuldnern finden (weitere Bsp bei: AnwK/*v Sachsen Gessaphe* § 812 Rz 112).

103 Bei **nicht bestehender Valutaschuld** scheidet ein bereicherungsrechtlicher Rückgriff A–B schon deshalb aus, weil B mangels Befreiung von einer Verbindlichkeit nicht bereichert ist. IÜ erbringt A – anders als in den oben erörterten Anweisungsfällen (Rn 91 f) – mit der auf Tilgung einer Fremdschuld gerichteten Zuwendung keine Leistung an B, sondern eine solche an C. A kann also und muss also direkt mit der **Leistungskondiktion** gegen C vorgehen (ganz hM: BGH NJW 00, 1718 f; BGHZ 113, 62, 69 f; Staud/*Lorenz* § 812 Rz 4; *Medicus* Bürgerliches Recht Rz 685), und zwar nach der Rspr des BGH auch dann, wenn A im Deckungsverhältnis ggü B zur Zuwendung verpflichtet ist, insoweit aber nicht dessen Anweisungen unterliegt (Bsp: Überobligatorische Regulierung eines [vermeintlichen] Haftpflichtschadens – BGH NJW 00, 1718 f; BGHZ 113, 62, 69 f; ebenso: Erman/*Westermann* § 812 Rz 28; Staud/*Lorenz* § 812 Rz 44; aA: *Canaris* NJW 92, 868 ff – Rückabwicklung „übers Eck").

104 **b) Leistung auf vermeintlich eigene Schuld.** Ebenfalls um die Abgrenzung zwischen Leistungs- und Rückgriffskondiktion und damit um die Bestimmung des **richtigen Bereicherungsschuldners**, geht es bei der Rückabwicklung von Zuwendungen, zu denen sich der Zuwendende **irrtümlich** verpflichtet glaubt. So etwa, wenn A an den Gläubiger (C) der Hauptschuld zahlt, weil er irrtümlich annimmt, er habe sich wirksam für den Schuldner (B) verbürgt. Dann ist klar, dass A mit der Zuwendung seine (vermeintliche) **Bürgschuld** aus § 765 tilgen will und dementsprechend eine Leistung an C erbringt. Bei fehlender Bürgschuld kann er – vorbehaltlich des durch § 766 3 geregelten Sonderfalls eines mit der Zahlung geheilten Formmangels – die rechtsgrundlos erbrachte Zahlung also mit der **Leistungskondiktion** von C herausverlangen (statt aller: *Medicus* Bürgerliches Recht Rz 948). In der Praxis tritt diese bereicherungsrechtlich eigentlich unproblematische Situation auch in anderen Konstellationen auf: A berichtigt Nachlassverbindlichkeiten, weil er sich irrtümlich für den Erben hält; oder: A erbringt Schadensersatzzahlungen in der irrigen Annahme, er habe einen Unfall verursacht, für den tatsächlich ein anderer Unfallbeteiligter alleine verantwortlich ist (weitere Bsp bei Koppensteiner/ *Kramer* 38 f). Insb für derartige Fälle ist umstr, ob A sich auch dann an C halten muss, wenn sich der Bereicherungsanspruch faktisch nicht realisieren lässt, etwa weil C entreichert oder insolvent ist. Ein Teil der Lit will helfen, indem A durch eine nachträgliche **Änderung der Zweckbestimmung** die Möglichkeit eröffnet werden soll, statt bei C kondizieren zu müssen, gem § 812 I 1 Alt 2 **Rückgriff** bei B zu nehmen (*Reuter/Martinek*, 473 ff; *Flume* JZ62, 281, 282; *König* Gutachten 1567 f; einschränkend: *Larenz/Canaris* Schuldrecht BT II/2, 69 III 2c; abl die hM: *Medicus* Bürgerliches Recht Rz 951; *Erman/Westermann* § 812 Rz 32; *Staud/Lorenz* § 812 Rz 60 mwN). Das liefe praktisch auf ein **Wahlrecht** des Bereicherungsgläubigers hinaus, welches mit zentralen Grundsätzen für den Bereicherungsausgleich in Mehrpersonenverhältnissen (s. Rn 77 ff) schlechterdings nicht in Einklang zu bringen wäre und sich schon deshalb nicht allein mit Praktikabilitätserwägungen rechtfertigen lässt (so aber *König* aaO). Dementsprechend hat der BGH nur in eng umgrenzten Ausnahmefällen einen fakultativen Rückgriff aus dem Gesichtspunkt von Treu und Glauben (§ 242) zugelassen (BGH NJW 86, 2700; 83, 812, 814; 64, 1898, 1899). Dem ist zuzustimmen. Jedenfalls darf es nicht in das Belieben des Bereicherungsgläubigers gestellt sein, sich durch den Zugriff auf eine weitere Vermögensmasse seines allg **Insolvenzrisikos** zu entledigen (iErg ebenso: *Larenz/Canaris* Schuldrecht BT II/2, 69 III 2c).

c) **Irrtum über die Person des Leistenden – Lehre vom Empfängerhorizont.** Seit Jahrzehnten sorgen zwei **105** Entscheidungen des BGH für Diskussionsstoff. Im sog „**Idealheimfall**" (BGHZ 40, 272 ff) hatte der Grundstückseigentümer C bei B ein schlüsselfertiges Haus bestellt. B beauftragte A im Namen des C mit der Ausführung der Bauleistungen; A wusste nicht, dass B keine entspr Vollmacht hatte. Ähnl war es im „**Elektrogerätefall**" (BGHZ 36, 30 ff), in dem A im Auftrag des abermals vollmachtlos für C handelnden B Elektrogeräte in das Gebäude des Grundstückseigentümers C eingebaut und solcherart gem §§ 946, 951 I 1 das Eigentum hieran verloren hatte (im Unterschied zum Idealheimfall wusste A allerdings, dass er nicht im Auftrag des C tätig werden sollte; eingehend zu den sich hieraus ergebenden Konsequenzen: *Staud/Lorenz* § 812 Rz 61). Beiden Fällen ist gemein, dass A mangels Genehmigung des Vertretenen (§ 177 I) keine vertraglichen Ansprüche gegen C zustehen. Das führt zu der Frage nach den für den Bereicherungsausgleich maßgeblichen **Leistungsbeziehungen** (s. Rn 78, 81 ff), die sich allein durch die Anwendung des Leistungsbegriffs nicht verlässlich beantworten lässt. Denn ob die Zuwendung als eine Leistung des A an C angesehen werden kann, hängt weitergehend davon ab, aus welcher Sicht man den Zuwendungsvorgang betrachtet. A will an C leisten, weil er sich hierzu vertraglich verpflichtet glaubt, wohingegen C aus seiner Sicht annehmen muss, dass A die Zuwendungen auf Geheiß seines Vertragspartners B und damit für diesen eine Leistung erbringt (vgl hierzu Rn 87). Der BGH hält in ständiger Rspr den **objektiven Empfängerhorizont** für maßgebend und stellt zum **Schutz** **106** **des gutgläubigen Empfängers** darauf ab, als wessen Leistung C die Zuwendung objektiv ansehen darf (zuletzt: BGH NJW 05, 60,f; vgl auch: BGHZ 67, 232, 241; 58, 184, 188; 40, 272, 277 f; NJW 74, 1132 f; iE ebenso: BGHZ 36, 30, 35; dem folgend: *Reuter/Martinek* 453 ff; *Erman/Westermann* § 812 Rz 15; AnwK/*v Sachsen Gessaphe* § 812 Rz 179; MüKo/*Schwab* § 812 Rz 184). Weiß C nichts vom vollmachtlosen Vertreterhandeln des B, hat der Bereicherungsausgleich demnach – wie bei der Durchlieferung – innerhalb der sich so nach seiner Vorstellung ergebenden Leistungsbeziehungen, also zwischen B und C sowie zwischen A und B stattzufinden. Demgegenüber soll es nach aA auf den **Willen des Zuwendenden** A ankommen (*Canaris* FS Larenz 73, 799, 827; Staud/*Gursky* § 951 Rz 11; Staud/*Lorenz* § 812 Rz 61; *Medicus* Rz 687 f; *Staake* WM 05, 2113, 2117ff; *Wilhelm* 148 ff), so dass A die von ihm beabsichtigte Leistung an C gem § 812 I 1 Alt 1 direkt bei diesem kondizieren kann. Zur Begründung verweisen die Anhänger dieser Auffassung darauf, dass C jedenfalls dann nicht schutzwürdig sei, wenn er seinerseits schon vor der Inempfangnahme der Zuwendung oder überhaupt noch nicht an B gezahlt habe. Andernfalls, also wenn C (erst) im Vertrauen auf eine Leistung des B an diesen zahlt, soll er sich ggü A gem § 818 III auf den **Wegfall der Bereicherung** berufen und den gezahlten Preis vom Wertersatzanspruch des A abziehen dürfen (so insb: *Flume* AcP 199, 1 ff, 29 ff, 34 mwN; wohl auch: *Medicus* Bürgerliches Recht Rz 688).

Der Rechtssprechungspraxis ist zu folgen. Sie setzt mit Recht bei der gebotenen **Auslegung** der Tilgungsbe- **107** stimmung an, die den Bezug zum bereicherungsrechtlich relevanten Kausalverhältnis schafft und als Willenserklärung bzw geschäftsähnliche Handlung allg Auslegungskriterien (§§ 133, 157) unterliegt (BGHZ 106, 163, 166). Dann aber ist es jedenfalls dogmatisch konsequent, auch für die Ermittlung der bereicherungsrechtlich relevanten Leistungsbeziehung den Erklärungswert der Tilgungsbestimmung nach der **Empfängersicht** zu bestimmen. Die von der Gegenansicht hiergegen ins Feld geführten Bedenken, auf solche Weise werde der Empfänger undifferenziert und letztlich über Gebühr vor der bereicherungsrechtlichen Inanspruchnahme durch A geschützt (vgl Staud/*Lorenz* § 812 Rz 61) tragen nicht. Im Gegenteil: Gerade für die praktisch besonders bedeutsamen Fälle des vollmachtlosen Vertreterhandelns bestimmt § 179, dass der Zuwendende sich an den **falsus procurator** halten muss. Mit der darin zu Tage tretenden gesetzlichen Wertung wäre es nur schwer in Einklang zu bringen, ihm zugleich einen auf § 812 I 1 Alt 1 gestützten Bereicherungsanspruch gegen den Empfänger zuzubilligen (ebenso: Anwk/*v Sachsen Gessaphe* § 812 Rz 179; *Esser/Weyers* Schuldrecht II/2, § 48 III 6 b, 63; *Koppensteiner/Kramer* 38). Soweit erwogen wird, dem Zuwendenden (A) die **Anfechtung** der von ihm lediglich als Bote überbrachten Tilgungsbestimmung des Schuldners (B) analog § 119 I zu gestatten (*Larenz/Canaris* Schuldrecht BT II/2, § 70 III 3b; Staud/*Lorenz* § 812 Rz 61; dagegen mit überzeugender Begründung: MüKo/*Schwab* § 812 Rz 185 f), wird der sich hieraus ergebende Ersatzanspruch des C nach § 122 in der Praxis in aller Regel daran scheitern, dass die Anfechtung gem § 121 unverzüglich erklärt werden muss (vgl hierzu: BGHZ 106, 163, 166; 67, 232, 241 f; NJW 74, 1132, 1133; Hamm NJW-RR 89, 700, 701;). IÜ steht der dann grds eröffneten **Nichtleistungskondiktion** A–C die für den Bereicherungsausgleich allg gültige Erwägung entgegen, dass der ehemals Berechtigte den durch eine **fehlerfreie** Vermögensverschiebung hingegebenen Vermögensgegenstand nicht gem § 812 I 1 Alt 2 vom Empfänger kondizieren kann (s. Rn 84). Soweit die Anfechtung allerdings auch die dingliche Einigungserklärung beseitigt (so: *Larenz/Canaris* Schuldrecht II/2, § 70 III 3 b), wird A die Vindikation bei C zu gestatten sein.

108 **E. Allgemeines. I. Verjährung.** Für alle Bereicherungsansprüche gilt die dreijährige **Regelverjährung** gem § 195. Die Verjährungsfrist beginnt gem § 199 I Nr 1 frühestens mit dem Schluss des Jahres, in dem der **Anspruch entstanden** ist, bei der *condictio ob rem* also erst, wenn endgültig feststeht, dass der Empfänger die vom Leistenden nach der Zweckabrede erwartete Gegenleistung nicht erbringen wird (s. Rn 45); für die **condictio ob causam finitam** ist der Zeitpunkt maßgebend, in dem der ursprünglich vorhandene Rechtsgrund wegfällt. Darüber hinaus knüpft § 199 I Nr 2 den Beginn der Verjährungsfrist an die **Kenntnis oder grob fahrlässige Unkenntnis** des Bereicherungsgläubigers von der Person des Schuldners und den anspruchsbegründenden Tatsachen (zur Geltung der „subjektiven" Voraussetzungen in den Überleitungsfällen nach Art 229 § 6 EGBGB: BGH NJW. 07, 1584, 1585 f Rz 17 ff mwN; BauR 07, 1044; ausf zur „Kenntnis" iSd § 199 I Nr 2: BGH ZIP 08, 2164, Rz 15 ff und ZIP 08, 2255, 2258 f, Rz 19 ff mwN; zur Wissenszurechnung: BGH NZBau 08, 501). Ob der Gläubiger die ihm bekannten objektiven Tatsachen zutr rechtlich würdigt, ist grds ohne Belang (BGH NJW-RR 08, 1237, 1238, Rz 7 f mwN). Nur bei unsicherer und zweifelhafter Rechtslage kann der Beginn der Verjährungsfrist ausnahmsweise wegen Rechtsunkenntnis des Gläubigers hinausgeschoben sein (BGHZ 160, 216, 231f; BGH NJW-RR 09, 547, Rz 15 mwN). Die Verjährung beginnt dann – unabhängig von Kenntnis oder grob fahrlässiger Unkenntnis – mit der objektiven Klärung der Rechtslage (BGH NJW-RR 09, 547, 548, Rz 19). Allerdings tritt die Verjährung ungeachtet all dessen spätestens 10 Jahre nach der Entstehung des Anspruchs ein – § 199 IV. Bei **Rechtsgrundverweisungen** auf das Bereicherungsrecht gelten die für die Verweisungsnorm maßgeblichen Verjährungsvorschriften (AnwK/v *Sachsen Gessaphe* § 812 Rz 202; zum Sonderfall der Rückforderung von Zinsen bei nichtigen Ratenkreditverträgen: BGH NJW 07, 3127, 3128 f, Rz. 20 f – § 197 aF; BGHZ 98, 174, 181 ff; 112, 352, 353 f). Die aus der Rückabwicklung eines nichtigen Grundstücksgeschäftes resultierenden bereicherungsrechtlichen Ansprüche verjähren gem § 196 in 10 Jahren (BGH NJW-RR 08, 824, 826, Rz 19 ff mwN; aA: LG Rottweil NJW-RR 07, 452; BaRoth/*Henrich* § 196 Rz 3).

109 **II. Beweislast.** Die Verteilung der Darlegungs- und Beweislast für Bereicherungsansprüche folgt allg Grundsätzen. Dementsprechend muss der Bereicherungsgläubiger **sämtliche Tatsachen** darlegen und im Bestreitensfall beweisen, aus denen sich sein Bereicherungsanspruch ergeben soll (BGH NJW 83, 626; 83, 220; Staud/*Lorenz* § 812 Rz 92 mwN). Dazu gehört grds auch die **Rechtsgrundlosigkeit** der Zuwendung (BGH NJW-RR 09, 1142, 1144, Rz 19 mwN; BGH ZIP 08, 2255, 2259, Rz 36 mwN – fehlende Vertretungsmacht, keine Anscheins- oder Duldungsvollmacht). Allerdings muss zunächst der Bereicherungsschuldner, der sich auf einen konkreten Rechtsgrund beruft, diesen schlüssig dartun. Erst dann ist es Sache des Bereicherungsgläubigers, die zur Begründung des konkreten Behaltensgrundes vorgetragenen Tatsachen zu widerlegen (BGH NJW-RR 09, 1142, 1144, Rz 21; NJW-RR 04, 556; NJW 03, 1449, 1450; 99, 2887 f; aA für die Eingriffskondiktion: MüKo/*Schwab* § 812 Rz 370 – Empfänger muss Rechtsgrund beweisen). Demgegenüber ist der Bereicherungsschuldner darlegungs- und beweispflichtig für solche Tatsachen, aus denen sich **kondiktionshindernde Einwendungen**, insb die **Kondiktionssperren** aus §§ 813 II, 814, 815, 817 2 rechtfertigen sollen (s. dort). Zu den Besonderheiten der Beweislastverteilung bei der Rückforderung von **Leistungen unter Vorbehalt:** § 814 Rn 6, 9.

§ 813 Erfüllung trotz Einrede. (1) ¹Das zum Zwecke der Erfüllung einer Verbindlichkeit Geleistete kann auch dann zurückgefordert werden, wenn dem Anspruch eine Einrede entgegenstand, durch welche die Geltendmachung des Anspruchs dauernd ausgeschlossen wurde. ²Die Vorschrift des § 214 Abs. 2 bleibt unberührt.
(2) Wird eine betagte Verbindlichkeit vorzeitig erfüllt, so ist die Rückforderung ausgeschlossen; die Erstattung von Zwischenzinsen kann nicht verlangt werden.

1 **A. Normzweck und Anwendungsbereich.** § 813 I stellt zwar einen **eigenständigen Tatbestand** der Leistungskondiktion dar, begründet faktisch indes nur eine Erweiterung der *condictio indebiti* (§ 812 I 1 Alt 1) auf die Fälle, in denen die Leistung zwar mit Rechtsgrund auf einen bestehenden, aber wegen einer **dauernden (peremptorischen) Einrede** nicht durchsetzbaren Anspruch des Bereicherungsschuldners erfolgt (MüKo/*Lieb* § 813 Rz 1; BaRoth/*Wendehorst* § 813 Rz 1). Die dogmatische Grundlage für diese Gleichstellung findet sich in der alle Tatbestände des Bereicherungsausgleichs tragenden Erwägung, dass der Bereicherungsschuldner im einen wie im anderen Fall einen (ungerechtfertigten) Vermögensvorteil erlangt, der ihm nach den Kriterien der rechtsgeschäftlichen bzw gesetzlichen Güterzuordnung im Ergebnis nicht gebührt (hierzu: § 812 Rn 1, 5 f). Deshalb gilt für die Konkurrenz zu anderen Vorschriften des Zivilrechts das für die Leistungskondiktionstatbestände des § 812 I Gesagte entspr (vgl § 812 Rn 19, 38 ff).

B. Tatbestand. I. Rückforderung – § 813 I 1. 1. Tatbestandsmerkmal „Leistung auf einredebehaftete Forderung". Der Rückforderungsanspruch aus § 813 I 1 betrifft ebenso wie der aus § 812 I 1 Alt 1 das **durch Leistung eines anderen Erlangte** (hierzu § 812 Rn 22 ff). In Unterschied zur **condictio indebiti** erfolgt die nach § 813 I 1 kondizierbare Leistung indes auf eine bestehende Verbindlichkeit, also nicht ohne Rechtsgrund iSd § 812 I. Sie kann dennoch gem § 813 I 1 herausverlangt werden, wenn der Bereicherungsgläubiger in der irrigen Annahme geleistet hat, hierzu verpflichtet gewesen zu sein, obwohl er den Anspruch des Empfängers durch die Geltendmachung einer **dauernden Einrede** hätte abwehren können. Unterliegt er diesem Irrtum nicht, leistet er also in (positiver) Kenntnis des Bestehens einer solchen Einrede, so ist spätere Kondiktion gem § 814 ausgeschlossen (s. dort). Darüber hinaus ist die Kondiktionssperre des § 817 2 zu beachten.

2. Dauernde Einrede. § 813 I 1 stellt ausdrücklich klar, dass die Geltendmachung des gleichwohl erfüllten Anspruchs durch eine **dauernde (peremptorische)** Einrede ausgeschlossen gewesen sein muss. Es darf sich also nicht nur um eine vorübergehende (dilatorische) Einrede (etwa aus § 320) handeln (BGH NJW 82, 1587 f). Gemeint sind iÜ nur dauerhaft **rechtshemmende Einreden**, weil sich die Leistung bei Bestehen rechtshindernder bzw rechtsvernichtender Einwendungen bereits als rechtsgrundlos iSd § 812 I erweist (BaRoth/*Wendehorst* § 813 Rz 4; MüKo/*Schwab* § 813 Rz 5; zur bereicherungsrechtlichen Rückabwicklung von Zahlungen auf eine nach 556 III 2, 3 ausgeschlossene Betriebskostennachforderung: BGH NJW 06, 903). In Erwägung dessen kommen als Einreden iSd § 813 insb diejenigen aus §§ 821, 853, 1166, 1973, 1975, 1990, 2083 und 2345 (vgl statt vieler: Staud/*Lorenz* § 813 Rz 8 mwN; aA bspw für §§ 821, 853, 1973 und 1990 ff: *H Roth* Die Einrede des bürgerlichen Rechts, 88, 8 ff; für 1629 a: *Löwisch* NJW 99, 1002, 1003) sowie die auf den Einwand rechtsmissbräuchlichen Verhaltens gestützten endgültigen Leistungsverweigerungsrechte aus **§ 242** (insb wegen Arglist und Verwirkung) in Betracht (BGH LM § 242 (Cd) Nr 19; AnwK/*v Sachsen Gessaphe* § 813 Rz 4; MüKo/*Schwab* § 813 Rz 7). Demgegenüber findet § 813 I keine (entspr) Anwendung auf die Fälle der nicht genutzten **Aufrechnungs- oder Anfechtungsbefugnis** (RGZ 144, 93 ff; RGZ 151 361, 376; Staud/*Lorenz* § 813 Rz 11; Erman/*Westermann* § 813 Rz 3; MüKo/*Schwab* § 813 Rz 10; AnwK/*v Sachsen Gessaphe* § 813 Rz 3; BaRoth/*Wendehorst* § 813 Rz 4). Gleiches gilt iE für die Erfüllung von **Naturalobligationen**, wie sich aus §§ 656 I 2; 762 I 2 ergibt. Für den praktisch wichtigsten Fall einer peremptorischen Einrede, nämlich der Einrede der **Verjährung**, schließt § 813 I 2 die Kondiktion durch die Bezugnahme auf § 214 II grds aus (vgl aber auch Rn 5). Die Einrede muss **im Zeitpunkt der Leistungserbringung bestanden** haben (einschränkend für Einreden aus § 242: Staud/*Lorenz* § 813 Rz 7; ihm folgend: BaRoth/*Wendehorst* § 813 Rz 7); dass sie nicht auch geltend gemacht worden sein muss, liegt in der Natur der Sache, weil der Bereicherungsgläubiger sonst nicht (irrtümlich) geleistet hätte (iE ebenso: AnwK/*v Sachsen Gessaphe* § 813 Rz 3 mwN).

3. Mehrpersonenverhältnisse. § 813 I schließt für Mehrpersonenverhältnisse eine **Direktkondiktion** grds nicht aus. Deshalb kann der Leistende das zwecks Erfüllung einer **fremden einredebehafteten Verbindlichkeit** Geleistete (§ 267) uU direkt vom Empfänger kondizieren (ebenso: MüKo/*Schwab* § 813 Rz 4). Das gilt freilich nur iRd für den Bereicherungsausgleich in Mehrpersonenverhältnissen allg geltenden Grundsätze (BaRoth/*Wendehorst* § 813 Rz 8; MüKo/*Schwab* § 813 Rz 4; hierzu iE: § 812 Rn 76 ff), die iÜ auch in den Fällen uneingeschränkte Geltung beanspruchen, in denen der Leistende dem Empfänger kraft gesetzlicher Regelung Einreden aus der Rechtsbeziehung zu einem Dritten entgegenhalten kann. So etwa beim **echten Vertrag zugunsten Dritter** gem § 334 (Staud/*Lorenz* § 813 Rz 5; BaRoth/*Wendehorst* § 813 Rz 8; AnwK/*v Sachsen Gessaphe* § 813 Rz 8; MüKo/*Schwab* § 813 Rz 14) und iRd **Zession** nach § 404. Hinsichtlich des sog **„Rückforderungsdurchgriffs"** beim nichtigen verbundenen (finanzierten) Geschäft gem §§ 358, 359 soll der Leistende Zahlungen vom Darlehensgeber gem § 813 I zurückfordern dürfen (für § 9 III 1 VerbrKrG: BGHZ 174, 334, Rz 31), soweit diese **nach** der berechtigten Geltendmachung von Einwendungen (ggü dem Unternehmer) erfolgt sind (AnwK/*v Sachsen Gessaphe* § 813 Rz 8 mwN; iE wohl ebenso: MüKo/*Schwab* § 812 Rz 13; aA – Abwicklung wie beim Doppelmangel, weil die Geschäftsgrundlage für den Darlehensvertrag entfällt: BaRoth/*Wendehorst* § 813 Rz 9). Das kann allerdings nur dann gelten, wenn der Verbraucher die Zahlung endgültig hätte verweigern dürfen, was wiederum das Bestehen einer dauernden Einrede im Verhältnis zum Unternehmer voraussetzt (vgl hierzu: AnwK/*Ring* § 359 Rz 4). Damit führt der praktisch wichtigste Fall der **mangelbedingten Einrede** aus § 320 gerade nicht zu einem Kondiktionsanspruch des Verbrauchers gegen den Kreditgeber aus § 813 I 1 (str, wie hier: Stuttg ZIP 01, 691, 698; 02, 1885, 1890; Frankf WM 02, 1275; AnwK/*Ring* § 359 Rz 39; Palandt/*Grüneberg* § 359 Rz 8; *Lieb* NZM 00, 689; aA: Dresd NZM 00, 207; AnwK/*v Sachsen Gessaphe* § 813 Rz 8).

II. Rückforderungsausschluss – § 813 I 2. Für die in der Praxis besonders bedeutsame peremptorische Einrede der **Verjährung** lässt § 813 I 2 durch die Verweisung auf § 214 II eine Kondiktion nicht zu, soweit der Leistende die verjährte Forderung **freiwillig** erfüllt hat (zur Unanwendbarkeit des § 241 II auf den Ausschlussgrund des § 556 III 2, 3: BGH NJW 06, 903). Für den Rückforderungsausschluss kommt es dann weder darauf an, ob der freiwillig Leistende Kenntnis von der Verjährung der beglichenen Forderung hatte, noch ist entscheidend, ob die Verjährung klar ersichtlich oder möglicherweise sogar rechtlich-zweifelhaft war (BGH NJW 06, 1277, 1280 – zur Rückforderbarkeit von Leistungen auf verjährte Darlehensrückzahlungsansprüche). Demgegenüber kommt ein Bereicherungsausgleich über § 813 I 1 in Betracht, wenn die Forderung im Wege der **Zwangsvollstreckung** beigetrieben wurde (BGH NJW 93, 3318, 3320).

6 An der bereicherungsrechtlichen Irrelevanz der verjährungsüberwindenden **Mängeleinreden** aus §§ 478, 639 I aF hat sich durch die Einführung des Schuldrechtmodernisierungsgesetzes im Ergebnis nichts geändert: Zwar kann der Käufer/Besteller gem §§ 438 IV 2, V; 634a IV 2, V die Bezahlung des offen stehenden Kaufpreises/Werklohns auch nach rücktritts- bzw minderungshindernder Verjährung der zugrunde liegenden Erfüllungs- und Nacherfüllungsansprüche (§§ 438 IV 1, 634a IV 1 iVm § 218 I) weiterhin in dem Umfang verweigern, in dem er hierzu bei wirksamer Ausübung des Rücktritts-/Minderungsrechts berechtigt gewesen wäre. Auch dürfte das sich so ergebende **Leistungsverweigerungsrecht** entgegen anderer Auffassung (AnwK/ v Sachsen Gessaphe § 813 Rz 6) unabhängig von der Behebbarkeit des Mangels eine **dauernde Einrede** iSd § 813 I 1 begründen (vgl: AnwK/Raab § 634a Rz 43). Gleichwohl ist die **Rückforderung** des Geleisteten ausgeschlossen, weil die insoweit maßgeblichen Vorschriften in §§ 438 IV 1, V; 634a IV 1, V auf § 218 Bezug nehmen, der in II mit obigem Ergebnis wiederum auf § 214 II verweist.

7 **III. Vorzeitige Erfüllung einer betagten Verbindlichkeit – § 813 II.** § 813 II stellt klar, dass Leistungen auf eine zwar schon entstandene, aber noch nicht fällige – eben **betagte** – Verbindlichkeit nicht kondizierbar sind. Das betrifft insb Zahlungen des Bestellers auf mangels Abnahme noch nicht fällige Werklohnforderungen des Unternehmers (§§ 641 I 1, 640 I). Anders hingegen, wenn der Besteller eine berechtigte Abschlagsforderung (§ 632a) des Bestellers bedient, der wiederum eine dauernde Einrede entgegensteht. Leistet der Erwerber vor der Abnahme Zahlungen auf einen § 3 I, II MaBV widersprechenden und damit unwirksamen Zahlungsplan des Bauträgers, kann er diese in der den Betrag übersteigenden Höhe zurückverlangen, den der Bauträger bei wirksamer Vereinbarung des Zahlungsplans iRd § 3 I, II MaBV hätte verlangen können. § 813 II greift nicht, weil der Bauträger durch die Entgegennahme der Zahlungen gegen ein gesetzliches Verbot iSd § 134 verstoßen hat und deshalb einem bereicherungsrechtlichen Rückforderungsanspruch aus § 817 I ausgesetzt bleibt (BGH NJW 07, 1947, 1949; § 817 Rn 31 ff). Nicht entstanden und deshalb nicht „betagt" ioS sind **befristete, insb aufschiebend bedingte** Forderungen. Insoweit greift wegen des (noch) fehlenden Rechtsgrundes § 812 I 1 Alt 1 (s. § 812 Rn 34). Für Leistungen des nicht voll Geschäftsfähigen gilt der Rückforderungsausschluss gem § 813 II nicht (Staud/Lorenz § 813 Rz 17; MüKo/ Schwab § 813 Rz 17). Die Regelung in § 813 II Hs 2 entspricht der in § 272 (s. dort).

8 **C. Allgemeines.** Die **Verjährung** des Kondiktionsanspruchs aus § 813 I 1 und die Verteilung der **Beweislast** folgt den für § 812 I maßgeblichen Grundsätzen. Auf die dortigen Ausführungen (Rn 108 f) wird verwiesen.

§ 814 Kenntnis der Nichtschuld.
Das zum Zwecke der Erfüllung einer Verbindlichkeit Geleistete kann nicht zurückgefordert werden, wenn der Leistende gewusst hat, dass er zur Leistung nicht verpflichtet war, oder wenn die Leistung einer sittlichen Pflicht oder einer auf den Anstand zu nehmenden Rücksicht entsprach.

1 **A. Normzweck.** § 814 normiert zwei Kondiktionsausschlussgründe, die beide den Tatbestand der **condictio indebiti** betreffen (zur Nichtanwendbarkeit auf andere Kondiktionstypen: Rn 2 ff). Alt 1 knüpft an den Grundsatz des **venire contra factum proprium** an (BGH NJW 97, 2381, 2382) und versagt deshalb demjenigen einen Bereicherungsanspruch, der trotz Kenntnis seiner Nichtschuld freiwillig leistet. Daraus ergibt sich im Umkehrschluss der für die condictio indebiti tragende Grundsatz, dass ein Bereicherungsausgleich überhaupt nur dann in Betracht kommt, wenn der Leistende sich über seine (nicht bestehende) Verpflichtung zur Leistung **geirrt** hat (vgl Staud/Lorenz § 814 Rz 1). In Alt 2 findet sich das Gebot der Einhaltung der guten Sitten wieder (§ 138), indem auch rechtsgrundlos erbrachte Leistungen einem Kondiktionsanspruch entzogen werden, soweit sie aufgrund einer **sittlichen oder moralischen Pflicht** vorzunehmen waren.

2 **B. Tatbestand. I. Leistung in Kenntnis der Nichtschuld – § 814 Alt 1. 1. Leistung „solvendi causa".** Der Kondiktionsausschluss in § 814 betrifft das zum **Zwecke der Erfüllung einer Verbindlichkeit Geleistete.** Es muss also eine **Leistung** iSd normativen Leistungsbegriffs vorliegen (hierzu iE § 812 Rn 22 ff), die der Zuwendende **solvendi causa** erbracht hat (AnwK/v Sachsen Gessaphe § 814 Rz 2; BaRoth/Wendehorst § 814 Rz 3). Das ist **nur** bei der **condictio indebiti** der Fall (BGH WM 86, 1324; 72, 283, 286; AnwK/v Sachsen Gessaphe § 814 Rz 2; MüKo/Lieb § 814 Rz 3 ff; Palandt/Sprau § 814 Rz 1). Liegen die übrigen Voraussetzungen des § 814 vor, so ist der Bereicherungsausgleich nach § 812 I 1 Alt 1 also auch bei **Mehrpersonenverhältnissen** iRd nach allen Kriterien zu ermittelnden Leistungsbeziehung(en) ausgeschlossen (AnwK/v Sachsen Gessaphe § 814 Rz 2, 7). Aus dem Vorgesagten ergibt sich, dass § 814 keine Anwendung findet auf die Fälle der **Nichtleistungskondiktion** (zur Verwendungskondiktion: BGH NJW 94, 2357, 2358; vgl auch BGH WM 86, 1342, 1352) und den Bereicherungsanspruch aus **§ 817 1** (BGH WM 61, 530). Gleiches gilt für die Tatbestände der **condictio ob rem** (§ 812 I 2 Alt 2), die den Herausgabeanspruch des Leistenden gerade nicht an die mangels causa fehlgeschlagene Erfüllung einer Verbindlichkeit, sondern an die Verfehlung eines gesondert vereinbarten Leistungszwecks knüpft (hierzu iE § 812 Rn 42, 49). Also kann schon denknotwendig kein kondiktionshindernder Zusammenhang zwischen der Kenntnis des Leistenden vom Fehlen einer rechtsgeschäftlichen Leistungsverpflichtung und dem Kondiktionsgrund der **condictio ob rem**, nämlich der Zweckverfehlung, bestehen (iE ebenso: BGH NJW 99, 2892; 80, 451; Köln NJW-RR 94, 1026; MüKo/Schwab § 814 Rz 4;

AnwK/v Sachsen Gessaphe § 814 Rz 2; Staud/Lorenz § 814 Rz 3; Singer WM 83, 254, 256; BaRoth/Wendehorst § 814 Rz 5; vgl zur grds Nichtanwendbarkeit der **condictio ob rem** in diesen Fällen: § 812 Rn 49). Für die Zweckverfehlungskondiktion gilt allerdings die **Kondiktionssperre des § 815** (s. dort). § 814 ist weder unmittelbar noch seinem Rechtsgedanken nach anwendbar auf anfechtungsrechtliche Rückgewähransprüche aus § 143 I InsO (BGH WM 09, 178, 180f).

2. Nichtschuld. § 814 setzt voraus, dass der Leistende **objektiv nicht zur Leistung verpflichtet** war. Das trifft auch dann zu, wenn die Leistung zwar auf eine bestehende, aber mit einer **dauernden Einrede** behaftete Verbindlichkeit erfolgt. Weiß der Leistende von einer solchen Einrede, ist sein Kondiktionsanspruch aus § 813 I in entspr Anwendung des § 814 ausgeschlossen (AnwK/v Sachsen Gessaphe § 814 Rz 4; MüKo/Schwab § 814 Rz 6). Maßgebend ist der Zeitpunkt der Leistungserbringung (AnwK/v Sachsen Gessaphe § 814 Rz 2; Erman/Westermann § 814 Rz 7; MüKo/Schwab § 814 Rz 3), so dass die Kondiktion wegen des **späteren Wegfalls des rechtlichen Grundes** (**condictio ob causam finitam** – § 812 I 2 Alt 1) nicht von § 814 umfasst ist (allgM: BGHZ 111, 125, 130; WM 72, 283, 286; Erman/Westermann § 814 Rz 1; MüKo/Schwab § 814 Rz 3).

3. Kenntnis. Die Kondiktionssperre des § 814 erfordert, dass der Zuwendende im Zeitpunkt der Leistungserbringung **positive Kenntnis** davon hatte, zur Leistung nicht verpflichtet zu sein. Bezugspunkt für diese Kenntnis kann nach dem Vorgesagten (Rn 3) das Nichtbestehen der mit der Leistung in Bezug genommenen Verbindlichkeit oder das Bestehen einer dauernden Einrede sein (§ 813 I), darüber hinaus gem § 142 II nach erfolgter Anfechtung die **Anfechtbarkeit** des Kausalgeschäftes, sofern das Anfechtungsrecht zumindest auch dem Leistenden zustand (BGH NJW 08, 1878, 1879, Rz 15ff mwN; MüKo/Schwab § 814 Rz 13; BaRoth/Wendehorst § 814 Rz 8). Allerdings wird in der freiwilligen Erbringung der Leistung in diesen Fällen zumeist eine Bestätigung des anfechtbaren Rechtsgeschäfts nach § 144 zu sehen sein, so dass es auf § 814 idR nicht ankommt (hierzu und grds zur Anwendbarkeit der condictio indebiti auf den Bereicherungsausgleich nach wirksamer Anfechtung des Kausalgeschäftes s. § 812 Rn 34 mwN).
Positive Kenntnis ioS liegt nicht schon dann vor, wenn der Leistende die tatsächlichen Umstände kennt, aus denen sich seine Nichtschuld ergibt (BGH NJW 02, 3772, 3773; BGHZ 113, 62, 70; MüKo/Schwab § 814 Rz 12; AnwK/v Sachsen Gessaphe § 814 Rz 5; Staud/Lorenz § 814 Rz 4). Entscheidend ist vielmehr, dass er aus diesen Umständen subjektiv den **rechtlichen Schluss** zieht, die sodann gleichwohl erbrachte Leistung nicht zu schulden (BGH NJW 09, 580, 582 Rz 17; NJW 97, 2381), wofür allerdings abseits präziser Rechtskenntnisse eine **Parallelwertung in der Laiensphäre** ausreicht (allgM: BGH NJW 03, 2601, 2603; BAG NZW 07, 321 Rz 34; Kobl OLGR 00, 195, 196; statt aller: Staud/Lorenz § 814 Rz 4 mwN). Die Kondiktionssperre des § 814 greift also nicht, soweit der Leistende sich **irrtümlich** zur Leistung verpflichtet glaubt, und zwar selbst dann nicht, wenn dieser Irrtum (grob fahrlässig) verschuldet ist (BGH NJW 81, 277, 278; 72, 283, 286; Ddorf WM 02, 74, 77; Köln MDR 98, 1411; MüKo/Schwab § 814 Rz 12 mwN). Ebenfalls keine „Kenntnis von der Nichtschuld" liegt vor, wenn die zu tilgende Verbindlichkeit zwischen den Parteien **streitig** ist (Ddorf NJW-RR 01, 1028; 1029; AnwK/v Sachsen Gessaphe § 814 Rz 5). Ob bereits bloße **Zweifel** am Bestehen der mit der Leistung in Bezug genommenen Verbindlichkeit den Kondiktionsausschluss gem § 814 zu rechtfertigen vermögen, dürfte eine Frage des Einzelfalles sein (grds dafür: AnwK/v Sachsen Gessaphe § 814 Rz 5 mwN), die dann keiner Beantwortung bedarf, wenn der Leistende durch sein Verhalten beim Empfänger unbegründetes Vertrauen in den Bestand der Leistungspflicht geweckt hat und deshalb jedenfalls nach **Treu und Glauben** (§ 242) an der Rückforderung des Geleisteten gehindert ist (so BGHZ 32, 273, 278).
Auch positive Kenntnis der Nichtschuld führt nicht zum Kondiktionsausschluss, wenn die Leistung **unter Vorbehalt** erfolgt, soweit der Leistende damit – ggf konkludent – zu erkennen gibt, die Verbindlichkeit unter Aufrechterhaltung der Rückforderungsmöglichkeit nicht anerkennen zu wollen (BGH NJW-RR 92, 1214, 1216; WM 88, 1494, 1496; NJW 84, 2826f; AnwK/v Sachsen Gessaphe § 814 Rz 8; Staud/Lorenz § 814 Rz 7; Palandt/Sprau § 814 Rz 5). Ob dem Vorbehalt ein dahingehender Erklärungswert zukommt, ist ebenfalls eine Frage des Einzelfalles und muss aus der Sicht des Empfängers unter Berücksichtigung der Gesamtumstände ermittelt werden (Saarbr MDR 04, 329f; Karlsr WM 97, 1049, 1050). Die schlichte Mitteilung, die Leistung erfolge „ohne Anerkennung einer Rechtspflicht", lässt sich für sich genommen nicht ohne Weiteres darauf schließen, dass die Rechtswirkungen des § 814 ausgeschlossen sein sollen (Kobl NJW 84, 134, 135). Der Erklärung eines ausdrücklichen Vorbehalts steht es gleich, wenn sich aus den Umständen ergibt, dass die Leistung nicht freiwillig, sondern erkennbar **unter Druck**, etwa zur Abwendung der Zwangsvollstreckung (RGZ 147, 17, 21; Staud/Lorenz § 814 Rz 8 mwN) oder anderer empfindlicher Übel erfolgt (vgl: BGH NJW 95, 3054; Ddorf NJW-RR 01, 1028; Kobl NJW-RR 02, 784, 785; Palandt/Sprau § 814 Rz 5 mwN). Nichts anderes kann für die Fälle gelten, in denen der Schuldner nur deshalb leistet, weil er das Nichtbestehen der zu tilgenden Verbindlichkeit im Zeitpunkt der Leistungserbringung nicht beweisen kann und der Empfänger dies erkennt (MüKo/Schwab § 814 Rz 10; dann für einen konkludenten Vorbehalt: Staud/Lorenz § 814 Rz 7; Erman/Westermann § 814, Rz 7; BaRoth/Wendehorst § 814 Rz 10). Leistet der Schuldner in einer solchen Zwangslage ausdrücklich unter Vorbehalt, so gibt er damit ggf zu erkennen, dass seine Leistung keine Erfüllungswirkung haben soll. Dann trägt der Empfänger im Rückforderungsstreit die **Beweislast** für das Bestehen der Verbindlichkeit (stRspr: BGH NJW 03, 2014; NJW-RR 92, 1214, 1216; Staud/Lorenz § 814 Rz 12 mwN).

7 Wird die Leistung von einem **Vertreter** erbracht, ist für die Kenntnis der Nichtschuld entspr **§ 166 I** das Wissen des Vertreters maßgebend (BGH NJW 99, 1024, 1025; MüKo/*Schwab* § 814 Rz 14; Staud/*Lorenz* § 814 Rz 5), bei Mitwirkung mehrerer Vertreter das Wissen desjenigen, der die Leistung tatsächlich bewirkt hat (Hamm NJW-RR 96, 1312). Anders gem § 166 II 1 nur, wenn der Vertreter nach konkreten Weisungen des Vertretenen handelt (BGH NJW 99, 1024, 1025). Dieselben Grundsätze gelten im Ausgangspunkt auch für die **juristische Person**, wobei allerdings streitig ist, ob ihr das Wissen ihrer **Organe** selbst dann zuzurechnen ist, wenn und soweit diese nicht selbst gehandelt haben (dafür: AnwK/*v Sachsen Gessaphe* § 814 Rz 6; Erman/ *Westermann* § 814, Rz 8; dagegen: RGZ 95, 126, 129; Hamm WM 96, 1928; MüKo/*Schwab* § 814 Rz 14; Palandt/*Sprau* § 814 Rz 7; BaRoth/*Wendehorst* § 814 Rz 9). Soweit dem Dritten bei einer **rechtgrundlosen Leistung auf fremde Schuld** (§ 267) die (Direkt-)Kondiktion nach § 812 I 1 Alt 1 vom vermeintlichen Gläubiger zu gestatten ist (hierzu § 812 Rn 103 ff), kommt es hinsichtlich des Kondiktionsausschlusses aus § 814 Alt 1 auf die Kenntnis des Dritten vom Fehlen einer Verbindlichkeit im Valutaverhältnis an (AnwK/*v Sachsen Gessaphe* § 814 Rz 7; MüKo/*Schwab* § 814 Rz 15).

8 **II. Sitten- oder Anstandspflicht – § 814 Alt 2.** § 814 Alt 2 verweigert dem Zuwendenden die Rückforderung rechtsgrundlos erbrachter Leistungen, soweit diese einer **sittlichen Pflicht** oder einer auf den **Anstand** zu nehmenden Rücksicht entspr. Maßgebend für das Bestehen einer solchen Sitten- oder Anstandspflicht sind die **objektiv** herrschenden Moralvorstellungen, deren sich der Leistende nicht (subjektiv) bewusst sein muss (KG FamRZ 02, 1359; Staud/*Lorenz* § 814 Rz 16). IÜ setzt der Kondiktionsausschluss nach § 814 Alt 2 voraus, dass der Leistende im Zeitpunkt der Leistungserbringung irrtümlich glaubt, zur Leistung verpflichtet zu sein. Andernfalls greift bereits § 814 Alt 1. Der damit ohnehin eng umgrenzte Anwendungsbereich des § 814 Alt 2 hat heute nur noch geringe praktische Relevanz. Denn insb die Fallkonstellationen, in denen früher **überobligatorische Unterhaltsleistungen** an bedürftige Angehörige als sittliche Verpflichtung verstanden wurden (vgl zur älteren Rspr Staud/*Lorenz* § 814 Rz 20 mwN; München NJW 04, 1442, 1444 – Unterhalt an Verschwägerte), sind in Zeiten sozialrechtlich abgesicherter staatlicher Alimentationen kaum noch anzutreffen (heute deshalb Kondiktion zulässig: KG FamRZ 02, 1397). Und auch Unterhaltsleistungen des **Scheinvaters** an ein vermeintlich von ihm abstammendes Kind sollen nicht einer Sitten- und Anstandspflicht iSd § 814 Alt 2 entspr (Palandt/*Sprau* § 814 Rz 9; BaRoth/*Wendehorst* § 814 Rz 14), worauf es iÜ dann nicht ankommt, wenn die zurückverlangten Zahlungen vor der Anfechtung der zuvor festgestellten Vaterschaft und solcherart mit Rechtsgrund erbracht wurden (ebenso: AnwK/*v Sachsen Gessaphe* § 814 Rz 11).

9 **C. Beweislast.** Weil § 814 in beiden Alternativen Einwendungen gegen den Kondiktionsanspruch des Leistenden enthält, muss der Empfänger deren tatbestandlichen Voraussetzungen beweisen (BGH NJW 02, 3772, 3773). Beruft sich demgegenüber der Leistende darauf, unter Vorbehalt oder in einer die Kondiktionssperre ausschließenden Zwangslage geleistet zu haben, so trägt er hierfür die Beweislast. IÜ gelten für die Verteilung der Darlegungs- und Beweislast die allg Grundsätze (hierzu § 812 Rn 108 f). Mit einer Ausnahme: Soweit der Leistende durch seinen (bewiesenen) **Vorbehalt** zum Ausdruck gebracht hat, dass seine (durch die Umstände erzwungene) Leistung **keine Erfüllungswirkung** haben solle, muss der Empfänger im Streitfall darlegen und beweisen, dass die zugrunde liegende Verbindlichkeit bestand und er die Leistung behalten darf (s. Rn 6 aE).

§ 815 Nichteintritt des Erfolgs.
Die Rückforderung wegen Nichteintritts des mit einer Leistung bezweckten Erfolgs ist ausgeschlossen, wenn der Eintritt des Erfolgs von Anfang an unmöglich war und der Leistende dies gewusst hat oder wenn der Leistende den Eintritt des Erfolgs wider Treu und Glauben verhindert hat.

1 **A. Normzweck und Anwendungsbereich.** Was § 814 für die **condictio indebiti** ist, ist § 815 für die **condictio ob rem**. Auch § 815 enthält zwei Kondiktionssperren, die beide ihre Rechtfertigung in dem Verbot **widersprüchlichen Verhaltens** finden (Anwk/*v Sachsen Gessaphe* § 815 Rz 1). In Alt 2 schlägt sich überdies die originär durch § 162 I manifestierte Sanktionierung einer treuwidrigen Einflussnahme auf die Durchführung des vereinbarten Rechtsgeschäfts nieder (BaRoth/*Wendehorst* § 815 Rz 1 – ausschließlich).

2 Durch das für beide Alternativen des § 815 maßgebliche Tatbestandsmerkmal: „**Nichteintritt des mit der Leistung bezweckten Erfolgs**" ist klar, dass § 815 die gem § 812 I 2 Alt 2 in gleicher Weise verankerte **Zweckverfehlungskondiktion** (**condictio ob rem**) betrifft (s. dort, § 812 Rn 45). Bei der **condictio ob causam finitam** resultiert der erstrebte und letztlich verfehlte Erfolg der Schuldtilgung – hiervon abweichend – nicht aus einer gesonderten Zweckabrede, sondern aus dem zugrunde liegenden Kausalgeschäft (zur Abgrenzung zwischen der **condictio ob rem** und der **condictio ob causam finitam**: § 812 Rn 32, 43). Schon daraus ergibt sich, dass § 815 die Fälle der **condictio ob causam finitam** nicht umfasst. Hinzu kommt, dass § 815 in beiden Alternativen das Ausbleiben des durch die Zweckabrede erstrebten Erfolgs voraussetzt, wohingegen bei der **condictio ob causam finitam** der Zweck der Zuwendung, nämlich die Erfüllung einer kausalen Verbindlichkeit, zunächst erreicht wird und erst nach der Erbringung der Leistung durch die Beseitigung des anfänglich bestehenden Rechtsgrundes in Wegfall gerät. In Erwägung dieser strukturellen Unterschiede ist auch eine von Teilen der Literatur (Soergel/*Mühl* § 815 Rz 1; Erman/*Westermann* § 815 Rz 1; *Enneccerus/Lehmann* § 224 I

4b) insb für § 815 Alt 2 befürwortete entspr **Anwendung** auf die **condictio ob causam finitam** nicht gerechtfertigt (hM: BGHZ 29, 171, 174; NJW 68, 245; WM 67, 851, 853; Staud/*Lorenz* § 815 Rz 3; MüKo/*Schwab* § 815 Rz 3 f mwN). Entspr anwendbar ist die Kondiktionssperre in Alt 2 demgegenüber auf den gleichgelagerten Fall des **§ 1301** (hierzu: BGHZ 45, 258, 262 ff), wohingegen die Kondiktion aus **§ 817 1** nach zutreffender Auffassung nicht vom Regelungsgehalt des § 815 umfasst ist (*Medicus* Bürgerliches Recht, Rz 694; BaRoth/ *Wendehorst* § 815 Rz 2).

B. Tatbestand. I. Nichteintritt des mit der Leistung bezweckten Erfolgs. Beide Kondiktionsausschlussgründe in § 815 betreffen die Fälle, in denen der mit der Leistung bezweckte Erfolg verfehlt wird. Gemeint ist das Gleiche wie in § 812 I 2 Alt 2, so dass auf die dortigen Ausführungen verwiesen werden kann (§ 812 Rn 41, 45).   3

II. Kenntnis von der anfänglichen Unmöglichkeit des Erfolgseintritts – § 815 Alt 1. § 815 Alt 1 setzt voraus, dass die Erreichung des bezweckten Erfolgs **von Anfang an** aus tatsächlichen oder rechtlichen Gründen **unmöglich** war (§ 275). Zum Kondiktionsausschluss kommt es, wenn der Leistende dies im Zeitpunkt der Leistungserbringung wusste. Erforderlich ist ebenso wie bei § 814 Alt 1 **positive Kenntnis** (s. dort Rn 4 ff).   4

III. Verhinderung des Erfolgseintritts – § 815 Alt 2. Die Kondiktionssperre in § 815 Alt 2 trägt dem Grundsatz Rechnung, dass keine Partei aus der unredlichen Einflussnahme auf den Eintritt des rechtsgeschäftlich verabredeten Erfolgs eine Vorteil ziehen darf. Dementsprechend steht dem Leistenden ein Bereicherungsanspruch aus § 812 I 2 Alt 2 nicht zu, wenn er den Erfolgseintritt **zurechenbar** (vgl BGH WM 66, 194, 196 f) und **treuwidrig** verhindert hat und er sich dessen auch **bewusst** war (AnwK/*v Sachsen Gessaphe* § 815 Rz 5; BaRoth/*Wendehorst* § 815 Rz 5). Absicht ist nicht erforderlich (MüKo/*Schwab* § 815 Rz 7; Palandt/*Sprau* § 815 Rz 3).   5

Entscheidendes Kriterium für die Anwendbarkeit der Kondiktionssperre des § 815 Alt 2 ist zumeist der erforderliche **Treueverstoß**. Mit Recht stellt insb die Rspr strenge Anforderungen an das Vorliegen einer ioS erheblichen Treuwidrigkeit (BGH NJW 99, 2892, 2893; 80, 451; Ddorf NJW-RR 86, 692; ebenso: AnwK/ *v Sachsen Gessaphe* § 815 Rz 5; BaRoth/*Wendehorst* § 815 Rz 4), weil es gerade in den hier interessierenden Fällen der Zweckverfehlung grds der **Dispositionsfreiheit** des Leistenden unterliegen muss, von der Inanspruchnahme einer nicht dem Synallagma unterliegenden und deshalb auch nicht forderungsbewehrten (Gegen-)Leistung (hierzu: § 812 Rn 42, 45) Abstand zu nehmen (iE ebenso: BaRoth/*Wendehorst* § 815 Rz 4). Zum Kondiktionsausschluss führt sein Verhalten erst, wenn er **ohne einen hinreichenden sachlichen Grund** den Erfolg der Zweckvereinbarung zurechenbar verhindert, obwohl der (gegen-)leistungsbereite Empfänger nach den Umständen berechtigtes Vertrauen darin haben durfte, die freilich rechtsgrundlos empfangene Leistung behalten zu dürfen (BGH NJW 99, 2892, 2893; 80, 451; BaRoth/*Wendehorst* § 815 Rz 4; AnwK/*v Sachsen Gessaphe* § 815 Rz 5). Nach diesen Grundsätzen ist bspw der Leistende ohne das Hinzutreten besonderer Umstände (hierzu: BGH NJW 80, 451 – vorweggenommene Baumaßnahme führt zu Schäden am gekauften Haus) nicht gem § 815 Alt 2 daran gehindert, die auf einen (bewusst) formnichtigen Grundstückskaufvertrag in der gleichwohl rechtsgeschäftlich vom Empfänger gebilligten Erwartung seiner Vollziehung erbrachte Leistung zurückzufordern (BGH NJW 99, 2892; 80, 451; vgl auch § 812 Rn 46). Das gilt erst recht, wenn der Empfänger den leistenden Käufer bei Vertragsschluss arglistig über die Beschaffenheit des Grundstückes, insb über dessen Bebaubarkeit getäuscht hat (BGH NJW 99, 2892; Ddorf NJW-RR 86, 692).   6

C. Beweislast. Nach allg Grundsätzen muss der Bereicherungsschuldner die den Einwand des Kondiktionsausschlusses tragenden tatsächlichen Umstände darlegen und beweisen (AnwK/*v Sachsen Gessaphe* § 815 Rz 6; Erman/*Westermann* § 815, Rz 4; MüKo/*Schwab* § 815 Rz 10).   7

§ 816 Verfügung eines Nichtberechtigten.
(1) ¹Trifft ein Nichtberechtigter über einen Gegenstand eine Verfügung, die dem Berechtigten gegenüber wirksam ist, so ist er dem Berechtigten zur Herausgabe des durch die Verfügung Erlangten verpflichtet. ²Erfolgt die Verfügung unentgeltlich, so trifft die gleiche Verpflichtung denjenigen, welcher auf Grund der Verfügung unmittelbar einen rechtlichen Vorteil erlangt.
(2) Wird an einen Nichtberechtigten eine Leistung bewirkt, die dem Berechtigten gegenüber wirksam ist, *so ist der* Nichtberechtigte dem Berechtigten zur Herausgabe des Geleisteten verpflichtet.

A. Normzweck und Anwendungsbereich. § 816 enthält **drei selbständige Kondiktionstatbestände. I 1** gewährt dem Berechtigten einen Bereicherungsanspruch gegen denjenigen, der als Nichtberechtigter eine **wirksame entgeltliche** Verfügung über einen jenem gehörenden Vermögensgegenstand trifft (iE Rn 3 ff); war die Verfügung hingegen **unentgeltlich**, so richtet sich der bereicherungsrechtliche Herausgabeanspruch des Berechtigten gem **I 2** gegen den Empfänger der Zuwendung (iE Rn 12 ff). Mit gleichem Ergebnis betrifft **II** schließlich den Fall, dass der Schuldner des Berechtigten mit schuldbefreiender Wirkung an einen Nichtberechtigten leistet (iE Rn 17 ff). Den solcherart kodifizierten Bereicherungstatbeständen des § 816 ist gemein,   1 dass die konditionsauslösende Vermögensverschiebung nicht auf einer Entscheidung des Entreicherten beruht, sondern durch Handlungen des Bereicherten oder eines Dritten hervorgerufen wird. Deshalb geht die ganz hM davon aus, dass § 816 Sondertatbestände der **Eingriffskondiktion** enthält (BGH NJW 70, 2059; Staud/*Lorenz* § 816 Rz 2; Erman/*Westermann* § 816 Rz 1; AnwK/*v Sachsen Gessaphe* § 816 Rz 2; aA für § 816 I 1– Ersatzregelung: Palandt/*Sprau* § 812 Rz 38), die der allg Eingriffskondiktion als *lex specialis* vorgehen (AnwK/*v Sachsen Gessaphe* § 816 Rz 5, 26, 34; BaRoth/*Wendehorst* § 816 Rz 3). Ansprüche aus **Vertrag, GoA und unerlaubter Handlung** bestehen neben denjenigen aus § 816 (Anspruchskonkurrenz), die eine dem Berechtigten ggü wirksame Verfügung über den Konditionsgegenstand voraussetzen und deshalb ihrerseits nicht durch die insoweit regelmäßig unanwendbaren Vorschriften des **Eigentümer-Besitzer-Verhältnisses** (§§ 987 ff) verdrängt werden (BGHZ 55, 176; Staud/*Lorenz* § 816 Rz 3; Palandt/*Sprau* § 816 Rz 5). Anders nur, wenn die Wirksamkeit der konditionsauslösenden Verfügung erst durch die **Genehmigung** des Berechtigten (§ 185) herbeigeführt wird (dazu Rn 8 ff). Dann soll der sich aus § 816 I ergebende Bereicherungsanspruch des Berechtigten nicht nur mit evtl fortbestehenden Schadensersatzansprüchen aus unerlaubter Handlung (BGH NJW 91, 695), sondern auch mit solchen gem §§ 989 f konkurrieren, sofern nicht mit der Genehmigung nach den Umständen des Einzelfalles ausnahmsweise ein Verzicht auf derartige Ersatzansprüche einhergeht (BGH NJW 60, 860; AnwK/*v Sachsen Gessaphe* § 816 Rz 5 mwN).

2 § 816 hat große praktische Relevanz. Er repräsentiert und regelt die **allg Wertungsentscheidung** des Gesetzgebers, dass der Berechtigte nicht ohne einen angemessenen Ausgleich bleiben soll, wenn er im Interesse der Sicherheit des (dinglichen) Rechtsverkehrs einen ungewollten Rechtsverlust nach den Vorschriften über den **gutgläubigen Erwerb** bzw der **schuldbefreienden Wirkung von Drittleistungen** hinnehmen muss (vgl: Staud/*Lorenz* § 816 Rz 2). Die sich so ergebenden **Wertungskriterien** wirken weit über den eigentlichen Regelungsgehalt der Vorschrift hinaus, weil ihnen bei verständiger Anwendung allg gültige Regeln für den Bereicherungsausgleich in Mehrpersonenverhältnissen entnommen werden können, die insb für die Lösung der sog „**Verarbeitungs- und Einbaufälle**" von zentraler Bedeutung sind. Sie münden letztlich in der in jenem Zusammenhang bereits eingehend erörterten Erkenntnis, dass der **gutgläubige entgeltliche** Erwerb einen Behaltensgrund schafft und deshalb **konditionsfest** ist (§ 816 I 1), was auf den **unentgeltlichen** Erwerb wegen der durch § 816 I 2 gegen den Empfänger zugelassenen Kondiktion nicht zutrifft (zum Ganzen iE: § 812 Rn 81–84).

3 **B. Tatbestand. I. Entgeltliche Verfügung eines Nichtberechtigten – I 1. 1. Grundgedanke und Regelungsgehalt.** § 816 I 1 stellt klar, dass der Berechtigte, der sein Recht an einem ihm gehörenden Gegenstand durch eine wirksame entgeltliche Verfügung des Nichtberechtigten an den Erwerber verloren hat, bereicherungsrechtlich nicht gegen diesen vorgehen kann, sondern sich an den nichtberechtigt Verfügenden halten muss. Darin liegt bei näherer Betrachtung ein systemwidriges Zugeständnis an die **Privilegierung des gutgläubigen Erwerbers**, indem der Berechtigte mit seinem Konditionsanspruch an den Verfügenden verwiesen wird, obwohl der eigentliche Konditionsgegenstand nicht diesem, sondern dem Erwerber – und zwar unmittelbar durch den Bereicherungsvorgang – zugeflossen ist (zum **Unmittelbarkeitsgrundsatz** s. § 812 Rn 63). Deshalb ist *Lieb* (in MüKo, 4. Aufl § 816 Rz 2 ff, 7) darin zuzustimmen, dass § 816 I 1 zumindest in diesem Punkt nicht den für die allg Eingriffskondiktion geltenden Grundsätzen folgt und somit entgegen der Sichtweise der hM (s. Rn 1) eher die Funktion einer **eigenständigen Ersatzregelung** hat. Die Vorteile für den Bereicherungsschuldner, **verschuldensunabhängig** gegen den nichtberechtigt Verfügenden vorgehen zu können, sind insb dadurch erheblich, dass der Berechtigte es im Falle einer – bspw wegen § 935 – zunächst unwirksamen Verfügung des Nichtberechtigten in der Hand hat, die Wirksamkeit der Verfügung nachträglich durch seine **Genehmigung** herbeizuführen (§ 185). Er kann iE also wählen, ob er gem § 985 beim Empfänger vindizieren oder nach § 816 I 1 beim Verfügenden kondizieren will (hierzu iE Rn 8 ff).

4 **2. Tatbestandsmerkmale. a) Wirksame Verfügung durch einen Nichtberechtigten.** § 816 I 1 setzt eine **rechtsgeschäftliche Verfügung** des Nichtberechtigten voraus. Verfügung idS ist jedes (dingliche) Rechtsgeschäft, durch das ein bestehendes Recht übertragen, belastet, in seinem Inhalt verändert oder aufgehoben wird (statt aller: Palandt/*Sprau* § 816 Rz 7). Nicht dem Regelungsgehalt des § 816 I 1 unterfallen demnach **hoheitliche Akte der Zwangsvollstreckung** (BGHZ 32, 240, 244; 100, 95, 98 ff; AnwK/*v Sachsen Gessaphe* § 816 Rz 6; BaRoth/*Wendehorst* § 816 Rz 5; zum Bereicherungsausgleich in diesen Fällen: § 812 Rn 65), nach zutreffender Auffassung auch nicht die **schuldrechtlich begründete Gebrauchsüberlassung** fremden Eigentums (BGH NJW 06, 2323, 2325; BGHZ 131, 297; Staud/*Lorenz* § 816 Rz 6; Erman/*Westermann* § 816 Rz 4; Palandt/*Sprau* § 816 Rz 7; aA *Esser/Weyers* Schuldrecht II/2, § 50 II 2a; zu Bereicherungsansprüchen des Eigentümers gegen den Mieter bei unberechtigter Untervermietung: § 812 Rn 62). Ebenfalls nicht zur direkten Anwendung des § 816 I 1 führt mangels rechtsgeschäftlicher Verfügung der kraft Gesetzes durch **§§ 946 ff** bewirkte Rechtserwerb (zur Bedeutung der in § 816 niedergelegten Wertungskriterien in diesen Fällen: § 812 Rn 81–84).

5 *Der **Nichtberechtigte** muss verfügt haben.* Maßgebend ist, ob der Verfügende **Verfügungsmacht** hatte, die gem § 185 auch auf einer ermächtigenden **Einwilligung** des Berechtigten beruhen kann (BGH WM 98, 856). Sie fehlt hingegen selbst dem Rechtsinhaber, soweit er in der Verfügungsbefugnis beschränkt ist und gleich-

wohl dem gutgläubigen Empfänger lastenfreies Eigentum verschafft (MüKo/*Schwab* § 816 Rz 28, auch zu Verf des Treuhänders). Der anfänglich fehlenden Verfügungsmacht steht es gleich, wenn diese nachträglich rückwirkend durch Anfechtung beseitigt wird – § 142 I (Erman/*Westermann* § 816 Rz 4). Verfügender ioS und damit Bereicherungsschuldner ist bei der offenen **Stellvertretung** der Vertretene (BGH NJW 99, 1026, 1027), bei der mittelbaren Stellvertretung der Vertreter (Karlsr WM 03, 584, 585; MüKo/*Schwab* § 816 Rz 25; BaRoth/*Wendehorst* § 816 Rz 4; Palandt/*Sprau* § 816 Rz 11; zum Bereicherungsausgleich beim Kommissionsgeschäft: MüKo/*Schwab* § 816 Rz 11 mwN).

Berechtigter iSd § 816 I 1 ist derjenige, der nach den allg Regeln der rechtlichen Güterzuordnung im Zeitpunkt der Vermögensverschiebung verfügungsbefugt gewesen wäre (vgl BGH NJW 04, 365), beim Treuhandgeschäft also der **Treuhänder**, und zwar selbst dann, wenn er im Innenverhältnis seine Treuhandbefugnisse pflichtwidrig überschreitet (BGH NJW 99, 1026; MüKo/*Schwab* § 816 Rz 28; aA: *Jakobs* ZIP 99, 733). Bei **mehreren Berechtigten** (Miteigentümer, Eigentümer und Pfandrechtsinhaber) kann entspr § 1011 jeder vom Verfügenden Herausgabe an alle verlangen (BGH LM § 812 Nr 15; iE hierzu: Staud/*Lorenz* § 816 Rz 14). 6

Die Verfügung des Nichtberechtigten ist dem Berechtigten ggü **von Anfang an wirksam**, wenn dieser eingewilligt hat (§ 185 I), sonst va in den gesetzlich geregelten Fällen des **gutgläubigen Erwerbs** vom Nichtberechtigten (§§ 932 ff, 936, 1032, 1207) unter Berücksichtigung der Bestimmungen über die Legitimationswirkung des **Grundbuchs** (§§ 892, 893, 1138, 1155 ff, 1192, 1200) und des **Erbscheins** (§§ 2366 ff). 7

War die Verfügung des Nichtberechtigten nach obigen Grundsätzen unwirksam – insb weil der Empfänger bösgläubig (§ 932 I 1, II) oder die Sache dem Berechtigten abhandengekommen war (§ 935) – so hat der Berechtigte es in der Hand, die Verfügung durch seine **Genehmigung** gem §§ 185 II 1 Alt 1, 184 I rückwirkend wirksam werden zu lassen. Das ändert freilich nach allg Ansicht nichts daran, dass der Verfügende als Nichtberechtigter gehandelt hat (AnwK/*v Sachsen Gessaphe* § 816 Rz 12 mwN; MüKo/*Schwab* § 816 Rz 33; Palandt/*Sprau* § 816 Rz 9). Maßgebend für die Genehmigungsbefugnis des Berechtigten ist der **Zeitpunkt der Verfügung**. Die Genehmigung kann also auch dann noch mit den sich aus § 816 I ergebenden Rechtswirkungen erteilt werden, wenn der Berechtigte seine Verfügungsmacht in diesem Zeitpunkt aus Rechtsgründen – zu denken ist insb an einen der Verfügung nachfolgenden Rechtsverlust gem §§ 946 ff – bereits verloren hat (BGHZ 56, 131, 133 ff; Palandt/*Sprau* § 816 Rz 9; BaRoth/*Wendehorst* § 816 Rz 13; zur parallelen Anwendung der sich aus § 816 I ergebenden Wertungskriterien auf die Verarbeitungs- und Einbaufälle: § 812 Rn 82). Aus alledem folgt für die Praxis, dass der (ehemals) Berechtigte bei unwirksamer Verfügung des Nichtberechtigten bis zur Entscheidung über die Erteilung oder Versagung der Genehmigung **frei wählen** kann, ob er den Verfügungsgegenstand gem § 985 beim Empfänger vindizieren oder – nach Genehmigung – den Erlös beim Verfügenden gem § 816 I 1 kondizieren will (vgl BGHZ 56, 131, 134). Bei einer **mehrgliedrigen Kette** von unwirksamen Verfügungen ist es ihm darüber hinaus überlassen, die Verfügung desjenigen zu genehmigen, der ihm die bestmögliche Gewähr für die Realisierung seines Bereicherungsanspruchs bietet. Nur so lässt sich ein effektiver Schutz des Berechtigten gewährleisten, der zunächst Gelegenheit haben soll, sich über den Verbleib des Verfügungsgegenstandes und die Bonität der in Betracht kommenden Ausgleichsschuldner zu vergewissern. 8

Indes: Die Erteilung der Genehmigung ist **unwiderruflich** (BGHZ 40, 164), ebenso ihre Verweigerung (BGH NJW 99, 3704). Der Berechtigte ist also gezwungen, sich vor der Entscheidung über die Genehmigung klar darüber zu werden, wen er in Anspruch nehmen will. Weil es sich bei Erteilung und Verweigerung der Genehmigung um einseitige empfangsbedürftige Willenerklärungen handelt (Palandt/*Heinrichs* Einf v § 182 Rz 3; § 182 Rn 4), können beide – Erteilung und Verweigerung – nach allg Grundsätzen der Rechtsgeschäftslehre auch stillschweigend erfolgen. (Palandt/*Sprau* § 816 Rz 9). So kann nach Ansicht des BGH in der Erhebung einer Klage gegen den Verfügenden insb dann eine **konkludente Genehmigung** der Verfügung zu sehen sein (BGH WM 07, 1711, 1712; LM § 816 Nr 6), wenn der Berechtigte bei Klageerhebung die Unwirksamkeit der Verfügung gekannt oder zumindest für möglich erachtet hat (BGH DB 60, 1212) und/oder er nach den Umständen keinen Anlass für die Annahme haben konnte, mit seinem Bereicherungsanspruch gegen den (insolventen) Verfügenden auszufallen (vgl BGH NJW 90, 1200, 1201). Die hiergegen in der Lit vorgetragenen Erwägungen, denen zufolge die Erhebung der Klage gegen den Verfügenden grds auf eine Verurteilung zur Herausgabe des Erlöses Zug-um-Zug gegen Erteilung der Genehmigung gerichtet sein soll (Staud/*Lorenz* § 816 Rz 9 mwN), um so den Schutz des Berechtigten über den Zeitpunkt der Klageerhebung hinaus zu prolongieren, finden ihre Grenzen jedenfalls dort, wo dem Verhalten des *Berechtigten* nach **allg Auslegungsgrundsätzen** (§§ 133, 157) der Erklärungswert einer Genehmigung zukommt. Nichts anderes gilt im Ausgangspunkt für die **Verweigerung** der Genehmigung, die der BGH allerdings mit Recht nicht bereits durch die Erhebung einer Schadensersatzklage gegen den Erwerber als (konkludent) erklärt ansieht (BGH NJW 68, 1326). 9

Auf der anderen Seite darf nicht übersehen werden, dass dem Berechtigten bei Anwendung der obigen Grundsätze grds die Möglichkeit eröffnet ist, den Dieb gem §§ 823 ff auf Schadensersatz für den Verlust der abhandengekommenen Sache in Anspruch zu nehmen, obwohl er – nach Genehmigung – zugleich aus § 816 I 1 gegen den Verfügenden vorgehen kann. Die Rspr begegnet der sich hieraus ergebenden Besorgnis einer **doppelten Befriedigung** des Berechtigten, indem sie ein **Gesamtschuldverhältnis** zwischen beiden 10

Schuldnern annimmt und die Anwendung des § 255 verneint (BGHZ 52, 39, 41 ff; iE zust: MüKo/*Schwab* § 816 Rz 38; ausf zum Meinungsstand: Staud/*Lorenz* § 816 Rz 26 mwN).

11 **b) Entgeltlichkeit.** Der Bereicherungsanspruch aus § 816 I 1 besteht nur bei **entgeltlichen Verfügungen**, wie sich im Umkehrschluss aus § 816 I 2 ergibt, der Unentgeltlichkeit voraussetzt. Wegen der Abgrenzung wird auf die dortigen Ausführungen zur Unentgeltlichkeit verwiesen (Rn 15).

12 **II. Unentgeltliche Verfügung eines Nichtberechtigten – I 2. 1. Grundgedanke und Regelungsgehalt.** Der dem Berechtigten durch § 816 I 1 gewährte Ausgleich für den nach Gutglaubensvorschriften hinzunehmenden sachlich-rechtlichen Verlust des Verfügungsgegenstandes greift nicht, wenn der Nichtberechtigte **unentgeltlich verfügt** und deshalb aus der Verfügung keinen kondizierbaren Gegenwert erlangt. Den dann notwendigen Interessenausgleich schafft § 816 I 2, indem er dem Berechtigten den bereicherungsrechtlichen **Durchgriff** gegen den Erwerber gestattet, der seinerseits für die Erlangung des Verfügungsgegenstandes keine vermögenswerten Aufwendungen hat tätigen müssen und deshalb durch die in § 816 I 2 niedergelegte bereicherungsrechtliche Herausgabeverpflichtung nicht unangemessen benachteiligt wird. Aus der solcherart durch § 816 I 2 erzwungenen **Durchbrechung des Gutglaubensschutz** erhellt sich im Zusammenspiel mit § 822 (zum Regelungsgehalt der Vorschrift und zur Abgrenzung von § 816 s dort Rn 1) die **Schwäche des unentgeltlichen Erwerbs als nicht kondiktionsfest**, woraus sich wiederum allg Geltung beanspruchende, insb für den Bereicherungsausgleich in Mehrpersonenverhältnissen bedeutsame **Wertungskriterien** ableiten lassen (hierzu iE: § 812 Rn 81 ff).

13 Soweit der Berechtigte gem § 816 I 2 beim unentgeltlichen Erwerber kondizieren kann, kommt ein Bereicherungsanspruchs aus § 816 I 1 gegen den Verfügenden nicht in Betracht (zum Sonderfall der gemischten Schenkung sogleich Rn 15). Probleme bereiten indes die Fälle, in denen der Verfügende durch die unentgeltliche Zuwendung von seiner Verbindlichkeit aus einem wirksamen Schenkungsvertrag mit dem Erwerber befreit wird und auf diese Weise Aufwendungen für die Beschaffung eines Ersatzgeschenkes erspart. Dann stellt sich die Frage, ob er dem Berechtigten aus dem Gesichtspunkt einer **allg Eingriffskondiktion** gem §§ 812 I 1 Alt 2 zum Wertersatz verpflichtet ist. Das ist schon deshalb zu verneinen, weil nicht der Verfügende, sondern der Erwerber den (primären) Kondiktionsgegenstand „unmittelbar auf Kosten des Berechtigten erlangt", den er folgerichtig gem § 816 I 2 an den Berechtigten herausgeben muss. Die gesetzliche Regelung ist eindeutig. Sie lässt keinen Raum für eine Eingriffskondiktion beim Verfügenden, weil der bereicherungsrechtliche **Wertersatzanspruch** gem § 818 II die Unmöglichkeit der Herausgabe des (primär) Erlangten voraussetzt. In den hier interessierenden Fällen hat der Verfügende den Kondiktionsgegenstand indes schon nicht erlangt. IÜ ist die Herausgabe auch nicht unmöglich; sie trifft allerdings nicht den Verfügenden, sondern den Erwerber. Die Gegenmeinung, die den Wertersatzanspruch des Berechtigten gegen den Verfügenden an die Erwägung knüpft, dass dieser von einer Verbindlichkeit befreit ist, versagt dem Berechtigten zur Vermeidung einer doppelten Kondiktion entweder den Kondiktionsanspruch aus § 816 I 2 gegen den Erwerber (Staud/*Lorenz* § 816 Rz 27; *Koppensteiner/Kramer* S 97; wohl auch *Larenz/Canaris* Schuldrecht BT II/2, § 69 II 2a) oder sie räumt ihm ein Wahlrecht zwischen beiden Bereicherungsansprüchen ein (so *Reuter/Martinek* 331). Beides überzeugt aus den soeben dargelegten Gründen nicht.

14 **Bereicherungsschuldner** iSd § 816 I 2 ist der Erwerber nur insoweit, wie er durch die kondiktionsauslösende Verfügung **unmittelbar** etwas erlangt hat (zum Unmittelbarkeitsgrundsatz: § 812 Rn 63). Das ist insb dann nicht der Fall, wenn der Verfügende den Verfügungsgegenstand zunächst in sein Vermögen überführt (Bsp: Einzahlung fremder Geldbeträge auf das eigene Konto) und ihn erst danach unentgeltlich an den Dritten weitergibt (BGH NJW 69, 605; MüKo/*Schwab* § 816 Rz 69; *Reuter/Martinek* 332). Dann kann der Berechtigte nur unter den Voraussetzungen des § 822 direkt beim Erwerber kondizieren.

15 **2. Unentgeltlichkeit.** Abgesehen von den iÜ bereits im Zusammenhang mit § 816 I 1 erörterten Tatbestandsmerkmalen setzt § 816 I 2 die **Unentgeltlichkeit** der Verfügung voraus. Daran fehlt es, wenn der Erwerber für den Erhalt des Verfügungsobjektes eine **Gegenleistung** erbracht hat oder erbringen sollte, die sich bei verständiger Würdigung der Gesamtumstände als **Ausgleich für den Erwerb** darstellt (BGHZ 116, 167, 170; MüKo/*Schwab* § 816 Rz 63; Erman/*Westermann* § 816 Rz 12; AnwK/*v Sachsen Gessaphe* § 816 Rz 28 mwN), und zwar auch dann, wenn die Gegenleistung vereinbarungsgemäß an einen Dritten erfolgt (MüKo/*Schwab* § 812 Rz 63; AnwK/*v Sachsen Gessaphe* § 816 Rz 28). Entgeltlichkeit idS liegt abgesehen von der vertraglich geschuldeten Bezahlung des Verfügungsgegenstandes bspw vor bei kreditbedingter Bestellung einer **Sicherheit** oder Abgabe eines abstrakten **Schuldanerkenntnisses** (MüKo/*Schwab* § 816 Rz 65) sowie bei Bezahlung von Spielschulden nach versäumter Gewinnchance (BGHZ 47, 393, 396). Demgegenüber sollen **unbenannte oder ehebedingte Zuwendungen** ungeachtet ihrer Rechtsnatur unentgeltlich iSd § 816 I 2 sein (BGHZ 116, 167, 174; NJW 00, 134, 137; aA: Staud/*Lorenz* § 822 Rz 8). Für **gemischte Schenkungen** stellt die Rspr darauf ab, ob der unentgeltliche Teil der Verfügung überwiegt; dann soll der Berechtigte den Verfügungsgegenstand gem § 816 I 2 beim Erwerber kondizieren dürfen (BGH WM 64, 164; ebenso: Staud/*Lorenz* § 816 Rz 28; Erman/*Westermann* § 812 Rz 12). Die Gegenmeinung will dem Berechtigten hingegen **neben** einem auf § 816 I 1 gestützten Bereicherungsanspruch gegen den Verfügenden nur hinsichtlich des unentgeltlichen Teils der Verfügung einen **ergänzenden Wertersatzanspruch** aus § 816 I 2 gegen den Erwerber zubilligen, den die-

ser durch Herausgabe des Verfügungsgegenstandes abwehren kann (*Reuter/Martinek* 337; AnwK/v *Sachsen Gessaphe* § 816 Rz 29; BaRoth/*Wendehorst* § 816 Rz 24; iE ebenso: MüKo/*Schwab* § 816 Rz 67).

Auf **rechtsgrundlose entgeltliche Verfügungen** findet § 816 I 2 entgegen einer mittlerweile überholten Auffassung (sog Einheitskondiktionslehre; eingehend zum historischen Meinungsbild: Staud/*Lorenz* § 816 Rz 16 ff) keine (entspr) Anwendung. Vielmehr bleibt es nach den für die bereicherungsrechtliche Rückabwicklung beim sog **Doppelmangel** geltenden Grundsätzen (iE § 812 Rn 90) dabei, dass der Berechtigte beim Verfügenden gem § 816 I 1 und dieser beim Empfänger gem § 812 I 1 Alt 1 kondizieren müssen (jetzt ganz hL von der **Doppelkondiktion**: Staud/*Lorenz* § 816 Rz 21; MüKo/*Schwab* § 816 Rz 59 f, 68; Erman/*Westermann* § 812 Rz 10; Palandt/*Sprau* § 816 Rz 16), wobei der Bereicherungsanspruch des Berechtigten gegen den Verfügenden zur Vermeidung einer für ihn wegen § 404 nachteiligen **Kondiktion der Kondiktion** von vorneherein auf **Wertersatz** gerichtet ist, den der Verfügende durch Herausgabe des beim Empfänger kondizierbaren Vergütungsgegenstandes abwenden kann (iE hierzu: § 812 Rn 90 mwN). 16

III. Wirksame Leistungsannahme durch den Nichtberechtigten – II. 1. Grundgedanke und Regelungsgehalt. § 816 II regelt den interessengerechten Ausgleich zwischen den Beteiligten, wenn der Schuldner eine **Leistung an den Nichtberechtigten** erbringt, die der wahre Gläubiger aufgrund gesetzlicher Schuldnerschutzbestimmungen gegen sich gelten lassen muss. Dann entsteht die Situation, dass der Gläubiger bei gleichzeitiger Befreiung des Schuldners seinen Anspruch gegen diesen einbüßt, während der Nichtberechtigte eine vermögenswerte Leistung erhält, die ihm nicht zusteht. Eine **allg Eingriffskondiktion** des Berechtigten gegen den rechtsgrundlos von einer Verbindlichkeit befreiten Schuldner aus § 812 I 1 Alt 2 kommt nicht in Betracht, weil der gesetzlich angeordnete Forderungsverlust dem Schuldner insoweit einen Behaltensgrund verschafft (AnwK/v *Sachsen Gessaphe* § 816 Rz 33). § 816 II stellt klar, dass stattdessen der nichtberechtigte Empfänger den Zuwendungsgegenstand an den wahren Gläubiger herausgeben muss. 17

2. Tatbestandsmerkmale: Schuldbefreiende Leistung an den Nichtberechtigten. Normzweck und Wirkungsweise des § 816 II lassen sich exemplarisch anhand der von §§ 407 ff umfassten Fallkonstellationen darstellen. Zahlt der Schuldner in Unkenntnis der zwischenzeitlich erfolgten Abtretung der Forderung an den Zedenten, so liegt darin eine **schuldbefreiende Leistung**, die der Zessionar als wahrer Gläubiger gegen sich gelten lassen muss. Dann ist der Zedent **nichtberechtigter Leistungsempfänger** – und damit Bereicherungs**schuldner** – iSd § 816 II, weil er weder Forderungsinhaber noch sonst rechtsgeschäftlich oder kraft Gesetzes zur Einziehung der Forderung befugt war (Palandt/*Sprau* § 816 Rz 17; BaRoth/*Wendehorst* § 816 Rz 28 f). Daran ändert sich nichts, wenn die Zahlung auf einem Konto bei seiner Bank eingeht, die – selbst nicht selbst aufgrund einer offen gelegten Zession Forderungsinhaberin (hierzu: BGH WM 59, 373 f) – lediglich als **Zahlstelle** fungiert und deshalb nicht als Leistungsempfängerin angesehen werden kann (BGHZ 53, 139, 142; 72, 316, 318 f). Bereicherungs**gläubiger** ist der Zessionar, der seine Forderung gegen den Schuldner verloren hat (§ 407). Erfolgt die Leistung des Schuldners hingegen bei **offen gelegter unwirksamer Zession** mit gem **§ 409 I 1** schuldbefreiender Wirkung an den (vermeintlichen) Zessionar, so steht der Kondiktionsanspruch aus § 816 II dem Zedenten gegen den Zessionar zu. Bei **mehrfacher Abtretung** derselben Forderung kommt es zum Bereicherungsausgleich zwischen dem Erstzessionar/Zedenten und dem Zweitzessionar, wenn Letzterer die Forderung trotz der Unwirksamkeit der Zweitabtretung mit gem **§§ 408 I, 407** schuldbefreiender Wirkung beim Schuldner einzieht (BGH NJW-RR 03, 1490). Im Gesetz finden sich außer in §§ 407 ff zahlreiche weitere Regelungen, die aus Gründen des **Schuldnerschutzes** die Wirksamkeit fehlgeleiteter Leistungen anordnen und so zum Bereicherungsausgleich nach § 816 II führen können. Zu nennen sind bspw: §§ 566 c, 808 I 1, 851, 893, 1058, 1158 f, 2019 II, 2135, 2367; § 836 II ZPO; § 365 HGB; Art 16 WG; § 82 InsO; § 76 VVG (weitere Bsp bei: MüKo/*Schwab* § 816 Rz 78). 18

Probleme bereitet die Anwendung des § 816 II beim Zusammentreffen von **verlängertem Eigentumsvorbehalt** und **verdeckter Globalzession** an die Bank des Vorbehaltskäufers, wenn die Globalzession – wie oft in derartigen Fällen – nach § 138 nichtig ist (hierzu: BGH NJW 91, 2147; 99, 940). Zahlt der Abnehmer des Vorbehaltskäufers dann gleichwohl auf dessen Konto bei der Bank, so stellt sich die Frage, wer Leistungsempfänger und damit Bereicherungsschuldner des Vorbehaltsverkäufers iSd § 816 II ist. Nach obigen Grundsätzen ist das der Vorbehaltskäufer/Zendent, weil dessen Bank bei einer nicht offen gelegten Globalzession nach außen lediglich als **Zahlstelle** auftritt (Rn 18). Dann besteht allerdings die Gefahr, dass der Vorbehaltsverkäufer aE leer ausgeht, wenn die Bank – wie üblich – eingehende Zahlungen ungeachtet der Nichtigkeit der Globalzession sogleich mit ihrer Kreditforderung gegen den Vorbehaltskäufer im Kontokorrent **verrechnet** und der Vorbehaltskäufer iÜ illiquide oder gar insolvent ist. Zur Vermeidung der sich hieraus für den Vorbehaltsverkäufer ergebenden Nachteile soll die Bank sich nach der Rspr des BGH gem **§ 242** jedenfalls dann nicht darauf berufen können, lediglich Zahlstelle gewesen zu sein, wenn sie den Vorbehaltskäufer/Zedenten dazu veranlasst hat, seine Forderungen ausschl über das bei ihr geführte Konto einzuziehen (BGHZ 72, 316, 322; ebenso: MüKo/*Schwab* § 816 Rz 85 mwN; Staud/*Lorenz* § 816 Rz 33; Palandt/*Sprau* § 816 Rz 22) oder sie ihre Funktion als Zahlstelle in sonstiger Weise treuwidrig zu ihrem Vorteil nutzt (Brandbg WM 99, 267, 270). Darüber hinaus soll der Bank ggü einem gegen sie gerichteten Kondiktionsanspruch des Zessionars aus § 816 II trotz **Gutschrift** des Forderungsbetrages auf dem Konto des Zedenten der Entreicherungseinwand aus § 818 III zu versagen sein, wenn die Gutschrift noch storniert werden kann (BGHZ 26, 185; 32, 357, 360). 19

20 § 816 II ist unanwendbar, wenn die Leistung ohne schuldbefreiende Wirkung bleibt, etwa weil schon die abgetretene **Forderung nicht besteht** (zum Bereicherungsausgleich in diesen Fällen: § 812 Rn 99). Bei **Unwirksamkeit der Abtretung** kommt es mithin darauf an, ob die Schuldnerschutzbestimmungen in §§ 407ff greifen. Ist das nicht der Fall, so hat der Bereicherungsausgleich außerhalb des Regelungsbereichs des § 816 II nach allg Grundsätzen zu erfolgen (hierzu iE: § 812 Rn 100). Gleiches gilt, wenn der Schuldner wirksam auf die Rechtswirkungen der ihn begünstigenden Schuldnerschutzbestimmungen **verzichtet**, so dass die Forderung des Gläubigers gegen ihn fortbesteht. Dann kann er die rechtgrundlos erbrachte Leistung gem § 812 I 1 Alt 1 beim Empfänger kondizieren. Auf der anderen Seite gestattet die hM dem Berechtigten, der zunächst unwirksamen Leistung des Schuldners durch seine – ggf konkludente (s. Rn 9) – **Genehmigung** nachträglich schuldbefreiende Wirkung zuzuweisen, um sich auf diese Weise den Kondiktionsanspruch aus § 816 II gegen den Erwerber zu verschaffen (BGH NJW-RR 90, 1200, 1201; NJW 86, 2430; mit Bedenken: MüKo/*Schwab* § 816 Rz 89 ff; Palandt/*Sprau* § 816 Rz 18; AnwK/*v Sachsen Gessaphe* § 816 Rz 39; Erman/*Westermann* § 816 Rz 27; aA: Staud/*Lorenz* § 816 Rz 32 mwN; *Reuter/Martinek* 353 ff). Die Genehmigung kann auch nach Eröffnung des Insolvenzverfahrens über das Vermögen des Schuldners mit dem Ergebnis wirksam erteilt werden, dass der Berechtigte beim Nichtberechtigten kondizieren kann (BGH NJW-RR 09, 705, 706 Rz 13f).

21 **C. Rechtsfolgen.** Der durch § 816 angeordnete Bereicherungsausgleich richtet sich auf der Rechtsfolgenseite im Ausgangspunkt nach den allg Regeln der §§ 818 ff (s. dort). Bei § 816 I 2 schuldet also der unentgeltliche Erwerber gem § 818 I die **Herausgabe des Erlangten**, ersatzweise **Wertersatz** – § 818 II; bei § 816 II trifft diese Verpflichtung den nichtberechtigten Empfänger (BGH WM 07, 1711, 1712 – Löschungsbewilligung).

22 Demgegenüber weicht § 816 I 1 zumindest auf erste Sicht vom Regelungsprinzip des § 818 ab, indem er – zweckentsprechend (vgl Rn 3) – dem Bereicherungsgläubiger den Zugriff auf den endgültig dem Erwerber zugewiesenen Verfügungsgegenstand versagt und ihn stattdessen an den **nichtberechtigt Verfügenden** verweist, der das **aus der Verfügung Erlangte** herausgeben muss. Rspr und hL sehen in Anlehnung an den Wortlaut des § 816 I 1 den aus der notwendig entgeltlichen Weitergabe erzielten **Erlös** als dasjenige an, was der Nichtberechtigte aus der Verfügung erlangt hat und deshalb selbst dann herausgeben muss, wenn der Verkaufserlös den objektiven Verkehrswert des Verfügungsgegenstandes übersteigt (BGHZ 29, 157; WM 57, 1179; NJW 97, 190, 191; AnwK/v *Sachsen Gessaphe* § 816 Rz 19; Erman/*Westermann* § 816 Rz 19; BaRoth/*Wendehorst* § 816 Rz 16 mwN). Nach der Gegenmeinung (va: Staud/*Lorenz* § 816 Rz 23 ff mwN; *Medicus* Rz 720 ff, 723; MüKo/*Schwab* § 816 Rz 42 f mwN) besteht das aus der Verfügung Erlangte hingegen in der **Befreiung des Verfügenden von seiner Verbindlichkeit** ggü dem Erwerber, so dass der Bereicherungsanspruch des Berechtigten systemkonform gem § 818 II auf **Ersatz des objektiven Wertes** des Verfügungsgegenstandes beschränkt sei. Auswirkungen hat der Meinungsstreit letztlich nur für die Beantwortung der Frage, wem ein evtl **Gewinn** aus der Weiterveräußerung des Verfügungsgegenstandes gebührt (ebenso: AnwK/*v Sachsen Gessaphe* § 816 Rz 19). Sie ist iSd hM zu beantworten, für die nicht nur der Wortlaut der Vorschrift, sondern auch der in § 285 niedergelegte Rechtsgedanke streitet, dass die ersatzweise Verpflichtung zur Herausgabe eines Erfüllungssurrogats ebenfalls den darin enthaltenen Gewinn umfasst (für § 285 ganz hM: BGH LM § 281 Nr 10; MüKo/*Emmerich* § 285 Rz 25 mwN). Eine unangemessene Benachteiligung des – immerhin nichtberechtigt (!) – Verfügenden folgt aus alledem nicht. Ihm bleibt es insb unbenommen, werterhöhende Aufwendungen, die er vor der Weitergabe auf den Verfügungsgegenstand getätigt hat, dem Bereicherungsanspruch des Berechtigten aus § 816 I 1 im Wege der **Aufwendungskondiktion** (iE dazu § 812 Rn 66 ff) entgegenzuhalten (so zutr: *Medicus* Bürgerliches Recht Rz 724; AnwK/*v Sachsen Gessaphe* § 816 Rz 20). In besonders gelagerten Einzelfällen **grober Unbilligkeit** – etwa wenn der Berechtigte unter Verzicht auf die problemlos mögliche Vindikation des Verfügungsgegenstandes die ihm ggü zunächst unwirksame Verfügung des Nichtberechtigten alleine zu dem Zweck genehmigt, den über den Wert der Sache hinausgehenden Erlös kondizieren zu können – wird überdies daran zu denken sein, den Kondiktionsanspruch des Berechtigten gem § 242 auf den objektiven Wert der Sache zu beschränken (vgl: BGHZ 29, 157, 161).

23 **D. Allgemeines.** Für die **Verjährung** der Kondiktionsansprüche aus § 816 gelten die allg Grundsätze (hierzu: § 812 Rn 108). **Darlegungs- und beweispflichtig** für die tatbestandlichen Voraussetzungen des § 816 ist ebenso wie bei § 812 der Bereicherungsgläubiger (iE zur Beweislast: § 812 Rn 109). Das betrifft auch die Wirksamkeit der Verfügung (§ 816 I 1) und deren Unentgeltlichkeit (§ 816 I 2) sowie die Nichtberechtigung des Verfügenden bzw des Empfängers (Palandt/*Sprau* § 816 Rz 22), wobei der Berechtigte ggf auf die Vermutungen des § 1006 zurückgreifen kann (BGH WM 95, 534).

§ 817 Verstoß gegen Gesetz oder gute Sitten.
[1]War der Zweck einer Leistung in der Art bestimmt, dass der Empfänger durch die Annahme gegen ein gesetzliches Verbot oder gegen die guten Sitten verstoßen hat, so ist der Empfänger zur Herausgabe verpflichtet. [2]Die Rückforderung ist ausgeschlossen, wenn dem Leistenden gleichfalls ein solcher Verstoß zur Last fällt, es sei denn, dass die Leistung in der Eingehung einer Verbindlichkeit bestand; das zur Erfüllung einer solchen Verbindlichkeit Geleistete kann nicht zurückgefordert werden.

§ 817 Verstoß gegen Gesetz oder gute Sitten

A. Regelungsgehalt und Normzweck. § 817 stellt in mehrfacher Hinsicht einen Fremdkörper im Regelungsgefüge des Bereicherungsrechts dar. 1 kodifiziert mit der **condictio ob causam turpem vel iniustam** einen **Sondertatbestand der Leistungskondiktion** (BGH NJW-RR 98, 1284, 1285; MüKo/*Schwab* § 817 Rz 1 mwN), deren äußerst geringer Anwendungsbereich im Spannungsfeld zwischen den Tatbeständen der **condictio indebiti** und **der condictio ob rem** systemwidrig darin besteht, dem Leistenden gerade wegen der Erreichung des mit der Leistung verfolgten Zwecks einen Kondiktionsanspruch gegen denjenigen zuzubilligen, der durch die zweckentsprechende Leistungsannahme gegen ein gesetzliches Verbot oder gegen die guten Sitten verstößt (dazu iE Rn 3 f). 2 enthält demgegenüber einen **Kondiktionsausschlussgrund** für die Fälle, in denen der Leistende selbst sich einen Gesetzes- und Sittenverstoß entgegenhalten lassen muss. Die Anwendung der Vorschrift bereitet erhebliche Schwierigkeiten (dazu iE Rn 7 ff), die schon bei der Ermittlung des **Normzwecks** beginnen, den Rspr und hL in dem Gedanken der **Rechtsschutzverweigerung** für die Rückgängigmachung eines freiwilligen Gesetzes- oder Sittenverstoßes erblicken (BGHZ 36, 395, 399; 40, 1, 6; NJW 94, 187; AnwK/*v Sachsen Gessaphe* § 817 Rz 2 mwN). Nach aA sollen Belange der Generalprävention im Vordergrund stehen (*Larenz/Canaris* Schuldrecht BT II/2, § 68 III 3a; Staud/*Lorenz* § 817 Rz 5; BaRoth/*Wendehorst* § 817 Rz 2).

B. Tatbestand. I. Leistungskondiktion (condictio ob causam turpem vel iniustam) – § 817 S 1. 1. Allgemeine Tatbestandsmerkmale. Der Kondiktionsanspruch aus § 817 1 setzt wie jede Leistungskondiktion voraus, dass der Bereicherungsschuldner etwas durch Leistung eines anderen, den Bereicherungsgläubiger, erlangt hat. Insoweit gelten keine Besonderheiten, so dass auf die Ausführungen zu § 812 I 1 Alt 1, 2 Alt 1 verwiesen werden kann (s. dort Rn 22 ff).

2. Gesetzes- oder Sittenverstoß durch zweckentsprechende Leistungsannahme. § 817 1 bestimmt, dass der Empfänger die an ihn erbrachte Leistung deshalb nicht behalten darf, weil deren **zweckentsprechende Annahme** gegen das **Gesetz oder die guten Sitten verstößt**. Kondiktionsgrund ist also im Unterschied zur **condictio indebiti** nicht die **Rechtsgrundlosigkeit** der Zuwendung, sondern eine abseits der rechtsgeschäftlichen Zusammenhänge verortete Wertungsentscheidung des Gesetzgebers: § 817 1 soll dem **redlich handelnden Leistenden** wegen der in der Leistungsannahme manifestierten **verwerflichen Gesinnung** des Empfängers die Kondiktion eröffnen, die ihm sonst wegen der Erreichung des mit der Leistung bezweckten Erfolgs verwehrt wäre (ähnl: AnwK/*v Sachsen Gessaphe* § 817 Rz 1). Demgegenüber besteht der Zweck der Norm nicht darin, die gesetzes- oder sittenwidrige Verfolgung eines von beiden Vertragsparteien gemeinsam getragenen Leistungszwecks zu sanktionieren. Diese Aufgabe ist vielmehr den Vorschriften der **§§ 134, 138** zugewiesen, deren Anwendung zur **Nichtigkeit** des solcherart verwerflichen Rechtsgeschäfts führt. Dann allerdings liegt die Leistung auf eine Nichtschuld vor, so dass die tatbestandlichen Voraussetzungen für die allg Leistungskondiktion (**condictio indebiti**) gem § 812 I 1 Alt 1 erfüllt sind, die freilich bei einem zur Nichtigkeit führenden **beiderseitigen Gesetzes- oder Sittenverstoß** regelmäßig durch § 817 2 ausgeschlossen sein dürfte (dazu unten Rn 7 ff). Demnach ist jedenfalls in diesen Fällen für einen Bereicherungsanspruch nach § 817 1 kein Raum (MüKo/*Schwab* § 817 Rz 4 ff mwN; AnwK/*v Sachsen Gessaphe* § 817 Rz 6; *Medicus* Bürgerliches Recht Rz 694; aA: BaRoth/*Wendehorst* § 817 Rz 6 f). Gleiches gilt iE, wenn infolge des Gesetzes- oder Sittenverstoßes das Grund- und das **Erfüllungsgeschäft** nichtig sind (s. dazu: § 134 Rn 23; § 138 Rn 42). Dann kann der Leistende die nicht in das Vermögen des Empfängers übergegangene Sache gem § 985 von diesem herausverlangen oder – falls diese nicht mehr vorhanden ist – nach § 812 I 1 Alt 1, 818 II Wertersatz beanspruchen (zur Anwendbarkeit des § 817 2 auf Vindikationsansprüche s. Rn 8).

Gleichwohl soll § 817 1 auch Leistungen *solvendi causa* jedenfalls dann erfassen, wenn der Rechtsgrund für die Zuwendung durch den einseitigen Gesetzes- oder Sittenverstoß des Empfängers nicht beseitigt wird (*Medicus* Bürgerliches Recht Rz 694; Palandt/*Sprau* § 817 Rz 7). Indes: Solche Fälle lassen sich abseits dogmatischer Bedenken (hierzu iE: MüKo/*Schwab* § 817 Rz 5 ff) nur schwer konstruieren. Voraussetzung hierfür ist nämlich, dass nicht schon die einseitig verwerfliche Leistungsannahme zur Unwirksamkeit der zugrunde liegenden Kausalverpflichtung nach §§ 134, 138 führt. Denkbar ist dies bei der arglosen Bezahlung von **Schwarzarbeit**, wenn man mit der Rspr davon ausgeht, dass der in dem vom Leistenden bezweckten Entgegennahme der Zahlung liegende Gesetzesverstoß des Empfängers die Wirksamkeit des Grundgeschäftes unberührt lässt (BGH BauR 08, 1301; NJW 84, 1175; 85, 2403; aA: AnwK/*v Sachsen Gessaphe* § 817 Rz 6, unter Bezugnahme auf: *Canaris* Gesetzliches Verbot und Rechtsgeschäft, 30 ff, 45 ff – nur halbseitige Nichtigkeit; zur Anwendbarkeit des § 817 2 auf den bereicherungsrechtlichen Wertersatzanspruch des Schwarzarbeiters: Rn 15). Nach *Kniffka* (NZBau 00, 552) soll ein einseitiger Verstoß des Bauträgers gegen § 3 I Nr. 2 MaBV die Möglichkeit einer Kondiktion nach § 817 1 eröffnen. Beiden Fallkonstellationen ist gemein, dass der Leistende den Empfänger durch die Verfolgung des Leistungszwecks nicht zum Gesetzesverstoß veranlasst hat, der ihm nicht einmal bewusst war. Das wird in der Praxis oft deshalb anders sein, weil die gesetzes- oder sittenwidrige Leistungsannahme – tatbestandskonform – zumeist gerade dem entspricht, was der Leistende mit der Zuwendung bezweckt. Dann aber bleibt für § 817 1 bei sittenwidrigen Verpflichtungsgeschäften bis auf die vorerwähnten Sonderfälle faktisch kein Raum, weil die bewusste Verfolgung eines gesetzes- oder sittenwidrigen Leistungserfolges in aller Regel auch für den Leistenden den Vorwurf zumindest eines Sittenverstoßes rechtfertigen wird, so dass jedweder Leistungskondiktion die Kondiktionssperre des § 817 2 entgegensteht (BGHZ 89, 369, 375; iE zust: MüKo/*Schwab* § 817 Rz 7 f). In der Praxis wird § 817 1 entgegen verbreiteter Auffassung somit auch dann kaum je zur bereicherungsrechtlichen Rückabwicklung führen, wenn die **condictio indebiti** trotz gem §§ 134, 138 nichtiger Kausalbeziehung an § 814 scheitert (so aber: *Medicus* Bürgerliches Recht Rz 649; Palandt/*Sprau* § 817 Rz 7; wie hier: AnwK/*v Sachsen Gessaphe* § 817 Rz 6; Staud/ *Lorenz* § 817 Rz 9).

5 Ein **eigenständiger Anwendungsbereich** für § 817 1 besteht in Erwägung all dessen also nur bei gesetzes- oder sittenwidriger Verwirklichung einer außerhalb kausaler Verpflichtungen getroffenen rechtsgeschäftlichen **Zweckabrede**, deren Verfehlung vorbehaltlich des Kondiktionsausschlusses des § 817 2 zur **condictio ob rem** geführt hätte (ebenso: MüKo/*Schwab* § 817 Rz 8; AnwK/*v Sachsen Gessaphe* § 817 Rz 7 mwN). Zu denken ist dabei insb an die sog **Veranlassungsfälle** (iE hierzu: § 812 Rn 46), wenn der Leistende den Empfänger mit der Zuwendung zu einem von der Rechtsordnung missbilligten Tun oder Unterlassen bewegen will. Schulbeispiele hierfür sind die **Schutzgelderpressung** (§ 253 StGB), die **Vorteilsannahme** (§ 331 StGB) und die vereinbarungsgemäße Zahlung einer Geldsumme zur **Abwendung einer Strafanzeige**. Allerdings steht wiederum § 817 2 im Wege, wenn der Leistende mit der Zuwendung seinerseits einen Gesetzes- oder Sittenverstoß begangen hat. Dies zu beurteilen, ist eine Frage des Einzelfalles unter Heranziehung der für §§ 134, 138 geltenden Kriterien (AnwK/*v Sachsen Gessaphe* § 817 Rz 5; zu § 138: BGH NJW-RR 98, 590; NJW 01 1127). Auf dieser Grundlage dürfte der Vorwurf eines kondiktionsausschließenden sittenwidrigen Verhaltens des Leistenden insb dann nicht gerechtfertigt sein, wenn er die Leistung unter dem Eindruck einer **Zwanglage** aus tolerablen Gründen zur Abwendung eines sittenwidrigen Begehrens des Empfängers, etwa zur Abwendung einer (unberechtigten) Strafanzeige (RGZ 58, 204, 206 f) oder einer Gewalttat (Schutzgelderpressung), erbringt (MüKo/*Schwab* § 817 Rz 8 mwBsp; Staud/ *Lorenz* § 817 Rz 8; AnwK/*v Sachsen Gessaphe* § 817 Rz 7).

6 Streitig ist, ob § 817 1 weitere **subjektive Voraussetzungen** in der Person des Leistungsempfängers voraussetzt. Das wird zT unter Hinweis auf die 2 ergangene Rechtsprechung (s. Rn 10) bejaht. Danach soll es erforderlich sein, dass der Empfänger den Gesetzesverstoß bzw die Sittenwidrigkeit seines Tuns **erkannt** oder er sich dieser Erkenntnis zumindest leichtfertig verschlossen hat (AG Naumburg NJW 01, 2890; Palandt/ *Sprau* § 817 Rz 8). Die vorzuziehende Gegenmeinung belässt es hingegen bei dem Erfordernis eines **objektiven Gesetzes- oder Sittenverstoßes**, weil § 817 1 nur die materiell richtige Güterzuordnung wiederherstellen wolle (MüKo/*Schwab* § 817 Rz 67; AnwK/*v Sachsen Gessaphe* § 817 Rz 7; BaRoth/*Wendehorst* § 817 Rz 9).

7 **II. Kondiktionssperre – § 817 S 2. 1. Grundlagen und Anwendungsbereich.** Wortlaut und systematische Stellung der Norm legen auf erste Sicht den Schluss nahe, dass die Kondiktionssperre nur für den in 1 normierten Sondertatbestand der Leistungskondiktion gelten soll. Dann wäre sie allerdings wegen der regelmäßig durch §§ 134, 138 begründeten Nichtigkeit des solcherart gesetzes- oder sittenwidrigen Verpflichtungsgeschäftes und der sich daraus ergebenden Kondiktionsmöglichkeit nach § 812 I 1 Alt 1 (**condictio indebiti**) weitgehend funktionslos (s. Rn 3). Deshalb ist mit der – wenngleich in vielen Einzelheiten uneinheitlichen – hM davon auszugehen, dass § 817 2 grds **alle Tatbestände der Leistungskondiktion** betrifft (zuletzt: BGH NJW 05, 1490 – Kaufvertrag über Radarwarngerät; BGHZ 6, 359, 399; 50, 90, 91; Staud/*Lorenz* § 817 Rz 10; AnwK/*v Sachsen Gessaphe* § 817 Rz 10 mwN), nicht hingegen diejenigen der **Nichtleistungskondiktion** (BGH NJW 03, 582, 584; BGHZ 39, 87, 91; Staud/*Lorenz* § 817 Rz 10; MüKo/*Schwab* § 817 Rz 10; für den Anwendungsbereich der Aufwendungskondiktion: BGHZ 41, 341, 349 f). Darüber hinaus ist der Anwendungsbereich der Vorschrift über ihren Wortlaut hinaus („gleichfalls") auch auf **einseitige Sitten- oder Gesetzesverstöße des Leistenden** zu erstrecken, weil sonst der verwerflich handelnde Empfänger in Anwendung des Kondiktionsausschlusstatbestandes des § 817 2 besser stünde als derjenige, der sich redlich verhält (BGHZ 50, 90, 91; BGH NJW-RR 93, 1457; BaRoth/*Wendehorst* § 817 Rz 11; Anwk/*v Sachsen Gessaphe* Rz 10; Palandt/*Sprau* § 817 Rz 12; unentsch: MüKo/*Schwab* § 817 Rz 34 mwN). Allerdings zwingt ein derart extensives Normverständnis dann zu punktuellen, an der Interessenlage im Einzelfall orientierten Einschränkungen, die gemeinhin an den Kriterien der **Endgültigkeit der Vermögensverschiebung** und des **Schutzzwecks der verletzten Norm** festgemacht werden (dazu iE sogleich, Rn 13 ff).

8 Streitig ist, ob § 817 2 **analog** auf Ansprüche außerhalb des Bereicherungsrechts Anwendung findet. Der BGH hat das verneint (BGHZ 41, 341), insb für Ansprüche aus Vertrag (BGH DB 55, 1163), aus Delikt (BGH NJW 92, 310), aus GoA (BGHZ 39, 87, 91, vgl auch: BGH NJW 97, 47 – Titelkauf; aA: BaRoth/*Wendehorst* § 817 Rz 13; iE hierzu: MüKo/*Schwab* § 817 Rz 14 ff; Staud/*Lorenz* § 817 Rz 14, jeweils mN aus der zT uneinheitlichen Rspr) nach § 143 I InsO (BGH, Beschl v 16.7.09 – IX ZR 53/08) und für **Vindikationsansprüche** gem §§ 985, 987 ff (BGH LM zu § 817 Nr 1 u 20; BGHZ 63, 365). Das führt im letztgenannten Zusammenhang indes zu Wertungswidersprüchen, wenn der Leistende gem § 985 Herausgabe verlangen kann, weil der Gesetzes- oder Sittenverstoß ausnahmsweise auch zur **Nichtigkeit des Erfüllungsgeschäfts** geführt hat (hierzu iE: § 138 Rn 42). Dann stünde der Empfänger besser, als er stehen würde, wenn nur das Grundgeschäft nichtig gewesen wäre. Deshalb erscheint es grds gerechtfertigt, den sich aus § 817 2 ergebenden Rechtsgedanken entspr auf Vindikationsansprüche anzuwenden (ebenso: Staud/*Lorenz* § 817 Rz 14; BaRoth/*Wendehorst* § 817 Rz 13; Anwk/*v Sachsen Gessaphe* § 817 Rz 13; *Medicus* Rz 697; *Larenz/Canaris*

Schuldrecht II 2, § 68 III 3e), freilich nur, soweit nicht bereits der Schutzzweck des verletzten Verbotsgesetzes die Rückabwicklung der Vermögensverschiebung gebietet (dazu unten Rn 13 ff).
Ihres sich so ergebenden Anwendungsbereichs ist die Vorschrift des § 817 2 zwingend. Sie kann insb nicht dadurch umgangen werden, dass die Parteien anstelle des ausgeschlossenen Bereicherungsanspruchs die Rückabwicklung der gesetzes- oder sittenwidrigen Vermögensverschiebung anderweitig, etwa durch die Vereinbarung eines Darlehens, zu begründen versuchen (BGHZ 28, 164, 169 f; BGH NJW 94, 187). Demgegenüber ist die Anwendung des § 817 2 ausgeschlossen, wo das Gesetz solches vorschreibt. Wichtigster Fall neben § 817 2 Hs 2 (dazu unten Rn 12) ist **§ 5 1 HS 2 WoVermG** bei Zahlungen an den insoweit nichtberechtigten Wohnungsvermittler (vgl auch BGH NJW-RR 01, 1044, 1046 zu § 23 II 4 GüKG aF betr Schmiergeldzahlungen des Transportunternehmers). 9

2. Tatbestand. a) Gesetzes- oder Sittenverstoß des Leistenden. Der Konditionsausschluss nach § 817 2 greift, wenn zumindest der Zuwendende (zur extensiven Auslegung der Vorschrift idS: Rn 7) mit seiner Leistung einen Zweck verfolgt, der einen Verstoß gegen ein gesetzliches Verbot oder gegen die guten Sitten nach den durch §§ 134, 138 vorgegebenen Maßstäben (iE s. dort) darstellt. Allerdings muss nach zutreffender Auffassung zum **objektiv** feststellbaren Gesetzes- oder Sittenverstoß die **subjektive Kenntnis** des Leistenden von den diesen Vorwurf tragenden Umständen hinzutreten (BGH NJW 83, 1420, 1423; 89, 3217, 3218; 93, 2108), wobei ungeklärt ist, ob diese Kenntnis auch in das Bewusstsein münden muss, gegen das Gesetz oder die guten Sitten verstoßen zu haben (so für Gesetzesverstoß: BGHZ 50, 90, 92; aA: MüKo/*Schwab* § 817 Rz 69; Staud/*Lorenz* § 817 Rz 21). Richtig dürfte ein Mittelweg sein, wonach es ausreicht, dass der Leistende sich zumindest **leichtfertig der Einsicht** in die gesetzlich sanktionierte Verwerflichkeit seines Handels verschließt (BGH NJW 05, 1490; 00, 1560, 1562; ebenso: BaRoth/*Wendehorst* § 817 Rz 16; AnwK/*v Sachsen Gessaphe* § 817 Rz 16 mwN). Maßgeblich für die Beurteilung der den Konditionsausschluss nach § 817 2 rechtfertigenden Umstände ist der Zeitpunkt der Leistungserbringung (BGH NJW 00, 1560, 1562). Bei konkurrierenden Beweggründen kommt es darauf an, ob die überwiegend redlichen Motive des Leistenden die Konditktion des Zuwendungsgegenstandes zu rechtfertigen vermögen (BGHZ 35, 103, 108). 10

Hinsichtlich des Gesetzes- oder Sittenverstoßes müssen sich der Leistende entspr § 166 das Verhalten seines **Vertreters** (Staud/*Lorenz* § 817 Rz 17; Palandt/*Sprau* § 817 Rz 16; im Ausgangspunkt ebenso: BGHZ 36, 395, 399), der **Rechtsnachfolger** (Erbe, Zessionar) das seines Vorgängers zurechnen lassen (BGH NJW-RR 93, 1457, 1458; Staud/*Lorenz* § 817 Rz 17; einschränkend MüKo/*Schwab* § 817 Rz 58, wenn die missachtete Verbotsnorm gerade den Rechtsnachfolger schützen soll). Das gilt auch für den **Insolvenzverwalter**, wenn es um das Fehlverhalten des Gemeinschuldners geht (BGHZ 106, 169, 174 ff; anders noch: BGH NJW 62, 483 f). 11

b) Einschränkungen. aa) Eingehung einer Verbindlichkeit – § 817 S 2 Hs 2. Der Ausschlusstatbestand des § 817 2 greift nicht, wenn die bereicherungsrechtlich relevante Leistung in der **Eingehung einer Verbindlichkeit** bestand – § 817 2 Hs 2. Gemeint sind va die rechtsgrundlose Abgabe eines **abstrakten Schuldanerkenntnisses** (vgl § 812 II; iE dort Rn 52 f), aber auch die Hingabe eines Wechsels (BGH NJW 94, 187) oder Schecks (AnwK/*v Sachsen Gessaphe* § 817 Rz 22). Hintergrund hierfür ist abermals eine Wertungsentscheidung des Gesetzgebers: Der bis dahin nur in einem Schuldversprechen manifestierte Gesetzes- oder Sittenverstoß soll nicht dadurch perpetuiert werden, dass der Empfänger erst durch die Realisierung der Forderung die von der Rechtsordnung missbilligte Vermögensverschiebung herbeiführt (BGH NJW 84, 187; eingehend: Staud/*Lorenz* § 817 Rz 24 f mwN). Ist die Forderung hingegen bereits erfüllt, bleibt es folgerichtig gem § 817 2 Hs 2 aE beim Konditionsausschluss. Fraglich erscheint, ob die Einschränkung des § 817 2 Hs 2 auch dann gelten kann, wenn der Konditionsausschluss sich in extensiver Auslegung des § 817 2 aus einem **einseitigen Gesetzes- oder Sittenverstoß des Leistenden** ergibt (dazu oben Rn 7). Denn dann besteht bei näherer Betrachtung kein sachlicher Grund, den Leistenden – auch in diesem Punkt über den Wortlaut der Vorschrift hinaus – dadurch zu begünstigen, dass er den in der eingegangenen Verbindlichkeit bestehenden Konditionsgegenstand trotz des nur ihn treffenden Unredlichkeitsvorwurfs vom redlichen Empfänger herausverlangen und sich so der Erfüllung der Verbindlichkeit entziehen können soll. 12

bb) Schutzzweck der verletzten Verbotsnorm/Endgültigkeit der Vermögensverschiebung. Der in § 817 2 Hs 2 zu Tage tretende Rechtsgedanke einer wertenden Beurteilung der durch den Gesetzes- oder Sittenverstoß geschaffenen Vermögenssituation erlangt auch in anderem Zusammenhang Bedeutung. So besteht beispielsweise bei **Wucherdarlehen** die unredliche Vermögensverschiebung nicht in der Gewährung der Darlehenssumme, sondern *in der Überlassung von Kapital auf Zeit*, wofür der Empfänger als Gegenleistung regelmäßig eine Nutzungsvergütung in Höhe der vereinbarten Darlehenszinsen zu entrichten hat. Deshalb hindert § 817 2 lediglich die **vorzeitige Rückforderung** des Darlehens, nicht hingegen die von der missbilligenden Wertungsentscheidung des Gesetzes grds überhaupt nicht tangierte Rückforderung der Darlehensvaluta nach der vertraglich vereinbarten oder sich aus den gesetzlichen Kündigungsmöglichkeiten ergebenden Beendigung des Darlehensverhältnisses (BGH ZIP 06, 2219 Rz 14 f; NJW 83, 1420, 1422; 89, 3217; 95, 1152, 1153; BGHZ 99, 333, 338 f; AnwK/*v Sachsen Gessaphe* § 817 Rz 17; BaRoth/*Wendehorst* § 817 Rz 20 f; Staud/*Lorenz* § 817 Rz 12; *Medicus* Bürgerliches Recht Rz 699). Danach kann die Rückforderung des Darlehens nur dann ausnahmsweise ganz ausgeschlossen sein, wenn gerade der Schutzzweck der tangierten Nichtigkeits- 13

§ 817

norm dies gebietet, wie etwa bei der Hingabe eines Darlehens zwecks Teilnahme an einem **verbotenen Glücksspiel** (MüKo/*Schwab* § 817 Rz 40 mwN; BaRoth/*Wendehorst* § 817 Rz 21; vgl auch: BGH ZIP 06, 2219, Rz 15; NJW 95, 1152). Ist hingegen nach vorstehenden Grundsätzen lediglich die vorzeitige Rückforderung des Darlehen gem § 817 2 ausgeschlossen, so stellt sich die Frage, ob der Leistende für die Dauer der (rechtsgrundlosen) Kapitalnutzung durch den Empfänger von diesem gem § 818 I 2 Wertersatz in Höhe des **marktüblichen Zinses** beanspruchen kann. Die Rspr lehnt das ab, weil andernfalls der Wucherer im Vertrauen auf die Erwirtschaftung jedenfalls gesetzlich zulässiger Zinsen letztlich gefahrlos unredlich hohe Darlehenszinsen vereinbaren könne (BGH NJW 83, 1420, 1422 f; BGHZ 99, 333, 338; ebenso: AnwK/*v Sachsen Gessaphe* § 817 Rz 18; BaRoth/*Wendehorst* § 817 Rz 21; Palandt/*Sprau* § 817 Rz 21; mit anderer Begr iE ebenso: MüKo/*Schwab* § 817 Rz 37). Dem ist zuzustimmen, wenn man davon ausgeht, dass der dem Gedanken der Rechtsschutzverweigerung und der Generalprävention verpflichtete Normzweck des § 817 2 es gebietet, dem verwerflich zum Nachteil des redlichen Empfängers handelnden Leistenden solche Möglichkeiten nicht zu eröffnen (ebenso: BaRoth/*Wendehorst* § 817 Rz 21). Die Gegenmeinung erblickt in der Versagung eines Anspruchs auf Erstattung marktüblicher Zinsen indes eine vom Normzweck des § 817 2 nicht getragene und deshalb nicht gerechtfertigte Sanktionierung der für verwerflich erachteten Leistungshandlung (*Medicus* Rz 700 mwN; Staud/*Lorenz* § 817 Rz 12; *Reuter/Martinek* 218 ff mwN).

14 Das in alledem aufscheinende Kriterium der **Endgültigkeit der Vermögensverschiebung** findet auch abseits der soeben erörterten Wucherfälle auf andere Sachverhalte Anwendung, in denen es um Rückforderung von nur zu einem vorübergehenden Zweck erbrachten Leistungen geht. Sie gelten entspr für die (nichtige) **Gebrauchsüberlassung** von Gegenständen auf Zeit, sofern man eine entspr Anwendbarkeit des § 817 2 auf die dann vorrangig gegebenen Ansprüche aus §§ 985, 987 grds bejaht (dazu oben Rn 8; zum Sonderfall des **Mietwuchers** und der sich aus §§ 5 WiStG, 134 ergebenden Konsequenz einer geltungserhaltenden Reduktion des Mietvertrages: Staud/*Lorenz* § 817 Rz 12 unter Hinweis auf BGHZ 89, 316, 317 f). Allerdings wird der **Schutzzweck der verletzten Verbotsnorm** es in derartigen Fällen oft gebieten, dem Leistenden die sofortige Rückforderung zu gestatten, um einer Förderung des für gesetzes- bzw sittenwidrig befundenen Verwendungszwecks entgegenzuwirken (BGHZ 28, 255, 257 f; zu den Besonderheiten bei nichtigen **Geschäftsbesorgungsverträgen** und **Treuhandabreden**: MüKo/*Schwab* § 817 Rz 48 ff; AnwK/*v Sachsen Gessaphe* § 817 Rz 21, jeweils mit Nw aus der uneinheitlichen Rspr). Markantes Beispiel hierfür sind die sog **Bordellpachtfälle**, in denen die Anwendung der Kondiktionssperre aus § 817 2 faktisch zu einer Legalisierung der zinslosen Bordellnutzung führen würde und deshalb durch den Normzweck des § 138 überspielt wird (BGHZ 41, 341, 343 f – grds gegen eine entspr Anwendung des § 817 2; AnwK/*v Sachsen Gessaphe* § 817 Rz 14, 19; Staud/*Lorenz* § 817 Rz 11; *Medicus* Bürgerliches Recht Rz 698; vgl auch BGH WM 90, 799, 802 – "Bordellschifffall" für die Gewährung eines „bordellbezogenen" Darlehens). Den vom Bordellpächter für die bereits erfolgte Nutzung gezahlten Pachtzins darf der Verpächter gem § 987 behalten (BGHZ 63, 365, 368; Staud/*Lorenz* § 817 Rz 11; aA: Larenz/*Canaris* Schuldrecht II/2, § 68 III e). Mit ähnlichen Erwägungen wird auch die sofortige Rückforderbarkeit von **Sicherheiten** für Forderungen aus gesetzes- oder sittenwidrigen Verträgen (BGHZ 19, 205, 206 f – Grundpfandrecht; BGH WM 69, 1083 – Kaution; aA – Analogie zu § 817 2 Hs 2: BaRoth/*Wendehorst* § 817 Rz 19; Staud/*Lorenz* § 817 Rz 13) und die Kondizierbarkeit von Einzahlungen in einen nach dem Schneeballsystem organisierten Schenkkreis (BGH NJW 09, 984 Rz 9; NJW-RR 09, 345 Rz 11; NJW 08, 1942, Rz 10; 06, 45) begründet.

15 Heftig umstr ist die Beantwortung der Frage, ob dem **Schwarzarbeiter** ein Wertersatzanspruch aus §§ 812, 818 II für erbrachte Vorleistungen gegen seinen Auftraggeber zusteht. Der BGH hat § 817 2 für unanwendbar gehalten und den Bereicherungsausgleich mit der Begründung zugelassen, das Schwarzarbeitsgesetz verfolge in erster Linie öffentliche Belange und diene nicht dazu, den Auftraggeber vor Ansprüchen des Schwarzarbeiters zu bewahren (BGHZ 111, 308, 312 f). Diese, auf Treu und Glauben und Billigkeitserwägungen rekurrierende Auffassung ist in der Lit mit Recht auf Ablehnung gestoßen, die § 817 2 mit Rücksicht auf den Schutzweck der betroffenen Verbotsnorm für anwendbar hält (Staud/*Lorenz* § 817 Rz 10; AnwK/*v Sachsen Gessaphe* § 817 Rz 23). Mit zwei jüngeren Entscheidungen zu vergleichbaren Sachverhalten scheint sich der BGH dieser Sichtweise anzunähern (BGH NJW 92, 2021, 2023 – Bezahlung der gegen § 319 II Nr 5 HGB verstoßenden Tätigkeit eines Abschlussprüfers; BGHZ 118, 182, 193 – Veröffentlichung einer Kontaktanzeige unter Verstoß gegen § 120 I Nr 2 OWiG).

16 **C. Allgemeines.** Für die **Verjährung** des Kondiktionsanspruches aus § 817 1 gelten die allg Grundsätze. Insoweit wird auf die Ausführungen zu § 812 (dort Rn 108) verwiesen.

17 Auch für die **Beweislast** gelten die allg Regeln (§ 812 Rn 109). Das führt dazu, dass hinsichtlich des Kondiktionsanspruchs aus § 817 1 der Bereicherungsgläubiger sämtliche tatbestandlichen Voraussetzungen darlegen und beweisen muss, darüber hinaus, dass die Leistung in der Eingehung einer Verbindlichkeit iSd § 817 2 Hs 2 bestand (Palandt/*Sprau* § 817 Rz 24). Demgegenüber trifft den Bereicherungsschuldner die Darlegungs- und *Beweislast für solche Umstände*, die den Kondiktionsausschluss nach § 817 2 rechtfertigen sollen. Und er muss mit Blick auf § 817 2 Hs 2 ggf auch beweisen, dass der Bereicherungsgläubiger die Verbindlichkeit bereits erfüllt hat (Staud/*Lorenz* § 817 Rz 26).

§ 818 Umfang des Bereicherungsanspruchs.
(1) Die Verpflichtung zur Herausgabe erstreckt sich auf die gezogenen Nutzungen sowie auf dasjenige, was der Empfänger auf Grund eines erlangten Rechts oder als Ersatz für die Zerstörung, Beschädigung oder Entziehung des erlangten Gegenstandes erwirbt.
(2) Ist die Herausgabe wegen der Beschaffenheit des Erlangten nicht möglich oder ist der Empfänger aus einem anderen Grunde zur Herausgabe außerstande, so hat er den Wert zu ersetzen.
(3) Die Verpflichtung zur Herausgabe oder zum Ersatz des Wertes ist ausgeschlossen, soweit der Empfänger nicht mehr bereichert ist.
(4) Von dem Eintritt der Rechtshängigkeit an haftet der Empfänger nach den allgemeinen Vorschriften.

A. Normzweck und Regelungsgehalt. § 818 regelt im Zusammenspiel mit §§ 819, 820 den **Umfang** des bereicherungsrechtlichen Herausgabeanspruchs, der sich als solcher bereits aus den Konditionstatbeständen der §§ 812, 816, 817 1 ergibt (s. § 812 Rn 4). Die Bestimmungen in I und II ergänzen und erweitern die Herausgabepflicht auf **Nutzungen** und **Surrogate**, wohingegen III einschränkend klarstellt, dass der redliche und unverklagte Bereicherungsschuldner nur die tatsächlich objektiv noch in seinem Vermögen vorhandene Bereicherung herausgeben muss. Insb darin tritt der dem Bereicherungsrecht inhärente Grundgedanke der **Vorteilsabschöpfung** zu Tage, die nicht etwa dem Bereicherungsgläubiger einen Ausgleich für die erlittene Entreicherung verschaffen, sondern durch Wiederherstellung des Zustandes vor dem Bereicherungsvorgang die beim Bereicherungsschuldner eingetretene Bereicherung beseitigen soll (s. § 812 Rn 2 f). Erst durch die in IV normierte **verschärfte Haftung** des verklagten oder bösgläubigen Bereicherungsschuldners (§ 819) wird der Boden des (verschuldensunabhängigen) Bereicherungsausgleichs durch den Verweis auf die sich aus den allg Vorschriften ergebenden Haftungstatbestände verlassen. 1

Maßgeblicher **Zeitpunkt** für die Bestimmung des Umfangs der Herausgabepflicht ist die Entstehung des ihr zugrunde liegenden Anspruchs. Das ist bei § 812 I 1 Alt 1 derjenige der rechtsgrundlosen Zuwendung, wohingegen es bei § 812 I 2 auf den (späteren) Wegfall des Rechtsgrundes und bei § 812 I 2 2 auf den Zeitpunkt ankommt, in dem endgültig feststeht, dass der mit der Leistung bezweckte Erfolg nicht eintreten wird (§ 812 Rn 45). IRd § 816 entsteht der Konditionsanspruch mit der Verfügung des Nichtberechtigten (I) bzw mit der Bewirkung der Leistung an den Nichtberechtigten (II). Für die Fälle der (echten) Eingriffskondiktion ist auf den Eintritt der bereicherungsrechtlich relevanten Folgen des Eingriffs, für die Aufwendungskondiktion auf die Vornahme der Verwendung abzustellen (zur Bedeutung diese Umstandes für den Bereicherungsausgleich beim „Bauen auf fremdem Boden – § 812 Rn 48 aE). 2

B. Tatbestand. I. Herausgabe – § 818 I. 1. Grundsatz: Herausgabe „in Natur". Die sich aus §§ 812, 816, 817 1 ergebende Herausgabepflicht des Bereicherungsschuldners betrifft primär das durch die Vermögensverschiebung **Erlangte**, in erster Linie also den **Zuwendungsgegenstand** selbst. Wie die Herausgabe zu bewerkstelligen ist, hängt von der Art des Zuwendungsgegenstandes ab. Danach erfolgt die Rückgabe rechtsgrundlos erlangten **Eigentums** durch (rechtsgeschäftliche) Rückübereignung, bei **Immobilien** also durch Auflassung und Zustimmung zur Grundbuchumschreibung (Palandt/*Sprau* § 818 Rz 6; Staud/*Lorenz* § 818 Rz 3). Hat der Empfänger bisher nur die **Auflassung** erlangt, muss er auf diese für ihn günstige, rechtsgrundlos erlangte **Rechtsposition** verzichten (AnwK/*Linke* § 818 Rz 3). IÜ hat er herausgabepflichtige **dingliche Rechte** an einem im Eigentum des Bereicherungsgläubigers verbliebenen Grundstück (Bsp: Bestellung einer Grundschuld zum Zwecke der Kreditsicherung) in der jeweils hierfür vorgeschriebenen Form zu beseitigen oder auf den Bereicherungsgläubiger zu übertragen (AnwK/*Linke* § 818 Rz 27; Palandt/*Sprau* § 818 Rz 6). Letzteres allerdings wegen § 818 III nur im Umfang der noch vorhandenen Bereicherung und damit ggf nur Zug-um-Zug gegen Erstattung des überschießenden Mehrwerts der Besicherung (BGH NJW 02, 1872; 00, 3128 – Saldierung). Beim rechtsgrundlosen Erwerb eines Unternehmens gilt dieses als Einheit und ist grds in der Gestalt zurückzuübertragen, in der es sich zur Zeit der Herausgabe befindet (BGH NJW 06, 2847, 2849 – Steuerberatungspraxis). Probleme entstehen, wenn der Empfänger das rechtsgrundlos an ihn übereignete Grundstück **nachträglich belastet**. Dann stellt sich die Frage, ob er das Grundstück unbelastet, dh nach Beseitigung des Grundpfandrechts herausgeben muss. Die Rspr verneint dies (BGHZ 112, 376; aA: *Flume* GS Knobbe-Keuk 97, 111, 130 f; *Gursky* JR 92, 95; eingehend zum Ganzen: Staud/*Lorenz* § 818 Rz 4 mwN) und hält den Bereicherungsschuldner statt dessen für verpflichtet, außer dem Grundstück auch das aus der grundpfandrechtlich gesicherten Kreditierung erlangte Entgelt sowie – im Wege des Wertersatzes gem § 818 II – den noch valutierenden Gegenwert des Grundpfandrechts herauszugeben (BGH aaO). Im Gegenzug soll er dann allerdings vom Bereicherungsgläubiger verlangen dürfen, ihn von der persönlichen Inanspruchnahme durch den Grundpfandrechtsgläubiger freizustellen (krit hierzu: *Canaris* NJW 91, 2513; *Kohler* NJW 91, 99, 2001). Soweit die gegenständliche Bereicherung sich in der Erlangung des **Besitzes** an einer Sache erschöpft, schuldet der Empfänger die Wiedereinräumung desselben durch Verschaffung der tatsächlichen Sachherrschaft (§ 854 I) bzw – bei nur mittelbarem Besitz – durch Abtretung des Herausgabeanspruches gegen den unmittelbaren Besitzer – § 868 (Staud/*Lorenz* § 818 Rz 3). Rechtsgrundlos erworbene **Forderungen** müssen zurückübertragen (abgetreten) werden, was im Falle einer Banküberweisung zur Rücküberweisung des gutgeschriebenen Betrages führt. 3

Bei einer ohne Rechtsgrund vom Bereicherungsschuldner begründeten **Verbindlichkeit** kann der Bereicherungsgläubiger Befreiung von dieser verlangen (Palandt/*Sprau* § 818 Rz 6).

4 Sind Mehrere durch denselben Zuwendungsakt bereichert, so ist ein jeder nur zur Herausgabe der bei ihm eingetreten Bereicherung verpflichtet. Eine gesamtschuldnerische Haftung der Bereicherungsschuldner kommt nur in besonders gelagerten Einzelfällen in Betracht (hierzu: Erman/*Westermann*/*Buck* § 818 Rz 7). Die **Gesellschafter** der nun teilrechtsfähigen BGB-Gesellschaft (BGHZ 146, 341) haften entspr § 128 HGB persönlich und unbeschränkt für die Bereicherungsschulden der Gesellschaft; ob und wenn ja, in welchem Umfang auch in ihrer Person eine Bereicherung eingetreten und noch vorhanden ist (§ 818 III), ist insoweit ohne Belang (AnwK/*Linke* § 818 Rz 6). Im umgekehrten Fall, in dem die Bereicherung auf Kosten mehrerer Bereicherungsgläubiger geht, kann jeder den ihn betreffenden Teil der Zuwendung herausverlangen. Bei unteilbaren Leistungen gilt § 432 (AnwK/*Linke* § 818 Rz 4).

5 **2. Nutzungen und Surrogate. a) Nutzungen – § 818 I Hs 1.** Der eigentliche Anwendungsbereich des § 818 I besteht in der dort niedergelegten Regelung, dass die bereits den einzelnen Kondiktionstatbeständen immanente Pflicht zur Herausgabe des Erlangten sich auch auf Nutzungen und Surrogate erstreckt (BGH NJW 07, 3127, 3129 mwN). **Nutzungen** idS sind diejenigen nach §§ 99, 100, also **Sach- und Rechtsfrüchte** sowie vermögenswerte **Gebrauchsvorteile** der erlangten Sache oder des erlangten Rechts (Palandt/*Sprau* § 818 Rz 8; vgl auch: BGH NJW 98, 2529). Mieteinnahmen des Darlehensnehmers sind jedenfalls dann keine ioS aus der Darlehensvaluta gezogenen, nach § 818 I herausgabepflichtigen Nutzungen, wenn die Darlehenssumme nicht an den Darlehensnehmer, sondern (aufgrund unwirksamer Anweisung) an Dritte ausgezahlt wurde (BGH NJW 07, 3127, 3129 – Herausgabepflicht der Zuwendungsempfänger). Demgegenüber lassen sich nach zutreffender Auffassung auch aus der Nutzung des **Besitzes** kondizierbare Gebrauchsvorteile ziehen (iE hierzu: MüKo/*Schwab* § 818 Rz 21). Herauszugeben sind nur **tatsächlich gezogene Nutzungen** (BGHZ 102, 41; BGH ZIP 87, 1457; Staud/*Lorenz* § 818 Rz 11), soweit sich nicht bei verschärfter Haftung des verklagten oder bösgläubigen Bereicherungsschuldners (§§ 818 IV, 819) aus den (nur) dann heranzuziehenden allg Vorschriften etwas anderes ergibt (bspw § 987 II). Ob auch der Bereicherungsgläubiger die herausgabepflichtigen Nutzungen gezogen hätte, ist ohne Belang (Hburg NJW-RR 99, 1204 – Urheberrecht; vgl auch BGHZ 35 360). IÜ kann eine tatsächliche Vermutung dafür bestehen, dass eine Bank Nutzungen aus dem ihm zugeflossenen Kapital in Höhe der gesetzlichen Verzugszinsen gezogen hat (BGH NJW 07, 2401 Rz 35).

6 Streitig ist, wem die aus der Nutzung des Bereicherungsgegenstandes resultierenden, den objektiven Wert des Nutzungsvorteils übersteigenden **Gewinne**, etwa aus der Führung eines herauszugebenden Unternehmens, gebühren (vgl hierzu: BGHZ 63, 265, 269 – Bordell; BGH NJW 94, 2021, 2022 – Sonnenstudio; KG NJW-RR 96, 431, 433 – Arztpraxis; BGH NJW 06, 2847, 2853 – Steuerberaterpraxis). Insoweit dürfte es entscheidend darauf ankommen, ob die **Unternehmenserträge** allein der Nutzung des Bereicherungsgegenstandes entspringen oder sich als das Resultat der persönlichen Leistungen und Fähigkeiten des Bereicherten erweisen (Palandt/*Sprau* § 818 Rz 9; AnwK/*Linke* § 818 Rz 12 mwN; vgl auch BGH NJW 06, 2847, 2853). Dies zu ermitteln, wird in der Praxis nicht selten auf erhebliche Schwierigkeiten stoßen, wenngleich der nach diesen Grundsätzen erstattungspflichtige **objektive Gebrauchswert** der Sachnutzung häufig dem Marktpreis (übliche Miete/Pacht) entspr dürfte (ebenso: AnwK/*Linke* § 818 Rz 12). Wo sich auch dieser nicht feststellen lässt, bleibt nur eine Schätzung der überobligatorischen Wertschöpfung nach § 287 ZPO.

7 Hat der Bereicherte ohne Rechtsgrund **Geld** erlangt, so umfasst der Kondiktionsanspruch des Bereicherungsgläubigers die tatsächlich aus der Verwendung des Geldes seit der Entstehung des Bereicherungsanspruches gezogenen **Zinsnutzungen** (BGH NJW 06, 2847, 2853; NJW 00, 1637; Staud/*Lorenz* § 818 Rz 11; MüKo/*Schwab* § 818 Rz 24). Das gilt auch für sonstige **Kapitalerträge**, für deren Entstehung und Höhe nach den Umständen des jeweiligen Einzelfalles eine tatsächliche Vermutung mit den sich hieraus für den grds beweispflichtigen Bereicherungsgläubiger ergebenden Beweiserleichterungen bestehen kann (zuletzt: BGH NJW 07, 2401 Rz 35; NJW 97, 933 – Betriebsmittelkredit; NJW 98, 2529 – Geldanspruch ggü Bank; BayObLG NJW 99, 1194 – Geldanspruch ggü öff Hand; str, aA: BGH NJW 04, 1315). Weitergehende, über die tatsächlich erwirtschafteten Vorteile hinausgehende Zinserträge hat der Bereicherungsschuldner indes nur unter den Voraussetzungen der §§ 818 IV, 819, 820 I iVm §§ 291, 292 II, 987 II zu erstatten (BGH WM 91, 1983). Den kondizierbaren Zinsnutzungen gleichgestellt sind **Zinsaufwendungen**, welche der Bereicherte durch die Verwendung des ihm rechtsgrundlos zugeflossenen Geldbetrages **erspart** (BGHZ 138 160, 163; BGH NJW 99, 2890, 2891).

8 **b) Surrogate – § 818 I Hs 2.** Der Herausgabeanspruch des Bereicherungsgläubigers umfasst gem § 818 I Hs 2 außer Nutzungen auch **Surrogate**. Insoweit ist zu unterscheiden: Als Surrogate idS gelten zum einen die sich aus der bestimmungsgemäßen Ausübung des kondizierbaren **Rechts** ergebenden **Vermögensvorteile**. So bspw der Erlös aus der Einziehung einer rechtsgrundlos erworbenen Forderung oder aus der Verwertung einer ohne Rechtsgrund bestellten Sicherheit (AnwK/*Linke* § 818 Rz 15 mwN). Zum anderen schuldet der Bereicherte die Herausgabe der sog **Ersatzvorteile**, die er für die **Zerstörung, Beschädigung oder Entziehung** des Zuwendungsgegenstandes erhält (Staud/*Lorenz* § 818 Rz 19). Hierzu zählen insb auf den Kondiktionsgegenstand bezogene Versicherungsleistungen oder Schadensersatzzahlungen Dritter sowie Entschädigungsleistungen für hoheitliche Eingriffe (Palandt/*Sprau* § 818 Rz 15; AnwK/*Linke* § 818 Rz 16), nicht hingegen sog **rechtsgeschäftliche Surrogate**, die der Bereicherte als Gegenleistung für die rechtsgeschäftliche Veräußerung des Zuwendungsgegenstandes erlangt (hM: BGH NJW 06, 2323, 2325 f; 04, 1314; BGHZ 112, 288, 295; 24, 106, 110; Palandt/*Sprau* § 818 Rz 14; AnwK/*Linke* § 818 Rz 17; MüKo/*Schwab* § 818 Rz 41 mwN). Insoweit greift vielmehr § 818 II mit dem Ergebnis, dass der Bereicherte den **objektiven Wert** des Bereicherungsgegenstandes ersetzen muss, soweit er diesen infolge der Veräußerung nicht mehr herausgeben kann (str; ebenso: BGH NJW 06, 2323, 2326; BaRoth/*Wendehorst* § 818 Rz 9; *Larenz/Canaris* Schuldrecht II/2, § 72 I 1c; iE zum Wertersatz sogl). Praktisch bedeutsame Unterschiede ergeben sich folglich insb in den Fällen, in denen der Verkaufserlös höher ist als der objektive Wert der Sache (zum etwas anders gelagerten Sonderfall des § 816 I 1: s. dort, Rn 22). Erzielt der Bereicherte aus der **Nutzung des Surrogats** einen bereicherungsrechtlich relevanten Vermögensvorteil (s. Rn 5), so ist auch dieser herauszugeben (MüKo/*Schwab* § 818 Rz 40; *Reuter/Martinek* 555; Palandt/*Sprau* § 818 Rz 11; weitergehend auch für Nutzungen aus rechtsgeschäftlichen Surrogaten: *Koppensteiner* NJW 77, 588, 594).

II. Wertersatz – § 818 II. 1. Voraussetzungen. Zum bereicherungsrechtlichen **Wertersatz** kommt es gem 9 § 818 II nur, soweit das Erlangte wegen seiner Beschaffenheit nicht herausgegeben werden kann oder der Empfänger aus anderen Gründen zur Herausgabe außerstande ist. Im ersten Fall ist die vorrangig geschuldete Herausgabe in Natur **objektiv unmöglich** (so insb bei Dienst- und Werkleistungen sowie hinsichtlich herausgabepflichtiger Gebrauchsvorteile), im zweiten Fall führt **subjektives Unvermögen** gerade des Empfängers, zumeist durch Weiterveräußerung des Bereicherungsgegenstandes, zum Wertersatzanspruch (§ 275 I). Das gilt nach Auffassung des BGH bspw auch für die bereicherungsrechtlich geschuldete Rückübertragung einer Steuerberatungspraxis, wenn nach den Umständen davon auszugehen ist, dass der als wesentlicher Bestandteil des Geschäftsbetriebes anzusehende Mandantenstamm nicht zum Bereicherungsgläubiger wechseln wird (BGH NJW 06, 2847, 2849 ff). Ob darüber hinaus die nunmehr in § 275 II, III normierten Fälle der früher sog „faktischen" Unmöglichkeit unter § 818 II zu subsumieren sind, ist streitig, wird aber iE zu bejahen sein, um Wertungswidersprüche mit der nach allg Vorschriften durch § 275 II, III begrenzten Haftung des unredlichen Bereicherungsschuldners zu vermeiden (ebenso: BaRoth/*Wendehorst* § 818 Rz 22; AnwK/*Linke* § 818 Rz 22). Eine Verpflichtung zur Herausgabe in Natur besteht in den Fällen **subjektiven Unvermögens** grds selbst dann nicht, wenn der Bereicherungsschuldner sich die veräußerte oder eine vergleichbare (vertretbare) Sache verschaffen könnte, er hierfür allerdings – wie zumeist – Aufwendungen machen müsste, die den Wert der ihm zugeflossenen Vermögensvorteile per saldo übersteigen (arg § 818 III; ebenso: Palandt/*Sprau* § 818 Rz 17; AnwK/*Linke* § 818 Rz 25). Mit gleicher Begründung ist er in aller Regel ebenfalls nicht verpflichtet, den Bereicherungsgegenstand zwecks Herausgabe in Natur auf eigene Kosten in seinen Ursprungszustand zu versetzen (BGHZ 112, 376).

Dementsprechend bleibt es auch bei infolge Beschädigung oder Veränderung der Sache eingetretener **Teilun-** 10 **möglichkeit** dabei, dass der ursprüngliche Konditionsgegenstand in der Beschaffenheit herauszugeben ist, in der er sich im Zeitpunkt des Herausgabeverlangens befindet – § 818 I (vgl BGH NJW-RR 01, 6; ebenso: BaRoth/*Wendehorst* § 818 Rz 24; AnwK/*Linke* § 818 Rz 26; Erman/*Westermann/Buck* § 818 Rz 15). Gleiches gilt, wenn sich der **Wert** der Sache zwischenzeitlich **erhöht** hat (AnwK/*Linke* § 818 Rz 26; Palandt/*Sprau* § 818 Rz 17). Allerdings hat der Bereicherte im ersten Fall die Wertdifferenz zu ersetzen (AnwK/*Linke* § 818 Rz 26; Palandt/*Sprau* § 818 Rz 17); im zweiten Fall kann er werterhöhende Verwendungen dem Anspruch des Bereicherungsgläubigers iRd Saldierung (hierzu unten Rn 19, 29 ff) entgegenhalten. Praktisch bedeutsam werden diese Zusammenhänge insb bei der **Erbringung von Bauleistungen auf rechtsgrundlos erlangtem Grund und Boden**. Dann stellt sich nämlich die Frage, ob der Bereicherte das Grundstück nach vorstehenden Grundsätzen samt Gebäude herausgeben muss und seinerseits bereicherungsrechtlich Verwendungsersatz für die wertsteigernden Bauleistungen verlangen kann, oder ob er gem § 818 II lediglich Wertersatz für das Grundstück zu leisten hat, weil dessen Herausgabe nach seiner jetzigen Beschaffenheit als objektiv unmöglich anzusehen ist. Die Antwort hängt nach der Rspr davon ab, ob die Umgestaltung des Grundstückes so wesentlich ist, dass bei wirtschaftlicher, am Wertverhältnis zwischen Grundstück und Bauleistung zu orientierender Betrachtungsweise ein anderer Gegenstand entstanden ist (BGHZ 10, 171, 180; NJW 81, 2687; WM 87, 1533; Kobl NJW 90, 126).

Die Verpflichtung zum Wertersatz betrifft auch **Nutzungen und Surrogate**, soweit deren Herausgabe in 11 Natur unmöglich ist (statt aller: Palandt/*Sprau* § 818 Rz 16; zur Rückabwicklung eines Unternehmenskaufvertrages: BGH NJW 99, 1181). Sie besteht vorbehaltlich der sich aus §§ 818 IV, 819, 820 ergebenden Haftungsverschärfungen insgesamt unabhängig davon, ob der Bereicherungsschuldner die (subjektive) Unmöglichkeit der Herausgabe verschuldet hat (AnwK/*Linke* § 818 Rz 26).

2. Bemessungsgrundlagen. a) Grundsatz: Wertersatz in Geld. Die Wertersatzpflicht des Bereicherungs- 12 schuldners entsteht nur, dann aber zwingend, soweit der Bereicherungsgegenstand nebst Nutzungen und Surrogaten nicht herausgegeben werden kann. Bereicherungsgläubiger und -schuldner können also nicht wählen zwischen Rückgabe in Natur und Wertersatz.

13 Zu erstatten ist grds der **objektive Wert** des Kondiktionsgegenstandes (BGHZ 5, 20 f; 132, 198, 207; MüKo/ *Schwab* § 818 Rz 76; Staud/*Lorenz* § 818 Rz 26 f, jeweils mwN), regelmäßig der (objektive) **Verkehrswert** (BGHZ 10, 171, 180; 82, 299; NJW 06, 2847, 2852 ff). Besonderheiten ergeben sich abseits des nicht hierher gehörenden Sonderfalls der gewinneinschließenden Herausgabe des Veräußerungserlöses nach § 816 I 1 (s. dort Rn 22) nach hier vertretener Auffassung für die Fälle, in denen sich der seinerseits kondizierende Grundstückseigentümer der Aufwendungskondiktion des Besitzers für werterhöhende, ihm jedoch unerwünschte Verwendungen auf das Grundstück ggü sieht. Dann ist es zum Schutz des Eigentümers vor **aufgedrängten Bereicherungen** ausnahmsweise gerechtfertigt, den grds objektiv zu bestimmenden Wert des Erlangten ergänzend nach **subjektiven Maßstäben** auf das zu beschränken, was der Bereicherungsschuldner/ Eigentümer sich tatsächlich zunutze macht oder redlicherweise unter Zumutbarkeitsgesichtspunkten zunutze machen müsste (iE hierzu § 812 Rn 73).

14 **Maßgeblicher Zeitpunkt** für die Wertberechnung ist ebenso wie für den Umfang der Herausgabepflicht (hierzu iE Rn 2) nach hM der Zeitpunkt der Entstehung des Anspruchs (BGHZ 5, 197, 201; BGH NJW 63, 1299, 1301; Palandt/*Sprau* § 818 Rz 19; Staud/*Gursky* § 951 Rz 31). Das trifft ohne weiteres zu, wenn die Herausgabe des Erlangten wegen seiner Beschaffenheit von vorneherein (objektiv) unmöglich ist. In den Fällen **subjektiven Unvermögens** (s. Rn 9) ist hingegen zu besorgen, dass dem Bereicherungsschuldner eine seit der Entstehung des Bereicherungsanspruchs eingetretene Wertsteigerung durch die den Herausgabeanspruch nach § 818 I vereitelnde Weiterveräußerung der Sache zugute kommen könnte. Zur Vermeidung dieses mit Recht als unangemessen empfundenen Ergebnisses erscheint es gerechtfertigt, insoweit auf den Zeitpunkt der **Entstehung des Wertersatzanspruches** abzustellen (BGH NJW 06, 2847, 2852 – Steuerberatungspraxis; ebenso: MüKo/*Schwab* § 818 Rz 103 f; AnwK/*Linke* § 818 Rz 38; Staud/*Lorenz* § 818 Rz 31; jetzt auch: Palandt/ *Sprau* § 818 Rz 19).

15 **b) Einzelfälle. aa) Verwendungen.** Besteht die Bereicherung in untrennbar verkörperten (§§ 946 ff) **Verwendungen auf eine fremde Sache**, so bestimmt sich der gem § 818 II zu erstattende Wert nicht nach den Aufwendungen des Entreicherten, sondern grds nach der **Werterhöhung**, welche die Sache objektiv durch die Verwendungen erfahren hat (BGHZ 10, 171, 180; BGH NJW 62, 2293; WM 66, 369, 370). Dementsprechend ist hinsichtlich der Rückzahlung eines verlorenen **Baukostenzuschusses** bei vorzeitiger Beendigung des Miet- oder Pachtverhältnisses die ohne Gegenwert gebliebene Verbesserung der Verwertungsmöglichkeit des Bauobjektes zu kapitalisieren und – ggf in Raten – zu ersetzen (BGH NJW-RR 01, 727; NJW 85, 313, 315). Nichts anderes gilt für werterhöhende Um- oder Einbauten des Mieters (BGH NJW-RR 06, 294 – auch zur Berechnung des Bereicherungsanspruchs nach dem Ertragswert; NJW 09, 2374, Rz 10; AnwK/*Linke* § 818 Rz 37; vgl auch BGH NJW 02, 436 – Leihe; anders bei Wertersatz für unwirksam vereinbarte Schönheitsreparaturen des Mieters: BGH NJW 09, 2590, 2592, s. sogleich Rn 16). Im Falle der Zwangsversteigerung des vermieteten Gebäudes und Kündigung durch den Ersteigerer nach § 57a ZVG schuldet dieser und nicht der ursprüngliche Vermieter Wertersatz (BGH NJW 09, 2374; NZM 09, 783; krit: Eckert NZM 09, 768). Die obigen Grundsätze für die Ermittlung des Wertersatzes finden auch beim **Bau auf fremdem Boden** Anwendung; sie gelten dort jedoch nicht uneingeschränkt. Handelt es sich nämlich bei den Verwendungen um auftragslose Werkleistungen, welche der Bauherr für die Realisierung des Bauvorhabens ohnehin hätte in Auftrag geben müssen, so soll der Bereicherungsausgleich nach der Rspr des BGH nicht an der Wertsteigerung des Grundstückes, sondern an dem Wert der durch die Erbringung der Werkleistungen ersparten Aufwendungen zu orientieren sein (BGH BauR 01, 1412, 1414; iE hierzu: *Leupertz* BauR 05, 775, 783). IÜ sind in diesen Fällen die Grundsätze der **aufgedrängten Bereicherung** zu berücksichtigen (iE hierzu § 812 Rn 73 und oben, Rn 12).

16 **bb) Dienst- und Werkleistungen. Dienstleistungen** können naturgem nicht in Natur zurückgegeben werden, ebenso wenig nicht verkörperte **Werkleistungen**. Der Bereicherte schuldet also gem § 818 II Wertersatz, der sich nach der üblichen, hilfsweise der angemessenen, vom Empfänger ersparten, höchstens nach der (unwirksam) vereinbarten (BGHZ 111, 308) **Vergütung** bemisst (stRspr: BGHZ 37, 259; 55, 135; 111, 308, 314; BGH NJW 07, 1560, 1562 – Steuerberater; vgl auch: BGH NJW-RR 97 564 – Rechtsberatung; BGH NJW 00, 1560 – Geschäftsbesorgung; BGH WM 82, 97 – Architektenleistungen; weitere Bsp bei Palandt/*Sprau* § 818 Rz 21). Diese Grundsätze wendet der BGH zT auch auf verkörperte Werkleistungen (BGH NJW 01, 3184, vgl hierzu auch: *Leupertz* BauR 05, 775, 782 f) und insb auf die Fälle an, in denen der Mieter unwirksam vereinbarte Schönheitsreparaturen ausführt, die rechtlich und wirtschaftlich als Teil des von ihm für die Gebrauchsüberlassung geschuldeten Entgelts anzusehen seien und deshalb durch eine (verkörperte) Werkleistung erbracht würden (BGH NJW 09, 2590, 2592, Rz 22, 24; aA *Both* WuM 07, 3, 6; *Börstinghaus* WuM 05, 675, 677 – Wertsteigerung der Mieträume. Ein evtl Mangelunwert der Leistungen ist bei der Ermittlung des Marktpreises zu berücksichtigen. Bei **Arbeitsleistungen** kommen außerhalb des Bereicherungsrechts ggf die Grundsätze des fehlerhaften bzw faktischen Arbeitsverhältnisses zur Anwendung (Staud/*Lorenz* § 818 Rz 26; AnwK/*Linke* § 818 Rz 32). **Schwarzarbeit** führt wegen der damit für den Empfänger verbundenen Risiken zu einem erheblichen Abschlag vom Vergütungsanspruch (BGH NJW 90, 2542, 2543; Ddorf NJW-RR 93, 884).

cc) Nutzung und Gebrauchsvorteile. Für die rechtsgrundlose Nutzung einer fremden Sache ist grds der **Ver-** **17**
kehrswert des Gebrauchs zu ersetzen (AnwK/*Linke* § 818 Rz 33; Palandt/*Sprau* § 818 Rz 23 mw Bsp aus der
Rspr), der bspw bei einem vertragslosen Miet- oder Pachtgebrauch regelmäßig dem ortsüblichen, hilfsweise
dem angemessenen Miet- bzw Pachtzins entspricht (BGH Urt v 6.8.08 – XII ZR 67/06, zitiert nach juris,
Rz 53 ff – ortübliche Geschäftsraummiete einschließl verbrauchsunabhängige Nebenkosten und Mehrwertsteuer; BGH NJW-RR 00, 382; BGHZ 142, 186; zur Umsatzsteuerpflicht BGHZ 175, 118). Anders liegen die
Dinge, wenn der redliche Empfänger die rechtsgrundlos erworbene Sache als eigene nutzt. Dann ist der
erstattungspflichtige Wert der Nutzung durch **Schätzung** (§ 287 ZPO) der zeitanteiligen linearen Wertminderung im Vergleich zwischen tatsächlichem Gebrauch und voraussichtlicher Gesamtnutzungsdauer zu ermitteln (BGH NJW 96, 250, 251; krit: *Gursky* JR 98, 7; krit: BaRoth/*Wendehorst* § 818 Rz 32). Der erstattungspflichtige Wert der unberechtigten Nutzung von **Immaterialgüterrechten** (Patente, Gebrauchs- und
Geschmacksmuster) entspricht dem Verkehrswert des Gebrauchs, häufig also der üblichen, hilfsweise der
angemessenen **Lizenzgebühr** (BGH GRUR 09, 1085, 1088, Rz 34 – unberechtigte Veröffentlichung eines Bild-
nisses; GRUR 09, 515, 519, Rz 41 – unberechtigter Gebrauch einer Marke; BGH NJW-RR 01, 1332; BGHZ
82, 299, 307 f; vgl auch: BGH NJW-RR 98, 1502; NJW-RR 02, 180; NJW 06, 615 – Schadensersatz), allerdings
ohne den aus der unberechtigten Nutzung erwirtschafteten Gewinn (BGH MDR 87, 817).

III. Wegfall der Bereicherung – § 818 III. 1. Grundlagen. Der Bereicherte ist von der Verpflichtung zur **18**
Herausgabe des Erlangten iSd § 818 I oder zum Wertersatz gem § 818 II frei, soweit er nicht mehr bereichert
ist – § 818 III. Dieser zentrale Grundgedanke des Bereicherungsrechts gilt für alle Bereicherungsansprüche,
aber auch nur dort (BGH NJW 03, 2451, 2453 – keine analoge Anwendung auf vertragliche Rückforderungsansprüche). Durch ihn soll gewährleistet werden, dass das gerechtfertigte Vertrauen des redlichen und unverklagten Empfängers (zu den Folgen einer Haftungsverschärfung nach §§ 818 IV, 819, 820: Rn 36) in den
(Fort-)Bestand eines Rechtsgrundes für den Erwerb nicht dadurch unzumutbar enttäuscht wird, dass er über
den tatsächlich noch vorhandenen Betrag der Bereicherung hinaus eine Minderung seines Vermögens hinnehmen muss (grundlegend: BGHZ 1 75, 81; vgl auch: BGHZ 118, 383). Von diesem Ausgangspunkt, allerdings zumeist unter Hintanstellung des Vertrauensschutzgedankens (anders bspw: Hamm NJW-RR 95,
1010), gelangt insb die Rspr in einer Vielzahl von Einzelfallkonstellationen schon dann zu einer den Kondiktionsanspruch schmälernden oder gar beseitigenden Entreicherung des Bereicherungsschuldners, wenn und
soweit dessen **adäquat kausal** mit dem Bereicherungsvorgang zusammenhängenden Vermögensdispositionen
zu einer Vermögensminderung geführt haben (BGHZ 1, 75, 81; WM 70, 1421). Dem wird gerade in der neueren Lit eine sich mehr am **Gegenstand des Erlangten** anlehnende (so seit der Jungbullenentscheidung –
BGHZ 55, 128 ff – tendenziell auch der BGH), zudem **normativen** Einschränkungen unterliegende Bewertung des Bereicherungsvorganges entgegengehalten (vgl § 812 Rn 73 zur Bedeutung einer normativen
Betrachtungsweise für Fragen der aufgedrängten Bereicherung), deren unterschiedlichen Ausprägungen in
vielen Streitpunkten zu einer kaum noch überschaubaren Meinungsvielfalt geführt haben. Im Mittelpunkt
der Diskussion stehen neben den Gesichtspunkten des **Vertrauensschutzes** und der **vertraglichen Risikoverteilung** auch andere **Zurechungskriterien**, die zumeist an den Besonderheiten des jeweiligen Bereicherungsvorgangs anknüpfen (ausf zum Meinungsstand: MüKo/*Schwab* § 818 Rz 111 ff; AnwK/*Linke* § 818 Rz 50 f;
jeweils mwN). Vor diesem Hintergrund zieht auch die Rspr zur Begrenzung einer unangemessen weit gehenden Privilegierung des gutgläubigen Bereicherungsschuldners zunehmend den Gedanken der Risikozuweisung als ergänzendes Entscheidungskriterium heran (vgl: BGH NJW 02, 1872, 1875; BGHZ 116, 251, 255 ff),
ohne allerdings bisher zu einer dogmatisch konsistenten Linie gefunden zu haben. Dem ist im Folgenden
unter Verzicht auf eine zusammenhängende Erörterung der Problematik in der Darstellung praxisrelevanter
Einzelfragen Rechnung zu tragen.

2. Grundsatz: Saldierung. Der gem § 818 III zu berücksichtigende Wegfall der Bereicherung stellt kein **19**
eigenständiges Gegenrecht des Bereicherungsschuldners dar, sondern führt zu einer **originären Beschränkung** der bereicherungsrechtlichen Herausgabe- und Wertersatzansprüche auf den Umfang der noch vorhandenen Bereicherung. Um diese zu ermitteln, ist die Vermögenslage des Bereicherten zur Zeit der Entstehung des Anspruchs mit derjenigen im Zeitpunkt der Herausgabe bzw des Eintritts der verschärften
Haftung (vgl §§ 818 IV, 819) zu vergleichen. Die herausgabepflichtige Bereicherung besteht in einem sich
daraus ergebenden **Überschuss der Aktiv- über die Passivposten** (BGH NJW 05, 884, 887 mwN; 95, 2627;
98, 1951). Weitergehende Einigkeit besteht darüber, dass es für die Ermittlung dieses **Saldos** bis auf wenige,
sich um § 242 rankende Ausnahmefälle (hierzu: BGH JZ 61, 699) nicht darauf ankommt, aus welchem
Grund die Entreicherung eingetreten ist; insb **Verschulden** spielt grds keine Rolle (BGH BauR 94, 651).
Demgegenüber ist in vielen Punkten streitig, welche vermögenswirksamen Umstände mindernd oder meh-
rend in den **Saldo** einzustellen sind.

3. Bereicherungsmindernde Vermögensnachteile. a) Wegfall des Erlangten. aa) Ausgangslage. Dass mit **20**
der Weggabe oder dem Verbrauch des Bereicherungsgegenstandes dessen Sachwert aus dem Vermögen des
Bereicherungsschuldners ausscheidet, liegt auf der Hand. Gleichwohl besteht eine Bereicherung fort, soweit
dem Bereicherten als kausale Folge des rechtsgrundlosen Erwerbs noch vorhandene **Vermögensvorteile** zuge-

flossen sind. Zu denken ist in diesem Zusammenhang in erster Linie an ersparte Aufwendungen und die Befreiung von Verbindlichkeiten (iE hierzu Rn 21 f). Besteht das Erlangte in **geringfügigen Überzahlungen** von Bezügen, Unterhalt oä, so soll eine tatsächliche Vermutung dafür sprechen, dass der Empfänger die Zuwendungen ersatzlos für die Lebenshaltung verbraucht hat und deshalb nicht mehr bereichert ist (BGHZ 118, 383; 143, 65, 69; NJW 01, 2907; BAG BB 01, 2008; BaRoth/*Wendehorst* § 818 Rz 55; AnwK/*Linke* § 818 Rz 48).

21 **bb) Ersparte Aufwendungen.** Der Begriff der „**ersparten Aufwendung**" hat – nicht zuletzt durch die Diskussion um den sog **Flugreisefall** (BGHZ 55, 128, s. iE § 812 Rn 30) – reichlich unscharfe Konturen. Er erlangt in besonders gelagerten Einzelfällen uU dort Bedeutung, wo es bspw bei auftragslos erbrachten, für das Gelingen des Bauvorhabens erforderlichen Bauleistungen um die Bestimmung des Bereicherungsgegenstandes geht, der nach Auffassung des BGH dann eben entspricht, was der (vermeintliche) Besteller für die anderweitige Beschaffung der **Leistungen** hätte aufbringen müssen (BGH BauR 01, 1412, 1414; vgl auch: *Leupertz* BauR 05, 775, 783). Das sind „ersparte Aufwendungen", die – anders als vom BGH im Flugreisefall auch für die dort erschlichene Nutzungsmöglichkeit angenommen (s. § 812 Rn 30) – ausnahmsweise schon auf der **Tatbestandsebene** des Bereicherungsausgleichs (§ 818 II) zu berücksichtigen sind. Um solche geht es hier nicht. IRd § 818 III wirkt es sich hingegen aus, wenn der Bereicherungsschuldner gerade durch die Weggabe des Bereicherungsgegenstandes oder dessen Verwertung Aufwendungen erspart, die er sonst mit anderen Mitteln hätte tätigen müssen (MüKo/*Schwab* § 818 Rz 164 ff; AnwK/*Linke* § 818 Rz 45). So hat er bspw die durch den **Verbrauch** des Erlangten ersparten Kosten als Wertersatz zu erstatten, ggf auch solche Aufwendungen, die er durch die **unentgeltliche Weitergabe** des Bereicherungsgegenstandes zwecks Erfüllung einer dahingehenden Verbindlichkeit nicht hat aufbringen müssen (MüKo/*Schwab* § 818 Rz 165 f). Das gilt allerdings nicht für sog **Luxusaufwendungen**, die der Empfänger sich ohne den Bereicherungsvorgang nicht hätte leisten können (BGHZ 38, 356, 368 f; MüKo/*Schwab* § 818 Rz 166 mwN; vgl. auch: BGH IBR 07, 690 – überzahltes Architektenhonorar).

22 **cc) Befreiung von Verbindlichkeiten.** Durch die Verwendung des Erlangten zur **Tilgung eigener Schulden** wird der Empfänger von der getilgten Verbindlichkeit befreit. Darin besteht dann seine erstattungspflichtige Bereicherung (BGH NJW 03, 3271; ZIP 96, 336), es sei denn, er hätte die Schuld nach den von ihm zu beweisenden Umständen des jeweiligen Einzelfalles ohne die rechtsgrundlos empfangene Zuwendung nicht oder nur unter Einschränkung seines Lebensstandards bedienen können (BGHZ 118, 383 – auch zu Beweiserleichterungen wie Rn 20).

23 **dd) Unzureichendes Aktivvermögen.** Insb die Rspr meint, die vorerörterten Umstände mit dem Ergebnis der Entreicherung außer Betracht lassen zu können, soweit das **Aktivvermögen** des Bereicherungsschuldners unter den Wert des Erlangten gesunken ist (BGH LM § 818 III Nr 7; Köln VersR 91, 648). Diesem, vom Blick auf die Gesamtvermögenslage des Bereicherungsschuldners getragenen Ansatz, kann abseits dogmatischer Zweifel schon deshalb nicht gefolgt werden, weil der Bestand an Aktiva in keinen sachlichen Zusammenhang mit bereicherungsrechtlich relevanten Vorteilen zu bringen ist, die der Empfänger aus der Weggabe oder Verwertung des Bereicherungsgegenstandes tatsächlich gezogen hat (wie hier: MüKo/*Schwab* § 818 Rz 139; *Reuter/Martinek* 594; AnwK/*Linke* § 818 Rz 46; wohl auch: Staud/*Lorenz* § 818 Rz 34).

24 **b) Aufwendungen auf das Erlangte.** Bereicherungsmindernd wirken sich **Aufwendungen** auf die rechtsgrundlos erworbene Sache aus (bei Aufwendungen auf fremde Sachen: Eigener Bereicherungsanspruch des Verwenders aus § 818 I 1 Alt 1, I 2 Alt 2 oder §§ 951 I, 812 I 1 Alt 2 bzw Verwendungsersatz gem §§ 987 ff; vgl § 812 Rn 40, 68 ff), die der redliche Bereicherungsschuldner vor dem Eintritt der Rechtshängigkeit tätigt (MüKo/*Schwab* § 818 Rz 140 mwN). Als solche gelten **alle Verwendungen**, die weder notwendig noch nützlich sein (BGHZ 137, 314), allerdings in einem inneren Zusammenhang mit den durch die Nutzung der Sache gezogenen Vorteilen stehen müssen (BGHZ 137, 314, 317). Ob die Werterhöhung auch im Zeitpunkt der Herausgabe noch vorliegt, ist ohne Belang (BGHZ 140, 275). IE kommen in Betracht: Reparaturkosten, gewöhnliche Unterhaltskosten, Kosten der Nutzung und der Fruchtziehung, soweit die Nutzungen herauszugeben sind (BGH NJW 83, 1905, 1907), sonstige Investitionen in die Sache (BGH WM 00, 1064) sowie die durch die Herausgabe bedingten Kosten (Palandt/*Sprau* § 818 Rz 41).

25 **c) Kosten des Erwerbs.** Zu den vermögensmindernden Erwerbskosten sind zu rechnen: Die Kosten der Vertragsbeurkundung und -durchführung (*Larenz/Canaris* Schuldrecht II/2, 73 I 2c mwN) sowie Rücksendekosten iRd Rückabwicklung des Vertrages; Frachtkosten; Vermittlungsprovisionen und (gezahlte) Mehrwertsteuer (BGH NJW-RR 08, 1369, Rz 11; WM 93, 251, 257), steuerliche Mehrbelastungen (BGH WM 92, 745, 748), bei der Eingriffskondiktion ggf auch Zwangsvollstreckungskosten (BGHZ 82, 299; 100, 95, 100). Nicht abzugsfähig sind hingegen die Kosten eines Prozesses, in dem der Bereicherungsschuldner unterliegt (BGH WM 65, 1022; AnwK/*Linke* § 818 Rz 55). Im Bereich der **Nichtleistungskondiktionen** gem §§ 951, 816 I 1 stellt sich die Frage, ob der Bereicherungsschuldner auch **drittbegünstigende Aufwendungen** dem Bereicherungsanspruch des Berechtigten entgegenhalten kann. Das wird für **Kaufpreiszahlungen des Nichtberechtigten** an einen Dritten iRd § 816 I 1 zu Recht verneint: Weil der Nichtberechtigte die Erwerbskosten

dem Vindikationsanspruch des Berechtigten nicht entgegenhalten könne, dürfe für den der Rechtsfortwirkung des § 985 verpflichteten Anspruch aus § 816 I 1 nichts anderes gelten (ganz hM: BGHZ 47, 128 ff; BGHZ 55, 176; BGH NJW 95, 3315, 3317; MüKo/*Schwab* § 818 Rz 136 mwN). Nach aA führen Gesichtspunkte einer an §§ 433 I 2, 437 orientierten Risikoverteilung zum gleichen Ergebnis (AnwK/*Linke* § 818 Rz 58). Die gleichen Grundsätze finden Anwendung, wenn der Nichtberechtigte für den Erwerb der gem § 816 II herauszugebenden Sache Zahlungen an den Dritten geleistet hat (Palandt/*Sprau* § 818 Rz 43). Auch für viele Streitfälle im Bereich der Leistungskondiktionen spielt der Gedanke der **vertraglichen Risikoverteilung** eine entscheidende Rolle. So soll der Bereicherte dem Kondiktionsanspruch des Bereicherungsgläubigers **anweisungsgemäß** an Dritte geleistete Zahlungen nicht entgegenhalten dürfen (AnwK/*Linke* § 818 Rz 57; BaRoth/*Wendehorst* § 818 Rz 60); ebenfalls nicht der Käufer die in seinem Interesse im Zusammenhang mit dem Erwerb eines Grundstückes verursachten Kosten der Auflassung, Finanzierung und Besicherung (Ddorf NJW-RR 98, 1517; weitere Bsp für Sonderfälle bei: AnwK/*Linke* § 818 Rz 57; Palandt/*Sprau* § 818 Rz 45). 26

d) Folgeschäden. Ob der Bereicherte **Folgeschäden**, die er durch das Erlangte an anderen Rechtsgütern erleidet, bereicherungsmindernd in Ansatz bringen kann, ist nach zutreffender Auffassung ebenfalls eine Frage der **vertraglichen Risikoverteilung.** Insoweit ist zu unterscheiden: IdR wird sich der Bereicherte entgegenhalten lassen müssen, das schadensbegründende Risiko unabhängig von der Wirksamkeit des zugrunde liegenden Vertrages übernommen zu haben (Schulbeispiel: Der rechtsgrundlos erworbene Hund zerbeißt den Teppich). Anders ist es mit Blick auf die schuldrechtlichen Bestimmungen zur Sachmängelhaftung hingegen, wenn die Schäden durch einen Mangel der indebite gelieferten Sache hervorgerufen werden (str aA: MüKo/*Schwab* § 818 Rz 157 mwN; *Reuter/Martinek* 593). 27

4. Sonderproblem: Rückabwicklung gegenseitiger Verträge. a) Zweikonditionentheorie. Besondere Probleme bereitet die bereicherungsrechtliche Rückabwicklung **gegenseitiger Verträge**, wenn sich die trotz Unwirksamkeit des Vertrages wechselseitig erfüllten Ansprüche auf Leistung und Gegenleistung spiegelbildlich in entspr Kondiktionsansprüchen beider Parteien wiederfinden. Nach der heute in ihrer Reinform nicht mehr vertretenen **Zweikonditionentheorie** handelt es sich bei den solcherart begründeten Bereicherungsansprüchen der Vertragsparteien um **selbständige Forderungen**, die lediglich durch die schuldrechtlichen Instrumentarien der Aufrechnung und des Zurückbehaltungsrechts (§ 273) miteinander verknüpft sind. Das führt allerdings zu unauflösbaren Wertungswidersprüchen, wenn bspw die Kaufsache beim Käufer entschädigungslos untergegangen ist. Dann könnte er sich nämlich nach obigen Grundsätzen insoweit auf Entreicherung berufen und die erbrachte Gegenleistung vom Verkäufer zurückfordern, ohne selbst den *indebite* empfangenen Kaufgegenstand zurückgeben oder Wertersatz leisten zu müssen. Damit wären die schuldrechtlichen Regeln der Gefahrtragung (§ 446) faktisch außer Kraft gesetzt und der Verkäufer wäre ohne erkennbaren sachlichen Grund den Dispositionen des Käufers schutzlos preisgegeben (Zum Ganzen: MüKo/*Schwab* § 818 Rz 209). 28

b) Saldotheorie. aa) Grundlagen und Wirkungsweise. Vor diesem Hintergrund rückt die **Saldotheorie** in ihrer jetzt vorherrschenden Lesart den Gesichtspunkt der **synallagmatischen Verknüpfung** von Leistung und Gegenleistung in den Mittelpunkt der Bemühungen um eine geordnete bereicherungsrechtliche Rückabwicklung gegenseitiger Verträge (grundlegend hierzu: *v Caemmerer* FS Rabel 54, 396; zur historischen Entwicklung und zum Meinungsstand: MüKo/*Schwab* § 818 Rz 210 ff mwN). Sie gelangt auf dem Boden eines faktisch fortwirkenden Synallagmas zu der Erkenntnis, dass die wechselseitig rechtsgrundlos erbrachten Leistungen nicht zu selbständigen Bereicherungsansprüchen führen, sondern lediglich iRd § 818 III als unselbständige **Abzugsposten** bei der Ermittlung eines einheitlichen Bereicherungssaldos zu berücksichtigen sind. Bereicherungsgläubiger ist dann derjenige, zu dessen Gunsten sich aus der Leistung und Gegenleistung umfassenden **Saldierung der Aktiv- und Passivposten ein Überschuss** ergibt (BGHZ 175, 265, Rz 15 – „Rheinmöve"; BGH NJW 07, 3425, 3427 f, Rn 20, 24 – „Lurgi I"; NJW 09, 2886, 2888 Rz 15 – „Lurgi II"; NJW 05, 884, 887 mwN; vgl auch: BGHZ 145, 52; s.a. oben Rz 19). Diese Wirkungen einer **ipso-iure-Saldierung** ergeben sich allerdings naturgemäß nur bei Bereicherungsansprüchen auf **gleichartige Leistungen**, regelmäßig also dann, wenn dem Anspruch auf Rückzahlung der Gegenleistung ein gem § 818 II ebenfalls in Geld zu bedienender Wertersatzanspruch für den nicht mehr vorhandenen Gegenstand der Vertragsleistung gegenübersteht (vgl BGH NJW 01, 1863; so hätten auch die Fälle BGH NJW-RR 07, 710 und NJW 07, 1130 entschieden werden können, ohne auf den nicht unbedenklichen Ausschluss des Bereicherungsanspruchs aus dem Gesichtspunkt der unzulässigen Rechtsausübung [§ 242] zurückgreifen zu müssen; ebenso: Staud/*Lorenz* Vorb zu §§ 812 ff Rz 32; iE zur Bedeutung des § 242 s § 812 Rn 3). Aber auch wenn die Bereicherungsansprüche der Beteiligten **nicht gleichartig** sind, bleibt es nach der Saldotheorie bei dem Grundsatz, dass über die Rückforderung der Leistung nicht ohne Berücksichtigung der Gegenleistung entschieden werden kann (AnwK/*Linke* § 818 Rz 67). **Materiellrechtlich** führt dies dann allerdings dazu, dass die wechselseitigen Bereicherungsansprüche nur Zug-um-Zug zu erfüllen sind (BaRoth/*Wendehorst* § 818 Rz 42 mwN). 29

In **prozessualer Hinsicht** haben die so gewonnenen Erkenntnisse zur Folge, dass der Anspruchsteller zur Vermeidung eines Teilunterliegens schon mit seinem Klageantrag dem Umstand Rechnung tragen muss, nur den 30

Überschuss aus der Saldierung der beiderseitigen Bereicherungsansprüche beanspruchen zu können (BGH NJW 04, 229). Im Falle **ungleichartiger** Bereicherungsansprüche muss der Klageantrag also auf Verurteilung zur Leistung **Zug-um-Zug** lauten (BGHZ 146, 298, 307; 147, 152, 157).

31 Zentrale Bedeutung hat die Saldotheorie in den Fällen, in denen die Zweikondiktionenlehre versagt (s.o. Rn 28). Soweit nämlich eine Partei eines gegenseitigen Vertrages zur Herausgabe der (unbeschädigten) Sache außerstande und insoweit entreichert ist, muss sie sich iRd nach obigen Grundsätzen vorzunehmenden Saldierung der wechselseitigen Bereicherungsansprüche gleichwohl deren **Wert anspruchsmindernd** abziehen lassen (Palandt/*Sprau* § 818 Rz 48; *Medicus* Bürgerliches Recht Rz 224). Das jedoch nur, soweit sie in wertender Abwägung der Gesamtumstände das Risiko für den Untergang oder die Beschädigung der Sache zu tragen hat. Gerade an dieser Problematik zeigen sich die Grenzen und Unzulänglichkeiten der Saldotheorie (s.u. Rn 32).

32 **bb) Einschränkungen.** In Rspr und Lit besteht Einigkeit darüber, dass die uneingeschränkte Anwendung der Saldotheorie in Einzelfällen zu nicht hinnehmbaren Ergebnissen führen kann. Hier spielt der Umstand eine wichtige Rolle, dass die für die Vertragsabwicklung maßgeblichen **gesetzlichen Wertungsentscheidungen** ganz überwiegend keinen Anklang in den Regeln des Bereicherungsausgleichs finden und dort deshalb zur Wiederherstellung des Gerechtigkeitsgefüges über die Herausbildung und Anwendung entspr Wertungskriterien eingeführt werden müssen. Das erkennt auch die weiterhin vom Boden der Saldotheorie operierende Rspr an, gelangt aber nur im Zusammenhang mit besonders gelagerten Sachverhaltskonstellationen zu punktuellen Einschränkungen. Demgegenüber neigt die – freilich stark uneinheitliche – Lit zunehmend dazu, von der herkömmlichen Saldotheorie ganz Abstand zu nehmen. Insoweit reicht das Meinungsspektrum von einer sich an die Bestimmungen des Rücktrittsrechts anlehnenden Modifizierung der Saldotheorie (so bspw *v Caemmerer* FS Larenz 73, 621, 638; *Esser/Weyers* Schuldrecht II/2, § 51 II 3c), über die Hervorhebung von Gesichtspunkten der vertraglichen Risikoverteilung bis zu einer an den gesetzlichen Wertungen in § 346 III orientierten Lösung über eine teleologische Reduktion des § 818 III (hierzu sowie eingehend zum Meinungsstand: MüKo/*Schwab* § 818 Rz 216 ff, 252 ff; AnwK/*Linke* § 818 Rz 75 ff). Anlass für derartige Bemühungen bieten va folgende Problemlagen (zu Beschränkungen des Bereicherungsausgleichs aus dem Gesichtspunkt der unzulässigen Rechtsausübung: § 812 Rn 3 und oben Rn 29):

33 Der Saldierungsgedanke greift nicht, wenn noch kein Leistungsaustausch stattgefunden hat. Erbringt bspw der den Kaufpreis stundende Verkäufer eine **Vorleistung**, indem er dem Käufer den Kaufgegenstand übergibt, ohne die Gegenleistung erhalten zu haben, so fehlt es mangels Bereicherungsanspruch des Käufers gegen den Verkäufer an einer saldierungsfähigen Kondiktionslage. Ist nun der Kaufgegenstand beim Käufer untergegangen, kann dieser sich auf Entreicherung berufen und muss – wegen der Unwirksamkeit des Vertrages – weder zahlen, noch gem § 818 II Wertersatz leisten (zum Ganzen: AnwK/*Linke* § 818 Rz 74 mwN). Dieses Ergebnis ist nach zutreffender Auffassung mit den maßgeblichen Regeln der Gefahrtragung nicht in Einklang zu bringen und zwingt deshalb für diese Fälle dazu, von der Anwendung der Saldotheorie Abstand zu nehmen. (ebenso: MüKo/*Schwab* § 818 Rz 230 mwN).

34 Weitgehende Einigkeit besteht darüber, dass der Saldierungsgedanke nicht zulasten **Geschäftsunfähiger oder beschränkt Geschäftsfähiger** gehen darf (BGHZ 126, 105, 107 f; NJW 00, 3562). Insoweit gebührt den gesetzlichen Wertungsentscheidungen der §§ 104 ff Vorrang, so dass bspw der Minderjährige sich den Wert der empfangenen und untergegangenen Leistung selbst dann nicht auf seinen die Gegenleistung betreffenden Kondiktionsanspruch anrechnen lassen muss, wenn er den Untergang verschuldet hat (BGHZ 126, 105, 109).

35 Streitig ist hingegen, ob diese Grundsätze auch auf die Fälle Anwendung finden, in denen die Auswirkungen der Saldierungstheorie zulasten des **arglistig Getäuschten** gehen. Die Rspr erteilt in derartigen Fällen dem Saldierungsgedanken mit Billigkeitserwägungen (BGHZ 53, 144, 147 f) und dem Hinweis auf die Bösgläubigkeit des Täuschenden eine Absage (BGHZ 57, 137, 149; vgl hierzu: MüKo/*Schwab* § 818 Rz 225 f). Gleiches soll für **wucherische** und damit gem § 138 sittenwidrige Geschäfte (BGHZ 146, 298, 308) sowie für die Folgen der **Irrtumsanfechtung** gelten (BGHZ 72, 252). IÜ ist dem Käufer mit Rücksicht auf die in § 346 III niedergelegte gesetzliche Wertung entgegen den Grundsätzen der Saldotheorie der Entreicherungseinwand zu belassen, wenn ein **Mangel der Kaufsache** zu deren Untergang geführt hat (AnwK/*Linke* § 818 Rz 73). Nach Auffassung des BGH gelten die Grundsätze der Saldotheorie schließlich nicht in der **Insolvenz**, soweit hierdurch die Beschränkungen des Insolvenzrechts hinsichtlich der Geltendmachung von Forderungen gegen den Insolvenzschuldner außer Kraft gesetzt würden (BGH NJW 05, 884, 887 – Sozialversicherungsbeiträge).

36 **IV. Verschärfte Haftung bei Rechtshängigkeit – § 818 IV. 1. Allgemeines.** § 818 IV führt über den Verweis auf die „allg Vorschriften" zu einer verschärften Haftung des Bereicherungsschuldners vom Zeitpunkt der Rechtshängigkeit an. Dies deshalb, weil er jedenfalls ab diesem Zeitpunkt damit rechnen muss, ohne Rechtsgrund erworben zu haben. Dieser Grundgedanke setzt sich fort in der Vorschrift des § 819 I, wonach die verschärfte Haftung des § 818 IV bereits greift, sobald der Bereicherungsschuldner das Fehlen des rechtlichen Grundes kennt (iE s. dort). §§ 819 II, 820 ergänzen dieses Haftungssystem für die dort geregelten Sonderfälle.

37 **2. Rechtshängigkeit.** Der Eintritt der Rechtshängigkeit iSd § 818 IV setzt grds die Erhebung einer auf Herausgabe des Erlangten oder Zahlung von Wertersatz gerichteten **Leistungsklage** voraus (für Rückforderung überzahlten Unterhalts: BGH NJW 08, 3213, 3220, Rz 71); die Erhebung einer Feststellungs- oder

Abänderungsklage reicht nicht (BGHZ 118, 383 – Feststellungsklage; BGH LM Nr. 9 zu § 818 IV – Abänderungsklage), wohl aber die **hilfsweise Geltendmachung** (Palandt/*Sprau* § 818 Rz 51). Wann der Bereicherungsanspruch rechtshängig geworden ist, ergibt sich aus §§ 261 I, 253 I unter Berücksichtigung der für das **Mahnverfahren** geltenden Fiktion in § 696 III ZPO.

3. Rechtsfolgen. a) Ausschluss des Entreicherungseinwandes. Die Haftungsverschärfung gem § 818 IV bewirkt, dass der Bereicherungsschuldner sich ab dem Eintritt der Rechtshängigkeit für eine danach eintretende Veränderung der Verhältnisse nicht mehr mit Erfolg auf den **Wegfall der Bereicherung** berufen kann. Der Entreicherungseinwand verbleibt ihm indes, wenn die Ursache für die nach Rechtshängigkeit eingetretene Entreicherung bereits vor Rechtshängigkeit gesetzt war (BGHZ 132, 198, 213; AnwK/*Linke* § 818 Rz 86). **38**

b) Allg Vorschriften. Der Verweis auf die „allg Vorschriften" führt zunächst zu **§§ 291, 292**. Der Bereicherungsgläubiger kann also gem §§ 291, 288 I für den Zeitraum ab Rechtshängigkeit **gesetzliche Zinsen** in Höhe von 5 Prozentpunkten über dem Basiszinssatz (§ 247) auf seine Geldforderung beanspruchen; §§ 352, 353 HGB und 288 II (str) sollen indes außer Betracht zu bleiben haben (Erman/*Westermann/Buck* § 818 Rz 52). Über § 292 finden die Vorschriften des **EBV** Anwendung, so dass der Bereicherungsschuldner ab Rechtshängigkeit (beachte aber § 819 I) dafür verantwortlich ist, wenn infolge eines von ihm zu vertretenden Umstandes der Bereicherungsgegenstand verschlechtert wird, untergeht oder aus einem anderen Grund von ihm nicht mehr herausgegeben werden kann – §§ 989, 990. Er muss nun nicht nur tatsächlich gezogene Nutzungen herausgeben, sondern auch schuldhaft nicht gezogene Nutzungen ersetzen (§ 987). Ersatz für Aufwendungen gem §§ 994 II, 995 erhält er nur noch nach den Vorschriften der GoA und nur noch für notwendige Verwendungen (vgl § 996). Außerhalb des Regelungsbereichs der vorrangigen Spezialvorschriften des EBV finden über § 292 die allg Vorschriften des Schuldrechts Anwendung. Dazu gehören nach zutreffender Auffassung auch **§ 285** (BGHZ 245, 203, 206 f) und die Vorschriften zum **Schuldnerverzug** in §§ 286 f (Palandt/*Sprau* § 818 Rz 54; BaRoth/*Wendehorst* § 818 Rz 85 f mwN). Allerdings ist insoweit zu beachten, dass Verzug Verschulden voraussetzt, welches bei einem entschuldbaren Rechtsirrtum über die Herausgabepflicht fehlen kann (Staud/*Lorenz* § 818 Rz 51). Demgegenüber gerät der Bereicherungsschuldner iRd § 818 IV wegen § 286 I 2 auch ohne Mahnung in Verzug, der es demgegenüber in den Fällen des § 819 I grds bedarf. **39**

C. Beweislast. Für die Verteilung der Darlegungs- und Beweislast gelten die allg Grundsätze (s. § 812 Rn 109) mit folgenden Besonderheiten: **Der Bereicherungsgläubiger** muss beweisen, was der Schuldner erlangt hat. Das betrifft auch herauszugebende Surrogate und den Umfang gezogener Nutzungen (BGHZ 109, 139, 148), darüber hinaus für § 818 II den Wert des Erlangten im maßgeblichen Zeitpunkt (Palandt/*Sprau* § 818 Rz 55). **Der Bereicherungsschuldner** hat zu beweisen, dass er zur Herausgabe außerstande ist (BGH NJW 88, 2597, 2599). Beruft er sich auf den **Wegfall oder die Schmälerung der Bereicherung**, so hat er auch die diese **rechtsvernichtende Einwendung** tragenden Tatsachen darzulegen und zu beweisen (BGH NJW 07, 3425, 3428, Rn 25 – auch zur anderweitigen Verteilung der Darlegungslast; BGHZ 118, 383; BGH NJW 99, 1181; zu Beweiserleichterungen s. Rn 21). Das soll auch für den Geschäftsunfähigen (BGH NJW 03, 3271, 3272), nicht hingegen für den Minderjährigen gelten (KG NJW 98, 2911 f). Gelingt ihm der Entreicherungsnachweis, so obliegt nunmehr dem Bereicherungsgläubiger der Beweis für solche Umstände, die eine verschärfte Haftung gem § 818 IV begründen sollen (BGH MDR 59, 109). **40**

§ 819 Verschärfte Haftung bei Kenntnis und bei Gesetzes- oder Sittenverstoß.

(1) Kennt der Empfänger den Mangel des rechtlichen Grundes bei dem Empfang oder erfährt er ihn später, so ist er von dem Empfang oder der Erlangung der Kenntnis an zur Herausgabe verpflichtet, wie wenn der Anspruch auf Herausgabe zu dieser Zeit rechtshängig geworden wäre.
(2) Verstößt der Empfänger durch die Annahme der Leistung gegen ein gesetzliches Verbot oder gegen die guten Sitten, so ist er von dem Empfang der Leistung an in der gleichen Weise verpflichtet.

A. Normzweck und Anwendungsbereich. § 818 IV knüpft an den Eintritt der Rechtshängigkeit eine Verschärfung der Haftung des Bereicherungsschuldners (iE s. dort Rn 36 ff). § 819 I erstreckt diese Haftungsverschärfung aus ähnlichen Gründen, die auf Seiten des Bereicherungsgläubigers nach § 814 zum Bereicherungsausschluss führen, auf den Zeitraum vor dem Eintritt der Rechtshängigkeit. Danach beginnt die schärfere Haftung, sobald der Bereicherungsschuldner **Kenntnis von der Rechtgrundlosigkeit** der Zuwendung erlangt, frühestens allerdings mit deren Empfang. Dies deshalb, weil von demjenigen, der nach den Umständen weiß, das Erlangte nicht behalten zu dürfen, besondere Sorgfalt bei der „Verwahrung" des dann auch nach seiner Vorstellung fremden Gutes zu erwarten ist (so zutr: BaRoth/*Wendehorst* § 819 Rz 2 – unter Hinweis auf Mot II 55). Auf den Konditionsgrund kommt es insoweit nicht an; § 819 I gilt für alle Bereicherungstatbestände (MüKo/*Schwab* § 819 Rz 1). **1**

Demgegenüber sanktioniert § 819 II mit gleichem Ergebnis eine von der Rechtsordnung nach allg Grundsätzen (§§ 134, 138) missbilligte Verfügungsverschiebung, indem auch der gem § 817 1 zur Herausgabe verpflichtet Empfänger der verschärften Haftung nach § 818 IV unterworfen wird, wenn er durch die Annahme der Leistung gegen die **guten Sitten** oder gegen ein **gesetzliches Verbot** verstoßen hat. **2**

B. Tatbestand. I. Kenntnis vom Fehlen des Rechtsgrundes – § 819 I. 1. Kenntnis. Die Haftungsverschärfung gem § 819 I tritt ein, sobald der Bereicherungsschuldner **positive Kenntnis** vom Fehlen des rechtlichen Grundes erlangt hat. Erforderlich ist **qualifizierte** Kenntnis, die sich nicht nur auf die Tatsachen beschränken darf, welche die Rechtsgrundlosigkeit begründen (so aber Hamm NJW 77, 1824), sondern mit Rücksicht auf den Schutzzweck der Norm (s. Rn 1) auch die **Rechtsfolgen der Rechtsgrundlosigkeit** umfassen muss (BGHZ 133, 246, 249 f, mwN; NJW 92, 2415, 2417; MüKo/*Schwab* § 819 Rz 2 f mwN; BaRoth/*Wendehorst* § 819 Rz 3 f; AnwK/*Linke* § 819 Rz 2). Freilich wird man insoweit keine juristisch exakte Subsumtion verlangen können (Staud/*Lorenz* § 819 Rz 6; BaRoth/*Wendehorst* § 819 Rz 3); ausreichend ist vielmehr eine am Maßstab des **objektiv redlich Denkenden** zu messende **Parallelwertung in der Laiensphäre**, die den Empfänger auf der Grundlage der (objektiv) feststellbaren Tatsachen zu der (subjektiven) Erkenntnis hätte bringen müssen, dass er den Zuwendungsgegenstand nicht behalten darf (vgl: BGHZ 133, 246, 249 ff; BaRoth/*Wendehorst* § 819 Rz 3 f; AnwK/*v Sachsen Gessaphe* § 819 Rz 2). Demgegenüber reicht selbst **grob fahrlässige Unkenntnis** außerhalb des Regelungsbereichs anderweitiger Sonderbestimmungen (§§ 87 II BBG, 53 II BRRG, 49a II 2 VwVfG) nicht aus (Staud/*Lorenz* § 819 Rz 8 mwN), ebenfalls nicht Bösgläubigkeit iSd § 932 II sowie bloße Zweifel am Fortbestand des Rechtsgrundes (AnwK/*Linke* § 819 Rz 2 mwN). In diesen Fällen soll aber eine Haftung des Bereicherungsschuldners aus § 280 I (früher pVV) in Betracht kommen (BGHZ 72, 9, 14; München WM 71, 264, 265).

Bei (auflösend) **bedingten Leistungen** oder solchen unter **Vorbehalt**, weiß der Empfänger zwar um das Risiko, den Zuwendungsgegenstand wieder herausgeben zu müssen. Die verschärfte Haftung aus § 819 I trifft ihn nach obigen Grundsätzen jedoch erst dann, wenn er positive Kenntnis vom Eintritt der Bedingung bzw von der Verwirklichung des Vorbehalts erlangt (MüKo/*Schwab* § 819 Rz 17). Weiß der Empfänger hingegen, dass sein Vertragspartner zur **Anfechtung** des der Leistung zugrunde liegenden Rechtsgeschäfts berechtigt ist, so muss er sich nach erfolgter Anfechtung gem § 142 II so behandeln lassen, als habe er auch Kenntnis von der anfänglichen Nichtigkeit (§ 142 I) des Vertrages gehabt. Der Empfänger haftet also im Ergebnis verschärft, sobald er positive Kenntnis vom Anfechtungsrecht des Leistenden hat (BGH WM 73, 560, 562; Staud/*Lorenz* § 819 Rz 7; MüKo/*Schwab* § 819 Rz 4; AnwK/*Linke* § 819 Rz 7). Das ist im Ergebnis nicht anders, wenn der Leistungsempfänger zur Anfechtung berechtigt ist, und zwar auch dann nicht, wenn er (irrtümlich) davon ausgeht, dem Leistenden sei die Anfechtbarkeit bekannt (Staud/*Lorenz* § 819 Rz 7; AnwK/*Linke* § 819 Rz 7). Denn allein diese Kenntnis führt nicht zum Kondiktionsausschluss gem § 814 (s. dort Rn 4), so dass der Leistungsempfänger in aller Regel keinen Anlass für die Annahme haben kann, den Bereicherungsgegenstand trotz Anfechtung behalten zu dürfen. Das gilt entgegen anderer Auffassung (RGZ 151, 361, 375 f) erst recht, wenn dem Empfänger nicht einmal bewusst ist, dass der Leistende die Anfechtbarkeit kennt (Staud/*Lorenz* § 819 Rz 7; *Reuter/Martinek* 644). Demgegenüber ist der Leistungsempfänger nicht bösgläubig iSd § 819 I, wenn er Kenntnis davon hat oder ohne vorwerfbare Sorgfaltswidrigkeit irrtümlich annimmt, dass auch der Leistende von der tatsächlich bestehenden **Rechtsgrundlosigkeit** seiner Leistung weiß. Denn dann muss er – anders als in den vorerwähnten Anfechtungsfällen – wegen der Kondiktionssperre des § 814 nicht damit rechnen, den Bereicherungsgegenstand herausgeben zu müssen und es besteht kein hinreichender Grund, ihn der verschärften Haftung des § 819 I zu unterwerfen (RGZ 137, 171, 179; MüKo/*Schwab* § 819 Rz 5; AnwK/*Linke* § 819 Rz 6; Erman/*Westermann* § 819 Rz 1). Streitig ist, ob diese Grundsätze ein entspr Anwendung des § 819 I auf die bereicherungsrechtliche Herausgabeverpflichtung des Darlehensempfängers bei **unerkannt nichtigem Darlehensvertrag** rechtfertigen. Das wird zT mit dem Argument befürwortet, der Darlehensempfänger müsse wegen § 488 I 2 auch ohne Kenntnis von der Rechtslosigkeit der Darlehensgewährung davon ausgehen, die Darlehensvaluta irgendwann zurückzahlen zu müssen (BGH ZIP 07, 2219 Rz 16; Z 83, 293, 295; Hamm NJW 81, 877). Überzeugend ist das schon deshalb nicht, weil der durch § 488 I 2 vorgegebene Bezugspunkt für die Rückzahlungsverpflichtung an deren kündigungsbedingte Fälligkeit anknüpft (§ 488 III), so dass die Kenntnis hiervon nicht ohne weiteres mit dem durch § 819 I sanktionierten Fall gleichgesetzt werden kann, dass der Darlehensschuldner von der Rechtsgrundlosigkeit der Darlehensgewährung und der daraus resultierenden Verpflichtung zur **sofortigen** Herausgabe der Darlehensvaluta weiß. Dem allerdings auch in diesen Fällen nicht gerechtfertigten Entreicherungseinwand des Darlehensschuldners lässt sich angemessen durch eine Reduktion des § 818 III begegnen (iE ebenso: *Reuter/Martinek* 590; MüKo/*Schwab* § 819 Rz 12 aE; BaRoth/*Wendehorst* § 819 Rz 5).

Die Kenntnis vom Fehlen des rechtlichen Grundes muss grds in der Person des **Leistungsempfängers** vorliegen. Wird die Leistung mit seinem Wissen und Wollen von einer **anderen Person**, die nicht notwendig rechtsgeschäftlicher Vertreter des Bereicherungsschuldners sein muss, in Empfang genommen, so führt analog § 166 I auch deren Kenntnis zur Haftungsverschärfung gem § 819 I (BGHZ 83, 293, 295; NJW-RR 01, 127; WM 62, 609, 610; Köln NJW 00, 1045, 1046; MüKo/*Schwab* § 819 Rz 7 mwN; BaRoth/*Wendehorst* § 819 Rz 7; einschränkend: Erman/*Westermann* § 819 Rz 3). Allerdings hilft dem Leistungsempfänger die Gutgläubigkeit der von ihm eingesetzten Hilfspersonen in Anwendung des sich aus § 166 II ergebenden Rechtsgedankens nicht, wenn er selbst bösgläubig iSd § 819 I ist (*Koppensteiner/Kramer* 146; AnwK/*Linke* § 819 Rz 4).

Die obigen Grundsätze gelten entspr, wenn der Leistungsempfänger **nur durch gesetzliche Vertreter** handeln kann. Deshalb ist beim **Geschäftsunfähigen** gem § 166 I stets die Kenntnis seines gesetzlichen Vertreters maßgebend (BGHZ 83, 293, 295; BaRoth/*Wendehorst* § 819 Rz 8; AnwK/*Linke* § 819 Rz 4); bei **juristischen Personen** schadet die Kenntnis auch nur eines ihrer handelnden Organe (MüKo/*Schwab* § 819 Rz 9; Staud/ *Lorenz* § 819 Rz 9). Beim **beschränkt geschäftsfähigen** (insb minderjährigen) Empfänger unterscheidet insb der BGH zwischen den Tatbeständen der Leistungs- und der Eingriffskondiktion: iRd Leistungskondiktion sei der Minderjährige nach allg Grundsätzen vor den für ihn ungünstigen Auswirkungen einer Teilnahme am rechtsgeschäftlichen Verkehr zu schützen, weshalb die Kenntnis seines gesetzlichen Vertreters die maßgebliche sei – § 166 I. Demgegenüber sei dem Minderjährigen in den Fällen der Eingriffskondiktion häufig ein deliktisches Fehlverhalten vorzuwerfen, so dass der auf der Beschränkung der Geschäftsfähigkeit fußende Grundgedanke des Minderjährigenschutzes seine Grenze im Recht der unerlaubten Handlungen finden und der Minderjährige sich deshalb die eigene Bösgläubigkeit entgegenhalten lassen müsse (BGHZ 55, 128, 136 – „Flugreisefall"; Staud/*Lorenz* § 819 Rz 10; ebenso: MüKo/*Schwab* § 819 Rz 8). Dem wird in der Lit zu Recht entgegengehalten, dass eine solche Differenzierung mit Rücksicht auf die funktionalen Unterschiede zwischen Delikts- und Bereicherungsrecht nicht gerechtfertigt ist und deshalb unabhängig von der Kondiktionsform stets auf die Kenntnis des gesetzlichen Vertreters abgestellt werden muss (AnwK/*Linke* § 819 Rz 5; BaRoth/ *Wendehorst* § 819 Rz 8; *Canaris* JZ 71, 560, 563).

2. Zeitpunkt der Kenntnis. Der Leistungsempfänger haftet verschärft, sobald er positive Kenntnis vom Fehlen des rechtlichen Grundes hat, frühestens jedoch mit der Inempfangnahme der Leistung. Für die verschiedenen Formen der Leistungskondiktion ist zu unterscheiden: Bei der **condictio indebiti** (§ 812 I 1 Alt 1) ist auf die Erlangung der Kenntnis vom (anfänglichen) Fehlen, bei der **condictio ob causam finitam** (§ 812 I 2 Alt 1) auf die Erlangung der Kenntnis vom (späteren) Wegfall des Rechtsgrundes abzustellen. In den Fällen der **condictio ob rem** (§ 812 I 2 Alt 2) tritt die verschärfte Haftung des § 819 I ab dem Zeitpunkt ein, in dem der Empfänger weiß, dass der mit der Leistung bezweckte Erfolg endgültig nicht mehr eintreten kann (BGHZ 35, 356, 361).

II. Gesetzes- oder Sittenverstoß – § 819 II. Die sich aus § 819 II ergebende Haftungsverschärfung betrifft (ausschl) den Kondiktionsanspruch aus § 817 1. Sie greift unmittelbar bei **einseitigem** Gesetzes- oder Sittenverstoß des Empfängers, bei einem **beiderseitigen** Verstoß nur ausnahmsweise, soweit nicht bereits § 817 2 zum Kondiktionsausschluss führt (München NJW 00, 2592; MüKo/*Schwab* § 819 Rz 21; AnwK/*Linke* § 819 Rz 12; iE zum Regelungsgehalt des § 817 2 dort Rn 7 ff).
Die Haftungsverschärfung nach § 819 II setzt über den durch § 817 2 vorgegebenen objektiven Anknüpfungspunkt für die Bereicherungshaftung voraus, dass der Empfänger sich der Rechts- oder Sittenwidrigkeit der Leistungsannahme (subjektiv) **bewusst** ist (ganz hM: BGH NJW 09, 345, 346 Rz 12; Erman/*Westermann* § 819 Rz 7; BaRoth/*Wendehorst* § 819 Rz 10; AnwK/*Linke* § 819 Rz 13; Koppensteiner/*Kramer* 147), und zwar im Zeitpunkt der Annahme der Leistung (AnwK/*Linke* § 819 Rz 13; Palandt/*Sprau* § 819 Rz 7; aA.: *Koppensteiner/Kramer* 147; *Esser/Weyers* BT/2 § 51 III 1b). Erkennt er darüber hinaus die sich hieraus ergebende **Rechtsfolge** der Nichtigkeit des zugrunde liegenden Rechtsgeschäfts (§§ 134, 138), so greift in aller Regel bereits § 819 I (Staud/*Lorenz* § 819 Rz 13; MüKo/*Schwab* § 819 Rz 22; s.a. Rn 3 ff).

III. Rechtsfolgen. Auf der Rechtsfolgenseite erweitert § 819 in beiden Alternativen die sich aus §§ 818 IV ergebenden Haftungsverschärfungen lediglich in zeitlicher Hinsicht, so dass dieserhalb auf die dortigen Ausführungen verwiesen werden kann (§ 818 Rn 36 ff). Allerdings ist zu beachten, dass im Falle des § 819 keine Rechtshängigkeit vorliegt. Deshalb müssen für weitergehende Ansprüche des Bereicherungsgläubigers aus allg Vorschriften (§§ 286, 989, 990) Verzug und Verschulden ggf gesondert festgestellt werden (AnwK/*Linke* § 819 Rz 17).

C. Beweislast. Die Darlegungs- und Beweislast für sämtliche tatbestandlichen Voraussetzungen des § 819 trägt der **Bereicherungsgläubiger** (BGHZ 58, 1725; AnwK/*Linke* § 819 Rz 11, 15 mwN). Will sich der Bereicherungsschuldner hingegen mit dem Einwand exkulpieren, er habe nach den Umständen (irrtümlich) davon ausgehen dürfen, dass der Leistende von der Rechtsgrundlosigkeit der Leistung gewusst habe (hierzu Rn 4), so muss er die hierfür maßgeblichen Tatsachen darlegen und beweisen (RGZ 137, 171, 179; MüKo/*Schwab* § 819 Rz 20; AnwK/*Linke* § 819 Rz 11).

§ 820 Verschärfte Haftung bei ungewissem Erfolgseintritt.

(1) ¹War mit der Leistung ein Erfolg bezweckt, dessen Eintritt nach dem Inhalt des Rechtsgeschäfts als ungewiss angesehen wurde, so ist der Empfänger, falls der Erfolg nicht eintritt, zur Herausgabe so verpflichtet, wie wenn der Anspruch auf Herausgabe zur Zeit des Empfanges rechtshängig geworden wäre. ²Das Gleiche gilt, wenn die Leistung aus einem Rechtsgrunde, dessen Wegfall nach dem Inhalt des Rechtsgeschäfts als möglich angesehen wurde, erfolgt ist und der Rechtsgrund wegfällt.
(2) Zinsen hat der Empfänger erst von dem Zeitpunkt an zu entrichten, in welchem er erfährt, dass der Erfolg nicht eingetreten oder dass der Rechtsgrund weggefallen ist; zur Herausgabe von Nutzungen ist er insoweit nicht verpflichtet, als er zu dieser Zeit nicht mehr bereichert ist.

1 **A. Normzweck und Anwendungsbereich.** § 820 erweitert für die in § 812 I 2 normierten Fälle der Leistungskondiktion die gem § 818 IV verschärfte Haftung des Bereicherungsschuldners. § 820 I 1 betrifft die **condictio ob rem** (§ 812 I 2 Alt 2), § 820 I 2 die **condictio ob causam finitam** (§ 812 I 2 Alt 1). Tatsächlicher Anknüpfungspunkt für die Haftungsverschärfung ist in beiden Fällen die im Rechtsgeschäft verankerte **subjektive Ungewissheit beider Parteien** (Staud/*Lorenz* § 820 Rz 2) über den Fortbestand des rechtlichen Grundes für die Leistung. Darin unterscheidet sich § 820 von § 819, der positive Kenntnis (nur) des Leistungsempfängers vom Fehlen des Rechtsgrundes voraussetzt (s. dort Rn 3 ff). Hat im Falle der **condictio ob rem** (nur) der Leistende sicher gewusst, dass der bezweckte Erfolg nicht eintreten wird, so ist die Kondiktion bereits durch § 815 ausgeschlossen. Weil bloße Ungewissheit nach der Vorstellung des Gesetzgebers keinen tauglichen Grund dafür liefert, den Bereicherungsschuldner in vollem (verschärftem) Umfang für Nebenleistungen (Zinsen und Nutzungen) einstehen zu lassen, schränkt § 820 II dessen Haftung insoweit ein.

2 **B. Tatbestand. I. Ungewisser Eintritt des mit der Leistung bezweckten Erfolgs – § 820 I 1.** § 820 I 1 betrifft unmittelbar nur die *condictio ob rem* (AnwK/*Linke* § 820 Rz 4; zur entspr Anwendung des § 820 I 1 auf rechtsgrundlose Vertragsleistungen unter Vorbehalt: BGH NJW 06, 286, 287 f), nicht hingegen die **condictio ob causam finitam**, wie sich aus dem Regelungszusammenhang mit der gerade auf den letztgenannten Fall bezogenen Regelung in § 820 I 2 ergibt (MüKo/*Schwab* § 820 Rz 1; AnwK/*Linke* § 820 Rz 4). Als „Rechtsgeschäft" iSd § 820 I 1 und damit als Bezugspunkt für die Ungewissheit beider Parteien kommt bei der **condictio ob rem** nur die der Leistung zugrunde liegende **Zweckabrede** (hierzu § 812 Rn 45 ff) in Betracht (BaRoth/*Wendehorst* § 820 Rz 4), die allerdings bereits in der nicht forderungsbewehrten Erwartungshaltung der Parteien ein gewisses Maß an Ungewissheit über den Eintritt des bezweckten Erfolgs in sich birgt. Deshalb reicht es für § 820 I 2 nicht aus, dass die Parteien die Möglichkeit einer Zweckverfehlung nicht für ausgeschlossen erachten (Staud/*Lorenz* § 820 Rz 4; AnwK/*Linke* § 820 Rz 6). Vielmehr müssen solche Zweifel **sichtbaren Ausdruck** gefunden haben und überdies in der maßgeblichen rechtsgeschäftlichen Abrede zumindest **angedeutet** sein (außerhalb der Zweckabrede liegende Umstände reichen allein nicht aus: RG JW 38, 1025, 1028; MüKo/*Schwab* § 820 Rz 6; AnwK/*Linke* § 820 Rz 7). Ergibt die deshalb regelmäßig gebotene Auslegung der Zweckabrede bspw, dass der Empfänger die Leistung bis zur Erreichung des verabredeten Zwecks der Zuwendung nicht als eigene nutzen, sondern wie eine fremde Sache behandeln sollte, so wird darin zumeist ein starkes Indiz für eine beiderseitige Ungewissheit iSd § 820 I 1 zu sehen sein (ebenso: *Larenz/Canaris* Schuldrecht II/2, § 73 II 1 c, 310 f; BaRoth/*Wendehorst* § 820 Rz 5).

3 **II. Wegfall des rechtlichen Grundes – § 820 I 2.** Die obigen Grundsätze gelten entspr für die von § 820 I 2 umfassten Fälle der **condictio ob causam finitam**. Allerdings kommt es hier darauf an, dass die Parteien mit dem Wegfall des vertraglich festgelegten Rechtsgrundes rechnen, indem sie bspw übereinstimmend den Eintritt einer vereinbarten **auflösenden Bedingung** in Betracht ziehen und ihre vertraglichen Beziehungen dementsprechend einrichten (iE ebenso: MüKo/*Schwab* § 820 Rz 8; AnwK/*Linke* § 820 Rz 9). Nach weit verbreiteter Auffassung soll § 820 I 2 auf Leistungen unter **Vorbehalt** (dazu § 814 Rn 6) entspr Anwendung finden (Staud/*Lorenz* § 820 Rz 5; AnwK/*Linke* § 820 Rz 9; zur Anwendbarkeit des § 812 I 1 in diesen Fällen: BGH NJW 06, 286, 287 f), und zwar selbst bei einseitig erklärtem Vorbehalt, wenn der Leistungsempfänger nicht widerspricht (BGH WM 88, 1494, 1496; München WM 93, 413; MüKo/*Lieb* § 820 Rz 6). Mit ähnlichen Erwägungen hat das BVerwG (NJW 82, 2042) § 820 auf die Rückforderung von überzahlten Beamtenbezügen angewendet. § 820 betrifft nur die **rechtsgeschäftliche Leistungserbringung**. Daran fehlt es, wenn die Leistung aufgrund eines rechtskräftigen Titels oder einer einstweiligen Anordnung erbracht wird (BGHZ 143, 65; NJW 00, 740 f; 98, 2443).

4 **C. Rechtsfolgen.** Durch § 820 I wird die inhaltlich durch § 818 IV definierte Haftungsverschärfung auf den Zeitpunkt des **Empfangs der Leistung** vorverlagert. Weil der Leistende dem Empfänger im Regelungsbereich des § 820 I den Leistungsgegenstand trotz gemeinsamer Ungewissheit über den Fortbestand des rechtlichen Grundes freiwillig überlassen hat, wird dieser bis zur Geltendmachung des Bereicherungsanspruchs mangels Verschulden kaum je der verschärften Haftung aus **Verzugsgesichtspunkten** unterliegen und deshalb insb nicht gem § 287 2 für **Zufallsschäden** einzustehen haben (ebenso: Palandt/*Sprau* § 820 Rz 6; AnwK/*Linke* § 820 Rz 12). Nach – allerdings mit guten Gründen bestrittener (Staud/*Lorenz* § 820 Rz 8; § 818 Rn 16) – Auffassung des BVerwG (MDR 61, 535) soll der Bereicherungsschuldner sich trotz seiner gem § 820 I verschärften Haftung auf den **Wegfall der Bereicherung** berufen dürfen.

5 § 820 II mildert die verschärfte Haftung für Nebenleistungen wieder ab. So kann der Bereicherungsgläubiger abw von § 291 **Zinsen** erst ab dem Zeitpunkt beanspruchen, in dem der Empfänger positive Kenntnis davon hat, dass der bezweckte Erfolg endgültig verfehlt bzw der Rechtsgrund weggefallen ist (vgl BGH NJW 75, 1510 f). Für **Nutzungen** haftet der Bereicherungsschuldner abw von den Anordnungen der §§ 818 IV, 292, 987 I, II nach den sich aus § 818 I–III ergebenden Maßstäben. Er muss also nur die tatsächlich gezogenen Nutzungen herausgeben, nicht gezogenen Nutzungen hingegen selbst dann nicht, wenn er sie hätte ziehen können (Erman/*Westermann* § 820 Rz 7; MüKo/*Schwab* § 820 Rz 15).

D. Beweislast. Für die Verteilung der Beweislast ergeben sich keine Besonderheiten. Der **Bereicherungsgläubiger** muss also alle Tatsachen darlegen und beweisen, aus denen sich die subjektiven und objektiven Voraussetzungen einer Haftungsverschärfung nach § 820 ergeben sollen. 6

§ 821 Einrede der Bereicherung. Wer ohne rechtlichen Grund eine Verbindlichkeit eingeht, kann die Erfüllung auch dann verweigern, wenn der Anspruch auf Befreiung von der Verbindlichkeit verjährt ist.

A. Normzweck und Anwendungsbereich. § 821 schützt denjenigen, der rechtsgrundlos eine abstrakte Verbindlichkeit iSd § 812 II eingegangen ist und sich nach dem Eintritt der Verjährung seines auf Befreiung von dieser Verbindlichkeit gerichteten Kondiktionsanspruchs (hierzu Rn 52 f) nun der Inanspruchnahme des Gläubigers (Bereicherungsschuldners) aus dieser Verbindlichkeit ggüsieht. Dann soll der Schuldner (Bereicherungsgläubiger) die Erfüllung trotz der Verjährung seines Bereicherungsanspruchs durch die Geltendmachung der **Einrede** aus § 821 verweigern dürfen. Praktische Relevanz erlangt diese Einredemöglichkeit, wenn für die abstrakte Verpflichtung – insb kraft Vereinbarung (§ 202) – eine **längere Verjährungsfrist** gilt als die für den Kondiktionsanspruch maßgebliche Regelfrist von drei, höchstens zehn Jahren (§§ 195, 199 IV), des Weiteren, wenn die Verjährung des Anspruch aus der abstrakten Verbindlichkeit **gehemmt oder unterbrochen** war. Und schließlich kann der Bereicherungsgläubiger mit Hilfe des § 821 verhindern, **Sicherheiten** (Pfandrechte, Hypotheken; wohl auch Grundschulden – Köln OLGZ 69, 419) bedienen zu müssen, auf welche der Gläubiger gem § 216 I trotz der Verjährung seines Anspruchs aus der abstrakten Verpflichtung zurückgreifen kann (zum Ganzen: Staud/*Lorenz* § 821 Rz 7; AnwK/*v Sachsen Gessaphe* § 815 Rz 6). 1

Der BGH entnimmt § 821 in mittlerweile gefestigter Rspr über den in ihrem Wortlaut angelegten Regelungsgehalt der Vorschrift hinaus den **allg Bereicherungseinwand**, dass der Bereicherungsgläubiger unabhängig vom Verjährungseintritt jede Leistung verweigern darf, die er nach bereicherungsrechtlichen Grundsätzen sogleich wieder zurückverlangen könnte (BGH NJW 95, 1484; 91, 2140 f). Das betrifft va die Fälle, in denen es um die Abwehr von Ansprüchen aus rechtsgrundlos hingegebenen abstrakten Schuldversprechen im Wechsel- und Scheckverkehr geht (iE Staud/*Lorenz* § 821 Rz 4 ff, mwN). Ein praktisches Bedürfnis für dieses extensive Normverständnis besteht indes nicht, weil sich ein entspr Leistungsverweigerungsrecht in aller Regel bereits aus **§ 242** nach dem Grundsatz **dolo agit, qui petit, quod statim redditurus est** ergibt (abl deshalb: *Wilhelm* JZ 95, 573, 574; Staud/*Lorenz* § 821 Rz 3 f, mwN; AnwK/*v Sachsen Gessaphe* § 815 Rz 6; differenzierend: MüKo/*Lieb* § 821 Rz 3 f mwN). Gleichwohl wird man der Rspr in der Praxis ohne erkennbar negative Auswirkungen auf materiell-rechtlich konsistente Lösungen folgen können (ebenso: BaRoth/*Wendehorst* § 821 Rz 3). 2

B. Einrede. § 821 begründet eine **echte dauerhafte Einrede**, die nicht vAw berücksichtigt wird, sondern vom Schuldner geltend gemacht werden muss (allgM: BGH WM 92, 1522, 1523; Staud/*Lorenz* § 821 Rz 8; Erman/*Westermann* § 821 Rz 2; MüKo/*Schwab* § 821 Rz 9). Sie kann gem § 404 dem Zessionar, iÜ auch sonstigen Rechtsnachfolgern des Gläubigers (Erman/*Westermann* § 821 Rz 2), insb dem Sequester und dem Insolvenzverwalter (BGH NJW 95, 1484) entgegengehalten werden. Auf Seiten des Bereicherungsgläubigers kommt § 821 all denjenigen zugute, die sich nach allg Vorschriften auf dessen Einreden im Verhältnis zum Gläubiger berufen dürfen (Erman/*Westermann* § 821 Rz 2; MüKo/*Schwab* § 821 Rz 7), bspw also dem Schuldübernehmer (§ 417), dem Bürgen (§ 768), dem Hypothekenschuldner (§ 1137) und dem Drittverpfänder (§ 1211). Die Einrede besteht nicht, soweit dem Bereicherungsgläubiger der Entreicherungseinwand aus § 818 III zusteht (AnwK/*Linke* § 821 Rz 6; Erman/*Westermann* § 821 Rz 2). 3

§ 822 Herausgabepflicht Dritter. Wendet der Empfänger das Erlangte unentgeltlich einem Dritten zu, so ist, soweit infolgedessen die Verpflichtung des Empfängers zur Herausgabe der Bereicherung ausgeschlossen ist, der Dritte zur Herausgabe verpflichtet, wie wenn er die Zuwendung von dem Gläubiger ohne rechtlichen Grund erhalten hätte.

A. Normzweck und Anwendungsbereich. § 822 ermöglicht dem Bereicherungsschuldner den bereicherungsrechtlichen **Durchgriff** gegen einen Dritten, der den Bereicherungsgegenstand **unentgeltlich** vom ursprünglichen Bereicherungsschuldner erlangt hat. Dogmatische Grundlage hierfür ist eine grds **Wertungsentscheidung** des Gesetzgebers: Das Behaltensinteresse des unentgeltlichen Empfängers muss hinter das **Restitutionsinteresse** des Berechtigten zurücktreten, wenn dieser andernfalls leer ausginge. So ist es gem § 816 I 2, wenn der Nichtberechtigte wirksam unentgeltlich über einen dem Bereicherungsgläubiger gebührenden Gegenstand verfügt hat, weil der Bereicherungsgläubiger dann beim nichtberechtigt Verfügenden idR keinen gem §§ 816 I 1, 818 II kondizierbaren (Gegen-) Wert (nach der Rspr des BGH handelt es sich bei der Gegenleistung aus einem Austauschgeschäft nicht um ein Surrogat iSd § 818 I – BGHZ 112, 288, 294 f) vorfindet und er sich dieshalb an den unentgeltlichen Empfänger halten muss (iE hierzu: § 816 Rn 12 ff). § 822 hat demgegenüber den Fall im Auge, dass der Bereicherungsgläubiger mit seinem (bestehenden!) Kondiktionsanspruch gegen den idR dinglich berechtigten Verfügenden ausfällt, wenn dieser nicht der verschärften 1

Haftung gem § 818 IV, 819 f unterliegt und er sich nach der Weitergabe des Bereicherungsgegenstandes gem § 818 III auf den Wegfall der Bereicherung berufen kann. Darin zeigt sich ein grundlegender Unterschied zwischen den beiden Vorschriften: Während bei § 816 I 2 der mit der Verfügung des Nichtberechtigten einhergehende Rechtsverlust des Bereicherungsgläubigers unmittelbar zum kondizierbaren Erwerb des unentgeltlichen Empfängers führt, setzt § 822 unter Umgehung des **Unmittelbarkeitsgrundsatzes** (hierzu § 812 Rn 63) einen bereits bestehenden Kondiktionsanspruch gegen den (berechtigt) Verfügenden voraus (hierzu sogleich Rn 2). Der Bereicherungsdurchgriff gegen den Dritten ist also **subsidiär**, was entgegen anderer Auffassung (*Knütel* NJW 89, 2504 f; BaRoth/*Wendehorst* § 822 Rz 1) allerdings nichts daran ändert, dass es sich bei § 822 nicht nur um eine Regelung betreffend die Rechtsfolgen der Bereicherung, sondern zumindest formal um eine **eigenständige Anspruchsgrundlage** handelt (ebenso: AnwK/*Linke* § 822 Rz 2; aA gesetzliche Schuldübernahme: MüKo/*Schwab* § 822 Rz 7 mwN; ausf zum Meinungsstand: Staud/*Lorenz* § 822 Rz 2).

2 **B. Tatbestand. I. Bereicherungsanspruch gegen den Verfügenden.** Die Durchgriffshaftung aus § 822 setzt einen bestehenden, allerdings wegen § 818 III faktisch nicht durchsetzbaren **Bereicherungsanspruch** des Berechtigten gegen den **verfügenden Ersterwerber** voraus. Als Anspruchsgrundlage kommen alle in §§ 812–817 niedergelegten Kondiktionstatbestände in Betracht (allg M: AnwK/*Linke* § 822 Rz 3; BaRoth/*Wendehorst* § 822 Rz 4; MüKo/*Schwab* § 822 Rz 10), darüber hinaus auch § 822 selbst, wenn der Zweiterwerber den Kondiktionsgegenstand seinerseits einem Vierten unentgeltlich zugewendet hat (Erman/*Westermann* § 822, Rz 2; MüKo/*Schwab* § 822 Rz 10; BaRoth/*Wendehorst* § 822 Rz 4). Für § 816 I 1 ergibt sich insoweit die Besonderheit, dass der unentgeltlich weitergegebene Vermögensgegenstand in dem durch die nichtberechtigte Verfügung erlangten Wertsurrogat besteht; bei § 816 I 2 richtet sich der originäre Kondiktionsanspruch ähnl wie bei § 822 gegen den unentgeltlichen Zweiterwerber, der als Nichtberechtigter – wiederum unentgeltlich – zugunsten eines Vierten verfügt hat. Geht man mit der hier vertretenen Auffassung davon aus, dass es sich bei § 822 um eine eigenständige Anspruchsgrundlage handelt (Rn 1 aE), so findet die Vorschrift wegen der in ihr manifestierten grds Wertungsentscheidung des Gesetzgebers gleichwohl entspr **Anwendung** auf nicht realisierbare Ansprüche aufgrund von **Rechtsfolgenverweisungen** auf das Bereicherungsrecht (dazu § 812 Rn 17), wie sie bspw in § 528 für den Herausgabeanspruch des bedürftigen Schenkers enthalten ist (BGH NJW 04, 1314; 00, 134, 136; BGHZ 106, 354, 357 f; AnwK/*Linke* § 822 Rz 8; Staud/*Lorenz* § 822 Rz 5; folgerichtig für unmittelbare Anwendbarkeit, weil es sich bei § 822 strukturell um eine Rechtsfolgenregelung handele: BaRoth/*Wendehorst* § 822 Rz 3). Praktisch besonders bedeutsam wird der Rechtsgrundsatz des § 822 in den sog **Anweisungsfällen**, wenn bei unwirksamem Deckungsverhältnis eine unentgeltlich Zuwendung im Valutaverhältnis erfolgt ist (hierzu iE § 812 Rn 83 ff).

3 **II. Unentgeltliche Zuwendung an einen Dritten.** Der Dritte muss den Kondiktionsgegenstand durch eine **unentgeltliche rechtsgeschäftliche Zuwendung** des primären Bereicherungsschuldners erlangt haben (statt aller: Staud/*Lorenz* § 822 Rz 7 f). In Betracht kommen insb **Schenkungen, letztwillige Verfügungen** an den Nichterben (Vermächtnisse) oder **unbenannte Zuwendungen** unter Ehegatten (vgl: BGH NJW-RR 01, 6, 7; NJW 00, 134, 137; AnwK/*Linke* § 822 Rz 4 mwN). **Rechtsgrundlosigkeit** steht der Unentgeltlichkeit ebensowenig gleich wie im Falle des § 816 I 2 (AnwK/*Linke* § 822 Rz 4, s. iE § 816 Rn 16). Bei **gemischten Schenkungen** ist der Herausgabeanspruch aus § 822 idR auf Wertersatz für den unentgeltlichen Teil der Zuwendung beschränkt; iÜ haftet der primäre Bereicherungsschuldner nach allg Grundsätzen (MüKo/*Schwab* § 822 Rz 11; BaRoth/*Wendehorst* § 822 Rz 7; AnwK/*Linke* § 822 Rz 4).

4 Der Empfänger muss das durch die unentgeltliche Zuwendung **Erlangte** herausgeben. Das können der dem Ersterwerber zugewendete **Gegenstand** selbst, aber auch die aus seiner Verwertung resultierenden **Surrogate** oder anderweitigen **Nutzungsvorteile** (§ 818 I), des Weiteren sein **Wert** sein (§ 818 II), soweit der Ersterwerber (nur) diese vermögenswerten Vorteile an den Empfänger weitergegeben hat. Und auch auf der zweiten Ebene des zweigliedrigen Erwerbsvorgangs greift § 818. Deshalb muss der Empfänger nur die ihm anstelle des ursprünglich zugewendeten Kondiktionsgegenstandes noch verbliebenen Surrogate und Nutzungen herausgeben bzw nur in dem Umfang Wertersatz leisten, in dem er vorbehaltlich seiner verschärften Haftung aus §§ 818 IV, 819, 820 noch bereichert ist (zum Ganzen: BGH NJW 04, 1314; 99, 1026 f; MüKo/*Lieb* § 822 Rz 7; AnwK/*Linke* § 822 Rz 5, 9; Erman/*Westermann* § 822 Rz 3; *Reuter/Martinek* 369; Staud/*Lorenz* § 822 Rz 6, 12). Weil der Bereicherungsgläubiger aus der unentgeltlichen Weitergabe des Kondiktionsgegenstandes iE keinen Vorteil ziehen soll, ist die Haftung des Empfängers darüber hinaus wertmäßig auf das beschränkt, was der Bereicherungsgläubiger vom Ersterwerber hätte kondizieren können (für eine tatbestandsmäßige Beschränkung des Anspruchs aus § 822 auf den Kondiktionsanspruch gegen den Ersterwerber: BGH NJW 04, 1314 f; BaRoth/*Wendehorst* § 822 Rz 11; mit gleichem Ergebnis, aber anknüpfend an den Gegenstand der unentgeltlichen Zuwendung: AnwK/*Linke* § 822 Rz 9).

5 **III. Infolgedessen kein Bereicherungsanspruch gegen Ersterwerber.** § 822 gestattet dem Bereicherungsgläubiger den *Durchgriff* auf den Dritten nur dann, wenn die Realisierung des dem Grunde nach bestehenden Bereicherungsanspruchs gegen den Ersterwerber gerade daran scheitert, dass dieser durch die unentgeltliche Weitergabe des Kondiktionsgegenstandes **entreichert** ist – § 818 III (BGH NJW 03, 1445; 69, 605). Daran fehlt es, soweit seine Entreicherung, die auch aus zu saldierenden Aufwendungen auf den Bereiche-

rungsgegenstand resultieren kann (§ 818 III, s. dort Rn 24), im maßgeblichen **Zeitpunkt der unentgeltlichen Zuwendung** an den Dritten bereits eingetreten war oder dem Bereicherungsgläubiger wegen einer nach §§ 818 IV, 819, § 820 verschärften Haftung schon vor der Zuwendung nicht mit Erfolg hätte entgegengehalten werden können (MüKo/*Schwab* § 822 Rz 16; AnwK/*Linke* § 822 Rz 6; Erman/*Westermann* § 822 Rz 5; Staud/ *Lorenz* § 822 Rz 11). Nach hM muss der Bereicherungsanspruch gegen den Ersterwerber gerade aus diesen **rechtlichen Gründen** ausgeschlossen sein. Das wird in der Lit zuweilen mit dem Hinweis als unbefriedigend empfunden, dass der Dritte beim Erwerb vom Bösgläubigen dann uU ohne sachlichen Grund besser stehe als beim Erwerb vom Gutgläubigen. Deshalb soll der Konditionsdurchgriff analog § 822 zumindest auch dann zulässig sein, wenn der Bereicherungsgläubiger den Ersterwerber **faktisch** nicht in Anspruch nehmen kann, etwa weil dieser **insolvent** geworden ist (*Larenz/Canaris*, Schuldrecht BT II/2, § 69 IV 1a; *Medicus* Schuldrecht BT, Rz 691; *Knütel* NJW 89, 2508). Das ist indes mit dem ausdrücklich an den **Ausschluss** der bereicherungsrechtlichen Haftung des Ersterwerbers anknüpfenden Wortlaut des § 822 kaum in Einklang zu bringen, zumal der Bereicherungsgläubiger nach dem Normzweck der Vorschrift nicht unter Umgehung der hierfür zu Gebote stehenden Möglichkeiten des Insolvenz- und Anfechtungsrechts (§§ 129 ff InsO, 1 ff AnfG) vor den allg monetären Risiken der Hingabe eines Vermögensgegenstandes geschützt werden soll (vgl: BGH NJW 99, 1026, 1028; 69, 605; ebenso: MüKo/*Schwab* § 822 Rz 17 AnwK/*Linke* § 822 Rz 7 mwN; BaRoth/*Wendehorst* § 822 Rz 10; *Kornblum* JuS 70, 437, 441 f).

C. Allgemeines. I. Verjährung. Wenn man mit der hier vertretenen Auffassung davon ausgeht, dass § 822 einen eigenständigen Bereicherungsanspruch gegen den unentgeltlichen Empfänger begründet (s.o. Rn 1 aE), so verjährt dieser notwendig selbständig in der **regelmäßigen Verjährungsfrist** von drei Jahren, beginnend mit der **Zuwendung an den Dritten** – §§ 195, 199 (AnwK/*Linke* § 822 Rz 10 mwN; aA – nur Rechtsfolgenerstreckung unter Anrechnung der Verjährung des Primäranspruchs gegen den Ersterwerber: *Reuter/Martinek* 366; Erman/*Westermann* § 822 Rz 7; *Knütel* aaO; ausf zum Problem: Staud/*Lorenz* § 822 Rz 2, 14). 6

II. Beweislast. Der Bereicherungsgläubiger muss nach allg Grundsätzen die tatbestandlichen Voraussetzungen des § 822 darlegen und beweisen, also auch, dass der ursprünglich gegen den Ersterwerber gegebene Kondiktionsanspruch durch die unentgeltliche Weitergabe des Kondiktionsgegenstandes entfallen ist. Demgegenüber obliegt dem Dritten ebenfalls nach allg Grundsätzen die Beweislast für solche tatsächlichen Umstände, aus denen sich der in seiner Sphäre eingetretene **Wegfall der Bereicherung** ergeben soll (BaRoth/*Wendehorst* § 812 Rz 13; AnwK/*Linke* § 822 Rz 11). 7

Titel 27 Unerlaubte Handlungen

Vorbemerkungen vor §§ 823 ff

A. Grundlagen. I. Recht der unerlaubten Handlungen. §§ 823 ff regeln die Haftung für rechtswidriges (und häufig – aber nicht notwendig – schuldhaftes, Soergel/*Spickhoff* Vor § 823 Rz 1) Verhalten. Die Rechtswidrigkeit ergibt sich – im Unterschied zur Pflichtverletzung iRe Sonderbeziehung – aus einem Verstoß gegen allgemeine Rechtsnormen. §§ 823 ff enthalten drei Grundtatbestände (§§ 823 I, 823 II, 826) sowie etliche Spezialtatbestände und ergänzende Regelungen. Ausgangspunkt ist eine verschuldensabhängige Haftung, die jedoch teilweise modifiziert wird. Die Grundtatbestände wurden durch die Rspr weiterentwickelt und ausgebaut. Sie stehen neben spezialgesetzlichen Haftungstatbeständen und werden durch andere Ausgleichssysteme, insb durch kollektive Systeme des Schadensausgleichs, partiell überlagert (s.u. Rn 13 f). Auch der Einfluss europäischen Rechts auf das deutsche Deliktsrecht nimmt zu (s.u. Rn 27 f). 1

II. Funktionen des Deliktsrechts. Grundfunktion des Deliktsrechts – wie des Privatrechts überhaupt – ist der Ausgleich widerstreitender Interessen, hier der Handlungsfreiheit des Schädigers und des Integritätsschutzes des Geschädigten. Er wird jedoch – ebenso wie die im Folgenden spezifizierten Funktionen – durch kollektive Systeme des Schadensausgleichs überlagert. 2

Als wichtigste Funktion wird idR die **Ausgleichsfunktion** angesehen. Sie stellt vorrangig auf die Geschädigtenperspektive ab und ist kennzeichnend für die Ausgangsposition des gesamten Deliktsrechts. Praktische Bedeutung bei der Auslegung der §§ 823 ff hat sie va für den Haftungsumfang (s. insb BaRoth/*Spindler* Vor § 823 Rz 6). Für die Haftungsbegründung ist eine Ergänzung durch normative Elemente (wie insb das Verschuldensprinzip) erforderlich, denn die Ausgleichsfunktion setzt bereits das Bestehen eines Haftungssystems voraus. Sie wird teilw eingeschränkt durch Versicherungen sowie Systeme sozialer Sicherung. Manche mitunter zusätzlich genannten Funktionen, insb Befriedungsfunktion und Rechtsverfolgungsfunktion (zB *Deutsch* FS Medicus 09 55, 62), können als besondere Ausprägungen der Ausgleichsfunktion betrachtet werden. 3

In zweiter Linie ist die **Präventionsfunktion** zu nennen: Das Bestreben, eine Ersatzpflicht zu vermeiden, soll zu möglichst sorgfältigem Verhalten führen; diese Funktion ist daher va für die Haftungsbegründung von Bedeutung. Bei fahrlässigem Handeln bzw Unterlassen kommt sie jedoch allenfalls mit Einschränkungen zum 4

Zuge und wird ebenfalls durch Versicherungen und kollektive Systeme des Schadensausgleichs eingeschränkt (allerdings lassen sich auch versicherungsrechtliche Anreize zur Prävention setzen, zB durch Prämienabstufungen oder die Regressmöglichkeit des Versicherers bei grober Fahrlässigkeit des Versicherungsnehmers).

5 **Fraglich** und umstr ist, ob dem Deliktsrecht auch **Straffunktion** zukommt. Wenngleich eine Bestrafung des Schädigers ursprünglich keine Funktion des zivilen Haftungsrechts war, lassen sich heute teilweise Sanktionselemente ausmachen, zB bei der Genugtuungsfunktion des Schmerzensgelds oder beim Schadensersatz wegen Verletzung von Persönlichkeits- oder Immaterialgüterrechten (zum „GEMA-Verletzerzuschlag" insb BGHZ 17, 376, 383; 95, 285, 288 ff; GRUR 90, 353, 355 mwN; weiterhin Ddorf NJW-RR 99, 194, 195 f; GRUR-RR 06, 393, 394: Verdoppelung des Schadensersatzes als „Vertragsstrafe" bei unbefugter Verwertung von Fotografien ohne Angabe der Bildquelle). Die Grenze zur Prävention ist schwer zu bestimmen, da Prävention – neben Vergeltung – auch eine Funktion von Strafe sein kann. Fraglich ist, ob die Straffunktion bei der Umsetzung europäischer Richtlinien, die häufig verlangen, dass Sanktionen „wirksam, verhältnismäßig und abschreckend" sein müssen, an Bedeutung gewinnt (s. nur Art 15 2 RL 2000/43/EG, ABl EG 00, L 180/22; Art 17 2 RL 2000/78/EG, ABl EG 00, L 303/16; Art 8d II 1 RL 2002/73/EG, ABl EG 02, L 269/15; Art 3 II RL 2004/48/EG, ABl EU 04, L 157/45; Art 13 2 RL 2005/29/EG, ABl EU 05, L 149/22). Da die Richtlinien aber nicht ausschließlich auf zivilrechtliche Sanktionen abstellen, erfordern sie nicht die Einführung einer – im deutschen Zivilrecht noch immer als systemwidrig anzusehenden – Straffunktion in das Deliktsrecht.

6 **B. System der §§ 823 ff. I. Grundkonzeption und Regelungstechnik.** Das Spektrum denkbarer Regelungstechniken im Haftungsrecht reicht von der Fallgruppenbildung (wie etwa ursprünglich im englischen Recht) bis zur umfassenden Generalklausel (wie etwa im französischen Recht). In §§ 823 ff wurde ein Mittelweg gewählt, indem 3 **„kleine" (eingeschränkte) Generalklauseln** sowie **Sondertatbestände** für einzelne Regelungsbereiche geschaffen wurden. Die erste, praktisch wichtigste Generalklausel in § 823 I betrifft die Verletzung bestimmter, grundlegender Rechtsgüter, die auch fahrlässig erfolgen kann. Nach § 823 II verpflichtet der Verstoß gegen bestimmte Schutzgesetze nach den für diese Vorschriften geltenden Regeln zum Schadensersatz. Diese Generalklausel ist für die Entwicklung neuer Schutzgesetze offen und somit besonders flexibel. § 826 schließlich regelt den Schadensersatz bei vorsätzlicher sittenwidriger Schädigung, enthält also eine rechts- und sozialethische Komponente. Innerhalb der Generalklauseln besteht eine Tendenz zur **Fallgruppenbildung**, insb bei § 823 I iRd Schutzes „sonstiger Rechte" und bei der Verletzung von Verkehrspflichten, sowie bei § 826.

7 Daneben sind weitere **Fortentwicklungen** des Deliktsrechts **durch die Rspr** zu verzeichnen, insb eine Erweiterung des Anwendungsbereichs der §§ 823 ff (va durch die Rspr zum Allgemeinen Persönlichkeitsrecht und zum Recht am Unternehmen, § 823 Rn 82 ff, sowie durch die inhaltliche Ausweitung der Verkehrspflichten, § 823 Rn 107 ff) und beweisrechtliche Modifikationen. Alle diese Weiterentwicklungen laufen letztlich auf eine **Haftungsausweitung** hinaus, die va durch den Ausbau des Versicherungsschutzes möglich wurde. Festzuhalten bleibt die **große Bedeutung des Richterrechts** im Deliktsrecht.

8 **Grenzen der Rechtsfortbildung**, die der Vorhersehbarkeit der Haftung und damit der Rechtssicherheit für (potentielle) Schädiger dienen, stellen insb die enumerative Aufzählung der geschützten Rechtsgüter in § 823 I sowie die erhöhten subjektiven Voraussetzungen der §§ 823 II, 826 dar. Va besteht kein allg Schutz bei fahrlässig verursachten reinen Vermögensschäden (zu Streitfragen insb Staud/*J Hager* Vorbem zu §§ 823 ff Rz 20 ff).

9 **II. Formen der Deliktshaftung.** Überwiegend werden die unterschiedlichen Haftungsformen in mehrere Haftungs-„Spuren" aufgeteilt (grundl *Esser* JZ 53, 129 ff; für die Zusammenführung in einem einzigen System hingegen *Jansen* 545 ff, dagegen wiederum *Canaris* VersR 05, 577, 578 ff). Heute lassen sich mehr als die ursprünglichen zwei Spuren (Verschuldens- und Gefährdungshaftung) ausmachen.

10 **1. Verschuldenshaftung.** §§ 823 ff beruhen auf dem **Verschuldensprinzip** und damit auf der individuellen Verantwortung (in Form von Vorsatz oder Fahrlässigkeit, § 276) des Schädigers (Ausn: §§ 829, 833 1). Das Grundmodell der Verschuldenshaftung wird teilweise modifiziert durch Beweiserleichterungen oder Beweislastumkehr (Haftung für vermutetes Verschulden, zB in §§ 831 f oder bei der Produkt- und Arzthaftung).

11 **2. Gefährdungshaftung.** Die verschuldensunabhängige **Gefährdungshaftung** beruht nicht auf der individuellen Verantwortung des Schädigers, sondern auf der Verwirklichung einer Gefahr, die im Einflussbereich des Ersatzpflichtigen zu lokalisieren ist (zB durch Eigentum oder Betreiben einer gefährlichen Sache). Grund der Risikozuweisung ist die **Beherrschung einer Gefahrenquelle**; die Haftung ist das Korrelat zur Ausweitung der Handlungsmöglichkeiten (Soergel/*Spickhoff* Vor § 823 Rz 45). Eine Gefährdungshaftung kommt nur für „besondere Gefahren", die sich auch bei Anwendung größter Sorgfalt nicht vollständig vermeiden lassen, in Betracht (die Abgrenzung kann im Einzelfall problematisch sein). Daher gibt es keine allgemeine Regelung *der Gefährdungshaftung*, sondern es existieren nur einzelne (idR nicht analogiefähige – zu Nachw und evtl Ausn insb Staud/*J Hager* Vorbem zu §§ 823 ff Rz 29) Haftungstatbestände, überwiegend in Sondergesetzen. Häufige Charakteristika der Gefährdungshaftung sind Haftungshöchstbeträge sowie eine Versicherungsmöglichkeit oder -pflicht; eine konsensfähige Verallgemeinerung ist allerdings bislang nicht geglückt. Wichtige

Gefährdungshaftungstatbestände: §§ 833 1 BGB, 1 ff HpflG, 7 StVG, 33 LuftVG, 84 AMG, 25 f AtG, 114 ff BBergG, 32 GenTG, 1 UmweltHG; str ist der Gefährdungshaftungscharakter bei §§ 22 WHG, 1 ProdHaftG, 7 f BDSG, 302 IV 3, 600 II, 717 II, 945 ZPO.

3. Aufopferungshaftung. Neben Verschuldens- und Gefährdungshaftung steht die Aufopferungshaftung als Einstandspflicht desjenigen, zu dessen Gunsten eine **Aufopferung** erfolgt ist. Hierunter wird ein rechtmäßiger Eingriff in ein Recht verstanden, den der Rechtsinhaber mit Blick auf überwiegende Interessen eines anderen ausnahmsweise zu dulden hat. Anknüpfungspunkt der Haftung ist nicht ein Verhalten des Begünstigten, sondern sein Vorteil (s. nur *Canaris* VersR 05, 577, 580). Bsp: §§ 904 2, 906 II 2 (unmittelbar sowie analog als nachbarrechtlicher Ausgleichsanspruch, § 906 Rn 41 ff), § 14 BImSchG.

4. Versicherungen und kollektive Systeme des Schadensausgleichs. Versicherungen und kollektive Systeme des Schadensausgleichs (insb soziale Sicherungssysteme) werden mitunter als zusätzliche Spur des Haftungsrechts betrachtet (s. insb *Marschall v Bieberstein* VersR 68, 509 ff); va bei Unfallschäden ist häufig sogar von „Haftungsersetzung durch Versicherungsschutz" die Rede (s. nur *Fleming/Hellner/v Hippel*). Eine **vollständige Ersetzung der Haftung durch Versicherungs- oder Versorgungsleistungen** ist im deutschen Recht die **Ausnahme**. Wichtigstes Bsp ist die gesetzliche Unfallversicherung bei Arbeitsunfällen nach §§ 104 ff SGB VII, aber selbst hier kann der Versicherungsträger ggf beim Unternehmer oder Dritten Regress nehmen, §§ 110 SGB VII, 116 SGB X. Ähnliche Regelungen finden sich in §§ 46 BeamtVG, 91a SVG, 81 ff BVG. Dieser Ansatz ist va dann problematisch, wenn der Umfang des Versicherungsschutzes hinter demjenigen der Deliktshaftung zurückbleibt. Häufiger ist die Situation, in der ein **Deliktsanspruch neben der Versicherungs- oder Versorgungsleistung bestehen bleibt**, aber idR auf denjenigen übergeht, der die Leistung an den Geschädigten erbracht hat, wie zB nach §§ 116 SGB X, 86 VVG, 6 EFZG, 76 BBG. Dieses Modell hat va Bedeutung bei Personenschäden, für die ein weit reichender Versicherungsschutz besteht. Es führt dazu, dass die Schadensabwicklung in der Praxis häufig zwischen Versicherungen erfolgt. Dabei spielen Schadensteilungs- und Regressverzichtsabkommen eine wichtige Rolle (dazu insb AnwK/*Katzenmeier* Vor §§ 823 ff Rz 47 ff). Sie führen letztlich zu einer „Kollektivierung" der versicherten Schäden; das wird insb bei Verkehrsunfällen deutlich. Ausgangspunkt für die Beurteilung des **Verhältnisses zwischen Haftungsrecht und Versicherungsschutz** ist das Trennungsprinzip, wonach Voraussetzungen und Umfang der Haftung unabhängig vom Bestehen eines Versicherungsschutzes sind. Neben der praktisch wichtigen Ausn iRv § 829 (§ 829 Rn 6) lässt sich eine Tendenz zur stärkeren Berücksichtigung des Versicherungsschutzes bei der Haftungsbegründung erkennen (AnwK/*Katzenmeier* Vor §§ 823 ff Rz 38 mN, jetzt auch BGH NJW 08, 1591 Rz 10 ff aE, s.u. § 823 Rn 163; *Armbrüster* NJW 09, 187 ff). Zurückhaltung ist insb bei Ansprüchen auf Ersatz immaterieller Schäden geboten (s. auch *Armbrüster* NJW 09, 187, 188 f), zumal diese idR nicht vom Versicherungsschutz erfasst werden. Eine stärkere Wechselwirkung ergibt sich bei der Normsetzung: Die Statuierung einer neuen Gefährdungshaftung ist häufig mit der Einführung einer entsprechenden Haftpflichtversicherung verbunden.

III. Haftungsfolgen und -beschränkungen. 1. Haftungsfolgen. Ansprüche aus unerlaubter Handlung richten sich idR auf Schadensersatz, also auf **nachträglichen Schadensausgleich**. Sein Umfang ergibt sich aus §§ 249 ff, ggf iVm §§ 842 ff, evtl begrenzt durch den Schutzzweck der jeweiligen Haftungsnorm. Ausnahmsweise kommen ergänzend **quasinegatorische Unterlassungs- oder Beseitigungsansprüche** in Betracht (grundl RGZ 48, 114, 118 ff; 60, 6, 7 f; weiterhin etwa BGHZ 122, 1, 2 ff; praktisch wichtig sind insb Ansprüche auf Widerruf unwahrer Tatsachenbehauptungen). Der Rechtsgedanke der §§ 12, 862, 1004 wird hier auf alle deliktsrechtlich geschützten Rechtsgüter ausgedehnt. Anspruchsvoraussetzungen sind: drohender Eingriff in ein durch Deliktsrecht geschütztes Rechtsgut, Rechtswidrigkeit (nicht aber Verschulden) und beim Unterlassungsanspruch Erstbegehungs- oder Wiederholungsgefahr. Letztere wird häufig vermutet, wenn bereits eine Verletzung vorliegt (MüKo/*Baldus* § 1004 Rz 134). Bei drohender Erstbeeinträchtigung sind zur Vermeidung einer „Popularklage" (Erman/*Schiemann* Vor § 823 Rz 21) höhere Anforderungen zu stellen: Es muss eine konkrete und nachhaltige Bedrohung und es darf keine zumutbare Ausweichmöglichkeit für den Betroffenen vorliegen, ggf kann auf die Wertungen der §§ 907 f zurückgegriffen werden. Anspruchsgegner eines quasinegatorischen Unterlassungs- oder Beseitigungsanspruchs ist der (Handlungs- oder Zustands-)Störer.

2. Haftungsbeschränkungen. a) Haftungsausschluss oder -beschränkung durch Parteivereinbarung. Die Haftung kann **vor Begehung einer unerlaubten Handlung** ausgeschlossen oder beschränkt werden, wenn zwischen den Parteien des Deliktsanspruchs bereits vor der schädigenden Handlung eine Sonderbeziehung bestand und sich ein darauf bezogener Haftungsausschluss bzw eine Haftungsbeschränkung auch auf Deliktsansprüche erstreckt (zB BGHZ 67, 359, 366; NJW 79, 2148). Ansonsten kann die Haftung **nach Verwirklichung eines Deliktstatbestands** ausgeschlossen oder beschränkt werden. Grenzen ergeben sich insb aus §§ 276 III, 134, 138, 242, 307, 309 Nr 7 sowie häufig aus Spezialgesetzen, wie zB §§ 8a StVG, 7 HpflG, 14 ProdHaftG, 49c LuftVG, 92 AMG. An konkludente Haftungsausschlüsse oder -beschränkungen sind hohe Anforderungen zu stellen (s. nur Staud/*J Hager* Vorbem zu § 823 Rz 42 ff mwN). Wichtige Bsp sind Gefälligkeitsfahrten sowie die Mitwirkung an Mannschaftskampfsportarten (s.u. § 823 Rn 163 sowie Staud/*J Hager* Vorbem zu § 823 Rz 43, 48 ff); zu Wechselwirkungen mit Versicherungsschutz *Armbrüster* NJW 09, 187 ff mwN.

17 **b) Haftungsbeschränkung auch ohne besondere Vereinbarung?** Fraglich und str ist, ob in bestimmten Situationen die Deliktshaftung auch ohne besondere Vereinbarung beschränkt werden kann. Dies betrifft insb drei Fallgruppen: Bei **gleichzeitig vorliegendem Vertrag** gelten dessen Haftungsausschlüsse und -einschränkungen auch für konkurrierende Deliktsansprüche (zB BGH NJW 72, 475; BGHZ 46, 313, 316; 93, 23, 29; NJW 98, 2282, 2283); dies wird jedoch insb für den Straßenverkehr häufig eingeschränkt (zB BGHZ 46, 313, 317 f; 53, 352, 355 f; NJW 92, 1227, 1228). In Betracht kommende Haftungsausschlüsse bzw -einschränkungen sind insb: §§ 521, 599 (aA Jauernig/*Mansel* § 599 Rz 2; BGH NJW 92, 2474, 2475), 680, 690, 708, 1359, 300 I (Erman/*Schiemann* Vor § 823 Rz 26), weiterhin §§ 434 (unter Beachtung von II), 436, 486, 660 HGB (anders für § 430 HGB: BGHZ 46, 140, 144 ff; zu § 434 HGB Köln VersR 07, 1149, 1150) sowie die Haftung des Arbeitnehmers bei betrieblicher Tätigkeit (s. nur BAG BB 98, 107, 108). Str ist, ob darüber hinaus (etwa in Analogie zu §§ 521, 599, 690) eine Haftungsbeschränkung auf grobe Fahrlässigkeit oder eigenübliche Sorgfalt in Betracht kommt. In der Lit werden **Haftungsbeschränkungen bei Gefälligkeitshandeln** zunehmend befürwortet (zB *Larenz/Canaris* § 83 VI 2a; Erman/*Schiemann* Vor § 823 Rz 28), jedoch nicht für Gefälligkeitsfahrten (hier aber ggf Anwendung des § 254, Erman/*Schiemann* aaO). Die Rspr hat sie bisher weitgehend abgelehnt (zB RGZ 145, 390, 394 ff; BGH NJW 92, 2474, 2475), lässt jedoch eine Ausnahme für Probefahrten mit einem Vorführwagen zu, insb wenn kein Versicherungsschutz bestand (BGH NJW 79, 643, 644; 80, 1681, 1682 f; krit Erman/*Schiemann* aaO). Auch sonst ist häufig entscheidend, ob im konkreten Fall Versicherungsdeckung gegeben ist. Umfassend zum Diskussionsstand Staud/*J Hager* Vorbem zu §§ 823 ff Rz 42 ff. Die Anwendung einer **Haftungsmilderung unter Ehegatten** nach § 1359 wird in der Rspr bei Bestehen allgemeiner Sicherheitsstandards wie etwa im Straßenverkehr (BGHZ 53, 352, 355 f; 61, 101, 104 f; 63, 51, 57 f), aber auch zB für einen Unfall beim Wasserskifahren (BGH NJW 09, 1875 Rz 10 ff) zu Recht abgelehnt.– Schließlich wird beim **Handeln auf eigene Gefahr** (zB Mitnahme im Pkw, Sportausübung) die Möglichkeit von Haftungsbeschränkungen diskutiert (s. nur BGH NJW-RR 06, 672 Rz 11; 813 Rz 10 ff, beide mwN). Abgesehen davon, dass unter diesem Oberbegriff äußerst unterschiedliche Sachverhalte zusammengefasst werden (s. nur die Bsp bei Soergel/*Spickhoff* Vor § 823 Rz 105 ff), lässt sich hier das Ziel einer Haftungsreduzierung auch auf anderen Wegen erreichen, etwa durch Annahme einer rechtfertigenden Einwilligung (erwogen zB in BGHZ 34, 355, 363; abl BGHZ 63, 140, 144; krit auch Soergel/*Spickhoff* Vor § 823 Rz 108; umfassend zur Sportausübung § 823 Rn 163 sowie Staud/*J Hager* Vorbem zu §§ 823 ff Rz 50 ff; Soergel/*Spickhoff* Vor § 823 Rz 108. ff), über das Verbot des venire contra factum proprium (BGHZ 63, 140, 144 f) oder über § 254 (zB BGHZ 34, 355, 363 f; Erman/*Schiemann* Vor § 823 Rz 29).

18 **IV. Ökonomische Funktionen des Haftungsrechts.** Unter dem Blickwinkel der ökonomischen Analyse des Rechts dient das Haftungsrecht der Minimierung von Unfallkosten sowie der Schadensprävention (Assmann/Kirchner/Schanze/*Assmann* 17, 43). Aus dieser Perspektive ergeben sich zwei Gestaltungsmöglichkeiten: Das Haftungsrecht kann **Anreize zur Schadensvermeidung** setzen oder von vornherein das **Schadensrisiko unter den Beteiligten verteilen**. Dem ersten Ziel dient va die Verschuldenshaftung; der Gefährdungshaftung (dazu insb MüKo/*Wagner* Vor § 823 Rz 48 f mwN) oder versicherungsrechtlichen Lösungen kann in geringerem Maße ebenfalls Präventionswirkung zukommen (zB über Prämienabstufungen bei Versicherungen). Sinnvolle Prävention erfolgt durch Zuordnung des Risikos zum „cheapest cost avoider": Die Schadensvermeidungskosten müssen geringer sein als die erwartete Höhe des drohenden Schadens, multipliziert mit der Wahrscheinlichkeit seines Eintritts (sog Learned Hand-Formel, *Schäfer/Ott* 158 f). Dagegen ist Ziel der Risikoverteilung iSe verschuldensunabhängigen Vorsorge für den Schadensausgleich die Risikozuordnung zum „cheapest insurer", bei dem die Kosten einer Absicherung des Risikos am geringsten ausfallen. Eine solche Risikoverteilung kann insb erfolgen durch verschuldensunabhängige Haftung, Versicherungen oder andere Systeme kollektiven Schadensausgleichs. Daran zeigt sich, dass die ökonomische Analyse va für die Rechtsetzung Relevanz hat. Bei der Anwendung der §§ 823 ff spielt sie als Auslegungskriterium, insb bei der Bestimmung des Sorgfaltsmaßstabs, teilweise auch bei der Ermittlung des Umfangs des Schadensersatzes eine Rolle.

19 **C. Standort des Rechts der unerlaubten Handlungen. I. Verfassungsrechtliche Vorgaben.** Die Schadensersatzhaftung bedarf der Begründung, weil sie die allg Handlungsfreiheit nach Art 2 I GG berührt. Andererseits kann durch eine unerlaubte Handlung in Grundrechte des Geschädigten (zB das Recht auf körperliche Unversehrtheit, Art 2 II GG, oder das Eigentum, Art 14 GG) eingegriffen werden. Auch wenn die Einzelheiten der Bindungswirkung der Grundrechte im Privatrecht str sind (dazu insb Staud/*J Hager* Vorbem zu §§ 823 ff Rz 68 ff), lässt sich festhalten, dass die Haftungsregeln eine Balance zwischen den Grundrechten von Schädiger und Geschädigtem zu wahren haben, was bei §§ 823 ff grds der Fall ist. Daher sind die Grundrechte insb bei der Auslegung im Einzelfall zu berücksichtigen (s.a. BaRoth/*Spindler* Vor § 823 Rz 10).

20 **II. Verhältnis zum Strafrecht.** Wegen der gemeinsamen Ursprünge von zivilem Deliktsrecht und Strafrecht (s. nur MüKo/*Wagner* Vor § 823 Rz 2) ist die Differenzierung zwischen beiden mitunter problematisch (s.o. Rn 5). Praktisch kommt eine Verbindung iRd Adhäsionsverfahrens gem §§ 403 ff StPO sowie über § 823 II (s.u. § 823 Rn 237) in Betracht.

III. Verhältnis zu anderen zivilrechtlichen Regelungen. Ausgangspunkt für das Verhältnis zu **vertraglichen** 21
und vertragsähnlichen Ansprüchen (§ 311 II, III) ist der **Grundsatz der Anspruchskonkurrenz**, dh Delikts-
und Vertragsansprüche sind unabhängig voneinander (hM, grundl BGHZ 9, 310; 162, 86, 93 f mwN; Staud/*J
Hager* Vorbem zu §§ 823 ff Rz 38 ff mN auch zur aA). Das ist von Bedeutung wegen der Unterschiede beider
Haftungsregime, insb wegen der zusätzlichen Voraussetzungen der Vertragshaftung (zB Nacherfüllungsrecht
bei der Mängelgewährleistung) sowie wegen Unterschieden bei Gehilfenhaftung, Haftungserleichterungen,
Beweislast, Verjährung und Umfang des Schadensersatzes. Teilweise sind Modifikationen der freien
Anspruchskonkurrenz erforderlich (bereits RGZ 88, 433, 436), insb ist ein Vorrang des Vertragsrechts dort
anzuerkennen, wo seine Regelungen sonst sinnentleert würden (BGHZ 46, 313, 316 f; BGH NJW-RR 08,
1359 Rz 12 ff). Zu einzelnen Vertragstypen BaRoth/*Spindler* Vor § 823 Rz 48 ff.

Auch im Verhältnis zum **Bereicherungsrecht** besteht grds Anspruchskonkurrenz; Schadenskompensation 22
und Bereicherungsabschöpfung stehen unabhängig nebeneinander. Über §§ 819 I, 818 IV, 292, 989 werden
jedoch Bereicherungsansprüche durch deliktsrechtliche Wertungen beeinflusst. Überschneidungen sind insb
denkbar, wenn Persönlichkeits- bzw Immaterialgüterrechte betroffen sind (Verletzung durch unbefugte Nutzung); hier können sich Ansprüche aus unerlaubter Handlung und Eingriffskondiktion wechselseitig beeinflussen (Staud/*J Hager* Vorbem zu §§ 823 ff Rz 34 mN).

Ansprüche aus **Eigentümer-Besitzer-Verhältnis** (§§ 987 ff) sind grds vorrangig ggü §§ 823 ff, § 993 I letzter Hs. 23
Unterlassungs- und Beseitigungsansprüche (die kein Verschulden voraussetzen) stehen grds neben Delikts- 24
ansprüchen. Partielle Überschneidungen sind insb bei quasinegatorischen Unterlassungs- und Beseitigungsansprüchen denkbar (s.o. Rn 15).

Eine **Gläubigeranfechtung** nach § 3 AnfG bzw §§ 129 ff InsO steht neben §§ 823 ff. Die Anfechtbarkeit auf- 25
grund dieser Vorschriften verwirklicht grds nicht den Tatbestand einer unerlaubten Handlung (RGZ 74, 224,
226; BGH NJW 96, 2231, 2232), im Einzelfall können aber zusätzlich Ansprüche aus § 823 II, zB iVm § 288
StGB, oder § 826 in Betracht kommen (RGZ 74, 224, 226 ff; BGHZ 130, 314, 330 ff; NJW 96, 2231, 2232).

IV. Sonderdeliktsrecht. Neben §§ 823 ff existieren zahlreiche deliktsrechtliche Spezialregelungen im BGB 26
und in anderen Gesetzen. Sie konkurrieren idR mit §§ 823 ff. Bei Ansprüchen aus **Gefährdungshaftung**, zB
§§ 7 StVG, 33 LuftVG, 1 ff HpflG, 84 AMG, 25 f AtG, 114 ff BBergG, 7 f BDSG, 32 GenTG, 1 UmweltHG, 22
WHG, 1 ProdHaftG (bei der beiden letzten ist str, ob es sich tatsächlich um Gefährdungshaftung handelt,
s.a. Vor ProdHaftG Rn 4), ist die Anspruchskonkurrenz va wegen der häufig festgesetzten Haftungshöchstbeträge wichtig; sofern der Haftungsumfang nicht spezialgesetzlich geregelt ist, kommt evtl eine ergänzende
Anwendung der §§ 842–846 in Betracht (zB bei § 22 WHG, BaRoth/*Spindler* Vor § 823 Rz 41). Bei **lauterkeitsrechtlichen Schadensersatzansprüchen** gem § 9 UWG ist zu prüfen, ob sie – insb wegen der abweichenden Verjährung – eine abschließende Sonderregelung darstellen, die §§ 823 ff vorgeht (s. nur BGH GRUR 74,
99, 100; BGHZ 130, 288, 290 mwN; ausf *Sack* FS Ullmann 825 ff mN zum Meinungsstand). Bei **Schadensersatzansprüchen wegen Verletzung von Immaterialgüterrechten**, zB §§ 97 II UrhG, 42 II GeschmMG, 139
II PatG, 24 II GebrMG, 14 VI, 15 V, 128 II MarkenG, gilt Entsprechendes; zum Rechtsschutzbedürfnis beim
Unterlassungsanspruch BGH I ZR 46/07 Rz 13 ff. Auch **§ 33 GWB** dürfte nach Aufgabe des dort früher normierten Schutzgesetzerfordernisses §§ 823 ff künftig weitgehend verdrängen.

V. Europäisierung. 1. Europäisches Deliktsrecht. Das Deliktsrecht hat Bedeutung im Hinblick auf den 27
europäischen Binnenmarkt und den Verbraucherschutz: Unterschiedliche Haftungsregeln, va unterschiedliche Haftungsstandards (ggf iVm öffentlich-rechtlichen Sicherheitsanforderungen), können den freien Waren-
oder Dienstleistungsverkehr (Art 34, 56 AEUV) behindern, va wenn sie im Zusammenhang mit der Wahrnehmung von Grundfreiheiten eingreifen (*Schaub* RabelsZ 02, 18, 22 mwN). Das betrifft va die Haftung für
fehlerhafte Produkte, für Auskünfte, Persönlichkeitsrechtsverletzungen sowie Schadensersatz wegen Verletzung von Immaterialgüterrechten oder lauterkeitsrechtlichen Regelungen. Insb die Produkt- und Dienstleis-
tungshaftung berühren auch den Verbraucherschutz.

Trotzdem sind gemeinschaftsprivatrechtliche Regelungen im Deliktsrecht (als Kompetenznormen kommen 28
va Art 114, 115, 169 AEUV in Betracht) bislang spärlich. Am bedeutsamsten ist die **Produkthaftungs-Richt-
linie** (Vor ProdHaftG Rn 1). Sie entfaltet innerhalb ihres Anwendungs- und Regelungsbereichs nach der Rspr
des EuGH grds Sperrwirkung ggü nationalem Recht (§ 15 ProdHaftG Rn 2). Auch die VO über die Haftung
von Luftfahrtunternehmen bei Unfällen 2027/97/EG, ABl EG 97, L 285/1, geändert durch VO 889/02/EG, ABl
EG 02, L 140/2, betrifft das Haftungsrecht; sie gilt – iVm §§ 45 ff LuftVG – unmittelbar. Dagegen begründet
die **Umwelthaftungs-Richtlinie** 2004/35/EG, ABl EG 04, L 143/56, die eine Verursacherhaftung für Umweltschäden statuiert, nach Art 3 III keine Ansprüche Privater.

2. Rechtsangleichung. Weiter fortgeschritten als das europäische Deliktsrecht sind Bestrebungen zur Anglei- 29
chung nationaler Deliktsrechte. Bislang wurden drei Regelungsentwürfe vorgelegt: die **Principles of European Tort Law** (PETL) der European Group on Tort Law (ZEuP 04, 427 ff; dazu insb *Koziol* ZEuP 04, 234 ff);
der **Teilentwurf Deliktsrecht der Study Group on a European Civil Code** (http://www.sgecc.net/pages/en/
texts/index.draft_articles.htm; dazu insb *v Bar* ZEuP 01, 515 ff) und der Teilentwurf Deliktsrecht im **Draft
Common Frame of Reference (DCFR)**. Alle Entwürfe bezwecken Schadensausgleich und Prävention. Sie

sind sehr allgemein gehalten und enthalten jeweils Elemente eines Beweglichen Systems; ihre praktische Bewährung steht noch aus.

30 **D. Verfahrensrecht. I. Zuständigkeit.** Der besondere **Gerichtsstand der unerlaubten Handlung (§ 32 ZPO)** tritt neben den allg Gerichtsstand (§ 12 iVm §§ 13 ff ZPO), sofern keine Spezialregelung (wie insb §§ 32a ZPO, 20 StVG, 94a AMG) einschlägig ist. Er betrifft die örtliche und – außerhalb des Anwendungsbereichs von EuGVVO, EuGVÜ und LugÜ – auch die internationale Zuständigkeit. Entscheidend ist der Begehungsort, dh der Handlungs- oder Erfolgsort der unerlaubten Handlung (s. insb BGHZ 124, 237, 245 mwN; 132, 105, 110 f), nicht der Ort des Schadenseintritts (BGHZ 52, 108, 111; einschr BGHZ 40, 391, 395 f). An diesem Gerichtsstand besteht grds eine umfassende Entscheidungskompetenz des Gerichts im Hinblick auf den gesamten Streitgegenstand (BGHZ 153, 173; KG NJW 06, 2336, 2337; krit Soergel/*Spickhoff* Vor § 823 Rz 125); bei der internationalen Zuständigkeit ist die Entscheidungsbefugnis jedoch auf Deliktsansprüche beschränkt (BGH aaO 180; Karlsr WM 06, 181, 182).

31 Nach **Art 5 Nr 3 EuGVVO** bzw den – im Verhältnis zu EFTA-Staaten bzw Dänemark anwendbaren – **Art 5 Nr 3 LugÜ und EuGVÜ** ist für die internationale Zuständigkeit der Ort, an dem das schädigende Ereignis eingetreten ist oder einzutreten droht, maßgeblich; bei Streudelikten hat der Kläger auch hier ein Wahlrecht zwischen den Gerichtsständen am Handlungs- und Erfolgsort, nicht aber am Ort des bloßen Schadenseintritts (EuGH Slg 76, 1735; 90, I-49; 95, I-2719).

32 Bei unerlaubten Handlungen mit Auslandsbezug ergibt sich das **anwendbare Recht** aus Art 4 ff der Rom II-VO bzw Art 40 ff EGBGB.

33 **II. Beweisfragen.** Grds hat der Geschädigte die anspruchsbegründenden Tatsachen darzulegen und zu beweisen. Ihm kommen aber häufig **Beweiserleichterungen** zugute: Wichtig sind im Deliktsrecht der Anscheinsbeweis sowie die freie Beweiswürdigung nach §§ 287 ff ZPO. Teilw wird der Kausalitätsbeweis durch Vermutungen erleichtert. Sofern die Rechtswidrigkeit indiziert ist (§ 823 Rn 11), trifft den Schädiger die Darlegungs- und Beweislast für das Vorliegen eines Rechtfertigungsgrundes. Bei der Haftung für vermutetes Verschulden wird die Beweislast im Hinblick auf das Verschulden umgekehrt.

34 **III. Verjährung und Verwirkung.** Die Verjährung von Ansprüchen aus unerlaubter Handlung richtet sich insb nach §§ 199, 203, die vielfach über Verweisungen auch auf spezialgesetzlich geregelte Deliktsansprüche anwendbar sind. Ganz ausnahmsweise kommt im Einzelfall eine Verwirkung in Betracht (LAG BW 13 Sa 30/07).

§ 823 Schadensersatzpflicht. (1) Wer vorsätzlich oder fahrlässig das Leben, den Körper, die Gesundheit, die Freiheit, das Eigentum oder ein sonstiges Recht eines anderen widerrechtlich verletzt, ist dem anderen zum Ersatz des daraus entstehenden Schadens verpflichtet.
(2) ¹Die gleiche Verpflichtung trifft denjenigen, welcher gegen ein den Schutz eines anderen bezweckendes Gesetz verstößt. ²Ist nach dem Inhalt des Gesetzes ein Verstoß gegen dieses auch ohne Verschulden möglich, so tritt die Ersatzpflicht nur im Falle des Verschuldens ein.

Inhaltsübersicht

	Rn
A. Überblick	1–22
I. Haftungstatbestände in § 823	1–3
II. Deliktstatbestand und sonstige Haftungselemente	4–22
1. Tatbestand	5–9
2. Rechtswidrigkeit	10–18
a) Handlungs- und Erfolgsunrecht	10–13
b) Rechtfertigungsgründe	14–18
aa) Gesetzliche Rechtfertigungsgründe	15
bb) Sonstige Rechtfertigungsgründe	16, 17
cc) Keine Rechtfertigungsgründe	18
3. Verschulden	19
4. Sonstige Haftungselemente	20–22
a) Ersatzberechtigter und -verpflichteter	20
b) Rechtsfolgen	21, 22
B. *Rechtsgutverletzung iSd § 823 I*	23–106
I. Verletzung des Lebens	23
II. Körper- oder Gesundheitsverletzung	24–30
III. Freiheitsverletzung	31, 32
IV. Eigentumsverletzung	33–57
1. Überblick	33
2. Beeinträchtigung des Eigentumsrechts	34–36
3. Beeinträchtigung der Sachsubstanz	37–52
a) Allgemeines	37
b) Mittelbare Substanzverletzungen	38–40
aa) Beeinträchtigung bzw Unterbrechung von Versorgungseinrichtungen	38
bb) Wirkungslosigkeit eines sachschützenden Gegenstands	39
cc) Vom Geschädigten auf Veranlassung des Schädigers herbeigeführte Eigentumsverletzungen	40
c) Konkurrenz zum Vertragsrecht, insbes „Weiterfresserschäden"	41–52
aa) Überblick	41, 42

	Rn		Rn
bb) „Weiterfresserschäden ieS"	43–50	2. Verletzung der Verkehrspflicht	125–129
cc) „Weiterfresserschäden iwS"	51, 52	a) Sachlicher und persönlicher Schutzbereich	125
4. Beeinträchtigung der Nutzungsmöglichkeit	53–55	b) Sicherungspflichtiger	126–129
		aa) Grundsatz	126
5. Sonderfälle	56, 57	bb) Delegation	127, 128
V. Verletzung eines sonstigen Rechts	58–81	cc) Organisationspflichten	129
1. Allgemeines	58–61	3. Verletzung eines Rechtsguts iSd § 823 I und haftungsbegründende Kausalität	130
a) Dogmatik	58		
b) Keine sonstigen Rechte	59–61	4. Rechtswidrigkeit	131
2. Dingliche Rechte	62–65	5. Verschulden	132, 133
a) Beschränkte dingliche Rechte	62, 63	6. Schaden und haftungsausfüllende Kausalität	134
b) Anwartschaftsrecht	64		
c) Verhältnis zu Ansprüchen des Eigentümers	65	II. Einzelne Verkehrspflichten	135–172
		1. Verkehrswege	136–143
3. Aneignungsrechte	66	a) Allgemeines	136–139
4. Besitz	67, 68	b) Sonderfall: Räum- und Streupflicht	140–143
5. Immaterialgüterrechte	69		
6. Mitgliedschaftsrechte	70	2. Gebäude, Grundstücke, Anlagen	144–158
7. Familienrechte	71–77	a) Allgemeines	144–146
a) Elterliches Sorgerecht	72	b) Gebäude mit Publikumsverkehr	147–155
b) Ehe	73–76		
c) Recht der Totenfürsorge	77	aa) Gebäude, in denen ein Gewerbe betrieben wird	147–149
8. Weitere diskutierte Fallgruppen	78–81		
a) Recht am eigenen Arbeitsplatz; Koalitionsfreiheit	79	bb) Öffentliche Gebäude und Einrichtungen	150–154
		cc) Gefährliche Anlagen	155
b) Recht am eigenen Datenbestand	80	c) Baustellen und Bauarbeiten	156–158
		3. Straßenverkehr, Transport	159–161
c) Umweltgüter	81	a) Allgemeines	159
VI. Verletzung des Rechts am Unternehmen	82–105	b) Straßenverkehr	160
		c) Transport	161
1. Grundlagen	82, 83	4. Veranstaltungen, insb Freizeitgestaltung	162–165
2. Tatbestandsvoraussetzungen	84–87		
a) Anwendbarkeit	84	a) Veranstaltungen	162
b) Schutzobjekt	85	b) Sportanlagen, Sportveranstaltungen und Sportausübung	163
c) Betriebsbezogener Eingriff	86		
d) Rechtswidrigkeit und Verschulden	87	c) Reisen	164
		d) Jagd	165
3. Fallgruppen	88–105	5. Umgang mit gefährlichen Gegenständen oder Stoffen	166–169
a) Unberechtigte Schutzrechtsverwarnung	88–96		
		a) Gefährliche Gegenstände	166
b) Äußerungen über Unternehmen	97–101	b) Gefährliche Stoffe	167
		c) Insbesondere: Umwelthaftung	168, 169
aa) Verbreitung von Tatsachen	97, 98	6. Prüfungspflichten bei der Störerhaftung	170
bb) Verbreitung von Werturteilen; Kritik	99		
		7. Berufshaftung	171, 172
cc) Warentests	100, 101	a) Grundlagen	171
c) Boykott	102	b) Wichtige Fallgruppen	172
d) Arbeitskampfmaßnahmen	103	III. Produkthaftung	173–200
e) Blockaden	104	1. Grundlagen	173–179
f) Sonstige Eingriffe	105	a) Gesamtsystem der Produkthaftung	173–178
VII. Verletzung des Allgemeinen Persönlichkeitsrechts	106		
		b) Charakteristika der Produkthaftung nach § 823 I	179
C. Verkehrspflichten	107–222		
I. Grundlagen	107–134	2. Haftungsvoraussetzungen	180–196
1. Bestehen einer Verkehrspflicht	108–124	a) Verkehrspflichten des Produzenten	180–185
a) Entstehungsgründe	108–113		
aa) Überblick	108	aa) Konstruktion	181
bb) Einzelne Entstehungsgründe	109–113	bb) Fabrikation	182
		cc) Instruktion	183
b) Umfang	114–124	dd) Produktbeobachtung	184, 185
aa) Sicherungspflichtiger	115–119	b) Verletzung der Verkehrspflicht	186–192
bb) Gefährdeter	120–122		
cc) Allgemeininteressen	123, 124	aa) Sachlicher Schutzbereich	186

	Rn
bb) Persönlicher Schutzbereich	187
cc) Haftpflichtiger	188–191
dd) Beweislast	192
c) Rechtsgutverletzung und haftungsbegründende Kausalität	193
d) Rechtswidrigkeit	194
e) Verschulden	195
f) Schaden und haftungsausfüllende Kausalität	196
3. Beweislast	197–200
IV. Bauwerkshaftung	201
V. Arzthaftung	202–222
1. Grundlagen	202–204
a) Haftungsgrundlage	202, 203
b) Dogmatische Ausgangspunkte	204
2. Pflichten des Arztes	205–215
a) Untersuchung und Diagnosestellung	206
b) Aufklärung	207–212
aa) Selbstbestimmungsaufklärung	207–210
bb) Sicherungsaufklärung	211
cc) Aufklärung über wirtschaftliche Risiken der Behandlung	212

	Rn
c) Behandlung	213
d) Organisation	214
e) Dokumentation	215
3. Beweislast	216–222
a) Pflichtverletzung	217
b) Kausalität	218–222
D. Verletzung eines Schutzgesetzes iSd § 823 Abs 2	223–238
I. Dogmatik	223–234
1. Funktion und Konzeption des § 823 II	223, 224
2. Prüfungsaufbau	225–234
a) Vorliegen eines Schutzgesetzes	225–229
aa) Rechtsnorm	225, 226
bb) Schutzzweck	227–229
b) Verletzung des Schutzgesetzes	230
c) Sachlicher und persönlicher Schutzbereich und Schutzzweckzusammenhang	231
d) Rechtswidrigkeit	232
e) Verschulden	233
f) Schaden und haftungsausfüllende Kausalität	234
II. Einzelne Schutzgesetze	235–238

1 **A. Überblick. I. Haftungstatbestände in § 823.** Nach der **gesetzlichen Konzeption** enthält § 823 **zwei Haftungstatbestände**: einen rechtsgutsbezogenen in I (Haftungsgrund: Verletzung bestimmter Rechtsgüter) und einen verhaltensbezogenen in II (Haftungsgrund: Verstoß gegen bestimmte gesetzliche Verhaltensgebote). Dieses – durch § 826 vervollständigte (s.o. Vor § 823 Rn 6) – Grundmodell wird durch **Richterrecht** überformt und ergänzt: Zum einen durch den Schutz des Rechts am Unternehmen und des Allgemeinen Persönlichkeitsrechts iRd § 823 I, zum anderen durch die Rspr zu den Verkehrspflichten.

2 **Verkehrspflichten** als Pflichten, die ein den Verkehrsanforderungen entsprechendes Gefahrsteuerungsverhalten zum Gegenstand haben (*Mertens* VersR 80, 397; zur Entwicklung im 20. Jh *Schiemann* FS Medicus 2009 447 ff), wurden ursprünglich im Zusammenhang mit der Haftung für Unterlassen entwickelt: Ein Unterlassen war nur tatbestandsrelevant, wenn eine Verkehrssicherungspflicht (Pflicht zur Vermeidung von Gefahren, die einer Sache oder einem sozialen Sachbereich immanent sind, *Mertens* aaO) verletzt wurde. Mit der späteren begrifflichen Wandlung von der Verkehrssicherungspflicht zur Verkehrspflicht ging ein Funktionswandel einher: Heute sind Verkehrspflichten auch für die Haftungsbegründung bei positivem Tun von Bedeutung, insb wenn der Kausalzusammenhang zwischen Handlung und Rechtsgutverletzung kein unmittelbarer ist, sondern zusätzlicher Begründungselemente bedarf. Bei Verhalten, das grds rechtmäßig ist und nur in bestimmten Ausprägungen von der Rechtsordnung missbilligt wird, kommt eine Haftung nur im Falle der Verletzung einer Verkehrspflicht in Betracht. Die heute weit fortgeschrittene richterrechtliche Entwicklung der Verkehrspflichten stellt eine Einschränkung der Handlungsfreiheit dar (*Mertens* VersR 80, 397).

3 Die **Einordnung der Verkehrspflichten innerhalb des § 823** ist str: die hM lokalisiert sie bei I und beschränkt sie auf die dort genannten Rechtsgüter (zB BGH NJW 87, 2671, 2672; *Larenz/Canaris* § 76 III 2b; *Steffen* VersR 80, 409 ff). Das führt zu Schwierigkeiten bei der Integration der Verkehrspflichten in den herkömmlichen Deliktsaufbau. Nach einer Mindermeinung (insb *v Bar* Verkehrspflichten 157 ff) sind sie hingegen wegen ihrer strukturellen Ähnlichkeit mit Schutzgesetzen bei II einzuordnen. Problematisch hieran ist, dass dadurch § 823 II letztlich zu einem offenen Tatbestand und damit zu einer Art Generalklausel erweitert wird. Nach einer vermittelnden Ansicht (*Mertens* VersR 80, 397, 399) bezieht sich die Verkehrspflichtverletzung ausschließlich auf die Rechtsgüter des § 823 I, ist aber im Anspruchsaufbau nach dem Schema des § 823 II zu behandeln (zur genauen Einordnung im Deliktsaufbau s.u. Rn 107 ff). Da diese Ansicht die Verhaltensorientierung der Verkehrspflichten berücksichtigt und eine Ausuferung der Haftung vermeidet, ist ihr zu folgen. Auch wenn die Verkehrspflichten daher primär bei § 823 I zu verorten sind und lediglich die Methode der Rechtsanwendung an § 823 II orientiert ist, wird hier die Haftung für Verletzung von Verkehrspflichten wegen ihrer Besonderheiten neben den Haftungen nach § 823 I u II separat dargestellt.

4 **II. Deliktstatbestand und sonstige Haftungselemente.** Nach hM ist der **Deliktstatbestand dreistufig** und besteht aus Tatbestand, Rechtswidrigkeit und Verschulden. Nicht dazu gehören Schaden und haftungsausfüllende Kausalität; auf sie muss sich daher das Verschulden idR nicht erstrecken (sofern nicht ausnahmsweise bei § 823 II der Schaden bereits zum Tatbestand der Schutzgesetzverletzung gehört).

1. Tatbestand. Haftungsbegründend kann jedes bewusstseins- und willensgelenkte **Handeln oder Unterlassen** sein. Ein Unterlassen ist jedoch nur tatbestandsrelevant, wenn eine Rechtspflicht zum Handeln (Verkehrssicherungspflicht in ihrer urspr Bedeutung, s.o. Rn 2) bestand.

Weiterhin erfordert der Tatbestand des § 823 die **Verletzung** eines der in I genannten Rechtsgüter, einer Verkehrspflicht zum Schutz dieser Rechtsgüter oder eines Schutzgesetzes iSd II.

Schließlich muss Kausalität zwischen Handlung bzw Unterlassung und Rechtsguts- bzw Verkehrspflicht- oder Schutzgesetzverletzung (**haftungsbegründende Kausalität**) vorliegen. Diese beurteilt sich nach Äquivalenz- und Adäquanztheorie iVm der Lehre vom Schutzzweck der Norm (dazu auch § 249 Rn 48 ff sowie eingehend *Lange/Schiemann* Schadensersatz, 3. Aufl 03, § 3); im Prozess gilt § 286 ZPO (BGHZ 4, 192, 196 f; NJW 87, 705 f mwN). Die Theorien wirken wie mehrere aufeinander folgende Filter: Nach der sehr weit gefassten **Äquivalenztheorie** muss die Handlung bzw Unterlassung condicio sine qua non für die (Rechtsguts-, Verkehrspflichts- oder Schutzgesetz-) Verletzung gewesen sein, dh die Handlung darf nicht hinweggedacht werden können, ohne dass der Erfolg entfiele (s. nur BGHZ 2, 138, 141; 25, 86, 88 f; 57, 245, 254; NJW 04, 1375) bzw bei einer Unterlassung hätte pflichtgemäßes Handeln den Erfolgseintritt mit an Sicherheit grenzender Wahrscheinlichkeit verhindert. Zwar verlangen die Zivilgerichte mitunter sogar Sicherheit (s. nur BGHZ 34, 206, 215; NJW 84, 432, 434); wenn aber bereits im Strafrecht eine an Sicherheit grenzende Wahrscheinlichkeit ausreicht (s. zB BGH NJW 90, 2560, 2565; 00, 2754, 2757 mwN), sollte für die zivilrechtliche Haftung nichts anderes gelten (s.a. Soergel/*Spickhoff* § 823 Rz 20 aE). Probleme können bei Gesamtkausalität (von mehreren Ursachen ist jede allein für den Erfolg ursächlich) sowie Doppelkausalität (mehrere Ursachen führen erst durch ihr Zusammenwirken den Erfolg herbei) auftreten; sie unterstreichen, dass die Äquivalenztheorie für sich genommen noch keine angemessenen Ergebnisse ermöglicht, weil sie zu einer zu weit gehenden Zurechnung führen würde. Sie wird daher ergänzt durch Adäquanztheorie (die jedoch hauptsächlich iRd haftungsausfüllenden Kausalität eine Rolle spielt, s.u. Rn 22) und Lehre vom Schutzzweck der Norm. Nach der **Adäquanztheorie** muss die Rechtsgutverletzung für einen optimalen oder zumindest erfahrenen (zu dieser Differenzierung insb Soergel/*Spickhoff* § 823 Rz 23 aE) Beobachter objektiv vorhersehbar gewesen sein (zB BGHZ 3, 261, 266 ff; NJW 76, 1143, 1144 mwN – zur haftungsausfüllenden Kausalität), dh die Handlung oder Unterlassung muss im Allgemeinen und nicht nur unter besonders eigenartigen, unwahrscheinlichen und nach dem gewöhnlichen Verlauf der Dinge außer Betracht zu lassenden Umständen geeignet gewesen sein, den fraglichen Erfolg herbeizuführen (s. nur BGH NJW 86, 1329, 1331; BGHZ 137, 11, 19; NJW 02, 2232, 2233, alle mwN) bzw die Wahrscheinlichkeit für den Eintritt eines solchen Erfolgs erheblich zu erhöhen (zB BGH NJW 52, 1010, 1011; BGHZ 26, 69, 76 f). IRd haftungsbegründenden Kausalität bei § 823 I spielt dieses Kriterium jedoch kaum eine Rolle, weil dadurch va ungewöhnliche Kausalketten „ausgefiltert" werden, bei denen ein Anspruch idR auch am Fehlen von Rechtswidrigkeit bzw Verschulden scheitert (vgl zB Soergel/*Spickhoff* § 823 Rz 25; MüKo/*Wagner* § 823 Rz 310, beide mwN; aus der neueren Rspr Köln NJW 07, 1757, 1758: Ablehnung des Anspruchs mangels Verschuldens; für eine weiter reichende Anwendung auch bei der haftungsbegründenden Kausalität hingegen zB Staud/*Schiemann* § 249 Rz 23 mwN; BaRoth/*Schubert* § 249 Rz 47). Eine weitere Begrenzung der Zurechnung erfolgt bei der haftungsbegründenden Kausalität va durch die **Lehre vom Schutzzweck der Norm** (andere, weitgehend gleichbedeutend gebrauchte Bezeichnungen: Rechtswidrigkeitszusammenhang, Gefahrbereichs- oder Risikoverteilung). Danach ist entscheidend, ob der Verletzte gerade durch die verletzte Norm (hier also § 823 I bzw die verletzte Verkehrspflicht oder das Schutzgesetz iSd § 823 II) vor der eingetretenen Rechtsgutverletzung geschützt werden sollte, ob der eingetretene Erfolg also innerhalb des persönlichen und sachlichen Schutzbereichs der Norm lag (zB BGHZ 27, 138, 140; 32, 194, 205; 107, 359, 364; NJW 03, 1929, 1930 mwN). So ist etwa bei mittelbaren Schädigungen, wie zB in den „Stromkabelfällen" (s.u. Rn 54 f), der Verletzungserfolg nur zurechenbar, wenn der Schädiger eine Verhaltenspflicht (insb eine Verkehrspflicht) verletzt hat (s.u. Rn 9), und bei psychisch vermittelter Kausalität (Dazwischentreten eines Dritten) wird darauf abgestellt, ob das Handeln des Dazwischentretenden noch als Fortsetzung des ursprünglichen Verhaltens anzusehen ist (zB BGHZ 58, 162, 165 ff; NJW 79, 712, 713; 81, 113 f). Auch die Eingrenzungen des Ersatzes von Schockschäden naher Angehöriger (s.u. Rn 29) oder zufälliger Unfallzeugen (s. etwa BGH NJW 07, 2764 Rz 14 ff sowie insb *Stoll* FS Deutsch 2009 943 ff) werden letztlich mit der Lehre vom Schutzzweck der Norm begründet. Dabei wird deutlich, dass die Zurechnung ohne *wertende Elemente nicht auskommt.*

Als Frage der haftungsbegründenden Kausalität könnte man auf den ersten Blick auch die Problematik der **Störerhaftung** ansehen: Wer als mittelbarer Verletzer im Rahmen quasinegatorischer Ansprüche in Anspruch genommen werden kann, muss letztlich auch anhand wertender Kriterien bestimmt werden. Mit einer Einordnung als Kausalitätsfrage ist allerdings das Hauptproblem in diesem Bereich, die sinnvolle Eingrenzung des Kreises der Haftenden (die va wegen der Verschuldensunabhängigkeit der quasinegatorischen Ansprüche wichtig ist), nicht gelöst. Die Kausalitätstheorien liefern hierfür keine hinreichenden Kriterien: Ein äquivalent und adäquat kausaler Beitrag des mittelbaren Störers (zB eines Internet-Providers, der Möglichkeiten zur Veröffentlichung rechtswidriger Inhalte zur Verfügung stellt) liegt regelmäßig vor und auch der Schutzzweck

§ 823

der verletzten Norm erlaubt idR keinen hinreichend sicheren Schluss auf die Eingrenzung des Kreises der Haftpflichtigen. Daher erscheint es sinnvoller, die Problematik – wie auch bei anderen mittelbaren Verletzungen – iRd Verkehrspflichten anzusiedeln (s.u. Rn 170).

9 Allgemein folgt für **mittelbare Verletzungen** aus einer Zusammenschau der haftungsbegründenden Elemente, dass bei ihnen ein Verhalten (gleichgültig, ob Handeln oder Unterlassen) nur dann tatbestandsrelevant ist, wenn dadurch zugleich eine Verkehrspflicht verletzt wurde. Zwar werden die **Verkehrspflichten** in diesem Zusammenhang teilw der Rechtswidrigkeit (Erfordernis einer positiven Feststellung der Rechtswidrigkeit bei Verletzung von Verkehrspflichten) oder dem Verschulden (iRd Fahrlässigkeitsdefinition, § 276 II) zugeordnet (vgl zB *Larenz/Canaris* § 76 III 2 b). Am sinnvollsten lassen sie sich aber schwerpunktmäßig bereits iRd Tatbestands des § 823 I erfassen. Die Rechtswidrigkeit ist bei ihrer Verletzung zwar nach der Lehre vom Handlungsunrecht (s.u. Rn 12) gesondert festzustellen und beim Verschulden ist die Verkehrsanschauung als für die Begründung von Verkehrspflichten wesentliches Merkmal für den objektivierten Fahrlässigkeitsmaßstab von Bedeutung, aber diese Elemente spielen nicht ausschließlich im Zusammenhang mit der Verletzung von Verkehrspflichten eine Rolle. Daher lassen sich die Spezifika von Verkehrspflichten am besten bereits beim Haftungstatbestand berücksichtigen. Bei der Haftung wegen Verkehrspflichtverletzung können insb in Bereichen, in denen die haftungsbegründende Kausalität schwer nachweisbar ist, Beweiserleichterungen zugunsten des Geschädigten zum Zuge kommen, so etwa bei der Umwelt-, Produkt- und Arzthaftung (s.u. Rn 169, 198 ff, 218 ff); für die Bauwerkshaftung sollte Entsprechendes gelten (s.u. Rn 201).

10 **2. Rechtswidrigkeit. a) Handlungs- und Erfolgsunrecht.** Die Beurteilung der Rechtswidrigkeit wird geprägt durch die Auseinandersetzung um Handlungs- oder Erfolgsunrecht, die sich insb bei mittelbaren Verletzungen und Unterlassungen auswirkt und sich teilw mit der Verkehrspflichtenproblematik überschneidet.

11 Nach der herkömmlichen Lehre vom **Erfolgsunrecht**, die an die kausale Handlungslehre anknüpft, wird die Rechtswidrigkeit durch die Tatbestandsverwirklichung indiziert, sofern nicht ausnahmsweise ein Rechtfertigungsgrund eingreift (zB Jauernig/*Teichmann* § 823 Rz 50; *Stoll* JZ 58, 137, 141 ff; *Weitnauer* KF 61, 28, 30 f). Der Angegriffene kann dann idR Beseitigung oder Unterlassung verlangen oder Notwehr üben. Diese traditionell iRd § 823 I angewandte Lehre führt allerdings bei Unterlassungen und mittelbaren Verletzungen zu Problemen und kann ohne zusätzliche Regulative zu einer starken Ausweitung der Haftung führen. Ausnahmen sind daher insb für sog offene Tatbestände anerkannt: Bei Verletzung des Rechts am Unternehmen oder des Allgemeinen Persönlichkeitsrechts ist die Rechtswidrigkeit stets gesondert festzustellen.

12 Nach der Lehre vom **Handlungsunrecht**, die auf der finalen Handlungslehre aufbaut, ist hingegen ein Verhalten nur rechtswidrig, wenn es gegen eine Sorgfaltspflicht verstößt; nur dann stehen also dem Angegriffenen Gegenrechte zu. Diese Ansicht entspricht dem Modell des § 823 II; für sie wird insb angeführt, dass im Zeitpunkt des Handelns bereits feststehen muss, ob dieses erlaubt oder verboten ist (Soergel/*Spickhoff* § 823 Rz 5). Nach hM soll diese Lehre nur für fahrlässiges Handeln gelten (zB *Esser/Weyers* BT/2 § 55 II 3; *Brüggemeier* 52 ff), eine Mindermeinung will sie auch bei Vorsatz anwenden (MüKo/*Wagner* § 823 Rz 26 f; wN aaO Rn 5). Problematisch ist sie insb wegen der fließenden Übergänge zum Verschulden.

13 Da beide Ansätze nicht ohne Einschränkungen durchgehalten werden können, wählt die heute wohl hM eine **vermittelnde Lösung** und differenziert – in Anknüpfung an *v Caemmerer* (FS DJT II 49, 131 f) und *Larenz* (FS Dölle I 169, 193) – zwischen unmittelbaren und mittelbaren Verletzungen: Bei unmittelbaren Verletzungen wird die Rechtswidrigkeit indiziert, bei mittelbaren Verletzungen ist sie gesondert festzustellen (mit einer Ausnahme für vorsätzliche mittelbare Verletzungen, s. nur Staud/*J Hager* § 823 Rz H 16 mwN). Auch wenn die Grenzziehung zwischen unmittelbaren und mittelbaren Verletzungen im Einzelfall problematisch sein kann, bildet diese Ansicht eine brauchbare Grundlage. Zu berücksichtigen ist ferner, dass bei der Haftung für Verletzung von Verkehrspflichten stets nur eine positive Feststellung der Rechtswidrigkeit iSd Lehre vom Handlungsunrecht in Betracht kommt.

14 **b) Rechtfertigungsgründe.** Rechtfertigungsgründe schließen die Rechtswidrigkeit und damit eine Haftung nach § 823 aus. Sie sind insb von Bedeutung, wenn die Rechtswidrigkeit nach den Grundsätzen über das Erfolgsunrecht indiziert war. Soweit nach der hier vertretenen Ansicht die Rechtswidrigkeit nach den Regeln über das Handlungsunrecht gesondert festzustellen ist, können die Rechtfertigungsgründe jedoch auch für die Präzisierung der relevanten Verhaltenspflichten von Bedeutung sein.

15 **aa) Gesetzliche Rechtfertigungsgründe.** Rechtfertigungsgründe können sich aus dem BGB oder aus anderen Gesetzen ergeben, zB Notwehr (§ 227, § 32 StGB), Notstand (§§ 228, 904, § 34 StGB), Selbsthilfe (§§ 229 f, 562b I, 859 f, 910). Wichtig ist die Wahrnehmung berechtigter Interessen gem § 193 StGB bzw (als Spezialgelung) § 824 II, insb bei Äußerungsdelikten (Ehr- oder Persönlichkeitsrechtsverletzungen, Rufbeeinträchtigungen bei Unternehmen). In Betracht kommen nicht nur eigene (unmittelbare oder mittelbare), sondern auch öffentliche Interessen.

16 **bb) Sonstige Rechtfertigungsgründe.** Die **Inanspruchnahme gesetzlicher Verfahren** ist grds rechtmäßig und kommt daher als Rechtfertigungsgrund in Betracht (s. nur BGHZ 36, 18, 20 ff; NJW 04, 446, 447; NJW-RR 05, 315, 316 f mwN; BVerfG NJW 87, 1929); unberührt bleibt jedoch die Haftung auf Schadensersatz

nach § 826 sowie nach §§ 717 II, 945 ZPO. Entsprechendes gilt für die **Wahrnehmung eines öffentlichen Amtes bzw öffentlich-rechtlicher Befugnisse** (Soergel/*Spickhoff* § 823 Rz 134 f).

Ein praktisch besonders wichtiger Rechtfertigungsgrund ist nach hM die **Einwilligung des Verletzten**, insb bei der Arzthaftung (s.u. Rn 204) und der Sportausübung (s.u. Rn 163); teilw ist jedoch gerade in diesen Fallgruppen der Ansatz bei der Rechtfertigung statt auf Tatbestands- oder Verschuldensebene str (s. nur Erman/*Schiemann* § 823 Rz 146; *Looschelders* JR 00, 265, 267 ff). Die Einwilligung ist keine Willenserklärung (s. nur BGHZ 29, 33, 36; 105, 45, 47 f); es ist aber stets zu prüfen, ob einzelne Regeln über Willenserklärungen entspr angewandt werden können. Die Einwilligung kann ausdrücklich oder konkludent erfolgen (BGH NJW 61, 261, 262; 80, 1903); sie ist wie eine rechtsgeschäftliche Willenserklärung auszulegen (zB BGH NJW 80, 1903, 1904; 92, 1558, 1559; 99, 863, 864). Im Einzelfall kann auch eine mutmaßliche Einwilligung rechtfertigend wirken (zB BGHZ 29, 46, 52; NJW 66, 1855, 1856). Die Einwilligung darf nicht sittenwidrig oder gesetzlich verboten sein (BGHZ 67, 48, 50 f). Bei arglistiger Täuschung oder widerrechtlicher Drohung ist die Einwilligung unwirksam (zB BGHZ 7, 198, 207; NJW 64, 1177, 1178); eine Anfechtung wegen Irrtums kommt jedoch idR nicht in Betracht (BGH NJW 64, 1177, 1178; 94, 2755, 2756). Bei nicht voll Geschäftsfähigen differenziert die Rspr – abw von §§ 104 ff – iE nach Reifegrad und Art des gefährdeten Rechtsguts: Grds reicht es aus, wenn der Betroffene nach seiner geistigen Veranlagung und Entwicklung sowie seiner sittlichen Reife in der Lage ist, Erheblichkeit und mögliche Folgen der Einwilligung zu ermessen; dann kann möglicherweise sogar der nicht Geschäftsfähige allein einwilligen (zB BGHZ 29, 33, 37); insb bei aufschiebbaren, wichtigen Entscheidungen kann aber auch die Einwilligung des gesetzlichen Vertreters erforderlich sein (zB BGH NJW 72, 335, 337), bei bestimmten Rechtsgütern evtl sogar zusätzlich diejenige des nicht voll Geschäftsfähigen (BGH NJW 74, 1947, 1950 – Veröffentlichung von Nacktaufnahmen; 07, 217 Rz 8, dazu s.u. Rn 208). Die Beweislast für das Vorliegen einer Einwilligung trägt der Schädiger (BGH NJW-RR 05, 172 f). 17

cc) **Keine Rechtfertigungsgründe. Keine Rechtfertigungsgründe** sind insb: das **Züchtigungsrecht** (jedenfalls heute), vgl § 1631 II (das muss im Erst-Recht-Schluss aus dem Züchtigungsrecht der Eltern auch für Dritte gelten) sowie das **Handeln auf eigene Gefahr** (BGHZ 34, 355, 360 ff). Ganz überwiegend abgelehnt wird heute zu Recht auch **verkehrsrichtiges Verhalten** als Rechtfertigungsgrund (Soergel/*Spickhoff* § 823 Rz 139, 6 mwN; AnwK/*Katzenmeier* § 823 Rz 107 mwN; anders noch BGHZ 24, 21, 25 ff). Dieses würde zwar eine Art „Mittelweg" zwischen den Lehren von Handlungs- und Erfolgsunrecht (s.o. Rn 10 ff) darstellen, überzeugt jedoch nicht: Es geht hier idR um erlaubtes Verhalten, das nur ausnahmsweise unter bestimmten Umständen verboten ist. Damit verträgt es sich nicht, dem Handelnden die Darlegungs- und Beweislast für die Verkehrsrichtigkeit oder Sozialadäquanz seines Verhaltens aufzuerlegen. 18

3. Verschulden. Die subjektive Vorwerfbarkeit der unerlaubten Handlung (Verschulden) ist Voraussetzung der Haftung nach § 823 (zu anderen Haftungsmodellen Vor § 823 Rn 9 ff). Das Verschulden muss sich auf Tatbestand und Rechtswidrigkeit, nicht aber auf Schaden und haftungsausfüllende Kausalität beziehen und setzt sich aus den Komponenten **Verschuldensfähigkeit** (§§ 827 f; Ausn: § 829) sowie Vorsatz bzw Fahrlässigkeit iSd § 276 (dort insb Rn 5 ff) zusammen. Der **Vorsatz** umfasst – anders als im Strafrecht – auch das Unrechtsbewusstsein iS eines (ggf auch unreflektierten) unmittelbaren Erfassens des Unrechtsgehalts des Verhaltens (BGHZ 69, 128, 142 f; NJW 85, 134, 135). Bei Irrtum hierüber kommt eine Haftung für Fahrlässigkeit in Betracht (BGHZ 2, 387, 393; vgl aber auch BGHZ 17, 266, 295; zum Erlaubnistatbestandsirrtum BGHZ 169, 364 Rz 8; Schlesw NZBau 08, 646, 649; Ddorf I-15 U 100/08). Für die **Fahrlässigkeit** gilt ein objektivierter, gruppentypischer Maßstab (zu Einzelheiten § 276 Rn 3, 13), der allerdings teilweise umstr und im internationalen Vergleich nicht selbstverständlich ist (s. nur *Koziol* AcP 1996, 593 ff). Es wird nach Verkehrskreisen differenziert (zB BGHZ 39, 281, 283 f; 113, 297, 303 f, beide mwN; NJW 01, 1786, 1787), aber besondere Kenntnisse und Fähigkeiten des Schädigers sind zu berücksichtigen (BGH NJW 87, 1479, 1480). Im Ergebnis wird durch diese Kombination von Typisierung und Berücksichtigung individueller Fähigkeiten die Position des Geschädigten gestärkt. Zu Haftungsmilderungen Vor § 823 Rn 16 f. 19

4. Sonstige Haftungselemente. a) Ersatzberechtigter und -verpflichteter. Ersatzberechtigt sind idR nur unmittelbar Betroffene, nicht auch mittelbar Geschädigte, denen ggü keine unerlaubte Handlung begangen wurde (Ausn: §§ 844 f). Zu beachten ist, dass Personen, im Verhältnis zu denen ein Deliktstatbestand verwirklicht wurde, deren Schaden jedoch mittelbar verursacht wurde (zB ein Schockschaden bei einem Unfall, dazu unten Rn 29), idS als unmittelbar Betroffene zu betrachten sind. **Ersatzverpflichtet** ist grds der Täter (für mehrere Beteiligte gelten §§ 830, 840). Eine Haftung für andere kommt insb nach §§ 831 f sowie §§ 30 f, 89 in Betracht. Daneben kann ggf der Handelnde auch persönlich haften (eingehend MüKo/*Wagner* § 823 Rz 378 ff). 20

b) Rechtsfolgen. Rechtsfolge der Haftung aus § 823 ist der Ersatz des durch die unerlaubte Handlung verursachten materiellen oder immateriellen Schadens iSd §§ 249 ff (ggf ergänzt durch §§ 842–846, 848–851). Zu ersetzen ist der konkret entstandene Schaden (idR ohne Auf- oder Abschläge), vorbehaltlich des Eingreifens von § 254. Besonderheiten gelten im Immaterialgüterrecht (dreifache Schadensberechnung, vgl nur ROHGE 22, 338, 341; RGZ 35, 63, 71 ff; BGHZ 145, 366, 371 ff sowie §§ 97 II UrhG, 42 II GeschmMG, 14 VI Mar- 21 kenG, 139 II PatG, 24 II GebrMG) sowie bei der Verletzung von Persönlichkeitsrechten (auch hier kommt ggf eine Lizenzanalogie in Betracht; zudem können bei Verletzungen durch die Medien evtl die Kosten einer erforderlichen Gegendarstellung ersatzfähig sein, BGHZ 66, 182, 191 ff; NJW 79, 2197 f). Zu quasinegatorischen Ansprüchen Vor § 823 Rn 15.

22 Der Schaden muss durch die Rechtsgutverletzung verursacht worden sein. Auch die **haftungsausfüllende Kausalität** ist nach allgemeinen Regeln zu bestimmen (s.o. Rn 7); im Prozess ist § 287 ZPO anwendbar (BGHZ 4, 192, 196 f; NJW 87, 705 f mwN). Neben der **Äquivalenztheorie** spielt hier stärker als bei der haftungsbegründenden Kausalität die **Adäquanztheorie** eine Rolle (insb bei Schäden, die erst als weitere Folgen der ursprünglichen Rechtsgutverletzung entstehen, wie zB beim Auftreten oder Offenbarwerden weiterer Gesundheitsschäden während der Behandlung im Krankenhaus; nicht um einen Fall der haftungsausfüllenden Kausalität, sondern um mangelndes Verschulden ging es hingegen in Köln NJW 07, 1757), während die **Lehre vom Schutzzweck der Norm** hier nur selten relevant wird (für eine Anwendung auch bei der haftungsausfüllenden Kausalität aber zB BGH NJW-RR 06, 965; BaRoth/*Schubert* § 249 Rz 49).

23 **B. Rechtsgutverletzung iSd § 823 I. I. Verletzung des Lebens.** Verletzung des Lebens ist die Tötung eines Menschen (auch des nasciturus, BVerfG NJW 93, 1751, 1753, problematisch ist allerdings der exakte Beginn des Lebensschutzes, insb bei Embryonen- und Stammzellforschung, BaRoth/*Spindler* § 823 Rz 29). Entscheidend ist – wie im Strafrecht – der Gesamthirntod (Köln NJW-RR 92, 1480, 1481; Frankf NJW 97, 3099, 3100; BayObLG NJW-RR 99, 1309, 1311). Regelmäßig geht es um Ansprüche der Hinterbliebenen gem §§ 844 f; der Anspruchsumfang ist dort abschließend geregelt und umfasst insb kein eigenes Angehörigenschmerzensgeld (ein vor dem Tod begründeter eigener Schmerzensgeldanspruch des Verletzten kann jedoch – nach Streichung des § 847 I 2 aF – auf die Erben übergehen).

24 **II. Körper- oder Gesundheitsverletzung.** Körper- und Gesundheitsverletzung lassen sich oft **kaum exakt voneinander abgrenzen**: Die Körperverletzung als unbefugter (nicht durch Einwilligung gedeckter) Eingriff in die Integrität der körperlichen Befindlichkeit (BGHZ 124, 52, 54 mwN) bezieht sich stärker auf die äußere Integrität, die Gesundheitsverletzung auf innere körperliche Funktionen. Wegen der identischen Rechtsfolgen kommt es auf die Abgrenzung nicht entscheidend an. Zudem werden die Rechte auf körperliche Unversehrtheit und Gesundheit gleichermaßen als Ausprägungen des Allgemeinen Persönlichkeitsrechts verstanden (BGHZ 124, 52, 54; NJW 95, 2407, 2408).

25 **Körperverletzungen** können neben dem Zufügen äußerer Wunden zB das Vorenthalten von Nahrung oder das Abschneiden der Haare sein (BGH NJW 53, 1440 – aus strafrechtlicher Sicht). Auch fehlerhafte ärztliche Eingriffe kommen nach der Rspr als Körperverletzungen in Betracht (str, s.u. Rn 204; Sonderfall Karlsr NJW-RR 09, 743 f: Anbringen eines Tattoos, das sich nicht wie angegeben nach spätestens 7 Jahren auflöst, als Körperverletzung.

26 Bei **Verletzung abgetrennter Körperteile** ist nach dem Zweck (nicht der Dauer) der Trennung zu differenzieren: Wenn sie später wieder in den eigenen Körper transplantiert werden sollen, also die Trennung nur vorübergehend ist, liegt eine Körperverletzung vor (zB bei Eigenblutspende, Haut- oder Knochenteilen). Bei endgültiger Trennung vom Körper verwandeln sich die Körperteile in selbständige Sachen, an denen zunächst derjenige, von dem der Körperteil stammt, Eigentum erwirbt, so dass bei ihrer Beschädigung keine Körper-, sondern eine Eigentumsverletzung vorliegt. Im str Grenzfall der Vernichtung konservierten Spermas tendiert die Rspr zur Annahme einer Körperverletzung (BGHZ 124, 52, 56, arg: Sperma als Ersatz für verlorene Zeugungsfähigkeit), nach aA, die ua mit den Auswirkungen auf die strafrechtliche Bewertung argumentiert, liegt eine Verletzung des Allgemeinen Persönlichkeitsrechts vor (zB AnwK/*Katzenmeier* § 823 Rz 17; BaRoth/*Spindler* § 823 Rz 31; Soergel/*Spickhoff* § 823 Rz 34 mwN). Nach vergleichbaren Grundsätzen dürften Ansprüche des Partners zu beurteilen sein (sehr weitgehend *Ziegler/Rektorschek* VersR 09, 181, 185 f: Körper- und Gesundheitsschaden sowie Verletzung des Allgemeinen Persönlichkeitsrechts des Partners bei Impotenz durch Behandlungsfehler).

27 Ein weiterer Problemfall ist die **ungewollte Schwangerschaft**, zB bei fehlgeschlagener Sterilisation oder misslungenem Schwangerschaftsabbruch. Rspr und hL nehmen hier eine Körperverletzung der Mutter an (insb BGH NJW 80, 1452, 1453; 95, 2407, 2408 mwN), die Gegenansicht geht idR von einer Verletzung des Persönlichkeitsrechts oder ausnahmsweise – zB bei schweren psychischen Folgen – der Gesundheit der Mutter aus (zB Erman/*Schiemann* § 823 Rz 18). Die häufig damit verbundene Frage der Unterhaltsbelastung als Schadensposten (s. nur BGHZ 76, 249, 250 ff; 259, 260 ff; NJW 95, 2407, 2408; Celle NJW 07, 1000) ist in erster Linie eine solche des Vertragsrechts (s. zuletzt BGH NJW 07, 989).

28 **Gesundheitsverletzung** ist das Hervorrufen oder Steigern eines von den normalen körperlichen Funktionen abweichenden Zustandes, wobei unerheblich ist, ob Schmerzzustände auftreten oder bereits eine tief greifende Veränderung der Befindlichkeit eingetreten ist (BGHZ 114, 284, 289 mwN); eine Infektion mit Krankheitserregern genügt (BGHZ 114, 284, 289; 163, 209, 212). Problematisch sind insb die Reichweite der Definition sowie mittelbare Verletzungen. Der Begriff der Gesundheitsverletzung wird heute von der Rspr unter Rückgriff auf die Verkehrsauffassung (zB BGHZ 56, 163, 165 f; NJW 89, 2317, 2318 mwN; krit Erman/*Schiemann* § 823 Rz 20) sehr weit gefasst und kann zB auch Schlaf- oder Ruhestörungen erfassen (BGH VersR 54,

288, 289; 70, 1107 f; BGHZ 122, 363, 370 ff; aA Ddorf NJW 02, 2118 – nächtliche Telefonbelästigungen), ebenso gesundheitsbeeinträchtigende Folgen von Stalking (*Keiser* NJW 07, 3387, 3388) oder Mobbing (angedeutet etwa in BAG NZA 07, 1154 Rz 97, 117; einschr aber BAG DB 08, 2086 Rz 46: nicht, wenn keine vertraglichen Rücksichtnahmepflichten verletzt wurden), bei denen der Kausalitätsnachweis allerdings häufig schwierig sein dürfte. Auch die Verabreichung von Dopingmitteln ist idR eine Verletzung der Gesundheit des Sportlers (dazu zB *Friedrich* SpuRt 95, 8 f; *Turner* NJW 92, 720 f; *ders* Festgabe Zivilrechtslehrer 99, 666, 671 ff mwN), bei der allerdings eine rechtfertigende Einwilligung bzw ein Mitverschulden des Gedopten genau zu prüfen sind; denkbar ist auch eine Haftung nach § 823 II iVm Vorschriften des AMG (s.u. Rn 238).

Psychische Störungen können Gesundheitsverletzungen sein, wenn sie medizinisch fassbar sind und über das **29** allg Lebensrisiko hinausgehen (zB BGHZ 107, 359, 364; 137, 142, 145 ff mwN; NJW 97, 1640, 1641). Da solche Störungen häufig mittelbar verursacht werden, ist hier die **Kausalitätsproblematik** von zentraler Bedeutung: Sofern die psychische Störung Folge einer anderen, medizinisch fassbaren Körper- oder Gesundheitsverletzung ist, wird sie idR unproblematisch zugerechnet, und zwar selbst bei evtl verstärkter Veranlagung des Verletzten zu derartigen Störungen (zB BGH NJW 74, 1510; BGHZ 137, 142, 145, beide mwN; s.a. BGH NJW 00, 862, 863; abgelehnt aber in BGHZ 107, 359, 363 ff). Erst wenn eine derartige Reaktion „schlechterdings nicht mehr verständlich" ist, greifen die allg Grundsätze zur haftungsausfüllenden Kausalität (s.o. Rn 22; § 249 Rn 48 ff) sowie ggf § 254. Bei „isolierten" psychischen Störungen ist die Kausalität nach allg Grundsätzen zu ermitteln: Sofern die Verletzung medizinisch fassbar ist, dürften sich hier idR nur Probleme ergeben, wenn die psychische Störung auf der Schädigung eines anderen beruht. Insb Schockschäden Dritter sind nach der Rspr nur ersatzfähig, wenn es sich bei den Erstgeschädigten um nahe Angehörige handelt, die Schäden des Dritten pathologisch fassbar sowie nach der Verkehrsauffassung als Körper- oder Gesundheitsverletzungen zu betrachten sind und der Schock im Hinblick auf seinen Anlass verständlich ist (s. insb BGHZ 56, 163, 165 ff; NJW 89, 2317 f mwN; BGHZ 93, 351, 355 f; 132, 341, 344 mwN; ähnl BGH NJW 07, 2764 Rz 17).

Auch **vorgeburtliche Schädigungen** sind Gesundheitsverletzungen iSd § 823 I, zB eine gesundheitliche Schä- **30** digung durch Verletzung der Mutter während der Schwangerschaft (insb BGHZ 58, 48, 51 f; 93, 351, 355 ff; 106, 153, 155 f). Die Rspr behandelt auch präkonzeptionelle Schädigungen, zB durch Infektion der Mutter mit einer ansteckenden Krankheit vor der Zeugung, als Gesundheitsverletzung (BGHZ 8, 243, 248 f). Selbst wenn die dogmatische Begründung problematisch ist (s. nur Staud/*J Hager* § 823 Rz B 40 ff; BaRoth/*Spindler* § 823 Rz 34; Erman/*Schiemann* § 823 Rz 22), ist das Ergebnis insb unter dem verfassungsrechtlichen Aspekt des Schutzes werdenden Lebens (BVerfG NJW 93, 1751) zu befürworten. Str ist allerdings, ob zugleich eine Körperverletzung der Mutter anzunehmen ist (Nachw bei AnwK/*Katzenmeier* § 823 Rz 23 Fn 73, s.a. oben Rn 27).

III. Freiheitsverletzung. Verletzung der Freiheit ist nach hM die **Beeinträchtigung bzw der Entzug der kör- 31 perlichen Bewegungsfreiheit** (München OLGZ 85, 466, 467; Staud/*J Hager* § 823 Rz B 53 mwN); auf die Kasuistik zu § 239 StGB kann zurückgegriffen werden (BaRoth/*Spindler* § 823 Rz 36). Die Dauer des Freiheitsentzugs ist gleichgültig, erforderlich ist aber eine gewisse Erheblichkeit (Abgrenzung zum allg Lebensrisiko). So werden nach hM ein Verkehrsstau aufgrund eines Unfalls oder das kurzzeitige Blockieren einer Ausfahrt nicht erfasst (Staud/*J Hager* § 823 Rz B 54 mwN), wohl aber Blockaden, die von vornherein auf eine Beeinträchtigung der Bewegungsfreiheit ausgerichtet sind (BaRoth/*Spindler* § 823 Rz 39). **Nicht geschützt** sind allg Handlungsfreiheit und wirtschaftliche Entscheidungsfreiheit (München OLGZ 85, 466, 467; Soergel/*Spickhoff* § 823 Rz 53; BaRoth/*Spindler* § 823 Rz 38 beide mwN, auch zur aA); sie werden aber teilw durch das Allgemeine Persönlichkeitsrecht, das Recht am Unternehmen sowie das UWG erfasst.

Wichtige Anwendungsfälle sind die unberechtigte Freiheitsentziehung durch Verhaftung oder Unterbrin- **32** gung durch physische Gewalt (bei psychisch Kranken). Für lediglich psychische Beeinflussungen, die zu einer Freiheitsentziehung führen (zB Täuschung, Drohung, psychischer Zwang), wird heute überwiegend angenommen, dass sie nicht von § 823 I, sondern von § 823 II iVm § 240 StGB erfasst werden (zB AnwK/*Katzenmeier* § 823 Rz 25; BaRoth/*Spindler* § 823 Rz 38 mwN). In vielen Fällen ist allerdings § 839 iVm Art 34 GG einschlägig (§ 839 Rn 96 ff). Für gerichtliche Sachverständige, deren Gutachten zu einer Freiheitsentziehung (insb zur Unterbringung) führt, gilt § 839a. Daneben kommt nach dem Willen des Gesetzgebers, der die Regelung als abschließend ansah (BTDrs 14/7752, 28), keine Haftung nach § 823 I, etwa bei leichter Fahrlässigkeit, in Betracht. Zur Rechtslage vor dem 1.8.02: Art 229 EGBGB § 8 sowie BaRoth/*Spindler* § 823 Rz 37.

IV. Eigentumsverletzung. 1. Überblick. § 823 I erfasst die Verletzung des Eigentums iSd § 903 an Sachen **33** iSd §§ 90 ff. Die Vorschrift gilt entspr für die Verletzung von Tieren iSd § 90a (BaRoth/*Spindler* § 823 Rz 43 mwN) und kann einen Anspruch des Halters wegen Eigentumsverletzung begründen. **Formen der Eigentumsverletzung** sind Beeinträchtigungen des Eigentumsrechts, der Sachsubstanz und der Nutzungsmöglichkeit; sie sind insb von reinen Vermögensschäden abzugrenzen (insofern kann der Ersatz nach § 823 I weniger weit reichen als die umfassende Herrschafts- und Nutzungsbefugnis des Eigentümers nach § 903). Zu beachten ist der weitgehende Vorrang der §§ 987 f 2018 ff. Bei Lieferung unbestellter Sachen ist str, ob § 823 I durch § 241a II ausgeschlossen wird (§ 241a R 12 f). Zur Konkurrenz zwischen Delikts- und Vertragsansprüchen s.u. Rn 39, 41 ff.

34 **2. Beeinträchtigung des Eigentumsrechts.** Das Eigentumsrecht kann durch **schuldhaft unberechtigte Verfügungen über das Eigentum eines anderen** beeinträchtigt werden, zB durch Übereignung an einen gutgläubigen Dritten oder die Belastung mit einem Sicherungsrecht (BGHZ 56, 73, 77 mwN; NJW 86, 1174 f; 96, 1535, 1537). Der Anspruch aus § 823 I steht hier (sofern er nicht durch §§ 989 ff ausgeschlossen ist) neben demjenigen aus § 816 I 1.

35 Auch die **Verursachung eines Rechtsverlusts nach §§ 946 ff** kann eine Eigentumsverletzung darstellen (BGHZ 56, 73, 77 f; 109, 297, 300 mwN); daneben kommt ein Anspruch aus § 951 iVm § 812 I 1 Var 2 in Betracht. Keine Eigentumsverletzung ist aber gegeben bei der bloßen Duldung des Einbaus von Baumaterial durch einen Bauherrn, da idR der Bauunternehmer Vorsorge gegen Konflikte zwischen den Rechten des Materiallieferanten (insb aufgrund von Eigentumsvorbehalten) und des Verarbeitenden treffen muss (BGHZ 56, 228, 237 ff; 102, 293, 309).

36 Schließlich kann das Eigentumsrecht durch **Maßnahmen in der Zwangsvollstreckung** (Pfändung und Verwertung schuldnerfremden Eigentums) beeinträchtigt werden. Der **Vollstreckungsschuldner** haftet, wenn er den Eigentümer nicht über die Pfändung unterrichtet hat (Staud/*J Hager* § 823 Rz B 69 mwN). Der **Vollstreckungsgläubiger** haftet grds ebenfalls ggü dem Eigentümer (s. insb BGHZ 58, 207, 210 mwN; 67, 378, 383; 118, 201, 205 ff mwN), str ist aber, ob schon bei einfacher Fahrlässigkeit (so insb die Rspr aaO, aber unter Anlegung eines relativ strengen Verschuldensmaßstabs) oder erst bei grober (so teilw die Lit, zB AnwK/*Katzenmeier* § 823 Rz 36; Erman/*Schiemann* § 823 Rz 26). Eine Beschränkung der Haftung lässt sich mit einer Gleichstellung mit dem unrechtmäßigen Besitzer iSd § 990 I begründen, da das Vertrauen des Vollstreckungsgläubigers in die Ordnungsmäßigkeit des Vollstreckungsverfahrens vergleichbar schutzwürdig ist (vgl Erman/*Schiemann* aaO). Wenn der Eigentümer seine Rechte nach §§ 769, 771 ZPO nicht wahrnimmt, kommt ein Mitverschulden iSd § 254 in Betracht (vgl aber BGHZ 118, 201, 206 f: keine Rechtfertigung durch Inanspruchnahme eines gesetzlichen Verfahrens, da der Eigentümer daran nicht unmittelbar beteiligt ist).

37 **3. Beeinträchtigung der Sachsubstanz. a) Allgemeines.** Beeinträchtigungen der Sachsubstanz sind insb die Zerstörung oder Beschädigung einer Sache (auch zB durch erhebliche Verunreinigung, BGH DB 64, 65 f; unbefugtes Plakatieren, LG Bonn NJW 73, 2292, 2293 f; AG Leipzig NJW-RR 98, 240, oder Sachverbrauch, Hamm OLGR 07, 660: Verbrauch von Papier und Farbe bei unaufgeforderter Telefaxwerbung, BAG NJW 09, 1990, 1991 für E-Mail-Werbung) oder die Einwirkung von Immissionen (BGHZ 62, 186, 188 f; 90, 255, 257 f; 101, 106, 110; 120, 239, 249 f; Rostock NJW 06, 3650: Verlust des BIO-Siegels durch Immissionen, hier sind insb §§ 906 ff und § 14 BImSchG als mögliche Rechtfertigungsgründe zu berücksichtigen). Eine Schädigung durch ideelle Immissionen sieht die Rspr nicht als ausreichend an (insb BGHZ 51, 396, 399), anders aber teilw die Lit (zB Erman/*Schiemann* § 823 Rz 33). Auch das Durcheinanderbringen einer Kartei oder eines Archivs ohne Beschädigung der Sachen selbst kann eine Eigentumsverletzung darstellen (BGHZ 76, 216, 220), ebenso das Löschen von Software (Karlsr NJW 96, 200, 201) oder Beschädigung bzw Verlust von Daten (*Meier/Wehlau* NJW 98, 1585, 1588 f) – sofern man Software als Sache iSd § 90 ansieht (dazu insb BaRoth/*Spindler* § 823 Rz 55). Problematisch iRd Fallgruppe sind insb mittelbare Substanzverletzungen (Rn 38 ff) sowie die Konkurrenz mit Vertragsansprüchen (Rn 41 ff).

38 **b) Mittelbare Substanzverletzungen. aa) Beeinträchtigung bzw Unterbrechung von Versorgungseinrichtungen.** Erste Fallgruppe der mittelbaren Substanzverletzungen ist die **Beeinträchtigung bzw Unterbrechung von Versorgungseinrichtungen.** Der BGH hat bei Produktionsstillstand durch **Unterbrechung der Stromversorgung** – neben einer Verletzung des Rechts am Unternehmen – eine Eigentumsverletzung abgelehnt (BGHZ 29, 65, 75), eine solche beim Verderb auszubrütender Eier aufgrund derselben Ursache jedoch bejaht (BGHZ 41, 123, 125 f; vgl auch BGHZ 64, 355, 360), da im ersten Fall lediglich eine Beeinträchtigung der Nutzungsmöglichkeit, im zweiten hingegen eine Substanzverletzung vorgelegen habe. In der Lit ist die Bewertung dieser Fälle umstr. Häufig wird – in Übereinstimmung mit den allg Grundsätzen bei mittelbaren Verletzungen (s.o. Rn 9) – stärker auf eine Verletzung von Verkehrspflichten der Versorger abgestellt (zB BaRoth/*Spindler* § 823 Rz 47; Erman/*Schiemann* § 823 Rz 29); dann kommt bei Vorhersehbarkeit des Schadens auch eine Haftung bei bloßer Beeinträchtigung der Nutzungsmöglichkeit in Betracht (s.u. Rn 53 ff). Daneben ist häufig eine Verletzung des Rechts am Unternehmen denkbar (s.u. Rn 82 ff).

39 **bb) Wirkungslosigkeit eines sachschützenden Gegenstands.** Auch durch die **Wirkungslosigkeit eines sachschützenden Gegenstands** kann eine Substanzverletzung verursacht werden. In der Rspr wird eine Haftung nach § 823 I für möglich gehalten (BGHZ 80, 186 u 199 – Fungizide zur Bekämpfung von Apfelschorf; NJW 85, 194 – Dachabdeckfolie; NJW 96, 2224 – Maschinenöl; Ddorf NJW-RR 00, 833, 835 – Feuerlöschanlage), die Ansprüche scheiterten iE jedoch meist. Weil das Eigentum zwar wegen der Wirkungslosigkeit des Produkts, aber letztlich durch andere Einflüsse geschädigt wird, ist hier insb die **haftungsbegründende Kausalität** problematisch. Nach der Rspr (BGH aaO) ist sie gegeben, wenn der Betroffene den Schadenseintritt auf anderem Wege hätte verhindern können, aber im Vertrauen auf die Tauglichkeit des Produkts keine weiteren Schutzmaßnahmen ergriffen hat. Zu weiter reichenden Einschränkungen *v Westphalen* Jura 83, 57, 66; ProdHHdb/*Foerste* § 21 Rz 83 f; für ausschließliche Anwendung des Vertragsrechts zB *G Hager* AcP 1984, 413, 415 f; *ders* BB 87, 1748, 1749 f; *Schwenzer* JZ 88, 525, 530 f; *I Koch* 284 ff.

cc) **Vom Geschädigten auf Veranlassung des Schädigers herbeigeführte Eigentumsverletzungen.** Str ist die 40
Behandlung von Eigentumsverletzungen, die vom Geschädigten auf Veranlassung des Schädigers herbeigeführt wurden, bei denen der **Geschädigte** also die **letzte Ursache** gesetzt hat. Hier wird teilw eine Haftung nach § 823 I abgelehnt (zB *Larenz/Canaris* § 76 II 3 f; *Stoll* JZ 88, 153 ff), zT aber auch bejaht (zB Staud/*J Hager* § 823 Rz B 87; BaRoth/*Spindler* § 823 Rz 49; Erman/*Schiemann* § 823 Rz 29; vgl auch zur vergleichbaren Situation bei einer Körperverletzung BGHZ 101, 215, 218 ff). Entscheidend dürfte sein, ob im konkreten Fall das Eingreifen des Geschädigten den Kausalzusammenhang unterbricht oder ob die Handlung des Schädigers die entscheidende (und dann weiterhin maßgebliche) Ursache für die nachfolgende Rechtsgutsverletzung gesetzt hat.

c) **Konkurrenz zum Vertragsrecht, insbes „Weiterfresserschäden". aa) Überblick.** Neben den Fällen wirkungsloser Produkte (s.o. Rn 39) und Konstellationen eines Produktrückrufs (s.u. Rn 185) treten va bei 41
„Weiterfresserschäden"/„weiterfressenden Mängeln" Überschneidungen zwischen Delikts- und Vertragsrecht auf: Mangelhafte Leistungen iRe Kauf- oder Werkvertrags können auch zu Eigentumsverletzungen führen. Durch die Gewährung von Deliktsansprüchen könnten ggf Restriktionen der Sachmängelgewährleistung (zB kürzere Verjährung, Vorrang der Nachbesserung) vermieden werden, so dass das differenzierte System vertragsrechtlicher Mängelgewährleistung durch konkurrierende Deliktsansprüche „ausgehebelt" würde. **Ausgangspunkt** der daher erforderlichen Abgrenzung ist, dass die Vertragshaftung das Äquivalenzinteresse des Vertragspartners (Regelfall: Qualitätsmängel des Vertragsgegenstands), die Delikthaftung das Integritätsinteresse (Regelfall: Beschädigung von anderen Rechtsgütern als dem Vertragsgegenstand) betrifft. Entscheidend zur Entwicklung der „Weiterfresser"-Rspr, die im internationalen Vergleich weitgehend singulär ist, hat die frühere, für den Käufer ungünstigere kaufrechtliche Verjährungsfrist beigetragen. Seit der Schuldrechtsmodernisierung dürfte die Problematik – wegen der Angleichung kauf- und werkvertraglicher Regelungen – für Werkverträge (insb bei Mangelfolgeschäden aufgrund mangelhafter Bauwerke) von voraussichtlich sogar stärkerer Bedeutung sein (s. BaRoth/*Spindler* § 823 Rz 64; *Schaub* VersR 01, 940 ff).

Bei „Weiterfresserschäden" im ursprünglichen Sinne des Begriffs ist zunächst nur ein Teil des Vertragsgegenstands mangelhaft, aber der Mangel wirkt sich später auf die gesamte Sache aus („frisst sich weiter"). Bsp: 42
Durch einen defekten Schwimmerschalter gerät eine Reinigungs- und Entfettungsanlage in Brand (BGHZ 67, 359) – **„Weiterfresserschäden ieS"** (kein „Weiterfresserschaden", sondern ein Schaden an einem anderen Produkt lag dagegen vor bei Oldbg NJW-RR 01, 459). In neuerer Zeit werden auch Fälle erfasst, in denen der Erwerber einen mangelhaften Gegenstand zur Schaffung eines Produkts oder zur Herstellung eines Bauwerks verwendet und durch diese Verarbeitung ein neuer, mangelhafter Gegenstand geschaffen wird, bei dem das ursprünglich allein mangelhafte Einzelteil nicht ohne Beschädigung des Gesamtgegenstands oder -bauwerks entfernt werden kann. Bsp: Lieferung mangelhafter Kondensatoren zum Einbau in elektronische Regler; die Regler werden durch den Mangel nicht beschädigt, aber die Kondensatoren können nicht ohne Beschädigung anderer Teile der Regler entfernt werden (BGHZ 117, 183). Dabei handelt es sich genau genommen um eine zweite, eigenständige Fallgruppe, hier als **„Weiterfresserschäden iwS"** bezeichnet (näher zu Terminologie und Beispielen *Schaub* 18 ff).

bb) **„Weiterfresserschäden ieS".** „Weiterfresserschäden ieS" fallen in den Grenzbereich zwischen Vertrags- und Delikthaftung: Bei der Sachmängelgewährleistung ist problematisch, dass im Zeitpunkt des Gefahrübergangs ein Teilmangel vorhanden ist, der erst später auf die Gesamtsache übergreift. Bei der Delikthaftung bereitet das Erfordernis einer Verletzung des Integritätsinteresses Probleme. Entscheidend ist daher die **Grenzziehung zwischen deliktsrechtlich relevanter Eigentumsverletzung und nicht ersatzfähigem reinem Vermögensschaden.** 43

Ausgangspunkt der **Rspr** ist eine uneingeschränkte Konkurrenz vertrags- und deliktsrechtlicher Ansprüche (s. insb BGHZ 67, 359, 362 f; NJW 78, 2241, 2242; 04, 1032, 1033). Zunächst wurde angenommen, beim 44
Mangel eines „funktionell begrenzten Einzelteils" komme eine Eigentumsverletzung an der Restsache in Betracht (BGHZ 67, 359, 364 f; NJW 78, 2241). Inzwischen bejaht die Rspr das Vorliegen einer Eigentumsverletzung, wenn der Schaden am Gesamtgegenstand nicht mit dem Mangelunwert **„stoffgleich"** ist, was mittels einer „natürlichen bzw wirtschaftlichen Betrachtungsweise" zu ermitteln sein soll (BGHZ 86, 256, 258 f; NJW 83, 813; 05, 1423, 1425 ff; zuletzt Karlsr 11 U 24/05, dazu *Rothe* PHI 07, 197 f). Dies wird ergänzt durch eine Berechnung des Mangelunwertes des Kaufgegenstands nach den Grundsätzen des Gewährleistungsrechts (§ 441 III).

In der **Lit** wird diese Rspr teilw heftig kritisiert. Die dort entwickelten **Lösungsvorschläge** lassen sich in drei 45
Gruppen einteilen (ausf *Schaub* 24 ff):

Die **vertragsrechtlichen Lösungen** reichen von einer Anwendung der kaufrechtlichen Mängelgewährleistungsregeln (zB *Brüggemeier* 338 ff; *ders* JZ 99, 99), die jetzt auch Fälle der pFV einschließt (zur Rechtslage 46
vor 2002 zB *Esser/Weyers* § 6 III 2; *Lieb* JZ 77, 345 f; *Steinmeyer* DB 89, 2158 ff; *Nagel* DB 93, 2469, 2471), über Garantiehaftung (de lege ferenda *G Hager* AcP 84, 413, 432 ff; *ders* BB 87, 1748, 1751) bis zum Vertrag mit Schutzwirkung für Dritte (insb *Schwenzer* JZ 88, 525, 531; *Canaris* FS Larenz II 27, 100 f).

47 Die **deliktsrechtlichen Lösungen** halten überwiegend eine Eigentumsverletzung für denkbar, entwickeln aber teilweise andere Kriterien als die Rspr für die Abgrenzung zwischen Eigentumsverletzung und reinem Vermögensschaden. Vorgeschlagen werden insb: Verursachung des Schadens durch Unfall bzw irregulären Geschehensablauf (*Lang* 181; *Mayer* BB 84, 318, 319 f), Unterscheidung zwischen statischen und dynamischen Mängeln (zB *Nickel* VersR 84, 318, 319 f; 87, 32 f; *Merkel* NJW 87, 358, 359 f), Unterscheidung zwischen umwelt- und produktgefährdenden Mängeln (*G Hager* AcP 1984, 413, 417; *Wesch* 155 f), Differenzierung zwischen wesentlichen und unwesentlichen Bestandteilen iSd Sachenrechts (*Ebel* NJW 78, 2494 f), zwischen Eingriff und Verfügung des Rechtsgutsträgers (*Plum* AcP 1981, 68 ff; *Bälz* 52) oder zwischen Normal- und Kardinalmangel (*J Schmidt* 29 f).

48 Eine im Vordringen befindliche Ansicht innerhalb der deliktsrechtlichen Lösungen stellt stärker auf die **Verletzung von Verkehrspflichten** als auf das Vorliegen einer Eigentumsverletzung ab (zB Erman/*Schiemann* § 823 Rz 125; *Lang* 180 ff; *Keibel* 78; *Katzenmeier* Vertragliche und deliktische Haftung 40 f, 73 ff; *Brüggemeier* WM 82, 1294, 1300; *Stoll* JZ 83, 501, 503 f; *G Hager* AcP 84, 413, 417 f; *Mertens* VersR 80, 397, 406).

49 Die **Lösungen auf Konkurrenzebene** versuchen, die Anwendung des § 823 I auf „Weiterfresserschäden" auszuschließen oder einzuschränken, um die vertraglichen Mängelgewährleistungsregeln nicht zu unterlaufen (zB *Schlechtriem* 292 ff; ProdHHdb/*Foerste* § 21 Rz 29 ff; *ders* NJW 92, 27; *Grunewald* JZ 87, 1098; *D Koch* 218 ff, 231 ff; für die Verjährung auch BaRoth/*Spindler* § 823 Rz 65 aE).

50 Stellungnahme: Sofern man mit der ganz hM eine Deliktshaftung in „Weiterfresser"-Fällen nicht von vornherein ausschließen will, sollte auf **Zweck und Zielrichtung der Delikthaftung** für mangelhafte Produkte bzw Werkleistungen zurückgegriffen werden, da keines der in Rspr und Lit erwogenen Abgrenzungskriterien völlig zu überzeugen vermag. Durch die Deliktshaftung sollen Erwerber und Dritte vor Gefahren geschützt werden, die von mangelhaften Gegenständen bzw ihren Einzelteilen ausgehen. Entsprechend sind die **Verkehrspflichten des Produzenten bzw Werkunternehmers** zu bestimmen und zugleich einzugrenzen: Sofern durch die Lieferung eines mangelhaften Gegenstands bzw durch eine mangelhafte Werkleistung **Rechtsgüter iSd § 823 I gefährdet** werden, sollte bei Eintritt eines Schadens nach § 823 I gehaftet werden – unabhängig davon, ob tatsächlich andere Rechtsgüter betroffen sind oder (zufällig) nur der Vertragsgegenstand beschädigt wurde. Das solchermaßen konkretisierte, eigenständige deliktsrechtlich relevante Unrecht rechtfertigt auch eine freie Konkurrenz dieser Haftung mit der vertraglichen Mängelgewährleistung.

51 cc) „Weiterfresserschäden iwS". „Weiterfresserschäden iwS" traten in der Rspr erst später auf (BGHZ 117, 183; 138, 230; 146, 144) und werden vielfach nicht als **eigenständige Fallgruppe** behandelt (vgl aber *Brüggemeier* JZ 99, 99; *Franzen* JZ 99, 702 ff; *Gsell* S 8 ff u passim), obwohl sie sich strukturell von „Weiterfresserschäden ieS" unterscheiden (s.o. Rn 42). Bei ihnen erscheint es auf den ersten Blick einfacher, von einer Beschädigung „anderer Sachen" als des mangelhaften Vertragsgegenstands auszugehen, aber das hinzutretende eigenständige Handeln des Geschädigten sowie die Problematik der Eigentumsverletzung durch Nutzungsbeeinträchtigung erschweren die Beurteilung dieser Fälle.

52 Die **Rspr** (BGHZ 117, 183; 138, 230, 236 f) nimmt meist eine Eigentumsverletzung an den anderen Materialien an, da keine „völlige Stoffgleichheit" zwischen Mangel und Schaden gegeben sei (teilw anders aber BGHZ 146, 144). Sinnvoller erscheint es aber auch hier, auf eine **Verletzung von Verkehrspflichten** durch den Lieferanten im oben (Rn 50) ausgeführten Sinne abzustellen: Entscheidend ist, ob eine Gefährdung der anderen Materialien bereits durch die Pflichtverletzung des Lieferanten verursacht wurde (insb bei Einzelteilen, die typischerweise nicht isoliert verwendet werden) oder ob eine solche erst aufgrund einer für den Lieferanten des Einzelteils nicht vorhersehbaren Weiterverwendung entstand (dann wäre bereits das Bestehen einer entspr Verkehrspflicht abzulehnen). Zusätzlich müssen iRd Deliktshaftung der Beitrag des Geschädigten (der sich als Unterbrechung des Kausalzusammenhangs oder als Mitverschulden auswirken kann) sowie die Tatsache berücksichtigt werden, dass die anderen Materialien nicht unmittelbar beschädigt werden, vielmehr durch die Verbindung mit dem mangelhaften Einzelteil zunächst nur ihre Nutzungsmöglichkeit beeinträchtigt wird (s.u. Rn 53 ff).

53 4. Beeinträchtigung der Nutzungsmöglichkeit. Eine Eigentumsverletzung kann nach der Rspr auch die **Beeinträchtigung des bestimmungsgemäßen Gebrauchs** einer Sache sein (BGHZ 55, 153, 159 f; 138, 230, 235 f mwN). Die Nutzung des Eigentums ist grds vom Eigentumsrecht und damit auch vom Schutz nach § 823 I erfasst. Problematisch ist aber die Grenzziehung zu reinen Vermögensschäden (bei bloßer Beeinträchtigung der Dispositionsfreiheit des Eigentümers, BGHZ 86, 152, 155; VersR 79, 905, 906) und zum Recht am Unternehmen (s. insb BGHZ 55, 153, 158 ff; 86, 152, 156 ff; 105, 346, 350), va weil nach der Rspr die konkrete Bestimmung des Eigentums, die der Eigentümer ihm gegeben hat, zu berücksichtigen ist (s. insb BGHZ 90, 255, 261 mwN).

54 Grundlinien der Rspr: Nutzungsausfall kann unter bestimmten Voraussetzungen ersatzfähig sein: Die unerlaubte Handlung muss sich **gegen den Eigentumsgegenstand selbst richten**, nicht zB gegen den Rechtsinhaber (s. insb BGHZ 63, 203, 206 – Führerscheinentzug mwN; umfassend *Zeuner* FS Flume 78, Bd I 775 ff) und die **Beeinträchtigung** darf **nicht nur unerheblich**, insb nicht lediglich vorübergehend sein (zB BGHZ 86, 152, 154 f; 138, 230, 235; NJW 04, 356, 358). **Bsp** sind die Blockade eines Schiffs (BGHZ 55, 153, 159) oder eines Kfz (BGHZ 63, 203, 206), jeweils durch „Einsperren", unberechtigtes Parken auf fremdem Grundstück (S. *Lorenz* NJW 09, 1025 f), die Vereitelung der Nutzung von Wasserrohren durch ein nicht geruchs- und geschmacksneutrales Gewindeschneidemittel (BGH NJW 94, 517, 518; NJW-RR 95, 342 f), ein Verwertungsverbot von Tieren aufgrund unzulässiger Zusatzstoffe in Futtermitteln (Kobl OLGR 06, 358, 360 – iE aber abgelehnt) oder die Verursachung eines behördlichen Benutzungsverbots (AG Offenbach DAR 08, 486). Sehr weitgehend BGH GRUR 04, 263; Köln 6 U 217/08 zum Befüllen der Gastanks eines Lieferanten mit Gas eines anderen Lieferanten. **Nicht** erfasst ist die Blockierung des Zugangs, wie zB das „Aussperren" von Schiffen, Kfz (BGHZ 55, 153, 160; NJW 77, 2264, 2265 f) oder Eisenbahnzügen (BGH NJW-RR 05, 673, 674) oder die Vereitelung der Stromzufuhr (BGHZ 29, 65, 75; 66, 388, 393 f). Letztere könnte evtl mit einem „Aussperren" verglichen werden, die Behandlung der Unterbrechung von Versorgungsleitungen ist jedoch äußerst umstr (für eine Eigentumsverletzung zB Erman/*Schiemann* § 823 Rz 31).

Stellungnahme: Auch hier ist – wie bei „Weiterfresserschäden" – eine exakte Abgrenzung zwischen Eigentumsverletzung und reinem Vermögensschaden bislang nicht gelungen. Die einschränkenden Kriterien der Rspr liefern Leitlinien, reichen aber für sich genommen nicht aus. IRd Interessenausgleichs zwischen Schädiger und Geschädigtem muss auch die Position des Schädigers berücksichtigt und nach der Vorhersehbarkeit des Schadens gefragt werden. In Anwendung der allg Grundsätze über mittelbare Verletzungen (s.o. Rn 9) sind Verkehrspflichten des Verletzers (insb der Betreiber von Versorgungseinrichtungen) zu konkretisieren. Dabei ist regelmäßig die übliche Nutzung, nicht eine außergewöhnliche zusätzliche Nutzung durch den Eigentümer entscheidend. Folglich kommt bei einer mehr als unerheblichen Beeinträchtigung der Nutzungsmöglichkeit (zB durch Unterbrechung von Versorgungseinrichtungen) eine Eigentumsverletzung in Betracht (allerdings nur bei kommerzieller Verwertung oder Inanspruchnahme eines Ersatzgegenstands, Erman/*Schiemann* § 823 Rz 32 mN), idR aber nicht bereits bei Ausfall einer von mehreren Nutzungsmöglichkeiten, denn hier wird regelmäßig keine entspr Verkehrspflicht bestehen. 55

5. Sonderfälle. Der **Entzug einer Sache,** insb durch Diebstahl oder Unterschlagung, verletzt nicht nur den Besitz, sondern auch das Eigentum, da die Nutzungsmöglichkeit entfällt (BGHZ 75, 230, 231; VersR 75, 658, 659). Str ist dies für den versuchten Sachentzug: für eine Eigentumsverletzung zB BaRoth/*Spindler* § 823 Rz 59; Soergel/*Spickhoff* § 823 Rz 69 mwN; dagegen – weil beim Versuch das Eigentum noch nicht tatsächlich beeinträchtigt ist – zB Erman/*Schiemann* § 823 Rz 34 (stattdessen aber Haftung nach § 823 II iVm §§ 242, 22 StGB). 56

Ob das **Fotografieren fremder Gegenstände,** insb Gebäude, ohne Eindringen auf ein fremdes Grundstück eine Eigentumsverletzung darstellt (dazu insb BGH NJW 75, 778 f), kann mit einem Teil der Lit bezweifelt werden (zB BaRoth/*Spindler* § 823 Rz 57; Erman/*Schiemann* § 823 Rz 34; Staud/*J Hager* § 823 Rz B 103 mwN), zumal sich ein durch Verbreitung solcher Fotos erzielter Gewinn ggf im Wege der Eingriffskondiktion abschöpfen lässt. 57

V. Verletzung eines sonstigen Rechts. 1. Allgemeines. a) Dogmatik. Der Schutz „sonstiger Rechte" stellt innerhalb des § 823 I einen – allerdings begrenzten – Auffangtatbestand dar. Erfasst sind nach hM nur **absolute Rechte,** die sich gegen jedermann richten. **Merkmale** „sonstiger Rechte" sind jedenfalls **Zuweisungsgehalt** und **Ausschließungsfunktion** (Staud/*J Hager* § 823 Rz B 24 mwN), **umstr** ist, ob auch soziale Offenkundigkeit (dafür zB MüKo/*Mertens* 3. Aufl 97, § 823 Rz 123; *Larenz/Canaris* § 76 I 1c; krit zB *Hüffer* ZHR 97, 867, 869) und Eigentumsähnlichkeit (dafür zB MüKo RGZ 57, 353, 356; dagegen seitens der Gesetzgebungsgeschichte, s. Soergel/*Spickhoff* § 823 Rz 86 mwN; *Schiemann* FS Deutsch 09 895, 899 f) dazugehören. Das Kriterium der sozialen Offenkundigkeit erscheint für eine klare Abgrenzung zu undeutlich. Der Streit um die Eigentumsähnlichkeit war va für das heute anerkannte Allgemeine Persönlichkeitsrecht von Bedeutung. Um weitere Entwicklungsmöglichkeiten offen zu halten und Zweifelsfragen zu vermeiden (Bsp: Ist das Namensrecht „eigentumsähnlich"?), sollte auch Eigentumsähnlichkeit nicht vorausgesetzt werden. Zuweisungsgehalt und Ausschließungsfunktion dürften idR hinreichende Abgrenzungskriterien liefern. 58

b) Keine sonstigen Rechte. Kein sonstiges Recht ist insb das **Vermögen als solches** (s. nur RGZ 51, 92, 93; BGHZ 27, 137, 140; NJW 92, 1511, 1512), es wird ggf nach §§ 823 II, 824, 826, 839, 839a geschützt. Eine Ausnahme sind die Kosten der Abwehr eines Angriffs auf ein von § 823 I erfasstes Rechtsgut (s. dazu nur Soergel/*Spickhoff* § 823 Rz 87 mwN; *Schaub* 124 ff mwN). 59

Nicht geschützt sind nach hM auch **Forderungsrechte** (insb RGZ 57, 353, 355 ff; BGHZ 29, 65, 73 f; NJW 70, 137, 138 mwN; BAG ZIP 06, 1213, 1214; 07, 692, 694; DB 07, 1690, 1691: Abfindungsanspruch/Wertguthaben aus Altersteilzeitarbeitsverhältnis; Staud/*J Hager* § 823 Rz B 160 mwN, auch zur Gegenansicht), weil es sich dabei lediglich um relative Rechte handelt. Weiterhin würde ihre Einbeziehung zu einem weit reichenden Vermögensschutz – noch dazu bei idR lediglich mittelbaren Schäden – führen (etwa bei Beeinträchtigung von Leistungsansprüchen durch Zerstörung des Leistungsgegenstands oder Verletzung des Leistungsverpflichteten, zB eines Arbeitnehmers). Das differenzierte Gefüge des Leistungsstörungsrechts, insb die dort vorgenommene Risikoverteilung, könnte dadurch konterkariert werden. 60

Str ist, ob § 823 I **Eingriffe in die Forderungszuständigkeit** erfasst. Dagegen die – noch – hM (zB RGZ 57, 353, 355 ff; BaRoth/*Spindler* § 823 Rz 98 mwN), insb weil neben § 816 II kein Bedürfnis für zusätzlichen Schutz bestehe und die Wertungen der §§ 407 I, 987 ff, 2019 ff unterlaufen werden könnten. Nach aA (zB 61

Larenz/Canaris § 76 II 4g; Staud/*J Hager* § 823 Rz B 165; Soergel/*Spickhoff* § 823 Rz 88 mwN; *Picker* FS Canaris 1001 ff) sind solche Eingriffe jedoch in § 823 I einzubeziehen. Argumente sind insb Zuweisungsgehalt und Ausschließungsfunktion der Forderungszuständigkeit, Schutzlücken bei § 816 II (aufgrund von § 818 III), die andernfalls auftretende Diskrepanz der Behandlung von einfachem und verlängertem Eigentumsvorbehalt beim unberechtigten Forderungseinzug durch den Geschäftsführer einer GmbH, ein Rekurs auf die Drittwiderspruchsklage und die Möglichkeit einer Berücksichtigung der Wertung des § 407 iRd Anspruchs aus § 823 I. Zu folgen ist trotzdem der hM, da sonst ein schwer eingrenzbarer Ersatz primärer Vermögensschäden nach § 823 I erfolgen würde. Vertragliche Rechte sind gerade nicht so weit reichend geschützt wie absolute Rechte, und die Problematik der Entstehung von Schutzlücken aufgrund von § 818 III stellt sich auch in anderen Fällen, ohne dass dort ein deliktsrechtlicher „Ausgleich" in Betracht kommt. Andernfalls dürfte sich eine Entwicklung des „sonstigen Rechts" zum Auffangtatbestand für primäre Vermögensschäden nur schwer aufhalten lassen.

62 **2. Dingliche Rechte. a) Beschränkte dingliche Rechte.** Beschränkte dingliche Rechte (Sicherungs- und Nutzungsrechte an Sachen) werden von § 823 I erfasst, sofern auch das zugrunde liegende Vollrecht durch die Vorschrift geschützt ist, also zB Sachpfand (RGZ 98, 345, 346; BGH WM 65, 701, 704), Grundschuld (BGHZ 65, 211, 212 ff), Hypothek (RGZ 69, 85, 91), Dienstbarkeiten (BGH VersR 64, 1201), Rentenschuld, Reallast, dingliches Vorkaufsrecht (BGH NJW-RR 05, 315 f), Erbbaurecht, **nicht** aber das Pfandrecht an Forderungen (zum fehlenden Schutz von Forderungen nach § 823 I s.o. Rn 60). **Verletzungsmodalitäten** sind die Beeinträchtigung des Rechts als solchem (zB durch wirksame Verfügung eines Nichtberechtigten, RGZ 119, 265, 267; BGH WM 65, 701, 704) oder faktische Beeinträchtigungen der Sache, wenn sie zugleich das beschränkte dingliche Recht beeinträchtigen, wie zB in BGHZ 65, 211, 215 ff (Erman/*Schiemann* § 823 Rz 38).

63 Str ist, ob die **Erhebung einer unberechtigten Drittwiderspruchsklage** (§ 771 ZPO) zur Verletzung eines „sonstigen Rechts" führt (so zB RG JW 1906, 89, 90). Die heute wohl hM (s. nur Staud/*J Hager* § 823 Rz H 17 ff mwN) geht zu Recht davon aus, dass die Inanspruchnahme gesetzlicher Verfahren grds nur in den gesetzlich vorgesehenen Fällen (insb §§ 717 II, 945 ZPO) zum Schadensersatz verpflichtet, also ein Anspruch aus § 823 I bei fahrlässig falscher Einschätzung der Berechtigung am Rechtswidrigkeitserfordernis scheitert (die Rechtswidrigkeit ist hier idR nicht indiziert).

64 **b) Anwartschaftsrecht.** Das Anwartschaftsrecht kann nach § 823 I gegen Beeinträchtigungen durch Dritte, evtl aber auch durch den Eigentümer, geschützt sein. Für **bewegliche Sachen** ist beides anerkannt (zB RGZ 170, 1, 6 f; BGHZ 55, 20, 25 f mwN): Der Vorbehaltskäufer ist auch ohne Besitz geschützt (BGHZ 55, 20, 25), der Treugeber jedenfalls bei Besitz (BGH WM 59, 1002, 1004). Bei **Immobilien** ist die Anwendung des § 823 I umstr: Sofern man ein Anwartschaftsrecht des Auflassungsempfängers nach Stellung des Umschreibungsantrags anerkennt, muss dieses auch nach § 823 I geschützt sein (s. insb BGHZ 114, 161, 165 f, wo iE aber ein vorrangiger Anspruch aus § 823 II iVm § 909 angenommen wurde; Soergel/*Spickhoff* § 823 Rz 96; MüKo/*Wagner* § 823 Rz 153, beide mwN; aA zB Erman/*Schiemann* § 823 Rz 42). Stärker umstr ist ein Schutz des Vormerkungsberechtigten: dafür die wohl hM (Larenz/*Canaris* § 76 II 4h mwN; *Canaris* FS Flume I 371, 384 ff; Staud/*J Hager* § 823 Rz B 157 ff), aber wegen § 883 I, III nur ggü einem späteren Erwerber des Grundstücks (ggü Dritten kommt nur eine Analogie zu § 869 in Betracht, Staud/*J Hager* § 823 Rz B 158 mwN) und nur gegen faktische Beeinträchtigungen (bei rechtlichen greift § 888). Eine Mindermeinung will keinen Schutz nach § 823 I gewähren und den Vormerkungsberechtigten ggü dem Erwerber auf Ansprüche aus § 888 beschränken (Staud/*Gursky* § 888 Rz 71 mwN).

65 **c) Verhältnis zu Ansprüchen des Eigentümers.** Problematisch ist das Verhältnis solcher Ansprüche zu Ansprüchen des Eigentümers aus § 823 I. Str ist, ob analog § 1281 Schadensersatz an beide Berechtigte zu leisten ist (so die wohl hM, Staud/*J Hager* § 823 Rz B 135 mwN), ob eine Gesamtgläubigerschaft iSd § 428 (*Schwab/Prütting* Rz 398) oder eine vorrangige Forderungszuständigkeit jedenfalls des Anwartschaftsberechtigten (RGZ 170, 1, 7; *Müller-Laube* JuS 93, 529, 534 f) besteht, oder ob der Schadensersatz zwischen beiden Berechtigten nach dem Verhältnis der Wertanteile aufzuteilen ist (BGHZ 55, 20, 31 f).

66 **3. Aneignungsrechte.** Als eigentumsähnliche Rechte sind auch Aneignungsrechte von § 823 I erfasst, insb Jagdausübungsrechte (zB BGHZ 84, 261, 264; NJW-RR 04, 100, 101 f mwN; LG Trier NJW-RR 06, 894, 895), Fischereiausübungsrechte (BGHZ 49, 231, 234; VersR 69, 928 f; BGH NJW-RR 07, 1319 Rz 12), Bergwerkseigentum (RGZ 110, 1, 17; 161, 203, 208), Wasserentnahmerechte (BGH NJW 76, 46; BGHZ 69, 1, 6 ff mwN – aber kein Recht auf unbeeinträchtigten Zufluss), Ablösungsrecht gem § 1249 (RGZ 83, 390, 393), das Aneignungsrecht der Angehörigen an Implantaten nach der Trennung vom Leichnam des Verstorbenen (s. insb *Gropp* JR 85, 181, 182); offen gelassen für das Aneignungsrecht gem § 956 I 1 (BGH LwZR 6/07 Rz 12). Teilweise werden in diesem Zusammenhang auch aus dem Eigentum fließende Rechte angeführt (zB der Anspruch nach § 907, RGZ 145, 107, 115). Diese werden aber regelmäßig bereits vom Eigentumsschutz erfasst (Staud/*J Hager* § 823 Rz B 136 mwN). Aneignungsrechte sind **abzugrenzen** zur Teilhabe am Gemeingebrauch, die grds nicht von § 823 I erfasst ist (BGHZ 86, 152, 156); eine Ausn besteht nur, wenn sie mit einem absoluten Recht verbunden ist, wie etwa der Anliegergebrauch (Erman/*Schiemann* § 823 Rz 44).

4. Besitz. Der Besitz ist kein Recht, sondern die tatsächliche Herrschaft über eine Sache (§ 854 I). In bestimmten Fällen sind jedoch Zuweisungsgehalt (Nutzungsbefugnis, s. Staud/*J Hager* § 823 Rz B 170) und Ausschließungsfunktion (Besitzschutzrechte) vorhanden. In solchen Fällen kommt nach hM ein Schutz als sonstiges Recht in Betracht (zB BGHZ 32, 194, 204 mwN; 62, 243, 248 ff; 137, 89, 97 f; KG NJW-RR 07, 239, 240). Der **berechtigte Besitz** ist in weitem Umfang als sonstiges Recht anerkannt (s. insb BGHZ 137, 89, 97 f), mittelbarer Besitz nach hM jedoch nur ggü Dritten, nicht ggü dem unmittelbaren Besitzer (hier ist ausschließlich das Besitzmittlungsverhältnis maßgeblich, BGHZ 32, 194, 204 f; Staud/*J Hager* § 823 Rz B 171 mwN). Mitbesitz ist ggü Dritten, nach hM auch ggü anderen Mitbesitzern geschützt (BGHZ 62, 243, 248 ff; Staud/*J Hager* § 823 Rz B 172 mwN). Der **unberechtigte Besitz** kann allenfalls geschützt sein, soweit dem Besitzer Nutzungsbefugnisse (und damit verbundene Abwehrrechte) zustehen, also nach hM nicht ggü dem Nutzungsberechtigten, insb dem Eigentümer (BGHZ 73, 355, 362; 79, 232, 237 f; 114, 305, 312 f; aA ein Teil der Lit, sofern der Besitzer im Verhältnis zum Eigentümer die Nutzungen behalten darf, Soergel/*Spickhoff* § 823 Rz 98 mwN), evtl aber ggü Dritten (die hM schützt hier jedenfalls den redlichen Besitzer, Staud/*J Hager* § 823 Rz B 169 mN, eine Mindermeinung auch den Deliktsbesitzer, *Lopau* JuS 80, 501, 505 f). 67

Bei Besitzverletzungen kommt ein Ersatz folgender **Schäden** in Betracht: entgangene Sachnutzung (BGHZ 137, 89, 97 f), Entgehen von Ersatzansprüchen, Wegnahme-, Zurückbehaltungs- und Verwendungsrechten (Staud/*J Hager* § 823 Rz B 174 mwN), „Haftungsschäden" (Schadensersatzpflicht ggü dem Eigentümer wegen Beschädigung durch Dritte, BGH VersR 76, 943, 944; NJW 81, 750, 751; KG NJW-RR 07, 239, 241), Kosten zulässiger Selbsthilfe, wie zB Abschleppkosten (BGH NJW 09, 2530 Rz 19 ff zu § 823 II); problematisch ist der Ersatz von Substanzschäden (dazu Staud/*J Hager* aaO). 68

5. Immaterialgüterrechte. Immaterialgüterrechten (Urheberrecht, Patentrecht, sonstige gewerbliche Schutzrechte) kommen regelmäßig Zuweisungsgehalt und Ausschließungsfunktion zu. Häufig sind jedoch in den einschlägigen Gesetzen spezielle Schadensersatzansprüche bei Verletzung solcher Rechte normiert (insb §§ 97 II UrhG, 42 II GeschmMG, 14 VI, 15 V, 128 II MarkenG, 139 II PatG, 24 II GebrMG). Daneben ist § 823 I allenfalls subsidiär anwendbar (s. zB BGHZ 3, 365, 368; 26, 52, 59; 114, 105, 109 ff), wenn die Spezialregelungen nicht als abschließend gedacht sind. § 823 I greift zB nicht vor der Patentanmeldung ein (BGHZ 3, 365, 368). Zudem kann er nicht zum Schutz von mit Immaterialgüterrechten verwandten, aber nicht in gleicher Weise geschützten Positionen, zB Betriebsgeheimnissen, instrumentalisiert werden, denn sonst würden diese – obgleich vom Gesetzgeber nicht vorgesehen – möglicherweise im weiteren Umfang geschützt als Immaterialgüterrechte (problematisch daher die Rspr im Hinblick auf geheimes Know-how, insb BGHZ 16, 172, 175; 17, 41, 51; 107, 117, 122, sowie zum vertraglichen Nutzungsrecht an einer Internet-Domain, Köln MMR 06, 469, 470, krit auch *Utz* MMR 06, 470, 471). Nach der Aufnahme berühmter Marken in das MarkenG dürften auch diese idR nicht mehr von § 823 I erfasst werden (so jetzt auch BGH WRP 09 Rz 37; weiterhin insb BaRoth/*Spindler* § 823 Rz 87; anders noch BGHZ 28, 320, 328 ff; 114, 105, 109 ff sowie Staud/*J Hager* § 823 Rz B 137; AnwK/*Katzenmeier* § 823 Rz 76 mwN; wohl auch MüKo/*Wagner* § 823 Rz 164; offen gelassen in BGH NJW 98, 2045, 2046). Letztlich dürfte **§ 823 I** bei Immaterialgüterrechten **nur ein geringfügiger Anwendungsbereich** verbleiben (zu einem denkbaren Anwendungsfall KG 5 W 120/09). Wo kein spezieller immaterialgüterrechtlicher Schutz in Betracht kommt, können das Recht am Unternehmen, § 826 oder § 9 UWG einschlägig sein (vgl zB BGHZ 26, 52, 59; 107, 117, 122; WRP 09, 967 Rz 38 ff). Diese Haftungen sind von zusätzlichen Voraussetzungen abhängig, durch die immaterialgüterrechtliche Regelungen idR nicht konterkariert werden, weil es sich um eine zusätzliche, eigenständige Haftungsbegründung handelt. § 823 I hat in diesem Bereich va noch Bedeutung für besondere Persönlichkeitsrechte ohne eigenen gesetzlichen Schadensersatzanspruch, für Namensrecht (§ 12), Firmenrecht (§ 17 HGB) und Recht am eigenen Bild (§ 22 KunstUrhG), vgl AnwK/*Katzenmeier* § 823 Rz 77 mwN. 69

6. Mitgliedschaftsrechte. Mitgliedschaftsrechte an Kapitalgesellschaften (RGZ 100, 274, 278; 158, 248, 255) oder Vereinen (BGHZ 110, 323, 327 f, 334 f) können von § 823 I erfasst werden, nicht aber der bloße Börsenkurswert der Mitgliedschaft eines Aktionärs (Stuttg ZIP 06, 511, 514 f). **Anspruchsgegner** können jedenfalls Dritte sein; str ist, ob auch Verletzungen durch andere Mitglieder bzw Organe der Körperschaft erfasst werden (dafür zB BGHZ 110, 323, 334 f; Staud/*J Hager* § 823 Rz B 147 f mwN; dagegen mit überzeugenden Argumenten – Vorrang der gesellschafts- bzw verbandsrechtlichen Ansprüche und Rechtsbehelfe – ein Teil der Lit, zB BaRoth/*Spindler* § 823 Rz 103 mwN; eine Berücksichtigung der vereins- und verbandsrechtlichen Regeln dürfte aber iE regelmäßig genauso auf einen Vorrang dieser Rechtsgebiete hinauslaufen, s. nur LG Frankfurt 2/3 O 614/08). **Haftungsbegründendes Verhalten** kann nicht jegliche Beeinträchtigung des Mitgliedschaftsrechts sein. Unproblematisch erfasst wird der ganze oder teilw Entzug der Mitgliedschaft, zB durch unberechtigte Hinderung an der Rechtsausübung oder unberechtigten Ausschluss (*K Schmidt* JZ 91, 157, 159 f; *Habersack* 249), durch unberechtigte Verfügung über Gesellschaftsanteile oder unberechtigte Verwertung im Rahmen der Zwangsvollstreckung (RGZ 100, 274, 278; 158, 248, 255). **Problematisch** sind **mittelbare Beeinträchtigungen** der Mitgliedschaft durch Schädigung der Körperschaft: Eingriffe in das Gesellschaftsvermögen verletzen nicht zugleich Mitgliedschaftsrechte (RGZ 158, 248, 255; *Habersack* 156 ff; *K Schmidt* JZ 91, 157, 159). Dieser Ausgangspunkt lässt sich auch nach allg Grundsätzen über die Ersatzfähigkeit mittelbarer Schäden begrün- 70 den, da idR keine Verkehrspflicht des Schädigers zum Schutz der einzelnen Mitglieder bzw ihrer Mitgliedschaftsrechte besteht, so dass ein bloßer Reflexschaden vorliegt. Die hL verlangt – in Parallele zum Recht am Unternehmen (s.u. Rn 86) – einen mitgliedschaftsbezogenen Eingriff (zB AnwK/*Katzenmeier* § 823 Rz 78; BaRoth/*Spindler* § 823 Rz 102, beide mwN) mit der Folge, dass die Rechtswidrigkeit gesondert zu prüfen ist (BaRoth/*Spindler* aaO mwN). Dieses Ergebnis dürfte bereits bei genauer Eingrenzung des Mitgliedschaftsrechts (Schutz nur, soweit Zuweisungsgehalt und Ausschließlichkeitsfunktion reichen) und Anwendung der allg Grundsätze über mittelbare Verletzungen zu erreichen sein (krit auch Erman/*Schiemann* § 823 Rz 41).

71 **7. Familienrechte.** Da „sonstige Rechte" nicht eigentumsähnlich sein müssen (s.o. Rn 58), kommen auch Familienrechte in Betracht, sofern sie Ausschließlichkeitscharakter haben; der Zuweisungsgehalt ist hier idR unproblematisch. Freilich dürfen besondere familienrechtliche Regelungen nicht durch Ansprüche aus § 823 I unterlaufen werden.

72 **a) Elterliches Sorgerecht.** Das elterliche Sorgerecht ist grds nach § 823 I geschützt. Der Zuweisungsgehalt ergibt sich aus §§ 1626 ff. Ersatzansprüche kommen insb in Betracht für die Kosten der Ermittlung des Aufenthaltsortes des Kindes (BGHZ 111, 168, 172 ff) und seiner Rückführung sowie für Mehraufwendungen zur Wahrnehmung des Umgangsrechts eines nicht sorgeberechtigten Elternteils (BGHZ 151, 155). Str ist, ob auch das Umgangsrecht ein sonstiges Recht iSd § 823 I ist (dafür zB Frankf NJW-RR 05, 1339 mwN; offen gelassen in BGH FamRZ 02, 1099, 1100).

73 **b) Ehe.** Ein Schutz der Ehe als „sonstiges Recht" kommt wegen des grds Vorrangs familienrechtlicher Regelungen nur hinsichtlich einzelner Aspekte in Betracht.

74 Der **persönliche Bereich der Ehe** ist nach der **Rspr** bei Ehestörungen grds weder durch Unterlassungs- oder Beseitigungsansprüche noch durch Schadensersatzansprüche geschützt (insb BGHZ 23, 215, 216 ff; 279, 281 f; NJW 90, 706, 707 f mwN), da das Familienrecht insoweit eine abschließende Regelung enthalte. Zudem sei die eheliche Treue als innereheliche Angelegenheit nicht vom Schutz des Deliktsrechts umfasst; eine Einbeziehung in § 823 I würde – va wegen des Verschuldenserfordernisses – zu unerwünschten Ermittlungen im Ehebereich führen. Eine Ausn komme bei arglistiger Täuschung durch einen Ehegatten in Betracht (BGHZ 80, 235, 238 ff). Dagegen sieht die **hL** das Familienrecht nur als abschließende Regelung im Hinblick auf das Bestandsinteresse der Ehe sowie für Unterhalt und Versorgungsausgleich, nicht aber für das **Abwicklungsinteresse** an (zB *Jayme* 266 ff; *Gernhuber/Coester-Waltjen* § 17 III 3 mwN; *Medicus/Petersen* BürgR Rz 619; Soergel/*Spickhoff* § 823 Rz 106 mwN). Im Hinblick auf Letzteres seien Abwehr- und Folgekosten ersatzfähig (zB Kosten für Scheidungsverfahren, durch Ehestörung verursachte Erkrankung, Ehelichkeitsanfechtung, Unterhalt für ein dem Ehebruch entstammendes Kind). Str ist, ob Anspruchsgegner nur der Dritte (zB *Schwab* NJW 57, 869, 870; *Medicus/Petersen* BürgR Rz 619) oder auch der Ehegatte (zB Erman/*Schiemann* § 823 Rz 45; *Gernhuber/Coester-Waltjen* § 17 III 4) sein kann und ob die Geltendmachung erst nach der Scheidung (*Boehmer* AcP 1956, 181, 190 f; FamRZ 57, 196, 197) oder auch schon vorher (*Schwab* NJW 56, 1150) möglich ist.

75 Bei Verletzungen des **räumlich-gegenständlichen Bereichs** der Ehe können nach der Rspr **Unterlassungs- und Beseitigungsansprüche** geltend gemacht werden (BGHZ 6, 360, 366; NJW 90, 706, 707 f mwN), was insb mit Art 6 GG begründet wird (vgl nur Staud/*J Hager* § 823 Rz B 176). Nach der Gegenansicht kommt eine Verletzung des Persönlichkeitsrechts des Ehegatten in Betracht (zB MüKo/*Wagner* § 823 Rz 169). Die Rspr gewährt Ansprüche in erster Linie gegen den Dritten (Ehestörer); gegen den Ehepartner nur, wenn dessen Mitwirkung zur Durchsetzung des Anspruchs erforderlich ist (BGHZ 6, 360, 366). **Str** ist, ob auch **Schadensersatz** verlangt werden kann (dafür zB BGH NJW 90, 706, 707 f mwN; Staud/*J Hager* § 823 Rz B 180; AnwK/*Katzenmeier* § 823 Rz 81; BaRoth/*Spindler* § 823 Rz 89; dagegen zB Soergel/*Spickhoff* § 823 Rz 106 f mwN). Zu beachten ist eine mögliche Rechtfertigung oder Verwirkung solcher Ansprüche durch Einwilligung des betroffenen Ehepartners (Zweibr NJW 89, 1614, 1615; BaRoth/*Spindler* § 823 Rz 89; aA Staud/*J Hager* § 823 Rz B 179; *Smid* NJW 90, 1344, 1345).

76 In Bezug auf die **eheliche Wohnung** kommt in erster Linie ein Schutz des Besitzes als „sonstiges Recht" in Betracht (BaRoth/*Spindler* § 823 Rz 89 mwN).

77 **c) Recht der Totenfürsorge.** In einer neueren Entscheidung wurde das auf § 1922 zurückzuführende Recht der Totenfürsorge als sonstiges Recht iSd § 823 I angesehen (AG Wiesbaden NJW 07, 2562 – einstweiliger Rechtsschutz). Der konkrete Fall verdeutlicht allerdings auch die damit verbundenen Probleme im Hinblick auf die Ausschließlichkeit des Rechts bei mehreren Berechtigten.

78 **8. Weitere diskutierte Fallgruppen.** Neben dem gesondert darzustellenden Recht am Unternehmen (Rn 82 ff) und dem Allgemeinen Persönlichkeitsrecht (Rn 106) werden insb folgende weitere Fallgruppen „sonstiger Rechte" diskutiert:

79 **a) Recht am eigenen Arbeitsplatz; Koalitionsfreiheit.** Ob das Recht am eigenen Arbeitsplatz ein sonstiges Recht ist (insb bei Kündigung auf Betreiben anderer Arbeitnehmer – „Druckkündigung" – von Bedeutung), wird in der Rspr nicht einheitlich beurteilt (dagegen: LAG Hessen Sa 1580/04 Rz 36; offen gelassen:

BAG NJW 99, 164, 165 f; NZA 07, 1167 Rz 11). Die Literaturmeinungen sind geteilt (für Anerkennung als sonstiges Recht im Verhältnis zu Dritten, soweit auch das Unternehmen gegen einen zielgerichteten Eingriff geschützt wäre, zB BaRoth/*Spindler* § 823 Rz 99 mwN; dagegen zB MüKo/*Wagner* § 823 Rz 176 mwN; s. jetzt auch *Bieszk* Schadensersatzansprüche gegen Arbeitskollegen bei Mobbing 07). Bei Mobbing kommt auch eine Verletzung der Gesundheit oder des Allgemeinen Persönlichkeitsrechts in Betracht (s.o. Rn 28 sowie MüKo/*Wagner* § 823 Rz 176; AnwK/*Katzenmeier* § 823 Rz 87; *Rieble/Klumpp* ZIP 02, 369, 372 ff). Teilweise wird auch die Koalitionsfreiheit als sonstiges Recht qualifiziert (zB BGHZ 42, 210, 219; BAG NJW 89, 186, 187; LAG Berlin-Brandenburg 7 SaGa 2044/07 Rz 22 ff). Das erscheint angesichts der für das Vorliegen eines sonstigen Rechts notwendigen Anforderungen vertretbar, dürfte jedoch im Vergleich zu § 823 II iVm Art 9 III GG kaum weiter gehende Schutzmöglichkeiten eröffnen (s. nur Soergel/*Spickhoff* § 823 Rz 104).

b) Recht am eigenen Datenbestand. Zu Recht wird zunehmend ein Recht am eigenen Datenbestand als sonstiges Recht angeführt (*Meier/Wehlau* NJW 98, 1585, 1588 f; BaRoth/*Spindler* § 823 Rz 93; aA Staud/*J Hager* § 823 Rz B 192). Der Schutz ist neben demjenigen des Eigentums am Datenträger erforderlich, da Daten immer seltener verkörpert und immer häufiger in Datennetzen gespeichert werden, an denen derjenige, der die Daten dort ablegt, idR keine Eigentumsrechte geltend machen kann. Zuweisungsgehalt und Ausschließungsfunktion sind gegeben; auch Eigentumsähnlichkeit und soziale Offenkundigkeit ließen sich (wenn man sie für erforderlich hielte, s. aber oben Rn 58) bejahen. Für die Anerkennung als sonstiges Recht spricht jetzt auch die Anerkennung eines Grundrechts auf Gewährleistung der Vertraulichkeit und Integrität informationstechnischer Systeme durch das BVerfG (NJW 08, 822). Die Einordnung als sonstiges Recht (und nicht als Aspekt einer Verletzung des Persönlichkeitsrechts oder als besondere Verkehrssicherungspflicht) dürfte der neuen verfassungsgerichtlichen Rspr am besten gerecht werden und am leichtesten handhabbar sein. Wenn es um die Vertraulichkeit und Integrität der Daten geht, ist allerdings bei der Prüfung der Verletzungshandlung eine besondere Rechtswidrigkeitsabwägung wie beim Allgemeinen Persönlichkeitsrecht oder beim Recht am Unternehmen erforderlich (s.a. *Bartsch* CR 08, 613, 616; teilw aA zur dogmatischen Einordnung *Roßnagel/Schnabel* NJW 08, 3534, 3536).

c) Umweltgüter. Umweltgüter als solche sind idR keine als „sonstige Rechte" schutzfähigen privaten Güter, weil sie weder einem Einzelnen zugewiesen sind noch Ausschlussmöglichkeiten bestehen (vgl auch MüKo/*Wagner* § 823 Rz 175; AnwK/*Katzenmeier* § 823 Rz 88; teilw abw Staud/*J Hager* § 823 Rz B 189). Zu umweltschützenden Verkehrspflichten s.u. Rn 168 f.

VI. Verletzung des Rechts am Unternehmen. 1. Grundlagen. Das Recht am Unternehmen (so die nach der Erweiterung des Kreises der Anspruchsberechtigten heute zutreffende Bezeichnung) wurde – als Recht am eingerichteten und ausgeübten Gewerbebetrieb – vom RG entwickelt (RGZ 58, 24, 29 ff; 64, 52, 55 f; 94, 248, 249 ff; 141, 336, 338 ff) und vom BGH übernommen (s. nur BGHZ 29, 65, 67 ff; 45, 296, 307). In der Rspr (aaO) ist es als „sonstiges Recht" anerkannt, wenn auch mit besonderen, einschränkenden Tatbestandsvoraussetzungen; in der Lit sind Berechtigung (s. insb *Larenz/Canaris* § 81 II 1; *Kübler* AcP 1972, 177, 188 ff) und dogmatische Einordnung (s. insb Erman/*Schiemann* § 823 Rz 50 ff: Analogie zu § 823 I) dieses Rechts teilweise umstr (umfassend dazu *Sack* Das Recht am Gewerbebetrieb 07). Wegen dieser fortdauernden Kritik begegnet auch eine Qualifizierung als Gewohnheitsrecht Bedenken (s. insb Erman/*Schiemann* § 823 Rz 50). Da Eigentum oder Besitz (als „sonstiges Recht") an Produktionsmitteln ohnehin durch § 823 I geschützt sein können (s.o. Rn 33 ff, 67 f), geht es beim Recht am Unternehmen va um die **unternehmerische Betätigung als solche** und um **Vermögensschäden**. Dies zeigt, wie wichtig die **Eingrenzung** des Haftungstatbestands ist, um nicht zu einem allg Schutz des Unternehmensvermögens (im Unterschied zum Vermögen Privater) oder des gerade nicht vom Schutz als „sonstiges Recht" erfassten unternehmerischen Know-How (s.o. Rn 69) gegen jegliche – sei es auch nur faktische – Beeinträchtigung zu gelangen. Folgt man den in der Rspr vorgezeichneten und im Folgenden darzustellenden Eingrenzungen und orientiert sich in erster Linie an den bekannten Fallgruppen (iSv Verletzungstypen), erscheint eine praktikable Handhabung möglich. Der Kritik in der Lit ist zuzugeben, dass sich die Haftung gerade mit diesen Einschränkungen und Konkretisierungen dogmatisch nicht mehr ohne Weiteres in § 823 I einfügen lässt. Andererseits hat sich in der Vergangenheit immer wieder gezeigt, dass in bestimmten Fallgruppen offensichtlich ein praktisches Bedürfnis zur Ergänzung des – ansonsten insb über §§ 824, 826 und §§ 3 ff UWG gewährleisteten – Vermögensschutzes besteht. Da ähnl restriktive Voraussetzungen wie bei anderen vermögensschützenden Haftungstatbeständen entwickelt wurden, ist das Recht am Unternehmen als **Rechtsfortbildung iS einer deliktsrechtlichen kleinen Generalklausel** (BaRoth/*Spindler* § 823 Rz 104; bereits *v Caemmerer* FS DJT II 49, 89 ff) anzuerkennen.

2. Tatbestandsvoraussetzungen. a) Anwendbarkeit. Das Recht am Unternehmen ist als subsidiärer Auffangtatbestand nur bei **Vorliegen einer ausfüllungsbedürftigen Regelungslücke** anwendbar (BGHZ 36, 252, 256 f; NJW 03, 1040, 1041 mwN). Vorrangig sind insb: Eigentums- oder Besitzverletzungen gem § 823 I (BGHZ 55, 153, 158 f; 105, 346, 350; 137, 89, 9 f; krit MüKo/*Wagner* § 823 Rz 197); § 823 II (BGH NJW 92, 1312), § 824 (BGHZ 65, 325, 328 mwN; 138, 31 315; München OLGR 08, 650; Dresd NJW-RR 09, 833, 834; s. aber auch BGHZ 90, 113, 122 f; 166, 84 Rz 94); § 9 UWG (insb BGHZ 36, 252, 257; Schlesw OLGR 08, 287,

288 f; vgl auch *Schricker* AcP 72, 203, 209 f) – wichtig wegen der abw Verjährung (§ 11 I, II UWG), vertragliche Beziehungen (BaRoth/*Spindler* § 823 Rz 115; *Schlechtriem* FS Deutsch 99 317, 322 f), **nicht** aber § 826 (s. zB BGHZ 59, 30, 34 f; 69, 128, 139; 80, 25, 27 f; krit Erman/*Schiemann* § 823 Rz 62, § 826 Rz 23), der bei fahrlässig verursachten Vermögensschäden durch das Recht am Unternehmen ergänzt wird (MüKo/*Wagner* § 823 Rz 197). Die Subsidiarität gilt auch, wenn eine Anwendung der genannten Vorschriften am Fehlen einzelner Tatbestandsvoraussetzungen scheitert (zB § 9 iVm §§ 3 ff UWG bei nicht spürbaren Beeinträchtigungen), denn sie sind innerhalb ihres jeweiligen Anwendungsbereichs als abschließend gedacht (s. zB BGHZ 8, 387, 394 f; 138, 349, 351 f).

85 **b) Schutzobjekt.** Schutzobjekt war urspr der **Betrieb bzw das Unternehmen**, für das eine Unternehmenssubstanz (insb RGZ 58, 24, 30) sowie nach der Rspr eine verfestigte Organisation (BGH NJW 92, 41, 42 – GbR reicht aus; darüber hinausgehend zB BaRoth/*Spindler* § 823 Rz 105) charakteristisch war. Heute ist anerkannt, dass die gesamte unternehmerische Tätigkeit geschützt wird, insb Betätigung, Know-How, Kunden- und sonstige Beziehungen (Staud/*J Hager* § 823 Rz D 9 mwN). Zu Recht wurde der Schutzbereich auf **freiberufliche Tätigkeiten** erweitert (BGH GRUR 65, 690, 694; Köln VersR 96, 234, 235; Hambg NJW-RR 99, 1060; Hamm OLGR 09, 386, 387), daher ist nunmehr die Bezeichnung „Recht am Unternehmen" treffender als „Recht am eingerichteten und ausgeübten Gewerbebetrieb". Nicht erfasst sind nach der Rspr jedoch Organisationen ohne gewerblichen Charakter, insb ohne Gewinnerzielungsabsicht, zB Idealvereine (BGHZ 41, 314, 316 f; s. aber auch BGHZ 90, 113, 121 ff sowie BGHZ 42, 210, 217 – ggf Schutz über Art 9 I GG als sonstiges Recht; für einen weiter gehenden Schutz BaRoth/*Spindler* § 823 Rz 107 mwN); zum Schutz eines Sportverbands Stuttg MDR 09, 387, 389. Auch die Anforderungen an das Vorliegen einer verfestigten Organisation werden nicht mehr allzu hoch angesetzt (zB BGH NJW 03, 1040, 1041; LG Köln SpuRt 07, 30, 36: einzelne Berufssportler). **Problematisch** ist die **Einbeziehung geplanter Unternehmen.** Die Rspr hat sie bisher abgelehnt (s. insb BGHZ 132, 181, 187 mwN; krit zB Soergel/*Beater* § 823 Anh V Rz 31), hingegen geplante Aktivitäten eines bereits bestehenden Unternehmens als geschützt angesehen (BAG NJW 64, 1291; BGHZ 90, 113, 121 ff). Diese Differenzierung mag zwar iE nicht stets zu überzeugen, dürfte aber den einzig praktikablen Weg darstellen, einerseits ein Recht am Unternehmen in bestimmtem Umfang zuzulassen, andererseits einen umfassenden deliktsrechtlichen Schutz bloßer Erwerbschancen zu vermeiden (BaRoth/*Spindler* § 823 Rz 106).

86 **c) Betriebsbezogener Eingriff.** Nach stRspr muss ein betriebsbezogener Eingriff vorliegen (s. nur BGHZ 29, 65, 74; NJW 04, 356, 357; NJW-RR 05, 673, 675, beide mwN; krit zB *K Schmidt* JuS 93, 985, 988), dh die Verletzungshandlung muss sich gegen den Betrieb als solchen und seine Organisation oder gegen die unternehmerische Entscheidungsfreiheit richten (BGHZ 69, 128, 139; 76, 387, 395) und eine gewisse Eingriffsintensität aufweisen, die über eine bloße Belästigung oder sozial übliche Behinderung hinausgeht (BGHZ 138, 311, 317 f mwN; NJW 01, 3115, 3117). Letztlich betrifft das Kriterium der Betriebsbezogenheit daher die **Unmittelbarkeit der Verletzung**, dh ausgeschlossen sind insb reine Reflexschäden bzw mittelbare Verletzungen (s. insb BGHZ 65, 325, 340; NJW 87, 2222, 2225; NJW-RR 05, 673, 675) sowie vom Unternehmen ablösbare Rechtspositionen, zB die Verletzung von Arbeitnehmern oder Mitarbeitern (BGHZ 7, 30, 36 f; NJW 01, 971, 972) oder die Unterbrechung von Versorgungsleitungen (zB BGHZ 29, 65, 74 f; 86, 152, 156 ff mwN, str, s.a. o. Rn 38, 54 f zur Frage reiner Eigentumsverletzung). Abgelehnt wurde Betriebsbezogenheit auch zB beim Verkauf eines Geräts zum automatischen Ausblenden von Werbeblöcken privater Fernsehsender (BGH NJW 00, 2029, 2031), bei der Verletzung eines Eislaufpartners (BGH NJW 03, 1040, 1041; anders aber zu Recht LG Köln SpuRt 07, 30, 36 für die unberechtigte Dopingsperre eines Berufssportlers), bei mobiler Außenwerbung an Fahrzeugen innerhalb eines Gebietes, für das ausschließliche Werberechte vergeben wurden (Köln OLGR 06, 771, 772 f), oder bei versehentlicher Nichteintragung in ein Telefonbuch (Celle OLGR 06, 762, 763). Keine Betriebsbezogenheit wird zudem idR angenommen bei Inanspruchnahme rechtsstaatlicher Verfahren (BGHZ 36, 18, 21 f; 74, 9, 18; Hamm NJW-RR 08, 640 zur Nennung der Namen von Prozessbevollmächtigten bei Urteilsveröffentlichung; s.a. o Rn 16). Die Problematik stellt sich va bei fahrlässigen Eingriffen; bei Vorsatz ist Betriebsbezogenheit meist zu bejahen (zB BGHZ 69, 128, 139 mwN; 90, 113, 123); das dürfte auch für Negativbewertungen in Internetportalen gelten (aA LG Saarbrücken BeckRS 08, 03162; *Petershagen* NJW 08, 953, 956). Die haftungsbegründende Kausalität wird durch das Erfordernis der Betriebsbezogenheit letztlich (iSe Einschränkung) mit erfasst.

87 **d) Rechtswidrigkeit und Verschulden.** Die Feststellung der Rechtswidrigkeit (die vom Anspruchsteller darzulegen und zu beweisen ist) erfordert beim Recht am Unternehmen als offenem Tatbestand eine einzelfallbezogene Rechtsgüter- und Interessenabwägung (BGHZ 45, 96, 307; 138, 311, 318; 166, 84 Rz 97 mwN). Die Abgrenzung zur Betriebsbezogenheit und die Handhabug im Einzelfall sind allerdings häufig problematisch (dazu insb BaRoth/*Spindler* § 823 Rz 109, 113 mwN). Af Seiten des Schädigers sind insb Meinungsfreiheit (Art 5 I GG), Versammlungsfreiheit (Art 9 I GG) und Wettbewerbsfreiheit (als Ausfluss der allg Handlungsfreiheit, Art 2 I GG) zu berücksichtigen, auf Seiten d/ Geschädigten va Art 12 I, 14 I GG. Ggf können auch Rechtsgüter bzw Interessen der Allgemeinheit, zB di Wettbewerbsfreiheit, berücksichtigt werden, häufig sind diese aber bereits über die Rechte von Schädige und Geschädigtem mit erfasst. Auch vertragliche

Pflichten des Verletzers können in die Abwägung einzubeziehen sein (BGHZ 166, 84 Rz 126; bedenklich ist aber die Übertragung solcher Standards auf vertragsfremde Dritte, vgl zB *Spindler* JZ 06, 741, 744). Das **Verschulden** ist nach allgemeinen Regeln zu beurteilen.

3. Fallgruppen. a) Unberechtigte Schutzrechtsverwarnung. Unberechtigte Schutzrechtsverwarnung ist eine **88** Geltendmachung von Ansprüchen (insb auf Unterlassung) aus Schutzrechten gegen einen Konkurrenten oder dessen Abnehmer, die sich als unberechtigt erweist. Werden Herstellung oder Vertrieb bestimmter Produkte durch den Verwarnten aufgrund der Verwarnung eingeschränkt oder eingestellt, hat die Rspr einen Eingriff in das Recht am Unternehmen anerkannt (seit RGZ 58, 24, 29 ff; s. weiterhin insb BGHZ 38, 200, 204 f; 164, 1); die Auswirkungen unberechtigter Schutzrechtsverwarnungen sind jedoch insgesamt höchst umstr (umfassend *Sack* Unbegründete Schutzrechtsverwarnungen 06; NJW 09, 1642 ff; *Zimmermann* Die unberechtigte Schutzrechtsverwarnung 08).

Schutzrechtsverwarnung ist die gerichtliche oder außergerichtliche Geltendmachung von Ansprüchen aus **89** Schutzrechten wie Patentrecht, Urheberrecht, Kennzeichenrechten oder sonstigen gewerblichen Schutzrechten; für eine Erweiterung auf wettbewerbsrechtlichen Leistungsschutz Stuttg 2 U 11/09. Erforderlich ist ein ernsthaftes und endgültiges Unterlassungsbegehren (BGHZ 38, 200, 203 f; NJW-RR 97, 1404 mwN), nicht lediglich der Hinweis auf eine Schutzrechtsanmeldung (Karlsr WRP 74, 215, 217 f) oder der Austausch von Stellungnahmen über den Schutzumfang eines solchen Rechts (BGH NJW-RR 97, 1404).

Der **Verwarnte leistet der Verwarnung Folge**, indem er Produktion bzw Abnahme des betreffenden Gegen- **90** stands aufgrund der Verwarnung einschränkt oder einstellt (zB RGZ 58, 24, 31; BGHZ 38, 200, 204 f; NJW-RR 98, 331, 332). Durch ein solches Verhalten des Produzenten entfällt nach der Rspr nicht die Betriebsbezogenheit des Eingriffs (insb BGHZ 62, 29, 32 f; aA zB *Blaurock* JZ 74, 620; *W Horn* GRUR 74, 235, 236). Ein Eingriff wird sogar dann bejaht, wenn der Verwarnte sich nicht sogleich der Verwarnung beugt, sondern erst einem entsprechenden – später wieder aufgehobenen – Urteil (BGH NJW 96, 397, 399). Auch kann nicht verlangt werden, dass rechtliche Gegenmaßnahmen gegen die Verwarnung ergriffen werden (Erman/*Schiemann* § 823 Rz 68), zumal idR eine schnelle Reaktion des Verwarnten erforderlich ist. Die Haftung entfällt daher nur, wenn die Dispositionsmöglichkeiten des Verwarnten nicht beeinträchtigt sind (BGH NJW 69, 2046, 2048), letztlich handelt es sich hierbei um einen Aspekt der haftungsbegründenden Kausalität (zu allg Grundsätzen bei „Herausforderungsfällen" § 249 Rn 54 ff). – Eine Verwarnung der Abnehmer verletzt nach der Rspr ebenfalls das Recht am Unternehmen des Herstellers, da dieses durch Nichtabnahme in vergleichbarer Weise beeinträchtigt wird wie durch Nichtvertrieb (BGHZ 71, 86, 90, 92 ff; NJW 79, 916 mwN; 05, 3141; zu Grenzen insb BGH NJW 77, 2313 f; aA teilw die Lit: Anwendung von § 3 I iVm § 4 Nr 1, 7, 8 oder 10 UWG, zB *Sack* WRP 05, 253, 261 f; BB 05, 2368, 2372; *Faust* JZ 06, 365, 368; skeptisch zB *Teplitzky* GRUR 05, 9, 13 f; *Sessinghaus* WRP 05, 823, 824 f).

Die Verwarnung muss sich als **unberechtigt** erweisen, zB weil das Schutzrecht nicht besteht, rückwirkend **91** entfällt oder die Handlung, wegen der verwarnt wurde, nicht in den Schutzbereich fällt, oder weil die Verwarnung selbst formal oder inhaltlich mangelhaft ist.

Die **Rechtswidrigkeit** der Verwarnung wird von der Rspr regelmäßig ohne Interessenabwägung unterstellt **92** (zB RGZ 58, 24, 30; BGHZ 38, 200, 205; 164, 1, 2 ff); dies sei das Korrelat zur bevorzugten Stellung der Inhaber ausschließlicher Schutzrechte. Neuere Ausführungen könnten allerdings auch als typisierte Interessenabwägung gedeutet werden (BGHZ 164, 1, 2 ff). Die Inanspruchnahme eines gerichtlichen Verfahrens zur Geltendmachung von Ansprüchen aus Schutzrechten ist nach der Rspr nicht rechtswidrig, der Schutz des Verfahrensgegners sei idR durch das gerichtliche Verfahren gewährleistet (zB BGH NJW 04, 3322, 3323; BGHZ 164, 1, 3 f mwN; 165, 311, 314).

Problematisch ist evtl das **Verschulden** des Verwarnenden. Die Rspr stellt relativ hohe Anforderungen an **93** Nachforschungs- und Prüfungspflichten, die bei nicht in einem Erteilungsverfahren materiellrechtlich überprüften Schutzrechten sogar noch gesteigert werden (s. insb BGHZ 62, 29, 37; NJW 79, 916; NJW-RR 98, 331, 332). Kein Verschulden liegt aber jedenfalls vor, wenn der Verwarnende aufgrund fach- und rechtskundigen Rates zur Überzeugung gekommen ist, dass ihm das Schutzrecht zustehe (BGHZ 62, 29, 35; restriktiver BGH NJW 96, 397, 399). Bei einer Abmahnung durch Private ist – über die allg Anforderungen hinaus – Leichtfertigkeit zu verlangen (BaRoth/*Spindler* § 823 Rz 127 mwN). Ggf wird ein Mitverschulden des Verwarnten in Betracht gezogen, wenn er einer als unberechtigt einzuschätzenden Verwarnung voreilig nachgibt (BGHZ 71, 86, 93; NJW-RR 98, 331, 332 f); das dürfte aber nur selten durchgreifen, da er meist schnell reagieren muss.

In der **Lit** wurde diese Rspr schon lange **kritisiert** (zB *Blaurock* 57 ff, 70 ff; *Larenz/Canaris* § 81 III 4; *Sack* **94** WRP 76, 733 ff; *Altmeppen* ZIP 96, 168 ff; *Ullmann* GRUR 01, 1027, 1028 ff; *Lindacher* ZHR 1980, 350, 355 ff; *Wagner* ZIP 05, 49, 53 ff; *Teplitzky* GRUR 05, 9, 11 mwN zum Meinungsstand). Die Kritik bezog sich sowohl auf die Bewertung der kollidierenden Interessen als auch auf das Verhältnis zu den lauterkeitsrechtlichen Regeln über den Behinderungswettbewerb (jetzt insb § 3 I iVm § 4 Nr 1, 7, 8, 10 UWG), die vielfach als vorrangig betrachtet werden. Auch nach der Bestätigung der bisherigen Rspr durch den **Großen Senat** (BGHZ 164, 1) wird die Diskussion fortgesetzt, da das Urt nicht alle aufgeworfenen Fragen erschöpfend behandelt und insb auf die Differenzierung zwischen Hersteller- und Abnehmerverwarnung sowie auf das Verhältnis zum UWG nicht eingeht. Die ersten Folgeurteile (BGHZ 165, 311; NJW 06, 1432; BGHZ 171, 13) zeigen, dass noch weitere Fragen offen bleiben, insb in Bezug auf das prozessuale Privileg bei der Rechtswidrigkeitsprüfung und die ergänzende Anwendbarkeit der §§ 717 II, 945 ZPO.

95 Die zentrale Frage der **Subsidiarität** des Rechts am Unternehmen hängt davon ab, ob die bisher bei § 823 I diskutierten Fälle von § 9 **UWG** erfasst werden. Hierfür kommt es zunächst darauf an, ob man unberechtigte Schutzrechtsverwarnungen als Tatsachenbehauptungen iSd § 4 Nr 8 UWG (so zB für Abnehmerverwarnungen *Sack* WRP 05, 253, 261 f; BB 05, 2368, 2372; FS Ullmann 825, 835; NJW 09, 1642, 1644; *Wagner/Thole* NJW 05, 3470, 3471) oder als Meinungsäußerungen iSd § 4 Nr 7 UWG (so zB *Teplitzky* GRUR 05, 9, 13; *Vorwerk* ZIP 05, 1157, 1161) ansieht. Überzeugend erscheint es, mit der vermittelnden Meinung (*Faust* JZ 06, 365, 368 mwN) darauf abzustellen, ob zur Verwarnung eine unrichtige Sachverhaltsdarstellung hinzutritt und in derartigen Fällen eine Tatsachenbehauptung, sonst aber – insb mit Blick auf Art 5 I GG – eine Meinungsäußerung anzunehmen. § 4 Nr 8 UWG kann bei Hersteller- wie Abnehmerverwarnungen durchgreifen. Die hohen Voraussetzungen des § 4 Nr 7 UWG (Herabsetzung oder Verunglimpfung des Mitbewerbers) dürften hingegen bei unberechtigten Schutzrechtsverwarnungen idR nicht gegeben sein. Daher sind bei der Abnehmerverwarnung zusätzlich § 4 Nr 1 UWG (unangemessene unsachliche Beeinflussung) sowie § 4 Nr 10 UWG (Behinderungswettbewerb; vgl *Sack* NJW 09, 1642, 1644: nicht bei Fahrlässigkeit) heranzuziehen. Bei Herstellerverwarnungen dürften iRd § 4 Nr 10 UWG hingegen idR die Interessen des Verwarnenden überwiegen (noch weitergehend *Sessinghaus* WRP 05, 823, 825; *Sack* NJW 09, 1642, 1643: keine Anspruchsgrundlage bei Fahrlässigkeit; für eine allgemeine Anwendbarkeit des § 4 Nr 10 UWG hingegen wohl *Wilhelm* FS Canaris 1293, 1306 ff). Teilw wird auch unmittelbar auf § 3 UWG zurückgegriffen (zB *Sack* NJW 09, 1642, 1643 f; dagegen zB *Sessinghaus* WRP 05, 823, 824), was angesichts der möglicherweise einschlägigen Regelbeispiele in § 4 UWG wenig überzeugt. Das von der Rspr früher verlangte, heute jedoch umstrittene subjektive Unlauterkeitsmoment (s. *Hefermehl/Köhler/Bornkamm* § 3 UWG Rz 104 f mN) dürfte bei der Haftung auf Schadensersatz, die ohnehin Verschulden voraussetzt, keine bedeutende Rolle spielen. Daher kommt jetzt verstärkt eine Anwendung des UWG in Betracht, das ggü dem subsidiären Recht am Unternehmen vorrangig ist. Die Haftung für unberechtigte Schutzrechtsverwarnungen dürfte dabei praktisch zurückgehen, insb wegen der kurzen Verjährung nach § 11 UWG und weil bei der Herstellerverwarnung nicht stets ein Unlauterkeitstatbestand gegeben ist. Eine solche, stärker differenzierende Betrachtung entspricht eher der faktischen Verankerung der Problematik im Wettbewerbsrecht als die in der Vergangenheit sehr weit ausgedehnte Haftung nach § 823 I.

96 Eine solche Handhabung bedeutet keinen Verzicht auf die bisher vorgenommene **Interessenabwägung**, die iRd Unlauterkeitstatbestände des UWG (§ 4 Nr 1: Unangemessenheit, § 4 Nr 8: Eignung zur Schädigung des Mitbewerbers, § 4 Nr 10: unmittelbare Behinderung) weitgehend ähnl erfolgen kann wie bei § 823 I. Dabei werden auch weiterhin der Ausschließlichkeitscharakter der Immaterialgüterrechte und die damit verbundene besondere Verantwortlichkeit des Rechtsinhabers (s. nur RGZ 58, 24, 30; BGHZ 164, 1, 2 ff; *Vorwerk* ZIP 05, 1157, 1158) zu berücksichtigen sein, zusätzlich aber auch – stärker als in der bisherigen Rspr – die Differenzierung zwischen Hersteller- und Abnehmerverwarnung sowie zwischen den einzelnen Immaterialgüterrechten.

97 b) **Äußerungen über Unternehmen. aa) Verbreitung von Tatsachen.** Die **Verbreitung wahrer, aber geschäftsschädigender Tatsachen** (zB krit Berichte) stellt grds keinen rechtswidrigen Eingriff in das Recht am Unternehmen dar, da sie idR von Art 5 I GG gedeckt ist (BGH NJW 87, 2746 f mwN; BGHZ 138, 311, 320 f; NJW 05, 2766, 2769 f). Anderes gilt nur, wenn die Verbreitung solcher Tatsachen **„Prangerwirkung"** entfaltet (BGH NJW 87, 2746, 2747 mwN; 94, 124, 126 f) oder andere, **besondere Begleitumstände** hinzutreten, zB wenn die Informationen durch gezieltes Eindringen in die unternehmerische Vertraulichkeitssphäre erlangt werden (BGHZ 80, 25, 38 ff; 138, 311, 321; krit *Bettermann* NJW 81, 1065 ff). Der Schwerpunkt der Prüfung liegt auf der **Rechtswidrigkeitsabwägung**. Dabei sind insb eine Wahrnehmung berechtigter Interessen (BGH GRUR 70, 465, 466; NJW 87, 2746, 2747; Hamm OLGR 09, 386, 387) sowie Nachforschungspflichten des Äußernden (BGH VersR 69, 352, 353 f) zu berücksichtigen; die Rspr ist allerdings nicht einheitlich (s. BaRoth/*Spindler* § 823 Rz 131 mN).

98 **Unwahre Tatsachenbehauptungen** werden grds abschließend von § 824 bzw § 823 II iVm § 186 StGB erfasst. Eine Ausnahme kommt ggf bei der Gefährdung von Beziehungen des Unternehmens zur Umwelt (nicht zu seinen Geschäftspartnern) in Betracht (BGHZ 90, 113, 121 ff: Veranlassung von Masseneinsprüchen im Planfeststellungsverfahren durch Falschangaben; zur Kritik in der Lit Staud/*J Hager* § 823 Rz D 26 mwN; s. jetzt auch BGH NJW 08, 2110 Rz 14 ff).

99 bb) **Verbreitung von Werturteilen; Kritik.** Die **Verbreitung von Werturteilen** oder **Kritik** ist bei Vorliegen einer geschäftlichen Handlung iSd § 2 I Nr 1 UWG ausschließlich nach dem UWG zu beurteilen (Staud/*J Hager* § 823 Rz D 27; BaRoth/*Spindler* § 823 Rz 129). IÜ kann – in engen Grenzen – das Recht am Unternehmen einschlägig sein. Insgesamt ist ein Unternehmen in seinem geschäftlichen Bereich jedoch weniger weitgehend gegen Herabsetzung geschützt als Private (BGHZ 36, 77, 80); das ist iRd Erfordernisses eines betriebsbezogenen Eingriffs zu berücksichtigen. Bei der Güter- und Interessenabwägung zur Beurteilung der **Rechtswidrigkeit** sind va die Grundrechte des Äußernden einzubeziehen, insb Meinungsfreiheit (Art 5 I 1 GG), Presse- und Rundfunkfreiheit (Art 5 I 2 GG), Kunst- und Wissenschaftsfreiheit (Art 5 III GG). Stellt eine Äußerung einen Beitrag zum geistigen Meinungskampf in einer die Öffentlichkeit wesentlich betreffenden Frage dar, spricht für sie – entspr den Grundsätzen zum Allgemeinen Persönlichkeitsrecht (§ 12 Rn 31 ff) – eine Vermutung der Zulässigkeit (BGHZ 45, 296, 308; 65, 325, 331 ff). Die Grenze ist idR erst bei **Schmähkritik** erreicht (BGH aaO sowie NJW 02, 1192; 05, 2766, 2770 f; 08, 2110 Rz 29). Eine Sonderfrage ist die **satirische Verfremdung** fremder Marken: Hier müssen sich die Äußerungen in einem vertretbaren Verhältnis zu dem sachlichen Anliegen des Kritikers und zu den beanstandeten Auswirkungen für den Betroffenen halten; unzulässig ist eine Personifizierung, die den Bekanntheitsgrad und die Werbekraft zwecke des Kritikers ausnutzt (insb BGHZ 91, 117, 122 ff: Zigarettenreklame „Marlboro/Mordoro"; krit teilw die Lit, Nachw bei Staud/*J Hager* § 823 Rz D 31). Heute dürften diese Fälle idR über das Markenrecht zu lösen sein (näher *Schaub* JZ 07, 548, 553 ff).

cc) **Warentests. Warentests** können nur einen Eingriff in das Recht am Unternehmen darstellen, wenn sie **100 betriebsbezogen** sind. Nicht ausreichend sind zB positive Bewertungen von Konkurrenzprodukten, die Nichtberücksichtigung noch schlechterer Produkte oder ein reiner Systemvergleich (BGHZ 65, 325, 332; NJW 87, 2222, 2224 f). Str ist, ob **Warentests durch Wettbewerber** das Recht am Unternehmen verletzen können. Die bisher vielfach vertretene Annahme einer generellen wettbewerbsrechtlichen Unzulässigkeit (Hamm WRP 80, 281 f; Staud/*J Hager* § 823 Rz D 32) dürfte mit Blick auf § 6 UWG heute nur noch schwer zu begründen sein (s.a. BaRoth/*Spindler* § 823 Rz 137). Entscheidend ist danach insb, ob die Gebote der Objektivität und Sachlichkeit eingehalten sind und weder eine pauschale Herabsetzung des Mitbewerbers noch eine Irreführung des Verbrauchers vorliegt. Im Anwendungsbereich des § 6 UWG dürfte für eine ergänzende Heranziehung des § 823 I kein Raum bleiben.

IÜ spielt auch hier die **Rechtswidrigkeits-Abwägung**, insb zwischen Informationsinteresse der Allgemeinheit **101** und Unternehmensschutz, eine zentrale Rolle (BGHZ 45, 296, 308; BVerfG NJW 02, 2621). Nach der Rspr ist die Veröffentlichung eines Tests zulässig, wenn er neutral, objektiv und sachkundig durchgeführt wurde (BGHZ 65, 325, 334; NJW 97, 2593, 2594 mwN; München NJW-RR 06, 1131). Die Anforderungen an **Neutralität und Objektivität** steigen mit dem Verbreitungsgrad des Tests (BGHZ 65, 325, 333 f). Wettbewerber dürfen keinen Einfluss darauf genommen haben (München NJW-RR 97, 1330, 1331; mit Blick auf § 6 UWG aber problematisch, s.u. Rn 100); unschädlich ist die Verfolgung eigener Zwecke durch den Tester außerhalb des Wettbewerbs (BGH GRUR 67, 113). **Sachkundige Durchführung** setzt insb vertretbare Methodenwahl und nachvollziehbare Schlussfolgerungen voraus (BGH NJW 97, 2593, 2594 mwN). Ausreichend ist aber ernsthaftes Bemühen um Richtigkeit (BGHZ 65, 325, 334; NJW 89, 1923 mwN). Bei der Ergebnisdarstellung besteht ein relativ weiter Ermessensspielraum (BGHZ 65, 325, 334; NJW 97, 2593, 2594 mwN). Bsp für rechtswidrige Eingriffe in das Recht am Unternehmen durch Warentests: BGHZ 65, 325, 333; NJW 89, 1923; 97, 2593, 2594 f. Die Grundsätze sind auf Tests von Finanzdienstleistungen übertragbar (Frankf NJW-RR 02, 1697), ebenso auf eine Sicherheits-Rangliste für Fluggesellschaften (München NJW-RR 06, 1131 f), nicht aber – wegen des größeren Wertungsspielraums – auf Theaterkritik (*Eidenmüller* NJW 91, 1439 ff) oder Gastronomiekritik (BGH NJW 87, 1082, 1083).

c) **Boykott.** Der Boykott eines Unternehmens zu Wettbewerbszwecken ist ausschließlich nach §§ 3 I, 4 Nr 10 **102** UWG, 21 GWB, Art 101 f AEUV zu beurteilen; teilweise wird dies auch bei Verfolgung außerwettbewerblicher Ziele mit wettbewerblichen Mitteln angenommen (zB Erman/*Schiemann* § 823 Rz 74, gegen BVerfGE 25, 256, 264). In anderen Fällen ist – ggf neben einen Anspruch aus § 826 (dort Rn 24) – ein Eingriff in das Recht am Unternehmen denkbar. Voraussetzung ist ein **nicht zu Wettbewerbszwecken erfolgender Boykott.** Dieser erfordert ein planmäßiges Zusammenwirken zwischen Aufrufendem und Adressaten, um ein Unternehmen vom Geschäftsverkehr auszuschließen (BGH NJW 85, 60, 61 mwN); hierin liegt zugleich die Betriebsbezogenheit des Eingriffs. Weiterhin ist eine Beeinflussung des freien Willens der Adressaten erforderlich (BVerfG NJW 69, 1161; 83, 1181, 1182; BGH NJW 90, 1531, 1532); Abmahnungen oder Warnungen reichen nicht aus (BaRoth/*Spindler* § 823 Rz 138 mwN). Der Prüfungsschwerpunkt liegt auf der **Güter- und Interessenabwägung** (Recht auf freie Meinungsäußerung, Art 5 I GG, versus Unternehmensschutz, Art 12, 14 GG) iRd **Rechtswidrigkeit**. Boykottaufrufe iRd geistigen Auseinandersetzung sind grds zulässig; die Grenze zur Unzulässigkeit wird überschritten insb bei Schmähkritik (BGHZ 45, 296, 307 f; BVerfG NJW 83, 1181, 1182), Verbreitung unwahrer Tatsachen ohne vorherige Prüfung (Frankf NJW-RR 88, 52 f) oder Aufforderung zum Vertragsbruch (BGH NJW 85, 1620 f).

d) **Arbeitskampfmaßnahmen.** Str ist, ob ein **rechtswidriger Streik** einen unzulässigen Eingriff in das Recht **103** am Unternehmen (so die hM, s. insb BAGE 1, 291, 300; NJW 89, 57, 60 f mwN; LAG Hamm NZA-RR 07, 250, 251; LAG Rheinland-Pfalz ArbuR 07, 319; LAG Hessen ArbuR 09, 141 f; Soergel/*Beater* § 823 Anh V Rz 49; Staud/*J Hager* § 823 Rz D 47 f mwN), eine vertragliche Leistungsstörung (zB Staud/*Richardi* Vorbem zu § 611 Rz 873) oder eine Schutzpflichtverletzung (zB *Larenz/Canaris* § 81 III 6b) darstellt. Folgt man der hM, ist insb die Rechtswidrigkeit zu prüfen, die vorliegt, wenn der Streik nicht vom Streikrecht gedeckt ist (zB bei wilden Streiks, s. nur BAG NJW 64, 883, 884; 89, 63; LAG Köln NZA 06, 62 f). Anspruchsgegner können nur die einzelnen Arbeitnehmer (hier ist aber insb das Verschulden zu prüfen) oder gem § 31 – sowie iRv Ansprüchen aus § 831 – die Gewerkschaft sein (BAG NJW 89, 57).

104 e) Blockaden. Bei der Prüfung, ob die **Blockade** von Versorgungseinrichtungen in das Recht am Unternehmen eingreift, sind der Vorrang des Eigentums- bzw Besitzschutzes iRd § 823 I sowie die Grundsätze über mittelbare Verletzungen (s.o. Rn 9) zu beachten. Nach hM stellen vorsätzliche Betriebsblockaden (zB durch Absperrung des Betriebsgeländes) einen rechtswidrigen Eingriff in das Recht am Unternehmen dar, weil insb Art 5 I, 8 I GG nicht durchgreifen (zB BGHZ 59, 30, 35 ff; 137, 89, 99 f; Rostock OLGR 07, 767, 768), nach aA ist eine gesonderte Prüfung erforderlich (zB *Diederichsen/Marburger* NJW 70, 777, 781 f). Die Betriebsbezogenheit ist stets genau zu ermitteln (häufig problematisch bei Fahrlässigkeit) und dabei insb die Dauer der Behinderung zu berücksichtigen (Staud/*J Hager* § 823 Rz D 44 f mwN). In neuerer Zeit stellt sich häufiger die Frage einer Verletzung des Rechts am Unternehmen durch **unverlangte Zusendung von Werbe-E-Mails.** Hier wird neben §§ 3 I, 4 Nr 10 und § 7 UWG (vgl nur BGH NJW 04, 1655, 1657 mwN; Naumbg OLGR 07, 753 ff) häufig auch eine Verletzung des Rechts am Unternehmen geprüft (zB BAG NJW 09, 1990, 1992 f – iE abgelehnt; Naumbg OLGR 07, 753 ff mwN; LG Essen GRUR-RR 09, 353 f; entspr für Telefax-Werbung Hamm OLGR 07, 660; NJOZ 09, 4029 ff; zu Grenzen LG München I NJW-RR 07, 253, 254). Das dürfte trotz des grundsätzlichen Vorrangs des UWG (s.o. Rn 84) jedenfalls dort richtig sein, wo wettbewerbsrechtliche Ansprüche zB an mangelnder Klagebefugnis scheitern (s. zB BGH NJW 09, 2958 Rz 9). Ob Betriebsbezogenheit bereits bei einmaligem E-Mail-Kontakt anzunehmen ist (so jetzt BGH NJW 09, 2958 Rz 11 f mwN; LG Essen GRUR-RR 09, 353 f), erscheint beim Vergleich mit anderen Eingriffen in das Recht am Unternehmen, die meist deutlich schwerer wiegen, allerdings zweifelhaft (s. auch AG Dresden NJW 05, 2561; LG München I MMR 07, 120, 121). Auch bei der Versendung von Bestätigungs-E-Mails unter Verwendung des Double-Opt-In-Verfahrens dürfte ein betriebsbezogener Eingriff abzulehnen sein (AG München GRUR-RR 07, 128). Zu einem kaum verallgemeinerungsfähigen Sonderfall der Blockade durch Erschwerung des Zugangs zum Grundstück eines Schilderprägers durch eine Kommune Köln NJW 07, 1215.

105 f) Sonstige Eingriffe. Als sonstige Eingriffe in das Recht am Unternehmen kommen zB **Absatzbehinderungen** in Betracht (BaRoth/*Spindler* § 823 Rz 128 mN); dazu zählt aber nicht bereits das Nennen günstigerer Mietwagenfirmen durch eine Versicherung ggü ihren Versicherungsnehmern (LG Bielefeld NJW 07, 2188, 2190 f). Wegen der Spezialität immaterialgüterrechtlicher Regelungen erscheint es dagegen heute **problematisch**, **Schutzrechtsverletzungen** als Eingriff in dieses Recht anzusehen (so zB BGH NJW 83, 2195, 2196). Str ist insb die Verwässerung berühmter Marken nach Einführung des § 14 II Nr 3 MarkenG (dazu insb *Piper* GRUR 96, 429, 436 einerseits, *Krings* GRUR 96, 624 ff andererseits): Zwar lässt § 2 MarkenG konkurrierende Ansprüche unberührt, aber wegen der Subsidiarität des Rechts am Unternehmen sollte hier ausschließlich Markenrecht angewandt werden (so iE auch BGH WRP 09 Rz 37; Frankf GRUR-RR 05, 317, 319; Staud/ *J Hager* § 823 Rz D 66). Vielfach können zudem §§ 3 ff UWG eingreifen (näher Staud/*J Hager* aaO mwN), so dass das Recht am Unternehmen allenfalls bei Fehlen einer geschäftlichen Handlung, bei Schutzrechtsverletzungen also iE kaum noch in Betracht kommen dürfte. Problematisch daher – sowie in Bezug auf den Eingriffsgegenstand – Stuttg MDR 09, 387, 389 (Vermarktung von Aufzeichnungen einer Sportveranstaltung ohne Einwilligung des Berechtigten als Eingriff in das Recht am Unternehmen; s. dazu auch BGHZ 110, 371, 383). Die **Tätigkeit eines Zwangsverwalters** verletzt nur unter besonderen Voraussetzungen das Recht am Unternehmen, wenn sie nicht zur ordnungsgemäßen Nutzung des Grundstücks erforderlich ist (BGHZ 163, 9). Zur Verletzung des Rechts am Unternehmen, wenn sich ein **Unbefugter als Geschäftsführer** einer GmbH geriert Saarbr OLGR 06, 732, 733, bei vertragswidrigem Abbruch einer Filmproduktion Köln VersR 08, 680; zu **weiteren** Eingriffen Staud/*J Hager* § 823 Rz D 67.

106 VII. Verletzung des Allgemeinen Persönlichkeitsrechts. Zu Verletzungen des **Allgemeinen Persönlichkeitsrechts** s. § 12 Rn 31 ff.

107 C. Verkehrspflichten. I. Grundlagen. Verkehrspflichten sind Pflichten, die ein den Verkehrsanforderungen entsprechendes Gefahrsteuerungsverhalten zum Gegenstand haben (*Mertens* VersR 80, 397); zu Entstehung, Funktion (Haftungsbegründung bei Unterlassen und mittelbaren Verletzungen) und dogmatischer Einordnung s.o. Rn 2 f. Als **Geltungsgrund** werden insb sozialethische Rücksichtsgebote, welche die Handlungsfreiheit begrenzen und sich zu einer deliktischen Verantwortlichkeit für die Sicherheit anderer verdichten können (BaRoth/*Spindler* § 823 Rz 225 mwN; ähnl Soergel/*Krause* § 823 Anh II Rz 9; *Mertens* VersR 80, 397, 401 f, s.a. schon RGZ 54, 53, 58), genannt. Die besonderen Charakteristika der Verkehrspflichten bedingen – trotz der grds Zuordnung zu § 823 I – eine Prüfung, die an diejenige bei § 823 II angelehnt ist (s.o. Rn 3). Die folgende **Darstellung orientiert sich an der praktischen Prüfungsreihenfolge.**

108 1. Bestehen einer Verkehrspflicht. a) Entstehungsgründe. aa) Überblick. Nach ständiger Rspr ist derjenige, der eine Gefahrenlage schafft, grds verpflichtet, die notwendigen und zumutbaren Vorkehrungen zu treffen, um eine Schädigung anderer möglichst zu verhindern (s. zB BGHZ 5, 378, 380 f; NJW 75, 108; 90, 1236; 06, 2326 Rz 7; 07, 762 Rz 11; 08, 3775 Rz 9; 3778 Rz 10, jew mwN). Die unterschiedlichen Fallgruppen, welche wichtige Entstehungsgründe von Verkehrspflichten widerspiegeln, erlauben nur eine grobe Aufteilung. Die Übergänge sind teilweise fließend, ebenso die Grenze zwischen Handeln und Unterlassen, die bei der Haftung für Verkehrspflichtverletzungen häufig ineinander übergehen (Soergel/*Krause* § 823 Anh II Rz 8).

bb) Einzelne Entstehungsgründe. Älteste Fallgruppe ist die **Eröffnung bzw Duldung eines Verkehrs**, zB in 109 Gebäuden, auf Grundstücken oder Straßen (s. insb RGZ 54, 53, 55 f; BGHZ 5, 378, 380 f; 108, 273, 274 f; 121, 367, 375; NJW 06, 2326). Die Pflicht zur Sorge für Sicherheit und Schutz der Verkehrsteilnehmer trifft nicht ausschließlich den Eigentümer des Grundstücks, Gebäudes oder Verkehrswegs, sondern auch denjenigen, der eine solche Sache nutzt und im Zusammenhang mit dieser Nutzung einen Verkehr eröffnet (zB den Pächter von Geschäftsräumen), und sie besteht über den Zeitpunkt der Verkehrseröffnung hinaus. Ein **Unterfall** ist die **Inverkehrgabe gefährlicher Sachen** (zB BaRoth/*Spindler* § 823 Rz 230), die insb für die Produkthaftung von Bedeutung ist. Hier treten Überschneidungen mit der Übernahme- bzw Berufshaftung (s.u. Rn 112) auf.
Ein weiterer Entstehungsgrund ist die **Einwirkung auf einen bestehenden Verkehr**, zB durch bauliche Maß- 110 nahmen oder Verkehrsregelung (sofern diese nicht öffentliche Aufgabe ist; dann gilt § 839 iVm Art 34 GG). Die dadurch verursachten Gefahren für Verkehrsteilnehmer sind zu minimieren.
Auch aus der **tatsächlichen Gewalt über gefährliche Sachen** können Verkehrspflichten entstehen: Dabei 111 müssen Andere iRd Möglichen und Zumutbaren vor den von diesen Gegenständen ausgehenden Gefahren geschützt werden. Das gilt für bewegliche (zB Schusswaffen, Chemikalien, Feuerwerkskörper) wie unbewegliche Sachen (Spezialfälle: §§ 836–838); ein **Unterfall** ist die **Produkthaftung** (s.u. Rn 173 ff).
Die **Übernahme- bzw Berufshaftung** betrifft Verkehrspflichten im Zusammenhang mit der Übernahme 112 einer Aufgabe oder Verantwortlichkeit bzw bei Ausübung einer professionellen Tätigkeit. Gesetzliche Konkretisierungen einer Übernahmehaftung finden sich insb in §§ 831 II, 832 II, 834, 838. Die Berufshaftung ergibt sich aus besonderen Sorgfaltserfordernissen bei der Ausübung bestimmter Berufe, zB Arzt, Architekt, Bauingenieur (AnwK/*Katzenmeier* § 823 Rz 132; Hk/*Staudinger* § 823 Rz 64), insb wegen des Vertrauens, das der Berufsausübung von den damit in Berührung Kommenden entgegengebracht wird (*Larenz/Canaris* § 76 III 3b mwN); dazu näher unten Rn 171 f.
Zu **Organisationspflichten** s.u. Rn 129. 113

b) Umfang. Der **Umfang** der Verkehrspflichten ist **stark einzelfallabhängig**. Zu seiner Konkretisierung ist 114 zwischen den **Interessen** des Sicherungspflichtigen, der Gefährdeten und der Allgemeinheit **abzuwägen**. Diesen drei Bereichen lassen sich alle Kriterien zuordnen, die – in unterschiedlichen Varianten – als für den Umfang von Verkehrspflichten relevant angesehen werden (zB Staud/*J Hager* § 823 Rz E 25 ff; Soergel/*Krause* § 823 Anh II Rz 27 ff; MüKo/*Wagner* § 823 Rz 258 ff; AnwK/*Katzenmeier* § 823 Rz 135 ff; BaRoth/*Spindler* § 823 Rz 233 ff; Erman/*Schiemann* § 823 Rz 80 f; weiterhin etwa *Gerecke* VersR 08, 1595). Allerdings bestehen **Wechselwirkungen**, die sich insb in den häufig verwendeten Kriterien „Zumutbarkeit" (von Sicherungsmaßnahmen) und „Vertrauen" (des Gefährdeten in derartige Vorkehrungen) widerspiegeln. Beide übergreifen letztlich alle drei Bereiche; so hängt die Zumutbarkeit zB auch vom Grad der Gefährdung anderer ab und das Vertrauen von der praktischen Möglichkeit von Sicherungsmaßnahmen. Da sich beide Kriterien wechselseitig beeinflussen, können sie nur Leitlinien sein, die durch eine Reihe von Indizien konkretisiert werden (zutr insb Soergel/*Spickhoff* § 823 Rz 9: Herausarbeitung bestimmter Verantwortungsbereiche und einer damit verbundenen Zuständigkeitsverteilung).

aa) Sicherungspflichtiger. Auf Seiten des Sicherungspflichtigen ist zunächst die **faktische und rechtliche** 115 **Möglichkeit von Sicherungsmaßnahmen** sowie ihre Zumutbarkeit zu berücksichtigen (zB BGH VersR 75, 812 mwN; BGHZ 108, 273, 274; NJW 00, 1946 f; 07, 762 Rz 11 mwN). In neuerer Zeit bezieht die Rspr bei der Frage der Zumutbarkeit zunehmend wirtschaftliche Gesichtspunkte mit ein (zB BGH VersR 57, 584; NJW-RR 87, 147; NJW 90, 906, 907; 95, 2631, 2632; 07, 762 Rz 11 ff, dazu insb *Rothe* NJW 07, 740 ff). Allgemeine Regeln lassen sich aus diesen Entscheidungen zu ganz unterschiedlichen Pflichtenbereichen jedoch bisher kaum ableiten. Die Zumutbarkeitsgrenze dürfte ua danach zu bestimmen sein, ob noch weitere Personen für die Sicherung der Gefahrenquelle verantwortlich sind und wie wahrscheinlich der Gefahreintritt ist. Der Sicherungspflichtige hat diejenigen Maßnahmen zu treffen, die ein umsichtiger und verständiger, in vernünftigen Grenzen vorsichtiger Mensch für notwendig und ausreichend hält, um andere vor Schäden zu bewahren (BGH NJW 06, 2326; 08, 3775 Rz 9; 3778 Rz 10); auf offenkundige Gefahren muss er hingegen nicht hinweisen (zuletzt Celle OLGR 06, 83), das ist iE eine Ausprägung des Vertrauensgrundsatzes.
Eine wichtige Rolle spielen daneben die **Kosten der Sicherungsmaßnahmen** (MüKo/*Wagner* § 823 Rz 260; 116 Erman/*Schiemann* § 823 Rz 81; krit BGH NJW 06, 610 Rz 23). Sie sollten aber nur iVm anderen ökonomischen Aspekten (zB ökonomischem Nutzen der gefahrbringenden Tätigkeit für die Allgemeinheit oder Art und Ausmaß des drohenden Schadens) herangezogen werden, so dass hier letztlich die allg ökonomischen Erwägungen zur Fahrlässigkeitshaftung (Vor § 823 Rn 18) zum Tragen kommen. Die finanzielle Belastbarkeit des Sicherungspflichtigen ist in diesem Zusammenhang allerdings von untergeordneter Bedeutung (BGH NJW 84, 801, 802) und auch die Möglichkeit eines Versicherungsschutzes stellt nur einen von mehreren zu berücksichtigenden Teilaspekten dar (Erman/*Schiemann* § 823 Rz 81), ggü dem der Schutz des Betroffenen Vorrang hat. Die Kostenfrage steht in Wechselwirkung mit Umfang und Wahrscheinlichkeit des drohenden Schadens (dazu zB RGZ 147, 353, 356; BGH NJW 71, 1313, 1314 mwN; Saarbr OLGR 06, 766, 768).
Öffentlich-rechtliche Sicherheitsstandards können idR lediglich Mindestanforderungen für Sicherungs- 117 maßnahmen aufstellen; die Verkehrspflichten können (müssen aber nicht) darüber hinausgehen (zB BGHZ

139, 43, 46 f; 79, 83; NJW 04, 1449, 1450; 08, 3775 Rz 18; 3778 Rz 16, jew mwN; zu Einzelheiten insb MüKo/*Wagner* § 823 Rz 277 ff mwN).

118 In geringem Umfang spielen auch **Vorkehrungen gegen Fehlverhalten oder Missbrauch durch Dritte** auf Seiten des Sicherungspflichtigen eine Rolle (BGHZ 37, 165, 170; NJW 90, 1236 f mwN; Grenze: zB BGH NJW 97, 660, 661; s.a. MüKo/*Wagner* § 823 Rz 264 ff mwN).

119 Die **spätere Entschärfung** einer Gefahrenstelle ist nicht als Anerkenntnis einer Verkehrssicherungspflicht zu werten (Jena NJW 06, 624).

120 **bb) Gefährdeter.** Auf Seiten des Gefährdeten sind in erster Linie die **gefährdeten Rechtsgüter** sowie **Umfang und Grad ihrer Gefährdung** zu berücksichtigen, zB reicht der Schutz von Leben und Gesundheit weiter als derjenige des Eigentums (s. nur BGHZ 58, 149, 156).

121 Von Bedeutung sind weiterhin die **Möglichkeiten des Selbstschutzes** (dazu insb MüKo/*Wagner* § 823 Rz 261 ff mwN), die in Wechselwirkung mit der Möglichkeit von Sicherungsmaßnahmen auf Seiten des Sicherungspflichtigen stehen. Eine entscheidende Rolle spielt dabei ein schützenswertes Vertrauen des Gefährdeten.

122 In Bezug auf die **Person des Gefährdeten** ist grds die schutzbedürftigste Personengruppe als Maßstab zu wählen (s. insb BGHZ 103, 338, 340). Der Sicherungspflichtige kann hier teilweise gegensteuern, zB durch Beschränkung eines von ihm eröffneten Verkehrs auf einen bestimmten Personenkreis (s. insb BGH NJW 85, 1078 f; 87, 2671, 2672), ggf auch bei der Übernahmehaftung durch Beschränkung des Umfangs oder gänzliche Verweigerung der Übernahme. Besonders hohe Anforderungen gelten bei einer möglichen Gefährdung von Kindern und Jugendlichen (zB BGH NJW 75, 108 f; 99, 2364; 06, 2918 Rz 6; Kobl NJW-RR 05, 1611, 1612; Saarbr NJW-RR 06, 1165, 1166 f); Grenzen bestehen aber insb dort, wo eine Gefahr sich offensichtlich aufdrängt (zB BGH NJW 78, 1628; 99, 2364 mwN), wo auf die Wahrung der Aufsichtspflicht durch die Eltern vertraut werden kann (BGH NJW 94, 3348, 3349 mwN) oder wenn die Gefährdungsmöglichkeit derart fern liegt, dass man nach realistischer Betrachtung nicht damit zu rechnen hatte (Kobl NJW-RR 05, 1611, 1612). Str ist der Umfang von Verkehrspflichten ggü **Unbefugten**: Teilw wird eine Einbeziehung in den Schutz (zB *J Schröder* AcP 79, 567 ff; Erman/*Schiemann* § 823 Rz 80; Saarbr OLGR 06, 766, 768; Dresd OLGR 07, 866; Hamm 6 U 157/08), teilw eine Einschränkung der Verkehrspflichten (zB BGH NJW 57, 499; 87, 2671, 2672; Saarbr OLGR 06, 910 f, nicht rechtskr; Jena 5 U 31/09; BaRoth/*Spindler* § 823 Rz 247), vermittelnd eine weitere Differenzierung nach der Reichweite des Vertrauensgrundsatzes (MüKo/*Wagner* § 823 Rz 270) vertreten. Eine solche Differenzierung erscheint sinnvoll, denn die Fälle zeigen, dass es durchaus verschiedene Stufen des „Unbefugtseins" gibt – vom Eindringling auf fremdem Grundstück bis zum Großvater auf der Kinderrutsche. **Nicht geschützt** ist, wer die Gefahr aus wirtschaftlichem Eigeninteresse selbst in Kauf genommen hat (BGH NJW 06, 3628 Rz 17: Vermieter eines Grundstücks, auf dem eine Altautoreifenrecyclinganlage betrieben wird; Celle 6 U 129/08).

123 **cc) Allgemeininteressen.** IRd Allgemeininteressen ist insb die **positive Bedeutung der gefährdenden Tätigkeit** (dazu insb Soergel/*Spickhoff* § 823 Rz 9), also das Interesse der Allgemeinheit an der Tätigkeit als solcher, ihre soziale und ökonomische Nützlichkeit, zu berücksichtigen.

124 Von Bedeutung sind daneben **die allgemeinen Verkehrserwartungen in Bezug auf die Sicherheit** (zuletzt BGH NJW 08, 3775 Rz 9 mwN; zur Einhaltung öffentlich-rechtlicher Sicherheitsanforderungen oben Rn 117). Sie haben in erster Linie ergänzende Funktion bzw konkretisieren die Interessen von Sicherungspflichtigem und Gefährdetem. Wichtig sind sie insb im Hinblick darauf, dass die Statuierung neuer Verkehrspflichten stets zu einer Haftungsverschärfung führt. Die Haftung für die Verletzung von Verkehrspflichten ist daher teilweise schon in die Nähe der Gefährdungshaftung gestellt worden (s. nur Erman/*Schiemann* § 823 Rz 82); auf jeden Fall kann sie als entscheidende Vorstufe der möglichen Einführung einer Gefährdungshaftung angesehen werden.

125 **2. Verletzung der Verkehrspflicht. a) Sachlicher und persönlicher Schutzbereich.** Sachlicher und persönlicher Schutzbereich sind wie bei § 823 II zu prüfen (dazu insb Erman/*Schiemann* § 823 Rz 87 mwN sowie BGH NJW 06, 3628 Rz 13 ff).

126 **b) Sicherungspflichtiger. aa) Grundsatz.** Sicherungspflichtig ist in erster Linie derjenige, der die **Gefahrenquelle eröffnet bzw beherrscht**, also die faktische Möglichkeit der Verhaltenssteuerung bzw der Einwirkung auf eine gefährliche Sache hat (MüKo/*Wagner* § 823 Rz 292 f mN). Das können auch **mehrere Personen** nebeneinander sein (zB RGZ 118, 91, 94 mwN; BGHZ 5, 378, 382; NJW 97, 582, 584). Grds ist jeder von ihnen einzeln verantwortlich (insb können sie sich nicht wechselseitig entlasten, BGH VersR 85, 641 f); ggü dem Geschädigten haften sie als Gesamtschuldner iSd § 840 I (BGH NJW 97, 582, 584). Zu Verkehrspflichten des mittelbaren Störers s.u. Rn 170.

127 **bb) Delegation.** Verkehrspflichten können grds auf Dritte übertragen werden (s. nur BGH MDR 59, 26; BGHZ 142, 227, 233; NJW 06, 3628 Rz 11 mwN; wichtiges Bsp: Räum- und Streupflicht, s.u. Rn 140); zu Besonderheiten der unternehmensinternen, vertikalen Arbeitsteilung insb MüKo/*Wagner* § 823 Rz 278 ff; BaRoth/*Spindler* § 823 Rz 270 ff; zur Verantwortlichkeit bei Organleihe BGH VersR 06, 803 Rz 18 ff und in der

Wohnungseigentümergemeinschaft München NJW 06, 1293, 1294. **Voraussetzung** einer Delegation ist eine Vereinbarung zwischen den Beteiligten, aus der für beide deutlich wird, dass und welche Pflichten übernommen werden (zB BGH NJW 85, 270, 271; 96, 2646 mwN); ein wirksamer Vertrag ist hingegen ebenso wenig erforderlich (BGH NJW-RR 89, 394, 395; NJW 08, 1440 Rz 9) wie eine ggf nach öffentlich-rechtlichen Regeln erforderliche Anzeige der Übertragung (BGH NJW 08, 1440 Rz 9).

Folge der Delegation ist, dass der **Übernehmende sicherungspflichtig** wird (die rechtsdogmatische Begründung ist str, s. BaRoth/*Spindler* § 823 Rz 268 mN). Ein „Rest" der Verkehrspflicht verbleibt aber – in Form von Auswahl- und Überwachungspflichten – beim **Übertragenden** (s. zB BGHZ 110, 114, 121 f mwN; 142, 227, 233; 149, 206, 212). § 278 ist nach ganz hM nicht analog anzuwenden (BGHZ 4, 1, 3 f; 103, 338, 342 f; aA insb *Prölss* FS Canaris 1037, 1050 f), da die Vorschrift sonst bei der Delikthaftung zur Umgehung des § 831 I 2 instrumentalisiert werden könnte. Bereits vor bzw unmittelbar bei der Delegation greift die **Pflicht zu sorgfältiger Auswahl** in Bezug auf Sachkunde und Sorgfalt des Übernehmenden (s. nur BGH NJW 76, 46, 47; BGHZ 82, 162, 167), die im Zusammenhang mit der eigenen Sachkunde des Auswählenden zu sehen ist. Weiterhin hat der Übertragende eine **Pflicht zur Überwachung** des Übernehmenden (zB BGHZ 110, 114, 121 f; 142, 227, 233, beide mwN). Er darf aber bei Fehlen entgegenstehender Anhaltspunkte auf die Erfüllung der übertragenen Verkehrspflichten vertrauen (BGHZ 142, 227, 233; NJW 06, 3628 Rz 11 mwN; München NJW 06, 1293, 1294). UU ist durch die Umstände des Einzelfalls eine weiter gehende Überwachung geboten, zB bei besonderer Gefährlichkeit der Gefahrenquelle (BGH NJW 65, 197, 199: Veranstaltung eines Großfeuerwerks) oder bei konkreten Zweifeln an der Zuverlässigkeit des Übernehmenden (BGH VersR 66, 145, 146; NJW 76, 46, 47 f mwN), wohl auch bei der ersten Delegation, wenn seine Zuverlässigkeit nicht erwiesen ist (sie kann aber bei einer auf derartige Tätigkeiten spezialisierten Person unterstellt werden).

128

cc) **Organisationspflichten.** Insbes – aber nicht nur – bei Delegation von Verkehrspflichten entstehen (neben einer evtl Verantwortlichkeit nach § 831) Organisationspflichten des primär Sicherungspflichtigen: Die **Schaffung einer komplexen, arbeitsteiligen Organisation** führt zur Entstehung zusätzlicher Gefahren (zB weil Gefahrursachen und -verursacher dezentralisiert werden), für die in erster Linie derjenige, der sich einer solchen Organisation bedient, verantwortlich ist. Er muss sich aus der Arbeitsteilung ergebende Gefahren vermeiden (s. zB RGZ 89, 136, 137 f; BGHZ 4, 1, 2 f; 109, 297, 303 ff mwN; NJW-RR 96, 867, 868). Bei Verletzung dieser Pflicht, wenn also die Hilfsperson entweder überhaupt nicht oder nicht wie geschehen hätte eingesetzt werden dürfen, haftet er nach § 823 I (juristischen Personen wird das Verschulden ihrer Organe über §§ 31, 89 zugerechnet; zur analogen Anwendung des § 31 bei „körperschaftlichen Organisationsmängeln" § 31 Rn 7). Dies ist auch mit der insb früher in diesem Zusammenhang verwendeten Bezeichnung „**Organisationsverschulden**" gemeint; genau genommen handelt es sich aber bei den Organisationspflichten um besondere Verkehrspflichten (vgl auch Erman/*Schiemann* § 823 Rz 83). **Krit** zur Haftung für Organisationsmängel ein erheblicher Teil der Lit: Eine Verantwortlichkeit im Innenverhältnis begründe nicht automatisch eine Haftung im Außenverhältnis und es entstehe die Gefahr einer uferlosen bzw mit der Haftung des Unternehmensträgers kongruenten Einstandspflicht von Leitungsorganen, MüKo/*Wagner* § 823 Rz 415 ff mwN – auch zu den unterschiedlichen Lösungsansätzen in der Lit; *Kleindiek* 8, 292 ff mwN; *Spindler* 601 ff, 781 ff; noch weiter gehend *Brüggemeier* 137 ff, 176 ff.

129

3. Verletzung eines Rechtsguts iSd § 823 I und haftungsbegründende Kausalität. Die Haftung wegen Verletzung einer Verkehrspflicht setzt nach der hier vertretenen Ansicht (s.o. Rn 3) die Verletzung eines Rechtsguts iSd § 823 I durch die Verkehrspflichtverletzung voraus. Bei der haftungsbegründenden Kausalität kommen häufig Anscheinsbeweis (BGH VersR 94, 324, 325; NJW 08, 3775 Rz 17 mwN, krit *Wesser* NJW 08, 3761, 3762 ff; Grenzen: BGH NJW 08, 3778 Rz 18 ff) oder Beweislastumkehr in Betracht, Letztere insb bei Produkt-, Bauwerks- und Umwelthaftung (s.u. Rn 173 ff, 201, 168 f) sowie Arzthaftung (s.u. Rn 202 ff).

130

4. Rechtswidrigkeit. Die Rechtswidrigkeit wird durch die Verletzung einer Verkehrspflicht indiziert; die Verkehrspflicht konkretisiert das Unrecht der Tat (s.a. zB AnwK/*Katzenmeier* § 823 Rz 127).

131

5. Verschulden. Das Verschulden setzt jedenfalls voraus, dass der Schädiger die **Verkehrspflicht erkennen** konnte und erkannt hat (BGH NJW 85, 620, 621; 95, 2631, 2632; Erman/*Schiemann* § 823 Rz 87; *v Bar* JuS 88, 169, 173). Eine weiter gehende Ansicht (BGHZ 58, 48, 56; 93, 351, 357; *Larenz/Canaris* § 76 III 7a) verlangt auch die **Vorhersehbarkeit der Möglichkeit einer Verletzung eines Rechtsguts iSd § 823 I**. Da dies der hier befürworteten materiellrechtlichen Einordnung der Verkehrspflichten (s.o. Rn 3) entspricht, ist dieser Auffassung zu folgen.

132

Der **Verschuldensmaßstab** setzt sich aus einem objektiven und einem subjektiven Element zusammen. Das **objektive Element** (Verletzung der äußeren Sorgfalt) betrifft insb die Erkennbarkeit der Verkehrspflichtverletzung, die nur gegeben ist, wenn die Verkehrspflicht bereits anerkannt war (bei erstmaliger Begründung einer solchen Pflicht durch die Rspr entfällt regelmäßig das Verschulden, BGH NJW 85, 620, 621; 95, 2631, 2632; Erman/*Schiemann* § 823 Rz 82). Die Einhaltung von DIN-Normen reicht nicht immer aus (s. nur BGH VersR 66, 165, 166; NJW 97, 582, 583 f mwN; etwas knapp Kobl 1 U 491/09). IRd **subjektiven Elements** (Verletzung der inneren Sorgfalt) sind besondere Kenntnisse und Fertigkeiten des Sicherungspflichtigen (zu

133

seinen Lasten) zu berücksichtigen (zB BGH NJW 87, 1479, 1480; 94, 2232, 2233; Erman/*Schiemann* § 823 Rz 87 aE). Teilw lässt die Rspr für das Verschulden einen Anscheinsbeweis durchgreifen (s. insb BGH NJW 86, 2757, 2758). Ein Mitverschulden des Geschädigten ist nach allg Grundsätzen zu berücksichtigen; es kann im Einzelfall sogar zum Haftungsausschluss führen (Celle OLGR 06, 83).

134 **6. Schaden und haftungsausfüllende Kausalität.** Auch in Bezug auf Schaden und haftungsausfüllende Kausalität können Beweiserleichterungen eingreifen: Insb wenn die Verletzung einer Verkehrspflicht feststeht und ein für eine solche Verletzung typischer Schaden vorliegt (va bei Verstoß gegen öffentlich-rechtliche Sicherheitsregeln), kommt ein **Anscheinsbeweis** in Betracht (zB BGH NJW 78, 2032, 2033; BGHZ 114, 273, 276; NJW 94, 945, 946; 05, 2454; WuM 09, 241 Rz 5, beide mwN).

135 **II. Einzelne Verkehrspflichten.** Die einzelnen Verkehrspflichten sind stets unter Berücksichtigung dieser allg Grundsätze, insb zum Umfang der Pflichten, zu betrachten. Eine abschließende Darstellung der Rspr ist nicht möglich, es erfolgt eine Beschränkung auf repräsentative, praktisch wichtige Einzelfälle bzw Fallgruppen. IÜ lässt sich vieles durch Weiterdenken der zuvor dargelegten allg Grundsätze entwickeln.

136 **1. Verkehrswege. a) Allgemeines.** Die Widmung von Straßen oder anderen Verkehrswegen für den öffentlichen Verkehr bedeutet zugleich die Schaffung einer Gefahrenquelle für die Verkehrsteilnehmer. Die darauf bezogenen Pflichten sind der ursprüngliche „Prototyp" der Verkehrs(sicherungs)pflichten. Sie sind abzugrenzen von öffentlich-rechtlichen Pflichten bei öffentlichen Verkehrswegen, bei deren Verletzung eine Haftung gem § 839 in Betracht kommt und bei denen landesrechtliche Regelungen sowie – bei Bundes-Fernstraßen – das BFernStrG zu berücksichtigen sein können (Einzelheiten: § 839 Rn 136). Die Amtshaftung ist vorrangig ggü der Haftung aus § 823 I (s. zB BGHZ 60, 54, 62; 118, 368, 373; NJW 93, 2802, 2803). Zu den Besonderheiten bei Wasserstraßen insb BaRoth/*Spindler* § 823 Rz 342 ff mwN; Karlsr 22 U 5/06.

137 Ausschlaggebend für **Art und Umfang** der Pflichten sind die Widmung des Verkehrswegs als Ausgangspunkt (BGHZ 37, 165, 167 f; NJW 91, 2824, 2825; Frankf NZV 08, 159) sowie va die örtlichen Verhältnisse (BGH VersR 89, 847). Erreicht werden sollte eine möglichst (nicht notwendig völlig) gefahrlose Benutzung (BGHZ 31, 73, 74; 108, 273, 274; Jena MDR 06, 514 f: Trampelpfad; Schlesw OLGR 07, 633 f; Grenzen: Bambg OLGR 08, 634; Brandbg 2 U 1/07; LG Wuppertal 16 O 7/07). Je nach praktischer Möglichkeit und Zumutbarkeit sollten Gefahren beseitigt (BGH VersR 79, 1055), Gefahrstellen abgesichert oder zumindest vor Gefahren gewarnt (BGHZ 108, 273, 275) werden. Str sind in letzter Zeit insb die Pflichten im Hinblick auf die Ausbesserung von Straßen bzw Schlaglöcher (s. nur LG Coburg 21 O 795/06; LG Osnabrück 5 O 793/07 einerseits, Celle NJW-RR 07, 972, 973 f; Kobl NZV 08, 580, 581 f andererseits mwN). Zu Verkehrssicherungspflichten auf Waldwegen *Bittner* VersR 09, 896 ff mwN, auf alpinen Wegen *Ebert* VersR 06, 899 ff.

138 In **räumlicher Hinsicht** erstrecken sich die Verkehrspflichten auf den Verkehrsweg selbst (auch zB auf eine Fußgängerzone, Oldbg NJW-RR 86, 903; Celle MDR 98, 1031) und seine unmittelbare Umgebung (zB Böschungen, BGHZ 37, 165, 171; Hamm MDR 99, 1446, Wald, Hamm 13 U 63/06, aber nur in Grenzen auf unbefestigtes Straßenbankett, BGH VersR 05, 660 f mwN; Saarbr OLGR 07, 890 ff), auf Parkstreifen (Hamm NJW-RR 92, 1442) und Parkplätze (Jena OLGR 06, 345, 346 mwN), Straßenbäume (Naumb VRS 100, 261; Dresden VersR 01, 1260), Verkehrsschilder (AG Bergheim VersR 08, 506 f) sowie benachbarte Grundstücke und Anlagen, von denen Gefahren für den Verkehr ausgehen können (Brandbg MDR 99, 1263), nicht aber stets auf angrenzendes Gelände (Saarbr NZV 09, 293 f).

139 In **zeitlicher Hinsicht** ist eine Überprüfung bei Verkehrseröffnung erforderlich, ebenso bei Wiedereröffnung nach Bauarbeiten (BGH VersR 06, 803 Rz 22), weiterhin regelmäßige Kontrollen in der Folgezeit, je nach Bedeutung des Verkehrswegs (BGH NJW 80, 2194, 2195) und wohl auch nach Benutzungsintensität.

140 **b) Sonderfall: Räum- und Streupflicht.** Die Räum- und Streupflicht ist ein Unterfall der allg Straßenverkehrssicherungspflicht. **Sicherungspflichtig** ist grds derjenige, dem die allg Straßenverkehrssicherungspflicht obliegt, das sind in erster Linie die Kommunen, denen die Räum- und Streupflicht durch öffentlich-rechtliche Normen zugewiesen wird (diese stellen idR Schutzgesetze iSd § 823 II dar, BGHZ 27, 278, 283; NJW 70, 95; 72, 1321, 1322). Bei Verletzung dieser öffentlich-rechtlichen Pflichten haften die Gemeinden ausschließlich nach § 839 (BGHZ 27, 278, 282; VersR 95, 721, 722); die inhaltlichen Anforderungen decken sich aber mit denjenigen der zivilrechtlichen Haftung (BGHZ 75, 134, 138; NJW 93, 2802 f). Häufig und zulässig ist die Abwälzung der allg Reinigungspflicht und damit auch der Räum- und Streupflicht auf die Anlieger (BGH NJW 85, 484; 08, 1440 Rz 9; zu Grenzen insb BGHZ 118, 368, 372 f; BayVGH BayVBl 77, 369, 370). Eine weitere (Sub-)Delegation ist möglich, zB auf ein Reinigungsunternehmen oder einen Mieter (zB BGH NJW-RR 89, 394, 395; 96, 655, 656; NJW 08, 1440 Rz 9 mwN); dafür gelten die allg Grundsätze zur Delegation von Verkehrspflichten (s.o. Rn 127 f), dh den Delegierenden treffen Auswahl- und Überwachungspflichten. Im Einzelfall kann sicherungspflichtig auch sein, wer eine besondere Gefahr verursacht (zB BGH VersR 85, 641, 642: Sicherungspflicht des Kühlturmbetreibers wegen Glatteisbildung durch Kondenswasser).

141 Der **Umfang** der Räum- und Streupflicht richtet sich nach den **Verkehrserwartungen** (BGH NJW 94, 2617) und den Umständen des Einzelfalls (BGH NJW 03, 3622, 3623; LG München II NJW-RR 06, 1251: erhöhte Anforderungen bei Eisbildung durch Tropfwasser), aber die Verkehrsteilnehmer müssen sich auch in ver-

nünftiger Weise auf erkennbare Gefahren einstellen (Ddorf NJW-RR 99, 671, 672; Hamm VersR 99, 589), insb sich winterlichen Straßenverhältnissen anpassen (BGHZ 112, 74, 76). **Fahrbahnen** sind innerhalb geschlossener Ortschaften nur an verkehrswichtigen und zugleich gefährlichen Stellen zu räumen und zu streuen (BGHZ 112, 74, 79; Beurteilung durch den Tatrichter, BGH VersR 98, 1373, 1374; zum Abstreuen eines gedachten Gehwegs am Fahrbahnrand München 1 U 4859/07), außerhalb geschlossener Ortschaften nur an besonders gefährlichen Stellen mit erheblicher Verkehrsbedeutung (zB BGHZ 31, 73, 75; VersR 95, 721, 722; Braunschw NZV 06, 586, 587). **Radwege** sind jedenfalls nicht in höherem Maße als Fahrbahnen zu sichern (BGH NJW 03, 3622, 3623). An die Sicherungspflichten bei **Fußgängerüberwegen** werden bei belebten, unentbehrlichen Übergängen strenge Anforderungen gestellt (BGH VersR 87, 989; NJW 03, 3622, 3623), ähnl bei **Kreuzungen** (Nürnbg NJW-RR 04, 103). Vergleichbar weit gehen die Pflichten bei **öffentlichen Plätzen, insb Haltestellen** öffentlicher Verkehrsmittel (va sind durch das Räumen entstandene Schneewälle zu entfernen, BGH NJW 83, 2021, 2022; 93, 2802, 2803). Die Räum- und Streupflicht auf **Gehwegen** ist von deren Bedeutung abhängig (BGH NJW 60, 41 einerseits, Hamm VersR 93, 1285, 1286 andererseits); generell genügt es, wenn Raum für zwei sich begegnende Fußgänger geschaffen wird (BGH VersR 67, 981, 982; ähnl Brandbg 4 U 95/07: 1,50 m Breite bei Zuwegung), ein Ausweichen auf die Fahrbahn ist hingegen nicht zumutbar (BGH NJW-RR 97, 1109, 1110). Die Sicherungspflichten bei **öffentlichen Parkplätzen** hängen von Bedeutung und räumlicher Situation ab (BGH VersR 83, 162; Karlsr VersR 89, 45, 46; Hamm NJW-RR 04, 386; München 1 U 2873/07; 1 U 5320/06 zur Streupflicht auf einem Klinikgelände); bei eigens eingerichteten **Privatparkplätzen** gelten strengere Regeln (Ddorf NJW-RR 00, 696). Erhöhte Anforderungen gelten auf **Friedhöfen** (s.u. Rn 153); Grenzen: München 1 U 3329/08.

Generell ist eine regelmäßige Kontrolle der Glatteisbildung (München 1 U 1815/09: täglich) sowie zumindest eine erhebliche Minderung der durch Schnee und Glatteis entstehenden Gefahren für die Verkehrsteilnehmer **erforderlich**, ggf ist das Räumen und Streuen in kürzeren Zeitabständen zu wiederholen (BGH NJW 85, 482, 483; 93, 2802, 2803; Grenzen: Karlsr NJW-RR 09, 386 f; München 1 U 3243/09); zur Verwendung von Streusalz insb BGH NJW 85, 482, 483; 93, 2802, 2803; BGHZ 124, 394, 398; München VersR 04, 251. Die Grenze der Zumutbarkeit für den Sicherungspflichtigen ist erreicht, wenn die Gefahr nicht mit zumutbaren Maßnahmen gemindert werden kann, insb wenn der Einsatz von Streumitteln angesichts der Wetterlage zwecklos ist (BGH VersR 63, 1047, 1048; NJW 85, 484, 485; Hamm VersR 97, 68, 69; Celle NJW-RR 04, 1251 f; aA Hambg NJW-RR 00, 1697); dies ist vom Sicherungspflichtigen zu beweisen (BGH NJW 85, 484, 485; NJW-RR 05, 1185). 142

Die Räum- und Streupflicht **beginnt** mit dem Auftreten der Gefahr, aber eine gewisse Reaktionszeit ist zuzubilligen (maximal eine halbe Stunde, BGH VersR 87, 989; Hamm DAR 98, 142, 143); sehr weitgehend BGH VersR 85, 189 mwN; Frankf NJW-RR 04, 312, 313 f; Hamm NZV 06, 587, 588 zur vorbeugenden Räum- und Streupflicht; einschr Brandbg WuM 07, 138). Bei andauerndem Schneefall ist keine kontinuierliche Fortsetzung erforderlich, es genügt eine Wiederholung in Intervallen (LG Bochum NJW-RR 05, 463). IdR wird keine Sicherung des nächtlichen Verkehrs verlangt (BGHZ 40, 379, 382 ff; NJW 72, 903, 904; VI ZR 163/08; Kobl NJW-RR 08, 1331; München 1 U 3604/07; vgl aber für Ballungsgebiete Frankf VersR 95, 45), an Wochenenden und Feiertagen ist morgens ein späterer Beginn möglich (Hamm NZV 93, 394; Köln VersR 97, 506, 507). Ggf kann bereits bei einer ernsthaft drohenden Gefahr eine Pflicht zum vorausschauenden Einschreiten bestehen (Frankf NJW-RR 04, 312, 313; Hamm NJW-RR 04, 386). Eine umgehende Beseitigung des Streugutes nach Beendigung der Gefahr ist nicht erforderlich (BGH VersR 03, 1451, 1452). 143

2. Gebäude, Grundstücke, Anlagen. a) Allgemeines. Gebäude, Grundstücke und Anlagen sind in Bezug auf von ihnen ausgehende Gefahren (zB durch sich ablösende Gebäudeteile oder umstürzende Bäume) sowie bei Eröffnung eines Verkehrs vom bzw zum Grundstück oder Gebäude zu sichern. Der **Umfang der Sicherungspflicht** ist abhängig von den Umständen des Einzelfalls, insb von den konkreten Gefahren sowie von Art und Umfang des Verkehrs um das Grundstück bzw die Anlage herum und auf dem Grundstück bzw im Gebäude. ZB werden bei öffentlichen Gebäuden höhere Anforderungen gestellt als bei privaten (BGH VersR 61, 1119, 1120) und bei Neubauten höhere als bei älteren Gebäuden (BGH VersR 62, 763; Hamm VersR 97, 200; Karlsr NJW-RR 08, 341). 144

Sicherungspflichtig ist der Eigentümer sowie derjenige, der die tatsächliche Gewalt über das Grundstück, Gebäude oder einen Gebäudeteil ausübt (zur Aufteilung von Verkehrspflichten zwischen Vermieter und Mieter Kobl NJW-RR 92, 797 einerseits, Hamm VersR 97, 200 f andererseits und jetzt BGH NJW 06, 2326; *Schmid* VersR 09, 906 ff). 145

In **räumlicher Hinsicht** betrifft die Sicherungspflicht das Grundstück selbst, den Grundstückszugang, ggf sogar angrenzende Grundstücke (Saarbr OLGR 06, 627, 628 ff). Von dem Grundstück dürfen keine Gefahren für den Verkehr und die das Grundstück Nutzenden ausgehen (RGZ 89, 120, 122; BGH NJW 66, 40), es kann aber ggf zugleich gegen unbefugte Nutzung, insb durch spielende Kinder, zu sichern sein (BGH VersR 73, 621 f; 75, 87; NJW 75, 108; der Sicherungspflichtige darf sich aber auch darauf verlassen, dass Kinder hinreichend beaufsichtigt werden, BGH NJW 94, 3348, 3349: ständige Beaufsichtigung von Kleinkindern; NJW 06, 2326 Rz 7 f, 13). Zu sichern sind auch angrenzende Grundstücke, auf die sich vom Grundstück ausgehende Gefahren erstrecken (Bsp: Warnung vor der Gefahr von Dachlawinen im Winter, s. zB Jena OLGR 08, 821 f; 146

weiter gehende Schutzmaßnahmen sind bei solcher Gefahr nur unter besonderen Umständen erforderlich, BGH VersR 55, 82, 83 – hier für schneereichen Ort sogar Warnpflicht abgelehnt; Jena WuM 07, 138 f mwN). Die Sicherungspflicht erstreckt sich insb auf Wege, Eingänge, Treppen (BGH NJW 94, 945, 946; 02, 1265, 1266), Flure und Fußböden (BGH NJW 67, 154; NJW-RR 93, 213; NJW 94, 945, 946; s. aber auch BGH VersR 62, 763) sowie Fahrstühle (Frankf VersR 88, 191). **Bäume** (dazu allg *Hötzel* VersR 04, 1234 ff; *Schneider* VersR 07, 743 ff mwN; *Otto* VersR 07, 1492 ff; BGHZ 123, 102; 160, 18; NJW 04, 1381) sind in angemessenen zeitlichen Abständen zu überwachen, sofern keine besonderen Gefahrenanzeichen vorliegen (BGH VersR 74, 88, 89; Hamm VersR 98, 188, 189; Brandbg 5 U 174/06; Rostock 5 U 334/08; Grenzen: Frankf NJW-RR 87, 864; Hamm 9 U 219/08); ggf ist zwischen Verkehrssicherheit und ökologischen Interessen abzuwägen (BGH VersR 59, 275). Sonderfall: Schutz vor umstürzendem Grenzbaum, BGHZ 160, 18, 20 ff; Brandbg 5 U 174/06. Orientierungshilfen (aber nicht mehr) kann die Baumkontrollrichtlinie der FLL bieten (dazu insb *Schneider* VersR 07, 743, 744 f).

147 b) **Gebäude mit Publikumsverkehr. aa) Gebäude, in denen ein Gewerbe betrieben wird.** Bei Gebäuden, in denen ein Gewerbe betrieben wird, sind die **Sicherheitsanforderungen** wegen der großen Zahl potentiell Gefährdeter einerseits und des persönlichen Nutzens, den der Gewerbetreibende aus der Verkehrseröffnung zieht, andererseits **besonders hoch**. Wichtig ist insb die Sicherheit von Zugängen (zB Köln NJW-RR 00, 1693; Stuttg NJW 08, 2514 mwN; Grenzen: Celle MDR 09, 866; München 1 U 5782/08), Fußböden (BGH NJW 86, 2757, 2758; 94, 2617, 2618; Köln NJW-RR 01, 457, 458; Karlsr VersR 05, 420; Köln VersR 07, 259 f; Grenzen: Kobl NJW-RR 95, 158 f; Köln NJW-RR 96, 278, 279; VersR 97, 1113; 99, 861, 862; Ddorf NJW-RR 99, 671, 672; Köln VersR 09, 233), Treppen (BGH VersR 82, 854, 855; NJW 94, 2232, 2233), Rolltreppen (Oldbg MDR 65, 134), Fahrstühlen (BGH DB 57, 115), Glastüren und Schaufensterscheiben (BGH VersR 69, 665, 666; Ddorf DB 84, 1772, 1773; Köln NJW-RR 94, 349) und zum Gewerbebetrieb gehörenden Parkeinrichtungen (insb BGH NJW 85, 482, 483; 87, 2671, 2672 f; zu Warnpflichten bei Duplexstellplätzen in einer Hotelgarage München MDR 09, 801, 802). Die Pflichten beschränken sich aber auf die jeweilige Nutzung der Räumlichkeiten (Grenzfall BGH NJW 87, 2671, 2672: erhöhte Anforderungen an die Streupflicht eines Gaststätteninhabers gelten auch ggü Passanten, die nicht die Gaststätte aufsuchen wollen, aber im Vertrauen auf die höheren Sicherheitsvorkehrungen des Inhabers diesen Weg wählen).

148 Bei **Gastwirtschaften** beziehen sich zusätzliche Pflichten insb auf die angebotenen Speisen (AG Hagen NJW-RR 97, 727; hier sind auch die Regeln der Produkthaftung zu beachten, BGHZ 116, 104, 107) und ihre Verarbeitung, insb die Einhaltung hygienischer Anforderungen (BGH NJW-RR 88, 659), ggf auf eine besondere Nutzung einzelner Räume, zB als Tanzfläche (BGH NJW 91, 921), auf den Brandschutz (BGH VersR 78, 869; NJW-RR 88, 659; München VersR 98, 326, 327) sowie auf die Vorsorge gegen Unaufmerksamkeit der Gäste, va aufgrund Alkoholgenusses (BGH NJW 85, 482, 483; 88, 1588; 91, 921; Köln VersR 99, 243; Hamm NJW-RR 00, 695 f; Saarbr 4 U 43/09; zu Grenzen der Garantenpflicht des Gastwirtes ggü Betrunkenen aber insb BGHSt 19, 152, 155; 26, 35, 38; München NJW 66, 1165; Saarbr NJW-RR 95, 986, 988; ähnl Frankf 17 U 11/07 für eine Betriebsfeier). Bei aller Eigenverantwortlichkeit der Gäste dürfte allerdings eine Pflicht für die Betreiber von Gastwirtschaften und Diskotheken bestehen, ein so genanntes Koma-Saufen zu verhindern. Die Veranstaltung von „**Flatrate-Partys**" wird regelmäßig zur Versagung oder zu Rücknahme bzw Widerruf der Konzession nach §§ 15, 4 I Nr 1 GastG führen; finden solche Partys unzulässigerweise – oder möglicherweise in einer rechtlichen „Grauzone" – dennoch statt, dürfte den Veranstalter angesichts der von ihm herausgeforderten Situation eine Pflicht zur Verhinderung von Schäden an Leib und Leben der Gäste treffen.

149 Zu den relativ strengen Verkehrspflichten der Betreiber von **Autowaschanlagen** *Streck* DAR 04, 574, 578 mN aus der Rspr.

150 bb) **Öffentliche Gebäude und Einrichtungen.** Bei **Schulen, Kindergärten und Spielplätzen** sind die Regeln über Verkehrspflichten ggü Kindern und Jugendlichen (s.o. Rn 122) zu beachten. Zu vermeiden sind insb Gefahren, die für die konkret in Betracht kommenden Altersgruppen nicht erkennbar sind. Dabei sind die Vorkehrungen an der jeweils jüngsten Altersstufe zu orientieren (BGHZ 103, 338, 340). Zu berücksichtigen sind va fehlende Einsichtsfähigkeit und Missbrauchsmöglichkeiten (s. insb BGHZ 103, 338, 340; NJW 78, 1626, 1627; 88, 48, 49; München NJW-RR 07, 746, 747), aber es muss keine Vorsorge getroffen werden gegen extrem unvernünftiges (BGH NJW 80, 1159, 1160) oder mutwilliges (BGH MDR 60, 911; VersR 63, 947, 949) Verhalten oder gegen nicht nahe liegende Gefahren (Karlsr NJW-RR 05, 1264; Kobl NJW-RR 05, 1611, 1612). Erforderlich ist eine Sicherung von Grundstück bzw Räumlichkeiten mit Blick auf Bewegungsdrang und Unvorsichtigkeit von Kindern bzw Jugendlichen, sofern diese nicht allein durch Verhaltensregeln und Aufsicht in Grenzen gehalten werden können (zB BGH VersR 63, 947, 949; NJW 99, 2364). Bei Spielplätzen ist eine Absicherung des Platzes selbst, insb zu angrenzenden Straßen hin (BGH NJW 77, 1965, 1966; Hamm VersR 96, 1515, 1516), und der Spielgeräte (BGH MDR 62, 889; NJW 88, 48, 49; Hamm VersR 96, 1517, 1518; Ddorf NJW-RR 99, 1621 f) erforderlich. Im Fallbereich von Spielgeräten muss der Boden aufprallhemmend beschaffen sein (BGHZ 103, 338, 340 f; LG Frankf NJW-RR 99, 904 f; Hamm 6 U 157/08; s. aber auch Karlsr NJW-RR 98, 1323, 1324). Geringere Anforderungen gelten idR bei Abenteuerspielplätzen (BGH NJW 78, 1626, 1627) und Freizeitparks (BGH aaO; Celle OLGZ 90, 343, 344; Karlsr NJW-RR 97, 23, 24; Hamm OLGR 08, 666, 667 f).

In **Krankenhäusern** bestehen in Bezug auf die Patienten gesteigerte Sorgfaltspflichten (s. insb AnwK/*Katzenmeier* § 823 Rz 502 mwN ebenso in **Altenheimen** (BGHZ 163, 53; Grenze: Ddorf 4 O 35/06). 151

In **Badeanstalten** (dazu allg R *Pfeiffer* ZfS 97, 401 mwN) ist ein Schutz vor Gefahren zu gewährleisten, die 152 das übliche Benutzungsrisiko übersteigen (BGH NJW 78, 1629; 80, 1159; NJW-RR 89, 219, 220; NJW 00, 1946), zB muss mit einer gewissen Rutschgefahr gerechnet werden (Frankf VersR 60, 238; Celle NJW-RR 00, 244, 245; Hamm VersR 98, 733; s. aber auch BGH VersR 60, 944 sowie München VersR 75, 478). Die Verkehrspflichten betreffen insb Gebäude und Schwimmbecken (Celle VersR 69, 1049; Stuttg VersR 72, 987; München VersR 72, 472, 473; 83, 91, 92; Hamm VersR 78, 1147), die Abgrenzung von Nichtschwimmer- und Schwimmer- sowie Schwimm- und Sprungbereichen (BGH NJW 80, 1159, 1160; Hamm VersR 79, 1064; Bremen VersR 92, 70 f; KG NJW-RR 00, 242, 243), Sprunganlagen (Celle VersR 69, 1049; Hamm VersR 79, 1064) und Geräte wie zB Wasserrutschbahnen (BGH NJW 04, 1449 mwN; NJW-RR 05, 251, 252; Grenzen: Celle NJW 06, 3284 f; Saarbr NJW-RR 07, 462, 463 f; Karlsr NJW-RR 08, 184 f; Jena 4 U 827/08). Die Erforderlichkeit entsprechender Vorkehrungen ist jeweils im Zusammenhang mit den notwendigen Warnhinweisen (Köln VersR 89, 159, 160; Bremen VersR 92, 70 f; Saarbr VersR 97, 377, 378; KG NJW-RR 00, 242, 243) und der erforderlichen Aufsicht (BGH NJW 80, 392, 393; 1159, 1160; 00, 1946, 1947; Celle NJW 06, 3284, 3285; zu Grenzen insb BGH NJW 04, 1449, 1451 f) zu beurteilen. Bei **natürlichen Gewässern** entstehen Verkehrspflichten in Bezug auf einen Badebetrieb erst, wenn eine Freigabe zum Baden erfolgt (RG JW 1938, 2542, 2543; RGZ 136, 228, 230; München VersR 83, 91, 92; Ddorf NJW-RR 87, 862, 863) bzw durch entspr Einrichtungen der Eindruck erweckt wird, dass diesbezügliche Sicherungsmaßnahmen ergriffen werden (RGZ 136, 228, 230; BGH NJW 82, 1144); bei einem Badeverbot sind besondere Warnhinweise nur ggü Kindern erforderlich (BGH NJW-RR 89, 219, 220). Insgesamt ist der Umfang der Pflichten geringer als bei einem eigens angelegten Schwimmbad, da die Benutzer aufgrund der Natürlichkeit des Gewässers idR mit weniger Sicherheitsmaßnahmen rechnen.

Bei **Friedhöfen** sind neben den üblichen Sicherungsmaßnahmen für Grundstück und Wege (mit besonderer 153 Rücksicht auf ältere Menschen, LG Freiburg NJW-RR 99, 533, 534; München I U 3776/07) auch die Gräber selbst zu sichern (BGH NJW 77, 1392) und insb Vorkehrungen gegen das Umstürzen von Grabsteinen zu treffen (BGHZ 34, 206, 210; NJW 77, 1392, 1393; Dresd NJW-RR 95, 382; diese Pflicht besteht aber nicht ggü dem Grabstelleninhaber, Brandbg NJW 04, 2103); der Grabstelleninhaber haftet ggf gem § 837 (BGH NJW 77, 1392, 1393).

In **Grünanlagen** bestehen neben den Sicherungspflichten für Wege und Bänke auch solche in Bezug auf 154 Trampelpfade (Köln VersR 92, 71, 72).

cc) Gefährliche Anlagen. Besondere Verkehrspflichten treffen die **Betreiber gefährlicher Anlagen**, zB von 155 Bergwerken (BGH VersR 85, 781; 86, 991, 992), Abwasseranlagen (BGH NJW 76, 46, 47; VersR 93, 586, 587; BGHZ 149, 206, 209 ff; Grenze: BGHZ 109, 8, 10; 115, 141, 147 f; zur Umwelthaftung s.u. Rn 168 f), Mülldeponien (Karlsr VersR 80, 362; Frankf VersR 86, 791, 792; 95, 1365, 1366), Starkstromanlagen (RGZ 147, 353, 362; Zweibr NJW 77, 111; Karlsr VersR 79, 382), Wasserwerken (BGH NJW-RR 02, 525, 526; Stuttg VersR 89, 971, 972), Wasserstauanlagen (BGH VersR 06, 665 f) und Gasversorgungsanlagen (BGH NJW-RR 87, 147).

c) Baustellen und Bauarbeiten. Sicherungspflichtiger bei Baustellen und Bauarbeiten ist in erster Linie der 156 Bauherr (BGHZ 68, 169, 175; 120, 124, 128; WM 96, 835, 838; Brandbg 3 U 92/08; bedenklich weit gehend Stuttg NJW 05, 2567 – in erster Linie zum Strafrecht, dazu *Foerste* NJW 05, 3182 ff; zu einem Sonderfall Bambg NJOZ 06, 1198, 1199 ff). Daneben treffen insb Architekten und Bauunternehmer Verkehrspflichten (BGHZ 114, 273, 275; NJW-RR 07, 1027 Rz 12 ff; Frankf NZBau 06, 185). Eine Delegation ist möglich (BGHZ 68, 169, 175; 120, 124, 129); beim Bauherrn verbleiben jedoch Auswahl-, Überwachungs- und Koordinierungspflichten (BGHZ 120, 124, 129; NJW 82, 2187 f; Hamm NJW-RR 96, 1362; 99, 319; Brandbg 13 U 24/07; Hamm 21 U 132/08; enger Brandbg 3 U 92/08), ggf muss er selbst eingreifen (BGH DB 76, 2300; VersR 82, 595, 596; BGHZ 120, 124, 129).

Durch die Verkehrspflichten **geschützt** werden insb alle, die sich befugt auf der Baustelle aufhalten (BGH DB 157 74, 426; BGHZ 68, 169, 175; 120, 124, 129; Ddorf NJW-RR 99, 318), auch zB Architekten (Stuttg VersR 90, 169, 170), Lieferanten und Besucher (BGH NJW 85, 1078, 1079), Beamte der Bauaufsicht (Hamm VersR 93, 491), Arbeitnehmer (BGH NJW 02, 1263, 1264), andere Auftraggeber (BGH NJW 85, 1078 f), ggf auch Dritte, die durch von der Baustelle ausgehende Gefahren betroffen werden könnten (zu Sicherungspflichten in Bezug auf Nachbargrundstücke insb BGH VersR 60, 1116, 1117; 66, 165, 166; Ddorf BauR 93, 351, 352; hier kann zusätzlich eine Haftung aus § 823 II iVm § 909 in Betracht kommen).

Der **Umfang** der Verkehrspflichten ist ggü Bauunternehmern und -arbeitern geringer als ggü Besuchern 158 (BGH NJW 02, 1263, 1264). Als **Sicherungsmaßnahmen** kommen insb Absperrungen (Karlsr VersR 82, 1010, 1011; Hamm VersR 89, 1278, 1279; 93, 491; München VersR 90, 499, 500; Hamm NJW-RR 02, 1457, 1458), Abdeckungen (BGH VersR 64, 431, 432; Celle BauR 95, 569; Hamm NJW-RR 96, 1362), Warnhinweise (zB Ddorf VersR 87, 414; Frankf VersR 88, 1180; Jena NZV 06, 248; München 1 U 4580/08), Abstützungsmaßnahmen zur Sicherung gegen Einsturz (BGH VersR 66, 165, 166), die Gewährleistung der Standsicherheit von Gerüsten (zB BGH VersR 63, 651, 652; Köln VersR 96, 1518; Stuttg NJW-RR 00, 752, 753),

§ 823 Schadensersatzpflicht

Sicherungsmaßnahmen bei Höhenarbeiten (Köln BauR 04, 1321: Auffangnetz) und die Sicherung von Baumaschinen (München VersR 75, 453, 454; Naumbg VersR 96, 1384, 1385) in Betracht. Besondere Vorkehrungen sind gegen die Beschädigung von Versorgungsleitungen, insb Gasleitungen, zu treffen (BGH VersR 85, 1147; NJW 96, 387); hier stellt die Rspr bei Arbeiten auf öffentlichem Grund strenge Anforderungen (BGH NJW 71, 1313, 1314; 96, 387; Hamm VersR 98, 70, 71), bei Arbeiten auf Privatgrundstücken reichen die Verkehrspflichten weniger weit (BGH NJW-RR 06, 674, 675 f; Hamm NJW-RR 07, 809 f). Str ist, ob diese Grundsätze auf Zeltgründungsarbeiten übertragen werden können (Nürnbg OLGR 04, 169 einerseits; Saarbr NJW-RR 07, 1322, 1323f andererseits – sehr weitgehend).

159 3. **Straßenverkehr, Transport. a) Allgemeines.** Die Haftung für Verkehrspflichtverletzungen im Straßenverkehr oder im Zusammenhang mit Personen- oder Gütertransporten auf anderen Verkehrswegen überschneidet sich vielfach mit **spezialgesetzlichen Regelungen**, insb für den Straßenverkehr mit der Haftung nach §§ 7, 18 StVG sowie nach § 823 II iVm Vorschriften der StVO (s.u. Rn 238), für den Luftverkehr mit der Haftung nach § 33 LuftVG und nach internationalen Übereinkommen sowie mit zahlreichen öffentlich-rechtlichen Regelungen, die als Schutzgesetze iSd § 823 II in Betracht kommen. Nach der Erstreckung von Schmerzensgeldansprüchen auch auf die Gefährdungshaftung (s. insb § 11 2 StVG, § 36 2 LuftVG) dürfte die Verletzung von Verkehrspflichten jedenfalls im Straßen- und Luftverkehr ggü solchen Spezialregelungen (deren Voraussetzungen – insb bei der Gefährdungshaftung – häufig leichter darzulegen und zu beweisen sind) an praktischer Bedeutung verlieren und va bei Überschreitung der Haftungshöchstgrenzen der Gefährdungshaftung relevant bleiben. Daher genügt hier eine knappe Darstellung.

160 b) **Straßenverkehr.** Im Straßenverkehr sind insb die **Grundsätze der gegenseitigen Rücksichtnahme und des Vertrauens auf verkehrsrichtiges Verhalten anderer** von Bedeutung. **Besondere**, über das allg erforderliche Maß hinausgehende **Rücksicht** müssen Kraftfahrer auf ältere Menschen (BGH NJW 94, 2829, 2830), Kinder (BGH NJW 87, 2375, 2376; NJW-RR 92, 1616; NJW 97, 2756, 2757; Grenzen: BGH NJW 85, 1950, 1951 f; 97, 2756, 2757; 01, 152, 153) sowie schwächere Verkehrsteilnehmer, zB Fußgänger (zB BGH DB 59, 1003; NJW 00, 3069, 3070) oder erkennbar Betrunkene (BGH NJW 00, 1040, 1041), nehmen, vgl auch § 3 IIa StVO. IÜ ist verkehrs- und regelgerechtes Verhalten erforderlich, insb eine der jeweiligen Verkehrssituation angepasste **Geschwindigkeit** (zB BGH NJW 51, 234, 235; 98, 2816, 2817 f; 99, 1860 ff; Hamm NZV 04, 356, 357), Beachtung der **Vorfahrtsregeln** (zB Hamm VersR 94, 952, 953; 01, 654, 655; NJW-RR 03, 975, 976), besondere Vorsicht beim **Überholen** (BGH NJW 57, 502, 503; VersR 72, 1071; NJW 00, 1949 f) und **Abbiegen** (BGH NJW 62, 860, 861; BB 66, 920; NJW-RR 92, 350, 351 – Vertrauensgrundsatz in Bezug auf Ampelsignal; zum Einscheren aus einer Grundstücksausfahrt in den fließenden Verkehr Hamm VersR 94, 952, 953; 98, 1167; KG VersR 99, 1382, 1383; Kobl DAR 04, 272 – Ausbiegen aus einer Sackgasse) sowie die Einhaltung des erforderlichen **Seiten- und Sicherheitsabstands** (zB BGH BB 56, 803; NJW 75, 312, 313; für Autobahnen BGH NJW 87, 1075, 1076 f). Bei Auffahrunfällen spricht ein Anscheinsbeweis für ein Verschulden des Auffahrenden (BGH NJW 87, 1075, 1077; Köln VersR 04, 77, 78; zur Möglichkeit der Widerlegung Kobl NJW-RR 99, 175; Frankf VersR 06, 668, 669; Celle OLGR 06, 273 – vorgetäuschter Unfall nach „Berliner Modell"), im Kolonnenverkehr wird hälftiges Verschulden angenommen (Frankf VersR 72, 261), für Autobahnen s. BGH BB 65, 439; BGHZ 43, 178. Weiterhin bestehen Sicherungspflichten beim **Parken** (insb ausreichende Beleuchtung, BGH VRS 9, 427, 428; NJW 60, 2097 und Sicherung gegen Wegrollen, BGH BB 62, 578; Köln VersR 94, 1442) und **Anhalten** (zB BGH BB 64, 1149, 1150), in Bezug auf **Sicherheit und Funktionstüchtigkeit des Kfz** (Staud/J Hager § 823 Rz E 403) und **Fahrtüchtigkeit**, insb bei Überlassung an Dritte (BGH NJW 78, 421, 422; 88, 909, 910; 91, 418, 419; Grenze: BGH NJW 97, 660, 661), und zur **Sicherung gegen unbefugte Benutzung** (insb BGH VersR 60, 695; 60, 736; NJW 71, 459, 460 f).

161 c) **Transport.** Bei der **Personenbeförderung** auf Straße und Schiene ist allg dafür zu sorgen, dass die Passagiere va beim Anfahren und Anhalten (BGH MDR 72, 226; KG VersR 77, 723, 724; Grenzen: BGH MDR 72, 226; NJW 93, 654, 655; 99, 573, 574), beim Ein- und Aussteigen (BGH VersR 69, 518, 519; Karlsr VersR 81, 266) sowie beim Schließen der Türen (BGH MDR 70, 223; Bremen VersR 81, 537; Ddorf VersR 95, 676 u NJW-RR 96, 1243: erhöhte Kontrollpflicht bei U-Bahnen; Grenzen: Ddorf NJW-RR 07, 460; zum Verschlossenhalten der Türen BGH NJW-RR 93, 480) nicht zu Schaden kommen. Bei **Bahnen und Straßenbahnen** ist insb für hinreichende Sicherheit von Bahnsteigen (BGH VersR 81, 482; NJW 95, 2631, 2632; Grenzen: Hamm NJW-RR 00, 104, 105 f; Ddorf NJW-RR 00, 1694, 1695 ff) und Bahnübergängen (Frankf NJW-RR 94, 1114; VersR 96, 764, 765) Sorge zu tragen. Im **Schiffsverkehr** umfassen die Verkehrspflichten insb die Sorge für Sicherheit und Funktionstüchtigkeit des Schiffs (BGH WarnR 69 Nr 80; Hambg VersR 72, 660), das sachgemäße Führen des Schiffs (Hamm VersR 00, 476 f), den Schutz der Passagiere vor den typischen Gefahren der Schifffahrt, soweit möglich (RGZ 124, 49, 52), den Schutz Dritter (BGH NJW-RR 06, 1098 Rz 12; SchifffahrtsoberG Berlin VersR 08, 238; in beiden Urteilen wurde eine entspr Anwendung der Beweislastregel des *§ 836 auf Schiffe offen gelassen*) sowie die Sicherheit von Wasserstraßen, die dem öffentlichen Verkehr gewidmet sind (zB RGZ 147, 275, 279; BGHZ 35, 111, 112 f; NJW 94, 3090, 3091 f, s.a. oben Rn 136 ff). Im **Luftverkehr** ist für die Sicherheit des Flugzeugs (mit zunehmender praktischer Tragweite) und va dafür zu sorgen, dass ausreichend Treibstoff vorhanden ist (Kobl VersR 85, 879, 881; Köln NZV 89, 275), weiterhin ist insb das Flugfeld zu sichern (BGH VersR 72, 747, 748; Köln VersR 97, 712, 713; 1022, 1023) und es sind Erkundigungen über die Flugbedingungen, insb das zu erwartende Wetter, einzuholen (München VersR 93, 1485, 1486).

4. Veranstaltungen, insb Freizeitgestaltung. a) Veranstaltungen. Bei **Massenveranstaltungen** sind die Besucher (BGH NJW 90, 905, 906) sowie etwaige betroffene Nachbarn (BGH NJW 80, 223, 224) vor Gefahren zu schützen. Sicherungspflichtig ist in erster Linie der Veranstalter (zu Ausstellungen zB Ddorf NJW-RR 99, 672, 673). Entscheidend für Art und Umfang der Sicherungsmaßnahmen ist va die Art der Veranstaltung und welcher Grad an Sicherheit bei einer solchen Veranstaltung typischerweise erwartet werden kann. Teilweise verringerte Sicherheitsanforderungen gelten zB für Fastnachts-Umzüge (LG Rottweil VersR 74, 917, 918; LG Trier NJW-RR 95, 1364, 1365; 01, 1470 f; LG Ravensburg NJW 97, 402), gesteigerte Anforderungen bei sonstigen Veranstaltungen, bei denen mit alkoholisierten Teilnehmern zu rechnen ist (BGH VersR 65, 515; München NJW-RR 95, 1113 u VersR 97, 1250 – beide für Techno-Musikveranstaltungen; LG Hamburg NJW 98, 1411, 1412) oder bei denen Massenreaktionen, insb Ausschreitungen, zu befürchten sind (Ddorf VersR 80, 1147, 1148; SpuRt 94, 146, 147 – Trennung rivalisierender Fangruppen). Bei **Rock-Konzerten** können Vorsorgemaßnahmen gegen Hörschäden (BGH NJW 01, 2019, 2020; LG Nürnberg-Fürth NJW-RR 05, 464; Grenzen: München NJW 07, 704 f zur Verantwortlichkeit des Diskjockeys) sowie Körperschäden durch „Stage-diving" (Hamm VersR 03, 335; aA LG Hechingen NJW-RR 03, 84, 85) zu treffen sein; zu evtl geringeren Schallschutzanforderungen bei **Theateraufführungen** BGH NJW 06, 610 Rz 14 ff, zur allg Verkehrssicherungspflicht des Theaterträgers Jena NJW 06, 624, 625. Bei **Volksfesten** ist mit einer gewissen Achtlosigkeit aufgrund der gelockerten Stimmung zu rechnen (BGH VersR 57, 247; 62, 990, 991) und es ist den spezifischen Gefahren der jeweiligen Anlagen hinreichend Rechnung zu tragen (zB Kobl MDR 09, 806 – Verkaufsstand auf Weihnachtsmarkt). Bei **Demonstrationen** sind Vorkehrungen gegen Gewaltanwendung zu treffen, zB durch Bestellung einer ausreichenden Zahl von Ordnern (Karlsr OLGZ 80, 494, 496; Grenze: BGHZ 89, 383, 393 ff).

b) Sportanlagen, Sportveranstaltungen und Sportausübung. Bei **Sportanlagen** sind insb ein Schutz der Benutzer vor nicht ohne Weiteres erkennbaren Gefahren (BGH NJW 85, 620; NJW-RR 86, 1029, 1030; NJW 08, 3775 Rz 10; 3778 Rz 11 mwN) unter Berücksichtigung der durch die Sportausübung geminderten Aufmerksamkeit (Hamm MDR 97, 739, 740; 02, 516, 517; München NJW-RR 87, 18), der Gefahr der Selbstüberschätzung (BGH NJW 08, 3775 Rz 16) und der Eigenart der jeweiligen Sportart (ggf auch der dafür geltenden Regelwerke Dresd OLGR 07, 866, 867) sowie die Sicherheit von Sportgeräten (zB Nürnbg NJW-RR 01, 1106, 1107: Turngeräte; Grenzen: Oldenbg NJW-RR 09, 897 f) zu gewährleisten. Zu den Anforderungen bei Schwimmbädern s.o. Rn 152, bei Skipisten BGH NJW 82, 762, 763; 85, 620, bei Snowtubinganlagen München 1 U 4353/08. Bei **Sportveranstaltungen** können neben den allg Sicherungspflichten von Veranstaltern (s.o. Rn 162) und Betreibern von Sportanlagen (zB Saarbr NJW-RR 06, 1165, 1166 f mwN) insb sportart- und veranstaltungsspezifische Sicherungsmaßnahmen zum Schutz von Teilnehmern (Frankf NZV 05, 41; Köln 20 U 175/06, auch zu Grenzen; ggf Schutz vor aufgebrachten Zuschauern, Nürnbg VersR 77, 1134, 1135; LG Hamburg NJW 97, 2606, 2607 f – Monica Seles) und von Zuschauern (BGH NJW 84, 801 f; Kobl NJW-RR 01, 526, 527) erforderlich sein; für eine weiter gehende Verkehrssicherungspflicht zum Schutz vor Rassismus *Weller* NJW 07, 960, 963. Auch hier ist eine durch die Sportausübung geminderte Aufmerksamkeit der Sportler zu berücksichtigen (s. insb *Looschelders* JR 00, 265, 267 mwN). Bei der **Sportausübung** besteht – wie im Verkehr – eine Pflicht zur gegenseitigen Rücksichtnahme (Köln NJW-RR 94, 1372: Fairnessgebot). Zugleich sind aber die Eigenart der jeweiligen Sportart, insb ihr immanentes Verletzungsrisiko (Saarbr VersR 92, 248) sowie ihre spezifischen Regeln (BGHZ 63, 140, 142 ff; Ddorf NJW-RR 00, 1115, 1116; Brandbg OLGR 06, 531 f; Stuttg NJW 07, 1367) zu berücksichtigen. Bei einer Verletzung durch andere Sportteilnehmer kommt deshalb eine Haftung nach § 823 I idR nicht in Betracht (anders jetzt – ohne auf diese Frage einzugehen – BGH NJW 09, 1875 Rz 10 ff für einen Unfall beim Wasserskifahren); str ist va, ob dies über eine rechtfertigende Einwilligung (zB BGHZ 34, 355, 363; 39, 156, 161; Hamm NJW-RR 05, 1477), einen Verstoß gegen Treu und Glauben (zB BGHZ 154, 316, 323; NJW 08, 1591 Rz 8 ff; zu einer Sonderkonstellation aber Dresd MDR 09, 206), fehlendes Verschulden (zB *Scheffen* NJW 90, 2658, 2659) bzw eine Begrenzung des Verschuldens auf vorsätzliche oder grob fahrlässige Verstöße gegen Sportregeln oder Sorgfaltspflichten (zB BGH VersR 09, 839 Rz 7; VI ZR 296/08 Rz 10; Hamm VersR 99, 1115, 1116; Stuttg NJW-RR 00, 1043, 1044; ähnl München 20 U 3523/08) zu begründen ist. Überzeugender erscheint es, bei den Verkehrspflichten anzusetzen (dazu insb *Looschelders* JR 00, 265, 269 ff mwN). In letzter Zeit nehmen die Entscheidungen zu Haftungsfragen bei der Sportausübung zu (s. nur BGHZ 63, 140, 142 ff; 154, 316, 322 ff mwN; NJW 08, 1591; VersR 09, 839; ausf MüKo/*Wagner* § 823 Rz 546 ff; *Looschelders* JR 00, 265, 267 ff; *Heermann* JZ 08, 1001 ff). Str ist va, ob die von der Rspr ursprünglich für Kampfsportarten (bei denen ein Körperkontakt unvermeidlich ist) entwickelten Grundsätze (grundl BGHZ 63, 140) auf Parallelsportarten, bei denen Körperkontakt und Kollisionen keine notwendigen (und häufig nicht einmal nach den Regeln für die jeweilige Sportart zulässigen) Elemente sind, übertragen werden können. Der BGH hat dies für ein Autorennen bejaht (BGHZ 154, 316 ff; NJW 08, 1591 Rz 8 f); das könnte die Ausdehnung auf nahezu alle Sportarten nach sich ziehen (zu Segelregatten mit verallgemeinerungsfähigen Ausführungen *Behrens/Rühle* NJW 07, 2079 ff; s.a. *Heermann* JZ 08, 1001, 1002; einschr zu Recht für Top-Rope-Klettern Karlsr OLGR 05, 9, 11 und für Tanzveranstaltungen Hamm 9 U 230/08); dafür sprechen die Tendenzen einiger neuerer Urteile (zB Stuttg NJW-RR 07, 1251; Brandbg NJW-RR 08, 340; bestätigend BGH NJW 08, 1591 Rz 9; anders Nürnbg NJW-RR 07, 461, 462). Ob eine so weitreichende Ausdehnung (noch dazu auf dogmatisch umstrittener Grundlage) erforderlich ist, erscheint fraglich. Zunächst müsste geklärt werden, wie ein Haftungsausschluss dogmatisch zu begründen ist und welchen Einfluss das Vorliegen eines (mglw nur leichten) Regelverstoßes sowie die Möglichkeit, Versicherungsschutz zu erlangen haben sollten. Der BGH (NJW 08, 1591 Rz 10 ff) hat neuerdings entschieden, dass die Haftungseinschränkungen bei Kampfsportarten nicht gelten, soweit Versicherungsschutz besteht. Das könnte weitreichende Implikationen für das Verhältnis von Haftungsrecht und Versicherungsschutz haben (krit zu Recht *Faust* JuS 08, 838, 839; *Looschelders* FS G Müller 129, 130 ff; *Seybold/Wendt*, VersR 09, 455, 461 ff). Zudem erscheint es zweifelhaft, ob diese Beurteilung dem antagonistischen Charakter von Kampfsportarten hinreichend gerecht wird.

164 **c) Reisen.** Der Veranstalter von Reisen ist für die sorgfältige Vorbereitung und Durchführung der Reise verantwortlich (in BGHZ 103, 298, 304 wird dies als besonderer Fall der Berufshaftung angesehen, krit zB BaRoth/*Spindler* § 823 Rz 422). Zu berücksichtigen sind insb Art und Beschreibung der Reise sowie das Reiseziel (BGH NJW 06, 2918 Rz 6: splitternde Glastür trotz Werbung mit „kindgerechter Ausstattung"; Frankf NJW-RR 90, 188, 189; Ddorf NJW-RR 93, 315; München NJW-RR 04, 1698; aA Köln NJW-RR 92, 1185, 1186; Grenzfall: Karlsr NJW-RR 93, 1076, 1077: Überfall bei Trekking-Tour in Kamerun). Dem Veranstalter obliegen Kontrollpflichten im Hinblick auf andere Leistungsträger, insb die Hotels am Zielort (zB BGHZ 103, 298, 305; NJW 06, 3268 Rz 22 f; 07, 2549 Rz 13 ff; Celle NJW 05, 3647 f; Köln NJW 05, 3074, 3075; Grenzen: zB Ddorf 15 U 209/04 Rz 19 f; IPRspr 07 Nr 34); zur Ablehnung einer Warnpflicht im Hinblick auf einen nicht absehbaren Terroranschlag Celle NJW 05, 3647 f. Weitreichende Verkehrspflichten in diesem Bereich dienten bisher mglw auch einem „Ausgleich" ggü der Vertragshaftung, die bis 2002 einen Ersatz immaterieller Schäden (als besonders häufige Schadensart bei Urlaubsreisen) nur in sehr engen Grenzen vorsah. Nach Einfügung des § 253 II könnte der „Bedarf" für eine derart weit reichende Deliktshaftung nunmehr mglw zurückgehen (s. insb *Wagner* NJW 02, 2049, 2056; diese Tendenz könnte auch Celle 11 U 263/05 Rz 42 widerspiegeln). Die Instanzgerichte sind dem BGH in Bezug auf die sehr weit reichende Ausdehnung deliktsrechtlicher Verkehrspflichten von Reiseveranstaltern ohnehin nicht vollständig gefolgt, s. nur *Tonner* NJW 07, 2738, 2740.

165 **d) Jagd.** Der Jäger haftet gem § 29 BJagdG für Wildschäden und gem § 33 II BJagdG für bei der Jagdausübung entstandene Schäden (Jagdschäden). Daneben kommt eine Haftung nach § 823 I wegen Verletzung von Verkehrspflichten in Betracht. Der Umfang seiner Pflichten ist insb nach in Jägerkreisen bewährten Auffassungen und Übungen (BGH VersR 58, 851) sowie Jagdunfallverhütungsvorschriften (BGH NJW-RR 98, 1397, 1398; Kobl VersR 92, 893) zu bestimmen (s. insb *Munte* NZV 09, 274 ff). Beim Umgang mit Schusswaffen sind besondere Sicherheitsvorkehrungen erforderlich (RGZ 95, 58, 59; BGH VersR 59, 206, 207; Karlsr VersR 56, 70; Hamm MDR 62, 407; Oldbg VersR 79, 91, 92; Kobl VersR 92, 893); hier treffen die Regeln über die Haftung für gefährliches Verhalten mit denjenigen über den Umgang mit gefährlichen Gegenständen zusammen.

166 **5. Umgang mit gefährlichen Gegenständen oder Stoffen. a) Gefährliche Gegenstände.** Beim Umgang mit gefährlichen Gegenständen sind gegenstandsspezifische Pflichten zu beachten, zB bei Waffen (BGH NJW-RR 91, 24, 25; NJW 91, 696; 01, 2023, 2024; Ddorf VersR 90, 903), Feuerwerkskörpern (in der Silvesternacht gelten jedoch geringere Sicherheitsanforderungen, BGH NJW 86, 52, 53; BGHZ 139, 43, 45; 79, 81; NZM 09, 834 Rz 36; Stuttg VersR 09, 119 – sogar für den Neujahrstag, insoweit offen gelassen von BGH NZM 09, 834 Rz 36; Jena NJW-RR 08, 831), Sky-Laternen (*Teumer/Stamm* VersR 09, 1036, 1038 f), Maschinen (Köln MDR 69, 140; Hamm OLGZ 94, 292), insb Waschmaschinen (Ddorf NJW 75, 171; Hamm NJW 85, 332, 333). Zu Kfz s.o. Rn 159 ff.

167 **b) Gefährliche Stoffe.** Beim Umgang mit gefährlichen Stoffen (zB leicht entzündlichen Stoffen, Umweltgiften oder Arzneimitteln) sind stets öffentlich-rechtliche Spezialregelungen zu beachten, die evtl als Schutzgesetze iSd § 823 II in Betracht kommen. Zivilrechtliche Verkehrspflichten betreffen insb die Aufbewahrung bzw Lagerung (BGH NJW 07, 1683; Hamm NJW-RR 90, 794; OLGR 96, 162, 164; Köln NJW-RR 90, 793; Saarbr OLGR 07, 678 ff), Instruktionen bei der Weitergabe solcher Stoffe (BGH NJW 73, 615, 616; BB 73, 446) sowie die Entsorgung (BGHZ 63, 119, 123 f; MDR 68, 395; NJW 76, 46, 47 f; 06, 3628 Rz 10 ff mwN; Ddorf NJW-RR 96, 1426).

168 **c) Insbesondere: Umwelthaftung.** Die Verkehrspflichten beim Umgang mit gefährlichen Stoffen sind Teil des größeren Gebiets der Umwelthaftung. Neben der Haftung aus § 823 II iVm umweltschützenden Normen, der Haftung nach dem UmwHG (Gefährdungshaftung des Inhabers bestimmter Anlagen mit Ursachenvermutung) und der Verantwortlichkeit nach dem USchadG ist die Haftung für Verkehrspflichtverletzung ein wichtiger Ansatzpunkt für die zivilrechtliche Umwelthaftung: Ein allg Schutz der Umwelt als „sonstiges

Recht" oder iRd Allgemeinen Persönlichkeitsrechts ist nicht anerkannt, und eine Verletzung von Gesundheit, Körper oder Eigentum lässt sich bei umweltgefährdenden Handlungen insb wegen des erforderlichen Grades der Beeinträchtigung und Problemen hinsichtlich der Kausalität zwischen Handlung und Rechtsgutverletzung häufig nicht nachweisen (vgl BaRoth/*Spindler* § 823 Rz 569 mN). **Wichtige umweltschützende Verkehrspflichten** sind insb die Pflichten zum umweltschonenden Umgang mit gefährlichen Stoffen (s.o. Rn 167) und zur umweltschonenden **Entsorgung** von Abfall (BGHZ 63, 119, 123 f – zur Vertragshaftung, aber mit Implikationen auch für die Deliktshaftung; Köln NJW-RR 90, 793; Hamm NJW-RR 90, 794 f). Für eine Delegation der Pflichten, insb im Entsorgungsbereich, gelten – trotz der Spezialregelung in § 16 I KrW-/AbfG (dazu insb BaRoth/*Spindler* § 823 Rz 572 mwN) – die allg Regeln (oben Rn 127 f; vgl auch BGH NJW 76, 46, 47 f; Dresd VersR 95, 836; Ddorf NJW-RR 96, 1426, 1427 f). Praktisch wichtig sind weiterhin Pflichten zum **Gewässerschutz** (BGH MDR 68, 395; NJW 76, 46, 47 f; 02, 818, 820), der praktisch allerdings in erster Linie über § 22 WHG gewährleistet ist (BaRoth/*Spindler* § 823 Rz 575), sowie solche im Zusammenhang mit **Tankanlagen**, insb ihr Schutz gegen Auslaufen (BGHZ 142, 227, 233; Zweibr NJW-RR 00, 1554, 1555) und beim Befüllen (zB BGH VersR 70, 812, 813; NJW 93, 2740; 95, 1150).

Wegen der besonderen Nachweisschwierigkeiten bei Umweltschäden kommen bei der Umwelthaftung **Beweiserleichterungen** für den Geschädigten in Betracht. IRd **haftungsbegründenden Kausalität** (zwischen Verkehrspflichtverletzung, insb Emission, und Rechtsgutverletzung) legt die Überschreitung öffentlich-rechtlicher Grenzwerte Beweiserleichterungen nahe: Sie stellt zumindest ein Indiz für das Vorliegen der haftungsbegründenden Kausalität dar (vgl BGHZ 92, 143, 146 f; NJW 97, 2748 f), teilweise wird für solche Fälle sogar eine Beweislastumkehr befürwortet (BGHZ 92, 143, 146 ff; NJW 97, 2748 f; differenzierend BaRoth/*Spindler* § 823 Rz 578 mwN, auch zur Gegenansicht). Weiterhin kommt ein Anscheinsbeweis in Betracht, wenn nur eine bestimmte Ursache mit hoher Wahrscheinlichkeit die Rechtsgutverletzung herbeigeführt haben kann (BGHZ 17, 191, 196; Hamm NJW 88, 1031 f). Das **Verschulden** des Handelnden wird vermutet (BGHZ 92, 143, 147 ff), weil der Geschädigte keinen Einblick in interne Vorgänge beim Emittenten hat (BaRoth/*Spindler* § 823 Rz 582 mwN), aber die Einhaltung öffentlich-rechtlicher Grenzwerte ist regelmäßig zur Entlastung ausreichend (BGHZ 92, 143, 151 f), sofern nicht ausnahmsweise konkrete Anhaltspunkte für eine Erforderlichkeit weitergehender Sicherungsmaßnahmen vorliegen (BGH NJW 97, 2748, 2749 f). **169**

6. Prüfungspflichten bei der Störerhaftung. Die von der Rspr iRd **Störerhaftung** entwickelten **Prüfungspflichten** mittelbarer Störer (zB von Presseorganen oder Internet-Providern), die bei quasinegatorischen Ansprüchen wegen Beteiligung an Rechtsverletzungen durch andere Personen eine Rolle spielen, lassen sich am sinnvollsten als spezielle Verkehrspflichten qualifizieren, da es bei der Störerhaftung um mittelbare Verletzungen geht (s. BGHZ 173, 188 Rz 36 f; *Spindler/Volkmann* WRP 03, 1, 6 ff mwN; *Ahrens* FS Canaris 3, 16 ff; *dens* WRP 07, 1281, 1286 ff; *Köhler* GRUR 08, 1, 2 ff; *Klatt* ZUM 09, 265, 268; teilw einschr *Döring* WRP 07, 1131 ff; s.a. oben Rn 8 sowie § 830 Rn 5). Voraussetzungen, Art und Umfang solcher Prüfungspflichten sind teilw spezialgesetzlich geregelt (s. zB §§ 7 ff TMG oder § 10 PatG). Häufig enthalten jedoch die einschlägigen Regelungen keine genauen Kriterien für die Eingrenzung des Kreises der Verantwortlichen. Daher werden Prüfungspflichten zunehmend von der Rspr entwickelt und konkretisiert (s. nur BGH NJW 97, 2180, 2181 f; 99, 1960 f; BGHZ 148, 13, 17 ff; GRUR 03, 969, 970 f; NJW 04, 1793 f; BGHZ 158, 236, 251 f; 343, 350 ff; GRUR 06, 429 Rz 13; 957 Rz 14 ff; 875 Rz 32; BGHZ 172, 119 Rz 40 ff; 173, 188 Rz 38 ff; GRUR 08, 702 Rz 50 ff; 09, 1093 Rz 18, alle mwN; KG 9 W 119/08; Hambg GRUR-RR 09, 419; MMR 09, 405, 407 ff; 479, 480 f; 631, 633 ff; Stuttg 2 U 16/09 – nicht rechtskr; Zweibr MMR 09, 541 f), wobei insb Zumutbarkeitsgesichtspunkte eine Rolle spielen (zu Kriterien insb *Spindler/Volkmann* WRP 03, 1, 8 ff, 11 ff; *Volkmann* CR 08, 232, 233 ff; *Leistner* GRUR 06, 801, 808 ff; *Leistner/Stang* WRP 08, 533, 541 ff; *Ahrens* FS Canaris 3, 18 ff; *ders* WRP 07, 1281, 1287 ff; *Köhler* GRUR 08, 1, 4 f; *Klatt* ZUM 09, 265, 268 ff; *Fürst* WRP 09, 378, 380 ff; Fezer/*Büscher* UWG § 8 Rz 134). Bei der Störerhaftung geht es zwar regelmäßig um Unterlassungs- bzw Beseitigungsansprüche und gerade nicht um Schadensersatzansprüche (s. BGH GRUR 98, 167, 168 f; 01, 82, 83; 02, 618, 619; BGHZ 158, 236, 253; 173, 188 Rz 18). Die sich in diesem Rahmen herausbildenden Verkehrspflichten dürften aber genauso für Schadensersatzansprüche gegen den „Störer" (idR aufgrund spezialgesetzlicher Anspruchsgrundlage) gelten. **170**

7. Berufshaftung. a) Grundlagen. Grundlage der Haftung für Verletzung von Verkehrspflichten bei der Ausübung bestimmter Berufe (grundl RGZ 102, 372, 374) ist das besondere Vertrauen, das der Berufsausübung entgegengebracht wird und die damit verbundene Verringerung des Selbstschutzes des Geschädigten. Die Berufshaftung hat sich zur eigenständigen Fallgruppe der Haftung für Verkehrspflichtverletzung entwickelt. Ob darüber hinaus eine weitere Verselbständigung zu einer eigenständigen, darüber hinausgehenden Haftung und auch die Vertragshaftung und die Haftung nach § 826 einbeziehenden Haftungskategorie in Betracht kommt (dazu zB *Hirte* Berufshaftung 1996; *Odersky* NJW 89, 1 ff; *Schiemann* FS Gernhuber 387, 388 f mwN), kann hier offen bleiben; es erscheint allerdings zweifelhaft, ob die unter eine Berufshaftung zu fassenden, sehr unterschiedlichen Tätigkeiten hierfür hinreichende Gemeinsamkeiten aufweisen. **Charakteristika der deliktsrechtlichen Berufshaftung** sind insb rollenspezifische Verkehrspflichten, die sich an beruflichen Standards orientieren, sowie eine Beweislastumkehr bei grober Verletzung von Berufspflichten (zB BGHZ 103, **171**

§ 823

298, 304; NJW-RR 91, 1240, 1241; Köln VersR 70, 229, 230 f; München VersR 98, 326, 327; krit zB BaRoth/ Spindler § 823 Rz 433). Die europäische RL über Dienstleistungen im Binnenmarkt (RL 2006/123/EG, ABl EU 06, L 376, 36) enthält keine materiellrechtlichen Regelungen zur außervertraglichen Haftung für Dienstleistungen.

172 **b) Wichtige Fallgruppen. Architekten** obliegen Verkehrspflichten ggü dem Auftraggeber sowie ggü denjenigen, die bestimmungsgemäß mit den Bauarbeiten bzw dem Bauwerk in Berührung kommen, zB den auf der Baustelle Beschäftigten, aber auch Passanten (zB BGHZ 68, 169, 174; NJW 91, 562, 563; 97, 582, 584). Der genaue Pflichteninhalt hängt von den Umständen des Einzelfalls, insb vom Umfang der jeweiligen Architektenleistung ab. Zu den Berufspflichten von **Gebrauchtwagenhändlern** s. insb BGH NJW 04, 1032, 1033; Hamm NJW-RR 04, 311, 312. Bei **Gutachtern und Sachverständigen** ist für gerichtliche Sachverständige jetzt § 839a vorrangig. Sonst haften diese Personen idR nur nach § 826 (dort Rn 21), da durch eine Verletzung ihrer Pflichten idR lediglich das Vermögen geschädigt ist. Für **Wirtschaftsprüfer** kommt neben vertraglichen Ansprüchen und solchen aus § 323 I 3 HGB nur in Einzelfällen eine Haftung wegen Verkehrspflichtverletzung nach § 823 I in Betracht (Weber NZG 99, 1, 5), eher eine solche nach § 826. Zur **Produkthaftung** Rn 173 ff, zur **Arzthaftung** Rn 202 ff.

173 **III. Produkthaftung. 1. Grundlagen. a) Gesamtsystem der Produkthaftung.** Die deliktsrechtliche Produkthaftung (oder Produzentenhaftung) ist ein Unterfall der Haftung für Verkehrspflichtverletzung (grundl RGZ 163, 21, 26; weiterhin insb BGHZ 51, 91, 105; 104, 323, 330) mit Elementen der Verantwortlichkeit für gefährliche Sachen und der Berufs- bzw Übernahmehaftung. Die Haftung nach § 823 I ist ein praktisch sehr wichtiger und zugleich der älteste Teilbereich der Produkthaftung, die teils auf § 823 I u II, teils auf Spezialregelungen beruht. **Wichtige Sonderregelungen** sind insb:

174 Die **verschuldensunabhängige Haftung** für fehlerhafte Produkte **nach § 1 ProdHaftG** auf der Grundlage der EG-ProdHaftRL (dazu Kommentierung zu §§ 1 ff. ProdHaftG). Gem § 15 II ProdHaftG bleibt eine Haftung aufgrund anderer Vorschriften unberührt, also insb eine solche nach § 823 I wegen Verkehrspflichtverletzung. Wegen der einschr Auslegung von Art 13 Var 1 der ProdHaftRL, auf dem § 15 II ProdHaftG beruht, durch den EuGH ist aber bei inhaltlichen Abweichungen eines Anspruchs aus § 823 I von der RL ggf eine Vorlage an den EuGH gem Art 267 AEUV zu erwägen (s. § 15 ProdHaftG Rn 2).

175 Die **Gefährdungshaftung für fehlerhafte Arzneimittel** nach § 84 AMG, die gem § 15 I ProdHaftG auch der Haftung nach dem ProdHaftG vorgeht. Sie dürfte für den Geschädigten idR günstiger sein als die Haftung gem § 823 I. Weiterhin die **Haftung nach §§ 32 ff GenTG**.

176 **Normen des Geräte- und Produktsicherheitsgesetzes**, durch das die EG-Produktsicherheits-RL (ABl EG 02, L 11/4 ff) umgesetzt wird, **iVm § 823 II** (s.u. Rn 238).

177 **Sonstige Ansprüche aus § 823 II iVm Schutzgesetzen**, die materiellrechtlich eine Haftung für fehlerhafte Produkte betreffen. Solche Regelungen sind zB §§ 5, 17, 26, 30 LFGB (s. BGH NJW 87, 1694, 1695; BGHZ 105, 346, 355 ff – noch zum FuttermittelG).

178 **Vertragliche Ansprüche**, va Ansprüche gegen einen Produzenten, der zugleich Vertragspartner des Geschädigten ist, wegen Sachmängeln, darüber hinaus im Einzelfall Ansprüche gegen den Hersteller aus Garantieerklärung gem § 443, ggf iVm § 477 (vgl auch schon BGHZ 68, 369, 372; NJW 81, 2248, 2249; BGHZ 104, 82, 85 ff). Sie konkurrieren grds frei mit Deliktsansprüchen (Vor § 823 Rn 21). Andere vertragsrechtliche Konstruktionen, die früher für die Produkthaftung diskutiert wurden, hat der BGH im grundl „Hühnerpest"-Fall (BGHZ 51, 91) abgelehnt.

179 **b) Charakteristika der Produkthaftung nach § 823 I.** Die allg deliktsrechtliche Produkthaftung wurde durch Fortbildung der Haftung nach § 823 I unter besonderer Berücksichtigung der Grundsätze über die Verletzung von Verkehrspflichten entwickelt (grundl BGHZ 51, 91). Grundgedanke ist, dass die Herstellung sowie das Inverkehrbringen gefährlicher Produkte besondere Sorgfaltspflichten (Verkehrspflichten) begründen, deren Verletzung Schadensersatzansprüche auslösen kann. Die Rspr hat im Laufe der Jahre zahlreiche produkthaftungsspezifische Verkehrspflichten entwickelt (s.u. Rn 180 ff). Zu dieser Konkretisierung der Produzentenpflichten treten **Beweiserleichterungen** für den Geschädigten hinzu, die den Besonderheiten der Produkthaftung Rechnung tragen und ihre Nähe zu den anderen Berufshaftungen, insb zur Arzthaftung, verdeutlichen.

180 **2. Haftungsvoraussetzungen. a) Verkehrspflichten des Produzenten.** Für die Bestimmung der Pflichten des Produzenten gelten die allg Regeln über Konkretisierung und Umfang von Verkehrspflichten. Abzuwägen sind die **Interessen des Produzenten** (insb Möglichkeiten und Kosten der Gewährleistung eines bestimmten Niveaus von Produktsicherheit bzw der Reduzierung von Produktgefahren und die Zumutbarkeit solcher Maßnahmen, dazu insb BGHZ 104, 323, 329 f; zur Einhaltung öffentlich-rechtlicher Sicherheitsstandards s.o. Rn 117), die **Interessen der Gefährdeten** (insb Art der bedrohten Rechtsgüter, Grad ihrer Gefährdung, Möglichkeiten des Selbstschutzes, Vertrauen auf die Ungefährlichkeit des Produkts; die Verkehrspflichten können je nach Adressatenkreis variieren) und **Allgemeininteressen** (insb das Interesse an Fortschritt und Innovation, die immer mit gewissen Risiken verbunden sind). Die Produzentenpflichten hängen daher ua von

Gefährlichkeit des konkreten Produkts, Möglichkeit und Zumutbarkeit von Sicherungsmaßnahmen auf Schädiger- und Geschädigtenseite sowie vom Nutzen des Produkts für die Allgemeinheit ab. Sie gelten ggü dem Produktbenutzer (hier kommt uU eine Modifizierung der Deliktshaftung durch vertragliche Vereinbarungen zwischen ihm und dem Hersteller in Betracht, wenn diese sich auf Deliktsansprüche erstrecken), aber auch ggü unbeteiligten Dritten, die mit den Produktgefahren in Berührung kommen (sog bystander). In vielen Bereichen werden die allg Regeln über Verkehrspflichten durch von der Rspr speziell für die Produkthaftung entwickelte Grundsätze überlagert. Die Produzentenpflichten werden herkömmlich in vier Gruppen unterteilt, die den vier wesentlichen Verantwortungsbereichen des Herstellers entsprechen.

aa) Konstruktion. Ein Produkt ist so zu konstruieren, dass es nicht schon seiner Konzeption nach unter dem gebotenen und zumutbaren Sicherheitsstandard (der nach dem Stand von Wissenschaft und Technik im Zeitpunkt des Inverkehrbringens zu bestimmen ist) bleibt (BGH VersR 09, 1125 Rz 15 ff mwN). Öffentlich-rechtliche Sicherheitsstandards, zB DIN-Normen, ISO-Normen, VDI-Richtlinien, bilden aber nur die Untergrenze der zu beachtenden Sicherheitserfordernisse (s.o. Rn 117); die darin aufgestellten Sicherheitsanforderungen gelten inhaltlich auch für importierte Produkte (Celle VersR 07, 254). Die Verkehrspflichten beziehen sich auf die **Konstruktion** selbst (BGH VersR 60, 855; 1095 f) einschl Überprüfung vor Beginn der Fertigung (BGH VersR 63, 860 f) sowie auf die Eignung der verwendeten Einzelteile und Materialien (BGHZ 67, 359, 362; 104, 323, 327; s.a. Hamm NJW 05, 295, 296: Beifügung suchtauslösender Zusatzstoffe zu Tabakprodukten ist kein Konstruktionsfehler; aA *Merten* VersR 05, 465, 468 ff) und die Organisation der Konstruktion nach allg Grundsätzen über Verkehrspflichten bei Arbeitsteilung (BGH VersR 71, 80 f; BGHZ 104, 323, 327 mwN). Die konstruktionspflichten unterliegen jedoch zwei wesentlichen **Einschränkungen**: Der Hersteller haftet nach hM nicht für Entwicklungsfehler (iSv nach dem Stand der Technik nicht erkennbaren Fehlern, BGH VersR 09, 1125 Rz 22, 27 mwN; BaRoth/*Spindler* § 823 Rz 493; zum Stand der Technik München NJW-RR 08, 334) – deswegen ist seine Pflicht zur Produktbeobachtung (s.u. Rn 184 f) von besonderer Bedeutung (Erman/*Schiemann* § 823 Rz 116; BaRoth/*Spindler* § 823 Rz 493 mwN). Weiterhin beschränken sich bei der Verwendung von Materialien und Einzelteilen anderer Hersteller die Pflichten des Endproduzenten nach den Grundsätzen der arbeitsteiligen Produktion (dazu insb BaRoth/*Spindler* § 823 Rz 524 ff; MüKo/*Wagner* § 823 Rz 602 ff) auf allg Organisations- und Kontrollpflichten, insb Qualitätskontrolle, Prüfung der Eignung bzw Tauglichkeit (zB BGH VersR 70, 469, 470; BGHZ 104, 323, 328) und Überprüfung der Zuverlässigkeit des Zulieferers (BGH VersR 72, 559, 560; dabei ist der Vertrauensgrundsatz zu berücksichtigen, MüKo/*Wagner* § 823 Rz 602). Bei horizontaler Arbeitsteilung reichen die Sorgfaltspflichten des Endherstellers weiter als bei vertikaler (MüKo/*Wagner* § 823 Rz 603).

bb) Fabrikation. Der gesamte **Fabrikationsprozess** vom Rohstoffeingang bis zum Warenausgang ist so zu organisieren, dass das Inverkehrbringen mangelhafter, gefährlicher Produkte so weit wie möglich ausgeschlossen wird (s. zB BGHZ 105, 346, 352). Der Produzent haftet aber nach § 823 I (anders als nach § 1 I ProdHaftG) **nicht** für sog **Ausreißer**, also mangelhafte Einzelstücke, deren Fehler sich nicht vermeiden ließen (s. BGH VersR 56, 410, 411; BGHZ 51, 91, 105 f; 129, 353, 358 – zum ProdHaftG). Teilw wird jedoch angenommen, dass die Anforderungen an die sorgfältige Fabrikation so hoch seien, dass Ausreißer praktisch kaum noch auftreten könnten (zB Erman/*Schiemann* § 823 Rz 117; AnwK/*Katzenmeier* § 823 Rz 313). Neben der sorgfältigen Fertigung des Produkts sind insb **Qualitätskontrollen** erforderlich. Ihr Umfang und das Verhältnis zur Sorgfalt im Fabrikationsprozess selbst sind jedoch problematisch und str (s. nur BaRoth/*Spindler* § 823 Rz 499 mN): Die Rspr stellt teilw hohe Anforderungen (zB Ddorf NJW 78, 1693; Hamm OLGZ 90, 115, 118; Köln NJW-RR 91, 740; Grenzen: Köln NJW 06, 2272 f), Umfang und Intensität der Qualitätskontrollen (zB Stichproben oder umfassende Ausgangskontrolle) hängen jedoch letztlich von den Umständen des Einzelfalls ab (BGH VersR 78, 538, 540; BGHZ 104, 323, 333 ff); die Kontrollen ergänzen lediglich die Pflicht zur technisch sorgfältigen Produktion (BGHZ 105, 346, 352). Aus diesen Elementen dürfte sich letztlich eine ergänzende Funktion der Kontrollpflichten herleiten lassen, dh die Anforderungen sind umso höher, je größer die Wahrscheinlichkeit für nicht mit zumutbarem Aufwand vermeidbare Fehler beim Fabrikationsvorgang selbst ist. Zur im Zusammenhang mit der Fabrikation ebenfalls erforderlichen Befundsicherung s.u. Rn 199.

cc) Instruktion. Die **Instruktionspflicht** des Produzenten betrifft die Aufklärung über von dem Produkt ausgehende Gefahren sowohl bei bestimmungsgemäßer Anwendung als auch für nahe liegenden Fehlgebrauch (s. insb BGHZ 99, 167, 180; 116, 60, 65 f; NJW 99, 2815 f; VersR 09, 1125 Rz 23, alle mwN). Adressaten sind die Benutzer des Produkts; Maßstab ist die am meisten schutzbedürftige Nutzergruppe (BGH NJW 94, 932, 933; einschr Schlesw 11 U 135/06). Art und Umfang der Instruktionspflicht richten sich nach der Gefährlichkeit des Produkts, in Betracht kommen insb Gebrauchsanleitung, Verarbeitungshinweise, ggf separate Warnhinweise. Die Instruktion muss deutlich (nicht zwischen anderen Informationen „versteckt", s. nur BGHZ 99, 167, 181; 116, 60, 68; NJW 99, 2273, 2274) und für den in Frage kommenden Nutzerkreis verständlich sein (BGHZ 116, 60, 68; Bremen VersR 04, 207, 208: Gebrauchsanleitung in deutscher Sprache); auf Nebenwirkungen ist hinzuweisen (BGHZ 80, 186, 191 ff). Auch in Bezug auf die Wirkungslosigkeit eines Produkts kann eine Aufklärung erforderlich sein, wenn der Nutzer sonst auf die Wirksamkeit vertrauen und dadurch von anderen Gefahrabwehrmaßnahmen absehen würde (BGHZ 80, 186, 189 f). **Grenzen** der Instruktionspflicht ergeben sich bei Entwicklungsfehlern (BGH VersR 09, 1125 Rz 27 ff; s. auch *Burckhardt* VersR 09, 1592, 1594 f), bei offensichtlichem Missbrauch oder völlig unerwarteter Verwendung des Produkts (zB BGH NJW 81, 2514, 2515 f: Berauschen mit Kälte- bzw Reinigungsmittel für gewerblichen Gebrauch) und dort, wo Kenntnis der Gefahren vom Produktnutzer zu erwarten ist (zB BGHZ 116, 60, 65 f; NJW 99, 2815, 2816, beide mwN; va bei gewerblichen Abnehmern, insb BGH NJW 96, 2224, 2226 mwN). In die letztgenannte Kategorie fallen auch die Entscheidungen über – offensichtlich vom US-amerikanischen Produkthaftungsrecht inspirierte – Klagen wegen Gesundheitsschäden durch Rauchen (Frankf NJW-RR 01, 1471; Hamm NJW 05, 295, 296 – auch zur Ablehnung eines Konstruktionsfehlers; LG Bielefeld NJW 00, 2514, 2514 f; vgl aber auch *Buchner/Wiebel* VersR 01, 29 ff; *Looschelders* JR 03, 309, 312 f; zur allg Problematik der Produkthaftung für Tabakwaren insb *Buchner* VersR 00, 28 ff; *Rohlfing/Thiele* VersR 00, 289 ff; *Merten* VersR 05, 465, 467 ff), Bierkonsum (Hamm NJW 01, 1654, 1655) oder gar das Trinken von Coca-Cola (LG Essen NJW 05, 2713, 2714 f), den Verzehr von Schokoladeriegeln (Ddorf VersR 03, 912 ff) oder Lakritz (Köln NJW 05, 3292, 3293 f).

184 **dd) Produktbeobachtung.** Die Pflichten des Herstellers enden nicht mit dem Inverkehrbringen des Produkts. Vielmehr ist er in Einklang mit dem allg Grundsatz, dass die Eröffnung eines Verkehrs Pflichten auch über diesen Zeitpunkt hinaus begründet (s.o. Rn 109) auch danach zur **Produktbeobachtung** verpflichtet (grundl BGHZ 80, 199, 202 f; weiterhin etwa BGHZ 99, 167, 171 ff; NJW 94, 3349, 3350; 09, 1080 Rz 10 ff). Umfasst werden die Überprüfung von Beanstandungen (passive Produktbeobachtung, zB BGH NJW 94, 517, 519; NJW-RR 95, 342, 343), die Beachtung fachlicher (Fort-)Entwicklungen sowie von Konkurrenzprodukten im Hinblick auf neue Erkenntnisse über die Gefährlichkeit des Produkts (aktive Produktbeobachtung, zB BGHZ 80, 199; 99, 167; NJW 94, 3349), ggf auch laufende Tests. Die Produktbeobachtungspflicht betrifft insb **„Ausreißer"** (einzelne fehlerhafte Produkte, deren Fehler weder bei der Fabrikation vermeidbar noch für den Hersteller vor dem Inverkehrbringen erkennbar waren) sowie Entwicklungsfehler, die im Zeitpunkt der Konstruktion noch nicht erkennbar waren. Sie umfasst auch **Wechselwirkungen mit den Produkten anderer Hersteller**, insb wenn das Produkt typischerweise als Bestandteil oder Zubehör anderer Gegenstände verwendet wird (zB BGHZ 99, 167, 174; NJW 94, 3349, 3350; 95, 1286, 1288; vgl aber auch Stuttg VersR 01, 465, 467); ggf haften beide Hersteller als Gesamtschuldner, § 840 I. Umstr ist, ob der Pflichtenstandard in Bezug auf derartige Kombinationen mit anderen Produkten genauso hoch ist wie bei isolierter Verwendung des Produkts (s. Erman/*Schiemann* § 823 Rz 119; BaRoth/*Spindler* § 823 Rz 513 einerseits, BGH NJW 90, 906, 907 f; 94, 3349, 3350 mwN andererseits). Letztlich wird man auf die Umstände des Einzelfalls abstellen müssen, insb auf die typischen (Weiter-)Verwendungszwecke des Produkts.

185 Auch die konkrete Ausgestaltung der Produktbeobachtungspflicht richtet sich nach der Gefahr, die von dem jeweiligen Produkt ausgeht. Denkbar ist insb eine **Warnpflicht** des Herstellers (BGHZ 80, 199, 203 ff; NJW 09, 1080 Rz 10 ff), deren Inhalt und Ausgestaltung im Einzelfall mit der Instruktionspflicht beim Inverkehrbringen des Produkts vergleichbar sind (s. nur BaRoth/*Spindler* § 823 Rz 514 mwN). Reicht eine Warnung nicht aus, kommt eine **Rückrufpflicht** in Betracht (dazu jetzt insb BGH NJW 09, 1080 Rz 11 ff, weiterhin *Bodewig/Michalski* BB 98, 961; MüKo/*Wagner* § 823 Rz 653; Ddorf NJW-RR 08, 411; LG Bielefeld BeckRS 07, 14705; LG Frankfurt/M BB 07, 2368 f, dazu *Lenz* PHI 07, 135, 137; *Dietborn/Müller* BB 07, 2358 ff). Sie berührt die Grenze zur Vertragshaftung: Der Rückruf beseitigt die Produktgefahr, kann aber mit einer Behebung des gefährlichen Mangels oder – wo dies nicht möglich ist – mit einem Austausch des fehlerhaften Produkts (ggf auch auf der Grundlage von § 9 iVm § 8 IV Nr 7 GPSG, dazu insb *Marburger* FS Deutsch 99 271, 285 f – zur Vorgängerregelung) kombiniert werden (was praktisch meist der Fall ist). Die Kosten des Rückrufs werden idR vom Produzenten getragen; Umfang und dogmatische Begründung (insb die Verortung im Vertrags- oder Deliktsrecht) sind jedoch str. Teilweise wurde eine Rückrufpflicht bisher auf §§ 478 f gestützt (zB AnwK/*Katzenmeier* § 823 Rz 320), teilweise als Gegenstück zum quasinegatorischen Rechtsschutz verstanden (zB Erman/*Schiemann* § 823 Rz 119 mwN). Sofern ein Deliktsanspruch ausschließlich mit einer Verletzung der Produktbeobachtungspflicht begründet wird, dürfte er idR die Kosten der Gefahrbeseitigung, also der Warnung und nur falls diese nicht hinreicht eines Rückrufs oder eines Ausbaus des gefährlichen Einzelteils umfassen (s. BGH NJW 09, 1080 Rz 11 ff; Stuttg NJW 67, 572 f; Ddorf NJW-RR 97, 1344, 1346; ähnl *Staudinger/Czaplinski* JA 08, 401, 406; *Stöhr* FS G Müller 173, 183; weitergehend BaRoth/*Spindler* § 823 Rz 519; Karlsr NJW-RR 95, 594, 597). Alles darüber Hinausgehende ist eine Frage der Risikoverteilung innerhalb der Vertragskette (BGH NJW 09, 1080 Rz 19; *Molitoris* NJW 09, 1049, 1050 f; zu Regressproblemen für den Hersteller insb *E Wagner* BB 09, 2050 ff). Daher dürfte in Zukunft va die präzisere Bestimmung der Grenze zwischen Warn- und Rückrufpflicht bedeutsam werden. Hierzu hat BGH NJW 09, 1080 erste Grundlagen gelegt, auf denen aufgebaut werden muss (dazu *G Wagner* JZ 09, 908 ff; *Burckhardt* PHI 09, 47, 49 ff; krit *J Hager* Liber Amicorum Prölss 71 ff). Ob die pauschale Vermutung, dass ein deutlicher und plausibler *Hinweis auf das bestehende Risiko* von den Adressaten der Warnung beachtet worden wäre (BGH VersR 09, 1125 Rz 33 mwN), in allen Fällen hinreicht, mag bezweifelt werden. Will man das vertragsrechtliche Haftungssystem bei gefährlichen Produkten nicht vollständig unterlaufen, muss va die vom BGH angedeutete Verhältnismäßigkeitsprüfung genau durchgeführt und hier insb auf die Gefahrbeseitigung abgestellt werden.

Dann dürften Rückruf und va Austausch des gefährlichen Einzelteils nur ausnahmsweise in Betracht kommen, wenn die Gefahr nicht anders beseitigt werden kann (etwas weitergehend wohl *J Hager* Liber Amicorum Prölss 71, 76 ff).

b) Verletzung der Verkehrspflicht. aa) Sachlicher Schutzbereich. Die Verletzung einer Verkehrspflicht des Produzenten manifestiert sich regelmäßig in einem Fehler des Produkts. Sieht man jedoch – wie hier – die Produkthaftung als Spezialfall der Haftung für Verkehrspflichtverletzung an, ist haftungsbegründend nicht der Produktfehler, sondern die Verletzung einer der oben genannten Pflichten. Dadurch reduziert sich auch der Streit um die Reichweite des **Produktbegriffs**: Es kommt darauf an, ob es sich um ein Erzeugnis des Produzenten handelt und er bei der Herstellung oder durch das Inverkehrbringen eine Verkehrspflicht verletzt hat. Der Begriff des Erzeugnisses ist in einem weiten Sinne zu verstehen und umfasst zB auch Wasser (BGHZ 59, 303, 309), andere Energiequellen, Abfall (BGH NJW 76, 46 f), Druckwerke, sofern sie Fehler enthalten, die eine Gefahr begründen, wie zB falsche Angaben in Handbüchern (BGH NJW 70, 1963 f; 73, 843, 845; dazu insb *Foerste* NJW 91, 1433; *Meyer* ZUM 97, 26, 29 ff; *Spindler/Klöhn* VersR 03, 410 f), Computerprogramme (teilw str, zum Streitstand insb *Meier/Wehlau* CR 90, 95 ff; *Spindler/Klöhn* VersR 03, 410, 411 f), landwirtschaftliche Erzeugnisse auch vor der ersten Verarbeitung (Staud/*J Hager* § 823 Rz F 6; BaRoth/*Spindler* § 823 Rz 483; aA Hamm DB 73, 325, 326) oder abgetrennte Körperteile (offen gelassen für Blutkonserve in BGHZ 114, 284, 291 f) – trotz des Verbotes des Organhandels in § 17 I TPG, da es für die Deliktshaftung auf das Inverkehrbringen und die dadurch geschaffene Gefahr ankommt. Für unbewegliche Sachen, zB asbestverseuchte Häuser, sollte Entsprechendes gelten (für eine Einbeziehung in die Produkthaftung auch Staud/*J Hager* § 823 Rz F 6; BaRoth/*Spindler* § 823 Rz 483; AnwK/*Katzenmeier* § 823 Rz 298).

bb) Persönlicher Schutzbereich. Für den persönlichen Schutzbereich gelten bei der Produkthaftung die allgemeinen Grundsätze über Verkehrspflichtverletzungen (s.o. Rn 122), dh die Produzentenpflichten richten sich nach den in Frage kommenden Benutzern; Maßstab ist die am stärksten schutzbedürftige Gruppe.

cc) Haftpflichtiger. Wer haftet, ist nach den Verkehrspflichten zu beurteilen, dh nach der Verantwortlichkeit für Konstruktion, Fabrikation, Instruktion und Produktbeobachtung.

Haftpflichtig ist zunächst der **Hersteller** selbst. Der **Alleinhersteller** haftet unabhängig davon, ob es sich um einen Kleinbetrieb oder ein Großunternehmen handelt (BGHZ 116, 104, 109 f). Bei **arbeitsteiliger Produktion** sind Endhersteller und Zulieferer für getrennte Bereiche verantwortlich: Der Zulieferer haftet für das gelieferte Produkt innerhalb von dessen bestimmungsgemäßer oder nahe liegender Verwendung (BGH NJW 68, 247, 248; 96, 2224, 2225). Der Endhersteller ist verantwortlich für das Restprodukt sowie insb für Überprüfung (BGHZ 116, 104, 112 f; zumindest stichprobenartig, Oldbg NJW-RR 05, 1338), Eignung des Materials (BGH NJW 96, 2224, 2225), ordnungsgemäße Verarbeitung der zugelieferten Teile (BGH NJW 75, 1827, 1828), Auswahl (BGH VersR 72, 559, 560) und Geeignetheit des Lieferanten (zB BGHZ 67, 359, 361 f; 116, 104, 112 f; NJW 94, 3349, 3350) und ggf für Anweisungen zur Anfertigung von Einzelteilen (BGHZ 67, 359, 362; NJW 75, 1827, 1828; 94, 3349, 3350); bedenklich aber die Ausweitung der Haftung des Endherstellers auf Konstruktionsfehler des spezialisierten Zulieferers in Karlsr NJW-RR 95, 594, 597. Zu Einzelheiten insb BaRoth/*Spindler* § 823 Rz 524 ff; MüKo/*Wagner* § 823 Rz 602 ff. Gesondert zu untersuchen sind die **Haftungsadressaten innerhalb des Unternehmens**. Neben der Haftung des Unternehmers selbst kommt auch eine solche von Organen oder leitenden Angestellten in Betracht. Ihre Bedeutung liegt im Vergleich zur allg Organhaftung (s.o. Rn 129) insb in der mit den Beweiserleichterungen für den Geschädigten bei der Produkthaftung verbundenen Haftungsverschärfung und der Verjährung, die va bei fehlender Kenntnis (vgl § 199 I Nr 2) von Namen, Anschrift und Stellung dieser Personen häufig erst später zu laufen beginnt (BGH NJW 01, 964 f mwN). Der Rspr lassen sich für die Haftung von Organen oder Mitarbeitern kaum klare Regeln entnehmen. BGH NJW 75, 1827, 1828 f nahm eine persönliche Haftung eines Kommanditisten mit Beweislastumkehr an; nach BGH NJW 87, 372, 374 soll dies aber nicht für die Verletzung von Instruktionspflichten gelten. BGHZ 116, 104, 113 f betonte hingegen, dass die Beweislastumkehr für leitende Mitarbeiter nur gelte, wenn diese ausnahmsweise als „Repräsentanten" des Unternehmens anzusehen seien. In BGH NJW 01, 964 f (dazu insb *Wagner* VersR 01, 1057 ff; *Foerste* VersR 02, 1 ff; *Medicus* GmbHR 02, 809 ff) wurden Produkthaftungs-Klagen gegen Vorstandsmitglieder, Prokuristen und Abteilungsleiter eines Unternehmens als noch nicht verjährt angesehen. Dieses in der Sache ausschließlich die Verjährung betreffende Urt enthält keine unmittelbaren Ausführungen zum Durchgreifen einer solchen Haftung, aber auch keine Ablehnung. *Insgesamt sollte* – wie in *BGHZ 116, 104, 113 f* vorgezeichnet – bei der Produkthaftung von Organen und leitenden Angestellten insb wegen der Beweiserleichterungen, aber auch wegen der Gefahr eines Unterlaufens von Verjährungsvorschriften, wenn die Haftung letztlich auf das Unternehmen übergewälzt wird (zB über die Prämien für D & O-Versicherungen), Zurückhaltung geübt werden.

Der **Quasi-Hersteller**, der ein fremdes Produkt mit seinem Namen oder seiner Marke versieht und in den Verkehr bringt, wird vom BGH grds nicht als Hersteller iSd deliktsrechtlichen Produkthaftung angesehen (insb BGH VersR 77, 839 f; NJW 80, 1219; 94, 517, 519; vgl aber auch BGH NJW 95, 1286, 1289; NJW-RR 95, 342, 343) – anders als bei der Haftung nach § 1 ProdHaftG (s. § 4 I 2 ProdHaftG). Eine Ausn gilt nur bei besonderer Bekanntheit des Quasi-Herstellers oder außergewöhnlichem Einfluss auf den Hersteller selbst

(Staud/*J Hager* § 823 Rz F 31 f). Diese Faktoren sind wichtig für die Beurteilung der Frage, ob der Quasi-Hersteller eine eigene Verkehrspflicht verletzt hat: Wenn er über den Hersteller Einfluss auf die Beschaffenheit des Produkts nimmt bzw durch seinen „guten Namen" besonderes Vertrauen auf die Sicherheit des Produkts weckt und dadurch die Benutzer von sonst evtl vorgenommenen Überprüfungen absehen, kommt eine eigene Verkehrspflichtverletzung durch den Quasi-Hersteller in Betracht. IÜ erscheint hier jedoch – auch wegen der im Vergleich zum ProdHaftG fehlenden Haftungshöchstgrenzen – Zurückhaltung angebracht, will man nicht die Bedeutung des Erfordernisses einer Verkehrspflichtverletzung zu stark reduzieren. Insofern erscheint es konsequent, auch den **Importeur** eines Produkts nur ausnahmsweise – in vergleichbaren Fällen von Verkehrspflichtverletzungen – deliktsrechtlich zur Verantwortung zu ziehen (BGHZ 99, 167, 170 f; NJW 94, 517, 519 mwN; vgl jetzt auch Celle NJW-RR 06, 526, 528 zum Import von Waren aus Billigproduktion; auch in BGH NJW 06, 1589 Rz 24 wird eine besondere Verantwortung bei Importen aus dem außereuropäischen Bereich angesprochen); weiter gehend § 4 II ProdHaftG für den EWR-Importeur.

191 Den **Vertriebshändler** treffen idR keine Sorgfaltspflichten in Bezug auf Konstruktion und Fabrikation (BGHZ 99, 167, 170 f; NJW 94, 517, 519 mwN; NJW 07, 762 Rz 15: keine allgemeine Pflicht zur Kühlung von Limonadenflaschen trotz möglicher Explosionsgefahr wegen Haarrissen; Celle NJW-RR 06, 526, 527; Ausn: BGH NJW 81, 2250 f), evtl aber Kontrollpflichten (BGH NJW 06, 1589 Rz 21, 24 mwN – zu § 823 II, aber auf die Haftung nach I übertragbar; Celle NJW-RR 06, 526, 527; Ddorf OLGR 09, 349, 350), Instruktions- und Produktbeobachtungspflichten (zB BGH NJW 81, 2250; BGHZ 99, 167, 170 ff; NJW 94, 517, 519; NJW-RR 95, 342, 343; Ddorf OLGR 09, 349, 351 f), insb wenn eine besondere Verbindung zum Hersteller besteht (BGHZ 67, 359, 361 f; NJW 81, 2250 f; Brandbg GesR 07, 181, 182). Weiter kann die Haftung nach § 1 ProdHaftG reichen (s. § 4 III ProdHaftG).

192 dd) **Beweislast.** Das Vorliegen einer **Verkehrspflichtverletzung** ist grds vom Geschädigten darzulegen und zu beweisen; zu seinen Gunsten greifen etliche Modifikationen der Beweislast ein (s.u. Rn 197 ff).

193 c) **Rechtsgutverletzung und haftungsbegründende Kausalität.** Die Verkehrspflichtverletzung muss zur Schädigung eines Rechtsguts iSd § 823 I geführt haben; dieses Erfordernis spielt insb bei „Weiterfresserschäden" (s.o. Rn 41 ff) eine Rolle. Auch in Bezug auf die haftungsbegründende Kausalität (zwischen Verkehrspflicht- und Rechtsgutverletzung) bestehen teilw **Beweiserleichterungen** (s.u. Rn 198).

194 d) **Rechtswidrigkeit.** Für die Rechtswidrigkeit gelten bei der Produkthaftung ggü der allg Haftung für Verkehrspflichtverletzungen (s.o. Rn 131) keine Besonderheiten.

195 e) **Verschulden.** Beim Verschulden ist insb die **Beweislastumkehr** bei Konstruktions-, Fabrikations- und ggf auch Instruktionsfehlern zu beachten (s.u. Rn 198): Das diesbezügliche Verschulden des Herstellers wird vermutet, eine Entlastung gelingt selten.

196 f) **Schaden und haftungsausfüllende Kausalität.** Zu ersetzen sind durch die Verkehrspflichtverletzung verursachte Schäden an Rechtsgütern iSd § 823 I, solche am mangelhaften Produkt selbst jedoch nur ausnahmsweise (s.o. Rn 41 ff).

197 3. **Beweislast.** Das Vorliegen einer **Verkehrspflichtverletzung** ist grds vom Geschädigten darzulegen und zu beweisen. Ggf kommt ein **Anscheinsbeweis** für das Vorliegen eines Produktfehlers und die haftungsbegründende Kausalität in Betracht, wenn gleichartige Schäden bei mehreren Benutzern auftreten (BGHZ 17, 191, 196; NJW 87, 1694, 1695 mwN), der Hersteller gegen Unfallverhütungsvorschriften verstoßen hat (BGH BB 72, 13 f; München NJW-RR 89, 1371 mwN), wenn eine nachträgliche Produktveränderung faktisch ausgeschlossen ist (BGH NJW 87, 1694, 1695) oder sonst konkrete Umstände dafür sprechen, dass der Fehler seinen Ursprung in der Sphäre des Produzenten hat. Ein Anscheinsbeweis scheidet aber aus, wenn nicht auszuschließen ist, dass der Fehler erst nach der Auslieferung entstanden ist (BGH NJW 87, 1694, 1695; BGHZ 104, 323, 331; NJW 93, 528).

198 Charakteristisch für die Produkthaftung ist va die im „Hühnerpest"-Urteil des BGH (BGHZ 51, 91) begründete **Beweislastumkehr**. Sie gilt gem BGHZ 51, 91, 105 jedenfalls für das **Verschulden** bei Konstruktions- und Fabrikationsfehlern, weil der Grund für eine etwaige Unaufklärbarkeit in der Sphäre des Produzenten liegt. Später wurde klargestellt, dass sich die Beweislastumkehr auch auf **Pflichtwidrigkeit** und **haftungsbegründende Kausalität** bezieht (zB BGHZ 80, 186, 196 f; 116, 104, 107 ff mwN; NJW 99, 1028, 1029 mwN): Beweist der Geschädigte, dass ein **Konstruktions- oder Fabrikationsfehler** vorliegt, der aus dem Organisationsbereich des Herstellers stammt, werden Verkehrspflichtverletzung, haftungsbegründende Kausalität und Verschulden des Produzenten vermutet. Dieser kann sich entlasten, wenn er beweist, dass er die notwendige Sorgfalt angewandt, insb (einschl seiner Hilfspersonen) die oben angeführten Verkehrspflichten eingehalten hat und ihn kein Verschulden trifft (zB BGHZ 51, 91, 105; 80, 186, 196 f; NJW 96, 2507, 2508). Dieser Entlastungsbeweis gelingt praktisch selten, zumal die Einhaltung technischer Normen allein zur Entlastung idR nicht ausreicht (s.o. Rn 181). Inzwischen wird mitunter eine Ausdehnung der Beweislastumkehr auf anfängliche **Instruktionsfehler**, die aus der Sphäre des Herstellers stammen, angenommen (BGHZ 80, 186, 197 f; 116, 60, 72 f; Brandbg GesR 07, 181, 183). Sie wurde zunächst auf das Verschulden begrenzt, weil iÜ keine

Beweisnot des Geschädigten vorliege, die derjenigen bei Konstruktions- und Fabrikationsfehlern entspreche (insb BGHZ 80, 186, 197 f). Weil dem Geschädigten nicht alle Erkenntnismöglichkeiten des Herstellers in Bezug auf die Gefährlichkeit des Produkts (zB interne Tests) zugänglich sind, wird heute aber für Tatsachen, die dem internen Bereich des Herstellers entstammen, zu Recht eine Beweislastumkehr auch für Instruktionspflichtverletzung und haftungsbegründende Kausalität angenommen (insb BGHZ 116, 60, 73; NJW 99, 2815, 2816 mwN; VersR 09, 1125 Rz 33; BaRoth/*Spindler* § 823 Rz 557 mwN; einschr Bremen VersR 04, 207, 208; Brandbg GesR 07, 181, 183 f; *Burckhardt* BB 09, 1888, 1889). Fraglich ist, ob dies auch für die Verletzung **nachträglicher Instruktionspflichten** gilt (dagegen zB BGHZ 80, 186, 198 f; AnwK/*Katzenmeier* § 823 Rz 329); hier erscheint eine parallele Handhabung zur Verletzung anfänglicher Instruktionspflichten angebracht, dh eine Beweislastumkehr kommt in Betracht, wenn Erkenntnismöglichkeiten in Frage stehen, die in der Sphäre des Herstellers liegen (in diese Richtung auch zB BaRoth/*Spindler* § 823 Rz 557). Für **Produktbeobachtungspflichten** dürfte Entsprechendes anzunehmen sein.

Bei **Verletzung einer Befundsicherungspflicht** durch den Hersteller findet nach der Rspr zudem eine **Beweislastumkehr** in Bezug auf die Herkunft des Fehlers aus der Sphäre des Produzenten statt (zu diesem Fragenkreis insb *Foerste* VersR 88, 958 ff; *Giesen* JZ 88, 969 ff; *Winkelmann* MDR 89, 16 ff; *Steffen* FS Brandner 327, 336 ff; *Kunz* BB 94, 450, 453 f; *Looschelders* JR 03, 309, 313). Der Umfang solcher Befundsicherungspflichten ist jedoch bislang unklar und str (bejaht zB in BGHZ 104, 323, 333 ff; 129, 353, 361 ff mwN; abgelehnt zB in Dresd NJW-RR 99, 34 f; Ddorf NJW-RR 00, 833, 835; einschr auch Saarbr 4 U 499/06). In den zentralen Entscheidungen (BGHZ 104, 323; 129, 353; s.a. NJW 93, 528; Saarbr 4 U 499/06) ging es um die Pflicht, die Sicherheit von Mehrweg-Glasflaschen zu überprüfen und dies zu dokumentieren. Die entscheidende Frage, wann Pflichten zur Befund- bzw Statussicherung anzunehmen sind, richtet sich nach dem Zweck der damit verbundenen Beweislastumkehr. Es ist jedoch str, ob dieser darin besteht, zu verhindern, dass gefährliche Produkte in den Verkehr gelangen (zB AnwK/*Katzenmeier* § 823 Rz 325 Fn 1030 mwN), oder ob die Beweislastumkehr eingreift, weil bei Fehlen einer solchen Befundsicherung die Ermittlung des Kausalzusammenhangs erschwert ist (s. nur BaRoth/*Spindler* § 823 Rz 553; Erman/*Schiemann* § 823 Rz 121; *Foerste* JZ 95, 1063, 1064). Da die erste Begründung letztlich allg Grundgedanken der Verkehrspflichtverletzung entspricht, ist schwer ersichtlich, warum sie in diesem besonderen Fall eine Beweislastumkehr rechtfertigen soll. Die zweite Argumentationslinie erscheint überzeugender, aber auch bei ihr bleibt der genaue Umfang der Befundsicherungspflichten offen. Will man über die Befundsicherungspflicht nicht zu einer unbedingten Einstandspflicht des Produzenten gelangen (dazu insb *Honsell* JuS 95, 211, 214; ProdHHdb/*Foerste* § 30 Rz 41), ist eine Eingrenzung erforderlich. Es erscheint daher sinnvoll, mit dem BGH (NJW 93, 528, 529) eine Befundsicherungspflicht nur bei Produkten anzunehmen, deren erhebliche Risiken für den Verbraucher in der Herstellung angelegt sind und deren Beherrschung einen Schwerpunkt des Produktionsvorgangs darstellt, so dass über die übliche Warenendkontrolle hinaus besondere Befunderhebungen erforderlich sind. Weiterhin sollte – weiter gehend als die Rspr – verlangt werden, dass die Beweissituation für den Geschädigten schwierig ist, weil sich das Vorhandensein des Fehlers beim Inverkehrbringen nicht mehr sicher feststellen lässt (*Kullmann* NJW 94, 1698, 1705).

In Bezug auf die Beweislast für **Schaden und haftungsausfüllende Kausalität** gelten die allg Beweiserleichterungen für Verkehrspflichtverletzungen, insb der Anscheinsbeweis, wenn die Verletzung einer Verkehrspflicht feststeht und ein für eine solche Verletzung typischer Schaden vorliegt. Nach der Rspr (BGH NJW 75, 1827, 1829; BGHZ 106, 273, 284; 116, 60, 73) muss bei bestimmten Instruktionsfehlern der Geschädigte beweisen, dass der Schaden bei pflichtgemäßer Instruktion vermieden worden wäre (ggf mit Hilfe des Anscheinsbeweises). Nach überzeugender aA handelt es sich hier um die Frage eines rechtmäßigen Alternativverhaltens, das nach allg Regeln vom Schädiger zu beweisen ist, dh der Produzent muss sich entlasten (zB Erman/*Schiemann* § 823 Rz 122; AnwK/*Katzenmeier* § 823 Rz 327; Staud/*J Hager* § 823 Rz F 42 mwN).

IV. Bauwerkshaftung. Auch die **Haftung für mangelhafte Bauwerke** sollte wegen ihrer strukturellen Parallelen zur deliktsrechtlichen Produkthaftung (dazu *Schaub* insb 1, 66 ff, 402 ff) als Haftung für die Verletzung von Verkehrspflichten aufgefasst werden (so bereits MüKo/*Mertens* 3. Aufl, § 823 Rz 108 ff; *Stoll* JZ 83, 501, 503 f). Dann ließen sich die Probleme, die hier ebenso wie bei der Produkthaftung auftreten (zB bei „Weiterfresserschäden", Brandbg 12 U 171/07), in den Griff bekommen und die Haftungen für bewegliche Sachen, die in ein Bauwerk eingebaut werden, und für das Bauwerk als solches wären nach vergleichbaren Kriterien zu beurteilen. Dafür sollten parallel zur Produkthaftung Verkehrspflichten des Herstellers eines Bauwerks entwickelt werden. Diese dürften weitgehend denjenigen des Herstellers einer beweglichen Sache entsprechen, denn auch bei der Herstellung eines Bauwerks können Konstruktions-, Fabrikations- und ggf Instruktionsfehler auftreten. Weiterhin sollten hier künftig ähnliche Beweiserleichterungen erwogen werden wie bei der deliktsrechtlichen Produkthaftung (zu Einzelheiten *Schaub* VersR 01, 940, 946).

V. Arzthaftung. 1. Grundlagen. a) Haftungsgrundlage. Die Arzthaftung richtete sich bisher ganz überwiegend nach Deliktsrecht, weil bis 2002 nur bei Deliktsansprüchen auch Schmerzensgeld zugesprochen werden konnte (§ 847 aF). Durch das Schadensersatzrechtsänderungsgesetz 2002 iVm der Schuldrechtsmodernisierung wurde die Grundlage für eine **stärkere Verlagerung** der Arzthaftung **in das Vertragsrecht** geschaffen, so dass künftig die Delikthaftung in diesem Bereich an Bedeutung verlieren könnte (s. nur BTDrs 14/7752, 15; MüKo/*Wagner* § 823 Rz 699; *Deutsch* JZ 02, 588, 592; *Katzenmeier* VersR 02, 1066, 1073 f; *Spindler/Riekkers* JuS 04, 272 ff). Eine solche Verschiebung erschiene schon deshalb begrüßenswert, weil – anders als in den typischen Fällen der Delikthaftung – zwischen den Anspruchsparteien idR auch eine Vertragsbeziehung besteht und die haftungsbegründenden ärztlichen Pflichten meist aus dem Vertrag abzuleiten sind. Der Einfluss auf die Dogmatik der Arzthaftung dürfte nicht allzu groß sein, weil bisher im Arzthaftungsrecht Vertrags- und Delikthaftung nach weitgehend einheitlichen Gesichtspunkten beurteilt wurden (s. nur BGH NJW 89, 767, 768 mwN; Erman/*Schiemann* § 823 Rz 131; Staud/*J Hager* § 823 Rz I 7 mwN; Karlsr NJW-RR 06, 458). Abweichungen können sich beim Beweismaß (*Foerste* FS Deutsch 09 165, 168 f) sowie bei bestimmten Kausalitätsfragen (*Schütz/Dopheide* VersR 09, 475 ff) ergeben. Separate Bedeutung wird die Delikthaftung insb für die persönliche Haftung des Arztes beim totalen Krankenhausaufnahmevertrag sowie beim Handeln angestellter Ärzte in einer Arztpraxis behalten.

203 An dieser Stelle können nur die **Grundzüge** der Arzthaftung, insb ihre dogmatischen Ausgangspunkte, die wichtigsten ärztlichen Pflichten und Besonderheiten bei der Beweislast, dargestellt werden. Für Einzelheiten, va zur umfangreichen Kasuistik, ist auf die Spezialliteratur zurückzugreifen (insb *Deutsch/Spickhoff* Medizinrecht, 6. Aufl 08; *Ehlers/Broglie* Arzthaftungsrecht, 4. Aufl 08; *Gehrlein* Grundriss der Arzthaftung, 2. Aufl 06; *Geiß/Greiner* Arzthaftpflichtrecht, 6. Aufl 09; *Giesen* Arzthaftungsrecht, 5. Aufl 07; *Katzenmeier* Arzthaftung, 02; *Laufs/Katzenmeier/Lipp* Arztrecht, 6. Aufl 09; *Quaas/Zuck* Medizinrecht, 2. Aufl 09; *Spickhoff* Aktuelle Rechtsfragen des medizinischen Behandlungsverhältnisses, 04; *Steffen/Dressler/Pauge* Arzthaftungsrecht, 10. Aufl 06; Münchener Anwaltshandbuch Medizinrecht 09; neueste Rspr bei *Spickhoff* NJW 09, 1716 ff). Zur Person des Haftpflichtigen und dem Zusammenhang mit den verschiedenen Arten von Krankenhausaufnahmeverträgen s. insb § 611 Rn 14; MüKo/*Wagner* Rz 707 ff; AnwK/*Katzenmeier* § 823 Rz 346 ff; BGH NJW 06, 767 Rz 12 ff mwN.

204 b) Dogmatische Ausgangspunkte. Die **Rspr** sieht in jedem ärztlichen Eingriff – auch einem lege artis durchgeführten – eine **tatbestandsmäßige Körperverletzung**, die jedoch durch die Einwilligung des Patienten gerechtfertigt sein kann (s. nur BGHZ 29, 46, 49; 106, 391, 397 f; zur Verordnung eines Medikamentes als Eingriff BGHZ 162, 320, 323). Dagegen betrachtet ein Teil der **Lit** kunstgerecht durchgeführte ärztliche Eingriffe grds als rechtmäßig. Wurden sie jedoch nicht im Einklang mit dem Willen des Patienten – also ohne oder gegen dessen Einwilligung – vorgenommen, verstoßen sie gegen sein Selbstbestimmungsrecht und verletzen damit das **Allgemeine Persönlichkeitsrecht** des Patienten (zB *Larenz-Canaris* § 76 II 1 g; Erman/*Schiemann* § 823 Rz 135; AnwK/*Katzenmeier* § 823 Rz 344 f mwN). Unterschiede beider Ansätze wirken sich – neben der nicht zu unterschätzenden psychologischen Komponente der Betrachtung ärztlichen Handelns – va bei der Beurteilung der Beweislast aus. Für diese ist aber aufgrund der arzthaftungsspezifischen Sonderregeln, die letztlich auf vom dogmatischen Ansatz unabhängigen Grundgedanken beruhen (s.u. Rn 216), faktisch eine weitgehende Annäherung beider Betrachtungsweisen zu konstatieren (s. nur Erman/*Schiemann* § 823 Rz 141), so dass die Kontroverse heute an praktischer Bedeutung verloren hat (s.a. Staud/*J Hager* § 823 Rz I 3; AnwK/*Katzenmeier* § 823 Rz 345 mwN). Für die Position der Rspr spricht, dass sie einen einheitlichen Prüfungsansatz für sämtliche ärztlichen Eingriffe ermöglicht und nicht bereits bei der Frage des verletzten Rechtsguts klären muss, ob eine wirksame und die konkrete Verletzung umfassende Einwilligung vorlag. Die folgende Darstellung orientiert sich an der Vorgehensweise der Rspr.

205 2. Pflichten des Arztes. Die Pflichten des Arztes werden hier in chronologischer Reihenfolge dargestellt. IRd Delikthaftung stellen sich die Pflichten des Arztes als **Ausprägung der Verkehrspflichten** – Fallgruppe: Berufspflichten – dar. Sie sind immer wieder neu durch die Rspr zu konkretisieren, die sich dabei auf ärztlichen Sachverstand, insb auf Gutachten (die krit zu würdigen sind, BGHZ 172, 254 Rz 20; NJW 08, 2846 Rz 21 mwN; zum Verhältnis zwischen gerichtlich eingeholten und anderen Gutachten insb BGH VersR 08, 1216 Rz 6 mwN), aber auch auf ärztliche Leitlinien stützt (an Letztere sind die Gerichte nicht gebunden, vgl insb MüKo/*Wagner* § 823 Rz 745; BaRoth/*Spindler* § 823 Rz 591, 593; *Hart* [Hrsg] Ärztliche Leitlinien 00; *Steffen* FS Deutsch 09 615, 622 ff; BGH GesR 08, 361 Rz 4; München 1 U 4370/08; sehr weitgehend Köln MedR 09, 669, dazu *Schaub* MedR 09, 669, 671). Str ist der Pflichtenstandard für einen zufällig am Unglücksort anwesenden Arzt bei Notfallmaßnahmen, insb ob die Haftung analog § 680 einzuschränken ist (dafür zB *Deutsch/Spickhoff* Medizinrecht Rz 486; *H Roth* NJW 06, 2814, 2816; *Spickhoff* NJW 09, 1716, 1717 f; Ddorf NJW-RR 08, 1474, 1475) oder ob vom Arzt die Anwendung berufsüblicher Sorgfalt zu verlangen ist (so wohl München NJW 06, 1883, 1885; vgl auch *Katzenmeier* Arzthaftung 110 f; *Laufs/Uhlenbruck* Handbuch des Arztrechts § 99 Rz 11).

206 a) Untersuchung und Diagnosestellung. Der Arzt ist verpflichtet, den Patienten umfassend zu untersuchen und eine Diagnose zu stellen. Nicht bei jeder objektiv unrichtigen Diagnose liegt aber schon ein deliktsrechtlich relevanter **Behandlungsfehler** vor, sondern nur unter besonderen Umständen, zB beim Unterlassen einer notwendigen Befunderhebung (s. zB BGH NJW 61, 2203, 2204; BGHZ 85, 212, 217 f; 99, 391, 398 f; 138, 1, 5 ff; NJW 03, 2827 f mwN; NJW-RR 08, 263 Rz 13; ausf Staud/*J Hager* § 823 Rz I 23 ff) oder bei Unterbleiben notwendiger Maßnahmen aufgrund einer Fehldiagnose – hier kann allerdings der Kausalitätsnachweis problematisch sein (s. zB BGH NJW 95, 778 mwN; BGHZ 132, 47, 51 ff; Köln NJW 06, 69, 70; München NJOZ 06, 4538, 4539; Kobl NJW-RR 07, 532, 533; Oldbg 5 U 32/08). Eine bewusste Fehldiagnose dürfte hingegen einen Aufklärungsfehler begründen (Kobl NJW-RR 07, 1622 in Bezug auf Schönheitsoperation).

b) Aufklärung. aa) Selbstbestimmungsaufklärung. Die im Arzthaftungsrecht wichtigste Form der Aufklärung ist die **Selbstbestimmungsaufklärung** als Aufklärung über Möglichkeiten und Wirkungen der Behandlung (Diagnose, Behandlungsmethoden und -alternativen, Verlauf, Risiken) als **Grundlage für die Einwilligung** des Patienten aufgrund einer Abwägung zwischen Chancen und Risiken der Behandlung (grundl BGHZ 29, 176, 180 mwN; weiterhin zB BGHZ 90, 103, 105 f; NJW 05, 1718; BGHZ 168, 103 Rz 13 ff mwN; NJW 09, 1209 Rz 11 ff; VI ZR 251/08 Rz 11; Überblick zur neueren Rspr: *Strücker-Pitz* VersR 08, 752 ff; zur Verschuldensfrage *Hausch* VersR 09, 1178 ff; zur Aufklärung über Medizinprodukte Koyuncu/Dahm-Loraing PHI 09, 218 ff). Der Umfang der erforderlichen Aufklärung richtet sich nach den Umständen des Einzelfalls, insb nach Dringlichkeit und Risiken der Maßnahme, dh die Anforderungen an die Aufklärung steigen mit abnehmender Dringlichkeit (hier kann abgestuft werden zwischen dringlichen, sonstigen therapeutischen, diagnostischen, kosmetischen und fremdnützigen Eingriffen – zB Blutspende, BGHZ 166, 336), mit zunehmenden Risiken des Eingriffs (s. zB BGH NJW 73, 556, 557; 91, 2349 mwN; 98, 1784, 1785; Köln VersR 08, 1072, 1073) sowie bei neuen Behandlungsmethoden (BGHZ 168, 103 Rz 14 ff, dazu insb *Katzenmeier* NJW 06, 2738, 2739 f; BGHZ 172, 1 Rz 31 f zur Aufklärung beim Arzneimittel-Heilversuch, dazu insb *Katzenmeier* VersR 07, 1108, 1110 f; BGHZ 172, 254 Rz 24 ff, dazu insb *Spickhoff* MedR 08, 89 f; Dresd 4 U 601/06; Naumbg MedR 08, 442, 443 f). Die Methodenwahl steht grds im Ermessen des Arztes; Behandlungsalternativen sind nach der Rspr aber anzuführen, wenn mehrere gleichermaßen indizierte und übliche Behandlungsmethoden mit unterschiedlichen Chancen und Risiken existieren, so dass eine echte Wahlmöglichkeit für den Patienten besteht (BGH NJW 74, 1422, 1423; BGHZ 102, 17, 22; NJW 05, 1718 mwN; Naumbg VersR 08, 1494; Frankf MedR 09, 532, 535). Das kann im Einzelfall zu schwierigen Abgrenzungsfragen führen. Zudem darf der Arzt iRd medizinisch Vertretbaren Empfehlungen aussprechen (Kobl VersR 09, 1077, 1078). **Einschränkungen** der Selbstbestimmungsaufklärung kommen im Einzelfall zum Wohl des Patienten in Betracht bei drohender starker Belastung und insb bei Erhöhung des Eingriffsrisikos durch die Aufklärung, zB wenn zu befürchten ist, dass der Patient in eine dringend gebotene Maßnahme nicht einwilligt (**humanitäres Prinzip/therapeutisches Privileg**). Vom Vorliegen einer derartigen Situation geht die Rspr nur in Ausnahmefällen aus, wenn durch die Aufklärung „das Leben oder die Gesundheit des Patienten ernstlich gefährdet würden", was bei ausschließlich psychischen Beeinträchtigungen nicht ohne Weiteres der Fall ist (BGHZ 29, 46, 56 f mwN; 29, 176, 182 f; 90, 103, 109 f; 107, 222, 226 f). 207

Die Aufklärung muss grds durch den behandelnden Arzt erfolgen, nicht durch medizinisches Hilfspersonal (BGH NJW 74, 604, 605; 84, 1807, 1808 f mwN); an eine Delegation stellt der BGH strenge Anforderungen (BGHZ 169, 364 Rz 9 ff; dazu zB *Jungbecker* VersR 07, 211 f; krit *Deutsch* VersR 07, 210 f; *Katzenmeier* JZ 07, 643 f; zur möglichen Beschränkung auf den Aufgabenbereich des Arztes bei horizontaler Arbeitsteilung Köln NJW-RR 09, 960, 961 f – iE abgelehnt). Die Aufklärung muss – soweit möglich – rechtzeitig vor einem Eingriff stattfinden, um dem Patienten eine eigenverantwortliche Entscheidung über seine Einwilligung in die Behandlung unter Abwägung aller relevanten Faktoren zu ermöglichen (s. insb BGH VersR 83, 956, 957; NJW 85, 1399, 1400; BGHZ 144, 1, 12 mwN; NJW 03, 2012, 2013 f mwN; 07, 217 Rz 10; Kobl MDR 08, 507; Frankf 8 U 103/08; Ausn: Naumbg VersR 08, 224 zur mutmaßlichen Einwilligung in kurzfristig notwendige, nicht vorhersehbare Operationserweiterung). Bei der Verordnung von Medikamenten reicht in Bezug auf mögliche schwere Nebenwirkungen der Hinweis auf die Packungsbeilage nicht aus (BGHZ 162, 320, 323 ff; einschr für Patienten auf der Intensivstation LG Aachen MedR 06, 361, 362). **Adressat** ist idR der Patient selbst mit seiner individuellen Entscheidungsfähigkeit und seinen spezifischen Vorkenntnissen (BGHZ 29, 176, 182 f). Ist dieser nicht voll geschäftsfähig, aber gleichwohl fähig, die Bedeutung der Aufklärung zu erfassen, ist str, ob – zusätzlich oder ausschließlich – die gesetzlichen Vertreter aufzuklären sind. Teilweise wird davon ausgegangen, dass in derartigen Fällen in erster Linie der Betroffene selbst aufzuklären sei und einwilligen könne (zB BGHZ 29, 33, 36; Soergel/*Spickhoff* § 823 Anh I Rz 107; MüKo/*Wagner* § 823 Rz 736 mwN), nach aA ist zusätzlich die Einwilligung der gesetzlichen Vertreter erforderlich (BGH NJW 72, 335, 337; BGHZ 105, 45, 48; Staud/*J Hager* § 823 Rz I 97 mwN), was angesichts der weit reichenden Folgen der Einwilligung bei der Arzthaftung zum Schutze nicht voll geschäftsfähiger sinnvoll erscheint. Minderjährigen soll nach neuer Rspr bei einem nur relativ indizierten Eingriff mit der Möglichkeit erheblicher Folgen und ausreichender Urteilsfähigkeit ausnahmsweise ein Vetorecht zustehen (BGH NJW 07, 217 Rz 8); wie sich dies mit den Regeln über die Geschäftsfähigkeit sowie mit der Rspr zur Einwilligung des Betreuers gegen den natürlichen Willen des Betreuten (BGHZ 145, 297, 310; 166, 141 Rz 21 ff) in Einklang bringen lässt, ist indes noch unklar. Eine bestimmte **Form** der Aufklärung muss nicht eingehalten werden (BGHZ 67, 48, 55 f); eine lediglich schriftliche Information ist idR nicht ausreichend, sondern es muss grds ein persönliches Gespräch zwischen Arzt und Patient stattfinden (BGH 90, 103, 110; 144, 1, 13; Köln VersR 08, 1072, 1073; Kobl FamRZ 08, 1533, 1534; offen gelassen für eine Blutspende in BGHZ 166, 336 Rz 11, krit dazu *Spickhoff* NJW 06, 2075, 2076). Eine schriftliche Niederlegung erleichtert dem Arzt die Beweisführung (sehr weitgehend allerdings Köln MedR 09, 669, 670). 208

209 Bei Verletzung der Pflicht zur Selbstbestimmungsaufklärung ist der Eingriff nach der Rspr rechtswidrig (zur aA Rn 204). Der Arzt kann jedoch geltend machen, dass der Patient sich bei ordnungsgemäßer Aufklärung ebenso für den Eingriff entschieden hätte (Einwand der **hypothetischen Einwilligung**); bei erstmaliger Geltendmachung im Berufungsverfahren ist § 531 II ZPO zu beachten (BGH NJW 09, 1209 Rz 25). Dann kann sich der Patient auf das Fehlen der erforderlichen Aufklärung idR nur berufen, wenn er plausibel macht, dass er sich nach erfolgter Aufklärung in einem „**echten Entscheidungskonflikt**" über die Erteilung der Einwilligung zu der konkreten Maßnahme befunden hätte (zB BGHZ 90, 103, 111 ff; NJW 05, 1718, 1719; 07, 217 Rz 16 ff; 2771 Rz 17 ff; BGHZ 172, 254 Rz 31; NJW 09, 1209 Rz 22, beide mwN; Jena OLGR 06, 710, 712 f; Köln MedR 09, 669, 670; München 1 U 5693/08; Ausn: BGHZ 166, 336 Rz 17); hierzu ist der Patient persönlich anzuhören (BGH NJW 05, 1364 mwN; BGHZ 162, 320, 324 ff), an die Plausibilität seiner Darlegungen sind aber keine zu hohen Anforderungen zu stellen (BGHZ 172, 1 Rz 36 f; 254 Rz 31; NJW 07, 2771 Rz 18 ff; s. aber zu den Grenzen der hypothetischen Einwilligung bei neuen Behandlungsmethoden auch *Spickhoff* NJW 08, 1636, 1640).

210 Hat sich ein **anderes Risiko verwirklicht** als dasjenige, über das fehlerhaft nicht aufgeklärt wurde, sieht der BGH jedenfalls in neuerer Zeit den erforderlichen Rechtswidrigkeitszusammenhang zwischen Aufklärungspflichtverletzung und Schaden als gegeben an, wenn bereits die notwendige **Grundaufklärung** nicht erfolgt ist (insb BGHZ 29, 176, 180; 90, 103, 106; 106, 391, 398 f; 144, 1, 7 ff mwN); anders teilw die Instanzgerichte (Nachw in BGHZ 106, 391, 396) und die Lit (Nachw bei Staud/*J Hager* § 823 Rz I 120). Wurde hingegen die erforderliche Grundaufklärung vorgenommen, aber über ein bestimmtes Risiko nicht aufgeklärt und verwirklicht sich später ein anderes, mit dem verschwiegenen Risiko in keinem Zusammenhang stehendes Risiko, ist möglicherweise der Rechtswidrigkeitszusammenhang nicht gegeben (insb BGHZ 106, 391, 399 f; weiterhin zB BGHZ 90, 96, 102; NJW 01, 2798; 06, BGHZ 168, 103, 109 f; Köln 5 U 186/08). Die Berufung des Arztes auf eine hypothetische Einwilligung des Patienten im Fall ordnungsgemäßer Aufklärung (Berufung auf rechtmäßiges Alternativverhalten) unterliegt in diesen Fällen nach der Rspr hohen Anforderungen (s. insb BGHZ 90, 103, 111; NJW 98, 2734 f mwN). Va ist nicht auf einen „vernünftigen Patienten", sondern auf den konkret Betroffenen in der spezifischen Situation des Einzelfalls abzustellen.

211 **bb) Sicherungsaufklärung.** Die Sicherungsaufklärung (therapeutische Aufklärung, Sicherheitsaufklärung) ist erforderlich, um die notwendige Mitwirkung des Patienten am Heilungsprozess („compliance") zu gewährleisten (s. dazu insb BGH NJW 05, 427, 428; BGHZ 162, 320, 323; 163, 209, 217 ff; NJW 09, 2820 Rz 8 ff, alle mwN; eingehend *Hausch* VersR 07, 167 ff). Sie betrifft zB Schutzmaßnahmen, Warnhinweise oder Modalitäten der Medikamenteneinnahme. Zur nachträglichen Sicherungsaufklärung bei Gefahr einer HIV-Infektion durch Bluttransfusion und zur Erstreckung des Schutzbereichs auf den Ehepartner BGHZ 163, 209, 217 ff (dazu *Katzenmeier* NJW 05, 3391 ff). Bei Verletzung der Pflicht zur Sicherungsaufklärung kann ein Behandlungsfehler vorliegen (BGH NJW 09, 2920 Rz 8; AnwK/*Katzenmeier* § 823 Rz 386 mwN); ein Mitverschulden, zB wegen mangelnder Mitwirkung, kann dem Patienten nur angelastet werden, wenn er hinreichend aufgeklärt wurde (BGH NJW 97, 1635 f mwN; 09, 2820 Rz 14).

212 **cc) Aufklärung über wirtschaftliche Risiken der Behandlung.** Bei der Pflicht zur Aufklärung über wirtschaftliche Risiken der Behandlung ist unklar, ob es sich um eine Nebenpflicht oder lediglich um eine Obliegenheit des Arztes handelt. Ihr Umfang ist insb bei wahlärztlicher Behandlung nach § 17 II 1 Hs 2 KHEntgG str (zu den Anforderungen an die Unterrichtung in diesen Fällen jetzt BGHZ 157, 87; NJW 04, 686), die Problematik ist jedoch eine solche des Vertrags-, und nicht des Deliktsrechts (zur Vertragshaftung jetzt insb BGHZ 175, 76 Rz 14 ff).

213 **c) Behandlung.** Die Behandlungspflicht erstreckt sich von der Prävention über die Therapie bis zur Nachsorge. Eine medizinisch gebotene Behandlung muss überhaupt, rechtzeitig, im richtigen Maß, kunstgerecht und ohne Begleitfehler (zB Zurücklassen von Gegenständen, Herbeiführen einer Infektion) erfolgen. Grds besteht Therapiefreiheit (zu Abweichungen von der Schulmedizin und Außenseitermethoden insb BGHZ 168, 103; 172, 1 Rz 10 ff – Heilungsversuch mit noch nicht zugelassenem Arzneimittel; 07, 2774 Rz 10 ff; Staud/*J Hager* § 823 Rz I 21 f; MüKo/*Wagner* § 823 Rz 747; AnwK/*Katzenmeier* § 823 Rz 374 ff; BaRoth/*Spindler* § 823 Rz 595 ff). Maßstab für die Anforderungen an die Behandlung ist grds der aktuelle Standard der medizinischen Wissenschaft und der ärztlichen Erfahrung, wie er in der Profession akzeptiert ist, im Zeitpunkt der Behandlung (BGHZ 113, 297, 303 f; 144, 296, 305 f; NJW 01, 1786, 1787; GesR 08, 361 Rz 6, alle mwN); zur Haftung für Medizinprodukte *Koyuncu/Dahm-Loraing* PHI 09, 172, 175 ff; zu Bedienungsfehlern beim Einsatz von Medizintechnik *Kunz-Schmidt* MedR 09, 517, 520 ff. Im Einzelfall können Abstufungen in Betracht kommen, insb nach Behandlungsmethode (strengere Maßstäbe bei Außenseitermethoden, BGHZ 172, 1 Rz 17 ff, dazu *Katzenmeier* JZ 07, 1108 ff), spezifischen Qualifikationen des behandelnden Arztes (BGHZ 113, 297, 304; NJW 94, 3008, 3009) bzw Spezialisierung der Klinik (AnwK/*Katzenmeier* § 823 Rz 370 ff). Letztlich geht es hier immer um Verschärfungen, nie m Milderungen des Pflichtenstandards; ein Mindest-Qualitätsstandard, für den die Kenntnisse eines Facharzts auf dem betreffenden Gebiet maßgeblich sind (zB BGHZ 88, 248, 254; NJW 87, 1479, 1480; 95, 776, 77; 99, 1778, 1779; Karlsr NJW-RR 06, 458; München NJOZ 06, 4538, 4539), muss überall – auch unter evtl ungünstigen äußeren Bedingungen –

gewahrt bleiben (so auch zB AnwK/*Katzenmeier* § 823 Rz 371). Es handelt sich dabei um eine Ausprägung allgemeiner Grundsätze für den Sorgfaltsmaßstab (und damit genau genommen um eine Frage des Verschuldens), der objektiv zu bestimmen ist, aber mit der Möglichkeit einer Verschärfung bei besonderen individuellen Fähigkeiten und Kenntnissen (§ 276 Rn 15). Ökonomische Gesichtspunkte hat die Rspr bei der Bestimmung des Pflichtenstandards hier bislang idR nicht berücksichtigt (BGH NJW 54, 1536, 1537 – zum Strafrecht; 83, 2080, 2081; anders aber VersR 75, 43 f; Oldbg VersR 95, 49 f; Köln VersR 99, 847 f; zur Problematik insg insb *Michalski* VersR 96, 265 ff; *Laufs* NJW 00, 1757, 1763 f). In der Lit wird zunehmend über eine Relativierung der Standards unter Wirtschaftlichkeitsgesichtspunkten diskutiert (zB MüKo/*Wagner* § 823 Rz 751 f; BaRoth/*Spindler* § 823 Rz 600 f; AnwK/*Katzenmeier* § 823 Rz 373; *ders* FS G Müller 237 ff mwN).

d) Organisation. Organisationspflichten treffen insb Krankenhausträger, aber auch (größere) Arztpraxen. Erforderlich sind die Schaffung einer aufgabenorientierten, zweckmäßigen Organisation, zB im Hinblick auf Arbeitsverteilung (zur Delegation ärztlicher Leistungen an nichtärztliches Medizinpersonal s. hier nur *Spickhoff/Seibt* MedR 08, 463 ff mwN; *Frahm* VersR 09, 1576 ff) und Arbeitszeiten, Aufklärung (sehr weitgehend BGHZ 169, 364 Rz 9 ff, s.o. Rn 208), Vorhalten erforderlicher Geräte und Apparaturen (München OLGR 07, 203), Dokumentation der Behandlung oder Verlaufsbeobachtung (**primäre Organisationspflichten**, s. insb BGHZ 95, 63, 71 ff; NJW 03, 2309) sowie eine Kontrolle der primären Organisationsmaßnahmen (**sekundäre Organisationspflichten**, Unterfall des Qualitätsmanagements, auch dazu BGHZ 169, 364 Rz 10 f). **214**

e) Dokumentation. Befund (Anamnese), Diagnose und Therapie (ggf einschl Nachsorge) sind in unmittelbarem zeitlichem Zusammenhang mit der Behandlung zu dokumentieren (s. insb BGHZ 72, 132, 137 f sowie standesrechtliche Regelungen und Spezialvorschriften, zB § 42 StrlSchV 2001, § 34 II RöV 2002). Die Verletzung von Dokumentationspflichten spielt va bei der vertraglichen Haftung, aber auch für die Beweisführung bei der Deliktshaftung (s.u. Rn 217) eine Rolle. **215**

3. Beweislast. Die größte Bedeutung der von der Rspr entwickelten Regeln zur Arzthaftung liegt – wie bei der Produkthaftung – im Beweisrecht, insb bei den **Modifikationen der Beweislast** (dazu zuletzt *Zoll* MedR 09, 569, 571 ff). Grds hat der Patient das Vorliegen einer Pflichtverletzung des Arztes, das Vorliegen einer Körper- oder Gesundheitsverletzung, die Kausalität zwischen beiden, das Verschulden des Arztes (BGH NJW 80, 1333; 99, 860, 861 mwN), Schaden und haftungsausfüllende Kausalität darzulegen und zu beweisen (zB BGH NJW 91, 1540; 99, 860, 861). Hingegen muss nach der Rspr der Arzt darlegen und beweisen, dass er den Patienten ordnungsgemäß aufgeklärt hat, da die auf einer solchen Aufklärung beruhende wirksame Einwilligung als Rechtfertigungsgrund angesehen wird (s.o. Rn 204); die Gegenansicht, die von einer Verletzung des Persönlichkeitsrechts ausgeht, kommt hier mittels einer Beweislastumkehr aufgrund des Sphärengedankens regelmäßig zu vergleichbaren Ergebnissen (s. nur Erman/*Schiemann* § 823 Rz 141). Da §§ 286, 287 ZPO jedenfalls in Arzthaftungsprozessen auf deliktsrechtlicher Grundlage keine große Rolle spielen (dazu insb AnwK/*Katzenmeier* § 823 Rz 422 ff mwN; *Katzenmeier* Arzthaftung 4 ff, 429 ff; zum Anscheinsbeweis zB BaRoth/*Spindler* § 823 Rz 790 ff; Erman/*Schiemann* § 823 Rz 143; *Foerste* FS Deutsch 09 165, 168 ff; s. aber auch BGHZ 11, 227, 230; NJW 07, 2767 Rz 14; 08, 1381 Rz 9 mwN), sind die **in der Rspr entwickelten Beweiserleichterungen** von zentraler Bedeutung für die Arzthaftung. Sofern sich die Beweislage trotz dieser weitreichenden Modifikationen der Beweislast für den Patienten als ungünstig darstellt, kann häufig auf die Behauptung nicht ordnungsgemäßer Aufklärung ausgewichen werden, die vom Arzt widerlegt werden muss (s.o. Rn 209). Um einem Missbrauch der Aufklärungsrüge entgegenzuwirken, stellt die Rspr keine allzu hohen Beweisanforderungen an den Arzt zur Widerlegung dieser Rüge (vgl nur BGH NJW 81, 2002, 2003 f; 85, 1399 mwN; krit zB AnwK/*Katzenmeier* § 823 Rz 449). **216**

a) Pflichtverletzung. In Bezug auf die Pflichtverletzung kommt aufgrund allg Grundsätze (Sphärenbetrachtung, Waffengleichheit im Zivilprozess) eine Beweislastumkehr in denjenigen Bereichen in Betracht, die für Arzt oder Krankenhaus als **„voll beherrschbar"** angesehen werden, insb beim Einsatz medizinischtechnischer Geräte und Materialien (zB BGH VersR 75, 952, 954; NJW 82, 699 f; 91, 1541, 1542 f; VersR 07, 1416; Zweibr NJW-RR 09, 1110, 1111; Braunschw NJW-RR 09, 1109, 1110; sehr weitgehend Zweibr NJOZ 07, 4519, 4521; einschr, aber kaum überzeugend München OLGR 07, 203; zutreffende Einschränkung: Bremen 5 U 25/09), bei Verletzungen im Zusammenhang mit konkret geschuldeten Hilfeleistungen (KG OLGR 08, 505 f), in Bezug auf notwendige Maßnahmen (zB ordnungsgemäße Lagerung des Patienten während der Operation, BGH NJW 84, 1403 f; 95, 1618 mwN; zu Grenzen Jena OLGR 07, 677, 678; Köln OLGR 08, 796 ff), Einhaltung von Hygienevorschriften (BGHZ 171, 358 Rz 9 ff – insb in Bezug auf das Verschulden, Entsprechendes dürfte bei der Deliktshaftung aber auch für die Pflichtverletzung gelten; Grenzen: BGH BeckRS 06, 03932; Hamm 3 U 148/07), teilweise auch bei Verletzung von Organisationspflichten, etwa beim Einsatz offensichtlich ungeeigneter Personen zur Behandlung (zB BGHZ 88, 248, 256 f; NJW 96, 2429, 2430 f). Zum Anscheinsbeweis bei Bluttransfusion und später festgestellter HIV-Infektion BGHZ 163, 209, 212 ff. Ist eine Maßnahme nicht oder nicht hinreichend **dokumentiert**, wird vermutet, dass sie unterblieben ist (zB BGH NJW 78, 1681, 1682; BGHZ 129, 6, 9 f; NJW 99, 3408, 3409; Hamm 3 U 83/78; zur Widerlegung der Vermutung zB Kobl VersR 09, 1077, 1078; ausf zu Dokumentati- **217**

ons- und Befundsicherungspflichten BaRoth/*Spindler* § 823 Rz 801 ff; *Steffen* FS Deutsch 99 330 ff; *Hausch* VersR 06, 612 ff).

218 **b) Kausalität.** Bei Vorliegen eines **groben Behandlungsfehlers** nimmt die Rspr für die **Kausalität zwischen Pflicht- und Rechtsgutverletzung** eine Beweislastumkehr vor, sofern der Fehler geeignet war, eine derartige Rechtsgutverletzung herbeizuführen, wobei die Möglichkeit von Mitursächlichkeit genügt (dazu insb BGHZ 159, 48, 55 f mN zur früheren Rspr; NJW 05, 427, 428; 2072, 2073; BGHZ 172, 1 Rz 25; NJW 08, 1304 Rz 11; zur Kritik s. nur *Katzenmeier* Arzthaftung 454 ff mwN; *Schmidt* MedR 07, 693, 699 ff; *Wagner* FS Hirsch 453 ff; *Foerste* FS Deutsch 09 165, 171 ff; eine Ausnahme von der Beweislastumkehr kann zugunsten eines zufällig am Unglücksort anwesenden Arztes eingreifen, München NJW 06, 1883, 1885 f; zust *H Roth* NJW 06, 2814, 2815 f). Die Beweislastumkehr erfasst idR nur Primär-, nicht aber Sekundärschäden (BGH NJW 78, 1683 f; 08, 1381 Rz 13 mwN; Karlsr OLGR 08, 558, 559). Grober Behandlungsfehler ist ein Verstoß gegen ärztliche Behandlungsregeln oder gesicherte medizinische Erkenntnisse, der nach den Umständen des konkreten Falles aus objektiver Sicht nicht mehr verständlich und verantwortbar erscheint und einem Arzt schlechterdings nicht unterlaufen darf (s. insb BGH NJW 83, 2080, 2081; 01, 2795, 2796; BGHZ 172, 1 Rz 25; NJW-RR 07, 744 Rz 9 mwN; NJW 09, 2820 Rz 15). Beispiele sind die Nichterhebung erforderlicher Befunde, Therapiefehler oder das Unterlassen einer notwendigen Sicherungsaufklärung, ggf auch die Verletzung des Hygienestandards (BGH NJW 08, 1304 Rz 7; einschr Hamm MedR 06, 215, 216 f; 3 U 148/07). Bei Diagnosefehlern setzt die Rspr die Schwelle für das Vorliegen eines groben Behandlungsfehlers besonders hoch an (zB BGH VersR 81, 1033 f; NJW 88, 1513, 1514; 01, 1787, 1788) und auch bei fehlerhafter therapeutischer Aufklärung ist das Vorliegen eines groben Behandlungsfehlers stets einzelfallbezogen genau zu prüfen (BGH NJW 09, 2820 Rz 15). Ein grober Behandlungsfehler ist durch wertende Entscheidung des Gerichts auf der Grundlage von Sachverständigengutachten festzustellen (dazu zB BGHZ 72, 132, 135; 132, 47, 53; 138, 1, 6; 172, 254 Rz 20 f; NJW 09, 2820 Rz 15 f, jeweils mwN). Die aus dieser Beweislastumkehr folgende Kausalitätsvermutung kann vom Arzt nur **widerlegt** werden, wenn ein Kausalzusammenhang mit der eingetretenen Rechtsgutverletzung gänzlich unwahrscheinlich ist (zB BGHZ 129, 6, 12 f; 138, 1, 8; 159, 48, 54 f; Köln OLGR 09, 651 ff), sich nicht das Risiko verwirklicht hat, dessen Nichtbeachtung den Fehler als grob erscheinen lässt (BGH NJW 81, 2513 f; Jena OLGR 06, 710, 712; Staud/*J Hager* § 823 Rz I 56 mwN) oder der Patient durch sein Verhalten den Heilungserfolg vereitelt und dadurch in gleicher Weise wie der grobe Behandlungsfehler des Arztes dazu beigetragen hat, dass der Umfang des Behandlungsgeschehens nicht mehr aufgeklärt werden kann (KG VersR 91, 928 f; Köln VersR 97, 1102, 1103; Braunschw VersR 98, 459, 461, str, s. Staud/*J Hager* § 823 Rz I 56).

219 Auch **mangelnde Befunderhebung** kann zur Beweislastumkehr führen, wenn die Aufklärbarkeit eines immerhin wahrscheinlichen Kausalzusammenhangs zwischen Behandlungsfehler und Gesundheitsschaden erschwert oder vereitelt wird und die Befundsicherung gerade wegen des erhöhten Risikos des in Frage stehenden Verlaufs geschuldet war (insb BGHZ 132, 47, 50 f; 138, 1, 4 ff; 159, 48, 56 f mwN; NJW 04, 1871; VersR 07, 1697; *Schultze-Zeu* VersR 08, 898 ff; krit zB *Foerste* FS Deutsch 09 165, 175 ff). Die Rspr stellt hier hohe Anforderungen: Die Befunderhebung musste medizinisch angezeigt sein, und zwischen Unterlassen der Befundsicherung und Gesundheitsschaden muss ein immerhin wahrscheinlicher Kausalzusammenhang bestehen (BGH NJW 99, 860, 861 mwN; Brandbg 12 U 185/08; *Karmasin* VersR 09, 1200 ff). Teilw wird angenommen, dass sich die Verletzung der Pflicht zur Befunderhebung zu einer „dritten Spur" der Arzthaftung – neben Behandlungsfehler und Rüge fehlender Selbstbestimmungsaufklärung – entwickelt (Erman/*Schiemann* § 823 Rz 141).

220 Die Grundsätze über die mangelnde Befunderhebung sind nach der Rspr **entsprechend anzuwenden** auf den Nachweis des Kausalzusammenhangs zwischen einem einfachen Befunderhebungsfehler und einem Gesundheitsschaden, wenn bei Erhebung des erforderlichen Befunds und fehlender Reaktion darauf durch entsprechende medizinische Maßnahmen ein grober Behandlungsfehler vorgelegen hätte (BGHZ 132, 47, 52 ff; 159, 48, 56 mwN) sowie in denjenigen Fällen, in denen bereits die Nichterhebung des Befunds einen groben ärztlichen Fehler darstellt (s. insb BGHZ 138, 1, 5 f; NJW 04, 1871, 1872; NJW-RR 07, 744 Rz 22 ff: nicht bereits bei Nichterhebung eines Kontrollbefundes; VI ZR 251/08 Rz 8).

221 Weiterhin kommt eine Beweislastumkehr in Bezug auf die haftungsbegründende Kausalität in Betracht, wenn eine medizinische Maßnahme durch eine dafür nicht qualifizierte Person durchgeführt wurde (s. insb BGH NJW 93, 2989, 2991 mwN), also bei besonders schwerwiegenden (aber nicht bei allen) **Organisationsmängeln** (zu Einzelheiten s. nur BaRoth/*Spindler* § 823 Rz 734 ff mwN). Das kann auch für die Delegation ärztlicher Pflichten an nichtärztliches Personal bedeutsam sein (dazu insb *Spickhoff/Seibt* MedR 08, 463, 471).

222 In neuerer Zeit wird verstärkt diskutiert, die Kausalitätsprobleme bei der Arzthaftung durch eine **Proportionalhaftung** zu lösen, die bereits bei einfachen Behandlungsfehlern eingreifen soll und sich auf den wahrscheinlichen Verursachungsanteil beschränkt (s. insb *Mäsch* Chance und Schaden 04 143 ff u passim; *Wagner* Gutachten A zum 66. DJT 06, A 58 ff; *dens* FS Hirsch 453 ff – mit unterschiedlichen dogmatischen Ansätzen). Sie ist de lege lata schwer begründbar (s. nur *Schiemann* FS Canaris 1161, 1169 f; *Foerste* FS Deutsch 09 165, 167; *Taupitz* FS Canaris 1231, 1233 ff für die haftungsbegründende Kausalität, anders aber aaO 1238 ff für die haftungsausfüllende Kausalität; aA – Proportionalhaftung bereits de lege lata begründbar – insb *Wagner* FS

Hirsch 453, 459 ff). Daher dürfte der unbefriedigende Rechtszustand, der va in Bezug auf grobe Behandlungsfehler zu einer umfangreichen Kasuistik und wenig Rechtssicherheit geführt hat, fortdauern.

D. Verletzung eines Schutzgesetzes iSd § 823 Abs 2. I. Dogmatik. 1. Funktion und Konzeption des § 823 II. 223
§ 823 II als verhaltensbezogene Haftungsnorm betrifft **Verstöße gegen gesetzliche Verhaltensregeln** (in Abgrenzung zu den für die Haftung für Verkehrspflichtverletzung maßgeblichen richterrechtlich entwickelten Verhaltensgeboten). Anders als § 823 I ist die Haftung nach II nicht auf bestimmte Rechtsgüter beschränkt und kann daher auch bei reinen Vermögensschäden eingreifen. Zudem wirkt schon der Verstoß gegen das Schutzgesetz haftungsbegründend, bei abstrakten Gefährdungsdelikten also bereits die Verletzung des jeweiligen Verhaltensgebots. Freilich muss dadurch letztlich ein Schaden verursacht worden sein (s. jetzt auch Dresd 10 U 965/04); die Vorverlagerung des Schutzes bei § 823 II bleibt jedoch für quasinegatorische Unterlassungs- und Beseitigungsansprüche (Vor § 823 Rn 15) von Bedeutung.

Wegen der strukturellen Parallelen entsprechen sich auch die **Voraussetzungen der Haftung nach § 823 II** 224 und derjenigen bei Verletzung von Verkehrspflichten – bis auf die nach der hier vertretenen Auffassung erforderliche Verletzung eines Rechtsguts iSd § 823 I bei der Haftung für Verkehrspflichtverletzung (s.o. Rn 3) – weitgehend.

2. Prüfungsaufbau. a) Vorliegen eines Schutzgesetzes. aa) Rechtsnorm. Schutzgesetz ist **jede Rechtsnorm** 225 **iSd Art 2 EGBGB** (RGZ 135, 242, 245). In Betracht kommen nicht nur parlamentarische Gesetze, sondern zB auch Rechtsverordnungen (wichtig: StVO), Satzungen über die Räum- und Streupflicht (Köln NJW-RR 96, 655, 656; Celle VersR 98, 604; aA *Larenz/Canaris* § 76 III 7c) oder polizeiliche Vorschriften mit Außenwirkung (Hamm VersR 02, 1519: Hundeanleinverordnung). Schutzgesetze können allen Rechtsgebieten entstammen.

Bei einer Reihe von Normen ist der **Schutzgesetzcharakter zweifelhaft bzw umstr**. Bei **Unfallverhütungs-** 226 **vorschriften**, zB gem § 15 SGB VII, ist str, ob es sich lediglich um interne Normen handelt (so insb BGH NJW 68, 641, 642 mwN; VersR 69, 827, 828; offen gelassen von BGH NJW 84, 360, 362) oder ob sie auch die Versicherten vor Unfallgefahren schützen (so zB Staud/*J Hager* § 823 Rz G 14; MüKo/*Wagner* § 823 Rz 334; BaRoth/*Spindler* § 823 Rz 150). Bei **verwaltungsrechtlichen Ermächtigungsgrundlagen und darauf beruhenden Verwaltungsakten** geht die Rspr davon aus, dass der Verwaltungsakt iVm der Ermächtigungsgrundlage als Schutzgesetz zu qualifizieren sein könne, wenn durch den Verwaltungsakt ein drittschützendes Verhalten auferlegt werde (zB BGHZ 62, 265, 266 f; NJW 97, 55; unklar BGHZ 122, 1, 3). Teilweise wird davon ausgegangen, dass die Ermächtigungsgrundlage auch ohne konkretisierenden Verwaltungsakt als Schutzgesetz in Betracht komme (BGH NJW 95, 132, 134; 04, 356, 357; Erman/*Schiemann* § 823 Rz 156; Palandt/*Sprau* § 823 Rz 56a f; unklar BGHZ 122, 1, 3), nach aA soll dies nur möglich sein, wenn sie weder Beurteilungsspielraum noch Ermessen enthalte, sonst stelle sie nur iVm dem konkretisierenden Verwaltungsakt ein Schutzgesetz dar (BaRoth/*Spindler* § 823 Rz 154). Einigkeit besteht darüber, dass der Verwaltungsakt selbst keine Rechtsnorm und daher kein Schutzgesetz ist (s. insb BGHZ 122, 1, 3; NJW 95, 132, 134). Bei **Verwaltungsvorschriften** (zB TALuft, TALärm, TAAbfall) wird meist angenommen, dass sie lediglich behördenintern binden und daher keine Schutzgesetze sein können (zB Staud/*J Hager* § 823 Rz G 15; AnwK/*Katzenmeier* § 823 Rz 527), nach der Gegenansicht (insb MüKo/*Wagner* § 823 Rz 335; BaRoth/*Spindler* § 823 Rz 151; tendenziell jetzt auch Oldbg OLGR 08, 861, 862; iE aber offen gelassen) können sie wegen ihrer normkonkretisierenden Wirkung im Einzelfall Schutzgesetze sein. **Privat gesetzte Rechtsregeln** (zB ISO, DIN) sind keine Rechtsnormen iSd Art 2 EGBGB (BGHZ 139, 16, 19 f; Frankf NJW-RR 09, 571 zur VOB/B) und daher keine Schutzgesetze iSd § 823 II; dies gilt auch für Vereinssatzungen (RGZ 135, 242, 245; Köln OLGR 80, 228, 230). Anders kann die Situation bei Tarifverträgen sein, denen durch gesetzliche Vorschriften letztlich Normcharakter beigemessen wird (s. insb BaRoth/*Spindler* § 823 Rz 152; Erman/*Schiemann* § 823 Rz 154). **Richterrecht** kommt mangels Rechtsnormcharakters prima facie nicht als Schutzgesetz in Betracht; es ist in erster Linie Quelle für die Entstehung von Verkehrspflichten. Die Gewaltenteilung spiegelt sich daher in der Aufteilung der verhaltensbezogenen Deliktshaftung für Verkehrspflichtverletzung und wegen Schutzgesetzverletzung wider. Entscheidungen des BVerfG mit Gesetzesrang gem § 31 II BVerfGG können jedoch Schutzgesetze sein (RGRK/*Steffen* § 823 Rz 538; Staud/*J Hager* § 823 Rz G 9; BaRoth/*Spindler* § 823 Rz 147). Auch bei **Gewohnheitsrecht** wird teilweise eine Eignung als Schutzgesetz angenommen (Staud/*J Hager* § 823 Rz G 11; BaRoth/*Spindler* § 823 Rz 148; Erman/*Schiemann* § 823 Rz 155; einschr *Larenz/Canaris* § 77 II 1c).

bb) Schutzzweck. Eine Norm kommt nur als Schutzgesetz iSd § 823 II in Betracht, wenn sie nicht nur dem 227 *Schutz der Allgemeinheit dient*, sondern **zumindest auch die Interessen des Einzelnen gezielt schützen** soll; ein Individualschutz ausschließlich als Reflex des Schutzes von Allgemeininteressen, wie zB bei § 267 StGB, reicht nicht aus (s. zB BGHZ 66, 388, 390; NJW 05, 2923, 2924; BGHZ 176, 281 Rz 51, jew mwN). Das in diesem Zusammenhang vom BGH (insb BGHZ 40, 306, 307; 100, 13, 19; 106, 204, 206 f; 116, 7, 13) verwendete Argument, die Norm müsse eine Grundlage für die Befugnis des Vermögensträgers bieten, den Geltungsanspruch gegen den Verletzer mit Hilfe eines Schadensersatzanspruchs selbst durchzusetzen (im Gegensatz insb zur ausschließlichen Sanktionierung durch Behörden), wird allerdings zu Recht als Zirkelschluss kritisiert (Staud/*J Hager* § 823 Rz G 21; AnwK/*Katzenmeier* § 823 Rz 528; Erman/*Schiemann* § 823 Rz 157).

228 Die **maßgeblichen Kriterien** zur Ermittlung des individualschützenden Charakters einer Norm sind unklar und teilweise str. Ausgangspunkt ist die Auslegung unter historisch-teleologischen (BGHZ 116, 7, 13: Inhalt und Zweck nach der Intention des Gesetzgebers) und systematischen Gesichtspunkten (Betrachtung im Gesamtzusammenhang des Haftungsrechts). Die Rspr prüft mitunter, ob innerhalb des Haftungsrechts als Ganzem die Zuerkennung eines Anspruchs sinnvoll erscheint, insb wenn es um den Ersatz reiner Vermögensschäden geht (zB BGHZ 66, 388, 389; 125, 366, 374; 176, 281 Rz 51). In der Lit werden va die nach § 823 I geschützten Rechtsgüter bzw die verschärften Haftungsvoraussetzungen bei § 826 als Vergleichsmaßstab herangezogen (zB *Canaris* FS Larenz II 27, 48; BaRoth/*Spindler* § 823 Rz 158). Zudem wird der Schutznormcharakter einer Vorschrift mitunter abgelehnt, wenn der Geschädigte anderweitig abgesichert ist (BGHZ 84, 312, 317; 116, 7, 14; 125, 366, 374). Eine Ausn von diesen „Regeln" macht die Rspr bei Strafnormen, die sie regelmäßig als Schutzgesetze einstuft (s. insb BGHZ 116, 7, 14). In der Lit wird dies vielfach kritisiert (s. insb Staud/*J Hager* § 823 Rz G 17 mwN).

229 Angesichts dieser Schwierigkeiten erscheint es sinnvoll, den Schutzgesetzcharakter nicht nach einer festen Regel, sondern anhand von Indizien, die eine Art „Bewegliches System" bilden, zu bestimmen. In diesem Rahmen lassen sich die Grundlinien der Rspr berücksichtigen, zugleich aber flexibel und einzelfallbezogen handhaben. **Wichtige Indizien** können insb (aber nicht abschließend) sein: **Individualschutz als Normzweck** (er drückt sich häufig in der Zuerkennung individueller Ansprüche an den Geschädigten aus), **Vergleichbarkeit** der Schutzvoraussetzungen (bei hypothetischer Annahme eines Anspruchs aus § 823 II) **mit § 823 I bzw § 826**, also keine zu niedrige Schutzschwelle, sowie **Strafbewehrung** (in schwächerem Maße auch Bußgeldbewehrung, Staud/*J Hager* § 823 Rz G 18).

230 b) **Verletzung des Schutzgesetzes.** Das Vorliegen einer **Verletzung** des Schutzgesetzes ist grds **nach den vom Schutzgesetz selbst aufgestellten Regeln** zu beurteilen (s. insb BGHZ 46, 17, 21) und vom Geschädigten darzulegen und zu beweisen (dazu BGH VersR 64, 166, 167; ausf Brandbg 12 W 33/06). Dies gilt insb für das Vorsatzerfordernis bei Straftatbeständen; hier legt die Rspr den vom Zivilrecht abweichenden strafrechtlichen Vorsatzbegriff zugrunde (s. nur BGHZ 46, 17, 22; 133, 370, 381 mwN). Bei Straftaten, die lediglich Fahrlässigkeit voraussetzen, wird hingegen – insoweit nicht konsequent – vom zivilrechtlichen Maßstab ausgegangen (BGH VersR 68, 378, 379). Verletzer und damit **Anspruchsgegner** ist der Adressat des Schutzgesetzes. Bei Auseinanderfallen von Verhaltensnorm und Sanktionsvorschrift kommt sowohl der Adressat der Verhaltensnorm als auch derjenige der Sanktionsvorschrift in Betracht (*Maier-Reimer* NJW 07, 3157, 3158 ff); hierin liegt eine wesentliche Abweichung der zivilrechtlichen von der straf- und ordnungswidrigkeitsrechtlichen Haftung.

231 c) **Sachlicher und persönlicher Schutzbereich und Schutzzweckzusammenhang.** Der durch die Schutzgesetzverletzung verursachte Schaden muss in den sachlichen und persönlichen Schutzbereich der verletzten Norm fallen: Das **betroffene Rechtsgut** muss vom Schutzgesetz erfasst sein, was zB nicht der Fall ist für das Vermögen bei Eingriffen in den Straßenverkehr iSd §§ 315 ff StGB (BGHZ 19, 114, 125 f – zum Eisenbahnbetrieb) oder Baugefährdung gem § 319 StGB (BGHZ 39, 366, 367 f). Weiterhin muss **gerade der Anspruchsteller** in den Schutzbereich der Vorschrift fallen, zB nicht andere Verkehrsteilnehmer bei unbefugtem Gebrauch eines Kfz nach dessen Diebstahl, §§ 242, 248b StGB (BGHZ 22, 293, 296 ff). Schließlich muss sich gerade das **Risiko verwirklicht** haben, **vor dem die verletzte Norm schützen will**, zB schützt die Pflicht zum rechtzeitigen Stellen des Insolvenzantrags die Gläubiger, nicht aber das Vertrauen des Rechtsverkehrs in die Kreditwürdigkeit des Betroffenen (BGHZ 29, 100, 104 ff).

232 d) **Rechtswidrigkeit.** Die **Rechtswidrigkeit** wird durch die Schutzgesetzverletzung **indiziert** (BGH NJW 93, 1580, 1581; differenzierend Soergel/*Spickhoff* § 823 Rz 207).

233 e) **Verschulden.** Bezugspunkt des Verschuldens ist in erster Linie die Schutzgesetzverletzung, die daraus folgende Rechtsgutverletzung bzw der Schaden nur, wenn diese vom Tatbestand des Schutzgesetzes vorausgesetzt werden (zB BGHZ 7, 198, 207; 103, 197, 200; NJW 07, 2854 Rz 12 mwN). Das für die Schutzgesetzverletzung erforderliche Verschulden wird bereits iRd Verletzung dieser Norm nach den **Maßstäben**, die für das Schutzgesetz gelten, untersucht (s.o. Rn 230). Sofern der Verstoß gegen das Schutzgesetz kein Verschulden erfordert, ist dieses nach zivilrechtlichen Kriterien (§ 276) zu prüfen, da die Haftung nach § 823 II stets Verschulden voraussetzt. Die **Verschuldensfähigkeit** sollte ausschließlich nach §§ 827 f beurteilt werden (s. zB AnwK/*Katzenmeier* § 823 Rz 533; Staud/*J Hager* § 823 Rz G 36 mwN; aA *Medicus* NJW 67, 354, 355). Das Verschulden wird idR vermutet, wenn die Schutzgesetzverletzung feststeht und die Tatbestandserfüllung den Schluss auf ein Verschulden nahe legt (BGHZ 51, 91, 103 f; 116, 104, 114 f; NJW 06, 1589 Rz 22 mwN); str ist, ob es sich dabei um eine echte Beweislastumkehr oder um einen Anscheinsbeweis handelt (dazu insb BaRoth/*Spindler* § 823 Rz 168 mwN).

234 *f) Schaden und haftungsausfüllende Kausalität.* Im Hinblick auf Schaden und haftungsausfüllende Kausalität kommen **Beweiserleichterungen** für den Geschädigten in Betracht: Wenn gerade ein solcher Schaden eingetreten ist, wie ihn das Schutzgesetz verhindern will, ist ein Anscheinsbeweis möglich (s. nur BGH NJW 83, 1380 f; 94, 945, 946). Ausnahmsweise ist sogar eine Beweislastumkehr denkbar, wenn diese durch Wesen und Inhalt der Schutznorm und die in ihr enthaltene Verhaltensanweisung sowie aufgrund allgemeiner beweisrechtlicher Grundsätze geboten erscheint (BGH NJW 83, 2935, 2936 f; 85, 1774, 1775 mwN).

II. Einzelne Schutzgesetze. Von der **Rspr anerkannte, wichtige Schutzgesetze** (keine abschließende Aufzählung) und Abgrenzung zu nicht als Schutzgesetz anerkannten Normen: 235

Aus dem BGB: § 226 (RGZ 58, 214, 216), § 358 V (Frankf NJW 99, 296 – zu § 7 TzWrG aF), § 394 (RGZ 85, 108, 118), § 551 III (LG Hambg NJW-RR 04, 1530), § 858 – jedenfalls zugunsten des unmittelbaren, berechtigten Besitzers (BGHZ 20, 169, 171; 79, 232, 237; LwZR 6/07 Rz 14), § 858 I (BGHZ 114, 305, 313 f; NJW 09, 2530 Rz 15 ff), § 906 (RGZ 63, 374, 375; BGHZ 97, 97, 102), § 907 (RGZ 145, 107, 115; BGH NJW-RR 01, 1208, 1209), § 908 (RG Recht 1904 Nr 1809), § 909 zugunsten des Eigentümers (BGHZ 63, 176, 179; NJW-RR 97, 146; NZM 05, 239; NJW-RR 08, 969 Rz 8) sowie des Anwartschaftsberechtigten (BGHZ 114, 161, 163 ff), sofern keine Duldungspflicht besteht (BGHZ 101, 290), § 1004 I 1 und 2 (BGH DB 64, 65; JZ 77, 178; BGHZ 104, 6, 16), § 1027 (RG Recht 1919 Nr 1430), § 1093 (BGHZ 65, 211, 212; 92, 280, 292; NJW 91, 695, 696), § 1365 I (Celle NJW 70, 1882, 1883), § 2259 I (Brandbg ZEV 08, 287). **Keine Schutzgesetze** sind insb: § 573 (Hamm NJW 84, 1044), § 618 (BaRoth/*Spindler* § 823 Rz 201 mwN, auch zu früheren aA), § 733 (KG JR 51, 22, 23), § 832 (RGZ 53, 312, 314), § 839 (RGZ 131, 239, 250), § 883 II (Köln DRiZ 1927 Nr 793), § 910 (Ddorf NJW 75, 739), § 1627 (RGZ 53, 312, 314). 236

Aus dem StGB: § 113 (*Carstens* MDR 74, 983, 985), § 123 (BGHZ 63, 124, 129), § 136 I (RG WarnRspr 1908 Nr 46 – zu § 137 StGB aF), § 142 (BGH NJW 81, 750, 751), § 153 zugunsten der durch die Falschaussage betroffenen Person (Celle FamRZ 92, 556; Brandbg MDR 00, 1076), § 154 (RG WarnRspr 1908 Nr 211), § 156 (BGH DB 59, 111), § 159 (Frankf MDR 78, 315), § 164 (BGH JR 53, 181; Hamm OLGR 06, 465, 466), § 170 I (BGHZ 30, 162, 172; NJW 74, 1868), § 176 (BGH NJW 78, 2027), § 185 f (BGHZ 95, 212; 139, 95, 105; NJW 06, 601 Rz 9; 08, 2262 Rz 13 ff), § 189 (RGZ 91, 350, 354), § 201 (*Hoppe* GRUR 04, 990, 994), § 202 (RGZ 94, 1, 2; BGH NJW-RR 90, 764, 765), § 203 (Hamm MedR 95, 328), § 218 (BGHZ 7, 198, 207), § 221 (RG Recht 1911 Nr 1129), § 222 (Ddorf NJW 58, 1920), § 223, § 224, § 229 (BGH VersR 87, 1133, 1134), § 231 (BGHZ 103, 197, 199; NJW 99, 2895), § 239 (RG WarnRspr 1917 Nr 118), § 240 (BGH NJW 62, 910), § 241 (RG Gruchot 67 [1924] 567, 569), § 242 (angedeutet: Brandbg 12 U 26/07), § 246 (BGH NJW 96, 1535, 1536), § 248b (BGHZ 22, 293, 296 f – nur zugunsten des Gebrauchsberechtigten, nicht anderer Verkehrsteilnehmer), § 248c (BGHZ 117, 29, 31), § 253 (BGH NJW 92, 2821, 2823; 05, 2766, 2767), § 257 (BGH NJW 58, 1775), § 259 (RGZ 94, 191, 192), § 261 II (Frankf OLGR 04, 209, 211; Schlesw OLGR 07, 800, 801; KG 8 U 26/09; wohl auch BGHZ 176, 281 Rz 49), § 263 (BGHZ 57, 137, 138; NJW 93, 2992 mwN; BGHZ 160, 134, 142; NJW-RR 05, 751; 08, 516, 518 f; VersR 09, 989 Rz 9), § 264 (BGHZ 106, 204), § 264a (BGHZ 116, 7, 12 ff; NJW 00, 3346; BGHZ 160, 134, 141 f; WM 08, 1353 Rz 17; III ZR 278/08 Rz 4), § 265 (Ddorf NJW-RR 95, 1493), § 265b (Hamm NZG 04, 289), § 266 (BGHZ 8, 276, 284; ZIP 01, 1874, 1876 f; DStR 05, 659 f; ZIP 05, 1414 f; VersR 08, 129 Rz 11), § 266a (BGHZ 133, 370, 374; 134, 304; 144, 311, 313 ff; NJW 05, 2546, 2547 mwN; 06, 3573; NJW-RR 08, 1253 Rz 9 ff; NJW 08, 3557 Rz 6; 09, 295 Rz 8 ff; BAG NJW 05, 3739 f; krit *Hickmann* GmbHR 03, 1041; zum Konflikt mit §§ 64 GmbHG, 92 II AktG BGH NJW 07, 2118 Rz 12 f; NJW-RR 08, 1253 Rz 6; Naumbg OLGR 07, 1034, alle noch zu GmbHG und AktG aF), § 283c (RG JW 1935, 516 zu § 241 KO aF), § 287 (RG WarnRspr 1928 Nr 63), § 288 (BGHZ 114, 305, 308; NJW-RR 91, 467), § 291 (RGZ 159, 99, 101 – zu § 302a aF), § 292 (BGH MDR 58, 325), § 299 (Zweibr 4 U 68/08), §§ 306, 307 (BGH NJW 70, 38, 40; Karlsr OLGR 07, 378, 379 – zu § 306d I StGB), § 315 – nur zum Schutz von Gesundheit und Eigentum (RGZ 142, 356, 367; BGHZ 19, 114, 126), § 317 – nur zugunsten der Telekommunikationsunternehmen (BGH NJW 77, 1147), § 340 (RG JW 1906, 745). **Keine Schutzgesetze** sind insb: § 30 II (*Wilts* NJW 63, 1963, 1964), § 125 (BGHZ 89, 383, 400 f), § 145d für den fälschlich Angezeigten (KG DAR 75, 18, 19), § 184 für den Schutz individueller Ansichten über Sitte und Anstand (BGHZ 64, 178, 180), § 258 (BGH VersR 58, 399; MDR 68, 573), § 267 (BGHZ 100, 13), § 278 im Verhältnis zum Patienten (LG Darmstadt NJW 91, 757), § 283 I Nr 3 (BGH NJW 64, 1960 zu § 240 Nr 2 KO aF), § 317 für den Fernmeldeteilnehmer (BGH NJW 77, 1147). **Str** ist der Schutzgesetzcharakter von § 238 (dagegen mit überzeugenden Argumenten *Keiser* NJW 07, 3387, 3388 u 3391, der statt dessen eine Anwendung des § 826 erwägt; dafür *Löhnig* FamRZ 07, 518 ff), § 283b (offen gelassen: Brandbg DStR 05, 1110) und § 323c (Frankf NJW-RR 89, 794: kein Schutzgesetz; Ddorf NJW 04, 3640: Schutzgesetz; offen gelassen: Ddorf NJW-RR 00, 1623, 1624). 237

Aus anderen Gesetzen: AEUV: str Art 101 I: bisher als Schutzgesetz anerkannt (BGH WM 98, 2481 zu Art 81 EG aF), wenn auch der genaue Schutzumfang str war; nach der Neufassung des § 33 GWB ist zweifelhaft, ob daneben weiterhin eine Haftung nach § 823 II erforderlich ist; angesichts der speziellen Erfordernisse des § 33 GWB sollte § 823 II hier nicht mehr angewendet werden, zumal § 33 I 1 GWB den Kreis der Anspruchsberechtigten weiter zieht als § 823 II; **nicht** Art 107, 108 (Kobl 4 U 759/07, zu Art 87 f EG aF); **AGG:** in Abweichung von der Rspr zu § 611a BGB aF (LAG Niedersachsen DB 85, 1401; LAG Hamburg DB 88, 131, 132) sollten § 7 I sowie §§ 16 I, II, 19 I, II **nicht** als Schutzgesetze angesehen werden, um die speziellen Anspruchsvoraussetzungen in §§ 15, 21 AGG nicht zu umgehen, dafür spricht auch ein Umkehrschluss aus BTDrs 16/1780, 46 f (so auch MüKo/*Thüsing* AGG § 15 Rz 50; § 21 Rz 77; *Bauer/Göpfert/Krieger* AGG § 7 Rz 7; aA Däubler/Bertzbach/*Deinert* AGG § 15 Rz 138, 142; differenzierend, aber ohne nähere Begründung Schiek/*Schmidt* AGG § 7 Rz 1; § 11 Rz 8 sowie Schleusener/Suckow/Voigt/*Suckow* AGG § 11 Rz 47; § 12 238

Rz 54); **AktG:** §§ 9, 27, 183 hinsichtlich des Aufbringens des Grundkapitals, nicht für darüber hinausgehende individuelle Vermögensinteressen (BGH NJW 92, 3167, 3172), § 37 I 4 (LG Hamburg WM 77, 152, 155, aA Soergel/*Spickhoff* § 823 Rz 251), § 92 II aF (Frankf WM 77, 59; BGHZ 75, 96, 106) u III aF = II nF (Ddorf WM 85, 1009, 1018: aber nicht, wenn der Gläubiger die Zahlung nach den Regeln der Insolvenzanfechtung behalten darf), § 117 I hinsichtlich der gesellschafts- bzw mitgliedschaftsbezogenen Vermögensinteressen der Aktionäre (BGH NJW 92, 3167, 3172), §§ 191, 405 I Nr 2 (BaRoth/*Spindler* § 823 Rz 210), § 399 I Nr 1 u 4 (BGHZ 105, 121, 123; NJW 05, 3721; s. aber auch München NZG 04, 230), § 400 I Nr 1 für die Aktionäre (BGHZ 149, 10, 20 ff; 160, 134, 140 f; NJW 05, 2450, 2451 mwN; ZIP 07, 1560, 1562; 1564, 1566), § 401 (RGZ 159, 231, 234), § 403 (Karlsr ZIP 85, 409, 413); **nicht** §§ 92 I, 93 I u II (RGZ 115, 289, 296; 159, 211, 224; BGH NJW 79, 1829; Brandbg ZInsO 08, 1081, 1083; Ddorf I-6 U 247/07); **AMG:** § 5 für die durch Arzneimittel gefährdeten Menschen und Tiere (BGHZ 51, 91, 103; NJW 91, 2351; LG Neuruppin 3 O 72/06); § 95 I Nr 2a, III Nr 1b und Nr 2a iVm § 6a I AMG dürfte künftig als Schutzgesetz zugunsten Gedopter in Betracht kommen (s. jetzt auch *Deutsch* VersR 08, 145, 150); **AO:** nicht § 370 (BFH NJW 97, 1725, 1727; DStR 08, 2061, 2062); **ArbNErfG:** § 16 (Frankf OLGZ 93, 79, 81); **BauFordSiG:** §§ 1, 2 (zB BGH NJW 82, 1037; 88, 263; 95, 1544, 1545; Schlesw OLGR 08, 730, 731; 734, 735); **BetrVG:** §§ 78 2, 78a (BAG DB 75, 1226, 1227), § 84 (BaRoth/*Spindler* § 823 Rz 204), § 119 I Nr 2 (*Herschel* DB 75, 690); **str** für § 75 II bei Mobbing (offengelassen: BAG NZA 07, 1154 Rz 112 ff mwN); **BDSG:** §§ 3, 24 (Hamm ZIP 83, 552, 554), §§ 4, 28 I Nr 2 (Frankf NJW-RR 08, 1228, 1229), §§ 4, 29 II (Hamm NJW 96, 131), § 6b (AG Berlin-Mitte NJW-RR 04, 531); **BImSchG:** § 5 I Nr 1, 2 für den Nachbarn (OVG Münster NJW 76, 2360, 2361), § 22 I Nr 1, 2 (BGHZ 122, 1, 3 ff; NJW 97, 55); **BörsG:** § 26 I (Ddorf WM 89, 175; ZIP 94, 1765 – zu § 89 aF), **nicht** § 88 aF (BGHZ 160, 135, 139 f); **BPersVG:** § 107 (BAG E 39, 118); **ESchG:** § 1 (*Deutsch* NJW 91, 721, 723); **FamFG:** nicht § 220 I, IV, V (Hamm FamRZ 85, 718; Karlsr NJW 86, 854, beide zu § 53b II 2 u 3 FGG); **FStrG:** nicht §§ 9, 9a zugunsten des Straßenbaulastträgers (BGH NJW 75, 47); **GenG:** § 99 I aF (BGH II ZR 309/05; Beurteilungsspielraum des Vorstands bei Feststellung der Überschuldung), § 148 (Brandbg 12 U 103/08); **GG:** Art 3 III 2 (BTDrs 13/5595, 5; aA *Rädler* NJW 98, 1621), Art 9 III zugunsten der Gewerkschaft (BAG NJW 67, 843; vgl auch BAG NJW 85, 85); Art 33 II (BAG NZA 08, 1016 Rz 29); **GmbHG:** § 35a I 1 (LG Detmold NJW-RR 90, 995), § 40 II (*Haase* BB 96, 2309, 2315 f), § 68 II (Frankf NJW 91, 3286; NJW-RR 98, 1246), § 82 I Nr 1 (München NJW-RR 00, 1130), § 84 I Nr 2 aF (*Lange* DStR 07, 954, 955 ff), **nicht** § 30 zugunsten der Gesellschaftsgläubiger (BGHZ 110, 342, 359 f; 148, 167, 170), § 40 I (*Haase* BB 96, 2309, 2313), § 43 I (BGHZ 110, 342, 360; 125, 366, 375), § 52 (RGZ 73, 392), **str** für § 41 (BGHZ 125, 366, 377 ff mwN); **GPSG:** §§ 4 II 1, 5 nur hinsichtlich der körperlichen Unversehrtheit (*Langenbucher/Riehm* Europarechtliche Bezüge des Privatrechts, 165, 187 f; *Klindt* NJW 04, 465 ff; *Hönn* in: Artz [Hrsg], Entwicklungen im Verbraucherprivatrecht – Deutschland und Europa [07] 37, 41; ohne Einschränkung BGH NJW 80, 1219, 1220 – zu § 3 MaschSchG aF; NJW 06, 1589 Rz 9 – zu § 3 I, III GerSiG aF; *Helmig* PHI 04, 92, 102 f; 05, 140, 142 f), weiterhin die auf Grundlage dieses Gesetzes erlassenen Sicherheitsvorschriften (*Riehm* aaO; *Klindt* aaO); **GWB:** bisher wurden insb als Schutzgesetze angesehen § 1 (BGHZ 64, 232, 237 f – zu § 1 aF), § 20 I (BGHZ 36, 91, 100), § 20 VI (BGHZ 29, 344, 351), § 21 II (BGHZ 44, 279, 283 – zu § 25 II aF); bei diesen Vorschriften ist zweifelhaft, ob § 823 II neben § 33 GWB nF weiterhin einschlägig ist, die Frage sollte ebenso wie bei Art 101 AEUV verneint werden; §§ 97 ff (Karlsr OLGR 08, 625); **GWG:** nicht (BGHZ 176, 281 Rz 50 ff); **HGB:** § 177a iVm § 130a (BGH ZIP 95, 31; DB 08, 388 Rz 2 f), § 264 II 1, 2 (*Ekkenga* ZIP 04, 781, 788 f), wohl auch § 332 (offen gelassen Stuttg 12 U 147/05), **nicht** aber §§ 29, 30 (RGZ 72, 408, 411), §§ 238 ff (BGH DB 64, 1585), § 323 I (LG Hamburg WM 99, 139); **InsO:** § 15a für Gläubiger im Zeitpunkt, in dem der Insolvenzantrag hätte gestellt werden müssen, aber mit Beurteilungsspielraum des Geschäftsführers in Bezug auf die Fortbestehensprognose (BGHZ 29, 100; 126, 181, 199; NJW 95, 398, 399; 99, 2182; WM 03, 1824; NJW 05, 3137; 07, 2854 Rz 18; 3130 Rz 11 ff; DB 08, 388 Rz 2 f; ZIP 09, 1220 Rz 6 ff; Saarbr OLGR 08, 682, 683 ff – auch zur Verjährung – alle zu § 64 I GmbHG aF), nicht aber zugunsten der Bundesanstalt für Arbeit (Saarbr NZI 07, 111 – zu § 64 I GmbHG aF); **InvG:** §§ 136 I, 139 (BGH NJW 04, 3706, 3709; NJW 08, 1084 Rz 3 – zu § 7 I AuslInvestG aF; Karlsr WM 06, 181, 182 f – zu §§ 1, 2 AuslInvestG aF); VersR 06, 836, 837 f – zu §§ 2 I Nr 1–5, 8 I AuslInvestG aF; Frankf WM 08, 2208 – zu §§ 2, 7, 8 AuslInvestG aF); **KWG:** § 13 für die Bankkunden (BGH WM 70, 633, 636; 71, 1330, 1332), § 32 I 1 (BGH NJW 05, 2703; München OLGR 06, 585, 586; 20 U 2262/09; Dresd 8 U 956/07), § 54 (BGH NJW 73, 1547, 1549; s. aber auch LG Essen NJW-RR 92, 303), §§ 55a, 55b (LG München I 33 O 25598/05) sowie das gesamte Gesetz zum Schutz der Gläubiger (arg: § 6 I, BGHZ 74, 144, 148 ff), **nicht** § 18 für den Darlehensnehmer (BGH NJW 73, 321; München WM 84, 128; Frankf OLGR 08, 553); **KrW-/AbfG:** str für § 10 IV, offengelassen BGH NJW 06, 3628 Rz 18; **MaBV:** § 3 (BGH NJW 09, 673 Rz 11), § 4 (Hamm NJW-RR 99, 530, 531; Celle BauR 01, 1278; LG Leipzig 6 O 1696/07), § 6 (LG Aschaffenburg BauR 06, 1796), § 7 (BGH NJW 09, 673 Rz 11), offen gelassen für § 16 (Saarbr MDR 07, 1193 f); aA Dresd NJW-RR 97, 1506, 1507); **MPG:** § 4 (*Koyuncu/Dahm-Loraing* PHI 09, 172, 176); **OWiG:** nur mit Bußgeld sanktionierte Pflichtverletzungen können Verletzungen eines Schutzgesetzes sein, wenn keine anderen Haftungsregeln einschlägig sind (BGHZ 84, 312, 317), **nicht** § 130 für Vermögensinteressen (BGHZ 125, 366, 373 ff, str, aA wohl Oldbg OLGR 07, 334, 336, hier aber nicht entscheidungserheblich); **SGB III:** §§ 183 ff (LG Oldenburg NJW-RR 86, 581 – zu § 141b V AFG), § 404 (BGH NJW 85, 3064 f; NJW-RR 89, 472 – zu

§ 225 AFG); **SGB IV:** § 28a I Nr 2 (LSG Berlin-Brandenburg L 9 KR 80/06); §§ 28d ff (BGH ZIP 85, 996, 997 – zu §§ 118, 121 AVG); **nicht** § 7b I (BAG ZIP 06, 1213, 1216; 07, 692, 695 f; DB 07, 1690, 1692 – zu § 7d I aF), § 24 I (BGH ZIP 85, 996, 998; DB 08, 2421 Rz 2 ff); **SGB IX:** § 81 IV (BAG NJW 06, 1691, 1692 f); **SGB XI: nicht** § 7 II 2 (Hamm 3 U 207/07); **StBerG:** § 5 (BGH NJW-RR 05, 1290, 1291 f); **StPO:** § 406e VI iVm § 477 V (Braunschw NJW 08, 3294, 3295; LG Mannheim NJOZ 07, 1954, 1962); **StVG:** §§ 1, 23 (RG Recht 1925, 691), §§ 2, 21 (BGH NJW 79, 2309; s. aber auch BGH NJW 91, 418, 419); **StVO:** § 1 (BGHZ 23, 90, 97; NJW 72, 1804, 1806), § 2 (Nürnbg VersR 80, 338), in Grenzen § 2 II (BGH NJW 81, 2301), § 3 I bezüglich der Geschwindigkeit (BGH VersR 57, 102; NJW 85, 1950), § 3 IIa (BGH NJW 94, 2829), § 4 I (München NJW 68, 653 – zu § 1 StVO aF; Brandbg NJW-RR 08, 340 Rz 2 ff), § 5 (BGH VersR 68, 578), § 10 (Karlsr-Freiburg VersR 56, 425), § 12 III Nr 3 (Nürnbg NJW 74, 1145; Karlsr NJW 78, 274), § 14 II (BGH NJW 70, 280; 71, 459, 460 f; 81, 113; Jena DAR 04, 144), § 15 (BGH VersR 69, 895, 896), § 16 (Hamm VersR 72, 1060), § 17 (BGH VersR 69, 895, 896), § 20 I (BGH NJW 06, 2110 Rz 19 ff), § 24 (BGH VersR 57, 108), § 25 (BGH NJW 57, 1526), § 27 III (BGH NJW 74, 1086), § 32 I 1 (BGHZ 12, 124, 128 – zu § 41 StVO aF), § 32 I 2 (BGHZ 62, 186, 188; Frankf NJW 92, 318), § 37 II Nr 1 (BGH NJW 81, 2301), § 41 (BGH NJW 70, 421; VersR 72, 558; NJW 05, 2923); **StVZO:** § 27 III aF (BGH NJW 74, 1086), § 29c aF, aber nicht zugunsten des Versicherungsnehmers (BGH NJW 56, 1715), § 38a (BGH NJW 81, 113), § 41 (RG JW 1934, 2460, 2461), § 53a (BGH VersR 69, 895, 896), **nicht** §§ 20 ff zugunsten eines Kreditgebers für den Erwerb eines Kfz (BGH WM 79, 17), § 21 zugunsten des Kfz-Erwerbers (BGHZ 18, 110, 114 ff); **UrhG:** § 63 (RGZ 81, 120, 125), § 95a (BGH GRUR 08, 996 Rz 14 ff mwN – zu § 95a III UrhG; München MMR 05, 768, 769; 29 U 5696/97 Rz 61 ff; *Spieker* GRUR 04, 475, 481); **UWG:** § 16 I (BGH WRP 08, 1071 Rz 87 mwN), § 17 für den Geschäftsinhaber, nicht aber für denjenigen, der ihm Verschwiegenheit schuldet (BGHZ 166, 84 Rz 83); der Schutzgesetzcharakter von § 3 I (iVm § 4) ist str: abl zB BTDrs 15/1487, 22; *Hefermehl/Köhler/Bornkamm* Einl UWG Rz 7.5; wohl auch BGH WRP 08, 1071 Rz 87; befürwortend zB *Säcker* WRP 04, 1199, 1219 f; teilw wird dann aber die Übertragung der Verjährung nach § 11 UWG postuliert, zB Harte/Henning/*Schulz* § 11 UWG Rz 44; richtigerweise ist zu differenzieren: eine Haftung nach § 823 II kommt in Betracht, wo Ansprüche nach dem UWG ausscheiden, also insb bei individuellen Schäden von Verbrauchern (so auch *Sack* FS Ullmann 825, 842); **WHG:** § 8 iVm landesrechtlichen Vorschriften (BGH NJW 77, 763), § 8 III u IV (BGHZ 69, 1; 88, 34), § 18a iVm Landesrecht (BGHZ 149, 206, 213), **nicht** § 1a II (BGH VersR 06, 665), §§ 2, 6, 41 I Nr 1 (BGHZ 69, 1; aA München NJW 67, 571); **WpHG: nicht** § 15 (BGHZ 160, 134, 138 f; Stuttg ZIP 06, 511, 512 – zu § 15 WpHG aF), § 32 II Nr 1 aF (BGHZ 175, 276 Rz 15 ff mN zur bisher in der Lit vertretenen Gegenansicht Rz 13), **str** für § 31 (im Ergebnis offengelassen: BGH NJW 07, 1876 Rz 17 ff mwN); wohl bejaht von BAG NJW 07, 2348 Rz 28, Ddorf I-16 U 186/05; I-15 U 18/07 Rz 33 ff, in allen drei Urteilen aber nicht entscheidungserheblich), § 31d (zum Meinungsstand *Witte/Hillebrand* DStR 09, 1759, 1765 f) und § 34a (bejaht: Frankf ZIP 06, 2385 ff; verneint: Frankf ZIP 09, 1413, 1414 f mwN – hier werden sehr weitreichende Anforderungen an die Schutzgesetzeigenschaft gestellt); **WPO: nicht** §§ 2, 43, 48 (Saarbr BB 78, 1434, 1436); **ZPO:** § 803 I 2 (RGZ 143, 118, 123), § 840 (RGZ 149, 251, 256), **nicht** § 392 u § 410 (BGHZ 42, 313; 62, 54, 57; offengelassen von BGH NJW 84, 870).

§ 824 Kreditgefährdung.
(1) Wer der Wahrheit zuwider eine Tatsache behauptet oder verbreitet, die geeignet ist, den Kredit eines anderen zu gefährden oder sonstige Nachteile für dessen Erwerb oder Fortkommen herbeizuführen, hat dem anderen den daraus entstehenden Schaden auch dann zu ersetzen, wenn er die Unwahrheit zwar nicht kennt, aber kennen muss.
(2) Durch eine Mitteilung, deren Unwahrheit dem Mitteilenden unbekannt ist, wird dieser nicht zum Schadensersatz verpflichtet, wenn er oder der Empfänger der Mitteilung an ihr ein berechtigtes Interesse hat.

A. Funktion und Anwendungsbereich. I. Funktion. § 824 gewährt einen Anspruch auf Ersatz bestimmter Vermögensschäden bei vorsätzlicher oder fahrlässiger Behauptung oder Verbreitung unwahrer Tatsachen (Verschuldenshaftung). Er ergänzt insb den Schutz nach § 823 II iVm §§ 186 f StGB und nach § 826. 1

II. Anwendungsbereich. Die Haftung nach § 824 steht in freier Konkurrenz zu den Haftungen gem § 823 I wegen Verletzung des Allgemeinen Persönlichkeitsrechts (MüKo/*Wagner* § 824 Rz 5 mwN), § 823 II iVm §§ 186 f StGB (RGZ 51, 369, 370 ff; BGH NJW 83, 1183; anders aber RGZ 115, 74, 79: bei Anwendung von §§ 186, 187 StGB verbleibt eine Regelungslücke) sowie – bei Vorsatz – gem § 826 (zB MüKo/*Wagner* § 824 Rz 6; Palandt/*Sprau* § 824 Rz 1). Bei Vorliegen einer geschäftlichen Handlung konkurrieren nach hM mit § 824 auch Ansprüche aus §§ 3 I, 4 Nr 8 iVm §§ 8 f UWG (*Hefermehl/Köhler/Bornkamm* Einl UWG Rz 7.6; AnwK/*Katzenmeier* § 824 Rz 3); allerdings dürfte für § 824 neben den Ansprüchen aus dem UWG kein selbständiger Anwendungsbereich mehr verbleiben (dazu *Sack* FS Ullmann 825, 837). Für das Verhältnis zum Immaterialgüterrecht s. Vor § 823 Rn 26, § 823 Rn 69 Im Verhältnis zu presserechtlichen Ansprüchen auf Gegendarstellung besteht Anspruchskonkurrenz (s. insb MüKo/*Wagner* § 824 Rz 8). Hingegen ist die Haftung nach § 823 I wegen Verletzung des Rechts am Unternehmen ggü derjenigen nach § 824 nachrangig (§ 823 Rn 84). Durch § 824 werden nicht nur natürliche, sondern auch juristische Personen geschützt (zB BGHZ 90, 2

113, 118 f; NJW 83, 1183), weiterhin zB Handelsgesellschaften iR ihres Gesellschaftszwecks (RG HRR 1941, 1005; Stuttg NJW 76, 628, 630), Hersteller eines Produkts, aber auch Alleinvertriebsberechtigte (BGH NJW-RR 89, 924).

3 **B. Regelungsinhalt. I. Tatsache.** Tatsachen als Gegenstand der haftungsbegründenden Handlung sind konkrete Vorgänge oder Zustände der Vergangenheit oder Gegenwart, die sinnlich wahrnehmbar oder einer Überprüfung ihrer Richtigkeit durch Beweis zugänglich sind (BVerfG NJW 96, 1529 f mwN; BGHZ 132, 13, 21 mwN; 139, 95, 102). Tatsachen sind **abzugrenzen von Werturteilen**, bei denen die subjektive Beziehung des sich Äußernden zum Inhalt seiner Aussage, die Elemente der Stellungnahme und des Dafürhaltens im Vordergrund stehen und die sich nicht als wahr oder unwahr erweisen lassen (zB BGH NJW 92, 1439, 1440; BGHZ 139, 95, 102; NJW 99, 483, 484; BGHZ 166, 84 Rz 63 mwN). Diese für § 824 zentrale Abgrenzung ist praktisch häufig schwierig, wa weil das für Tatsachen meist als charakteristisch angesehene Kriterium der Beweisbarkeit letztlich auf einem Zirkelschluss beruht, da Beweisbarkeit das Vorliegen einer Tatsache voraussetzt (*Larenz/Canaris* § 79 I 2a). Bei der Abgrenzung sind insb die **Verkehrsauffassung** (s. dazu nur BGHZ 139, 95, 102; NJW 04, 598; BaRoth/*Spindler* § 824 Rz 7; AnwK/*Katzenmeier* § 824 Rz 9, beide mwN) sowie der **verfassungsrechtliche Hintergrund** des § 824 zu berücksichtigen. Da die Verkehrsauffassung für sich genommen häufig noch nicht hinreichend aussagekräftig ist, kommt den Grundrechten der Beteiligten besondere Bedeutung zu. Abzuwägen sind die Grundrechte des Äußernden (in erster Linie Meinungs- und Pressefreiheit, Art 5 I GG, ggf auch Wissenschaftsfreiheit, Art 5 III GG) einerseits und der Schutz der Persönlichkeit des durch die Äußerung Betroffenen (Art 1, 2 I GG) andererseits.

4 Va der **Meinungsfreiheit** des Äußernden kommt bei der Grundrechtsprüfung regelmäßig ein hoher Stellenwert zu. Sie umfasst grds alle Aussagen außer bewusst unwahren Tatsachenbehauptungen bzw Behauptungen, deren Unwahrheit bereits im Zeitpunkt der Äußerung unzweifelhaft feststeht (s. nur BVerfG NJW 83, 1415; NJW-RR 01, 411 mwN); in den genannten Ausnahmefällen überwiegt idR der Schutz des Persönlichkeitsrechts des Betroffenen. Das BVerfG hat betont, dass die zivilrechtliche Haftung nicht den freien Kommunikationsprozess einschnüren darf (BVerfG NJW 99, 1322, 1324; NJW-RR 00, 1209, 1210), was in Zweifelsfällen für die Annahme eines nicht unter § 824 fallenden Werturteils sprechen dürfte (s. insb BVerfG NJW 83, 1415; 97, 2513, 2514 mwN; BGHZ 139, 95, 102; LAG Hessen 10 Sa 1580/04 Rz 46 f; BaRoth/*Spindler* § 824 Rz 11; Erman/*Schiemann* § 824 Rz 2). Aus der **Wissenschaftsfreiheit** leitet die Rspr ab, dass wissenschaftliche Äußerungen, Sachverständigengutachten und ärztliche Diagnosen idR nicht als von § 824 erfasste Tatsachenbehauptungen anzusehen sind (zB BGH NJW 78, 751 f; 89, 774, 775; 99, 2736 f). In der Lit wird dies mitunter kritisiert, weil solche Thesen nachprüfbar sind (zB BaRoth/*Spindler* § 824 Rz 15; Erman/*Schiemann* § 824 Rz 3), teilweise wird aber dann auf Art 5 III GG ein allgemeines (nicht auf § 824 begrenztes) Wissenschaftsprivileg gestützt (zB *Larenz/Canaris* § 88 I 3b; Staud/*J Hager* § 823 Rz C 82) oder unter Rückgriff auf Art 5 III GG die Rechtswidrigkeit abgelehnt (BaRoth/*Spindler* § 824 Rz 15; *Loritz* BB 00, 2006, 2010). Im Ergebnis besteht daher weitgehend Einigkeit darüber, dass wissenschaftliche Äußerungen idR nicht von § 824 erfasst werden. Der Schutz des Art 5 I, III GG greift selbst dann, wenn aufgrund irriger oder unsorgfältiger Vorgehensweise von falschen Tatsachen ausgegangen wurde; eine Ausn gilt für Sachverständigengutachten, wenn Sachverständigenkenntnisse vorgetäuscht wurden oder die Begutachtung grob fahrlässig falsch durchgeführt wurde (zB BGH NJW 78, 751, 752; 89, 774 f; 2941, 2942; 99, 2736 f).

5 Bei sog **gemischten Äußerungen** mit Tatsachen- und Werturteilselementen stellt die Rspr auf ihren Schwerpunkt ab (zB BVerfG NJW 83, 1415, 1416; NJW-RR 01, 411; BGH NJW 55, 311 – zum Strafrecht; 89, 1923; 02, 1192, 1193 mwN; BGHZ 166, 84 Rz 63 ff). Die Lit fragt hingegen teilweise nach dem Grund der Fehlerhaftigkeit der Äußerung (zB *Larenz/Canaris* § 79 I 2b; AnwK/*Katzenmeier* § 824 Rz 8), mitunter wird zusätzlich ein Trennbarkeitserfordernis postuliert (zB Staud/*J Hager* § 823 Rz C 80; AnwK/*Katzenmeier* § 824 Rz 8; vgl auch Soergel/*Beater* § 824 Rz 18).

6 **Tatsachen** können nach der Rspr zB sein: verdeckte Aussagen, mit denen ein Verdacht, eine Vermutung oder eine für möglich gehaltene Entwicklung verbreitet wird (zB BGHZ 78, 9, 14 ff; NJW 04, 598, 599 mwN; BVerfG NJW 04, 1942, 1943; BaRoth/*Spindler* § 824 Rz 8 mwN), Gerüchte (BGH NJW 51, 352) oder rhetorische Fragen (BVerfG NJW 92, 1442, 1443 f; BGH NJW 04, 1034 f). Hingegen sind nach der Rspr als **Werturteile** zu betrachten: idR Warentests (zB BGHZ 65, 325, 329 f; NJW 97, 2593, 2594 mwN), sofern ihre Fehlerhaftigkeit nicht schon auf der Tatsachenermittlung beruht (so zutr zB *Larenz/Canaris* § 79 I 2c), oder die Äußerung subjektiver Rechtsansichten (RGZ 94, 271, 273; BGH NJW 82, 2248, 2249 mwN) – anders aber ggf bei Bezugnahme auf ständige Rspr oder hM (AnwK/*Katzenmeier* § 824 Rz 12 mwN).

7 **II. Unwahrheit.** Eine Tatsache ist **unwahr**, wenn sie im Zeitpunkt ihrer Verbreitung (RGZ 66, 227, 231) aus Sicht eines objektiven, durchschnittlichen Empfängers von der Realität abweicht (zB RGZ 75, 61, 63; BGH WM 69, 915, 916; NJW 85, 1621, 1622 f; 92, 1312; AG Hamburg-St Georg NJW-RR 07, 350; problematisch allerdings BGH NJW 78, 2151: eine Personenverwechslung durch die SchuFa bei Namensgleichheit von zwei Kontoinhabern sei keine unwahre Tatsache, krit zB BaRoth/*Spindler* § 824 Rz 16; Erman/*Schiemann* § 824 Rz 4, beide mwN). Bei Zusammentreffen wahrer und unwahrer Tatsachen in einer Äußerung ist § 824 anzuwenden, wenn die unwahren Teile die Gesamtäußerung tragen (RGZ 75, 61, 63; BGH NJW 87, 1403, 1404).

III. Behaupten oder Verbreiten. Behaupten oder Verbreiten bedeutet die **Mitteilung ggü Dritten** (nicht nur 8
ggü dem Betroffenen, RGZ 101, 335, 338 f) – gleichgültig ob intern bzw vertraulich oder mit weiter reichender Wirkung (s. insb BGH NJW 93, 525, 526 f). Das Behaupten betrifft eine eigene Erkenntnis, das Verbreiten
hingegen eine fremde Äußerung (BGH NJW 70, 187, 188 f); erfasst sind auch verdeckte Aussagen oder rhetorische Fragen (s.o. Rn 6). Die Tatsache muss dem Verkehr zugänglich gemacht werden, so dass nach allgemeiner Erfahrung die Möglichkeit der Kenntnisnahme besteht (BGH NJW 95, 1965, 1966 – zum UWG). Problematisch sind Verdachtsäußerungen oder die Weitergabe von Gerüchten. Sie sind grds als Behauptungen
anzusehen (BGH NJW 51, 352; 78, 2151 f), es sei denn, der Äußernde distanziert sich ernsthaft davon
(BGH NJW 70, 187, 188 f; BGHZ 132, 13, 18 f; NJW 97, 1148, 1149 mwN; zu medienrechtlichen Implikationen insb BaRoth/*Spindler* § 824 Rz 5).

IV. Schädigungseignung. Die Tatsache muss zur Kreditgefährdung oder zur Herbeiführung von Nachteilen 9
für Erwerb oder Fortkommen des Betroffenen (also immer zur Herbeiführung eines Vermögensschadens)
geeignet sein. Eine **Kreditgefährdung** liegt vor, wenn das Vertrauen Dritter darauf, dass der Betroffene seine
Verbindlichkeiten begleichen wird, erschüttert ist (RG JW 1933, 1254; Frankf NJW-RR 88, 562, 564; Brandbg
6 U 33/08). **Nachteile für Erwerb** (aktuelle Fähigkeit zur Einkommenserzielung) **oder Fortkommen**
(zukünftige Erwerbsaussichten) beziehen sich ebenfalls auf die wirtschaftliche Stellung des Betroffenen (RG
JW 1933, 1254; Brandbg 6 U 33/08; MüKo/*Wagner* § 824 Rz 36 mwN). Die Rspr beschränkt dieses Merkmal
auf die Schädigung des Betroffenen in seiner Stellung als potentieller Geschäftspartner (BGHZ 90, 113,
119 ff), dies ist jedoch str (vgl etwa MüKo/*Wagner* § 824 Rz 37 mwN). Erforderlich ist eine **unmittelbare
Beeinträchtigung des Betroffenen selbst oder seines Betriebs** (zB BGH NJW 63, 1871, 1872; BGHZ 90,
113, 120; NJW 92, 1312, 1314; krit Staud/*J Hager* § 824 Rz 7). Sie ist nicht gegeben bei Behauptungen über
eine ganze Produktkategorie, einem Systemvergleich ohne konkreten Bezug zu den Produkten eines
bestimmten Herstellers (BGH NJW 63, 1871, 1872; 65, 36) oder neutraler Berichterstattung ohne Namensnennung (Karlsr OLGR 06, 507, 508), möglicherweise aber, wenn die Äußerung Rückschlüsse auf einen
bestimmten Unternehmer ermöglicht (BGH NJW-RR 89, 924 f; Karlsr aaO).

V. Verschulden. Das Verschulden (Vorsatz oder Fahrlässigkeit), dessen Vorliegen vom Geschädigten zu 10
beweisen ist, muss sich auf alle Tatbestandselemente beziehen, also auch auf Unwahrheit und Schädigungseignung der Äußerung. Die vom Äußernden zu verlangende Sorgfalt (insb der Umfang ggf erforderlicher
Nachforschungen in Bezug auf die Wahrheit der Tatsache) hängt vom Einzelfall ab. Sie ist zB intensiver für
Warentests (BGH NJW 86, 981 mwN) als für Äußerungen in Zeitungen (BGHZ 59, 76, 80 ff). Zu Sorgfaltspflichten der Medien s.u. Rn 15.

VI. Rechtsfolgen. 1. Schadensersatz. Zu ersetzen ist der durch die unwahre Tatsachenbehauptung entstan- 11
dene Schaden des Betroffenen. Meist geht es um Ersatz von Vermögensschäden, ggf aber auch um Naturalrestitution, zB durch Widerruf oder Klarstellung; hingegen besteht idR kein Anspruch auf Folgeberichterstattung (BGHZ 143, 199, 203 ff; *Kübler* JZ 00, 622; Ausn: BGHZ 57, 325, 333 f). Der Schadensersatz kann auch
Aufwendungen für eine Schadensbeseitigung durch den Verletzten (im Wege der Selbstvornahme) umfassen,
insb in bestimmen Konstellationen die Kosten für eine Anzeigenaktion des Betroffenen. Vorrang hat aber der
presserechtliche Gegendarstellungsanspruch (s. nur BGHZ 70, 39, 44 ff; 128, 1, 10 ff sowie insb *Soehring/Seelmann-Eggebert* NJW 00, 2466, 2478; umfassend zum Schadensersatz *Messer* FS Steffen 347 ff).

2. Quasinegatorischer Unterlassungs- und Beseitigungsanspruch. Praktisch wichtig bei Fehlen von Ver- 12
schulden, insb bei Tatsachenbehauptungen, deren Unwahrheit für den Äußernden nicht erkennbar war (zur
Funktion des § 824 II in diesem Zusammenhang sogleich), sind quasinegatorischer Unterlassungs- und Beseitigungsanspruch (grundl RGZ 60, 6, 7; 148, 114, 122 f; 163, 210, 214; weiterhin etwa BGH NJW 93, 930, 931;
München OLGR 08, 650). Der Unterlassungsanspruch setzt – wie auch sonst – Wiederholungs- oder Erstbegehungsgefahr voraus. Der Beseitigungsanspruch richtet sich auf Widerruf der unwahren Äußerung. Lässt
sich Wahrheit oder Unwahrheit der Äußerung nicht ermitteln, kommt ein sog eingeschränkter Widerruf,
wonach die Äußerung nicht mehr aufrechterhalten wird, in Betracht (BGHZ 37, 187, 189 f; 69, 181, 182 f),
bei teilw Unrichtigkeit eine Richtigstellung (BGH NJW 82, 2246, 2248; BVerfG NJW 98, 1381, 1383).

VII. Berechtigtes Interesse, § 824 II. Hatte der Äußernde oder der Empfänger ein berechtigtes Interesse an 13
der Mitteilung, wird der Äußernde nicht zum Schadensersatz verpflichtet, wenn ihm die Unwahrheit der
mitgeteilten Tatsache unbekannt war, § 824 II. Bei fahrlässigen Falschbehauptungen kann also die Haftung
entfallen. Bei Vorsatz oder Leichtfertigkeit greift § 824 II hingegen nicht, weil der Äußernde hier die Unwahrheit der Tatsache kannte oder jedenfalls billigend in Kauf nahm (s. insb BVerfG NJW 00, 199, 200 – zu § 193
StGB). Die **dogmatische Einordnung** der Regelung ist str; das Meinungsspektrum reicht vom Entfallen der
Tatbestandsmäßigkeit der unerlaubten Handlung (zB *Adomeit* JZ 70, 495, 496 ff) über Einfluss auf die
Pflichtverletzung (auf der Basis der Lehre vom Handlungsunrecht, so insb MüKo/*Wagner* § 824 Rz 44; ähnl
BaRoth/*Spindler* § 824 Rz 24), Rechtfertigungsgrund (zB BGHZ 3, 270, 280 f; AG Hamburg-St Georg NJW-RR 07, 350; Erman/*Schiemann* § 824 Rz 10) bis zum Entschuldigungsgrund (*Larenz/Canaris* § 79 I 4c mwN;
wohl auch Soergel/*Beater* § 824 Rz 50). Praktisch bedeutsam ist die Einordnung, weil bei Zuordnung zur Tat-

bestands- oder Rechtswidrigkeitsebene auch quasinegatorische Ansprüche (insb Widerrufsansprüche) und Abwehrrechte des Betroffenen (zB Notwehr) entfallen. Das spricht – trotz der Ähnlichkeit des § 824 II mit § 193 StGB – für eine Einordnung als Entschuldigungsgrund, zumal die Tatbestandsstruktur des § 824 von derjenigen der §§ 186 ff StGB abweicht (§ 824 als Verletzungsdelikt, §§ 186 ff StGB als Gefährdungsdelikte, *Larenz/Canaris* aaO).

14 Die Annahme eines berechtigten Interesses erfordert – unabhängig von der dogmatischen Einordnung – eine **Güter- und Interessenabwägung** zwischen den Interessen des Äußernden (Interesse an der Weitergabe bzw Publikation bestimmter Informationen; Meinungsäußerungs-, Presse- oder Wissenschaftsfreiheit), des Mitteilungsempfängers, des Betroffenen (insb Grad und Umfang der möglichen Schädigung) und ggf auch der Allgemeinheit (insb Informationsinteressen, ggf auch Grundrechte, zB Schutz vor Gesundheitsgefährdungen der Verbraucher durch ein Produkt). Bei der Prüfung, ob der Äußernde **fahrlässig** gehandelt hat, sind ähnliche Kriterien zu berücksichtigen, insb steht der Umfang der Prüfungspflicht des Äußernden mit der möglichen Rechtsgutsgefährdung und den Allgemeininteressen im Zusammenhang. ZB bestehen geringere Prüfungspflichten bei großem Interesse der Allgemeinheit an rascher Weitergabe von Informationen (zB LG Wiesbaden NJW 01, 2977, 2978 ff), hingegen höhere Anforderungen an die Prüfungspflicht bei starker Rechtsgutsgefährdung (zB bei Mitteilungen an die SchuFa, Frankf NJW-RR 88, 562, 564, oder Warentests, BGH NJW 86, 981 f) oder hohem Verbreitungsgrad (BGH NJW 66, 2010, 2011). Auch diese enge Verknüpfung spricht für eine Einordnung des § 824 II als Entschuldigungsgrund.

15 **Einzelfälle:** Für **Massenmedien** gilt – um Meinungs- und Pressefreiheit nicht zu stark einzuschränken – eine Pflicht zur pressemäßigen Sorgfalt (BGH NJW 87, 2225, 2226; BGHZ 132, 13, 24 mwN; ähnl NJW 97, 1148, 1150). Die Prüfungspflichten sind abgestuft ua nach Zuverlässigkeit der Informationsquelle (insb BGHZ 139, 95, 106; KG OLGR 07, 829, 830), Art der Publikation (geringere Pflichten bei Werbung und Anzeigen, insb BGHZ 59, 76, 80 ff) und Gefährdung der Rechtsgüter des Betroffenen (BGHZ 73, 120, 124 ff einerseits, BGH NJW 87, 2225, 2226 andererseits). Zur Verdachtsberichterstattung insb BGH NJW 66, 1213, 1215; BGHZ 143, 199, 203 ff mwN; zur Verantwortlichkeit iRd Arbeitsteilung insb BaRoth/*Spindler* § 824 Rz 32 ff. Bei **Äußerungen in gerichtlichen oder behördlichen Verfahren** sind die Prüfungspflichten reduziert, da hier die Wahrnehmung oder Verteidigung der Rechte des Äußernden im Vordergrund steht und zudem die Wahrheit der Äußerung im Verfahren ohnehin überprüft wird (zB BVerfG NJW 91, 29; 2074, 2075; 00, 3196, 3197; BGH NJW 65, 1803; 92, 1314, 1315 mwN); anders nur bei bewusst unwahren Tatsachenbehauptungen (BGHZ 74, 9, 15).

16 **VIII. Beweislast.** Der Geschädigte muss die Unwahrheit der Tatsachenbehauptung (RGZ 51, 369, 380) und das Verschulden des Äußernden (RGZ 115, 74, 79) beweisen. Wegen der Beweislast für die Unwahrheit der Tatsachenbehauptung sind die Anforderungen für den Geschädigten bei § 824 höher als etwa bei Ansprüchen aus § 823 II iVm § 186 StGB oder aus §§ 3 I, 4 Nr 8 iVm 8 f UWG. Hier kommen die allg Erleichterungen für den Nachweis negativer Tatsachen zum Zuge, dazu MüKo/*Wagner* § 824 Rz 66 mwN.

§ 825 Bestimmung zu sexuellen Handlungen. Wer einen anderen durch Hinterlist, Drohung oder Missbrauch eines Abhängigkeitsverhältnisses zur Vornahme oder Duldung sexueller Handlungen bestimmt, ist ihm zum Ersatz des daraus entstehenden Schadens verpflichtet.

1 **A. Funktion und Anwendungsbereich.** § 825 schützt die sexuelle Selbstbestimmung und überschneidet sich im Anwendungsbereich mit Ansprüchen aus § 823 I wegen Verletzung des Allgemeinen Persönlichkeitsrechts sowie mit Ansprüchen aus § 823 II iVm §§ 174 ff StGB. Eine eigenständige Funktion kommt der Vorschrift nach der Einbeziehung des sexuellen Selbstbestimmungsrechts in den Persönlichkeitsschutz und der ungewollten Schwangerschaft in den Tatbestand der Körperverletzung nach § 823 I nicht zu. Die Beibehaltung des durch das Zweite Schadensersatzrechtsänderungsgesetz modifizierten und teilweise erweiterten § 825 hat va „Signalwirkung" (s. BTDrs 14/7752, 26); das spricht dafür, dass der Anspruch aus § 825 mit den genannten Ansprüchen frei konkurriert (s. nur *Kilian* JR 04, 309, 310; Erman/*Schiemann* § 825 Rz 2 mwN; differenzierend *Strätz* JZ 03, 448, 453 f).

2 **B. Regelungsinhalt.** Das Bestimmen zur Vornahme oder Duldung sexueller Handlungen als **Tathandlung** erfasst nunmehr Männer, Frauen und Kinder gleichermaßen und ist nicht mehr auf außereheliche Handlungen beschränkt (zu Unterschieden zum Strafrecht BaRoth/*Spindler* § 825 Rz 1). Gewaltanwendung ist nicht erforderlich; eine Einwirkung auf die Willensentschließung reicht aus (BaRoth/*Spindler* § 825 Rz 2; Palandt/*Sprau* § 825 Rz 3).

3 **Tatmodalitäten** sind Hinterlist (vorbedachtes, die wahre Absicht verdeckendes Handeln zu dem Zweck, den unvorbereiteten Zustand der Person zur Verwirklichung des Vorhabens zu benutzen, *Karakatsanes* MDR 89, 1041, 1047 mwN), Drohung (In-Aussicht-Stellen eines künftigen Übels, auf das der Drohende Einfluss zu haben vorgibt) oder Missbrauch eines Abhängigkeitsverhältnisses (Ausnutzen einer tatsächlichen Überlegenheit des Schädigers). Str ist, ob der Täter für den Fall der Weigerung Nachteile in Aussicht stellen muss (so zB BaRoth/*Spindler* § 825 Rz 4) oder ob es ausreicht, dass er sich der Beeinträchtigung der

Willensfreiheit des anderen bewusst ist (so zB RGRK/*Steffen* § 825 Rz 6; AnwK/*Katzenmeier* § 825 Rz 4; *Kilian* JR 04, 309, 311).

Ein **Verschulden** wird nicht gesondert erwähnt, aber in jeder der Tatmodalitäten ist bereits Vorsatz enthalten; zusätzlich ist daher nur noch die Verschuldensfähigkeit zu prüfen. 4

Der **Schadensersatz** erfasst insb den Ersatz immaterieller Schäden gem § 253 II, aber auch Vermögensschäden. Fraglich ist, ob wegen der Belastung mit der Unterhaltpflicht für ein nicht gewolltes Kind Schadensersatz nach § 825 verlangt werden kann (einschr *Kilian* JR 04, 309, 312: Kosten von Schwangerschaft und Entbindung) oder nur nach § 823 I wegen Körper- oder Gesundheitsverletzung der Mutter (so zB Erman/*Schiemann* § 825 Rz 1). Die zweite Ansicht harmoniert besser mit der Nichtanwendung des § 1600d II durch die Rspr (s.u. Rn 6); aus ihr folgt, dass nach § 825 va die unmittelbar auf die Verletzung der sexuellen Selbstbestimmung zurückzuführenden Schäden zu ersetzen sind. 5

Der Geschädigte muss sämtliche Tatbestandsvoraussetzungen (also auch das im Tatbestand konkretisierte **Verschulden**) **beweisen** und kann sich dabei nicht auf die Vermutung des § 1600d II stützen (RG JW 1909, 415, 416, zu § 1717 aF). 6

§ 826 Sittenwidrige vorsätzliche Schädigung. Wer in einer gegen die guten Sitten verstoßenden Weise einem anderen vorsätzlich Schaden zufügt, ist dem anderen zum Ersatz des Schadens verpflichtet.

A. Funktion und Anwendungsbereich. I. Funktion. § 826 als dritte der „kleinen" haftungsrechtlichen Generalklauseln (Vor § 823 Rn 6) gewährt Schutz bei sittenwidriger vorsätzlicher Schädigung. Die Weite der Vorschrift hinsichtlich der geschützten Rechtsgüter (da keine Beschränkung auf bestimmte Rechtsgüter besteht, werden zB auch das Vermögen oder ideelle Güter erfasst) und der haftungsbegründenden Verhaltensweisen (keine Beschränkung auf die Verletzung bestimmter Pflichten) wird durch das Vorsatzerfordernis und die Notwendigkeit eines Sittenverstoßes ausbalanciert und damit eine Entwicklung des § 826 zur „großen" Generalklausel oder zum deliktsrechtlichen Auffangtatbestand verhindert. Andererseits ermöglicht gerade das Merkmal der Sittenwidrigkeit eine flexible Anpassung des Haftungsrechts an veränderte faktische Situationen oder soziale Umstände. 1

§ 826 dient der **Ergänzung anderer Haftungstatbestände**, die jedoch teilweise iS einer Auffangfunktion eingeschränkt wird (zB BaRoth/*Spindler* § 826 Rz 1; Erman/*Schiemann* § 826 Rz 1; krit zB *Larenz/Canaris* § 78 I 2a). Wichtig ist weiterhin insb die **Entwicklungsfunktion** des § 826 (zB Erman/*Schiemann* § 826 Rz 2; *Deutsch* JZ 63, 385, 390; ähnl BaRoth/*Spindler* § 826 Rz 1: Dynamisierung des Deliktsrechts zur Anpassung an geänderte Wertvorstellungen und Korrekturfunktion): Der Richter kann bei der Konkretisierung des Tatbestands des § 826 Verhaltensstandards einfließen lassen, die sich noch nicht zu Rechtsnormen iSd § 823 II entwickelt haben, ggf auch ausländische Rechtsnormen (BGH JZ 91, 719 ff; NJW 93, 194 f); zudem bietet die Vorschrift Raum für die Berücksichtigung verfassungs- und europarechtlicher Wertungen (s. zB Karlsr VersR 08, 522 f). Diese Weiterentwicklung der Deliktshaftung ist die wichtigste Funktion des § 826, in der auch die mitunter gesondert angeführte Legitimationsfunktion der richterlichen Rechtsfortbildung (zB AnwK/*Katzenmeier* § 826 Rz 1; Erman/*Schiemann* § 826 Rz 2; *Larenz/Canaris* § 78 I 2b) mit aufgeht. Die Grenzen der Weiterentwicklung sind im Einzelnen str (s. nur Soergel/*Hönn* § 826 Rz 3, 17 ff einerseits, *Brüggemeier* 353 f andererseits). Bei ihrer Bestimmung sind auch die für eine Auffangfunktion des § 826 vorgebrachten Argumente zu berücksichtigen: Wegen der starken Konkretisierungsbedürftigkeit des Begriffs der „guten Sitten" sollte insb spezialgesetzlichen Regelungen, die sich aufgrund einer zu § 826 entwickelten Rspr herausgebildet haben, ggü § 826 Vorrang zukommen (so auch zB BaRoth/*Spindler* § 826 Rz 1 mwN; aA Erman/*Schiemann* § 826 Rz 1). Das ist jedoch nicht mit der mitunter zusätzlich angeführten **Begrenzungsfunktion** des § 826 gleichzusetzen (dazu insb *Larenz/Canaris* § 78 I 2c), die letztlich als „natürliche" Funktion der Tatbestandsmerkmale des § 826 erscheint. 2

II. Anwendungsbereich. Grds konkurriert § 826 mit **anderen zivilrechtlichen Schadensersatzansprüchen** (zur Diskussion um eine mögliche Auffangfunktion des § 826 s.o. Rn 2). Vorrangig ggü § 826 sind jedoch § 839 (BGHZ 13, 25, 28; VersR 83, 639, 640 – mit Ausnahme) und nach hM § 2287 (s.u. Rn 32). Str ist das Verhältnis zum Schutz des Rechts am Unternehmen nach § 823 I: Trotz der Subsidiarität des Rechts am Unternehmen geht die hM von Anspruchskonkurrenz aus (§ 823 Rn 84). Im Verhältnis zu anderen zivilrechtlichen Schadensersatztatbeständen (zB §§ 9 UWG, 33 GWB) besteht ebenfalls grds Anspruchskonkurrenz, was insb wegen der speziellen Zuständigkeits- und Verjährungsvorschriften für diese Ansprüche von Bedeutung sein kann (vgl aber BGHZ 41, 314, 316: der Gerichtsstand des § 14 UWG [§ 24 UWG aF] verdrängt § 32 ZPO nur, wenn ausschließlich ein Anspruch nach dem UWG in Frage kommt). Ausnahmen von der Grundregel der Anspruchskonkurrenz sind zu erwägen, wenn eine solche Spezialregelung als abschließend gedacht ist (s. zB AnwK/*Katzenmeier* § 826 Rz 16; Erman/*Schiemann* § 826 Rz 25; *Sack* FS Ullmann 825, 838 f für das UWG) oder der gesetzliche Tatbestand aus der Rspr zu § 826 entwickelt wurde (s.o. Rn 2). 3

Für das Verhältnis zu **anderen zivilrechtlichen Regelungen, die nicht auf Schadensersatz gerichtet sind**, gilt: §§ 123 f stehen selbständig neben § 826, dh § 826 kann auch nach Ablauf der Anfechtungsfrist eingreifen 4

(RGZ 79, 194, 197; BGH NJW 62, 1196, 1198; 69, 604, 605; krit zB Erman/*Schiemann* § 826 Rz 24). Fraglich ist, ob sich der Anspruch aus § 826 auf das negative oder positive Interesse richtet: Bei Fortbestehen des Vertrags kommt grds nur das negative Interesse in Betracht, es sei denn, das Vertragsrecht lässt eine Haftung auf das positive Interesse zu (RGZ 132, 76, 81; BGH WM 69, 496, 498; NJW 00, 2669, 2670 mwN; BaRoth/*Spindler* § 826 Rz 16 mwN); bei angefochtenem Vertrag kann es immer nur um das negative Interesse gehen (BGH NJW 60, 237 f; Ausn: BGHZ 57, 137, 142 f); hier sind die vertragsrechtlichen Wertungen zu beachten, aber die Haftung nach § 826 kann wegen der qualifizierten Voraussetzungen und des damit verbundenen höheren Unrechtsgehalts im Einzelfall weiter gehen. Die Naturalrestitution nach § 826 kann auch in der Aufhebung eines sittenwidrigen Vertrags bestehen (s. nur BGHZ 161, 361, 369 mwN; NJW-RR 05, 751). **§ 226** hat neben – und gerade wegen – § 826 geringe Bedeutung (Erman/*Schiemann* § 826 Rz 24). **§ 138** ist grds neben § 826 anwendbar (zB BGHZ 10, 228, 232 ff; NJW 70, 657, 658); bei Nichtigkeit eines Rechtsgeschäfts besteht jedoch für einen zusätzlichen Anspruch aus § 826 nur selten ein praktisches Bedürfnis, nämlich insb wenn trotz der Nichtigkeit und der daraus folgenden bereicherungsrechtlichen Rückabwicklung noch ein Schaden verbleibt (s. zB Staud/*Oechsler* § 826 Rz 44; BaRoth/*Spindler* § 826 Rz 2). **§§ 3 ff AnfG, 133 InsO** konkurrieren ebenfalls frei mit § 826 (BGHZ 56, 339, 354 f; NJW 00, 3138, 3139 mwN); wegen der unterschiedlichen Anspruchsvoraussetzungen kommt eine Anwendung nebeneinander praktisch nur selten in Betracht (BGH NJW 96, 1283; WM 96, 1245). Zum Konkurrenzverhältnis zu anderen Spezialregelungen iRd einzelnen Fallgruppen Rn 13 ff.

5 **B. Regelungsinhalt. I. Voraussetzungen und Rechtsfolgen der Haftung. 1. Sittenverstoß.** Sittenwidrigkeit liegt vor beim Verstoß gegen das „Anstandsgefühl aller billig und gerecht Denkenden" (RGZ 48, 114, 124; BGH NJW 91, 913, 914 mwN). § 826 gewährleistet ein rechtsethisches Minimum (s. nur Larenz/*Canaris* § 78 II 1b; Soergel/*Hönn* § 826 Rz 27); zu seiner Konkretisierung (die in vollem Umfang revisibel ist, RGZ 155, 257, 277; BVerwG NVwZ 90, 668) sind stärker objektivierbare Kriterien erforderlich, zudem sind verfassungsrechtliche Wertungen in die Beurteilung einzubeziehen. **Maßstab** ist die Vorstellung derjenigen Kreise, die von der fraglichen Handlung betroffen sind (zB BGHZ 10, 228, 232; 67, 119, 124 f; NJW-RR 89, 1255, 1257), ggf auch der Allgemeinheit (RGZ 145, 396, 399 f). Der Sittenverstoß kann sich aus Sittenwidrigkeit des verfolgten Zwecks (zB Vereitelung von Rechten), der verwendeten Mittel (zB außerordentlicher Eigennutz) oder der Zweck-Mittel-Relation ergeben (zB RGZ 130, 89, 91; BGHZ 129, 136, 172 mwN; LG Frankfurt/M BB 07, 2362, 2364). Er kann durch Tun oder Unterlassen erfolgen; ein Unterlassen ist aber nur tatbestandsrelevant, wenn die unterlassene Handlung sittlich geboten war, also nicht bei jeder Nichterfüllung einer rechtlichen Pflicht (BGH NJW 63, 148, 149; 01, 3702, 3703 mwN).

6 **Subjektive Elemente:** Der Schädiger muss die Tatsachen kennen, aus denen sich die Sittenwidrigkeit ergibt (zB RGZ 136, 293, 298; BGHZ 8, 83, 87 f; 101, 380, 388 mwN). Hingegen ist ein Bewusstsein der Sittenwidrigkeit nicht erforderlich, damit nicht besonders Gewissen- und Rücksichtslose begünstigt werden (RGZ 79, 17, 23; BGHZ 8, 83, 87). Umgekehrt können aber gegen die guten Sitten verstoßende Beweggründe (zB Rachsucht, Neid) berücksichtigt werden, wenn sie nach außen in Erscheinung treten und sich in einem bestimmten Verhalten manifestieren (s. insb RGZ 74, 224, 230; BGH WM 84, 906). Kein Sittenverstoß liegt vor bei einem Irrtum des Schädigers über die Sittenwidrigkeit seines Verhaltens (Verbotsirrtum in Bezug auf die der Sittenwidrigkeit zugrunde liegenden Tatsachen, s. insb RGZ 71, 108, 112 f; BGHZ 101, 380, 387; NJW-RR 09, 1207 Rz 22 mwN, str).

7 **2. Vorsatz.** Ist beim Täter ein Bewusstsein der Sittenwidrigkeit nicht erforderlich (s.o. Rn 6), muss er doch in Bezug auf den zugefügten Schaden vorsätzlich gehandelt haben. Bedingter Vorsatz genügt (zB BGHZ 8, 387, 393; 60, 149, 156; NJW 04, 3706, 3710; NJW-RR 09, 1207 Rz 24 mwN; zur Abgrenzung zu nicht vorsätzlichem Handeln BGH NJW 51, 596, 597; BGHZ 147, 269, 278), ebenso für den Teilnehmer (Ddorf I-6 U 247/ 07); Absicht ist nicht erforderlich (zB BGHZ 8, 387, 393; NJW 90, 389, 390). Da die **Ermittlung** des Vorsatzes als innere Tatsache praktisch schwierig sein kann, wird häufig – trotz der grds Trennung von Vorsatz und Bewusstsein der Sittenwidrigkeit – von der Sittenwidrigkeit auf den Vorsatz geschlossen (zB RGZ 90, 106, 109; BGHZ 10, 228, 233; 129, 136, 177 mwN; NJW 00, 2669, 2670). Auch bei leichtfertigem Handeln, das als solches für den Schädiger erkennbar war, wird idR zunächst bedingter Vorsatz abgeleitet (zB BGH VersR 79, 283, 284 mwN; NJW-RR 86, 1158, 1159; NJW 91, 3282, 3283; BGHZ 176, 281 Rz 46 – iE abgelehnt; vgl auch BGH NJW 91, 32, 33; krit zB *Hopt* AcP 1983, 608, 633; *Canaris* ZHR 1999, 206, 214 f; *Grunewald* AcP 1987, 285, 306 f; BaRoth/*Spindler* § 826 Rz 11 mwN).

8 **Bezugspunkte** des Vorsatzes sind sowohl das schädigende Verhalten als auch – weiter gehend als bei § 823 – der in Betracht kommende Schaden. Erforderlich ist keine detaillierte Kenntnis von Tathergang, Person des Geschädigten und Schaden, wohl aber eine Vorstellung von Kausalverlauf und möglichen Schadensfolgen (zB BGH NJW 51, 596, 597; 63, 579, 580; BGHZ 108, 134, 143 f; NJW 04, 3706, 3710; Braunschw NJW 07, 607, 608). Der Täter muss auch die Tatumstände, welche die Sittenwidrigkeit seines Handelns begründen, kennen bzw darf sich dieser Kenntnis nicht bewusst verschließen (s. nur BGH NJW 94, 2289, 2291 mwN; genau genommen handelt es sich hierbei allerdings um ein Beweisproblem, s. Staud/*Oechsler* § 826 Rz 82, 96 f). Der Sittenwidrigkeit muss er sich nicht bewusst sein (zB RGZ 72, 175, 176; BGHZ 8, 83, 87; 101, 380,

388); insoweit wird die zivilrechtliche Vorsatztheorie eingeschränkt, um den Schwierigkeiten der Fassbarkeit des Sittenverstoßes im Einzelfall Rechnung zu tragen und ein Leerlaufen des § 826 durch Berufung auf einen Irrtum über die Sittenwidrigkeit zu vermeiden (vgl auch Staud/*Oechsler* § 826 Rz 61 ff; BaRoth/*Spindler* § 826 Rz 10). Das ist va für die Rechtsfortbildungsfunktion des § 826 wichtig (Staud/*Oechsler* § 826 Rz 65) und wird insb bei unrichtigen Auskünften oder Gutachten praktisch relevant.

3. Schutzbereich der Norm. Die Lehre vom persönlichen und sachlichen Schutzbereich der Norm ist nach hM auch bei § 826 zu berücksichtigen (Staud/*Oechsler* § 826 Rz 99 ff mwN, auch zur aA). IRd Rechtswidrigkeitszusammenhangs ist zu prüfen, ob die Befolgung der verletzten Verhaltensregel die Gefahr des Schadenseintritts verringert hätte. Dadurch wird der Ersatz von Schäden ausgeschlossen, die lediglich Reflex der sittenwidrigen Schädigung eines anderen sind (zB BGH NJW 79, 1599, 1600: Kredit wurde nur gewährt, weil dies – aufgrund einer falschen Auskunft – ein anderer auch getan hatte; LG Paderborn 5s 26/06: Wettverluste infolge Manipulation eines Fußballspiels durch einen Schiedsrichter) oder die nicht gerade auf der Sittenwidrigkeit des Handelns beruhen (zB BGHZ 57, 137, 143: Schaden aus einem Unfall mit einem Kfz, der nichts mit der arglistigen Täuschung zu tun hat, auf Grund derer das Fahrzeug erworben wurde; weitere Bsp: BGHZ 96, 231, 236 f; NJW 91, 634, 635 f).

4. Rechtsfolgen. a) Schadensersatz. Zu ersetzen ist der durch die sittenwidrige vorsätzliche Schädigung entstandene Schaden einschl bereits konkretisierter Erwerbsaussichten (zB auch Gefährdung von Ansprüchen gegen Dritte, BGH NJW 95, 1284, 1285 f). Bei sittenwidriger vorsätzlicher Schädigung im **Zusammenhang mit einem Vertrag** kann zweifelhaft sein, ob das positive oder negative Interesse zu ersetzen ist. Da die Haftung aus § 826 grds auf einem eigenständigen, vom Vertrag losgelösten Unwerturteil beruht, ist auch der deliktsrechtliche Schadensersatz unabhängig von evtl gleichzeitig gegebenen vertraglichen Ansprüchen zu beurteilen. Die Rspr lässt in bestimmten Fällen neben Mängelgewährleistungsansprüchen bei Täuschung über die Mangelfreiheit eines Kaufgegenstands auch nach § 826 einen Anspruch auf Ersatz des positiven Interesses zu (RGZ 103, 154, 160; ähnl BGH NJW 98, 983, 984 zu § 823 II iVm § 263 StGB), was allerdings kaum plausibel zu begründen ist (s. *Schaub* ZEuP 99, 941, 948 ff). Zur Konkurrenz mit den Anfechtungsregeln s.o. Rn 4. Bei **Anwendung des § 254** sind auf Seiten des Geschädigten nur Beiträge zu berücksichtigen, deren Gewicht etwa demjenigen der Schädigung entspricht, dh grds keine einfache Fahrlässigkeit (BGH NJW 84, 921, 922 mwN; BGHZ 108, 148, 158; II ZR 276/02; NJW-RR 09, 1207 Rz 26 mwN) und auch grobe Fahrlässigkeit allenfalls bei lediglich bedingtem Vorsatz des Schädigers (zB BGHZ 47, 110, 117; 57, 137, 145 f; NJW 92, 310, 311).

b) Ersatzpflichtiger. Ersatzpflichtig ist grds der unmittelbar Handelnde; für Organe wird gem § 31 gehaftet (RGZ 162, 202, 207; BGH NJW 84, 921, 922; ZIP 07, 326 Rz 4; 1560 Rz 11; 1564 Rz 11); zur umstrittenen **Durchgriffshaftung** bei § 826 insb MüKo/*Wagner* § 826 Rz 122 ff mwN; die neueste Rspr zum existenzvernichtenden Eingriff (s.u. Rn 38) statuiert gerade keine Durchgriffs-, sondern eine Innenhaftung. Beim Schadensersatz aus § 831 muss der Verrichtungsgehilfe – in Abweichung von den sonstigen Fällen einer Haftung nach dieser Vorschrift – auch den subjektiven Tatbestand des § 826 (Vorsatz) verwirklicht haben (s. RGZ 73, 434, 436); dies verdeutlicht die Doppelfunktion des Vorsatzes bei § 826 auf Tatbestands- und Verschuldensebene.

c) Weitere Rechtsfolgen. Im Vorfeld des § 826 kann – unter den dafür allg geltenden Voraussetzungen (§ 259 Rn 2 f) – ein vorbereitender Auskunftsanspruch in Betracht kommen (RG JW 1928, 1210, 1211; BGH NJW 62, 731; GRUR 74, 351, 352). Hingegen lehnt die Rspr einen Anspruch auf Rechnungslegung jedenfalls bei Wettbewerbsverletzungen ab (BGH GRUR 69, 292, 294; 78, 52, 53). Ggf kommen Unterlassungs- und Beseitigungsansprüche nach allg Regeln (Vor § 823 Rn 15) in Betracht. Schließlich kann § 826 Ansprüchen als Einrede entgegengehalten werden. Bei Vorliegen seiner Voraussetzungen dürften aber stets – bzw erst recht – diejenigen des § 242 erfüllt sein, so dass § 826 in dieser Hinsicht kaum selbständige Bedeutung zukommt (s. nur Erman/*Schiemann* § 826 Rz 22; AnwK/*Katzenmeier* § 826 Rz 14).

II. Fallgruppen. Die „kleine" Generalklausel des § 826 ist durch Richterrecht konkretisiert worden, das sich in Fallgruppen zusammenfassen lässt. Sie ermöglichen eine Orientierung bei der Anwendung des § 826, entbinden jedoch weder von der Prüfung der Umstände jedes Einzelfalls (trotz einer gewissen Indizwirkung der Zuordnung zu einer Fallgruppe für die Sittenwidrigkeit, s. Erman/*Schiemann* § 826 Rz 27) noch sind sie abschließend, insb sind die subjektiven Tatbestandselemente jeweils konkret festzustellen. Die Fallgruppen werden hier in erster Linie anhand der sie konstituierenden Verhaltensweisen, in zweiter Linie nach den einschlägigen Rechtsgebieten untergliedert, wobei Überschneidungen unvermeidlich sind. Folge der Entwicklungsfunktion des § 826, die zur Herausbildung spezieller Haftungstatbestände aus den Grundgedanken des § 826 führt, ist in vielen Fallgruppen ein Nebeneinander von § 826 mit Spezialregelungen, so dass zu überprüfen ist, ob § 826 im jeweiligen Bereich noch selbständige Bedeutung zukommt oder ob er nach den oben (Rn 3) dargestellten Regeln verdrängt wird.

14 **1. Schädigungen im Zusammenhang mit Verträgen. a) Verhaltensweisen im Vorfeld eines Vertrags. aa) Täuschung zur Herbeiführung eines Vertrags.** Eine Täuschung zur Herbeiführung eines Vertrags durch aktives Handeln oder durch Verschweigen von für den anderen Teil bedeutsamen Tatsachen (bei Bestehen einer Offenbarungspflicht, s. nur BGH NJW 71, 1795, 1799; NJW-RR 91, 1312) kann neben § 123 auch von § 826 erfasst werden. Bsp: Täuschung über die Eigentumsverhältnisse am Vertragsgegenstand (BGH NJW 84, 2284; 92, 310, 311), über dessen Eigenschaften (bei Käuferketten dürfte eine Haftung ggü späteren Erwerbern aber nur in Betracht kommen, wenn mit dem Weiterverkauf konkret zu rechnen war, so überzeugend Braunschw NJW 07, 609, 610 mwN zum Meinungsstand), über die Zahlungsfähigkeit des Vertragspartners (BGH NJW 84, 2284, 2285; WM 85, 866, 868; NJW-RR 91, 1312, 1315; ähnl BGHZ 176, 204 Rz 29) oder über das Bestehen eines zweiten Arbeitsvertrags bei Nachfrage (BAG NZA 95, 935); zur Täuschung durch Dritte insb BGH BB 59, 60; NJW 84, 2284. Zu Konkurrenzfragen s.o. Rn 4; um die Anforderungen der §§ 123 ff sowie der §§ 3 ff AnfG, 133 InsO nicht zu unterlaufen, sollten grds über sie hinausgehende sittenwidrige Umstände verlangt werden (BGHZ 130, 314, 330 f; NJW 96, 1283; 2231, 2232; 00, 3138, 3139; BaRoth/*Spindler* § 826 Rz 22 aE).

15 **bb) Missbrauch von Vertretungsmacht.** Der Missbrauch von Vertretungsmacht kann von § 826 erfasst werden (zB AnwK/*Katzenmeier* § 826 Rz 21; Palandt/*Sprau* § 826 Rz 21); teilweise wird dies jedoch für den Missbrauch organschaftlicher Vertretungsmacht eingeschränkt (zB BaRoth/*Spindler* § 826 Rz 31 mwN: nur wenn die eigenen Interessen mit einem besonderen Maß an Missachtung der gebotenen Loyalität durchgesetzt werden).

16 **cc) Vertragsvereitelung.** Die Vertragsvereitelung ist nur unter besonderen Umständen sittenwidrig, zB wenn sie zur wirtschaftlichen Vernichtung des Vertragspartners systematisch betrieben (BGHZ 12, 308, 318) oder beim „Ausspannen" von Vertragspartnern systematisch vorgegangen wird (zB RGZ 149, 114, 121; 151, 86, 89 ff; BGHZ 54, 188, 198; NJW 61, 1308, 1309).

17 **b) Verhaltensweisen bei der Vertragsdurchführung. aa) Nicht- oder Schlechterfüllung.** Die Nicht- oder Schlechterfüllung vertraglicher Pflichten begründet für sich genommen noch keine Sittenwidrigkeit, sondern allenfalls bei Hinzutreten besonderer verwerflicher Umstände, zB Täuschung, um den Vertragspartner zur Aufgabe rechtlicher Absicherungen zu bewegen (Dresd NJW-RR 00, 207, 208: Zurückbehaltungsrecht), Verschweigen von Mängeln ggü dem Vertragspartner bei Offenbarungspflicht aufgrund besonderer Kenntnisse (Ddorf NJW-RR 01, 885, 886) oder andere Formen der bewussten Benachteiligung des Vertragspartners (zB RGZ 58, 219 f).

18 **bb) Vertragsbruch.** Auch die Auflösung eines Vertrags ist per se noch nicht sittenwidrig, ebenso wenig die Verleitung dazu (zB RGZ 78, 14, 17 f; BGHZ 12, 308, 317 ff; NJW-RR 99, 1186); bei einer anderen Beurteilung würde § 823 I, der den Vertrag nicht als sonstiges Recht schützt (§ 823 Rn 61), unterlaufen. Im Falle einer **besonders rücksichtslosen Verleitung** zum Vertragsbruch kann hingegen Sittenwidrigkeit gegeben sein (zB BGHZ 12, 308, 320; 14, 313, 317; NJW 94, 128; VersR 95, 1451, 1454; NJW-RR 99, 1186; zu einem Sonderfall, in dem § 826 nicht durchgreift, Frankf OLGR 07, 49), zB bei kollusivem Zusammenwirken zwischen Vertragspartner und Drittem, etwa beim Doppelverkauf, wenn der Zweitkäufer den Verkäufer von Ansprüchen des Erstkäufers freistellt (RG JW 1931, 2238; BGHZ 12, 308, 318 ff; NJW 81, 2184; vgl aber auch Hamm VersR 87, 509). Zu berücksichtigen ist neben dem Verhalten des Vertragspartners insb der Charakter des Rechtsgeschäfts, va, ob es durch eine besonders intensive, durch gegenseitiges Vertrauen geprägte Bindung der Vertragspartner gekennzeichnet ist (BGHZ 12, 308, 319 f; BaRoth/*Spindler* § 826 Rz 27). Krit zur Haftung aus § 826 bei Verleitung zum Vertragsbruch für die allermeisten Konstellationen mit einleuchtenden Argumenten *Köhler* FS Canaris 591 ff. Die Verleitung zum Vertragsbruch zu Wettbewerbszwecken wurde bereits unter geringeren Voraussetzungen als sittenwidrig angesehen (s. nur BGH GRUR 68, 272, 274 ff; BB 73, 1229; NJW 75, 1361, 1362; DB 81, 1668; BGHZ 143, 232). Diese Fälle werden idR auch von §§ 3 ff iVm § 9 UWG erfasst und sind dort durch die Regelbeispiele in § 4 UWG (insb Nr 7, 8, 10) sowie durch § 6 und evtl § 5 UWG leichter zu handhaben, so dass sie sich langsam aus § 826 herauslösen und verselbständigen dürften – und sollten.

19 **2. Haftung für Auskünfte, Informationen, Empfehlungen. a) Allgemeines.** Eine Haftung nach § 826 kommt auch in Betracht bei unbewusst falschen Auskünften, Informationen oder Empfehlungen. Da solche nicht nur im Vorfeld eines Vertrags gegeben werden können, reicht diese Fallgruppe über diejenige der Täuschung zur Herbeiführung eines Vertrags (s.o. Rn 14) hinaus. § 826 kann bereits bei **grob leichtfertigem, gewissenlosem Verhalten** eingreifen, insb wenn der andere Teil auf das Ansehen und die berufliche Kompetenz des Auskunft Gebenden vertraut (zB BGH BB 66, 1324 f; WM 75, 559, 560; NJW 91, 3282, 3283; 92, 3167, 3174); das gilt selbst bei Auskünften „ins Blaue hinein" (BGH NJW 86, 180, 181 f; 91, 3282, 3283; BGHZ 159, 1, 11 f). Die Haftung aus § 826 steht neben derjenigen aus §§ 241 II, 280 I, ggf iVm § 311 III, und aus selbständigem oder unselbständigem Beratungsvertrag, ggf mit Schutzwirkung für Dritte (dazu *Schaub* AcP 2002, 757, 784 ff mwN), und ergänzt diese. Daher wird teilweise angenommen, § 826 verliere in diesem Bereich an Bedeutung (zB MüKo/*Wagner* § 826 Rz 62; AnwK/*Katzenmeier* § 826 Rz 28; zur Heranziehung des § 826 aber zB *Lammel* AcP 1979, 337, 342; *Honsell* FS Medicus 99 211, 215 f, 220; *Ebke/Scheel* WM 91, 389 f;

Canaris ZHR 1999, 206, 214 f; *Grunewald* ZGR 99, 583, 591). Da jedoch alle diese Haftungskonstruktionen teilweise umstr sind, insbes – aber nicht nur – bei der Haftung ggü Dritten (zur vorvertraglichen Haftung zB *Kiss* WM 99, 117, 119 ff mwN; zum Beratungsvertrag zB *Schaub* aaO mwN; zum Vertrag mit Schutzwirkung für Dritte bei gegenläufigen Interessen zB *Lammel* AcP 1979, 337, 344; *Honsell* FS Medicus 99 211, 228; *Medicus* JZ 95, 308; *Canaris* JZ 98, 603, 604 f), lässt sich der Anwendungsbereich des § 826 nicht mit Blick auf diese Anspruchsgrundlagen eingrenzen. Vielmehr ist eine Rückbesinnung auf den Grund der Haftung aus § 826 in dieser Fallgruppe notwendig: Sie lässt sich am besten als Haftung für Verletzung von Verkehrspflichten in der speziellen Ausprägung der Berufspflichten (§ 823 Rn 171 f) begreifen (s.a. BaRoth/*Spindler* § 826 Rz 33; Erman/*Schiemann* § 826 Rz 38); wegen der Lokalisierung bei § 826 sollte jedoch das Vorsatzerfordernis ernster genommen werden als dies bisweilen in der Rspr geschieht.

b) Einzelne Fallgruppen. aa) Sachverständige, Gutachter, Wirtschaftsprüfer, Steuerberater. Sachverständige und Gutachter haften bei **falsche Auskünfte**, insb über die finanzielle Situation einer Person oder über den Wert des Vertragsgegenstands (zB BGH BB 60, 1301; NJW 91, 3282; 92, 3167, 3174; BGHZ 175, 276 Rz 28 ff); Entsprechendes gilt für Wirtschaftsprüfer (zB BGH NJW 56, 1595; VersR 79, 283, 284; NJW 01, 360, 364 f; ausf MüKo/*Wagner* § 826 Rz 63 ff) und Steuerberater oder -bevollmächtigte (BGH NJW 86, 180, 181; 87, 1758 f). Eine Haftung ggü Dritten, denen ggü die Auskunft nicht unmittelbar erteilt bzw das Gutachten nicht unmittelbar erstellt wurde, kommt nur in Betracht, wenn erkennbar war, dass die Auskunft bzw das Gutachten für das Handeln eines Dritten Bedeutung hat (BGH NJW 87, 1758, 1759; NJW-RR 89, 696; BGHZ 138, 257). Für die Haftung gerichtlicher Sachverständiger gilt § 839a. 20

bb) Kapitalmarkt. Auch bei **falschen Auskünften** von Banken **über die Bonität oder Kreditwürdigkeit** von Kunden kann eine Haftung aus § 826 in Betracht kommen (zB RG JW 1911, 584, 585; BGH NJW 70, 1737; 84, 921, 922), ebenso bei **Festsetzung überhöhter Verkehrswerte** durch die finanzierende Bank (Celle OLGR 07, 216, 217 f). Weiterhin kann bei der **Prospekthaftung** § 826 neben den Spezialregulierungen in §§ 44 ff BörsG sowie neben der vertragsrechtlichen Prospekthaftung anwendbar sein, soweit Regelungslücken verbleiben, s. auch § 47 II BörsG (s. zB BGHZ 96, 231, 243 f; NJW-RR 06, 611, 615; Stuttg OLGR 06, 233 – insb zu Grenzen einer Haftung aus § 826; Frankf OLGR 06, 883, 884 f; 5 U 146/04 Rz 39 ff). § 826 kann auch anwendbar sein bei **Täuschungen oder Falschangaben beim Erwerb von Aktien** (Stuttg WM 08, 1368, 1369 mwN unter Berufung auf BGH NJW 05, 2450) **oder anderen Kapitalanlagen** (BGHZ 175, 276 Rz 28 ff; ZIP 09, 2237 Rz 20 ff) oder fehlenden Hinweisen auf erhöhte Risiken einer Anlage (BGHZ 124, 151, 162 f; BGH NJW-RR 03, 923, 924 f; Ddorf I-15 U 48/08). Daneben kommt nach neuerer Rspr auch ein Anspruch aus § 826 in Betracht (BGHZ 177, 25 Rz 11 ff; krit zB *Fleischer* NJW 09, 2337, 2340 f). Bei **Verstößen gegen Publizitätsvorschriften** sind in erster Linie die Spezialregulierungen in §§ 37b, 37c WpHG anzuwenden. Daneben kommen aber gem § 15 VI 2 WpHG weiterhin Ansprüche aus § 826 in Betracht (insb für die persönliche Haftung der Unternehmensleitung, MüKo/*Wagner* § 826 Rz 73). Die instanzgerichtliche Rspr ist hinsichtlich der Anforderungen an eine Haftung gem § 826 uneinheitlich (LG Augsburg NJW-RR 01, 1705, 1706 f einerseits, LG München I NJW-RR 01, 1701, 1705; LG Augsburg BB 02, 1230 andererseits). An die Aufklärungspflichten bei der **Vermittlung von Warenterminoptionsgeschäften** stellt die Rspr relativ hohe Anforderungen (s. etwa BGHZ 80, 80; NJW-RR 04, 203, 206; 05, 557 ff mwN; 06, 627 Rz 23). Vergleichbare Standards gelten beim Vertrieb von Beteiligungen an Pools und Fonds, die ihrerseits Börsentermingeschäfte vornehmen (BGH NJW-RR 98, 1271, 1272), sowie beim Vertrieb anderer Anlagen (Celle OLGR 06, 209). Schließlich kommt § 826 in Betracht für die persönliche Haftung von Vorstandsmitgliedern bzw eine Haftung der Gesellschaft für **fehlerhafte Ad-hoc-Mitteilungen** (s. nur BGHZ 160, 134, 142 ff; 149, 151 ff; NJW 04, 2668, 2669 ff; 05, 2450, 2451 mwN; vgl aber auch BGH ZIP 07, 326 Rz 3 ff; 679 Rz 8; 681 Rz 5; 1560 Rz 10 ff; 1564 Rz 10 ff; AG 08, 252 Rz 10 ff; 254 Rz 10 ff; NJW-RR 08, 1004 Rz 10 ff; zu den Anforderungen an den Nachweis der Kausalität zwischen Pflichtverletzung und Anlage- bzw Halteentscheidung insb BGH AG 08, 252 Rz 12 ff; 254 Rz 12 ff; NJW-RR 08, 1004 Rz 12 ff; *Spindler* ZIP 08, 283, 332 ff; *Möllers* NZG 08, 413 ff; *Leuschner* ZIP 08, 1050 ff; zur Schadensberechnung insb LG Frankfurt ZIP 07, 487; zu verbleibenden Fragen *Unzicker* WM 07, 1596 ff). Bei Ansprüchen aus § 826 im Zusammenhang mit Verlusten infolge der Finanzkrise 2007/08 dürften sich Probleme insb in Bezug auf die Kausalität zwischen Beratung bzw Verlautbarung und Anlageentscheidung sowie hinsichtlich des Vorsatzerfordernisses, evtl auch in Bezug auf die Sittenwidrigkeit, ergeben (s. dazu zB LG Düsseldorf 7 O 21/08–7 O 24/08; 7 O 182/08). 21

cc) Ausstellung von Dienst- und Arbeitszeugnissen. Arbeitgeber treffen bei der Ausstellung von Dienst- und Arbeitszeugnissen Aufklärungspflichten, deren Verletzung ebenfalls zur Haftung gem § 826 führen kann (zB bei Verschweigen von Straftaten des Arbeitnehmers, BGH NJW 70, 2291 ff; auch bei nachträglicher Kenntniserlangung, BGHZ 74, 281, 286 ff). 22

3. Missbrauch von Machtpositionen. a) Kartelle und Monopole. Bei Kartellen oder Monopolen ist das aus § 826 abgeleitete Diskriminierungsverbot von Bedeutung, das zu einem **Kontrahierungszwang** führen kann (grundl RGZ 115, 253, 258: Klage unmittelbar auf Leistung möglich). Vorrangig sind in diesem Bereich jedoch die Regeln des Wettbewerbsrechts, insb §§ 19 ff GWB, Art 102 AEUV. Bei ihrer Verletzung kommen 23

Schadensersatzansprüche aus § 33 III GWB in Betracht, die sich auch auf Naturalrestitution in Form eines Vertragsschlusses richten können, weiterhin können spezialgesetzliche Regelungen eines Kontrahierungszwangs eingreifen. Nach der 7. GWB-Novelle 2005 besteht trotz der bisher von der Rspr angenommenen grds Konkurrenz zwischen diesen Ansprüchen und § 826 (BGHZ 29, 344, 347 f; 41, 271, 278) nur noch wenig Anlass für eine ergänzende Anwendung des § 826 (vgl auch BaRoth/*Spindler* § 826 Rz 77). Zudem sind die von den kartellrechtlichen Regelungen nicht erfassten Ausnahmebereiche jetzt so weit reduziert (vgl nur §§ 28, 30 GWB, die zudem §§ 19 ff GWB nicht betreffen, sowie Art 42, 106 AEUV), dass für eine ergänzende Anwendung des § 826 kaum noch eine praktische Notwendigkeit besteht. Auch der Missbrauch einer Ausschließlichkeitsposition, die sich aus einem Immaterialgüterrecht ergibt, lässt sich durch die wettbewerbsrechtlichen Regeln hinreichend erfassen (s. nur § 19 I GWB, Art 102 AEUV, EuGH Slg 74, 223; 85, 3261; 95, I-743; 98, I-7791; 04, I-5039), so dass insoweit ebenfalls kein Bedürfnis für eine Heranziehung des § 826 besteht.

24 **b) Boykott.** Weil ein Boykott nicht nur durch ein Unternehmen ausgeübt werden kann, werden nicht alle Boykott-Fälle durch das Wettbewerbsrecht erfasst. Daher kann hier noch ein Anwendungsbereich für § 826 verbleiben. Bei einem Boykott zu Wettbewerbszwecken sind allerdings regelmäßig §§ 3 I, 4 Nr 10 iVm § 9 1 UWG einschlägig und es liegt meist zugleich ein Eingriff in das Recht am Unternehmen vor, sofern man mit der wohl hM dieses im Verhältnis zu § 826 nicht als subsidiär ansieht (§ 823 Rn 84). Nimmt man die Anspruchskonkurrenz zwischen dem Recht am Unternehmen und § 826 ernst, kann ein Boykott aber nur unter von § 823 abweichenden Voraussetzungen zum Schadensersatz nach § 826 führen. Da auch in den Fällen des § 823 regelmäßig Vorsatz gegeben ist, muss in dieser Unter-Fallgruppe des § 826 dem Merkmal der Sittenwidrigkeit besondere Bedeutung beigemessen werden, was insb bei der Abwägung mit der Meinungsfreiheit des Äußernden zu berücksichtigen ist. Boykottvereinbarungen oder Aufforderungen zum Boykott werden folglich nur unter besonderen Umständen von § 826 erfasst, zB beim Einsatz wirtschaftlicher Macht oder sozialer Abhängigkeit (BVerfG NJW 69, 1161; 83, 1181) oder bei Hinzutreten eines Täuschungselements (BGHZ 90, 113).

25 **c) Missbrauch von Vereins- oder Verbandsmacht.** Bei missbräuchlicher (insb ohne sachlichen Grund diskriminierender) Verweigerung der Aufnahme in einen Verein oder Verband kann über § 826 iVm § 249 I ein **Aufnahmeanspruch** begründet werden, wenn der Verein oder Verband eine Machtposition innehat, der Bewerber zur Wahrung wesentlicher Interessen auf die Mitgliedschaft angewiesen ist und kein sachlicher Grund gegen die Aufnahme spricht (s. zB BGHZ 29, 344; 140, 74, 77; für Verbände BGH NJW 80, 186; Frankf WuW/E DE-R 2648 Rz 18 ff; München WuW/E DE-R 2695 Rz 14 f). Der Ausschluss eines Mitglieds kann unter denselben Voraussetzungen gegen § 826 verstoßen (RGZ 140, 23, 24; BGH WM 80, 869, 870); str ist, ob das bereits für das Vorenthalten einer Begünstigung gilt (dagegen Kobl MDR 08, 267; dafür Frankf 11 U 23/07 Rz 7 ff). Da bei derartigem Verhalten marktbeherrschender Unternehmen §§ 19 ff GWB bzw Art 102 AEUV einschlägig sind, dürfte der Hauptanwendungsbereich des § 826 in dieser Unter-Fallgruppe heute regelmäßig bei Idealvereinen liegen (s. auch BaRoth/*Spindler* § 826 Rz 77; zu anderen Anspruchsgrundlagen insb *Bartodziej* ZGR 91, 517 ff; *Steinbeck* WuW 96, 91 ff).

26 **d) Ausübung von Mehrheitsmacht in Gesellschaften.** Die missbräuchliche Ausübung von Mehrheitsmacht in Gesellschaften ist heute vielfach bereits durch gesellschaftsrechtliche Spezialvorschriften (zB §§ 117, 309, 317 AktG) sowie die von der Rspr entwickelten gesellschaftsrechtlichen Treuepflichten erfasst (s. nur BGHZ 65, 15, 18; 103, 184, 194); trotzdem wendet die Rspr häufig zusätzlich § 826 an (zB RGZ 107, 72, 74; BGHZ 31, 258, 278 f; 129, 136, 164). Hier wird jedoch zu Recht vor einer Ausdehnung des Tatbestands auf Fälle grob fahrlässiger Pflichtverletzungen (BaRoth/*Spindler* § 826 Rz 51 mwN) oder auf die Ausübung von Minderheits-Stimmrechten (Erman/*Schiemann* § 826 Rz 58 – zu BGHZ 129, 136) gewarnt. Sittenwidrigkeit dürfte zudem nur bei eigennützigem Abstimmungsverhalten oder vergleichbaren Verhaltensweisen vorliegen (Erman/*Schiemann* § 826 Rz 58 mwN).

27 **e) Missbrauch einer Machtposition in einem „Schneeballsystem".** Fraglich ist, ob der Missbrauch einer Machtposition in einem „Schneeballsystem" (zB in einem „Schenkkreis") von § 826 erfasst werden kann (abgelehnt zB von Köln NJW 05, 3290, 3292; 06, 3288, 3290; 7 U 144/07; München 23 U 3232/08). Mag die Sittenwidrigkeit des Systems als solchen noch zu bejahen sein (dazu insb BGH WM 09, 566, 567; NJW 08, 1942), dürfte doch der Nachweis einer entsprechenden Gesinnung eines Beteiligten oder Initiators regelmäßig problematisch sein (so auch iE München 23 U 3232/08).

28 **4. Missachtung von Kampf- und Wettbewerbsregeln. a) Unlauterer Wettbewerb.** Die vorsätzliche Missachtung lauterkeitsrechtlicher Regelungen kann neben Schadensersatzansprüchen aus §§ 3 ff iVm § 9 UWG auch einen Schadensersatzanspruch aus § 826 begründen. Beide Haftungsregime stehen (insb wegen der unterschiedlichen Verjährungsfristen) nebeneinander (zB BGHZ 36, 252, 254 ff; 51, 41, 48; NJW 77, 1062; bedenklich die Vermischung in LG München I MMR 06, 484, 485). Darüber hinaus kann § 826 auch Fälle unlauteren Verhaltens außerhalb des Anwendungsbereichs des UWG erfassen, insb bei Handlungen von Einzelpersonen, die – etwa mangels Vertretungsbefugnis – dem Unternehmen nicht zuzurechnen sind (zB RGZ

95, 54, 56 ff; 161, 229, 230 ff; BGH NJW 62, 1099). Auch der Maßstab für die Verwerflichkeit des Verhaltens ist nicht notwendig identisch, denn § 3 I UWG stellt nunmehr nicht mehr auf Sittenwidrigkeit, sondern auf Unlauterkeit ab. Zwar wird dies vielfach nicht als Änderung der früheren lauterkeitsrechtlichen Praxis betrachtet (zB *Henning-Bodewig* GRUR 04, 713, 715 f; *Ohly* GRUR 04, 889, 895), aber den unterschiedlichen Normzwecken entsprechend müssen die erfassten Fallgruppen auch innerhalb eines Wettbewerbsverhältnisses nicht notwendig kongruent sein (so insb Soergel/*Hönn* § 826 Rz 221; *Hefermehl/Köhler/Bornkamm* Einl UWG Rz 7.7. mwN; für eine ähnliche Auslegung in beiden Rechtsgebieten jedoch zB BaRoth/*Spindler* § 826 Rz 88; *Sack* NJW 75, 1303, 1304; WRP 85, 1, 4). In der Praxis überwiegen wegen der niedrigen Tatbestandsschwelle Ansprüche aus dem UWG, die keinen Vorsatz erfordern (BaRoth/*Spindler* § 826 Rz 88); zu dem für § 826 verbleibenden praktischen Anwendungsbereich s. insb Staud/*Oechsler* § 826 Rz 383 ff; BaRoth/*Spindler* § 826 Rz 89 ff.

b) Arbeitskampfmaßnahmen. Maßnahmen im Arbeitskampf können nur bei Hinzutreten besonderer Umstände sittenwidrig iSd § 826 sein, zB bei Verletzung des Prinzips der fairen Kampfführung (BGHZ 70, 277, 282; BB 79, 1377; AnwK/*Katzenmeier* § 826 Rz 60) oder beabsichtigter wirtschaftlicher Vernichtung des Gegners (BAG NJW 71, 1668). 29

c) Doping? Neuerdings wird vertreten, § 826 unter Berufung auf die Entwicklungsfunktion der Vorschrift auch in Dopingfällen zugunsten von Personen, die ein besonderes Vertrauen in die Sportausübung gesetzt haben, heranzuziehen (*Deutsch* VersR 08, 145, 150 f). Ob jedes Doping bereits sittenwidrig ist, erscheint allerdings schon angesichts der sich ständig ändernden Listen verbotener Substanzen zweifelhaft. Zumindest bedürfte eine Anwendung des § 826 einer genauen Eingrenzung des Tatbestands, insb in Bezug auf die Kausalität. Ob danach faktisch noch ein Anwendungsbereich des § 826 in Dopingfällen verbleibt, erscheint fraglich. Im Verhältnis zu konkurrierenden Sportlern könnte eher eine Anwendung des UWG in Betracht kommen (dazu *Frisinger/Summerer* GRUR 07, 554 ff). 30

5. Familien- und Erbrecht. a) Familienrecht. Wegen des grds Vorrangs familienrechtlicher Regelungen ggü deliktsrechtlichen Schadensersatzansprüchen (s. nur BGHZ 23, 215, 217 f sowie oben § 823 Rn 72; krit aber zB Staud/*Oechsler* § 826 Rz 443) ist der Anwendungsbereich des § 826 im Familienrecht gering. Insb § 1607 III geht § 826 regelmäßig vor (BGHZ 14, 358, 359; 45, 356, 358; 46, 58; vgl auch NJW 90, 706, 708). In Betracht kommen Ansprüche aus § 826 va bei Vereinbarungen, welche die **Leistungsfähigkeit eines Unterhaltspflichtigen** stark einschränken oder aufheben (zB BGH WM 58, 168, 171; NJW 73, 513; 00, 3138) oder umgekehrt bei vorsätzlichem Verschweigen einer grundlegenden Verbesserung der Leistungsfähigkeit (Bremen MDR 99, 808). Sehr str ist das Eingreifen von § 826 bei Schädigungen im Zusammenhang mit Intimbeziehungen. Die Rspr zieht § 826 zB heran bei Täuschung über andere Intimbeziehungen, um den Partner zum Eheschluss zu bewegen (BGHZ 80, 235, 238 ff; vgl auch Köln NJW-RR 99, 1673 f – iE hier aber abgelehnt), nicht aber schon bei Verschweigen (BGH NJW 90, 706, 707 f; Köln NJW-RR 99, 1673 f). Abgelehnt wird die Anwendung des § 826 bislang überwiegend auch im Hinblick auf Kindesunterhalt, wenn nicht abredegemäß verhütet wurde (BGHZ 97, 372, 379 f; krit zB *Ramm* JZ 86, 1011; *Roth-Stielow* JR 87, 7, 9; *Fehn* JuS 88, 602, 605; *Looschelders* Jura 00, 169, 173 f; Staud/*Oechsler* § 826 Rz 458; MüKo/*Wagner* § 826 Rz 152), weiterhin im Verhältnis zwischen leiblichem Vater und Scheinvater bei unrichtigen Angaben des Scheinvaters im Vaterschaftsanfechtungsprozess (Jena NJW 07, 229 f). 31

b) Erbrecht. Auch spezielle Regelungen des Erbrechts schließen regelmäßig eine parallele Anwendung des § 826 aus, insb muss die Testierfähigkeit gewahrt bleiben (Näheres zB bei MüKo/*Wagner* § 826 Rz 153; zum Geliebtentestament § 138 Rn 105). Grds schließt auch der Schutz des Vertragserben eine zusätzliche Heranziehung des § 826 aus (BGHZ 108, 73, 77 f; zu Ausnahmen NJW 91, 1952; weitergehend ein Teil der Lit, zB MüKo/*Wagner* § 826 Rz 154 mwN). 32

6. Gläubigergefährdung und -benachteiligung. Zur Gläubigergefährdung und -benachteiligung gehören nicht nur die regelmäßig unter diesen Stichworten diskutierten Fallgruppen der Aushöhlung der Haftungsmasse, Insolvenzverschleppung und andere Handlungen im Vorfeld der Insolvenz, Sanierungsvereitelung und Existenzvernichtungshaftung, sondern auch bestimmte Verhaltensweisen im Bankverkehr, wie insb Missbrauch von Lastschriftverfahren, von Wechseln und Schecks sowie Provisionsschinderei. 33

a) Aushöhlung der Haftungsmasse. Die Möglichkeiten einer Aushöhlung der Haftungsmasse werden mit einer Reihe rechtlicher Mittel begrenzt, zB durch das – va im Immobiliarsachenrecht bedeutsame – Publizitätsprinzip, die Überprüfung dinglicher Globalsicherheiten iRd AGB-Kontrolle (§ 305c Rn 19) sowie dinglicher und persönlicher Sicherheiten anhand von § 138 (§ 138 Rn 142 ff) und durch §§ 129 ff InsO, 850h ZPO. Soweit nach Anwendung dieser Regeln jedoch Schäden verbleiben sowie bei zusätzlichen, eine Sittenwidrigkeit begründenden Handlungsweisen, kann zusätzlich § 826 eingreifen, der – anders als die meisten der genannten rechtlichen Mittel – das Verhältnis zwischen Sicherungsnehmer und Dritten betrifft. Die Haftung steht dann selbständig neben §§ 129 ff InsO; es gelten separate Voraussetzungen und Rechtsfolgen, insb eine abweichende Verjährungsfrist (BGH NJW-RR 86, 579). 34

35 Typische Fälle einer Anwendung des § 826 sind das **kollusive Zusammenwirken von Sicherungsgeber und Sicherungsnehmer zur Schädigung Dritter**, insb weil diese dadurch davon abgehalten werden, sich selbst hinreichend zu schützen (RGZ 162, 202, 205 ff; BGH NJW 96, 2231, 2232) – auch wenn das Zusammenwirken erst auf Druck des Sicherungsgebers erfolgt (BGH WM 85, 866, 868 f; NJW 01, 2632, 2633), die **Vollstreckungsvereitelung** durch Privatpersonen (zB RGZ 74, 224, 229 ff; BGH WM 64, 613 f; NJW 73, 513) oder Kapitalgesellschaften (zB RGZ 114, 68, 71 ff; BGH NJW-RR 86, 579 f; NJW 96, 1283 f; Dresd NJW-RR 01, 1690 ff) sowie die **planmäßige Entziehung und Verlagerung von Vermögen** (BGH NJW 05, 145; s.a. BGH DStR 05, 340, 342; LG Düsseldorf 10 O 6/07), **nicht aber** bereits die Vermittlung von Schuldscheindarlehensgeschäften (München OLGR 06, 585 f).

36 **b) Insolvenzverschleppung und andere Handlungen im Vorfeld der Insolvenz.** Die **Insolvenzverschleppung** durch vertretungsberechtigte Organe von Gesellschaften oder Vereinen ist spezialgesetzlich geregelt, zB in §§ 42 II BGB, 15a InsO, ggf iVm § 823 II (§ 823 Rn 238). Daneben spielt § 826 praktisch kaum eine Rolle (s. nur BGHZ 75, 96, 114; 96, 231, 235 ff; Rostock 3 U 117/04 Rz 38; Ausn: BGHZ 108, 134, 141 ff, krit MüKo/*Wagner* § 826 Rz 90; BGHZ 175, 58, 62 ff; VI ZR 288/08; Kobl NZI 07, 113, 114 f; Stuttg 6 U 60/09; zu Lücken des spezialgesetzlichen Gläubigerschutzes *Haas* ZIP 09, 1257, 1258 f, auch zu einer Übertragbarkeit der Grundsätze der Existenzvernichtungshaftung, aaO, 1259 ff); vielfach wird die Frage im Ergebnis offen gelassen (BGHZ 164, 50, 63) oder ein Anspruch abgelehnt (zB Saarbr NZI 07, 111 ff; Celle NZG 07, 391, 393). Von § 826 erfasst werden kann auch das bewusste **Verschweigen eines Anspruchs**, um die Restschuldbefreiung zu erreichen (BGH NZI 09, 66 Rz 11). Der Hauptanwendungsbereich des § 826 bei der Insolvenzverschleppung betrifft das Verhalten von **Gläubigern des insolvenzgefährdeten Unternehmens**, in erster Linie Banken, an die hier weitere Verhaltensanforderungen gestellt werden. Sie sind zwar nicht generell verpflichtet, einen Insolvenzantrag zu stellen (s. nur BGH WM 64, 671, 673; *Koller* JZ 85, 1013, 1021), wohl aber unter bestimmten Umständen. **Voraussetzung** ist eine tatsächlich bestehende Insolvenzreife des Schuldners (BGH NJW 65, 475, 476; 70, 657, 659), Kenntnis oder grob fahrlässige Unkenntnis des Gläubigers hiervon (BGHZ 10, 228, 233 f – zu § 138; Frankf VersR 91, 80, 81) sowie ein Dritte schädigendes Verhalten zur Verminderung des eigenen Risikos, zB durch Hinauszögern des Insolvenzantrags (BGH LM § 826 [Ge] Nr 9), Bereitstellen von Überbrückungskrediten, die zur echten Sanierung nicht ausreichen (zB BGHZ 90, 381, 399; 96, 231, 235 ff; NJW 92, 3167, 3174 f; Grenzen: NJW 01, 2632, 2633; Rostock OLGR 07, 416, 417 f). Problematisch sind insb der Nachweis des (zumindest bedingten) Vorsatzes, da die Abschätzung der Auswirkungen einer solchen Handlung ex ante schwierig ist (vgl auch MüKo/*Wagner* § 826 Rz 92 mwN) und die Kausalität zwischen verspätetem Insolvenzantrag und Schaden. Geschützt werden Gläubiger des Insolvenzgefährdeten, nicht aber Anteilseigner (BGHZ 96, 231, 235 ff; Ausn: BGH NJW 92, 3167, 3174 f; umfassend *Mertens* ZHR 1979, 174 ff).

37 **c) Sanierungsvereitelung.** Im Unterschied zur Insolvenzverschleppung betrifft die dazu spiegelbildliche Fallgruppe der Sanierungsvereitelung das Verhalten von Gläubigern wie Gesellschaftern. § 826 greift jedoch auch hier nur unter besonderen Umständen ein (insb BGHZ 129, 136, 172 ff, wo gleichzeitig eine Verletzung der gesellschaftsrechtlichen Treuepflicht angenommen wurde; ausf MüKo/*Wagner* § 826 Rz 98 f; *Gawaz* Rz 86 ff).

38 **d) Existenzvernichtungshaftung.** Anders als die zuvor geschilderten Fallgruppen setzt die **Existenzvernichtungshaftung** der Gesellschafter einer GmbH nicht im Außenverhältnis zu den Gläubigern, sondern im Innenverhältnis zur GmbH an: Diese ursprünglich im Konzernrecht verortete (qualifiziert faktischer Konzern, s. insb BGHZ 69, 334, 337 f; 95, 330, 334 ff; 107, 7, 15 ff; 115, 187, 189 ff; 122, 123, 126 ff), später in Durchbrechung des § 13 GmbHG unter Rückgriff auf gesellschaftsrechtliche Grundsätze zugelassene persönliche Haftung der Gesellschafter für Eingriffe in das Gesellschaftsvermögen, die zur Insolvenz der GmbH führen (insb BGHZ 149, 10, 16; 151, 181, 186 ff; NZG 05, 177 ff; 214 ff; die dogmatische Basis dieser Haftung war str, s. nur BaRoth/*Spindler* § 826 Rz 57), wird vom BGH nun bei § 826 verortet (BGHZ 173, 246). Ansprüche gegen den Gesellschafter sollen jetzt nicht mehr auf die allgemeinen gesellschaftsrechtlichen Grundsätze, sondern ausschließlich auf § 826 gestützt werden (BGHZ 173, 246 Rz 17; NJW-RR 08, 629 Rz 11; 918 Rz 10). Im Verhältnis zur Haftung des Gesellschafters nach §§ 30, 31 GmbHG besteht jedoch **Anspruchskonkurrenz** (BGHZ 173, 246 Rz 39 f). Die Haftung nach § 826 deckt insb diejenigen Fälle ab, in denen bei §§ 30, 31 GmbHG Schutzlücken verbleiben (dazu zB *Paefgen* DB 07, 1907 f; *Goette* DStR 07, 1593), andererseits erfordert sie – insoweit enger als §§ 30, 31 GmbHG – zumindest bedingten Vorsatz (krit zum Vorsatzerfordernis in diesen Fällen zB *Schwab* ZIP 08, 341, 344 ff); zudem ist die Beweislast bei § 826 für den Anspruchsteller ungünstiger. Auch im Verhältnis zu § 823 II iVm § 266 StGB (dazu *Altmeppen* NJW 07, 2657, 2659) sowie § 64 3 GmbHG dürfte Anspruchskonkurrenz in Betracht kommen. Ein eigenständiger Anwendungsbereich dürfte § 826 BGB bei solchen Verhaltensweisen zukommen, die nicht von den genannten Regelungen erfasst sind, also gewissermaßen besonders „irregulär" sind. Der **Sittenverstoß** besteht in der planmäßigen Entziehung von – der *Zweckbindung* zur vorrangigen Befriedigung der Gesellschaftsgläubiger unterliegendem – Vermögen der Gesellschaft mit der Folge der Beseitigung ihrer Solvenz, wenn dies zum unmittelbaren oder mittelbaren Vorteil des Gesellschafters oder eines Dritten geschieht (BGHZ 173, 246 Rz 30; NJW-RR 08, 629 Rz 12; 1417 Rz 9 f; präzisierend *Schanze* NZG 07, 681, 683 f; für eine Anwendung der „business judgment

rule" *Schröder* GmbHR 07, 934, 935; zur Problematik des Cash Pooling in diesem Zusammenhang *Theiselmann* GmbHR 07, 904, 905 ff; *Schröder* aaO). Auch im Liquidationsstadium soll die Haftung greifen (BGHZ 179, 344 Rz 35 ff); daneben soll zusätzlich ein Anspruch aus § 826 wegen Verletzung der Liquidationsvorschriften in Betracht kommen (BGHZ 179, 344 Rz 35 ff; krit zu Recht *Rubner* DStR 09, 1538, 1543 f). Offen lässt der BGH bisher, ob die Bildung einer besonderen Fallgruppe der „Unterkapitalisierung einer GmbH" bei Unterlassen hinreichender Kapitalausstattung jenseits des Stammkapitals – für die er eine gesellschaftsrechtliche Durchgriffshaftung ablehnt – iRd § 826 künftig in Betracht kommen könnte (BGHZ 176, 204 Rz 25; abl zB *Kleindiek* NZG 08, 686, 689; tendenziell auch *Strohm* ZInsO 08, 706, 711; *Heeg/Kehbel* DB 08, 1787, 1790; befürwortend zB *Altmeppen* ZIP 08, 1201, 1203 ff). Allenfalls bei einer Präzisierung der Haftungsvoraussetzungen wäre eine solche Erweiterung denkbar. Auf der Ebene des **Vorsatzes** ist ein Bewusstsein des handelnden Gesellschafters erforderlich, dass durch die Maßnahme das Gesellschaftsvermögen sittenwidrig geschädigt wird (BGHZ 173, 246 Rz 30; stärker differenzierend *Gloger/Goette/van Huet* DStR 08, 1141, 1145 f; krit zur Handhabung des Vorsatzerfordernisses durch den BGH insb *Hönn* WM 08, 769, 773 f). Als **Haftpflichtiger** kommt jeder Beteiligte iSd § 830 in Betracht (BGHZ 173, 246 Rz 46), auch lediglich mittelbar an der GmbH Beteiligte (BGHZ 173, 246 Rz 44 ff; zu verbleibenden Zweifelsfragen *Schröder* GmbHR 07, 934, 935; *Noack* LMK 07, 240726; *Vetter* BB 07, 1965, 1969). Als **anspruchsberechtigt** sieht der BGH ausschließlich die Gesellschaft selbst an; es handele sich um eine das Trennungsprinzip des § 13 II GmbHG nicht berührende reine Innenhaftung (BGHZ 173, 246 Rz 33, 36; krit zB *Sester* RIW 07, 787, 788; *Schanze* NZG 07, 681, 684 f; *Dauner-Lieb* ZGR 08, 34, 43 f; *Kleindiek* NZG 08, 686, 689 f; *Rubner* DStR 09, 1538, 1539 f). Der Anspruch ist bei Insolvenzreife vom Insolvenzverwalter geltend zu machen; außerhalb des Insolvenzverfahrens können die Gläubiger erst auf Grund eines Titels gegen die Gesellschaft nach Pfändung und Überweisung der Gesellschaftsansprüche gegen den Gesellschafter vorgehen (BGHZ 173, 246 Rz 34 ff; krit insb *Altmeppen* NJW 07, 2657, 2660; *Noack* LMK 07, 240726; *Wilhelm* EWiR 07, 557, 558). **Rechtsfolge** ist ein Ersatz des Differenzgewinnausfalls, dh die empfangenen verbotenen Leistungen sind zurückzugewähren, soweit sie zur Befriedigung von Gläubigern benötigt werden (BGHZ 173, 246 Rz 54 ff; krit *Schanze* NZG 07, 681, 684; *Wackerbarth* JZ 08, 1166, 1168), und zu verzinsen (BGH NJW-RR 08, 918 Rz 9 ff). Die **Verjährung** richtet sich nach allgemeinen Regeln des BGB (BGHZ 179, 344 Rz 33). Die **Beweislast** für alle objektiven und subjektiven Anspruchsvoraussetzungen trägt die Gesellschaft (BGHZ 173, 246 Rz 41; NJW-RR 08, 629 Rz 14; zu Problemen *Theiselmann* GmbHR 07, 904, 906; *Hölzle* DZWir 07, 398, 406 f; *Lieder* DZWir 08, 145, 147, 149; für eine Beweislastumkehr hinsichtlich der Schadenshöhe *Altmeppen* NJW 07, 2657, 2660; gegen Beweiserleichterungen aber *Paefgen* DB 07, 1907, 1909; *Noack* LMK 07, 240726).

Stellungnahme: Zu begrüßen ist, dass der BGH die zuvor praktizierte Durchbrechung des § 13 II GmbHG **39** aufgegeben hat. Das in BGHZ 173, 246 entwickelte Haftungskonzept lässt sich in die Dogmatik des § 826 einpassen, hier bewähren sich einmal mehr Ergänzungs- und Entwicklungsfunktion des § 826 (s.o. Rn 2; ähnl *Steffek* JZ 09, 77, 83; krit zur Lückenschließung über § 826 aber *Hönn* WM 08, 769, 774, 776 ff; *Wazlawik* NZI 09, 291, 296); zudem sind §§ 830, 840 anwendbar (dazu insb *Weller* ZIP 07, 1681, 1687; *Witt* DNotZ 08, 219, 225 f). Wie sich allerdings die Beschränkungen bei der Anspruchsberechtigung, die Beweislast ohne jegliche Beweiserleichterungen sowie die hohen subjektiven Erfordernisse auf die praktische Geltendmachung derartiger Ansprüche auswirken, bleibt abzuwarten. Die eigenständige Relevanz des § 826 neben den Vorschriften des GmbHG (jetzt insb § 64 3 GmbHG; dazu auch *Kölbl* BB 09, 1194, 1199), § 15a InsO und §§ 263, 266, 283 ff StGB dürfte nicht allzu groß sein. Schließlich ist der **internationale Anwendungsbereich** der Existenznichtungshaftung unklar, da ihre Qualifikation als deliktsrechtlich (mit der Folge einer Anwendung auch auf Auslandsgesellschaften mit Verwaltungssitz in Deutschland über Art 4 Rom II-VO, dafür – noch in Bezug auf Art 40 EGBGB – zB *Paefgen* DB 07, 1907, 1912; mit Einschränkungen auch *Weller* ZIP 07, 1681, 1688 f, abl aber mit überzeugenden Argumenten *Sester* RIW 07, 787, 789; *Schanze* NZG 07, 681, 685; *Kölbl* BB 09, 1194, 1199 f), insolvenzrechtlich (zB *Lieder* DZWir 08, 145, 148; *Kühnle/Otto* IPRax 09, 117, 120 f; dagegen zu Recht *Schanze* NZG 07, 681, 685) oder gesellschaftsrechtlich (*Schanze* NZG 07, 681, 685 f, aber auch mit Hinweis auf die sich dabei ergebenden Probleme) noch offen ist (dazu Art 1 Rom II-VO Rn 5). Die Qualifikationsprobleme im IPR könnten darauf hindeuten, dass die Haftung in ihrer derzeitigen Ausgestaltung noch nicht stimmig ist, dass also etwa die Anspruchsberechtigung oder die Übertragbarkeit der Haftungsgrundsätze auf andere Kapitalgesellschaften nochmals überdacht werden sollten.

e) Widerspruch gegen Lastschriften. Grds ist der Inhaber eines Bankkontos berechtigt, einer Belastung sei- **40** nes Kontos zu widersprechen mit der Folge, dass der entsprechende Betrag seinem Konto wieder gutgeschrieben wird. Ein solcher Widerspruch kann im Einzelfall sittenwidrig sein, insb wenn er – wie es va im Vorfeld der Insolvenz geschieht – **ohne sachlichen Grund** erfolgt (meist mit dem Ziel, andere Gläubiger zu befriedigen) und dadurch der Gläubiger, zu dessen Gunsten die Belastung erfolgt war, geschädigt wird (weil er mit seiner Forderung gegen den Schuldner ausfällt) oder dessen Bank einen Schaden erleidet (weil sie deswegen mit einer Forderung gegen ihren Schuldner, den ursprünglichen Empfänger der Lastschrift, ausfällt; hingegen kommt die Schuldnerbank idR nicht als Geschädigte in Betracht, Ddorf BKR 07, 514, 517). Sittenwidrig ist in einer solchen Situation insb der Widerruf einer in der Sache berechtigten Lastschrift (s. insb BGHZ 101, 153, 156 ff); bei Irrtum über das Recht zum Widerruf können aber die subjektiven Voraussetzungen eines Sittenverstoßes fehlen (BGH NJW-RR 09, 1207 Rz 22 mwN). Regelmäßig haftet dann der Schuldner; seine Bank kann nur nach § 826 in Anspruch genommen werden, wenn sie den Schuldner zum Widerspruch aufgefordert oder mit ihm zusammengewirkt hat, um sich selbst Vorteile zu verschaffen, insb um ihr eigenes Ausfallrisiko zu reduzieren (s. insb BGHZ 95, 103, 107; 101, 153, 158 f; NJW 01, 2632, 2633 mwN; NJW-RR 09, 1207 Rz 11 ff – **Lastschriftreiterei**). Zur Haftung des Insolvenzverwalters beim Widerruf von Einzugsermächtigungen BGHZ 161, 49; München NZI 07, 351, 352.

41 f) **Missbrauch von Wechseln und Schecks.** Ein sittenwidriger Missbrauch von Wechseln liegt va in der sog **Wechsel- und Scheckreiterei**, bei der kreditschwache Personen planmäßig ohne zugrunde liegende Waren- oder Dienstleistungsgeschäfte Wechsel oder Schecks austauschen mit dem Ziel, sich Kredit zu beschaffen (BGHZ 27, 172, 175 ff – zu § 138; BB 69, 384 – auch zur Haftung der beteiligten Bank; NJW 80, 931 f). Das sog Wechsel-Scheck-Verfahren, bei dem ein Bankscheck zur Bezahlung verwendet und anschließend durch einen Wechsel „ersetzt" wird (idR um einen Eigentumsvorbehalt auszuschalten), wird nur unter besonderen Umständen von § 826 erfasst, insb wenn die Bank ein solches Verfahren zu Lasten des Gläubigers als Aussteller des Wechsels initiiert (BGH WM 79, 272, 273; zu den Grenzen der Haftung der Bank insb BGHZ 56, 264, 265 f; NJW 84, 728 f). Auch sonst kommt eine Haftung der Bank aus § 826 in Betracht, wenn sie Wechsel oder Schecks einlöst, obwohl sie weiß oder es für möglich hält, dass dadurch Dritte geschädigt werden (zB BGH NJW 61, 2302, 2303; 73, 1366 f) oder weil sie ihr eigenes Ausfallrisiko verringern möchte (BGH DB 56, 986).

42 g) **Provisionsschinderei.** Eine von § 826 erfasste **Provisionsschinderei** (churning) liegt vor, wenn sich Broker oder Vermittler von Geldanlagen oder beide gemeinsam durch nicht gerechtfertigten häufigen Umschlag eines Anlagekontos zu Lasten der Gewinnchancen des Kunden Provisionseinnahmen verschaffen (BGH NJW 95, 1225, 1226; 04, 3423 mwN; Ddorf I-6 U 224/06; IPRax 09, 158, 161 ff; I-6 U 242/06; I-15 U 18/07 Rz 59; weiterhin zB *Barta* BKR 04, 433 ff; *Zeller* LMK 05, 39 f). Die Tat kann auch durch einen Anlageverwalter oder -berater begangen werden (BGH NJW 04, 3423).

43 **7. Rechts- und Institutionenmissbrauch. a) Immaterialgüterrechte.** Die **Verletzung von Immaterialgüterrechten** unterliegt in erster Linie den immaterialgüterrechtlichen Spezialregelungen (s.o. § 823 Rn 69). Daneben mag in Fällen einer Verletzung, deren Umstände als besonders verwerflich erscheinen, vereinzelt eine Heranziehung des § 826 in Betracht kommen (zB BGH NJW 77, 1062; abgelehnt: Frankf GRUR-RR 05, 317, 319). In den Fällen der bisherigen Rspr ging es va um Schließung von Lücken im immaterialgüterrechtlichen Schutz; ein ergänzender Leistungsschutz erfolgt aber heute in erster Linie – und unter engen Voraussetzungen (s. insb BGH GRUR 85, 876, 877; 251, 253; 443, 444; 05, 349; zu abw Ansätzen in der Lit zB *Kur* GRUR Int 98, 771, 774 ff; *Fezer* WRP 93, 63, 64 ff; *Köhler* WRP 99, 1075, 1077 ff, alle mwN) – über das UWG (§§ 3 I, 4 Nr 9), so dass § 826 daneben bei Immaterialgüterrechtsverletzungen kaum noch selbständige Bedeutung haben dürfte.

44 Eine Haftung nach § 826 kommt hingegen in Betracht, wenn die **Anmeldung von Immaterialgüterrechten** (und damit deren institutionalisierter Schutz) missbraucht wird, um Dritte von einem bestimmten Markt fernzuhalten (zB BGH NJW 69, 1534, 1535; GRUR 86, 74, 77; 87, 292, 294; 05, 414, 417; eine moderne Form ist das sog Domain-Grabbing, BGH NJW 05, 2315, 2316: nicht bereits bei Registrierung eines Gattungsbegriffs; ebenso LG Braunschweig MMR 07, 195, 196; umfassend *Wagner* ZHR 1998, 701, 703; zu einem Sonderfall – Zwischennutzung einer fremden Internet-Domain – LG München I MMR 06, 484) oder sie zu einem bestimmten Verhalten zu veranlassen (BGHZ 46, 130) oder wenn die Anmeldung erschlichen wird (RGZ 140, 184, 187 ff; BGH GRUR 56, 265, 269). Umgekehrt kann § 826 evtl eingreifen, wenn das Immaterialgüterrecht eines anderen von einem Nutzungsberechtigten oder gar einem dieses Recht unbefugt Nutzenden angegriffen wird (BGH LM § 9 PatG Nr 6; BGHZ 4, 100); ein solches Verhalten liegt vom Unwertgehalt her noch über der unberechtigten Schutzrechtsverwarnung (§ 823 Rn 88 f). Als nicht sittenwidrig betrachtet die Rspr hingegen den Erwerb eines älteren Markenrechts, um Ansprüche während eines laufenden Rechtsstreits abzuwehren (BGHZ 150, 83 – Hotel Adlon).

45 b) **Missbrauch von Aktionärsrechten.** Ein Verstoß gegen § 826 kann auch darin liegen, dass eine Anfechtungsklage gem §§ 243 ff AktG dazu benutzt wird, der Gesellschaft Schaden zuzufügen, insb um die Zahlung einer hohen Abfindung für die Rücknahme der Klage zu erwirken (räuberische Anfechtungsklage, zB BGH NJW 92, 2821 ff; BGHZ 107, 296, 308 ff; Ddorf NZG 09, 222, 223 ff; LG Frankfurt aM BB 07, 2362, 2364). Für eine Ausdehnung auf mittelbar Geschädigte, zB Mitaktionäre, LG Hamburg ZIP 09, 1960, 1962 – nicht rechtskräftig.

46 c) **Missbräuchliches Prozessverhalten.** Die Folgen bestimmter Verhaltensweisen in gerichtlichen Verfahren werden in erster Linie durch die jeweilige Verfahrensordnung geregelt (BVerfGE 74, 257, 260 f; BGHZ 36, 18, 20 ff; 74, 9, 12 ff; 95, 10, 19 ff). Bei **unredlicher Verfahrenseinleitung** kann jedoch ein Anspruch aus § 826 in Betracht kommen (zB BVerfGE 74, 257, 260 f; BGHZ 36, 18, 21; 154, 269, 271 ff; NJW 04, 446, 447; 05, 901, 902; vgl aber auch Kobl OLGR 06, 559, 560 f), ebenso bei **Urteilserschleichung** (zB BGH BB 69, 1459; LM § 826 [Fa] Nr 7).

d) Missbräuchliches Verhalten in der Zwangsvollstreckung. Auch missbräuchliches Verhalten in der **47** Zwangsvollstreckung kann von § 826 erfasst werden, zB Abreden zur Ausschaltung von Bietern, um ein insgesamt niedrigeres Gebot zum Schaden des Eigentümers und etwaiger dinglich Berechtigter zu erzielen (zB BGH NJW 61, 1012, 1013; WM 65, 203, 204; Frankf WM 89, 1102, 1104) oder sonstige sittenwidrige Verfälschungen von Versteigerungsergebnissen (BGH NJW 00, 2810).

e) Missbrauch von Urteilen oder Vollstreckungstiteln. Grds kann die Rechtskraft von Urteilen nur aus- **48** nahmsweise gem §§ 578 ff ZPO durch Nichtigkeits- oder Restitutionsklage durchbrochen werden. Unter bestimmten Voraussetzungen gewährt die Rspr jedoch einen Anspruch aus § 826 auf **Unterlassung der Zwangsvollstreckung aus einem rechtskräftigen Urt** und Herausgabe des Titels oder – nach Abschluss der Zwangsvollstreckung – auf Schadensersatz wegen Urteilsmissbrauchs (zB RGZ 36, 249, 251; 168, 1, 12; BGHZ 13, 71, 72 f; 50, 115, 117 ff; 112, 54, 57 ff), ggf auch neben einer Restitutionsklage (BGHZ 50, 115, 120; Schlesw OLGR 06, 220, 222, auch zur abweichenden Zuständigkeit). In der Lit wurde dies früher überwiegend als Umgehung der Rechtskraft kritisiert (s. zB die Nachw bei MüKo/*Wagner* § 826 Rz 157; AnwK/*Katzenmeier* § 826 Rz 65), heute nimmt die Zustimmung zu dieser Rspr zu (zB MüKo/*Wagner* § 826 Rz 158; Soergel/*Hönn* § 826 Rz 219; AnwK/*Katzenmeier* § 826 Rz 65 mwN; krit nach wie vor *Foerste* FS Werner 426, 429 ff). Nach der Rspr hat die Rechtskraftdurchbrechung drei **Voraussetzungen**: erstens materielle Unrichtigkeit des Urteils im Zeitpunkt der letzten mündlichen Verhandlung aufgrund tatsächlicher Umstände (nicht durch angeblich unrichtige Rechtsanwendung, BGHZ 40, 130, 134, und nicht aufgrund nachlässiger Prozessführung durch den Betroffenen, BGH NJW-RR 88, 957, 959), zweitens besondere sittenwidrigkeitsbegründende Umstände, insb Urteilserschleichung (BGHZ 50, 115, 124; BB 69, 1459), die Ausnutzung eines als unrichtig erkannten Urteils, für dessen Unrichtigkeit der Vollstreckungsgläubiger nicht verantwortlich ist, nur unter besonderen Umständen (wenn sie in hohem Maße unbillig und geradezu unerträglich ist, RGZ 155, 55, 60 f; 156, 265, 268 f; BGHZ 26, 391, 396 ff; 112, 54, 58 f) und drittens Kenntnis des Gläubigers von der Unrichtigkeit des Urteils (wobei Verschaffung dieser Kenntnis iRd Prozesses über den Anspruch aus § 826 genügen soll, BGHZ 101, 380, 385; 103, 44, 47; krit zu Recht Staud/*Oechsler* § 826 Rz 494; MüKo/*Wagner* § 826 Rz 161).

Bei **Vollstreckungsbescheiden** kommt eine Durchbrechung der Rechtskraft nach ähnlichen Grundsätzen in **49** Betracht (s. insb BGHZ 101, 380, 383 f; 103, 44, 50 f; NJW 05, 2991, 2993 ff mwN – dort iE allerdings abgelehnt; LAG Schleswig-Holstein NZA-RR 07, 216, 217 f), insb bei Vollstreckungsbescheiden über Ansprüche aus sittenwidrigen Verträgen (etwa Ratenkredit- oder Bürgschaftsverträgen) oder unverbindlichen Partnerschaftsverträgen (LG Frankfurt aM NJW-RR 95, 634, 635). Entscheidend ist, ob der Titelgläubiger erkennen konnte, dass er materiellrechtlich nicht berechtigt war und im streitigen Verfahren scheitern würde und deshalb den Weg über das Mahnverfahren gewählt hat und ob dadurch ein geschäftsunerfahrener Verbraucher übervorteilt wurde (s. insb BGHZ 101, 380, 386 ff; 103, 44, 46 ff; NJW 05, 2991, 2994 mwN; LAG Schleswig-Holstein NZA-RR 07, 216, 217 f).

Auch bei **anderen Titeln** kann eine vergleichbare Rechtskraftdurchbrechung nach § 826 in Betracht kommen, **50** zB bei Vergleich (BGH MDR 69, 739 f; LM [Fa] § 826 Nr 3), Schiedsspruch (BGHZ 34, 274, 280 f; 145, 376, 381 ff), einstweiliger Verfügung (BGH WM 69, 474, 475), Zuschlagsbeschluss in der Zwangsversteigerung (RGZ 69, 277, 280; BGHZ 53, 47, 50 f; NJW 71, 1751, 1752) oder Kostenfestsetzungsbeschluss (Nürnbg NJW 73, 370), nicht aber beim Prozessvergleich (dazu insb MüKo/*Wagner* § 826 Rz 166; AnwK/*Katzenmeier* § 826 Rz 69; differenzierend Staud/*Oechsler* § 826 Rz 543 mwN: keine Rechtskraftdurchbrechung, aber § 826 als Grundlage von Einwendungen; offen gelassen: Bremen NJW-RR 01, 1036, 1037 f).

§ 827 Ausschluss und Minderung der Verantwortlichkeit.

¹Wer im Zustand der Bewusstlosigkeit oder in einem die freie Willensbestimmung ausschließenden Zustande krankhafter Störung der Geistestätigkeit einem anderen Schaden zufügt, ist für den Schaden nicht verantwortlich. ²Hat er sich durch geistige Getränke oder ähnliche Mittel in einen vorübergehenden Zustand dieser Art versetzt, so ist er für einen Schaden, den er in diesem Zustand widerrechtlich verursacht, in gleicher Weise verantwortlich, wie wenn ihm Fahrlässigkeit zur Last fiele; die Verantwortlichkeit tritt nicht ein, wenn er ohne Verschulden in den Zustand geraten ist.

A. Funktion und Anwendungsbereich. I. Funktion. § 827 betrifft die **Verschuldensfähigkeit** des Schädi- **1** gers. *Die* Vorschrift ergänzt (in Kombination mit §§ 828, 829) den objektiven Verschuldensmaßstab des § 276 durch ein subjektives Element. Sie basiert auf dem Grundsatz, dass Handlungen, die nicht von der freien Willensbestimmung getragen werden, keine Verschuldenshaftung begründen können (vgl auch §§ 104 ff). Die Folgen des § 827 werden durch die Billigkeitshaftung nach § 829 und die Haftung des Aufsichtspflichtigen nach § 832 abgemildert.

II. Anwendungsbereich. § 827 ist auf **sämtliche Fälle der Verschuldenshaftung** – auch außerhalb des **2** Deliktsrechts (vgl § 276 I 2) – anwendbar (BGH NJW 68, 1132, 1133), weiterhin auf die Feststellung der Erbunwürdigkeit gem § 2339 (BGHZ 102, 227, 230 f) oder die Pflichtteilsentziehung nach § 2333 (LG Ravensburg 6 O 257/06). Mit der hM (BGHZ 9, 316, 317; 37, 102, 105 f; NJW 06, 292 Rz 17; *G Müller* VersR 03, 1, 7 mwN; vgl auch § 828 Rn 2) ist eine Anwendbarkeit auf **Obliegenheitsverletzungen iSd § 254** (wegen deren Verschuldensähnlichkeit) anzunehmen (aA insb *Esser/Schmidt* § 35 I 3b mwN). Die Anwendung auf Tatbestände der **Gefährdungshaftung** wird diskutiert, soweit diese an eine **Haltereigenschaft** des Schädigers anknüpfen (dafür zB BGHZ 9, 316, 317; 24, 325, 327; Erman/*Schiemann* § 827 Rz 1; AnwK/*Katzenmeier* Vor §§ 827 ff Rz 4; dagegen BaRoth/*Spindler* § 827 Rz 1 mwN). Im Kern geht es darum, ob dann, wenn der gesetzliche Vertreter an der Begründung der Haltereigenschaft nicht beteiligt war, eine Anwendung der §§ 104 ff (wegen der Parallele zum idR erforderlichen Abschluss einer Versicherung, zB *Larenz/Canaris* § 84 I 2g; *Esser/ Weyers* § 63 II 3) oder der §§ 827 ff (wegen des tatsächlichen Charakters der Begründung der Haltereigenschaft, zB Soergel/*Spickhoff* Vor § 827 Rz 7; Erman/*Schiemann* § 827 Rz 1) sinnvoller ist oder allg auf den Reifegrad des Halters abzustellen ist (zB Staud/*Eberl-Borges* § 833 Rz 115; *Eberl-Borges* VersR 96, 1070, 1074 f). Da die Haltereigenschaft nicht auf rechtsgeschäftlichen Elementen beruht, erscheint die Heranziehung der §§ 827 ff angebracht. Umstr ist die Anwendung iRd § 81 VVG. Ein Ausschluss oder eine Kürzung der Leistungspflicht des Versicherers nach dieser Vorschrift ist auch in Fällen des **§ 827 1** denkbar (zB bei Trunkenheitsfahrt, s. zu § 61 VVG aF BGH NJW 85, 2648 f; 89, 1612 f; NJW-RR 04, 173, 174; *Knappmann* NVersZ 98, 13, 14 mwN). Str ist eine analoge Anwendung des **§ 827 2**, zB bei grob fahrlässigem Herbeiführen eines Rauschs (dafür BGH VersR 67, 944; dagegen zu Recht wegen nicht hinreichender Vergleichbarkeit der Sachlage zB BaRoth/*Spindler* § 827 Rz 8; Erman/*Schiemann* § 828 Rz 3; *Knappmann* NVersZ 98, 13, 15; *ders* VersR 00, 11, 13; vgl auch *Lang* NZV 90, 336, 337). Hingegen können die allg Grundsätze über die actio libera in causa (s.u. Rn 4) auch bei § 81 VVG eingreifen (*Lang* NZV 90, 336, 337; *Knappmann* NVersZ 98, 13, 16 mwN; *ders* VersR 00, 11, 13 zu § 61 VVG aF). Entsprechendes muss für die Anwendung des § 827 iRd § 103 VVG gelten (dazu BGHZ 111, 372, 374 f).

3   **B. Regelungsinhalt. I. § 827 S 1.** Nach **§ 827 1** führt Unzurechnungsfähigkeit (vgl auch §§ 104 f) zum Ausschluss der Verantwortlichkeit bei der Verschuldenshaftung. Sie ist anzunehmen bei **Bewusstlosigkeit**, insb Schlaf oder Ohnmacht (BGHZ 23, 90, 98; Saarbr NJW-RR 03, 605), sofern eine Handlung im Rechtssinne vorliegt, und bei **Ausschluss der freien Willensbestimmung**, zB durch Schock (s. insb BGH VersR 66, 458; zu Einschränkungen beim Unfallschock insb BGH VersR 66, 579 f; 77, 430, 431), äußerste Erregung (BGH NJW 58, 266, 267 – zum Strafrecht), panische Schreckreaktionen (Nürnbg VersR 65, 93, 94; s. aber auch BGH VersR 66, 579 f), Psychosen (Karlsr VersR 95, 217, 218), Alkohol-, Drogen- oder Medikamenteneinwirkungen (keine feste Promillegrenze, BGH VersR 65, 656; 67, 125, 126 f; BaRoth/*Spindler* § 827 Rz 6; Erman/*Schiemann* § 827 Rz 2), bei Letzteren ist stets S 2 im Blick zu behalten. Durch die genannten Zustände muss die freie Willensbestimmung in Bezug auf die fragliche Handlung vollständig ausgeschlossen sein; nicht ausreichend ist eine bloße Minderung der Verstandes- und Willenskraft (zB RGZ 108, 86, 90; BGH VersR 65, 949, 950; NJW 89, 1612). Die zu § 20 StGB entwickelten Fallgruppen gelten entsprechend (AnwK/*Katzenmeier* § 827 Rz 2; BaRoth/*Spindler* § 827 Rz 2).

4   **II. § 827 S 2.** Bei schuldhaftem Versetzen in den Zustand der Unzurechnungsfähigkeit durch Alkohol (oder vergleichbar wirkende Medikamente, Drogen, BaRoth/*Spindler* § 827 Rz 6) haftet der Handelnde gem **§ 827 2** für Fahrlässigkeit (diese wird vermutet), also nicht bei Taten, die Vorsatz erfordern (BGH NJW 68, 1132, 1133). Bei grober Fahrlässigkeit als Haftungsvoraussetzung muss auch der Zustand grob fahrlässig herbeigeführt worden sein (BGH VersR 67, 944). Unberührt bleibt eine Haftung nach den Grundsätzen der **actio libera in causa** (insb BGH NJW 89, 1612, 1613): Hier führt vorsätzliche Herbeiführung der Verschuldensunfähigkeit zur Verantwortlichkeit für in diesem Zustand vorsätzlich oder fahrlässig begangene Taten. § 827 2 ist auf die Beurteilung eines Mitverschuldens iSd § 254 entsprechend anzuwenden (Karlsr NJW 09, 2608, 2609).

5   **III. Beweislast.** Für das Vorliegen einer Handlung überhaupt trägt grds der Geschädigte die Beweislast (BGHZ 39, 103, 108; Ausn: BGHZ 98, 135, 137 ff). Unzurechnungsfähigkeit iSd § 827 1 hat der Handelnde zu beweisen (BGHZ 39, 103, 108; 111, 372, 374 mwN). Das gilt auch bei § 2339 I Nr 1 (BGH NJW 88, 822, 823) sowie im Adhäsionsverfahren (LG Berlin NZV 06, 389, 390). Das Vorliegen eines Betreuungsverhältnisses hat lediglich Indizwirkung (vgl RGZ 108, 86, 90). Für den Anscheinsbeweis dürfte Alkoholisierung allein nicht ausreichen (*Berger* VersR 92, 168, 169). Für die Ausnahme des § 827 2 ist der Geschädigte beweispflichtig, aber der Handelnde kann sich gem § 827 2 letzter Hs entlasten (BGH NJW 68, 1132, 1133).

§ 828 Minderjährige. (1) Wer nicht das siebente Lebensjahr vollendet hat, ist für einen Schaden, den er einem anderen zufügt, nicht verantwortlich.
(2) ¹Wer das siebente, aber nicht das zehnte Lebensjahr vollendet hat, ist für den Schaden, den er bei einem Unfall mit einem Kraftfahrzeug, einer Schienenbahn oder einer Schwebebahn einem anderen zufügt, nicht verantwortlich. ²Dies gilt nicht, wenn er die Verletzung vorsätzlich herbeigeführt hat.
(3) Wer das 18. Lebensjahr noch nicht vollendet hat, ist, sofern seine Verantwortlichkeit nicht nach Absatz 1 oder 2 ausgeschlossen ist, für den Schaden, den er einem anderen zufügt, nicht verantwortlich, wenn er bei der Begehung der schädigenden Handlung nicht die zur Erkenntnis der Verantwortlichkeit erforderliche Einsicht hat.

§ 828

A. Funktion und Anwendungsbereich. I. Funktion. § 828 dient – in Ergänzung der §§ 104 ff und in Kombination mit § 829 – dem Minderjährigenschutz, indem er die Deliktshaftung nicht Volljähriger iRe teilweise typisierenden Regelung von Alter und Einsichtsfähigkeit abhängig macht.

II. Anwendungsbereich. Der **sachliche Anwendungsbereich** entspricht weitgehend demjenigen des § 827 (dort Rn 2), dh § 828 gilt für sämtliche Fälle der Verschuldenshaftung (§ 276 I 2), für die Feststellung der Erbunwürdigkeit (§ 2339) oder die Pflichtteilsentziehung nach § 2333, für Obliegenheitsverletzungen iSd § 254 (bei § 828 nach der Neufassung des II weitgehend anerkannt, vgl BTDrs 14/7752, 26; Saarbr NJW 07, 1888, 1889), für den Regressanspruch des Unfallversicherungsträgers nach § 116 I SGB X (*Dahm* NZV 09, 378 f), str, ob auch für Gefährdungshaftung, sofern sie an die Haltereigenschaft des Schädigers anknüpft (jedenfalls § 828 II 1 passt hier nicht, vgl Erman/*Schiemann* § 827 Rz 1; *Oechsler* NJW 09, 3185, 3189). Zur **zeitlichen Anwendbarkeit** des § 828 II s. Art 229 § 8 I EGBGB (dazu BGH NJW-RR 05, 1263).

B. Regelungsinhalt. § 828 enthält eine teils nach Altersgruppen typisierende, teils einzelfallbezogene Regelung, die durch §§ 829, 832 modifiziert wird. Für die Zuordnung zu einer Altersgruppe ist der Zeitpunkt der schädigenden Handlung, nicht des Schadenseintritts maßgebend (arg e § 828 III).

I. Kinder unter 7 Jahren. Kinder unter 7 Jahren sind gem § 828 I nicht verschuldensfähig.

II. Kinder und Jugendliche zwischen 7 und 18 Jahren. Kinder und Jugendliche zwischen 7 und 18 Jahren haften bei Vorliegen von Verschuldensfähigkeit (§ 828 III, II) und Verschulden (§ 276).

1. Grundregel. Gem § 828 III ist für die Verschuldensfähigkeit die **intellektuelle Einsichtsfähigkeit** entscheidend: Verschuldensfähig ist, wer in der Lage ist, seine Verantwortlichkeit als Folge der Gefährlichkeit seines Tuns zu erkennen (zB RGZ 53, 157, 159; BGH NJW 70, 1038; BGHZ 161, 180, 187; NJW-RR 05, 327, 328; Nürnbg VersR 06, 1128 f). Erkennbarkeit konkreter tatsächlicher oder gar rechtlicher Folgen ist nicht erforderlich (stRspr, vgl nur RGZ 53, 157, 159; BGH NJW 79, 864, 865; LG Bielefeld NJW-RR 07, 610, 611). Aus der Einsichtsfähigkeit in Bezug auf das Unrecht des Tuns wird idR Einsichtsfähigkeit auch im Hinblick auf die Verantwortlichkeit abgeleitet (s. insb BGH VersR 57, 415 f; 70, 374 f; ähnl BGH NJW 05, 354, 355; NJW-RR 05, 327, 328). Entscheidend sind die Umstände des Einzelfalls, insb Alter und geistige Entwicklung des Handelnden (BGH VersR 53, 28, 29; NJW 84, 1958 f); dagegen kommt es auf die Fähigkeit, auch nach der vorhandenen Einsicht zu handeln (Steuerungsfähigkeit) erst für das Verschulden an (s.u. Rn 8). § 828 III enthält keine starre Regel, insb keine festen, altersabhängigen Fallgruppen.

2. Sonderregelung. Gem § 828 II sind Kinder zwischen 7 und 10 Jahren nicht verantwortlich für Schäden im Zusammenhang mit einem Unfall mit einem Kraftfahrzeug, einer Schienenbahn oder einer Schwebebahn (1), sofern sie die Verletzung nicht vorsätzlich herbeigeführt haben (2). Die Verschuldensfähigkeit wird heraufgesetzt, weil Kinder dieses Alters regelmäßig überfordert sein dürften, Gefahrensituationen im motorisierten Verkehr richtig einzuschätzen, insb aufgrund unzutreffender Beurteilung von Geschwindigkeit und Entfernung solcher Fahrzeuge (BTDrs 14/7752, 26 f; *Bollweg* NZV 00, 185, 186; *G Müller* VersR 03, 1, 7; auch schon Schlesw NJW-RR 03, 459, 460; zur Kritik insb BaRoth/*Spindler* § 828 Rz 4 mwN). Der Schwerpunkt der Anwendung des II dürfte iRd § 254 sowie der §§ 4 HPflG, 9 StVG liegen (vgl insb Erman/*Schiemann* § 828 Rz 2a). Unfall ist – ähnl wie bei § 7 StVG – ein plötzliches, örtlich und zeitlich bestimmtes, auf einer äußeren Einwirkung beruhendes Ereignis, bei dem ein Mensch getötet, der Körper oder die Gesundheit eines Menschen verletzt oder eine Sache beschädigt wird (*Kilian* ZGS 03, 168, 169 mwN). Anders als bei § 7 StVG, der auch Unfälle im ruhenden Verkehr erfassen kann (BGHZ 29, 163, 169; Bambg VersR 67, 562), kommt es bei § 828 II auf das spezifische Gefahrenpotential des motorisierten Verkehrs an, das sich im ruhenden Verkehr gerade nicht verwirklicht. Daher greift die Vorschrift infolge teleologischer Reduktion nicht ein bei Beschädigung eines parkenden Fahrzeugs durch spielende Kinder (insb BGHZ 161, 180, 183 ff; NJW 05, 356; NJW-RR 05, 327 f), wohl aber wenn ein Kind mit dem Fahrrad auf einen verkehrsbedingt vorübergehend anhaltenden Pkw auffährt (BGH NJW 07, 2113 Rz 10 f) oder sein Fahrrad rollen lässt und dieses mit einem vorbeifahrenden Pkw kollidiert (BGH NJW 08, 147 Rz 7 ff; krit *Bernau* DAR 08, 78 f). Der BGH legt die Regelung neuerdings weiter aus und wendet sie auch im ruhenden Verkehr an, wenn sich in diesem "eine spezifische Gefahr des motorisierten Verkehrs verwirklich[e]" (NJW 09, 3231 Rz 7), was er zB annimmt, wenn ein Kind mit dem Fahrrad gegen die geöffnete Tür eines am Fahrbahnrand stehenden Fahrzeugs (VersR 08, 701 Rz 6) oder gegen ein nicht ordnungsgemäß geparktes Auto (NJW 09, 3231 Rz 12 f) fährt (krit *Oechsler* NJW 09, 3185, 3186 ff). Erfasst werden Kraftfahrzeuge, nicht hingegen Radfahrer (*Jansen* JZ 02, 964, 969; *Hentschel* NZV 02, 433, 442; *Kilian* ZGS 03, 168, 169; *Chr Huber* § 3 Rz 55) oder Inline-Skater (BGHZ 150, 201, 206; *Kilian* ZGS 03, 168, 169; differenzierend *Vogenauer* VersR 02, 1345 ff, 1478 ff – jeweils in Bezug auf § 24 I StVO), str für Anhänger (für Einbeziehung HK/*Staudinger* § 828 Rz 2; dagegen *Lemcke* ZfS 02, 318, 324). Nicht erforderlich ist, dass die Schädigung ausschließlich durch ein Kfz verursacht wurde. Bei vorsätzlicher Herbeiführung der Verletzung bleibt die Haftung bestehen; der Vorsatz muss sich nicht nur auf den Rechtsverstoß, sondern auch auf den konkreten Schaden beziehen (s. insb Erman/*Schiemann* § 828 Rz 2b; AnwK/*Katzenmeier* § 828 Rz 7; Hambg ZfS 96, 371, Parallele zum Unfallversicherungsrecht).

8 **3. Verschulden.** Das Verschulden iSd § 276 als weitere Haftungsvoraussetzung ist nach einem **stärker objektivierenden** (Abstellung auf die Altersgruppe, BGH VersR 53, 28, 29; NJW 84, 1958 f; NJW-RR 97, 1110, 1111) **und konkretisierenden Maßstab** zu bestimmen (Erkennbarkeit der konkreten Gefährlichkeit des Handelns, BGHZ 39, 281, 283 f; NJW 70, 1038, 1039; 87, 1947, 1948; Nürnbg VersR 06, 1128, 1129; Zumutbarkeit einer Gefahrenabwendung, BGH VersR 53, 28, 29; Nürnbg aaO). Die Abgrenzung zur Verschuldensfähigkeit (dazu insb BGH NJW 79, 864, 865) dürfte praktisch häufig schwierig sein (BaRoth/*Spindler* § 828 Rz 8 mwN).

9 **4. Rechtsfolge.** Bei Verschuldensunfähigkeit haftet der Minderjährige überhaupt nicht bzw es ist ihm keine Obliegenheitsverletzung iSd § 254 anzulasten; bei Verschuldensfähigkeit (und zugleich Verschulden) ist er in vollem Umfang verantwortlich (**Alles-oder-Nichts-Prinzip**). Einschränkungen kommen in Betracht bei Rechtsmissbrauch (Stuttg NJW 69, 612, 613); sie werden auch für den Fall lebenslanger Belastung mit Zahlungspflichten diskutiert (s.u. Rn 12).

10 **5. Beweislast.** Da in §§ 827 f Verschuldensfähigkeit als Regelfall vorausgesetzt wird, muss der Minderjährige seine Verschuldensunfähigkeit beweisen (zB BGHZ 39, 103, 108; NJW 05, 354, 355; NJW-RR 05, 327, 328; NJW 09, 3231 Rz 10; str, ob dafür auch ein Anscheinsbeweis in Betracht kommt: dagegen zB Palandt/*Sprau* § 828 Rz 6; dafür zB BaRoth/*Spindler* § 828 Rz 16; offen gelassen in BGH NJW 70, 1038, 1040). Die Beweislast für das Verschulden trägt hingegen der Geschädigte (BGH VersR 53, 28, 29; NJW 70, 1038, 1039; 84, 1958 f); hier gelten die allg Regeln, also auch diejenigen des Anscheinsbeweises (BGH NJW 70, 1038, 1040). Für § 828 II geht der BGH davon aus, dass II 1 eine gesetzliche Vermutung enthalte, deren Voraussetzungen der Minderjährige beweisen müsse, während der Geschädigte ggf beweisen müsse, dass eine typische Überforderungssituation ausnahmsweise nicht gegeben war (BGH NJW 09, 3231 Rz 10 ff). Hier werden sehr weitreichende Anforderungen an den Geschädigten gestellt, die iE zu einer Erhöhung der Haftungsschwelle führen dürften, die im Gesetz selbst nicht zwingend angelegt ist (krit auch *Oechsler* NJW 09, 3185, 3187 f).

11 **C. Rechtspolitische Aspekte. I. Vorschläge de lege ferenda.** Das in § 828 zum Ausdruck kommende Alles-oder-Nichts-Prinzip ist rechtspolitisch umstr. Mitunter wird (insb aus rechtsvergleichender Perspektive) die Einführung einer Reduktionsklausel (*Scheffen* FS Steffen 387, 395 ff; *Coester* FS W Lorenz 113, 129 f; Soergel/*Spickhoff* § 828 Rz 6; *Goecke* 239 ff mwN) oder eine Haftungsbeschränkung auf anderem Wege, etwa durch Haftung der Eltern (zB *Schimikowski* NVersZ 99, 545, 547 – mit entspr Versicherungsmöglichkeit), Einführung einer generellen Versicherungspflicht (zB *Pardey* DAR 98, 1, 7; *v Hippel* VersR 98, 26; *Scheffen* FS Steffen 387, 396 f; *Stürner* GS Lüderitz 789, 806 ff) oder Heraufsetzung der Altersgrenze (zB *Kuhlen* JZ 90, 273, 276; *Scheffen* ZRP 91, 458, 463; *dies* FS Steffen 387, 388 ff) gefordert.

12 **II. Verfassungsmäßigkeit.** Wegen der Möglichkeit einer lebenslangen Belastung mit Zahlungspflichten aufgrund einer vor Volljährigkeit (und damit möglicherweise vor Abschluss einer Haftpflichtversicherung) begangenen unerlaubten Handlung („Existenzvernichtung") wird teilw die Verfassungsmäßigkeit des § 828 bezweifelt (zu § 828 aF insb Celle VersR 89, 709; LG Dessau NJW-RR 97, 214; *Canaris* JZ 90, 679 ff; *Glöckner* FamRZ 00, 1397, 1404 f; dagegen zB *Medicus* AcP 1992, 35, 65 ff; krit auch *Ahrens* VersR 97, 1064 ff). Das BVerfG hat hierüber noch nicht entschieden: Im Fall des OLG Celle verglichen sich die Parteien, die Vorlage des LG Dessau wurde aus formalen Gründen (§ 828 als vorkonstitutionelles Recht) zurückgewiesen (NJW 98, 3557; dazu insb *Looschelders* VersR 99, 141 ff; *Rolfs* JZ 99, 233 ff; *Goecke* NJW 99, 2305 ff). Nach der Änderung des § 828 II im Jahre 2002 wäre nunmehr eine verfassungsrechtliche Überprüfung denkbar (vgl auch Erman/*Schiemann* § 828 Rz 7; AnwK/*Katzenmeier* § 828 Rz 13; *Kilian* ZGS 03, 168, 172; s. jetzt auch VerfGH Berlin 31/09). Diskutiert werden zudem Möglichkeiten zur Einschränkung der Wirkungen des § 828 auf einfachgesetzlicher Ebene: § 242 iVm Gebot verfassungskonformer Auslegung (zB *Canaris* JZ 90, 679 ff; *Goecke* NJW 99, 2305, 2309 f), Verweisung auf Restschuldbefreiung, §§ 286 ff InsO (zB BaRoth/*Spindler* § 828 Rz 2; Soergel/*Spickhoff* § 828 Rz 5; *Wagner* NJW 02, 2049, 2060), Heranziehung des Rechtsgedankens des § 76 II Nr 3 SGB IV (Möglichkeit zum Erlass von Ansprüchen, wenn die Einziehung im Einzelfall unbillig wäre, zB *Ahrens* VersR 97, 1064; Erman/*Schiemann* § 828 Rz 7; *Schiemann* KF 99, 5, 10 f; dagegen *Rolfs* JZ 99, 233, 237 f; *Looschelders* VersR 99, 141, 146 f) und evtl analoge Anwendung auf Regress nach § 86 VVG (Erman/*Schiemann* § 828 Rz 7; *ders* KF 99, 5, 11 zu § 67 VVG aF).

§ 829 Ersatzpflicht aus Billigkeitsgründen.
Wer in einem der in den §§ 823 bis 826 bezeichneten Fälle für einen von ihm verursachten Schaden auf Grund der §§ 827, 828 nicht verantwortlich ist, hat gleichwohl, sofern der Ersatz des Schadens nicht von einem aufsichtspflichtigen Dritten erlangt werden kann, den Schaden insoweit zu ersetzen, als die Billigkeit nach den Umständen, insbesondere nach den Verhältnissen der Beteiligten, eine Schadloshaltung erfordert und ihm nicht die Mittel entzogen werden, deren er zum angemessenen Unterhalt sowie zur Erfüllung seiner gesetzlichen Unterhaltspflichten bedarf.

1 **A. Funktion und Anwendungsbereich. I. Funktion.** § 829 statuiert eine **Billigkeitshaftung** für bestimmte Fälle der Verschuldensunfähigkeit als Ausnahme vom Verschuldensprinzip. Die Rechtsnatur der Haftung

(Gefährdungshaftung, reine Ausfallhaftung, Ergänzung der verschuldensabhängigen Haftung, dazu insb MüKo/*Wagner* § 829 Rz 2) ist str, aber für die Normanwendung letztlich nicht entscheidend.

II. Anwendungsbereich. § 829 betrifft nach seinem Wortlaut lediglich Fälle der §§ 823–826. Weitgehende Einigkeit besteht aber darüber, dass die Vorschrift auch für die Modifikationen dieser Haftungstatbestände in §§ 830 ff, also insb für §§ 831, 833 2, 834, 836–838 (Hamm VersR 77, 531, 532) sowie für § 844 f (RGZ 94, 220, 221 f) gilt (zB MüKo/*Wagner* § 829 Rz 4 mwN; AnwK/*Katzenmeier* § 829 Rz 2). Wenn man §§ 827 f auch für Gefährdungshaftung, die auf einer Haltereigenschaft beruht, heranzieht (§ 827 Rn 2), ist § 829 ebenso anzuwenden (so auch zB MüKo/*Wagner* § 829 Rz 4; AnwK/*Katzenmeier* § 829 Rz 2; Erman/*Schiemann* § 829 Rz 1). **Nicht** anwendbar ist § 829 auf vertragliche Ansprüche (Umkehrschluss aus § 276 I 2, s. insb *Deutsch* JZ 64, 86, 89; *Böhmer* NJW 67, 865; MüKo/*Wagner* § 829 Rz 6 mwN; aA insb *Weimar* MDR 65, 263 f). **Str** ist die Anwendung bei **Anspruchskonkurrenz**: Bei Zusammentreffen mit einem Vertragsanspruch sollte § 829 bei Deliktsansprüchen iS einer echten Anspruchskonkurrenz angewandt und nicht die Deliktshaftung durch das Vertragsrecht modifiziert werden (str, wie hier zB MüKo/*Wagner* § 829 Rz 6; Soergel/*Spickhoff* § 829 Rz 6; AnwK/*Katzenmeier* § 829 Rz 3; *Böhmer* NJW 67, 865; aA zB BaRoth/*Spindler* § 829 Rz 10; Erman/*Schiemann* § 829 Rz 1), bei Konkurrenz mit Gefährdungshaftung ist § 829 auch anwendbar (BGHZ 23, 90, 98 f; 127, 186, 193; MüKo/*Wagner* § 829 Rz 4), aber wohl nur ausnahmsweise (s. Soergel/*Spickhoff* § 829 Rz 7). IRd **§ 254** ist § 829 als Konsequenz der Heranziehung der §§ 827 f analog anzuwenden (zB BGHZ 37, 102, 106; NJW 69, 1762; 73, 1795; MüKo/*Wagner* § 829 Rz 5; AnwK/*Katzenmeier* § 828 Rz 2); ob die Mithaftung eines geschädigten Kindes wegen seines Anspruchs gegen die Eltern aus § 832 entfällt, ist str (dagegen zB Celle NJW 69, 1632, 1633; Palandt/*Sprau* § 829 Rz 1; dafür zB BaRoth/*Spindler* § 829 Rz 11). Weiterhin wird § 829 auf folgende Fälle **ausgedehnt**: Fehlen einer Handlung als Anknüpfungspunkt für einen Deliktstatbestand, sofern noch irgendein tatsächlicher Ansatzpunkt für die Zurechnung des Verhaltens gegeben ist (RGZ 146, 213, 215; BGHZ 23, 90, 98 f; aA *Esser/Weyers* § 55 III 2), fehlende Steuerungsfähigkeit (und damit kein Verschulden) eines an sich verschuldensfähigen Minderjährigen (BGHZ 39, 281, 284 f; dagegen *Böhmer* MDR 64, 278, 280), **nicht** hingegen Verhalten eines Zurechnungsunfähigen, das auch einen Zurechnungsfähigen nicht zum Ersatz verpflichten würde, zB wegen Beachtung der erforderlichen Sorgfalt (RGZ 146, 213, 215 f; BGH NJW 62, 2201, 2202; AnwK/*Katzenmeier* § 829 Rz 5).

B. Regelungsinhalt. I. Haftungsvoraussetzungen. 1. Keine Verantwortlichkeit für einen Schaden gem §§ 827 f. Verwirklichung eines der oben (Rn 2) genannten Deliktstatbestände; bei fingierter Zurechnungsfähigkeit müssten alle Anspruchsvoraussetzungen (einschl der subjektiven Elemente, sofern deren Fehlen nicht gerade auf der Verschuldensunfähigkeit beruht) erfüllt sein (insb BGHZ 39, 281, 284). Ausn: Haftung für Verletzung von Verkehrspflichten, denn bei Verschuldensunfähigkeit ist die Verletzung einer solchen Pflicht nicht denkbar (vgl BaRoth/*Spindler* § 829 Rz 2 mwN, auch zur Gegenansicht).

2. Schadensersatz kann nicht von einem aufsichtspflichtigen Dritten erlangt werden. Die Voraussetzungen des § 832 dürfen nicht erfüllt sein (gleichgültig aus welchem Grund, AnwK/*Katzenmeier* § 829 Rz 7; Erman/*Schiemann* § 829 Rz 2). Ist die Haftung des Aufsichtspflichtigen nach § 832 aus praktischen Gründen nicht realisierbar, haftet er mit dem Handelnden im Außenverhältnis gesamtschuldnerisch nach § 840 I (keine Vorausklage gegen den Aufsichtspflichtigen erforderlich, AnwK/*Katzenmeier* § 829 Rz 7; Palandt/*Sprau* § 829 Rz 3), im Innenverhältnis ist gem § 840 II der Aufsichtspflichtige allein verpflichtet.

3. Billigkeit erfordert Schadloshaltung. Abwägung **aller Umstände des Einzelfalls** (BGHZ 127, 186, 192 mwN), **insb:** persönliche und wirtschaftliche Verhältnisse der Beteiligten (zB BGH NJW 69, 1762), Umstände der Schadensverursachung (zB BGHZ 23, 90, 99 f; NJW 79, 2096 f) – hier dürften va Besonderheiten bei Kausalverlauf und Verschulden eine Rolle spielen. Die Schadloshaltung ist idR nur erforderlich bei **deutlichem wirtschaftlichem Gefälle** zwischen Handelndem und Geschädigtem (BGH NJW 69, 1762; BGHZ 76, 279, 284; 127, 186, 193).

Str ist, ob und ggf inwieweit ein **bestehender Haftpflichtversicherungsschutz** auf Seiten des Handelnden zu berücksichtigen ist. Die Rspr bezieht heute für die **Haftungsbegründung** den Deckungsschutz einer Pflichtversicherung mit ein (insb BGHZ 76, 279, 283 f; 127, 186, 191 f). Bei der **Ausgestaltung (Höhe) der Haftung** sei darüber hinaus auch eine freiwillige Haftpflichtversicherung zu berücksichtigen (insb BGHZ 76, 279, 286 f). Abw Ansichten in der Lit: keine Berücksichtigung (zB *P Hanau* VersR 69, 291 ff; *Lieb* MDR 95, 992, 993; BaRoth/*Spindler* § 829 Rz 8; arg: Akzessorietät der Haftpflichtversicherung spricht gegen eine Berücksichtigung bei § 829, Rspr führt zu einem Zirkelschluss), Berücksichtigung sämtlicher Haftpflichtversicherungen bereits bei der Haftungsbegründung (zB *Larenz/Canaris* § 84 VII 1b; *Fuchs* AcP 1991, 318, 338 f; *M Wolf* VersR 98, 812, 816 ff; *E Lorenz* FS Medicus 99 353, 364 f – anders noch *ders* VersR 80, 697, 700 ff; Erman/*Schiemann* § 829 Rz 5; arg: Versicherung als Vermögenswert, Funktionswandel der Haftpflichtversicherung mit stärkerer Tendenz zum Geschädigtenschutz, Parallele zur Bemessung des Schmerzensgeldes, Unterscheidung zwischen Grund und Höhe des Anspruchs praktisch undurchführbar). Darüber hinaus wird vorgeschlagen, den Deckungsschutz solcher Versicherungen auf potentielle Opfer zu erweitern (*Marschall v Bieberstein* BB 83, 467, 469), va für die praktisch relevanten Spielunfälle, für die häufig ein Versicherungsschutz fehlt (dazu insb *E Lorenz* VersR 80, 697 ff).

7 Eine **spätere Veränderung der Vermögensverhältnisse** des Handelnden kann bei einer früher erfolgten Verurteilung zu Rentenzahlungen iRe Abänderungsurteils nach § 323 ZPO berücksichtigt werden (MüKo/*Wagner* § 829 Rz 26; AnwK/*Katzenmeier* § 829 Rz 14). Bei Fehlen eines deutlichen wirtschaftlichen Gefälles zwischen Handelndem und Geschädigtem, aber denkbarer späterer Verbesserung der Vermögensverhältnisse des Handelnden kommt eine Feststellungsklage mit einer Einschränkung im Urteilsspruch in Betracht, die eine spätere Abwägung iRd § 829 ermöglicht (insb RGZ 169, 394, 395; BGH NJW 58, 1630, 1632; 79, 2096, 2097), aber kein genereller Vorbehalt bei Minderjährigen (Karlsr VersR 89, 925; BaRoth/*Spindler* § 829 Rz 12). Kommt es später zur Haftung gem § 829, können auch früher fällig gewordene Beträge verlangt werden (RGZ 169, 394, 395).

8 **4. Kein Entzug der Mittel zum angemessenen Unterhalt bzw zur Erfüllung der gesetzlichen Unterhaltspflichten des Handelnden.** Eigener Unterhalt §§ 1601 ff; gesetzliche Unterhaltspflichten §§ 1360 ff, 1569 ff, §§ 5, 12, 16 LPartG sowie Versorgungsausgleich (MüKo/*Wagner* § 829 Rz 23; Erman/*Schiemann* § 829 Rz 3).

9 **II. Rechtsfolge:** Ersatz des entstandenen Schadens, soweit es die Billigkeit erfordert (kann den Schaden ganz oder teilweise erfassen). Im Hinblick auf Schmerzensgeldansprüche war die Rspr bisher zurückhaltend: Wenn der Verletzte aus Gefährdungshaftung volle materielle Entschädigung erhielt, kam ein Schmerzensgeldanspruch aus § 829 nur in Betracht, wenn seine Versagung im Einzelfall dem Billigkeitsempfinden krass widersprach (BGHZ 127, 186, 193). Nach der Ausweitung des Schmerzensgeldes auf Fälle der Gefährdungshaftung dürfte diese Rspr weitgehend überholt sein, so dass § 829 in weiterem Umfang zur Begründung von Schmerzensgeldansprüchen heranzuziehen sein kann (vgl auch Erman/*Schiemann* § 829 Rz 3).

10 **III. Beweislast.** Der Geschädigte trägt die Beweislast für die Voraussetzungen des Schadensersatzanspruchs, dafür, dass kein Ersatz von einem aufsichtspflichtigen Dritten zu erlangen ist sowie für die Voraussetzungen der Billigkeitshaftung (wobei es sinnvoll erschiene, jedem Beteiligten die Darlegungs- und Beweislast für seine wirtschaftlichen Verhältnisse aufzuerlegen). Der Schädiger ist darlegungs- und beweispflichtig dafür, dass ihm die Mittel für den eigenen Unterhalt bzw zur Erfüllung gesetzlicher Unterhaltspflichten entzogen werden.

11 **IV. Verjährung.** Die Verjährung richtet sich nach allg Regeln (insb §§ 195, 199). Sie beginnt, wenn der Verletzte von der Verschuldensunfähigkeit des Handelnden und davon, dass Ersatz von einem aufsichtspflichtigen Dritten nicht zu erlangen ist, Kenntnis hat (RGZ 94, 220, 222; 133, 1, 6).

§ 830 Mittäter und Beteiligte. (1) ¹Haben mehrere durch eine gemeinschaftlich begangene unerlaubte Handlung einen Schaden verursacht, so ist jeder für den Schaden verantwortlich. ²Das Gleiche gilt, wenn sich nicht ermitteln lässt, wer von mehreren Beteiligten den Schaden durch seine Handlung verursacht hat.
(2) Anstifter und Gehilfen stehen Mittätern gleich.

1 **A. Funktion und Anwendungsbereich. I. Funktion.** § 830 regelt Aspekte der **Beteiligung mehrerer an einer unerlaubten Handlung**; bei I handelt es sich um eine eigenständige Anspruchsgrundlage (s. nur BGHZ 67, 14, 17 ff; 72, 355, 358; NJW 94, 932, 934; AnwK/*Katzenmeier* § 830 Rz 1; Palandt/*Sprau* § 830 Rz 1; die Urteile, die den Charakter als Beweislastregel hervorheben, zB BGHZ 25, 271, 273; 55, 86, 92; 101, 106, 111, stellen diese Einordnung nicht in Frage). § 830 I 1 u II betreffen die Verantwortlichkeit bei unerlaubten Handlungen durch Zusammenwirken mehrerer. § 830 I 2 regelt die Verantwortlichkeit, wenn mehrere unabhängig voneinander unerlaubte Handlungen begangen haben, von denen jede den Schaden verursacht haben könnte, die Kausalität aber nicht aufklärbar ist. Der Wortlaut bezieht sich auf die haftungsausfüllende Kausalität, aber § 830 I 2 kann seine volle Wirkung nur entfalten, wenn er auch auf die haftungsbegründende Kausalität erstreckt wird (BGHZ 72, 355, 358), nicht jedoch auf den Umfang des Schadensersatzes (BGHZ 101, 106, 113). Trotz dieser Modifikation der Kausalität ist auch bei § 830 I 2 stets eine konkrete Beziehung zwischen jedem einzelnen Täter und dem Schaden erforderlich (s.u. Rn 9); daher kommt eine „Market Share Liability" nach US-amerikanischem Vorbild de lege lata nicht in Betracht (dazu insb Soergel/*Krause* § 830 Rz 29; BaRoth/*Spindler* § 830 Rz 37, beide mwN). Nicht von § 830 erfasst sind Fälle der Nebentäterschaft: Verursachen mehrere ohne bewusstes Zusammenwirken den Gesamtschaden oder jeweils bestimmte Teilschäden, haften sie als Gesamtschuldner (BGHZ 30, 203, 206 ff; NJW 88, 1719, 1720; Hamm NJW-RR 09, 1034 ff; vgl aber auch *Brambring* 57; *Keuk* AcP 1968, 175, 183 ff).

2 **Regelungszweck** ist eine Besserstellung des Geschädigten (Erman/*Schiemann* § 830 Rz 2): Nach **§ 830 I 1, II** kann er jeden Beteiligten für den gesamten Schaden in Anspruch nehmen; diese haften als Gesamtschuldner gem § 840. Begründen lässt sich das mit der Willentlichkeit des Gesamtgeschehens und der Schwere des Schuldvorwurfs (*F Bydlinski* AcP 1959/60, 410, 426 ff). Gem **§ 830 I 2** kann der Geschädigte auch dann Schadensersatz verlangen, wenn sich Verursacher bzw Verursachungsanteil nicht eindeutig ermitteln lassen. Der Grund dieser Haftung ist str. Nach hM, die sich mit dem Wortlaut der Vorschrift am besten vereinbaren lässt, ist jeder Beteiligte für die Beweisnot verantwortlich, weil sich durch die Mehrzahl von Tätern der konkrete

Täter nicht ermitteln lässt (s. insb BGHZ 55, 86, 88 f; NJW 01, 2538, 2539; aA insb *Larenz/Canaris* § 82 II 3b: Haftungsgrund sei die konkrete Schadenseignung des Verhaltens, der ggü eine Haftungsbefreiung ein unverdienter Glücksfall für den Beteiligten wäre).

II. Anwendungsbereich. § 830 gilt für **alle unerlaubten Handlungen**, auch zB für solche nach dem UWG   3
(zB Hambg PharmR 06, 375, 381; LG Berlin WRP 06, 1045, 1046) oder UrhG (zB LG München I ZUM 06, 255, 258). **I 2** ist darüber hinaus auf **Haftung nach anderen Regeln** anwendbar, wenn dort eine vergleichbare Beweisnot auftreten kann (insb wegen eines entspr Kausalitätserfordernisses), zB bei Gefährdungshaftung (BGHZ 55, 96, 98 ff; 101, 106, 111; 142, 227, 239; teilw Einschränkung auf Fälle, in denen die praktische Möglichkeit besteht, dass sich die Gefahr konkret im Verletzungserfolg niedergeschlagen haben kann, AnwK/ *Katzenmeier* § 830 Rz 4 mwN; BaRoth/*Spindler* § 830 Rz 2 mwN), Aufopferungsansprüchen (BGHZ 101, 106, 111 f), vertraglichen oder vorvertraglichen Schadensersatzansprüchen (BGH NJW 01, 2538, 2539; *Eberl-Borges* NJW 02, 949 f; krit *Henne* VersR 02, 685 ff), Schadensersatzansprüchen nach öffentlich-rechtlichem Dienstrecht (BVerwG NJW 99, 3727, 3729) sowie Unterlassungs- und Beseitigungsansprüchen (LG Köln NJW-RR 90, 865, 866). **Spezialregelungen zu § 830 I 2** finden sich in §§ 7 I UmweltHG, 84 II 4 AMG. Im besonderen Deliktsrecht wird § 830 teilw durch Sonderregeln überlagert (*Schaub* FS Medicus 09 423, 431 ff).

B. Regelungsinhalt. I. Mittäterschaft und Teilnahme, § 830 I 1, II. Die Begriffe Mittäterschaft und Teilnahme   4
sind grds wie im Strafrecht (§§ 25–27 StGB) zu bestimmen (zB BGHZ 8, 288, 292; 137, 89, 102; NJW 04, 3423, 3425; BGH 4 StR 321/05; krit zB *F. Bydlinski* AcP 1959/60, 410, 414; *Deutsch* JZ 72, 105, 106 f; *Larenz/Canaris* SchuldR II 2, § 82 I 1d; *v Hein* AcP 2004, 761, 766 ff; *Ahrens* FS Canaris 3). **Mittäterschaft iSd § 830 I 1** setzt bewusstes und gewolltes Zusammenwirken zur Herbeiführung des Verletzungserfolgs voraus (BGHZ 17, 327, 333; 30, 203, 206; NJW-RR 90, 604 f). Das zufällige Zusammentreffen lediglich fahrlässiger Handlungen reicht nicht aus (BGHZ 30, 203, 206; NJW 74, 360 f; teilw aA *Deutsch/Ahrens* Rz 188). Erforderlich sind Kenntnis des Kausalzusammenhangs in groben Zügen und Wille zur gemeinschaftlichen Tatbestandsverwirklichung (BGHZ 89, 383, 389). Nicht erforderlich ist Kenntnis aller anderen Tatbeiträge oder aller Einzelheiten des Schadensverlaufs; für den Exzess eines Mittäters, der über das gemeinschaftlich Gewollte hinausgeht, wird jedoch nicht gehaftet (BGHZ 59, 30, 42; 63, 124, 128; 89, 383, 396; BGH 4 StR 321/05 Rz 4). Das Verhältnis des eigenen Tatbeitrags zum Gesamtgeschehen ist nach der Rspr unerheblich, er muss nicht einmal ursächlich für den Verletzungserfolg sein (zB BGH NJW-RR 99, 843 f; zum Streit hierüber insb MüKo/*Wagner* § 830 Rz 17 f mwN, auch zu abw Ansichten). Die Rspr geht von einem **subjektiven Täterschaftsbegriff** aus, nach dem intellektuelle oder psychische Mitwirkung ausreicht (zB BGHZ 8, 288, 294; 63, 124, 126). Dieser wird **neuerdings teilweise eingeschränkt**, indem nicht verlangt wird, dass der einzelne Beitrag die Begehung der Tat fördern und für diese relevant sein muss (BGHZ 137, 89, 102; Oldbg NJW-RR 04, 1671, 1672; nicht eindeutig BGH NJW-RR 05, 556, 557; vgl auch BaRoth/*Spindler* § 830 Rz 7 mwN).

Mittätern **gleichgestellt** sind nach **§ 830 II** Anstifter und Gehilfen, so dass eine genaue Abgrenzung zwischen   5
Täterschaft und Teilnahme nicht erforderlich ist. Der **Anstifter** bestimmt einen anderen vorsätzlich zu einer vorsätzlich begangenen Haupttat (nach hM ist also doppelter Vorsatz erforderlich, zB BGH VersR 67, 471, 473; BGHZ 70, 277, 285 f; s. aber auch Staud/*Eberl-Borges* § 830 Rz 31 ff zu abw Ansichten). Nach hM muss der Haupttäter nicht deliktsfähig sein (s. zB Staud/*Eberl-Borges* § 830 Rz 36; AnwK/*Katzenmeier* § 830 Rz 8; BaRoth/*Spindler* § 830 Rz 10; aA Jauernig/*Teichmann* § 830 Rz 6). Der **Gehilfe** leistet einem anderen vorsätzlich zu einer vorsätzlich begangenen Haupttat Hilfe (BGHZ 42, 118, 122 f; 70, 277, 285 f; NJW-RR 05, 556, 557; NJW 05, 3137, 3139); dies ist auch bei Sonderdelikten möglich, bei denen der Gehilfe nicht Täter sein kann (BGH NJW-RR 05, 556, 557). Bisher wurde auch hier stark auf die subjektive Komponente abgestellt (psychische Unterstützung genügt, BGHZ 63, 124, 130), aber wie bei der Mittäterschaft (s.o. Rn 4) zeichnet sich heute eine Tendenz zur stärkeren Objektivierung ab (zB BGH NJW 04, 3423, 3425). Insb wird teilweise bei der Verletzung von Schutzgesetzen und Verkehrspflichten eine Einschränkung dahin gefordert, dass der Teilnehmer entweder selbst eine unerlaubte Handlung begehen oder hinsichtlich der Verletzung zumindest mit bedingtem Vorsatz handeln muss (MüKo/*Stein* 3. Aufl 97 § 830 Rz 15; ähnl wohl Ddorf DB 08, 1961, 1962; dagegen aber zB BaRoth/*Spindler* § 830 Rz 14; Hambg WRP 08, 1569, 1590). Fraglich ist, ob hier die strafrechtlichen Grundsätze zu neutralen Handlungen berücksichtigt werden sollten; diese sind jedoch bislang keineswegs allgemein konsentiert (s. nur Schönke/Schröder-*Cramer/Heine* § 27 StGB Rz 10a f), so dass eine Übertragung derzeit wenig gewinnbringend erscheint. Bei Hehlerei, Begünstigung oder Strafvereitelung findet § 830 I 2 nur in eingeschränktem Umfang Anwendung (Staud/*Eberl-Borges* § 830 Rz 49); das Zivilgericht ist aber insoweit an die rechtliche Beurteilung durch ein Strafgericht nicht gebunden (BGHZ 8, 288, 293). Bei vorheriger Zusage des Ankaufs durch einen Hehler kann § 830 II in Betracht kommen (Köln NJW-RR 88, 662, 663; 09, 1247). Für Täter, Anstifter und Gehilfen reicht bedingter Vorsatz aus (BGHZ 42, 118, 122 f; 70, 277, 285 f; 105, 121, 134 – jeweils zum Gehilfen). Teilweise wird die **Störerhaftung** als Fall des § 830 II interpretiert (so insb *Köhler* WRP 97, 897, 898 ff; *Jergolla* WRP 04, 655, 659 f; wohl auch BGHZ 155, 189, 194 f). Dann käme eine Haftpflicht des mittelbaren Verletzers im Rahmen quasinegatorischer Ansprüche nur bei vorsätzlichem Handeln sowohl des unmittelbaren als auch des mittelbaren Verletzers in Betracht, was angesichts der Verschuldensunabhängigkeit der quasinegatorischen Haftung nicht befriedigend erscheint (vgl

aber *Köhler* WRP 97, 897, 899 f, der die praktischen Konsequenzen des Vorsatzerfordernisses als gering einschätzt). Daher ist eine Einordnung der Störerhaftung in das System der Haftung bei Verletzung von Verkehrssicherungspflichten zu befürworten (s.o. § 823 Rn 170).

6 Ein häufiges Problem bei § 830 I 1, II ist die **Teilnahme an Großdemonstrationen**. Hier sind Art 5 I, 8 I GG iS einer restriktiven Auslegung des Teilnahmebegriffs zu berücksichtigen (BGHZ 89, 383, 394 f; krit *Stürner* JZ 84, 525, 527 ff); sie bewirken andererseits keinen grds Haftungsausschluss (BGHZ 59, 30, 35 ff; 63, 124, 127; 89, 383, 394 ff). Die bloße Teilnahme führt noch nicht zur Haftung für im Zusammenhang mit der Demonstration entstandene Schäden, selbst dann nicht, wenn der Teilnehmer mit einem gewaltsamen Verlauf gerechnet hat (BGHZ 89, 383, 395). Bei aktiver Beteiligung an Ausschreitungen haftet jeder Teilnehmer nur für diejenigen Schäden, die in seinem unmittelbaren Aktionsfeld entstanden sind (BGHZ 89, 383, 392 f).

7 **II. Alternative oder kumulative Kausalität, § 830 I 2.** § 830 I 2 betrifft Fälle, in denen mehrere Tatbeiträge vorliegen, von denen jeder geeignet wäre, den gesamten Schaden herbeigeführt zu haben, aber nicht feststellbar ist, wessen Beitrag Ursache des Schadens war (Urheberzweifel, alternative Kausalität) oder welche Schadensanteile auf die einzelnen Beiträge entfallen (Anteilszweifel, kumulative Kausalität).

8 **1. Beteiligung mehrerer.** Erste Voraussetzung ist eine **Beteiligung mehrerer**, die weder in bewusstem und gewolltem Zusammenwirken (sonst: § 830 I 1, II) noch in Nebentäterschaft besteht. Der Einzelne muss vom Verhalten der anderen nichts gewusst und nicht mit ihm gerechnet haben. Die Rspr wandte früher einschränkende Kriterien an, verlangte zB räumlich und zeitlich zusammenhängende Handlungen (RGZ 58, 357, 361; BGHZ 33, 286, 291 f; 55, 86, 94 f), Gleichartigkeit der Handlungen (RGZ 58, 357, 361; BGHZ 33, 286, 291 f; 55, 86, 94 f) oder eine subjektive Beziehung zwischen den Beteiligten (RGZ 96, 224, 226; abl BGHZ 33, 286, 291). Diese schwer praktikablen Einschränkungen werden heute zu Recht überwiegend abgelehnt (Staud/ *Eberl-Borges* § 830 Rz 101 ff mwN; *Kruse* ZGS 07, 135 ff; offen gelassen in BGHZ 101, 106, 112 f; zur praktischen Bedeutung bei Schäden durch Sky-Laternen *Teumer/Stamm* VersR 09, 1036, 1040).

9 Bei jedem Beteiligten müssen die **Voraussetzungen eines haftungsbegründenden Anspruchs** (s.o. Rn 3) bis auf die Kausalität erfüllt sein (BGH NJW 06, 1299 mwN; NJW 08, 571 Rz 23); die fehlende Kausalität wird ersetzt durch die Eignung des Verhaltens zur Herbeiführung des Erfolgs (zB BGH NJW 94, 932, 934; Oldbg NJW-RR 04, 1671, 1672). Wenn auch nur ein Beteiligter nicht rechtswidrig oder schuldhaft gehandelt hat, entfällt nach hM die Ersatzpflicht aller, weil dann der Schaden auch durch den rechtmäßig Handelnden verursacht worden sein könnte (BGH LM § 830 Nr 2; NJW 72, 40 f; VersR 79, 822; *Larenz/Canaris* § 82 II 3a). Jeder Beteiligte hat allerdings die Möglichkeit, nachzuweisen, dass sein Handeln nicht ursächlich für den Erfolg sein konnte (BGHZ 33, 286, 292; vgl auch NJW 99, 2895); dann scheidet er aus dem Kreis der Haftpflichtigen aus.

10 **2. Schadensverursachung lässt sich nicht ermitteln.** Zweite Voraussetzung ist die Unaufklärbarkeit der Schadensverursachung entweder im Hinblick auf den Verursacher (**Urheberzweifel**) oder auf die Anteile der einzelnen Beteiligten (**Anteilszweifel**). Einerseits muss mit Sicherheit feststehen, dass der Schaden durch mindestens einen Beteiligten verursacht wurde (BGHZ 25, 271, 274), andererseits darf kein Beteiligter nachweislich den ganzen Schaden verursacht haben (s. insb BGHZ 67, 14, 20; NJW 99, 2895). Der Schaden darf auch nicht möglicherweise durch den Geschädigten selbst (BGHZ 60, 177, 181; auch bei Kettenauffahrunfällen haftet der Zweitauffahrende idR nicht nach § 830 I 2 für Frontschäden des Erstauffahrenden, BGH NJW 73, 1283, aA zB Celle NJW 50, 951 f; Mitverschulden des Geschädigten gem § 254 ist ggü allen nach § 830 I 2 Haftenden zu berücksichtigen, BGH NJW 82, 2307) oder durch Zufall (BGH NJW 86, 52) verursacht worden sein. Daher ist auch eine Instrumentalisierung des § 830 I 2 iRd Umwelthaftung problematisch (dazu insb BaRoth/*Spindler* § 830 Rz 20, 29 ff; *ders* AcP 2008, 283, 320 ff, jeweils mwN). Hingegen ist die Vorschrift anwendbar, wenn Unaufklärbarkeit nur hinsichtlich eines bestimmten Schadensanteils besteht und der Rest des Schadens zB durch einen Dritten verursacht wurde (BGH NJW 94, 932, 934).

§ 831 Haftung für den Verrichtungsgehilfen.
(1) ¹Wer einen anderen zu einer Verrichtung bestellt, ist zum Ersatz des Schadens verpflichtet, den der andere in Ausführung der Verrichtung einem Dritten widerrechtlich zufügt. ²Die Ersatzpflicht tritt nicht ein, wenn der Geschäftsherr bei der Auswahl der bestellten Person und, sofern er Vorrichtungen oder Gerätschaften zu beschaffen oder die Ausführung der Verrichtung zu leiten hat, bei der Beschaffung oder der Leitung die im Verkehr erforderliche Sorgfalt beobachtet oder wenn der Schaden auch bei Anwendung dieser Sorgfalt entstanden sein würde. (2) Die gleiche Verantwortlichkeit trifft denjenigen, welcher für den Geschäftsherrn die Besorgung eines der im Absatz 1 Satz 2 bezeichneten Geschäfte durch Vertrag übernimmt.

1 **A. Funktion und Anwendungsbereich. I. Funktion.** § 831 I 1 regelt als eigenständige Anspruchsgrundlage die *Haftung für eigenes Verschulden* bei widerrechtlicher Schädigung durch einen Verrichtungsgehilfen mit Entlastungsmöglichkeit für den Geschäftsherrn gem § 831 I 2. Grund der Regelung ist der **Sphärengedanke**: Es liegt im Einflussbereich desjenigen, der sich der Hilfe anderer bedient, Schäden, die durch seine Gehilfen verursacht werden können, zu vermeiden. Durch die **Exkulpationsmöglichkeit in § 831 I 2** wird die Arbeits-

teilung – im Gegensatz zu den meisten ausländischen Rechtsordnungen (dazu insb *v Bar* Gemeineuropäisches Deliktsrecht Bd I Rz 185 ff) – haftungsrechtlich privilegiert. Diese rechtspolitische Entscheidung des Gesetzgebers ist jedoch durch die Rspr mit vielfältigen Mitteln in Richtung einer weiter reichenden Einstandspflicht des Geschäftsherrn korrigiert worden (s.u. Rn 6). Betrachtet man das so entwickelte Zusammenspiel von § 831 mit anderen Haftungsregeln, dürften die Ergebnisse heute weitgehend denjenigen ausländischer Rechtsordnungen entsprechen. Diese Modifikationen der Haftung nach § 831 haben zu einer umfangreichen Kasuistik der Deliktshaftung bei arbeitsteiliger Organisation geführt. Bestrebungen zur Änderung des § 831 (dazu Staud/*Belling* § 831 Rz 131 ff) konnten sich bislang nicht durchsetzen.

Die **dogmatische Einordnung der Haftung** ist str. Struktur und Formulierung des § 831 sprechen für eine 2 Haftung für vermutetes Verschulden (so zB BGHZ 32, 53, 59; BaRoth/*Spindler* § 831 Rz 2; Palandt/*Sprau* § 831 Rz 1). Die Regelung lässt sich aber überzeugender als Ausprägung der Haftung für Verkehrspflichtverletzung interpretieren, weil der Geschäftsherr durch die Arbeitsteilung ein besonderes Gefahrenpotential schafft, für dessen Beherrschung er verantwortlich ist (so zB Staud/*Belling* § 831 Rz 2; AnwK/*Katzenmeier* § 831 Rz 1; Erman/*Schiemann* § 831 Rz 2). Im ersten Fall werden Verschulden des Geschäftsherrn sowie Kausalität zwischen Sorgfaltspflichtverletzung und Schaden vermutet (BGHZ 32, 53, 59), im zweiten Fall betrifft die Beweislastumkehr bereits die Pflichtverletzung (Soergel/*Krause* § 831 Rz 17; AnwK/*Katzenmeier* § 831 Rz 1; *Larenz/Canaris* § 79 III 1a).

II. Anwendungsbereich. 1. Abgrenzung zur Haftung für Dritte nach anderen Vorschriften: Nach § 278 3 haftet der Schuldner innerhalb eines bestehenden Schuldverhältnisses unter von § 831 abweichenden Voraussetzungen für fremdes Verschulden (seines Erfüllungsgehilfen); beide Regelungen stehen selbständig nebeneinander. §§ 31, 89 (Organhaftung) regeln eine im Vergleich zu § 831 weiter reichende Einstandspflicht für fremdes Verschulden, die auch für die Deliktshaftung gilt und ggü § 831 vorrangig ist (RGZ 55, 171, 176; 155, 257, 266 f; Staud/*Belling* § 831 Rz 42; Erman/*Schiemann* § 831 Rz 4). Entsprechendes gilt für die vergleichbaren Spezialregelungen in §§ 3 HPflG, 3 BinSchG, 428 ff, 461 f, 485 HGB.

Neben § 831 sind insb folgende Haftungsregelungen **anwendbar:** § 823 (dieser ist va für Ansprüche gegen 4 den Verrichtungsgehilfen wichtig – hier ist § 840, insb II, zu beachten; neben einer Haftung des Geschäftsherrn nach § 823, insb wegen Verletzung von Organisationspflichten oder bei der Produzentenhaftung, ist eine Heranziehung des § 831 regelmäßig nicht erforderlich, vgl nur Erman/*Schiemann* § 831 Rz 4; *Schlechtriem* FS Heiermann 281, 284); §§ 701 ff; §§ 437 ff, 451 ff, 452 ff, 606 f HGB; §§ 1 ff HPflG; § 7 StVG; § 22 WHG; § 9 UWG; § 97 II UrhG; § 42 II GeschmMG; § 139 II PatG; § 24 II GebrMG; §§ 14 VI, 15 V, 128 II MarkenG. Zur **Anwendbarkeit des § 831 iRd § 254** insb Staud/*Belling* § 831 Rz 38 ff; Erman/*Schiemann* § 831 Rz 4. 5

2. Einschränkungen des § 831 I 2 und „Verlagerung" der Haftung auf andere Vorschriften: Die rechtspolitisch umstrittene Entlastungsmöglichkeit für den Geschäftsherrn nach **§ 831 I 2 wird eingeschränkt** durch 6 hohe Pflichtenanforderungen an den Geschäftsherrn (s.u. Rn 17 ff) sowie eine Lockerung der Kausalitätsanforderungen (der Schaden muss nicht gerade durch das Verhalten bzw die Eigenschaft des Gehilfen, welche dem Geschäftsherrn zum Vorwurf gemacht werden, verursacht worden sein, BGH VersR 61, 848, 849; NJW 78, 1681, 1682; 86, 776, 777). Zudem wird der **Anwendungsbereich anderer Haftungssysteme erweitert**: Die Repräsentantenhaftung nach §§ 31, 89 wird auf Mitarbeiter juristischer Personen, die nicht verfassungsmäßig berufene Vertreter sind, aber wichtige Aufgaben selbständig und eigenverantwortlich nach außen hin wahrnehmen, erstreckt (RGZ 157, 228, 236; BGHZ 49, 19, 21; NJW 77, 2259, 2260; 84, 921, 922; § 31 Rn 3), und die Körperschaft haftet für Organisationsmängel, wenn für den betreffenden Aufgabenbereich ein verantwortlicher Vertreter fehlt (§ 31 Rn 7). Die Vertragshaftung (und damit die Einstandspflicht nach § 278) wird erweitert durch den Ausbau vertraglicher (§ 241 II) und vorvertraglicher (§ 311 II u insb III 2) Schutzpflichten und die Ausdehnung des Vertrags mit Schutzwirkung für Dritte (Vor § 328 Rn 5 ff). Die Organisationspflichten iRd § 823 I (insb Organisationspflichten des Geschäftsherrn bei Personenzusammenschlüssen und Pflichten des Produzenten) wurden ausgeweitet (s. insb BGHZ 24, 200, 213 f; 32, 53, 59; NJW-RR 96, 867, 868), ebenso der Anwendungsbereich der Amtshaftung gem § 839 iVm Art 34 GG (bei der § 831 keine Anwendung findet, BGHZ 20, 57, 59; 42, 176, 178 f) durch weite Auslegung des Begriffs „Ausübung eines öffentlichen Amtes". Dadurch reicht die Gehilfenhaftung iE wesentlich weiter als sich allein aufgrund des Wortlautes des § 831 vermuten ließe. Zur zunehmenden Überlagerung der Haftung des Unternehmensinhabers nach § 831 durch Vorschriften des besonderen Deliktsrechts *Schaub* FS Medicus 09 423, 426 ff.

B. Regelungsinhalt. I. Tatbestandsvoraussetzungen. 1. Handeln eines Verrichtungsgehilfen. Verrichtungs- 7 **gehilfe** ist derjenige, dem von einem anderen, in dessen Einflussbereich er allgemein oder im konkreten Fall steht und dem ggü er in gewisser Weise abhängig, insb weisungsgebunden ist, eine Tätigkeit übertragen worden ist (BGHZ 45, 311, 313; 103, 298, 303; NJW 09, 1740 Rz 11 mwN).

a) Übertragung einer Tätigkeit. Übertragen werden können **Tätigkeiten jeglicher Art** (rechtliche oder fak- 8 tische, einfache oder komplizierte, entgeltliche oder unentgeltliche). Die Übertragung kann ausdrücklich oder konkludent (BaRoth/*Spindler* § 831 Rz 10), durch Rechtsgeschäft (dieses muss nicht wirksam sein, AnwK/*Katzenmeier* § 831 Rz 18) oder tatsächlichen Akt erfolgen (AnwK/*Katzenmeier* § 831 Rz 18); entscheidend ist, dass sie vom Willen des Geschäftsherrn gedeckt ist.

9 **b) Einflussbereich des Geschäftsherrn: Weisungsgebundenheit des Verrichtungsgehilfen.** Zweck dieses Merkmals ist die Zuordnung des Verrichtungsgehilfen zur Sphäre des Geschäftsherrn zur Legitimierung der Haftung nach § 831. Entscheidend ist die **Bindung des Verrichtungsgehilfen an Weisungen des Geschäftsherrn**. Sie ist va gekennzeichnet durch Eingliederung in die Herrschafts- und Organisationssphäre des Geschäftsherrn (insb BGHZ 45, 311, 313; NJW-RR 98, 250, 251 f) sowie die Befugnis des Geschäftsherrn, die Tätigkeit des Verrichtungsgehilfen jederzeit zu beschränken, zu untersagen und nach Zeit und Umfang zu bestimmen (BGH aaO; krit Erman/*Schiemann* § 831 Rz 7). Nicht erforderlich ist fachliche Unterlegenheit, wirtschaftliche, soziale oder gar persönliche Abhängigkeit des Verrichtungsgehilfen vom Geschäftsherrn oder gar eine Stellung als rechtsgeschäftlicher Vertreter (BGH NJW 09, 1740 Rz 10).

10 Die Abgrenzung zwischen Weisungsgebundenheit und selbständigem Handeln ist häufig problematisch. Durch zunehmende Spezialisierung und Auslagerung bestimmter Tätigkeiten aus dem Betriebsablauf (Outsourcing) ist die Arbeitsteilung heute weit komplexer als bei Schaffung des § 831. Abzustellen ist auf den Umfang eines Weisungsrechts im Einzelfall. Danach sind nach der Rspr grds **keine Verrichtungsgehilfen** insb selbständige Unternehmer (s. insb BGHZ 24, 247 f; NJW-RR 03, 1457; NJW 06, 3628 Rz 8 mwN; Ddorf I-15 U 18/07 Rz 48 ff; sehr weitgehend Hamm OLGR 09, 392) – sofern sie nicht bestimmten Weisungen des Geschäftsherrn unterworfen sind (BGH NJW-RR 98, 250, 251 f; NJW 05, 3144 f: Subunternehmer als Verrichtungsgehilfe des Generalunternehmers; Hamm 4 U 219/08), Organe juristischer Personen (s.o. Rn 3), Gerichtsvollzieher für den Vollstreckungsgläubiger (BGH NJW-RR 09, 658 Rz 14), Eltern für ihre volljährigen Kinder (MüKo/*Wagner* § 831 Rz 20 mwN; Sonderfall: Köln NJW 00, 2905 f), Leistungsträger bei Reisen (BGHZ 103, 298, 303; NJW 06, 3268 Rz 18; 07, 2549 Rz 14; anders für den Reiseleiter Ddorf NJW-RR 00, 787), Gesellschafter bzw Gemeinschafter im Verhältnis zu Gesellschaft bzw Gemeinschaft (BGHZ 45, 311, 313; dies lässt sich bei Vorhandensein eines Gesamthandsvermögens nach der Anerkennung der Rechtsfähigkeit der GbR auch analog § 31 begründen, BGHZ 154, 88; Erman/*Schiemann* § 831 Rz 10), mandatierter Sozius einer Anwaltskanzlei im Verhältnis zu anderem Sozius (Celle NJW-RR 06, 3431, 3434) oder der Verwalter für die Wohnungseigentümergemeinschaft (Ddorf ZMR 99, 423, 425), wohl aber eine Mitarbeiterin des Verwalters für diesen (München 33 Wx 77/06). Hingegen können nach der Rspr **Verrichtungsgehilfen** sein zB ein an bestimmte Weisungen gebundener freier Mitarbeiter (BGH NJW-RR 98, 250, 251 f), eine Werbeagentur für die Herausgeberin einer Zeitung (LG Dessau 6 O 1038/05 Rz 16) oder ein Rechtsanwalt im Verhältnis zu seinem Mandanten (zB BGH BB 57, 306; NJW 62, 1390, 1391; 79, 1882, 1883, problematisch wegen Selbständigkeit des Anwalts und Stellung als Organ der Rechtspflege, krit auch zB Soergel/*Krause* § 831 Rz 24; AnwK/*Katzenmeier* § 831 Rz 23; Erman/*Schiemann* § 831 Rz 6).

11 Bei **medizinischem Personal** ist zu differenzieren: Angestellte Ärzte (insb BGHZ 95, 63, 71; 96, 360, 369; NJW 78, 1681; 88, 2298, 2300; 06, 767 Rz 21), Krankenschwestern (zB BGH NJW 79, 1935 f; Köln VersR 99, 624, 626) und Hebammen (BGH NJW 00, 2737, 2738 f) sind grds Verrichtungsgehilfen des Krankenhausträgers. Auf Chefärzte, die fachlich eigenverantwortlich handeln, wird zunehmend § 31 angewandt (zB BGHZ 77, 74, 79; 101, 215, 218). Keine Verrichtungsgehilfen sind auch Belegarzt (BGHZ 129, 6, 14), Konsiliararzt (Stuttg VersR 92, 55, 57) und Telearzt (*Pflüger* VersR 99, 1070, 1074) sowie ein im Einzelfall zugezogener niedergelassener Gynäkologe im Verhältnis zur Betreiberin eines Geburtshauses (Hamm VersR 06, 512, 514). Der Praxisvertreter ist idR Verrichtungsgehilfe des Praxisinhabers (BGH NJW 56, 1834, 1835; Stuttg MedR 01, 311, 314); Entsprechendes kommt auch für den Vertreter beim ärztlichen Notfalldienst in Betracht (iE offen gelassen von BGH NJW 09, 1740 Rz 10 ff), allerdings mit weit reichenden Entlastungsmöglichkeiten (*Schaub* MedR 09, 731 f). Bei **Leiharbeitsverhältnissen** entscheidet die tatsächliche Weisungsbefugnis darüber, ob der Verleiher oder der Entleiher Geschäftsherr ist (zB BGH NJW-RR 95, 659 f; BAG NZA 89, 340, 342; Brandbg 7 U 75/07 Rz 23 ff; im Einzelfall können es auch beide sein, BGH NJW-RR 95, 659 f); im Zweifelsfall bleibt der Verleiher Geschäftsherr (vgl BGH NJW-RR 95, 659 f; aA Karlsr OLGR 06, 194, 196 mwN). Ähnl ist bei der **Organleihe** nach der Gestaltung im Einzelfall zu differenzieren, zB bei der Haftung für Verletzung von Verkehrssicherungspflichten danach, wer in der Lage war, die zur Gefahrenabwehr erforderlichen Maßnahmen zu treffen (BGH VersR 06, 803 Rz 21 mwN).

12 Auch bei **zwei- und mehrstufigen Weisungsverhältnissen** ist darauf abzustellen, im Verhältnis zu welchen Personen ein die schädigende Tätigkeit betreffendes unmittelbares Weisungsverhältnis bestand (BGHZ 87, 253, 258 f). Zwischengeschaltete Personen sind idR keine Geschäftsherrn iSd § 831 (BaRoth/*Spindler* § 831 Rz 15).

13 **2. In Ausführung der Verrichtung.** Die unerlaubte Handlung des Verrichtungsgehilfen muss in **unmittelbarem inneren Zusammenhang mit der Verrichtung** stehen, zu der er bestellt wurde; sie darf **nicht lediglich „bei Gelegenheit"** der Verrichtung erfolgt sein (zB BGHZ 11, 151, 152 f; NJW-RR 89, 723, 725; Hamm 9 U 200/08). Entscheidend sind Art und Umfang der Verrichtung sowie – in erster Linie – die Zuweisung des „Gehilfenrisikos" an den Geschäftsherrn. Es kommt darauf an, ob diesen nach der Verkehrsanschauung die Verantwortlichkeit für das Handeln des Gehilfen trifft (vgl insb BaRoth/*Spindler* § 831 Rz 21), somit handelt es sich letztlich um ein normatives Element. Ein wichtiges Indiz ist, ob die Gefahr eines Schadenseintritts durch die Einschaltung des Gehilfen erhöht wurde. Der Geschäftsherr haftet grds nicht für vorsätzliche unerlaubte Handlungen des Verrichtungsgehilfen bei Gelegenheit der Verrichtung (BGHZ 11, 151, 152 f; NJW-RR

89, 723, 725), sofern nicht zB deren Verhinderung gerade zum Pflichtenkreis des Gehilfen gehörte (BGHZ 11, 151, 153; 24, 188, 197) – dann kann sogar eine vorsätzliche unerlaubte Handlung eine Haftung nach § 831 begründen (s.a. BGHZ 49, 19, 23; NJW-RR 98, 250, 252; Köln 18 U 164/06). Aber auch wenn der Gehilfe seinen Aufgabenkreis überschreitet, kann der Geschäftsherr verantwortlich sein, wenn er dies hätte verhindern können (zB BGHZ 11, 151, 153; 49, 19, 23; NJW-RR 89, 723, 725). Wichtiges Bsp ist das Abweichen von Weisungen beim Führen eines Kfz: Hier haftet idR der Geschäftsherr (BGH VersR 55, 345, 346; NJW 71, 31, 32), nicht aber bei Schwarzfahrt – sofern diese nicht von ihm schuldhaft ermöglicht wurde (RGZ 119, 58, 60 ff; BGHZ 1, 388, 390 f; NJW 71, 31, 32) – oder verbotener Mitnahme Dritter (BGH NJW 65, 391).

3. Widerrechtliche Schadenszufügung durch den Verrichtungsgehilfen. Der Verrichtungsgehilfe muss den objektiven (und ggf subjektiven, BGH NJW 56, 1715) Tatbestand einer unerlaubten Handlung erfüllt und rechtswidrig gehandelt haben. Ein **Verschulden des Gehilfen** setzt § 831 seinem Wortlaut nach nicht voraus. Weil es sich um eine Haftung für vermutetes Verschulden bzw Verkehrspflichtverletzung (s.o. Rn 2) des Geschäftsherrn handelt, soll dieser auch verantwortlich sein, wenn dem Verrichtungsgehilfen kein Verschuldensvorwurf gemacht werden kann, weil er entweder nicht deliktsfähig ist oder für die durchgeführte Tätigkeit nicht hinreichend geeignet war (dazu insb *Stoll* JZ 58, 137, 138; *v Caemmerer* FS 100 Jahre DJT II 49, 120). Dieser Gedanke greift jedoch nicht, wenn das Handeln des Gehilfen den Anforderungen an die erforderliche Sorgfalt entsprach und dem Geschäftsherrn, wenn er an Stelle des Verrichtungsgehilfen gehandelt hätte, kein Verschuldensvorwurf gemacht werden könnte. Rspr und hL lehnen in derartigen Fällen eine Haftung nach § 831 iE ab (zB BGHZ 12, 94, 96; NJW 96, 3205, 3207 mwN; *Stoll* JZ 58, 137, 138; *v Caemmerer* FS 100 Jahre DJT II 49, 122). Die Begründung ist str: Entfallen der Rechtswidrigkeit, insb wegen verkehrsrichtigen Verhaltens des Geschäftsherrn (so teilw die Rspr, BGHZ 24, 21, 29; NJW-RR 87, 1048 f), Fehlen eines sinnvollen Verantwortungszusammenhangs zwischen Bestellung des Verrichtungsgehilfen und Schaden (so zB AnwK/*Katzenmeier* § 831 Rz 31; Erman/*Schiemann* § 831 Rz 13) oder teleologische Reduktion des § 831 (MüKo/*Wagner* § 831 Rz 31). Problematisch ist insoweit auch die **Beweislast**: Nach dem Wortlaut des § 831 müsste der Geschäftsherr darlegen und beweisen, dass der Schaden auch bei sorgfältiger Auswahl des Gehilfen entstanden wäre. Hätte er selbst gehandelt, müsste hingegen der Geschädigte sein Verschulden beweisen. Um den Geschädigten bei Einschaltung eines Verrichtungsgehilfen nicht zu privilegieren, wird teilw verlangt, in § 831 für den Regelfall das Erfordernis eines Verschuldens des Verrichtungsgehilfen hineinzulesen, für das der Geschädigte darlegungs- und beweispflichtig ist (zB *Larenz/Canaris* § 79 III 2c; AnwK/*Katzenmeier* § 831 Rz 32; Erman/*Schiemann* § 831 Rz 13; anders aber die Rspr, insb BGH NJW 96, 3205, 3207).

4. Verschulden des Geschäftsherrn. Das Verschulden des Geschäftsherrn wird nach § 831 I 2 vermutet (zu Entlastungsmöglichkeiten sogleich Rn 16 ff); § 254 ist anwendbar (Erman/*Schiemann* § 831 Rz 4).

II. Entlastung nach § 831 I 2. 1. Auswahl und Überwachung des Verrichtungsgehilfen, Leitung der Verrichtung. Die Pflichten des Geschäftsherrn – und damit auch seine Entlastungsmöglichkeiten – richten sich nach Art und Umfang der dem Verrichtungsgehilfen übertragenen Tätigkeit, insb nach den damit verbundenen Gefahren (s. etwa BGH VersR 58, 29, 30; NJW 78, 1681 f; 03, 288, 289 f).

a) Auswahl. Bei der Auswahl ist die **Eignung des Verrichtungsgehilfen für die zu übertragende Tätigkeit** festzustellen (s. nur BGH NJW 03, 288, 290). Die fachliche Eignung ist insb anhand von Zeugnissen, ggf auch durch praktische Prüfungen zu ermitteln. Die charakterliche Eignung ist bei Tätigkeiten mit hoher Verantwortung stets zu prüfen, in anderen Fällen evtl auch dann, wenn ein unmittelbarer Zusammenhang mit der geplanten Tätigkeit besteht (zB RG JW 1931, 3340, 3341 ff). Auf Zeugnisse darf sich der Geschäftsherr nur in bestimmten Fällen verlassen (RG JW 1935, 2043; Köln NJW-RR 97, 471). Eine zusätzliche Überprüfung, zB durch Nachfragen beim früheren Arbeitgeber, kann – iRd arbeitsrechtlich Zulässigen – erforderlich sein (zB RG WarnR 1933 Nr 97; Köln NJW-RR 97, 471). Bei fehlender Fachkenntnis des Einstellenden und zB staatlichen Examina (etwa bei Ärzten) kann sie entbehrlich sein (BGHZ 1, 383, 387 f; NJW 89, 769, 771). Stellen sich bei der Auswahl Defizite heraus, ist die Bestellung als Verrichtungsgehilfe trotzdem möglich, aber es bestehen höhere Anforderungen an Einarbeitung, Anleitung und Überwachung des Gehilfen (Staud/*Belling* § 831 Rz 103; AnwK/*Katzenmeier* § 831 Rz 34; BaRoth/*Spindler* § 831 Rz 27).

b) Überwachung, Aufsicht. Über den Gesetzeswortlaut hinaus sind **Überwachungs- und Aufsichtspflichten** des Geschäftsherrn anerkannt (zB RGZ 78, 107, 109 f; BGHZ 8, 239, 243; NJW 03, 288, 290). Sie sind die *logische Fortsetzung der Pflicht* zu sorgfältiger Auswahl, die sich nicht in der Erstauswahl erschöpft, sondern über die Zeit der gesamten Tätigkeit fortdauert, weil sich der Entlastungsbeweis auf den Zeitpunkt der Schadenszufügung bezieht (BGHZ 8, 239, 243; NJW-RR 96, 867, 868; 97, 471 f). Wichtig sind insb detaillierte **Anweisungen** für die Durchführung der jeweiligen Tätigkeit (sehr weitgehend allerdings Saarbr NJW-RR 07, 1322, 1324) sowie **Kontrollen**. Diese Pflichten sind praktisch besonders relevant bei medizinischem Personal (für Assistenzärzte BGH NJW 78, 1681; für Krankenschwestern BGH NJW 79, 1935; für Hebammen BGH VersR 64, 948, 949; NJW 00, 2737, 2739; für Ärzte als Berufsanfänger BGH NJW 88, 2298, 2299 f; weniger streng für Dienst habende Stations- und Ambulanzärzte BGH NJW 89, 769, 771), soweit es nicht von § 31 erfasst ist. Auch bei Kraftfahrern spielen sie eine wichtige Rolle, insb bei Personenbeförderung können regelmäßige Kontrollfahrten (zB BGH VersR 66, 364 f; zuletzt NJW-RR 03, 24, 25; s. aber auch BGH VersR 61, 330, 332 f; 84, 67) sowie ärztliche Untersuchungen (BGH NJW 64, 2401, 2402) erforderlich sein.

19 **c) Leitung der Verrichtung.** Das Erfordernis der **Leitung der Verrichtung** bezieht sich auf die konkrete Tätigkeit, nicht auf die allgemeine Leitung eines Betriebs (BGHZ 11, 151, 153). Der Umfang der Pflicht richtet sich auch hier nach den Umständen des Einzelfalls, das Spektrum denkbarer Pflichten reicht von persönlicher Anwesenheit (zB BGHZ 11, 151, 154; Erman/*Schiemann* § 831 Rz 22) bis zu allg Dienstanweisungen (BGH VersR 56, 382; 69, 518, 519).

20 **d) Besonderheiten in Großbetrieben.** Grds ist der Entlastungsbeweis bei mehreren möglicherweise an der Schädigung Beteiligten für alle in Betracht kommenden Personen zu führen. In Großbetrieben mit weitreichender, mehrstufiger Arbeitsteilung ließ die Rspr jedoch früher einen **dezentralisierten Entlastungsbeweis** zu: Der Geschäftsherr konnte sich bereits durch den Nachweis entlasten, dass er nachgeordnetes Personal, das seinerseits mit Leitungs- und Aufsichtsaufgaben betraut war, sorgfältig ausgewählt und überwacht hatte (RGZ 78, 107, 108 f; BGHZ 4, 1, 2 f; NJW 73, 1602, 1603). Später wurden die **Anforderungen** an einen solchen Entlastungsbeweis jedoch **in dreifacher Hinsicht verschärft**, was angesichts der rechtspolitischen Bedenken gegen § 831 I 2 (s.o. Rn 1), die durch den dezentralisierten Entlastungsbeweis noch verstärkt wurden, sinnvoll erscheint: Der Geschäftsherr muss nunmehr nachweisen, dass auch seine nachgeordneten Angestellten sorgfältig ausgewählt und überwacht haben (BGHZ 4, 1, 2), dass aufgrund der innerbetrieblichen Organisationsstruktur sichergestellt ist, dass er selbst laufend unterrichtet wird (RGZ 87, 1, 4; BGHZ 4, 1, 2 f; 11, 151, 154 f; NJW 80, 2810, 2811), und er hat die Pflicht, für ausreichende Anordnungen und Anweisungen zu sorgen, damit Dritte nicht im Zusammenhang mit den Arbeitsabläufen geschädigt werden (RGZ 87, 1, 4; BGH VersR 64, 297; NJW 68, 247, 249). Insb die letzte Pflicht steht den Organisationspflichten nach § 823 I so nahe (zur Abgrenzung insb BaRoth/*Spindler* § 831 Rz 8; Erman/*Schiemann* § 831 Rz 25 f), dass der dezentralisierte Entlastungsbeweis teilweise als überholt angesehen wird (zB Erman/*Schiemann* § 831 Rz 21; aA BaRoth/*Spindler* § 831 Rz 34 mwN).

21 **2. Beschaffung von Vorrichtungen oder Gerätschaften.** Die Pflichten des Geschäftsherrn bei der Beschaffung von Vorrichtungen und Gerätschaften sind praktisch weniger bedeutsam. Sie betreffen insb die Absicherung der Arbeitsstätte sowie die Sorge für die Sicherheit von Fahrzeugen, Werkzeugen oder medizinischen Apparaturen.

22 **3. Nachweis fehlender Kausalität.** Für den Nachweis fehlender Kausalität nach § 831 I 2 Var 2 bestehen **zwei Möglichkeiten**: Der Geschäftsherr kann nachweisen, dass auch eine sorgfältig ausgewählte und überwachte Person den konkreten Schaden verursacht hätte (BGHZ 4, 1, 4; 12, 94, 96), sofern in solchen Fällen nicht bereits eine Einschränkung des Tatbestands des § 831 (s.o. Rn 14) in Betracht kommt. Er kann weiterhin dartun, dass auch ein anderer Geschäftsherr bei Anwendung der erforderlichen Sorgfalt denselben Gehilfen ausgewählt hätte, zB weil kein besser geeigneter zu finden war (vgl RG JW 1921, 526; BGHZ 4, 1, 4; Erman/ *Schiemann* § 831 Rz 24 aE). **Nicht** ausreichend ist hingegen der Nachweis, dass der Schaden nicht auf einer mangelnden Eignung, sondern auf einem andersartigen Fehlverhalten des Gehilfen beruhte (BGH VersR 61, 848, 849; NJW 78, 1681, 1682; 86, 776, 777); hier greift eine der oben (Rn 6) angesprochenen Verschärfungen der Haftung nach § 831.

23 **III. Übernahme durch Vertrag, § 831 II.** Wer durch Vertrag die Pflichten des Geschäftsherrn übernimmt, haftet gem § 831 II wie dieser. Die Pflichten des Geschäftsherrn können also nicht durch vertragliche Weitergabe verändert oder gar zum Erlöschen gebracht werden. Die Regelung passt jedoch nur für die Übertragung auf Personen, die nicht Verrichtungsgehilfen und nicht Organe des Geschäftsherrn sind (insb BGHZ 125, 366, 375; str für faktische Organe: BGH NJW 74, 1371, 1372 einerseits; BGH VersR 60, 371, 372; *Frank* BB 75, 588 f; *Altmeppen* ZIP 95, 881, 888 f andererseits), § 831 betrifft also iE nur die Übernahme durch Außenstehende (zur geringen praktischen Bedeutung der Vorschrift und zu Einschränkungsversuchen in der Lit insb *Medicus* FS Deutsch 99 291 ff). Der Vertragsschluss kann ausdrücklich oder konkludent (*Larenz/Canaris* § 79 III 7; AnwK/*Katzenmeier* § 831 Rz 44), auch mit Dritten erfolgen (RGZ 82, 206, 217 f). Eine im Vordringen befindliche Ansicht hält die Wirksamkeit des Übernahmevertrags nicht für erforderlich (zB Staud/*Belling* § 831 Rz 126; Soergel/*Krause* § 831 Rz 62; MüKo/*Wagner* § 831 Rz 51; AnwK/*Katzenmeier* § 831 Rz 44). Dafür spricht, dass bei § 823 für die Übernahme von Verkehrspflichten kein Vertrag nötig ist (§ 823 Rn 127), Wortlaut und Entstehungsgeschichte des § 831 II (und der parallelen §§ 832 II, 834) sprechen jedoch dagegen (s. insb Prot II, 2771 f – zu § 832); daher ist weiterhin mit der bisher hM ein wirksamer Vertrag zu verlangen (s. insb *Larenz/Canaris* § 79 III 7; weitere Nachw bei Staud/*Belling* § 831 Rz 126). Nicht hinreichend ist auch die Übernahme der Geschäftsherrenpflichten iRe Geschäftsführung ohne Auftrag (AnwK/*Katzenmeier* § 831 Rz 44; BaRoth/*Spindler* § 831 Rz 47).

24 **IV. Beweislast.** Der **Geschädigte** hat das Vorliegen einer unerlaubten rechtswidrigen (ggf auch schuldhaften, s.o. Rn 14 aE) Handlung des Verrichtungsgehilfen (der nicht konkret benannt werden muss, RGZ 159, 283, 290 f; BGH NJW 73, 1602, 1603) sowie dessen Handeln in Ausführung der Verrichtung zu beweisen (ggf mit

Beweiserleichterungen, MüKo/*Stein* 3. Aufl 97 § 831 Rz 61). Bei § 831 II trifft ihn auch die Darlegungs- und Beweislast für die vertragliche Übernahme. Str ist, ob der Geschädigte eine Pflicht des Geschäftsherrn zur Leitung der Ausführung der Verrichtung oder zum Stellen von Vorrichtungen und Gerätschaften im konkreten Fall zu beweisen hat (dafür die Rspr, RGZ 53, 123, 125; BGH NJW 86, 776, 777; Palandt/*Sprau* § 831 Rz 18; dagegen zB BaRoth/*Spindler* § 831 Rz 51). Den Geschäftsherrn trifft die Darlegungs- und Beweislast für die Entlastung gem § 831 I 2 sowie ggf für seine eigene Deliktsunfähigkeit (§ 827 Rn 5).

§ 832 Haftung des Aufsichtspflichtigen.
(1) ¹Wer kraft Gesetzes zur Führung der Aufsicht über eine Person verpflichtet ist, die wegen Minderjährigkeit oder wegen ihres geistigen oder körperlichen Zustands der Beaufsichtigung bedarf, ist zum Ersatz des Schadens verpflichtet, den diese Person einem Dritten widerrechtlich zufügt. ²Die Ersatzpflicht tritt nicht ein, wenn er seiner Aufsichtspflicht genügt oder wenn der Schaden auch bei gehöriger Aufsichtsführung entstanden sein würde.
(2) Die gleiche Verantwortlichkeit trifft denjenigen, welcher die Führung der Aufsicht durch Vertrag übernimmt.

A. Funktion und Anwendungsbereich. I. Funktion. Die Haftung für vermutetes Verschulden wegen Verletzung einer Verkehrspflicht (vgl insb Soergel/*Krause* § 832 Rz 2 f; Erman/*Schiemann* § 832 Rz 1) nach § 832 ergänzt §§ 827–829. Grundgedanke der Regelung ist, dass im Hinblick auf Gefahren, die von Aufsichtsbedürftigen iSd § 832 ausgehen, der Aufsichtspflichtige die besten Einwirkungsmöglichkeiten hat (Erman/*Schiemann* § 832 Rz 1). Die Haftung enthält Elemente von Bereichs- und Übernahmehaftung (Erman/*Schiemann* aaO) und kann mit einer Haftung aus § 823 (insb wegen Verletzung von Organisationspflichten) konkurrieren. Im Unterschied zu anderen Regelungen einer Haftung für vermutetes Verschulden (zB §§ 831, 833 2, 834, 836) hat bei § 832 der Aufsichtspflichtige jedoch weder die Gefahr selbst geschaffen noch zieht er einen Nutzen aus ihr (BaRoth/*Spindler* § 832 Rz 1). Daraus lässt sich ein **Ausnahmecharakter der Vorschrift** ableiten, der ihre analoge Anwendung auf von § 832 nicht erfasste Personen verbietet (so auch insb Staud/*Belling* § 832 Rz 7 f; BaRoth/*Spindler* § 832 Rz 1; Erman/*Schiemann* § 832 Rz 4). **1**

II. Anwendungsbereich. § 832 gilt ausschließlich für die dort genannten privatrechtlichen Aufsichtsverhältnisse (zur Ablehnung einer analogen Anwendung s.o. Rn 1). Bei öffentlich-rechtlichen Aufsichtsverhältnissen (zB im Lehrer-Schüler-Verhältnis an öffentlichen Schulen) greift ausschließlich § 839 iVm Art 34 GG ein (BGHZ 13, 25, 27 f; Ddorf NJW-RR 99, 1620; § 839 Rn 125 ff; krit *Marburger* VersR 71, 777, 781 f). Es erscheint jedoch sinnvoll, die Anforderungen an die Aufsichtspflicht dort ebenso zu bestimmen wie bei § 832 und auch eine entspr Beweislastumkehr anzunehmen (Köln MDR 99, 997; *Mertens* MDR 99, 998, 999; BaRoth/*Spindler* § 832 Rz 3; aA zB Ddorf NJW-RR 99, 1620). **2**

B. Regelungsinhalt. I. Haftungsvoraussetzungen. 1. Aufsichtsbedürftiger. Minderjährige sind stets aufsichtsbedürftig (s. insb BGH NJW 76, 1145, 1146; aA *Rauscher* JuS 85, 757, 761), unabhängig von den Umständen des Einzelfalls (diese sind lediglich bei der Konkretisierung des Umfangs der Aufsichtspflicht zu berücksichtigen, dazu zB BGH NJW 80, 1044, 1045). Bei **Volljährigen** muss aufgrund ihres geistigen oder körperlichen Zustands eine konkrete Aufsichtsbedürftigkeit im Einzelfall bestehen (vgl BGH NJW 58, 1775), zB wegen fehlender Möglichkeit zur Selbstkontrolle bei Kranken, geistig oder körperlich Behinderten oder Epileptikern. Indiz für die Aufsichtsbedürftigkeit ist va der Aufgabenbereich eines Betreuers (Staud/*Belling* § 832 Rz 10; MüKo/*Wagner* § 832 Rz 15; AnwK/*Katzenmeier* § 832 Rz 4; teilw abw Soergel/*Krause* § 832 Rz 6; aA *Bernau/Rau/Zschieschack* NJW 08, 3756 ff). **3**

2. Aufsichtspflichtiger. a) Kraft Gesetzes, § 832 I. Zur Aufsicht über **Minderjährige** ist der Personensorgeberechtigte verpflichtet, also Eltern, §§ 1626 I, 1626a I (bei dauerndem Getrenntleben § 1671 f), überlebender Elternteil, § 1680, nichteheliche Mutter, § 1626a II, Adoptiveltern, § 1754 III, Vormund, §§ 1793, 1797, 1800, Pfleger, §§ 1909, 1915, str für Ausbildende iSd § 14 BBiG (nach hM sind diese nicht aufsichtspflichtig, zB AnwK/*Katzenmeier* § 832 Rz 6 mwN; BaRoth/*Spindler* § 832 Rz 9; Palandt/*Sprau* § 832 Rz 5, nach aA in begrenztem Umfang, zB Erman/*Schiemann* § 832 Rz 3). Bei Kindern in Fürsorgeerziehung haften die Eltern weiter, soweit sie die tatsächliche Aufsicht ausüben können (insb während sich die Kinder bei ihnen aufhalten, RGZ 98, 246, 247 f). **Nicht** aufsichtspflichtig sind insb Lehrer an öffentlichen Schulen (ggf Haftung nach § 839 iVm Art 34 GG, s.o. Rn 2), Beistand, §§ 1712, 1716, Erziehungsbeistand, §§ 27, 30 SGB VIII, Gegenvormund, §§ 1792, 1799, Erziehungshelfer, § 12 JGG. Die Aufsicht über **sonstige Aufsichtsbedürftige** obliegt idR einem Betreuer, §§ 1896 ff (Staud/*Belling* § 832 Rz 25 ff; Erman/*Schiemann* § 832 Rz 3; BaRoth/*Spindler* § 832 Rz 7 mwN, auch zur aA); die Reichweite seiner Aufsichtspflicht entspricht derjenigen der Betreuungstätigkeit. **Nicht** aufsichtspflichtig sind bei diesem Personenkreis Pfleger (str, wie hier Erman/*Schiemann* § 832 Rz 3; aA Staud/*Belling* § 832 Rz 24), Gegenvormund, §§ 1792, 1799, Ehegatte (RGZ 70, 48, 49 f). Eine Ausdehnung der Betreuungspflicht durch Landesrecht, zB auf Leiter von Altenheimen, Pflegestätten oder Heilanstalten, ist möglich (Celle NJW 61, 223). **4**

5 b) **Durch vertragliche Übernahme, § 832 II.** Die vertragliche Übernahme einer Aufsichtspflicht kann ausdrücklich oder konkludent erfolgen. Der Vertrag kann mit dem Aufsichtsbedürftigen oder einem Dritten geschlossen werden (Köln OLGE 34, 120, 121); er muss wirksam sein (hM, BaRoth/*Spindler* § 832 Rz 12 mwN; aA Soergel/*Krause* § 832 Rz 14; Staud/*Belling* § 832 Rz 40 mwN; näher zu dieser Frage § 831 Rn 23), Anfechtbarkeit schadet jedoch nicht (BaRoth/*Spindler* § 832 Rz 12). An eine **konkludente Übernahme** stellt die Rspr relativ geringe Anforderungen (zB BGH NJW 68, 1874; 76, 1145, 1146; 85, 677, 678; zu den Grenzen aber LG Oldenburg 5 O 1003/06), was wegen der fehlenden Analogiefähigkeit des § 832 (s.o. Rn 1) nicht unbedenklich erscheint (vgl auch BaRoth/*Spindler* § 832 Rz 13). Die konkludente Übernahme sollte klar von der – für § 832 II nach hM nicht ausreichenden – tatsächlichen Übernahme ohne Rechtsbindungswillen abgegrenzt werden. Wenn zB Eltern fremde Kinder – auch wiederholt – mit ihren eigenen Kindern spielen lassen, haften sie für die fremden Kinder idR nicht nach § 832, sondern allenfalls nach § 823 (BGH NJW 68, 1874 f; aA Hamm VersR 00, 457). **Häufige Fälle einer vertraglichen Übernahme:** Pflege- oder Stiefeltern, Verwandte (bei nicht nur vorübergehender Aufnahme), Träger von offenen psychiatrischen Kliniken (BGH NJW 85, 677, 678 f; Saarbr OLGR 07, 572, 573 f) oder Krankenhäusern (BGH FamRZ 76, 210, 211), Heil- und Erziehungsanstalten (zB BGH VersR 65, 48; Kobl NJW-RR 97, 345), betreuenden Behindertenwerkstätten (Hamm NJW-RR 94, 863, 864), Privatschulen, Schülerpensionen oder -heimen, Fachkräfte in Kindergärten und -krippen (vgl BGH FamRZ 56, 340), Kinderfrauen, Tagesmütter, Betreuer in Pfadfinderlagern (LG Landau NJW 00, 2904) oder bei sonstigen organisierten Jugendfreizeiten (Frankf NJW-RR 08, 975).

6 **3. Widerrechtliche Schädigung eines Dritten durch den Aufsichtsbedürftigen.** Tatbestand einer unerlaubten Handlung (einschließlich subjektiver Merkmale, RG HRR 1929 Nr 705; Staud/*Belling* § 832 Rz 49 mwN) und **Rechtswidrigkeit** müssen vorliegen, ein Verschulden des Aufsichtsbedürftigen ist nicht erforderlich (RGZ 50, 60, 65; BGH NJW 85, 677, 678; BGHZ 111, 282, 284). Teilweise wird verlangt, dass die Schädigung als schuldhaft anzusehen sein müsste, wenn sie durch einen Nicht-Aufsichtsbedürftigen begangen worden wäre (zB *Larenz/Canaris* § 79 IV 2b; MüKo/*Wagner* § 832 Rz 22; AnwK/*Katzenmeier* § 832 Rz 9); dies erscheint jedoch angesichts des Charakters als Haftung für vermutetes Verschulden des Aufsichtspflichtigen (s.o. Rn 1) problematisch; die Fälle, in welchen man mit Hilfe dieser Auslegung zu einer Ablehnung der Haftung nach § 832 gelangen möchte, dürften sich häufig auch mit Hilfe des Entlastungsbeweises (insb nach § 832 I 2 Var 2) lösen lassen.

7 Ein **Mitverschulden des Geschädigten** ist grds zu berücksichtigen (zB BGH NJW 83, 2821 f; NJW-RR 87, 1430, 1432; Staud/*Belling* § 832 Rz 153; MüKo/*Wagner* § 832 Rz 38; BaRoth/*Spindler* § 832 Rz 35; einschr AnwK/*Katzenmeier* § 832 Rz 10). Nach der Risikozuweisung des § 832 ist der Geschädigte aber nicht zur Vorsorge gegen Schäden durch Aufsichtsbedürftige gerade aufgrund ihrer Aufsichtsbedürftigkeit verpflichtet (BGH NJW 83, 2821 f; Hamm VersR 90, 743, 744; BaRoth/*Spindler* § 832 Rz 35).

8 **4. Keine Entlastung des Aufsichtspflichtigen gem § 832 Abs 1 S 2.** Entscheidend für die Anwendung des § 832 I 2 ist die Möglichkeit der Exkulpation des Aufsichtspflichtigen wegen Erfüllung der Aufsichtspflicht bzw fehlender Kausalität zwischen Aufsichtspflichtverletzung und Schaden.

9 **a) Erfüllung der Aufsichtspflicht, § 832 I 2 Var 1. aa) Umfang der Aufsichtspflicht.** Ausgangspunkt für die Bestimmung des Umfangs der Aufsichtspflicht ist ihr Charakter als Verkehrspflicht. Für jeden Einzelfall ist **abzuwägen** zwischen Reifegrad des Aufsichtsbedürftigen, Schädigungspotential des Verhaltens und Zumutbarkeit von Aufsichtsmaßnahmen (s. insb Staud/*Belling* § 832 Rz 54 ff; MüKo/*Wagner* § 832 Rz 23; BaRoth/*Spindler* § 832 Rz 15; Erman/*Schiemann* § 832 Rz 6; *Haberstroh* VersR 00, 806, 810 f). Dabei sind va der Entfaltungsspielraum des Aufsichtsbedürftigen als Ausprägung seines Persönlichkeitsrechts (insb Erman/*Schiemann* § 832 Rz 6) sowie der in jüngerer Zeit zu Recht verstärkt herangezogene Gedanke einer Erziehung zu eigenverantwortlichem Handeln, § 1626 II (vgl BGH NJW 80, 1044, 1045; 84, 2574; AnwK/*Katzenmeier* § 832 Rz 12), zu berücksichtigen.

10 Aus der reichhaltigen Kasuistik lassen sich folgende Grundlinien ableiten: Bei **Minderjährigen** sind insb Alter (zB BGH VersR 09, 788 einerseits, 790 andererseits), Charakter, Eigenarten, Erziehungsstand (je besser die Erziehung, desto geringer können die Anforderungen an die Aufsichtspflicht ausfallen, zB RGZ 98, 246, 248; BGH NJW 84, 2574, 2575; 93, 1003; 97, 2047, 2048) einschließlich konkreter Belehrungen (BGH VersR 09, 788 Rz 17; 790 Rz 14, jew mwN), äußere Umstände, Vorhersehbarkeit einer Schädigung, Erforderlichkeit und Zumutbarkeit von Aufsichtsmaßnahmen zu berücksichtigen. Die Aufsichtsbedürftigkeit steht in Korrelation zu § 828 insofern, als bei Vorliegen von Einsichtsfähigkeit iSd § 828 III idR keine oder allenfalls eine geringe Aufsichtsbedürftigkeit besteht (noch weiter gehend wohl Erman/*Schiemann* § 832 Rz 6). Zur Vermeidung von Haftungslücken ist daher § 828 III bei Eingrenzungen der Aufsichtspflicht iRd § 832 stets im Blick zu behalten; dies bedeutet aber nicht, dass über § 832 alle durch § 828 entstehenden Haftungslücken zu schließen wären (vgl auch Oldbg VersR 05, 807; Kobl 12 U 1299/08; *H Müller* ZfS 03, 433, 434; *Friedrich* NZV 04, 227, 230; *Oechsler* NJW 09, 3185, 3188; *Bernau* NZV 05, 234 ff mwN, auch zu Gegenansichten). Auch die Anwendung beider Vorschriften nebeneinander (Haftung von Aufsichtsbedürftigem und Aufsichtspflichtigem als Gesamtschuldner iSd § 840) ist möglich. Als **Aufsichtsmaßnahmen** kommen insb in Betracht: Belehrung (BGHZ 111, 282, 285; VersR 09, 788 Rz 17; 790 Rz 14), Verbot, Übung, Kontrolle/Beobachtung (in Sonder-

fällen evtl sogar „auf Schritt und Tritt", BGH NJW 95, 3385, 3386; Saarbr OLGR 07, 572, 574 f), Verwehren schädigender Handlungen (BGH NJW 95, 3385, 3386; 97, 2047, 2048 – ausnahmsweise bis hin zum Einsperren, Kobl NJW-RR 02, 900 f; LG Kreuznach VersR 03, 908), Einschränkung des Zugangs zu gefährlichen Gegenständen, im Extremfall auch Inanspruchnahme von Erziehungshilfe (s. insb *Schmid* VersR 82, 822, 823 f). Welche Maßnahmen erforderlich und zumutbar sind, richtet sich danach, was verständige Eltern nach vernünftigen Anforderungen in der konkreten Situation tun müssen, um Schädigungen Dritter durch ihr Kind zu verhindern (stRspr, zB BGH VersR 62, 783; VersR 09, 788 Rz 8; 790 Rz 8, jew mwN). Hierbei sind die persönlichen Eigenschaften des Kindes ein wesentlicher Faktor (zB Neigung zu Aggressivität, s. nur BGH NJW 80, 1044, 1045; 97, 2047, 2048).

Bei **gefährlichem Spielzeug** kann bereits die Überlassung gegen die Aufsichtspflicht verstoßen, zB bei Pfeil und Bogen, Luftgewehr, Axt, Buschmesser (zB BGH VersR 66, 368 f; München ZfS 02, 170, 171). Andernfalls besteht jedenfalls eine gesteigerte Aufsichtspflicht. Denkbare Aufsichtsmaßnahmen sind insb Belehrung (selbst bei Gegenständen, zu denen kein Zugang besteht, BGH VersR 66, 368 f; Celle FamRZ 98, 233; Ddorf NJW-RR 98, 98, 99; krit zu Recht *Haberstroh* VersR 00, 806, 813; *Wolf* VersR 98, 812 f), Verwahrung, Überwachung. Hierbei kann zwischen per se gefährlichem Spielzeug und solchem, das erst bei Missbrauch gefährlich wird, zu differenzieren sein. 11

Beim Umgang mit **Feuer** (insb Zündmitteln, Feuerwerkskörpern) sind besonders hohe Anforderungen an den Aufsichtspflichtigen zu stellen (zB BGHZ 111, 282, 285; NJW 97, 2047; Kobl NJW 04, 3047 ff; LG Bielefeld NJW-RR 07, 610, 612; Grenzen: Oldbg NJW-RR 04, 1671, 1672; Zweibr NJW-RR 07, 173, 174). Wichtig sind hier insb Belehrung (BGH NJW 76, 1684 f; LG Erfurt VersR 08, 932 f), sichere Aufbewahrung (zB BGH NJW 83, 2821; 93, 1003; Kobl NJW 04, 3047, 3048 f; LG Bielefeld NJW-RR 07, 610, 612), ggf zusätzliche Überwachung (Überblick: *Bernau* ZfS 08, 482). Eine Überlassung solcher Gegenstände an Minderjährige kommt nur in eng begrenzten Fällen in Betracht. 12

Bei der **Teilnahme** Minderjähriger **am Straßenverkehr** sind insb Belehrung, Übung (BGH VersR 62, 360), Verbote und Überwachung von Bedeutung (zuletzt etwa Oldbg VersR 05, 807; Bambg 5 U 227/06; Kobl 12 U 1299/08). Die Erforderlichkeit solcher Maßnahmen richtet sich auch nach der Art der Teilnahme (mit zunehmender Intensität bei Verkehrsteilnahme als Fußgänger, Roller- bzw Dreiradfahrer, Radfahrer, Führer von Kleinkrafträdern oder Kfz. Davon zu unterscheiden sind Aufsichtspflichten beim **Spiel** mit möglichen Wechselwirkungen mit dem Straßenverkehr (zum Verbot des Spielens auf der Fahrbahn insb BGH VersR 61, 838, 839; 998, 999; zu Schranken der Aufsichtspflicht in Spielstraßen Hamm NJW-RR 02, 236, 238). 13

Noch in der Konkretisierungsphase sind die Aufsichtspflichten bei **Internetnutzung** durch Minderjährige. Zu Recht wird teilweise eine einweisende Belehrung und Erklärung in Bezug auf Kosten, Haftungs- und sonstige Risiken sowie eine Folgeüberwachung gefordert (zB LG Hamburg MMR 07, 131; LG München I K&R 08, 474, 476; *Peter* K & R 08, 371, 373; *Leistner/Stang* WRP 08, 533, 548 ff mwN). Fraglich ist allerdings der Umfang der Überwachungspflicht: Bei technisch versierten und auch sonst verständigen Minderjährigen dürften einzelne Kontrollen genügen, eine laufende Überwachungspflicht erscheint hier vielfach unrealistisch. Bei konkreten Anhaltspunkten für Rechtsverletzungen durch den Aufsichtsbedürftigen sind ggf weitergehende Überprüfungen erforderlich (s. zB *Peter* K&R 08, 371, 372 f). 14

Bei **sonstigen Aufsichtsbedürftigen** gelten ähnliche Kriterien. IRd Einzelfallabwägung sind insb der Grund der Aufsichtsbedürftigkeit (zB Art und Umfang einer Behinderung) sowie das Persönlichkeitsrecht des Aufsichtsbedürftigen zu berücksichtigen (vgl etwa BGH NJW 85, 677, 679; Hamm NJW-RR 94, 863, 864; Kobl NJW-RR 97, 345). 15

bb) Erfüllung der Aufsichtspflicht. Der Entlastungsbeweis nach § 832 I 2 Var 1 erfordert, dass im konkreten Fall alle erforderlichen Aufsichtsmaßnahmen durchgeführt wurden. Die **Übertragung auf Dritte** durch Vertrag ist grds zulässig (s. nur Staud/*Belling* § 832 Rz 112 ff mwN; MüKo/*Wagner* § 832 Rz 16; AnwK/*Katzenmeier* § 832 Rz 19). Bei faktischer Übernahme ist str, ob eine Haftung nach § 823 in Betracht kommt (so zB AnwK/*Katzenmeier* § 832 Rz 19) oder entspr § 832 II (so zB MüKo/*Wagner* § 832 Rz 20). Beim ursprünglich Aufsichtspflichtigen verbleibt nach einer Übertragung jedoch als „Rest" der ursprünglichen Verkehrspflicht eine Organisationspflicht, die ihn zur ordnungsgemäßen Auswahl, Instruktion und Überwachung des Dritten verpflichtet (BGH NJW 68, 1672, 1673; AnwK/*Katzenmeier* § 832 Rz 19; krit BaRoth/*Spindler* § 832 Rz 18). 16

b) Fehlende Kausalität zwischen Aufsichtspflichtverletzung und Schaden, § 832 I 2 Var 2. Eine Entlastung nach § 832 I 2 Var 2 kommt – entspr § 831 I 2 Rn 22 – zB in Betracht, wenn der Schaden in keinem Fall zu verhindern gewesen wäre (s. RG Recht 1922 Nr 1154; Frankf NJW-RR 02, 236). 17

5. Durch die Aufsichtspflichtverletzung verursachter Schaden eines Dritten. Erfasst werden alle Schäden Dritter (einschließlich mittelbarer Verletzungen) ohne Beschränkung auf bestimmte Rechtsgüter. **Nicht** in Betracht kommt ein Schaden des Aufsichtsbedürftigen (BGHZ 73, 190, 194; NJW 96, 53; *Fuchs* NZV 98, 7, 9), aber bei einer Haftung des Aufsichtsbedürftigen ggü dem Aufsichtspflichtigen nach allg Regeln kann ggf ein Mitverschulden des Aufsichtspflichtigen zu berücksichtigen sein (Zweibr NZV 99, 509, 510; AnwK/*Katzenmeier* § 832 Rz 21 mwN). Ebenfalls nicht anwendbar ist § 832 auf Schäden eines weiteren Aufsichtspflichtigen (Saarbr OLGR 07, 572, 573). 18

19 **II. Sonstiges. 1. Haftung des Aufsichtspflichtigen ggü dem Aufsichtsbedürftigen.** Eine Haftung des Aufsichtspflichtigen ggü dem Aufsichtsbedürftigen kommt ggf nach § 280 I iVm § 1664 (Sorgerechtsverhältnis als gesetzliches Schuldverhältnis) sowie nach § 823 I in Betracht (AnwK/*Katzenmeier* § 832 Rz 21; BaRoth/*Spindler* § 832 Rz 3; Erman/*Schiemann* § 832 Rz 9). Eine Zurechnung der Verletzung der Aufsichtspflicht gem § 254 zum Aufsichtsbedürftigen ist jedoch nach Sinn und Zweck des in §§ 827 ff, 832 verwirklichten Schutzes dieser Personen grds nicht möglich (Erman/*Schiemann* § 832 Rz 9; Staud/*Belling* § 832 Rz 172 mwN).

20 **2. Beweislast.** Für die Anspruchsvoraussetzungen trägt grds der Geschädigte die Beweislast; die Verletzung der Aufsichtspflicht und ihre Kausalität für den Schaden werden vermutet, sofern sich der Aufsichtspflichtige nicht nach § 832 I 2 entlastet (BGH NJW-RR 87, 13, 14; VersR 09, 788 Rz 8; 790 Rz 8). Dabei ist der Nachweis der allgemeinen Erfüllung der Aufsichtspflicht zumindest ein Indiz für ihre Erfüllung im konkreten Fall (zB BGH NJW 90, 2553, 2554 f).

21 **3. Reformvorschläge.** Teilweise wird vorgeschlagen, die weit reichenden Wirkungen des § 832 abzumildern, zB durch Einführung einer Pflicht-Haftpflichtversicherung für Eltern (so insb *v Hippel* FamRZ 68, 574, 575; *ders* FamRZ 01, 748; krit zB *Bernau* DAR 08, 78, 79 mwN) oder durch Beschränkung der Haftung auf Vorsatz und grobe Fahrlässigkeit (*Großfeld/Mund* FamRZ 94, 1504, 1508); umfassend zu den Reformvorschlägen Staud/*Belling* § 832 Rz 176. In Anbetracht der Möglichkeit des Abschlusses einer freiwilligen Haftpflichtversicherung sowie der in anderen europäischen Ländern eher noch strengeren Haftung (*v Bar* Gemeineuropäisches Deliktsrecht Bd I Rz 131 ff) sollten diese Vorschläge jedoch nicht umgesetzt werden.

§ 833 Haftung des Tierhalters.
¹Wird durch ein Tier ein Mensch getötet oder der Körper oder die Gesundheit eines Menschen verletzt oder eine Sache beschädigt, so ist derjenige, welcher das Tier hält, verpflichtet, dem Verletzten den daraus entstehenden Schaden zu ersetzen. ²Die Ersatzpflicht tritt nicht ein, wenn der Schaden durch ein Haustier verursacht wird, das dem Beruf, der Erwerbstätigkeit oder dem Unterhalt des Tierhalters zu dienen bestimmt ist, und entweder der Tierhalter bei der Beaufsichtigung des Tieres die im Verkehr erforderliche Sorgfalt beobachtet oder der Schaden auch bei Anwendung dieser Sorgfalt entstanden sein würde.

1 **A. Funktion und Anwendungsbereich.** § 833 regelt – ergänzt durch § 834 – die Haftung für durch Tiere verursachte Rechtsgutsverletzungen. § 833 1 statuiert eine Gefährdungshaftung des Halters eines sog „Luxustiers", § 833 2 eine Haftung des Halters eines Nutztiers mit Verschuldens- und Kausalitätsvermutung (zur Verfassungskonformität der Haftungsprivilegierung BGH NJW 09, 3233 Rz 5 ff). § 834 ergänzt diese Tatbestände durch eine Haftung des Tieraufsehers, ebenfalls mit Verschuldens- und Kausalitätsvermutung. Alle diese Vorschriften ordnen die nicht vollständig beherrschbare Tiergefahr in erster Linie demjenigen zu, der Nutzen aus der Tierhaltung zieht (§ 833 1 u 2, s. schon Prot II 2867 sowie insb BGH NJW 74, 234, 235; BGHZ 67, 129, 132; Staud/*Eberl-Borges* § 833 Rz 5; MüKo/*Wagner* § 833 Rz 2; AnwK/*Katzenmeier* § 833 Rz 2; BaRoth/*Spindler* § 833 Rz 1) bzw die – auch der Schadensvermeidung dienende – Aufsicht über das Tier übernommen hat (§ 834).

2 **B. Regelungsinhalt. I. Gefährdungshaftung, § 833 S 1. 1. Voraussetzungen. a) Tier.** § 833 erfasst grds alle Tiere. Str ist die Tiereigenschaft von **Kleinstlebewesen** und laborgezüchteten **Mikroorganismen**. Für ihre Einbeziehung könnte sprechen, dass von ihnen Gefahren ausgehen, die anderen von § 833 erfassten Tiergefahren – etwa der durch einen Insektenschwarm verursachten – vergleichbar sind (zB Ausscheiden von Giften, Verursachen von Krankheiten). Dagegen spricht jedoch maßgeblich, dass Mikroorganismen weder biologisch noch umgangssprachlich als Tiere angesehen werden (s. insb Staud/*Eberl-Borges* § 833 Rz 16 ff mwN) und den von ihnen ausgehenden Gefahren durch Spezialregelungen (insb durch das GenTG und das InfektionsSchG – Letzteres ggf iVm § 823 II) begegnet werden kann und soll. Daher werden diese Lebewesen nicht von § 833 erfasst (so auch zB Staud/*Eberl-Borges* § 833 Rz 19; Soergel/*Krause* § 833 Rz 3; Larenz/Canaris § 84 II 1a; *Abeltshauser* JuS 91, 366 ff; aA zB AnwK/*Katzenmeier* § 833 Rz 4; Erman/*Schiemann* § 833 Rz 2; *Deutsch* NJW 76, 1137 f; 90, 751 f).

3 **b) Rechtsgutsverletzung.** Als verletzte Rechtsgüter kommen Leben, Körper und Gesundheit eines Menschen sowie Sachen in Betracht.

4 **c) Haftungsbegründende Kausalität.** Die Rechtsgutsverletzung muss durch das Tier verursacht worden sein. Entscheidend ist, dass sich in ihr eine **spezifische Tiergefahr** verwirklicht hat. Deren Konkretisierung ist str: An die Stelle der früheren Unterscheidung zwischen willkürlichem und natürlichem Tierverhalten (zB RGZ 80, 237, 238 f; BGH NJW 75, 867, 868; wN: NJW-RR 06, 813 Rz 7) ist in der neueren **Rspr** das Kriterium der **Unberechenbarkeit tierischen Verhaltens** getreten (zB BGHZ 67, 129, 132; NJW-RR 06, 813 Rz 7 mwN; *Saarbr* NJW-RR 06, 893, 894; *Brandbg* DAR 08, 647), das in der Lit teilw als unbrauchbar abgelehnt wird (zB Soergel/*Krause* § 833 Rz 6; Erman/*Schiemann* § 833 Rz 4; AnwK/*Katzenmeier* § 833 Rz 5; Larenz/Canaris § 84 II 1c mwN). Weil § 833 für diejenigen Verhaltensweisen nicht gilt, in denen sich keine spezifische Tiergefahr verwirklicht, werden auch natürliche bzw instinktive Verhaltensweisen von Tieren, die als solche nicht unvorhersehbar sind, von § 833 erfasst, zB natürliche Ausscheidungen (Karlsr VersR 95, 927, 928; Staud/*Eberl-Borges* § 833 Rz 64; BaRoth/*Spindler* § 833 Rz 7; Erman/*Schiemann* § 833 Rz 4, anders noch RGZ 141, 406, 407) oder der Deckakt (Staud/*Eberl-Borges* § 833 Rz 65; BaRoth/*Spindler* aaO, Erman/*Schiemann* aaO; aA Nürnbg VersR 70, 1059, 1060 mwN; vgl auch BGHZ 67, 129, 130 ff). Vom Anwendungsbereich des § 833 1 auszunehmen sind daher – neben den Fällen, in denen ein Zusammenhang der Rechtsgutsverletzung mit tierischem Verhalten überhaupt nicht nachweisbar ist (zB AG Aachen NJW-RR 07, 907) – mit einer im Vordringen befindlichen Ansicht in der Lit nur diejenigen Fälle, in denen kein selbsttätiges Verhalten des Tieres mehr vorliegt (Staud/*Eberl-Borges* § 833 Rz 40 ff mwN), zB bei bloß „mechanischer Wirkung" des Tieres (als menschliches Werkzeug oder ausschließlich aufgrund seiner Größe oder seines Gewichts, s. BGH VersR 78, 515 f zum Verkehrsunfall eines Tiertransporters). Alle anderen Fälle eines eigenständigen tierischen Verhaltens werden von § 833 1 erfasst; auf Vorhersehbarkeit oder Anlass des Verhaltens (zB Auslösung durch äußere Umstände wie laute Geräusche, Kobl NJW-RR 02, 1542) oder mögliche Fehler einer menschlichen Steuerung des Tieres (teilw str, s.u. Rn 5) kommt es nicht an.

Auch iÜ wird das Kausalitätserfordernis weit ausgelegt. Erfasst werden auch Fälle der Mitursächlichkeit (BGH NJW-RR 06, 813 Rz 7 mwN) sowie mittelbar durch die Tiergefahr herbeigeführte Rechtsgutsverletzungen, zB solche aufgrund eines Ausweichens vor einem Tier (zB Nürnbg NJW-RR 91, 741 f; Ddorf NJW-RR 95, 281; Köln VersR 99, 1293, 1294) oder infolge von Schreckreaktionen (BGH NJW 99, 3119: Reiterin stürzt aufgrund einer Verunsicherung durch vorangegangenes Verhalten des Tieres erst vom Pferd, als dieses stehen geblieben ist; Brandbg DAR 08, 647). Die frühere Einschränkung des § 833 1 in Fällen, in denen das Tierverhalten allein auf eine menschliche Leitung des Tieres zurückzuführen war (zB BGH NJW 52, 1329; NJW-RR 90, 789, 791 mwN), wird von der Rspr heute zu Recht nicht mehr verwendet (BGH NJW 92, 2474; 99, 3119; anders wohl BGH NJW-RR 06, 813 Rz 7 – dort aber nicht entscheidungserheblich); der Unterschied zu anderen Gefährdungshaftungen, wie insb derjenigen nach § 7 I StVG, wäre kaum zu rechtfertigen und es bliebe unberücksichtigt, dass solches menschliches Verhalten die spezifische Tiergefahr sogar verstärken kann (s.a. Staud/*Eberl-Borges* § 833 Rz 57; BaRoth/*Spindler* § 833 Rz 10; Erman/*Schiemann* § 833 Rz 4; AnwK/*Katzenmeier* § 833 Rz 8; aA Palandt/*Sprau* § 833 Rz 7; wN zum Meinungsstand bei Staud/*Eberl-Borges* § 833 Rz 56 f). 5

d) **Haftpflichtiger: Tierhalter. Tierhalter** ist, wer die Bestimmungsmacht über das Tier hat, aus eigenem Interesse für die Kosten des Tieres aufkommt, den allg Wert und Nutzen des Tieres für sich in Anspruch nimmt und das wirtschaftliche Risiko seines Verlustes trägt (BGH NJW-RR 88, 655, 656 mwN). Nach dem Regelungszweck des § 833 1 (s.o. Rn 1) dürfte es insb auf Eigeninteresse und Nutzungsmöglichkeit ankommen (vgl auch BGH NJW-RR 88, 655); entscheidend sind die tatsächlichen, nicht die rechtlichen Verhältnisse; auf Eigentum oder auch nur Eigenbesitz sind es für die Haltereigenschaft nicht entscheidend (BGH VersR 56, 574; NJW-RR 90, 789, 790). Bei der **Überlassung eines Tieres**, zB an einen Mieter, Pächter oder Entleiher, bleibt grds der Überlassende Tierhalter (BGH NJW 77, 2158; 86, 2883, 2884; 87, 949, 950; NJW-RR 88, 655, 656; Hamm NZV 07, 143, 144; Frankf NJW-RR 09, 894). Ausnahmen kommen insb in Betracht bei langfristiger Aufgabe der Nutzung durch den ursprünglichen Halter und Nutzung und Unterhaltung durch einen anderen in dessen eigenem Interesse, zB bei Vermietung eines Reit- oder Dressurpferdes (RGZ 62, 79, 83; BGHZ 55, 96; NJW-RR 88, 655, 656), nicht aber schon bei einer Reitbeteiligung (Schleswig OLGR 07, 768). Ein **Entlaufen** des Tieres lässt die Haltereigenschaft nicht entfallen, solange nicht ein anderer das Tier aufnimmt und dadurch Halter wird (BGH NJW 65, 2397; VersR 78, 515), der Halter haftet also auch für alle Folgeschäden nach dem Entlaufen (Brandbg 12 U 234/06). 6

Tierhalter können natürliche oder juristische Personen sein (zB ein Reitverein, Celle VersR 79, 161, oder ein Tierschutzverein, AG Duisburg NJW-RR 99, 1628 f, auch ein Bundesland, Brandbg MDR 09, 633). Ob ein nicht Geschäftsfähiger Tierhalter sein kann, ist str (s. insb die Nachw bei Staud/*Eberl-Borges* § 833 Rz 113) und sollte nach §§ 827 f beurteilt werden (Näheres § 827 Rn 2). Als Tierhalter kommen auch mehrere Personen zugleich in Betracht (zB BGH NJW 77, 2158; Köln NJW-RR 99, 1628); sie haften gem § 840 I als Gesamtschuldner (ebenso der Tierhalter und der Tieraufseher iSd § 834). 7

e) **Rechtswidrigkeit.** Auch die Haftung nach § 833 1 setzt Rechtswidrigkeit voraus. Diese entfällt insb, wenn der Geschädigte zur Duldung einer von einem Tier herrührenden Einwirkung verpflichtet ist, zB aufgrund von § 906 II 1 (BGHZ 117, 110: Bestäuben von Blumen durch Bienen). 8

2. Rechtsfolgen. Der Tierhalter haftet gem § 833 1 ohne Verschulden. Ob Verschuldensfähigkeit erforderlich ist, richtet sich nach der zur Haltereigenschaft nicht (voll) Geschäftsfähiger vertretenen Position (s.o. Rn 7): Dann kann es uU durchaus auf die Verschuldensfähigkeit ankommen, weil ohne diese evtl keine Haltereigenschaft begründet wird (missverständlich deshalb die Formulierung, § 833 1 setze keine Verschuldensfähigkeit voraus, zB BaRoth/*Spindler* § 833 Rz 3; Erman/*Schiemann* § 833 Rz 1). Der Anspruch aus § 833 1 kann auf Schadensersatz in Geld sowie gem § 253 II auf Schmerzensgeld gerichtet sein (zB Kobl NJW-RR 06, 529 f; LG Berlin NJW 06, 732 f). Eine Anwendung des § 254 ist auch iRd Gefährdungshaftung nach § 833 1 denkbar, zB zur Anrechnung einer Tierhalterhaftung (BGH NJW 76, 2130, 2131; 85, 2416 f; Saarbr NJW-RR 06, 969, 970; Frankf NJW-RR 07, 748 f) oder einer Tieraufseherhaftung (Karlsr 9 U 75/07; LG Dortmund NJOZ 9

§ 833   Haftung des Tierhalters

09, 4321) des Verletzten sowie bei mitwirkendem Verschulden, etwa wenn sich der Verletzte leichtfertig der Tiergefahr ausgesetzt oder das Tier gereizt hat (zB BGH JZ 55, 87; NJW 93, 2611, 2612; Ddorf NJW-RR 06, 93 f; LG Hamburg 318 O 213/06; zu Grenzen zB BGH NJW 99, 3119, 3120; sehr weitgehend LG Flensburg 1 62/05 Rz 7: 75% Mitverschulden des Gebissenen wegen Niederbeugens zum Hund).

10 **3. Einschränkungen der Haftung.** Va bei Schäden durch ein Tier, das einem anderen zur Nutzung überlassen wurde (häufig bei Unfällen eines Reiters, der das Tier im überwiegend eigenen Interesse nutzt), werden Einschränkungen der Haftung nach § 833 1 erwogen. Letztlich geht es um die Frage, ob in solchen Fällen die Tiergefahr auf den Geschädigten übergeht oder ob er zumindest einen Teil davon tragen soll. Hierfür werden **unterschiedliche dogmatische Konstruktionen** diskutiert. Denkbar wäre zunächst die Annahme der **Vereinbarung eines Haftungsausschlusses** (dazu zB BGH NJW 74, 234, 235; 77, 2158, 2159 – iE aber in beiden Fällen offen gelassen). Da idR keine ausdrückliche Absprache vorliegt, läuft dies entweder auf eine bedenkliche Fiktion hinaus (s. insb Soergel/*Krause* § 833 Rz 24; BaRoth/*Spindler* § 833 Rz 19) oder es müssen hohe Anforderungen gestellt werden (zB ausdrückliche Abrede, BGH NJW-RR 88, 655, 657; NJW 92, 907, 908), die häufig nicht erfüllt sein werden. Denkbar bleibt jedoch die Erstreckung von Haftungsbeschränkungen bei unentgeltlichen Verträgen – nicht aber bei bloßen Gefälligkeiten – auf Deliktsansprüche (insb BGH NJW 74, 234, 235 – iE offen gelassen; 92, 2474, 2475; s.a. oben Vor § 823 Rn 17). Teilweise wird von einer **freiwilligen Übernahme einer besonderen** (nicht aber der allg) **Tiergefahr** im eigenen Interesse ausgegangen, zB beim Übernehmen eines „wilden" Pferdes, um die eigene Reitkunst zu beweisen, bei Fuchsjagd oder Dressurreiten (zB BGH NJW 74, 234, 235 f; 92, 2474). Die Abgrenzung zur allg Tiergefahr, bei der allenfalls § 254 angewandt werden kann, ist allerdings problematisch und praktisch kaum durchführbar (s.a. BaRoth/*Spindler* § 833 Rz 20). Bei besonders starkem Eigeninteresse des Verletzten kann er im Einzelfall **selbst** als **Halter** angesehen werden (BaRoth/*Spindler* § 833 Rz 21; Staud/*Eberl-Borges* § 833 Rz 191, beide mwN); dies dürfte jedoch nur seltene Ausnahmefälle betreffen (abgelehnt zB in BGH VersR 09, 693 Rz 20 für einen Tierarzt, der das Tier auf dem Hof des Tierhalters oder eines Dritten untersucht). Ein **Handeln auf eigene Gefahr**, das nach wohl hM iRd Abwägung nach § 254 zu berücksichtigen ist (s. nur BGH NJW-RR 05, 1183, 1184; 06, 813 Rz 16; VersR 09, 693 Rz 7 ff; Erman/*Schiemann* § 833 Rz 6; BaRoth/*Spindler* § 833 Rz 21 sowie § 254 Rn 39; aA zB *Deutsch* NJW 78, 1998, 2001 f; JuS 87, 673, 677 f; *Dunz* JZ 87, 63, 65 ff; *Hasselblatt* NJW 93, 2577, 2578 ff; *Scheffen* NJW 90, 2658, 2662 f; MüKo/*Wagner* § 833 Rz 20), kommt in Betracht, wenn der Verletzte Risiken übernommen hat, die über die übliche Tiergefahr hinausgehen (zB BGH NJW 74, 234, 235; NJW-RR 05, 1183, 1184 f; 06, 813 Rz 16 mwN; Grenzen: BGH NJW 86, 2883, 2884). Hier stellen sich aber die gleichen Abgrenzungsprobleme wie bei der freiwilligen Übernahme einer besonderen Tiergefahr. Eine Haftungsbegrenzung nach dem **Schutzzweck der Norm** (dazu zB BGH NJW 74, 234, 235 f; Soergel/*Krause* § 833 Rz 26 f; AnwK/*Katzenmeier* § 833 Rz 32; krit Erman/*Schiemann* § 833 Rz 6; BGH VersR 09, 693 Rz 15) kann zwar die Haftung ggü einem Mithalter (Köln NJW-RR 99, 1628; Jena 4 U 420/09) oder in Fällen, in denen entsprechendes menschliches Verhalten gerechtfertigt wäre (Bsp: Hund verletzt Einbrecher, *Seiler* FS Zeuner 279, 292 f; Soergel/*Krause* § 833 Rz 28), ausschließen, aber nicht in den Fällen, um die es hier typischerweise geht.

11 **Stellungnahme:** Die Frage kann nicht generalisierend entschieden werden, da ihr keine einheitlichen, klar abgrenzbaren Fallkonstellationen zugrunde liegen. Angesichts der Grundkonzeption der Tierhalterhaftung für Luxustiere als Gefährdungshaftung sollten Einschränkungen restriktiv gehandhabt werden: Ein völliger Haftungsausschluss kommt nur in Betracht, wenn der Geschädigte selbst als Halter anzusehen ist (was nur in wenigen Ausnahmefällen denkbar ist) oder wenn nach dem Schutzzweck der Norm eine Haftung ausscheidet (was ebenfalls nur ausnahmsweise in Betracht kommt, s.o. Rn 10, und nicht die iRd Einschränkungen des § 833 1 typischerweise diskutierten Fälle erfasst). Im Regelfall wird daher nach dem Gedanken eines Handelns auf eigene Gefahr nach § 254 vorzugehen sein. Dafür ist ein selbständiges Verhalten des später Geschädigten zu verlangen, aus dem sich zumindest ein Bewusstsein der Gefahrübernahme ableiten lässt, wie zB bei Nutzung des Tieres für besondere Zwecke wie Dressurreiten, Jagd etc.

12 **4. Beweislast.** Der Geschädigte muss beweisen, dass der Schaden durch ein Tier verursacht wurde, dessen Halter der Anspruchsgegner ist (Ddorf VersR 81, 82, 83; LG Siegen NJW-RR 05, 1340 f; AnwK/*Katzenmeier* § 833 Rz 33; Erman/*Schiemann* § 833 Rz 17; MüKo/*Wagner* § 833 Rz 63 mwN; zum Anscheinsbeweis bei Verletzung durch einen pflichtwidrig nicht angeleinten Hund Hamm NZV 08, 564, 565). Der Tierhalter muss ggf darlegen und beweisen, dass sich keine spezifische Tiergefahr realisiert hat (Unterbrechung des Kausalzusammenhangs, BGHZ 39, 103, 109; NJW-RR 90, 789, 791) oder dass die Voraussetzungen des § 254 vorliegen (BGH NJW 82, 763, 765; VersR 09, 693 Rz 22 mwN).

13 **II. Haftung für vermutetes Verschulden, § 833 S 2. 1. Voraussetzungen. a) Haustier, das dem Beruf, der Erwerbstätigkeit oder dem Unterhalt des Tierhalters zu dienen bestimmt ist.** Haustiere sind zahme Tiere, die von einer natürlichen oder juristischen Person zur Nutzung gezogen und gehalten werden (Kobl NJW-RR 92, 476; Ddorf VersR 95, 232, 233; Staud/*Eberl-Borges* § 833 Rz 118 ff; BaRoth/*Spindler* § 833 Rz 26 mwN). Keine Haustiere sind lediglich gezähmte Tiere (RGZ 158, 388, 391; Nürnbg NJW-RR 91, 1500, 1501; krit BaRoth/*Spindler* § 833 Rz 26), Tiere, die im Ausland als Haustiere gelten (*Lorz* NuR 89, 337, 338), oder Versuchstiere der wissenschaftlichen Forschung (*Lorz* aaO).

Die Haftung nach § 833 2 erfasst ausschließlich **Nutztiere**, also sog Berufstiere oder Tiere, die der Erwerbstätigkeit oder dem Unterhalt des Tierhalters dienen. **Berufstier** ist ein Tier, dessen Haltung spezifisch mit der Berufstätigkeit des Halters zusammenhängt (Köln VersR 99, 1293), zB Polizei-, Jagd- oder Hütehunde (zB BGH NJW 65, 2397; VersR 72, 1047, 1048; Bambg NJW-RR 90, 735; Brandbg DAR 08, 647; MDR 09, 633); eine Nutzung für gelegentliche Erwerbstätigkeit reicht nicht aus (Hamm 9 U 11/09: „hobbymäßige" Tätigkeit als Reitlehrer). **Tiere, die der Erwerbstätigkeit dienen**, sind in erster Linie Tiere in land- oder forstwirtschaftlichen oder gewerblichen Betrieben, sofern es sich nicht um bloße Nebenerwerbsbetriebe handelt (BGHZ 55, 96; Ddorf VersR 95, 186; Celle NJW 00, 1194) und die Tiere nicht lediglich zu Liebhaberzwecken gehalten werden (BGH VersR 55, 116; NJW 82, 763, 764; 1589). Die wirtschaftliche Nutzung des Tieres muss im Vordergrund stehen (BGH NJW-RR 05, 1183; Hamm NZV 07, 143, 145). Bsp: Zuchttiere, zur Veräußerung bestimmte Tiere eines Tierhändlers (RGZ 79, 246, 247), Rennpferde (Ddorf NJW-RR 01, 890), Wachhunde zum Schutz eines der genannten Betriebe (BGH VersR 65, 719, 720; NJW-RR 05, 1183 – iE abgelehnt), Katzen zum Schutz vor Mäusen oder Ratten (Oldbg VersR 60, 840), Reitpferde, die gewerbsmäßig vermietet werden (BGH NJW 86, 2501), Ponys eines gemeinnützigen Vereins für therapeutisches Reiten oder Kinderreitunterricht (Frankf VersR 95, 1362 – genau genommen dürfte es sich dabei um eine der Sache nach gerechtfertigte analoge Anwendung des § 833 2 handeln; anders jetzt Hamm 9 U 11/09; vgl auch BGH NJW 82, 763, 764). **Dem Unterhalt dienende Tiere** sind insb landwirtschaftliche Nutztiere, wie zB Rinder (BGH NJW 09, 3233 Rz 5), Hühner, Schweine (RGZ 79, 246, 247 f), aber auch zB Blindenhunde (Staud/*Eberl-Borges* § 833 Rz 140 mwN; aA MüKo/*Wagner* § 833 Rz 40). Bei „potentiell doppelfunktionalen" Tieren kommt es darauf an, welchem Zweck sie objektiv dienstbar gemacht werden und konkludent gewidmet sind (BGH VersR 55, 116; NJW-RR 05, 1183 mwN).

14

b) Weitere Haftungsvoraussetzungen. Die übrigen Haftungsvoraussetzungen (Rechtsgutverletzung, haftungsbegründende Kausalität, Tierhalter, Rechtswidrigkeit) entsprechen denjenigen bei § 833 1. Allerdings wird die Verursachung der Rechtsgutverletzung durch das Haustier – ebenso wie das bei § 833 2 zusätzlich erforderliche Verschulden des Tierhalters – vermutet. Das ist insb von Bedeutung, wenn nicht aufzuklären ist, ob sich eine spezifische Tiergefahr verwirklicht hat.

15

2. Entlastung des Tierhalters. Bei § 833 2 kann sich der Nutztierhalter entlasten, wenn er entweder die Kausalitätsvermutung (Var 2) oder die Verschuldensvermutung (Var 1) widerlegt. Eine **Widerlegung der Kausalitätsvermutung** dürfte va in Betracht kommen, wenn der Tierhalter nachweisen kann, dass sich in der Rechtsgutverletzung keine spezifische Tiergefahr verwirklicht hat. Entscheidend für die **Widerlegung der Verschuldensvermutung** ist der Nachweis des Tierhalters, dass er bei der Beaufsichtigung des Tieres die im Verkehr erforderliche Sorgfalt beachtet, dh keine diesbezügliche Verkehrspflicht verletzt hat; die Rspr stellt an die Entlastung relativ hohe Anforderungen (Staud/*Eberl-Borges* § 833 Rz 147 mN).

16

Die **Verkehrspflichten des Tierhalters** sind – wie stets (§ 823 Rn 114 ff) – unter Abwägung der Interessen aller Beteiligten zu ermitteln. Auf Seiten des Tierhalters sind insb die allg Gefährlichkeit der Tierart, die ihm bekannten individuellen Eigenschaften des Tieres sowie seine Verwendung und die damit verbundenen Risiken zu berücksichtigen (zB auch konkrete Einzelheiten der Weidetierhaltung, BGH NJW 09, 3233 Rz 10 ff). Auf Seiten des Geschädigten sind insb die bedrohten Rechtsgüter in Ansatz zu bringen (zB erhöhter Sicherheitsstandard bei Kindern, BGH NJW-RR 92, 981). Als Allgemeininteresse kann bei der Tierhalterhaftung zB die Sicherung öffentlicher Wege relevant sein (zB BGH VersR 67, 906, 907; NJW 86, 2501; NJW-RR 90, 789, 790; Kobl VersR 99, 508; Brandbg 12 U 234/06; 12 U 94/07; DAR 08, 647, 648). Der Tierhalter muss va für Verwahrung, Unterhalt, Verwendung und Leitung des Tieres sorgen (Staud/*Eberl-Borges* § 833 Rz 148). Ferner muss er, wenn er die Beaufsichtigung des Tieres einem Dritten überlässt (der seinerseits nach § 834 haftpflichtig werden kann), diesen sorgfältig auswählen, instruieren und überwachen (BGH VersR 56, 516, 517; NJW-RR 90, 789; München VersR 91, 561; Schlesw OLGR 07, 768 f). Die Entlastung ist in diesen Fällen nicht identisch mit derjenigen nach § 831 I 2, denn die Verkehrspflichten des Tierhalters können uU weiter reichen als die allg Verkehrspflichten bei Delegation (s. insb Erman/*Schiemann* § 833 Rz 14); häufig dürften bei § 831 I 2 und § 833 2 dennoch parallele Ergebnisse erzielt werden.

17

3. Beweislast. Bei § 833 2 muss der Geschädigte beweisen, dass er durch ein vom Anspruchsgegner gehaltenes Tier eine Rechtsgutverletzung erlitten hat. Will sich der Tierhalter exkulpieren, muss er beweisen, dass es sich bei diesem Tier um ein Haustier mit Nutztiereigenschaft iSd § 833 2 handelt (BGH NJW-RR 05, 1183, 1184) und dass er entweder bei der Beaufsichtigung die im Verkehr erforderliche Sorgfalt beobachtet hat oder der Schaden auch bei Anwendung dieser Sorgfalt entstanden sein würde. Weiterhin trifft den Halter die Beweislast für ein etwaiges Mitverschulden des Geschädigten iSd § 254; teilweise wird jedoch angenommen, dass der Geschädigte für die Erfüllung bestimmter Nebenpflichten (zB als Trainer oder Tierarzt) die Beweislast trägt (zB RGZ 58, 410, 413; krit zB Erman/*Schiemann* § 833 Rz 17).

18

§ 834 Haftung des Tieraufsehers.
¹Wer für denjenigen, welcher ein Tier hält, die Führung der Aufsicht über das Tier durch Vertrag übernimmt, ist für den Schaden verantwortlich, den das Tier einem Dritten in der im § 833 bezeichneten Weise zufügt. ²Die Verantwortlichkeit tritt nicht ein, wenn er bei

der Führung der Aufsicht die im Verkehr erforderliche Sorgfalt beobachtet oder wenn der Schaden auch bei Anwendung dieser Sorgfalt entstanden sein würde.

1 A. Funktion und Anwendungsbereich. § 834 als gesetzlich geregelter Fall der Übernahmehaftung (vergleichbar §§ 831 II, 832 II, 838) statuiert eine Haftung des Tieraufsehers mit Kausalitäts- und Verschuldensvermutung. Sie kann neben der Haftung aus § 833 stehen. Dann haften Tierhalter und Tieraufseher als Gesamtschuldner gem § 840 (RGZ 60, 313, 315); der Innenausgleich richtet sich nach dem der Übernahme zugrunde liegenden Rechtsverhältnis, nicht nach § 840 III (AnwK/*Katzenmeier* § 834 Rz 5; BaRoth/*Spindler* § 834 Rz 4 mwN).

2 B. Regelungsinhalt. § 834 setzt voraus, dass ein Tier einem Dritten (weder Tierhalter noch Tieraufseher – in Bezug auf den Schaden des Letzteren kann § 833 eingreifen) einen Schaden in der in § 833 bezeichneten Weise zufügt, unabhängig davon, ob es sich um ein Luxus- oder Nutztier handelt. Haftpflichtig ist der **Tieraufseher**, dh derjenige, der die Aufsichtsführung durch Vertrag übernommen hat. Erforderlich ist – wie bei §§ 831 II (§ 831 Rn 23), 832 II (§ 832 Rn 5) – ein ausdrücklicher oder konkludenter Vertragsschluss, der zwischen Tieraufseher und Tierhalter oder mit einem Dritten erfolgen kann (RGZ 168, 331, 333; Hamm NJW-RR 95, 409, 410). Eine bloß tatsächliche Übernahme oder eine Übernahme aus Gefälligkeit reicht nach bisher hM nicht aus (BGH NJW 92, 2474, 2476; München VersR 99, 585); eine im Vordringen befindliche Ansicht will bereits das Vorhandensein von Rechtsbindungswillen genügen lassen (s. insb Staud/*Eberl-Borges* § 834 Rz 12; MüKo/*Wagner* § 834 Rz 5; BaRoth/*Spindler* § 834 Rz 2; Erman/*Schiemann* § 834 Rz 2), was jedoch mit Wortlaut und Entstehungsgeschichte von § 834 und den parallelen Regelungen nicht in Einklang zu bringen ist (s.o. § 831 Rn 23). Häufig ergibt sich die Übernahme der Aufsicht als Nebenpflicht aus einem Vertrag, zB aus einem Miet-, Leih- oder Verwahrungsvertrag mit dem Tierhalter (zB Hamm NZV 07, 143, 144; Schlesw OLGR 07, 768, 769: Reitbeteiligung), bei Tierärzten oder beim Tiertransport, sofern dadurch nicht ausnahmsweise eine eigenständige Haltereigenschaft des Übernehmenden begründet wird (§ 833 Rn 6). Der Tieraufseher muss ein gewisses Maß an selbständiger Gewalt über das Tier erlangen (Staud/*Eberl-Borges* § 834 Rz 19 f; Frankf NJW-RR 09, 894), darf also keinem weitreichenden Weisungsrecht des Tierhalters unterstehen (s. zB RGZ 50, 244, 248; BGH NJW 87, 949, 950; NJW-RR 94, 90; AnwK/*Katzenmeier* § 834 Rz 3 mwN). Die Beweislast entspricht derjenigen bei § 833 2 (§ 833 Rn 18).

§ 835 – weggefallen –

§ 836 Haftung des Grundstücksbesitzers.
(1) ¹Wird durch den Einsturz eines Gebäudes oder eines anderen mit einem Grundstück verbundenen Werkes oder durch die Ablösung von Teilen des Gebäudes oder des Werkes ein Mensch getötet, der Körper oder die Gesundheit eines Menschen verletzt oder eine Sache beschädigt, so ist der Besitzer des Grundstücks, sofern der Einsturz oder die Ablösung die Folge fehlerhafter Errichtung oder mangelhafter Unterhaltung ist, verpflichtet, dem Verletzten den daraus entstehenden Schaden zu ersetzen. ²Die Ersatzpflicht tritt nicht ein, wenn der Besitzer zum Zwecke der Abwendung der Gefahr die im Verkehr erforderliche Sorgfalt beobachtet hat.
(2) Ein früherer Besitzer des Grundstücks ist für den Schaden verantwortlich, wenn der Einsturz oder die Ablösung innerhalb eines Jahres nach der Beendigung seines Besitzes eintritt, es sei denn, dass er während seines Besitzes die im Verkehr erforderliche Sorgfalt beobachtet hat oder ein späterer Besitzer durch Beobachtung dieser Sorgfalt die Gefahr hätte abwenden können.
(3) Besitzer im Sinne dieser Vorschriften ist der Eigenbesitzer.

1 A. Funktion und Anwendungsbereich. § 836, der im Zusammenspiel mit §§ 837 f zu sehen ist, ist eine Ausprägung der Haftung für Verletzung von Verkehrspflichten (BGHZ 58, 149, 156; VersR 06, 931 Rz 14; Staud/*Belling* § 836 Rz 3; Soergel/*Krause* § 836 Rz 2; MüKo/*Wagner* § 836 Rz 2; Erman/*Schiemann* § 836 Rz 1; AnwK/*Katzenmeier* § 836 Rz 1; *Larenz/Canaris* § 79 VI 1a). Die Besonderheit ggü der allg Haftung für Verkehrspflichtverletzung liegt in der Beweislastumkehr hinsichtlich des Verschuldens des Gebäudeunterhaltungspflichtigen und der Kausalität zwischen Pflichtverletzung und Einsturz des Gebäudes bzw Ablösung von Gebäudeteilen. Diese Regelungen tragen der größeren Beweisnähe des Eigenbesitzers bzw des in besonderer Weise für ein Gebäude Verantwortlichen (§ 838) Rechnung (Staud/*Belling* § 836 Rz 2; MüKo/*Wagner* § 836 Rz 2; BaRoth/*Spindler* § 836 Rz 1; AnwK/*Katzenmeier* § 836 Rz 2; *Larenz/Canaris* § 79 VI 1 a). Teilw wird für eine entspr Anwendung auf bewegliche Sachen plädiert (zB Staud/*Belling* § 836 Rz 42 ff; MüKo/*Wagner* § 836 Rz 4 ff; BaRoth/*Spindler* § 836 Rz 2), der BGH hat dies früher abgelehnt (zB NJW 61, 1670, 1672; VersR 83, 588), die Frage später (VersR 06, 931 Rz 10) aber offengelassen. Schutz vor den von einem fehlerhaft errichteten oder mangelhaft unterhaltenen Gebäude ausgehenden Gefahren allein würde auch schon durch die allg *Haftung für Verkehrspflichtverletzung* gewährleistet; spezifische Zwecke der §§ 836–838 sind daher die Beweislastumkehr und die Bestimmung der Haftpflichtigen (s.a. Staud/*Belling* § 836 Rz 3; MüKo/*Wagner* § 836 Rz 2); sie gelten auch iRd Amtshaftung (BGH NJW-RR 90, 1500, 1501).

Es handelt sich um eine Verschuldenshaftung, auf die §§ 827–829 anwendbar sind (zum Letzteren Hamm VersR 77, 531, 532). Die allg Haftung für Verletzung von Verkehrspflichten in Bezug auf mangelhafte Gebäude dürfte im Anwendungsbereich der §§ 836 ff wegen der nach diesen Vorschriften günstigeren Beweissituation des Geschädigten keine gesonderte Bedeutung haben; sie bleibt jedoch insb für eine etwaige Haftung des Eigentümers, Bauunternehmers oder Architekten relevant. Diese und der nach §§ 836–838 Verantwortliche haften als Gesamtschuldner, § 840 I; im Innenverhältnis ist gem § 840 III der nach § 823 I Haftende allein verantwortlich. Im Verhältnis zwischen §§ 836–838 ist zu beachten, dass eine Haftung des Gebäudeunterhaltungspflichtigen gem § 837 ggü derjenigen des Grundstücksbesitzers nach § 836 vorrangig ist. Die Haftung nach § 838 kann neben denen aus §§ 836, 837 stehen; im Innenverhältnis zwischen mehreren nach §§ 836–838 Verantwortlichen gilt § 426 (Erman/*Schiemann* § 836 Rz 15).

B. Regelungsinhalt. I. Voraussetzungen. 1. Gebäude oder anderes mit einem Grundstück verbundenes Werk. Gebäude ist ein mit dem Erdboden verbundenes, umschlossenes Bauwerk, das zum Aufenthalt von Menschen oder Tieren oder zur Unterbringung von Sachen bestimmt ist (s. nur Soergel/*Krause* § 836 Rz 7; Staud/*Belling* § 836 Rz 17). Dazu gehören auch zB Rohbauten (BGH VersR 58, 488, 489), unfertige Häuser (BGH NJW 85, 1076), Hausruinen (BGHZ 1, 103, 105; VersR 52, 207, 208; 291; NJW 61, 1670, 1671), Garagen (Saarbr NJW-RR 06, 1255, 1257) oder Messezelte (Rostock NJW-RR 04, 825, 826). **Mit dem Grundstück verbundenes Werk** ist ein einem bestimmten Zweck dienender, nach technischen Kunst- und Erfahrungsregeln unter Verbindung mit dem Erdkörper hergestellter Gegenstand (RGZ 76, 260, 261; BGH NJW 61, 1670, 1672; Ddorf MDR 98, 1350; VersR 99, 854, 855); unerheblich ist die Dauerhaftigkeit der Herstellung (RG JW 1910, 288; BGHZ 58, 149, 155). Eine Verbindung iSd § 94 ist nicht erforderlich; es reicht, wenn eine Verbindung aufgrund der Schwerkraft hergestellt wird (Hamm VersR 97, 194; Ddorf VersR 99, 854, 855; Rostock NJW-RR 04, 825, 826). **Bsp**: Brücke (BGH NJW-RR 88, 853 f; 90, 1500 f), fest eingebaute Schleuse (RG HRR 1930, 1104), Damm (BGHZ 58, 149, 152), Baugerüst (BGH NJW 97, 1853; 99, 2593, 2594), Treppe und Treppengeländer (RG JW 1911, 450; WarnR 1913 Nr 13), Carport (Hamm NJW-RR 95, 1230), Starkstromleitung (RGZ 147, 353, 356 f), Wasserleitung unter der Erde (BGHZ 55, 229, 235), Kanalisationsrohr (BGH VersR 83, 588), Fernsprech- oder Telefonleitung (Hamm JW 1927, 2438; Karlsr NJW-RR 88, 152), Öltank (BGH VersR 76, 1084, 1085), Denkmal oder Grabstein (BGH NJW 71, 2308; 77, 1392; Rostock OLGR 03, 348, 351), Zelt bzw Zeltgerüst (RG DJZ 1908, 1341; Hamm NJW-RR 02, 92; Rostock NJW-RR 04, 825, 826), Bierpavillon (Ddorf MDR 98, 1350; VersR 99, 854), in den Boden eingelassene Kinderschaukel (Celle VersR 85, 345), Jagdhochsitz (Stuttg VersR 77, 384), **nicht** hingegen Erdmassen (RGZ 60, 138, 139 f; BGH NJW 61, 1670, 1672) oder auf einem Grundstück abgestellte Baumaterialien (BGH VersR 58, 488, 489). Weitere Bsp insb bei Staud/*Belling* § 836 Rz 19.

2. Einsturz oder Ablösung von Teilen. Einsturz ist der vollständige Zusammenbruch des Gebäudes oder Werkes (RGZ 97, 112, 114). **Ablösung** ist die Trennung oder Lockerung eines Teils vom iÜ unversehrt bleibenden Werk (RGZ 133, 1, 6; BGH VersR 61, 806, 808; München NJW-RR 95, 540, 541); sie ist abzugrenzen von Abbruch oder missbräuchlicher Entfernung (Celle VersR 91, 1382, 1383). **Teile des Gebäudes oder Werkes** sind Sachen, die zur Herstellung des Gebäudes eingefügt sind oder mit diesem in einem so festen baulichen Zusammenhang stehen, dass sich daraus nach der Verkehrsanschauung ihre Zugehörigkeit zum Bauganzen ergibt (RGZ 107, 337, 339; BGH NJW 85, 2588); es muss sich nicht um wesentliche Bestandteile iSd § 93 handeln (RGZ 107, 337, 339; BGH NJW 61, 1670, 1672). **Bsp**: Dachpappe oder Dachziegel (BGH NJW 93, 1782; Ddorf NJW-RR 92, 1440, 1441; Frankf NJW-RR 92, 164), Gitter (BGH VersR 63, 94), Geländer (Saarbr NJW-RR 06, 1255, 1257), Fenster (RGZ 113, 286, 292), Schaufenster (Kobl NJW-RR 98, 673, 674), Fensterladen (RGZ 60, 421, 422), Schornstein (RG JW 1936, 2913; Köln NJW-RR 92, 858), Treppengeländer und -stufen (RG JW 1911, 450), fest montierte Duschkabine (BGH NJW 85, 2588), **nicht** aber durch eiserne Klammern an der Wand befestigter Spiegel (RGZ 107, 337), Schneemassen oder Eisplatten auf dem Dach (BGH VersR 55, 82; Hamm NJW-RR 87, 412; Köln VersR 88, 1244; Jena WuM 07, 138). Sehr weitgehend Brandbg 4 U 159/07 Rz 34: Wasseraustritt aus Trinkwasserleitung.

3. Rechtsgutsverletzung. Als Rechtsgutsverletzung kommen Tötung, Körper- oder Gesundheitsverletzung oder Sachschäden in Betracht.

4. Zweifache Kausalität. a) Einsturz oder Ablösung als Folge fehlerhafter Errichtung oder mangelhafter Unterhaltung. Eine **fehlerhafte Errichtung** liegt vor, wenn die genannten Rechtsgüter durch unsachgemäße, nicht den Regeln der Baukunst entsprechende Bauausführung gefährdet werden (RGZ 76, 260, 262; BGHZ 58, 149, 155); zu berücksichtigen sind insb Witterungseinflüsse (BGHZ 58, 149, 153 f; NJW 93, 1782, 1783; 99, 2593, 2594). **Mangelhafte Unterhaltung** ist eine nicht hinreichende Prüfung oder Kontrolle des baulichen Zustands des Gebäudes oder Werkes (BGH VersR 87, 1096, 1097; Hamm VersR 87, 1096, 1097; Frankf 17 U 270/05). Auf die Zumutbarkeit der erforderlichen Maßnahmen kommt es – anders als bei der allg Haftung für Verkehrspflichtverletzung – nicht an (BGH VersR 62, 1105, 1106; 76, 66; NJW 85, 2588; Erman/*Schiemann* § 836 Rz 6). Der erforderliche **Kausalzusammenhang** ist gegeben, wenn ordnungsgemäße Errichtung oder Unterhaltung den Schaden typischerweise verhindert hätten (BGH VersR 87, 1096, 1097; Hamm

VersR 87, 1096, 1097). Die fehlerhafte Errichtung oder mangelhafte Unterhaltung muss aber nicht alleinige Ursache des Einsturzes bzw der Ablösung sein; Kausalität wird zB auch bei Zusammenwirken mit üblichen Witterungseinflüssen bejaht (BGHZ 58, 149, 153), nicht aber bei ausschließlicher Verursachung durch Naturereignisse oder außergewöhnliche Witterungseinflüsse (zB RGZ 76, 260, 262; BGHZ 58, 149, 153; NJW 99, 2593, 2594). Diese Kausalität wird **vermutet**, dh es ist Sache des Besitzers, sich durch Nachweis ordnungsgemäßer Errichtung oder Unterhaltung des Gebäudes zu entlasten.

7 **b) Ursächlichkeit von Einsturz bzw Ablösung für die Rechtsgutsverletzung.** Hier gelten die allgemeinen Regeln für den Kausalzusammenhang, dh die Rechtsgutsverletzung muss insb vom Schutzzweck des § 836 erfasst werden. Eine mittelbare Verletzung kann ausreichen (BGH VersR 83, 588; NJW 85, 1076). Teilweise wird versucht, die Haftung nach § 836 unter Rückgriff auf den Schutzzweck der Norm einzugrenzen: Die Rspr verlangt, dass die Rechtsgutsverletzung durch die „bewegend wirkende Kraft" des Einsturzes bzw der Ablösung herbeigeführt wurde (RGZ 172, 156, 161; BGH NJW 61, 1670, 1671; NJW-RR 90, 1500, 1501). Abgelehnt wurde die Anwendung des § 836 daher zB beim Entweichen und Explodieren von Gas infolge eines Rohrbruchs (RGZ 172, 156, 161), beim Sturz eines Fußgängers über Steine, die sich vorher von einem Gebäude gelöst hatten (BGH NJW 61, 1670, 1671 f), oder beim Einsickern von Öl aus einem undichten Tank in das Grundwasser (BGH VersR 76, 1084, 1085). In der Lit wird dies zu Recht zunehmend kritisiert, da die Abgrenzung weder eindeutig noch im Hinblick auf den Schutzzweck des § 836 erforderlich ist (zB Staud/*Belling* § 836 Rz 11, 42 ff; Soergel/*Krause* § 836 Rz 21; AnwK/*Katzenmeier* § 836 Rz 17; Erman/*Schiemann* § 836 Rz 7). Erforderlich kann allerdings eine Einschränkung des persönlichen Schutzbereichs des § 836 sein, insb werden Mitarbeiter eines Abbruchunternehmens idR nicht erfasst (BGH NJW 79, 309).

8 **5. Ersatzpflichtiger.** Ersatzpflichtig ist nach § 836 I, III der **Eigenbesitzer** des Grundstücks (zB Vermieter oder Verpächter) und zugleich des fraglichen Gebäudes oder Werkes (sonst greift der vorrangige § 837, BGH NJW 77, 1392, 1393). Gem § 836 II haftet auch der **frühere Eigenbesitzer**, wenn der Einsturz oder die Ablösung innerhalb eines Jahres nach Beendigung seines Besitzes eintritt. Mehrere Eigenbesitzer, auch der frühere und der gegenwärtige, haften gem § 840 I als Gesamtschuldner. Die Eigentumsverhältnisse sind für § 836 nicht entscheidend.

9 **6. Verschulden.** Das Verschulden wird gem § 836 I, II **vermutet**. Der Haftpflichtige kann sich entlasten, wenn er nachweist, dass er in Bezug auf die Gefahrabwendung die im Verkehr erforderliche Sorgfalt beobachtet hat (I 2) bzw er diese Sorgfalt während seines Besitzes beobachtet hat oder ein späterer Besitzer durch Beobachtung dieser Sorgfalt die Gefahr hätte abwenden können (II). Bei der **Errichtung des Gebäudes** wird die erforderliche Sorgfalt idR durch Einsatz von Fachkräften gewahrt (BGH VersR 76, 66, 67; NJW 85, 2588), es können aber zusätzliche Sicherungsmaßnahmen erforderlich sein, insb bei erkennbaren Mängeln (zB BGH VersR 76, 66, 67). Bei der **Unterhaltung des Gebäudes** ist der Bauzustand in regelmäßigen Abständen durch fachkundige Personen zu überprüfen (Ddorf NJW-RR 03, 885). Häufigkeit und Umfang der Prüfungspflicht richten sich nach den Umständen des Einzelfalls, insb nach Alter, baulichem Zustand, Lage des Gebäudes oder Werkes (zu Einzelheiten s. nur MüKo/*Wagner* § 836 Rz 19 ff; Staud/*Belling* § 836 Rz 87 ff). Hier gelten die allgemeinen Regeln über Verkehrspflichten und deren Delegation (§ 823 Rn 107 ff).

10 **II. Beweislast.** Der Geschädigte muss den Eigenbesitz des Anspruchsgegners sowie die fehlerhafte Errichtung oder mangelhafte Unterhaltung beweisen, ggf kommt ein Anscheinsbeweis in Betracht (BGH VersR 06, 931 Rz 17 ff mwN). Die Kausalität der fehlerhaften Errichtung oder mangelhaften Unterhaltung für den Einsturz bzw die Ablösung von Teilen wird vermutet (s.o. Rn 6), auch insoweit ist ein Anscheinsbeweis denkbar (BGH aaO). Der Anscheinsbeweis kann entkräftet werden, wenn die Möglichkeit eines anderen als des typischen Geschehensablaufs ernsthaft in Betracht kommt (BGH aaO). Der Geschädigte trägt auch die Beweislast für das Vorliegen einer Rechtsgutsverletzung und deren Verursachung durch den Einsturz bzw die Ablösung von Teilen des Gebäudes oder Werkes (BGH NJW 99, 2593, 2594). In Bezug auf das Verschulden greift eine Beweislastumkehr (s.o. Rn 9).

§ 837 Haftung des Gebäudebesitzers.
Besitzt jemand auf einem fremden Grundstück in Ausübung eines Rechts ein Gebäude oder ein anderes Werk, so trifft ihn anstelle des Besitzers des Grundstücks die im § 836 bestimmte Verantwortlichkeit.

1 **A: Funktion und Anwendungsbereich.** § 837 enthält für Fälle eines Auseinanderfallens zwischen Besitz an einem Grundstück und an einem darauf errichteten Gebäude oder Werk eine Spezialregelung zu § 836 in Bezug auf die Person des Haftpflichtigen. Er weist die Verantwortlichkeit für Rechtsgutsverletzungen durch Einsturz bzw Ablösung von Teilen eines Gebäudes oder eines anderen mit einem Grundstück verbundenen Werkes demjenigen zu, der das Gebäude oder Werk in Ausübung eines Rechts an einem fremden Grundstück besitzt, da nur dieser idR die Gefahr erkennen und Abwehrmaßnahmen treffen kann (Staud/*Belling* § 837 Rz 1; MüKo/*Wagner* § 837 Rz 1; AnwK/*Katzenmeier* § 837 Rz 1; BaRoth/*Spindler* § 837 Rz 1).

B. Regelungsinhalt. Die **Haftungsvoraussetzungen** sind diejenigen des § 836; § 837 modifiziert diesen nur 2
in Bezug auf die Person des Haftpflichtigen: Es haftet, wer ein Gebäude oder anderes Werk auf einem fremden Grundstück **in Ausübung eines Rechts** besitzt. In Betracht kommen vielfältige Rechte (dingliche, persönliche, öffentlich-rechtliche) an Gebäuden oder Werken, die idR lediglich für die Dauer der Nutzung des Grundstücks errichtet sind, va wenn sie vom Nutzenden errichtet oder angebracht wurden, zB Bierpavillon (Ddorf VersR 99, 854, 855), Firmenschild (RG JW 1916, 1019), Baugerüst (BGH NJW 99, 2593, 2594; Sonderkonstellation: Stuttg IBR 09, 456), Zirkuszelt (Hamm NJW-RR 02, 92), Grabstein (BGH NJW 77, 1392, 1393). Es reicht, wenn das Recht ausgeübt wird; es muss nicht wirklich bestehen (RG JW 1916, 39, 40).

§ 838 Haftung des Gebäudeunterhaltungspflichtigen. Wer die Unterhaltung eines Gebäudes oder eines mit einem Grundstück verbundenen Werkes für den Besitzer übernimmt oder das Gebäude oder das Werk vermöge eines ihm zustehenden Nutzungsrechts zu unterhalten hat, ist für den durch den Einsturz oder die Ablösung von Teilen verursachten Schaden in gleicher Weise verantwortlich wie der Besitzer.

A. Funktion und Anwendungsbereich. Die Übernahmehaftung nach § 838, die im Zusammenhang mit 1
anderen Übernahmehaftungen (§§ 831 II, 832 II, 834) zu sehen ist, erweitert den Kreis der für Schäden durch Einsturz von Gebäuden oder Ablösung von Teilen eines Gebäudes Verantwortlichen auf den Gebäudeunterhaltungspflichtigen: Er haftet wie der Eigenbesitzer und neben diesem (§ 840 I). Regelungszweck ist die Schließung von Haftungslücken, wenn der Entlastungsbeweis nach § 836 I 2 zugunsten des Eigenbesitzers durchgreift (MüKo/*Wagner* § 838 Rz 1 mwN).

B. Regelungsinhalt. Die **Haftungsvoraussetzungen** richten sich weitgehend nach § 836; § 838 enthält lediglich eine Sonderregelung in Bezug auf die Person des Haftpflichtigen (Gebäudeunterhaltungspflichtigen). Die 2
Vorschrift nennt folgende **Entstehungsgründe der Gebäudeunterhaltungspflicht**: Übernahme durch Vertrag, behördliche Bestellung oder Ausübung eines Nutzungsrechts. Die Übernahme durch **Vertrag** setzt voraus, dass der Übernehmende die Verantwortung für die Unterhaltung ggü dem Besitzer übernimmt; dies kann ggf auch durch Vereinbarung mit einem Dritten geschehen (zB AnwK/*Katzenmeier* § 838 Rz 2; Erman/*Schiemann* § 838 Rz 2). Wirksamkeit des Vertrags ist nicht zu verlangen, zumal § 838 – anders als §§ 831 II, 832 II, 834 – einen Vertrag gar nicht ausdrücklich erwähnt (vgl insb Staud/*Belling* § 838 Rz 4; MüKo/*Wagner* § 838 Rz 5; BaRoth/*Spindler* § 838 Rz 3, im Einzelnen str). Als Haftpflichtige kommen zB in Betracht der Grundstücks- oder Hausverwalter (BGHZ 6, 315) oder der Verwalter einer Wohnungseigentümergemeinschaft (BGH NJW 93, 1782), auch bei Beschränkung des Aufgabenbereichs, wenn die Gebäudesicherheit zu den Aufgaben gehört (BGH NJW-RR 90, 1423, 1424). Eine Unterhaltungspflicht aufgrund **behördlicher Bestellung** ist insb beim Insolvenzverwalter (BGHZ 21, 285, 292 f) gegeben. Eine Unterhaltungspflicht aufgrund eines **Nutzungsrechts** kommt va bei Dienstbarkeiten in Betracht (BGH NJW-RR 90, 1423, 1424: Nießbrauch); str ist, ob auch das tatsächlich ausgeübte Nutzungsrecht der Eltern am Kindesvermögen gem § 1649 II eine Gebäudeunterhaltungspflicht begründet (dafür zB AnwK/*Katzenmeier* § 838 Rz 3; Erman/*Schiemann* § 838 Rz 3; Staud/*Belling* § 838 Rz 8 mwN; dagegen MüKo/*Wagner* § 838 Rz 7). **Nicht** unter § 838 fallen idR Mieter oder Pächter (wegen §§ 536, 581); sie können nur ausnahmsweise bei ausdrücklicher Übernahme der Gebäudeunterhaltungspflicht nach § 838 Var 1 verantwortlich sein (RGZ 59, 8, 10; BGH NJW-RR 90, 1423, 1424).

§ 839 Haftung bei Amtspflichtverletzung. (1) ¹Verletzt ein Beamter vorsätzlich oder fahrlässig die ihm einem Dritten gegenüber obliegende Amtspflicht, so hat er dem Dritten den daraus entstehenden Schaden zu ersetzen. ²Fällt dem Beamten nur Fahrlässigkeit zur Last, so kann er nur dann in Anspruch genommen werden, wenn der Verletzte nicht auf andere Weise Ersatz zu erlangen vermag.
(2) Verletzt ein Beamter bei dem Urteil in einer Rechtssache seine Amtspflicht, so ist er für den daraus entstehenden Schaden nur dann verantwortlich, wenn die Pflichtverletzung in einer Straftat besteht. Auf eine pflichtwidrige Verweigerung oder Verzögerung der Ausübung des Amts findet diese Vorschrift keine Anwendung.
(3) Die Ersatzpflicht tritt nicht ein, wenn der Verletzte vorsätzlich oder fahrlässig unterlassen hat, den Schaden durch Gebrauch eines Rechtsmittels abzuwenden.

Inhaltsübersicht

	Rn		Rn
A. Systematik und Anwendungsbereich . . .	1, 2	II. Sondergesetze und andere rechtliche Konstruktionen	4–10
I. Grundlagen	1	1. Anspruchsgrundlagen aus Gesetzen	4
II. Gemeinschaftsrecht	2		
B. Weitere zivilrechtliche Anspruchsgrundlagen gegen den Staat	3–10	2. Öffentlich-rechtliche Verwahrung	5
I. Primäransprüche	3	3. Enteignungsgleicher Eingriff	6

§ 839 Haftung bei Amtspflichtverletzung

	Rn		Rn
4. Aufopferung	7	III. Drittbezogenheit der Amtspflicht	27–30
5. Öffentlich-rechtliche Pflichtverletzung	8	IV. Rechtswidrigkeit	31
		V. Verschulden	32–39
6. Öffentlich-rechtliche GoA und Erstattungsanspruch	9	D. Haftungsausschlüsse	40–54
		I. Subsidiarität nach Abs 1 S 2	40–45
7. Konkurrenzen und Zuständigkeit	10	II. Spruchrichterprivileg	46, 47
C. Die Voraussetzungen im Einzelnen	11–39	III. Rechtsmittelversäumung	48–50
I. Beamter iSd § 839	11–18	IV. Verjährung	51–54
1. Taugliche Person	11, 12	E. Rechtsfolgen	55–61
2. Überleitung nach Art 34 GG	13	I. Schadensersatz, keine Naturalrestitution	55, 56
3. Persönliche Haftung des Beamten	14	II. Höhe	57
4. Haftende Körperschaft	15–18	III. Kausalität	58–60
II. Verletzung einer Amtspflicht	19–26	IV. Rechtmäßiges Alternativverhalten	61
1. Formen staatlichen Handelns	19	F. Prozessuales	62–79
2. Einzelne Amtspflichten und deren Verletzungstatbestände	20–26	I. Zuständigkeit	62–68
		II. Öffentlich-rechtliche Vorfragen, Bindung an Entscheidungen	69–71
a) Pflicht zur gesetzmäßigen Verwaltung	20	III. Klageart	72, 73
b) Pflicht zur zügigen Bearbeitung	21	IV. Klagegegner	74
c) Pflicht tätig zu werden	22, 23	V. Aufrechnung	75
d) Amtspflicht zur Erteilung von Auskünften	24	VI. Beweislast	76–78
		VII. Streitwert	79
e) Pflicht, unerlaubte Handlungen zu vermeiden	25	G. Rückgriff des Staates gegen den Beamten	80, 81
f) Verkehrspflichten	26	H. Einzelfälle von A–Z	82–155

1 **A. Systematik und Anwendungsbereich. I. Grundlagen.** § 839 ist die zentrale Norm des Staatshaftungsrechts. Es handelt sich um einen deliktischen Anspruch des Bürgers gegen den Staat, der sich allerdings das Privileg einer milderen Haftung vorbehalten hat, insb die Subsidiaritätsklausel in I 2 (Rn 40), das Spruchrichterprivileg nach II (Rn 46) sowie den Ausschluss des Anspruchs, wenn ein Rechtsmittel versäumt wurde, III (Rn 48). Soweit § 839 anwendbar ist, verdrängt er andere verschuldensabhängige im oder außerhalb des BGB geregelte Deliktsansprüche (ausf Soergel/*Vinke* § 839 Rz 12, 20 ff), soweit nicht ausnahmsweise zugleich eine in Ausübung eines öffentlichen Amtes begangene Amtspflichtverletzung und eine unerlaubte Handlung innerhalb des bürgerlich-rechtlichen Geschäftskreises des öffentlichen Dienstherrn vorliegen (BGH NJW 96, 3208). Praktisch relevant wird das zB bei der Halterhaftung nach § 7 StVG (Rn 40). Erfasst werden Schadensersatzansprüche aller Art, also auch Vermögensschäden

2 **II. Gemeinschaftsrecht.** Nach der Rspr des Gerichtshofes der Europäischen Gemeinschaften haftet ein Staat bei Verletzungen des Gemeinschaftsrechts durch seine Organe, selbst wenn es sich um Gerichtsentscheidungen handelt (NJW 03, 3539). Der BGH hat dies so umgesetzt, dass Amtshaftungsansprüche nach nationalem Recht und der gemeinschaftsrechtliche Staatshaftungsanspruch selbstständig nebeneinander stehen (NJW 05, 747). Eine Haftung des Mitgliedstaats kommt dann in Betracht, wenn die verletzte Gemeinschaftsrechtsnorm bezweckt, dem einzelnen Rechte zu verleihen, der Verstoß hinreichend qualifiziert ist und zwischen diesem Verstoß und dem dem Einzelnen entstandenen Schaden ein unmittelbarer Kausalzusammenhang besteht (BGH NJW 09, 2534; 06, 690). Das bedeutet, dass insb die Voraussetzungen der Drittwirkung vorliegen müssen (Rn 27). Die Haftung für Verstöße gegen das Gemeinschaftsrecht ist nicht auf den Bund beschränkt, sondern kann nach den für die nationale Amtshaftung entwickelten Kriterien jeden Hoheitsträger treffen (BGHZ 161, 224). Der Umfang eines gemeinschaftsrechtlichen Anspruchs kann über § 254 oder § 839 III gemindert oder ausgeschlossen sein (BGHZ 156, 294; NVwZ 07, 362). Zur Verjährung BGHZ 181, 199.

3 **B. Weitere zivilrechtliche Anspruchsgrundlagen gegen den Staat. I. Primäransprüche.** Der primäre Rechtsschutz erfolgt durch die Fachgerichte. Insb der dort entwickelte Folgenbeseitigungsanspruch und der sozialrechtliche Herstellungsanspruch ermöglichen Ansprüche auf Abwehr, Unterlassung und Beseitigung hoheitlichen Unrechts. Diese Ansprüche sind wegen des Abs 3 des § 839 (Rn 48) logisch vorrangig. Begehrt der Verletzte jedoch reinen Schadensersatz, bleibt nur die Amtshaftung.

4 **II. Sondergesetze und andere rechtliche Konstruktionen. 1. Anspruchsgrundlagen aus Gesetzen.** Bei Zivilklagen gegen den Staat ist neben § 839 auch an andere Gesetze zu denken. So etwa: Wassergesetze: § 19 *WHG* (BGHZ 133, 271, BayObLG NVwZ-RR 00, 750) und einige Landeswassergesetze gewähren Ausgleichsansprüche, wenn durch die Einrichtung eines Wasserschutzgebietes oder Maßnahmen des Naturschutzes die Nutzung landwirtschaftlicher Flächen beschränkt wird (Einzelheiten bei *Hötzel* AgrarR 95, 43). In Anspruchskonkurrenz stehen Ansprüche aus dem StrEG, den Polizeigesetzen (BGH NJW 96, 3151) und aus

§ 2 I 1 HPflG (Rohrleitungen; Rn 147). In einigen der neuen Bundesländer gilt auch noch das StHG der DDR (ausf jurisPK-BGB/*Zimmerling* § 839 Rz 7, 8). Zum Verhältnis zum StVG s. Rn 14.

2. Öffentlich-rechtliche Verwahrung. Auf die öffentlich-rechtliche Verwahrung sind die für den privatrechtlichen Verwahrungsvertrag geltenden Regeln der §§ 668 ff anzuwenden. Es wird auf die dortige Kommentierung verwiesen (§ 688 Rn 10). Zuständig sind die Zivilgerichte, § 40 II VwGO (BGH NJW 05, 988).

3. Enteignungsgleicher Eingriff. Es wird unterschieden zwischen dem – rechtswidrigen – enteignungsgleichen und dem – an sich rechtmäßigen – enteignenden Eingriff. Ein Entschädigungsanspruch aus enteignendem Eingriff setzt voraus, dass rechtswidrig in eine durch Art 14 GG geschützte Rechtsposition von hoher Hand unmittelbar eingegriffen und dem Berechtigten dadurch ein besonderes, anderen nicht zugemutetes Opfer für die Allgemeinheit auferlegt wird (BGHZ 170, 260). Im Gegensatz zur klassischen Enteignung, nämlich einem staatlichen Zugriff auf das Eigentum, der auf die vollständige oder teilweise Entziehung konkreter, dem Schutz des Art 14 I 1 GG unterliegender Rechtspositionen des Einzelnen gerichtet ist, handelt es sich beim enteignenden Eingriff um die meist unvorhersehbaren nachteiligen Nebenfolgen des an sich rechtmäßigen staatlichen Handelns, das idR nicht mit Mitteln des verwaltungsrechtlichen Rechtsschutzes wirksam abgewendet werden kann (BGH NJW 84, 1876). Beide Rechtsinstitute verlangen einen unmittelbar durch eine hoheitliche Maßnahme herbeigeführten Eingriff (BGH NJW 80, 770). Schutzgut sind die von der Eigentumsgarantie des Art 14 I GG umfassten Rechtspositionen. Das ist nicht nur das Eigentum an Sachen, sondern auch sonstige dingliche oder obligatorische Rechte, dagegen nicht bloße Chancen und Aussichten, auf die ein rechtlich gesicherter Anspruch nicht besteht (BGH NJW 05, 748). Passivlegitimiert ist der Begünstigte der Maßnahme (BGH NJW 84, 1876). Der Anspruch aus enteignungsgleichem Eingriff ist ein verschuldensunabhängiger Entschädigungsanspruch, der neben den Amtshaftungsanspruch treten kann. Während der Amtshaftungsanspruch auf vollen Schadensersatz gerichtet ist, gewährt er lediglich eine „angemessene Entschädigung" (BGHZ 170, 260), wobei auch § 254 BGB anwendbar ist (BGH BauR 88, 111).

4. Aufopferung. Die Aufopferung betrifft in Ergänzung des Art 14 GG Schäden des Bürgers an immateriellen Rechten und Rechtsgütern (Leben, Gesundheit, körperliche Integrität) aufgrund eines rechtswidrigen hoheitsrechtlichen Eingriffs (*Ossenbühl* Staatshaftungsrecht, 131).

5. Öffentlich-rechtliche Pflichtverletzung. Soweit Ansprüche aus einem öffentlich-rechtlichen Vertrag in Rede stehen, ist grds für Amtshaftungsansprüche kein Raum, insoweit sind die Verwaltungsgerichte zuständig. Das gilt auch für Aufwendungs- oder Erstattungsansprüche, ebenso für solche wegen Nicht- oder Schlechterfüllung (BGH NJW 83, 2311) und für Verhandlungsverschulden bei der Anbahnung von Verträgen (§ 311 – früher cic, OVG Weimar NJW 02, 386). Bei Schadensersatzansprüchen wegen **Verletzungen einer Nebenpflicht** nach § 280 sind die ordentlichen Gerichte zuständig (BGHZ 59, 303), sofern eine besonders enge, primär von öffentlich-rechtlichen Rechtsnormen geprägte Rechtsbeziehung zwischen Bürger und Staat besteht (BGH RdL 07, 182; VersR 07, 549). Amtshaftungsansprüche nach § 839 stehen gleichwertig nebeneinander dazu in Konkurrenz (BGH VersR 07, 549; LG Konstanz 27.7.06 – 4 O 234/05 – Flugsicherung; *Detterbeck* JuS 02, 127); z Abgrenzung: BGH BauR 06, 1876; zur Zuständigkeit Rn 10).

6. Öffentlich-rechtliche GoA und Erstattungsanspruch. Die Erfüllung einer öffentlich-rechtlichen Pflicht schließt es nicht aus, gleichzeitig ein privatrechtliches Geschäft eines anderen zu führen. Wird hierbei einem Dritten grob fahrlässig ein Schaden zugefügt, sind GoA-Ansprüche denkbar (BGHZ 63, 167). Der öffentlich-rechtliche Erstattungsanspruch entspricht dem privatrechtlichen Bereicherungsanspruch nach § 812 und folgt dessen Regeln.

7. Konkurrenzen und Zuständigkeit. Soweit die hier behandelten anderen Anspruchsgrundlagen gegeben sind, treten sie neben den Amtshaftungsanspruch (BGHZ 63, 167). Zur Subsidiarität s. Rn 40 aE. Für mit Amtspflichtverletzungen konkurrierende Ansprüche ist das Zivilgericht ebenfalls zuständig, da nach § 17 GVG eine Verweisung nur dann geboten und zulässig ist, wenn der Rechtsweg zu den ordentlichen Gerichten schlechthin, dh für den Klageanspruch mit allen in Betracht kommenden Klagegründen, unzulässig ist (BGH VersR 91, 324; s.a. Rn 8, 62 ff).

C. Die Voraussetzungen im Einzelnen. I. Beamter iSd § 839. 1. Taugliche Person. IRd § 839 gilt der haftungsrechtliche Beamtenbegriff. Erfasst werden alle Personen, die in Ausübung – nicht nur bei Gelegenheit – ihnen anvertrauter hoheitlicher Befugnisse tätig werden (BGH NJW 02, 3172). Ob ein öffentliches Amt oder eine privatrechtliche Tätigkeit ausgeübt wird, kann wie die Frage, ob eine Streitigkeit iSd § 40 I VwGO vorliegt, danach beurteilt werden, ob der Amtsträger auf der Basis öffentlich-rechtlicher oder privatrechtlicher Normen tätig wurde. Unter diesen Voraussetzungen gehören zu Beamten iSd § 839 auch die Abgeordneten des Bundes und der Länder, wobei aber genauer zu prüfen ist, ob die angeblich schädigenden Handlungen drittschützenden Charakter haben oder im Allgemeininteresse liegen (BGHZ 162, 49; zum Unterschied zwischen Amts- und Mandatsausübung: BGHSt 51, 44) und auch der Kommunen (BGH NJW 81, 2122) und anderen Selbstverwaltungskörperschaften, beliehene Personen (BGH NVwZ-RR 02, 168) und nach der sog Werkzeugtheorie auch private Werk- und Dienstunternehmer. Der BGH hat bei der Beurteilung der Rechtsstellung selbstständiger privater Unternehmer, die der Staat zur Erfüllung seiner Aufgaben durch privatrechtlichen Vertrag heranzieht, anders als beim beliehenen Unternehmer (BGHZ 49, 108 – Technischer Überwachungsverein) und beim – unselbstständigen – Verwaltungshelfer (VersR 58, 705 – Hilfestellung leistender Schüler im Turnunterricht), darauf abgehoben, ob der Unternehmer lediglich als Werkzeug der Behörde bei der Durchführung ihrer hoheitlichen Aufgaben tätig geworden ist (BGHZ 121, 161). Diese kann sich jedenfalls im Bereich der Eingriffsverwaltung der Amtshaftung für fehlerhaftes Verhalten ihrer Bediensteten grds nicht dadurch entziehen, dass sie die Durchführung einer von ihr angeordneten Maßnahme durch privatrechtlichen Vertrag auf einen privaten Unternehmer überträgt (BGH aaO). Eine gleiche Tendenz findet sich wieder, wenn private GmbHs als Amtsträger angesehen werden (BGH NJW 05, 1720, Rn 17).

12 Im Einzelnen werden als Amtsträger angesehen: Amtsärzte (BGHZ 126, 386 – Impfarzt; NJW 94, 2415 – Gesundheitsamt); Vertrauensärzte von Sozialversicherungsträgern und Arbeitsämtern (BGHZ 63, 265), Rettungsdienste (BGH NJW 91, 2954), soweit nicht rein privatrechtlich organisiert, Bezirksschornsteinfeger bei der Feuerstättenschau, der Bauabnahme und iRd Immissionsschutzes (BGHZ 62, 372); (freiwillige) Feuerwehr (BGHZ 63, 167); Soldaten (BGH VersR 96, 1016); TÜV-Sachverständige (BGHZ 122, 85; 147, 169); Zivildienstleistende. Reines Privatrecht ist anzuwenden, wenn sich zwei Privatpersonen ggü stehen, es sei denn, eine Partei wäre durch Gesetz oder auf Grund eines Gesetzes mit öffentlich-rechtlichen Handlungs- oder Entscheidungsbefugnissen ausgestattet und ggü der anderen Partei als beliehenes Unternehmen tätig geworden (BGH NJW 00, 1042: Bank wird zur Auszahlung von Subventionen eingeschaltet).

13 **2. Überleitung nach Art 34 GG.** Der Amtshaftungsanspruch des § 839 ist eigentlich gegen den Beamten gerichtet. Er setzt ein individuelles Fehlverhalten des einzelnen Beamten voraus (BGHZ 170, 260), ohne dass er namentlich benannt werden müsste, es reicht eine Verletzung von Organisationspflichten (BGH aaO; Rn 33). Erfasst werden alle begangenen Pflichtverletzungen, die der schädigende Beamte in Ausübung eines Amtes begangen hat, gleichgültig ob sie der hoheitlichen oder der fiskalischen Verwaltung zuzurechnen sind (BGHZ 34, 99). Hat er hoheitlich gehandelt, geht dieser Anspruch nach Art 34 1 GG im Wege einer befreienden Schuldübernahme auf den Staat über (BGH NJW 88, 129; BGHZ 34, 99). § 839 ist dabei die haftungsbegründende, Art 34 GG die haftungsverlagernde Norm (BGH NJW 02, 3096). Der Beamte haftet insoweit nicht persönlich, auch nicht bei vorsätzlichem Verhalten (BGH NJW 02, 3172) und ebenfalls nicht als bloßer Fahrer bei einem Verkehrsunfall (Rn 14). Keine Haftungsübernahme erfolgt bei sog Gebührenbeamten, soweit das RBHaftG oder entsprechende Ländergesetze noch gelten (so bei Bezirksschornsteinfegern – BGH VersR 83, 462; nicht bei: Gerichtsvollziehern – BGHZ 146, 17; Hess Ortsgerichtsvorstehern – BGHZ 113, 71).

14 **3. Persönliche Haftung des Beamten.** Für eine persönliche Haftung ggü geschädigten Dritten bleibt dann nur noch Raum, soweit eine Staatshaftung im konkreten Fall ausscheidet, weil sie etwa durch Sondergesetze ausgeschlossen ist (Fall in BGH NJW 88, 129), bei Wahrnehmung bürgerlich-rechtlicher (fiskalischer) Belange (BGHZ 110, 253), bei schlicht-hoheitlichem Handeln in privaten Rechtsformen oder weil eine unvertretbare persönliche Handlung des Beamten in Rede steht, die von dem Dienstherrn deshalb nicht angemessen kompensiert werden kann (BGHZ 34, 99). Soweit kein Amtshandeln vorliegt, bleibt es bei der persönlichen Haftung nach § 839 I 2 einschl des Verweises bei Fahrlässigkeit auf eine anderweitige Ersatzmöglichkeit. Das kann auch die Haftung des Dienstherrn sein, soweit dieser ebenfalls dem Geschädigten verpflichtet ist (BGHZ 157, 168). Eine Halterhaftung nach § 7 StVG bleibt offen, etwa bei einer Dienstfahrt mit dem privaten PKW (BGH NJW 02, 3172). IÜ schließt die Amtshaftung die persönliche Deliktshaftung, auch die nach § 18 StVG des bediensteten Fahrzeugführers aus (BGH VersR 08, 410; Z 121, 161). Davon zu unterscheiden ist der Rückgriff des Staates gegen den Beamten (Rn 80).

15 **4. Haftende Körperschaft.** Passiv legitimiert ist diejenige Körperschaft, die den Amtsträger angestellt und ihm damit die Möglichkeit der Amtsausübung eröffnet hat, sog **Anvertrauenstheorie** (BGH VersR 91, 1135). Unbeachtlich ist, ob auch die konkrete Aufgabe, in deren Rahmen die Amtspflicht verletzt wurde, in den Aufgabenkreis der Anstellungsbehörde fällt. Dieser Umstand gewinnt allerdings dann Bedeutung, wenn ein Beamter in Doppelfunktion, wie etwa ein Landrat tätig wird und damit mehrere Dienstherren möglich sind, wenn der Amtsträger keinen Dienstherrn hat oder Letzterem die öffentlich-rechtliche Dienstherreneigenschaft fehlt. In der Praxis bedeutet das, dass eine Gemeinde oder ein Gemeindeverband für ihre Angehörigen auch dann haften, wenn diese in Auftragsangelegenheiten tätig geworden sind. Dasselbe gilt für Landesbehörden bei Maßnahmen der Auftragsverwaltung nach Art 90 II GG. Hat ein Beamter auf Weisung einer vorgesetzten Behörde gehandelt, verlagert sich auch im Außenverhältnis die Haftung auf die anweisende Behörde (BGH VersR 09, 930). Zu beachten sind aber Sonderregelungen wie § 56 II BadWürttLKrO bei Maßnahmen der unteren Verwaltungsbehörde (für Beamte haftet das Land, für andere Bedienstete der Landkreis, BGH MDR 08, 1035). Bei Amtshilfe haftet die ausführende Behörde (Staud/*Wurm* § 839 Rz 76). Auf welcher rechtlichen Basis der Handelnde bei der haftenden Körperschaft steht – öffentlich- oder privatrechtliches Dienstverhältnis – ist belanglos. Für beliehene Personen, denen auf gesetzlicher Grundlage die eigenständige Wahrnehmung von Hoheitsrechten übertragen ist, haftet die übertragende Körperschaft (BGH VersR 02, 847) ebenso wie für Verwaltungshelfer, die lediglich Hilfstätigkeiten nach Weisung der Behörde ausführen (Rn 11). Bei der „Organleihe" kommt es auf das Maß der Eingliederung an (BGH VersR 06, 803). Die Übertragung

hoheitlicher Aufgaben auf ausländische Institutionen schadet nicht (LG Konstanz 27.7.06 – 4 O 234/05 – Flugsicherung).

Fehlt der handelnden Institution die **Dienstherrenfähigkeit**, haftet die Körperschaft, welche den Handelnden 16 bestellt hat (BGH VersR 91, 1135: Architektenkammer für Eintragungsausschuss). So haftet etwa das Land für Fehler eines Gutachterausschusses nach §§ 192 f BauGB (BGH BauR 03, 860) oder eines TÜV-Sachverständigen (BGH VersR 03, 1537, Rn 145) oder die Kassenärztliche Vereinigung für an Ausschüsse oder Private übertragene Aufgaben (BGHZ 150, 172).

Unschädlich ist es, wenn die Körperschaft durch eine privatrechtliche juristische Person, wie etwa eine 17 GmbH handelt. Dabei ist nicht erforderlich, dass sich die Gesellschaft vollständig – unmittelbar oder mittelbar – in öffentlicher (kommunaler) Hand befindet; es reicht aus, dass die GmbH von der öffentlichen Hand beherrscht wird (BGH NJW 05, 1720 – Behörde iS des Presserechts). Passiv legitimiert ist die Anstellungskörperschaft, nicht die GmbH.

Möglich ist auch die (gesamtschuldnerische) Haftung mehrerer Körperschaften (BGH VersR 03, 731; Rn 41). 18 Unter dem Blickwinkel des Individualschutzes kann auch eine Fachbehörde haften, die von der zuständigen Behörde arbeitsteilig eingeschaltet wird (BGHZ 146, 365).

II. Verletzung einer Amtspflicht. 1. Formen staatlichen Handelns. Der Staat kann **hoheitlich** handeln. 19 Das geschieht **obrigkeitlich**, wenn der Staat dem Bürger mit Zwangsgewalt gegenübertritt. Werden Aufgaben zwar in den Formen des öffentlichen Rechts, aber ohne Zwangsmittel wahrgenommen, liegt **schlicht-hoheitliches** Handeln vor. Beispiele hierfür sind die Einrichtungen der Daseinsfürsorge. Bei obrigkeitlichem und schlicht-hoheitlichem Handeln in öffentlich-rechtlichen Formen wird nach Amtshaftungsmaßstäben gehaftet. Nutzt der Staat bei schlicht-hoheitlichen Maßnahmen allerdings privatrechtliche Formen (zB kommunale GmbHs), ist abzugrenzen, ob eine Amtshaftung eingreift oder ob es sich wie bei der **fiskalischen Verwaltung** oder der Teilnahme am **wirtschaftlichen Wettbewerb** durch Staatsunternehmen um reines Privatrecht ohne Amtshaftpflichtansprüche handelt. Die Amtshaftung greift bei schlicht-hoheitlichem Handeln in privaten Formen ein, wenn der hoheitliche Charakter der Aufgabe im Vordergrund steht (Rn 11, 17); zur Abgrenzung bei Teilnahme im Straßenverkehr: BGH NJW 92, 1227; bei Dienstfahrten: Staud/*Wurm* § 839 Rz 92 ff). Wird hoheitliches Handeln bejaht, darf die Frage nicht aus den Augen gelassen werden, ob eine Drittwirkung gegeben ist (Rn 27).

2. Einzelne Amtspflichten und deren Verletzungstatbestände. a) Pflicht zur gesetzmäßigen Verwaltung. 20 Der Beamte hat sich recht- und gesetzesmäßig zu verhalten. Dazu gehört es, die Grenzen der eigenen Zuständigkeit einzuhalten. Das ist nicht nur eine Formalie. Die Zuständigkeitsregeln haben auch den Sinn, dass der jeweilige Entscheidungsträger die erforderliche Fachkompetenz aufweist (BGHZ 117, 240). In derartigen Fällen ist jedoch besonders die Kausalität einschl des Einwandes des rechtmäßigen Alternativverhaltens zu prüfen (BGH NJW 71, 239, Rn 61). Weiter gehört zur Gesetzmäßigkeit die Pflicht zur umfassenden Sachverhaltsaufklärung (BGH VersR 88, 963, Rn 95), die sich auch an die Behörden der Verfolgung von Straftaten und Ordnungswidrigkeiten richtet (BGH NJW 94, 3162).

b) Pflicht zur zügigen Bearbeitung. Jedem Amtsträger obliegt die Amtspflicht, Anträge mit der gebotenen 21 Beschleunigung zu bearbeiten und, sobald die Prüfung abgeschlossen ist, unverzüglich zu entscheiden (BGHZ 170, 260). Die zuständigen Stellen haben ferner die Amtspflicht, die zur Sachentscheidung berufene Behörde in den Stand zu setzen, ihre Sachentscheidung in angemessener Frist zu treffen (BGH NJW 79, 2041; 59, 1219). Dabei können besondere Umstände insb in der Person des Antragstellers auch eine besondere Beschleunigung erfordern (BGH NJW 77, 557). In den meisten Fällen ist die Bearbeitungsdauer eines Antrages gesetzlich nicht geregelt. Soweit in einigen Gesetzen behördliche Bearbeitungsfristen von einem Monat (zB § 6 GrdstVG; § 69a IV Nds BauO) oder von drei Wochen (§ 12 BJagdG) oder von drei Monaten (§ 75 VwGO – Untätigkeitsklage) genannt werden, so kann das nur beispielhaft für die Vorstellungen des Gesetzgebers für angemessene Bearbeitungsfristen sein. Deutlich kürzere Fristen haben nach der Rspr Notare einzuhalten (Rn 118). Dasselbe gilt ganz allg, wenn für den Amtsträger die Eilbedürftigkeit erkennbar ist (BGH WM 83, 1157). Ansonsten ist Rspr zu Bearbeitungszeiten von Behörden, mit Ausnahme von Baubehörden, so gut wie nicht veröffentlicht. Unter diesen Voraussetzungen hat das LG Oldenburg eine Antragsbearbeitung von 14 Arbeitstagen bis zur Absendung nicht beanstandet (26.11.03 – 5 O 873/03 – Berufungsrücknahme nach Hinweisbeschluss des OLG gem § 522 ZPO), da eine Eilbedürftigkeit weder erkennbar noch mitgeteilt worden war.

c) Pflicht tätig zu werden. Ändern sich die Umstände, kann es amtspflichtwidrig sein, wenn die Behörde 22 darauf nicht reagiert. So ergibt sich bspw nach BGH (NJW 92, 2218) eine Verpflichtung, ein zunächst verweigertes gemeindliches Einvernehmen nach Veränderung der Sachlage erteilen zu müssen.

Eine Pflicht tätig zu werden, ergibt sich auch dann, wenn ein rechtswidriger Zustand, dessen Entstehung der 23 Behörde zuzurechnen ist, durch Wiederherstellung des ursprünglichen Zustandes wieder zu beseitigen ist, wobei es auf die Rechtswidrigkeit der Folgen, nicht des Verwaltungshandelns, ankommt (Verletzung des Folgenbeseitigungsanspruchs, BGHZ 130, 332). Die Pflicht, notwendige Amtshandlungen vorzunehmen, schließt es ein, sich rechtzeitig und nachhaltig darum zu kümmern, dass Schäden vermieden werden. So muss sich der Amtspfleger des Jugendamtes darum kümmern, dass der Betreute bei Eintritt seiner Volljährigkeit die notwendigen Unterstützungsleistungen erhält (BGH NVwZ 90, 499) oder dass Pflegekinder ordnungsgemäß betreut werden (BGHZ 166, 268). Die Behörde muss konsequent handeln und eine in bestimmter Weise geplante und begonnene Maßnahme auch entspr durchzuführen. Sie darf sich nicht zu dem eigenen früheren Verhalten in Widerspruch setzen, wenn die Rücksichtnahme auf die Interessen des Betroffenen es gebietet, das von diesem in den Bestand der Maßnahme gesetzte Vertrauen zu schützen (BGHZ 137, 344; BauR 06, 1876 – Amtspflicht zu konsequentem Handeln).

24 **d) Amtspflicht zur Erteilung von Auskünften.** Eine behördliche Auskunft muss richtig, klar, eindeutig, vollständig und unmissverständlich sein, so dass der Anfragende entspr disponieren kann; dabei ist es gleichgültig, ob eine Pflicht zur Auskunftserteilung besteht (BGH VersR 94, 450). Der Beamte darf es nicht „sehenden Auges" zulassen, dass der Bürger Schaden erleidet, den er, der Beamte, durch einen kurzen Hinweis, eine Belehrung mit wenigen Worten oder eine entspr Aufklärung über die Sach- und Rechtslage zu vermeiden in der Lage ist. Diese Pflicht besteht ggü dem erkennbaren Schadensrisiko ausgesetzten Bürger, der in einer besonderen Rechtsbeziehung zu einer Behörde steht. Eingeschlossen sind bevorstehende Änderungen der Rechtslage. Der Beamte sollte dem von ihm betreuten Personenkreis durch Belehrung und Aufklärung iRd Möglichen und Zulässigen behilflich sein, was er zu erreichen wünsche, zu erreichen (BGH BauR 07, 867), allerdings besteht keine drittgerichtete Amtspflicht, sich ohne konkreten Anlass mit den Angelegenheiten der Bürger zu beschäftigen und sie umfassend zu beraten (BGH BauR 05, 1443). Die Reichweite des Vertrauensschutzes richtet sich nach der Art der Auskunft (Zusicherung, mündlich, schriftlich: BGH VersR 02, 1422; 94, 1339; s.a. Staud/*Wurm* § 839 Rz 152 ff).

25 **e) Pflicht, unerlaubte Handlungen zu vermeiden.** Jeder hoheitlich handelnde Beamte ist verpflichtet, sich bei der Amtsausübung aller Eingriffe in fremde Rechte zu enthalten, die eine unerlaubte Handlung iSd bürgerlichen Rechts, so auch des § 823 I darstellen. Ein Beamter, der in Ausübung seines öffentlichen Amtes in diesem Sinne eine unerlaubte Handlung begeht, verletzt dadurch zugleich eine ihm dem Träger des Rechts oder Rechtsgut ggü obliegende Amtspflicht (BGH NJW 92, 1310). Zu den unter § 823 I fallenden sonstigen Rechten gehört nach der Rspr des BGH auch das allg Persönlichkeitsrecht (BGHZ 50, 133, 138), das auch den Schutz der Ehre umfasst (BGHZ 78, 274; MüKo/*Rixecker* Anhang § 12 Rz 60).

26 **f) Verkehrspflichten.** Verkehrssicherungspflichten werden nach Amtshaftungsgrundsätzen behandelt, wenn die Pflichten durch Gesetz oder Satzung als Amtspflicht ausgestaltet sind (BGH VersR 78, 739; Saarbr VersR 94, 60). Das trifft insb auf den Bau und die Unterhaltung von Straßen zu (Rn 132 ff). Es ist aber auch möglich, durch Satzung eine Angelegenheit öffentlich-rechtlich zu regeln, etwa bei kommunalen Einrichtungen wie Schwimmbädern (Rn 19). Es ist auch möglich, Verkehrspflichten zu delegieren (BGH VersR 74, 342; Rn 125). Darauf ist etwa bei hoheitlichen Baumaßnahmen zu achten (Bsp Rn 136, 151). Wegen der Einzelheiten wird auf § 823 Rn 127 ff verwiesen.

27 **III. Drittbezogenheit der Amtspflicht.** Ein Schaden, der kausal auf die Handlung eines Beamten zurückzuführen ist, begründet eine Staatshaftung nur dann, wenn die sog Drittwirkung vorliegt. Das ist der Fall, wenn sich aus der Natur der Amtspflicht oder der sie begründenden und sie umreißenden Bestimmungen ergibt, dass dadurch die Belange des Geschädigten nicht unbedingt allein aber auch geschützt und gefördert sein sollen (BGH VersR 09, 931). Ein Indiz für die Drittbezogenheit kann es sein, wenn eine Klagebefugnis ggü der Amtshandlung besteht bzw wenn es um ein Amtsgeschäft geht, das auf Antrag des Dritten vorzunehmen ist. Geht es dagegen um eine Tätigkeit, die einem öffentlichen Interesse dient, ohne dass hiervon Rechtsbeziehungen zu bestimmten dritten Personen betroffen sind, wird es idR an einer drittschützenden Amtspflicht fehlen (BGHZ 162, 49). Das ist etwa der Fall bei der Gesetzgebung (BGH AgrarR 94, 25, auch zu Ausnahmen bei einer VO). Bei durch Amtsmissbrauch geförderten Straftaten erstreckt sich ihr Schutzzweck grds auf alle Opfer der dabei entstandenen Vermögensschäden (BGH VersR 03, 1306). Juristische Personen des öffentlichen Rechts können ebenfalls vom Schutz umfasst sein (BGHZ 177, 37). Zu weiteren Einzelheiten der Drittwirkung, der Verjährung und des Vorrangs des Primärrechtsschutzes: EuGH-Vorlage des BGH NVwZ 07, 362.

28 **Bsp:** Die **Notaraufsicht** kann drittschützend sein (BGHZ 135, 354); zur **Bauleitplanung** vgl Rn 92. Bei der **Bankenaufsicht** nach § 6 I KWG gab es früher drittschützende Bestimmungen (BGHZ 162, 49), jetzt durch geänderte Gesetze kaum noch.

29 Wird beim Zusammenwirken mehrerer Behörden ein Dritter geschädigt, so ist die Drittgerichtetheit für jede der in Betracht kommenden Amtspflichten eigenständig zu bestimmen. Fragen der Subsidiarität, wie sie im Bereich der vertraglichen Haftung eine Rolle spielen können (vgl BGHZ 70, 327), stellen sich insoweit nicht (BGHZ 146, 365). Geschädigter Dritter kann auch eine juristische Person des öffentlichen Rechts sein (BGHZ 153, 198; 148, 139).

30 Die allg Amtspflichten eines jeden Beamten, sein Amt gewissenhaft und unparteiisch zu verwalten, die Gesetze zu wahren und sich jeden Amtsmissbrauchs zu enthalten, obliegen ihm ggü jedem als geschützten „Dritten", der durch die Verletzung dieser Amtspflichten geschädigt werden könnte. Das gilt auch dann,

wenn der Geschädigte im Zeitpunkt der Pflichtverletzung noch nicht in Kontakt zu dem Schädiger getreten war (BGH VersR 03, 1306). Gehört ein Geschädigter nicht mehr zum Kreis der geschützten Dritten, gibt es keine Veranlassung, Ansprüche über die Rechtsfigur der Drittschadensliquidation zuzusprechen (offen gelassen von BGH NJW 91, 2696).

IV. Rechtswidrigkeit. Die Rechtswidrigkeit wird nicht durch einen Schaden indiziert. Sie beurteilt sich vielmehr danach, ob das Amtshandeln rechtmäßig oder rechtswidrig war. Problematisch ist das, wenn dem Beamten eine fehlerhafte Rechtsanwendung zur Last gelegt wird wie bei dem Vorwurf, Staatsanwaltschaften (Rn 131) und Gerichte (Rn 84, 96) hätten falsch entschieden. In der Rspr des BGH wird in derartigen Fällen geprüft, ob die Maßnahmen unvertretbar waren. Dabei sind im Prinzip dieselben Grundsätze anzuwenden, die die Rspr zu der allg Frage herausgearbeitet hat, wann eine fehlerhafte Rechtsanwendung als Verschulden vorwerfbar ist (BGH NJW 70, 1544; Rn 32 ff). Hat der Amtsträger die maßgebliche Norm herangezogen und das Problem erkannt, dann hängt die Entscheidung nur noch von der Subsumtion des Sachverhalts unter die Norm ab. Diese Entscheidung gründet sich notwendig auf eine Würdigung bestimmter tatsächlicher Umstände, wobei dem Amtsträger bei Anwendung einer unbestimmten Norm ein Spielraum der Würdigung und eine gewisse Freiheit bei der Bildung seiner Auffassung gegeben sind. Es ist dann im Amtshaftungsprozess nur zu prüfen, ob seine Entscheidung vertretbar ist, selbst wenn sie nicht gebilligt wird. Zwar ist nur eine Lösung dem Gesetz entspr, also „richtig", aber unterschiedliche Lösungen durch verschiedene Betrachter sind durchaus möglich, ohne dass sie als pflichtwidrig bezeichnet werden können (BGH NJW 70, 1544). Geht es um die Rechtswidrigkeit von Äußerungen, findet ebenfalls eine Abwägung statt: Ob eine Rechtsverletzung vorliegt, ist jeweils anhand des zu beurteilenden Einzelfalls festzustellen; denn wegen der Eigenart des Persönlichkeitsrechts als eines Rahmenrechts liegt seine Reichweite nicht absolut fest, sondern muss grds erst durch eine Güterabwägung mit den schutzwürdigen Interessen der anderen Seite, hier insb mit der ebenfalls verfassungsrechtlich gewährleisteten Meinungsfreiheit (Art 5 I 2 GG), bestimmt werden (BVerfG NJW 06, 207; BGH VersR 91, 433; Z 50, 133).

V. Verschulden. Beim Verschulden gilt ein objektiver Maßstab, es genügt bereits ein objektiver Sorgfaltsverstoß (BGH NJW 03, 1308). Jeder Amtsträger muss die Kenntnisse und Einsichten besitzen oder sich verschaffen, die für die Führung des übernommenen Amtes erforderlich sind (BGH NJW 05, 748). Er hat bei der Gesetzesauslegung und Rechtsanwendung die Rechtslage unter Zuhilfenahme der ihm zu Gebote stehenden Hilfsmittel sorgfältig und gewissenhaft zu prüfen und danach auf Grund vernünftiger Überlegungen seine Entscheidungen zu treffen (BGH aaO).

Nicht erforderlich ist der Nachweis des Fehlverhaltens eines – gar namentlich benannten – einzelnen Beamten. Das Verschulden wird nicht auf eine einzelne zu konkretisierende Person bezogen, sondern dem mangelnden oder schlechten Funktionieren des Verwaltungsapparates selbst zugerechnet. Es genügt ein Organisationsverschulden. Damit wird dem Umstand Rechnung getragen, dass sich der Bürger einem für ihn anonymen Verwaltungsapparat ggü sieht, dessen stark differenzierte Arbeits- und Funktionsweise er von außen nicht durchschauen kann (BGH NVwZ 96, 512).

Steht dem Beamten ein Ermessen zu, handelt er amtspflichtwidrig, wenn er sein Ermessen überhaupt nicht ausübt, die gesetzlichen Grenzen des Ermessens überschreitet, von dem Ermessen in einer dem Zweck der gesetzlichen Ermächtigung nicht entspr Weise Gebrauch macht oder wenn er verkennt, dass sein Ermessen reduziert oder sogar auf eine bestimmte Verhaltensweise festgelegt ist, wie zB bei der „Ermessensschrumpfung auf Null" oder bei (zulässiger) Selbstbindung der Verwaltung, von der er ohne zureichenden rechtlichen Grund nicht abw darf (BGHZ 118, 271). Der Beamte handelt hiernach amtspflichtgemäß, solange er sich innerhalb dieser „Bandbreite" pflichtgemäßen Ermessens hält, mag auch ein anderes pflichtgemäßes Verhalten denkbar sein.

Hat ein mit mehreren Rechtskundigen besetztes Kollegialgericht das Verhalten als nicht schuldhaft gebilligt, kann dem Beamten im Amtshaftungsprozess regelmäßig kein Schuldvorwurf gemacht werden (BGH NVwZ-RR 00, 746). Ausnahmsweise gilt das jedoch nicht, wenn die Entscheidung nur in einem summarischen Verfahren ergangen ist oder wenn der Annahme des Kollegialgerichts, die Amtshandlung sei rechtmäßig gewesen, auf einer unzureichenden tatsächlichen oder rechtlichen Beurteilungsgrundlage beruht. Das ist sowohl der Fall, wenn der Sachverhalt verfahrensfehlerhaft nicht richtig und vollständig erfasst oder der festgestellte Sachverhalt nicht sorgfältig und erschöpfend gewürdigt wird, so dass das Gericht einen anderen Sachverhalt entschieden hat, als den, von dem der Amtsträger auszugehen hatte (BGH aaO). Überhaupt ist Voraussetzung, dass die konkret dem Streit zugrunde liegende Amtspflichtverletzung Gegenstand einer kollegialgerichtlichen Billigung gewesen ist, die Beurteilung eines Parallelfalles durch ein Kollegialgericht reicht nicht aus (BGH VersR 03, 1274). Eine weitere Ausnahme ist gegeben, wenn das Kollegialgericht die für die Beurteilung des Falles maßgebliche höchstrichterliche Rspr nicht erkannt oder zwar gesehen, ihr aber, ohne sich damit auseinanderzusetzen, gleichwohl nicht gefolgt ist (BGH NVwZ 02, 124). So wie die Rspr die Kollegialgerichtsrichtlinie begründet – ein Beamter braucht keine bessere Rechtskenntnis zu besitzen als ein mit mehreren Rechtskundigen besetztes Kollegialgericht (BGH NVwZ 98, 878), fällt eine Einzelrichterentscheidung nicht darunter. Voll überzeugend ist das nicht, denn es können nicht an jeden Amtsträger Anforderungen gestellt werden, wie an eine Person mit der Befähigung zum Richteramt. Eine nicht privilegierte Gerichtsentscheidung kann jedoch ein Indiz für fehlendes Verschulden sein (Staud/*Wurm* § 839 Rz 224).

36 Umgekehrt ergibt sich allerdings noch nicht zwingend ein Verschuldensvorwurf, wenn später ein Gericht die Entscheidung des Amtsträgers nicht teilt. Ist die nach sorgfältiger Prüfung gewonnene Rechtsansicht des Amtsträgers vertretbar, so kann er bis zu einer anderweitigen Entscheidung der Gerichte an seiner Ansicht festhalten. Das gilt insb in den Fällen, in denen die objektiv unrichtige Rechtsanwendung eine Vorschrift betrifft, deren Inhalt zweifelhaft sein kann und noch nicht durch eine höchstrichterliche Rspr klargestellt ist (BGH NJW 05, 748). Die Verneinung des Schuldvorwurfs setzt allerdings voraus, dass die letztlich als unzutreffend erkannte Rechtsmeinung nicht nur vertretbar, sondern auch aufgrund sorgfältiger rechtlicher und tatsächlicher Prüfung gewonnen worden war. Fehlt es an dieser weiteren Voraussetzung, kann ein Schuldvorwurf bereits unter diesem Gesichtspunkt begründet sein (BGH NJW 03, 1308). Hat sich zu einer Rechtsfrage in der Lit eine zutreffende und offenkundig allein sinnvolle hM gebildet, dann handelt ein Beamter, der von dieser Auffassung abweicht, auch dann schuldhaft, wenn es noch keine einschlägige höchstrichterliche Entscheidung gibt (BGHR BGB § 839 I 1 Verschulden 15). Der Verschuldensvorwurf bezieht sich iRd § 839 I nur auf die Erfüllung des haftungsbegründenden Tatbestandes durch die Amtspflichtverletzung, nicht dagegen braucht er sich auf den daraus entstandenen Schaden zu erstrecken (BGH NJW 03, 1308). Wird eine behördliche Entscheidung auf mehrere selbstständig nebeneinander stehende Begründungen gestützt, fehlt ein Verschulden, wenn sich auch nur eine der tragenden Begründungen als unverschuldet herausstellt (BGH NJW 05, 748).

37 Zuweilen kommt es darauf an, ob ein Beamter vorsätzlich gehandelt hat (Rn 45). Nach der stRspr des BGH handelt ein Amtsträger vorsätzlich, wenn er sich bewusst über die Amtspflicht hinwegsetzt. Zum **Vorsatz** gehört nicht nur die Kenntnis der Tatsachen, aus denen die Pflichtverletzung sich objektiv ergibt, sondern auch das Bewusstsein der Pflichtwidrigkeit, dh das Bewusstsein, gegen die Amtspflicht zu verstoßen. Zumindest muss der Amtsträger mit der Möglichkeit eines solchen Verstoßes rechnen und diesen billigend in Kauf nehmen (BGH VersR 96, 1016). Für die Grenzziehung zwischen bedingtem Vorsatz und bewusster Fahrlässigkeit ist entscheidend, was im Bewusstsein des Täters vorgegangen ist. Bei beiden Verschuldensgraden sieht der Handelnde die Möglichkeit eines schädigenden Erfolgs voraus. Vertraut er darauf, dass diese nicht eintreten werde, so liegt bewusste Fahrlässigkeit vor. Nimmt er dagegen einen als möglich vorgestellten Schaden bewusst und billigend in Kauf, so ist bedingter Vorsatz gegeben (BGH VersR 08, 1407; Köln VersR 94, 339). Der Vorsatz muss die Schadensfolgen umfassen, was nur der Fall ist, wenn der Täter sich die herbeigeführte konkrete Rechtsverletzung vorgestellt und wenn er sie gewollt hat. Der Täter braucht die Folgen der Tat nicht in allen Einzelheiten vorausgesehen zu haben (Saarbr VersR 93, 1004). Wird Schmerzensgeld wegen Verletzung des Körpers oder der Gesundheit des Geschädigten verlangt, muss sich der Vorsatz des Täters auf die Verletzung des Körpers oder der Gesundheit richten (RGZ 142, 123). Auf den bedingten Vorsatz des Täters kann aus äußeren Umständen geschlossen werden, was sehr ausf vom BSG (NJW 99, 236) behandelt wird. IÜ kann bewusste Fahrlässigkeit nicht mit der groben Fahrlässigkeit, die eine besonders grobe und auch subjektiv schlechthin unentschuldbare Pflichtverletzung erfordert, gleichgesetzt werden (BGH NJW-RR 98, 35).

38 Ein Ausschluss der Haftung bei einfacher Fahrlässigkeit, etwa durch Ortssatzungen, ist nicht möglich (BGHZ 61, 7).

39 Für den Einwand des **Mitverschuldens** ist iRd Amtshaftung zu beachten, dass in Fällen anderweitiger Ersatzmöglichkeit (Rn 40) die Schadensersatzpflicht völlig entfällt, es kommt nicht zu einer Quote. In anderen Fällen bleibt es bei der allg Regelung des § 254. Es kann auf die dortige Kommentierung verwiesen werden. Das Verhältnis des Bürgers zum Staat wird dadurch geprägt, dass der Beamte als „Helfer des Staatsbürgers" dem von ihm betreuten Personenkreis durch Belehrung und Aufklärung iRd Möglichen und Zulässigen behilflich sein solle, was er zu erreichen wünsche, zu erreichen, im Gegenzuge ist aber auch der Staatsbürger im Interesse eines gedeihlichen Zusammenlebens aller gehalten, iRd Zumutbaren das Seine zur Vermeidung von Schwierigkeiten zu tun (BGH Urt v 11.1.07 – III ZR 116/06). Allerdings gilt im Amtshaftungsrecht der Grundsatz, dass der Bürger nicht klüger zu sein braucht als die mit der Bearbeitung der Angelegenheit betrauten fachkundigen Beamten (BGH NJW 94, 2087). Aus diesem Grund muss der Geschädigte eine fehlerhafte Einschätzung der Rechtslage durch seine gesetzlichen Vertreter oder einen Architekten oder Bauunternehmen nicht zurechnen zu lassen, wohl aber bei fehlerhaften Angaben (VersR 90, 789; 83, 980). Zu der Frage des Vertrauensschutzes, der Risikozuweisung, unredlicher Veranlassung eines Verwaltungsaktes sowie zur Kenntnis und grobfahrlässigen Unkenntnis sind die Ausführungen in BGHZ 149, 50 instruktiv. Sehr scharf ist die Haftung des Notars. Dieser kann einem Beteiligten ein Mitverschulden selbst dann nicht vorwerfen, wenn dieser – etwa weil er selbst rechtskundig ist – den Fehler hätte bemerken können (BGH NJW 05, 3495).

40 **D. Haftungsausschlüsse. I. Subsidiarität nach Abs 1 S 2.** Nach I 2 haften der Beamte und damit der Staat nur subsidiär, wenn die Amtspflichtverletzung nur fahrlässig erfolgte. Der Begriff der anderweitigen Ersatzmöglichkeit *wird weit verstanden.* Hierfür kommen alle Möglichkeiten der Schadloshaltung tatsächlicher und rechtlicher Art in Betracht (BGH VersR 09, 551) Nach der Rspr des BGH entfallen diese Erfordernisse, wenn der Beamte wie jeder andere Teilnehmer am Rechts- und Geschäftsverkehr auftritt, etwa im Straßenverkehr ohne Wahrnehmung von Sonderrechten nach § 35 StVO (BGH NZV 91, 185) und bei der Wahrnehmung

von Verkehrspflichten (BGHZ 123, 102), nicht jedoch bei der Verletzung der Verkehrsregelungspflicht (BGHZ 91, 48). Greift die Subsidiarität nicht, ist eine gesamtschuldnerische Haftung Mehrer möglich (BGHZ 91, 48; Karlsr BauR 05, 768). Die Subsidiarität entfällt weiter bei Ansprüchen, welche neben die Amtshaftung treten wie Ansprüche aus enteignungsgleichem Eingriff, Aufopferung, Verletzung beamtenrechtlicher Fürsorgepflichten sowie aus öffentlich-rechtlicher Verwahrung, Treuhand und GoA (BGHZ 63, 167; Rn 3 ff, 10).

Anderweitige Ersatzmöglichkeiten können Ansprüche gegen den durch die Amtspflichtverletzung begünstigten Vertragspartner sein (BGH WM 05, 1328) oder Schadensersatzansprüche wegen unzureichender oder falscher anwaltlicher Beratung, wenn der geltend gemachte Schaden in einem Kostenaufwand liegt, der ohne die Amtspflichtverletzung nicht entstanden wäre und durch sachgerechtes Vorgehen des Rechtsanwalts hätte vermieden werden können (BGH VersR 09, 551). Ansprüche gegen die öffentliche Hand, die demselben Tatsachenkreis entspringen, sind keine anderweitige Ersatzmöglichkeit (BGH VersR 97, 109). Mehrere Stellen haften als Gesamtschuldner (BGHZ 152, 380 – Staat und Beschäftigungsstelle für Zivildienstleistende; WM 65, 1054 – Notar und Vormundschaftsrichter; s. aber BGHZ 135, 354 zur Ausnahme: Notaraufsicht und vorsätzlich handelnder Notar). Eine solche Ersatzforderung muss wirtschaftlich zu verwirklichen sein; rein theoretische Möglichkeiten eines anderweitigen Ersatzes oder ungewisse künftige Erlöserwartungen stehen der Regressklage nicht entgegen (BGH NJW 96, 3011). Ansprüche des Geschädigten auf Sozial- und private Versicherungsleistungen stellen ebenso keine anderweitige Ersatzmöglichkeit dar (*Lörler* JuS 90, 546), wie sie einen sonstigen Schädiger entlasten (§ 249 Rn 79 ff). Der Schädiger kann nicht auf eine anderweitige Ersatzmöglichkeit verweisen, wenn der potenziell dem Geschädigten ggü Haftende einen Rückgriffsanspruch gegen den Schädiger hätte (BGH NJW-RR 04, 1704 für die Notarhaftung). 41

Auch eine früher gegebene anderweitige Ersatzmöglichkeit darf der Geschädigte nicht schuldhaft versäumt haben (BGH NJW-RR 05, 284). Sie muss aber vor Beginn des Amtshaftungsprozesses bekannt gewesen sein (BGHZ 120, 124). 42

Hat der Geschädigte schuldhaft eine frühere gegebene anderweitige Ersatzmöglichkeit versäumt, verliert er den Anspruch insgesamt. Auch bei nur leicht fahrlässiger Versäumnis findet der völlige Ausschluss und nicht lediglich eine Minderung des Anspruchs wie bei § 254 statt; § 839 I 2 wie auch § 19 I 2 BNotO decken sich nicht mit § 254 (BGH NJW 99, 2038). 43

Ist noch offen, ob eine andere Ersatzmöglichkeit besteht, wird eine Klage als derzeit unbegründet abgewiesen; hat der Geschädigte eine früher gegebene anderweitige Ersatzmöglichkeit versäumt, erfolgt volle Klageabweisung (BGH NJW 99, 2038). Maßgeblicher Zeitpunkt ist der der Erhebung der Klage (BGH VersR 08, 120). Richtet sich eine Klage gegen mehrere Schädiger, darf ein Teilurteil als derzeit unbegründet nicht ergehen; möglich ist aber eine Prozesstrennung. 44

Keine Subsidiarität sondern Fälle des **Ausschlusses** liegen vor, wenn aufgrund von Sondervorschriften wie § 46 II BeamtVG, §§ 106 I, 104 I SGB VII (**Arbeits- und Schulunfälle**; Rn 126 und ausf *Rolfs* NJW 96, 3177 und BGH VersR 06, 221 zum **Wegeunfall**) eine Haftung ausscheidet, weil bspw kein Vorsatz oder keine Teilnahme am allg Verkehr vorliegen (BGH VersR 04, 133; s.a. Rn 37). Alle Haftungsprivilegien kommen dem Staat zugute (BGH VersR 08, 410). 45

II. Spruchrichterprivileg. Nach § 839 II ist eine Amtshaftung bei „Urteilen in einer Rechtssache" nur gegeben, wenn die Amtshaftung der beteiligten Richter eine Straftat darstellt. Nach der Rspr des BGH sind mit „Urt" alle Entscheidungen gemeint, die „urteilsvertretende Erkenntnisse" darstellen (NJW 05, 436). Das sind Entscheidungen, die in einem der Selbstbindung des Gerichts unterliegendem instanzbeendenden Erkenntnisverfahren mit materieller Rechtskraftfähigkeit ergehen und einem Urt insoweit vergleichbar sind, als sie aufgrund rechtlichen Gehörs, erforderlichenfalls einer Beweiserhebung ergehen und mit einer Begründung versehen sind (BGH aaO). Das können Entscheidungen nach § 123 VwGO und einstweilige Verfügungen sein, nicht hingegen auf einseitigen Vortrag ergangene Beschlüsse. Ebenso zählen vorbereitende Maßnahmen dazu, mit denen das Gericht die Grundlagen für seine Entscheidung in der Hauptsache gewinnen will. Sie unterliegen daher ebenfalls dem Spruchrichterprivileg (BGH VersR 84, 77), insb Beweisbeschlüsse und sonstige Entscheidungen zum Verfahren. Keine Urteilsqualität haben Haftbefehle, PKH-Entscheidungen, nichtstreitige Entscheidungen der freiwilligen Gerichtsbarkeit und in Zwangsvollstreckungssachen. 46

Richter iSd § 839 II sind neben den Berufsrichtern auch die ehrenamtlichen Richter, nicht jedoch Schiedsrichter. Es wird jedoch angenommen, dass stillschweigende Bedingung des Schiedsvertrages die Abrede ist, dass die Schiedsrichter nicht weiter haften als Berufsrichter (BGHZ 42, 313). Nicht erfasst von § 839 II sind *Rechtspfleger* (vgl BGH VersR 02, 97; 87, 256; DNotZ 00, 705: keine Klageabweisung wg § 839 II) und Staatsanwälte. Deren Entscheidungen werden jedoch nicht auf „Richtigkeit", sondern auf „Vertretbarkeit" überprüft (BGH VersR 09, 931; Rn 131). Für Sachverständige gilt § 839a. § 839 II 2 wird bislang nur in der Literatur behandelt (*Brüning* NJW 07, 1094; *Ossenbühl* JZ 07, 690; *Terhechte* DVBl 07, 1134; *Schneider* ZAP Fach 2, 497). Nach dieser Norm haftet auch ein Spruchrichter, etwa für fehlerhafte Ladungen, Verzögerungen oder sonstige Fehler bei der Bearbeitung der in Rn 46 genannten Entscheidungen. Der BGH hatte unter dem Gesichtspunkt der Verzögerung bislang lediglich eine Rechtspflegerentscheidung zu beurteilen, geht dort allerdings auch auf ein Organisationsverschulden ein (BGHZ 170, 260). 47

48 **III. Rechtsmittelversäumung.** Nach III entfällt eine Ersatzpflicht, wenn der Geschädigte schuldhaft ein Rechtsmittel unterlassen hat. Der Begriff des Rechtsmittels ist nach der Rspr des BGH weit zu fassen. Es sind darunter alle Rechtsbehelfe zu begreifen, die sich unmittelbar gegen eine sich als Amtspflichtverletzung darstellende Handlung oder Unterlassung richten und das Ziel haben, diese zu beseitigen oder zu berichtigen und damit den Schaden abzuwenden (BGH NJW 09, 71). Das schuldhafte Unterlassen, einen Antrag auf Wiederherstellung der aufschiebenden Wirkung oder auf Erlass einer einstweiligen Anordnung zu stellen oder sich gesondert gegen die Vollziehung eines Steuer- oder Haftungsbescheides zu wehren, unterfällt ebenfalls dem § 839 III (BGHZ 156, 294). Auch Gegenvorstellungen, Erinnerungen an die Erledigung eines Antrags, Beschwerden und Dienstaufsichtsbeschwerden zählen hierzu (BGH VersR 04, 751; NJW 02, 1655; NJW 97, 2327), nicht jedoch die Verfassungsbeschwerde. Bei der Untätigkeitsklage nach § 75 VwGO kommt es darauf an, ob eine zeitgerechte Entscheidung zu erwarten ist (BGH VersR 06, 117). Zu den Wirkungen eines Planfeststellungsverfahrens: BGHZ 161, 323).

49 Die Rechtsmittelversäumung muss kausal für den Schaden geworden sein. Daran fehlt es, solange eine Amtspflichtverletzung überhaupt noch nicht begangen ist, dagegen kann nämlich kein „Rechtsmittel" eingelegt werden (BGH VersR 04, 751). Die Ersatzpflicht kann nach § 839 III nur verneint werden, wenn die Einlegung eines gebotenen Rechtsmittels den Eintritt des Schadens verhindert hätte. Bei der Frage, welchen Verlauf die Sache genommen hätte, wenn der Rechtsbehelf eingelegt worden wäre, kann nicht ohne weiteres – wie bei der Prüfung der Ursächlichkeit einer Amtspflichtverletzung (Rn 58) – zugrunde gelegt werden, wie über den Rechtsbehelf richtigerweise hätte entschieden werden müssen. Es muss auch die Rechtspraxis in der in Rede stehenden Frage zu dem Zeitpunkt in Betracht gezogen werden, in dem der Rechtsbehelf hätte angebracht werden müssen, wenn er den Eintritt des Schadens hätte verhindern sollen. War damals eine Rechtsfrage noch ungeklärt, ist dem bei der jetzigen Entscheidung Rechnung zu tragen (BGHZ 156, 294). Desgleichen ist bei formlosen Rechtsbehelfen wie Gegenvorstellungen und Dienstaufsichtsbeschwerden zu prüfen, ob sie angesichts des Verhaltens der Behörde tatsächlich Erfolg gehabt hätten (BGH NJW 86, 1924). Hätte das Rechtsmittel nur teilweise Erfolg gehabt, entfällt in dieser Höhe der Anspruch nach § 839 III (BGH aaO).

50 Der Anspruch entfällt nur bei einer schuldhaften Versäumung eines Rechtsmittels. Es ist zu prüfen, ob der Betroffene die nach den gegebenen Umständen sowie nach seinem Bildungsstand und seiner Geschäftsgewandtheit gebotene Sorgfalt beachtet hat (BGH VersR 97, 1239). Auf Belehrungen und Erklärungen eines Beamten ihm ggü darf der Staatsbürger grds vertrauen, und es kann ihm idR nicht zum Verschulden gereichen, wenn er nicht klüger ist als der Beamte (BGHZ 113, 17). Andererseits wird der Schadensersatzanspruch aber nicht bereits durch den Eintritt der Unanfechtbarkeit des Verwaltungsaktes ausgeschlossen; sonst würde § 839 III insoweit gegenstandslos werden. Vielmehr muss diese Bestandskraft zusätzlich auf einem vorwerfbaren Versäumnis des Verletzten iS eines „Verschuldens gegen sich selbst" beruhen (BGH aaO). Es kommt darauf an, was einem Geschädigten zur Wahrung eigener Belange zuzumuten ist. Wie bei dem Einwand der anderweitigen Ersatzmöglichkeit (Rn 41 und BGH VersR 95, 1247) braucht sich der Geschädigte auf zweifelhafte Prozesse mit unsicherem Ausgang nicht einzulassen. Soweit er die Sach- und Rechtslage nicht versteht, hat er Rechtsrat einzuholen (vgl BGH VersR 02, 495).

51 **IV. Verjährung.** Es gelten grds die allg Verjährungsregeln der §§ 195 ff. Für den Fristbeginn ist der Zeitpunkt maßgebend, in dem der Verletzte von dem Schaden und der Person des Ersatzpflichtigen Kenntnis erlangt. Das ist der Fall, wenn der Geschädigte aufgrund der ihm bekannten Tatsachen gegen eine bestimmte Person eine Schadensersatzklage, sei es auch nur eine Feststellungsklage (s. dazu Rn 73), erheben kann, die bei verständiger Würdigung so viel Erfolgsaussicht hat, dass sie ihm zuzumuten ist (stRspr des BGH, WM 05, 1328). Erforderlich und genügend ist im Allgemeinen die Kenntnis der tatsächlichen Umstände; nicht vorausgesetzt wird die zutreffende rechtliche Würdigung des bekannten Sachverhalts. Daher kommt es grds nicht darauf an, ob der Kläger die Rechtswidrigkeit des Geschehens, das Verschulden des Schädigers und den in Betracht kommenden Kausalverlauf richtig einschätzt (BGH aaO). Rechtlich fehlerhafte Vorstellungen des Geschädigten beeinflussen den Beginn der Verjährung idR nicht, weil er die Möglichkeit hat, sich beraten zu lassen. Ist die Rechtslage dagegen unübersichtlich oder zweifelhaft, so dass sie selbst ein rechtskundiger Dritter nicht zuverlässig einzuschätzen vermag, kann der Verjährungsbeginn auch wegen Rechtsunkenntnis hinausgeschoben sein (BGH aaO). Auf zweifelhafte Prozesse braucht sich der Geschädigte nicht einzulassen; tut er es jedoch, droht Verjährung, zumal ihm die Möglichkeit der Streitverkündung offensteht (BGH NJW-RR 07, 277). Vor Abschluss eines – bei Subsidiarität sogar gebotenen (Rn 40, 53) – verwaltungsrechtlichen Verfahrens ist es dem Geschädigten idR nicht zuzumuten, eine Amtshaftungsklage zu erheben, da ihm erst der Ausgang des verwaltungsgerichtlichen Prozesses die erforderliche Kenntnis verschafft, ob überhaupt eine Amtspflichtverletzung vorgelegen hat und ein Schaden entstanden ist, es sei denn, die verwaltungsgerichtliche Rechtsverfolgung wäre von vornherein aussichtslos gewesen (BGH VersR 05, 1584). Weitere Einzelheiten zur Verjährung: EuGH-Vorlage des BGH NVwZ 07, 362.

52 *Bei einer Amtspflichtverletzung, die sich allg gegen das Vermögen richtet, ist ein Schaden entstanden, wenn* die Vermögenslage des Betroffenen infolge der Handlung im Vergleich mit dem früheren Vermögensstand schlechter geworden ist (iE: BGH WM 09, 1376). Hierzu genügt es, dass die Verschlechterung sich wenigstens dem Grunde nach verwirklicht hat auch wenn offen ist, ob der Nachteil auf Dauer bestehen bleibt. Kann

lediglich die Höhe noch nicht beziffert werden, ist ggf eine Feststellungsklage zu erheben. Ist dagegen noch offen, ob pflichtwidriges, ein Risiko begründendes Verhalten zu einem Schaden führt, ist ein Ersatzanspruch noch nicht entstanden, so dass eine Verjährungsfrist nicht in Lauf gesetzt wird Die bloße Gefährdung einer Rechtsposition steht einem Schaden nicht gleich, solange sich die risikobehaftete Lage noch nicht in der Bewertung des Gesamtvermögens negativ niedergeschlagen hat, was etwa bei einer Rangverschlechterung im Grundbuch oder dem sonstigen Verlust einer dinglichen Sicherung der Fall sein kann (BGH VersR 93, 1358). Hat eine einzige, in sich abgeschlossene Verletzungshandlung mehrere Schadensfolgen ausgelöst, so kann allerdings die Verjährungsfrist nach dem Grundsatz der Schadenseinheit auch für nachträglich auftretende, zunächst also nur drohende, aber nicht unvorhersehbare Folgen beginnen, sobald irgendein (Teil-)Schaden schon entstanden ist (BGH NVwZ 07, 362). Haben sich hingegen mehrere selbstständige Handlungen des Schädigers ausgewirkt, so beginnt die Verjährungsfrist regelmäßig mit den jeweils dadurch verursachten Schäden gesondert zu laufen (vgl auch BGHZ 170, 260 für Unterlassungen). Beurkundet ein Notar mehrere Kaufverträge ein und desselben Verkäufers mit unterschiedlichen Käufern, können Schadensersatzansprüche wegen hierbei begangener Amtspflichtverletzungen jeweils zu unterschiedlichen Zeitpunkten zu verjähren beginnen (BGH VersR 93, 1358; NVwZ 07, 362 zu Dauer- und Wiederholungshandlungen).

Greift bei fahrlässigem Handeln die Subsidiarität des I 2 ein, kommt es zu einer Besonderheit: Die Verjährung beginnt erst mit der Kenntnis, dass keine anderweitige Ersatzmöglichkeit besteht. Diese ist nämlich Voraussetzung für die Schlüssigkeit der Klage. Deshalb muss sich die Kenntnis weiter darauf erstrecken, dass der Schaden jedenfalls nicht vollständig auf andere Weise gedeckt werden kann (BGH aaO). Kann der Geschädigte aus tatsächlichen oder rechtlichen Gründen nicht schlüssig darlegen, dass die Haftung Dritter ausscheidet, ist ihm eine Amtshaftungsklage nicht zuzumuten. Bei zweifelhafter oder unübersichtlicher Rechtslage beginnt die Verjährung daher auch unter diesem Gesichtspunkt erst dann, wenn hinreichend gesichert ist, dass der Schaden nur durch Inanspruchnahme des Amtsträgers ausgeglichen werden kann (BGHZ 121, 65). Voraussetzung des späteren Verjährungseintritts ist es indessen, dass der Geschädigte nicht untätig bleibt. In solchen Fällen beginnt die Verjährung in dem Zeitpunkt, in dem der Geschädigte sich im Prozesswege oder auf sonstige Weise hätte eine hinreichende Klarheit verschaffen können, dass ihm kein anderer Ersatzanspruch zusteht; das soll verhindern, dass der Geschädigte durch Untätigkeit den Verjährungsbeginn missbräuchlich hinausschiebt (BGH NJW 93, 2741).

Ein Primärverfahren hemmt die Verjährung eines Amtshaftungsanspruchs. Wegen des Vorrangs des Primärrechtsschutzes vor dem Sekundärrechtschutz haben sowohl die verwaltungsgerichtliche Klage als auch bereits die Einleitung des Widerspruchverfahrens verjährungsunterbrechende Wirkung (BGH NJW 95, 2778), die bis zur rechtskräftigen Entscheidung oder sonstigen Erledigung des Verfahrens fortdauert (BGH NVwZ-RR 05, 152).

E. Rechtsfolgen. I. Schadensersatz, keine Naturalrestitution. Rechtsfolge eines Amtshaftungsanspruchs ist grds nur Geldersatz; eine Naturalrestitution ist ausgeschlossen (BGH NJW 93, 1799). Der Grund liegt darin, dass es sich vom Ansatz her um einen auf den Staat nach Art 34 GG übergeleiteten Anspruch gegen den Beamten handelt, es kann nur das gewährt werden, was der Beamte – wie Geldersatz – persönlich erbringen kann (BGHZ 34, 99). Darüber hinaus ist es den Verwaltungsgerichten vorbehalten, den Staat zu hoheitlichen Handlungen zu verurteilen, die Zivilgerichte haben eine solche Befugnis nicht. Eine naturale Restitution iSd § 249 kommt nur in Frage, wenn diese nicht in der Vornahme einer Amtshandlung, etwa dem Erlass, der Änderung oder Aufhebung eines Verwaltungsaktes oder einer sonstigen, schlichten Amtshandlung besteht (Maunz/Dürig/*Papier* GG, Art 34 GG Anm IV Rz 233). Aus diesem Grund scheiden auch Herausgabeansprüche, etwa wegen von der Staatsanwaltschaft beschlagnahmter Gegenstände aus (s. a BGH NJW 05, 988 und Rn 5).

Der in Rspr und Lehre anerkannte Folgenbeseitigungsanspruch ist vor den Verwaltungsgerichten geltend zu machen (Näheres bei MüKo/*Papier* § 839 Rz 87 und oben Rn 3).

II. Höhe. IRe Anspruchs nach § 839 kann der Geschädigte lediglich verlangen, so gestellt zu werden, als hätte sich der Beamte amtspflichtgemäß verhalten (BGH NJW 01, 2626). Die Ermittlung der Schadenshöhe erfolgt nach §§ 249 ff (s. dort Rn 6 ff). Ergänzend ist zu bemerken, dass als Schaden nicht selten Anwalts- und Steuerberaterkosten geltend gemacht werden, welche durch deren Hinzuziehung im Verwaltungsverfahren entstanden und dort nicht erstattungsfähig sind. War das Verwaltungsverfahren erfolgreich, werden die hierdurch adäquat verursachten Rechtsverfolgungskosten vom Schutzzweck der verletzten Pflicht zu rechtmäßigem Verhalten umfasst, soweit der Geschädigte mit diesen Kosten durch Ausübung staatlicher Tätigkeit des verantwortlichen Organs rechtswidrig belastet worden ist (BGH BauR 06, 821). Der Schädiger hat jedoch nicht schlechthin alle adäquat verursachten gerichtlichen und außergerichtlichen Kosten zu ersetzen, sondern nur solche, die aus der Sicht des Geschädigten vernünftigerweise zur Wahrung seiner Rechte erforderlich und zweckmäßig erschienen (BGH DNotZ 07, 54; VersR 09, 1352: Schutzzweck bei Baugenehmigung). Zudem stellt sich die Frage der anderweitigen Ersatzmöglichkeit, wenn das Verwaltungsverfahren oder der Vorprozess fehlerhaft geführt wurden (BGH NJW 05, 3495; Rn 41).

58 **III. Kausalität.** Im Rahmen der Kausalitätsprüfung eines Schadens wegen einer Amtspflichtverletzung ist zu prüfen, welchen Verlauf die Dinge bei pflichtgemäßem Verhalten des Amtsträgers genommen hätten und wie sich in diesem Falle die Vermögenslage des Verletzten darstellen würde (§ 249 1). Nach dem Schutzzweck der Norm hängt der Ersatzanspruch davon ab, dass gerade das im Einzelfall berührte Interesse nach dem Zweck und der rechtlichen Bestimmung des Amtsgeschäfts geschützt werden sollte (BGH NJW 09, 1207). Sofern die Pflichtverletzung in einer Unterlassung besteht, muss untersucht werden, wie die Dinge bei pflichtgemäßem positiven Handeln gelaufen wären; hat der Beamte durch positives Tun, etwa durch eine fehlerhafte Auskunft, gegen seine Amtspflichten verstoßen, muss geprüft werden, wie sich das Vermögen des Verletzten ohne die pflichtwidrige Handlung entwickelt hätte (BGH DNotZ 90, 437). Bei Ermessensfehlern liegt Kausalität vor, wenn der Schaden bei ermessensfehlerfreier Entscheidung nicht oder nicht in der Höhe entstanden wäre. Zu fragen ist, wie die Behörde nach Auffassung des derzeit erkennenden Gerichts richtigerweise hätte entscheiden müssen.

59 Kausal sind auch die **Prozesskosten**, die der Geschädigte wegen der Subsidiarität gegen einen möglicherweise vorrangig Verpflichteten aufgewendet hat. Die Behauptung der Unmöglichkeit, anderweit Ersatz zu finden, gehört zur Klagebegründung. Da der Kläger das Vorliegen dieser Voraussetzung nachzuweisen hat, sind alle seine Maßnahmen, die er vernünftigerweise ergreifen kann, um von einem möglicherweise vorrangig Ersatzpflichtigen Ersatz des ihm etwa entstandenen Schadens zu erlangen, als durch die Amtspflichtverletzung in zurechenbarer Weise verursacht anzusehen (BGH VersR 04, 479). Gerichtliche Kostenentscheidungen dürfen durch eine nachfolgende Schadensersatzklage vor den Zivilgerichten allerdings nicht unterlaufen werden (BFH für die FGO: DB 08, 2232).

60 Ob ein **Vergleichsabschluss** im Vorprozess schadet, hat der BGH in VersR 95, 1247 ausf behandelt.

61 **IV. Rechtmäßiges Alternativverhalten.** Mit dem Einwand des rechtmäßigen Alternativverhaltens macht der Schädiger geltend, denselben Schaden, den er pflichtwidrig verursacht hat, hätte er durch Erfüllung einer anderen, von der verletzten Amtspflicht verschiedenen, selbstständigen Pflicht rechtmäßig herbeiführen können; tatsächlich hat der Schädiger dies aber unterlassen (BGH WM 96, 217). Die Berufung auf ein rechtmäßiges Alternativverhalten ist allerdings nur beachtlich, wenn der Schädiger bei pflichtgemäßem Verhalten denselben Erfolg herbeigeführt hätte; dass er ihn lediglich hätte herbeiführen können, reicht regelmäßig nicht aus (BGHZ 120, 281). Davon ist streng die Frage zu trennen, ob die Amtspflichtverletzung kausal zu einem Schaden geführt hat (BGH aaO; VersR 85, 887; 82, 275). Der BGH hat rechtmäßiges Alternativverhalten insb berücksichtigt, wenn der Behörde ein Verfahrensfehler unterlaufen war und sie bei einem ordnungsgemäßen Verfahren zu der gleichen Entscheidung hätten kommen oder sofern sie selbst eine fehlende Rechtsgrundlage pflichtgemäß hätte schaffen müssen (BGH VersR 00, 1368) oder wenn statt der unzuständigen die zuständige Behörde ebenso entschieden hätte (BGH NJW 71, 239).

62 **F. Prozessuales. I. Zuständigkeit.** Für Klagen gegen den Staat sind entweder die Verwaltungs- oder die Zivilgerichte zuständig. Nach den §§ 13 GVG, 40 I 1 VwGO kommt es immer dann, wenn eine ausdrückliche gesetzliche Rechtswegzuweisung fehlt, darauf an, ob die Streitigkeit nach der Natur des Rechtsverhältnisses, aus dem der Klageanspruch hergeleitet wird, zivilrechtlich oder öffentlich-rechtlich ist (BGH WM 00, 185; BVerwGE 97, 331). Sind an einem streitigen Rechtsverhältnis ausschl Privatrechtssubjekte beteiligt, so scheidet die Zuordnung des Rechtsstreits zum öffentlichen Recht grds aus, es sei denn, eine Partei wäre durch Gesetz oder aufgrund eines Gesetzes mit öffentlich-rechtlichen Handlungs- oder Entscheidungsbefugnissen ausgestattet und ggü der anderen Partei als beliehenes Unternehmen tätig geworden (BGH aaO).

63 Probleme bereitet die Konstellation, wenn sich eine juristische Person des öffentlichen Rechts und eine Privatperson iRe Vertrags ggü stehen, der die Daseinsvorsorge oder das soziale und kulturelle Wohl der Einwohner betrifft. Nach der sog Zwei-Stufen-Theorie des BVerwG handelt es sich bei Streitigkeiten über das „Ob" um eine öffentlich-rechtliche Frage, das „Wie" ist privatrechtlich gestaltet (BVerwG NVwZ 91, 59).

64 Streiten die Parteien über Fragen der Benutzung einer von der Kommune zur Verfügung gestellten Einrichtung, ist entscheidend, in welcher Art und Weise der Staat dem Bürger entgegentritt. Ist die Benutzung durch Satzung oder Gleichwertiges geregelt, handelt es sich um öffentliches Recht. Bei einer vertraglich ausgehandelten Vergütung gilt Privatrecht. Verhandeln die Parteien über die Übernehme öffentlicher Aufgaben auf dem Gebiet der Daseinsvorsorge oder über Fördermittel (Subventionen), handelt es sich um einen öffentlich-rechtlichen Vertrag. Zur Zuständigkeit für Schadensersatzklagen wegen Schlechterfüllung eines solchen Vertrages (pVV, § 280) wird auf Rn 8 und die Kommentierung von *Papier* (MüKo § 839 Rz 375) verwiesen. Bei der Abgrenzung des Vertragsgegenstandes vom öffentlichen zum privaten Recht ist der Vertragszweck ergänzend heranzuziehen (BVerwG MDR 76, 874).

65 Bei Verletzungen der beamtenrechtlichen Fürsorgepflicht, ist sowohl eine Klage vor den Verwaltungs- als auch den Zivilgerichten möglich (MüKo/*Papier* § 839 Rz 379). Ein laufendes Verwaltungsverfahren ist unschädlich, solange es noch nicht zu einem Verwaltungsprozess geführt hat. Es ist einem solchen nicht *gleichzusetzen*. Ohnehin ist es dem Zivilgericht im Amtshaftungsprozess nicht verwehrt, die Rechtswidrigkeit eines Verwaltungsaktes festzustellen (MüKo/*Papier* § 839 Rz 82; RGRK/*Kreft* § 839 Rz 579 mwN). Zwar darf es den Verwaltungsakt nicht aufheben, wohl aber Zahlung von Schadensersatz anordnen (*Papier* aaO).

Anders ist es nur, wenn die Verwaltungsgerichte entschieden haben. Daran ist das Zivilgericht gebunden (BGH WM 76, 98; *Papier* aaO Rz 383; *Kreft* aaO Rz 580).

Das ist eine Folge der „Rechtswegspaltung". Aufgespalten wird der primäre und sekundäre Rechtsschutz des Bürgers: Der primäre Rechtsschutz findet gegen die Ausübung öffentlicher Gewalt statt. Der sekundäre Rechtsschutz behandelt evtl Schadensersatzansprüche. Kommt es sodann zum Amtshaftungsprozess, so prüft das Zivilgericht die verwaltungsrechtlichen Vorfragen. Zur Bindungswirkung s. Rn 71. **66**

Probleme wirft die Rechtswegspaltung für die Frage auf, ob wegen eines Lebenssachverhalts vor den Verwaltungsgerichten aus öffentlich-rechtlichem Vertrag oder wegen Verletzung beamtenrechtlicher Fürsorgepflichten und vor den Zivilgerichten aus Amtshaftung geklagt werden soll. Prozessual handelt es sich dann nicht um identische Streitgegenstände. Aufgrund des § 17 II GVG müsste das Zivilgericht die Klage unter allen rechtlichen Gesichtspunkten, also auch denen des Verwaltungsrechtsweges prüfen, während es den Verwaltungsgerichten wegen Art 34 3 GG verwehrt ist, Amtshaftungsansprüche zu prüfen (MüKo/*Papier* § 839 Rz 380). Bei Anspruchskonkurrenz: s. Rn 10. Soweit ein Gericht über den bei ihm anhängigen Rechtsstreit mit Rechtskraftwirkung entschieden hat, dürfte das Gericht des anderen Rechtszuges in diesem Punkt gebunden sein. **67**

Für die eigentlichen Amtshaftungsklagen des § 839 sind nach § 40 II VwGO die Zivilgerichte zuständig, dort nach § 71 II Nr 2 GVG ohne Rücksicht auf den Streitwert die Landgerichte. Das gilt auch dann, wenn bei Verkehrsunfällen allein der Halter verklagt wird. § 7 StVG steht nämlich als Anspruchsgrundlage selbstständig neben § 839 (Rn 4). In solchen Fällen ist gleichwohl die – vorrangige – Zuständigkeit des Landgerichts gegeben (differenzierend: *Kissel/Mayer* GVG, § 71 Rz 10; *Schneider* NJW 65, 1470). Bei Klagen aus Amtshaftung und Halterhaftung bei einer Dienstfahrt handelt es sich zwar um zwei Anspruchsgrundlagen, jedoch um einen einheitlichen Streitgegenstand. Nach der heute herrschenden prozessrechtlichen Auffassung vom Streitgegenstand im Zivilprozess entscheidet das Gericht über den prozessualen Anspruch. Dieser wird bestimmt durch den Klageantrag und den Lebenssachverhalt (Anspruchsgrund), aus dem der Kläger die begehrte Rechtsfolge herleitet. Der Klagegrund geht über die Tatsachen, welche die Tatbestandsmerkmale einer Rechtsgrundlage ausfüllen, hinaus; zu ihm sind alle Tatsachen zu rechnen, die bei einer natürlichen, vom Standpunkt der Parteien ausgehenden Betrachtungsweise zu dem durch den Vortrag des Klägers zur Entscheidung gestellten Tatsachenkomplex gehören (BGH NJW 96, 3151). Mehrere Streitgegenstände liegen vor, wenn die materiellrechtliche Regelung die zusammentreffenden Ansprüche erkennbar unterschiedlich ausgestaltet, wie es bei dem öffentlich-rechtlichen Aufopferungsanspruch ggü Ansprüchen aus Gefährdungshaftung und aus Amtspflichtverletzung der Fall ist (BGH NJW 93, 2173), während eine Einheitlichkeit des Streitgegenstandes im Verhältnis zwischen dem Amtshaftungsanspruch und jeweils den Ansprüchen aus enteignungsgleichem Eingriff oder aus den Polizeigesetzen gegeben ist (BGH NJW 96, 3151). Handelt es sich somit um nur einen Streitgegenstand, ist wegen des Vorrangs der Sonderzuständigkeit die Zuständigkeit der Landgerichte auch dann gegeben, wenn der Kläger den Rechtsstreit nur nach § 7 StVG beurteilt wissen möchte. Die **örtliche Zuständigkeit** begründet nach § 32 ZPO jeder Ort, an dem auch nur ein wesentliches Tatbestandsmerkmal verwirklicht worden ist (Zöller/*Vollkommer* § 32 Rz 16); soweit reine Vermögensschäden geltend gemacht werden, tritt der Erfolg der Handlung dort ein, wo das Vermögen beeinträchtigt wird, ggfls also auch am Wohnsitz des Gläubigers (Frankf OLGR 08, 4), da der Schaden zum Tatbestand des § 839 gehört. **68**

II. Öffentlich-rechtliche Vorfragen, Bindung an Entscheidungen. An verwaltungsgerichtliche Entscheidungen ist das Zivilgericht gebunden (BGH NJW 05, 748). Das beruht auf der Gleichwertigkeit der Gerichtsbarkeiten. Voraussetzung ist allerdings die Identität der Streitgegenstände. Soweit diese gegeben ist, beschränkt sich die Bindung nicht auf Verfahren inter partes (BGH DVBl 62, 753). Haben also die Verwaltungsgerichte entschieden, dass ein Verwaltungshandeln rechtmäßig oder rechtswidrig ist, steht diese Rechtsfrage für den nachfolgenden Amtshaftungsprozess fest. Weiter muss es sich um rechtskraftfähige Entscheidungen handeln, so dass verwaltungsgerichtliche Entscheidungen nach § 80 V VwGO nicht binden (BGH VersR 02, 357). **69**

Keine Bindung besteht an bestandskräftige Verwaltungsakte. Gerade solche können Gegenstand von Amtshaftungsklagen sein. Ebenfalls nicht bindend ist die Begründung (BGH NVwZ 85, 682). Auf Umstände, über welche das VG nicht entschieden hat, kann die Zivilklage gestützt werden (BGH NVwZ 94, 825). Soweit keine Bindung besteht, prüft das Zivilgericht uneingeschränkt die öffentlich-rechtlichen Vorfragen (BGHZ 113, 17). Wird darüber entschieden, erwächst insoweit keine Rechtskraft, da es sich um rechtliche Vorfragen handelt. Wird ein VG nachfolgend mit einer Rechtsfrage aus dem str Rechtsverhältnis noch einmal befasst, kann es frei über die Rechtmäßigkeit und Rechtswidrigkeit entscheiden. Dasselbe gilt, wenn sich die Frage rechtmäßigen Alternativverhaltens stellt (Jena NVwZ-RR 01, 702). **70**

Bindungswirkungen entfalten ebenfalls Entscheidungen im Verfahren nach §§ 23 ff EGGVG und der Strafvollstreckungskammern nach § 109 StVollzG (BGH NJW 05, 58). **71**

III. Klageart. Da § 839 ein Schadensersatzanspruch ist, handelt es sich bei der Amtshaftung regelmäßig um eine Leistungsklage auf Geld. Es sind aber auch Unterlassungsklagen denkbar, etwa bei Äußerungen. Eine Verurteilung zu einer Handlung oder Beseitigung ist unzulässig (Rn 55). In Amtshaftungssachen ist ausnahmsweise eine Feststellungsklage auch dann zulässig, wenn diese nach den Besonderheiten des Einzelfalles **72**

zu einer abschließenden, prozessökonomisch sinnvollen Entscheidung zwischen den Parteien führt. Dies wird ua dann angenommen, wenn sich der Streit sachlich nur um den Grund und nicht um die Höhe des Anspruchs dreht und zu erwarten ist, dass der Beklagte bei Feststellung seiner Leistungspflicht im Urt zur Leistung fähig und bereit ist (Köln VersR 70, 759). Streiten die Parteien nur über den Grund des Anspruchs, ist davon auszugehen, dass ein Feststellungsurteil das Streitverhältnis abschließend beenden kann, denn aufgrund des verwaltungsrechtlichen Grundsatzes des Vorbehalts des Gesetzes ist eine Behörde dazu verpflichtet, ihr Handeln entspr den Gesetzen auszurichten und nach ihnen zu verfahren.

73 Die neuere Rspr des BGH hat die Voraussetzungen für eine Amtshaftungsklage gelockert und lässt eine Feststellungsklage bereits dann zu, wenn der Verletzte die Höhe dessen, was ihm aus einer anderweitigen Ersatzmöglichkeit zufließen könnte, ebenso wie die Höhe seiner Schäden noch nicht genau zu übersehen vermag (BGHZ 102, 246). Mindestvoraussetzung ist allerdings, dass nach der Lebenserfahrung und dem gewöhnlichen Verlauf der Dinge der Schadenseintritt hinreichend wahrscheinlich ist. Insb wenn ein absolut geschütztes Rechtsgut bereits verletzt oder dem Kläger sogar ein Teilschaden schon entstanden ist, genügt es, wenn die spätere Verwirklichung eines weiteren Schadens in absehbarer Zeit nach der Art der Verletzung möglich erscheint. Die – summarisch zu prüfende – Wahrscheinlichkeit des Schadenseintritts gehört unter diesen Voraussetzungen zur Begründetheit der Klage. Anders verhält es sich hingegen bei einer Norm zum Schutz des Vermögens im Allgemeinen, falls zuvor eine rechtswidrige Handlung in zu vertretender Weise abgeschlossen, aber noch ungewiss ist, ob sie überhaupt einen Schaden auslösen wird. Hier gebietet es der Schutz des Beklagten, dass die Wahrscheinlichkeit für den Eintritt irgendeines Schadens für jeden einzelnen künftigen Anspruch wenigstens substantiiert dargetan wird, ehe eine Feststellungsklage anhängig gemacht werden darf. Anderenfalls würde dem möglichen Schädiger ein Rechtsstreit über gedachte Fragen aufgezwungen, von denen ungewiss wäre, ob sie jemals praktische Bedeutung erlangen könnten (BGH VersR 93, 1358).

74 **IV. Klagegegner.** Es ist darauf zu achten, dass die beklagte Behörde richtig bezeichnet ist. Der BGH hat eine Klage, gerichtet gegen „das Land", vertreten durch die „Stadt" nach Maßgabe der Klagebegründung ausgelegt und den richtigen Beklagten ermittelt, dem auch die Klage zugestellt worden war (BauR 05, 843). Es existieren Organisationspläne, in denen geregelt ist, wer die Behörden des Bundes und der Länder vertritt. In der Praxis wird der vorprozessuale Schriftverkehr nicht immer mit der Stelle geführt, welche die Behörde letztendlich vor Gericht vertritt. Insb wenn Verjährung droht, ist es besonders wichtig, dass die Klage dem richtigen Beklagten zugestellt wird.

75 **V. Aufrechnung.** Die Behörde kann im Zivilverfahren mit einem öffentlich-rechtlichen Gegenanspruch aufrechnen. Darüber hat dann auch das Zivilgericht ohne Rücksicht auf den Rechtsweg zu befinden (sehr str; vgl *Kissel/Mayer* GVG § 17 Rz 52 f mwN). Schwebt darüber ein Verwaltungsprozess, ist das Zivilverfahren nach § 145 ZPO auszusetzen; nach BAG (E 98, 384) ist durch Vorbehaltsurteil zu entscheiden und das Nachverfahren auch ohne Anhängigkeit des Aufrechnungsprozesses auszusetzen.

76 **VI. Beweislast.** Darlegungs- und beweispflichtig ist der Anspruchsteller. Voll zu beweisen hat er den Pflichtverstoß und dass er in seinen Interessen so betroffen worden ist, dass nachteilige Folgen für ihn eintreten können (BGH WM 96, 1333). Besteht die Amtspflichtverletzung in einem Unterlassen, kann ein Ursachenzusammenhang zwischen Pflichtverletzung und Schaden nur bejaht werden, wenn der Schadenseintritt bei pflichtgemäßem Handeln mit an Sicherheit grenzender Wahrscheinlichkeit vermieden worden wäre; eine bloße Möglichkeit oder eine gewisse Wahrscheinlichkeit genügen nicht. Der Geschädigte hat darzulegen und zu beweisen, in welcher für ihn günstigen Weise das Geschehen bei Vornahme der gebotenen Amtshandlung verlaufen wäre (BGH VersR 05, 1079; 94, 937). Werden etwa Bäume nicht kontrolliert, so ist dies für das Schadensereignis nur dann kausal, wenn eine regelmäßige Besichtigung zur Entdeckung der Gefahr bzw der Schädigung des Baums hätte führen können (BGH NJW 04, 1381). Der Geschädigte hat auch das Fehlen einer anderweitigen Ersatzmöglichkeit zu beweisen (BGH NJW 93, 2741; s.a. Rn 59, 60). Ist eine Pflichtverletzung bewiesen (zB ein zu gering dimensioniertes Abwassersystem), obliegt dem Gegner die Beweislast für ein rechtmäßiges Alternativverhalten (der Schaden wäre wegen eines „Jahrhundertregens" auch bei einer richtig bemessenen Anlage eingetreten; BGH VersR 98, 494). IRd Verjährungseinrede hat der Schuldner die Tatsachen für den Eintritt der Verjährung darzulegen und zu beweisen, also eine so frühe Kenntnis des Gläubigers, dass vor verjährungsunterbrechenden Maßnahmen der Anspruch verjährt war (BGH VersR 00, 1026). Für die Kausalität zwischen der Nichteinlegung des Rechtsmittels und dem Schadenseintritt ist der Schädiger beweispflichtig (BGHZ 156, 294), ebenso für die tatsächlichen Voraussetzungen einer Vorteilsausgleichung (BGH VersR 03, 1405) und für Umstände, die das Verschulden ausschließen, wie einen entschuldbaren Rechtsirrtum (BGH VersR 05, 1584).
Zum erleichterten Beweismaß des § 287 ZPO für die **haftungsausfüllende Kausalität** gehören der Nachweis des eigentlichen Eintritts des Schadens und dessen Höhe (BGH WM 08, 1753) sowie die Schadensteilung nach *§ 254 BGB* (BGH VersR 07, 1224).

77 **Beweiserleichterungen:** Stehen die Amtspflichtverletzung und der zeitlich nachfolgende Schaden fest, so kann der Geschädigte der öffentlichen Körperschaft den Nachweis überlassen, dass der Schaden nicht auf die Amtspflichtverletzung zurückzuführen ist, sofern nach der Lebenserfahrung eine tatsächliche Vermutung

oder eine tatsächliche Wahrscheinlichkeit für den ursächlichen Zusammenhang bestehen (BGH VersR 05, 1086); anderenfalls bleibt die Beweislast beim Geschädigten (BGH NJW 04, 1381). Wird ein bestimmter Rat oder eine bestimmte Warnung geschuldet, so spricht eine Anscheinsvermutung dafür, dass die Beteiligten dem gefolgt wären. Dem Schädiger bleibt es überlassen, diesen Zusammenhang zu erschüttern (BGH NJW 95, 332; 99, 3010 für die Notarhaftung). Die Vermutung beratungsgerechten Verhaltens greift indes nur ein, wenn bei vertragsgemäßer Beratung für den Betroffenen vernünftigerweise nur eine Entscheidung nahegelegen hätte. Kommen hingegen verschiedene Handlungsweisen mit unterschiedlichen Vorteilen und Risiken ernsthaft in Betracht, ist grds kein Raum für einen Anscheinsbeweis (BGH WM 08, 1753).

Weitere Beweiserleichterungen sind denkbar, wenn interne Vorgänge bei Behörden betroffen sind (BGHZ 170, 260) oder eine fiktive Entscheidung einer Behörde nachzubilden ist, wie es bei Stellenbesetzungen und Prüfungsentscheidungen sein kann. Für die Frage nach dem hypothetischen Ausgang eines Wahl- oder Prüfungsverfahrens hat der BGH ausgesprochen, dass dem durch eine Fürsorgepflichtverletzung seines Dienstherrn oder die Mitwirkung eines voreingenommenen Prüfers in Beweisnot geratenen Geschädigten Beweiserleichterungen bis zur Umkehr der Beweislast zugebilligt werden können (BGHZ 129, 226). **78**

VII. Streitwert. Für Amtshaftungsklagen gilt nichts Besonderes. Es kommt aber gelegentlich vor, dass Bürger **79** allg ihren Unmut über Behörden äußern und – meist über PKH – unspezifizierte Anträge stellen. Fehlen sämtliche Angaben, ist es angemessen, den Wert des Streitgegenstandes auf 2.000 € festzusetzen. Dabei handelt es sich um den einzigen Wert, den der Gesetzgeber – allerdings für andere Streitsachen – in § 48 III GKG aufführt, wenn nichts anderes festsetzbar ist.

G. Rückgriff des Staates gegen den Beamten. Der Rückgriff gegen den Beamten setzt nach Art 34 GG Vor- **80** satz oder grobe Fahrlässigkeit voraus. Diese müssen sich lediglich auf die Verletzung der Amtspflicht, nicht auf die Ursächlichkeit und den Schaden beziehen. Dabei ist Art 34 GG nicht die Anspruchsgrundlage für den Rückgriff, diese liegt vielmehr in dem Anstellungsverhältnis begründet. Die verminderte Haftung ist sowohl in dem Beamten- als auch dem Soldatengesetz enthalten, wie auch in den Regelungen für Angestellte (§ 14 BAT) und Arbeiter (§ 11a MTB II). Eingeschlossen von der Haftungsminderung sind auch solche unselbstständige Verwaltungshelfer, denen ggü eine ähnliche Fürsorgepflicht besteht, wie den gesetzlich geschützten Personen (BGH NJW 05, 286: Schülerlotsen; im Turnunterricht helfende Schüler). Die als Verwaltungshelfer herangezogenen selbständigen privaten Unternehmer haften jedoch nach Maßgabe des mit dem Staat abgeschlossenen Vertrages ohne die Haftungsbeschränkung (BGH aaO).

Der Rückgriffsanspruch ist im ordentlichen Rechtsweg zu verfolgen, Art 34 3 GG. **81**

H. Einzelfälle von A–Z. Abschleppunternehmer. Nach der Werkzeugtheorie (Rn 11) handelt es sich bei **82** einem Abschleppunternehmer, der auf polizeilicher Veranlassung ein Fahrzeug abschleppt, um einen „Beamten" iSd § 839 (BGHZ 49, 108; VersR 06, 807).

Arzt, Amtshaftung. Unterlaufen einem beamteten Arzt Fehler, sind Amtshaftungsansprüche nur gegeben, **83** wenn das Behandlungsverhältnis mit dem Geschädigten öffentlich-rechtlich ausgestaltet war (BGH VersR 04, 785), zB bei einer – auch freiwilligen – Behandlung in einer geschlossenen Abteilung (BGH VersR 08, 778).

Notarzt/Rettungsdienst kann hoheitlich sein (BGHZ 153, 268).

Ausländerbehörden, Abschiebehaft (s.a. Rn 96 ff). Im Anschluss an die Entscheidung des BVerfG (E 105, **84** 239), werden zunehmend Klagen von Abschiebehäftlingen erhoben. Regelmäßig werden vornehmlich formelle Verfahrensfehler gerügt und hohe Entschädigungssummen verlangt. Bei der Entscheidung über den Haftantrag hat der Haftrichter zu prüfen, ob eine Ausreisepflicht besteht, die Abschiebungserfordernisse vorliegen, die Abschiebung durchführbar und die Haft zur Sicherung der Abschiebung erforderlich ist (BVerfG NJW 09, 2659; BGHZ 98, 111). An die der Ausweisung und Abschiebung zugrunde liegenden Verwaltungsakte ist der Haftrichter gebunden, da Anhaltspunkte für ihre Nichtigkeit regelmäßig nicht vorliegen (BGHZ 98, 109). Abschiebehaft darf nur angeordnet werden, wenn mit einer gewissen Wahrscheinlichkeit zu erwarten ist, dass die Abschiebung des Ausländers ohne seine Inhaftierung wesentlich erschwert oder vereitelt würde (BGHZ aaO). Die Überprüfung der Entscheidung findet unter dem Begriff der „Vertretbarkeit" (Rn 31) statt.

Kann nach diesen Maßstäben ein rechtswidriges bzw schuldhaftes Verhalten der Verwaltungsbehörden oder **85** auch der Gerichte bejaht werden, ist insb bei bloßen Verfahrensfehlern noch zu prüfen, ob der Grundsatz des rechtmäßigen Alternativverhaltens eingreift (Rn 61). Das kann etwa der Fall sein, wenn die Voraussetzungen der *Sicherungshaft* nach § 57 AuslG vorliegen. Sicherungshaft setzt im Grundsatz zweierlei voraus: Ausreisepflicht und Gefahr der Vereitelung der Abschiebung. Außerdem ist der Grundsatz der Verhältnismäßigkeit bei der Feststellung der Haftvoraussetzungen wie bei der Dauer der Haft zu beachten (*Renner* Ausländergesetz, § 57 AuslG Rz 11).

Die Durchführung der Abschiebung kann in Frage gestellt sein, wenn die Gefahr besteht, dass der Ausländer **86** „untertaucht" oder die Abschiebung durch sein Verhalten in anderer Weise erheblich behindert. Die bloße Weigerung, freiwillig das Bundesgebiet zu verlassen, genügt nicht (BGHZ 98, 109). Eine solche Gefährdung ist jedoch anzunehmen, wenn der Ausländer die Abschiebung in der Weise behindert, die nicht durch Anwendung einfachen Zwangs überwunden werden kann (BGHZ aaO).

87 **Bahn und Post** sind inzwischen privatrechtlich tätig.

88 **Bankaufsicht.** Nachweise bei BGHZ 162, 49.

89 **Bauaufsicht, Bauplanung.** Die Haftung von Baubehörden hat den BGH mehrfach beschäftigt (*Lansnicker/Schwirtzek* NVwZ 96, 745; *Maser* FS Soergel, 189). Eine Haftung begründen die Versagung einer Baugenehmigung, auf die der Bauwillige einen Anspruch hat, unrichtige Auskünfte über die Bebaubarkeit eines Grundstücks, rechtswidrige Zusicherung einer Baugenehmigung (BGH NVwZ 94, 901), rechtswidrige Versagung des Einvernehmens nach § 36 BauGB durch die Gemeinde (BGH BauR 06, 353; nicht dessen rechtswidrige Erteilung, NJW 87, 1320), Aussetzung der Vollziehung einer rechtmäßigen Baugenehmigung aufgrund eines offensichtlich aussichtslosen Nachbarwiderspruch (Zweibr VersR 01, 1112) oder der fehlende Hinweis auf drohende Veränderungen (BGH BauR 05, 1443).

90 S.a. die Beispiele bei *Rinne/Schlick* (NJW 05, 3541). Erlässt die Gemeinde während des Laufs des Baugenehmigungsverfahrens eine Veränderungssperre, ist es möglich, dass die Gemeinde den Zeitraum, der für eine ordnungsgemäße Bearbeitung der Bauvoranfrage ohnehin erforderlich ist, zugleich dazu nutzt, derartige Maßnahmen zu ergreifen. Liegt dann in dem Zeitpunkt, zu dem die ordnungsgemäße und zügige Bearbeitung des Gesuchs abgeschlossen sein muss, der Aufstellungsbeschluss für eine geänderte Planung vor, ist die Gemeinde nicht gehindert, eine Zurückstellung des Vorhabens zu beantragen (BGH NVwZ 93, 299; 02, 124). Ebenso sind sonstige Planänderungen möglich (Rn 23 aE).

91 Nach § 254 entfallen Schadensersatzansprüche, wenn jemand aufgrund einer von der Baugenehmigungsbehörde erlassenen Anordnung der sofortigen Vollziehbarkeit mit den Bauarbeiten beginnt, obwohl er weiß, dass die Baugenehmigung angefochten ist und der Gefahr der Aufhebung ausgesetzt ist. Grds darf der Bürger zwar von der Rechtmäßigkeit der Verwaltung ausgehen und darauf vertrauen, dass die Behörden das ihnen Obliegende richtig und sachgemäß verrichten (BGH VersR 89, 594; Rn 19). Das Gleiche gilt auch für die Anordnung der sofortigen Vollziehbarkeit, die es dem Bauherrn erlaubt, ohne Rücksicht auf Rechtsbehelfe Dritter mit den Bauarbeiten zu beginnen. Allerdings geht derjenige, der die Anfechtung kennt, bewusst dasjenige Risiko ein, das er sich nach § 254 entgegenhalten lassen muss (BGH BauR 08, 1577). Das kann dazu führen, dass er den gesamten Schaden selbst zu tragen hat (BGH NJW 85, 265). Weitere Probleme der Mitverursachung und möglichen Mithaft des Bauherrn erörtert der BGH in Z 149, 50.

92 Bei Bebauungs- und Flächennutzungsplänen ist zu beachten, dass nicht alle Regelungen eine drittschützende Funktion haben. Drittbezogene Amtspflichten hat der BGH nur dann angenommen, wenn konkrete schutzwürdige Interessen der Planbetroffenen durch Verletzung des Abwägungsgebotes (§ 1 VI, VII BauGB) beeinträchtigt wurden oder bei der Verletzung der Pflicht, Gesundheitsgefahren zu verhindern, die den zukünftigen Bewohnern des Plangebietes aus dessen Bodenbeschaffenheit drohen (BGH NJW 90, 245). Dasselbe gilt bei Gefahren für die Sicherheit der Wohn- und Arbeitsbevölkerung (BGHZ 142, 259). Bedeutsam sind die rückwirkenden Heilungsmöglichkeiten der §§ 214 IV, 215a BauGB (BGH VersR 08, 1690).

93 **Beamtenbeförderung.** Es gibt keinen Anspruch auf Beförderung (BVerwG NVwZ 91, 375). Das gilt auch dann, wenn der Dienstposten unterbewertet sein sollte (BVerwG aaO); insoweit steht dem Staat eine organisatorische Gestaltungsfreiheit zu. Schadensersatzansprüche können sich erst dann ergeben, wenn der Haushalt zu Lasten eines bestimmten Beamten manipuliert wird (BVerwG aaO) oder ansonsten eine ermessensfehlerhafte Personalauswahl stattgefunden hatte (BVerwG DVBl 00, 1128). Zu Prüfungsentscheidungen: München NJW 07, 1005. Zum Rechtsweg s. Rn 65.

94 **Feuerwehr.** Diese kann, auch als freiwillige Feuerwehr hoheitlich handeln (BGH VersR 08, 410).

95 **Finanzamt.** Im Besteuerungsverfahren hat die Finanzbehörde gem § 88 AO die Amtspflicht, den Sachverhalt vAw zu ermitteln. Sie hat alle für den Einzelfall bedeutsamen, auch die für die Beteiligten günstigen Umstände zu berücksichtigen (§ 88 II AO). Nach § 91 AO soll des Weiteren, bevor ein Verwaltungsakt erlassen wird, der in Rechte eines Beteiligten eingreift, diesem Gelegenheit gegeben werden, sich zu den für die Entscheidung erheblichen Tatsachen zu äußern (München NJW 96, 1971). Eine Betriebsprüfung entfaltet keine Drittwirkung (Karlsr Urt v 15.10.07 – 12 U 208/05 – FlowTex-Urteil). Typische Schäden aus Amtspflichtverletzungen der Finanzämter sind Kosten, welche der Steuerpflichtige für die steuerliche Beratung ausgegeben hat. Der Gesetzgeber hat nämlich nur für das Verfahren vor den Finanzgerichten und nicht für das Verwaltungsvorverfahren eine Kostenerstattung vorgesehen. Zu Beschlagnahmen iRd Steuerfahndung s. Rn 131 unter „Staatsanwaltschaft".

96 **Freiheitsentziehungen, Ansprüche nach der Menschenrechtskonvention** (s.a. Rn 84 ff). Es ist zu differenzieren, welches staatliche Organ die Freiheitsentziehung veranlasst hat. Für Polizei- und vergleichbare Beamte gelten die allg Grundsätze rechtsstaatlichen Handelns (Rn 19 ff). Handelt es sich um eine richterliche Entscheidung, kann das Spruchrichterprivileg eingreifen (Rn 46). Nach Kobl (OLGR 06, 1068) soll mit der richterlichen Entscheidung die Verantwortlichkeit der Behörde entfallen. Dabei wird übersehen, dass die Behörde es in der Hand hat, den Inhaftierten jederzeit freizulassen. Es ist vielmehr eine gesamtschuldnerische Haftung möglich.

97 Zu beachten ist, dass Art 5 EMRK einschlägig sein kann. Danach darf die Freiheit nur auf gesetzlich vorgeschriebene Weise entzogen werden, ua aufgrund einer rechtmäßigen Festnahme zur Vorführung vor die zuständige Gerichtsbehörde, wenn hinreichender Verdacht besteht, dass die betreffende Person eine Straftat

begangen hat. Die Begriffe „rechtmäßig" und „auf die gesetzlich vorgeschriebene Weise" verweisen auf das innerstaatliche Recht und beinhalten die Verpflichtung, dessen materielle und prozessuale Regeln einzuhalten (EGMR NJW 00, 2888). Infolgedessen deckt sich die Regelung des Art 5 EMRK mit der Amtshaftung nach § 839, welche den Staat ebenfalls zu rechtmäßigem Amtshandeln veranlasst. Der Unterschied beider Normen besteht allerdings ua darin, dass Art 5 EMRK kein Verschulden voraussetzt.

Polizeibeamte sind verpflichtet, einen Festgenommenen unverzüglich einem Richter vorzuführen. Die Gerichte haben organisatorisch Vorsorge zu treffen, dass ein Richter erreichbar ist (BVerfGE 105, 239). Gleichwohl dürfen die Polizeibehörden (Staatsanwaltschaft) die notwendigen Ermittlungen abschließen, um dem Haftrichter ein vollständiges Aktenstück vorlegen zu können. Sie dürfen auch die festgenommene Person, nach entspr Belehrungen, vernehmen. Nach hM ist eine Vernehmung des Festgenommenen durch die Polizei vor der Vorführung vor dem Richter durchaus zulässig (BGH NStZ 90, 195; *Meyer-Goßner* StPO, § 128 StPO Rz 6; einschränkend KK-*Boujong* StPO § 128 StPO Rz 5 mwN). Insoweit ist eine Differenzierung zwischen der Regelung des § 115 StPO, bei dem ein richterlicher Haftbefehl bereits vorliegt, und der des § 128 StPO, der eine vorläufige Festnahme regelt, zwingend geboten. § 128 StPO steht im Regelungszusammenhang mit §§ 133, 163a StPO, die eine Vernehmung des Beschuldigten sogar vorschreiben. Gem § 163a III 1 StPO ist der Beschuldigte verpflichtet, bei der Staatsanwaltschaft zu erscheinen. Zwar wird man diesen Vorschriften nicht unmittelbar die Befugnis zu einer Freiheitsentziehung iRd vorläufigen Festnahme entnehmen können, jedoch sind sie geeignet, den Begriff der „Unverzüglichkeit" auszulegen, und zwar dahingehend, dass eine erstmalige Vernehmung des Beschuldigten nicht per se ausreicht, um die anschließende Vorführung für nicht mehr unverzüglich zu erachten. Die Durchführung einer solchen Vernehmung stellt jedenfalls bei einer vorläufigen Festnahme einen sachlichen Grund für die Verzögerung dar. 98

Grds ist bei Freiheitsverletzungen oder im Zusammenhang damit erfolgten Menschenrechtsverletzungen auch die Zubilligung einer immateriellen Entschädigung möglich. Aber nicht jede festgestellte Menschenrechtsverletzung fordert in jedem Fall eine zusätzliche Wiedergutmachung durch Geldentschädigung. Es muss hinzukommen, einen Anspruch auf Geldentschädigung von dem weiteren Erfordernis abhängig zu machen, dass die Beeinträchtigung nicht in anderer Weise befriedigend ausgeglichen werden kann. Dies hängt – insoweit nicht anders als beim allg Persönlichkeitsrecht, auch wenn die Erheblichkeitsschwelle bei Verletzungen der Menschenwürde generell niedriger anzusetzen ist – insb von der Bedeutung und Tragweite des Eingriffs, ferner von Anlass und Beweggrund des Handelnden sowie von dem Grad seines Verschuldens ab (BGH NJW 05, 58). 99

Auch im Anwendungsbereich der Konvention zum Schutze der Menschenrechte und Grundfreiheiten (EMRK) ist anerkannt, dass eine – eine Wiedergutmachung durch Geldersatz nach Art 41 EMRK fordernde – unmenschliche oder erniedrigende Behandlung iSd Art 3 EMRK nur und erst vorliegt, wenn sie ein Mindestmaß an Schwere erreicht. Die Beurteilung dieses Mindestmaßes ist abhängig von den Umständen des Einzelfalls, wie bspw der Dauer der Behandlung, ihren physischen oder psychischen Folgen oder von Geschlecht, Alter oder Gesundheitszustand des Opfers (BGH aaO; VersR 07, 106). 100

Ist eine Entschädigung zu zahlen, besteht keine einheitliche Auffassung über dessen Höhe. Während das OLG Kobl für einen Tag rechtswidrige Freiheitsentziehung aufgrund des PsychKG 500 € zugesprochen hat (OLGR Kobl 04, 226),und das OLG Hamm bei unzumutbaren Haftbedingungen von 10 – 30 € pro Tag ausgeht, sind nach den OLG'en Oldbg (InfAuslR 04, 216) und Schlesw (SchlHA 02, 113) in entspr Anwendung von § 7 StrEG die dortigen Sätze zu zahlen (zZt 25 €). Für eine dreimonatige rechtswidrige Unterbringung in einer Gemeinschaftszelle hat das OLG Karlsr eine Entschädigung von 2.000 € zugesprochen (VersR 06, 270) und nach Celle (NdsRpfl 07, 11) sind 14,63 € pro Tag bei einem Mitverschulden zu zahlen. 101

Gemeinde. Die Unkenntnis des Bürgermeisters von kommunalrechtlichen Vorschriften kann Amtshaftungsansprüche auslösen (BGHZ 157, 168), ebenso die unberechtigte Verweigerung der Erteilung des Einvernehmens bei Bauvorhaben (Rn 89), auch wenn es eines solchen gar nicht bedarf oder sich die Genehmigungsbehörden über das fehlende Einvernehmen hätte hinwegsetzen können (BGH VersR 03, 731). Im letzteren Fall kommt eine deliktsrechtliche Gesamtschuldnerschaft zwischen der Gemeinde und der Bauaufsichtsbehörde in Betracht (BGH aaO). Durch den voreiligen Erlass eines Bußgeldbescheides verletzt eine Behörde ihre Amtspflicht zur vollständigen Aufklärung des Sachverhalts, wenn sie ohne nähere Anhaltspunkte aus der bloßen Haltereigenschaft auf die Täterschaft des im Anhörungsverfahren schweigenden Halters schließt und gegen ihn einen Bußgeldbescheid erlässt. Sie verstößt gegen das Willkürverbot des Art 3 GG, wonach sachgerechte Feststellungen und Erwägungen zur Täterschaft des beschuldigten Halters zu treffen sind und missachtet damit das Schweigerecht des Klägers als beschuldigtem Halter (BVerfG NJW 94, 847; LG Frankfurt M. NVZ 97, 443). Es entsteht jedoch kein kausaler Schaden durch Verteidigergebühren, soweit dieser schon vorher tätig geworden war und keine höheren Gebühren entstanden sind. 102

Gericht, Gerichtsvollzieher, Vormundschafts-, Nachlassgericht. Der Gerichtsvollzieher ist kein Gebührenbeamter, für seine Pflichtverletzungen haftet der Staat (BGHZ 146, 17). Wegen der Haftung im Bereich des Vormundschafts- und Nachlassgerichts wird auf die Kommentierung zu § 1773 (Vor § 1773 Rn 4); § 1791 (Rn 1); § 1792 (Rn 2); § 1825 (Rn 2); § 1833 (Rn 1, Rn 2, Rn 8); § 1960 (Rn 4) und § 2200 (Rn 2) verwiesen. Zu Verfahrensfehlern bei der Zwangsvollstreckung: BGH VersR 09, 931). 103

104 **Gewässerunterhaltspflicht.** S. Wasser.

105 **Jugendamt.** S. Rn 23.

106 **Katastrophenschutz.** Eine Haftung nach den Katastrophengesetzen der Länder (zB § 1 NdsKatSG) ist denkbar, wenn nicht rechtzeitig zB vor Überschwemmungen gewarnt wird.

107 Zur Amtspflicht der Katastrophenschutzbehörde, bei einem drohenden Deichbruch die Bevölkerung vor der Hochwassergefahr zu warnen und zur Zielrichtung einer Warnung: BGH BauR 05, 687.

108 Genau zu prüfen ist in derartigen Fällen die Kausalität. Der Geschädigte hat darzulegen und ggf zu beweisen, in welcher für ihn günstigen Weise das Geschehen bei Vornahme der gebotenen Amtshandlung verlaufen wäre (BGH VersR 94, 935 mit ausführlicher Begründung und Beispielen).

109 **Kirche.** § 839 ist taugliche Anspruchsgrundlage auch soweit Handlungen von Kirchenbediensteten betroffen sind. Das gilt nicht nur für Fälle, dass die Kirchen Staatsaufgaben erfüllen oder auf dem Gebiet des Kirchensteuerrechts, sondern auch ganz allg in Ausübung eines „öffentlichen Amtes" tätig werden (BGH NJW 03, 1308 für Äußerungen eines Sektenbeauftragten).

110 **Notar.** Für Notare gilt § 839 über § 19 I 3 BNotO in entspr Anwendung. Für einen Teil der Notare in Baden-Württemberg gelten Besonderheiten, § 114 BNotO. Wegen der Pflichten und der Haftung bestehen zwischen Nur-Notaren und Anwaltsnotaren keine Unterschiede. Problematisch bei Anwaltsnotaren kann die Abgrenzung zwischen anwaltlicher und notarieller Tätigkeit sein. § 24 II BNotO enthält die Vermutung, dass eine notarielle Tätigkeit dann vorliegt, wenn die Handlung Geschäfte nach §§ 20–23 BNotO vorbereiten und ausführen soll. Soweit dieses nicht der Fall ist, handelt es sich im Zweifel um anwaltliche Tätigkeit, § 24 II 2 BNotO. Derartige Zweifel bestehen nicht, wenn nach den objektiven Umständen, insb der Art der Tätigkeit, nicht einseitige Interessenwahrnehmung in Rede steht, sondern eine neutrale, unparteiische Berücksichtigung der Belange sämtlicher Beteiligter (BGH NJW-RR 01, 1639). Wird ein notarielles Siegel verwendet, spricht das für eine Notarstätigkeit. Fehlt es bei einem Anwaltsnotar, lässt dieser Umstand allein nicht ohne weiteres die Annahme zu, der Anwaltsnotar sei als Anwalt tätig geworden (BGHZ 134, 100).

111 Die zentrale Haftungsnorm ist § 19 BNotO. Der Notar hat seine Amtspflichten persönlich zu erfüllen. Soweit er dabei sein Büropersonal einsetzen darf, haftet er bei Verletzung von Organisationspflichten (BGH VersR 95, 1246; BGHZ 31, 5). Für Amtspflichtverletzungen des Notarvertreters haften beide gesamtschuldnerisch, im Innenverhältnis der Vertreter allein, § 46 BNotO. Dasselbe gilt für den Notarassessor, soweit ihm Geschäfte der in §§ 23, 24 BNotO bezeichneten Art zur selbstständigen Erledigung überlassen wurden. Der Staat haftet nicht für Amtspflichtverletzungen der Notare, wohl allerdings in bestimmten Fällen, wenn die Notaraufsicht fehlerhaft ausgeübt wurde (BGHZ 135, 354). Kein Fall der Amtshaftung sind Streitigkeiten über die Gebühren des Notars. Darüber wird im Beschwerdeverfahren nach § 156 KostO entschieden, auch wenn mit Schadensersatzansprüchen wegen fehlerhafter Amtsführung aufgerechnet wird (BGH MDR 05, 644). Schwebt ein Amtshaftungsprozess, ist jedoch auszusetzen (vgl Rn 75).

112 Die Amtspflichten des Notars sind überwiegend in der BNotO (zB §§ 14, 18) und dem BeurkG (§§ 10 ff) geregelt.

113 Nach § 14 BNotO obliegen dem Notar **allgemeine Betreuungspflichten.** So hat der Notar die Pflicht zur ordnungsgemäßen Gestaltung des Beurkundungsverfahrens (BGH BauR 08, 2093) und zur Unparteilichkeit (§ 14 I 2 BNotO). Zudem hat der Notar auf drohende Schäden hinzuweisen, und zwar auch dann, wenn er von der Schadensmöglichkeit erst während der Abwicklung des Urkundsgeschäfts erfährt (BGH VersR 95, 1247). Er hat sodann die weitere Mitwirkung zu versagen (BGH DNotZ 87, 558) bzw den Beteiligten über die drohenden Gefahren aufzuklären und bis zur Rückäußerung weitere Verfügungen zu unterlassen. Hinter dieser Pflicht muss auch die Verschwiegenheitspflicht nach § 18 BNotO zurückstehen (BGH VersR 78, 247). Allgemein gilt, dass der Notar, wenn er nicht sicher weiß, ob die Handlung unredlichen Zielen dient, sich dies aber nach den konkreten Umständen des Falles als möglich darstellt, nachfragen muss (Bsp: Beurkundung von Grundschulden weit über dem Wert des Grundstücks, BGH NdsRpfl 01, 237).

114 In § 17 BeurkG ist die **Aufklärungs- und Belehrungspflicht** des Notars geregelt. Er soll den Willen der Beteiligten erforschen, den Sachverhalt klären, die Beteiligten über die rechtliche Tragweite des Geschäfts belehren und ihre Erklärungen klar und unzweideutig in der Niederschrift wiedergeben (ausf: BGH DNotZ 05, 847). Der Notar hat die rechtliche Seite der Notariatsgeschäfte zu kennen und dazu die Rspr der obersten Gerichte, die in amtlichen Sammlungen und den für seine Amtstätigkeit wesentlichen Zeitschriften veröffentlicht ist, und die üblichen Erläuterungsbücher auszuwerten (BGH NJW-RR 94, 1021). Bei der Tatsachenaufklärung darf er sich regelmäßig auf die Angaben der Beteiligten ohne eigene Nachprüfung verlassen (BGH WM 07, 2162). Der Notar hat Beteiligte vor nicht bedachten Folgen ihrer Erklärungen zu bewahren und die nötige Aufklärung zu geben, wenn er aufgrund besonderer Umstände des Falles Anlass zu der Vermutung haben muss, einem Beteiligten drohe ein Schaden va deshalb, weil er sich wegen mangelnder Kenntnis der Rechtslage der Gefahr nicht bewusst sei. Der Notar darf sich nicht darauf beschränken, in der Urkunde nur die Hauptleistungspflichten der Beteiligten zu regeln. Er schuldet vielmehr eine umfassende, ausgewogene und interessengerechte Vertragsgestaltung. Er muss alle regelungsbedürftigen Fragen ansprechen, die hierzu nötigen Belehrungen erteilen und bei Bedarf entspr Regelungen vorschlagen. Er kann nicht erwarten, dass die Beteiligten diese Fragen selbst erkennen und zur Diskussion stellen. Hinsichtlich aller regelungsbedürftigen

Punkte muss er sich vergewissern, ob die Beteiligten eine Regelung bewusst nicht getroffen haben oder ob dies auf einem Versehen oder auf Unkenntnis beruht (BGH WM 07, 2162; Z 56, 26). Diese wie jede Aufklärungspflicht entfällt nur dann, wenn der Notar mit Sicherheit annehmen kann, dass der Betroffene die sich für ihn ergebenden Gefahren erkannt hat (Celle NdsRpfl 98, 272). Soll ein Urkundsbeteiligter eine ungesicherte Vorleistung erbringen (zB vorzeitige Besitzüberlassung BGH VersR 08, 1223), besteht eine doppelte Belehrungspflicht: Es ist zum einen über die Folgen zu belehren, die im Falle der Leistungsunfähigkeit des durch die Vorleistung Begünstigten eintreten (erste Pflicht), und zum anderen (zweite Pflicht) sind die Wege aufzuzeigen, wie diese Risiken vermieden werden können (BGH WM 06, 1592).

Die Belehrung hat ggü den Beteiligten (Rn 119) zu erfolgen. Werden diese vertreten, reicht die Belehrung des Stellvertreters, es sei denn, der Notar muss mit einer Gefährdung des Vertretenen rechnen (BGH VersR 93, 1358). Kommt es zum Streit, ob der Notar ordnungsgemäß belehrt hat, trägt der Geschädigte hierfür die Beweislast (BGH WM 06, 1592). Fehlt ein notarieller Belehrungsvermerk, kann daraus nur ausnahmsweise auf ein Unterbleiben der Belehrung geschlossen werden, nämlich wenn eine derartige Dokumentation gesetzlich vorgeschrieben ist (vgl § 17 II 2, III 1, §§ 18, 19, 20, 21 I 2 Hs 2, II, § 38 II BeurkG). Das Fehlen eines Belehrungsvermerks in der Urkunde mag zwar je nach den besonderen Umständen des Falles, insb beim Bestehen einer gegenteiligen notariellen Praxis, für die Beweiswürdigung von Bedeutung sein. Die volle Beweislast des Geschädigten wird ihm lediglich dadurch erleichtert, dass der Notar diese Behauptung substanziiert bestreiten muss und hieran nicht geringe Anforderungen zu stellen sind (BGH aaO). **115**

UU obliegt dem Notar eine **erweiterte betreuende Belehrungspflicht**. Grds erstreckt sich die Belehrungspflicht (Rn 114) auf den Inhalt des notariellen Vertrages, nicht auf die sich kraft Gesetzes daraus ergebenden Folgen. Anders ist es, wenn der Notar erkennt oder erkennen muss, dass einem Urkundsbeteiligten Schäden drohen. Er ist aber nicht verpflichtet, bspw für das mögliche Eingreifen von Steuertatbeständen Tatsachen zu ermitteln, die von Bedeutung sein können. Kennt er die drohenden Folgen positiv, muss er davor warnen. Kennt er sie zwar nicht, muss er aber annehmen, dass das geplante Geschäft von allen Beteiligten wegen mangelnder Kenntnis der Rechtslage nicht erkannte und nicht gewollte Auswirkungen haben könnte, muss er die Einholung fachkundigen Rats empfehlen (BGH VersR 07, 1659 für Steuern). Ob und inwieweit zu seinen Amtspflichten bei einem Urkundenentwurf auch eine **Beratung** gehört, hängt vom Inhalt des Auftrags ab. Je nach Auftrag kann eine solche Beratung hinter der Belehrung, die der Notar bei einer Beurkundung vorzunehmen hat, zurückbleiben, mit ihr übereinstimmen oder über sie hinausgehen. Letzteres ist bspw dann der Fall, wenn die geschuldete Beratung auch wirtschaftliche oder steuerliche Fragen umfasst, über die der Notar anlässlich einer Beurkundung grds nicht aufzuklären hat (BGH VersR 93, 1405). Nach § 19 BeurkG hat der Notar auf das Erfordernis einer Unbedenklichkeitsbescheinigung des Finanzamts (§ 22 GrEStG) hinzuweisen und zwar lediglich darauf, dass möglicherweise Steuern anfallen, nicht über deren Höhe oder auf steuersparende Gestaltungen (BGH NJW-RR 92, 1178). Soweit § 8 ErbStDV einen Hinweis auf Steuern vorschreibt, hat diese Norm ersichtlich das Ziel, Vertragsparteien vor Überraschungen zu schützen. Den Notar trifft keine Pflicht, die Werthaltigkeit des Vertragsobjekts oder die Liquidität der Vertragspartner zu prüfen. Ihn treffen auch keine Aufklärungspflichten wegen Sachmängeln eines verkauften Grundstücks. Das mögliche Entstehen eines Gewährleistungsanspruchs gehört nicht zur rechtlichen Tragweite des Geschäfts, sondern ist eine gesetzliche Folge davon (*Ganter* WM 96, 704). Etwas anderes gilt allerdings, wenn er erkennt, dass ein Beteiligter geschädigt werden soll (Rn 113). **116**

Gem § 18 BeurkG soll der Notar die Beteiligten auf die erforderlichen ggfls auch nur möglichen **behördlichen Genehmigungen** nicht nur allg hinweisen, sondern es sind die konkret in Betracht kommenden Genehmigungen einzeln aufzuzählen. Die Beteiligten sind auch mindestens darüber aufzuklären, wie weit das Rechtsgeschäft bis zur Erteilung der Genehmigung nicht durchgeführt werden kann, sowie über die Folgen ihrer endgültigen Versagung, falls die Vertragserfüllung schon vorher eingeleitet werden soll (BGH VersR 93, 1358). **117**

Nach § 24 I BNotO gehören zum Amt des Notars nicht nur die Urkundstätigkeit, sondern auch die sog **Vollzugstätigkeiten**, die der Sicherung des rechtlichen Erfolges eines beurkundeten Rechtsgeschäfts (zB durch Einholung von behördlichen Genehmigungen) dienen. Hierzu ist der Notar nur bei einem entspr Auftrag verpflichtet (*Schippel/Bracker/Reithmann* BNotO, § 24 Rz 34). Nach § 53 BeurkG soll der Notar von ihm beurkundete Willenserklärungen dem Grundbuchamt vorlegen, sobald die Urkunde eingereicht werden kann, es sei denn, alle Beteiligten verlangen nach Belehrung über die damit verbundenen Gefahren etwas anderes. Liegen dem Notar sodann alle für die begehrte Eintragung erforderlichen Unterlagen vor, muss er die sog „Vollzugsreife" schaffen, indem er unverzüglich einreicht. Dabei ist ihm ein bürointerner Bearbeitungszeitraum zuzubilligen. Für Routineangelegenheiten werden vier Arbeitstage angenommen, acht bis zehn Arbeitstage, wenn noch eine Vollzugsreife geschaffen werden muss, in ersichtlichen Eilfällen sind kürzere Fristen einzuhalten (Frankf NJW-RR 96, 507 mwN). Ein Notar, der eine Bescheinigung ausstellt oder eine notarielle Erklärung abgibt, darf nur bekunden, was er nach gewissenhafter Prüfung als zutr erkannt hat. Mit seinen Amtspflichten ist es unvereinbar, wenn er durch seine Tätigkeit einen falschen Anschein erweckt, durch den geschützte Dritte in die Gefahr eines folgenschweren Irrtums geraten (BGHZ 134, 100). **118**

119 Die Amtspflichten obliegen dem Notar über den unmittelbar am Urkundsgeschäft Beteiligten hinaus ggü allen Personen, deren Interessen von dem Geschäft berührt werden oder für die es bestimmt ist (BGHZ 134, 100). Für die Verjährung gelten keine Besonderheiten. Es kann daher auf die Rn 51 verwiesen werden. Bei der Prüfung der Subsidiarität nach § 19 I 2 BNotO ist zu beachten, dass selbständige Treuhandaufträge nach §§ 23 f BNotO ausdrücklich davon ausgeschlossen sind. Auch kann der Notar nicht darauf verweisen, dass Makler oder Steuerberater den Parteien Urkundsentwürfe gestellt haben. Ein Notar kann bei einer fehlerhaften Vertragsgestaltung die Beteiligten nur dann auf eine anderweitige Ersatzmöglichkeit wegen der Mitwirkung eines Steuerberaters verweisen, wenn Letzterer in steuerlichen Dingen falsch beraten hatte. Jener hat seine Tätigkeit auf die in § 1 StBerG genannten Rechtsgebiete zu beschränken (BGH NJW 00, 69; Naumbg OLGR 06, 162; Ddorf OLGR 03, 399). Der Notar, der bei der Durchführung eines Amtsgeschäfts das Recht fehlerhaft anwendet, kann einem Beteiligten ein Mitverschulden in aller Regel selbst dann nicht vorwerfen, wenn dieser – etwa weil er selbst rechtskundig ist – den Fehler hätte bemerken können (BGH NJW-RR 04, 1704). Ansonsten sind in der Praxis recht häufig Fragen der Kausalität einschl des rechtmäßigen Alternativverhaltens zu beantworten (Rn 61). Bei Auszahlungsfehlern kommt als Vorteilsausgleich als anzurechnender Vorteil insb die Tilgung anderweitiger Verbindlichkeiten in Betracht. Für die Subsidiarität iÜ und die Verjährung gelten keine Besonderheiten. Es kann daher auf die Rn 40 ff, 51 verwiesen werden.

120 Einzelne Pflichten: Mit Grundstückskaufparteien muss der Notar besprechen, wer möglicherweise nicht abgerechnete **Erschließungskosten** zu tragen hat (BGH VersR 94, 1310). **Gebührenfragen** braucht der Notar nicht ungefragt zu erörtern (Schippel/Bracker/*Schäfer* § 17 Rz 15 mwN). Das Nichtvorlesen der **Baubeschreibungen** stellt eine Amtspflichtverletzung dar (BGH VersR 09, 551). Nach § 13 BeurkG („Mussvorschrift") ist das Vorlesen notwendig. Sollte die Baubeschreibung bei Abschluss des Kaufvertrags vom Vorlesungszwang ausgenommen werden, muss sie in eine andere notarielle Niederschrift gem § 13a BeurkG aufgenommen werden. Bei **Grundstücksübertragungen** muss der Gegenstand hinreichend bestimmt sein. Bei **Wohnungseigentum** reichen die notarielle Teilungserklärung, die Baugenehmigung, die Baupläne und die Baubeschreibung aus. Hinreichende Bestimmtheit noch zu errichtenden Wohnungseigentums kann nicht etwa ausschl durch Vorlage und unmittelbare Einbeziehung eines Aufteilungsplans und einer Abgeschlossenheitsbescheinigung erreicht werden (Oldbg 30.7.99 Az 13 U 29/99). Den Zahlungsplan der **Makler- und Bauträgerverordnung** hat der Notar zu beachten (LG Oldenburg 13.5.98 Az 5 O 3538/97). Sind **Wege- und Leitungsrechte** gefährdet, muss der Notar hierfür eine Regelung vorschlagen. Er hat zu beachten, dass eine **Baulast** keinen privatrechtlichen Duldungsanspruch begründet (BGH DNotZ 84, 176), so dass nur die Eintragung einer Grunddienstbarkeit sinnvoll ist. Risiken ergeben sich dann immer noch, wenn diese nachrangig ist und bei einer Zwangsversteigerung des dienenden Grundstücks gelöscht wird. Bei der Beurkundung von **Kapitalerhöhungsbeschlüssen** hat sich der Notar darüber zu vergewissern, dass die Beteiligten den Begriff, die Einlagen seien voll „eingezahlt", kennen (BGH WM 07, 2162). Ebenso heißt das, dass er sich vergewissern muss, welche Form der Kapitalerhöhung überhaupt gewollt ist. Bei übernommenen Treuhandaufgaben hat der Notar § 12 III 1 DONot zu beachten. Danach darf der Notar über Beträge eines **Anderkontos** nur verfügen, um sie unverzüglich dem Empfangsberechtigten zuzuführen. Bei Auszahlungsreife muss der Notar also unverzüglich auszahlen. Dieser Zeitpunkt bestimmt sich nach der vertraglichen Hinterlegungsanweisung, an die sich der Notar strikt und grds ohne Ermessensspielraum zu halten hat, sofern die Hinterlegungsanweisung über den Auszahlungszeitpunkt genaue Anweisungen trifft (Celle NdsRpfl 88, 122). Der Notar ist bei der Abwicklung von Grundstückskaufverträgen nicht verpflichtet, vor Auskehrung des Kaufpreises die Eigentumsumschreibung abzuwarten. Einer lastenfreien Eigentumsumschreibung stehen bereits dann keine Hindernisse entgegen, wenn zur Eintragung nur noch das pflichtgemäße Handeln des Notars und des Grundbuchrechtspflegers erforderlich ist (BGH DNotZ 87, 560; Celle NdsRpfl 93, 67). Zuweilen nimmt der Notar in Urkunden eine Vollmacht zugunsten von **Notariatsangestellten** auf, die bestimmte Maßnahmen noch durchführen sollen. Es handelt sich dabei um ein selbstständiges Vollzugsgeschäft. Hilfstätigkeit zur Beurkundung ist nur die Einreichung beurkundeter Willenserklärungen beim Grundbuchamt, nur insoweit besteht eine subsidiäre Haftung (Schippel/Bracker/*Reithmann* § 15 Rz 26, 27). Wird die Beschaffung weiterer Nachweise oder Nebenerklärungen vom Notar verlangt, handelt es sich um einen besonderen Betreuungsauftrag iSd § 24 BNotO (*Reithmann* aaO, Rz 28, 29). Einen solchen Auftrag hat auch der Notar und nicht etwa der Angestellte erhalten. Will der Notar von der stillschweigend von den Urkundsbeteiligten gestellten Erwartung, die Erklärungen in der Urkunde auch zu vollziehen, abweichen und die erforderlichen Tätigkeiten nicht vornehmen, so ist das klarzustellen; ansonsten ist von einem stillschweigend erteilten **Vollzugsauftrag** auszugehen (*Haug* aaO Rz 618). Betreut der Notar ein Anderkonto, dessen Abwicklung voraussichtlich längere Zeit beanspruchen wird, so hat er die Beteiligten hierauf und die generelle Möglichkeit einer **Festgeldanlage** hinzuweisen (BGH DNotZ 97, 53). Er ist aber nicht verpflichtet, von sich aus ungefragt eine Festgeldanlage zu wählen. Er hat sich darüber zu vergewissern, dass die Bank einer Sicherungseinrichtung angehört (BGHZ 165, 232). Die Büroorganisation hat der Notar so einzurichten, dass sichergestellt ist, dass er die von den Beteiligten eingereichten Unterlagen persönlich zur Kenntnis nehmen und sich über ihren Inhalt unterrichten kann, um diesen – soweit erforderlich – bei der Errichtung der erbetenen notariellen Urkunde zu berücksichtigen (BGH DNotZ 96, 572). Dagegen ist aus rechtlichen Gründen das Wissen des Büropersonals nicht relevant. Dieses ist – soweit die Erfüllung einer Amtspflicht des Notars in Betracht kommt – weder dessen (Wissens-)Vertreter noch dessen Erfüllungs- oder Verrichtungsgehilfe (BGH NJW 89, 586).

Polizei, Gefahrenabwehr. Aufgrund der Polizeigesetze (zB §§ 1 I 1, 11 NdsGefAG) obliegt den Behörden unter besonderen Umständen eine Amtspflicht zur Gefahrenabwehr. Allerdings ist diese Pflicht nicht grenzenlos, sondern durch den der Verwaltungsbehörde gesetzlich gesteckten Ermessensspielraum begrenzt. Demnach ist – selbstverständliche – Voraussetzung einer Pflicht zum Einschreiten, dass die Maßnahme überhaupt zulässig ist. Zusätzlich muss sie zweckmäßig und verhältnismäßig sein. Ferner ist zu unterscheiden, ob die Behörde einschreiten darf oder sogar auch muss. Ein Schadensersatzanspruch entsteht also erst dann, wenn die Behörde bei einer pflichtgemäßen Ausübung des Ermessens hätte handeln müssen und auch können. Unter dieser Prämisse bedarf es für eine Verpflichtung der Behörde zum Einschreiten (in Niedersachsen gem § 11 NdsGefAG iVm § 2 Nr 1a NdsGefAG) einer konkreten Gefahr, dh einer Sachlage, bei der im einzelnen Fall die hinreichende Wahrscheinlichkeit bestand, dass in absehbarer Zeit ein Schaden für die öffentliche Sicherheit eintreten würde. Soll eine Pflicht zum Einschreiten begründet werden, müssen an das Wahrscheinlichkeitsurteil über den Grad der Gefährdung und über die Wahrscheinlichkeit des erwarteten Schadens strengere Anforderungen gestellt werden, als bei der Entscheidung über die bloße Zulässigkeit polizeilichen Einschreitens. Zu beachten sind konkurrierende Ansprüche (Rn 4). 121

Für die Annahme einer polizeilichen Gefahr genügt es, dass bei objektiver Betrachtung zur Zeit der polizeilichen Aktion tatsächliche Umstände auf eine drohende Gefahr hindeuten, ohne dass sofort eindeutig Klarheit geschaffen werden kann (sog Anscheinsgefahr). Schreitet die Polizei in einer solchen Lage ein, so handelt sie nicht rechtswidrig. Für die Ermittlung der Gefahr kommt es auf die Beurteilung im Zeitpunkt des polizeilichen Vorgehens, nicht aber auf eine nachträgliche Betrachtung an (BGHR Verwaltungsrecht, Allg Grundsätze Polizeirecht 1). Schadensersatzansprüche polizeigeschädigter Demonstranten behandelt *Kellner* (MDR 87, 617). 122

Rettungsdienst. Der Rettungsdienst ist durch Länderregelungen öffentlich-rechtlich organisiert. Der damit Beauftragte hat die Aufgabe, die Kooperation in der Weise herzustellen, dass Träger geeigneter Krankenhäuser geeignete Ärzte zum Einsatz im Notarztdienst zur Verfügung stellen sollen. Es handelt sich um organisatorische Pflichten, etwa Rettungsmittel, insb Krankenwagen, sowie das erforderliche Personal bereitzuhalten und die Einsätze durchzuführen. Eine Amtshaftung kommt bei Pflichtverletzungen in Betracht, die von Rettungssanitätern oder -fahrern im Rahmen dieser Einsätze begangen werden; etwa bei schuldhaft verspätetem Eintreffen beim Notfallpatienten oder bei Verursachung eines Verkehrsunfalls auf der Rettungsfahrt. In Abänderung seiner früheren Rspr bejaht der BGH inzwischen die Amtsträgereigenschaft des bei Rettungseinsätzen eingesetzten Arztes (BGHZ 160, 216). Zu differenzieren bleibt aber, welches die haftende Anstellungskörperschaft ist. Es können Gemeinden, Landkreise, aber auch Zweckverbände sein (vgl BGH aaO). 123

Sachverständiger. Die Haftung gerichtlicher Sachverständiger ist in § 839a geregelt. Für Amtshaftungsansprüche bleibt dann noch wenig Raum. Insb werden vom Gericht zugezogene Sachverständige, auch wenn sie öffentlich bestellt oder Beamte im staatsrechtlichen Sinne sind, durch ihre Aufgabe, Gehilfen des Richters bei der Urteilsfindung zu sein, nicht Beamte im haftungsrechtlichen Sinne; sie fallen demgemäß, wenn sie schuldhaft ein objektiv unrichtiges Gutachten erstatten, weder unter § 839 II noch unter § 839 I (BGH VersR 03, 1535). Etwas anderes soll nach BGH für Mitglieder der Gutachterausschüsse gelten (aaO). Der BGH hat dabei ausdrücklich offen gelassen, ob der damals noch nicht geltende § 839a anwendbar ist. Da § 839a eine abschließende Spezialnorm ist, dürfte dieser in ihrem Anwendungsbereich der Vorrang einzuräumen sein (§ 839a Rn 1). 124

Schulen, öffentliche Einrichtungen. Für Unfälle in Schulen und anderen öffentlichen Gebäuden besteht eine Haftung, sofern ein schulischer Bezug verbleibt (Haftung für abhandengekommene Garderobe anlässlich einer Elternversammlung, BGH NJW 88, 1258). IÜ betreffen die zahlreich zu schulischen Schäden ergangenen Entscheidungen letztlich die Verletzung normaler Verkehrssicherungspflichten. Eine Schule und sonstige öffentliche Gebäude müssen für die vorgesehene Benutzung tauglich sein (BGH NJW 63, 1828: glatter Turnhallenboden; Oldbg Vers 68, 655 gefährliche Glasfenster). Fehlt es hingegen an einem solchen Bezug, haftet die Kommune bei der Überlassung von öffentlichen Einrichtungen nicht für Schäden, die iRe Veranstaltung entstehen, die von einem anderen Veranstalter organisiert und durchgeführt wird, selbst wenn die Kommune zB die Schirmherrschaft übernommen hat, soweit nicht die iRe Delegation verbleibenden Kontroll- und Überwachungspflichten verletzt werden (OLGR Rostock 04, 302; vgl auch Saarbr NJW-RR 06, 1165). 125

Aufgrund des Gesetzes über die Unfallversicherung für Schüler und Studenten sowie Kinder in Kindergärten vom 18.3.71 sind Schüler während des Besuchs allg Schulen in der Unfallversicherung gegen „Arbeitsunfälle" versichert. Darunter fallen auch Unfälle, die sich auf dem Schulgelände in Schulpausen ereignen. Daraus folgt, dass wegen der Körperschäden, die ein Schüler durch einen Schulunfall erleidet, Schadens- oder Schmerzensgeldansprüche gegen den Schulträger ausgeschlossen sind, soweit der Unfall nicht vorsätzlich oder auf einem nach § 8 II Nr 1-4 versicherten Weg (Schulweg) herbeigeführt worden ist, §§ 106 I 1, 104 I SGB VII (BGH VersR 08, 1407; Rn 45). 126

127 Diese Grundsätze finden auch Anwendung, wenn die Amtshaftungsklage darauf gestützt wird, ein Lehrer habe einen Schüler körperlich verletzt. Ist jedoch der Versicherungsfall vorsätzlich herbeigeführt worden, erfolgt im Hinblick auf den Unrechtsgehalt des Handelns kein Haftungsausschluss (zum Vorsatz s. Rn 37).

128 **Soldaten.** Soldaten sind Beamte iSd § 839. Insb wird nach Amtshaftungsgesichtspunkten für Schäden auf Dienstfahrten gehaftet. Bei ausländischen NATO-Truppen ermöglicht es Art VIII NATO-Truppenstatut dem Geschädigten, Ansprüche gegen den Entsendestaat der für seinen Schaden verantwortlichen ausländischen Streitkräfte oder ihrer Mitglieder nach inländischem Recht bei inländischen Behörden und Gerichten nach Amtshaftungsmaßstäben gegen die Bundesrepublik Deutschland geltend zu machen, wie übrigens auch umgekehrt (BGH NJW 90, 632, VersR 82, 475, dgl für Tiefflüge BGH NJW 93, 2173). Wird ein Soldat allerdings durch einen anderen Truppenangehörigen verletzt, ist ein Schadensersatz nur iRd § 91a SVG beschränkt möglich (BGH NJW 96, 1016; BGHZ 120, 176).

129 **Sozialbehörden.** Für sie gilt wegen vielfältiger Beratungsaufgaben im besonderen Maße die Pflicht zur Erteilung richtiger und vollständiger Auskünfte (Rn 24). Hält der Rehabilitationsberater nach dem SGB den Versicherten vom Abschluss eines Arbeitsvertrages ab, weil er sich darum selbst zu kümmern verspricht, verletzt er seine Amtspflichten, wenn er in dieser Richtung untätig bleibt und den Versicherten nicht zeitgerecht über die Notwendigkeit dessen eigener Mitwirkung unterrichtet (BGH VersR 05, 225).

130 **Staatsanwaltschaft. Beschlagnahmen** sind bereits dann gerechtfertigt, wenn lediglich ein Anfangsverdacht vorliegt (BGH VersR 83, 37). Für die Beschlagnahme als Beweismittel reicht es aus, dass ein Gegenstand potenzielle Beweisbedeutung hat, wofür die fernliegende Möglichkeit ausreicht, dass der Gegenstand für die Beweisfrage Bedeutung gewinnen kann (BGH aaO). Für Amtshaftungsansprüche bleibt noch weitergehend Raum, wenn der auch dabei zu beachtende Grundsatz der Verhältnismäßigkeit verletzt wird oder wegen amtspflichtwidriger Verzögerungen bei der Herausgabe (BGH aaO). Wird im Strafverfahren ein dinglicher Arrest angeordnet, ist für die Drittwiderspruchsklage des Dritten die (streitige) Zivilgerichtsbarkeit zuständig (BGH Beschl v 22.9.05 Az IX ZB 265/04).

131 Bestimmte Maßnahmen der Staatsanwaltschaft, zu denen etwa der Erlass eines **Haftbefehls** oder die Entschließung zur Erhebung der **öffentlichen Klage** nach § 170 I StPO gehören, sind im Amtshaftungsprozess nicht auf ihre „Richtigkeit", sondern nur daraufhin zu überprüfen, ob sie – bei voller Würdigung auch der Belange einer funktionstüchtigen Strafrechtspflege – vertretbar sind (BGH NJW 00, 2673; Rn 31). Die Staatsanwaltschaft darf nur Anklage erheben, wenn die Ermittlungen genügenden Anlass bieten, dh hinreichenden Tatverdacht ergeben (BGH NJW 00, 2673). Die Staatsanwaltschaft hat nicht die Frage der Täterschaft und Schuld restlos bis in alle Einzelheiten zu klären, sondern nur einen hinreichenden Tat- und Schuldverdacht zu ermitteln, der eine Verurteilung wahrscheinlich macht. Entscheidend ist letztlich die – vertretbare – eigene Prognose des Staatsanwalts, dass er selbst nach Sach- und Rechtslage wahrscheinlich am Ende einer Hauptverhandlung zum Antrag auf Verurteilung gelangen werde (BGH NJW 00, 2673). Zur Haftung bei **Presseveröffentlichungen**: BGH VersR 94, 979.

132 **Straße, Straßenverkehr.** Meistens handelt es sich bei Amtshaftungsprozessen aus diesem Bereich um Verkehrsunfälle oder die Verletzung von Verkehrspflichten. Es kann daher zunächst auf die Kommentierung zu § 823 (Rn 135 ff) verwiesen werden. Auf einige Besonderheiten wird im Folgenden eingegangen.

133 Zu beachten ist, dass bei einem Verkehrsunfall anlässlich einer Dienstfahrt der Fahrer nicht persönlich belangt werden kann (Rn 14). IÜ ist genauer zu prüfen, welche Körperschaft für den Zustand der Straße haftet. So sind etwa für Bundesautobahnen und -straßen nicht die Bundesrepublik, sondern die Länder passivlegitimiert. Zu verklagen ist auch nicht die Behörde, die üblicherweise den vorprozessualen Schriftverkehr führt, es ist vielmehr über die Organisationspläne der Körperschaften herauszufinden, wer diese vertritt. In Niedersachsen vertritt bspw das Niedersächsische Landesamt für Straßenbau das zu verklagende Land, auch wenn die regionalen Straßenbauämter zuvor tätig waren.

134 Bei Gemeindeflächen ist zu beachten, dass eine Amtshaftungsklage voraussetzt, dass es sich um eine gewidmete Straße handeln muss (zB §§ 6 NdsStrG, § 6 I NRWStrWG). Fehlt es daran, wie bei Plätzen, Wegen oder gar Trampelpfaden, bleibt § 823 alleinige Anspruchsgrundlage (Ddorf NVwZ-RR 92, 608).

135 Im Bereich des Straßenverkehrs ist zu unterscheiden zwischen der Aufgabe, Verkehrswege möglichst gefahrlos herzurichten und zu unterhalten (Verkehrssicherungspflicht) und derjenigen, Verkehrszeichen und -einrichtungen so einzurichten, dass der Verkehr gefahrlos und zügig fließt (**Verkehrsregelungspflicht**). Letztere obliegt den Straßenverkehrsbehörden. Diese entscheiden gem §§ 44 I, 45 III 1 und IV StVO über die Aufstellung und den Unterhalt von Verkehrszeichen. Diese Anforderungen verdichten sich zu einer dem Bürger ggü obliegenden Amtspflicht, wenn das Ermessen so weit schrumpft, dass die zu regelnde Situation aus Sicherheitsgründen ein Einschreiten erfordert (BGH DAR 81, 86). Das ist der Fall, wenn die Örtlichkeit als „gefährliche Stelle" zu bezeichnen ist, weil wegen der nicht oder nicht rechtzeitig erkennbaren besonderen Beschaffenheit der Straße die Möglichkeit eines Unfalls auch für den Fall nahe liegt, dass die Verkehrsteilnehmer im Verkehr erforderliche Sorgfalt walten lassen, wobei in schwierigen Verkehrslagen sogar eine gesteigerte Aufmerksamkeit erwartet wird. Zudem werden Kenntnisse über besondere Verkehrsgefahren vorausgesetzt. In derartigen Fällen ist eine Warnung nicht geboten, weil ein Kraftfahrer mit der erforderlichen Sorgfalt etwaige Schäden durch vorsichtiges Fahren abwenden kann (BGH aaO). Die Verantwortung für das Anbringen vorschriftsmäßiger Verkehrszei-

chen trägt deshalb grds nicht der Verkehrssicherungspflichtige, sondern allein die Straßenverkehrsbehörde (BGH VersR 01, 589). Darauf ist bei der Passivlegitimation zu achten.

Die Verkehrsregelungspflicht ist eine Amtspflicht; die **Verkehrssicherungspflicht** nicht per se. Wohl ist sie in den meisten Ländern durch die Straßengesetze als Amtspflicht ausgestaltet (Überblick bei Soergel/*Vinke* § 839 Rz 120). Sie erfordert bei der Planung und dem Bau von Straßen die Einhaltung der Regeln der Straßenbautechnik und der Wasserwirtschaft und auch die landesrechtlichen Vorschriften des Wasser- und Nachbarrechts (BGH BauR 06, 1517). Ansonsten entspricht sie der allg Verkehrssicherungspflicht (vgl BGHZ 60, 54, ausf auch zur Mithaft anderer: Karlsr BauR 05, 768). Ihr Umfang wird dabei von der Art und der Häufigkeit der Benutzung des Verkehrsweges und seiner Bedeutung maßgebend bestimmt. Sie umfasst die notwendigen Maßnahmen zur Herbeiführung und Erhaltung eines für den Straßenbenutzer hinreichend sicheren Straßenzustandes. Grds muss sich der Straßenbenutzer allerdings den gegebenen Straßenverhältnissen anpassen und die Straße so hinnehmen, wie sie sich ihm erkennbar darbietet (BGH VersR 05, 660). Der Verkehrssicherungspflichtige muss in geeigneter und objektiv zumutbarer Weise alle, aber auch nur diejenigen Gefahren ausräumen und erforderlichenfalls vor ihnen warnen, die für den Benutzer, der die erforderliche Sorgfalt walten lässt, nicht oder nicht rechtzeitig erkennbar sind und auf die er sich nicht oder nicht rechtzeitig einzurichten vermag (BGH NJW 80, 2193; 79, 2043, s.a. Celle OLGR 07, 354). Dabei kann eine mit zumutbaren Mitteln nicht erreichbare völlige Gefahrlosigkeit nicht verlangt werden (Saarbr MDR 08, 145). Stolperkanten bis ca 2,5 cm sind idR hinzunehmen, anders bei Ablenkung durch Schaufenster oä (Celle VersR 08, 1553). Insgesamt sind Art, Ausmaß und Höhe der Vertiefung und Erhöhung und die Verkehrsbedeutung des Weges entscheidend (Hamm VersR 93, 1030), so dass uU auch mehr als 2 cm nicht pflichtwidrig sind, 6 cm sind jedoch zu viel (Celle VersR 89, 157). Die räumliche Reichweite wird in § 823 (Rn 137) beschrieben. Ergänzend soll noch auf BGH (NJW-RR 94, 603) verwiesen werden. Danach wird gehaftet, wenn Bäume und Hecken Verkehrszeichen verdecken, auch wenn sie auf Nachbargrundstücken stehen (BGH aaO). Häufiger werden die Gerichte mit Schadensfällen befasst, wenn ein Auto beim Durchfahren von Wasserpfützen oder -ansammlungen zu Schaden kommt, weil das Wasser tiefer als vermutet ist. In solchen Fällen dürfte ein etwaiges Verschulden des Verkehrssicherungspflichtigen, vor einem ihm selbst unbekannten, ungewöhnlich tiefen, mit Wasser gefüllten Schlagloch zu warnen, hinter dem weitaus überwiegenden Verschulden des Kraftfahrers, der darauf vertraut, dass die erkennbare Wasserpfütze kein gefährliches Ausmaß hat, völlig zurücktreten (Oldbg 3.6.83 Az 6 U 319/82).

Bei Hindernissen auf und neben der Fahrbahn ist weiter zu differenzieren. Auf einer verkehrsberuhigten Fahrbahn ist das zulässig. Es ist weder eine Stolperfalle für Fußgänger, noch stellen solche Verkehrsberuhigungen ein Hindernis iSd § 32 I 2 StVO dar (Ddorf NJW 95, 2172). Soweit in einem Urt des Frankf (NJW 92, 318) angeführt wird, dass Blumenkübel und andere zur Verkehrsberuhigung aufgestellte Gegenstände Hindernisse iSd Vorschrift sein sollen, gilt das für Parkstreifen neben einer Fahrbahn. Dort bleibt es bei den allg Regeln der Verkehrssicherungspflicht. Danach dürfen nicht solche Hindernisse bereitet werden, auf die sich die Verkehrsteilnehmer nicht einstellen können. Es gilt das oben Gesagte.

Im Prinzip sollten diese Kriterien auch gelten, wenn den Verantwortlichen vorgeworfen wird, Straße und Wege bei Dunkelheit nicht genügend ausgeleuchtet zu haben. Eine Beleuchtungspflicht besteht nur dort, wo Gefahrenstellen sind, die anderenfalls nicht ohne weiteres als solche erkannt werden können (*Berz* DAR 95, 350 mwN). Auf bekannte Stolperfallen, wie zB den Absatz zwischen Gehweg und Fahrbahn, muss sich ein Fußgänger einrichten, einer Beleuchtung bedarf es nicht (*Berz* aaO). Im Kern bleibt es damit bei der allg Regel: Gewarnt werden muss vor nicht rechtzeitig erkennbaren Gefahren. Uneinheitlich sind in der Rspr die Anforderungen, welche an die Eigensicherung von Verkehrsteilnehmern gestellt werden. So hat der BGH (VersR 05, 1086) die Forderung der Instanzgerichte, ein Fußgänger müsse bei Dunkelheit notfalls eine Taschenlampe verwenden, als überzogen bezeichnet. Es dürfte wohl auf den Einzelfall ankommen. Wie ein Autofahrer muss sich auch ein anderer Verkehrsteilnehmer auf die erkennbaren Gegebenheiten einstellen und darf keine übersteigerten Erwartungen haben.

Aus dem Umstand, dass der Verkehrssicherungspflichtige eine Stelle, die zu einem Schaden geführt hat, nach dem Unfall ausgebessert hat, ist auf eine vorherige Pflichtverletzung nicht zu schließen. Dem Verkehrssicherungspflichtigen bleibt es unbenommen, einen nicht pflichtwidrigen Zustand zu verbessern. Wenn der Träger der Straßenbaulast eine mögliche Gefahrenmöglichkeit auf optimale Weise sichert, steht dieses in seinem Ermessen; ein Anspruch auf die Herstellung eines solchen überobligationsgemäßen Zustandes besteht nicht (Hamm VersR 83, 466).

Soweit Schäden durch Kanaldeckel hervorgerufen werden, haftet grds der Betreiber einer Kanalisationsanlage, zu der auch die Kanaldeckel zu zählen sind, für diejenigen Schäden, die auf das Vorhandensein dieser Anlage zurückzuführen sind (BGH WM 95, 1766). Eine Haftung insoweit ist jedoch nach § 2 I 2 HpflG ausgeschlossen, wenn sich die Anlage in einem ordnungsgemäßen Zustand befindet. Bei einem herausstehenden Kanaldeckel ist der Zustand ordnungsgemäß, wenn in dem vergleichbaren Fall eine Verletzung der Straßenverkehrssicherungspflicht zu verneinen ist, weil der Zustand der Straße trotz vorhandener Unebenheiten noch als verkehrssicher einzustufen ist (BGH aaO).

141 **Lichtraumprofil:** Es gibt keine allg Grundsätze, nach denen der Verkehrssicherungspflichtige generell den Luftraum über den Straßen bis zur Höhe von 4 m freihalten müsse (Naumbg VRS 100, 261; Ddorf VersR 89, 273). Dies lässt sich auch nicht aus § 32 StVZO ableiten, wonach die maximal zulässige Höhe für Fahrzeuge auf 4 m begrenzt ist (BGH VersR 68, 72; Dresd VersR 97, 336; Naumbg DAR 98, 18). Wann bei Ästen, die in einer Höhe unter 4 m in den Luftraum der Straße reichen, eine Verkehrssicherungspflichtverletzung anzunehmen ist, hängt von der Verkehrsbedeutung der Straße, ihrer Breite, der Erkennbarkeit der Gefahrenquelle und der tatsächlichen Höhe des hineinragenden Astes ab (BGH VersR 68, 72; Dresd VersR 97, 336; Hamm VersR 95, 1206; Ddorf VersR 89, 273).

142 Nach der Rspr des BGH haftet der Straßenunterhaltspflichtige auch für Schäden, die durch **Mäharbeiten** verursacht werden, bei Fahrzeugen letztlich über § 7 StVG (VersR 05, 566; 03, 1274). Außerhalb von § 7 StVG muss eine schuldhafte Verletzung von Verkehrspflichten nachgewiesen werden; das Aufstellen von Planen ist idR unzumutbar (Celle VersR 07, 1006).

143 **Straßenbäume.** Verantwortlich ist der Träger der Straßenbaulast. Dieser muss Bäume oder Teile von ihnen entfernen, die den Verkehr gefährden, insb wenn sie nicht mehr standsicher sind oder herabzustürzen drohen. Unerheblich ist der Standort der Bäume (BGH VersR 94, 618). Besonderheiten gelten für Waldbäume (*Tschersich* VersR 03, 172). Das Maß der Verantwortung entspricht grds der allg Verkehrspflicht für Bäume. Wegen der Einzelheiten wird auf die instruktive Entscheidung des BGH (NJW 04, 1381) verwiesen. Anders als der private Eigentümer hat der Straßenbaulastpflichtige allerdings regelmäßige Kontrollen durch geschultes und durch Fortbildung auf dem laufenden Wissensstand gehaltenes Personal durchzuführen. Nach der Rspr der OLG (Nw bei BGH aaO) haben die Kontrollen zweimal im Jahr stattzufinden; einmal im belaubten und einmal im unbelaubten Zustand. Dabei genügt eine Betrachtung der Bäume vom Boden aus. Erst wenn dadurch Schadensanzeichen erkennbar sind, ist eine weitere intensive Untersuchung erforderlich.

144 **Streupflicht.** Für die Verletzung der Streupflicht gelten keine Besonderheiten. Es kann daher auf § 823 Rn 140 verwiesen werden.

145 **TÜV.** Es haftet nach der Anvertrauungstheorie (Rn 15) das Land, nicht die (kommunale) Straßenverkehrsbehörde, auch wenn diese die Tätigkeit des TÜV veranlasst. Instruktive Fälle im Zusammenhang mit KFZ-Briefen hat der BGH entschieden (VersR 05, 362; 03, 1537).

146 **Wasser: Hochwasser, Abwasserbeseitigung, Deichunterhaltung.** Bei Schäden durch Wasser durch Überschwemmungen, Wasserabflüsse und Hochwasser sind mehrere Anspruchsgrundlagen ggü verschiedenen Anspruchsverpflichteten denkbar.

147 Kommt das Wasser aus Leitungen, kann der Betreiber der **Kanalisationsanlage** nach § 2 I 1 HPflG haften. Dabei handelt es sich um eine Gefährdungshaftung. Eine städtische Abwasserkanalisation gehört zu den Rohrleitungen iSd § 2 HPflG, auch wenn es sich um einen verrohrten Bach handeln sollte (BGHZ 159, 19). Diese Norm setzt voraus, dass das Wasser aus der Anlage austritt (BGHZ 115, 141), gelangt es erst gar nicht hinein, kommt nur eine Haftung unter dem Gesichtspunkt in Betracht, dass die Pflicht zur Abwasserbeseitigung verletzt wird (Rn 150). Eine Haftung entfällt, wenn es sich bei dem Schadensereignis um höhere Gewalt handelt. Bei einem sehr seltenen Starkregen wird in der Rspr die Haftung verneint, wenn es sich um eine statistische Wiederkehr von mehr als 100 Jahren handelt. Bei einer Wiederkehr von unter 20 Jahren wurde kontrovers entschieden (BGHZ 159, 19 mwN). Es kommt auf den Einzelfall an. Dabei ist auf die Definition der Rspr für Höhere Gewalt abzustellen. Diese liegt bei einem betriebsfremden, von außen durch elementare Naturkräfte oder durch Handlungen dritter Personen herbeigeführten Ereignis vor, das nach menschlicher Einsicht und Erfahrung unvorhersehbar ist, mit wirtschaftlich erträglichen Mitteln auch durch äußerste, nach der Sachlage vernünftigerweise zu erwartende Sorgfalt nicht verhütet oder unschädlich gemacht werden kann und auch nicht wegen seiner Häufigkeit vom Betriebsunternehmen in Kauf zu nehmen ist (BGHZ 166, 37). Das Merkmal der höheren Gewalt ist ein wertender Begriff, mit dem diejenigen Risiken von der Haftung ausgeschlossen werden sollen, die bei einer rechtlichen Bewertung nicht mehr dem gefährlichen Unternehmen (Bahnbetrieb, Rohrleitungsanlage usw), sondern allein dem Drittereignis zugerechnet werden können (BGH aaO 159, 19). Insoweit sind die Anforderungen des HPflG strenger als diejenigen der Amtshaftung wegen unzureichender Abwasserbeseitigung. Die Gefährdungshaftung hat ihre Grenze in der wirtschaftlichen Leistungsfähigkeit der Kommunen und dem von ihnen vernünftigerweise zu erwartenden Aufwand bei der Auslegung ihres Kanalsystems (BGH aaO). Liegt allerdings ein solcher „Jahrhunderttregen" vor, führt eine Unterdimensionierung der Anlage auch nicht über das HPflG zu einer Haftung (BGH aaO). Sinngemäß dasselbe gilt für eine Haftung wegen eines enteignenden Eingriffs (BGHZ 166, 37 für ein Regenrückhaltebecken).

148 Bei Schäden durch einen **Rückstau** im Kanalsystem ist zu beachten, dass ein angeschlossener Grundstückseigentümer gehalten ist, geeignete Vorkehrungen gegen einen Rückstau bis zur Rückstauebene, dh bis zur Straßenoberkante, zu treffen (BGH VersR 99, 230). Sind also in einem Haus im Abwassersystem Wasseraustrittsmöglichkeiten vorhanden wie Gullys, Wasch- oder Toilettenbecken, deren Höhenlage unterhalb der Straßenoberfläche liegen, muss das Haus über Rückstausicherungen wie Rückschlagventile oder Hebeanlagen verfügen. *Das gilt selbst dann, wenn das Kanalnetz unterdimensioniert ist, auch dann besteht keine Haftung nach dem HPflG (BGH aaO).*

Handelt es sich bei dem schadensverursachenden Wasser um solches aus Gewässern, spricht man von **Hoch-** **149** **wasser.** Die Verantwortlichkeit für Gewässer ist in den Wassergesetzen geregelt. Die Pflichten können Eigentümern, Gebietskörperschaften und auch Verbänden wie zB einer Wasseracht auferlegt sein. Dabei ist zwischen der Ausbau- und der Unterhaltspflicht zu unterscheiden. Der Amtshaftung unterliegt nur die Ausbaupflicht. Dabei handelt es sich um Maßnahmen des Hochwasserschutzes. Sie umfassen alle erkennbar gebotenen, durchführbaren und wirtschaftlich zumutbaren Vorkehrungen zur Abwehr von Überschwemmungen (BGH VersR 99, 1412).

Bei Wasser, welches weder aus Kanälen austritt noch aus Gewässern stammt, sind Amtspflichtverletzungen **150** durch Verletzung der Pflicht, **Abwasser** unschädlich zu beseitigen, möglich. Hier sind ebenfalls die Wassergesetze der Länder einschlägig (zB § 149 NWG), welche auch die Verantwortlichkeit regeln. Die Pflichtaufgabe bezieht sich auf das gesamte Abwasser, dh Schmutz- und Niederschlagswasser. Letzteres ist Wasser, welches von befestigten Flächen abfließt und gesammelt wird. Wird diese enge Auslegung gewählt und ist im Gesetz nicht ein Passus aufgeführt, dass auch „sonstiges" Wasser von der Beseitigungspflicht erfasst wird, wie es in § 51 I 1 LWG RhPf geregelt ist, muss bei wild zufließenden Niederschlagswasser auf die allg Amtspflichten zurückgegriffen werden. Auf jeden Fall ist die Gemeinde verpflichtet, Wohngrundstücke iRd Zumutbaren vor den Gefahren zu schützen, die durch Überschwemmungen auftreten können, dabei darf sie bei der Erstellung der notwendigen Entwässerungsmaßnahmen nicht an den Grenzen eines Bebauungsgebietes haltmachen (BGHZ 140, 380). Die Gemeinde hat danach für die erforderliche Vorflut zu sorgen. Daraus kann die Pflicht entstehen, sich nicht auf vorhandene Gewässer zu beschränken, sondern zB einen erforderlichen Graben herzustellen, wenn nach den örtlichen Verhältnissen eine Schadensverursachung durch anfallendes Wasser nur dadurch verhindert werden kann (Ermessensreduzierung auf Null). Bei der Planung des Entwässerungssystems sind die örtlichen Gegebenheiten, insb das Höhenniveau des Gebiets, die Wasserführung, die Wahrscheinlichkeit und das Ausmaß eines zu befürchtenden Schadens im Verhältnis zur Durchführbarkeit und Wirtschaftlichkeit von Abwehrmaßnahmen zu berücksichtigen. Allgemeine Regeln gibt es nicht. Weder ist ein bestimmter Berechnungsregen noch ein bestimmte Einstauhäufigkeit maßgebend. Entscheidend ist, ob bestimmte Anhaltspunkte dafür vorliegen, dass das vorhandene Entwässerungssystem außerstande ist, das anfallende Wasser nicht nur in seltenen Ausnahmefällen, sondern darüber hinaus auch bei häufigeren, auch iRe generalisierenden Betrachtungsweise zu berücksichtigenden Anlässen zu bewältigen. Maßstab ist dabei nicht der sog Berechnungsregen, wie er in der Abwasserwirtschaft und Abwassertechnik angewendet wird, sondern die Überflutungshäufigkeit (BGH VersR 98, 494). Die technischen Regeln der Abwasserwirtschaft gehen bei Neuanlagen von einem Bemessungsregen mit einer Wiederkehrzeit von 3 Jahren, bei Altanlagen von 2 Jahren aus. Treten allerdings in nicht hinnehmbaren Intervallen immer wieder Überschwemmungen auf, reicht die Einhaltung der technischen Regeln eben nicht mehr aus. Der BGH hat mehrfache Überschwemmungen innerhalb von 5 Jahren beanstandet (VersR 91, 888). Andererseits sind die Gemeinden nicht verpflichtet, ein Abwassersystem einzurichten und zu unterhalten, die alle denkbaren Niederschlagsmengen bewältigen kann. Wirtschaftliche Gründe zwingen jede Gemeinde dazu, das Fassungsvermögen einer Regenwasserkanalisation nicht so groß zu bemessen, dass diese auch für ganz selten auftretende, außergewöhnlich heftige Regenfälle ausreicht. Insb ist eine Dimensionierung im Hinblick auf katastrophenartige Unwetter, wie sie erfahrungsgemäß nur in sehr großen Zeitabständen vorkommen, nicht erforderlich (BGH VersR 99, 1412). Es kommt also in jedem Einzelfall darauf an, welche Schäden mit welcher Wiederholungsrate vorhersehbar sind, und welche wirtschaftlich gebotenen Maßnahmen eine Abhilfe erwarten lassen. Die Herstellung von Schutzmaßnahmen kann unter diesem Gesichtspunkt nicht im Wege der Amtshaftung durchgesetzt werden, da diese nur auf Schadensersatz gerichtet ist (Rn 55). Aus diesem Grund sind auch Kosten für Vorsorgemaßnahmen des von Hochwasser bedrohten Grundstückseigentümers nicht ersatzfähig (BGH aaO). Andererseits dürfte es bei Schäden, die erstmalig aufgetreten sind, an der Vorhersehbarkeit fehlen. Des Weiteren ist zu berücksichtigen, dass geeignete Maßnahmen idR eine längere Planungsphase benötigen, da die Auswirkungen von Eingriffen in das Abwassersystem auf das Gesamtgefüge beachtet werden müssen, damit nicht die hydraulischen Engpässe bloß an eine andere Stelle verlagert werden. Ein Generaloberflächenentwässerungsplan kann für die Planung eines wasserwirtschaftlichen Gesamtkonzeptes für die Ortslage einer Gemeinde vier bis fünf Jahre dauern. Eine nicht unerhebliche Bedeutung nimmt die wirtschaftliche Komponente in Form der wirtschaftlichen Leistungsfähigkeit einer Gemeinde ein. Im Streitfall sind Aufwand und Nutzen konkret ggü zu stellen (BGHZ 115, 141). Schließlich ist noch zu beachten, dass die naturgegebene Lage eines Grundstücks durch seine Nähe zu einem Gewässer zu einer situationsbedingten Belastung des Grundeigentums führen kann (BGHZ 117, 240). Im Ergebnis haftet der Verpflichtete bei Überschwemmungen von ungefasstem Wasser, wenn er die in jedem Einzelfall zu ermittelnde Pflicht zur Abwasserbeseitigung schuldhaft verletzt hat, während eine Haftung nach dem HPflG für Abwasserleitungen schon dann eintritt, wenn der Beweis für einen „Jahrhundertregen" nicht geführt werden kann.

Soweit Planungs- und Ausbauleistungen in Rede stehen, ist eine Delegierung auf Planer und Ausführungsun- **151** ternehmen nicht selten. Wie bei der Delegierung von Verkehrssicherungspflichten verbleibt bei der Behörde dann nur noch die Überwachungspflicht (BGHZ 149, 206). Soweit Subunternehmer eingeschaltet wurden, wird für deren Verschulden nicht gehaftet. Eine Zurechnung etwaigen Verschuldens der Fachplaner oder des

Bauunternehmers über § 831 kommt nicht in Betracht, weil selbstständig tätige Ingenieure, Architekten oder Bauunternehmer regelmäßig mangels Weisungsabhängigkeit nicht als Verrichtungsgehilfen zu qualifizieren sind (RGRK/*Steffen* § 831 Rz 21).

152 Von der Gewässerausbaupflicht ist die Unterhaltspflicht zu unterscheiden (ausf: Ddorf OLGR 06, 275. Die ist davon abhängig, welcher rechtlichen Art das Gewässer ist. Auch das ist in den Wassergesetzen geregelt. Zuweilen sind auch öffentlich-rechtliche Verbände zuständig. Für eine Verletzung der **Gewässerunterhaltung** wird nicht aus Amtspflichtverletzung, sondern nach allg Deliktsrecht gehaftet (BGHZ 86, 152; NJW 96, 3208). Für Gewässer dritter Ordnung und erst recht für Gräben, welche nicht die rechtliche Qualität eines Gewässers dritter Ordnung erreichen, also nicht der Vorflut mehrerer Grundstücke dienen, ist der Eigentümer verantwortlich. Ebenso haftet der Straßenbaupflichtige für die Straßenentwässerungsgräben (BGH NJW 96, 3208) jeweils nach § 823. Dasselbe gilt für die **Deichunterhaltspflicht**. Diese erfolgt zwar öffentlich-rechtlich, es besteht aber keine Drittwirkung (BGH VersR 64, 534).

153 Neben der Amtspflichtverletzung kommt bei Schäden durch nachteilige Einwirkungen auf das Grund- oder auf wild abfließendes Wasser eine Haftung aufgrund Nachbarrechts in Betracht. (zB § 38 I, 29 II Nds NRG). Dasselbe gilt bei Schäden durch Wasser wegen fehlerhaft geplanter und gebauter Straßen, uU besteht eine gesamtschuldnerische Haftung neben dem Gewässerunterhaltspflichtigem (BGH BauR 06, 1517). Anschlussnehmer einer Kanalisationsanlage können zudem in Anspruchskonkurrenz stehende vertragsähnliche Haftungsansprüche haben (BGH EBE/BGH 07, 34).

154 Es ist möglich, dass mehrere Verpflichtete haften, etwa wenn sich ein Rückstau über mehrere Abwassersysteme erstreckt (BGHZ 125, 19). Als Problem erweisen sich Engpässe, wenn Wasser aus der Kanalisation in Gewässer eingeleitet werden soll und letzteres nicht mehr für solche Mengen aufnahmebereit ist. Bevor nun an eine Ausbaupflicht gedacht wird, ist zu untersuchen, ob der Verlauf der Kanalisation oder der Vorflut eine Einleitung an dieser Stelle zwingend erfordern.

155 **Zivildienst:** Für Schäden, die ein Zivildienstleistender in Ausübung seines Dienstes Dritten zufügt, haftet die Bundesrepublik. Dies gilt auch in Fällen, in denen die anerkannte Beschäftigungsstelle, in deren Dienst der Schädiger tätig geworden ist, privatrechtlich organisiert ist und – von ihrer Rechtsstellung als hoheitlich beliehener Einrichtung abgesehen – privatrechtliche Aufgaben wahrnimmt (BGHZ 152, 380); es kommt aber eine Mithaftung der Einrichtung in Betracht (BGH aaO).

§ 839a Haftung des gerichtlichen Sachverständigen.
(1) Erstattet ein vom Gericht ernannter Sachverständiger vorsätzlich oder grob fahrlässig ein unrichtiges Gutachten, so ist er zum Ersatz des Schadens verpflichtet, der einem Verfahrensbeteiligten durch eine gerichtliche Entscheidung entsteht, die auf diesem Gutachten beruht.
(2) § 839 Abs. 3 ist entsprechend anzuwenden.

1 **A. Systematik und Anwendungsbereich.** Die Norm ist zum 1.8.02 in das BGB eingefügt worden. Nach Art 229 § 8 I EGBGB ist sie auf schädigende Ereignisse anzuwenden, die nach dem 31.7.02 erfolgt sind, also das Rechtsgut verletzt worden ist (vgl § 839 Rn 52). Es handelt sich nicht um eine Staatshaftung, der Sachverständige nimmt keine staatlichen Aufgaben wahr und ist auch kein Beliehener. Die Vorschrift erstreckt sich auf gerichtliche Sachverständige (Rn 2), nicht jedoch soweit diese iRe Amtshandlung hinzugezogen werden wie Amtsärzte (§ 839 Rn 83) oder der Gutachterausschuss nach §§ 192 ff BauGB (§ 839 Rn 16). Der BGH hat diese Frage zwar in seiner Entscheidung (BauR 03, 860) offen gelassen. Da § 839a einen eng umgrenzten Wirkungsbereich hat und die Amtshaftung auch vor anderen Haftungstatbeständen den Vorrang hat, kann die Begründung des BGH nur dazu führen, Behörden von § 839a auszunehmen (so auch MüKo/*Wagner* § 839a Rz 8, aA AnwK/*Huber* § 839a Rz 40). Das führt allerdings zu dem merkwürdigen Ergebnis, dass der Rechtspfleger, der für die Wertfestsetzung im ZVG-Verfahren einen nach dem – teureren – JVEG abrechnenden privaten Gutachter beauftragt, den Beteiligten höhere Kosten und schlechtere Regressmöglichkeiten, dafür aber seinem Dienstherrn keine Haftung beschert. Besser wäre es, darauf abzustellen, ob der Sachverständige vom Gericht im Wege der Amtshilfe oder wahlweise statt eines privaten Gutachters hinzugezogen wird. Str ist auch die Anwendung des § 839a auf Sachverständige des Schieds- oder Verwaltungsverfahrens, sachverständige Zeugen oder Zeugen generell (dazu MüKo/*Wagner* § 839a Rz 8). Im Rahmen seines Anwendungsbereichs regelt § 839a die Haftung abschließend. Greift § 839a nicht ein, weil etwa das Gutachten nicht verwertet wird (Rn 3), bleibt eine Haftung nach §§ 823, 826 nach den Grundsätzen der bish Rspr möglich (§§ 823 Rn 172; 826 Rn 19, Rn 20).

2 **B. Voraussetzungen. I. Gerichtlicher Sachverständiger.** Erfasst von § 839a wird jeder Sachverständige, der durch ein staatliches Gericht unabhängig von der Verfahrensordnung und -art eingesetzt wird. Auf eine Beeidigung kommt es, im Gegensatz zur früheren Rspr, nicht an. Die Haftung anderer Sachverständiger richtet sich nach den allg Vorschriften (s. § 826 Rn 20). Berechtigt ist jeder Verfahrensbeteiligte, was weit zu verstehen ist (BGH FamRZ 06, 691).

II. Haftungsvoraussetzungen. Das Gutachten des Sachverständigen muss unrichtig sein. Das ist der Fall, **3** wenn er von einer falschen Tatsachenbasis ausgeht, soweit diese nicht vom Gericht vorgegeben ist. Bei der Abfassung hat der Sachverständige zwischen Tatsachen und Wertungen zu unterscheiden. Bei letzteren muss er sich an den allg vertretenen Auffassungen orientieren. Weicht er hiervon ab, hat er dies zu begründen. Für Fehler haftet der Sachverständige bei grober Fahrlässigkeit und Vorsatz. Nimmt er einen wissenschaftlich vertretbaren Standpunkt ein, dürfte das Gutachten schon nicht „unrichtig" sein, auf jeden Fall fehlt ein Verschulden. An grober Fahrlässigkeit kann es fehlen, wenn mögliche Unzulänglichkeiten des Gutachtens vom Gericht und den Parteien diskutiert werden, ohne dass weitere Anweisungen nach § 404a ZPO erfolgen (KG NZV 07, 462). Bei Wertermittlungen und Kostenschätzungen kann die Rspr zur Unbilligkeit iSd § 319 als Anhaltspunkt dienen. Danach sind Abweichungen bis zu 25% nicht „unbillig" (vgl BGH NJW 91, 2761). Zu beachten ist auch die Beweisrichtung des Gutachtens. So steht bei einem Verkehrswertgutachten nicht die Vollständigkeit und Richtigkeit von Baumängeln im Vordergrund (Rostock IBR 08, 545; Schlesw MDR 08, 25). Zu ersetzen sind alle Schäden, auch Vermögens- oder immaterielle Schäden, die dadurch verursacht wurden, dass die gerichtliche Entscheidung auf dem Gutachten beruht. Es muss sich nicht um Urteile handeln, es können auch Beschlüsse sein (BGH FamRZ 06, 691 – Zuschlagsbeschluss des ZVG, dort auch zur Schadensberechnung). Kommt es nicht dazu, etwa weil im Hinblick auf das Gutachten die Klage zurückgenommen wird oder die Parteien sich vergleichen, kann ein Schadensersatzanspruch nicht auf § 839a gestützt werden (str; MüKo/*Wagner* § 839a Rz 19 f; aA jurisPK/*Zimmerling* § 839a Rz 19 ff). Es dürfte wie bei § 839 darauf abzustellen sein, ob die gerichtliche Entscheidung Urteilsqualität hat (§ 839 Rn 46).

III. Haftungsausschluss. Die Haftung ist wie bei § 839 (dort Rn 48 ff) ausgeschlossen, wenn schuldhaft ein **4** Rechtsmittel versäumt wurde. Dazu gehören insb Gegenvorstellungen und Anträge auf Anhörung des Sachverständigen (BGH BauR 07, 1608). Nicht schuldhaft ist es, wenn eine verständige Partei angesichts des fehlerhaften Gutachtens kein Rechtsmittel gegen die gerichtliche Entscheidung einlegt, weil bei vernünftiger Betrachtungsweise mit den zu Gebote stehenden Mitteln eine Abänderung im Rechtsmittelverfahren nicht zu erwarten ist. Das gilt besonders, wenn es sich im zweiten Rechtszug nicht um eine Tatsacheninstanz handelt.

§ 840 Haftung mehrerer.
(1) Sind für den aus einer unerlaubten Handlung entstehenden Schaden mehrere nebeneinander verantwortlich, so haften sie als Gesamtschuldner.
(2) Ist neben demjenigen, welcher nach den §§ 831, 832 zum Ersatz des von einem anderen verursachten Schadens verpflichtet ist, auch der andere für den Schaden verantwortlich, so ist in ihrem Verhältnis zueinander der andere allein, im Falle des § 829 der Aufsichtspflichtige allein verpflichtet.
(3) Ist neben demjenigen, welcher nach den §§ 833 bis 838 zum Ersatz des Schadens verpflichtet ist, ein Dritter für den Schaden verantwortlich, so ist in ihrem Verhältnis zueinander der Dritte allein verpflichtet.

A. Funktion und Anwendungsbereich. I. Funktion. § 840 regelt die Haftung mehrerer, die nebeneinander **1** für einen aus unerlaubter Handlung entstehenden Schaden verantwortlich sind, im Außen- und Innenverhältnis. Er verweist auf §§ 421–426 (was eine Anwendung des § 420 ausschließt) und modifiziert diese. Durch § 840 I wird das Prozess- und Insolvenzrisiko des Gläubigers zu Lasten der Schädiger verlagert (s. BGHZ 85, 375, 387; Staud/*Vieweg* § 840 Rz 2; AnwK/*Katzenmeier* § 840 Rz 2; BaRoth/*Spindler* § 840 Rz 1). § 840 enthält keine eigenständige Anspruchsgrundlage, sondern setzt die Haftung mehrerer voraus (MüKo/*Wagner* § 840 Rz 2 f; AnwK/*Katzenmeier* § 840 Rz 1; BaRoth/*Spindler* § 840 Rz 2; Staud/*Vieweg* § 840 Rz 3 mwN, auch zur aA in Bezug auf Nebentäter).

II. Anwendungsbereich. 1. Verantwortlichkeit mehrerer nebeneinander. Eine Verantwortlichkeit mehrerer **2** nebeneinander kann sich ergeben aus § 830 I 1, II (Mittäter, Anstifter, Gehilfen), § 830 I 2 (Beteiligte) oder aufgrund einer Nebentäterschaft in Bezug auf einen einheitlichen Schaden (zu Grenzen der Nebentäterschaft im Patentrecht jetzt aber BGH GRUR 07, 313 Rz 17), nicht bei Verursachung separater Teilschäden (BGHZ 17, 214, 221; 30, 203, 208; 59, 97, 101; BaRoth/*Spindler* § 840 Rz 3). Ausreichend kann auch ein Zusammentreffen einzelner Schäden in einem einheitlichen Gesamtschaden sein, zB bei zwei dicht aufeinander folgenden Verkehrsunfällen (BGH VersR 64, 49).

2. Unerlaubte Handlung. Der Begriff der unerlaubten Handlung bei § 840 ist weit auszulegen und umfasst **3** sowohl Verschuldens- als auch Gefährdungshaftung, unabhängig davon, ob sich die Haftung aus dem BGB oder aus Spezialgesetzen (zB StVG, ProdHaftG, AMG, WHG) ergibt; auch eine Haftung aus § 829 kommt in Betracht. Sofern allerdings ein Spezialgesetz eigenständige Regelungen zur Haftung mehrerer enthält, gehen diese § 840 vor. Unerheblich ist – außerhalb des Anwendungsbereichs von §§ 840 II, III, 841 – die Art der Haftung: § 840 erfasst das Zusammentreffen mehrerer Gefährdungshaftungen (zB Tierhalter und Kfz-Halter, BGH LM § 840 Nr 5), mehrerer Verschuldenshaftungen (zB bei mehreren Verkehrssicherungspflichtigen, BGH NJW 94, 797, 798 f) oder von Gefährdungs- und Verschuldenshaftung (Hamm NZV 07, 143, 145). Die Vorschrift ist auch anzuwenden bei Ansprüchen aus unerlaubter Handlung und nachbarrechtlichen Ausgleichsansprüchen, die auf Ersatz desselben Schadens gerichtet sind, nicht aber bei unterschiedlichen Schadensursachen (insb BGHZ 85, 375, 387). Über seinen Wortlaut hinaus wird § 840 teilw beim Zusammentreffen von Delikts- und Vertragsansprüchen entspr angewandt, wenn zwischen den Verpflichtungen ein innerer Zusammenhang besteht (RGZ 61, 56, 58 ff; BGH NJW 90, 2882, 2883 f).

4 **B. Regelungsinhalt. I. Außenverhältnis.** Im Außenverhältnis haften die Schädiger gem § 840 I als Gesamtschuldner iSd §§ 421 ff, dh der Gläubiger kann von jedem Ersatz des gesamten Schadens verlangen, aber insgesamt nur einmal. Probleme ergeben sich bei Haftungsprivilegierungen einzelner Schuldner sowie bei Mitverschulden des Geschädigten.

5 **1. Haftungsprivilegierungen.** Bei **Haftungsprivilegierungen im Außenverhältnis zugunsten einzelner Schädiger** (**gestörtes Gesamtschuldverhältnis**, zB aufgrund vertraglicher oder gesetzlicher Haftungsmilderungen, Haftungsausschlüsse oder Haftungshöchstgrenzen) stellt sich die Frage, zu wessen Lasten sich diese iE auswirken. In Betracht kommen drei Möglichkeiten (dazu insb Medicus/Petersen BürgR Rz 928 ff): Bleibt die Privilegierung beim Rückgriff der anderen Gesamtschuldner unberücksichtigt, wird also ein (ungestörtes) Gesamtschuldverhältnis fingiert, wirkt sich dies **zu Lasten des privilegierten Schädigers** aus (so die frühere Rspr, insb zu Haftungshöchstgrenzen und -beschränkungen, zB BGHZ 12, 213, 220; 58, 216, 219, s. jetzt auch BGHZ 158, 354, 364 ff; differenzierend Staud/Vieweg § 840 Rz 60 ff). Berücksichtigt man hingegen die Privilegierung auch im Innenverhältnis, geht dies **zu Lasten der übrigen Schädiger** (so zB BGHZ 103, 338, 346 ff unter ausdrücklicher Aufgabe der früheren, entgegengesetzten Rspr; BGHZ 159, 318, 323; weiterhin die Rspr zu § 839 I 2, zB BGHZ 61, 351, 357 f; NJW 86, 2883, 2884 mwN). Schließlich kann auch **zu Lasten des Geschädigten** eine Kürzung seines Anspruchs gegen die übrigen Schädiger um den Betrag, der auf den privilegierten Schädiger entfiele, erfolgen und gleichzeitig der Regress im Innenverhältnis zugunsten des privilegierten Schädigers eingeschränkt werden (so die Rspr insb in Bezug auf Haftungseinschränkungen gem §§ 104 ff SGB VII, zB BGHZ 51, 37; 155, 205, 213 f; NJW 05, 2309, 2310; 3144 mwN; Kobl NJW-RR 06, 1174, 1176; Bremen OLGR 07, 253, 254; LAG Hamm 19 Sa 1891/06 und für das Angehörigenprivileg bei Regressansprüchen von Versicherungsträgern, s. BGHZ 54, 256, 258 ff; 73, 190, 195; weiterhin zB Stoll FamRZ 62, 64 ff; Medicus/Petersen BürgR Rz 933; Soergel/Krause § 840 Rz 25 ff; MüKo/Wagner § 840 Rz 31 ff; BaRoth/Spindler § 840 Rz 7; AnwK/Katzenmeier § 840 Rz 14 mwN). Die dritte Lösung erscheint für alle Konstellationen des gestörten Gesamtschuldverhältnisses angemessen, da nur sie es ermöglicht, die Haftungsprivilegierung auch im Verhältnis zwischen denjenigen Personen zu berücksichtigen, unter denen sie eigentlich gelten soll. Bei den anderen Lösungen würde jeweils der Geschädigte daraus einen – ungerechtfertigten – Vorteil ziehen, dass er durch mehrere gleichzeitig geschädigt wurde.

6 **Haftungsfreistellungen im Innenverhältnis** zwischen den Schädigern wirken nach der Rspr im Verhältnis zum Geschädigten nur, wenn sie die Schadensprävention betreffen (BGH NJW 87, 2669, 2670 mwN; BGHZ 110, 114, 119; krit Erman/Schiemann § 840 Rz 8).

7 **2. Mitverschulden des Geschädigten.** Ein Mitverschulden des Geschädigten führt zur Kürzung der gesamtschuldnerischen Haftung gem § 254. Bei **Mitverschulden ggü einem einzelnen Schädiger** stellt sich wiederum die Frage einer Wirkung im Verhältnis zu den anderen Schädigern. Bei **gemeinschaftlich begangenen unerlaubten Handlungen** (§ 830 I 1, II) wird überwiegend eine Gesamtabwägung vorgenommen mit der Folge, dass sich die Gesamtschuld auf den bereits gem § 254 gekürzten Betrag beschränkt (BGHZ 30, 203, 205 f). Das entspricht der hier bevorzugten Lösung bei Haftungsprivilegierungen (s.o. Rn 5) und erscheint aus den gleichen Gründen wie dort auch hier angemessen. Bei **Nebentäterschaft** kombiniert die Rspr Einzel- und Gesamtabwägung, indem sie zunächst die einzelnen Haftungsquoten der Nebentäter ermittelt; deren Summe ergibt den Betrag der Gesamtschuld. In Bezug auf etwaige verbleibende überschießende Haftungsbeträge wird eine Teilschuld iSd § 420 angenommen (s. nur BGHZ 30, 203, 211 f; NJW 06, 896 Rz 12; weitgehend auch MüKo/Wagner § 840 Rz 26 f). Ausnahmsweise wird jedoch ausschließlich eine Gesamtabwägung vorgenommen bei Haftungseinheit (wenn die Haftung der Nebentäter auf demselben Lebenssachverhalt beruht, zB Haftung nach §§ 7, 18 StVG oder nach §§ 823, 831, zB BGH NJW 66, 1262, 1263; NJW-RR 89, 918, 920, beide mwN) oder bei Zurechnungs- bzw Tatbeitragseinheit (zB BGHZ 61, 213, 218 mwN; NJW 96, 2646; 2023, 2024 mwN). Ein Teil der Lit will auch hier ausschließlich eine Gesamtbetrachtung vornehmen (s. AnwK/Katzenmeier § 840 Rz 29 mwN), was angesichts der Schwierigkeiten der Ermittlung solcher Ausnahmetatbestände im Interesse einer einheitlich handhabbaren Lösung angemessen erscheint.

8 **II. Innenverhältnis.** Gem § 840 I richtet sich der Ausgleich im Innenverhältnis zwischen den Gesamtschuldnern nach § 426 I 1, dh sie haften zu gleichen Anteilen, soweit nicht etwas anderes bestimmt ist. Eine andere Bestimmung kann sich insb ergeben aus gesetzlichen Regelungen (zB §§ 17, 18 III StVG, 13 HPflG, 41 LuftVG – dazu LG Konstanz 4 O 234/05 H, § 5 ProdHaftG oder §§ 840 II, III, 841) oder vertraglicher Vereinbarung, auch aus § 254 (s. nur BGHZ 12, 213, 220; NJW 80, 2348, 2349). In § 840 II, III erfolgt für den Innenausgleich eine teilweise Abstufung nach dem Grad der Verantwortlichkeit (Verschulden einerseits, vermutetes Verschulden bzw Gefährdungshaftung andererseits), die allerdings insofern nicht konsequent durchgeführt ist, als Haftung für vermutetes Verschulden und Gefährdungshaftung in III auf eine Stufe gestellt werden. Daher lässt sich aus diesen Regelungen auch **keine allgemeine Abstufung** zwischen Haftung für nachgewiesenes Verschulden, für vermutetes Verschulden und Gefährdungshaftung für die gesamtschuldneri-

sche Haftung entnehmen (BGHZ 6, 3, 28 mwN; 319, 321 f). Denkbar sind aber unterschiedliche Haftungsquoten für Vorsatz- und Fahrlässigkeitstäter (BGH 4 StR 321/05 Rz 5).

Nach **§ 840 II** steht dem nach §§ 831 oder 832 Haftenden voller Regress gegen den Erstschädiger zu, sofern es sich im konkreten Fall nicht ausnahmsweise um eine Haftung des Geschäftsherrn oder Aufsichtspflichtigen für nachgewiesenes eigenes Verschulden handelt (s. nur BGHZ 157, 9, 19 f; NJW 05, 2309, 2310; 3144, 3146; Bremen OLGR 07, 253, 255; Soergel/*Krause* § 840 Rz 14; BaRoth/*Spindler* § 840 Rz 20; AnwK/*Katzenmeier* § 840 Rz 37; Erman/*Schiemann* § 840 Rz 12). Auch der nach § 829 Haftpflichtige kann beim Aufsichtspflichtigen Regress nehmen. Eine **Ausnahme** zum Regress des Verrichtungsgehilfen (nicht aber im Verhältnis zum Geschädigten, BGH NJW 05, 2309, 2310; 3144, 3146 mwN) bilden die arbeitsrechtlichen Sonderregeln über die Beschränkung der Haftung des Arbeitnehmers bei betrieblicher Tätigkeit (§ 611 Rn 92 ff). 9

§ 840 III privilegiert den nach §§ 833–838 Haftpflichtigen im Verhältnis zu aus anderem Rechtsgrund Haftenden. Auch diese Regelung ist jedoch einzuschränken: einerseits bei nachgewiesenem eigenen Verschulden des nach §§ 833–838 Haftpflichtigen (Staud/*Vieweg* § 840 Rz 83; Soergel/*Krause* § 840 Rz 17; Erman/*Schiemann* § 840 Rz 13), andererseits bei reiner Gefährdungshaftung oder Haftung für vermutetes Verschulden des Dritten (zB Hamm NJW 58, 346 f; Schlesw NJW-RR 90, 470; Staud/*Vieweg* § 840 Rz 82; Soergel/*Krause* § 840 Rz 17; Erman/*Schiemann* § 840 Rz 13). 10

§ 841 Ausgleichung bei Beamtenhaftung. Ist ein Beamter, der vermöge seiner Amtspflicht einen anderen zur Geschäftsführung für einen Dritten zu bestellen oder eine solche Geschäftsführung zu beaufsichtigen oder durch Genehmigung von Rechtsgeschäften bei ihr mitzuwirken hat, wegen Verletzung dieser Pflichten neben dem anderen für den von diesem verursachten Schaden verantwortlich, so ist in ihrem Verhältnis zueinander der andere allein verpflichtet.

§ 841 enthält eine Ausnahme zur Anwendung des § 426 I 1 für die Haftung eines Beamten und eines Privaten gem § 840 I. Er beruht auf einem ähnlichen Rechtsgedanken wie § 840 II (MüKo/*Wagner* § 841 Rz 1; AnwK/*Katzenmeier* § 841 Rz 3). Der Anwendungsbereich der Vorschrift ist allerdings begrenzt, weil in solchen Fällen die Amtshaftung häufig schon im Außenverhältnis nach § 839 I 2 entfällt (BGHZ 91, 48, 51 mwN). **Bsp:** Privilegierung des Vormundschaftsrichters ggü dem Sorgeberechtigten, des Nachlassrichters ggü dem Nachlasspfleger, des Insolvenzrichters ggü dem Insolvenzverwalter oder des Vollstreckungsrichters ggü dem Zwangsverwalter. 1

§ 842 Umfang der Ersatzpflicht bei Verletzung einer Person. Die Verpflichtung zum Schadensersatz wegen einer gegen die Person gerichteten unerlaubten Handlung erstreckt sich auf die Nachteile, welche die Handlung für den Erwerb oder das Fortkommen des Verletzten herbeiführt.

A. Funktion. § 842 sagt nichts, was sich nicht schon aus den §§ 249 (Totalreparation, s. § 249 Rn 5), 252 ergäbe. Das gilt insbesondere für die Regel, der Schadensersatz umfasse auch den **Fortkommensschaden**: Auch dieser wäre ja ohne den zum Ersatz verpflichtenden Umstand nicht eingetreten (§ 249 I). § 842 enthält also kein Sonderrecht für deliktische Ersatzansprüche. Er beruht wohl auf dem Irrtum des Gesetzgebers, Personenschäden seien idR aus Delikt zu ersetzen (MüKo/*Wagner* Rz 2 f). 1

B. Anwendungsbereich. Aus dem in Rn 1 Gesagten folgt, dass § 842 bestenfalls eine ins Allgemeine Schuldrecht gehörende Klarstellung bedeutet. Daher ist er auch auf Vertragsansprüche anwendbar. Zudem bedeutet es keine Einschränkung, dass ein „gegen die Person gerichtetes" Delikt vorausgesetzt wird. Vielmehr genügt es, dass irgendein zum Ersatz verpflichtender Umstand zu einer Personenverletzung führt. 2

§ 843 Geldrente oder Kapitalabfindung. (1) Wird infolge einer Verletzung des Körpers oder der Gesundheit die Erwerbsfähigkeit des Verletzten aufgehoben oder gemindert oder tritt eine Vermehrung seiner Bedürfnisse ein, so ist dem Verletzten durch Entrichtung einer Geldrente Schadensersatz zu leisten.
(2) ¹Auf die Rente findet die Vorschrift des § 760 Anwendung. ²Ob, in welcher Art und für welchen Betrag der Ersatzpflichtige Sicherheit zu leisten hat, bestimmt sich nach den Umständen.
(3) Statt der Rente kann der Verletzte eine Abfindung in Kapital verlangen, wenn ein wichtiger Grund vorliegt.
(4) Der Anspruch wird nicht dadurch ausgeschlossen, dass ein anderer dem Verletzten Unterhalt zu gewähren hat.

A. Funktion. Auch § 843 steht (ebenso wie § 842 Rn 1) systematisch falsch, weil er nicht nur für Ersatzansprüche aus Delikt gilt, sondern **allg Schadensrecht** enthält. Anders als § 842 beantwortet er aber auch zwei nach den §§ 249, 252 nicht ohne weiteres zu entscheidende Sachprobleme: 1

Die **I–III** regeln die Frage, ob der (oft viele Jahre in die Zukunft hinein) zu leistende Ersatz als Einmalzahlung oder als Rente geschuldet wird. Diese Problematik ist offenbar unabhängig vom Vorliegen einer deliktischen Anspruchsgrundlage. S.u. Rn 4 ff. 2

3   IV dagegen regelt eine (ebenfalls von der Anspruchsgrundlage unabhängige) Frage der Vorteilsausgleichung (s. § 249 Rn 78 ff): Wird der Schadensersatzanspruch durch Unterhaltsansprüche des Verletzten gegen Dritte aufgehoben oder gemindert? S.u. Rn 15 ff.

4   **B. Einmalzahlung oder Rente? I. Die Regel.** Sie steht in I: Der Schadensersatz wird **als Geldrente** geschuldet. Das ist auch sachlich begründet. Denn der zu ersetzende Erwerbsschaden und die Kosten für vermehrte Bedürfnisse entstehen gleichfalls erst im Lauf der Zeit. Zudem mag eine sofortige Kapitalabfindung den Schädiger in die Insolvenz treiben. Endlich werden so Spekulationen über die mutmaßliche Fortdauer der Schäden vermieden; Veränderungen können leicht über § 323 ZPO berücksichtigt werden.

5   **II. Die Ausnahme.** Sie steht in III: Aus wichtigem Grund soll der Geschädigte eine **sofortige Kapitalabfindung** verlangen können. Dagegen hat der Schuldner kein solches Wahlrecht, auch wenn er (etwa als Versicherer) an einer schnellen Abwicklung interessiert sein mag (s. BGHZ 79, 187, 191). Bei Einigkeit ist aber jederzeit ein Abfindungsvergleich möglich und auch häufig, s. MüKo/*Wagner* Rz 74.

6   Als **wichtiger Grund** kommt ein besonderes Interesse des Geschädigten in Betracht, der etwa seine Existenz sichern will; ebenso genügen begründete Zweifel an der Fortdauer der Leistungsfähigkeit des Schuldners. **Der Höhe nach** soll der Geschädigte den Betrag erhalten, der zusammen mit den erzielbaren Zinsen (dazu *Nehls* DAR 07, 444) die Summe der an sich geschuldeten Rente erreicht (BGHZ 97, 187, 190). Dabei können als erster Anhalt die auf die Sterbetafeln sich gründenden Kapitalisierungstabellen herangezogen werden (BGHZ aaO 191, etwa bei *Küppersbusch* Ersatzansprüche bei Personenschäden, 10. Aufl 09 Anh 238 ff).

7   Gerade bei der **Berechnung der Kapitalabfindung** sind vielfach fehleranfällige Prognosen nötig. Wenn sich diese als falsch erweisen, lässt BGHZ 79, 187, 192 f **keine Abänderungsklage** analog § 323 ZPO zu: Die Abfindung enthalte Elemente eines Vergleichs; die durch sie gewünschte Befriedung dürfe nicht nachträglich wieder beseitigt werden (aA teils die Lit, Angaben bei MüKo/*Wagner* Rz 78 Fn 297). Zur Höhe der Kapitalabfindung letztens *Nehls* DAR 07, 444 ff. Dass die Vereinbarung einer Abfindung ohne wichtigen Grund nach § 134 nichtig wäre (so *Nehls* 449 f), ist aber unrichtig: III enthält kein gesetzliches Verbot einer solchen Vereinbarung.

8   **C. Einzelheiten zur Rente. I. Voraussetzungen. 1. Minderung der Erwerbsfähigkeit.** In der ersten Alt spricht I (anders als § 842) nicht von einer Beeinträchtigung von „Erwerb oder Fortkommen", sondern nur von der „Erwerbsfähigkeit". Das ist missverständlich, weil in der Sache kein Unterschied besteht: Auch in I wird das Fortkommen so berücksichtigt, wie sich das aus § 249 I ergibt (s. § 842 Rn 1). Zudem meint auch I nicht die abstrakte Erwerbsfähigkeit, sondern va den **konkret entgangenen Erwerb** (BGHZ 54, 45, 50, s. MüKo/*Wagner* Rz 15 f). Dieser kann bei Arbeitslosen auch in dem Verlust des Anspruchs auf Arbeitslosenhilfe liegen (BGHZ 90, 334, 336). Zudem werden Nachteile aus dem verletzungsbedingten Nichteinsatz der Arbeitskraft ersetzt, etwa bei der Hausfrau (s. § 845 Rn 1). Dagegen erhält keinen Ersatz, wer seine Arbeitskraft nicht einsetzen wollte. Zu der Berechnung des Erwerbsausfalls s. § 251 Rn 4 ff.

9   **2. Vermehrung der Bedürfnisse.** In der zweiten Alternatvie spricht I von einer „Vermehrung der Bedürfnisse" des Verletzten. Damit sind **nicht die für die Heilung nötigen Aufwendungen** gemeint (s.u. Rn 11). Vielmehr geht es um die Kosten aus den verletzungsbedingten Bedürfnissen, wenn diese sich auch durch Heilungsmaßnahmen nicht beheben lassen: etwa orthopädische und technische Hilfsmittel, vermehrte Fahrtkosten, schmerzlindernde Medikamente (BGH NJW 56, 219, 220). Ersatzfähig sein können etwa auch die Kosten für die Anschaffung eines Kraftfahrzeugs mit Automatikgetriebe (BGH NJW 70, 1685 f) oder für den behindertengerechten Umbau eines Hauses (BGH NJW 82, 757). Endlich umfasst I auch die Kosten für das benötigte Pflegepersonal.

10 Hier ist freilich überall zu bedenken, ob nicht die Ansprüche des Verletzten infolge der **Kongruenz mit Leistungen eines Sozialversicherungsträgers** nach § 116 I SGB X auf diesen übergegangen sind (etwa BGHZ 140, 39 ff). Von nahen Angehörigen geleistete Pflegedienste sollen idR nicht erstattungsfähig sein, weil sie keinen Marktwert haben (BGHZ 106, 28, 31). Abweichendes gilt aber für einzelne bezifferbare Kosten (zB Fahrtkosten, Verdienstausfall). Zu den Kosten von Krankenhausbesuchen durch nahe Angehörige s. § 249 Rn 28.

11 **3. Heilungskosten.** Sie werden in § 843 nicht erwähnt, weil sich für sie die dort behandelte Frage idR nicht stellt: Sie entstehen nicht fortlaufend neu, so dass sich eine Rente für den Ersatz nicht eignet. Bei längerer Dauer können aber die Kosten von Heilmaßnahmen in Raten eingefordert werden (s. § 249 Rn 27).

12 **II. Der Rentenanspruch. 1. Verweisung.** Wegen des Rentenanspruchs verweist II 1 auf § 760. Das bedeutet: Die Rente ist jeweils für drei Monate im voraus zu zahlen (§ 760 I, II). Stirbt der Gläubiger während dieser Periode, so erhält er trotzdem den vollen Dreimonatsbetrag (§ 760 III), und zwar nicht etwa auch zur Abgeltung der oder mit Anrechnung auf die nach § 844 I geschuldeten Bestattungskosten.

13 *2. Sicherheitsleistung.* Auf sie hat der Geschädigte keinen Anspruch. Vielmehr liegt ihre Anordnung im Ermessen des Gerichts, II 2, doch kann die Ermessensausübung vom Rechtsmittelgericht überprüft werden (MüKo/*Wagner* Rz 71). Bei einer Verschlechterung der Vermögensverhältnisse des Schuldners kann die Sicherheitsleistung oder deren Erweiterung auch nachträglich verlangt werden, § 324 ZPO.

3. Einkommensteuer. Ihr unterliegen nach § 24 Nr 1 1 EStG die Renten (wie auch die Kapitalabfindung) wegen eines Erwerbsschadens. Dagegen bleiben Leistungen zum Ausgleich eines Mehrbedarfs steuerfrei. 14

D. Abs 4. Grundgedanke von IV ist: Wenn der an Körper oder Gesundheit Verletzte außer den Ersatzansprüchen aus Delikt auch Unterhaltsansprüche gegen Dritte hat, soll das den Deliktsschuldner nicht entlasten; dieser steht der Schadenstragung nämlich näher als der Unterhaltspflichtige. Freilich drückt der Wortlaut von IV das nur unvollständig aus. 15

Erweiterungen sind daher in mehreren Richtungen anerkannt: (1) Nicht nur der (noch unerfüllte) Anspruch auf Unterhalt schließt den Deliktsanspruch nicht aus, sondern auch der schon **geleistete Unterhalt** (so bereits RGZ 47, 211, 212 f zum HaftpflG und RGZ 65, 162 zum BGB). – (2) Der Vorrang des Deliktsanspruchs beschränkt sich nicht auf die in § 843 genannten Schäden, sondern umfasst zB auch die **Heilungskosten** (RGZ 65, 162). – (3) Nicht angerechnet werden **auch freiwillige Leistungen** eines nicht zum Unterhalt verpflichteten Dritten, wenn dieser nicht nach § 267 auf die Deliktsschuld zahlt. – (4) Überhaupt muss eine Drittleistung überall da für den Deliktsanspruch ohne Bedeutung bleiben, wo das Gesetz diesen mittels einer **Legalzession** auf den Leistenden oder Leistungspflichtigen überleitet, wie in den §§ 86 VVG, 116 SGB X, 6 EFZG, 87a BBG. Denn diese Überleitung setzt denknotwendig den Fortbestand des übergegangenen Deliktsanspruchs voraus. Vgl § 249 Rn 79; 81. 16

E. Gleiche Vorschriften. In den §§ 11 1 StVG, 6, 8 HaftpflG, 36, 38 LuftVG, 8, 9 ProdHaftG und noch mehreren anderen finden sich Sondervorschriften über die Ersatzpflicht bei Körperverletzungen. Diese gehen zwar formal den §§ 842, 843 vor. Sachlich enthalten sie aber keine Abweichung, so dass dort die gleichen Probleme auftreten. Wo solche Vorschriften fehlen (wie bei § 22 WHG), kann man also ohne weiteres die allg §§ 842, 843 anwenden. 17

F. Prozessuales. Hier ist für die richterliche Bemessung der Rente zu bemerken: Deren Ausmaß hängt ja nicht nur von der voraussichtlichen Lebensdauer des Verletzten ab, sondern auch von der Entwicklung seiner Behinderung und seiner Pflegebedürfnisse sowie des Geldwertes. Zwar kann ein Rentenurteil wegen einer wesentlichen Veränderung der Verhältnisse nachträglich über § 323 ZPO für die Zukunft angepasst werden. Trotzdem ist es sinnvoll, Klage und Urt von vornherein auf einen Zeitraum zu beschränken, für den eine Prognose einigermaßen sicher ist (MüKo/*Wagner* Rz 90). Doch ist dann für den Kläger ein ergänzender Feststellungsantrag über den Grund der künftigen Ersatzpflicht zweckmäßig (s. MüKo/*Wagner* Rz 93 f). 18

§ 844 Ersatzansprüche Dritter bei Tötung.
(1) Im Falle der Tötung hat der Ersatzpflichtige die Kosten der Beerdigung demjenigen zu ersetzen, welchem die Verpflichtung obliegt, diese Kosten zu tragen. (2) ¹Stand der Getötete zur Zeit der Verletzung zu einem Dritten in einem Verhältnis, vermöge dessen er diesem gegenüber kraft Gesetzes unterhaltspflichtig war oder unterhaltspflichtig werden konnte, und ist dem Dritten infolge der Tötung das Recht auf den Unterhalt entzogen, so hat der Ersatzpflichtige dem Dritten durch Entrichtung einer Geldrente insoweit Schadensersatz zu leisten, als der Getötete während der mutmaßlichen Dauer seines Lebens zur Gewährung des Unterhalts verpflichtet gewesen sein würde; die Vorschrift des § 843 Abs. 2 bis 4 findet entsprechende Anwendung. ²Die Ersatzpflicht tritt auch dann ein, wenn der Dritte zur Zeit der Verletzung gezeugt, aber noch nicht geboren war.

A. Funktion. Während die §§ 842, 843 bloß die §§ 249, 252 konkretisieren, weichen die §§ 844, 845 davon ab: Sie bilden **eigene Anspruchsgrundlagen** für den Ersatz von Vermögensschäden Dritter, die von dem Delikt mittelbar betroffen sind. Dabei geht es um die Beerdigungskosten (§ 844 I, und zwar ohne den Einwand, diese Kosten wären später ohnehin entstanden, s. § 249 Rn 110) und den Verlust gesetzlicher Unterhaltsansprüche (§ 844 II) sowie gesetzlicher Ansprüche auf Dienstleistungen (§ 845). Die weitaus **größte Bedeutung** hat hierbei **§ 844 II**. Er ist wegen der nötigen Prognosen eine der am schwierigsten anzuwendenden Vorschriften des BGB, zumal sich hier Schadensersatz- und Unterhaltsrecht vermengen. Für die Praxis vgl etwa *Schulz-Borck/Hofmann* Schadensersatz beim Ausfall von Frauen und Müttern im Haushalt, 6. Aufl 00. 1

B. Beerdigungskosten. I. Bestattung. Beerdigung meint nicht nur die Erdbestattung, sondern auch jede andere Bestattungsart einschl der **Feuerbestattung** (MüKo/*Wagner* Rz 18). Zur Wahl der Bestattungsart vgl § 1968 Rn 6; bei ihr bedarf es keiner Rücksicht auf die Interessen des erstattungspflichtigen Schädigers: Der Tote kann also so bestattet werden, wie das ohne die Ersatzpflicht eines Dritten geschehen würde. Nur müssen die Kosten in einem angemessenen Rahmen bleiben (BGHZ 61, 238, 239; MüKo/*Wagner* Rz 18). 2

II. Gläubiger des Anspruchs. Das ist idR der nach § 1968 zur Kostentragung verpflichtete **Erbe**. Subsidiär kommen in Betracht unterhaltsverpflichtete **Verwandte** (§ 1615 II) und **Ehegatten** (§§ 1360a III, 1361 IV 4) und nach § 528 I 3 der **Beschenkte** nach dem Tod des verarmten Erblassers. Genügen soll auch eine vertraglich begründete Kostentragungspflicht, zB aus einem Heimvertrag (MüKo/*Wagner* Rz 15). **Nicht ausreichend** sind dagegen ohne Rechtspflicht getragene Bestattungskosten; insoweit kommen allenfalls Ersatzansprüche nach §§ 683, 670 oder 812 in Betracht (so MüKo/*Wagner* Rz 15, aber str). 3

4 **III. Umfang des Anspruchs.** Dieser umfasst die **wirklich entstandenen Kosten** in den Grenzen der Angemessenheit (s.o. Rn 2). Es sind dies insb die Kosten für eine Grabstelle (aber nicht zusätzlich die Mehrkosten für ein Doppelgrab, BGHZ 61, 238), Sarg/Urne, Grabstein, Blumenschmuck, Traueranzeigen und -karten, Trauermahl und (mit Abzügen für die „normale" Verwendbarkeit) auch Trauerkleidung. Dagegen sind **nicht ersatzfähig** idR die Kosten für die Anreise zur Trauerfeier (BGHZ 32, 72), die laufenden Kosten für den Grabschmuck, die Kosten für den Verdienstausfall von Angehörigen (MüKo/*Wagner* Rz 19, str) und die Stornokosten für eine abgesagte Urlaubsreise (BGH NJW 89, 2317, 2318).

5 **IV. Sterbegeld.** Ein dem Ersatzgläubiger zustehendes Sterbegeld, das auch die Bestattungskosten decken soll, ist für den Anspruch aus § 844 I nicht als ausgleichsfähiger Posten anzurechnen (BGH NJW 78, 536). Vielmehr kommt ein gesetzlicher Übergang des Deliktsanspruchs auf den Sterbegeldschuldner in Betracht; bei Fehlen einer Zessionsnorm wird eine Abtretungspflicht analog § 255 erwogen (MüKo/*Wagner* Rz 21 und die dort Fn 103 Genannten, va BGH NJW 78, 537).

6 **C. Unterhaltsschaden, Abs 2. I. Gesetzliche Unterhaltspflicht.** Voraussetzung ist, dass der Getötete einem Dritten kraft Gesetzes unterhaltspflichtig war oder hätte werden können. Solche Unterhaltspflichten beruhen auf **Verwandtschaft** (§§ 1601 ff, 1615l) oder **Ehe** (§§ 1360, 1361, nach der Scheidung §§ 1569 ff und wohl auch § 1587g, s. MüKo/*Wagner* Rz 23), zudem auf eingetragener **Lebenspartnerschaft** (LPartG §§ 5, 12, nach Aufhebung § 16).

7 **Nicht ausreichend** ist dagegen eine Unterhaltspflicht aus Vertrag (etwa BGH NJW 84, 977, 978) oder aus tatsächlicher Übung, etwa iRe **nichtehelichen Lebensgemeinschaft** (str, doch vgl BGH NJW 09, 2062, krit auch MüKo/*Wagner* Rz 26 f). Ein Unterschied zur gesetzlichen Unterhaltspflicht besteht hier nicht bloß nach dem Gesetzeswortlaut, sondern vielfach auch in der Sache: Eine vertragliche Unterhaltspflicht kann ggf auf die Erben des Schuldners übergehen, und einer bloß tatsächlichen Übung fehlt die für eine Prognose der Fortdauer erforderliche Wahrscheinlichkeit.

8 **II. Maßgeblicher Zeitpunkt.** Da II Folgen des Todes regelt, scheint der Anspruch auch erst in diesem Zeitpunkt zu entstehen. Doch stellt BGHZ 132, 39, 42 f auf den **Zeitpunkt der Verletzung** ab, die zu dem Tod führt. Danach hat den Anspruch nicht, wer erst nach der Verletzung, aber noch vor dem Tod des Verletzten durch Heirat oder Zeugung hinzukommt (Mot II 779 f). Dass der schon gezeugte Unterhaltsgläubiger erst später geboren wird, schadet aber nach II 2 nicht.

9 **III. Inhalt des Ersatzanspruchs. 1. Geldrente.** Nach II 1 kann der geschädigte Dritte die Zahlung einer Geldrente fordern. Das gilt unabhängig davon, ob der Getötete den Unterhalt in Geld oder in natura zu gewähren hatte. Soweit dagegen die Unterhaltspflicht auf die Erben des Getöteten übergeht (§§ 1586b I 1, 1615l III 5, LPartG 16 II 2), soll § 844 II ausscheiden, weil die Hinterbliebenen keinen Unterhaltsschaden haben (aber verträgt sich das mit § 843 IV?). Anders soll es jedoch liegen, wenn diese Erben nicht leistungsfähig sind (RGZ 74, 375, 377).

10 **2. Dauer der Rente.** Die Rente soll den entgehenden Unterhalt ersetzen. Daher richten sich Beginn und Ende der Rentenpflicht nach Beginn und Ende der (nur mehr fiktiven) Unterhaltspflicht. Für das **Ende** nennt II 1 ausdrücklich das Ende der **„mutmaßlichen Dauer"** des Lebens des Getöteten, weil spätestens mit diesem Tod das die Unterhaltspflicht begründende Rechtsverhältnis geendet hätte. Doch kommt nach den Regeln des Unterhaltsrechts auch ein **früheres Ende** in Betracht, insb idR durch das Ende der Bedürftigkeit des Unterhaltsgläubigers oder der Leistungsfähigkeit des Unterhaltsschuldners (§§ 1602, 1603). Zudem kommen noch weitere Endigungsgründe in Betracht, etwa dass ein näher Verwandter leistungsfähig geworden ist (vgl §§ 1606 f).

11 Der **Beginn der Ersatzpflicht** fällt mit dem Tod oder dem späteren (hypothetischen) Beginn der Unterhaltspflicht zusammen. Das kommt in Betracht beim **nasciturus** (II 2) oder wenn Bedürftigkeit oder Leistungsfähigkeit erst später eingetreten sind. Doch ändert das nichts daran, dass der Grund für das Unterhaltsverhältnis schon bei der todbringenden Verletzung vorgelegen haben muss (s.o. Rn 8).

12 **3. Einzelheiten der Ersatzpflicht.** Sie ergeben sich daraus, dass II 1 am Ende auf § 843 II bis IV verweist. Danach gilt eine Pflicht zur **Vorauszahlung** für jeweils drei Monate; es genügt, dass der Gläubiger den Anfang der Dreimonatsfrist erlebt (§§ 843 II mit 760). Vom Gericht kann eine Pflicht zur **Sicherheitsleistung** bestimmt werden (§ 843 II 2). Aus wichtigem Grund kann der Gläubiger statt der Rente eine **Kapitalabfindung** verlangen (§ 843 III). Der **Deliktsanspruch** auf Unterhaltsersatz **wird nicht durch** einen anderen (nachrangigen) **Unterhaltsanspruch ausgeschlossen** (§ 843 IV). S. zu allem die Erläuterungen zu § 843.

13 **4. Höhe der Rente.** Maßgeblich hierfür ist der von dem Getöteten **fiktiv geschuldete gesetzliche Unterhalt** (BGH NJW 04, 358, 359). Dafür sind idR alle Nettoeinkünfte heranzuziehen, die dem Getöteten zugeflossen *wären, gleich welcher Art* diese Einkünfte sind und aus welchem Anlass sie im einzelnen erzielt worden wären (BGH aaO). Dazu zählen etwa auch Eigenheim- oder Kinderzulagen (BGH aaO). **Verfehlt** ist dagegen als Ausgangspunkt der Ansatz der Kosten, die zur Unterbringung des Gläubigers in einem Heim oder einer anderen Familie notwendig wären (BGH NJW 85, 1460, 1461, doch vgl BGH NJW 82, 2864). Der Geschä-

digte erhält also idR nicht mehr, als er ohne das Schadensereignis als Unterhalt hätte fordern können. Dabei kann sich dieser Ersatzanspruch **im Lauf der Zeit verändern**. Insb kann sich der Bedarf mit zunehmendem Alter vermehren (Ausbildung, Pflege). Auch braucht die fiktive Leistungsfähigkeit des Getöteten nicht gleichzubleiben (zB fiktive Beförderung oder Übergang in Pension oder Rente). 14

Soweit der **Unterhalt natural geschuldet** gewesen wäre (etwa §§ 1360 2, 1612 II), müssen die Naturalleistungen bei § 844 II in Geld umgerechnet werden. Dabei werden für Pflegedienste idR die **Nettoverdienste** einer einzustellenden Pflegekraft zugrunde gelegt (BGHZ 86, 372, 376 ff mit ausf Begründung der Wahl nur des Nettolohns). Dass eine Anstellung deshalb unterblieben ist, weil Familienangehörige des Unterhaltsberechtigten eingesprungen sind, bleibt nach § 843 IV außer Betracht. Wird dagegen eine Ersatzkraft wirklich angestellt, soll nach BGHZ 86, 372, 376 der volle hierfür aufgewendete Betrag (also der **Bruttolohn**) gefordert werden können. 15

5. Ausgaben zur Vermögensbildung. Hätte der Getötete einen Teil seines Einkommens zur Vermögensbildung aufgewendet, so erhöht dies die Rente nicht (MüKo/*Wagner* Rz 50). Das gilt insb für die Kosten zur Tilgung der Belastung eines Eigenheims. Dagegen sind **Zinsbelastungen** unterhaltsrechtlich zu berücksichtigen, sofern sie einem angemessenen Mietzins vergleichbar sind und diesen ersparen (BGH NJW 04, 358, 359; 04, 2894, 2895). Allgemein sind bloße Vermögensschäden nicht ersatzfähig, die mit dem Unterhalt nichts zu tun haben (BGH aaO). Dazu gehört etwa auch der Wegfall der Vorteile aus dem steuerlichen **Ehegattensplitting** (BGH aaO). Die Rente nach § 844 II ist **nicht einkommensteuerpflichtig**, BFH NJW 09, 1229. 16

6. Vorteilsanrechnung. Eine durch den Tod etwa angefallene **Erbschaft** sowie Versicherungsleistungen mindern den Unterhaltsschaden idR nicht (s. § 249 Rn 82 ff). Zweifelhaft ist dagegen die Anrechnung der Kosten, die der Unterhaltsberechtigte **durch den Tod des Unterhaltspflichtigen erspart** hat: Muss sich etwa der Witwer anrechnen lassen, was er wegen des Todes seiner Ehefrau nicht mehr aufzuwenden braucht? Die Rspr bejaht das (etwa BGHZ 56, 389, 393 in Ausweitung von BGHZ 4, 123); dagegen spricht freilich, dass der einem Ehegatten gewährte Unterhalt nicht einfach bloß dessen Tätigkeit etwa im Haushalt entgelten soll. Unzweifelhaft ist dagegen die Anrechnung **eigener Einkünfte**, die dem Überlebenden durch eine jetzt zumutbar gewordene Tätigkeit zufließen (s. § 254 Rn 17 f). 17

7. Mehrzahl von Hinterbliebenen. Bei einer Mehrzahl von unterhaltsberechtigten Hinterbliebenen (etwa Witwe und Kinder) hat jeder **einen eigenen Anspruch** aus § 844 II. Hierauf wendet der BGH nicht etwa § 432 an, so dass der Schuldner nur einmal zahlen müsste und die Verteilung ein Internum der Gläubiger bliebe (BGHZ 52, 304, 306 für § 843 II nach einer Verletzung). Vielmehr soll jeder Gläubiger für seinen Anspruch eine **eigene Quote** haben (BGH NJW 72, 1130 f; NJW 07, 506 Tz 24). Dabei werden gleiche Anteile (etwa bei einer Witwe mit zwei Kindern je $1/_3$) idR abgelehnt, weil die Bedürfnisse verschieden seien (BGH NJW 88, 2365, 2368). So seien die Bedürfnisse eines Elternteils idR größer als diejenigen der Kinder, etwa hinsichtlich des Wohnbedarfs und des Anteils an der Benutzung eines Kraftfahrzeugs. Daher komme unter den genannten Umständen eher eine Teilung von 2:1:1 in Betracht; für ein nichteheliches Kind s. BGH NJW 07, 506 Tz 24. Das ist zwar im Ansatz richtig, doch lässt sich ein genaues Teilungsverhältnis wohl kaum angeben (etwa wegen der gemeinsamen Benutzung von Wohnräumen). Daher ist die Anwendung des auch vom BGH aaO genannten **§ 287 ZPO** idR unvermeidlich. 18

D. Gleiche Vorschriften. Sie finden sich ähnl wie bei § 843 Rn 12) in fast allen Gesetzen über eine Gefährdungshaftung, etwa in § 10 StVG, § 5 HaftpflG, § 35 LuftVG, § 7 ProdHaftG und anderen. Sie gehen dann als Spezialgesetze dem § 844 vor, was aber beim Fehlen von Abweichungen keine Bedeutung hat. Wo Spezialvorschriften fehlen, kommt § 844 für nichtdeliktische Haftungsfälle nur bei besonderer Anordnung in Betracht (etwa § 618 III). 19

§ 845 Ersatzansprüche wegen entgangener Dienste.

¹Im Falle der Tötung, der Verletzung des Körpers oder der Gesundheit sowie im Falle der Freiheitsentziehung hat der Ersatzpflichtige, wenn der Verletzte kraft Gesetzes einem Dritten zur Leistung von Diensten in dessen Hauswesen oder Gewerbe verpflichtet war, dem Dritten für die entgehenden Dienste durch Entrichtung einer Geldrente Ersatz zu leisten. ²Die Vorschrift des § 843 Abs. 2 bis 4 findet entsprechende Anwendung.

A. Funktion. Bei Tötung erfasst § 844 II nur einen Ersatz für den gesetzlich geschuldeten Unterhalt. Dagegen bleiben gesetzlich geschuldete **Dienste, die nicht zum Unterhalt gehören**, dort außer Betracht. Diese Lücke will § 845 mit Erstreckung auf die Fälle der Körper- und Gesundheitsverletzung füllen. Dabei war zunächst va an die Pflicht der Ehefrau zur Führung des gemeinsamen Haushalts gedacht worden (§ 1356 aF). BGHZ 38, 55 hat jedoch die so geschuldeten Dienste als Beitrag zum Familienunterhalt eingeordnet (§ 1360). Daher sollte bei **Tötung eines Ehegatten** der Ersatzanspruch des überlebenden jetzt unter § 844 II fallen; bei bloßer **Verletzung** habe der Verletzte selbst Ansprüche aus § 843. Die Bedeutung von § 845 ist dadurch stark zurückgegangen. In diesem engen Rahmen bildet er aber ebenso wie § 844 Rn 1) eine **eigene Anspruchsgrundlage** zum Ersatz von Vermögensschäden Dritter. 1

2 **B. Der verbleibende Anwendungsbereich.** Keine von § 845 erfasste Dienstleistungspflicht enthält § 1618a (Bambg NJW 85, 2724). Auch vertraglich geschuldete Dienste (zB als Gesellschafter) und ohne Rechtspflicht erbrachte Dienstleistungen fallen nicht unter § 845.

3 Übrig bleiben nach BGHZ 77, 157, 164; 137, 1 = JZ 98, 362 m Anm *Gernhuber* die Dienstleistungspflichten der **im elterlichen Hausstand lebenden Kinder** nach § 1619 (s. dort). Doch gibt es auch insoweit zwei wesentliche **Einschränkungen**: Erstens wird eine solche Pflicht des Hauskindes verneint, wenn dieses seine volle Arbeitskraft anderweit für eine entgeltliche Erwerbstätigkeit einsetzt (BGHZ 137, 1 aaO, str). Und zweitens soll nach BGHZ 69, 380, 385 der Schädiger geltend machen können, das Kind hätte sich von einem bestimmten Zeitpunkt an zu einer (den § 1619 ausschließenden) zumutbaren Erwerbstätigkeit entschlossen.

4 **C. Die Geldrente.** Für sie gelten nach 2 ebenso wie bei § 844 Rn 12) die II–IV von § 843. Die **Höhe der Rente** bemisst sich nach dem Wert der entgehenden Dienste (MüKo/*Wagner* Rz 14).

5 **D. Ähnliche Vorschriften.** Anders als bei § 844 Rn 19) fehlt für § 845 ganz überwiegend eine entspr Vorschrift in anderen Haftungsgesetzen. Eine Ausn bildet nur § 53 II LuftVG für die Schädigung durch ein militärisches Luftfahrzeug. Diese Gesetzeslage hat keinen ersichtlichen inneren Grund. § 845 könnte wohl gestrichen werden (s. MüKo/*Wagner* Rz 2). Stattdessen könnte man manche Dienste von Kindern als Unterhaltsleistungen auffassen; dann wären die §§ 843, 844 II anwendbar.

§ 846 Mitverschulden des Verletzten.
Hat in den Fällen der §§ 844, 845 bei der Entstehung des Schadens, den der Dritte erleidet, ein Verschulden des Verletzten mitgewirkt, so findet auf den Anspruch des Dritten die Vorschrift des § 254 Anwendung.

1 **A. Funktion.** Die §§ 844, 845 begründen Ersatzansprüche Dritter. Hätte bei der Schädigung eine zu verantwortende Mitwirkung des Erstgeschädigten vorgelegen, würde § 254 direkt für diese Drittansprüche nicht passen. Es wäre aber ungereimt, wenn der Schädiger dem Zweitgeschädigten mehr Ersatz leisten müsste als dem Erstgeschädigten: Auch die Drittansprüche beruhen ja auf der Haftung ggü dem Erstgeschädigten. Daher erstreckt § 846 den § 254 auch auf diese Drittansprüche.

2 **B. Anwendungsbereich.** Direkt (also ohne § 846) gilt § 254, soweit den nach §§ 844 f anspruchsberechtigten Dritten ein Eigenverschulden (etwa an der Ausweitung des Schadens) trifft. Zweifelhaft ist, ob § 846 auch für **Schockschäden** (s. § 823 Rn 29) passt, also ob der von dem Schock Betroffene sich ein Mitverschulden der Person anrechnen lassen muss, deren Verletzung den Schock ausgelöst hat (ja MüKo/*Wagner* Rz 5, nein BGHZ 56, 163, 168 f gegen RGZ 157, 11, doch soll über § 242 Gleiches gelten). Dagegen soll § 846 unanwendbar sein bei der Verletzung vermögensschützender **Amtspflichten**, wenn der unmittelbar Betroffene an der Schadensentstehung mitgewirkt hat (BGH NJW 56, 260 für ein Mitverschulden der Erblasserin an der schädigenden Unwirksamkeit eines Bürgermeistertestaments).

§ 847 – aufgehoben –

§ 848 Haftung für Zufall bei Entziehung einer Sache.
Wer zur Rückgabe einer Sache verpflichtet ist, die er einem anderen durch eine unerlaubte Handlung entzogen hat, ist auch für den zufälligen Untergang, eine aus einem anderen Grunde eintretende zufällige Unmöglichkeit der Herausgabe oder eine zufällige Verschlechterung der Sache verantwortlich, es sei denn, dass der Untergang, die anderweitige Unmöglichkeit der Herausgabe oder die Verschlechterung auch ohne die Entziehung eingetreten sein würde.

1 § 848 erweitert die Haftung desjenigen, der einem anderen eine Sache durch unerlaubte Handlung entzogen hat, auf die Fälle von zufälligem Untergang, Unmöglichkeit der Herausgabe oder Verschlechterung der Sache. Betroffen sein muss die Sachsubstanz, nicht lediglich der Sachwert (RG Recht 1907 Nr 762: Kursverlust einer Aktie nicht erfasst). Da sich dieselbe Rechtsfolge beim Schadensersatz in Geld idR bereits aus § 251 I ergibt (*Meincke* JZ 80, 677; Erman/*Schiemann* § 848 Rz 1), sofern nicht der Schutzzweckzusammenhang fehlt (AnwK/*Katzenmeier* § 848 Rz 1; *Larenz/Canaris* § 83 IV), liegt die Bedeutung der Vorschrift hauptsächlich in der Möglichkeit, nach dem letzten Hs einen hypothetischen Kausalverlauf zugunsten des Schädigers zu berücksichtigen. Insoweit trifft die Beweislast den Geschädigten; die hypothetische Reserveursache müsste aber nicht gerade beim Verletzten zu einem Schaden geführt haben (Prot II, 2791).

§ 849 Verzinsung der Ersatzsumme.
Ist wegen der Entziehung einer Sache der Wert oder wegen der Beschädigung einer Sache die Wertminderung zu ersetzen, so kann der Verletzte Zinsen des zu ersetzenden Betrags von dem Zeitpunkt an verlangen, welcher der Bestimmung des Wertes zugrunde gelegt wird.

§ 849 ermöglicht für Fälle des Wertersatzes bei Entziehung oder Beschädigung einer Sache (auch bei Entziehung von Geld, BGHZ 8, 288, 298; NJW 08, 1084 Rz 6) die Geltendmachung des gesetzlichen Zinssatzes (§ 246) als Mindestschadensersatz. Die Regelung gilt für Haftungstatbestände innerhalb und außerhalb des BGB (BGHZ 87, 38, 39 ff) – bei Letzteren allerdings nur, sofern keine Spezialregelung existiert. Sie erfasst nicht die Kosten der Wiederherstellung (LG Bonn 2 O 33/06 Rz 25). Str ist die Anwendbarkeit, wenn der Geschädigte über die Sache (insb Geld) zunächst selbst verfügt hat (zB zu Investitions- oder Zahlungszwecken). Richtig erscheint es, mit der neueren Rspr des BGH auch bei Betrug oder Erpressung § 849 heranzuziehen (BGH NJW 08, 1084 Rz 4 ff; aA Karlsr VersR 06, 836, 838). Beim wirtschaftlichen Totalschaden kann § 849 anwendbar sein (BGHZ 87, 38, 41 f), nicht aber wenn die Reparaturkosten den Wiederbeschaffungswert unterschreiten (Ddorf I-1 U 204/06 Rz 31 ff). § 849 bedeutet ggü § 290 eine Erleichterung für den Geschädigten, damit dieser beim gesetzlichen Schuldverhältnis aus unerlaubter Handlung nicht erst den Schädiger in Verzug setzen muss. Der gesetzliche Zinssatz wird ab dem Zeitpunkt der Wertbestimmung geschuldet, gemeint ist der Zeitpunkt des schädigenden Ereignisses (BGH NJW 65, 392 f; BGHZ 87, 38, 42). In Bezug auf den Nutzungsausfall im fraglichen Zeitraum kann der Geschädigte zwischen dem pauschalierten Schadensersatz nach § 849 und der Geltendmachung eines konkreten Nutzungsausfalls wählen (BGHZ 87, 38, 41 f); daneben können weitere Schäden geltend gemacht werden.

§ 850 Ersatz von Verwendungen. Macht der zur Herausgabe einer entzogenen Sache Verpflichtete Verwendungen auf die Sache, so stehen ihm dem Verletzten gegenüber die Rechte zu, die der Besitzer dem Eigentümer gegenüber wegen Verwendungen hat.

§ 850 enthält eine Rechtsgrundverweisung auf §§ 994–1003 für Ansprüche des Deliktsbesitzers auf Verwendungsersatz. Zu beachten ist, dass der Besitzer nach §§ 273 II, 1000 2 kein Zurückbehaltungsrecht hat, wenn er die Sache durch vorsätzlich begangene unerlaubte Handlung erlangt hat.

§ 851 Ersatzleistung an Nichtberechtigten. Leistet der wegen der Entziehung oder Beschädigung einer beweglichen Sache zum Schadensersatz Verpflichtete den Ersatz an denjenigen, in dessen Besitz sich die Sache zur Zeit der Entziehung oder der Beschädigung befunden hat, so wird er durch die Leistung auch dann befreit, wenn ein Dritter Eigentümer der Sache war oder ein sonstiges Recht an der Sache hatte, es sei denn, dass ihm das Recht des Dritten bekannt oder infolge grober Fahrlässigkeit unbekannt ist.

§ 851 schützt den gutgläubigen Deliktstäter, der Schadensersatz wegen Entziehung oder Beschädigung einer Sache an denjenigen leistet, der im Zeitpunkt der schädigenden Handlung Besitzer der Sache war, zB an den Leasingnehmer (KG VersR 76, 1160) oder Sicherungsgeber. Die Vorschrift knüpft – wie §§ 932 ff, 1006 – an den durch unmittelbaren oder mittelbaren (BaRoth/*Spindler* § 851 Rz 2) Besitz begründeten Rechtsschein an. Bei Kenntnis oder grob fahrlässiger Unkenntnis des Schadensersatzpflichtigen vom Recht des Eigentümers oder Dritten, die vom Eigentümer bzw Dritten zu beweisen ist (zu Erleichterungen der Beweislast BaRoth/*Spindler* § 851 Rz 6 mN), greift die Leistungsbefreiung nicht ein; der Sorgfaltsmaßstab ist wie bei § 932 II zu bestimmen. Der Ausgleich zwischen Leistungsempfänger und wirklich Berechtigtem erfolgt nach § 816 II.

§ 852 Herausgabeanspruch nach Eintritt der Verjährung. ¹Hat der Ersatzpflichtige durch eine unerlaubte Handlung auf Kosten des Verletzten etwas erlangt, so ist er auch nach Eintritt der Verjährung des Anspruchs auf Ersatz des aus einer unerlaubten Handlung entstandenen Schadens zur Herausgabe nach den Vorschriften über die Herausgabe einer ungerechtfertigten Bereicherung verpflichtet. ²Dieser Anspruch verjährt in zehn Jahren von seiner Entstehung an, ohne Rücksicht auf die Entstehung in 30 Jahren von der Begehung der Verletzungshandlung oder dem sonstigen, den Schaden auslösenden Ereignis an.

§ 852 1 enthält eine eigenständige Anspruchsgrundlage (AnwK/*Katzenmeier* § 852 Rz 2 mwN) zur Abschöpfung eines durch eine unerlaubte Handlung erlangten (dazu Karlsr 17 U 338/06) Vorteils nach Verjährung des Deliktsanspruchs. Sie ist va dann von Bedeutung, wenn der originäre Deliktsanspruch verjährt ist (insb wegen § 199 I Nr 2) und ein Bereicherungsanspruch ebenfalls verjährt oder ausnahmsweise von den Voraussetzungen her nicht gegeben ist (zB bei unberechtigter Schutzrechtsverwarnung, BGHZ 71, 86, 98 ff). Die Regelung bezieht sich auf alle Deliktsansprüche aus §§ 823 ff sowie aus Spezialgesetzen (die häufig explizit auf § 852 verweisen, wie zB die immaterialgüterrechtlichen Schadensersatzregelungen; für eine entspr Anwendung auf Ansprüche aus § 75 I 1 BBG OVG Berlin OVG 4 B 8.04 mwN), nicht aber auf Ansprüche aus § 717 II 1 ZPO (BGHZ 169, 308 Rz 18 ff). Nach der Rspr zur Vorgängervorschrift (§ 852 III aF) sowie nach dem Willen des Gesetzgebers der Schuldrechtsmodernisierung handelt es sich um einen **Deliktsanspruch** (wichtig va wegen § 393) **mit Rechtsfolgenverweisung auf das Bereicherungsrecht** (BGHZ 71, 86, 98 ff; 130, 288, 297; Karlsr 17 U 338/06; Stuttg WM 08, 1368, 1372; BTDrs 14/6040, 270; Soergel/*Krause* § 852 Rz 4; Staud/

Vieweg § 852 Rz 17 ff mwN). Daher setzt § 852 insb keine Unmittelbarkeit der Vermögensverschiebung voraus (BGHZ 71, 86, 100; Karlsr 17 U 338/06; Staud/*Vieweg* § 852 Rz 9; MüKo/*Wagner* § 852 Rz 6; BaRoth/*Spindler* § 852 Rz 3; AnwK/*Katzenmeier* § 852 Rz 2 mwN). Der Anspruch verjährt nach § 852 2, der parallel zu § 199 III ausgestaltet ist.

§ 853 Arglisteinrede. Erlangt jemand durch eine von ihm begangene unerlaubte Handlung eine Forderung gegen den Verletzten, so kann der Verletzte die Erfüllung auch dann verweigern, wenn der Anspruch auf Aufhebung der Forderung verjährt ist.

1 § 853 erweitert die Möglichkeit der Erhebung des Einwandes der unzulässigen Rechtsausübung gem § 242 (exceptio doli) ggü einer auf unerlaubter Handlung beruhenden Forderung auf den Zeitraum nach Verjährung des Anspruchs auf Aufhebung der Forderung. Die Regelung bezieht sich auf sämtliche unerlaubten Handlungen; idR wird es um Ansprüche aus § 823 II oder § 826 iVm § 249 I gehen. Str ist, ob zwischen der unerlaubten Handlung und der Forderung lediglich ein Kausalzusammenhang bestehen muss (so zB Staud/*Vieweg* § 853 Rz 3; AnwK/*Katzenmeier* § 853 Rz 2) oder eine Zweck-Mittel-Relation (so zB MüKo/*Wagner* § 853 Rz 2; BaRoth/*Spindler* § 853 Rz 3). Der Wortlaut des § 853 spricht für die erste Lösung, die weniger strenge Anforderungen stellt. Bezieht sich der Anspruch des Geschädigten auf Aufhebung der Forderung auf einen Vertrag, muss er bei Geltendmachung der Einrede das an ihn Geleistete zurückerstatten (zu Einzelheiten Staud/*Vieweg* § 853 Rz 6 mN). § 853 ist auf Fälle der Verfristung eines Anspruchs gem § 124 (BGHZ 42, 37, 42; NJW 69, 604, 605; 79, 1983, 1984) entspr anzuwenden, sofern gleichzeitig ein Anspruch aus unerlaubter Handlung vorliegt (BGH NJW 69, 604, 605; BaRoth/*Spindler* § 853 Rz 5); in Bezug auf Fälle des § 146 I InsO (RGZ 84, 225, 227 f – zu § 41 II KO aF) ist § 146 II InsO zu beachten.

Buch 3 Sachenrecht

Abschnitt 1 Besitz

§ 854 Erwerb des Besitzes. (1) Der Besitz einer Sache wird durch die Erlangung der tatsächlichen Gewalt über die Sache erworben.
(2) Die Einigung des bisherigen Besitzers und des Erwerbers genügt zum Erwerb, wenn der Erwerber in der Lage ist, die Gewalt über die Sache auszuüben.

A. Normzweck. Die Norm gilt (wie sämtliche Normen des Besitzes) seit 1900 unverändert. Sie ist die Grundnorm zum Erwerb des unmittelbaren Besitzes. Dabei beinhaltet der Besitz als bewusstes Gegenstück zum Eigentum die **tatsächliche Herrschaft einer Person über eine Sache.** Die Regelung des Besitzes im BGB macht sich vielfältige Funktionen einer tatsächlichen Herrschaft über die Sache zunutze. Deshalb haben bereits die Motive zum BGB den Besitz als Rechtsposition bezeichnet (Motive III 78). IA unterscheidet man zwischen der Publizitäts-, der Schutz- und der Kontinuitätsfunktion, daneben werden als Funktion häufig auch die Erhaltung des Rechtsfriedens sowie zT eine Erwerbsfunktion genannt. Gemeint ist damit iE, dass der Besitz im Rechtsverkehr als Indiz für bestimmte dingliche Tatbestände dient (**Publizitätsfunktion**, vgl §§ 929, 1006). Die **Schutzfunktion** des Besitzes bringt zum Ausdruck, dass sich der Besitzer gegen Störungen und Beeinträchtigungen seines Besitzes zur Wehr setzen kann (§§ 858 ff). Die **Kontinuitätsfunktion** zeigt sich zB daran, dass das Besitzrecht auch ggü einem Rechtsnachfolger des Eigentümers erhalten bleibt (§ 986 II). Bei der Ersitzung wird die Kontinuitätsfunktion an § 938 sehr deutlich. Die teilweise zusätzlich genannte **Erwerbsfunktion** des Besitzes zeigt sich in Überschneidung zur Publizität bei den Akten rechtsgeschäftlicher Übertragung und dem Rechtsscheinserwerb. Eine eigenständige Erwerbsfunktion des Besitzes ergibt sich im Falle gesetzlicher Erwerbstatbestände (§§ 900, 937, 958, 965, 973). Schließlich lässt sich die vielfach genannte Funktion des Besitzes zur **Erhaltung des Rechtsfriedens** va auf die Besitzschutzansprüche der §§ 858 ff stützen. Diese machen ebenso wie zB die Vermutungstatbestände deutlich, dass der Gesetzgeber von der gegebenen Sachlage ausgeht und diese bewahren will, solange nicht aus Rechtsgründen eine Veränderung erforderlich ist. Niemand soll sich sein Recht an Sachen mit Gewalt verschaffen und niemand soll eine Veränderung der tatsächlichen Zuordnung der Sachen zu Personen verlangen können, der nicht beweist, dass die geforderte Veränderung der tatsächlichen Lage dem Recht entspricht (Beweislastcharakter der Vermutungstatbestände).

In systematischer Hinsicht sind die gesamten Regelungen des Besitzes vom Gesetzgeber an den Beginn des Sachenrechts gestellt worden, da sie allg Bedeutung haben. Sie sind sowohl für bewegliche Sachen als auch für Grundstücke anwendbar, wenngleich Fragen des Besitzes im Grundstücksrecht von untergeordneter Bedeutung sind.

B. Begriff und Anwendungsbereich des Besitzes. I. Begriff. Vergleicht man die verschiedenen Regelungen zum Besitz (§§ 854, 855, 856, 857, 868), so wird sogleich deutlich, dass der Begriff des Besitzes unterschiedliche Bedeutungen haben kann. Dennoch erscheint es möglich, den Besitz als die tatsächliche Herrschaft über eine Sache zu definieren. Damit soll der Gegensatz zwischen der rein tatsächlichen Herrschaft (Besitz) und der rechtlichen Beziehung von Personen zu Sachen (Eigentum und beschränkte dingliche Rechte) hervorgehoben werden. Die gesetzliche Regelung der tatsächlichen Gewalt verlangt im Ergebnis eine **faktische Herrschaftsbeziehung zwischen Person und Sache**, wobei die Bewertung dieser Beziehung entscheidend von der Verkehrsanschauung abhängt und sich mit ihr wandeln bzw auflockern kann. Voraussetzung des Besitzes ist also nicht das tatsächliche In-den-Händen-halten der Sache, sondern allenfalls die mögliche Einwirkung auf die Sache.

II. Anwendungsbereich. Der Besitz ist bei allen beweglichen und unbeweglichen Sachen ebenso von Bedeutung wie bei Tieren (§ 90a) und bei realen Sachteilen (§ 865). Nicht anzuwenden sind die Besitzregeln auf Rechtssubjekte, auf ideelle Anteile sowie auf Forderungen und Rechte. Den Gedanken eines Rechtsbesitzes hat das BGB nicht übernommen. Vielmehr knüpft die tatsächliche Herrschaft über eine Sache zwingend an körperliche Gegenstände an.

III. Abgrenzungen. IE ist die Besitzregelung des BGB abzugrenzen vom **strafrechtliche Gewahrsambegriff** und von den Einwirkungen des tatsächlichen Gewahrsams in der Zwangsvollstreckung (§§ 739, 808, 809, 886 ZPO). Besonderheiten gelten weiterhin im Erbrecht (zum Besitz des Erben vgl § 857, zum irreführenden Begriff des sog **Erbschaftsbesitzes** vgl § 2018). Abzutrennen von den vorliegenden Regeln ist auch der Mehrheitsbesitz im Aktienrecht (§ 16 I AktG) sowie die Besitzsteuern im Steuerrecht. Einer eigenen Definition unterliegt schließlich der **Besitzbegriff im Abfallrecht** (BGH MDR 85, 652; BVerwG NJW 98, 1004 ff).

C. Arten des Besitzes. Die Regelung des § 854 meint ausschl den unmittelbaren Besitz, obgleich dieser Terminus im Gesetz nicht genannt wird. Er ergibt sich in Abgrenzung zum mittelbaren Besitz (§ 868). § 854 betrifft sowohl den Eigenbesitz als auch den Fremdbesitz (§ 872). Umfasst wird weiterhin der Allein- und der Mitbesitz (§ 866), ferner der Voll- und der Teilbesitz (§ 865). Dagegen fällt der Besitzdiener (§ 855) in

Abgrenzung zum Besitzer nicht unter die Besitzregelungen. Umgekehrt wird der Erbschaftsbesitz (§ 857) den Regeln des Besitzrechts unterstellt, obgleich hier eine faktische Herrschaftsbeziehung nicht erforderlich ist. Zum Nebenbesitz s.u. § 868 Rn 5.

7 **D. Erlangung der tatsächlichen Gewalt (Abs 1). I. Tatsächliche Gewalt.** Das Gesetz verlangt zum Besitzerwerb die Erlangung der tatsächlichen Gewalt über die Sache. Es geht dabei also um einen Realakt, für den keinerlei rechtsgeschäftliche Voraussetzungen bestehen; auch eine Stellvertretung ist nicht möglich (vgl aber zum Besitzdiener § 855). Im Einzelnen bedarf es zu der Bewertung, ob Besitz erlangt ist, einer Beurteilung nach der Verkehrsanschauung und der Bewertung aller Umstände (BGHZ 101, 186). Bedeutsam sind insb die Dauer und die Festigkeit der Herrschaftsbeziehung. Nicht erforderlich ist ein körperlicher Kontakt, wichtig ist dagegen die Möglichkeit der Einwirkung auf die Sache, auch wenn sie durch einen **Besitzdiener** vermittelt ist oder wenn sie nur durch die Beachtung des Besitzes durch Dritte erfolgt. Diese Besitzsituation muss auch äußerlich sichtbar sein (s.u. Rn 12). Nicht zu verlangen ist eine ununterbrochene Einwirkungsmöglichkeit. Ebenfalls ist nicht erforderlich die gesicherte Möglichkeit, andere Personen von der Einwirkung ausschließen zu können. Ohne Bedeutung sind bestehende rechtliche Befugnisse in Bezug auf die Sache.

8 Als **Beispiele** für bestehenden Besitz sind anzusehen der gekennzeichnete Holzstapel im Wald, der Schlüsselbesitz im Hinblick auf einen Raum oder auf ein Behältnis sowie auf ein Fahrzeug, die vor einer Wohnungstür, einer Haustür oder einer Ladentür abgestellte Sache. Im abgegrenzten Bereich eines Selbstbedienungsladens hat der Geschäftsinhaber so lange unmittelbaren Besitz, bis die Ware durch die Bezahlung an der Kasse effektiv dem Kunden überlassen ist. Im Falle einer Lagerung einer beweglichen Sache auf dem Grundstück eines Dritten ist isolierter Besitz an der beweglichen Sache anzunehmen, wenn diese durch besondere Bewachung oder besonderen Verschluss dem Zugriff des Grundstücksbesitzers entzogen ist.

9 Besitzerwerb ist abzulehnen, wenn anstelle eines Fahrzeugs nur der Kfz-Brief übergeben wird; wenn eine freie Parklücke durch eine Person besetzt wird; wenn es an der Dauerhaftigkeit und Festigkeit des Besitzes fehlt (Stuhl, Tisch, Besteck im Restaurant).

10 **II. Besitzbegründungswille.** Nach heute nahezu allgemeiner Meinung setzt der Besitz einen Besitzbegründungswillen voraus. Dieser muss ein nach außen hin erkennbarer genereller Wille sein. Er muss nicht auf eine spezielle Sache gerichtet werden (BGHZ 101, 186). Es genügt ein natürlicher Wille, rechtsgeschäftliche Voraussetzungen sind nicht erforderlich. Besitz können also auch Geschäftsunfähige haben. Der generelle Besitzwille erfordert noch nicht einmal die konkrete Kenntnis von der einzelnen im Herrschaftsbereich liegenden Sache (verlorener Geldschein in einem Geschäft, BGHZ 101, 186; Inhalt des Briefkastens; verlorene Sache in einer abgeschlossenen Wohnung).

11 **III. Zeitdauer.** Erforderlich für Besitzbegründung ist eine erkennbare Zeitdauer des Besitzes iVm der Festigkeit der Herrschaftsbeziehung (krit zur Dauer MüKo/*Joost* § 854 Rz 11 f). Zwar kann die verlangte Dauer nicht in konkreten Zahlen bestimmt werden, aber auch hier hilft die Verkehrsanschauung. Daher ist unstr Besitz zu verneinen beim Sitzen auf einer Parkbank, beim Benutzen von Gegenständen im Restaurant, ferner bei einer Probefahrt (München MDR 06, 90), beim Anprobieren von Kleidung im Geschäft, dagegen ist Besitz zu bejahen beim Einkauf und sofortigem Verzehr von Lebensmitteln (zwar kurzzeitiger, aber endgültiger Besitz zum Verbrauch der Sache).

12 **IV. Erkennbarkeit.** Bereits aus der Publizitätsfunktion des Besitzes ergibt sich, dass das jeweilige tatsächliche Herrschaftsverhältnis nach außen hin erkennbar sein muss. Auch hier muss freilich die Erkennbarkeit nicht auf eine konkrete Besitzperson hinweisen, es genügt allgemeine Erkennbarkeit (abgestelltes Auto auf einem Parkplatz; krit hierzu wiederum MüKo/*Joost* § 854 Rz 13).

13 **E. Besitz durch Einigung (Abs 2).** Eine Erleichterung des Besitzerwerbs ist in II dadurch vorgesehen, dass nicht die volle tatsächliche Gewalt über die Sache erlangt wird, sondern der Erwerber des Besitzes durch Rechtsgeschäft in die Lage versetzt wird, künftig die tatsächliche Gewalt auszuüben. Diese Einigung ist ein Vertrag, der formfrei ist und auch stillschweigend zustande kommen kann. Geschäftsfähigkeit ist Voraussetzung, Stellvertretung möglich, auch möglich ist eine Bedingung oder eine Anfechtung (abw MüKo/*Joost* § 854 Rz 32). Als erlangt gilt der Besitz hierbei im Zeitpunkt des Wirksamwerdens der Einigung, zB im Falle eines nicht eingezäunten Grundstücks, eines Holzstapels im Wald, eines nicht abgeschlossenen Gerätes auf dem Feld.

14 **F. Besondere Besitzergruppen. I. Juristische Personen.** Die juristische Person übt einen eigenständigen unmittelbaren Besitz durch ihre Organe oder ihre sonstigen verfassungsmäßig berufenen Vertreter aus (sog Organbesitz). Diese fiktive und natürliche Zurechnung des Besitzes an die juristische Person bedeutet, dass das Organ selbst keinen Besitz im Rechtssinne hat (Rechtsstellung ähnl eines Besitzdieners). Mitarbeiter der juristischen Person unterhalb der Ebene der Organe sind dagegen Besitzdiener.

15 **II. Personengesellschaften und Gemeinschaften.** Keine juristischen Personen sind die oHG, KG, Partnerschaftsgesellschaft, EWIV und GbR. Deren Rechtsfähigkeit wird heute von der Praxis und hM bejaht (für die GbR BGHZ 146, 341; für die Wohnungseigentümergemeinschaft zuletzt BGH NJW 05, 2061; iÜ vgl § 124

HGB). Daher ist heute weithin anerkannt, dass alle diese rechtsfähigen Gesellschaften und Gemeinschaften ebenfalls Organbesitz haben. Der Besitz wird hierbei von den jeweiligen geschäftsführungsbefugten Gesellschaftern ausgeübt (BGHZ 57, 166). Soweit den Gemeinschaften die Rechtsfähigkeit fehlt, kann ein Organbesitz der jeweiligen Gemeinschaften nicht angenommen werden. Hier sind die Mitglieder Besitzer (zur Erbengemeinschaft s. Rn 18).

III. Gesetzlicher Vertreter. Der gesetzliche Vertreter einer natürlichen Person ist unmittelbarer Besitzer der dem Vertretenen rechtlich zustehenden Sachen, soweit er die tatsächliche Gewalt ausüben kann. Soweit die Sache dem Vertretenen zur eigenen Nutzung überlassen ist, ist der Vertretene selbst Besitzer. 16

IV. Ehegatten und nichteheliche Lebensgemeinschaften. Ehegatten haben idR an der gemeinsam genutzten Wohnung und den Gegenständen des gemeinsamen Haushalts Mitbesitz (BGHZ 73, 253). Ohne Bedeutung ist auch hier die Eigentumslage. Alleinbesitz eines Ehegatten ist an Gegenständen gegeben, die zum persönlichen Gebrauch nur dieses Ehegatten bestimmt sind. Im Hinblick auf die Schwierigkeiten bei der äußerlichen Erkennbarkeit sind iRd Zwangsvollstreckung die Regelungen der §§ 1362 BGB, 739 ZPO zu beachten. In gleicher Weise wie bei Ehegatten ist bei Partnern einer nichtehelichen Lebensgemeinschaft Mitbesitz an den gemeinsam genutzten Wohnräumen und Haushaltsgegenständen zu bejahen. Soweit sich in den gemeinsam genutzten Wohnräumen von Ehegatten oder nichtehelichen Lebensgemeinschaften Kinder auf Dauer aufhalten, haben diese an einzelnen Sachen Alleinbesitz, soweit ihr natürlicher Besitzwille reicht. IÜ wird idR Mitbesitz der Eltern oder je nach Fallgestaltung Mitbesitz aller Personen vorliegen. 17

V. Erbenbesitz und Erbengemeinschaften. Der Erbe ist (fiktiv) stets ein unmittelbarer Besitzer (§ 857). Dieser **Erbenbesitz nach § 857** stellt eine Ausnahme vom Erfordernis der tatsächlichen Gewalt dar. Davon zu unterscheiden ist der **Erbschaftsbesitz nach § 2018**. Dort ist der Fall geregelt, dass eine Person einen Gegenstand aus einer Erbschaft erlangt hat, der in Wirklichkeit ein Erbrecht nicht zusteht. Geht die Erbschaft auf eine Erbengemeinschaft über, die eine Gesamthandsgemeinschaft ohne Rechtsfähigkeit darstellt, so werden die jeweiligen Mitglieder der Erbengemeinschaft Mitbesitzer (BGHZ 4, 77). 18

§ 855 Besitzdiener.
Übt jemand die tatsächliche Gewalt über eine Sache für einen anderen in dessen Haushalt oder Erwerbsgeschäft oder in einem ähnlichen Verhältnis aus, vermöge dessen er den sich auf die Sache beziehenden Weisungen des anderen Folge zu leisten hat, so ist nur der andere Besitzer.

A. Normzweck. Die Regelung enthält eine klare Abweichung von § 854 und dem Grundgedanken des Besitzes als Ausübung der tatsächlichen Sachherrschaft. Vielmehr werden hier die Rechtsfolgen des Besitzes bei einer bestehenden sozialen Abhängigkeit einer Person auf den Besitzherrn verlagert. Da der Besitzerwerb und die Ausübung des Besitzes durch Realakt erfolgen und somit eine Stellvertretung ausgeschlossen ist (s. § 854 Rn 7), hat die Regelung über den Besitzdiener iRd Ausübung von Besitzrechten durch Hilfskräfte zentrale Bedeutung. 1

B. Voraussetzungen. I. Soziale Abhängigkeit und Weisungsgebundenheit. Der Besitzdiener muss in einem sozialen Abhängigkeits- und Unterordnungsverhältnis zum Besitzherren stehen, so dass er bei der Ausübung der tatsächlichen Gewalt an die Weisungen des Besitzherren gebunden ist. Eine lediglich wirtschaftliche oder tatsächliche Abhängigkeit genügt nicht (BGHZ 27, 360, 363). Nicht entscheidend hierfür ist die Verkehrsanschauung (aA Palandt/*Bassenge* § 855 Rz 1). Besitzdiener sind daher Personen, die in einem privatrechtlichen oder öffentlichrechtlichen Rechtsverhältnis abhängige Arbeit leisten, zB Hausangestellte oder auch nur vorübergehend tätige Putzfrauen im Haushalt, Angestellte, Arbeiter, Auszubildende in privaten Betrieben, Beamte, Angestellte und Arbeiter des öffentlichen Dienstes beim Staat oder in öffentlichrechtlichen Körperschaften. Selbst ein nichtiges Dienst- oder Arbeitsverhältnis führt zur Besitzdienerschaft, soweit die soziale Unterordnung faktisch gegeben ist. Im berühmten Platzanweiserinnen-Fall des BGH hat daher die Platzanweiserin bei der Entdeckung des wertvollen Ringes den Besitz nicht für sich, sondern für ihren Arbeitgeber erworben, da sie sich entspr ihrer vertraglich bestehenden Pflicht verhielt, den Raum nach verlorenen Gegenständen zu durchsuchen und diese abzugeben (BGHZ 8, 130). Dagegen wurde im Lübecker Schatzfund-Fall zu Recht der Arbeitgeber nicht als Besitzer angesehen, nachdem sein Arbeitnehmer iRv Abbrucharbeiten den Münzschatz entdeckt hatte. Denn der Arbeiter war nicht mit einer Schatzsuche beauftragt gewesen, sondern hatte den Schatz nur zufällig bei Gelegenheit seiner vertraglichen Tätigkeit gefunden (BGHZ 103, 101). 2

II. Erkennbarkeit. Die Weisungsabhängigkeit des Besitzdieners muss nach außen erkennbar sein (BGHZ 27, 360; aA Baur/*Stürner* Sachenrecht § 7 Rz 67; MüKo/*Joost* § 855 Rz 10). Die mögliche weite räumliche Entfernung des Besitzdieners zum Besitzherrn steht dazu nicht im Widerspruch (aA MüKo/*Joost* § 855 Rz 11). 3

III. Besitzdienerwille. Der Streit um den Besitzdienerwillen, den die hM nicht verlangt, ist nur terminologischer Natur. Denn es ist anerkannt, dass es für den Besitzdiener ausreicht, wenn er im konkreten Fall iRd Weisungen handelt. Daraus lässt sich zugleich ein allg Besitzdienerwille entnehmen. Ein im Einzelfall vorhandener abweichender Wille des Besitzdieners bleibt rechtlich ohne Relevanz, so lange die tatsächliche Einfü- 4 gung in die weisungsgebundene Situation besteht. Bedeutungslos ist weiterhin eine innere Willensänderung des Besitzdieners (BGH NJW 79, 714).

5 **C. Wirkungen und Rechtsfolgen. I. Besitzverhältnis.** Das Gesetz erklärt im Falle der Besitzdienerschaft nur den Besitzherren zum unmittelbaren Besitzer, während der Besitzdiener in rechtlicher Hinsicht keinerlei Besitz hat. Ihm stehen daher auch nicht die Rechte aus dem Besitz zu (Ausn § 860).

6 **II. Besitzerwerb.** Mit der tatsächlichen Annahme der Sache durch den Besitzdiener erwirbt der Besitzherr den unmittelbaren Besitz. Dieser Besitzerwerb ist keine Stellvertretung, sondern eine eigenständige Wirkung des § 855. Ein entgegenstehender Wille des Besitzdieners bei der Ansichnahme der Sache ist ohne Bedeutung, solange der Besitzdiener sich iRd Weisungen des Besitzherrn hält (s.o. Rn 4). Soweit der Besitzherr durch den Besitzdiener auch das Eigentum gem § 929 erlangen will, bedarf es zusätzlich zur Übergabe der Sache an den Besitzdiener auch noch einer Vertretungsmacht des Besitzdieners für die dingliche Einigung.

7 **III. Besitzverlust.** Gibt der Besitzdiener die Ausübung der tatsächlichen Gewalt dauerhaft auf oder verliert er diese in anderer Weise (§ 856) oder wird das Abhängigkeits- und Weisungsverhältnis zum Besitzherrn beendet, so verliert der Besitzherr den Besitz an der Sache. Ebenfalls zum Besitzverlust führt es, wenn der Besitzdiener nach außen erkennbar den Willen hat, die tatsächliche Gewalt über die Sache nicht mehr für den Besitzherrn auszuüben. Eine erkennbare und auf Dauer gerichtete Willensänderung ist also für den Besitzherrn relevant. Ein Besitzverlust des Besitzherrn ist allerdings insoweit nicht gegeben, als die Sache selbst noch in einer vom allgemeinen Besitzwillen des Besitzherrn beherrschten Gewahrsamssphäre verbleibt. In einem solchen Falle würde erst das Fortschaffen der Sache zum Besitzverlust führen.

8 **IV. Besitzschutz und Vermutung.** Dem Besitzdiener stehen keinerlei Ansprüche aus dem Besitz zu. Er ist also auch nicht zur Geltendmachung der Besitzschutzansprüche (§§ 861, 862) legitimiert. Will ein Dritter auf Herausgabe der Sache klagen, so ist diese Klage ausschl gegen den Besitzherrn zu richten. Einzige Ausnahme für den Besitzdiener ist § 860 (Selbsthilferecht). Schließlich gilt auch die Vermutungswirkung des § 1006 nur für den Besitzherrn, nicht für den Besitzdiener.

9 **V. Kenntnis und guter Glaube.** Soweit es im Rechtssinne auf Kenntnis oder Kennenmüssen sowie auf den guten oder den bösen Glauben einer Person ankommt, ist jeweils grds auf den Besitzherrn abzustellen. Ein bösgläubiger Besitzherr kann sich also nicht auf die Gutgläubigkeit seines Besitzdieners berufen. Umgekehrt muss sich der gutgläubige Besitzherr den bösen Glauben des Besitzdieners nicht generell zurechnen lassen. Beruht allerdings das Verhalten des Besitzdieners auf der Befolgung von Weisungen des Besitzherrn, so muss eine Zurechnung bejaht werden (BGHZ 32, 53; abw noch BGHZ 16, 259, wo der Gedankengang aus § 831 angewendet wird).

10 **VI. Abhandenkommen.** Auch für die Frage des Abhandenkommens iSd § 935 ist allein der Wille des Besitzherrn entscheidend, wenn der Besitzdiener die Sache weggibt (Köln VersR 94, 1248; München NJW 87, 1830; RGZ 71, 248, 253; 106, 4, 6). Die Auffassung der Rspr und hM, wonach der Schutz Dritter hier nicht bedeutsam sei, ist berechtigt, weil es einen guten Glauben an das Bestehen des Besitzes nicht gibt (abw im Erg MüKo/*Joost* § 855 Rz 23).

§ 856 Beendigung des Besitzes.
(1) Der Besitz wird dadurch beendigt, dass der Besitzer die tatsächliche Gewalt über die Sache aufgibt oder in anderer Weise verliert.
(2) Durch eine ihrer Natur nach vorübergehende Verhinderung in der Ausübung der Gewalt wird der Besitz nicht beendigt.

1 **A. Normzweck.** § 856 bildet das Gegenstück zu § 854 I, betrifft also wiederum nur den **unmittelbaren Besitz** und regelt den Besitzverlust. Zusammen mit den im Tatbestand weithin übereinstimmenden Voraussetzungen ergeben die §§ 854, 856 eine geschlossene Regelung. Zum Anwendungsbereich der Norm s.o. § 854 Rn 4.

2 **B. Aufgabe des Besitzes.** Aufgabe der tatsächlichen Gewalt über eine Sache ist die freiwillige und damit mit Aufgabewillen herbeigeführte Beendigung der tatsächlichen Sachherrschaft. Erforderlich ist also der erkennbare **Aufgabewille** des bisherigen Besitzers, für den wiederum die rechtsgeschäftlichen Regelungen nicht anzuwenden sind (s.o. § 854 Rn 7). Der Aufgabeakt als solcher ist Realakt, im Falle von § 854 II erfolgt die Beendigung des Besitzes durch Rechtsgeschäft (s.o. § 854 Rn 13).

3 **C. Verlust in anderer Weise.** Ein Besitzverlust in anderer Weise meint den unfreiwilligen Besitzverlust, der also ohne Willen des Besitzers eintritt. In Betracht kommt insb Diebstahl und ähnliches Verhalten Dritter. Der auf Grund von Willensmängeln des Besitzers herbeigeführte Besitzverlust bleibt freiwillig. Ein nachträgliches Einverständnis des früheren Besitzers macht den unfreiwilligen Besitzverlust nicht rückgängig. Unfreiwillig ist der Verlust auch im Falle des ohne Einwirkung von Dritten herbeigeführten Verlierens der Sache. Schließlich kann ein Verlust in anderer Weise auch durch Naturereignisse herbeigeführt werden. Der unfreiwillige Besitzverlust ist als Abhandenkommen rechtlich sehr bedeutsam (§§ 935, 1006 I 2, 1007 II, 1207).

D. Vorübergehende Verhinderung (Abs 2). Ebenso wie zur Besitzbegründung eine gewisse Zeitdauer und 4
eine Festigung der Herrschaftsbeziehung erforderlich sind (s.o. § 854 Rn 11), so ist auch für die Beendigung
des Besitzes der dauerhafte Verlust der Ausübung der Gewalt erforderlich. Insoweit ist wiederum die Verkehrsanschauung von besonderer Bedeutung. Ein Besitzverlust ist zu verneinen, wenn Wohnung und darin
enthaltene bewegliche Sachen im Hinblick auf eine Urlaubsreise oder eine Inhaftierung verlassen werden,
wenn eine hoheitliche Wohnungsbeschlagnahme stattfindet, wenn eine Sache aus Versehen zurückgelassen
wird und die Wiedererlangung noch möglich erscheint. Dagegen tritt Beendigung des Besitzes ein, wenn eine
Sache dauerhaft einem Dritten übergeben wird, wenn sie mit Willen weggeworfen wird, wenn eine Wohnung
durch Auszug dauerhaft verlassen wird, wenn ein Gegenstand verloren wird, ohne dass der Ort bekannt wäre
und damit eine Wiedererlangung aussichtsreich erscheint, wenn ein Schiff oder anderer Gegenstand gesunken ist, ohne dass eine Bergung sinnvoll und möglich erscheint.

§ 857 Vererblichkeit. Der Besitz geht auf den Erben über.

A. Normzweck. Die Regelung stellt eine bewusste und gewollte Ausnahme des § 854 dar, also einen Fall des 1
Besitzes ohne jede Sachherrschaft. Dem liegt der gesetzgeberische Wunsch zu Grunde, Sachen des Nachlasses
nicht besitzlos werden zu lassen. Damit ist der Schutz des Erben und seiner besonders gefährdeten Erbschaftsgegenstände verbunden. § 857 gilt für jede Besitzart (s.o. § 854 Rn 6); er gilt darüber hinaus auch für
den mittelbaren Besitz. Strikt zu trennen von § 857 ist der **Erbschaftsbesitz nach § 2018**.

B. Die Besitzlage im Erbfall. Die Anwendung von § 857 setzt voraus, dass der Erblasser im Todeszeitpunkt 2
selbst Besitzer der Sache war und dass ein Übergang dieses Besitzes tatsächlich möglich erscheint. Mit dem
Tod des Erblassers endet die tatsächliche Gewalt. In diesem Zeitpunkt müsste an sich in vielen Fällen eine
vorübergehende Besitzlosigkeit und damit eine gewisse Schwebelage eintreten. Wegen § 857 geht aber der
Besitz auf den Erben über, selbst wenn dieser weder den Tod des Erblassers noch seine eigene Erbenstellung
noch die Existenz der konkreten Sache kennt. Darin zeigt sich, dass dieser Besitz rein fiktiv ist und lediglich
in einer Zurechnung von Rechtswirkungen besteht.

C. Wirkungen. Dem Erben stehen alle Besitzschutzansprüche ab dem Todeszeitpunkt des Erblassers zu. Bei 3
einer **Inbesitznahme durch Dritte** ist die Sache dem Erben abhanden gekommen (§ 935). Schließlich stehen
dem Erben alle Vermutungswirkungen zur Seite (§ 1006).

Kommt es nach erbrechtlichen Regelungen zum **Verlust der Erbenstellung** (Ausschlagung, Anfechtung, Erb- 4
unwürdigkeit), so ist damit der Verlust des Besitzes gem § 857 verbunden. Mit der Erlangung der tatsächlichen Gewalt durch den Erben endet ebenfalls der Erbenbesitz gem § 857 und es liegt nunmehr ein Besitz iS
von § 854 vor.

§ 858 Verbotene Eigenmacht. (1) Wer dem Besitzer ohne dessen Willen den Besitz entzieht
oder ihn im Besitze stört, handelt, sofern nicht das Gesetz die Entziehung oder die Störung gestattet,
widerrechtlich (verbotene Eigenmacht).
(2) ¹Der durch verbotene Eigenmacht erlangte Besitz ist fehlerhaft. ²Die Fehlerhaftigkeit muss der Nachfolger im Besitz gegen sich gelten lassen, wenn er Erbe des Besitzers ist oder die Fehlerhaftigkeit des
Besitzes seines Vorgängers bei dem Erwerb kennt.

A. Normzweck. § 858 ist die Grundnorm für den Besitzschutz. Zweck der Gesamtregelung ist die Sicherung 1
des äußeren Rechtsfriedens und der bestehenden Besitzlage. Ausgeschlossen werden soll Selbsthilfe zugunsten
des Rechtsinhabers (Gedanke eines **possessorischen Schutzes**, die petitorischen Einwendungen sind wegen
§ 863 ausgeschlossen). Daher ist der Besitzschutz als solcher immer nur eine vorläufige Regelung. Das jeweilige Recht zum Besitz ist insoweit unerheblich (§ 863). Angesprochen ist jeweils nur der unmittelbare Besitz.
Im Folgenden ist der Regelungszusammenhang der §§ 858 bis 864 zu beachten. Nach der Grundnorm (§ 858)
folgen die Selbsthilfemöglichkeiten (§§ 859, 860), sodann die Ansprüche aus dem Besitz (§§ 861, 862) und
schließlich die Einwendungen (§§ 863, 864). Der Besitzschutz enthält in seinen Ansprüchen (§§ 861, 862)
eine Parallele zum Eigentum (§§ 985, 1004). Beide zusammen bilden bei Immobilien die Grundlage für das
Hausrecht (BGH NJW 06, 1054).

B. Verbotene Eigenmacht (Abs 1). I. Begriff und Bedeutung. Zentraler Ausgangspunkt für den gesamten 2
Besitzschutz ist die verbotene Eigenmacht, die in I als widerrechtliche Beeinträchtigung des Besitzes ohne
Willen des Besitzers definiert wird. Dabei bezieht sich die Norm wie der gesamte Besitzschutz nur auf den
unmittelbaren Besitzer. Kein Tatbestandsmerkmal des gesamten Besitzschutzes ist das Verschulden. Nicht
möglich ist verbotene Eigenmacht ggü dem Besitzdiener oder ggü demjenigen, der ein Recht an der Sache hat
(ohne unmittelbarer Besitzer zu sein).

II. Beeinträchtigung. Die verbotene Eigenmacht wird vom Gesetz als Beeinträchtigung des Besitzes entwe- 3
der durch Besitzentziehung oder durch Besitzstörung verstanden. **Besitzentziehung** ist die Beendigung des

Besitzes (völliger oder teilw Besitzverlust) mit der Konsequenz des § 861, **Besitzstörung** ist die sonstige Beeinträchtigung der tatsächlichen Sachherrschaft mit der Konsequenz des § 862 (zur Störung iE s.u. § 1004). In allen Fällen der Beeinträchtigung kommt es weder auf ein Verschulden noch auf den guten Glauben des Handelnden oder auf ein Recht zum Besitz an. Die Beeinträchtigung wird idR physischer Natur sein, sie kann im Einzelnen aber auch ohne körperlichen Eingriff, etwa durch Bestreiten oder Drohungen ausgeübt werden.

4 IE liegt Entziehung des Besitzes vor bei Wegnahme, Absperrung, Unterbindung des Zugangs, Ergreifen des Mitbesitzes an der ganzen Sache oder Begründung von Teilbesitz. Die Begründung von Teilbesitz durch teilweise Besitzentziehung ist zugleich sonstige Störung an der gesamten Sache (BGH NJW 67, 48). Entziehung ist schließlich das Parken auf einem fremden Parkplatz (LG Frankfurt NJW-RR 03, 311; Abgrenzung zur Störung sehr str, aber im Hinblick auf § 859 bedeutsam; Einzelheiten bei MüKo/*Joost* § 858 Rz 5). Besitzstörung deckt sich im Wesentlichen mit dem Störerbegriff des § 1004. IE kann sie in einer Beschädigung der Sache durch Immissionen, Lärm, Anbringen von Werbung und ähnlichem liegen. Auch ein Unterlassen des Störers kann Störung sein, zB die unterbliebene Versorgung einer Mietwohnung durch den Vermieter mit Energie, Wärme, Wasser.

5 **III. Ohne Willen.** Voraussetzung für eine zur verbotenen Eigenmacht führende Beeinträchtigung ist weiterhin, dass sie ohne Willen des Besitzers erfolgt. Damit wird nicht zwingend eine Beeinträchtigung gegen den Willen des Besitzers verlangt. Der vorhandene oder fehlende Wille ist ein natürlicher Wille, nicht ein Rechtsgeschäft. Die Zustimmung des unmittelbaren Besitzers muss zum Zeitpunkt der Beeinträchtigung tatsächlich vorhanden sein. Sie kann stillschweigend erteilt werden und bleibt auch bei Irrtum, Täuschung oder Drohung wirksam. Lediglich ein physischer Zwang oder ein ihm gleichzustellender psychischer Zwang schließt die gegebene Zustimmung aus.

6 **IV. Widerrechtlichkeit.** Eine Beeinträchtigung des Besitzes ohne Willen des unmittelbaren Besitzers ist grds widerrechtlich. Auf die Rechtslage sowie auf den Willen des Besitzdieners oder des mittelbaren Besitzers kommt es nicht an. Die Widerrechtlichkeit kann außer durch die Zustimmung des Besitzers (s.o. Rn 5) nur durch **gesetzliche Gestattung** entfallen. Solche gesetzlichen Gestattungen können Normen des öffentlichen Rechts oder des Privatrechts sein, zB § 127 StPO sowie die Eingriffsmöglichkeiten nach Polizei- und Ordnungsrecht; Eingriffe auf Grund von Zwangsvollstreckungsmaßnahmen, Ausübung von Selbsthilferechten (§§ 227–229, 562b, 859) sowie Ansprüche aus dem Bereich des Nachbarrechts (§§ 904–906, 910) oder Verfolgungsrechte (§ 962).

7 **C. Fehlerhaftigkeit des Besitzes (Abs 2).** Zentrale Folge der verbotenen Eigenmacht ist nach II die Fehlerhaftigkeit des durch sie erlangten Besitzes. Sie hat zur Folge, dass dem fehlerhaften Besitzer ggü dem früheren, durch die verbotene Eigenmacht bedrängten Besitzer der Schutz durch Besitzansprüche versagt wird. Die Fehlerhaftigkeit des Besitzes wirkt nur ggü dem früheren Besitzer, nicht ggü Dritten. Ggü Rechtsnachfolgern dessen, der verbotene Eigenmacht geübt hat, wirkt die Fehlerhaftigkeit im Erbfalle generell fort, iÜ nur dann, wenn er die Fehlerhaftigkeit des Besitzes seines Vorgängers kennt. Kennen müssen einschl grob fahrlässiger Unkenntnis genügen nicht. Im Falle mehrfacher Besitznachfolge wirkt die Fehlerhaftigkeit fort, wenn bei allen Vorbesitzern Fehlerhaftigkeit vorlag und der derzeitige Besitzer dies kennt. Soweit Fehlerhaftigkeit des Besitzes gegeben ist, richten sich die Ansprüche aus §§ 861, 862 auch gegen den jeweiligen Besitznachfolger (vgl §§ 861 II, 862 II).

§ 859 Selbsthilfe des Besitzers. **(1) Der Besitzer darf sich verbotener Eigenmacht mit Gewalt erwehren.**
(2) Wird eine bewegliche Sache dem Besitzer mittels verbotener Eigenmacht weggenommen, so darf er sie dem auf frischer Tat betroffenen oder verfolgten Täter mit Gewalt wieder abnehmen.
(3) Wird dem Besitzer eines Grundstücks der Besitz durch verbotene Eigenmacht entzogen, so darf er sofort nach der Entziehung sich des Besitzes durch Entsetzung des Täters wieder bemächtigen.
(4) Die gleichen Rechte stehen dem Besitzer gegen denjenigen zu, welcher nach § 858 Abs. 2 die Fehlerhaftigkeit des Besitzes gegen sich gelten lassen muss.

1 **A. Normzweck.** Die zentralen Konsequenzen des Besitzschutzes sind zum einen die Ansprüche der §§ 861, 862, zum anderen die Möglichkeit der Selbsthilfe für den Besitzer (§§ 859, 860). Soweit die Selbsthilfe der Abwehr von Eingriffen Dritter gilt, ist die Ausübung von Gewalt in der Gestalt der Besitzwehr nach I möglich. Soweit der Besitz bereits entzogen ist, gibt das Gesetz die Möglichkeit der **Besitzkehr**, wobei zwischen beweglichen Sachen (II) und Grundstücken (III) unterschieden wird. Die Norm ist ein Spezialfall der allgemeinen Notwehr- und Selbsthilferechte (§§ 227, 229).

2 **B. Besitzwehr (Abs 1).** Jede drohende Besitzentziehung und jede sonstige Beeinträchtigung des Besitzes (Störung) löst den Abwehranspruch des Besitzers nach I aus. Vorausgesetzt ist eine Beeinträchtigung des Besitzes durch verbotene Eigenmacht (§ 858 I) sowie gegenwärtig bestehender Besitz des Abwehrberechtigten. Ist der Besitz bereits entzogen, so gelten ausschl II und 3. Eine zeitliche Grenze für die Besitzwehr kennt das

Gesetz nicht, Beginn und Ende möglicher Selbsthilfemaßnahmen sind durch die tatsächlich bereits bestehende und noch andauernde Beeinträchtigung bestimmt. Aus § 864 I wird man freilich entnehmen müssen, dass die Selbsthilfe endet, wenn der Besitzer die Beeinträchtigung ein Jahr lang hingenommen hat. Soweit sich eine Abwehrmaßnahme zugleich als Wiederergreifen des entzogenen Teilbesitzes darstellt, gelten die einschränkenden Regeln von II und 3 (BGH NJW 67, 46, 48; streitig insb für unberechtigtes Parken auf einem fremden Grundstück, vgl *Stöber* DAR 06, 486; MüKo/*Joost* § 859 Rz 5). Die Gewaltanwendung darf nicht das erforderliche Maß überschreiten. Keine Voraussetzung für die Besitzwehr ist es, dass andere, insb staatliche Hilfe nicht zu erlangen ist.

C. Besitzkehr (Abs 2, 3). I. Bewegliche Sachen (Abs 2). II liegt vor, wenn der Besitz an einer beweglichen 3
Sache durch verbotene Eigenmacht bereits entzogen ist und sich der (frühere) Besitzer den Besitz gewaltsam wiederbeschaffen will. Die Gewaltanwendung ist **nicht subsidiär** zur Erlangung anderweitiger Hilfe. Sie ist allerdings nur in einem engen zeitlichen Rahmen zulässig. Der Täter muss entweder auf frischer Tat betroffen oder verfolgt werden. Die zeitliche Grenze zwischen Besitzentziehung und Verfolgung ist nicht exakt zu bestimmen (Schlesw SchlHA 87, 12 hält 30 Min für die Grenze; dies erscheint relativ eng, je nach Art des Vorganges dürfte bis zu einer Stunde in Betracht kommen). Ist die Verfolgung aufgenommen, ist ihre (ununterbrochene) Dauer unbegrenzt.

II. Grundstücke (Abs 3). Bei Grundstücken oder Räumen darf der Besitzer sich sofort nach der Entziehung 4
des Besitzes durch Entsetzung des Täters wieder der Sache bemächtigen. Dabei ist wiederum nicht von Bedeutung, ob anderweitige Hilfe rechtzeitig zu erlangen ist oder ob sonst die Vereitelung oder Erschwerung des Anspruchs droht (aA Frankf NJW 94, 946). Schwierigkeiten bereitet hier der durch das Wort „sofort" begrenzte zeitliche Zusammenhang zwischen Entziehung und Besitzkehr. In der Praxis haben insb die Fälle des **unberechtigten Parkens auf fremdem Grundstück** Schwierigkeiten bereitet. Entgegen dem Wort „sofort" ist hier ein Abschleppen des störenden Pkw am Abend des gleichen Tages, vier Stunden nach dem Abstellen oder sogar noch am folgenden Tag für zulässig angesehen worden (Karlsr OLGZ 78, 206; LG Frankfurt NJW 84, 183; AG Braunschweig NJW-RR 86, 1414; zu engerer Interpretation vgl die Nachw bei MüKo/*Joost* § 859 Rz 14). Der Wortlaut des Gesetzes ist hier sicherlich überdehnt, man wird allerdings unter Berücksichtigung moderner Verhältnisse im Straßenverkehr eine solche ausdehnende Interpretation der Möglichkeiten des § 859 III zulassen müssen.

D. Rechtsfolgen. Im Falle der **Besitzwehr** ist jedes Gewaltmittel zulässig, das die verbotene Eigenmacht 5
abwehrt, sofern das Mittel der Abwehr der Beeinträchtigung auch wirklich dient und das erforderliche Maß zur Abwehr nicht überschreitet. Im Falle der **Besitzkehr** kann sich der bisherige Besitzer ebenfalls jedes geeigneten und erforderlichen Mittels bedienen, um sich der Sache wieder zu bemächtigen. Soweit im Rahmen erforderlicher Maßnahmen zur Selbsthilfe des Besitzers Kosten entstehen, kann der Berechtigte diese nach den Regeln der GoA oder nach § 823 verlangen. § 858 ist **SchutzG iSv § 823 II** (BGHZ 73, 355).

§ 860 Selbsthilfe des Besitzdieners. Zur Ausübung der dem Besitzer nach § 859 zustehenden Rechte ist auch derjenige befugt, welcher die tatsächliche Gewalt nach § 855 für den Besitzer ausübt.

A. Normzweck. Die Norm wendet sich an den Besitzdiener (§ 855), der trotz ausgeübter tatsächlicher Gewalt 1
kein Besitzer der Sache ist und dem daher keinerlei besitzrechtliche Befugnisse zustehen (s.o. § 855 Rn 8). Einzige gesetzliche Ausnahme ist das Selbsthilferecht des § 859, das aus praktischen Gründen auch dem Besitzdiener zugestanden wird. Es handelt sich allerdings nicht um ein eigenes Recht des Besitzdieners, sondern dieser übt insoweit ein Recht des Besitzherrn aus. Weisungen des Besitzherrn, zB die Untersagung von Gewaltanwendung, sind zu beachten.

B. Norminhalt. Der Besitzdiener hat die Rechte aus § 859 gegen jede Beeinträchtigung durch Dritte, nicht 2
aber gegen den Besitzer selbst. Er kann Selbsthilfe auch dann üben, wenn sich eine Beeinträchtigung gegen Sachen des Besitzers (seines Arbeitgebers) richtet, die sich im tatsächlichen Herrschaftsbereich, in dem er tätig ist, befinden.

§ 861 Anspruch wegen Besitzentziehung. (1) Wird der Besitz durch verbotene Eigenmacht dem Besitzer entzogen, so kann dieser die Wiedereinräumung des Besitzes von demjenigen verlangen, welcher ihm gegenüber fehlerhaft besitzt.
(2) Der Anspruch ist ausgeschlossen, wenn der entzogene Besitz dem gegenwärtigen Besitzer oder dessen Rechtsvorgänger gegenüber fehlerhaft war und in dem letzten Jahre vor der Entziehung erlangt worden ist.

A. Normzweck. Der Gesetzgeber gibt dem Besitzer neben dem Selbsthilferecht (§ 859) echte Ansprüche aus 1
dem Besitz, die gerichtlich durchsetzbar sind. Grundlage dieser Ansprüche ist der Besitz als solcher (**possessorischer Schutz**), nicht ein bestimmtes Recht zum Besitz (petitorischer Anspruch). Neben der Regelung in

§§ 861, 862 ist dies insb auch dem § 863 zu entnehmen. Hat der Anspruchsgegner eigene Rechte an der Sache, muss er eigenständig Gerichtsschutz suchen (s. aber unter Rn 7). In diesem Falle ist der Besitzschutz nur eine vorläufige Regelung. Im Verhältnis von **Ehegatten** untereinander ist die Spezialregelung (str) des § 1361a zu beachten (§ 1361a Rn 29). Zum Hausrecht s.o. § 858 Rn 1.

2 B. Voraussetzungen und Inhalt des Anspruchs. Der Besitz muss dem Besitzer durch verbotene Eigenmacht (§ 858) entzogen worden sein. Ohne Bedeutung ist es, ob der Besitzer vergeblich Selbsthilfe versucht hat oder ob er Selbsthilfe nicht in Anspruch genommen hat. Ist die Besitzentziehung noch nicht vollendet, so gilt § 862. Neben dem Herausgabeanspruch kann auch ein Verfolgungsrecht nach § 867 in Betracht kommen. Der Anspruch ist auf Wiedereinräumung des Besitzes gerichtet, also auf Herausgabe an den früheren Besitzer. Dagegen richtet sich der Anspruch nicht auf Schadensersatz; dieser kann vielmehr nur bei Verschulden des Täters nach § 823 gefordert werden. Mit dem Anspruch kann nur die **Herstellung des früheren Besitzes**, nicht zugleich die Herstellung des früheren Zustands der Sache verlangt werden. Der Anspruch richtet sich auch nicht auf Surrogate und nicht auf Nutzungen. Ein früherer Mitbesitzer hat nur den Anspruch der Wiedereinräumung des Mitbesitzes.

3 C. Einwendungen (Abs 2). Der Beklagte kann zunächst einwenden, dass er keine verbotene Eigenmacht begangen habe (Bestreiten der Anspruchsbegründung). Weiterhin kann er nach II einwenden, dass der Kläger selbst ihm ggü fehlerhaft besessen habe, weil der Kläger vorher gegen ihn verbotene Eigenmacht verübt habe (§§ 861 II, 858 II). Dieser Einwand steht dem Beklagten auch zu, wenn ein Rechtsvorgänger des Klägers die verbotene Eigenmacht verübt hatte oder wenn sie gegen einen Rechtsvorgänger des Beklagten verübt worden war. Schließlich kann der Beklagte nach § 864 das Erlöschen der Besitzansprüche einwenden. Keinen Einwand stellt dagegen ein bestehendes Recht zum Besitz des Beklagten dar, sei es schuldrechtlicher oder dinglicher Natur (§ 863). Zur Widerklage mit petitorischem Inhalt s.u. Rn 7.

4 D. Durchsetzung des Anspruchs. I. Berechtigter. Der Anspruch steht dem früheren unmittelbaren oder mittelbaren (§ 869) Eigen- oder Fremdbesitzer zu, nicht aber dem Besitzdiener. Der Anspruch ist abtretbar und vererblich (BGH NJW 08, 580).

5 II. Verpflichteter. Der Anspruch richtet sich gegen denjenigen, der derzeit den Besitz inne hat und dem Kläger ggü fehlerhaft besitzt. Hat der fehlerhaft Besitzende seinerseits den Besitz verloren, so ist der Anspruch gegen ihn nicht mehr gegeben; er richtet sich nunmehr gegen den neuen Besitzer, falls dieser wiederum fehlerhaft besitzt. Der Anspruch kann sich auch gegen den mittelbaren Besitzer richten; dann ist er jedoch nicht auf Herausgabe gerichtet, sondern auf Verschaffung des mittelbaren Besitzes gem § 870 (Celle NdsRpfl 07, 331).

6 III. Prozessuale Durchsetzung. Wird der Anspruch aus § 861 im Wege der Klage geltend gemacht, handelt es sich um eine normale Leistungsklage, mit der in Anspruchskonkurrenz zugleich die Herausgabeansprüche aus §§ 985, 1007, 823 I, 812 geltend gemacht werden können. Wird die Klage auf mehrere Anspruchsgrundlagen gestützt, handelt es sich dennoch um einen einheitlichen Streitgegenstand, nicht um einen Fall der Klagehäufung gem § 260 ZPO. Wird die im Streit befindliche Sache nach Klageerhebung weggegeben, so gelten die §§ 265, 325, 727 ZPO. Die streitbefangene Sache, die herauszugeben ist, muss in der Klageschrift so genau bezeichnet werden, dass eine Vollstreckung möglich ist. Die **Beweislast** für den früheren Besitz des Klägers und den Entzug des Besitzes durch verbotene Eigenmacht sowie den derzeitigen Besitz des Beklagten trägt der Anspruchsteller. Der Anspruchsgegner muss die Einwendungen nach II sowie das Erlöschen nach § 864 beweisen. Soweit zur Vorbereitung der Klage ein **Auskunftsanspruch** erforderlich ist, kann der Kläger diesen im Wege der Stufenklage (§ 254 ZPO) erheben. Entspr der Regelung des § 862 I 2 wird allg auch eine vorbeugende Unterlassungsklage gegen einen unmittelbar bevorstehenden Besitzentzug für zulässig erachtet. Soweit die prozessuale Durchsetzung im Wege einer **einstweiligen Verfügung** versucht wird, sind nach den §§ 935, 938, 940 ZPO an sich nur vorläufige Maßnahmen möglich. Die Rspr hat aber iRd Leistungs- oder Befriedigungsverfügung auch eine einstweilige Verfügung zur Erfüllung von Ansprüchen zugelassen. Dies gilt auch für den Herausgabeanspruch des § 861. Entspr dem Ziel der Besitzschutzansprüche wird dabei neben der verbotenen Eigenmacht kein besonderer Verfügungsgrund verlangt (Köln MDR 00, 152; Stuttg NJW-RR 96, 1516; Frankf BB 81, 148).

7 IV. Widerklage mit petitorischem Inhalt. Gegen die auf § 861 gestützte Klage auf Wiedereinräumung des Besitzes kann der Beklagte nicht ein Recht zum Besitz einwenden (s.o. Rn 3). Dagegen ist es iRe Prozesses möglich, gestützt auf ein **Recht zum Besitz** eine eigene Klage und damit auch eine Widerklage zu erheben. Diese ist eine eigenständige Klage, die allerdings mit der ursprünglichen Herausgabeklage zu gemeinsamer Verhandlung und Entscheidung verbunden wird. Um den Grundgedanken von § 863 nicht außer Kraft zu setzen, dürfte daher die Widerklage an sich den Erfolg der Herausgabeklage nicht beeinträchtigen. Dies steht auch nicht zu befürchten, soweit die Besitzschutzklage zeitlich früher entscheidungsreif ist und durch Teilurteil (§ 301 ZPO) über sie zunächst und isoliert entschieden werden kann (und muss). Problematisch ist eine gemeinsame Entscheidung über Klage und Widerklage bei gleichzeitiger Entscheidungsreife. Hier müssten an sich beide Klagen begründet sein (so zu Recht auch MüKo/*Joost* § 863 Rz 11). Gleichwohl hält der BGH im

Falle gleichzeitiger Entscheidungsreife der beiden Klagen die Besitzschutzklage für unbegründet (BGHZ 53, 166, 169; 73, 355; NJW 99, 425). Diese Auffassung ist abzulehnen. Sie lässt sich auch nicht auf § 864 II stützen. Eine Ausnahme wird man nur dann zulassen können, wenn beide Entscheidungen ausnahmsweise mit Urteilserlass rechtskräftig werden (Revisionsinstanz). Hier spricht der Gesichtspunkt aus § 864 II für Abweisung der Besitzschutzklage als unbegründet.

§ 862 Anspruch wegen Besitzstörung. (1) ¹Wird der Besitzer durch verbotene Eigenmacht im Besitz gestört, so kann er von dem Störer die Beseitigung der Störung verlangen. ²Sind weitere Störungen zu besorgen, so kann der Besitzer auf Unterlassung klagen.
(2) Der Anspruch ist ausgeschlossen, wenn der Besitzer dem Störer oder dessen Rechtsvorgänger gegenüber fehlerhaft besitzt und der Besitz in dem letzten Jahre vor der Störung erlangt worden ist.

A. Normzweck. Die Regelung schließt an § 861 sowie § 858 an und regelt den Anspruch wegen Besitzstörung (zum Begriff § 858 Rn 3). Wie in § 861 handelt es sich um einen **possessorischen Schutz** (§ 861 Rn 1), so dass auf die Erläuterungen dort zu verweisen ist. Bzgl der Störung und der Störungsbeseitigung bzw Unterlassung kann auf die Erläuterungen zu § 1004 verwiesen werden. § 862 ergänzt den Anspruch auf Herausgabe und entspricht insoweit der 2. Alt des § 858 I. 1

B. Voraussetzungen und Inhalt des Anspruchs. Es muss eine **Störung des Besitzes** vorliegen, die noch andauert. Diese Störung muss eine **verbotene Eigenmacht** darstellen. Diese entfällt insb bei Zustimmung des Besitzers oder bei gesetzlicher Gestattung (s.o. § 858 Rn 6). Bedeutsam sind hier insb Duldungspflichten, wie sie die §§ 904–906, 14 BImSchG enthalten. 2
Der Anspruch richtet sich auf Beseitigung des störenden Zustandes oder auf Unterlassung der Störung. Im Falle der Beseitigung hat der Störer die erforderlichen Handlungen auf eigene Kosten vorzunehmen. § 862 gibt nicht das Recht, eine Ersetzungsbefugnis zur Geldentschädigung statt der Störungsbeseitigung zu verlangen. Der Unterlassungsanspruch ist entweder darauf gerichtet, im Falle bereits eingetretener Störungen eine Unterlassung gleichartiger Störungen zu verlangen. Dies setzt eine Wiederholungsgefahr voraus. Entgegen dem engen Gesetzeswortlaut ist heute aber auch eine **vorbeugende Unterlassungsklage** anerkannt, wenn Störungen zwar noch nicht vorliegen, aber mit hinreichender Wahrscheinlichkeit bevorstehen. Dagegen können nicht Inhalt des Anspruchs aus § 862 nicht ein Schadensersatz, Aufwendungsersatz, Herausgabe von Nutzungen oder Surrogate sein. 3
Zu den Einwendungen gegen den Anspruch wegen Besitzstörung und zum Ausschluss des Anspruchs nach II s.o. § 861 Rn 3. 4

C. Durchsetzung des Anspruchs. I. Berechtigter und Verpflichteter. Der Anspruch steht dem derzeitigen unmittelbaren oder mittelbaren (§ 869) Eigen- oder Fremdbesitzer zu, nicht aber dem Besitzdiener. Der Anspruch ist untrennbar mit dem Besitz verbunden; eine Abtretung des Anspruchs ohne Übergang des Besitzes ist daher nicht möglich. Der Anspruch richtet sich gegen denjenigen, von dem die Störung ausgeht. Zu den verschiedenen Arten und Formen des Störers s. die Erläuterungen zu § 1004. Wie im Falle von § 861 kann sich der Anspruch auch gegen den Eigentümer der Sache richten. 5

II. Prozessuale Durchsetzung. Die Grundsätze der prozessualen Durchsetzung stimmen mit den Erläuterungen zu § 861 überein (s.o. § 861 Rn 6). Neben § 862 kann eine Klage auf Beseitigung oder Unterlassung auch auf § 1004 gestützt werden. Dies ist kein Fall der Klagehäufung gem § 260 ZPO. Der Klageantrag muss das genaue Begehren auf Beseitigung oder Unterlassung enthalten und die jeweilige Störungsquelle genau bezeichnen. Ein allgemeiner Antrag, die Störung der widerrechtlichen Besitzausübung zu unterlassen, ist wegen Unbestimmtheit unzulässig (Ddorf NJW 86, 2512). Die genaue Bezeichnung der Störungsquelle ist insb auch für die Zwangsvollstreckung unabdingbar. Dagegen bedarf es im Klageantrag keiner näheren Darlegungen, welche konkreten Maßnahmen zur Beseitigung erforderlich sind. Die konkrete Durchführung der Beseitigung ebenso wie die Unterlassung ist dem Beklagten überlassen. 6

§ 863 Einwendungen des Entziehers oder Störers. Gegenüber den in den §§ 861, 862 bestimmten Ansprüchen kann ein Recht zum Besitz oder zur Vornahme der störenden Handlung nur zur Begründung der Behauptung geltend gemacht werden, dass die Entziehung oder die Störung des Besitzes nicht verbotene Eigenmacht sei.

A. Normzweck. § 863 verdeutlicht den possessorischen Charakter der Besitzschutzansprüche (s.o. §§ 858 Rn 1, 861 Rn 1, Rn 3) und stellt damit den zentralen Punkt des Besitzschutzes dar. Nur durch Ausblendung der Rechtslage bzgl möglicher Rechte zum Besitz können die Bewahrung des Rechtsfriedens sowie das Selbsthilfeverbot realisiert werden, nur so kann ein schneller (freilich auch vorläufiger) gerichtlicher Schutz erlangt werden. Zur Ausnahme des § 864 II s. dort, zum Sonderfall der petitorischen Widerklage s.o. § 861 Rn 7. Der Grundgedanke des Besitzschutzes verbietet es auch, ein mögliches Recht zum Besitz oder zur Vornahme einer störenden Handlung im Wege des § 242 einzuwenden. 1

2 B. Zulässige Einwendungen. Der Beklagte kann zunächst alle anspruchsbegründenden Merkmale bestreiten. Insb kann der Beklagte in § 861 die frühere Besitzposition des Klägers und in § 862 die derzeitige Besitzposition bestreiten. Ferner kann er die erfolgte Entziehung oder die Störung und damit seine Stellung als Verpflichteter bestreiten. Darüber hinaus kann der Beklagte alle Umstände geltend machen, die dazu führen, dass die Entziehung oder die Störung des Besitzes nicht verbotene Eigenmacht war. Schließlich kann der Beklagte die Erlöschensgründe des § 864 einwenden. Im Falle einer schuldlos oder nur fahrlässig begangenen verbotenen Eigenmacht kann sich der Beklagte außerdem auf ein mögliches Zurückbehaltungsrecht aus §§ 273 II, 1000 2 berufen (MüKo/*Joost* § 863 Rz 5). Zu einer Widerklage mit petitorischem Inhalt s.o. § 861 Rn 7.

3 C. Unzulässige Einwendungen. Der Beklagte kann keinerlei Ansprüche auf die Sache oder Besitzberechtigung einwenden, ebenso nicht fehlende Besitzberechtigung des Klägers. Keine mögliche Einwendung ist auch ein Anspruch auf Verschaffung des Besitzes oder ein vertragliches Recht zur Störung. Ohne Bedeutung ist es, ob das jeweilige Recht schuldrechtlicher oder dinglicher Natur ist. So kann der Beklagte gegen einen Anspruch aus §§ 861, 862 auch nicht sein Eigentum einwenden. Ausgeschlossen ist weiterhin die Einwendung aller dieser rechtlichen Aspekte auf dem Weg über § 242. Jedoch will die Rspr die Berücksichtigung des § 242 nicht vollkommen ausschließen (BGH NJW 78, 2157, 2158). Dies wird man aber nur bejahen können, wenn im Zusammenhang mit § 242 Gesichtspunkte geltend gemacht werden, die die gesetzliche Wertung des § 863 nicht berühren. Zur Widerklage mit petitorischem Inhalt s.o. § 861 Rn 7.

§ 864 Erlöschen der Besitzansprüche. (1) Ein nach den §§ 861, 862 begründeter Anspruch erlischt mit dem Ablauf eines Jahres nach der Verübung der verbotenen Eigenmacht, wenn nicht vorher der Anspruch im Wege der Klage geltend gemacht wird.
(2) Das Erlöschen tritt auch dann ein, wenn nach der Verübung der verbotenen Eigenmacht durch rechtskräftiges Urteil festgestellt wird, dass dem Täter ein Recht an der Sache zusteht, vermöge dessen er die Herstellung eines seiner Handlungsweise entsprechenden Besitzstands verlangen kann.

1 A. Normzweck. § 864 ergänzt das System der §§ 861–863 und enthält zwei sehr unterschiedliche Erlöschenstatbestände für die Besitzschutzansprüche. I verdeutlicht die enge zeitliche Begrenzung des Besitzschutzes. Dieser verliert seinen Sinn, wenn sich durch Zeitablauf ein neuer Zustand verfestigt hat. II nimmt den Fall der Rechtskraft aus dem rein possessorischen Schutzkonzept aus praktischen Gründen aus. Im Ergebnis bleibt in beiden Fällen die verbotene Eigenmacht sanktioniert.

2 B. Zeitablauf nach Abs 1. I ist eine echte **Erlöschensfrist**, keine Verjährungsfrist. Sie beginnt mit der verbotenen Eigenmacht, also mit der Vollendung der Besitzentziehung bzw mit dem Eintritt der Besitzstörung. Bei mehreren Störungen beginnt jeweils eine neue Frist. Kenntnis des Besitzers ist ohne Bedeutung (Ddorf OLGZ 75, 331, 333). Für die Berechnung der Jahresfrist gelten die §§ 187 I, 188 II. Fristwahrung durch Klageerhebung ist nur bei einer Besitzschutzklage möglich. Eine Leistungsklage aus anderen Gründen, eine Feststellungsklage oder ein Antrag auf einstweilige Verfügung genügen nicht (Palandt/*Bassenge* § 864 Rz 2).

3 C. Erlöschen durch rechtskräftige Feststellung. Hat der Täter der verbotenen Eigenmacht ein rechtskräftiges Urt iRe Klage oder Widerklage gegen den Besitzer erwirkt, wonach ihm an der Sache ein dingliches Recht (§ 985) oder ein schuldrechtlicher Anspruch auf Besitz oder Verschaffung oder ein Anspruch aus früherem Besitz (§ 1007) zusteht, so erlöschen die Besitzansprüche des Besitzers. Das rechtskräftige Urt muss **nach der Verübung der verbotenen Eigenmacht** ergangen sein, eine analoge Anwendung auf ein vor der Besitzbeeinträchtigung ergangenes rechtskräftiges Urt ist abzulehnen (str, Palandt/*Bassenge* § 864 Rz 6, aA MüKo/*Joost* § 864 Rz 11). Als rechtskräftige Feststellung genügt nicht die Abweisung einer auf Feststellung des Eigentums gerichteten Klage des Besitzers (weitergehend BGHZ 145, 16, 20). Ein nur vorläufig vollstreckbares Urt reicht für II nicht aus, ebenso nicht eine einstweilige Verfügung zugunsten des Störers (str, wie hier MüKo/*Joost* § 864 Rz 10).

§ 865 Teilbesitz. Die Vorschriften der §§ 858 bis 864 gelten auch zugunsten desjenigen, welcher nur einen Teil einer Sache, insbesondere abgesonderte Wohnräume oder andere Räume, besitzt.

1 A. Normzweck. Die Regelungen des Besitzes in den §§ 854 ff beziehen sich grds auf die jeweils ganze Sache. Insofern verdeutlicht § 865 klarstellend, dass es tatsächliche Situationen geben kann, in denen der Besitz auf einen abgrenzbaren Teil der Sache beschränkt ist. In solchen Fällen enthält § 865 die ausdrückliche rechtliche Anerkennung eines solchen Teilbesitzes und unterstellt ihn den Vorschriften über den Besitzschutz.

2 B. Voraussetzungen. Teilbesitz ist die tatsächliche **Sachherrschaft an einem realen Teil einer Sache.** Bei dieser Sache kann es sich sowohl um eine bewegliche Sache als auch um ein Grundstück handeln. Der Teilbesitz kann Eigen- oder Fremdbesitz sein, er kann unmittelbarer oder mittelbarer Besitz sein. Auch Besitzdienerschaft an einem Realteil ist denkbar. Der Teilbesitz setzt jeweils voraus, dass Sachherrschaft an einem räumlich abgrenzbaren Teil einer Sache besteht. Im Falle des unmittelbaren Besitzes muss eine tatsächliche Beherrschung dieses gesonderten Sachteils vorliegen. In der Praxis wird Teilbesitz va bei Mietern einzelner Wohnungen eines Hauses vorkommen.

C. Rechtswirkungen. § 865 macht deutlich, dass auf den Teilbesitz die Besitzschutzvorschriften der §§ 858–864 anzuwenden sind. Diese Verweisung ist zu eng. Es ist anerkannt, dass der Teilbesitz echter Besitz iSd §§ 854 ff ist. Daher sind alle Bestimmungen über den Besitz auch auf den Teilbesitz anzuwenden. Der Schutz des Teilbesitzes richtet sich auch gegen Störungen durch andere Teilbesitzer derselben Sache und geht damit über die Möglichkeiten des Mitbesitzes nach § 866 hinaus. 3

§ 866 Mitbesitz. Besitzen mehrere eine Sache gemeinschaftlich, so findet in ihrem Verhältnisse zueinander ein Besitzschutz insoweit nicht statt, als es sich um die Grenzen des den einzelnen zustehenden Gebrauchs handelt.

A. Normzweck. Die Regeln des Besitzrechts gehen davon aus, dass eine Person eine Sache im Alleinbesitz hat. § 866 weicht davon ab und unterstellt selbstverständlich, dass auch mehrere Personen eine ganze Sache (im Gegensatz zu § 865) gemeinschaftlich besitzen können. Für diesen Mitbesitz gelten grds alle Regelungen der §§ 854 ff. Der Gesetzgeber hat lediglich die erforderlichen Besonderheiten für die Reichweite des Besitzschutzes normiert. Zur Abgrenzung des Mitbesitzes vom Nebenbesitz s.u. § 868 Rn 5. 1

B. Regelung und Formen. Als Mitbesitz kann jede **Besitzart** ausgeübt werden. So können die Mitbesitzer unmittelbare oder mittelbare Besitzer sein, Eigen- oder Fremdbesitzer, möglich ist auch Mitbesitz als Erbenbesitz und als Teilbesitz. Schließlich können auch mehrere Personen gemeinsam Besitzdiener sein, wobei in diesem Falle ihre fehlende Besitzqualität nicht zum Mitbesitz führen kann, sondern zu einer Mitbesitzdienerschaft. Der Mitbesitz kann sich jeweils auf bewegliche und unbewegliche Sachen beziehen. In jedem Falle muss der Mitbesitz zu einer realen Sachherrschaft aller Mitbesitzer führen, einen Mitbesitz nach ideellen Bruchteilen gibt es nicht. Nicht möglich ist ferner wegen fehlender Gleichstufigkeit (vgl § 871) Mitbesitz zwischen einem mittelbaren und einem unmittelbaren Besitzer. 2

Innerhalb der Rechtsfigur des Mitbesitzes kann man unterscheiden zwischen dem **schlichten Mitbesitz** und **qualifizierten Mitbesitz**. Soweit eine Sache jedem Mitbesitzer ohne Mitwirkung anderer zugänglich ist, übt er schlichten (einfachen) Mitbesitz aus. Qualifiziert ist dagegen der Mitbesitz, wenn die Sache den Mitbesitzern nur gemeinschaftlich zugänglich ist. Es kann sich zB ein Schließfach nur durch mehrere, verschiedenen Personen zustehende Schlüssel gemeinschaftlich öffnen lassen. Einen gesamthänderischen Mitbesitz gibt es bei unmittelbaren Besitzern nicht. Denkbar ist gesamthänderischer Besitz nur als mittelbarer Besitz, wobei die jeweilige Gesamthandsgemeinschaft nicht rechtsfähig sein darf (zB Erbengemeinschaft). Anderenfalls liegt Organbesitz vor (s.o. § 854 Rn 15). 3

In allen Fällen des (unmittelbaren) Mitbesitzes hat jeder Mitbesitzer die tatsächliche Sachherrschaft und zugleich einen eigenen Besitzwillen. Dieser Besitzwille muss kein gemeinschaftlicher sein. Die Mitbesitzer müssen also nicht zwangsläufig in einer Rechtsgemeinschaft bzgl der Sache stehen. Auch jede andere Form gemeinschaftlicher Ergreifung der tatsächlichen Gewalt führt zu Mitbesitz. 4

C. Rechtswirkungen. Auf den Mitbesitz sind alle besitzrechtlichen Vorschriften anzuwenden. Der Mitbesitzer hat also gegen dritte Personen alle Besitzansprüche wie ein Alleinbesitzer. Umgekehrt richten sich Ansprüche Dritter gegen einen Mitbesitzer ebenfalls in gleicher Weise wie gegen den Alleinbesitzer. 5

Besonderheiten ergeben sich beim Besitzschutz. Im **Verhältnis der Mitbesitzer untereinander** können die Regelungen über den Besitzschutz nicht uneingeschränkt angewendet werden. Nach dem Wortlaut des Gesetzes gelten die Besitzschutzregeln jedenfalls insoweit nicht, als es sich um die Grenzen des Gebrauchs handelt. Damit sind die Grenzen des Gebrauchsumfangs im Hinblick auf zeitliche, örtliche, inhaltliche und umfangmäßige Regelungen gemeint. Soweit es nicht um diese Grenzen, sondern etwa um eine völlige Besitzentziehung geht, kann ein Mitbesitzer ggü seinem anderen Mitbesitzer auch den Anspruch aus § 861 geltend machen (BGH DB 73, 913; Ddorf MDR 85, 497; 98, 893). Im Falle von Besitzstörungen unter Mitbesitzern gibt es in keinem Fall Besitzschutzansprüche (BGHZ 29, 372, 377; 62, 243, 249; 145, 16, 19). Unberührt bleiben zwischen Mitbesitzern alle übrigen Ansprüche außerhalb des Besitzrechts (zB deliktsrechtliche Ansprüche). 6

§ 867 Verfolgungsrecht des Besitzers. ¹Ist eine Sache aus der Gewalt des Besitzers auf ein im Besitz eines anderen befindliches Grundstück gelangt, so hat ihm der Besitzer des Grundstücks die Aufsuchung und die Wegschaffung zu gestatten, sofern nicht die Sache inzwischen in Besitz genommen worden ist. ²Der Besitzer des Grundstücks kann Ersatz des durch die Aufsuchung und die Wegschaffung entstehenden Schadens verlangen. ³Er kann, wenn die Entstehung eines Schadens zu besorgen ist, die Gestattung verweigern, bis ihm Sicherheit geleistet wird; die Verweigerung ist unzulässig, wenn mit dem Aufschub Gefahr verbunden ist.

A. Normzweck. Dem Verfolgungsrecht des Besitzers kommt wie ähnlichen Verfolgungsrechten des Eigentümers (§§ 962, 1005) kaum praktische Bedeutung zu. Nach dem Normzweck soll § 867 eine Lücke schließen 1 für den Fall, dass der Besitzer einer Sache auf diese nicht mehr zugreifen kann und die Wiederbeschaffung nicht möglich ist, weil eine fremde Sphäre (zB ein fremdes Grundstück) entgegensteht, gleichzeitig aber ein Herausgabeanspruch (aus §§ 861, 985, 1007) noch nicht gegeben ist, weil noch keine dritte Person Besitz von der Sache ergriffen hat.

2 **B. Abholungsanspruch.** Der in 1 vorgesehene Anspruch auf Aufsuchung und Wegschaffung der Sache setzt zunächst voraus, dass diese Sache derzeit nicht der Einwirkungsmöglichkeit des Besitzers unterliegt. Ferner darf die Sache noch nicht von einer dritten Person in Besitz genommen worden sein. In diesem Fall enthält die Norm einen Duldungsanspruch des Grundstückseigentümers und ein Recht des Besitzers zum Aufsuchen und Wegschaffen der Sache. Dies beinhaltet zugleich ein Recht zum Betreten des fremden Grundstücks sowie aller notwendigen Vorbereitungshandlungen, um die Sache wegschaffen zu können.

3 Sobald der Inhaber des Grundstücks den Besitz der Sache ergreift, erlischt der Anspruch aus § 867 und es sind Herausgabeansprüche nach den §§ 861, 985, 1007 zu prüfen. Der Anspruchsgegner kann entweder die Abholung der Sache gestatten oder die Sache an sich nehmen und dem Besitzer übergeben. Der Anspruch aus § 867 ist possessorischer Natur (wie §§ 861, 862), es sind also Einwendungen rechtlicher Art nach den Regeln der §§ 863, 864 ausgeschlossen. Soweit unbekannt ist, auf welchem Grundstück sich die Sache befindet, steht dem Besitzer ein Besichtigungsanspruch nach § 809 zu.

4 **C. Weitere Rechtsfolgen.** Der Grundstücksbesitzer hat einen (verschuldensunabhängigen) Anspruch auf Ersatz des Schadens, der durch die Abholung entstanden ist. Es handelt sich dabei um einen gesetzlichen Entschädigungsanspruch ähnl § 904. Tritt der durch die Abholung entstandene Schaden bei einem Dritten ein, so hat dieser den Anspruch aus § 867 2. Wird ein Schaden durch die Sache selbst verursacht, so ist dieser nur nach allgemeinen Regeln (§ 823) zu ersetzen. Weigert sich der Grundstücksbesitzer, die Aufsuchung und Wegschaffung zu gestatten, so trifft ihn im Falle einer rechtswidrigen und schuldhaften Verweigerung eine Schadensersatzpflicht aus § 823. In rechtmäßiger Weise kann der Grundstücksbesitzer die Duldung verweigern, wenn er Sicherheitsleistung (§§ 232 ff) verlangen kann.

§ 868 Mittelbarer Besitz.
Besitzt jemand eine Sache als Nießbraucher, Pfandgläubiger, Pächter, Mieter, Verwahrer oder in einem ähnlichen Verhältnis, vermöge dessen er einem anderen gegenüber auf Zeit zum Besitz berechtigt oder verpflichtet ist, so ist auch der andere Besitzer (mittelbarer Besitz).

1 **A. Normzweck.** Durch die Rechtsfigur des mittelbaren Besitzes wird der Grundgedanke des Besitzes als tatsächliche Sachherrschaft in erheblichem Maße durchbrochen. Hintergrund ist der Wunsch des Gesetzgebers, Besitzansprüche und insb den Besitzschutz auch einer Person zukommen zu lassen, die durch ein sog **Besitzmittlungsverhältnis** oder Besitzkonstitut (s.u. Rn 7) dem unmittelbaren Besitzer eng verbunden ist. Wenn nämlich ein unmittelbarer Fremdbesitzer sein Recht zum Besitz von einer anderen Person ableitet, diese andere Person als übergeordnet anerkennt und sich ihr verantwortlich fühlt, insb eine Verpflichtung zur Rückgabe des Besitzes hat, dann rechtfertigt es eine solche Situation, dem mittelbaren Besitzer eine besondere Art von Herrschaft über die Sache zuzuerkennen, die freilich nicht auf der tatsächlichen Einwirkung beruht, sondern wegen seiner rechtlichen Stellung ggü dem unmittelbaren Besitzer zustande kommt. Die Verkehrsanschauung und die sozialen Verhältnisse legen hier eine Situation nahe, in der der unmittelbare Besitzer in Anerkennung eines fremden Rechts in seiner Besitzstellung beschränkt ist und dem übergeordneten mittelbaren Besitzer im übertragenen Sinn eine gewisse Herrschaft zukommt.

2 **B. Wesen des mittelbaren Besitzes.** Der mittelbare Besitz ist geprägt durch das Rechtsverhältnis zu einem unmittelbaren Besitzer, der die Sache für den mittelbaren Besitzer besitzt. Auf Grund dieses Besitzmittlungsverhältnisses (Besitzkonstitut) besteht eine gewisse Nähe und enge Verknüpfung zum unmittelbaren Besitzer. Allerdings bleibt der mittelbare Besitz ein Besitz ohne tatsächliche Gewalt über die Sache. Der unmittelbare Besitzer übt die tatsächliche Sachherrschaft für eine befristete Zeit unbeschränkt aus. Die heute überwiegend vertretene Lehre, wonach der mittelbare Besitz ebenfalls tatsächliche Sachherrschaft sei, ist abzulehnen. Sie überzeugt auch nicht in der Form, dass eine gelockerte oder entferntere Sachherrschaft besteht (Soergel/*Stadler* § 868 Rz 2 mwN). Vielmehr ist der mittelbare Besitz durch ein Rechtsverhältnis und insb den Herausgabeanspruch des mittelbaren Besitzers geprägt.

3 **C. Arten, Abgrenzung und Nebenbesitz.** Der mittelbare Besitz kann einer einzelnen Person zustehen. Das zugrunde liegende Rechtsverhältnis kann aber auch zu mehreren Personen bestehen, die mit ihren Besitzmittlungsverhältnissen hintereinander geschaltet sind. Dadurch können sich **mehrstufige mittelbare Besitzer** ergeben. Denkbar ist freilich auch ein gleichstufiger mittelbarer Besitz mehrerer Personen. IÜ kann der mittelbare Besitz nach allgemeinen Regeln Allein- oder Mitbesitz sein, er kann Eigen- oder Fremdbesitz sein und er ist auch als Erbenbesitz denkbar. Dagegen schließen sich unmittelbarer und mittelbarer Besitz gegenseitig aus, ebenso mittelbarer Besitz und Besitzdienerschaft.

4 IGgs zum Verhältnis des Besitzherrn zu seinem Besitzdiener hat der mittelbare Besitzer durch seine rechtlichen Bindungen **keinerlei unmittelbare Weisungsbefugnisse**. Für die Zeit des Besitzmittlungsverhältnisses

besteht auch kein Zugriff des mittelbaren Besitzers auf die Sache. Daher sind mittelbarer Besitzer und Besitzherr/Besitzdiener strikt voneinander zu trennen. Das Besitzmittlungsverhältnis ist auch kein Fall der **Stellvertretung**. Hier ist eine strikte Trennung schon deshalb erforderlich, weil es eine Vertretung im Besitz nach allg Regeln nicht gibt (RGZ 137, 23).

Ein besonderes Problem stellt die Figur des sog **Nebenbesitzes** dar. Dem liegt der Gedanke zugrunde, dass ein unmittelbarer Besitzer zugleich zwei verschiedenen Personen den Besitz mittelt, die ohne jedes Wissen voneinander und unverbunden nebeneinander stehen. Soweit eine solche Situation anzuerkennen wäre, würde es sich um einen gleichstufigen mittelbaren Besitz handeln. Darin liegt zugleich das grds Problem des Nebenbesitzes. Jeder mittelbare Besitz ist davon abhängig, dass ein unmittelbarer Besitzer den Willen hat, seinen Besitz auf Grund eines Besitzmittlungsverhältnisses ausüben zu wollen und seine Herausgabepflicht ggü dem mittelbaren Besitzer anzuerkennen. Ändert der unmittelbare Besitzer seine Willensrichtung und will er einer anderen Person den Besitz mitteln, so muss dies mit der Rspr und der hM in der Weise verstanden werden, dass damit allein dem neuen mittelbaren Besitzer der Besitz vermittelt wird und das frühere Besitzmittlungsverhältnis gelöst ist (BGHZ 28, 16, 27; 50, 45, 50; NJW 79, 2037; zur Gegenauffassung Soergel/*Stadler* § 868 Rz 20 ff mwN). Bedeutsam ist die Figur des Nebenbesitzes insb beim gutgläubigen Erwerb iRv § 934 (§ 934 Rn 3) sowie bei der Übertragung des Anwartschaftsrechts. 5

D. Voraussetzungen. I. Ableitung vom unmittelbaren Besitzer. Mittelbarer Besitz setzt zwingend voraus, dass es eine andere Person gibt, die den unmittelbaren Besitz ausübt (sog **Besitzmittler**). Dieser unmittelbare Besitzer ist Fremdbesitzer, die Sache kann sich auch bei einem Besitzdiener (§ 855) des unmittelbaren Besitzers befinden. Der mittelbare Besitzer muss sein Besitzrecht von dem unmittelbaren Besitzer ableiten. Dieser Gedanke der Besitzrechtsableitung ist eng verbunden mit dem **Besitzmittlungswillen** (s.u. Rn 8). 6

II. Besitzmittlungsverhältnis. Zwischen dem mittelbaren und dem unmittelbaren Besitzer muss ein besonderes Rechtsverhältnis bestehen, das sowohl privat- als öffentlichrechtlicher Natur sein kann und das auf Rechtsgeschäft oder auf Gesetz beruhen kann. Inhalt dieses Rechtsverhältnisses muss es sein, dass der unmittelbare Besitzer die Überordnung und den Herausgabeanspruch des mittelbaren Besitzers anerkennt. Das Gesetz nennt als Besitzmittlungsverhältnis (Besitzkonstitut) konkrete rechtsgeschäftliche Beziehungen (**Nießbrauch, Pfandrecht, Pacht, Miete, Verwahrung**). Da aber ausdrücklich auch ein „ähnliches Verhältnis" als Besitzmittlungsverhältnis genügt, können auch vielfältige andere Rechtsverhältnisse als Besitzmittlungsverhältnis dienen. Insb stellt iRd Sicherungsübereignung der **Sicherungsvertrag** ein eigenes Besitzmittlungsverhältnis dar. Als Rechtsverhältnis kann das Besitzmittlungsverhältnis auch schon vor dem Besitzerwerb des unmittelbaren Besitzers vereinbart werden (antizipiertes Besitzkonstitut). Zur Wirksamkeit erforderlich ist es, dass sich das Besitzmittlungsverhältnis auf eine gegenständlich genau bestimmte Sache bezieht (Bestimmtheits- und Spezialitätsgrundsatz). Das Besitzkonstitut ist selbst bei **Unwirksamkeit des zugrunde liegenden Rechtsverhältnisses** anzuerkennen, soweit ein wirksamer Herausgabeanspruch des mittelbaren Besitzers gegen den unmittelbaren Besitzer besteht (BGHZ 96, 61). Dieser Anspruch auf Herausgabe und damit die zeitliche Befristung und Unterordnung des unmittelbaren Besitzers ist von zentraler Bedeutung für das Besitzkonstitut. 7

III. Besitzmittlungswille. Das Bestehen des mittelbaren Besitzes verlangt vom unmittelbaren Besitzer einen Besitzmittlungswillen. Damit wird zum Ausdruck gebracht, dass der unmittelbare Besitzer seinen Besitz in Anerkennung des bestehenden Herausgabeanspruchs ausübt und dem mittelbaren Besitzer ggü dadurch auf Zeit zum Besitz berechtigt und verpflichtet ist. Der konkret erforderliche Besitzmittlungswille des unmittelbaren Besitzers schließt nach hM auch die Möglichkeit eines Nebenbesitzes aus (s.o. Rn 5). 8

IV. Besitzerwerbswille. Soweit der mittelbare Besitz als echte, wenn auch gelockerte Sachherrschaft aufgefasst wird, wird vom mittelbaren Besitzer ein eigener Besitzerwerbswille verlangt. Nach hier vertretener Auffassung ist der mittelbare Besitz ein Besitz ohne Sachherrschaft, so dass auch das Vorliegen eines eigenen Besitzwillens des mittelbaren Besitzers nicht zu bejahen ist (wie hier MüKo/*Joost* § 868 Rz 21). 9

E. Erwerb, Übertragung und Verlust des mittelbaren Besitzes. Mittelbarer Besitz wird dadurch **begründet**, dass entweder der bisherige unmittelbare Besitzer die Sachherrschaft überträgt und zum mittelbaren Besitzer wird, in dem er mit dem neuen unmittelbaren Besitzer ein Rechtsverhältnis vereinbart, das den Regeln des Besitzmittlungsverhältnisses entspricht, oder der bisherige unmittelbare Besitzer behält seine Sachherrschaft und vereinbart mit einer anderen Person ein Besitzmittlungsverhältnis, wonach er künftig für den anderen besitzt. Dies ist insb der Fall der Eigentumsübertragung nach § 930. Schließlich kann jeder mittelbare Besitzer einen weiteren (mehrstufigen) mittelbaren Besitz dadurch begründen, dass er unter Beibehaltung seines eigenen mittelbaren Besitzes einer anderen Person ggü selbst zum Besitzmittler wird (iE s.u. § 871). 10

Möglich ist auch eine **Übertragung** des mittelbaren Besitzes. Da der mittelbare Besitz den Herausgabeanspruch gegen den unmittelbaren Besitzer zur Voraussetzung hat, erfolgt die Übertragung durch Abtretung dieses Herausgabeanspruchs (§ 870), also durch ein Rechtsgeschäft. Der abgetretene Herausgabeanspruch ist derjenige, der aus dem Rechtsverhältnis hervorgeht, welches den mittelbaren Besitz nach § 868 begründet. Dabei genügt es freilich, dass der mittelbare Besitzer an dieses Rechtsverhältnis glaubt und der unmittelbare 11

12 Besitzer es anerkennt. Der abgetretene Herausgabeanspruch kann insoweit auch gesetzlich entstanden sein (zB § 812). Zu einer Übertragung des mittelbaren Besitzes kommt es ferner, wenn das ihn begründende Rechtsverhältnis und der Herausgabeanspruch von Gesetzes wegen übergehen, etwa auf den Erben oder im Falle von § 566 auf den Ersteher des vermieteten Grundstücks.

12 Der mittelbare Besitz **endet** durch den Besitzverlust des unmittelbaren Besitzers. Erfolgt dieser Verlust unfreiwillig, so ist die Sache abhanden gekommen. Weiterhin ist es möglich, dass der unmittelbare Besitzer das Rechtsverhältnis und den Herausgabeanspruch, welcher den mittelbaren Besitz begründet, nicht mehr anerkennt. Dabei ist ein erkennbares Verhalten des unmittelbaren Besitzers erforderlich. Schließlich endet der mittelbare Besitz bei Eintritt einer auflösenden Bedingung.

13 **F. Rechtsfolgen.** Da das Gesetz dem mittelbaren Besitzer eine echte Besitzstellung zuerkennt, sind auf ihn alle Regeln über den Besitz anzuwenden, soweit nicht das Gesetz selbst eine Ausnahme macht oder eine solche aus Sachgründen erforderlich ist. IE sind die §§ 854–856 auf den mittelbaren Besitz nicht anwendbar. Anwendbar ist dagegen der Besitz des Erben nach § 857. Anwendbar sind insb auch die Besitzschutzregeln der §§ 858–864 unter Berücksichtigung von § 869. Anwendbar sind schließlich die §§ 865–867 sowie § 872. Die §§ 868–871 befassen sich direkt mit dem mittelbaren Besitz. Im Ergebnis ist das gesamte Besitzrecht mit Ausnahme der §§ 854–856 also anwendbar.

14 Darüber hinaus sind auf den mittelbaren Besitzer auch die Vorschriften der §§ 985, 1006, 1007 anzuwenden. Der mittelbare Besitzer ist also für eine Klage nach **§ 985** passiv legitimiert (§ 985 Rn 10). Eingeschränkt ist dagegen der Besitzschutz des mittelbaren Besitzers ggü dem unmittelbaren Besitzer. Hier hat der mittelbare Besitzer weder Besitzansprüche noch den Selbstschutz, sondern er ist auf seine Ansprüche aus dem Rechtsverhältnis, welches den mittelbaren Besitz begründet, angewiesen (§ 868). Der mittelbare Besitzer kann ferner für Schäden, die der unmittelbare Besitzer verschuldet hat, von diesem keinen Schadensersatz nach § 823 I unter dem Gesichtspunkt beanspruchen, dass der Besitz als sonstiges Recht anerkannt ist (BGHZ 32, 194, 205). Modifiziert ist schließlich der Anspruch aus § 861, der auch dem mittelbaren Besitzer zusteht. Er kann vom Täter der verbotenen Eigenmacht nur die Wiedereinräumung des Besitzes an den bisherigen unmittelbaren Besitzer, nicht an sich selbst verlangen (s.u. § 869).

§ 869 Ansprüche des mittelbaren Besitzers.

¹Wird gegen den Besitzer verbotene Eigenmacht verübt, so stehen die in den §§ 861, 862 bestimmten Ansprüche auch dem mittelbaren Besitzer zu. ²Im Falle der Entziehung des Besitzes ist der mittelbare Besitzer berechtigt, die Wiedereinräumung des Besitzes an den bisherigen Besitzer zu verlangen; kann oder will dieser den Besitz nicht wieder übernehmen, so kann der mittelbare Besitzer verlangen, dass ihm selbst der Besitz eingeräumt wird. ³Unter der gleichen Voraussetzung kann er im Falle des § 867 verlangen, dass ihm die Aufsuchung und Wegschaffung der Sache gestattet wird.

1 **A. Normzweck.** Der mittelbare Besitz (§ 868) ist ein echter Besitz (§ 868 Rn 13). Daher ist es nur konsequent, dass auch dem mittelbaren Besitzer die speziellen besitzrechtlichen Ansprüche zustehen. § 869 verdeutlicht dies va für die Besitzschutzfragen. Allerdings modifiziert die Norm die Ansprüche des mittelbaren Besitzers.

2 **B. Besitzschutz gegenüber Dritten.** Grds stehen dem mittelbaren Besitzer alle Besitzschutzansprüche gegen Dritte zu, die im Wege der verbotenen Eigenmacht oder unter den Voraussetzungen des § 867 als Anspruchsgegner in Betracht kommen. Allerdings passen die Ansprüche nicht direkt. Vielmehr müssen die Voraussetzungen der §§ 861, 862 und 867 in der Person des unmittelbaren Besitzers vorliegen. Der mittelbare Besitzer muss aber auch die möglichen Einwendungen der §§ 863, 864 gegen sich gelten lassen. Im Falle der Besitzentziehung kann und muss der mittelbare Besitzer bei verbotener Eigenmacht gegen den unmittelbaren Besitzer einen Anspruch auf Wiedereinräumung des Besitzes an den bisherigen unmittelbaren Besitzer geltend machen. Nur für den Fall, dass der unmittelbare Besitzer den Besitz nicht wieder übernehmen will, kann der mittelbare Besitzer Herausgabe an sich selbst verlangen. Im Falle der Besitzstörung ist der Anspruch aus § 862 nicht modifiziert. Allerdings liegt auch hier die Störung ggü dem unmittelbaren Besitzer vor. Das Abholungsrecht des § 867 steht im Normalfall dem mittelbaren Besitzer nicht zu. Er kann es nur unter der Voraussetzung geltend machen, dass der unmittelbare Besitzer die Sache nicht abholen kann und nicht abholen will. Umstr ist schließlich die Frage, ob der mittelbare Besitzer Selbsthilferechte nach § 859 hat. Überwiegend wird heute vertreten, dass auch das Selbsthilferecht dem mittelbaren Besitzer zusteht. In jedem Falle hat der mittelbare Besitzer aber die Möglichkeit, die Notwehrrechte der §§ 227 ff geltend zu machen.

3 **C. Interner Besitzschutz.** Besonderer Betrachtung bedarf die Frage, ob es Besitzschutzansprüche innerhalb des Besitzmittlungsverhältnisses geben kann. Anerkannt ist hier, dass der unmittelbare Besitzer alle Rechte aus den *§§ 858 ff gegen den mittelbaren Besitzer* geltend machen kann. Eine Beschränkung wie in § 866 ist hier nicht vorgesehen. Umgekehrt stehen dem mittelbaren Besitzer keinerlei Besitzschutzmöglichkeiten gegen den unmittelbaren Besitzer zu. Denn der unmittelbare Besitzer kann keine verbotene Eigenmacht iSd § 858 begehen. Unbenommen bleiben beiden Seiten die allgemeinen Rechte aus den §§ 227 ff sowie aus dem Deliktsschutz (§ 823).

§ 870 Übertragung des mittelbaren Besitzes. Der mittelbare Besitz kann dadurch auf einen anderen übertragen werden, dass diesem der Anspruch auf Herausgabe der Sache abgetreten wird.

A. Normzweck. Die Norm verdeutlicht, dass der mittelbare Besitz ein Rechtsverhältnis darstellt, das übertragbar ist. Damit kann durch Abtretung eines Herausgabeanspruchs der mittelbare Besitz unmittelbar auf einen Erwerber übergehen. Darüber hinaus ist die Übertragung des mittelbaren Besitzes die Grundlage für den Eigentumserwerb nach § 931. 1

B. Die Übertragung des mittelbaren Besitzes. Verfügender iRe solchen Übertragung muss der mittelbare Besitzer sein. Die Übertragung erfolgt sodann durch **Abtretung** (§ 398). Diese Abtretung ist ein echter Vertrag, der formfrei wirksam ist. Möglich ist allerdings auch ein gesetzlicher Übergang (§§ 857, 566). Zur Übertragung des mittelbaren Besitzes ist keine Kenntnis und keine Mitwirkung des unmittelbaren Besitzers erforderlich. Der abgetretene Anspruch ist der Herausgabeanspruch aus dem Besitzmittlungsverhältnis, wobei neben vertraglichen Herausgabeansprüchen wiederum gesetzliche Ansprüche in Betracht kommen (§ 812). 2

C. Andere Formen des Rechtsübergangs. Mit der Übergabe handelsrechtlicher Traditionspapiere (Lagerschein, Ladeschein, Konnossement) wird zugleich der mittelbare Besitz an der jeweiligen Ware übertragen. Denn die handelsrechtlichen Traditionspapiere verbriefen einen Herausgabeanspruch, der durch das Indossament (§ 364 HGB) auf den Erwerber übergeht. Weiterhin ist neben der rechtsgeschäftlichen Übertragung des Herausgabeanspruchs auch ein gesetzlicher Übergang solcher Ansprüche möglich (s.o. Rn 2). Wird der Herausgabeanspruch gepfändet, so hängt das weitere Schicksal des mittelbaren Besitzers vom Inhalt des Überweisungsbeschlusses ab. Im Falle der Überweisung zur Einziehung (§§ 835, 836 ZPO) bleibt der Vollstreckungsschuldner Anspruchsinhaber und damit mittelbarer Besitzer. 3

§ 871 Mehrstufiger mittelbarer Besitz. Steht der mittelbare Besitzer zu einem Dritten in einem Verhältnis der in § 868 bezeichneten Art, so ist auch der Dritte mittelbarer Besitzer.

A. Normzweck. IRd unmittelbaren Besitzes ist neben dem Normalfall des Alleinbesitzes nur ein Mitbesitz (§ 866) und ein Teilbesitz (§ 865) denkbar. Dagegen ist der mittelbare Besitz als Rechtsverhältnis auf verschiedenen Stufen möglich. Die Vorschrift bestätigt diesen Sachverhalt und sieht ausdrücklich einen mehrstufigen mittelbaren Besitz vor. 1

B. Voraussetzungen. Ein mehrstufiger mittelbarer Besitz entsteht dort, wo ein mittelbarer Besitzer in einem eigenen Besitzmittlungsverhältnis zu einer dritten Person steht und diesem Dritten den Besitz mitteln will. Damit gibt es in einem solchen Fall neben dem unmittelbaren Besitzer und dem mittelbaren Besitzer erster Stufe auch einen **mittelbaren Besitzer zweiter Stufe**. Die Mehrstufigkeit ist beliebig ausdehnbar. 2

C. Rechtsfolgen. Alle mittelbaren Besitzer verschiedener Stufen sind Besitzer iSd § 868. Für sie gelten die dort genannten Rechtsfolgen. Insb kann jeder mittelbare Besitzer die Sache nach § 931 übereignen. 3

§ 872 Eigenbesitz. Wer eine Sache als ihm gehörend besitzt, ist Eigenbesitzer.

A. Normzweck. Die Norm enthält eine reine Begriffsbestimmung des Eigenbesitzes und setzt damit den Begriff des Fremdbesitzes voraus, der im Gesetz nicht verwendet wird. Bedeutung hat die Norm nur für rechtliche Regelungen außerhalb des Besitzrechts (vgl etwa §§ 900, 927, 937, 955, 958). 1

B. Begriff. Eigenbesitzer ist derjenige, der als unmittelbarer Besitzer die tatsächliche Gewalt ausübt oder als mittelbarer Besitzer in einem Besitzmittlungsverhältnis zum unmittelbaren Besitzer steht, und der zusätzlich seine Besitzposition mit dem Willen inne hat, die Sache als ihm gehörend zu besitzen. Entscheidend für den Eigenbesitz ist also die **Willensrichtung** des Besitzers, unabhängig davon, worauf sich iE dieser Wille stützt. Auch der Dieb kann also Eigenbesitzer sein. IRd Eigenbesitzes sind alle Besitzformen denkbar (unmittelbarer und mittelbarer Besitz, Voll- und Teilbesitz, Allein- und Mitbesitz). Der Eigenbesitzer kann nicht Besitzdiener sein, ein Besitzdiener kann aber den Eigenbesitz seines Besitzherrn begründen. Der für den Eigenbesitz entscheidende Eigenbesitzwille ist ein natürlicher Wille, der auch dem Geschäftsunfähigen zukommen kann (zur Problematik *Flume* II § 13 Nr 11c). 2

C. Rechtsfolgen. Der Eigenbesitz wird dadurch erworben, dass bei der Besitzbegründung der entspr Eigenbesitzwille vorliegt. Ein ursprünglicher Fremdbesitzer kann zum Eigenbesitzer werden, wenn er seine Willensrichtung erkennbar ändert. IRd Besitzregeln werden der Eigenbesitz und der Fremdbesitz gleichbehandelt. Dem Eigenbesitzer stehen also alle der in den §§ 854 ff genannten Rechte zu. Bedeutung hat die Unterscheidung von Eigen- und Fremdbesitz außerhalb der Regelung über das Besitzrecht, zB iRd Haftungsgrundlagen (§ 988), im Falle des Eigentumserwerbs (§§ 900, 927, 937, 955, 958) sowie als Grundlage von Vermutungen (§ 1006). 3

Abschnitt 2 Allgemeine Vorschriften über Rechte an Grundstücken

§ 873 Erwerb durch Einigung und Eintragung. (1) Zur Übertragung des Eigentums an einem Grundstück, zur Belastung eines Grundstücks mit einem Recht sowie zur Übertragung oder Belastung eines solchen Rechts ist die Einigung des Berechtigten und des anderen Teils über den Eintritt der Rechtsänderung und die Eintragung der Rechtsänderung in das Grundbuch erforderlich, soweit nicht das Gesetz ein anderes vorschreibt.
(2) Vor der Eintragung sind die Beteiligten an die Einigung nur gebunden, wenn die Erklärungen notariell beurkundet oder vor dem Grundbuchamt abgegeben oder bei diesem eingereicht sind oder wenn der Berechtigte dem anderen Teile eine den Vorschriften der Grundbuchordnung entsprechenden Eintragungsbewilligung ausgehändigt hat.

1 **A. Allgemeines.** § 873 ist die Grundnorm für den rechtsgeschäftlichen Erwerb und alle Verfügungen über Grundstücksrechte. Für die Übertragung des Eigentums an einem Grundstück wird § 873 durch § 925 ergänzt. Die Rechtsänderung tritt ein, wenn Einigung und Eintragung im Grundbuch zusammen vorliegen, wobei deren Reihenfolge unerheblich ist (BGH NJW 00, 806).

2 **I. Grundstück.** Grundstück iSv BGB, GBO/GBV und GrdstVG (BGHZ 49, 145; Schlesw MittBayNot 07, 432) ist nur das Grundstück im rechtlichen Sinne. Man unterscheidet: **1. Grundstück im natürlichen Sinne** ist ein räumlich abgegrenzter Teil der Erdoberfläche (RGZ 68, 25). **2. Grundstück im katastertechnischen oder vermessungstechnischen Sinn** (Parzelle, Flurstück, Katastergrundstück) ist ein räumlich abgegrenzter Teil der Erdoberfläche, der im Liegenschaftskataster (insb Liegenschaftsbuch und Flurkarte) einzeln ausgewiesen ist. **Zuflurstück** ist nur eine Teilfläche eines Flurstücks, die bei diesem abgeschrieben und sogleich bei einem anderen Flurstück zugeschrieben werden soll. Wegen der sofortigen Zuschreibung zu einem anderen Flurstück, wird es im Kataster nicht als selbständiges Flurstück ausgewiesen. **3. Grundstück im rechtlichen Sinne** (Grundbuchgrundstück, Buchgrundstück) ist ein räumlich abgegrenzter Teil der Erdoberfläche, der entweder alleine auf einem Grundbuchblatt gebucht (§ 3 I GBO) oder in einem gemeinschaftlichen Grundbuchblatt unter einer besonderen laufenden Nummer im Bestandsverzeichnis gebucht ist, §§ 4 I GBO, 6 GBV (RGZ 84, 270; BayObLG Rpfleger 81, 191). Nur ausnahmsweise ist eine Buchung entbehrlich, zB bei Grundstücken öffentlicher Gebietskörperschaften, § 3 II GBO. Ein Grundstück im Rechtssinne kann aus mehreren Flurstücken bestehen (BayObLGZ 56, 470). Ein **Zuflurstück** wird nur für Vereinigung, Zuschreibung (§ 890) und dem damit verbundenen Eigentumswechsel ausnahmsweise als Grundstück im Rechtssinne behandelt (BGH DNotZ 54, 197; BayObLG DNotZ 74, 443).

3 **II. Grundstücksrechte. 1. Grundstücksrechte** ieS sind das Eigentum an einem Grundstück und dingliche Rechte an einem Grundstück, die einen geringeren Umfang an Rechten vermitteln als das Eigentum (beschränkte dingliche Rechte, 3. Buch, Abschn 4–7). **2. Grundstücksgleiche Rechte** sind beschränkte dingliche Rechte an einem Grundstück, die einen ähnlichen Umfang von Rechten vermitteln wie das Eigentum an einem Grundstück und sind diesem daher materiell und formell gleichgestellt (BGHZ 23, 244). Dazu gehören das Erbbaurecht (§ 11 I ErbbauRG), das Bergwerkseigentum (§ 9 I BBergG) und landesrechtliche Nutzungsrechte nach Art 196 EGBGB (zB Fischereirecht, BayObLG Rpfleger 94, 453). Das Wohnungs- bzw Teileigentum ist eine Sonderform des Eigentums (§ 1 WEG) und damit kein grundstücksgleiches Recht (str wie hier BGHZ 49, 251; BayObLGZ 93, 297; BaRoth/*Kössinger* Rz 5; aA Karlsr OLGZ 83, 405; Ddorf DNotZ 77, 307; Staud/*Gursky* § 1008 Rz 4; MüKo/*Wacke* Vor § 873 Rz 6). Eine Mischform ist das Wohnungs- oder Teilerbbaurecht (§ 30 WEG). **3. Rechte an Grundstücksrechten** (vgl § 876) sind Rechte (Nießbrauch, Pfandrecht) an beschränkten dinglichen Rechten an einem Grundstück (zB Nießbrauch an einer Dienstbarkeit) oder an grundstücksgleichen Rechten (zB Nießbrauch am Erbbaurecht).

4 **III. Grundbuch.** Das Grundbuch ist ein Verzeichnis – kein öffentliches Register –, welches die rechtlichen Verhältnisse eines Grundstücks wiedergibt und grds beim Amtsgericht (§ 1 I GBO) für jede Gemarkung geführt wird. Ein Grundbuchblatt besteht aus Deckblatt, Bestandsverzeichnis mit der Bezeichnung des/der Grundstücke, Abteilung I, welche die Eigentumsverhältnisse wiedergibt, Abteilung II, die die Lasten und Beschränkungen des Grundstücks ausweist, die nicht Grundpfandrechte sind (insb beschränkte dingliche Rechte, Eigentumsvormerkung, Verfügungsbeschränkungen), Abteilung III, in der die Grundpfandrechte eingetragen sind. Besondere Grundbücher werden zB angelegt über das Erbbaurecht (§ 14 ErbbauRG), das Wohnungs- oder Teileigentum (§§ 7, 30 WEG), Bergwerksrecht, Fischereirecht. Eintragungsunterlagen und Verfügungen werden in den Grundakten zu jedem Grundbuchblatt aufbewahrt. Das Grundbuch gibt nicht notwendig den vollständigen Bestand an Rechten wieder, weil Rechtsänderungen ohne Eintragung auch kraft Gesetzes eintreten können.

5 **IV. Grundbuchverfahren.** (*Schöner/Stöber* Rz 85 ff) Das Eintragungsverfahren gehört zur Freiwilligen Gerichtsbarkeit (FGG), ist jedoch vornehmlich in der GBO nebst Grundbuchverfügung (GBV) und landesrechtlichen Vorschriften, insb Allgemeinverfügungen der Justizministerien der Länder (vgl *Schöner/Stöber* Rz 32) geregelt. Verfahrensgrundsätze sind:

Erwerb durch Einigung und Eintragung § 873

1. Antragsgrundsatz. Eine Eintragung, die nicht vAw (zB §§ 18 II, 23, 48, 51, 52, 53, 76, 82a, 84ff, 90ff, 116 GBO) erfolgt, soll nur aufgrund eines schriftlichen (§ 30 GBO) Antrags (§ 13 GBO) oder eines behördlichen Ersuchens (§ 38 GBO) erfolgen. Dies ist nur eine Ordnungsvorschrift, deren Verletzung das Grundbuch nicht unrichtig macht (BayObLGZ 88, 127). Der Antrag ist Verfahrenshandlung (BGHZ 141, 349). Antragsberechtigt ist jeder, dessen Recht von der Eintragung betroffen (dh rechtlich beeinträchtigt, BGHZ 66, 345) wird oder zu dessen Gunsten die Eintragung erfolgt (§ 13 I 2 GBO). Eine Antragsrücknahme ist bis zur Eintragung möglich (§ 31 GBO).

2. Bewilligungsgrundsatz. Aufgrund des formellen Konsensprinzips ist zur Änderung der Eintragung bei Rechtsänderung oder Grundbuchberichtigung nur die einseitige Bewilligung (§ 19 GBO) in öffentlich beglaubigter Form (§ 29 GBO) des von der Rechtsänderung Betroffenen erforderlich. Lediglich bei einer Auflassung oder Bestellung, Inhaltsänderung oder Übertragung eines Erbbaurechts ist dem Grundbuchamt die dingliche Einigung nachzuweisen (§ 20 GBO). Die Bewilligung ist lediglich Verfahrenshandlung, ohne dass sie die materielle Rechtslage ändert (hM *Schöner/Stöber* Rz 98 mwN). In der dinglichen Einigung ist die Eintragungsbewilligung regelmäßig enthalten, sofern nicht ausdrücklich etwas anderes vereinbart ist (hM, str, BayObLG DNotZ 75, 685; vgl BaRoth/*Kössinger* Rz 16 mwN; aA *Kesseler* ZNotP 05, 176ff wonach die Auflassung stets die Bewilligung enthält). Das Grundbuchamt prüft vAw, ohne Ermittlungen anstellen zu müssen (§ 12 FGG, BayObLG WM 83, 1270), die Vertretungsberechtigung, Verfügungsbefugnis und Geschäftsfähigkeit. Eine Eintragung ohne dingliche Einigung macht das Grundbuch unrichtig, § 894. Das Grundbuchamt muss die Eintragung trotz des bloß formellen Konsensprinzips ablehnen, wenn das Grundbuch durch die Eintragung unrichtig wird (BGHZ 106, 110; *Schöner/Stöber* Rz 209), zB wenn sich aus den Eintragungsunterlagen ergibt, dass das zugrunde liegende Rechtsgeschäft offensichtlich unwirksam ist (BayObLG NJW-RR 02, 1669; *Schöner/Stöber* Rz 211) oder eine Vollmacht evident missbraucht wird (München RNotZ 06, 426). Soll das Grundbuch nur berichtigt werden, ist statt einer Berichtigungsbewilligung der Unrichtigkeitsnachweis in der Form des § 29 GBO ausreichend (§ 22 GBO).

3. Voreintragungsgrundsatz. Der bewilligende Betroffene muss grds als Rechtsinhaber im Grundbuch voreingetragen sein (§ 39 I GBO, Ausn: §§ 39 II, 40 GBO).

4. Formgrundsatz. Die Eintragungsbewilligung sowie sonstige notwendige Erklärungen (zB § 27 GBO) bedürfen mindestens der öffentlichen Beglaubigung (§ 29 GBO).

5. Ranggrundsatz. Die im Grundbuch eingetragenen Rechte haben im Verhältnis zueinander eine bestimmte Rangfolge, vgl §§ 879, 880, 881.

B. Einigung. Zur rechtsgeschäftlichen Rechtsänderung ist die dingliche Einigung erforderlich.

I. Dinglicher Vertrag. Die Einigung iSd § 873 ist ein abstrakter dinglicher Vertrag, der auf die dingliche Rechtsänderung gerichtet ist und keiner Form bedarf (Ausn: §§ 925 II, 4 II 1 WEG; aber: §§ 20, 29 GBO, 11 II ErbbauRG führt mittelbar dazu, dass die dingliche Einigung bezüglich eines Erbbaurechts regelmäßig beurkundet wird). Die Vorschriften des Allg Teils sind unmittelbar anwendbar, insb die Vorschriften über Willenserklärungen, Bedingung und Befristung (Ausn: §§ 925 II, 11 I 2 ErbbauRG, 4 II 2 WEG), Auslegung und Umdeutung (BGH NJW 98, 3576; Soergel/*Stürner* Rz 4). Vorschriften des Allg Teils des Schuldrechts sind nur nach Einzelfallprüfung anwendbar (BGHZ 49, 266; BaRoth/*Kössinger* Rz 14) und insb ein dinglicher Vertrag zugunsten Dritter ist nicht zulässig (BGHZ 41, 95 f; BaRoth/*Kössinger* Rz 14). Vertragsgegenstand und bezweckte Rechtsänderung müssen hinreichend bestimmt sein. Die dingliche Einigung alleine begründet keinen Anspruch auf Rechtsänderung oder Vollzug der Eintragung (Hamm NJW-RR 00, 1390; Palandt/*Bassenge* Rz 9; Soergel/*Stürner* Rz 13).

II. Berechtigung und Verfügungsbefugnis. 1. Grundsatz. Bei Vollendung des Rechtserwerbs (BGHZ 27, 366; Soergel/*Stürner* Rz 16, § 873 Rn 17) muss der an der dinglichen Einigung Beteiligte materiell berechtigt oder bezüglich des Grundstücksrechts verfügungsbefugt (zB Insolvenzverwalter, Testamentsvollstrecker) sein (Ausn § 878). Die materiell-rechtliche Berechtigung setzt nicht die Eintragung im Grundbuch voraus, wobei jedoch der Voreintragungsgrundsatz die Eintragung hindert, wenn der materiell Berechtigte nicht im Grundbuch eingetragen ist, so dass das Grundbuch vor der Eintragung berichtigt werden muss (Ausn §§ 39 f GBO, BGH Rpfleger 06, 316). Wenn der Verfügende Nichtberechtigter ist und auch nicht aufgrund einer Verfügungsermächtigung handelt gilt § 185 (BGH NJW 89, 521; Palandt/*Bassenge* Rz 11). Davon abgesehen ist ein Erwerb nach §§ 878, 892 f möglich.

2. Gesetzliche Verfügungsbeschränkungen. Kraft Gesetzes bedarf die dingliche Einigung teilweise einer privatrechtlichen (zB §§ 1365, 1424, 5 ErbbauRG; 12 WEG) oder behördlichen Zustimmung (vgl *Schöner/Stöber* Rz 3800 ff). Insb: **a) BauGB/LBauO.** Eine Teilungsgenehmigung ist nach § 19 BauGB nF nicht mehr erforderlich. Dennoch dürfen durch die Teilung keine bebauungsplanwidrigen Zustände entstehen. Aufgrund von § 19 V BauGB aF erlassene Gemeindesatzungen sind nach § 244 V 3 BauGB nicht mehr anzuwenden. Landesrechtliche Genehmigungserfordernisse bestehen weiter in Hamburg, Niedersachsen und NRW (zB § 8 LBauO

NRW). Weitere Verfügungsbeschränkungen nach dem BauGB bestehen ua nach §§ 22, 51, 144, 169. **b) GrdstVG.** Bei der Veräußerung land- und forstwirtschaftlicher nutzbarer Grundstücke, wobei aufgrund von § 2 III Nr 3 GrdstVG nach den jeweiligen landesrechtlichen Ausführungsgesetzen Freigrenzen bestehen (zB in NRW 1 ha). **c) GVO.** Für Grundstücke im Gebiet der neuen Bundesländer bestehen Verfügungsbeschränkungen nach der Grundstücksverkehrsordnung. **d) Kirchenrecht.** Verfügungen über Grundstücke und grundstücksgleiche Rechte der Kirche sind ohne Genehmigung der kirchlichen Aufsichtsbehörde absolut unwirksam (Hambg MDR 88, 860). Die Genehmigungserfordernisse richten sich nach den landesrechtlichen Regelungen (*Scheffler* NJW 77, 740; *Schöner/Stöber* Rz 4085 ff). **e) Kommunalrecht.** Bei Verfügungen über Grundstücke und grundstücksgleiche Rechte der Gebietskörperschaften (Städte, Gemeinde und Kreise) kann nach den jeweiligen Landesgesetzen (GO, KrO) eine Genehmigung der Aufsichtsbehörde erforderlich sein. Ohne eine erforderliche Genehmigung ist die dingliche Einigung grds absolut unwirksam (BayObLGZ 95, 226).

15 **III. Durchbrechungen.** Der Grundsatz, wonach zur dinglichen Rechtsänderung materiell-rechtlich eine dingliche Einigung erforderlich ist, ist teilweise durchbrochen. ZT genügt eine einseitige Erklärung oder der Erwerb vollzieht sich kraft Gesetzes oder Staatsakt, so dass § 873 nicht anwendbar ist: **1. Einseitige Erklärungen.** Teilweise reichen einseitige Erklärungen des Betroffenen aus: §§ 885 I 1 Var 2, 875, 876, 1188, 1195. Dies gilt auch bei der Bestellung von Rechten zugunsten des Eigentümers (§§ 1196 II, 881). **2. Erwerb kraft Gesetzes oder Staatsakt.** Sofern sich der Erwerb außerhalb des Grundbuchs vollzieht, ist das Grundbuch unrichtig (§ 894). **a) Kraft Gesetzes.** Universalsukzession aufgrund Erbfolge (§§ 1922, 2139) oder Umwandlung (UmwG); An- oder Abwachsung bei Aus- oder Eintritt in eine Personengesellschaft bzgl des Gesamthandvermögens (insb GbR (§ 738 I 1), OHG (§ 105 III HGB), KG (§ 161 II, 105 III), PartG (§§ 9, 1 PartGG); MüKo/ *Wacke* Rz 15); Ersitzung (§ 900) und Aneignung (§ 928); Vereinbarung von Gütergemeinschaft (§ 1416); Übertragung von Gesamthandsanteilen an Personengesellschaften oder Erbteilen (§ 2033 I) und zwar unabhängig davon, ob sie auf einen anderen Mitinhaber (BayObLG Rpfleger 83, 431) oder ggf vollständig (BGHZ 44, 231) auf einen Dritten (vgl BGH NJW 78, 1525) übertragen werden (Palandt/*Bassenge* Rz 7). Anfall des Vermögens nach §§ 45 f, 88. **b) Staatsakt.** § 90 ZVG, § 885 I 1 Var 1, §§ 71 f, 82 f BauGB, Enteignung.

16 **C. Eintragung. I. Verfahren.** Zum Eintragungsverfahren und zu den Verfahrensgrundsätzen s.o. Rn 5 ff. Liegen alle Verfahrensvoraussetzungen vor, ist das Grundbuchamt zum Vollzug des Eintragungsantrages verpflichtet (BaRoth/*Kössinger* Rz 20).

17 **II. Mindestanforderung.** Eintragung ist der Vermerk des Rechts oder der Rechtsänderung im Grundbuch (vgl *Schöner/Stöber* Rz 225). Zur Wirksamkeit muss der Vermerk mindestens das Recht oder die Rechtsänderung hinreichend bestimmt bezeichnen, wobei durch Auslegung überwindbare Zweifel oder Lücken nicht schaden (vgl BayObLG NJW 61, 1263), und mit der Unterschrift der zuständigen Personen versehen sein (§ 44 GBO; *Schöner/Stöber* Rz 225 ff). Bei einem maschinell geführten Grundbuch (EDV-Grundbuch) wird die Eintragung nach §§ 129 f GBO wirksam; eine elektronische Unterschrift ist nicht Wirksamkeitsvoraussetzung (*Schöner/Stöber* Rz 227a). Für die Löschung von Rechten genügt die bloße „Rötung" im Grundbuch nicht, sondern es ist ein Löschungsvermerk erforderlich oder das Recht wird nicht auf ein anderes Grundbuchblatt mitübertragen (§ 46 GBO). Die Anforderungen an die Bestimmtheit richten sich nach den Vorschriften für das jeweilige Recht (vgl *Schöner/Stöber* Rz 225). Zur Konkretisierung des Rechts soll in den Fällen des § 874 auf die Eintragungsbewilligung Bezug genommen werden (§ 44 II GBO). IÜ macht ein Verfahrensverstoß die Eintragung nicht unwirksam (vgl Palandt/*Bassenge* Rz 14).

18 **III. Berichtigung.** Eine unrichtige aber wirksame Eintragung kann nicht nach § 53 GBO vAw gelöscht werden, sondern allein im Wege der Grundbuchberichtigung nach § 894 beseitigt oder der öffentliche Glaube durch einen Widerspruch nach § 899 zerstört werden (BaRoth/*Kössinger* Rz 21 f). Unwirksame oder inhaltlich unzulässige wie unvollständige Eintragungen müssen dagegen vAw nach § 53 GBO gelöscht werden (BaRoth/ *Kössinger* Rz 21 f).

19 **IV. Inhalt und Auslegung.** Der Inhalt der Grundbucheintragung ergibt sich durch Auslegung nach § 133 des Eintragungsvermerkes zusammen mit der nach § 874 in Bezug genommenen Eintragungsbewilligung (BGH NJW-RR 99, 167; *Schöner/Stöber* Rz 225, 293 mwN). Dabei dürfen zur Auslegung auch nicht eingetragene Teile der nach § 874 zulässigerweise in Bezug genommenen Eintragungsbewilligung (BGH NJW 92, 2886; Soergel/*Stürner* Rz 20) sowie Umstände außerhalb der Urkunde herangezogen werden, sofern sie für jedermann ohne weiteres erkennbar waren (BGH NJW 92, 2886, *Schöner/Stöber* Rz 293; Soergel/*Stürner* Rz 20).

20 **D. Übereinstimmung von Einigung und Eintragung. I. Grundsatz.** Einigung und Eintragung müssen inhaltlich übereinstimmen (BGH NJW 00, 806; 73, 614 f) und zusammen bei Vollendung des Rechtserwerbs vorliegen, wobei die Reihenfolge unerheblich ist (BGH NJW 00, 806). Eine Eintragung ohne Einigung dürfte selten sein. Wegen des Voreintragungsgrundsatzes (s. Rn 8) ist zur Eintragung nämlich eine Eintragungsbewilligung erforderlich, die ein gewichtiges Indiz für eine konkludente Einigung nach § 151 darstellen kann. **1. Vergleich.** Für die Übereinstimmung von Einigung und Eintragung müssen die dingliche Einigung und

der Eintragungsvermerk ausgelegt (s.o. Rn 19) und inhaltlich verglichen werden (BGH NJW 90, 114). **2. Teilübereinstimmung.** Die Auslegung kann ergeben, dass eine Eintragung, die inhaltlich hinter der Einigung zurückbleibt, dennoch als abgrenzbarer Teil des Rechtsgeschäfts gelten soll (§ 140, vgl BaRoth/*Kössinger* Rz 24). Dasselbe gilt umgekehrt bei einer Eintragung, die inhaltlich über die dingliche Einigung hinausgeht (BGH NJW 90, 114; BaRoth/*Kössinger* Rz 24).

II. Rechtsfolgen bei Verstoß. Decken sich Einigung und Eintragung nicht, ist die Verfügung unwirksam und das Grundbuch unrichtig. Eine fehlende Einigung kann jedoch nach Eintragung – formfrei und konkludent – nachgeholt werden und führt zur Vollendung des Rechtserwerbs (BaRoth/*Kössinger* Rz 24). Ist das Grundbuch unrichtig, kann zur Verhinderung eines gutgläubigen Rechtserwerbs nach §§ 892 f die Berichtigung des Grundbuchs nach § 894 oder die Eintragung eines Widerspruchs nach § 899 verlangt werden. Ein Amtswiderspruch nach § 53 I GBO scheidet aus, wenn eine Eintragungsbewilligung vorlag (BaRoth/*Kössinger* Rz 26).

III. Störungen des Erwerbs. 1. Verfügungsbeschränkung. Sofern zwischen den Erwerbstatbeständen – Einigung und Eintragung – eine Verfügungsbeschränkung eintritt (zB Eröffnung des Insolvenzverfahrens) scheidet ein Erwerb unmittelbar nach § 873 aus, wenn keine Genehmigung nach § 185 oder eine neue Einigung zustande kommt (BayObLG NJW-RR 99, 1393 f Erman/*Lorenz* Rz 16), und es gilt § 878.

2. Rechtsnachfolge. Verliert der Verfügende aufgrund einer Einzelrechtsnachfolge seine materiell-rechtliche Berechtigung vor der Eintragung, so muss wegen § 185 der neue Berechtigte die Verfügung genehmigen oder die Einigung muss mit dem neuen Berechtigten wiederholt werden (BayObLGZ 56, 172). Bei Gesamtrechtsnachfolge tritt der Rechtsnachfolger auch in die bereits erfolgte Einigung ein, so dass diese für und gegen den Rechtsnachfolger wirkt (BGHZ 48, 355 f; BayObLGZ 99, 109; Soergel/*Stürner* Rz 17).

3. Stellvertretung. Verliert der Vertretene die Verfügungsbefugnis aufgrund einer Verfügungsbeschränkung oder wegen Rechtsnachfolge, gilt das Vorstehende entspr. Sofern lediglich der Stellvertreter nach der Einigung die Vertretungsmacht verliert, bleibt die Einigung wirksam und es liegt kein Fall des § 185 vor (BayObLG DNotZ 83, 752; Soergel/*Stürner* Rz 17).

E. Bindung an die Einigung. I. Grundsatz. Die Beteiligten sind an die dingliche Einigung nur in den Fällen des § 873 II und spätestens mit Eintragung gebunden. Im Umkehrschluss folgt daraus, dass die Einigung bis zu diesem Zeitpunkt für jeden Beteiligten durch einseitige empfangsbedürftige Erklärung frei widerruflich ist und zwar auch, wenn die Widerruflichkeit durch Vereinbarung eingeschränkt wurde (BGHZ 46, 400; München DNotZ 66, 283). Der damit erstrebte Übereilungsschutz wird jedoch dann nicht erreicht, wenn das Kausalgeschäft schon – uU formfrei – wirksam zustande gekommen ist, so dass auf Abgabe der nötigen Erklärungen geklagt werden kann.

II. Einzelfälle. Die Regelung in § 873 II beruht auf der Überlegung, dass ein Übereilungsschutz nicht mehr erforderlich oder zum Schutz des Rechtsverkehrs nicht gerechtfertigt ist: **1. Die notarielle Beurkundung** der – materiell-rechtlichen – Erklärungen iSd 873 II, 128 ist die Aufnahme einer Niederschrift iSd §§ 8 ff BeurkG. Diese kann nach § 127a auch durch einen gerichtlichen Vergleich ersetzt werden. Die öffentliche Beglaubigung (§ 129) ist keine Beurkundung iSd § 128. **2. Die Abgabe vor dem Grundbuchamt** ist heute ohne Bedeutung, weil die frühere Doppelzuständigkeit von Grundbuchamt und Notar zur Beurkundung von Willenserklärungen durch das BeurkG abgeschafft wurde und nun nur noch der Notar zuständig ist (§ 56 II BeurkG). **3. Einreichung beim Grundbuchamt** meint die Einreichung aller materiellrechtlichen Erklärungen durch alle Beteiligten oder durch einen Bevollmächtigten (zB Notar) für die Beteiligten. Für die Auflassung gilt § 925. **4. Aushändigung einer Eintragungsbewilligung (§ 19 GBO)** in der Form des § 29 GBO durch den Betroffenen an den anderen Teil und nicht an das Grundbuchamt. Es muss das Original ausgehändigt werden, weil nur dieses die Verfahrenshandlung enthält, was durch die Anweisung an den Notar zur Aushändigung nicht ersetzt wird (München DNotZ 66, 283). Original ist entweder die beglaubigte Urschrift der Bewilligung oder eine die Bewilligung enthaltende Ausfertigung einer notariellen Urkunde (§ 47 BeurkG), nicht aber eine bloß beglaubigte Abschrift von beidem. Die Aushändigung kann auch durch einen Bevollmächtigten (zB Notar) erfolgen. Der Notar kann vom Erwerber stillschweigend zum Empfang bevollmächtigt sein (BGH NJW 63, 37). Die Aushändigung ist in diesem Fall jedoch erst erfolgt, wenn der Notar eine Ausfertigung der Urkunde erstellt (BGHZ 46, 398 f, MüKo/*Wacke* Rz 41).

III. Rechtsfolge. Nach Eintritt der Bindungswirkung kann die dingliche Einigung nicht mehr einseitig, sondern nur durch – formlose – Einigung aller Beteiligten aufgehoben werden. Da der Verfügende bis zur Eintragung Berechtigter bleibt, hindert auch die Bindung eine weitere Verfügung über das Recht nicht. Ist jedoch die Eintragung der ersten Verfügung beim Grundbuchamt beantragt, kann die zweite Verfügung wegen §§ 17, 39 GBO nicht eingetragen werden (vgl Soergel/*Stürner* Rz 29). Der Eintragungsantrag kann jedoch auch nach Eintritt der Bindung zurückgenommen werden (BGHZ 49, 200; BayObLG Rpfleger 73, 97). Der Antrag kann insgesamt nur durch alle Antragsteller zurückgenommen werden (§ 31 GBO), wobei zu prüfen ist, ob der Antrag auch im Namen anderer Beteiligter gestellt worden ist, was bei der Antragstellung durch den Notar im Zweifel anzunehmen ist (BayObLG MittRhNotK 93, 117). Eine Eintragungsbewilligung wird mit Abgabe ggü dem Grundbuchamt oder dem anderen Teil wirksam und kann als Verfahrenshandlung dann nicht mehr widerrufen werden (BayObLG DNotZ 94, 184; *Ertl* DNotZ 67, 339 ff).

§ 874 Bezugnahme auf die Eintragungsbewilligung. Bei der Eintragung eines Rechts, mit dem ein Grundstück belastet wird, kann zur näheren Bezeichnung des Inhalts des Rechts auf die Eintragungsbewilligung Bezug genommen werden, soweit nicht das Gesetz ein anderes vorschreibt.

1 **A. Normzweck.** Durch die Bezugnahme auf die Eintragungsbewilligung soll das Grundbuch übersichtlich gehalten werden, weil nur der wesentliche Inhalt des Rechts im Eintragungsvermerk enthalten sein muss und iÜ auf die Eintragungsbewilligung Bezug genommen werden kann, die bei den Grundakten aufbewahrt wird. Dasselbe gilt bei der Inhaltsänderung eines eingetragenen Rechts (§ 877).

2 **B. Bezugnahme. I. Verfahren.** Entgegen dem Wortlaut des § 874 „soll" gem § 44 II GBO auf die Eintragungsbewilligung Bezug genommen werden. Das Wort „Bezugnahme" muss nicht verwendet werden, es genügt eine gleichbedeutende Bezeichnung wie zB „gem Eintragungsbewilligung vom" (*Schöner/Stöber* Rz 272). Nach § 44 II 2 GBO soll auch der Name des Notars und die Nummer der Urkundenrolle angegeben werden, damit die Bezugnahme hinreichend bestimmt ist und die Eintragungsbewilligung auch über den betreffenden Notar erreichbar bleibt (vgl BaRoth/*Kössinger* Rz 13).

3 **II. Grenzen der Bezugnahme.** Es darf nur zur näheren Bezeichnung des Rechtsinhalts auf die Eintragungsbewilligung verwiesen werden. Der wesentliche Inhalt des eingetragenen Rechts muss im Eintragungsvermerk selbst enthalten sein und es ist zumindest eine schlagwortartige Kennzeichnung erforderlich – zB „Wegerecht" bei einer Dienstbarkeit – (BGH RNotZ 07, 29; BGHZ 35, 382; *Demharter* § 44 Rz 17; vgl aber § 49 GBO). Zu dem wesentlichen Inhalt gehört auch die Angabe des Berechtigten (BGHZ 123, 301), das Beteiligungsverhältnis nach § 47 GBO (Palandt/*Bassenge* Rz 4), der Belastungsgegenstand (München RNotZ 07, 157), der Belastungsumfang (Nürnbg OLGZ 78, 80), die Änderung von Sondereigentum (BGH RNotZ 08, 25) oder die Bedingung oder Befristung eines Rechts (BayObLG Rpfleger 67, 11; *Schöner/Stöber* Rz 266 mwN). Ist im Hinblick auf das jeweilige Recht nach der Verkehrsauffassung nicht der wesentliche Inhalt, der dem betr Recht eigentümlich ist, im Eintragungsvermerk enthalten, ist die Bezugnahme unzulässig, die Eintragung insgesamt unwirksam und vAw zu löschen (Ddorf DNotZ 58, 157; *Schöner/Stöber* Rz 274 f). Sind dagegen alle eigentümlichen Umstände im Eintragungsvermerk enthalten, aber wird dennoch unzulässigerweise wegen – nicht eigentümlicher – wesentlicher Umstände auf die Eintragungsbewilligung Bezug genommen, ist nur diese Bezugnahme isoliert unwirksam – zB Bezugnahme auf Bedingung –, sofern das nach §§ 139, 140 iÜ wirksam sein soll (RGZ 108, 148 f; *Schöner/Stöber* Rz 275 f). Dennoch entsteht das Recht materiell-rechtlich bedingt und lediglich das Grundbuch ist unrichtig (*Schöner/Stöber* Rz 276) und ein gutgläubiger Dritter erwirbt das Recht unbedingt nach § 892 (Ddorf OLGZ 83, 353). Die Bezugnahme ist ausdrücklich ausgeschlossen nach §§ 879 III, 881 II, 882, 1115 f, 1179a V, 1184 II, 1189 I, 1190 I, 1195, 1199 II; § 800 ZPO.

4 **III. Rechte.** Die Bezugnahme ist bei jedem Grundstücksrecht mit Ausnahme des Eigentums möglich (Palandt/*Bassenge* Rz 3). Zulässig ist die Bezugnahme auch bei Vormerkung (§ 885 II) und Widerspruch (§ 899) (*Schöner/Stöber* Rz 263). Klarstellende Sonderregelungen enthalten die §§ 14 ErbbauRG, 7 III WEG, 32 II WEG, 49 GBO. § 874 gilt entspr bei der Belastung eines Rechts (KG OLGE 14, 65), bei Verfügungsbeschränkungen sowie Rangänderung und Rangvorbehalt (*Schöner/Stöber* Rz 270).

5 **IV. Gegenstand der Bezugnahme.** Es darf auf die Eintragungsbewilligung (§ 19 GBO, s. § 873 Rn 7) Bezug genommen werden, sowie auf alle Urkunden, die die Eintragungsbewilligung ersetzen – wie zB ein Urt, eV oder das Ersuchen nach § 38 GBO – (BaRoth/*Kössinger* Rz 16; Palandt/*Bassenge* Rz 7) oder auf die die Eintragungsbewilligung selber verweist (zB Plan – insb der Aufteilungsplan bei der WEG-Aufteilung –, Zeichnung oder Karte).

6 **C. Wirkung.** Aufgrund einer zulässigen Bezugnahme gehört der Inhalt der Eintragungsbewilligung zum Eintragungsvermerk und bildet mit diesem eine Einheit und damit insgesamt die „Grundbucheintragung" (BGHZ 21, 40 f; BayObLG FGPrax 02, 151), so dass Inhalt und Umfang des Rechts nur durch Auslegung von Vermerk und Bewilligung ermittelt werden kann (BGH NJW-RR 99, 167). Soweit Rechtsfolgen an die „Grundbucheintragung" anknüpfen (insb für den öffentlichen Glauben nach §§ 891 ff, BayObLGZ 86, 516 f), beziehen sich diese auf die Einheit von Vermerk und Bewilligung. Das gilt jedoch nicht, wenn ein nicht durch Auslegung zu lösender Widerspruch zwischen Eintragungsvermerk und Eintragungsbewilligung besteht (BayObLGZ 86, 516 f; BaRoth/*Kössinger* Rz 19). Nicht zum Inhalt der Eintragung gehören die nicht eintragungsfähigen schuldrechtlichen Teile der Eintragungsbewilligung (*Schöner/Stöber* Rz 272).

§ 875 Aufhebung eines Rechts. (1) ¹Zur Aufhebung eines Rechts an einem Grundstück ist, soweit nicht das Gesetz ein anderes vorschreibt, die Erklärung des Berechtigten, dass er das Recht aufgebe, und die Löschung des Rechts im Grundbuch erforderlich. ²Die Erklärung ist dem Grundbuchamt oder demjenigen gegenüber abzugeben, zu dessen Gunsten sie erfolgt.

(2) Vor der Löschung ist der Berechtigte an seine Erklärung nur gebunden, wenn er sie dem Grundbuchamt gegenüber abgegeben oder demjenigen, zu dessen Gunsten sie erfolgt, eine den Vorschriften der Grundbuchordnung entsprechende Löschungsbewilligung ausgehändigt hat.

A. Aufhebung (Abs 1). I. Vorbemerkung. § 875 ist eine Durchbrechung von § 873, da für die Aufgabe eines Rechts keine Einigung, sondern grds die einseitige Erklärung des Berechtigten sowie die Löschung des Rechts im Grundbuch genügt. § 875 gilt nicht für das Erlöschen eines Rechts kraft Gesetzes außerhalb des Grundbuchs. 1

II. Recht an einem Grundstück. Erfasst sind alle dinglichen Rechte an einem Grundstück bis auf das Eigentum selbst (s. § 928). § 875 gilt sowohl für alle beschränkten dinglichen Rechte, grundstücksgleichen Rechte (zB 11, 26 ErbbauRG), als auch für die Aufhebung von Rechten an grundstücksgleichen Rechten (MüKo/*Wacke* Rz 5). Die Aufhebung von Miteigentumsbruchteilen ist unzulässig (Staud/*Gursky* Rz 32). § 875 gilt für Vormerkung (BGH NJW 94, 2949) und Widerspruch entspr (BaRoth/*Kössinger* Rz 3). Lediglich die Aufgabeerklärung ggü dem Berechtigten ist erforderlich für die Aufhebung eines Nießbrauchs (§§ 1064, 1072) oder Pfandrechts (§§ 1255, 1273) an Grundstücksrechten. Für die Aufhebung von Grundstücksrechten, die mit einem Recht belastet sind, gilt jedoch § 876. Die Verfügungsbeschränkung nach § 12 WEG ist kein Recht an einem Grundstück und für deren Aufhebung gilt § 12 IV WEG (*Böttcher* ZNotP 07, 375). 2

III. Erklärung. Die Aufgabeerklärung ist eine formfreie, einseitige und empfangsbedürftige Willenserklärung, auf die die allg Vorschriften über Willenserklärungen anwendbar sind (MüKo/*Wacke* Rz 6, 8). Zudem ist sie bis zur Bindung nach II jederzeit widerruflich (Palandt/*Bassenge* Rz 8) – Ausnahme § 26 2 Hs 2 ErbbauRG. Die Löschung selbst kann jedoch nur unbedingt und unbefristet erfolgen. Verfahrensrechtlich ist eine Löschungsbewilligung nach §§ 19, 29 GBO erforderlich, die durch Auslegung nach § 133 die materiell-rechtliche Aufhebungserklärung entnommen werden kann (BGHZ 60, 52; Hamm RNotZ 07, 545) und umgekehrt (BayObLG DNotZ 75, 685). Die Aufhebung eines Rechts kann auch nur teilweise (für das Erbbaurecht BGH NJW 74, 498) oder nur zeitweise (BaRoth/*Kössinger* Rz 1) erfolgen. In Bezug auf Grundpfandrechte muss die Erklärung des Berechtigten ausgelegt werden, ob ein Verzicht gewollt ist, so dass das Recht auf den Eigentümer übergeht (§§ 1168, 1175, 1178 II, 1192) oder eine Aufhebung, mit der Folge, dass das Recht mit Löschung im Grundbuch erlischt. Die Bewilligung der Löschung einer Eigentümergrundschuld enthält idR die Aufhebungserklärung (Hamm DNotZ 77, 37 f). 3

IV. Erklärender. Die Erklärung muss vom im Zeitpunkt der Löschung (BGH Rpfleger 80, 336) wahren Rechtsinhaber oder Verfügungsbefugten abgeben werden, auch wenn dieser (noch) nicht im Grundbuch voreingetragen ist (MüKo/*Wacke* Rz 10). Die §§ 185, 892 und 878 gelten entspr (MüKo/*Wacke* Rz 10, 12). Eine ohne die erforderliche Einwilligung vorgenommene Aufhebungserklärung nach §§ 111, 180, 1367, 1427, 1831 ist nicht unwirksam, sondern ausnahmsweise genehmigungsfähig (MüKo/*Wacke* Rz 9), weil die Aufhebung des Rechts neben der Erklärung auch der Löschung im Grundbuch bedarf und die Aufgabeerklärung daher selbst nicht rechtsgestaltend wirkt (MüKo/*Wacke* Rz 9). 4

V. Empfänger. Die materiell-rechtliche Aufgabeerklärung kann neben dem Grundbuchamt jedem von der Aufhebung Begünstigtem – Eigentümer (Staud/*Gursky* Rz 46 ff) oder gleich- bzw nachrangiger Berechtigter (KGJ 48 A 187) – zugehen. Der Berechtigte kann die Erklärung auch sich selbst ggü als Vertreter des Begünstigten abgeben, wobei § 181 nicht gilt (BaRoth/*Kössinger* Rz 6). 5

VI. Zustimmung des Eigentümers. Die Zustimmung des Eigentümers ist erforderlich zur Aufhebung von Grundpfandrechten (§§ 1183 1, 1192; § 29 GBO), da möglicherweise eine Eigentümergrundschuld betroffen ist sowie bei der Aufhebung eines Erbbaurechts (§§ 11, 26 ErbbauRG). 6

VII. Löschung. Das Recht erlischt erst mit Löschung im Grundbuch (§ 46 GBO). Eine Löschung ohne Aufgabeerklärung macht das Grundbuch unrichtig und das Recht bleibt bestehen (KGJ 33, 278 f). 7

B. Bindung (Abs 2). Der Berechtigte ist an seine dingliche Aufgabeerklärung – anders als an das schuldrechtliche Rechtsgeschäft – erst gebunden, wenn diese dem Grundbuchamt zugegangen ist oder dem Erklärungsempfänger (s. § 873 Rn 26) eine formgerechte Löschungsbewilligung (s. § 873 Rn 7) zugegangen ist, wobei die Beurkundung die Aushändigung entspr § 873 II ersetzt (MüKo/*Wacke* Rz 13a). 8

§ 876 Aufhebung eines belasteten Rechts. ¹Ist ein Recht an einem Grundstück mit dem Recht eines Dritten belastet, so ist zur Aufhebung des belasteten Rechts die Zustimmung des Dritten erforderlich. ²Steht das aufzuhebende Recht dem jeweiligen Eigentümer eines anderen Grundstücks zu, so ist, wenn dieses Grundstück mit dem Recht eines Dritten belastet ist, die Zustimmung des Dritten erforderlich, es sei denn, dass dessen Recht durch die Aufhebung nicht berührt wird. ³Die Zustimmung ist dem Grundbuchamt oder demjenigen gegenüber zu erklären, zu dessen Gunsten sie erfolgt; sie ist unwiderruflich.

§ 877

1 A. Allgemeines. § 876 ergänzt § 875 für den Fall, dass durch die Aufhebung eines Rechts (Stammrecht) außer dem Berechtigten des Stammrechts und dem Eigentümer ein Dritter betroffen wird, weil dieser ein Recht an dem Stammrecht hat (Zweigrecht). Insoweit ist die Zustimmung des betroffenen Dritten erforderlich (vgl §§ 1071, 1255, 1276). § 876 gilt analog, wenn ein Zweigrecht aufgehoben werden soll, das seinerseits mit dem Rechte eines Dritten belastet ist (Staud/*Gurksy* Rz 13). § 876 gilt entspr aufgrund Verweisung in §§ 877, 880 III, 1109 II, 1116 II, 1132 II, 1168 II, 1180, § 11 I ErbbauRG, § 9 II WEG.

2 B. Belastetes Grundstücksrecht (S 1). I. Recht an einem Grundstück (Stammrecht). Das Recht an einem Grundstück kann jedes Grundstücksrechts iSd § 875 sein, insb auch Erbbaurecht und Wohnungseigentum.

3 II. Belastung des Rechts mit dem Recht eines Dritten (Zweigrecht). Die Belastung eines beschränkten dinglichen Rechts (Stammrecht) kann Nießbrauch (§§ 1068 ff) oder Pfandrecht (§§ 1273 ff), insb an Grundpfandrechten, Dauerwohnrecht und Reallasten sein. § 876 ist analog anzuwenden, wenn gegen das Stammrecht ein Widerspruch (str) oder eine Vormerkung eingetragen ist, deren vorgemerkter Anspruch sich auf das Stammrecht bezieht (BayObLG Rpfleger 87, 156; MüKo/*Wacke* Rz 4). Als Belastung eines grundstücksgleichen Rechts – wie dem Erbbaurecht – als Stammrecht, kommt dagegen jedes beschränkte dingliche Recht – wie zB eine Dienstbarkeit usw – in Betracht.

4 C. Subjektiv-dingliches Recht (S 2). I. Grundstücksrecht (Stammrecht). Sofern das aufzuhebende Recht dem jeweiligen Eigentümer eines anderen Grundstücks zusteht (subjektiv-dingliches Recht), ist die Zustimmung auch derjenigen Berechtigten erforderlich, die ein Recht an dem herrschenden Grundstück haben, weil deren Recht mittelbar durch die Aufhebung des subjektiv-dinglichen Rechts betroffen ist. Bsp: Grunddienstbarkeit (§ 1018), Vorkaufsrecht (§ 1094 II) und Reallast (§ 1105 II). Dabei ist es unerheblich, ob diese subjektiv-dinglichen Rechte im Grundbuch des herrschenden Grundstücks nach § 9 GBO vermerkt sind (BaRoth/*Kössinger* Rz 17 ff). Auch wenn mangels eines solchen Vermerks eine Bewilligung des mittelbar Betroffenen verfahrensrechtlich nach § 21 GBO nicht geboten ist, bleibt diese materiell-rechtlich erforderlich und das Grundbuch wird ohne die Zustimmung des nach 2 Betroffenen unrichtig (BaRoth/*Kössinger* Rz 17 ff).

5 II. Belastung. Belastung des herrschenden Grundstücks kann wiederum jedes Grundstücksrecht sein, insb Grundpfandrechte.

6 D. Zustimmung des Dritten. I. Erklärung. Die Zustimmung des Dritten ist eine formfreie, einseitige und empfangsbedürftige Willenserklärung, die eine Verfügung über das Recht darstellt (Ddorf Rpfleger 93, 337) und nach Zugang unwiderruflich ist (3 Hs 2). In den Fällen des § 21 GBO ist die Erklärung in der Form des § 29 GBO auch für den Grundbuchvollzug erforderlich (MüKo/*Wacke* Rz 7).

7 II. Erklärender. Entspr zur Aufhebungserklärung nach § 875 muss der Zustimmende wahrer Inhaber des Drittrechts iSv 1 und 2 sein, wobei der gute Glaube nach § 892 geschützt wird. Insoweit gilt § 875 Rn 3 entspr, allerdings mit der Besonderheit, dass die Zustimmung nicht im Grundbuch eingetragen wird und daher § 878 nicht zur Anwendung kommt. Auch wenn keine Eintragung der Zustimmung erfolgt, sind die §§ 111, 180, 1367, 1427 II, 1831 nicht anwendbar und die Zustimmung genehmigungsfähig (MüKo/*Wacke* Rz 8).

8 III. Erklärungsempfänger (S 3). Die Zustimmung muss entweder dem Grundbuchamt oder dem Begünstigten zugehen. Begünstigter ist der Berechtigte des aufzuhebenden Rechts, als auch ein gleich- oder nachrangiger Berechtigter.

9 IV. Entbehrlichkeit. Nach dem Wortlaut ist die Zustimmung nur iFd 2 ausnahmsweise entbehrlich, wenn das Zweigrecht durch die Löschung rechtlich – nicht wirtschaftlich – nicht beeinträchtigt wird (BGH LM ZPO § 3 Nr 40 Bl 2; Ermann/*Lorenz* Rz 8). Das ist idR der Fall, wenn der zustimmungspflichtige Drittberechtigte lediglich ein Nutzungsrecht (zB Dienstbarkeit) am herrschenden Grundstück hat. Darüber hinaus ist die Zustimmung entbehrlich, wenn bei Aufhebung des Erbbaurechts, das auf dem Erbbaurecht lastende Grundpfandrecht mit gleichem Rang auf dem Erbbaugrundstück lastet (BayObLG Rpfleger 87, 156; BaRoth/*Kössinger* Rz 2). Landesrechtlich ist es möglich, die Unschädlichkeit nach Art 120 EGBGB durch ein Unschädlichkeitszeugnis nachzuweisen, woran das Grundbuchamt gebunden ist (Hamm FGPrax 04, 206).

10 V. Wirkung. Ohne Zustimmung erlischt das Recht trotz Löschung im Grundbuch nach § 875 nicht und die Löschung ist zunächst nur schwebend unwirksam, bis eine angemessene Genehmigungsfrist verstrichen ist; danach ist das Grundbuch endgültig unrichtig, s. §§ 894, 899 (str, MüKo/*Wacke* Rz 12 f).

§ 877 Rechtsänderungen.
Die Vorschriften der §§ 873, 874, 876 finden auch auf Änderungen des Inhalts eines Rechts an einem Grundstück Anwendung.

1 A. Normzweck. Die Änderung eines Grundstücksrechts wird der Bestellung, Übertragung und Aufhebung eines – belasteten – Rechts an einem Grundstück gleichgestellt. Insb „rechtserweiternde" Inhaltsänderungen eines belasteten Rechts können Drittberechtigte beeinträchtigen, so dass § 876 Anwendung findet.

B. Änderung des Inhalts eines Grundstücksrechts. I. Grundstücksrecht. Grundstücksrecht ist jedes 2
beschränkte dingliche oder grundstücksgleiche (zB § 11 ErbbauRG) Recht an einem Grundstück. § 877 gilt
auch für die Inhaltsänderung von beschränkten dinglichen Rechten an grundstücksgleichen Rechten. Ferner
gilt § 877 entspr für die Änderung von Miteigentum oder Wohnungs- und Teileigentum – zB bei der Änderung der Teilungserklärung – (vgl BGH NJW 00, 3644 f; BGHZ 91, 346; Soergel/*Stürner* Rz 3 – s.a. § 5 IV
WEG). Die inhaltliche Änderung eines vorgemerkten Anspruchs erfolgt lediglich nach § 305, so dass § 877
nicht gilt. Wird der vorgemerkte Anspruch erweitert, muss dies als Teilneubestellung der Vormerkung gem
§ 885 eingetragen werden (Soergel/*Stürner* Rz 5; MüKo/*Wacke* Rz 3). Nicht von § 877 erfasst werden Rechte
an beschränkten dinglichen Rechten.

II. Inhaltsänderung. Inhaltsänderung ist nur die rechtsgeschäftlich vereinbarte Veränderung einzelner 3
Befugnisse des Berechtigten unter Beibehaltung der Identität des veränderten Rechts, die ferner keine Übertragung oder Belastung (§ 873), Aufhebung (§§ 875 f) oder Rangänderung ist (§ 880). Bsp: Ausschluss der
Abtretbarkeit einer Grundschuld (Hamm NJW 68, 1289), Änderung von Zinssatz und Nebenleistung
(BGH NJW 86, 315), Zusammenfassung mehrerer gleichrangiger Rechte mit derselben Rechtsidentität (vgl
BayObLG Rpfleger 96, 445), Umwandlung von Buch- in Briefhypothek – wobei bereits § 1116 II auf § 876
verweist –, Vereinbarung oder Aufhebung von Bedingung oder Befristung (MüKo/*Wacke* Rz 4; Soergel/*Stürner* Rz 2), Verlängerung eines Erbbaurechts (BayObLG NJW 60, 1156), Spezialfälle regeln die §§ 1116 II,
1186, 1198, 1203, 1180 und § 49 GBO (s.a. Erman/*Lorenz* Rz 4). Abzugrenzen ist die rangwahrende Inhaltsänderung von der – nicht von § 877 erfassten – (Teil-)Aufhebung und/oder (Teil-)Neubegründung eines
Rechts. Bsp zu Letzterem: Erhöhung oder Herabsetzung des Grundpfandrechtskapitals (RGZ 72, 366; MüKo/
Wacke Rz 5), Umwandlung einer beschränkt persönlichen Dienstbarkeit in eine Grunddienstbarkeit und
umgekehrt (Palandt/*Bassenge* Rz 3) sowie einer Wegedienstbarkeit in eine Dienstbarkeit zur Überbauung
(BayObLG Rpfleger 67, 12), nachträgliche Unterwerfung unter die Zwangsvollstreckung (MüKo/*Wacke* Rz 5,
str), Umwandlung eines Grundpfandrechts in ein Gesamtgrundpfandrecht infolge Grundstücksteilung oder
Umwandlung von belasteten Grundeigentums in Wohnungseigentum durch Aufteilung nach §§ 3, 8 WEG
(BayObLG DNotZ 59, 94; MüKo/*Wacke* Rz 5). Zustimmungspflichtige Inhaltsänderung ist aber die Umwandlung von Sondereigentum in Gemeinschaftseigentum (BayObLG DNotZ 99, 665) und umgekehrt (BayObLG Rpfleger 92, 20).

C. Anwendung von §§ 873, 874. Die Inhaltsänderung bedarf der dinglichen Einigung und Eintragung in das 4
Grundbuch (§ 873) wobei auf die Eintragungsbewilligung Bezug genommen werden darf (§ 874).

D. Anwendung von § 876. I. Zustimmung. Der gleich- oder nachrangige Berechtigte eines Grundstücks- 5
rechts muss der Änderung zustimmen (vgl § 876 Rn 6 ff). Fehlt die erforderliche Zustimmung, ist die Eintragung nicht unwirksam (Frankf Rpfleger 78, 313), jedoch hat die nicht genehmigte Inhaltsänderung Rang
nach den Rechten der Drittberechtigten (RGZ 132, 110) und das Grundbuch ist unrichtig.

II. Entbehrlichkeit. Die Zustimmung ist entspr § 876 II 2 entbehrlich, wenn eine Beeinträchtigung des 6
Drittberechtigten ausgeschlossen ist (BGHZ 91, 346), wie zB bei der Verlängerung der Erbbauzeit in Bezug
auf einen Grundpfandgläubiger oder allg, wenn das belastete Recht erweitert wird (BayObLG NJW 60, 1156).
§ 876 2 gilt in den Fällen des § 876 1 entspr (BGH NJW 84, 2410).

§ 878 Nachträgliche Verfügungsbeschränkungen. Eine von dem Berechtigten in Gemäßheit der §§ 873, 875, 877 abgegebene Erklärung wird nicht dadurch unwirksam, dass der Berechtigte in der Verfügung beschränkt wird, nachdem die Erklärung für ihn bindend geworden und der Antrag auf Eintragung bei dem Grundbuchamt gestellt worden ist.

A. Normzweck. Die dingliche Einigung muss zum rechtsgeschäftlichen Erwerb im Zeitpunkt der Eintragung 1
noch vorliegen. Dies ist nicht der Fall, wenn der Berechtigte nach Einigung aber vor Eintragung in der Verfügungsbefugnis beschränkt wird und der Verfügungsbefugte der Verfügung nicht zustimmt (Ddorf DNotZ 81,
132). Für den Begünstigten ist dies eine nicht zu beeinflussende Unsicherheit, die umso größer ist, je länger
das Eintragungsverfahren dauert. Da die Dauer des Eintragungsverfahrens nicht zu Lasten des Begünstigten
gehen darf, ist dieser unter den Voraussetzungen des § 878 geschützt und die Eintragung wie beantragt zu
vollziehen.

B. Erklärung gem §§ 873, 875, 877. Von § 878 sind rechtsgeschäftliche und diesen – aufgrund des Norm- 2
zwecks – gleichgestellte Erklärungen erfasst.

I. Rechtsgeschäftliche Erklärung. 1. Direkte Anwendung findet § 878 auf jede Willenserklärung, die auf die 3
dingliche Einigung zur Übertragung und Belastung (§ 873), Inhaltsänderung (§ 877) oder Aufhebung (§ 875)
eines Grundstücksrechts (vgl § 873 Rn 3) gerichtet ist.

2. Entsprechende Anwendung findet § 878 kraft Verweisung in §§ 880, 1109, 1116, 1132, 1154, 1168, 1180, 4
1188, 1196; §§ 3, 8, 9 SchiffsRG. § 878 gilt aufgrund des Normzwecks entspr bei anderen freiwilligen Erklä-

rungen des Berechtigten im rechtsgeschäftlichen Verkehr, insb auf Bewilligungen zur Eintragung von Widerspruch und Vormerkung (BGHZ 138, 186; ZIP 05, 627) und Grundbuchberichtigung (Soergel/*Stürner* Rz 2, str), nicht dagegen, wenn diese aufgrund einstweiliger Verfügung eingetragen werden sollen (KG HRR 34 Nr 167). Auf einseitige rechtsgeschäftliche Erklärungen zur Belastung, Aufhebung und Inhaltsänderung von Rechten am eigenen Grundstück sowie auf die Teilungserklärungen nach § 8 WEG ist § 878 entspr anwendbar, auch wenn kein an der Erklärung beteiligter Dritter direkt zu schützen ist (LG Leipzig MittBayNot 00, 324; Soergel/*Stürner* Rz 2; Palandt/*Bassenge* Rz 4; aA LG Köln MittRhNotK 84, 16; *Schöner/Stöber* Rz 113). § 878 ist nicht entspr anwendbar auf gerichtlich erzwungene Erklärungen des Berechtigten (vgl §§ 885, 899) und Verfügungen in der Zwangsvollstreckung (BGHZ 9, 252; aA MüKo/*Wacke* Rz 18 mit Streitstand). Etwas anderes gilt für fingierte Erklärungen nach §§ 894, 895 ZPO, weil diese eine Willenserklärung oder Bewilligung ersetzen und diesen damit gleichstehen (Staud/*Gursky* Rz 15).

5 **II. Wirksamkeit.** Es müssen grds alle Wirksamkeitsvoraussetzungen erfüllt sein, so dass alleine der Wegfall der Verfügungsmacht die Eintragung hindert. Es müssen etwa erforderliche privatrechtliche Genehmigungen (§§ 177, 182 ff, § 12 WEG, Frankf ZInsO 06, 271 f) oder Zustimmungen Dritter (§§ 876, 880, 1071, 1178) vorliegen (MüKo/*Wacke* Rz 12). Ferner muss bei einem Briefrecht zumindest eine Vereinbarung nach § 1117 II getroffen sein (KG NJW 75, 878) und zum Erwerb einer Hypothek das Darlehen ausgezahlt sein (vgl MüKo/*Wacke* Rz 12). Nach zutreffender Ansicht (Hamm JMBl NRW 51, 93; JMBl 48, 244; Rostock EWiR 96, 839 (*Johlke*); Staud/*Gursky* Rz 38; *Schöner/Stöber* Rz 122; Palandt/*Bassenge* Rz 15) muss auch eine behördliche Genehmigung vor Eintritt der Verfügungsbeschränkung erteilt sein, weil der Begünstigte durch § 878 allein vor der Dauer des Eintragungsverfahrens geschützt werden soll. Ohne behördliche Genehmigung würde eine Eintragung auch dann nicht erfolgen, wenn die Eintragung zeitlich unmittelbar nach Beantragung erfolgen könnte. Es genügt daher insb nicht, dass die behördliche Genehmigung beantragt ist und später erteilt wird (Köln NJW 55, 80; Soergel/*Stürner* Rz 5; Erman/*Lorenz* Rz 15) oder ohne beantragt zu sein, später erteilt wird (MüKo/*Wacke* Rz 12).

6 **III. Berechtigter.** Die Erklärung muss von allen Berechtigten abgegeben sein. Dies sind die materiellen Rechtsinhaber (BGHZ 49, 207) zum Zeitpunkt der Eintragung (BGH NJW 63, 36; Frankf OLGZ 80, 103). Verfügt der materielle Rechtsinhaber und verliert dieser die Rechtsinhaberschaft vor Eintragung, schützt § 878 nicht (BayObLG MittBayNot 75, 228), sondern allenfalls § 892, falls das Grundbuchamt die Eintragung dennoch vollzieht (BaRoth/*Kössinger* Rz 10).

7 **1. Verfügungsbefugter.** Berechtigter iSd § 878 ist auch ein kraft Gesetzes Verfügungsbefugter (zB Insolvenzverwalter; Soergel/*Stürner* Rz 7; MüKo/*Wacke* Rz 13).

8 **2. Buchberechtigter.** Ist der Erklärende nur Buchberechtigter – im Grundbuch eingetragener Nichtberechtigter – und wird er in der Verfügungsbefugnis beschränkt, gilt § 878 für dessen Erklärung aufgrund des Rechtsgedankens des § 892 entspr (Soergel/*Stürner* Rz 7a; Palandt/*Bassenge* Rz 5; aA RGRK/*Augustin* Rz 2).

9 **3. Ermächtigter (§ 185 I).** Verfügt ein nicht im Grundbuch eingetragener Nichtberechtigter, der gem § 185 I vom Berechtigten ermächtigt ist (zB Auflassungsempfänger), gilt § 878 für die Erklärung des Ermächtigten entspr, wenn der Ermächtigte in der Verfügungsbefugnis beschränkt wird, weil diese Verfügung wie die Verfügung durch den Berechtigten zu behandeln ist (KG DNotZ 34, 284; Staud/*Gursky* Rz 62; Soergel/*Stürner* Rz 7a mwN; Palandt/*Bassenge* Rz 6; aA RGZ 135, 382 f; BayObLG NJW 61, 783). Dasselbe gilt wenn der Ermächtigende bei einer Verfügung des Ermächtigten in der Verfügungsbefugnis beschränkt wird (Staud/*Gursky* Rz 59 mwN; Palandt/*Bassenge* Rz 6).

10 **4. Genehmigung (§ 185 II Var 1).** Verfügt ein Nichtberechtigter, der nicht im Grundbuch eingetragen ist, und genehmigt der Berechtigte (§ 185 II Var 1) vor Eintritt der Verfügungsbeschränkung, gilt § 878 ebenfalls entspr (Soergel/*Stürner* Rz 7a mwN; Palandt/*Bassenge* Rz 7).

11 **5. Rechtserwerb (§ 185 II Var 2, 3).** Erwirbt der verfügende Nichtberechtigte das Recht vor Eintritt der Verfügungsbeschränkung, ist er gem § 185 II Var 2 und 3 Berechtigter iSd § 878, so dass § 878 direkt anwendbar ist (Soergel/*Stürner* Rz 7a; Palandt/*Bassenge* Rz 8).

12 **C. Bindung und Antragstellung. I. Bindung.** Die Erklärung muss bindend geworden sein, da sonst das Vertrauen des Begünstigten auf Rechtsänderung nicht gerechtfertigt ist. Der Eintritt der Bindungswirkung richtet sich nach §§ 873 II, 877 bzw § 875 II. Die übrigen einseitigen Erklärungen, insb Eintragungs- und Berichtigungsbewilligung werden analog § 875 II bindend (MüKo/*Wacke* Rz 9, 16; Palandt/*Bassenge* Rz 13).

13 **II. Antragstellung.** Der Eintragungsantrag muss gem § 13 GBO vor Eintritt der Verfügungsbeschränkung beim Grundbuchamt eingegangen, darf nicht zurückgenommen und nicht rechtskräftig zurückgewiesen sein (BGHZ 136, 91; BayObLG NJW-RR 04, 739) und muss zur Eintragung führen. Der Antrag bleibt auch bei Eintritt der Verfügungsbeschränkung wirksam (Soergel/*Stürner* Rz 5; MüKo/*Wacke* Rz 8; aA BaRoth/*Kössinger* Rz 5, 18). Sofern der Antrag nicht auch im Namen des Begünstigten gestellt ist, kann er jedoch vom Betroffenen bis zur Eintragung einseitig zurückgenommen werden (BayObLGZ 72, 215; MüKo/*Wacke* Rz 8).

Eine Zwischenverfügung nach § 18 GBO wegen formeller Mängel oder gar eine Antragszurückweisung sind unschädlich, wenn diese Entscheidungen auf eine Beschwerde – ohne neuen Tatsachenvortrag – aufgehoben werden (Celle OLGE 17, 353; MüKo/*Wacke* Rz 7; *Schöner/Stöber* Rz 118). Erfolgt die Aufhebung aufgrund neuen Tatsachenvortrags, gilt der Schutz des § 878 erst ab Einlegung der Beschwerde (BGHZ 136, 92 f; Palandt/*Bassenge* Rz 14).

D. Beschränkung der Verfügungsbefugnis. I. Verfügungsbefugnis. Von § 878 werden alle nicht eintragungsbedürftigen Beschränkungen des Berechtigten in der Verfügungsbefugnis bis hin zur vollständigen Entziehung erfasst und zwar absolute (§§ 134, 1365) und relative (§ 135), unabhängig davon, ob diese auf G (§§ 134 ff, 138), gerichtlicher (§§ 135, 1984, 2211; §§ 829, 857, 938 ZPO; §§ 20 ff, 147 ZVG; §§ 21 II Nr 2, 80 InsO, zu § 21 II Nr 2 InsO: Frankf ZInsO 06, 269) oder behördlicher (§ 136) Anordnung oder ausnahmsweise auch Rechtsgeschäft beruhen (MüKo/*Wacke* Rz 19). Für eintragungsbedürftige Verfügungsbeschränkungen, wie zB Verfügungsbeschränkungen nach §§ 5, 6 ErbbauRG, §§ 12, 35 WEG, gilt § 878 nicht, weil der Erwerber dadurch geschützt ist, dass das Grundbuchamt die Anträge in der Reihenfolge ihres Eingangs bearbeiten muss (MüKo/*Wacke* Rz 19; *Schöner/Stöber* Rz 126; Palandt/*Bassenge* Rz 10; teilw aA Soergel/*Stürner* Rz 4).

14

II. Amtsinhaberschaft. § 878 ist wegen der vergleichbaren Interessenlage entspr anzuwenden, wenn ein Verfügungsbefugter kraft Amtes (zB Insolvenzverwalter, Testamentsvollstrecker) die Amtsinhaberschaft und damit auch die Verfügungsbefugnis verliert (Staud/*Gursky* Rz 57; *Schöner/Stöber* Rz 124 mwN zum Streitstand; Palandt/*Bassenge* Rz 11; aA BayObLG MittBayNot 99, 84 (obiter dictum); Köln MittRhNotK 81, 139 f).

15

III. Sonstiges. Die Erklärung bleibt wirksam, wenn der Erklärende nach Abgabe die Vertretungsmacht verliert (BayObLG DNotZ 83, 752), der Verfügende stirbt oder geschäftsunfähig wird (§ 130 II) oder ein Einwilligungsvorbehalt nach § 1903 angeordnet wird (§ 130 II analog, Celle 4.7.06, Az 4 W 106/06). Auf den Zeitpunkt der Eintragung kommt es insoweit – anders als bei der Verfügungsbefugnis – nicht an. Im Falle des Todes kann bereits einer mehrerer Miterben eine nicht bindende (§ 873 II) Erklärung widerrufen (Ddorf NJW 56, 876).

16

E. Rechtsfolge. Die Erklärung bleibt wirksam, so dass die Rechtsänderung mit Eintragung im Grundbuch eintritt. Dabei ist die Kenntnis des Begünstigten von der Verfügungsbeschränkung unschädlich (Staud/*Gursky* Rz 23; Soergel/*Stürner* Rz 6 mwN), zumindest wenn der Begünstigte bei Antragstellung nach § 892 II gutgläubig war (BGHZ 28, 187 f). Liegen die Voraussetzungen des § 878 nicht vor und erfährt das Grundbuchamt von der Verfügungsbeschränkung vor Eintragung, darf es die Eintragung nicht vornehmen, weil der Begünstigte das Recht nach § 892 gutgläubig erwerben würde (BGHZ 97, 186 f; BayObLG 94, 71; BaRoth/*Kössinger* Rz 21; str vgl *Schöner/Stöber* Rz 352). Das Grundbuchamt ist jedoch zum Vollzug verpflichtet, wenn die Voraussetzungen des § 878 erfüllt sind (vgl BaRoth/*Kössinger* Rz 21; MüKo/*Wacke* Rz 22; s.a. *Schöner/Stöber* Rz 128 f, 352).

17

§ 879 Rangverhältnis mehrerer Rechte.
(1) ¹Das Rangverhältnis unter mehreren Rechten, mit denen ein Grundstück belastet ist, bestimmt sich, wenn die Rechte in derselben Abteilung des Grundbuchs eingetragen sind, nach der Reihenfolge der Eintragungen. ²Sind die Rechte in verschiedenen Abteilungen eingetragen, so hat das unter Angabe eines früheren Tages eingetragene Recht den Vorrang; Rechte, die unter Angabe desselben Tages eingetragen sind, haben gleichen Rang.
(2) Die Eintragung ist für das Rangverhältnis auch dann maßgebend, wenn die nach § 873 zum Erwerb des Rechts erforderliche Einigung erst nach der Eintragung zustande gekommen ist.
(3) Eine abweichende Bestimmung des Rangverhältnisses bedarf der Eintragung in das Grundbuch.

A. Allgemeines. Der Wert eines Rechts hängt, insb bei der Zwangsvollstreckung (ZVG), von dessen Rang ab. Wird aus einem Grundstücksrecht die Zwangsversteigerung betrieben, fallen vorrangige Rechte ins geringste Gebot und bleiben bestehen (§§ 44, 10 ZVG), wobei gleich- und nachrangige Rechte mit der Verkündung des Zuschlagsbeschlusses (§ 90 ZVG) grds erlöschen (§§ 91, 52, 59 ZVG) und der Erlös an die Gläubiger der erlöschenden Rechte in der Reihenfolge ihres Ranges verteilt wird (§ 109 ZVG). Auch bei der Zwangsverwaltung ist der Rang für die Erlösverteilung maßgeblich (§§ 146 ff ZVG). Ferner richtet sich die Durchsetzbarkeit eines Nutzungs- oder Erwerbsrechts nach dem jeweiligen Rang (vgl §§ 1024, 1094).

1

B. Grundstück. Belastungsgegenstand kann nicht nur ein Grundstück, sondern auch ein Miteigentumsanteil, Wohnungs- oder Teileigentum, ein grundstücksgleiches Recht oder ein Grundstücksrecht sein, das durch Eintragung belastet werden kann (Palandt/*Bassenge* Rz 2).

2

C. Recht. I. Rangfähig. sind grds alle Grundstücksrechte, die im Grundbuch eingetragen werden. Rangfähig ist zumindest entspr auch eine Vormerkung (BGH DNotZ 00, 639; NJW 86, 578; Bremen WM 05, 1241; aA für die Auflassungsvormerkung LG Lüneburg Rpfleger 04, 214; mwN bei Palandt/*Bassenge* Rz 5), nicht

3

jedoch Löschungsvormerkungen untereinander (MüKo/*Wacke* Rz 57). Rangfähig ist eine Miteigentümerregelung nach § 1010 (BaRoth/*Kössinger* Rz 3). Das Erbbaurecht muss gem § 10 ErbbauRG immer erstrangig sein und entsteht andernfalls nicht (Hamm Rpfleger 76, 131).

4 **II. Nicht rangfähig.** ISd § 879 sind Verfügungsbeschränkungen (zB Nacherbenvermerk, Zwangsversteigerungsvermerk) (MüKo/*Wacke* Rz 6) Jedoch können Begünstigte von Grundstücksrechten, die nach Wirksamwerden der Verfügungsbeschränkung eingetragen werden sollen, nach §§ 878, 892 geschützt sein. Die Wirksamkeit des späteren Rechts kann durch einen „deklaratorischen Wirksamkeitsvermerk" klargestellt werden (BayObLG NJW-RR 04, 736 f; MüKo/*Wacke* Rz 6). Ein Widerspruch ist nicht rangfähig, sondern hat den Rang des Rechts, bei dem der Widerspruch eingetragen ist (RGZ 129, 127; Soergel/*Stürner* Rz 2). Zum Rang von nicht eintragungsbedürftigen Rechten s.u. Rn 10.

5 **D. Eintragung.** Grds hat ein zeitlich früher eingetragenes Recht Vorrang vor einem später eingetragenen Recht (Prioritätsgrundsatz), sofern sich beide auf denselben Belastungsgegenstand beziehen (zur Belastungen verschiedener ideeller Miteigentumsanteile LG München I MittBayNot 03, 492; Palandt/*Bassenge* Rz 2).

6 **I. Dieselbe Abteilung (Abs 1 S 1).** Für Eintragungen in derselben Abteilung ergibt sich das Rangverhältnis aus der räumlichen Reihenfolge der Eintragungen (Lokusprinzip, MüKo/*Wacke* Rz 14 ff, Soergel/*Stürner* Rz 6). Das gilt auch dann, wenn Eintragungsanträge entgegen §§ 17, 45 GBO nicht in der Reihenfolge ihres Eingangs erledigt werden, weil die Eintragung konstitutive Wirkung hat (MüKo/*Wacke* Rz 10). Bei einer „antragsüberholenden Eintragung" wird das Grundbuch nicht unrichtig, der bessere Rang ist nicht kondizierbar und es bleiben nur Amtshaftungsansprüche (Soergel/*Stürner* Rz 12; MüKo/*Wacke* Rz 34). Nach hM kommt es jedoch auf den Zeitpunkt der Eintragung an (Tempusprinzip), wenn die räumliche Abfolge von der zeitlichen Reihenfolge abweicht, zB weil ein Recht später zwischen zwei bereits eingetragenen Rechten eingetragen wurde (vgl KGJ 41, 223 f; Soergel/*Stürner* Rz 6 mwN). Das Tempusprinzip gilt jedoch nur für die eingetragenen Gläubiger untereinander, so dass ein gutgläubiger Dritter das Grundstück mit dem Rangverhältnis entspr der räumlichen Reihenfolge erwirbt (Soergel/*Stürner* Rz 6 f; MüKo/*Wacke* Rz 12 f, 15 ff).

7 **II. Verschiedene Abteilungen (Abs 1 S 2).** Der Rang der Rechte in unterschiedlichen Abteilungen richtet sich nach dem Zeitpunkt der Eintragung, wobei die Tagesangabe und nicht die tatsächliche Eintragungszeit maßgeblich ist (hM Soergel/*Stürner* Rz 9 mwN). Für die Gläubiger untereinander gilt bei Abweichungen der Entstehungszeitpunkt (Soergel/*Stürner* Rz 10). Eintragungen unter derselben Tagesangabe haben – ggü Dritten (Soergel/*Stürner* Rz 10) – Gleichrang (I 2 Hs 2), sofern nicht ein abw Rangvermerk eingetragen ist (§ 45 II GBO). Fehlt eine Datumsangabe kommt es darauf an, ob sich der Eintragungszeitpunkt aus anderen Umständen ergibt (Soergel/*Stürner* Rz 10).

8 **III. Nachträgliche Einigung (§ 879 II).** Der Rang richtet sich auch dann nach der Eintragung, wenn die Einigung zeitlich nachfolgt, eine schwebend unwirksame Einigung genehmigt oder eine nichtige durch eine neue Einigung ersetzt wird (MüKo/*Wacke* Rz 27).

9 **IV. Verstoß gegen §§ 17, 45 GBO.** Sofern das Grundbuchamt gegen §§ 17, 45 GBO verstößt und die Anträge nicht in der Reihenfolge ihres Eingangs erledigt, wird das Grundbuch nicht unrichtig, es besteht kein Bereicherungsanspruch und es können Amtshaftungsansprüche bestehen (BGHZ 21, 101; Palandt/*Bassenge* Rz 12).

10 **V. Nicht eintragungsbedürftige Rechte.** Der Rang nicht eintragungsbedürftiger Rechte richtet sich nach den entspr Vorschriften (vgl §§ 914, 917) oder dem Zeitpunkt ihrer Entstehung (vgl § 1287 2, Soergel/*Stürner* Rz 2). Auf dem Grundstück ruhende öffentliche Lasten gehen gem § 10 ZVG dem betreibenden Gläubiger vor (MüKo/*Wacke* Rz 9).

11 **VI. Löschung.** Ein Recht bleibt außerhalb des Grundbuchs mit seinem Rang bestehen, wenn es im Grundbuch zu Unrecht gelöscht wird (MüKo/*Wacke* Rz 32). Durch Eintragung eines Grundstücksrecht für einen gutgläubigen Dritten entstehen relative Rangverhältnisse, weil das außerhalb des Grundbuchs fortbestehende Recht Rang nach dem zwischenzeitlich eingetragenen Recht hat, dieses jedoch wiederum Rang nach den übrigen voreingetragenen Rechten hat (vgl KG JW 27, 2144; MüKo/*Wacke* Rz 32 f).

12 **E. Abweichende Bestimmung (§ 879 III). I. Vereinbarung.** Sofern sich das Rangverhältnis nicht nach I richten soll, können die Beteiligten durch dingliche Vereinbarung entspr §§ 873, 880 II eine andere Rangfolge bestimmen, die bei der Vornahme der Eintragung zu beachten ist. Eine solche Rangbestimmung kann auch stillschweigend getroffen sein (München Rpfleger 06, 68 f). § 879 III gilt nur für die Rangbestimmung noch nicht eingetragener Rechte, weil für eingetragene Rechte die §§ 880 f vorgehen. Die Beteiligten – bei Eigentümerrechten genügt die einseitige Erklärung des Eigentümers – können vereinbaren, dass gleichzeitig beantragte Rechte einen unterschiedlichen Rang haben sollen oder das zeitlich nacheinander beantragte Rechte gleichen Rang haben sollen (MüKo/*Wacke* Rz 28). Sofern der Notar von den Beteiligten nicht ausdrücklich ermächtigt ist, kann er eine Rangbestimmung allein wegen § 15 GBO nicht erklären (vgl BayObLG Rpfleger 93, 13). Die abw Rangbestimmung bedarf zur Wirksamkeit der Eintragung, wobei eine Bezugnahme nach

§ 874 nicht genügt (MüKo/*Wacke* Rz 30). Von der dinglichen Rangbestimmung ist die verfahrensrechtliche Rangbestimmung nach §§ 45 III, 16 II GBO und die rein schuldrechtliche Verpflichtung zu unterscheiden, einen bestimmten Rang zu verschaffen (Ddorf DNotZ 50, 41 f), wie dies regelmäßig bei einer Grundpfandrechtsbestellung der Fall sein dürfte (Frankf DNotZ 81, 580). Eine verfahrensrechtliche Rangbestimmung nach § 45 III GBO ist nur möglich, wenn die Eintragungsbewilligung keine materiellrechtliche Rangbestimmung enthält (*Schöner/Stöber* Rz 315). Die Festlegung der Antragsreihenfolge durch den antragstellenden Notar ist zulässig, aber stellt keine Rangbestimmung iSd § 45 III GBO dar (DNotI-Report 06, 149, str).

II. Fehlerfolgen. (MüKo/*Wacke* Rz 31; Soergel/*Stürner* Rz 15). Eine Eintragung ohne wirksame dingliche Rangbestimmung macht das Grundbuch unrichtig. Besteht eine dingliche Einigung, aber Einigung und Eintragung fallen auseinander, ist zwar nach § 139 idR anzunehmen, dass das Recht entsteht. Die Rangfolge bestimmt sich jedoch nach G (§ 879 I), weil bzgl der eingetragenen Rangbestimmung die Einigung und hinsichtlich der vereinbarten Rangfolge die Eintragung fehlt (BGH NJW-RR 90, 206; Soergel/*Stürner* Rz 15), so dass das Grundbuch unrichtig wird. 13

§ 880 Rangänderung.
(1) Das Rangverhältnis kann nachträglich geändert werden.
(2) ¹Zu der Rangänderung ist die Einigung des zurücktretenden und des vortretenden Berechtigten und die Eintragung der Änderung in das Grundbuch erforderlich; die Vorschriften des § 873 Abs. 2 und des § 878 finden Anwendung. ²Soll eine Hypothek, eine Grundschuld oder eine Rentenschuld zurücktreten, so ist außerdem die Zustimmung des Eigentümers erforderlich. ³Die Zustimmung ist dem Grundbuchamt oder einem der Beteiligten gegenüber zu erklären; sie ist unwiderruflich.
(3) Ist das zurücktretende Recht mit dem Rechte eines Dritten belastet, so findet die Vorschrift des § 876 entsprechende Anwendung.
(4) Der dem vortretenden Rechte eingeräumte Rang geht nicht dadurch verloren, dass das zurücktretende Recht durch Rechtsgeschäft aufgehoben wird.
(5) Rechte, die den Rang zwischen dem zurücktretenden und dem vortretenden Recht haben, werden durch die Rangänderung nicht berührt.

A. Rangänderung (Abs 1). I. Allgemeines. Das Rangverhältnis von bereits im Grundbuch eingetragener 1 Rechte oder gleichzeitig einzutragender Rechte (§ 879 III) richtet sich nach § 879, kann aber nach § 880 mit dinglicher Wirkung nachträglich rechtsgeschäftlich verändert werden (Rangänderung). Ein Rangrücktritt ist dabei auch zugunsten eines noch einzutragenden Rechts möglich (RGZ 157, 27; MüKo/*Wacke* Rz 2, 5). Wird der Rangrücktritt eines noch nicht eingetragenen Rechts beantragt, kann dies als Rangbestimmung nach § 45 III GBO ausgelegt werden (München RNotZ 06, 545). Eine Rangänderung ist nur hinsichtlich der nach § 879 rangfähigen Rechte möglich, nicht dagegen bei Rechten, die gesetzlich einen bestimmten Rang haben müssen (zB § 10 ErbbauRG).

II. Einigung. Die Rangänderung bezüglich zweier oder mehrerer Rechte bedarf einer formlosen Einigung 2 aller materiell Berechtigten des zurücktretenden wie des vortretenden Rechts. Bei Eigentümerrechten genügt die einseitige Erklärung des Berechtigten. Für die Einigung gilt § 873 I entspr, so dass die Rangänderung auch bedingt oder befristet erfolgen kann (RG HRR 33 Nr 1585), wobei dies für die Wirkung ggü Dritten aus dem Eintragungsvermerk hervorgehen muss. Zum Rangrücktritt einer Baugeldhypothek s. BGHZ 60, 229; Soergel/*Stürner* Rz 3. Auf die Einigung finden §§ 873 II und § 878 Anwendung.

III. Eintragung. Zur Wirksamkeit genügt die Eintragung beim zurücktretenden Recht, wobei insoweit eine 3 bloße Bezugnahme auf die Eintragungsbewilligung nicht ausreicht (hM RG HRR 31 Nr 1871; Soergel/*Stürner* Rz 5 mwN). Davon unabhängig hat die Eintragung nach § 18 GBV verfahrensrechtlich bei allen zurück- und vortretenden Rechten zu erfolgen. Auch wenn die Einigung nach der Eintragung erfolgt, wirkt die Rangänderung gem § 879 II ab Eintragung (MüKo/*Wacke* Rz 9). Bei Briefrechten ist gem §§ 41, 42, 61 GBO die Vorlage des Briefes erforderlich (BayObLG MittBayNot 79, 113; Soergel/*Stürner* Rz 5; aA LG Krefeld NJW 79, 1309), wobei der Rangrücktrittsvermerk darauf nicht konstitutiv wirkt (KG DJZ 17, 139). Für die dingliche Wirksamkeit des Rangrücktritts genügt bei Briefrechten die Eintragung im Grundbuch. Soll ein Recht lediglich zT zurücktreten, ist eine Teilung erforderlich (*Schöner/Stöber* Rz 2581a).

IV. Zustimmung des Eigentümers. Nach II 2 ist bei zurücktretenden Grundpfandrechten die Zustimmung 4 des Eigentümers erforderlich, weil ein bestehendes oder zukünftiges Eigentümerrecht betroffen sein kann (MüKo/*Wacke* Rz 10). Die Zustimmung ist materiell-rechtlich eine formfreie, einseitige empfangsbedürftige Willenserklärung, die zur Wirksamkeit entweder einem der Beteiligten oder dem Grundbuchamt zugehen muss und danach unwiderruflich ist. Dem Grundbuchamt muss die Zustimmung in der Form des § 29 GBO nachgewiesen werden (BayObLG NJW-RR 89, 911). Zur Anwendbarkeit des § 181 vgl Soergel/*Stürner* Rz 15. Durch die Eintragung ohne die erforderliche Zustimmung wird das Grundbuch unrichtig (§§ 894, 899, §§ 22, 52 GBO). Eine Zustimmung ist entbehrlich, wenn keine Eigentümergrundschuld entstehen kann (RGZ 88, 164), lediglich eine Vormerkung zur Sicherung eines Anspruchs auf Eintragung eines Grundpfandrechts zurücktreten soll (KG JFG 13, 419 f), es sich nur um Maßnahmen der Zwangsvollstreckung in vorgehende Rechte handelt (zB Zwangshypothek, vgl Soergel/*Stürner* Rz 13) oder Teilrechte untereinander den Rang ändern (§ 1151).

5 **V. Anwendbarkeit des § 876 (Abs 3).** In den Fällen des III ist zusätzlich die Zustimmung des Drittberechtigten nach § 876 erforderlich, weil dessen Recht durch den Rangrücktritt ebenfalls beeinträchtigt wird. Diese Zustimmung ist dem Grundbuchamt ebenfalls nach §§ 19, 29 GBO nachzuweisen. Str ist, ob die Rangänderung bei Fehlen der Zustimmung absolut oder nur relativ unwirksam ist (vgl MüKo/*Wacke* Rz 13).

6 **B. Rechtsfolge. I. Allgemein.** Das vortretende Recht nimmt mit dessen schon bestehenden Zins- und anderen Nebenrechten den Rang des zurücktretenden Rechts ein, als wenn es diesen von Anfang an gehabt hätte (KGJ 20 A181; Frankf Rpfleger 80, 185). Der Rangrücktritt wirkt nur dann absolut, wenn keine Zwischenrechte bestehen oder diese ebenfalls zurücktreten (MüKo/*Wacke* Rz 16, 19; Palandt/*Bassenge* Rz 6; Ddorf OLGZ 66, 491).

7 **II. Mehrere Rechte.** Treten mehrere Rechte im Rang vor, bleibt deren Rang untereinander unverändert (KG OLGE 29, 321; Soergel/*Stürner* Rz 18 mwN). Eines mehrerer vortretender Rechte hat jedoch Vorrang vor den anderen vortretenden Rechten, wenn es zeitlich vor den anderen vortretenden Rechten eingetragen wird (vgl § 879 II; KG HRR 31 Nr 408; Soergel/*Stürner* aaO; MüKo/*Wacke* Rz 15). Sofern mehrere Rechte im Rang zurücktreten, behalten diese untereinander ihren Rang an der schlechteren Rangstelle (KG OLGE 41, 151) und zwar unabhängig davon, wann der Rücktritt des zurücktretenden Rechts erklärt oder eingetragen wird (RGZ 79, 173 f; *Ulbrich* MittRhNotK 95, 298; MüKo/*Wacke* Rz 15; aA Soergel/*Stürner* Rz 19 mwN).

8 **III. Zwischenrechte (Abs 5).** Rechte mit Rang zwischen dem vor- und dem zurücktretenden Recht dürfen von der Rangänderung weder einen Nachteil noch einen Vorteil haben (RGZ 79, 170), so dass auch nicht die Zustimmung deren Berechtigten erforderlich ist. Existieren Zwischenrechte, entstehen relative Rangverhältnisse: Haben das vor- und das zurücktretende Recht den gleichen Umfang, tauschen die Rechte vollständig ihren Rang. Ist das vortretende Recht größer als das zurücktretende, tritt das vortretende Recht nur mit dem Betrag des zurücktretenden Rechts vor das Zwischenrecht. Mit dem übrigen Teilbetrag bleibt es mit Rang nach den Zwischenrechten aber mit Rang vor dem zurücktretenden Recht bestehen (MüKo/*Wacke* Rz 19). Ist das vortretende Recht kleiner als das zurücktretende Recht, tritt das vortretende Recht vollständig vor das Zwischenrecht, aber das zurücktretende Recht bleibt iÜ mit einem Teilbetrag mit Rang vor dem Zwischenrecht aber mit Rang nach dem vortretenden Recht bestehen (MüKo/*Wacke* Rz 19).

9 **IV. Erlöschen (Abs 4).** Die Zwischenrechte dürfen auch durch das nachträgliche Erlöschen der beteiligten Rechte grds nicht betroffen werden. Daher verliert das vortretende Recht seinen günstigen Rang, wenn das zurücktretende Recht später aus nicht rechtsgeschäftlichen Gründen erlischt (zB Bedingungseintritt, Endtermin, Tod des Berechtigten, §§ 1173 ff, 1182, vgl MüKo/*Wacke* Rz 17). Allerdings behält das vortretende Recht auch dann den günstigeren Rang, wenn das zurücktretende Recht später rechtsgeschäftlich aufgehoben wird (IV, Bsp: § 875, Verzicht, Tilgung durch Zahlung), weil die Berechtigten der Zwischenrechte dadurch nicht in einer Aussicht beeinträchtigt werden. Wird das vortretende Recht rechtsgeschäftlich aufgehoben oder erlischt es kraft Gesetzes, tritt das zurücktretende Recht wieder an die günstigere Rangstelle (KG HRR 28 Nr 40).

§ 881 Rangvorbehalt. (1) Der Eigentümer kann sich bei der Belastung des Grundstücks mit einem Recht die Befugnis vorbehalten, ein anderes, dem Umfang nach bestimmtes Recht mit dem Rang vor jenem Recht eintragen zu lassen.
(2) Der Vorbehalt bedarf der Eintragung in das Grundbuch; die Eintragung muss bei dem Recht erfolgen, das zurücktreten soll.
(3) Wird das Grundstück veräußert, so geht die vorbehaltene Befugnis auf den Erwerber über.
(4) Ist das Grundstück vor der Eintragung des Rechts, dem der Vorrang beigelegt ist, mit einem Recht ohne einen entsprechenden Vorbehalt belastet worden, so hat der Vorrang insoweit keine Wirkung, als das mit dem Vorbehalt eingetragene Recht infolge der inzwischen eingetretenen Belastung eine über den Vorbehalt hinausgehende Beeinträchtigung erleiden würde.

1 **A. Allgemeines.** Grund für einen Rangvorgehalt kann sein, dass ein später zu bestellendes Recht nur erstrangig bestellt werden kann (§ 10 I ErbbauRG) oder nur vor- bzw erstrangig bestellt werden sollte (zB Wohnungsrecht, Dienstbarkeit, Grundpfandrecht mit besseren Darlehenskonditionen). Dem Rangvorbehalt vergleichbare Wirkung haben auch der schuldrechtliche Anspruch des Eigentümers auf Rangänderung oder des zukünftigen rangschlechteren Gläubigers auf Rangrücktritt, der jeweils durch eine Vormerkung abgesichert wird (Palandt/*Bassenge* Rz 1). Soll nur ein Grundpfandrecht mit Vorrang eingetragen werden, kann dasselbe *wirtschaftliche Ergebnis* durch Bestellung einer Eigentümergrundschuld erreicht werden, die später in eine Fremdgrundschuld umgewandelt wird (vgl MüKo/*Wacke* Rz 2). Der Rangvorbehalt kann nur zugunsten des Eigentümers bestellt werden und ist weder veräußerbar noch pfändbar (BGHZ 12, 238).

B. Entstehung. I. Einigung. Der Eigentümer und der Berechtigte des mit dem Rangvorbehalt zu belasten- 2
den Rechts müssen sich über den Rangvorbehalt entweder bei der Bestellung nach § 873 oder nachträglich als
Inhaltsänderung nach § 877 einigen (MüKo/*Wacke* Rz 4). Bei der Belastung von Eigentümerrechten genügt
die einseitige Erklärung des Eigentümers (*Weitnauer* DNotZ 58, 356). Es kann der Vorrang oder auch der
Gleichrang vorbehalten werden (KGJ 39, 194; Staud/*Kutter* Rz 3). Der Rangvorbehalt kann bedingt, befristet
oder inhaltlich beschränkt bestellt werden (LG Düsseldorf Rpfleger 85, 100; Soergel/*Stürner* Rz 1; zu Einzelfällen Palandt/*Bassenge* Rz 3). In der Einigung muss das vorbehaltene Recht nach Art und Umfang hinreichend bestimmt sein, wobei der Berechtigte nicht angegeben werden muss. Ist Eintragung eines Grundpfandrechts vorbehalten, muss der Höchstbetrag des Kapitals, der Zinsen und Nebenleistung sowie der Zinsbeginn
festgelegt werden (BGHZ 129, 4; Soergel/*Stürner* Rz 7). Mangels Zinsbeginns gilt für bereits eingetragene
Rangvorbehalte der Eintragungszeitpunkt des vorbehaltenen Rechts als Zinsbeginn (BGHZ 129, 5).

II. Eintragung (Abs 2). Die Eintragung hat bei dem belasteten Recht zu erfolgen und bei Briefrechten auch 3
auf dem Brief (BayObLG MittBayNot 79, 113). Bei ursprünglicher Bestellung des Rangvorbehalts ist lediglich
die Bewilligung des Eigentümers, bei nachträglicher nur die Bewilligung des Zurücktretenden erforderlich.
Der wesentliche Inhalt des vorbehaltenen Rechts muss im Eintragungsvermerk enthalten sein (§ 874). Zu
Abweichungen von Einigung und Eintragung vgl Staud/*Kutter* Rz 10 ff.

III. Belastetes Recht. Grds kann jedes eintragbare Grundstücksrecht – auch eine Vormerkung (LG Köln 4
MittRhNotK 96, 234) – mit einem Rangvorbehalt belastet werden, sofern es nur rechtsgeschäftlich aufgrund
Bewilligung und nicht im Wege der Zwangsvollstreckung oder durch eV bestellt ist (Soergel/*Stürner* Rz 3, 4).

C. Veräußerung (Abs 3). Bei Veräußerung des Grundstücks geht das Recht zur vorrangigen Belastung auf 5
den neuen Eigentümer über.

D. Ausnutzung des Rangvorbehalts und Wirkung. I. Ausnutzung. Zur Ausnutzung des Rangvorbehalts ist 6
die Einigung zwischen Eigentümer und Inhaber des vortretenden Rechts erforderlich sowie die Eintragung
eines Vermerks im Grundbuch, dass das vortretende Recht in Ausübung des Vorbehalts eingetragen wird
(BayObLGZ 56, 463; Soergel/*Stürner* Rz 8). Diese Rangeinweisung kann auch noch nach Eintragung des
Rechts erfolgen (BaRoth/*Kössinger* Rz 6). Bei Briefrechten muss die Eintragung nicht auf dem Brief des
zurücktretenden Rechts vermerkt werden (BayObLG MittBayNot 79, 113). Sofern der Rangvorbehalt nicht
eingeschränkt ist, kann er auch nur teilweise oder bis zum Höchstbetrag stufenweise ausgenutzt werden,
wobei sich der Rang der vorgehenden Rechte untereinander nach § 879 richtet (KGJ 40, 236; MüKo/*Wacke*
Rz 13). Nach Erlöschen des vorbehaltenen Rechts kann der Vorbehalt – mangels Einschränkung – auch wiederholt ausgenutzt werden (KG JFG 8, 294; *Ulbrich* MittRhNotK 95, 303; Palandt/*Bassenge* Rz 9; str). Mangels Pfändbarkeit kann der Rangvorbehalt auch nicht durch eine Zwangs- oder Arresthypothek ausgenutzt
werden (BGHZ 12, 247; str, vgl Streitstand bei MüKo/*Wacke* Rz 14 mwN).

II. Wirkung. Durch die Ausnutzung des Vorbehalts erhält das vortretende Recht mit dinglicher Wirkung 7
den Rang des zurücktretenden Rechts. Die Ausübung des Vorbehalts entspricht einer Rangänderung, so dass
§ 880 IV und V entspr gelten (KG JFG 8, 298; MüKo/*Wacke* Rz 15).

E. Zwischenbelastung (Abs 4). Sofern ein Recht mit einem Rangvorbehalt belastet ist, aber vor Ausnutzung 8
des Rangvorbehalts eine weitere Belastung ohne Belastung mit einem Rangvorbehalt eingetragen wird (Zwischenbelastung, RGZ 131, 206), darf der Berechtigte der Zwischenbelastung durch die Ausübung des Vorbehalts nicht beeinträchtigt werden. § 881 IV geht über § 880 V hinaus. Vgl dazu iE Soergel/*Stürner* Rz 13;
Staud/*Kutter* Rz 36 ff; Rechenbsp bei Palandt/*Bassenge* Rz 12; MüKo/*Wacke* Rz 18). Zur Auflösung von Problemen kann ein Rangklarstellungsverfahren gem §§ 90 ff GBO eingeleitet werden.

F. Erlöschen. I. Nicht ausgeübt. Ein nicht ausgeübter Rangvorbehalt erlischt durch Aufhebung nach § 875, 9
in der Zwangsversteigerung oder wenn das mit dem Rangvorbehalt belastete Recht – gleich aus welchem
Grund – erlischt (KGJ 40, 234; MüKo/*Wacke* Rz 10).

II. Ausgeübt. Ein ausgeübter Rangvorbehalt erlischt mit Aufhebung (*Ulbrich* MittRhNotK 95, 306) oder 10
wenn das in Ausübung des Rangvorbehalts bestellte Recht erlischt und die Auslegung unter Berücksichtigung
der Eintragungsbewilligung (§ 874) ergibt, dass der Rangvorbehalt nur einmal ausgeübt werden darf
(LG Aachen Rpfleger 77, 22). Im Zweifel kann ein Rangvorbehalt jedoch wiederholt ausgenutzt werden, so
dass er nicht erlischt (KGJ 40, 239; MüKo/*Wacke* Rz 10 mwN). Bei Löschung des Vorbehalts bei Briefrechten
ist die Vorlage des Briefes erforderlich (BayObLG Rpfleger 79, 333).

§ 882 Höchstbetrag des Wertersatzes. ¹Wird ein Grundstück mit einem Recht belastet, für
welches nach den für die Zwangsversteigerung geltenden Vorschriften dem Berechtigten im Falle des
Erlöschens durch den Zuschlag der Wert aus dem Erlös zu ersetzen ist, so kann der Höchstbetrag des
Ersatzes bestimmt werden. ²Die Bestimmung bedarf der Eintragung in das Grundbuch.

1 A. Grundstücksrecht. I. Keine Kapitalrechte. Die Bestimmung eines Höchstbetrages ist nur bei Rechten möglich, die nicht auf die Zahlung eines Kapitals gerichtet sind. Ausgeschlossen ist die Höchstwertbestimmung daher bei Grundpfandrechten und zwar auch bei der Rentenschuld wegen des Ablösungsbetrages nach § 1199 II 2. Sie ist möglich bei allen Rechten, bei deren Erlöschen in der Zwangsversteigerung nach § 92 ZVG ein Wertersatzanspruch am Versteigerungserlös an die Stelle des erloschenen Rechts tritt. Dies sind zB Dienstbarkeiten (Grunddienstbarkeiten, Nießbrauch, beschränkte persönliche Dienstbarkeit), Vorkaufsrechte für mehrere Verkaufsfälle, Reallasten (KG OLGE 39, 243), Vormerkungen, vor 1919 bestellte Erbbaurechte und Wohnungsrechte (§ 1093, § 31 WEG).

2 II. Erlöschen. Die Rechte müssen in der Zwangsversteigerung erlöschen und dürfen nicht bestehen bleiben. Nach § 52 II ZVG bleiben bestehen, auch wenn sie nicht in das geringste Gebot fallen, die Renten nach §§ 912–917 und eine Erbbauzinsreallast mit ihrem Hauptanspruch im Falle des § 9 III ErbbauRG sowie das Erbbaurecht selbst, § 25 ErbbauRG.

3 B. Bestellung. Die Bestellung des Höchstwertes erfordert formlose Einigung nach § 873 und Eintragung nach § 882 2. Eine nachträgliche Höchstwertbestimmung ist eine Inhaltsänderung nach § 877. Die Zustimmung gleich- und nachrangiger Gläubiger ist nicht erforderlich, weil diese bei einem über den wahren Wert hinausliegenden eingetragenen Höchstwert, dessen Herabsetzung auf den wahren Wert nach §§ 114 ff ZVG durch Widerspruch gegen den Teilungsplan erreichen können (MüKo/*Wacke* Rz 4). Jedoch ist die Zustimmung der Gläubiger von Zweigrechten an den durch einen Höchstwert begrenzten Rechten erforderlich. Die nachträgliche Erhöhung eines bereits eingetragenen Höchstwertes erfordert dagegen die Zustimmung der gleich- und nachrangigen Berechtigten.

§ 883 Voraussetzungen und Wirkung der Vormerkung.

(1) ¹Zur Sicherung des Anspruchs auf Einräumung oder Aufhebung eines Rechts an einem Grundstück oder an einem das Grundstück belastenden Recht oder auf Änderung des Inhalts oder des Ranges eines solchen Rechts kann eine Vormerkung in das Grundbuch eingetragen werden. ²Die Eintragung einer Vormerkung ist auch zur Sicherung eines künftigen oder eines bedingten Anspruchs zulässig.
(2) ¹Eine Verfügung, die nach der Eintragung der Vormerkung über das Grundstück oder das Recht getroffen wird, ist insoweit unwirksam, als sie den Anspruch vereiteln oder beeinträchtigen würde. ²Dies gilt auch, wenn die Verfügung im Wege der Zwangsvollstreckung oder der Arrestvollziehung oder durch den Insolvenzverwalter erfolgt.
(3) Der Rang des Rechts, auf dessen Einräumung der Anspruch gerichtet ist, bestimmt sich nach der Eintragung der Vormerkung.

1 A. Allgemeines. I. Normzweck und Rechtsnatur. Durch die Vormerkung kann ein schuldrechtlicher Anspruch auf dingliche Rechtsänderung abgesichert werden. Dies ist insb erforderlich, wenn der Erwerb eines dinglichen Rechts – wegen der noch erforderlichen Eintragung oder evtl Genehmigungen – nicht sofort erfolgen kann (zB Eigentumsumschreibung) oder soll (zB bedingter Rückübertragungsanspruch). Der Vormerkungsberechtigte ist vor späteren Verfügungen über das Grundstück bzw Grundstücksrecht geschützt, weil diese ihm ggü relativ unwirksam sind (II) und die Vormerkung zugleich den Rang wahrt (III). Die Vormerkung ist kein dingliches Recht, sondern ein Sicherungsmittel eigener Art (BGHZ 60, 49; vgl MüKo/*Wacke* Rz 3 mwN) auf das die Vorschriften für dingliche Rechte vielfach entspr angewandt werden (MüKo/*Wacke* Rz 4; Soergel/*Stürner* Rz 2: zB III, §§ 878, 892 II, 893).

2 II. Vergleichbare Fälle. Die Wirkung einer Vormerkung haben auch das dingliche Vorkaufsrecht (§ 1098 II) sowie die Rechte nach § 1179a I 3, §§ 130 ff ZVG, § 31 IV ErbbauRG, § 20 RSiedlG und im öffentlichen Recht § 28 II 2 BauGB und § 34 I 3 VermG (weitere Fälle bei MüKo/*Wacke* Rz 9 f). Keine Vormerkung iSv § 883 ist die vAw einzutragende „Vormerkung" nach § 18 II GBO, die lediglich den Rang des Eintragungsantrages wahren soll (KG JFG 23, 146) und auf die §§ 888, § 106 InsO nicht anwendbar sind (KGJ 39, 167).

3 III. Akzessorietät, Übertragung und Pfändung. 1. Akzessorietät. Die Vormerkung ist akzessorisch, also in Bestand und Umfang von dem zugrunde liegenden schuldrechtlichen Anspruch abhängig (BGH NJW 02, 2314). Ohne gesicherten Anspruch besteht die Vormerkung nicht – mehr –, so dass das Grundbuch unrichtig ist (BGHZ 143, 179). Die gesicherte Forderungen kann nicht ausgewechselt werden, so dass die alte Vormerkung gelöscht und eine neue Vormerkung bewilligt werden muss (BGH Report 01, 868). Zur Wiederverwendung einer erloschenen Vormerkung s.a. § 885 Rn 8.

4 2. Übertragung und Pfändung. Mit Abtretung des Anspruchs (BGH NJW 94, 2947) oder Übergang der Forderung im Wege der Gesamtrechtsnachfolge geht auch die Vormerkung nach §§ 413, 401 analog auf den Rechtsnachfolger über und das Grundbuch wird unrichtig. Die „Abtretung der Vormerkung" ist als Abtretung *des gesicherten Anspruchs* auszulegen (BGH NJW 94, 2947). Eine Teilabtretung mit teilweisem Übergang der Vormerkung ist möglich, soweit der Schuldner nicht beeinträchtigt wird (BayObLGZ 71, 307). Der Übergang der Vormerkung kann ausgeschlossen werden, so dass diese bei Abtretung des gesicherten Anspruchs erlischt (KGJ 43, 209).

B. Gesicherter Anspruch (Abs 1). Durch die Vormerkung kann nur ein schuldrechtlicher Anspruch auf 5
dingliche Rechtsänderung gesichert werden.

I. Schuldrechtlicher Anspruch. Es muss sich um einen schuldrechtlichen Anspruch des Privatrechts handeln 6
(RGZ 60, 425; vgl aber BaRoth/*Kössinger* Rz 13 f). Der schuldrechtliche Anspruch kann auf Vertrag, einseitigem Rechtsgeschäft oder G beruhen (BGHZ 134, 184; Soergel/*Stürner* Rz 13; Palandt/*Bassenge* Rz 6). Dingliche Ansprüche (zB §§ 894, 1169) alleine können nur durch Widerspruch geschützt werden (MüKo/*Wacke* Rz 13). Der Anspruch muss nicht fällig, aber wirksam sein (Soergel/*Stürner* Rz 5). Eine Heilung nach § 311b I 2 oder Bestätigung nach § 141 führen zur Wirksamkeit des Anspruchs für die Zukunft, haben jedoch keine Rückwirkung (BGH NJW 83, 1545). Ein solcher Anspruch ist auch nicht als künftiger Anspruch nach I 2 gesichert (BGH NJW 83, 1545). Das Anspruchsziel muss mindestens bestimmbar sein (BayObLG DNotZ 89, 364 ff; Zweibr NJW-RR 05, 101; Soergel/*Stürner* Rz 5), wobei die spätere Bestimmung durch eine Vertragspartei (BayObLG FGPrax 98, 48) oder nach §§ 315, 317 durch einen Dritten (Ddorf Rpfleger 96, 503) ausreicht (Erman/*Lorenz* Rz 13). Bei einem Anspruch auf Übertragung einer noch nicht vermessenen Teilfläche muss die Teilfläche nach Lage und Größe hinreichend bestimmt sein (BGH MittBayNot 08, 347; BayObLG MittBayNot 98, 340) und zwar durch Beschreibung oder Bezugnahme auf einen Lageplan (BGH aaO; vgl Soergel/*Stürner* Rz 22). Für die Bestimmtheit gelten dieselben Grundsätze wie für die Wirksamkeit des schuldrechtlichen Vertrages (vgl § 311b Rn 9). Bestimmt ist ein Anspruch auf Rückübertragung bei grobem Undank nach § 530 (BGHZ 151, 116), bei Verarmung des Schenkers (Ddorf Rpfleger 02, 563), bei „wesentlicher Verschlechterung der Vermögensverhältnisse" (München RNotZ 07, 348) und Zwangsvollstreckungsmaßnahmen in den Grundbesitz drohen (München RNotZ 09, 399). Ansprüche aufgrund einer Verfügung von Todes wegen sind vor Eintritt des Erbfalls nicht sicherbar (BGHZ 12, 115), wobei ein Anspruch auf Bestellung einer Vormerkung nur dann besteht, wenn sich dies aus der Verfügung von Todes wegen ergibt (BGH NJW 01, 2884; Soergel/*Stürner* Rz 17). Nicht sicherbar sind Maßnahmen der Zwangsvollstreckung, die auf die Eintragung dinglicher Rechte gerichtet sind (MüKo/*Wacke* Rz 14) oder der Anfechtungsanspruch nach § 11 AnfG, wohl aber der Rückgewähranspruch bei Insolvenzanfechtung (Soergel/*Stürner* Rz 7). Ausnahmsweise können auch mehrere Ansprüche durch eine Vormerkung gesichert werden (vgl BayObLG Rpfleger 02, 135; NJW-RR 03, 450; Palandt/*Bassenge* Rz 5).

II. Dingliche Rechtsänderung. Der Anspruch muss auf dingliche Rechtsänderung gerichtet sein, dh durch 7
endgültige Eintragung eines eintragungsfähigen Rechts im Grundbuch erfüllt werden können (vgl Soergel/*Stürner* Rz 8). Anspruchsgegenstand kann die Einräumung, Übertragung oder Aufhebung eines Rechts an einem Grundstück – jeweils auch teilweise – sein (Verschaffung des Eigentums durch Auflassung und Eintragung), eines grundstücksgleichen Rechts (zB Übertragung eines Erbbaurechts) oder eines beschränkten dinglichen Rechts (zB Bestellung eines Grundpfandrechts; teilweise Haftentlassung (KGJ 33 A 258), vgl §§ 1179 ff) sowie eines Rechts an einem beschränkten dinglichen Recht am Grundstück (zB Nießbrauch oder Pfandrecht). Außerdem kann Anspruchsgegenstand die Änderung des Inhalts oder des Ranges (zB Rangrücktritt KGJ 34 A 243) der vorgenannten Rechte sein. Der Anspruch kann jedoch nicht eine bloße Grundbuchberichtigung (BayObLG DNotZ 76, 106) oder nur eine obligatorische Unterlassungspflicht, insb rechtsgeschäftliche Veräußerungs- und Belastungsverbote zum Gegenstand haben (MüKo/*Wacke* Rz 15). Sicherbar ist jedoch ein aufschiebend bedingter Anspruch auf Rückübertragung, der erst bei Verstoß gegen eine solche Vereinbarung entsteht (BGHZ 148, 192; 134, 186; Soergel/*Stürner* Rz 6).

III. Berechtigter und Verpflichteter. 1. Berechtigter. Berechtigte der Vormerkung können alle hinreichend 8
bestimmten oder bestimmbaren (teil-)rechtsfähigen Personen und Personenverbände sein. Berechtigter der Vormerkung und Gläubiger des gesicherten Anspruchs müssen wegen der Akzessorietät identisch sein.
a) Gläubigermehrheit. Der Gläubiger des gesicherten Anspruchs muss nicht der zukünftige Rechtsinhaber sein, so dass auch der Anspruch von Gesamtgläubigern (§ 428) durch eine Vormerkung sicherbar ist (BayObLGZ 67, 277), wobei gem § 47 GBO das Beteiligungsverhältnis anzugeben ist.
b) Sukzessiv- und Alternativberechtigung. Möglich ist, dass eine Vormerkung zunächst mehrere Gläubigern zusammen und nach Eintritt eines bestimmten Ereignisses – sukzessiv – nur einen der Gläubiger als Berechtigten schützt (BayObLG DNotZ 96, 368; s. aber BayObLG DNotZ 91, 892). Wenn jedoch ein Anspruch zunächst dem einen Gläubiger alleine und nach dessen Tod einer anderen Person (zB Ehegatten) zustehen soll, soll eine nur durch zwei Vormerkungen sicherbare Alternativberechtigung vorliegen (BayObLG DNotZ 85, 702 ff; Palandt/*Bassenge* Rz 12a f; nach zutreffender aA genügt jedoch auch in diesem Fall eine Vormerkung MüKo/*Wacke* Rz 21; *Schöner/Stöber* Rz 261a ff mwN). Mangels Differenzierungsmöglichkeit sollte zur Sicherheit, sofern keine Gesamtberechtigung vorliegt, für jeden Berechtigten eine auflösend bzw aufschiebend bedingte Vormerkung bestellt werden (vgl *Schöner/Stöber* Rz 261a, e ff).
c) Vertrag zugunsten Dritter. Beim unechten Vertrag zugunsten Dritter ist der Versprechensempfänger (§ 335) und beim echten Vertrag zugunsten Dritter ist neben dem Versprechensempfänger auch der Dritte (§ 328) als Berechtigter eintragbar, nicht jedoch, wenn der Dritte noch benannt werden muss (BGH NJW 83, 1543; BayObLG DNotZ 87, 101; Soergel/*Stürner* Rz 14). Der Dritte ist auch dann als Berechtigter eintragbar, wenn er zumindest nach sachlichen Kriterien bestimmbar ist (RGZ 128, 249; Schlesw DNotZ 57,

661; MüKo/*Wacke* Rz 20). Bsp: Zugunsten eines zur Zeit der Bestellung noch unbekannten Berechtigten bzw jeweiligen Eigentümer (BGHZ 28, 103), Inhaber einer Firma (KG DNotZ 37, 331) oder zugunsten eines noch nicht erzeugten Nachkommens (RGZ 65, 282 ff, MüKo/*Wacke* Rz 20).

9 **2. Verpflichteter.** Der Schuldner des Anspruchs muss zum Zeitpunkt der Eintragung der Vormerkung Eigentümer oder Inhaber des belasteten Rechts sein (BGHZ 134, 188; MüKo/*Wacke* Rz 17; Soergel/*Stürner* Rz 15). Nicht sicherbar ist ein Anspruch auf Übertragung eines dem Verpflichteten erst künftig zustehenden Rechts oder eines Anspruchs gegen den jeweiligen Grundstückseigentümers (BGH NJW 93, 326; München RNotZ 07, 274; Soergel/*Stürner* Rz 15), wohl aber ein Anspruch, der erst gegen den zukünftigen Erben des Rechtsinhabers entsteht (zB Rückübertragungsanspruch bei Vorversterben des Zuwendungsempfängers BGHZ 134, 185; Palandt/*Bassenge* Rz 14). Dies dürfte auch auf andere Fälle der Rechtsnachfolge übertragbar sein (BaRoth/*Kössinger* Rz 33).

10 **3. Identität von Berechtigtem und Verpflichtetem.** Berechtigter der Vormerkung und Schuldner des gesicherten Anspruchs können auch dann nicht vorübergehend identisch sein, wenn mit einer Veräußerung des belasteten Rechts oder Abtretung des gesicherten Anspruchs und damit einer späteren Personenverschiedenheit gerechnet wird (aA MüKo/*Wacke* Rz 19).

11 **IV. Künftiger oder bedingter Anspruch (Abs 1 S 2).** Auch künftige und bedingte Ansprüche können durch Vormerkung gesichert werden. Um jedoch eine faktische Grundbuchsperre sowie Erschwerung der Zwangsvollstreckung und Belastung durch die Eintragung von Vormerkungen zu verhindern, ist eine gesicherte Rechtsgrundlage für den Anspruch erforderlich (BGH NJW 06, 2408 ff; NJW 02, 2462; Soergel/*Stürner* Rz 6; *Schöner/Stöber* Rz 1489).

12 **1. Künftiger Anspruch.** Künftig iSd § 883 ist ein zwar entstandener, aber noch nicht fälliger Anspruch (Palandt/*Bassenge* Rz 15; aA MüKo/*Wacke* Rz 25) und ein aufschiebend befristeter, dh erst ab einem Anfangstermin entstehender Anspruch. Ferner Ansprüche zu deren Entstehung noch kein – rechtsgeschäftliches – Verhalten der Beteiligten erforderlich ist, sofern die Entstehung nicht mehr nur vom Willen des Verpflichteten abhängig ist (BGH NJW 06, 2408 ff; BGHZ 12, 118), dh der Verpflichtete die Anspruchsentstehung zB durch Widerruf seiner Erklärung verhindern kann (Palandt/*Bassenge* Rz 15). Dagegen ist entgegen der Rspr (BGHZ 12, 118; NJW 81, 447; offen 02, 214; 06, 2408 ff) nicht erforderlich, dass der Anspruch nur noch vom Willen des Berechtigten abhängt (Soergel/*Stürner* Rz 6; *Schöner/Stöber* Rz 1489; s.a. BGH MittBayNot 01, 490). Anspruch sicherbar bei: bindendem Verkaufsangebot, welches auch noch nach Eröffnung des Insolvenzverfahrens angenommen werden kann (BGH NJW 06, 2408; NJW 02, 213), bindendem Vorvertrag (BGH LM § 883 Nr 13), Anspruch in den Fällen des §§ 528, 530 (BGH NJW 02, 2461), fehlender Zustimmung Dritter (KG NJW 73, 430) oder behördlicher Genehmigung (BayObLG Rpfleger 87, 451), Vertrag, bei dem für den Käufer ein Vertreter ohne Vertretungsmacht gehandelt hat (Frankf NJW-RR 97, 208; MüKo/*Wacke* Rz 26), Ankaufs- (BayObLG Rpfleger 93, 58) und Vorkaufsrecht (BGH JZ 00, 679, str vgl Palandt/*Bassenge* Rz 16). Nicht sicherbar: Ansprüche vor dem Erbfall (KG HRR 31 Nr 590; BGH MittBayNot 01, 490), Vertrag, bei dem für den Verkäufer ein Vertreter ohne Vertretungsmacht gehandelt hat (BayObLG Rpfleger 77, 361; MüKo/*Wacke* Rz 26).

13 **2. Bedingter Anspruch.** Ein auflösend oder aufschiebend bedingter Anspruch ist sicherbar. Das gilt auch, wenn der Bedingungseintritt nur vom Verhalten des Berechtigten oder Verpflichteten abhängen soll (Zufalls- und Potestativbedingung), sofern sich der Verpflichtete nicht einseitig lösen kann (BayObLG Rpfleger 77, 60) und eine echte vertragliche Bindung begründet ist (BGH NJW 02, 2461; RGZ 69, 283; Hamm DNotZ 78, 356; Köln MittRhNotK 78, 172; *Schöner/Stöber* Rz 1489; aA BaRoth/*Kössinger* Rz 28). Nicht sicherbar ist ein Anspruch, bei dem der Bedingungseintritt allein vom Willen des Verpflichteten abhängt (Wollensbedingung), wohin gegen eine Wollensbedingung zugunsten des Gläubigers (zB Vor- und Ankaufsrecht) ausreichend ist (MüKo/*Wacke* Rz 22). Bsp (vgl auch Soergel/*Stürner* Rz 6): Rückübertragungsanspruch, der bei Ausübung eines freien Rückforderungsrechts entsteht (vgl zur Rückforderung wegen groben Undanks BayObLG NJW-RR 01, 1530; *Schippers* DNotZ 01, 756). Für mehrere bedingte Ansprüche muss jeweils eine Vormerkung eingetragen werden (BayObLG Rpfleger 02, 135), während für einen mehrfach bedingten Anspruch eine Vormerkung ausreicht (BGHZ 134, 182; Soergel/*Stürner* Rz 6).

14 **V. Anspruchsgegenstand.**
1. Grundstücksrecht. Anspruchsgegenstand kann das Eigentum und jedes Grundstücksrecht sein. Sicherbar ist der Anspruch auf Übereignung eines Grundstücks bis zur Eintragung im Grundbuch (MüKo/*Wacke* Rz 30). Steht das Grundstück im Alleineigentum des Schuldners und ist der Anspruch auf Übertragung eines ideellen Miteigentumsanteils gerichtet, muss die Vormerkung grds zu Lasten des gesamten Grundstücks bestellt werden (Ausn: BayObLG RNotZ 05, 117). Bei einer Hypothek muss der Forderungsbetrag angegeben werden (Dresd OLGE 3, 3 f). Zu Ansprüchen auf Umwandlung und Abtretung der Hypothek MüKo/*Wacke* Rz 35. Sicherbar ist auch ein Anspruch auf Eintragung einer Bauhandwerkersicherungshypothek nach § 648, sofern das Werk wenigstens begonnen wurde (BGHZ 68, 183). Ferner der Anspruch

auf Bestellung einer Reallast, insb für eine Erbbauzinserhöhung, sofern dieser hinreichend bestimmbar ist (Ddorf DNotZ 89, 578), wobei es nicht ausreicht, nur auf § 323 ZPO Bezug zu nehmen (Hamm OLGZ 87, 400).
2. **Recht an Grundstücksrecht.** Anspruchsgegenstand kann auch das Recht an einem Grundstücksrecht, zB Pfandrecht (München OLGE 26, 197) oder Nießbrauch sein.
3. **Änderung des Inhalts oder Ranges.** Auch die Änderung des Inhalts (s. § 877) oder des Ranges (s. § 880) ist vormerkungsfähig.

C. Wirkung (Abs 2). I. Verfügung. 1. Rechtsgeschäftliche Verfügung. Beeinträchtigende rechtsgeschäftliche Verfügung ist jede Übertragung, Belastung, Inhaltsänderung oder Aufgabe (vgl aber MüKo/*Wacke* Rz 41) des mit der Vormerkung belasteten Rechts, wozu auch die Bewilligung und Eintragung einer Vormerkung gehört (Dresd NJW-RR 99, 1177). Die Verfügung ist erst im Moment ihrer Vollendung (zB Eintragung) vorgenommen, so dass eine Vormerkung auch dann schützt, wenn sie zB zwischen Auflassung und Eigentumsumschreibung eingetragen wird (RGZ 113, 407; Soergel/*Stürner* Rz 30; teilw aA MüKo/*Wacke* Rz 43). Eine Übereignungsvormerkung erstreckt sich auch auf Zubehör (§§ 311c, 926, 1096, 1098 II), Bestandteile und Erzeugnisse des Grundstücks (Soergel/*Stürner* Rz 30), sowie auf eine nach § 1127 für ein vormerkungswidrig eingetragenes Grundpfandrecht haftende Forderung (BGHZ 99, 387). Entspr gilt II für nachträgliche Verfügungsbeschränkungen (vgl BGH NJW 66, 1509) und Grundbuchberichtigungen sowie einen Widerspruch (BGH NJW 81, 446 f; aA Palandt/*Bassenge* Rz 21). Keine Verfügung ist die Vermietung oder Verpachtung des Grundstücks (BGHZ 13, 1; NJW 89, 451; Soergel/*Stürner* Rz 30; aA die wohl hM vgl MüKo/*Wacke* Rz 42 mwN).

2. Zwangsvollstreckung und Insolvenz. Die vorrangige Vormerkung schützt auch vor einer Verfügung im Wege der Zwangsvollstreckung, Arrestvollziehung oder durch den Insolvenzverwalter. Die Vormerkung hindert nicht das Zwangsversteigerungsverfahren.

II. Relative Unwirksamkeit. Eine vormerkungswidrige Verfügung ist nur ggü dem Berechtigten unwirksam und auch nur soweit diese den gesicherten Anspruch vereiteln oder beeinträchtigen würde (Soergel/*Stürner* Rz 28). Für den Vormerkungsberechtigten bleibt der vormerkungswidrig Verfügende Rechtsinhaber, so dass dieser weiterhin über das – nunmehr für einen Dritten eingetragene – Recht wirksam verfügen, insb die Auflassung erklären kann (BaRoth/*Kössinger* Rz 62). Die Verfügung wird wirksam, wenn die Vormerkung erlischt (Soergel/*Stürner* Rz 35) oder der Berechtigte die Verfügung gem §§ 182, 185 genehmigt (RGZ 154, 367), wofür deklaratorisch ein Wirksamkeitsvermerk im Grundbuch eingetragen werden kann (BGH NJW 99, 2275). Ggü Dritten ist die vormerkungswidrige Verfügung voll wirksam, so dass das Grundbuch nicht unrichtig ist und §§ 894, 899 nicht anwendbar sind (MüKo/*Wacke* Rz 46). Die Vormerkung ist kein Recht iSd §§ 771, 772 ZPO, so dass der Berechtigte lediglich nach § 888 vorgehen kann (BGH NJW 94, 128; Palandt/*Bassenge* Rz 27). Auch eine Vormerkung, die dem die Zwangsvollstreckung betreibenden Gläubiger vorgeht, ist kein Hinderungsgrund für die Zwangsvollstreckung nach §§ 37 Nr 5 oder 28 I 1 ZVG (BGH NJW 96, 3147, str). Diese fällt in das geringste Gebot, bleibt damit bestehen (§§ 48, 52 ZVG) und der Berechtigte kann vom Ersteher nach § 888 die Zustimmung zur Auflassung verlangen (BGH NJW-RR 97, 399; Palandt/*Bassenge* Rz 27). Der Ersteher kann zwar nicht die Gegenleistung verlangen, aber den Anspruch auf die Gegenleistung pfänden (MüKo/*Wacke* Rz 51; Palandt/*Bassenge* Rz 27, str). Die Vormerkung schützt nicht vor Zwangsvollstreckungsmaßnahmen aus vorrangigen Rechten und zwar auch dann nicht, wenn die Beschlagnahme nach Eintragung der Vormerkung erfolgt und die Eigentumsumschreibung auf den Vormerkungsberechtigten bereits erfolgt ist (BGH ZNotP 07, 189). Eine nachrangige Vormerkung erlischt mit dem Zuschlag (§§ 91, 52 ZVG) und der Berechtigte hat lediglich einen Wertersatzanspruch (§ 92 ZVG).

III. Beginn des Schutzes. Der Schutz beginnt mit Entstehung der Vormerkung (Bewilligung, Eintragung und Entstehung des Anspruchs), jedoch bei einer nachgeholten Bewilligung erst ab dem Zeitpunkt der Nachholung (BGH NJW 00, 805; Frankf DNotZ 95, 539; aA MüKo/*Wacke* Rz 43). Bei bedingten und künftigen Ansprüchen entsteht der Schutz nicht erst mit Bedingungseintritt oder Entstehung des Anspruchs (BGH NJW 02, 213). Der Schutz erlischt nicht durch unrechtmäßige Löschung der Vormerkung (BGHZ 60, 46). Bei Verfügungsbeschränkungen (zB Insolvenzeröffnung) ist der Gläubiger nicht erst ab Eintragung (§ 106 InsO) der Vormerkung, sondern unter den Voraussetzungen von § 878 schon vorher geschützt (§ 91 II InsO; BGHZ 34, 257; MüKo/*Wacke* Rz 53). Der Insolvenzverwalter hat kein Wahlrecht nach § 103 InsO und die Vormerkung ist keine inkongruente Deckung nach § 131 InsO (zur KO BGHZ 34, 257).

IV. Keine Grundbuchsperre. Die Vormerkung hindert nicht die Eintragung vormerkungswidriger Verfügungen (RGZ 132, 424), außer es soll das belastete Recht (§ 876) gelöscht werden (Soergel/*Stürner* Rz 2, 36).

D. Rang (Abs 3). I. Rang der Vormerkung. Der Rang der Vormerkung richtet sich nach §§ 879 ff (vgl zum Rang der Eigentumsübertragungsvormerkung jedoch BGH ZNotP 07, 191 mwN).

II. Rang des Rechts. Das Recht, auf dessen Einräumung der Anspruch gerichtet ist, erhält mit seiner Eintragung kraft Gesetzes den Rang der Vormerkung, als ob es sofort eingetragen worden wäre (Soergel/*Stürner* Rz 38). Dabei ist verfahrensrechtlich zwischen Eigentum und sonstigen Grundstücksrechten zu differenzieren (vgl BaRoth/*Kössinger* Rz 63 ff). Sichert die Vormerkung einen Anspruch auf Eigentumsübertragung, wird sie ganzspaltig in Abteilung II des Grundbuchs eingetragen (§§ 19, 12 GBV). Das Eigentum ist zwar nicht rangfähig ieS (BayObLG NJW-RR 91, 567). Wird das Eigentum jedoch umgeschrieben, so sind dem Erwerber ggü vormerkungswidrige Verfügungen relativ unwirksam, sofern diese zu einer Eintragung im Rang nach der Auflassungsvormerkung geführt haben (§ 879), dh später nach der Vormerkung eingetragen wurden (BaRoth/*Kössinger* Rz 65). Ist der gesicherte Anspruch auf Eintragung eines beschränkten dinglichen Rechts gerichtet, so wird die Vormerkung in der entspr Abteilung aber nur linksbündig halbspaltig eingetragen (§§ 19, 12 I b) und c) GBV. Wird das Recht später aufgrund der Vormerkung eingetragen, wird es in die freigelassene rechte Halbspalte neben der Vormerkung eingetragen, und zwar auch dann, wenn Zwischeneintragungen erfolgt sind. Der Rang des aufgrund der Vormerkung eingetragenen Rechts richtet sich nach dem Rang der Vormerkung (§ 879).

22 **E. Untergang der Vormerkung.** Die Vormerkung kann nach § 875 aufgehoben werden (BGH NJW 94, 2949). In diesem Fall sind alle vormerkungswidrigen Verfügungen von Anfang an (ex tunc) wirksam (Staud/*Gursky* § 886 Rz 33; MüKo/*Wacke* Rz 5). Wird der Vormerkungsberechtigte als Inhaber des vorgemerkten Rechts eingetragen (zB Eigentumsumschreibung) und sind vormerkungswidrige Verfügungen erfolgt, sollte die Vormerkung nicht gelöscht werden, sondern bis zur Löschung der Zwischenrechte eingetragen bleiben. Ferner besteht die Vormerkung wegen deren Akzessorietät nicht, wenn der gesicherte Anspruch nicht entstanden (zB §§ 117 („Schwarzkauf"), 134, 138) oder (zB durch Anfechtung, Unmöglichkeit, vollständiger Erfüllung, Erlassvertrag, Schuldübernahme (§ 418)) erloschen ist. Wenn der Gläubiger des gesicherten Anspruchs das belastete Recht erwirbt und damit zugleich Schuldner des Anspruchs wird, erlischt der Anspruch durch Konfusion und damit auch die Vormerkung, da § 889 nicht anwendbar ist (BaRoth/*Kössinger* Rz 41 ff). Ist ein künftiger oder bedingter Anspruch gesichert, so erlischt die Vormerkung auch, wenn der Anspruch nicht mehr entstehen kann (BayObLG Rpfleger 93, 59; BaRoth/*Kössinger* Rz 45). Sofern die Vormerkung aufgrund einer einstweiligen Verfügung eingetragen wurde, erlischt die Vormerkung mit Aufhebung der einstweiligen Verfügung (vgl § 25 GBO). Ferner erlischt die Vormerkung, wenn die gesicherte Forderung ohne Vormerkung abgetreten wird (MüKo/*Wacke* Rz 8). Zum Löschungsverfahren s. § 886 Rn 1.

§ 884 Wirkung gegenüber Erben.
Soweit der Anspruch durch die Vormerkung gesichert ist, kann sich der Erbe des Verpflichteten nicht auf die Beschränkung seiner Haftung berufen.

1 **A. Wirkung.** Der Erbe des Schuldners des gesicherten Anspruchs haftet für diesen nach § 884 unbeschränkt und unbeschränkbar. Die Haftungsbeschränkungen durch den Erben nach §§ 1973, 1975, 1989, 1990, 1994, 2000 und die Erhebung einer Einrede nach §§ 2016, 2014, 2015 wirken somit nicht ggü dem durch die Vormerkung gesicherten Anspruch.

2 **B. Vormerkung. I. Eintragung vor dem Erbfall.** § 884 erfasst zunächst die vor dem Erbfall wirksam entstandene Vormerkung.

3 **II. Eintragung nach dem Erbfall.** Sofern die Vormerkung nach dem Erbfall eingetragen wird, genügt analog §§ 878, 892 II deren Beantragung vor dem Erbfall (MüKo/*Wacke* Rz 2). Wurde die Vormerkung vom Erblasser bewilligt (§ 130 II) oder nach § 895 ZPO gegen den Erblasser erwirkt, gilt der Schutz des § 884 uneingeschränkt. Erfolgt die Eintragung nach dem Erbfall jedoch aufgrund einer einstweiligen Verfügung, sind die Einreden nach §§ 1990, 2014, 2015 nicht ausgeschlossen (vgl §§ 1990 II, 2016 II). Hat der Erbe oder der Testamentsvollstrecker die Vormerkung bewilligt, so haftet der Bewilligende – unabhängig von § 884 – unbeschränkbar (MüKo/*Wacke* Rz 3).

§ 885 Voraussetzung für die Eintragung der Vormerkung.
(1) ¹Die Eintragung einer Vormerkung erfolgt auf Grund einer einstweiligen Verfügung oder auf Grund der Bewilligung desjenigen, dessen Grundstück oder dessen Recht von der Vormerkung betroffen wird. ²Zur Erlassung der einstweiligen Verfügung ist nicht erforderlich, dass eine Gefährdung des zu sichernden Anspruchs glaubhaft gemacht wird.
(2) Bei der Eintragung kann zur näheren Bezeichnung des zu sichernden Anspruchs auf die einstweilige Verfügung oder die Eintragungsbewilligung Bezug genommen werden.

1 **A. Allgemeines.** Abweichend von § 873 ist für die Entstehung der Vormerkung keine Einigung (BGHZ 28, 182), sondern lediglich die Bewilligung des Betroffenen, die nach § 895 ZPO durch ein Urt ersetzt werden kann, oder eine eV erforderlich. Zur Entstehung der Vormerkung sind weiter das Entstehen eines sicherbaren Anspruchs sowie die Eintragung der Vormerkung im Grundbuch erforderlich.

2 **B. Einstweilige Verfügung.** Die Eintragung der Vormerkung erfolgt aufgrund einer eV, die gegen denjenigen gerichtet ist, der als Berechtigter die Eintragung der Vormerkung bewilligen müsste (vgl 1 Hs 2). Die Zuständigkeit des Gerichts richtet sich nach §§ 937, 943 ZPO und § 942 II ZPO. Antragsberechtigt ist jeder, der einen vormerkbaren Anspruch, sowie ein Pfandrecht oder Pfändungspfandrecht daran (*Hoche* NJW 56, 146; Palandt/*Bassenge* Rz 4) hat. Auch wegen bedingter oder betagter Ansprüche ist eine eV möglich, nicht aber wegen eines künftigen Anspruchs (RGZ 74, 159; Soergel/*Stürner* Rz 4, aA Palandt/*Bassenge* Rz 5; vgl zu § 648 MüKo/*Wacke* Rz 5, 8). Ein materiell-rechtlicher Anspruch auf Bestellung der Vormerkung ist nicht erforderlich (BaRoth/*Kössinger* Rz 11). Der sicherbare Anspruch muss gem §§ 935 f, 920 II ZPO grds (vgl § 921 ZPO) glaubhaft gemacht werden, nicht aber dessen Gefährdung (I 2). Das nach I 2 vermutete Sicherungsbedürfnis ist nur in Ausnahmefällen widerlegbar (Ddorf NJW-RR 00, 826; MüKo/*Wacke* Rz 7; aA Hamm NJW-RR 04, 379). Das Rechtsschutzbedürfnis fehlt, wenn die Vormerkung bewilligt oder nach § 895 ZPO ersetzt ist (Kiel SchlHA 25, 205; MüKo/*Wacke* Rz 9). Die eV muss den Berechtigten, den Verpflichteten, den Anspruchsinhalt und das belastete Recht bezeichnen (§ 28 GBO; BayObLG Rpfleger 81, 191). Ferner erforderlich ist die Einreichung beim Grundbuchamt (vgl § 932 III ZPO), der Eintragungsantrag des Berechtigten oder das Ersuchen des Gerichts (§§ 941 ZPO, 38 GBO) und die Beachtung der Fristen nach § 929 II, III ZPO (BGHZ 112, 356) sowie die Zustellung an den Schuldner. Eine Vormerkung ohne Beachtung der Fristen des § 929 ZPO ist nichtig (RGZ 151, 156; Köln MDR 87, 593) und kann auch nicht durch eine spätere Verfügung unter Änderung des Eintragungsdatums geheilt werden (vgl RGZ 81, 291). Die eV muss der Eintragung – anders als bei der Bewilligung – vorgehen (KGJ 46, 208; MüKo/*Wacke* Rz 4). Die Eintragung ist nach Eröffnung des Insolvenzverfahrens nicht mehr möglich (§§ 89, 88 InsO; Soergel/*Stürner* Rz 4). Mit Aufhebung der eV erlischt analog §§ 868, 932 II ZPO die Vormerkung und das Grundbuch ist unrichtig (§ 25 GBO).

C. Bewilligung. I. Allgemeines. Bewilligung iSd § 885 ist eine materiellrechtliche, formfreie (RG JW 26, 1955), einseitige, empfangsbedürftige Willenserklärung (vgl MüKo/*Wacke* Rz 15 f). Sie ist von der verfahrensrechtlichen Bewilligung nach § 19 GBO in der Form des § 29 GBO zu unterscheiden, aber regelmäßig darin enthalten (BaRoth/*Kössinger* Rz 3). Die Bewilligung kann – anders als eine eV – nach der Eintragung erfolgen (BGH NJW 00, 806) und wirkt nach §§ 879 II, 883 II auf den Zeitpunkt der Eintragung zurück (MüKo/ *Wacke* Rz 15). Die Bewilligung einer Vormerkung ist nicht in der dinglichen Einigung zur Rechtsänderung oder in der Eintragungsbewilligung dazu enthalten (BayObLG Rpfleger 79, 134; aA *Hieber* DNotZ 54, 67 ff). Eine bewilligte Vormerkung kann zusätzlich zu einer Vormerkung aufgrund einer eV eingetragen werden (KG HRR 27 Nr 1021), nicht aber umgekehrt (MüKo/*Wacke* Rz 9). Der zu sichernde Anspruch muss aufgrund der Bewilligung bestimmbar sein, und zwar auch, wenn es ein künftiger oder bedingter Anspruch ist (vgl Frankf OLGR Frankfurt 05, 735 f). 3

II. Anspruch auf Bewilligung. Der Anspruch auf Bewilligung einer Vormerkung muss selbständig begründet werden und entsteht nicht kraft Gesetzes mit dem Grundgeschäft, das einen Anspruch auf dingliche Rechtsänderung begründet (vgl Naumbg FGPrax 98, 1; Staud/*Gursky* § 883 Rz 25; Palandt/*Bassenge* Rz 8; aA MüKo/*Wacke* Rz 3). 4

III. Erklärung. Erklärungsempfänger ist der Gläubiger oder das Grundbuchamt und die Bewilligung wird analog § 873 II bindend (Staud/*Gursky* Rz 11; aA RG JW 26, 1955 nach § 130). Bei Tod oder Geschäftsunfähigkeit nach Abgabe gilt § 130 II (MüKo/*Wacke* Rz 17), bei Verlust der Verfügungsbefugnis gilt § 878 analog (BGHZ 28, 182; ZIP 05, 627). § 878 gilt jedoch nur für die bewilligte Vormerkung und die nach § 894 ZPO – nicht nach § 895 ZPO – ersetzte (Palandt/*Bassenge* Rz 11). Die Bewilligung kann nach § 894 f ZPO durch Urt ersetzt werden (vgl auch § 34 VermG). Ist die Klage auf Abgabe der Bewilligung selbst gerichtet, wird diese nach § 894 ZPO – nicht nach § 895 ZPO (BayObLG Rpfleger 97, 525) – ersetzt. Ist die Klage auf Abgabe einer Erklärung zur dinglichen Rechtsänderung gerichtet, ersetzt das Urt nach § 894 ZPO diese Erklärung und nach § 895 ZPO wird zusätzlich die Bewilligung einer Vormerkung ersetzt. Das Urt muss nicht zugestellt werden und bedarf keiner Vollstreckungsklausel (BGH Rpfleger 69, 425; aA Soergel/*Stürner* Rz 9). 5

IV. Bewilligungsbefugnis (Abs 1 S 1 Hs 2). Bewilligen muss derjenige, dessen Recht von der Eintragung der Vormerkung betroffen ist (vgl § 19 GBO), dh dessen Recht beeinträchtigt wird. Betroffen ist der materiellrechtliche Inhaber des dinglichen Rechts, auf dessen Rechtsänderung der gesicherte Anspruch gerichtet ist, zum Zeitpunkt der Eintragung (BayObLG Rpfleger 87, 157). Das gilt auch dann, wenn sich der gesicherte Anspruch gegen dessen Erben richtet (BayObLG DNotZ 56, 206). Mangels Verfügungsbefugnis des Berechtigten hat der Verfügungsbefugte die Bewilligung zu erklären (zB Insolvenzverwalter, Testamentsvollstrecker). 6

V. Zustimmung Dritter und behördliche Genehmigungen. Die Zustimmung des Ehegatten ist auch im Fall des § 1365 nicht erforderlich (BayObLG NJW 76, 574; aA Soergel/*Stürner* Rz 7). Drittberechtigte müssen nicht zustimmen, weil diese durch §§ 876 f geschützt sind (MüKo/*Wacke* Rz 18). Nicht erforderlich ist eine Zustimmung des Berechtigten auch bei Bestehen einer Veräußerungsbeschränkung nach § 12 WEG (BayObLGZ 64, 237) oder nach § 5 ErbbauRG (Köln NJW 68, 505). Nicht erforderlich ist eine ausstehende behördliche Genehmigung, die nach dem BauGB (BayObLG MDR 70, 233), GrdstVG (KG VIZ 92, 191), GVO (KG OLGZ 92, 260), Devisengesetzen (Soergel/*Stürner* Rz 14, str) für die endgültige Rechtsänderung erforderlich ist. Jedoch ist eine ausstehende vormundschaftsgerichtliche Genehmigung (außer § 1821 I Nr 5: BayObLG DNotZ 94, 182) auch für die Eintragung der Vormerkung erforderlich (Oldbg DNotZ 71, 484; zu § 1821 I Nr 1 Frankf Rpfleger 97, 255; vgl Soergel/*Stürner* Rz 14, aA MüKo/*Wacke* Rz 23 mwN). 7

8 **VI. Inhaltsänderung, Wiederverwendung.** Soll der Inhalt des gesicherten Anspruchs geändert oder erweitert werden (zB Verlängerung der Frist zur Annahme eines Kaufangebots), ist neben der Eintragung der Inhaltsänderung nach § 877 die Zustimmung der gleich- und nachrangigen Berechtigten erforderlich (KG HRR 33 Nr 1849). Eine erloschene Vormerkung kann durch erneute Bewilligung für einen neuen deckungsgleichen Anspruch ohne Berichtigung oder Neueintragung wieder verwendet werden (BGHZ 143, 175; krit Soergel/*Stürner* Rz 6), wobei für den Rang der Zeitpunkt der erneuten Bewilligung maßgeblich ist (BGHZ 143, 175; aA LG Lübeck NJW-RR 96, 915). Deckungsgleich ist der Anspruch nur, wenn er hinsichtlich Schuldner, Gläubiger und Ziel identisch ist (Frankfurt DNotZ 09, 130). Dasselbe gilt für die Erweiterung eines Rückübertragungsanspruchs auf weitere Rücktrittsgründe (BGH RNotZ 08, 222 m Anm *Heggen* 213). Wegen der neueren Rspr des BGH sind Inhaltsänderungen zur Rechtsbegründung zT nicht mehr einzutragen (Staud/*Gursky* § 883 Rz 328 ff; *Schöner/Stöber* Rz 1519; *Amann* MittBayNot 00, 197).

9 **D. Eintragung.** Die Vormerkung entsteht erst mit Eintragung im Grundbuch. Bei der Eintragung zu Lasten eines Briefrechts (zB Löschungsvormerkung) muss auch der Brief vorgelegt werden (§§ 41 ff GBO). Die Vormerkung aufgrund einer eV kann nur innerhalb der Vollziehungsfrist beantragt werden (§ 929 ZPO). Bei der Eintragung kann auf die Bewilligung Bezug genommen werden (II, vgl § 874, § 44 II GBO). Die Bezeichnung „Vormerkung" ist nicht erforderlich (RGZ 82, 23). Bei einer Eigentumsvormerkung muss der Schuldgrund zumindest aus der Eintragungsbewilligung hervorgehen (Köln FGPrax 05, 103 f).

10 **E. Gutgläubiger Erwerb.** Einigkeit besteht darüber, dass weder ein gutgläubiger Erst- noch Zweiterwerb stattfindet, wenn der zugrunde liegende Anspruch nicht besteht, weil Forderungen grds nicht gutgläubig erworben werden können (BayObLGZ 99, 231).

11 **I. Ersterwerb.** Nach hM ist der gutgläubige Ersterwerb einer Vormerkung möglich, und zwar nicht nach § 892, weil die Vormerkung kein dingliches Recht ist, sondern nach §§ 893 Var 2, 892 analog (BGHZ 57, 343; vgl MüKo/*Wacke* Rz 66 mwN) oder direkt (Staud/*Gursky* § 883 Rz 316). Dies gilt nicht nur für die bewilligte, sondern wegen § 898 ZPO auch für die nach § 894 ZPO ersetzte Vormerkung, nicht aber auch für die nach § 895 ZPO fingierte Vormerkung (Palandt/*Bassenge* Rz 12; aA MüKo/*Wacke* Rz 69 mwN). Eine Vormerkung kann mangels rechtsgeschäftlicher Verfügung auch nicht aufgrund einer einstweiligen Verfügung gutgläubig erworben werden (RGZ 68, 153; BayObLG NJW-RR 87, 334 und 812; aA MüKo/*Wacke* Rz 70 mwN). Der Erwerber muss nach § 892 II bei Antragstellung oder einer nachfolgenden Bewilligung gutgläubig sein (vgl MüKo/*Wacke* Rz 45). Dabei ist es unschädlich, wenn der Erwerber danach bösgläubig, ein Widerspruch eingetragen oder das Grundbuch berichtigt wird (Palandt/*Bassenge* Rz 13, str).

12 **II. Zweiterwerb.** Auch ein gutgläubiger Zweiterwerb, etwa bei mangelhafter Bewilligung oder bei einem wegen Bösgläubigkeit des Erwerbers gescheiterten gutgläubigen Ersterwerbs ist möglich (hM MüKo/*Wacke* Rz 66 mwN; wobei dies nach BGHZ 25, 23 f auf den zweiten Fall beschränkt sein soll; abl Palandt/*Bassenge* Rz 21, str). Dies gilt insb, obwohl der Übergang der Vormerkung bei Abtretung des gesicherten Anspruchs gem § 401 und damit formal kraft Gesetzes übergeht und der gesetzliche Erwerb gem §§ 892 f nicht geschützt ist. Ein gutgläubiger Erwerb setzt in jedem Fall den wirksamen Forderungsübergang voraus. Dieser scheidet daher aus, wenn die Abtretung der Forderung ausgeschlossen ist (BayObLG DNotZ 99, 736). Ein Ausschluss der Abtretbarkeit ist im Grundbuch eintragbar, obwohl dies zur Verhinderung eines gutgläubigen Erwerbs nicht erforderlich ist (Köln RNotZ 04, 263).

§ 886 Beseitigungsanspruch.

Steht demjenigen, dessen Grundstück oder dessen Recht von der Vormerkung betroffen wird, eine Einrede zu, durch welche die Geltendmachung des durch die Vormerkung gesicherten Anspruchs dauernd ausgeschlossen wird, so kann er von dem Gläubiger die Beseitigung der Vormerkung verlangen.

1 **A. Allgemeines.** Ist der vorgemerkte Anspruch nicht wirksam entstanden oder erloschen oder ist die Vormerkung sonst nicht wirksam entstanden, ist das Grundbuch unrichtig und der Verpflichtete hat einen Anspruch nach § 894 (vgl MüKo/*Wacke* Rz 1). Sofern die Vormerkung jedoch wirksam entstanden, nur der gesicherte Anspruch dauernd nicht durchsetzbar ist, gibt § 886 dem Inhaber des belasteten Rechts einen Beseitigungsanspruch.

2 **B. Dauernde Einrede.** Dauernde Einrede gegen den gesicherten Anspruch können sein: §§ 214, 821, 853, wobei die Einrede geltend gemacht werden muss (BGH NJW 89, 221; aA MüKo/*Wacke* Rz 3). In der Geltendmachung des Anspruchs aus § 886 liegt idR auch die Geltendmachung der Einrede (Soergel/*Stürner* Rz 9; MüKo/*Wacke* Rz 3; aA BGH NJW 89, 221).

3 **C. Beseitigungsanspruch. I. Gläubiger.** Gläubiger des Anspruchs ist derjenige, dessen Grundstück oder Recht durch die Vormerkung betroffen ist, dh dessen Grundstück oder Recht mit der Vormerkung belastet ist. Gläubiger kann auch sein, wer nicht Schuldner des gesicherten Anspruchs ist, weil Vormerkung und gesicherter Anspruch nachträglich auseinander gefallen sind (vgl BaRoth/*Kössinger* Rz 6; aA Staud/*Gursky* Rz 7).

Anspruchsinhaber können daher auch vormerkungswidrige Erwerber sein, die die Einreden des Schuldners dem Vormerkungsberechtigten analog §§ 768, 1137, 1211 entgegenhalten können (RGZ 53, 34; MüKo/*Wacke* Rz 3).

II. Schuldner. Schuldner des Anspruchs ist der Vormerkungsberechtigte und ggf der Inhaber eines Rechts an dem gesicherten Anspruch (zB Pfandrecht). 4

III. Anspruchsinhalt. Der Schuldner ist auf seine Kosten zur Beseitigung der Vormerkung verpflichtet. Er muss nicht wie nach § 894 lediglich die Zustimmung zur Löschung abgeben, sondern selber die Beseitigung der Vormerkung durch Aufhebungserklärung nach § 875 I analog (vgl BGHZ 60, 50; BaRoth/*Kössinger* Rz 8), Löschungsantrag (§ 13 GBO) und Löschungsbewilligung (§§ 19, 29 GBO) herbeiführen. 5

§ 887 Aufgebot des Vormerkungsgläubigers.
¹Ist der Gläubiger, dessen Anspruch durch die Vormerkung gesichert ist, unbekannt, so kann er im Wege des Aufgebotsverfahrens mit seinem Recht ausgeschlossen werden, wenn die im § 1170 für die Ausschließung eines Hypothekengläubigers bestimmten Voraussetzungen vorliegen. ²Mit der Rechtskraft des Ausschließungsbeschlusses erlischt die Wirkung der Vormerkung.

A. Voraussetzungen. Unbekannt ist der Gläubiger, wenn nach zumutbaren nachzuweisenden Bemühungen nicht festgestellt werden kann, welche Person Gläubiger ist; ein bloß unbekannter Aufenthalt des Gläubigers genügt nicht (BaRoth/*Kössinger* Rz 2; aA *Wehrstedt* RNotZ 01, 516). Unbekannt ist der Gläubiger auch, wenn er sein Recht nicht in grundbuchmäßiger Form nachweisen kann (RGZ 67, 99; Staud/*Gursky* Rz 2 f) oder dessen Erben nicht ermittelt werden können. Es müssen die weiteren Voraussetzungen des § 1170 (s. dort) vorliegen. 1

B. Verfahren. Das Verfahren der Ausschließung richtet sich nach § 453 FamFG. Trotz Erlöschen des Vormerkung bleibt der vorgemerkte Anspruch unberührt (BGH Rpfleger 94, 514). Das Grundbuch ist durch Löschung der Vormerkung zu berichtigen. Der mit Ausschließungsbeschluss mit dem Rechtskraftzeugnis (§§ 45 f FamFG) ist Unrichtigkeitsnachweis iSd § 22 GBO. 2

§ 888 Anspruch des Vormerkungsberechtigten auf Zustimmung.
(1) Soweit der Erwerb eines eingetragenen Rechts oder eines Rechts an einem solchen Recht gegenüber demjenigen, zu dessen Gunsten die Vormerkung besteht, unwirksam ist, kann dieser von dem Erwerber die Zustimmung zu der Eintragung oder der Löschung verlangen, die zur Verwirklichung des durch die Vormerkung gesicherten Anspruchs erforderlich ist.
(2) Das Gleiche gilt, wenn der Anspruch durch ein Veräußerungsverbot gesichert ist.

A. Allgemeines. Nach § 883 ist eine vormerkungswidrige Verfügung dem Berechtigten der Vormerkung ggü relativ unwirksam, so dass für den Berechtigten der Anspruchsverpflichtete nach wie vor ungeschmälert Rechtsinhaber ist. Der Erfüllungsanspruch des Vormerkungsberechtigten gegen den Verpflichteten geht nicht nach § 275 unter, weil der Schuldner dem Vormerkungsberechtigten ggü wegen § 883 II verfügungsbefugt bleibt (BGHZ 105, 261). Der Verpflichtete muss nach wie vor alle zur Verschaffung des Rechts erforderlichen Erklärungen abgegeben (zB Auflassung) und ggf verklagt werden. Eine Zustimmung nach § 888 macht diese Erklärungen nicht entbehrlich (BGH NJW 90, 2460). Wird die vormerkungswidrige Verfügung im Grundbuch eingetragen, kann der Verpflichtete mangels Voreintragung (§§ 39 f GBO) das Recht jedoch nicht verschaffen und es ist die grundbuchverfahrensrechtliche Zustimmung (§ 19 GBO) des vormerkungswidrig eingetragenen Berechtigten erforderlich. Der Anspruch aus § 888 geht als unselbständiger Hilfsanspruch durch Abtretung des gesicherten Anspruchs mit der Vormerkung auf den Zessionar über (RG JW 27, 1413). 1

B. Vormerkungswidrige Verfügung. Vormerkungswidrig ist eine Verfügung, die den vorgemerkten Anspruch vereiteln oder beeinträchtigen könnte (vgl § 883 I 2) und im Grundbuch eingetragen (vgl Dresd NJW-RR 99, 1177) bzw ohne Grundbucheintragung wirksam ist. Das Grundbuch wird nicht unrichtig, so dass auch kein Anspruch nach § 894 besteht (RGZ 132, 424). Es entsteht auch dann kein Anspruch aus § 894, wenn der Vormerkungsberechtigte als Rechtsinhaber (zB Eigentümer) eingetragen ist (MüKo/*Wacke* Rz 11). § 888 gilt entspr bei Erlass eines vormerkungswidrigen Veräußerungsverbotes (BGH JZ 66, 526). 2

C. Zustimmung. I. Anspruch auf Zustimmung. Der Berechtigte hat einen Anspruch auf die zur Eintragung des Vormerkungsberechtigten nach § 19 GBO – nicht nach § 185 (MüKo/*Wacke* Rz 2; aA nur RGRK/*Augustin* Rz 4) – erforderliche Zustimmung des vormerkungswidrig Eingetragenen (BayObLG NJW-RR 90, 722) in grundbuchmäßiger Form (§ 29 GBO) und zwar entweder zur Rechtsänderung (zB zur vorgemerkten Eigentumsumschreibung) oder zur Löschung des vormerkungswidrig eingetragenen Rechts (zB Grundpfandrecht). Der Anspruch setzt voraus, dass der Vormerkungsberechtigte als Rechtsinhaber im Grundbuch eingetragen ist (Rostock v 26.10.06 – 7 U 1/06; Zweibr RNotZ 06, 469 – aA bis 2. Aufl; aA Staud/*Gursky* Rz 36; MüKo/ *Wacke* Rz 6, wonach der gesicherte Anspruch lediglich fällig sein muss). Die Zustimmungspflicht besteht nur, 3 soweit die Verfügung vormerkungswidrig ist (MüKo/*Wacke* Rz 9). Es kann auch die Vorlage von Grundpfandrechtsbriefen verlangt werden (KG JFG 5, 327). Kommt der Dritterwerber mit der Abgabe der Zustimmung in Verzug, haftet er nach § 286 (aA BGHZ 49, 263; wie hier Soergel/*Stürner* Rz 3; MüKo/*Wacke* Rz 10). Der vormerkungswidrig im Grundbuch eingetragene Dritterwerber kann nach § 267 I auch alle materiell und verfahrensrechtlich erforderlichen Erklärungen anstelle des Vormerkungsverpflichteten selber abgeben (vgl MüKo/*Wacke* Rz 14). Statt bloßer Zustimmung nach § 888 muss dann die Einigung erklärt und eine Eintragungsbewilligung abgegeben werden.

4 **II. Gegenrechte.** Der Anspruch aus § 888 hängt hinsichtlich Durchsetzbarkeit und Fälligkeit (Ddorf OLGZ 77, 330) vom gesicherten Hauptanspruch ab und ist bei Rechtsmissbrauch nach § 242 einredebehaftet (BGHZ 79, 204).

5 **1. Gegen die Vormerkung.** Der Dritterwerber kann Einwendungen gegen das Bestehen der Vormerkung (zB wirksame Bestellung) erheben oder geltend machen, dass der Erwerb nicht vormerkungswidrig ist, weil der Schutzbereich der Vormerkung nicht betroffen oder der Berechtigte nach § 185 – auch konkludent – der Verfügung zugestimmt hat (vgl MüKo/*Wacke* Rz 5; Soergel/*Stürner* Rz 5). Der Anspruch aus § 888 verjährt nicht (§ 902, MüKo/*Wacke* Rz 10).

6 **2. Gegen den gesicherten Anspruch.** Der Dritterwerber kann analog §§ 768, 1137, 1211 dem Vormerkungsberechtigten die Einreden des Schuldners des vorgemerkten Anspruchs entgegenhalten (BGH NJW 00, 3496; RGZ 144, 283), sogar wenn der Schuldner auf die Einreden verzichtet hat (Celle NJW 58, 385 f) oder der Schuldner bereits rechtskräftig zur Leistung verurteilt wurde (RGZ 53, 30 f) (Palandt/*Bassenge* Rz 6; Erman/*Lorenz* Rz 8). Dies gilt auch, wenn der gesicherte Anspruch nur anfechtbar oder ein Rücktritt möglich ist und der Schuldner darauf noch nicht verzichtet hat (MüKo/*Wacke* Rz 4).

7 **3. Aus eigenem Recht.** Aus eigenem Recht können dem Dritterwerber ebenfalls Einreden zustehen (BGH LM § 883 Rz 6).

8 **III. Klagbarkeit.** Der Anspruch aus § 888 kann unabhängig vom gesicherten Hauptanspruch eingeklagt werden (BGH BB 58, 1225; aA MüKo/*Wacke* Rz 6). Bei Rechtshängigkeit wird das Grundstück streitbefangen iSd §§ 265, 266, 727 ZPO, so dass das Urt auch gegen den Gesamt- und den Sonderrechtsnachfolger wirkt, soweit letzterem die Rechtshängigkeit bekannt ist (BGHZ 39, 25 f). Wird die Klage aus dem vorgemerkten Hauptanspruch rechtskräftig abgewiesen, findet keine Rechtskrafterstreckung zugunsten des Dritterwerbers statt (RGZ 53, 28; aA MüKo/*Wacke* Rz 7), aber einer Klage aus § 888 fehlt das Rechtsschutzbedürfnis (Palandt/*Bassenge* Rz 7).

9 **D. Weitere Ansprüche. I. Des Vormerkungsberechtigten.** Nach seiner Eintragung hat der Vormerkungsberechtigte die Ansprüche aus §§ 987 ff. Vorher hat der Berechtigte gegen den Dritterwerber analog §§ 987 ff nur einen Anspruch auf Nutzungsersatz, soweit dem Berechtigten auch ggü dem Schuldner des gesicherten Anspruchs die Nutzungen zustehen (BGHZ 144, 326 ff; vgl Soergel/*Stürner* Rz 4b; MüKo/*Wacke* Rz 16). Andere Ansprüche, insb Schadensersatz- und Unterlassungsansprüche aus §§ 987 ff bzw §§ 823, 1004, 1132 stehen dem Berechtigten erst ab Eintragung zu (aA MüKo/*Wacke* Rz 17 mwN).

10 **II. Des Dritterwerbers.** Der Dritterwerber kann analog §§ 994 II, 995, 999, 677 ff Ersatz der notwendigen Verwendungen verlangen (BGHZ 144, 328; 75, 291). Klagt der Dritterwerber gegen den Vormerkungsberechtigten auf Besitzherausgabe aus § 985, kann letzterer den fälligen Anspruch aus § 888 nach § 242 im Wege der Widerklage entgegen halten.

11 **E. Veräußerungsverbot (Abs 2).** Ein Anspruch nach § 888 besteht auch, wenn ein gesetzliches, gerichtliches oder behördliches – nicht rechtsgeschäftliches – Veräußerungsverbot nach §§ 135, 136 besteht. Da ein gerichtliches Veräußerungsverbot (§ 938 ZPO) zur Wirksamkeit nur der fristgebundenen Zustellung des Beschlusses an den Verfügenden bedarf (§ 929 ZPO), kommt ein Anspruch nach § 888 auch ohne Eintragung in Betracht (MüKo/*Wacke* Rz 21 f). Die Eintragung ist möglich (RGZ 135, 384). Ein gutgläubiger Dritterwerber ist ohne Eintragung nach §§ 135 II, 892 geschützt. Das Veräußerungsverbot bewirkt, sofern es dem Grundbuchamt bekannt ist, vor seiner Eintragung (BayObLG NJW 73, 58; aA MüKo/*Wacke* Rz 21), nicht aber nach Eintragung (Palandt/*Bassenge* Rz 10; BaRoth/*Kössinger* Rz 17) eine Grundbuchsperre. Bei Zusammentreffen von Vormerkung und Veräußerungsverbot, erlischt das Veräußerungsverbot automatisch, wenn der vorrangige Vormerkungsberechtigte als Rechtsinhaber eingetragen wird (BGH NJW 66, 1509). Hat das Veräußerungsverbot Vorrang vor der Vormerkung, so besteht ein Anspruch aus § 888.

12 **F. Erwerbsverbot.** Ist ein Kaufvertrag nach § 311b formnichtig, kann der Verkäufer eine bereits erfolgte Auflassung kondizieren. Der Konditionsanspruch erlischt jedoch mit Eintragung des Käufers im Grundbuch, *weil damit nach § 311b I 2 der Kaufvertrag geheilt wird.* Um dies zu verhindern, kann der Verkäufer durch eV ein Erwerbsverbot analog § 938 II ZPO gegen den Käufer erwirken (krit MüKo/*Wacke* Rz 23 ff). Ein Erwerbsverbot kommt auch in anderen Fällen in Betracht (zB bei Anfechtung). Dadurch ist dem Verkäufer ggü der Eigentumserwerb relativ unwirksam. Umstr ist jedoch die Eintragbarkeit eines Erwerbsverbotes (vgl

Soergel/*Stürner* Rz 13 Fn 58 mwN). Wenn das Grundbuchamt jedoch das Erwerbsverbot kennt, darf es eine Eintragung nicht herbeiführen (BayObLG Rpfleger 97, 304; aA *Böttcher* BWNotZ 93, 25), unabhängig davon, wann Eintragungsantrag und/oder -bewilligung beim Grundbuchamt eingegangen sind (KG JFG 1, 379), weil § 878 nicht anwendbar ist (Palandt/*Bassenge* Rz 11). Erfolgt die Eintragung trotzdem, ist diese dem Verkäufer ggü unwirksam und das Grundbuch ist ggü dem Berechtigten unrichtig (Hamm DNotZ 70, 661).

G. Amtsvormerkung. § 888 gilt nicht für die Amtsvormerkung nach § 18 II GBO. Das vorgemerkte Recht 13 wird ohne Zustimmung des Dritterwerbers eingetragen und das amtsvormerkungswidrig eingetragene Recht wird ohne Zustimmung des Dritterwerbers vAw gelöscht (MüKo/*Wacke* Rz 26).

§ 889 Ausschluss der Konsolidation bei dinglichen Rechten. Ein Recht an einem fremden Grundstück erlischt nicht dadurch, dass der Eigentümer des Grundstücks das Recht oder der Berechtigte das Eigentum an dem Grundstück erwirbt.

A. Kein Erlöschen. I. Nachträglicher Erwerb. Wird der Inhaber eines – beschränkten dinglichen oder 1 grundstücksgleichen – Rechts an einem Grundstück zugleich Eigentümer dieses Grundstücks, bleibt das Recht grds unverändert bestehen. Dies gilt sowohl, wenn der Eigentümer später das Recht erwirbt als auch wenn der Rechtsinhaber nachträglich das Eigentum erwirbt. Bei einer Verfügung über das Grundstücksrecht oder das Eigentum fallen diese wieder auseinander, außer das Recht wird mit übertragen (vgl BayObLG MDR 84, 145).

II. Originärer Erwerb. Aus § 889 folgt, dass der Eigentümer ein Grundstücksrecht zu seinen Gunsten auch 2 ursprünglich an einem ihm gehörenden Grundstück bestellen kann. Für Dienstbarkeiten ist dafür jedoch ein berechtigtes Interesse erforderlich, etwa weil das Grundstück demnächst veräußert werden soll.

B. Erlöschen. I. Ausnahmen. Ausnahmen von § 889 gelten nach §§ 914 III, 917 II, 1107, 1178 I, 1200 I. 3

II. Vereinigung von Grundstücksrecht und Recht daran. § 889 gilt nicht für die Vereinigung von grund- 4 stücksgleichen oder beschränktem dinglichem Grundstücksrecht und Rechten daran in einer Person. ZB kann der Nießbrauch nach §§ 1072, 1063 I und ein Pfandrecht nach §§ 1273 I, 1256 an einem Grundstücksrecht erlöschen, wenn der Berechtigte das Grundstücksrecht erwirbt. Erwirbt der Eigentümer das Recht (zB Pfandrecht, Nießbrauch) an einem Grundstücksrecht, welches einem Dritten zusteht, bleibt das Zweigrecht bestehen (KGJ 47, 194).

III. Akzessorische Rechte. Bei akzessorischen Rechten (zB Vormerkung und Hypothek) führt die Konfusion 5 zum Erlöschen der zugrunde liegenden Forderung, so dass die Vormerkung erlischt und die Hypothek Eigentümergrundschuld wird.

§ 890 Vereinigung von Grundstücken; Zuschreibung. (1) Mehrere Grundstücke können dadurch zu einem Grundstück vereinigt werden, dass der Eigentümer sie als ein Grundstück in das Grundbuch eintragen lässt.
(2) Ein Grundstück kann dadurch zum Bestandteil eines anderen Grundstücks gemacht werden, dass der Eigentümer es diesem im Grundbuch zuschreiben lässt.

A. Allgemeines. I. Materiellrechtlich. Durch Vereinigung und Bestandteilszuschreibung (Oberbegriff 1 „Verbindung") können mehrere Grundstücke im Rechtssinne zu einem Grundstück im Rechtssinne zusammengefasst werden. Im Grundbuch erfolgt dies durch Buchung mehrerer Flurstücke unter einer laufenden Nummer im Bestandsverzeichnis. Die Rechtsfolgen von Vereinigung und Zuschreibung unterscheiden sich hinsichtlich der Belastungen in Abteilung III der Grundstücke.

II. Katasterverfahren. Bei Vereinigung und Zuschreibung bleiben die Grundstücke im Kataster grds als selb- 2 ständige Flurstücke, insb bei unterschiedlichen Belastungen, bestehen (vgl Ddorf Rpfleger 00, 212; Soergel/ *Stürner* Rz 9a). Nach Verbindung können Sie zu einem Flurstück verschmolzen werden (Flurstücksverschmelzung), wenn die Flurstücke aneinandergrenzen (*Schöner/Stöber* Rz 596, 632 ff). Eine Grundstücksteilung setzt eine Zerlegung der Grundstücke im Kataster voraus (Flurstückszerlegung).

B. Gemeinsame Voraussetzungen. I. Gegenstand. Gegenstand einer Vereinigung oder Bestandsteilzuschrei- 3 bung können neben Grundstücken auch grundstücksgleiche Rechte sein (*Schöner/Stöber* Rz 627). Möglich ist auch die Verbindung von Grundstücken mit grundstücksgleichen Rechten (BayObLGZ 93, 300; aA Staud/ *Gursky* Rz 19). Verbindung ist auch bei Wohnungs- bzw Teileigentumsrechten (*Schöner/Stöber* Rz 2979 mwN), Wohnungseigentum mit Grundstücken, nicht aber von Miteigentumsanteilen (BayObLG DNotZ 95, 52) oder noch nicht verselbständigten Teilflächen möglich. Soll mit einem Grundstück eine Teilfläche verbunden werden, ist § 890 ausnahmsweise ohne Verselbständigung der Teilfläche anwendbar (sog Zuflurstück, BayObLG Rpfleger 74, 149; zur Verbindung von Zuflurstück und Zuflurstück vgl BayObLG DNotZ 72, 350; unzulässig: Soergel/*Stürner* Rz 6, 9). Die Grundstücke sollen nach §§ 5 II, 6 II GBO aneinandergrenzen (zum alten Recht noch aA RGZ 51, 215). Eine Vereinigung oder Bestandteilszuschreibung scheidet jedoch aus, wenn Verwirrung zu besorgen ist (§§ 5 I, 6 I GBO; Ddorf ZfIR 00, 284; *Stöber* MittBayNot 01, 281), zB weil Belastungs- und Rangverhältnisse danach nicht mehr eindeutig sind (vgl Soergel/*Stürner* Rz 9a; s.a. DNotI-Report 06, 189, 191 mwN). Auch wenn Verbindung und Flurstücksverschmelzung zu unterscheiden sind, kann im Einzelfall bei unterschiedlicher Grundstücksbelastung eine Verbindung wegen §§ 5, 6 GBO ausscheiden, wenn auch eine Flurstücksverschmelzung erfolgen soll (Ddorf Rpfleger 00, 212; DNotI-Report 06, 189; s.a. *Stöber* MittBayNot 01, 284 ff).

4 **II. Eigentum.** Spätestens bei der Eintragung müssen die zu verbindenden Grundstücke demselben Eigentümer in derselben Eigentumsform und ggf zu gleichen Anteilen gehören (Zweibr NJW-RR 90, 783; Erman/*Lorenz* Rz 10).

5 **III. Erklärung.** Materiellrechtlich ist die formfreie Erklärung des Eigentümers und verfahrensrechtlich dessen Bewilligung (§ 19 GBO) in der Form des § 29 GBO und Antrag (§ 13 GBO) erforderlich. Der Antrag des Eigentümers in der Form des §§ 30, 29 GBO ersetzt die Bewilligung. Im Zweifel ist die Vereinigung als Grundfall gewollt (BayObLG DNotZ 72, 350; MüKo/*Wacke* Rz 7).

6 **IV. Zustimmung Dritter.** Die Zustimmung Dritter, insb von Grundpfandrechtsgläubigern, ist nicht erforderlich, weil deren Rechtsstellung nicht beeinträchtigt wird (Karlsr OLGE 39, 222; MüKo/*Wacke* Rz 9; aA teilw Palandt/*Bassenge* Rz 6). Zum landesrechtlichen Vorbehalt nach Art 119 EGBGB, § 136 GBO vgl Bauer/v Oefele/*Waldner* GBO §§ 5, 6 Rz 8.

7 **V. Wirksamkeit.** Die Verbindung wird mit Eintragung im Grundbuch wirksam und zwar auch bei Verstoß gegen §§ 5, 6 GBO (BGH DNotZ 06, 288).

8 **C. Vereinigung (Abs 1, § 5 GBO).** Durch die Vereinigung werden die ursprünglichen Grundstücke nicht wesentliche Bestandteile des neuen einheitlichen Grundstücks (BGH DNotZ 06, 288 ff). Belastungen in Abteilung II und III des Grundbuchs bleiben bezogen auf die ursprünglichen Grundstücke getrennt bestehen (BGH DNotZ 06, 288 ff; DNotZ 78, 156) und erstrecken sich nicht auch auf den jeweils anderen Teil. Die Zwangsvollstreckung kann auch nur in den belasteten Teil betrieben werden (BGH DNotZ 06, 288 ff; KG NJW-RR 89, 1362). Neue Belastungen in Abteilung II und III können nur das neue einheitliche Grundstück erfassen.

9 **D. Zuschreibung (Abs 2, § 6 GBO).** Durch die Bestandteilszuschreibung wird das zugeschriebene Grundstück unwesentlicher Bestandteil des Hauptgrundstücks (MüKo/*Wacke* Rz 4). Belastungen in Abteilung II bezogen auf die Grundstücke bleiben getrennt bestehen und neue Belastungen können nur das neue einheitliche Grundstück erfassen. Belastungen in Abteilung III des Hauptgrundstücks erstrecken sich jedoch auf das zugeschriebene Grundstück nach §§ 1131, 1192, 1199 f („verdeckte Nachverpfändung", MüKo/*Wacke* Rz 15), haben jedoch Rang nach den schon bestehenden Belastungen in Abteilung III des zugeschriebenen Grundstücks (§ 1131 2). Letztere bleiben auf das zugeschriebene Grundstück beschränkt.

10 **E. Teilung.** Teilung ist die Aufhebung einer Vereinigung oder Bestandteilszuschreibung oder die Abschreibung einer realen Teilfläche aus einem einheitlichen Grundstück und Buchung der entstehenden Grundstücke unter selbständigen Nummern im Bestandsverzeichnis des Grundbuchs. Sie ist erforderlich bei Veräußerung oder grds bei Belastung (§ 7 GBO) einer Teilfläche. Sie wird wirksam mit Eintragung im Grundbuch. Vorher können die Teilflächen jedoch mit Vormerkungen und Verfügungsbeschränkungen belastet werden (MüKo/*Wacke* Rz 16). Teilung erfordert materiellrechtlich die formfreie Erklärung des Eigentümers und verfahrensrechtlich dessen Bewilligung (§§ 19, 29 GBO) nebst Antrag (§ 13 GBO). Die Zustimmung von dinglich Berechtigten ist nicht erforderlich, weil dessen Rechtsstellung nicht beeinträchtigt wird (KG NJW 69, 470). Eine staatliche Teilungsgenehmigung ist nach § 19 BauGB nF nicht mehr erforderlich (vgl aber § 19 II BauGB), allerdings noch nach §§ 51, 144, 169 BauGB und ggf nach den Bauordnungen der Länder (zB § 8 LBauO NRW) erforderlich. Durch die Teilung entstehen zwei oder mehrere Grundstücke im Rechtssinne, die wie das Ausgangsgrundstück belastet sind. Vgl zur lastenfreien Abschreibung von Kleinstgrundstücken Art 120 EGBGB. Bei Teilung des belasteten Grundstücks gelten nach §§ 1026, 1090 II, 1108 II und bei der Teilung des herrschenden Grundstücks nach §§ 1025, 1109 Sonderregelungen.

§ 891 Gesetzliche Vermutung. (1) Ist im Grundbuch für jemand ein Recht eingetragen, so wird vermutet, dass ihm das Recht zustehe.
(2) Ist im Grundbuch ein eingetragenes Recht gelöscht, so wird vermutet, dass das Recht nicht bestehe.

1 **A. Allgemeines.** Die Norm begründet eine nur durch den Beweis des Gegenteils (§ 292 ZPO) widerlegbare Rechtsvermutung (MüKo/*Wacke* Rz 1; Staud/*Gursky* Rz 44), dass der Inhalt des Grundbuches in Bezug auf *eingetragene und gelöschte Rechte* richtig ist. Dagegen wird bei nie eingetragenen Rechten nicht vermutet, dass diese nicht bestehen (Staud/*Gursky* Rz 35; einschr MüKo/*Wacke* Rz 23). Der durch die Eintragung oder Löschung Begünstigte kann sich auf die Richtigkeit der Grundbucheintragung berufen, ohne auch die Wirksamkeit des dinglichen Geschäfts darlegen oder gar beweisen zu müssen.

B. Eintragung (Abs 1). I. Wirksamkeit, Zulässigkeit und Widerspruch. Die Eintragung muss wirksam und zulässig sein und darf nicht widersprüchlich sein.

1. Wirksamkeit. Beim konventionell geführten Grundbuch muss die Eintragung insb von den – zwei – zuständigen Personen unterschrieben sein (vgl § 44 GBO). Beim maschinell geführten Grundbuch muss die Eintragung in den dafür bestimmten Datenspeicher aufgenommen und dauerhaft unverändert wiedergegeben sein (§§ 129, 130, 127 GBO iVm landesrechtlichen Regelungen). Bei gefälschten oder erpressten Eintragungen muss zur Unwirksamkeit die Unrichtigkeit nach § 44 VwVfG offensichtlich sein (BGHZ 7, 69; MüKo/*Wacke* Rz 2). Sonstige Verfahrensmängel lassen die Vermutungswirkung grds nicht entfallen (BGH DNotZ 06, 364 f), sondern begründen höchstens ein Indiz für die Unwirksamkeit (RG JW 36, 2400). IÜ richtet sich die Nichtigkeit einer Eintragung nach § 44 VwVfG.

2. Zulässigkeit. Eine inhaltlich unzulässige Eintragung ist vAw zu löschen (§ 53 I 2 GBO) und begründet auch vor Löschung keine Vermutung, sofern die Unzulässigkeit offenkundig ist (RGZ 88, 27). Unzulässig ist auch eine unvollständige und damit unbestimmte Eintragung (Frankf Rpfleger 75, 305 f) oder Eintragung eines nicht eintragungsfähigen Rechts (BayObLG DNotZ 77, 111 f). Ist die Eintragung nach § 53 I 1 GBO nur fehlerhaft, ist ein Amtswiderspruch einzutragen und entfaltet bis dahin die Vermutung.

3. Widerspruch. Widersprechen sich zwei Eintragungen, so heben sich die Vermutungen insoweit gegenseitig auf (BaRoth/*Kössinger* Rz 13).

II. Rechte. Die Vermutungswirkung entfalten alle eintragungsfähigen privaten (RGZ 80, 367) Rechte, wozu alle im BGB, ErbbauRG, WEG und zT in Landesgesetzen (zB FischereiG NRW) geregelten und eintragungsfähigen dinglichen Rechte und Rechte an diesen gehören, auch wenn sie an falscher Stelle eingetragen sind (BayObLGZ 95, 413). § 891 gilt nicht für nicht eintragungsfähige Rechte (zB öffentliche Lasten oder Notweg- und Überbaurenten) und tatsächliche Angaben, insb nicht für Angaben im Bestandsverzeichnis des Grundbuchs zu Größe, Lage, Bebauung oder Bebaubarkeit (RGZ 73, 128 f) und Angaben in Spalte 4 von Abteilung I (BGHZ 7, 67 f). Davon ausgenommen gilt § 891 jedoch für den sich aus dem Liegenschaftskataster ergebenden Grenzverlauf (BGH DNotZ 06, 364 f; RGZ 73, 129; Frankf Rpfleger 85, 229), sofern nicht insb ein natürlicher Grenzverlauf (zB Bach) künstlich oder natürlich verändert wurde (vgl Soergel/*Stürner* Rz 8). Der Umfang von nach Art 187 EGBGB nicht eintragungsbedürftigen altrechtlichen Grunddienstbarkeiten wird auch hinsichtlich der Vermutungswirkung durch die spätere Eintragung nicht begrenzt (RGZ 93, 65; aA MüKo/*Wacke* Rz 5). Die den dinglichen Rechten zugrunde liegenden schuldrechtlichen Ansprüche werden von der Vermutungswirkung nicht erfasst (MüKo/*Wacke* Rz 6). Trotz Akzessorietät wird bei der Verkehrshypothek (§§ 1138, 891; RGZ 124, 335) und der Höchstbetragshypothek (§ 1190) der Bestand des dinglichen Rechts unabhängig von der zugrunde liegenden Forderung wie eingetragen vermutet. § 891 gilt nicht für Verfügungsbeschränkungen (KGJ 52, 168) und Widersprüche (RG JW 1910, 149). Bei der Vormerkung muss wegen der Akzessorietät jedoch der Bestand des zugrunde liegenden Anspruchs bewiesen sein (Soergel/*Stürner* Rz 7 mwN). Bei subjektiv-dinglichen Rechten gilt § 891 nicht für den Vermerk im Bestandsverzeichnis des herrschenden Grundstücks (§ 9 GBO, Frankf Rpfleger 79, 418).

III. Vermutungswirkung. 1. Umfang. Es wird der Bestand, der Inhalt und der Rang des Rechts vermutet sowie, dass das Recht dem eingetragenen Berechtigten zusteht und zwar seit dem Tag der Eintragung bis zur Gegenwart (BGHZ 52, 358) und in dem angegebenen Beteiligungsverhältnis (§ 47 GBO; BayObLGZ 24, 21). Bei Briefrechten wird die Vermutung nur durch den zumindest mittelbaren Briefbesitz entfaltet (BayObLG Rpfleger 73, 429). Zum Inhalt gehört auch die nach § 874 in Bezug genommene Eintragungsbewilligung.

2. Prozessuale Bedeutung. Die Vermutung ist nur durch den Beweis des Gegenteils widerleglich (§ 292 ZPO; BGH DNotZ 06, 364 f) und zwar durch das Grundbuchamt (BayObLG Rpfleger 04, 417; KG NJW 73, 58) und jeden, der ein rechtliches Interesse daran hat (RGZ 92, 70). Ein bloßer Gegenbeweis oder Widerspruch (BGHZ 52, 359; NJW-RR 97, 398) genügen nicht. Es ist zu beweisen, dass die Eintragung im Grundbuch unrichtig ist und auch nicht später, etwa durch gutgläubigen Erwerb, richtig geworden ist (BGH BGHReport 06, 147 f; NJW 96, 1892; MüKo/*Wacke* Rz 17 ff; Staud/*Gursky* Rz 2, 44). Auf die Vermutung kann sich jeder berufen, für den das Bestehen oder Nichtbestehen eines Rechts von Bedeutung ist (BGH JZ 70, 373 f), so dass die Vermutung auch gegen den Berechtigten wirken kann (RGZ 95, 164). Die Vermutung gilt für die Verfahren aller Rechtswege und insb im Grundbuchverfahren und für das Grundbuchamt selbst (BayObLG DNotZ 93, 335; DNotZ 90, 741; Soergel/*Stürner* Rz 2, 13). Insb darf das Grundbuchamt ohne neue Umstände oder offensichtliche Unrichtigkeit keine Neubewertung von Eintragungsgrundlagen (zB Erbnachweise) vornehmen (BayObLG MittRhNotK 82, 250; vgl Soergel/*Stürner* Rz 13). Das Grundbuchamt kann sich jedoch nicht auf § 891 berufen, wenn nach den Grundakten die Unrichtigkeit offenkundig ist (BayObLG NJW-RR 89, 718).

C. Löschung (Abs 2). Auch die Löschung eines Rechts muss zulässig und wirksam sein (§§ 44, 46 GBO). Die Löschung begründet die durch den Beweis des Gegenteils (§ 292 ZPO) widerlegliche Vermutung, dass das Recht ab dem Zeitpunkt der Löschung (BGHZ 52, 358 f) nicht besteht. Bis zum Zeitpunkt der Löschung wird der Bestand des Rechts vermutet, wenn feststeht, dass die Löschung keine Grundbuchberichtigung sein sollte (BGHZ 52, 358 f).

§ 892 Öffentlicher Glaube des Grundbuchs.
(1) ¹Zugunsten desjenigen, welcher ein Recht an einem Grundstück oder ein Recht an einem solchen Recht durch Rechtsgeschäft erwirbt, gilt der Inhalt des Grundbuchs als richtig, es sei denn, dass ein Widerspruch gegen die Richtigkeit eingetragen oder die Unrichtigkeit dem Erwerber bekannt ist. ²Ist der Berechtigte in der Verfügung über ein im Grundbuch eingetragenes Recht zugunsten einer bestimmten Person beschränkt, so ist die Beschränkung dem Erwerber gegenüber nur wirksam, wenn sie aus dem Grundbuch ersichtlich oder dem Erwerber bekannt ist.
(2) Ist zu dem Erwerb des Rechts die Eintragung erforderlich, so ist für die Kenntnis des Erwerbers die Zeit der Stellung des Antrags auf Eintragung oder, wenn die nach § 873 erforderliche Einigung erst später zustande kommt, die Zeit der Einigung maßgebend.

1 **A. Allgemeines.** Während nach § 891 der Grundbuchinhalt bloß widerleglich als richtig vermutet wird, begründet § 892 zugunsten des rechtsgeschäftlichen Erwerbers eine Fiktion (RGZ 116, 181; aA unwiderlegliche Vermutung RGZ 123, 21; MüKo/*Wacke* Rz 2), dass der Grundbuchinhalt und zwar auch hinsichtlich nicht eingetragener Rechte und Verfügungsbeschränkungen richtig ist.

2 **B. Grundbuchinhalt.** Zum Inhalt des Grundbuchs bzw Sondergrundbuchs (zB Erbbaugrundbuch, Wohnungseigentumsgrundbuch) gehören alle wirksamen (s. § 891 Rn 2) und zulässigen (s. § 891 Rn 3) eintragungsfähigen (Soergel/*Stürner* Rz 9) Eintragungen, die den Rechtsbestand des Grundstücks betreffen (RGZ 116, 180), auch wenn die Eintragung an falscher Stelle erfolgt ist (BayObLGZ 95, 417) und nach § 874 ggf der Inhalt der Eintragungsbewilligung. Das sind insb alle Eintragungen bzgl Bestand, Inhalt nebst Bedingung und Befristung, Rang, Inhaberschaft und Belastung des Rechts (s.a. § 891 Rn 5). Nicht zum Grundbuchinhalt iSd § 892 gehören die nur tatsächlichen Angaben im Bestandsverzeichnis (Wirtschaftsart, Lage und Flächenmaß), da sie nicht das Grundstück als Gegenstand begrenzen (s. § 891 Rn 5; *Lutter* AcP 164, 137; Soergel/*Stürner* Rz 11). Nicht zum Grundbuchinhalt gehören der Vermerk über die Zwangsvollstreckungsunterwerfung nach § 800 ZPO (KG HRR 31 Nr 1704), die Vorlöschklausel nach § 23 II GBO (BayObLG DNotZ 85, 41), die Rechts- und Geschäftsfähigkeit (RGZ 88, 89), Vertretungsmacht oder Verfügungsbefugnis (RGZ 134, 289) sowie der Güterstand (s. § 891 Rn 6). Auch der Aktivvermerk nach § 9 GBO vermittelt keinen öffentlichen Glauben (BayObLGZ 8, 535).

3 **I. Rechte.** Rechte iSd § 892 sind alle eintragungsfähigen Grundstücks- und grundstücksgleichen Rechte des BGB, WEG, ErbbauRG und anderen Neben- und Landesgesetzen (s. § 873 Rn 3) und Rechte an diesen Rechten. § 892 I 1 gilt für die Vormerkung entspr RGZ 113, 408 f. Zu Rechten an Grundstücksrechten gehören Pfandrecht und Nießbrauch (s. § 873 Rn 3).

4 **II. Relative Verfügungsbeschränkungen.** Verfügungsbeschränkungen iSd § 892 I 2 sind relative Veräußerungsverbote nach §§ 135 f (RG HRR 32 Nr 618). Gleichgestellt sind Verfügungsbeschränkungen insb Beschränkungen durch Insolvenzeröffnung und vorläufige Sicherungsmaßnahmen (§§ 80, 20 ff InsO; vgl den Verweis in §§ 24, 81 InsO, so dass dahin stehen kann, ob die Insolvenzeröffnung zu einem absoluten Verfügungsverbot führt, vgl dazu MüKo/*Wacke* Rz 63 Fn 198), Nachlassverwaltung (§ 1984), Nacherbfolge (§ 2113), Testamentsvollstreckung (§ 2211), Maßnahmen der Zwangsversteigerung und Zwangsverwaltung (§§ 23, 146 ZVG), Veräußerungs- (§ 938 II ZPO) und Erwerbsverbot (s. § 888 Rn 12) und Rechtshängigkeitsvermerk (vgl Stuttg NJW 60, 1109; *v Olshausen* JZ 88, 584 ff). Gesetzliche absolute Verfügungsbeschränkungen sind nicht eintragungsfähig und wirken daher immer – auch ohne Eintragung – zu Lasten des Erwerbers (MüKo/*Wacke* Rz 62), ausgenommen die eintragungsfähige Verfügungsbeschränkung nach § 161 (BayObLG NJW-RR 99, 806). Gesetzliche absolute Verfügungsbeschränkungen, bei denen kein gutgläubiger Erwerb möglich ist, sind gesetzliche Verfügungsbeschränkungen nach § 134 (zB §§ 1365–1368). Rechtsgeschäftliche – als Ausn zu § 137 – vereinbarte absolute Verfügungsbeschränkungen sind dagegen erst mit Eintragung wirksam und verhindern auch erst ab Eintragung bzw Wiedereintragung nach unrichtiger Löschung einen gutgläubigen Erwerb, dazu zählen Verfügungsbeschränkungen nach § 5 ErbbauRG, §§ 12, 35 WEG oder ein Abtretungsverbot nach § 399 als Inhalt einer Grundschuld (KGJ 29 A 246 f) oder die Pfändung eines Miterbenanteils (§ 1276, BayObLGZ 59, 58).

5 **C. Rechtsgeschäftlicher Erwerb.** § 892 setzt einen wirksamen rechtsgeschäftlichen Erwerb aufgrund eines Verkehrsgeschäfts vom voreingetragenen Nichtberechtigten voraus.

6 **I. Rechtsgeschäft.** Das Rechtsgeschäft muss auf dingliche Rechtsänderung gerichtet sein (BGH DNotZ 97, 385). *Der bloße Übergang der Verfügungsbefugnis genügt nicht* (vgl RGZ 61, 43 f). Ebensowenig genügt ein schuldrechtliches Rechtsgeschäft, selbst wenn es – wie Miete und Pacht – verfügungsähnlich wirkt (RGZ 106, 112; aA MüKo/*Wacke* Rz 31). § 893 gilt nicht für den Erwerb kraft Gesetzes, aufgrund Hoheitsaktes und durch Enteignung (s.a. § 883 Rn 14).

1. Erwerb kraft Gesetzes. § 892 gilt nicht bei der Universalsukzession (zB §§ 738, 1416, 1922, UmwG), Erbteilsübertragung (BayObLG Rpfleger 60, 157), Erwerb von Anteilen an Gesamthandsgemeinschaften (BGH NJW 97, 861), Aneignung nach § 928 und der Legalzession einer Grundschuld nach §§ 1192, 1150, 268 III (BGH NJW 86, 1487). § 892 gilt wegen des Spezialitätsgrundsatzes jedoch bei der Einbringung eines Handelsgeschäfts in ein anderes (BayObLG NJW-RR 89, 907). Bei der Ablösung einer Hypothekenforderung geht die Hypothek auch auf den Ablösenden über, wobei dieser jedoch nach §§ 1147, 1138, 892 f geschützt ist. Auch die Vormerkung kann durch Abtretung des gesicherten Anspruchs gutgläubig erworben werden, obwohl der Rechtsübergang nach § 401 formal kraft Gesetzes erfolgt (s. § 885 Rn 12).

2. Zwangsvollstreckung. Bei dem Erwerb kraft Zuschlag in der Zwangsversteigerung gilt § 892 nicht (BayObLG DNotZ 94, 246 f) und selbst der bösgläubige Ersteher erwirbt Eigentum (RGZ 129, 164 f; aA MüKo/*Wacke* Rz 35), wobei er jedoch uU aus § 826 zur Rückübereignung verpflichtet ist (RGZ 69, 280 f). Bei der Zwangsvollstreckung wegen Geldforderungen schützt § 892 den Vollstreckungsgläubiger nicht, so dass er keine Zwangs- oder Arresthypothek erwirbt, die an einem schuldnerfremden Grundstück eingetragen wird (BGH WM 63, 219 f; Staud/*Gursky* Rz 85), weil nicht rechtsgeschäftlich entstandene Ansprüche bezüglich des konkreten Grundstücksrechts vollstreckt werden. Werden dagegen Ansprüche auf rechtsgeschäftliche Begründung oder Übertragung eines bestimmten Grundstücksrechts vollstreckt, schützt § 892 den Vollstreckungsgläubiger (vgl §§ 894, 895, 898 ZPO; MüKo/*Wacke* Rz 34). Das gilt auch für die zwangsweise Eintragung einer Bauhandwerkersicherungshypothek (*Wilhelm* NJW 75, 2322 ff).

II. Verkehrsgeschäft. § 892 gilt nur für ein Verkehrsgeschäft (RGZ 136, 150). Auf Veräußerer- und Erwerberseite müssen unterschiedliche Rechtssubjekte stehen, die auch wirtschaftlich verschieden sein müssen, so dass auch wirtschaftlich eine Rechtsübertragung stattfindet. Ohne Verkehrsgeschäft ist der Erwerber nicht schutzwürdig, weil er die tatsächlichen Rechtsverhältnisse selber kennen müsste (RGZ 117, 265 f). Die Unentgeltlichkeit steht einem Verkehrsgeschäft nicht entgegen, führt aber zu der Herausgabehaftung nach § 816 I 2. Kein Verkehrsgeschäft liegt bei der Übertragung von Rechten auf einen uneigennützigen Treuhänder (*Ostendorf* NJW 74, 217 ff, str) oder bei Verfügungsgeschäften zwischen juristischen Personen und allen ihren Mitgliedern vor (RGZ 143, 206 f; vgl Soergel/*Stürner* Rz 21). Bei Verfügungen zwischen der juristischen Person und nur einzelnen ihrer Mitglieder ist § 892 grds anwendbar, selbst wenn das Mitglied mit großer Mehrheit (zB ¾) an der juristischen Person beteiligt ist (RG JW 30, 3740; JW 29, 1387 f; MüKo/*Wacke* Rz 42). Kein Verkehrsgeschäft liegt ferner in der Änderung des Rechtsverhältnisses, in dem mehreren Personen ein Recht zusteht (zB Bruchteilsgemeinschaft in Gesamthandsgemeinschaft), sofern vorher und nachher dieselben oder weniger (RGZ 129, 119 ff) Personen beteiligt sind (MüKo/*Wacke* Rz 40). Demgemäß ist auch die Auseinandersetzung von Gesamthandsvermögen wie zB die Auseinandersetzung einer Gütergemeinschaft unter Eheleuten (BGH ZNotP 07, 339 f) oder die Erbauseinandersetzung unter Miterben (BayObLG JW 28, 522) kein Verkehrsgeschäft. Erwirbt jedoch ein Bruchteilseigentümer einen weiteren Bruchteil, liegt ein Verkehrsgeschäft vor und es gilt § 892 (BGH ZNotP 07, 339 f; Palandt/*Bassenge* Rz 8; aA Soergel/*Stürner* Rz 24). Ferner liegt grds ein Verkehrsgeschäft vor, wenn auf der Erwerberseite mehr Personen als auf der Veräußererseite beteiligt sind (RGZ 117, 267). Kein Verkehrsgeschäft ist der Erwerb im Wege der vorweggenommenen Erbfolge (BayObLG NJW-RR 86, 882; RGZ 136, 150; str) oder die Verfügung des Bucheigentümers zu seinen Gunsten. Dies gilt auch, wenn sich der Veräußerer dingliche Rechte vorbehält oder zu seinen Gunsten bestellt werden (zB Restkaufpreishypothek; KG JFG 5, 432; Soergel/*Stürner* Rz 23).

III. Voreintragung. Der Verfügende muss zum Zeitpunkt der Eintragung des Rechtserwerbs im Grundbuch voreingetragen sein. § 892 gilt nicht, wenn nach Beantragung der Eintragung das Grundbuch dahin gehend berichtigt wird, dass der Verfügende nicht mehr als Rechtsinhaber eingetragen ist (MüKo/*Wacke* Rz 61).

D. Kein Widerspruch. Ist ein Widerspruch für den wahren Rechtsinhaber – nach § 899 oder von Amts wegen – eingetragen, so zerstört dieser den öffentlichen Glauben hinsichtlich der Eintragung, gegen die der Widerspruch eingetragen worden ist. Der Widerspruch verhindert nur einen gutgläubigen Erwerb, wenn er zugunsten des wahren Rechtsinhabers (Soergel/*Stürner* Rz 27) und vor der Eintragung des Erwerbers im Grundbuch eingetragen wird (RGZ 128, 55; WarnR 33 Nr 150), wobei ein Verstoß gegen § 17 GBO nicht schadet (KG JFG 2, 292). Wird der Widerspruch gelöscht oder war er nie wirksam bestellt, gilt er als nie eingetragen, so dass alle Verfügungen, die nach Eintragung des Widerspruchs erfolgt sind, rückwirkend wirksam werden (Soergel/*Stürner* Rz 27). Ein unrechtmäßig gelöschter Widerspruch wirkt nur ggü dem Bösgläubigen (MüKo/*Wacke* § 892 Rz 47, str).

E. Keine Kenntnis (Abs 1, 2). I. Unkenntnis (Abs 1 S 1). Ein gutgläubiger Erwerb scheidet nur aus, wenn dem Erwerber die Unrichtigkeit des Grundbuchs (§ 894) positiv bekannt ist, wobei nicht erforderlich ist, dass der Erwerber die wahre Rechtslage kennt (BayObLGZ 86, 519). Trotz Tatsachenkenntnis kann ein erheblicher Rechtsirrtum die Kenntnis iSd § 982 ausschließen (RGZ 156, 128; 98, 220). Unschädlich sind insb eine grob fahrlässige Unkenntnis von der Unrichtigkeit (RGZ 90, 398), erhebliche Zweifel an der Richtigkeit (RGZ 156, 128), Rechnen mit der Unrichtigkeit (RG JW 29, 581 f) oder billigendes in Kauf nehmen der Unrichtigkeit (LG Bayreuth MittBayNot 87, 203). Der Erwerber hat keine Erkundigungspflicht (BayObLG NJW-RR 89,

907). Zurechnen lassen muss sich die juristische Person die Kenntnis des gesetzlichen Vertreters (RGZ 59, 408), auch wenn er bei dem Geschäft nicht mitgewirkt hat (BGH Rpfleger 99, 142; BayObLG NJW-RR 89, 910) oder bereits ausgeschieden ist (BGH NJW 95, 2160), was jedoch nicht für Personengesellschaften gilt (BGH NJW 95, 2160). Ferner muss sich zurechnen lassen die Gesamthand die Kenntnis nur eines Gesamthänders (BGH NJW 01, 360) und bei Gesamtvertretung der Vertretene die Kenntnis nur eines Vertreters (RG JW 35, 2044, RGZ 59, 408). Bei der Stellvertretung kommt es nach § 166 I – vorbehaltlich einer Ausnahme nach § 166 II – auf die Kenntnis des Vertreters an (KG DNotZ 73, 305). Die Gutgläubigkeit wird vermutet und ist nur durch den Beweis des Gegenteils zu widerlegen (§ 292 ZPO), woran hohe Anforderungen gestellt werden (RGZ 123, 23). Positive Kenntnis ist anzunehmen, wenn der Erwerber die Geschäftsunfähigkeit des Veräußerers (BGH WM 70, 476) oder die Anfechtbarkeit des Erwerbs (§ 142 II) kennt.

13 **II. Zeitpunkt (Abs 2).** Der Erwerber muss grds bis zur Vollendung des Rechtserwerbs gutgläubig sein. Folgt die Einigung der Eintragung nach, kommt es auf den Zeitpunkt der Einigung an. Geht die Einigung der Eintragung voraus, kommt es jedoch nur auf den Zeitpunkt der Stellung des Eintragungsantrages an, dh Eingang beim Grundbuchamt (§ 13 III GBO). Der Antrag muss ggf nach Zwischenverfügung, aber ohne Zurückweisung zur Eintragung führen (Hamm Rpfleger 99, 385). Wird das Grundbuch erst nach Antragstellung unrichtig, kommt es auf diesen Zeitpunkt an (BGHZ 60, 53 f). Wird für den Erwerber nach Auflassung die Eintragung einer Auflassungsvormerkung beantragt, ist dieser Zeitpunkt maßgeblich und nicht die spätere Beantragung der Eigentumsumschreibung (BGHZ 57, 343). Bei Bedingungen oder Befristungen kommt es auf den Zeitpunkt der Vereinbarung und nicht auf den Eintritt der Bedingung oder des Termins an (BGH NJW 53, 1099 f). Sind zum Rechtserwerb noch andere Voraussetzungen erforderlich, wie zB die Briefübergabe nach § 1117 oder die Auszahlung des Darlehens bei der Hypothek (RGZ 141, 382; 128, 278, str), so muss die Gutgläubigkeit auch zu diesem Zeitpunkt noch vorliegen, wenn sie den in II genannten Umständen nachfolgen (RGZ 141, 383). Dies gilt auch, wenn eine privatrechtliche Genehmigung nach §§ 177, 185 erfolgt, die insoweit keine Rückwirkung nach § 184 hat (RGZ 134, 287 f; MüKo/*Wacke* Rz 57). Das Ausstehen einer behördlichen Genehmigung zur Wirksamkeit des Rechtsgeschäfts ist unschädlich (RGZ 142, 59; Soergel/*Stürner* Rz 38; aA MüKo/*Wacke* Rz 57).

14 **F. Grundbuchunrichtigkeit und Fiktionswirkung. I. Unrichtigkeit.** Das Grundbuch muss zum Zeitpunkt der Eintragung des Rechtserwerbs und nicht bei Stellung des Eintragungsantrags (RGZ 140, 38 ff) unrichtig sein. Unrichtig ist das Grundbuch, wenn dessen Inhalt nicht mit der materiellen Rechtslage übereinstimmt (§ 894). Wird das Grundbuch zwischen Antragstellung und Eintragung berichtigt, ist § 892 unanwendbar. Werden mit der Eintragung gleichzeitig weitere Eintragungen vorgenommen, sind diese als vor dem Erwerb vorgenommen zu betrachten (BGH NJW 69, 93 f).

15 **II. Fiktionswirkung.** Der Grundbuchinhalt gilt als richtig (RGZ 116, 181) und vollständig. Bei sich widersprechenden Eintragungen, insb der Doppelbuchung desselben Grundstücksrechts, gilt die wahre Rechtslage (Hamm NJW-RR 93, 1295; Erman/*Lorenz* Rz 10; s.a. BGH NJW-RR 05, 10). Der Erwerber muss keine Kenntnis vom Grundbuchinhalt gehabt haben (BGH NJW 80, 2414). Die Fiktion wirkt nur zugunsten des Erwerbers und nicht zu dessen Lasten (Staud/*Gursky* Rz 213). Eingetragene Rechte gelten nach Bestand (RGZ 98, 219), Inhalt (s. § 874, KG HRR 31 Nr 1459), der Person des Berechtigten (RG DNotV 32, 721) sowie Rang (RGZ 130, 68 f) als bestehend, nicht aber zu Unrecht nicht gelöschte Verfügungsbeschränkungen (vgl Palandt/*Bassenge* Rz 16). Fehlt die Eintragung einer Bedingung, so gilt das Recht als unbedingt. Nicht oder nie eingetragene Rechte und Verfügungsbeschränkungen gelten als nicht bestehend und erlöschen. Das gilt für alle eintragungsfähigen Rechte, auch wenn sie nicht eintragungsbedürftig sind (MüKo/*Wacke* Rz 15 f mwN; aA RGZ 93, 65, str). Allein nicht eingetragene altrechtliche Dienstbarkeiten nach Art 187 EGBGB bleiben bestehen (BayObLG Rpfleger 79, 381 f). Dies gilt jedoch nicht, wenn diese eingetragen und unrechtmäßig gelöscht (BGHZ 104, 139) oder entgegen einer gesetzlichen Pflicht nicht eingetragen sind (Stuttg NJW-RR 98, 308; Soergel/*Stürner* Rz 9). Ist beim Erbfall der Erbe im Grundbuch eingetragen und stellt sich nach dem Zeitpunkt des § 892 II heraus, dass der eingetragene Erbe nur Scheinerbe war, erwirbt der Erwerber gutgläubig. Ist der Scheinerbe jedoch nicht im Grundbuch eingetragen, erwirbt der Erwerber nur gutgläubig, wenn der Erbe sein Erbrecht durch einen Erbschein nach §§ 2365 ff nachgewiesen hat und der im Erbschein genannte Erblasser im Grundbuch als Berechtigter eingetragen ist (BGHZ 57, 341). Der Erwerber erwirbt das Recht, wie es eingetragen ist und ist fortan ggü jedermann vollwertiger materiell Berechtigter und das Grundbuch wird richtig. Der materiell Berechtigte hat gegen den Erwerber keine Ansprüche aus §§ 812, 823, 826, 1004 (Ausn: § 816 I 2), jedoch ggf gegen den Verfügenden aus §§ 678 II, 816 I, 989, 990, 823, 826. Wird das Rechtsgeschäft rückabgewickelt und das Recht an den Verfügenden zurück übertragen, fällt das Recht nicht an den Verfügenden, sondern an den wahren Berechtigten zurück (LG Darmstadt HRR 34 Nr 324).

16 **III. Grundbuchverfahren.** Das Grundbuchamt muss einen gutgläubigen Erwerb durch Antragszurückweisung verhindern, wenn es die Grundbuchunrichtigkeit positiv kennt oder diese offensichtlich ist (hM BGHZ 97, 187; BayObLG MittBayNot 94, 324; Soergel/*Stürner* Rz 17; BaRoth/*Kössinger* Rz 20 ff; Palandt/*Bassenge* Rz 1; aA Staud/*Gursky* Rz 203; MüKo/*Wacke* Rz 70 mwN). Nach Antragstellung kann auch noch ein Amtswi-

derspruch eingetragen werden, wenn die Bösgläubigkeit des Erwerbers zum Zeitpunkt der Antragstellung feststeht (BayObLG NJW-RR 86, 383; aA *Reuter* MittBayNot 94, 116).

§ 893 Rechtsgeschäft mit dem Eingetragenen. Die Vorschrift des § 892 findet entsprechende Anwendung, wenn an denjenigen, für welchen ein Recht im Grundbuch eingetragen ist, auf Grund dieses Rechts eine Leistung bewirkt oder wenn zwischen ihm und einem anderen in Ansehung dieses Rechts ein nicht unter die Vorschrift des § 892 fallendes Rechtsgeschäft vorgenommen wird, das eine Verfügung über das Recht enthält.

A. Allgemeines. § 893 dehnt den Redlichkeitsschutz des § 892 auf Leistungen an den Buchberechtigten und Verfügungsgeschäfte mit dem Buchberechtigten aus, die nicht unter § 892 fallen. 1

B. Leistungen. Leistungen an den im Grundbuch eingetragenen Berechtigten sind die Erfüllung und Erfüllungssurrogate von dinglichen Ansprüchen aus eingetragenen Rechten. Nicht erfasst werden Leistungen an den Eingetragenen aufgrund schuldrechtlicher Ansprüche, auch wenn diese aus der Verletzung eines dinglichen Rechts herrühren (Staud/*Gursky* Rz 7; aA MüKo/*Wacke* Rz 4). Dasselbe gilt für Leistungen auf Miet- und Pachtforderungen. Berechtigter iSd § 893 ist nicht der vorgemerkte Gläubiger, weil die Vormerkung nur einen schuldrechtlichen Anspruch absichert (Staud/*Gursky* Rz 8, 24; aA MüKo/*Wacke* Rz 6). Zu den dinglichen Ansprüchen zählen in erster Linie Kapital- und Zinszahlungen auf (Buch-)grundpfandrechte und Leistungen auf Reallasten. Nach § 1185 II gelten die §§ 1138, 893 jedoch nicht für die Sicherungshypothek. Bei Briefrechten gilt § 893 entspr, wenn an den nach § 1155 legitimierten Inhaber geleistet wird (BGH NJW 96, 1207). § 893 gilt nur für die Leistung auf das dingliche Recht und nicht für die Leistung auf die zugrunde liegende Forderung (BGH aaO). Die Auslegung wird regelmäßig ergeben, dass ein Dritter auf die Forderung und der Schuldner des dinglichen Rechts auf dieses selbst leistet (MüKo/*Wacke* Rz 5; s.a. Staud/*Gursky* Rz 4). Leistet der Schuldner und Eigentümer auf die Verkehrshypothek befreit dies von Hypothek und Forderung (BGH NJW 96, 1207 f), bei der Sicherungsgrundschuld gilt dies nicht (BGH NJW 96, 1207 f, str) und diese wird Eigentümergrundschuld. § 893 gilt auch zugunsten eines Dritten (§§ 268, 1143, 1150). Bei Grunddienstbarkeiten und beschränkten persönlichen Dienstbarkeiten ist Leistung die Duldung der Ausübung (Staud/*Gursky* Rz 5). 2

C. Verfügungen. Verfügungen iSd § 893 sind nur diejenigen, die keinen unmittelbaren Rechtserwerb bewirken (RGZ 90, 398). § 893 gilt nur für dingliche, nicht aber schuldrechtliche Rechtsgeschäfte (RGZ 90, 399), auch wenn diese verfügungsähnlich wirken wie die Vermietung und Verpachtung mit Besitzüberlassung (RGZ 106, 113; Staud/*Gursky* Rz 23; aA teilw MüKo/*Wacke* Rz 10). Zu den dinglichen Rechtsgeschäften zählen §§ 875 f (RGZ 90, 399), 877, 880, 1141, 1193, 1202. § 893 gilt auch für die einseitigen Erklärungen nach §§ 875 ff, wie die Zustimmung Dritter (§§ 876, 880 II, 1071, 1168 II, 1180 II), für die Zustimmung nach § 185 (RGZ 90, 399 f), die Erteilung einer unwiderruflichen Vollmacht (RGZ 90, 399) und die Mahnung (MüKo/*Wacke* Rz 7). Sofern zulässig, genügt die Vornahme der Erklärungen ggü dem Grundbuchamt (MüKo/*Wacke* Rz 8; Staud/*Gursky* Rz 32, str). Zur Bestellung einer Vormerkung s. § 885 Rn 2 ff. 3

D. Wirkungen. I. Leistungen. Liegen die weiteren Voraussetzungen des § 892 vor wird der Leistende von seiner Verbindlichkeit befreit. Zum Rechtsübergang auf den Leistenden s. *Gurksy* WM 01, 2361. Für die Kenntnis nach § 892 II kommt es nur auf den Zeitpunkt des Eintritts des Leistungserfolges (Staud/*Gursky* Rz 15; aA MüKo/*Wacke* Rz 12 „Leistungshandlung") an. 4

II. Verfügungen. Verfügungsgeschäfte gelten als mit dem wahren Berechtigten vorgenommen. Die Unkenntnis des anderen Teils muss bis zur Vollendung des Verfügungsgeschäfts vorliegen, wobei § 892 II entspr gilt. 5

§ 894 Berichtigung des Grundbuchs. Steht der Inhalt des Grundbuchs in Ansehung eines Rechts an dem Grundstück, eines Rechts an einem solchen Recht oder einer Verfügungsbeschränkung der in § 892 Abs. 1 bezeichneten Art mit der wirklichen Rechtslage nicht im Einklang, so kann derjenige, dessen Recht nicht oder nicht richtig eingetragen oder durch die Eintragung einer nicht bestehenden Belastung oder Beschränkung beeinträchtigt ist, die Zustimmung zu der Berichtigung des Grundbuchs von demjenigen verlangen, dessen Recht durch die Berichtigung betroffen wird.

A. Allgemeines. Ein unrichtiges Grundbuch begründet die Gefahr eines Rechtsverlusts durch gutgläubigen – lastenfreien – Erwerb nach § 892 und verhindert wegen § 39 GBO zumindest verfahrensrechtlich die Verfügung des Berechtigten oder die Zwangsvollstreckung gegen den nicht eingetragenen Schuldner bzw aus einem zu Unrecht gelöschten Recht. Ein gutgläubiger Erwerb kann durch Eintragung eines Widerspruchs nach § 899 verhindert werden. IÜ ist die Berichtigung des Grundbuchs erforderlich. Scheidet eine Grundbuchberichtigung durch Nachweis der Unrichtigkeit nach §§ 22, 29 GBO aus, begründet § 894 den dinglichen Anspruch auf Abgabe der zur Grundbuchberichtigung verfahrensrechtlich erforderlichen Erklärung nach §§ 19, 27, 29 GBO. Daneben kann das Grundbuch vAw zu berichtigen sein, §§ 51 f, 53 I 2, 82a GBO. 1

2 B. Rechte. Gegenstand eines Berichtigungsanspruchs sind alle Grundbucheintragungen die vom öffentlichen Glauben des Grundbuchs erfasst sind (§ 892 Rn 2 ff). § 894 gilt entspr für eine Vormerkung (RGZ 163, 62) und einen zu Unrecht eingetragenen Widerspruch (BGH NJW 69, 93). Auch die Eintragung einer altrechtlichen Dienstbarkeit kann nach § 894 verlangt werden (München RNotZ 07, 488). § 894 gilt nur für rechtliche, nicht aber für tatsächliche Grundbuchangaben (BayObLG Rpfleger 88, 255) und Schreibfehler.

3 C. Unrichtigkeit. Das Grundbuch ist unrichtig, wenn die materielle Rechtslage vom Grundbuchinhalt hinsichtlich eines Rechts iSd § 894 abweicht (BGHZ 123, 300).

4 I. Anfängliche oder nachträgliche Unrichtigkeit. Die Unrichtigkeit kann anfänglich sein, weil zB die dingliche Einigung nicht wirksam ist (RGZ 69, 266 f), eine zur Wirksamkeit erforderliche Zustimmungserklärung fehlt (BGH NJW 85, 1025; RGZ 129, 152) oder ein Recht oder das Beteiligungsverhältnis daran (§ 47 GBO) falsch eingetragen ist (RGZ 54, 87). Das Grundbuch wird nachträglich unrichtig, wenn sich Rechtsänderungen außerhalb des Grundbuchs vollziehen. Dazu zählen insb die Fälle der Gesamtrechtsnachfolge (zB §§ 738; 1416, 1485; 1922, 2139; UmwG), der Übergang eines Rechts nach §§ 268 III, 401, 426 II, 774, 1143, 1153, der Mitgliederwechsel in Gesamthandsgemeinschaften durch Anteilsübertragung bei Personengesellschaften (GbR, OHG, KG) oder der Erbengemeinschaft sowie der Erwerb und das Erlöschen von Rechten durch Zuschlag in der Zwangsversteigerung (§§ 90, 91 ZVG) und die Aufhebung der Verfügungsbeschränkung nach § 12 IV WEG (*Böttcher* ZNotP 07, 375). § 894 gilt ferner für das Erlöschen eines eingetragenen Rechts durch Eintritt eines Endtermins oder einer auflösenden Bedingung (MüKo/*Wacke* Rz 6) sowie für die Eintragung eines Rechts entgegen eines Veräußerungs- oder Erwerbsverbots, das nicht unter § 888 II fällt (BGH NJW 95, 2715).

5 II. Keine Unrichtigkeit. Das Grundbuch ist richtig, wenn lediglich das Eintragungsverfahren fehlerhaft ist, aber die materielle Rechtslage mit dem Grundbuchinhalt übereinstimmt (zu § 17 GBO BayObLG NJW-RR 99, 1393), eine konstitutiv wirkende Eintragung bisher nicht erfolgt ist (KG JW 35, 712 f), lediglich ein schuldrechtlicher Anspruch auf Änderung (RGZ 73, 175) bzw Rückgängigmachung (RGZ 51, 422) der dinglichen Rechtslage besteht oder nur das schuldrechtliche Rechtsgeschäft unwirksam ist. Keine Unrichtigkeit liegt bei unzulässigen Eintragungen (§ 53 I 2 GBO) oder bei der unrechtmäßigen Löschung eines Widerspruchs vor. Falsche tatsächliche Angaben (s. Rn 2) oder ungenaue Eintragungen sind vAw zu berichtigen.

6 D. Anspruchsberechtigung und Prozessstandschaft. I. Anspruchsberechtigung. Anspruchsberechtigter ist der gegenwärtige und wirkliche Rechtsinhaber, dessen Recht nicht oder nicht richtig eingetragen ist (RGZ 53, 410). Bei einer Verfügungsbeschränkung ist der durch die Beschränkung Geschützte anspruchsberechtigt. Nicht anspruchsberechtigt sind frühere Rechtsinhaber (RGZ 53, 410 f). Auch gleich- und nachrangige Berechtigte sind anspruchsberechtigt, wenn die Grundbuchberichtigung ihre Rechtsstellung verbessert (RGZ 73, 50). Dies gilt jedoch nicht für den nachrangigen Hypothekar, wenn die vorrangige Hypothek zu einer Eigentümergrundschuld geworden ist (Soergel/*Stürner* Rz 16). Bei Miteigentum (§ 1011) oder Erbengemeinschaft (§ 2039) kann jeder einzelne Berechtigte die Berichtigung auch hinsichtlich der übrigen Berechtigten verlangen (BGHZ 44, 370 f). Nicht anspruchsberechtigt sind Buchberechtigte oder Gläubiger, die gegen den wahren Rechtsinhaber einen schuldrechtlichen Anspruch auf Übertragung des Rechts haben. Ein Anspruch aus § 888 verdrängt den Anspruch aus § 894 (RGZ 132, 424).

7 II. Prozessstandschaft. Der wahre Berechtigte kann einen Dritten zur Geltendmachung des Berichtigungsanspruchs im eigenen Namen und zwar im Wege der Prozessstandschaft auch durch schlüssiges Handeln ermächtigen (RGZ 112, 265; BGH WM 87, 1407). In der Erklärung der Auflassung liegt zugunsten des Auflassungsempfängers regelmäßig eine solche Ermächtigung (RGZ 112, 265 f). Fehlt die nach § 1365 erforderliche Zustimmung des Ehegatten, ist Prozessstandschaft des Ehegatten nach § 1368 möglich.

8 E. Anspruchsverpflichteter. Anspruchsverpflichteter ist jeder, dessen Bewilligung oder Zustimmung nach §§ 19, 27, 29 GBO zur Grundbuchberichtigung erforderlich ist. Dies ist regelmäßig der Buchberechtigte, dessen vermeintliches Recht durch die Grundbuchberichtigung belastet wird (BGHZ 132, 249). Der Verpflichtete muss nicht selber als Berechtigter im Grundbuch eingetragen sein (BGH NJW 96, 3006). Sind mehrere Berechtigte eingetragen, müssen alle Buchberechtigten die Berichtigung bewilligen. Zur Löschung oder Rangänderung (str) von Grundpfandrechten ist auch die Zustimmung des Eigentümers erforderlich (§ 27 GBO, RGZ 72, 367). Soll ein zu Unrecht gelöschtes Recht wieder eingetragen werden, muss der durch die Eintragung Belastete die Berichtigung (Eintragung, RGZ 88, 286 f) bewilligen. Soll ein zu Unrecht gelöschtes Zweigrecht wieder eingetragen werden, muss der Berechtigte des mit dem Zweigrecht belasteten Rechts die Berichtigung (Eintragung) bewilligen.

9 F. Berichtigungsanspruch. I. Rechtsnatur und Inhalt. Der dingliche Anspruch ist auf Abgabe der nach der GBO verfahrensrechtlich erforderlichen Erklärung gerichtet, die zur Berichtigung des Grundbuchs *erforderlich ist* (vgl BGH BGHReport 06, 147 f). Dies kann eine Berichtigungsbewilligung zur Löschung, Rangänderung oder Wiedereintragung eines Rechts nach §§ 19, 29 GBO bzw bei Grundpfandrechten die Zustimmung des Eigentümers nach § 27 GBO sein (s.o. § 876 Rn 6). Für die Form gilt § 29 GBO. Eine Absicherung durch Vormerkung scheidet mangels schuldrechtlichen Anspruchs aus (BayObLG DNotZ 76,

106 f). Neben § 894 haftet der Buchberechtigte dem Eigentümer nach §§ 987 ff (BGHZ 75, 291) und insb nach §§ 990 II, 286 ff.

II. Abtretbarkeit und Pfändbarkeit. Der Berichtigungsanspruch geht mit Übertragung des unrichtig einge- **10** tragenen bzw nicht eingetragenen dinglichen Rechts auf den Erwerber über und kann nicht unabhängig von dem dinglichen Recht abgetreten werden (BGH WM 72, 385; RGZ 78, 90 f). Der Anspruch kann mangels Abtretbarkeit nicht verpfändet werden (§ 1274 II), unterliegt jedoch der Pfändung in den Grenzen des § 857 III ZPO analog (BGHZ 33, 83) und ist gem § 851 ZPO iÜ unpfändbar. Bedeutung hat die Pfändung des Berichtigungsanspruchs wenn ein Gläubiger die Zwangsvollstreckung gegen den Eigentümer als Schuldner betreiben will, der nicht als Eigentümer eingetragen ist (BGHZ 33, 83; Staud/*Gursky* Rz 86). Die Zwangsvollstreckung setzt zuvor die Berichtigung des Grundbuchs voraus, da. Gläubiger des Anspruchs aus § 894 nur der wirkliche Eigentümer ist. (RGZ 94, 10).

III. Gegenrechte. Der Berechtigte kann auf den Berichtigungsanspruch dinglich nicht verzichten (Staud/ **11** *Gursky* Rz 127), jedoch einen pactum de non petendo vereinbaren oder den Anspruch verwirken (BGHZ 122, 308). Der Buchberechtigte kann uU nach § 273 ein Zurückbehaltungsrecht geltend machen, insb wenn er beim Grundstückskaufvertrag Schadensersatz wegen arglistiger Täuschung (BGH NJW-RR 90, 847 f) oder die Rückzahlung des Kaufpreises verlangen kann (BGH NJW 00, 278; DNotZ 89, 760). Ein Zurückbehaltungsrecht nach §§ 273, 1000 besteht, wenn der Verpflichtete auf den Gegenstand der zu berichtigenden Buchposition Verwendungen gemacht hat (BGHZ 75, 293; RGZ 163, 62 f; Erman/*Lorenz* Rz 33 ff). Der Buchberechtigte kann die Erklärung nach § 242 verweigern, wenn er einen Anspruch auf Bestellung des unwirksam bestellten Rechts hat (BGH NJW 74, 1651; Einzelfälle bei MüKo/*Wacke* Rz 30).

IV. Prozessuales. Einer Klage aus § 894 fehlt das Rechtsschutzbedürfnis, wenn das Grundbuch durch eindeuti- **12** gen (Schlesw MDR 82, 143) Unrichtigkeitsnachweis gem §§ 22, 29 GBO berichtigt werden kann (Frankf NJW 69, 1906) oder nach § 53 I 2 GBO vAw zu berichtigen ist (BGH NJW 62, 963). Die Beweislast trägt wegen § 891 der Anspruchsberechtigte (Dresd VIZ 00, 370). Die Unrichtigkeit muss im Zeitpunkt der letzten mündlichen Tatsachenverhandlung vorliegen. Ein rechtskräftiges Urt ersetzt die zur Berichtigung des Grundbuchs erforderliche Erklärung nach §§ 894 f ZPO (KJG 21 A 302) und stellt die materielle Berechtigung mit Rechtskraft inter partes fest (RGZ 158, 43; offen BGH NJW-RR 02, 516). Dadurch wird jedoch ein schuldrechtlicher Anspruch auf Rechtsänderung zB aus § 812 nicht ausgeschlossen (RG JW 35, 2269 ff; MüKo/*Wacke* Rz 35).

§ 895 Voreintragung des Verpflichteten.
Kann die Berichtigung des Grundbuchs erst erfolgen, nachdem das Recht des nach § 894 Verpflichteten eingetragen worden ist, so hat dieser auf Verlangen sein Recht eintragen zu lassen.

A. Allgemeines. Für die Grundbuchberichtigung nach § 894 kann es erforderlich sein, dass der die Grund- **1** buchberichtigung nach § 894 Bewilligende zunächst selber im Grundbuch eingetragen werden muss, damit die Grundbuchberichtigung wegen des Voreintragungsgrundsatzes (§ 39 GBO) erfolgen kann. Der Anspruch besteht nicht, wenn die Voreintragung nach §§ 39 II, 40 GBO entbehrlich ist, außer das Grundbuchamt verkennt dies rechtsirrig (Erman/*Lorenz* Rz 2).

B. Anspruch. I. Voraussetzungen. Das Grundbuch muss mindestens in zweifacher Hinsicht unrichtig sein: **2** Der von der Grundbuchberichtigung nach § 894 Betroffene ist selber nicht oder nicht richtig im Grundbuch eingetragen. Bsp: Der Eigentümer ist verstorben und der Berechtigte eines zu Unrecht gelöschten Rechts will dessen Wiedereintragung erreichen. Zur Berichtigung ist die Bewilligung der Erben (Eigentümer) erforderlich, die jedoch zunächst im Grundbuch voreingetragen werden müssen (§§ 39 f GBO).

II. Inhalt. Der Anspruch ist auf Voreintragung des Bewilligenden gerichtet, der dazu alle notwendigen Erklä- **3** rungen abgeben (§ 13 GBO) und beschaffen muss (Bewilligung des seinerseits Betroffenen nach §§ 19, 29 GBO oder Unrichtigkeitsnachweis nach §§ 22, 29 GBO) sowie nach § 8 KostO einen Kostenvorschuss einzahlen muss.

C. Prozessuales. Ist die Berichtigung auch nach § 14 GBO möglich, fehlt einer Klage aus §§ 895, 894 ZPO **4** nicht das Rechtsschutzbedürfnis (MüKo/*Wacke* Rz 4; str). Ein Urt ersetzt nach § 894 ZPO den Eintragungsantrag und ist bei zu unbestimmtem Tenor allein nach § 888 ZPO vollstreckbar (Staud/*Gursky* Rz 14). §§ 883, 886 ZPO ermöglicht die Herausgabevollstreckung von Eintragungsunterlagen (zB Grundpfandrechtsbrief). Einen Unrichtigkeitsnachweis nach § 22 GBO (zB Erbschein) kann der Gläubiger nach §§ 896, 792 ZPO anstelle des Verpflichteten selber beantragen (MüKo/*Wacke* Rz 5).

§ 896 Vorlegung des Briefes.
Ist zur Berichtigung des Grundbuchs die Vorlegung eines Hypotheken-, Grundschuld- oder Rentenschuldbriefes erforderlich, so kann derjenige, zu dessen Gunsten die Berichtigung erfolgen soll, von dem Besitzer des Briefes verlangen, dass der Brief dem Grundbuchamt vorgelegt wird.

1 Nur soweit nach §§ 41 f GBO die Vorlage eines Grundpfandrechtsbriefes erforderlich ist, besteht ein Anspruch aus § 896. § 896 gilt entspr iFv § 43 GBO. Anspruchsschuldner ist jeder Briefbesitzer, auch wenn er keine Berichtigungsbewilligung nach § 894 abgeben muss (RGZ 69, 42). Der Anspruch ist nicht auf Herausgabe an den Gläubiger, sondern nur auf Vorlage beim Grundbuchamt gerichtet (s.a. § 1145, Ausn: §§ 1144, 1167). §§ 273 II, 986 sind anwendbar (Erman/*Lorenz* Rz 6, str). Die Vollstreckung erfolgt nach § 883 ZPO durch Wegnahme des Briefes durch den Gerichtsvollzieher und Vorlage beim Grundbuchamt (Soergel/*Stürner* Rz 3).

§ 897 Kosten der Berichtigung. Die Kosten der Berichtigung des Grundbuchs und der dazu erforderlichen Erklärungen hat derjenige zu tragen, welcher die Berichtigung verlangt, sofern nicht aus einem zwischen ihm und dem Verpflichteten bestehenden Rechtsverhältnis sich ein anderes ergibt.

1 **A. Allgemeines.** § 897 gilt nicht für das Außenverhältnis ggü Gericht und Notar (KostO), sondern nur für das Innenverhältnis, soweit sich daraus (Vertrag, Delikt) nicht etwas anderes ergibt. § 897 gilt nicht für einen schuldrechtlichen Berichtigungsanspruch (Erman/*Lorenz* Rz 1).

2 **B. Anspruch.** § 897 erfasst die Kosten für die Eintragung und die nach § 29 GBO erforderliche Beglaubigungen. Kosten für einen zur Grundbuchberichtigung erforderlichen Erbschein hat der Verpflichtete zu tragen (*Gregor* NJW 60, 1286). Die Erstattung von Prozesskosten richtet sich nach den §§ 91 ff ZPO. Der Verpflichtete kann die Berichtigung verweigern, wenn ihm der Berechtigte keinen Kostenvorschuss nach §§ 369, 403 analog leistet (Köln MDR 83, 668). Die Verjährung richtet sich nach § 195 (Palandt/*Bassenge* Rz 1).

§ 898 Unverjährbarkeit der Berichtigungsansprüche. Die in den §§ 894 bis 896 bestimmten Ansprüche unterliegen nicht der Verjährung.

1 § 898 ist eine Sonderregelung zu §§ 196, 197. Die Ansprüche auf Grundbuchberichtigung nach § 894 und die Hilfsansprüche aus §§ 895 f verjähren nicht. Die Ansprüche gehen jedoch unter, wenn dingliche Rechte nach §§ 900 f erlöschen, da das Grundbuch damit richtig wird. Trotz Unverjährbarkeit ist Verwirkung möglich.

§ 899 Eintragung eines Widerspruchs. (1) In den Fällen des § 894 kann ein Widerspruch gegen die Richtigkeit des Grundbuchs eingetragen werden.
(2) ¹Die Eintragung erfolgt auf Grund einer einstweiligen Verfügung oder auf Grund einer Bewilligung desjenigen, dessen Recht durch die Berichtigung des Grundbuchs betroffen wird. ²Zur Erlassung der einstweiligen Verfügung ist nicht erforderlich, dass eine Gefährdung des Rechts des Widersprechenden glaubhaft gemacht wird.

1 **A. Allgemeines.** Ein unrichtiges Grundbuch begründet die Gefahr eines gutgläubigen – lastenfreien – Erwerbs bzw Rechtsverlusts nach §§ 892 f, 900 ff. Zur einstweiligen Vermeidung des Rechtsverlusts durch gutgläubigen lastenfreien Erwerb, ermöglicht § 899 kurzfristig die Eintragung eines Widerspruchs, der die Vermutung nach § 892 aufhebt (RGZ 128, 54 f), insb wenn eine Grundbuchberichtigung nach § 894, §§ 19, 29 GBO oder nach § 22 GBO kurzfristig nicht möglich ist. Ein Widerspruch ist daher nur möglich, wenn auch ein gutgläubiger lastenfreier Erwerb möglich ist (Erman/*Lorenz* Rz 4 ff). Statt eines Widerspruchs kann auch ein einstweiliges Veräußerungsverbot nach § 938 II ZPO erwirkt werden.

2 **B. Unrichtigkeit.** Zur Unrichtigkeit s. § 894 Rn 3 ff. Ist das Grundbuch in mehrfacher Hinsicht unrichtig, muss gegen jede Unrichtigkeit ein Widerspruch eingetragen werden.

3 **I. Gelöschte bzw nicht eingetragene Rechte.** Gegen zu Unrecht gelöschte oder außerhalb des Grundbuchs bestehende und nicht eingetragene Rechte und Verfügungsbeschränkungen (Staud/*Gursky* Rz 31) sowie Vormerkungen (RGZ 132, 424) ist die Eintragung eines Widerspruchs möglich. Bei Briefrechten ist ein Widerspruch auch gegen einen nicht eingetragenen Briefbesitzer möglich (Frankf Rpfleger 75, 301).

4 **II. Eingetragene Rechte.** Gegen eingetragene Rechte, die materiell rechtlich nicht oder so nicht bestehen, ist ein Widerspruch nur möglich, wenn diese überhaupt nach § 892 gutgläubig erworben werden können. Gegen nicht übertragbare Rechte (zB Nießbrauch) ist ein Widerspruch wegen des Rechtsverlusts nach §§ 900 ff möglich (Köln DNotZ 58, 489).

5 **III. Vormerkung und Verfügungsbeschränkung.** Ein Widerspruch gegen eine nicht wirksam entstandene Vormerkung ist möglich, jedoch unzulässig, wenn der gesicherte Anspruch nicht besteht (BGHZ 25, 24), weil dann ein gutgläubiger Erwerb nicht möglich ist. Aus demselben Grund ist nur gegen zu unrecht gelöschte, *nicht aber gegen eingetragene*, aber nicht bestehende Verfügungsbeschränkungen ein Widerspruch möglich (KGJ 26, 79 f).

IV. Widerspruch. Ein Widerspruch gegen einen Widerspruch ist nicht zulässig (RGZ 117, 352). Bei unrecht- 6
mäßiger Löschung eines Widerspruchs ist kein Widerspruch gegen die Löschung, sondern nur die
Beschwerde nach § 71 GBO dagegen oder die Eintragung eines neuen Widerspruchs möglich (MüKo/*Wacke*
Rz 6).

C. Eintragung. Bei der Eintragung des Widerspruchs müssen das betroffene und das geschützte Recht, sowie 7
dessen Inhalt und Berechtigter genau bezeichnet werden (KGJ 45, 231). Andernfalls ist die Eintragung nach
§ 53 I 2 GBO vAw zu löschen (BayObLGZ 55, 314). §§ 885 II, 874 gelten entspr. Die Eintragung kann auch
während eines Insolvenzverfahrens erfolgen. Die Eintragung erfolgt aufgrund Bewilligung bzw einstweiliger
Verfügung, verfahrensrechtlich gelten die §§ 13, 19, 29 GBO. Derselbe Widerspruch kann auch aufgrund
Bewilligung und gleichlautender einstweiliger Verfügung erfolgen. Bei Briefrechten ist die Briefvorlage erforderlich (§§ 41 f GBO, Ausn § 41 I 2).

I. Einstweilige Verfügung. Für das Verfahren gelten die §§ 936 ff, 920 ff ZPO. Antragsteller kann nur der 8
Gläubiger eines Berichtigungsanspruchs nach § 894 bzw der Inhaber der Verfügungsbefugnis sein (MüKo/
Wacke Rz 8). Die eV ist gegen alle nach § 894 Verpflichteten des Berichtigungsanspruchs zu richten. Glaub-
haft gemacht werden muss die Unrichtigkeit des Grundbuches nach §§ 936, 920 II ZPO, nicht jedoch die
Gefahr eines Rechtsverlusts (§ 899 II 2; Schlesw FGPrax 06, 150 f). Die Zustellung und die Vollziehungsfrist
richten sich nach §§ 936, 929 ZPO und werden vom Grundbuchamt geprüft (Palandt/*Bassenge* Rz 6). Der
Eingang des Eintragungsantrags nach § 13 GBO oder das Ersuchen auf Eintragung des Vollstreckungsgerichts
nach §§ 941 ZPO, 38 GBO gelten als Vollziehung, §§ 936, 932 III. Bei Briefrechten kann nach §§ 41 I 2, 42
GBO die Vorlegung des Briefes entbehrlich sein.

II. Bewilligung. Die Bewilligung ist eine materiell-rechtliche (aA MüKo/*Wacke* Rz 14), einseitige, empfangs- 9
bedürftige und formlose Willenserklärung aller Verpflichteten des Berichtigungsanspruchs (§ 894). Verfahrensrechtlich gelten die §§ 19, 29 GBO. Hinsichtlich Adressat, Bindung und Verlust der Verfügungsbeschränkung sind §§ 875 I 2, 875 II (MüKo/*Wacke* Rz 14) und 878 (Soergel/*Stürner* Rz 10, str) entspr anwendbar. Die
Bewilligung ist keine Verfügung (RG HRR 28 Nr 842) und kann nach § 895 ZPO ersetzt werden.

III. Andere Fälle. Eintragungsantrag und Bewilligung können durch das Ersuchen einer Behörde nach § 38 10
GBO, insb bei der Genehmigung einer Grundstücksveräußerung, ersetzt werden (zB § 7 II GrdstVG). Ein
Ersuchen kann auch das Vollstreckungsgericht nach § 941 ZPO stellen. Wie ein Widerspruch nach § 899 wirkt
ein Amtswiderspruch nach § 53 I 1 GBO (nicht nach §§ 18, 23, 24 GBO). Ein Amtswiderspruch, der den
Berechtigten nicht bezeichnet, ist nach § 53 I 2 GBO als unzulässig zu löschen (BGH NJW 85, 3070).

D. Wirkung. Der eingetragene Widerspruch hebt den öffentlichen Glauben hinsichtlich des betroffenen 11
Rechts nach § 892 auf, so dass ein gutgläubiger – lastenfreier – Erwerb hinsichtlich des betroffenen Rechts
ausgeschlossen wird. Dies gilt nur für einen Widerspruch, der zugunsten des wirklichen Inhabers eines beste-
henden Berichtigungsanspruchs eingetragen ist (Soergel/*Stürner* Rz 9), der in diesem Fall auch zugunsten
Dritter wirkt (MüKo/*Wacke* Rz 24). Nicht aufgehoben wird die Vermutungswirkung des § 891 bis zum
Beweis des Gegenteils (BGH MDR 67, 749). Der Widerspruch bewirkt keine Grundbuchsperre und ist keine
Verfügungsbeschränkung iSd § 892 (RGZ 117, 351 f). Wegen der Aufhebung des öffentlichen Glaubens sind
nur Verfügungen des materiell Berechtigten wirksam und Verfügungen iÜ absolut unwirksam (Erman/*Lorenz*
Rz 15). Der Widerspruch hat den Rang des geschützten Rechts (RGZ 129, 127). In der Zwangsversteigerung
ist nach § 48 ZVG das durch Widerspruch geschützte Recht wie ein eingetragenes und bei der Verteilung des
Erlöses wie ein bedingtes Recht zu behandeln (MüKo/*Wacke* Rz 26, str). S. auch §§ 900 I 3, 902 II, 927 III.

E. Löschung. Der Widerspruch erlischt, wenn er im Grundbuch gelöscht wird oder die zugrunde liegende 12
eV aufgehoben wird (§§ 895 2 ZPO, 25 GBO). Zur Löschung eines Widerspruchs nach II 1 ist die Bewilligung
des Begünstigten ausreichend. Zur Löschung eines auf Ersuchen einer Behörde eingetragenen Widerspruchs
ist das Ersuchen der Behörde auf Löschung oder ggf Nachweis der Genehmigung erforderlich. Ist der Widerspruch unrichtig, kann nach § 22 GBO gelöscht werden und es besteht ein Anspruch analog § 894
(BGH NJW 69, 93). Das Erlöschen des Widerspruchs lässt dessen Wirkungen mit Rückwirkung entfallen
(MüKo/*Wacke* Rz 31; aA Staud/*Gursky* Rz 76, str). Wird der Widerspruch unrechtmäßig gelöscht und weiß
dies der Erwerber, hindert dies einen gutgläubigen Erwerb (Soergel/*Stürner* Rz 12, str).

F. Rechtshängigkeitsvermerk. I. Allgemeines. Ist eine Klage auf Grundbuchberichtigung rechtshängig, 13
kann der Beklagte den streitbefangenen Gegenstand dennoch veräußern. Ein Urt wirkt nach §§ 265, 325 II
ZPO nur gegen den Rechtsnachfolger, wenn dieser die Rechtshängigkeit kennt. Ein Rechtshängigkeitsvermerk, der eine Rechtskrafterstreckung des Urt bewirkt, kann im Grundbuch eingetragen werden und zwar
auch neben einem Widerspruch (aA Kobl Rpfleger 92, 102).

II. Eintragung. Die Zulässigkeit und Eintragungsvoraussetzungen sind umstr (vgl MüKo/*Wacke* Rz 32 ff). 14
Die Eintragung erfolgt nach §§ 19, 22, 29 GBO und erfordert keine einstweilige Verfügung (Braunschw NJW-
RR 05, 1099 ff mwN, str). Nach Rechtshängigkeit kann der Vermerk auch nach §§ 22, 29 GBO durch Nach-

weis der Klagezustellung eingetragen werden (Braunschw NJW-RR 05, 1099 ff; BayObLG NJW-RR 03, 234; München NJW-RR 00, 384; Soergel/*Stürner* Rz 14; aA MüKo/*Wacke* Rz 33). Wegen dieser Möglichkeit fehlt einer eV idR das Rechtsschutzbedürfnis (aA BayObLG NJW-RR 03, 234; MüKo/*Wacke* Rz 33). Der Vermerk wird nach §§ 19, 22, 29 GBO gelöscht.

§ 899a Maßgaben für die Gesellschaft bürgerlichen Rechts.
Ist eine Gesellschaft bürgerlichen Rechts im Grundbuch eingetragen, so wird in Ansehung des eingetragenen Rechts auch vermutet, dass diejenigen Personen Gesellschafter sind, die nach § 47 Absatz 2 Satz 1 der Grundbuchordnung im Grundbuch eingetragen sind, und dass darüber hinaus keine weiteren Gesellschafter vorhanden sind. Die §§ 892 bis 899 gelten bezüglich der Eintragung der Gesellschafter entsprechend.

1 **A. Allgemeines.** Aufgrund der Rechtsprechung des BGH ist eine Außen-GbR teilrechtsfähig und grundbuchfähig (BGH RNotZ 09, 227 m Anm *Heil*). Dies wird vom Gesetzgeber mittelbar durch die Einführung der §§ 899a BGB; 47 II GBO bestätigt. Wenn die GbR jedoch nur unter ihrem Namen im Grundbuch eingetragen ist, ist aus dem Grundbuch nicht ersichtlich, wer die GbR vertreten kann. Auch ein öffentliches Register – entsprechend dem Handelsregister –, aus der die Vertretungsbefugnis der GbR mit Schutz des öffentlichen Glaubens entnommen werden kann, besteht nicht. Daher wurde § 47 II GBO eingefügt, wonach auch die Gesellschafter einer GbR im Grundbuch einzutragen sind. Die bloße Eintragung der Gesellschafter im Grundbuch würde einem gutgläubigen Dritten nicht helfen, da der gute Glaube an die Vertretungsmacht durch §§ 892 ff nicht geschützt wird (s. § 892 Rn 2). Daher ergänzt § 899a die Vermutungswirkung in § 891 und damit das System der §§ 892 ff. Gem Art 229 § 21 EGBGB gelten die §§ 899a.BGB; 47 II 2 GBO auch für Eintragungen, die vor Inkrafttreten der Neuregelung erfolgt sind.

2 **B. Eintragung.** § 899a gilt nur für die GbR. Die Gesellschafter der GbR müssen aufgrund § 47 II GBO in das Grundbuch eintragen sein. Die Eintragung darf nicht offensichtlich unrichtig sein, zB weil nur ein Gesellschafter eingetragen ist.

3 **C. Vermutung.** Es wird vermutet, dass die GbR überhaupt existiert (*Ruhwinkel* MittBayNot 09, 422) und dass die eingetragenen Gesellschafter die einzigen Gesellschafter der GbR sind. Wegen §§ 709, 714 kann sich ein Dritter darauf verlassen, dass die GbR bei dinglichen Rechtsgeschäften bezüglich eingetragener Rechte iSd §§ 892 ff durch alle eingetragenen Gesellschafter gemeinsam wirksam vertreten wird. Hinsichtlich der eingetragenen Gesellschafter gelten die §§ 892–899 entsprechend, so dass für den Zeitpunkt der Kenntnis gem § 892 II die Antragstellung maßgeblich ist und gem § 899 ein Widerspruch hinsichtlich der Gesellschafterstellung eingetragen werden kann. Wird die GbR aufgrund Vollmacht vertreten, ist zum Nachweis der Vertretungsmacht zusätzlich § 29 GBO zu beachten. Problematisch ist die Auslegung von – alten – Vollmachten, in denen sich die Gesellschafter nur wechselseitig, nicht aber zur Vertretung der GbR, bevollmächtigt haben (München 26.8.09 – 34 Wx 054/09). Nach einer Ansicht gilt § 899a zumindest analog auch für die geschlossenen schuldrechtlichen Vereinbarungen, um eine Kondiktion auszuschließen (*Ruhwinkel* MittBayNot 09, 423).

§ 900 Buchersitzung.
(1) ¹Wer als Eigentümer eines Grundstücks im Grundbuch eingetragen ist, ohne dass er das Eigentum erlangt hat, erwirbt das Eigentum, wenn die Eintragung 30 Jahre bestanden und er während dieser Zeit das Grundstück im Eigenbesitz gehabt hat. ²Die dreißigjährige Frist wird in derselben Weise berechnet wie die Frist für die Ersitzung einer beweglichen Sache. ³Der Lauf der Frist ist gehemmt, solange ein Widerspruch gegen die Richtigkeit der Eintragung im Grundbuch eingetragen ist.
(2) ¹Diese Vorschriften finden entsprechende Anwendung, wenn für jemand ein ihm nicht zustehendes anderes Recht im Grundbuch eingetragen ist, das zum Besitz des Grundstücks berechtigt oder dessen Ausübung nach den für den Besitz geltenden Vorschriften geschützt ist. ²Für den Rang des Rechts ist die Eintragung maßgebend.

1 **A. Allgemeines.** Um ein dauerndes Auseinanderfallen von Recht und Besitz zu verhindern (BGHZ 136, 242), wird der Bucheigentümer wirklicher Eigentümer, wenn er 30 Jahre lang Eigenbesitzer des Grundstücks war. § 900 erfasst va die Fälle, in denen die dingliche Einigung nach §§ 925, 873 wegen Mängeln nach §§ 104 ff, 134 ff, 181 nicht wirksam ist. Falls der Beginn der Ersitzungsfrist und der Beginn der Verjährungsfrist des Herausgabeanspruches weit auseinander fallen, soll § 900 unanwendbar sein (BGH NJW 94, 1152, s. aber zurz Soergel/*Stürner* Rz 2). Zur Ersitzung nach Enteignung in der DDR (BGHZ 136, 242; 132, 245).

2 **B. Eigentumserwerb (Abs 1). I. Eintragung und Eigenbesitz.** Eine natürliche oder juristische Person – auch des öffentlichen Rechts (BGHZ 136, 242) – muss im Grundbuch als Eigentümer, Miteigentümer (Celle RdL 57, 321) oder Inhaber eines grundstücksgleichen Rechts eingetragen sein, ohne Eigentümer bzw Inhaber zu sein. *§ 900 gilt auch für eine zu Unrecht eingetragene Gesamthandsgemeinschaft.* Die Eintragung darf nicht widersprüchlich sein und muss Rechtsschein entfalten können (BayObLGZ 79, 112 f; Erman/*Lorenz* Rz 3). Der Eingetragene muss – zumindest mittelbarer (BayObLGZ 79, 111) – Eigenbesitzer des Grundstücks sein, dh er muss das Grundstück als ihm gehörend besitzen (§ 872), was nach § 891 vermutet wird. Bei der

Umwandlung von Fremdbesitz in Eigenbesitz ist eine entspr Willenskundgabe erforderlich (BGH MDR 71, 916). Der Eingetragene muss hinsichtlich des Eigentums bzw der Inhaberschaft nicht gutgläubig sein (BGHZ 117, 292).

II. Fristablauf. Der Eigenbesitz muss während der gesamten dreißigjährigen Frist bestehen. Für die Berechnung, Hemmung und Unterbrechung der Frist gelten §§ 939–944, wobei auch die Vermutung nach § 938 gilt (MüKo/*Wacke* Rz 5). Bei Rechtsnachfolge gilt § 943. Die Frist ist solange gehemmt, wie ein Widerspruch nach § 899 gegen die Eintragung eingetragen ist. § 939 gilt entspr für den Grundbuchberichtigungsanspruch nach § 894 (Staud/*Gursky* Rz 16).   3

III. Wirkung. Die Buchersitzung bewirkt originären Eigentumserwerb, so dass das Grundbuch richtig wird. Die unverjährbaren (§ 898) Ansprüche aus §§ 894–896 erlöschen.   4

C. Rechtserwerb (Abs 2). Die Buchberechtigten von dinglichen Rechten, die ein Recht zum Besitz des Grundstücks geben oder besitzrechtlich geschützt sind, erwerben diese Rechte mit dem eingetragenen Rang (II 2) entspr I. Die zum Besitz berechtigenden Rechte sind: §§ 1036, 1093, 34 II, 31 WEG. Rechte, die Besitzschutz genießen sind: §§ 1029, 1090 II, 1029. Während der dreißigjährigen Frist muss der Berechtigte im Grundbuch eingetragen sein und bei Besitzrechten das Grundstück als ihm gehörend besessen oder bei besitzrechtlich geschützten Rechten diese im üblichen Rahmen ausgeübt haben (Jahresfrist, § 1029), was nach §§ 891, 938 vermutet wird (MüKo/*Wacke* Rz 8, str).   5

§ 901 Erlöschen nicht eingetragener Rechte. ¹Ist ein Recht an einem fremden Grundstück im Grundbuch mit Unrecht gelöscht, so erlischt es, wenn der Anspruch des Berechtigten gegen den Eigentümer verjährt ist. ²Das Gleiche gilt, wenn ein kraft Gesetzes entstandenes Recht an einem fremden Grundstück nicht in das Grundbuch eingetragen worden ist.

A. Gelöschtes Recht. Von 1 werden alle eintragungsfähigen beschränkten dinglichen Rechte sowie entspr grundstücksgleiche Rechte an einem fremden Grundstück erfasst. Das Recht muss wirksam entstanden, in das Grundbuch eingetragen und später zu Unrecht gelöscht worden sein. Anspruch iSd § 901 ist der Anspruch aus dem gelöschten dinglichen Recht auf Gewährung von Besitz oder Leistungen und nicht der Berichtigungsanspruch nach § 894, weil dieser nach § 898 nicht verjährt. Anspruch ist zB bei der Hypothek der Anspruch auf Duldung der Zwangsvollstreckung (§ 1147), Zahlung des Kapitals und der Zinsen und bei dem Nießbrauch die Gewährung von Besitz und Nutzungen (vgl Erman/*Lorenz* Rz 5). Die Verjährung richtet sich nach §§ 194 ff. Die Verjährung beginnt nach §§ 199 f, aber wegen § 902 I frühestens mit Löschung des Rechts. Ist gegen die Löschung ein Widerspruch eingetragen, läuft gem § 902 II die Verjährungsfrist ebenfalls nicht. Wird ein Widerspruch oder das Recht neu eingetragen, wird die Verjährung unterbrochen und die Frist beginnt erst mit der Löschung von neuem zu laufen (MüKo/*Wacke* Rz 4). Sonderregelungen zur Verjährung: §§ 1028, 1090 II und §§ 914 II, 917 II.   1

B. Nicht eingetragenes Recht. 2 erweitert den Anwendungsbereich von 1 auf im Grundbuch eintragungsfähige beschränkte dingliche Rechte, die außerhalb des Grundbuchs entstehen und nicht in das Grundbuch eingetragen worden sind. Dazu gehören die nach § 1075 erworbene Nießbrauch an einem Recht und die Sicherungshypotheken nach §§ 1287 2; 848 II 2 ZPO.   2

C. Wirkung. Mit der Verjährung erlischt das Recht und das Grundbuch wird richtig, so dass auch Grundbuchberichtigungsansprüche nach §§ 894 ff nicht mehr bestehen.   3

§ 902 Unverjährbarkeit eingetragener Rechte. (1) ¹Die Ansprüche aus eingetragenen Rechten unterliegen nicht der Verjährung. ²Dies gilt nicht für Ansprüche, die auf Rückstände wiederkehrender Leistungen oder auf Schadensersatz gerichtet sind.
(2) Ein Recht, wegen dessen ein Widerspruch gegen die Richtigkeit des Grundbuchs eingetragen ist, steht einem eingetragenen Recht gleich.

A. Allgemeines. § 902 gilt für alle eintragungsfähigen dinglichen Rechte, die für den wahren Berechtigten bzw bei Rechtsnachfolge außerhalb des Grundbuchs für den Rechtsvorgänger (zB Erblasser) im Grundbuch wirksam eingetragen sind (Staud/*Gursky* Rz 7, allgM). Nach allg Regeln verjährt dagegen ein durch Vormerkung gesicherter Anspruch, ohne dass die Vormerkung nach § 216 bestehen bleibt (s.a. § 886). Abw von § 902 verjährt beim Erbbaurecht der Heimfallanspruch nach §§ 4, 11 ErbbauRG. Leistungen aus nicht eingetragenen Rechten verjähren nach den §§ 194 ff. Die Verjährungsfrist ist jedoch wirkungslos, wenn das Recht oder ein Widerspruch eingetragen wird (II).   1

B. Unverjährbarkeit. Unverjährbar sind alle dinglichen Ansprüche aus dem jeweiligen Recht (zB Besitzverschaffung (zB §§ 985, 1036 I), Nutzung (§§ 1018, 1030), Duldung der Zwangsvollstreckung (§§ 1147, 1192), sofern sie nicht unter 2 fallen oder ausnahmsweise nach §§ 1028, 1090 erlöschen. Trotz Unverjährbarkeit ist   2

Verwirkung möglich (*v* Olshausen JZ 83, 288 ff, str). Verjähren können bei Grundpfandrechten die zugrunde liegenden schuldrechtlichen Forderungen (§ 216 I).

3 **C. Verjährbarkeit.** Nach den §§ 194 ff verjähren – nicht notwendig regelmäßig – wiederkehrende Leistungen aus dem dinglichen Recht (§ 216 III) und Schadensersatzansprüche. Zu den wiederkehrenden Leistungen gehören bei Hypotheken und Grundschulden die Zinsen – nicht Kapitalteilbeträge – (§§ 1115, 1192), bei Rentenschuld die Renten (§ 1199) und bei der Reallast deren Leistungen (§ 1107) (vgl Erman/*Lorenz* Rz 6). Schadensersatzansprüche sind zB diejenigen aus §§ 904, 989 ff, 1057, 1065. Verjähren kann auch ein Anspruch aus § 1004 (BGHZ 60, 238, str).

Abschnitt 3   Eigentum

Titel 1   Inhalt des Eigentums

§ 903 Befugnisse des Eigentümers. ¹Der Eigentümer einer Sache kann, soweit nicht das Gesetz oder Rechte Dritter entgegenstehen, mit der Sache nach Belieben verfahren und andere von jeder Einwirkung ausschließen. ²Der Eigentümer eines Tieres hat bei der Ausübung seiner Befugnisse die besonderen Vorschriften zum Schutz der Tiere zu beachten.

1 **A. Begriff, Inhalt, Gegenstand und Arten des Eigentums. I. Begriff.** Die Vorschrift enthält keine Definition des Eigentums, sondern beschreibt den wesentlichen Inhalt der dem Eigentümer zustehenden Rechte. Das Eigentum iSd BGB ist ein dingliches und damit absolutes Recht, welches ggü jedermann wirkt. Es ist das Vollrecht an einer Sache, das umfassendste Herrschaftsrecht, welches die Rechtsordnung kennt. Eine Teilberechtigung an einer Sache (Nutzungs- oder Gebrauchsrecht) ist in der Form des Eigentums nicht möglich; sie lässt sich nur durch die Einräumung beschränkter dinglicher Rechte von dem Eigentumsrecht abspalten.

2 **II. Inhalt.** Der wesentliche Inhalt des Eigentumsrechts geht in zwei Richtungen. Zum einen kann der Eigentümer mit seiner Sache nach Belieben verfahren (**positive Eigentümerbefugnis**). Das gilt sowohl für tatsächliche als auch für rechtliche Handlungen. Er kann also die Sache nutzen, benutzen, beschädigen, vernichten und verbrauchen; er kann auch über sie verfügen, indem er sein Recht verändert, belastet, überträgt oder aufhebt. Zum anderen kann der Eigentümer andere Personen von jeder Einwirkung auf die Sache ausschließen (**negative Eigentümerbefugnis**). Dies ist der bedeutendere Teil der Vorschrift. Der Umfang des Ausschließungsrechts bestimmt sich nach dem positiven Inhalt des Eigentums; deshalb kann der Eigentümer jede beliebige Einwirkung, die ihm selbst gestattet ist, abwehren. Damit gewährt das Eigentum seinem Inhaber eine umfassende Rechtsmacht sowohl in tatsächlicher als auch in rechtlicher Hinsicht.

3 Befinden sich Sachen verschiedener Eigentümer in räumlicher Nähe, kann die positive Wirkung der Vorschrift für den einen Eigentümer (mit der Sache nach Belieben zu verfahren) mit der negativen Wirkung für den anderen Eigentümer (andere von jeder Einwirkung auszuschließen) kollidieren. Es liegt auf der Hand, dass diese Konstellation in erster Linie bei der Benutzung benachbarter (nicht notwendig aneinander grenzender, RGZ 154, 161; BGH NJW 03, 1392) Grundstücke auftritt. Das erfordert die inhaltliche Begrenzung der beiden Eigentümerrechte durch ein auf die nachbarlichen Verhältnisse abgestimmtes Gebot zur gegenseitigen Rücksichtnahme. Dem tragen die §§ 905 ff Rechnung. Danach reicht das uneingeschränkte Recht des Eigentümers zur Benutzung seines Grundstücks nur so weit, wie das keine grenzüberschreitenden Einwirkungen auf benachbarte Grundstücke zur Folge hat. Ist die Benutzung dagegen mit einer Grenzüberschreitung verbunden, tritt das Benutzungsrecht des einen Eigentümers ggü dem Ausschließungsrecht des anderen Eigentümers zurück.

4 Auch der umgekehrte Fall ist denkbar, dass nämlich das Ausschließungsrecht des einen Eigentümers ggü dem Benutzungsrecht des anderen Eigentümers beschränkt ist. Dadurch wird das Eigentum an dem betroffenen Grundstück inhaltlich begrenzt. Das ist dann der Fall, wenn sich die Benutzung eines Grundstücks zwar innerhalb seiner Grenzen hält, sie aber zu negativen oder ideellen Einwirkungen auf ein benachbartes Grundstück führt. Unter **negativen Einwirkungen** versteht man das Abhalten natürlicher Zuführungen und Vorteile auf ein Grundstück sowie das Verhindern von natürlichen Ableitungen von einem Grundstück infolge der – nicht grenzüberschreitenden – Benutzung eines benachbarten Grundstücks; sie gelten nach hM nicht als Eigentumsbeeinträchtigung und können deshalb nicht nach § 1004 I abgewehrt werden (BGH NJW-RR 03, 1313, 1314 mwN). Dazu gehören die Entziehung von Licht (BGH MDR 51, 726; BB 53, 373; NJW 92, 2569), Luft (Ddorf NJW 79, 2618) und Wind (Frankf NJW-RR 00, 1542), die Einschränkung des Ausblicks (BGH NJW 03, 1313, 1314), die Verhinderung des Luftabflusses von einem Grundstück (BGHZ 113, 384), die *Abschattung* von Funkwellen (BGHZ 88, 344), die Entziehung von Grundwasser durch die Förderung von Grundwasser auf einem benachbarten Grundstück (BayObLGZ 65, 7) und die Beeinträchtigung der Uneinsehbarkeit eines Grundstücks (Köln NJW-RR 92, 526). Unter **ideellen Einwirkungen** versteht man die Verletzung des ästhetischen oder sittlichen Empfindens eines Grundstückseigentümers und die Minderung

des Verkehrswerts eines Grundstücks infolge von – nicht grenzüberschreitenden – Handlungen auf dem Nachbargrundstück; auch sie sind nach hM nicht abwehrbar (BGH NJW 03, 1313, 1314). Als Bsp für solche Einwirkungen sind das Nacktbaden (RGZ 76, 130) und der Betrieb eines Bordells (BGHZ 95, 307) auf dem Nachbargrundstück, die Errichtung eines Lagers für Baumaterialien in einer Wohngegend (BGHZ 51, 396) und eines Abstellplatzes für Schrottfahrzeuge neben einem Hotel (BGHZ 54, 56) sowie das Vorhandensein einer unansehnlichen Stützmauer an der Grundstücksgrenze (BGH NJW 75, 170) zu nennen.

Die Auffassung der hM zu der fehlenden Möglichkeit negative und ideelle Einwirkungen abzuwehren, sollte überdacht werden. Einerseits muss die gesetzgeberische Wertung ausreichend berücksichtigt werden, dass die positiven Eigentümerbefugnisse so lange nicht eingeschränkt werden sollen, wie die Nutzung des Grundstücks dessen Grenzen nicht überschreitet. Das darf aber nicht der einzige Gesichtspunkt bei der Beurteilung der Abwehrfähigkeit von Einwirkungen auf das Nachbargrundstück bleiben. Denn andererseits muss dem gegenseitigen Rücksichtnahmegebot entspr gewährleistet sein, dass die uneingeschränkte Nutzung des Eigentums nicht zu einer unzumutbaren Beeinträchtigung des Nachbargrundstücks führt. Der Nachbar muss ggü negativen Einwirkungen in demselben Maß wie ggü positiven (grenzüberschreitenden) Einwirkungen geschützt werden. Das erfordert die Gleichbehandlung der beiden Einwirkungsarten (*Wenzel* NJW 05, 241, 247). Eine Gleichstellung der ideellen Einwirkungen mit den positiven Einwirkungen ist dagegen schon deshalb nicht möglich, weil sie nicht messbar und objektivierbar sind. Das nimmt ihnen die Qualität einer Einwirkung iSd § 903. 5

Die Vorschrift enthält **keine Anspruchsgrundlage**. Zur Durchsetzung der negativen Eigentümerbefugnisse muss deshalb auf andere Rechtsbehelfe zurückgegriffen werden. Dazu gehören die Selbstverteidigungs- und Selbsthilferechte, also Notwehr (§ 227), Notstand (§§ 228, 904) und Selbsthilfe (§ 229). Weiter wird der Schutz des Eigentums durch diverse Anspruchsgrundlagen gewährleistet. Die wichtigsten sind diejenigen, die auf Herausgabe der Sache gerichtet sind (§ 985 oder auch § 823 I und § 823 II iVm einem Schutzgesetz, soweit es um Schadensersatz durch Naturalrestitution geht); ebenfalls bedeutsam sind die Beseitigungs- und Unterlassungsansprüche nach § 1004 I und der Grundbuchberichtigungsanspruch nach § 894. Weiter sind die auf Geldersatz gerichteten Schadensersatzansprüche nach § 823, die auf Geldersatz und Nutzungsherausgabe gerichteten Ansprüche aus dem Eigentümer-Besitzer-Verhältnis (§§ 987 ff), die speziellen nachbarrechtlichen Eigentumsstörungsansprüche nach §§ 905 ff und das Verfolgungsrecht nach § 1005 zu nennen. 6

III. Gegenstand. Gegenstand des Eigentums sind einzelne Sachen iSv § 90. Dazu gehören die beweglichen Sachen, also solche, die nicht Grundstücke, Grundstücksbestandteile oder den Grundstücken gleichgestellt sind, Schiffe und Luftfahrzeuge sowie die unbeweglichen Sachen, also Grundstücke. Eine aus mehreren Sachen bestehende Sachgesamtheit kann nicht Gegenstand des Eigentums sein. Dasselbe gilt für unkörperliche Gegenstände (BGHZ 44, 288, 293; 153, 182, 189). 7

IV. Eigentumsarten. Eigentum iSd Vorschrift ist das Alleineigentum, das Miteigentum nach Bruchteilen, das Gesamthandseigentum, das Wohnungs- und Teileigentum sowie das Bergwerkseigentum. Beim **Alleineigentum** ist eine einzige natürliche oder juristische Person Inhaber des Eigentumsrechts. Beim **Miteigentum** (§ 1008) steht das Eigentum an einer ungeteilten Sache mehreren natürlichen oder juristischen Personen zu ideellen Bruchteilen zu. **Gesamthandseigentum** ist die Berechtigung einer Gesamthandsgemeinschaft (nicht rechtsfähiger Verein § 54; Gesellschaft bürgerlichen Rechts §§ 705 ff; Gesamtgut bei der ehelichen Gütergemeinschaft §§ 1416, 1485; Miterbengemeinschaft § 2032; offene Handelsgesellschaft §§ 105 ff HGB; Kommanditgesellschaft § 161 HGB; Reederei § 489 HGB) an einer ungeteilten Sache. Als **Wohnungs- oder Teileigentum** wird das Sondereigentum an einer Wohnung oder an nicht zu Wohnzwecken dienenden Räumen eines Gebäudes iVm dem Miteigentumsanteil an dem gemeinschaftlichen Grundstück bezeichnet (§ 1 I, II WEG). Das **Bergwerkseigentum** gibt seinem Inhaber das Recht, Bodenschätze zu gewinnen und sich anzueignen sowie dafür notwendige vorbereitende und nachfolgende Tätigkeiten vorzunehmen (§§ 8, 9 BBergG). 8

Kein besonderes Eigentum iSv § 903 ist das Sicherungseigentum und das Treuhandeigentum. Das **Sicherungseigentum** an beweglichen Sachen ist eine Form der Kreditsicherung; es ist vollwertiges Eigentum und wird nach den Übereignungsvorschriften der §§ 929, 930 erworben, hat allerdings lediglich die Funktion eines besitzlosen Pfandrechts. Sein Schutz und seine Behandlung in der Zwangsvollstreckung folgen besonderen Regeln. Auch das **Treuhandeigentum** ist volles Eigentum. Dem Treuhänder stehen nach außen alle Eigentümerrechte zu; im Innenverhältnis ist er aufgrund des zwischen ihm und dem Treugeber bestehenden Treuhandvertrags jedoch in seiner Verfügungsmacht beschränkt. Deshalb spricht man auch von fiduziarischem Eigentum. 9

Nicht zu dem Eigentum iSd Vorschrift gehört das sog **Vorbehaltseigentum** des Käufers, der eine Sache unter Eigentumsvorbehalt gekauft hat (§ 449); denn bis zum Eintritt der für den Eigentumsübergang notwendigen Bedingung der vollständigen Kaufpreiszahlung bleibt der Verkäufer alleiniger Eigentümer der Sache. 10

B. Eigentumsschranken. Die schrankenlose Rechtsausübung und schrankenlose Rechte Dritter sind dem bürgerlichen Recht fremd. Deshalb beschränkt § 903 die Befugnisse des Eigentümers dadurch, dass sie ausgeschlossen sind, wenn Gesetze oder Rechte Dritter entgegenstehen. In dieser Einschränkung des Eigentumsinhalts liegt der Hauptwert der Bestimmung (*Mugdan* III 578). 11

12 I. Gesetzliche Beschränkungen. Zu den Gesetzen iSd Vorschrift gehört nach Art 2 EGBGB jede Rechtsnorm mit tatsächlicher und normativer Geltung, Außenwirkung, Drittbindung und Generalität. Das sind in erster Linie die Verfassungsgesetze, einfache Gesetze und die Rechtsverordnungen des Bundes und der Länder. Eigentumsbeschränkungen enthalten sowohl privatrechtliche als auch öffentlich-rechtliche Vorschriften.

13 1. Privatrecht. a) Nachbarrechtliche Vorschriften. Privatrechtliche Eigentumsbeschränkungen ergeben sich in erster Linie aus den nachbarrechtlichen Vorschriften der §§ 905 ff und aus den Vorschriften der Landesnachbarrechtsgesetze (Zusammenstellung bei *Dehner*, Nachbarrecht, A § 3 V Fn 10, VII 9). Eingriffe, die der davon betroffene Eigentümer nach diesen Vorschriften dulden muss, sind nicht rechtswidrig iSv § 823 (BGH NJW 03, 537).

14 b) Nachbarliches Gemeinschaftsverhältnis. Außerhalb der nachbarrechtlichen Vorschriften kann es im Einzelfall aufgrund des nachbarlichen Gemeinschaftsverhältnisses privatrechtliche Eigentumsbeschränkungen geben. Dieses von der Rspr entwickelte Rechtsinstitut verpflichtet die Nachbarn (Grundstückseigentümer, -besitzer, -nutzungsberechtigter) nach dem Grundsatz von Treu und Glauben (§ 242) zur gegenseitigen Rücksichtnahme und beschränkt sie in der Ausübung ihrer Rechte. Eine solche Pflicht zur Rücksichtnahme ist zwar mit Rücksicht auf die nachbarrechtlichen Sonderregelungen (§§ 905 ff und Nachbarrechtsgesetze der Länder) eine Ausnahme und kann nur dann zur Anwendung kommen, wenn ein über die gesetzliche Regelung hinausgehender billiger Ausgleich der widerstreitenden Interessen dringend geboten erscheint. Wenn aber diese Voraussetzungen vorliegen, ist die Ausübung eines Anspruchs aus § 1004 I unter Berücksichtigung vorrangiger Interessen des Störers unzulässig (BGH NJW 03, 1392).

15 Das nachbarliche Gemeinschaftsverhältnis darf nicht als vermeintliches Allheilmittel für die Lösung jedes nachbarlichen Interessenkonflikts verstanden werden. So besteht die Pflicht zur ausnahmsweisen Duldung eines beeinträchtigenden Verhaltens des Störers nur hinsichtlich solcher Maßnahmen, die zwar im Verhältnis zu dem gestörten Nachbarn rechtswidrig, ansonsten aber rechtmäßig sind. ZB kann der Grundstückseigentümer die Beseitigung einer von seinem Nachbarn teilweise über die Grundstücksgrenze gebauten Stützmauer verlangen, wenn sie nicht nach den Regeln der Baukunst errichtet wurde, auch wenn an sich die Voraussetzungen einer Duldungspflicht aufgrund des nachbarlichen Gemeinschaftsverhältnisses vorliegen (BGH MDR 73, 39). Auch kann die Beseitigung eines in dem Grundstück verlaufenden fremden Abwasserrohrs verlangt werden, wenn die Verlegung nach öffentlichem Recht rechtswidrig war, obwohl der Grundstückseigentümer unter dem Gesichtspunkt des nachbarlichen Gemeinschaftsverhältnisses zur Duldung des Rohrs verpflichtet wäre (vgl BGH NJW 03, 1392, 1393). Schon das Reichsgericht hat darauf hingewiesen, dass der Gedanke des nachbarlichen Gemeinschaftsverhältnisses den Richter nicht dazu führen dürfe, die bestehende gesetzliche Regelung außer Acht zu lassen; vielmehr müsse diese immer die Grundlage der Entscheidung bleiben (RGZ 167, 14, 23). Dieselbe Linie verfolgt der BGH in mehreren Entscheidungen, in denen er die Auffassung vertreten hat, dass das nachbarliche Gemeinschaftsverhältnis idR keine Ansprüche begründe, sondern dass sich der auf Treu und Glauben fußende Gedanke hauptsächlich als bloße Schranke der Rechtsausübung auswirke, darüber hinaus aber das Gebot der gegenseitigen Rücksichtnahme der Nachbarn untereinander nicht ohne weiteres die fehlenden Tatbestandsvoraussetzungen des § 1004 und damit die Anspruchsgrundlage ersetzen könne (s. nur BGH NJW 95, 2633 f). Noch einschränkender heißt es in einer anderen Entscheidung, dass das nachbarliche Gemeinschaftsverhältnis neben den besonderen Nachbarrechtsvorschriften keine selbstständige Grundlage für Rechte und Pflichten bilde, vielmehr unter den Grundstücksnachbarn nur die allg Ansprüche aus dem Eigentum sowie die allg Verkehrssicherungspflichten bestünden (BGHZ 42, 374, 378). Allerdings liegt in der Rspr des Bundesgerichtshofs eine Aufweichung des Gedankens des Reichsgerichts, indem dem nachbarlichen Gemeinschaftsverhältnis die rechtliche Qualität einer Anspruchsgrundlage lediglich für den Regelfall abgesprochen wird. Das lässt Ausnahmen zu. So hält es der BGH ausnahmsweise für zulässig, einen Anspruch unmittelbar aus dem besonderen Verhältnis von Nachbarn zu begründen, wenn dies aus zwingenden Gründen eines billigen Interessenausgleichs geboten ist (NJW-RR 01, 1208, 1209). Diese Formulierung ist bedenklich, denn sie lädt dazu ein, über das Gewollte hinaus den Blick auf die gesetzgeberischen Wertungen des Nachbarrechts zu verstellen. Diese müssen jedoch die Grenzen für die Rechtsfolgen der Heranziehung des nachbarlichen Gemeinschaftsverhältnisses bleiben (BGH MDR 51, 726).

16 Die Anwendung des Rechtsinstituts setzt in sachlicher Hinsicht nicht voraus, dass die benachbarten Grundstücke eine gemeinsame Grenze haben (s. nur BGH NJW 03, 1392). Eine Einschränkung des Anwendungsbereichs ist jedoch dahingehend geboten, dass die Grundsätze des nachbarlichen Gemeinschaftsverhältnisses ausschl auf die Lösung von Konflikten anzuwenden sind, die sich aus der Nutzung verschiedener Grundstücke ergeben. Für einen Interessenausgleich zwischen Nutzern ein und desselben Grundstücks, wie zB zwischen Mietern in einem Mehrfamilienhaus, kann das nachbarliche Gemeinschaftsverhältnis nicht herangezogen werden (vgl BGHZ 157, 188, 190 ff). In diesen Fällen fehlt es an dem für die Anwendung der nachbarrechtlichen Vorschriften notwendigen Erfordernis, dass die Beeinträchtigung des einen Grundstücks von einem anderen Grundstück herrührt. Eine andere Sichtweise kann bei **Sondereigentum** nach dem Wohnungseigentumsgesetz angebracht sein. Soweit die speziellen Vorschriften der §§ 13 ff WEG nicht für die Lösung von Konflikten ausreichen, bietet sich wegen der mit Grundstücksnachbarn vergleichbaren Interessenlage das Heranziehen der Grundsätze des nachbarlichen Gemeinschaftsverhältnisses an.

Bsp aus der Rspr für die Beschränkung der Eigentümerbefugnisse aus dem Gesichtspunkt des nachbarlichen Gemeinschaftsverhältnisses sind die Pflicht des Grundstückseigentümers, sein Gebäude weiter von der Grundstücksgrenze entfernt als beabsichtigt zu errichten, um die Fenster in der Giebelwand des Nachbarhauses nicht zu verbauen (BGH BB 53, 373), der Schadensersatzanspruch des Grundstückseigentümers, der sein Gebäude wegen einer von dem Nachbargrundstück in den Luftraum seines Grundstücks hineinragenden Brandmauer nicht – wie zulässig – auf der Grundstücksgrenze, sondern in entspr Abstand davon errichten muss (BGHZ 28, 110), die Pflicht des Grundstückseigentümers, das Herabfallen von Steinbrocken auf sein Grundstück von Sprengungen auf dem Nachbargrundstück gegen Entschädigung zu dulden (BGHZ 28, 225) oder von dem Abriss einer auf seinem Grundstück stehenden Grenzwand abzusehen, weil anderenfalls das auf dem Nachbargrundstück an die Grenze gebaute Haus erheblich beeinträchtigt würde (BGHZ 68, 350), die Pflicht des Grundstückseigentümers zur Duldung einer nach § 909 an sich unzulässigen Vertiefung auf dem Nachbargrundstück (BGHZ 101, 290), der eingeschränkte Unterlassungsanspruch des geschädigten Eigentümers gegen den Benutzer des Nachbargrundstücks, eine Deponie so anzulegen, dass sie den natürlichen Abfluss von Kaltluft von seinem Grundstück verhindert (BGHZ 113, 384), die Auferlegung einer besonderen Handlungspflicht des Grundstückseigentümers zur Verhinderung von Beeinträchtigungen des Nachbargrundstücks, wenn aus zwingenden Gründen ein billiger Interessenausgleich notwendig ist (BGH NJW-RR 01, 1208, 1209), die Verpflichtung des Grundstückseigentümers, Änderungen an seinem Gebäude in einer die Belange des Nachbarn möglichst wenig beeinträchtigenden Weise vorzunehmen (BGH NJW-RR 03, 1313), die Verpflichtung von Nachbarn, bei erkannter Grenzverwirrung keine vollendeten Tatsachen zu schaffen und den Besitz an sich zu ziehen, um so eine Abgrenzung nach der Regelung in § 920 I 1 zu erreichen, sondern die neue Grenzziehung abzuwarten (BGH NJW-RR 08, 610, 611), die Unzulässigkeit des Verbietungsrechts des Eigentümers hinsichtlich des Betretens seines Grundstücks durch eine auf dem Nachbargrundstück gehaltene Katze (Köln NJW 85, 2328), die Verpflichtung des Grundstückseigentümers, eine Parabolantenne auf seinem Haus auf Verlangen des Nachbarn zu entfernen (Frankf NJW-RR 89, 464), eine Baulast zu übernehmen (Frankf OLGR 96, 211), seine Hecke herunter zu schneiden (Saarbr NJW-RR 91, 406), nicht mehr als 100 Tauben auf seinem Grundstück zu halten (LG Itzehoe NJW-RR 95, 979) oder seine an der Grundstücksgrenze stehenden Bäume zurück zu schneiden (AG Mettmann WuM 91, 576).

Entgegen seiner Funktion (s.o. Rn 14) musste das nachbarliche Gemeinschaftsverhältnis häufig als Anspruchsgrundlage auch für ein positives Tun herhalten. Das erscheint bedenklich, weil das eine Rechtsfortbildung contra legem bedeutet. Deshalb sollte insoweit auf das nachbarliche Gemeinschaftsverhältnis als Anspruchsgrundlage für den Beeinträchtigten nicht mehr zurückgegriffen werden. Die meisten Fälle lassen sich unter konsequenter Heranziehung des Störerbegriffs (dazu BGH NJW 04, 3701) und durch die Gleichstellung von negativen und positiven Immissionen auf gesetzlicher Grundlage (§ 1004 I) lösen. Soweit es dagegen um den Anspruch auf Duldung einer Beeinträchtigung geht, bietet das nachbarliche Gemeinschaftsverhältnis eine geeignete Grundlage.

2. Öffentliches Recht. Die Beschränkungen der Eigentümerbefugnisse durch öffentlich-rechtliche Vorschriften sind überaus vielfältig. Hier sei nur auf baurechtliche (§§ 14, 15, 19–23, 24 ff, 30 f, 34, 35, 144, 176 ff BauGB und Landesbauordnungen), agrar- und forstrechtliche (§ 2 GrdstVG, §§ 9 ff BWaldG und Landeswaldgesetze), umweltrechtliche (§§ 4 ff, 22–25 BImSchG, §§ 5 ff AtomG, §§ 19a–19l, 30 WHG und Landeswassergesetze), verkehrsrechtliche (§§ 9–11 FStrG, §§ 12–17, 18a LuftVG, § 11 WaStrG) und strafprozessrechtliche (§§ 94 ff, 108, 111b StPO) Beschränkungen hingewiesen.

II. Beschränkung durch Rechte Dritter. Zu den Rechten Dritter iSd Vorschrift gehören die absoluten, also die ggü jedermann wirkenden beschränkten dinglichen Rechte an Sachen. Sie schließen, soweit sie reichen, das Herrschaftsrecht des Eigentümers aus; den Rechtsinhabern gewähren sie Teilberechtigungen an der Sache. In Betracht kommen **Nutzungsrechte** wie das Erbbaurecht, die Dienstbarkeiten (§§ 1018–1093) und das Dauerwohnrecht (§ 31 WEG), **Verwertungsrechte** wie das Pfandrecht an beweglichen Sachen (§ 1204 ff) und die Grundpfandrechte (§§ 1113–1203) sowie **Erwerbsrechte** wie das dingliche Vorkaufsrecht (§ 1094 ff), das Aneignungsrecht (§§ 928 II, 958 ff) und das Anwartschaftsrecht. Auch das **Urheberrecht** (§ 11 UrhG) gehört zu den Rechten Dritter, durch welche die Eigentümerbefugnisse beschränkt werden (BGHZ 62, 331, 332 ff).

Keine Rechte Dritter iSd 903 sind **schuldrechtliche Ansprüche** bzgl einer Sache. Sie begründen ausschl persönliche Verpflichtungen des Eigentümers ggü seinem Vertragspartner (zB Mieter oder Pächter) und beschränken ihn insoweit in seinen Befugnissen. Die Beschränkung des Eigentums als solchem ist damit jedoch nicht verbunden.

III. Rechtsfolgen der Beschränkung. Soweit die Beschränkungen des Eigentums durch privatrechtliche Vorschriften oder Rechte Dritter (Rn 13, 18) reichen, darf der Eigentümer sowohl die positiven als auch die negativen Eigentümerbefugnisse (Rn 2) nicht ausüben. Tut er es dennoch, greift er damit in unzulässiger Weise in einen fremden Rechtsbereich ein; die davon Betroffenen können sich dagegen mit dem Unterlas-

§ 904   Notstand

sungs- und Beseitigungsanspruch aus § 1004 I oder mit dem Schadensersatzanspruch aus § 823 zur Wehr setzen. Die aufgrund der Beschränkungen zulässigen Eingriffe in das Eigentumsrecht sind keine Eigentumsverletzungen; der Eigentümer darf sie deshalb nicht abwehren.

23 Beschränkungen der Eigentümerbefugnisse durch öffentlich-rechtliche Vorschriften (Rn 17) werden von den Verwaltungsbehörden in erster Linie in den entspr Genehmigungsverfahren, aber auch durch Einschreiten gegen Verstöße durchgesetzt. Privatpersonen können von dem Eigentümer die Einhaltung öffentlich-rechtlicher Vorschriften verlangen, wenn diese einen drittschützenden Charakter haben. Das ist der Fall, wenn die Vorschrift nicht nur den Schutz des öffentlichen Interesses beabsichtigt, sondern wenigstens auch die rechtlichen Interessen eines bestimmten Personenkreises schützen will. Solche Normen finden sich hauptsächlich im Baurecht.

24 **C. Eigentum an Tieren.** Nach 2 der Vorschrift hat der Eigentümer eines Tieres bei der Ausübung seiner Befugnisse die besonderen Vorschriften zum Schutz der Tiere zu beachten. Diese Regelung enthält ggü der in 1 getroffenen keinen eigenständigen Inhalt. Da Tiere zwar keine Sachen sind, auf sie aber die für Sachen geltenden Vorschriften entspr Anwendung finden (§ 90a), ergibt sich die Verpflichtung des Eigentümers eines Tieres zur Beachtung tierschützender Vorschriften unmittelbar aus § 903 1. Diese beschränken die Eigentümerbefugnisse wie jede andere gesetzliche Beschränkung auch. Dass sie – wie jede andere Norm – beachtet werden müssen, ergibt sich aus allg rechtsstaatlichen Grundsätzen und bedarf deshalb keiner besonderen Erwähnung.

§ 904 Notstand. ¹Der Eigentümer einer Sache ist nicht berechtigt, die Einwirkung eines anderen auf die Sache zu verbieten, wenn die Einwirkung zur Abwendung einer gegenwärtigen Gefahr notwendig und der drohende Schaden gegenüber dem aus der Einwirkung dem Eigentümer entstehenden Schaden unverhältnismäßig groß ist. ²Der Eigentümer kann Ersatz des ihm entstehenden Schadens verlangen.

1 **A. Allgemeines.** 1 der Vorschrift beschränkt die negativen Eigentümerbefugnisse aus § 903 (s. dort § 903 Rn 2). Der Eigentümer kann Einwirkungen auf seine Sache nicht verbieten, wenn sie zur Abwendung einer gegenwärtigen Gefahr notwendig sind und der durch die Gefahr drohende Schaden ggü dem dem Eigentümer durch den Eingriff entstehenden Schaden unverhältnismäßig groß ist. Diese Beschränkung dient dem Rechtsgüterschutz dritter Personen. Für sie enthält die Vorschrift einen **Rechtfertigungsgrund**. Der Unterschied zu dem in § 228 geregelten Notstand besteht darin, dass hier die Gefahr nicht von der Sache des Eigentümers ausgeht; deshalb spricht man hier von dem **Angriffsnotstand**, dort von dem Verteidigungsnotstand.

2 § 904 2 gibt dem Eigentümer der Sache bei rechtmäßiger Einwirkung einen Schadensersatzanspruch. Eine schuldhafte Einwirkung ist nicht erforderlich; allein der Umstand des gerechtfertigten Eingriffs in das Eigentumsrecht begründet den Anspruch. Dieser tritt an die Stelle des ausgeschlossenen Abwehrrechts des Eigentümers. Die Vorschrift stellt sich damit als gesetzliche Regelung des allg Aufopferungsgedankens in seiner zivilrechtlichen Ausprägung dar (BGHZ 117, 240, 251).

3 Die Vorschrift ist nicht nur bei Einwirkungen auf das Eigentum an einer Sache, sondern entspr auch bei Einwirkungen auf andere absolute Vermögensrechte anwendbar. Einwirkungen auf Personen und Eingriffe in höchstpersönliche Rechtsgüter sind dagegen selbst dann nicht nach § 904 1 gerechtfertigt, wenn die übrigen Voraussetzungen der Vorschrift vorliegen. Wird eine Behörde in Ausübung hoheitlicher Tätigkeit zur Gefahrenabwehr tätig, ist § 904 auf ein solches öffentliches Rechtsverhältnis nicht anwendbar (BGHZ 117, 240, 251).

4 **B. Notstandslage. I. Gegenwärtige Gefahr.** Nach allg Auffassung erfordert die Annahme einer gegenwärtigen Gefahr, dass zur Abwendung von Schäden für das Rechtsgut des Dritten sofortige Abhilfe notwendig ist (Staud/*Seiler* Rz 12 mwN). Einerseits muss also der Eintritt eines Schadens unmittelbar bevorstehen, andererseits müssen zur Verhinderung des Schadenseintritts umgehende Maßnahmen erforderlich sein.

5 Eine Gefahr liegt dann vor, wenn die Sicherheit für ein Rechtsgut so stark beeinträchtigt ist, dass der Eintritt eines Schadens droht. Für die Annahme, ein Schaden werde eintreten, reicht ein hoher Grad an Wahrscheinlichkeit aus; nicht erforderlich ist eine hypothetische Gewissheit iSe sicheren Vorhersehbarkeit. Unerheblich ist die Gefahrenursache; die Gefahr kann von Menschen, Tieren, Sachen und Naturkräften ausgehen. Liegt allerdings das Gefahrenpotenzial in der Sache, auf die eingewirkt wird, ist das kein Fall des § 904, sondern einer des § 228 (Kobl NJW-RR 89, 541). Nicht erforderlich ist, dass die Gefahr ihre Ursache in einem außergewöhnlichen Ereignis hat (aA RGZ 57, 187, 191). Ebenfalls unerheblich ist, wessen Rechtsgüter der Gefahr ausgesetzt sind; das kann sowohl derjenige sein, der den Eingriff in die fremde Sache vornimmt, als auch ein Dritter. Kein Fall des § 904 ist es, wenn der Dritte Eigentümer der Sache ist, auf die eingewirkt wird; denn der Aufopferungsgedanke (Rn 2) zielt darauf ab, die eigene Sache zur Erhaltung fremder Werte aufzugeben. Auch auf die Art des gefährdeten Rechtsguts kommt es nicht an; geschützt werden die Person und das Vermögen des Gefährdeten. Unerheblich ist auch, ob die Gefahr verschuldet oder unverschuldet ist.

6 Gegenwärtig ist die Gefahr, wenn sie unmittelbar bevor steht. Nicht gegenwärtig sind somit Gefahren, die erst in der Zukunft drohen oder die bereits vorüber sind. Deshalb findet § 904 zum einen nur dann Anwendung, wenn auch hinsichtlich des Zeitpunkt des Gefahreneintritts ein hoher Grad an Wahrscheinlichkeit dafür

spricht, dass das in Kürze der Fall sein wird; zum anderen scheidet die Anwendung der Vorschrift aus, wenn sich eine frühere Gefahr nicht oder bereits in der Vergangenheit verwirklicht hat. Unerheblich ist, wie lange die Gefahr andauert. Typischerweise sind solche Gefahren gegenwärtig, die kurzfristig auftreten wie zB Unwetter. Jedoch können auch lang andauernde Gefahren gegenwärtig sein, wenn jederzeit mit dem Eintritt eines Schadens gerechnet werden muss; Voraussetzung ist, dass es ausgeschlossen erscheint, dass die Gefahr sich nicht verwirklicht oder anders als durch den Eingriff in die fremde Sache abgewendet werden kann, und dass bei Beginn ihrer Verwirklichung ein Eingreifen voraussichtlich zu spät wäre (Braunschw OLGR 95, 207).

II. Notstandshandlung. Notstandshandlung ist die zur Gefahrenabwehr vorgenommene Einwirkung auf eine fremde Sache. Sie kann in der Benutzung, Beschädigung, Veränderung oder Zerstörung der Sache liegen. Die Einwirkung muss nicht unmittelbar erfolgen; eine nur mittelbare Einwirkung reicht aus (RGZ 57, 187, 190). Auch der entstehende Schaden muss nicht unmittelbar durch den Eingriff hervorgerufen werden, sondern kann auch dessen mittelbare Folge sein. 7

In subjektiver Hinsicht erfordert der gerechtfertigte Eingriff wenigstens **Eventualvorsatz** bei dem Eingreifenden; er muss bewusst und gewollt zur Gefahrenabwehr tätig werden. Rein zufällige Eingriffe sind nicht nach § 904 gerechtfertigt. Der Eingreifende muss sich die Schädigung der fremden Sache zumindest als mögliche Folge seines Eingriffs in den fremden Rechtskreis vorgestellt und sie billigend in Kauf genommen haben. Das folgt zum einen aus dem Wortlaut von 1, denn die Einwirkung zur Abwendung einer gegenwärtigen Gefahr ist nur bei einer Ziel gerichteten und von dem Willen getragenen Handlungsweise möglich, und zum anderen schafft die Vorschrift keinen Rechtfertigungsgrund für die Rettungshandlung, sondern sie rechtfertigt die Eingriffshandlung, weshalb sich der Wille des Handelnden auf den Eingriff in den fremden Rechtskreis selbst und nicht nur auf die Vornahme der Rettungshandlung beziehen muss (BGHZ 92, 357, 359 f). Praktische Bedeutung erlangt das Problem hauptsächlich bei der Beurteilung von Gefahrensituationen im Straßenverkehr, zB wenn ein Verkehrsteilnehmer zur Vermeidung einer Kollision mit einem verkehrswidrig fahrenden Fahrzeug auf die Gegenfahrbahn ausweicht und dort ein entgegenkommendes Fahrzeug beschädigt. Hat der Ausweichende diese Beschädigung nicht von vornherein in Erwägung gezogen, sondern erfolgte sie zufällig und ungewollt, ist das kein Fall des § 904. 8

III. Notwendigkeit. Das Merkmal der Notwendigkeit hat eine zweifache Bedeutung. Zum einen muss die Rettungshandlung zur Gefahrenabwehr geeignet sein; ungeeignete Maßnahmen sind nicht nach § 904 1 gerechtfertigt. Zum anderen muss die Möglichkeit ausgeschlossen sein, dass andere geeignete Handlungen, die entweder keinen oder einen weniger schweren Eingriff in die fremde Sache zur Folge haben, zu demselben Ergebnis geführt hätten. Bei mehreren geeigneten Eingriffen ist somit nur derjenige gerechtfertigt, der die geringsten Folgen für die Verletzung des fremden Rechtsguts hat. 9

Welcher Eingriff nach dem soeben Gesagten notwendig ist, bestimmt sich nach objektiven Maßstäben. Die subjektiven Vorstellungen des Eingreifenden spielen keine Rolle. Beurteilt er die Geeignetheit seiner Handlung für die Gefahrenabwehr falsch oder meint er irrtümlich, seine – geeignete – Handlung führe im Vergleich zu anderen geeigneten Handlungen zu einer geringeren Verletzung des fremden Rechtsguts, ist sein Handeln nicht gerechtfertigt. 10

Die Notwendigkeit des Eingriffs wird nicht dadurch ausgeschlossen, dass die Gefahr tatsächlich nicht abgewendet wird. Auch die Einwirkung auf eine fremde Sache infolge eines erfolglosen Versuchs der Gefahrenabwehr ist nicht rechtswidrig, wenn der Eingriff zur Abwehr der gegenwärtigen Gefahr objektiv notwendig war. 11

IV. Unverhältnismäßigkeit. Der Vorrang des Interesses des Eingreifenden ggü dem des Eigentümers der Sache ist nur in den Fällen gerechtfertigt, in denen letzteres einen höheren Rang als ersteres hat. Deshalb ist eine **Güterabwägung** notwendig, welche darauf gerichtet ist, dass der durch die gegenwärtige Gefahr drohende Schaden des Einwirkenden ggü dem Schaden, welcher dem Eigentümer durch die Einwirkung entsteht, unverhältnismäßig groß sein muss. Bei dem von dem Eingriff betroffenen Eigentümer geht es ausschl um den Sachschaden; bei dem Eingreifenden geht es um die Beeinträchtigung aller von der gegenwärtigen Gefahr bedrohten Rechtsgüter. Die Abwägung erfolgt nach objektiven Kriterien. Danach ist, wenn sich Sachgüter ggüstehen, eine wertmäßige Abwägung vorzunehmen. Allerdings kommt es nicht auf den Wert der beiden Sachgüter an, sondern auf die Höhe der beiderseitigen Schäden. Übersteigt der dem Einwirkenden drohende Schaden wenigstens 50% des dem Eigentümer durch die Einwirkung entstehenden Schadens, ist Unverhältnismäßigkeit iSd Vorschrift anzunehmen (Staud/*Seiler* Rz 27 mwN). Bei Tieren, die keine Sachen sind (§ 90a), ist neben ihrem Sachwert auch ein Affektionswert zu berücksichtigen. Stehen sich Sachen auf der Seite des betroffenen Eigentümers und immaterielle Rechtsgüter auf der Seite des Einwirkenden ggü, scheidet eine wertmäßige Abwägung aus. In diesem Fall erfolgt die Abwägung nach allg Grundsätzen. Danach sind höchstpersönliche Rechtsgüter wie Leben, Körper und Gesundheit höherwertiger als materielle Werte, also auch als hohe Sachverluste. Das gilt allerdings nicht ausnahmslos; die Höherwertigkeit ist zB zu verneinen, wenn zur Abwehr einer drohenden leichten Körperverletzung eine sehr wertvolle Sache zerstört oder beschädigt wird. 12

13 **C. Rechtsfolgen des Eingriffs.** Der Eingriff in das Sacheigentum ist rechtmäßig, wenn er zur Abwendung einer gegenwärtigen Gefahr notwendig war. Der Eigentümer der Sache muss die Einwirkung dulden; er darf sie nicht abwehren. Deshalb stehen ihm die Selbsthilferechte nach §§ 227, 859 nicht zu. Auch Schadensersatzansprüche des Eigentümers gegen den Einwirkenden nach § 823 sind mangels Rechtswidrigkeit der Einwirkung ausgeschlossen. Eigentums- und Besitzstörungsansprüche nach §§ 862 I, 1004 I bestehen nicht, weil der Eigentümer die Einwirkung dulden muss (§§ 1004 II, 863 iVm 859).

14 Neben dem Eigentümer sind auch diejenigen Personen zur Duldung der Einwirkung verpflichtet, denen ein dingliches oder obligatorisches Recht an der Sache zusteht (BGHZ 36, 217, 221).

15 Ansprüche des Einwirkenden gegen den Eigentümer nach §§ 228, 823 kommen in Betracht, wenn dieser die Einwirkung trotz seiner Duldungspflicht abwehrt.

16 Nach hM gewährt **§ 904 1** dem Einwirkenden einen klagbaren Anspruch gegen den Eigentümer auf Duldung der Einwirkung (Staud/*Seiler* Rz 32 mwN). Die praktischen Folgen dieser Klagemöglichkeit sind allerdings gering. Wenn zur Gefahrenabwehr – wie meistens – ein sofortiges Handeln notwendig ist, reicht die Zeit für die Beschaffung eines vollstreckbaren Titels (Urt oder einstw Verfügung) nicht aus. Dauert die Gefahr jedoch länger an und muss jederzeit mit einem Schadenseintritt gerechnet werden (Rn 6), kann die Zeit für die Inanspruchnahme gerichtlicher Hilfe ausreichen.

17 Nach **§ 904 2** steht dem Sacheigentümer ein – verschuldensunabhängiger – Schadensersatzanspruch zu. Daneben sind auch der Besitzer der Sache (BGH NJW-RR 02, 1576) sowie alle dinglich Berechtigten anspruchsberechtigt, soweit sie zur Duldung der Einwirkung verpflichtet sind. Kein Anspruch besteht allerdings dann, wenn derselbe Schaden auch ohne die Einwirkung entstanden wäre (RGZ 156, 187, 191).

18 Zu ersetzen sind sowohl unmittelbare als auch mittelbare Schäden; Voraussetzung der Ersatzpflicht ist lediglich eine adäquate Schadensverursachung (BGHZ 36, 217, 221).

19 Fraglich ist, gegen wen sich der Schadensersatzanspruch bei fehlender Identität zwischen dem Einwirkenden und dem Begünstigten richtet. Diejenigen, die sich für das Prinzip der Eingriffshaftung aussprechen, also den Einwirkenden in Anspruch nehmen (BGHZ 6, 102, 105; BayObLGZ 02, 35, 44; Nürnbg OLGR 99, 324; Palandt/*Bassenge* Rz 5), geben ihm einen Rückgriffsanspruch nach §§ 677, 683 bzw nach §§ 812 ff. gegen den Begünstigten. Dieser soll also letztendlich den Schaden tragen müssen. Deshalb sehen andere ihn als Anspruchsgegner an (Erman/*Lorenz* Rz 10; MüKo/*Säcker* Rz 18 f; Staud/*Seiler* Rz 38). Dem ist entgegenzuhalten, dass diese Auffassung dem in der Vorschrift verkörperten Aufopferungsgedanken widerspricht. An die Stelle des ausgeschlossenen Abwehrrechts des Sacheigentümers tritt der Schadensersatzanspruch (vgl Rn 2). Das Abwehrrecht richtet sich jedoch nicht gegen den Begünstigten, sondern gegen den Einwirkenden. Deshalb ist er der Gegner des Schadensersatzanspruchs aus § 904 2; eine direkte Haftung des Begünstigten besteht nicht.

20 Die Haftung des Einwirkenden ist verschuldensunabhängig. Ist er für den von ihm verursachten Schaden wegen Krankheit, Rausches oder Minderjährigkeit nicht verantwortlich (§§ 827, 828), haftet er nur nach Maßgabe des § 829 (MüKo/*Säcker* Rz 18; Staud/*Seiler* Rz 39).

21 Mitverschulden des Eigentümers an dem Schadenseintritt ist nach § 254 zu berücksichtigen. Deshalb ist der Schadensersatzanspruch der Höhe nach zu mindern bzw entfällt er vollständig, wenn der Eigentümer die zu der Einwirkung führende Gefahrenlage mit oder allein verursacht hat.

22 **D. Entsprechende Anwendung von S 2.** Liegen die Voraussetzungen des rechtfertigenden Notstands nach § 34 StGB vor, kann der Betroffene auch bei einem nach § 904 1 nicht gerechtfertigten Eingriff in höchstpersönliche Rechtsgüter (vgl Rn 3) einen Schadensersatzanspruch analog § 904 2 haben. Dasselbe gilt, wenn der Einwirkende zwar rechtswidrig, aber nach § 35 StGB entschuldigt gehandelt hat. Auch in dem Fall des schuldlosen Irrtums über das Vorliegen der Voraussetzungen des § 903 1 kommt ein Schadensersatzanspruch nach 2 der Vorschrift in Betracht.

23 Nicht entspr anwendbar ist § 904 2 in den Fällen der Selbstaufopferung im Straßenverkehr, wenn sich ein Kraftfahrer in einer plötzlichen Gefahrenlage selbst schädigt und dadurch einen anderen Verkehrsteilnehmer vor Schaden bewahrt (vgl BGHZ 38, 270, 274 ff).

§ 905 Begrenzung des Eigentums.

¹Das Recht des Eigentümers eines Grundstücks erstreckt sich auf den Raum über der Oberfläche und auf den Erdkörper unter der Oberfläche. ²Der Eigentümer kann jedoch Einwirkungen nicht verbieten, die in solcher Höhe oder Tiefe vorgenommen werden, dass er an der Ausschließung kein Interesse hat.

1 **A. Allgemeines.** Die Vorschrift konkretisiert die positiven und negativen Eigentümerbefugnisse nach § 903 (s. dort Rn 2). Sie gewährt jedoch kein Eigentum an der Luft über dem Grundstück und an dem Erdreich unter dem Grundstück. Vielmehr weist 1 dem Eigentümer das **Herrschaftsrecht** an dem Raum über und *unter seinem Grundstück* zu (RGZ 132, 398). Begrenzt wird es nach 2 dadurch, dass für seine Ausübung ein konkretes Interesse des Grundstückseigentümers bestehen muss.

2 § 905 gilt sowohl für das private als auch für das öffentliche Eigentum an Grundstücken, also am Verwaltungsvermögen öffentlich-rechtlicher Gebietskörperschaften sowie an den aufgrund öffentlich-rechtlicher

Widmung im Gemeingebrauch stehenden Straßen, Wegen und Gewässern. Ggü dem Gemeingebrauch an öffentlichen Grundstücken tritt das Eigentum zurück (RGZ 125, 108, 111). Reklameankündigungen, die von Häusern der Straßenanlieger aus in den Luftraum über der Straße reichen, sind von dem Straßeneigentümer als Ausfluss des Gemeingebrauchs unentgeltlich zu dulden (BGHZ 22, 395, 399).

B. Luftraum, Erdkörper. Luftraum iSd Vorschrift ist die senkrechte Luftsäule, die sich über dem Grundstück innerhalb seiner Grenzen befindet. Das Herrschaftsrecht des Grundstückseigentümers daran ist allerdings – über § 905 2 hinaus – aufgrund öffentlich-rechtlicher Vorschriften vielfach eingeschränkt. So muss er, entspr der in § 1 LuftVG normierten Freiheit des Luftraums, die Benutzung des Luftraums über seinem Grundstück durch Luftfahrzeuge entschädigungslos dulden. Hinsichtlich durch den Luftraum über dem Grundstück führender Leitungen können sich Duldungspflichten aus §§ 68, 76 TKG, aus § 32 PBefG und aus § 126 BauGB ergeben. Dagegen dürfen Energieversorgungsunternehmen den Luftraum über Grundstücken nicht ohne Zustimmung des Grundstückseigentümers benutzen (vgl BGHZ 66, 37, 40 f). 3

Erdkörper iSd Vorschrift ist das Erdreich, das sich innerhalb der Grundstücksgrenzen unter der Erdoberfläche befindet; auch unterirdische Hohlräume gehören dazu (BGH WM 81, 129, 130). Das Grundwasser unter der Grundstücksoberfläche wird von dem Herrschaftsbereich des Grundstückseigentümers jedoch nicht erfasst (BVerfGE 58, 300, 332 f). Dasselbe gilt für die bergfreien Bodenschätze, die in § 3 III BBergG aufgeführt sind; nur die grundeigenen Bodenschätze iSv § 3 IV BBergG stehen im Eigentum des Grundstückseigentümers, der insoweit auch das Recht zum Abbau hat (BGHZ 90, 17, 21). Im Gegensatz zu der gesetzlich nicht gestatteten Nutzung des Luftraums (vgl Rn 3) dürfen Energieversorgungsunternehmen den Erdkörper unter dem Grundstück nach Zahlung eines Abnehmer für die Verlegung von Versorgungsleitungen benutzen (AVBEltV, AVBGasV, AVBWasserV, AVBFernwärmeV – dort jeweils § 8). 4

C. Verbietungsrecht. Beschreibt 1 der Vorschrift lediglich das Herrschaftsrecht des Grundstückseigentümers, ergibt sich aus der negativen Formulierung in 2 ohne weiteres dessen Verbietungsrecht. Allerdings enthält § 905 keine selbstständige Anspruchsgrundlage; die Durchsetzung des Verbietungsrechts erfolgt über §§ 823, 907 ff, 1004 I. Die Einwirkung in den Luftraum oder in den Erdkörper muss nicht zwingend von einem anderen Grundstück ausgehen. 5

Wann das Verbietungsrecht wegen fehlenden Interesses des Eigentümers ausgeschlossen ist, richtet sich nach der allg Verkehrsanschauung entspr den Umständen des jeweiligen Einzelfalls. Dabei ist nicht nur die gegenwärtige Grundstücksnutzung maßgeblich; zu berücksichtigen sind vielmehr auch solche Umstände, die erst in der Zukunft eine Behinderung besorgen lassen (BGHZ 125, 56, 64). Nutzt der Eigentümer den Luftraum oder den Erdkörper selbst, besteht immer ein konkretes Interesse iSd Vorschrift; das gilt auch für den Fall, dass der Eigentümer die Nutzung seines Grundstücks einem Dritten überlassen hat (BGH NJW 81, 573). Selbst wenn der Grundstückseigentümer eine Einwirkung längere Zeit unbeanstandet geduldet hat, schließt das sein Verbietungsrecht nicht aus; etwas anderes gilt nur dann, wenn die Duldung ihren Grund in einer Zustimmung zu der Einwirkung hat. 6

D. Ersatzansprüche. Eine Einwirkung, die der Eigentümer nach § 905 1 verbieten kann, verpflichtet den Einwirkenden zum **Schadensersatz** nach § 823. Dasselbe gilt für erlaubte Einwirkungen (§ 905 2), wenn dadurch ein Schaden verursacht wird (aA Staud/*Roth* Rz 39). Ein verschuldensunabhängiger Ersatzanspruch ist aus dem Gesichtspunkt des Aufopferungsgedankens (s. § 904 Rn 2) gegeben, wenn der Eigentümer aus übergeordneten Interessen die Nutzung des Erdkörpers unter seinem Grundstück durch einen anderen hinnehmen muss und dadurch unzumutbar beeinträchtigt wird (BGHZ 110, 17). 7

§ 906 Zuführung unwägbarer Stoffe.
(1) ¹Der Eigentümer eines Grundstücks kann die Zuführung von Gasen, Dämpfen, Gerüchen, Rauch, Ruß, Wärme, Geräusch, Erschütterungen und ähnliche von einem anderen Grundstück ausgehende Einwirkungen insoweit nicht verbieten, als die Einwirkung die Benutzung seines Grundstücks nicht oder nur unwesentlich beeinträchtigt. ²Eine unwesentliche Beeinträchtigung liegt in der Regel vor, wenn die in Gesetzen oder Rechtsverordnungen festgelegten Grenz- oder Richtwerte von den nach diesen Vorschriften ermittelten und bewerteten Einwirkungen nicht überschritten werden. ³Gleiches gilt für Werte in allgemeinen Verwaltungsvorschriften, die nach § 48 des Bundes-Immissionsschutzgesetzes erlassen worden sind und den Stand der Technik wiedergeben.
(2) ¹Das Gleiche gilt insoweit, als eine wesentliche Beeinträchtigung durch eine ortsübliche Benutzung des anderen Grundstücks herbeigeführt wird und nicht durch Maßnahmen verhindert werden kann, die Benutzern dieser Art wirtschaftlich zumutbar sind. ²Hat der Eigentümer hiernach eine Einwirkung zu dulden, so kann er von dem Benutzer des anderen Grundstücks einen angemessenen Ausgleich in Geld verlangen, wenn die Einwirkung eine ortsübliche Benutzung seines Grundstücks oder dessen Ertrag über das zumutbare Maß hinaus beeinträchtigt.
(3) Die Zuführung durch eine besondere Leitung ist unzulässig.

A. Allgemeines. § 906 gilt als die **Generalnorm des zivilrechtlichen Nachbarschutzes** (BTDrs 12/7425 S 87) und als Inhaltsbestimmung des Eigentums; geregelt wird der privatrechtliche Immissionsschutz. Die Vor- 1 schrift beschränkt die negativen Eigentümerbefugnisse aus § 903 (dort Rn 2), indem sie die dem Grundstückseigentümer zustehenden Abwehransprüche einschränkt. Dadurch wird ein Ausgleich zwischen den gleichrangigen Interessen der Eigentümer an der ungestörten Nutzung benachbarter Grundstücke geschaffen. Ziel ist es, im Interesse eines gedeihlichen nachbarlichen Zusammenlebens eine möglichst sinnvolle Grundstücksnutzung zu ermöglichen (BGHZ 88, 344, 346). Zu diesem Zweck legt I 1 dem Eigentümer die entschädigungslose Verpflichtung auf, bestimmte von einem anderen Grundstück ausgehende Einwirkungen zu dulden, wenn dadurch die Benutzung seines Grundstücks nicht oder nur unwesentlich beeinträchtigt wird. Unwesentlich ist die Beeinträchtigung idR dann, wenn die in Gesetzen oder Rechtsverordnungen festgelegten Grenz- oder Richtwerte von den nach diesen Vorschriften ermittelten und bewerteten Einwirkungen nicht überschritten werden (I 2). Nach I 3 gilt das Gleiche für Werte in allg Verwaltungsvorschriften, die nach § 48 BImSchG erlassen worden sind und den Stand der Technik wiedergeben.

2 Nach II 1 muss der Eigentümer daneben auch solche Einwirkungen hinnehmen, welche die Benutzung seines Grundstücks zwar wesentlich beeinträchtigen, die aber durch die ortsübliche Benutzung des anderen Grundstücks herbeigeführt werden und nicht durch wirtschaftlich zumutbare Maßnahmen verhindert werden können. In diesem Fall ist der Duldungspflichtige zu entschädigen, wenn die Einwirkung die ortsübliche Benutzung seines Grundstücks oder dessen Ertrag über das zumutbare Maß hinaus beeinträchtigt (II 2).

3 Die Zuführung unwägbarer Stoffe und ähnlicher Einwirkungen durch besondere Leitungen muss der Eigentümer in keinem Fall dulden (III), also selbst dann nicht, wenn dadurch die Benutzung seines Grundstücks nicht beeinträchtigt wird.

4 Die Vorschrift enthält außer in II 2 keine selbstständige Anspruchsgrundlage. Die im Zusammenhang mit Beeinträchtigungen stehenden Abwehransprüche des Grundstückseigentümers ergeben sich aus §§ 907, 1004 I. Sie bestehen erst dann, wenn die Beeinträchtigung durch eine bestimmte Nutzung oder einen bestimmten Zustand des Nachbargrundstücks bereits eingetreten ist oder zumindest konkret droht (BGH NZM 09, 834).

5 Neben dem privatrechtlichen Immissionsschutz steht der öffentlichrechtliche. Er ist in einer Vielzahl von öffentlich-rechtlichen Normen geregelt (s. die Übersicht bei Palandt/*Bassenge* Rz 2) und bezweckt teilweise auch den Ausgleich widerstreitender Interessen von Privatpersonen. Insoweit tritt der **öffentlich-rechtliche Immissionsschutz** in Konkurrenz zu § 906. Für den betroffenen Grundstückseigentümer bedeutet dies, dass er die Vornahme immissionsschutzrechtlicher Maßnahmen durch die Verwaltungsbehörde vor den Verwaltungsgerichten verlangen und daneben die Abwehrklage aus §§ 907, 1004 I oder den quasi-negatorischen Beseitigungsanspruch aus §§ 823 II iVm 1004 I vor den ordentlichen Gerichten erheben kann (vgl BGH NJW 95, 132); das gilt allerdings nicht in den Fällen, in denen die privatrechtlichen Abwehransprüche durch öffentlich-rechtliche Vorschriften ausgeschlossen sind.

6 **B. Einwirkungen. I. Gegenstand.** Die von der Vorschrift erfassten Einwirkungen stimmen darin überein, dass sie in ihrer Ausbreitung weitgehend unkontrollierbar und unbeherrschbar sind, in ihrer Intensität schwanken und damit andere Grundstücke überhaupt nicht, nur unwesentlich oder auch wesentlich beeinträchtigen (BGHZ 117, 110, 112). In I 1 sind beispielhaft solche Stoffe genannt, deren Zuführung als Einwirkung iSd Vorschrift anzusehen ist, nämlich Gase und Dämpfe wie Schwefeldioxyd (BGHZ 15, 146; 30, 273) oder Fluor (BGHZ 70, 102), Gerüche wie die von einer Kläranlage (BGHZ 91, 20), von einem Schweinemastbetrieb (BGHZ 140, 1), von einem Müllbehälter (Kobl MDR 80, 578) oder von einer Bäckerei (Karlsr NJW-RR 01, 1236), Rauch, Ruß, Wärme, Geräusche zB von Fahrzeugen (BGH NJW 82, 440; 84, 124; MDR 71, 203), von einer Freilichtbühne (BGH MDR 69, 744), von einem Volksfest (BGHZ 111, 63), von einem Zivilflugplatz (BGHZ 79, 45) oder von einem Militärflugplatz (BGHZ 129, 124), von Straßenbauarbeiten (BGHZ 97, 114), von einer Gaststätte (BGH NJW 63, 2020), von einer Stadtparkfontäne (BGH MDR 68, 312), von einer Fabrik (BGHZ 46, 35), von einem Tennisplatz (BGH NJW 83, 751), von Kirchenglocken (BVerwGE 90, 163 = NJW 92, 2779), von Tieren (Frösche: BGHZ 120, 239; Hunde: Ddorf NJW-RR 95, 542; Vögel: Frankf NJW-RR 87, 1166 und Hamm MDR 88, 966) und Erschütterungen infolge Bauarbeiten (BGHZ 72, 289; 85, 375), Sprengungen (BGH NJW 99, 1029) oder durch einen Gewerbebetrieb (BGH MDR 69, 648). Entgegen der Gesetzesüberschrift sind nicht alle Stoffe unwägbar (Rauch, Ruß).

7 Die Aufzählung ist nicht erschöpfend (BGHZ 90, 255, 259). Das Gesetz stellt der Zuführung dieser Stoffe „**ähnliche Einwirkungen**" gleich. Der Aufzählung ist zu entnehmen, dass solche Einwirkungen auf der Zuführung unkörperlicher oder leichter körperlicher Stoffe beruhen müssen. Demnach zählen dazu zB das Abfallen von Laub, Nadeln, Blüten und Zapfen von Sträuchern und Bäumen (BGHZ 157, 33), der Bienenanflug und die dadurch bewirkte Blütenbestäubung (BGHZ 117, 110), der Anflug von anderen Insekten wie Fliegen (RGZ 160, 381) oder Wollläusen (BGH NJW 95, 2633), die Staubeinwirkung (BGHZ 62, 186, 190 ff), Feuerwerksrückstände (RG JW 27, 45), Lichtreflexe (Stuttg MDR 09, 1099), die Strahlung durch elektromagnetische Felder (BGH NJW 04, 1317), Lichtreklame (Hambg MDR 72, 1034), Infraschall (Rostock OLGRep 09, 686) *und die Straßenbeleuchtung* (OVG Koblenz NJW 86, 953).

8 **Grobimmissionen**, also Einwirkungen von größeren festkörperlichen Gegenständen, gehören nicht zu den ähnlichen Einwirkungen iSv I 1. Deshalb muss der Grundstückseigentümer zB das Herabfallen von Schrotblei (BGHZ 111, 158, 162) oder von Steinbrocken aus Sprengungen (BGHZ 28, 225), die Zuführung von

Geröll (BGHZ 58, 149, 159) sowie das Betreten seines Grundstücks durch größere Tiere wie Katzen, Hunde, Hühner und Kaninchen grds nicht dulden. Auch der Wasserfluss ist keine ähnliche Einwirkung iSd Vorschrift (BGHZ 90, 255, 258).

Negative Einwirkungen (Entzug von Licht, Luft, Wind, Aussicht und Abschattung von Funkwellen) werden nach hM ebenfalls nicht von I 1 erfasst (§ 903 Rn 4). Diese Auffassung ist nicht haltbar; eine Gleichbehandlung von negativen und positiven Einwirkungen ist notwendig (§ 903 Rn 5). Dagegen sind ideelle Einwirkungen, also solche, die das ästhetische oder sittliche Empfinden des Nachbarn stören, nicht abwehrbar, weil es sich nicht um Zuführungen iSd § 906 und deshalb auch nicht um Einwirkungen handelt (§ 903 Rn 5). 9

II. Herkunft. Die Einwirkungen müssen von einem anderen Grundstück ausgehen. Deshalb unterliegen zB Beeinträchtigungen einer **Mietwohnung**, die von einer anderen Mietwohnung innerhalb desselben Grundstücks ausgehen, nicht den Regelungen des § 906 (BGHZ 157, 188, 190 f); dasselbe gilt, wenn sich mehrere Benutzer verschiedener Anlagen auf demselben Grundstück gegenseitig beeinträchtigen (aA Staud/*Roth* Rz 113). In beiden Fällen fehlt es an der Voraussetzung einer die Grundstücksgrenzen überschreitenden Einwirkung. Sie ist jedoch als gegeben anzusehen, wenn innerhalb einer Miteigentümergemeinschaft oder einer Eigentumswohnungsanlage die Benutzung von **Sondernutzungsflächen** zu der Beeinträchtigung der Benutzung einer anderen Sondernutzungsfläche führt (BGH NJW 07, 3636). Dasselbe muss für Beeinträchtigungen einer Sondereigentumseinheit gelten, die aus der Benutzung einer anderen Einheit herrühren (s.u.); in diesem Fall ist § 906 entspr anwendbar (Stuttg NJW 06, 1744). Auch Einwirkungen, die von unter dem beeinträchtigten Grundstück stattfindenden **Bergbau** ausgehen, fallen unter die Vorschrift (BGHZ 178, 90). Entsprechend anwendbar ist sie auf die Nutzungsbeeinträchtigung von Räumen des Eigentümers an seinem Grundstück, die auf Einwirkungen beruhen, welche von auf demselben Grundstück liegenden Räumen ausgehen, die eigentumsrechtlich dem benachbarten Grundstückseigentümer zuzurechnen sind (verschachtelte Bauweise, BGHZ 175, 253, 261). Nicht notwendig ist, dass das Grundstück, von welchem die Beeinträchtigungen ausgehen, unmittelbar an das davon betroffene Nachbargrundstück angrenzt (RGZ 154, 161; BGH NJW 03, 1392); ein gewisser räumlicher Zusammenhang der beiden Grundstücke reicht aus. Unerheblich ist die Art der beeinträchtigenden Grundstücksnutzung; sie muss nicht im Zusammenhang mit einer wirtschaftlichen Betätigung stehen. 10

C. Duldungspflicht des beeinträchtigten Grundstückseigentümers. I. Keine oder unwesentliche Beeinträchtigung. Einwirkungen, welche die Benutzung des von ihm betroffenen benachbarten (nicht notwendig unmittelbar angrenzenden) Grundstücks nicht beeinträchtigen, müssen hingenommen werden. Entgegen der aus § 903 folgenden negativen Befugnis des Grundstückseigentümers, andere von jeder Einwirkung auszuschließen, wird hier eine die Eigentümerbefugnisse einschränkende Duldungspflicht normiert. Das geschieht im Interesse einer sinnvollen Grundstücksnutzung iRe gedeihlichen nachbarlichen Zusammenlebens (Rn 1). Die grundlose Ausübung des an sich bestehenden Abwehrrechts aus § 1004 I wird untersagt, ohne dass die Schwelle des Schikaneverbots (§ 226) überschritten sein muss. 11

Ebenfalls müssen solche Einwirkungen geduldet werden, welche die Benutzung des betroffenen Grundstücks nur unwesentlich beeinträchtigen. Wann das der Fall ist, beurteilt sich nach dem Empfinden eines „verständigen Durchschnittsmenschen" und dem, was diesem unter Würdigung anderer öffentlicher und privater Belange zuzumuten ist; damit können auch wertende Momente, wie zB die Beachtung des Naturschutzes und des Umweltbewusstseins der Bevölkerung (BGHZ 157, 33, 43) oder die Belange pflegebedürftiger Personen (Karlsr NJW 07, 3443, 3444), in die Beurteilung einbezogen werden. Eine entscheidende Rolle spielt auch die Natur und die tatsächliche Zweckbestimmung des von der Beeinträchtigung betroffenen Grundstücks in seiner konkreten Beschaffenheit (BGHZ 111, 63, 65). 12

Eine **unwesentliche Beeinträchtigung** liegt nach I 2, 3 idR dann vor, wenn die in Gesetzen, Rechtsverordnungen oder aufgrund des § 48 BImSchG erlassenen Verwaltungsvorschriften festgelegten Grenz- oder Richtwerte von den nach diesen Vorschriften ermittelten und bewerteten Einwirkungen nicht überschritten werden. Das Einhalten solcher Werte hat Indizwirkung für die Unwesentlichkeit der gleichwohl aufgetretenen Beeinträchtigung (BGH NJW 04, 3017). Die Wesentlichkeitsgrenze kann selbst dann nicht mathematisch exakt, sondern nur aufgrund wertender Beurteilung festgelegt werden, wenn die Stärke der Beeinträchtigung – wie zB bei Geräuschimmissionen – messtechnisch bestimmt werden kann (BGH NJW 03, 3699). Demnach können bspw Lärmimmissionen trotz der Überschreitung von Richtwerten unwesentlich sein, wenn sie von einer für das gesellschaftliche Zusammenleben bedeutsamen und nur an einem Tag des Jahres stattfindenden Veranstaltung ausgehen (BGH NJW 03, 3699). 13

Zu den Gesetzen iSd Vorschrift gehören – abw von Art 2 EGBGB – nur Parlamentsgesetze des Bundes und der Länder; gemeindliche Satzungsvorschriften gehören nicht dazu. Das Gesetz zum Schutz gegen Fluglärm (Fluglärmgesetz) fällt nicht unter I 2, 3, weil es nicht der Beurteilung individueller Lärmbeeinträchtigungen dient, sondern lediglich eine Grundlage für die Festlegung von Lärmschutzzonen bietet (BGH NJW 05, 660, 663). Rechtsvorschriften iSd Vorschrift sind insb die förmlichen Verordnungen, welche auf der Grundlage der §§ 7, 23 BImSchG erlassen worden sind. Sie enthalten Anforderungen an die Errichtung, die Beschaffenheit, den Betrieb, den Zustand nach Betriebseinstellung und die betreibereigene Überwachung genehmigungsbe- 14 dürftiger Anlagen bzw an die Errichtung, die Beschaffenheit und den Betrieb nicht genehmigungsbedürftiger Anlagen zum Schutz der Allgemeinheit und der Nachbarschaft vor schädlichen Umwelteinwirkungen und zur Verhütung schwerer Unfälle. Zu nennen sind beispielhaft die 1. BImSchVO (VO über Kleinfeuerungsanlagen), die 4. BImSchVO (VO über genehmigungsbedürftige Anlagen), die 8. BImSchVO (VO über Rasenmäherlärm), die 13. BImSchVO (VO über Großfeuerungsanlagen), die 16. BImSchVO (VerkehrslärmschutzVO) und die 18. BImSchVO (SportanlagenlärmVO). Verwaltungsvorschriften nach § 48 BImSchG sind zB die TA-Luft und die TA-Lärm; beide enthalten Anforderungen zur Erfassung, Bewertung und Begrenzung von Immissionen und Emissionen. Solche Verwaltungsvorschriften sind nur dann maßgeblich, wenn sie aufgrund des in § 48 BImSchG vorgeschriebenen Verfahrens erlassen worden sind und den Stand der Technik wiedergeben, also den Entwicklungsstand von Verfahren, Einrichtungen und Betriebsweisen, der nach deutlich überwiegender Meinung führender Fachleute die Erreichung des vorgegebenen Ziels gesichert erscheinen lässt (BTDrs 12/425 S 88).

15 Keine Vorschriften iSv I 2, 3 sind die DIN-, VDE- und VDI-Normen sowie die den Freizeitlärm betreffenden LAI-Hinweise; sie können jedoch den Gerichten bei der Bewertung der Unwesentlichkeit oder Wesentlichkeit von Einwirkungen als Entscheidungshilfe dienen (BGH NJW 03, 3699, 3700).

16 **II. Wesentliche Beeinträchtigung durch ortsübliche, mit wirtschaftlich zumutbarem Aufwand nicht zu verhindernde Grundstücksnutzung.** Wesentliche Beeinträchtigungen der Grundstücksbenutzung sind nur dann zu dulden, wenn sie durch die ortsübliche Benutzung des Grundstücks, von dem die Beeinträchtigungen ausgehen, herbeigeführt werden und nicht durch Maßnahmen verhindert werden können, die Benutzern dieser Art wirtschaftlich zumutbar sind (II 1).

17 **1. Wesentlichkeit.** Für die Beurteilung der Wesentlichkeit gelten dieselben Grundsätze wie für die Beurteilung der Unwesentlichkeit (Rn 12 ff). Auf das subjektive Empfinden des Beeinträchtigten kommt es somit nicht an, sondern auf das eines verständigen Durchschnittsbenutzers des betroffenen Grundstücks. Damit wird ein Gleichlauf zwischen privatrechtlichem und öffentlichrechtlichem Immissionsschutz hergestellt; denn wesentliche Beeinträchtigungen iSv § 906 sind identisch mit erheblichen Belästigungen iSv § 3 I BImSchG (BGH NJW 03, 3699).

18 Für die Beurteilung der Wesentlichkeit ist eine **Güterabwägung** notwendig, bei der ein objektiver Maßstab anzulegen ist. Allerdings ist in jedem Fall die konkrete Situation des Grundstücks zu berücksichtigen, zB seine Lage, seine Ausstattung und seine Zweckbestimmung. Die wesentliche Beeinträchtigung der Nutzung eines Wohnhauses setzt nicht voraus, dass es unbewohnbar wird; es reicht aus, dass die mit der konkreten Wohnnutzung verbundenen Annehmlichkeiten beeinträchtigt werden und dadurch der Wert des Hauses gemindert wird (BGH MDR 80, 655). Geräusch- und Geruchsbeeinträchtigungen durch Kraftfahrzeuge führen bereits dann zu einer wesentlichen Beeinträchtigung, wenn ein durchschnittlicher Nutzer des betroffenen Grundstücks sie ohne weiteres wahrnimmt und empfindet (BGH NJW 82, 440, 441). In jedem Fall ist die Wesentlichkeitsgrenze dann überschritten, wenn die Einwirkungen zu einer Gesundheitsgefährdung führen (BGH NJW 04, 1317) oder objektiv festgestellte physische Auswirkungen auf das Eigentum des betroffenen Grundstückseigentümers haben (BGHZ 157, 33, 43 f), zB wenn sprengungsbedingte Erschütterungen einen erheblichen Sachschaden an einem Gebäude des Nachbargrundstücks verursacht haben (BGH NJW 99, 1029) oder die Dacheinläufe und Dachrinnen eines Wohnhauses durch herab fallende Bestandteile von auf dem Nachbargrundstück wachsenden Bäumen verstopft werden (BGHZ 157, 33, 44).

19 Eine Mehrheit von Störungsquellen kann zu einer wesentlichen Beeinträchtigung führen, auch wenn durch die einzelnen Einwirkungen die Wesentlichkeitsgrenze nicht überschritten wird (BGH MDR 71, 203).

20 Werden die in I 2, 3 genannten Grenz- oder Richtwerte (Rn 14 f) überschritten, indiziert das die Wesentlichkeit der Beeinträchtigung (BGH MDR 05, 328). Eine wesentliche Beeinträchtigung kann allerdings auch dann vorliegen, wenn die Werte unterschritten werden (BGH NJW 99, 1029). Das ist die Folge des Grundsatzes, dass es für die Beurteilung der Wesentlichkeit auf das Empfinden eines verständigen Durchschnittsbenutzers des betroffenen Grundstücks ankommt (Rn 17). Bei Immissionen, die Luftverschmutzungen zur Folge haben, kommt es deshalb nicht in erster Linie nicht auf die – zur Beurteilung der Wesentlichkeit jedoch auch heranzuziehenden – Werte nach der TA-Luft an, sondern auf das Gesamterscheinungsbild. Bei Lärmimmissionen ist – neben den Werten der TA-Lärm – die Lästigkeit der Geräusche maßgeblich, die sich ua nach dem Zeitpunkt ihrer Zuführung (BGHZ 148, 261, 265 f), nach ihrer Dauer und Häufigkeit (BGH NJW 03, 3699, 3700), nach ihrer Eigenart wie zB hohe Frequenzen (BGH MDR 69, 744) oder plötzliches Auftreten und An- und Abschwellen (BGHZ 120, 239, 258) sowie nach ihrem Impulscharakter (BGH NJW 83, 751) beurteilt (Einzelfälle s. bei Staud/*Roth* Rz 197). Bei Geruchsimmissionen entscheidet der Ekelerregung über die Wesentlichkeit (BGHZ 140, 1, 8).

21 Die Ermittlung der – als Anhaltspunkt für die Beurteilung der Wesentlichkeit dienenden – Grenz- oder Richtwerte erfolgt bei Lärmimmissionen danach, in welchem Gebiet sich das beeinträchtigende und das beeinträchtigte Grundstück befinden. Beim Zusammentreffen von Gebieten unterschiedlicher Qualität und Schutzwürdigkeit (zB allg Wohngebiet und Industriegebiet) ist jede Grundstücksnutzung mit einer spezifischen Pflicht zur Rücksichtnahme belastet, so dass für die Ermittlung der maßgebenden Grenz- und Richtwerte ein Mittelwert gefunden werden muss (BGHZ 148, 261, 264).

Bei der Beurteilung der Wesentlichkeit ist auch zu berücksichtigen, ob die störende Anlage mit **behördlicher** 22
Genehmigung betrieben wird. Zwar schließt die Genehmigung idR den Anspruch aus § 1004 I nicht aus; aber
das Fehlen einer notwendigen behördlichen Genehmigung ist für die Prüfung der Wesentlichkeit einer von der
nicht genehmigten Anlage ausgehenden Einwirkung auf benachbarte Grundstücke jedenfalls so lange von
Bedeutung, wie die uneingeschränkte Genehmigungsfähigkeit nicht feststeht, denn das Genehmigungsverfahren dient auch dazu, die Beeinträchtigung von Nachbarn gering zu halten (BGHZ 140, 1, 6 f). Eine fehlende
Genehmigung stellt für die Frage der Wesentlichkeit der Beeinträchtigung nur ein Kriterium von mehreren dar;
entscheidend ist eine Würdigung aller Umstände, ausgerichtet am Empfinden eines „verständigen Durchschnittsmenschen", insb unter Berücksichtigung der nach I 2, 3 maßgeblichen Werte (BGH ZfIR 06, 104).

2. Ortsübliche Benutzung des störenden Grundstücks. Die Pflicht zur Duldung einer wesentlichen Beein- 23
trächtigung setzt voraus, dass die Benutzung des Grundstücks, von welchem die Beeinträchtigung ausgeht,
ortsüblich ist. Das ist dann der Fall, wenn eine Mehrheit von Grundstücken in der Umgebung mit einer nach
Art und Ausmaß einigermaßen gleich bleibenden Einwirkung benutzt wird (BGHZ 120, 239, 260).
Als **Vergleichsgebiet** ist grds das gesamte Gemeindegebiet, in welchem das emittierende Grundstück liegt, zu 24
betrachten. Allerdings kommt im Einzelfall sowohl eine Erweiterung des Vergleichsgebiets über die Gemeindegrenzen hinaus in Betracht, wenn eine bestimmte Grundstücksnutzung (zB Bergbau) ein räumlich großes
Gebiet prägt (BGHZ 30, 273, 277), als auch eine Begrenzung auf einzelne Teile des Gemeindegebiets, wenn
diese wegen der dort typischen Grundstücksnutzung (zB Villen- oder Industrieviertel) ein erkennbar eigentümliches, von anderen Ortsteilen verschiedenes Gepräge aufweisen (BGH NJW 59, 1632, 1633). Überörtliche Verkehrsanlagen müssen in sich als Ganzes iVm dem verkehrsmäßig zu erschließenden Raum gewürdigt
werden; ein einzelner Teil der Anlage (zB Straße) kann nicht nur im Zusammenhang mit einem Gebiet von
bestimmtem Charakter beurteilt werden (BGHZ 54, 384, 390). Andererseits kann ein einziges Grundstück
aufgrund seiner spezifischen Nutzung den Gebietscharakter prägen (Flughafen: BGHZ 69, 105, 111).
Die **einmalige Nutzung** des störenden Grundstücks in dem Vergleichsgebiet führt idR nicht zur Ortsüblich- 25
keit; die Benutzungen müssen öfter geschehen (BGH MDR 78, 1005). Ausnahmen hiervon sind jedoch möglich, wenn bereits das Halten der Anlage auf dem Grundstück, von welchem die Beeinträchtigung ausgeht,
ortsüblich ist; das kommt zB in Betracht bei Arbeiten zur Erhaltung eines die Umgebung prägenden Baudenkmals (BGH MDR 77, 128), bei Abbrucharbeiten (BGH NJW 62, 1342) oder bei Straßenbauarbeiten
(BGHZ 72, 289, 296). In diesen Fällen sind auch die vorübergehend erhöhten Einwirkungen ortsüblich, weil
sie durch die normale ortsübliche Benutzung des Grundstücks herbeigeführt werden. Das gilt allerdings nicht
für besonders starke Einwirkungen, die bei gleichartigen Maßnahmen üblicherweise nicht auftreten (BGHZ
54, 384, 391 f).
Ortsüblich sind auch erhöhte Einwirkungen, die auf einer intensiveren Nutzung des störenden Grundstücks 26
beruhen. In erster Linie gilt das für Steigerungen des Verkehrsaufkommens auf Straßen (BGHZ 49, 148, 151)
und im Luftverkehr (BGHZ 69, 105, 111). Erhöhte Einwirkungen, die von einem Wechsel der Bewirtschaftungsart des beeinträchtigenden Grundstücks herrühren, können ebenfalls ortsüblich sein, zB wenn die
Bewirtschaftung eines Bauernhofs der modernen Betriebsführung angepasst wird; wenn jedoch der landwirtschaftliche Betrieb in einen gewerblichen Betrieb umgewandelt wird, sind die danach auftretenden Einwirkungen nicht mehr ortsüblich (BGHZ 48, 31, 33 f).
Nur für **gleichartige Einwirkungen** kann die Ortsüblichkeit bejaht werden. Grundstücke, von denen unter- 27
schiedliche Einwirkungen (zB Geräusche und Gerüche) ausgehen, dürfen nicht in die Beurteilung einbezogen
werden. Die Quelle der Einwirkungen muss dagegen nicht dieselbe sein; entscheidend ist nur die Gleichartigkeit, zB Fabrik- und Straßenlärm (BGHZ 46, 35, 38).
Die Ortsüblichkeit einer Einwirkung beurteilt sich – ebenso wie die der Wesentlichkeit (Rn 17 ff) – nach den 28
in dem maßgeblichen Vergleichsgebiet im Zeitpunkt der letzten mündlichen Verhandlung in der Tatsacheninstanz tatsächlichen Verhältnissen (BGHZ 148, 261, 267). Grds ist es unerheblich, ob mit der Benutzung des
beeinträchtigten Grundstücks früher oder später als mit der Benutzung des beeinträchtigenden Grundstücks
begonnen wurde. Dem Gedanken der zeitlichen Priorität kommt bei dem primären Rechtsschutz nach
§§ 1004 I iVm 906 II 1 idR keine Bedeutung zu. Unter dem Gesichtspunkt der aus dem nachbarlichen
Gemeinschaftsverhältnis (§ 903 Rn 14 ff) folgenden Mitverantwortung des beeinträchtigten Grundstückseigentümers für einen vorhersehbaren Konflikt kann sich jedoch für ihn eine gesteigerte Duldungspflicht ggü
solchen Einwirkungen ergeben, von denen sein Grundstück bereits vor der von ihm begonnenen Benutzung
betroffen war. Das erlangt vor allen Dingen in den Fällen Bedeutung, in denen eine Wohnbebauung nahe an
ein Industriegebiet heranrückt (BGHZ 148, 261, 269).
Eine **öffentlich-rechtliche Genehmigung** der Anlage, von welcher die Beeinträchtigung ausgeht, begründet 29
nicht automatisch die Ortsüblichkeit. Ihr Fehlen schließt jedoch die Ortsüblichkeit aus (BGHZ 140, 1, 9).

3. Wirtschaftliche Unzumutbarkeit der Verhinderung von wesentlichen Beeinträchtigungen. Schließlich 30
besteht die Pflicht des Grundstückseigentümers zur Duldung wesentlicher Beeinträchtigungen (Rn 17 ff), die
von der ortsüblichen Benutzung benachbarter Grundstücke herrühren (Rn 23 ff), nur dann, wenn die Beeinträchtigungen nicht durch Maßnahmen verhindert werden können, welche dem Benutzer des beeinträchti-

genden Grundstücks wirtschaftlich zumutbar sind. Wann das der Fall ist, bestimmt sich nach einem differenziert-objektiven Maßstab. In die Beurteilung sind die nachbarlichen Verhältnisse, die Vor- und Nachteile der technischen oder organisatorischen Maßnahmen für beide Seiten und die finanzielle Leistungsfähigkeit eines durchschnittlichen Benutzers des beeinträchtigenden Grundstücks einzubeziehen. Auf die wirtschaftlichen Verhältnisse des konkreten Benutzers kommt es nicht an.

31 Die Maßnahmen müssen dazu geeignet sein, die Einwirkungen auf das betroffene Grundstück so weit zu reduzieren, dass sie dessen Benutzung nicht mehr oder nur noch unwesentlich beeinträchtigen (Frankf NJW-RR 01, 1364, 1366). Sie müssen technisch möglich und wirksam sein (Nürnbg MDR 80, 667, 668). In Betracht kommen auch organisatorische Maßnahmen wie die zeitliche Begrenzung von Einwirkungen (Zweibr DWW 91, 305, 307).

32 Unzumutbarkeit iSd Vorschrift ist gegeben, wenn die notwendigen Maßnahmen (Rn 30) solche Kosten verursachen, dass ein dem konkreten Grundstücksnutzer vergleichbarer durchschnittlicher Benutzer keinen angemessenen Gewinn aus der Grundstücksnutzung mehr erzielen könnte. Bei Betrieben, die Teil eines Unternehmens mit mehreren Betriebsstätten sind, kommt es nicht auf die wirtschaftlichen Verhältnisse der einzelnen störenden Betriebsstätte, sondern auf die des gesamten Unternehmens an. Unzumutbarkeit ist nicht ohne weiteres bereits dann anzunehmen, wenn der Grundstücksnutzer die notwendigen Maßnahmen nicht aus laufenden Einnahmen bezahlen kann; in diesem Fall kommt auch die Gewährung einer Frist in Betracht, so dass die Durchführung der Gesamtmaßnahme zeitlich gestreckt wird (Schlesw NJW-RR 96, 399).

33 **4. Ausgleichsanspruch nach Abs 2 S 2.** An Stelle des durch die Duldungspflicht ausgeschlossenen Abwehranspruchs erhält der beeinträchtigte Grundstückseigentümer gegen den Benutzer des beeinträchtigenden Grundstücks einen verschuldensunabhängigen Ausgleichsanspruch in Geld, wenn die Einwirkung eine ortsübliche Benutzung seines Grundstücks oder dessen Ertrag über das zumutbare Maß hinaus beeinträchtigt. Die Vorschrift dient dem Interessenausgleich unter Nachbarn und beruht auf dem Gedanken von Treu und Glauben (§ 242) im nachbarlichen Gemeinschaftsverhältnis (BGHZ 157, 188, 193). Der Ausgleichsanspruch kommt nur in Betracht, wenn nicht eine andere gesetzliche Bestimmung den konkreten Fall abschließend regelt (BGHZ 161, 323, 329).

34 **a) Ortsüblichkeit der Benutzung des beeinträchtigten Grundstücks.** Im Gegensatz zu den Voraussetzungen der Duldungspflicht nach II 1 kommt es hier nicht auf die ortsübliche Benutzung des Grundstücks, von welchem die Einwirkungen ausgehen, sondern auf die des beeinträchtigten Grundstücks an. Die Voraussetzungen, unter denen die Ortsüblichkeit zu bejahen ist, sind hier jedoch dieselben wie dort (s. Rn 23 ff). Zusätzlich ist allerdings anzumerken, dass eine besonders immissionsanfällige Grundstücksnutzung die Ortsüblichkeit nicht ohne weiteres ausschließt (vgl BGHZ 90, 255), sondern nur dann, wenn diese Nutzung in der Umgebung einzigartig und deshalb nicht ortsüblich ist (BGHZ 117, 110, 114). Zur Abwehr von unzumutbaren Beeinträchtigungen sind dem betroffenen Grundstückseigentümer je nach den die Ortsüblichkeit bestimmenden Umständen selbst aufwändige Maßnahmen zuzumuten; das geht jedoch nicht so weit, dass Abwehrmaßnahmen in einem solchen Ausmaß verlangt werden können, dass jede schädigende Einwirkung verhindert wird (BGHZ 66, 70, 78).

35 **b) Unzumutbare Beeinträchtigungen.** Ausgleichspflichtig ist nur eine über das zumutbare Maß hinausgehende Beeinträchtigung. Ob diese Voraussetzung vorliegt, bestimmt sich nicht nach der konkreten Grundstücksnutzung. Vielmehr ist auf einen verständigen durchschnittlichen Benutzer dieses Grundstücks in seiner konkreten Beschaffenheit, Ausgestaltung und Zweckbestimmung abzustellen. Damit gilt hier derselbe Maßstab wie für die Beurteilung der Unwesentlichkeit iSv I 1 (BGH VersR 07, 657; s. Rn 12 ff). Weiter sind die konkreten Umstände des Einzelfalls zu berücksichtigen, so dass es eine Rolle spielen kann, ob etwaige Besonderheiten zu der Sphäre des Einwirkenden oder zu der des Beeinträchtigten gehören (BGHZ 49, 148, 153). Die Unzumutbarkeit ist nicht erst dann zu bejahen, wenn dem Beeinträchtigten die Vernichtung der wirtschaftlichen Existenz droht oder wenn er in seinem wirtschaftlichen Fortkommen schwer beeinträchtigt wird (BGHZ 49, 148, 154). Für die Unzumutbarkeit der Beeinträchtigung kann es auch darauf ankommen, ob die beeinträchtigte Grundstücksnutzung in Kenntnis des Vorhandenseins einer Immissionsquelle aufgenommen wurde (BGH NJW 77, 894). Bei der Beurteilung der Unzumutbarkeit spielen Gesichtspunkte wie der, dass derjenige Grundstückseigentümer, der die mit dem „Wohnen im Grünen" verbundenen Annehmlichkeiten in Anspruch nimmt, bis zu einem gewissen Grad auch die damit verbundenen Nachteile, soweit sie auf natürlichen Gegebenheiten beruhen, in Kauf nehmen müsse, oder das gewachsene Umweltbewusstsein der Bevölkerung jedenfalls dann keine Rolle, wenn die Einwirkungen auf der nicht ordnungsgemäßen Benutzung des emittierenden Grundstücks beruhen (BGHZ 157, 33, 46 f).

36 **c) Anspruchshöhe.** Der Ausgleichsanspruch gewährt dem Beeinträchtigten eine angemessene Entschädigung in Geld, deren Höhe sich nach den Grundsätzen dr Enteignungsentschädigung berechnet; sie kann im Einzelfall die Höhe des vollen Schadensersatzes erreichen, wenn die zu duldende Einwirkung (Rn 16–32) zu einer Substanzschädigung geführt hat (BGHZ 142, 66, 70). Von einem Schadensersatzanspruch unterscheidet sich der Ausgleichsanspruch darin, dass der Ausgleich die durch die zu duldende Einwirkung eingetretene

Vermögenseinbuße beseitigen soll, während der Schadensersatz auf die Wiederherstellung des Zustands gerichtet ist, der bestünde, wenn die Einwirkung nicht zu der unzumutbaren Beeinträchtigung geführt hätte (BGHZ 147, 45, 53). Ausgeglichen wird nur der unzumutbare Teil der Beeinträchtigung (Rn 35), weil der Beeinträchtigte die Einwirkungen bis zur Grenze der Zumutbarkeit entschädigungslos hinnehmen muss (BGHZ 62, 361, 371 f). Eine Minderung der Entschädigung kommt in Betracht, wenn das beeinträchtigte Grundstück vor der Einwirkung bereits schadensanfällig war (BGH NJW 92, 2884).

Bei einem von dem Beeinträchtigten selbst bewohnten Haus umfasst der Anspruch auch einen Ausgleich für konkrete Beeinträchtigungen in der Nutzung dieses Hauses (BGHZ 91, 20). Bei vermieteten Grundstücken kann der beeinträchtigte Mieter einen Ausgleich für die während der Dauer der Nutzungsbeeinträchtigung angefallenen Kosten und Gewinneinbußen verlangen, welche durch die Einwirkung hervorgerufen wurden; der Ersatz von Mietkosten kommt daneben regelmäßig nicht in Betracht, weil sie durch die von Gesetzes wegen eintretende Mietminderung (§ 536) ausgeglichen werden (BGHZ 147, 45, 53 f). **37**

d) Anspruchsinhaber und Anspruchsgegner. Den Ausgleichsanspruch kann zum einen der Eigentümer des beeinträchtigten Grundstücks geltend machen. Zum anderen steht der Anspruch auch dem Besitzer zu (BGHZ 157, 188, 190), und zwar jedem Besitzer, der einen primären Abwehranspruch nach § 862 I hat. Der bloße Benutzer des Grundstücks ist allerdings nicht anspruchsberechtigt; der Ausgleichsanspruch leitet sich aus dem Grundstückseigentum her, so dass Anspruchsinhaber nur ein dinglich oder obligatorisch Berechtigter an dem beeinträchtigten Grundstück sein kann. Ebenfalls nicht anspruchsberechtigt sind Mieter desselben Grundstücks untereinander (BGHZ 157, 188), obwohl sie an sich zu dem Kreis der obligatorisch Berechtigten gehören. Der Anspruchsausschluss beruht hier auf dem Umstand, dass es an einer grenzüberschreitenden Immission fehlt, so dass § 906 nicht anwendbar ist (Rn 9). **38**

Zum Ausgleich verpflichtet ist nach häufigem Sprachgebrauch der „**Störer**". Das ist missverständlich, weil dieser Begriff für die Fälle der rechtswidrigen Einwirkung besetzt ist (§ 1004 I); hier geht es jedoch um eine zu duldende und damit rechtmäßige Einwirkung. Genauer ist es deshalb, von dem „**Benutzer**" des emittierenden Grundstücks als Anspruchsverpflichtetem zu sprechen. Benutzer ist jeder, der die Nutzungsart des beeinträchtigenden Grundstücks bestimmt (BGHZ 155, 99, 102). Das ist neben dem Eigentümer und sonstigen dinglichen Berechtigten ohne weiteres auch der Besitzer wie ein Mieter oder ein Pächter (BGHZ 147, 45, 50). Für Handlungen seines Mieters ist der Eigentümer nur verantwortlich, wenn er dem Mieter den Gebrauch mit der Erlaubnis zu den störenden Handlungen überlassen hat oder wenn er es unterlässt, den Mieter von dem nach dem Mietvertrag unerlaubten, fremdes Eigentum beeinträchtigenden Gebrauch der Mietsache abzuhalten (BGH NJW 06, 992). Der Bauunternehmer, der Arbeiten auf dem Grundstück ausführt, gehört grds nicht zu dem Kreis der Ausgleichspflichtigen (BGHZ 72, 289, 297); etwas anderes gilt nur dann, wenn er hinsichtlich des Standorts, des Aufbaus des Gebäudes oder der Anlage und ihrer Handhabung eigenverantwortlich handeln darf und er allein das Risiko einer Beeinträchtigung des Grundstücksnachbarn trägt (BGHZ 113, 384, 392). **39**

Bei **mehreren (summierten) Einwirkungen** ist zu unterscheiden: Ist jede Beeinträchtigung für sich wesentlich und verhindert sie die ungestörte ortsübliche Benutzung des betroffenen Grundstücks, ist jeder Einwirkende entspr seinem Anteil an der Beeinträchtigung zur Zahlung des Ausgleichs verpflichtet; der einzelne Ursachenbeitrag eines jeden Einwirkenden ist nach § 287 ZPO zu schätzen (BGHZ 66, 70, 71). Im Fall der sog „progressiven Schadenssteigerung", in welchem die wesentliche Beeinträchtigung erst durch das Zusammenwirken mehrerer Einwirkender hervorgerufen wird, sind alle Einwirkenden als Gesamtschuldner ausgleichspflichtig (BGHZ 85, 375, 387). **40**

5. Nachbarrechtlicher Ausgleichsanspruch in entspr Anwendung von Abs 2 S 2. Der Anwendungsbereich des II 2 ist im Wege der richterlichen Rechtsfortbildung stark erweitert worden. Nach ständiger Rspr des BGH ist der sog nachbarrechtliche Ausgleichsanspruch immer dann gegeben, wenn von einem Grundstück iRs privatwirtschaftlichen Benutzung rechtswidrige Einwirkungen auf ein anderes Grundstück ausgehen, welche dessen Eigentümer oder Besitzer zwar nicht dulden muss, die er aber aus besonderen tatsächlichen oder rechtlichen Gründen nicht nach §§ 862 I, 1004 I unterbinden kann, sofern er hierdurch Nachteile erleidet, die das zumutbare Maß einer entschädigungslos hinzunehmenden Beeinträchtigung übersteigen (s. nur BGHZ 157, 33, 45). Unter diesen Voraussetzungen ist der Ausgleichsanspruch auch bei anderen Einwirkungen als den in I 1 genannten gegeben, zB bei **Grobimmissionen** wie Schrotblei (BGHZ 111, 158) und Wasser (BGHZ 155, 99). Auch für die durch einen technischen Defekt an elektrischen Leitungen verursachten **Brandschäden** an einem benachbarten Haus ist ein Ausgleich zu zahlen (BGH NJW 99, 2896, 2897). Eine unzulässige Vertiefung (§ 909) kann ebenfalls den Ausgleichsanspruch begründen (BGHZ 147, 45, 50). In jedem Fall ist Anspruchsvoraussetzung, dass die beeinträchtigenden Einwirkungen von einer der konkreten Grundstücksnutzung entsprechenden Benutzung des emittierenden Grundstücks ausgehen und zu diesem einen sachlichen Bezug aufweisen (BGH NZM 09, 834). **41**

Der nachbarrechtliche Ausgleichsanspruch ist **subsidiär** (BGHZ 178, 90, 98). Er setzt voraus, dass der Eigentümer oder Besitzer des beeinträchtigten Grundstücks (Rn 38) aus besonderen Gründen gehindert war, die Einwirkung nach §§ 862 I, 1004 I rechtzeitig zu unterbinden. Das kann sowohl auf rechtlichen als auch auf **42** tatsächlichen Gründen beruhen. Als rechtliche Hinderungsgründe kommen alle öffentlich- und privatrechtlichen Duldungspflichten in Betracht, also auch die aus dem nachbarlichen Gemeinschaftsverhältnis (§ 903 Rn 14 ff) und die auf dem Ablauf von Ausschlussfristen für die Geltendmachung von Abwehransprüchen beruhenden Duldungspflichten (BGHZ 157, 33). Tatsächliche Hinderungsgründe begründen einen sog „faktischen Duldungszwang". Er kann sich zB daraus ergeben, dass der Abwehranspruch mangels Erkennbarkeit und Kenntnis von der bevorstehenden Beeinträchtigung nicht rechtzeitig geltend gemacht werden konnte (BGHZ 155, 99, 103) oder dass der Beeinträchtigte auf die Zusage des Beeinträchtigenden vertraute, die Beeinträchtigung zu beseitigen, und sie durch das Geltendmachen des Abwehranspruchs nicht schneller beseitigt würde als durch die von dem Beeinträchtigenden versprochenen Maßnahmen (BGH NJW 95, 714).

43 Der Höhe nach ist der Anspruch auf den Ausgleich solcher Einwirkungen beschränkt, die das entschädigungslos zu duldende Maß überschreiten. Ausgeglichen wird – wie bei der direkten Anwendung von II 2 (Rn 36 f) – nach den Grundsätzen der Enteignungsentschädigung; der Ausgleich soll die durch die Beeinträchtigung eingetretene Vermögenseinbuße beseitigen. In diesem Rahmen umfasst der Anspruch auch Vermögenseinbußen infolge der Beschädigung sich auf dem beeinträchtigten Grundstück befindlicher beweglicher Sachen (BGH NJW 08, 992 f).

44 Hinsichtlich des Ausgleichsberechtigten und des Ausgleichsverpflichteten gelten dieselben Grundsätze wie im direkten Anwendungsbereich von II 2 (Rn 38 ff).

45 **D. Prozessuales.** Im Rechtsstreit obliegt es dem beeinträchtigten Grundstückseigentümer bzw -besitzer (Rn 38), die Einwirkung als solche (Rn 6 ff) und die dadurch hervorgerufene Beeinträchtigung der Grundstücksnutzung (Rn 16 ff) darzulegen und zu beweisen (BGHZ 95, 307, 312). Werden die Grenz- oder Richtwerte nach I 2, 3 überschritten, spricht das idR für die Kausalität zwischen der Einwirkung und der Beeinträchtigung (BGHZ 121, 248, 251). Macht der beeinträchtigte Grundstückseigentümer oder -besitzer den Ausgleichsanspruch nach II 2 geltend, muss er auch die Ortsüblichkeit der Nutzung seines Grundstücks und die Unzumutbarkeit der Beeinträchtigung (Rn 34 f) beweisen.

46 Der Beeinträchtigende ist darlegungs- und beweispflichtig für die Unwesentlichkeit (Rn 11 f) der Beeinträchtigung (BGHZ 120, 239, 257). Die Einhaltung oder Unterschreitung der Werte nach I 2, 3 indiziert die Unwesentlichkeit; in diesem Fall muss der Beeinträchtigte allerdings nicht die nach seiner Auffassung gleichwohl gegebene Wesentlichkeit, sondern lediglich Tatsachen darlegen und beweisen, welche die Indizwirkung zB durch wissenschaftlich begründete Zweifel an der Richtigkeit der Werte und den fundierten Verdacht einer erheblichen Beeinträchtigung erschüttern (BGH NJW 04, 1317). Kann der Beeinträchtigende die Unwesentlichkeit nicht beweisen, obliegt ihm die Darlegungs- und Beweislast für die Ortsüblichkeit seiner Grundstücksnutzung (Rn 23 ff) und für die wirtschaftliche Unzumutbarkeit der Verhinderung von wesentlichen Beeinträchtigungen des Nachbargrundstücks (Rn 30 ff).

§ 907 Gefahr drohende Anlagen.

(1) ¹Der Eigentümer eines Grundstücks kann verlangen, dass auf den Nachbargrundstücken nicht Anlagen hergestellt oder gehalten werden, von denen mit Sicherheit vorauszusehen ist, dass ihr Bestand oder ihre Benutzung eine unzulässige Einwirkung auf sein Grundstück zur Folge hat. ²Genügt eine Anlage den landesgesetzlichen Vorschriften, die einen bestimmten Abstand von der Grenze oder sonstige Schutzmaßregeln vorschreiben, so kann die Beseitigung der Anlage erst verlangt werden, wenn die unzulässige Einwirkung tatsächlich hervortritt.
(2) Bäume und Sträucher gehören nicht zu den Anlagen im Sinne dieser Vorschriften.

1 **A. Allgemeines.** Die Vorschrift enthält eine **selbstständige Anspruchsgrundlage**, die für den speziellen Fall der Eigentumsbeeinträchtigung durch Anlagen auf dem Nachbargrundstück neben dem allg Beseitigungs- und Unterlassungsanspruch aus § 1004 I besteht. Beide Ansprüche sind auf unterschiedliche Rechtsfolgen gerichtet. Nach § 907 kann bereits die Errichtung einer Anlage untersagt und die Beseitigung einer bestehenden Anlage verlangt werden; § 1004 I gibt dem Beeinträchtigten lediglich das Recht, die Unterlassung der störenden Benutzung einer Anlage zu verlangen. Somit geht der Anspruch aus § 907 weiter als der aus § 1004 I.

2 Der Eigentümer des Grundstücks, auf dem die Anlage errichtet werden soll oder auf dem sie sich befindet, wird durch § 907 in seinen sich aus § 903 ergebenden positiven Eigentümerbefugnissen (§ 903 Rn 2) beschränkt, indem ihm unter bestimmten Voraussetzungen die beliebige Nutzung seines Grundstücks verboten wird.

3 **B. Anspruchsinhaber und Anspruchsgegner. I. Anspruchsinhaber.** Der Unterlassungs- und Beseitigungsanspruch aus I steht dem **Eigentümer** des Grundstücks zu, welches durch die Anlage in unzulässiger Weise beeinträchtigt wird. Daneben sind alle **dinglich Berechtigten** anspruchsberechtigt, denen die Eigentumsansprüche in entspr Anwendung zustehen; das sind der Nießbraucher (§ 1065), der Berechtigte einer Grunddienstbarkeit (§ 1027) und einer beschränkten persönlichen Dienstbarkeit (§§ 1090 II, 1027) sowie der Erbbauberechtigte (§ 11 ErbbauV).

4 **Obligatorisch Berechtigte**, denen ein dem Unterlassungs- und Beseitigungsanspruch nach § 1004 I gleichartiger Anspruch zusteht, können ebenfalls die Ansprüche aus § 907 geltend machen; das sind der Mieter und

der Pächter eines Grundstücks, weil sie gegen Störungen ihres Besitzes nach § 862 I vorgehen können (Erman/*Lorenz* Rz 5; Staud/*Roth* Rz 6). Die entspr Anwendung der Vorschrift auf diesen Personenkreis führt zu dem notwendigen Gleichlauf mit dem nachbarrechtlichen Ausgleichsanspruch nach § 906 II 2 (dazu § 906 Rn 33 ff). Es gibt keine Rechtfertigung dafür, dem Mieter und dem Pächter den Ausgleichsanspruch zuzubilligen (BGHZ 157, 188, 190), nicht aber die Ansprüche aus § 907.

II. Anspruchsgegner. Nach dem Wortlaut des Gesetzes richtet sich der Anspruch gegen denjenigen, der eine 5
Anlage herstellen will oder der eine bereits errichtete Anlage hält. Beides wird von dem **Störer**begriff des § 1004 umfasst. In erster Linie sind der Eigentümer des Grundstücks, auf welchem die Anlage errichtet werden soll oder errichtet wurde, und der Eigentümer der Anlage – ohne Rücksicht darauf, wer sie errichtet hat – anspruchsverpflichtet. Daneben kommen auch die an dem Grundstück dinglich (Nießbraucher, Dienstbarkeitsberechtigte, Erbbauberechtigte) oder obligatorisch Berechtigten (Mieter, Pächter) als Anspruchsgegner in Betracht. Fallen das Eigentum an der Anlage und das Recht zu ihrer Nutzung auseinander, richten sich sowohl der Unterlassungs- als auch der Beseitigungsanspruch gegen den Nutzer, wenn er Handlungsstörer ist. Geht es um die Haftung des Zustandsstörers, ist Anspruchsgegner derjenige, der für den ordnungsgemäßen Zustand der Anlage verantwortlich ist; das kann entweder ihr Eigentümer oder ihr Nutzer sein.
Wird eine störende Anlage von niemandem mehr genutzt, kommt nur der Eigentümer des Grundstücks, auf 6
welchem sie sich befindet, als Anspruchsgegner in Betracht. Wer sie hergestellt hat, ist in diesem Fall für die Anspruchsverpflichtung unerheblich (aA wohl Staud/*Roth* Rz 10).

C. Anspruchsvoraussetzungen. I. Anlage. Anlagen sind von Menschenhand künstlich geschaffene Werke 7
von gewisser Selbstständigkeit und Dauer (BGH BB 65, 1125). Nicht erforderlich ist, dass die Anlagen für einen bestimmten Zweck benutzt werden. Der Anlagenbegriff erfasst in erster Linie **Bauwerke** wie Gebäude und Gebäudeteile, aber auch zB **Gartenteiche** (BGHZ 120, 239, 250), **Erdaufschüttungen** und eine **Vielzahl beweglicher** Sachen, wenn sie zur dauerhaften Lagerung aufgeschichtet wurden.
Nicht zu den Anlagen iSd Vorschrift gehören die **natürliche Bodenbeschaffenheit** wie zB ein Felshang (RGZ 8
134, 231, 234 f), Bodenvertiefungen iSd § 909, einzelne bewegliche Sachen wie Baumaterialien (BGH DB 69, 920, 921) und alles, was nicht von Menschenhand, sondern von Naturgewalten (zB Erdbeben) geschaffen wurde.
Nach der ausdrücklichen Regelung in II gehören Bäume und Sträucher nicht zu den Anlagen iSd Vorschrift. 9
Die durch sie hervorgerufenen Einwirkungen auf benachbarte Grundstücke fallen unter §§ 910, 911, 923.

II. Nachbargrundstücke. Nicht nur unmittelbar an das beeinträchtigte Grundstück angrenzende Grundstü- 10
cke fallen unter den Begriff „Nachbargrundstücke", sondern alle Grundstücke, deren Anlagen auf andere Grundstücke einwirken können.

III. Bestand und Nutzung. Die Vorschrift findet nicht nur dann Anwendung, wenn von der Benutzung der 11
Anlage unzulässige Einwirkungen ausgehen, sondern auch, wenn die Einwirkungen ausschl auf dem Vorhandensein (Bestand) der Anlage beruhen. Das ist zB bei künstlich angelegten Gewässern hinsichtlich der von ihnen ausgehenden Feuchtigkeit der Fall.

IV. Unzulässige Einwirkungen. Was unzulässige Einwirkungen iSd Vorschrift sind, ergibt sich aus den allge- 12
meinen Vorschriften über Eigentum und Nachbarrecht. In erster Linie sind hier die **§§ 903, 905, 906** zu nennen (BGHZ 113, 384, 386). Anders als bei § 906 (dort Rn 7) erfasst der Begriff der Einwirkungen hier auch Grobimmissionen. Ebenso wie dort (§ 906 Rn 8) können jedoch auch hier **ideelle Einwirkungen** wie die Verletzung des sittlichen oder ästhetischen Empfindens nicht abgewehrt werden. Vielmehr müssen die Anlagen in sinnlich wahrnehmbarer Weise über die Grundstücksgrenze auf die benachbarten Grundstücke unmittelbar positiv einwirken können (BGHZ 113, 384, 386). Das soll nach hM die Abwehr **negativer Einwirkungen** (Entzug von Licht, Luft, Wind, Aussicht und Abschattung von Funkwellen) ausschließen. Diese Ansicht ist nicht haltbar; ebenso wie bei § 906 (dort Rn 8) ist auch hier die Gleichbehandlung von negativen und positiven Einwirkungen notwendig (§ 903 Rn 5).
Ist landesrechtlich bestimmt, dass gewisse Beeinträchtigungen, die von einer Anlage auf dem Nachbargrund- 13
stück ausgehen, nicht abgewehrt werden können, kann das Verbietungsrecht des Nachbarn nicht aus § 907 hergeleitet werden. Denn die landesgesetzlichen Vorschriften sind als spezielle **Sondernormen** anzusehen, welche abschließend bestimmen, was als unzulässige Einwirkung iSd § 907 anzusehen ist (BGH NJW-RR 00, 537, 538).

V. Sichere Voraussehbarkeit. Die unzulässige Einwirkung ist dann mit Sicherheit vorauszusehen, wenn ihr 14
Eintritt in einem Maß wahrscheinlich ist, welches der Sicherheit gleichsteht (RGZ 154, 254, 256). Das ist weniger als die unbedingte Gewissheit, welche hinsichtlich künftiger Ereignisse sowieso nicht zu erreichen ist. Deshalb reicht die sichere Möglichkeit aus.
Die sichere Voraussehbarkeit stellt auf den ordnungsgemäßen Zustand und auf die ordnungsgemäße Benut- 15
zung der Anlage ab (BGHZ 51, 396, 399). Sie fehlt deshalb grds bei ordnungsgemäß verlegten Rohrleitungen zur Durchleitung von Gas (RGZ 172, 156, 158) oder Wasser (Oldbg NJW 58, 1096). Anders ist es jedoch,

wenn sicher voraussehbar ist, dass die Anlage nicht ordnungsgemäß benutzt werden wird und die unzulässigen Einwirkungen darauf zurückzuführen sind; in diesem Fall ist § 907 anwendbar (Staud/*Roth* Rz 30). Die beinahe schon zur Gewissheit erstarkte Voraussehbarkeit, dass jede technische Anlage irgendwann einmal versagen und dadurch eine unzulässige Einwirkung hervorrufen kann, genügt nicht, um das Tatbestandsmerkmal der sicheren Voraussehbarkeit zu bejahen.

16 **D. Anspruchsinhalt. I. Unterlassung.** Der Unterlassungsanspruch dient dazu, die Errichtung der Anlage zu verhindern. Er entsteht nicht erst dann, wenn mit der Errichtung begonnen wurde, sondern bereits in dem Zeitpunkt, in welchem die Absicht der Errichtung zu Tage tritt wie zB bei der Einreichung eines Bauantrags (München NJW 54, 513). Der Anspruch ist allerdings bis zum Auftreten der unzulässigen Einwirkungen ausgeschlossen, wenn die geplante Anlage den landesgesetzlichen Vorschriften über den Grenzabstand oder über sonstige Schutzmaßregeln genügt (s. Rn 18 ff).

17 **II. Beseitigung.** Der Beseitigungsanspruch zielt nicht lediglich auf die Einstellung der Benutzung der Anlage, sondern auf ihre vollständige Entfernung. Er geht damit über den Beseitigungsanspruch aus § 1004 I hinaus, denn dort kann idR nur die Beseitigung einer bestimmten Beeinträchtigung, nicht aber die Beseitigung der störenden Anlage verlangt werden. Als ein weniger ggü dem gesetzlichen Anspruchsinhalt kann der von der unzulässigen Einwirkung Beeinträchtigte allerdings auch anstelle der Beseitigung der Anlage die Unterlassung ihrer störenden Benutzung verlangen (RGZ 104, 81, 84).

18 Wenn die Anlage solchen **landesgesetzlichen Vorschriften** genügt, welche einen bestimmten Grenzabstand oder sonstige Schutzmaßregeln vorschreiben, dann muss der Nachbar ihren Bestand zunächst dulden; auch wenn mit Sicherheit vorauszusehen ist (Rn 14 f), dass von der Anlage unzulässige Einwirkungen (Rn 12 f) auf andere Grundstücke ausgehen werden, muss der Nachbar abwarten und darf die Beseitigung der Anlage erst nach dem tatsächlichen Auftreten unzulässiger Einwirkungen verlangen (I 2). Das trägt dem Umstand Rechnung, dass solche landesgesetzlichen Vorschriften idR auch den Schutz der Nachbarschaft vor unzulässigen Einwirkungen bezwecken.

19 In Betracht kommen nachbar-, bauordnungs-, feuerpolizei- und gesundheitsrechtliche Vorschriften. Sie müssen allg geeignet sein, unzulässige Einwirkungen iSd § 907 zu verhindern. Deshalb ist es zB kein Fall von I 2, wenn bauordnungsrechtliche Vorschriften über die Statik eines Gebäudes eingehalten worden sind, die unzulässige Einwirkung jedoch in Lärm- oder Geruchsimmissionen besteht.

20 Der Beseitigungsanspruch ist ebenfalls bis zum tatsächlichen Eintritt der mit Sicherheit vorherzusehenden unzulässigen Einwirkungen ausgeschlossen, wenn die Anlage **bundesrechtlichen Vorschriften genügt**, welche allg geeignet sind, die von § 907 erfassten Einwirkungen zu verhindern (Staud/*Roth* Rz 41).

21 **III. Schadensersatz.** Neben der Unterlassung der Errichtung der Anlage und ihrer Beseitigung kann der gestörte Nachbar Schadensersatz aus § 823 II verlangen, denn § 907 ist ein **Schutzgesetz** iS jener Vorschrift (BGH NJW-RR 01, 1208). Ein Schadensersatzanspruch nach § 823 I kommt in Betracht, wenn das Abwehrrecht des § 907 verletzt wird, denn es ist ein sonstiges Recht iS jener Vorschrift.

22 **E. Prozessuales.** Der Anspruchsinhaber (Rn 3 f) trägt die Darlegungs- und Beweislast für die (geplante) Errichtung der Anlage, für die sichere Voraussehbarkeit des Auftretens von Einwirkungen (Rn 14 f) und für deren Unzulässigkeit (Rn 12 f). Das ist anders als bei § 906; dort muss nicht der Beeinträchtigte die Wesentlichkeit, sondern der Beeinträchtigende die Unwesentlichkeit der Beeinträchtigung darlegen und beweisen (§ 906 Rn 46).

23 Der Anspruchsgegner muss die Einhaltung der in I 2 genannten Vorschriften beweisen; gelingt ihm das, muss der Anspruchsinhaber das Auftreten der unzulässigen Einwirkungen darlegen und beweisen.

§ 908 Drohender Gebäudeeinsturz.

Droht einem Grundstücke die Gefahr, dass es durch den Einsturz eines Gebäudes oder eines anderen Werkes, das mit einem Nachbargrundstück verbunden ist, oder durch die Ablösung von Teilen des Gebäudes oder des Werkes beschädigt wird, so kann der Eigentümer von demjenigen, welcher nach dem § 836 Abs. 1 oder den §§ 837, 838 für den eintretenden Schaden verantwortlich sein würde, verlangen, dass er die zur Abwendung der Gefahr erforderliche Vorkehrung trifft.

1 **A. Allgemeines.** Die Vorschrift erweitert den Schutz benachbarter Grundstückseigentümer nach § 907 hinsichtlich spezieller Gefahren, die von einem Gebäude oder Werk ausgehen. Im Gegensatz zu dort (§ 907 Rn 14 f) ist hier nicht erforderlich, dass das schädigende Ereignis mit Sicherheit vorauszusehen ist. Ausreichend ist vielmehr die drohende Gefahr des Einsturzes eines Gebäudes bzw eines anderen mit dem Grundstück verbundenen Werkes oder der Ablösung von Teilen desselben.

2 § 908 ist das **negatorische Gegenstück** zu dem deliktsrechtlichen Anspruch aus § 836. Jener verschuldensabhängige Schadensersatzanspruch greift nach dem Einsturz oder dem Ablösen von Teilen eines Gebäudes bzw eines anderen mit dem Grundstück verbundenen Werkes, während hier der verschuldensunabhängige Anspruch bereits präventiv geltend gemacht werden kann.

Im Verhältnis zu § 1004 ist § 908 eine **Spezialvorschrift**; sie konkretisiert die dort allg geregelten Eigentumsbeeinträchtigungen, indem sie ausschl auf den Einsturz eines Gebäudes bzw eines anderen mit dem Grundstück verbundenen Werkes und auf die Ablösung von Teilen derselben abstellt. 3

B. Anspruchsinhaber und Anspruchsgegner. Der Anspruch steht dem **Eigentümer** des Grundstücks zu, 4
welchem durch die Gefahr des Einsturzes oder der Ablösung von Teilen eine Beschädigung droht. Daneben sind alle **dinglich Berechtigten** anspruchsberechtigt, die Eigentumsansprüche in entspr Anwendung geltend machen können; das sind der Nießbraucher (§ 1065), der Berechtigte einer Grunddienstbarkeit (§ 1027) und einer beschränkten persönlichen Dienstbarkeit (§§ 1090 II, 1027) und der Erbbauberechtigte (§ 11 ErbbauV). **Obligatorisch Berechtigte** wie Mieter und Pächter eines Grundstücks können den Anspruch aus § 908 ebenfalls geltend machen.

Der Anspruch richtet sich gegen denjenigen, der bei Verschulden nach den §§ 836 I, 837, 838 schadensersatzpflichtig wäre. Das ist nicht nur der Grundstückseigentümer, sondern jeder **Eigenbesitzer**, der das Grundstück als ihm gehörend besitzt (§§ 836 I, 872). Dazu zählt zB der zu Unrecht als Eigentümer im Grundbuch eingetragene Besitzer. Anspruchsverpflichtet ist nur der gegenwärtige Eigenbesitzer, nicht der frühere; das folgt daraus, dass die dessen Haftung regelnde Vorschrift des § 836 II in § 908 nicht genannt ist. 5

Anstelle des Grundstücksbesitzers ist derjenige zur Erfüllung des Anspruchs verpflichtet, der auf einem fremden Grundstück in Ausübung eines Rechts ein Gebäude oder ein Werk besitzt (§ 837). Dazu gehören sowohl die dinglich Berechtigten wie Nießbraucher, Berechtigte aus einer Dienstbarkeit und Erbbauberechtigte, als auch die lediglich obligatorisch Berechtigten wie Mieter oder Pächter; letztere allerdings nur dann, wenn sie vertraglich die Verantwortung für die Sicherung des Gebäudes bzw des Werkes gegen Einsturz oder gegen das Ablösen von Teilen übernommen haben. 6

Schließlich ist auch derjenige anspruchsverpflichtet, der die Unterhaltung des Gebäudes bzw des Werkes für den Grundstücksbesitzer übernommen oder das Gebäude bzw das Werk kraft eines ihm zustehenden Nutzungsrechts zu erhalten hat (§ 838). Das sind in erster Linie die Mieter und Pächter, welche ggü dem Vermieter und Verpächter die Pflicht zur Unterhaltung des Gebäudes bzw des Werkes übernommen haben. 7

Auch der Verwalter von Wohnungseigentum, der gem § 27 I Nr 2 WEG für die ordnungsgemäße Instandhaltung des gemeinschaftlichen Eigentums zu sorgen hat, ist insoweit dem Anspruch aus § 908 ausgesetzt (BGH NJW 93, 1782). 8

C. Anspruchsvoraussetzungen. I. Gebäude und Gebäudeteile. Gebäude ist ein Bauwerk, das fest mit dem Erdboden verbunden und allseitig durch Wände und Dach umschlossen ist und den Eintritt von Menschen ermöglicht sowie Schutz gegen äußere Einflüsse gewährt. Gebäudeteil ist eine Sache, wenn sie zur Herstellung eines Gebäudes eingefügt ist oder wenn sie in einem so festen baulichen Zusammenhang mit dem Gebäude steht, dass sich daraus nach der Verkehrsanschauung ihre Zugehörigkeit zu dem ganzen Bauwerk ergibt (BGH NJW 85, 2588). 9

II. Mit dem Grundstück verbundenes Werk und Teile davon. Andere mit dem Grundstück verbundene Werke sind die von Menschenhand iVm dem Erdboden nach bestimmten Regeln der Technik und der Erfahrung errichteten, einem bestimmten Zweck dienenden Einrichtungen und Anlagen (vgl BGH NJW 61, 1670, 1672). Nicht erforderlich ist eine dauerhafte Verbindung mit dem Grundstück; die Herstellung zu einem vorübergehenden Zweck reicht aus. 10

Teile eines solchen Werkes sind Sachen, die zur Herstellung des Werkes organisch eingefügt oder aus baulichen Gründen und zu baulichen Zwecken angebracht worden sind (RGZ 107, 337, 339). Natürliche Gegebenheiten sind keine Werke iSd Vorschrift. 11

III. Einsturz und Ablösung von Teilen. Einsturz bedeutet das Zusammenbrechen des ganzen Gebäudes bzw des Werkes (RGZ 97, 112, 114) aufgrund der Beschaffenheit oder des Erhaltungszustands (RGZ 70, 200, 206). Worauf diese zurückzuführen sind, ist unerheblich. Ein Verschulden des für den ordnungsgemäßen Zustand des Gebäudes bzw Werkes Verantwortlichen (Rn 5 ff) ist nicht erforderlich. 12

Eine Ablösung von Teilen des Gebäudes bzw des Werkes liegt dann vor, wenn die Teile vollständig vom Ganzen getrennt werden. Keine Ablösung ist es, wenn sich ein Teil nur lockert oder lediglich in seinem inneren Zusammenhalt oder Zusammenhang beeinträchtigt wird (aA München NJW-RR 95, 540; Staud/*Roth* Rz 5). Diese Merkmale spielen erst für den Begriff der drohenden Gefahr eine Rolle (dazu sogleich Rn 14 f). 13

IV. Drohende Gefahr der Beschädigung. Die Vorschrift findet nur Anwendung, wenn die Gefahr des Einsturzes oder der Ablösung von Teilen auf den Beschaffenheit oder den Erhaltungszustand des Gebäudes bzw des Werkes zurückzuführen ist. Beruht die Gefahr dagegen ausschl auf menschlicher Tätigkeit wie zB auf Abbrucharbeiten, besteht der Anspruch nicht (RGZ 70, 200, 206). Wird die Gefahr, die in der Beschaffenheit oder in dem Erhaltungszustand angelegt ist, durch menschliches Zutun (RG WarnR 19, 169) oder durch Naturereignisse (BGHZ 58, 149, 153) hervorgerufen, ist das allerdings ein Fall des § 908. 14

Eine Gefahr droht, wenn die Möglichkeit der Beschädigung nicht ganz entfernt liegt. Die objektiven Umstände müssen geeignet sein, einen „verständigen und ruhig überlegenden Menschen" zur Geltendmachung seines Abwehranspruchs zu veranlassen (Staud/*Roth* Rz 9). 15

16 **V. Nachbargrundstück.** Die Gefahr kann nur dann abgewehrt werden, wenn sie von einem Gebäude bzw Werk auf einem Nachbargrundstück ausgeht. Das ist nicht nur das an das gefährdete Grundstück unmittelbar angrenzende Grundstück; Nachbargrundstück iSd Vorschrift ist vielmehr jedes Grundstück, von dem aus der drohende Einsturz eines Gebäudes bzw Werkes oder die drohende Ablösung von deren Teilen ein anderes Grundstück beschädigen kann. Können sich zB bei einem Sturm infolge der baufälligen Beschaffenheit eines Gebäudes Teile davon ablösen und auf ein weiter entferntes Grundstück fliegen, so ist das Grundstück, auf dem das Gebäude steht, Nachbargrundstück iSd § 908.

17 Nicht richtig ist die häufig gebrauchte Erläuterung, unter Nachbargrundstück iSd Vorschrift seien alle Grundstücke zu verstehen, die in dem betreffenden Gefährdungsbereich liegen (s. nur MüKo/*Säcker* Rz 2; Staud/*Roth* Rz 6). Das geht von einem falschen Ausgangspunkt aus, nämlich von dem gefährdenden Grundstück, und beschreibt die räumliche Lage der gefährdeten Grundstücke. Um die geht es aber nach dem Gesetzestext nicht, sondern um das Grundstück, auf dem sich das Gebäude bzw das Werk befindet.

18 **D. Anspruchsinhalt.** Der Anspruch ist darauf gerichtet, die zur Abwendung der Gefahr erforderlichen Vorkehrungen zu treffen. Welche **Maßnahmen** dafür ergriffen werden müssen, entscheidet der Anspruchsgegner (Rn 5 ff). Er kann wählen, ob er das Gebäude bzw das Werk repariert, so dass davon künftig keine Gefährdungen mehr ausgehen können; er kann sich aber auch für die Beseitigung des Gebäudes bzw des Werkes entscheiden.

19 Da § 908 ein **Schutzgesetz** iSd § 823 II ist, kommen auch Schadensersatzansprüche in Betracht.

20 Wenn die Gefahr nur mit **wirtschaftlich unzumutbaren Maßnahmen** abgewendet werden kann, besteht für den gefährdeten Grundstücksbesitzer ausnahmsweise aus dem Gesichtspunkt des nachbarlichen Gemeinschaftsverhältnisses (dazu § 903 Rn 14 ff) die Verpflichtung, seinen Abwehranspruch nicht geltend zu machen und den Gefahr drohenden Zustand zu dulden. Das ist zB dann angenommen worden, wenn der Verpflichtete die Gefahr wegen bevorstehender Neubauarbeiten in Kürze sowieso beseitigen will (BGHZ 58, 149, 161 f). In diesem Fall steht dem gefährdeten Grundstücksbesitzer ein nachbarrechtlicher Ausgleichsanspruch nach § 906 II 2 analog (dazu § 906 Rn 41 ff) zu, wenn sich die Gefahr verwirklicht und dadurch sein Grundstück beschädigt wird (BGHZ 58, 149, 159 f). Das folgt ohne weiteres aus dem Gedanken der Aufopferung, denn der Grundstücksbesitzer ist zu Gunsten des Anspruchsverpflichteten aus Rechtsgründen gehindert, seinen vorbeugenden Abwehranspruch geltend zu machen.

21 Dasselbe gilt für den Fall, dass der gefährdete Grundstücksbesitzer aus tatsächlichen Gründen an der Geltendmachung des Abwehranspruchs gehindert war, weil er zB die drohende Gefahr nicht erkennen konnte (BGH WM 85, 1041). Das bedeutet kein Unterlaufen der Verschuldenshaftung aus § 836 (so aber Staud/*Roth* Rz 19). Hier spielt eine verschuldensabhängige Haftung keine Rolle, sondern es geht ausschl um die verschuldensunabhängige Haftung desjenigen, der bei Verschulden nach §§ 836 ff für den eintretenden Schaden verantwortlich wäre. Der Verweis auf die §§ 836 ff dient lediglich der Konkretisierung des Verpflichteten; er zieht aber nicht das Merkmal des Verschuldens in § 908 hinein.

22 **E. Prozessuales.** Da es dem Verpflichteten überlassen bleibt, unter mehreren gleich geeigneten Maßnahmen zur Beseitigung der Gefahr zu wählen (Rn 18), darf der Klageantrag nicht auf die Vornahme einer bestimmten Handlung gerichtet sein (RGZ 65, 73, 76). Erst im **Zwangsvollstreckungsverfahren** kann der Anspruchsinhaber (Rn 4) als Gläubiger bestimmen, welche konkrete Vorkehrung zum Schutz vor der drohenden Gefahr des Einsturzes oder der Ablösung von Teilen auf Kosten des Verpflichteten als Schuldner getroffen werden soll (§ 887 ZPO).

23 Der gefährdete Grundstücksbesitzer trägt die Darlegungs- und Beweislast für seine Anspruchsberechtigung (Rn 4), für die Verpflichtung des von ihm in Anspruch genommenen Beklagten (Rn 5 ff) und für sämtliche Anspruchsvoraussetzungen (Rn 9 ff). Dem Anspruchsgegner (Rn 5 ff) obliegt die Darlegungs- und Beweislast für diejenigen Umstände, welche seine Behauptung stützen, er habe die zur Abwendung der Gefahr erforderlichen Vorkehrungen bereits getroffen.

§ 909 Vertiefung.
Ein Grundstück darf nicht in der Weise vertieft werden, dass der Boden des Nachbargrundstücks die erforderliche Stütze verliert, es sei denn, dass für eine genügende anderweitige Befestigung gesorgt ist.

1 **A. Allgemeines.** Die Vorschrift enthält **keine Anspruchsgrundlage**, sondern formuliert lediglich ein Verbot (aA Palandt/*Bassenge* Rz 6); Anspruchsgrundlage zur Durchsetzung des Verbots sind § 1004 I (BGHZ 85, 375, 384) bzw § 862 I (BGHZ 147, 45, 51).

2 § 909 beschränkt die aus § 903 folgende positive Befugnis des Eigentümers, mit seinem Grundstück nach Belieben zu verfahren, indem ihm an sich zustehende Eingriffe im Interesse der Festigkeit des Bodens *benachbarter Grundstücke* untersagt werden (BGHZ 103, 39, 42).

3 Durch § 909 wird die natürliche bodenphysikalische Stütze gesichert, die sich benachbarte Grundstücke gegenseitig gewähren; die Vorschrift dient dem Schutz von Grundstückseigentümern vor unzulässigen Vertiefungen, welche Dritte auf einem Nachbargrundstück vornehmen (BGHZ 91, 282, 284 f).

B. Berechtigter und Verpflichteter. I. Berechtigter. Die Vorschrift schützt nicht nur den **Eigentümer** des 4
beeinträchtigten Grundstücks, sondern alle **dinglich Berechtigten**, denen der Eigentumsanspruch aus
§ 1004 I in entspr Anwendung zusteht. Dazu gehören der Nießbraucher (§ 1065), der Dienstbarkeitsberechtigte (§§ 1027, 1090 II) und der Erbbauberechtigte (§ 11 I ErbbauV).
Hat der Eigentümer des beeinträchtigten Grundstücks die Vertiefung auf einem Nachbargrundstück vorgenommen, welches ihm ebenfalls gehört, ist das keine unzulässige Vertiefung. Der Schutz der Vorschrift 5
kommt auch nicht demjenigen zugute, der nach der Vertiefung das beeinträchtigte Grundstück von dem
Eigentümer erwirbt, der die Vertiefung vorgenommen hat (BGHZ 91, 282, 285).
Ebenfalls in den Schutzbereich des § 909 ist der **anwartschaftsberechtigte Käufer** des beeinträchtigten 6
Grundstücks einbezogen (BGHZ 114, 161). Das folgt aus dem Umstand, dass das Anwartschaftsrecht dem
Vollrecht ähnelt. Es ist ein dem Eigentum wesensähnliches Recht, eine selbstständig verkehrsfähige Vorstufe
des Grundeigentums, deren Entwicklung zum Vollrecht nur noch von der Eintragung in das Grundbuch
abhängt, welche der Veräußerer grds nicht mehr verhindern kann, und das durch Auflassung nach § 925
übertragen wird (BGHZ 114, 161, 164).
Neben dem Eigentümer des beeinträchtigten Grundstücks und den daran dinglich Berechtigten (Rn 4) sowie 7
dem Anwartschaftsberechtigten (Rn 6) genießen auch die **obligatorisch Berechtigten** den Schutz des § 909,
wenn ihnen an dem Unterlassungs- und Beseitigungsanspruch aus § 1004 I gleichartiger Anspruch zusteht.
Das ist bei Mietern und Pächtern der Fall, weil sie gegen Störungen ihres Besitzes mit dem Abwehranspruch
aus § 862 I vorgehen können (BGHZ 147, 45, 51).

II. Verpflichteter. Der auf § 909 gestützte Unterlassungs- und Beseitigungsanspruch nach § 1004 I richtet 8
sich in erster Linie gegen denjenigen, der im Zeitpunkt der Störung, also dann, wenn das benachbarte
Grundstück die erforderliche Stütze verliert, **Eigentümer** (RGZ 103, 174, 176) oder **Besitzer** (RGZ 167, 14,
28) des Grundstücks ist, welches vertieft wurde. Der frühere Eigentümer oder Besitzer, der die Vertiefung
vorgenommen hat, kann nicht in Anspruch genommen werden, weil er zur Unterlassung oder Beseitigung
der aufgrund der Vertiefung eingetretenen Störung des Nachbargrundstücks nicht mehr in der Lage ist.
Daneben richtet sich das Verbot des § 909 an jeden, der das Grundstück vertieft oder an der Vertiefung mitwirkt; das sind zB der **Architekt**, der **bauleitende Ingenieur**, der **Bauunternehmer** und der **Statiker**, dessen 9
Berechnungen die Grundlage für den Bodenaushub und die dabei zu beachtenden Sicherungsmaßnahmen
bilden (BGH NJW 96, 3205, 3206).

C. Tatbestand. I. Vertiefung. Unter Vertiefung iSd Vorschrift ist jede Einwirkung auf ein Grundstück zu 10
verstehen, die zur Folge hat, dass der Boden des Nachbargrundstücks in der Senkrechten den Halt verliert
oder dass dort die Festigkeit der unteren Bodenschichten in ihrem waagerechten Verlauf beeinträchtigt wird
(BGHZ 101, 106, 109). Diese Definition ist nicht ganz vollständig; es fehlt der Hinweis darauf, dass die Einwirkung auf das Grundstück auf eine menschliche Handlung zurückzuführen sein muss. Vertiefungen infolge
von **Naturereignissen** wie zB das Abschwemmen von Boden durch starken Regen werden von § 909 nicht
erfasst.
Welches Ausmaß die Vertiefung hat, spielt keine Rolle; auch ein **Bohrloch** ist eine Vertiefung (Palandt/*Bassenge* Rz 3). 11
Die Vertiefung einer bereits bestehenden Vertiefung gehört ebenfalls hierher (BGH WM 79, 1216). 12
Unerheblich ist, zu welchem Zweck die Vertiefung erfolgt und wie lange sie besteht (BGHZ 57, 370, 374). 13
Auch die nur vorübergehende Vertiefung wie das Ausheben eines Grabens, in welchem Rohrleitungen verlegt
werden und der danach wieder zugeschüttet wird, fällt unter § 909 (BGH NJW 78, 1051; 1052).
Ein Bodenaushub ist für die Annahme einer Vertiefung iSd Vorschrift nicht erforderlich. Deshalb gehören zB 14
die Absenkung der Grundstücksoberfläche infolge Lagerung von Bauschutt und Erdaushub (BGH NJW 71,
935) oder infolge der Bodenbelastung durch ein Gebäude (BGHZ 101, 290, 292), das Abgraben eines Hangfußes (BGH MDR 72, 404) und der Abbruch eines Kellers (BGH NJW 80, 224) ebenfalls hierher.
Sinkt durch eine Vertiefung der zuvor bezeichneten Art der **Grundwasserspiegel** auf dem Nachbargrundstück, ist das ebenfalls ein Fall von § 909 (BGHZ 57, 370, 374). Dasselbe gilt für den Fall, dass der Grundwasserspiegel durch eine Vertiefung (Kanalisationsarbeiten) zwar nicht verändert wird, aber die von den Kanalisationsrohren ausgehende Drainagewirkung das Austrocknen des Nachbargrundstücks bewirkt (BGH NJW 15
81, 50, 51).
Nicht zu den Vertiefungen gehören Erhöhungen der Oberfläche eines Grundstücks, zB die Höherlegung 16
einer Straße (BGH NJW 74, 53, 54).

II. Unzulässigkeit. 1. Stützverlust. Der Stützverlust kann sich darin zeigen, dass der Boden nach unten oder 17
zur Seite hin absinkt; er kann auch darin liegen, dass sich der Boden von dem Grundstück her, auf dem die
Vertiefung erfolgte, in Bewegung setzt und in sich den Halt verliert (BGHZ 44, 130, 135). Der Boden hat
bereits dann die erforderliche Stütze verloren, wenn die Gefahr einer Bodenbewegung besteht, welche durch
die Lockerung der Bodenbestandteile hervorgerufen wird.
Ursache für den Stützverlust muss immer die Vertiefung sein. Wird dem Boden die Stütze infolge von Erschütterungen entzogen, welche bei Vertiefungsarbeiten auftreten, ist das kein Fall des § 909 (BGHZ 101, 106, 109). 18

19 Die Vorschrift verbietet nur den Entzug der „erforderlichen" Stütze. Welche das ist, lässt sich nicht generell beantworten. Es kommt jeweils auf die Umstände des Einzelfalls, in erster Linie natürlich auf die örtlichen Gegebenheiten an. Entscheidend ist, welche Befestigung das Nachbargrundstück nach seiner tatsächlichen Beschaffenheit benötigt; demnach ist eine Vertiefung auch dann unzulässig, wenn die Beeinträchtigung des Nachbargrundstücks darauf beruht, dass ein Gebäude auf einem schlechten Baugrund steht und deshalb weniger tragfähige Fundamente hat, oder dass das Gebäude besonders schadensanfällig ist (BGHZ 101, 290, 293).

20 **2. Nachbargrundstück.** Das Nachbargrundstück, welches durch die Vertiefung die erforderliche Stütze verliert, muss nicht unbedingt an das Grundstück angrenzen, auf welchem die Vertiefung vorgenommen wurde. Der Schutzbereich des § 909 erstreckt sich vielmehr auf alle Grundstücke, die von den Auswirkungen der Vertiefung betroffen sein können (BGH NJW-RR 96, 852).

21 Nur die **Festigkeit des Bodens** wird durch die Vorschrift geschützt, nicht aber die Bebauung auf dem Nachbargrundstück, die durch andere Ursachen als den Stützverlust des Bodens wie zB den Abbruch eines Nachbarhauses beschädigt wird (BGHZ 12, 75; BGH NJW 79, 1166; aA Staud/*Roth* Rz 23).

22 **Boden** ist der Erdkörper mit seinen natürlichen Bestandteilen. Wesentliche Bestandteile des Grundstücks wie Gebäude oder Bäume gehören nicht dazu.

23 **3. Genügende anderweitige Befestigung.** Die Vertiefung (Rn 10 ff) ist dann nicht unzulässig, wenn sie zwar zu dem Verlust der erforderlichen Stütze (Rn 17 ff) des Nachbargrundstücks führen kann, aber für eine genügende anderweitige Befestigung gesorgt ist. Die dafür notwendigen Maßnahmen muss der Vertiefende auf seinem eigenen Grundstück vornehmen; das Nachbargrundstück darf er grds nicht in Anspruch nehmen (BGH NJW 97, 2595). Allerdings kann der Nachbar unter dem Gesichtspunkt des nachbarlichen Gemeinschaftsverhältnisses (dazu § 903 Rn 14 ff) verpflichtet sein, für die Dauer der Herstellung der anderweitigen Befestigung die Benutzung seines Grundstücks zu dulden. Das kommt zB dann in Betracht, wenn die Befestigung auf andere Weise nicht oder nur mit unverhältnismäßig hohen Kosten hergestellt werden kann. In diesem Fall steht dem Nachbarn ein nachbarrechtlicher Ausgleichsanspruch nach § 906 II 2 analog zu (dazu § 906 Rn 41 ff). Soweit es lediglich um das Betreten des Nachbargrundstücks zum Zweck der Herstellung der anderweitigen Befestigung geht, ergibt sich für den Vertiefenden das entspr Recht auch aus landesrechtlich eingeräumten Hammerschlags- und Leiterrechten (s. die Übersicht bei Staud/*Roth* Rz 33).

24 Die anderweitige Befestigung muss den durch die Vertiefung hervorgerufenen Stützverlust vollständig ausschließen, also die erforderliche Stütze ersetzen. Welche Maßnahmen dafür notwendig sind, richtet sich nach physikalisch-technischen Anforderungen. Dabei ist sowohl die gegenwärtige als auch die zukünftige – ggf gesteigerte – Nutzung des Nachbargrundstücks zu berücksichtigen; lediglich eine ganz außergewöhnliche, den Rahmen bestimmungsmäßiger Inanspruchnahme offensichtlich überschreitende Ausnutzung des Grund und Bodens hat außer Betracht zu bleiben (BGHZ 63, 176, 179 f).

25 Die anderweitige Befestigung muss im Zeitpunkt der Vertiefung vorhanden sein, damit jeder Stützverlust – sei er auch nur vorübergehend – ausgeschlossen ist. Dafür hat der Vertiefende alle notwendigen Maßnahmen zu ergreifen, auch wenn sie die Vertiefungsarbeiten mehr als üblich erschweren (vgl BGH NJW 69, 2140, 2142). Welcher Art diese Maßnahmen sind, bleibt der Auswahl des Vertiefenden überlassen. Er muss dafür sorgen, dass die anderweitige Befestigung den Stützverlust so lange ausschließt, wie die Vertiefung zu einem Verlust der Stütze führen kann; zB muss er eine Stützmauer ständig in einem ordnungsgemäßen Zustand halten, weil es anderenfalls an einer ausreichenden anderweitigen Befestigung fehlte und die Vertiefung unzulässig würde (BGH NJW 80, 224).

26 § 909 gibt dem Grundstücksnachbarn keinen Anspruch gegen den Vertiefenden auf Herstellung einer anderweitigen Befestigung; Letzterer hat vielmehr nur das Recht dazu (RGZ 132, 58).

27 **D. Rechtsfolgen der unzulässigen Vertiefung. I. Unterlassungs- und Beseitigungsanspruch.** Bei einer bevorstehenden ersten oder wiederholten unzulässigen Vertiefung hat der Berechtigte (Rn 4 ff) gegen alle Verpflichteten (Rn 8 f) einen Anspruch auf Unterlassung der Vertiefung nach § 1004 I. Die Unzulässigkeit der Vertiefungshandlung (Rn 17 ff) muss zumindest wahrscheinlich sein; aufgrund der örtlichen Bodengegebenheiten müssen Umstände vorliegen, welche die konkrete Annahme rechtfertigen, dass dem Boden des Nachbargrundstücks (Rn 20 ff) durch die Vertiefung die erforderliche Stütze entzogen wird.

28 Nach erfolgter Vertiefung hat der Berechtigte (Rn 4 ff) gegen den derzeitigen Eigentümer oder Besitzer des Grundstücks, auf dem die Vertiefung erfolgte (Rn 8), einen Beseitigungsanspruch nach § 1004 I. Dieser Anspruch ist auf die Beseitigung der Beeinträchtigung gerichtet. Damit ist die Wiederherstellung der Festigkeit des Bodens des Nachbargrundstücks gemeint. Die Auswahl unter mehreren dafür geeigneten Maßnahmen obliegt dem in Anspruch genommenen Eigentümer oder Besitzer.

29 **II. Schadensersatzanspruch.** § 909 ist **Schutzgesetz** iSv § 823 II (BGH NJW 96, 3205, 3206). Deshalb hat *der Berechtigte* gegen alle Verpflichteten (Rn 8 f) einen verschuldensabhängigen Schadensersatzanspruch. Verschulden ist dann anzunehmen, wenn der Vertiefende vorhergesehen hat oder bei Anwendung der im Verkehr erforderlichen Sorgfalt (§ 276) vorsehen konnte, dass gerade dem Boden des geschädigten Nachbarn und nicht nur dem Nachbargelände überhaupt durch die Vertiefung die erforderliche Stütze entzogen würde und er gleichwohl nicht die gebotenen Vorsichtsmaßnahmen getroffen hat, um diese Folge der Vertiefung zu vermeiden (BGH NJW 77, 763, 764). Ggf müssen auch ungewöhnliche Sicherungsmaßnahmen ergriffen werden.

Dem **Eigentümer bzw Besitzer**, der die Vertiefungsarbeiten auf seinem Grundstück ausführen lässt, trifft eine eigenverantwortliche Pflicht zur Überprüfung, ob die beabsichtigten Maßnahmen zu einer Beeinträchtigung der Standfestigkeit des Nachbargrundstücks führen können. Dieser Pflicht kommt er allerdings regelmäßig schon dadurch nach, dass er mit der Lösung der anfallenden bautechnischen Aufgaben und mit deren sachgemäßen Durchführung sorgfältig ausgewählte, fachkundige Architekten, Ingenieure und Bauunternehmer betraut (BGHZ 147, 45, 48). Ist jedoch erkennbar eine erhöhte Gefahrenlage gegeben oder besteht Anlass zu Zweifeln, ob die beauftragten Personen die Gefahren und Sicherungserfordernisse ausreichend berücksichtigen werden, reicht die sorgfältige Auswahl der Fachleute zur Entlastung des Eigentümers bzw Besitzers des Grundstücks, auf dem die Arbeiten ausgeführt werden, nicht aus (BGH NJW-RR 97, 1374). Sind dem Eigentümer bzw Besitzer durch Hinweise des Nachbarn besondere Gefahren bekannt geworden, muss er die von ihm beauftragten Fachleute unverzüglich darüber informieren (RGZ 132, 51, 60). 30

An die Sorgfaltspflicht des **Architekten**, dem die Bauplanung und Bauleitung übertragen ist, sind hohe Anforderungen zu stellen. Er muss bei der Planung und Überwachung von Vertiefungsarbeiten diejenigen einen Stützverlust des Bodens benachbarter Grundstücke ausschließenden Maßnahmen ergreifen, die von einem gewissenhaften und aufmerksamen Architekten bei dem beabsichtigten Vorhaben vorausgesetzt und erwartet werden können (BGH NJW-RR 96, 852). Fehlen dem Architekten besondere Kenntnisse, die für eine Risikoabschätzung erforderlich sind, muss er einen Bodengutachter hinzuziehen, wenn er anders nicht zu der Überzeugung gelangen kann, dass die Vertiefung keine Gefahr für die Nachbargrundstücke bedeutet. Ihn trifft dann kein Schuldvorwurf, wenn er die in einem Gutachten zur Bodenbeschaffenheit und zur Durchführung der Vertiefung enthaltenen Anweisungen befolgt und diese sich später als unzutreffend erweisen (BGH NJW-RR 96, 852, 853). 31

Der mit der Durchführung der Vertiefung beauftragte **Bauunternehmer** handelt schuldhaft, wenn er voraussehen musste, dass der Boden des Nachbargrundstücks die erforderliche Stütze verlieren kann (BGH NJW 81, 50, 51). Auf die Statik (Köln BauR 87, 472) und auf Weisungen des Architekten (BGH NJW 61, 1523) darf er sich nicht verlassen. Ggf muss er auf der Einholung eines Bodengutachtens bestehen (BGH NJW 73, 2207, 2208). 32

Der **Statiker** schuldet nicht nur die rechnerische Richtigkeit seiner Berechnungen. Er muss sich hinsichtlich notwendiger Vertiefungen auch um den Baugrund kümmern und sich Klarheit über die Bodenverhältnisse verschaffen, damit er beurteilen kann, welche Gründungsmaßnahmen aufgrund der örtlichen Gegebenheiten erforderlich sind (BGH WM 71, 682, 684). 33

Alle Verpflichteten (Rn 8 f) haften bei Verschulden als **Gesamtschuldner** (§ 840 I). Die gesamtschuldnerische Haftung von Eigentümer bzw Besitzer und Architekt tritt auch ein, wenn die ersteren einen verschuldensunabhängigen nachbarrechtlichen Ausgleichsanspruch (dazu sogleich Rn 32 f) schulden und den letzteren eine deliktsrechtliche Haftung (Rn 31) trifft (BGHZ 147, 45, 56). § 830 I 2, wonach jeder für den Schaden verantwortlich ist, wenn sich nicht ermitteln lässt, wer von mehreren Beteiligten ihn durch seine Handlung verursacht hat, gilt ebenfalls bei der Haftung eines der Verpflichteten aus unerlaubter Handlung und eines anderen aus § 906 II 2 analog (BGHZ 101, 106, 111). 34

Zu ersetzen sind die **Wiederaufbau- und Aufräumungskosten** sowie der durch den Stützverlust hervorgerufene Minderwert des Nachbargrundstücks (vgl BGH NJW 97, 2595, 2596), ebenso die Kosten der Wiederherstellung der Standfestigkeit (BGH NJW-RR 08, 969 f). Ist das beschädigte Gebäude baufällig gewesen, ist nur der durch die Vertiefung zusätzlich entstandene Schaden zu ersetzen (BGH NJW 66, 42, 43). Ein **Mitverschulden** (§ 254) des geschädigten Grundstücksnachbarn kann den Schadensersatzanspruch mindern, wenn er seine Unterhaltungspflicht hinsichtlich beschädigter Gebäude verletzt hat (BGHZ 73, 176, 182). 35

III. Nachbarrechtlicher Ausgleichsanspruch. Im Anwendungsbereich des § 909 kommt ein verschuldensunabhängiger nachbarrechtlicher Ausgleichsanspruch nach § 906 II 2 analog (dazu § 906 Rn 41 ff) in Betracht, wenn die unzulässige Vertiefung aus tatsächlichen oder aus rechtlichen Gründen nicht rechtzeitig abgewehrt werden konnte; dieser Anspruch steht sowohl dem Eigentümer als auch dem Besitzer des geschädigten Grundstücks zu (BGHZ 147, 45, 49). Der Anspruch richtet sich nur gegen den Eigentümer bzw Besitzer des vertieften Grundstücks, nicht auch gegen den Bauunternehmer, Architekten, Statiker oder Bauleitenden Ingenieur (BGHZ 101, 290, 294). 36

Der Anspruch setzt voraus, dass der Geschädigte durch die fehlende Möglichkeit der Abwehr der unzulässigen Vertiefung solche Nachteile erleidet, die das zumutbare Maß einer entschädigungslos hinzunehmenden Einwirkung übersteigen (BGHZ 147, 45, 50). 37

Die Höhe des Ausgleichsanspruchs berechnet sich nach den Grundsätzen der Enteignungsentschädigung. Das kann im Einzelfall die Höhe des vollen Schadensersatzes erreichen, wenn die unzulässige Vertiefung zu einer Substanzschädigung geführt hat (vgl BGHZ 142, 166). Ausgeglichen wird nur der unzumutbare Teil der Beeinträchtigung, weil der Beeinträchtigte Einwirkungen bis zur Grenze der Unzumutbarkeit entschädigungslos hinnehmen muss (BGHZ 62, 361, 371). Eine Minderung des Ausgleichsanspruchs kommt in 38

Betracht, wenn das beeinträchtigte Grundstück vor der unzulässigen Vertiefung bereits schadensanfällig war und wenn der Grundstücksnachbar – schuldhaft oder schuldlos – die Vertiefungsschäden mit verursacht hat (BGH NJW-RR 88, 136).

39 **E. Prozessuales.** Bei der **Unterlassungsklage** (Rn 27) darf der Klageantrag nicht auf die Verurteilung zum Unterlassen der Vertiefung schlechthin gerichtet sein, denn der Verpflichtete (Rn 8 f) ist zur Vertiefung berechtigt, wenn er für eine ausreichende anderweitige Befestigung (Rn 23 ff) sorgt. Deshalb muss die zu unterlassende Vertiefung zB in Anlehnung an den Gesetzestext umschrieben werden, damit klar wird, dass nur eine unzulässige Vertiefung verhindert werden soll (BGH NJW 09, 2528). Der Kläger muss darlegen und beweisen, dass die Gefahr einer unzulässigen Vertiefung droht.

40 Die **Beseitigungsklage** (Rn 28) darf nur darauf gerichtet sein, dass die frühere, genau zu bezeichnende Festigkeit des Bodens wieder herzustellen ist; konkrete Maßnahmen dafür dürfen nicht verlangt werden (BGH NJW 09, 2528, 2529), weil ihre Auswahl dem Verpflichteten obliegt. Erst im **Zwangsvollstreckungsverfahren** kann der Berechtigte als Gläubiger bestimmen, welche konkreten Maßnahmen auf Kosten des Verpflichteten als Schuldner durchgeführt werden sollen (§ 887 ZPO). Der Kläger muss die Vertiefung als solche, seine Berechtigung hinsichtlich des Nachbargrundstücks und den Stützverlust infolge der Vertiefung darlegen und beweisen. Dem Beklagten obliegt die Darlegungs- und Beweislast dafür, dass für eine genügende anderweitige Befestigung gesorgt ist.

41 Verlangt der Geschädigte Schadensersatz (Rn 29 ff), muss er die Unzulässigkeit der Vertiefung (Rn 17 ff) und den eingetretenen Schaden sowie die Kausalität der Vertiefung für den Schaden darlegen und beweisen. Für den Bereich der haftungsausfüllenden Kausalität kann das Gericht von der Möglichkeit der Schadensschätzung nach § 287 ZPO Gebrauch machen (BGHZ 85, 375, 383). Bei typischen Geschehensabläufen kann auf die Grundsätze über den Anscheinsbeweis zurückgegriffen werden (BGH WM 83, 943, 944). Der Vertiefende muss darlegen und beweisen, dass ihn kein Verschulden trifft.

§ 910 Überhang.
(1) ¹Der Eigentümer eines Grundstücks kann Wurzeln eines Baumes oder eines Strauches, die von einem Nachbargrundstück eingedrungen sind, abschneiden und behalten. ²Das Gleiche gilt von herüberragenden Zweigen, wenn der Eigentümer dem Besitzer des Nachbargrundstücks eine angemessene Frist zur Beseitigung bestimmt hat und die Beseitigung nicht innerhalb der Frist erfolgt. (2) Dem Eigentümer steht dieses Recht nicht zu, wenn die Wurzeln oder die Zweige die Benutzung des Grundstücks nicht beeinträchtigen.

1 **A. Allgemeines.** § 910 konkretisiert die negativen Eigentümerbefugnisse (§ 903 Rn 2). Die Vorschrift gibt dem Beeinträchtigten ein **Selbsthilferecht**, mit dem er sich gegen Wurzeln und Zweige von Bäumen und Sträuchern, die zwar auf dem Nachbargrundstück stehen, aber in das betroffene Grundstück hineinwachsen bzw herüberragen, zur Wehr setzen kann. Der Sinn und Zweck der Vorschrift besteht darin, nachbarliche Konflikte möglichst ohne die Anrufung staatlicher Gerichte zu lösen.

2 Das Selbsthilferecht schließt den **Beseitigungsanspruch** des betroffenen Grundstückseigentümers aus § 1004 I 1 nicht aus (BGH NJW 04, 603). Beide Regelungen stehen gleichrangig nebeneinander. Der Betroffene ist nicht gehindert, gegen seinen Nachbarn den Beseitigungsanspruch geltend zu machen anstatt zur Selbsthilfe zu greifen.

3 **B. Berechtigter.** Neben dem im Gesetz ausdrücklich genannten **Eigentümer** steht das Selbsthilferecht auch den an dem betroffenen Grundstück **dinglich Berechtigten** zu, soweit sie eigentümerähnliche Ansprüche haben. Das sind der Nießbraucher (§ 1065), der Dienstbarkeitsberechtigte (§§ 1027, 1090 II) und der Erbbauberechtigte (§ 11 ErbbauV).

4 **Obligatorisch Berechtigte** wie Mieter und Pächter dürfen das Selbsthilferecht nicht ausüben; sie können allerdings durch den Berechtigten (Rn 3) zur Ausübung ermächtigt werden.

5 **Wohnungseigentümern** untereinander steht das Selbsthilferecht nicht zu; sie können jedoch einen Beseitigungsanspruch haben, den sie durch die Anrufung des Wohnungseigentumsgerichts geltend machen können (Ddorf NJW-RR 02, 81). Das ist eine Folge des gemeinschaftlichen Bruchteileigentums. Ist den Wohnungseigentümern jedoch ein **Sondernutzungsrecht** an Gartenflächen eingeräumt, die im gemeinschaftlichen Bruchteileigentum stehen, und dürfen sie diese Flächen auch äußerlich sichtbar von den anderen Sondernutzungsflächen abgrenzen, steht ihnen das Selbsthilferecht in analoger Anwendung von § 910 zu (KG NZM 05, 745 f; vgl BGH NJW 07, 3636).

6 **C. Tatbestand. I. Wurzeln.** Die Wurzeln müssen in das betroffene Grundstück hinüber gewachsen sein; eine Grenzüberschreitung ist notwendig.

7 **II. Zweige.** Auch hinsichtlich der Zweige muss eine Grenzüberschreitung vorliegen; sie müssen also in den Luftraum über dem betroffenen Grundstück herüberragen. Das Selbsthilferecht ist nicht auf Zweige bis zu einer bestimmten Höhe beschränkt, vielmehr dürfen herüberragende Zweige in jeder Höhe abgeschnitten werden.

III. Beseitigungsfrist. Der Berechtigte (Rn 3) darf herüberragende Zweige erst dann abschneiden, wenn er 8
zuvor dem Besitzer des Nachbargrundstücks eine angemessene Frist zur Beseitigung bestimmt hat und die
Beseitigung nicht innerhalb der Frist erfolgte (I 2). Das Beseitigungsverlangen hat gärtnerisch-botanische
Belange zu berücksichtigen. Deshalb darf ein Abschneiden während der Wachstumsperiode oder während
der Zeit des Fruchtstandes nicht verlangt werden (MüKo/*Säcker* Rz 4; Palandt/*Bassenge* Rz 2; aA Staud/*Roth*
Rz 13).

Die Dauer der Frist richtet sich nach den Umständen des Einzelfalls. Zu berücksichtigen sind sowohl der Auf- 9
wand, der für das Abschneiden erforderlich ist, als auch das Interesse des Berechtigten, den Luftraum über
dem Grundstück frei von herüberragenden Zweigen zu haben.

Die Frist ist dem **Besitzer des Nachbargrundstücks** zu setzen. Das ist derjenige, der tatsächlich und rechtlich 10
in der Lage ist, dem Beseitigungsverlangen nachzukommen. Somit ist jeder, der das Nachbargrundstück
bewirtschaftet, also neben dem Eigentümer auch der Nießbraucher, der Erbbauberechtigte, der Pächter und
ggf – je nach vertraglicher Gestaltung – der Mieter Adressat des Verlangens.

Keiner vorherigen Fristsetzung bedarf es, wenn der Berechtigte (Rn 3) die auf das Grundstück hinüber 11
gewachsenen Wurzeln abschneiden will. Allerdings kann er nach dem Grundsatz von Treu und Glauben
(§ 242) verpflichtet sein, den Besitzer des Nachbargrundstücks (Rn 10) von dem bevorstehenden Abschneiden der Wurzeln in Kenntnis zu setzen. Denn diesem obliegt es, nach dem Abschneiden die notwendigen
Maßnahmen zu ergreifen, um weitere Schäden an dem Baum oder Strauch zu verhindern.

IV. Beeinträchtigung. Nach II besteht das Selbsthilferecht nur, wenn die hinüber gewachsenen Wurzeln und 12
die herüberragenden Zweige die Benutzung des betroffenen Grundstücks beeinträchtigen. Bei der Beurteilung, ob eine Beeinträchtigung vorliegt, ist ein **objektiver Maßstab** anzulegen (BGHZ 157, 33, 39). Sie ist
jedenfalls dann gegeben, wenn die wirtschaftliche Verwertung des Grundstücks beeinträchtigt wird. Aber
auch jede andere Art der Beeinträchtigung reicht aus. Sie muss nicht die Grenze der Wesentlichkeit (dazu
§ 906 Rn 17 ff) erreichen oder überschreiten; auch ganz unerhebliche Beeinträchtigungen müssen nicht hingenommen werden (offen gelassen in BGHZ 157, 33, 39).

Der Eigentümer kann frei darüber entscheiden, wie er sein Grundstück nutzt. Auf die Ortsüblichkeit der 13
Grundstücksnutzung (dazu § 906 Rn 23 ff) kommt es ebenso wenig an wie auf ihre Zweckmäßigkeit. Auch ist
es nicht erforderlich, dass der Eigentümer eine einmal begonnene Nutzung für immer ohne Änderung fortsetzt. Für das Bestehen des Selbsthilferechts reicht es aus, wenn die Beeinträchtigung erst infolge einer Nutzungsänderung eintritt (BGHZ 135, 235, 241).

V. Gewächse. Neben den im Gesetz genannten Bäumen und Sträuchern können auch die hinüber gewachse- 14
nen Wurzeln oder die herüberragenden Zweige anderer Gewächse wie Ranken, Stauden oder Unkraut abgeschnitten werden.

VI. Naturschutzrechtliche Verbote. Das Selbsthilferecht kann durch naturschutzrechtliche Verbote insb in 15
Baumschutzsatzungen beschränkt oder ausgeschlossen sein. Das hindert jedoch nicht von vornherein seine
Ausübung, weil vielfach Ausnahmegenehmigungen erteilt werden können. Nicht nur der Besitzer des Nachbargrundstücks, von welchem die Grenzüberschreitung durch Wurzeln oder Zweige ausgeht, sondern auch
der beeinträchtigte Grundstückseigentümer kann die Befreiung von öffentlich-rechtlichen Verboten beantragen (OVG Lüneburg NJW 96, 3225). Wird keine Ausnahmegenehmigung erteilt, darf der Betroffene sein
Selbsthilferecht nicht ausüben. In diesem Fall kommt ein nachbarrechtlicher Ausgleichsanspruch nach
§ 906 II 2 analog (dazu § 906 Rn 41 f) in Betracht, wenn der Betroffene durch die hinüber gewachsenen Wurzeln oder durch die herüberragenden Zweige einen Schaden erleidet (vgl BGHZ 160, 232).

D. Rechtsinhalt. I. Abschneiden. Das Selbsthilferecht erlaubt dem beeinträchtigten Grundstückseigentümer 16
oder sonstigen Berechtigten (Rn 3) das Abschneiden in das Grundstück hinüber gewachsener Wurzeln oder
herüberragender Zweige. Die Abtrennung darf höchstens bis zur Grundstücksgrenze vorgenommen werden,
auch wenn ein Abschneiden an anderer Stelle auf dem Nachbargrundstück aus gärtnerisch-botanischer Sicht
sinnvoller wäre. Das **Betreten des Nachbargrundstücks** zur Ausübung des Selbsthilferechts ist ohne Gestattung nicht erlaubt.

II. Behalten. Die abgeschnittenen Wurzeln oder Zweige darf der Berechtigte (Rn 3) behalten; er erwirbt das 17
Eigentum daran. Er darf sie nicht auf das Nachbargrundstück hinüberwerfen, sondern muss sich selbst um
ihre **Entsorgung** kümmern.

E. Beseitigungskosten. Macht der Berechtigte (Rn 3) von seinem Selbsthilferecht Gebrauch, kann er die 18
dafür entstandenen Kosten von dem Besitzer des Nachbargrundstücks (Rn 10) nach § 812 I 1 erstattet verlangen (BGH NJW 04, 603). Streng genommen ist das allerdings kein Ersatz der Kosten, die dem Betroffenen
durch die Ausübung seines Selbsthilferechts entstanden sind; denn es sind die Kosten, die der Besitzer des
Nachbargrundstücks für die Beseitigung der Wurzeln oder Zweige hätte aufwenden müssen, wenn er dem
gleichrangig neben dem Selbsthilferecht stehenden Anspruch aus § 1004 I 1 ausgesetzt gewesen wäre.

19 **F. Prozessuales.** Die Darlegungs- und Beweislast dafür, dass von hinüber gewachsenen Wurzeln oder von herüberragenden Zweigen keine Beeinträchtigung (vgl Rn 12) ausgeht, trägt der Besitzer des Nachbargrundstücks (BGHZ 157, 33, 39). Der Berechtigte (Rn 3) muss das Hinüberwachsen der Wurzeln und das Herüberragen der Zweige über die Grundstücksgrenze sowie das Setzen und Nichteinhalten der angemessenen Beseitigungsfrist (Rn 8 ff) darlegen und beweisen.

§ 911 Überfall. [1]Früchte, die von einem Baume oder einem Strauche auf ein Nachbargrundstück hinüberfallen, gelten als Früchte dieses Grundstücks. [2]Diese Vorschrift findet keine Anwendung, wenn das Nachbargrundstück dem öffentlichen Gebrauche dient.

1 Nach § 953 gehören Erzeugnisse und sonstige Bestandteile einer Sache auch nach der Trennung grds dem Eigentümer der Sache. Davon macht § 911 hinsichtlich der Früchte von Bäumen und Sträuchern eine Ausnahme. Damit soll Streitigkeiten zwischen Nachbarn wegen der Eigentumsverhältnisse an Fallobst oä vorgebeugt werden.

2 „Früchte" wird hier nicht iSv § 99 gebraucht, sondern im natürlichen Sinn. Gemeint sind die Erzeugnisse von Bäumen und Sträuchern wie Obst, Beeren, Nüsse usw. Andere Bestandteile wie zB Zweige und Äste gehören nicht dazu.

3 „Hinüberfallen" meint in erster Linie, dass die Früchte direkt von dem Baum oder Strauch auf das Nachbargrundstück fallen. Das ist nicht nur der Fall, wenn sie von herüberragenden Zweigen abfallen, sondern auch dann, wenn sie erst infolge von **Windeinwirkung** auf das Nachbargrundstück gelangen. Daneben reicht es auch aus, wenn die Früchte zunächst auf dem Boden des Grundstücks auftreffen, auf welchem der Baum oder der Strauch steht, und erst danach auf das Nachbargrundstück hinüberrollen.

4 Unerheblich ist der Grund für das Abfallen der Früchte. Es kann sowohl auf Naturkräfte als auch auf menschliches Verhalten zurückzuführen sein. Selbst wenn der Eigentümer seinen Baum oder Strauch schüttelt und die Früchte dabei auf das Nachbargrundstück gelangen, findet § 911 Anwendung. Etwas anderes gilt jedoch, wenn der Nachbar den Baum oder Strauch schüttelt. Die dabei auf sein Grundstück fallenden Früchte gehören weiterhin dem Eigentümer des Baumes oder Strauches. Auch darf der Nachbar Früchte von den auf sein Grundstück herüberragenden Zweigen nicht abpflücken.

5 Dient das Nachbargrundstück, auf welches die Früchte hinüber fallen (Rn 3), dem **öffentlichen Gebrauch**, gelten die Früchte nicht als solche dieses Grundstücks. Sie gehören also weiterhin dem Eigentümer des Baumes oder Strauches, von welchem sie abgefallen sind. Deshalb dürfen solche Früchte nicht ohne weiteres von Dritten aufgesammelt werden, sondern nur dann, wenn der Eigentümer etwa durch längeres Liegenlassen zu erkennen gegeben hat, dass er mit der Aneignung (§ 958) durch jedermann einverstanden ist, oder wenn die Früchte offensichtlich für den Eigentümer keinen wirtschaftlichen Wert haben (zB Kastanien von Straßenbäumen).

6 Dem öffentlichen Gebrauch dienen zB öffentliche Straßen, Wege, Plätze, Flüsse und Seen.

§ 912 Überbau; Duldungspflicht. (1) Hat der Eigentümer eines Grundstücks bei der Errichtung eines Gebäudes über die Grenze gebaut, ohne dass ihm Vorsatz oder grobe Fahrlässigkeit zur Last fällt, so hat der Nachbar den Überbau zu dulden, es sei denn, dass er vor oder sofort nach der Grenzüberschreitung Widerspruch erhoben hat.
(2) [1]Der Nachbar ist durch eine Geldrente zu entschädigen. [2]Für die Höhe der Rente ist die Zeit der Grenzüberschreitung maßgebend.

1 **A. Allgemeines.** Im Vordergrund der Vorschrift steht der Gedanke der **Werterhaltung** von Gebäuden (BGHZ 157, 301, 304). Dazu legt das Gesetz dem beeinträchtigten Grundstückseigentümer nicht nur eine Duldungspflicht auf, welche sowohl seine positiven als auch seine negativen Eigentümerbefugnisse nach § 903 (dort Rn 2) einschränkt; es verhindert auch den nach den allg Vorschriften (§§ 93, 94 I, 946) an sich eintretenden Eigentumserwerb an dem Überbau. Vor einer einseitigen Bevorzugung des Überbauenden schützt die Vorschrift durch das für das Entstehen der Duldungspflicht notwendige Erfordernis, dass der Überbauende weder vorsätzlich noch grob fahrlässig gehandelt hat (I), und durch die Normierung einer Entschädigungspflicht zugunsten des Nachbarn (II).

2 **B. Berechtigter und Verpflichteter.** Nur von dem **Eigentümer** des Grundstücks, von welchem aus die Grenze überbaut wurde, errichteter Überbau muss unter den Voraussetzungen des § 912 geduldet werden. Der **Erbbauberechtigte** ist dem Eigentümer gleichgestellt (§ 11 ErbbauV). Dagegen muss der Überbau eines anderen dinglich Berechtigten wie Nießbraucher oder eines obligatorisch Berechtigten wie Pächter nicht geduldet werden, auch nicht der von einem bloßen **Besitzer** des Grundstücks errichtete Überbau (Staud/*Roth* Rz 11; aA MüKo/*Säcker* Rz 11). Jedoch kann der Grundstückseigentümer die Zustimmung zu der Errichtung eines Gebäudes durch diese Personen erteilen; in diesem Fall gilt es als sein Gebäude mit der Folge, dass der Nachbar den Überbau ggf dulden muss.

Bei der Beurteilung, wessen Überbau geduldet werden muss, kommt es darauf an, wer nach der Verkehrsanschauung „Geschäftsherr" des Bauvorhabens ist, dh in wessen Namen und in wessen wirtschaftlichem Interesse gebaut wurde (BGHZ 110, 298, 302). Die Person desjenigen, der das Gebäude handwerklich oder auch als Baubetreuer im eigenen Namen errichtet hat, ist nicht entscheidend für die Geschäftsherreneigenschaft. 3

Duldungspflichtig ist der Eigentümer des Nachbargrundstücks, welches überbaut wurde. Kraft ausdrücklicher gesetzlicher Regelung stehen ihm der Erbbauberechtigte und der Dienstbarkeitsberechtigte gleich (§ 916). 4

C. Tatbestand. I. Gebäude. Gebäude ist ein Bauwerk, das fest mit dem Erdboden verbunden und allseitig durch Wände und Dach verschlossen ist und den Eintritt von Menschen ermöglicht sowie Schutz gegen äußere Einflüsse gewährt. Unerheblich ist, ob das Gebäude für dauernd oder nur zu einem vorübergehenden Zweck errichtet wurde (§ 95 I 1). Nach dem Sinn und Zweck der Vorschrift (Rn 1) ist § 912 auch auf andere größere Bauwerke als Gebäude wie zB Brücken anzuwenden, nicht aber auf leicht versetzbare Gebäude wie zB Gartenhäuser. 5

§ 912 findet nur auf einheitliche Gebäude Anwendung. Bei der Beurteilung der Einheitlichkeit kommt es sowohl auf die körperliche bautechnische Beschaffenheit als auch auf die funktionale Einheit an (BGHZ 110, 298, 301). Können Teile eines Gebäude nicht voneinander getrennt werden, ohne dass der eine oder der andere Teil zerstört oder in seinem Wesen verändert wird, handelt es sich um ein einheitliches Gebäude (BGH NJW 82, 756). 6

Die Vorschrift ist nicht erst nach der Fertigstellung des Gebäudes anzuwenden. Sie greift bereits dann ein, wenn die Errichtung des Gebäudes so weit fortgeschritten ist, dass eine Werterhaltung (Rn 1) aus wirtschaftlicher Sicht sinnvoll erscheint. 7

II. Überbau, Stammgrundstück. Das Gebäude (Rn 5 ff) muss von einem Grundstück aus (Stammgrundstück) teilweise über die Grenze auf das Nachbargrundstück gebaut worden sein. Welches das Stammgrundstück ist, bestimmt sich allein nach den Absichten und wirtschaftlichen Interessen des Geschäftsherrn (Rn 2) im Zeitpunkt der Inanspruchnahme des Nachbargrundstücks (BGH NJW 89, 789, 790). Die Größe oder die Wichtigkeit des über die Grundstücksgrenze gebauten Gebäudeteils im Verhältnis zu dem auf dem Grundstück des Geschäftsherrn stehenden Gebäudeteil spielt für die Bestimmung des Stammgrundstücks keine Rolle (BGHZ 110, 298, 302). Kein Überbau iSd Vorschrift ist es, wenn es an einem Stammgrundstück fehlt (BGH NJW 85, 789, 790). 8

Wird das Gebäude innerhalb der Grenzen eines Grundstücks errichtet und entsteht erst später durch Grundstücksteilung die Überbausituation, ist die unmittelbare Anknüpfung an die Absichten des Geschäftsherrn idR nicht möglich. In diesem Fall muss das Stammgrundstück nach objektiven Kriterien bestimmt werden; danach ist als Stammgrundstück das Grundstück anzusehen, auf welchem sich der nach Umfang, Lage und wirtschaftlicher Bedeutung eindeutig maßgebende Teil des Gebäudes befindet (BGHZ 110, 298, 302 f). 9

An die Absichten des Geschäftsherrn kann ebenfalls dann nicht unmittelbar angeknüpft werden, wenn der Eigentümer zweier Grundstücke bei der Errichtung eines Gebäudes einen Teil über die Grundstücksgrenze gebaut hat. Doch können sich seine Absichten aus den objektiven Gegebenheiten erschließen (BGHZ 110, 298, 303). 10

Da sich das Eigentumsrecht des Nachbarn auch auf den Raum über der Oberfläche und auf den Erdkörper unter der Oberfläche seines Grundstücks erstreckt (§ 905), liegt ein Überbau iSv § 912 immer dann vor, wenn ein Gebäude die Grundstücksgrenze im Luftraum, auf dem Erdboden oder unter der Erdoberfläche überschreitet. Deshalb können zB Erker, Dachvorsprünge, Balkone, Mauerausbuchtungen, eine geneigte Wand, Keller und Fundamente ein Überbau sein. 11

Nicht erforderlich ist es, dass der Überbau bei der Errichtung des Gebäudes entsteht. Auch auf spätere Veränderungen eines Gebäudes kann die Vorschrift entsprechende Anwendung finden (BGH MDR 09, 24). 12

III. Verschulden des Überbauenden. Die Duldungspflicht des Nachbarn besteht nur dann, wenn der Überbauende (Rn 2) ohne Vorsatz und ohne grobe Fahrlässigkeit über die Grundstücksgrenze gebaut hat. War er sich dagegen der Grenzüberschreitung bewusst oder hat er sich bei der Errichtung des Gebäudes im Hinblick auf den Verlauf der Grundstücksgrenze und auf das Erfordernis, diese nicht zu überbauen, besonders unsorgfältig verhalten, indem zB bei zweifelhaftem Grenzverlauf eine Vermessung unterlassen und die Grenze deshalb überbaut wurde (BGHZ 156, 170, 171 f), braucht der Nachbar den Überbau nicht zu dulden. Die grobe Fahrlässigkeit kann sich auch darauf beziehen, dass sich der Geschäftsherr für berechtigt hält, über die Grundstücksgrenze zu bauen, indem er zB das Einverständnis des Nachbarn annimmt. 13

Für vorsätzliches oder grob fahrlässiges Handeln seines **Architekten**, dem der Überbauende (Rn 2) die Planung und Ausführung des Bauvorhabens übertragen hat, ist der Geschäftsherr nach § 166 analog verantwortlich (BGHZ 42, 63; aA Staud/*Roth* Rz 27). Ein Verschulden des **Bauunternehmers** und seiner Mitarbeiter an der Überschreitung der Grundstücksgrenze wird dem Geschäftsherrn dagegen nicht zugerechnet (BGH NJW 77, 375). 14

15 **IV. Widerspruch des Nachbarn.** Hat der Überbauende schuldlos oder lediglich fahrlässig (§ 276 II) gehandelt, muss der Nachbar den Überbau nur dann dulden, wenn er nicht rechtzeitig Widerspruch erhoben hat. Dafür ist es ausreichend, dass er – auch ohne Kenntnis von der Grenzüberschreitung – deutlich zum Ausdruck bringt, dass er mit der Errichtung des Gebäudes nicht einverstanden ist (BGHZ 59, 191, 194). In Kenntnis der Grenzüberschreitung kann der Nachbar auch Teilen des Überbaus widersprechen, die zB über einen bestimmten Abstand von der Grenze hinaus oder in einer bestimmten Höhe in sein Grundstück hineinragen (RGZ 109, 107, 109).

16 Rechtzeitig ist der Widerspruch, wenn er bereits vor der Grenzüberschreitung oder sofort danach erhoben wurde. Der Nachbar darf also nicht abwarten, bis das Gebäude vollständig errichtet oder sogar fertig gestellt ist. Entscheidend ist vielmehr der Zeitpunkt, in welchem der Gedanke der Werterhaltung (Rn 1) wegen des Bautenstands noch keine Geltung beansprucht. Unerheblich ist, ob der Nachbar Kenntnis von der Grenzüberschreitung hat oder haben kann. Unterbleibt ein Widerspruch, tritt die Duldungspflicht von selbst und unwiderruflich ein, ohne dass es darauf ankommt, aus welchen Gründen der Nachbar der Grenzüberschreitung nicht widersprochen hat (BGHZ 97, 292, 294).

17 Der Widerspruch ist eine formlose, einseitige und empfangsbedürftige Willenserklärung, welche ggü dem Überbauenden abgegeben werden muss.

18 **D. Rechtsfolgen. I. Duldungspflicht des Nachbarn.** Hat der Überbauende hinsichtlich der Grenzüberschreitung weder vorsätzlich noch grob fahrlässig gehandelt (Rn 13 f) und fehlt es an einem Widerspruch des Nachbarn gegen die Überbauung (Rn 15 f), ist dieser zur Duldung des Überbaus verpflichtet. Er verliert seinen Abwehranspruch aus §§ 903, 1004 I; darin liegt eine unmittelbar aus dem Gesetz folgende **Eigentumsbeschränkung**. Sie hat – ohne Eintragung im Grundbuch – **dingliche Wirkung** und trifft den jeweiligen Eigentümer des Nachbargrundstücks. Die Duldungspflicht besteht so lange, wie der Überbau (Rn 8 ff) existiert. Sie endet jedoch vorher, wenn der Nachbar etwa aufgrund eines zeitlich befristeten Mietvertrags die Inanspruchnahme seines Grundstücks nur vorübergehend gestattet hat; in diesem Fall endet die Duldungspflicht des Nachbarn mit dem Zeitablauf (BGHZ 157, 301, 307 f). Keine Duldungspflicht besteht bei einem Überbau, der nicht den Regeln der Baukunst entspricht (BGH WuM 08, 675 f).

19 Die Duldungspflicht des Nachbarn lässt nicht nur seinen **Abwehranspruch** aus § 1004 I entfallen, sondern auch seinen **Herausgabeanspruch** aus § 985; der Überbauende (Rn 2 f) hat hinsichtlich der von dem Überbau betroffenen Grundstücksfläche ein Recht zum Besitz iSd § 986 (BGHZ 27, 204, 206).

20 **II. Rentenpflicht des Überbauenden (Abs 2).** Als Ausgleich für den ausgeschlossenen Abwehranspruch aus §§ 903, 1004 I hat der Überbauende (Rn 2 f) den betroffenen Nachbarn durch die Zahlung einer Geldrente zu entschädigen (II 1). Das gilt auch zugunsten des Nachbarn, dessen Sonderrechtsvorgänger der Errichtung des Überbaus zugestimmt hat (NJW 83, 1112). Die Überbaurente soll den **Nutzungsverlust** ausgleichen, welchen der betroffene Nachbar durch die Überbauung seines Grundstücks erleidet (BGHZ 65, 395, 398).

21 Der Anspruch entsteht in dem Zeitpunkt, in welchem die Grundstücksgrenze überbaut wird. Auf die Kenntnis des Überbauenden oder des Nachbarn von der Grenzüberschreitung kommt es nicht an. Wird diese erst später entdeckt, ist die Rente entspr nachzuzahlen.

22 Für die Höhe der Rente ist ebenfalls ausschl die Zeit der Grenzüberschreitung maßgebend (II 2); unerheblich sind der Zeitpunkt, in welchem der Nachbar erstmals durch den Überbau beeinträchtigt wird, sowie nach der Grenzüberschreitung eintretende Wertveränderungen (BGHZ 97, 292, 297). Eine Anpassung der Rente an veränderte Umstände scheidet demnach aus (BGHZ 57, 304, 305).

23 Die Höhe der Überbaurente bemisst sich nach dem **Verkehrswert** der überbauten Fläche, der in der üblichen Weise zu ermitteln ist (BGHZ 57, 304, 306). Er ist angemessen zu verzinsen. Auch die Angemessenheit beurteilt sich nach den Verhältnissen im Zeitpunkt der Grenzüberschreitung.

24 Neben der Überbaurente kommt ein **Schadensersatzanspruch** des Nachbarn gegen den Überbauenden, auch wenn diesem einfache Fahrlässigkeit vorzuwerfen ist, oder ein nachbarrechtlicher Ausgleichsanspruch nach § 906 II 2 analog (dazu § 906 Rn 41 ff) nicht in Betracht (BGHZ 97, 292, 295); § 912 II ist in seinem Anwendungsbereich eine abschließende gesetzliche Sonderregelung. Geht es dagegen um eine Eigentumsverletzung, die über den Entzug der Bodennutzung hinausgeht, hat der Nachbar einen Schadensersatzanspruch gegen den fahrlässig Überbauenden aus § 823 I (BGHZ 57, 304, 308 f). Hat der Überbauende nicht einmal fahrlässig, sondern schuldlos gehandelt, kommt als Ersatz für andere Schäden als für den Verlust der Bodennutzung ein nachbarrechtlicher Ausgleichsanspruch nach § 906 II 2 analog in Betracht (BGHZ 28, 110, 114, 116).

25 Wegen der fehlenden Haftung des Überbauenden für ein Verschulden des mit der Errichtung des Gebäudes beauftragten Bauunternehmers (Rn 14) soll ein Schadensersatzanspruch des Nachbarn gegen diesen aus § 823 I nicht ausgeschlossen sein (vgl BGHZ 57, 304, 308). Die Gegenauffassung stützt sich darauf, dass es keinen Unterschied machen könne, ob der Überbauende selbst oder unter Einschaltung eines Dritten überbaut habe (Soergel/*Baur* Rz 22; Staud/*Roth* Rz 51). Dem ist zu folgen. Die Auffassung des BGH führt dazu, dass dem Nachbarn wegen ein und derselben Beeinträchtigung zwei verschiedene Schuldner aus zwei unterschiedlichen Anspruchsgrundlagen haften, ohne dass das dadurch entstehende Problem der Anspruchskonkurrenz gelöst wird.

E. Eigentumsverhältnisse. § 912 sagt nichts über die Eigentumsverhältnisse an dem überbauten Grund- 26
stücksteil aus; wer dessen Eigentümer ist, ergibt sich nach dem Willen des Gesetzgebers jedoch als mittelbare
Folge der Vorschrift (BGHZ 110, 298, 300). Danach gilt Folgendes:
Liegen die Voraussetzungen des § 912 I vor und muss der Nachbar demnach den Überbau dulden, unterliegt 27
der übergebaute Gebäudeteil nicht der Grundregel der §§ 94 I, 946, wonach der Nachbar das Eigentum an
dem Gebäudeteil erwürbe; vielmehr tritt entspr § 95 I 2 die Wirkung ein, dass der Gebäudeteil als **Scheinbestandteil** des überbauten Nachbargrundstücks wesentlicher Bestandteil (§§ 93, 94 II) des Stammgrundstücks
(Rn 8 ff) bleibt, von welchem aus über die Grenze hinweggebaut wurde (BGHZ 110, 298, 300). Das Eigentum
an dem übergebauten Gebäudeteil steht somit dem Eigentümer des Stammgrundstücks zu. Das gilt auch,
wenn das Stammgrundstück veräußert wird (BGHZ 157, 301, 307).
Fehlt es an den Voraussetzungen des § 912 I, kommt die Anwendung des § 95 I 2 nicht in Betracht; der über- 28
gebaute Gebäudeteil gilt nach § 94 I als **wesentlicher Bestandteil** des überbauten Nachbargrundstücks. Der
Gebäudeteil wird auf der Grundstücksgrenze lotrecht geteilt mit der Folge, dass die beiden Teile nach § 946
dem Eigentümer der jeweiligen Grundstücksfläche gehören (BGH NJW 85, 789, 791; aA Soergel/*Baur* Rz 24).
In diesem Fall kann der Nachbar die Beseitigung des „Überbaus" aus § 1004 I und die Herausgabe der überbauten Fläche aus § 985 verlangen. Ausnahmsweise kann allerdings eine Duldungspflicht aus dem Gesichtspunkt des nachbarlichen Gemeinschaftsverhältnisses (dazu § 903 Rn 14 ff) bestehen.
Der Überbau lässt die Eigentumsverhältnisse an dem überbauten Grundstück unberührt; der Nachbar behält 29
das Eigentum auch hinsichtlich der Fläche, welche von dem Überbau in Anspruch genommen wird. Eine
Verschiebung der Grenzlinie findet nicht statt (RGZ 160, 166, 183).

F. Gestatteter Überbau. Hat der Nachbar dem Überbauenden das Überbauen der Grundstücksgrenze gestat- 30
tet, folgt die Duldungspflicht unmittelbar aus § 1004 II; § 912 ist in diesem Fall nicht anwendbar. Unerheblich
ist, ob die Gestattung durch die Einräumung eines dinglichen Rechts (Nießbrauch, Dienstbarkeit, Erbbaurecht) oder lediglich schuldrechtlich (Miet- oder Pachtvertrag) erfolgte. In beiden Fällen muss auch ein
Rechtsnachfolger im Eigentum an dem Nachbargrundstück den Überbau dulden. Für den aufgrund eines
dinglichen Rechts errichteten Überbau folgt das daraus, dass diese Rechte ggü jedermann wirken. Für den
Rechtsnachfolger eines die schuldrechtliche Zustimmungen Erteilenden ergibt sich die Duldungspflicht,
wenn der Überbau vor dem Eintritt der Rechtsnachfolge errichtet wurde, direkt aus § 912 I, weil der Überbau
in Folge der Zustimmung des Rechtsvorgängers entschuldigt ist und der Nachbar nicht rechtzeitig widersprochen (Rn 15 ff) hat.
Die **Rentenpflicht** des Überbauenden (Rn 20 ff) richtet sich ausschl nach der Vereinbarung mit dem Nach- 31
barn. § 912 II ist auf den gestatteten Überbau nicht anwendbar (BGH NJW 83, 1112, 1113), soweit sich der
Überbauende iRd Vereinbarung hält. Überschreitet er diesen, indem er zB auch außerhalb der ihm eingeräumten Fläche auf dem Nachbargrundstück baut, findet § 912 I direkt Anwendung mit der Folge, dass sich
die Rentenpflicht insoweit nach II der Vorschrift richtet (BGH NJW 71, 426). Auch der zur Duldung verpflichtete Rechtsnachfolger des Gestattenden (Rn 30) hat einen Anspruch auf Zahlung der Überbaurente,
solange seine Duldungspflicht besteht (BGH NJW 83, 1112).
Das Eigentum an dem Überbau steht auch in den Fällen des gestatteten Überbaus dem Überbauenden zu; 32
insoweit besteht kein Unterschied zu dem gesetzlich geregelten Überbau (BGHZ 157, 301, 304). Mit dem
zeitlichen Ende der Gestattung wird der Überbau nicht ohne weiteres Bestandteil des überbauten Grundstücks und damit Eigentum des Nachbarn. Vielmehr bleibt der Überbauende Eigentümer des überbauten
Gebäudeteils und kann frei darüber entscheiden, ob er ihn abreißt oder das Eigentum daran auf den Nachbarn überträgt (BGHZ 157, 301, 305 f). Allerdings endet mit dem Ablauf der Gestattung die Duldungspflicht
des Nachbarn (Rn 18), so dass er von da an die Beseitigung des Überbaus nach § 1004 I verlangen kann.

G. Eigengrenzüberbau. § 912 ist entspr anzuwenden, wenn der Eigentümer zweier Grundstücke bei der 33
Bebauung des einen über die Grenze baut und später die Grundstücke in das Eigentum verschiedener Personen gelangen (BGHZ 110, 298, 300). Dasselbe gilt für den Fall, dass ein Grundstück in der Weise aufgeteilt
wird, dass ein bereits errichtetes Gebäude von der Grenze der beiden neu entstandenen Grundstücke durchschnitten wird und diese Grundstücke im Eigentum verschiedener Personen stehen. In beiden Fällen bleibt
ein Gebäudeteil, der sich nach der Grundstücksteilung auf dem anderen Grundstück befindet, mit dem
Eigentum an dem Grundstück verbunden, auf welchem sich der nach Umfang, Lage und wirtschaftlicher
Bedeutung eindeutig maßgebende Teil des gesamten Gebäudes befindet (BGHZ 102, 311, 314). Dies trifft
auch dann zu, wenn nach der Grundstücksteilung einzelne Räume zweier selbstständiger Gebäude in das
Nachbargrundstück hineinragen. Bei der Veräußerung des Grundstücks, in welches die Räume hineinragen,
ist nicht davon auszugehen, dass sich die Übertragung auch auf diese Räume erstrecken soll (BGH NJW 02,
54). Werden die Räume eines Gebäudes durch die Grundstücksteilung von der Grenze durchschnitten, stehen
sie im Eigentum desjenigen Grundstückseigentümers, auf dessen Gebäude sie stehen, welchem die Räume bei
natürlicher Betrachtung zuzuordnen sind. Ein entgegenstehender Wille der Beteiligten ist unbeachtlich
(BGH WM 04, 1340).

34 Die entspr Anwendung des § 912 auf den Eigengrenzüberbau (Rn 33) hat zur Folge, dass die Duldungspflicht des Nachbarn (Rn 18 f) und die Rentenzahlungspflicht des Überbauenden (Rn 20 ff) im Zeitpunkt der Grenzüberschreitung entsteht. Selbstverständlich ruht sie jedoch so lange, wie die beiden Grundstücke nicht in das Eigentum verschiedener Personen gelangt sind.

§ 913 Zahlung der Überbaurente.
(1) Die Rente für den Überbau ist dem jeweiligen Eigentümer des Nachbargrundstücks von dem jeweiligen Eigentümer des anderen Grundstücks zu entrichten. (2) Die Rente ist jährlich im Voraus zu entrichten.

1 **A. Rentenberechtigter.** Die Überbaurente (§ 912 Rn 21 ff) steht dem jeweiligen Eigentümer des überbauten Grundstücks zu. Kraft besonderer gesetzlicher Bestimmung (§ 916) können auch der Erbbauberechtigte und der Dienstbarkeitsberechtigte die Zahlung einer Überbaurente verlangen, wenn ihre Rechte durch den Überbau beeinträchtigt werden.

2 Das Recht auf Zahlung der Überbaurente ist ein subjektives dingliches Recht; es kann von dem Eigentum an dem überbauten Grundstück nicht getrennt werden. Es gilt als Bestandteil des überbauten Grundstücks (§ 96); deshalb ist das Rentenrecht nicht selbstständig abtretbar, verpfändbar oder pfändbar. Etwas anderes gilt jedoch für den Anspruch auf die einzelnen Raten (§§ 914 III, 1107).

3 **B. Rentenpflichtiger.** Der jeweilige Eigentümer des Stammgrundstücks (§ 912 Rn 8 ff) muss die Überbaurente (§ 912 Rn 21 ff) zahlen. Die Rentenpflicht gehört zum Inhalt des Eigentums an dem Stammgrundstück.

4 Für die während der Dauer seines Eigentums fällig werdenden Raten (II) haftet der Eigentümer auch persönlich (§§ 1114 III, 1108 I); eine Veräußerung des Stammgrundstücks ändert daran nichts.

5 Bei der Veräußerung des Stammgrundstücks haftet der Erwerber für die ab dem Eigentumserwerb fällig werdenden Raten (II) sowohl dinglich als auch persönlich, für die Rückstände – neben dem Veräußerer – nur dinglich. Der gutgläubige Erwerb des Stammgrundstücks ohne Rentenpflicht ist nicht möglich.

6 **C. Vorauszahlung.** Nach II ist die Überbaurente (§ 912 Rn 21 ff) jährlich im Voraus zu zahlen (zur Rentenhöhe s. § 912 Rn 23 f). Rentenberechtigter und Rentenpflichtiger können allerdings abw Vereinbarungen treffen, die nur bei Eintragung in das Grundbuch dingliche Wirkung haben.

§ 914 Rang, Eintragung und Erlöschen der Rente.
(1) ¹Das Recht auf die Rente geht allen Rechten an dem belasteten Grundstück, auch den älteren vor. ²Es erlischt mit der Beseitigung des Überbaus. (2) ¹Das Recht wird nicht in das Grundbuch eingetragen. ²Zum Verzicht auf das Recht sowie zur Feststellung der Höhe der Rente durch Vertrag ist die Eintragung erforderlich. (3) Im Übrigen finden die Vorschriften Anwendung, die für eine zugunsten des jeweiligen Eigentümers eines Grundstücks bestehende Reallast gelten.

1 **A. Rang und Erlöschen des Rentenrechts.** Das Rentenrecht (§ 913 Rn 1 f) geht allen anderen an dem überbauten Grundstück bestehenden Rechten vor; es erlischt nur mit der Beseitigung des Überbaus (I). Durch Zuschlag in der **Zwangsversteigerung** erlischt das Rentenrecht auch dann nicht, wenn es in dem geringsten Gebot nicht berücksichtigt ist (§ 52 II 1 ZVG). Landesrechtliche Ablöseregelungen finden keine Anwendung (Art 116 EGBGB). Ein früheres Erlöschen kann allerdings zwischen den Beteiligten vereinbart werden.

2 **B. Fehlende Grundbucheintragung.** Das Rentenrecht wird nicht in das Grundbuch eingetragen (II 1), weil es zu dem Eigentum an dem überbauten Grundstück gehört (§ 912 Rn 2). Auch die Bewilligung des betroffenen Eigentümers kann nicht zur Eintragung führen. Das Recht nimmt nicht am öffentlichen Glauben des Grundbuchs (§§ 892, 893) teil.

3 Eintragungsfähig und eintragungsbedürftig sind dagegen alle Vereinbarungen zwischen Rentenberechtigtem (§ 913 Rn 1 f) und Rentenpflichtigem (§ 913 Rn 3 f) über die von der gesetzlichen Regelungen abw Höhe und Zahlungsweise der Überbaurente.

4 **C. Verzicht auf das Rentenrecht.** Auch der Verzicht auf das Rentenrecht ist in das Grundbuch einzutragen (II 2 Alt 1). Das gilt allerdings nur, wenn der Verzicht nicht nur schuldrechtliche, sondern auch dingliche Wirkung haben soll (BGH NJW 83, 1112, 1113). Die Eintragung des Verzichts erfolgt in Abteilung II des für das Stammgrundstück (§ 912 Rn 8 ff) angelegten Grundbuchs (BayObLGZ 98, 152); daneben kann der Verzicht entspr § 9 GBO auch in dem Grundbuch des überbauten Grundstücks vermerkt werden (KG Rpfleger 68, 52, 54; Staud/*Roth* Rz 4; aA BayObLGZ aaO).

5 **D. Vereinbarung über die Rentenhöhe.** Vereinbarungen über die Höhe der Rente (zur gesetzlichen Höhe s. § 912 Rn 23 f) bedürfen ebenfalls der Eintragung in das Grundbuch, wenn sie nicht nur schuldrechtlich, sondern auch dinglich wirken sollen (II 2 Alt 2). Ebenso wie der Verzicht (Rn 4) wird auch die von der gesetzlichen Regelung abw Rentenhöhe in Abteilung II des Grundbuchs eingetragen, in welchem das Stammgrundstück (§ 912 Rn 8 ff) gebucht ist. § 9 GBO ist auch hier entspr anwendbar; die vereinbarte Rentenhöhe kann in dem für das überbaute Grundstück angelegten Grundbuch vermerkt werden.

Die an dem überbauten Grundstück dinglich Berechtigten, insb Grundpfandrechtsgläubiger, müssen der Vereinbarung über die Rentenhöhe zustimmen, wenn die vereinbarte Rente niedriger ist als die gesetzliche. 6

E. Entsprechende Anwendung der Vorschriften über die Reallast. III stellt die Überbaurente (§ 912 Rn 21 ff) in einzelnen Beziehungen der subjektiven dinglichen Reallast (§§ 1105 ff) gleich. Die Verweisung führt zur Anwendbarkeit der §§ 1107 (Einzelleistungen), 1108 (persönliche Haftung des Eigentümers), 1109 III (Grundstücksteilung) und 1110 (Verbindung mit dem Eigentum). Die §§ 1111, 1112 finden dagegen keine Anwendung. 7

§ 915 Abkauf.
(1) ¹Der Rentenberechtigte kann jederzeit verlangen, dass der Rentenpflichtige ihm gegen Übertragung des Eigentums an dem überbauten Teile des Grundstücks den Wert ersetzt, den dieser Teil zur Zeit der Grenzüberschreitung gehabt hat. ²Macht er von dieser Befugnis Gebrauch, so bestimmen sich die Rechte und Verpflichtungen beider Teile nach den Vorschriften über den Kauf.
(2) Für die Zeit bis zur Übertragung des Eigentums ist die Rente fortzuentrichten.

A. Berechtigter und Verpflichteter. Der Eigentümer des überbauten Grundstücks bleibt Eigentümer auch hinsichtlich der Fläche, auf welcher sich der Überbau befindet (§ 912 Rn 30). Er kann jedoch von dem Rentenpflichtigen, also von dem jeweiligen Eigentümer des Stammgrundstücks (§ 913 Rn 3), jederzeit den Abkauf der überbauten Fläche verlangen. Miteigentümer können das Verlangen nur gemeinsam aussprechen. § 1011 gilt nicht, weil ein einzelner die anderen Miteigentümer nicht zur Übereignung verpflichten kann. 1
Erbbau- und Dienstbarkeitsberechtigte, denen ebenfalls ein Anspruch auf Zahlung der Überbaurente zustehen kann (§ 913 Rn 1), können den Abkauf nicht verlangen. Sie haben kein Recht, eine Verpflichtung des Grundstückseigentümers zur Übereignung zu begründen. 2
Der Rentenpflichtige kann den Ankauf der überbauten Grundstücksfläche nicht verlangen. 3

B. Abkaufverlangen. Die Ausübung des Rechts geschieht durch die Abgabe einer einseitigen Willenserklärung des Eigentümers des überbauten Grundstücks, die dem Eigentümer des Stammgrundstücks zugehen muss; sie ist an keine Form gebunden (RGZ 74, 90). 4
Voraussetzung für das Bestehen des Rechts ist die Rentenpflicht des Eigentümers des Stammgrundstücks. Ist diese durch Verzicht des Berechtigten erloschen (§ 914 Rn 4), hat dies – trotz fortbestehenden Überbaus – das Erlöschen des Abkaufverlangens zur Folge. 5

C. Rechtsfolgen des Abkaufverlangens. Verlangt der Eigentümer des überbauten Grundstücks von dem Eigentümer des Stammgrundstücks den Abkauf der überbauten Fläche, entsteht zwischen ihnen ein Rechtsverhältnis, auf welches die Vorschriften über den Kauf (§§ 433 ff) anwendbar sind. Ein Kaufvertrag kommt durch das bloße Verlangen jedoch nicht zustande; er kann allerdings in Erfüllung des Verlangens abgeschlossen werden. Gehen die Beteiligten diesen Weg nicht, hat der Rentenberechtigte gegen den Rentenverpflichteten aus dem durch das Verlangen begründeten besonderen Rechtsverhältnis einen Anspruch auf Zahlung des Verkehrswerts der überbauten Fläche; im Gegenzug ist der Berechtigte verpflichtet, dem Verpflichteten lastenfreies Eigentum an der überbauten Fläche zu übertragen. 6
Die Höhe des Wertersatzes für die Eigentumsübertragung bemisst sich nach dem Verkehrswert, den die überbaute Fläche zur Zeit der Grenzüberschreitung gehabt hat. Spätere Wertveränderungen sind nicht zu berücksichtigen. Auf den Verkehrswert im Zeitpunkt des Abkaufverlangens kommt es nicht an. 7

D. Fortentrichtung der Überbaurente. Die Überbaurente (§ 912 Rn 21 ff) ist bis zur Übertragung des Eigentums an der überbauten Fläche auf den Eigentümer des Stammgrundstücks, also bis zur Eigentumsumschreibung im Grundbuch, weiter zu zahlen (II). Auf den Wertersatz (Rn 7) ist die Zahlung der Rente zwischen dem Ausspruch des Abkaufverlangens und der Eigentumsübertragung nicht anzurechnen. 8
Abweichend von der gesetzlichen Regelung erlischt der Anspruch auf Zahlung der Überbaurente nach hM bereits mit der Bezahlung des Wertersatzes, auch wenn das Eigentum an der überbauten Fläche erst später übertragen wird (s. nur Palandt/*Bassenge* Rz 1). 9

§ 916 Beeinträchtigung von Erbbaurecht oder Dienstbarkeit.
Wird durch den Überbau ein Erbbaurecht oder eine Dienstbarkeit an dem Nachbargrundstück beeinträchtigt, so finden zugunsten des Berechtigten die Vorschriften der §§ 912 bis 914 entsprechende Anwendung.

Die Inhaber von Erbbaurechten und Dienstbarkeiten an dem überbauten Grundstück müssen – ebenso wie der Eigentümer – den Überbau unter den Voraussetzungen des § 912 I dulden. Für jeden von ihnen entsteht ein selbstständiges Rentenrecht. 1
Das **Abkaufrecht** (§ 915) steht den Erbbau- und Dienstbarkeitsberechtigten nicht zu. 2
Die entspr Anwendung der Vorschrift auf andere Realberechtigte wie Grundpfandrechtsgläubiger ist nicht möglich; sie können auf das Rentenrecht (§ 913 Rn 1 f) als Haftungsobjekt zugreifen (§§ 96, 1107, 1126). 3

§ 917 Notweg.

§ 917 Notweg. (1) ¹Fehlt einem Grundstück die zur ordnungsmäßigen Benutzung notwendige Verbindung mit einem öffentlichen Wege, so kann der Eigentümer von den Nachbarn verlangen, dass sie bis zur Hebung des Mangels die Benutzung ihrer Grundstücke zur Herstellung der erforderlichen Verbindung dulden. ²Die Richtung des Notwegs und der Umfang des Benutzungsrechts werden erforderlichenfalls durch Urteil bestimmt.
(2) ¹Die Nachbarn, über deren Grundstücke der Notweg führt, sind durch eine Geldrente zu entschädigen. ²Die Vorschriften des § 912 Abs. 2 Satz 2 und der §§ 913, 914, 916 finden entsprechende Anwendung.

1 **A. Allgemeines.** Die Vorschrift beschränkt die positiven Befugnisse des Eigentümers (§ 903 Rn 2) des Grundstücks, über welches der Notweg führt, indem sie ihn zur Duldung der Benutzung seines Grundstücks durch den Nachbarn verpflichtet, dessen Grundstück keine Verbindung mit einem öffentlichen Weg hat. Als Ausgleich erhält der Duldungspflichtige eine Entschädigung in Form einer Geldrente (II).

2 Maßgeblicher Gesichtspunkt für die Regelung ist das überwiegende Interesse an einer sinnvollen Nutzung des verbindungslosen Grundstücks. Allerdings geht der Schutz des Eigentümers des verbindungslosen Grundstücks nicht so weit, dass ihm ein eigenmächtiges Benutzungsrecht iSv § 858 I eingeräumt wird. Vielmehr gewährt die Vorschrift lediglich einen Anspruch auf Duldung der Benutzung des Nachbargrundstücks, der ggf gerichtlich durchgesetzt werden muss.

3 § 917 gilt nicht nur für einen Weg über das Nachbargrundstück; Inhalt des Rechts kann auch die Befugnis sein, Ver- und Entsorgungsleitungen über das Nachbargrundstück zu führen (BGHZ 79, 307, 308). In diesem Fall spricht man von einem Notleitungsrecht. Eines Rückgriffs auf § 917 bedarf es allerdings nur, soweit kein Landesrecht eingreift (BGH WM 08, 2070), wonach die Benutzung fremder Grundstücke an weniger enge Voraussetzungen geknüpft ist (Näheres bei Staud/*Roth* Rz 4 ff).

4 **B. Berechtigter und Verpflichteter.** Der Anspruch auf Duldung der Benutzung des Nachbargrundstücks (Rn 2) steht dem **Eigentümer** des verbindungslosen Grundstücks zu. Mehrere **Miteigentümer** können ihn – abw von § 1011 – nur gemeinsam geltend machen, weil anderenfalls ein einziger Miteigentümer die Verpflichtung der anderen Miteigentümer zur Zahlung der Notwegrente (II) begründen könnte (BGH NZM 06, 820). Das ist jedoch unzulässig. Neben dem Eigentümer steht der Duldungsanspruch auch dem **Erbbauberechtigten** zu, nicht aber anderen **dinglich oder obligatorisch Berechtigten** wie Nießbrauchern, Dienstbarkeitsberechtigten, Mietern und Pächtern (BGH NJW-RR 06, 1160, 1161; aA MüKo/*Säcker* Rz 16); sie sind allerdings berechtigt, den dem Grundstückseigentümer zustehenden Notweg zu benutzen (BGH NJW 63, 1917, 1918).

5 Duldungspflichtig ist der Eigentümer des Grundstücks, welches zwischen dem verbindungslosen Grundstück und dem öffentlichen Weg liegt. Handelt es sich um mehrere Grundstücke, muss jeder ihrer Eigentümer die Benutzung seines Grundstücks dulden. Erbbau- und Dienstbarkeitsberechtigte an dem Grundstück, über welches der Notweg verläuft, können nicht allein auf Duldung in Anspruch genommen werden, sondern nur zusammen mit dem Grundstückseigentümer (§ 917 II 2 iVm § 916). Von anderen dinglich und von obligatorisch Berechtigten kann die Duldung der Benutzung des Grundstücks nicht verlangt werden; sie müssen jedoch ein bestehendes Notwegrecht respektieren.

6 **C. Tatbestand des Abs 1. I. Fehlende Verbindung mit einem öffentlichen Weg.** Die Verbindung fehlt, wenn die tatsächliche oder die rechtliche Zugangsmöglichkeit zu einem öffentlichen Weg nicht gegeben ist. Besteht ein Wegerecht, reicht das aus, um die fehlende Verbindung zu verneinen.

7 Die Verbindung fehlt zum einen dann, wenn das Grundstück überhaupt keine Verbindung mit einem öffentlichen Weg hat, weil andere Grundstücke dazwischen liegen. Sie fehlt zum anderen auch dann, wenn die vorhandene Verbindung für die **ordnungsmäßige Benutzung** des Grundstücks nicht ausreicht (BGH NJW 54, 1321). Das ist zB der Fall, wenn die Verbindung von Fußgängern, nicht aber von (**Kraft**)**Fahrzeugen** benutzt werden kann, die Grundstücksnutzung jedoch eine Zu- und Abfahrt von Fahrzeugen erfordert (BGH NJW-RR 09, 515). Kommt eine vorhandene Verbindung mit dem öffentlichen Weg unter **wirtschaftlichen Gesichtspunkten** als Zugang nicht in Betracht, fehlt dem Grundstück ebenfalls die notwendige Verbindung; davon ist allerdings nicht bereits dann auszugehen, wenn die Benutzung des vorhandenen Weges umständlicher, weniger bequem oder kostspieliger als ein Notweg über das Nachbargrundstück ist, sondern erst dann, wenn durch die Benutzung der bestehenden Verbindung die Wirtschaftlichkeit der Grundstücksnutzung in unzumutbarer Weise beeinträchtigt wird, was sich danach beurteilt, in welchem Verhältnis die entstehenden Kosten zu dem Gesamtertrag des Grundstücks stehen (BGH NJW 64, 1321; Celle OLGRep 09, 537).

8 Die Verbindung mit dem öffentlichen Weg muss nicht auf Dauer fehlen; eine **vorübergehende Verbindungslosigkeit** reicht aus (RGZ 79, 116, 120). Unerheblich ist, in welchem Zeitpunkt die Verbindungslosigkeit eingetreten ist.

9 Es muss die Verbindung mit einem **öffentlichen Weg** fehlen. Das ist auch dann der Fall, wenn zunächst eine Verbindung mit einem Privatweg besteht, der erst zu einem öffentlichen Weg führt. Öffentlich ist ein Weg nur dann, wenn er dem öffentlichen Verkehr gewidmet ist. Daran fehlt es, wenn der Eigentümer eines Privatwegs dessen Benutzung durch jedermann, also den öffentlichen Verkehr duldet. Ob ein Weg öffentlich ist,

haben die Zivilgerichte in dem Streit über das Bestehen eines Notwegrechts zu klären. Unerheblich ist die Art des öffentlichen Weges; es muss sich nicht um eine ausgebaute Straße handeln, vielmehr reicht zB auch ein unbefestigter, jedoch befahrbarer öffentlicher Feldweg aus.

Hat nur ein **Teil des Grundstücks** eine Verbindung mit einem öffentlichen Weg, ein anderer, nicht unwesentlicher Teil aber nicht, fehlt die Verbindung ebenfalls, so dass ein Notwegrecht bestehen kann (BGH NJW 54, 1321). Das ist zB der Fall, wenn durch ein Gebäude die Zufahrt von dem öffentlichen Weg zu dem dahinter liegenden Grundstücksteil unmöglich ist.

II. Ordnungsmäßige Benutzung des verbindungslosen Grundstücks. Welche Benutzung des verbindungslosen Grundstücks ordnungsmäßig ist, richtet sich allein nach **objektiven Gesichtspunkten**; die persönlichen Bedürfnisse des Grundstückseigentümers sind unerheblich (BGH NJW-RR 09, 515, 516). Der Duldungsanspruch (Rn 2) besteht nur für eine objektiv dem Grundstück angemessene, den wirtschaftlichen Verhältnissen entspr Nutzung (BGH WM 78, 1293, 1294). Eine generelle Aussage zur ordnungsmäßigen Benutzung kann nicht getroffen werden; entscheidend sind immer die Umstände des Einzelfalls (BGH NJW 64, 1321). In jedem Fall muss es sich jedoch um eine unmittelbare Nutzung handeln; deshalb kann der Eigentümer nicht die Duldung eines Notwegs verlangen, wenn er das Grundstück nur mit einem solchen Weg (zu einem angemessenen Preis) vermieten oder verpachten kann (BGH NJW-RR 06, 1160, 1161).

Eine Abwägung zwischen den Interessen des Eigentümers des verbindungslosen Grundstücks und denen des Eigentümers des Nachbargrundstücks hinsichtlich der ordnungsmäßigen Benutzung des verbindungslosen Grundstücks findet nicht statt; der Gesichtspunkt der **Verhältnismäßigkeit** spielt insoweit keine Rolle, sondern nur die objektiven Bedürfnisse des verbindungslosen Grundstücks (BGH NJW 64, 1321, 1323). Für die Durchsetzung des Duldungsanspruchs reicht es deshalb nicht aus, dass die Beeinträchtigung des Nachbargrundstücks durch den Notweg nur gering ist, wenn die sonstigen Voraussetzungen des Rechts nicht vorliegen.

Die ordnungsmäßige Benutzung setzt voraus, dass die Art der Benutzung des verbindungslosen Grundstücks **öffentlich-rechtlich und privatrechtlich zulässig** ist. Sie darf nicht gegen bau-, straßen- und naturschutzrechtliche Vorschriften und auch nicht gegen Nutzungsbeschränkungen infolge von Dienstbarkeiten verstoßen.

Auch eine **vorübergehende außergewöhnliche Benutzung** kann ordnungsmäßig sein, zB für die Dauer von Baumaßnahmen. In diesem Fall besteht ein zeitlich befristeter Duldungsanspruch des Nachbarn.

Eine **Änderung der bisherigen Nutzungsart** kann den Duldungsanspruch (Rn 2) begründen, wenn sie der technischen und der wirtschaftlichen Entwicklung sowie den örtlichen Verhältnissen entspricht (BGH WM 59, 1461). Allerdings muss auch die neue Nutzung ordnungsmäßig iSd Vorschrift sein.

III. Notwendigkeit der Verbindung mit einem öffentlichen Weg. Der Nachbar muss die Benutzung seines Grundstücks nur so weit dulden, wie es die notwendige Verbindung des verbindungslosen Grundstücks mit dem öffentlichen Weg erfordert. Die Notwendigkeit kann nicht generell, sondern nur für den jeweiligen Einzelfall beurteilt werden. So sieht es der BGH nicht als notwendig an, dass an einer öffentlichen Straße liegende Wohngrundstücke mit Kraftfahrzeugen zu erreichen sind, wenn diese in benachbarten Straßen abgestellt werden können (BGHZ 75, 314, 319f). Etwas anderes gilt für den Fall, dass sich auf dem Wohngrundstück PKW-Stellplätze befinden (Frankf OLGR 99, 262). Bei einem Gewerbegrundstück wird man dagegen die Notwendigkeit der Erreichbarkeit mit Kraftfahrzeugen eher annehmen müssen (vgl BGH MDR 58, 592). Auch ein nicht an öffentlichen Straßen liegendes Wohngrundstück muss idR mit einem Kraftfahrzeug erreicht werden können (BGH NJW-RR 515, 517).

IV. Inhalt des Notwegrechts. Der **Verlauf des Notwegs** ist unter Berücksichtigung der Interessen des Eigentümers des verbindungslosen Grundstücks und denen des Eigentümers des Nachbargrundstücks zu bestimmen. Es muss nicht die kürzeste Strecke zu dem öffentlichen Weg gewählt werden; die Art der Benutzung des Nachbargrundstücks kann eine andere, ggf auch aufwändigere Streckenführung erfordern.

Der Notweg muss nicht unbedingt auf dem Boden des Nachbargrundstücks verlaufen. Zweckmäßiger und einfacher kann auch eine in dem Luftraum oder unter der Erdoberfläche befindliche Verbindung wie zB eine **Seilbahn** oder eine **Tiefgaragenzufahrt** sein.

Die Art des Notwegs (befestigt oder unbefestigt), seine Breite und die Häufigkeit seiner Benutzung richten sich danach, was für die ordnungsmäßige Benutzung des verbindungslosen Grundstücks (Rn 11 ff) notwendig ist. Danach reicht das Spektrum von einem bloßen Trampelpfad über einen einfachen Fahrweg bis zu einer mit schweren Fahrzeugen befahrbaren Straße.

§ 917 I gibt dem Eigentümer des verbindungslosen Grundstücks über den Duldungsanspruch (Rn 2) hinaus kein Recht, das Nachbargrundstück in anderer Weise als zum Überqueren zu benutzen. Er darf sich dort nicht aufhalten. Fahrzeuge, welche den Notweg berechtigterweise benutzen, dürfen nicht auf dem Nachbargrundstück be- oder entladen werden (BGHZ 31, 159).

Der Eigentümer des verbindungslosen Grundstücks muss den Notweg auf eigene **Kosten** herstellen und unterhalten. Benutzt der Eigentümer des Nachbargrundstücks, über welches der Notweg verläuft, den Notweg mit, sind die Unterhaltungskosten zwischen beiden Eigentümern aufzuteilen.

22 **V. Durchsetzung des Notwegrechts.** Zur Durchsetzung des Notwegrechts ist zunächst ein „Verlangen" des Eigentümers des verbindungslosen Grundstücks erforderlich. In dieser empfangsbedürftigen Willenserklärung braucht der genaue Verlauf des Notwegs nicht bezeichnet zu werden; er bleibt der Vereinbarung mit dem Eigentümer des Nachbargrundstücks vorbehalten. Diese Vereinbarung wirkt nur zwischen den Parteien, nicht aber für oder gegen ihre Sonderrechtsnachfolger.

23 Einigen sich die Eigentümer nicht, muss der Eigentümer des verbindungslosen Grundstücks Klage auf Duldung des Notwegs erheben. Die Richtung des Notwegs und der Umfang des Benutzungsrechts werden von dem Gericht in dem Urt bestimmt (I 2).

24 Das Notwegrecht kann nicht in das Grundbuch eingetragen werden, solange die Duldungspflicht des Nachbarn nicht über die gesetzliche Regelung hinausgeht.

25 Besteht ein Notweg, kann sich der Berechtigte (Rn 4) gegen Behinderungen und Beeinträchtigungen, auch seitens des Eigentümers des Nachbargrundstücks, mit der Unterlassungs- und Beseitigungsklage nach § 1004 I zur Wehr setzen. Die Besitzschutzrechte nach §§ 861, 862 stehen dem Berechtigten dagegen nicht zu (Staud/*Roth* Rz 47; aA Soergel/*Baur* Rz 15).

26 Das Notwegrecht erlischt in dem Zeitpunkt, in welchem die Verbindung des Grundstücks mit einem öffentlichen Weg nicht mehr fehlt. Das kann zB der Fall sein, wenn der Eigentümer des verbindungslosen Grundstücks ein anderes Grundstück erwirbt, über welches er von dem verbindungslosen Grundstück aus einen öffentlichen Weg erreichen kann.

27 **D. Rentenpflicht des Notwegberechtigten (Abs 2).** Als Ausgleich für die Duldungspflicht hat der Berechtigte (Rn 4) den Nachbarn, über dessen Grundstück der Notweg verläuft, durch die Zahlung einer Geldrente zu entschädigen (II 1). Der Anspruch entsteht mit dem Notwegrecht und setzt deshalb das Verlangen des Berechtigten nach Duldung des Notwegs (Rn 22) voraus (BGHZ 94, 160, 162 f). Auf den Zeitpunkt der Rechtskraft des Urteils, mit dem die Duldungspflicht des Nachbarn festgestellt wird, kommt es nicht an (aA RGZ 87, 424, 425). Unerheblich ist auch, ob und in welchem Umfang der Berechtigte den Notweg tatsächlich benutzt.

28 Für die **Höhe der Rente** kommt es nicht auf den Vorteil oder Nutzen an, den der Notweg für den Berechtigten (Rn 4) hat, sondern auf den Umfang der dem Verpflichteten (Rn 5) durch die Duldungspflicht entstehenden Beeinträchtigungen, welche er in der Nutzung des Grundstücks erleidet; maßgebend ist die Minderung des Verkehrswerts, die das gesamte Grundstück durch den Notweg erleidet (BGHZ 113, 32, 34 ff). Es kommt auf die Verhältnisse im Zeitpunkt der Entstehung der Rentenpflicht (Rn 27) an (BGHZ 113, 32, 36). Die Höhe der Rente kann sich deshalb nur dann ändern, wenn sich der Umfang der Duldungspflicht ändert. Das setzt ein neues Verlangen des Berechtigten (Rn 22) voraus.

29 Anders als bei dem Überbau (s. § 915) kann der Nachbar, über dessen Grundstück der Notweg verläuft, von dem Berechtigten (Rn 4) nicht den **Abkauf** der Fläche verlangen, welche für den Notweg in Anspruch genommen wird.

30 IÜ wird hinsichtlich der Notwegrente auf die Erläuterungen zu §§ 913, 914 und 916 verwiesen.

§ 918 Ausschluss des Notwegrechts.

(1) Die Verpflichtung zur Duldung des Notwegs tritt nicht ein, wenn die bisherige Verbindung des Grundstücks mit dem öffentlichen Wege durch eine willkürliche Handlung des Eigentümers aufgehoben wird.

(2) ¹Wird infolge der Veräußerung eines Teils des Grundstücks der veräußerte oder der zurückbehaltene Teil von der Verbindung mit dem öffentlichen Wege abgeschnitten, so hat der Eigentümer desjenigen Teils, über welchen die Verbindung bisher stattgefunden hat, den Notweg zu dulden. ²Der Veräußerung eines Teils steht die Veräußerung eines von mehreren demselben Eigentümer gehörenden Grundstücken gleich.

1 **A. Willkürliche Aufhebung der Verbindung (Abs 1).** Hat der Eigentümer des Grundstücks, welchem die für die ordnungsmäßige Benutzung notwendige Verbindung mit einem öffentlichen Weg fehlt (§ 917 Rn 6 ff), die verbindungslose Situation willkürlich herbeigeführt, besteht kein Anspruch gegen den Nachbarn auf Duldung der Benutzung des Nachbargrundstücks (§ 917 Rn 2) mit einem Notweg, auch nicht nach den Grundsätzen des nachbarlichen Gemeinschaftsverhältnisses (München OLGRep 07, 750; s. § 903 Rn 14 ff). **Willkür** liegt dann vor, wenn die Handlung, welche zu der Verbindungslosigkeit geführt hat, bei der gebotenen Rücksichtnahme auf die Interessen des Nachbarn für die ordnungsmäßige Benutzung des nunmehr verbindungslosen Grundstücks (§ 917 Rn 11 ff) nicht notwendig war; willkürlich ist somit jede auf freier Entscheidung beruhende Maßnahme, die der ordnungsgemäßen Grundstücksbenutzung widerspricht und die gebotene Rücksichtnahme auf nachbarliche Interessen außer Acht lässt (BGH NZM 06, 820, 821).

2 Willkürlich ist es zB, wenn die bisherige Verbindung zu einem öffentlichen Weg ohne zwingende Gründe durch ein Bauwerk oder durch eine andere Anlage abgeschnitten wird, ohne dass sich der Grundstückseigentümer eine andere entspr Verbindung verschafft (BGH DB 75, 2469). Es ist ebenfalls willkürlich, wenn der Eigentümer ein bestehendes Wegerecht oder einen bereits bestehenden Notweg aufgibt (BGHZ 53, 166, 171 f).

Willkürliches Handeln des Eigentümers wirkt auch zu Lasten seines Einzelrechtsnachfolgers; anderenfalls könnte der Eigentümer die für sein Grundstück nachteiligen Folgen seines Handelns durch Veräußerung abwenden (BGH DB 75, 2469). 3

Nicht willkürlich ist es, wenn die verbindungslose Situation durch die objektiv ordnungsmäßige Änderung der Nutzungsart des Grundstücks (RG JW 14, 529) oder durch die öffentlich-rechtlich geforderte Änderung von Grundstücksgrenzen (LG Frankfurt MDR 69, 925) eintritt. 4

B. Verbindungsverlust durch Veräußerung eines Grundstücksteils (Abs 2). Wird die Verbindung mit dem öffentlichen Weg dadurch abgeschnitten, dass der Eigentümer einen Teil seines Grundstücks veräußert, gewährt ihm II 1 ein Notwegrecht ggü dem Erwerber des Grundstücksteils, über welchen bisher der öffentliche Weg erreicht werden konnte; dasselbe gilt nach II 2 für den Fall, dass der Eigentümer eines von mehreren ihm gehörenden Grundstücken veräußert. Das schließt einen Duldungsanspruch (§ 917 Rn 2) gegen andere Nachbarn aus (BGHZ 53, 166, 170 f). 5

Nicht notwendig ist, dass der Eigentümer den veräußerten Grundstücksteil bis zur Veräußerung tatsächlich als Zugang zu seinem Restgrundstück genutzt hat; ausreichend ist vielmehr die bloße tatsächliche und rechtliche Möglichkeit des Zugangs über diesen Grundstücksteil, auch wenn der Eigentümer vor der Veräußerung ohne ein entspr dingliches oder obligatorisches Recht oder lediglich aufgrund eines obligatorischen Rechts über ein ihm nicht gehörendes Nachbargrundstück zu seinem Grundstück gelangt war (BGHZ 53, 166, 171). 6

Der Duldungsanspruch (§ 917 Rn 2) erfordert auch in diesem Fall, dass sämtliche Voraussetzungen für das Entstehen des Notwegrechts nach § 917 I erfüllt sind (dazu § 917 Rn 6 ff). Das Merkmal der Willkür iSv I (Rn 2 ff) spielt insofern eine Rolle, als sich zwar die anderen Nachbarn, nicht aber der Erwerber des Grundstücksteils, über welchen die Verbindung zu dem Restgrundstück bisher erfolgte, darauf berufen können, die Veräußerung des Grundstücksteils sei willkürlich. 7

Die Duldungspflicht nach II führt zur Rentenpflicht des Berechtigten (§ 917 Rn 27 ff). 8

§ 919 Grenzabmarkung.
(1) Der Eigentümer eines Grundstücks kann von dem Eigentümer eines Nachbargrundstücks verlangen, dass dieser zur Errichtung fester Grenzzeichen und, wenn ein Grenzzeichen verrückt oder unkenntlich geworden ist, zur Wiederherstellung mitwirkt.
(2) Die Art der Abmarkung und das Verfahren bestimmen sich nach den Landesgesetzen; enthalten diese keine Vorschriften, so entscheidet die Ortsüblichkeit.
(3) Die Kosten der Abmarkung sind von den Beteiligten zu gleichen Teilen zu tragen, sofern nicht aus einem zwischen ihnen bestehenden Rechtsverhältnis sich ein anderes ergibt.

Die Vorschrift gewährt einen zu dem **Grundstückseigentum** gehörenden Anspruch auf Mitwirkung bei der Errichtung, Erneuerung oder Wiederherstellung fester Grenzzeichen. Er setzt die Unkenntlichkeit des genauen Grenzverlaufs voraus und dient seiner Sichtbarmachung nach außen. 1

Anspruchsberechtigt und anspruchsverpflichtet sind nur die jeweiligen **Eigentümer** von einander angrenzenden Grundstücken, nicht aber die daran **dinglich oder obligatorisch Berechtigten**. **Erbbauberechtigten** steht der Anspruch nur hinsichtlich der von dem Erbbaurecht betroffenen Fläche zu. 2

Die Anwendung der Vorschrift setzt voraus, dass der Grenzverlauf zwischen den Nachbarn nicht str ist (Celle NJW 56, 632). Das ist auch dann der Fall, wenn ein Eigentümer zwar den Grenzverlauf bestreitet, dieser sich jedoch unzweifelhaft aus dem Liegenschaftskataster ergibt (Staud/*Roth* Rz 7). Ist der Grenzverlauf streitig, muss er zunächst geklärt werden; erst danach kann ein Grundstückseigentümer den Anspruch nach I geltend machen. 3

Unabhängig von den Voraussetzungen des I bestehen in den Bundesländern aufgrund landesgesetzlicher Regelungen Abmarkungspflichten; diese können sogar dazu führen, dass einer Klage nach § 919 das Rechtsschutzbedürfnis fehlt (Näheres bei Staud/*Roth* Rz 2 f). 4

Die Art der Abmarkung und das Verfahren bestimmen sich nach den Landesgesetzen (Zusammenstellung bei *Dehner* B § 5 II, III), in Ermangelung solcher nach der Ortsüblichkeit. 5

Die **Abmarkung** ändert den wahren Grenzverlauf nicht. Sie dient jedoch als **Beweismittel** dafür, auf welche Grundstücksfläche sich das Eigentum der Nachbarn erstreckt. 6

Die gesetzliche Vermutung des § 891 widerlegt die Abmarkung, wenn die in dem Grundbuch eingetragene Grenze mit der abgemarkten Grenze nicht übereinstimmt. Die Kenntnis der Nichtübereinstimmung schließt einen gutgläubigen Erwerb nach § 892 aus. 7

Die Kosten der Abmarkung sind von den Beteiligten zu gleichen Teilen zu tragen, wenn sich nicht aus einem zwischen ihnen bestehenden Rechtsverhältnis etwas anderes ergibt (III). Letzteres kommt in Betracht bei einer vertraglichen Vereinbarung über die Kostenpflicht, aber auch beim Bestehen einer Kostenpflicht aufgrund Deliktsrecht (§ 823 II iVm § 274 I Nr 3 StGB). Kein Kostenbeteiligungsanspruch besteht bei der Freilegung eines verschütteten, aber zutr positionierten Grenzsteins (Celle OLGR 06, 669, 670). 8

§ 920 Grenzverwirrung.

(1) ¹Lässt sich im Falle einer Grenzverwirrung die richtige Grenze nicht ermitteln, so ist für die Abgrenzung der Besitzstand maßgebend. ²Kann der Besitzstand nicht festgestellt werden, so ist jedem der Grundstücke ein gleich großes Stück der streitigen Fläche zuzuteilen.
(2) Soweit eine diesen Vorschriften entsprechende Bestimmung der Grenze zu einem Ergebnis führt, das mit den ermittelten Umständen, insbesondere mit der feststehenden Größe der Grundstücke, nicht übereinstimmt, ist die Grenze so zu ziehen, wie es unter Berücksichtigung dieser Umstände der Billigkeit entspricht.

1 Die Vorschrift greift ein, wenn der Verlauf der Grenze zwischen zwei aneinander grenzenden Grundstücken str ist. Das ist nicht schon dann der Fall, wenn die Nachbarn unterschiedliche Ansichten über den Grenzverlauf haben; notwendig ist vielmehr, dass die wirkliche Grenzlinie anhand objektiver Kriterien nicht bestimmt werden kann.

2 § 920 kann nicht angewendet werden, soweit und solange die gesetzliche Vermutung des § 891 besteht; denn an dem **öffentlichen Glauben des Grundbuchs** (§ 892) nehmen auch die rechtlich erheblichen Bestandsangaben teil, die eine bestimmte Grundstücksfläche als zu einem bestimmten Grundstück gehörend ausweisen (Celle NJW 56, 632). Dazu gehören die aus dem Liegenschaftskataster ersichtlichen Grundstücksgrenzen.

3 Die Vorschrift gibt den Eigentümern der aneinander angrenzenden Grundstücke gegen den jeweils anderen **Eigentümer** einen dinglichen Grenzscheidungsanspruch (Palandt/*Bassenge* Rz 2; aA Staud/*Roth* Rz 1: Gestaltungsrecht). Andere **dinglich oder obligatorisch Berechtigte** sind weder aktiv noch passiv legitimiert.

4 Mit der Grenzscheidungsklage muss die Abgrenzung der Grundstücke durch Urt beantragt werden (BGH NJW 67, 37). Unschädlich ist auch der Antrag auf Feststellung eines bestimmten Grenzverlaufs; allerdings darf der Richter in diesem Fall – unter Beachtung von § 308 ZPO – eine andere Grenzlinie bestimmen (BGH NJW 67, 37).

5 Für die gerichtliche Entscheidung ist in erster Linie der **Besitzstand** zur Zeit des Urteilserlasses maßgebend, wenn der wirkliche Grenzverlauf nicht festgestellt werden kann (I 1). Hat einer der Eigentümer den Besitz an der Grundstücksfläche durch verbotene Eigenmacht (§ 858) erlangt, ist der frühere Besitzstand maßgebend. Auch in einem solchen Fall kommt es jedoch auf den Besitzstand zur Zeit des Urteilserlasses an, wenn eine Besitzklage durch Zeitablauf (§ 864) ausgeschlossen wäre.

6 Kann ein Besitzstand nicht festgestellt werden, sind also die Eigentums- und Besitzverhältnisse an der streitigen Fläche nicht aufzuklären, wird jedem Grundstück ein gleich großes Stück der Fläche zugeteilt (I 2). Auf den Wert der beiden Teile kommt es nicht an.

7 Nach II ist die nach Besitzstand (Rn 5) oder nach hälftiger Teilung (Rn 6) vorgenommene Grenzziehung daraufhin zu überprüfen, ob sie unter Berücksichtigung aller ermittelten Umstände der **Billigkeit** entspricht. Als einen solchen Umstand nennt das Gesetz beispielhaft die feststehende Größe der Grundstücke. Darunter ist der tatsächliche Flächeninhalt und nicht die sich aus dem Grundbuch oder aus dem Liegenschaftskataster ergebende Größe zu verstehen (BGH WM 69, 563). Haben die aneinander angrenzenden Grundstücke eine unterschiedliche Größe, entspricht nicht allein die proportionale Aufteilung der streitigen Fläche der Billigkeit. Vielmehr können auch natürliche Gegebenheiten wie ein Bach, eine Hecke oder ein Erdwall den Grenzverlauf bestimmen.

8 Das Urt, in welchem der Grenzverlauf konkret beschrieben werden muss, hat konstitutive Wirkung; es weist damit den Parteien unmittelbar das Eigentum an dem auf ihr Grundstück entfallenden Teil der streitigen Fläche zu. Es dient zur Berichtigung des Grundbuchs nach § 22 GBO.

9 Statt durch gerichtliche Entscheidung können die Eigentümer die Grenzverwirrung durch einen Grenzfeststellungsvertrag beseitigen. Soll er lediglich eine bestehende Ungewissheit über den Grenzverlauf beseitigen, ist der Vertrag formlos wirksam. Meint jedoch einer der Eigentümer, er übereigne ein ihm gehörendes Teilstück oder er erwerbe ein ihm nicht gehörendes Teilstück, bedarf der Vertrag der Beurkundung (§ 311b I). Der Vertrag hat, wie das Gestaltungsurteil (Rn 8), konstitutive Wirkung.

§ 921 Gemeinschaftliche Benutzung von Grenzanlagen.

Werden zwei Grundstücke durch einen Zwischenraum, Rain, Winkel, einen Graben, eine Mauer, Hecke, Planke oder eine andere Einrichtung, die zum Vorteil beider Grundstücke dient, voneinander geschieden, so wird vermutet, dass die Eigentümer der Grundstücke zur Benutzung der Einrichtung gemeinschaftlich berechtigt seien, sofern nicht äußere Merkmale darauf hinweisen, dass die Einrichtung einem der Nachbarn allein gehört.

1 **A. Allgemeines.** Die Vorschrift schafft eine **gesetzliche Vermutung** für das Recht von Grundstücksnachbarn zur gemeinschaftlichen Benutzung von Grenzanlagen; damit sollen in erster Linie Nachbarstreitigkeiten vermieden werden, weil der Ursprung der Anlagen oft weit zurückreicht und angesichts der Lage zwischen den Grundstücken und dem unsicheren Grenzverlauf die rechtlichen Verhältnisse schwierig zu ermitteln sind und deshalb leicht str werden können (BGHZ 143, 1, 3 f).

2 **B. Tatbestand. I. Grenzanlagen.** Eine Grenzanlage iSd Vorschrift ist eine natürliche oder von Menschenhand geschaffene Anlage, die von der zwischen aneinander angrenzenden Grundstücken verlaufenden Grenzlinie durchschnitten wird und dem Vorteil beider Grundstücke dient.

Das Gesetz nennt nur beispielhaft einige Arten von Grenzanlagen. Daneben kommen alle denkbaren baulichen (zB Weg, BGHZ 154, 139, 145) oder natürlichen Anlagen (zB Hecke: BGHZ 143, 1) in Betracht. Keine Grenzanlagen sind dagegen auf oder über die Grenze gebaute Teile eines Gebäudes. **3**

II. Vorteil für beide Grundstücke. Alle Arten von Vorteilen kommen in Betracht wie zB ein Lärm- und Sichtschutz (BGHZ 143, 1, 5). Bei der Beurteilung der Vorteilhaftigkeit ist ein objektiver Maßstab anzulegen; der Vorteil muss äußerlich erkennbar sein. Er kann, muss aber nicht eine grenzscheidende Wirkung haben (BGHZ 154, 139). **4**

III. Einverständnis des Nachbarn. Die Anwendung der Vorschrift setzt weiter voraus, dass der Nachbar der Grenzüberschreitung (Rn 2) ausdrücklich oder stillschweigend zugestimmt hat. Dieses – nicht im Gesetzeswortlaut enthaltene – Erfordernis ist deshalb notwendig, weil es nicht dem Belieben eines Grundstückseigentümers überlassen bleiben kann, ohne oder gegen den Willen seines Nachbarn eine Grenzanlage zu schaffen, dafür dessen Grund und Boden in Anspruch zu nehmen und ihn auch noch mit Unterhaltungskosten zu belasten (BGHZ 143, 1, 5). **5**

In der Mitbenutzung durch den Nachbarn ist sein Einverständnis jedenfalls dann zu sehen, wenn ihm bekannt ist oder wenn er wenigstens damit rechnet, dass sich die Anlage auf der Grenze befindet. Unter dieser Voraussetzung kann auch die bloße Duldung der Benutzung durch den anderen Grundstückseigentümer als Einverständnis gewertet werden. **6**

IV. Grenzscheidung. Die Anlage muss von der gemeinsamen Grenze der benachbarten Grundstücke durchschnitten werden; überschreitet sie die Grenze nicht, fehlt es an einer Grenzanlage iSd Vorschrift (BGH NJW-RR 01, 1528). Nicht erforderlich ist, dass die Grenze genau in der Mitte der Anlage verläuft; unschädlich ist auch, wenn sich ein Teil der Anlage vollständig auf einem der beiden Grundstücke befindet (BGHZ 143, 1, 3). **7**

C. Rechtsfolgen. Die Vorschrift begründet die Vermutung, dass beide Grundstückseigentümer gemeinschaftlich zur Nutzung der Grenzanlage berechtigt sind. Die Art und Weise sowie der Umfang der Benutzung ergeben sich aus § 922. Die Vermutung kann durch äußere Merkmale widerlegt werden, welche auf das Alleineigentum eines der beiden Grundstückseigentümer hinweisen. Das kommt nur bei einem ungewissen Grenzverlauf in Betracht. Steht dieser dagegen fest, kann die Vermutung ohne weiteres durch den Beweis des Alleineigentums widerlegt werden. **8**

§ 921 trifft keine Aussage über die **Eigentumsverhältnisse** an der Grenzanlage; sie bestimmen sich nach den allg Vorschriften. Danach ist jeder Nachbar Eigentümer des sich auf seinem Grundstück befindenden Teils der Anlage, wenn es sich um bloße Grenzflächen handelt. Dasselbe gilt nach §§ 94 I, 946 für solche Anlagen, welche mit dem Grundstück fest verbunden sind; sie werden vertikal auf der Grundstücksgrenze geteilt (RGZ 162, 209, 212; Ddorf NJW-RR 91, 656, 657). Bruchteilseigentum beider Grundstückseigentümer kommt in Betracht, wenn die Anlagen nicht fest mit dem Boden verbunden sind wie zB ein lose aufgeschichteter Steinwall. **9**

D. Nachbarwand. Der wichtigste Anwendungsfall des § 921 ist die Nachbarwand; sie wird auch halbscheidige Giebelmauer oder Kommunmauer genannt. Darunter versteht man eine Mauer, die von einem Grundstückseigentümer (idR) zur Hälfte auf seinem und zur anderen Hälfte auf dem Nachbargrundstück errichtet wurde, wobei beide Eigentümer darüber einig waren oder wenigstens der Erbauer erwartet hat, dass der Nachbar die Mauer für den Bau seines Hauses benutzen kann. Regelungen zur Nachbarwand – mit Ausnahme zur Eigentumslage – enthalten die Landesnachbargesetze (Übersicht bei Staud/*Roth* Rz 20). **10**

Die Errichtung der teilweise grenzüberschreitenden Nachbarwand setzt die Zustimmung des Nachbarn voraus. Ohne sie kann er nach § 912 I 1 zur Duldung der Grenzüberschreitung verpflichtet sein; allerdings ist er dann durch die Zahlung einer Überbaurente zu entschädigen (§ 912 II). In diesem Fall handelt es sich nicht um eine Grenzanlage iSv § 921, denn der Erbauer ist Alleineigentümer der Wand (BGHZ 57, 245, 248) und hat sie nicht im Einverständnis mit dem Nachbarn errichtet. **11**

Das Recht des Nachbarn zur Benutzung der Wand für sein eigenes Gebäude kann sich entweder aus einer Vereinbarung mit dem Erbauer oder aus § 921 ergeben. Letzteres kommt allerdings nur in Betracht, wenn der Erbauer vorsätzlich oder grob fahrlässig über die Grundstücksgrenze gebaut hat (unentschuldigter Überbau, § 912 Rn 14); denn in diesem Fall wird das Eigentum an der Wand lotrecht geteilt mit der Folge, dass der Nachbar Alleineigentümer des auf seinem Grundstück stehenden Teils der Wand ist (BGHZ 57, 245, 248 f). In den anderen Fällen der weder vorsätzlich noch grob fahrlässig errichteten (entschuldigter Überbau) und der mit Zustimmung des Nachbarn (*rechtmäßiger Überbau*) errichteten Wand erwirbt der Erbauer das **Alleineigentum**, somit auch das Eigentum an dem über die Grundstücksgrenze übergebauten Teil (BGHZ 57, 245, 248). Zur Benutzung dieses Teils als Wand seines eigenen Gebäudes bedarf der Nachbar der Zustimmung des Erbauers. **12**

Hat der Nachbar seinerseits an die Wand angebaut, wird sie mit dem Anbau **Miteigentum** der beiden Grundstückseigentümer; das gilt unabhängig davon, ob es sich bei der Errichtung der Wand um einen entschuldigten, einen unentschuldigten oder um einen rechtmäßigen Überbau gehandelt hat (BGHZ 57, 245, 248 f). Die Größe der Miteigentumsanteile bestimmt sich nach dem Verhältnis der von dem Anbau bedeckten Fläche der Wand zu ihrer Gesamtfläche (BGHZ 36, 46, 54). Voraussetzung ist allerdings, dass die Wand mit dem Anbau **13** auch wesentlicher Bestandteil des Nachbarhauses wird. Das ist dann der Fall, wenn der Anbau ohne die Wand statisch unselbstständig ist (BGHZ 36, 46, 52).

14 Nach dem Anbau durch den Nachbarn ändert sich an den Eigentumsverhältnissen an der Wand (Rn 13) nichts, wenn später eines der beiden Häuser zerstört oder abgerissen wird, falls alsbald ein neues Gebäude an die Wand angebaut werden soll (BGHZ 57, 245). Dasselbe gilt für den Fall, dass der Anbau eines neuen Hauses unterbleibt, der Nachbar die Wand jedoch anders für seine Zwecke nutzt (Reklamefläche: BGH DB 75, 1843).

15 Mit dem Anbau auf dem Nachbargrundstück wird die Wand zur Grenzanlage iSd § 921. Von diesem Zeitpunkt an gilt die Vermutung des Rechts der gemeinschaftlichen Benutzung (Rn 8).

16 Werden beide Gebäude einschl der Wand zerstört oder abgerissen und baut einer der beiden Grundstückseigentümer ein neues Haus wiederum mit einer Wand über die Grenze, wird er zunächst Alleineigentümer der Wand (Köln NJW-RR 93, 87, 88). Mit dem Anbau eines Nachbarhauses entsteht wieder Bruchteilseigentum (Rn 13).

17 Für den Eigentumsverlust infolge des Anbaus auf dem Nachbargrundstück (Rn 13) erhält der Erbauer der Wand nach den Grundsätzen der ungerechtfertigten Bereicherung Wertersatz in Höhe des der Größe des von dem Nachbarn erlangten Miteigentumsanteils (Rn 13) entspr Wertes der Wand, den sie zur Zeit des Anbaus hat (BGHZ 27, 197, 203).

18 Entsprechende Anwendung findet die Vorschrift auf das sog Nachbareigentum im Wohnungseigentumsrecht. Es liegt vor, wenn an einer nicht nach § 5 II WEG im Gemeinschaftseigentum stehenden Mauer, die zwei Sondereigentumseinheiten voneinander trennt, Sondereigentum der beiden Eigentümer begründet wurde, so dass sie im Miteigentum der beiden Sondereigentümer steht (Schlesw WuM 07, 285).

§ 922 Art der Benutzung und Unterhaltung.
¹Sind die Nachbarn zur Benutzung einer der in § 921 bezeichneten Einrichtungen gemeinschaftlich berechtigt, so kann jeder sie zu dem Zwecke, der sich aus ihrer Beschaffenheit ergibt, insoweit benutzen, als nicht die Mitbenutzung des anderen beeinträchtigt wird. ²Die Unterhaltungskosten sind von den Nachbarn zu gleichen Teilen zu tragen. ³Solange einer der Nachbarn an dem Fortbestand der Einrichtung ein Interesse hat, darf sie nicht ohne seine Zustimmung beseitigt oder geändert werden. ⁴Im Übrigen bestimmt sich das Rechtsverhältnis zwischen den Nachbarn nach den Vorschriften über die Gemeinschaft.

1 Die Vorschrift regelt die Art und den Umfang der Benutzung von Grenzanlagen iSd § 921 (dort Rn 2 f). Sie findet auch auf den Fall Anwendung, dass das Recht zur gemeinschaftlichen Benutzung nicht nur nach § 921 vermutet wird, sondern auf einer Vereinbarung der beiden Grundstückseigentümer beruht.

2 Das **Benutzungsrecht** jedes der beiden Grundstückseigentümer erstreckt sich auf die gesamte Anlage, nicht nur auf den Teil, der sich auf dem eigenen Grundstück befindet. Von dem Recht zur Benutzung ist jedoch der Boden des Nachbargrundstücks, der von der Anlage überdeckt wird, ausgenommen.

3 Die Benutzung muss dem Zweck entspr, der sich aus der Beschaffenheit der Anlage ergibt. Eine **Nachbarwand** (§ 921 Rn 10 ff) darf deshalb von dem Nachbarn nur zum Anbau eines eigenen Gebäudes oder zu einem anderen Zweck wie zB zum Gebrauch als Reklamefläche (BGHZ 43, 127, 134) benutzt werden. Der Erbauer der Wand darf keine Fenster in sie einfügen. Das widerspräche zwar nicht ohne weiteres dem Zweck einer Nachbarwand, führte aber zu einer Beeinträchtigung der Mitbenutzung durch den Nachbarn. Diese braucht er nicht zu dulden, sondern kann sie nach § 1004 I abwehren (BGHZ 154, 139, 146).

4 Die **Unterhaltungskosten** sind von beiden Grundstückseigentümern zu gleichen Teilen zu tragen. Eine Ausnahme davon ist für den Fall zu machen, dass der eine Eigentümer an eine bereits errichtete Nachbarwand (§ 921 Rn 10 ff) anbaut, dabei jedoch nicht die gesamte Wandfläche in Anspruch nimmt. Da die Beteiligung an den Unterhaltungskosten der Ausgleich für das Mitbenutzungsrecht (§ 921 Rn 8) ist, wäre die hälftige Kostentragungspflicht unbillig. Deshalb schuldet der Nachbar nur anteilige Unterhaltungskosten entspr seinem Anteil an der benutzten Wandfläche (Karlsr NJW-RR 90, 1164, 1165).

5 Ein Grundstückseigentümer darf die Grenzanlage nur mit Zustimmung des anderen Eigentümers beseitigen oder verändern, wenn dieser ein Interesse an ihrem Fortbestand hat. Dem Vorbehalt der Zustimmung unterliegen auch Veränderungen in der äußeren Beschaffenheit und in dem Erscheinungsbild der Anlage (BGH NJW 85, 1458). Wird eine Grenzanlage ohne die erforderliche Zustimmung des Nachbarn entfernt, hat dieser einen Anspruch auf Neuerrichtung (BGH NJW 85, 1458).

6 Soweit § 922 keine Regelungen über die Art der Benutzung und Unterhaltung von Grenzanlagen enthält, gelten die Vorschriften der §§ 741 ff über die Gemeinschaft. Danach steht die Verwaltung der Anlage beiden Grundstückseigentümern gemeinschaftlich zu (§ 744 I). Jeder Eigentümer darf die zur Erhaltung der Anlage notwendigen Maßnahmen auch ohne Zustimmung des anderen Eigentümers treffen (§ 744 II); letztgenannter ist zur anteiligen Kostentragung verpflichtet. Zweckmäßige Maßnahmen wie zB das Anbringen einer **Wärmedämmung** an einer Nachbarwand muss der andere Eigentümer dulden, (§ 745 II), solange er die Wand nicht selbst nutzen will (BGH NJW 08, 2032 f). An den aus der Grenzanlage gezogenen Früchten (§ 99) gebührt jedem Eigentümer ein seinem Miteigentumsanteil (§ 921 Rn 13) entspr Anteil (§ 743 I).

Früchte, die aus dem Teil der Anlage gezogen werden, der sich auf seinem Grundstück befindet, stehen dem Eigentümer allein zu (BGHZ 43, 127, 133).
Nicht anwendbar ist **§ 747 1**, weil das gemeinschaftliche Benutzungsrecht (§ 921 Rn 8) Bestandteil des Grundstückseigentums ist und deshalb darüber nicht isoliert verfügt werden kann. Auch die Vorschriften über die Aufhebung der Gemeinschaft (§§ 749 ff) sind nicht anwendbar; insoweit geht § 922 3 (s. Rn 5) vor. 7

§ 923 Grenzbaum.
(1) Steht auf der Grenze ein Baum, so gebühren die Früchte und, wenn der Baum gefällt wird, auch der Baum den Nachbarn zu gleichen Teilen.
(2) ¹Jeder der Nachbarn kann die Beseitigung des Baumes verlangen. ²Die Kosten der Beseitigung fallen den Nachbarn zu gleichen Teilen zur Last. ³Der Nachbar, der die Beseitigung verlangt, hat jedoch die Kosten allein zu tragen, wenn der andere auf sein Recht an dem Baume verzichtet; er erwirbt in diesem Falle mit der Trennung das Alleineigentum. ⁴Der Anspruch auf die Beseitigung ist ausgeschlossen, wenn der Baum als Grenzzeichen dient und den Umständen nach nicht durch ein anderes zweckmäßiges Grenzzeichen ersetzt werden kann.
(3) Diese Vorschriften gelten auch für einen auf der Grenze stehenden Strauch.

Als Grenzbaum iSd Vorschrift wird ein Baum bezeichnet, dessen Stamm, wo er aus dem Boden heraustritt, 1 von der Grundstücksgrenze durchschnitten wird (BGHZ 160, 18). Es kommt weder darauf an, ob diese Situation bereits im Zeitpunkt des Anpflanzens oder des natürlichen Aufwuchses des Baumes vorhanden war, noch darauf, auf welchem der beiden Grundstücke sich das Wurzelwerk des Baumes befindet (BGHZ 116, 18, 21).
Die Vorschrift sagt nichts über das **Eigentum an einem Grenzbaum**, der noch nicht gefällt ist. Aus I und aus 2 der Entstehungsgeschichte ergibt sich jedoch, dass in diesem Fall vertikal geteiltes Eigentum besteht; dh, dass jedem Eigentümer der Teil des Baumes gehört, der sich auf seinem Grundstück befindet (BGHZ 160, 18, 21 f). Für diesen Teil ist der Eigentümer in demselben Umfang verkehrssicherungspflichtig wie für einen vollständig auf seinem Grundstück stehenden Baum (BGHZ 160, 18).
Wurde der Baum gefällt, gehört sein **Holz** beiden Grundstückseigentümern je zur Hälfte (I; über Ausnahmen 3 s. Rn 7). Dasselbe muss auch gelten, wenn der Baum infolge von Naturereignissen wie zB Sturm oder Blitzschlag umfällt. Unerheblich ist, wie weit der Baum vorher auf dem Grundstück des einen und des anderen Eigentümers stand und in welchem Umfang er nach dem Fällen bzw Umstürzen auf den Grundstücken liegt.
Die **Früchte des Baumes** gehören sowohl vor als auch nach dem Fällen bzw dem Umstürzen den Nachbarn 4 zu gleichen Teilen. Das gilt auch dann, wenn sich der einzige fruchttragende Ast vollständig über einem der beiden Grundstücke befindet. Bei der Ernte der Früchte müssen beide Eigentümer mitwirken. Für herabgefallene Früchte gilt § 911.
Jeder Eigentümer kann die **Beseitigung des Baumes** verlangen. Der andere Eigentümer darf die Zustimmung 5 nicht grundlos verweigern. §§ 226, 242 können dem Beseitigungsverlangen allerdings entgegengehalten werden. Auf öffentliches Naturschutzrecht, wie es zB vielfach in Baumschutzsatzungen enthalten ist, kann sich der Zustimmungspflichtige nicht ohne weiteres berufen, sondern nur dann, wenn Ausnahmen von einem Beseitigungsverbot nicht zulässig sind. Die eigenmächtige Beseitigung eines Grenzbaums ohne Zustimmung des Nachbarn ist unzulässig.
Der Anspruch auf Beseitigung ist ausgeschlossen, wenn der Baum als **Grenzzeichen** dient und nicht durch 6 ein anderes zweckmäßiges Grenzzeichen ersetzt werden kann (II 4). Praktische Relevanz besitzt diese Vorschrift heute kaum noch.
Die **Kosten der Beseitigung** müssen beide Eigentümer zu gleichen Teilen tragen (II 2). Derjenige, der die 7 Beseitigung nicht verlangt, kann sich jedoch der Kostenpflicht entziehen, wenn er auf sein Recht an dem Baum (Rn 3) verzichtet; in diesem Fall muss der die Beseitigung verlangende Eigentümer die Kosten allein tragen, allerdings erwirbt er dafür das Alleineigentum an dem gefällten Baum (II 3).
I und II gelten auch für einen auf der Grenze stehenden **Strauch** (III). 8
§ 923 ist entspr auf die Beseitigung von Grenzanlagen iSv § 921 (dort Rn 2 ff) anwendbar, wenn das dem bisherigen Eigentum (§ 921 Rn 9) entspr Wertverhältnis nicht festgestellt werden kann. 9

§ 924 Unverjährbarkeit nachbarrechtlicher Ansprüche.
Die Ansprüche, die sich aus den §§ 907 bis 909, 915, dem § 917 Abs. 1, dem § 918 Abs. 2, den §§ 919, 920 und dem § 923 Abs. 2 ergeben, unterliegen nicht der Verjährung.

Der Ausschluss der Verjährbarkeit nachbarrechtlicher Ansprüche soll die gesetzliche Wertung zum Ausdruck 1 bringen, dass solche Ansprüche fortwährend neu entstehen. Die Unverjährbarkeit des Anspruchs auf Abmarkung der Grenze (§ 919) und die der Grenzscheidungsklage (§ 920) soll darüber hinaus im öffentlichen Interesse liegen (MüKo/*Säcker* Rz 1; Palandt/*Bassenge* Rz 1; aA Staud/*Roth* Rz 1). Diese Auffassung geht teilweise ins Leere. Denn wenn ein Anspruch fortwährend neu entsteht, kann er nicht verjähren. Der Beginn der Verjährungsfrist setzt das Entstehen des Anspruchs voraus (§§ 199 I, 200). Das hat zur Folge, dass seine Geltend-

machung (vgl §§ 203, 204) immer rechtzeitig ist, weil sie den gerade erst entstandenen Anspruch betrifft.
2 Mangels Verweisung auf §§ 912 II, 917 II verjähren die Ansprüche auf Zahlung der Raten einer **Überbaurente** (dazu § 912 Rn 21 ff) und einer **Notwegrente** (dazu § 917 Rn 27 ff) in der regelmäßigen Verjährungsfrist des § 195. Dasselbe gilt für den Kostenerstattungsanspruch nach § 919 III (s. dort Rn 8).

Titel 2 Erwerb und Verlust des Eigentums an Grundstücken

§ 925 Auflassung. (1) ¹Die zur Übertragung des Eigentums an einem Grundstück nach § 873 erforderliche Einigung des Veräußerers und des Erwerbers (Auflassung) muss bei gleichzeitiger Anwesenheit beider Teile vor einer zuständigen Stelle erklärt werden. ²Zur Entgegennahme der Auflassung ist, unbeschadet der Zuständigkeit weiterer Stellen, jeder Notar zuständig. ³Eine Auflassung kann auch in einem gerichtlichen Vergleich oder in einem rechtskräftig bestätigten Insolvenzplan erklärt werden.
(2) Eine Auflassung, die unter einer Bedingung oder einer Zeitbestimmung erfolgt, ist unwirksam.

1 **A. Allgemeines.** § 925 ergänzt § 873 hinsichtlich Form (I) und Verbot von Bedingungen und Befristungen (II) für die dingliche Einigung (Auflassung) bei der rechtsgeschäftlichen Übertragung des Eigentums an einem Grundstück. Dadurch sollen Übereilungsschutz, die Gültigkeit der Erklärung sowie die Richtigkeit des Grundbuchs (vgl § 20 GBO) gewährleistet werden (BGHZ 29, 11; *Kanzleiter* DNotZ 94, 283). Ferner ist § 925 eine Zuständigkeitsnorm, die die ausschließliche Zuständigkeit der genannten – deutschen – Stellen begründet (*Winkler* BeurkG, Einl Rz 581 Fn 8; *Weber* NJW 55, 1784). Daher ist eine vor einem ausländischen Notar erklärte Auflassung auch dann unwirksam, wenn die Ortsform eingehalten wurde (Art 11 EGBGB), da die Auflassung vor einer unzuständigen Stelle erklärt wurde (*Weber* aaO).

2 **B. Eigentumsübertragung an einem Grundstück.** § 925 gilt nur für die rechtsgeschäftliche Übertragung des Eigentums an einem Grundstück. § 925 gilt nicht, wenn das Eigentum kraft Gesetzes oder Staatsakt übergeht (§ 873 Rn 15). Zum Erwerb kraft Gesetzes gehören insb Umwandlungen nach dem UmwG und die An- bzw Abwachsung bei Ein- bzw Austritt in einer Gesamthand sowie die Umorganisation von Gebietskörperschaften durch G oder Hoheitsakt (Erman/*Lorenz* Vor § 925 Rz 4).

3 **I. Eigentum.** Erfasst ist die Übertragung von Allein- und Miteigentum. Die Übertragung von Wohnungs- und Teileigentum ist von § 925 unmittelbar erfasst, weil dabei ebenfalls Miteigentumsanteile an einem Grundstück – verbunden mit Sondereigentum – übertragen werden. § 925 gilt ferner für die Einräumung und Aufhebung von Sondereigentum (§ 4 II WEG), die Übertragung von Sondereigentum in Gemeinschaftseigentum und umgekehrt (BGH DNotZ 99, 661) sowie von Gebäudeeigentum iSd DDR-ZGB (Art 233 § 4 I; 231 § 5 EGBGB, vgl MüKo/*Kanzleiter* Rz 5), nicht jedoch für das Erbbaurecht unter Geltung des ErbbauRG (§ 11 I ErbbauRG) und die Übertragung von Anteilen an einer Gesamthand, zu deren Vermögen ein Grundstück gehört.

4 **II. Übertragung.** Eigentumsübertragung ist nur die rechtsgeschäftliche Übertragung des Eigentums von einem Rechtsträger auf einen anderen. Ein Unterfall des Rechtsträgerwechsels ist die Änderung der Eigentumsform, auch wenn die beteiligten Personen jeweils dieselben sind (zB Wechsel zwischen Bruchteilseigentum und Gesamthandseigentum; RGZ 105, 251). Bleibt der Rechtsträger gleich und ändert sich nur dessen Rechtsform (zB Umwandlung einer GbR in OHG oder KG bzw einer OHG in KG; vgl Erman/*Lorenz* Rz 12) oder wird eine Vorgesellschaft (VorGmbH, VorAG, VorVerein) im Handelsregister bzw Vereinsregister eingetragen (BGHZ 91, 148) gilt § 925 nicht. Unterschiedliche Rechtsträger sind jedoch die Vorgründungsgesellschaft und die spätere VorGesellschaft bzw Gesellschaft (zur GmbH BGH NJW 84, 2164). Insofern erfolgt ein Rechtsübergang nicht automatisch, sondern nur nach §§ 873, 925. Keine Identität des Rechtsträgers liegt bei der Übertragung von Miteigentum auf eine Gesamthand (RGZ 65, 233) oder der Auseinandersetzung einer Gesamthand (zB Erbengemeinschaft, GbR; s. Erman/*Lorenz* Rz 15) vor, auch wenn jeweils dieselben Personen beteiligt sind. Dasselbe gilt für die Übertragung von einer Gesamthand auf eine andere personengleiche Gesamthand (RGZ 136, 406 f).

5 **III. Grundstück.** Grundstück iSd § 925 ist zunächst das Grundstück im Rechtssinne (s. § 873 Rn 2), auch wenn es nach § 3 II GBO buchungsfrei oder öffentlich-rechtlich gewidmet (BGH NJW 69, 1437) ist. Buchungsfreie Grundstücke müssen zunächst im Grundbuch gebucht werden, es sei denn der Erwerber ist nach § 3 II GBO ebenfalls vom Buchungszwang befreit (vgl Art 127 EGBGB, Palandt/*Bassenge* Rz 7). Kirchliche Grundstücke können iRe innerkirchlichen Umorganisation auch durch Kirchengesetz übertragen werden (Hambg NJW 83, 2572; aA Oldbg DNotZ 72, 492; vgl Erman/*Lorenz* Rz 6). Bei der Übertragung eines realen *Grundstücksteils* (Teilfläche, s. § 873 Rn 2), ist eine Auflassung auch schon vor katastermäßigen Vermessung und Fortschreibung möglich, wenn die Teilfläche hinreichend bestimmt ist (BGHZ 90, 326; ZfIR 02, 485; MüKo/*Kanzleiter* Rz 22; Erman/*Lorenz* Rz 7). Zur Verurteilung auf Abgabe der Auflassungserklärung genügt die hinreichend bestimmte Bezeichnung (BGH NJW 88, 415), zur Abgabe der Eintragungsbewilligung muss

jedoch zumindest der Veränderungsnachweis vorliegen (s. § 28 GBO, BGHZ 90, 327; NJW 02, 1039). Sobald der Veränderungsnachweis vorliegt, muss dem Grundbuchamt in der Form des § 29 GBO nachgewiesen werden, dass die aufgelassene Teilfläche mit der fortgeschriebenen übereinstimmt. Dies ist nur entbehrlich, wenn keine vernünftigen Zweifel an der Identität von aufgelassener und fortgeschriebener Teilfläche bestehen (Köln DNotZ 92, 153). Wenn dies – wie regelmäßig – nicht durch die amtliche Karte des Katasteramtes nachgewiesen werden kann, ist wegen § 28 GBO entweder eine Erklärung der Beteiligten über die Übereinstimmung in der Form des § 29 GBO (Identitätserklärung) oder die Wiederholung der Auflassung erforderlich. Weicht die Größe des fortgeschriebenen Grundstücks nur geringfügig von der angenommenen ungefähren Größe ab und ist das Grundstück iÜ (zB Lageplan) hinreichend bestimmt bezeichnet, wirkt die Auflassung auch dafür (LG Wuppertal MittRhNotK 84, 167; Palandt/*Bassenge* Rz 13). Bei nicht nur geringfügigen Abweichungen besteht kein Anspruch auf Abnahme bzw Auflassung oder Abgabe der Identitätserklärung, weil das vermessene Teilstück nicht mit dem verkauften Teilstück übereinstimmt (BGH NJW 95, 957) und eine Auflassungsvollmacht im Kaufvertrag gibt keine Vertretungsmacht (BayObLG DNotZ 89, 373; *Schöner/Stöber* Rz 880). In diesem Fall muss eine Änderungsvereinbarung mit erneuter Auflassung beurkundet werden (*Schöner/Stöber* Rz 885, 880).

C. Auflassung. Bei der dinglichen Einigung über den Eigentumsübergang (Auflassung) sind über § 873 hinaus folgende Anforderungen zu beachten. **6**

I. Anwesenheit. Veräußerer und Erwerber müssen gleichzeitig, nicht notwendig im selben Raum (RG JW 28, 2519), bei einer zuständigen Stelle anwesend sein, andernfalls ist die Auflassung nach § 125 nichtig (BGHZ 29, 9 ff). Daher können Angebot und Annahme bei der Auflassung nicht getrennt voneinander erklärt werden (MüKo/*Kanzleiter* Rz 18). Dies schließt eine Stellvertretung – auch beider Teile – mit und ohne Vertretungsmacht nicht aus (BayObLG Rpfleger 84, 11). Beide Teile können unter Befreiung von § 181 auch durch dieselbe Person vertreten werden (BGH NJW 75, 1885). Vollmacht (§ 167 II) und Genehmigung (§§ 182 II, 177 I, 185 II) ggü dem anderen Teil bedürfen materiell-rechtlich keiner Form. Ein Notar kann ausdrücklich oder konkludent zur Entgegennahme der Genehmigung für die Beteiligten bevollmächtigt sein (BGHZ 29, 371). Für den Nachweis beim Grundbuchamt (§ 20 GBO) ist jedoch eine Vollmachtsbestätigung oder eine Genehmigungserklärung in der Form des § 29 GBO erforderlich. Eine Vollmacht ist ausnahmsweise beurkundungsbedürftig, wenn der Vollmachtgeber durch die Unwiderruflichkeit der Vollmacht (BGH WM 67, 1039) oder der Umstände faktisch bereits endgültig gebunden wird (BGH NJW 75, 39). Allein die Befreiung von § 181 begründet keine Beurkundungsbedürftigkeit (BGH DNotZ 79, 684; s.a. Soergel/*Stürner* Rz 25). Nur ein Teil muss anwesend sein und seine Erklärung abgeben, wenn die Erklärung des anderen Teils durch ein Urt nach § 894 ZPO ersetzt wird (BayObLG RNotZ 05, 363). Dazu muss bei Beurkundung entweder eine Ausfertigung des rechtskräftigen Urt oder bei einer Zug-um-Zug-Verurteilung eine vollstreckbare Ausfertigung des Urt (§§ 894, 726 ZPO) vorliegen (BayObLG RPfleger 83, 390; Palandt/*Bassenge* Rz 6). Dem Grundbuchamt muss dann nur eine beglaubigte Abschrift, nicht aber die – der Urschrift beigeheftete – vollstreckbare Ausfertigung eingereicht werden (DNotI-Report 07, 50). Kraft landesrechtlicher Regelung nach Art 143 II EGBGB kann bei der notariellen Versteigerung von Grundstücken die Anwesenheit beider Teile entbehrlich sein, wenn die Auflassung im Versteigerungstermin erklärt wird (Erman/*Lorenz* Rz 34). **7**

II. Zuständige Stelle. Nur deutsche Notare und im Ausland mit Beurkundungszuständigkeit ausgestattete Personen (Konsularbeamte, §§ 10, 12 KonsG) sowie Gerichte in den Fällen des I 3 sind zuständig, die Auflassung bzgl eines in Deutschland belegenen Grundstücks entgegen zu nehmen (ganz hM KG Rpfleger 86, 428 f; Köln Rpfleger 72, 134; aA *Heinz* ZNotP 01, 460; vgl Erman/*Lorenz* Rz 16 ff; s.a. Rn 1). Nach I 2 kann die Auflassung auch in einem – wegen II unwiderruflichen – gerichtlichen Vergleich (s. § 127a; §§ 159 ff ZPO) erklärt werden und zwar in allen Rechtswegen und Instanzen, soweit in dem gerichtlichen Verfahren ein Vergleich zulässig ist (BGHZ 14, 387; Palandt/*Bassenge* Rz 8). Das gilt auch, wenn funktional der Rechtspfleger zuständig ist (Palandt/*Bassenge* Rz 8). Durch die Auflassung im Vergleich muss der Prozess ganz oder zumindest teilweise beigelegt werden (Erman/*Lorenz* Rz 21). Ein nach § 276 VI ZPO bloß schriftlich eingereichter Vergleich, der durch Gerichtsbeschluss festgestellt wird, genügt jedoch nicht (Ddorf RNotZ 06, 614). Die Auflassung ist ferner wirksam erklärt (§ 228 InsO), wenn ein Insolvenzplan rechtskräftig bestätigt worden ist (§§ 254, 248, 252 f InsO). Nicht mehr zuständig sind Grundbuchämter und Amtsgerichte, soweit keine vorstehende Ausn gilt. **8**

III. Erklärung. Die Auflassung muss weder mündlich noch ausdrücklich, sondern kann auch stillschweigend oder konkludent erklärt werden (heute hM Rostock MittBayNot 06, 415 ff; MüKo/*Kanzleiter* Rz 20; Staud/*Pfeifer* Rz 86; aA die früher hM zB RG JW 28, 2519), zB wenn der Eigentümer die Eigentumsumschreibung bewilligt und der Erwerber diese beantragt (RGZ 54, 383) oder dem Notar eine schriftliche Erklärung übergeben wird (MüKo/*Kanzleiter* Rz 20; aA Palandt/*Bassenge* Rz 3) oder der ein Teil nur die Erklärung des anderen Teils mitunterschreibt (MüKo/*Kanzleiter* Rz 20; aA BayObLG FGPrax 01, 13; Palandt/*Bassenge* Rz 3). Der Notar hat das Verfahren nach §§ 8 ff BeurkG einzuhalten, formal ist die Beachtung des Verfahrens jedoch nicht Wirksamkeitsvoraussetzung, sofern die Auflassung nur vor dem zur Entgegennahme bereiten Notar **9**

erklärt wird (BGHZ 7, 64; NJW 92, 1101). Die Auflassung ist daher auch dann wirksam, wenn bei einer beurkundeten Auflassungserklärung die Unterschrift eines anwesenden Beteiligten vergessen wurde (Rostock MittBayNot 06, 415 ff). Für den Nachweis der Auflassung ggü dem Grundbuchamt gilt jedoch §§ 29, 20 GBO.

10 IV. Inhalt. Die Auflassung ist ein dinglicher Vertrag, in dem Veräußerer und Erwerber über den Eigentumsübergang einig sein müssen. Auf diesen Vertrag sind die §§ 104 ff, 116 ff, 119 ff, 154 ff und die Grundsätze über die Auslegung (BayObLG DNotZ 95, 57 f) und die falsa demonstratio non nocet (BGH RNotZ 08, 374; *Bergermann* RNotZ 02, 557; vgl Palandt/*Bassenge* Rz 14) anwendbar. Wird jedoch nur das falsch bezeichnete Grundstück im Grundbuch umgeschrieben, findet mangels Umschreibung des gemeinten Grundstücks – gar – kein Eigentumserwerb statt (RGZ 133, 281). Die Eigentumsumschreibung des gemeinten Grundstücks wird idR an § 20 GBO scheitern. Soll die richtige Eintragung erfolgen, muss das Grundbuch zunächst berichtigt werden (RGZ 133, 282). Das Erwerbsverhältnis muss zumindest durch Auslegung zu ermitteln sein (BGHZ 82, 346) und kann durch Verweis auf den schuldrechtlichen Vertrag angegeben werden (Ddorf MittBayNot 77, 66). Das Verhältnis der Veräußerer ist idR entbehrlich. Falls jedoch mehrere Veräußerer nicht ihre gesamten Miteigentumsanteile übertragen, muss angegeben werden, welcher Veräußerer wie viel überträgt. Eine Auslegungsregel, dass mehrere Veräußerer jeweils zu gleichen Teilen veräußern, besteht nicht (aA BayObLG DNotZ 78, 238; Palandt/*Bassenge* Rz 12). Leben die erwerbenden Eheleute in Gütergemeinschaft, kann dieses Erwerbsverhältnis auch dann im Grundbuch eingetragen werden, wenn die Auflassung nur an einen Ehegatten zu Alleineigentum (BayObLGZ 75, 709) oder beide Ehegatten zu Miteigentum erfolgt (BGHZ 82, 346), sofern das Grundstück nach § 1416 Gesamtgut wird (Soergel/*Stürner* Rz 14 f, 36; DNotI-Report 07, 92). Nach § 140 kann eine Auflassung an Eheleute in Gütergemeinschaft in eine Auflassung in Bruchteilseigentum umgedeutet werden, wenn keine Gütergemeinschaft bestand (BayObLGZ 83, 123 ff; Erman/*Lorenz* Rz 39; DNotI-Report 07, 93). Aufgrund der Rechtsprechung des BGH ist eine GbR teilrechtsfähig und grundbuchfähig (BGH RNotZ 09, 227 m Anm Heil). Dies wird vom Gesetzgeber mittelbar durch die Einführung der §§ 899a BGB, 47 Abs. 2 GBO bestätigt. Die Auflassung muss daher an die „GbR" und nicht mehr an die „Gesellschafter in GbR" erfolgen. Wegen § 47 Abs. 2 GBO ist anzugeben, dass die GbR aus den Gesellschaftern A, B und C besteht.

11 V. Wirkung und Anwartschaftsrecht. 1. Eigentumsübergang. S.a. § 873 Rn 11. Das Eigentum geht erst über, wenn zusätzlich zur Auflassung die Eintragung im Grundbuch (Ausn Art 127 EGBGB für buchungsfreie Grundstücke) erfolgt ist und die Auflassung zu diesem Zeitpunkt noch wirksam ist, der Veräußerer noch verfügungsbefugt ist (§ 878) und sich Auflassung und Eintragung inhaltlich decken. Die Reihenfolge von Auflassung und Eintragung ist unerheblich.

12 2. Bindung und Wirkung. Für die Bindung an die Auflassung gilt § 873 II (BGHZ 106, 112; BayObLGZ 73, 141). Selbst die bindende Auflassung bewirkt keine Verfügungsbeschränkung (BGHZ 49, 200). Die Auflassung ist weder ein sonstiges Recht iSd § 823 I (BGHZ 45, 192) noch gibt sie ein Recht zum Besitz iSd § 986 (Celle NJW 58, 870 f) oder eine in der Insolvenz des Veräußerers geschützte Rechtsposition (vgl § 106 InsO). Die Auflassung gewährt – anders als der Auflassungsanspruch – auch keine übertragbare oder pfändbare Rechtsposition (BGHZ 106, 111). In der Auflassung liegt – vorbehaltlich einer anderen auch konkludenten Vereinbarung (BGH DNotZ 98, 281) – die Ermächtigung des Auflassungsempfängers nach § 185 das Grundstück weiter zu veräußern (Kettenauflassung, BGHZ 106, 112). Die Auflassung enthält regelmäßig nicht auch die Ermächtigung, das Grundstück mit einer Vormerkung zugunsten des Zweiterwerbers und zulasten des Ersterwerbers (BayObLG DNotZ 73, 298) oder sonst mit dinglichen Rechten (BayObLG NJW 71, 1140) zu belasten. Bei der Kettenauflassung erwirbt der Zweiterwerber mit seiner Eintragung direkt vom Veräußerer, ohne dass der Ersterwerber im Grundbuch eingetragen wird (BGHZ 49, 197; s.a. *Monath* RNotZ 04, 362 ff).

13 3. Anwartschaftsrecht. Auf zwei verschiedene Wege kann ein Anwartschaftsrecht entstehen. Ist die Auflassung bindend und hat der Erwerber – nicht der Veräußerer – einen Eigentumsumschreibungsantrag gestellt, ist zugunsten des Erwerbers ein Anwartschaftsrecht entstanden (BGHZ 49, 201 f; 106, 111; in Lit str; vgl MüKo/*Kanzleiter* Rz 37). Ein Anwartschaftsrecht entsteht ferner, wenn die Auflassung bindend ist und eine wirksame Vormerkung im Grundbuch eingetragen (BGHZ 83, 399; 106, 111; 114, 161; str vgl MüKo/*Kanzleiter* Rz 36 f) oder eine bewilligte Vormerkung durch den Begünstigten zur Eintragung beantragt wurde (Ddorf DNotZ 81, 130; Palandt/*Bassenge* Rz 25). Das Anwartschaftsrecht ist entspr § 925 übertragbar (BGHZ 49, 197 ff; 114, 164), nach §§ 1274, 873, 925 ohne Anzeige nach § 1280 verpfändbar und nach § 857 ZPO durch Zustellung allein an den Inhaber pfändbar (BGHZ 49, 203; s.a. BaRoth/*Grün* Rz 48), gewährt eine Rechtsposition iSd § 823 I (BGHZ 49, 201; 114, 161), nicht aber ein Recht zum Besitz iSd § 986 (Celle NJW 58, 870 f). Auch ohne den zugrunde liegende Anspruch kann das Anwartschaftsrecht gepfändet (BayObLG DNotZ 1997, 338; aA Palandt/*Bassenge* Rz 27) und die Pfändung im Grundbuch vermerkt werden (BayObLG aaO, *Schöner/Stöber* Rz 1601, str). Mit Eintragung des Anwartschaftsberechtigten als Eigentümer im Grundbuch erwirbt der Pfändungsgläubiger kraft Gesetzes eine Sicherungshypothek nach § 1287 2 (BGHZ 49, 205). Unabhängig vom Entstehen des Anwartschaftsrechts, erlischt es, wenn die Auflassung aufgehoben wird. Außerdem erlischt das Anwartschaftsrecht aufgrund Umschreibungsantrages des Erwerbers durch Rücknahme des Eintragungsantrages oder dessen – auch rechtswidrige (BGHZ 45, 191) – Zurückweisung oder Eigentumserwerbs eines Dritten (Erman/*Lorenz* Rz 65; BaRoth/*Grün* Rz 44; Palandt/*Bassenge* Rz 24). Das Anwartschaftsrecht aufgrund Vormerkung erlischt durch Löschung der Vormerkung, jedoch nicht durch einen vormerkungswidrigen Eigentumserwerb oder die Rücknahme oder Zurückweisung des Umschreibungsantrages (LG Düsseldorf MittRhNotK 85, 147; Palandt/*Bassenge* Rz 25).

4. Aufhebung. Bis zur Umschreibung des Eigentums kann, auch wenn ein Anwartschaftsrecht besteht, die Auflassung durch formlose Vereinbarung aufgehoben werden (BGH MittRhNotK 93, 312; *Reinicke/Tiedtke* NJW 82, 2281; aA *Lehmann* DNotZ 87, 147 ff), wohingegen die Aufhebung des schuldrechtlichen Rechtsgeschäfts der Form des § 311b bedarf, wenn ein Anwartschaftsrecht besteht (BGHZ 127, 173). **14**

VI. Wirksamkeit. Zur Wirksamkeit des Eigentumsübergangs und ggf erforderliche behördliche oder gerichtliche Genehmigungen s. § 873 Rn 14. Die Umschreibung erfolgt erst, wenn dem Grundbuchamt die Unbedenklichkeitsbescheinigung des Finanzamtes (§ 22 GrEStG) und die Vorkaufsrechtsverzichtserklärung der Gemeinde (§ 28 BauGB) vorliegen. **15**

D. Bedingung und Befristung (Abs 2). I. Materiell-rechtlich. Eine Auflassung, die unter einer Bedingung oder Befristung (§§ 158 ff) erklärt ist, ist nichtig. Das gilt entspr für die Vereinbarung eines Widerrufs- oder Rücktrittsrechts (Soergel/*Stürner* Rz 39), insb für die Auflassung in einem widerruflichen Prozessvergleich (BGHZ 88, 366 f; aA BVerwG NJW 95, 2180) oder eines auf die Rechtskraft der Scheidung bedingten gerichtlichen Scheidungsfolgenvergleichs (KG KGR Berlin 03, 318). Enthält das Kausalgeschäft eine vorgenannte Einschränkung, ist durch Auslegung zu ermitteln, ob diese auch für die Auflassung gelten soll (KG Rpfleger 06, 391 f; MüKo/*Kanzleiter* Rz 26), was bei einem Rücktrittsrecht im Zweifel nicht anzunehmen ist (Oldbg Rpfleger 93, 330). Zulässig ist jedoch die echte Rechtsbedingung (BGH NJW 52, 1330), wie die Erteilung einer zur Wirksamkeit der Auflassung erforderlichen Genehmigung des vollmachtlos Vertretenen (BayObLG Rpfleger 84, 11) oder des Familien- oder Vormundschaftsgerichts (BaRoth/*Grün* Rz 35) oder dass der Erwerber als juristische Person oder Personenhandelsgesellschaft entsteht (BayObLG NJW 84, 497) (Erman/*Lorenz* Rz 46). **16**

II. Verfahrensrechtlich. Trotz des Bedingungs- und Befristungsverbots kann der Grundbuchvollzug der Auflassung an weitere Umstände geknüpft werden (BGH LM § 925 Nr 3; Hamm Rpfleger 75, 250), zB dass zugleich ein Recht für den Veräußerer zur Eintragung beantragt wird (KGJ 43, 200, § 16 II GBO). Der Grundbuchvollzug kann hinausgeschoben werden: Der Notar kann von den Beteiligten angewiesen werden, diesen – beim Kaufvertrag insb dem Käufer – vor Eintritt eines bestimmten Ereignisses (zB Nachweis der Kaufpreiszahlung) keine Ausfertigung oder beglaubigte Abschrift der Auflassung zu erteilen (§ 51 II BeurkG; *Schmidt* DNotZ 92, 265) oder erst danach die Umschreibung zu beantragen (Hamm DNotZ 75, 686). Solange die Beteiligten nicht mindestens eine beglaubigte Abschrift der Auflassung erhalten, können sie die Umschreibung nicht beantragen (§§ 29, 20 GBO). Zwar enthält die Einigung grds auch die Bewilligung (RGZ 141, 376; BayObLG DNotZ 75, 685), doch die Auflassung kann zunächst ausdrücklich ohne Bewilligung der Eigentumsumschreibung erklärt werden (str, vgl *Schöner/Stöber* Rz 97 mwN; *Weser* MittBayNot 93, 254; *Ertl* Rpfleger 80, 41; zweifelnd MüKo/*Kanzleiter* Rz 30; aA instruktiv *Kesseler* ZNotP 05, 176). Zur Vermeidung jeglicher Unsicherheiten kann der schuldrechtliche Vertrag ohne Auflassung beurkundet und die Auflassung nachgeholt werden, wenn die Voraussetzungen für die Eigentumsumschreibung erfüllt sind (MüKo/*Kanzleiter* Rz 30 aE). Diese Gestaltung verursacht jedoch zusätzliche Kosten (§ 38 II Nr 6a KostO) und wird daher teilw abgelehnt (Ddorf 90, 674). Daneben ist ein Verzicht der Beteiligten auf ihr Recht zur Beantragung der Eigentumsumschreibung unwirksam (Staud/*Pfeifer* Rz 145; *Ertl* DNotZ 75, 644; aA Hamm DNotZ 75, 686). **17**

§ 925a Urkunde über Grundgeschäft.
Die Erklärung einer Auflassung soll nur entgegengenommen werden, wenn die nach § 311b Abs. 1 Satz 1 erforderliche Urkunde über den Vertrag vorgelegt oder gleichzeitig errichtet wird.

§ 925a gilt nur, soweit die Auflassung zu einem nach § 311b I 1 beurkundungspflichtigen Grundgeschäft erklärt werden soll. Es soll verhindert werden, dass die Beurkundungspflicht nach § 311b I 1 durch die Heilungsmöglichkeit nach § 311b I 2 unterlaufen wird. Bei Missachtung der Ordnungsvorschrift ist die Auflassung gleichwohl wirksam. Die Urkundsperson hat die Wirksamkeit des Grundgeschäfts nicht zu prüfen (Staud/*Pfeifer* Rz 8; teilw aA MüKo/*Kanzleiter* Rz 3). Das Grundbuchamt muss sich nach § 20 GBO nur die Auflassung nachweisen lassen und darf nicht auch die Vorlage der Urkunde über das Grundgeschäft verlangen (Schlesw SchlHA 60, 341; Palandt/*Bassenge* Rz 1). **1**

§ 926 Zubehör des Grundstücks.
(1) ¹**Sind der Veräußerer und der Erwerber darüber einig, dass sich die Veräußerung auf das Zubehör des Grundstücks erstrecken soll, so erlangt der Erwerber mit dem Eigentum an dem Grundstück auch das Eigentum an den zur Zeit des Erwerbs vorhandenen Zubehörstücken, soweit sie dem Veräußerer gehören. ²Im Zweifel ist anzunehmen, dass sich die Veräußerung auf das Zubehör erstrecken soll.**

(2) Erlangt der Erwerber auf Grund der Veräußerung den Besitz von Zubehörstücken, die dem Veräußerer nicht gehören oder mit Rechten Dritter belastet sind, so finden die Vorschriften der §§ 932 bis 936 Anwendung; für den guten Glauben des Erwerbers ist die Zeit der Erlangung des Besitzes maßgebend.

1 **A. Allgemeines.** Aufgrund § 926 geht das Eigentum an Zubehörstücken mit dem Eigentum am Grundstück über, ohne dass es einer Einzelübertragung bedarf. Ähnl Regelungen gelten in §§ 1031, 1020. § 926 ist das dingliche Gegenstück zu § 311c, wonach im Zweifel Zubehörstücke einer Sache mitverkauft sind (*Schulte-Thoma* RNotZ 04, 61).

2 **B. Erstreckung auf Zubehör. I. Zubehör.** Was Zubehör ist, richtet sich nach §§ 97 f. Obligatorische Rechte fallen nicht unter § 926 (BayObLG DNotZ 91, 667). § 926 gilt analog für alle nicht wesentlichen Grundstücksbestandteile (RGZ 158, 368). Veräußerer und Erwerber müssen sich darüber einig sein, dass das Zubehör mit übereignet werden soll, was nach der Auslegungsregel I 2 widerleglich vermutet wird. Der Veräußerer muss Eigentümer des Zubehörs sein. § 878 gilt für das Zubehör entspr (Soergel/*Stürner* Rz 2). Die Zubehöreigenschaft muss zum Zeitpunkt des Eigentumserwerbs vorliegen (Augsburg OLGRspr 34, 178) und wird nicht nach I 2 vermutet (Ddorf DNotZ 93, 342, str). Fehlt diese, ist auch kein gutgläubiger Erwerb nach II möglich (KG OLGRspr 14, 80; Erman/*Lorenz* Rz 3, 6).

3 **II. Eigentumserwerb.** Mit Eigentumserwerb an dem Grundstück erwirbt der Erwerber das Eigentum an dem Zubehör zum Grundstück und zwar unabhängig von den §§ 929 ff. Es ist weder erforderlich, dass der Veräußerer Besitzer ist, noch dass der Erwerber den Besitz erwirbt. Bevor ein Eigentumserwerb nach § 926 stattfindet, kann ein Eigentumsübergang nach §§ 929 ff erfolgen und zwar auch bedingt oder befristet.

4 **C. Gutgläubiger Erwerb.** Gehört zum Zeitpunkt des Eigentumsübergangs am Grundstück das Zubehör nicht dem Veräußerer, erwirbt der Erwerber gutgläubig Eigentum unter den Voraussetzungen des §§ 932 ff. Da I 2 nur für Zubehör im Eigentum des Veräußerers gilt, müssen sich Veräußerer und Erwerber über den Eigentumsübergang am Zubehör einig sein (LG Gießen NJW-RR 99, 1538). Zusätzlich muss der Erwerber den Besitz oder Besitzsurrogate erlangen und dabei gutgläubig sein (§ 935), was bei der Übereignung kurzer Hand der Zeitpunkt des Eigentumsübergangs des Grundstücks ist. Rechte Dritter erlöschen nach § 936 frühestens mit Besitzerlangung (Erman/*Lorenz* Rz 7).

§ 927 Aufgebotsverfahren. (1) ¹Der Eigentümer eines Grundstücks kann, wenn das Grundstück seit 30 Jahren im Eigenbesitz eines anderen ist, im Wege des Aufgebotsverfahrens mit seinem Recht ausgeschlossen werden. ²Die Besitzzeit wird in gleicher Weise berechnet wie die Frist für die Ersitzung einer beweglichen Sache. ³Ist der Eigentümer im Grundbuch eingetragen, so ist das Aufgebotsverfahren nur zulässig, wenn er gestorben oder verschollen ist und eine Eintragung in das Grundbuch, die der Zustimmung des Eigentümers bedurfte, seit 30 Jahren nicht erfolgt ist.
(2) Derjenige, welcher den Ausschließungsbeschluss erwirkt hat, erlangt das Eigentum dadurch, dass er sich als Eigentümer in das Grundbuch eintragen lässt.
(3) Ist vor dem Erlass des Ausschließungsbeschlusses ein Dritter als Eigentümer oder wegen des Eigentums eines Dritten ein Widerspruch gegen die Richtigkeit des Grundbuchs eingetragen worden, so wirkt der Ausschließungsbeschluss nicht gegen den Dritten.

1 **A. Allgemeines.** Nach § 900 kann ein als Eigentümer eingetragener Eigenbesitzer das Eigentum am Grundstück durch Ersitzung erwerben. § 927 ermöglicht daneben den Eigentumserwerb des Eigenbesitzers eines Grundstücks unabhängig davon, ob der Eigenbesitzer im Grundbuch als Eigentümer eingetragen ist (vgl BGH WM 78, 194; *Saenger* MDR 01, 134; *Böhringer* NotBZ 01, 197) oder das Grundstück gebucht ist (LG Mönchengladbach RNotZ 08, 30, str mwN). § 927 gilt für Allein- und Miteigentum an Grundstücken, Wohnungs- und Teileigentum sowie realen Grundstücksteilen (Staud/*Pfeifer* Rz 4), nicht aber für den einzelnen Anteil an einer Gesamthandsgemeinschaft (hM LG Aurich NJW-RR 94, 1170; Palandt/*Bassenge* Rz 1; aA MüKo/*Kanzleiter* Rz 3) und nach Art 233 § 4 I 1 EGBGB nicht für das Gebäudeeigentum. Auf den Ausschluss einer Gesamthand insgesamt ist § 927 dagegen anwendbar (Bambg NJW 66, 1414; Soergel/*Stürner* Rz 1).

2 **B. Eigenbesitz.** Der Erwerber muss unmittelbarer oder mittelbarer Eigenbesitzer (§ 872) des Grundstücks sein. Die Bösgläubigkeit des Eigenbesitzers schadet nicht (BaRoth/*Grün* Rz 2; anders § 937 II). Der Eigenbesitz muss 30 Jahre bestanden haben, wobei die Frist nach §§ 939 ff berechnet wird. Bei Rechtsnachfolge gilt § 943.

3 **C. Aufgebotsverfahren.** Alle Eigenbesitzer zusammen (§ 434 FamFG) müssen das Aufgebotsverfahren nach §§ 442 FamFG beantragen, wobei der Antragsteller die Voraussetzungen glaubhaft machen muss (§ 444 FamFG). Antragsteller kann auch der wahre Eigentümer sein. Das Antragsrecht kann gepfändet werden (RGZ 76, 357). Ist zum Zeitpunkt der Antragstellung (RG JW 36, 2399) der wahre Eigentümer im Grundbuch als Eigentümer eingetragen, so ist weitere Zulässigkeitsvoraussetzung, dass der Eigentümer verstorben oder verschollen (VerschG) ist und in den letzten 30 Jahren keine Eintragung im Grundbuch erfolgt ist, zu

der der Eigentümer hätte zustimmen müssen. Entspr muss eine juristische Person aufgelöst (BGH MDR 03, 924) oder deren Organe nicht zu ermitteln sein (insoweit offen BGH aaO). Es ist nicht Voraussetzung, dass die Erben bzw Erbeserben unbekannt oder nicht feststellbar sind (LG Köln MittRhNotK 85, 215; Soergel/*Stürner* Rz 2). Die weitere Voraussetzung gilt nicht, wenn kein Eigentümer oder nur ein Nichteigentümer im Grundbuch eingetragen ist (BGH WM 78, 194). Ist eine durch den Eigentümer zustimmungsbedürftige Eintragung im Grundbuch erfolgt, ist unerheblich, ob die Zustimmung des Eigentümers tatsächlich vorgelegen hat oder ob die Eintragung ohne die Zustimmung überhaupt erfolgen durfte (MüKo/*Kanzleiter* Rz 4; Staud/ *Pfeifer* Rz 11). Die Eintragung aufgrund einer Erklärung eines Bevollmächtigten nach dem Tod des Eigentümers (LG Flensburg SchlHA 62, 246; aA MüKo/*Kanzleiter* Rz 4) oder eines Abwesenheitspflegers unterbricht die Frist nicht (AG Berlin-Schöneberg MittBayNot 75, 22; MüKo/*Kanzleiter* Rz 4), da keine Erklärung vorliegt, die die Eintragung bestätigt.

D. Beschluss und Eigentumserwerb. I. Beschluss. Mit Rechtskraft des Ausschließungsbeschlusses (vgl § 439 FamFG) verliert der wahre Eigentümer sein Eigentumsrecht und das Grundstück wird herrenlos (RGZ 76, 359) und es erlöschen die das Eigentum betr Verfügungsbeschränkungen (Staud/*Pfeifer* Rz 15). Dies gilt nicht für im Beschl nach § 440 FamFG vorbehaltene Rechte (BGHZ 76, 171). **4**

II. Eigentumserwerb. Der rechtskräftige Ausschließungsbeschluss bewirkt nur dann unmittelbar einen Eigentumserwerb des Antragstellers, wenn der Antragsteller bereits als Eigentümer im Grundbuch eingetragen ist (BGH WM 78, 194; MüKo/*Kanzleiter* Rz 7 mwN). Andernfalls gibt der rechtskräftige Ausschließungsbeschluss lediglich ein nach § 925 – ohne Eintragung – übertragbares, pfändbares und verpfändbares Aneignungsrecht (MüKo/*Kanzleiter* Rz 8). Der Berechtigte erwirbt unbeschränktes und originäres (RGZ 76, 359) Eigentum dann erst mit seiner Eintragung als Eigentümer (II; RG JW 13, 204). Dazu genügt ein formloser Antrag des Aneignungsberechtigten, in dem der Aneignungswille zum Ausdruck kommt, und Vorlage einer Ausfertigung des Ausschließungsbeschlusses mit Rechtskraftzeugnis (zum alten Recht Oldbg NdsRpfl 05, 119; MüKo/*Kanzleiter* Rz 7 mwN, str). Die Vorlage einer Unbedenklichkeitsbescheinigung kann nicht verlangt werden (Zweibr NJW-RR 86, 1461). Belastungen bleiben unverändert bestehen (Erman/*Lorenz* Rz 14). Sind im Beschl Rechte Dritter vorbehalten, ist deren Zustimmung zur Eintragung erforderlich, die auch werden kann (RGZ 67, 95). Die §§ 892 f gelten für den Eigentumserwerb nicht (MüKo/*Kanzleiter* Rz 7). § 566 gilt entspr (MüKo/*Kanzleiter* Rz 7). **5**

III. Ausn (Abs 3). Wird während des Aufgebotsverfahrens ein Dritter als Eigentümer eingetragen, kann der Aneignungsberechtigte nicht im Grundbuch eingetragen werden (Soergel/*Stürner* Rz 3). Ein Widerspruch hindert nicht die Eintragung (KGJ 33 A 212), allerdings kann der Widerspruchsberechtigte durch Nachweis seines Eigentums (§ 891) die Berichtigung des Grundbuchs erreichen. **6**

§ 928 Aufgabe des Eigentums, Aneignung des Fiskus.
(1) Das Eigentum an einem Grundstück kann dadurch aufgegeben werden, dass der Eigentümer den Verzicht dem Grundbuchamt gegenüber erklärt und der Verzicht in das Grundbuch eingetragen wird.
(2) ¹Das Recht zur Aneignung des aufgegebenen Grundstücks steht dem Fiskus des Landes zu, in dem das Grundstück liegt. ²Der Fiskus erwirbt das Eigentum dadurch, dass er sich als Eigentümer in das Grundbuch eintragen lässt.

A. Eigentum. Die Eigentumsaufgabe (Dereliktion) ist möglich bei Eigentum an Grundstücken im Rechtssinne oder an realen Grundstücksteilen (Palandt/*Bassenge* Rz 1) sowie bei Gesamthandseigentum, nicht aber bei einzelnen Miteigentumsanteilen (hM BGH ZNotP 07, 341; BGHZ 115, 1; Soergel/*Stürner* Rz 1; aA Ddorf RNotZ 07, 102; MüKo/*Kanzleiter* Rz 2), Wohnungs- und Teileigentum (BGH ZNotP 07, 341; BayObLG NJW 91, 1962; aA MüKo/*Kanzleiter* Rz 4) und beim Erbbaurecht (§§ 11 I 1, 26 ErbbauRG) sowie Gebäudeeigentum (Art 233 § 4 I 1 EGBGB). Sondervorschriften gelten für Grundstücke im Zusammenhang mit der Abwicklung der Bodenreform nach Art 233 § 15 EGBGB. Bei Bruchteils- oder Gesamthandseigentum ist ein Verzicht aller Eigentümer erforderlich. **1**

B. Eigentumsaufgabe. Die Aufgabe erfordert Verzichtserklärung und Eintragung in das Grundbuch. **2**

I. Verzicht. Die Verzichtserklärung ist eine bedingungs- und befristungsfeindliche (vgl § 925 II), einseitige und empfangsbedürftige Willenserklärung, *die mit Zugang beim Grundbuchamt wirksam wird* (BGHZ 115, 1). Sie ist materiell-rechtlich formfrei, bedarf für den Grundbuchvollzug der Form des § 29 GBO (BayObLG Rpfleger 83, 308). Der Verzicht ist mit Eingang beim Grundbuchamt nach § 130 I, III unwiderruflich (RGZ 82, 74), aber der Eintragungsantrag kann bis zur Eintragung zurück genommen werden (KGJ 48, 256; MüKo/*Kanzleiter* Rz 6). § 878 gilt entspr (Erman/*Lorenz* Rz 3). Die Verzichtserklärung muss von allen im Grundbuch als Eigentümer Eingetragenen abgegeben werden. Eine Aufgabe ist auch möglich, wenn der Eigentümer sich lediglich von öffentlich-rechtlichen Pflichten (Altlastensanierung, Abgaben und Steuern) befreien will (BayObLG Rpfleger 83, 308; Soergel/*Stürner* Rz 1), die jedoch fortbestehen können (Staud/*Pfeifer* Rz 33). Der Verzicht einer Gemeinde kann nach § 134 unwirksam sein (BayObLG Rpfleger 83, 308). **3**

4 II. Eintragung. Die Dereliktion wird erst wirksam mit Eintragung in das Grundbuch. Neben dem formlosen Eintragungsantrag (§ 13 GBO) ist auch eine Eintragungsbewilligung (§ 19 GBO) des Eigentümers erforderlich (str), die idR in der Verzichtserklärung in der Form des § 29 GBO enthalten ist (BayObLG Rpfleger 83, 308).

5 III. Wirkung. Mit der Aufgabe wird das Grundstück herrenlos und der alte Eigentümer verliert sein Besitzrecht. Zubehör wird nur nach § 959 herrenlos. Sämtliche Grundstücksrechte bleiben bestehen, auch soweit sie dem alten Eigentümer zustehen (RGZ 82, 74; Staud/*Pfeifer* Rz 27). Eine Eigentümergrundschuld wandelt sich in eine Fremdgrundschuld zugunsten des alten Eigentümers (MüKo/*Kanzleiter* Rz 11, str). Dingliche Belastungen können gegen den alten Eigentümer nicht mehr geltend gemacht werden (RGZ 89, 367) und es erlischt auch die persönliche Haftung aus § 1108 (MüKo/*Kanzleiter* Rz 11). Davon unberührt bleiben übernommene persönliche Verpflichtungen, wie zB die Haftung für eine Hypothekenforderung. Bei der Zahlung auf eine Hypothekenforderung durch den alten Eigentümer als persönlicher Schuldner gilt § 1164 und bei der Zahlung durch den neuen Eigentümer nicht jedoch § 1143 (Staud/*Pfeifer* Rz 28; Soergel/*Stürner* Rz 2; aA MüKo/*Kanzleiter* Rz 11). Zur Durchsetzung von Belastungen gegen den – nicht existenten – Eigentümer, muss gem §§ 58, 787 ZPO ein gesetzlicher Vertreter (nicht Partei kraft Amtes, München MDR 72, 155, str) des künftigen Eigentümers bestellt werden. § 1913 ist unanwendbar (KGJ 50, 53, str).

6 C. Aneignung. Das Bundesland, in dem das Grundstück liegt, hat ein Aneignungsrecht (vgl aber Art 129, 190 EGBGB). Das Recht ist in der Form des § 925 abtretbar (Staud/*Pfeifer* Rz 20), ein sonstiges Recht iSd § 823 I (Schlesw NJW 94, 949) und wird durch Beschädigung des herrenlosen Grundstücks verletzt (Palandt/*Bassenge* Rz 4). Die §§ 987 ff gelten jedoch nicht (Schlesw NJW 94, 949; aA MüKo/*Kanzleiter* Rz 13). Verzichtet das Bundesland auf das Aneignungsrecht, kann sich jeder Dritte das Grundstück ohne weiteres aneignen (BGHZ 108, 278). Der Verzicht ist eintragungsfähig, muss zur Wirksamkeit aber nicht eingetragen werden (LG Hamburg NJW 66, 1715; Erman/*Lorenz* Rz 11, str). Die Erklärung bedarf wie die Verzichtserklärung nur zum Grundbuchvollzug der Form des § 29 GBO (Staud/*Pfeifer* Rz 22). Der Aneignungsberechtigte erwirbt das Eigentum erst mit Eintragung in das Grundbuch und zwar originär, so dass §§ 892 f nicht anwendbar sind (RGZ 82, 74). § 566 gilt entspr (RGZ 103, 168).

Titel 3 Erwerb und Verlust des Eigentums an beweglichen Sachen

Untertitel 1 Übertragung

§ 929 Einigung und Übergabe.
¹Zur Übertragung des Eigentums an einer beweglichen Sache ist erforderlich, dass der Eigentümer die Sache dem Erwerber übergibt und beide darüber einig sind, dass das Eigentum übergehen soll. ²Ist der Erwerber im Besitz der Sache, so genügt die Einigung über den Übergang des Eigentums.

Inhaltsübersicht

	Rn		Rn
A. Normzweck und Regelungsgegenstand	1, 2	2. Gesetzliche Regelung	16
B. Anwendungsbereich	3	3. Vertragliche Vereinbarung	17–19
C. Einigung	4–9	II. Rechtsstellung des Verkäufers	20
I. Rechtsnatur	4	III. Das Anwartschaftsrecht und die Rechtsstellung des Käufers	21–25
II. Form, Gegenstand, Auslegung	5	IV. Formen und Erweiterungen des Eigentumsvorbehalts	26–32
III. Inhalt	6	1. Einfacher Eigentumsvorbehalt	26
IV. Zeitpunkt	7	2. Verlängerter Eigentumsvorbehalt	27
V. Mängel	8	3. Erweiterter Eigentumsvorbehalt	28
VI. Widerruf	9	4. Weitergabe des Eigentumsvorbehalts an Dritte	29
D. Übergabe	10	5. Das Streckengeschäft	30
E. Berechtigung des Veräußerers	11	6. Der Sicherheitenpool	31
F. Bloße Einigung (S 2)	12	7. Uneigentlicher oder schuldrechtlicher Vorbehalt	32
G. Erwerb durch Stellvertretung	13, 14	V. Der Eigentumsvorbehalt in Zwangsvollstreckung und Insolvenz	33, 34
I. Unmittelbare Stellvertretung	13		
II. Mittelbare Stellvertretung	14		
H. Eigentumsvorbehalt und Anwartschaftsrecht	15–34		
I. Einfacher Eigentumsvorbehalt	15–19		
1. Grundlagen	15		

1 A. Normzweck und Regelungsgegenstand. Die §§ 929 ff sind Teil des 3. Abschn über das Eigentum. In diesem Bereich ist systematisch der allgemeine Inhalt des Eigentums (§§ 903 ff) von den Grundstücksregelungen (§§ 925 ff) und den beweglichen Sachen (§§ 929 ff) abgetrennt. Die weiteren Teile des 3. Titels sind dem gesetzlichen Erwerb des Eigentums gewidmet (§§ 937–984). Demgegenüber ist der folgende Abschnitt dem **rechtsgeschäftlichen Erwerb** zuzuordnen. Neben Rechtsgeschäft und gesetzlichem Erwerb gibt es (außerhalb des BGB) auch einen Eigentumserwerb durch Hoheitsakt (insb im Wege der Zwangsvollstreckung). Die folgenden Tatbestände zum Eigentumserwerb an beweglichen Sachen dienen va der Rechtsklarheit. Der Gesetzgeber hat einen **zweiaktigen Tatbestand** (Einigung und Übergabe) gewählt, um va die Publizität und die Bestimmtheit (Spezialität) zu sichern (s.o. § 854 Rn 16). Insgesamt sind im Folgenden vier verschiedene Tatbestände des Eigentumserwerbs an beweglichen Sachen vom Berechtigten geregelt (§§ 929 1, 929 2, 930, 931). Daran schließen sich ebenfalls vier parallele Gutglaubensvorschriften an. In diesem Gesamtsystem bildet § 929 1 den **Grundtatbestand**, auf den sich alle weiteren Formen der rechtsgeschäftlichen Übertragung von Eigentum beziehen.

Nach dem gesetzlichen Leitbild bezieht sich § 929 auf natürliche Personen und eine tatsächliche Übergabe der jeweiligen Sache. Übertragungsformen bei juristischen Personen und Gesamthandsgemeinschaften, die von diesem Leitbild erkennbar abweichen, müssen in das gesetzliche System eingepasst werden. Ebenfalls bedarf das Gesetz der Anpassung an moderne Formen der Lieferung und Übertragung von Gegenständen. Die Normen der §§ 929–936 sind (abgesehen von der nachträglichen Einfügung der §§ 929a, 932a) seit 1900 unverändert.

B. Anwendungsbereich. Gegenstand der Übereignung gem § 929 ff sind zunächst **bewegliche Sachen**, also körperliche Gegenstände (§ 90) sowie **Tiere** (§ 90a). Ausgeschlossen sind wesentliche Bestandteile von Grundstücken (§§ 93, 94) sowie Grundstücke selbst und im Zweifel auch Grundstückszubehör (§§ 97, 926). Zum Anwendungsbereich von § 929 gehören ferner Scheinbestandteile (§ 95) sowie jede Form und Art von Geld (auch ausländisches Geld). Aus dem Bereich der **Wertpapiere** werden nach § 929 die Inhaberpapiere übertragen. Dagegen bedürfen die Orderpapiere einer besonderen Übertragungsform durch Indossament und die Rektapapiere werden nach § 952 behandelt, ihr Eigentum wechselt also mit der jeweils abgetretenen Forderung. Wertpapiere im Depot können nach § 931 übertragen werden, möglich ist aber auch der Erwerb durch Übersendung eines Stückverzeichnisses (§§ 18, 26 DepotG). Mehrheitlich wird auf elektronischen Handel umgestellt. Die rechtsgeschäftliche Übereignung von **Körperteilen des Menschen** kommt nur insoweit in Betracht, als sie durch Trennung vom Körper zu einer Sache iSd §§ 929 ff geworden sind. Zur Übertragung von **Schiffen** und Schiffsbauwerken s.u. § 929a. Für die Übergabe beweglicher Sachen im Rahmen **handelsrechtlicher Traditionspapiere** (Lagerschein, Ladeschein, Konnossement) vgl §§ 363, 364 HGB. Zu den Traditionspapieren gehört nicht der KfZ-Brief (s.u. § 952 Rn 7; vgl aber BGH NJW 06, 3488). Zur Übertragung des **Anwartschaftsrechts** s.u. Rn 22.

C. Einigung. I. Rechtsnatur. Die Einigung ist ein abstrakter dinglicher Vertrag (BGHZ 26, 16). Daher gelten für die Einigung alle Regelungen der Willenserklärungen sowie des Zustandekommens von Verträgen. Relevante Mängel müssen dem dinglichen Vertrag selbst anhaften, vom Grundgeschäft ist das dingliche Geschäft abzutrennen (**Abstraktionsprinzip**).

II. Form, Gegenstand, Auslegung. Die Einigung ist formfrei möglich. Sie kann neben ausdrücklicher Erklärung auch konkludent oder stillschweigend erklärt werden. Die (konkludente) Erklärung ist auch zusammen mit dem Kaufvertrag möglich. Die Erklärung der Einigung ist nach allg Regeln für Willenserklärungen aus der Sicht des Empfängers auszulegen. In der Übersendung von Sachen liegt regelmäßig ein Angebot zur Einigung. Dessen Annahme wird sich in der Praxis häufig nach § 151 richten, bedarf allerdings auch dort einer mindestens konkludenten Annahme, die lediglich dem Antragenden nicht zugehen muss. IRd dinglichen Einigung müssen der Bestimmtheitsgrundsatz und das Spezialitätsprinzip beachtet werden. Soll eine **Sachgesamtheit (Warenlager)** übereignet werden, so genügt eine Sammelbezeichnung, die verdeutlicht, dass sich die Übereignung auf alle Gegenstände des Warenlagers bezieht. Daher kann eine Sachgesamtheit zB durch ein Inventarverzeichnis übereignet werden. Möglich ist auch eine Übereignung iRv Raumsicherheiten (s.u. § 930 Rn 2).

III. Inhalt. Inhalt der Einigung ist der Eigentumsübergang an der konkret bestimmten Sache auf einen konkreten Erwerber. Möglich und zulässig ist es, die dingliche Einigung unter eine (aufschiebende oder auflösende) Bedingung zu stellen. Zulässig ist auch eine Befristung (zur aufschiebenden Bedingung beim Eigentumsvorbehalt s.u. Rn 15). Neben der **Bestimmtheit der übereigneten Sache** gehören auch die Person des Veräußerers und des Erwerbers zum notwendigen Inhalt der Einigung. Eine Ausnahme wird beim Geschäft für den, den es angeht, zugelassen. Voraussetzung ist hierbei ein normales Alltagsgeschäft, wobei dem Veräußerer die konkrete Person des Erwerbers erkennbar ohne Bedeutung ist.

IV. Zeitpunkt. Das Eigentum geht nach § 929 1 auf den Erwerber über, wenn der letzte Akt vollendet ist und der zuerst erfolgte Akt noch besteht. Bei zunächst erfolgender Einigung geht das Eigentum also mit der Übergabe auf den Erwerber über, wenn die Parteien zu diesem Zeitpunkt noch einig sind. Bei zunächst erfolgender Übergabe geht das Eigentum mit der dinglichen Einigung über, wenn der Erwerber noch im Besitz der Sache ist.

8 **V. Mängel.** Die dingliche Einigung ist abstrakt und daher von Mängeln des Grundgeschäftes nicht abhängig. Unwirksam ist die dingliche Einigung, wenn bei ihrer Vornahme einer Partei die Geschäftsfähigkeit fehlt, wenn Willensmängel gerade der dinglichen Einigung zur Anfechtung des dinglichen Geschäftes führen, wenn die dingliche Einigung selbst gegen ein gesetzliches Verbot verstößt (§ 134) oder wenn die dingliche Einigung nach § 138 I oder II sittenwidrig ist. Dies ist für § 138 II eindeutig, muss aber für § 138 I jedenfalls dann gelten, wenn gerade in der dinglichen Einigung ein sittlich anstößiges Rechtsgeschäft zu sehen ist. Dies dürfte allerdings selten sein (BGH NJW 85, 3006).

9 **VI. Widerruf.** Die isolierte dingliche Einigung bzw die ihr zu Grunde liegenden Willenserklärungen sind bis zur endgültigen Verwirklichung des Übereignungstatbestandes **frei widerrufbar** (*Prütting* SachenR § 32 II). Dies wird allg aus einem Umkehrschluss zu § 873 II entnommen. Mit der Vollendung des Übereignungstatbestandes wird die Einigung unwiderruflich, wenn sie nicht vorher erklärt worden und dem Gegner zugegangen ist.

10 **D. Übergabe.** Die Übergabe gem 1 erfordert einen von beiden Vertragsparteien gewollten und durchgeführten Wechsel des unmittelbaren Besitzes. Die Verschaffung von Mitbesitz gemeinsam mit dem Veräußerer genügt nicht (BGH NJW 79, 714). Der Besitzwechsel kann in allen Formen des § 854 I durch einen Realakt erfolgen, aber auch gem § 854 II durch Rechtsgeschäft. Auf beiden Seiten der Übereignung können die Parteien selbst oder jeweilige Besitzdiener handeln. Eine Übergabe stellt es ferner dar, wenn der Veräußerer als mittelbarer Besitzer den unmittelbaren Besitzer **anweist**, die Sache dem Erwerber zu übergeben. Möglich ist weiterhin die Übergabe dadurch, dass der unmittelbare Besitzer auf Veranlassung des Veräußerers die Sache dem Erwerber übergibt, obwohl zwischen unmittelbarem Besitzer und Veräußerer ein Besitzmittlungsverhältnis nicht besteht. Dazu bedarf es dann allerdings einer Unterordnung des Besitzers unter das Geheiß des Veräußerers. Durch das Rechtsinstitut des **Geheißerwerbs** lassen sich auch die sog Streckengeschäfte durchführen, wobei in einer Kette von Kaufverträgen jeder Verkäufer die Sache an seinen Käufer weiter übereignen will und die Sache selbst unabhängig von der Anzahl der Zwischenhändler vom Hersteller direkt an den Endabnehmer durchgeliefert wird. Schließlich kann die Übergabe einer Sache, die sich im unmittelbaren Besitz eines Dritten befindet, auch dadurch geschehen, dass der veräußernde mittelbare Eigenbesitzer den Dritten anweist, von nun an für den Erwerber zu besitzen (BGH NJW 59, 1536). Für die Übergabe eines Hypotheken- oder Grundschuldbriefs nach §§ L 54, 55 reicht dagegen das Geheiß nicht aus.

11 **E. Berechtigung des Veräußerers.** Die Übereignung nach § 929 setzt voraus, dass der Veräußerer berechtigt ist, über die Sache zu verfügen. Diese Berechtigung ergibt sich in aller Regel aus der Eigentümerstellung des Veräußerers. Daneben kann die Berechtigung zur Verfügung sich aus Gesetz ergeben (Insolvenzverwalter, Testamentsvollstrecker). Möglich ist auch eine gewillkürte Verfügungsberechtigung gem § 185.

12 **F. Bloße Einigung (S 2).** Für den Fall, dass der Erwerber bereits im Besitz der Sache ist, genügt nach der ausdrücklichen Regelung des 2 die bloße Einigung zum Eigentumsübergang (brevi manu traditio). Diese Einigung ist wiederum ein dinglicher Vertrag und mit der Einigung nach 1 identisch (s.o. Rn 4ff). Erforderlich ist ferner wie bei 1 die Berechtigung des Veräußerers zur Verfügung (s.o. Rn 11). Mit dem Erwerb nach 2 ist auch eine Handschenkung vollzogen (BGH NJW 07, 2844). Über die Einigung hinaus bedarf es keiner weiteren Handlung (BGH NJW 07, 2844). Der Erwerber muss entweder unmittelbarer Besitzer oder mittelbarer Besitzer der Sache sein. Ein durch Besitzdienerschaft vermittelter Besitz reicht aus. Ausreichend kann sogar Mitbesitz sein, wenn der weitere Mitbesitzer nicht der Veräußerer selbst ist. Ist der Erwerber zur Zeit des Erwerbs Besitzdiener, geht das Eigentum ebenfalls durch bloße Einigung nach 2 über. In diesem Falle wandelt sich im Zeitpunkt der Einigung die Besitzdienerschaft in einen unmittelbaren Besitz um. Anerkannt ist schließlich heute, dass Eigentumserwerb durch bloße Einigung auch möglich ist, wenn die übereignete Sache derzeit besitzlos ist. Die Gegenauffassung hält eine Übereignung besitzloser Sachen nach § 931 für möglich (*Avenarius* JZ 94, 511).

13 **G. Erwerb durch Stellvertretung. I. Unmittelbare Stellvertretung.** IRd Einigung ist nach allgemeinen rechtsgeschäftlichen Regeln eine unmittelbare Stellvertretung (§ 164) sowie eine Übermittlung von Willenserklärungen durch Boten möglich und zulässig. Bei der Übergabe (Realakt) ist dagegen Stellvertretung und Botenschaft ausgeschlossen; dort kann als Hilfsperson ein Besitzdiener auf einer oder auf beiden Seiten agieren (s.o. § 855 Rn 6). Soweit auf beiden Seiten der Übereignung dieselbe Person handelt, ist § 181 zu beachten. In allen Formen der Übereignung durch Vertretungspersonen ist die Wirkung ein Direkterwerb des Eigentums durch den Erwerber.

14 **II. Mittelbare Stellvertretung.** Eine mittelbare (verdeckte) Stellvertretung ist bei der Eigentumsübertragung grds auf der Veräußererseite wie auf der Erwerberseite möglich. Handelt für den Berechtigten auf der Veräußererseite ein mittelbarer Stellvertreter im eigenen Namen, so ist die Übereignung unter den Voraussetzungen des § 185 wirksam, bei späterer Genehmigung kann die Übereignung nach § 185 II wirksam werden. Eine mittelbare (verdeckte) Stellvertretung auf der Erwerberseite führt zunächst zum Erwerb des Stellvertreters. Dieser kann an den Geschäftsherrn nach den Regeln der §§ 929 ff später oder bei vorweggenommener Eini-

gung zeitgleich eine Übertragung vornehmen. In allen Fällen kommt es jedoch zu einem Durchgangserwerb. Eine Ausnahme davon ist die **Übereignung an den, den es angeht**. Hier haben Rspr und hM unter Durchbrechung der Offenkundigkeit der Stellvertretung einen Direkterwerb des Erwerbers in Fällen mittelbarer Stellvertretung anerkannt, wenn es sich um ein Alltagsgeschäft handelt und dem Veräußerer die konkrete Person des Erwerbers ohne Bedeutung ist.

H. Eigentumsvorbehalt und Anwartschaftsrecht. I. Einfacher Eigentumsvorbehalt. 1. Grundlagen. Der einfache Eigentumsvorbehalt (EV) ist ein Rechtsverhältnis zwischen Verkäufer und Käufer einer beweglichen Sache. Zu Grunde liegt ein unbedingt abgeschlossener Kaufvertrag. Die dinglichen Erfüllungsgeschäfte (Übereignung der Kaufsache und Zahlung des Kaufpreises) werden in der Weise abgewickelt, dass die Sache sogleich übergeben wird und die Parteien eine dingliche Einigung iSv § 929 erklären. Diese dingliche Einigung wird unter der aufschiebenden Bedingung (§ 158 I) geschlossen, dass der Kaufpreis vollständig gezahlt wird. Sodann wird vereinbart, dass der Kaufpreis in bestimmten Raten oder in bestimmter zeitlicher Frist zu zahlen ist (und damit die Bedingung eintritt). Der EV ist ein zentrales Sicherungsmittel des Verkäufers, der in Zwangsvollstreckung und Insolvenz weiterhin durch die Eigentümerposition gesichert ist. Der Eigentumsvorbehalt ist aber auch für den Käufer ein außerordentlich wesentliches Hilfsmittel, da dieser bereits vor Zahlung des Kaufpreises die Sache nutzen kann und entgegen dem Grundgedanken von § 320 die Leistung des Besitzes an der Sache erhält, ohne selbst sogleich leisten zu müssen. Darüber hinaus ist durch vielfältige Regelungen die Position des Käufers und Erwerbers der Sache bereits jetzt geschützt (**Anwartschaftsrecht**). 15

2. Gesetzliche Regelung. Die schuldrechtliche Seite des Eigentumsvorbehalts hat in § 449 I eine Regelung in der Form einer Auslegungsregel erhalten. Danach ist beim Vorbehalt des Verkäufers am Eigentum der verkauften Sache im Zweifel anzunehmen, dass dieses Eigentum unter der aufschiebenden Bedingung vollständiger Zahlung des Kaufpreises übertragen wird. Darüber hinaus enthält § 449 II eine Abwicklungsregelung bei Rückforderung der Sache durch den Verkäufer und III enthält das Verbot des Konzernvorbehalts. Außerhalb des BGB ist der einfache EV in § 107 InsO geregelt. 16

3. Vertragliche Vereinbarung. Der EV bedarf einer rechtsgeschäftlichen Grundlage. Regelmäßig muss er im Kaufvertrag vereinbart worden sein. Möglich ist allerdings auch eine stillschweigende Vereinbarung, wenn im Rahmen ständiger Geschäftsverbindungen frühere Lieferungen des Verkäufers aussschl unter EV ausgeführt worden waren. Dagegen kann man trotz der Häufigkeit des EV nicht unterstellen, dass alle Kreditkäufe mit der stillschweigenden Vereinbarung eines EV verbunden sind (aA LG Aachen MDR 58, 514). 17

Häufig finden sich Eigentumsvorbehalte in AGB. Hier stellt sich va das Problem der wirksamen Einbeziehung dieser AGB in den Vertrag. Bei Geschäften mit Verbrauchern verlangt eine Einbeziehung solcher AGB die Beachtung von § 305 II (ausdrücklicher Hinweis oder sichtbarer Aushang sowie Möglichkeit zumutbarer Kenntnisnahme und Einverständnis der Gegenpartei). Im unternehmerischen Geschäftsverkehr kann wegen § 310 I auch ein stillschweigender Hinweis sowie insb eine branchenübliche Übung oder bestehende laufende Geschäftsverbindung zur Einbeziehung von AGB-Klauseln führen. Darüber hinaus können solche AGB iRd Schweigens auf ein kaufmännisches Bestätigungsschreiben oder iRv Handelsbräuchen zum Vertragsinhalt werden. Im Falle kollidierender AGB gilt wegen § 150 zunächst die Theorie des letzten Wortes (BGH NJW 63, 1248 s.a. § 150 Rn 6; § 449 Rn 10 f). Im Einzelfall kann allerdings das Schweigen nicht als stillschweigende Zustimmung gewertet werden (BGH NJW 85, 1838). In solchen Fällen soll an Stelle der kollidierenden AGB gem § 306 II das dispositive Recht gelten; im Einzelfall kann auch eine ergänzende Vertragsauslegung in Betracht kommen (BGHZ 90, 69, 74; 117, 92, 98). 18

Ist schuldvertraglich ein EV nicht vereinbart, so ist die Übergabe der Kaufsache grds eine Form der Übereignung ohne Bedingung. Hat allerdings der Verkäufer iRd Übereignung ausdrücklich einen (an sich vertragswidrigen) EV erklärt, so ist dieser nachträgliche EV dinglich wirksam, auch wenn dies eine Verletzung des schuldrechtlichen Vertrages sein kann. Die Übergabe eines PKW unter bewusster Einbehaltung des KfZ-Briefs ist als EV auszulegen (BGH NJW 06, 3488). Dagegen ist ein **nach** Übergabe der Kaufsache einseitig erklärter EV (zB auf der nachträglich übersandten Rechnung) grds wirkungslos. Sind sich die Vertragsparteien einig, kann allerdings auch nachträglich ein EV vereinbart werden (Rückübertragung des Eigentums an den Verkäufer gem §§ 929, 930 unter auflösender Bedingung der vollständigen Kaufpreiszahlung). 19

II. Rechtsstellung des Verkäufers. Bei wirksamer Vereinbarung eines einfachen EV ist der Verkäufer verpflichtet, die verkaufte Sache zu übergeben und unter der aufschiebenden Bedingung der vollständigen Kaufpreiszahlung zu übereignen. Damit tritt zugleich eine Bindung der Parteien an die dingliche Einigung ein. Eventuelle Gewährleistungspflichten treffen den Vorbehaltsverkäufer wegen Sach- und Rechtsmängeln nach allg Regeln. Allerdings schuldet der Verkäufer die Verschaffung des lastenfreien Eigentums erst mit dem Zeitpunkt des Eintritts der Bedingung. Will der Verkäufer wegen Verzug des Käufers vom Vertrag zurücktreten, muss er gem § 323 zunächst erfolglos eine Frist gesetzt haben. Ohne diesen Rücktritt kann der Verkäufer bei Zahlungsverzug des Käufern nicht die Herausgabe der verkauften Sache verlangen (§ 449 II). Verweigert der Käufer die Zahlung des Restkaufpreises wegen Verjährung, so kann der Verkäufer gem § 216 II 2 dennoch 20 vom Vertrag zurücktreten. Neben dem Rücktrittsrecht bei Verzug des Käufers kann der Verkäufer auch Schadensersatz statt der Leistung gem § 281 verlangen.

21 **III. Das Anwartschaftsrecht und die Rechtsstellung des Käufers.** Beim Verkauf unter EV handelt es sich wegen der aufschiebenden Bedingung der dinglichen Einigung und der Stundung des Kaufpreises um einen **gestreckten Rechtserwerb.** In diesem Falle vollzieht sich der dingliche Erwerb in mehreren Etappen, sodass sich die Frage ergibt, wie die Rechtsstellung des Käufers in der Schwebelage zu beurteilen ist (der Verkäufer bleibt bis zum Eintritt der Bedingung Eigentümer). Entscheidend hierfür ist, dass der Erwerber gem § 161 I gegen Zwischenverfügungen des Veräußerers und Eigentümers geschützt ist. Dieser Schutz ist trotz § 161 III wegen § 936 III auch im Falle von Zwischenverfügungen an einen Redlichen gegeben, § 161 Rn 9. Daneben gelten für den Versuch treuwidriger Vereitelung des Bedingungseintritts die §§ 162 I, 242, 378. Die verschiedenen Schutzmomente führen beim Käufer als Besitzer der Sache zu einer Rechtsposition, die durch einseitige Erklärung des Veräußerers nicht mehr zerstört werden kann. Es hat sich daher die Auffassung durchgesetzt, diese unzerstörbare Position des Käufers als **Anwartschaftsrecht** zu bezeichnen. Seinem Wesen nach ist dieses Anwartschaftsrecht kein eigenständiges dingliches Recht, sondern eine Vorstufe zum Erwerb des endgültigen Eigentums (Vollrechts) für den Käufer, also ein wesensgleiches Minus zur Eigentümerstellung. Daher sind auf das Anwartschaftsrecht die Normen über das Eigentum an beweglichen Sachen analog anzuwenden.

22 IE kann der Eigentümer und Verkäufer dem Käufer ein Anwartschaftsrecht an einer beweglichen Sache nach §§ 929, 158 I **übertragen.** Ein Anwartschaftsberechtigter und Käufer kann sein Anwartschaftsrecht durch Einigung und Übergabe der Sache analog § 929 übertragen. Im Falle des Bedingungseintritts erwirbt der Dritterwerber das Eigentum direkt (kein Durchgangserwerb). Vom Scheineigentümer kann ein Anwartschaftsrecht analog § 932 nach den allg Regeln des § 929, 158 I erworben werden, wobei es für den Zeitpunkt der Gutgläubigkeit auf den Zeitpunkt ankommt, in dem die bedingte Einigung und Übergabe vollzogen werden. Außerordentlich streitig ist die Frage, ob ein **Anwartschaftsrecht gutgläubig** durch Übertragung von einem Scheinanwartschaftsberechtigten erworben werden kann. Dies ist (wenn überhaupt) nur möglich, soweit ein schuldrechtliches Band besteht, so dass durch Zahlung der Eintritt einer aufschiebenden Bedingung ermöglicht wird. In diesem Falle ist auch ein gutgläubiger Erwerb des Anwartschaftsrechts zuzulassen s.a. § 449 Rn 17.

23 Die rechtsgeschäftliche **Verpfändung** des Anwartschaftsrechts ist zulässig und vollzieht sich nach den §§ 1204, 1205 analog. Auch eine Pfändung iRd Zwangsvollstreckung ist durch sog Doppelpfändung möglich (s.u. Rn 33).

24 Der **Schutz** des Anwartschaftsrechts ist heute in vielfältiger Weise gewährleistet. Der Schutz gegen Zwischenverfügungen des Verkäufers vollzieht sich nach § 161 I, III mit § 936 III und § 986 II. Die Vereitelung des Bedingungseintritts lässt sich durch die §§ 162 I, 242, 378 abwehren. Ggü Herausgabeansprüchen des Verkäufers ist der Anwartschaftsberechtigte durch den Kaufvertrag geschützt. Bei Herausgabeansprüchen Dritter kann § 986 II eingreifen, darüber hinaus besteht nach hM ein dingliches Recht zum Besitz (aA BGHZ 10, 69, wobei dort über § 242 geholfen wird). Weiterhin stehen dem Vorbehaltskäufer und Anwartschaftsberechtigten ggü jedermann die Ansprüche auf Herausgabe nach § 985 sowie die Abwehr von Störungen nach § 1004 zur Seite. Im Bereich des deliktischen Schutzes ist das Anwartschaftsrecht als sonstiges absolutes Recht nach § 823 I anerkannt. Zum Schutzumfang in der Zwangsvollstreckung und der Insolvenz s.u. Rn 33, 34.

25 Auch ohne die Heranziehung des Anwartschaftsrechts ergibt sich für den Käufer auf Grund des Kaufvertrags ein **Recht zum Besitz** und zur Nutzung der Kaufsache. Damit entsteht zwischen Verkäufer und Käufer ein Besitzmittlungsverhältnis nach § 868. Der Verkäufer bleibt als Eigentümer zugleich mittelbarer Eigenbesitzer, während der Käufer unmittelbarer Fremdbesitzer ist. Damit stehen dem Käufer alle Besitz- und Besitzschutzansprüche der §§ 854 ff (§§ 861, 862, 867) zur Seite.

26 **IV. Formen und Erweiterungen des Eigentumsvorbehalts. 1. Einfacher Eigentumsvorbehalt.** Der einfache EV wirkt zunächst nur zwischen Verkäufer und Käufer und beruht schuldrechtlich auf einem unbedingten Kaufvertrag iVm der Auslegungsregel des § 449 I. Dinglich ist der einfache EV durch eine Übereignung unter der aufschiebenden Bedingung der vollständigen Zahlung des Kaufpreises gekennzeichnet (§§ 929, 158 I). Der einfache EV kann in der Wirtschaftspraxis in vielfältiger Weise verlängert, erweitert oder ausgedehnt werden.

27 **2. Verlängerter Eigentumsvorbehalt.** Von Verlängerung des EV wird gesprochen, wenn dem Verkäufer der Verlust seiner Sicherheit durch **Weiterveräußerung** der Sache vom Käufer an einen Dritten oder durch **Verarbeitung** nach § 950 droht. IE kann ein Verlust des Eigentums für den Verkäufer dadurch eintreten, dass der Käufer nach § 185 berechtigt ist, die Vorbehaltsware im ordnungsgemäßen Geschäftsgang weiter zu veräußern. Liegt die Erlaubnis zur Veräußerung nicht vor, kann dennoch ein Dritter nach den Vorschriften über den gutgläubigen Erwerb Eigentümer werden. Schließlich sind verschiedene gesetzliche Erwerbstatbestände beim Käufer oder bei Dritten nach den §§ 946 ff, insb nach § 950 möglich. Dem kann der Verkäufer durch eine Vorausabtretungsklausel (im Falle des Weiterverkaufs) oder durch eine Verarbeitungsklausel begegnen. Die Vorausabtretungsklausel ermächtigt den Käufer zur Weiterveräußerung der Ware unter gleichzeitiger Abtretung des künftigen Kaufpreisanspruchs gegen den Dritten an den Verkäufer (zu Einzelheiten Soergel/

Henssler Anh § 929 Rz 113 ff). Schwierigkeiten ergeben sich bei der Vorausabtretung va, soweit sie mit anderen Sicherungsrechten, insb mit einer **Globalzession kollidiert**. In einem solchen Fall mehrerer Abtretungen gilt zunächst der Grundsatz der Priorität. Allerdings hat die Rspr diesen Grundsatz durch die sog Vertragsbruchtheorie korrigiert, wonach mit der Globalzession die Gefahr heraufbeschworen wird, dass bei späterem Kauf von Waren unter verlängertem EV bewusst in Kauf genommen wird, dass die vereinbarte Vorausabtretung scheitert (BGHZ 30, 149, 153; 32, 361, 366; 51, 113, 118; 55, 34, 36; 72, 308, 310; 98, 303, 307; 109, 240). Die Praxis begegnet der Gefahr, dass aus diesem Grund die Globalzession gem § 138 oder gem § 307 unwirksam ist, durch einen dinglichen Verzicht des Kreditgebers auf diejenigen Forderungen, die iRd verlängerten EV abzutreten sind (§ 449 Rn 27). Bei Verarbeitung nach § 950 wird durch Verarbeitungsklauseln die Person des Herstellers iSv § 950 rechtsgeschäftlich bestimmt bzw modifiziert. Dadurch wird der Verkäufer, der bei Verarbeitung das Eigentum an der von ihm gelieferten Rohware verliert, im gleichen Augenblick Eigentümer des verarbeiteten Fertigprodukts. Soweit solche Verarbeitungsklauseln nicht durchgreifen, bleibt nur ein antizipiertes Besitzkonstitut zu Gunsten des Verkäufers. Dies hat allerdings die Konsequenz, dass der die Verarbeitung durchführende Käufer oder Dritte im Wege des Durchgangserwerbs für einen Augenblick Eigentümer wird.

3. Erweiterter Eigentumsvorbehalt. Die Formen der Erweiterung des EV sind dadurch gekennzeichnet, dass die aufschiebende Bedingung nicht nur an die vollständige Kaufpreiszahlung geknüpft ist, sondern dass darüber hinaus alle Forderungen des Verkäufers gegen den Käufer Gegenstand der Bedingung sind (Kontokorrentvorbehalt) oder dass noch weitergehend der Kreis der gesicherten Forderungen über die Ansprüche des Verkäufers hinaus sich auf alle mit dem Verkäufer konzernrechtlich verbundenen Unternehmen bezieht (Konzernvorbehalt). Der zuletzt genannte **Konzernvorbehalt** ist gem § 449 III unzulässig und damit unwirksam. Dagegen ist der **Kontokorrentvorbehalt** jedenfalls dann zulässig, wenn er alle bereits entstandenen Forderungen trifft. Möglich ist aber auch eine Einbeziehung künftiger Lieferungen des Verkäufers an den Käufer und der daraus entstehenden künftigen Kaufpreisforderungen. Darüber hinaus erkennt die Rspr auch den Kontokorrentvorbehalt in der Form an, dass alle, auch alle künftigen Forderungen aus der Geschäftsverbindung zwischen Verkäufer und Käufer betroffen sind (BGHZ 42, 53, 58; NJW 78, 632; aA Soergel/*Henssler* Anh § 929 Rz 151). **28**

4. Weitergabe des Eigentumsvorbehalts an Dritte. Rechtlich zulässig sind Formen der Weitergabe des EV durch den Käufer an dritte Personen. Dies kann durch einen weitergeleiteten EV erfolgen, wonach der Käufer sein Anwartschaftsrecht an eine dritte Person verkauft und überträgt. Möglich ist aber auch ein nachgeschalteter EV, bei dem der Verkäufer die Sache erneut unter einfachem EV verkauft und überträgt. **29**

5. Das Streckengeschäft. Beim Verkauf einer Sache in einer längeren Veräußerungskette kann sich jeder Verkäufer das Eigentum bis zur Bezahlung des ihm geschuldeten Kaufpreises ggü seinem Käufer vorbehalten. Damit erlangt der Endabnehmer Eigentum an der Kaufsache erst dann, wenn alle Kaufpreisforderungen beglichen sind oder er von seinem Verkäufer das Eigentum gutgläubig erwirbt. Die Eigentumsübertragung in dieser Veräußerungskette vollzieht sich in der Praxis in der Weise, dass die jeweiligen Vertragspartner die dingliche Einigung bereits mit dem Abschluss des Kaufvertrags erklären und dass je nach Art und Form der Lieferung der Sache vom Hersteller an den Endabnehmer die Besitzverschaffung in der Form des Geheißerwerbs vollzogen wird (s.o. Rn 10). Jeder Verfügende in dieser Veräußerungskette verfügt allerdings so lange als Nichtberechtigter, so lange er selbst und alle vorgeschalteten Zwischenerwerber ihren Kaufpreis noch nicht vollständig beglichen haben. **30**

6. Der Sicherheitenpool. Mehrere Verkäufer können sich ebenso wie Kreditgeber durch eine eigenständige Poolvereinbarung in der Weise zusammenschließen, dass die beteiligten Gläubiger (in der Form einer GbR) ihre jeweiligen Forderungen und Sicherungsrechte in den Pool einbringen und damit übertragen. Sie können damit Beweisschwierigkeiten ausschalten und durch gemeinsames Vorgehen kostengünstig ihre Sicherungsrechte (insb iRe Insolvenz) geltend machen. Diese Poolverträge werden in der Rspr als wirksam angesehen (BGH NJW 89, 895; ZIP 1993, 271; ZIP 98, 793, 799). **31**

7. Uneigentlicher oder schuldrechtlicher Vorbehalt. Neben den unterschiedlichen Formen dinglich wirkender Eigentumsvorbehalte ist es auch möglich, durch eine Vereinbarung eine schuldrechtliche Verpflichtung des Käufers in der Weise herbeizuführen, dass dieser nicht vor endgültiger Bezahlung der Kaufpreisschuld über die Sache verfügt. Eine solche Vereinbarung ist zulässig (BGH NJW 70, 699), kann aber wegen § 137 nur schuldrechtliche Bedeutung haben. **32**

V. Der Eigentumsvorbehalt in Zwangsvollstreckung und Insolvenz. Will ein Gläubiger des Verkäufers im Wege der Zwangsvollstreckung auf das Eigentum des Verkäufers an der Kaufsache zugreifen, so ist er wegen des unmittelbaren Besitzes des Käufers (§§ 808, 809 ZPO) auf eine Pfändung des Herausgabeanspruchs beschränkt (§ 847 ZPO). Soweit die Gläubiger des Käufers die Zwangsvollstreckung betreiben, entsteht mangels Eigentum des Schuldners kein Pfändungspfandrecht bei einer Sachpfändung nach § 808 ZPO. Dagegen ist eine Rechtspfändung des Anwartschaftsrecht nach § 857 ZPO zulässig, allerdings ist sie nach hM isoliert **33**

nicht hilfreich, weil sich das Pfandrecht an dem Anwartschaftsrecht nach Eintritt der Bedingung nicht als Pfandrecht an der Sache selbst fortsetzt. Daher verlangt die hM und die Praxis eine **Doppelpfändung** (BGH NJW 54, 1325).

34 In der **Insolvenz des Verkäufers** wird der anwartschaftsberechtigte Käufer nach § 107 I InsO geschützt. Er kann entgegen § 103 InsO die Erfüllung des Kaufvertrags verlangen und den Bedingungseintritt durch vollständige Zahlung des Kaufpreises erzwingen. Damit ist im heutigen Insolvenzrecht der Käufer auch für diesen Fall geschützt. Das Anwartschaftsrecht ist insoweit insolvenzfest. In der **Insolvenz des Käufers** steht dem Verwalter dagegen nach § 103 InsO ein Wahlrecht zu. Der Verwalter kann die Ausübung dieses Wahlrechts aufschieben, bis der Gläubiger im Berichtstermin über den Fortgang der Insolvenz entschieden haben. Wählt der Insolvenzverwalter danach Erfüllung, ist der Kaufpreis aus der Masse in voller Höhe als Masseschuld zu begleichen (§ 55 1 Nr 2 InsO). Zugleich fällt mit Eintritt der Bedingung das Eigentum in die Insolvenzmasse. Wählt dagegen der Insolvenzverwalter Nichterfüllung, so kann der Verkäufer die **Aussonderung** der Kaufsache gem § 47 InsO verlangen. In diesem Falle erlischt das Anwartschaftsrecht, da ein Bedingungseintritt nicht mehr möglich ist.

§ 929a Einigung bei nicht eingetragenem Seeschiff.
(1) Zur Übertragung des Eigentums an einem Seeschiff, das nicht im Schiffsregister eingetragen ist, oder an einem Anteil an einem solchen Schiff ist die Übergabe nicht erforderlich, wenn der Eigentümer und der Erwerber darüber einig sind, dass das Eigentum sofort übergehen soll.
(2) Jeder Teil kann verlangen, dass ihm auf seine Kosten eine öffentlich beglaubigte Urkunde über die Veräußerung erteilt wird.

1 **A. Systematik.** Das Sachenrecht der Schiffe ist von einer komplizierten Systematik und Regelungstechnik geprägt. Zu unterscheiden sind zunächst die Seeschiffe (für Hochsee geeignet und regelmäßig auf hoher See benutzte Schiffe) von den Binnenschiffen (zB Ausflugsdampfer, Lastkahn, Yacht) sowie den kleinen Ruder- und Segelbooten, Flößen, Schiffswracks, die nicht unter den Begriff der Schiffe fallen. Ferner ist bei den echten Schiffen zu trennen zwischen den im Schiffsregister eingetragenen Schiffen und den nicht im Schiffsregister eingetragenen Schiffen. Die Eintragung und deren Rechtsfolgen richten sich nach dem SchiffsrechteG v 15.11.40 und der SchiffsRegO v 26.5.94. Schließlich ist zu unterscheiden zwischen den Schiffen im og Sinn, einem Miteigentumsanteil an Schiffen (§ 1008), den Schiffsbauwerken (im Bau befindliches Schiff auf einer Schiffswerft) sowie der Schiffspart (einem Anteil an einer Partenreederei nach § 489 HGB).

2 **B. Normzweck.** § 929a (und ebenso § 932a) betrifft nur die nicht eingetragenen Seeschiffe, die grds als bewegliche Sachen gelten und auf die somit § 929 anzuwenden ist. § 929a bringt eine Erleichterung der Eigentumsübertragung an diesen Schiffen und will damit erkennbar die Mobilität nicht eingetragener Seeschiffe fördern.

3 **C. Norminhalt.** Die nicht eingetragenen Seeschiffe werden entweder nach den §§ 929 ff nach allg Regeln wie bewegliche Sachen übertragen oder nach der Sondervorschrift des § 929a durch bloße Einigung. Für nicht eingetragene Binnenschiffe und für nicht eingetragene Schiffsbauwerke gilt § 929a nicht, so dass diese ausschl nach den §§ 929 ff übereignet werden. Sind Schiffe im Schiffsregister eingetragen, so werden Seeschiffe nach § 2 SchiffsrechteG durch bloße Einigung und eingetragene Binnenschiffe nach § 3 SchiffsrechteG durch Einigung und Eintragung übereignet. Ebenfalls durch Einigung und Eintragung wird eine Schiffspart nach § 503 HGB übertragen. Miteigentumsanteile iSd § 1008 werden wie Alleineigentum behandelt. Alle kleinen Wasserfahrzeuge (Ruderboot), die nach ihrer Größe noch nicht den Begriff des Schiffes erfüllen, werden ausschl als normale bewegliche Sachen iSd §§ 929 ff behandelt.

§ 930 Besitzkonstitut.
Ist der Eigentümer im Besitz der Sache, so kann die Übergabe dadurch ersetzt werden, dass zwischen ihm und dem Erwerber ein Rechtsverhältnis vereinbart wird, vermöge dessen der Erwerber den mittelbaren Besitz erlangt.

1 **A. Normzweck.** Die Norm schließt inhaltlich an § 929 an und regelt einen weiteren eigenständigen Erwerbstatbestand (s.o. § 929 Rn 1). Die Norm knüpft auch äußerlich an die Regelung in § 929 an und setzt damit das dort vorgegebene Grundkonzept eines zweigliedrigen Tatbestands aus Einigung und Übergabe fort, wobei in § 930 die Übergabe durch ein Surrogat ersetzt wird (s.u. Rn 5). Ist danach die Regelung systematisch eine Ergänzung zu § 929, so schränkt sie im Ergebnis die Publizität des Rechts der beweglichen Sachen massiv ein, ermöglicht den Parteien zugleich aber auch unter sehr erleichterten Bedingungen eine Übereignung und trägt damit erheblich zur Flexibilisierung der Eigentumsübertragung bei.

2 **B. Anwendungsbereich.** § 930 bezieht sich wie § 929 auf bewegliche Sachen in jeder Art und Form, soweit sie nicht ausnahmsweise dem Grundstücksrecht zuzuordnen sind (zB wesentlicher Bestandteil). Besondere Bedeutung gewinnt § 930 bei **Sachgesamtheiten** (Warenlager). Hier hat die Rspr den Grundsatz der Bestimmtheit aufgelockert und lässt Bestimmbarkeit ausreichen. Das jeweilige Besitzmittlungsverhältnis kann

sich also auf alle Sachen in einem Raum beziehen (Raumsicherung) oder auf alle individuell gekennzeichneten Sachen (Markierungsverträge) oder auf alle Sachen, die erkennbar eine bestimmte Eigenschaft oder Qualität aufweisen (zB alle Container einer bestimmten Größe, BGH ZIP 95, 451) oder auf eine durch Inventarliste gekennzeichnete Sachgesamtheit (BGH NJW 08, 3142). Ohne räumliche Abgrenzung reicht eine bloße Sammelbezeichnung nicht (*Gehrlein* MDR 08, 1069, 1072; BGH NJW 92, 1161 Handbibliothek Kunst).

C. Tatbestand. I. Der Veräußerer als Besitzer. Grundvoraussetzung des Tatbestandes ist es, dass der Veräußerer und bisherige Eigentümer im Besitz der Sache ist. Dieser Besitz muss Eigenbesitz (§ 872) sein. Es kann sowohl unmittelbarer als auch mittelbarer Besitz sein (BGHZ 111, 142). Mit der Übereignung nach § 930 wird der Veräußerer zum Fremdbesitzer (BGHZ 75, 253). Ist der Veräußerer im Zeitpunkt des gewünschten Eigentumsübergangs nicht Besitzer der Sache, so kommt eine Übereignung nur nach § 931 in Betracht. 3

II. Einigung. § 930 trifft keine Aussage über die Einigung. Er regelt lediglich den Ersatz der Übergabe durch Besitzkonstitut, so dass nach allg Meinung § 930 nur mit § 929 zusammen anwendbar ist und die dingliche Einigung nach den dort dargestellten Grundsätzen erforderlich bleibt (s.o. § 929 Rn 4 ff). Bedeutsam für die Form der Übereignung nach § 930 ist es, dass die Einigung sich auf eine bestimmte Sache bezieht (zum Bestimmtheitsproblem s.o. Rn 2 sowie § 929 Rn 1). 4

III. Besitzkonstitut als Übergabeersatz. Nach § 930 kann die Übergabe der Sache dadurch ersetzt werden, dass zwischen dem Veräußerer und dem Erwerber ein Besitzmittlungsverhältnis vereinbart wird. Dabei handelt es sich um ein Verhältnis, wie es in § 868 beschrieben wird. Es muss also nunmehr der Erwerber den mittelbaren Eigenbesitz an der Sache erhalten, während der Veräußerer nunmehr Fremdbesitzer ist, der für den Erwerber besitzt. Der Veräußerer kann dabei selbst unmittelbarer oder mittelbarer Besitzer sein. Das Besitzmittlungsverhältnis kann auf einer vertraglichen, einer gesetzlichen oder einer rein faktischen Basis beruhen. In jedem Falle muss aber ein Herausgabeanspruch des Erwerbers ggü dem Veräußerer bestehen. Teilweise wird weitergehend sogar für ausreichend angesehen, dass allein eine tatsächliche Bereitschaft zur Herausgabe des Veräußerers besteht (BGHZ 56, 263, 265). 5

Das Besitzmittlungsverhältnis muss nicht ausdrücklich vereinbart sein. Es kann aus konkludentem Verhalten oder aus einer Auslegung der Umstände sowie aus der Verkehrssitte zu entnehmen sein. In der Praxis der Sicherungsübereignung wird als Besitzmittlungsverhältnis üblicherweise die Sicherungsabrede gesehen. 6

Das Besitzmittlungsverhältnis und damit die Übereignung nach § 930 müssen den Anforderungen an die Bestimmtheit und die Spezialität genügen (s.o. Rn 2 sowie § 929 Rn 1). Dies ist bei Übereignung eines einzelnen Gegenstandes unproblematisch. In der Praxis ergeben sich Bestimmtheitsprobleme bei der Übereignung von Sachgesamtheiten und insb Warenlagern. Da die Rspr auch eine Sicherungsübereignung künftig zu erwerbender Waren für zulässig ansieht, genügt insoweit die Bestimmbarkeit bei der Hereinnahme der Ware in das konkrete Warenlager. Die künftige Übereignung erfolgt dann in der Weise, dass die dingliche Einigung bereits antizipiert erklärt wird und die Übertragung des Eigentums mit der Zuführung der Sache zur jeweiligen Sachgesamtheit wirksam wird. 7

IV. Berechtigung zur Verfügung. Wie in § 929 muss der Veräußerer im Zeitpunkt des Eigentumsübergangs der zur Verfügung Berechtigte sein. Anderenfalls wäre § 933 zu prüfen. Diese Verfügungsberechtigung des Veräußerers ergibt sich idR aus seiner Eigentümerstellung. Verfügungsberechtigt sind aber auch Parteien kraft Amtes wie der Insolvenzverwalter oder der Testamentsvollstrecker. Eine gewillkürte Verfügungsberechtigung kann sich aus der Zustimmung nach § 185 ergeben. 8

D. Sicherungsübereignung. Die Sicherungsübereignung als der mit Abstand wichtigste Anwendungsfall des § 930 ist (ebenso wie die Sicherungszession) nicht ausdrücklich im BGB geregelt. Sie kann deshalb nicht aus § 930 hergeleitet werden. Dennoch und trotz des numerus clausus der Sachenrechte ist die Sicherungsübereignung heute allg anerkannt. Denn sie wird in § 216 II 1 ebenso vom Gesetzgeber vorausgesetzt wie in § 51 Nr 1 InsO. Es handelt sich also nicht um eine unzulässige Gesetzesumgehung von §§ 1204 ff. Wirtschaftlich wirkt die Sicherungsübereignung allerdings wie ein besitzloses Pfandrecht, das es im BGB nicht gibt. Heute ist die Sicherungsübereignung gewohnheitsrechtlich anerkannt und verfestigt. 9

Eine Sicherungsübereignung kann nach allen Übertragungsformen der §§ 929 ff stattfinden. In der Praxis wird sie aber in aller Regel nach § 930 durchgeführt. Deshalb wird die Sicherungsübereignung idR auch im Zusammenhang mit § 930 erläutert. Bei näherer Prüfung muss sie allerdings als eine dem Pfandrecht sehr nahestehende Kreditsicherheit bezeichnet werden. Zu den weiteren Einzelheiten s.u. Vor §§ 1204 ff Rn 15 ff. 10

§ 931 Abtretung des Herausgabeanspruchs. Ist ein Dritter im Besitz der Sache, so kann die Übergabe dadurch ersetzt werden, dass der Eigentümer dem Erwerber den Anspruch auf Herausgabe der Sache abtritt.

A. Normzweck. Die Norm schließt an die §§ 929, 930 an und regelt einen zusätzlichen und eigenständigen Erwerbstatbestand (s.o. § 929 Rn 1). Die Norm knüpft wie § 930 an die Regelung in § 929 an und setzt damit das dort vorgegebene Grundkonzept eines zweigliedrigen Tatbestands aus Einigung und Übergabe fort, 1 wobei in § 931 die Übergabe wiederum durch ein Übergabesurrogat ersetzt wird. Dies ermöglicht es dem Eigentümer, sein Eigentum an einen Erwerber zu übertragen, selbst wenn er nicht im Besitz der Sache ist. Soweit der Eigentümer mittelbarer Besitzer ist, kann er bei der Übertragung des Eigentums zwischen §§ 929 1, 930 und 931 wählen. Darüber hinaus gibt § 931 dem Eigentümer selbst dann die Möglichkeit der Eigentumsübertragung, wenn er nicht Besitzer der Sache ist und noch nicht einmal den Aufenthalt der Sache kennt (Übereignung einer gestohlenen Sache).

2 **B. Tatbestand. I. Besitz des Dritten.** Der Besitz des Veräußerers ist nicht Voraussetzung für die Übereignung nach § 931. Hat der Veräußerer unmittelbaren Besitz, so scheidet § 931 generell aus. Hat eine dritte Person unmittelbaren Besitz der Sache, so ist eine Übereignung nach § 931 möglich, unabhängig davon, ob der Veräußerer mittelbarer Besitzer oder ohne jeden Besitz ist. Ist die Sache besitzlos (ein Dieb hat die Sache weggeworfen), so kommt ebenfalls eine Übereignung nach § 931 in Betracht.

3 **II. Einigung.** § 931 trifft keine Aussage über die Einigung. Er regelt lediglich den Ersatz der Übergabe durch Abtretung eines Herausgabeanspruchs, so dass nach allg Meinung § 931 nur mit § 929 zusammen anwendbar ist und die dingliche Einigung nach den dort dargestellten Grundsätzen erforderlich bleibt (s.o. § 929 Rn 4 ff).

4 **III. Abtretung des Herausgabeanspruchs.** Zentrales Merkmal der Eigentumsübertragung nach § 931 ist die **Abtretung** des dem Veräußerer zustehenden Herausgabeanspruchs. Herausgabeanspruch idS ist jede Rechtsgrundlage, durch die der Veräußerer und nach Abtretung der Erwerber von einem Dritten die Verschaffung des Besitzes verlangen kann. Ohne Bedeutung ist dabei das konkrete Anspruchsziel (Herausgabe, Verschaffung, Abtretung von Ansprüchen, Duldung der Wegnahme). Es ist nicht von Bedeutung, ob der Herausgabeanspruch bedingt, befristet oder einredebehaftet ist. Daher kann unstr der **Eigentumsvorbehaltsverkäufer** sein noch bestehendes Eigentum an eine dritte Person nach § 931 übertragen. Als Rechtsgrund des Herausgabeanspruchs kommt ein Rechtsgeschäft, ebenso aber auch ein gesetzlicher Anspruch (§§ 812, 823, 861) in Betracht. Ausgeschlossen ist dagegen die Abtretung des Anspruchs aus § 985, da dieser Anspruch nicht selbständig abtretbar ist und nicht vom Eigentum getrennt werden kann. Bedeutungslos ist es weiterhin, ob der im Besitz befindliche Dritte dem Veräußerer den Besitz vermittelt. So kann auch der Herausgabeanspruch gegen den Dieb (§§ 823, 861) abgetreten werden. Gegenstand der Abtretung kann schließlich auch ein künftiger Herausgabeanspruch sein.

5 Die Abtretung als solche ist ein **Rechtsgeschäft** (§ 398). Stellvertretung ist auf beiden Seiten möglich. Der Gegenstand der Abtretung muss hinreichend bestimmt sein. IÜ gelten die Anforderungen gem § 398.

6 Bei **fehlendem Besitz** des Veräußerers oder bei einer sonstigen Situation, in der dem Veräußerer nur der Anspruch auf Herausgabe gem § 985 zusteht, ist dennoch eine Eigentumsübertragung nach § 931 möglich. Zwar ist nach heute anerkannter Auffassung § 985 als Anspruch nicht isoliert abtretbar, in einem solchen Falle ist aber die positive Abtretung eines speziellen Anspruchs nicht erforderlich. Vielmehr kann die Eigentumsübertragung faktisch durch bloße Einigung erfolgen (*Avenarius* JZ 94, 511). Im Ergebnis wird also das Merkmal der Abtretung des Herausgabeanspruchs heute in einer negativen Weise ausgelegt, dass als Mindesttatbestand auf der Seite des Veräußerers die Entledigung aller Ansprüche auf den Besitz an der Sache steht und auf der Erwerberseite der Erwerb aller dieser Ansprüche. Damit hat die Abtretung nur eine negative Bedeutung im Hinblick auf die Lösung jeglicher Besitzbeziehung des Veräußerers, sie ist nicht konstitutiv für den Erwerb (MüKo/*Quack* § 931 Rz 6).

7 Besonderheiten sind zu beachten, wenn Besitz und Übertragung von Sachen durch **Wertpapiere** realisiert werden. Soweit dabei der Besitz selbst durch Traditionspapiere übertragen wird (§§ 424, 450, 647 HGB), vollzieht sich die Übereignung nach § 929, nicht nach § 931. Zu den Besonderheiten der sog Güterpapiere (Warenpapiere) vgl *Helm* FS Hefermehl 76, 63; MüKo/*Quack* § 931 Rz 22. Dagegen werden Wertpapiere in Sammelverwahrung (Depot) idR nach § 931 übertragen. Andere Wertpapiere und Urkunden, die mit dem Besitz der Sache in Verbindung stehen, führen durch Übergabe nicht zu einer Abtretung. Allerdings kann die Übergabe einer solchen Urkunde als konkludente Abtretung auszulegen sein. Gibt etwa der Eigentümer und mittelbare Besitzer eines Kfz den Kfz-Brief an eine dritte Person weiter, so wird man dies als Abtretung des Herausgabeanspruchs auslegen können.

8 **IV. Berechtigung zur Verfügung.** Wie in § 929 muss der Veräußerer im Zeitpunkt des Eigentumsübergangs der zur Verfügung Berechtigte sein. Anderenfalls könnte ein gutgläubiger Erwerb nach § 934 in Betracht kommen. Die Verfügungsberechtigung des Veräußerers ergibt sich im Normalfall aus seiner Eigentümerstellung. Verfügungsberechtigt sind aber auch Parteien kraft Amtes wie der Insolvenzverwalter oder der Testamentsvollstrecker. Schließlich kann sich eine gewillkürte Verfügungsberechtigung aus § 185 ergeben.

§ 932 Gutgläubiger Erwerb vom Nichtberechtigten.

(1) ¹Durch eine nach § 929 erfolgte Veräußerung wird der Erwerber auch dann Eigentümer, wenn die Sache nicht dem Veräußerer gehört, es sei denn, dass er zu der Zeit, zu der er nach diesen Vorschriften das Eigentum erwerben würde, nicht in gutem Glauben ist. ²In dem Falle des § 929 Satz 2 gilt dies jedoch nur dann, wenn der Erwerber den Besitz von dem Veräußerer erlangt hatte.

(2) Der Erwerber ist nicht in gutem Glauben, wenn ihm bekannt oder infolge grober Fahrlässigkeit unbekannt ist, dass die Sache nicht dem Veräußerer gehört.

A. Normzweck. Die Möglichkeit gutgläubigen Erwerbs nach den §§ 932 ff dient dem Verkehrsschutz. Sie erleichtert den allg Warenverkehr und entlastet den redlichen Erwerber von Vorsichtsmaßnahmen und Nachforschungen nach der jeweiligen Rechtslage. Damit wird das Vertrauen in die Wirksamkeit von Rechtsgeschäften gestärkt. Legitimation des gutgläubigen Erwerbs bei beweglichen Sachen ist einerseits der Besitz (§ 1006) und andererseits das Prinzip der Freiwilligkeit der Weggabe (§ 935).

B. Systematik. Der rechtsgeschäftliche Erwerb beweglicher Sachen vollzieht sich durch vier verschiedene Tatbestände (§§ 929 1, 929 2, 930, 931). Diesen vier Tatbeständen stehen ebenfalls vier parallele Gutglaubensvorschriften ggü (§§ 932 I 1, 932 I 2, 933, 934). Ebenso wie § 929 1 beim Erwerb des Eigentums an beweglichen Sachen vom Berechtigten den Grundtatbestand darstellt, so gibt § 932 I 1 beim gutgläubigen Erwerb diesen Grundtatbestand wieder, auf den sich jeweils alle weiteren Erwerbstatbestände beziehen. Zusätzlich regelt § 932 II für alle Gutglaubensvorschriften von beweglichen Sachen die Frage, was guter Glaube im Einzelnen bedeutet (s.u. Rn 8 ff).

C. Allgemeine Voraussetzungen. Gutgläubiger Erwerb setzt den jeweiligen Grundtatbestand der Veräußerung vom Berechtigten voraus. Vorausgesetzt wird ferner die Feststellung fehlender Berechtigung. Darüber hinaus setzt gutgläubiger Erwerb an beweglichen Sachen einige grundlegende Merkmale voraus, die für alle Normen des Gutglaubensschutzes gelten.

I. Rechtsgeschäft. Gutgläubiger Erwerb beweglicher Sachen setzt zunächst eine **rechtsgeschäftliche** Verfügung voraus. Im Falle eines **gesetzlichen** Erwerbs (zB nach den §§ 937 ff, 946 ff, 952, 953 ff) sind die Normen der §§ 932 ff nicht anwendbar. Gutgläubiger Erwerb kommt ferner nicht in Betracht bei gesetzlicher Gesamtnachfolge (Erbfall, eheliche Gütergemeinschaft) und beim Erwerb im Wege der Zwangsvollstreckung. Ausnahmsweise lässt das Gesetz in § 366 III HGB den gutgläubigen Erwerb gesetzlicher Pfandrechte des Handelsrechts zu. Schließlich muss das jeweilige Rechtsgeschäft privatrechtlicher Natur sein.

II. Verkehrsgeschäft. Das dem gutgläubigen Erwerb zu Grunde liegende Rechtsgeschäft muss ein sog Verkehrsgeschäft sein. Es darf also nicht auf Veräußerer- und Erwerberseite rechtlich oder wirtschaftlich dasselbe Rechtssubjekt stehen. Eine solche Personenidentität liegt nicht vor, wenn einer Personen- oder Kapitalgesellschaft Gegenstände von einem Mitgesellschafter übertragen werden oder umgekehrt. Auch bei einer noch im Gründungsstadium befindlichen Gesellschaft ist gutgläubiger Erwerb insoweit möglich (BGH, MDR 03, 223). Hintergrund dieser teleologischen Reduktion des Normwortlauts auf das Verkehrsgeschäft ist der Zweck der Norm. Gutgläubiger Erwerb soll dem Verkehrsschutz dienen und das Vertrauen von Erwerbern schützen. Ein solcher Schutz muss bei Identität von Veräußerer und Erwerber ausscheiden. Ausgeschlossen ist gutgläubiger Erwerb mangels Verkehrsgeschäft also bei Übereignungen einer GmbH auf ihren Alleingesellschafter und umgekehrt, bei Übertragung von Erbschaftsgegenständen durch eine Erbengemeinschaft auf die einzelnen Miterben sowie eine Übertragung von beweglichen Sachen des Nachlasses von den Erben auf eine durch die Erben gebildete oHG.

III. Kein Fall des sog Rückerwerbs. Grds ist das einmal gutgläubig erworbene Eigentum endgültig und voll wirksam (s.u. Rn 14). Daher ist die Übertragung des Eigentums von einem gutgläubigen Erwerber auf eine dritte Person selbst dann wirksam, wenn der Dritte im Hinblick auf den ursprünglichen Erwerbstatbestand bösgläubig war. Auch der unberechtigt Verfügende kann auf diesem Wege Eigentum erwerben (BGH ZIP 03, 30). Hat allerdings der Dritte den gutgläubigen Ersterwerber zum Erwerb vom Nichteigentümer veranlasst und diesen Weg gewählt, weil er einen unmittelbaren Erwerb vom Nichtberechtigten im Hinblick auf seinen eigenen bösen Glauben Eigentum nicht erwerben konnte, so ist ein Erwerb des Dritten abzulehnen. Das Gleiche gilt, wenn ein Nichtberechtigter eine Sache einem gutgläubigen Erwerber übereignet und dabei eine Rückübertragung dieses Eigentums an sich selbst veranlasst. Schließlich ist Eigentumserwerb zu verneinen, wenn der Nichtberechtigte das Eigentum an einen gutgläubigen Erwerber überträgt, die Sache aber später an den Veräußerer wegen Rücktritts oder Eintritts einer Bedingung durch Rückabwicklung zurückfällt.

IV. Kein Abhandenkommen. Schließlich ist allg Voraussetzung des gutgläubigen Erwerbs an beweglichen Sachen, dass diese dem Eigentümer nicht gestohlen, verloren gegangen oder sonst abhanden gekommen sind (§ 935). Diese Regelung zeigt, dass gutgläubiger Erwerb nicht allein auf dem Vertrauensschutz und dem Besitz als Rechtsschein beruht, sondern dass die **freiwillige Veranlassung durch den Berechtigten** hinzukommen muss. Zu den Einzelheiten sowie den Ausnahmen im Falle des Abhandenkommens s.u. § 935.

D. Guter Glaube des Erwerbers. I. Begriff. Für den Erwerb vom nicht berechtigten Veräußerer wird nach der amtl Überschrift der Norm guter Glaube des Erwerbers vorausgesetzt. Nach der sprachlichen Gestaltung der Norm selbst ist jedoch umgekehrt der Erwerb bei Bösgläubigkeit ausgeschlossen. Denn der gute Glaube wird nicht als Tatbestandsvoraussetzung formuliert, sondern es wird durch den „Es sei denn"-Satz die **Bösgläubigkeit als Ausschlusstatbestand** angefügt. Diese Formulierung des Gesetzestextes hat unstr Beweislastqualität, so dass es in Wahrheit nicht auf die Gutgläubigkeit des Erwerbers ankommt, sondern bei Überzeugung des Richters vom bösen Glauben des Erwerbers der Rechtserwerb ausgeschlossen ist. Diese Beweislastsituation führt in der Praxis dazu, dass nicht selten formuliert wird, der gute Glaube des Erwerbers werde vermutet und die Bösgläubigkeit müsse bewiesen werden (BGHZ 50, 52). Diese mit dem Gesetzestext nicht übereinstimmende Formulierung ist sachlich unschädlich, wenn damit auf eine gesetzliche Vermutung iSv § 292 ZPO angespielt werden soll, die ebenfalls demjenigen die Beweislast überbürdet, der die Vermutung widerlegen will. Gegenstand des guten bzw bösen Glaubens ist ausschl das Eigentum des Veräußerers, nicht dessen Geschäftsfähigkeit oder dessen Verfügungsbefugnis (zu abw Regelungen s.u. Rn 15).

9 **II. Böser Glaube.** Bösgläubigkeit bedeutet nach II, dass dem Erwerber entweder die fehlende Eigentümerstellung des Veräußerers positiv bekannt ist oder dass sie ihm infolge grober Fahrlässigkeit unbekannt ist. Kenntnis ist das Wissen um die Rechtslage. Soweit nur eine Kenntnis der Tatsachen vorliegt, aus denen sich die fehlende Eigentümerstellung des Veräußerers erschließen lässt, liegt keine Kenntnis vor. Die Kenntnis der Umstände wird allerdings nicht selten grobe Fahrlässigkeit begründen können. Grob fahrlässige Unkenntnis des Erwerbers setzt voraus, dass dieser die im Verkehr erforderliche Sorgfalt in ungewöhnlich hohem Maße verletzt und diejenigen Umstände unbeachtet gelassen hat, die sich im gegebenen Falle jedem hätten aufdrängen müssen (BGH NJW 05, 1365). Dabei sind objektive Kriterien anzulegen, eine allg Nachforschungspflicht des Erwerbers besteht nicht (BGH NJW 75, 735), die konkreten Umstände des Einzelfalles und ihre Würdigung sind von ausschlaggebender Bedeutung.

10 **III. Merkmale der Bösgläubigkeit.** Die Abhängigkeit der Beurteilung von Gut- und Bösgläubigkeit von den jeweiligen Einzelumständen des Falles schließt eine echte Systematisierung der Kriterien aus. Benennen lassen sich allerdings typische Merkmale, die auf grobe Fahrlässigkeit hinweisen oder diese umgekehrt noch nicht erfüllen. So kann insb die konkrete **Veräußerungssituation** grobe Fahrlässigkeit nahe legen (nächtlicher Kaufvertrag im Bahnhofsviertel). Zur Bösgläubigkeit führt in aller Regel auch jeder **Erwerb wertvoller Gegenstände auf der Straße** oder in einer Umgebung, in der mit solchen Gegenständen üblicherweise nicht gehandelt wird (Erwerb von Schmuck, Wertpapieren, Kunstgegenständen oder Antiquitäten auf der Straße). Von Bedeutung ist weiterhin die **Verkehrsüblichkeit** der Abwicklung des Geschäfts. Muss etwa mit dem Bestehen eines weit verbreiteten **Eigentumsvorbehalts** oder einer **Sicherungsübereignung** nahe liegender Weise gerechnet werden, so ist dem Erwerber eine Erkundigung zuzumuten (BGH JZ 70, 187; JZ 73, 27). Von Bedeutung für die Beurteilung sind weiterhin die Person und die **geschäftliche Erfahrung** des Erwerbers (strengere Anforderungen an einen Rechtsanwalt, einen Kaufmann oder einen Bankier). Weiterhin wichtige Kriterien sind die Vermögenssituation und das geschäftliche Verhalten des Veräußerers. Ist dem Erwerber die besonders schlechte Vermögenssituation des Veräußerers bekannt und ergeben sich weitere kritische Indizien, so kann dies für Bösgläubigkeit sprechen. Bedeutsam ist schließlich auch die konkrete Ausgestaltung des Geschäfts. So kann der geforderte Preis bei ganz **ungewöhnlicher Abweichung vom üblichen Marktpreis** ein Indiz für Bösgläubigkeit sein. Besonders strenge Voraussetzungen hat die Rspr im **Gebrauchtwagenhandel** aufgestellt. Bösgläubigkeit muss hier bejaht werden, wenn sich der Erwerber nicht den Kfz-Brief vorlegen lässt und sich nicht davon überzeugt, dass der Veräußerer eingetragen ist (BGH NJW 96, 2226). Besondere Verdachtsmomente müssen sich aufdrängen, wenn eine Veräußerung zum Verschrotten vorgenommen wird oder wenn ein Erwerb über die Grenze hinweg erfolgt, wobei im ausländischen Staat ein Kfz-Brief nicht bekannt ist, ferner wenn sich der Verdacht einer Fälschung des Kfz-Briefs aufdrängt oder wenn nur eine Tageszulassung gegeben ist (Celle JZ 79, 608; KG OLGR 03, 302; BGH NJW 94, 2022; Ddorf NJW-RR 97, 246).

11 **IV. Personale Zurechnung.** Soweit der dingliche Erwerb durch Stellvertreter durchgeführt wird, ist deren guter Glaube entscheidend (§ 166 I). Die Kenntnis des Organs einer juristischen Person ist dieser selbst unmittelbar zuzurechnen. Wird der Besitz nicht vom Erwerber, sondern von einem Besitzdiener oder einem Besitzmittler übernommen, so kommt es auf die Gutgläubigkeit des Erwerbers selbst an. Böser Glaube des Besitzdieners schadet nicht (RGZ 137, 28). Erfolgt der Eigentumserwerb durch **Gesamthänder**, so schadet bereits die Bösgläubigkeit eines der handelnden Gesamthänder. Dagegen ist beim Erwerb mehrerer zu **Miteigentum** die Bösgläubigkeit jedes einzelnen isoliert zu prüfen.

12 **V. Zeitpunkt.** Für die Beurteilung der Bösgläubigkeit ist auf denjenigen Zeitpunkt abzustellen, in dem der letzte Akt des Rechtserwerbs erfüllt ist. Im Falle der §§ 929, 932 muss also guter Glaube noch in dem Augenblick vorliegen, in dem Einigung und Übergabe erfolgt sind. Ist die Einigung unter einer Bedingung erklärt, so ist auch in diesem Fall der Zeitpunkt der Abgabe der bedingten Einigung entscheidend, nicht der Eintritt der Bedingung. Wird der Erwerber nach bedingter Einigung und Übergabe bösgläubig, so hindert das den endgültigen Rechtserwerb durch Bedingungseintritt nicht.

13 **E. Veräußerung durch bloße Einigung (Abs 1 S 2).** Die Regelung in I 2 knüpft an § 929 2 an. Dort wird bei bestehendem *Besitz* des Erwerbers die bloße dingliche Einigung zur Rechtsübertragung für ausreichend erklärt. Dies gilt auch im Falle des gutgläubigen Erwerbs vom Nichtberechtigten, soweit der Erwerber den Besitz von dem Veräußerer erlangt hatte. Das Gesetz gibt damit den Hinweis, dass der Erwerb des Besitzes von dritter Seite besondere Risiken enthält, die nicht Grundlage für das Vertrauen des Erwerbers sein sollen.

Hat allerdings der Dritte den Besitz zuvor vom Veräußerer erlangt und überträgt er den Besitz auf den Erwerber, so ist gutgläubiger Erwerb möglich (Palandt/*Bassenge* § 932 Rz 4).

F. Rechtsfolge. Durch einen gutgläubigen Erwerb wird der Erwerber in gleicher Weise Eigentümer wie beim Erwerb vom Berechtigten. Eine Beschränkung seiner Rechtsstellung wegen gutgläubigen Erwerbs ist ausgeschlossen. Ansprüche des früheren Eigentümers gegen ihn aus unerlaubter Handlung sind ausgeschlossen. Dies gilt insb auch bei leicht fahrlässiger Eigentumsverletzung. Hier muss in § 823 I der Haftungsmaßstab der groben Fahrlässigkeit aus § 932 II übertragen werden. Der Erwerb ist derivativ. Später eintretende Bösgläubigkeit des Erwerbers ist in jedem Falle unschädlich. Bei Weiterveräußerung durch den gutgläubigen Erwerber erwirbt der Dritte vom Eigentümer (aber s.o. Rn 6). Die rechtlichen Möglichkeiten des früheren Eigentümers, der durch die Veräußerung des Nichtberechtigten sein Eigentum verloren hat, beschränken sich auf § 816 I und ggf § 687 II, 681, 667. Hat der Veräußerer die Verfügung entgeltlich vorgenommen, so kann der frühere Eigentümer Herausgabe des durch die Verfügung Erlangten vom Veräußerer verlangen (§ 816 I 1). Hat der Veräußerer die Verfügung unentgeltlich vorgenommen, so kann der frühere Eigentümer sich ausnahmsweise mit seinem Anspruch auf Herausgabe des durch die Verfügung Erlangten an den Erwerber wenden (§ 816 I 2). 14

G. Ähnliche Regelungen. Ist der Veräußerer Kaufmann, so wird die Möglichkeit des gutgläubigen Erwerbs durch § 366 HGB auf diejenigen Fälle ausgedehnt, in denen der Erwerber an die Verfügungsbefugnis des Veräußerers glaubt. Der gute Glaube an das Eigentum wird ferner geschützt in den §§ 934, 1032, 1207. Darüber hinaus gibt es einen Schutz des guten Glaubens an die Verfügungsbefugnis des tatsächlich Berechtigten in den §§ 135 II, 136, 161 III, 2113 III, 2129 II, 2211 II. Im Grundstücksrecht ist auf die abw Regelungen der §§ 892, 893, 1138, 1155 hinzuweisen. Der gute Glaube an die Richtigkeit des Erbscheins wird geschützt durch § 2366, für das Handelsregister vgl § 15 HGB, für das Vereinsregister §§ 68, 70, für das Güterrechtsregister § 1412, schließlich im Prozessrecht vgl § 325 II ZPO. Das MoMiG will 2008 den gutgläubigen Erwerb von GmbH-Anteilen ermöglichen (*Harbarth* ZIP 08, 57). 15

§ 932a Gutgläubiger Erwerb nicht eingetragener Seeschiffe.
Gehört ein nach § 929a veräußertes Schiff nicht dem Veräußerer, so wird der Erwerber Eigentümer, wenn ihm das Schiff vom Veräußerer übergeben wird, es sei denn, dass er zu dieser Zeit nicht in gutem Glauben ist; ist ein Anteil an einem Schiff Gegenstand der Veräußerung, so tritt an die Stelle der Übergabe die Einräumung des Mitbesitzes an dem Schiff.

A. Systematik. § 932a ist zusammen mit § 929a nachträglich in das Gesetz eingefügt worden und baut auf § 929a auf. IE sind daher die unterschiedlichen Situationen bzgl der verschiedenen Schiffe zu trennen (s.o. § 929a Rn 1). § 932a betrifft (wie § 929a) nur die nicht eingetragenen Seeschiffe, für die die Norm einen gutgläubigen Erwerb ermöglicht. Dagegen werden eingetragene Schiffe gem §§ 15 ff SchiffsrechteG nach dem jeweiligen Inhalt des Registers behandelt, das öffentlichen Glauben genießt. 1

B. Norminhalt. Der Erwerb nach § 932a setzt voraus, dass das Eigentum an einem nicht eingetragenen Seeschiff übertragen wird, dass die Übereignung nach den Regeln des § 929a erfolgt (bloße dingliche Einigung), ferner dass der Erwerber im Zeitpunkt des Eigentumsübergangs gutgläubig ist und schließlich, dass ihm die Sache vom Veräußerer übergeben wird. § 932a verweist damit für den gutgläubigen Erwerb auf die Grundsätze des § 932. 2

§ 933 Gutgläubiger Erwerb bei Besitzkonstitut.
Gehört eine nach § 930 veräußerte Sache nicht dem Veräußerer, so wird der Erwerber Eigentümer, wenn ihm die Sache von dem Veräußerer übergeben wird, es sei denn, dass er zu dieser Zeit nicht in gutem Glauben ist.

A. Systematik. § 933 ist die parallele Gutglaubensnorm zu § 930. Sie regelt daher die Frage, ob und unter welchen Umständen im Falle der Eigentumsübertragung durch Besitzkonstitut ein gutgläubiger Erwerb in Betracht kommt. Die Formulierung des Gesetzes hält gutgläubigen Erwerb für möglich. Dabei wird allerdings zusätzlich die Übergabe der Sache vom Veräußerer an den Erwerber verlangt, so dass faktisch die Voraussetzung des § 929 1 gegeben ist. Dies bedeutet im Ergebnis, dass im Normalfall des § 930 ein **gutgläubiger Erwerb ausgeschlossen** ist. 1

B. Tatbestand. Gutgläubiger Erwerb nach § 933 setzt voraus, dass zunächst der vollständige Tatbestand von §§ 929, 930 verwirklicht ist, dass also eine dingliche Einigung und Begründung eines Besitzmittlungsverhältnisses vorliegen. Darüber hinaus müssen die allg Anforderungen an den gutgläubigen Erwerb (Rechtsgeschäft, Verkehrsgeschäft, kein Rückerwerb, kein Abhandenkommen) gegeben sein. Schließlich muss guter Glaube iSv § 932 II vorliegen. 2

Sind alle diese Merkmale gegeben, so wird Eigentum nach § 933 erworben, wenn zusätzlich dem Erwerber die Sache von dem Veräußerer übergeben wird. Gemeint ist hier eine **Übergabe iSv § 929 1**. Ausreichend ist 3 also sowohl die Übertragung des unmittelbaren Besitzes vom Veräußerer auf den Erwerber als auch die Übergabe durch Besitzdiener oder durch einen Dritten auf Anweisung des Veräußerers. Auch die Übergabe der Sache vom Veräußerer an einen Besitzdiener oder Besitzmittler des Erwerbers genügt. Entscheidend ist, dass der Erwerber den Besitz vom Veräußerer mit dessen Willen erhält. Nach der Übergabe muss der **Veräußerer den Besitz vollständig verloren** haben. Mitbesitz oder mittelbarer Besitz des Veräußerers schaden (BGH NJW 59, 2206). Ausreichend ist schließlich die Wegnahme der Sache durch den Erwerber mit dem Einverständnis des Veräußerers (MüKo/*Quack* § 933 Rz 11). Für die Beurteilung der Gutgläubigkeit ist nach allg Regeln der Zeitpunkt entscheidend, in dem der Eigentumsübergang erfolgt.

§ 934 Gutgläubiger Erwerb bei Abtretung des Herausgabeanspruchs.
Gehört eine nach § 931 veräußerte Sache nicht dem Veräußerer, so wird der Erwerber, wenn der Veräußerer mittelbarer Besitzer der Sache ist, mit der Abtretung des Anspruchs, anderenfalls dann Eigentümer, wenn er den Besitz der Sache von dem Dritten erlangt, es sei denn, dass er zur Zeit der Abtretung oder des Besitzerwerbs nicht in gutem Glauben ist.

1 **A. Normzweck.** § 934 dehnt die Möglichkeit des gutgläubigen Erwerbs auf den Erwerbstatbestand des § 931 aus und erweitert damit die Möglichkeiten des Verkehrsschutzes. Die Norm knüpft (jedenfalls in ihrer ersten Alternative) an ein bestehendes Besitzmittlungsverhältnis an und behandelt dieses wie den unmittelbaren Besitz des Veräußerers. Dies stellt eine nicht unerhebliche Ausdehnung des Gutglaubensschutzes dar.

2 **B. Systematik.** § 934 ist die parallele Gutglaubensnorm zu § 931, den sie voraussetzt. Im Falle der Eigentumsübertragung nach § 931 ist anerkannt, dass die Norm sowohl demjenigen Veräußerer zur Seite steht, der als Eigentümer keinen Besitz hat als auch demjenigen, der mittelbarer Besitzer ist. An diese in § 931 nicht ausdrücklich zum Ausdruck gebrachten Alternativen knüpft § 934 an und trennt in seinen beiden Alternativen die Fälle, dass der Veräußerer mittelbarer Besitzer ist und die Situation, dass ein Besitz des Veräußerers nicht vorliegt. Beide Alternativen müssen wegen ihrer unterschiedlichen Tatbestandsvoraussetzungen beim Erwerb des Eigentums strikt getrennt werden.

3 **C. Veräußerer ist mittelbarer Besitzer.** Voraussetzung der ersten Alt des § 934 ist es, dass der Veräußerer mittelbarer Besitzer der Sache ist. Darüber hinaus müssen nach allg Regeln die sämtlichen Voraussetzungen des § 931 vorliegen. Zusätzlich bedarf es der allg Voraussetzungen für den gutgläubigen Erwerb (Rechtsgeschäft, Verkehrsgeschäft, kein Rückerwerb, kein Abhandenkommen). IE bedeutet dies, dass zwischen dem Veräußerer als mittelbarem Besitzer und dem unmittelbaren Besitzer ein Besitzmittlungsverhältnis iSv § 868 besteht, wobei der unmittelbare Besitzer dem mittelbaren den Besitz mittelt und somit aktuellen Fremdbesitzerwillen hat. Nicht ausreichend ist es, wenn der unmittelbare Besitzer unterschiedlichen Personen den Besitz mittelt, so dass **Nebenbesitz** zu bejahen ist (zum Nebenbesitz s. § 868 Rn 5). In diesem Falle ist wegen des nicht ungeteilten Besitzmittlungsverhältnisses ein Rechtserwerb nach § 934 nicht möglich. IdR führt eine Änderung der Willensrichtung aber nicht zum Nebenbesitz, sondern zum Wechsel des mittelbaren Besitzers. Aus dem bestehenden Besitzmittlungsverhältnis muss sich ein Herausgabeanspruch ergeben, der abgetreten wird. In der ersten Alt des § 934 muss der abgetretene Herausgabeanspruch so beschaffen sein, dass er sich aus einem ein Besitzmittlungsverhältnis konstituierenden Schuldverhältnis ergeben kann. Ein gesetzlicher Anspruch aus Bereicherungsrecht, unerlaubter Handlung oder aus § 985 kann für die erste Alt nicht ausreichen. Die Abtretung selbst muss wirksam vorgenommen sein, frühere Abtretungen oder Abtretungsverbote schließen den Erwerb aus. Zusätzlich zum bestehenden Besitzmittlungsverhältnis und zur Abtretung ist auch bei § 934 Voraussetzung, dass eine dingliche Einigung iSd § 929 vorliegt und dass der Erwerber gutgläubig iSv § 932 II ist. Mit der Erfüllung aller Tatbestandsmerkmale von § 931 tritt der Eigentumserwerb ein.

4 **D. Veräußerer ist nicht Besitzer.** Die zweite Alt des § 934 geht davon aus, dass der Veräußerer keinen Besitz an der Sache hat. Auch in diesem Falle ist vom Berechtigten ein Erwerb nach § 931 möglich. Im Falle des § 934 knüpft die zweite Alt an diesen Tatbestand an und erklärt den gutgläubigen Erwerb ebenfalls für möglich, soweit der Erwerber den Besitz der Sache von der dritten Person erlangt. Auch hierbei wird zunächst der Tatbestand des § 931 vorausgesetzt, also bei fehlendem Besitz des Veräußerers muss jedenfalls ein Herausgabeanspruch an den Erwerber abgetreten sein. In dieser Alt genügt als Herausgabeanspruch aber auch ein gesetzlicher Anspruch aus Bereicherung oder Delikt. Der Fall, dass dem Veräußerer nur der Herausgabeanspruch nach § 985 zusteht, ist bei gutgläubigem Erwerb nicht denkbar. Wird bei vorliegender dinglicher Einigung nach § 929 und Erfüllung der Voraussetzungen des § 931 sowie Gutgläubigkeit des Erwerbers ein Eigentumserwerb nach der zweiten Alt von § 934 in Betracht gezogen, so verlangt das Gesetz in dieser Variante zusätzlich, dass der Erwerber den Besitz der Sache von dem Dritten erlangt hat. Besitzerwerb meint hier den Eigenbesitz an der Sache unter Ausschluss jeglicher Besitzbeziehung des Veräußerers. In Betracht kommen kann also die Übertragung des unmittelbaren Eigenbesitzes vom Dritten an den Erwerber, ferner die Übertragung des Besitzes mit Hilfe eines Besitzdieners. Ausreichend ist aber auch die Übertragung des mittelbaren Besitzes, soweit das Besitzmittlungsverhältnis nicht eine Besitzbeziehung zum Veräußerer eröffnet. Schließlich genügt nach str Auffassung auch die nachträgliche Begründung eines Besitzmittlungsverhältnisses zwi-

schen dem Dritten als unmittelbaren Besitzer und dem Erwerber (*Tiedtke* WM 69, 1142; MüKo/*Quack* § 934 Rz 15; aA BGH NJW 79, 2037).

E. Das Verhältnis von § 934 zu § 933. Die Möglichkeiten des gutgläubigen Erwerbs nach § 934 und die deutlich engere Regelung in § 933 haben zu einem Streit darüber geführt, ob die gesetzliche Regelung im Verhältnis von §§ 933 und 934 einen Wertungswiderspruch enthält (so insb *Wacke* Das Besitzkonstitut als Übergabesurrogat in Rechtsgeschichte und Rechtsdogmatik 1974, 50 ff; aA *Lohsse* AcP 06, 527 ff). Denn während beim gutgläubigen Erwerb nach § 933 zur erforderlichen Vereinbarung eines Besitzmittlungsverhältnisses noch die Übergabe der Sache hinzutreten muss, genügt in der ersten Alt des § 934 die blanke Übertragung dieses mittelbaren Besitzes. Eine Übergabe wie in § 933 und § 934 zweite Alt ist nicht erforderlich. Dies hat etwa in dem berühmten Fräsmaschinen-Fall des BGH (BGHZ 50, 45) dazu geführt, dass der Eigentumsvorbehaltskäufer mit der Einräumung des Sicherungseigentums an den Erwerber wegen § 933 kein volles Eigentum übertragen konnte, während der Erwerber der Sache vom Eigentumsvorbehaltskäufer auf Grund des bestehenden Besitzkonstituts bei der Übertragung seiner Rechtsposition an einen gutgläubigen Vierten diesem gem §§ 931, 934 erste Alternative Eigentum verschaffen konnte. Der für dieses Ergebnis behauptete Wertungswiderspruch ist zu verneinen. Deshalb ist auch eine korrigierende Auslegung der Normen nicht gerechtfertigt (Soergel/*Henssler* § 934 Rz 3; Staud/*Wiegand* § 934 Rz 3 stattdessen für strenge Maßstäbe iR der Gutgläubigkeit; zweifelnd MüKo/*Quack* § 934 Rz 1; für teleologische Reduktion des § 934 *Wilhelm* Rz 901). Zunächst ist festzustellen, dass der scheinbare Wertungswiderspruch der ausdrücklichen Anordnung des Gesetzes entspricht (*Lohsse* AcP 06, 527 ff). Sodann ist darauf hinzuweisen, dass der Gesetzgeber mit gutem Grund die erstmalige Vereinbarung eines Besitzmittlungsverhältnisses der Übertragung des bereits bestehenden Besitzmittlungsverhältnisses nicht gleichstellt. Die größere Nähe des Erwerbers zum unmittelbaren Besitzer im Falle von §§ 930, 933 sowie die besonderen Gefahren, die der Erwerb nach § 930 im Hinblick auf die fehlende Publizität auslöst, rechtfertigen die bewusst unterschiedliche Behandlung beider Fälle durch den Gesetzgeber.

§ 935 Kein gutgläubiger Erwerb von abhanden gekommenen Sachen. (1) ¹Der Erwerb des Eigentums auf Grund der §§ 932 bis 934 tritt nicht ein, wenn die Sache dem Eigentümer gestohlen worden, verloren gegangen oder sonst abhanden gekommen war. ²Das Gleiche gilt, falls der Eigentümer nur mittelbarer Besitzer war, dann, wenn die Sache dem Besitzer abhanden gekommen war. (2) Diese Vorschriften finden keine Anwendung auf Geld oder Inhaberpapiere sowie auf Sachen, die im Wege öffentlicher Versteigerung veräußert werden.

A. Normzweck. Die Norm grenzt die Sphäre der Schutzbedürftigkeit des ursprünglichen Eigentümers vom Verkehrsschutz und den Möglichkeiten zum gutgläubigen Erwerb ab. Entscheidend ist dabei der Gedanke, dass die freiwillige Weggabe der Sache durch den Eigentümer als Veranlassung eines möglichen Rechtsscheins zu werten ist und damit der Vertrauensschutz des Erwerbers und der Schutz des Rechtsverkehrs die Interessen des Eigentümers überwiegt. Umgekehrt ist der Gesetzgeber der Wertung getroffen, dass bei unfreiwilliger Besitzaufgabe durch den Eigentümer der Bestandsschutz des Eigentums Vorrang vor dem Vertrauensschutz des Rechtsverkehrs genießt. Demgegenüber ist es die besondere Umlauffähigkeit von Geld und Wertpapieren, die den Gesetzgeber veranlasst hat, in II eine Ausnahme von der Regelung des § 935 I zu machen.

B. Anwendungsbereich. Kraft ausdrücklicher gesetzlicher Anordnung ist das Abhandenkommen der Sache nur beim rechtsgeschäftlichen Erwerb auf Grund der §§ 932 bis 934 von Bedeutung. Dagegen ist ein gesetzlicher Eigentumserwerb durch Ersitzung, Verbindung, Vermischung, Verarbeitung und Fund auch an abhanden gekommenen Sachen möglich.

C. Abhandenkommen. Nach allg Auffassung ist eine Sache abhanden gekommen, wenn entweder der Eigentümer oder sein Besitzmittler den unmittelbaren Besitz ohne seinen Willen verloren hat (*Neuner* JuS 07, 401, 403). Nicht erforderlich ist ein Besitzverlust **gegen** den Willen des Eigentümers. Das Gesetz nennt ausdrücklich Diebstahl und Verlust der Sache, macht aber mit dem Hinweis auf ein sonstiges Abhandenkommen deutlich, dass für § 935 I jede Form des **Besitzverlustes ohne den Willen des Eigentümers** relevant ist. Für den Besitzverlust kommt es allein auf den unmittelbaren Besitz an. Ein Besitzverlust beim mittelbaren Besitzer führt nicht zu einem Abhandenkommen. Erleidet der unmittelbare Besitzer, der dem Eigentümer nicht den Besitz vermittelt, einen unfreiwilligen Besitzverlust, so begründet dies kein Abhandenkommen für den Eigentümer. Besonders bedeutsam ist die Tatsache, dass auch der **Besitz des Erben** gem § 857 durch § 935 I geschützt ist. Kommt also eine Sache abhanden, ohne dass der Erbe dem zustimmt, ist an dieser Sache gutgläubiger Erwerb nicht möglich.

D. Sonderprobleme des Abhandenkommens. I. Geschäftsunfähigkeit des Besitzers. Wird die Sache von einem Geschäftsunfähigen freiwillig weggegeben, so ist dies iSv I dennoch ein Fall des Abhandenkommens. Den im Besitzrecht entscheidenden natürlichen Willen kann zwar auch ein Geschäftsunfähiger haben, insoweit überwiegen nach hM aber die Schutzgesichtspunkte (München NJW 91, 2571). Bei beschränkter Geschäftsfähigkeit soll die jeweilige Urteilsfähigkeit maßgeblich sein (MüKo/*Quack* § 935 Rz 9). Angesichts des bei beschränkt Geschäftsfähigen in aller Regel in beachtlicher Weise vorliegenden natürlichen Willens wird man aber das Abhandenkommen wohl stets verneinen müssen.

5 **II. Irrtum, Täuschung und Drohung.** Ein Irrtum des Besitzers oder seine Täuschung durch Dritte lässt nicht die Freiwilligkeit entfallen, auch wenn rechtsgeschäftlich ein Anfechtungsgrund vorliegt. Bei Drohungen ist zu unterscheiden, ob die Art der Drohung in der Weise auf den Besitzlage einwirkt, dass deren Aufgabe als unfreiwillig anzusehen ist. Dies muss man jedenfalls bei unwiderstehlicher Gewalt annehmen, aber auch in anderen Fällen des Raubs der Sache durch Drohung (Staud/*Wiegand* § 935 Rz 11). Daraus ergibt sich zugleich, dass nicht jede Drohung iSv § 123 zum Abhandenkommen führt.

6 **III. Nichtiges Rechtsgeschäft.** Die Wirksamkeit eines dem Besitzwechsel zu Grunde liegenden Rechtsgeschäfts steht nicht mit der Frage des Abhandenkommens in Verbindung. Hat der Besitzer die Sache also freiwillig, aber auf Grund eines nichtigen Rechtsgeschäfts weggegeben, so ist die Sache nicht abhanden gekommen (Palandt/*Bassenge* § 935 Rz 6).

7 **IV. Hoheitsakt.** Wird die Sache dem Besitzer auf Grund eines Hoheitsaktes entzogen (etwa im Wege der Zwangsvollstreckung oder der öffentlichrechtlichen Beschlagnahme), so führt dies nicht im zivilrechtlichen Sinne zum Abhandenkommen der Sache. Vielmehr vollzieht sich der Verlust des Besitzes auf Grund öffentlicher Gewalt außerhalb der Privatrechtsordnung (MüKo/*Quack* § 935 Rz 13).

8 **V. Besitzdiener.** Hat ein Besitzdiener die Sache ohne Willen des Besitzherrn weggegeben oder durch Wechsel der Willensrichtung unterschlagen, so ist dies für den Besitzherrn ein unfreiwilliger Besitzverlust und damit ein Abhandenkommen (Köln VersR 94, 1428; Frankf OLGZ 89, 198). Macht sich der Besitzdiener ohne Wissen des Besitzherrn zum mittelbaren Besitzer, so ist entspr Abhandenkommen zu bejahen (str § 856 Rn 10). Anders ist der Fall zu beurteilen, wenn der Besitzdiener dabei auf Weisung des Besitzherrn handelt, wenn er zur Weggabe ermächtigt ist (§ 185) oder wenn sich eine Befugnis aus § 56 HGB (Ladenangestellter) ergibt.

9 **VI. Besitzmittler.** Ist der Eigentümer mittelbarer Besitzer, dann ist für die Frage des Abhandenkommens der natürliche Wille des unmittelbaren Besitzers und Besitzmittlers gem I 2 entscheidend. Bei unfreiwilligem Besitzverlust des Besitzmittlers ist also ein Abhandenkommen nur dann zu verneinen, wenn nicht ausnahmsweise der Eigentümer der Wegnahme der Sache zustimmt. Umgekehrt ist gutgläubiger Erwerb an einer Sache möglich, wenn der Besitzmittler sie freiwillig aufgibt, ohne dass dies dem Willen des Eigentümers entspricht (BGH NJW-RR 05, 280).

10 **VII. Mitbesitzer.** Im Fall des Mitbesitzes mehrerer Personen an einer Sache ist das Abhandenkommen bereits dann zu bejahen, wenn bei einem einzigen Mitbesitzer ein unfreiwilliger Besitzverlust vorliegt.

11 **VIII. Erbenbesitz (§ 857).** Besonders bedeutsam ist die besitzrechtliche Stellung des Erben nach § 857. Denn diese vom Gesetz eingeräumte Besitzstellung des Erben führt dazu, dass auch jede freiwillige Weggabe des Besitzes an einem Erbschaftsgegenstand durch eine dritte Person für den wirklichen Erben ein Abhandenkommen darstellt. Damit ist selbst vor Kenntnis des Eintritts der Erbschaft und der eigenen Erbenstellung der Erbe gegen gutgläubigen Erwerb dritter Personen an Erbschaftsgegenständen weithin geschützt. Dieser Schutz entfällt erst dann, wenn es einem Scheinerben gelingt, einen Erbschein zu erhalten. In diesem Fall wird der gutgläubige Erwerber nach § 2366 geschützt.

12 **IX. Juristische Personen und Gemeinschaften.** Bei juristischen Personen und allen rechtsfähigen Gesellschaften und Gemeinschaften wird der Besitz in Form des Organbesitzes durch die zur Vertretung berufenen Organe oder Gesellschafter ausgeübt (s.o. § 854 Rn 14 f). Die freiwillige Weggabe einer Sache durch ein Organ ist daher für die juristische Person oder die sonstige Gemeinschaft kein Abhandenkommen, selbst wenn die Weggabe der Sache unbefugt ist (BGHZ 57, 166). Dies muss auch für die in der Praxis nunmehr für rechtsfähig angesehene GbR gelten (aA Palandt/*Bassenge* § 935 Rz 10).

13 **E. Die Ausnahmen des Abs 2.** Aus Gründen der besonderen Umlauffähigkeit macht II eine Ausnahme für Geld, Inhaberpapiere und Sachen, die im Wege öffentlicher Versteigerungen veräußert werden. Als Geld sind insoweit alle inländischen und ausländischen Münzen und Scheine anzusehen, nicht aber Geld, das als Zahlungsmittel außer Kraft getreten ist. Unter II fallen also insb nicht wertvolle Gold- und Silbermünzen früherer Zeiten, die heute als Sammlerstücke gehandelt werden. Ist eine Münze aktuell zum Zahlungsverkehr offiziell zugelassen, so ist II auf sie anzuwenden, selbst wenn sie in der Praxis überwiegend als Sammlerstück behandelt wird.

14 Als Inhaberpapiere iSv II sind die Inhaberaktien, Schuldverschreibungen auf den Inhaber, Investmentanteilsscheine, darüber hinaus auch Lotterielose und Inhabermarken (Theaterkarten, Fahrkarten) sowie aktuell gültige und nicht entwertete Briefmarken anzusehen. Dagegen sind nicht unter II zu subsumieren die Orderpapiere, *selbst wenn sie blanco indossiert und auf den Inhaber ausgestellt sind*. Ebenso wenig hierher gehören Rektapapiere (vgl § 952) sowie die qualifizierten Legitimationspapiere des § 808, also va auch nicht Sparkassenbücher.

Als öffentliche Versteigerung nach II ist nur die (freiwillige oder gesetzlich angeordnete) bürgerlichrechtliche Versteigerung nach § 383 III 1 anzusehen, die durch einen für den Versteigerungsort bestellten Gerichtsvollzieher, durch einen zur Versteigerung befugten anderen Beamten oder durch einen öffentlichen Versteigerer in öffentlicher Weise erfolgt (BGH NW 90, 899). Nicht hierher gehören Zwangsversteigerungen nach ZPO und ZVG.

§ 936 Erlöschen von Rechten Dritter.
(1) ¹Ist eine veräußerte Sache mit dem Recht eines Dritten belastet, so erlischt das Recht mit dem Erwerb des Eigentums. ²In dem Falle des § 929 Satz 2 gilt dies jedoch nur dann, wenn der Erwerber den Besitz von dem Veräußerer erlangt hatte. ³Erfolgt die Veräußerung nach § 929a oder § 930 oder war die nach § 931 veräußerte Sache nicht im mittelbaren Besitz des Veräußerers, so erlischt das Recht des Dritten erst dann, wenn der Erwerber auf Grund der Veräußerung den Besitz der Sache erlangt.
(2) Das Recht des Dritten erlischt nicht, wenn der Erwerber zu der nach Absatz 1 maßgebenden Zeit in Ansehung des Rechts nicht in gutem Glauben ist.
(3) Steht im Falle des § 931 das Recht dem dritten Besitzer zu, so erlischt es auch dem gutgläubigen Erwerber gegenüber nicht.

A. Normzweck. Die Gründe des Gesetzgebers für eine generelle Zulassung des gutgläubigen Erwerbs (s.o. § 932 Rn 1) führen nicht nur zum Erwerb des Eigentums, sondern sie legen in gleicher Weise auch die Lastenfreiheit des Erwerbs nahe. Anderenfalls hätten die beschränkten dinglichen Rechte größere Bestandskraft als das Eigentum selbst.

B. Belastungen mit dem Recht eines Dritten. Als Belastung der Sache mit dem Recht eines Dritten meint der Gesetzgeber im Kontext des § 936 ausschl dingliche Rechte. Daher fallen unter I der Nießbrauch, das Pfandrecht, die dinglichen Aneignungsrechte, die gesetzlichen Pfandrechte des BGB und des HGB sowie das Pfändungspfandrecht (BGH WM 62, 1117). Ferner gehören die **Anwartschaftsrechte** hierher. Dagegen werden von § 936 nicht berührt öffentlichrechtliche Lasten oder Beschränkungen der Sache, alle schuldrechtlichen Ansprüche gegen den Besitzer, die Insolvenzbeschlagnahme sowie familienrechtliche Verfügungsbeschränkungen.

C. Voraussetzungen des Erlöschens. Die belastete Sache muss zunächst rechtsgeschäftlich wirksam veräußert sein (sei es nach den §§ 929 ff oder §§ 932 ff). Auf gesetzliche Erwerbstatbestände ist § 936 nicht anzuwenden. Die jeweilige dingliche Belastung muss zum Zeitpunkt der rechtsgeschäftlich wirksamen Veräußerung bereits bestehen. Weiterhin darf der Erwerber die Belastung gem II nicht positiv kennen. Für den in II genannten guten Glauben gilt § 932 II, so dass dem Erwerber auch grobe Fahrlässigkeit schadet. Wird etwa ein Einrichtungsgegenstand aus einer Mietwohnung erworben, so ist nach der Rspr in aller Regel Bösgläubigkeit hinsichtlich eines bestehenden Vermieterpfandrechts anzunehmen (BGH NJW 72, 33). Schließlich scheidet lastenfreier Erwerb aus, wenn die Sache dem Berechtigten abhanden gekommen ist (§ 935). In den Fällen von I 2 und 3 muss zusätzlich die Besitzerlangung hinzutreten. Liegt im Falle des § 936 I 3 dem Erwerb die Variante des § 934 1. Alt zugrunde, so gelten wiederum die Überlegungen zu § 934 Rn 5.

D. Rechtsfolge. Bei Erfüllung der tatbestandlichen Voraussetzungen wird das Eigentum an der Sache ohne Belastung erworben. Das vor der Veräußerung vorhandene beschränkte dingliche Recht geht also unter. Der Erwerb der Lastenfreiheit kann mit dem gutgläubigen Erwerb der Sache selbst einhergehen, Lastenfreiheit kann aber auch isoliert an einer beweglichen Sache erworben werden, die nach § 929 übereignet worden ist.

E. Sonderfälle. Einen Sonderfall regelt III, wonach lastenfreier Erwerb ausscheidet, wenn die Eigentumsübertragung nach den Regeln des § 931 erfolgt und dem dritten Besitzer ein Recht an der Sache zusteht. In diesem Falle wird auch vom gutgläubigen Erwerber nicht lastenfrei erworben. Der Fall des § 936 III hat erhebliche Bedeutung für den **Schutz des Anwartschaftsrechts**. Hat nämlich ein Dritter vom Vorbehaltsverkäufer das vorbehaltene Eigentum nach § 931 in der Schwebezeit erworben, so könnte er an sich im Hinblick auf § 161 III gutgläubig lastenfrei erworben haben. Damit würde das Anwartschaftsrechts des Vorbehaltskäufers entfallen. Davor schützt den Käufer § 936 III. Ebenso ist § 936 III auch auf das Eigentum anzuwenden, falls der Eigentümer dem zu Unrecht nach § 934 Verfügenden den Besitz mittelt.

Zu weiteren Regelungen von beweglichen Sachen als Grundstückszubehör vgl § 1121, weitere Sondervorschriften finden sich in § 1242 II, §§ 15, 77 SchiffsrechteG, § 5 PachtKrG.

Untertitel 2 Ersitzung

§ 937 Voraussetzungen, Ausschluss bei Kenntnis.
(1) Wer eine bewegliche Sache zehn Jahre im Eigenbesitz hat, erwirbt das Eigentum (Ersitzung).

(2) **Die Ersitzung ist ausgeschlossen, wenn der Erwerber bei dem Erwerb des Eigenbesitzes nicht in gutem Glauben ist oder wenn er später erfährt, dass ihm das Eigentum nicht zusteht.**

1 **A. Normzweck und Bedeutung.** Die Möglichkeit eines gesetzlichen Eigentumserwerbs durch Ersitzung hat erhebliche Bedeutung, wenn eine Rechtsordnung den gutgläubigen Erwerb nicht kennt (wie das römische Recht). Im modernen deutschen Recht ist die Ersitzung daher von geringer Bedeutung. Zur Anwendung kann sie va dann kommen, wenn ein gutgläubiger Erwerb wegen § 935 (Abhandenkommen der Sache) ausgeschlossen war, wenn der Mangel der Eigentumsübertragung nicht im Fehlen des Eigentums des Veräußerers lag (sondern in anderen Umständen wie etwa der mangelnden Vertretungsmacht) oder wenn sich der Besitzerwerb ohne Zusammenhang mit einem Veräußerungsgeschäft vollzogen hat wie etwa bei der Inbesitznahme einer vermeintlich herrenlosen Sache. Jenseits solcher Sonderfälle dient das Institut der Ersitzung aber generell dem Verkehrsschutz, dem Besitzschutz und der Rechtssicherheit sowie der Rechtsklarheit. In den praktischen Konsequenzen ähnelt die Ersitzung der Verjährung. So kann sich insb der langjährige Besitzer, der seinen Eigentumserwerbsakt nicht nachzuweisen vermag, hilfsweise auf Ersitzung berufen. In der Rspr hat die Ersitzung allerdings dadurch weiter an Bedeutung verloren, dass sie für nicht kondiktionsfest angesehen wird (s.u. Rn 8).

2 **B. Begriff und Anwendungsbereich.** Bei der Ersitzung handelt es sich um einen gesetzlichen Erwerbstatbestand des Eigentums an beweglichen Sachen. Somit kann auch der **Minderjährige** ersitzen. Zur Buchersitzung bei **Grundstücken** vgl § 900. Eine Ersitzung von **Rechten** kennt das deutsche Privatrecht nicht. IE setzt die Ersitzung voraus, dass folgende vier Tatbestandsmerkmale zu bejahen sind: Der Erwerber muss eine bewegliche Sache besitzen (s.u. Rn 3), es muss sich um Eigenbesitz handeln (s.u. Rn 4), dieser muss 10 Jahre andauern (s.u. Rn 5) und der Erwerber muss gutgläubig sein (s.u. Rn 6).

3 **C. Tatbestandsvoraussetzungen. I. Der Besitz einer beweglichen Sache.** Zum Begriff der Sache s.o. § 90. Zur Abgrenzung der beweglichen Sachen s.o. § 929 Rn 3. Eine Ersitzung ist auch bei Tieren möglich (§ 90a). Nicht möglich ist eine Ersitzung an dem Grundstücksrecht unterliegenden wesentlichen Bestandteilen (§§ 93, 94). Möglich ist dagegen eine Ersitzung am Zubehör (§ 97), da durch längeren Eigenbesitz des Erwerbers die Zubehöreigenschaft erlischt. Die Ersitzung kommt auch für öffentliche Sachen in Betracht (*Soergel/Henssler* § 937 Rz 1). Zum Sonderfall der Ersitzung bei Erbschaftsgegenständen vgl § 2026. Die Ersitzung wird durch relative Veräußerungsverbote (§§ 135, 136) nicht ausgeschlossen.

4 **II. Eigenbesitz.** Zum Eigenbesitz s.o. § 872. Danach kommt es auf die Willensrichtung des Besitzers an, ob er eine Sache als ihm selbst gehörend besitzt. Für diesen Besitzwillen kommt es im Hinblick auf den gesetzlichen Erwerbstatbestand lediglich auf einen natürlichen Willen an. Ob der jeweilige Eigenbesitz ein unmittelbarer oder mittelbarer Besitz (s.o. § 868) ist, macht keinen Unterschied, wie sich etwa aus § 939 entnehmen lässt.

5 **III. Zeitablauf.** Die Ersitzungszeit beträgt 10 Jahre und ist damit deutlich länger als im früheren gemeinen Recht (drei Jahre) oder zB im schweizerischen Recht (fünf Jahre). Der Eigenbesitz muss die ganze Zeit hindurch andauern (beachte allerdings die Vermutung des § 938). Tritt ein Besitzwechsel ein, so beginnt für den neuen Besitzer eine neue Ersitzungszeit. Wandelt sich Fremdbesitz in Eigenbesitz um oder entsteht der gute Glaube nachträglich, so beginnt die Ersitzung nunmehr zu laufen. Zur Hemmung und Unterbrechung vgl §§ 939–942. Zum Fortwirken der Ersitzungszeit bei Rechtsnachfolge und beim Erbschaftsbesitzer vgl §§ 943, 944. Für die Fristberechnung gelten die §§ 187 ff.

6 **IV. Guter Glaube.** Nach II setzt die Ersitzung voraus, dass der Besitzer beim Besitzerwerb gutgläubig ist. Wegen der negativen Formulierung von II wird der gute Glaube vermutet und die Beweislast trägt derjenige, der bösen Glauben behauptet. Für den Begriff des guten Glaubens s.o. § 932 II, guter Glaube ist also ausgeschlossen bei positiver Kenntnis oder grobfahrlässiger Unkenntnis. Später schadet dem Erwerber nur noch positive Kenntnis (II). Daher wird beim Besitzerwerb vom Erwerber eine Prüfung der Rechtslage mit üblicher verkehrsmäßiger Sorgfalt gefordert. Der gute Glaube muss sich auf das Eigentum des Ersitzenden beziehen, nicht auf das Eigentum des Veräußerers, weil im Falle von § 937 nicht immer eine Veräußerung vorausgesetzt wird. Allerdings darf der Glaube des Besitzers, er sei Eigentümer, nicht seinerseits auf grober Fahrlässigkeit beruhen.

7 **D. Wirkungen.** Die Ersitzung führt zu einem gesetzlichen Erwerbstatbestand und stellt damit einen originären Erwerb des Eigentums dar. Mit diesem Eigentumserwerb erlöschen die Rechte Dritter gem § 945 (lastenfreier Erwerb), es sei denn, dass der Eigenbesitzer beim Erwerb des Eigenbesitzes in Ansehung dieser Rechte nicht in gutem Glauben ist oder ihr Bestehen später erfährt. Möglich ist auch eine isolierte Ersitzung der Lastenfreiheit. Zum Verhältnis von Ersitzung und Bereicherungshaftung (Kondiktion) s.u. Rn 8.

8 **E. Ersitzung und Herausgabe, insbes bei Bereicherungshaftung.** Dem **Sinn und Zweck** der Ersitzung entspricht es, schuldrechtliche Herausgabeansprüche aus Gesetz gegen den Erwerber auszuschließen. Dies ist auch den **Gesetzesmaterialien** zu entnehmen (Motive III 353). Fortbestehen müssen und werden lediglich

vertragliche Rückgabeansprüche. Dagegen kann der mit einer Ersitzung regelmäßig verbundene Eingriff in fremdes Eigentum wohl unstr nicht zu einem Anspruch aus **Delikt oder Eingriffskondiktion** (§ 812 I 1 Alt 2) führen. Sehr str ist dagegen das Verhältnis von Ersitzung und **Leistungskondiktion** (§ 812 I 1 Alt 1). Seit RGZ 130, 69 (Menzel-Bilder) behaupten Rspr und hM, ein **Herausgabeanspruch aus § 812 sei zu bejahen**, da anderenfalls ein Wertungswiderspruch zwischen Ersitzung (nach 10 Jahren) und unentgeltlichem gutgläubigen Traditionserwerb (nach 30 Jahren) bestehe. Dieser Wertungswiderspruch war schon früher in Wahrheit abzulehnen und ist seit 1.1.02 (Verjährung nach §§ 195, 199 in drei bzw max 10 Jahren) endgültig gegenstandslos. Damit ist auch die **Leistungskondiktion ausgeschlossen** (*Prütting* SachenR § 36 VI).

F. Beweislast. Das Vorliegen der Voraussetzungen einer Ersitzung muss derjenige beweisen, der zu seinen Gunsten den Eigentumserwerb behauptet (bewegliche Sache, Eigenbesitz, Zeitablauf). Für den Zeitablauf hilft ihm die Vermutung des § 938 (s.u. § 938 Rn 2). Der Gegner, der die Ersitzung bestreitet, muss aber das Vorliegen der Bösgläubigkeit nach II nachweisen. Der Gegner muss auch das Vorliegen einer Hemmung oder Unterbrechung (§§ 939 I, II, 940 I, 941 1) beweisen, nicht dagegen den Fall der §§ 940 II, 941 2. 9

§ 938 Vermutung des Eigenbesitzes. Hat jemand eine Sache am Anfang und am Ende eines Zeitraums im Eigenbesitz gehabt, so wird vermutet, dass sein Eigenbesitz auch in der Zwischenzeit bestanden habe.

A. Normzweck. Der nach § 937 vorausgesetzte zehnjährige Eigenbesitz muss über den gesamten Zeitraum angedauert haben. Mit der Vermutung des § 938 wird dem Erwerber also der Nachweis erleichtert, dass er Eigenbesitz gehabt habe. 1

B. Wirkung der Vermutung. Beim Nachweis des Eigenbesitzes am Anfang und am Ende der Besitzzeit wird das dauernde Bestehen des Eigenbesitzes vermutet. Dabei handelt es sich um eine gesetzliche Vermutung iS des § 292 ZPO. Diese stellt eine Beweislastregelung dar. Der Beweis des Gegenteils durch denjenigen, der die Ersitzung bestreitet, ist möglich. 2

§ 939 Hemmung der Ersitzung. (1) ¹Die Ersitzung ist gehemmt, wenn der Herausgabeanspruch gegen den Eigenbesitzer oder im Falle eines mittelbaren Eigenbesitzes gegen den Besitzer, der sein Recht zum Besitz von dem Eigenbesitzer ableitet, in einer nach den §§ 203 und 204 zur Hemmung der Verjährung geeigneten Weise geltend gemacht wird. ²Die Hemmung tritt jedoch nur zugunsten desjenigen ein, welcher sie herbeiführt.
(2) Die Ersitzung ist ferner gehemmt, solange die Verjährung des Herausgabeanspruchs nach den §§ 205 bis 207 oder ihr Ablauf nach den §§ 210 und 211 gehemmt ist.

A. Normzweck. Die Norm zeigt, dass zwischen Ersitzung und Verjährung durchaus Parallelen bestehen. Im Grundsatz wird bei der Berechnung der Frist des § 937 I auf die allg Tatbestände einer Hemmung gem §§ 203, 204 verwiesen. Darüber hinaus ist durch II eine stark erweiterte Verweisung auf weitere Hemmungstatbestände vorgenommen worden. 1

B. Regelungsgehalt. Zur Wirkung der Hemmung vgl § 209. Zu den einzelnen Tatbeständen der Hemmung vgl die §§ 203 f, 205–207, 210 f. Von besonderer praktischer Bedeutung dürften va § 204 I Nr 1 und die ihm gleichgestellten Tatbestände sein, um den Herausgabeanspruch gegen den möglicherweise Ersitzenden rechtshängig zu machen. Dieser Herausgabeanspruch muss vom derzeitigen Eigentümer gegen den derzeitigen Eigenbesitzer (oder dessen Besitzmittler), nicht aber gegen den Besitzdiener geltend gemacht werden. Nach dem Gesetzeswortlaut kommt der Tatbestand der Hemmung nur demjenigen zugute, der die Hemmung herbeigeführt hat (I 2). 2

Insgesamt stellt § 939 in seiner Neufassung seit dem 1.1.02 die Übereinstimmung mit den im Wesentlichen umgestalteten Normen des Verjährungsrechts wieder her. 3

§ 940 Unterbrechung durch Besitzverlust. (1) Die Ersitzung wird durch den Verlust des Eigenbesitzes unterbrochen.
(2) Die Unterbrechung gilt als nicht erfolgt, wenn der Eigenbesitzer den Eigenbesitz ohne seinen Willen verloren und ihn binnen Jahresfrist oder mittels einer innerhalb dieser Frist erhobenen Klage wiedererlangt hat.

Die Norm regelt (wie § 941) einen Fall der Unterbrechung, dessen Wirkung in § 942 beschrieben wird. II regelt einen Ausnahmefall der generellen Unterbrechung nach I. Der Verlust des Eigenbesitzes soll also dort rechtlich nicht zählen, wo der Eigenbesitzer diesen ohne seinen Willen verloren hat. Dabei erfasst der unfreiwillige Verlust alle Fälle des § 935, geht aber noch darüber hinaus, wenn der mittelbare Eigenbesitzer seinen Besitz dadurch unfreiwillig verliert, dass der unmittelbare Besitzer den Besitz freiwillig aufgibt. Zur Beweislastverteilung s.o. § 937 Rn 9. 1

§ 941 Unterbrechung durch Vollstreckungshandlung. ¹Die Ersitzung wird durch Vornahme oder Beantragung einer gerichtlichen oder behördlichen Vollstreckungshandlung unterbrochen. ²§ 212 Abs. 2 und 3 gilt entsprechend.

1 Zur Wirkung der Unterbrechung s. u. § 942. Die Norm regelt entsprechend § 212 eine Unterbrechung des Laufs der Ersitzungsfrist bei Vollstreckungshandlungen. Im Falle des 2 gelten die jeweiligen Unterbrechungswirkungen als nicht eingetreten. Daher unterliegt 2 der Beweislast des Ersitzenden wie im Falle des § 940 II (s. o. § 937 Rn 9).

§ 942 Wirkung der Unterbrechung. Wird die Ersitzung unterbrochen, so kommt die bis zur Unterbrechung verstrichene Zeit nicht in Betracht; eine neue Ersitzung kann erst nach der Beendigung der Unterbrechung beginnen.

1 Wie früher im Falle der Unterbrechung der Verjährung hat die Unterbrechung der Ersitzung zur Folge, dass die Frist nach Beendigung der Unterbrechung neu zu laufen beginnt. Es müssen also alle Voraussetzungen des § 937 auf die dort genannte Zeitdauer vorliegen. Das gilt auch für die Gutgläubigkeit, die gerade im Falle einer Unterbrechung besonders krit zu würdigen sein wird.

§ 943 Ersitzung bei Rechtsnachfolge. Gelangt die Sache durch Rechtsnachfolge in den Eigenbesitz eines Dritten, so kommt die während des Besitzes des Rechtsvorgängers verstrichene Ersitzungszeit dem Dritten zugute.

1 Die Norm regelt im Zusammenhang mit der Rechtsnachfolge sowohl den Fall der Einzel- als auch den Fall der Gesamtrechtsnachfolge. Tritt in allen diesen Fällen ein Wechsel im Eigenbesitz auf Grund dieser Rechtsnachfolge ein, so kommt die jeweils beim Rechtsvorgänger bereits abgelaufene Ersitzungszeit dem Rechtsnachfolger zugute. Darüber hinaus müssen selbstverständlich auch beim Rechtsnachfolger sämtliche Voraussetzungen der Ersitzung erfüllt sein. § 943 ist auch anzuwenden, wenn es sich um einen Fall mehrfacher Nachfolge handelt.

§ 944 Erbschaftsbesitzer. Die Ersitzungszeit, die zugunsten eines Erbschaftsbesitzers verstrichen ist, kommt dem Erben zustatten.

1 Die Norm regelt den Spezialfall, dass ein Erbschaftsbesitzer gutgläubig davon ausgeht, eine bewegliche Sache gehöre zum Nachlass, der ihm selbst zustehe. Stellt sich in diesem Falle heraus, dass das Erbe nicht dem Erbschaftsbesitzer, sondern dem Erben zusteht, könnte der Erbe den Erbschaftsgegenstand nach den Regeln des § 937 nicht erworben haben. Hier hilft § 944 dem Erben, in dem er die Ersitzungszeit des Erbschaftsbesitzers ihm zurechnet.

§ 945 Erlöschen von Rechten Dritter. ¹Mit dem Erwerb des Eigentums durch Ersitzung erlöschen die an der Sache vor dem Erwerb des Eigenbesitzes begründeten Rechte Dritter, es sei denn, dass der Eigenbesitzer bei dem Erwerb des Eigenbesitzes in Ansehung dieser Rechte nicht in gutem Glauben ist oder ihr Bestehen später erfährt. ²Die Ersitzungsfrist muss auch in Ansehung des Rechts des Dritten verstrichen sein; die Vorschriften der §§ 939 bis 944 finden entsprechende Anwendung.

1 Während § 937 die Ersitzung des Eigentums an einer beweglichen Sache regelt, erweitert § 945 die Möglichkeit der Ersitzung im Hinblick auf den lastenfreien Erwerb. Die Norm ist daher die Parallele zu § 936. Die Regelung stellt klar, dass Rechte Dritter im Falle der Ersitzung nicht automatisch erlöschen, sondern nur insoweit, als der Ersitzende im Hinblick auf das Nichtbestehen dieser Rechte gutgläubig ist. Entsprechend der Regelung in 2 sind auch hier die Möglichkeiten einer Hemmung oder Unterbrechung der Ersitzung gegeben (§§ 939–944). Darüber hinaus ist § 936 III entsprechend anwendbar (MüKo/*Quack* § 945 Rz 4).

Untertitel 3 Verbindung, Vermischung, Verarbeitung

§ 946 Verbindung mit einem Grundstück. Wird eine bewegliche Sache mit einem Grundstück dergestalt verbunden, dass sie wesentlicher Bestandteil des Grundstücks wird, so erstreckt sich das Eigentum an dem Grundstück auf diese Sache.

1 **A. Normzweck.** Die §§ 946–948 erfassen Sachverhalte, durch welche die selbständige Existenz einer Sache aufgehoben wird. So können nach § 93 Bestandteile einer Sache, die voneinander nicht getrennt werden können, ohne dass der eine oder andere zerstört oder in seinem Wesen verändert wird (sog wesentliche Bestand-

teile), nicht Gegenstand besonderer Rechte sein. Nach diesem Grundsatz können bei der Verbindung einer beweglichen Sache mit einem Grundstück iSv §§ 93, 94 die Eigentumsverhältnisse an der beweglichen Sache nicht fortbestehen, da diese infolge der Verbindung nicht mehr sonderrechtsfähig ist. Das Grundstück ist bei der Verbindung mit einer beweglichen Sache stets die Hauptsache, auf das Wertverhältnis kommt es nicht an. Die Vorschrift ist **nicht abdingbar** (RGZ 130, 310).

B. Tatbestandsvoraussetzungen. Verbindung einer beweglichen Sache mit einem Grundstück zu dessen wesentlichem Bestandteil iSd **§§ 93–94**. Wesentliche Bestandteile eines Grundstücks sind nach § 94 solche Sachen, die mit dem Grund und Boden fest verbunden sind oder die zur Herstellung in das Gebäude eingefügt wurden. Dabei darf **kein vorübergehender Zweck** iSd § 95 vorliegen, da es sich dann um sog Scheinbestandteile handelt (bzgl Einzelheiten s. §§ 94, 95). Auf die baurechtliche Zulässigkeit kommt es nicht an (Köln, BauR 00, 1784). Nachträgliche Unterlegung mit einem vorübergehenden Zweck gem § 95 ändert an den Eigentumsverhältnissen nichts (vgl BGH LM § 94 Nr 16). Ob im Einzelfall ein wesentlicher Bestandteil oder nur ein Scheinbestandteil gegeben ist, entscheidet die Verkehrsauffassung. Auch die Verbindung iSv § 93 oder § 94 II mit einem Gebäude, das nach § 94 I wesentlicher Grundstücksbestandteil ist, fällt unter § 946. Ist aber das Gebäude zum Zeitpunkt der Verbindung nur ein **Scheinbestandteil** (§ 95), ist § 946 nicht analog anzuwenden (so aber Staud/*Wiegand* Rz 12), vielmehr gilt § 947 (BGH JZ 87, 206, str). Auch auf den Einbau in ein eingetragenes **Schiff** kann § 946 analog angewendet werden (BGHZ 26, 225: Motor als wesentlicher Bestandteil). Zu Windkraftanlagen *Peters* WM 07, 2003.

C. Wirkung. Durch die Verbindung verliert die bewegliche Sache ihre Eigenschaft als selbständige Sache (§ 93 Rn 2) und unterliegt dem sachenrechtlichen Schicksal des Grundstücks, sein Eigentümer erwirbt somit durch die Verbindung kraft Gesetzes das Eigentum an der eingebauten Sache. Wer die Verbindung vorgenommen hat, ob sie gut- oder bösgläubig erfolgt, ist gleichgültig. Der Eigentumsverlust ist endgültig, § 935 findet keine Anwendung. Der Verlierende hat ggf einen Ausgleichsanspruch nach § 951. Mit dem Eigentumserwerb nach § 946 erlöschen gem § 949 1 auch Rechte Dritter an der verbundenen Sache. Rechte Dritter am Grundstück erstrecken sich gem § 949 3 auch auf die wesentlichen Bestandteile. Wird die Verbindung später wieder aufgehoben, so erhält der (ehemalige) wesentliche Bestandteil seine Sacheigenschaft zurück, allerdings lebt das frühere Eigentum an der beweglichen Sache nicht wieder auf. Beweisbelastet ist grds derjenige, der den Rechtserwerb nach § 946 behauptet.

D. Praktische Probleme. Die zwingenden Folgen des § 946 sind va für **Baustofflieferanten** und **Bauhandwerker** problematisch, da ein einfacher EV an ihren beweglichen Sachen unter den Voraussetzungen des § 946 erlischt (*Serick* BB 73, 1405). Für Bauhandwerker besteht diesbezüglich die Möglichkeit, sich über § 648a abzusichern. Für Baustofflieferanten besteht eine Sicherungsmöglichkeit dahingehend, dass sie sich einen Teil der Forderungen des Bauunternehmers gegen den Bauherrn abtreten lassen, sofern diese nicht schon zuvor an andere abgetreten wurden (vgl BGHZ 26, 178). Dabei ist zu beachten, dass keine Übersicherung des Baustofflieferanten eintreten darf, eine uneingeschränkte Abtretung des Werklohnanspruchs im Rahmen der AGB des Baustofflieferanten ist unwirksam. Es ist also eine dem Wert der Kaufpreisforderung entsprechende Teilabtretung des Werklohnanspruchs vorzunehmen (vgl BGHZ 98, 303; zum Ganzen *Munz* BauR 03, 621 ff).

E. Insolvenz. In der Insolvenz teilen wesentliche Bestandteile das Schicksal des Grundstücks, zu dem sie gehören. Bei Scheinbestandteilen oder sonstigen beweglichen Sachen kommt es darauf an, ob es sich um Zubehör iSd § 97 handelt, welches dem Haftungsverband des Grundstücks unterliegt (§ 1120).

Im Hinblick auf die Möglichkeit eines Baustofflieferanten, einen verlängerten EV mit Weiterveräußerungsbefugnis zu vereinbaren, stellt sich die Frage, welche Konsequenzen sich hieraus in der Insolvenz des Bauunternehmers ergeben, wenn dieser die unter EV gelieferten Stoffe auf dem Grundstück seines Kunden in dessen Gebäude eingebaut hat, der Kunde die Forderungen des Bauunternehmers beglichen hat und in dem Vertrag zwischen Unternehmer und Kunden ein Abtretungsverbot bzgl sämtlicher Forderungen vereinbart ist. Der Lieferant könnte ersatzabsonderungsberechtigt gem § 48 InsO analog sein. Voraussetzung hierfür ist, dass die gelieferten Stoffe vom Unternehmer unberechtigt weiterveräußert wurden; gleichgültig ist dann, ob das Material gem § 946 auf den Kunden übergeht oder zuvor schon rechtsgeschäftlich übereignet wurde. Zu beachten ist in dieser Konstellation stets § 354a HGB. Ist dieser gegeben, wäre der Einbau wegen der Unwirksamkeit des Abtretungsverbots rechtmäßig gewesen und ein Ersatzabsonderungsrecht besteht nicht.

§ 947 Verbindung mit beweglichen Sachen. (1) Werden bewegliche Sachen miteinander dergestalt verbunden, dass sie wesentliche Bestandteile einer einheitlichen Sache werden, so werden die bisherigen Eigentümer Miteigentümer dieser Sache; die Anteile bestimmen sich nach dem Verhältnis des Wertes, den die Sachen zur Zeit der Verbindung haben.
(2) Ist eine der Sachen als Hauptsache anzusehen, so erwirbt ihr Eigentümer das Alleineigentum.

§ 948 Vermischung

1   **A. Tatbestandsvoraussetzungen.** Voraussetzung ist die Verbindung (Realakt) beweglicher Sachen zu wesentlichen Bestandteilen iSd § 93 einer Gesamtsache. § 947 gilt auch bei Verbindung mit einem Gebäude, das nur Grundstücksscheinbestandteil ist. Zur Frage, wann ein wesentlicher Bestandteil iSd Norm vorliegt s. § 93 Rn 7 ff. Derjenige, der sich auf den (Mit-) Eigentumserwerb nach § 947 beruft, ist **beweisbelastet**.

2   **B. Rechtsfolgen.** Ist keine der Sachen als Hauptsache anzusehen, so tritt gem **I Miteigentum** (§§ 1008 ff) der bisherigen Eigentümer an der verbundenen Sache ein, und zwar im Verhältnis des Wertes der einzelnen verbunden Sachen. Werden gestohlene Teile eingebaut, kann also wegen § 935 Miteigentum insoweit nicht erworben werden (Köln VersR 07, 1510 str; *Neuner* JuS 07, 406).

3   Ist eine verbundene Sache als Hauptsache anzusehen, wird deren Eigentümer gem **II Alleineigentümer** der ganzen Sache. Das Eigentum an der anderen verbundenen Sache erlischt, auch wenn diese iSv § 935 abhanden gekommen sein sollte – ebenso die an ihr bestehenden Rechte. Ob I oder 2 vorliegt, entscheidet die **Verkehrsanschauung**. Das Wertverhältnis hat allenfalls indizielle Bedeutung. Nach Ansicht des BGH (NJW 56, 788) liegt eine Hauptsache nur vor, wenn die übrigen Bestandteile fehlen könnten, ohne dass das Wesen der Sache dadurch beeinträchtigt würde. Eine Vereinbarung darüber, welche Sache als Hauptsache anzusehen ist, ist dinglich unbeachtlich. Ein Warenkreditgeber kann sich aber durch eine sog **Verbindungsklausel** absichern. Konstruktiv ist dies durch ein antizipiertes Besitzkonstitut in der Weise möglich, dass sich der frühere Eigentümer der Nebensache für den Fall der Verbindung schon im Voraus das Alleineigentum oder einen Miteigentumsanteil an der verbundenen Sache übereignen lässt. Diese Verbindungsklausel versagt allerdings, wenn nicht der Warenkreditnehmer, sondern ein Dritter Eigentümer der Hauptsache ist. Der Verlierende kann **Ausgleich nach § 951** verlangen. War die Einzelsache abhanden gekommen, setzt sich der Makel an dem ihr entsprechenden Miteigentumsanteil fort (Staud/*Wiegand* § 951 Rz 5; Soergel/*Henssler* § 951 Rz 4; BaRoth/*Kindl* § 951 Rz 6; aA KG OLG 12, 125; LG Bielefeld MDR 51, 164). Dieser steht daher dem ursprünglichen Eigentümer der Teilsache zu, ein gutgläubiger Erwerb des Miteigentumsanteils durch einen Dritten ist wegen § 935 nicht möglich.

4   **C. Praktische Bedeutung.** Die praktische Bedeutung des § 947 ist eingeschränkt, weil die Verbindung häufig zur Entstehung einer neuen Sache iSd Rechtsverkehrs führt und in diesem Fall eine Verarbeitung nach § 950 vorliegt. § 950 kommt dann, wenn der Schwerpunkt auf dem Verarbeitungsvorgang liegt, vorrangig zur Anwendung.

§ 948 Vermischung.

(1) Werden bewegliche Sachen miteinander untrennbar vermischt oder vermengt, so findet die Vorschrift des § 947 entsprechende Anwendung.
(2) Der Untrennbarkeit steht es gleich, wenn die Trennung der vermischten oder vermengten Sachen mit unverhältnismäßigen Kosten verbunden sein würde.

1   **A. Zweck und Abgrenzung.** Die Vorschrift soll wirtschaftlich sinnlose Maßnahmen zur Aufrechterhaltung des Einzeleigentums vermeiden. Zudem soll die durch die tatsächliche oder wirtschaftliche Untrennbarkeit entstandene Konfliktlage gelöst werden. § 948 ist nicht dispositiv. Sofern die Vermischung iR einer Übereignung nach § 929 als Übergabeakt vorgenommen wurde, findet kein gesetzlicher Eigentumserwerb nach § 948, sondern rechtsgeschäftlicher nach § 929 statt (insb bei **Pool-Verträgen**, *Peters* ZIP 00, 2238). Entsteht durch Vermischung eine neue Sache, ist § 950 anzuwenden. Vorrangige Spezialvorschriften gibt es für die Sammelverwahrung von **Wertpapieren** in §§ 5 ff DepotG und für das **handelsrechtliche Lagergeschäft** in § 469 II HGB. Derjenige, der sich auf § 948 beruft, ist **beweisbelastet**.

2   **B. Tatbestandsvoraussetzungen.** Die Vermischung (durch Realakt, Ddorf ZIP 03, 1306, oder infolge Naturgewalt) von Fahrnis unterfällt § 948, wenn sie zu tatsächlicher Untrennbarkeit führt (I) oder die Trennung nur zu unverhältnismäßigen Kosten möglich wäre (wirtschaftliche Untrennbarkeit, II). Tatsächliche Untrennbarkeit liegt vor, wenn die Trennung verschiedener Sachen objektiv nicht möglich ist (verfüttertes Tierfutter und gemästetes Tier, Celle NJW-RR 04, 1430) oder keine Kriterien bekannt sind, nach denen sich die vermischten Sachen objektiv unterscheiden lassen (mehrere gleichartige Geldmünzen in einer Kasse, BGH NJW 93, 935; Vermischung eines Tierbestands RGZ 140, 156). Wirtschaftliche Untrennbarkeit liegt demgegenüber etwa bei der Vermischung von unterschiedlichem Schüttgut (BGHZ 14, 114) vor. Auch demselben Eigentümer gehörige Sachen können vermischt werden.

3   **C. Rechtsfolgen.** § 948 verweist auf § 947 und führt entsprechend zur Entstehung von **Miteigentum** nach §§ 1008 ff und einer Miteigentumsgemeinschaft nach §§ 741 ff, wenn nicht die Voraussetzungen von § 947 II vorliegen. Die Beteiligung richtet sich nach dem Wertverhältnis der vermischten Sachen, wobei es auf den Zeitpunkt der Vermischung ankommt. Lassen sich trotz richterlicher Schätzung nach § 287 ZPO die Anteile nicht hinreichend exakt bestimmen, so gilt § 742 analog (MüKo/*Füller* Rz 5; Palandt/*Bassenge* Rz 3; aA BGH NJW 58, 1534). Für Aufhebung und Teilung der Gemeinschaft gelten die §§ 749 ff.

4   Alleineigentum nach § 947 II kann nur bei Verbindung/Vermischung verschiedenartiger Stoffe entstehen (*Baur/Stürner*; BaRoth/*Kindl* Rz 6; Dresd v 17.2.05 – 13 U 1040/04; aA Soergel/*Henssler* Rz 6), iÜ entsteht

auch bei sehr großen Mengenunterschieden Miteigentum (bei **Geldvermengung** soll allerdings nach hM der Eigentümer der Kasse als **Hauptsache** Alleineigentum nach § 947 erwerben, aA MüKo/*Füller* Rz 7).

§ 949 Erlöschen von Rechten Dritter. ¹Erlischt nach den §§ 946 bis 948 das Eigentum an einer Sache, so erlöschen auch die sonstigen an der Sache bestehenden Rechte. ²Erwirbt der Eigentümer der belasteten Sache Miteigentum, so bestehen die Rechte an dem Anteil fort, der an die Stelle der Sache tritt. ³Wird der Eigentümer der belasteten Sache Alleineigentümer, so erstrecken sich die Rechte auf die hinzutretende Sache.

A. Normzweck. Die Vorschrift sorgt für den Gleichlauf des Eigentums an den nach §§ 946 ff verbundenen oder vermischten Sachen mit etwaigen dinglichen Belastungen oder an diesen bestehenden **Anwartschaftsrechten**. 1

B. Rechtsfolgen. Erlischt nach §§ 946, 947 II, 948 das Eigentum an einer Sache, weil diese wesentlicher Bestandteil einer Hauptsache wird, führt dies gem 1 auch zum Erlöschen der an dieser Sache bestehenden dinglichen Rechte. 2

Dingliche Rechte, die vor der Verbindung an der Hauptsache begründet waren, bestehen unverändert fort und erstrecken sich nach der Verbindung auch auf die wesentlichen Bestandteile. War die Hauptsache abhanden gekommen, so kommt ein gutgläubiger Erwerb der Gesamtsache wegen § 935 nicht in Frage. Das Abhandenkommen einer Nebensache hindert dagegen den Erwerb gem den §§ 946 ff nicht, da es sich um einen gesetzlichen Erwerb handelt. 3

Kommt es durch die Verbindung oder Vermischung dagegen zur Entstehung von Miteigentum (§§ 947 I, 948) so setzen sich die Belastungen des Eigentums als Belastungen am Miteigentumsanteil fort (dingliche Surrogation). Eines Ausgleichs nach § 951 des dinglich Berechtigten bedarf es nicht. 4

Bei **Verbindung von Sachen, die demselben Eigentümer** gehören, bestehen dingliche Belastungen an einem dem Wert der belasteten Sache entsprechenden Eigentumsbruchteil fort (RGZ 67, 421, 425). 5

C. Aufhebung der Verbindung. Entsprechend ist bei **Aufhebung der Verbindung** zu unterscheiden: Hat die Verbindung zur Entstehung von Alleineigentum geführt (Untergang der Rechte an den wesentlichen Bestandteilen, Rn 2, und Fortsetzung der Belastungen der Hauptsache an der Gesamtsache, Rn 3), so leben durch die Aufhebung der Verbindung die erloschenen Rechte nicht wieder auf, es kann ein schuldrechtlicher Anspruch auf Neubegründung bestehen. Die Rechte, die sich an der Gesamtsache fortgesetzt haben (Rn 3), bestehen nach Aufhebung der Verbindung (wieder) an der ehemaligen Hauptsache. Nach der Aufhebung einer Verbindung, die zu Miteigentum nach § 947 I geführt hat, bestehen die dinglichen Rechte wieder an den Einzelsachen fort. 6

§ 950 Verarbeitung. (1) ¹Wer durch Verarbeitung oder Umbildung eines oder mehrerer Stoffe eine neue bewegliche Sache herstellt, erwirbt das Eigentum an der neuen Sache, sofern nicht der Wert der Verarbeitung oder der Umbildung erheblich geringer ist als der Wert des Stoffes. ²Als Verarbeitung gilt auch das Schreiben, Zeichnen, Malen, Drucken, Gravieren oder eine ähnliche Bearbeitung der Oberfläche.
(2) Mit dem Erwerb des Eigentums an der neuen Sache erlöschen die an dem Stoffe bestehenden Rechte.

A. Normzweck. Bei der Verarbeitung eines Stoffes zu einer neuen beweglichen Sache stellt sich die Frage, ob sie dem Hersteller oder dem Eigentümer des verarbeiteten Stoffs gehören soll. § 950 entscheidet das Problem zugunsten des Herstellers. Die **Vorschrift ist zwingend** (ganz hM). Als Gegenmittel bleibt dem Stofflieferanten allerdings die Möglichkeit der Verarbeitungs- oder Herstellerklausel (Rn 10 f). 1

Gegenüber den §§ 947–949 ist § 950 lex specialis, wenn die Verbindung Verarbeitung ist und durch sie eine neue Sache entsteht. Die Verarbeitung eines Grundstücks kennt das Gesetz nicht, so dass keine Überschneidung mit § 946 besteht (KG GRUR 94, 212). 2

Beweisbelastet hinsichtl des Verarbeitungstatbestands und der Herstellereigenschaft ist derjenige, der sich auf Eigentumserwerb nach § 950 beruft (BGH NJW 83, 2022); umgekehrt muss derjenige, der sich auf Nichterwerb nach I 1 Hs 2 beruft, diese Voraussetzungen beweisen. 3

B. Tatbestandsvoraussetzungen. Verarbeitung oder Umbildung ist ein von willensgetragenem Verhalten getragener **Realakt** (MüKo/*Füller* § 950 Rz 6). Deshalb können auch Geschäftsunfähige Verarbeitungen vornehmen und gem § 950 Eigentum erwerben, sofern sie zu einem willensgesteuerten Verhalten fähig sind. Es genügt das Zusammenfügen von Bauteilen (BGHZ 18, 226). Auch die **Zerlegung** einer Sache kann Verarbeitung sein (etwa zum Zwecke der Wiederverwertung der verschiedenen Stoffe), nicht aber ihre bloße Zerstörung. Verarbeitung ist auch die Bearbeitung der Oberfläche, I 2. 4

Durch die Verarbeitung muss eine **neue Sache** entstehen. Diesbezüglich ist die Verkehrsauffassung maßgeblich. Für Neuheit spricht, dass die hergestellte Sache einen **neuen Namen** trägt (Köln NJW 97, 2187) oder eine Formveränderung gegeben ist. Entscheidend ist, dass die Verarbeitung das Wesen des Stoffes verändert hat. Verarbeitung liegt idR bei Erzielung einer höheren Verarbeitungsstufe vor (so dass mit jeder Stufe neuer 5

Eigentumserwerb gegeben ist; Stuttg NJW 01, 2889 zur Herstellung eines Kunstwerks in mehreren Entwicklungsstufen); daher reicht auch ein Zwischenfabrikat aus, es sei denn, es handelt sich um einen einheitlichen Verarbeitungsvorgang. Ob ein Produktionsvorgang mehrstufig oder einheitlich ist, entscheidet wiederum die Verkehrsauffassung. Danach ist Verarbeitung zu bejahen beispielsweise bei aufwändiger Panzerung eines Kfz, Bremen 11 O 532/03; Verarbeitung des Papiers beim Druck eines Katalogs, Ddorf 11 U 23/00.

6 Eine Verarbeitung, die nicht einen erheblichen Mehrwert schafft, führt nicht zum Eigentumserwerb des Herstellers. Der Wert der Verarbeitung darf daher gem I 1 Hs 2 nicht erheblich unter dem Wert der verarbeiteten Stoffe liegen. Der Verarbeitungswert ergibt sich durch Abzug des Werts der Stoffe, wie sie zu Beginn des Verarbeitungsvorgangs vorlagen, vom Verkehrswert der hergestellten Sache. Die Erheblichkeitsschwelle soll jedenfalls überschritten sein, wenn das Verhältnis des Verarbeitungswerts zum Wert der Stoffe 3:5 oder kleiner ist (BGH NJW 95, 2633; Ddorf 11 U 23/00).

7 **C. Rechtsfolgen. I. Lastenfreier Eigentumserwerb (Abs 1 S 1, Abs 2).** Durch die Verarbeitung erwirbt der Hersteller (Rn 9) originäres Eigentum an der von ihm hergestellten Sache, wenn nicht I 1 Hs 2 vorliegt. Dass einer der verarbeiteten Stoffe abhanden gekommen war oder ein (nur schuldrechtlich wirkendes) Verarbeitungsverbot bestand, ist unbeachtlich (Köln NJW 97, 2187; BGH NJW 89, 3213). Die Möglichkeit, auch an eigenen Sachen nach § 950 Eigentum zu erwerben, ist relevant, wenn man berücksichtigt, dass das neue Eigentum gem II **lastenfreies Eigentum** ist. An den zur Verarbeitung verwendeten Stoffen etwa bestehende dingliche Rechte, insb **Anwartschaftsrechte**, gehen also infolge der Verarbeitung unter. Der sein Eigentum oder sein dingliches Recht Verlierende kann ggf **Ausgleich nach § 951** verlangen.

8 **II. Hersteller.** Nach der Rechtsprechung ist als Hersteller grds derjenige anzusehen, in dessen Namen und wirtschaftlichem Interesse die Herstellung erfolgt; maßgebend ist die **Verkehrsauffassung** eines mit den Verhältnissen vertrauten **objektiven Betrachters** (BGHZ 112, 243 mwN). Es kommt somit nicht entscheidend darauf an, wer den Verarbeitungsvorgang tatsächlich vornimmt, sondern wer ihn steuert und wer das Produktions- und Absatz- und Verwendungsrisiko trägt (Staud/*Wiegand* Rz 34). Daher sind **Arbeitnehmer**, die im Rahmen ihrer abhängigen Beschäftigung die Verarbeitung ausführen, nicht Hersteller. Aber: Hersteller des fertigen **Gesellenstücks** ist der Geselle, LArbG Köln MDR 02, 1016; LArbG München NZA-RR 03, 187. Beim **Werkvertrag** ist der Besteller Hersteller (BGHZ 14, 114); beim Werklieferungsvertrag ist dagegen der Unternehmer Hersteller, sonst ergäbe die Übereignungspflicht aus §§ 651 1, 433 I keinen Sinn.

9 **III. Verarbeitungsklauseln.** Str ist, ob bei der grds objektiven Beurteilung der Herstellerfrage die Vereinbarungen der Parteien zu berücksichtigen sind. Die hM und insb die Rechtsprechung erkennen solche Vereinbarungen über die Herstellereigenschaft in sog **Hersteller-** oder **Verarbeitungsklauseln** an, die Verlängerungsformen des EV darstellen (s. § 449 Rn 28). Diese Ansicht hält am zwingenden Charakter der Rechtsfolgen des § 950 fest, hält aber privatautonome Vereinbarungen, die die Tatbestandsebene betreffen, bei der Ermittlung der Herstellereigenschaft für bedeutsam, da sie bei der Beurteilung von einem objektiven Horizont aus zu berücksichtigen seien (BGHZ 20, 159, 163). Im Ergebnis wird dadurch freilich auch die Rechtsfolge für die Parteien verfügbar gemacht, so dass der durch eine Herstellerklausel Begünstigte durch die Verarbeitung originäres Eigentum erwirbt. Es findet kein Durchgangserwerb desjenigen statt, der den Verarbeitungsvorgang tatsächlich vornimmt. Im Ergebnis kommt die Auffassung der Rechtsprechung daher zu demselben Ergebnis wie die in der Literatur vertretene Ansicht von der **Abdingbarkeit der Regelung** (*Baur/Stürner* § 53 B III 3). Als Begründung wird va angeführt, dass § 950 den Interessenskonflikt zwischen Eigentümer und Hersteller löst. Einer gesetzlichen Lösung bedürfe es aber nur, wenn keine privatautonome Vereinbarung der Parteien bestehe. Da keine vorrangigen Verkehrsschutzinteressen betroffen sind (zumal der Stofflieferant mittelbaren Besitz hat), sei die rechtsgeschäftliche Abrede zu respektieren (aA BaRoth/*Kindl* Rz 10 mwN: für Umdeutung in antizipierte Sicherungsübereignung). Wird die neue Sache aus Stoffen verschiedener Vorbehaltseigentümer hergestellt, so erwerben sie grds Miteigentum. Zur **Vermeidung einer Übersicherung** ist die Klausel so zu fassen, dass sich der Eigentumserwerb nur auf einen dem Sicherungsinteresse entsprechenden Miteigentumsanteil bezieht.

10 Der Eigentumserwerb des Stofflieferanten, der sich aus der Anerkennung der Verarbeitungsklausel ergibt, darf aber nicht dazu führen, dass **Anwartschaftsrechte des tatsächlich verarbeitenden Käufers**, die am Stoff bestanden, endgültig nach § 950 II erlöschen. Denn der Ausgleichsanspruch nach § 951 ist anders als das Anwartschaftsrecht nur eine schuldrechtliche Rechtsposition. Zum Schutz des Käufers, der aufgrund eines durch Herstellerklausel verlängerten EV ein Anwartschaftsrecht erworben hat, ist daher der Herstellerklausel ggf im Wege ergänzender Vertragsauslegung eine antizipierte Wiederbegründung dieses Anwartschaftsrechts durch bedingte Übereignung der neu hergestellten Sache zu entnehmen (Soergel/*Henssler* Rz 18), so dass der Vorbehaltsverkäufer/Stofflieferant nur für eine juristische Sekunde unbelastetes Eigentum erhält.

§ 951 Entschädigung für Rechtsverlust.
(1) ¹Wer infolge der Vorschriften der §§ 946 bis 950 einen *Rechtsverlust* erleidet, kann von demjenigen, zu dessen Gunsten die Rechtsänderung eintritt, Vergütung in Geld nach den Vorschriften über die Herausgabe einer ungerechtfertigten Bereicherung fordern. ²Die Wiederherstellung des früheren Zustands kann nicht verlangt werden.

(2) ¹Die Vorschriften über die Verpflichtung zum Schadensersatz wegen unerlaubter Handlungen sowie die Vorschriften über den Ersatz von Verwendungen und über das Recht zur Wegnahme einer Einrichtung bleiben unberührt. ²In den Fällen der §§ 946, 947 ist die Wegnahme nach den für das Wegnahmerecht des Besitzers gegenüber dem Eigentümer geltenden Vorschriften auch dann zulässig, wenn die Verbindung nicht von dem Besitzer der Hauptsache bewirkt worden ist.

A. Normzweck. Die durch §§ 946–950 angeordneten dinglichen Rechtsänderungen sollen aus praktischen oder wirtschaftlichen Gründen nicht rückgängig gemacht werden. Dies macht einen schuldrechtlichen Ausgleich erforderlich, da die gesetzlichen Erwerbstatbestände keinen Rechtsgrund für den Vermögenszuwachs in sich tragen (BGHZ 55, 178). Zu diesem Zwecke sieht § 951 einen **Rechtsgrundverweis** (ganz hM, BGHZ 41, 159; 55, 178; BaRoth/*Kindl* Rz 2; Palandt/*Bassenge* § 951 Rz 2) auf das Bereicherungsrecht vor. Die Vorschrift stellt somit **keine selbständige Anspruchsgrundlage** dar. Hieraus folgt unter anderem, dass stets zu prüfen ist ob ein Rechtsgrund für den Erwerb vorlag, der va in einem Erwerb aufgrund einer Leistungsbeziehung liegen kann (s. § 812 Rn 83; u Rn 5 ff). 1

In der **Insolvenz** desjenigen, zu dessen Gunsten die Rechtsänderung eintritt, hat der Verlierende nur eine einfache Insolvenzforderung. Die Vorschrift ist **dispositiv**. 2

B. Tatbestandsvoraussetzungen. I. Rechtsverlust nach §§ 946–950 des Anspruchsinhabers, Rechtserwerb des Anspruchsgegners. Voraussetzung des Eingreifens der Rechtsgrundverweisung ist ein Rechtsverlust nach §§ 946–950, also der ersatzlose Untergang des Eigentums oder eines beschränkten dinglichen Rechts. **Inhaber** des Anspruchs ist derjenige, der sein Eigentum oder ein beschränktes dingliches Recht verloren hat (ebenso für Anwartschaftsrecht, dann sind sowohl Vollrechts- als auch Anwartschaftsberechtiger Gläubiger des Anspruchs aus § 951, Soergel/*Henssler* Rz 15). Bei der Entstehung von Miteigentum nach § 947 I besteht der Ausgleich im Erwerb des Miteigentumsanteils, § 951 findet keine Anwendung. **Schuldner** ist derjenige, der durch §§ 946, 947 das Eigentum gewinnt. Miteigentümer der Hauptsache haften nur in Höhe ihres Miteigentumsanteils (BGH NJW 77, 44, 46). Derjenige, dessen beschränkt dingliches Recht sich nach § 949 3 auf die ganze Sache erstreckt, schuldet keinen Ausgleich (RGZ 63, 416, 423; Soergel/*Henssler* Rz 16). 3

II. Rechtsgrundlosigkeit des Erwerbs. Ein Anspruch aus §§ 951, 812 I 1 Alt 2 besteht, wenn der Erwerb rechtslos war. Die gesetzlichen Erwerbstatbestände selbst konstituieren keinen Rechtsgrund. Dieser kann aber in einem zwischen Verlierendem und Gewinnendem bestehenden **Leistungsverhältnis** zu finden sein. 4

1. Zweipersonenverhältnisse. Hat der Verlierende dem Gewinnenden die verlorene Sache **nicht geleistet**, so ist der Ausgleichsanspruch nach § 951 eine Kondiktion in sonstiger Weise nach § 812 I 1 Alt 2. Die Rechtsgrundlosigkeit dieses Erwerbs ergibt sich aus dessen Widerspruch zur gesetzlichen Eigentumsordnung, der eben nicht allein durch §§ 946 ff beseitigt wird. Beruht im Zweipersonenverhältnis der Rechtserwerb des neuen Eigentümers auf einer **Leistung des Verlierenden**, stellt also die Verbindungshandlung die Erfüllung einer schuldrechtlichen Verpflichtung dar, so ist der Erwerb des Gewinnenden mit Rechtsgrund iSv § 812 erfolgt, ein Ausgleichsanspruch nach § 951 entsteht nicht. Teilweise wird die Unanwendbarkeit des § 951 in diesem Fall auch damit begründet, dass die Vorschrift nur auf den Tatbestand der Eingriffskondiktion verweise. War das schuldrechtliche Geschäft unwirksam, findet nach dieser Ansicht eine Kondiktion (unmittelbar) nach § 812 I 1 Alt 1 statt (MüKo/*Füller* Rz 9). Zum Sonderfall der **Errichtung eines Gebäudes in der Erwartung des späteren Erwerbs des Grundstücks** BGHZ 44, 321; BGH NJW 01, 3118 (iE § 812 Rn 47 f). 5

2. Mehrpersonenverhältnisse. In Mehrpersonenverhältnissen muss es für die Zulässigkeit einer Direktkondiktion nach §§ 951, 812 I 1 2. Alt darauf ankommen, ob eine **Leistungskette vom Veräußerer zum Erwerber** reicht (BGHZ 56, 228). Ist dies zu bejahen, scheidet die Durchgriffskondiktion aus, s. § 812 Rn 82. Dies gilt auch dann, wenn die schuldrechtlichen Vertragsverhältnisse (alle) unwirksam sind (MüKo/*Füller* Rz 16 mwN). 6

Hat der Verlierende das Eigentum dagegen **auf andere Weise als durch Leistung** verloren, so unterliegt der gewinnende Eigentümer der Eingriffskondiktion, zB bei Einbau von gestohlenem Material. Die Rechtfertigung für die Eingriffskondiktion findet sich darin, dass der gewinnende Eigentümer ohne den Einbau des Materials dem Herausgabeanspruch des verlierenden Eigentümers ausgesetzt gewesen wäre, da ein gutgläubiger Erwerb wegen § 935 nicht möglich gewesen wäre (BGHZ 55, 176). Entsprechendes muss bei Bösgläubigkeit *des Gewinnenden gelten (offengelassen von* BGH NJW-RR 91, 343). Der Verlierende kann allerdings auch den Einbau durch den Dieb (analog § 185) **genehmigen**, da der Einbau verfügungsgleiche Wirkung hat, und dann gegen den Dieb aus § 816 I vorgehen. Die Genehmigung kann auch nach Untergang der Sache noch erteilt werden (BGHZ 55, 176, 178, 56, 131, 133). Richtigerweise sind diese Ergebnisse durch die Übertragung der Wertungen des rechtsgeschäftlichen Erwerbs (§ 935) auf den Ausgleichsanspruch nach § 951 zu gewinnen (MüKo/*Füller* Rz 15): Wo wegen § 935 eine Vindikation zulässig gewesen wäre, darf der Vindikationsersatzanspruch nicht am Dogma der Subsidiarität der Eingriffskondiktion scheitern. 7

8 **C. Rechtsfolgen. I. Art und Umfang.** Der Verlierende kann einen **Ausgleich in Geld** verlangen, der dem Vermögenszuwachs des Gewinnenden entspricht (BGHZ 10, 171, 180). Die Naturalrestitution würde der Funktion der §§ 946 ff widersprechen und ist daher gem I 2 ausgeschlossen. Die **Höhe** des zu ersetzenden Vermögenszuwachses bemisst sich nach dem Verkehrswert zum Zeitpunkt der Vollendung des Einbaus (RGZ 130, 310, 313; str aA Soergel/*Henssler* Rz 20 ff). Es wird also nicht der dem Entreicherten erwachsene Schaden ersetzt. Ein Arbeitsaufwand bei der Verbindung durch den Verlierenden begründet einen unmittelbaren Anspruch aus § 812 (BGH LM § 946, Nr 6). In dem Wertzuwachs ist beides enthalten, was nach der Rspr zu einem einheitlichen Kondiktionsanspruch führt (BGHZ 35, 356). Zur Verkehrswertermittlung bei Grundstücken im Fall von Bau auf fremdem Boden gibt es keine bindende Methode (Ertragswert-, Sachwertverfahren oder Kombination) vgl BGHZ 35, 356. Hat der Gewinnende die Sache **weiterveräußert**, so beseitigt dies seine Ersatzpflicht gem § 818 II nicht. Der Erwerber der Sache haftet dagegen vorbehaltlich § 822 nicht (BGH WM 72, 389).

9 **II. Nutzungen.** Die Nutzungen verbleiben ab Rechtserwerb dem Gewinnenden ebenso wie eventuelle spätere Wertsteigerungen (BGH NJW 61, 452). Der Verlierende kann nicht die Nutzungen bis zur Zahlung der Vergütung beanspruchen (BGH LM Nr 13); § 818 I wird durch I ausgeschlossen. S. aber auch BGHZ 35, 356 = NJW 61, 2205. Ein Nutzungsersatz nach §§ 987 ff ist nicht durch § 951 ausgeschlossen.

10 **III. Wegfall der Bereicherung.** Aus der Gesamtverweisung auf §§ 812 ff folgt die Anwendbarkeit von §§ 818 III, IV, 819, 822. Daher erlischt der Anspruch aus § 951 I gem § 818 III, wenn die Sache ersatzlos untergeht. Erwerbskosten kann der Gewinnende jedoch nicht vom Ersatzanspruch absetzen, da er sie auch einem Anspruch aus § 985 nicht hätte entgegenhalten können (BGHZ 55, 176, 179).

11 **IV. Aufgedrängte Bereicherung.** Eine aufgedrängte Bereicherung liegt vor, wenn die objektive Wertsteigerung dem subjektiven Interesse des Bereicherten nicht entspricht. In diesem Fall kollidiert sein Selbstbestimmungsrecht mit dem Bereicherungsausgleich. Daher stellt sich das Problem nicht, wenn der Erwerber die Verbindung genehmigt, die Bereicherung nutzt oder die Verbesserungsmaßnahme objektiv zur Erhaltung erforderlich ist (MüKo/*Füller* Rz 34; Hambg NZM 02, 872, 873; Celle NZM 05, 379 für **Verbesserungsmaßnahmen des Wohnungseigentümers**). Umgekehrt kommt ein Anspruch aus § 951 wegen **Rechtsmissbrauchs** grds nicht in Frage, wenn die Verbindung gegen den bekannten Willen des Eigentümers und gerade mit dem Zweck vorgenommen wurde, einen Ausgleichsanspruch zu erwerben (Stuttg NJW-RR 97, 1553; Staud/*Gursky* Rz 46–49).

12 IÜ ist str, wie in den Fällen einer aufgedrängten Bereicherung der Bereicherungsanspruch des Verlierenden abgewehrt oder verkürzt werden kann (s. iE auch § 812 Rn 72). §§ 814, 815 sind insoweit auch nicht analog anwendbar. Einschränkungen des Bereicherungsanspruchs sollen erreicht werden durch a) gegenläufige **Wegnahmerechte analog § 1001 2** (BGH NJW 87, 3001), die einredeweise geltend gemacht werden können, b) gegenläufige Beseitigungs- oder Schadensersatzansprüche nach § 1004 (BGH NJW 65, 816) und § 823 (*Baur/Stürner* § 53 Rz 33), wobei freilich ein fertiges Gebäude nur schwerlich als fortdauernde Störung des Eigentums verstanden werden kann, oder c) eine Abwandlung des Bereicherungsumfangs iSd Beschränkung der Ersatzpflicht aus § 818 II auf den konkret gezogenen Nutzen (Palandt/*Bassenge* Rz 21 mwN). Diesbezüglich ist insb str, wann eine Pflicht zur Realisierung des Vermögensvorteils für den Bereicherten besteht.

13 **D. Weitergehende Rechte des Verlierenden (Abs 2).** Weitergehende Rechte des Verlierenden sind durch I nicht ausgeschlossen (aber zum Verwendungsersatz Rn 15 f), er kann sich nicht nur auf die in II genannten, sondern insb auch auf solche aus Geschäftsanmaßung (§ 687 II) berufen. Zu berücksichtigen ist aber, dass vertragliche Absprachen vorrangig sind und § 951 ausschließen (Rn 5).

14 **I. Schadensersatz.** Soweit der Gewinnende sich durch die Verbindung zugleich schadensersatzpflichtig gemacht hat, kann der Verlierende gem § 249 I Naturalrestitution verlangen, wenn diese nicht unmöglich oder unverhältnismäßig ist, § 251.

15 **II. Verwendungsersatz.** (Quasi-)**Vertragliche Verwendungsersatzansprüche** (zB § 536a II, 670) können neben dem Anspruch aus § 951 geltend gemacht werden.

16 Die **§§ 994 ff** sind ggü § 951 abschließend (BGHZ 41, 157 = NJW 64, 1125), um den bösgläubigen Verwender nicht zu bevorteilen. Allerdings soll dies auch für solche Verwendungen gelten, die nicht dem von der Rspr verwendeten engen Verwendungsbegriff unterfallen, nach dem Aufwendungen für grundlegende Veränderungen (Bau auf fremdem Boden) keine Verwendungen iSv § 994 sind. Dies benachteiligt den gutgläubigen unrechtmäßigen Besitzer, da er nur auf sein Wegnahmerecht nach § 997 verwiesen ist. Die Rspr hilft ggf mit § 242, wenn die Ausübung des Wegnahmerechts unmöglich ist (BGH aaO).

17 **III. Wegnahmerechte. 1. Sonstige Wegnahmerechte.** Wegnahmerechte iSv § 258 etwa des **Mieters oder Pächters**, *der die Sache* mit einer Einrichtung versehen hat (§§ 539 II, 581 II), bleiben durch den Eigentumserwerb des Eigentümers nach §§ 946 ff unberührt. Sie vermitteln in diesen Fällen zugleich ein dingliches Aneignungsrecht (BGHZ 81, 146, 150). Erst wenn die Wegnahme tatsächlich vollzogen wird, erlischt der Vergütungsanspruch aus I (BGH NJW 54, 265).

2. Eigenständiges Wegnahmerecht aus Abs 2 S 2. Nach II 2 kann der sein Recht nach §§ 946, 947 Verlierende statt des Vergütungsanspruchs auch ein Wegnahmerecht nach § 997 geltend machen, dieses Recht steht nach hL auch dem Nichtbesitzer zu (Soergel/*Henssler* Rz 29; Palandt/*Bassenge* Rz 24). Die gegenteilige Ansicht des BGH (BGHZ 40, 272, 280) ist systematisch nicht überzeugend. Dem Gewinnenden steht die Abwendung der Wegnahme nach § 997 II offen. Auf das Wegnahmerecht aus II 2 ist ebenfalls § 258 anzuwenden, der Wegnehmende hat also auf seine Kosten die Sache in den vorigen Stand zu versetzen. Der Anspruch ist **obligatorischer Natur** und vermittelt in der Insolvenz nach hM daher – anders als das Wegnahme- und Aneignungsrecht des Mieters (BGHZ 81, 146, 150) – kein Aussonderungsrecht (Palandt/*Bassenge* Rz 24; BaRoth/*Kindl* Rz 28; aA *Wieling* JZ 85, 511, 516).

18

§ 952 Eigentum an Schuldurkunden.
(1) ¹Das Eigentum an dem über eine Forderung ausgestellten Schuldschein steht dem Gläubiger zu. ²Das Recht eines Dritten an der Forderung erstreckt sich auf den Schuldschein.
(2) Das Gleiche gilt für Urkunden über andere Rechte, kraft deren eine Leistung gefordert werden kann, insbesondere für Hypotheken-, Grundschuld- und Rentenschuldbriefe.

A. Normzweck. Die Vorschrift gewährleistet den Gleichlauf des sachenrechtlichen Schicksals von Urkunde und verbrieftem Recht, wobei das **Recht am Papier dem Recht aus dem Papier folgt**. Bei den Urkunden des § 952 liegt der Primat also bei der Rechtsinhaberschaft, während bei den Inhaber- und Orderpapieren umgekehrt das Recht aus dem Papier dem Recht am Papier folgt. Eine Übereignung nach §§ 929 ff der Urkunden des § 952 und der Erwerb des Eigentums nach § 937 oder §§ 946 ff sind ausgeschlossen, § 952 ist insoweit Spezialvorschrift. Hieraus folgt für den Hauptfall des § 952, die Rektapapiere, dass ein gutgläubiger Erwerb (der Forderung und mit ihr gem § 952 des Eigentums an der Urkunde) nur iRv § 405 in Frage kommt. Insofern setzt die Vorschrift das Bestehen einer wirksamen Forderung voraus (**Akzessorietätsprinzip**). Die Vorschrift gilt auch für im **Ausland** ausgestellte Urkunden, wenn sie sich zu dem für den Eigentumsübergang maßgeblichen Zeitpunkt im Inland befanden (Karlsr VersR 02, 1251).

1

Die Vorschrift ist **zwingend**, str (Soergel/*Henssler* Rz 18 mwN; aA RGZ 51, 83, 85). Allerdings kann die Funktion des Papiers als Urkunde aufgehoben werden, wodurch § 952 unanwendbar wird.

2

B. Anwendungsbereich. I. Schuldscheine, Abs 1 S 1. Schuldschein iSv I 1 ist jede vom Schuldner über die Forderung ausgestellte Urkunde. Diese kann konstitutiv sein (§§ 780 f), Beweiszwecken dienen, oder Legitimationsfunktion haben. Bei der Beurkundung der Verpflichtung verschiedener Parteien in einer Urkunde, insb bei Vertragsurkunden über gegenseitige Verträge, greift die Vorschrift nicht.

3

II. Sonstige Schuldurkunden. Das Gesetz nennt ausdrücklich Hypotheken- (§ 1116 I), Grund- (§§ 1192 I, 1116 I) und Rentenschuldbriefe. Grund- und Rentenschuldbriefe auf den Inhaber werden aber wie Inhaberschuldverschreibungen nach § 793 behandelt (§ 1195 2), auf die § 952 nicht anwendbar ist. IÜ fallen unter II **qualifizierte Legitimationspapiere** (**Sparbücher**, § 808, **Pfand-, Depot- und Versicherungsscheine**) und **Rektapapiere** (Namenspapiere) zu denen insb die Anweisung nach § 783, die handelsrechtlichen Wertpapiere nach § 363 HGB, wenn sie nicht an Order lauten, sowie Wechsel und Schecks mit negativer Orderklausel nach §§ 11 II WG, 14 II ScheckG gehören. Auch Anteilsscheine über GmbH-Anteile fallen unter § 952. Auch der **Sparkassenbrief** ist Schuldurkunde iSv § 952 (§ 793 Rn 5, BGH WM 92, 1522; MüKo/*Füller* Rz 5).

4

III. Keine Urkunden iSv § 952. Keine Urkunden iSv § 952 sind Inhaber- und Orderpapiere. Hier wird die Forderung durch Übertragung des Papiers (und zT zusätzlich durch Indossament) übertragen. Daher findet die Vorschrift keine Anwendung auf **Inhaberschuldverschreibungen, Scheck und Wechsel** (es sei denn, sie werden durch Abtretung übertragen sowie vorbehaltlich Rn 4) und **Inhaber- und Namensaktien**. Ausfertigungen von **Urteilen und notariellen Urkunden** gehören dem, dem sie erteilt werden, § 952 gilt nicht. Auch Abtretungsurkunden sind nicht erfasst.

5

IV. Analoge Anwendung. Nach ganz hM wird § 952 auf den **Kfz-Brief** (§ 25 StVZO) und die Betriebserlaubnis (18 III StVZO) analog angewendet (BGH NJW 78, 1854; 07, 2844), so dass der Eigentümer des Kfz auch Eigentümer des Briefes ist. Eine analoge Anwendung auf sonstige Sachbriefe (Pferdepass, str) oder persönliche Berechtigungen (Segel- oder Führerschein) ist abzulehnen (BaRoth/*Kindl* Rz 5).

6

C. Rechtsfolgen. Besteht schon bei Errichtung der Urkunde die beurkundete Forderung, erwirbt der Gläubiger in diesem Moment Eigentum an der Urkunde. Entsteht die Forderung erst danach, gelten vor Forderungsentstehung wegen des Akzessorietätsgrundsatzes für die Urkunde die allg Vorschriften, insb §§ 929 ff. Bei Forderungsentstehung erwirbt der Gläubiger kraft Gesetzes die Urkunde. Mit der Abtretung der Forderung erwirbt der Zedent auch die Urkunde. Beim Sparbuch können allerdings im Sparbuch Bezeichneter und Inhaber der Forderung auseinanderfallen (s. § 808 Rn 8), Eigentümer des Sparbuches ist der tatsächlich berechtigte Gläubiger. Auf die Besitzlage hinsichtlich der Urkunde kommt es aus der Sicht des § 952 nicht an, allerdings kann die Übergabe des Papiers wie bei § 1154 I zum Erwerbstatbestand hinsichtlich des Rechts

7

gehören. Mitgläubiger (zB aufgrund Teilabtretung) sind Miteigentümer an der Schuldurkunde. Papiere nach § 952 sind keine Traditionspapiere. Ihre Übergabe allein bewirkt keine Übereignung.

8 Das **Erlöschen der Forderung** ändert an der Eigentumslage hinsichtlich der Urkunde nichts, der Schuldner hat ggf einen Heraugabeanspruch aus § 371. Bei Erlöschen der hypothekarisch gesicherten Forderung – woraus die Entstehung einer Eigentümergrundschuld folgt (§ 1163 I 2) – steht dem Eigentümer der Hypothekenbrief zu.

9 Verfügungen, die sich nur auf die Urkunde und nicht auch auf das Recht beziehen, sind unwirksam. Allerdings kann die **Sicherungsübereignung eines Kfz-Briefs** in die schuldrechtliche Vereinbarung eines Zurückbehaltungsrechts umgedeutet werden (Palandt/*Bassenge* Rz 6). Die Zurückbehaltung des Kfz-Briefs kann als EV ausgelegt werden (BGH NJW 06, 3488).

Untertitel 4 Erwerb von Erzeugnissen und sonstigen Bestandteilen einer Sache

§ 953 Eigentum an getrennten Erzeugnissen und Bestandteilen.
Erzeugnisse und sonstige Bestandteile einer Sache gehören auch nach der Trennung dem Eigentümer der Sache, soweit sich nicht aus den §§ 954 bis 957 ein anderes ergibt.

1 **A. Regelungszusammenhang.** Soweit eine Trennung noch nicht erfolgt ist, sind Erzeugnisse wesentliche Bestandteile der beweglichen oder unbeweglichen Hauptsache mit der Folge, dass nach § 93 diese Bestandteile nicht Gegenstand eigener Rechte sein können (Sonderrechtsunfähigkeit). Demgegenüber tritt die Sonderrechtsfähigkeit erst mit der Trennung ein. Durch diese werden Erzeugnisse und sonstige Bestandteile selbständige Sachen. Es obliegt somit dem Gesetz zu entscheiden, wem die Erzeugnisse nach der Trennung gehören. Eine solche gesetzliche Entscheidung treffen die §§ 953–957. Die Normen regeln nicht, ob der Erwerber das Eigentum behalten darf und ob er lastenfrei erwirbt. Öffentlichrechtliche Trennungsverbote stehen dem Eigentumserwerb nur dann entgegen, wenn sie ihn verhindern wollen. Die §§ 953–957 gelten für Erzeugnisse iS des § 99 I, für wesentliche Bestandteile und für die im Eigentum des Eigentümers der Hauptsache stehenden nicht wesentlichen Bestandteile. § 911 (Überfall) geht den §§ 953–957 vor. Nicht anwendbar sind die Vorschriften der §§ 953 ff auf Früchte, die keine Sachen sind (Rechtsfrüchte gem § 99 II).

2 **B. Norminhalt.** § 953 enthält den Grundsatz des 4. Untertitels. Danach erwirbt der Eigentümer der Hauptsache mit der Trennung auch das Eigentum an Erzeugnissen und sonstigen Bestandteilen, soweit sich aus den §§ 954–957 nichts anderes ergibt. Für den Eigentumserwerb des Eigentümers am abgetrennten Gegenstand ist der Besitz an diesem nicht erforderlich. Die Trennung ist kein Rechtsgeschäft, sondern Realakt und sie bezeichnet die Lösung der Erzeugnisse oder Bestandteile von der Hauptsache.

3 **C. Anwendungsbereich im Einzelnen.** Zu den von § 953 erfassten getrennten Früchten und sonstigen Bestandteilen der Sache zählen geerntetes Getreide, Heu, Kartoffeln, Obst oder das Abbruchmaterial eines abgebrochenen Hauses (*Prütting* Rz 477). Entsprechende Anwendung findet die Vorschrift des § 953 ferner auf abgetrennte Körperteile (Haare, Sperma, vgl BGH NJW 94, 127), auch eine Anwendung auf fest eingefügte künstliche Körperteile wie Zahngold oder Herzschrittmacher kommt in Betracht (Soergel/*Henssler* § 953 Rz 4).

§ 954 Erwerb durch dinglich Berechtigten.
Wer vermöge eines Rechts an einer fremden Sache befugt ist, sich Erzeugnisse oder sonstige Bestandteile der Sache anzueignen, erwirbt das Eigentum an ihnen, unbeschadet der Vorschriften der §§ 955 bis 957, mit der Trennung.

1 **A. Normzweck.** § 954 regelt den Fall, dass nicht der Eigentümer, sondern ein dinglich Berechtigter die Fruchtziehung vornimmt. Dann erwirbt dieser und nicht der Eigentümer das Eigentum an den abgetrennten Erzeugnissen und den sonstigen Bestandteilen mit der Trennung von der Hauptsache. § 954 verdrängt also die Grundregel des § 953, kann ihrerseits aber von den §§ 955 ff verdrängt werden.

2 **B. Tatbestandsvoraussetzungen.** Der Erwerber muss ein dingliches Nutzungsrecht innehaben (s.u. Rn 3). Er muss die Erzeugnisse abtrennen. Dagegen sind sowohl der Besitz der Hauptsache wie auch ein Besitzerwerb am abgetrennten Gegenstand nicht erforderlich, es sei denn, der Berechtigte ist nicht ausschließlich berechtigt. Der Erwerb von Übermaßfrüchten kommt nur über die §§ 1039 oder 955 ff in Betracht.

3 **C. Dingliches Nutzungsrecht.** Zu den von der Vorschrift erfassten dinglichen Nutzungsrechten sind insb die Grunddienstbarkeit (§ 1018), die beschränkte persönliche Dienstbarkeit (§ 1090), der Nießbrauch (§ 1030), das Nutzungspfand (§ 1213) und das Wohnungseigentum zu zählen (Soergel/*Henssler* § 954 Rz 1). Weiterhin soll nach hM auch das Erbbaurecht als dingliches Nutzungsrecht iS der Vorschrift zu qualifizieren sein, soweit es dem Inhaber auch Nutzungsrechte an den nicht für das Bauwerk erforderlichen Grundstücksteilen zuweist (BaRoth/*Kindl* § 954 Rz 2; Staud/*Gursky* § 954 Rz 2).

D. Belastungen. Bei Belastungen an der Hauptsache ist zu unterscheiden. Eine Hypothek oder Grundschuld erstreckt sich gem § 1120 nicht auf die Erzeugnisse und sonstigen Bestandteile, die mit der Trennung nach den §§ 954, 957 in das Eigentum eines anderen als des Eigentümers oder des Eigenbesitzers des Grundstücks gelangt sind. Dagegen erstreckt sich das Pfandrecht gem § 1212 auch auf die Erzeugnisse, die vom Pfand abgetrennt wurden.

§ 955 Erwerb durch gutgläubigen Eigenbesitzer.
(1) ¹Wer eine Sache im Eigenbesitz hat, erwirbt das Eigentum an den Erzeugnissen und sonstigen zu den Früchten der Sache gehörenden Bestandteilen, unbeschadet der Vorschriften der §§ 956, 957, mit der Trennung. ²Der Erwerb ist ausgeschlossen, wenn der Eigenbesitzer nicht zum Eigenbesitz oder ein anderer vermöge eines Rechts an der Sache zum Fruchtbezug berechtigt ist und der Eigenbesitzer bei dem Erwerb des Eigenbesitzes nicht in gutem Glauben ist oder vor der Trennung den Rechtsmangel erfährt.
(2) Dem Eigenbesitzer steht derjenige gleich, welcher die Sache zum Zwecke der Ausübung eines Nutzungsrechts an ihr besitzt.
(3) Auf den Eigenbesitz und den ihm gleichgestellten Besitz findet die Vorschrift des § 940 Abs. 2 entsprechende Anwendung.

A. Normzweck. § 955 ergänzt die §§ 953, 954 um einen Fall des redlichen Erwerbs. Hauptanwendungsfeld des § 955 sind also die Trennung durch den vermeintlichen Eigentümer oder den vermeintlich dinglich Berechtigten von Erzeugnissen und von Bestandteilen (soweit sie zu den Früchten der Sache gehören). Zu Grunde kann dem liegen, dass eine gewollte Übereignung fehlgeschlagen ist oder dass die Bestellung eines Nutzungsrechts fehlgeschlagen ist, ohne dass es dem Erwerber bekannt oder grob fahrlässig unbekannt ist. § 955 gilt für Erzeugnisse und abw von §§ 953, 954, 956, 957 nur für solche Bestandteile, die eine bestimmungsgemäße Ausbeute der Hauptsache darstellen.

B. Personeller Anwendungsbereich. Zu dem von § 955 geschützten Personenkreis zählen der gutgläubige Eigenbesitzer und der gutgläubige Nutzungsbesitzer. Nutzungsbesitzer ist derjenige, welcher die Sache zwar als Fremdbesitzer, aber auf Grund eines vermeintlich bestehenden dinglichen Nutzungsrechts besitzt. Sofern mittelbarer Eigenbesitz und unmittelbarer Nutzungsbesitz zusammentreffen, ist allein II anzuwenden (Staud/*Gursky* § 955 Rz 13). Erforderlich ist, dass der Besitz im Zeitpunkt der Trennung noch besteht, wobei allein der Besitz der Hauptsache und nicht der Besitz der schon getrennten Früchte maßgeblich ist (MüKo/*Oechsler* § 955 Rz 5). Zu beachten ist allerdings III, welcher auf die Vorschrift des § 940 II verweist (unfreiwilliger Besitzverlust des Eigen- oder Nutzungsbesitzers und Zurückerlangung des Besitzes binnen Jahresfrist oder auf Grund einer binnen Jahresfrist erhobenen Klage führt dazu, dass der Besitzverlust als nicht erfolgt gilt). Allerdings gilt III dann nicht, wenn ein zwischenzeitlicher Besitzer nach den §§ 929 ff oder den §§ 953 ff Eigentum erworben hat.

C. Guter Glaube. Hinsichtlich der subjektiven Erwerbsvoraussetzungen gilt, dass ein Eigentumserwerb ausscheidet, soweit der Eigen- oder Nutzungsbesitzer im Zeitpunkt des Besitzerwerbs der Hauptsache nicht gutgläubig iS von § 932 II ist, dh ihm bekannt oder infolge grober Fahrlässigkeit unbekannt ist, dass kein Eigentum oder Nutzungsrecht besteht.

D. Abhandenkommen. Wenn die Hauptsache abhanden gekommen ist, steht § 935 einem Erwerb an Bestandteilen entgegen, da diese zur Substanz der Sache gehören, welche dem Eigentümer verbleiben sollen (Soergel/*Henssler* Rz 5). Einen Fruchterwerb schließt § 935 dagegen nicht aus (Staud/*Gursky* § 955 Rz 9).

E. Belastungen. Bei Erwerb nach I gelten wie im Falle von § 953 Belastungen, die an der Hauptsache bestehen, an den Erzeugnissen und Bestandteilen fort. Beim Erwerb nach II gelten die Ausführungen zu § 954 entsprechend (s.o. § 954 Rn 4).

§ 956 Erwerb durch persönlich Berechtigten.
(1) ¹Gestattet der Eigentümer einem anderen, sich Erzeugnisse oder sonstige Bestandteile der Sache anzueignen, so erwirbt dieser das Eigentum an ihnen, wenn der Besitz der Sache ihm überlassen ist, mit der Trennung, anderenfalls mit der Besitzergreifung. ²Ist der Eigentümer zu der Gestattung verpflichtet, so kann er sie nicht widerrufen, solange sich der andere in dem ihm überlassenen Besitz der Sache befindet.
(2) Das Gleiche gilt, wenn die Gestattung nicht von dem Eigentümer, sondern von einem anderen ausgeht, dem Erzeugnisse oder sonstige Bestandteile einer Sache nach der Trennung gehören.

A. Normzweck. Während § 953 den Erwerb des Eigentümers und § 954 den Erwerb des dinglich Berechtigten an getrennten Erzeugnissen und Bestandteilen regelt, ergänzt § 956 den Regelungsbereich zugunsten desjenigen, dem die Aneignung durch den Eigentümer schuldrechtlich gestattet worden ist, wenn er in diesem Zeitpunkt Besitzer der Hauptsache ist, ansonsten mit der Besitzergreifung.

2 **B. Personenkreis und subjektive Voraussetzungen.** Sowohl der Eigentümer der Hauptsache (I) wie auch die nach den Vorschriften der §§ 954–957 Erwerbsberechtigten sind gestattungsberechtigt. Auf Seiten des Gestattungsempfängers ist guter Glaube nicht erforderlich, wenn die Gestattung auf den §§ 955 oder 957 beruht, denn in diesen Fällen handelt es sich um einen Erwerb vom Berechtigten. Soweit die Gestattung durch einen Berechtigten nach §§ 954, 956 erfolgt, ist ein gesetzliches (zB § 540) oder vertragliches Weitergestattungsverbot gem § 137 grds unschädlich, vorbehaltlich § 957 jedoch der zulässige Widerruf der ihm selbst erteilten Gestattung (RGZ 108, 269). Fehlt es dem Gestattenden dagegen am guten Glauben und mithin der Gestattungsbefugnis, ist der Erwerb durch den Adressaten nur iRd § 957 möglich (*Prütting* SachenR § 41 V 2; BaRoth/*Kindl* § 956 Rz 5).

3 Praxisrelevante Fallgruppen der Gestattung sind insb Pachtverträge mit dem Eigentümer oder Erwerbsgestattungen durch Kaufverträge bzw familienrechtliche Überlassungsverträge sowie Gestattungen über die Ausbeutung von Bodenbestandteilen (Soergel/*Henssler* § 956 Rz 3).

4 **C. Dogmatische Ausgestaltung. I. Verfügung.** Die Erwerbsgestattung ist ein Verfügungsgeschäft und als solches abstrakt, somit zu unterscheiden von dem zugrundeliegenden Verpflichtungsgeschäft. Maßgeblich für den Umfang des Eigentumserwerbs ist der jeweilige Inhalt der Gestattung, wobei die Gestattung auch bedingt sein kann (Palandt/*Bassenge* § 956 Rz 2; Erman/*Ebbing* § 956 Rz 13).

5 **II. Dogmatische Einordnung.** Nach der Auffassung der sog Übertragungstheorie ist die Gestattung Einigungserklärung iS von § 929 1 und der Erwerb vollzieht sich wie bei der Übereignung künftiger Sachen nach §§ 929 ff (RGZ 78, 35; Palandt/*Bassenge* § 956 Rz 2). Nach herrschender Auffassung jedoch (Erwerbs-/Aneignungstheorie; vgl *Prütting* SachenR § 41 V 3, BaRoth/*Kindl* § 956 Rz 2; Erman/*Ebbing* § 956 Rz 3; Staud/*Gursky* § 956 Rz 8) wird durch die Gestattung im ersten Fall (Besitz der fruchttragenden Sache) eine Anwartschaft auf das Eigentum an den Früchten geschaffen, welche durch die Trennung zu vollem Eigentum wird, indem das letzte noch ausstehende Tatbestandsmoment des Eigentumserwerbs eintritt. Im zweiten handelt es sich um ein Aneignungsrecht, das durch die Besitzergreifung ausgeübt wird (*Prütting* SachenR § 41 V 3). Weiterhin ist fraglich, ob die Gestattung als einseitiges Rechtsgeschäft oder als Vertrag anzusehen ist. Da die Gestattung eine Übertragung des Eigentums ersetzt, wird man sich für den Vertrag entscheiden müssen.

6 **III. Eigentumserwerb.** Erlangt der Berechtigte den Besitz an der Hauptsache mit dem Willen des Gestattenden, tritt der Eigentumserwerb mit der Trennung ein. Der mittelbare Besitz der Hauptsache ist nicht ausreichend, soweit der Gestattende weiterhin unmittelbarer Besitzer der Hauptsache ist (BGHZ 27, 363; Jauernig § 956 Rz 4). Wenn der Gestattungsempfänger dagegen nicht im Besitz der fruchttragenden Sache war, erwirbt er das Eigentum an den Trennstücken gem I 1 Alt 2 erst mit Besitzergreifung an den diesen.

7 **IV. Zeitpunkt der Gestattungsberechtigung.** Für die Gestattungsberechtigung bildet der Eigentumsübergang den maßgebenden Zeitpunkt, der Gestattende muss somit noch zu dem für den Eigentumserwerb an den Erzeugnissen und sonstigen Bestandteilen maßgeblichen Zeitpunkt der Trennung oder Besitzergreifung zur Gestattung berechtigt sein (RGZ 78, 35; BGHZ 27, 360). Bei vorherigem Erlöschen ist ferner ein Erwerb nach § 957 möglich (RGZ 108, 269).

8 **D. Widerruf.** I 2 legt die Unwiderruflichkeit der Gestattung für die Fälle fest, in denen zum einen eine Gestattungspflicht besteht und weiterhin der Empfänger der Gestattung Besitzer der Hauptsache ist. Wirkungen entfaltet der Widerruf nur insoweit, als das Eigentum an den Bestandteilen nunmehr nicht mehr auf Grund der Gestattung erworben werden kann (Soergel/*Henssler* § 956 Rz 7).

9 Kommt es zu einem Verlust der Rechtszuständigkeit des Gestattenden noch vor dem Zeitpunkt des Eigentumserwerbs des Gestattungsempfängers, ist die Gestattung auch **ggü dem Rechtsnachfolger** wirksam, falls dieser die Verfügung des Vormannes genehmigt (RGZ 78, 35, 37; Staud/*Gursky* § 956 Rz 24). Gebunden ist ferner der Erbe des Gestattenden nach Maßgabe der in § 1922 angeordneten Universalsukzession sowie der Erwerber eines verpachteten Grundstücks, denn er tritt nach §§ 566, 578 iVm § 581 in den Pachtvertrag ein (Erman/*Ebbing* § 956 Rz 8).

10 **E. Zwangsvollstreckung und Insolvenz. I. Zwangsvollstreckung.** Im Falle der Pfändung der Hauptsache durch einen Gläubiger des Gestattenden kann der besitzende Erwerbsberechtigte nach §§ 766, 809 ZPO vorgehen (BaRoth/*Kindl* § 956 Rz 9). Soweit die Hauptsache vorher beschlagnahmt wurde (§§ 20 I, 146 I ZVG), ist der Eigentumserwerb nach § 23 ZVG dem Vollstreckungsgläubiger ggü unwirksam und es kommt nach §§ 21 III, 152 II ZVG zum beschlagnahmefreien Erwerb des Pächters (Palandt/*Bassenge* § 956 Rz 6). Bei der nach § 810 ZPO möglichen Pfändung von ungetrennten Grundstücksfrüchten ist das erworbene Eigentum pfandbelastet.

11 **II. Insolvenz des Gestattenden.** Kommt es vor der Trennung oder Besitzergreifung zu einer Eröffnung des Insolvenzverfahrens über das Vermögen des Gestattenden, wird der Eigentumserwerb des Gestattungsadressaten nach § 956 grds durch die §§ 81 I 1, 91 I InsO ausgeschlossen (BGHZ 27, 360, 368; Staud/*Gursky* § 956 Rz 26). Etwas anderes gilt aber, wenn der Insolvenzverwalter nach den §§ 103, 108 InsO an die Gestattungspflicht gebunden ist und insoweit die Gestattung unwiderruflich ist (Palandt/*Bassenge* § 956 Rz 4; Erman/*Ebbing* § 956 Rz 8).

§ 957 Gestattung durch den Nichtberechtigten. Die Vorschrift des § 956 findet auch dann Anwendung, wenn derjenige, welcher die Aneignung einem anderen gestattet, hierzu nicht berechtigt ist, es sei denn, dass der andere, falls ihm der Besitz der Sache überlassen wird, bei der Überlassung, andernfalls bei der Ergreifung des Besitzes der Erzeugnisse oder der sonstigen Bestandteile nicht in gutem Glauben ist oder vor der Trennung den Rechtsmangel erfährt.

A. Normzweck. Wie § 955 den Tatbeständen der §§ 953, 954 einen Fall redlichen Erwerbs zur Seite stellt, so bietet § 957 die Möglichkeit eines Erwerbs vom Nichtberechtigten im Falle des § 956. 1

B. Tatbestandsvoraussetzungen. Zunächst bedarf es des Vorliegens des **äußeren Tatbestands des § 956**, wobei der jeweils die Trennung Gestattende ein **Nichtberechtigter** ist. Erforderlich ist ferner nach hM der **Besitz** des Gestattenden an der Hauptsache oder Teilbesitz an den ungetrennten Früchten (RGZ 108, 271; BaRoth/*Kindl* § 957 Rz 2; *Jauernig* § 957 Rz 1; Soergel/*Henssler* § 957 Rz 2). Erforderlich ist neben der Gestattung durch einen Nichtberechtigten der **gute Glaube** des Empfängers an die Berechtigung des Gestattenden zur Aneignung. Hinsichtlich des Fehlens des guten Glaubens ist derjenige beweisbelastet, welcher den Erwerb nach § 957 bestreitet (BaRoth/*Kindl* § 957 Rz 3). 2

C. Erwerbshindernisse. Im Falle der Besitzüberlassung ist ein Erwerb ausgeschlossen, wenn der Aneignende zu diesem Zeitpunkt den Mangel der Gestattungsbefugnis kennt oder grobfahrlässig nicht kennt. Wenn dem Erwerber der Besitz an der Hauptsache nicht überlassen wurde, ist dieser nur dann gutgläubig, wenn er zum Zeitpunkt der Inbesitznahme der Trennstücke weder Kenntnis noch grob fahrlässige Unkenntnis davon hatte, dass der Gestattende nicht Rechtsinhaber ist (Erman/*Ebbing* § 957 Rz 3). Streitig ist, ob § 935 entsprechend anwendbar ist, wenn die Hauptsache **abhanden gekommen** oder gestohlen worden ist. Ein gutgläubiger Erwerb an den Früchten ist in diesen Fällen möglich (Soergel/*Henssler* § 957 Rz 4; BaRoth/*Kindl* § 957 Rz 4). Auf die sonstigen Bestandteile ist dagegen die Vorschrift des § 935 entsprechend anzuwenden. 3

Untertitel 5 Aneignung

§ 958 Eigentumserwerb an beweglichen herrenlosen Sachen. (1) Wer eine herrenlose bewegliche Sache in Eigenbesitz nimmt, erwirbt das Eigentum an der Sache.
(2) Das Eigentum wird nicht erworben, wenn die Aneignung gesetzlich verboten ist oder wenn durch die Besitzergreifung das Aneignungsrecht eines anderen verletzt wird.

A. Regelungszusammenhang. Eigentum kann kraft Gesetzes an herrenlosen Sachen erworben werden (I). Dazu muss eine bewegliche Sache entweder niemals im Eigentum einer Person gestanden haben (zB wilde Tiere iSv § 960) oder die Sache muss vom Eigentümer aufgegeben und damit herrenlos geworden sein (§ 959). Neben der normalen Besitzaufgabe iSv § 959 kommen auch weitere Formen der Herrenlosigkeit in Betracht (vgl §§ 960 II, III, 961). Der Irrtum, dass eine Sache nicht herrenlos sei, deren Besitz sich der Erwerber angeeignet hatte, lässt den Eigentumserwerb unberührt (Königsberg OLGR 39, 227). § 958 I gilt nur für bewegliche Sachen, bei Grundstücken ist § 928 II zu beachten. 1

B. Norminhalt von Abs 1. Durch die Begründung von Eigenbesitz (§ 872) wird das Eigentum kraft Gesetzes erworben. Diese Inbesitznahme wird vom Gesetz als Aneignung bezeichnet. Rechte Dritter bleiben unberührt (vgl aber § 945). Der Erwerber des Eigentums kann sich bei der Begründung der unmittelbaren Sachherrschaft eines Werkzeugs (Besitzdiener oder Besitzmittler) bedienen. Die Aneignung hat keinen rechtsgeschäftlichen Charakter, sie ist vielmehr ein Realakt (s.u. § 959 Rn 2). Die Regelungen der Geschäftsfähigkeit (§ 104 ff) finden keine Anwendung. Daher können auch Geschäftsunfähige und Minderjährige Eigentum nach § 958 erwerben. Aneignung kommt sowohl bei der Begründung von unmittelbarem wie von mittelbarem Eigenbesitz in Betracht. Soweit ein Besitzer den Besitz ohne einen Aneignungswillen an der herrenlosen Sache erlangt, bleibt die Herrenlosigkeit bestehen. Eigentum kann dann allerdings durch die blanke Bildung eines Aneignungswillens erlangt werden (Erman/*Ebbing* Rz 3). 2

C. Ausnahme nach Abs 2. Ein Eigentumserwerb findet nach II dann nicht statt, wenn ein Aneignungsrecht eines anderen besteht. Aneignungsrechte Dritter verhindern einen Eigentumserwerb. Ein Aneignungsrecht besteht zB beim Jagd- oder Fischereiberechtigten. Das vom Wilderer eingefangene Wild bleibt herrenlos. Ein gutgläubiger Erwerb eines Dritten vom Wilderer ist aber möglich, da das Wild dem Aneignungsberechtigten nicht iSv § 935 abhanden gekommen ist. Das Aneignungsrecht ist ein „sonstiges Recht" iSv § 823 I. Der Aneignungsberechtigte kann also iRe Schadensersatzanspruches, der gem §§ 823 I, 249 1 auf Naturalrestitution gerichtet ist, die Herausgabe des Wildes verlangen. Kann der Wilderer das Wild nicht mehr herausgeben, haftet er auf Geldersatz (§§ 823 I, 251). Ferner sind Ansprüche aus angemaßter Eigengeschäftsführung (§§ 687 II, 681 2, 667) bzw aus Bereicherungsrecht (§ 812) denkbar. Aneignungsverbote hindern einen Eigen- 3 tumserwerb. Solche bestehen zB in § 42 BNatSchG. Polizeirechtliche Sicherheitsvorschriften sind nur dann Aneignungsverbote, wenn eine Ermächtigung vorhanden ist (aA RGSt 48, 124).

§ 959 Aufgabe des Eigentums. Eine bewegliche Sache wird herrenlos, wenn der Eigentümer in der Absicht, auf das Eigentum zu verzichten, den Besitz der Sache aufgibt.

1 **A. Normzweck.** § 959 regelt die Dereliktion (Eigentumsaufgabe). Diese ist eine Voraussetzung für die Aneignung nach § 958. Die Dereliktion ist ein einseitiges Rechtsgeschäft im Gegensatz zur Aneignung (s.o. § 958 Rn 2). IE s.u. Rn 2.

2 **B. Tatbestandsvoraussetzungen.** Die Aufgabe des Eigentums setzt eine Aufgabeerklärung des Eigentümers und die freiwillige tatsächliche Besitzaufgabe voraus. Die Aufgabeerklärung ist ein einseitiges Rechtsgeschäft iS einer nicht empfangsbedürftigen einseitigen Willenserklärung. Die allg Vorschriften über Rechtsgeschäfte sind anwendbar. Erforderlich ist Geschäftsfähigkeit. Eine Anfechtung der Willenserklärung ist zulässig. Sie bezieht sich nur auf die Erklärung und nicht auf die Besitzaufgabe. Bei Verstoß gegen ein gesetzliches Verbot ist die Dereliktion gem § 134 nichtig. Der Wille zur Dereliktion muss erkennbar hervortreten und ergibt sich nicht zwingend aus der Aufgabe des Besitzes. Ob aus der Besitzaufgabe auf den Aufgabewillen geschlossen werden kann, hängt von den Umständen ab (vgl RGSt 57, 337; *Faber* JR 87, 313; *Grziwotz* MDR 08, 726; LG Ravensburg NJW 87, 3142; LG Bonn NJW 03, 673). Als weitere Voraussetzung erfordert § 959 als Publizitätsakt die tatsächliche Aufgabe des Besitzes. Erforderlich ist unmittelbarer Besitz des Aufgebenden. Der mittelbare Besitzer kann den Besitz nur dadurch aufgeben, dass er den unmittelbaren Besitzer zur Aufgabe des Besitzes auffordert. Die einseitige Aufgabe von Miteigentum ist nicht möglich, weil dadurch dem anderen Miteigentümer unfreiwillig der Werterhalt der Sache aufgebürdet wird (§ 748).

3 **C. Einzelfälle.** Stellt ein Besitzer bewegliche Sachen für karitative Zwecke an einem zugänglichen Platz zur Sammlung zusammen, wird man darin eine Übereignung an den Betreiber der karitativen Sammlung sehen müssen, keine Dereliktion (MüKo/*Quack* Rz 6; Erman/*Ebbing* Rz 3). Wird die Aufgabe des Eigentums zu Gunsten einer bestimmten Person erklärt, so liegt darin eine Übereignung an diese Person, nicht eine Dereliktion (RGZ 83, 229; Erman/*Ebbing* Rz 3). Die Absicht, eine bewegliche Sache zu entsorgen oder sich ihr in sonstiger Weise zu entledigen, schließt eine Dereliktion nicht aus. An zum Abfall gegebenen beweglichen Sachen kann daher Eigentum begründet werden (*Grziwotz* MDR 08, 726). Anders ist dies, wenn der Besitzer erkennbar die Absicht hat, die endgültige Zerstörung oder Vernichtung der Sache zu betreiben (*Fritsche* MDR 62, 714). Dies ist insb bei der gewünschten Vernichtung von Dokumenten anzunehmen. Das Vergessen oder versehentliche Zurücklassen einer Sache enthält keine Eigentumsaufgabe. Durch den Eigentumsverzicht kann sich der bisherige Eigentümer nicht seiner Haftung aus § 1004 entziehen (BGH VersR 07, 1230).

§ 960 Wilde Tiere. (1) ¹Wilde Tiere sind herrenlos, solange sie sich in der Freiheit befinden. ²Wilde Tiere in Tiergärten und Fische in Teichen oder anderen geschlossenen Privatgewässern sind nicht herrenlos.
(2) Erlangt ein gefangenes wildes Tier die Freiheit wieder, so wird es herrenlos, wenn nicht der Eigentümer das Tier unverzüglich verfolgt oder wenn er die Verfolgung aufgibt.
(3) Ein gezähmtes Tier wird herrenlos, wenn es die Gewohnheit ablegt, an den ihm bestimmten Ort zurückzukehren.

1 Wild ist ein Tier, das seiner Art nach sich menschlicher Herrschaft entzieht; auf die Gefährlichkeit oder die Jagdbarkeit des Tieres kommt es nicht an. Ein sich in Freiheit befindliches Tier ist nach I herrenlos. Eine Aneignung nach § 958 ist möglich. I 2 stellt klar, dass ein in Gefangenschaft befindliches Tier nicht herrenlos ist, sondern demjenigen gehört, der es gefangen hält. Ihm stehen auch die Nachkommen des Muttertieres zu. Tiergärten sind solche umschlossene Flächen, in denen sich die Tiere frei bewegen und ohne Jagdaufwand eingefangen werden können. Anderes gilt für einhegte Reviere, in denen Jagdaufwand erforderlich ist. Teiche und geschlossene Privatgewässer sind stehende Gewässer, bei denen aufgrund physischer Absperrungen ein Fischwechsel aus anderen Gewässern nicht möglich ist.
2 Brechen die Tiere aus, werden sie wieder herrenlos (II), wenn der Eigentümer sie nicht unverzüglich (§ 121 I 1) verfolgt oder er die Verfolgung aufgibt. Unter Verfolgungsmaßnahmen fallen all diejenigen Maßnahmen, die vom Willen des Verfolgenden getragen werden, das Tier wiederzuerlangen. Insoweit ist II weit auszulegen.
3 Gezähmte Tiere iSv III sind keine Haustiere (für diese gilt § 959), sondern wilde Tiere, die durch psychischen Druck derart von Menschen gezähmt wurden, dass sie die Gewohnheit angenommen haben, immer wieder an einen von Menschen bestimmten Aufenthaltsort zurückzukehren. II Hs 2 findet entsprechende Anwendung.

§ 961 Eigentumsverlust bei Bienenschwärmen. Zieht ein Bienenschwarm aus, so wird er herrenlos, wenn nicht der Eigentümer ihn unverzüglich verfolgt oder wenn der Eigentümer die Verfolgung aufgibt.

Die Vorschriften über Bienenschwärme finden ausschließliche Anwendung für Bienen in Bienenstöcken, wobei § 961 lex specialis zu § 960 II ist. Für einzelne Bienen gilt § 961 nicht, sondern § 960. Unverzüglich ist iSv § 121 zu verstehen. Eine Aneignung eines herrenlosen Bienenschwarmes nach § 958 ist möglich. Streitig ist, ob für den Aneignungsakt eine symbolische Besitzergreifung ausreicht. Entscheidend ist, ob darin jeweils eine echte Besitzergreifung zu sehen ist (Staud/*Gursky* Rz 2). Bedeutsam sind heute Rechtsprobleme, die sich aus der Beeinträchtigung der Bienen durch die Industrie (chemische Abgase) oder durch die modernen chemischen Schädlingsbekämpfungsmittel ergeben. Bei unsachgemäßer Anwendung von Pflanzenschutzmitteln entsteht ein Anspruch aus § 823 ff (BGH LM § 831 Fc Nr 6), bei sachgemäßer Verwendung wurde ein Aufopferungsanspruch verneint (*Schack* JuS 63, 263).

§ 962 Verfolgungsrecht des Eigentümers. ¹Der Eigentümer des Bienenschwarms darf bei der Verfolgung fremde Grundstücke betreten. ²Ist der Schwarm in eine fremde nicht besetzte Bienenwohnung eingezogen, so darf der Eigentümer des Schwarmes zum Zwecke des Einfangens die Wohnung öffnen und die Waben herausnehmen oder herausbrechen. ³Er hat den entstehenden Schaden zu ersetzen.

§ 962 ist lex specialis zu den allgemeinen Selbsthilferechten (§§ 239, 867, 1005) und geht inhaltlich über diese hinaus. Der Ersatzanspruch ist nicht an das Verschulden des Verfolgers geknüpft. Ein Fall der verbotenen Eigenmacht liegt aufgrund § 962 nicht vor.

§ 963 Vereinigung von Bienenschwärmen. Vereinigen sich ausgezogene Bienenschwärme mehrerer Eigentümer, so werden die Eigentümer, welche ihre Schwärme verfolgt haben, Miteigentümer des eingefangenen Gesamtschwarms; die Anteile bestimmen sich nach der Zahl der verfolgten Schwärme.

§ 963 ist im Wesentlichen deckungsgleich mit § 948. Jedoch sind die Zahlenverhältnisse der verfolgten Schwärme, nicht die Wertverhältnisse maßgeblich. Ein Schwarm besteht aus einem Bienenvolk. Oberhaupt ist eine Königin. Die Aufhebung der Gemeinschaft ist nach § 753 möglich.

§ 964 Vermischung von Bienenschwärmen. ¹Ist ein Bienenschwarm in eine fremde besetzte Bienenwohnung eingezogen, so erstrecken sich das Eigentum und die sonstigen Rechte an den Bienen, mit denen die Wohnung besetzt war, auf den eingezogenen Schwarm. ²Das Eigentum und die sonstigen Rechte an dem eingezogenen Schwarme erlöschen.

Dem früheren Eigentümer bleiben aufgrund § 964 sämtliche Ersatzansprüche versagt, dh es besteht auch kein kondiktionsrechtlicher Anspruch nach § 812.

Untertitel 6 Fund

§ 965 Anzeigepflicht des Finders. (1) Wer eine verlorene Sache findet und an sich nimmt, hat dem Verlierer oder dem Eigentümer oder einem sonstigen Empfangsberechtigten unverzüglich Anzeige zu machen.
(2) ¹Kennt der Finder die Empfangsberechtigten nicht oder ist ihm ihr Aufenthalt unbekannt, so hat er den Fund und die Umstände, welche für die Ermittlung der Empfangsberechtigten erheblich sein können, unverzüglich der zuständigen Behörde anzuzeigen. ²Ist die Sache nicht mehr als 10 Euro wert, so bedarf es der Anzeige nicht.

A. Systematik. Das Gesetz hat als letzten Abschn des 3. Titels über den Erwerb und Verlust von Eigentum an beweglichen Sachen (§§ 929-984) den **Fund** geregelt (§§ 965-984). Dabei bringt die Einordnung zum Ausdruck, dass auch der Fund zu einem gesetzlichen Eigentumserwerb führen kann (vgl §§ 973, 974, 976). Allerdings enthält der Fund neben dem gesetzlichen Eigentumserwerb eine Fülle von Rechten und Pflichten des Verlierers und des Finders, die deren **gesetzlich bestehendes Schuldverhältnis** näher ausgestalten. Insb legt das Gesetz dem Finder Pflichten im Interesse des Verlierers auf, die denen aus einer **Geschäftsbesorgung** ohne Auftrag entsprechen. Daher sind neben den §§ 965 ff die Vorschriften der §§ 677 ff ergänzend heranzuziehen. *Schwerpunktmäßig* betrifft das Fundrecht also nicht die dingliche Rechtslage, sondern gestaltet das gesetzliche Geschäftsbesorgungsverhältnis zwischen Finder und Berechtigtem aus. Insoweit ist es systematisch eher dem Schuldrecht zuzuordnen. IE hat der Finder die Anzeigepflicht (§ 965) und die Verwahrungspflicht (§ 966) als Hauptpflichten. Die Rechte des Finders sind va der Anspruch auf Aufwendungsersatz (§ 970) und auf Finderlohn (§ 971) sowie evtl das Zurückbehaltungsrecht (§ 972) und die Möglichkeit des Eigentumserwerbs (§ 973). Das Gesetz trennt von den allg Fundregeln (§§ 965-977) die Sonderregeln über den Verkehrsfund (§§ 978-983) sowie den Schatzfund (§ 984) ab.

2 B. Wesen des Fundes. Gegenstand des Fundes ist eine verlorene, dh besitzlose, aber nicht herrenlos gewordene bewegliche Sache. Besitzverlust tritt ein, wenn der unmittelbare Besitzer die tatsächliche Gewalt über die Sache aufgegeben oder auf andere Weise dauerhaft verloren hat. Nicht besitzlos (und infolgedessen auch nicht verloren) sind liegengelassene oder versteckte Sachen, wenn ihre Lage im Grundsatz bekannt und die jederzeitige Wiedererlangung möglich ist. Besitzlos wird die Sache auch nicht durch Diebstahl oder anderen Besitzverlust, der mit der Begründung neuen Besitzes einhergeht; dies ist in Privat- oder Geschäftsräumen regelmäßig der Fall (vgl BGHZ 110, 186). Kein Verlust iSd Fundrechts liegt ferner im Fall der freiwilligen Eigentumsaufgabe durch den Eigentümer vor, denn der Fund setzt das Bestehen von Eigentumsrechten voraus (Sonderfall in § 984 Rn 2). Verloren sind hingegen Sachen, die der Besitzdiener oder der Besitzmittler ohne Willen des Eigentümers wegwirft. Auch die Besitzaufgabe durch den Dieb führt dazu, dass die Sache als verloren gelten muss (Hamm NJW 79, 725). Das Fundrecht gilt auch für Strandgut.

3 C. Begriff des Finders. Finder ist, wer eine verlorene Sache nach ihrer Entdeckung (durch den Finder oder durch einen Dritten) in Besitz nimmt (BGHZ 8, 130). Entscheidend ist also (entgegen dem Gesetzeswortlaut) die Besitzergreifung, nicht die reine Wahrnehmung iS einer Entdeckung. Das Finden ist also Besitzergreifung und damit ein Realakt. Es setzt keine Geschäftsfähigkeit, jedoch einen natürlichen Besitzbegründungswillen voraus. Ein Besitzdiener findet für den Besitzherrn (BGHZ 8, 130), soweit er im Rahmen seines Pflichtenkreises handelt. Zum Begriff des Verlierers bzw Empfangsberechtigten s.u. Rn 4.

4 D. Anzeigepflicht. Die Norm begründet in I eine Pflicht zur unverzüglichen (§ 121 I 1) Anzeige des Fundes an einen Empfangsberechtigten und bei Unkenntnis oder Unerreichbarkeit des Empfangsberechtigten in II hilfsweise ggü der zuständigen Behörde; nur diese letztere Anzeige kann bei einem Kleinfund unterbleiben. Empfangsberechtigter im Hinblick auf die verlorene Sache ist jeder, dem auf Grund von Rechtsnormen außerhalb des Fundrechts ein Herausgabeanspruch gegen den Finder zusteht, entgegen dem missverständlichen Wortlaut von I 1 nicht in jedem Fall der Verlierer (Soergel/*Henssler* Rz 15). Das Gesetz nennt vielmehr Verlierer (iS des bisherigen unmittelbaren Besitzers), Eigentümer und sonstigen Empfangsberechtigten nebeneinander und macht dadurch deutlich, dass es sich um drei verschiedene Personen handeln kann. Im Falle des Verschweigens vgl § 973 II 2.

§ 966 Verwahrungspflicht. (1) Der Finder ist zur Verwahrung der Sache verpflichtet.
(2) ¹Ist der Verderb der Sache zu besorgen oder ist die Aufbewahrung mit unverhältnismäßigen Kosten verbunden, so hat der Finder die Sache öffentlich versteigern zu lassen. ²Vor der Versteigerung ist der zuständigen Behörde Anzeige zu machen. ³Der Erlös tritt an die Stelle der Sache.

1 Der Finder ist nach I zur Verwahrung gem § 688 ff (notfalls zur Erhaltung und Fruchtziehung) verpflichtet. Er kann sich von der Verwahrungspflicht durch Ablieferung der Sache an die zuständige Behörde oder durch Herausgabe an den Verlierer befreien. Dadurch wird er auch von der Auseinandersetzung mit den weiteren Empfangsberechtigten befreit.

2 II 1 und 2 betreffen die Pflicht zur öffentlichen Versteigerung bei verderblichen Sachen oder unverhältnismäßigen Aufbewahrungskosten und zur vorherigen Anzeige bei der Fundbehörde; vgl §§ 156, 383 III, 385. Der Ersteher wird nach §§ 929 ff Eigentümer; der Finder verschafft ihm das Eigentum kraft gesetzlicher Verfügungsermächtigung. Liegt ein Fall des II 1 nicht vor, gilt § 1244 entspr (Staud/*Gursky* Rz 6). II 3 ordnet die dingliche Surrogation der Fundsache durch den Erlös an.

§ 967 Ablieferungspflicht. Der Finder ist berechtigt und auf Anordnung der zuständigen Behörde verpflichtet, die Sache oder den Versteigerungserlös an die zuständige Behörde abzuliefern.

1 Zuständige Fundbehörde ist grds die Gemeinde (zu landesrechtlichen Sondervorschriften vgl MüKo/*Quack* Rz 2), und zwar nicht nur jene des Fundortes (Soergel/*Henssler* Fn 1). Die infolge der Ablieferung sich ergebenden Rechtsbeziehungen zwischen Finder, Berechtigtem und Behörde sind öffentlich-rechtlicher Natur. Für Pflichtverletzungen haftet die Behörde nach öffentlichem Recht. Eine Ablieferungsanordnung kann sich für alle Funde aus einer ordnungsbehördlichen Verordnung oder im Einzelfall aus Verwaltungsakt ggü dem Finder ergeben.

§ 968 Umfang der Haftung. Der Finder hat nur Vorsatz und grobe Fahrlässigkeit zu vertreten.

1 Die Haftungserleichterung gilt für sämtliche durch das gesetzliche Schuldverhältnis begründeten Verpflichtungen des Finders sowie für die §§ 823 ff. Bei fehlender Geschäftsfähigkeit gilt § 682 entsprechend. Wenn ein Dritter an den Finder mit dem Verlangen der Auslieferung der Sache herantritt, haftet er im Falle pflichtwidriger Prüfung der Empfangsberechtigung nur für Vorsatz oder grobe Fahrlässigkeit; bei Herausgabe an den Verlierer aufgrund der Privilegierung des § 969 besteht eine Haftung höchstens bei Vorsatz (MüKo/*Quack* § 969 Rz 4; aA Palandt/*Bassenge* § 969 Rz 1).

§ 969 Herausgabe an den Verlierer. Der Finder wird durch die Herausgabe der Sache an den Verlierer auch den sonstigen Empfangsberechtigten gegenüber befreit.

Durch die Herausgabe an den Verlierer wird der Finder von Herausgabe- oder Ersatzansprüchen stets befreit. Auch an den verlierenden Dieb kann deshalb mit befreiender Wirkung herausgegeben werden, obgleich er nicht Empfangsberechtigter ist. Voraussetzung ist, dass es sich um den tatsächlichen Verlierer handelt. Bei Herausgabe an den nur vermeintlichen Verlierer gilt der Haftungsmaßstab des § 968. Hat ein Besitzdiener die Sache verloren, soll die Herausgabe an ihn den Finder nur dann befreien, wenn das Verhältnis aus § 855 fortbesteht (hM, vgl Staud/*Gursky* Rz 2). Im Hinblick auf den Normzweck, den Finder möglichst weitgehend von der Prüfung der Legitimation des Verlierers und seiner Beziehung zur Sache freizustellen, erscheint dies zweifelhaft.

§ 970 Ersatz von Aufwendungen. Macht der Finder zum Zwecke der Verwahrung oder Erhaltung der Sache oder zum Zwecke der Ermittlung eines Empfangsberechtigten Aufwendungen, die er den Umständen nach für erforderlich halten darf, so kann er von dem Empfangsberechtigten Ersatz verlangen.

Entsprechend der Regelung des Aufwendungsersatzes bei einer berechtigten Geschäftsführung ohne Auftrag (§§ 683, 670) gewährt die Vorschrift dem Finder einen Anspruch auf Ersatz der zur Verwahrung oder Erhaltung oder zum Zwecke der Ermittlung des Empfangsberechtigten gemachten Aufwendungen. Der Anspruch umfasst nur Aufwendungen, die der Finder den Umständen nach für erforderlich halten durfte. Insofern steht ihm in den Grenzen von § 968 ein Einschätzungsspielraum zu. § 994 I 2 gilt nicht entspr, da dem Finder keine Nutzungen verbleiben. Nach §§ 812 ff ist er zu ihrer Herausgabe verpflichtet (str, vgl Soergel/*Henssler* Rz 2). Mögliche Ansprüche der Behörde richten sich nicht nach § 970, sondern nach öffentlichem Recht.

§ 971 Finderlohn. (1) ¹Der Finder kann von dem Empfangsberechtigten einen Finderlohn verlangen. ²Der Finderlohn beträgt von dem Werte der Sache bis zu 500 Euro fünf vom Hundert, von dem Mehrwert drei vom Hundert, bei Tieren drei vom Hundert. ³Hat die Sache nur für den Empfangsberechtigten einen Wert, so ist der Finderlohn nach billigem Ermessen zu bestimmen.
(2) Der Anspruch ist ausgeschlossen, wenn der Finder die Anzeigepflicht verletzt oder den Fund auf Nachfrage verheimlicht.

Der Finderlohn will die Ehrlichkeit und Mühewaltung des Finders honorieren. Zusätzlich besteht der Anspruch aus § 970. Maßgebend ist der Wert der Sache oder der Versteigerungserlös zum Zeitpunkt der Herausgabe. Für Sparbücher oder Kreditkarten gilt I 3, da Gegenstand des Fundes die Sache und nicht die Forderung ist. Ein Ausschluss besteht bei mindestens grob fahrlässiger (§ 968) Verletzung der Anzeigepflicht (§ 965) oder bei Verheimlichung auf Nachfrage eines glaubhaften Empfangsberechtigten, jedoch nicht beim geschäftsunfähigen Finder (Staud/*Gursky* § 971 Rz 4). Für die Geltendmachung beachte § 972. Zur Berechnung des Finderlohns iE Staud/*Gursky* § 971 Rz 2.

§ 972 Zurückbehaltungsrecht des Finders. Auf die in den §§ 970, 971 bestimmten Ansprüche finden die für die Ansprüche des Besitzers gegen den Eigentümer wegen Verwendungen geltenden Vorschriften der §§ 1000 bis 1002 entsprechende Anwendung.

Wegen seiner Ansprüche hat der Finder ein Zurückbehaltungsrecht, §§ 273 III, 274, 1000 1; vgl auch § 975 3. § 1000 2 nicht anwendbar. Ein Klagerecht besteht entspr §§ 1001, 1002. Der Empfangsberechtigte kann sich durch Rückgabe der Sache befreien.

§ 973 Eigentumserwerb des Finders. (1) ¹Mit dem Ablauf von sechs Monaten nach der Anzeige des Fundes bei der zuständigen Behörde erwirbt der Finder das Eigentum an der Sache, es sei denn, dass vorher ein Empfangsberechtigter dem Finder bekannt geworden ist oder sein Recht bei der zuständigen Behörde angemeldet hat. ²Mit dem Erwerb des Eigentums erlöschen die sonstigen Rechte an der Sache.
(2) ¹Ist die Sache nicht mehr als 10 Euro wert, so beginnt die sechsmonatige Frist mit dem Fund. ²Der Finder erwirbt das Eigentum nicht, wenn er den Fund auf Nachfrage verheimlicht. ³Die Anmeldung eines Rechts bei der zuständigen Behörde steht dem Erwerb des Eigentums nicht entgegen.

§ 973 statuiert einen originären Eigentumserwerb des Finders, wenn seit der Anzeige des Fundes bei der zuständigen Behörde sechs Monate verstrichen sind und der Empfangsberechtigte weder sein Recht bei der Polizeibehörde angemeldet hat noch dem Finder bekannt geworden ist. Ein Eigentumserwerb des Finders kommt ex nunc (str) an der Sache nebst inzwischen gezogenen Früchten oder am Versteigerungserlös in Betracht. Rechte Dritter erlöschen. Ein Bereicherungsanspruch besteht gem § 977. Der Finder oder die

Behörde müssen aber die Sache (oder den Erlös) noch in Besitz haben (RG JW 31, 930). Für Ansprüche gegen die Behörde auf Herausgabe gilt der Zivilrechtsweg (§ 40 II 1, VwGO; VGH Bremen DVBl 56, 628 überholt). Vor Fristablauf hat der Finder ein übertragbares Anwartschaftsrecht (RG JW 31, 930), ohne dass damit der Erwerber in die volle Stellung des Finders im gesetzlichen Schuldverhältnis mit dem Verlierer einrückt; seine Beziehungen zum Eigentümer regeln sich nach §§ 987 ff; die Übertragung entspricht der Eigentumsübertragung Der Erwerber erwirbt damit nach Fristablauf unmittelbares Eigentum. Passivlegitimiert für Ansprüche aus § 977 bleibt aber der Finder (außer im Fall des § 822), da Eigentumserwerb des neuen Anwärters Folge der Leistung des Finders ist (*Prütting* SachenR § 45 IV 4).

2 Ausnahmsweise **scheidet ein Eigentumserwerb aus**, wenn der Finder den Fund nicht gem § 965 anzeigt oder ihn auf Nachfrage verheimlicht (II 2). Weiterhin wird Eigentum nicht erworben, wenn der Finder vor Fristablauf auf sein Recht verzichtet (§ 976 I). Ebenso wenig kann Eigentum erworben werden, wenn dem Finder vor Fristablauf ein Empfangsberechtigter bekannt wird oder ein solcher sein Recht bei einer zuständigen Behörde anmeldet.

§ 974 Eigentumserwerb nach Verschweigung.
¹Sind vor dem Ablauf der sechsmonatigen Frist Empfangsberechtigte dem Finder bekannt geworden oder haben sie bei einer Sache, die mehr als 10 Euro wert ist, ihre Rechte bei der zuständigen Behörde rechtzeitig angemeldet, so kann der Finder die Empfangsberechtigten nach der Vorschrift des § 1003 zur Erklärung über die ihm nach den §§ 970 bis 972 zustehenden Ansprüche auffordern. ²Mit dem Ablauf der für die Erklärung bestimmten Frist erwirbt der Finder das Eigentum und erlöschen die sonstigen Rechte an der Sache, wenn nicht die Empfangsberechtigten sich rechtzeitig zu der Befriedigung der Ansprüche bereit erklären.

1 Unter den Voraussetzungen des § 973 erwirbt der Finder das Eigentum an der Fundsache. Bis zu diesem Zeitpunkt liegt ein gewisser **Schwebezustand** vor. Daher ermöglicht § 974 dem Finder, durch eine Aufforderung an **alle** Empfangsberechtigten, einen gewissen Druck auszuüben und zur Bereinigung der Rechtslage beizutragen. Verschweigen sich sämtliche Empfangsberechtigten, erwirbt der Finder nach 3 das Eigentum wie im Falle des § 973.

2 Soweit sich auch nur ein einziger Empfangsberechtigter iSd 1 **äußert** oder seine Rechte bei der zuständigen Behörde (§ 967) **anmeldet**, scheidet ein Eigentumserwerb aus und der Finder kann seine Rechte nach den §§ 970 ff, 1000 ff geltend machen. Soweit eine unangemessen kurze Frist gesetzt wurde, bedarf es einer neuen angemessenen Fristsetzung. Soweit die Ansprüche des Finders aus den §§ 970 ff bestritten werden, kommt eine Feststellungsklage in Betracht.

3 Die **Rechtsfolge** aus § 974 ist also entweder der Eigentumserwerb des Finders oder die Durchsetzung der Rechte aus den §§ 970 ff. Diese Rechtsfolge kann jedoch nur ausgelöst werden, wenn die Aufforderung an alle Empfangsberechtigten ergangen ist.

§ 975 Rechte des Finders nach Ablieferung.
¹Durch die Ablieferung der Sache oder des Versteigerungserlöses an die zuständige Behörde werden die Rechte des Finders nicht berührt. ²Lässt die zuständige Behörde die Sache versteigern, so tritt der Erlös an die Stelle der Sache. ³Die zuständige Behörde darf die Sache oder den Erlös nur mit Zustimmung des Finders einem Empfangsberechtigten herausgeben.

1 Der Finder wird durch die Ablieferung an die zuständige Behörde von seinen Pflichten frei, behält aber seine Ansprüche auf Aufwendungsersatz und Finderlohn sowie die Rechte nach §§ 973, 974. Die Befugnis der Behörde zur Versteigerung richtet sich nach öffentlichem Recht. Zustimmung gem 3 tritt an Stelle des Zurückbehaltungsrechts aus § 972. Ein Nachweis erfolgt notfalls durch Urt (§ 894 ZPO). Herausgabe des Fundes ist auch ohne Zustimmung wirksam, kann allerdings zur Haftung aus § 839 führen.

§ 976 Eigentumserwerb der Gemeinde.
(1) Verzichtet der Finder der zuständigen Behörde gegenüber auf das Recht zum Erwerb des Eigentums an der Sache, so geht sein Recht auf die Gemeinde des Fundorts über.
(2) Hat der Finder nach der Ablieferung der Sache oder des Versteigerungserlöses an die zuständige Behörde auf Grund der Vorschriften der §§ 973, 974 das Eigentum erworben, so geht es auf die Gemeinde des Fundorts über, wenn nicht der Finder vor dem Ablauf einer ihm von der zuständigen Behörde bestimmten Frist die Herausgabe verlangt.

1 Durch formlosen Verzicht des Finders auf sein Eigentumserwerbsrecht geht dieses auf die Gemeinde des Fundorts über. Der Verzicht ist eine einseitige empfangsbedürftige Willenserklärung. Im Falle des I ist ein Vorbehalt der Ansprüche aus §§ 970, 971 möglich. Im Falle des II sind die Ansprüche erloschen. Die Angemessenheit der Frist ist nicht gerichtlich prüfbar (Staud/*Gursky* Rz 3). Bei unbekanntem Aufenthalt des Finders gilt § 983.

§ 977 Bereicherungsanspruch. ¹Wer infolge der Vorschriften der §§ 973, 974, 976 einen Rechtsverlust erleidet, kann in den Fällen der §§ 973, 974 von dem Finder, in den Fällen des § 976 von der Gemeinde des Fundorts die Herausgabe des durch die Rechtsänderung Erlangten nach den Vorschriften über die Herausgabe einer ungerechtfertigten Bereicherung fordern. ²Der Anspruch erlischt mit dem Ablauf von drei Jahren nach dem Übergang des Eigentums auf den Finder oder die Gemeinde, wenn nicht die gerichtliche Geltendmachung vorher erfolgt.

Die Norm verdeutlicht, dass der Eigentumserwerb bei einem Fund nicht zugleich eine Vermögensmehrung des Finders herbeiführen soll. Dies ist rechtspolitisch nicht unproblematisch, weil es die Rechtsstellung des Finders stark entwertet. Voraussetzung des Anspruchs aus § 812 ist ein Rechtsverlust des früheren dinglich Berechtigten nach §§ 973, 974, 976. Die Norm ist eine Rechtsfolgenverweisung. Der Finder oder im Falle des § 976 die Gemeinde müssen sodann nach den Regeln der §§ 812, 818, 819 Herausgabe der Sache oder Wertersatz leisten. Die verschärfte Haftung nach § 819 kommt nur in Betracht, wenn der Finder von der Person des Empfangsberechtigten positive Kenntnis erhält (*Prütting* SachenR § 45 IV 5; Staud/*Gursky* Rz 3). 1

§ 978 Fund in öffentlicher Behörde oder Verkehrsanstalt. (1) ¹Wer eine Sache in den Geschäftsräumen oder den Beförderungsmitteln einer öffentlichen Behörde oder einer dem öffentlichen Verkehr dienenden Verkehrsanstalt findet und an sich nimmt, hat die Sache unverzüglich an die Behörde oder die Verkehrsanstalt oder an einen ihrer Angestellten abzuliefern. ²Die Vorschriften der §§ 965 bis 967 und 969 bis 977 finden keine Anwendung.
(2) ¹Ist die Sache nicht weniger als 50 Euro wert, so kann der Finder von dem Empfangsberechtigten einen Finderlohn verlangen. ²Der Finderlohn besteht in der Hälfte des Betrages, der sich bei Anwendung des § 971 Abs. 1 Satz 2, 3 ergeben würde. ³Der Anspruch ist ausgeschlossen, wenn der Finder Bediensteter der Behörde oder der Verkehrsanstalt ist oder der Finder die Ablieferungspflicht verletzt. ⁴Die für die Ansprüche des Besitzers gegen den Eigentümer wegen Verwendungen geltende Vorschrift des § 1001 findet auf den Finderlohnanspruch entsprechende Anwendung. ⁵Besteht ein Anspruch auf Finderlohn, so hat die Behörde oder die Verkehrsanstalt dem Finder die Herausgabe der Sache an einen Empfangsberechtigten anzuzeigen.
(3) ¹Fällt der Versteigerungserlös oder gefundenes Geld an den nach § 981 Abs. 1 Berechtigten, so besteht ein Anspruch auf Finderlohn nach Absatz 2 Satz 1 und 3 gegen diesen. ²Der Anspruch erlischt mit dem Ablauf von drei Jahren nach seiner Entstehung gegen den in Satz 1 bezeichneten Berechtigten.

A. Normzweck. Abweichend von den bisherigen Regelungen des Fundes (§§ 965-977) ist der sog **Verkehrsfund** im Gesetz normiert (§§ 978-983). Die Besonderheiten ergeben sich durch den Fund in den Geschäftsräumen oder den Beförderungsmitteln einer öffentlichen Behörde sowie in dem öffentlichen Verkehr dienenden Verkehrsanstalten. Hierunter fallen alle Geschäftsräume der Gerichte und Verwaltungsbehörden, öffentliche Schulen, Kirchen, Krankenhäuser, Museen und alle Verkehrsanstalten, die dem öffentlichen Verkehr dienen, wie Bahn, Post, Straßenbahnen, Omnibusse, unabhängig davon, ob sie in privater oder öffentlicher Hand sind. Die genannten Räumlichkeiten werden einschließlich ihrer Nebenräume, Treppen, Flure, Toiletten, Aufenthaltsräume, Höfe, Bahnsteige usw erfasst. Eine Ausdehnung auf private Unternehmen, soweit sie nicht Verkehrsanstalten im engeren Sinn sind, ist abzulehnen (Schwab/*Prütting* Rz 508; Staud/*Gursky* Rz 3). Daher fallen nicht unter § 978 private Gaststätten oder Warenhäuser sowie private Schulen, Privatmuseen, Privatbanken. 1

B. Voraussetzungen. Die Sache muss in den Räumlichkeiten einer öffentlichen Behörde oder einer (privaten oder öffentlichen) Verkehrsanstalt (s.o. Rn 1) gefunden und an sich genommen worden sein. Es gilt § 965 Rn 2 ohne die dort für einen Verlust genannten räumlichen Beschränkungen. 2

C. Rechtsfolgen. Rechtsfolge ist zunächst die uneingeschränkte und unverzügliche Ablieferungspflicht des Fundgegenstandes. Die Finderrechte beschränken sich entgegen der §§ 970-975 auf einen gekürzten Finderlohn nach II, III. Für die Haftung des Finders gilt § 968. Die jeweiligen Angestellten und Bediensteten der Behörde oder Verkehrsanstalt haben keinerlei Anspruch. 3

§ 979 Öffentliche Versteigerung. (1) ¹Die Behörde oder die Verkehrsanstalt kann die an sie abgelieferte Sache öffentlich versteigern lassen. ²Die öffentlichen Behörden und die Verkehrsanstalten des Reichs, der Bundesstaaten und der Gemeinden können die Versteigerung durch einen ihrer Beamten vornehmen lassen.
(2) Der Erlös tritt an die Stelle der Sache.

Zum Begriff der Behörde oder Verkehrsanstalt vgl § 978 Rn 1. Zu den Abläufen und Regeln der öffentlichen Versteigerung vgl §§ 966, 980-982. Die Gesetzesbegriffe „Reich" und „Bundesstaaten" sind durch Bundesrepublik und Länder zu ersetzen. §§ 979, 980 gelten gem § 30 VII WaStrG für beseitigte Gegenstände, die ein Schiffshindernis bilden. II enthält eine dingliche Surrogation. 1

§ 980 Öffentliche Bekanntmachung des Fundes. (1) Die Versteigerung ist erst zulässig, nachdem die Empfangsberechtigten in einer öffentlichen Bekanntmachung des Fundes zur Anmeldung ihrer Rechte unter Bestimmung einer Frist aufgefordert worden sind und die Frist verstrichen ist; sie ist unzulässig, wenn eine Anmeldung rechtzeitig erfolgt ist.
(2) Die Bekanntmachung ist nicht erforderlich, wenn der Verderb der Sache zu besorgen oder die Aufbewahrung mit unverhältnismäßigen Kosten verbunden ist.

1 Die §§ 980–982 setzen die Entscheidung zur Versteigerung nach § 979 voraus. Die zulässige Versteigerung setzt eine öffentliche Aufforderung voraus. Ist die Versteigerung unzulässig, erwirbt nur der gutgläubige Ersteher nach § 935 II oder § 1244 Eigentum.

§ 981 Empfang des Versteigerungserlöses. (1) Sind seit dem Ablauf der in der öffentlichen Bekanntmachung bestimmten Frist drei Jahre verstrichen, so fällt der Versteigerungserlös, wenn nicht ein Empfangsberechtigter sein Recht angemeldet hat, bei Reichsbehörden und Reichsanstalten an den Reichsfiskus, bei Landesbehörden und Landesanstalten an den Fiskus des Bundesstaates, bei Gemeindebehörden und Gemeindeanstalten an die Gemeinde, bei Verkehrsanstalten, die von einer Privatperson betrieben werden, an diese.
(2) ¹Ist die Versteigerung ohne die öffentliche Bekanntmachung erfolgt, so beginnt die dreijährige Frist erst, nachdem die Empfangsberechtigten in einer öffentlichen Bekanntmachung des Fundes zur Anmeldung ihrer Rechte aufgefordert worden sind. ²Das Gleiche gilt, wenn gefundenes Geld abgeliefert worden ist.
(3) Die Kosten werden von dem herauszugebenden Betrag abgezogen.

1 Die Norm regelt in I den Verfall des Versteigerungserlöses nach Fristablauf. Die im Gesetz genannten Reichsbehörden sind als Bundesbehörden zu verstehen. Die Frist nach II ist iSv § 980 zu verstehen.

§ 982 Ausführungsvorschriften. Die in den §§ 980, 981 vorgeschriebene Bekanntmachung erfolgt bei Reichsbehörden und Reichsanstalten nach den von dem Bundesrat, in den übrigen Fällen nach den von der Zentralbehörde des Bundesstaates erlassenen Vorschriften.

1 Die Reichsbehörden, Reichsanstalten und der Bundesrat sind als Bundesbehörden/Anstalten sowie Bundesminister des Innern auszulegen, als Bundesstaat sind die Länder anzusehen. Für den Bund gilt noch immer die Bekanntmachung vom 16.6.1898. In den Bundesländern bestehen jeweils landesrechtliche Regeln. Ausf zu allen Regeln des Bundes und der Länder Staud/*Gursky* Rz 1, 2.

§ 983 Unanbringbare Sachen bei Behörden. Ist eine öffentliche Behörde im Besitz einer Sache, zu deren Herausgabe sie verpflichtet ist, ohne dass die Verpflichtung auf Vertrag beruht, so finden, wenn der Behörde der Empfangsberechtigte oder dessen Aufenthalt unbekannt ist, die Vorschriften der §§ 979 bis 982 entsprechende Anwendung.

1 Die Norm ergänzt die Regeln zum Verkehrsfund um eine öffentlichrechtliche Regelung zu Herausgabepflichten öffentlicher Behörden, wenn der Empfangsberechtigte oder sein Aufenthalt nicht bekannt sind. Das Gesetz erlaubt insoweit eine öffentliche Versteigerung iS der §§ 979–982.

§ 984 Schatzfund. Wird eine Sache, die so lange verborgen gelegen hat, dass der Eigentümer nicht mehr zu ermitteln ist (Schatz), entdeckt und infolge der Entdeckung in Besitz genommen, so wird das Eigentum zur Hälfte von dem Entdecker, zur Hälfte von dem Eigentümer der Sache erworben, in welcher der Schatz verborgen war.

1 **A. Norminhalt.** Der sog Schatzfund des § 984 enthält neben den allg Fundregeln (§§ 965–977) und dem Verkehrsfund (§§ 978-983) eine weitere spezielle Kategorie des Fundrechts. Als Schatz gilt nach § 984 eine Sache, die so lange verborgen gelegen hat, dass der frühere Eigentümer nicht mehr zu ermitteln ist. Dabei muss es sich nicht um Kostbarkeiten oder Sachen von Altertumswert handeln, wenn dies auch die Regel sein wird. Meist werden solche Funde in Grundstücken entdeckt werden. Jedoch ist ein Schatzfund auch bei beweglichen Sachen möglich (Geheimfach alter Möbel).

2 **B. Tatbestand.** Nach dem Gesetz muss die Sache einmal im Eigentum einer Person gestanden haben, weil sonst die Voraussetzung, dass der Eigentümer nicht zu ermitteln ist, sinnlos wäre. Geboten ist aber die Ausdehnung der Vorschrift auf alle Gegenstände von archäologischem, geschichtlichem oder naturwissenschaftlichem Interesse (zum Fund prähistorischer Tiere, menschlicher Skelette oder Fossilien vgl Nürnbg NJW-RR 03, 933; BVerwG NJW 97, 1172). Der Eigentumserwerb setzt Entdeckung und Besitzergreifung voraus (Celle NJW 92, 2576). Isolierte Besitzergreifung genügt nur, wenn sie auf Grund der Entdeckung als deren Folge geschieht. Mit der Entdeckung entsteht eine Anwartschaft auf den Erwerb. Die Besitzergreifung ist Realakt.

Daher ist Schatzerwerb auch durch Geschäftsunfähige möglich. Verborgen können Gegenstände auch dann sein, wenn solche Funde zwar offen zutage liegen, ihr Auffinden durch die Verhältnisse aber sehr erschwert ist (Köln NJW 92, 2576).

C. Rechtsfolge. Das Eigentum fällt zur Hälfte dem Finder, zur anderen Hälfte dem Eigentümer der Sache zu, in welcher der Schatz verborgen war. Es besteht Miteigentum (BGHZ 103, 101). Sucht jemand im Auftrage eines anderen nach einem Schatz, erwirbt nicht er das Eigentum, sondern der Auftraggeber. Entdeckt der Arbeitnehmer den Schatz, so wird der Arbeitgeber Eigentümer, wenn die Schatzsuche zur Aufgabe des Arbeitnehmers gehörte, der Arbeitnehmer wird dagegen selbst Eigentümer, wenn Entdeckung und Inbesitznahme nur bei Gelegenheit der vertraglichen Tätigkeit erfolgten (BGHZ 103, 101, sog Lübecker Schatzfund). Zu den Regelungen des Landesrechts vgl Staud/*Gursky* Rz 21.

Titel 4 Ansprüche aus dem Eigentum

§ 985 Herausgabeanspruch. Der Eigentümer kann von dem Besitzer die Herausgabe der Sache verlangen.

A. Grundsätzliches. Der in § 985 kodifizierte sog **Vindikations- bzw Herausgabeanspruch** des Eigentümers, der die in seinem Eigentum stehende unbewegliche oder bewegliche Sache (§§ 90 ff) nicht in seinem Besitz hat, dient der Verwirklichung seiner originären Interessen: Solange und soweit ihm der Besitz entzogen oder vorenthalten wird, kann er mit der Sache nicht „nach Belieben" verfahren, § 903. Das Eigentumsrecht ist damit insoweit eingeschränkt, kann jedoch durch den Anspruch aus § 985 vollständig wiederhergestellt werden.

B. Begriffe und allgemeiner Regelungsinhalt. Die Anspruchsformulierung („verlangen") stützt sich auf vier wesentliche Begriffe: „Eigentümer, Besitzer, Sache und Herausgabe". Maßgeblich ist damit nur der Umstand, dass der Besitzer eine fremde Sache rechtsgrundlos im Besitz hat. Ohne Belang hingegen ist die Frage, aus welchen Gründen er die tatsächliche Gewalt über die Sache erlangt hat: Bei der **Unterschlagung** oder dem **Diebstahl** kommt es insoweit nicht auf die Straftat, sondern allein auf die Besitzbegründung an. Sobald kein Recht zum Besitz nach § 986 oder Zurückbehaltungsrecht nach § 1000 (mehr) besteht, ist die Vindikationslage gegeben: Der Besitzer muss dem Eigentümer die Sache herausgeben, wenn dieser das verlangt.

I. Eigentümer. Anspruchsgläubiger ist der Eigentümer, also der Inhaber des **umfassenden Rechts an einer Sache**, das auch als **dingliches Vollrecht** bezeichnet werden kann. Es besteht keine Hierarchie wie beim Besitzrecht (unmittelbarer, mittelbarer Besitzer bzw Besitzdiener). Wirtschaftliche bzw steuerrechtliche Zuordnungsfragen – etwa beim Leasinggeber oder Sicherungsnehmer – spielen keine Rolle. Zu unterscheiden ist jedoch zwischen dem Allein- und dem Miteigentümer (Bruchteilseigentümer, §§ 1008–1011), ferner dem Gesamthandseigentümer, dem Sicherungseigentümer (auch Treuhandseigentümer) und weiter dem Vorbehalts- sowie dem Wohnungseigentümer, § 13 I WEG (BGHZ 49, 250 = NJW 68, 499). Der Eigentümer kann, muss aber nicht Besitz – in welcher Form auch immer – gehabt haben, um den Anspruch auf Herausgabe geltend machen zu können. Denn **Eigentum** beschreibt die **rechtliche**, **Besitz** die **tatsächliche Herrschaft** über eine Sache, weshalb der Besitzer für den Herausgabeanspruch nach § 861 I notwendig „Vorbesitz" gehabt haben muss, nicht aber der Eigentümer für den Anspruch aus § 985. Dem Eigentümer gleichgestellt sind der **Nießbraucher**, § 1065, der **Pfandrechtsgläubiger**, § 1227, und der **Erbbauberechtigte**, § 11 I ErbbauV.

Ob der **Anwartschaftsberechtigte** den dinglichen Herausgabeanspruch geltend machen kann, ist str (jurisPK/*Habermeier* § 985 Rz 4 mwN). Hält man sich an den Wortlaut, so ist mangels Eigentümerstellung auch kein Anspruch gegeben. Die Anwartschaft selbst stellt auch kein dingliches Recht an der betreffenden Sache dar (BGHZ 10, 69 = NJW 53, 1099). Eine analoge Anwendung des § 985 ist nur zulässig, wenn keine andere Lösung durch das Gesetz vorgegeben ist und somit eine planwidrige Regelungslücke vorliegt. Eine solche besteht im Falle des Besitzverlustes durch den Anwartschaftsberechtigten jedoch über §§ 861, 1007, zumal § 1007 III 2 ausdrücklich die §§ 986–1003 für entspr anwendbar erklärt. Hatte der Anwartschaftsberechtigte (noch) keinen eigenen Besitz, so bestehen zwar die genannten Herausgaberechte nicht, es kann dann jedoch das Herausgabeverlangen im Wege einer – auch konkludenten – Ermächtigung zur Vindikation für den (Noch-)Eigentümer geltend gemacht werden (MüKo/*Medicus* § 985 Rz 4). Die Eigentümerstellung muss erst zum **Zeitpunkt** der Erfüllung der Herausgabepflicht bestehen. Zur prozessualen Situation s.u. G.

II. Besitzer. Anspruchsschuldner auf Herausgabe ist der Besitzer, mithin derjenige, der die tatsächliche Gewalt über eine Sache erworben und diese nicht wieder aufgegeben oder in anderer Weise verloren hat, § 856 I. Besitzdienerschaft, § 855, oder eine ihrer Natur nach nur vorübergehende Verhinderung in der Ausübung der tatsächlichen Gewalt ändern an der Besitzerstellung nichts, § 856 II. Insb kommt es auch nicht auf die Besitzform an: **Besitzer** ist sowohl der Eigen- wie der Fremdbesitzer, § 872, der Teilbesitzer, § 865, der Mitbesitzer, § 866, der unmittelbare und der (auch mehrstufige) mittelbare Besitzer, §§ 868, 871, gleichgültig ob gut- oder bösgläubig: Entscheidend ist letztlich allein, ob es sich um einen (noch) berechtigten oder (schon) nicht (mehr) berechtigten Inhaber der tatsächlichen Gewalt über eine bewegliche oder unbewegliche Sache handelt. Dazu zählt jedoch nicht der Besitzdiener, da dieser die Gewalt für den Besitzer ausübt, § 855.

6 **Mitbesitzer**, § 866, haften bei schlichtem Mitbesitz nur auf Herausgabe des jeweiligen Besitzanteils, denn eine gesamtschuldnerische Haftung nach § 431 entfällt deshalb, weil es sich nicht um eine unteilbare Leistung handelt. Gleiches gilt beim qualifizierten Mitbesitz: Hier kann zwar nur die Sache insgesamt, also ungeteilt, herausgegeben werden, dennoch aber sind unterschiedliche **Herausgabehandlungen** erforderlich. Diese können ausschl von den zur Herausgabe verpflichteten Mitbesitzern vorgenommen bzw verlangt werden (MüKo/*Medicus* § 985 Rz 12). Bei **Gesamthandsgemeinschaften**, zB Personengesellschaften oder Vereinen, üben die Organe den Besitz aus. Hingegen besteht bei der Erbengemeinschaft Mitbesitz aller Miterben, § 857. Bei der Gütergemeinschaft kommt es auf die Verwaltungsregelung an.

7 **III. Sache.** Unter einer Sache versteht das Gesetz nur körperliche Gegenstände, § 90, gleich ob beweglich (Mobiliar) oder unbeweglich (Immobiliar), vertret- oder verbrauchbar, §§ 91, 92, bzw ein nicht wesentlicher Bestandteil eines Grundstücks, § 95 oder auch Zubehör, § 97 (s. § 90 Rn 2 ff). Obwohl Tiere ausdrücklich keine Sachen sind, ist der Herausgabeanspruch ebenso nach § 985 geltend zu machen: Die für Sachen geltenden Vorschriften werden entspr angewendet, § 90a. Auch Geldscheine und -münzen sind Sachen. Sobald eine Vermischung mit Geldzeichen anderer Eigentümer erfolgt, kann Miteigentum entstehen, §§ 948, 947.

8 **IV. Herausgabe.** Etwas hergeben oder herausgeben setzt – wie der Wortbestandteil „geben" verdeutlicht – **aktives Tun** des Besitzers und nicht nur passives Dulden einer **Wegnahme** voraus, wie auch der Unterschied von § 883 ZPO und § 890 ZPO belegt. Insb kennt § 985 kein dem § 859 II und III entspr **Gewaltanwendungsrecht** des Eigentümers. Der die Herausgabe schuldende Besitzer muss demnach dem Eigentümer den unmittelbaren Besitz der Sache einräumen. Bei beweglichen Sachen geschieht dies im Regelfall durch Aushändigung (auch an den Besitzdiener des in den Besitz gelangenden Eigentümers), bei unbeweglichen Sachen ua durch Ermöglichung des ungehinderten Zugangs und Über- bzw Bekanntgabe aller Schließhilfen wie Schlüssel, Codebuchstaben oder -zahlen, Sendegeräte bei Automatiktüren bzw Codekarten. Nicht verwechselt werden darf die Herausgabe jedoch mit der **Räumung**. Diese stellt ein „Mehr" dar (MüKo/*Medicus* § 935 Rz 20): Zur bloßen Herausgabe der Miet- oder Pachtsache kommt ua die Verpflichtung zur Freimachung von Gegenständen aller Art bis hin zur besenreinen Säuberung hinzu (NJW-RR 06, 989).

9 **C. Besonderer Regelungsinhalt. I. Inhaber des Herausgabeanspruchs bei Miteigentümerstellung sowie im Fall des § 986 I 2.** Solange der Eigentümer nur zusammen mit anderen Eigentümern das Vollrecht an der Sache hat (Miteigentum), kann nach § 985 lediglich **Mitbesitzeinräumung** verlangt werden. Dies gilt sowohl ggü den Miteigentümern als auch dem Besitzer. Herausgabe kann deshalb nach § 1011 auch nur von allen Miteigentümern verlangt werden (Prozessstandschaft), ausnahmsweise kann es jedoch zum Alleinbesitz kommen, wenn die anderen Miteigentümer den Mitbesitz nicht mit übernehmen wollen oder aus tatsächlichen Gründen nicht können. Schließlich bleibt der (Mit-) Eigentümer auch im Fall der Herausgabeverpflichtung des unmittelbaren Besitzers an den mittelbaren Besitzer gem § 986 I 2 Inhaber des Herausgabeanspruchs.

10 **II. Besonderheiten der Herausgabe beim mittelbaren Besitzer.** Wie der Formulierung des § 991 I zu entnehmen ist, kann der Eigentümer auch vom mittelbaren Besitzer Herausgabe verlangen, obwohl dieser die herausverlangte Sache begriffsnotwendig nicht „in Händen hält". Da der Anspruch somit nur auf Einräumung des mittelbaren Besitzes durch **Abtretung des Herausgabeanspruchs** gerichtet werden kann, § 870, und eine solche Abtretung nach § 894 ZPO mit Eintritt der Rechtskraft eines entspr Urteils als erfolgt gilt, könnte es zu einem nicht vollstreckbaren Titel kommen: Der mittelbare Besitzer verlangt vom unmittelbaren Besitzer die Sache heraus, so dass die Abtretung ins Leere gehen würde und der Eigentümer nochmals mit berichtigtem Antrag Klage einreichen müsste, um dann nach § 883 ZPO vollstrecken zu können. Diesen Umweg erspart die hM dem Eigentümer.

11 Er kann **sofort** auch gegen den mittelbaren Besitzer **auf Herausgabe** klagen. Umfasst wird von einem solchen Antrag sowohl das Verlangen nach Herausgabe der Sache durch Verschaffung des unmittelbaren Besitzes als auch die Einräumung mittelbaren Besitzes. Liegt im Zeitpunkt der Vollstreckung (wieder) unmittelbarer Besitz vor, vollstreckt der Gerichtsvollzieher das Urt auf Herausgabe durch einfache Wegnahme und Übergabe der Sache an den Eigentümer gem § 883 ZPO. Besteht jedoch immer noch oder schon wieder mittelbarer Besitz, zB durch einen Mietvertrag oder einen Leihvertrag, so erfolgt aus dem Titel eine **Pfändung des Herausgabepruchs** des mittelbaren Besitzers gegen den unmittelbaren Besitzer (zB Mieter oder Entleiher) und eine Überweisung des gepfändeten Anspruchs an den Eigentümer zur Einziehung gem § 886 ZPO. § 894 ZPO ist bei einem Herausgabeurteil nicht anwendbar, da keine Willenserklärung vorliegt, die durch den Titel zu ersetzen ist.

12 **III. Herausgabezustand, Ort, Kosten, Sachgesamtheit. 1. Herausgabezustand** der Sache ist stets der **Ist-Zustand** zu dem Zeitpunkt, in dem die Herausgabe erfolgt. Veränderungen, insb Verschlechterungen ggü dem „Ur-Zustand", können über den rein dinglichen Herausgabeanspruch nicht berücksichtigt werden.

2. Herausgabeort ist bei beweglichen Sachen – bei den unbeweglichen ist ohnehin der Besitz- zugleich der Herausgabeort – der Ort, an dem sich die Sache letztmals vor dem Eintritt der Vindikationslage befand. Dies ist jeder beliebige Ort beim gutgläubigen bzw unverklagten Besitzer, eingeschränkt beim bösgläubigen bzw verklagten Besitzer auf die Örtlichkeit, wo sich die Sache zum Zeitpunkt des Eintritts der Bösgläubigkeit bzw Rechtshängigkeit befand und schließlich reduziert auf den ursprünglichen Ort der Sache bei deliktischer Erlangung des Besitzes gem § 992. Diese Fixierung des maßgeblichen Herausgabeortes ergibt sich letztlich aus einer Verbindung der Bestimmungen über den Leistungsort gem § 269, der grds am Wohn- bzw Gewerbebetriebsort liegt und damit eine Holschuld begründen würde. Jedoch ist, worauf *Medicus* richtig hinweist (MüKo § 985 Rz 23 f im Unterschied zu Palandt/*Bassenge* § 985 Rz 12), der Ort, an dem sich die herauszugebende Sache befindet, nicht notwendig einer der in § 269 aufgeführten Orte. Für den redlichen Besitzer können § 697 und § 811 entspr angewendet werden.

Es ist damit auf die tatsächliche Örtlichkeit, an dem sich die Sache befindet, abzustellen, die zur Vermeidung einer Wechselmöglichkeit je nach der Qualität des Besitzes mit dem Eintritt der Bösgläubigkeit bzw Rechtshängigkeit zu fixieren ist. Dass beim deliktischen Besitzer immer der ursprüngliche Ort der Sache auch der Herausgabeort ist, ergibt sich über §§ 992, 823 ff, 249 I. Denn zum ursprünglichen Zustand, der wiederherzustellen ist, zählt auch die Rückführung der Sache an den ursprünglichen Ort. Da § 242 auch auf dingliche Ansprüche anwendbar ist, kann im Einzelfall der Eigentümer auch vom redlichen Besitzer die Verpackung und Versendung transportabler Sachen verlangen, allerdings nur gegen Kostenerstattung und Gefahrtragung durch den Eigentümer (MüKo/*Medicus* § 985 Rz 25).

3. Herausgabekosten können sowohl beim Besitzer – etwa durch den Transport der Sache zum Herausgabeort (BGH NJW 88, 3264) – als auch beim Eigentümer für die Abholung anfallen. Soweit der Eigentümer Kosten im Zusammenhang mit der Herausgabe verauslagt, die den Besitzer treffen, steht ihm nach BGH NJW 81, 752 ein Erstattungsanspruch nach §§ 684, 812, nicht aber nach §§ 989 ff zu. In der Praxis muss im Einzelfall die Prüfung der Kostentragung vorgenommen werden, wobei hier § 242 von besonderer Bedeutung sein kann.

4. Sachgesamtheit, also eine aus mehreren Sachen bestehende, übergeordnete Sache, zB eine zahlreiche Bücher umfassende Bibliothek oder ein Geschäft mit Einrichtung und Warenlager, ist **nicht vindizierbar**. Vielmehr muss in solchen Fällen **jede Sache individualisiert** herausverlangt werden bzw iR **objektiver Klagehäufung** gem § 260 ZPO jedes einzelne Buch oder Inventarstück bzw jede Ware genau bezeichnet werden, etwa durch eine Bestands- oder Inventarliste. Das Besichtigungsrecht gem § 809 kann bei der Ermittlung der einzelnen Sachen weiterhelfen. Zudem eröffnet hier § 242 einen erweiterten Auskunftsanspruch (MüKo/*Medicus* § 985 Rz 25).

D. Herausgabeansprüche bei Geldzeichen und Inhaberpapieren. I. Vindikation von Geld. Münzen und Geldscheine werden grds als Sachen ebenso vom Herausgabeanspruch erfasst. Sobald jedoch eine Vermischung mit Geldzeichen anderer Eigentümer nach §§ 948, 947 erfolgt, führt dies zu Mit- oder auch Dritteigentum. Gem § 935 II kann auch bei gestohlenem Geld ein Eigentumsverlust eintreten. Ein Geldwert an sich, ohne Geldzeichen, die diesen verkörpern, ist nicht Gegenstand der Vindikation, da sonst eine Besserstellung ggü anderen Sacheigentümern in der Insolvenz eintreten würde, §§ 47 f InsO. Unabhängig davon stellt der Wert an sich auch keine Sache dar.

II. Vindikation von Schuldurkunden. Schuldscheine über Forderungen, aber auch Urkunden über andere Rechte, wie etwa Hypotheken-, Grundschuld- und Rentenschuldbriefe, können nur vom Gläubiger (auch Abtretungs- bzw Pfändungsgläubiger) der Forderungen bzw Rechte nach § 985 herausverlangt werden, da gem § 952 das Recht am Papier dem Recht aus dem Papier folgt (vgl BGH NJW 05, 2222).

E. Anwendbarkeit schuldrechtlicher Regelungen. Da der Herausgabeanspruch nach § 985 ein dinglicher Anspruch ist, kommen die Regelungen des allgemeinen Schuldrechts, §§ 241–432, grds nicht zur Anwendung. So kann hinsichtlich der Herausgabepflicht keine Schuldübernahme, §§ 414 ff, erfolgen, da allein der tatsächliche Besitz maßgeblich ist. Auch eine Abtretung des Herausgabeanspruchs nach § 398 ist nicht möglich, da das Vollrecht Eigentum unabdingbar Anspruchsgrundlage ist. Im Abtretungsfall würden das Vollrecht und der Herausgabeanspruch auseinander fallen. Zulässig ist jedoch die Bevollmächtigung zur prozessualen Geltendmachung des Anspruchs iR einer Prozessstandschaft. Auch die Folgen zu vertretender Unmöglichkeit einer Herausgabe richten sich nicht nach den §§ 275 IV, 280 ff, sondern ausschl nach den Sonderregelungen der §§ 989 ff, da andernfalls die mit dem EBV geschaffene Privilegierung des redlichen Besitzers, § 993 I, entfallen würde: Dieser ist weder zur Herausgabe von Nutzungen noch zum Schadensersatz verpflichtet.

F. Konkurrenzen. I. Vertragliche Ansprüche. Das Schuldrecht stellt eine Reihe von gesetzlichen Rückgewähransprüchen zur Verfügung, so zB § 546 (Rückgabe der Mietsache), §§ 581 II, 546 (Rückgabe der Pachtsache), § 582a III (Rückgabe Inventar), § 596 (Rückgabe Landpachtsache), § 604 I (Rückgabe Leihsache), § 667 (Herausgabepflicht bei Auftrag), § 695 (Rückforderung hinterlegter Sachen), § 732 (Rückgabe Gesellschaftsgegenstände).

21　**II. Sonstige Ansprüche.** Sind sowohl das schuldrechtliche als auch das dingliche Rechtsgeschäft nichtig, so kann der Eigentümer bei Veräußerung und Übergabe der Sache diese sowohl nach § 985 als auch nach § 812 I 1 (**Besitzkondiktion**) heraus verlangen. In diesem Fall stärkt das Recht aus § 985 die Stellung des Eigentümers nicht nur hinsichtlich der Haftung und Beweislast, sondern auch in der Insolvenz des Besitzers, da der dingliche Anspruch zur Aussonderung gem § 47 InsO berechtigt. Bei Verlust des Besitzes durch eine strafbare Handlung bestehen neben § 985 auch Ansprüche aus §§ 823 II, 826, 249 (Naturalrestitution in Form der Rückgabe) sowie § 812 I 1, Fall 2. Anwendbar sind auch § 816 II (Herausgabe durch den Nichtberechtigten), § 852 (Herausgabe bei unerlaubter Handlung) sowie die §§ 861, 1007 (Ansprüche des früheren Besitzers) und §§ 2018, 2029 (Erbschaftsansprüche).

22　**III. Verdrängung und Ausschluss des Herausgabeanspruchs nach § 985. 1. § 771 ZPO** verdrängt den Anspruch aus § 985 bei einer Pfändung der Sache durch den Gläubiger des Besitzers. Der Gläubiger wird zwar durch die Pfändung mittelbarer Besitzer, der Eigentümer kann aber dennoch nicht unmittelbar vom Gläubiger die Herausgabe der Sache verlangen, sondern muss **Drittwiderspruchsklage** erheben und dann mit Hilfe eines obsiegenden Urteils nach §§ 775 Nr 1, 776 ZPO vorgehen. Gleichzeitig mit der Klage gegen den Gläubiger des Besitzers kann die Herausgabeklage gegen diesen erhoben werden, § 771 II ZPO.

23　**2.** § 241a schließt seinem Wortlaut nach den Herausgabeanspruch des Unternehmers, § 14, aus, der eine **unbestellte Sache** an einen Verbraucher, § 13, liefert, und hat deshalb unter verfassungsrechtlichen Gesichtspunkten (Art 14 GG) Bedenken ausgelöst. Denn „durch die Lieferung unbestellter Sachen" wird demnach ausdrücklich „ein Anspruch gegen diesen", also den Verbraucher, „nicht begründet". Damit kann auch kein Herausgabeanspruch entstehen, obwohl der Unternehmer trotz Übersendung weiter Eigentümer der Sache ist. Die Zusendung unbestellter Waren stellt zwar ein konkludentes Angebot auf Übereignung nach §§ 929 ff dar, dieses ist jedoch aufschiebend bedingt (Angebotsannahme durch Kaufpreiszahlung). Obwohl also der Verbraucher die tatsächliche Gewalt über die Sache ausüben kann, er also unmittelbarer Besitzer wird (und nicht nur Besitzdiener) durch die in seinen Herrschaftsbereich gelangte Sache wird, kann nach dem klaren Wortlaut des § 241a kein Herausgabeanspruch entstehen. Nachdem gleichermaßen auch kein Kondiktionsanspruch gegeben ist, da jeder Anspruch ausgeschlossen wird und zudem schon gem § 814 wegen Kenntnis der Nichtschuld die §§ 812 ff entfallen würde, steht der Unternehmer rechtlos da – Eigentum und Besitz fallen auf Dauer auseinander. Eine Ersitzung nach § 937 kommt wegen des notwendigen Eigenbesitzes nicht in Betracht.

24　Aber auch eine Annahme der Aufgabe des Eigentums gem § 959 mit der Folge der Herrenlosigkeit und einer Aneignungsmöglichkeit durch Eigenbesitznahme ist nicht nachvollziehbar: Der Unternehmer will einen Kaufvertrag herbeiführen, nicht aber auf sein Eigentum verzichten. Zu einem solchen Verzicht würde er aber bei wörtlicher Anwendung des § 241a gezwungen. In Abwägung des Grundrechts aus Art 14 GG einerseits und des Verbraucherschutzgedankens, der § 74 StGB (Einziehungsmöglichkeit bei Straftaten) insoweit ähnlich ist, andererseits, **muss § 241a deshalb restriktiv ausgelegt werden**: Die Vorschrift gibt dem Verbraucher kein Recht zum Besitz iSd § 986 und verhindert auch nicht den Herausgabeanspruch des Unternehmers gegen Dritte, denen der Verbraucher Besitz verschafft. War der Unternehmer selbst nur Vorbehaltseigentümer, so führt die Abwägung der Verbraucherrechte einerseits und der Rechte aus dem Eigentumsvorbehalt andererseits zu einer Vindikationslage zu Gunsten des Eigentümers. Denn der Verbraucher wird über mögliche Schadensersatzansprüche gem §§ 241 II, 311 II, 280 ff und zudem durch den vollständigen Anspruchsausschluss – zB hinsichtlich von Nutzungen – nach § 241a ausreichend geschützt (*Berger* JuS 01, 649). Der Unternehmer selbst hat hinsichtlich der unbestellten Sache bei verfassungskonformer Auslegung zwar keinen Herausgabeanspruch, das Rücksichtnahmegebot des § 241 II gebietet jedoch ebenso wie Treu und Glauben, § 242, im Einzelfall die Gewährung einer **Abholungsmöglichkeit**.

25　**G. Prozessuale Besonderheiten.** Sofern nach Klageerhebung der Eigentümer die herausverlangte Sache nach den §§ 873, 929, 930, 931 an einen Dritten übereignet, ist dies iR eines **Herausgabeprozesses** ohne Einfluss auf den Verfahrensverlauf, § 265 II 1 ZPO. Der Rechtsnachfolger wird durch § 325 I ZPO an die Rechtskraft des Urteils gebunden und kann nach einer Titel übertragenden Umschreibung der Vollstreckungsklausel gem §§ 727, 731 ZPO selbst die Zwangsvollstreckung betreiben. Überträgt der Beklagte den Besitz nach Klageerhebung an einen Dritten, ist dies ebenso gem § 265 II 1 ZPO ohne Einfluss auf das Verfahren, so dass keine Antragsumstellung notwendig ist. Prozessual wird die Übertragung als nicht geschehen behandelt. Die Rechtskraft des Herausgabeurteils wirkt automatisch auch gegen den neuen Besitzer, wobei auch hier gem §§ 727, 731 ZPO eine Vollstreckungsklausel herbeigeführt werden kann.

26　**H. Verjährung von Herausgabeansprüchen. I. Bewegliche Sachen.** Ansprüche auf Herausgabe von **beweglichen** Sachen verjähren gem § 197 I Nr 1 in **30 Jahren**, beginnend mit der Entstehung des Anspruchs aus § 985 (§ 200), wobei die beim unrechtmäßigen Vorbesitzer verstrichene Zeit auch dem Anspruchsschuldner angerechnet wird, § 198. In dieser Bestimmung wird dafür ausdrücklich ein „dinglicher Anspruch" als Voraussetzung genannt.

II. Unbewegliche Sachen. Ansprüche auf Herausgabe von unbeweglichen Sachen verjähren gem § 902 nicht, wenn sich das Eigentum an der Sache auf im Grundbuch eingetragene Rechte gründet. Dies ist bei Grundstücken regelmäßig der Fall (BGH Urt v 16.3.07 – V ZR 190/06 = BGHReport 07, 702). 27

J. Beweislast. I. Eigentum. Im Prozess entscheidet im Falle des Bestreitens des Vorliegens der Anspruchsvoraussetzungen die Erfüllung der Darlegungs- und Beweislast über den Erfolg einer Herausgabeklage. Der Kläger muss vortragen und beweisen, dass er Eigentümer – in welcher Form auch immer, s. oben B. I. – der herausverlangten Sache ist. Während dies bei Grundstücken über die Vorlage eines Grundbuchauszuges bzw eine amtliche Auskunft des Grundbuchamtes ohne weiteres möglich ist, kommt bei beweglichen Sachen gerade mit Blick auf die zu widerlegende Eigentumsvermutung des Besitzers gem § 1006 dem Eigentumsbeweis durch andere Beweismittel besondere Bedeutung zu. So kann beim Verlangen auf Herausgabe eines Sparbuchs zwar nicht der dort aufgeführte Name, wohl aber der Nachweis der Kontoeröffnung auf den Namen des Klägers und damit dessen Gläubigerstellung ggü der Bank ausreichend für den Eigentumsnachweis sein. Denn mit dieser Stellung ist gem § 952 zugleich das Eigentum an dem für das bestimmte Konto ausgestellten Sparbuch verbunden. (BGH NJW 05, 2222). Weitere Beweismittel – auch nach den Grundsätzen des Beweises des ersten Anscheins – sind des Vertrags- und Rechnungsunterlagen sowie Zeugenaussagen zum Erwerb des Eigentums bzw Verlust des Besitzes, durch den wiederum im Wege des Anscheinsbeweises auf das Eigentum geschlossen werden kann. 28

II. Besitz. Bestreitet der Beklagte den Besitz, so muss der Kläger diesen zum Zeitpunkt der Rechtshängigkeit beweisen. Dies gelingt entweder durch die Einvernahme von Zeugen, möglichst unterlegt mit einer Foto- oder Filmdokumentation, oder im Wege der Parteieinvernahme des Beklagten. Behauptet der Beklagte, lediglich Besitzdiener, § 855, zu sein, so trifft ihn insoweit die Beweislast (Palandt/*Bassenge* § 985 Rz 19). 29

§ 986 Einwendungen des Besitzers.

(1) ¹Der Besitzer kann die Herausgabe der Sache verweigern, wenn er oder der mittelbare Besitzer, von dem er sein Recht zum Besitz ableitet, dem Eigentümer gegenüber zum Besitz berechtigt ist. ²Ist der mittelbare Besitzer dem Eigentümer gegenüber zur Überlassung des Besitzes an den Besitzer nicht befugt, so kann der Eigentümer von dem Besitzer die Herausgabe der Sache an den mittelbaren Besitzer oder, wenn dieser den Besitz nicht wieder übernehmen kann oder will, an sich selbst verlangen.

(2) Der Besitzer einer Sache, die nach § 931 durch Abtretung des Anspruchs auf Herausgabe veräußert worden ist, kann dem neuen Eigentümer die Einwendungen entgegensetzen, welche ihm gegen den abgetretenen Anspruch zustehen.

A. Begriffe und allgemeiner Regelungsinhalt. § 986 ist die Korrektivnorm zum bedingungslos formulierten Herausgabeanspruch des Eigentümers aus § 985: Wenn und solange der Besitzer dem Eigentümer ggü zum Besitz berechtigt ist, steht ihm gegen den Herausgabeanspruch eine Einwendung zu (BGH NJW 99, 3716; MüKo/*Medicus* § 986 Rz 26 f; BGH BGHReport 07, 1096), dh der Anspruch auf Herausgabe entsteht entweder nicht oder er wird – bei Entstehung eines Besitzrechts bis zum Zeitpunkt der letzten mündlichen Verhandlung – durch eine vAw vom Gericht zu beachtende Einwendung vernichtet, so dass sich auch aus dem Vorbringen des Eigentümers zur Besitzsituation eine Klageabweisung als richtig erweisen kann. 1

I. Recht zum Besitz. Die Herausgabe der Sache kann dann verweigert werden, wenn ein absolutes oder relatives Recht zum Besitz besteht. Die Palette möglicher Besitzrechte ist dabei groß und erfordert in der Rechtspraxis die jeweils konkrete Prüfung aller „Besitz-Umstände", soweit sich das Besitzrecht nicht ohnehin unmittelbar aus dem Gesetz ergibt. Dies ist zB auch der Fall, wenn der Eigentümer einem Dritten ein umfassendes Nutzungsrecht einräumt (vgl § 185) und der Besitzer vom Dritten den Besitz eingeräumt erhält. 2

1. Positive Feststellung. a) Beschränkte dingliche Rechte. Der Nießbraucher ist zum Besitz der Sache berechtigt, § 1036 I. Gleiches gilt über die Verweisung in § 1093 I beim dinglichen Wohnrecht. Beim Mobiliarpfandrecht ergibt sich das Recht zum Besitz gem §§ 1205, 1253 I (*Peters* JZ 95, 390) und beim Erbbaurecht aus der Verweisung auf die Eigentumsvorschriften in § 11 I ErbbauVO. § 31 I WEG gibt beim Dauerwohnrecht ein unmittelbares Besitzrecht, ebenso § 31 II, III WEG beim Dauernutzungsrecht. Auch § 912 I gibt in Form der Duldungspflicht des Nachbareigentümers beim Überbau ein Recht zum Besitz. 3

b) Wesentliche rechtsgeschäftliche Besitzrechte. Sowohl ausdrücklich als auch konkludent können Besitzrechte schuldrechtlicher Art begründet werden, die dem Herausgabeverlangen des Eigentümers – oft nur vorübergehend – entgegenwirken. Dies ist insb bei der Miete und Pacht (§§ 535 I, 581) sowie beim Leasingvertrag, aber auch beim Leihvertrag nach § 598 für den vereinbarten Zeitraum der Fall. Mit Ablauf der jeweils vereinbarten Dauer der Überlassung entfällt das Besitzrecht. Ist eine Zeit nicht vereinbart, zB beim Mietverhältnis auf unbestimmte Zeit, so bedarf es der wirksamen Kündigung bzw des Herausgabeverlangens bei der Leihe nach § 604 III. Beim Verwahrungsvertrag hingegen besteht ebenso das aus § 688 abgeleitete Besitzrecht, welches jedoch nicht geeignet ist, dem Herausgabeverlangen nach § 985 entgegengesetzt zu werden, da selbst bei Vereinbarung einer Verwahrungszeit der Hinterleger jederzeit die Rückgabe verlangen kann, § 695 (aA 4

MüKo/*Medicus* § 986 Rz 13; jurisPK/*Habermeier* § 986 Rz 4). Beim vom Käufer nicht erfüllten Vorbehaltskauf, § 449 I, besteht das Besitzrecht nach Verschaffung der Kaufsache gem § 433 so lange, bis der Verkäufer vom Vertrag zurückgetreten ist, § 449 II. Gleiches gilt gem § 480 beim Tausch.

5 c) **Sonderformen von Besitzrechten.** Das Unternehmerpfandrecht, § 647, zählt in der Praxis zu einem der bedeutendsten Besitzrechte. Auch durch einen Vorvertrag sowie sogar ohne jegliche vertragliche Grundlage iR einer Ehe bzw Lebenspartnerschaft können Besitzrechte entstehen (s. § 1353 BGB, § 8 LPartG), die jedoch nur ggü dem Eigentümer-(Ehe-)Partner während bestehender Ehe oder Partnerschaft wirken (MüKo/*Medicus* § 986 Rz 11). Schließlich begründen Verwaltungspflichten absolute Besitzrechte (Insolvenzverwalter, § 148 I InsO; Testamentsvollstrecker, § 2205; Nachlassverwalter, §§ 1985 I; 1986 I; Gesamtgutverwalter, § 1422).

6 Str ist, ob Zurückbehaltungsrechte nach §§ 273, 972, 1000 sowie §§ 369 ff HGB ein Recht zum Besitz iSd § 986 geben (Palandt/*Bassenge* § 986 Rz 4). Die herrschende Lit verneint dies unter Hinweis auf die Zug-um-Zug-Verurteilung in diesen Fällen, während der BGH (NJW 02, 1050 unter Verweis auf BGH NJW-RR 86, 282) dies bejaht. Dem ist zu folgen: Ein Zurückbehaltungsrecht gibt schon dem Wortlaut nach ein Recht zum Behalten, mithin auch zum Besitzen. Solange demnach der Eigentümer die dem Besitzer gebührende Leistung, § 273 I, nicht bewirkt bzw diesen wegen zu ersetzender Verwendungen nicht befriedigt, § 1000, besteht das Recht zur Verweigerung der Herausgabe, mithin ein fortbestehendes Besitzrecht, das dem Anspruch aus § 985 entgegengesetzt werden kann. Auf die Zug-um-Zug-Leistung nach § 274 I als nur prozessrechtliche Abwicklungsvorgabe kommt es deshalb materiell-rechtlich nicht an.

7 **2. Negative Abgrenzung.** Kein Recht zum Besitz geben eine Reallast, ein Grundpfandrecht und eine Grunddienstbarkeit, sofern diese nicht ausdrücklich eine Besitznahme zum Inhalt haben. Auch ein Vorkaufsrecht kann keine Besitzqualität aufweisen (MüKo/*Medicus* § 986 Rz 8). Gleiches gilt für ein Besitzrecht aus formunwirksamen Verträgen (Ausn: Treuwidrigkeit, BGHZ 29, 6) sowie bei Gesellschaftereinlagen, § 706, und beim unregelmäßigen Verwahrungsvertrag, § 700. Auch früherer Besitz, die Einräumung einer Räumungsfrist (§ 721 ZPO) oder die Gewährung von Vollstreckungsschutz (§ 765a ZPO) führen nicht zu einem Besitzrecht. Auch § 241a gibt kein Recht zum Besitz (s. § 985 Rn 24). Zum Notwegerecht: BGH Urt v 5.5.06 – V ZR 139/05.

8 **II. Mehrstufiges Besitzrecht, § 986 I Alt 2.** Leitet der Besitzer sein Besitzrecht vom mittelbaren Besitzer ab, so greift nach dem Wortlaut der Norm in § 986 I 2 die Einwendung gegen den Herausgabeanspruch unter drei Voraussetzungen: (1.) Der mittelbare Besitzer muss ein Besitzrecht ggü dem Eigentümer haben und (2.) diesem ggü auch berechtigt sein, den Besitz weiter zu überlassen. Schließlich muss auch (3.) der unmittelbare Besitzerwerb rechtmäßig erfolgt sein. Fehlt die Befugnis des mittelbaren Besitzers zur Überlassung des Besitzes an den unmittelbaren Besitzer, so steht dem Eigentümer zunächst nur der Anspruch gegen den unmittelbaren Besitzer zu, die Herausgabe des Besitzes an den mittelbaren Besitzer vorzunehmen, § 986 I 2 Alt 1. Nur wenn der mittelbare Besitzer den Besitz nicht wieder übernehmen kann oder will – in der Praxis ist dies vor dem Herausgabeverlangen abzuklären –, kommt eine direkte Besitzeinräumung vom unmittelbaren Besitzer an den Eigentümer selbst in Betracht, § 986 I 2 Alt 2. Von Alt 2 werden auch die Fälle umfasst, bei denen der mittelbare Besitzer selbst nicht Besitzer war bzw kein Besitzmittlungsverhältnis zwischen dem unmittelbaren Besitzer und dem mittelbaren Besitzer besteht (BGH NJW 90, 1914).

9 **III. Die Schutzvorschrift § 986 II: Abtretungsfälle, § 931.** § 404 (Einwendungen des Schuldners bei der Abtretung) schützt den unmittelbaren Besitzer ggü einem nach § 931 durch Abtretung des Herausgabeanspruchs neu an die Stelle des bisherigen Eigentümers tretenden Eigentümer nicht. Denn der Herausgabeanspruch des neuen Eigentümers entsteht gerade erst durch Abtretung. § 986 II stellt damit eine Schutzvorschrift für den unmittelbaren Besitzer beim Eigentümerwechsel dar. Dies ist nur iR relativer, nicht aber dinglicher Besitzrechte relevant. Denn bei Letzteren setzt sich das Besitzrecht unabhängig vom Eigentumsübergang automatisch fort. Aus dem Wortlaut folgt die Notwendigkeit des Bestehens von Einwendungen (Besitzrecht) zum Zeitpunkt der Veräußerung der Sache gem § 931. Diese Einwendungen bestehen unverändert auch ggü dem neuen Eigentümer fort, §§ 404, 407 werden entspr angewendet (BGHZ 64, 122 = NJW 75, 1121). Bei Grundstücken, die nicht nach §§ 930, 931 veräußerbar sind, ist § 986 II nicht anwendbar. Hier gelten Sonderbestimmungen wie zB § 566 („Kauf bricht nicht Miete") (vgl auch BGH v 29.6.01 – V ZR 215/00) oder §§ 57 ff ZVG.

10 Von besonderer Bedeutung ist die Schutzvorschrift iRv Eigentumsvorbehaltsfällen: § 986 II schützt hier den Vorbehaltskäufer, dem das Eigentum unter der aufschiebenden Bedingung der vollständigen Kaufpreiszahlung übertragen wurde, vor Zwischenverfügungen des Vorbehaltsverkäufers: Dieser kann bis zum Bedingungseintritt zwar als Berechtigter über die noch in seinem Eigentum stehende Sache nach §§ 929, 931 verfügen *und damit* einem Dritten das Eigentum verschaffen. Jedoch steht dem Anwartschaftsberechtigten – solange der Kaufvertrag durch (Raten-)Zahlung erfüllt wird – ggü dem Dritten ein fortdauerndes Recht zum Besitz aus dem Kaufvertrag zu.

IV. Analoge Anwendung bei vergleichbaren Konstellationen. Zur Vermeidung der Umgehung des § 986 II 11 wendet die hM diese Bestimmung auch entspr an beim Besitzkonstitut (§ 930), dem Erwerberbesitz (§ 929 2) sowie der Bestellung eines Nießbrauchs (§§ 931, 1032) sowie Pfandrechts (§§ 931, 1205 2) und auch bei Zubehör nach § 926 (jurisPK/*Habermeier* § 986 Rz 16).

B. Prozessuale Besonderheiten. Das Bestehen eines Besitzrechts hat der Besitzer darzulegen und zu bewei- 12 sen. Gleiches gilt für die Vorbesitzkette. Gelingt im Bestreitensfalle der Nachweis, muss die Herausgabeklage abgewiesen werden – sofern das Recht zum Besitz zum Zeitpunkt der letzten mündlichen Verhandlung noch besteht. Da das Recht zum Besitz eine Einwendung, mithin im Rechtsstreit vAw zu beachten ist, muss gerade im Säumnisverfahren (§§ 330 ff ZPO) dieser Vortrag geprüft werden. Ergibt sich – auch aus dem klägerischen Vortrag – ein Recht zum Besitz, kann kein Urt auf Herausgabe erlassen werden.

C. Insolvenzverfahren. Absolute Besitzrechte führen zum Absonderungsanspruch (§§ 49, 50 InsO). Bei rela- 13 tiven Rechten steht dem Insolvenzverwalter wegen der Abhängigkeit des Besitzrechts vom zu Grunde liegenden Schuldverhältnis ein Wahlrecht zu (§ 107 InsO).

Vorbemerkungen vor §§ 987 bis 993

Regelungsziel der §§ 987 ff ist die Auflösung der Interessenlagen für die Fälle, in denen der Besitzer entweder 1 nie ein Recht zum Besitz hatte oder dieses Recht später verloren hat, mithin § 986 nicht (mehr) einschlägig sein kann. Insoweit besteht einerseits ein Interesse des Eigentümers am Erhalt möglichst aller Nutzungen, die der Besitzer gezogen hat, und andererseits auch – sofern der Besitzer Nutzungen, die er hätte ziehen können, nicht gezogen hat, oder wenn während des Besitzes Schaden an der Sache eingetreten ist – an entspr Schadloshaltung. Umgekehrt kann aber auch der Besitzer ein Interesse daran haben, für Aufwendungen, die er zur Erhaltung oder sogar Wertsteigerung der herauszugebenden Sache getätigt hat, einen Ersatz zu erhalten, der ihm Zug um Zug mit der Herausgabe der Sache zu leisten ist. Die Voraussetzungen zur Durchsetzung der jeweiligen Interessen finden sich in einem kompliziert formulierten Regelwerk, das nicht nur durch mehrere Querverweise, sondern auch durch den Einbezug zivilprozessualer Voraussetzungen (Rechtshängigkeit) die Anwendung in der Praxis erschwert. Vorab ist deshalb die Systematik der §§ 987 zu bestimmen: Erster Prüfungsschritt ist immer die Feststellung, ob (noch) ein Recht zum Besitz gem § 986 besteht, das den Anspruch nach § 985 ausschließt. Wird dies verneint, muss der (frühere und derzeitige) Besitzer-Status geprüft werden. Die §§ 986 ff bezwecken in erster Linie den Schutz des rechtmäßigen, gutgläubigen, nicht verklagten und entgeltlichen, insb aber auch nicht deliktischen Eigenbesitzers vor **Nutzungs- bzw Schadensersatzansprüchen**. Hinzu kommt für diese Besitzer die Zubilligung von Ansprüchen auf Verwendungsersatz.
Deshalb ist die Abgrenzung zum nicht rechtmäßigen, bösgläubigen, (berechtigt) mit einer Klage überzogenen 2 oder deliktischen Eigenbesitzer als zweiter Schritt unumgänglich. Dazu ist auch – als dritte Prüfungsstufe – die Zeitschiene, oftmals auch iRd Nachvollzugs des Besitz-Weges („**Besitzbrücke**"), aufzuzeigen. Ist diese Prüfung abgeschlossen, folgt – für den Eigentümer – die Untersuchung hinsichtlich des Vorliegens von Nutzungen bzw nicht umgesetzter Nutzungsmöglichkeiten. Gleiches gilt für Schäden – soweit diese vom Besitzer selbst verschuldet wurden. Abzugrenzen davon sind aber Ansprüche des Eigentümers zB wegen Verarbeitung, Veräußerung oder Verbrauch der Sache durch den Besitzer: Dafür gelten die allgemeinen Ansprüche zB auf Schadensersatz, §§ 249 ff, nicht aber greifen die Besitzer-Schutzregelungen der §§ 987 ff. Umgekehrt sind Verwendungen des Besitzers auf die Sache nach Art, Umfang, Notwendigkeit, Zeit und Kosten festzustellen. Nach diesem vierten Schritt der Vorfeststellungen eröffnen die §§ 987 ff die Möglichkeit zur Bestimmung der einschlägigen Ansprüche. Diese stellen keine dinglichen, sondern auf einem gesetzlichen Schuldverhältnis beruhende Ansprüche dar, die folglich vom Eigentumsrecht getrennt werden können und so bei einem Eigentumswechsel nicht automatisch auf den Neueigentümer übergehen. Insb sind damit auch allgemeine schuldrechtliche Regeln, zB zur Verjährung oder zum Verzug, anwendbar, soweit nicht die Sonderregelungen der §§ 987 ff vorgehen.
Nach der Rspr des BGH (NJW 02, 1050, 1052) werden die §§ 987 ff auch dann angewendet, wenn dem Besit- 3 zer ein auf § 273 I begründetes Zurückbehaltungsrecht zusteht, das – entgegen der hM in der Lit – ein Recht zum Besitz gibt (s.o. § 986 Rn 6). Denn auch beim rechtmäßigen Besitzer könne und müsse ergänzend auf die Anwendung dieser Vorschriften zurückgegriffen werden, soweit das Rechtsverhältnis, welches das Besitzrecht begründet, eine Regelung der Ansprüche auf Herausgabe der Nutzungen und Verwendungsersatz nicht enthält (s.a. BGH NJW 95, 2627). Da der rechtmäßige Besitzer nicht schlechter gestellt werden kann, als der – jetzt – nicht mehr berechtigte Besitzer, zu dessen Schutz in erster Linie die §§ 987 ff in das BGB aufgenommen wurden, ist dieser Gesetzesanwendung der Vorzug zu geben (zum Meinungsstreit: MüKo/*Medicus* Vor §§ 987–1003 Rz 13).
Eine entspr Anwendung der §§ 987 ff ist auch iRd § 894 (Grundbuchberichtigung) und des § 1004 (Unterlas- 4 sung) angezeigt, da diese Bestimmungen keine eigenen Abwicklungsregelungen enthalten, obwohl sie ebenfalls dingliche Ansprüche beinhalten. Die hM bejaht dies insb für Verwendungen auf ein Grundstück, hinsichtlich dessen ein Berichtigungsanspruch geltend gemacht wird (BGHZ 41, 30; 75, 288).

§ 987 Nutzungen nach Rechtshängigkeit. (1) Der Besitzer hat dem Eigentümer die Nutzungen herauszugeben, die er nach dem Eintritt der Rechtshängigkeit zieht.
(2) Zieht der Besitzer nach dem Eintritt der Rechtshängigkeit Nutzungen nicht, die er nach den Regeln einer ordnungsmäßigen Wirtschaft ziehen könnte, so ist er dem Eigentümer zum Ersatz verpflichtet, soweit ihm ein Verschulden zur Last fällt.

1 **A. Regelungsinhalt.** Der einfach strukturierte I enthält vier wesentliche Vorgaben: Ein Besitzer (s. § 985 Rn 5 f) hat dem Eigentümer (s. § 985 Rn 3 f) (nur) die Nutzungen (vgl § 100 mit Rückverweis ua auf § 99) herauszugeben (s. § 985 Rn 8), die er nach dem Eintritt der Rechtshängigkeit zieht (dh ab dem Zeitpunkt der Zustellung) einer auf das Eigentum (nicht bloß Besitz gem § 861; s. aber § 1007 III 2) gestützten Herausgabeklage bzgl einer ganz bestimmten Sache, §§ 261 I, 253 I ZPO. II erweitert die Anspruchsmöglichkeiten des Eigentümers um fiktiv gezogene Nutzungen, sofern der Besitzer schuldhaft, §§ 276, 278, mögliche Nutzungen nicht gezogen hat, die herausgegeben werden hätten müssen.

2 Der Regelungsinhalt geht somit dahin, dass ein Besitzer, sobald er auf Herausgabe einer Sache gem § 985 verklagt ist, auch als redlicher Besitzer von einem (künftig) fehlenden Besitzrecht ausgehen muss. Dies rechtfertigt die Aufhebung des primären Schutzes für den redlichen Besitzer: Er darf nicht mehr vom Behaltendürfen der Nutzungen ausgehen. Vielmehr muss er mit Zustellung der Klage – selbst wenn die Klage zunächst unzulässig, später der Zulässigkeitsmangel geheilt und der Herausgabeanspruch begründet ist – von der Möglichkeit der Herausgabeverpflichtung ausgehen und deshalb alle Anstrengungen unternehmen, Nutzungen im Interesse des Eigentümers zu ziehen. Eine erweiterte Haftung für Schaden, der dadurch entsteht, dass die Sache aus dem Verschulden des Besitzers nach Rechtshängigkeit verschlechtert wird, untergeht oder aus einem anderen Grunde nicht mehr herausgegeben werden kann, enthält § 989.

3 **I. Nutzungen/Schuldhafte Nichtnutzung.** Da sich § 987 I und II ausschl mit den Folgen des EBV befasst, können unter Nutzungen gem § 100 (Legaldefinition) auch nur Sachnutzungen gem § 99 I und III sowie Vorteile aus dem Sachgebrauch gem § 100 verstanden werden. Bsp: Feldfrüchte, Miete, Pacht, ersparte Aufwendungen beim Kfz-Gebrauch, Zinsen (BGH NJW-RR 07, 557) etc. Dabei kommt es nur auf (mögliche) Nutzungen durch den Besitzer, nicht aber auch darauf an, ob der Eigentümer überhaupt im Besitzfalle Nutzungen gezogen hätte (MüKo/*Medicus* § 987 Rz 19). IRd II hat der Besitzer auch Nutzungen zu ersetzen, die nach den Regeln einer ordnungsgemäßen Wirtschaft hätten gezogen werden können, aber schuldhaft nicht gezogen wurden.

4 Schuldhaft handelt der Besitzer, wenn das Besitzrecht objektiv eine Nutzung ermöglichen würde, er aber dennoch seine **Pflicht zur Bewirtschaftung** – zB zur Vermietung einer Eigentumswohnung (BGH NJW 02, 1052) – nicht erfüllt. Sofern der Eigentümer mit dazu beiträgt, dass eine Nutzung unterbleibt, kann eine Mithaftung nach § 254 in Betracht kommen, da iRd §§ 987 ff die allgemeinen schuldrechtlichen Regeln anwendbar sind und eine Sonderregelung insoweit nicht besteht. Zudem ist nicht nachvollziehbar, aus welchen Gründen der Eigentümer nur deshalb besser gestellt sein soll, weil hier kein echter Schadensersatzanspruch vorliegt (aA MüKo/*Medicus* § 987 Rz 24). Insb bei **Untervermietung** stellen sich häufig Nutzungsersatzfragen im Zusammenhang mit Insolvenzverfahren (s. LG Stuttgart NJW-RR 90, 654).

5 **II. Herausgabe.** Erweiternd ggü dem Begriff der Herausgabe gem § 985 umfasst § 987 I auch **Wertersatz**, wenn Nutzungen zwar noch beim Besitzer vorhanden, aber nicht mehr unterscheidbar (für unterscheidbare Nutzungen vgl §§ 955, 957) sind. Gleiches gilt beim Sachgebrauch durch **Eigennutzung** (RGZ 93, 281), wobei hier § 102 (Gewinnungskosten) die Saldierung ermöglicht. Verbleibt dem Besitzer jedoch auch kein Wert, so findet § 818 III keine Anwendung, da § 987 I keine Verweisung auf die §§ 812 ff – im Unterschied zu § 988 – kennt. Mehr noch: Aus § 987 II, aber auch § 989, folgt, dass beim Wegfall des Wertes nur dann eine Haftung des Besitzers besteht, wenn er schuldhaft, §§ 276, 278, den Wegfall des Wertes zu vertreten hat. Befindet sich der Besitzer allerdings schon im Verzug gem § 990, dann besteht die volle Wertersatzhaftung auch bei Wegfall des Wertes. Ob Verschulden vorliegt, ist in jedem Einzelfall zu prüfen. Der Vortrag, von der Rechtshängigkeit keine Kenntnis gehabt zu haben, kann nicht genügen. Denn diese in mehrfacher Hinsicht wesentliche Zäsur bei der Verfolgung von Ansprüchen (ua Beginn der Prozesszinspflicht, § 291) darf auch iRd EBV nicht aufgeweicht werden: Der Wortlaut ist ebenso eindeutig („Rechtshängigkeit") wie auch die Praxis „Zustellungsbevollmächtigte" kennt, deren Kenntnis sich der Besitzer zurechnen lassen muss (aA Palandt/*Bassenge* § 987 Rz 8).

6 **III. Auskunftsanspruch des Eigentümers.** Der in § 987 normierte Anspruch läuft im Regelfall ins Leere, wenn der Besitzer nicht verpflichtet werden kann, Auskunft über die gezogenen Nutzungen bzw den erlangten Wert zu geben. Hier hilft die Rspr – über den Wortlaut hinaus – mit der Anwendung des § 260 (BGHZ 27, 204), sofern der Nutzungswert bzw Wertersatz nicht geschätzt werden kann, § 287 ZPO (BGHZ 32, 97).

7 **B. Prozessuale Besonderheiten/Verjährung.** Verweigert der Besitzer Auskünfte zur Nutzung, so kann der Eigentümer im Wege der Stufenklage vorgehen. Die Zustellung einer solchen Klage löst ebenfalls die Rechtsfolgen des § 987 aus. Für die Höhe des (auch fiktiven) Nutzungs- oder Wertersatzanspruchs ist der Eigentü-

mer beweispflichtig (BGH NJW 02, 1052). Umgekehrt muss der Besitzer bei der Saldierung mit einem Investitionsmehrwert diesen beweisen (BGH NJW 95, 2627). Der Anspruch auf Herausgabe der Nutzungen verjährt zusammen mit dem Anspruch auf Herausgabe der Sache, wenn beide Ansprüche gleichzeitig geltend gemacht werden, § 217. Bei isolierter Geltendmachung der Ansprüche auf Nutzung(-sersatz) gilt hingegen die regelmäßige Verjährungsfrist gem § 195 (3 Jahre) iVm § 199 I: Diese beginnt mit Schluss des Jahres, in dem der Anspruch entstanden und bekannt geworden ist. Ohne Rücksicht auf Kenntnis oder Unkenntnis verjähren die Ansprüche in jedem Falle mit dem Ablauf von 10 Jahren von ihrer Entstehung an, § 199 IV.

§ 988 Nutzungen des unentgeltlichen Besitzers.
Hat ein Besitzer, der die Sache als ihm gehörig oder zum Zwecke der Ausübung eines ihm in Wirklichkeit nicht zustehenden Nutzungsrechts an der Sache besitzt, den Besitz unentgeltlich erlangt, so ist er dem Eigentümer gegenüber zur Herausgabe der Nutzungen, die er vor dem Eintritt der Rechtshängigkeit zieht, nach den Vorschriften über die Herausgabe einer ungerechtfertigten Bereicherung verpflichtet.

A. Regelungsinhalt. Während § 987 beim redlichen, gutgläubigen Eigen- oder Fremdbesitzer, dem kein Recht zum Besitz (mehr) zusteht, Ansprüche aus Nutzungen erst mit Rechtshängigkeit des Herausgabeanspruchs hinsichtlich der Sache regelt, verlagert § 988 den durch Wertersatz (s. § 987 Rn 5) erweiterten Herausgabeanspruch bzgl der gezogenen Nutzungen auf die Zeit schon ab Besitzerlangung bis zum Eintritt der Rechtshängigkeit. Danach ist § 987 anzuwenden, ohne dazu auf § 818 IV zurückgreifen zu müssen. Wichtigste Voraussetzung dafür: Der Besitzer muss den Besitz unentgeltlich, also ohne von ihm erbrachte Gegenleistung, zB einen Kaufpreis, erlangt haben. Ist dies zu bejahen, dann müssen die gezogenen – nicht aber die fiktiven – Nutzungen an den Eigentümer nach Bereicherungsrecht herausgegeben werden, obwohl kein Konditionsanspruch zwischen Eigentümer und Besitzer besteht (BGH BGHReport 07, 1013). § 988 verweist lediglich auf die Rechtsfolgen, wobei der Vorrang der Leistungsbeziehungen hier nicht gilt: Da der Besitzer durch die **Unentgeltlichkeit des Besitzerwerbs** (zB bei Schenkung) im Verhältnis zum Eigentümer nicht schutzwürdig ist, gibt § 988 als Sonderregelung dem Eigentümer einen direkten Anspruch gegen den Besitzer. 1

B. Bereicherungsrückabwicklung. Über die Rechtsfolgenverweisung in § 988 gelten hinsichtlich gezogener Nutzungen § 818 I und II, wobei § 818 III für den redlichen Besitzer ein Korrektiv sein kann: Wo für den Besitzer bzw zu dessen Gunsten keine Nutzungen aus der Vergangenheit mehr fortwirken, entfällt die Verpflichtung zur Herausgabe mangels vorliegender Bereicherung. 2

C. Geltung für entgeltliche, aber unwirksame Geschäfte. Die umfassend diskutierte Frage, ob § 988 auch für die Fälle des Vorliegens von entgeltlichen, aber unwirksamen Geschäften – also entgegen dem Wortlaut „unentgeltlich" – anzuwenden ist (MüKo/*Medicus* § 988 Rz 6 ff; jurisPK/*Habermeier* § 988 Rz 13; Palandt/*Bassenge* § 988 Rz 8 ff), hat keine praktische Relevanz. Denn § 993 I schließt die Leistungskondiktion nicht aus, so dass die Nutzungen des Besitzers, der rechtsgrundlos Besitz erlangt hat, nach §§ 812, 818 I durch denjenigen kondiziert werden können, der geleistet hat. Damit werden gerade im Hinblick auf Vorbesitzer, die nicht Eigentümer waren, mit Treu und Glauben nicht zu vereinbarende Rechtsfolgen vermieden. 3

D. Berechnungsgrundlagen. Herauszugebende Nutzungen kann der Besitzer um Aufwendungen kürzen, die er während der **Redlichkeitsphase** berechtigt zum Erhalt oder zur Wertverbesserung der Sache machen durfte (BGH JZ 98, 685). Der Schutzgedanke des § 988 durch Rechtsfolgenverweisung lässt auch iRd § 818 III die Anrechnung von Kosten im Zusammenhang mit dem Besitzerwerb richtig erscheinen (so auch RGZ 163, 360). IÜ folgt die Berechnung nach den Vorgaben des § 987 zur **Wertersatzfeststellung** sowie den §§ 812 ff. 4

E. Prozessuale Besonderheiten. Wie schon bei § 987 hat der Eigentümer die Voraussetzungen des Anspruchs auf Herausgabe der Nutzungen darzulegen und zu beweisen. Dazu zählt insb der Vortrag zur Unentgeltlichkeit des Besitzerwerbs. In der Praxis wird der Klage meist ein Auskunftsverlangen vorausgehen. Kommt der Besitzer seiner Pflicht nach § 260 nicht nach, so bleibt nur der Weg der Stufenklage. Wendet der Besitzer Entreicherung nach § 818 III ein, so trifft ihn dafür die Beweislast. 5

§ 989 Schadensersatz nach Rechtshängigkeit.
Der Besitzer ist von dem Eintritt der Rechtshängigkeit an dem Eigentümer für den Schaden verantwortlich, der dadurch entsteht, dass infolge seines Verschuldens die Sache verschlechtert wird, untergeht oder aus einem anderen Grunde von ihm nicht herausgegeben werden kann.

A. Regelungsinhalt. § 989 stellt eine weitere Schutzbestimmung zu Gunsten des redlichen Besitzers, der kein Recht zum Besitz (mehr) hat, dar: Erst mit Eintritt der Rechtshängigkeit (s. § 987 Rn 1) kann der Eigentümer Schadensersatz gem §§ 249 ff vom Besitzer verlangen, wenn und soweit dieser schuldhaft die Verschlechterung der Sache, deren Untergang oder die Nichtherausgabe zu vertreten hat. Voraussetzung ist damit zunächst Besitz an der Sache, so dass ein Schädiger, der keinen Besitz inne hatte, stets nach §§ 823 ff zum Ersatz verpflichtet ist, mithin die Rechtshängigkeit keine Rolle spielen kann. Der unredliche oder deliktische Besitzer 1 haftet strenger gem §§ 990, 992 (s. dort). Maßgeblich ist alleine eine Verschlechterung, der Untergang der Sache oder ein anderer Grund, weshalb die Sache nicht herausgegeben werden kann.

2 **I. Verschlechterung der Sache.** Das BGB kennt den Begriff **Verschlechterung** in mehreren Paragraphen (vgl §§ 292, 347, 602, 606, 644 I, 645, 848, 1050, 1057, 1133, 1135, 1226, 2132), ohne eine Legaldefinition zu geben. Dem Wortstamm „schlecht" ist dabei an sich noch keine Aussage zu entnehmen: Ob etwas als schlecht oder gut zu bezeichnen ist, bleibt subjektive Frage. Entscheidend ist demnach hier – wie in allen anderen Bestimmungen, die eine Verschlechterung bzw ein Verschlechtern zum Inhalt haben – die Veränderung einer Sache vom status quo zum Zeitpunkt der Rechtshängigkeit in Richtung eines anderen, nach der Verkehrsanschauung und objektiv betrachtet, geringeren (Wert-)Zustandes, der insoweit Nachteile für den Eigentümer mit sich bringt. Deshalb zählt auch die (weitere) Abnutzung durch Gebrauch nach Rechtshängigkeit als Verschlechterung. Dabei ist die Abgrenzung zum Nutzungsanspruch nach § 987 zu beachten. Zu den häufigsten Gründen für eine Verschlechterung zählen Nichteinhaltung von Wartungsintervallen, unterlassene Reparaturen mit einhergehender Substanzbeeinträchtigung oder auch die bloße Beschädigung durch (weiteren) Gebrauch. Zur Problematik der Rückabwicklung einer ZV: Celle Urt v 9.8.06 – 3 U 92/06.

3 Im Ergebnis kann damit eine Definition gegeben werden wie folgt: Eine Sache wird verschlechtert, wenn der Besitzer durch Tun oder Unterlassen deren Zustand ggü dem Zustand zum Zeitpunkt des Eintritts der Rechtshängigkeit so verändert, dass sich der objektive Verkehrswert ggü dem Wert vor dem Eintritt der Rechtshängigkeit vermindert. Dies gilt auch bei der Belastung des Eigentums mit einem Recht (MüKo/*Medicus* § 989 Rz 4).

4 **II. Untergang der Sache.** Der Untergang einer Sache wird im BGB ebenfalls an mehreren Stellen geregelt (vgl §§ 292, 644, 645, 848, 2023, 2375). Zunächst bedeutet dies entweder eine tatsächliche oder wirtschaftliche Zerstörung der Sache, so dass eine Wiederherstellung – etwa durch Reparatur – nicht mehr möglich ist. Über den Wortlaut hinaus geht jedoch eine Sache auch durch Verbrauch sowie Verbindung, Verarbeitung und Vermischung gem §§ 946 ff unter, da insoweit das Eigentumsrecht geändert (Miteigentum, § 947 I) oder gänzlich entzogen werden kann. All diesen Fällen ist gemeinsam, dass das ursprünglich eigenständige Rechtsobjekt in Wegfall kommt, also untergeht.

5 **III. Unvermögen bzw Unmöglichkeit zur Herausgabe aus anderen Gründen.** Die dritte Alternative des § 989, wonach Schadensersatz auch dann geschuldet wird, wenn der Besitzer aus einem anderen Grunde als dem Untergang der Sache diese nicht mehr herausgeben kann, stellt mit ihrer weiten Formulierung eine Auffangregelung dar, die insb alle Formen des Besitzverlustes, der zum Unvermögen nach § 275 I (in Ausnahmefällen sogar zur objektiven Unmöglichkeit) führt, umfasst: Die Sache selbst ist weiterhin vorhanden, jedoch nicht mehr im Besitz des Anspruchsgegners, so dass ein Herausgabeanspruch gem § 985 nicht unmittelbar gegen den – bisherigen – Besitzer durchgesetzt werden kann, sondern über den Weg der Rechtskrafterstreckung gegen den neuen Besitzer vollstreckt werden muss, §§ 325, 727 ZPO. Allerdings wird man hier einen längeren Zeitraum des „Nicht-Mehr-Besitzens" fordern müssen, so dass eine nur kurzzeitige Unmöglichkeit der Herausgabe – etwa bei Einschluss der Sache in ein Gebäude oder Behältnis und dafür vorübergehend fehlende Aufschließmöglichkeit – keine Unmöglichkeit der Herausgabe begründet.

6 **B. Verschulden als Voraussetzung; Anwendung des § 254.** § 989 verwendet den Begriff „verantwortlich" als Adjektiv zu Verantwortlichkeit. Damit wird die Verzahnung mit den Bestimmungen zum Schadensersatz nach den §§ 823 ff einerseits und auch mit den §§ 276, 278 verdeutlicht, so dass die Anwendung des § 277 (Sorgfalt in eigenen Angelegenheiten) nach dem Regelungsinhalt des § 989 ausgeschlossen ist: Spätestens ab Eintritt der Rechtshängigkeit des Herausgabeverlangens muss der Besitzer – auch wenn er weiterhin ein Recht zum Besitz für sich reklamiert – davon ausgehen, die Sache herausgeben zu müssen. Deshalb greift ab diesem Zeitpunkt die unbeschränkte **Verantwortlichkeit** iS jeder Fahrlässigkeit, § 287, und des Vorsatzes. Hierzu zählt auch die riskante Benutzung einer Sache (MüKo/*Medicus* 989 Rz 8; Stuttg OLGR 07, 587). Allerdings können für den Besitzer die Verantwortungsfreizeichnungs- bzw -minderungsregelungen der §§ 276 I 2; 827, 828 mit der Korrektivnorm § 829 gelten, die in der Praxis stets zu prüfen sind. Ebenso stellt sich die Frage eines Mitverschuldens des Eigentümers gem § 254 (für Erfüllungsgehilfen § 254 II iVm § 278). So etwa, wenn er über die Notwendigkeit besonderer Wartungs- oder Pflegearbeiten nicht aufgeklärt oder aber bei einem Tier, für das die Regelungen des EBV entspr gelten, § 90a, gesundheitserhaltende Hinweise – etwa zur Verabreichung einer bestimmten Medizin – nicht gegeben hat.

7 **C. Inhalt des Schadensersatzanspruchs.** Aus dem Wortlaut des § 989 ergibt sich ein Ersatzanspruch nur insoweit, als ein Schaden dadurch entsteht, dass die Sache verschlechtert wird, untergeht oder aus einem anderen Grunde nicht herausgegeben werden kann. Es muss demnach stets differenziert werden, ob unmittelbar betreffend der Sache Ansprüche geltend gemacht werden (auch Prozesskosten bei Geltendmachung von Ansprüchen gegen einen Dritten aus der Sache heraus) oder ob sich der Anspruch aus der Vorenthaltung der Sache ergibt. Letztere wird von § 989 nicht umfasst, insoweit können die §§ 990 II, 992 weiterhelfen.

D. Prozessuale Besonderheiten. Der Eigentümer muss darlegen und beweisen, dass eine Vindikationslage 8 zum Zeitpunkt des Eintrittes der Rechtshängigkeit bestanden hat, sowie dass eine Verschlechterung der Sache ggü dem Zustand vor Rechtshängigkeit eingetreten ist. Gleiches gilt hinsichtlich eines behaupteten Untergangs oder anderweitiger Unmöglichkeit der Herausgabe. Schließlich muss der Eigentümer auch den ursächlich durch die Verschlechterung, den Untergang oder die anderweitige Unmöglichkeit der Herausgabe der Sache eingetretenen Schaden darlegen (beziffern) und diesen Schaden beweisen. Für das Verschulden gilt jedoch die **Beweislastregel** zu § 280 I entspr: Steht fest, dass die herauszugebende Sache verschlechtert wurde, untergegangen ist oder aus anderen Gründen nicht mehr herausgegeben werden kann, dann obliegt es dem Besitzer, hinsichtlich seiner Verantwortlichkeit den Entlastungsbeweis zu führen.

Denn der Schuldner hat nach dem eindeutigen Wortlaut der Darlegungs- und Beweislast für ein Nichtvertretenmüssen gem § 280 I 2 im Schuldverhältnis (hier: Herausgabeanspruch des Eigentümers). Eine Aufteilung 9 nach Gefahren- oder Verantwortungsbereichen ist ausdrücklich nicht mehr gegeben (BTDrs 14/6857, 49 zu § 280). Der Besitzer hat zudem den Anscheinsbeweis gegen sich, wonach die Sache zum Zeitpunkt des Eintritts der Rechtshängigkeit gebrauchstauglich und altersentsprechend in Ordnung war. Schließlich muss er auch Auskunft erteilen hinsichtlich des Vorhandenseins der Sache, §§ 249 I, 260 analog, 242. Ergibt sich während des gerichtlichen Verfahrens, dass eine Herausgabe nicht (mehr) möglich ist, so kann eine Klageumstellung nach § 264 Nr 3 ZPO auf Schadensersatz erfolgen, die keine Klageänderung darstellt. IÜ ist § 32 ZPO nicht einschlägig, da der Anspruch aus § 989 nicht aus unerlaubter Handlung folgt. Der Schadensersatzanspruch verjährt innerhalb der regelmäßigen Frist von 3 Jahren, §§ 195, 199.

§ 990 Haftung des Besitzers bei Kenntnis. (1) ¹War der Besitzer bei dem Erwerb des Besitzes nicht in gutem Glauben, so haftet er dem Eigentümer von der Zeit des Erwerbs an nach den §§ 987, 989. ²Erfährt der Besitzer später, dass er zum Besitz nicht berechtigt ist, so haftet er in gleicher Weise von der Erlangung der Kenntnis an.
(2) Eine weitergehende Haftung des Besitzers wegen Verzugs bleibt unberührt.

A. Regelungsinhalt. § 990 beinhaltet beim bösgläubigen Besitzer nicht nur eine vorverlagerte (§ 990 I), sondern auch eine **verschärfte Haftung** (§ 990 II) vom Zeitpunkt des Erwerbs (I 1) bzw der Erlangung der 1 Kenntnis eines nicht bestehenden Besitzrechts an (I 2). Damit tritt – im Unterschied zum gutgläubigen Besitzer – nicht erst mit der Rechtshängigkeit, sondern bereits zum frühestmöglichen Zeitpunkt, nämlich dem Besitzerwerb (§§ 854, 857) bzw der erstmaligen Kenntniserlangung, dass ein Besitzrecht nicht besteht, die Haftung für Nutzungen oder nicht gezogene, aber mögliche Nutzungen, § 987, und auf Schadensersatz, § 989, ein (Rechtsgrundverweisung). Die weiter gehende Haftung gem II, die beim gutgläubigen Besitzer gem § 993 I Hs 2 ausdrücklich ausgeschlossen ist, unterstreicht den gesetzgeberischen Willen, bösgläubige Besitzer in keiner Weise zu privilegieren.

I. Guter Glaube; Kenntnis bzw grob fahrlässige Unkenntnis des fehlenden Besitzrechts. Maßgeblich für 2 die Anwendung des § 990 ist der fehlende gute Glauben des Besitzers an ein bestehendes Besitzrecht, sei es als Eigen- oder Fremdbesitzer, geltend für jede Form von Besitz (vgl § 985 Rn 5 f). Dazu enthält das BGB in § 932 II für den Eigentumserwerb die Vorgabe, dass im Erwerber nicht in gutem Glauben ist, wenn ihm bekannt oder in Folge grober Fahrlässigkeit unbekannt ist, dass die Sache nicht dem Veräußerer gehört. Übertragen auf den Besitzerwerb bedeutet dies, dass der Besitzer dann nicht in gutem Glauben hinsichtlich eines Besitzrechts beim Besitzerwerb ist, wenn er positive Kenntnis oder grob fahrlässige Unkenntnis vom fehlenden Besitzrecht hat. Dabei genügt – im Hinblick auf den Schutzzweck der Norm – die Kenntnis bzw Unkenntnis bzgl der maßgeblichen Umstände im Zusammenhang mit der Begründung des Besitzes. Kenntnis liegt nach der Rspr (BGHZ 32, 76, 92; Ddorf VersR 00, 460) vor, „wenn der Besitzer über den Mangel seines Rechts in einer Weise aufgeklärt worden ist, dass ein redlich Denkender, der vom Gedanken an den eigenen Vorteil nicht beeinflusst ist, sich der Überzeugung seiner Nichtberechtigung nicht verschließen würde". Grob fahrlässig beim Besitzerwerb handelt der Besitzer, wenn er die erforderliche Sorgfalt nach den gesamten 3 Umständen in ungewöhnlich großem Maße verletzt hat und dabei das unbeachtet geblieben ist, was im gegebenen Fall jedem hätte einleuchten müssen (BGHZ 10, 14, 16). Maßgeblich ist jedoch immer die Einzelfallbetrachtung: Darf ein Besitzer auch bei Kenntnis der Unwirksamkeit eines Kaufvertrages, zB im Hinblick auf § 125, noch mit dem Eigentumsübergang rechnen, so ist nicht per se von Bösgläubigkeit auszugehen (RG JW 1936, 2912; BGH NJW 77, 31). Die Anforderungen an die Bejahung des fehlenden guten Glaubens sind damit sehr hoch.

II. Zurechnungskriterien: Besitzer, Besitzdiener, Vertreter, Verwalter, Erbfall. Erwirbt nicht der Besitzer 4 unmittelbar den Besitz, so dass die Frage der Bösgläubigkeit direkt auf dessen Person hin geprüft werden könnte, so ist zu unterscheiden: Ist der Besitzdiener oder Besitzmittler gut-, der Besitzer selbst aber bösgläubig, so liegt ein Fall des § 990 I vor. Umgekehrt wendet die Rspr § 166 I analog an (BGHZ 135, 202). Besonderheiten gelten beim Besitzerwerb durch Minderjährige: Erwirbt der gesetzliche Vertreter für den Minderjährigen den Besitz oder erlangt er später Kenntnis von der Nichtberechtigung, dann gilt ebenso

§ 166 I analog. Erwirbt hingegen der Minderjährige unmittelbar den Besitz, so ist § 828 anzuwenden. Bei Verwaltungskonstellationen ist auf das Wissen des Nachlass- bzw Insolvenzverwalters oder des Testamentsvollstreckers abzustellen, unbeschadet der Kenntnis des Rechtsinhabers. Handeln Organe oder Vertreter bei juristischen Personen, Gesellschaften, Vereinen etc, so kommt es auf den guten Glauben der in Besitz nehmenden natürlichen Person an. § 31 ist analog anwendbar. Allerdings haften die Organe etc nicht unmittelbar gem § 990, da sie selbst nicht Besitz für sich begründen. Insoweit kommt jedoch eine eigenständige Delikshaftung in Betracht (BGHZ 56, 73). Für Rechtsnachfolger, insb Erben, ist § 858 II 2 einschlägig: Danach haftet der rechtsnachfolgende Besitzer nicht nur für eigene, sondern auch für die vorausgegangene Bösgläubigkeit des Rechtsvorgängers bzw Erblassers.

5   **B. Verzugshaftung, Abs 2.** Die verschärfte Haftung bei Verzug greift – vom Ausnahmefall des § 286 IV abgesehen –, wenn der bösgläubige Besitzer die Herausgabe der Sache nach § 985 trotz Mahnung oder Rechtshängigkeit der Herausgabeklage, § 286 I, weiterhin unterlässt. Dies führt ua dazu, dass der sog **Vorenthaltungsschaden** einschl der nur vom Eigentümer ziehbaren Nutzungen zu ersetzen ist. Auch haftet der Besitzer für Zufall, § 287 2. Beim unberechtigten Grenzüberbau und dadurch verzögerter Verwirklichung des eigenen Bauvorhabens des Eigentümers gibt § 990 II einen Ersatzanspruch bzgl der Verzögerungsschadens (BGH NJW 64, 2414; BGHZ 120, 204, 214 = NJW 93, 389; NJW 03, 3621). Danach handelt bösgläubig (grob fahrlässig), wer im Bereich der Grundstücksgrenze baut und sich nicht – etwa durch Einschaltung eines Vermessungsingenieurs – darüber vergewissert, ob der für die Bebauung vorgesehene Baugrund auch ihm gehört und er die Grenzen seines Grundstücks nicht überschreitet. Die §§ 912 ff (Überbau) schließen einen Ersatzanspruch nur aus, wenn eine Duldungspflicht nach § 912 besteht (BGH NJW 86, 2639; 03, 3621).

6   **C. Prozessuale Besonderheiten.** Ein Mahnverfahren kommt bei Herausgabeansprüchen nach § 688 I ZPO nicht in Betracht. Die **Beweislast** für Bösgläubigkeit sowie die Verzugsvoraussetzungen liegt beim Eigentümer. Ansprüche nach § 990 verjähren nach den §§ 195, 199 in drei Jahren.

7   **D. Exkurs: Abhanden gekommener Inhaber- oder Orderscheck.** Die Fälle der Einlösung von Inhaber- bzw Orderschecks durch Banken haben eine umfangreiche Kasuistik ausgelöst, die iRd § 990 zur Haftung der Geldinstitute Vorgaben macht (Zusammenstellung der Rspr bei jurisPK/*Habermeier* § 990 Rz 22 ff; Palandt/*Bassenge* § 990 Rz 10 ff). Entscheidend ist dafür das Verständnis, dass gem Art 21 ScheckG weder ein gutgläubiger Erwerb des Scheckpapiers noch der im Scheck verbrieften Forderung möglich ist. Deshalb sind die einen Scheck entgegennehmenden Banken zu besonderer Sorgfalt in mehrfacher Hinsicht verpflichtet (Karlsr OLGR 07, 483): Das Persönlichkeitsbild des Scheckeinreichers, das Scheckpapier selbst und die Umstände (Betrag, Ausstellungszeit und -ort, Schriftbild etc) können Anlass zur gewissenhaften Überprüfung der Besitznahme sein. Gewinnt im Rechtsstreit das Gericht die Überzeugung, dass die Bank beim Erwerb des Schecks nicht in gutem Glauben war, so haftet diese ggü dem Eigentümer des Schecks nach § 990.

§ 991 Haftung des Besitzmittlers.
(1) Leitet der Besitzer das Recht zum Besitz von einem mittelbaren Besitzer ab, so findet die Vorschrift des § 990 in Ansehung der Nutzungen nur Anwendung, wenn die Voraussetzungen des § 990 auch bei dem mittelbaren Besitzer vorliegen oder diesem gegenüber die Rechtshängigkeit eingetreten ist.
(2) War der Besitzer bei dem Erwerb des Besitzes in gutem Glauben, so hat er gleichwohl von dem Erwerb an den im § 989 bezeichneten Schaden dem Eigentümer gegenüber insoweit zu vertreten, als er dem mittelbaren Besitzer verantwortlich ist.

1   **A. Regelungsinhalt.** § 991 regelt nach seiner amtlichen Überschrift die Haftung des **Besitzmittlers**, mithin des gem § 854 unmittelbaren Besitzers, der – auch im mehrstufigen Besitzverhältnis, § 871 – für einen mittelbaren Besitzer (§ 868) den Besitz mittelt (zB Untermieter – Mieter – Zwischenvermieter – Vermieter). I bestimmt dabei die Voraussetzungen für Ansprüche des Eigentümers auf Herausgabe von (auch möglichen, aber nicht) gezogenen Nutzungen gem §§ 990, 987. In II hingegen werden die Anforderungen für einen Schadensersatzanspruch – im Unterschied zu § 993 I Hs 2, der beim redlichen Besitzer derartige Ansprüche ausschließt – des Eigentümers gegen den gutgläubigen unmittelbaren Besitzer iR eines **Besitzmittlungsverhältnisses** geregelt: Haftet der Besitzmittler ggü dem mittelbaren Besitzer für die Verschlechterung, den Untergang oder einen anderen Grund dafür, dass die Sache nicht mehr herausgegeben werden kann, dann soll der Eigentümer nicht schlechter als der mittelbare Besitzer gestellt werden. Im Ergebnis schützt damit I den redlichen Besitzmittler und II den Eigentümer beim Vorliegen eines Besitzmittlungsverhältnisses.

2   **B. Anwendungsvoraussetzungen Abs 1.** Nutzungen gem § 987 kann der Eigentümer vom Besitzmittler nach dem Wortlaut des § 991 I („auch") nur dann herausverlangen, wenn sowohl bei diesem als auch beim mittelbaren Besitzer die Voraussetzungen des § 990 bejaht werden können. Es hat demnach eine doppelte Prüfung stattzufinden: (1) War der Besitzmittler beim Erwerb des unmittelbaren Besitzes hinsichtlich der Besitzberechtigung des mittelbaren Besitzers nicht in gutem Glauben, so dass er auch nicht von berechtigtem unmittelbaren Besitz ausgehen durfte? (2) War der mittelbare Besitzer im Hinblick auf sein Besitzrecht ggü dem

Eigentümer nicht in gutem Glauben, so dass auch die Besitzübertragung an den Besitzmittler nicht berechtigt vorgenommen werden konnte bzw bestand bereits Rechtshängigkeit einer gegen diesen gerichteten Herausgabeklage? Wird eine dieser beiden Voraussetzungen verneint, so ist § 990 in Ansehung der Nutzungen ggü dem Besitzmittler **nicht anwendbar**.

C. Anwendungsvoraussetzungen Abs 2. Ist der Besitzmittler gutgläubig in den Besitz der Sache gelangt, ohne dass ein Recht zum Besitz begründet werden konnte (**Vindikationslage**), so haftet er – im Unterschied zu § 993 I Hs 2 – dennoch insoweit auf Schadensersatz, wie er ggü dem mittelbaren Besitzer für einen Schaden nach § 989 einzustehen hätte. Damit wird einerseits vorausgesetzt, dass Gutgläubigkeit **beim Erwerb des Besitzes** bestand, andererseits aber auch eine unmittelbare Haftung im Verhältnis zwischen dem Besitzmittler und dem mittelbaren Besitzer gefordert. Nur diese ist Maßstab für die Feststellung des Haftungsumfangs, so dass zB vereinbarte Haftungsgrenzen (zB Beschränkung auf grobe Fahrlässigkeit oder Erweiterung auch für Zufall) zu beachten sind.

D. Praxisauswirkungen. Die Regelungen des § 991 führen zu zwei getrennten Ansprüchen für den Eigentümer: Liegen die Voraussetzungen des § 990 sowohl ggü dem Besitzmittler als auch dem mittelbaren Besitzer vor, kann der Eigentümer Herausgabe der Nutzungen bzw Wertersatz gem §§ 991 I, 987 von jedem der Besitzer verlangen, insgesamt jedoch nur einmal. Dabei entsteht kein Gesamtschuldverhältnis. IRd II kann durch den Verweis auf § 989 Verzögerungsschaden nicht verlangt werden. Leistet der Besitzmittler, da er den mittelbaren Besitzer für den Eigentümer hält, Schadensersatz gem § 989 an diesen, so wird er insoweit ggü dem Eigentümer von einer (nochmaligen) Verpflichtung zur Leistung frei, §§ 851, 893. Soweit sich aus anderen Bestimmungen der §§ 987 ff direkte Ansprüche des Eigentümers gegen den (unmittelbaren) Besitzmittler ergeben, bestehen diese unabhängig von § 991, soweit sie nicht durch diese Bestimmung modifiziert werden. Auch gibt II dem Besitzmittler keine Besserstellung ggü dem mittelbaren Besitzer: Dieser kann aus dem Besitzmittlungsverhältnis unbeschränkt Ansprüche gegen den Besitzmittler durchsetzen.

E. Prozessuale Besonderheiten. Der Eigentümer muss iRd I sowohl die Vindikationslage, als auch das Besitzmittlungsverhältnis sowie die **doppelte Bösgläubigkeit** darlegen und beweisen. Für einen Anspruch aus II erstreckt sich diese Pflicht auch auf die Schadensursächlichkeit und die Haftung des Besitzmittlers ggü dem mittelbaren Besitzer. Ansprüche nach § 991 verjähren gem §§ 195, 199 in drei Jahren. Allerdings sind gerade im Besitzmittlungsverhältnis bestehende kürzere Verjährungsfristen, zB im Mietrecht (6 Monate gem § 548), zu beachten.

§ 992 Haftung des deliktischen Besitzers.
Hat sich der Besitzer durch verbotene Eigenmacht oder durch eine Straftat den Besitz verschafft, so haftet er dem Eigentümer nach den Vorschriften über den Schadensersatz wegen unerlaubter Handlungen.

A. Regelungsinhalt. § 992 stellt letztlich eine Selbstverständlichkeit klar: Wer sich eigenmächtig (Legaldefinition § 858 I) oder sogar in strafrechtlich relevanter Weise den Besitz an einer Sache verschafft, erhält iRd EBV keinerlei Besserstellung ggü dem Recht der unerlaubten Handlungen, das in den §§ 823 ff umfassend normiert ist. Da es sich um eine **Rechtsgrundverweisung** handelt, ergeben sich direkt aus § 992 keine Ansprüche.

B. Verbotene Eigenmacht. Verbotene Eigenmacht iSd § 992 liegt vor, wenn dem (bisherigen) Besitzer – gleich welcher Besitzform – ohne dessen Willen der unmittelbare Besitz entzogen und die Entziehung nicht durch das Gesetz gestattet wird, § 858 I. Es kommt dabei nach dem klaren Wortlaut der Legaldefinition, die kein Verschulden, sondern nur eine Widerrechtlichkeit postuliert, grds nicht auf die Frage nach einer vorsätzlichen oder fahrlässigen Entziehung des Besitzes an, auch wenn im Kontext mit der in § 992 ebenfalls genannten Straftat sich das Verschuldensmoment aufdrängt. Denn zur Feststellung des Vorliegens einer verbotenen Eigenmacht genügt der Besitzwechsel gegen den Willen des bisherigen Besitzers und ohne gesetzliche Grundlage. Zudem muss iRd §§ 823 ff ohnehin das Verschuldensmoment unter dem Aspekt der Vorwerfbarkeit nach § 276 geprüft werden.

C. Straftat. Der Begriff **Straftat** ist ua in § 25 I StGB genannt. Er stellt eine abgrenzende Bezeichnung ggü der Ordnungswidrigkeit dar. Allerdings ergeben sich nicht nur aus dem StGB mögliche Straftaten iSd § 992, wenngleich die wesentlichen Bestimmungen hier zu finden sind. Denn maßgeblich ist hier – wie der Wortlaut „durch eine Straftat den Besitz verschafft" vorgibt – die Unmittelbarkeit zwischen Begehung einer Straftat und Besitzverschaffung. Dazu zählen zB im klassischen Sinn Diebstahl, §§ 242–248a StGB, und Raub, §§ 249–252 StGB, aber auch der unbefugte Gebrauch von Fahrzeugen, § 248b StGB, die Hehlerei, §§ 259–260a StGB, die Erpressung, §§ 253 und 255 StGB, die Nötigung zur Herausgabe einer Sache, § 240 StGB, und ebenso der Betrug, § 263 StGB, bzw die Urkundenfälschung, § 267 StGB, sofern damit die Herausgabe einer Sache bewirkt wird. Umstr ist, ob auch bei Unterschlagung, § 246 StGB bzw Untreue, § 266 StGB, eine Besitz verschaffende Straftat vorliegt oder nicht (so jurisPK/*Habermeier* § 992 Rz 6). Da § 992 auf das **Sich-Verschaffen** abstellt, wird man unabhängig von der Zielrichtung einer Straftat auch die Unterschlagung und Untreue als ausreichend anzusehen haben, um die Voraussetzungen des § 992 bejahen zu können. Denn in beiden Fällen bewirkt letztlich das Handeln des Täters eine Inbesitznahme einer Sache.

4 **D. Praktische Umsetzung.** Wegen der Rechtsgrundverweisung muss iRd EBV lediglich die Besitzverschaffung in verbotener Eigenmacht bzw durch eine Straftat geprüft werden. Ist dies zu bejahen, so sind die weiteren Voraussetzungen für Ansprüche ausschl nach den §§ 823 ff zu prüfen. Es kommt deshalb auch nicht auf die Streitfrage an, ob der Besitzer iR eines Schadensersatzanspruches dem Eigentümer auch die Nutzungen zu erstatten hat, die gezogen werden hätten können, vom Eigentümer aber ebenso nicht gezogen worden wären, so dass dieser keinen Schaden erlitten hätte. Maßgeblich ist allein die Beurteilung nach den §§ 823 ff iVm 249 ff.

5 **E. Beweislast.** Der Eigentümer hat die verbotene Eigenmacht bzw das Vorliegen einer Straftat zur Besitzverschaffung darzulegen und zu beweisen.

§ 993 Haftung des redlichen Besitzers. (1) Liegen die in den §§ 987 bis 992 bezeichneten Voraussetzungen nicht vor, so hat der Besitzer die gezogenen Früchte, soweit sie nach den Regeln einer ordnungsmäßigen Wirtschaft nicht als Ertrag der Sache anzusehen sind, nach den Vorschriften über die Herausgabe einer ungerechtfertigten Bereicherung herauszugeben; im Übrigen ist er weder zur Herausgabe von Nutzungen noch zum Schadensersatz verpflichtet.
(2) Für die Zeit, für welche dem Besitzer die Nutzungen verbleiben, findet auf ihn die Vorschrift des § 101 Anwendung.

1 **A. Regelungsinhalt.** Der redliche, durch Entgelt (arg § 988) in den nicht (mehr) berechtigten Besitz der Sache gelangte Besitzer, der (noch) nicht verklagt ist, wird durch § 993 bis zum Zeitpunkt der Kenntnis oder grob fahrlässigen Unkenntnis hinsichtlich des tatsächlichen Besitzrechts bzw der Rechtshängigkeit der Herausgabeklage weitgehend geschützt: Solange der Besitzer gutgläubig von einem Besitzrecht ausgehen darf, mithin die in den §§ 987 bis 992 bezeichneten Voraussetzungen nicht vorliegen, soll er weder zur Herausgabe von Nutzungen bzw Wertersatz dafür, insb aber auch nicht zum Schadensersatz im Hinblick auf die Sache selbst – solange es nicht zum **Fremdbesitzerexzess** kommt (dann Anwendung der vertraglichen und gesetzlichen Haftungsregelungen) – verpflichtet werden können. Gleiches gilt beim gutgläubigen Eigenbesitzer. Dies gibt § 993 I Hs 2 ausdrücklich so vor. Die einzige Einschränkung gilt hinsichtlich gezogener **Früchte**, § 99: Soweit solche im **Übermaß** gewonnen werden (die also „nach den Regeln einer ordnungsmäßigen Wirtschaft nicht als Ertrag der Sache anzusehen sind"), stellen sie nicht nur eine Nutzung, sondern darüber hinausgehend einen Substanzeingriff dar. Dieser – und nur dieser – wird nach den Vorschriften der §§ 812 ff zu Gunsten des Eigentümers ausgeglichen (Rechtsfolgeverweisung). II stellt schließlich eine Abgrenzungshilfe durch die Verweisung auf die Verteilung der Früchte gem § 101 bis zum Wegfall der Redlichkeit dar; dabei ist der Ersatz der Gewinnungskosten gem § 102 zu Gunsten des Besitzers zu berücksichtigen.

2 **B. Überschreitung des vermeintlichen Besitzrechts.** Der Wortlaut schließt die Haftung des redlichen Besitzers mit Ausnahme der Übermaßfruchtziehung praktisch aus. Dies kann jedoch den Fällen der Überschreitung eines vermeintlichen Besitzrechts nicht gerecht werden: Wer als nicht berechtigter, gutgläubiger und nicht verklagter Fremdbesitzer die Schranken überschreitet, die nach seiner eigenen Besitzvorstellung bzw nach dem der Besitzverschaffung zu Grunde liegenden (unwirksamen) Rechtsgeschäft bestehen, kann nicht besser gestellt sein als bei berechtigtem Besitz. In letzterem Fall müsste der Besitzer zB Nutzungen herausgeben, Schadensersatz leisten etc. Deshalb ist eine teleologische Reduktion des § 993 I Hs 2 nötig. Danach werden diese Fälle nach den allgemeinen Regelungen zum Bereicherungs- und Deliktsrecht gelöst (BGHZ 46, 140, 146; jurisPK/*Habermeier* § 993 Rz 6).

Vorbemerkung vor §§ 994 bis 1003

1 Während die §§ 987 mit 993 die Ansprüche des Eigentümers gegen den nicht (mehr) berechtigten Besitzer regeln (Herausgabe bzw Wertersatz von Nutzungen, Schadensersatzansprüche, Übermaßfruchtregelung), bestimmen die §§ 994 mit 1003 mögliche Ersatzansprüche des Besitzers für Verwendungen sowie Erhaltungs- bzw Bestellungskosten. Sie geben aber auch die Voraussetzungen für ein Wegnahme- sowie Zurückbehaltungsrecht des Besitzers vor. Dabei handelt es sich um eine abschließende Regelung zwischen dem Eigentümer und dem nicht berechtigten Besitzer. Diese ist nicht nur erschöpfend, sondern sie schließt auch die Anwendbarkeit des allgemeinen Bereicherungsrechts aus (BGH NJW 64, 1125). Das gilt auch für Wert erhaltende oder Wert erhöhende Baumaßnahmen auf fremden Grundstücken in der begründeten Erwartung eines späteren Eigentumserwerbs (BGH NJW 96, 52), wenn eine Vindikationslage besteht.

§ 994 Notwendige Verwendungen. (1) ¹Der Besitzer kann für die auf die Sache gemachten notwendigen Verwendungen von dem Eigentümer Ersatz verlangen. ²Die gewöhnlichen Erhaltungskosten sind ihm jedoch für die Zeit, für welche ihm die Nutzungen verbleiben, nicht zu ersetzen.

(2) Macht der Besitzer nach dem Eintritt der Rechtshängigkeit oder nach dem Beginn der in § 990 bestimmten Haftung notwendige Verwendungen, so bestimmt sich die Ersatzpflicht des Eigentümers nach den Vorschriften über die Geschäftsführung ohne Auftrag.

A. Regelungsinhalt. § 994 regelt sowohl den Ersatz von notwendigen Verwendungen für die Zeit gutgläubi- 1 gen, nicht berechtigten Besitzes (I), als auch für die Zeit ab Rechtshängigkeit bzw Kenntnis, der gem § 990 iVm § 932 II die grob fahrlässige Unkenntnis gleichgesetzt ist (II). Während der Besitzer nach I vollen Ersatz für notwendige Verwendungen verlangen kann, eingeschränkt nur durch I 2 (keine gewöhnlichen Erhaltungskosten für die Zeit des Nutzungsverbleibs), trifft den bösgläubigen Besitzer die Beschränkung der Vorschriften gem §§ 677 ff.

B. Notwendige Verwendungen. Das Gesetz unterscheidet zwischen notwendigen und (nur) nützlichen Ver- 2 wendungen, §§ 994, 996. Zur Definition: BGHZ 131, 220. **Notwendig** ist eine Verwendung – dh Erbringung einer vermögenswerten (auch: Arbeits-)Leistung durch den Besitzer zur Wartung, Erhaltung, Sanierung, Reparatur, Wiederherstellung oder Verbesserung/Verschönerung iS eines objektiv erkennbaren und bezifferbaren Werterhalts der Sache – dann, wenn sie dem Zweck der Erhaltung der Sache dient (MüKo/*Medicus* § 994 Rz 15 mwN). Es kommt demnach nicht auf den subjektiven Willen des Eigentümers an. Damit wird die Privilegierung des gutgläubigen Besitzers, der gem I Anspruchsinhaber ist, konsequent umgesetzt. Umgekehrt kommt dem Eigentümer beim bösgläubigen oder verklagten Besitzer nach II die Ersatzpflichtbeschränkung über die Anwendbarkeit der §§ 677 ff entgegen: Nur wenn die notwendigen Verwendungen auch dem Interesse und dem wirklichen oder mutmaßlichen Willen des Eigentümers entsprachen, kann sich ein Ersatzanspruch für die Aufwendungen ergeben.

C. Gewöhnliche Erhaltungskosten. I 2 stellt eine Korrektivbestimmung iRd grds unbeschränkt bestehenden 3 Ersatzanspruchs des gutgläubigen Besitzers dar: Wenn und solange er gem § 987 ff die Nutzungen aus der Sache behalten kann, soll er auch die gewöhnlichen Erhaltungskosten – vgl auch § 103 (Lasten) – tragen. **Gewöhnlich** sind Kosten, die nach dem regelmäßigen Verlauf der Benutzung einer Sache anfallen, zB beim Pkw die Versicherung, aber auch normale, im Zuge des Gebrauchs allgemein durch Verschleiß aufzubringende Reparaturkosten – etwa für einen neuen Auspuff – bzw Abnutzungskosten (zB neue Autoreifen). Letztlich ist in jedem Einzelfall die Prüfung vorzunehmen, ob es sich noch um gewöhnliche Erhaltungskosten oder um **außergewöhnliche Aufwendungen** handelt, mit denen bei objektiver Beurteilung iR eines bestimmungsgemäßen Gebrauchs der Sache jedenfalls nicht regelmäßig zu rechnen ist. Abzugrenzen davon sind **betriebsbedingte Aufwendungen** (etwa Benzin oder Öl für einen Motor): Diese dienen alleine dem Betrieb der Sache, so dass insoweit schon keine Erhaltungskosten vorliegen können.

D. Berechnung des Ersatzes. Grds steht dem Besitzer ein Anspruch auf vollen Ersatz der notwendigen Ver- 4 wendungen zu. Allerdings ist die Berechnung der Höhe des Ersatzes nur in den Fällen einfach durchzuführen, in denen zB über Rechnungsbelege Dritter der Nachweis der **Verwendungsauslagen** geführt werden kann. Geht es um zB die eigene Arbeitskraft, so kommt in entspr Anwendung des § 632 die übliche Vergütung für eine vergleichbare Leistung in Betracht, die im Streitfall das Gericht mit Hilfe eines Sachverständigen ermitteln kann. Jedoch findet der Ersatzanspruch der Höhe nach seine Beschränkung in dem Wert, der sich zum Zeitpunkt der Herausgabe der Sache noch in dieser manifestiert hat: Hat der Besitzer ein Mehr ggü dem in der Sache realisierten und für den Eigentümer nützlichen Wert erbracht, so darf der Eigentümer, jedenfalls solange er dieses „Mehr" nicht für sich nutzt, nicht zum Ersatz verpflichtet werden (Gedanke der aufgedrängten Bereicherung). Umgekehrt darf der Besitzer auch nicht daraus Profit ziehen, dass ihn eine Verwendung auf die Sache weniger kostet, als sie den Wert der Sache erhöht.

E. Prozessuale Besonderheiten. Die Ansprüche des Besitzers nach § 994 stehen unter der deutlichen Ein- 5 schränkung der §§ 1001, 1002: Grundvoraussetzung ist danach, dass der Eigentümer die Sache wieder in Besitz oder die Verwendungen genehmigt hat. Insb sind auch die sehr kurzen Verjährungsfristen des § 1002 zu beachten: 1 Monat bei bewegliche Sachen bzw 6 Monate bei Grundstücken, berechnet ab dem Zeitpunkt der Herausgabe. IRd Prüfung von Ansprüchen des Besitzers gegen den Eigentümer sind vorrangig immer mögliche vertragliche Ansprüche zu untersuchen: Ergibt sich aus einem Vertragsverhältnis, das vor Eintritt der Vindikationslage bestand, auch eine Regelung hinsichtlich von Verwendungen, die nach dem Wegfall eines ursprünglichen *Besitzrechts* gemacht werden (müssten), so gehen diese fortwirkenden vertraglichen Regelungen einem Anspruch nach § 994 vor. Zum Ersatz bei Rücktritt BGH NJW 02, 3478.

§ 995 Lasten. [1]Zu den notwendigen Verwendungen im Sinne des § 994 gehören auch die Aufwendungen, die der Besitzer zur Bestreitung von Lasten der Sache macht. [2]Für die Zeit, für welche dem Besitzer die Nutzungen verbleiben, sind ihm nur die Aufwendungen für solche außerordentliche Lasten zu ersetzen, die als auf den Stammwert der Sache gelegt anzusehen sind.

1 A. Regelungsinhalt. § 995 ist eine Komplementärnorm zu § 994. Sie stellt einerseits klar, dass auch Lasten, die im Zusammenhang mit der Sache stehen, notwendige Verwendungen und dementsprechend gem § 994 zu ersetzen sind, soweit der Besitzer diese getragen hat (BGH NJW 02, 130). Andererseits verdeutlicht 2 entspr § 994 I 2, dass ein Ersatz von Lasten für die Zeit, während der Nutzungen gezogen werden dürfen, nur unter zwei Voraussetzungen in Betracht kommen kann: Es muss sich um **außerordentliche Lasten** handeln. Und diese dürfen nur dem „**Stammwert der Sache**" zu Gute gekommen sein.

2 B. Lasten. Das BGB kennt den Begriff der **öffentlichen Lasten** ua in § 436 (s. dort): Dort werden als solche Lasten auch Erschließungsbeiträge, sonstige Anliegerbeiträge und andere öffentliche Abgaben aufgeführt. § 1047 (s. dort) regelt die Lastentragung für den Nießbrauch. In dieser Bestimmung wird auch der Begriff **privatrechtliche Lasten** näher präzisiert: Darunter fallen insb Zinsen von Hypothekenforderungen und Grundschulden sowie die auf Grund einer Rentenschuld zu entrichtenden Leistungen. Auf eine Unterscheidung kommt es iRd § 995 letztlich aber nicht an: Immer dann, wenn eine öffentlich-rechtliche oder privatrechtliche Verpflichtung zur Bezahlung von Abgaben, Steuern, Beiträgen, Gebühren, Kosten, Zinsen etc besteht, die an die Sache unmittelbar anknüpft, liegt eine Last vor. Deshalb sind auch Kfz-Steuern und Pflichtversicherungsbeiträge, ebenso wie die Hundesteuer (über § 91a), derartige Lasten.

3 C. Außerordentliche Lasten. 2 führt – wie auch §§ 2126, 2379 (s. dort) – den Begriff der außerordentlichen Lasten als Regulativ des Aufwendungsersatzes für den Fall gezogener und verbleibender Nutzungen ein. **Außerordentliche Lasten** sind demnach nur solche Verpflichtungen im Zusammenhang mit einer Sache, die weder im Zusammenhang mit laufenden Ausgaben iRd Nutzung stehen noch regelmäßig wiederkehren. Wie die Verknüpfung – auch in § 2126 – mit dem „Stammwert" der Sache zeigt, muss es sich demnach regelmäßig um einmalige, wertbildende bzw -erhaltende Aufwendungen handeln, die dem Vermögenswert der Sache unabhängig von der Nutzung durch den Besitzer zugeschrieben werden können. Dazu zählen etwa einmalige Erschließungskosten: Sobald diese bezahlt sind, kann, einhergehend mit dem Wegfall der öffentlichen Last, ein höherer Verkaufswert für das Grundstück erzielt werden (BGH v 28.4.94 – IX ZR 161/93). Gleiches gilt für die Beiträge in Flurbereinigungs- und Umlegungsverfahren (MüKo/*Medicus* § 995 Rz 10), aber auch Zahlungen für die Ablösung von Grundschulden, Hypotheken etc (zur Tilgung vgl BGH NJW 04, 2981).

4 D. Stammwert der Sache. Unter dem **Stammwert der Sache** versteht man den Vermögenswert der Sache im Zeitpunkt vor der Aufwendung. Dies ist damit der „Stamm", auf den die Aufwendung durch den Besitzer „aufgesetzt" wird und so die Sache einen höheren Wert erhält: Bezahlt der Besitzer die auf dem „Stamm-Grundstück" als öffentliche Lasten ruhenden einmaligen Erschließungskosten, so ändert sich zwar deshalb nicht das Grundstück, aber dessen Stammwert erhöht sich, da diese Lasten wegfallen. Deshalb ist auch, trotz Nutzungsziehung, ein Ersatz hinsichtlich dieser außerordentlichen Lasten in § 995 2 vorgesehen: Der Eigentümer, dessen Sache im Stammwert erhöht wird, soll nicht durch die Tragung derartiger außerordentlicher Lasten seitens des Besitzers bereichert werden.

5 E. Prozessuale Besonderheiten. Die **Beweislast** hinsichtlich des Vorliegens einer gewöhnlichen (1) bzw außergewöhnlichen Last (2) trifft den Besitzer, der Verwendungsersatz nach §§ 994, 995 verlangt. Dabei ist die Feststellung, ob schon eine Last – und wenn ja: welche – vorliegt, eine nach den einschlägigen Gesetzen, Verordnungen oder Satzungen zu beantwortende Rechtsfrage. Im Rechtsstreit hat der Besitzer unter Beachtung der §§ 1001, 1002 darzulegen und zu beweisen, an wen er wann und warum Zahlungen im Zusammenhang mit dem Besitz der Sache geleistet hat. Wird für die Zeit der Nutzung Ersatz für außerordentliche Lasten verlangt, so muss zudem die Auswirkung der Aufwendung auf den Stammwert der Sache dargelegt und bewiesen werden.

§ 996 Nützliche Verwendungen.
Für andere als notwendige Verwendungen kann der Besitzer Ersatz nur insoweit verlangen, als sie vor dem Eintritt der Rechtshängigkeit und vor dem Beginn der in § 990 bestimmten Haftung gemacht werden und der Wert der Sache durch sie noch zu der Zeit erhöht ist, zu welcher der Eigentümer die Sache wiedererlangt.

1 A. Regelungsinhalt. In Abgrenzung zu den notwendigen Verwendungen nach §§ 994, 995 regelt § 996 Ersatzansprüche des Besitzers für nur nützliche Verwendungen. Liegen solche vor, bedarf es des Vorliegens von zwei Voraussetzungen für die Entstehung des Anspruchs: Einmal kann ein Ersatzanspruch nur für Verwendungen gegeben sein, die vor Eintritt der Rechtshängigkeit bzw vor Kenntnis iSd § 990 I gemacht wurden. Kumulativ dazu ist eine (fortbestehende) **Werterhöhung** der Sache auch noch zum Zeitpunkt der Herausgabe an den Eigentümer erforderlich.

2 B. Nützliche Verwendung. Nützliche Verwendungen sind solche Aufwendungen auf die Sache, die zwar *nicht zu deren Erhaltung dienen*, die aber den Wert der Sache steigern. Dazu gehört zB die Errichtung einer Garage auf einem Grundstück oder das Aufbringen einer Wärmedämmtapete an der Wand eines Gebäudes. Zu den nützlichen Verwendungen gehören auch die Kosten einer ordnungsgemäßen Bewirtschaftung iSd § 998. Abzugrenzen sind die sog **Luxusverwendungen**: Diese sind weder wertsteigernd noch zur Erhaltung der Sache erforderlich. Eine solche liegt etwa vor, wenn ein PKW-Besitzer einen blauen Wagen aus rein ästhetischen Gründen grün lackieren lässt, obwohl der alte Lack noch keine Mängel hatte.

C. Werterhöhung. Der gutgläubige Besitzer kann Ersatz nur dann verlangen, wenn der Wert der Sache im Zeitpunkt der Wiedererlangung durch den Eigentümer noch erhöht ist. Erste Voraussetzung ist eine Kausalität von (nützlicher) Verwendung und Werterhöhung. Die zweite Voraussetzung bildet der Fortbestand der Werterhöhung. Diese wird durch einen Vergleich des Jetzt-Wertes (im Wiedererlangungszeitpunkt) zum Vorher-Wert (Wert ohne nützliche Verwendung) festgestellt und bildet zugleich die Höchstgrenze des Ersatzanspruchs. Die Streitfrage, ob es auf einen objektiven oder den bloß subjektiven Wert aus Sicht des Eigentümers ankommt (ausf dazu MüKo/*Medicus* § 996 Rz 9 ff) kann mit Blick auf das gesamte Regelwerk zum EBV und das Primat des Eigentumsrechts ggü dem nicht einmal (mehr) bestehenden Besitzrecht unter Berücksichtigung der Grundsätze zum Recht der aufgedrängten Bereicherung beantwortet werden:

Grds kann die **Wertbestimmung** nicht allgemein objektiv vorgenommen werden. Vielmehr ist auf den Wert aus der Sicht des Eigentümers unter Berücksichtigung der Gesamtumstände abzustellen, dh es ist sein mutmaßliches Interesse festzustellen. Mutmaßlich ist dasjenige Interesse des Eigentümers, das bei objektiver Beurteilung aller gegebenen Umstände durch einen verständigen Betrachter vorauszusetzen ist (ähnl BGH NJW-RR 04, 449 für mutmaßlichen Willen). Die Bestimmung der Werterhöhung wird damit immer unter Berücksichtigung des § 242 und entspr Anwendung der §§ 315 ff erfolgen müssen, wobei die Obergrenze stets von dem tatsächlichen Aufwand des Besitzers gebildet wird: Dieser darf kein „Geschäft machen" (vgl § 994 Rn 4).

D. Prozessuale Besonderheiten. Den Besitzer treffen iRd § 996 umfassende Darlegungs- und Beweispflichten hinsichtlich des Umfangs und des Zeitpunkts (vor Rechtshängigkeit bzw Kenntnis) der nützlichen Verwendungen, aber auch in Bezug auf den Fortbestand der Werterhöhung zum Zeitpunkt der Wiedererlangung der Sache durch den Eigentümer. Akzeptiert der Eigentümer den Wertansatz nicht, so muss er die Gründe für einen geringeren (subjektiven) Wert darlegen, um dem Gericht eine Festlegung zu ermöglichen. Andernfalls kommt der objektive Wertzuwachs in Ansatz. Die Verjährung richtet sich nach den §§ 195, 199.

§ 997 Wegnahmerecht.
(1) ¹Hat der Besitzer mit der Sache eine andere Sache als wesentlichen Bestandteil verbunden, so kann er sie abtrennen und sich aneignen. ²Die Vorschrift des § 258 findet Anwendung.
(2) Das Recht zur Abtrennung ist ausgeschlossen, wenn der Besitzer nach § 994 Abs. 1 Satz 2 für die Verwendung Ersatz nicht verlangen kann oder die Abtrennung für ihn keinen Nutzen hat oder ihm mindestens der Wert ersetzt wird, den der Bestandteil nach der Abtrennung für ihn haben würde.

A. Regelungsinhalt. Das in § 997 normierte **Wegnahmerecht** des Besitzers, das aus einem **Abtrennungs- und Aneignungsrecht** besteht, gibt diesem für Sachen, die er mit der herauszugebenden Sache des Eigentümers als **wesentlichen Bestandteil** verbunden hat, §§ 93 f, 946, 947 II, 951 II, unter **besonderen Umständen** an Stelle von Verwendungsersatzansprüchen einen weiter gehenden Vermögensschutz. Allerdings sind die tatsächlichen und rechtlichen Hürden dafür sehr hoch: Zunächst muss überhaupt eine **Abtrennung möglich** sein, **ohne** dass die **Hauptsache zerstört** oder irreparabel beschädigt wird. Weiter hat der Besitzer bei einer evtl Wegnahme zu beachten, dass die Hauptsache im Falle der Wegnahme der iR einer Verwendung damit verbundenen Sache wieder in den **vorigen Zustand** versetzt werden muss, § 997 I 2 iVm § 258 1. Dies kann bereits zu höheren Kosten führen, als die wegzunehmende Sache wert ist, weshalb gem § 258 2 der Eigentümer für den Fall, dass er bereits wieder Besitz erlangt hat, die Wegnahme auch von einer **Sicherheitsleistung**, §§ 232 ff, abhängig machen kann. Der Herausgabeanspruch besteht ungeachtet der Pflicht zur Gestattung der Wegnahme (Zweibr Beschl v 10.4.06 – 6 W 8/06).

Schließlich ist gem II das **Recht des Besitzers zur Abtrennung in drei Fällen ausgeschlossen**: (1) wenn dem Besitzer Nutzungen verblieben sind und er deshalb für diese Zeit keinen Verwendungsersatzanspruch hat, **§ 997 II iVm § 994 I 2**. (2) wenn die Abtrennung dem Besitzer **keinen Nutzen** bringt (dabei ist auf den objektiven Nutzen abzustellen). (3) wenn der Eigentümer bereit ist, dem Besitzer den **Wert zu ersetzen**, den die abzutrennende Sache für ihn nach der Abtrennung haben würde (dazu muss der Besitzer vor der Abtrennung dem Eigentümer die Möglichkeit der Wertfeststellung und -ersetzung durch entspr **Benachrichtigung** geben, § 242). Mit diesen zahlreichen Einschränkungen ist § 997 nur von untergeordneter Bedeutung und mehr wissenschaftlich als praktisch relevant.

B. Prozessuale Besonderheiten. Bei der prozessualen Behandlung des Wegnahmerechts nach § 997 sind zwei Fallkonstellationen grds zu unterscheiden: Entweder hat der Besitzer die verbundene Sache (zB das Gartenhaus auf dem herauszugebenden Grundstück) bereits abgetrennt und sich (wieder) angeeignet, so dass mangels fortbestehender Verbindung auch kein wesentlicher Bestandteil der herauszugebenden Hauptsache mehr besteht. Dann beurteilen sich mögliche Ansprüche des Eigentümers nach Vertragsrecht bzw nach den §§ 823 ff unter Berücksichtigung des § 997 iVm §§ 249 ff: Der Besitzer läuft demnach Gefahr, im Wege des Schadensersatzes die nach § 997 II ausgeschlossene Abtrennung und damit Voraussetzung für die Aneignung rückgängig machen zu müssen. So etwa, wenn der Eigentümer bei dem vorgenannten Gartenhaus Wertersatz

Zug um Zug gegen die Wiederaufstellung anbietet. Fallkonstellation 2 geht von der in der Praxis kaum umsetzbaren Vorgehensweise aus, wonach der Besitzer vor einer Abtrennung dem Eigentümer die Möglichkeit zur Überprüfung bzw Herbeiführung eines Ausschlusses des Rechts zur Abtrennung gibt. Dem gleichgestellt ist die Gesamtherausgabe mit gleichzeitiger bzw nachträglicher, fristgemäßer (§ 1002 analog) Aufforderung zur Duldung der Abtrennung und Aneignung. In diesen Fällen hat der Besitzer die Abtrennbarkeit der beanspruchten Sache und die Wiederherstellbarkeit des vorigen Zustands der Hauptsache (Argument aus § 258) darzulegen und zu beweisen. Umgekehrt liegt die Beweislast für Ausschlussgründe beim Eigentümer. Das Wegnahmerecht verjährt gem § 194 iVm §§ 195, 199.

§ 998 Bestellungskosten bei landwirtschaftlichem Grundstück.
Ist ein landwirtschaftliches Grundstück herauszugeben, so hat der Eigentümer die Kosten, die der Besitzer auf die noch nicht getrennten, jedoch nach den Regeln einer ordnungsmäßigen Wirtschaft vor dem Ende des Wirtschaftsjahrs zu trennenden Früchte verwendet hat, insoweit zu ersetzen, als sie einer ordnungsmäßigen Wirtschaft entsprechen und den Wert dieser Früchte nicht übersteigen.

1 **A. Regelungsinhalt.** Ergänzend zu § 102 gibt § 998 bei noch nicht getrennten Früchten dem Besitzer, gleich ob gut- oder bösgläubig, einen Verwendungsersatzanspruch für die **nützlichen Kosten** (vgl § 996) der **Feld-, Wald-** bzw **Gartenbestellung**. Da das Gesetz nur das **landwirtschaftliche Grundstück** aufführt, könnten **forstwirtschaftliche Grundstücke** nicht umfasst sein (Palandt/*Bassenge* § 998 Rz 1). Allerdings stellt § 585 III forstwirtschaftliche Grundstücke unter der Voraussetzung der Nutzung in einem überwiegend landwirtschaftlichen Betrieb jedenfalls pachtrechtlich gleich. Dementsprechend besteht kein Anlass, dem Besitzer, der ein Waldgrundstück herauszugeben hat, den Kostenersatz zu verweigern. Insgesamt dürfen die **Kosten** jedoch **nicht höher** sein als der **Wert** der noch zu erntenden Feld- bzw Waldfrüchte.

2 **B. Kostengruppen.** Unter der Voraussetzung ordnungsmäßiger Bewirtschaftung kommen folgende Kosten für die Ausbringung und Pflege der Saat in Betracht: Saatgut, Pflänzlinge, Maschineneinsatz (Zeit, Treibstoff, Öl etc), Bewässerung, Düngung, Arbeitskräfte zur Pflanzung, Unkrautbefreiung. Nicht auf die Früchte verwendet werden jedoch Reparaturkosten für Geräte, aber auch Beiträge zur Berufsgenossenschaft und Versicherung. Dabei handelt es sich um notwendige Verwendungen iSd § 994.

3 **C. Abwicklung.** Da zwar die Kosten der Bewirtschaftung bei Herausgabe der land- bzw forstwirtschaftlichen Grundstücke feststehen, nicht aber schon der Wert der Früchte vor der (Miss-)Ernte festgestellt werden kann, ist der Anspruch auf Kostenerstattung erst mit dem Zeitpunkt der **Ernte** fällig. Denn § 998 enthält letztlich eine Saldierungsregel: Wird die Ernte durch ein Unwetter vernichtet, so reduziert sich der Ersatzanspruch auf Null. Mithin kann auch der Lauf der Verjährung gem § 1002 erst mit Abschluss der Ernte beginnen.

§ 999 Ersatz von Verwendungen des Rechtsvorgängers.
(1) Der Besitzer kann für die Verwendungen eines Vorbesitzers, dessen Rechtsnachfolger er geworden ist, in demselben Umfang Ersatz verlangen, in welchem ihn der Vorbesitzer fordern könnte, wenn er die Sache herauszugeben hätte.
(2) Die Verpflichtung des Eigentümers zum Ersatz von Verwendungen erstreckt sich auch auf die Verwendungen, die gemacht worden sind, bevor er das Eigentum erworben hat.

1 **A. Regelungsinhalt.** § 999 regelt zwei unterschiedliche Sachverhalte. I gibt dem **Besitznachfolger** die gleichen Verwendungsersatzansprüche gem §§ 994 ff, wie sie der Vorbesitzer fiktiv gegen den Eigentümer geltend machen könnte, falls er die Sache herauszugeben hätte. Maßgeblich ist dabei, dass der Besitz im Wege der Rechtsnachfolge – und nicht nur auf tatsächliche Art und Weise – übergegangen ist (zB durch einen Mietvertrag, aber auch als Erbschaftsbesitzer). II hingegen beinhaltet mit Blick auf die Überschrift etwas anderes: Damit wird klargestellt, dass auch solche Verwendungen vom (derzeitigen) Eigentümer unter den Voraussetzungen der §§ 994 ff ersetzt werden müssen, die – möglicherweise schon lange – vor dem Eigentumswechsel vom (auch früheren, I) Besitzer gemacht worden sind. II beinhaltet damit eine gesetzliche Schuldübernahme, I hingegen einen gesetzlichen Anspruchsübergang.

2 **B. Praktische Folgen.** Da § 999 keine Anspruchsgrundlage darstellt, jedoch bei der Besitznachfolge der Durchsetzung von Ersatzansprüchen dient, nachdem der frühere – aufwendende – Besitzer nicht mehr die Rechte aus den §§ 1000, 1001 und 1003 anwenden kann, muss der Besitzer zusammen mit seinem Rechtsvorgänger im Besitz bemüht sein, sämtliche Nachweise für getätigte Aufwendungen und Kosten zusammen zu tragen. Denn die Durchsetzung von Ersatzansprüchen wird mit jeder Stufe des Besitzwechsels schwieriger. Allerdings steht der frühere Besitzer möglicherweise als Zeuge für den Nachweis von Voraussetzungen eines Anspruchs zur Verfügung. Dementsprechend enthält II für den (neuen) Eigentümer einen Warnhinweis dahin gehend, zu prüfen, ob etwaige latente Verwendungsansprüche, die kraft Gesetzes von ihm erfüllt werden müssten, aus der Zeit des Voreigentümers bestehen. Umgekehrt wird mit II der Schutz des Besitzers erweitert: Er kann sich mit Ersatzansprüchen sowohl an den oder die früheren als auch den neuen Eigentümer wenden. Es entsteht insoweit eine Gesamtschuldnerschaft.

§ 1000 Zurückbehaltungsrecht des Besitzers.
¹Der Besitzer kann die Herausgabe der Sache verweigern, bis er wegen der ihm zu ersetzenden Verwendungen befriedigt wird. ²Das Zurückbehaltungsrecht steht ihm nicht zu, wenn er die Sache durch eine vorsätzlich begangene unerlaubte Handlung erlangt hat.

A. Regelungsinhalt. § 1000, dessen Rechtsfolgen praktisch identisch mit denen des § 273 sind, ist deshalb neben § 273 notwendig, da der **Verwendungsersatzanspruch** iSd § 273 nur unter den Voraussetzungen des § 1001 fällig wird, somit also erst nach Rückgabe, was jedoch widersinnig wäre. Das Zurückbehaltungsrecht nach § 1000 ist nach § 1003 als Befriedigungsrecht ausgestaltet. Die unterschiedlichen Interessen können im Prozess nur durch eine Zug-um-Zug-Verurteilung nach oft aufwändigem Feststellen der berechtigten Ersatzansprüche befriedigt werden: Der Eigentümer erhält die Sache, der Besitzer die Verwendungen. Allerdings befindet sich bis zur Herausgabe der Besitzer im Vorteil: Er hat weiterhin die Sache in seiner tatsächlichen Verfügungsgewalt, während der Eigentümer diese im Hinblick auf den geltend gemachten Verwendungsersatz noch nicht einmal prüfen kann. Etwas anderes gilt nach 2 für den Fall, dass sich der Besitzer vorsätzlich und unerlaubt die Sache etwa durch einen Diebstahl beschafft hat. Das insoweit nicht gegebene Zurückbehaltungsrecht ist die Fortführung des Sanktionsgedankens bei deliktisch begründetem Besitz. 1

B. Praktische Handhabung. Da § 273 generell das Zurückbehaltungsrecht regelt und deshalb auch iRd § 1000 anwendbar ist, kommt § 273 III zur Anwendung: Der gut beratene Eigentümer wird deshalb dem Zurückbehaltungsrecht des Besitzers sofort eine Sicherheit gem §§ 232 ff – unter Ausschluss von Bürgen, § 273 III 2 – entgegensetzen und insoweit Zug um Zug die Herausgabe der Sache verlangen. Dann kann die Feststellung des evtl gegebenen Verwendungsersatzanspruches ohne die Gefahr für die Sache selbst erfolgen. Die Höhe der Sicherheit bestimmt sich nach dem voraussichtlich berechtigten Anspruch des Besitzers. Mit Blick auf § 999 steht iÜ dem Besitzer ein Zurückbehaltungsrecht auch für Verwendungsersatzansprüche des Vorbesitzers zu. Durch das Zurückbehaltungsrecht entsteht ein Absonderungsrecht nach § 51 Nr 2 InsO, wonach wiederum ein Recht zur Befriedigung gem § 173 InsO iVm § 1003 bei beweglichen Sachen entsteht. Zur Regelungsverfügung bei Nichträumung der Pachtsache s. Ddorf Urt v 20.9.05 – 10 U 18/05. 2

§ 1001 Klage auf Verwendungsersatz.
¹Der Besitzer kann den Anspruch auf den Ersatz der Verwendungen nur geltend machen, wenn der Eigentümer die Sache wiedererlangt oder die Verwendungen genehmigt. ²Bis zur Genehmigung der Verwendungen kann sich der Eigentümer von dem Anspruch dadurch befreien, dass er die wiedererlangte Sache zurückgibt. ³Die Genehmigung gilt als erteilt, wenn der Eigentümer die ihm von dem Besitzer unter Vorbehalt des Anspruchs angebotene Sache annimmt.

A. Regelungsinhalt. Das in der Überschrift enthaltene Wort „Klage" ist irreführend: Die Bestimmung regelt nicht das Klageverfahren an sich, sondern alleine die Voraussetzungen – iS einer Fälligkeit dem Grunde nach – für die Geltendmachung von Verwendungsersatzansprüchen gem §§ 994 ff. Durch die Verwendung des Wortes „nur" ergibt sich die Einschränkung auf lediglich zwei Konstellationen, die alternativ vorliegen müssen, um den Weg für einen Ersatzanspruch frei zu machen: Entweder wird der Herausgabeanspruch des Eigentümers nach § 985 erfüllt bzw dieser gelangt auf sonstige Weise in den unmittelbaren Besitz der Sache, so dass diese „wiedererlangt" ist, oder der Eigentümer „genehmigt" die Verwendungen dem Grunde nach, ohne damit ein Schuldanerkenntnis hinsichtlich der geltend gemachten Höhe abgegeben zu haben; gerade diese ist bei Verwendungsersatzansprüchen häufig strittig. Um den Eigentümer vor im Einzelfall untragbaren Ersatzansprüchen zu schützen, gibt 2 ihm das Recht, die Sache an den einen Ersatzanspruch stellenden früheren Besitzer zurückzugeben und sich damit der ihm ggü geltend gemachten Ansprüche zu entziehen. Diese Möglichkeit entfällt jedoch mit Erteilung der Genehmigung (dem Grunde nach). Das Gesetz fördert damit die Herbeiführung von Rechtsklarheit. Gleiches gilt für 3: Danach gilt die Genehmigung – fiktiv – als erteilt, wenn der Eigentümer vom Besitzer in Kenntnis eines vorbehaltenen Ersatzanspruchs die Sache annimmt. 1

B. Sonderfragen. I. Wiedererlangung bedeutet – entgegen dem Wortlaut – nicht, dass der Eigentümer früher Besitzer gewesen sein muss. Vielmehr hebt dies die grds Notwendigkeit der nunmehrigen Begründung unmittelbaren Besitzes durch den Eigentümer hervor. Denn nur der Eigentümer selbst – nicht aber ein bloß mittelbarer Besitzer oder nur Besitzdiener – ist in der Lage, die rechtsgeschäftsähnliche Erklärung der Genehmigung von Verwendungen oder auch bzgl einer Anspruchsbefreiung durch Rückgabe abzugeben. Hat der Besitzmittler eine ausdrückliche Vollmacht hierfür, so kann auch dieser an Stelle des Eigentümers den Besitz erlangen. 2

II. Genehmigung (vgl § 684 2; Legaldefinition: § 184 I) ist die nachträgliche Zustimmung zu den getätigten Verwendungen (dem Grunde nach). Da jedoch auch schon vor der Wiedererlangung der Sache und zudem vor einer Verwendung die „Genehmigung" durch den Eigentümer erteilt werden kann, ist hier zutreffender vom Oberbegriff der **Zustimmung**, § 182, auszugehen (s. dazu insb BGH NJW 02, 2875; MüKo/*Medicus* § 1001 Rz 11). Voraussetzung für jede Genehmigung ist zudem die genaue Bezifferung und Nachweisführung hinsichtlich der Höhe des Ersatzanspruches: Der Besitzer kann nicht verlangen, dass ein Eigentümer Verwen- 3 dungen „ins Blaue hinein" genehmigt, ohne wenigstens Anhaltspunkte für die zu erwartende (Maximal-) Höhe zu haben. Die insoweit erteilte Genehmigung schließt jedoch nicht schon ein Schuldanerkenntnis für die vom Besitzer geforderte Höhe ein: Dem Eigentümer bleibt es vielmehr unbenommen, zur Höhe Einwendungen vorzubringen. Näheres dazu s. § 1003.

4 **III.** Rückgabe der Sache darf nicht mit Eigentumsaufgabe gleichgesetzt werden: Auch wenn der Eigentümer zur Befreiung von gegen ihn gerichteten Verwendungsersatzansprüchen die Sache an den (Vor-)Besitzer zurückgibt, bleibt er Eigentümer mit der Konsequenz, dass er jederzeit (wieder) den Herausgabeanspruch geltend machen kann. Dies hat praktische Bedeutung für den Fall, dass Verwendungen zwischenzeitlich durch Nutzungen des Besitzers ausgeglichen werden, so dass bei einer späteren Herausgabe keine oder geringere Ersatzansprüche bestehen.

5 **IV.** Annahme nach Vorbehalt führt nach 3 zu einer fiktiven Genehmigung, die als gesetzliche Rechtsfolge weder anfechtbar noch durch Verwahrung gegen Ansprüche umgehbar ist. Die Anforderungen an einen solchen Vorbehalt sind allerdings hoch: Der beanspruchte Verwendungsersatz ist möglichst konkret und mit Unterlagen belegt darzustellen. Bloße allgemeine Floskeln genügen nicht. Die Anforderungen an einen solchen Vorbehalt können in entspr Weise § 640 II entnommen werden. Im Hinblick auf die endgültige Rechtsfolge einer Genehmigungsfiktion muss jedoch wie bei der unmittelbaren Genehmigung eine genaue Bezifferung des Anspruches verlangt werden: Wenn und solange der Eigentümer nicht die Höhe der auf ihn zukommenden Ersatzansprüche kennt, kann im Hinblick auf das mit der fiktiven Genehmigung automatisch entfallende Rückgaberecht nach 2 keine Fiktion eintreten, auch wenn aus 3 kein materieller Anspruch auf Zahlung von Aufwendungen folgt (BGH NJW 59, 528).

6 **V. Prozessuale Besonderheiten.** Der Besitzer hat die Besitzrückgabe an den Eigentümer bzw dessen Genehmigung, im Fall des 3 auch die Vorbehaltserklärung, darzulegen und zu beweisen. Sofern sich der Eigentümer auf 2 beruft, muss er die Rückgabe der Sache beweisen.

§ 1002 Erlöschen des Verwendungsanspruchs.
(1) Gibt der Besitzer die Sache dem Eigentümer heraus, so erlischt der Anspruch auf den Ersatz der Verwendungen mit dem Ablauf eines Monats, bei einem Grundstück mit dem Ablauf von sechs Monaten nach der Herausgabe, wenn nicht vorher die gerichtliche Geltendmachung erfolgt oder der Eigentümer die Verwendungen genehmigt.
(2) Auf diese Fristen finden die für die Verjährung geltenden Vorschriften der §§ 206, 210, 211 entsprechende Anwendung.

1 **A. Regelungsinhalt.** Wie schon § 1001 dient auch § 1002 der zeitnahen Schaffung von Rechtsklarheit und Rechtsfrieden: Wenn der Besitzer die Sache freiwillig ohne Vorbehalt (vgl §§ 1002 I iVm 1001 3) oder in Folge eines (auch nur vorläufig vollstreckbaren) Herausgabeurteils (RGZ 109, 104, 107) an den Eigentümer (oder dessen Besitzmittler) herausgegeben hat, so bestehen nur sehr kurze Ausschlussfristen zur Geltendmachung von **Verwendungsersatzansprüchen**: 1 Monat bei Mobilien, 6 Monate bei Immobilien, berechnet ab dem Zeitpunkt der Herausgabe (§§ 187, 188 II u III) und vAw zu beachten, so dass es auf eine entspr Einrede des Eigentümers nicht ankommt. Versäumt der Besitzer diese Fristen für die rechtzeitige gerichtliche Geltendmachung bzw Einholung der Genehmigung des Eigentümers nach § 1001 1, so erlischt jeglicher Verwendungsersatzanspruch. **Gerichtliche Geltendmachung** meint nicht nur das Mahn- bzw Klageverfahren, sondern auch – nach dem hier anzuwendenden Katalog des § 204 – die Aufrechnung im Prozess bzw die Anmeldung einer entspr Ersatzforderung in einem Insolvenzverfahren des Eigentümers als Maßnahmen, die die Ausschlussfrist beseitigen. Ein weiteres Regulativ zu Gunsten des Besitzers findet sich in II durch den Verweis auf die entspr Anwendung der Hemmung bei höherer Gewalt nach § 206 bzw der Ablaufhemmung bei geschäftsunfähigen bzw in der Geschäftsfähigkeit beschränkten Personen und in Nachlassfällen gem §§ 210, 211.

2 **B. Praxisvorgaben.** Im Hinblick auf die Bedeutung des Herausgabezeitpunktes ist dieser vom Eigentümer nachweisbar festzuhalten (zB Tag, Uhrzeit, Übergabeprotokoll, Zeugen) und im Prozessfall darzulegen und zu beweisen. Beruft sich der Beklagte auf eine gerichtliche Geltendmachung bzw eine Genehmigung vor Ablauf der Ausschlussfrist, so trägt er dafür die Darlegungs- und Beweislast. Soweit die Fristen des § 1002 nicht greifen, gelten die §§ 195, 199.

§ 1003 Befriedigungsrecht des Besitzers.
(1) ¹Der Besitzer kann den Eigentümer unter Angabe des als Ersatz verlangten Betrags auffordern, sich innerhalb einer von ihm bestimmten angemessenen Frist darüber zu erklären, ob er die Verwendungen genehmige. ²Nach dem Ablauf der Frist ist der Besitzer berechtigt, Befriedigung aus der Sache nach den Vorschriften über den Pfandverkauf, bei einem *Grundstück nach den Vorschriften* über die Zwangsvollstreckung in das unbewegliche Vermögen zu suchen, wenn nicht die Genehmigung rechtzeitig erfolgt.
(2) Bestreitet der Eigentümer den Anspruch vor dem Ablauf der Frist, so kann sich der Besitzer aus der Sache erst dann befriedigen, wenn er nach rechtskräftiger Feststellung des Betrags der Verwendungen

den Eigentümer unter Bestimmung einer angemessenen Frist zur Erklärung aufgefordert hat und die Frist verstrichen ist; das Recht auf Befriedigung aus der Sache ist ausgeschlossen, wenn die Genehmigung rechtzeitig erfolgt.

A. Regelungsinhalt. Im Zusammenhang mit der in § 1001 benannten Möglichkeit, Verwendungsersatzansprüche durchzusetzen, gibt § 1003 I eine komplizierte und in der Praxis nur schwierig umzusetzende mehrstufige Regelung zur Ersetzung einer Genehmigung von Verwendungen vor: (1) Setzung einer angemessenen Frist zur Genehmigung des begehrten Verwendungsersatzanspruchs unter gleichzeitiger nachvollziehbarer Bezifferung desselben. (2) Erfolgt die Genehmigung nach Grund und Höhe nicht innerhalb der Frist, ist die Einleitung der öffentlichen Versteigerung bei beweglichen Sachen nach den Bestimmungen des Pfandverkaufs, §§ 1234–1247, bzw – bei Immobilien – nach vorheriger Titelbeschaffung auf Duldung der Zwangsvollstreckung mit anschließender Zwangsversteigerung oder -verwaltung möglich, §§ 704 I, 794 ZPO iVm § 16 I ZVG; § 864 ZPO iVm §§ 1, 15, 146 ZVG. (Zur Herausgabepflicht hinsichtlich des Kfz-Briefes für ein zu verwertendes Fahrzeug s. BGHZ 34, 122 ff).

1

Der Fristablauf nach I hindert eine spätere Genehmigung der Verwendungen zur Vermeidung von (weiteren) **Verwertungsmaßnahmen** nicht. Der Eigentümer kann diese vielmehr jederzeit erklären mit der Folge der Beendigung des Pfandverkaufs bzw der Erledigterklärung bei Gericht oder in späterem Stadium der Einstellung der Zwangsvollstreckung bei Kostentragung durch den Eigentümer (vgl §§ 91, 91a ZPO). Der Ansicht von *Medicus*, wonach mit Ablauf der Genehmigungsfristen der Eigentümer nicht mehr die Herausgabe der Sache verlangen können soll (MüKo/*Medicus* § 1003 Rz 16), kann insoweit nicht gefolgt werden: Solange die Sache im Zuge der Verwertung noch nicht in neues Eigentum überführt wurde, geht das Eigentumsrecht vor. § 1003 ist keine Strafnorm, sondern dient allein – wie auch die Überschrift zeigt – der **Befriedigung** des Besitzers. Erfolgt diese durch die Genehmigung seiner Verwendungen, dann ist für ein Vorenthalten der Sache kein Raum mehr. Jedoch hat der Ablauf der Frist ohne nachweisbares Bestreiten des geltend gemachten Anspruchs durch den Eigentümer (vgl II) für diesen dennoch einschneidende Wirkungen: Der angegebene Betrag gilt als festgestellt, so dass er weder dem Grunde noch der Höhe nach noch bestritten werden kann. Mehr noch: Dem Besitzer steht mit Ablauf der Frist auch ein Recht zum Besitz iSd § 986 bis zur Verwertung bzw nachträglichen Genehmigung der Verwendungen zu (BGHZ 34, 122, 134).

2

Da die Verwertung einer Sache deren Besitz voraussetzt, kommt § 1003 nur für den 2. Fall der Durchsetzung von Verwendungsersatzansprüchen nach § 1001 1 in Betracht, sofern nicht die dort geregelte Genehmigungsfiktion greift. Allerdings schränkt § 1003 II die Rechte des Besitzers aus I stark ein: Sobald der Eigentümer den Anspruch dem Grunde und/oder der Höhe nach bestreitet, hat der Besitzer vor einer Befriedigung seiner Ansprüche aus der Sache einen weiteren komplizierten und zeitaufwändigen Weg zu gehen: (1) Erhebung einer Feststellungsklage mit dem Antrag, Ersatzansprüche für ganz bestimmte und bezifferte Verwendungen auf die herauszugebende Sache festzustellen; (2) Urt mit Rechtskraftvermerk; (3) angemessene Fristsetzung (also bereits zum zweiten Mal nach der ursprünglichen Fristsetzung gem § 1003 I), verbunden mit der Aufforderung, die Genehmigung zu erklären; (4) Ablauf dieser Frist nach (3). II Hs 2 schließt bei rechtzeitiger Genehmigung – also innerhalb der gesetzten Frist – das Befriedigungsrecht aus.

3

Hier muss jedoch, wie bei I, ebenso über den engen Wortlaut hinaus eine Auslegung des Wortes „rechtzeitig" dahingehend vorgenommen werden, dass **rechtzeitig** letztlich **vor Abschluss der Verwertung** bedeutet. Insoweit ist das Ablösungsrecht des § 1249 entspr heranzuziehen: Der Eigentümer würde durch die Verwertung der Sache das (stärkste) Recht an der Sache verlieren. Deshalb muss es ihm möglich sein, jederzeit – auch nach Ablauf der Genehmigungsfrist – die Genehmigung zu erteilen und den Besitzer im Hinblick auf dessen Verwendungen zu befriedigen, Zug um Zug gegen Herausgabe der Sache.

4

B. Praxishinweise. Das mit hohen Kosten und großem Zeitaufwand verbundene, in der Praxis nur schwierig umsetzbare Verwertungsverfahren nach § 1003 muss durch die Herbeiführung des Annahmeverzugs (Angebot der Herausgabe der Sache Zug um Zug gegen Erstattung bezifferter Verwendungsersatzansprüche) in Bezug auf Haftungs- und Kostenfragen gem §§ 300 I, 302–304 zusätzlich abgesichert werden. Dies auch mit Blick auf die aus dem EBV resultierende Vorgabe, dass sich jegliche Realisierung eines Verwendungsersatzanspruchs ausschl auf die jeweilige Sache beschränkt, mithin der Ersatzanspruch nie über den für die Sache zu erlösenden Betrag hinaus durchgesetzt werden kann: Der Anspruch folgt der Sache, nicht dem Eigentümer, so dass dessen sonstiges Vermögen ohne Interesse für den Besitzer bleibt. Dies ist auch der Grund für die (nur) auf das Befriedigungsrecht aus der Sache gerichtete Feststellungsklage nach § 256 ZPO an Stelle einer sonst notwendigen Leistungsklage auf Zahlung. Zweckmäßig ist eine damit verbundene (§ 260 ZPO) Fristsetzung für Genehmigung nach § 1003 II gem § 255 I ZPO und damit einhergehend die Feststellung der Duldungspflicht des Eigentümers nach fruchtlosem Fristablauf (RGZ 137, 98, 101; MüKo/*Medicus* § 1003 Rz 19). Zum Insolvenzverfahren: BGH Urt v 23.5.03 – V ZR 279/02.

5

§ 1004 Beseitigungs- und Unterlassungsanspruch.

(1) ¹Wird das Eigentum in anderer Weise als durch Entziehung oder Vorenthaltung des Besitzes beeinträchtigt, so kann der Eigentümer von dem Störer die Beseitigung der Beeinträchtigung verlangen. ²Sind weitere Beeinträchtigungen zu besorgen, so kann der Eigentümer auf Unterlassung klagen.
(2) Der Anspruch ist ausgeschlossen, wenn der Eigentümer zur Duldung verpflichtet ist.

1 **A. Regelungsinhalt.** § 1004 zählt als Schutznorm des Eigentums (Art 14 GG; § 903) neben § 242 zu den „Auffang-Paragraphen" und damit zu den für die Praxis wichtigsten Bestimmungen des BGB überhaupt. Dementsprechend ist die Zahl der wissenschaftlichen Veröffentlichungen (ausf MüKo/*Medicus* § 1004) dazu ebenso groß wie die der Urteile, denen – auch in entspr Anwendung – diese Regelung (mit) zu Grunde liegt. Eine entspr Regelung für den Besitzschutz gibt § 862 vor.

2 **I. Kernvorgabe.** I 1 stellt zunächst, wie die Umschreibung „in anderer Weise" aufzeigt, eine – wichtige – Ergänzung des § 985 dar, der nur die Fälle der Entziehung oder Vorenthaltung des Besitzes durch den Herausgabeanspruch regelt: Wird auf das Eigentum in anderer Weise nachteilig eingewirkt, so kann vom Störer **die Beseitigung der Beeinträchtigung** verlangt werden. I 2 erweitert dies für in der Zukunft zu befürchtende („zu besorgende") Beeinträchtigungen durch die Möglichkeit einer Unterlassungsklage (ausf: *Lettl* JuS 05, 871). Ebenso wie § 986 ggü dem Herausgabeanspruch nach § 985 enthält auch II ein Regulativ: Wenn der Eigentümer zur Duldung verpflichtet ist, steht ihm weder ein Beseitigungsanspruch noch die Möglichkeit einer Unterlassungsklage als Abwehrmaßnahme zur Verfügung. Darüber hinaus ergänzt § 1004 I auch die Regelungen des § 823 I und II: Während Schadensersatzansprüche zwingend Verschulden (§§ 276, 278) voraussetzen, genügt hinsichtlich des Beseitigungsanspruchs allein schon die Rechtswidrigkeit, wie aus II im Umkehrschluss zu entnehmen ist. Ausdrücklich für anwendbar wird § 1004 für die Beeinträchtigung von Grunddienstbarkeiten in § 1027 erklärt. Über Verweisungen ist die Norm insb auch zu berücksichtigen iRd §§ 1065, 1090 II, 1227 sowie der §§ 8 PachtkreditG, 11 I 1 ErbbauVO und 34 II WEG.

3 **II. Erweiterter Anwendungsbereich.** Über den Wortlaut des I hinaus haben Rspr und Lehre den § 1004 zu einem allgemeinen **Abwehranspruch** gegen Beeinträchtigungen nicht nur des Eigentums an sich, sondern auch von absoluten Rechten und Rechtsgütern iSd § 823 I (insb Persönlichkeitsrecht; Recht an eingerichteten und ausgeübten Gewerbebetrieb) entwickelt. Dementsprechend häufig wird eine Gesamtanalogie zu den §§ 12, 862, 823, 1004 zitiert. § 1004 erhält so den Status einer Generalregelung, deren Vorgaben in entspr Anwendung Grundlage für die Lösung einer Vielzahl von Fallkonstellationen (s.u. C) sind.

4 **III. Störer.** In Rspr und Lehre unterscheidet man zunächst zwischen den Oberbegriffen Handlungsstörer bzw Zustandsstörer. Dadurch erfolgt eine Abgrenzung zwischen aktivem Tun oder Unterlassen einerseits und der Herrschaft über eine Sache andererseits. Die Kasuistik zu diesen Begriffen ist nahezu unübersehbar, zumal auch die Begrifflichkeiten selbst als nicht praxiskonform bezeichnet und deshalb zT durch den „Tätigkeitsstörer" bzw den „Untätigkeitsstörer" ersetzt werden (MüKo/*Medicus* § 1004 Rz 42 ff). Nach der Rspr ist **Handlungsstörer**, wer eine Beeinträchtigung des Eigentums eines anderen durch seine Handlung unmittelbar oder mittelbar bzw ebenso durch Unterlassen notwendigen Handelns adäquat verursacht hat (BGH NJW-RR 01, 232). **Zustandsstörer** hingegen ist, wer als Eigentümer, Besitzer oder sonst Verfügungsberechtigter nicht verhindert, dass durch den Zustand einer Sache das Eigentum eines anderen beeinträchtigt wird, obwohl Gegenmaßnahmen ergriffen werden könnten (vgl ua BGH NJW 03, 2377; NJW-RR 01, 1208). Im Hinblick auf die der Lebenswirklichkeit zu entnehmenden unzähligen Konstellationen von Störungsmöglichkeiten sollte in der Praxis eine Reduzierung selbst der Definitionen dahingehend erfolgen, dass der im Gesetz ausdrücklich aufgeführte Störer vom Wortsinn her zugleich die **Grenzziehung zum Nichtstörer** bildet: **Störer** ist damit jeder Mensch (unabhängig vom Alter bzw der Geschäftsfähigkeit), der Eigentum sowie Rechtsgüter und absolute Rechte eines Anderen rechtswidrig nicht achtet, obwohl er diese Achtung aufbringen und damit zum Nichtstörer werden könnte. Gehen Störungen dinglicher Rechte vom Besitzer oder vom Zustand eines Grundstücks aus, so macht das Eigentum am Grundstück den Eigentümer nur dann zum Zustandsstörer, wenn er noch Einwirkungsmöglichkeiten hat (BGH NJW 98, 3278; BGH NJW 04, 603). Zum Mieter als Störer: KG Berlin Urt v 21.3.06 – 4 U 97/05.

5 **IV. Beeinträchtigung.** Der Begriff der Beeinträchtigung findet sich mehrfach im BGB (zB §§ 906, 916, 1027, 1065), ohne dass dafür eine Legaldefinition vorgegeben wird. Da § 1004 die Beeinträchtigung des Eigentums – nicht aber des Eigentümers – als eine der Voraussetzungen für das Verlangen nach deren Beseitigung (bzw künftigen Unterlassung) aufführt, kann es zunächst nicht auf das subjektive Befinden des Eigentümers selbst, sondern nur auf die objektive Beeinträchtigung des Eigentumsrechts an sich ankommen. Im Hinblick auf die von Rspr und Lehre entwickelte Erweiterung des Anwendungsbereichs des § 1004 muss jedoch gerade *im Hinblick auf die absoluten Rechte und Rechtsgüter* auch auf subjektive Merkmale abgestellt werden. Der Begriff der Beeinträchtigung lässt sich demnach – auch unter Einbeziehung der verschiedenen Regelungsbereiche – wie folgt definieren: Beeinträchtigt ist, wem der Schutz der Gesetze (zB des Strafgesetzbuches, des Urheberrechtsgesetzes, etc) im Hinblick auf seine Persönlichkeit und/oder die Ausübung seines Eigentums-

rechtes streitig gemacht wird und sich dadurch für ihn Nachteile ggü dem Zustand einstellen, der ohne das Tun oder Unterlassen des Störers bestehen würde. Aus dieser Definition lassen sich die weiteren Voraussetzungen für die Bejahung des Vorliegens einer Beeinträchtigung iSd § 1004 ableiten: Die Beeinträchtigung muss von einem Menschen – dem Störer – beherrschbar sein, mithin von Menschen auch beseitigt werden können. Damit entfallen alle naturgegebenen Beeinträchtigungen, deren Ursache und/oder Wirkungen nicht durch Menschen verhindert werden können. Weiterhin darf es sich nicht nur um eine Besitzvorenthaltung als Störung handeln, dafür gilt § 985. Schließlich bedarf es für die Bejahung einer Beeinträchtigung auch einer Fortdauer in die Zukunft. Andernfalls könnte keine Beseitigung mehr verlangt werden: Wo keine Beeinträchtigung mehr besteht, bedarf es keiner Abhilfe! Aus der vorstehenden Definition ergibt sich auch die Berücksichtigung von Beeinträchtigungen, die ohne unmittelbare Einwirkung auf Eigentumsrechte hervorgerufen werden (zB durch das Abstellen eines Pkw vor der Grundstücksausfahrt: Karlsr NJW 78, 274).

V. Beseitigungsanspruch. Beseitigen setzt aktives Handeln durch den Störer oder von diesem Beauftragter voraus. Die Beseitigungspflicht umfasst alles, was zur Beendigung der immer noch fortdauernden Beeinträchtigung notwendig ist. Sie darf allerdings nicht mit einem Schadensersatzanspruch und der damit einhergehenden Naturalrestitution gem § 249 verwechselt werden (näher: *Armbrüster* NJW 03, 3088). Allerdings geht auch der Beseitigungsanspruch sehr weit und umfasst zB auch unmittelbare Weiterungen der Beeinträchtigung. Sickert zB Öl in den Boden, so muss nicht nur das weitere Einsickern unterbunden, sondern auch die notwendige Bodenreinigung vom Störer veranlasst werden (BGHZ 98, 235). In der Wahl der Beseitigungsmaßnahmen ist der Störer grds frei. Auch kann eine Mitverursachung durch den Eigentümer zu einer Beteiligungspflicht an Kosten führen. § 254 ist dabei analog anwendbar (MüKo/*Medicus* § 1004 Rz 68). Auf die Höhe der Aufwendungen des Störers kommt es grds nicht an, allenfalls kann eine Korrektur über den Gedanken rechtsmissbräuchlicher Anspruchsdurchsetzung gem §§ 251 II, 242 als Ausnahme vorgenommen werden. In diesen Fällen muss jedoch ein finanzieller Ausgleich nach § 906 II analog erfolgen. Bei der Beeinträchtigung von Persönlichkeitsrechten führt der Beseitigungsanspruch nach entspr Güter- und Interessenabwägung beim Überwiegen der privaten Interessen des Betroffenen zu einem Anspruch auf Widerruf unwahrer Behauptungen und – iRv Veröffentlichungen (Presserecht) – auf Abdruck einer Gegendarstellung (BGHZ 99, 133). Zur Beseitigung baulicher Veränderungen: München Beschl v 13.3.06 – 34 Wx 1/06. 6

VI. Unterlassungsanspruch. I 2 gibt bei Wiederholungsgefahr dem Eigentümer (Inhaber absoluter Rechte/ von Rechtsgütern) die Möglichkeit, auf Unterlassung zu klagen. Die Rspr weitet die Klagemöglichkeit jedoch im Hinblick auf den präventiven Charakter der Norm auf die Sachverhalte aus, wenn Beeinträchtigungen erkennbar bevorstehen (**vorbeugende Unterlassungsklage**). So muss ein Nachbar nicht erst abwarten, bis im Zuge der Herstellung einer Baugrube Risse an seinem Haus auftreten. Vielmehr kann er Aushubarbeiten im Wege der vorbeugenden Unterlassungsklage verhindern, wenn sich zB aus den ihm vorliegenden Plänen die Wahrscheinlichkeit eines Schadenseintritts durch ungenügende Befestigung gem § 909 ergibt (vgl *Englert/ Grauvogl/Maurer* Handbuch des Baugrund- und Tiefbaurechts Rz 1304 ff). 7

B. Duldungspflichten, Abs 2. Die Regelung in II ist eindeutig: Wenn und solange der Eigentümer bzw Rechtsgutinhaber zur Duldung verpflichtet ist, besteht weder ein Beseitigungs- noch ein Unterlassungsanspruch. Damit rückt die Prüfung der Voraussetzungen des II in der Praxis an die Spitze der Untersuchung. Duldungspflichten – oft verbunden mit Entschädigungsregelungen – finden sich insb in § 906 (Immissionen), § 912 (Überbau), § 917 (Notwegerecht), § 228 (Notstand), § 904 (Gefahrenabwehr), § 1027 (Abwehrrechte des Grunddienstbarkeitsberechtigten), § 986 (Recht zum Besitz in analoger Anwendung), § 14 BImSchG (genehmigte Anlage) sowie § 193 StPO (Interessenwahrung), § 11 WHG, § 32 II PBefG und § 57 TKG (Telekommunikation). Bei der Beurteilung von Duldungspflichten sind wertende Momente einzubeziehen, insb auch die Ausstrahlungswirkungen des **Diskriminierungsverbotes** gem Art 3 III 2 GG (Köln NJW 98, 763 Lärm von Behinderten). Zu den Schranken eines Sondernutzungsrechts: Frankf IBR 06, 1174. Ebenso Duldungspflicht bei von Art 5 I 1 GG gedeckter Meinungsäußerung, wenn Grenze zur Schmähkritik nicht überschritten ist („Gen-Milch" BGH NJW 08, 2110). 8

C. Rechtsprechungsübersicht. I. Grundstücksbeeinträchtigungen. Die Anwendung des § 1004 wird im Hinblick auf immer wiederkehrende Fallkonstellationen durch den Rückgriff auf wesentliche Urteile erleichtert: Nichteinhaltung der Abstandsflächen (Brandbg 21.9.05 – 4 U 174/04 – BauR 05, 1822; IBR 06, 115); *Diaprojektion an Hauswand* (Dresd NJW 05, 1871); Bodenkontamination (BGH IBR 05, 711; BGH NJW 96, 845); Entzug von Sonnenlicht (BGH 11.7.03 – V ZR 199/02 – NJW-RR 03, 1313); Wurzeln (BGHZ 97, 231; 106, 142; 135, 235; BGH NJW 95, 395; BGH NJW 04, 603); Hanggrundstück (BGH NJW-RR 96, 659); Elektrosmog (BVerfG NJW 97, 2509); Schweinemast (BGH NJW 99, 356; BGHZ 67, 252); zugemauerte Tür (BGH NJW-RR 01, 232); Wollläuse (BGH NJW 95, 2633); Baumsturz (BGHZ 122, 283); Froschquaken (BGHZ 120, 239); Sportlärm (BVerwGE 81, 197); Bordell (BGHZ 95, 307); Fernsehempfang (BGHZ 88, 344); Tiefgaragen-Überbau (BGHZ 68, 372); Notkamin (BGH NJW 97, 55); Ballettschule (BGH NJW 93, 1580); Tankstelle (BGHZ 98, 235); Hochspannungsleitung (BGHZ 60, 119); Mobilfunkanlage (BGH BauR 05, 74); Parabolantenne (München Beschl v 9.1.06 – 34 Wx 101/05); Hochwasserschutz: München IBR 06, 1165. 9

10 **II. Persönlichkeitsbeeinträchtigungen.** Ehrverletzung („Caroline-Urteile" BGHZ 128, 1; NJW 96, 984; BGHZ 131, 332); Börsenjournalist (BGH NJW 94, 2614); Sorgfaltspflichtverletzung Presse (BGHZ 132, 13); Zeuge Ehrenschutz (BGH NJW 86, 2502); Bismarck (RGZ 45, 170); verdeckte Tatsachenbehauptung (BVerfG NJW 04, 1942); Haarfarbe (BVerfG NJW 04, 589).

11 **III. Sonstige Beeinträchtigungen.** E-Mail-Werbung (Ddorf 22.9.04 – 15 U 41/04); Abmahnungskosten (BGHZ 52, 393); Befüllung von Fremdbehältern/Gas (BGH NJW 03, 3702); Unterlassungsanspruch Gewinnzusagen (LG Saarbrücken 25.3.03 – 1 0 429/00); Insolvenzproblematik bei Verurteilung zur Räumung: BGH IMR 06, 30.

12 **D. Prozessuale Hinweise.** Die Formulierung des Klageantrages muss sowohl beim Beseitigungs- als auch beim Unterlassungsanspruch so gewählt werden, dass eindeutig feststellbar ist, welche störende Maßnahme beseitigt bzw unterlassen werden soll. Die Art der Beseitigung ist dabei nicht anzugeben, es sei denn, es kommt nur eine Möglichkeit in Betracht. Zudem muss der Gerichtsweg geprüft werden: Liegt eine hoheitliche, beeinträchtigende und nicht zu duldende Maßnahme vor, geht der Verwaltungsrechtsweg dem grds gegebenen Zivilrechtsweg gem § 13 GVG vor.

§ 1005 Verfolgungsrecht.
Befindet sich eine Sache auf einem Grundstück, das ein anderer als der Eigentümer der Sache besitzt, so steht diesem gegen den Besitzer des Grundstücks der in § 867 bestimmte Anspruch zu.

1 **A. Regelungsinhalt.** Das **Verfolgungsrecht** beschränkt sich auf die seltenen Fälle, dass eine Sache auf ein Grundstück gelangt, das im Besitz eines anderen Eigentümers steht und dieser zwar nicht die Herausgabe der Sache verweigert, damit selbst Besitz an dieser Sache begründet, jedoch ein **Betreten** seines Grundstücks **untersagt**. Dann greift § 1005 an Stelle des § 985 (bei Besitznahme) bzw des § 1004 (bei Eigentumsbeeinträchtigung): Der Eigentümer der Sache hat dann das Verfolgungsrecht nach § 867.

2 **B. Praxisumsetzung.** Unabhängig von der Frage, aus welchen Gründen die Sache auf das Grundstück gelangt ist, das im Besitz eines anderen Eigentümers steht, hat der Eigentümer ein Abholungsrecht. Diesem kann ein Schadensersatz- und evtl vor der Ermöglichung der Abholung ein Sicherungsanspruch gem § 867 ggü stehen.

§ 1006 Eigentumsvermutung für Besitzer.
(1) ¹Zugunsten des Besitzers einer beweglichen Sache wird vermutet, dass er Eigentümer der Sache sei. ²Dies gilt jedoch nicht einem früheren Besitzer gegenüber, dem die Sache gestohlen worden, verloren gegangen oder sonst abhanden gekommen ist, es sei denn, dass es sich um Geld oder Inhaberpapiere handelt.
(2) Zugunsten eines früheren Besitzers wird vermutet, dass er während der Dauer seines Besitzes Eigentümer der Sache gewesen sei.
(3) Im Falle eines mittelbaren Besitzes gilt die Vermutung für den mittelbaren Besitzer.

1 **A. Regelungsinhalt.** § 1006, anwendbar nur für **bewegliche Sachen** und **Tiere** (§ 90a), für Immobilien gilt allein § 891; bei Schuldurkunden, Wertpapieren und dem Kfz-Brief als in der Praxis häufigstem Fall greift die Bestimmung ebenfalls nicht: Der BGH (NJW 72, 2268; 78, 1854) stellt eine **widerlegliche Vermutung** für ein **Eigentumsrecht** zu Gunsten des unmittelbaren, aber auch des früheren (II) sowie mittelbaren Besitzers (III) auf. Dabei ergibt sich zunächst schon aus dem Wortlaut die **Vermutungsreihenfolge**: Der mittelbare Besitzer wird primär vor dem unmittelbaren Besitzer, und dieser vor dem früheren Besitzer als Eigentümer vermutet. Die Vermutung greift jedoch nach I 2 ggü einem früheren Besitzer nicht, wenn diesem die Sache **gestohlen** worden oder bei ihm sonst **abhanden gekommen** bzw **verloren** gegangen ist (zu diesen Voraussetzungen s. näher oben § 935).

2 Diese Einschränkung gilt jedoch nicht bei **Geld oder Inhaberpapieren**, dh hier besteht trotz Nachweises eines Diebstahls oder Verlustes durch einen früheren Besitzer die Eigentumsvermutung zu Gunsten des derzeitigen (Eigen-)Besitzers weiter. Die Verknüpfung des II mit I 2 ergibt sich über die **Brücke des früheren Besitzes**: Kann der frühere Besitzer den Nachweis des Diebstahls, Verlustes oder sonstigen Abhandenkommens führen, so spricht für ihn die Eigentumsvermutung des II. Damit kehrt sich die Widerlegungsregel um: Der nunmehrige unmittelbare oder mittelbare Besitzer muss nun seinerseits den Nachweis des Eigentumserwerbs führen. Dazu steht in den Fällen des I 2 nur der Weg über eine **Ersitzung**, § 937, bzw **Verbindung, Vermischung** oder **Verarbeitung**, §§ 946 ff offen. Im Ergebnis gibt § 1006 damit nicht nur dem Wortlaut nach dem Besitzer mehr Schutz als dem Eigentümer. Denn während für den Besitzer alleine das Besitzen, im Regelfall also das In-Händen-Halten ausreicht, um die Eigentümerstellung für sich zu reklamieren, muss der Eigentümer die Schwierigkeiten exakter Nachweisführung hinsichtlich seines Eigentumserwerbs einerseits und des fortbestehenden Eigentums andererseits überwinden, um die Vermutungswirkung zu widerlegen.

B. Praktische Handhabung. Trägt der Besitzer vor, ursprünglich Fremdbesitz und erst danach Eigenbesitz begründet zu haben, so entfällt die **Vermutungswirkung** (BGH LM Nr 17 zu § 1006). In diesem Fall muss der Besitzer seinen Eigentumserwerb darlegen und beweisen. Da die Vermutungsregelung für den Besitzer grds nur den Nachweis seines Besitzes erfordert, nicht aber Vortrag zum Eigentums- und Eigenbesitzerwerb selbst notwendig ist, genügt im Streitfall der einfache Satz „der Besitzer ist Eigentümer, § 1006 BGB". Soll dies bestritten werden, so muss diese Vermutung durch Urkunden oder Zeugen widerlegt werden. Dies ist in der Praxis oft nur schwierig umzusetzen. Deshalb sollten Eigentümer bei der Besitzüberlassung – auch an Besitzmittler – stets für eine klare Dokumenten- und Beweislage zum Fortbestand ihres Eigentums sorgen. Dies gilt verstärkt bei Ehegatten gem § 1362 bzw Lebenspartnerschaften gem § 8 LPartG, für die eine Eigentumsvermutung zu Gunsten von Gläubigern eines Teils gilt. Weiter ist zu beachten: Soweit Mitbesitz besteht, gibt § 1006 die Vermutung von Miteigentum vor. Entspr gilt für Gesamthandsgemeinschaften. **3**

C. Prozessuale Besonderheiten. Wenn die Eigentumsvermutung widerlegt werden soll, steht die Möglichkeit offen, den Eigentumserwerb durch qualifizierten Sachvortrag zu bestreiten und so den Besitzer zu zwingen, Umstände seines Eigentumserwerbs vorzutragen. Damit wird zwar keine Beweislast zum Eigentumserwerb selbst begründet, jedoch dem Prozessgegner, der die Eigentumsvermutung zu widerlegen hat, die Beschränkung auf den vom Besitzer behaupteten Erwerbsgrund ermöglicht (BGH FamRZ 70, 586; s.a. BGH NJW 02, 2102; MüKo/*Medicus* § 1006 Rz 16). **4**

§ 1007 Ansprüche des früheren Besitzers, Ausschluss bei Kenntnis.
(1) Wer eine bewegliche Sache im Besitz gehabt hat, kann von dem Besitzer die Herausgabe der Sache verlangen, wenn dieser bei dem Erwerb des Besitzes nicht in gutem Glauben war.
(2) ¹Ist die Sache dem früheren Besitzer gestohlen worden, verloren gegangen oder sonst abhanden gekommen, so kann er die Herausgabe auch von einem gutgläubigen Besitzer verlangen, es sei denn, dass dieser Eigentümer der Sache ist oder die Sache ihm vor der Besitzzeit des früheren Besitzers abhanden gekommen war. ²Auf Geld und Inhaberpapiere findet diese Vorschrift keine Anwendung.
(3) ¹Der Anspruch ist ausgeschlossen, wenn der frühere Besitzer bei dem Erwerb des Besitzes nicht in gutem Glauben war oder wenn er den Besitz aufgegeben hat. ²Im Übrigen finden die Vorschriften der §§ 986 bis 1003 entsprechende Anwendung.

A. Regelungsinhalt. Die systematisch an unrichtiger Stelle eingefügte Regelung – richtig wäre die Zuordnung iRd Besitzvorschriften gem §§ 854 ff – entspricht von der Rechtsfolge her dem Anspruch aus § 985, weshalb III auch die §§ 986–1003 als entspr anwendbar benennt. Dieser „**kleine Herausgabeanspruch**" beschränkt sich auf den **früheren Besitzer**, der vom derzeitigen Besitzer die Herausgabe einer **beweglichen Sache** entweder verlangen kann, weil dieser beim Erwerb des Besitzes **nicht in gutem Glauben** war (Legaldefinition § 932 II), I, oder – unabhängig vom guten Glauben – weil die Sache dem früheren Besitzer gestohlen worden, verloren gegangen oder sonst **abhanden** gekommen ist, II (zu diesen Voraussetzungen oben § 935). Insoweit ist allerdings die **Einschränkung** im Hinblick auf **bestehendes Eigentum** des gutgläubigen Besitzers bzw des **Abhandenkommens** in II Hs 2 zu beachten. Ebenso ergeben sich aus III Anspruchsausschlüsse bei **Besitzaufgabe** (§ 856 I) bzw **fehlendem guten Glauben** beim eigenen Besitzerwerb des früheren Besitzers. **1**

B. Praxisrelevanz. § 1007 hat praktisch kaum Relevanz. Im Regelfall kann der Besitzer nach § 861 und, wenn er zugleich Eigentümer ist, nach § 985 vorgehen. Zudem besteht Anspruchskonkurrenz auch zu §§ 812, 823 und 1018. **2**

Titel 5   Miteigentum

Vorbemerkung vor §§ 1008 bis 1011

In den §§ 1009–1011 finden sich auf Grund der Geltungsverweisungsnorm des § 1008 im 3. Buch unter Titel 5 im unmittelbaren Anschluss an die im Titel 4 enthaltenen „Ansprüche aus dem Eigentum" Vorgaben zum Bruchteilseigentum. Diese stellen lediglich ergänzende Normen zu den für die Bruchteilsgemeinschaft geltenden Bestimmungen der §§ 741–758 dar. Denn das in den §§ 1008 ff aufgeführte „Miteigentum nach Bruchteilen" ist eine solche Bruchteilsgemeinschaft, beschränkt auf eine bewegliche oder unbewegliche Sache (BGHZ 36, 187). Die wesentlichen Regelungen betreffen dabei die Möglichkeiten der Belastung der gemeinschaftlichen Sache (§ 1009), die Fortgeltung von Belastungen für Sondernachfolger (§ 1010) und die Geltendmachung von Ansprüchen aus dem Miteigentum (§ 1011). Liegt allerdings Wohnungseigentum als in der Praxis bedeutendste Form des Bruchteilseigentums vor, so geht das WEG gem § 10 I WEG vor, wonach subsidiär nur auf die §§ 741 ff verwiesen wird, nicht aber auch auf die §§ 1008 ff. Die praktische Relevanz der §§ 1008 ff ist damit insgesamt nicht groß. **1**

§ 1008 Miteigentum nach Bruchteilen. Steht das Eigentum an einer Sache mehreren nach Bruchteilen zu, so gelten die Vorschriften der §§ 1009 bis 1011.

1 **A. Regelungsinhalt.** Die §§ 1009 ff gelten nur dann, wenn das Eigentum an einer **beweglichen oder unbeweglichen Sache** bzw einem **Tier** (§§ 90 ff) **mehreren** (also wenigstens 2) Personen **nach Bruchteilen** zusteht. Abzugrenzen davon ist demnach das **Gesamthandseigentum**, das ungeteilt der Gesamthand – zB der Erbengemeinschaft oder einem nicht rechtsfähigen Verein – zusteht und gerade nicht aus Bruchteilen besteht.

2 **B. Bruchteilseigentum.** Für das Bruchteilseigentum gelten grds alle Bestimmungen, die das Eigentum regeln. Denn Bruchteilseigentum ist nichts anderes als Eigentum an einer Sache, das ideell auf mindestens zwei Rechtspersönlichkeiten aufgeteilt ist (BGHZ 101, 24). Dabei spielt die Höhe der jeweiligen Bruchteile zwar für die Zuordnung zum Bruchteilseigentum keinerlei Rolle, jedoch bestimmt die Miteigentumsquote gem § 745 I 2 das Stimmrecht hinsichtlich der Verwaltung und Benutzung der Sache (BGHZ 36, 365). Bruchteilseigentum entsteht entweder durch Rechtsgeschäft oder (automatisch) von Gesetzes wegen (s. näher dazu bei den §§ 741 ff). Auch wenn ein Bruchteilseigentümer seinen Anteil an mehrere Eigentümer wiederum zu Bruchteilen veräußert, entsteht nicht eine zusätzliche Bruchteilsuntergemeinschaft. Typische gesetzliche Entstehungstatbestände sind die §§ 947, 948 (Verbindung; Vermischung), (s.a. §§ 963, 984; evtl § 937 bei gemeinsamer Ersitzung durch mehrere Personen). Das Bruchteilseigentum endet automatisch mit Vereinigung aller Bruchteile in einer Hand.

3 **C. Sonderfälle.** Neben dem speziell im WEG geregelten Wohnungseigentum finden sich Sonderfälle zum Bruchteilseigentum insb im Bankenbereich. Hier greifen ebenfalls Sonderregelungen, etwa zur Girosammelverwahrung, ein – insb durch das DepotG –, so dass die §§ 1008 ff verdrängt werden (näher dazu: MüKo/Schmidt § 1008 Rz 24 ff).

§ 1009 Belastung zugunsten eines Miteigentümers. (1) Die gemeinschaftliche Sache kann auch zugunsten eines Miteigentümers belastet werden.
(2) Die Belastung eines gemeinschaftlichen Grundstücks zugunsten des jeweiligen Eigentümers eines anderen Grundstücks sowie die Belastung eines anderen Grundstücks zugunsten der jeweiligen Eigentümer des gemeinschaftlichen Grundstücks wird nicht dadurch ausgeschlossen, dass das andere Grundstück einem Miteigentümer des gemeinschaftlichen Grundstücks gehört.

1 **A. Regelungsinhalt.** § 1009 ist eine Klarstellungsregelung: Nach I kann eine bewegliche oder unbewegliche Sache, an der Bruchteilseigentum besteht, auch zu Gunsten eines Miteigentümers belastet werden. Dieser steht damit praktisch auf zwei Seiten, so dass die Vorschrift im Hinblick auf das **Selbstkontrahierungsverbot** des § 181 als eine Art Befreiungsregel gesehen wird (RGZ 47, 202, 209). Richtiger erscheint jedoch mit Blick auf § 747 2, wonach eine Belastung nur von allen Miteigentümern gemeinsam vorgenommen werden kann, in I eine Unbedenklichkeitsbestimmung zu sehen: Auch wenn die Belastung einen (oder mehrere) der Miteigentümer (zB mit einem Pfandrecht oder Nießbrauch an beweglichen Sachen) begünstigt, kann nichts anderes gelten als bei Belastung zu Gunsten eines Dritten.

2 In II wird dieser Gedanke speziell für Grundstücke und unabhängig davon fortgeführt, ob eine Belastung des gemeinschaftlichen Grundstücks zu Gunsten eines anderen Grundstücks erfolgt oder ein anderes Grundstück zu Gunsten der Miteigentümer des gemeinschaftlichen Grundstücks belastet wird: Auch hier hindert die Stellung als Bruchteilseigentümer des anderen Grundstücks nicht die wirksame Belastung zB mit einem Vorkaufsrecht, einer Hypothek, Grundschuld oder Reallast.

3 **B. Umsetzung in der Praxis.** Die Konstellation, dass ein Bruchteilsmiteigentümer gleichzeitig Gläubiger und durch die Belastung Begünstigter ist, erklärt § 1009 ausdrücklich für möglich. Dementsprechend kann und darf der Miteigentümer als Gläubiger auch die belastete Sache verwerten, wenn seine Ansprüche, die der Belastung zu Grunde liegen, nicht erfüllt werden. Allerdings kann sich aus dem Gemeinschaftsverhältnis selbst, oft auch aus spezifischen Vereinbarungen, eine Einschränkung ergeben. Die §§ 1177, 1197 bilden hier aber trotz der Miteigentümerstellung des Gläubigers keinen Vollstreckungsausschluss, da andernfalls § 1009 ohne Bedeutung wäre. Allerdings greift dieser Ausschluss dann, wenn der Miteigentümer nur in seinen eigenen Bruchteilsanteil vollstrecken würde.

§ 1010 Sondernachfolger eines Miteigentümers. (1) Haben die Miteigentümer eines Grundstücks die Verwaltung und Benutzung geregelt oder das Recht, die Aufhebung der Gemeinschaft zu verlangen, für immer oder auf Zeit ausgeschlossen oder eine Kündigungsfrist bestimmt, so wirkt die getroffene Bestimmung gegen den Sondernachfolger eines Miteigentümers nur, wenn sie als Belastung des Anteils im Grundbuch eingetragen ist.
(2) Die in den §§ 755, 756 bestimmten Ansprüche können gegen den Sondernachfolger eines Miteigentümers nur geltend gemacht werden, wenn sie im Grundbuch eingetragen sind.

A. Regelungsinhalt. § 1010 **verschärft** bei einer Bruchteilsgemeinschaft die **Anforderungen** für die **Verwaltungs-** und **Benutzungsregelungen bei Grundstücken**. Gleiches gilt im Hinblick auf einen permanenten oder temporären Ausschluss eines **Aufhebungsverlangens** oder bei Bestimmung einer **Kündigungsfrist**. Während die §§ 746, 751 derartige Regelungen automatisch für und gegen **Sondernachfolger** eines Miteigentümers wirken lassen, schränkt § 1010 im Hinblick auf die Bedeutung derartiger Gemeinschaftsbestimmungen bei Grundstücken diesen Automatismus ein: Nur dann, wenn eine derartige Bestimmung als Belastung des Anteils, an dem Sondernachfolge eintritt, im **Grundbuch** eingetragen ist, §§ 873 ff, 19 ff GBO (Abteilung II), muss sich der Sondernachfolger dieser Bestimmung unterwerfen. Fehlt eine Eintragung, so tritt selbst bei Kenntnis des Sondernachfolgers von der Bestimmung keine Wirkung ihm ggü ein. Das Gesetz folgt hier dem Eintragungsgrundsatz bei Grundstücken, zudem ist der Wortlaut „nur" eindeutig. Dies umso mehr, als es nur um **gegen** den **Sondernachfolger**, also zu dessen Lasten, gerichtete Bestimmungen geht. Deshalb ist im Umkehrschluss eine Bestimmung, die **zu Gunsten** des Sondernachfolgers besteht, **nicht unwirksam**, wenn diese nicht im Grundbuch Niederschlag gefunden hat (BGH NZM 07, 929). 1

II beinhaltet eine weitere **Schutznorm** zu Gunsten eines Sondernachfolgers: Entgegen den Voraussetzungen des § 755 II bei der Berichtigung einer Gesamtschuld bzw des § 756 2 iVm § 755 II bei der Teilhaberschuld können die Berichtigungsansprüche gegen einen Sondernachfolger eines Miteigentümers ebenfalls nur dann geltend gemacht werden, wenn sie im Grundbuch ersichtlich sind. 2

B. Praxishinweise. Da sich § 1010 ausdrücklich nur mit dem Sondernachfolger eines Miteigentümers befasst, bleiben Regelungen, die ursprünglich zwischen allen Miteigentümern getroffen wurden – auch wenn sie nicht im Grundbuch eingetragen sind – für diese, ausgenommen den Sondernachfolgern, weiterhin verbindlich. Nachdem § 1010 ausdrücklich eine Eintragung der genannten Bestimmungen im Grundbuch zur Fortgeltung ggü Sondernachfolgern verlangt, ist jeder Miteigentümer verpflichtet, an der Eintragung mitzuwirken (BGHZ 40, 326; Frankf DNotZ 90, 298). 3

§ 1011 Ansprüche aus dem Miteigentum. Jeder Miteigentümer kann die Ansprüche aus dem Eigentum Dritten gegenüber in Ansehung der ganzen Sache geltend machen, den Anspruch auf Herausgabe jedoch nur in Gemäßheit des § 432.

A. Regelungsinhalt. § 1011 gibt jedem Miteigentümer das Recht, gemeinschaftliche Ansprüche in **gesetzlicher Prozessstandschaft** im eigenen Namen geltend zu machen. Soweit allerdings der Anspruch auf Herausgabe der **beweglichen oder unbeweglichen Sache** nach § 985 bzw hinsichtlich von Surrogaten dieses Anspruchs geltend gemacht wird, sowie die Geltendmachung von Rechten, kann dieser nur von allen Miteigentümern gemeinsam verlangt werden, § 432 I (BGH NJW 06, 3426). 1

I. Ansprüche aus dem Eigentum. Die weite Fassung des § 1011 eröffnet den Weg zur Anwendung aller gesetzlichen Bestimmungen, die Ansprüche aus dem Eigentum gewähren. Mithin besteht keine Einschränkung nur auf die §§ 985, 987 ff, 1004, 1027 (BGHZ 92, 351). Vielmehr fallen darunter auch Besitzansprüche (§§ 859, 861 f, 867, 1007) als Minus zum Eigentumsrecht und Surrogatansprüche zu den §§ 985, 1004 wie etwa Schadensersatzansprüche (BGHZ 121, 22) oder Bereicherungsansprüche (BGH LM Nr 15 zu § 812). 2

II. Dritten gegenüber. Die Einschränkung „Dritten ggü" stellt die Selbstverständlichkeit klar, dass im Innenverhältnis der Miteigentümer nur die für die Bruchteilsgemeinschaft geltenden Regelungen der §§ 741, 1008 ff gelten. 3

B. Prozessuale Besonderheiten. Die **Eigentumsvermutung** gem § 1006 gilt auch beim Miteigentum. Bestreitet ein Beklagter das Miteigentum, so muss der Kläger Beweis für die Miteigentümerstellung nicht nur für sich selbst, sondern auch für alle anderen Miteigentümer führen, wenn § 1006 nicht greift. Besondere Bedeutung kommt der Rechtskraft zu: Diese wirkt wegen der Prozessstandschaft nur im Verhältnis zwischen dem klagenden Miteigentümer und dem Dritten, nicht aber auch ggü den übrigen Miteigentümern. Diese sind deshalb nicht gehindert, selbst nochmals gegen den Dritten im Wege einer Klage vorzugehen. 4

§§ 1012–1017 – weggefallen –

Abschnitt 4 Dienstbarkeiten

Titel 1 Grunddienstbarkeiten

§ 1018 Gesetzlicher Inhalt der Grunddienstbarkeit. Ein Grundstück kann zugunsten des jeweiligen Eigentümers eines anderen Grundstücks in der Weise belastet werden, dass dieser das Grundstück in einzelnen Beziehungen benutzen darf oder dass auf dem Grundstücke gewisse Handlungen nicht vorgenommen werden dürfen oder dass die Ausübung eines Rechts, ausgeschlossen ist, das sich aus

dem Eigentum an dem belasteten Grundstücke dem anderen Grundstücke gegenüber ergibt (Grunddienstbarkeit).

1 **A. Der Rechtstyp.** Dienstbarkeiten sind auf ein Dulden oder Unterlassen gerichtet; aktives Handeln (Leistungspflicht) kann nicht Hauptinhalt, sondern nur Nebenpflicht sein, s.u. Rn 11. Grunddienstbarkeit und beschränkte persönliche Dienstbarkeit (§§ 1090 ff) unterscheiden sich in der Bindung an den Berechtigten (hier: subjektiv-dinglich), die sich bei der beschränkt-persönliche Dienstbarkeit in der Unübertragbarkeit und Unvererblichkeit verdichtet. Lit: Schmenger BWNotZ 07, 73.

2 **B. Dingliches Recht und schuldrechtliche Beziehungen.** Die Dienstbarkeit ist ggü dem Verpflichtungsgeschäft **abstrakt.** Zugrunde liegen können Kauf, Schenkung oder Verpflichtungen sui generis.

3 In der Rspr des BGH ist das Institut der **Sicherungsdienstbarkeit** entwickelt worden, mit der langjährige Bezugspflichten (Bier, Mineralöl) gesichert werden sollen. Causa ist nicht der Bezugsvertrag, sondern die Sicherungsvereinbarung (BGHZ 74, 293; NJW 79, 2149; 81, 343; 83, 115; 88, 2362). Besteht keine Sicherungsabrede, zB weil eine Bezugsverpflichtung erst begründet werden soll, so spricht man von **isolierten Dienstbarkeiten** (BGH WM 92, 951; NJW 88, 2362, NJW-RR 89, 519). Mängel der Bezugsvereinbarung wirken sich nicht (mehr, im Gegensatz zu früherer Rspr) auf das dingliche Recht aus. Sie können über die Sicherungsabrede oder nach den §§ 812 ff geltend gemacht werden. S.a. unter Rn 23 ff.

4 Bei jeder Dienstbarkeit besteht ein **gesetzliches Schuldverhältnis** zwischen den jeweiligen Parteien des dinglichen Rechts (BGH NJW 85, 2944; DNotZ 89, 565, ausf *Amann* DNotZ 89, 531). Sein Inhalt sind die Sorgfalts- und Schutzpflichten der §§ 1020–1023 sowie etwaige besonders vereinbarte Nebenpflichten dieser Art.

5 **C. Belastungsgegenstand.** Grundstücke und grundstücksgleiche Rechte; Wohnungseigentumsberechtigung. Der reale Teil eines Grundstücks kann unter der Voraussetzung des § 7 II GBO belastet werden; es kann jedoch auch bei Belastung des ganzen Objekts die Ausübung auf bestimmte reale Teile beschränkt werden. Der Ausübungsbereich kann dann der tatsächlichen Ausübung überlassen werden (BGH Rpfleger 81, 286; 84, 277); üblich ist die Festlegung in der Bewilligung (dazu BGH Rpfleger 69, 128; 82, 16; BayObLG MittBayNot 92, 399). Unrichtige Bezeichnung: München NotBZ 09, 103.

6 Unzulässig ist die Belastung von Miteigentumsanteilen oder Gesamthandsanteilen.

7 Gesamtbelastung mehrerer Objekte zulässig, wenn das Recht nur unter gleichzeitiger Inanspruchnahme aller Objekte ausgeübt werden kann (BayObLGZ 55, 170; DNotZ 91, 254).

8 **D. Berechtigter.** Der jeweilige Eigentümer eines anderen (des „herrschenden") Objekts (Rn 5; nicht jedoch realer Teil). **Unzulässig** Bestellung zugunsten eines Miteigentumsanteils, einer Wohnungseigentümergemeinschaft (vgl DNotZ-Report 07, 169, 170) oder eines Nutzungsberechtigten (Frankf Rpfleger 02, 515). Da Eigentümer auch eine **Personenmehrheit** sein kann (Köln NJW-RR 93, 982), hält sie das Recht dann in dem Rechtsverhältnis, das dem Eigentum am herrschenden Objekt entspricht. Bei der Bestellung für die jeweiligen Eigentümer mehrerer Grundstücke können diese gem § 428 oder § 432 miteinander verbunden sein; § 420 dürfte regelmäßig ausscheiden, weil teilbare Leistungsgegenstände nur ausnahmsweise vorliegen werden (BayObLG MittBayNot 02, 289). Verweisung auf §§ 1024, 1025 soll genügen (LG Kassel Rpfleger 09, 502).

9 **Eigentümerdienstbarkeit ist zulässig** (BGH NJW 88, 2362).

10 **E. Inhalt. I. Grundsätze.** Die Duldungs- und Unterlassungspflichten des Eigentümers werden in drei großen Fallgruppen konkretisiert, die nachstehend in Rn 13–27 dargestellt sind.

11 **Aktives Handeln** des Eigentümers kann nicht Hauptinhalt sein (BGH NJW-RR 03, 733). Jedoch ist positives Tun als Nebenpflicht zulässig. Einmal folgen solche Pflichten aus §§ 1021–1023, daneben sind auch Vereinbarungen zulässig, die der Erhaltung des Objekts in einem der übernommenen Duldungspflicht entspr Zustand dienen (BGH DNotZ 59, 240; WM 85, 1003); zulässig sind also alle Handlungspflichten, die die Ausübung des Rechts gewährleisten oder erleichtern (ausf MüKo/*Falckenberg* § 1018 Rz 41–43). Zur Bestimmbarkeit: Brandenburg NotBZ 09, 233.

12 **Entgeltregelungen** können nicht Rechtsinhalt sein (BayObLG 79, 278). Sie können aber über eine auflösende Bedingung verdinglicht werden; auch kann bei Nichtleistung ein Rückgewähranspruch vereinbart werden (Köln RhNotK 98, 131).

13 **II. Die Benutzungsdienstbarkeit (Alt 1).** Als erste der drei Hauptgruppen regelt das Gesetz die **Benutzung** in einzelnen Beziehungen. „Benutzung" ist jeder nicht nur einmalige Gebrauch (BGHZ 41, 209). Zu nennen sind:

14 Benutzung von Bauwerken und technischen Anlagen (KG NJW 73, 1128: Netzstation; BGH WM 76, 274: Gleisanlage; BGH DNotZ 59, 240: Seilbahn; BayObLGZ 73, 21: Zaun); Immissionsduldungspflicht (BayObLG Rpfleger 04, 561); Kellernutzungsrecht (BayObLG Rpfleger 05, 247);

15 Gewerbeausübung (BayObLG NJW-RR 90, 208); Warenvertriebsrecht (BGH NJW 85, 2474);

16 Entnahme von Bodenbestandteilen (BGH NJW 74, 2123: Kies; BayObLGZ 60, 167: Wasser; BayObLGZ 76, 58: Forstrecht).

Wege- und Fahrtrechte. Sie können nach allgM auch von Dritten ausgeübt werden (BGH DNotZ 71, 471; ausf *Löscher* Rpfleger 62, 432), die in einer besonderen Beziehung zum Eigentümer stehen, also Familienangehörige, Gäste, Kunden, Mieter.

„**Einzelne Beziehungen**" bedeutet, dass dem Eigentümer nicht jegliche wirtschaftlich sinnvolle Nutzung entzogen werden darf (BayObLGZ 65, 181, DNotZ 91, 254; Köln DNotZ 82, 442). Ein umfassendes („beliebiges") Benutzungsrecht ist nur als Nießbrauch zulässig (BayObLG ZfJR 03, 597).

III. Die Unterlassungsdienstbarkeit (Alt 2). Grundtatbestand ist die Unterlassung bestimmter tatsächlicher Handlungen, die an sich dem Eigentümer nach § 903 zustünden. Es muss sich jedoch stets um tatsächliche Nutzung handeln, nicht nur um Beschränkungen der rechtsgeschäftlichen Verfügungsfreiheit (BGH NJW-RR 03, 733). Ein schuldrechtlicher Erlaubnisvorbehalt (BGH NJW 83, 115) oder eine schuldrechtliche Befreiung (BayObLG Rpfleger 83, 391) sind möglich.

Unzulässig ist die Dienstbarkeit dort, wo bereits eine gesetzliche Unterlassungspflicht gleichen Inhalts besteht (ausf *Quack* Rpfleger 79, 281). Typisches Bsp: LG Siegen Rpfleger 84, 58 (Verbot der Lagerung von ABC-Waffen auf dem Grundstück!).

Zulässige Beschränkungen: Bebauungs- und Gestaltungsbeschränkungen (BGH NJW 02, 1797; 83, 115); Wohnungsbesetzungsbeschränkungen (BayObLG FG Prax 00, 134; BGH NJW-RR 03, 733); Verbot anderer Beheizung als mit Gas (Zweibr Rpfleger 01, 485). Wesentlich ist, dass dem Eigentümer nur bestimmte einzelne Handlungen verboten sind, die ihm jedoch andere, sinnvolle Handlungen offen lassen.

Unzulässige Beschränkungen: Verbot, über das Grundstück zu verfügen (BayObLGZ 53, 84); Teilungsverbot (KGJ 51, 297); Wohnungsbenutzung nur durch Eigentümer (BayObLG Rpfleger 82, 273); Unterlassung von Wärmebezug (München Rpfleger 05, 308).

Sonderkomplex: Sicherung von Wettbewerbsbeschränkungen. Sie spielt eine große Rolle beim Absatz von Mineralölprodukten und Getränken. Wirtschaftliches Ziel ist, eine Bezugs- und Ausschließlichkeitsbindung auf dinglichem Wege zu erreichen.

Dies ist heute im Grundsatz anerkannt. Dem Eigentümer kann verboten werden, eine Tankstelle oder Gaststätte zu betreiben; schuldrechtlich wird gleichzeitig vereinbart, dass er davon insoweit freigestellt wird, als er die erforderlichen Produkte ausschl beim Berechtigten bezieht (BGHZ 29, 244; 74, 293; DNotZ 90, 169).

Der schuldrechtliche Vertrag unterliegt den Beschränkungen aus § 138 I (Zeitschranke v 15–20 Jahren, BGH NJW 88, 2362; 92, 2145) und §§ 1, 18, 34 GWB (BGH NJW 88, 2362) sowie Art 85 EGV (EuGH NJW 91, 2204; BGH NJW 92, 2145; NJW-RR 92, 593). Auch hier gilt das Abstraktionsprinzip; das dingliche Recht bleibt idR davon unberührt. Es sichert eine Bezugsverpflichtung, neben die eine Sicherungsabrede tritt (BGH NJW-RR 92, 593). Besteht die schuldrechtliche Bezugspflicht nicht mehr, so ist der Eigentümer des belasteten Grundstücks berechtigt, die Löschung des Rechts zu verlangen (BGHZ 74, 293), s.a. Rn 3.

Wesentliche Lit: *Prütting* GS Schulz, 1987, 287; *Walter/Maier* NJW 88, 377; *Münch* ZHR 157 (1993), 559; *Stürner* AcP 194 (1994), 265.

F. Der Ausschluss von Rechten (Alt 3). Eigentumsrechte (§ 903) ggü dem herrschenden Grundstück können ausgeschlossen werden. Erforderlich ist eine Rechtsbeziehung, die sich aus der Lage der Grundstücke zueinander ergibt (MüKo/*Falkenberg* § 1018 Rz 38). Bsp: Duldung von Einwirkungen (BayObLG FG Prax 03, 203); Verzicht auf Entschädigungsansprüche zB nach § 114 BBergG (Hamm Rpfleger 86, 364), nach § 14 BImSchG (LG Kreuznach Rpfleger 89, 448). Unzulässig sind Beschränkungen der Verpflichtungs- und Verfügungsbefugnis.

G. Entstehen; Erlöschen. I. Rechtsentstehung. Das Recht entsteht nach § 873. Der Eintragungsvermerk muss den Rechtsinhalt schlagwortartig angeben (BGHZ 35, 378; Nürnbg NJW-RR 00, 1257: mehrere Inhalte).

II. Erlöschen. a) Durch Aufhebung, §§ 875, 876; b) Kraft Gesetzes bei Eintritt eines Endtermins oder einer Bedingung, uU bei Teilung des herrschenden (§ 1025 2) oder des belasteten Grundstücks (§ 1026, gem § 1028 2); c) bei Zwangsversteigerung des belasteten Grundstücks, wenn das Recht nicht ins geringste Gebot fiel, §§ 52, 91 ZVG (auch bei Versteigerung nur eines Miteigentumsanteils, Frankf Rpfleger 79, 149); d) wenn Ausübung dauernd unmöglich (BGH NJW 03, 3769) oder der Vorteil für das herrschende Grundstück auf Dauer entfällt.

§ 1019 Vorteil des herrschenden Grundstücks.
¹Eine Grunddienstbarkeit kann nur in einer Belastung bestehen, die für die Benutzung des Grundstücks des Berechtigten Vorteil bietet. ²Über das sich hieraus ergebende Maß hinaus kann der Inhalt der Dienstbarkeit nicht erstreckt werden.

Der **Vorteil** für das herrschende Grundstück ist zwingende Voraussetzung der Existenz des Rechts: Fehlt er von Anfang an, ist Bestellung nichtig (München NJW 57, 1765); fällt er später weg, erlischt das Recht (BGH NJW-RR 88, 1229).

2 Es muss sich um einen Vorteil privater, wirtschaftlicher Natur handeln (BGH NJW 83, 115). Das Recht muss für die Benutzung des herrschenden Grundstücks objektiv nützlich sein.

§ 1020 Schonende Ausübung.
¹Bei der Ausübung einer Grunddienstbarkeit hat der Berechtigte das Interesse des Eigentümers des belasteten Grundstücks tunlichst zu schonen. ²Hält er zur Ausübung der Dienstbarkeit auf dem belasteten Grundstück eine Anlage, so hat er sie in ordnungsmäßigem Zustand zu erhalten, soweit das Interesse des Eigentümers es erfordert.

1 Die Rechtsausübung soll nur in dem objektiv erforderlichen Maß geschehen (BGH VIZ 04, 330: Interessenabwägung!), **1**.
2 „Anlage" iSv **2** ist eine dem Grundstück angefügte Einrichtung, die der Benutzung dient (BGH NJW 06, 1428). Bsp: Befestigter Weg (Celle MDR 00, 81; vgl aber BGH ZfJR 06, 347: auch unbefestigter Weg); Gartengestaltung (KG JFG 6, 282); Stromleitungen (BayObLG JurBüro 80, 375).
3 „Halten" der Anlage liegt vor, wenn sie für die Zwecke der Dienstbarkeit verwendet wird. Auf die Eigentumslage kommt es nicht an. Mitbenutzung durch Eigentümer schließt **2 nicht** aus (BGH ZfJR 05, 357).
4 Der Berechtigte hat die Anlage in einem ordnungsgemäßen Zustand zu erhalten; für ordentliches Aussehen und Verkehrssicherheit zu sorgen, vgl. KG NotBZ 09, 187.

§ 1021 Vereinbarte Unterhaltungspflicht.
(1) ¹Gehört zur Ausübung einer Grunddienstbarkeit eine Anlage auf dem belasteten Grundstücke, so kann bestimmt werden, dass der Eigentümer dieses Grundstücks die Anlage zu unterhalten hat, soweit das Interesse des Berechtigten es erfordert. ²Steht dem Eigentümer das Recht zur Mitbenutzung der Anlage zu, so kann bestimmt werden, dass der Berechtigte die Anlage zu unterhalten hat, soweit es für das Benutzungsrecht des Eigentümers erforderlich ist.
(2) Auf eine solche Unterhaltungspflicht finden die Vorschriften über die Reallasten entsprechende Anwendung.

1 Die Norm regelt **Unterhaltspflichten** für „Anlagen" (dazu § 1020 Rn 2). Während die Erhaltspflicht nach § 1020 2 eine gesetzliche ist, ermöglicht die Norm Vereinbarungen über die Unterhaltspflicht.
2 Soll der **Eigentümer** unterhaltspflichtig sein, (I 1), dann hat er die Anlage benutzungsfähig zu halten, damit die Dienstbarkeit ausgeübt werden kann (Ddorf RNotZ 03, 455).
3 Soll der **Berechtigte** unterhaltspflichtig sein (I 2), so ist eine dahingehende Vereinbarung nur möglich bei beiderseitiger Mitbenutzung (Köln Rpfleger 90, 409). Ausf *Volmer* MittBayNot 00, 387.
4 Auf die vereinbarten Unterhaltspflichten finden die Vorschriften über die Reallasten Anwendung, II. Sie können also aus dem Grundstück des Verpflichteten verlangt werden; auch § 1108 ist anwendbar. Eine Eintragung als Reallast ist aber entbehrlich, da die Leistungspflicht dinglicher Inhalt der Dienstbarkeit ist.

§ 1022 Anlagen auf baulichen Anlagen.
¹Besteht die Grunddienstbarkeit in dem Recht, auf einer baulichen Anlage des belasteten Grundstücks eine bauliche Anlage zu halten, so hat, wenn nicht ein anderes bestimmt ist, der Eigentümer des belasteten Grundstücks seine Anlage zu unterhalten, soweit das Interesse des Berechtigten es erfordert. ²Die Vorschrift des § 1021 Abs. 2 gilt auch für diese Unterhaltungspflicht.

1 Die Norm regelt den seltenen Fall, dass auf einer baulichen Anlage eine bauliche Anlage gehalten wird. Diese Situation muss Hauptinhalt der Dienstbarkeit sein.
2 Liegt keine Vereinbarung vor, so trifft die Unterhaltspflicht für die sog tragende Anlage den Eigentümer in dem Umfang, der notwendig ist, damit der Berechtigte sein Recht ausüben kann. Für die Unterhaltspflicht bzgl der getragenen Anlage gilt § 1020 2; bei Mitbenutzung ist § 1021 2 anzuwenden.

§ 1023 Verlegung der Ausübung.
(1) ¹Beschränkt sich die jeweilige Ausübung einer Grunddienstbarkeit auf einen Teil des belasteten Grundstücks, so kann der Eigentümer die Verlegung der Ausübung auf eine andere, für den Berechtigten ebenso geeignete Stelle verlangen, wenn die Ausübung an der bisherigen Stelle für ihn besonders beschwerlich ist; die Kosten der Verlegung hat er zu tragen und vorzuschießen. ²Dies gilt auch dann, wenn der Teil des Grundstücks, auf den sich die Ausübung beschränkt, durch Rechtsgeschäft bestimmt ist.
(2) Das Recht auf die Verlegung kann nicht durch Rechtsgeschäft ausgeschlossen oder beschränkt werden.

1 **A. Norminhalt.** Die Norm regelt eine Verlegung des Ausübungsbereichs bei einer Dienstbarkeit, die nur auf einem Grundstücksteil ausgeübt werden kann, jedoch das ganze Objekt belastet, vgl § 1018 Rn 5. Sie hängt eng zusammen mit dem Gebot des § 1020 1.
2 **B. Voraussetzungen.** Bei Vorliegen einer Ausübungsbeschränkung (Rn 1) muss die derzeitige Ausübung für den Eigentümer besonders beschwerlich sein, dh sie muss erhebliche Nachteile – nicht nur Unbequemlichkeiten – mit sich bringen (Ddorf ZfIR 00, 966).

Die neue Ausübungsstelle muss dem Berechtigten im Wesentlichen die gleiche Nutzungsqualität bieten. 3

C. Die Verlegung. Der Eigentümer des belasteten Grundstücks hat ein Recht auf Verlegung; auch dem 4
Eigentümer des herrschenden Grundstücks kann aus § 242 ein solches Recht zustehen (MüKo/*Falckenberg*
§ 1023 Rz 7). Verlegung ist Inhaltsänderung nach §§ 877, 873 (BGH ZfJR 06, 206). Bei Weigerung klagt der
Eigentümer auf Einigung und Bewilligung (§ 894 ZPO). Bei bloß schuldrechtlicher Ausübungsbeschränkung
ist nach § 1004 vorzugehen; Eintragungsfähigkeit und -bedürftigkeit liegen dann nicht vor (KG NJW 73,
1128).

Ausnahmsweise kann auch die Verlegung auf ein anderes Grundstück verlangt werden (MüKo/*Falckenberg* 5
§ 1023 Rz 6 mwN). Dann handelt es sich allerdings um die Aufhebung des bisherigen und die Bestellung
eines neuen Rechts.

§ 1024 Zusammentreffen mehrerer Nutzungsrechte. Trifft eine Grunddienstbarkeit mit einer anderen Grunddienstbarkeit oder einem sonstigen Nutzungsrecht an dem Grundstück dergestalt zusammen, dass die Rechte nebeneinander nicht oder nicht vollständig ausgeübt werden können, und haben die Rechte gleichen Rang, so kann jeder Berechtigte eine den Interessen aller Berechtigten nach billigem Ermessen entsprechende Regelung der Ausübung verlangen.

Das Zusammentreffen mehrerer dinglicher Nutzungsrechte (Grunddienstbarkeit, Nießbrauch, beschränkt- 1
persönliche Dienstbarkeit, Erbbaurecht, Dauerwohn- u Nutzungsrecht) ist problemlos, wenn sie untereinander **Vor- und Nachrang** haben. Dann geht das besserrangige Recht vor.

Die Norm regelt deshalb nur das Zusammentreffen **gleichrangiger** Rechte, die nebeneinander nicht oder nicht 2
vollständig ausgeübt werden können. Die Berechtigten haben dann gegeneinander Anspruch auf einen angemessenen Ausgleich der Interessen, der zB die Befugnisse in räumlicher und/oder zeitlicher Hinsicht aufteilt.

Umstritten ist, ob eine solche Regelung eine – eintragungsbedürftige – Inhaltsänderung (§§ 877, 873) dar- 3
stellt (vgl dazu MüKo/*Falckenberg* § 1024 Rn 3). Gegen eine Eintragungsbedürftigkeit spricht, dass die Regelung das Verhältnis zum Eigentümer des belasteten Grundstücks unberührt lässt.

§ 1025 Teilung des herrschenden Grundstücks. ¹Wird das Grundstück des Berechtigten geteilt, so besteht die Grunddienstbarkeit für die einzelnen Teile fort; die Ausübung ist jedoch im Zweifel nur in der Weise zulässig, dass sie für den Eigentümer des belasteten Grundstücks nicht beschwerlicher wird. ²Gereicht die Dienstbarkeit nur einem der Teile zum Vorteil, so erlischt sie für die übrigen Teile.

Die Norm regelt die Folgen der Teilung des herrschenden Grundstücks; wegen der Teilung des belasteten 1
Grundstücks s. § 1026.

Durch die Teilung wird die Dienstbarkeit nicht etwa in Teilrechte aufgesplittert, sondern bleibt ein **einheitli-** 2
ches Recht (vgl BGH Rpfleger 08, 295; BayObLG NJW-RR 90, 1043). Die Eigentümer der herrschenden
Grundstücke bilden eine Bruchteilsgemeinschaft. Nach **2** darf die nunmehrige Ausübungsart jedoch für den
Eigentümer nicht beschwerlicher werden (vgl § 1020); der Eigentümer kann ggf gem § 1004 vorgehen.

Im **Innenverhältnis** der mehreren Berechtigten gelten die §§ 741 ff; die Berechtigten können untereinander 3
die Ausübung regeln. Str ist, ob dies gem § 745 (Mehrheitsentscheidung) geschehen kann, oder ob § 1024
entspr anzuwenden ist (zum Streitstand s. MüKo/*Falckenberg* § 1025 Rz 2). Letzteres dürfte wegen Vergleichbarkeit der Interessenlagen zutreffen; der Einwand, § 1025 enthalte eine gesetzliche Ausübungsbeschränkung,
steht dem nicht entgegen, denn die Beschränkung besteht nur im Verhältnis zum Eigentümer, nicht aber im
Verhältnis der mehreren Berechtigten zueinander.

War das Recht in seiner Ausübung auf einen Teil des bisherigen (ungeteilten) Grundstücks beschränkt 4
(§ 1018 Rn 5), so kann es sein, dass nach der Teilung nur bei einem (oder einigen) der neu gebildeten Grundstücke der Ausübungsvorteil besteht. Dann erlischt das Recht (§ 1019 Rn 1) an den anderen Grundstücken.

§ 1026 Teilung des dienenden Grundstücks. Wird das belastete Grundstück geteilt, so werden, wenn die Ausübung der Grunddienstbarkeit auf einen bestimmten Teil des belasteten Grundstücks beschränkt ist, die Teile, welche außerhalb des Bereichs der Ausübung liegen, von der Dienstbarkeit frei.

Während § 1025 die Folgen einer Teilung des herrschenden Grundstücks regelt, behandelt § 1026 die **Teilung** 1
des dienenden (belasteten) Grundstücks.

Grds sind nach Teilung **alle** neu gebildeten Grundstücke mit inhaltsgleichen Dienstbarkeiten belastet; es ent- 2
steht ein **Gesamtrecht** (BayObLG Rpfleger 83, 143). Bei der Abschreibung neu gebildeter Grundstücke ist das
Recht vAw mit zu übertragen; unterbleibt das, so gilt es als gelöscht (§ 46 II GBO), das Grundbuch ist dann
unrichtig, denn das Recht besteht ja weiter.

Das Recht **erlischt** jedoch auf den neu gebildeten Grundstücken, die **außerhalb** des **Ausübungsbereichs** lie- 3
gen. Es ist dies der Fall, wenn der Berechtigte nach der Art der Dienstbarkeit (Nutzung einer Wasserquelle:
BayObLG Rpfleger 83, 143) örtlich gebunden ist oder wenn er aufgrund Vereinbarung dauernd rechtlich

gehindert ist, bestimmte Teile zu benutzen (KG NJW 69, 470). Es kann genügen, wenn ein Entnahmerecht zunächst flächenmäßig unbegrenzt eingeräumt, dann aber durch einverständliche tatsächliche Ausübung konkretisiert wurde (BGH NJW 02, 3021). Das Recht aus § 1023 schließt die Anwendung von § 1026 nicht aus, weil es sich nach Teilung um die Verlegung auf ein neues Grundstück handelt, die ohnehin das Erlöschen des Rechts und seine Neubestellung voraussetzt (§ 1023 Rn 5). Das kraft Gesetzes erloschene Recht wird bei der Abschreibung des Grundstückes nicht mit übertragen.

4 Unabhängig von § 1026 kann ein Grundstücksteil von der Belastung befreit werden, wenn die zuständige Behörde ein sog **Unschädlichkeitszeugnis** erteilt. Nach Art 120 EGBGB kann das Landesrecht entspr Regelungen vorsehen; eine Übersicht findet sich bei Staud/*Mayer* Art 120 EGBGB Rz 50 ff.

§ 1027 Beeinträchtigung der Grunddienstbarkeit. Wird eine Grunddienstbarkeit beeinträchtigt, so stehen dem Berechtigten die in § 1004 bestimmten Rechte zu.

1 Beeinträchtigung ist jede **Störung oder Behinderung** der rechtmäßigen Dienstbarkeitsausübung. Sie ist zu unterscheiden von Beeinträchtigungen des belasteten Grundstücks durch exzessive Rechtsausübung, für diese gilt § 1020 (BGH Rpfleger 99, 122).
2 Gegen den Störer bestehen: a) **Anspruch** auf Beseitigung/Unterlassung gem § 1004; b) Ansprüche auf Besitzschutz gem §§ 858 ff; c) Schadensersatzansprüche, gegen den Eigentümer nach §§ 281 I, 282, 280 I wegen Verletzung der Sorgfaltspflichten aus dem gesetzlichen Schuldverhältnis (§ 1018 Rn 4), gegen Dritte aus § 823 I.
3 **Anspruchsinhaber** ist der Eigentümer des herrschenden Grundstücks; bei Miteigentum: § 1011. Ist das herrschende Grundstück mit einem Nutzungsrecht belastet, das sich auch auf die Dienstbarkeitsberechtigung erstreckt, so ist auch der Nutzungsberechtigte zur Anspruchsausübung berechtigt (zB Nießbraucher, § 1065).
4 **Anspruchsgegner** ist, wer die Beeinträchtigung aktiv oder durch pflichtwidriges Unterlassen herbeigeführt hat oder aufrechterhält (BGH WM 66, 1300). Störer kann der Eigentümer des belasteten Grundstücks sein (BGH NJW 92, 1101) oder ein Dritter.

§ 1028 Verjährung. (1) ¹Ist auf dem belasteten Grundstück eine Anlage, durch welche die Grunddienstbarkeit beeinträchtigt wird, errichtet worden, so unterliegt der Anspruch des Berechtigten auf Beseitigung der Beeinträchtigung der Verjährung, auch wenn die Dienstbarkeit im Grundbuch eingetragen ist. ²Mit der Verjährung des Anspruchs erlischt die Dienstbarkeit, soweit der Bestand der Anlage mit ihr in Widerspruch steht.
(2) Die Vorschrift des § 892 findet keine Anwendung.

1 Die Norm enthält zunächst eine **Verjährungsregelung**. Sie gilt jedoch nicht nur für den in I 1 geregelten Spezialfall, sondern für alle Fälle des § 1027 (MüKo/*Falckenberg* § 1028 Rz 1; Palandt/*Bassenge* Rz 1). Die Verjährung richtet sich nach §§ 195, 199 I, IV, V; die Frist beträgt also regelmäßig drei Jahre, höchstens (§ 199 IV, V) zehn Jahre.
2 Handelt es sich um den in I 1 beschriebenen Beseitigungsanspruch, dann hat der Verjährungseintritt nicht nur das Einrederecht aus § 214 I, sondern auch den in 2 geregelten **Wegfall** der Dienstbarkeit zur Folge. Das Erlöschen der Dienstbarkeit tritt nur in dem Umfang ein, in dem ihre Ausübung durch die Anlage (§ 1020 Rn 2) beeinträchtigt wird (BayObLGZ 59, 478). Das Erlöschen ist an den Verjährungseintritt als solchen geknüpft; Einredeerhebung ist nicht erforderlich. Andere Fälle des § 1027 als der in I 1 geregelte führen nicht zum Wegfall des Rechts.
3 Nach II ist **Gutglaubensschutz** für einen Erwerber des herrschenden Grundstücks ausgeschlossen, wenn er in Unkenntnis der laufenden Frist oder des Erlöschens erwirbt. Auch nach Beseitigung der Anlage ist späterer Erwerber nicht geschützt (MüKo/*Falckenberg* § 1028 Rz 3; **aA** Palandt/*Bassenge* Rz 2; Soergel/*Stürner* Rz 2), denn der Ausschluss des Erwerbers beruht nicht darauf, dass das Vorhandensein der Anlage das Vertrauen in den Grundbuchinhalt erschüttere, sondern auf dem Verwirkungsgedanken.

§ 1029 Besitzschutz des Rechtsbesitzers. Wird der Besitzer eines Grundstücks in der Ausübung einer für den Eigentümer im Grundbuch eingetragenen Grunddienstbarkeit gestört, so finden die für den Besitzschutz geltenden Vorschriften entsprechende Anwendung, soweit die Dienstbarkeit innerhalb eines Jahres vor der Störung, sei es auch nur einmal ausgeübt worden ist.

1 Die Besonderheit der Norm liegt im Schutz des sog **Rechtsbesitzes**: Der Besitzer (unmittelbarer oder mittelbarer, Eigen- oder Fremdbesitzer, Allein- oder Mitbesitzer) des **herrschenden** Grundstücks, der in der Ausübung der Dienstbarkeit durch den Eigentümer des belasteten Grundstücks oder einen Dritten gestört wird, genießt wie ein Sachbesitzer Besitzschutz entspr §§ 858 ff.
2 *Voraussetzung ist, dass das Recht innerhalb eines Jahres vor der Störung ausgeübt worden ist;* wer ausgeübt hat, ist ohne Belang, sofern es nur eine dazu befugte Person war. Bei einer Unterlassungsdienstbarkeit genügt, dass der Verpflichtete nicht zuwiderhandelt. Der Besitzschutz muss dann innerhalb eines Jahres seit der Störung in Anspruch genommen werden, § 864 I.

Wer in Ausübung der Dienstbarkeit das **belastete** Grundstück besitzt, genießt unmittelbaren Besitzschutz gem §§ 858 ff. 3

Titel 2 Nießbrauch

Untertitel 1 Nießbrauch an Sachen

§ 1030 Gesetzlicher Inhalt des Nießbrauchs an Sachen. (1) Eine Sache kann in der Weise belastet werden, dass derjenige, zu dessen Gunsten die Belastung erfolgt, berechtigt ist, die Nutzungen der Sache zu ziehen (Nießbrauch).
(2) Der Nießbrauch kann durch den Ausschluss einzelner Nutzungen beschränkt werden.

A. Der Rechtstyp. Der Nießbrauch ist ein **Nutzungsrecht**. Systematisch als eine der Dienstbarkeitsarten eingeordnet unterscheidet er sich deutlich von den anderen durch die umfassende, auf Ziehung der gesamten Nutzungen gerichtete Befugnis. Er ist das einzige dingliche Recht, das an allen Gegenständen (Immobilien, Mobilien, Rechte) bestellt werden kann, sofern sie nutzbar sind und übertragen werden können. In den §§ 1030–1067 ist zunächst der Nießbrauch an Sachen geregelt. 1

B. Belastungsgegenstand. Belastbar sind Sachen, also bewegliche Sachen (auch Tiere, § 90a), Grundstücke, grundstücksgleiche Rechte, Miteigentumsanteile, Wohnungseigentumsberechtigung (BGH NJW 02, 1647), Schiffe (dazu: *Dobberahn* MittRhNotK 98, 145) und nicht eingetragene Luftfahrzeuge (§ 9 LuftfzRG). 2
Reale Teile sind isoliert belastbar, wenn sie **nicht wesentliche Bestandteile** sind. Praktische Bedeutung hat dies bei realen Grundstücksteilen (Zweibr DNotZ 82, 444; LG Tübingen BWNotZ 81, 140); eintragbar unter der Voraussetzung des § 7 II GBO. Häufig ist jedoch in solchen Fällen die Belastung des ganzen Grundstücks mit einer vereinbarten Ausübungsbeschränkung, vgl § 1018 Rn 5. 3
Reale Teile, die **wesentliche Bestandteile** sind, können wegen § 93 nicht isoliert belastet werden (zB Gebäude oder einzelne Wohnung). 4
Von der Belastung eines ideellen Anteils (Rn 2) zu unterscheiden ist der sog **Quotennießbrauch**. Er belastet die ganze Sache, dem Nießbraucher steht jedoch nur ein bestimmter Bruchteil der Nutzungen zu (BGH NJW-RR 03, 1290). Zwischen dem Nießbraucher und dem Eigentümer besteht dann in Bezug auf die Nutzungsbefugnis eine Gemeinschaft entspr §§ 741 ff. 5
Sollen **mehrere Grundstücke** belastet werden, so ist ein Gesamtrecht nicht möglich; es sind jeweils Einzelrechte zu bestellen (LG Düsseldorf MittRhNotK 73, 658; LG Verden Nds Rpfl 65, 252; ausf *Böttcher* MittBayNot 93, 129). 6

C. Berechtigter. I. Fremdberechtigung. Eine bestimmte natürliche oder juristische Person oder rechtsfähige Personengesellschaft (BGHZ 50, 307); auch die sog Außen-GbR (*Lautner* MittBayNot 01, 425). Eine subjektiv-dingliche Bestellung ist ausgeschlossen. 7
Mehrere Berechtigte können eine Gesamthandsgemeinschaft (GbR-Innengesellschaft; Gütergemeinschaft) bilden, eine Bruchteilsgemeinschaft oder eine Gesamtgläubigerschaft nach § 428. Eine Mitberechtigung nach § 432 ist, wegen Unteilbarkeit, ausgeschlossen (München Rpfleger 09, 616). 8

II. Eigentümerrecht. a) Bei **Immobilien** ergibt sich die zulässige derivative Eigentümerberechtigung aus § 889. Die originäre Bestellung ist unstr möglich (Köln NJW-RR 99, 239); umstr ist nur, ob ein besonderes, schutzwürdiges Interesse nachgewiesen werden muss. (Saarbr Rpfleger 92, 16; LG Frankf Rpfleger 92, 150; LG Verden Nds Rpfl 70, 208) oder nicht (Köln aaO; MüKo/*Pohlmann* § 1030 Rz 24; Palandt/*Bassenge* Rz 4; Staud/*Frank* Rz 31). Letzterem ist zuzustimmen. Überzeugend sind die Schwierigkeit der Prüfung im Eintragungsverfahren (Soegel/*Stürner* Rz 3) und die letztlich ohnehin anerkannte Subjektivität der Eigentümerentscheidung. 9
b) Bei **Mobilien** ist der derivative Erwerb in § 1063 gesondert geregelt; s. Erl dort. Die originäre Belastung ist so lange funktionslos, wie der Eigentümer nicht über die Sache, insb durch Veräußerung, verfügt. In diesem Zusammenhang kann ein Vorbehaltsnießbrauch die Eigentümerinteressen hinreichend wahren (*Kanzleiter* Anm zu Ddorf DNotZ 99, 440). 10

D. Rechtsinhalt. I. Gesetzlicher Inhalt. Der Nießbraucher ist berechtigt, die **Nutzungen** der Sache (§ 100) zu ziehen. Vgl insoweit die Erl zu §§ 99, 100. Die unmittelbaren Früchte erwirbt der Nießbraucher nach § 954, die mittelbaren (zB Miete) durch Einziehung. Der Nießbraucher ist ab Entstehen des Nießbrauchs Gläubiger der Mietforderungen; seine Gläubiger können diese pfänden, nicht jedoch Gläubiger des Eigentümers (*Stöber* Forderungspfändung, Rz 234). 11

II. Ausschluss von Nutzungen (Abs 2). Einzelne Nutzungsbefugnisse (zB Besitz, Ziehung bestimmter Früchte) können ausgeschlossen werden (BGHZ 13, 203); die Rechtsnatur als umfassendes Nutzungsrecht 12

§ 1031　　　　　　　　　　　　　　　　　　　　　　　　　　　　　Erstreckung auf Zubehör

muss erhalten bleiben, das verbietet den Ausschluss aller denkbaren Nutzungen bis auf eine oder einzelne (BayObLGZ 79, 361, Rpfleger 81, 439).

13　Häufig ist die Beschränkung auf Grundstücksteile. Soweit es sich um **nicht wesentliche** Bestandteile handelt, bestehen keine Bedenken, vgl Rn 3. **Wesentliche** Bestandteile können jedoch wegen § 93 nicht ausgeschlossen werden. Der in der Praxis häufige Fall, dass der Eigentümer eine von mehreren Wohnungen weiter selbst nutzen will, kann über II nicht gelöst werden (BayObLG Rpfleger 80, 17); möglich ist ein vorrangiges Eigentümerwohnungsrecht (*Ertl* MittBayNot 88, 53).

14　**III. Andere Inhaltsvereinbarungen.** 1. Ein **Sicherungsnießbrauch** läge vor, wenn das Recht das Befriedigungsinteresse eines Forderungsgläubigers durch den unmittelbaren Zugriff, zB auf die Mietforderungen, sichern soll. Eine derartige dingliche Abrede wird abgelehnt (BGH WM 66, 653). Schuldrechtlich ist eine solche Verwendungsabrede zulässig. Möglich ist ihre Koppelung mit einer auflösenden Bedingung durch Forderungstilgung (RGZ 106, 109) oder einer durch Löschung zu erfüllenden Rückgewährvereinbarung (BGH aaO). Unberührt davon bleibt aber stets der unabdingbare § 1061. Bei Zession der gesicherten Forderung ist der Zedent verpflichtet, das Recht zur Löschung zu bringen (MüKo/*Pohlmann* § 1030 Rz 75; aA Palandt/*Bassenge* Rz 7).

15　2. Eine **Entgeltregelung** kann nicht dinglicher Inhalt sein (*Schön* 329 ff; *Stürner* AcP 194, 265; aA BayObLG 79, 273), weil das dann bei Nichtzahlung dem Eigentümer zustehende Zurückbehaltungsrecht die ordnungsgemäße Bewirtschaftung (§§ 1036 II, 1041) hindern müsste. Möglich ist eine schuldrechtliche Vereinbarung, verbunden mit einer auflösenden Bedingung.

16　3. Ein sog **Dispositionsnießbrauch** läge vor, wenn der Nießbraucher über §§ 1048 I 1, 1074, 1077, 1087 II 2 hinaus mit Verfügungsbefugnis ausgestattet würde. Dinglicher Rechtsinhalt kann das nicht sein (BGH NJW 82, 31). Möglich ist jedoch eine Ermächtigung nach § 185 (Celle DNotZ 74, 731) oder eine Bevollmächtigung (Westermann/*Gursky* § 21 III 3).

17　**E. Entstehen; Erlöschen. I. Mobilien. 1. Entstehen.** Rechtsgeschäftlich gem § 1032 (s. Erl dort), kraft Gesetzes gem §§ 1033, 1048 I 2, 1066 III.

18　2. **Erlöschen.** a) Tod des Berechtigten; § 1061; b) durch Eintritt eines Endtermins oder einer auflösenden Bedingung; c) Aufhebung, § 1064; d) Konsolidation § 1062 I, es sei denn § 1062 II (vgl Erl dort); e) Untergang der Sache (evtl Surrogation gem § 1046, vgl Erl dort); f) lastenfreier Eigentumserwerb Dritter (§§ 936, 945, 949 1, 950 II).

19　**II. Immobilien. 1. Entstehen.** Rechtsgeschäftlich gem § 873, kraft Gesetzes gem § 900 II, § 1066 III, § 68 I FlurbG, § 63 I 1 BauGB.

20　2. **Erlöschen.** a) Wie oben Rn 18. Sodann: b) Aufhebung, §§ 875, 876; c) bei lastenfreiem Eigentumserwerb Dritter (§§ 892); d) durch Zuschlag in der Zwangsversteigerung, wenn das Recht nicht im geringsten Gebot berücksichtigt war, §§ 52, 91 ZVG.

§ 1031 Erstreckung auf Zubehör.
Mit dem Nießbrauch an einem Grundstück erlangt der Nießbraucher den Nießbrauch an dem Zubehör nach der für den Erwerb des Eigentums geltenden Vorschrift des § 926.

1　Beim Grundstücksnießbrauch wird das Zubehör nach Maßgabe des § 926 mit erfasst; vgl Erl dort.
2　Für bewegliche Sachen s. § 1032 Rn 1.

§ 1032 Bestellung an beweglichen Sachen.
¹Zur Bestellung des Nießbrauchs an einer beweglichen Sache ist erforderlich, dass der Eigentümer die Sache dem Erwerber übergibt und beide darüber einig sind, dass diesem der Nießbrauch zustehen soll. ²Die Vorschriften des § 929 Satz 2, der §§ 930 bis 932 und der §§ 933 bis 936 finden entsprechende Anwendung; in den Fällen des § 936 tritt nur die Wirkung ein, dass der Nießbrauch dem Recht des Dritten vorgeht.

1　**A. Anwendungsbereich.** Die Norm regelt das Bestellungsgeschäft bei **beweglichen Sachen** und bei nicht eingetragenen Schiffen (mit Ausschluss v §§ 929a, 932a: MüKo/*Pohlmann* Rz 2). Da es für das Zubehör einer beweglichen Sache an einer § 1031 vergleichbaren Regelung fehlt, gilt die Norm auch insoweit.

2　**B. Norminhalt.** Die Bestellung erfordert **Einigung und Übergabe** (1). Die Übergabe ist bei Sachbesitz des künftigen Nießbrauchers entbehrlich (§ 929 2); die Übergabesurrogate (§§ 930, 931) gelten entspr; vgl die Erl dort.

3　Ein **gutgläubiger Erwerb** ist entspr §§ 932, 933–935 möglich; vgl Erl dort. Modifiziert ist in 2 Hs 2 die Regel des § 936: Bei Gutgläubigkeit des Nießbrauchers bzgl einer Belastung erlischt diese nicht, sondern wird ggü dem Nießbrauch nachrangig; bei Bösgläubigkeit ist der Nießbrauch nachrangig. Behält sich der Nichteigentümer bei Veräußerung den Nießbrauch vor, kann er ihn mangels Verkehrsgeschäfts nicht erwerben; er entsteht dann für den wahren Eigentümer (MüKo/*Pohlmann* § 1033 Rz 11).

§ 1033 Erwerb durch Ersitzung. ¹Der Nießbrauch an einer beweglichen Sache kann durch Ersitzung erworben werden. ²Die für den Erwerb des Eigentums durch Ersitzung geltenden Vorschriften finden entsprechende Anwendung.

Scheitert ein gutgläubiger Nießbrauchserwerb an § 935, oder liegen Mängel im Erwerbsgeschäft vor, so kann das Recht ersessen werden.   1

2 verweist auf die §§ 937–945. Unanwendbar sind §§ 943, 944 wegen §§ 1059, 1061. Trotzdem wird allg – wie in § 943 – eine Zusammenrechnung der Ersitzungszeiten bejaht. Vgl iÜ die Erl zu §§ 937 ff.   2

§ 1034 Feststellung des Zustands. ¹Der Nießbraucher kann den Zustand der Sache auf seine Kosten durch Sachverständige feststellen lassen. ²Das Gleiche Recht steht dem Eigentümer zu.

Zur Vermeidung von Beweisschwierigkeiten können bei Bestellung oder später der Berechtigte und der Eigentümer den Zustand der Sache (bewegl oder Immobilie) durch einen Sachverständigen feststellen lassen; der andere Teil ist zur Duldung verpflichtet.   1

Vollstreckung des Duldungsanspruchs: § 890 ZPO. Feststellungsverfahren: § 164 FGG.   2

§ 1035 Nießbrauch an Inbegriff von Sachen; Verzeichnis. ¹Bei dem Nießbrauch an einem Inbegriff von Sachen sind der Nießbraucher und der Eigentümer einander verpflichtet, zur Aufnahme eines Verzeichnisses der Sachen mitzuwirken. ²Das Verzeichnis ist mit der Angabe des Tages der Aufnahme zu versehen und von beiden Teilen zu unterzeichnen; jeder Teil kann verlangen, dass die Unterzeichnung öffentlich beglaubigt wird. ³Jeder Teil kann auch verlangen, dass das Verzeichnis durch die zuständige Behörde oder durch einen zuständigen Beamten oder Notar aufgenommen wird. ⁴Die Kosten hat derjenige zu tragen und vorzuschießen, welcher die Aufnahme oder die Beglaubigung verlangt.

Zur Vermeidung von Streitigkeiten und Beweisschwierigkeiten kann ein Verzeichnis der vom Recht erfassten Gegenstände verlangt werden. „Inbegriff v Sachen" ist eine Sachgesamtheit. Entspr anwendbar bei §§ 1068 II, 1085, 1089.   1

Vollstreckung des titulierten Anspruchs: § 888 ZPO (Hamm Rpfleger 83, 144). Beglaubigung durch Notar (§ 20 I 1, 2 BNotO) oder nach Landesrecht iRv § 61 I Nr 2 BeurkG.   2

§ 1036 Besitzrecht; Ausübung des Nießbrauchs. (1) Der Nießbraucher ist zum Besitz der Sache berechtigt.
(2) Er hat bei der Ausübung des Nutzungsrechts die bisherige wirtschaftliche Bestimmung der Sache aufrechtzuerhalten und nach den Regeln einer ordnungsmäßigen Wirtschaft zu verfahren.

A. Das Besitzrecht (Abs 1). Der Nießbraucher ist ggü dem Eigentümer und jedem Dritten besitzberechtigt; er genießt den Besitzschutz gem §§ 859–862, 869, 1004, 1007. Zu § 985 vgl § 1065 Rn 1, 3.   1

Die Besitzart bestimmt sich nach der Ausgestaltung des Rechts. Regelmäßig wird es der unmittelbare Besitz sein; bei vermietetem/verpachtetem Grundstück ist es der mittelbare Besitz (vgl §§ 567, 566–566e, 578 I, 581 II).   2

B. Bestimmungsgemäße Bewirtschaftung (Abs 2). Die wirtschaftliche Bestimmung, die das Objekt zZt der Bestellung hatte, muss im Wesentlichen aufrechterhalten werden. Der Nießbraucher ist verpflichtet, das Objekt nach objektiven Maßstäben ordnungsgemäß zu bewirtschaften (Nicht abdingbar: KG DNotZ 06, 470).   3

§ 1037 Umgestaltung. (1) Der Nießbraucher ist nicht berechtigt, die Sache umzugestalten oder wesentlich zu verändern.
(2) Der Nießbraucher eines Grundstücks darf neue Anlagen zur Gewinnung von Steinen, Kies, Sand, Lehm, Ton, Mergel, Torf und sonstigen Bodenbestandteilen errichten, sofern nicht die wirtschaftliche Bestimmung des Grundstücks dadurch wesentlich verändert wird.

A. Umgestaltung, Veränderung (Abs 1). Dem Nießbraucher ist jede Umgestaltung verboten (BGH NJW 83, 932: Umbau großer Wohnung in mehrere kleine). Maßnahmen, die dem wirtschaftlichen Zweck dienen (Dacheindeckung, Tünchen, neuer Verputz), sind zulässig, nicht jedoch Um- oder Neubauten. Ein Unternehmensnießbraucher kann einzelne Betriebszweige aufgeben (BGH NJW 02, 434) Nicht abdingbar, s. § 1036 Rn 3.   1

B. Anlagenerrichtung (Abs 2). Einschränkung von I zur Sicherung des auf Ausbeutung von Bodenbestandteilen gerichteten Rechts. Unzulässig also (ohne ausdrückliche Gestattung) jede Anlage (§ 1020 Rn 2), die nicht unmittelbar dem Gewinnungszweck dient, also zB Bürogebäude.   2

§ 1038 Wirtschaftsplan für Wald und Bergwerk.

(1) ¹Ist ein Wald Gegenstand des Nießbrauchs, so kann sowohl der Eigentümer als der Nießbraucher verlangen, dass das Maß der Nutzung und die Art der wirtschaftlichen Behandlung durch einen Wirtschaftsplan festgestellt werden. ²Tritt eine erhebliche Änderung der Umstände ein, so kann jeder Teil eine entsprechende Änderung des Wirtschaftsplans verlangen. ³Die Kosten hat jeder Teil zur Hälfte zu tragen.
(2) Das Gleiche gilt, wenn ein Bergwerk oder eine andere auf Gewinnung von Bodenbestandteilen gerichtete Anlage Gegenstand des Nießbrauchs ist.

1 Bei Waldgrundstücken (I), Bergwerken oder anderen Anlagen zur Ausbeute von Bodenbestandteilen (II) kann jeder der Vertragspartner einen **Wirtschaftsplan** verlangen, der Streitigkeiten über die ordnungsgemäße Bewirtschaftung (§ 1036 II) vermeiden soll. Planänderung kann verlangt werden bei wesentlicher Veränderung der tatsächlichen Verhältnisse.
2 **Durchsetzung**: Klage auf Zustimmung zum Plan des Klägers. Vollstreckung: § 894 ZPO.

§ 1039 Übermäßige Fruchtziehung.

(1) ¹Der Nießbraucher erwirbt das Eigentum auch an solchen Früchten, die er den Regeln einer ordnungsmäßigen Wirtschaft zuwider oder die er deshalb im Übermaß zieht, weil dies infolge eines besonderen Ereignisses notwendig geworden ist. ²Er ist jedoch, unbeschadet seiner Verantwortlichkeit für ein Verschulden, verpflichtet, den Wert der Früchte dem Eigentümer bei der Beendigung des Nießbrauchs zu ersetzen und für die Erfüllung dieser Verpflichtung Sicherheit zu leisten. ³Sowohl der Eigentümer als der Nießbraucher kann verlangen, dass der zu ersetzende Betrag zur Wiederherstellung der Sache insoweit verwendet wird, als es einer ordnungsmäßigen Wirtschaft entspricht.
(2) Wird die Verwendung zur Wiederherstellung der Sache nicht verlangt, so fällt die Ersatzpflicht weg, soweit durch den ordnungswidrigen oder den übermäßigen Fruchtbezug die dem Nießbraucher gebührenden Nutzungen beeinträchtigt werden.

1 **A. Fruchterwerb (Abs 1 S 1).** Der Nießbraucher erwirbt das Eigentum nicht nur an vertragsmäßig gezogenen Früchten, sondern auch an Übermaßfrüchten. Solche liegen vor bei Verstoß gegen § 1036 II, aber auch bei notwendigen Maßnahmen wegen eines besonderen Ereignisses (zB Notschlachtung wegen Seuchengefahr). Verstoß gegen Wirtschaftsplan (§ 1038) ist stets Übermaß, es sei denn, es liegt eine tatsächliche Veränderung vor.
2 **B. Wertersatzpflicht (Abs 1 S 2).** Der Wert gezogener Übermaßfrüchte (Rn 1) ist nach Nießbrauchsbeendigung zu ersetzen; bis dahin sicherzustellen (§§ 232 ff). Diese Ersatzpflicht entfällt (II) bei Beeinträchtigung der ordnungsgemäßen Nutzung iSv § 1036 II.
3 Eigentümer und Nießbraucher können verlangen, dass der Ersatzbetrag zur Wiederherstellung der Sache iRd § 1036 II verwendet wird.

§ 1040 Schatz.

Das Recht des Nießbrauchers erstreckt sich nicht auf den Anteil des Eigentümers an einem Schatze, der in der Sache gefunden wird.

1 Regelung klarstellender Natur. Der in der Sache entdeckte Schatz ist weder Zubehör, noch Bestandteil, auch keine Frucht. Er unterliegt daher nicht dem Nießbrauch.

§ 1041 Erhaltung der Sache.

¹Der Nießbraucher hat für die Erhaltung der Sache in ihrem wirtschaftlichen Bestand zu sorgen. ²Ausbesserungen und Erneuerungen liegen ihm nur insoweit ob, als sie zu der gewöhnlichen Unterhaltung der Sache gehören.

1 **A. Grundsatz.** Die (nicht abdingbare) Norm gilt im Verhältnis Eigentümer/Nießbraucher (vgl BGH NotBZ 09, 279) und sie wirkt begrenzend für Ersatzpflichten zwischen Miteigentümern bei Anteilsbelastung (BGH NJW 66, 1707).
2 **B. Bestandserhaltung (S 1).** Sie trifft als Vornahme- und Kostentragungspflicht den Nießbraucher. Er hat alles zu tun, was der wirtschaftliche Bestand erfordert (Tiere füttern; Acker bestellen).
3 **C. Ausbesserung, Erneuerung (S 2).** Gewöhnliche Unterhaltungsmaßnahmen treffen den Nießbraucher. Es sind dies solche, die regelmäßig und in kürzeren Perioden üblicherweise und vorhersehbar auftreten (BGH NJW-RR 03, 1290: normale Verschleißreparaturen; BayObLG MDR 77, 1019: Aufforstung nach Kahlschlag); hierher gehören die Erneuerung des Anstrichs, Dachreparatur, Verputzausbesserungen.
4 *Außergewöhnliche Maßnahmen* treffen den Nießbraucher nur, wenn dies vereinbart ist. Hierher gehören: Wiederaufbau eines Hauses (BGH NJW 91, 837); Dacherneuerung (Kobl NJW-RR 95, 15); Heizungserneuerung (BFH/NV 91, 157).

§ 1042 Anzeigepflicht des Nießbrauchers. ¹Wird die Sache zerstört oder beschädigt oder wird eine außergewöhnliche Ausbesserung oder Erneuerung der Sache oder eine Vorkehrung zum Schutze der Sache gegen eine nicht vorhergesehene Gefahr erforderlich, so hat der Nießbraucher dem Eigentümer unverzüglich Anzeige zu machen. ²Das Gleiche gilt, wenn sich ein Dritter ein Recht an der Sache anmaßt.

Anzeigepflicht in den im Text genannten Fällen. „Außergewöhnliche Ausbesserung" s. § 1041 Rn 4. Rechtsanmaßung (2) kann wörtlich geschehen oder durch rechtswidriges Handeln. Die Pflicht besteht auch dann, wenn der Nießbraucher die Maßnahme selbst vornimmt; wohl nicht, wenn der Eigentümer bereits Kenntnis hat. 1

Anzeige ist unverzüglich (§ 121) zu erstatten. Bei schuldhafter Verletzung Haftung gem § 280 I 1 aus dem gesetzlichen Schuldverhältnis. 2

§ 1043 Ausbesserung oder Erneuerung. Nimmt der Nießbraucher eines Grundstücks eine erforderlich gewordene außergewöhnliche Ausbesserung oder Erneuerung selbst vor, so darf er zu diesem Zwecke innerhalb der Grenzen einer ordnungsmäßigen Wirtschaft auch Bestandteile des Grundstücks verwenden, die nicht zu den ihm gebührenden Früchten gehören.

Der Nießbraucher ist zu außergewöhnlichen Maßnahmen nicht verpflichtet, § 1041 Rn 4. Er darf sie jedoch vornehmen. Er kann dann Grundstücksbestandteile verwenden, die entweder keine Früchte sind, oder die ihm (zB nach dem Wirtschaftsplan) nicht gebühren. Die Verwendung darf jedoch nur eine unmittelbare sein; nicht zulässig ist die Finanzierung der Maßnahme durch Veräußerung der Bestandteile. 1

Die Grenzen ordnungsgemäßer Wirtschaft sind auch hier zu wahren; der Nießbraucher hat so zu handeln, wie ein verständiger Eigentümer handeln würde (Staud/*Frank* Rz 2). 2

§ 1044 Duldung von Ausbesserungen. Nimmt der Nießbraucher eine erforderlich gewordene Ausbesserung oder Erneuerung der Sache nicht selbst vor, so hat er dem Eigentümer die Vornahme und, wenn ein Grundstück Gegenstand des Nießbrauchs ist, die Verwendung der in § 1043 bezeichneten Bestandteile des Grundstücks zu gestatten.

Erfasst sind sowohl gewöhnliche wie außergewöhnliche Unterhaltungsmaßnahmen, vgl § 1041 Rn 3, 4: Nimmt der Nießbraucher sie nicht vor, so hat der Eigentümer einen Duldungsanspruch gegen den Nießbraucher, dass ihm seinerseits die Vornahme ermöglicht werde. Der Nießbraucher muss alle Handlungen dulden, die objektiv zu Vorbereitung und Durchführung der Maßnahme erforderlich sind. Der Nießbraucher muss auch die Verwendung der in § 1043 genannten Bestandteile dulden, ebenso die Verwendung der dem Nießbraucher zustehenden Früchte für gewöhnliche Erhaltungsmaßnahmen (MüKo/*Pohlmann* Rz 3). 1

Durchsetzung mit Duldungsklage. Vollstreckung: §§ 890, 892 ZPO. Vornahme gegen den Willen des Nießbrauchers ohne Duldungstitel ist verbotene Eigenmacht. 2

§ 1045 Versicherungspflicht des Nießbrauchers. (1) ¹Der Nießbraucher hat die Sache für die Dauer des Nießbrauchs gegen Brandschaden und sonstige Unfälle auf seine Kosten unter Versicherung zu bringen, wenn die Versicherung einer ordnungsmäßigen Wirtschaft entspricht. ²Die Versicherung ist so zu nehmen, dass die Forderung gegen den Versicherer dem Eigentümer zusteht.
(2) Ist die Sache bereits versichert, so fallen die für die Versicherung zu leistenden Zahlungen dem Nießbraucher für die Dauer des Nießbrauchs zur Last, soweit er zur Versicherung verpflichtet sein würde.

Versicherungspflicht des Nießbrauchers zur Aufnahme einer Sachversicherung für fremde Rechnung (I 2). Nach hM gilt Norm auch für Hagelversicherung (MüKo/*Pohlmann* Rz 6). 1

Die **Pflichten** aus dem Versicherungsverhältnis treffen den Nießbraucher. Bestand ein Versicherungsverhältnis bei Bestellung des Nießbrauchs bereits, so trifft den Nießbraucher im Verhältnis zum Eigentümer (nicht zur Versicherung!) die Prämientragungspflicht (II). 2

§ 1046 Nießbrauch an der Versicherungsforderung. (1) An der Forderung gegen den Versicherer steht dem Nießbraucher der Nießbrauch nach den Vorschriften zu, die für den Nießbrauch an einer auf Zinsen ausstehenden Forderung gelten.
(2) ¹Tritt ein unter die Versicherung fallender Schaden ein, so kann sowohl der Eigentümer als der Nießbraucher verlangen, dass die Versicherungssumme zur Wiederherstellung der Sache oder zur Beschaffung eines Ersatzes insoweit verwendet wird, als es einer ordnungsmäßigen Wirtschaft entspricht. ²Der Eigentümer kann die Verwendung selbst besorgen oder dem Nießbraucher überlassen.

Besteht eine Versicherung iSv § 1045, so erstreckt sich bei Eintritt des Versicherungsfalles der Nießbrauch auf die Forderung gegen den Versicherer. Es gelten die §§ 1070–1072, 1076–1079 (I). 1

2 Jede Vertragspartei kann jedoch die zweckgebundene Verwendung der Versicherungssumme fordern (II), dies bindet auch den anderen Vertragspartner.

§ 1047 Lastentragung.
Der Nießbraucher ist dem Eigentümer gegenüber verpflichtet, für die Dauer des Nießbrauchs die auf der Sache ruhenden öffentlichen Lasten mit Ausschluss der außerordentlichen Lasten, die als auf den Stammwert der Sache gelegt anzusehen sind, sowie diejenigen privatrechtlichen Lasten zu tragen, welche schon zur Zeit der Bestellung des Nießbrauchs auf der Sache ruhten, insbesondere die Zinsen der Hypothekenforderungen und Grundschulden sowie die auf Grund einer Rentenschuld zu entrichtenden Leistungen.

1 **A. Grundsatz.** Die Norm regelt im Innenverhältnis Eigentümer/Nießbraucher die **Lastentragungspflicht**. Unmittelbare Ansprüche der jeweiligen Gläubiger gegen den Nießbraucher werden nicht begründet. Gläubiger können jedoch den Anspruch des Eigentümers pfänden (MüKo/*Pohlmann* Rz 2).

2 **B. Öffentliche Lasten.** Hierunter fallen nur Lasten, die an die Sache (deren Größe, Wert oder Ertrag) anknüpfen, nicht aber an die Person des Abgabepflichtigen. Die sog Betriebskosten, die aus der Tätigkeit des Nießbrauchers entstehen (zB Gewerbesteuer), trägt er ohnehin selbst.

3 Auf den **Nießbraucher** entfallen: Grundsteuer, Kommunalabgaben (*Schippers* MittRhNotK 96, 197), Schornsteinfegergebühren.

4 Auf den **Eigentümer** entfallen alle außergewöhnlichen Lasten (BGH NJW 56, 1070). Hierher gehören zB Anlieger- und Erschließungskostenbeiträge, Umlegungs- und Ausgleichsbeiträge nach dem BauGB.

5 **C. Privatrechtliche Lasten.** Im Gegensatz zu den öffentlichen Lasten, für die keine zeitliche Abgrenzung besteht, treffen die privatrechtlichen den Nießbraucher nur, wenn sie zur Zeit der Nießbrauchsbestellung bereits auf der Sache ruhten.

6 Den **Nießbraucher** treffen die Zinsen von Grundpfandrechten. Ein Eigentümerrecht wird gem § 1197 II nicht verzinst. Der Nießbraucher trägt ferner die Einzelleistungen aus einer Reallast sowie Überbau- und Notwegrenten.

7 Den **Eigentümer** treffen die Tilgungsleistungen bei Grundpfandrechten sowie Strafzinsen bei verspäteter Tilgung.

§ 1048 Nießbrauch an Grundstück mit Inventar.
(1) ¹Ist ein Grundstück samt Inventar Gegenstand des Nießbrauchs, so kann der Nießbraucher über die einzelnen Stücke des Inventars innerhalb der Grenzen einer ordnungsmäßigen Wirtschaft verfügen. ²Er hat für den gewöhnlichen Abgang sowie für die nach den Regeln einer ordnungsmäßigen Wirtschaft ausscheidenden Stücke Ersatz zu beschaffen; die von ihm angeschafften Stücke werden mit der Einverleibung in das Inventar Eigentum desjenigen, welchem das Inventar gehört.
(2) Übernimmt der Nießbraucher das Inventar zum Schätzwert mit der Verpflichtung, es bei der Beendigung des Nießbrauchs zum Schätzwert zurückzugewähren, so findet die Vorschrift des § 582a entsprechende Anwendung.

1 Belastet ein Nießbrauch Grundstück und **Inventar** (zum Begriff s. Erl zu § 582), so erlangt der Nießbraucher iRd § 1036 II die Verfügungsbefugnis über die Inventarstücke.

2 Veräußert er oder wird ein Inventarstück im Rahmen ordnungsgemäßer Wirtschaft unbrauchbar, so ist das Stück zu **ersetzen** (I 2). Die neu beschafften Ersatzstücke werden im Wege dinglicher Surrogation Eigentum des Inventareigentümers. Der Erwerb tritt ein mit der „Einverleibung", dh mit der Herstellung des der Funktion des Stückes entspr räumlichen Verhältnisses zum Grundstück. Er tritt aber nur bei den Stücken ein, zu deren Beschaffung der Nießbraucher verpflichtet war.

3 Abw von I kann die Inventarübernahme bei Nießbrauchsbeginn und dessen Rückgewähr bei Rechtsbeendigung vereinbart werden, II. Der Nießbraucher wird nicht Eigentümer der Inventarstücke; die gegenseitigen Rechte und Pflichten ergeben sich aus § 582a.

§ 1049 Ersatz von Verwendungen.
(1) Macht der Nießbraucher Verwendungen auf die Sache, zu denen er nicht verpflichtet ist, so bestimmt sich die Ersatzpflicht des Eigentümers nach den Vorschriften über die Geschäftsführung ohne Auftrag.
(2) Der Nießbraucher ist berechtigt, eine Einrichtung, mit der er die Sache versehen hat, wegzunehmen.

1 **Verwendungen** (zum Begriff s. BGH NJW 61, 499) die nicht nach Vereinbarung oder gem §§ 1041, 1045, 1047, 1048 vom Nießbraucher zu tragen sind, hat der Eigentümer zu ersetzen. Str ist, ob dies der Eigentümer zzt der Verwendungsvornahme (Soergel/*Stürner* Rz 1) oder der im Zeitpunkt der Rückgabe (Staud/*Frank* Rz 9) ist. Nach richtiger Auffassung (MüKo/*Pohlmann* Rz 6) ist es der jeweilige Eigentümer, von dem der Nießbraucher, sofort oder erst am Ende, Ersatz verlangt.

Ansprüchsgrundlagen sind – aufgrund Rechtsgrundverweisung in I – die §§ 683, 684, 812 ff. 2
Beim entgeltlichen Nießbrauch besteht Verzinsungspflicht gem § 256 2. 3
Einrichtungen (s. § 258 Rn 2) kann der Nießbraucher wegnehmen. Das Recht soll auch bei einem wesentli- 4
chen Bestandteil bestehen (Palandt/*Bassenge* Rz 2); praktisch dürfte dies beim Grundstücksnießbrauch wegen
§ 95 keine Bedeutung haben.

§ 1050 Abnutzung. Veränderungen oder Verschlechterungen der Sache, welche durch die ordnungsmäßige Ausübung des Nießbrauchs herbeigeführt werden, hat der Nießbraucher nicht zu vertreten.

Hält sich der Nießbraucher an die gesetzlichen und vereinbarten Ausübungsschranken, so haftet er – ähnl 1
wie der Mieter, § 538 – für die normale Abnutzung der Sache nicht.
Zur ordnungsmäßen Ausübung gehören jedoch auch die Pflichten aus § 1041, § 1048 I 2; ihre Erfüllung 2
wird durch § 1050 nicht suspendiert BGH NotBZ 09, 279.

§ 1051 Sicherheitsleistung. Wird durch das Verhalten des Nießbrauchers die Besorgnis einer erheblichen Verletzung der Rechte des Eigentümers begründet, so kann der Eigentümer Sicherheitsleistung verlangen.

Das Verhalten des Nießbrauchers (oder des Ausübungsberechtigten) muss objektiv eine erhebliche Verletzung 1
der Eigentümerrechte besorgen lassen. Verschulden ist nicht erforderlich.
Der Nießbraucher hat nach §§ 232 ff Sicherheit zu leisten. Anspruchsberechtigt: Eigentümer, § 1011 anwendbar. 2

§ 1052 Gerichtliche Verwaltung mangels Sicherheitsleistung. (1) ¹Ist der Nießbraucher zur Sicherheitsleistung rechtskräftig verurteilt, so kann der Eigentümer statt der Sicherheitsleistung verlangen, dass die Ausübung des Nießbrauchs für Rechnung des Nießbrauchers einem von dem Gericht zu bestellenden Verwalter übertragen wird. ²Die Anordnung der Verwaltung ist nur zulässig, wenn dem Nießbraucher auf Antrag des Eigentümers von dem Gericht eine Frist zur Sicherheitsleistung bestimmt worden und die Frist verstrichen ist; sie ist unzulässig, wenn die Sicherheit vor dem Ablauf der Frist geleistet wird.
(2) ¹Der Verwalter steht unter der Aufsicht des Gerichts wie ein für die Zwangsverwaltung eines Grundstücks bestellter Verwalter. ²Verwalter kann auch der Eigentümer sein.
(3) Die Verwaltung ist aufzuheben, wenn die Sicherheit nachträglich geleistet wird.

Ist der Nießbraucher zur **Sicherheitsleistung** rechtskräftig verurteilt, so kann der Eigentümer anstelle der 1
Vollstreckung (§ 887 ZPO) die gerichtliche Verwaltung betreiben. Die dazu notwendige Fristsetzung (I 2)
kann gem § 255 II ZPO bereits im Urt geschehen; ansonsten gem § 764 ZPO durch das Vollstreckungsgericht.
Bei besonderer Dringlichkeit besteht die Möglichkeit des § 935 ZPO.
Die **Verwaltung** berührt den Nießbrauch nur insoweit, als der Nießbraucher seine Rechte nicht mehr selbst 2
ausüben kann. Verwalterbestellung (auch Eigentümer, I 1) und -beaufsichtigung geschehen durch das Vollstreckungsgericht analog § 150–154 ZVG.

§ 1053 Unterlassungsklage bei unbefugtem Gebrauch. Macht der Nießbraucher einen Gebrauch von der Sache, zu dem er nicht befugt ist, und setzt er den Gebrauch ungeachtet einer Abmahnung des Eigentümers fort, so kann der Eigentümer auf Unterlassung klagen.

Hält sich der Nießbraucher nicht an die Grenzen seiner gesetzlichen und/oder vertraglichen Befugnisse, so ist 1
eine Unterlassungsklage wegen unbefugten Sachgebrauchs (Verschulden wird nicht verlangt) erst nach
Abmahnung begründet; erst dann besteht der Unterlassungsanspruch. In analoger Anwendung wird die
Norm auch gegen den Ausübungsberechtigten, § 1059 2, gerichtet (MüKo/*Pohlmann* Rz 2).

§ 1054 Gerichtliche Verwaltung wegen Pflichtverletzung. Verletzt der Nießbraucher die Rechte des Eigentümers in erheblichem Maße und setzt er das verletzende Verhalten ungeachtet einer Abmahnung des Eigentümers fort, so kann der Eigentümer die Anordnung einer Verwaltung nach § 1052 verlangen.

Die gerichtliche Verwaltung des § 1052 ist nicht nur bei unterbliebener Sicherheitsleistung möglich, son- 1
dern – erst recht – bei bereits eingetretenen erheblichen Verletzungen der Eigentümerrechte. Verschulden ist
nicht erforderlich, wohl aber Fortsetzung des rechtswidrigen Verhaltens nach Abmahnung.
Während bei § 1052 auf Sicherheitsleistung geklagt wird, ist Klagegegenstand hier unmittelbar die Duldung 2
einer gerichtlichen Verwaltung. Mit dem vollstreckbaren Urt kann beim Vollstreckungsgericht die Anordnung der Verwaltung beantragt werden, vgl § 1052 Rn 2.

§ 1055 Rückgabepflicht des Nießbrauchers.

(1) Der Nießbraucher ist verpflichtet, die Sache nach der Beendigung des Nießbrauchs dem Eigentümer zurückzugeben.
(2) Bei dem Nießbrauch an einem landwirtschaftlichen Grundstück finden die Vorschriften des § 596 Abs. 1 und des § 596a, bei dem Nießbrauch an einem Landgut finden die Vorschriften des § 596 Abs. 1 und der §§ 596a, 596b entsprechende Anwendung.

1 **A. Der Rückgabeanspruch (Abs 1).** Nach Beendigung des Nießbrauchs (§ 1030 Rn 18, 20) ist die Sache in dem Zustand zurückzugeben, in dem sie sich bei ordnungsgemäßer Bewirtschaftung befinden müsste (MüKo/*Pohlmann* Rz 3 mwN). Rückgabepflichtig ist der Nießbraucher, nach dessen Tod der Erbe. Zur Rückgabe gehört beim Grundstücksnießbrauch auch die Löschung des Rechts.

2 **B. Ersatzansprüche.** Bei Unmöglichkeit der Herausgabe als solcher haftet der Nießbraucher gem §§ 280, 283.

3 Bei Herausgabe in einem ungenügenden Zustand (Rn 1) besteht Schadensersatzpflicht gem § 280 (Soergel/*Stürner* Rz 2).

4 **C. Anspruchkonkurrenzen.** Neben § 1055 können vertragliche Herausgabeansprüche bestehen. Nach hM besteht daneben auch der Anspruch aus § 985 (MüKo/*Pohlmann* Rz 7; Westermann/*Gursky* § 121 IV 2e).

5 Die §§ 987 ff sind ergänzend zu den Abwicklungsregeln des gesetzlichen Schuldverhältnisses jedenfalls subsidiär anwendbar (Sorgel/*Stürner* Rz 1).

6 **D. Landwirtschaftliche Grundstücke, Landgüter.** Für sie wird in II auf das Pachtrecht verwiesen. Vgl die Kommentierung zu §§ 596 I, 596a, 596b. Pachtjahr iSv § 596a ist das Wirtschaftsjahr.

§ 1056 Miet- und Pachtverhältnisse bei Beendigung des Nießbrauchs.

(1) Hat der Nießbraucher ein Grundstück über die Dauer des Nießbrauchs hinaus vermietet oder verpachtet, so finden nach der Beendigung des Nießbrauchs die für den Fall der Veräußerung von vermietetem Wohnraum geltenden Vorschriften der §§ 566, 566a, 566b Abs. 1 und der §§ 566c bis 566e, 567b entsprechende Anwendung.
(2) ¹Der Eigentümer ist berechtigt, das Miet- oder Pachtverhältnis unter Einhaltung der gesetzlichen Kündigungsfrist zu kündigen. ²Verzichtet der Nießbraucher auf den Nießbrauch, so ist die Kündigung erst vor der Zeit an zulässig, zu welcher der Nießbrauch ohne den Verzicht erlöschen würden.
(3) ¹Der Mieter oder der Pächter ist berechtigt, den Eigentümer unter Bestimmung einer angemessenen Frist zur Erklärung darüber aufzufordern, ob er von dem Kündigungsrecht Gebrauch mache. ²Die Kündigung kann nur bis zum Ablauf der Frist erfolgen.

1 **A. Grundsatz.** Die Norm schützt den **Mieter/Pächter** eines Grundstücks, der den Miet- oder Pachtvertrag mit dem Nießbraucher abgeschlossen hat, davor, nach Beendigung des Nießbrauchs das Objekt an den Eigentümer herausgeben zu müssen. Der Schutz geschieht durch eine entspr Anwendung der §§ 566 ff.

2 Der Mieter/Pächter einer **beweglichen Sache** ist nicht geschützt. Der von ihm mit dem Nießbraucher geschlossene Vertrag gewährt nach Wegfall des Nießbrauchs kein Besitzrecht iSv § 986 ggü dem Eigentümer.

3 Auf die Ausübungsüberlassung (§ 1059 2) ist die Norm nicht (auch nicht entspr) anwendbar (BGH NJW 90, 443); mit dem Ende des Stammrechts erlischt auch die Ausübungsbefugnis (BGH aaO; krit mit beachtenswerten Argumenten *Wacke* FS Gernhuber, 489).

4 **B. Der Vertragseintritt (Abs 1). Voraussetzungen** für die entspr Anwendung der §§ 566 ff sind: a) Vermietung oder Verpachtung eines Grundstückes oder Grundstücksteiles (auch: Wohnungseigentumsberechtigung) durch den Nießbraucher. Bei Vermietung/Verpachtung durch den Eigentümer vor Nießbrauchsbeginn ist der Nießbraucher gem § 567b gebunden; der Eigentümer ist es ohnehin.

5 b) Die Vermietung/Verpachtung muss sich über die Dauer des Nießbrauchs hinaus erstrecken.

6 Der Nießbrauch muss erloschen sein, zB durch Tod (§ 1061), durch Eintritt eines Endtermins oder einer auflösenden Bedingung, durch Aufhebung (§ 875) oder durch Zuschlag in der Zwangsversteigerung (§§ 52, 91 ZVG).

7 Im Zeitpunkt der Nießbrauchsbeendigung muss das Objekt dem Mieter/Pächter überlassen sein (BGH NJW 90, 443). Der Begriff der Überlassung ist der des § 566 I, vgl Erl dort.

8 Als **Rechtsfolgen** regelt das Gesetz den Eintritt des Eigentümers in die vertraglichen Rechte und Pflichten; die Wirksamkeit des Vertrages bleibt unberührt (BGH aaO). Der Eigentümer erlangt die Miet- (Pacht-) Zinsforderungen ab Eintritt kraft eigenen Rechts, nicht als Rechtsnachfolger des Nießbrauchers (BGH NJW 70, 752); Mietzinszessionen verlieren ihre Wirksamkeit nach Maßgabe des § 566b. Es gelten iÜ die §§ 566a–567b; vgl die Kommentierungen dort.

9 **C. Das Kündigungsrecht (Abs 2 u 3). I. Grundsatz.** Die Norm enthält ein Sonderkündigungsrecht des Eigentümers. Auf den Mieter/Pächter ist es nicht anwendbar; für ihn gelten die allg Regeln.

II. Eigentümerkündigung. Der Eigentümer kann unter Einhaltung der gesetzlichen Frist (§ 573d) kündigen. Von 10
Bedeutung ist das insb, wenn das Vertragsverhältnis auf bestimmte Zeit eingegangen wurde. Das Kündigungsrecht muss nicht zum ersten möglichen Termin ausgeübt werden; es besteht während der gesamten Mietzeit.
Die besonderen Kündigungsschutzvorschriften gelten auch hier (LG Münster WuM 96, 37). 11
Eine Besonderheit gilt (II 2), wenn der Nießbrauch durch **Verzicht** des Berechtigten (§ 875) eintritt. Die 12
Kündigung ist hier erst von dem Zeitpunkt an zulässig, zu welchem das Recht ohne den Verzicht erlöschen würden.
Um dem Mieter/Pächter Gewissheit über die Absichten des Eigentümers zu verschaffen, kann er diesen unter 13
Setzung einer angemessenen Frist zur Erklärung auffordern **(III)**. Ist dies geschehen, so besteht das Kündigungsrecht aus II nur noch innerhalb der gesetzten Frist.
Ein Kündigungsrecht des Eigentümers besteht **nicht**, wenn er selbst abgeschlossen hat, dem Vertrag beigetreten ist oder die Verbindlichkeiten aus dem Vertrag übernommen hat (BGH NJW 90, 443). Umstr ist das 14
Kündigungsrecht, wenn der Eigentümer Erbe des Nießbrauchers ist. Der BGH lehnt es ab (BGH aaO); im Schrifttum wird es vereinzelt bejaht (vgl MüKo/*Pohlmann* Rz 18 mwN). Die Ablehnung des Kündigungsrechts ist im Hinblick auf § 1967 I gerechtfertigt.

§ 1057 Verjährung der Ersatzansprüche.
¹Die Ersatzansprüche des Eigentümers wegen Veränderungen oder Verschlechterungen der Sache sowie die Ansprüche des Nießbrauchers auf Ersatz von Verwendungen oder auf Gestattung der Wegnahme einer Einrichtung verjähren in sechs Monaten. ²Die Vorschrift des § 548 Abs. 1 Satz 2 und 3, Abs. 2 findet entsprechende Anwendung.

Die Norm enthält eine kurze Verjährungsfrist für die Ansprüche des **Eigentümers** aus §§ 1036 II, 1037 I, II, 1
1041 1 u 2, iVm §§ 280 ff, 823. Nicht erfasst sind der Anspruch auf Rückgabe u der Schadensersatz wegen deren Unmöglichkeit. Die Norm gilt für die Ansprüche des **Nießbrauchers** aus § 1049. § 902 I 1 ist nicht anwendbar.
Unabhängig von 1 verjähren Eigentümeransprüche nach **2** dann, wenn der Rückgabeanspruch verjährt ist, 2
§ 548 I 3. Der Anspruch aus § 1055 verjährt nach § 195 in drei Jahren.
Verjährungsbeginn ist für Eigentümeransprüche der Zeitpunkt der Rückgabe, § 548 I 2; für Nießbraucheransprüche die Beendigung des Rechts. 3

§ 1058 Besteller als Eigentümer.
Im Verhältnis zwischen dem Nießbraucher und dem Eigentümer gilt zugunsten des Nießbrauchers der Besteller als Eigentümer, es sei denn, dass der Nießbraucher weiß, dass der Besteller nicht Eigentümer ist.

Die Norm gilt für das gesetzliche Schuldverhältnis Nießbraucher/Eigentümer, wenn Letzterer nicht der 1
Besteller ist. Den gutgläubigen Erwerb des Rechts vom Nichteigentümer regeln die §§ 1032, 932 ff (Mobilie) bzw §§ 873, 892 (Immobilie).
Die Norm schützt den Nießbraucher durch die Fiktion, der Bestellter gelte als Eigentümer, es sei denn, der 2
Nießbraucher hat positive Kenntnis vom wahren Sachverhalt. Die Fiktion ist bedeutsam bei Leistungen des Nießbrauchers an den Besteller, beim Verwendungsersatz des § 1049, auch bei Änderungen des gesetzlichen Schuldverhältnisses.
Zwischen Besteller und Nießbraucher vereinbarte Leistungspflichten treffen den Eigentümer jedoch nach hM 3
nicht (MüKo/*Pohlmann* Rz 6).

§ 1059 Unübertragbarkeit; Überlassung der Ausübung.
¹Der Nießbrauch ist nicht übertragbar. ²Die Ausübung des Nießbrauchs kann einem anderen überlassen werden.

A. Die Unübertragbarkeit (S 1). Das dingliche Recht ist nicht übertragbar; dies gilt auch für den schuldrechtlichen Anspruch auf Bestellung, wie der Umkehrschluss aus § 1059e ergibt. 1
Weil nicht übertragbar, kann es nicht verpfändet (§ 1274 II) oder seinerseits mit einem Nießbrauch belastet 2
werden (§ 1069 II). Seine Pfändbarkeit ist als solche grds anerkannt, freilich herrscht in Einzelheiten viel Streit (MüKo/*Pohlmann* Rz 19 ff; ausf *Eickmann* FS Gerhardt, 211 sowie NotBZ 08, 257).
Ausnahme regelt § 1059a. 3
Weitgehende **Annäherung** an eine Übertragung kann erreicht werden durch einen vormerkungsgesicherten 4
Bestellungsanspruch bei Erlöschen des Rechts (LG Traunstein NJW 62, 2207), durch eine Kombination von auflösender und aufschiebender Bedingung oder durch die Erstreckung des Rechts auf den „Erwerber" als Gesamtberechtigten (Ddorf RhNotK 79, 191).

B. Die Überlassung zur Ausübung (S 2). I. Rechtsnatur. Die Überlassung wirkt nach hM rein schuldrecht- 5
lich (BGHZ 55, 111), sie ist deshalb nicht eintragungsfähig (BGH aaO). Davon zu unterscheiden ist die Überlassungsbefugnis; sie ist dinglicher Rechtsinhalt, kann aber mit dinglicher Wirkung ausgeschlossen werden. Dieser Ausschluss ist eintragungsbedürftig (BGH NJW 85, 2827).

6 **II. Vereinbarung.** Sie ist nach hM abzugrenzen ggü bloßer Vermietung/Verpachtung (BGH NJW 90, 443); Letzteres ist Selbstausübung durch das Ziehen mittelbarer Sachfrüchte. Für die Vertragsgestaltung sind deshalb eindeutige Formulierungen unerlässlich. Die Überlassung kann formfrei vereinbart werden.

7 **III. Rechtsfolgen.** Der Ausübungsberechtigte erwirbt die Früchte mit der Trennung, § 956 II.

8 Der Nießbraucher ist zur Duldung der Ausübung verpflichtet. Im Verhältnis zum Eigentümer besteht das gesetzliche Schuldverhältnis weiter; verpflichtet bleibt der Nießbraucher, der Dritte ist sein Erfüllungsgehilfe, § 278.

9 Gegen den Dritten können dem Eigentümer Ansprüche aus §§ 823, 1004 zustehen, Letztere jedoch nur mit der Einschränkung aus § 1053 (vgl dort Rn 1).

10 **IV. Erlöschen der Ausübung.** Das Ausübungsrecht ist vom Bestand des Nießbrauchs abhängig (BGH NJW 71, 422; 90, 443); es erlischt mit diesem. Deshalb ist im Hinblick auf § 1056 eine eindeutige Abgrenzung ggü Miete/Pacht erforderlich (s.o. Rn 6).

§ 1059a Übertragbarkeit bei juristischer Person oder rechtsfähiger Personengesellschaft.

(1) Steht ein Nießbrauch einer juristischen Person zu, so ist er nach Maßgabe der folgenden Vorschriften übertragbar:
1. Geht das Vermögen der juristischen Person auf dem Wege der Gesamtrechtsnachfolge auf einen anderen über, so geht auch der Nießbrauch auf den Rechtsnachfolger über, es sei denn, dass der Übergang ausdrücklich ausgeschlossen ist.
2. ¹Wird sonst ein von einer juristischen Person betriebenes Unternehmen oder ein Teil eines solchen Unternehmens auf einen anderen übertragen, so kann auf den Erwerber auch ein Nießbrauch übertragen werden, sofern er den Zwecken des Unternehmens oder des Teils des Unternehmens zu dienen geeignet ist. ²Ob diese Voraussetzungen gegeben sind, wird durch eine Erklärung der zuständigen obersten Landesbehörde festgestellt. ³Die Erklärung bindet die Gerichte und die Verwaltungsbehörden. Die Landesregierungen bestimmen durch Rechtsverordnung die zuständige Landesbehörde. ⁴Die Landesregierungen können die Ermächtigung durch Rechtsverordnung auf die Landesjustizverwaltungen übertragen.

(2) Einer juristischen Person steht eine rechtsfähige Personengesellschaft gleich.

1 Ausnahmsweise **Übertragbarkeit** des Nießbrauchs zugunsten juristischer Personen und rechtsfähiger Personengesellschaften (§ 14 II) bei Gesamtrechtsnachfolge (s.u. Rn 2) und bei Unternehmensübertragung (s.u. Rn 3).

2 Bei **Gesamtrechtsnachfolge** geht der Nießbrauch automatisch mit über, es sei denn, der Übergang ist bei der Rechtsbestellung oder später ausdrücklich ausgeschlossen worden. Gesamtrechtsnachfolge liegt vor bei Verschmelzung, Spaltung und bei Vermögensübertragung, je nach dem UmwG; bei § 142 HGB; bei §§ 45 III, 46, 88. Keine Gesamtrechtsnachfolge stellt die lediglich formwechselnde Umwandlung (§§ 190 ff UmwG) dar, § 202 I UmwG.

3 Bei einer **Unternehmensübertragung** (I 2) wird § 1059 ebenfalls durchbrochen; im Unterschied zu oben Rn 2 ist jedoch hier ein ausdrückliches Übertragungsgeschäft bzgl des Nießbrauches erforderlich. Zum Unternehmen und Unternehmensteil Hamm DNotZ 07, 473 u ausf *Wessel* DB 94, 1605. Der Nießbrauch muss den Zwecken des Unternehmens(-teiles) zu dienen geeignet sein. Diese Erfordernisse werden in einem besonderen Verfahren geprüft, 2. Zuständig: LG-Präsident, in Hamburg und Berlin der AG-Präsident.

§ 1059b Unpfändbarkeit.
Ein Nießbrauch kann auf Grund der Vorschrift des § 1059a weder gepfändet noch verpfändet noch mit einem Nießbrauch belastet werden.

1 Die Norm hat lediglich klarstellende Bedeutung insoweit, als mit § 1059a nicht beabsichtigt war, die Rechtslage bzgl Pfändung, Verpfändung oder Belastung zu verändern. Vgl insoweit § 1059 Rn 2.

§ 1059c Übergang oder Übertragung des Nießbrauchs.
(1) ¹Im Falle des Übergangs oder der Übertragung des Nießbrauchs tritt der Erwerber anstelle des bisherigen Berechtigten in die mit dem Nießbrauch verbundenen Rechte und Verpflichtungen gegenüber dem Eigentümer ein. ²Sind in Ansehung dieser Rechte und Verpflichtungen Vereinbarungen zwischen dem Eigentümer und dem Berechtigten getroffen worden, so wirken sie auch für und gegen den Erwerber.

(2) Durch den Übergang oder die Übertragung des Nießbrauchs wird ein Anspruch auf Entschädigung weder für den Eigentümer noch für sonstige dinglich Berechtigte begründet.

1 Die Norm regelt den Eintritt in das gesetzliche Schuldverhältnis (I 1) oder in schuldrechtliche Vereinbarungen (II). Entschädigungsansprüche sind ausgeschlossen (II).

§ 1059d Miet- und Pachtverhältnisse bei Übertragung des Nießbrauchs. Hat der bisherige Berechtigte das mit dem Nießbrauch belastete Grundstück über die Dauer des Nießbrauchs hinaus vermietet oder verpachtet, so sind nach der Übertragung des Nießbrauchs die für den Fall der Veräußerung von vermietetem Wohnraum geltenden Vorschriften der §§ 566 bis 566e, 567a und 567b entsprechend anzuwenden.

Die Norm überträgt den Rechtsgedanken des § 1056 auch auf die Vorgänge des § 1059a. Erweiternd gelten hier jedoch auch § 566b II und § 567a. Ein Kündigungsrecht wie in § 1056 II besteht hier nicht. 1

§ 1059e Anspruch auf Einräumung des Nießbrauchs. Steht ein Anspruch auf Einräumung eines Nießbrauchs einer juristischen Person oder einer rechtsfähigen Personengesellschaft zu, so gelten die Vorschriften der §§ 1059a bis 1059d entsprechend.

§ 1059 verbietet auch die Abtretung des schuldrechtlichen Bestellungsanspruchs (vgl § 1059 Rn 1), iRd § 1059a besteht für die dort genannten Fälle keine Notwendigkeit zu solcher Einschränkung. 1

§ 1060 Zusammentreffen mehrerer Nutzungsrechte. Trifft ein Nießbrauch mit einem anderen Nießbrauch oder mit einem sonstigen Nutzungsrecht an der Sache dergestalt zusammen, dass die Rechte nebeneinander nicht oder nicht vollständig ausgeübt werden können, und haben die Rechte gleichen Rang, so findet die Vorschrift des § 1024 Anwendung.

Der Regelungsgegenstand entspricht dem in § 1024, auf den wegen des Norminhalts verwiesen ist. Vgl die Erl dort. 1

§ 1061 Tod des Nießbrauchers. ¹Der Nießbrauch erlischt mit dem Tode des Nießbrauchers. ²Steht der Nießbrauch einer juristischen Person oder einer rechtsfähigen Personengesellschaft zu, so erlischt er mit dieser.

A. Die natürliche Person. Die Norm trägt der besonderen Vertrauensstellung des Nießbrauchers Rechnung; zusammen mit § 1059 schafft sie eine für die Lebenszeit des Nießbrauchers unauflösliche persönliche Bindung. Sie endet mit der Aufhebung des Rechts oder mit dem Tode des Nießbrauchers, 1. 1

Dem Tode steht die **Todeserklärung** nach dem VerschG gleich. Nach § 5 I 1 GBBerG gilt ein Nießbrauch mit Ablauf von 110 Jahren seit dem Geburtstag des Berechtigten als erloschen. 2

Beim Tode eines von mehreren Bruchteilsberechtigten erlischt das Recht **anteilig**, insoweit ist der Eigentümer wieder nutzungsberechtigt (Ddorf Rpfleger 75, 409); er bildet zusammen mit den verbleibenden Nießbrauchern eine Nutzungsgemeinschaft nach §§ 743–745. 3

Bei **Gesamthandsgemeinschaften** ist zu unterscheiden: Die rechtsfähige Gemeinschaft fällt unter 2. Bei nicht rechtsfähigen Gemeinschaften wächst der Anteil des Verstorbenen dem/den anderen Teilhabern an (BayObLGZ 55, 155). 4

Das Recht erlischt mit dem Tode; der Besitz des Nießbrauchers geht auf den Erben über, § 857. Dieser tritt auch in die Rechte und Pflichten aus dem Rückabwicklungsverhältnis ein, s. § 1055 Rn 1. 5

§ 1061 ist **unabdingbar**. Gestaltungsmöglichkeiten im Hinblick auf eine Nacheinander-Berechtigung s. § 1059 Rn 4. 6

B. Die juristische Person und Personengesellschaft. *Pohlmann* (MüKo § 1061 Rz 8) weist zu Recht darauf hin, dass nach mittlerweile hM die juristische Person nicht mit bloßer Löschung, sondern erst auf Grund des Doppeltatbestandes von Vermögenslosigkeit und Löschung erlischt. Folgt man ihr, dann hat 2 keinen Anwendungsbereich, denn solange der Nießbrauch noch besteht, ist die Gesellschaft nicht vermögenslos; wird er bereits iRd Liquidation aufgehoben, so erlischt er schon dadurch. Einen praktischen Sinn behält § 1061 2 nur dann, wenn man an der tradierten Auffassung festhält, dass die juristische Person/Personengesellschaft allein durch die Löschung im Register erlischt. Das BGB hat insoweit die dogmatische Weiterentwicklung des Gesellschaftsrechts nicht nachvollzogen. 7

§ 1062 Erstreckung der Aufhebung auf das Zubehör. Wird der Nießbrauch an einem Grundstück durch Rechtsgeschäft aufgehoben, so erstreckt sich die Aufhebung im Zweifel auf den Nießbrauch an dem Zubehör.

Der Nießbrauch am Zubehör (§ 1031) kann beim Grundstücksnießbrauch dadurch enden, dass das Recht als solches aufgehoben wird. Die Aufhebung lässt dann, bei Fehlen gegenteiliger Vereinbarung, das Recht auch am Zubehör erlöschen. 1

Der Nießbrauch kann jedoch, unter Fortbestand am Grundstück, allein am Zubehör aufgehoben werden, s. § 1064. 2

§ 1063 Zusammentreffen mit dem Eigentum.
(1) Der Nießbrauch an einer beweglichen Sache erlischt, wenn er mit dem Eigentum in derselben Person zusammentrifft.
(2) Der Nießbrauch gilt als nicht erloschen, soweit der Eigentümer ein rechtliches Interesse an dem Fortbestehen des Nießbrauchs hat.

1 Die Norm regelt den Zusammenfall von Nießbrauch und Eigentum an einer beweglichen Sache. Die Folge ist das Erlöschen des Nießbrauchs, I.

2 Die Regelung in II ist keine Ausnahme, denn – ebenso wie bei § 1256 II – ist davon auszugehen, dass das Recht erloschen ist, jedoch kraft Fiktion als bestehend angesehen wird, soweit die Interessen des Eigentümers dies verlangen. Dies kann bei nachrangigen Nutzungsrechten der Fall sein.

§ 1064 Aufhebung des Nießbrauchs an beweglichen Sachen.
Zur Aufhebung des Nießbrauchs an einer beweglichen Sache durch Rechtsgeschäft genügt die Erklärung des Nießbrauchers gegenüber dem Eigentümer oder dem Besteller, dass er den Nießbrauch aufgebe.

1 An einer beweglichen Sache kann der Nießbrauch lasten, wenn sie Zubehör eines Grundstücks ist; die bewegliche Sache kann aber auch alleiniger Belastungsgegenstand sein. Im ersteren Fall kann der Nießbrauch auch gem § 1062 erlöschen.

2 In jedem Fall erlischt das Recht an der beweglichen Sache durch entspr Aufhebungserklärung. Sie ist an den Eigentümer zu richten; die Erklärung ggü dem Nichteigentümer-Besteller genügt auch dann, wenn Nießbraucher die Eigentumslage kennt. Bei Bestehen eines Pfändungspfandrechts ist die Zustimmung des Gläubigers erforderlich.

§ 1065 Beeinträchtigung des Nießbrauchsrechts.
Wird das Recht des Nießbrauchers beeinträchtigt, so finden auf die Ansprüche des Nießbrauchers die für die Ansprüche aus dem Eigentum geltenden Vorschriften entsprechende Anwendung.

1 **A. Ansprüche gegen Dritte.** Der Nießbraucher genießt **Rechtsschutz** wie ein Eigentümer. a) §§ 985 ff. Herausgabe (§§ 985, 986); Nutzungen (§§ 987, 990 I, II, 991 I, 993 I, 988); Schadensersatz (§§ 991 II, 989, 990 I u II, 992). b) Andere Ansprüche: Besitzschutz (§ 858 iVm § 1036), petitorische (§ 1007 iVm § 1036); Schadensersatz (§ 823), Unterlassung (§ 1004). Keine Ansprüche bestehen ggü dem, der die Ausübung gepfändet hat (BGH Rpfleger 06, 331).

2 Obwohl nicht angesprochen, gilt der Verweis nach hM auch für **Gegenansprüche** auf Verwendungsersatz (§§ 994 I, II, 995 ff).

3 **B. Ansprüche gegen den Eigentümer.** Neben den Ansprüchen aus dem gesetzlichen Schuldverhältnis sowie aus §§ 823, 1004 besteht nach richtiger Auffassung auch der Anspruch auf Besitzeinräumung nach **§ 985** (MüKo/*Pohlmann* Rz 8). Die Konkurrenz der Regeln des gesetzlichen Schuldverhältnisses mit den §§ 987 ff (allg zur Problematik: *Schwab/Prütting* § 48 VIII) sollte dahin aufgelöst werden, dass das Vindikationsrecht anwendbar ist, aber inhaltlich begrenzt durch die Regeln des gesetzlichen Schuldverhältnisses (MüKo/*Pohlmann* Rz 9; Palandt/*Bassenge* Rz 3).

4 Die vorgenannten Regelungen finden auch Anwendung auf den Besteller, der nicht Eigentümer ist.

§ 1066 Nießbrauch am Anteil eines Miteigentümers.
(1) Besteht ein Nießbrauch an dem Anteil eines Miteigentümers, so übt der Nießbraucher die Rechte aus, die sich aus der Gemeinschaft der Miteigentümer in Ansehung der Verwaltung der Sache und der Art ihrer Benutzung ergeben.
(2) Die Aufhebung der Gemeinschaft kann nur von dem Miteigentümer und dem Nießbraucher gemeinschaftlich verlangt werden.
(3) Wird die Gemeinschaft aufgehoben, so gebührt dem Nießbraucher der Nießbrauch an den Gegenständen, welche an die Stelle des Anteils treten.

1 **A. Grundsatz.** Der Nießbrauch am Miteigentumsanteil gilt als **Sachnießbrauch**. Das gilt nach hM auch für das Recht an einem einfachen ideellen Bruchteil (LG Wuppertal MittRhNotK 96, 234; Staud/*Frank* Rz 1, 15; aA MüKo/*Pohlmann* Rz 4). Auf eine Wohnungseigentumsberechtigung ist die Norm **nicht** anwendbar (BGH NJW 02, 1647). Sie gilt gleichfalls nicht beim Quotennießbrauch (Staud/*Frank* Rz 21) und bei Belastung eines realen Teils (Soergel/*Stürner* Rz 1a). Begrifflich scheidet sie aus bei mehrfacher Berechtigung an einem die ganze Sache erfassenden Recht.

2 **B. Ausübung (Abs 1).** Der Nießbraucher übt anstelle des Miteigentümers die Rechte aus §§ 743–745, 1011 aus. Vor Nießbrauchsbeginn getroffene Vereinbarungen muss der Nießbraucher gegen sich gelten lassen (§ 746); bei Grundstücken aber nur gem § 1010 I (BGH NJW 64, 648). Lasten trägt der Nießbraucher nur iRv §§ 1041, 1047 (BGH NJW 66, 1707).

C. Aufhebung der Gemeinschaft (Abs 2). § 749 wird durch II modifiziert: Das Aufhebungsverlangen können Nießbraucher und Miteigentümer nur gemeinsam stellen; sie sind einander jeweils zur Mitwirkung im Rahmen ordnungsgemäßer Wirtschaft verpflichtet. Wegen der sog Teilungsversteigerung (§§ 180–185 ZVG) vgl *Eickmann* § 29 IV. 3

D. Surrogation (Abs 3). Nach Aufhebung (II) wird geteilt. An den dann entstehenden Surrogaten gebührt dem Nießbraucher ein Nießbrauchsrecht, soweit sie an die Stelle des belasteten Anteils treten, das kann sein ein realer Teil (Teilung in Natur) am Erlösanspruch und letztlich am realen Teil des Erlöses. 4
Nach inzwischen hM besteht nicht nur ein Anspruch, sondern es tritt dingliche Surrogation ein (BGH NJW 69, 1347; 72, 1045; vgl auch Ddorf ZfJR 04, 927). 5
Zur Besonderheit in der sog Teilungsversteigerung vgl *Eickmann* § 34 II 2. 6

§ 1067 Nießbrauch an verbrauchbaren Sachen. (1) ¹Sind verbrauchbare Sachen Gegenstand des Nießbrauchs, so wird der Nießbraucher Eigentümer der Sachen; nach der Beendigung des Nießbrauchs hat er dem Besteller den Wert zu ersetzen, den die Sachen zur Zeit der Bestellung hatten. ²Sowohl der Besteller, als der Nießbraucher kann den Wert auf seine Kosten durch Sachverständige feststellen lassen.
(2) Der Besteller kann Sicherheitsleistung verlangen, wenn der Anspruch auf Ersatz des Wertes gefährdet ist.

Für verbrauchbare Sachen (§ 92) gelten Besonderheiten, die wohl darauf beruhen, dass solche Sachen häufig verderblich sind, jedenfalls aber durch Zeitablauf an Wert verlieren. Die Regelungen verlassen mangels Entstehen eines Rechts an der Sache des Eigentümers das Nießbrauchsrecht („uneigentlicher Nießbrauch"; „Quasi-Nießbrauch"). 1
Unmittelbare Rechtsfolge ist der **Eigentumsübergang** auf den „Nießbraucher" (I 1). 2
Zugleich entsteht ein gesetzliches Schuldverhältnis zwischen dem „Nießbraucher" und dem Besteller, denn dieser verliert regelmäßig sein Eigentum. Bei Verfügung eines Nichtberechtigten verliert zwar der wahre Eigentümer das Eigentum, trotzdem ist er nicht in das Schuldverhältnis einbezogen (MüKo/*Pohlmann* Rz 6). 3
Eine Aufhebung des „Nießbrauchs" ist begrifflich ausgeschlossen, weil eine Belastung nicht besteht. Der „Nießbraucher" muss gem §§ 929 ff zurück übereignen. 4
Nach **Beendigung** des gesetzlichen Schuldverhältnisses (entspr §§ 1061, 1063, 1064) besteht ein Wertersatzanspruch Besteller/"Nießbraucher" (I 1 Hs 2). Wertfeststellung: § 164 FGG. War der Besteller nicht der Eigentümer, so steht ihm der Ersatzanspruch trotzdem zu; der Eigentümer hat Anspruch aus § 816 I. Bei Gefährdung des Ersatzanspruches kann Sicherheit verlangt werden, II. 5

Untertitel 2 Nießbrauch an Rechten

§ 1068 Gesetzlicher Inhalt des Nießbrauchs an Rechten. (1) Gegenstand des Nießbrauchs kann auch ein Recht sein.
(2) Auf den Nießbrauch an Rechten finden die Vorschriften über den Nießbrauch an Sachen entsprechende Anwendung, soweit sich nicht aus den §§ 1069 bis 1084 ein anderes ergibt.

A. Der Rechtsnießbrauch. I. Grundsätze. Auch Rechte können mit einem Nießbrauch belastet werden, sofern sie übertragbar (§ 1069 Rn 2) und nutzbar (s.u. Rn 5) sind. Diesen Rechtsnießbrauch regeln die §§ 1068–1084, freilich unter weitgehendem Rekurs auf die §§ 1030–1067 (s.u. Rn 8). 1
Praktisch bedeutsam sind insb der Nießbrauch an Gesellschaftsanteilen und an Immaterialgüterrechten. 2
Nach hM ist der Rechtsnießbrauch ein dingliches Recht (Westermann/*Gursky* § 140, 3 mwN), also ein Recht am Recht. 3

II. Belastbare Rechte. Das zu belastende Recht muss **fungibel** sein, § 1069 II, s. dort Rn 3. 4
Das Recht muss begriffsnotwendig ein **nutzbares** sein. Hierher gehören: Aktien, Gesellschaftsanteile, Patentrechte, Geschmacksmusterrechte, Gebrauchsmusterrechte, Markenrechte, Grundpfandrechte, Reallasten (aber nicht als Inhalt eines Altenteils, s.u. Rn 6), Forderungen (auch unverzinsliche, vgl §§ 1074, 1076); auch der Anspruch auf Verschaffung einer Sache, wenn diese ihrer Natur nach nutzbar ist. 5
Auch das Altenteil ist nutzbar, es ist jedoch nicht übertragbar, vgl § 1069 Rn 5. 6
Nicht nutzbar sind Verkaufs- und Wiederkaufsrechte. 7

III. Anwendbare Vorschriften. Durch die Verweisung in II sind grds anwendbar: §§ 1030, 1035, 1036, 1039, 1045–1047, 1049–1055, 1057–1059c, 1059e–1061, 1063–1067. Freilich ist, je nach dem Gegenstand des Rechtsnießbrauchs, im Einzelfall zu prüfen, ob die Anwendung einer Norm zu sinnvollen Ergebnissen führt. Typisch insoweit die Nichtanwendung von § 1066 beim Nießbrauch an einem Gesellschaftsanteil, s.u. Rn 10. 8
Nicht anwendbar: §§ 1031–1034, 1037, 1038, 1040–1044, 1048, 1056, 1062. 9

10 **B. Praktisch bedeutsame Fälle. I. Aktien, GmbH-Anteile. Der Gewinnanteil** steht dem Nießbraucher zu (MüKo/*Pohlmann* Rz 49). Keine Früchte des Nießbrauchs sind jedoch **Bezugsrechte** (§ 186 AktG, § 55 GmbHG), sie stehen dem Aktionär (Gesellschafter) zu (BGHZ 58, 316). Verliert der belastete Anteil durch die Kapitalerhöhung an Wert, so besteht Anspruch auf Bestellung des Nießbrauchs auch am neuen Anteil. Bei einer Kapitalerhöhung aus Gesellschaftsmitteln erfasst der Nießbrauch nach hM jedoch unmittelbar die neuen Aktien (Gesellschaftsanteile) im Wege dinglicher Surrogation (Soergel/*Stürner* Rz 9b). Der **Liquidationserlös** (§ 271 AktG, § 72 GmbHG) steht zwar dem Aktionär (Gesellschafter) zu, ist aber mit dem Nießbrauch belastet (MüKo/*Pohlmann* Rz 47).

11 **II. Personengesellschaften.** a) Nießbrauch am Anspruch auf Gewinnanteil und Auseinandersetzungsguthaben. Er ist rechtlich möglich, wirtschaftlich aber wenig sinnvoll, denn er gewährt nur die Nutzungen der Ansprüche, nicht aber diese selbst. Es gelten §§ 1074, 1075, 1067; dem Nießbraucher verbleibt nur der Zinsvorteil.

12 b) Nießbrauch am Gewinnstammrecht. Er soll die in Rn 11 aufgezeigte Problematik durch entspr Anwendung von § 1073 überwinden. Nach hM ist er jedoch unzulässig (vgl *Kruse* RNotZ 02, 69 mwN), weil eine Spaltung von Verwaltungsrechten und vermögensrechtlicher Beteiligung gesellschaftsrechtlich nicht möglich ist.

13 c) Nießbrauch an der **Mitgliedschaft** (Gesellschaftsanteil). Er setzt voraus, dass die Mitgliedschaft übertragbar ist, § 169 II. Sie ist das wegen § 719 I (§§ 105 III, 161 II HGB) nur bei entspr Vereinbarung; es kann aber auch der Belastung mit einem Nießbrauch im Gesellschaftsvertrag oder durch einstimmigen Beschl zugestimmt werden.

14 Der Nießbraucher hat Anspruch auf den entnahmefähigen Gewinn (BGHZ 58, 316; DNotZ 75, 735), dazu gehören idR auch die Zinsen (BGH WM 85, 1343).

15 Außerordentliche Erträge aus der Auflösung stiller Reserven durch Veräußerung von Anlagevermögen sind keine Früchte, denn sie sind keine „bestimmungsgemäßen Erträge" iSv § 99 II. Sie stehen dem Gesellschafter unmittelbar zu (BFH NJW 95, 1918). Anders ist dies bei der Auflösung und Ausschüttung von Rücklagen; sie sind Früchte.

16 Das Entnahmerecht aus § 122 I HGB steht dem Nießbraucher dann zu, wenn die zu entnehmenden Beträge vom Gewinn gedeckt sind (MüKo/*Pohlmann* Rz 61).

§ 1069 Bestellung. (1) Die Bestellung des Nießbrauchs an einem Recht erfolgt nach den für die Übertragung des Rechts geltenden Vorschriften.
(2) An einem Recht, das nicht übertragbar ist, kann ein Nießbrauch nicht bestellt werden.

1 **A. Die Rechtsbestellung. I. Grundsatz.** Die Bestellung unterliegt den Übertragungsregeln (I). Ein Nießbrauch am eigenen Recht wird an Grundstücksrechten bei Vorliegen eines rechtlichen Interesses zugelassen (Staud/*Frank* Rz 9; Soergel/*Stürner* Rz 4).

2 Ein gutgläubiger Erwerb ist möglich, wenn das zu belastende Recht seinerseits gutgläubig erworben werden kann (§§ 892, 1138, 2366, 405).

3 **II. Einzelfälle.** a) Forderungen und sonstige Rechte: §§ 398, 413. Wegen des Eigentumsverschaffungsanspruchs an einer Immobilie s. § 1075 Rn 3; b) Grundstücksrechte: § 873, bei Briefgrundpfandrechten § 1154 I, II; c) Anwartschaftsrechte: wie Übertragung des Vollrechts; d) Inhaberpapiere und Orderpapiere mit Blankoindossament: Wie bei beweglichen Sachen (§ 1032). Mitbesitz reicht aber aus, § 1081 II. e) Andere Orderpapiere: Einigung und Papierübergabe; Indossament entbehrlich; f) Namens- und Legitimationspapiere: wie das verbriefte Recht; g) Anteil an Personengesellschaft: § 398; h) GmbH-Anteil: § 15 III GmbHG; i) Erbanteil: § 2033 I 2.

4 **B. Nicht übertragbare Rechte (Abs 2). I. Gesetzliche Unübertragbarkeit.** Gesetzliche Verbote ergeben sich aus §§ 399 Alt 1, 400, 613 2, 664 II, 1059 1, 1092 I 1. Zu § 719 s. § 1068 Rn 13. Unübertragbar sind auch die Grunddienstbarkeit und die subjektiv-dingliche Reallast (auch Erbbauzins) wegen der untrennbaren Verknüpfung mit dem Eigentum.

5 Wegen § 400 ist die **Altenteilsreallast** nicht übertragbar, denn sie ist nicht pfändbar, § 850b I Nr 3 ZPO. Das Altenteilswohnungsrecht ist nicht übertragbar nach § 1092 I 1. Somit kann das Altenteil insgesamt oder eines seiner Teilrechte nicht mit einem Nießbrauch belastet werden. Dass es in § 1073 noch genannt ist, liegt an fehlender Koordination mit Einfügung von § 850b ZPO.

6 Ein Nießbrauch am Ausübungsrecht (§ 1059 2; § 1092 I 2) kann durch den Nießbraucher nicht bestellt werden, wohl aber durch den Dritten, dem die Ausübung überlassen ist (MüKo/*Pohlmann* Rz 14).

7 **II. Vertragliche Unübertragbarkeit.** Hier ist die Norm Auslegungsregel. Ein **Abtretungsausschluss** (§ 399 Alt 2) beinhaltet im Zweifel auch den Ausschluss einer Nießbrauchsbelastung; es kann sich aber ergeben, dass nur die Übertragung ausgeschlossen werden sollte, dann ist II nicht anwendbar.

§ 1070 Nießbrauch an Recht auf Leistung. (1) Ist ein Recht, kraft dessen eine Leistung gefordert werden kann, Gegenstand des Nießbrauchs, so finden auf das Rechtsverhältnis zwischen dem Nießbraucher und dem Verpflichteten die Vorschriften entsprechende Anwendung, welche im Falle der Übertragung des Rechts für das Rechtsverhältnis zwischen dem Erwerber und dem Verpflichteten gelten.
(2) ¹Wird die Ausübung des Nießbrauchs nach § 1052 einem Verwalter übertragen, so ist die Übertragung dem Verpflichteten gegenüber erst wirksam, wenn er von der getroffenen Anordnung Kenntnis erlangt oder wenn ihm eine Mitteilung von der Anordnung zugestellt wird. ²Das Gleiche gilt von der Aufhebung der Verwaltung.

A. Grundsatz. Die Norm schütz den Schuldner eines nießbrauchbelasteten Rechts. Er soll nicht schlechter 1
stehen als bei einer Übertragung des Rechts.

B. Der Schuldnerschutz. Bei einem schuldrechtlichen oder dinglichen Recht, kraft dessen eine Leistung 2
(Tun oder Unterlassen) verlangt werden kann und das mit einem Nießbrauch belastet ist, gelten zugunsten
des Schuldners die §§ 404–411, 1156, 1158, 1159 entspr „Neuer Gläubiger" ist hier der Nießbraucher, „bisheriger Gläubiger" ist hier der Rechtsinhaber.
Zugunsten des Nießbrauchers gelten § 796, §§ 364 II, 365 HGB, Art 16, 17, 40 WG; sie schränken den Schuld- 3
nerschutz ein.
Aufrechnung des Schuldners ggü dem Nießbraucher mit einer Forderung gegen den Rechtsinhaber: § 406. 4
Aufrechnung mit einer Forderung gegen den Nießbraucher: zulässig, soweit Nießbraucher die Nutzungen
geltend macht; bei Einziehung gem § 1074 fehlt es an der Gegenseitigkeit, § 387.
Bei Verwaltung (§ 1052) wird der Schuldner nach II geschützt, freilich genügt auch bloße Zustellung, um den 5
Schuldner bösgläubig zu machen. Bei Zustellungsmängeln gilt § 189 ZPO.

§ 1071 Aufhebung oder Änderung des belasteten Rechts. (1) ¹Ein dem Nießbrauch unterliegendes Recht kann durch Rechtsgeschäft nur mit Zustimmung des Nießbrauchers aufgehoben werden. ²Die Zustimmung ist demjenigen gegenüber zu erklären, zu dessen Gunsten sie erfolgt; sie ist unwiderruflich. ³Die Vorschrift des § 876 Satz 3 bleibt unberührt.
(2) Das Gleiche gilt im Falle einer Änderung des Rechts, sofern sie den Nießbrauch beeinträchtigt.

Die Norm befasst sich mit **Verfügungen über das belastete Recht**, die das Nießbrauchsrecht beeinträchtigen. 1
Hierher gehören neben der Aufhebung auch Inhaltsänderungen, soweit sie das Recht verschlechtern. Beim
Nießbrauch an einem Gesellschaftsanteil erfasst die Norm die Kündigung, nachteilige Vertragsänderungen
oder einen Auslösungsbeschluss; eine Kündigung aus wichtigem Grund wird jedoch nicht erfasst (*Schön* ZHR
158, 229). Grds wird bei einer Vereinigung von Forderung und Verbindlichkeit zugunsten des Nießbrauchers
die Forderung als weiter bestehend fingiert (MüKo/*Pohlmann* Rz 3), so dass entspr Verfügungen nicht unter
die Norm fallen. Fraglich ist, ob dies auch gilt, wenn nießbrauchbelastete GbR-Anteile sich in der Person
eines Gesellschafters vereinigen und die GbR erlischt (Bejahend: Palandt/*Bassenge* Rz 2, aA Ddorf NJW-RR
99, 619). Der abl Auffassung ist, angesichts der Komplexität einer solchen Fiktion im Gesellschaftsrecht,
zuzustimmen.
Das schädliche Rechtsgeschäft ist **zustimmungsbedürftig**. Bei Gesellschafterbeschlüssen bezieht sich das 2
jedoch nur auf die Stimmabgabe des Gesellschafters, an dessen Mitgliedschaft der Nießbrauch lastet (MüKo/
Pohlmann Rz 10).
Folge einer fehlenden Zustimmung ist nach hM grds die **relative Unwirksamkeit** des Rechtsgeschäfts (Staud/ 3
Frank Rz 2; Soergel/*Stürner* Rz 1; MüKo/*Pohlmann* Rz 12).
IRv § 876 (also bei **Grundstücksrechten**) ist Folge fehlender Zustimmung jedoch absolute Unwirksamkeit. 4
Das sollte wegen der sachenrechtlichen Besonderheit auch hier gelten (MüKo/*Pohlmann* Rz 12; aA Staud/
Frank Rz 1; Palandt/*Bassenge* Rz 1).
Im **Gesellschaftsrecht** verneint die hM jedwede Form der Unwirksamkeit, sondern knüpft an die fehlende 5
Zustimmung nur Schadensersatzpflichten des Gesellschafters (Ddorf NJW-RR 99, 619; Hamm BB 71, 13;
MüKo/*Pohlmann* Rz 13; aA Staud/*Frank* Anh zu §§ 1068, 1069 Rz 101).

§ 1072 Beendigung des Nießbrauchs. Die Beendigung des Nießbrauchs tritt nach den Vorschriften der §§ 1063, 1064 auch dann ein, wenn das dem Nießbrauch unterliegende Recht nicht ein Recht an einer beweglichen Sache ist.

Die Beendigung des Nießbrauchs richtet sich gem § 1068 II nach den §§ 1061–1064. Die Norm stellt klar, 1
dass §§ 1063, 1064 auch dann gelten, wenn das nießbrauchsbelastete Recht nicht an einer beweglichen Sache,
sondern zB an einem Grundstück besteht.
Bei **Vereinigung** des belasteten Rechts und des Nießbrauchs (§ 1063) erlischt der Nießbrauch grds. Das gilt 2
auch bei Grundstücksrechten; § 889 ist nicht anwendbar.

3 Die **Aufhebung** des Rechtsnießbrauchs (§ 1064) geschieht durch formlose Aufhebungserklärung. Dies gilt auch dann, wenn das belastete Recht ein Grundstücksrecht ist. § 875 ist nicht anwendbar, so dass eine konstitutiv wirkende Löschung im Grundbuch entfällt. Die Löschung ist daher Grundbuchberichtigung.

§ 1073 Nießbrauch an einer Leibrente. Dem Nießbraucher einer Leibrente, eines Auszugs oder eines ähnlichen Rechts gebühren die einzelnen Leistungen, die auf Grund des Rechts gefordert werden können.

1 Die Norm soll klarstellen, dass bei den von ihr erfassten Rechten zwischen dem Stammrecht und den aus ihm fließenden Einzelansprüchen zu unterscheiden ist: Das Erstere ist Nießbrauchsgegenstand, die Einzelansprüche sind die Nutzungen. Diese Auffassung ist heute ohnehin hM, vgl zB § 1105 Rn 2.
2 Erfasste Rechte sind: die Reallast als solche; als Teil eines Auszuges (Leibgedinge, Leibzucht, heute allg: Altenteil) ist sie unübertragbar (s. § 1069 Rn 5); Leibrente (§ 759). **Nicht** erfasst werden Raten eines Kapitals, auch nicht das Gewinnstammrecht, vgl § 1068 Rn 12.

§ 1074 Nießbrauch an einer Forderung; Kündigung und Einziehung. ¹Der Nießbraucher einer Forderung ist zur Einziehung der Forderung und, wenn die Fälligkeit von einer Kündigung des Gläubigers abhängt, zur Kündigung berechtigt. ²Er hat für die ordnungsmäßige Einziehung zu sorgen. ³Zu anderen Verfügungen über die Forderung ist er nicht berechtigt.

1 **A. Anwendungsbereich.** Die Norm befasst sich nur mit unverzinslichen Forderungen; für verzinsliche verweist § 1076 auf § 1077–1079. Da die unverzinsliche Forderung keine Nutzungen abwirft, wird sie über § 1075 nutzbar.
2 **B. Rechte des Nießbrauchers. I. Einziehung.** Die Norm gibt dem Nießbraucher eine gesetzliche Einziehungsermächtigung. Er verlangt Leistung an sich, dh Vornahme der Leistungshandlung ihm ggü; der Leistungserfolg tritt aber in der Person des Gläubigers ein, sofern nicht verbrauchbare Sachen geschuldet werden, § 1075.
3 Prozessual folgt aus der Ermächtigung eine gesetzliche **Prozessstandschaft** (Rosenberg/Schwab/*Gottwald* § 46 II 2).
4 Der Gläubiger ist nicht gehindert, Leistung an den Nießbraucher zu verlangen; nicht aber kann er Leistung an sich beanspruchen. Wegen der Rechtskraftwirkungen bei Klage des Nießbrauchers bzw des Gläubigers s. MüKo/*Pohlmann* Rz 7, 10.
5 Die Einziehungsermächtigung umfasst neben der ausdrücklich genannten Kündigung (s.u. Rn 7) alle erforderlichen Maßnahmen: Mahnung, Klageerhebung (Geltendmachung im Mahnverfahren), Zwangsvollstreckung, Forderungsanmeldung in der Schuldnerinsolvenz.
6 Zu den üblichen Durchsetzungsmaßnahmen ist der Nießbraucher dem Gläubiger ggü verpflichtet, 2.
7 **II. Kündigung.** Sie ist in 1 ausdrücklich genannt. Str ist, ob der Nießbraucher auch passiv zum Adressaten einer Kündigung des Schuldners wird (RGRK/*Rothe* Rz 3; aA Staud/*Frank* Rz 8). Das ist abzulehnen; der Nießbraucher ist insoweit nicht schutzbedürftig.
8 **III. Andere Verfügungen.** Sie sind in 3 ausgeschlossen. Vereinzelt wird die **Stundung** davon ausgenommen, weil sie den Gläubiger angesichts der Nutzungsbefugnis des Nießbrauchers nicht beeinträchtigt (MüKo/*Pohlmann* Rz 12). Zur **Aufrechnung** durch den Nießbraucher gilt nichts anderes als bei einer Aufrechnung des Schuldners (s. § 1070 Rn 4): Sie scheitert an der fehlenden Gegenseitigkeit (Palandt/*Heinrichs* § 387 Rz 5; aA Palandt/*Bassenge* Rz 5). Dies muss auch im Falle des § 1075 II gelten, weil die Rückwirkung des § 389 uU den Wertersatz des § 1067 I 1 nachteilig beeinflusst.

§ 1075 Wirkung der Leistung. (1) Mit der Leistung des Schuldners an den Nießbraucher erwirbt der Gläubiger den geleisteten Gegenstand und der Nießbraucher den Nießbrauch an dem Gegenstand. (2) Werden verbrauchbare Sachen geleistet, so erwirbt der Nießbraucher das Eigentum; die Vorschrift des § 1067 findet entsprechende Anwendung.

1 **A. Anwendungsbereich.** Die Norm ist eine Weiterführung von § 1074, gilt also wie dieser nur für unverzinsliche Forderungen.
2 **B. Leistung des Schuldners. I. Leistung an Nießbraucher.** Gemeint ist die Vornahme der erforderlichen **Leistungshandlungen** ggü dem Nießbraucher (s. § 1074 Rn 2). Da der Leistungserfolg jedoch beim Gläubiger eintritt (s.u. Rn 4), wird der Vorgang zutr als rechtsgeschäftlicher Erwerb verstanden, bei dem der Nießbraucher als gesetzlicher Vertreter des Gläubigers handelt (MüKo/*Pohlmann* Rz 2, 3). Eine vergleichbare Situation findet sich in § 848 II ZPO.
3 **Bewegliche Sachen** werden übereignet, indem der Nießbraucher sich namens des Gläubigers mit dem Schuldner einigt und die Sache als Besitzmittler (§ 868) entgegennimmt. Bei **Immobilien** beinhaltet die Auf-

lassung, dass Nießbraucher als Vertreter des Gläubigers und der Schuldner sich über den Eigentumsübergang an den Gläubiger einig sind. Der Eintragungsantrag ist Einziehungshandlung, kann mithin vom Nießbraucher gestellt werden.

Rechtsfolgen sind der Erwerb des Rechts oder der Sache durch den Gläubiger sowie das gesetzliche Entstehen eines Nießbrauchs am Leistungsgegenstand (**I**). Bei einer Immobilie kann der entstandene Grundstücksnießbrauch (BGH RdL 53, 138) im Berichtigungswege eingetragen werden, was zweckmäßig zugleich mit der Eigentumsumschreibung beantragt wird. Unrichtigkeitsnachweis iSv § 22 GBO ist die § 29 GBO genügende Nießbrauchsbestellung; ist formgerechter Nachweis nicht möglich, muss Gläubiger (= Eigentümer) bewilligen. Der Nießbrauch enthält den Rang, den der Nießbrauch am Anspruch hatte (MüKo/*Pohlmann* Rz 5). Wegen der Gleichheit der Interessenlagen können Judikatur u Lit zu § 848 II ZPO Anwendung finden (vgl *Schöner/Stöber* GBR, Rz 1562, 1597; *Böttcher* Rpfleger 88, 252). 4

II. Leistung an Gläubiger. Wegen der Schutzwirkung des § 1074 erlischt die nießbrauchsbelastete Forderung (und damit der Nießbrauch an ihr) grds nicht. Etwas anderes gilt, wenn der Nießbraucher zustimmt oder die Leistung nach §§ 1070, 407 wirksam ist (MüKo/*Pohlmann* Rz 6); dann entsteht für den Nießbraucher der Nießbrauch am geleisteten Gegenstand. 5

III. Besonderheit bei verbrauchbaren Sachen (Abs 2). Ist die Forderung auf Leistung verbrauchbarer Sachen (§ 92) gerichtet, so erwirbt bei Leistung an ihn der Nießbraucher das Eigentum; er hat dann die Wertersatzpflicht des § 1067. Bei Leistung an den Gläubiger wird der Nießbraucher nur dann Eigentümer, wenn sie ihm ggü wirksam ist (wie oben Rn 5). 6

§ 1076 Nießbrauch an verzinslicher Forderung. Ist eine auf Zinsen ausstehende Forderung Gegenstand des Nießbrauchs, so gelten die Vorschriften der §§ 1077 bis 1079.

Anwendungsbereich: Im Gegensatz zu §§ 1074, 1075 erfasst die Norm nur verzinsliche Forderungen; gemeint sind rechtsgeschäftlich vereinbarte Zinsen, die vereinbarungsgemäß als Nutzungen zugewendet werden sollen. 1
Anzuwenden sind dann die §§ 1077–1079. 2

§ 1077 Kündigung und Zahlung. (1) ¹Der Schuldner kann das Kapital nur an den Nießbraucher und den Gläubiger gemeinschaftlich zahlen. ²Jeder von beiden kann verlangen, dass an sie gemeinschaftlich gezahlt wird; jeder kann statt der Zahlung die Hinterlegung für beide fordern.
(2) ¹Der Nießbraucher und der Gläubiger können nur gemeinschaftlich kündigen. ²Die Kündigung des Schuldners ist nur wirksam, wenn sie dem Nießbraucher und dem Gläubiger erklärt wird.

A. Leistung des Schuldners. Sie kann nur ggü Gläubiger u Nießbraucher gemeinsam geschehen; sonst wirkt sie nur bei Zustimmung oder §§ 1070, 407 befreiend (**I 1**). 1
Das Leistungsverlangen oder Hinterlegungsverlangen steht jedem alleine zu; verlangt werden kann jedoch nur Erfüllung an beide. Klagen sie zusammen, so sind sie notwendige **Streitgenossen** (§ 62 I, Fall 1 ZPO), weil der Streitgegenstand unteilbar ist (Staud/*Frank* §§ 1077, 1078 Rz 8; aA MüKo/*Pohlmann* Rz 3). 2
Leistungsfolge ist der Eigentumserwerb des Gläubigers und der Nießbraucherserwerb am Leistungsgegenstand, wie in § 1075 I (s. dort); bei Hinterlegung erwirbt der Gläubiger die Herausgabeforderung; an ihr entsteht der Nießbrauch. Nicht anwendbar ist § 1075 II, weil angesichts der Nutzbarkeit des verzinslichen Rechts (vgl § 1079) jede Rechtfertigung für einen Eigentumserwerb des Nießbrauchers fehlt. 3

B. Kündigung, Mahnung. Kündigung muss **gemeinschaftlich** geschehen (**II 1**). Ob dies in einer gemeinsamen Erklärung geschieht, in voneinander unabhängigen Erklärungen oder ob einer der Erklärung des anderen zustimmt, ist nach dem Telos der Norm (gemeinsamer Kündigungswille!) ohne Belang. Die Kündigung des Schuldners ist beiden ggü zu erklären (**II 2**). 4
Die Mahnung kann nach allgM von einem der beiden wirksam geschehen. 5

§ 1078 Mitwirkung zur Einziehung. ¹Ist die Forderung fällig, so sind der Nießbraucher und der Gläubiger einander verpflichtet, zur Einziehung mitzuwirken. ²Hängt die Fälligkeit von einer Kündigung ab, so kann jeder Teil die Mitwirkung des anderen zur Kündigung verlangen, wenn die Einziehung der Forderung wegen Gefährdung ihrer Sicherheit nach den Regeln einer ordnungsmäßigen Vermögensverwaltung geboten ist.

Wegen der in § 1077 statuierten Notwendigkeit gemeinsamen Handelns bei Leistungsannahme und Kündigung begründet die Norm eine Mitwirkungspflicht. Bei Inhaber- und Orderpapieren s. § 1083. Bei Kündigung besteht sie erst, wenn die Einziehung gefährdet erscheint. 1
Bei schuldhafter Pflichtverletzung gilt § 280. 2

§ 1079 Anlegung des Kapitals.
¹Der Nießbraucher und der Gläubiger sind einander verpflichtet, dazu mitzuwirken, dass das eingezogene Kapital nach den für die Anlegung von Mündelgeld geltenden Vorschriften verzinslich angelegt und gleichzeitig dem Nießbraucher der Nießbrauch bestellt wird. ²Die Art der Anlegung bestimmt der Nießbraucher.

1 Ziel der §§ 1076–1079 ist die Verschaffung des Zinsgenusses an den Nießbraucher. Die nach Leistung des Schuldners eingetretene Lage (§ 1077 Rn 3) ist nur ein Transitorium. Es wird mit § 1079 beendet; das eingezogene Kapital ist gemeinsam nach Maßgabe des § 1807 zu hinterlegen. Die Art der Anlage bestimmt der Nießbraucher. Erklärt er sich nicht, kann er vom Gläubiger verklagt werden; Vollstreckung: § 887 ZPO.

2 Am Kapital ist erneut ein Nießbrauch zu bestellen; keine dingliche Surrogation.

§ 1080 Nießbrauch an Grund- oder Rentenschuld.
Die Vorschriften über den Nießbrauch an einer Forderung gelten auch für den Nießbrauch an einer Grundschuld und an einer Rentenschuld.

1 Die §§ 1068 ff gelten auch hier. Bei Unverzinslichkeit s. §§ 1074, 1075; bei Verzinslichkeit § 1076. Bei einer Hypothek erfasst der Nießbrauch an der Forderung kraft Akzessorietät das Recht; dessen Alleinbelastung ist unzulässig.

§ 1081 Nießbrauch an Inhaber- oder Orderpapieren.
(1) ¹Ist ein Inhaberpapier oder ein Orderpapier, das mit Blankoindossament versehen ist, Gegenstand des Nießbrauchs, so steht der Besitz des Papiers und des zu dem Papier gehörenden Erneuerungsscheins dem Nießbraucher und dem Eigentümer gemeinschaftlich zu. ²Der Besitz der zu dem Papier gehörenden Zins-, Renten- oder Gewinnanteilscheine steht dem Nießbraucher zu.
(2) Zur Bestellung des Nießbrauchs genügt an Stelle der Übergabe des Papiers die Einräumung des Mitbesitzes.

1 Für Inhaberpapiere und blankoindossierte Orderpapiere (§§ 793–807; Art 11 WG; Art 14 SchG; § 363 HGB) gelten Besonderheiten bzgl der Rechtsbestellung und der Besitzrechte. Letztere stehen am Papier und am Talon dem Nießbraucher und dem Eigentümer gemeinsam zu. Die sich auf die Nutzungen beziehenden Scheine (I 2) stehen dem Nießbraucher zu Alleinbesitz zu.

2 Die Bestellung des Nießbrauchs erfolgt wie bei beweglichen Sachen, es genügt aber die Einräumung des Mitbesitzes.

§ 1082 Hinterlegung.
¹Das Papier ist nebst dem Erneuerungsschein auf Verlangen des Nießbrauchers oder des Eigentümers bei einer Hinterlegungsstelle mit der Bestimmung zu hinterlegen, dass die Herausgabe nur von dem Nießbraucher und dem Eigentümer gemeinschaftlich verlangt werden kann. ²Der Nießbraucher kann auch Hinterlegung bei der Reichsbank, bei der Deutschen Zentralgenossenschaftskasse oder bei der Deutschen Girozentrale (Deutsche Kommunalbank) verlangen.

1 Zur Herstellung des Mitbesitzes (§ 1081) ist Hinterlegung vorgeschrieben. Hinterlegungsstellen: Amtsgerichte (§ 1 II HintO), Staatsbanken (§ 27 I 1 HintO: Deutsche Bundesbank, Landeszentralbanken).

2 Nach 2 kann Nießbraucher andere Stellen bestimmen. Ob an die Stelle der „Reichsbank" die Bundesbank getreten ist, ist str, aber letztlich belanglos, weil diese schon von 1 erfasst wird. Die beiden anderen Institute sind, nach Verschmelzungen und Umfirmierungen, heute die DZ-Bank AG (Frankf) und die DGZ-Deka Bank (ebenda).

§ 1083 Mitwirkung zur Einziehung.
(1) Der Nießbraucher und der Eigentümer des Papiers sind einander verpflichtet, zur Einziehung des fälligen Kapitals, zur Beschaffung neuer Zins-, Renten- oder Gewinnanteilsscheine sowie zu sonstigen Maßnahmen mitzuwirken, die zur ordnungsmäßigen Vermögensverwaltung erforderlich sind.
(2) ¹Im Falle der Einlösung des Papiers findet die Vorschrift des § 1079 Anwendung. ²Eine bei der Einlösung gezahlte Prämie gilt als Teil des Kapitals.

1 Die Norm ergänzt für die Papiere des § 1081 den § 1078 und erweitert die Mitwirkungspflicht auf die Vermögensverwaltung. Neben Umtausch und Kraftloserklärung zählt dazu auch der Verkauf bei Gefährdung.

§ 1084 Verbrauchbare Sachen.
Gehört ein Inhaberpapier oder ein Orderpapier, das mit Blankoindossament versehen ist, nach § 92 zu den verbrauchbaren Sachen, so bewendet es bei der Vorschrift des § 1067.

1 Sind die Papiere des § 1081 verbrauchbare Sachen (§ 92), so gilt § 1067. Erfasst sind va Banknoten; auch das Umlaufvermögen eines Handelsgeschäfts gehört hierher.

Untertitel 3 Nießbrauch an einem Vermögen

§ 1085 Bestellung des Nießbrauchs an einem Vermögen. Der Nießbrauch an dem Vermögen einer Person kann nur in der Weise bestellt werden, dass der Nießbraucher den Nießbrauch an den einzelnen zu dem Vermögen gehörenden Gegenständen erlangt. Soweit der Nießbrauch bestellt ist, gelten die Vorschriften der §§ 1086 bis 1088.

A. Grundsatz. Der Nießbrauch an einem Vermögen ist, wie 1 verdeutlicht, sachenrechtlich kein einheitliches Recht, sondern die **Summe** einzelner Nießbrauchsrechte an den erfassten Sachen und Rechten. 1

B. Verpflichtung, Bestellung. Die schuldrechtliche Verpflichtung ist ein **einheitliches** Geschäft; sie unterliegt nach § 311b III der notariellen Beurkundung. 2

Das **dingliche Bestellungsgeschäft** erfordert so viele Einzelakte, wie Gegenstände vorhanden sind, 1 (Spezialitätsgrundsatz). Die Art der Bestellungsakte richtet sich nach den jeweiligen Regeln (§§ 873, 1031, 1032, 1067, 1069 I, 1081 II, § 9 SchiffsRG); § 1069 II gilt auch hier. Kommen Gegenstände neu ins Vermögen, sind sie gesondert zu belasten (Bremen DB 70, 1436); ausscheidende Gegenstände bleiben belastet. 3

C. Anzuwendende Vorschriften. Es gelten zunächst die §§ 1030–1084. Sie werden ergänzt durch die Gläubigerschutzregeln der §§ 1086–1088. Obwohl deutlich dem aufgehobenen § 419 nachgebildet, sind sie nach wie vor bei Bestand (vgl MüKo/*Pohlmann* Rz 7). 4

D. Der Unternehmensnießbrauch. I. Grundsatz. Zu unterscheiden: **Ertragsnießbrauch** (bei ihm kommen dem Nießbraucher nur die Nutzungen zu) und **Vollnießbrauch**, bei dem der Nießbraucher selbst unternehmerisch tätig ist. Letzterer ist nachstehend zu erörtern. 5

II. Verpflichtung, Bestellung. Die Verpflichtung bedarf nur dann der Beurkundung nach § 311b III, wenn das Unternehmen das gesamte Vermögen des Bestellers ist (BGH NJW 57, 1514). Die Bestellung geschieht wie oben Rn 3. Anmeldung zum Handelsregister: BayObLG DNotZ 74, 241. 6

III. Vermögenszuordnung. Das **Umlaufvermögen** wird Eigentum des Nießbrauchers (BGH NJW 02, 434); bei Ende des Nießbrauchs gilt dann § 1067 I 1 Hs 2 (dazu Staud/*Frank* Anh zu §§ 1068, 1069 Rz 35). Das **Anlagevermögen** bleibt Eigentum des Bestellers (BGH aaO); § 1048 gilt entspr. Aus ihm werden auch Reinvestitionspflichten des Nießbrauchers abgeleitet (BGH aaO). **Forderungen** aus der Zeit vor Bestellung stehen nach dem Grundgeschäft regelmäßig dem Nießbraucher zu (MüKo/*Pohlmann* Rz 23); bei Firmenfortführung (§ 22 II HGB) folgt dies aus § 25 I 1 HGB. Forderungen, die der Nießbraucher begründet, stehen ihm ohnehin zu. 7

IV. Haftung. Bei **Firmenfortführung** haftet der Nießbraucher gem § 25 I 1 HGB; Ausschluss: § 25 II HGB. Ggü dem Besteller gilt § 1047. Bei Betriebskrediten trägt der Nießbraucher die Zinsen, nicht aber die Tilgung (BGH NJW 02, 434). Für von ihm eingegangene Verbindlichkeiten haftet er allein. 8

V. Nutzungen. Dem Nießbraucher gebührt der Reingewinn, der nach Abzug aller Aufwendungen verbleibt, das ist der in der Jahresbilanz ermittelte Gewinn nach Abzug von Abschreibungen und Rückstellungen (*Baur* JZ 68, 79; MüKo/*Pohlmann* Rz 28). 9

§ 1086 Rechte der Gläubiger des Bestellers. ¹Die Gläubiger des Bestellers können, soweit ihre Forderungen vor der Bestellung entstanden sind, ohne Rücksicht auf den Nießbrauch Befriedigung aus den dem Nießbrauch unterliegenden Gegenständen verlangen. ²Hat der Nießbraucher das Eigentum an verbrauchbaren Sachen erlangt, so tritt an die Stelle der Sachen der Anspruch des Bestellers auf Ersatz des Wertes; der Nießbraucher ist den Gläubigern gegenüber zum sofortigen Ersatz verpflichtet.

A. Grundsatz. Die Norm enthält eine **Gläubigerschutzvorschrift**; sie ist zeitlich anwendbar, „soweit der Nießbrauch bestellt ist", § 1085 2. Nach hM findet bei einer schrittweisen Belastung die Norm schon mit der ersten Belastung Anwendung (Staud/*Frank* § 1085 Rz 19, 23). Davon zu unterscheiden ist, welche Forderungen geschützt sind, s.u. Rn 3. 1

Subjektiv wird vorausgesetzt, dass der Nießbraucher Kenntnis davon hat, es werde im Wesentlichen das gesamte Vermögen des Bestellers belastet (MüKo/*Pohlmann* § 1085 Rz 2). 2

B. Das Befriedigungsrecht. I. Geschützte Forderungen. Die Forderung gegen den Besteller muss **vor** der dinglichen Bestellung entstanden sein. Da regelmäßig mehrere Bestellungsakte vorliegen, stellt die hM auf den ersten ab (MüKo/*Pohlmann* Rz 2); bei Grundstücken ist nach dem Rechtsgedanken des § 878 die Antragstellung entscheidend. 3

Das „Entstehen" der Forderung beurteilt sich ebenso wie bei § 38 InsO; entscheidend ist das Bestehen des **Rechtsgrundes** (Einzelheiten s. HK-InsO/*Eickmann* § 38 Rz 16 ff). 4

5 II. **Rechtsinhalt.** Der Gläubiger hat den Anspruch auf Duldung der Zwangsvollstreckung in die belasteten Gegenstände. Persönliche Haftung nur gem § 1088. Vollstreckung: Leistungstitel gegen Besteller; gegen Nießbraucher Duldungstitel (evtl § 794 II iVm I Nr 5 ZPO; ggf Klausel gem § 738 ZPO).

6 2 ist mit Ausnahme der Fälligkeitsregel überflüssig. Der Wertersatzanspruch des § 1067 I 1 ist eine Forderung des Bestellers gegen den Nießbraucher, sie ist ohne weiteres für Gläubiger des Bestellers gem § 829 ZPO pfändbar; der Nießbraucher ist Drittschuldner, seiner Duldung bedarf es nicht. Auch vor Fälligkeit könnte die Pfändung erfolgen; die sofortige Fälligstellung erlaubt die sofortige Einziehung nach Überweisung (§§ 835, 836 ZPO).

§ 1087 Verhältnis zwischen Nießbraucher und Besteller.
(1) ¹Der Besteller kann, wenn eine vor der Bestellung entstandene Forderung fällig ist, von dem Nießbraucher Rückgabe der zur Befriedigung des Gläubigers erforderlichen Gegenstände verlangen. ²Die Auswahl steht ihm zu; er kann jedoch nur die vorzugsweise geeigneten Gegenstände auswählen. ³Soweit die zurückgegebenen Gegenstände ausreichen, ist der Besteller dem Nießbraucher gegenüber zur Befriedigung des Gläubigers verpflichtet.
(2) ¹Der Nießbraucher kann die Verbindlichkeit durch Leistung des geschuldeten Gegenstands erfüllen. ²Gehört der geschuldete Gegenstand nicht zu dem Vermögen, das dem Nießbrauch unterliegt, so ist der Nießbraucher berechtigt, zum Zwecke der Befriedigung des Gläubigers einen zu dem Vermögen gehörenden Gegenstand zu veräußern, wenn die Befriedigung durch den Besteller nicht ohne Gefahr abgewartet werden kann. ³Er hat einen vorzugsweise geeigneten Gegenstand auszuwählen. ⁴Soweit er zum Ersatz des Wertes verbrauchbarer Sachen verpflichtet ist, darf er eine Veräußerung nicht vornehmen.

1 Die Norm regelt in Bezug auf § 1086 das **Innenverhältnis** Nießbraucher/Besteller. Vertragliche Vereinbarungen gehen vor.

2 Als Vollstreckungsabwendung ist der Nießbraucher zur Rückgabe der objektiv erforderlichen Gegenstände verpflichtet; an ihnen ist der Nießbrauch aufzuheben. Bei der Auswahl ist Rücksicht auf den Nießbraucher zu nehmen (I).

3 Wird ein Gegenstand im Besitz des Nießbrauchers geschuldet, so kann er den Gläubiger unmittelbar befriedigen (II 1). In den anderen Fällen kann nach Maßgabe von 2 ein Nießbrauchsgegenstand verwertet werden. Dies gilt nicht bei verbrauchbaren Sache, hier ist der Wertersatz zur Befriedigung zu verwenden.

§ 1088 Haftung des Nießbrauchers.
(1) ¹Die Gläubiger des Bestellers, deren Forderungen schon zur Zeit der Bestellung verzinslich waren, können die Zinsen für die Dauer des Nießbrauchs auch von dem Nießbraucher verlangen. ²Das Gleiche gilt von anderen wiederkehrenden Leistungen, die bei ordnungsmäßiger Verwaltung aus den Einkünften des Vermögens bestritten werden, wenn die Forderung vor der Bestellung des Nießbrauchs entstanden ist.
(2) Die Haftung des Nießbrauchers kann nicht durch Vereinbarung zwischen ihm und dem Besteller ausgeschlossen oder beschränkt werden.
(3) ¹Der Nießbraucher ist dem Besteller gegenüber zur Befriedigung der Gläubiger wegen der im Absatz 1 bezeichneten Ansprüche verpflichtet. ²Die Rückgabe von Gegenständen zum Zwecke der Befriedigung kann der Besteller nur verlangen, wenn der Nießbraucher mit der Erfüllung dieser Verbindlichkeit in Verzug kommt.

1 Die Norm regelt eine persönliche, unabdingbare (II) Haftung des Nießbrauchers für (gesetzliche oder vertragliche) Zinsen einer bei Nießbrauchsbestellung verzinslichen Forderung (I 1). Dasselbe gilt für bereits fällig gewordene, vor Nießbrauchsbestellung entstandene wiederkehrende Leistungen, die ein ordentlicher Verwalter aus den Einkünften deckt (Versorgungsleistungen, Prämien, Abgaben, Tilgungsraten).

2 Im **Innenverhältnis** besteht eine Pflicht des Nießbrauchers, die entspr Gläubiger zu befriedigen (III 1). Darüber hinaus wird angenommen, dies gelte über I hinaus für alle Lasten, die ein ordentlicher Verwalter aus den Einkünften deckt (Ddorf OLGZ 75, 34), also auch für die laufenden. Die Rückgabe des § 1087 I kann nur bei Verzug des Nießbrauchers verlangt werden.

§ 1089 Nießbrauch an einer Erbschaft.
Die Vorschriften der §§ 1085 bis 1088 finden auf den Nießbrauch an einer Erbschaft entsprechende Anwendung.

1 **A. Grundsatz.** Die Gläubigerschutzvorschriften der §§ 1085–1088 gelten auch beim Nießbrauch an einer Erbschaft; der Nachlassgläubiger (§ 1967 II) soll nicht wegen des Nießbrauchs den Zugriff auf den Nachlass *verlieren*.

2 **B. Nießbrauch an einer Erbschaft. I. Voraussetzung.** Er ist gegeben bei Bestellung an der Gesamtheit der Gegenstände; bei Bestellung an nicht allen Gegenständen, wenn sie den wesentlichen Wert ausmachen und der Nießbraucher das wusste oder wissen musste. Zu unterscheiden vom Nießbrauch an Erbanteil, s.u. Rn 7.

II. Verpflichtung, Bestellung. Die Verpflichtung ergibt sich aus Vermächtnis (§ 2174) oder aus Vertrag, der entspr § 311b III der notariellen Beurkundung bedarf. Zur Auslegung letztwilliger Verfügungen vgl *Petzold* BB 75 Beilage 6. 3

Für die Bestellung gilt § 1085. 4

III. Haftung. §§ 1085 2, 1086, 1088 I, II gelten entspr. Geschützt sind jedoch nicht alle Gläubiger des Bestellers, sondern nur die **Nachlassgläubiger**. Die Verbindlichkeit muss nicht – wie bei § 1086 Rn 3 – vor Nießbrauchsbestellung entstanden sein, § 1967 II. 5

IV. Innenverhältnis. Die §§ 1087, 1088 III gelten entspr. Bei Rückgabepflicht nach § 1087 können diese Gegenstände von vornherein auf Verlangen des Erben vom Nießbrauch ausgenommen werden (BGHZ 19, 309). 6

C. Nießbrauch am Erbanteil. Er ist Rechtsnießbrauch gem §§ 1068 ff. Die Verpflichtung bedarf nach hM der notariellen Beurkundung nach §§ 2371, 2385 (Staud/*Frank* Rz 26); die Bestellung ist gleichfalls beurkundungsbedürftig, §§ 1069 I, 2033 I 2. 7

Als **Nutzung** gebührt dem Nießbraucher der Reinerlös des Erbteils (Westermann/*Gursky* § 141, 3). 8
Entspr anwendbar sind §§ 1066, 1071. Ob §§ 1086–1088 auch anzuwenden sind, ist str (vgl MüKo/*Pohlmann* Rz 15). Da die Gläubiger am Zugriff auf die Nachlassgegenstände nicht gehindert sind (das Nießbrauchsrecht lastet nicht an ihnen, sondern am Erbteil, vgl § 2033), besteht für eine Anwendung kein Bedürfnis. 9

Titel 3 Beschränkte persönliche Dienstbarkeiten

§ 1090 Gesetzlicher Inhalt der beschränkten persönlichen Dienstbarkeit. (1) Ein Grundstück kann in der Weise belastet werden, dass derjenige, zu dessen Gunsten die Belastung erfolgt, berechtigt ist, das Grundstück in einzelnen Beziehungen zu benutzen, oder dass ihm eine sonstige Befugnis zusteht, die den Inhalt einer Grunddienstbarkeit bilden kann (beschränkte persönliche Dienstbarkeit). (2) Die Vorschriften der §§ 1020 bis 1024, 1026 bis 1029, 1061 finden entsprechende Anwendung.

A. Der Rechtstyp. Die beschränkte-persönliche (b–p) Dienstbarkeit ist eines der **Nutzungsrechte**. Von der Grunddienstbarkeit unterscheidet sie die personenbezogene Berechtigung, vom Nießbrauch die Beschränkung auf einzelne Nutzungsarten. Das Wohnungsrecht (§ 1093) ist eine Sonderform der beschränkt-persönliche Dienstbarkeit mit besonders starkem Nießbrauchsbezug. 1

B. Inhalt. Er ist identisch mit dem nach § 1018 zulässigen Inhalt; s. Erl dort. An die Stelle von § 1019 tritt § 1091. Zum Inhalt des Wohnungsrechts § 1093 Rn 4. Zur Unzulässigkeit von Leistungspflichten s. BayObLG NJW-RR 05, 1178. Windkraftanlagen: Hamm DNotZ 08, 612. 2

C. Berechtigter. Eine bestimmte natürliche oder juristische Person oder rechtsfähige Personengesellschaft. 3
Für **mehrere** Berechtigte sind entspr viele rang- und inhaltsgleiche Rechte zulässig (BGH 46, 253; BayObLG Rpfleger 80, 151). Es können aber auch mehrere Berechtigte in Bezug auf ein Recht Gesamtberechtigte gem § 428 sein (BGHZ 46, 253, BayObLGZ 91, 431), bei teilbarem Gegenstand Bruchteilsberechtigte nach § 420, bei unteilbarem Gegenstand Mitberechtigte nach § 432. Unterlassungs- und Duldungspflichten als Rechtsgegenstand sind regelmäßig unteilbar (Köln DNotZ 65, 686). 4

Ein **Eigentümerrecht** ist zulässig. Die Rspr verlangt ein besonderes schutzwürdiges Interesse (BGHZ 41, 209), zB wegen bevorstehender Veräußerung (Frankf Rpfleger 84, 264) oder zur Vermeidung von Streitigkeiten (LG Frankfurt Rpfleger 92, 246; vgl auch Saarbr OLGZ 92, 5). 5

D. Belastungsgegenstand. Wie bei der Grunddienstbarkeit, vgl § 1018 Rn 5–7. Wegen Belastung einer Grunddienstbarkeit: Hamm Rpfleger 08, 356. 6

E. Entstehung. Als dingliches Recht gem § 873; beim Eigentümerrecht tritt an die Stelle der Einigung die einseitige Belastungserklärung. Auflösende und aufschiebende Bedingung zulässig. Die Eintragung muss den Rechtsinhalt schlagwortartig wiedergeben (BGHZ 35, 378) zB „Wegerecht", „Baubeschränkung", „Tankstellenbetriebsrecht" uÄ. 7

Wegen der Beschränkung auf einen Grundstücksteil s. § 1018 Rn 5. 8

F. Erlöschen. Das Recht erlischt: a) durch Aufhebung (§ 875); b) durch Eintritt einer Bedingung oder Befristung; c) wenn Ausübung infolge Grundstücksveränderung dauernd unmöglich (BGH NJW 03, 3769); d) bei Teilung des Grundstücks, wenn ein Teil außerhalb des Ausübungsbereiches liegt, § 1026, § 1090 II; e) gem § 1028 I 2, § 1090 II, vgl Erl zu § 1028; f) mit dem Tode des Berechtigten; § 1061, § 1090 II. Ihm steht das Erlöschen einer juristischen Person oder einer Personengesellschaft gleich; g) gem §§ 52, 91 ZVG durch Zuschlag in der Zwangsversteigerung, wenn Recht nicht in das geringste Gebot aufgenommen; h) gem § 5 I GBBerG, wenn seit dem Geburtstag des Berechtigten (bei dessen Nichteintragung: seit der Eintragung des Rechts) 110 Jahre verstrichen sind. 9

§ 1091

10 **G. Ergänzende Vorschriften.** Nach II sind die dort genannten Vorschriften aus dem Recht der Grunddienstbarkeit und des Nießbrauchs entspr anzuwenden. Erl dazu bei den einzelnen Vorschriften.

11 Wegen des zwischen Eigentümer und Berechtigtem bestehenden gesetzlichen Schuldverhältnisses (BGH NJW 85, 2944; Hamm NJW-RR 01, 1099) s. § 1018 Rn 4.

§ 1091 Umfang.
Der Umfang einer beschränkten persönlichen Dienstbarkeit bestimmt sich im Zweifel nach dem persönlichen Bedürfnis des Berechtigten.

1 Die Norm gibt eine **Auslegungsregel**, sofern Vereinbarungen fehlen (BGHZ 41, 209).

2 Belastungen, die niemand **Vorteil** gewähren, sind unzulässig; fällt der Vorteil auf Dauer weg, erlischt das Recht. Ein rechtsschutzwürdiges Interesse fehlt, wenn sich die Berechtigung bereits aus dem Gesetz ergibt (Köln Rpfleger 82, 463; *Quack* Rpfleger 79, 281).

3 Persönliche Bedürfnisse iSd Norm können auch solche des Geschäftsbetriebes oder Haushalts sein.

4 Das Gebot der schonenden Ausübung (§ 1020, § 1090 II) verlangt im Einzelfall Interessenabwägung (vgl München NJWE-MietR 96, 193).

§ 1092 Unübertragbarkeit; Überlassung der Ausübung.
(1) ¹Eine beschränkte persönliche Dienstbarkeit ist nicht übertragbar. ²Die Ausübung der Dienstbarkeit kann einem anderen nur überlassen werden, wenn die Überlassung gestattet ist.
(2) Steht eine beschränkte persönliche Dienstbarkeit oder der Anspruch auf Einräumung einer beschränkten persönlichen Dienstbarkeit einer juristischen Person oder einer rechtsfähigen Personengesellschaft zu, so gelten die Vorschriften der §§ 1059a bis 1059d entsprechend.
(3) ¹Steht einer juristischen Person oder einer rechtsfähigen Personengesellschaft eine beschränkte persönliche Dienstbarkeit zu, die dazu berechtigt, ein Grundstück für Anlagen zur Fortleitung von Elektrizität, Gas, Fernwärme, Wasser, Abwasser, Öl oder Rohstoffen einschließlich aller dazugehörigen Anlagen, die der Fortleitung unmittelbar dienen, für Telekommunikationsanlagen, für Anlagen zum Transport von Produkten zwischen Betriebsstätten eines oder mehrerer privater oder öffentlicher Unternehmen oder für Straßenbahn- oder Eisenbahnanlagen zu benutzen, so ist die Dienstbarkeit übertragbar. ²Die Übertragbarkeit umfasst nicht das Recht, die Dienstbarkeit nach ihren Befugnissen zu teilen. ³Steht ein Anspruch auf Einräumung einer solchen beschränkten persönlichen Dienstbarkeit einer der in Satz 1 genannten Personen zu, so ist der Anspruch übertragbar. ⁴Die Vorschriften der §§ 1059b bis 1059d gelten entsprechend.

1 **A. Die Übertragung des Rechts. I. Grundsatz (Abs 1 S 1).** Die für eine natürliche Person bestellte beschränkt-persönliche Dienstbarkeit ist nicht übertragbar. Dasselbe gilt für ein Recht zugunsten einer juristischen Person oder einer Personengesellschaft, wenn die Ausnahmen nach II, 3 (s.u. Rn 4 ff) nicht erfüllt sind.

2 Abw Gestaltungen sind, teilw bedenklich, zugelassen: a) Vormerkungsgesicherter Anspruch auf Neubestellung bei Erlöschen (BGH 28, 99); b) Bestellung durch dasselbe Ereignis auflösend sowie (für einen anderen) aufschiebend bedingt (KG JFG 20, 6); c) durch Erstreckung auf Gesamtberechtigte, die nach Ausscheiden der anderen das Recht alleine halten (Ddorf RhNotK 79, 191; LG Landshut MittBayNot 98, 261; im Gegensatz zu a) und b) bedenklich, weil hier dasselbe Recht weitergegeben wird!).

3 Dieser Personengebundenheit entspricht konsequent die **Unvererblichkeit**, §§ 1061, 1090 II. Rechtsnachfolgeklauseln („... für x und dessen Rechtsnachfolger ...") sind hier ebenso wie zur Umgehung des Übertragungsverbots unzulässig (BGH NJW 65, 393). Die oben Rn 2 dargestellten Konstruktionen werden jedoch auch hier anerkannt (MüKo/*Joost* § 1092 Rz 4).

4 **II. Übertragbarkeit bei bestimmten Berechtigten (Abs 2).** Bei juristischen Personen und rechtsfähigen Personengesellschaften ist – ohne Rücksicht auf den Inhalt der Dienstbarkeit – deren Übertragbarkeit eingeschränkt gegeben: Nach § 1059a I Nr 1 automatisch bei Gesamtrechtsnachfolge; bei § 1059a I Nr 2 unter den dort genannten Voraussetzungen durch Rechtsgeschäft. Vgl dazu die Erl zu § 1059a.

5 **III. Übertragbarkeit bei besonderem Rechtsinhalt (Abs 3).** Auch diese Regelung setzt voraus, dass das Recht einer juristischen Person oder rechtsfähigen Personengesellschaft zusteht.

6 Erforderlich sind daneben inhaltliche Besonderheiten (sog Leitungs- u Transportrechte; vgl dazu: *Bassenge* NJW 96, 2777; *Heller/Schulten* VIZ 96, 503; *Götting* ZfIR 05, 344). Ein Brunnenrecht soll nicht darunter fallen (München Rpfleger 06, 463; zweifelhaft).

7 Soweit III einschlägig ist, kann das Recht übertragen werden, ohne dass die Voraussetzungen von § 1059a vorliegen. Der Zweck der Übertragung ist ohne Belang. Einer Mitwirkung des Grundstückseigentümers bedarf es nicht.

8 Das Recht kann nur einheitlich übertragen werden; eine Abspaltung einzelner Befugnisse ist ausgeschlossen, III 2.

Die §§ 1059b–d gelten entspr; s. die Erl dort. **9**
Soweit die bestellte Dienstbarkeit übertragbar wäre, ist es bereits der schuldrechtliche Einräumungsanspruch, **III 3**. **10**

B. Die Überlassung der Ausübung. Im Gegensatz zum Nießbrauchsrecht ist hier die Überlassung nicht generell möglich, sondern nur bei **Gestattung** durch den Eigentümer, I 2. Die Gestattung kann ursprünglich oder gem § 877 zum Rechtsinhalt gemacht werden. Sie kann auch einzelfallbezogen erteilt werden. Auch eine nicht eingetragene Ausübungsgestattung führt zur Pfändbarkeit (BGH Pfleger 07, 34). **11**
Die Überlassung geschieht durch formlosen (Hambg OLGR 99, 362) Vertrag zwischen Berechtigten und Dritten. **12**

§ 1093 Wohnungsrecht.
(1) ¹Als beschränkte persönliche Dienstbarkeit kann auch das Recht bestellt werden, ein Gebäude oder einen Teil eines Gebäudes unter Ausschluss des Eigentümers als Wohnung zu benutzen. ²Auf dieses Recht finden die für den Nießbrauch geltenden Vorschriften der §§ 1031, 1034, 1036, des § 1037 Abs. 1 und der §§ 1041, 1042, 1044, 1049, 1050, 1057, 1062 entsprechende Anwendung.
(2) Der Berechtigte ist befugt, seine Familie sowie die zur standesmäßigen Bedienung und zur Pflege erforderlichen Personen in die Wohnung aufzunehmen.
(3) Ist das Recht auf einen Teil des Gebäudes beschränkt, so kann der Berechtigte die zum gemeinschaftlichen Gebrauch der Bewohner bestimmten Anlagen und Einrichtungen mitbenutzen.

A. Die Rechtsnatur. Das Wohnungsrecht ist kein eigenständiger Rechtstyp im Kanon des Numerus clausus; es ist eine spezielle **Ausformung** der beschränkt-persönliche Dienstbarkeit mit starken Bezügen zum Nießbrauch. **1**
Neben den in I 2 genannten Vorschriften gelten deshalb auch die in § 1090 II genannten. **2**
In der Praxis ist das Wohnungsrecht häufig Inhalt eines Altenteils (Leibgedinges); vgl dazu § 1105 Rn 18 ff. **3**

B. Inhalt. I. Wohnen als Hauptzweck. Andersartige Nutzung kann nur Nebenzweck sein (BGH LM Nr 3). Der Eigentümer muss von der Benutzung des Gebäudes oder Gebäudeteils ausgeschlossen sein; ist dies nicht der Fall, so liegt eine gewöhnliche beschränkt-persönliche Dienstbarkeit vor (Kobl NZM 01, 1095). Mitbenutzung des Eigentümers ist aber zulässig an nicht bebauten Grundstücksteilen (Frankf OLGZ 83, 31) oder an Räumen, die dem Wohnungsrecht nicht unterliegen (LG Osnabrück Rpfleger 72, 308). Aber auch insoweit ist ein Eigentümerausschluss möglich (Schlesw SchlHA 66, 67; LG Freiburg BWNotZ 74, 85). Zur Umgehung von § 22 BauGB s. *Prahl* Rpfleger 08, 411. **4**

II. Gebäudeunterhalt. Er trifft den Berechtigten (I 2: § 1041); Eigentümer ist nicht verpflichtet (BayObLGZ 85, 414), Nebenkosten (Heizung, Wasser, Müllabfuhr) trägt der Berechtigte (LG Duisburg WuM 88, 167). Dies wird auch für das sog Hausgeld beim Wohnungseigentum zu gelten haben. **5**
Es kann jedoch als **Nebenpflicht** des Eigentümers mit dinglicher Wirkung vereinbart werden, dass dieser Unterhaltungspflichten übernimmt (BayObLGZ 80, 176; Köln RhNK 86, 264; Hamm RhNK 96, 225; Schlesw DNotZ 94, 895). In der Praxis häufig ist die Übernahme der Heiz- u Beleuchtungskosten. Es muss sich jedoch stets um Nebenpflichten iSv § 1018 Rn 11 handeln. **6**

III. Mitbenutzung durch Dritte. Zu unterscheiden: Mitbenutzung aufgrund Überlassung (§ 1092 I 2) und gesetzlicher Befugnis (II). **7**
Die **gesetzliche** Mitbenutzung erfasst Familienmitglieder iSd allg Sprachgebrauchs; Unterhaltspflicht wird nicht vorausgesetzt. Bei Lebenspartnerschaft vgl § 11 LPartG. Nichteheliche Lebensgemeinschaft soll auch darunter fallen (BGH NJW 82, 1868, krit dazu mit beachtenswerten Argumenten *Stürner* FamRZ 82, 775). Erfasst ist ferner das übliche Hauspersonal. IRv II ist jedoch nur eine Mitbenutzung neben dem Berechtigten zulässig; eine Überlassung zur Alleinbenutzung ist unzulässig. **8**
Anderen Personen darf die Benutzung nur bei einer **Gestattung** nach § 1092 I 2 eingeräumt werden. Liegt eine Gestattung nicht vor, so kann der Eigentümer vom Berechtigten Unterlassung verlangen (§ 1004) oder Nutzungsentschädigung (Oldbg NJW-RR 94, 467). Vermietet der Wohnungsberechtigte ohne Gestattung, so steht die Miete nach Auffassung des BGH (NJW 72, 1416) dem Wohnungsberechtigten zu; die Gegenmeinung (*Baur* JZ 72, 630; *Schmidt-Futterer* ZMR 67, 163) überzeugt. **9**
Die gesetzliche und die gestattete (Mit-)Benutzung verleihen lediglich ein **abgeleitetes** Recht. Beim Tod des Berechtigten (§§ 1061, 1090 II) verlieren die (Mit-)Benutzer ihre Befugnisse. **10**

IV. Entgelt. Eine Gegenleistungsvereinbarung kann **nicht** Rechtsinhalt sein (BayObLG NJW-RR 93, 283; Hamm MittBayNot 97, 230). Das Entgelt kann jedoch schuldrechtlich vereinbart und die Nichtleistung als auflösende Bedingung für das dingliche Recht bestimmt werden (MüKo/*Joost* § 1090 Rz 29). **11**

C. Belastungsgegenstand. Grds wie bei Grunddienstbarkeit, vgl § 1018 Rn 5–7. Nach hM soll auch ein unbebautes Grundstück belastet werden können (BayObLG Rpfleger 81, 353; Hamm DNotZ 76, 229); jedenfalls wird verlangt werden müssen, dass eine baureife Planung vorliegt, die es ermöglicht, den Ausübungsbereich konkret zu bezeichnen. **12**

13 Belastet ist stets das gesamte Grundstück; das uU eingeschränkte Benutzungsrecht ist eine räumliche Ausübungsbeschränkung (BGH WM 68, 37). Die insoweit erfassten Gebäudeteile sind in der Bewilligung genau zu bezeichnen (BayObLG NJW-RR 99, 1691). Eine spätere Auswahl durch Eigentümer oder Berechtigten ist nicht möglich.

14 Ein **Gesamtrecht** ist zulässig, wenn sich auf jedem Grundstück ein dem Wohnungsrecht unterliegendes Gebäude oder eine mit zu benutzende Einrichtung befindet (BayObLG DNotZ 76, 227; Hamm DNotZ 76, 229; Zweibr FGPrax 98, 84).

15 Nach dem Gesetzeswortlaut berechtigt das Recht nur zur Nutzung des Gebäudes. Dazu gehört idR eine sich anschließende Terrasse (Hamm NJW-RR 00, 1403). Ist Belastungsobjekt eine Wohnungseigentumsberechtigung, so soll sich das Benutzungsrecht ohne weiteres auf die damit verbundenen Sondernutzungsrechte erstrecken (BayObLG Rpfleger 98, 68; Nürnbg MDR 02, 26; bedenklich!).

16 Anlagen und Einrichtungen außerhalb des Gebäudes, die dem Wohnzweck dienen (Zugangswege; Versorgungsleitungen), unterliegen der Benutzung stets, wenn sonst eine sinnvolle Nutzung nicht möglich wäre und das Wohnrecht das **ganze** Gebäude erfasst (MüKo/*Joost* § 1093 Rz 6). Nach hM fällt ein Garten nicht darunter (Zweibr Rpfleger 98, 68; LG Freiburg WuM 02, 151).

17 Ist die Rechtsausübung auf einen **Teil** des Gebäudes beschränkt, so gilt III: Gemeinschaftsanlagen können mitbenutzt werden. Hierher gehören: Ver- und Entsorgungsanlagen (BayObLG Rpfleger 92, 57); Sammelheizung (BGH NJW 69, 1847); Keller (LG Verden NdsRpfl 65, 84); Hof; Treppenhaus; Waschküche, Trockenboden. Parkflächen und Garagen unterliegen der Gemeinschaftsnutzung dann nicht, wenn sie für die Fahrzeuge aller Bewohner ausreichen (LG Ellwangen Rpfleger 65, 12). Gartenmitbenutzung fällt nicht unter III (BayObLG FGPrax 00, 54; LG Freiburg WuM 02, 151).

18 In allen anderen Fällen, in denen ein Benutzungsrecht nach Rn 16, 17 ausscheidet, kann es nur durch eine ausdrückliche Vereinbarung erlangt werden.

19 **D. Berechtigter.** Berechtigt sein kann jede natürliche Person.

20 Nach hM auch juristische Personen (BGH NJW 67, 627), obwohl diese nicht „wohnen" können. Die seit KGJ 53, A 157 tradierte Auffassung umgeht dies, indem sie den Zweck des Rechts in der Überlassung zur Ausübung an andere (natürliche) Personen erblickt. Stimmt man dem zu, dann wird die nach §§ 1092 I 2 erforderliche Gestattung bereits in der Rechtsbestellung zu erblicken sein (vgl Hambg OLGR 99, 362).

21 Die Bestellung für den **Eigentümer** ist jedenfalls bei Vorliegen eines schutzwürdigen Interesses möglich (Oldbg Rpfleger 67, 410; LG Lüneburg NJW-RR 90, 1037); auch für einen oder mehrere Miteigentümer (BayObLGZ 91, 431; LG Frankf NJW-RR 92, 600).

22 **Mehrere** Berechtigte können Gesamthandsberechtigte (zB Ehegattengesellschaft, BGH NJW 82, 170), sie können Gesamt- (§ 428) oder Mitberechtigte (§ 432) sein. Bruchteilsberechtigung soll wegen Unteilbarkeit nicht zulässig sein (BayObLGZ 57, 322; Köln DNotZ 65, 686; aA *Schwab/Prütting* Rz 933).

23 **E. Entstehen; Erlöschen. I. Entstehung.** Das Recht entsteht gem § 873; die Eintragung kann neben dem Schlagwort „Wohnungsrecht" gem § 874 Bezug nehmen (KG OLGZ 68, 295). Einzutragen ist auch das Mitbenutzungsrecht nach Rn 18 (Frankf Rpfleger 82, 465).

24 **II. Erlöschen.** Durch Aufhebung (§ 875), Eintritt eines Endtermins oder einer Bedingung; Tod bzw Erlöschen der juristischen Person (§§ 1061, 1090 II) s.a. § 1090 Rn 9.

25 Die **Zerstörung** und Unbewohnbarkeit des Gebäudes führen nach Auffassung der Rspr zum Erlöschen des Rechts (BGHZ 7, 268; DNotZ 54, 383; 56, 40; MDR 72, 500); das Schrifttum widerspricht vielfach (*Kürzel* BlGBW 70, 128; *Dammertz* MittRhNotK 70, 105). Da jedoch der Eigentümer nicht zum Wiederaufbau verpflichtet ist (BGHZ 7, 268), wäre das Weiterbestehen (Ruhen) des Rechts ohne praktischen Sinn. Ein in der Person des Berechtigten liegendes – auch dauerndes – **Ausübungshindernis** führt nicht generell zum Erlöschen (BGH Rpfleger 07, 308). Ob bei Eintritt in ein Pflegeheim wg Pflegebedürftigkeit anstelle des Rechts ein Geldbetrag zu erbringen ist, kann nicht generell entschieden werden (BGH Rpfleger 07, 308; Celle NotBZ 07, 444).

Abschnitt 5 Vorkaufsrecht

§ 1094 Gesetzlicher Inhalt des dinglichen Vorkaufsrechts.

(1) Ein Grundstück kann in der Weise belastet werden, dass derjenige, zu dessen Gunsten die Belastung erfolgt, dem Eigentümer gegenüber zum Vorkauf berechtigt ist.

(2) Das Vorkaufsrecht kann auch zugunsten des jeweiligen Eigentümers eines anderen Grundstücks bestellt werden.

1 **A. Der Rechtstyp.** Das Vorkaufsrecht ist ein **Gestaltungsrecht**; es ermöglicht dem Berechtigten den Erwerb, wenn der Eigentümer „sich von der Sache trennen will" (MüKo/*H.P. Westermann* § 1094 Rz 1).

Vom **schuldrechtlichen** Vorkaufsrecht (§§ 463–473), an das es konstruktiv angelehnt ist (vgl § 1098 I 1), unterscheidet es sich zunächst im Belastungsgegenstand (s.u. Rn 6), va aber in der dinglichen Sicherung des Berechtigten durch § 1098 II. 2

B. Die Rechtsentstehung. Dass das auf die Bestellung gerichtete Verpflichtungsgeschäft der **Form** des § 311b bedarf, ist unstr (BGH DNotZ 68, 93); str ist, ob dies auch für das Bestellungsgeschäft des § 873 gilt (so wohl BGH NJW-RR 91, 205; Ddorf OLGR 02, 62; aA MüKo/*H.P. Westermann* § 1094 Rz 7; Soergel/*Stürner* § 1094 Rz 7). 3

Mehrere Vorkaufsrechte an einem Grundstück sind jedenfalls dann zulässig, wenn Vor- und Nachrang besteht (BGHZ 35, 146); im Vorkaufsfall setzt sich das rangbeste durch. Str ist die Zulässigkeit mehrerer Rechte im Gleichrang. Konsequenz dieses Gleichranges könnte bei Ausübung Mehrerer nur ein Bruchteilserwerb sein (*Lüdtke/Handjery* DB 74, 517), was kaum je gewollt ist. Deshalb ist die Zulässigkeit zu **verneinen** (MüKo/*H.P. Westermann* § 1094 Rz 8; Staud/*Mader* § 1094 Rz 12; Soergel/*Stürner* § 1094 Rz 4; aA Hamm NJW-RR 89, 912; Ddorf Rpfleger 81, 479). 4

C. Der Berechtigte. Das Recht kann für eine oder mehrere natürliche oder juristische Personen oder rechtsfähige Personengesellschaften bestellt werden. Nach II kann das Recht auch subjektiv-dinglich bestellt werden (dazu NotJ-Report 08, 42), berechtigt können sein der jeweilige Eigentümer eines Grundstücks, Miteigentumsanteils (BayObLG Rpfleger 82, 274), Wohnungseigentums, Erbbaurechts. 5

D. Der Belastungsgegenstand. Belastbar sind: Grundstücke (wegen Zubehör s. § 1096) – deren reale Teile sind nicht als solche belastbar (vgl § 1095 Rn 3) – Miteigentumsanteile, Wohnungseigentumsberechtigung, Erbbaurecht. 6

Gesamtrecht kann nicht bestellt werden (Bay ObLGZ 75, 365); es entstehen Einzelrechte (*Böttcher* MittBayNot 93, 129). 7

E. Erlöschen. Das auf **einen** Verkaufsfall beschränkte Recht (vgl § 1097) erlischt: a) mit ordnungsgemäßer Ausübung; b) durch Nichtausübung bei Vorkaufsfall; c) durch Übereignung an einen Dritten bei Nichtvorliegen eines Vorkaufsfalls (vgl auch § 1097 Rn 1); d) durch Erlassvertrag mit Verpflichtetem (BGH DNotZ 57, 306) oder dem Dritten (BGH WM 66, 893); e) durch Aufhebung (§ 875); f) durch Zuschlag in der Zwangsversteigerung, §§ 52, 91 ZVG; g) durch Eintritt einer Bedingung oder Befristung; h) beim Tod des Berechtigten eines persönlichen Rechts, sofern nicht Vererblichkeit vereinbart (§ 473 1). 8

Das für **mehrere** Fälle bestellte Recht erlischt: In den Fällen Rn 8 a), c), d), e), g) und h). Im Falle der Zwangsversteigerung bleibt das Recht bestehen, wenn es ins geringste Gebot aufgenommen ist. 9

§ 1095 Belastung eines Bruchteils.
Ein Bruchteil eines Grundstücks kann mit dem Vorkaufsrecht nur belastet werden, wenn er in dem Anteil eines Miteigentümers besteht.

Ideelle Teile sind (wie in §§ 1106, 1113) nur belastbar, wenn sie Miteigentumsanteile nach §§ 741 ff, §§ 1008 ff sind. 1

Nicht selbstständig belastbar sind Gesamthandsanteile sowie Bruchteile eines Alleineigentümers oder Bruchteile eines Bruchteils. 2

Reale Teile eines Grundstücks können **nicht** als solche isoliert belastet werden, weil § 7 II GBO das Vorkaufsrecht nicht nennt. Es ist entweder Teilung erforderlich (§ 7 I GBO) oder es wird das ganze Grundstück belastet, die Ausübung des Rechts jedoch auf einen genau zu bezeichnenden Teil beschränkt (BayObLG NJW-RR 98, 86). 3

§ 1096 Erstreckung auf Zubehör.
[1]Das Vorkaufsrecht kann auf das Zubehör erstreckt werden, das mit dem Grundstück verkauft wird. [2]Im Zweifel ist anzunehmen, dass sich das Vorkaufsrecht auf dieses Zubehör erstrecken soll.

Grundstück und Zubehör werden vom Gesetz, der Verkehrsanschauung entspr, als wirtschaftliche Einheit behandelt, vgl §§ 311c, 926. Ohne abw Vereinbarung erfasst das Vorkaufsrecht am Grundstück auch das Zubehör, selbst wenn es im Dritteigentum steht. 1

Wird jedoch das Zubehör isoliert veräußert, so besteht kein Vorkaufsrecht (MüKo/*H.P. Westermann* § 1096 Rz 3). 2

Gegen den Willen der Vertragsparteien kann der Berechtigte nicht den Erwerb des Zubehörs ablehnen, §§ 464 II, 311c. 3

§ 1097 Bestellung für einen oder mehrere Verkaufsfälle.
Das Vorkaufsrecht beschränkt sich auf den Fall des Verkaufs durch den Eigentümer, welchem das Grundstück zur Zeit der Bestellung gehört, oder durch dessen Erben; es kann jedoch auch für mehrere oder für alle Verkaufsfälle bestellt werden.

§ 1098

1 A. Der Grundsatz. Ohne abw Vereinbarungen (s.u. Rn 2) kann das Recht nur ausgeübt werden, wenn der Besteller oder dessen Erbe (auch: Erbeserbe) erstmals einen Vorkaufsfall (unter Rn 3) schafft. Es erlischt mithin, wenn bei diesem ersten Vorkaufsfall nicht ausgeübt wird, oder wenn Besteller (Erbe) in einer Art veräußert, die keinen Vorkaufsfall (s.u. Rn 4) darstellt.

2 Abw Vereinbarungen sind zulässig; sie bedürfen der Eintragung (Köln Rpfleger 82, 16). Abgeändert werden kann die Zahl der Ausübungsfälle ebenso wie Personengebundenheit in Hs 1 (also zB Vorkaufsfall, wenn erst Sondernachfolger des Bestellers veräußert). Bedingungen und Befristungen sind zulässig.

3 B. Der Vorkaufsfall. Ein Vorkaufsfall liegt vor, wenn **nach** Entstehen des Rechts (BGH JZ 57, 578) mit einem Dritten ein wirksamer **Kaufvertrag** geschlossen wird. Hierher gehören auch die Nachlassversteigerung der §§ 175 ff ZVG und die Teilungsversteigerung der §§ 180 ff ZVG (BGHZ 13, 133; Miteigentümer ist kein „Dritter"!). Die Insolvenzverwalterversteigerung (§§ 172 ff ZVG) gehört nicht hierher, wohl aber der freihändige Verkauf durch ihn, § 1098 I 2.

4 Kein Vorkaufsfall liegt vor: a) bei sog Erbengeschäften, also mit gesetzl Erben (§§ 470, 1098 I 1), bei Erbauseinandersetzung (BGH DNotZ 70, 423) und Übertragung in der Gesamthandsgemeinschaft (BGH BB 70, 1073), auch nicht bei Erbteilsübertragung, wenn zu ihm das Grundstück gehört (BGH DNotZ 70, 423), selbst wenn es einziger Nachlassgegenstand ist (LG München MittBayNot 86, 179); b) bei anderen als Kaufverträgen, also bei Tausch (BGH NJW 64, 541); bei Schenkung, auch gemischter (BGH WM 57, 1162, NJW 87, 890).

§ 1098 Wirkung des Vorkaufsrechts.

(1) ¹Das Rechtsverhältnis zwischen dem Berechtigten und dem Verpflichteten bestimmt sich nach den Vorschriften der §§ 463 bis 473. ²Das Vorkaufsrecht kann auch dann ausgeübt werden, wenn das Grundstück von dem Insolvenzverwalter aus freier Hand verkauft wird.
(2) Dritten gegenüber hat das Vorkaufsrecht die Wirkung einer Vormerkung zur Sicherung des durch die Ausübung des Rechts entstehenden Anspruchs auf Übertragung des Eigentums.
(3) Steht ein nach § 1094 Abs. 1 begründetes Vorkaufsrecht einer juristischen Person oder einer rechtsfähigen Personengesellschaft zu, so gelten, wenn seine Übertragbarkeit nicht vereinbart ist, für die Übertragung des Rechts die Vorschriften der §§ 1059a bis 1059d entsprechend.

1 A. Der Grundsatz. Es gelten kraft der Verweisung in I 1 die §§ 463–473. Während diese jedoch bei unmittelbarer Anwendung kraft ihrer Natur als schuldrechtliche Normen dispositiv sind, gilt dies hier nicht: Durch ihre Transformation ins Sachenrecht unterliegen sie dem hier geltenden **Änderungsverbot**. Unzulässig also zB Vorkaufsrecht mit limitiertem Kaufpreis (BGH DB 66, 1351; NJW 01, 2883; München Rpfleger 08, 129: Die Unwirksamkeit der Limitierungsklausel ergreift nicht das gesamte Recht).

2 B. Die Ausübung. I. Frist. Gem § 469 II zwei Monate ab Empfang der Mitteilung (§§ 469 I, 1099). Diese setzt voraus, dass der Kaufvertrag voll wirksam, also behördlich genehmigt sein muss (BGHZ 67, 395). Zum Inhalt der Mitteilung s. BGH DB 66, 1351.

3 II. Ausübungserklärung. Sie ist eine einseitige, empfangsbedürftige Willenserklärung ggü dem Eigentümer. Ungeachtet der Fassung von § 311b I 1, der auch die Erklärung von Erwerbsinteressenten dem Formzwang unterwirft, ist die Ausübungserklärung gem § 464 I 2 formfrei (Frankf NJW-RR 99, 16; MüKo/*H.P. Westermann* § 1098 Rz 4; **aA** Staud/*Mader* § 1094 Rz 33; *Wufka* DNotZ 90, 339). Bei Verkauf mehrerer Grundstücke zu einem **Gesamtpreis** Beschränkung auf einzelne Objekte möglich (BGH Rpfleger 06, 598).

4 III. Ausübungsfolgen. Mit Zugang der Ausübungserklärung entsteht ein weiterer Kaufvertrag („Theorie von Doppelverkauf"). Es bestehen also **zwei** Kaufverträge (Eigentümer/Dritter und Eigentümer/Berechtigter, BGH JR 77, 241); sie sind inhaltsgleich, § 464 II. Nur in Bezug auf diese Inhaltsgleichheit kann von einem „Eintritt" in den ersten Vertrag gesprochen werden; konstruktiv handelt es sich um zwei selbstständige Verträge.

5 C. Die Vertragserfüllung. I. Verhältnis Eigentümer/Berechtigter. Hat der Eigentümer noch nicht wirksam zugunsten des Dritten verfügt, so erfüllt er zweckmäßig sogleich an den Berechtigten. Wegen der Vormerkungswirkung (II) hat der Eigentümer im Ergebnis – anders als beim schuldrechtlichen Vorkaufsrecht! – **keine Wahl**, an wen er erfüllen will. Es gelten die allg Regeln (§§ 873, 925); wegen Genehmigungen s.u. Rn 10.

6 Hat der Eigentümer bereits an den Dritten voll erfüllt, so ist er trotzdem aus dem Kaufvertrag mit dem Berechtigten diesem ggü zur Auflassung verpflichtet. Er verfügt dann zwar als Nichtberechtigter, die Genehmigung des Dritten heilt dies jedoch, dazu unter Rn 8.

7 II. Verhältnis Berechtigter/Dritter. Ist der Käufer im Besitz des Grundstücks, ohne das Eigentum erlangt zu haben, so hat der Berechtigte ab Ausübung den Herausgabeanspruch nach § 1100 (BGH NJW 92, 236). Die §§ 987 ff gelten entspr (BGHZ 87, 296; *Lüke* ZfJR 97, 245). Bösgläubig iSv § 990 ist der Käufer, wenn er das Vorkaufsrecht bei Besitzerlangung kennt; Ausübung wird nicht vorausgesetzt (BGHZ 87, 296).

Ist an den Dritten **aufgelassen** worden, so hindert das Vorkaufsrecht die Eintragung nicht; der Dritte wird 8
Eigentümer. Er ist jedoch gem §§ 1098 II, 888 verpflichtet, der Eintragung des Berechtigten zuzustimmen; diese Zustimmung führt zur Konvaleszenz (§ 185) der vom Verkäufer erteilten Auflassung (s.o. Rn 6). Auch eine dem Dritten bewilligte Vormerkung ändert daran nichts, denn sie ist naturgemäß rangschlechter als das Vorkaufsrecht, dessen Inhalt gleichfalls eine Vormerkungswirkung ist. Diese Schutzwirkung jedoch setzt bei Übereignung bereits mit dem Zeitpunkt des **Entstehens** des Vorkaufsrechts ein (BGHZ 60, 275). Natürlich kann der Dritte auch unmittelbar an den Berechtigten auflassen.

III. Verhältnis Berechtigter/Inhaber von Belastungen. Die Vormerkungswirkung nach II gilt auch bei 9
Belastungen des Grundstücks. Sie setzt jedoch – anders als oben Rn 8 – erst ein mit **Eintritt** der **Vorkaufslage**, also nach Abschluss eines wirksamen (Genehmigungen!) Kaufvertrages (BGHZ 60, 275). Vor diesem Zeitpunkt entstandene Belastungen sind dem Vorkaufsberechtigten ggü wirksam.

IV. Öffentlich-rechtliche u privatrechtliche Genehmigungen. Für den durch Ausübung entstandenen Vertrag (s.o. Rn 4) gelten grds die allg Regeln. Er ist, ungeachtet der Genehmigung des Erstvertrages, jedenfalls 10
dann (erneut) genehmigungsbedürftig, wenn das Genehmigungserfordernis **personenbezogen** ist. Das ist der Fall bei § 12 WEG, § 5 I ErbbauVO, § 2 GrdstVG. Zweifelhaft ist es bei § 2 GVO, weil hier nur zu prüfen ist, ob ein anhängiges Restitutionsverfahren der Veräußerung entgegensteht. Ist dies bereits beim ersten Kaufvertrag durch Genehmigungserteilung verneint worden, so sollte das genügen.

D. Übertragbarkeit. Grds ist das persönliche Vorkaufsrecht vor Ausübung nicht übertragbar, §§ 473, 1098 I. 11
Eine abw Vereinbarung ist jedoch ausdrücklich zugelassen; sie bedarf der Eintragung, wobei Bezugnahme auf die Bewilligung genügt (DNotZ – Report 07, 51). Wechselt die Berechtigung, so löst dies keine neue Ausübungsfrist aus, wenn diese bereits in Lauf gesetzt war. Ausüben kann der Rechtsinhaber im Zeitpunkt des Zugangs der Ausübungserklärung.
Ist eine solche Vereinbarung nicht getroffen, so gelten bei juristischen Personen und rechtsfähigen Personengesellschaften die §§ 1059a–1059d entspr (III). 12

§ 1099 Mitteilungen. (1) Gelangt das Grundstück in das Eigentum eines Dritten, so kann dieser in gleicher Weise wie der Verpflichtete dem Berechtigten den Inhalt des Kaufvertrages mit der im § 469 Abs. 2 bestimmten Wirkung mitteilen.
(2) Der Verpflichtete hat den neuen Eigentümer zu benachrichtigen, sobald die Ausübung des Vorkaufsrechts erfolgt oder ausgeschlossen ist.

Die Norm ergänzt § 469 I, indem sie die dortige Mitteilung auch dann für wirksam erklärt, wenn sie nicht 1
vom Käufer des den Vorkaufsfall auslösenden Vertrages stammt – er wäre ohnehin nach § 469 I 2 dazu berechtigt! –, sondern von jedem Eigentümer des belasteten Grundstücks, (I).
Die Ausübung geschieht ungeachtet des Eigentumswechsels ggü dem Verpflichteten. Dieser ist verpflichtet, 2
die Ausübung oder die Fristversäumung dem neuen Eigentümer mitzuteilen, (II).

§ 1100 Rechte des Käufers. ¹Der neue Eigentümer kann, wenn er der Käufer oder ein Rechtsnachfolger des Käufers ist, die Zustimmung zur Eintragung des Berechtigten als Eigentümer und die Herausgabe des Grundstücks verweigern, bis ihm der zwischen dem Verpflichteten und dem Käufer vereinbarte Kaufpreis, soweit er berichtigt ist, erstattet wird. ²Erlangt der Berechtigte die Eintragung als Eigentümer, so kann der bisherige Eigentümer von ihm die Erstattung des berichtigten Kaufpreises gegen Herausgabe des Grundstücks fordern.

Die Norm regelt die Behandlung der **Kaufpreisverbindlichkeit** im Dreiecksverhältnis Käufer (= Dritter iSv 1
§ 463/Verkäufer (= Verpflichteter)/Berechtigter.
Grundgedanke ist, dass der ausübende Berechtigte den Kaufpreis aus dem Kaufvertrag des § 464 II an den 2
Verpflichteten zu zahlen hat, unabhängig davon, ob der Dritte seine Verpflichtung schon erfüllt hat.
War der Dritte (oder sein Rechtsnachfolger) schon als neuer Eigentümer **eingetragen** (dazu BGH NJW 92, 3
236), so vereinfachen die §§ 1100 ff die Abwicklung. Ist der Kaufpreis von Dritten bereits bezahlt, so hat der Dritte gegen den Berechtigten einen Erstattungsanspruch; dieser wird ggü dem Verkäufer frei, § 1101.
Der Dritte (oder sein Rechtsnachfolger) hat ggü dem Berechtigten ein **Zurückbehaltungsrecht** in Bezug auf 4
dessen Ansprüche (Zustimmung gem § 888, vgl § 1098 Rn 8 sowie der sich aus der Norm mittelbar ergebende Herausgabeanspruch, vgl § 1098 Rn 7), **1**.
Ist der Berechtigte seinerseits eingetragen, so hat der Dritte einen Anspruch auf Kaufpreiserstattung gegen 5
ihn, **2**.
Wegen der Ansprüche auf Ersatz von Verwendungen, Nutzen und Schäden s. MüKo/*H.P. Westermann* § 1100 6
Rz 5 ff.

§ 1101 Befreiung des Berechtigten. Soweit der Berechtigte nach § 1100 dem Käufer oder dessen Rechtsnachfolger den Kaufpreis zu erstatten hat, wird er von der Verpflichtung zur Zahlung des aus dem Vorkauf geschuldeten Kaufpreises frei.

1 Nach § 1100 2 hat der Berechtigte dem Dritten **Kaufpreiserstattung** zu leisten, die auch bereits vor Eintragung des Berechtigten über das Zurückbehaltungsrecht des § 1100 1 erzwungen werden kann. Hat der Berechtigte an den Dritten bezahlt (also im Falle von § 1100 1: MüKo/*H.P. Westermann* § 1101 Rz 2) oder ist der Erstattungsanspruch des § 1100 2 entstanden, so wird der Berechtigte ggü dem Verkäufer frei.

§ 1102 Befreiung des Käufers. Verliert der Käufer oder sein Rechtsnachfolger infolge der Geltendmachung des Vorkaufsrechts das Eigentum, so wird der Käufer, soweit der von ihm geschuldete Kaufpreis noch nicht berichtigt ist, von seiner Verpflichtung frei; den berichtigten Kaufpreis kann er nicht zurückfordern.

1 Das System der §§ 1100 ff setzt voraus, dass der Dritte den Kaufpreis bereits bezahlt hat (vgl § 1100 Rn 3); dies entspricht dem Normalfall. Hat der Dritte das Eigentum jedoch erlangt ohne Kaufpreiszahlung, so stehen ihm ggü dem Berechtigten die Rechte aus § 1100 nicht zu (vgl § 1100 1: „… soweit er berichtigt ist …"!). Deshalb entfällt mit dem Eigentumserwerb des Berechtigten die Kaufpreispflicht ggü dem Verkäufer, **Hs 1**.
2 Ist der Kaufpreis teilweise bezahlt, so gilt im Umfang des Bezahlten § 1100; das Bezahlte kann nicht zurückgefordert werden (**Hs 2**); es wird vom Berechtigten erstattet.

§ 1103 Subjektiv-dingliches und subjektiv-persönliches Vorkaufsrecht. (1) Ein zugunsten des jeweiligen Eigentümers eines Grundstücks bestehendes Vorkaufsrecht kann nicht von dem Eigentum an diesem Grundstück getrennt werden.
(2) Ein zugunsten einer bestimmten Person bestehendes Vorkaufsrecht kann nicht mit dem Eigentum an einem Grundstück verbunden werden.

1 Das persönliche Recht kann nicht in ein subjektiv-dingliches umgewandelt werden und umgekehrt. Nach hM sind Aufhebung und Neubestellung notwendig, was uU mit Rangverlust verbunden ist.
2 Zur Übertragbarkeit des persönlichen Rechts s. § 1098 Rn 11. Das subjektiv-dingliche Recht kann nur zusammen mit dem herrschenden Grundstück übertragen werden.

§ 1104 Ausschluss unbekannter Berechtigter. (1) ¹Ist der Berechtigte unbekannt, so kann er im Wege des Aufgebotsverfahrens mit seinem Recht ausgeschlossen werden, wenn die in § 1170 für die Ausschließung eines Hypothekengläubigers bestimmten Voraussetzungen vorliegen. ²Mit der Rechtskraft des Ausschließungsbeschlusses erlischt das Vorkaufsrecht.
(2) Auf ein Vorkaufsrecht, das zugunsten des jeweiligen Eigentümers eines Grundstücks besteht, finden diese Vorschriften keine Anwendung.

1 Ist der Berechtigte in Person **unbekannt** (unbekannter Aufenthalt genügt nicht, BGH NJW-RR 04, 664), so kann das Aufgebotsverfahren der §§ 433–441, 453 FamFG durchgeführt werden. Für subjektiv-dingliche Rechte gilt das nicht (II). Der Beschluss bewirkt das Erlöschen des Rechts.
2 Im Beitrittsgebiet gilt die Sonderregelung des § 6 Ia GBBerG; sie ermöglicht das Aufgebot auch bei unbekanntem Aufenthalt des Berechtigten und bei subjektiv-dinglichen Rechten, sofern das Recht vor dem 3.10.90 begründet wurde.
3 Die Besonderheit nach Rn 2 kann gem § 6 III 2 GBBerG durch das Landesrecht auch in den alten Bundesländern in Kraft gesetzt werden, s. Bayer-VO v 6.9.94, GVBl 928 Bremer-VO 23.10.01, GBl 363 und NRW-VO v 13.2.01, GVBl 69 u Rheinland-Pfalz VO v 23.6.03, GVBl 129.

Abschnitt 6 Reallasten

§ 1105 Gesetzlicher Inhalt der Reallast. (1) ¹Ein Grundstück kann in der Weise belastet werden, dass an denjenigen, zu dessen Gunsten die Belastung erfolgt, wiederkehrende Leistungen aus dem Grundstück zu entrichten sind (Reallast). ²Als Inhalt der Reallast kann auch vereinbart werden, dass die zu entrichtenden Leistungen sich ohne weiteres an veränderte Verhältnisse anpassen, wenn anhand der in der Vereinbarung festgelegten Voraussetzungen Art und Umfang der Belastung des Grundstücks *bestimmt werden können.*
(2) Die Reallast kann auch zugunsten des jeweiligen Eigentümers eines anderen Grundstücks bestellt werden.

A. Der Rechtstyp. Die Reallast gehört zur Gruppe der sog **Verwertungsrechte**: Der Eigentümer hat wiederkehrende Leistungen (s.u. Rn 3) zu erbringen; die Formulierung „aus dem Grundstück" bedeutet keinen natürlichen Leistungszusammenhang mit dem Grundstück, sondern ist die gesetzestypische Beschreibung des Rechts des Berechtigten, ggf die Immobiliarvollstreckung zu betreiben (BGH Rpfleger 78, 207). 1

Zu unterscheiden: a) Die Reallast als dingliches Recht („Stammrecht"), für das die allg Regeln gelten und das in Haupt- und Nebenansprüchen nur einen einheitlichen Rang haben kann (s. § 1107 Rn 8); b) die aus ihm fließenden Einzelleistungen, s. § 1107; c) die persönliche Leistungspflicht des Eigentümers, § 1108, d) die Verpflichtung des Bestellers aus dem Schuldverhältnis, das der Bestellung zugrunde liegt (s. § 1108 Rn 5). 2

B. Der Rechtsinhalt. I. Wiederkehrende Leistungen. Leistungsgegenstand ist aktives Tun des Eigentümers: Zahlung einer Geldrente (eintragbar nach Maßgabe von § 28 II GBO); Entrichtung von Naturalien (ohne notwendigen Bezug zum Grundstück, Schlesw DNotZ 75, 720; Ddorf MittRhNot 72, 708); Verrichtung persönlicher Dienste (zB Pflegeleistung, Karlsr FamRZ 01, 1455), auch von unvertretbaren Handlungen (BGH NJW 95, 2780); Grabpflege (BayObLG Rpfleger 88, 98). 3

Str ist die Sicherung von **Abnahmepflichten**. Sie ist abzulehnen, weil die bloße Abnahmehandlung keinen wirtschaftlichen Wert beinhaltet; dieser folgt vielmehr aus der schuldrechtlichen Gegenleistung (MüKo/*Joost* § 1105 Rz 16; *Prütting* GS-Schulz 87, 287. AA Celle JZ 79, 269; Palandt/*Bassenge* § 1105 Rz 4). Gleiches hat für Gebrauchsgewährungen zu gelten. 4

„**Wiederkehrend**" bedeutet zunächst den Ausschluss nur einmaliger Leistungen. Etwas anderes gilt nur dann, wenn eine einmalige Leistung im Zusammenhang mit solchen steht, die dauernd oder für eine gewisse Zeit zu entrichten sind (Hamm Rpfleger 73, 98; Westermann/*Gursky* § 124 II 1; aA MüKo/*Joost* § 1105 Rz 20). Die Leistungen müssen nicht regelmäßig zu entrichten sein, auch ihre Höhe kann unterschiedlich sein (BGH Rpfleger 75, 56). 5

Die Leistungen brauchen nicht im Voraus bestimmt zu sein, es genügt, dass sie **bestimmbar** sind (BGHZ 22, 54; BGH NJW 95, 2780). Bestehen sie nicht in Geld, so müssen sie einen Geldwert haben; dieser muss aus den Angaben in Grundbuch und Eintragungsbewilligung errechenbar sein, wobei auch außen liegende Umstände herangezogen werden können, sofern sie allg zugänglich sind (BGHZ 111, 324; 130, 342). Zur Wertsicherung s.u. Rn 7. 6

II. Wegen der häufigen **Wertsicherungsvereinbarungen** vgl § 245 Rn 18 ff. 7

C. Belastungsgegenstand. Grundstücke, grundstücksgleiche Rechte, Miteigentumsbruchteile (s. § 1106), wegen realer Grundstücksteile s. § 1106 Rn 3. 8

Eine **Gesamtreallast** ist zulässig (Oldbg Rpfleger 78, 411; Hamm DNotZ 76, 229; *Böttcher* MittBayNot 93, 129). 9

D. Berechtigter. Persönlich: Zugunsten bestimmter natürlicher oder juristischer Person oder rechtsfähiger Personengesellschaft. Mehrere Berechtigte: § 47 GBO. 10

Subjektiv-dinglich (**II**): Zugunsten des jeweiligen Eigentümers eines anderen Grundstücks, grundstücksgleichen Rechts oder einer Wohnungseigentumsberechtigung, nicht aber eines schlichten Miteigentumsanteils (BayObLG DNotZ 91, 398). 11

Ein **Eigentümerrecht** ist zulässig. Es kann als solches bestellt werden (MüKo/*Joost* § 1105 Rz 54; Westermann/*Gursky* § 124 IV 1; ganz allgM); es entsteht bei Konsolidation (§ 889). 12

E. Entstehung und Erlöschen. I. Die Bestellung. Für das dingliche Recht gilt § 873 (beim ursprünglichen Eigentümerrecht: einseitige Bestellungserklärung und Eintragung). Das schuldrechtliche Grundgeschäft ist formfrei; häufig ist es ein Versorgungsvertrag, Sicherung einer Unterhaltsverpflichtung, aber auch Schenkung oder Kaufpreissicherung. Akzessorietät besteht nicht (Köln Rpfleger 94, 292). 13

II. Das Erlöschen. Das Recht kann grds ohne zeitliche oder sonstige Beschränkung bestellt werden (sog Ewigkeitsreallast). Es ist dann (wiederholt) vererblich. Erlöschen kann es durch Aufhebung (§ 875), durch Ablösung (s.u. Rn 21), durch Ausschluss (§ 1112), durch die Zuschlagswirkung des § 91 ZVG (zu deren Ausschluss: LG Hagen Rpfleger 09, 564) oder durch den Untergang des Belastungsobjekts. 14

Das **persönlich** bestellte Recht ist nicht kraft Gesetzes auf Lebenszeit des Berechtigten beschränkt, es kann jedoch bei Bestellung oder später (§ 877) entspr beschränkt werden. Dann erlischt es beim Tode; die Löschung im Grundbuch geschieht nach § 22 GBO, jedoch ist § 23 GBO zu beachten. 15

Das Recht kann auch **befristet** oder **auflösend bedingt** werden. Dann erlischt es durch Zeitablauf oder Bedingungseintritt. Auch in diesen Fällen gelten §§ 22, 23 GBO. 16

In den Fällen der Rn 16, 17 erlischt das Recht auch unter den in Rn 14 genannten Voraussetzungen. 17

F. Das Altenteil. Als solches bezeichnet man Nutzungen und Leistungen (zumeist: Wohnungsrecht und Reallast), die zu **Versorgungszwecken** gewährt werden und eine regelmäßig lebenslange Verbindung des Berechtigten mit dem Grundstück bezwecken (BGH NJW 62, 2249); charakteristische Elemente sind die Aufgabe der wirtschaftlichen Selbstständigkeit des Berechtigten (BGH NJW 70, 282), die Verknüpfung der beiderseitigen Lebensverhältnisse (MüKo/*Pecher* Art 96 EGBGB Rz 6, 17) und die ständige räumliche Beziehung zum Grundstück (BayObLGZ 75, 132). Vgl auch BGH NJW–RR 07, 1391. 18

19 Das Altenteil kann unter dieser Bezeichnung (auch: Leibgedinge, Auszug) im Grundbuch **eingetragen** werden (§ 49 GBO), freilich ist dies weder positiv noch negativ konstitutiv (Hamm Rpfleger 86, 270; *Fuchs* Rpfleger 87, 76).

20 Die Besonderheit der Rechtsgestaltung zeigt sich in seiner Ausnahmestellung in der **Zwangsversteigerung**; vgl dazu ausf *Eickmann* Zwangsversteigerungsrecht § 11 II.

21 **G. Landesrecht.** Es beeinflusst die Rechtsgestaltung teilweise sehr stark. Zu beachten sind: Art 113 EGBGB (Ablösung – vgl Kobl NJW-RR 06, 523 –, Einschränkung, Umwandlung); Art 114 EGBGB (Ausnahmen vom Eintragungsgrundsatz); Art 115 EGBGB (Inhaltliche Verbote u Beschränkungen); Art 117 EGBGB (Wertgrenzen); Art 120, 121 EGBGB (Teilung des Grundstücks). Die dazu ergangenen Bestimmungen sind zusammengestellt bei MüKo/*Joost* § 1105 Rz 71.

§ 1106 Belastung eines Bruchteils. Ein Bruchteil eines Grundstücks kann mit einer Reallast nur belastet werden, wenn er in dem Anteil eines Miteigentümers besteht.

1 **Ideelle** Teile eines Grundstückes sind (wie in §§ 1095, 1113) nur belastbar, wenn sie Miteigentumsanteile nach §§ 741 ff, §§ 1008 ff sind.

2 **Nicht** selbstständig belastbar sind Gesamthandsanteile sowie Bruchteile eines Alleineigentümers oder Bruchteile eines Bruchteiles; letztgenannte Gestaltungen können jedoch entstehen, wenn ein belasteter Bruchteil nachträglich hinzu erworben wird.

3 **Reale** Teile eines Grundstückes können belastet werden, wenn Verwirrung nicht zu besorgen ist, § 7 II GBO. Ein Verstoß gegen § 93 ist nicht gegeben, weil Grundstücksteilflächen keine wesentlichen Bestandteile sind (BayObLGZ 24, 294). Verwirrungsgefahr besteht jedenfalls dann nicht, wenn die zu belastende Fläche katastertechnisch selbstständig ist (Flurstück).

§ 1107 Einzelleistungen. Auf die einzelnen Leistungen finden die für die Zinsen einer Hypothekenforderung geltenden Vorschriften entsprechende Anwendung.

1 **A. Sonderregeln für Einzelleistungen. I. Grundsatz.** Die jeweiligen Einzelleistungen verhalten sich zum Stammrecht wie die Hypothekenzinsen zum Kapital. Nach hM erfasst die Norm rückständige und erst fällig werdende Leistungen (Staud/*Amann* § 1107 Rz 20; Soergel/*Stürner* § 1107 Rz 2; aA MüKo/*Joost* § 1107 Rz 3). Für sie gelten die im BGB und anderen Gesetzen (BayObLG NJW 59, 1876) getroffenen Regeln für Hypothekenzinsen.

2 **II. Dinglicher Anspruch.** Der dingliche Anspruch (BGH Rpfleger 65, 223) ist kein Leistungsanspruch; er ist auf Duldung der Zwangsvollstreckung gerichtet. Eine **Unterwerfung** gem § 800 ZPO ist nach hM nicht möglich (BayObLG NJW 59, 1876; Staud/*Amann* § 1107 Rz 17; aA mit beachtenswerter Argumentation MüKo/*Joost* § 1107 Rz 13). Bei klageweiser Geltendmachung ist nicht die Leistung selbst, sondern Duldung der Vollstreckung zu beantragen. Zur Vollstreckung s.u. Rn 7 ff.

3 **Verzugs- und Prozesszinsen** werden nicht geschuldet. Dies wird überwiegend aus §§ 289 1, 191 abgeleitet (BGH NJW 90, 2380), folgt jedoch bzgl § 288 schon aus dem Fehlen eines (dingl) Leistungsanspruches (anders bei § 1108!), so dass Verzug begrifflich ausscheidet. Deshalb wird auch kein Schadensersatz nach §§ 280 I, II, 286 geschuldet (MüKo/*Joost* § 1107 Rz 6).

4 Einzelleistungen **verjähren** nach § 902 I 2, § 195 in drei Jahren; Beginn: § 199 I.

5 **III. Verfügungen.** Verzicht auf künftige Leistungen: § 875; bei rückständigen Leistungen gilt § 1178 II.

6 Für **Abtretung, Verpfändung und Pfändung** ist zunächst Übertragbarkeit Voraussetzung, vgl dazu § 1110 Rn 2 u § 1111 Rn 4. Ist sie gegeben, dann gilt: Abtretung künftiger Leistungen regeln §§ 873, 1158, bei rückständigen Leistungen gelten §§ 398 ff, 1159. Pfändung künftiger Leistungen fällt unter §§ 829, 830 I 3, 835, 837 I 2 ZPO; bei rückständigen Leistungen gelten §§ 829, 830 III 1, 837 II 1 ZPO. Verpfändung künftiger Leistungen regeln §§ 873, 1274; bei Rückständen gelten §§ 398 ff, 1274, 1280.

7 **B. Zwangsvollstreckung. I. Voraussetzungen.** Es gelten die allg Vollstreckungsvoraussetzungen. Titel kann sein eine persönliche Unterwerfung (§ 794 I Nr 5, II ZPO; wegen § 800 ZPO s.o. Rn 2) oder ein Duldungsurteil (-vergleich). Für die Klage gilt § 24 ZPO; sie kann im Urkundenprozess erhoben werden, wenn die Reallast auf Geld oder vertretbare Sachen lautet, §§ 592 ff ZPO.

8 **II. Verfahren.** Nach § 1147 iVm § 866 I ZPO können Zwangsversteigerung sowie Zwangsverwaltung (auch nebeneinander, § 866 II ZPO) betrieben werden. Betreibt der Berechtigte aus der Reallast die Versteigerung, so ist Folge davon – unabhängig vom Umfang der Befriedigung – das Erlöschen des Stammrechts, §§ 52, 91, 44 ZVG. Zur Vermeidung dieses Ergebnisses kann **nicht** vereinbart werden, dass die rückständigen Leistungen materiellen Nachrang hinter dem Stammrecht haben sollen (BGH NJW 04, 361). Eine Aufnahme des Stammrechts ins geringste Gebot kann über § 59 ZVG erreicht werden (dazu *Stöber* NotBZ 04, 265), durch Betreiben aus dem persönlichen Anspruch des § 1108 (in Rangklasse 5 des § 10 ZVG!) oder durch Betreiben aus einer nachrangig bestellten Grundschuld (dazu *Oppermann* RNotZ 04, 84).

Naturalleistungen müssen in der Versteigerung nach hM vor Antragstellung in einen **Geldanspruch** (§§ 280, 281) umgewandelt werden (*Stöber* § 15 ZVG Rz 9.1), § 46 ZVG ist nicht anwendbar, weil er nur Ansprüche betrifft, die ins geringste Gebot aufzunehmen sind.

In der **Zwangsverwaltung** werden Naturalleistungen nicht in Geld umgerechnet, sondern in Natur erfüllt (*Stöber* § 146 ZVG Rz 10, 11).

§ 1108 Persönliche Haftung des Eigentümers.

(1) Der Eigentümer haftet für die während der Dauer seines Eigentums fällig werdenden Leistungen auch persönlich, soweit nicht ein anderes bestimmt ist.
(2) Wird ein Grundstück geteilt, so haften die Eigentümer der einzelnen Teile als Gesamtschuldner.

A. Persönliche Haftung aufgrund Eigentums. Jeder Eigentümer haftet kraft Gesetzes während der Dauer des Eigentums auch **persönlich** für die fällig werdenden Einzelleistungen. Diese Haftung ist zu unterscheiden von der dinglichen Haftung aus § 1107, die auch für Rückstände aus der Zeit vor dem Eigentumserwerb besteht (BGH NJW 90, 2380). Sie ist ferner zu unterscheiden von der Haftung aus der gesicherten Forderung, s.u. Rn 5. Während die Haftung nach § 1107 nur in das Grundstück realisiert werden kann, ist die Haftung des § 1108 ins gesamte Vermögen durchsetzbar.

Die Haftung erfasst alle **nach Eigentumsübergang** fällig werdenden Leistungen; sie ist auflösend bedingt durch den Eigentumsverlust (BGH Rpfleger 78, 207). Auf die Art des Erwerbes kommt es nicht an, die Norm gilt auch für den Ersteher in der Zwangsversteigerung, wenn das Recht bestehen blieb (BGHZ 123, 178).

Die Haftung entspricht in Art und Umfang der dinglichen nach § 1107. Sie unterliegt mithin auch den Veränderungen bei einer Wertsicherung (BGH NJW-RR 89, 1098).

Bei **Eigentumswechsel** ergibt sich, sofern Rückstände bestehen, eine Haftung **mehrerer** Personen: Der Veräußerer haftet für die Rückstände aus § 1108 weiter, für die haftet der Erwerber dinglich; war der Veräußerer nicht der Besteller des Rechts, so besteht auch noch die Haftung aus der gesicherten Forderung, s.u. Rn 5. Zwischen den Verpflichteten besteht regelmäßig ein **Gesamtschuldverhältnis** (BGHZ 123, 178). Der Ausgleich richtet sich bei Fehlen entspr Vereinbarungen nach § 426 bzw § 56 2 ZVG (BGH NJW 93, 2617).

B. Haftung aus gesicherter Forderung. Der **Besteller** der Reallast haftet regelmäßig aus dem Schuldgrund, der durch die Reallast besichert werden sollte (zB Kaufpreisanspruch; Unterhaltsverpflichtung uä). Für diese Haftung gilt § 1108 nicht (BGH NJW-RR 89, 1098). Sie besteht auch **nach** Eigentumswechsel fort, sofern nicht eine befreiende Schuldübernahme vereinbart wird. Wegen der Ausgleichspflicht s.o. Rn 4.

C. Teilung des belasteten Grundstücks. Wird das Objekt real geteilt, entsteht mangels anderer Vereinbarungen eine **Gesamtreallast**. Nach II besteht im Verhältnis zum Berechtigten eine gesamtschuldnerische persönliche Haftung der Eigentümer. Der Ausgleich im Innenverhältnis bemisst sich, sofern nichts anderes vereinbart, ist analog § 1109 I 2 (Soergel/*Stürner* § 1108 Rz 2; MüKo/*Joost* § 1108 Rz 10). Das Landesrecht kann abw Regelungen enthalten, vgl Art 120, 121 EGBGB.

§ 1109 Teilung des herrschenden Grundstücks.

(1) ¹Wird das Grundstück des Berechtigten geteilt, so besteht die Reallast für die einzelnen Teile fort. ²Ist die Leistung teilbar, so bestimmen sich die Anteile der Eigentümer nach dem Verhältnis der Größe der Teile; ist sie nicht teilbar, so findet die Vorschrift des § 432 Anwendung. ³Die Ausübung des Rechts ist im Zweifel nur in der Weise zulässig, dass sie für den Eigentümer des belasteten Grundstücks nicht beschwerlicher wird.
(2) ¹Der Berechtigte kann bestimmen, dass das Recht nur mit einem der Teile verbunden sein soll. ²Die Bestimmung hat dem Grundbuchamte gegenüber zu erfolgen und bedarf der Eintragung in das Grundbuch; die Vorschriften der §§ 876, 878 finden entsprechende Anwendung. ³Veräußert der Berechtigte einen Teil des Grundstücks, ohne eine solche Bestimmung zu treffen, so bleibt das Recht mit dem Teil verbunden, den er behält.
(3) Gereicht die Reallast nur einem der Teile zum Vorteil, so bleibt sie mit diesem Teil allein verbunden.

A. Grundsätzliche Teilungsfolgen. Die Norm regelt die Folgen einer Teilung des **herrschenden** Grundstücks; sie ist also nur auf ein subjektiv-dinglich bestelltes Recht (§ 1105 II) anwendbar. Die Teilung des **belasteten** Grundstücks ist in § 1108 II geregelt. Erfasst wird jede Teilung iSv § 7 I GBO; sei es mit oder ohne gleichzeitige Veräußerung.

Grds bleibt das **Stammrecht** als einheitliches Recht bestehen; die Eigentümer bilden eine Rechtsgemeinschaft nach I 2 oder 3: Bei teilbarer Leistung (§ 420, zB Geldrente) steht ihnen das Recht nach dem Verhältnis der Größe der neu gebildeten Grundstücke zu; bei nicht teilbarer Leistung (zB Leistung v Diensten) gilt § 432. Da die Teilung jedoch weder Inhalt noch Umfang des Rechts verändert, hat die Rechtsgemeinschaft nur für die Einzelleistungen Bedeutung; die dingliche Haftung bedeutet so oder so, dass die Befriedigung aus dem Grundstück an alle zu geschehen hat (MüKo/*Joost* § 1109 Rz 2).

3 Der Grundsatz der Stammrechtserhaltung erfährt Ausnahmen bei anderweitiger Bestimmung (II, s.u. Rn 4), bei Veräußerung eines Teiles ohne Bestimmung (s.u. Rn 5) und bei ortsbezogenen Rechten (III, s.u. Rn 6).

4 **B. Rechtsgeschäftliche Bestimmung.** Durch einseitiges eintragungsbedürftiges Rechtsgeschäft kann der Berechtigte bestimmen, dass das Recht nur mit einem der (künftigen) **Teile** verbunden sein soll; werden mehr als zwei Teile geschaffen, so wird auch eine Bestimmung zulässig sein, dass das Recht zugunsten mehrerer Teile fortbesteht.

5 Wird eines der neu zu bildenden Grundstücke zusammen mit der Teilung veräußert, so kann der Berechtigte nach dem oben Rn 4 Gesagten bestimmen, dass das Recht dem zu veräußernden Teil zustehen soll. Trifft er keine Bestimmung, so verbleibt es dem Teil, den er behält (II 3). Zulässig muss aber auch eine Bestimmung sein, die das Recht an beiden Teilen belässt.

6 **C. Ortsbezogene Reallast.** Ist das Recht nur für **eines** der neuen Grundstücke von **Vorteil** (zB bei Unterhaltung einer Anlage), so bleibt es nur mit diesem Teil verbunden und erlischt an den anderen (BayObLGZ 73, 21).

§ 1110 Subjektiv-dingliche Reallast.
Eine zugunsten des jeweiligen Eigentümers eines Grundstücks bestehende Reallast kann nicht von dem Eigentum an diesem Grundstück getrennt werden.

1 Die subjektiv-dingliche Reallast wird zum wesentlichen Bestandteil des herrschenden Grundstücks (BayObLGZ 73, 21). Die Verbindung soll unauflöslich sein, dh die Reallast kann nicht mit einem anderen Grundstück verbunden werden (BayObLGZ 90, 212) und sie kann nicht in ein persönliches Recht umgewandelt werden.

2 Nach richtiger Auffassung erfasst die Regel **auch** die **Einzelansprüche** (MüKo/*Joost* § 1110 Rz 4; aA RGRK/*Rothe* § 1110 Rz 2). Künftig fällig werdende Einzelansprüche sind nicht abtretbar oder pfändbar; bereits fällige (rückständige) Einzelleistungen sind wegen §§ 1107, 1159 nach einfachem Abtretungsrecht zu behandeln und mithin auch pfändbar (MüKo/*Joost* § 1110 Rz 4; Staud/*Amann* § 1110 Rz 3).

§ 1111 Subjektiv-persönliche Reallast.
(1) Eine zugunsten einer bestimmten Person bestehende Reallast kann nicht mit dem Eigentum an einem Grundstück verbunden werden.
(2) Ist der Anspruch auf die einzelne Leistung nicht übertragbar, so kann das Recht nicht veräußert oder belastet werden.

1 Korrespondierend mit § 1110 verbietet die Norm die **Umwandlung** einer persönlichen Reallast in eine subjektiv-dingliche.

2 Grds ist das persönliche Recht übertragbar und pfändbar. Ersteres unterliegt § 873; Letzteres geschieht gem § 830 I 3, II ZPO. Ausnahme (III) s.u. Rn 4.

3 Die **persönliche** Reallast ist vererblich, sofern sie nicht rechtsgeschäftlich auf Lebenszeit beschränkt ist, oder sich diese Beschränkung aus der Natur der Leistung (Versorgungsleistungen/Altenteil) ergibt (BGH LM Nr 1; BayObLG DNotZ 85, 41 u 89, 567, Köln Rpfleger 94, 292).

4 Die dinglichen **Einzelleistungen** sind grds übertragbar u damit pfändbar. Ausnahmen gelten: a) bei Inhaltsveränderung (§ 399), zB bei persönlichen Dienstleistungen; b) bei rechtsgeschäftlichem (eingetragenen!) Ausschluss (§ 399); c) bei Unpfändbarkeit (§ 400), vgl zB § 850b I Nr 3 ZPO; d) kraft Landesrechts, Art 115 EGBGB.

§ 1112 Ausschluss unbekannter Berechtigter.
Ist der Berechtigte unbekannt, so findet auf die Ausschließung seines Rechts die Vorschrift des § 1104 entsprechende Anwendung.

1 Entspr § 1104 ist bei unbekanntem Berechtigten das Aufgebotsverfahren der §§ 433–441, 453 FamFG möglich. Wegen § 1104 II gilt dies jedoch nicht für subjektiv-dingliche Reallasten. Die Wirkung des Ausschlussurteils ist das Erlöschen der Reallast.

2 Im Beitrittsgebiet gilt die Sonderregelung des § 6 Ia GBBerG; sie ermöglicht das Aufgebot auch bei unbekanntem Aufenthalt des Gläubigers und bei subjektiv-dinglichen Rechten. Voraussetzung ist in beiden Fällen, dass das Recht vor dem 3.10.90 begründet wurde.

3 Die Besonderheit nach Rn 2 kann gem § 6 III 2 GBBerG durch Landesrecht auch in den alten Bundesländern in Kraft gesetzt werden, s. Bayer-VO v 6.9.94, GVBl 928 Bremer-VO v 23.10.01, GBl 323 und NRW-VO v 13.2.01, GVBl 69 Rheinland-Pfalz-VO v 23.6.03, GVBl 129.

Abschnitt 7 Hypothek, Grundschuld, Rentenschuld

Titel 1 Hypothek

§ 1113 Gesetzlicher Inhalt der Hypothek. (1) Ein Grundstück kann in der Weise belastet werden, dass an denjenigen, zu dessen Gunsten die Belastung erfolgt, eine bestimmte Geldsumme zur Befriedigung wegen einer ihm zustehenden Forderung aus dem Grundstück zu zahlen ist (Hypothek). (2) Die Hypothek kann auch für eine künftige oder eine bedingte Forderung bestellt werden.

A. Arten der Grundpfandrechte; Begriff der Hypothek. Hypotheken, Grundschulden und Rentenschulden 1 (Oberbegriff: Grundpfandrechte) belasten das Eigentum an einem oder mehreren (§ 1131) Grundstücken und ermöglichen dem Gläubiger, die **Zwangsvollstreckung in das Grundstück** zu betreiben (§ 1147); einen Zahlungsanspruch gewähren sie trotz der missverständlichen Formulierung „eine bestimmte Geldsumme aus dem Grundstück zu zahlen" nicht (BGH NJW 52, 1175; aA Staud/*Wolfsteiner* Einl zu §§ 1113 ff Rz 25 f). Während die Rentenschuld von Anfang an bedeutungslos war, stellte die Hypothek früher das gebräuchliche Sicherungsrecht dar. Noch Mitte der Zwanzigerjahre spielte die Grundschuld in der Kreditpraxis nur eine geringe Rolle. Aus diesem Grund stellte der Gesetzgeber die Hypothek an den Anfang und regelte die Grundschuld durch Verweisung auf die Hypothekenvorschriften, was freilich schon in den Beratungen zum BGB nicht unumstritten war. Sollte ein grenzüberschreitendes Grundpfandrecht eingeführt werden, so wird es voraussichtlich nicht akzessorisch ausgestaltet sein (vgl *Wolfsteiner/Stöcker* DNotZ 99, 451).

Die **Hypothek** wurde zunächst beim Immobiliarkredit für Kreditinstitute und ist heute auch bei der Sicherung der Forderungen von Privatleuten wegen der hinderlichen Akzessorietät nahezu **völlig durch die Grundschuld verdrängt**; die Möglichkeit der Forderungsauswechslung (§ 1180) ist für den modernen Kreditverkehr zu umständlich und zu kostspielig. An die Stelle der gesicherten Forderung tritt bei der Grundschuld die Sicherungsabrede, die aber nicht Inhalt des dinglichen Rechts ist. Soweit Hypotheken überhaupt noch bestellt werden, sind sie dadurch denaturiert, dass an die Stelle der wirklich bestehenden Forderung ein sicherungshalber gegebenes abstraktes Schuldversprechen (erstmals Kockerol DNotV 1901, 305) oder – noch absurder – ein inhaltlich unrichtiges Anerkenntnis über den Erhalt der Darlehenssumme für den Betrag der Hypothek getreten ist; von einer Akzessorietät zwischen dinglichem Recht und (tatsächlich bestehender) Forderung kann bei dieser Konstruktion nicht die Rede sein. „Echte" Hypotheken sind im Grunde nur noch die im **Zwangswege** entstehenden (vgl insb §§ 866 ff, 932 ZPO; § 128 ZVG; § 322 AO; § 6 JBeitrO; § 61 BauGB). 2

§ 1113 definiert die Hypothek als ein **akzessorisches** Grundpfandrecht. Hierin liegt der grds Unterschied zwischen Hypothek und Grundschuld. Die Hypothek folgt der Forderung; der Gläubiger der Forderung und der Gläubiger der Hypothek müssen grds identisch sein (zu Ausnahmen § 1138 Rn 2; § 1153 Rn 2). Sie kann aber mehrere Forderungen gegen mehrere Schuldner nebeneinander sichern (BGH NJW 00, 1861), ohne dass eine auch nur teilweise Personenidentität zwischen Schuldner und Eigentümer bestehen müsste; unzulässig ist dagegen die alternative Sicherung mehrerer Forderungen (zB des Darlehensanspruchs und für den Fall der Nichtigkeit des Vertrags des Bereicherungsanspruchs des Darlehensgebers; RG JW 11, 653). Die Akzessorietät ist bei der gewöhnlichen Hypothek (sog **Verkehrshypothek**) vielfach durchbrochen; streng akzessorisch ist nur die Sicherungshypothek (§ 1184); die Höchstbetragshypothek (§ 1190) „gilt" als Sicherungshypothek, ohne eine solche zu sein. 3

Die Hypothek lautet auf eine **bestimmte Geldsumme** in €, der Währung eines EU-Mitgliedstaats, Schweizer 4 Franken oder US-$ (VO v 30.10.97, BGBl I 2683). Vor dem 1.1.02 in DM eingetragene Hypotheken werden anlässlich sonstiger Eintragungen in das Grundbuch vAw gebührenfrei umgestellt, sonst nur gebührenpflichtig auf Antrag (§ 26a GBMaßnG). Auch zwischen 1920 und 1936 bestellte Hypotheken können in fremder Währung eingetragen sein. Das Erfordernis der bestimmten Geldsumme schließt jede Wertsicherung aus; gesetzliche Vorschriften, die wertbeständige Hypotheken zugelassen hatten, sind am 31.12.68 außer Kraft getreten.

B. Entstehung der Hypothek. Die Hypothek entsteht durch (formlose) Einigung und Eintragung (§ 873; 5 Ausn: Wertpapierhypothek, § 1188). Bei fehlender oder unwirksamer Einigung zwischen Eigentümer und Gläubiger entsteht nach hM (RGZ 106, 136) kein Grundpfandrecht (aA mit überzeugender Begründung Staud/*Wolfsteiner* Einl zu §§ 1113 ff Rz 62: Entstehung einer Eigentümergrundschuld).

Bei der Entstehung der Hypothek gilt das **Abstraktionsprinzip**: Mängel der schuldrechtlichen Bestellungsabrede zwischen Gläubiger und Eigentümer und ggf der Vereinbarung zwischen Eigentümer und (von diesem verschiedenen) Schuldner, zB deren Sittenwidrigkeit, sind für die Entstehung der Hypothek grds bedeutungslos (BGH NJW-RR 00, 1431); entsteht die Forderung nicht, so fehlt nicht etwa ein Tatbestandsmerkmal der Entstehung des dinglichen Rechts, vielmehr steht die Hypothek dann dem Eigentümer zu (§ 1163 I 1). 6

Die Eintragung der Hypothek erfordert eine Eintragungsbewilligung des eingetragenen Eigentümers; die 7 Erklärung der Auflassung enthält nicht die Ermächtigung des künftigen Eigentümers zur Grundstücksbelastung (*Schöner/Stöber* Rz 3312); zur Kaufpreisfinanzierung bedarf der Grundstückskäufer deshalb einer Vollmacht des Verkäufers.

8 Zugelassen ist die Bestellung einer Hypothek für eine bedingte oder künftige Forderung. (§ 1113 II). Bei der auflösenden Bedingung (zB Erlöschen mit dem Tod des Gläubigers, häufig in Grundstücksschenkungen) steht die Hypothek zunächst dem Gläubiger zu und wird mit Bedingungseintritt zum Eigentümerrecht (§ 1163 I 2); ist die Forderung aufschiebend bedingt oder künftig, so besteht ein vorläufiges Eigentümerrecht (§ 1163 I 2). Auch künftige Forderungen müssen aber ausreichend individualisiert sein; zweifelhaft ist das bei Hypotheken für die Forderung eines noch nicht existenten Gläubigers (vgl dazu Staud/*Wolfsteiner* § 1113 Rz 63) oder des zukünftigen Zugewinnausgleichs (*Gaul* FamRZ 61, 132). Keine „künftige Forderung" ist die gegenwärtige Forderung gegen den Grundstückskäufer auf Zahlung des noch offenen Restkaufpreises (Zweibr Rpfleger 90, 15); die **Restkaufpreishypothek** kann daher erst mit Eigentumsumschreibung auf den Käufer eingetragen werden.

9 Die Bestellung der Hypothek ist eine Verfügung über das Grundstück (auch iSd § 1365 [§ 1365 Rn 12] und der §§ 1821 I Nr 1, 1643). Die Hypothek kann nicht nur für eine bedingte oder befristete Forderung bestellt werden, sie kann auch selbst bedingt oder befristet sein; je nachdem, ob man eine Einigung für erforderlich hält, muss man beim Ausfall der Bedingung das Erlöschen der Hypothek oder deren Umwandlung in eine Eigentümergrundschuld annehmen.

10 Die Bestellung der Hypothek bedarf mitunter einer staatlichen Genehmigung, insb im städtebaulichen Sanierungsgebiet (§ 144 BauGB); auch das Gemeinderecht mancher Bundesländer macht die Bestellung einer Hypothek von einer Genehmigung abhängig (zur Prüfungspflicht des GBA Brandbg Rpfleger 06, 644).

11 Eine Hypothek kann auch kraft Gesetzes entstehen (§ 1287 2; § 848 II ZPO), also ohne Eintragung; bis zu dieser kann ein gutgläubiger Dritter aber das Grundstück unbelastet von der Hypothek erwerben. Im Wege der Zwangsvollstreckung kann eine **Zwangshypothek** (§ 866 ZPO) oder eine **Arresthypothek** (§ 932 ZPO) eingetragen werden. Möglich ist ferner die Entstehung der Hypothek durch Verwaltungsakt im Umlegungsverfahren (§§ 45 ff BauGB), nicht aber durch Ersitzung (§ 900 II).

12 Die rechtsgeschäftliche Bestellung einer Hypothek löst Kosten beim Notar für die Beglaubigung der Unterschrift unter die Eintragungsbewilligung ($^{1}/_{4}$-Gebühr aus § 45 KostO), bei Zwangsvollstreckungsunterwerfung für die vollstreckbare Urkunde ($^{10}/_{10}$-Gebühr aus § 36 I KostO) aus. Für die Eintragung in das Grundbuch wird in beiden Fällen eine $^{10}/_{10}$-Gebühr (§ 62 KostO) erhoben.

13 **C. Inhalt der Hypothek.** Die Hypothek ermöglicht die Zwangsvollstreckung in das Grundstück und in die nach §§ 1120–1130 mithaftenden Gegenstände. Andere Verwertungsabreden sind im Voraus unzulässig (§ 1149). An einem Grundstück können für dieselbe Forderung nicht mehrere Hypotheken bestellt werden (Verbot der Doppelsicherung, Köln NJW-RR 96, 1106, 1107), wohl aber für eine Forderung eine **Gesamthypothek** an mehreren Grundstücken (§ 1132).

14 Gegenstand der Belastung können auch Wohnungseigentum, Erbbaurecht und andere grundstücksgleiche Rechte sein, nicht aber Dauerwohn- und Dauernutzungsrechte (§ 31 WEG). Die Aufteilung eines Grundstücks in Wohnungseigentum lässt das Recht des Hypothekengläubigers unberührt, auch wenn gleichzeitig eine Veräußerungsbeschränkung nach § 12 WEG vereinbart wird (Frankf FGPrax 96, 139).

15 Typische Formen der Hypothek, die der Rückzahlung eines in Teilbeträgen fälligen Darlehens sichert, sind – wenn nicht die Hypothek ohnehin für die Forderung aus einem abstrakten Schuldversprechen bestellt wird (vgl Rn 2) – die Abzahlungshypothek, die Tilgungshypothek und die Tilgungsfondshypothek. Bei der **Abzahlungshypothek** ist ein konstanter Tilgungsbetrag vereinbart, während der Zinsbetrag infolge der fortschreitenden Tilgung laufend abnimmt. Demggü sind bei der **Tilgungshypothek** gleichmäßige jährliche Raten (**Annuitäten**) zu zahlen, bei denen aber mit fortschreitender Tilgung der Zinsanteil zugunsten des Tilgungsanteils immer weiter abnimmt. Hier können den Eigentümer benachteiligende Zinsverrechnungsklauseln (insb die Weiterberechnung von Zinsen auf einen durch Tilgung bereits verminderten Kapitalstand) mit § 307 in Konflikt kommen (zu den Grenzen solcher Zinsverrechnungsklauseln vgl BGH NJW 92, 179; 93, 3261). In Höhe der jeweils getilgten Kapitalbeträge entstehen Eigentümergrundschulden, die jeweils dem Eigentümer zur Zeit der Tilgung zustehen und Rang nach dem Gläubigerrecht haben (§ 1176); wechselt das Eigentum, wird die Eigentümergrundschuld Fremdgrundschuld; mehrere aus der Hypothek entstandene Eigentümerrechte haben gleichen Rang (aA Palandt/*Bassenge* Rz 27: Vorrang der jüngeren Rechte vor den älteren). Bei der **Tilgungsfondshypothek** werden in gleicher Weise Annuitäten entrichtet; das Erlöschen der Forderung ist aber durch vertragliche Vereinbarung bis zu ihrer vollständigen Tilgung aufgeschoben, indem Zahlungen in einen Tilgungsfonds fließen, der erst bei vollständiger Tilgung der Forderung mit dieser verrechnet wird.

16 **D. Rang der Hypothek.** Der Rang der Hypothek ist für ihren wirtschaftlichen Wert das entscheidende Kriterium, gehört aber nicht zum Inhalt des Rechts. Besondere Bedeutung hat der Rang nicht nur für die Hypothek selbst, sondern auch für bestimmte Veränderungen (Zinsen bis zu 5%, § 1119; Umwandlung in eine *Grundschuld*, § 1198) die ohne Zustimmung gleich- oder nachrangiger Berechtigter erfolgen können. Eine Änderung des Rangs bedarf – außer im Fall des § 1151 – der Zustimmung des Eigentümers (§ 880 II 2). Eine der Hypothek im Rang vorgehende Auflassungsvormerkung macht die Hypothek wirtschaftlich wertlos (§ 888); der Hypothekengläubiger muss bei der Kaufpreisfinanzierungshypothek deshalb darauf bestehen,

dass sein Recht Rang vor der Vormerkung des Käufers erhält oder dieser der Belastung zustimmt (§ 185 II); die Zustimmung kann durch einen Wirksamkeitsvermerk verlautbart werden (BGH NJW 99, 2275). Gefahr droht dem wirtschaftlichen Wert einer Hypothek von öffentlich-rechtlichen Beschränkungen, insb Baulasten, die der Eigentümer wirksam ohne Zustimmung des Hypothekengläubigers bestellen kann.

E. Zahlungen an den Gläubiger. Die Rechtsfolgen von Zahlungen an den Gläubiger sind differenziert geregelt: Die Hypothek erlischt nur dann, wenn der Gläubiger aus dem Grundstück befriedigt wird (§ 1181). Wird durch einen Eigentümer, der nicht persönlicher Schuldner ist, **auf die Hypothek** gezahlt, gehen Forderung und Hypothek auf ihn über (§§ 1143; 1177 II). Der persönliche Schuldner zahlt (auch wenn er mit dem Eigentümer personenidentisch ist) regelmäßig auf die Forderung. Diese erlischt für die Hypothek, §§ 1163, 1164. Auch auf Dritte kann die Hypothek übergehen, wenn sie den Gläubiger befriedigen (§ 1150). 17

F. Veränderungen der Hypothek. I. Übertragung, Ausschluss der Übertragbarkeit. Die grds Übertragbarkeit von Forderung und Hypothek (§ 1153) kann sowohl durch Vereinbarung nach § 399 ausgeschlossen werden als auch durch eine Vereinbarung über einen Abtretungsausschluss oder eine Abtretungsbeschränkung als Inhalt des dinglichen Rechts; § 137 1 steht nicht entgegen (Hamm NJW 68, 1289). Wird die Abtretung der Hypothek ausgeschlossen, geht bei (erlaubter) Abtretung der Forderung die Hypothek abw von § 1153 nicht mit über, sondern wird Eigentümergrundschuld. Der Ausschluss der Abtretbarkeit bedarf der Eintragung in das Grundbuch; Bezugnahme auf die Eintragungsbewilligung ist gesetzlich nicht ausgeschlossen, darf aber nicht erfolgen, weil andernfalls der Rechtspfleger bei jeder einzutragenden Abtretung die Grundakten einsehen müsste (Staud/*Wolfsteiner* Einl zu §§ 1113 ff Rz 95; aA *Schöner/Stöber* Rz 2379; hier 4. Aufl; s. auch § 1115 Rn 1). Ist die Abtretung der Hypothek ausgeschlossen, kann zwar die Forderung nach § 851 II ZPO gepfändet werden, nicht aber die Hypothek. 18

II. Teilung, Vereinigung. Sichern mehrere Hypotheken, die gleichen oder unmittelbar aufeinander folgenden Rang haben, eine einheitliche Forderung, so können sie zu einer **Einheitshypothek** zusammengefasst werden (RGZ 145, 47, 49; Hamm Rpfleger 92, 13), wenn Zinssatz (nicht Zinsbeginn) und Zahlungsbestimmungen gleich sind; dies ist keine Neubestellung, sondern lediglich eine Inhaltsänderung der zusammengefassten Rechte. Eine Hypothek kann auch **geteilt** werden, ohne dass der Eigentümer dem zustimmen müsste; auch die Festlegung eines Rangverhältnisses der entstehenden Teile ist nicht zustimmungspflichtig (Hamm Rpfleger 88, 58, 59). 19

G. Ende der Hypothek. Die Hypothek erlischt durch **Aufhebung** (§ 1183), die einer Aufhebungserklärung des Gläubigers und der Zustimmung des Eigentümers bedarf. Einseitig kann der Gläubiger nur auf die Hypothek verzichten (§ 1168); dadurch erlischt sie jedoch nicht, sondern geht als Grundschuld auf den Eigentümer über (Ausn beim Gesamtrecht, § 1175 I 2). Die Hypothek erlischt weiterhin durch **Zuschlag in der Zwangsversteigerung** (§ 1181; Ausn: § 1182), wenn sie nicht nach den Versteigerungsbedingungen bestehen bleibt (§ 91 I ZVG). Die **Verjährung** des gesicherten Anspruchs hindert die Geltendmachung des Hypothekenkapitals nicht (§§ 902, 216 I), während die Hypothekenzinsen der gewöhnlichen Verjährung unterliegen (§ 216 III). 20

§ 1114 Belastung eines Bruchteils.
Ein Bruchteil eines Grundstücks kann außer in den in § 3 Abs. 6 der Grundbuchordnung bezeichneten Fällen mit einer Hypothek nur belastet werden, wenn er in dem Anteil eines Miteigentümers besteht.

A. Grundsatz. § 1114 beschränkt die selbständige Belastung von Miteigentumsanteilen im Interesse der Vermeidung dadurch begründeter Schwierigkeiten bei der Grundbuchführung und im Fall der Zwangsversteigerung. Für Zwangsrechte treffen §§ 864 II, 932 II ZPO eine entspr Regelung. Ist Wohnungseigentum begründet, gilt § 1114 für Miteigentumsanteile am Wohnungseigentum, aber selbstverständlich nicht für mehrere Rechte am gleichen Grundstück. § 1114 betrifft nicht die Belastung realer Teile eines Grundstücks; diese können selbständig belastet werden, müssen dazu aber zunächst rechtlich verselbständigt werden (§ 7 GBO). 1

Für die Frage, ob eine zulässige Belastung des Anteils eines Miteigentümers oder eine unzulässige Belastung eines Teils einer einheitlichen Berechtigung vorliegt, kommt es auf den Zeitpunkt der Eintragung der Hypothek an (Staud/*Wolfsteiner* Rz 5; aA Palandt/*Bassenge* Rz 1: auch auf den Zeitpunkt der Einigung). Ein Miteigentümer, der einen weiteren oder alle weiteren Miteigentumsanteile erworben hat, kann von da an weder seinen ursprünglichen noch einen neu erworbenen Anteil selbständig belasten, auch nicht mit einer Restkaufpreishypothek (Zweibr NJW-RR 90, 147; widersprüchlich Staud/*Wolfsteiner* Rz 14 einerseits und Rz 18 andererseits). 2

Veränderungen nach Eintragung der Hypothek sind ohne Bedeutung, und zwar sowohl beim Zuerwerb weiterer oder aller weiteren Miteigentumsanteile durch den Besteller als auch bei Aufhebung der Buchung nach § 3 VI GBO, die ohne materiell-rechtliche Wirkung ist (Bauer/v Oefele/*Waldner* § 3 GBO Rz 36). 3

B. Ausnahmen. § 1114 muss als Ordnungsvorschrift zurücktreten, wenn übergeordnete Gesichtspunkte die Möglichkeit der Belastung eines Miteigentumsanteils gebieten. 4

5 **I. Gesetzliche Ausnahmen. 1. Selbständig gebuchte Miteigentumsanteile.** Die Normierung der Buchung von Miteigentumsanteilen in § 3 VI GBO hat der Gesetzgeber zum Anlass genommen, eine schon zuvor weithin anerkannte (BayObLG NJW 75, 40; Frankf NJW-RR 88, 463) Ausn von § 1114 zu kodifizieren: Sind Miteigentumsanteile an einem Grundstück auf verschiedenen Grundbuchblättern gebucht, können sie auch dann selbständig belastet werden, wenn mehrere oder alle ein und demselben Eigentümer gehören.

6 **2. Flurbereinigung, Umlegung.** Gesetzliche Ausnahmen bestimmen außerdem § 68 II FlurbG u § 62 II BauGB: Hier kann ein Grundstück zu einem Bruchteil belastet werden, wenn die Hypothek ursprünglich auf einem umgelegten Grundstück lastete, das nur einen geringeren Wert als das Ersatzgrundstück hatte.

7 **II. Weitere Ausnahmen. 1. Zwangsrechte.** Wird ein Miteigentumsanteil zwangsversteigert, so kann eine Sicherungshypothek für die Forderung gegen den Ersteher (§ 128 ZVG) an ihm auch dann eingetragen werden, wenn dem Ersteher weitere Miteigentumsanteile gehören; weder kann der Gläubiger die Belastung des ganzen Grundstücks verlangen noch kann die Eintragung überhaupt abgelehnt werden (KG JW 33, 626 m zust Anm *Bernhöft*; Breslau OLGR 25, 257; aA noch KG KGJ 23 A 230).

8 Ähnl ist es, wenn der Erwerb eines Miteigentumsanteils nach dem AnfG anfechtbar ist, dem Erwerber aber noch weitere Miteigentumsanteile gehören. Der Gläubiger kann hier eine Sicherungshypothek auf dem anfechtbar erworbenen Miteigentumsanteil eintragen lassen (vgl BGH NJW 84, 1968).

9 **2. Gutgläubiger Erwerb.** Ist ein Alleineigentümer irrtümlich als Miteigentümer eingetragen und belastet er den Miteigentumsanteil, der für ihn eingetragen ist, mit einer Hypothek, so erwirbt diese der gutgläubige (§ 892) Gläubiger, ohne dass § 1114 entgegensteht (*Wolff/Raiser* § 133 Rz 3).

10 **3. Vorerbe.** Erwirbt der Miteigentümer eines Grundstücks einen weiteren Miteigentumsanteil als Vorerbe, kann er den ihm schon vor dem Vorerbfall gehörenden Miteigentumsanteil selbständig mit einer Hypothek belasten (BayObLG NJW 68, 1431).

11 **C. Folgen eines Verstoßes.** Angesichts der Tatsache, dass Ausnahmen von § 1114 anerkannt sind, deren Grenzen sich aber nicht immer leicht bestimmen lassen, verbietet es sich, bei einem Verstoß gegen § 1114 Nichtigkeit der Eintragung anzunehmen (im Ergebnis ebenso Staud/*Wolfsteiner* Rz 6; aA RGZ 88, 21; BayObLG OLGR 30, 18). Es handelt sich nicht um eine inhaltlich unzulässige Eintragung, die der Amtslöschung unterliegen würde; heute ergibt sich dieses daraus, dass im Fall des § 3 VI GBO die Zulässigkeit der Belastung von einer Art der Buchung abhängt, für die reine Zweckmäßigkeitserwägungen maßgeblich sind, die also nachträglich erfolgen, aber auch nachträglich wieder aufgehoben werden kann, ohne dass davon die Wirksamkeit eines dinglichen Rechts abhängen könnte. An eine nichtige Eintragung könnte sich zudem kein gutgläubiger Erwerb anschließen (so tatsächlich RGZ 88, 21, 27; KG OLGR 20, 406), was den Verkehrsschutz unerträglich beeinträchtigen würde, weil der Erwerber nach Grundbuchumschreibung stets auch das Grundbuch einsehen müsste, in dem die Hypothek erstmals eingetragen wurde.

§ 1115 Eintragung der Hypothek.

(1) Bei der Eintragung der Hypothek müssen der Gläubiger, der Geldbetrag der Forderung und, wenn die Forderung verzinslich ist, der Zinssatz, wenn andere Nebenleistungen zu entrichten sind, ihr Geldbetrag im Grundbuch angegeben werden; im Übrigen kann zur Bezeichnung der Forderung auf die Eintragungsbewilligung Bezug genommen werden.

(2) Bei der Eintragung der Hypothek für ein Darlehen einer Kreditanstalt, deren Satzung von der zuständigen Behörde öffentlich bekannt gemacht worden ist, genügt zur Bezeichnung der außer den Zinsen satzungsgemäß zu entrichtenden Nebenleistungen die Bezugnahme auf die Satzung.

1 **A. Zweck der Vorschrift.** § 1115 bestimmt, welche Angaben in das Grundbuch selbst eingetragen werden müssen. Dort nicht genannte Angaben aus der Eintragungsbewilligung können nach § 874 in Bezug genommen werden, soweit nicht andere Bestimmungen (§§ 1116 II 3; 1184 II, 1189 I 2; § 800 I 2 ZPO) die Eintragung verlangen. Für die Verfügungsbeschränkung nach §§ 70, 72 VAG (Zugehörigkeit zu einem Deckungsstock) fehlt eine ausdrückliche Vorschrift; nach dem Zweck der Regelung (Schutz vor unzulässigen Verfügungen) muss hier aber ebenso die Eintragung erfolgen (LG Bonn DNotZ 79, 309) wie bei der Vereinbarung, dass die Abtretung der Forderung der Zustimmung des Grundstückseigentümers bedarf (§ 1113 Rz 18).

2 **B. Eintragungspflichtige Angaben. I. Gläubiger.** Als Gläubiger muss der Inhaber der gesicherten Forderung eingetragen werden, mit dem die Einigung (§ 873) über die Hypothekenbestellung erfolgt ist. Bei einer Zwangshypothek ist derjenige einzutragen, der im Vollstreckungstitel als Vollstreckungsgläubiger ausgewiesen ist (BGH NJW 01, 3627; LG Darmstadt Rpfleger 07, 659: Insolvenzverwalter); lautet der Titel auf Leistung an einen Dritten, so ist auch das einzutragen (Karlsr Rpfleger 98, 158). Eine andere Person als der Gläubiger kann nicht eingetragen werden. Fehlerhaft ist deshalb die Eintragung des Treugebers, wenn ein Treuhandverhältnis besteht. Der Gläubiger wird entweder mit Namen eingetragen; es genügt aber auch eine andere Bezeichnung ("die künftigen Abkömmlinge des A", KGJ 29, 153; "die unbekannten Erben des B", KGJ 36, 226), bei der Hypothek für eine Inhaberschuldverschreibung (§ 1187) ist Gläubiger "der Inhaber". Die Woh-

nungseigentümergemeinschaft ist als solche eintragungsfähig (§ 10 VI WEG), ebenso die GbR (§ 47 II 1 GBO). Bei der Eintragung des Fiskus ist aus praktischen Gründen die Eintragung der vertretenden Behörde (Klammerzusatz) üblich und zulässig (aA Ddorf Rpfleger 77, 167).

II. Geldbetrag, Zinsen, Nebenleistungen. 1. Geldbetrag. Der Geldbetrag der Forderung muss zahlenmäßig als bestimmte Summe eingetragen werden; Berechenbarkeit genügt nicht (KGJ 36, 229). 3

2. Zinsen. Üblicherweise werden die Zinsen als jährlich (Eintragung nicht notwendig, da selbstverständlich, Frankf Rpfleger 80, 18) zu entrichtender Prozentsatz der Forderung angegeben; die Angabe anderer Zinszahlungszeiträume, verschiedene Zinshöhe für verschiedene Teile der Hypothek (Celle Rpfleger 72, 97) oder Angabe der Zinsen in einer festen Geldsumme ist aber nicht unzulässig. Ohne Hauptforderung können aber auch keine Zinsen geschuldet sein. Bei variablen und/oder bedingten Zinsen muss die maximale Belastung ziffernmäßig aus dem Grundbuch ersichtlich sein; es genügt aber die Anknüpfung an den Basiszinssatz (§ 247), zumal das Grundstück nach § 1146 im Verzugsfall ohnehin für Zinsen in Höhe von 5 Prozentpunkten über dem Basiszinssatz gesetzlich haftet; die Angabe eines Höchstzinssatzes ist daneben nicht erforderlich (BGH NJW 06, 1341). Eine Anknüpfung an den Verbraucherpreisindex der EU ist nicht möglich (aA *Böhringer* Rpfleger 07, 178 [187]). Die Voraussetzungen für Grund und/oder Höhe der Zinszahlung können durch Bezugnahme (§ 874) eingetragen werden (BGH NJW 75, 1314); auch ein Leistungsbestimmungsrecht des Gläubigers ist zulässig, solange keine willkürliche Änderung möglich ist (BGH DNotZ 63, 436). Der Zinsbeginn kann vor oder nach der Eintragung liegen (BGH NJW 86, 314); üblich ist Zinsbeginn mit dem Tag der Errichtung der Hypothekenurkunde; das ist auch dann zulässig, wenn die Auszahlung des Darlehens auf einen späteren Termin festgelegt ist, eine frühere Auszahlung aber nicht ausgeschlossen ist (BayObLG OLGR 04, 327). Der Zinsbeginn muss nicht kalendermäßig festgelegt werden, wenn nur die Eintragungsbewilligung den frühestmöglichen Zeitpunkt bestimmbar angibt (BayObLG DNotZ 01, 701, 702; FGPrax 04, 205); „ab Darlehenshingabe" reicht deshalb nicht (BayObLG Rpfleger 99, 530). Ohne Angabe (und Bezugnahme) laufen die Zinsen ab dem Eintragungstag. 4

3. Andere Nebenleistungen. Zwischen Zinsen und anderen Nebenleistungen besteht rechtlich kein grds Unterschied (BGHZ 47, 41); die nur für andere Nebenleistungen bestehende Möglichkeit der Bezugnahme auf die Satzung einer Kreditanstalt (II) hat keine praktische Bedeutung. Nebenleistungen können bspw ein Agio (Karlsr Rpfleger 68, 353), Vertragsstrafen bei Verzug mit der Zinszahlung (BayObLG Rpfleger 81, 297) oder „Zinsen" sein, die von dem ursprünglichen Hypothekenkapital trotz zwischenzeitlicher teilweiser Tilgung (und sogar Löschung) der Hypothek zu zahlen sind (Ddorf FGPrax 95, 218), was bei der Eintragung kenntlich gemacht werden sollte. Andere Nebenleistungen können einmalig oder periodisch, bedingt oder unbedingt zu zahlen sein; eingetragen werden muss – wie bei den Zinsen – nur der maximale Belastungsumfang („10% Nebenleistung einmalig", „bis zu 1,5% Nebenleistung jährlich"), iÜ ist Bezugnahme (§ 874) möglich. Mehrere andere Nebenleistungen können in einer Eintragung zusammengefasst werden; ob auch Zinsen und Nebenleistungen zusammengefasst werden dürfen, ist str (bejahend KG Rpfleger 66, 303; verneinend MüKo/*Eickmann* Rz 40). Nicht eintragungsfähig sind aber „Nebenleistungen", die in Wahrheit eine (teilweise) Tilgung des Hypothekenkapitals darstellen. 5

C. Nicht eintragungspflichtige Angaben. Alle übrigen Angaben können durch Bezugnahme (§ 874) eingetragen werden. Insb bedarf es nicht der Eintragung des vom Eigentümer personenverschiedenen Schuldners (aA Naumbg JW 30, 846) oder des in der Bewilligung angegebenen Schuldgrundes. 6

D. Folgen der Verletzung. I. Fehlende Angaben. Fehlen nach § 1115 erforderliche Angaben, ist die Hypothek grds nicht wirksam entstanden; die Eintragung unterliegt als inhaltlich unzulässig der Amtslöschung (§ 53 I 2 GBO). Diese Regel wird aber mit Recht dahin eingeschränkt, dass das Fehlen der Angaben zu Zinsen und/oder anderen Nebenleistungen (nur) zur Folge hat, dass Zinsen und/oder andere Nebenleistungen nicht geschuldet sind, die Hypothek aber entstanden ist (RGZ 113, 229). Enthält die Eintragungsbewilligung keinen Schuldgrund, ist die Hypothek zumindest dann wirksam entstanden, wenn – wie stets – ein (richtiger oder falscher) Schuldgrund zu ermitteln ist; allerdings lehnt das GBA, wenn es die fehlende Angabe erkennt, die Eintragung ab (OLG Colmar OLGR 16, 154). 7

II. Fehlerhafte Angaben. Wird statt des Inhabers der Forderung eine andere Person als Gläubiger eingetragen, dann ist die Hypothek nicht wirksam entstanden; anders dagegen, wenn der Gläubiger nur falsch bezeichnet ist, aber seine Identität unzweifelhaft ist. So ist als wirksam angesehen worden: die Bezeichnung eines Kaufmanns mit seiner Firma statt mit seinem bürgerlichen Namen (BayObLG DNotZ 81, 578), falsche Rechtsformzusätze, zB eK statt OHG (Hambg DNotZ 55, 148 m Anm *Hoche*); GmbH statt OHG (Bremen DNotZ 65, 566); Finanzamt statt des dadurch vertretenen Bundeslands (Schlesw JZ 55, 619; Karlsr DNotZ 55, 544). Eintragung des Treugebers bei dem als Gläubiger eingetragenen Treuhänder ist ebenfalls unschädlich. Ohne Bedeutung für die Wirksamkeit sind auch Verletzung von § 15 GBVfg oder fehlende Angabe des Gemeinschaftsverhältnisses mehrerer Gläubiger entgegen § 47 GBO. 8

9 Ist der Schuldgrund unrichtig angegeben, so muss der Gläubiger den wirklichen Schuldgrund beweisen; weder ist aber die Wirksamkeit der Hypothek betroffen noch dürfte das GBA, wenn es die Unrichtigkeit der Angabe kennt, die Eintragung ablehnen (aA LG Hof Rpfleger 65, 367).

10 **E. Grundschuld, Rentenschuld.** § 1115 ist auf Grundschuld und Rentenschuld entspr anwendbar (§ 1192 I); statt des Betrags der Forderung ist der Betrag der Grundschuld einzutragen. Die Angabe eines Schuldgrunds ist weder nötig noch zulässig; die Eintragungsbewilligung darf Zinsen und andere Nebenleistungen nicht als solche der Forderung bezeichnen; es können nur solche der Grundschuld eingetragen werden. Auch bei Nebenleistungen braucht ihre Art nicht angegeben zu werden (LG Bielefeld Rpfleger 99, 388; aA MüKo/*Eickmann* Rz 44); es darf sich aber – wie bei der Hypothek (Rn 5) – nicht in Wahrheit um Zahlungen auf das Grundschuldkapital handeln.

§ 1116 Brief- und Buchhypothek.
(1) Über die Hypothek wird ein Hypothekenbrief erteilt.
(2) ¹Die Erteilung des Briefes kann ausgeschlossen werden. ²Die Ausschließung kann auch nachträglich erfolgen. ³Zu der Ausschließung ist die Einigung des Gläubigers und des Eigentümers sowie die Eintragung in das Grundbuch erforderlich; die Vorschriften des § 873 Abs. 2 und der §§ 876, 878 finden entsprechende Anwendung.
(3) Die Ausschließung der Erteilung des Briefes kann aufgehoben werden; die Aufhebung erfolgt in gleicher Weise wie die Ausschließung.

1 **A. Briefhypothek.** Die Erteilung eines Hypothekenbriefes ist – außer bei der Sicherungshypothek (§ 1284) – die gesetzliche Regel. In der Praxis überwiegen dagegen die Buchrechte, einerseits wegen der zusätzlichen Kosten der Brieferteilung beim GBA (§ 71 KostO), andererseits wegen der Umstände, die mit einer sicheren Verwahrung des Briefes verbunden sind, der im Verlustfall in einem langwierigen und kostspieligen Verfahren aufgeboten werden muss; die Vorteile der Briefhypothek (einfachere Übertragbarkeit, § 1154; Schutz des Eigentümers bei nicht entstandener Forderung, § 1117 I 2) haben demgegenüber geringeres Gewicht.

2 Der Hypothekenbrief ist kein echtes Wertpapier; Grundlage des Gläubigerrechts ist die Eintragung im Grundbuch, nicht der Hypothekenbrief, der zwar den öffentlichen Glauben des Grundbuchs zerstören kann (§ 1140), aber selbst keinen öffentlichen Glauben genießt: Ggü dem richtigen Grundbuch kann sich der Briefbesitzer nicht auf den unrichtigen Brief berufen; Zahlungen an den Briefbesitzer haben keine befreiende Wirkung (*Neumann/Duesberg* BB 66, 308). Der Hypothekenbrief kann nicht durch Indossament übertragen werden; ein auf den Hypothekenbrief gesetztes Indossament kann jedoch als Abtretungserklärung angesehen werden (Staud/*Wolfsteiner* Rz 3). Der Hypothekenbrief ist ein Rektapapier, eine „Urkunde, kraft deren eine Leistung gefordert werden kann" (§ 952 II), da zur Ausübung des Rechts die Vorlage des Briefes erforderlich ist (§ 1160); Eigentümer des Hypothekenbriefes ist deshalb der Hypothekengläubiger; ist die Hypothek Eigentümergrundschuld, dann ist der Grundstückseigentümer zugleich Eigentümer des Hypothekenbriefs. Ist die Hypothek teilweise valutiert, besteht Miteigentum nach Bruchteilen (RGZ 69, 40). Dingliche Rechte, die nicht gleichzeitig an der Hypothek bestehen, können nicht selbständig am Hypothekenbrief begründet werden; auch ein Zurückbehaltungsrecht nach § 369 HGB ist ausgeschlossen (RGZ 149, 93, 95). Ob ein (schuldrechtliches) Zurückbehaltungsrecht an dem Brief vereinbart werden kann (bejahend Staud/*Wolfsteiner* Rz 7; Ddorf DNotZ 81, 642), ist zweifelhaft.

3 Da die Briefhypothek der gesetzliche Regelfall ist, muss die Tatsache, dass ein Hypothekenbrief erteilt wurde, nicht in das Grundbuch eingetragen werden. Den Hypothekenbrief erteilt das GBA; zur Erteilung von Teilhypothekenbriefen ist auch der Notar zuständig (§ 61 GBO; § 20 II BNotO). Den notwendigen Inhalt des Hypothekenbriefs und weitere Verfahrensvorschriften enthalten die §§ 41, 43, 56 ff GBO und § 47 ff GBVfg. Seit 1.1.78 wird der Belastungsgegenstand auf dem Hypothekenbrief nur noch nach Grundbuchblatt und laufender Nummer des Bestandsverzeichnisses bezeichnet. Ist über die Forderung eine Schuldurkunde errichtet, wird sie mit dem Hypothekenbrief verbunden (§ 58 GBO); die Ausstellung einer Schuldurkunde ist aber nicht erforderlich. Über mehrere gleichrangige oder im Rang unmittelbar aufeinander folgende Hypotheken kann ein gemeinschaftlicher Brief erteilt werden (§ 66 GBO), was allerdings selten gewünscht wird.

4 **B. Buchhypothek.** Die Entstehung einer Buchhypothek setzt eine Einigung über den Ausschluss der Brieferteilung voraus. Eintragung in das Grundbuch ist erforderlich; Bezugnahme nach § 874 genügt nicht. Üblich ist die Eintragung „Hypothek ohne Brief" oder „brieflos eingetragen"; aber auch die Eintragung als „Buchhypothek" ist nicht zu beanstanden. Die Einigung bedarf keiner Form; für das GBA genügt die einseitige Bewilligung (§ 19 GBO) des Briefausschlusses durch den Grundstückseigentümer. Decken sich Einigung und Eintragung nicht, ist idR keine Hypothek entstanden (§ 139), und zwar sowohl dann, wenn Buchhypothek vereinbart, aber Briefhypothek eingetragen ist (aA Palandt/*Bassenge* Rz 3: nur „ausnahmsweise"), als auch dann, wenn Briefhypothek vereinbart, aber Buchhypothek eingetragen ist (aA Staud/*Wolfsteiner* Vor § 1113 Rz 83: Briefhypothek entstanden; Grundbuch jedoch unrichtig). Ist eine Buchhypothek vereinbart und eingetragen, aber versehentlich ein Brief erteilt worden, ist dieser bedeutungslos; gutgläubiger Erwerb durch Briefübergabe ist ausgeschlossen (Rn 2).

C. Umwandlung. Die Briefhypothek kann in die Buchhypothek umgewandelt werden und umgekehrt (II 2; III). Die Umwandlung wird mit der Eintragung in das Grundbuch wirksam. Bestehen Rechte Dritter an der Hypothek, dann müssen diese zustimmen (§ 876). Das GBA berücksichtigt solche Rechte allerdings nur dann, wenn es das Bestehen positiv kennt. Auch wenn entgegen § 69 GBO der Brief nicht unbrauchbar gemacht wird, hat er ab diesem Zeitpunkt keine rechtliche Bedeutung mehr (KG JFG 7, 419); insb ist kein gutgläubiger Erwerb durch Briefübergabe möglich (Rn 2).

Bei der Umwandlung einer Sicherungshypothek in eine Verkehrshypothek bleibt diese mangels abweichender Bestimmung Buchhypothek (Dresd OLGR 29, 371; aA Planck/*Strecker* Anm 2; widersprüchlich Staud/*Wolfsteiner* Rz 43 einerseits und § 1186 Rz 6 andererseits).

D. Grundschuld, Rentenschuld. § 1116 ist auf Grundschuld und Rentenschuld entspr anwendbar (§ 1192 I). mit Grundschuldbriefen wird keine Schuldurkunde verbunden (§ 58 GBO); sie können auch auf den Inhaber lauten (§ 1195).

§ 1117 Erwerb der Briefhypothek.

(1) ¹Der Gläubiger erwirbt, sofern nicht die Erteilung des Hypothekenbriefes ausgeschlossen ist, die Hypothek erst, wenn ihm der Brief von dem Eigentümer des Grundstücks übergeben wird. ²Auf die Übergabe finden die Vorschriften des § 929 Satz 2 und der §§ 930, 931 Anwendung.
(2) Die Übergabe des Briefes kann durch die Vereinbarung ersetzt werden, dass der Gläubiger berechtigt sein soll, sich den Brief von dem Grundbuchamt aushändigen zu lassen.
(3) Ist der Gläubiger im Besitz des Briefes, so wird vermutet, dass die Übergabe erfolgt sei.

A. Briefübergabe. § 1117 I liegt die Vorstellung zugrunde, der Gläubiger solle die Hypothek Zug um Zug gegen Auszahlung des Darlehens erhalten. Dementspr entsteht die Hypothek bereits mit der Eintragung, steht aber bis zur Briefübergabe dem Eigentümer zu (§§ 1163 II, 1177). Ist zum Zeitpunkt der Briefübergabe die Forderung noch nicht entstanden, steht die Hypothek nach wie vor dem Eigentümer zu (§ 1163 I).

Die Übergabe kann entweder durch den Eigentümer oder auf dessen Bestimmung durch das GBA nach § 60 II GBO erfolgen; sind mehrere Eigentümer vorhanden, müssen alle mit der Übergabe einverstanden sein (RGZ 52, 360). Keine Übergabe ist die Aushändigung des Briefs durch einen Unbefugten (RGZ 75, 221) oder durch das GBA entgegen § 60 I GBO; erst recht genügt es nicht, dass der Gläubiger anderweitig in den Besitz des Briefes gelangt (BGH NJW-RR 93, 369; *Reinicke/Tiedtke* NJW 94, 345).

B. Übergabesurrogat. Die Übergabe kann durch die Übergabesurrogate der §§ 929 2, 930 oder 931 ersetzt werden. Dabei kommt § 929 2 nur im Fall fehlerhaften Verhaltens des GBA (Aushändigung des Briefs an andere Person als den Eigentümer ohne Aushändigungsvereinbarung) oder eigenmächtiger Besitzergreifung durch den Gläubiger in Frage; erforderlich ist dann Einigung über die Entstehung der Hypothek, wodurch der Besitzer zugleich Eigentümer wird (§ 952 II); mittelbarer Besitz genügt und kommt insb dann vor, wenn sich der Hypothekenbrief beim Notar befindet und dieser dem Gläubiger den Besitz vermittelt. Die Vereinbarung eines Besitzmittlungsverhältnisses (§ 930) verschafft dem Gläubiger die Hypothek frühestens mit Aushändigung des Briefs an den Eigentümer. Die Abtretung des Herausgabeanspruchs ist von der Aushändigungsvereinbarung nach II zu unterscheiden, kann aber auch in der Abtretung des Anspruchs gegen das GBA – auch schon vor Briefbildung (RG SeuffArch 92, 152) – nach § 60 I GBO bestehen. Die Abtretung kann auch bedingt erfolgen (RG JW 29, 583); die Überweisung zur Einziehung in der Zwangsvollstreckung ist jedoch keine Abtretung eines Herausgabeanspruchs (RGZ 63, 214).

C. Vereinbarung der Aushändigung. Bei Hypotheken zugunsten von Banken ist eine Aushändigungsvereinbarung nach II heute die Regel; sie kann ohne Verstoß gegen § 307 auch formularmäßig getroffen werden. In diesem Fall erwirbt der Gläubiger die Hypothek mit der Eintragung (RGZ 89, 161), frühestens aber mit Entstehung der Forderung, aber ohne Rücksicht darauf, wann der Brief hergestellt und ob er dem richtigen Empfänger übergeben wird (BayObLGZ 87, 97). Die Aushändigungsvereinbarung darf nicht mit der Anweisung an das GBA nach § 60 II GBO verwechselt werden, die zusätzlich erfolgen muss. Fehlt sie, muss das GBA den Brief an den Eigentümer aushändigen (KG KGJ 40, 322); die Aushändigungsvereinbarung ist keine Abtretung eines Herausgabeanspruchs nach § 931 (Ddorf NJW-RR 02, 711; aA *Derleder* DNotZ 71, 272). Eine Vereinbarung zu Gunsten Dritter ist – da es sich um einen dinglichen Vertrag handelt – nicht möglich (RG JW 30, 3545). Dagegen steht der Wirksamkeit der Vereinbarung nicht entgegen, dass sie vor der Herstellung des Briefes durch das GBA abgeschlossen wurde, wenn nur die Hypothek bereits bestellt ist (RGZ 84, 314).

D. Vermutung der Übergabe. Vermutet wird nach III lediglich die Übergabe; kommt es – zB nach § 878 – auf den Zeitpunkt der Übergabe an, ergibt sich aus III dafür nichts (KG KGJ 40, 278). Mittelbarer Besitz ist ausreichend. Die Vermutung wirkt auch ggü dem GBA, wenn die Unrichtigkeit des Grundbuchs nachzuweisen ist (§ 22 GBO), und für die Frage, ob ein Amtswiderspruch eingetragen werden darf (§ 53 GBO; aA Oldbg Rpfleger 66, 174). Dem eingetragenen Gläubiger, der den Brief nicht besitzt, kommt auch nicht die Vermutung des § 891 zugute (BayObLGZ 73, 246). III kann nicht "umgekehrt" auf den Fall angewendet werden, dass der Eigentümer noch im Besitz des Briefes ist. Durch den Nachweis dieser Tatsache kann der zur Löschung der Hypothek wegen Unrichtigkeit des Grundbuchs (§ 22 GBO) erforderliche Nachweis nicht geführt werden (Hamm NotBZ 06, 180).

6 E. Grundschuld, Rentenschuld. § 1117 ist auf Grundschuld und Rentenschuld entspr anwendbar (§ 1192 I), jedoch nicht auf Grundschuldbriefe, die auf den Inhaber lauten (§ 1195). Der Gläubiger erwirbt die Grundschuld ohne Rücksicht auf das Bestehen einer zu sichernden Forderung.

§ 1118 Haftung für Nebenforderungen.
Kraft der Hypothek haftet das Grundstück auch für die gesetzlichen Zinsen der Forderung sowie für die Kosten der Kündigung und der die Befriedigung aus dem Grundstücke bezweckenden Rechtsverfolgung.

1 A. Haftung ohne Eintragung. Die Haftung nach § 1118 besteht ohne Eintragung in das Grundbuch und neben der Haftung für die vereinbarten Zinsen nach § 1115. Außer für die Nebenforderungen des § 1118 haftet das Grundstück für die Verzugszinsen bei Verzug (§ 1146) und für die Eintragungskosten einer Zwangshypothek (§ 867 I 3 ZPO). Das Grundbuch wird entlastet, weil eine Eintragung derartiger Nebenforderungen unnötig ist. Sie ist aber nicht inhaltlich unzulässig (aA *Klawikowski* Rpfleger 07, 388), das Grundbuch deshalb nicht unrichtig und eine Amtslöschung nicht veranlasst (KG ZfIR 03, 106).

2 B. Umfang der Haftung. I. Zinsen. Das Grundstück haftet zunächst für die „gesetzlichen" Zinsen, also für die auf die Forderung entfallenden Zinsen bis zur Höhe des gesetzlichen Zinssatzes, normalerweise 4% (§ 246) oder 5% (§ 352 HGB), aber auch 5, 8 oder 2 $^{1}/_{2}$ Prozentpunkte über dem Basiszinssatz (§§ 288 I, 497 I 2). Für höhere Zinsen – insb auch als Verzugsschaden nach § 288 III – haftet das Grundstück nicht; die Verjährung der Zinsen wird durch § 1118 nicht berührt. Die Beschränkung der Haftung für Zinsen nach § 1190 II geht § 1118 vor.

3 II. Kosten. Zu den Kosten, für die gehaftet wird, gehören die Kosten der Kündigung (§ 1141: Zustellung, Kosten für die Ermittlung des Eigentümers, Vertreterbestellung), nicht aber für die Beauftragung eines Anwalts zu diesem Zweck (aA MüKo/*Eickmann* Rz 12), und die Kosten der Rechtsverfolgung. Voraussetzung ist, dass sie erforderlich waren (entspr Anwendung von §§ 91, 788 ZPO) und der Befriedigung aus dem Grundstück dienten. Der Erfolg ist nicht entscheidend (BGH WM 66, 326), ebenso wenig, ob der eingetragene Eigentümer tatsächlich der Berechtigte ist (arg § 1148 1; KG JW 37, 3159); wird die Rechtsverfolgung aber abgebrochen, fehlt es an dieser Voraussetzung (KG JW 33, 708). Gehaftet wird insb die Kosten der Klage auf Duldung der Zwangsvollstreckung und deren Durchführung, auch im Wege der Zwangsverwaltung (§ 1147) oder des Beitritts zu anderweit betriebenen Vollstreckungsmaßnahmen (KG JW 37, 3159) oder der Anmeldung der Forderung, aber auch einer Klage gegen den Eigentümer nach § 731 ZPO (Dresd OLGR 18, 163) oder einer Verteidigung gegen eine erfolglose Vollstreckungsabwehrklage des Eigentümers nach § 767 ZPO (OLG Königsberg SeuffArch 62, 73).

4 III. Nicht erfasste Aufwendungen. Nicht unter § 1118 fallen die Kosten der Klage gegen den persönlichen Schuldner aus der Forderung (RGZ 90, 171), auf Durchführung von Maßnahmen nach § 1134 II (RGZ 72, 332; str), für die Eintragung der Hypothek (außer im Fall des § 867 I 3 ZPO), für verauslagte Brandversicherungsprämien, für die Verteidigung gegen eine Drittwiderspruchsklage nach § 771 ZPO (Rostock OLGR 25, 247; str) oder gar für den Erwerb des Grundstücks durch Abgabe von Geboten in der Zwangsversteigerung (KG JW 34, 777). In allen diesen Fällen handelt es sich zwar um Maßnahmen zur Sicherung und/oder Befriedigung des Gläubigers, jedoch nicht „aus dem Grundstück".

§ 1119 Erweiterung der Haftung für Zinsen.
(1) Ist die Forderung unverzinslich oder ist der Zinssatz niedriger als fünf vom Hundert, so kann die Hypothek ohne Zustimmung der im Range gleich- oder nachstehenden Berechtigten dahin erweitert werden, dass das Grundstück für Zinsen bis zu fünf vom Hundert haftet.
(2) Zu einer Änderung der Zahlungszeit und des Zahlungsorts ist die Zustimmung dieser Berechtigten gleichfalls nicht erforderlich.

1 A. Bedeutung. Die in § 1119 genannten Änderungen sind Inhaltsänderungen der Hypothek iSd § 877 und würden deshalb der Zustimmung der gleich- und nachrangigen Berechtigten voraussetzen, um den Rang der Hypothek zu haben. Ohne diese Zustimmung könnten Zinsen nur Rang nach solchen Rechten erhalten (§ 879). Zur Erleichterung derartiger Änderungen bestimmt § 1119 Ausnahmen von der Zustimmungspflicht in Fällen, in denen gleich- oder nachrangige Berechtigte nicht erheblich beeinträchtigt werden. Die praktische Bedeutung der Vorschrift ist gering, da Hypotheken heute idR Schuldanerkenntnisse über sofort fällige Forderungen sichern und von Anfang an mehr als 5% Zinsen vereinbart sind. Eine entspr Anwendung auf andere Änderungen des Inhalts einer Hypothek, die gleich- oder nachrangige Gläubiger nur unwesentlich betreffen, kommt nicht in Betracht (aA MüKo/*Eickmann* Rz 13).

B. Zinserhöhungen. Die Zustimmung anderer Gläubiger ist auch dann nicht erforderlich, wenn höhere Zinsen bis 5% rückwirkend vereinbart werden (KGJ 37 A 295), bedingte Zinsen durch unbedingte Zinsen (bis 5%) ersetzt werden (aA KG JFG 11, 234) und bei der Umwandlung einer Höchstbetragshypothek (§ 1190) neben dem bisherigen Höchstbetrag Zinsen von bis zu 5% eingetragen werden sollen (aA KGJ 44, 298: nur ab Umwandlung fällige Zinsen).

§ 1119 ist nicht anwendbar, wenn statt oder neben Zinsen andere Nebenleistungen iSd § 1115 eingetragen werden sollen oder wenn die Zinsen über 5% eingetragen, gleichzeitig aber die Hypothekensumme so herabgesetzt werden soll, dass sich die Zinssumme je Zinsperiode nicht erhöht (KG HRR 32, 320). Die Zustimmung an der Hypothek Berechtigter (§ 876) ist in keinem Fall erforderlich, weil sich ihre Rechtsstellung durch die Zinserhöhung lediglich verbessert, jedoch Vorlage des Hypothekenbriefs (§§ 41, 62 GBO). Bei einer Gesamthypothek kann die Zinserhöhung an einem der belasteten Grundstücke ohne Zustimmung der Eigentümer der übrigen Grundstücke eingetragen werden (RGZ 145, 48).

C. Änderung der Zahlungsbestimmungen. Unter II fällt bspw die Vereinbarung laufender Tilgungsbeträge bei einer Hypothek, die zunächst bei Fälligkeit in einer Summe zu tilgen war (KG RJA 11, 248).

§ 1120 Erstreckung auf Erzeugnisse, Bestandteile und Zubehör.
Die Hypothek erstreckt sich auf die von dem Grundstück getrennten Erzeugnisse und sonstigen Bestandteile, soweit sie nicht mit der Trennung nach den §§ 954 bis 957 in das Eigentum eines anderen als des Eigentümers oder des Eigenbesitzers des Grundstücks gelangt sind, sowie auf das Zubehör des Grundstücks mit Ausnahme der Zubehörstücke, welche nicht in das Eigentum des Eigentümers des Grundstücks gelangt sind.

A. Bedeutung der Vorschrift. Die Haftung des Grundstücks für die Hypothek wird durch §§ 1120, 1123–1127 auf weitere Gegenstände erweitert und durch §§ 1121, 1122 wieder eingeschränkt. Die Haftung nach § 1120 ist eine gesetzliche, sie kann daher weder durch Rechtsgeschäft erweitert (allgM) noch beschränkt werden (RGZ 125, 362; aA Staud/*Wolfsteiner* Rz 2). Das hat besondere Bedeutung bei Eigentümergrundschulden: Sachen, die nach § 1120 für eine Eigentümergrundschuld haften, unterliegen dem Zugriff eines späteren Grundschuldgläubigers auch dann, wenn sie vor der Grundschuldabtretung sicherungsübereignet (aber nicht vom Grundstück entfernt) wurden (BGH NJW 79, 2514).

Das Grundstück, seine (wesentlichen und unwesentlichen) ungetrennten Bestandteile und Erzeugnisse und Rechte, die mit dem Grundstück verbunden sind (zB der Erbbauzins, wenn an dem Grundstück ein Erbbaurecht besteht), haften der Hypothek ohnehin, und zwar unabhängig davon, ob sie vor oder nach Entstehung der Hypothek diese Eigenschaft erworben haben. Entscheidend ist die wirkliche Rechtslage; die Vorstellung des Hypothekengläubigers spielt keine Rolle. Weder nutzt ihm guter Glaube an die Bestandteilseigenschaft (aA RGRK/*Mattern* Anm 2), wenn es sich in Wahrheit nicht um Bestandteile usw handelt, noch schadet ihm eine Fehlvorstellung. Sollten ungetrennte Bestandteile im Wege der Mobiliarvollstreckung gepfändet werden (§ 810 ZPO: Früchte auf dem Halm), kann der Hypothekengläubiger nach § 771 ZPO oder § 805 ZPO vorgehen. Ob bei Wohnungseigentum das Verwaltungsvermögen, insb die Instandhaltungsrücklage, der Hypothekenhaftung unterliegt oder darüber gesonderte Verfügungen möglich sind, ist str (vgl KG NJW-RR 88, 844 einerseits und BayObLG FGPrax 01, 93 andererseits).

§ 1120 erweitert nun diese Haftung auf getrennte Bestandteile und Zubehör (umgekehrt Staud/*Wolfsteiner* Rz 20: die Vorschrift beschränke die Haftung für Bestandteile, die in das Eigentum eines anderen gelangt sind).

B. Haftung getrennter Bestandteile. Ohne Rücksicht auf die Eigentumsverhältnisse haften solche Bestandteile nicht, die bereits vor der Begründung der Hypothek vom Grundstück getrennt wurden (Stettin OLGR 11, 122: vor Hypothekenbestellung abgeholzte Waldbäume). Nach der Hypothekenbestellung getrennte Bestandteile haften weiter, wenn sie im Eigentum des Grundstückseigentümers verbleiben oder (nach § 955 I) in das Eigentum eines Eigenbesitzers gelangt sind. Sie werden dagegen von der Haftung frei, wenn sie in das Eigentum des dinglich (§ 955 II) oder schuldrechtlich (§§ 956, 957) Nutzungsberechtigten gelangen (OLG Marienwerder OLGR 14, 104: gebrochene Steine). Auch in der Zwangsversteigerung oder Zwangsverwaltung bleiben die Rechte eines Pächters unberührt (§§ 21 III, 146, 148 ZVG); dafür haftet der Pachtzins für die Hypothek (§ 1123 I). Dagegen geht bei Vorrang der Hypothek vor einem Nießbrauch das Recht des Hypothekengläubigers in der Zwangsverwaltung dem Nießbrauch vor. Die Beweislast für die Eigentumsverhältnisse trifft denjenigen, der das Erlöschen der Haftung behauptet (*Rosenberg* Beweislast, 5. Aufl 1965, § 13 II 2; OLG Colmar OLGR 6, 270).

Die Haftung getrennter Bestandteile endet unter den Voraussetzungen der §§ 1121, 1122.

Getrennte land- und forstwirtschaftliche Erzeugnisse, auf die sich die Hypothek erstreckt, unterliegen nur der Zwangsverwaltung und der Mobiliarzwangsvollstreckung, nicht dagegen der Zwangsversteigerung des Grundstücks (§§ 21 I, 148 ZVG). Sie werden also nicht mit beschlagnahmt und können von persönlichen Gläubigern gepfändet werden (§ 865 II ZPO; Ausn: § 811 Nr 4 ZPO). Andere getrennte Bestandteile unterliegen nach der Beschlagnahme dagegen nur noch der Hypothekenhaftung; der Hypothekengläubiger kann bei einer Pfändung nach §§ 771, 805 ZPO vorgehen.

7 C. Haftung des Zubehörs. I. Eigenes und fremdes Zubehör. Auf Zubehör (§§ 97, 98) erstreckt sich die Hypothek, soweit es dem Grundstückseigentümer zum Zeitpunkt der Hypothekenbestellung gehört oder dieser es später erwirbt; Miteigentum des Grundstückseigentümers genügt; ggf haftet der Miteigentumsanteil (vgl auch RGZ 132, 321 und Naumbg OLGR 20, 413). Fremdes Zubehör, auch solches im Eigentum des Eigenbesitzers, haftet nicht. Davon bestehen aber praktisch wichtige Ausnahmen: Zubehör, bei dem es sich zugleich um abgetrennte Bestandteile handelt (zB aufgezogenes Vieh als Zubehör eines landwirtschaftlichen Grundstücks, § 98 Nr 2), haftet nach den Regeln Rn 4–6. Fremdes Zubehör, dessen Eigentümer sein Recht nicht geltend macht, wird in der Zwangsversteigerung wegen der Vermutung des § 1006 mitversteigert (§§ 37 Nr 5, 55 II ZVG). Ob ein Gegenstand vor oder nach der Eintragung der Hypothek Zubehör geworden ist, spielt für die Haftung keine Rolle; allerdings geht ein Vermieterpfandrecht des Nießbrauchers, den der Eigentümer gemietet hat, im Rang vor, wenn es vor der Haftung für die Hypothek entstanden ist (BGH BB 57, 94; Hamm OLGR 27, 153).

8 II. Anwartschaftsrecht. Hat der Grundstückseigentümer ein Zubehörstück unter Eigentumsvorbehalt erworben, dann haftet das Anwartschaftsrecht (BGH MDR 61, 680 m Anm *Reinicke*); mit der Entstehung des Vollrechts haftet die Sache für die Hypothek, mit dem Erlöschen des Anwartschaftsrechts wird das hypothekarische Recht gegenstandslos. In der Zwangsversteigerung erlischt das Vorbehaltseigentum jedoch mit dem Zuschlag (§§ 37 Nr 5, 55 II ZVG; aA *Graba/Teufel* Rpfleger 79, 401). Wird die Sache für den Vorbehaltsverkäufer zwangsweise verwertet, so unterliegt der Übererlös der hypothekarischen Haftung (aA Bambg JZ 64, 518 m abl Anm *Grunsky*). Wird die Sache sicherungsübereignet, verbleibt aber auf dem Grundsück, haftet sie weiter.

9 III. Erlöschen der Haftung. Die Haftung von Zubehörstücken endet durch Aufhebung der Zubehöreigenschaft (§ 1122 II) und durch Veräußerung iRd § 1121; beim Anwartschaftsrecht tritt dessen Übertragung an die Stelle der Veräußerung. Zu der Frage, ob die Aufhebung des Anwartschaftsrechts der Zustimmung des Hypothekengläubigers bedarf oder ebenso wie eine Übertragung zu behandeln ist, s. § 1276 Rn 5.

§ 1121 Enthaftung durch Veräußerung und Entfernung.
(1) Erzeugnisse und sonstige Bestandteile des Grundstücks sowie Zubehörstücke werden von der Haftung frei, wenn sie veräußert und von dem Grundstück entfernt werden, bevor sie zugunsten des Gläubigers in Beschlag genommen worden sind.
(2) ¹Erfolgt die Veräußerung vor der Entfernung, so kann sich der Erwerber dem Gläubiger gegenüber nicht darauf berufen, dass er in Ansehung der Hypothek in gutem Glauben gewesen sei. ²Entfernt der Erwerber die Sache von dem Grundstück, so ist eine vor der Entfernung erfolgte Beschlagnahme ihm gegenüber nur wirksam, wenn er bei der Entfernung in Ansehung der Beschlagnahme nicht in gutem Glauben ist.

1 A. Regelungsgegenstand. § 1121 regelt den Interessenwiderstreit zwischen dem Erwerber von Gegenständen, die für die Hypothek haften, und dem Hypothekengläubiger und betrifft nur das dingliche Recht; Schadensersatzansprüche des Hypothekengläubigers gegen den Erwerber solcher Gegenstände nach §§ 823 ff bleiben unberührt (BGH NJW 91, 695), ebenso die Anfechtung der Veräußerung solcher Gegenstände durch den Hypothekengläubiger nach dem AnfG (*Wolff/Raiser* § 135 II Fn 12). § 1121 hindert auch nicht die Verpflichtung des Insolvenzverwalters, den Erlös einer nach § 1121 zum Erlöschen der Haftung führenden Veräußerung an den Gläubiger herauszugeben, wenn Zubehör entgegen den Regeln einer ordnungsgemäßen Wirtschaft vom Grundstück entfernt wurde (BGH NJW 73, 1701). Entfernung ohne Veräußerung fällt (nur) unter § 1122.

2 B. Veräußerung und Entfernung vor Beschlagnahme. Sind sowohl Veräußerung als auch Entfernung vor Beschlagnahme erfolgt, dann erlischt die hypothekarische Haftung (I). Unter **Veräußerung** ist dabei die Übertragung des Eigentums zu verstehen; der Abschluss eines schuldrechtlichen Vertrags, insb eines Kaufvertrags ist nicht ausreichend (RG Warn 16, 282). Entspr Anwendung ist geboten, wenn der Eigentümer das Grundstück ohne die mithaftenden Sachen veräußert (Staud/*Wolfsteiner* Rz 11). **Entfernung** ist ein rein tatsächlicher Vorgang, nämlich das Wegschaffen der Gegenstände. Keine Entfernung ist das Wegschaffen zu einem nur vorübergehenden Zweck (wie § 1122 I letzter Hs). Ob der Erwerber Besitzer wird, ist unerheblich, so dass keine Entfernung vorliegt, wenn der Eigentümer Sachen an den Pächter veräußert, der sie auf dem Grundstück belässt (LG Freiburg ZIP 82, 1368). Die Entfernung muss nach BGH NJW 73, 997 im Zusammenhang mit der Veräußerung stehen (zweifelhaft). **Beschlagnahme** ist va die Anordnung der Zwangsversteigerung oder Zwangsverwaltung (§§ 20, 21, 146, 148 ZVG) des Grundstücks, aber auch die Pfändung der mithaftenden Sachen in der Mobiliarzwangsvollstreckung, sofern sie wegen des dinglichen Anspruchs des *Gläubigers* durchgeführt wird.

3 Sind die Voraussetzungen des I erfüllt, erlischt die Haftung auch dann, wenn Veräußerung und Entfernung nicht iRd ordnungsgemäßen Wirtschaft erfolgten (Naumbg SeuffArch 59, 82) und der Erwerber von der Hypothek wusste (Braunschw OLGR 26, 151).

§ 1123 Erstreckung auf Miet- oder Pachtforderung

C. Veräußerung und/oder Entfernung nach Beschlagnahme. Liegen die Voraussetzungen des I nicht vor, besteht ein Veräußerungsverbot (§ 23 I ZVG), das aber durch guten Glauben überwunden werden kann (§ 135 II). Maßgeblich sind – da es sich um den Erwerb beweglicher Sachen handelt – die §§ 932 II, 936 II, nicht §§ 892, 893. Entscheidend ist jeweils die nicht grob fahrlässige Unkenntnis von der erfolgten Beschlagnahme. Ob der Erwerber von der Eintragung der Hypothek wusste, ist ohne Bedeutung, da ein gutgläubiger Erwerb der Lastenfreiheit nach § 936 durch II 1 ausgeschlossen wird, bei einer Veräußerung nach Entfernung die Haftung aber unabhängig davon erlischt, ob der Erwerber von der Hypothek weiß. II 1 schließt aber den gutgläubigen Erwerb der Lastenfreiheit nur aus, wenn die Hypothek im Grundbuch eingetragen ist; ist die Übertragung der Hypothek bei einer Grundbuchumschreibung vergessen worden oder wurde sie versehentlich gelöscht, ist gutgläubiger Erwerb der Lastenfreiheit möglich (*Plander* JuS 75, 345, 350 stützt dies auf § 936; *Reinicke/Tiedtke* Rz 1119 wenden § 892 analog an). Denkbar ist auch guter Glaube daran, dass die Sache nicht zu den Gegenständen gehört, die für die Hypothek haften (aA MüKo/*Eickmann* Rz 33). Ohne Bedeutung ist, ob nur die Veräußerung oder nur die Entfernung oder beide Ereignisse nach der Beschlagnahme erfolgt sind. Hinsichtlich der Reihenfolge sind jedoch zwei Fälle zu unterscheiden: 4

I. Entfernung vor der Veräußerung. Wird die bereits entfernte Sache veräußert, ist guter Glaube hinsichtlich der Beschlagnahme noch zum Zeitpunkt der Veräußerung erforderlich. Dieser ist ausgeschlossen, wenn der Erwerber Kenntnis vom Versteigerungsantrag hatte oder der Zwangsversteigerungsvermerk im Grundbuch eingetragen war (§§ 23 II, 146 I ZVG; vgl *Plander* JuS 75, 345, 350). 5

II. Entfernung nach der Veräußerung. Da bei der noch auf dem Grundstück erfolgenden Veräußerung die Haftung durch die Veräußerung ohne Kenntnis des Erwerbers von der Hypothek allein nicht aufgehoben wird (II 1), andererseits für die Entfernung als rein tatsächliche Handlung § 135 II nicht gilt, ordnet II 2 ausdrücklich an, dass es in diesem Fall auf den guten Glauben des Erwerbers zum Zeitpunkt der Entfernung ankommt; wer die Sache auf dem Grundstück belässt, verdient nach Auffassung des Gesetzgebers keinen Schutz. 6

§ 1122 Enthaftung ohne Veräußerung.
(1) Sind die Erzeugnisse oder Bestandteile innerhalb der Grenzen einer ordnungsmäßigen Wirtschaft von dem Grundstück getrennt worden, so erlischt ihre Haftung auch ohne Veräußerung, wenn sie vor der Beschlagnahme von dem Grundstück entfernt werden, es sei denn, dass die Entfernung zu einem vorübergehenden Zwecke erfolgt.
(2) Zubehörstücke werden ohne Veräußerung von der Haftung frei, wenn die Zubehöreigenschaft innerhalb der Grenzen einer ordnungsmäßigen Wirtschaft vor der Beschlagnahme aufgehoben wird.

A. Bedeutung der Vorschrift. § 1122 lässt Bestandteile, Erzeugnisse und Zubehörstücke unter bestimmten Voraussetzungen auch dann aus der Haftung für die Hypothek ausscheiden, wenn die Voraussetzungen des § 1121 nicht gegeben, aber die die hypothekarische Haftung rechtfertigenden Gründe entfallen sind. Eine Erweiterung oder Beschränkung der Haftung ist mit dinglicher Wirkung nicht möglich (RGZ 125, 362). 1

B. Getrennte Erzeugnisse oder Bestandteile. Erzeugnisse und Bestandteile, die veräußert und entfernt worden sind, werden bereits nach § 1121 I von der Haftung frei. Für eine Entfernung ohne Veräußerung gilt nach § 1122 I dasselbe, wenn – was bei § 1121 I nicht nötig ist (§ 1121 Rn 3) – die Trennung (nicht notwendigerweise die Entfernung, RGZ 143, 249) iRd ordnungsmäßigen Wirtschaft erfolgt, also die Bewirtschaftung des Grundstücks fortgesetzt wird. Keine ordnungsgemäße Wirtschaft ist die Aufgabe der Bewirtschaftung des Grundstücks oder die Stilllegung des Betriebs (BGH NJW 96, 835), selbst wenn diese wirtschaftlich notwendig ist (LG Kiel SchlHA 14, 120). Dass das Wegschaffen nur zu einem vorübergehenden Zweck erfolgt ist und deshalb keine „Entfernung" ist, muss der Hypothekengläubiger beweisen. 2

C. Ehemaliges Zubehör. Andere Anforderungen stellt § 1122 II an Sachen, deren Zubehöreigenschaft aufgehoben wurde, bspw durch Aussonderung technisch überholten Geräts oder durch Änderung der Bewirtschaftungsart, durch die bisherige Zubehörstücke überflüssig werden. Eine Veräußerung, die die Zweckbestimmung der Zubehörstücke nicht verändert (zB Sicherungsübereignung), hebt die Zubehöreigenschaft nicht auf (BGH NJW 79, 2514; aA OLG Marienwerder OLGR 8, 471). Eine Entfernung vom Grundstück ist nicht Voraussetzung; allerdings muss sich die Aufhebung der Zubehöreigenschaft innerhalb der Grenzen einer ordnungsmäßigen Wirtschaft halten. Das ist jedenfalls dann der Fall, wenn für das ausgeschiedene Stück Ersatz angeschafft wurde, wobei es nicht darauf ankommt, ob der Hypothekengläubiger auf das Ersatzstück Zugriff nehmen kann (zB Erwerb des neuen Zubehörstücks unter Eigentumsvorbehalt oder durch Finanzierungsleasing; *Reischl* AgrarR 97, 277). 3

§ 1123 Erstreckung auf Miet- oder Pachtforderung.
(1) Ist das Grundstück vermietet oder verpachtet, so erstreckt sich die Hypothek auf die Miet- oder Pachtforderung.
(2) ¹Soweit die Forderung fällig ist, wird sie mit dem Ablauf eines Jahres nach dem Eintritt der Fälligkeit von der Haftung frei, wenn nicht vorher die Beschlagnahme zugunsten des Hypothekengläubigers

erfolgt. ²Ist die Miete oder Pacht im Voraus zu entrichten, so erstreckt sich die Befreiung nicht auf die Miete oder Pacht für eine spätere Zeit als den zur Zeit der Beschlagnahme laufenden Kalendermonat erfolgt die Beschlagnahme nach dem 15. Tage des Monats, so erstreckt sich die Befreiung auch auf den Miet- oder Pachtzins für den folgenden Kalendermonat.

1 **A. Bedeutung der Vorschrift.** Die Haftung der Miet- und Pachtzinsen rechtfertigt sich daraus, dass die Rechte der Mieter und Pächter durch die Beschlagnahme unberührt bleiben; deshalb soll dem Hypothekengläubiger auch der Gegenwert der Nutzung zufließen. § 1123 kann durch Vertrag mit dem Hypothekengläubiger weder beschränkt noch ausgeschlossen werden (gesetzliche Haftung; aA Staud/*Wolfsteiner* Rz 2).

2 **B. Umfang der Haftung.** Die Haftung beginnt mit der Eintragung der Hypothek (Köln ZIP 96, 828) und umfasst auch rückständige Beträge aus der Zeit vor der Eintragung und auch Forderungen aus Mietverträgen, die nach der Eintragung abgeschlossen wurden (Karlsr NJW-RR 98, 1569); diese Haftung besteht auch ohne Beschlagnahme (BGH Rpfleger 07, 219). Ohne Beschlagnahme können allerdings die Forderungen nach §§ 1123 II 1, 1124 I von der Haftung frei werden, wenn der Eigentümer in den durch §§ 1123 II 2, 1124 II gezogenen Grenzen darüber verfügt. Ohne Bedeutung ist, ob der Eigentümer, der Nießbraucher oder ein anderer vermietet hat; der Anspruch des Hypothekengläubigers auf die Miete wird allerdings durch einen der Hypothek im Rang vorgehenden Nießbrauch ausgeschlossen (Kiel OLGR 15, 366).

3 Die Einleitung der Zwangsversteigerung bewirkt keine Aufhebung eines Miet- oder Pachtverhältnisses und auch keine **Beschlagnahme** der Miet- oder Pachtzinsforderungen (§ 21 II ZVG). Diese kann durch Zwangsverwaltung geschehen; die Beschlagnahme wird hier dem Schuldner der Mietzinsforderungen ggü erst mit Kenntnis oder Zustellung des Zahlungsverbots wirksam (§ 22 II ZVG). Die Beschlagnahme kann aber auch durch Forderungspfändung erfolgen, jedoch nur aus einem dinglichen Titel (RGZ 103, 137, 139; BGH NJW 08, 1599; Saarbr Rpfleger 93, 80). Auch in der Insolvenz des Grundstückseigentümers kann der Hypothekengläubiger die Mietzinsforderungen pfänden, da § 89 InsO sich nicht auf Absonderungsberechtigte nach § 49 InsO bezieht (Brandbg ZfIR 99, 700, aA BGH NJW 06, 3356 = BGHReport 06, 1319 m Anm *Schuschke*). Vom Zuschlag in der Zwangsversteigerung an stehen die Mietzinsforderungen dem Ersteher zu (§ 56 ZVG); ggf sind sie zwischen dem Ersteher und den ausgefallenen Hypothekengläubigern zeitanteilig zu verteilen (RGZ 86, 365).

4 Stets haften nur Mietzinsforderungen (samt Nebenrechten, insb einer Mietkaution). Ist die Forderung beglichen worden, haftet die gezahlte Geldsumme auch dann nicht mehr, wenn sie noch unvermischt mit anderen Geldern beim Vermieter vorhanden sein sollte. Ebenso wenig kann § 1123 I auf laufende Entgelte entspr angewendet werden, die der Inhaber eines dinglichen Rechts (insb Nießbrauch, Wohnungsrecht) für die Ausübung des Rechts vertragsgemäß zu zahlen hat (München Rpfleger 91, 331 m abl Anm *Puff*) und auch nicht auf an den Mieter zu zahlende Untermietzinsen (Bambg OLGRep 05, 215; LG Bonn ZIP 81, 730; aA Staud/*Wolfsteiner* Rz 8). Dagegen spielt es keine Rolle, in welcher Form die Miete beglichen wird (vgl etwa BGH NJW 00, 2987: Mietvorauszahlung, die als Kaufpreisnachlass bezeichnet ist).

5 **C. Zeitliche Grenzen der Haftung.** Mietzinsforderungen, die zum Zeitpunkt der Beschlagnahme noch nicht erfüllt und weniger als ein Jahr rückständig sind, unterliegen der vorstehend beschriebenen hypothekarischen Haftung. Zahlt der Mieter nach dem nach § 22 II ZVG maßgeblichen Zeitpunkt an den Eigentümer, so kann der Hypothekengläubiger nochmals Zahlung verlangen. Zahlt der Mieter rückständige Miete aus der Zeit vor der Beschlagnahme an den Hypothekengläubiger, so kann der Eigentümer nicht nochmals Zahlung an sich unter dem Gesichtspunkt des Verzugsschadens verlangen (BGH WM 68, 947). Ist eine Mietzinsforderung jedoch ein Jahr nach der Fälligkeit noch nicht erfüllt (sonst § 1124 I 1), wird er von einer nachfolgenden Beschlagnahme grds nicht erfasst (§ 1123 II 1). § 1123 II 2 befasst sich mit dem praktisch sehr seltenen Fall eines mehr als ein Jahr rückständigen, für mehr als ein Jahr vorauszuzahlenden Mietzinses. Er wird nur bis zum Monat der Beschlagnahme bzw bis zum Folgemonat von der Haftung frei, unterliegt aber iÜ trotz der mehr als ein Jahr zurückliegenden Fälligkeit der hypothekarischen Haftung.

§ 1124 Vorausverfügung über Miete oder Pacht.
(1) ¹Wird die Miete oder Pacht eingezogen, bevor sie zugunsten des Hypothekengläubigers in Beschlag genommen worden ist, oder wird vor der Beschlagnahme in anderer Weise über sie verfügt, so ist die Verfügung dem Hypothekengläubiger gegenüber wirksam. ²Besteht die Verfügung in der Übertragung der Forderung auf einen Dritten, so erlischt die Haftung der Forderung; erlangt ein Dritter ein Recht an der Forderung, so geht es der Hypothek im Range vor.
(2) Die Verfügung ist dem Hypothekengläubiger gegenüber unwirksam, soweit sie sich auf die Miete oder Pacht für eine spätere Zeit als den zur Zeit der Beschlagnahme laufenden Kalendermonat bezieht; erfolgt die Beschlagnahme nach dem fünfzehnten Tage des Monats, so ist die Verfügung jedoch insoweit wirksam, als sie sich auf die Miete oder Pacht für den folgenden Kalendermonat bezieht.
(3) Der Übertragung der Forderung auf einen Dritten steht es gleich, wenn das Grundstück ohne die Forderung veräußert wird.

A. Verhältnis zu § 1123. § 1124 I bestimmt eine Ausn von § 1123. Obwohl sich die Hypothek auch auf den Miet- oder Pachtzins erstreckt, kann der Eigentümer darüber unter den in § 1124 genannten Voraussetzungen wirksam verfügen; der Hypothekengläubiger kann nicht etwa auf ein Surrogat, insb nicht auf den zur Tilgung bezahlten Geldbetrag zugreifen (s.a. § 1123 Rn 4). 1

Die Verfügung muss **vor der Beschlagnahme** erfolgt sein; der Zeitpunkt der Eintragung der Hypothek ist ohne Bedeutung. Wird nach Beschlagnahme verfügt, insb vom Mieter an den Eigentümer gezahlt, ist diese Verfügung wirkungslos (§§ 135, 136 BGB); der Mieter muss nochmals an den Hypothekengläubiger zahlen, es sei denn, dass die Beschlagnahme ihm ggü noch unwirksam ist (§ 22 II ZVG; § 1123 Rn 3); letzterenfalls bestehen nur Bereicherungs- oder Schadensersatzansprüche des Hypothekengläubigers gegen den Verfügenden. 2

Auch eine Verfügung vor Beschlagnahme ist allerdings unwirksam, wenn sie sich auf die Zeit nach der Beschlagnahme bezieht, wobei § 1124 II einen Interessenausgleich zwischen dem Schutz des Gläubigers und dem Schutz des Mieters bezweckt. IdR behält der Eigentümer das Grundstück und verfügt über die Mietzinsforderung; § 1124 III stellt klar, dass im umgekehrten Fall (Behalten der Mietzinsforderung und Verfügung über das Grundstück) angesichts der gleichen Interessenlage nichts anderes gelten kann. 3

B. Wirksame Verfügungen. Einziehung iSd § 1124 I ist nicht nur die Erfüllung des Anspruchs durch Zahlung des Mietzinses (auch bei Zahlung an den Insolvenzverwalter), sondern auch jede Handlung des Mieters, die zum Erlöschen der Forderung führt, insb für den Fall der Hinterlegung (str für den Fall der Hinterlegung ohne Verzicht auf das Rücknahmerecht; vgl Staud/*Wolfsteiner* Rz 4). **Anderweitige Verfügungen** sind Übertragung und Belastung der Forderung durch den Vermieter, aber auch die Stundung (BGH NJW 99, 577; NJW-RR 00, 925), nicht aber die Aufgabe von Sicherungsrechten (RGZ 151, 380), ebenso wenig die Beendigung des Mietverhältnisses (durch Aufhebungsvertrag ebenso wie durch Kündigung) und auch nicht die Einräumung eines Nießbrauchs, weil die Person des Vermieters für die hypothekarische Haftung ohne Bedeutung ist (§ 1123 Rn 2). Im letzteren Fall ist aber ein Titel gegen den Nießbraucher auf Duldung der Zwangsvollstreckung erforderlich (LG Krefeld Rpfleger 88, 325; für den der Hypothek nachrangigen Nießbrauch str; vgl Staud/*Wolfsteiner* Rz 12). Die Verfügung kann sowohl rechtsgeschäftlich als auch durch Zwangsvollstreckungsmaßnahmen gegen den Vermieter erfolgen (RGZ 103, 140). 4

Die Folgen einer wirksamen Verfügung ergeben sich aus § 1124 I 2: Bei Übertragung auf einen Dritten endet die Haftung, beim Erwerb eines Rechts durch den Dritten (auch durch Pfändung, Posen OLGR 8, 208) ist dieser zuerst zu befriedigen. 5

C. Unwirksame Verfügungen. Verfügungen für die Zeit nach der Beschlagnahme erklärt § 1124 II zum Schutz des Hypothekengläubigers vor für ihn nachteiligen Vereinbarungen – nicht notwendig „schädlichen Machenschaften" (so aber Staud/*Wolfsteiner* Rz 17) – grds für unwirksam; ihm soll die laufende Miete als Haftungsobjekt bleiben. Der Mieter wird aber in jedem Fall davor geschützt, für den laufenden Monat doppelt zahlen zu müssen, bei einer Beschlagnahme in der zweiten Monatshälfte im Hinblick auf übliche Zahlungsgebräuche auch für den folgenden Monat; diese Verfügungen sind wirksam. 6

Die Unwirksamkeit besteht nur im Verhältnis zum Hypothekengläubiger (relative Unwirksamkeit); anders als im Fall Rn 2 aE bestehen deshalb keine Bereicherungsansprüche gegen einen Dritten, an den im Voraus gezahlt wurde. 7

Vor der Beschlagnahme geleistete Vorauszahlungen, die in Übereinstimmung mit dem abgeschlossenen Mietvertrag erfolgten, insb Abreden über einen Baukostenzuschuss mit der Maßgabe, dass im Gegenzug keine oder eine niedrigere Miete zu zahlen ist, sind jedenfalls dann wirksam, wenn diese nicht nach Zeitabschnitten bemessen sind (BGH MDR 07, 1186). Darüber hinaus ist Wirksamkeit unabhängig von der Ausgestaltung der Vereinbarung iE zu bejahen (vgl dazu RGZ 144, 194; BGH NJW 98, 595 für § 566c; KG ZMR 04, 257; aA Rostock ZfIR 00, 635; LG Hamburg Rpfleger 95, 124). Es handelt sich bei Vorauszahlungsabreden im Mietvertrag nicht um „Verfügungen" über den Mietzins; vielmehr entsteht der Anspruch bereits in der vereinbarten Form. Auch spätere Abänderungen des Mietvertrags vor der Beschlagnahme können nicht anders beurteilt werden (insoweit aA BGH NJW 98, 595). 8

D. Konkurrenz von Verfügung und Rang. Zweifelhaft und umstr ist, ob die Verfügung auch dann von Bedeutung ist, wenn ein rangschlechterer Hypothekengläubiger damit auf einen Berechtigten zugreifen will, der einem rangbesseren Berechtigten zusteht, insb, ob die Abtretung von Mietzins an einen rangbesseren Hypothekar für die Zeit nach der Beschlagnahme durch einen rangschlechteren Hypothekar wirksam ist (bejahend: Hambg OLGR 18, 165, 168; KG KGR 04, 514; verneinend: BGH NJW-RR 05, 1466; *Reinicke/Tiedtke* Rz 1129). Zweifelsfrei dürfte sein, dass bei Pfändungen des Mietzinses durch mehrere Hypothekengläubiger der Zeitpunkt der Pfändung, nicht der Rang der Hypotheken ausschlaggebend ist, solange es nicht um die durch § 1124 II geregelte Zeit geht. 9

§ 1125 Aufrechnung gegen Miete oder Pacht. Soweit die Einziehung der Miete oder Pacht dem Hypothekengläubiger gegenüber unwirksam ist, kann der Mieter oder der Pächter nicht eine ihm gegen den Vermieter oder den Verpächter zustehende Forderung gegen den Hypothekengläubiger aufrechnen.

1 Auch gegen eine beschlagnahmte Forderung kann aufgerechnet werden, soweit § 392 diese Aufrechnung nicht ausschließt. § 1125 beschränkt das Aufrechnungsrecht des Mieters oder Pächters darüber hinaus, um dessen Rechte mit den Regeln des § 1124 zu harmonisieren: Der Hypothekengläubiger ist einer Aufrechnung mit einer Gegenforderung gegen den Vermieter nur dann ausgesetzt, wenn er auch die Einziehung der Miete hinnehmen müsste; gegen eine Mietforderung für einen späteren als den sich aus § 1124 II ergebenden Monat kann also nicht aufgerechnet werden.

2 Für die Wirksamkeit der Einziehung gilt – insb für die Maßgeblichkeit des Zeitpunkts der Kenntniserlangung des Mieters von der Beschlagnahme – dasselbe wie bei §§ 1123, 1124 (§ 1123 Rn 3).

3 Da § 1125 einen Gleichlauf von Einziehungs- und Aufrechnungsverbot bezweckt, ist die Vorschrift nicht anwendbar, wenn die Aufrechnung einer vor Eintragung der Hypothek im Mietvertrag getroffenen Vereinbarung zwischen Vermieter und Mieter entspricht (wie § 1124 Rn 8; Karlsr JW 30, 2986; aA Stuttg JW 30, 2989 und hM); mit einem Bereicherungsanspruch des Mieters wegen Verwendungen auf die Mietsache kann dagegen nicht aufgerechnet werden (Stuttg ZMR 08, 966; aA MüKo/*Eickmann* Rz 5).

§ 1126 Erstreckung auf wiederkehrende Leistungen.
¹Ist mit dem Eigentum an dem Grundstück ein Recht auf wiederkehrende Leistungen verbunden, so erstreckt sich die Hypothek auf die Ansprüche auf diese Leistungen. ²Die Vorschriften des § 1123 Abs. 2 Satz 1, des § 1124 Abs. 1, 3 und des § 1125 finden entsprechende Anwendung. ³Eine vor der Beschlagnahme erfolgte Verfügung über den Anspruch auf eine Leistung, die erst drei Monate nach der Beschlagnahme fällig wird, ist dem Hypothekengläubiger gegenüber unwirksam.

1 Rechte auf wiederkehrende Leistungen sind nach § 96 Grundstücksbestandteile; daher haften Ansprüche, die sich aus ihnen ergeben, für die Hypothek, und zwar ohne Rücksicht auf den Zeitpunkt, zu dem sie Grundstücksbestandteil wurden (§ 1120 Rn 2). Der Anspruch auf Ersatz schuldhaft gezogener Nutzungen fällt nicht hierunter (BGH Rpfleger 06, 614). § 1126 regelt das Erlöschen dieser Haftung in Anlehnung an die Vorschriften für Miet- und Pachtzinsforderungen.

2 Im Unterschied zu Miet- und Pachtzinsforderungen werden aber Beträge, die mehr als ein Jahr rückständig sind, stets von der Haftung frei (keine Verweisung auf § 1123 II 2) und anstelle der Regelung des § 1124 II ist in § 1126 3 ein fester Zeitpunkt bestimmt.

§ 1127 Erstreckung auf die Versicherungsforderung.
(1) Sind Gegenstände, die der Hypothek unterliegen, für den Eigentümer oder den Eigenbesitzer des Grundstücks unter Versicherung gebracht, so erstreckt sich die Hypothek auf die Forderung gegen den Versicherer.
(2) Die Haftung der Forderung gegen den Versicherer erlischt, wenn der versicherte Gegenstand wiederhergestellt oder Ersatz für ihn beschafft ist.

1 **A. Voraussetzungen der Haftung.** § 1127 ermöglicht dem Hypothekengläubiger den Zugriff auf eine Versicherungsforderung, begründet aber keine Verpflichtung des Eigentümers zur Versicherung; eine frühere landesrechtliche Bestimmung in Hessen, wonach Hypotheken an bebauten Grundstücken nur unter Vorlage einer Brandversicherungsurkunde eingetragen werden konnten (vgl dazu Frankf OLGZ 81, 34) ist seit 93 abgeschafft. Weitere Vorbehalte für das Landesrecht in Art 75, 100, 120 EGBGB haben keine Bedeutung mehr. § 1127 begründet auch keine Pflichten des Versicherers ggü dem Hypothekengläubiger im Fall eines Erlöschens des Versicherungsschutzes; bestand nie eine wirksame Versicherung oder ist der Versicherungsschutz bei Eintritt des Versicherungsfalls erloschen, besteht keine Forderung, auf die sich die Hypothek erstrecken könnte.

2 § 1127 bezieht sich nur auf Versicherungsforderungen. Eine entspr Anwendung auf andere Ersatzansprüche, die dem Eigentümer hinsichtlich der hypothekarisch belasteten Gegenstände zustehen, kommt nicht in Betracht (BGH NJW 89, 212) auch nicht auf einen Schadensersatzanspruch gegen den Versicherer wegen Verschuldens bei Vertragsschluss (BGH NJW 06, 771). Wann der Versicherungsvertrag abgeschlossen wurde, spielt keine Rolle; der Schaden muss nach Eintragung der Hypothek entstanden sein (BGH NJW-RR 97, 406), und zwar zu einem Zeitpunkt, zu dem die Haftung des Gegenstands für die Hypothek noch nicht nach §§ 1120 ff erloschen war. Alle Forderungen gegen die Versicherung haften bis zur Höhe der durch die Hypothek gesicherten Forderung; die Haftung ist nicht auf die Höhe des konkreten Schadens beschränkt; sie kann nicht mit dinglicher Wirkung beschränkt oder erweitert werden.

3 Der Eigentümer oder Eigenbesitzer des belasteten Grundstücks muss Gläubiger der Versicherung sein, weil sich die Hypothek nicht auf Rechte Dritter erstrecken kann. Es genügt aber, wenn er Versicherter nach §§ 74 ff VVG ist; Versicherungsnehmer braucht er nicht zu sein (Hamm NJW-RR 03, 1612).

4 **B. Erlöschen der Haftung.** Der Hypothekengläubiger hat nur Anspruch auf Wiederherstellung seiner ursprünglichen Sicherheit. Deshalb erlischt die Haftung, wenn diese erfolgt ist; umgekehrt hat der Hypothekengläubiger keinen gesetzlichen Anspruch auf Wiederherstellung, wohl aber idR einen vertraglichen. Nach dem Zweck des § 1127 beurteilt sich auch, wann **Wiederherstellung** anzunehmen ist: Es genügt eine teilweise

Herstellung, wenn diese eine gleichwertige Sicherheit bietet (RG Warn 09, 144); die Wiederherstellung eines zerstörten Gebäudes braucht nicht an derselben Stelle des belasteten Grundstücks zu erfolgen (OLG Königsberg OLGR 31, 345); erreicht der Wert der Wiederherstellung die frühere Sicherheit nicht, so erlischt die Haftung der Versicherungsforderung anteilig (RGZ 78, 23).

Teleologische Reduktion des § 1127 ist geboten, wenn die Wiederherstellung erfolgt ist, aber das Grundstück versteigert wurde, ohne dass der Hypothekengläubiger befriedigt worden wäre. In diesem Fall bleibt die Haftung der Versicherungsforderung bestehen (RGZ 102, 350). 5

C. Grundschuld, Rentenschuld. § 1127 ist auf Grundschuld und Rentenschuld entspr anwendbar (§ 1192 I). Bei der Grundschuld haftet dem Gläubiger die Versicherungssumme bis zum Betrag der Grundschuld, auch wenn diese nicht voll valutiert ist (RGZ 124, 91). 6

§ 1128 Gebäudeversicherung. (1) ¹Ist ein Gebäude versichert, so kann der Versicherer die Versicherungssumme mit Wirkung gegen den Hypothekengläubiger an den Versicherten erst zahlen, wenn er oder der Versicherte den Eintritt des Schadens dem Hypothekengläubiger angezeigt hat und seit dem Empfang der Anzeige ein Monat verstrichen ist. ²Der Hypothekengläubiger kann bis zum Ablauf der Frist dem Versicherer gegenüber der Zahlung widersprechen. ³Die Anzeige darf unterbleiben, wenn sie untunlich ist; in diesem Falle wird der Monat von dem Zeitpunkt an berechnet, in welchem die Versicherungssumme fällig wird.
(2) Hat der Hypothekengläubiger seine Hypothek dem Versicherer angemeldet, so kann der Versicherer mit Wirkung gegen den Hypothekengläubiger an den Versicherten nur zahlen, wenn der Hypothekengläubiger der Zahlung schriftlich zugestimmt hat.
(3) Im Übrigen finden die für eine verpfändete Forderung geltenden Vorschriften Anwendung; der Versicherer kann sich jedoch nicht darauf berufen, dass er eine aus dem Grundbuch ersichtliche Hypothek nicht gekannt habe.

A. Verhältnis zu anderen Vorschriften. § 1128 ist eine Sondervorschrift ggü § 1129, wenn eine Gebäudeversicherung vorliegt; I u II gelten aber nicht, wenn iRd Versicherung die übliche Wiederherstellungsklausel vereinbart wurde (dann § 1130). Die praktische Bedeutung ist deshalb außerordentlich gering. § 1128 wird hinsichtlich der Feuerversicherung von Gebäuden durch §§ 101 ff VVG ergänzt; insb bestimmt § 104 VVG den Übergang der Hypothek auf den Versicherer, soweit er den Hypothekengläubiger befriedigt, allerdings im Rang nach allen durch §§ 102, 107b VVG privilegierten Gläubigern (§ 104 2 VVG), und dies auch dann, wenn der Versicherer die von ihm geschuldete Leistung vollständig erbracht hat (BGH NJW-RR 05, 1054). 1

B. Voraussetzungen. § 1128 setzt eine Versicherung eines Gebäudes (va, aber nicht ausschließlich, gegen Feuer) voraus; er gilt auch für Zubehör (zB Maschinen eines gewerblich genutzten Grundstücks), wenn es iRd Gebäudeversicherungsvertrags mitversichert ist, nicht aber, wenn dafür eine selbständige Versicherung besteht (RGZ 156, 316). Infolge teleologischer Reduktion ist § 1128 nicht anwendbar, wenn die zerstörten Gebäude ohne Inanspruchnahme der Versicherungsleistung wiederhergestellt wurden (RGZ 95, 207). Entgegen § 1128 erfolgte Zahlungen sind dem Hypothekengläubiger ggü unwirksam, nicht aber anderen Personen (BGH VersR 84, 1137); geschützt wird der Hypothekengläubiger aber nur dann, wenn die Forderung tatsächlich besteht (BGH NJW 81, 1671). Eine Beschlagnahme ist nicht erforderlich. 2

C. Stellung des Hypothekengläubigers. I. Anwendung der Pfandrechtsvorschriften. § 1128 III verweist wegen der Rechtsstellung des Hypothekengläubigers auf die Bestimmungen über das Pfandrecht an Forderungen (§§ 1279 ff); diese Stellung erwirbt er kraft Gesetzes mit Abschluss des Versicherungsvertrags (nicht erst mit Eintritt des Versicherungsfalls; aA LG Darmstadt VersR 79, 418) und ohne Beschlagnahme. Er kann deshalb vor Fälligkeit der Hypothek Zahlung an den Versicherten und sich selbst gemeinschaftlich (§ 1281) verlangen; eine Zahlung an den Versicherten allein ist dem Hypothekengläubiger ggü unwirksam (vgl BGH NJW-RR 01, 525). Nach Fälligkeit der Hypothek kann er Zahlung an sich selbst verlangen, soweit dies zu seiner Befriedigung erforderlich ist (§ 1282 I); zahlt der Versicherer, so wird die Hypothek Eigentümergrundschuld (RGZ 56, 322; aA Staud/*Wolfsteiner* § 1181 Rz 7: erlischt entspr § 1181 III). Ggü der Pfändung durch einen persönlichen Gläubiger steht ihm die Drittwiderspruchsklage (§ 771 ZPO) zu (BGH VersR 84, 1137). Der Versicherer kann ggü dem Zahlungsverlangen des Hypothekengläubigers wie bei jedem Pfandrecht alle Einwendungen des Versicherten erheben (Nichtbestehen der Forderung, Verjährung etc), soweit sich aus §§ 102 ff VVG nichts anderes ergibt; insb bestimmt § 102 VVG eine Verpflichtung ggü dem Hypothekengläubiger auch bei Leistungsfreiheit ggü dem Versicherten bis zur Höhe der hypothekarisch gesicherten Forderung. Bei mehreren Hypotheken richtet sich das Recht zur Einziehung nach dem Rang der Hypotheken (§ 1290; BGH NJW 81, 1671; vgl auch BGH NJW-RR 05, 1054, 1055). 3

Zugunsten des Hypothekengläubigers gilt auch § 1276: Der Versicherte kann ohne Zustimmung des Hypothekengläubigers nicht mit einer eigenen Schuld ggü dem Versicherer gegen die Versicherungsforderung aufrechnen und dem Versicherer die Schuld nicht erlassen; dagegen kann der Versicherer mit einer Schuld des 4

Versicherten aufrechnen. Aufhebung oder Kündigung des Versicherungsverhältnisses im Ganzen oder seine Anfechtung fallen nicht unter § 1276 (Palandt/*Bassenge* Rz 4; str).

5 **II. Geltendmachung der Rechte des Hypothekengläubigers.** Um sich seine Rechte (Rn 4–5) zu erhalten, muss der Hypothekengläubiger einer Zahlung an den Versicherten innerhalb einer Monatsfrist nach Anzeige widersprechen (§ 1128 I 2); dieser Widerspruch wirkt nur zugunsten des Widersprechenden und ist auch vor einer Schadensanzeige an den Hypothekengläubiger möglich (OLG Königsberg OLGR 2, 147). Voraussetzung für den Beginn der Frist ist eine wirksame Benachrichtigung vom Schaden. Sie kann in jedem Fall an den eingetragenen Gläubiger erfolgen (§ 891); zu Nachforschungen nach dem wahren Gläubiger ist der Versicherer nicht verpflichtet. Der Versicherer muss sich aber über den aktuellen Grundbuchstand unterrichten; seine – auch unverschuldete – Unkenntnis von einer eingetragenen Hypothek wird nicht geschützt: § 1128 III ordnet gewissermaßen die „umgekehrte" Anwendung des § 892 an. Entscheidend ist der Zeitpunkt der Anzeige; ein späterer Gläubigerwechsel bei der Hypothek ist vom Versicherer nicht zu berücksichtigen.

6 Die Haftung der Versicherungsforderung für die Hypothek erlischt nicht schon mit Fristablauf, sondern erst mit Zahlung an den Versicherten, ggf mit Zustimmung des Versicherers (§ 1128 II). Wird das Grundstück zwangsversteigert, geht die Versicherungsforderung auf den Ersteher über (§ 90 II ZVG).

7 **D. Grundschuld, Rentenschuld.** § 1128 ist auf Grundschuld und Rentenschuld entspr anwendbar (§ 1192 I). Bei der Grundschuld besteht die Verpflichtung aus § 102 VVG (s. Rn 1) bis zum vollen Nennbetrag der Grundschuld. Der Versicherer kann dem Grundschuldgläubiger bei der auf § 1282 I gestützten Klage alle Einwendungen des Eigentümers aus der Sicherungsabrede entgegenhalten (RGZ 124, 93); es kommt aber nicht darauf an, ob die Grundschuld bei Eintritt des Versicherungsfalls (voll) valutiert war.

§ 1129 Sonstige Schadensversicherung. Ist ein anderer Gegenstand als ein Gebäude versichert, so bestimmt sich die Haftung der Forderung gegen den Versicherer nach den Vorschriften des § 1123 Abs. 2 Satz 1 und des § 1124 Abs. 1, 3.

1 Für die Versicherung anderer Gegenstände als Gebäude gilt § 1128 nicht; stattdessen ist in § 1129 die Anwendung von Bestimmungen für Miet- und Pachtforderungen angeordnet. Der Versicherer braucht hier bei der Zahlung an den Versicherten die Hypothek also nicht zu beachten; andere Gläubiger des Eigentümers können ohne weiteres in die Versicherungsforderung vollstrecken. Die Haftung der Versicherungsforderung für die Hypothek kann deshalb nur durch vorherige Beschlagnahme der Forderung (s. § 1123 Rn 3) realisiert werden; bei späterer Beschlagnahme gehen frühere Verfügungen, auch solche im Weg der Zwangsvollstreckung, dem Hypothekengläubiger vor.

2 Der Hypothekengläubiger kann die Versicherungsforderung auch nicht selbst einziehen (anders bei § 1128; s. § 1128 Rn 3), sondern muss sie pfänden und sich überweisen lassen oder die Zwangsversteigerung oder Zwangsverwaltung des Grundstücks beantragen; bei der Zwangsversteigerung ist § 21 I ZVG zu beachten.

3 Die Haftung erlischt nicht nur durch Verfügung über die Forderung (§ 1124 I), sondern in jedem Fall ein Jahr nach Fälligkeit der Forderung (§ 1123 II 1) und bei Veräußerung des Grundstücks ohne die Forderung (§ 1124 III).

§ 1130 Wiederherstellungsklausel. Ist der Versicherer nach den Versicherungsbestimmungen nur verpflichtet, die Versicherungssumme zur Wiederherstellung des versicherten Gegenstandes zu zahlen, so ist eine diesen Bestimmungen entsprechende Zahlung an den Versicherten dem Hypothekengläubiger gegenüber wirksam.

1 § 1130 stellt klar, dass die in der Gebäudeversicherung sehr verbreitete Wiederherstellungsklausel auch dem Hypothekengläubiger ggü wirksam ist. Die Klausel kann sich aus dem Versicherungsvertrag, aber auch aus einer gesetzlichen Vorschrift ergeben (vgl Art 75 EGBGB u § 193 I VVG). § 1130 gilt für alle Versicherungen. Ist eine solche Klausel auf den Versicherungsvertrag anwendbar, wird der Versicherer durch Zahlung an den Versicherten, die dessen Bedingungen entspricht, auch dann von der Haftung frei, wenn sie nicht zur Wiederherstellung verwendet wird. Eine praktisch wichtige Ausn besteht nach §§ 97, 100, 107 VVG in der Gebäudeversicherung mit Wiederherstellungsklausel: Hier kann der Versicherer ohne Sicherstellung der bestimmungsgemäßen Verwendung des Geldes nur zahlen, wenn der Hypothekengläubiger schriftlich zugestimmt hat, sofern dieser seine Hypothek beim Versicherer angemeldet hat. Der Hypothekengläubiger kann zur Realisierung seines Anspruchs die Zwangsverwaltung beantragen; der Verwalter muss dann die Versicherungsforderung einziehen und zur Wiederherstellung verwenden.

2 Ist die Wiederherstellung unmöglich, kann der Hypothekengläubiger Zahlung an sich selbst verlangen, soweit die Voraussetzungen des § 1128 gegeben sind (teleologische Reduktion; RGZ 133, 177).

3 Die Versicherungsforderung kann im Fall des § 1130 nicht gepfändet werden, weil sie dadurch ihrem Zweck, der Wiederherstellung zu dienen, entzogen würde (Staud/*Wolfsteiner* Rz 10; str); anders ist es, wenn die Wie-

derherstellung unmöglich ist sowie im Fall von § 98 VVG. Wird das Grundstück zwangsversteigert, steht die Versicherungssumme dem Ersteher zu, der sie mit dem Zuschlag erwirbt (§ 90 II ZVG).

Verweigert der Eigentümer den Wiederaufbau, führt dies nicht dazu, dass der Versicherer an den Hypothekengläubiger zahlen darf oder gar muss (differenzierend Palandt/*Bassenge* Rz 4). Vielmehr muss der Hypothekengläubiger, der die Wiederherstellung ausreichender Sicherheit durchsetzen will, nach § 1134 II vorgehen und veranlassen, dass das Gericht einen Verwalter bestellt, der berechtigt ist, die Versicherungssumme zu verlangen. 4

§ 1131 Zuschreibung eines Grundstücks. ¹Wird ein Grundstück nach § 890 Abs. 2 einem anderen Grundstück im Grundbuch zugeschrieben, so erstrecken sich die an diesem Grundstück bestehenden Hypotheken auf das zugeschriebene Grundstück. ²Rechte, mit denen das zugeschriebene Grundstück belastet ist, gehen diesen Hypotheken im Range vor.

Weder die Vereinigung von Grundstücken (§ 890 I) noch die Bestandteilszuschreibung eines Grundstücks zu einem anderen (§ 890 II) führt zu einer Erstreckung von Belastungen der einzelnen Grundstücksteile: Verliert ein belastetes Grundstück durch Vereinigung mit einem anderen seine Selbstständigkeit, so ruhen die Belastungen auf dem Teil des neuen Grundstücks, der vor der Vereinigung Belastungsgegenstand war (BGH NJW 06, 1000; Hamm Rpfleger 98, 154, 155). Von diesem Grundsatz macht § 1131 für Hypotheken eine Ausn: § 1131 stellt eine gesetzliche Nachverpfändung des zugeschriebenen Grundstücks dar. Die Hypotheken, die auf das zugeschriebene Grundstück erstreckt werden, behalten untereinander ihren unterschiedlichen Rang; str ist, ob sich ein Rangvorbehalt bei einer erstreckten Hypothek ebenfalls auf das Bestandteilsgrundstück erstreckt (bejahend: *Bleutge* Rpfleger 74, 387; verneinend: *Haegele* Rpfleger 75, 153, 158), Eine Unterwerfung unter die sofortige Zwangsvollstreckung erstreckt sich auf das zugeschriebene Grundstück (BayObLGZ 29, 162). Erstreckte Hypotheken sind keine Gesamthypotheken iSd § 1132; eine vor der Vereinigung an beiden Grundstücken lastende Hypothek wird Einzelhypothek. 1

Rechte an dem Hauptgrundstück erstrecken sich auch auf das zugeschriebene Grundstück, aber nicht umgekehrt. Rechte am zugeschriebenen Grundstück können aber rechtsgeschäftlich pfanderstreckt werden. Ob dies erforderlich ist, bestimmt sich nicht nach § 1131, sondern nach § 6 GBO: Ist durch die unterschiedliche Belastung Verwirrung zu besorgen, muss die Bestandteilszuschreibung unterbleiben (zu den Einzelheiten Bauer/v Oefele/*Waldner* § 5, § 6 GBO Rz 25 ff). Bleibt es bei unterschiedlicher Belastung, kann das zugeschriebene Grundstück selbständig zwangsversteigert werden; wird das ganze Grundstück aufgrund eines einheitlichen Gebots versteigert, ist der Erlös auf beide Grundstücke zu verteilen (§ 112 ZVG entspr). 2

§ 1132 Gesamthypothek. (1) ¹Besteht für die Forderung eine Hypothek an mehreren Grundstücken (Gesamthypothek), so haftet jedes Grundstück für die ganze Forderung. ²Der Gläubiger kann die Befriedigung nach seinem Belieben aus jedem der Grundstücke ganz oder zu einem Teil suchen.
(2) ¹Der Gläubiger ist berechtigt, den Betrag der Forderung auf die einzelnen Grundstücke in der Weise zu verteilen, dass jedes Grundstück nur für den zugeteilten Betrag haftet. ²Auf die Verteilung finden die Vorschriften der §§ 875, 876, 878 entsprechende Anwendung.

A. Voraussetzungen. Die Gesamthypothek ermöglicht die Belastung mehrerer Grundstücke (oder Miteigentumsanteile an solchen) wegen einer einzigen Forderung in einer der Gesamtschuld vergleichbaren Weise; sie begünstigt den Gläubiger zu Lasten des Schuldners, der idR nachrangigen Kredit wieder nur in Form einer Gesamtbelastung erhalten kann, da das Wahlrecht des Gläubigers der Gesamthypothek (§ 1132 I 2) den wirtschaftlichen Wert von Einzelgrundschulden an den belasteten Grundstücken unkalkulierbar macht. Die Legitimation dieses Rechtsinstituts (das bspw in Spanien nicht existiert, *Meyer* ZfIR 00, 431) ist deshalb zweifelhaft. Die Rspr mildert die Nachteile für den Eigentümer dadurch, dass sie einen Freigabeanspruch hinsichtlich eines Grundstücks anerkennt, wenn die restlichen, belastet bleibenden Grundstücke zur Sicherung ersichtlich ausreichend sind und sich deswegen die Weigerung, ein Grundstück freizugeben, als unzulässige Rechtsausübung darstellt (BGH NJW 00, 1861). 1

Gesichert werden kann durch eine Gesamthypothek nur eine einheitliche Forderung. Die belasteten Grundstücke müssen im Inland liegen (OLG Colmar Recht 03, 960); das Recht muss auf allen Grundstücken gleichartig sein (Buch- oder Briefrecht, Verkehrs- oder Sicherungshypothek, Hypothek oder Grundschuld) und einem Gläubiger zustehen, so dass die Abtretung nur an einem Grundstück nicht möglich ist (LG Berlin Rpfleger 08, 359). Zins- und Zahlungsbestimmungen können dagegen unterschiedlich sein; ebenso kann die Hypothek auf dem einen Grundstück vollstreckbar sein, auf dem anderen nicht. Nicht erforderlich ist gleicher Rang (BGHZ 80, 119); es ist daher auch – mit Zustimmung des Eigentümers dieses Grundstücks (§ 880 I 2) – eine Einräumung des Vorrangs an einem Grundstück möglich, während es an den anderen Grundstücken bei den bisherigen Rangverhältnissen verbleibt. Ebenso wenig muss hinsichtlich des Anspruchs aus § 1179a Gleichheit hergestellt werden (BGH NJW 81, 1503). Auch ein Widerspruch kann sich gegen die Eintragung an (nur) einem Grundstück richten, wenn damit nicht das Bestehen der Forderung, sondern die Mithaftung dieses Grundstücks bestritten werden soll (KG HRR 29, 605). 2

3 Im Grundbuch muss bei einer Gesamthypothek in jedem Grundbuch ein Mithaftvermerk angebracht werden (§ 48 GBO); dieser ist lediglich deklaratorisch: Fehlt er, ist eine Gesamthypothek entstanden (Bauer/v Oefele/*Wegmann* § 48 GBO Rz 26), aber gutgläubiger Erwerb von Einzelhypotheken an jedem Grundstück möglich (aA Staud/*Wolfsteiner* Rz 9: Eintragung nur am ersten Grundstück wirksam, bei gleichzeitiger Eintragung insgesamt unwirksam). Über eine Gesamtbriefhypothek soll nur ein Hypothekenbrief erteilt werden; bei Grundstücken im Bezirk mehrerer Grundbuchämter sind zwar mehrere Briefe auszustellen, diese aber miteinander zu verbinden (§ 59 GBO).

4 **B. Entstehung der Gesamthypothek. I. Ursprüngliche Gesamthypothek.** Eine Gesamthypothek entsteht durch Einigung und Eintragung an allen Grundstücken (oder Miteigentumsanteilen), an denen nach Einigung von Eigentümer und Gläubiger die Hypothek lasten soll; allerdings entspricht es idR dem Willen der Parteien, dass bereits mit der Eintragung an dem ersten Grundstück eine Einzelhypothek entsteht (BGH DNotZ 75, 152). Die meisten in der Praxis verwendeten Formulare regeln die Frage ausdrücklich idS.

5 Durch Zwangsvollstreckung kann eine ursprüngliche Gesamthypothek grds nicht entstehen (§ 867 II ZPO), ist aber ausnahmsweise bei einem Titel gegen mehrere Eigentümer zuzulassen, die als Gesamtschuldner haften (Ddorf Rpfleger 04, 39 m zust Anm *Deimann*; *Hintzen* ZIP 91, 479), ebenso dann, wenn der Schuldner zugleich Eigentümer des Grundstücks und des Gebäudeeigentums an diesem Grundstück ist (Jena Rpfleger 97, 431 wegen § 78 I 1 SachenRBerG); auch die Erstreckung auf einen weiteren Miteigentumsanteil, den der Vollstreckungsschuldner nach der Eintragung auf einem Miteigentumsanteil hinzu erworben hat, ist zulässig (aA Oldbg Rpfleger 96, 242 wegen § 1114). Angesichts dieser Ausnahmen kann eine fehlerhafte Eintragung auch nicht als inhaltlich unzulässig angesehen werden (aA Ddorf Rpfleger 90, 60 und hM).

6 **II. Nachträgliche Gesamthypothek. 1. Grundstücksteilung.** Durch Teilung eines mit einer Einzelhypothek belasteten Grundstücks entsteht ohne weiteres eine Gesamthypothek; wird eines der durch die Teilung entstehenden Grundstücke auf ein anderes Grundbuchblatt übertragen, muss dort die Hypothek erneut eingetragen werden; andernfalls erlischt sie durch Nichtübertragung (§ 46 II GBO). Eine versehentlich unterbliebene Mitübertragung kann nachgeholt werden, solange keine nachrangigen Rechte eingetragen worden sind (BayObLG NJW-RR 86, 380; str).

7 **2. Veräußerung von Miteigentumsanteilen.** Veräußert der Alleineigentümer einen, mehrere oder alle Miteigentumsanteile, entsteht in gleicher Weise eine Gesamthypothek wie bei der Teilung eines Grundstücks. Erwirbt eine Person alle Miteigentumsanteile, an denen eine (ursprüngliche oder nachträgliche) Gesamthypothek besteht, wird diese zur Einzelhypothek, sofern sie an allen Grundstücken gleichen Rang hat; andernfalls bleibt sie Gesamthypothek (Karlsr OLGR 39, 223).

8 **3. Pfanderstreckung.** Als Pfanderstreckung oder Nachverpfändung wird die Bestellung einer Hypothek für eine Forderung bezeichnet, für die bereits eine Hypothek an einem anderen Grundstück besteht. Sind beide Grundstücke auf einem Grundbuchblatt eingetragen, so genügt hierzu ein entspr Eintrag in der Veränderungsspalte, der – anders als im Fall Rn 3 – konstitutive Bedeutung hat. Ist das Grundstück, das nachverpfändet wird, bereits anderweit belastet, ist ein Rangvermerk anzubringen; andernfalls haben die eingetragenen Rechte den Rang, der sich aus der Reihenfolge der Eintragungen ergibt. Eine Unterwerfung unter die sofortige Zwangsvollstreckung muss für das nachverpfändete Grundstück gesondert erklärt, aber nicht besonders eingetragen werden.

9 Eine Pfanderstreckung auch dann möglich, wenn eine andere Person als der Inhaber der Hypothek im Grundbuch eingetragen ist (ursprüngliche oder nachträgliche Eigentümergrundschuld nach § 1163 oder Abtretung der Forderung außerhalb des Grundbuchs nach § 1154), sog **„verdeckte Nachverpfändung"**. Das Grundbuch wird dadurch nicht unrichtig (aA Palandt/*Bassenge* § 1196 Rz 7 für außerhalb des Grundbuchs abgetretene Eigentümergrundschuld; vgl auch Bauer/v Oefele/*Mayer* AT IV Rz 30 f).

10 **4. Zwangsvollstreckung.** Für eine Forderung, für die bereits eine rechtsgeschäftlich bestellte Hypothek eingetragen ist, kann zusätzlich an einem anderen Grundstück eine Zwangshypothek eingetragen werden; es handelt sich dann um eine Gesamthypothek (für die die Erfordernisse Rn 2 ggf nicht gelten), so dass bei beiden Rechten ein Mithaftvermerk eingetragen werden muss (iE sehr str; vgl Staud/*Wolfsteiner* Rz 24–27 m zahlreichen Nachw).

11 **C. Wirkung der Gesamtbelastung.** Die Gesamthypothek gewährt dem Gläubiger das Wahlrecht, aus welchem Grundstück er sich befriedigen will; in der Zwangsversteigerung gelten die §§ 44, 64 ZVG. Wird der Gläubiger durch Vollstreckung in ein Pfandobjekt befriedigt, werden die anderen Grundstücke von der Haftung frei. Ebenso ist eine (freiwillige) Entlassung eines Grundstücks aus der Mithaft durch den Gläubiger möglich.

12 Der Gläubiger ist aber auch berechtigt, die Gesamthypothek in beliebiger Weise auf die einzelnen Grundstücke zu verteilen; sofern der Gesamtbetrag der Teilrechte mit dem der Gesamthypothek übereinstimmt, ist die Zustimmung des Eigentümers hierzu weder nach materiellem Recht noch nach § 27 GBO erforderlich. Durch die Verteilung entstehen selbständige Einzelhypotheken (BGH NJW 00, 1861). Möglich ist auch eine Verteilung in der Weise, dass mehrere (aber nicht alle) der bisher belasteten Grundstücke für ein Teilrecht haften.

D. Grundschuld, Rentenschuld. § 1132 ist auf Grundschuld und Rentenschuld entspr anwendbar (§ 1192 I). Allerdings ist hier eine einheitliche Forderung naturgemäß nicht Voraussetzung; eine an mehreren Grundstücken lastende Grundschuld ist dann Gesamtgrundschuld, wenn sie als solche bestellt wird. Der Mithaftvermerk ist auch hier deklaratorisch.

§ 1133 Gefährdung der Sicherheit der Hypothek.
¹Ist infolge einer Verschlechterung des Grundstücks die Sicherheit der Hypothek gefährdet, so kann der Gläubiger dem Eigentümer eine angemessene Frist zur Beseitigung der Gefährdung bestimmen. ²Nach dem Ablauf der Frist ist der Gläubiger berechtigt, sofort Befriedigung aus dem Grundstück zu suchen, wenn nicht die Gefährdung durch Verbesserung des Grundstücks oder durch anderweitige Hypothekenbestellung beseitigt worden ist. ³Ist die Forderung unverzinslich und noch nicht fällig, so gebührt dem Gläubiger nur die Summe, welche mit Hinzurechnung der gesetzlichen Zinsen für die Zeit von der Zahlung bis zur Fälligkeit dem Betrag der Forderung gleichkommt.

A. Verhältnis zu anderen Vorschriften. § 1133 schützt – ebenso wie §§ 1134, 1135 – den Hypothekengläubiger vor bestimmten Verschlechterungen seiner Sicherheit, hat aber andere Voraussetzungen als diese Vorschriften. Beruht die Gefährdung der Sicherheit auf einem Verschulden, dann können daneben auch Ansprüche nach § 823 I geltend gemacht werden; ob § 1133 auch ein Schutzgesetz iSd § 823 II ist, ist umstr (bejahend MüKo/*Eickmann* Rz 22; verneinend Staud/*Wolfsteiner* Rz 2). § 1133 betrifft nur Verschlechterungen vor Fälligkeit der Hypothek; nach Fälligkeit kann der Hypothekengläubiger unmittelbar nach § 1147 Zwangsverwaltung beantragen, um weitere Gefährdungen seiner Sicherheit zu verhindern.

B. Voraussetzungen. § 1133 stellt lediglich auf eine **Verschlechterung** des belasteten Grundbesitzes ab; die Ursache ist gleichgültig. Es kommen also sowohl Handlungen des Eigentümers (zB Gebäudeabbruch, Rostock OLGR 41, 17) als auch Naturereignisse in Betracht. In jedem Fall muss es sich um tatsächliche Ereignisse handeln; Beeinträchtigungen der rechtlichen Situation (zB Pfändung von Mieten, OLG Breslau OLGR 18, 171; Kündigung der Feuerversicherung, aA BGH NJW 89, 1034) sind ebenso wenig eine Verschlechterung wie die gewöhnliche Wertminderung eines Gebäudes durch Zeitablauf (anders, wenn der Eigentümer das Gebäude verfallen lässt, München OLGR 32, 389). Die Verschlechterung muss das Grundstück selbst betreffen; eine Verschlechterung von Zubehör fällt unter § 1135; allerdings kann eine Entfernung von Zubehör eine Verschlechterung des Grundstücks selbst sein (KG OLGR 29, 359).

Die Verschlechterung hat nur dann Rechtsfolgen, wenn sie zu einer **Gefährdung** der Hypothek führt, deren Inhaber die Rechte aus § 1133 geltend machen will. Ob sie zu bejahen ist, hängt deshalb von Rang und Höhe der Hypothek ab.

Erforderlich ist weiter eine **Fristsetzung** durch den Gläubiger; die Setzung einer unangemessen kurzen Frist setzt eine angemessene Frist in Lauf (wie § 281 Rn 6); die Fristsetzung ist entbehrlich, wenn der Eigentümer die Beseitigung der Gefährdung von vornherein ablehnt (wie § 281 II). Mit fruchtlosem Fristablauf ist der Anspruch des Gläubigers entstanden und erlischt auch bei späterer Verbesserung grds nicht; eine Fortsetzung der Zwangvollstreckung nach erfolgter Verbesserung kann aber gegen Treu und Glauben verstoßen.

Der Anspruch des Hypothekengläubigers setzt weiter voraus, dass **keine anderweitige Hypothekenbestellung** erfolgt ist. Denkbar ist sowohl eine Hypothekenbestellung an einem anderen Grundstück des Eigentümers als auch am Grundstück eines Dritten. Nach dem Sinn und Zweck der Vorschrift kann auch eine Rangverbesserung der (unveränderten) Hypothek ausreichend sein (MüKo/*Eickmann* Rz 17).

C. Rechtsfolgen. Nach Ablauf der Frist kann der Hypothekengläubiger auch ohne Fälligkeit der Forderung Befriedigung iSd § 1147 wegen des dinglichen Anspruchs – nicht wegen der persönlichen Forderung – verlangen; bei unverzinslichen Forderungen sind 4% jährliche Zwischenzinsen (§ 246) abzuziehen, nicht etwa Verzugszinsen, da § 497 nicht anwendbar ist.

Eine entspr Anwendung von § 1133 auf den Pfandgläubiger an einer Hypothek kommt nicht in Betracht (aA Breslau JW 28, 2474 m abl Anm *Walsmann*).

§ 1134 Unterlassungsklage.
(1) Wirkt der Eigentümer oder ein Dritter auf das Grundstück in solcher Weise ein, dass eine für die Sicherheit der Hypothek gefährdende Verschlechterung des Grundstücks zu besorgen ist, so kann der Gläubiger auf Unterlassung klagen.
(2) ¹Geht die Einwirkung von dem Eigentümer aus, so hat das Gericht auf Antrag des Gläubigers die zur Abwendung der Gefährdung erforderlichen Maßregeln anzuordnen. ²Das Gleiche gilt, wenn die Verschlechterung deshalb zu besorgen ist, weil der Eigentümer die erforderlichen Vorkehrungen gegen Einwirkungen Dritter oder gegen andere Beschädigungen unterlässt.

§ 1134 I begründet einen Unterlassungsanspruch und ist zugleich Schutzgesetz iSd § 823 II (BGH NJW 85, 376; *Tiedtke* NJW 85, 1305). Ein positives Tun zur Beseitigung eingetretener Veränderungen kann aus § 1134 I nicht verlangt werden (aA Staud/*Wolfsteiner* Rz 7), insoweit kommen nur die Maßnahmen nach § 1134 II in Betracht.

2 § 1134 erfordert wie § 1133 eine die Sicherheit der Hypothek gefährdende Verschlechterung. Sie muss auf einer Einwirkung des Eigentümers (§ 1134 I) oder einer Unterlassung (§ 1134 II 2) beruhen.
3 § 1134 II 2 setzt voraus, dass der Eigentümer dem Hypothekengläubiger ggü verpflichtet ist, Vorkehrungen gegen „Beschädigungen" zu treffen. Wie bei § 1133 (s. § 1133 Rn 2) geht es nur um tatsächliche Ereignisse; deshalb verpflichtet § 1134 II 2 nicht zu einer wirtschaftlich sinnvollen Nutzung (Dresd OLGR 34, 213) und auch nicht zur Aufrechterhaltung von Versicherungen. Allerdings kann eine Versicherung die Besorgnis einer Gefährdung beseitigen und damit Ansprüche aus § 1134 II 2 ausschließen.
4 Welche Maßnahmen angeordnet werden können, richtet sich nach der Art der Gefährdung; ausgeschlossen ist in jedem Fall ein Veräußerungsverbot (arg § 1136; aA Rostock OLGR 36, 178). IdR erfolgt die Anordnung durch einstweilige Verfügung (§§ 935 ff ZPO).

§ 1135 Verschlechterung des Zubehörs.
Einer Verschlechterung des Grundstücks im Sinne der §§ 1133, 1134 steht es gleich, wenn Zubehörstücke, auf die sich die Hypothek erstreckt, verschlechtert oder den Regeln einer ordnungsgemäßen Wirtschaft zuwider von dem Grundstück entfernt werden.

1 § 1135 begründet **ohne Beschlagnahme** ein Recht des Hypothekengläubigers, die ihm nach §§ 1133, 1134 zustehenden Rechte auch hinsichtlich von Zubehör auszuüben. Wann Zubehör für die Hypothek haftet, ergibt sich aus § 1120; wann die Haftung erlischt aus §§ 1121, 1122. Von Bedeutung ist insb, dass die Haftung durch Aufhebung der Zubehöreigenschaft erlischt (§ 1122 II); hierin allein liegt keine Verschlechterung des Grundstücks. Ob eine Entfernung oder Aufhebung der Zubehöreigenschaft entgegen den Regeln einer ordnungsmäßigen Wirtschaft zugleich eine Verschlechterung des Grundstücks darstellt – was nicht immer der Fall ist –, bleibt wegen § 1135 unerheblich. Für Früchte, Miet- und Pachtzinsforderungen gilt § 1135 nicht.

§ 1136 Rechtsgeschäftliche Verfügungsbeschränkung.
Eine Vereinbarung, durch die sich der Eigentümer dem Gläubiger gegenüber verpflichtet, das Grundstück nicht zu veräußern oder nicht weiter zu belasten, ist nichtig.

1 Die in § 1136 genannte Verfügungsbeschränkung kann nicht dinglicher Inhalt der Hypothek sein; § 1136 erklärt darüber hinaus auch eine schuldrechtliche Vereinbarung dieses Inhalts für nichtig. Die Norm ergänzt das in § 1149 enthaltene Verbot der Verfallsvereinbarung. Ob auch die Hypothekenbestellung nichtig ist, beurteilt sich nach § 139, idR ist das nicht der Fall.
2 § 1136 betrifft jedes unmittelbare oder mittelbare Veräußerungs- oder Nachbelastungsverbot (vor, bei oder nach Bestellung der Hypothek) und deshalb auch Bedingungen, die hieran anknüpfen. Nicht verboten ist dagegen die Einräumung eines Vorkaufsrechts für den Hypothekengläubiger (aA Staud/*Wolfsteiner* Rz 5), ebenso wenig die Vereinbarung, dass die Forderung bei Veräußerung oder weiterer Belastung fällig sein soll (BGH NJW 80, 1625), solange damit nicht ein mittelbarer Zwang ausgeübt werden soll, derartige Verfügungen zu unterlassen.

§ 1137 Einreden des Eigentümers.
(1) ¹Der Eigentümer kann gegen die Hypothek die dem persönlichen Schuldner gegen die Forderung sowie die nach § 770 einem Bürgen zustehenden Einreden geltend machen. ²Stirbt der persönliche Schuldner, so kann sich der Eigentümer nicht darauf berufen, dass der Erbe für die Schuld nur beschränkt haftet.
(2) Ist der Eigentümer nicht der persönliche Schuldner, so verliert er eine Einrede nicht dadurch, dass dieser auf sie verzichtet.

1 Die praktische Bedeutung des § 1137 wird durch § 1138 sehr eingeschränkt: Zwar hat der – mit dem persönlichen Schuldner nicht identische – Eigentümer dessen Einreden, ggü einem späteren Hypothekar aber nur dann, wenn sie diesem bekannt sind. Besteht eine dilatorische Einrede, gewährt sie ein Leistungsverweigerungsrecht gegen den Anspruch des Hypothekengläubigers aus § 1147; andernfalls kann der Verzicht auf die Hypothek verlangt werden (§ 1169). Bei sofort vollstreckbaren Hypotheken kann der Eigentümer die Klage aus § 767 ZPO auf diese Einreden stützen.
2 Fehlt es schon an einer Forderung, kann der Eigentümer einwenden, dass ihm die Hypothek zusteht (§ 1163 I). § 1137 benötigt er hingegen, wenn er eine andere Einrede, etwa Stundung, ein Zurückbehaltungsrecht, ein Leistungsverweigerungsrecht des Schuldners oder die Abweisung der Forderungsklage gegen ihn einwenden will. Nicht eingewandt werden kann nach § 1137 I 2 die Einrede der beschränkten Erbenhaftung und nach § 216 I die Verjährung der gesicherten Forderung. Dagegen ergeben sich aus § 146 II InsO (zum alten Insolvenzrecht Hamm MDR 77, 548, 669) ebenso wenig Einschränkungen des Einrederechts wie aus dem Verzicht des persönlichen Schuldners (§ 1137 II).
3 Dem Eigentümer stehen weiterhin die Einreden aus § 770 – nicht die aus § 771 – zu; er kann also ein Zurückbehaltungsrecht bis zur Ausübung der Gestaltungsrechte aus dieser Vorschrift geltend machen. Hierfür gilt

§ 1138 **Öffentlicher Glaube des Grundbuchs.** Die Vorschriften der §§ 891 bis 899 gelten für die Hypothek auch in Ansehung der Forderung und der dem Eigentümer nach § 1137 zustehenden Einreden.

Wegen der Akzessorietät der Hypothek und § 404 müsste im Streitfall der Hypothekengläubiger das Bestehen der Forderung beweisen, ein gutgläubiger Erwerb einer Hypothek, der keine Forderung zugrunde liegt, wäre nicht möglich, Rechtsgeschäfte zwischen dem Buchberechtigten und dem Eigentümer wären dem wahren Hypothekengläubiger ggü unwirksam. § 1138 lässt die Anwendung der für die Verkehrsfähigkeit eines dinglichen Rechts unentbehrlichen §§ 891–899 daher nicht am Nichtbestehen der Forderung scheitern; konsequenterweise gilt die Vorschrift für die Sicherungshypothek nicht (§ 1185 II). Trotz des missverständlichen Wortlauts hat § 1138 keine Bedeutung für die Geltendmachung der Forderung; klagt der Gläubiger aus der persönlichen Forderung, muss er deren Bestehen beweisen.

Infolge der Geltung des § 891 wird der Bestand der eingetragenen Forderung vermutet. Der Eigentümer muss ihr Nichtentstehen oder Erlöschen beweisen, nicht etwa der klagende Hypothekengläubiger ihren Bestand (anders, wenn nach der Eintragung eine bedingte oder künftige Forderung gesichert ist). § 892 ermöglicht den Erwerb einer Hypothek durch den hinsichtlich des Bestehens einer Forderung gutgläubigen Erwerber, auch wenn die Forderung nicht besteht (nicht aber von Ansprüchen auf rückständige Nebenleistungen, § 1159 II); erworben wird eine „forderungsentkleidete Hypothek", nicht etwa eine Grundschuld (Staud/*Wolfsteiner* Rz 5; aA Wolff/*Raiser* § 137 II 3). Besteht die Forderung, steht sie aber nicht dem eingetragenen Hypothekengläubiger zu, führt § 1138 zu einer Spaltung von Hypothek und Forderung (Staud/*Wolfsteiner* Rz 6; aA BaRoth/*Rohe* Rz 5: in diesem Fall gutgläubiger Erwerb auch der Forderung). Vor einer Doppelzahlung schützt Eigentümer und Schuldner die dem Schuldner ggü dem persönlichen Gläubiger zustehende Einrede, er müsse nur Zug um Zug gegen Übergang der Hypothek nach §§ 1163, 1164 zahlen – welche Bedingung der Zahlung Verlangende nicht erfüllen kann. Auch bei einer Tilgungshypothek kommt es nicht auf die planmäßige Tilgung an, sondern auf den Tilgungsumfang, der dem Erwerber bekannt oder aus dem Hypothekenbrief ersichtlich ist (RG JW 34, 1043). Hinsichtlich Einreden gegen die Forderung schadet nur positive Kenntnis der diese begründenden Tatsachen und selbst diese nicht, wenn infolge Rechtsirrtums daraus nicht auf das Bestehen einer Einrede geschlossen wird (BGHZ 25, 27). Wegen § 893 müssen der wahre Eigentümer und der wahre Hypothekengläubiger Rechtsgeschäfte mit dem Bucheigentümer bzw dem Buchhypothekengläubiger gegen sich gelten lassen.

Die angeordnete Geltung der §§ 894–899 gibt dem Eigentümer Grundbuchberichtigungsansprüche gegen den Hypothekengläubiger und umgekehrt, wenn sich die Unrichtigkeit des Grundbuchs (nur) daraus ergibt, dass die Forderung nicht besteht oder falsch eingetragen ist, und das Recht, deswegen die Eintragung eines Widerspruchs zu verlangen (in § 1139 für den dort geregelten Fall erleichtert).

§ 1138 ist eine Folge der Akzessorietät der Forderung; für Grundschuld und Rentenschuld gilt die Vorschrift daher nicht, was insb dann Bedeutung hat, wenn der Eigentümer auf die Forderung zahlt; ist der Empfänger des Geldes nicht Inhaber der Forderung, wird der Zahlende nicht geschützt (BGH NJW 96, 1207; krit *Tiedtke* NJW 97, 851).

§ 1139 **Widerspruch bei Darlehensbuchhypothek.** ¹Ist bei der Bestellung einer Hypothek für ein Darlehen die Erteilung des Hypothekenbriefs ausgeschlossen worden, so genügt zur Eintragung eines Widerspruchs, der sich darauf gründet, dass die Hingabe des Darlehens unterblieben sei, der von dem Eigentümer an das Grundbuchamt gerichtete Antrag, sofern er vor dem Ablauf eines Monats nach der Eintragung der Hypothek gestellt wird. ²Wird der Widerspruch innerhalb des Monats eingetragen, so hat die Eintragung die gleiche Wirkung, wie wenn der Widerspruch zugleich mit der Hypothek eingetragen worden wäre.

Der Eigentümer, dem das Darlehen nicht ausgezahlt wurde und der den gutgläubigen Erwerb der Hypothek durch einen Dritten verhindern will, kann nach §§ 1138, 899 einen Widerspruch in das Grundbuch eintragen lassen. § 1139 erleichtert diese Eintragung, wenn sie innerhalb Monatsfrist beantragt wird und gibt dem Widerspruch eine zusätzliche Wirkung, wenn innerhalb der gleichen Frist auch die Eintragung erfolgt ist. Die Vorschrift gilt nicht für die Briefhypothek (auch nicht bei Vorliegen einer Vereinbarung nach § 1117 II; aA Staud/*Wolfsteiner* Rz 12), weil sich der Eigentümer hier selbst dadurch schützen kann, dass er den Brief nur Zug um Zug gegen Erhalt der Darlehensvaluta übergibt. Daran, dass die Beweislast für die Nichthingabe des Darlehens den Eigentümer trifft (§§ 1138, 891), ändert § 1139 nichts.

§ 1139 verlangt einen Antrag des Eigentümers an das GBA, für den die Formvorschrift des § 29 GBO gilt (Bauer/v Oefele/*Schaub* § 30 GBO Rz 19; aA *Schöner/Stöber* Rz 2641). Nachweise sind daneben nicht erforderlich. Die Frist ist gewahrt, wenn der Antrag bis zum Ablauf des letzten Fristtages beim GBA eingegangen ist; er muss dazu nicht von einem Präsentatsbeamten entgegengenommen worden sein (BGH NJW 01, 1134).

3 Wird der Antrag so rechtzeitig gestellt, dass er noch innerhalb der Monatsfrist eingetragen wird, hat der Widerspruch **Rückwirkung** auf den Tag der Eintragung. Der Erwerber einer Hypothek kann sich also erst einen Monat nach deren erster Eintragung auf den Bestand des von ihm erworbenen Rechts verlassen.

§ 1140 Hypothekenbrief und Unrichtigkeit des Grundbuchs. ¹Soweit die Unrichtigkeit des Grundbuchs aus dem Hypothekenbrief oder einem Vermerk auf dem Briefe hervorgeht, ist die Berufung auf die Vorschriften der §§ 892, 893 ausgeschlossen. ²Ein Widerspruch gegen die Richtigkeit des Grundbuchs, der aus dem Briefe oder einem Vermerk auf dem Briefe hervorgeht, steht einem im Grundbuch eingetragenen Widerspruche gleich.

1 Bei Briefrechten verdient auch ein Gutgläubiger keinen Schutz, wenn er aus dem Brief ersehen kann, dass das Grundbuch unrichtig ist. Der Brief und Vermerke auf dem Brief genießen keinen öffentlichen Glauben, zerstören aber den öffentlichen Glauben des Grundbuchs. Zu Lasten des Eigentümers kann § 1140 aber nicht angewendet werden, wenn § 1160 abbedungen ist und ihm deshalb der Brief nicht vorgelegt werden muss (s. § 1160 Rn 1).

2 Vermerke auf dem Brief (auf die mit dem Brief verbundenen Schuldurkunde genügen sie nicht) können durch das GBA erfolgen, aber auch privater Natur sein; vorgesehen sind sie in § 1145, auf den §§ 1150, 1167 verweisen. Sie schaden dem Dritten, wenn sie begründete Zweifel an der Richtigkeit des Grundbuchs wecken, etwa dann, wenn der Gläubiger den Erhalt der Darlehensforderung oder eines Teils davon auf dem Brief quittiert hat, auf dem Brief die Stundung der Forderung vermerkt ist oder eine Abtretungserklärung auf den Brief gesetzt ist. Auch ein Vermerk, der den Aussteller nicht erkennen lässt, kann diese Wirkung haben (aA MüKo/*Eickmann* Rz 11). Ob der Dritte den Inhalt des Briefs zur Kenntnis genommen hat, spielt – wie auch sonst bei § 892 – keine Rolle. Die Zweifel entfallen (insb bei einer Quittung auf dem Brief) idR nicht, wenn der Vermerk wieder durchgestrichen worden ist (aA Palandt/*Bassenge* Rz 1, wenn die Streichung „erkennbar vom Aussteller" herrührt).

3 Dass ein Widerspruch iSd § 899 aus dem Brief hervorgeht, aber im Grundbuch nicht eingetragen ist, wird kaum jemals vorkommen. § 1140 2 bezieht sich nur auf solche; private „Widersprüche" auf dem Brief fallen bereits unter § 1140 1 (Staud/*Wolfsteiner* Rz 8; aA BaRoth/*Rohe* Rz 5).

§ 1141 Kündigung der Hypothek. (1) ¹Hängt die Fälligkeit der Forderung von einer Kündigung ab, so ist die Kündigung für die Hypothek nur wirksam, wenn sie von dem Gläubiger dem Eigentümer oder von dem Eigentümer dem Gläubiger erklärt wird. ²Zugunsten des Gläubigers gilt derjenige, welcher im Grundbuch als Eigentümer eingetragen ist, als der Eigentümer.
(2) Hat der Eigentümer keinen Wohnsitz im Inland oder liegen die Voraussetzungen des § 132 Abs. 2 vor, so hat auf Antrag des Gläubigers das Amtsgericht, in dessen Bezirk das Grundstück liegt, dem Eigentümer einen Vertreter zu bestellen, dem gegenüber die Kündigung des Gläubigers erfolgen kann.

1 § 1141, der für die Sicherungshypothek nicht gilt (§ 1185 II), ist zwingendes Recht (LG Hamburg Rpfleger 57, 114, 116). Eine Vereinbarung, wonach nicht gekündigt zu werden braucht, kann aber als Vereinbarung sofortiger Fälligkeit ausgelegt werden. Die Vorschrift schützt den Eigentümer, der nicht zugleich persönlicher Schuldner ist. Sie gilt nur für die Hypothek; die Forderung wird durch eine derartige Kündigung nicht fällig (RGZ 104, 352, 357). Umgekehrt ist eine Kündigung der Forderung auch ohne wirksame Kündigung der Hypothek wirksam (OLG Königsberg OLGR 18, 172); der Eigentümer ist dann zur Ablösung nach § 1142 berechtigt.

2 Die Kündigung ist formlos möglich, sie kann einseitig nicht zurückgenommen werden (Hambg Rpfleger 59, 379) und bei einem Mündel oder Betreuten nur mit Genehmigung des Vormundschaftsgerichts erfolgen (§ 1812 III). Sie wirkt ohne weiteres gegen Rechtsnachfolger. Sie muss bei Mitberechtigung von bzw ggü allen Mitberechtigten erfolgen; der kündigende Grundstückserwerber muss bereits als Eigentümer eingetragen sein; die Eintragung einer Auflassungsvormerkung genügt nicht (vgl Rostock OLGR 34, 214). Bei Belastung der Forderung gelten §§ 1074, 1077 II, 1283, 1286; steht die Forderung einem Vorerben zu, gilt § 2114; ferner sind nach Art 117 I EGBGB unberührt bleibende landesrechtliche Vorschriften zu beachten. Öffentliche Zustellung an den Eigentümer ist in keinem Fall erforderlich, da nach § 1141 II ein Vertreter bestellt werden kann. Dessen Kosten schuldet der Eigentümer; Kosten des Gläubigers kann dieser nach § 1118 erstattet verlangen. Hingegen kann für den Gläubiger kein Vertreter bestellt werden; hier helfen nur die öffentliche Zustellung nach § 132 I, das Aufgebotsverfahren nach § 1171 oder – in den neuen Bundesländern – § 10 GBBerG.

3 Eine dem Bucheigentümer ggü erklärte Kündigung ist – auch bei Kenntnis der Unrichtigkeit des Grundbuchs – wirksam; auch der Gläubiger kann sich nicht auf die Unwirksamkeit berufen. Vom Bucheigentümer erklärte Kündigung ist hingegen unwirksam (einschr BaRoth/*Rohe* Rz 5: Hypothekengläubiger müsse sie nicht gegen sich gelten lassen). Bei der dem oder von dem Buchgläubiger erklärten Kündigung ist der Eigentümer durch § 893 geschützt, hier jedoch nur bei Gutgläubigkeit.

§ 1142 Befriedigungsrecht des Eigentümers. (1) Der Eigentümer ist berechtigt, den Gläubiger zu befriedigen, wenn die Forderung ihm gegenüber fällig geworden oder wenn der persönliche Schuldner zur Leistung berechtigt ist.
(2) Die Befriedigung kann auch durch Hinterlegung oder durch Aufrechnung erfolgen.

§ 1142 ergänzt § 267 (da der Eigentümer keine Zahlung schuldet, hat er nach § 267 kein Recht zur Erfüllung) und ist keiner dinglich wirkenden anderweitigen Vereinbarung zugänglich (BGH NJW 90, 258, 260; LG Aachen Rpfleger 88, 99). Allerdings sind schuldrechtliche Vereinbarungen möglich, die die Aufrechnung ausschließen, und ebenso der Ausschluss des Bestimmungsrechts nach § 366 II; andernfalls wäre ein „Zwangsvollstreckung wegen eines zuletzt zu zahlenden Betrags" (§ 1147 Rn 2) nicht sinnvoll. Er gilt sowohl für den vom persönlichen Schuldner verschiedenen als auch für den mit ihm identischen Eigentümer (Hambg OLGR 10, 123, 124; aA OLG Posen OLGR 39, 130; *Wolfsteiner* DNotZ 97, 387). Zweck der Norm ist es, dem Eigentümer ein Mittel zur Abwendung der Zwangsvollstreckung an die Hand zu geben, wenn er über andere Vermögensgegenstände verfügt, ohne dass der Schuldner widersprechen könnte. 1

§ 1142 setzt eine fällige Forderung voraus. § 271 II ist unanwendbar (KG JW 35, 1641); Fälligkeitseintritt nach § 41 I InsO reicht aber. Dagegen kann nach dem Normzweck eine Befriedigung nach Zuschlag in der Zwangsversteigerung nicht mehr erfolgen (RGZ 127, 350). § 1142 II gestattet auch die Befriedigung durch Hinterlegung oder Aufrechnung mit einer persönlichen Forderung gegen den Gläubiger (obwohl dessen Anspruch kein Geldanspruch ist!). Forderungen des persönlichen Schuldners geben dagegen nur die Rechte aus § 1137. Auch der Gläubiger kann nicht mit seinem Anspruch aus § 1147 gegen eine Forderung aufrechnen, die der Eigentümer gegen ihn hat, da die Forderungen nicht gleichartig sind (OLG Königsberg OLGR 12, 305); zudem steht dem Gläubiger volle Befriedigung nicht zu, wenn die Hypothek nach ihrer Rangstelle gar nicht werthaltig ist. Ablösungsberechtigt ist auch ein Miteigentümer. 2

Erforderlich ist eine vollständige Befriedigung des Gläubigers, und zwar auch im Fall der Aufrechnung (BGH NJW 90, 258, 260; Naumbg OLGR 28, 90). Jedoch schließt § 1142 die Anwendung von § 1150 nicht aus, so dass dann, wenn der Gläubiger wegen eines Teilbetrags die Zwangsversteigerung betreibt, Leistung dieses Betrags genügt. 3

§ 1142 ist auf Grundschuld und Rentenschuld entspr anwendbar (§ 1192 I). Entscheidend ist hier die Fälligkeit der Grundschuld; Fälligkeit der gesicherten Forderung reicht nicht (KG JW 35, 1641). Schließt der Sicherungsvertrag Zahlungen auf die Grundschuld aus, gilt dies jedenfalls dann nicht, wenn der Gläubiger aus der Grundschuld vorgeht (BGH NJW 86, 2108); zu der Frage, ob die Erklärung des Leistenden, auf die Grundschuld zu zahlen, darüber hinaus Bedeutung hat, s. § 1192 Rn 16. 4

§ 1143 Übergang der Forderung. (1) ¹Ist der Eigentümer nicht der persönliche Schuldner, so geht, soweit er den Gläubiger befriedigt, die Forderung auf ihn über. ²Die für einen Bürgen geltende Vorschrift des § 774 Abs. 1 findet entsprechende Anwendung.
(2) Besteht für die Forderung eine Gesamthypothek, so gilt für diese die Vorschrift des § 1173.

A. Allgemeines. § 1143 geht – ebenso wie § 1225 – davon aus, dass bei Personenverschiedenheit von Eigentümer und Schuldner regelmäßig der Schuldner im wirtschaftlichen Ergebnis belastet sein soll. Während eine dinglich wirkende anderweitige Vereinbarung nicht möglich ist, kann schuldrechtlich das Gegenteil vereinbart sein; diese Vereinbarung ändert nichts an den Rechtsfolgen des § 1143, sondern gibt dem Schuldner eine Einrede gegen die Geltendmachung der nach § 1143 I übergegangenen Forderung (RGZ 143, 278; aA Soergel/*Konzen* Rz 3). § 1143 unterscheidet zwischen Einzelhypothek und Gesamthypothek. 1

B. Einzelhypothek. I. Voraussetzungen. Die Befriedigung des Gläubigers kann freiwillig (nach § 1142) oder durch Zwangsvollstreckung (nach § 1147) erfolgt sein; auch eine Zahlung für Rechnung des Eigentümers (KGJ 41, 249, 251) oder eine einvernehmliche Befreiung des Eigentümers von der Forderung durch den Gläubiger genügt (BGH WM 69, 1102). Sie muss durch den wahren Eigentümer erfolgen; Befriedigung durch den Bucheigentümer oder den künftigen Eigentümer (an den bereits aufgelassen, der aber noch nicht eingetragen ist) löst die Rechtsfolge des § 1143 I nicht aus (aA Staud/*Wolfsteiner* Rz 11). Befriedigung des Buchgläubigers kann dagegen nach §§ 1155, 893 wirksam sein. Erforderlich ist weiterhin eine Zahlung auf die Hypothek. Zahlt der Eigentümer auf die Forderung (zB weil er hierzu nach § 415 III verpflichtet ist), erlischt die Forderung; für die Hypothek gelten §§ 1163 I 2, 1177 I (KG OLGZ 65, 92). 2

II. Folgen für die Forderung. Durch die Befriedigung geht die Forderung auf den Eigentümer in ihrem Bestand bei Befriedigung des Gläubigers (ggf also mit Kosten und Zinsen) über, bei teilw Befriedigung aber nur teilw und im Rang nach dem Recht des Gläubigers (§ 774 I 2) und mit den Einwendungen des Schuldners (§ 774 I 3). Bei mehreren gesamtschuldnerisch Haftenden erwirbt der Eigentümer die Forderung gegen alle. Ist die Forderung mehrfach (durch Hypothek und Bürgschaft/Pfandrecht) gesichert, gehen auch die weiteren Sicherungen bei der Befriedigung über (§§ 404, 412); sie können aber nur insoweit in Anspruch genommen werden, wie es mit dem anderen Sicherungsgeber vereinbart ist. Besteht keine Vereinbarung, 3 wenden BGH NJW 89, 2530 und JR 93, 322 m Anm *Lüke* auf das Verhältnis des Eigentümers zum anderen Sicherungsgeber § 426 I 1 an (krit Staud/*Wolfsteiner* Rz 36 ff).

4 **III. Folgen für die Hypothek.** Die Hypothek geht – mit der Wirkung des § 1177 II – auf den Eigentümer über (§ 1153); in den Fällen der §§ 1178 und 1181 erlischt sie. Auch hier ist bei teilweiser Befriedigung das verbleibende Recht des Gläubigers vorrangig (§ 1176). Der Eigentümer muss trotz § 1138 die dem persönlichen Schuldner gegen die Forderung zustehenden Einreden und die Einreden des § 1137 gegen sich gelten lassen (keine Berufung auf § 892, da Erwerb kraft Gesetzes).

5 Schwierig ist die Anwendung des § 1153 bei **Gesamthandseigentümern**, wenn nur ein Gesamthänder mit eigenen Mitteln den Gläubiger befriedigt. Sind die Gesamthänder persönliche Schuldner, dann erwirbt der Befriedigende Forderung und Hypothek in Höhe seines Ausgleichsanspruchs nach § 426 II; iÜ erlischt die Forderung (KGJ 50, 206; aA Staud/*Wolfsteiner* Rz 56). Sind die Gesamthänder nicht persönliche Schuldner, dann erwirbt der Befriedigende die ganze Forderung mit der Hypothek (aA KGJ 50, 206: Forderung erlischt); ebenso erwirbt der Vorerbe, der den Gläubiger aus eigenen Mitteln befriedigt, Forderung und Hypothek ohne die Beschränkung des Nacherbenrechts (BGH Rpfleger 93, 493).

6 **C. Gesamthypothek.** § 1143 II bestimmt die Anwendung des § 1173 in dem Fall, dass bei der Gesamthypothek nur einer von mehreren Eigentümern den Gläubiger befriedigt. Befriedigen die Eigentümer den Gläubiger dagegen gemeinschaftlich, dann geht die Hypothek an allen Grundstücken mit der übergegangenen Forderung über (§ 1153).

7 **D. Grundschuld, Rentenschuld.** § 1143 ist auf Grundschuld und Rentenschuld nicht anwendbar; bei Befriedigung durch den Eigentümer erwirbt dieser bei der Sicherung fremder Schuld die gesicherte Forderung also nicht; seine Rechte bestimmen sich ausschließlich nach dem der Sicherung zugrunde liegenden Rechtsverhältnis (sog „Deckungsverhältnis"), vgl weiter § 1192 Rn 6.

§ 1144 Aushändigung der Urkunden. Der Eigentümer kann gegen Befriedigung des Gläubigers die Aushändigung des Hypothekenbriefs und der sonstigen Urkunden verlangen, die zur Berichtigung des Grundbuchs oder zur Löschung der Hypothek erforderlich sind.

1 § 1144 gibt dem Eigentümer über § 894 hinaus das Recht, die Berichtigungs- bzw Löschungsunterlagen Zug um Zug gegen Befriedigung des Gläubigers zu verlangen. Sowohl der allg Berichtigungsanspruch als auch die besondere Regelung des § 1144 sind zwingend (BaRoth/*Rohe* Rz 1; aA Staud/*Wolfsteiner* Rz 4); ein Zurückbehaltungsrecht wegen anderer, durch die Hypothek nicht gesicherter Ansprüche hat der Gläubiger nicht (BGH NJW 88, 3260, 3261). Es handelt sich um einen gesetzlichen Anspruch; der Gläubiger braucht daher die Aushändigung der Urkunden bei einer Klage auf Befriedigung nicht anzubieten (OLG Posen OLGR 29, 365, 366). Das Wahlrecht zwischen Berichtigung und Löschung steht dem Eigentümer zu. Erforderliche Unterlagen sind neben der Bewilligung für das GBA und Hypothekenbrief bspw nicht im Grundbuch eingetragene Abtretungen, Erbfolgenachweise oder die Zustimmung des Nacherben, wenn der Hypothekengläubiger Vorerbe ist (RGZ 69, 260). Die Kosten der Erstellung der auszuhändigenden Bewilligung hat der Eigentümer zu tragen; eine darüber hinausgehende Vergütung steht dem Gläubiger nicht zu und kann in AGB und Verbraucherverträgen nach § 307 auch nicht vereinbart werden (BGH NJW 91, 1953; AG Steinfurt NJW-RR 94, 1259). Kosten für den Nachweis der eigenen Berechtigung (zB Erbschein) hat dagegen der Gläubiger zu tragen. Ist der Hypothekenbrief bei ihm abhanden gekommen, muss der Gläubiger auf seine Kosten einen neuen beschaffen.

2 Wählt der Eigentümer die Löschung, so genügt eine Erklärung des Gläubigers, dass er diese bewillige; bei Gesamtgläubigern müssen alle die Löschung bewilligen. In einer solchen Löschungsbewilligung darf die Befriedigung nicht erwähnt werden, da damit dem GBA offen gelegt wäre, dass der Gläubiger im Zeitpunkt der Abgabe der Löschungsbewilligung nicht mehr der Berechtigte war (LG Aachen Rpfleger 85, 489). Ob gezahlt wurde oder warum die Hypothek gelöscht werden soll, hat das GBA nicht zu prüfen.

3 Wünscht der Eigentümer Umschreibung der Hypothek, dann benötigt er hingegen eine Quittung, aus der sich ergibt, dass der Gläubiger vom Eigentümer durch Zahlung befriedigt worden ist (bei Eigentümerwechsel auch der Zeitpunkt der Befriedigung, bei Gesamthypotheken wegen §§ 1172, 1173 auch, ob alle oder nur ein Eigentümer befriedigt hat); will der Eigentümer die Hypothek übertragen, muss die Quittung auch die Angabe enthalten, ob der Eigentümer persönlicher Schuldner war, da hiervon abhängt, ob das Recht als Grundschuld oder Hypothek (§ 1177) erworben hat (*Schöner/Stöber* Rz 366). Mit dieser Quittung kann der Eigentümer außer der Umschreibung auch die Löschung vornehmen lassen (daher **„löschungsfähige Quittung"**). Fehlt die Angabe des Zahlenden, ist die Quittung unbrauchbar, weil die Möglichkeit besteht, dass die Hypothek auf den persönlichen Schuldner oder auf einen Dritten übergegangen ist (§§ 1150, 1164; Hamm *Rpfleger 05, 252*; großzügiger LG Hof Rpfleger 82, 174: Erklärung bleibe als Löschungsbewilligung verwendbar). Ist Gläubiger eine Wohnungseigentümergemeinschaft, kann der Verwalter die Quittung erteilen (BayObLG Rpfleger 01, 296).

§ 1144 ist auf Grundschuld und Rentenschuld entspr anwendbar (§ 1192 I). Da hier § 1163 I nicht gilt, muss eine löschungsfähige Quittung die Angabe erhalten, dass auf die Grundschuld (nicht auf die Forderung) gezahlt wurde (Frankf FGPrax 97, 11). 4

§ 1145 Teilweise Befriedigung. (1) ¹Befriedigt der Eigentümer den Gläubiger nur teilweise, so kann er die Aushändigung des Hypothekenbriefs nicht verlangen. ²Der Gläubiger ist verpflichtet, die teilweise Befriedigung auf dem Briefe zu vermerken und den Brief zum Zwecke der Berichtigung des Grundbuchs oder der Löschung dem Grundbuchamt oder zum Zwecke der Herstellung eines Teilhypothekenbriefs für den Eigentümer der zuständigen Behörde oder einem zuständigen Notar vorzulegen. (2) ¹Die Vorschrift des Absatzes 1 Satz 2 gilt für Zinsen und andere Nebenleistungen nur, wenn sie später als in dem Kalendervierteljahr, in welchem der Gläubiger befriedigt wird, oder dem folgenden Vierteljahre fällig werden. ²Auf Kosten, für die das Grundstück nach § 1118 haftet, findet die Vorschrift keine Anwendung.

§ 1145 setzt voraus, dass der Gläubiger eine Teilleistung angenommen hat, ändert aber nichts an § 266, der dem Eigentümer Teilleistungen ohne Zustimmung des Gläubigers verwehrt (BGH NJW 97, 190). Er gilt nur für Briefrechte und kann nicht mit dinglicher Wirkung abbedungen werden. 1

Der Eigentümer, der den Gläubiger teilw befriedigt hat, ist Miteigentümer des Hypothekenbriefs; § 1145 schließt Einräumung des Mitbesitzes gleichwohl aus, gibt dem Eigentümer aber stattdessen das Recht, über den auf ihn übergegangenen Teil der Hypothek selbständig zu verfügen und schützt ihn vor einem gutgläubigen Erwerb seines Hypothekenteils durch einen Dritten. Ist die Forderung teilweise nicht entstanden, gilt § 1145 nicht; die Rspr (RGZ 69, 40) gibt dem Eigentümer aber entspr Rechte. 2

§ 1145 gilt für Hypotheken aller Art. Auch beim Tilgungsdarlehen kann der Eigentümer bei jeder Teilzahlung den Vermerk auf dem Brief verlangen (aA MüKo/*Eickmann* Rz 9). Was der Eigentümer verlangt, hängt davon ab, wie er weiter verfahren will. Soll nur eine Verfügung über den auf ihn übergegangenen Teil der Hypothek vermieden werden, genügt eine privatschriftliche Quittung auf dem Brief, die gutgläubigen Erwerb durch einen Dritten verhindert (§§ 892, 1140). Möchte er diesen Teil der Hypothek löschen lassen, muss er Teillöschungsbewilligung oder Quittung in der Form des § 29 GBO und Vorlage des Briefs an das Grundbuchamt verlangen. Einen Teilhypothekenbrief benötigt der Eigentümer dann, wenn er über die Hypothek weiter verfügen will. Hierfür sind das GBA und jeder Notar (§ 20 II BNotO) zuständig. 3

Für die in II bezeichneten Nebenleistungen und Kosten gilt § 1145 nicht, da der Eigentümer hier durch §§ 1158, 1159 geschützt ist. 4

§ 1146 Verzugszinsen. Liegen dem Eigentümer gegenüber die Voraussetzungen vor, unter denen ein Schuldner in Verzug kommt, so gebühren dem Gläubiger Verzugszinsen aus dem Grundstück.

Da der Eigentümer keine Zahlung schuldet, kann er auch nicht mit einer Zahlungspflicht in Verzug kommen. § 1146 behandelt den Eigentümer aber ebenso wie einen Geldschuldner und lässt das Grundstück für die Verzugszinsen ohne Rücksicht darauf haften, ob der persönliche Schuldner in Verzug ist. Weitergehende Ansprüche auf einen Verzugsschaden bestehen gegen den Eigentümer nicht; sie können sich nur gegen den persönlichen Schuldner richten. Für die Wirksamkeit der Mahnung ist es ohne Bedeutung, ob sie an den wahren Eigentümer oder an den Bucheigentümer gerichtet wurde, wenn der Gläubiger sich an den wahren Eigentümer hält (§§ 892, 893). § 1146 wird nur praktisch, wenn der Zinssatz unter dem gesetzlichen Zinssatz liegt (bei Fälligkeit vor dem 1.5.00 4%, seitdem 5 Prozentpunkte über dem Basiszinssatz, Art 229 § 1 EGBGB); es sind nicht etwa zusätzlich Verzugszinsen zu eingetragenen (höheren) Zinsen geschuldet (§ 288 III; vgl Ddorf DNotZ 01, 705). Da § 1146 ausdrücklich von Verzugszinsen spricht, erfasst er nicht Prozesszinsen nach § 291, wenn der Beklagte – ausnahmsweise – durch die Klageerhebung nicht in Verzug kommt (aA Staud/*Wolfsteiner* Rz 6). 1

§ 1146 bestimmt nur eine dingliche Haftung des Grundstücks; der Eigentümer haftet nicht persönlich für die Verzugszinsen (Soergel/*Konzen* Rz 2; aA Staud/*Wolfsteiner* Rz 7 und hM). 2

§ 1147 Befriedigung durch Zwangsvollstreckung. Die Befriedigung des Gläubigers aus dem Grundstück und den Gegenständen, auf die sich die Hypothek erstreckt, erfolgt im Wege der Zwangsvollstreckung.

Aus § 1147 ergibt sich, dass der Eigentümer keine Zahlung, sondern lediglich Duldung der Zwangsvollstreckung in das Grundstück schuldet (vgl weiter § 1113 Rn 1); der Gläubiger kann deshalb auch nicht mit einer Geldforderung gegen den Eigentümer aufrechnen. Der Duldungsanspruch ist nicht abdingbar (LG Saarbrücken Rpfleger 00, 213), kann aber beschränkt werden (Eintragung als Einrede iSd § 1157). Auch ohne vertragliche Beschränkung muss der Gläubiger die berechtigten Belange des Sicherungsgebers berücksichtigen und darf sich insb einem Verkauf nicht verschließen, bei dem ein höherer Erlös als in der Zwangsversteige- 1 rung zu erwarten ist (BGH NJW 97, 1063). Vom Insolvenzverfahren über das Vermögen des Eigentümers ist der Anspruch nicht betroffen; der Gläubiger hat das Recht auf abgesonderte Befriedigung nach § 49 InsO (vgl aber § 147a ZVG und dazu *Stöber* NJW 00, 3600). Auch der Insolvenzverwalter kann die Zwangsvollstreckung betreiben (§§ 165 InsO; 172 ff ZVG).

2 Voraussetzung der Zwangsvollstreckung ist ein **Duldungstitel**, und zwar entweder ein vollstreckbares Urt auf Duldung der Zwangsvollstreckung oder eine vollstreckbare Urkunde (§ 794 I Nr 5 ZPO; krit zum Erfordernis eines Duldungstitels Staud/*Wolfsteiner* Einl zu §§ 1113 ff Rz 122). Wegen der mit der Erwirkung eines Duldungstitels verbundenen Kosten und Verzögerungen der Zwangsvollstreckung verlangen Banken idR die Unterwerfung unter die Zwangsvollstreckung in vollstreckbarer Urkunde. Ist dies nicht geschehen, ist der Eigentümer zur Errichtung einer solchen nicht verpflichtet (aA Marienwerder OLGR 1, 261). Hat der Eigentümer zwischen Bestellung der Hypothek und Beginn der Zwangsvollstreckung gewechselt, muss der Titel auf den Rechtsnachfolger umgeschrieben werden. Bei vollstreckbaren Urkunden kann eine solche Umschreibung nur erfolgen, wenn sich der Eigentümer der Zwangsvollstreckung gegen den jeweiligen Eigentümer des Grundstücks unterworfen hat (§ 800 ZPO); der Eigentümer wird durch § 799a ZPO geschützt (vgl. dazu *Dieckmann* BWNotZ 08, 166). Die Unterwerfungserklärung ist auch formularmäßig wirksam (Schlesw OLGRep 09, 425; aA LG Hamburg NJW 08, 2784). Sie kann vom Erwerber eines Grundstücks bereits vor der Eigentumsumschreibung abgegeben werden (BGH NJW 90, 258, 259), auch durch einen beliebigen Vertreter; § 79 ZPO ist nicht anwendbar (LG Bielefeld Rpfleger 08, 636); die Vollmacht bedarf keiner notariellen Beurkundung (BGH MDR 06, 461; Dresd WM 08, 1682) und bei Ehegatten keiner Zustimmung nach § 1365 (BGH NJW 08, 3363). Zur Vollstreckung gegen einen Rechtsnachfolger – nicht auch zur Vollstreckung gegen denjenigen, der die Unterwerfungserklärung abgegeben hat (aA *Mümmler* JurBüro 87, 1285) – muss sie in das Grundbuch eingetragen werden; üblich und ausreichend ist die Formulierung „**vollstreckbar nach § 800 ZPO**". Die Eintragung hat keinen Rang und vermittelt kein selbständiges Recht, so dass aus einer durch den Bucheigentümer veranlassten Eintragung nicht gegen den wirklichen Eigentümer vollstreckt werden kann und die nachträgliche Eintragung nicht der Zustimmung gleich- oder nachrangiger Berechtigter bedarf (BayObLG DNotZ 35, 120). Die Unterwerfung kann (zur Ersparung von Notarkosten, vgl § 36 I mit § 45 KostO) auf Teilbeträge der Hypothek beschränkt werden, wenn diese hinreichend bestimmt sind. Hiernach ist zulässig die Unterwerfung wegen eines „zuletzt zu zahlenden Teilbetrags" (BGH NJW 90, 258), dagegen nicht wegen des „letztrangigen Teilbetrages"; hierzu müsste die Grundschuld geteilt werden. Allerdings verliert der Gläubiger in der Zwangsversteigerung seinen Titel auch dann, wenn ihm lediglich der Teilbetrag angeboten wird (BGH NJW 07, 3645; *Amann* in: Beck'sches Notar-Handbuch, 5. Aufl Kap A VI Rz 30 f). Nach Umwandlung der Hypothek in eine Eigentümergrundschuld kann aus dem alten Unterwerfungstitel nicht mehr vollstreckt werden (Hamm Rpfleger 87, 297). Verzichtet der Eigentümer vor dem Prozess auf sein Eigentum, muss der Gläubiger einen Vertreter nach § 58 ZPO bestellen lassen; erfolgt der Verzicht während des Prozesses, dürfte dagegen § 265 ZPO anzuwenden sein. Die Kosten des Prozesses zur Erlangung eines Duldungsurteils trägt unter den Voraussetzungen des § 93 ZPO der Kläger, wenn er den Beklagten nicht vorher erfolglos zur Errichtung einer vollstreckbaren Urkunde aufgefordert hat (Karlsr OLGZ 87, 250; aA Köln NJW 77, 256: nur, wenn der Eigentümer die Errichtung der vollstreckbaren Urkunde angeboten hat). Für die dem Kläger auferlegten Prozesskosten haftet das Grundstück nicht (Posen OLGR 19, 71). Die Zwangsversteigerung aus Zwangshypotheken bedarf keines Duldungstitels (§ 867 III ZPO); allerdings ist bei Eigentumswechsel ein gesonderter dinglicher Titel gegen den neuen Eigentümer erforderlich, da dieser nicht Rechtsnachfolger des im Titel bezeichneten Schuldners ist (*Zöller/Stöber* § 867 ZPO Rz 20; aA Staud/*Wolfsteiner* Einl zu §§ 1113 ff Rz 128), ebenso für andere Vollstreckungsmaßnahmen, zB Pfändung von Mietforderungen (BGH NJW 08, 1599).

3 Die Zwangsvollstreckung erfolgt durch Zwangsversteigerung oder Zwangsverwaltung; für letztere genügt ein Titel gegen den Eigenbesitzer (§ 147 ZVG); widerspricht der Eigenbesitzer der Vollstreckung aus einem Titel gegen den Eigentümer, ist ein Titel gegen ihn erforderlich (Rostock OLGR 35, 188, 189) und ebenso in jedem Fall zur Vollstreckung in getrennte Erzeugnisse, die dem Eigenbesitzer gehören. Vor der Beschlagnahme kann in die mithaftenden Gegenstände (ausgenommen Zubehör, § 865 II ZPO) im Wege der Mobiliarvollstreckung vollstreckt werden. Durch den Zuschlag in der Zwangsversteigerung erlischt die Hypothek; der Gläubiger wird im Verteilungsverfahren (§§ 156 ff ZVG) durch Auszahlung des auf ihn entfallenden Teils des Erlöses befriedigt. Bei Ausfall in der Zwangsversteigerung verbleiben dem Gläubiger die Rechte gegen den persönlichen Schuldner (Ausn: § 1166).

4 § 1147 ist auf Grundschuld und Rentenschuld entspr anwendbar (§ 1192 I); für die Eigentümergrundschuld gilt allerdings § 1197 I.

§ 1148 Eigentumsfiktion.

[1]Bei der Verfolgung des Rechts aus der Hypothek gilt zugunsten des Gläubigers derjenige, welcher im Grundbuch als Eigentümer eingetragen ist, als der Eigentümer. [2]Das Recht des nicht eingetragenen Eigentümers, die ihm gegen die Hypothek zustehenden Einwendungen geltend zu machen, bleibt unberührt.

Die Fiktion des § 1148 ist von der Kenntnis des Gläubigers von der Unrichtigkeit des Grundbuchs und der 1
Eintragung eines Widerspruchs unabhängig. Sowohl der Bucheigentümer als auch der wirkliche Eigentümer
(§ 1148 2) können ihre jeweiligen Einwendungen gegen die Hypothek geltend machen, der wahre Eigentümer
insb auch den Einwand, die Hypothek sei gar nicht entstanden. Kennt der Gläubiger den wahren Eigentümer,
so kann er (muss aber nicht) diesen verklagen und nach § 14 GBO eintragen lassen.

§ 1148 erleichtert nur dem Gläubiger das Vorgehen, gestaltet aber die Rechtslage nicht um. Deshalb erwirkt 2
ein gegen den Bucheigentümer ergangenes Urt keine Rechtskraft gegen den wirklichen Eigentümer; im Prozess kann er die Hauptintervention erheben, im Zwangsversteigerungsverfahren die Drittwiderspruchsklage
(§ 771 ZPO), nicht aber den Einwand, es liege kein Titel gegen ihn vor. Hat er sein Eigentum durch Zuschlag
in der Zwangsversteigerung verloren, setzen sich seine Rechte am Erlös fort (§ 37 Nr 5 ZVG). Wird der wirkliche Eigentümer während des Prozesses eingetragen, ist § 266 I ZPO entspr anzuwenden (Hamm NJW 99,
1038; Rostock NJW-RR 01, 1024).

§ 1149 Unzulässige Befriedigungsabreden. Der Eigentümer kann, solange nicht die Forderung ihm gegenüber fällig geworden ist, dem Gläubiger nicht das Recht einräumen, zum Zwecke der Befriedigung die Übertragung des Eigentums an dem Grundstück zu verlangen oder die Veräußerung des Grundstücks auf andere Weise als im Wege der Zwangsvollstreckung zu bewirken.

Eine Verfallsvereinbarung kann nicht Inhalt der Hypothek sein; § 1149 verbietet (mit der Wirkung des § 134) 1
darüber hinaus zum Schutz des Eigentümers auch eine schuldrechtliche Abrede. Eine gleichartige Bestimmung besteht in § 1229 für das Pfandrecht an beweglichen Sachen; auf nicht hypothekengesicherte Forderungen ist die Vorschrift aber auch nicht entspr anwendbar (BGH NJW 03, 1041; aA *Reinicke/Tiedtke* Rz 1137).
Ob bei einer unzulässigen Befriedigungsabrede auch die Bestellung der Hypothek unwirksam ist, beurteilt
sich nach § 139; normalerweise ist die Hypothekenbestellung wirksam.

Unzulässige Befriedigungsabreden sind oft in die Form von Umgehungsgeschäften gekleidet (vgl Staud/*Wolfsteiner* Rz 10 f m Bsp); ein Rücktrittsrecht des Verkäufers bei Nichtzahlung des Kaufpreises, zu dessen Sicherung eine Hypothek bestellt wurde, fällt aber nicht hierunter, da durch den Rücktritt die Forderung nicht 2
befriedigt wird, sondern erlischt. Nach dem Sinn der Vorschrift ist bei einer Hypothek, die nicht die eigentliche Forderung, sondern ein zu deren Sicherung abgegebenes abstraktes Schuldanerkenntnis sichert, auf die
Fälligkeit der eigentlichen Forderung abzustellen.

§ 1149 ist auf Grundschuld und Rentenschuld entspr anwendbar (§ 1192 I); vgl BayObLG NJW-RR 97, 590. 3
Bei der Sicherungsgrundschuld kommt es dabei nicht auf die Fälligkeit der Grundschuld, sondern der durch
sie gesicherten Forderung an.

§ 1150 Ablösungsrecht Dritter. Verlangt der Gläubiger Befriedigung aus dem Grundstück, so finden die Vorschriften der §§ 268, 1144, 1145 entsprechende Anwendung.

A. Zweck und Voraussetzungen des Ablösungsrechts. § 1150 ermöglicht es Personen, die befürchten müssen, ein dingliches Recht an dem Grundstück oder den Besitz (va als Mieter oder Pächter) zu verlieren, den 1
Hypothekengläubiger zu befriedigen. Das Recht kann auch nach der Beschlagnahme eingetragen worden sein
(BGH Rpfleger 07, 93). Genügend ist – um nicht sinnlose Zwangsvollstreckungskosten entstehen zu lassen –
bereits das Befriedigungsverlangen des Gläubigers, der Anspruch muss noch nicht gerichtlich geltend
gemacht sein. Auch die Zwangsverwaltung berechtigt zur Ablösung. Entspr anwendbar ist § 1150 auf die
Ablösung öffentlicher Lasten (KG JW 37, 3181; str). Ein Rechtsverlust droht dann, wenn das Recht des Ablösenden im Fall der Zwangsversteigerung nicht in das geringste Gebot fallen würde; dann ist aber auch eine
Ablösung (nur) zum Zweck der Verbesserung des eigenen Rangs wirksam (LG Memmingen NJW-RR 98,
1512); der Berechtigte einer Auflassungsvormerkung darf auch ablösen, wenn die Vormerkung in das
geringste Gebot fallen würde (BGH NJW 94, 1475). § 1150 kann nicht mit dinglicher Wirkung abbedungen
werden.

B. Durchführung der Ablösung. Der Ablösende muss den Gläubiger ganz oder teilweise befriedigen, was 2
auch durch Hinterlegung oder Aufrechnung geschehen kann (§ 268 II). Bei vollständiger Befriedigung
erwirbt er die Forderung (§ 268 III) und zugleich die Hypothek (§§ 412, 401); bei Letzterer ist auch gutgläubiger Erwerb möglich (aA BGH NJW 86, 1487 m abl Anm *Canaris*; BGH NJW 97, 190; s. § 1157 Rn 3). Bietet
der Ablösende nur teilweise Befriedigung an, kann der Gläubiger diese ablehnen (§ 266); nimmt er sie an, hat
die dem Gläubiger verbleibende Hypothek für den Rest Rang vor dem auf den Ablösenden übergegangenen
Recht (§ 268 III 2).

Nicht geregelt ist, welche Zinsen der Ablösende bei einer verzinslichen Hypothek neben dem Kapital abzulö- 3
sen hat (vgl dazu Staud/*Wolfsteiner* Rz 25). Richtigerweise sind das nur diejenigen Zinsen, die dem Eigentümer ggü noch nicht verjährt sind; der Gläubiger soll durch die Ablösung nicht schlechter, aber auch nicht
besser gestellt werden, als wenn der Eigentümer leisten würde.

4 Der Ablösende kann die Ablösung von der Bedingung abhängig machen, dass ihm kein Löschungsanspruch nach § 1179a zusteht. Ebenso wie bei der Teilablösung kann der Gläubiger eine solche bedingte Ablösung zurückweisen; nimmt er sie aber an, dann wird die Ablösung nur bei Eintritt der Bedingung wirksam (BGH NJW 97, 2597).

5 C. Grundschuld, Rentenschuld. § 1150 ist auf Grundschuld und Rentenschuld entspr anwendbar (§ 1192 I); hier kann mangels Akzessorietät nur die Grundschuld auf den Ablösenden übergehen. Abzulösen ist auch bei der Sicherungsgrundschuld der volle Betrag des dinglichen Rechts (nicht nur in Höhe der gesicherten Forderung); ist die Grundschuld nicht voll valutiert, steht der Differenzbetrag dem Eigentümer (bzw dem Inhaber des Rückgewähranspruchs, § 1192 Rn 15) zu (BGH NJW 05, 2398).

§ 1151 Rangänderung bei Teilhypotheken.
Wird die Forderung geteilt, so ist zur Änderung des Rangverhältnisses der Teilhypotheken untereinander die Zustimmung des Eigentümers nicht erforderlich.

1 Die Forderung kann jederzeit ohne Zustimmung des Eigentümers geteilt werden; dadurch wird auch die Hypothek geteilt. Praktisch wird die Teilung va dann, wenn ein Teil der Hypothek abgetreten wird oder kraft Gesetzes übergeht. Bei der Abtretung haben die Teile der Hypothek mangels abweichender Bestimmung gleichen Rang (BGH Rpfleger 90, 378); in der Praxis wird aber regelmäßig ein unterschiedlicher Rang der durch die Teilung entstandenen Teilhypotheken gewünscht. § 1151 gestattet dem Gläubiger, auch ohne Zustimmung des Eigentümers eine derartige Rangbestimmung zu treffen (Ausn von § 880 II 2, 3); die Rangänderung kann auch nach der Teilung erfolgen, solange der Inhalt der Teilrechte unverändert ist. Bei Briefhypotheken bedarf die Rangänderung auch nicht der Eintragung in das Grundbuch (Hamm NJW-RR 98, 461, 462; Ddorf NJW-RR 91, 685, 686; aA Staud/*Wolfsteiner* Rz 10).

§ 1152 Teilhypothekenbrief.
¹Im Falle einer Teilung der Forderung kann, sofern nicht die Erteilung des Hypothekenbriefs ausgeschlossen ist, für jeden Teil ein Teilhypothekenbrief hergestellt werden; die Zustimmung des Eigentümers des Grundstücks ist nicht erforderlich. ²Der Teilhypothekenbrief tritt für den Teil, auf den er sich bezieht, an die Stelle des bisherigen Briefes.

1 Teilhypothekenbriefe können sowohl bei der Teilung der Hypothek, als auch später hergestellt werden. Sind Teile der Hypothek abgetreten, ist für die nachträgliche Teilbriefbildung die Zustimmung des früheren Gläubigers der ungeteilten Hypothek nicht erforderlich (str). Die Bildung von Teilbriefen, für die § 61 GBO gilt, steht im Belieben der Beteiligten; wünschen sie diese nicht, können die Abtretungsvermerke dann auf den ursprünglichen Brief gesetzt werden, der im Miteigentum der Gläubiger steht (§ 952). Wegen § 1154 ist aber die Einräumung des Mitbesitzes (§ 866) oder die Begründung eines Besitzmittlungsverhältnisses erforderlich; das ist meist wenig praktisch.

§ 1153 Übertragung von Hypothek und Forderung.
(1) Mit der Übertragung der Forderung geht die Hypothek auf den neuen Gläubiger über.
(2) Die Forderung kann nicht ohne die Hypothek, die Hypothek kann nicht ohne die Forderung übertragen werden.

1 Die Bestimmung soll ein Auseinanderfallen von Forderung und Hypothek verhindern. Ein ausdrücklicher Ausschluss des Übergangs der Hypothek bei Übertragung der Forderung oder umgekehrt führt deshalb zur Wirkungslosigkeit der Erklärung. Allerdings ist, wenn „die Hypothek" abgetreten wird, damit regelmäßig eine Abtretung der Forderung samt der Hypothek gemeint (RG JW 38, 44).

2 Der zwingende Zusammenhang von Hypothek und Forderung ist aufgehoben in § 1159 (für Rückstände von Zinsen und Nebenleistungen), in § 1168 (bei Verzicht auf die Hypothek), §§ 1173, 1174, 1182 (bei Gesamthypotheken), § 1180 (bei Auswechslung der Forderung), § 1190 (bei der Höchstbetragshypothek) und § 1198 (bei der Umwandlung in eine Grundschuld).

§ 1154 Abtretung der Forderung.
(1) ¹Zur Abtretung der Forderung ist Erteilung der Abtretungserklärung in schriftlicher Form und Übergabe des Hypothekenbriefes erforderlich; die Vorschrift des § 1117 findet Anwendung. ²Der bisherige Gläubiger hat auf Verlangen des neuen Gläubigers die Abtretungserklärung auf seine Kosten öffentlich beglaubigen zu lassen.
(2) Die schriftliche Form der Abtretungserklärung kann dadurch ersetzt werden, dass die Abtretung in das Grundbuch eingetragen wird.
(3) Ist die Erteilung des Hypothekenbriefs ausgeschlossen, so finden auf die Abtretung der Forderung die Vorschriften der §§ 873, 878 entsprechende Anwendung.

A. Buch- und Briefhypothek. § 1154 unterwirft die Abtretung der Forderung bei der Hypothek bestimmten 1
Formvorschriften. Während die Abtretung der Forderung bei der Buchhypothek in der gleichen Weise wie
die Übertragung eines Rechts an einem Grundstück erfolgt, wird die Publizität der Rechtsübertragung bei
der Briefhypothek durch das Erfordernis der Briefübergabe sichergestellt. Die Abtretung der Forderung (und
damit der Hypothek) kann (ausgenommen im Fall des § 354a HGB) durch Vereinbarung auch vollständig
ausgeschlossen oder beschränkt werden; sehr häufig wird die Abtretung von der Zustimmung des Grundstückseigentümers abhängig gemacht. Möglich ist auch eine Beschränkung der Abtretung der Hypothek
selbst (die dann auch im Fall des § 354a HGB wirksam ist). Es empfiehlt sich, jede Abtretungsbeschränkung
in das Grundbuch ausdrücklich eintragen zu lassen, da eine Bezugnahme auf die Eintragungsbewilligung
leicht übersehen wird. Die Abtretung kann auch bedingt oder befristet erfolgen (und schon vor Bedingungseintritt in das Grundbuch eingetragen werden; Bauer/v Oefele/*Kohler* § 26 Rz 13), was aber ohne praktische
Bedeutung ist. Möglich ist auch eine Blankoabtretung, die mit Ausfüllung des Blanketts wirksam wird
(BGH NJW 57, 137); die Rspr zur Formbedürftigkeit der Ausfüllung des Blanketts bei der Bürgschaft (§ 776
Rn 13) ist nicht hierher übertragbar. Im Rechtsverkehr wird oft ungenau von der „Abtretung der Hypothek"
gesprochen; dies ist allerdings idR als Abtretung der Forderung auszulegen (§ 1153 Rn 1).

B. Briefhypothek: Abtretungserklärung, Briefübergabe. Die Abtretung der Forderung setzt eine Einigung 2
zwischen Zedenten und Zessionar voraus; die Erklärung des Letzteren kann aber konkludent in der Weise
erfolgen, dass er den Hypothekenbrief in der Absicht entgegennimmt, das Recht zu erwerben. Dagegen
bedarf die Erklärung des Zedenten der **Schriftform** (§ 126). Die Erklärung muss „erteilt", aber nicht notwendig im Original ausgehändigt werden (Celle OLGRep 08, 163) und die zur Individualisierung der Forderung
erforderlichen Angaben erhalten, also Vertragsparteien und Gegenstand der Abtretung. Die Grundbuchpraxis
verlangte bis vor kurzem eine kalendermäßige Bezeichnung, ab wann Zinsen abgetreten sind (so noch Frankf
Rpfleger 93, 486); inzwischen ist anerkannt, dass auch die Formulierung „mit allen Zinsen" beim ersten
Hypothekengläubiger oder „mit allen Zinsen, die an mich abgetreten sind" bei einem späteren Gläubiger
dem sachenrechtlichen Bestimmtheitsgrundsatz entspricht (*Schöner/Stöber* Rz 2384); wird dagegen nur „die
Hypothek" abgetreten, dann bleiben die Zinsen beim bisherigen Gläubiger (BayObLG Rpfleger 97, 258). Die
Angabe des Datums der Abtretung ist nicht erforderlich.
Der neue Gläubiger kann öffentliche **Beglaubigung** verlangen; die Kostenregelung in § 1154 I 2 (in Abwei- 3
chung von § 403 2) ist abdingbar und in der Praxis meist abbedungen. Eine Verurteilung, die Beglaubigung
vornehmen zu lassen, ersetzt die Beglaubigung nicht; § 894 ZPO ist nicht anwendbar (BayObLG NJW-RR 97,
1015, 1016). Für die Wirksamkeit der Abtretung ist die Beglaubigung ohne jede Bedeutung; dass dies Vielen
unbekannt ist, wird mitunter in betrügerischer Absicht ausgenutzt. Die unverzügliche Beglaubigung ist schon
deshalb sehr ratsam, weil im Fall der Insolvenz des Zedenten der Zeitpunkt der Abtretungserklärung sonst
anderweitig nachgewiesen werden muss (Hamm Rpfleger 95, 292).
Die **Übergabe** des Briefes (Realakt) ist in jeder der in § 1117 zugelassenen Formen möglich (vgl § 1117 4
Rn 3 f); bei der Vereinbarung, der neue Gläubiger möge sich den Brief vom GBA aushändigen lassen, erwirbt
dieser die Hypothek mit der Aushändigung ohne Rückwirkung (str). Auch die Vermutung des § 1117 III
kommt dem Briefbesitzer zugute. Eine Übergabe des Briefes ohne Abtretungserklärung verhindert praktisch
Verfügungen über die Forderung durch den Berechtigten, hat aber ebenso wenig rechtliche Bedeutung wie
die (ohne Übergang der Forderung nicht mögliche, § 952) Übertragung des Eigentums am Brief. Die Übergabe von auf das Grundbuch zurückführenden Abtretungserklärungen (vgl § 1155) ist nicht Wirksamkeitsvoraussetzung, kann aber vom Zessionar verlangt werden (§ 402). Ist der Brief abhanden gekommen, kann vor
Kraftloserklärung eine Abtretung der Forderung in keiner Weise erfolgen.
Die Eintragung der Abtretung in das Grundbuch ist möglich und wird in der Bankpraxis oft verlangt, jedoch 5
für die Wirksamkeit der Abtretung nicht erforderlich. § 1153 ist auf Grundschuld und Rentenschuld mangels
Akzessorietät nicht entspr anwendbar.
Fehlt es an der Schriftform der Abtretungserklärung oder an der Briefübergabe, ist die Abtretung unwirksam. 6
Sie wird auch dann nicht als Forderungsabtretung wirksam, wenn die Hypothek später erlischt; ein späterer
gutgläubiger Erwerb ist nicht möglich (BGH NJW-RR 93, 369, 370). Allerdings wird der Mangel der Schriftform durch Eintragung in das Grundbuch geheilt (§ 1154 II), so dass der öffentliche Glaube des Grundbuchs
unter einer unwirksamen Abtretung bei Briefübergabe nicht leidet.
Eine **Teilabtretung** ist möglich, setzt aber voraus, dass der Zessionar Allein- oder Mitbesitz am Hypotheken- 7
brief erhält (wobei zweifelhaft ist, ob die Vereinbarung eines Besitzmittlungsverhältnisses zwischen Zedent
und Zessionar genügt; abl BGH NJW 83, 568) oder dass Teilhypothekenbriefe (§ 1152) hergestellt werden.

C. Buchhypothek: Einigung, Eintragung. Die zur Abtretung der Forderung bei einer Buchhypothek erfor- 8
derliche Einigung braucht dem GBA nicht nachgewiesen zu werden; Eintragungsbewilligung des Zedenten
genügt (§ 19 GBO). In der Bewilligung liegt zugleich eine Einwilligung in Verfügungen des Zessionars nach
§ 185, so dass auch „Kettenabtretungen" ohne Zwischeneintragung möglich sind (LG Detmold Rpfleger 01,
299).

§ 1155 Öffentlicher Glaube beglaubigter Abtretungserklärungen. ¹Ergibt sich das Gläubigerrecht des Besitzers des Hypothekenbriefes aus einer zusammenhängenden, auf einen eingetragenen Gläubiger zurückführenden Reihe von öffentlich beglaubigten Abtretungserklärungen, so finden die Vorschriften der §§ 891 bis 899 in gleicher Weise Anwendung, wie wenn der Besitzer des Briefes als Gläubiger im Grundbuch eingetragen wäre. ²Einer öffentlich beglaubigten Abtretungserklärung steht gleich ein gerichtlicher Überweisungsbeschluss und das öffentlich beglaubigte Anerkenntnis einer kraft Gesetzes erfolgten Übertragung der Forderung.

1 Die durch § 1154 geschaffene Möglichkeit der Übertragung der Briefhypothek außerhalb des Grundbuchs wäre sinnlos, wenn gleichwohl (vorbehaltlich entgegenstehender Vermerke auf dem Brief, § 1140) zugunsten eines redlichen Erwerbers weiterhin (nur) der im Grundbuch Eingetragene als Gläubiger gelten würde. Deshalb ist § 1155 eine **Fiktion** der Grundbucheintragung des durch eine Abtretungskette ausgewiesenen Briefbesitzers; deshalb ist er ohne Bedeutung, wenn der Berechtigte die Abtretung im Grundbuch hat eintragen lassen. § 1155 geht der Vermutung des § 891 dann vor, wenn sich der Gläubiger nach § 1160 durch den Brief legitimieren muss; § 891 bleibt aber anwendbar, wenn die Verpflichtungen nach § 1160 ausgeschlossen worden sind. Der Schutz des guten Glaubens an die Gläubigersellung des Briefbesitzers ist nicht beschränkt; er gilt auch dann, wenn der Brief abhanden gekommen war (BGH NJW-RR 97, 910). Ebenso wenig, wie der Schutz des § 892 davon abhängt, dass der Erwerber das Grundbuch eingesehen hat (§ 892 Rn 15), ist Voraussetzung für § 1155, dass die Abtretungserklärungen dem Briefbesitzer vorgelegt wurden. Die materielle Wirksamkeit der Abtretungserklärungen ist ohne Bedeutung. § 1155 gilt auch im Verhältnis ggü dem GBA, allerdings nur bei Eintragungen, für die der Brief vorzulegen ist (BayObLG NJW-RR 96, 721, 723); der sowohl durch eine Abtretungskette nach § 1155 als auch durch eine in der Form des § 29 GBO erfolgte Abtretung zu seinen Gunsten Legitimierte muss also vom GBA ohne Rücksicht auf die wirkliche Rechtslage eingetragen werden (KG NJW 73, 56, 57 f). Der Gläubiger, der im Besitz des Briefes ist und sein Recht nach § 1155 auf das Grundbuch zurückführen kann, steht einem im Grundbuch eingetragenen Gläubiger gleich (§ 39 II GBO).

2 **Öffentliche Beglaubigung** ist die Beglaubigung durch einen Notar oder eine nach § 63 BeurkG befugte Stelle; die gesiegelte Abtretungserklärung eines öffentlich-rechtlichen Kreditinstituts genügt nicht. Dagegen haben im Inland anzuerkennende ausländische Beglaubigungen die gleiche Wirkung wie die durch einen deutschen Notar. Vollmachten müssen in gleicher Weise öffentlich beglaubigt sein. Sehr umstr ist die Frage, ob **Fälschungen** gutgläubigen Erwerb vermitteln. Das wird teils allg bejaht (so MüKo/*Eickmann* Rz 12) oder verneint (so Soergel/*Konzen* Rz 8). Richtigerweise kommt es auf die Art der Fälschung an: Ist der Beglaubigungsvermerk echt, aber die beglaubigte Unterschrift (wegen Täuschung oder Unachtsamkeit des Notars) falsch, ist gutgläubiger Erwerb möglich, nicht dagegen, wenn der Beglaubigungsvermerk gefälscht ist (ebenso Staud/*Wolfsteiner* Rz 13).

3 Für den guten Glauben des Erwerbers ist eine **vollständige Kette** beglaubigter Erklärungen erforderlich, die vom im Grundbuch eingetragenen Gläubiger bis zum Rechtsvorgänger des letzten Erwerbers führt. Weiß der letzte Erwerber, dass ein ordnungsgemäß dokumentierter Übertragungsakt materiell unwirksam war, so schadet ihm das nicht, wenn der folgende Erwerber nach § 1155 gutgläubig erworben hat. Umgekehrt unterbricht ein nicht dokumentierter Übertragungsakt die Kette auch dann, wenn er wirksam war, mit der Folge, dass gutgläubiger Erwerb ausgeschlossen ist, wenn eine nachfolgende (nicht aber eine vor der Unterbrechung erfolgte) Abtretung unwirksam war. Auf den Rechtsakt, durch den der letzte Erwerber die Hypothek erwerben will, bezieht sich § 1155 nicht. Ist dieser also (zB wegen Geschäftsunfähigkeit des Zedenten) unwirksam, geht die Hypothek nicht auf den Erwerber über. Andererseits bedarf die letzte Abtretung für § 892 nicht der öffentlichen Beglaubigung. Fehlt diese aber, gilt die Vermutung des § 891 nicht, auch kann ohne diese der Geltendmachung der Hypothek nach § 1160 widersprochen und der letzte Erwerber nicht in das Grundbuch eingetragen werden (vgl Rn 1). Eine Vermutung für die Berechtigung des im Grundbuch Eingetragenen besteht bei der Briefhypothek in keinem Fall; die Vermutung aus § 1155 geht ver (Hamm Rpfleger 02, 565). Das bedeutet aber nicht, daß § 892 bei Briefhypotheken dahin eingeschränkt wäre, dass der gutgläubige Erwerb vom Buchberechtigten nur möglich wäre, wenn dieser im Besitz des Briefes ist (aA BGH WM 10, 91 für den Erwerb des Vorrangs). Umstr ist, ob und unter welchen Voraussetzungen eine Gesamtrechtsnachfolge, insb ein Erbfall, die Reihe der Abtretungserklärungen unterbricht. War der Erblasser Rechtsinhaber, ist Erwerb nach § 1155 sicherlich möglich. Der Erbfall ist für den gutgläubigen Erwerb aber auch unschädlich, wenn der wirkliche Erbe die Kette fortgesetzt hat, das Recht also übergegangen wäre, wenn es beim Erblasser bestanden hätte (*Schwab/Prütting* Rz 689; aA *Jauernig* Rz 8); teilw wird – wegen § 2366 – sogar angenommen, die Abtretungskette sei auch bei Fortsetzung durch den Scheinerben lückenlos, wenn dieser durch einen Erbschein ausgewiesen ist (Staud/*Wolfsteiner* Rz 27).

4 Nach § 1155 2 stehen ein gerichtlicher Überweisungsbeschluss (auch wenn er rechtswidrig ist) und das dort bezeichnete Anerkenntnis der beglaubigten Abtretungserklärung gleich. Nach § 894 ZPO genügt auch ein Urt auf Abgabe der Abtretungserklärung, nicht dagegen ein Feststellungsurteil, dass die nicht beglaubigte Abtretungserklärung vom Zedenten stammt (wie § 1154 Rn 3), und ebensowenig eine Quittung über die

Befriedigung durch den Eigentümer (RG HRR 30, 398; aA MüKo/*Eickmann* Rz 19). Das Anerkenntnis kann – da rechtsgeschäftlicher Erwerb erforderlich ist – nur den Vormann des Erwerbers, nicht diesen selbst legitimieren.

§ 1156 Rechtsverhältnis zwischen Eigentümer und neuem Gläubiger. ¹Die für die Übertragung der Forderung geltenden Vorschriften der §§ 406 bis 408 finden auf das Rechtsverhältnis zwischen dem Eigentümer und dem neuen Gläubiger in Ansehung der Hypothek keine Anwendung. ²Der neue Gläubiger muss jedoch eine dem bisherigen Gläubiger gegenüber erfolgte Kündigung des Eigentümers gegen sich gelten lassen, es sei denn, dass die Übertragung zur Zeit der Kündigung dem Eigentümer bekannt oder im Grundbuch eingetragen ist.

§ 1156 ist wegen der Akzessorietät der Hypothek notwendig. Andernfalls müsste der Erwerber einer Hypothek Änderungen in der Person des Forderungsgläubigers gegen sich gelten lassen (so tatsächlich bei der Sicherungshypothek, § 1185 II). Damit wäre die Verkehrsfähigkeit der Hypothek aber erheblich vermindert. § 1156 schützt den Erwerber gegen sein Recht beeinträchtigende Handlungen nach seinem Rechtserwerb; gegen Handlungen, die seinem Rechtserwerb vorangehen, ist er bereits durch § 892, ggf iVm § 1138 geschützt. Für rückständige und kurzfristig fällig werdende Nebenleistungen gelten die Ausnahmevorschriften der §§ 1158, 1159. 1

Die §§ 406–408 gelten infolge des § 1156 nur dann, wenn aus der Forderung vorgegangen wird; dem Anspruch aus der Hypothek können die dort genannten Vorgänge nicht entgegengesetzt werden. Da § 1156 keine Einschränkung enthält, gilt er auch bei einem unentgeltlichen Erwerb der Hypothek (OLG Königsberg OLGR 10, 124, 125; aA BaRoth/*Rohe* Rz 2: entspr Anwendung des § 816 I 2). 2

§ 1157 Fortbestehen der Einreden gegen die Hypothek. ¹Eine Einrede, die dem Eigentümer auf Grund eines zwischen ihm und dem bisherigen Gläubiger bestehenden Rechtsverhältnisses gegen die Hypothek zusteht, kann auch dem neuen Gläubiger entgegengesetzt werden. ²Die Vorschriften der §§ 892, 894 bis 899, 1140 gelten auch für diese Einrede.

Bei der Forderungsabtretung sorgt § 404 dafür, dass der Schuldner dem neuen Gläubiger die ihm gegen den Zedenten zustehenden Einreden entgegensetzen kann. Solche Einreden wirken aber nicht automatisch im Verhältnis zwischen dem Gläubiger und dem Eigentümer. § 1157 ordnet deshalb an, dass der Eigentümer dem neuen Gläubiger seine persönlichen Einreden gegen ihn entgegenhalten kann, es sei denn, der neue Gläubiger habe gutgläubig einredefrei erworben. Solche Einreden sind zB eine Stundungsabrede, ein Abtretungsverbot oder die Verpflichtung zur Entlassung von Grundstücken aus der Mithaft. § 1157 schützt nur den Eigentümer, nicht den persönlichen Schuldner, der sich auf die genannten Einreden nicht berufen kann. 1

Ggü einem gutgläubigen Zessionar wirkt eine solche Einrede aber nur, wenn sie ihm bekannt ist oder aus dem Grundbuch, dem Hypothekenbrief oder den in § 1155 genannten Übertragungsurkunden hervorgeht. Dabei kommt es stets auf den konkreten Erwerbsvorgang an. Bei mehreren Hypothekenabtretungen schadet dem letzten Erwerber nicht, dass er Einreden kannte, hinsichtlich derer ein früherer Erwerber einredefrei erworben hat (BGH ZIP 01, 367). 2

§ 1157 2 verweist auf § 892, aber nicht auf § 893. Geschützt wäre danach derjenige, der durch Zahlung an den Nichtberechtigten eine Hypothek erwirbt, die dem Zahlungsempfänger nicht zusteht (§ 892), nicht aber der, der den wirklichen Hypothekengläubiger ablöst, die Hypothek aber mit allen Einreden erwirbt, die dem Eigentümer gegen diesen zustehen (was nur unter § 893 fallen würde). Dieser Wertungswiderspruch muss dadurch behoben werden, dass der Zahlende auch im letzteren Fall einredefrei erwirbt (aA BGH NJW 05, 2398). Bei der Sicherungsgrundschuld gilt § 1157 2 nicht für Einreden aus dem Sicherungsvertrag (§ 1192 Ia). 3

§ 1158 Künftige Nebenleistungen. Soweit die Forderung auf Zinsen oder andere Nebenleistungen gerichtet ist, die nicht später als in dem Kalendervierteljahr, in welchem der Eigentümer von der Übertragung Kenntnis erlangt, oder dem folgenden Vierteljahr fällig werden, finden auf das Rechtsverhältnis zwischen dem Eigentümer und dem neuen Gläubiger die Vorschriften der §§ 406 bis 408 Anwendung; der Gläubiger kann sich gegenüber den Einwendungen, welche dem Eigentümer nach den §§ 404, 406 bis 408, 1157 zustehen, nicht auf die Vorschrift des § 892 berufen.

Im laufenden oder folgenden Quartal fällig werdende Zinsen kann der Eigentümer bedenkenlos an den ihm bekannten Gläubiger zahlen; er muss nicht befürchten, deshalb nochmals an einen neuen Gläubiger leisten zu müssen. Es handelt sich um eine Ausn von § 1156 1. § 1158 betrifft nur noch nicht fällige Zinsen, für rückständige Zinsen gilt § 1159; Tilgungsleistungen gilt in keinem Fall betroffen, auch wenn bei einer Tilgungshypothek gleich bleibende Beträge für Zins und Tilgung gezahlt werden. Maßgebend ist nach dem eindeutigen Wortlaut die Fälligkeit der Zinsen, nicht der Zeitraum, für den sie gezahlt werden (aA Braunschw OLGR 4, 73), und die Kenntniserlangung des Eigentümers, nicht der Zeitpunkt der Abtretung. 1

§ 1159 Rückständige Nebenleistungen. (1) ¹Soweit die Forderung auf Rückstände von Zinsen oder anderen Nebenleistungen gerichtet ist, bestimmt sich die Übertragung sowie das Rechtsverhältnis zwischen dem Eigentümer und dem neuen Gläubiger nach den für die Übertragung von Forderungen geltenden allgemeinen Vorschriften. ²Das Gleiche gilt für den Anspruch auf Erstattung von Kosten, für die das Grundstück nach § 1118 haftet.
(2) Die Vorschrift des § 892 findet auf die im Absatz 1 bezeichneten Ansprüche keine Anwendung.

1 § 1159 ist eine Ausn sowohl von § 1154 als auch von § 1156. Die Abtretung rückständiger Nebenleistungen und Kosten unterliegt damit keiner Form; vom öffentlichen Glauben des Grundbuchs sind diese Ansprüche völlig ausgeschlossen. Der Eigentümer kann dem neuen Gläubiger ohne Rücksicht auf eine Grundbucheintragung alle Einwendungen gegen den bisherigen Gläubiger entgegensetzen (§ 404), er kann aufrechnen (§ 406) und bis zur Kenntnis von der Abtretung an den bisherigen Gläubiger befreiend leisten (§ 407). Durch die Abtretung der Rückstände geht die dafür bestehende Hypothek ebenfalls über (§ 401), soweit dieser Übergang nicht vertraglich ausgeschlossen wird. Die Bildung eines Teilhypothekenbriefs ist aber nicht möglich (Braunschw OLGR 15, 338); die Vorlage des Briefs zur Geltendmachung ist folgerichtig entbehrlich (§ 1160 III). In das Grundbuch wird die Abtretung nur eingetragen, wenn sie zusammen mit noch nicht fälligen Zinsen erfolgt, entweder durch Angabe des Kalendertags, ab dem die Zinsen dem neuen Gläubiger zustehen oder durch die Angabe „mit allen Zinsen" (ggf soweit sie dem Zessionar zustanden). Mit der Hypothek für die Hauptforderung erlischt die Hypothek für Rückstände von selbst (str).

§ 1160 Geltendmachung der Briefhypothek. (1) Der Geltendmachung der Hypothek kann, sofern nicht die Erteilung des Hypothekenbriefs ausgeschlossen ist, widersprochen werden, wenn der Gläubiger nicht den Brief vorlegt; ist der Gläubiger nicht im Grundbuch eingetragen, so sind auch die im § 1155 bezeichneten Urkunden vorzulegen.
(2) Eine dem Eigentümer gegenüber erfolgte Kündigung oder Mahnung ist unwirksam, wenn der Gläubiger die nach Absatz 1 erforderlichen Urkunden nicht vorlegt und der Eigentümer die Kündigung oder die Mahnung aus diesem Grunde unverzüglich zurückweist.
(3) Diese Vorschriften gelten nicht für die im § 1159 bezeichneten Ansprüche.

1 Die Vorschrift dient dem Schutz des Schuldners, der ohne Vorlage der den Gläubiger legitimierenden Urkunden nicht zu leisten braucht; die in § 1155 genannten Urkunden müssen in notariell beglaubigter Form vorgelegt werden. Bei Hypotheken, die zugunsten von Kreditinstituten bestellt werden, wird § 1160 idR abbedungen, was zulässig ist (Frankf DNotZ 77, 112; KG JW 31, 3282, 3284; aA für § 1160 I früher KG OLGR 10, 421), aber dazu führen muss, dass § 1140 nicht zu Lasten des Eigentümers angewendet werden kann (weitergehend Staud/*Wolfsteiner* Rz 17).
2 „Geltendmachung der Hypothek" ist außer der Hypothekenklage auch die Aufrechnung durch den Gläubiger (OLG Königsberg OLGR 12, 305). Die Vorlage ist – außer im Urkundenprozess – nicht Voraussetzung einer Klage aus der Hypothek und gehört auch nicht zu ihrer Schlüssigkeit; es kann daher ein Versäumnisurteil gegen den Beklagten ergehen (aA MüKo/*Eickmann* Rz 5). Werden die Urkunden aber im Prozess nicht vorgelegt, obwohl es der Beklagte verlangt, wird die Klage als zur Zeit unbegründet abgewiesen; werden sie vorgelegt und erkennt der Beklagte sodann sofort an, trägt der Kläger die Kosten (§ 93 ZPO); auch ohne sofortiges Anerkenntnis können den Kläger Kosten treffen (§ 94 ZPO).
3 Bei Kündigung und Mahnung durch den Gläubiger ist unverzügliche Zurückweisung erforderlich; sie kann später nicht nachgeholt werden. Damit ist aber nur die Geltendmachung der Unwirksamkeit der Mahnung ausgeschlossen; der Geltendmachung der Hypothek im Wege der Klage kann gleichwohl widersprochen werden.
4 Die Rechte aus § 1144 stehen dem Eigentümer unabhängig von § 1160 zu. Verlangt der Eigentümer also Herausgabe des Hypothekenbriefs, wird er nur Zug um Zug verurteilt (§ 274).
5 Da bei den in § 1159 genannten Rückständen der Eigentümer vor der Geltendmachung eines Nichtberechtigten geschützt ist, ist hier – wie § 1160 III konsequenterweise bestimmt – die Urkundenvorlage entbehrlich.

§ 1161 Geltendmachung der Forderung. Ist der Eigentümer der persönliche Schuldner, so findet die Vorschrift des § 1160 auch auf die Geltendmachung der Forderung Anwendung.

1 § 1161 schützt den mit dem Eigentümer personenidentischen Schuldner über die Bestimmung des § 410 hinaus: Mit anderen als den in § 1160 genannten Urkunden kann der Gläubiger auch seine Ansprüche aus der Forderung nicht verfolgen, wenn der Schuldner widerspricht; ausgenommen sind – da auf den ganzen § 1160 und damit auch auf § 1160 III verwiesen wird – Ansprüche auf rückständige Nebenleistungen.

§ 1162 Aufgebot des Hypothekenbriefes. Ist der Hypothekenbrief abhanden gekommen oder vernichtet, so kann er im Wege des Aufgebotsverfahrens für kraftlos erklärt werden.

Wenn der Brief abhanden gekommen oder vernichtet ist, erlischt zwar die Hypothek nicht; der Berechtigte 1
kann sein Recht aber nicht ausüben. Ein neuer Brief darf erst nach Kraftloserklärung des alten erteilt werden
(§ 67 GBO); den Weg hierzu eröffnet § 1162. Sonderregelungen bestehen für Hypothekenbriefe, die durch
Kriegsereignisse in Verlust geraten sind (§ 26 GBBerG); auch bei der Ablösung nach § 10 GBBerG ist ein Aufgebot
nicht erforderlich (s. aber § 1170 Rn 3). Dagegen ermöglicht § 136 ZVG ein Aufgebotsverfahren auch
noch nach der Löschung der Hypothek, wenn der Nachweis des Berechtigten hiervon abhängig ist.

Das Aufgebotsverfahren (nach §§ 433–441, 466–484 FamFG) steht nicht nur dann zur Verfügung, wenn der 2
Brief vernichtet oder sein Verbleib unbekannt ist, sondern auch dann, wenn der Brief von seinem (bekannten)
Besitzer aus tatsächlichen Gründen nicht erlangt werden kann (zB aussichtslose Zwangsvollstreckung im
Ausland; str).

.Antragsberechtigt ist derjenige, der das Recht aus dem abhanden gekommenen Brief geltend machen kann 3
(§ 467 II FamFG). Im praktisch wichtigsten Fall, dass der Gläubiger dem Eigentümer nach Tilgung der Forderung
Löschungsbewilligung erteilt, der Brief aber beim Eigentümer oder auf dem Postweg abhanden
gekommen ist, ist dessen Antragsberechtigung hiernach zweifelhaft. In der Praxis wird aber davon ausgegangen,
der im Besitz einer Löschungsbewilligung des eingetragenen Gläubigers befindliche Eigentümer sei
antragsberechtigt (Zöller/*Geimer* § 467 FamFG Rz 2); richtigerweise lässt sich dies mit der Stellung des
Antrags in zulässiger gewillkürter Prozessstandschaft begründen. Wird nur die Löschung des Rechts
gewünscht, genügt die Vorlage des Ausschließungsbeschlusses (§ 41 II GBO); soll die Hypothek wieder verwendet
werden, muss ein neuer Brief erteilt werden. Befanden sich Vermerke, insb Abtretungserklärungen,
auf dem Brief, können diese im Aufgebotsverfahren nicht ersetzt und daher auf den neuen Brief nicht eingetragen
werden.

§ 1162 ist auf Grundschuld und Rentenschuld entspr anwendbar (§ 1192 I). Eine Sonderregelung besteht für 4
Eigentümergrundschuldbriefe in §§ 1195, 799. Angesichts der massenhaften Postversendung und Verwaltung
von Grundschuldbriefen durch Kreditinstitute hat das Aufgebotsverfahren bei Grundschuldbriefen beträchtliche
praktische Bedeutung.

§ 1163 Eigentümerhypothek. (1) ¹Ist die Forderung, für welche die Hypothek bestellt ist, nicht zur Entstehung gelangt, so steht die Hypothek dem Eigentümer zu. ²Erlischt die Forderung, so erwirbt der Eigentümer die Hypothek.
(2) Eine Hypothek, für welche die Erteilung des Hypothekenbriefs nicht ausgeschlossen ist, steht bis zur Übergabe des Briefes an den Gläubiger dem Eigentümer zu.

Da die Hypothek bereits durch Einigung und Eintragung im Grundbuch entsteht (§ 873 BGB), bedarf es der 1
Regelung, wem sie bis zur Entstehung der Forderung und – bei der Briefhypothek – der Übergabe des Hypothekenbriefes
zusteht; dies regelt § 1163 I 1, II. Anders als nach dem ZGB der früheren DDR erlischt die
Hypothek aber auch nicht, wenn die Forderung erlischt, sondern geht auf den Eigentümer über (§ 1163 I 2).
Ob es sich um eine Hypothek ohne Forderung handelt (dafür spricht die amtliche Überschrift) oder um eine
Eigentümergrundschuld (so hM), hat nur terminologische Bedeutung. Nach der Intention des historischen
Gesetzgebers sorgt § 1163 dafür, dass der Eigentümer über die Rangstelle einer einmal eingetragenen Hypothek
verfügen kann. Diese Absicht ist heute aber durch §§ 1179a, 1179b bis zur Bedeutungslosigkeit relativiert.
Deshalb hat auch die frühere Funktion des Eigentümerrechts, der Beschaffung von Zwischenkredit zu
dienen (so noch heute BaRoth/*Rohe* Rz 7), heute keinerlei praktische Bedeutung mehr. § 1163 ist zwar nach
allgM zwingendes Recht, kann aber leicht umgangen werden (Rn 2).

Das Eigentümerrecht ist entweder ein **vorläufiges** (wenn die gesicherte Forderung bei Eintragung der Hypothek 2
noch nicht entstanden ist) oder ein **endgültiges** (wenn die Forderung nicht mehr entstehen kann,
§ 1163 I 1) oder ein **nachträgliches** (wenn die Forderung erloschen ist, § 1177 I; hier handelt es sich zweifelsfrei
um eine Grundschuld). Eine Forderung besteht auch dann nicht, wenn ein Darlehen zwar ausgezahlt, der
Darlehensanspruch aber (zB wegen Wuchers) nicht wirksam ist; die Hypothek sichert in diesem Fall nicht
etwa die Bereicherungsansprüche des Darlehensgebers (*Schwab/Prütting* § 55 I 2; wohl auch BGH NJW 94,
1275; str). Das Entstehen eines vorläufigen Eigentümerrechts kann dadurch vermieden werden, dass die
Hypothek zur Sicherung eines dem Gläubiger erteilten abstrakten Schuldversprechens erteilt wird. Eine nachträgliche
Eigentümergrundschuld entsteht nicht, wenn eine mit Erlöschen der Forderung auflösend bedingte
Hypothek bestellt wird. Ausnahmen von der nachträglichen Eigentümergrundschuld ordnen die §§ 1178,
1181 und für die Gesamthypothek zusätzlich die §§ 1173, 1174 an. Bei Hypotheken an früheren Reichsheimstätten,
die am 1. 10. 93 bereits eingetragen waren, ist Art 6 § 1 I 2 des G v 17. 6. 93 (BGBl I S 912) zu beachten:
Mit dem Erlöschen der Forderung erlischt auch die Hypothek. Die Vorschrift gilt auch für Grundschulden;
was dort „die Forderung" ist, bleibt freilich unerfindlich.

Vor Entstehung der Forderung hat der Gläubiger ein **Anwartschaftsrecht** auf Erwerb der Hypothek, das mit 3
Entstehung der Forderung von selbst zur Hypothek wird. Es ist übertragbar; auch gutgläubiger Erwerb ist
möglich, wenn der Gläubiger die vermeintliche Forderung an einen Dritten abtritt, der nicht weiß, dass sie
(noch) nicht entstanden ist (§ 1138). Verfügungen des Eigentümers über das vorläufige Eigentümerrecht sind

nur möglich, soweit sie das Anwartschaftsrecht nicht beeinträchtigen (§ 161), und nur bei der Briefhypothek; bei der Buchhypothek scheitern sie an § 39 GBO. Kein Anwartschaftsrecht hat der Gläubiger bei der Briefhypothek vor Übergabe des Briefes (Hamm Rpfleger 80, 483; str).

4 Bei einem Tilgungsdarlehen entsteht die nachträgliche Eigentümergrundschuld nach dem Gesetz mit jeder einzelnen Tilgungszahlung, ausgenommen bei der sog Tilgungsfondshypothek (zum Begriff s. § 1113 Rn 9). Ist eine solche vereinbart, hat vor Entstehen der Eigentümergrundschuld der Eigentümer noch keine Rechtsstellung, die abgetreten oder gepfändet werden könnte, also keine Anwartschaft (aA Staud/*Wolfsteiner* Rz 46: „eine Art Anwartschaft").

5 Eine **Zwangshypothek** (§ 868 ZPO) erwirbt der Eigentümer als Eigentümergrundschuld, wenn die zu vollstreckende Entscheidung oder ihre vorläufige Vollstreckbarkeit aufgehoben wird, nicht aber, wenn ein Versäumnisurteil durch kontradiktorisches Urt in der Weise aufrechterhalten wird, dass es nur noch gegen Sicherheitsleistung vollstreckbar ist (Brandbg Rpfleger 01, 487), und auch dann nicht, wenn die Zwangshypothek infolge der insolvenzrechtlichen Rückschlagsperre (§ 88 InsO) unwirksam wird (BGH Rpfleger 06, 253; aA *Bestelmeyer* Rpfleger 06, 387; BayObLG NJW-RR 01, 47; 1. Aufl § 1113 Rn 11).

§ 1164 Übergang der Hypothek auf den Schuldner.
(1) ¹Befriedigt der persönliche Schuldner den Gläubiger, so geht die Hypothek insoweit auf ihn über, als er von dem Eigentümer oder einem Rechtsvorgänger des Eigentümers Ersatz verlangen kann. ²Ist dem Schuldner nur teilweise Ersatz zu leisten, so kann der Eigentümer die Hypothek, soweit sie auf ihn übergegangen ist, nicht zum Nachteil der Hypothek des Schuldners geltend machen.
(2) Der Befriedigung des Gläubigers steht es gleich, wenn sich Forderung und Schuld in einer Person vereinigen.

1 Die durch §§ 1165–1166 ergänzte Vorschrift gewährleistet den Schutz des Schuldners, soweit er nach der zwischen ihm und dem Eigentümer getroffenen Abrede Ersatz vom Eigentümer verlangen kann, nachdem der Gläubiger befriedigt wurde. § 1164 ist damit das Gegenstück zum Übergang der Forderung nach § 1143; wie Formulierung und Stellung im Gesetz zeigen, geht das BGB davon aus, dass ein Übergang der Forderung auf den Eigentümer die Regel, ein Ersatzanspruch des Schuldners dagegen die Ausn ist. Praktisch kommt er dann vor, wenn beim Kaufvertrag eine Hypothek in Anrechnung auf den Kaufpreis übernommen, die Schuldübernahme vom Gläubiger aber nicht genehmigt wird und dann der Verkäufer als persönlicher Schuldner an den Gläubiger zahlt. § 1164 ist nicht mit dinglicher Wirkung abdingbar, setzt aber eine auf Ersatz gerichtete Abrede voraus (die allerdings, wie § 1164 I 1 klarstellt, auch mit einem früheren Eigentümer – sogar einem nicht eingetragenen Zwischenerwerber; RGZ 150, 28, 34 – getroffen sein kann); er gilt also nicht, wenn ein Ersatzanspruch vertraglich ausgeschlossen ist (dann wird die Hypothek mit Erlöschen der Forderung Eigentümergrundschuld, § 1163 I 2).

2 § 1164 knüpft an die Befriedigung des Gläubigers an; wie diese erfolgt ist, spielt keine Rolle. Deshalb gilt § 1164 auch, wenn der Gläubiger diese durch Zwangsvollstreckung in das Vermögen des persönlichen Schuldners bewirkt hat, wenn ein anderer für den persönlichen Schuldner auf dessen Schuld geleistet hat (aber nur dann, wenn nicht die Forderung und damit nach § 1153 die Hypothek auf diesen anderen übergegangen ist) und auch, wenn der Gläubiger dem persönlichen Schuldner die Schuld erlassen hat.

3 Rechtsfolge des § 1164 ist der Übergang der Hypothek auf den persönlichen Schuldner; die Hypothek sichert jetzt dessen Ersatzanspruch im Wege einer gesetzlichen Forderungsauswechslung. § 1164 geht dem § 1178 vor; es geht also auch die Hypothek für Zinsen und Kosten auf den Schuldner über (RGZ 143, 278, 286).

4 Das Rangverhältnis bei teilweiser Befriedigung und teilweisem Ersatzanspruch regeln §§ 1164 I 2 und 1176: Bleibt ein Teil der Forderung ungetilgt, so bleibt der Gläubiger erstrangig; hinsichtlich des getilgten Teils hat der Schuldner, wenn er teilweise Ersatz verlangen kann, mit seiner Hypothek Rang vor der Eigentümergrundschuld für den Betrag, wegen dessen er keinen Ersatz verlangen kann.

§ 1165 Freiwerden des Schuldners.
Verzichtet der Gläubiger auf die Hypothek oder hebt er sie nach § 1183 auf oder räumt er einem anderen Recht den Vorrang ein, so wird der persönliche Schuldner insoweit frei, als er ohne diese Verfügung nach § 1164 aus der Hypothek hätte Ersatz erlangen können.

1 Nachteilige Verfügungen des Gläubigers sollen sich nicht auf den Schuldner auswirken, der vom Eigentümer Ersatz verlangen kann. Deshalb wird der Schuldner im Umfang des von ihm zu erlangenden Ersatzes ohne weiteres leistungsfrei, auch wenn er nach Erlöschen der Hypothek in Anspruch genommen wird (RGZ 58, 425, 427); leistet er in Unkenntnis des § 1165 oder der Sachlage trotzdem, kann er seine Leistung zurückfordern (§ 812). Die praktische Bedeutung der Vorschrift ist va deshalb sehr gering, weil der Schuldner beweisen muss, dass er sich ohne die nachteilige Verfügung aus der Hypothek hätte befriedigen können; maßgeblich sind die Verhältnisse zum Zeitpunkt der Verfügung, spätere Veränderungen bleiben außer Betracht. § 1165 kann nicht mit dinglicher Wirkung abbedungen werden; der in den früher verwendeten Hypothekenformularen häufige Ausschluss des Rechts dürfte heute gegen § 307 verstoßen.

Unter § 1165 fallen neben den in der Vorschrift genannten Verfügungen auch andere Rechtshandlungen, wie Pfandfreigaben, Forderungsauswechslung (§ 1180) und Umwandlung in eine Grundschuld (§ 1198), nicht aber tatsächliche Handlungen, wie das Unterlassen der Geltendmachung von Rechten nach §§ 1133, 1134. Auch Zwangsvollstreckungsmaßnahmen fallen nicht unter § 1165. Eine absichtliche oder willentliche Benachteiligung des Schuldners ist nicht Voraussetzung, die objektive Eignung genügt (BaRoth/*Rohe* Rz 3; aA RG HRR 29, 199).

§ 1165 ist auf Grundschuld und Rentenschuld ebenso wenig anwendbar wie § 1164. Allerdings wird die Auslegung des Sicherungsvertrags, wenn Grundschuldbesteller und Schuldner personenverschieden sind, meist zu einem gleichliegenden Ergebnis führen (BGH NJW 89, 1732).

§ 1166 Benachrichtigung des Schuldners.
¹Ist der persönliche Schuldner berechtigt, von dem Eigentümer Ersatz zu verlangen, falls er den Gläubiger befriedigt, so kann er, wenn der Gläubiger die Zwangsversteigerung des Grundstücks betreibt, ohne ihn unverzüglich zu benachrichtigen, die Befriedigung des Gläubigers wegen eines Ausfalls bei der Zwangsversteigerung insoweit verweigern, als er infolge der Unterlassung der Benachrichtigung einen Schaden erleidet. ²Die Benachrichtigung darf unterbleiben, wenn sie untunlich ist.

Der persönliche Schuldner, der von einem Zwangsversteigerungsverfahren oder anderen Verwertungsmaßnahmen – soweit solche nach § 1149 zulässig sind – nicht notwendig Kenntnis erlangt, soll benachrichtigt werden, damit er seine Interessen wahrnehmen kann; § 1166 statuiert eine Obliegenheit des Gläubigers hierzu. § 1166 kann nicht mit dinglicher Wirkung abbedungen werden; der in den früher verwendeten Hypothekenformularen häufige Ausschluss der Verpflichtung des Gläubigers dürfte heute gegen §§ 307, 309 Nr 7b verstoßen.

Dass dem Schuldner ein Schaden entstanden ist, muss dieser beweisen (RGZ 54, 369, 374). Für diesen Beweis wird es allerdings jedenfalls beim Vorhandensein weiterer Bieter ausreichen vorzutragen, dass er im Fall der Benachrichtigung mitgeboten hätte und das Grundstück entweder selbst ersteigert hätte oder es zu einem die Gläubigerforderung deckenden Preis zugeschlagen worden wäre. Anders ist es allerdings, wenn das Grundstück dem Gläubiger unter der $^7/_{10}$-Grenze des § 74a ZVG zugeschlagen wird und dieser in der Höhe von $^7/_{10}$ des Verkehrswerts als befriedigt gilt (§ 114a ZVG).

Die unverzügliche (§ 121) Benachrichtigung kann wirksam nicht vor Beginn der Zwangsvollstreckung erfolgen; sie darf nur unterbleiben, wenn sie untunlich ist (§ 1166 2). Hierfür ist ein strenger Maßstab anzulegen; regelmäßig müssen die Voraussetzungen der öffentlichen Zustellung (§ 132) vorliegen (BaRoth/*Rohe* Rz 5; aA Naumbg OLGR 31, 352: keine Nachforschungspflicht, wenn Schreiben als unbestellbar zurückkommt).

§ 1167 Aushändigung der Berichtigungsurkunden.
Erwirbt der persönliche Schuldner, falls er den Gläubiger befriedigt, die Hypothek oder hat er im Falle der Befriedigung ein sonstiges rechtliches Interesse an der Berichtigung des Grundbuchs, so stehen ihm die in den §§ 1144, 1145 bestimmten Rechte zu.

Die Rechte aus §§ 1144, 1145 stehen dem Eigentümer gegen den Hypothekengläubiger zu. § 1167 gewährt sie auch dem persönlichen Schuldner, auf den die Hypothek übergeht – gleichgültig, ob nach §§ 1164, 1174 oder nach § 426 II und unabhängig von einem rechtlichen Interesse, damit er die Grundbuchberichtigung veranlassen kann (§ 1167 Alt 1). Ist die Hypothek durch die Befriedigung nicht auf den persönlichen Schuldner übergegangen, so hat er die gleichen Rechte, hier freilich nur bei Vorliegen eines rechtlichen Interesses (§ 1167 Alt 2), das sich bspw aus § 442 II ergeben kann.

§ 1168 Verzicht auf die Hypothek.
(1) Verzichtet der Gläubiger auf die Hypothek, so erwirbt sie der Eigentümer.
(2) ¹Der Verzicht ist dem Grundbuchamt oder dem Eigentümer gegenüber zu erklären und bedarf der Eintragung in das Grundbuch. ²Die Vorschriften des § 875 Abs. 2 und der §§ 876, 878 finden entsprechende Anwendung.
(3) Verzichtet der Gläubiger für einen Teil der Forderung auf die Hypothek, so stehen dem Eigentümer die im § 1145 bestimmten Rechte zu.

Ebenso wie das Erlöschen der Forderung führt auch der Verzicht des Gläubigers auf die Hypothek nicht zu deren Untergang (und damit zur automatischen Rangverbesserung etwa vorhandener nachrangiger Belastungen); dem Eigentümer bleibt vielmehr die Verfügungsmöglichkeit über die Rangstelle dadurch erhalten, dass die Hypothek auf ihn übergeht; § 875 gilt nicht. Durch §§ 1179a, 1179b ist die Vorschrift freilich weitgehend praktisch bedeutungslos. Für Hypotheken, die am 3.10.90 in den neuen Bundesländern bestanden, gilt sie nicht, da das ZGB der DDR einen Übergang der Hypothek auf den Eigentümer nicht kannte (Art 233 § 6 EGBGB; s. § 1163 Rn 1). Der Verzicht ist materiell-rechtlich formlos gültig; damit die in § 1168 II 1 vorgeschriebene Eintragung in das Grundbuch erfolgen kann, muss allerdings die Form des § 29 GBO eingehalten werden. Der Verzicht unterliegt auch bei Erklärung ggü dem GBA den Beschränkungen des § 181, wenn er vom Eigentümer namens des Gläubigers erklärt wird (BGH JR 80, 412 m Anm *Kuntze*). Anders als der Verzicht bedarf die Aufhebung der Hypothek (§ 1183) der Zustimmung des Eigentümers und führt zum Erlöschen. Eine Löschungsbewilligung des Gläubigers ist regelmäßig nicht als Verzicht auszulegen (Hamm NJW-RR 99, 741, 742).

2 Durch den Verzicht auf die Hypothek bleibt – wenn nicht zugleich ein Erlass der Forderung erfolgt oder der Verzicht so auszulegen ist – die Forderung unberührt; allerdings wird der persönliche Schuldner unter den Voraussetzungen des § 1165 von der Haftung frei. Der Eigentümer erwirbt die Hypothek als Eigentümergrundschuld (§ 1177 I). Eine Sonderregelung für den Verzicht auf eine Gesamthypothek enthält § 1175, für die Rückstandshypothek gilt § 1178; ein Verzicht kann – wie sich aus § 1168 III ergibt – auch teilweise erfolgen. Für den Verzicht eines von mehreren Gesamtgläubigern gelten §§ 429, 423 entspr.

3 Die Eintragung im Grundbuch lautet dahin, dass der Gläubiger auf die Hypothek verzichtet hat; ohne zusätzlichen Grundbuchberichtigungsantrag ist die Eintragung des Übergangs der Hypothek auf den Eigentümer weder zulässig noch notwendig (*Schöner/Stöber* Rz 2709; aA Staud/*Wolfsteiner* Rz 14). Bei Briefhypotheken ist hierzu der Brief vorzulegen (zum Urt den Verzicht zu erklären vgl BayObLG NJW-RR 98, 18).

4 Der Verzicht ist auch noch nach Zuschlag in der Zwangsversteigerung möglich und führt dazu, dass der Anteil am Erlös dem Vollstreckungsschuldner zufällt; die Eintragung im Grundbuch ist in diesem Fall nicht erforderlich (BGH NJW 63, 1497). Auch auf eine Hypothek an einem herrenlosen Grundstück kann verzichtet werden; zweifelhaft ist nur, ob die Hypothek dann erlischt oder dem letzten Eigentümer vor Eintritt der Herrenlosigkeit zusteht.

5 § 1168 knüpft nicht an die Forderung an und ist deshalb auf Grundschuld und Rentenschuld entspr anwendbar (§ 1192 I). Eine Eigentümergrundschuld erlischt, wenn auf sie verzichtet wird; hier kann die Erklärung nur ggü dem GBA abgegeben werden und unterscheidet sich nicht von der Löschungsbewilligung.

§ 1169 Rechtszerstörende Einrede. Steht dem Eigentümer eine Einrede zu, durch welche die Geltendmachung der Hypothek dauernd ausgeschlossen wird, so kann er verlangen, dass der Gläubiger auf die Hypothek verzichtet.

1 An dem Fortbestehen einer nicht durchsetzbaren Hypothek hat der Gläubiger kein schutzwürdiges Interesse; der Eigentümer wird dadurch aber an der Verwendung des Grundstücks als Kreditunterlage gehindert. Deshalb gibt § 1169 dem Eigentümer das Recht, den Verzicht des Gläubigers zu verlangen. § 1169 ist entspr auf den Fall anwendbar, dass bei einer Zwangshypothek der Titel seine Vollstreckbarkeit dauernd verliert (BayObLG Rpfleger 98, 437).

2 Die Einreden können sowohl solche gegen die Forderung als auch solche gegen die Hypothek sein; insb kommen derartige Ansprüche bei der Restkaufpreishypothek in Betracht, wenn der Käufer den Kaufpreis wegen Mängel der Sache gemindert hat, aber auch bei Abweisung der Klage wegen der Forderung gegen den persönlichen Schuldner (*Rosenberg/Schwab/Gottwald* § 152). Nicht eingewendet werden können die Einreden der Verjährung und der beschränkten Erbenhaftung (§§ 216, 1137 I 2; BGH JZ 00, 891 m Anm *Peters*). Ob der Eigentümer über den entstandenen Anspruch durch Abtretung verfügen kann, ist zweifelhaft (vgl Staud/*Wolfsteiner* Rz 11 f).

3 Will der Eigentümer gutgläubigen Erwerb der Hypothek verhindern, muss er einen Widerspruch in das Grundbuch eintragen lassen.

4 § 1169 knüpft nicht an die Forderung an und ist deshalb auf Grundschuld und Rentenschuld entspr anwendbar (§ 1192 I), aber natürlich nur hinsichtlich der Einreden gegen die Grundschuld (BGH NJW 85, 800). Bei der Grundschuld kann der Eigentümer statt des Verzichts auch Rückgabe verlangen (BGH NJW 89, 2536).

§ 1170 Ausschluss unbekannter Gläubiger. (1) ¹Ist der Gläubiger unbekannt, so kann er im Wege des Aufgebotsverfahrens mit seinem Recht ausgeschlossen werden, wenn seit der letzten sich auf die Hypothek beziehenden Eintragung in das Grundbuch zehn Jahre verstrichen sind und das Recht des Gläubigers nicht innerhalb dieser Frist von dem Eigentümer in einer nach § 212 Abs. 1 Nr. 1 zum Neubeginn der Verjährung geeigneten Weise anerkannt worden ist. ²Besteht für die Forderung eine nach dem Kalender bestimmte Zahlungszeit, so beginnt die Frist nicht vor dem Ablauf des Zahlungstags.
(2) ¹Mit der Erlassung des Ausschlussurteils erwirbt der Eigentümer die Hypothek. ²Der dem Gläubiger erteilte Hypothekenbrief wird kraftlos.

1 Während § 1162 nur das Abhandenkommen des Hypothekenbriefs betrifft, ermöglicht § 1170 nach Ablauf der Zehnjahresfrist den Ausschluss des eingetragenen Gläubigers insgesamt. Ohne Ablauf der Zehnjahresfrist besteht eine Ausschlussmöglichkeit nur nach § 1171 oder durch die Bestellung eines Pflegers (§§ 1911, 1913, 1960 f; vgl *Böhringer* NJW 94, 303). Die Hauptbedeutung des § 1170 liegt in den Fällen, in denen der Eigentümer nicht nachweisen kann, dass die Forderung erloschen und damit die Hypothek auf ihn übergegangen

ist (§ 1163). Kann er diesen Nachweis erbringen, dann besteht die Möglichkeit der Grundbuchberichtigung (§ 894). Bei Gesamthypotheken ist § 1175 II zu beachten. Bei Hypotheken für Forderungen aus Schuldverschreibungen auf den Inhaber gilt § 1188 II. Für ZGB-Hypotheken im Beitrittsgebiet gilt § 6 I GBBerG.

Voraussetzung des Aufgebotsverfahrens ist, dass der **Gläubiger unbekannt** ist. Über das normale Maß hinausgehende Nachforschungen nach dem Gläubiger braucht der Eigentümer hierfür nicht anzustellen. Nicht ausreichend ist, dass der bekannte Gläubiger unbekannten Aufenthalts ist (BGH NJW-RR 04, 664 str); ist aber der Brief unauffindbar und der Aufenthalt des letzten Briefinhabers unbekannt, genügt das (BGH NJW-RR 09, 660), ebenso wenn ein möglicher bekannter Gläubiger keine Auskunft darüber gibt, ob und wie er an der Hypothek berechtigt ist (LG Düsseldorf NJW-RR 95, 1232), der eingetragene Gläubiger den Brief nicht vorlegen oder der Briefbesitzer sich nicht nach § 1155 als Berechtigter legitimieren kann. 2

Das Aufgebotsverfahren richtet sich nach den §§ 433–441, 447–450, 484 FamFG (s. § 1162 Rn 3). Der Antragsteller braucht nicht zu behaupten oder gar zu beweisen, dass die Forderung erloschen ist. Diese bleibt durch das Ausschlussurteil unberührt und kann weiterhin geltend gemacht werden. Auch der ehemalige Gläubiger einer nach § 10 GBBerG abgelösten Hypothek kann auf dem Weg des § 1170 ausgeschlossen werden (KG Rpfleger 08, 478). 3

§ 1170 ist auf Grundschuld und Rentenschuld entspr anwendbar (§ 1192 I). Hier stellt – da mangels gesicherter Forderung der Übergang der Grundschuld auf den Eigentümer selten erfolgt und noch seltener bewiesen werden kann – § 1170 die einzige Möglichkeit dar, das Grundbuch ohne Zahlung (sonst § 1171) von nicht mehr bestehenden Rechten zu bereinigen. 4

§ 1171 Ausschluss durch Hinterlegung.
(1) ¹Der unbekannte Gläubiger kann im Wege des Aufgebotsverfahrens mit seinem Recht auch dann ausgeschlossen werden, wenn der Eigentümer zur Befriedigung des Gläubigers oder zur Kündigung berechtigt ist und den Betrag der Forderung für den Gläubiger unter Verzicht auf das Recht zur Rücknahme hinterlegt. ²Die Hinterlegung von Zinsen ist nur erforderlich, wenn der Zinssatz im Grundbuch eingetragen ist; Zinsen für eine frühere Zeit als das vierte Kalenderjahr vor der Erlassung des Ausschlussurteils sind nicht zu hinterlegen.
(2) ¹Mit der Rechtskraft des Ausschließungsbeschlusses gilt der Gläubiger als befriedigt, sofern nicht nach den Vorschriften über die Hinterlegung die Befriedigung schon vorher eingetreten ist. ²Der dem Gläubiger erteilte Hypothekenbrief wird kraftlos.
(3) Das Recht des Gläubigers auf den hinterlegten Betrag erlischt mit dem Ablauf von 30 Jahren nach der Rechtskraft des Ausschließungsbeschlusses, wenn nicht der Gläubiger sich vorher bei der Hinterlegungsstelle meldet; der Hinterleger ist zur Rücknahme berechtigt, auch wenn er auf das Recht zur Rücknahme verzichtet hat.

§ 1171 ermöglicht die Löschung der Hypothek bereits vor Ablauf der Zehnjahresfrist des § 1170, wenn der Gläubiger unbekannt ist und durch Hinterlegung des Betrags der gesicherten Forderung eine Gläubigerbeeinträchtigung ausgeschlossen werden kann. Wegen der Bedeutung der Ausschließung für die Verwertung des Grundstücks kann das Recht des Eigentümers, nach § 1171 vorzugehen, auch gepfändet werden (Frankf NJW 62, 640). 1

Der Gläubiger muss unbekannt sein (wie § 1170 Rn 2); der Eigentümer muss zur Kündigung (§ 1141) oder zur Befriedigung (§ 1142) des Gläubigers berechtigt sein. Das Gesetz verlangt die Hinterlegung des Betrags der Forderung und ggf der Zinsen für einen Zeitraum, der an die vor 2002 geltende Verjährungsregelung für Zinsen anknüpft; die Vorschrift ist durch das SchRMoG nicht geändert worden und enthält daher nunmehr eine eigenständige Regelung, die zum Ausgleich der Interessen von Gläubiger und Schuldner eine feste zeitliche Grenze für die Hinterlegung von Zinsen anordnet. 2

Der Gläubiger gilt im Fall der zulässigen Hinterlegung bereits nach Maßgabe der §§ 378, 379 als befriedigt, andernfalls mit Rechtskraft des Ausschließungsbeschlusses (§ 1171 II 1). Die Rechtsfolgen des Ausschlusses für die Hypothek hängen von der Stellung des Eigentümers ab: Ist er zugleich persönlicher Schuldner, so erwirbt er die Hypothek als Eigentümergrundschuld (§§ 1163 I 2; 1177), ist er nicht persönlicher Schuldner, dann gehen Forderung (§ 1143) und damit auch Hypothek auf ihn über. Bei der Briefhypothek kann ein neuer Brief beantragt werden (§ 67 GBO). 3

Das Aufgebotsverfahren richtet sich nach den §§ 433-441, 447.450, 484 FamFG. 4

In den **neuen Bundesländern** können Hypotheken bis zu (umgerechnet) 6.000 € auch dann durch Hinterlegung zum Erlöschen gebracht werden, wenn der Gläubiger bekannt ist (so ausdrückl KG Rpfleger 96, 283). Zu hinterlegen sind – außer bei der Höchstbetragshypothek (§ 1190) – vier Drittel des Nennbetrags (§ 10 GBBerG). 5

§ 1172 Eigentümergesamthypothek.
(1) Eine Gesamthypothek steht in den Fällen des § 1163 den Eigentümern der belasteten Grundstücke gemeinschaftlich zu.
(2) ¹Jeder Eigentümer kann, sofern nicht ein anderes vereinbart ist, verlangen, dass die Hypothek an seinem Grundstück auf den Teilbetrag, der dem Verhältnis des Wertes seines Grundstücks zu dem Werte

der sämtlichen Grundstücke entspricht, nach § 1132 Abs. 2 beschränkt und in dieser Beschränkung ihm zugeteilt wird. ²Der Wert wird unter Abzug der Belastungen berechnet, die der Gesamthypothek im Range vorgehen.

1 §§ 1172–1175 enthalten Sondervorschriften für das Eigentümerrecht, wenn eine Gesamthypothek vorliegt. Sie sollen verhindern, dass sich in diesem Fall die Belastung vervielfacht. Für die Befriedigung aus dem Grundstück gelten in diesem Fall die §§ 1181 II, 1182.

2 Ein Gesamteigentümerrecht entsteht, wenn die Forderung nicht zur Entstehung gelangt ist und auch dann, wenn die Forderung von mehreren Eigentümern gemeinsam (sonst: § 1173) getilgt wird, auch in der Weise, dass jeder abredegemäß einen Teilbetrag zahlt (BGH NJW-RR 86, 233). Das Recht steht den Eigentümern in Bruchteilsgemeinschaft zu (BGH NJW 09, 847); die Auseinandersetzung richtet sich aber nach § 1172 II; der darauf gerichtete Anspruch – der jedem einzelnen Eigentümer selbständig zusteht – ist pfändbar (AG Obernburg MDR 64, 846). Berechnungsbeispiel bei Staud/*Wolfsteiner* Rz 18.

3 § 1172 ist auf Grundschuld und Rentenschuld entspr anwendbar (§ 1192 I), soweit keine Abhängigkeit von einer Forderung besteht, also beim Eigentümerrecht vor Briefübergabe (§ 1163 II) und dann, wenn die mehreren Eigentümer auf die Grundschuld (nicht auf die Forderung) zahlen (aA Palandt/*Bassenge* Rz 7: unanwendbar).

§ 1173 Befriedigung durch einen der Eigentümer.

(1) ¹Befriedigt der Eigentümer eines der mit einer Gesamthypothek belasteten Grundstücke den Gläubiger, so erwirbt er die Hypothek an seinem Grundstück; die Hypothek an den übrigen Grundstücken erlischt. ²Der Befriedigung des Gläubigers durch den Eigentümer steht es gleich, wenn das Gläubigerrecht auf den Eigentümer übertragen wird oder wenn sich Forderung und Schuld in der Person des Eigentümers vereinigen.
(2) Kann der Eigentümer, der den Gläubiger befriedigt, von dem Eigentümer eines der anderen Grundstücke oder einem Rechtsvorgänger dieses Eigentümers Ersatz verlangen, so geht in Höhe des Ersatzanspruchs auch die Hypothek an dem Grundstück dieses Eigentümers auf ihn über; sie bleibt mit der Hypothek an seinem eigenen Grundstück Gesamthypothek.

1 § 1173 behandelt die Befriedung durch einen der mehreren Eigentümer; bei gemeinsamer Befriedigung gilt § 1172 (s. § 1172 Rn 2). Als Befriedigung ist es auch anzusehen, wenn der Gläubiger einem Schuldner, der zugleich einer von mehreren Eigentümern ist, die Schuld erlässt, ohne das Schuldverhältnis nach § 423 aufzuheben (Staud/*Wolfsteiner* Rz 7; str).

2 Die Hypothek erlischt an den anderen mitbelasteten Grundstücken ohne Zustimmung von deren Eigentümern kraft Gesetzes; das Grundbuch wird unrichtig. Bei teilweiser Befriedigung gilt für den Rang der bei dem Gläubiger verbleibenden Resthypothek § 1176. § 1173 I 2 setzt die Vereinigung von Forderung und Schuld voraus; beerbt dagegen der Gläubiger einen der Eigentümer, der nicht sein persönlicher Schuldner ist (Vereinigung von Forderung und Eigentum), so bleiben Forderung und Hypothek bestehen (RGZ 77, 149).

3 Der Ersatzanspruch nach § 1173 II kann nur ein aus der schuldrechtlichen Beziehung der Eigentümer stammen, nicht dagegen dinglicher Inhalt der Hypothek sein; ohne eine schuldrechtliche Beziehung ist ein Übergang der Gesamthypothek nicht möglich (BGH NJW-RR 95, 589). Die Hypothek sichert am Grundstück des Ersatzpflichtigen im Wege der gesetzlichen Forderungsauswechslung jetzt die Ersatzforderung; das Recht bleibt daher Hypothek. Bei nur teilweisem Ersatzanspruch besteht erstrangig (§ 1176) eine Gesamtteilhypothek für den Ersatzbetrag und nachrangig das Einzelrecht am Grundstück des Befriedigenden; insoweit ist die Hypothek an den anderen Grundstücken erloschen (Hambg MDR 60, 321).

4 § 1173 I 1 ist auf Grundschuld und Rentenschuld entspr anwendbar (§ 1192 I), nicht aber § 1173 I 2. Auch § 1173 II ist nicht anwendbar, da bei der Grundschuld die Vereinbarung eines Ausgleichs zwischen mehreren Sicherungsgebern nicht Rechtsinhalt sein kann (BGH NJW 90, 903; aA Palandt/*Bassenge* Rz 11).

§ 1174 Befriedigung durch den persönlichen Schuldner.

(1) Befriedigt der persönliche Schuldner den Gläubiger, dem eine Gesamthypothek zusteht, oder vereinigt sich bei einer Gesamthypothek Forderung und Schuld in einer Person, so geht, wenn der Schuldner nur von dem Eigentümer eines der Grundstücke oder von einem Rechtsvorgänger des Eigentümers Ersatz verlangen kann, die Hypothek an diesem Grundstück auf ihn über; die Hypothek an den übrigen Grundstücken erlischt.
(2) Ist dem Schuldner nur teilweise Ersatz zu leisten und geht deshalb die Hypothek nur zu einem Teilbetrag auf ihn über, so hat sich der Eigentümer diesen Betrag auf den ihm nach § 1172 gebührenden Teil des übrig bleibenden Betrags der Gesamthypothek anrechnen zu lassen.

1 § 1174 ergänzt § 1164 bei der Gesamthypothek; hier wie dort ist die Rechtsstellung eines persönlichen Schuldners geregelt, der nicht zugleich Eigentümer eines der Grundstücke ist. Wie im Fall des § 1173 erlischt die Hypothek an den Grundstücken der Eigentümer, von denen der Schuldner keinen Ersatz verlangen kann, kraft Gesetzes (wie § 1173 Rn 2). Bei nur teilweiser Befriedigung sind die §§ 1172, 1174 nebeneinander

anwendbar (Berechnungsbeispiel bei Staud/*Wolfsteiner* Rz 6). Die Hypothek des persönlichen Schuldners hat letzten Rang (nach der Restgesamthypothek des Gläubigers und der Eigentümergesamtgrundschuld für den Betrag, für den der Schuldner keinen Ersatz verlangen kann).

§ 1175 Verzicht auf die Gesamthypothek. (1) ¹Verzichtet der Gläubiger auf die Gesamthypothek, so fällt sie den Eigentümern der belasteten Grundstücke gemeinschaftlich zu; die Vorschrift des § 1172 Abs. 2 findet Anwendung. ²Verzichtet der Gläubiger auf die Hypothek an einem der Grundstücke, so erlischt die Hypothek an diesem.
(2) Das Gleiche gilt, wenn der Gläubiger nach § 1170 mit seinem Recht ausgeschlossen wird.

§ 1175 ergänzt § 1168 für Gesamthypotheken als Folge der in § 1132 getroffenen Entscheidung, die es dem Belieben des Gläubigers überlässt, welches der belasteten Grundstücke er in Anspruch nimmt. 1

Die Regelung von § 1175 I 1 Hs 1 ergibt sich bereits aus § 1172 I, der ebenfalls den Übergang auf die mehreren Eigentümer gemeinschaftlich anordnet. Wollen die Eigentümer die Hypothek löschen lassen, müssen alle zustimmen. 2

Durch den Verzicht auf die Hypothek an nur einem der belasteten Grundstücke (als solche ist eine sog **Pfandfreigabe-**, Pfandlassungs- oder Entpfändungserklärung auszulegen, Hamm NJW-RR 99, 741) erlischt die Hypothek dagegen kraft Gesetzes, ohne dass es der Zustimmung eines Eigentümers bedarf; nötig ist jedoch die Vorlage des Hypothekenbriefs (*Schöner/Stöber* Rz 2711; aA Celle Rpfleger 85, 398). Nachrangige Rechte rücken auf, so dass der Gläubiger deren Wert nach seiner freien Entscheidung beeinflussen kann; zugunsten eines Eigentümers, der zugleich persönlicher Schuldner ist, ist aber § 1165 entspr anwendbar, falls er aus der erloschenen Hypothek hätte Ersatz verlangen können (aA möglicherweise BGH NJW 69, 1426). Zulässig ist auch ein Verzicht wegen eines Teils der Hypothek an einem einzelnen Grundstück. 3

Verzichtet der Gläubiger in einer Erklärung auf die Hypothek an allen Grundstücken, so kann der Eigentümer diese gleichwohl als Pfandfreigabe an einem Grundstück vollziehen lassen; in dem Verzicht auf das ganze Recht liegt der Verzicht an jedem der Grundstücke (Hamm Rpfleger 98, 511; aA *Schöner/Stöber* Rz 2724 a). Darin liegt keine Aufhebung der Hypothek nach § 1183, so dass auch in diesem Fall der Eigentümer nicht in der Form von § 27 GBO zustimmen muss (aA Staud/*Wolfsteiner* Rz 6). Auf die Bezeichnung der Gläubigererklärung kommt es in keinem Fall an: Eine „Pfandfreigabe" ist als Verzicht auf die ganze Hypothek auszulegen, wenn diese – zB nach vorherigem Vollzug weiterer Pfandfreigaben – nur noch an einem Grundstück lastet (LG Leipzig NotBZ 01, 71) und umgekehrt eine „Löschungsbewilligung" als Verzicht auf die Hypothek an dem in ihr genannten Grundstück, wenn dieses noch an weiteren Grundstücken lastet. 4

§ 1176 Eigentümerteilhypothek; Kollisionsklausel. Liegen die Voraussetzungen der §§ 1163, 1164, 1168, 1172 bis 1175 nur in Ansehung eines Teilbetrags der Hypothek vor, so kann die auf Grund dieser Vorschriften dem Eigentümer oder einem der Eigentümer oder dem persönlichen Schuldner zufallende Hypothek nicht zum Nachteil der dem Gläubiger verbleibenden Hypothek geltend gemacht werden.

Bei Übergang eines Teils des Gläubigerrechts auf einen anderen behält dieser den Vorrang. § 1176 betrifft nur die Resthypothek des Gläubigers, nicht aber eine andere Hypothek oder ein anderes Recht (BGH ZIP 02, 1390) und nur den Übergang kraft Gesetzes, nicht einer rechtsgeschäftlichen Teilabtretung, wenn in dieser keine Rangbestimmung getroffen wird. 1

Hat sich der Eigentümer nur wegen eines Teils einer Hypothek der sofortigen Zwangsvollstreckung unterworfen oder der Gläubiger nur wegen eines Teils einen Duldungstitel erwirkt, ergibt sich aus § 1176, dass eine Teilzahlung zunächst auf den nicht titulierten Teil erfolgt. Allerdings kann der Zahlende bestimmen, dass er auf den titulierten Teil leistet (§ 366 II entspr); den Verlust seines Titels kann der Gläubiger dann nur dadurch vermeiden, dass er die Teilzahlung ablehnt. 2

Als Inhalt der Hypothek können jedoch **abweichende Vereinbarungen** getroffen werden. Praktische Bedeutung hat va die Abrede, dass Teilzahlungen auf eine nur teilweise titulierte Hypothek zunächst auf den nicht titulierten Teil erfolgen und das Bestimmungsrecht des Zahlenden nach § 366 II ausgeschlossen ist (BGH NJW 90, 258); zweifelhaft ist allerdings, ob diese Vereinbarung gegen nach § 1150 Ablösungsberechtigte wirkt. 3

§ 1177 Eigentümergrundschuld, Eigentümerhypothek. (1) ¹Vereinigt sich die Hypothek mit dem Eigentum in einer Person, ohne dass dem Eigentümer auch die Forderung zusteht, so verwandelt sich die Hypothek in eine Grundschuld. ²In Ansehung der Verzinslichkeit, des Zinssatzes, der Zahlungszeit, der Kündigung und des Zahlungsorts bleiben die für die Forderung getroffenen Bestimmungen maßgebend.
(2) Steht dem Eigentümer auch die Forderung zu, so bestimmen sich seine Rechte aus der Hypothek, solange die Vereinigung besteht, nach den für eine Grundschuld des Eigentümers geltenden Vorschriften.

1 Mangels einer Forderung wird die Hypothek, die sich mit dem Eigentum vereinigt, zwangsläufig Grundschuld. Die Bedeutung von § 1177 I liegt hiernach in der Anordnung, dass nicht die §§ 1193, 1194, sondern die für die Forderung getroffenen Bestimmungen gelten. Der Eigentümer kann die entstandene Grundschuld auf sich umschreiben lassen, wenn er den Erwerb des Rechts in der Form des § 29 GBO nachweist; keine Rolle spielt, ob er das Recht als Hypothek oder als Grundschuld erworben hat (KG OLGR 18, 179). Auch bei weiterer Abtretung bleibt das Recht Grundschuld, wenn es nicht nach § 1198 durch Verbindung mit einer anderen Forderung wieder in eine Hypothek verwandelt wird.

2 Bei Befriedigung des Gläubigers durch den Eigentümer, der nicht persönlicher Schuldner ist (§ 1143), bleibt das Recht Hypothek (Eigentümerhypothek, § 1177 II). Der Eigentümer kann aber seine Rechte nur in den Grenzen des § 1197 ausüben, also insb nicht die Zwangsvollstreckung in das Grundstück betreiben. Der Eigentümer kann jedoch die Forderung (und damit die Hypothek, § 1153) abtreten; veräußert er das Grundstück, wird die Eigentümerhypothek zur Fremdhypothek.

§ 1178 Hypothek für Nebenleistungen und Kosten.
(1) ¹Die Hypothek für Rückstände von Zinsen und anderen Nebenleistungen sowie für Kosten, die dem Gläubiger zu erstatten sind, erlischt, wenn sie sich mit dem Eigentum in einer Person vereinigt. ²Das Erlöschen tritt nicht ein, solange einem Dritten ein Recht an dem Anspruch auf eine solche Leistung zusteht.
(2) ¹Zum Verzicht auf die Hypothek für die im Absatz 1 bezeichneten Leistungen genügt die Erklärung des Gläubigers gegenüber dem Eigentümer. ²Solange einem Dritten ein Recht an dem Anspruch auf eine solche Leistung zusteht, ist die Zustimmung des Dritten erforderlich. ³Die Zustimmung ist demjenigen gegenüber zu erklären, zu dessen Gunsten sie erfolgt; sie ist unwiderruflich.

1 Nachrangige Hypotheken sollen nicht durch Eigentümergrundschulden beeinträchtigt werden, die durch Tilgung von Rückständen an Kosten und Zinsen entstehen. Deshalb bestimmt § 1178 in Abweichung von § 1163, dass aus der Tilgung von Nebenforderungen, für die das Grundstück haftet (§ 1118), keine Eigentümerrechte entstehen, sondern die Hypothek erlischt. § 1178 gilt nur für Nebenforderungen; wird für sie eine besondere (Höchstbetrags-)Hypothek bestellt, gilt die allg Regel des § 1163 (Ddorf HRR 36, 404). § 1178 gilt entspr, wenn bedingte Nebenleistungen nicht mehr entstehen können (BayObLG Rpfleger 01, 172; str). Auf Höchstbetragshypotheken ist § 1178 nicht anwendbar (§ 1190 II).

2 Das Erlöschen der Hypothek tritt auch dann ein, wenn die Forderung nach § 1143 auf den Eigentümer übergeht; § 1178 I 2 gilt hier ebenso wenig entspr wie bei einer Befriedigung eines Hypothekengläubigers durch den Insolvenzverwalter; auch dieser ist nicht „Dritter" (Celle OLGR 9, 378).

3 Auch ohne Tilgung der Forderung erlischt die Hypothek für die Nebenforderungen des § 1178 I durch Verzicht des Gläubigers (§ 1178 II), der nicht den Formvorschriften des § 1168 unterliegt und – wegen seiner Gestaltungswirkung – unwiderruflich ist.

§ 1179 Löschungsvormerkung.
Verpflichtet sich der Eigentümer einem anderen gegenüber, die Hypothek löschen zu lassen, wenn sie sich mit dem Eigentum in einer Person vereinigt, so kann zur Sicherung des Anspruchs auf Löschung eine Vormerkung in das Grundbuch eingetragen werden, wenn demjenigen, zu dessen Gunsten die Eintragung vorgenommen werden soll,
1. ein anderes gleichrangiges oder nachrangiges Recht als eine Hypothek, Grundschuld oder Rentenschuld am Grundstück zusteht oder
2. ein Anspruch auf Einräumung eines solchen anderen Rechts oder auf Übertragung des Eigentums am Grundstück zusteht; der Anspruch kann auch ein künftiger oder bedingter sein.

§ 1179 aF Verpflichtet sich der Eigentümer einem anderen ggü, die Hypothek löschen zu lassen, wenn sie sich mit dem Eigentum in einer Person vereinigt, so kann zur Sicherung des Anspruchs auf Löschung eine Vormerkung in das Grundbuch eingetragen werden.

1 **A. Anwendungsbereich.** Die nF der durch das G v 22.6.77 geänderten Vorschrift gilt für alle Löschungsvormerkungen, deren Eintragung ins Grundbuch seit dem 1.1.78 beantragt wurde. Hingegen unterliegen alle vor dem 1.1.78 zur Eintragung beantragten Löschungsvormerkungen ohne zeitliche Begrenzung der aF, so dass diese noch lange Zeit praktische Bedeutung haben wird. Nach § 1179 aF konnte eine Löschungsvormerkung zugunsten eines beliebigen Berechtigten eingetragen werden; nach § 1179 nF kommen Berechtigte eines Grundpfandrechts nicht mehr in Betracht; diese fallen unter §§ 1179a, 1179b. Bereits eingetragene Löschungsvormerkungen nach § 1179 aF behalten ihre Wirkung (und müssen deshalb bei Löschung eines „Altrechts" gesondert zur Löschung bewilligt werden); aus Anlass von Rangänderungen können Löschungsvormerkungen nach § 1179 aF neu eingetragen werden (BayObLG Rpfleger 79, 261). Auf die Nachverpfändung weiterer Belastungsgegenstände nach dem 1.1.78 ist § 1179 aF dagegen nicht anwendbar (BGH NJW 81, 1503); hinsichtlich des mitbelasteten Grundstücks hat der Gläubiger den gesetzlichen Löschungsanspruch nach §§ 1179a, 1179b.

§ 1179 erweitert § 883. Nach § 883 können nur Ansprüche vorgemerkt werden, die sich gegen den gegenwärtigen Schuldner des von der Vormerkung betroffenen Rechts richten (s. § 883 Rn 9). Im Fall des § 1179 richtet sich der Anspruch jedoch gegen den Eigentümer als künftigen Inhaber der nach § 1163 entstehenden Eigentümergrundschuld; Ansprüche gegen künftige Inhaber eines Rechts sind aber nach § 883 nicht vormerkungsfähig, wohl aber nach § 1179.

Die Vorschrift will die Rechte nachrangiger Berechtigter verstärken, erreicht das aber nur unzureichend, da bei der Tilgungsfondshypothek (§ 1163 Rn 3) das Entstehen eines Eigentümerrechts bis zur vollständigen Tilgung unterbleibt; zu Grundschulden s.u. Rn 7. Inwiefern § 1179 „die Führung des Grundbuchs vereinfacht" (so BaRoth/*Rohe* Rz 1), ist nicht zu erkennen.

B. Tatbestandsvoraussetzungen. Berechtigter der Löschungsvormerkung kann nur ein namentlich bezeichneter Berechtigter, nicht der jeweilige Inhaber eines Rechts sein (BayObLG NJW 81, 2582; aA KG DNotZ 80, 487), ausgenommen bei subjektiv dinglichen Rechten (auch insoweit abl Staud/*Wolfsteiner* Rz 15). Wird das Recht übertragen, so ist das idR so auszulegen, dass auch der Löschungsanspruch übertragen wird; mit ihm geht die Vormerkung über (§ 401). Ob der Anspruch statt auf Löschung auch auf Rangrücktritt gerichtet sein kann, ist umstr (allg bejahend Staud/*Wolfsteiner* Rz 16; nur für den Fall fehlender Zwischenrechte BaRoth/*Rohe* Rz 5; allg abl RGZ 84, 78, 84). Sicher ist dagegen, dass der Löschungsanspruch inhaltlich auf bestimmte Fälle der Vereinigung von Hypothek und Eigentum beschränkt werden kann; teilw wird angenommen, auch ohne ausdrückliche Vereinbarung beziehe sich § 1179 nur auf eine „endgültige" Vereinigung (wie § 1179a II; vgl etwa BaRoth/*Rohe* Rz 3).

Unter § 1179 Nr 1 fallen alle beschränkt dinglichen Rechte, die keine Grundpfandrechte sind. Ansprüche nach § 1179 Nr 2 müssen glaubhaft gemacht werden (§ 29a GBO). Unter diese Vorschrift fällt auch der Heimfallanspruch des Grundstückseigentümers am Erbbaurecht, so dass auch zu dessen Gunsten eine Löschungsvormerkung eingetragen werden kann (Hamm NJW-RR 02, 738).

Die Eintragung erfordert die Bewilligung des Eigentümers (§ 19 GBO), aber nicht die Zustimmung des Gläubigers des betroffenen Rechts. Bei Briefrechten braucht zur Eintragung der Löschungsvormerkung der Brief nicht vorgelegt zu werden (§ 41 I 3 GBO); sie wird auch nicht auf dem Brief vermerkt (§ 62 I 2 GBO). Die Wirkung der eingetragenen Löschungsvormerkung richtet sich nach §§ 883, 888. Ist eine Eigentümergrundschuld entstanden, aber noch der frühere Gläubiger der Hypothek eingetragen, ist str, ob der Vormerkungsberechtigte einen eigenen Anspruch auf Grundbuchberichtigung (§ 894) hat (so Staud/*Wolfsteiner* Rz 47) oder lediglich einen Anspruch gegen den Eigentümer, auf Berichtigung hinzuwirken (so RGZ 93, 114).

C. Grundschulden, Rentenschulden. § 1179 ist auf Grundschuld und Rentenschuld entspr anwendbar (§ 1192 I). Die praktische Bedeutung ist bei der Grundschuld sehr gering, da die Vereinigung von Grundpfandrecht und Eigentum normalerweise unterbleibt (Neuvalutierung ist ohne Zustimmung des Vormerkungsberechtigten wirksam, BGH NJW-RR 91, 1197) und damit der vormerkungsgesicherte Anspruch nicht entsteht. In der Praxis sichern sich nachrangige Berechtigte heute durch Abtretung der gegenwärtigen und künftigen Rückgewähransprüche des Eigentümers gegen den Grundschuldgläubiger.

§ 1179a Löschungsanspruch bei fremden Rechten. (1) ¹Der Gläubiger einer Hypothek kann von dem Eigentümer verlangen, dass dieser eine vorrangige oder gleichrangige Hypothek löschen lässt, wenn sie im Zeitpunkt der Eintragung der Hypothek des Gläubigers mit dem Eigentum in einer Person vereinigt ist oder eine solche Vereinigung später eintritt. ²Ist das Eigentum nach der Eintragung der nach Satz 1 begünstigten Hypothek durch Sondernachfolge auf einen anderen übergegangen, so ist jeder Eigentümer wegen der zur Zeit seines Eigentums bestehenden Vereinigungen zur Löschung verpflichtet. ³Der Löschungsanspruch ist in gleicher Weise gesichert, als wenn zu seiner Sicherung gleichzeitig mit der begünstigten Hypothek eine Vormerkung in das Grundbuch eingetragen worden wäre.
(2) ¹Die Löschung einer Hypothek, die nach § 1163 Abs. 1 Satz 1 mit dem Eigentum in einer Person vereinigt ist, kann nach Absatz 1 erst verlangt werden, wenn sich ergibt, dass die zu sichernde Forderung nicht mehr entstehen wird; der Löschungsanspruch besteht von diesem Zeitpunkt an jedoch auch wegen der vorher bestehenden Vereinigungen. ²Durch die Vereinigung einer Hypothek mit dem Eigentum nach § 1163 Abs. 2 wird ein Anspruch nach Absatz 1 nicht begründet.
(3) Liegen bei der begünstigten Hypothek die Voraussetzungen des § 1163 vor, ohne dass das Recht für den Eigentümer oder seinen Rechtsnachfolger im Grundbuch eingetragen ist, so besteht der Löschungsanspruch für den eingetragenen Gläubiger oder seinen Rechtsnachfolger.
(4) Tritt eine Hypothek im Range zurück, so sind auf die Löschung der ihr infolge der Rangänderung vorgehenden oder gleichstehenden Hypothek die Absätze 1 bis 3 mit der Maßgabe entsprechend anzuwenden, dass an die Stelle des Zeitpunkts der Eintragung des zurückgetretenen Rechts der Zeitpunkt der Eintragung der Rangänderung tritt.
(5) ¹Als Inhalt einer Hypothek, deren Gläubiger nach den vorstehenden Vorschriften ein Anspruch auf Löschung zusteht, kann der Ausschluss dieses Anspruchs vereinbart werden; der Ausschluss kann auf einen bestimmten Fall der Vereinigung beschränkt werden. ²Der Ausschluss ist unter Bezeichnung der

Hypotheken, die dem Löschungsanspruch ganz oder teilweise nicht unterliegen, im Grundbuch anzugeben; ist der Ausschluss nicht für alle Fälle der Vereinigung vereinbart, so kann zur näheren Bezeichnung der erfassten Fälle auf die Eintragungsbewilligung Bezug genommen werden. ³Wird der Ausschluss aufgehoben, so entstehen dadurch nicht Löschungsansprüche für Vereinigungen, die nur vor dieser Aufhebung bestanden haben.

1 **A. Grund der Einfügung, Anwendungsbereich.** Bei Hypotheken zugunsten von Kreditinstituten wurde von den Gläubigern seit langem bei jeder Hypothek die Eintragung von Löschungsvormerkungen nach § 1179 aF gefordert; diese war auch iÜ gängige Formularpraxis. Zur Entlastung der Grundbuchämter wurde deshalb durch das G v 22.6.77 das Regel-Ausnahme-Verhältnis umgekehrt: Zugunsten jedes Hypothekengläubigers besteht nun ein gesetzlicher Löschungsanspruch, der wie durch eine Vormerkung gesichert ist; der Anspruch kann aber als Inhalt der Hypothek ausgeschlossen werden. Die sprachlich wenig geglückte Vorschrift versucht einen Teil der Kasuistik zu § 1179 aF zu positivieren. Sie gilt für alle Hypotheken, die ab dem 1.1.78 zur Eintragung in das Grundbuch beantragt wurden; der Tag der Eintragung ist ohne Bedeutung. Für vorher zur Eintragung beantragte Rechte gilt zeitlich unbeschränkt § 1179 aF weiter (s. § 1179 Rn 1).

2 § 1179a gilt nicht für die Arresthypothek (§ 932 I 2 ZPO) und nicht für die Hypothek für Inhaberschuldverschreibungen (§ 1187 4).

3 Die Vorschrift ist verfassungsrechtlich nicht unbedenklich, da sie es der Willkür eines Dritten, nämlich des Gläubigers einer nachrangigen Hypothek, überlässt zu entscheiden, wem der Veräußerungs- bzw Versteigerungserlös eines Grundstücks zugute kommt, da er seine gesetzlichen Rechte aus § 1179a ohne Rücksicht auf ein eigenes Sicherungsinteresse nach seinem Belieben ausüben oder deren Ausübung unterlassen kann und § 1179a III – wörtlich genommen (s. aber Rn 6) – diese Befugnis sogar einem Nichtberechtigten zugesteht. Da der Löschungsanspruch als Inhalt einer begünstigten Hypothek ausgeschlossen werden kann (§ 1179a V), ihre Wirkungen also nicht zwingend sind, dürfte eine Verfassungswidrigkeit jedoch ausscheiden (im Erg ebenso BGH NJW 87, 2078; aA Staud/*Wolfsteiner* Rz 7).

4 **B. Löschungsanspruch.** Der Löschungsanspruch, der gesetzlicher Inhalt der begünstigten Hypothek ist (BayObLG NJW-RR 92, 306; krit Staud/*Wolfsteiner* Rz 12), entsteht mit ihrer Eintragung und erlischt mit ihrer Löschung (s. aber Rn 7 wegen der Fortsetzung am Versteigerungserlös). Seine Geltendmachung ist nur ausnahmsweise rechtsmissbräuchlich (LG Ansbach Rpfleger 98, 212). Jede Vereinigung von Eigentum und Hypothek löst den Löschungsanspruch nach § 1179a für Gläubiger aus, denen eine gleich- oder nachrangige Hypothek zusteht und zwar auch dann, wenn das Rangverhältnis erst durch Rangrücktritt entstanden ist (§ 1179a IV); Gläubiger von Zwischenrechten sind hiervon nicht betroffen (*Rambold* Rpfleger 95, 284), auch wenn die entstehenden relativen Rangverhältnisse Auswirkungen auf die Verteilung eines Versteigerungserlöses haben können. Dass der Eigentümer die Vereinigung herbeiführen könnte, genügt nicht (Karlsr OLGRep 09, 123). Bei einer Gesamthypothek kann sich ein Löschungsanspruch auch für einzelne Belastungsgegenstände ergeben (BGH NJW 81, 1503).

5 Ausgenommen vom Löschungsanspruch ist die vorläufige Eigentümergrundschuld (§ 1179a II 1); hier kann der Löschungsanspruch erst geltend gemacht werden, wenn sicher ist, dass die Forderung nicht mehr entstehen kann, bei der Höchstbetragshypothek (§ 1190) also nur dann, wenn überhaupt keine Forderungen aus dem gesicherten Verhältnis mehr entstehen können. Ebenso ist vom Löschungsanspruch ausgenommen das Eigentümerrecht bei der Briefhypothek vor Briefübergabe (§ 1179a II 2) und zwar (anders als bei § 1179a II 1) nach dem klaren Wortlaut des Gesetzes und in Übereinstimmung mit § 1196 III auch dann, wenn sicher ist, dass die Forderung nicht mehr entstehen kann (aA contra legem MüKo/*Eickmann* Rz 24).

6 Gänzlich unverständlich ist § 1179a III, der den Anspruch auch dem eingetragenen Gläubiger einer begünstigten Hypothek gewährt, die in Wahrheit Eigentümerrecht ist. Würde man die Vorschrift wörtlich nehmen, müsste man sie in der Tat für verfassungswidrig halten. Indessen wird § 1179a III dahin teleologisch reduziert, dass der Anspruch nur demjenigen als Hypothekengläubiger Eingetragenen zusteht, der das Recht später auch erwirbt; die Wirkung beschränkt sich hiernach darauf, dass die Vormerkungswirkung (§ 1179a I 3) bereits mit dem Zeitpunkt der Eintragung eintritt (*Stöber* Rpfleger 77, 425; aA Staud/*Wolfsteiner* Rz 47).

7 Die Vormerkungswirkung beginnt mit der Eintragung des begünstigten Rechts für die dann bestehenden und auch die künftigen Vereinigungen. Schuldner des Anspruchs ist jeder Eigentümer, in dessen Eigentumszeit eine Vereinigung eingetreten ist. Bleibt bei der Zwangsversteigerung das betroffene Recht bestehen, während die begünstigte Hypothek durch den Zuschlag erlischt, bleiben Löschungsansprüche bestehen, die zum Zeitpunkt der Beschlagnahme bereits entstanden waren (§ 91 IV ZVG). Erlöschen dagegen durch den Zuschlag beide Rechte, erlischt mit dem Zuschlag auch der Löschungsanspruch; für eine „Fortsetzung" durch einen entspr Anteil am Versteigerungserlös fehlt eine gesetzliche Grundlage (richtig BGH Rpfleger 05, 717; aA *Hintzen/Böhringer* Rpfleger 05, 661); dies hat besondere Bedeutung bei der Grundschuld.

8 *Nicht vormerkungswidrig ist die Bildung einer Einheitshypothek (§ 1113 Rn 19) aus mehreren vorrangigen Hypotheken*, ebenso wenig eine Forderungsauswechslung nach § 1180 oder die Umwandlung einer Sicherungshypothek in eine gewöhnliche Hypothek. Hierdurch verringert sich nur faktisch die Aussicht für den Berechtigten der begünstigten Hypothek; sein wie durch eine Vormerkung gesichertes Recht bleibt unberührt.

„Insolvenzfest" ist der Anspruch nicht; es fehlt an dem für die Vormerkungswirkung nötigen Erfordernis, dass der Anspruch dem Berechtigten ohne sein Zutun nicht mehr entzogen werden kann (BGH NJW 06, 2408; aA Köln Rpfleger 05, 249 und 1. Aufl). Besonders augenfällig ist das bei der Grundschuld, wo der Eigentümer den Rückgewähranspruch jederzeit abtreten (s. Rn 12) oder die nicht mehr valutierte Grundschuld zur Sicherung neuer Forderungen verwenden kann.

C. Ausschluss des Löschungsanspruchs. Ausgeschlossen werden kann der Löschungsanspruch (bei der Gesamthypothek auch nur hinsichtlich einzelner Grundstücke, BGH NJW 81, 1503) jeweils als Inhalt eines (potentiell) begünstigten Rechts; dabei müssen die Rechte, denen ggü der Anspruch ausgeschlossen wird, bezeichnet werden. Dies können sowohl bei Eintragung bereits vorrangige als auch nachrangige, später möglicherweise im Rang vorrückende Rechte sein; nicht möglich ist dagegen – ohne dass es dafür einen vernünftigen Grund geben würde – die Bestellung einer Hypothek, der der Löschungsanspruch generell fehlt. Nicht möglich ist es auch, das betroffene Recht selbst mit dem Inhalt auszustatten, dass ihm ggü keine Löschungsansprüche bestehen (BayObLG NJW-RR 92, 306, 307). Soll ein Eigentümerrecht bestehen bleiben, muss deshalb bei jeder Neubestellung eines nachrangigen Rechts daran gedacht werden, den Löschungsanspruch auszuschließen. Beim Rangvorbehalt kann der Ausschluss für die vom Vorbehalt betroffene Hypothek vereinbart und vor dem vorbehaltenen Recht eingetragen werden (*Jerschke* DNotZ 77, 708, 727; aA *Stöber* Rpfleger 77, 425).

Der Ausschluss erfolgt regelmäßig bei der Bestellung des begünstigten Rechts; allerdings ist ein nachträglicher Ausschluss ebenso möglich (Inhaltsänderung nach § 877) wie seine Aufhebung. Sie bedarf nicht der Zustimmung anderer Hypothekengläubiger oder anderer dinglich Berechtigter.

D. Grundschulden, Rentenschulden. § 1179a ist auf Grundschuld und Rentenschuld entspr anwendbar (§ 1192 I), jedoch nicht auf die Inhabergrundschuld nach § 1195 als betroffenes Recht (§ 1187 4 entspr). Für die Eigentümergrundschuld gilt § 1196 III. Bei der Fremdgrundschuld ist § 1179a II mangels Forderung nicht anwendbar; der Löschungsanspruch ihr ggü entsteht also unabhängig davon, ob sie valutiert war oder nicht (BGH NJW 89, 2536), jedoch kann der Eintritt der Folgen des § 1179a hier leicht dadurch verhindert werden, dass der Eigentümer den Rückgewähranspruch (s. § 1192 Rn 15) als Sicherheit abtritt; Grundschuld und Eigentum vereinigen sich dann nicht. Ein solches Vorgehen ist keine unzulässige Rechtsausübung (BGH NJW 81, 1505; aA *Vollkommer* NJW 80, 1052). Wenn der Gläubiger einer durch den Zuschlag erloschenen Grundschuld erst im Verteilungsverfahren für den nicht valutierten Teil seines Rechts auf den Erlös verzichtet und der Eigentümer auf die Forderung gezahlt hatte (s. dazu § 1192 Rn 19), kann ein gleich- oder nachrangiger Gläubiger der Zuteilung dieses Erlöses an den Eigentümer nicht widersprechen, da ihm kein Löschungsanspruch zusteht (s. Rn 7).

Der Löschungsanspruch entsteht auch für eine Eigentümergrundschuld als begünstigtes Recht mit der Eintragung (Braunschw DNotZ 87, 515 m Anm *Schelter*), kann also auch bereits von Anfang an ausgeschlossen werden (BayObLG NJW-RR 92, 306).

§ 1179a beeinträchtigt die Verkehrsfähigkeit der Briefgrundschuld erheblich, da kein Erwerber sicher feststellen kann, ob sie nicht seit ihrer Bestellung außerhalb des Grundbuchs von einem Gläubiger auf den Eigentümer und von diesem wieder auf einen Gläubiger übergegangen ist. In diesem Fall erwirbt ein späterer Erwerber der Briefgrundschuld auch bei einer ununterbrochenen Abtretungskette nach § 1155 ohne Rücksicht auf seinen guten Glauben mit dem Löschungsanspruch belastet, da durch § 1155 nicht der gute Glaube an die Vollständigkeit der Dokumentation der Abtretungsvorgänge geschützt wird.

§ 1179b Löschungsanspruch bei eigenem Recht.
(1) Wer als Gläubiger einer Hypothek im Grundbuch eingetragen oder nach Maßgabe des § 1155 als Gläubiger ausgewiesen ist, kann von dem Eigentümer die Löschung dieser Hypothek verlangen, wenn sie im Zeitpunkt ihrer Eintragung mit dem Eigentum in einer Person vereinigt ist oder eine solche Vereinigung später eintritt.
(2) § 1179a Abs. 1 Satz 2, 3, Absatz 2, 5 ist entsprechend anzuwenden.

Bei Hypotheken zugunsten von Kreditinstituten wurde früher von den Gläubigern regelmäßig nicht nur die Eintragung von Löschungsvormerkungen für vor- und gleichrangige Hypotheken, sondern auch für das bestellte Recht selbst gefordert. § 1179b hat deshalb auch diese Bankpraxis in einen Anspruch verwandelt, der zum gesetzlichen Inhalt der Hypothek gehört, aber ausgeschlossen werden kann. Der Sinn des § 1179b erschließt sich schwer, zumal der *Eigentümer* der Geltendmachung des Anspruchs idR seinen Grundbuchberichtigungsanspruch (§ 894 ZPO) entgegensetzen kann und mit der Grundbuchberichtigung der Anspruch des Gläubigers erlischt. Mangelnder Sinn macht eine Vorschrift freilich noch nicht verfassungswidrig (für Verfassungswidrigkeit hingegen Staud/*Wolfsteiner* Rz 5).

§ 1179b hat den gleichen zeitlichen Anwendungsbereich wie § 1179a (s. § 1179a Rn 1, § 1179 Rn 1); es bestehen die gleichen Ausnahmen wie bei § 1179a (s. § 1179a Rn 2).

Ausgeschlossen werden kann der Löschungsanspruch ebenso wie im Fall des § 1179a (s. § 1179a Rn 7).

4 § 1179b ist auf Grundschuld und Rentenschuld entspr anwendbar (§ 1192 I); zu Inhabergrundschuld und Eigentümergrundschuld vgl § 1179a Rn 9. Bei der Grundschuld kann jedoch der Eintritt der Folgen des § 1179b ebenso wie der der Folgen des § 1179a leicht dadurch verhindert werden, dass der Eigentümer den Rückgewähranspruch (s. § 1192 Rn 15) als Sicherheit abtritt; Grundschuld und Eigentum vereinigen sich dann nicht.

§ 1180 Auswechslung der Forderung.
(1) ¹An die Stelle der Forderung, für welche die Hypothek besteht, kann eine andere Forderung gesetzt werden. ²Zu der Änderung ist die Einigung des Gläubigers und des Eigentümers sowie die Eintragung in das Grundbuch erforderlich; die Vorschriften des § 873 Abs. 2 und der §§ 876, 878 finden entsprechende Anwendung.
(2) ¹Steht die Forderung, die an die Stelle der bisherigen Forderung treten soll, nicht dem bisherigen Hypothekengläubiger zu, so ist dessen Zustimmung erforderlich; die Zustimmung ist dem Grundbuchamt oder demjenigen gegenüber zu erklären, zu dessen Gunsten sie erfolgt. ²Die Vorschriften des § 875 Abs. 2 und des § 876 finden entsprechende Anwendung.

1 § 1180 unterscheidet zwischen der Forderungsauswechslung ohne (§ 1180 I) und mit (§ 1180 II) Gläubigerwechsel. Die Forderungsauswechslung ist auch bei der Eigentümerhypothek (§ 1177 II) zulässig. Es handelt sich jeweils um eine Verfügung über das (ggf künftige) Eigentümerrecht, nicht um eine Verfügung über das Grundstück (so dass Genehmigungen zur Belastung nicht nochmals erforderlich sind; aA Schlesw SchlHA 60, 57). Die praktische Bedeutung ist gering, da in allen Fällen, in denen eine Forderungsauswechslung in Betracht kommt, die Bestellung einer Grundschuld bevorzugt wird.
2 Die Eintragung in das Grundbuch erfordert eine Bewilligung des Eigentümers und im Fall des Gläubigerwechsels die des bisherigen Gläubigers, nicht aber des neuen Gläubigers. Der Hypothekenbrief ist vorzulegen; die Änderung wird dort vermerkt, die bisherige Schuldurkunde abgetrennt und eine neue Schuldurkunde mit dem Brief verbunden, soweit nicht überhaupt die Erteilung eines neuen Briefes beantragt wird (§ 65 GBO). Der geänderte oder neue Brief wird dem Eigentümer ausgehändigt. Die Zustimmung des Schuldners ist in keinem Fall erforderlich; er wird durch § 1165 geschützt.
3 Die Hypothek besteht sodann nur noch für die neue Forderung; Einwendungen kann der Eigentümer nur aus dem neuen Schuldverhältnis erheben (§ 1137). Die bisherige Forderung steht – nun nicht mehr dinglich gesichert – dem bisherigen Gläubiger zu; die Hypothekenvorschriften gelten für sie nicht mehr. Die Unterwerfung des Eigentümers unter die sofortige Zwangsvollstreckung (§§ 794 I Nr 1, 800 ZPO) ist forderungsbezogen und muss daher auch für das dingliche Recht erneut erklärt (allgM) und ins Grundbuch eingetragen werden (insoweit aA Staud/*Wolfsteiner* Rz 27). Damit fallen die Kosten für die Bestellung der Hypothek (s. § 1113 Rn 12) nochmals an, so dass die Forderungsauswechslung nur ausnahmsweise sinnvoll ist.
4 § 1180 I beruht auf dem Nebeneinander von Forderung und Hypothek und ist daher auf Grundschulden und Rentenschulden nicht entspr anwendbar, wohl aber § 1180 II bei der (kaum praktisch werdenden) Umwandlung einer Fremdgrundschuld in eine Hypothek; hier ist die Zustimmung des bisherigen Grundschuldgläubigers erforderlich.

§ 1181 Erlöschen durch Befriedigung aus dem Grundstück.
(1) Wird der Gläubiger aus dem Grundstück befriedigt, so erlischt die Hypothek.
(2) Erfolgt die Befriedigung des Gläubigers aus einem der mit einer Gesamthypothek belasteten Grundstück, so werden auch die übrigen Grundstücke frei.
(3) Der Befriedigung aus dem Grundstück steht die Befriedigung aus den Gegenständen gleich, auf die sich die Hypothek erstreckt.

1 „Befriedigung aus dem Grundstück" ist nur die Befriedigung im Wege der Zwangsvollstreckung (§ 1147), wozu auch die Teilungsversteigerung gehört. Wird der Gläubiger freiwillig befriedigt, ist § 1181 nicht anwendbar. Die Hypothek erlischt in den Fällen des § 91 I ZVG in jedem Fall mit dem Zuschlag in der Zwangsversteigerung, setzt sich dann aber am Erlös fort; auch besteht unabhängig davon die Hypothek an den nach §§ 1120 ff mithaftenden Sachen; nach Maßgabe des § 91 IV ZVG kann auch ein Löschungsanspruch nach § 1179a bestehen bleiben. Wird ein Bestehenbleiben der Hypothek nach § 91 II ZVG vereinbart, so ist gleichwohl eine „Befriedigung aus dem Grundstück" erfolgt (§ 91 III 2 ZVG). Fällt die Hypothek in der Zwangsversteigerung aus, so ist keine Befriedigung eingetreten; fällt sie teilweise aus, so ist der Gläubiger teilw befriedigt. Die Löschung der Hypothek im Grundbuch ist nur deklaratorisch; angesichts des Zwangsversteigerungsvermerks kann sie nach dem Zuschlag auch nicht gutgläubig (§ 892) erworben werden.
2 Ein freihändiger Verkauf durch den Insolvenzverwalter (§ 160 II Nr 1 InsO) ist keine Befriedigung aus dem Grundstück, wohl aber eine Verwertung nach § 165 InsO. „Befriedigung aus dem Grundstück" ist auch die *Einziehung der Gebäudeversicherungsforderung* nach § 1128.
3 Ist der Eigentümer zugleich persönlicher Schuldner, so erlischt mit der Befriedigung des Gläubigers auch die persönliche Schuld; bei Personenverschiedenheit gilt dagegen § 1143. Wird eine Vereinbarung nach § 91 II

ZVG getroffen, so bedarf es auch einer Vereinbarung über die persönliche Schuld. Diese kann in einer Schuldübernahme durch den Ersteher ebenso bestehen wie in der Verwendung des Grundpfandrechts für eine neu zu begründende Darlehensforderung; erfolgt letzterenfalls keine Forderungsauswechslung, wird die Hypothek Grundschuld.

Bei der **Gesamthypothek** gilt § 1181 II. Die Hypothek erlischt – da ihr keine Forderung zugrunde liegt – insgesamt; es entstehen nicht etwa Eigentümergrundschulden an den nicht versteigerten Grundstücken. Auch mit Zustimmung des Eigentümers kann diese Rechtsfolge nicht geändert werden (Braunschw OLGR 14, 124); da aber kein Zwangsversteigerungsvermerk eingetragen ist, ist hier gutgläubiger Erwerb möglich. Die Löschung erfolgt nur auf Veranlassung der Beteiligten, nicht auf Ersuchen des Vollstreckungsgerichts, da das Vollstreckungsgericht nicht entscheiden kann, ob ein Fall des § 1182 vorliegt. 4

§ 1182 Übergang bei Befriedigung aus der Gesamthypothek. [1]Soweit im Falle einer Gesamthypothek der Eigentümer des Grundstücks, aus dem der Gläubiger befriedigt wird, von dem Eigentümer eines der anderen Grundstücke oder einem Rechtsvorgänger dieses Eigentümers Ersatz verlangen kann, geht die Hypothek an dem Grundstück dieses Eigentümers auf ihn über. [2]Die Hypothek kann jedoch, wenn der Gläubiger nur teilweise befriedigt wird, nicht zum Nachteil der dem Gläubiger verbleibenden Hypothek und, wenn das Grundstück mit einem im Range gleich- oder nachstehenden Recht belastet ist, nicht zum Nachteil dieses Rechts geltend gemacht werden.

§ 1182 stellt eine Ausn zu § 1181 II dar. Hat der Gläubiger das Grundstück eines Eigentümers in Anspruch genommen, der im Innenverhältnis der mehreren Eigentümer nicht allein verpflichtet ist, wäre dessen Ausgleichsanspruchs bei einem Erlöschen der Hypothek ungesichert. Deshalb ordnet § 1182 das Fortbestehen der Hypothek insoweit an, als es zur Sicherung des Ausgleichsanspruchs erforderlich ist. Der Ersatzanspruch kann auch die Forderung sein, die nach § 1143 auf den Eigentümer übergegangen ist, wenn der persönliche Schuldner einer der Grundstückseigentümer ist (RGZ 81, 78). Ob die fortbestehende Hypothek zur Gesamthypothek ist oder zu Einzelhypotheken auf den nicht versteigerten Grundstücken wird, hängt von dem Verhältnis ab, in dem sie Ausgleich schulden (Gesamt- oder Teilschuld). Die dafür etwa erforderlichen Erklärungen müssen die Beteiligten selbst in grundbuchmäßiger Form (§ 29 GBO) beschaffen; das Vollstreckungsgericht ist dafür nicht zuständig. 1

Die fortbestehende Hypothek geht allen anderen dinglichen Belastungen – nicht nur anderen Hypotheken – im Rang nach (§ 1182 2). Diese Regelung ist schwer verständlich, da ein Wertungswiderspruch zu dem Fall besteht, dass der versteigerte Eigentümer den Gläubiger freiwillig befriedigt hätte; dann würde nämlich dieser Rechtsverlust nicht eintreten (§ 1173). 2

§ 1183 Aufhebung der Hypothek. [1]Zur Aufhebung der Hypothek durch Rechtsgeschäft ist die Zustimmung des Eigentümers erforderlich. [2]Die Zustimmung ist dem Grundbuchamt oder dem Gläubiger gegenüber zu erklären; sie ist unwiderruflich.

Einseitig kann der Gläubiger nur auf die Hypothek verzichten (§ 1168), dadurch wird sie Eigentümerrecht. Erlöschen kann das Recht rechtsgeschäftlich nur durch Aufhebung, die ohne Zustimmung des Eigentümers nicht wirksam ist. § 1168 verwirklicht dadurch das dem § 1163 zugrunde liegende Rangwahrungsprinzip: Ohne Zustimmung des Eigentümers kann die Hypothek nicht erlöschen und können nachrangige Rechte demnach auch nicht aufrücken. Deshalb handelt es sich bei der Zustimmung um eine Verfügung über die Anwartschaft auf das Eigentümerrecht, nicht um eine Verfügung über das Grundstück (BayObLG Rpfleger 73, 404; aA BaRoth/*Rohe* Rz 3), so dass in den Fällen des § 1812 die Genehmigung des Familiengerichts erforderlich ist (BayObLG Rpfleger 85, 24), aber nicht die Zustimmung des nichtverwaltenden Ehegatten bei der Gütergemeinschaft. 1

Durch §§ 1179a, 1179b hat die Rangwahrungsfunktion ihre tatsächliche Bedeutung weitgehend eingebüßt; die Notwendigkeit der Eigentümerzustimmung wird deshalb vielfach als lästige Formalität empfunden. Grundpfandrechtsbestellungsformulare von Banken enthalten teilweise bereits Vollmachten für den Gläubiger, diese namens des Eigentümers zu erklären; sie können freilich nur verwendet werden, wenn nicht in der Zwischenzeit das Eigentum gewechselt hat. In der Kautelarpraxis wird die Aufhebungserklärung des Hypothekengläubigers als **Löschungsbewilligung** bezeichnet. Erklärt der Eigentümer irrtümlich, er bewillige die Löschung, dann enthält diese im Zweifel die Zustimmung zur Löschung (BayObLG Rpfleger 73, 404). 2

Geht die Zustimmung nicht vom wirklichen Eigentümer aus, ist sie unwirksam. § 892 gilt nicht, da es sich nicht um ein Verkehrsgeschäft handelt (BayObLG Rpfleger 85, 24); das Grundbuch ist also unrichtig, wenn der Bucheigentümer die Zustimmung erklärt hat und infolgedessen die Hypothek gelöscht wurde. 3

Auf das Verhältnis von Gläubiger und Eigentümer bei der Zustimmung (§ 1183 2) ist **§ 181** anwendbar (aA Staud/*Wolfsteiner* Rz 6). Gibt der Gläubiger die Eigentümerzustimmung sich selbst oder dem GBA ggü zugleich als zugleich als Vertreter des Eigentümers ab, ist sie deshalb nur wirksam, wenn er von den Beschränkungen des § 181 befreit ist; handelt dagegen der Eigentümer für sich und zugleich als Vertreter des 4

5 Die Erklärung bedarf bei eingetragenem Nacherbenvermerk der Zustimmung des Nacherben (§ 2114 3), soweit dieser beeinträchtigt sein kann (aA Hambg Rpfleger 04, 617 m abl Anm *Hintzen/Alff*); beim befreiten Vorerben ist zu prüfen, ob es sich um eine unentgeltliche Verfügung handelt (LG Aachen Rpfleger 86, 260).Eine Beeinträchtigung des Nacherben ist von vornherein ausgeschlossen, wenn kein nachrangiges Recht vorhanden ist (KG HRR 37, 1016).

6 In formeller Hinsicht ist eine Erklärung des Eigentümers erforderlich (§ 27 GBO), die auch vor der Abgabe der Löschungsbewilligung abgegeben werden kann. Der Brief ist vorzulegen (§ 41 GBO); zur Vollstreckung der Verurteilung zur Löschung einer Briefhypothek vgl BayObLG NJW-RR 98, 18. Aus der in § 1183 2 angeordneten Unwiderruflichkeit ergibt sich, dass der Insolvenzverwalter an eine vor Insolvenzeröffnung abgegebene Zustimmung des Eigentümers gebunden ist (RGZ 52, 411, 411; aA Staud/*Wolfsteiner* Rz 12); bei einem Eigentumswechsel vor der Löschung ist jedoch die Zustimmung des neuen Eigentümers erforderlich. Bei einer Gesamthypothek ist die Zustimmung aller Eigentümer erforderlich (aA Staud/*Wolfsteiner* Rz 17); allerdings kann dieses Erfordernis leicht dadurch umgangen werden, dass zunächst die Grundstücke der nicht zustimmenden Eigentümer pfandfrei gegeben werden (Wirkung: § 1175 I 2) und dann die Hypothek am Grundstück des zustimmenden Eigentümers gelöscht wird.

7 § 1183 ist auf Grundschuld und Rentenschuld entspr anwendbar (§ 1192 I). Bei der Grundschuld ist die Aufhebungserklärung des Gläubigers idR dahin auszulegen, dass zugleich auf die Ansprüche aus einem gleichzeitig mit der Grundschuldbestellung abgegebenen abstrakten Schuldversprechen für den Grundschuldbetrag verzichtet wird; will der (nicht vollständig befriedigte) Gläubiger sich solche Rechte vorbehalten, ist es ratsam, dies in der Aufhebungserklärung ausdrücklich zu erklären.

§ 1184 Sicherungshypothek.
(1) **Eine Hypothek kann in der Weise bestellt werden, dass das Recht des Gläubigers aus der Hypothek sich nur nach der Forderung bestimmt und der Gläubiger sich zum Beweis der Forderung nicht auf die Eintragung berufen kann (Sicherungshypothek).**
(2) **Die Hypothek muss im Grundbuch als Sicherungshypothek bezeichnet werden.**

1 Die Sicherungshypothek ist dasjenige Grundpfandrecht, das den Eigentümer am wenigsten belastet, da jede über die Forderung hinausgehende Verpflichtung ausgeschlossen ist: Auch bei einer Übertragung der Forderung an Dritte erwirbt der Zessionar die Hypothek nur insoweit, wie die Forderung besteht (Ausschluss des § 1138 durch § 1184 II). Deshalb sind die kraft Gesetzes entstehenden Hypotheken Sicherungshypotheken. Andere Sicherungshypotheken haben kaum noch Bedeutung; zur Sicherung von privaten Forderungen wird die nur mit Zustimmung des Eigentümers abtretbare Grundschuld bevorzugt.

2 Auch bei einer Sicherungshypothek ist allerdings gutgläubiger Erwerb (§ 892) möglich, wenn die Unrichtigkeit des Grundbuchs nicht auf dem Fehlen einer Forderung, sondern darauf beruht, dass der Begründungsakt unwirksam ist. Deshalb kann auch gegen die Eintragung einer Sicherungshypothek ein Widerspruch eingetragen werden (BayObLG BayVBl 95, 29). Die Folgen einer Diskrepanz zwischen Einigung und Eintragung oder eines entspr Dissenses sind umstr. Ist eine Verkehrshypothek bestellt, aber eine Sicherungshypothek eingetragen wurde, so ist eine Sicherungshypothek als minus entstanden (RGZ 123, 169, 170 f); ist eine Sicherungshypothek bestellt, aber eine Verkehrshypothek eingetragen, so entsteht eine Eigentümergrundschuld (aA Palandt/*Bassenge* Rz 6: Verkehrshypothek entstanden).

3 § 1184 II schließt die Eintragung einer Sicherungshypothek durch Bezugnahme auf die Eintragungsbewilligung aus; wegen der Bedeutung für den Rechtsverkehr ist die Eintragung im Grundbuch selbst erforderlich.

4 Hinsichtlich von Einwendungen des Erwerbers eines mit einer Sicherungshypothek belasteten Grundstücks ist zu unterscheiden: Bei einer Zwangshypothek wirkt die Rechtskraft des zugrunde liegenden Titels auch gegen den Erwerber (BGH NJW 88, 828), ebenso ein dinglicher Titel gegen den früheren Eigentümer (§ 325 III ZPO), nicht dagegen ein Titel wegen der Forderung (aA KG JW 31, 1932 m abl Anm *Rosenberg*). In jedem Fall beschränkt sich die Wirkung auf die zugrunde liegenden titulierten Forderungen; sind diese erloschen, dann müssen sekundäre Ansprüche (zB auf Schadensersatz) neu tituliert werden (Ddorf NJW-RR 93, 1430, 1431).

§ 1185 Buchhypothek; unanwendbare Vorschriften.
(1) **Bei der Sicherungshypothek ist die Erteilung des Hypothekenbriefs ausgeschlossen.**
(2) **Die Vorschriften der §§ 1138, 1139, 1141, 1156 finden keine Anwendung.**

1 Der Ausschluss der Brieferteilung ergibt sich aus dem Zweck des Briefes, die Übertragung der Hypothek zu erleichtern und den Eigentümer gegen Verfügungen des Gläubigers bis zur Darlehensauszahlung zu sichern. Beide Gesichtspunkte entfallen bei der Sicherungshypothek. Da sich aus der Eintragung als Sicherungshypothek ergibt, dass kein Brief ausgestellt sein kann, ist die Brieflosigkeit im Grundbuch weder eintragungsfähig noch eintragungsbedürftig.

Da § 1138 unanwendbar ist, hat der Gläubiger die Entstehung der Forderung mit anderen Beweismitteln als der Hypothekeneintragung zu beweisen (BGH NJW 86, 53); dagegen ändert sich nichts daran, dass bei nachweislich entstandener Forderung der Eigentümer deren Erlöschen beweisen muss. Auch eine Wirkung zu Lasten des Eigentümers ist möglich: Hat er an den Buchgläubiger gezahlt, wird er nicht durch § 893 geschützt. Den Schutz des § 1139 benötigt der Eigentümer bei der Sicherungshypothek nicht. Da § 1141 nicht gilt, ist die Kündigung ggü dem Eigentümer, der nicht persönlicher Schuldner ist, weder erforderlich noch ausreichend. Die Anwendung des § 54 ZVG ist dagegen auch in diesem Fall nicht ausgeschlossen (RG LZ 28, 1060). Da § 1156 nicht gilt, kann sich der Eigentümer auf alle Einwendungen aus §§ 406–408 berufen.

§ 1186 Zulässige Umwandlungen. ¹Eine Sicherungshypothek kann in eine gewöhnliche Hypothek, eine gewöhnliche Hypothek kann in eine Sicherungshypothek umgewandelt werden. ²Die Zustimmung der im Range gleich- oder nachstehenden Berechtigten ist nicht erforderlich.

§ 1186 geht davon aus, dass es sich bei den einzelnen Hypothekenarten nur um unterschiedliche Ausprägungen des gleichen Rechts handelt. Da die Höchstbetragshypothek als Sicherungshypothek gilt (§ 1190 III), ist auch die Umwandlung aus einer oder in eine Höchstbetragshypothek zulässig. Die Umwandlung ist Inhaltsänderung (§ 877) und bedarf daher der (formlosen) Einigung und Eintragung in das Grundbuch; der Rang bleibt erhalten.

Durch die Umwandlung einer Sicherungshypothek entsteht eine Buchhypothek (str; vgl § 1116 Rn 6); Eintragung des Briefausschlusses im Grundbuch ist notwendig (aA Dresd OLGR 29, 371: nur „zweckmäßig"). Bei der Umwandlung einer Briefhypothek in eine Sicherungshypothek ist der Brief vorzulegen, vom GBA unbrauchbar zu machen und mit der damit verbundenen Schuldurkunde nach § 69 GBO zu verfahren. Gutgläubiger Erwerb aufgrund eines versehentlich nicht zurückgegebenen Briefes ist ausgeschlossen.

Die Fiktion des § 1186 2, dass gleich- und nachrangige Berechtigte durch die Umwandlung nicht als beeinträchtigt gelten, gilt auch für die Löschungsansprüche gleich- und nachrangig Berechtigter aus §§ 1179, 1179a oder vertraglichen Vereinbarungen und bedarf daher nicht deren Zustimmung (§ 1179a Rn 8; aA Palandt/*Bassenge* Rz 4 für die Umwandlung einer Sicherungs- in eine Verkehrshypothek).

§ 1187 Sicherungshypothek für Inhaber- und Orderpapiere. ¹Für die Forderung aus einer Schuldverschreibung auf den Inhaber, aus einem Wechsel oder aus einem anderen Papier, das durch Indossament übertragen werden kann, kann nur eine Sicherungshypothek bestellt werden. ²Die Hypothek gilt als Sicherungshypothek, auch wenn sie im Grundbuch nicht als solche bezeichnet ist. ³Die Vorschrift des § 1154 Abs. 3 findet keine Anwendung. ⁴Ein Anspruch auf Löschung der Hypothek nach den §§ 1179a, 1179b besteht nicht.

Die Hypothek des § 1187 (sog **Wertpapierhypothek**) ist ohne jede praktische Bedeutung. Bis 1990 beruhte dies auf der Genehmigungspflicht für Inhaberschuldverschreibungen, aber auch seitdem wird von dieser Art der unmittelbaren dinglichen Sicherung eines Wertpapiers kein Gebrauch gemacht. Die Hypothek muss die Forderung aus dem Wertpapier unmittelbar sichern; sie kann auch als Höchstbetragshypothek bestellt werden (KG JW 26, 1642).

Zur Eintragung in das Grundbuch ist das gesicherte Wertpapier vorzulegen (§ 43 GBO entspr; aA OLG Colmar OLGR 6, 105: erst bei Folgeeintragungen); einzutragen ist bei Inhaberpapieren „der Inhaber", bei Orderpapieren der erste Berechtigte „und jeder durch Indossament ausgewiesene Inhaber". Gläubiger ist bei Inhaberpapieren der Besitzer, der keinen Nachweis benötigt, bei Orderpapieren der durch eine Kette von Indossamenten Ausgewiesene (materiell-rechtlich genügt Schriftform, dem GBA ggü ist Nachweis in der Form des § 29 GBO erforderlich). Eintragung in das Grundbuch ist nicht erforderlich (Ausschluss von § 1154 III durch § 1187 3).

Gutgläubige Erwerber werden zwar nur beschränkt geschützt (§ 1185 II), dafür kommt ihnen der wertpapierrechtliche Schutz (zB § 796) zugute, der regelmäßig noch weitergehend ist. Entspr § 1155 genügt für gutgläubigen Erwerb bei Orderpapieren eine ununterbrochene Indossamentenkette; allerdings ist auch § 1140 entspr anwendbar, so dass Einreden, die aus dem Wertpapier selbst ersichtlich sind, den guten Glauben zerstören.

§ 1188 Sondervorschrift für Schuldverschreibungen auf den Inhaber. (1) Zur Bestellung einer Hypothek für die Forderung aus einer Schuldverschreibung auf den Inhaber genügt die Erklärung des Eigentümers gegenüber dem Grundbuchamt, dass er die Hypothek bestelle, und die Eintragung in das Grundbuch; die Vorschrift des § 878 findet Anwendung.
(2) ¹Die Ausschließung des Gläubigers mit seinem Recht nach § 1170 ist nur zulässig, wenn die im § 801 bezeichnete Vorlegungsfrist verstrichen ist. ²Ist innerhalb der Frist die Schuldverschreibung vorgelegt oder der Anspruch aus der Urkunde gerichtlich geltend gemacht worden, so kann die Ausschließung erst erfolgen, wenn die Verjährung eingetreten ist.

1   Da die Person des ersten Inhabers bei Inhaberschuldverschreibungen ohne rechtliche Bedeutung ist, verzichtet § 1188 auf dessen Mitwirkung, wenn für sie eine Hypothek bestellt werden soll. Bestellung durch Einigung mit dem ersten Inhaber (§ 873) bleibt daneben möglich („genügt"). Eine nach Stellung des Eintragungsantrags eintretende Verfügungsbeschränkung ist für die Wirksamkeit der Bestellung ohne Bedeutung (§ 1188 I letzter Hs).

2   § 1188 II verhindert, dass die Ausschließung des Gläubigers vor dem Ende der Vorlegungsfrist (gesetzliche Frist des § 801 I 1 oder die vom Aussteller nach § 801 III bestimmte des § 801 III) und der sich an die Vorlegung anschließenden Verjährungsfrist erfolgen kann.

§ 1189 Bestellung eines Grundbuchvertreters.
(1) ¹Bei einer Hypothek der im § 1187 bezeichneten Art kann für den jeweiligen Gläubiger ein Vertreter mit der Befugnis bestellt werden, mit Wirkung für und gegen jeden späteren Gläubiger bestimmte Verfügungen über die Hypothek zu treffen und den Gläubiger bei der Geltendmachung der Hypothek zu vertreten. ²Zur Bestellung des Vertreters ist die Eintragung in das Grundbuch erforderlich.
(2) Ist der Eigentümer berechtigt, von dem Gläubiger eine Verfügung zu verlangen, zu welcher der Vertreter befugt ist, so kann er die Vornahme der Verfügung von dem Vertreter verlangen.

1   § 1189 ermöglicht die Bestellung eines Vertreters für den jeweiligen Gläubiger einer Wertpapierhypothek (sog Grundbuchvertreter). Unberührt bleibt die Möglichkeit, nach dem SchuldverschreibungsG vom 31.7.09 andere (nicht ins Grundbuch einzutragende) Vertreter zu bestellen. Die Bestellung ist zulässig, aber nicht vorgeschrieben; sinnvoll ist sie insb bei einer Vielzahl einzelner Gläubiger von Teilschuldverschreibungen. Der Bestellte ist rechtsgeschäftlicher, nicht gesetzlicher Vertreter. Außer dem Eigentümer kann jede natürliche oder juristische Person zum Grundbuchvertreter bestellt werden. Die Bestellung gehört zum Inhalt der Hypothek (aA Zeiser Rpfleger 06, 577, 581); nachträgliche Änderungen sind Inhaltsänderungen (§ 877). Die Bestellung und der Name des Vertreters müssen ins Grundbuch eingetragen werden; wegen seiner Befugnisse ist Bezugnahme auf die Eintragungsbewilligung möglich (RGZ 113, 231). Der Grundbuchvertreter kann abberufen werden; bis zur Eintragung wird der gute Glaube an seine Vertretungsberechtigung geschützt (§ 892).

2   Der Grundbuchvertreter hat die Befugnis der Vertretung des Gläubigers bei der Geltendmachung der Hypothek (gesetzlicher Inhalt) und die ihm eingeräumten Verfügungsbefugnisse (zB zu Rangrücktritts- und Pfandfreigabeerklärungen, Kündigung); diese Befugnisse können immer nur das dingliche Recht, nicht die persönliche Forderung betreffen. Ein vom Grundbuchvertreter erstrittenes Urt wirkt für und gegen alle Gläubiger.

3   Der Grundbuchvertreter hat die Interessen des Gläubigers (nicht des Eigentümers) wahrzunehmen; hiernach bestimmt sich, ob er eine Pflichtverletzung begangen hat. Dies gilt auch im Fall des § 1189 II, der lediglich aus praktischen Gründen eine Verpflichtung des Grundbuchvertreters ggü dem Eigentümer bestimmt, damit dieser erforderlichenfalls nicht gegen (womöglich zahlreiche) Gläubiger klagen muss, sondern gegen den Grundbuchvertreter klagen kann. Unter § 1189 II fällt bspw die Verpflichtung, einen Grundstücksteil pfandfrei zu geben, wenn dies bei Bestellung der Hypothek so vereinbart ist.

§ 1190 Höchstbetragshypothek.
(1) ¹Eine Hypothek kann in der Weise bestellt werden, dass nur der Höchstbetrag, bis zu dem das Grundstück haften soll, bestimmt, im Übrigen die Feststellung der Forderung vorbehalten wird. ²Der Höchstbetrag muss in das Grundbuch eingetragen werden.
(2) Ist die Forderung verzinslich, so werden die Zinsen in den Höchstbetrag eingerechnet.
(3) Die Hypothek gilt als Sicherungshypothek, auch wenn sie im Grundbuch nicht als solche bezeichnet ist.
(4) ¹Die Forderung kann nach den für die Übertragung von Forderungen geltenden allgemeinen Vorschriften übertragen werden. ²Wird sie nach diesen Vorschriften übertragen, so ist der Übergang der Hypothek ausgeschlossen.

1   Die Höchstbetragshypothek sichert beliebig viele Einzelforderungen, die bei der Bestellung der Hypothek noch nicht bestimmt und nicht einmal bestimmbar sein müssen und in ihrer Höhe den eingetragenen Höchstbetrag sowohl über- als auch unterschreiten können, bis zu der eingetragenen Höhe; wechseln die gesicherten Forderungen innerhalb des durch die Bestellungsabrede gezogenen Rahmens, stellt dies keine Forderungsauswechslung (§ 1180) dar. Diese Flexibilität machte die Höchstbetragshypothek besonders geeignet zur Sicherung von Kontokorrentforderungen in ständig wechselnder Höhe, insb Kontokorrentkredite von Banken. Heute hat die Höchstbetragshypothek ihre praktische Bedeutung fast völlig verloren; an ihre Stelle ist die Sicherungsgrundschuld getreten. Als besonders nachteilig wird neben der Unmöglichkeit der dinglichen Sicherung von Zinsen (§ 1190 II) die Tatsache empfunden, dass eine Unterwerfung unter die sofortige Zwangsvollstreckung wegen des Höchstbetrags nicht möglich ist (Rn 5).

2   Die zu sichernde Forderung darf der Höhe nach nicht bestimmt sein; es genügt, wenn die Nebenleistungen unbestimmt sind (Bremen NJW 53, 1025). Möglich ist auch eine Sicherung aller gegenwärtigen und künftigen Forderungen des Gläubigers gegen den Besteller (RGZ 75, 245). Ist die Forderung dagegen nach Grund

und Höhe vollständig bestimmt, liegt eine gewöhnliche Sicherungshypothek vor; eine Höchstbetragshypothek kann nicht bestellt werden (BayObLG NJW-RR 89, 1467, 1468). Erst die Feststellung der gesicherten Forderung ermöglicht die Geltendmachung der Höchstbetragshypothek; hierzu sind Gläubiger und Eigentümer aus der der Bestellung zugrunde liegenden Vereinbarung gegenseitig verpflichtet. Diese Vereinbarung bestimmt, welche Forderungen gesichert sind; ist der Eigentümer nicht der persönliche Schuldner, sind mit diesem getroffene Vereinbarungen ohne Bedeutung für das dingliche Recht.

Solange die Forderung nicht zur Entstehung gelangt ist, steht die Höchstbetragshypothek wie jede andere Hypothek dem Eigentümer zu (§§ 1163, 1167). Mit Erlöschen der Forderung wird die Höchstbetragshypothek jedoch bis zur Feststellung der Forderung Eigentümergrundschuld nur unter der auflösenden Bedingung, dass nicht noch weitere Forderungen bei der endgültigen Abrechnung festgestellt werden. Erst mit Feststellung der Forderung entstehen eine endgültige Hypothek des Gläubigers, die Höchstbetragshypothek bleibt (OLG Colmar OLGR 18, 182), und ein endgültiges Eigentümerrecht des Bestellers, das dem Anspruch aus §§ 1179a, 1179b ausgesetzt ist; bis dahin kann eine Pfändung nicht ins Grundbuch eingetragen werden (Karlsr Rpfleger 06, 182). Da das GBA nicht wissen kann, wann die Forderung festgestellt wurde, ist zur Aufhebung nach dem Eigentumswechsel die Bewilligung des früheren Eigentümers oder ein Nachweis, dass die Hypothek zum Zeitpunkt des Eigentumsübergangs in vollem Umfang Fremdrecht war, erforderlich (aA LG Hamburg Rpfleger 04, 348 m abl Anm *Meyer-König*). 3

Angesichts dieser Besonderheiten ist die Höchstbetragshypothek nicht Sicherungshypothek, sondern „gilt" als solche (§ 1190 III), so dass die allg Vorschriften für Hypotheken und die §§ 1184 ff für sie gelten, soweit in § 1190 keine besondere Regelung getroffen ist. Dies ist insb in § 1190 IV für die Abtretung der Forderung geschehen; § 1154 gilt also nicht. Wird die Forderung in dieser Weise abgetreten, wird die Hypothek Eigentümerrecht; wird sie teilw abgetreten, sichert die Hypothek mit dem gesamten eingetragenen Höchstbetrag die verbleibenden Forderungen. Neben dem Höchstbetrag haftet die Hypothek nicht für Zinsen (§ 1190 II), wohl aber für die Kosten des § 1118 (RGZ 90, 171, 172). 4

Die Unterwerfung unter die sofortige Zwangsvollstreckung (§ 794 I Nr 5 ZPO) wegen des gesamten Höchstbetrags ist ausgeschlossen (aA Staud/*Wolfsteiner* Rz 45). Entweder besteht zum Zeitpunkt der Unterwerfung bereits eine bestimmte Forderung in dieser Höhe, dann ist die Bestellung einer Höchstbetragshypothek für diesen Betrag nicht zulässig, oder es besteht keine derartige Forderung, dann fehlt es vor der Feststellung der Forderung an einem Anspruch, dessentwegen eine Vollstreckungsunterwerfung möglich wäre. Dagegen ist die Unterwerfung wegen eines Teils der Forderung ohne weiteres möglich (BayObLG DNotZ 90, 594; *Hornung* NJW 91, 1649), wenn dieser Teil eine bestimmte Forderung oder einen Teil von ihr darstellt. 5

Keine Höchstbetragshypothek ist die sog **verdeckte Höchstbetragshypothek.** Hierbei handelt es sich um eine Hypothek für eine wechselnde Forderung mit der Abrede, dass die Hypothek den sich nach Abrechnung der Forderung ergebenden Saldo sichern soll. Veränderungen der Forderungshöhe bis zu diesem Zeitpunkt führen demnach nicht zu einer Eigentümergrundschuld. Die verdeckte Höchstbetragshypothek ist demnach eine gewöhnliche Verkehrshypothek für eine künftige bedingte Forderung (vgl RGZ 152, 213, 219; Brandbg WM 98, 283, 288). Die Beschränkungen aus der Bestellungsabrede muss ein gutgläubiger Erwerber nur gegen sich gelten lassen, wenn er sie gekannt hat (§ 892). 6

Titel 2   Grundschuld, Rentenschuld

Untertitel 1   Grundschuld

§ 1191 Gesetzlicher Inhalt der Grundschuld.
(1) Ein Grundstück kann in der Weise belastet werden, dass an denjenigen, zu dessen Gunsten die Belastung erfolgt, eine bestimmte Geldsumme aus dem Grundstück zu zahlen ist (Grundschuld).
(2) Die Belastung kann auch in der Weise erfolgen, dass Zinsen von der Geldsumme sowie andere Nebenleistungen aus dem Grundstück zu entrichten sind.

A. Verhältnis zur Hypothek, Arten der zugrunde liegenden Rechtsverhältnisse. Wie die Hypothek ist die Grundschuld eine Grundstücksbelastung, kraft welcher der Eigentümer die Zwangsvollstreckung in das Grundstück zu dulden hat; einen Zahlungsanspruch hat der Gläubiger nicht (Weiteres s. § 1113 Rn 1). Anders als bei der Hypothek ist aber die Sicherung einer Forderung nicht Voraussetzung; dient die Grundschuld zur Forderungssicherung, kann diese Abrede nicht Inhalt des dinglichen Rechts sein (BGH NJW 86, 53; unklar BGH NJW 00, 2021). Das schließt jedoch nicht aus, Vereinbarungen über die Geltendmachung der Grundschuld zu treffen und – damit sie gegen Rechtsnachfolger wirken (§ 1157) – in das Grundbuch eintragen zu lassen. Deshalb kann zB – wie bei der Hypothek (s. § 1113 Rn 17) – eingetragen werden, dass die Abtretung ausgeschlossen ist oder der Zustimmung des Eigentümers bedarf, nicht aber, dass die Abtretung der Grundschuld ohne gleichzeitige Abtretung der Forderung unzulässig ist. Eingetragen werden könnte – was praktisch allerdings nicht vorkommt – die Höhe der Valutierung. 1

2 Die Bestellung der Grundschuld kann auf einem Rechtsgeschäft beruhen, das unmittelbar hierzu verpflichtet. So ist es bspw, wenn jemandem eine Grundschuld schenkungsweise zugewendet wird. Es kann eine Grundschuld einem Gläubiger, insb einem Kreditinstitut, auch ohne konkrete Absicht der Darlehensaufnahme bestellt werden, um bei auftretendem Kreditbedarf ohne Verzögerung eine dingliche Sicherheit anbieten zu können und für diese ggü später auftretenden Gläubigern den Rang zu sichern.

3 Beide Fälle sind verhältnismäßig selten. Meist dient die Grundschuld der Sicherung einer Darlehensforderung. Der bereits vorher allgemein übliche Begriff der **Sicherungsgrundschuld** für eine Grundschuld, die der Sicherung eines Anspruchs dient, wird seit 19.8.08 auch vom Gesetzgeber verwendet (§ 1192 Ia 1; Einzelheiten § 1192 Rn 4 ff).

4 **B. Entstehung der Grundschuld.** Die Grundschuld entsteht wie die Hypothek (Weiteres s. § 1113 Rn 4) durch (formlose) Einigung und Eintragung (§ 873; Ausn: §§ 1195, 1196). Die Einigung über das Entstehen des Rechts ist von der Wirksamkeit des sie veranlassenden Geschäfts grds unabhängig (BGH NJW 81, 1505; aA *Vollkommer* NJW 80, 1052). Ist deshalb ein Darlehensvertrag wegen Sittenwidrigkeit (§ 138 I) unwirksam, so ist die Grundschuldbestellung gleichwohl wirksam und sichert dann den bereicherungsrechtlichen Anspruch auf Rückgewähr der Darlehensvaluta (BGH NJW-RR 00, 1431). Beim wucherischen Geschäft ergreift die Nichtigkeit dagegen auch das Erfüllungsgeschäft des Bewucherten (§ 138 Rn 64), also die Grundschuldbestellung.

5 Hiervon zu unterscheiden ist die Verknüpfung von Grundschuld und Sicherungsabrede, die sich typischerweise in der **Vollmacht** findet, der der Grundstücksverkäufer dem Käufer zur Finanzierung des Kaufpreises erteilt. Hier erfordert der Schutz des Verkäufers, dass die Erklärung des Käufers zur Grundschuldbestellung eine Einschränkung jedes Sicherungsvertrags enthalten muss, wonach die Grundschuld bis zur vollständigen Kaufpreiszahlung nur den hierfür gewährten Kredit sichert. Hierin liegt keine Ausn von der Abstraktheit der Grundschuldbestellung: Enthalten die Erklärungen des Bevollmächtigten die erforderliche Einschränkung nicht, lehnt das GBA die Eintragung der Grundschuld als von der Vollmacht nicht gedeckt ab. Ist die Einschränkung enthalten, darf der Gläubiger die Grundschuld nur behalten, wenn er die Einschränkung beachtet; andernfalls ist er um sie ungerechtfertigt bereichert, die Grundschuld selbst aber wirksam entstanden.

6 Die Grundschuld kann für einen oder mehrere Gläubiger in beliebigen Gemeinschaftsverhältnissen bestellt werden. Während sich bei der Hypothek das Gemeinschaftsverhältnis ohne weiteres aus der Beteiligung an der gesicherten Forderung bestimmt, muss es bei der Grundschuld zum Inhalt der Einigung gemacht werden; möglich sind sowohl Mitberechtigung nach Bruchteilen als auch ein Gesamthandsverhältnis oder Gesamtgläubigerschaft (BGH NJW 96, 2230); eine Änderung bedarf jedenfalls dann der Zustimmung des Eigentümers, wenn es ihn zusätzlich belasten kann (insb die Vereinbarung von Gesamtgläubigerschaft; aA Staud/ *Wolfsteiner* Rz 15). Für den jeweiligen Eigentümer eines anderen Grundstücks kann eine Grundschuld nicht eingetragen werden.

§ 1192 Anwendbare Vorschriften.
(1) Auf die Grundschuld finden die Vorschriften über die Hypothek entsprechende Anwendung, soweit sich nicht daraus ein anderes ergibt, dass die Grundschuld nicht eine Forderung voraussetzt.
(1a) Ist die Grundschuld zur Sicherung eines Anspruchs verschafft worden (Sicherungsgrundschuld), können Einreden, die dem Eigentümer auf Grund des Sicherungsvertrags mit dem bisherigen Gläubiger gegen die Grundschuld zustehen oder sich aus dem Sicherungsvertrag ergeben, auch jedem Erwerber der Grundschuld entgegengesetzt werden; § 1157 Satz 2 findet insoweit keine Anwendung. Im Übrigen bleibt § 1157 unberührt.
(2) Für Zinsen der Grundschuld gelten die Vorschriften über die Zinsen einer Hypothekenforderung.

1 **A. Anwendbare Vorschriften aus dem Hypothekenrecht.** Entsprechend anwendbar sind §§ 1114, 1115 (s. § 1115 Rn 10), 1116 (s. § 1116 Rn 7), 1117 (s. § 1117 Rn 6), 1118 (mit Ausn der Zinsen wegen Verzugs mit der gesicherten Forderung), 1119–1126, 1127 (s. § 1127 Rn 6), 1128 (s. § 1128 Rn 7), 1129–1131, 1132 (s. § 1132 Rn 13), 1133–1136, 1140, 1142 (s. § 1142 Rn 4), 1144 (s. § 1144 Rn 4), 1145–1146, 1147 (s. § 1147 Rn 4), 1148, 1149 (s. § 1149 Rn 3), § 1150 (s. § 1150 Rn 5), 1151 (hier wird nur die Grundschuld geteilt), 1152, 1154 (wobei das dingliche Recht selbst abgetreten wird), 1155–1160, 1162 (s. § 1162 Rn 4), 1163 II, 1168, 1169 (s. § 1169 Rn 4), 1170 (s. § 1170 Rn 4), 1171, 1172 (s. § 1172 Rn 6), 1173 I 1, 1175, 1176 (soweit die dort genannten Vorschriften auf die Grundschuld anwendbar sind), 1178, 1179 (s. § 1179 Rn 7), 1179a (s. § 1179a Rn 12–14), 1179b (s. § 1179 Rn 4), 1181, 1182, 1183 (s. § 1183 Rn 7), 1188–1189 (für Inhabergrundschulden). Nicht anwendbar sind §§ 1137, 1138 (s. § 1138 Rn 4), 1139, 1141 (es gelten §§ 1177 I 2, 1193), 1143 (s. § 1143 Rn 7), 1153, 1161, 1163 I, 1164, 1165 (s. § 1165 Rn 3), 1166–1167, 1173 I 2 und II (s. § 1173 Rn 4), 1174, 1177, 1180 (s. § 1180 Rn 4), 1184–1186, 1187 (stattdessen gilt § 1195), 1190.

2 **B. Grundschuldzinsen.** Da eine Forderung nicht Voraussetzung für das Bestehen der Grundschuld ist, muss § 1192 II die Geltung der Vorschriften über Hypothekenzinsen ausdrücklich anordnen. Ebenso wie das

Grundschuldkapital von der gesicherten Forderung sind auch die Grundschuldzinsen von den **Zinsen** der gesicherten Forderung unabhängig (BGH NJW 99, 3705). Bei der Sicherungsgrundschuld liegt aber in der Entgegennahme der vertragsgemäß entrichteten Zinsen für die gesicherte Forderung ein Verzicht des Gläubigers auf die Grundschuldzinsen für denselben Zeitraum (mit der Wirkung des § 1178 II); die Grundschuldzinsen laufen also nicht mit fortschreitender Zeit der Eintragung der Grundschuld bis zur (möglicherweise gehemmten oder von neuem beginnenden) Verjährung immer weiter auf (Staud/*Wolfsteiner* Vor §§ 1191 ff Rz 82). Die Frage ist allerdings dadurch entschärft, dass nach neuerer Rspr (BGH NJW 99, 3705; aA noch BGH NJW 96, 253, 256) auch bei der Sicherungsgrundschuld die Zinsen ohne Hemmung bis zum Eintritt des Sicherungsfalls nach § 197 II verjähren. Verzugszinsen (§ 1118) können nur bei Verzug mit den Grundschuldzinsen gefordert werden; Verzug bei der gesicherten Forderung ist ohne Bedeutung.

§ 1192 II erwähnt nur die Zinsen; es können aber anlässlich einer Grundschuldbestellung auch **andere** **Nebenleistungen** vereinbart werden, ohne dass deren Art näher bestimmt werden müsste. Die Grundbuchpraxis gestattet auch, sie lediglich mit einem Prozentsatz des Grundschuldkapitals anzugeben (*Schöner/Stöber* Rz 2298; s.a. § 1115 Rn 10). 3

C. Sicherungsgrundschuld. I. Sicherungsvertrag. Sicherungsgrundschulden sind solche, die zur Sicherung eines Anspruchs – meist aus einem Darlehensvertrag – „verschafft" (also bestellt oder abgetreten) worden sind (§ 1192 Ia 1). Das dingliche Recht wird bei ihnen im Hinblick auf einen – vor, nach oder gleichzeitig mit dem Darlehensvertrag geschlossenen – Sicherungsvertrag (auch **Zweckerklärung** oder Zweckbestimmungserklärung genannt) bestellt. Dessen Parteien sind – wenn Eigentümer und Schuldner identisch sind – die Parteien des Darlehensvertrags; er stellt das wegen der fehlenden Akzessorietät erforderliche Bindeglied zwischen Grundschuld und Forderung dar. Seit 19.8.08 ist hinsichtlich der Einreden aus dem Sicherungsvertrag die Möglichkeit des gutgläubig einredefreien Erwerbs wesentlich beschränkt; ob der Erwerber wußte, dass er eine Sicherungsgrundschuld erwirbt, spielt keine Rolle. 4

1. Folgen von Mängeln. Kommt es nicht zum Abschluss des Sicherungsvertrags (der auch stillschweigend geschlossen werden kann, Saarbr OLGRep 05, 139, 141; zu weitgehend aber BGH NJW 04, 158) oder ist dieser unwirksam, ist die Grundschuldbestellung gleichwohl wirksam, der Grundschuldgläubiger aber um diese ungerechtfertigt bereichert und deshalb zur Rückgewähr an den Besteller verpflichtet (§ 812 I 1). Steht fest, dass die Grundschuld im Hinblick auf den Abschluss eines Sicherungsvertrags bestellt wurde, ist es Sache des Gläubigers, dessen Zustandekommen und Inhalt darzulegen und zu beweisen; andernfalls ist es Sache des Eigentümers zu beweisen, dass es sich um eine Sicherungsgrundschuld handelt (BGH NJW-RR 91, 759, 760). Dieser Zusammenhang wird häufig missverständlich dahin formuliert, der Eigentümer trage die Beweislast für die Eigenschaft als Sicherungsgrundschuld (zB BaRoth/*Rohe* § 1192 Rz 60); das ist nur dann richtig, wenn nicht der Charakter als Sicherungsgrundschuld vorauszusetzen ist (richtig BGH NJW 90, 392), wie bei einer Grundschuld, die zur Sicherung fremder Verbindlichkeiten bestellt wird. Die Tatsache, dass ein Sicherungsvertrag besteht, kann nicht in das Grundbuch eingetragen werden; dies wäre mit der fehlenden Akzessorietät der Grundschuld nicht vereinbar (BGH NJW 86, 53). 5

2. Deckungsverhältnis bei Sicherung fremder Schuld. Ist ein anderer als der persönliche Schuldner Sicherungsgeber, so besteht neben dem Kreditvertrag und dem Sicherungsvertrag meist noch eine Vereinbarung zwischen Schuldner und Sicherungsgeber (sog Deckungsverhältnis). Aus diesem ergibt sich, warum der Sicherungsgeber die Sicherheit stellt; dieser Rechtsgrund kann zB Auftrag, Geschäftsführung ohne Auftrag, Schenkung oder ein Gesellschaftsverhältnis sein. Aus diesem Rechtsverhältnis ergibt sich, ob und unter welchen Voraussetzungen der Sicherungsgeber vom Schuldner Ersatz verlangen kann, wenn er auf die Grundschuld oder auf die Forderung zahlt (Saarbr OLGRep 05, 139, 140). Besteht kein Deckungsverhältnis, so ist der Schuldner um Zahlungen des Sicherungsgebers ungerechtfertigt bereichert. 6

3. Pflichten des Gläubigers. Typischer-, aber nicht notwendigerweise begrenzt der Sicherungsvertrag zudem die Befugnisse des Grundschuldgläubigers, da das dingliche Recht über die Ansprüche des Gläubigers aus dem gesicherten Rechtsverhältnis hinausgeht. So werden insb Grundschulden für Kreditinstitute typischerweise mit Grundschuldzinsen ausgestattet, die die geschuldeten Zinsen bei weitem übersteigen. Hieraus ergeben sich auch Pflichten des Grundschuldgläubigers, die er in der Zwangsversteigerung des Grundstücks zu beachten hat: Er muss die Belange des Sicherungsgebers in angemessener Weise berücksichtigen, soweit nicht seine eigenen Interessen entgegenstehen (Karlsr OLGRep 09, 794) und deshalb bspw dafür sorgen, dass die auf die Grundschuld zuzuteilenden Beträge, die er nicht für seine eigene Befriedigung benötigt, dem Eigentümer (nicht nachrangigen Gläubigern) zufließen und den gesamten dinglichen Anspruch anmelden (München NJW 80, 851) und den Teil, den er zu seiner Befriedigung nicht benötigt, an den Eigentümer herausgeben (BGH NJW 03, 2673); formularmäßige Freistellung von dieser Pflicht verstößt gegen § 307. Bei einem freihändigen Verkauf – soweit dieser überhaupt vereinbart werden kann (§ 1149) – darf er den Erlös nicht durch Provisionsvereinbarungen mindern (BGH NJW 97, 2672, 2673). Ebenso verbietet der Sicherungsvertrag dem Gläubiger, die Grundschuld anders als zusammen mit der gesicherten Forderung abzutreten (BGH NJW-RR 87, 139, 141); geschieht dies trotzdem, können Einreden bei ab 19.8.08 verschafften Grund- 7 schulden auch dem Zessionar ohne Rücksicht auf dessen Kenntnis entgegengesetzt werden (§ 1192 Ia 1). Bei „alten" Grundschulden kommt es hingegen darauf an, ob der Zessionar hinsichtlich der Einreden gutgläubig war. Dabei ist es unerheblich, ob ihm gleichzeitig die Forderung abgetreten wurde (BGH NJW-RR 01, 1097); allerdings kann die Kenntnis des Bestands der Forderung den guten Glauben hinsichtlich der Einredefreiheit zerstören.

8 **4. Kreis der gesicherten Forderungen.** In der Kreditpraxis lautet der Sicherungsvertrag häufig dahin, dass die Grundschuld mit ihren Nebenleistungen der **Sicherung aller gegenwärtigen und künftigen Ansprüche** des Gläubigers gegen den Schuldner dient. Ist der Sicherungszweck so weit gefasst, werden auch Bereicherungsansprüche im Fall der Unwirksamkeit des Darlehens (BGH NJW 04, 158, 159) gesichert. Eine derartige Vereinbarung wird von der Rspr nicht beanstandet (BGH NJW 87, 946 und 2228; vgl BGH NJW 92, 896), soweit der Eigentümer zugleich Schuldner der gesicherten Forderung ist, denn als Schuldner haftet der Sicherungsgeber für diese Verbindlichkeiten ohnehin mit seinem gesamten Vermögen. Wenn es sich um eigene Forderungen des Sicherungsgebers oder – bei einem Kreditinstitut – um solche aus der bankmäßigen Geschäftsverbindung handelt (wozu bei einer Bausparkasse auch abgetretene Forderungen aus der Zwischenfinanzierung durch ein anderes Kreditinstitut gehören), ist die Klausel weder überraschend noch unangemessen (BGH MDR 05, 1124 und 08, 646).

9 Wird eine konkrete Verbindlichkeit eines Dritten gesichert, die Anlass für den Abschluss des Sicherungsvertrags war, bestehen gegen die Wirksamkeit ebenfalls keine Bedenken. Werden hingegen alle gegenwärtigen und zukünftigen Ansprüche gegen den Dritten gesichert, handelt es sich idR um eine überraschende Klausel nach § 305c I, insb dann, wenn der Umfang der Haftung für den Sicherungsgeber nicht hinreichend kalkulierbar ist (Celle OLGRep 08, 368); die Forderung, die Anlass des Sicherungsvertrags war, bleibt aber wirksam gesichert. Ausnahmsweise ist eine Klausel nicht als überraschend abzusehen, wenn Sicherungsgeber und Schuldner rechtlich (nicht nur tatsächlich) so eng miteinander verbunden sind, dass künftige Kreditaufnahmen des Schuldners für den Sicherungsgeber berechenbar und vermeidbar sind (BGH MDR 96, 59); eine Ehe reicht dafür nicht aus (Saarbr OLGRep 06, 778), wohl aber die Stellung als Allein- oder Mehrheitsgesellschafter oder alleiniger Geschäftsführer einer GmbH (Köln OLGRep 08, 441). Eine Inhaltskontrolle nimmt die Rspr bei der Prüfung des Sicherungsumfangs nicht mehr vor (BGH NJW 02, 2633; krit *Paefgen* ZfIR 03, 313). Der Eigentümer kann einen solchen Vertrag jederzeit kündigen (aA MüKo/*Eickmann* Rz 35: nur aus wichtigem Grund) mit der Folge, dass nur die bis zum Wirksamwerden der Kündigung entstandenen Forderungen gesichert sind. Ebenso fallen in der Insolvenz des Eigentümers Forderungen, die der Gläubiger nach Eröffnung des Verfahrens erwirbt, nicht unter die Grundschuld (BGH NJW 91, 1286, 1287). Ist für eine Gesamtgrundschuld auf Pfandobjekten zweier Eigentümer ein einheitlicher Sicherungsvertrag geschlossen, ist der Gläubiger dadurch nicht gehindert, mit einem Eigentümer zu vereinbaren, dass die Grundschuld auf seinem Pfandobjekt weitere Forderungen sichert (Saarbr OLGRep 09, 447).

10 **5. Übersicherung.** Ein besonderes Problem stellt die Übersicherung des Grundschuldgläubigers dar. Mitunter wird eine Sicherungsgrundschuld in einer Höhe bestellt, die die zu erwartende Höhe der Forderung übersteigt, um es dem Sicherungsgeber unmöglich zu machen, sich über den Grundbesitz anderweit Kredit zu beschaffen. § 138 kann hier allerdings nur selten angewendet werden, da bei Erwartung weiterer Kreditaufnahme die sofortige Eintragung eines höheren Rechts nicht nur unbedenklich, sondern wegen der Kostendegression der Gerichts- und Notargebühren auch im Kosteninteresse sinnvoll ist. Bedenklicher ist der Fall, dass der Gläubiger die Sicherungsgrundschuld am gesamten Grundbesitz des Sicherungsgebers eintragen lässt, obwohl dessen Wert den Betrag der Grundschuld bei weitem übersteigt. Geschieht dies aus dem nicht billigenswerten Motiv, die wirtschaftliche Tätigkeit des Sicherungsgebers kontrollieren zu können, kommt Nichtigkeit des Sicherungsvertrags nach § 138 in Betracht. Eine nachträgliche Übersicherung (zB durch Rückführung der Forderung ohne Freigabe von nicht mehr benötigten Sicherheiten) führt dagegen nicht zur Unwirksamkeit der Sicherheitenbestellung (BGH NJW 98, 671), sondern lediglich zu einem Freigabeanspruch (Celle OLGRep 09, 430); ist er Inhaber mehrerer Grundschulden, kann der Gläubiger wählen, welche er freigeben will (BGH WM 02, 1643).

11 Häufig sieht der Sicherungsvertrag die Abtretung der Ansprüche auf Rückgewähr vor- und gleichrangiger Grundschulden an den Gläubiger vor. Es handelt sich wirtschaftlich betrachtet um einen Ersatz für den Anspruch auf Löschung nach § 1179a, der selten besteht, da bei Zahlung auf die Forderung (nicht auf die Grundschuld) das Recht in der Hand des Gläubigers verbleibt und kein Löschungsanspruch ausgelöst wird. Aus diesem Zweck ergibt sich, dass der Rückgewähranspruchs vom Zessionar nur zur Rangverbesserung, nicht als zusätzliche Sicherheit dienen soll (BGH NJW 90, 1177). Die Abtretung von Rückgewähransprüchen ist allerdings nur von geringem Wert, wenn sie – wie BGH NJW 06, 2408, 2410 meint – den Sicherungsgeber nicht hindert, vor der Durchsetzung des Anspruchs erneut Darlehen aufzunehmen und ebenso wenig, dass der Gläubiger die Grundschuld mit Zustimmung des Sicherungsgebers zur Sicherung anderer Ansprüche nutzt. *Unabhängig davon ist die Abtretung der Ansprüche auf Rückgewähr* **nachrangiger** Grundpfandrechte jedenfalls im Formular- und Verbrauchervertrag als unangemessene Benachteiligung iSv § 307 unwirksam, da sie den Eigentümer in seiner wirtschaftlichen Bewegungsfreiheit entgegen § 1136 schwerwiegend einschränkt.

II. Abstraktes Schuldversprechen. Aus Anlass der Bestellung einer Sicherungsgrundschuld wird häufig vom 12
Gläubiger ein **abstraktes Schuldversprechen** für den Betrag der Grundschuld samt Unterwerfung unter die
sofortige Zwangsvollstreckung verlangt, so dass nicht nur das Grundstück haftet, sondern der Sicherungsgeber mit seinem gesamten Vermögen (vgl dazu *Dieckmann* RNotZ 09, 597, 602). Auch hierin liegt regelmäßig
(nur) eine Verstärkung der Sicherheit, nicht eine Verdopplung der Haftung (BGH NJW 88, 707, 708); das
Gegenteil müsste ausdrücklich vereinbart sein. Deshalb ist Geschäftswert einer Urkunde, in der eine Grundschuld bestellt und ein abstraktes Schuldversprechen für den Grundschuldbetrag abgegeben wird, lediglich
der einfache Grundschuldbetrag (§ 44 I Buchst a KostO). Zur Abgabe ist der Darlehensnehmer nur verpflichtet, wenn dies in der Sicherungsabrede ausdrücklich vereinbart ist; andernfalls ist der Gläubiger um ein
gleichwohl abgegebenes Schuldanerkenntnis ungerechtfertigt bereichert (Saarbr OLGRep 05, 582; aA BGH
NJW 08, 3208). Auch beim Verbraucherkreditvertrag bestehen gegen diese zusätzliche Sicherung keine
Bedenken; § 496 II ist auch nicht entspr anwendbar (BGH BGHR 05, 1121).
Die Übernahme der persönlichen Haftung selbst ist für eigene Verbindlichkeiten auch formularmäßig wirk- 13
sam; es handelt sich weder um eine überraschende Klausel (BGH MDR 06, 343; BGHR 04, 108 m Anm *Grziwotz*) noch um eine unangemessene Benachteiligung des Schuldners (BGH NJW 08, 3208, 3210). Dies gilt
ohne Rücksicht auf die Relation zwischen ihrer Höhe und der finanziellen Leistungsfähigkeit des Sicherungsgebers; die zur Sittenwidrigkeit einer Bürgschaft entwickelten Grundsätze sind auf die Bestellung einer Sicherungsgrundschuld für eigenen Kredit nicht übertragbar (BGH NJW 02, 2633), und zwar auch dann nicht,
wenn der Kredit dazu verwendet wird, die Gelder einem Angehörigen zur Verfügung zu stellen (Celle
OLGRep 04, 604, 605). Dagegen kann es gegen § 307 verstoßen, wenn Verbindlichkeiten eines Dritten gesichert werden, an denen der Sicherungsgeber kein eigenes Interesse hat (BGH NJW 91, 1677; krit BaRoth/
Rohe § 1192 Rz 128; für Anwendung von § 305c Frankf OLGRep 07, 692).
Mit dem Erlöschen des Sicherungsvertrags oder mit der vollständigen Befriedigung aus der Grundschuld 14
erlischt auch der Anspruch aus dem abstrakten Schuldversprechen. Der Anspruch erlischt dagegen nicht,
wenn die Grundschuld nicht in das Grundbuch eingetragen wird (BGH NJW 92, 971) oder in der Zwangsversteigerung ganz oder teilw ausfällt (BGH NJW 91, 286), ebensowenig durch Verjährung des gesicherten
Anspruchs (Frankf OLGRep 07, 940; offen gelassen von BGH MDR 07, 595).

III. Ende des Sicherungsvertrags. 1. Rückgewähranspruch. Nach Erfüllung der gesicherten Forderung 15
steht dem Sicherungsgeber aus dem Sicherungsvertrag der **Anspruch auf Rückgewähr** der Grundschuld zu,
der durch Abtretung, Verzicht oder Aufhebung der Grundschuld erfüllt werden kann. Das Wahlrecht steht
dem Sicherungsgeber zu; in der Bankpraxis wird der Sicherungsgeber häufig auf den Löschungsanspruch
beschränkt. Darin liegt jedenfalls dann eine unangemessene Benachteiligung des Sicherungsgebers, wenn
nach Zuschlag in der Zwangsversteigerung das Eigentum gewechselt hat und durch Löschung oder Verzicht
die Grundschuld nicht mehr dem Sicherungsgeber, sondern dem neuen Eigentümer zugute käme
(BGH NJW 89, 1349). Ein Rückgewähranspruch besteht auch bei teilweiser Erfüllung der gesicherten Forderung, soweit das Begehren nicht wegen der Geringfügigkeit des Betrags rechtsmissbräuchlich ist; entspr
§ 1176 kann aber jeweils nur die Rückgabe des ranglezten Teils gefordert werden (BGH NJW 86, 2108); bei
mehreren Grundschulden kann der Sicherungsnehmer wählen, welche er zurückgewährt. Ist dem Sicherungsgeber die Erfüllung des Rückgewähranspruchs durch sein Verschulden unmöglich geworden (insb, weil
er statt der Rückgabe an den Sicherungsgeber die Löschung bewilligt hat), ist er dem Sicherungsgeber zum
Schadensersatz verpflichtet (Saarbr OLGRep 05, 627). Der Rückgewähranspruch kann durch eine Vormerkung im Grundbuch gesichert werden (BGH Rpfleger 04, 717, 718); bei seit 19.8.08 bestellten Grundschulden ist der Berechtigte aber auch ohne sie dagegen gesichert, dass ein Zessionar diejenigen Teile der Grundschuld erwirbt, die keine Forderung sichern (§ 1192 Ia 1).

2. Tilgung. Der Sicherungsgeber kann **Zahlungen** entweder auf die Grundschuld oder auf die gesicherte 16
Forderung leisten. Leistet der Sicherungsgeber ausdrücklich auf die Grundschuld, obwohl der Sicherungsvertrag solche Zahlungen ausschließt, dann tilgt er diese, nicht die gesicherte Forderung (BGH NJW 76,
2132; Saarbr OLGRep 05, 139, 144; aA anscheinend BGH NJW-RR 95, 1257). Zweifelsfrei ist das beim
Insolvenzverwalter, bei dem auch ohne ausdrückliche Erklärung von einer Zahlung auf die Grundschuld
auszugehen ist (BGH NJW 94, 2692), und jedenfalls unwirksam ist eine Bestimmung in AGB, wonach der
Gläubiger Zahlungen nach seinem Belieben auf die Grundschuld oder die gesicherte Forderung verrechnen darf (BGH NJW 84, 2520). Ist kein Wille des Leistenden ausdrücklich erklärt, ist die Interessenlage zu ermitteln, wobei der Leistende im Zweifel das ihm günstigste Ergebnis erreichen will (Schlesw
SchlHA 08, 20).
Zahlt der **Eigentümer auf die Grundschuld**, so erwirbt er sie als Eigentümerrecht (BGH NJW-RR 03, 11). 17
Will er die Grundschuld auf sich umschreiben lassen, so kann das GBA eine Erklärung des Gläubigers verlangen, es sei auf die Grundschuld gezahlt worden. Ist er nicht der persönliche Schuldner, so erlischt die gesicherte Forderung nicht und geht auch nicht auf den Eigentümer über, darf jedoch vom Gläubiger in Höhe
des gezahlten Betrages nicht mehr geltend gemacht werden (Kobl OLGRep 08, 987); der Gläubiger muss dem
Eigentümer die Forderung auf Verlangen abtreten, wenn dieser einen Rückgriffsanspruch gegen den Schuld-

ner hat (BGH NJW-RR 99, 504; NJW 01, 2327). Ist er zugleich der persönliche Schuldner, so erlischt die Forderung (nicht „auch" die Forderung, wie BGH NJW 92, 3229 meint).

18 Zahlt ein ablösungsberechtigter **Dritter auf die Grundschuld,** so erwirbt er sie (§§ 1150, 1192 I). Die Forderung bleibt davon unberührt; es kann jedoch wie bei der Zahlung durch den Eigentümer, der nicht Schuldner ist, ein Rückgriffsanspruch gegen den Schuldner bestehen.

19 Zahlt der **Eigentümer auf die Forderung,** so erlischt diese (§§ 267 I, 362 I); an der Grundschuld ändert sich nichts, sie verbleibt unverändert beim Gläubiger. Allerdings ist ihr Sicherungszweck nun ganz oder (bei mehreren gesicherten Forderungen) teilweise entfallen, und sie muss dem Sicherungsgeber zurückgewährt werden (Rn 16).

20 Zahlt der **Schuldner auf die Forderung,** so verbleibt die Grundschuld ebenfalls beim Gläubiger, da § 1164 nicht entspr anwendbar ist. Wenn der Schuldner aber einen Ersatzanspruch gegen den Eigentümer hat, kann er vom Eigentümer Abtretung des Rückgewähranspruchs bzw der Grundschuld verlangen.

21 Erhält der Gläubiger Befriedigung im Wege der **Zwangsvollstreckung,** dann erlischt die Grundschuld (§ 1181) und – wenn der Eigentümer zugleich persönlicher Schuldner ist – auch die Forderung (BGH NJW 87, 503). Ist der Eigentümer nicht persönlicher Schuldner, erlischt die Forderung nicht; im Fall eines Ersatzanspruchs kann – wie im Fall der freiwilligen Zahlung durch den Eigentümer (s. Rn 17) – deren Abtretung an den Eigentümer verlangt werden.

22 **3. Mehrere Sicherheiten.** Bestehen für eine Forderung mehrere Sicherheiten (insb Bürgschaft und Grundschuld), richtet sich der Ausgleich unter den Sicherungsgebern nach § 426 (obwohl keine Gesamtschuld besteht, BGH NJW 92, 3228). Getroffene Vereinbarungen gehen nicht ohne weiteres auf einen späteren Eigentümer des Grundstücks über (BGH NJW 02, 1491); fehlen solche, erfolgt der Ausgleich nach dem ggü dem Gläubiger übernommenen Haftungsrisiko (BGH NJW 09, 437).

23 **IV. Rechtsnachfolge.** Wird eine Sicherungsgrundschuld an einen Dritten übertragen, wird dieser in seinem guten Glauben an die Einredefreiheit der Grundschuld bei seit 19.8.08 bestellten Rechten nicht geschützt, soweit es sich um Einreden aus dem Sicherungsvertrag handelt. Dagegen kann der Ersteher in der Zwangsversteigerung dem Gläubiger keine Einreden aus dem Sicherungsvertrag entgegenhalten, so dass der Grundstückserwerber nicht auf Kosten des Voreigentümers bereichert ist (BGH NJW 03, 2673). Der Gläubiger ist berechtigt und im Verhältnis zum Sicherungsgeber auch verpflichtet, den Ersteher in voller Höhe in Anspruch zu nehmen und den Unterschiedsbetrag zur Höhe der gesicherten Forderung an den Voreigentümer herauszugeben.

§ 1193 Kündigung.

(1) Das Kapital der Grundschuld wird erst nach vorgängiger Kündigung fällig. Die Kündigung steht sowohl dem Eigentümer als dem Gläubiger zu. Die Kündigungsfrist beträgt sechs Monate.
(2) Abweichende Bestimmungen sind zulässig. Dient die Grundschuld der Sicherung einer Geldforderung, so ist eine von Absatz 1 abweichende Bestimmung nicht zulässig.

1 Mangels einer Forderung bedarf es bei der Grundschuld einer Fälligkeitsregelung. Hierfür trifft § 1193 I eine Bestimmung, die im häufigsten Fall, der Grundschuld zur Sicherung einer Geldforderung, nicht dispositiv ist (§ 1193 II 2); nach dem Gesetzeszweck bestehen aber gegen die Vereinbarung fristloser Kündigung durch den Eigentümer keine Bedenken (teleologische Reduktion; aA *Dieckmann* NZM 08, 865, 868). Eine nach dem 19.8.08 bestellte „sofort fällige" Grundschuld darf das GBA deshalb nicht eintragen, es sei denn, dass Eigentümer und Berechtigter in der Form des § 29 GBO übereinstimmend erklären, es handle sich nicht um eine Grundschuld zur Sicherung einer Geldforderung (§ 1193 II 1). Da Zins- und Zahlungsbestimmungen bei Gesamtgrundschulden unterschiedlich sein können (§ 1132 Rn 2), braucht der Rechtsinhalt einer nach dem 19.8.08 pfanderstreckten Grundschuld für das bisherige Pfandobjekt nicht geändert zu werden (aA LG Berlin NJW 09, 1680). Ist bei einer vollstreckbaren Grundschuld (§ 1147 Rn 2) auf Kündigungsnachweis verzichtet, darf eine vollstreckbare Ausfertigung sofort erteilt werden (LG Lübeck Rpfleger 09, 451). Für Eigentümergrundschulden gilt § 1193 nicht (§ 1177 I 2). Falls abweichende Bestimmungen zulässig sind, müssen sie ins Grundbuch eingetragen werden; Bezugnahme auf die Eintragungsbewilligung ist möglich und üblich.

2 Die Fälligkeit der Grundschuldzinsen ist gesetzlich nicht geregelt. Ist auch bei Bestellung der Grundschuld keine Vereinbarung erfolgt, bietet es sich an, § 488 II entspr anzuwenden (Stuttg WM 01, 2306).

§ 1194 Zahlungsort.

Die Zahlung des Kapitals sowie der Zinsen und anderen Nebenleistungen hat, soweit nicht ein anderes bestimmt ist, an dem Orte zu erfolgen, an dem das Grundbuchamt seinen Sitz hat.

1 § 1194 ist wie §§ 1192 II, 1193 dadurch veranlasst, dass die Grundschuld keine Forderung voraussetzt und daher auch keine Vereinbarung, aus der sich der Zahlungsort ergeben könnte.

Die Vorschrift bestimmt den Zahlungsort abw von § 269. Der Schuldner hat demnach rechtzeitig gezahlt, wenn der zu zahlende Betrag am Fälligkeitstag vom Sitz des GBA abgesandt wird (Posen OLGR 26, 201). Für Eigentümergrundschulden nach § 1177 gilt § 1194 nicht (§ 1177 I 2). Abweichende Bestimmungen müssen ins Grundbuch eingetragen werden; Bezugnahme auf die Eintragungsbewilligung ist möglich und üblich.

§ 1195 Inhabergrundschuld. ¹Eine Grundschuld kann in der Weise bestellt werden, dass der Grundschuldbrief auf den Inhaber ausgestellt wird. ²Auf einen solchen Brief finden die Vorschriften über Schuldverschreibungen auf den Inhaber entsprechende Anwendung.

Die Inhabergrundschuld hat ebenso wenig praktische Bedeutung wie die Wertpapierhypothek des § 1187 (aA *Zeiser* Rpfleger 06, 577). Sie kann nur als Briefrecht eingetragen werden; bei Zerlegung Ausstellung von Teilbriefen nach § 70 II GBO; Vorlage des Briefes ist für jede Grundbucheintragung erforderlich (§ 42 I GBO), ausgenommen bei Veranlassung durch einen Grundbuchvertreter nach § 1189. Die Bestellung erfolgt durch Eintragungsbewilligung des Eigentümers (wie § 1188); als Gläubiger eingetragen wird „der Inhaber des Grundschuldbriefs". Eine staatliche Genehmigung ist nicht mehr erforderlich.

Die Übertragung der Inhabergrundschuld kann ausschließlich durch Übergabe des Briefs oder ein Übergabesurrogat (§§ 929 ff) erfolgen; auch ein abhanden gekommener Brief kann gutgläubig erworben werden (§ 935 II).

Ggü einer Inhabergrundschuld besteht kein gesetzlicher Löschungsanspruch nach §§ 1179a, 1179b (§ 1187 4 entspr). Sie verjährt nicht (§ 902); wird aber – wegen Erlöschens des Anspruchs – nach Ablauf der in § 801 bestimmten Fristen Eigentümergrundschuld.

§ 1196 Eigentümergrundschuld. (1) Eine Grundschuld kann auch für den Eigentümer bestellt werden.
(2) Zu der Bestellung ist die Erklärung des Eigentümers gegenüber dem Grundbuchamt, dass die Grundschuld für ihn in das Grundbuch eingetragen werden soll, und die Eintragung erforderlich; die Vorschrift des § 878 findet Anwendung.
(3) Ein Anspruch auf Löschung der Grundschuld nach § 1179a oder § 1179b besteht nur wegen solcher Vereinigungen der Grundschuld mit dem Eigentum in einer Person, die eintreten, nachdem die Grundschuld einem anderen als dem Eigentümer zugestanden hat.

Die Eigentümergrundschuld dient heute kaum jemals dazu, den Rang für spätere Kreditwünsche des Eigentümers zu wahren (so aber BaRoth/*Rohe* Rz 1); hierfür verwendet man den kostengünstigeren Rangvorbehalt. Sie dient vielmehr der Sicherung des Kredits durch einen Gläubiger, der auf seinen oder auf Wunsch des Eigentümers nicht namentlich in Erscheinung treten soll. Dafür sind oft weniger wirtschaftliche als psychologische Gründe ausschlaggebend.

Die Eigentümergrundschuld entsteht durch Eintragungsbewilligung des Eigentümers und Eintragung in das Grundbuch; zu der Frage, ob eine Eigentümergrundschuld entsteht, wenn eine Fremdgrundschuld mangels wirksamer Einigung nicht entstanden ist, vgl § 1113 Rn 5. Die Bestellung ist Verfahrenshandlung, die eine Verfügung über das Grundstück darstellt, so dass bspw eine Genehmigung nach § 1821 I Nr 1 erforderlich ist (*Klüsener* Rpfleger 81, 461; aA MüKo/*Eickmann* Rz 7); eine Verfügung über das Vermögen im Ganzen nach § 1365 kann aber in keinem Fall vorliegen. Der Berechtigte wird namentlich eingetragen, da bei Eigentumswechsel die Grundschuld nicht auf den neuen Eigentümer übergeht, sondern Fremdgrundschuld wird. Eintritt einer Verfügungsbeschränkung schadet nicht (§ 1196 II Hs 2); bei Tod des Eigentümers vor Eintragung entsteht eine Eigentümergrundschuld seiner Erben. Zu Eigentümermehrheiten vgl § 1197 Rn 4; zur sog „verdeckten Nachverpfändung" vgl § 1132 Rn 9.

Ausschluss der Brieferteilung ist zwar rechtlich möglich, kommt aber praktisch kaum vor, da dann Übertragung ohne Offenlegung der Identität des neuen Gläubigers ausscheidet (§ 1154 III). Da es sich nicht um ein Verkehrsgeschäft handelt, entsteht die Bestellung durch den Bucheigentümer keine Eigentümergrundschuld (KG OLGR 46, 61); gutgläubiger Erwerb des eingetragenen Rechts ist dagegen selbstverständlich möglich.

§ 1196 III will die Brauchbarkeit der Eigentümergrundschuld als Mittel der Kreditsicherung erhalten. Andernfalls könnte jeder gleich- oder nachrangige (auch Zwangs-)Gläubiger ihre Löschung verlangen, weil sie jedenfalls bei ihrer Bestellung zunächst dem Eigentümer zugestanden hat. Der Löschungsanspruch nach §§ 1179a, 1179b setzt deshalb die Rückabtretung des einmal Fremdrecht gewesenen Rechts an den Eigentümer voraus; Fremdrecht gewesen ist auch eine Grundschuld, die abgetreten, aber nicht valutiert wurde (Celle Rpfleger 86, 398), nicht aber eine Grundschuld, die ge- oder verpfändet wurde (*Stöber* Rpfleger 77, 425, 431). § 1196 III ist entspr auf den Fall anzuwenden, dass sich alle eingetragenen Grundpfandrechte mit dem Eigentum in einer Person vereinigt haben und nun ein nicht erstrangiges Recht abgetreten wird; dieses hat keinen Löschungsanspruch ggü den vor- und gleichrangigen Rechten (BGH NJW 97, 2597). Da kein Zessionar wissen kann, ob eine eingetragene Eigentümergrundschuld nicht bereits einmal Fremdgrundschuld war und an den Eigentümer zurückabgetreten wurde, erreicht § 1196 III den mit ihm verfolgten Zweck nur sehr unzureichend. Die Kautelarpraxis schließt bei der rechtsgeschäftlichen Bestellung nachrangiger Grundpfandrechte deren Löschungsanspruch ggü vorrangigen Eigentümergrundschulden regelmäßig zulässigerweise (BayObLG NJW-RR 92, 306) aus (§ 1179a V), um die Verwendbarkeit der vorrangigen Rechte zu erhalten; gegen den möglichen Löschungsanspruch von Zwangsrechten ist aber nur ein Zessionar geschützt, der sicher sein kann, erster Zessionar zu sein, zB weil ihm der Brief vereinbarungsgemäß vom GBA unmittelbar ausgehändigt wurde.

§ 1197 Abweichungen von der Fremdgrundschuld. (1) Ist der Eigentümer der Gläubiger, so kann er nicht die Zwangsvollstreckung zum Zwecke seiner Befriedigung betreiben.
(2) Zinsen gebühren dem Eigentümer nur, wenn das Grundstück auf Antrag eines anderen zum Zwecke der Zwangsvollstreckung in Beschlag genommen ist, und nur für die Dauer der Zwangsverwaltung.

1 § 1197 knüpft an die formale Rechtsstellung als Eigentümer an; diesem persönlich ist es verwehrt, die Zwangsvollstreckung mit dem Ziel zu betreiben, die Rechte nachrangiger Gläubiger zum Erlöschen zu bringen. Er gilt deshalb auch bei der Eigentümerhypothek des § 1177 II, aber nicht dann, wenn Eigentümer und Gläubiger wirtschaftlich, aber nicht rechtlich identisch sind (Grundschuld einer Ein-Personen-GmbH am Grundstück ihres Alleingesellschafters; RG JW 29, 248) und ebenso wenig für den Insolvenzverwalter, der ein Grundstück des Insolvenzschuldners versteigern lässt (aA RGZ 60, 359) und auch nicht für den Pfandgläubiger bei der Pfändung oder Verpfändung der Eigentümergrundschuld (BGH NJW 88, 1026).

2 Ebenso ist es mit dem Ausschluss der Zinsen in § 1197 II: Sie stehen dem Eigentümer persönlich nicht zu, gleichgültig, ob sie auf die Zeit seines Eigentums entfallen oder ihm für andere Zeiträume abgetreten sind. Die Zinsen laufen dagegen weiter, so dass der Erwerber einer Eigentümergrundschuld Zinsen auch für den Zeitraum verlangen kann, in dem sie Eigentümergrundschuld war (Celle Rpfleger 89, 323; BayObLG NJW-RR 87, 1418 [aA noch in DNotZ 76, 494]), soweit nicht die Grundschuld für sie nach § 1178 I erloschen ist oder die Zinsen verjährt sind. Ebenso stehen dem Pfändungspfandgläubiger (allgM), einem Berechtigten an der Grundschuld (aA *Stöber* Rpfleger 58, 342) und dem Insolvenzverwalter (aA BaRoth/*Rohe* Rz 9) Grundschuldzinsen zu. § 1197 II betrifft nur die dingliche Rechtslage; einem anderen als dem Eigentümer stehen Zinsen auch dann zu, wenn er sie nach einer mit dem Eigentümer getroffenen Vereinbarung an diesen herausgeben muss.

3 Für den Eigentümer ist eine Ausn für den Fall der Zwangsverwaltung bestimmt. Sie rechtfertigt sich daraus, dass dem Eigentümer während dieser Zeit die Nutzung des Grundstücks entzogen ist und die Zinsen wirtschaftlich an die Stelle treten; hieraus ergibt sich zugleich, dass der freiwillige Verzicht auf die Nutzungen durch Bestellung eines Nießbrauchs am Grundstück dem nicht gleichsteht (Hamm HRR 30, 1216; anders wäre es beim praktisch bedeutungslosen Nießbrauch an der Grundschuld, Rn 2).

4 Ist ein im Miteigentum stehendes Grundstück mit einer Grundschuld für einen Miteigentümer belastet, ist diese teils Eigentümer-, teils Fremdgrundschuld, so dass der Berechtigte nur in die „fremden" Miteigentumsanteile vollstrecken kann; bei Gesamthandseigentum ist sie dagegen insgesamt Fremdgrundschuld. Bestellen mehrere Miteigentümer für sich selbst eine Grundschuld als Mitberechtigte nach Bruchteilen, ist diese ebenfalls teils Eigentümer-, teils Fremdgrundschuld (BGH Rpfleger 75, 84; aA BayObLG Rpfleger 63, 410 m Anm *Haegele*: insgesamt Eigentümergrundschuld), so dass jeder in die Zwangsvollstreckung wiederum nur in die „fremden" Miteigentumsanteile richten kann; sind sie dagegen Gesamtgläubiger, kann jeder in das ganze Grundstück vollstrecken; in Gütergemeinschaft lebende Ehegatten müssen die Grundschuld hierfür zum Vorbehaltsgut erklären (BayObLG Rpfleger 63, 410).

5 Da weder die Zwangsvollstreckung noch der Zinslauf bei der Eigentümergrundschuld ausgeschlossen sind, können bei bereits bei der Bestellung die Unterwerfung unter die sofortige Zwangsvollstreckung nach § 800 ZPO (BGH NJW 64, 316) und Zinsen ab jedem nach § 1115 zulässigen Zeitpunkt eingetragen werden (BGH NJW 75, 1356). Teilweise wird sogar ein Schuldversprechen wegen des Grundschuldbetrags samt Zwangsvollstreckungsunterwerfung ggü dem ersten Zessionar der Grundschuld für zulässig gehalten (Angebot durch Aushändigung der Bestellungsurkunde, das nach § 151 1 angenommen werde; BGH NJW 91, 228; aA Staud/*Wolfsteiner* § 1196 Rz 14); zweckmäßig ist das jedenfalls nicht.

§ 1198 Zulässige Umwandlungen. ¹Eine Hypothek kann in eine Grundschuld, eine Grundschuld kann in eine Hypothek umgewandelt werden. ²Die Zustimmung der im Range gleich- oder nachstehenden Berechtigten ist nicht erforderlich.

1 Durch § 1198 1 wird klargestellt, dass die einzelnen Arten der Grundpfandrechte nicht verschiedene Rechte, sondern verschiedene Ausprägungen eines einheitlichen Rechts sind und deshalb beim Wechsel zwischen dem einen und dem anderen Typ Löschung und Neubestellung nicht erforderlich sind und damit der Rang *nicht verloren geht*. § 1198 2 geht darüber noch hinaus, indem er fingiert, dass gleich- und nachrangige Berechtigte durch die Umwandlung nicht beeinträchtigt werden und deshalb nicht zustimmen müssen. Auch der persönliche Schuldner ist nicht betroffen; für ihn gilt § 1165. Da der gesetzliche Löschungsanspruch nach

§ 1179a Inhalt des Rechts ist, ist die Zustimmung eines gleich- und nachrangigen Berechtigten schon deshalb nicht erforderlich; auch der durch eine Löschungsvormerkung nach § 1179 aF wie § 1179 nF Gesicherte ist aber nicht beeinträchtigt, da nicht sein Recht, sondern nur die Wahrscheinlichkeit seines Eintritts betroffen ist. Erforderlich ist dagegen die Zustimmung von Berechtigten an dem Recht, das umgewandelt werden soll (§ 876). Die praktische Bedeutung der Vorschrift ist gering: Umwandlungen von Grundschulden in Hypotheken kommen nicht mehr, solche von Hypotheken in Grundschulden nur selten, da bei Fehlen gleich- und nachrangiger Rechte die Neubestellung der Grundschuld bevorzugt wird, während bei ihrem Vorhandensein die Hypothek idR einem Löschungsanspruch nach § 1179a oder aus einer Löschungsvormerkung nach § 1179 aF ausgesetzt ist.

Zur Eintragung in das Grundbuch sind darauf gerichtete Eintragungsbewilligungen von Gläubiger und Eigentümer erforderlich; eine ausdrückliche Umwandlungserklärung ist nicht erforderlich, jedoch konnte die Übernahme von Grundschulden in Anrechnung auf den Kaufpreis schon früher (und heute erst recht) nicht als Umwandlung in eine Restkaufpreishypothek ausgelegt werden (KG OLGR 45, 314). Die Unterwerfung unter die sofortige Zwangsvollstreckung (§ 794 I Nr 5 ZPO) wegen des dinglichen Rechts bleibt weiter wirksam und muss weder wiederholt noch gar erneut in das Grundbuch eingetragen werden (LG Bonn Rpfleger 98, 34; aA Staud/*Wolfsteiner* Rz 14); davon zu unterscheiden ist der persönliche Anspruch, der bei einer Umwandlung typischerweise geändert wird und aus diesem Grund einer erneuten Vollstreckungsunterwerfung bedarf. 2

Die Umwandlung einer Hypothek in eine Grundschuld und einer Eigentümergrundschuld in eine Hypothek kann auch kraft Gesetzes eintreten (§§ 1163, 1177). Hierauf ist § 1198 nicht anwendbar; die Rechtsänderung tritt durch den sie auslösenden Umstand außerhalb des Grundbuchs ein. 3

Untertitel 2 Rentenschuld

§ 1199 Gesetzlicher Inhalt der Rentenschuld. (1) Eine Grundschuld kann in der Weise bestellt werden, dass in regelmäßig wiederkehrenden Terminen eine bestimmte Geldsumme aus dem Grundstück zu zahlen ist (Rentenschuld).
(2) ¹Bei der Bestellung der Rentenschuld muss der Betrag bestimmt werden, durch dessen Zahlung die Rentenschuld abgelöst werden kann. ²Die Ablösungssumme muss im Grundbuch angegeben werden.

Die Rentenschuld hat keinerlei praktische Bedeutung, da die Regelung der §§ 1199–1203 die Interessen des Gläubigers stärker hinter das Interesse des Eigentümers zurücksetzt, als es den Verhältnissen auf dem Markt für Realkredite entspricht. Insb beschränkt sich der Anspruch des Gläubigers auf die Einzelleistungen; nur diese können durch Zwangsvollstreckung in das Grundstück beigetrieben werden; eine Wertsicherung der Einzelleistungen ist ebenso wenig möglich wie die Vereinbarung eines Rechts des Gläubigers, die Ablösung zu verlangen (§ 1201 II 1). Die Eintragung einer Vormerkung zur Sicherung erhöhter Einzelleistungen wäre zwar möglich, ist aber im Hinblick auf nachrangige Gläubiger wenig praktisch. Die Finanzierungspraxis bevorzugt deshalb die Grundschuld (§§ 1191 ff), sollen private Rentenansprüche gesichert werden, wählt man meist die flexibler auszugestaltende Reallast (§§ 1105 ff). 1

Das Gesetz sieht in der Rentenschuld eine besondere Form der Grundschuld; neben den §§ 1199–1203 gelten für die Rentenschuld daher die §§ 1191–1198, so etwa für den Zahlungsort § 1194 und für die Eigentümerrentenschuld § 1197. Auch eine Sicherungsrentenschuld (Frankf NJW-RR 95, 785) und eine Inhaberrentenschuld (§ 1195) sind möglich. Daneben gelten die Vorschriften aus dem Hypothekenrecht, die auch auf die Grundschuld anwendbar sind. Die Einzelzahlungen können befristet werden und müssen untereinander nicht gleich, jedoch von vornherein bestimmt sein. 2

Die Besonderheit der Rentenschuld besteht in dem Nebeneinander von Einzelzahlungen und Ablösungssumme. Diese sind voneinander unabhängig, können also ein beliebiges Verhältnis aufweisen (Bremen OLGZ 1965, 74, 78); die Ablösungssumme kann vom Zeitpunkt der Ablösung abhängig sein. Ob die Ablösungssumme im Wege der Inhaltsänderung der Rentenschuld mit Zustimmung der nachrangigen Berechtigten nachträglich erhöht werden kann, ist str (bejahend Staud/*Wolfsteiner* Rz 10; verneinend KGJ 40, 342, 344 f). Die Ablösungssumme kann nicht durch Bezugnahme (§ 874) Grundbuchinhalt werden (§ 1199 II 2). 3

Zur Umwandlung von Grundpfandrechten des bayerischen Landesrechts in Rentenschulden vgl BayObLGZ 52, 127; 53, 89; 55, 60. 4

§ 1200 Anwendbare Vorschriften. (1) Auf die einzelnen Leistungen finden die für Hypothekenzinsen, auf die Ablösungssumme finden die für ein Grundschuldkapital geltenden Vorschriften entsprechende Anwendung.
(2) Die Zahlung der Ablösungssumme an den Gläubiger hat die gleiche Wirkung wie die Zahlung des Kapitals einer Grundschuld.

1 Bei der angeordneten Anwendung der Vorschriften für Hypothekenzinsen auf die Einzelleistungen werden va die §§ 1115 I (LG Braunschweig NJW 54, 883, 884; aA anscheinend BaRoth/*Rohe* §§ 1199–1203 Rz 3: die zu § 9 ErbbauRG entwickelten Maßstäbe gelten) und 1119 I (KGJ 40, 342, 343) praktisch relevant.
2 Wegen § 1200 II entsteht bei Zahlung der Ablösungssumme durch den Eigentümer eine Eigentümerrentenschuld, bei einer Sicherungsrentenschuld freilich nur, wenn auf die Rentenschuld (und nicht auf die gesicherte Forderung) gezahlt worden ist. Umgekehrt kann sich aus dem Sicherungsvertrag ergeben, dass die gesicherte Forderung auch nach Zahlung der Ablösungssumme fortbesteht (BGH Rpfleger 80, 337).

§ 1201 Ablösungsrecht.
(1) Das Recht zur Ablösung steht dem Eigentümer zu.
(2) ¹Dem Gläubiger kann das Recht, die Ablösung zu verlangen, nicht eingeräumt werden. ²Im Falle des § 1133 Satz 2 ist der Gläubiger berechtigt, die Zahlung der Ablösungssumme aus dem Grundstück zu verlangen.

1 Das Ablösungsrecht des Eigentümers kann nicht ausgeschlossen werden; es kann lediglich nach Maßgabe des § 1202 II von einer Kündigungsfrist abhängig gemacht werden. Das Landesrecht kann weitere Beschränkungen vorsehen (Art 117 II EGBGB).
2 Der Gläubiger kann die Ablösung nur in den Fällen der §§ 1133 2 und 1202 III sowie der §§ 92 I, III, 158 ZVG verlangen.

§ 1202 Kündigung.
(1) ¹Der Eigentümer kann das Ablösungsrecht erst nach vorgängiger Kündigung ausüben. ²Die Kündigungsfrist beträgt sechs Monate, wenn nicht ein anderes bestimmt ist.
(2) Eine Beschränkung des Kündigungsrechts ist nur soweit zulässig, dass der Eigentümer nach 30 Jahren unter Einhaltung der sechsmonatigen Frist kündigen kann.
(3) Hat der Eigentümer gekündigt, so kann der Gläubiger nach dem Ablauf der Kündigungsfrist die Zahlung der Ablösungssumme aus dem Grundstück verlangen.

1 Abweichende Vereinbarungen nach § 1202 I bedürfen der Eintragung in das Grundbuch, widrigenfalls sind sie ggü einem gutgläubigen Rechtsnachfolger unwirksam (§ 892).
2 Ist eine unkündbare Rentenschuld bestellt, darf sie das GBA nicht eintragen. Bei einer gleichwohl eingetragenen Rentenschuld gilt § 1202 II (Schlesw SchlHA 70, 57).
3 Die Kündigung ist auch noch nach der Beschlagnahme des Grundstücks zulässig (RGZ 86, 255, 259).

§ 1203 Zulässige Umwandlungen.
¹Eine Rentenschuld kann in eine gewöhnliche Grundschuld, eine gewöhnliche Grundschuld kann in eine Rentenschuld umgewandelt werden. ²Die Zustimmung der im Range gleich- oder nachstehenden Berechtigten ist nicht erforderlich.

1 Die Umwandlungsmöglichkeit entspricht der des § 1198. Erfolgt die Umwandlung, dann entspricht die Ablösungssumme dem Grundschuldkapital, die Rente den Zinsen. Es kann ein geringerer, aber kein höherer Betrag vereinbart werden. Auch die unmittelbare Umwandlung aus oder in eine Hypothek ist möglich.
2 Die Umwandlungsmöglichkeit von der Rentenschuld in eine Grundschuld bedeutet für die gleich- oder nachrangigen Berechtigten, dass sie bei der Bewertung des ihm im Rang vorgehenden oder gleichstehenden Rechts kumulativ den Ablösungsbetrag und die Nebenleistungen, die den gleichen Rang wie das Hauptrecht haben, berücksichtigen müssen. Ansprüche aus § 826 wegen einer nach § 1203 zulässigen Umwandlung (Hambg OLGR 36, 137) sind nur ausnahmsweise denkbar.

Abschnitt 8 Pfandrecht an beweglichen Sachen und an Rechten

Vorbemerkungen vor §§ 1204 ff

1 **A. Einführung. I. Rechtsnatur und Inhalt des Pfandrechts.** Das Pfandrecht an einer Sache ist ein beschränkt dingliches, streng akzessorisches Recht mit dem Inhalt, die Sache bei Pfandreife (§ 1228 II) zu verwerten und sich aus dem Erlös wegen der gesicherten Forderung zu befriedigen (§ 1204 I). Es ist in Entstehung (§ 1204 I), Fortbestand (§ 1252), Umfang (§ 1210) und Durchsetzbarkeit (§ 1211) von der gesicherten Forderung abhängig und kann ohne sie nicht übertragen werden (§ 1250 I und II).
2 Gegen Beeinträchtigungen ist es zivilrechtlich (§ 1227; 1007) und strafrechtlich (§ 289 StGB) geschützt. In der **Zwangsvollstreckung** gg den Pfandeigentümer kann der Pfandgläubiger abgesonderte Befriedigung (§ 805 ZPO) verlangen und unter den Voraussetzungen des § 771 ZPO Drittwiderspruchsklage erheben. In der Insolvenz des Eigentümers hat er gem §§ 166–173 InsO ein Absonderungsrecht (§ 50 I InsO).

II. Arten des Pfandrechts. Das geltende Recht kennt je nach Entstehungsform drei Arten von Pfandrechten: 3
Das rechtsgeschäftlich bestellte (§§ 1204–1259), das gesetzliche und das Pfändungspfandrecht (§ 804 ZPO).
Für gesetzliche Pfandrechte gelten die Vorschriften über das rechtsgeschäftlich bestellte Pfandrecht entspr
(§ 1257). Zum Pfändungspfandrecht § 1257 Rn 9.

III. Wirtschaftliche Bedeutung. Wirtschaftliche Bedeutung hat das Pfandrecht als gesetzliches, weniger als 4
vertraglich bestelltes. Die Sicherungsübereignung (Rn 15 ff) hat das Pfandrecht weitgehend verdrängt. Praktische Bedeutung hat es im Kredit-, im Speditions- und im Pfandleihgewerbe (Einleitung Rn 12).

IV. Entstehung, Untergang und Verwertung. 1. Entstehung. Das rechtsgeschäftlich bestellte Pfandrecht 5
entsteht durch formlosen abstrakten dinglichen Vertrag zwischen Gläubiger und Verpfänder sowie durch
Besitzverschaffung (§§ 1205, 1206). Mit der Pfandbestellung entsteht zwischen Verpfänder und Pfandgläubiger ein gesetzliches Schuldverhältnis (§§ 1216–1219), das die Pflichten der Parteien regelt (RGZ 74, 151, 154;
101, 47, 49).

2. Untergang. Das Pfandrecht erlischt mit Eintritt einer auflösenden Bedingung (§ 158 II), Fristablauf 6
(§ 163), einwilligungsloser Schuldübernahme (§ 418 I), lastenfreiem Erwerb (§§ 936, 945, 949, 950 II, 955 ff,
973 I 2), rechtmäßiger Pfandveräußerung (§ 1242 II 1), gutgläubigem Erwerb bei unrechtmäßiger Pfandveräußerung (§ 1244), Abtretung der Forderung unter Ausschluss des Pfandrechts (§ 1250 II), Erlöschen der Forderung (§ 1252), Pfandrückgabe (§ 1253), Pfandaufhebung (§ 1255), Vereinigung von Pfandrecht und Eigentum (§ 1256) sowie mit Untergang oder dauernder Wertlosigkeit (RGZ 96, 184, 185) der Pfandsache.

3. Verwertung. Der Gläubiger kann das Pfand nach seiner Wahl durch Verkauf nach §§ 1234–1240 7
(§ 1233 I), bei einem Duldungstitel auch durch gerichtlichen Pfandverkauf nach der ZPO (§ 1233 II), bei
einem Zahlungstitel durch Vollstreckung in die Pfandsache nach der ZPO verwerten; eine Klage des Eigentümers der Pfandsache aus § 771 ZPO ist unbegründet (RGZ 143, 275, 277).

V. Beteiligte. An einer Verpfändung können außer Hilfskräften maximal vier Personen beteiligt sein. Dem 8
Pfandgläubiger als Inhaber der Forderung und des Pfandrechts stehen der Verpfänder, der Schuldner und der
Eigentümer der Pfandsache ggü. Partner des Pfandvertrages mit dem Pfandgläubiger ist der Verpfänder, der
mit dem Schuldner und/oder Eigentümer nicht identisch sein muss; eine Verpfändung durch einen Nichteigentümer kommt nach § 185 und § 1207 in Betracht. Partner des schuldrechtlichen Sicherungsvertrages mit
dem Gläubiger kann der Schuldner oder der Eigentümer sein.

VI. Sonderregelungen. 1. Schiffe und Luftfahrzeuge. Die Verpfändung im Schiffsregister eingetragener 9
Schiffe und Schiffsbauwerke erfolgt nach § 8 des Gesetzes über Rechte an eingetragenen Schiffen und Schiffsbauwerken v 15.11.40 (RGBl I 1499, zuletzt geändert am 26.11.01 BGBl I 3138) ähnl wie bei Immobilien
(BGHZ 26, 225, 228 = NJW 58, 457) durch Bestellung einer Schiffshypothek, einer Sicherungshypothek
(dazu Staud/*Nöll* § 8 SchiffsRG Rz 1 ff; *Krohn*, Die Pfandrechte an registrierten Schiffen, 03), die in der Luftfahrzeugrolle eingetragener **Luftfahrzeuge** nach § 5 I des Gesetzes über Rechte an Luftfahrzeugen v 26.2.59
(BGBl I 57, zuletzt geändert am 26.3.07 BGBl I 370) durch Bestellung eines der Schiffshypothek nachgebildeten Registerpfandrechts (*Rehm* NJW 59, 709; *Schmidt-Räntsch* DB 59, 563; *Wendt* MDR 63, 448; *Schwenk* BB
66, 477; *Haupt* NJW 74, 1457; *v. Kistowsky* ZLW 89, 214; *Schölermann/Schmid-Burgh* WM 1990, 1137; *Dobberahn* RhNotK 98, 145; *Reuleaux/Herick* ZLW 04, 558; *Reuleaux* ZBB 05, 354 zu Triebwerken), die nicht eingetragener Schiffe und Luftfahrzeuge nach §§ 1204 ff.

2. Landwirtschaftliches Inventar. Nach §§ 1, 2, 3 Pachtkreditgesetz (PKrG) v 5.8.51 (BGBl I 494, zuletzt 10
geändert am 8.11.85 BGBl I 2065; dazu BGHZ 35, 53 = NJW 61, 1259; 41, 6 = 64, 495; 51, 337 = 69, 1113;
54, 319 = 70, 2212; 120, 268 = 93, 179; MDR 69, 215; Staud/*Emmerich/Veit* vor § 581 Rz 65 ff *Westermann/
Gursky* § 134; *Sichtermann* PachtkreditG 1954) kann der Pächter eines landwirtschaftlichen Grundstücks
einer Bank schriftlich unter Niederlegung der Urkunde beim zuständigen Amtsgericht ein besitzloses Pfandrecht am gesamten bestehenden und künftigen Inventar einschl der Anwartschaftsrechte bestellen. Das
Pfandrecht erlischt nach § 5 PKrG, wenn das Inventar iR ordnungsgemäßer Bewirtschaftung veräußert und
entfernt wird.

3. Früchte. § 1 Gesetz zur Sicherung der Düngemittel- und Saatgutversorgung v 19.1.49 (BGBl III 403-11; 11
verlängert am 30.7.51 BGBl I 476; dazu BGHZ 29, 280 = NJW 59, 1127; 41, 6 = 64, 495; 120, 268 = 93, 1791;
WM 01, 1628; Oldbg RdL 63, 25; Ddorf NJW 59, 1227; *Eller* Kommentar zum Früchte-Pfandrecht 1988;
Staud/*Emmerich/Veit* vor § 581 Rz 76 ff; *Sichtermann*, Früchtepfandrechtsgesetz 1955; *Ebeling* WM 55, 1686;
Werner AgrarR 72, 333) gewährt Lieferanten von Düngemitteln und Saatgut sowie Darlehensgebern ein
besitz- und publizitätsloses Pfandrecht an der nächsten Ernte, soweit pfändbar (§ 1 I 2), das mit Entfernung
der Früchte grds erlischt (§ 2 I 1).

4. Pfandleiher. Die Verordnung über den Geschäftsbetrieb der gewerblichen Pfandleiher v 1.2.61 idF 12
v 1.6.76 (BGBl I 1334, zuletzt geändert am 17.3.09 BGBl I 550); dazu *Damrau* Pfandleihverordnung 2. Aufl
05; Staud/*Wiegand* Anh zu § 1257 Rz 30 ff; *Hammen* WM 95, 185; *Schulze-Werner/Hendricks* GewArch 00,

269) enthält, gestützt auf § 34 GewO, öffentlich-rechtliche Vorschriften zum Schutze des Verpfänders. Nach § 5 I Nr 1 darf sich der Pfandleiher wegen seiner Darlehensforderung nebst Zinsen und Kosten **nur aus dem Pfand befriedigen** (BFH BStBl II 70, 645, 646), und zwar frühestens einen Monat nach Eintritt der Fälligkeit des Darlehens (§ 9 I) und spätestens 6 Monate nach Pfandreife (§ 9 II). In Höhe eines Mindererlöses besteht die Forderung zwar weiter, der Pfandleiher kann aber in das übrige Vermögen des Darlehensnehmers nicht vollstrecken. Ob er mit einem Übererlös aus der Verwertung einer anderen Pfandsache aufrechnen kann, ist streitig (dagegen: HessVGH EzGewR § 34 GewO Nr 4; VG Münster EzGewR § 34 GewO Nr 3; *Marcks* in Landmann, GewO § 5 PfandlVO Rz 1; *Schulze-Werner/Hendricks* GewArch 00, 269 ff; *Schulze-Werner* GewArch 06, 242 f; a.A. *Damrau* GewArch 04, 177, 183 f). Der Pfandleiher hat dem Verpfänder einen **Pfandschein** auszuhändigen (§ 6) und die Pfandsache zu versichern (§ 8). Eine Scheckvorfinanzierung ist Pfandleihern nicht erlaubt (OVG Münster WM 02, 32, 33). Ein **Verstoß gg den Höchstzinssatz** nach § 10 PfandlVO führt nicht zur Gesamtnichtigkeit des Darlehensvertrages, sondern zu einer Beschränkung des Zinssatzes auf 1% pro Monat (Karlsr WM 06, 1857, 1858).

13 **VII. Landes-, Übergangs- und Kollisionsrecht. 1. Landesrechtliche Vorbehalte.** Sie enthalten Art 89, 94, 97 EGBGB. Nach Art 66 bay AGBGB v 20.9.82 (GVBl 803) kann eine öffentliche Pfandleihanstalt, die nach §§ 1207, 935 I kein Pfandrecht erworben hat, die Herausgabe der Sache bis zur Tilgung des auf die Sache gewährten Darlehens nebst Zinsen verweigern.

14 **2. Übergangs- und Kollisionsrecht.** Internationalprivatrechtlich ist für die Entstehung und Verwertung grds das Recht der belegenen Sache, nicht die gesicherte Forderung maßgebend (Art 43 I EGBGB; BGHZ 17, 89, 94 = NJW 55, 827). Bei Gebietswechsel bleibt auch ein besitzloses Pfandrecht wirksam, die Verwertung richtet sich aber nach dem neuen Statut (BGHZ 39, 173, 174 f = NJW 63, 1200 für franz Registerpfandrecht; BGH NJW 91, 1415, 1416 für ital Autohypothek; BGH WM 91, 862, 864 für venezol Schiffspfandrecht; Karlsr WM 03, 584 für us-amer Autopfandrecht).

15 **B. Sicherungsübereignung. I. Grundlagen. 1. Begriff und Rechtsnatur.** Sicherungsübereignung ist die Übereignung einer Sache oder die Übertragung eines Anwartschaftsrechts daran zur Sicherung einer Forderung idR des Erwerbers gg den Sicherungsgeber oder einen Dritten. Bei Nichterfüllung der gesicherten Forderung darf der Sicherungsnehmer das Sicherungseigentum verwerten und den Gläubiger aus dem Erlös befriedigen. Sicherungseigentum ist keine akzessorische Sicherheit (BGH NJW 84, 1184, 1186; 00, 957, 958).

16 Sicherungseigentum und Sicherungsabtretung sind stets **fiduziarische eigennützige Sicherheiten**. Jeder Vertrag über die Bestellung von Sicherungseigentum oder die Sicherungsabtretung begründet ein Treuhandverhältnis (BGHZ 137, 212, 218 f = NJW 98, 671). Der Sicherungsnehmer darf von seiner Eigentümerposition bzw Gläubigerstellung nur nach Maßgabe der Sicherungsabrede Gebrauch machen. Diese Abrede bewirkt schuldrechtlich eine Aufteilung der Eigentumsfunktionen in eine dem Sicherungsnehmer zustehende Sicherungsfunktion und eine beim bisherigen Eigentümer verbleibende Nutzungsfunktion (BGH NJW 07, 216, Tz 19).

17 **2. Wirtschaftliche Bedeutung.** Die Sicherungsübereignung hat das Pfandrecht bei der Sicherung von Krediten weitgehend verdrängt, weil sie dem Sicherungsgeber anders als dieses (§ 1205) die weitere Nutzung der Sache (BAG DB 07, 2718, 2719), die Geheimhaltung ggü Dritten ermöglicht und Sicherungseigentum einfacher verwertet werden kann.

18 **3. Beteiligte.** An einer Sicherungsübereignung können außer Vertretern und Hilfskräften maximal fünf verschiedene Personen beteiligt sein: Der Eigentümer, der Sicherungsgeber, der Schuldner, der Sicherungsnehmer und der Gläubiger der gesicherten Forderung. In der Praxis sind Gläubiger und Sicherungsnehmer fast immer, Schuldner, Sicherungsgeber und Eigentümer idR personengleich.

19 **II. Übereignung des Sicherungsguts. 1. Sicherungsgut.** Sicherungsgut können sein fremde bewegliche Sachen (§ 90), iRd § 138 auch unpfändbare (§§ 811, 812, 865 II ZPO; BGH WM 61, 243, 244), Sachgesamtheiten wie etwa Warenlager, Tiere (§ 90a; BGH NJW 96, 2654), auch Zubehör (§ 97) sowie Scheinbestandteile (§ 95) (zu Windkraftanlagen Schlesw ZfIR 06, 62, 64; Flensburg WM 00, 2112; *Goecke/Gamon* WM 00, 1309 ff; *Ganter* WM 02, 105 ff; *ders* WM 06, 1081, 1082 f; *Peters* WM 02, 110 ff; *Diekamp* ZBB 04, 10 ff; *Witter* ZfIR 05, 441 ff; *Dinger/Goldner* ZBB 09, 204 ff), Schiffe und Flugzeuge (*Schölermann/Schmidt-Burgk* WM 90, 1137, 1146 f), Wertpapiere, zB Schecks (BGH NJW 07, 2324, Tz 11), Anwartschaftsrechte an beweglichen Sachen sowie Miteigentumsanteile, auch künftig entstehende Sachen mit deren Übergabe. Sicherungsübereignung eines Grundstücks ist möglich, aber unüblich.

20 **2. Übereignung.** Die Sicherungsübereignung als abstraktes Verfügungsgeschäft erfolgt durch formfreie (BGH NJW 56, 1918) dingliche Einigung (§ 929 Rn 4–9) und Besitzverschaffung nach §§ 929 ff.

21 **a) Einigung.** Die formfreie Einigung (§ 929 Rn 4–9) kann auf beiden Seiten mit Hilfe von Vertretern erfolgen.

22 **aa) *Bedingte Einigung.*** Die Parteien können die Sicherungsübereignung durch Vereinbarung einer aufschiebenden und einer auflösenden Bedingung an den Bestand der gesicherten Forderung binden. Ob das gewollt ist, ist Auslegungsfrage (BGH NJW 86, 977). Eine aufschiebende Bedingung ist selten vereinbart (vgl BGH

NJW 91, 353 f). Bei Sicherung einer bestimmten Geldforderung kommt eine auflösende Bedingung zwar eher in Betracht als bei der einer Forderungsmehrheit (BGH NJW 84, 1184, 1186), ist aber idR nicht vereinbart (BGH NJW 00, 957, 958), so dass bei Erlöschen der gesicherten Forderung nur ein Rückgewähranspruch (Rn 58 ff) besteht.

bb) Bestimmtheitserfordernis. Auch bei Sachgesamtheiten, insb Warenlagern mit wechselndem Bestand, muss die (antizipierte) Einigung nach § 929 1 dem sachenrechtlichen Bestimmtheitserfordernis (§ 929 Rn 5; *Riggert* NZI 09, 137) genügen (BGHZ 21, 52, 55 = NJW 56, 1315). Das ist der Fall, wenn es für jeden, der die Parteiabreden in dem für den Eigentumsübergang vorgesehenen Zeitpunkt (BGH NJW 58, 945; WM 60, 1223, 1227) kennt, ohne weiteres ersichtlich ist, welche individuell bestimmten Sachen übereignet sind (BGHZ 73, 253, 254 = NJW 79, 976; 84, 803, 804; WM 88, 346, 347; NJW 91, 2144, 2146; 92, 1161; 94, 133, 134; 00, 2898; WM 95, 1394, 1396; 07, 2351, Tz 15; 08, 1442, Tz 27). Bezugnahme auf Inventarverzeichnis außerhalb der Vertragsurkunde reicht (BGH WM 08, 1750 Tz 17 f). Beweisschwierigkeiten hinsichtlich der erfassten Sachen berühren die Wirksamkeit nicht (BGHZ 73, 253, 255). 23

Bloße Bestimmbarkeit anhand außerhalb des Vertrages liegender Umstände, etwa Rechnungen, Warenbücher **reicht nicht** (BGH NJW 86, 1985, 1986; 91, 2144, 2146; 95, 2348, 2350; WM 08, 1442, Tz 27), ebenso wenig nachträgliche Markierung (Kobl ZIP 92, 420, 421) oder Bestimmbarkeit durch den Sicherungsgeber oder einen Lagerhalter (Frankf WM 94, 2151). 24

Es genügt die Übereignung aller vereinbarungsgemäß (nicht) in einem bestimmten Raum (dazu *Riggert* NZI 09, 137) oder sonst gesondert gelagerter Sachen auch bei wechselndem Bestand (BGH WM 60, 1223, 1226 f; 79, 300, 301; NJW 84, 803; 94, 133, 134; 96, 2654; 00, 2898; WM 08, 1442 Tz 27), die Sachen eines Inventarverzeichnisses (BGH WM 08, 1750 Tz 17 f), des gesamten Inventars eines Hauses (BGH NJW 86, 1985, 1986) nur bei Übereignung an den Ehegatten (BGHZ 73, 253, 254 f = NJW 79, 976; *Gehrlein* MDR 01, 911, 913), ebenso die aller vereinbarungsgemäß (nicht) markierten (BGH NJW 92, 1161, 1162) oder anhand besonderer Merkmale, zB Gattung, Typ, Größe oder Marke, konkret bezeichneten Sachen (BGH NJW 91, 2144, 2146; 94, 133, 134). Auch Übereignung des gesamten Warenlagers mit schuldrechtlicher Verpflichtung zur Rückübereignung eines Teils genügt (BGH NJW 00, 2898). Unbestimmt bleiben kann, ob der Sicherungsgeber Eigentümer oder nur Anwartschaftsberechtigter ist (BGHZ 28, 16, 22 = NJW 58, 1133; WM 65, 1248, 1249). 25

Nicht ausreichend sind zur Kennzeichnung nicht sicherungsübereigneter Teilmengen rechtliche Merkmale, wie unter Eigentumsvorbehalt stehende, unpfändbare oder mit Rechten Dritter belastete Sachen (BGHZ 21, 52, 56 = NJW 56, 1315; 28, 16, 20 = 58, 1133; WM 77, 218, 219; NJW 86, 1985, 1986; NJW-RR 88, 565; WM 89, 1904, 1906; NJW 92, 1156, 1157; 96, 2654), nicht getrennt gehaltene und nicht markierte Tiere (BGH NJW 84, 803, 804; 86, 2654, 2655). Gleiches gilt für äußerlich nicht erkennbare funktionale Sachen wie zB „Handbibliothek Kunst" (BGH NJW 92, 1161; NJW-RR 94, 1537) oder Mengen-, Gewichts-, Prozent- oder Wertangaben (BGHZ 21, 52, 55 = NJW 56, 1315; WM 59, 52; 77, 218, 219; NJW 94, 133, 134; WM 08, 1750 Tz 19) sowie eine bloße Deklarierungspflicht (BGH NJW 91, 2144, 2146). 26

b) Besitzverschaffung. Sie erfolgt idR nach § 930 (Rn 5–7), damit dem Sicherungsgeber als unmittelbarem Besitzer die Nutzungsmöglichkeit bleibt, gelegentlich nach § 931 (BGH NJW 84, 803), beim Scheckinkasso oft nach § 929 1 (BGHZ 102, 316, 317 = NJW 88, 911). Auch eine nichtige (BGHZ 96, 61, 65 = NJW 86, 2438) Sicherungsabrede enthält auch ohne nähere Regelung ein ausreichendes Besitzmittlungsverhältnis (§ 868, BGH NJW 79, 2037, 2038; 89, 2542, 2543; WM 98, 2294, 2295). 27

Bei antizipierter Einigung mit **antizipiertem Besitzkonstitut** müssen die Einigung bei Bedingungseintritt und der Fremdbesitzwille des Sicherungsgebers bei Erlangung des Besitzes fortbestehen (*Geibel* WM 05, 962, 965). Dies wird vermutet (BGH WM 60, 1223, 1227; 65, 1248, 1249; 65, 1254 f; 77, 218, 219). Bei mehrfacher antizipierter Sicherungsübereignung will der Sicherungsgeber im Zweifel für den letzten Sicherungsnehmer besitzen (str BGH WM 60, 1223, 1227; *Geibel* WM 05, 962, 965; aA *Giesen* AcP 203, 210, 219 ff). 28

Ferner bedarf es (str) einer Ausführungshandlung, die den Eigentumsübergang manifestiert (BGHZ 21, 52, 56 = NJW 56, 1315; 28, 16, 19 = 58, 1133; NJW 86, 1985, 1986). Die Verschaffung von Mitbesitz reicht nicht. 29

c) Verfügungsberechtigung. Sicherungseigentum erwirbt der Sicherungsnehmer nur bei Verfügungsberechtigung des Sicherungsgebers oder bei Gutgläubigkeit nach §§ 932 ff. Bei einem **Anwartschaftsrecht** erwirbt der Sicherungsnehmer dieses, wenn §§ 932 ff nicht vorliegen (*Geibel* WM 05, 962 f). Mit Bezahlung des Kaufpreises wird er ohne *Durchgangserwerb* unmittelbar Sicherungseigentümer (§ 929 Rn 22). 30

Kollidiert eine Raumsicherungsübereignung mit einer Zubehörhaftung nach § 1120 oder einem Vermieterpfandrecht, gilt das Prioritätsprinzip (*Weber/Rauscher* NJW 88, 1571; *Riggert* NZI 00, 241, 242). Bei antizipierter Raumsicherungsübereignung ist das übertragene Sicherungseigentum jedoch mit einem **Vermieterpfandrecht** belastet, soweit das Sicherungsgut erst nach der Sicherungsübereignung in gemietete Räume eingebracht wird (BGHZ 117, 200, 206 ff = NJW 92, 1156; 118, 201, 207 ff = 92, 2014; Ddorf NJW-RR 98, 559, 560). Gleiches dürfte bei entspr zeitlicher Abfolge für Sicherungseigentum gelten, das Zubehör wird und nach § 1120 für Grundpfandrechte haftet (aA *Riggert* NZI 00, 241, 242 quotale Haftung). 31

32 Bei Vereinbarung eines Besitzkonstituts muss der gute Glaube des Sicherungsnehmers noch bei Erwerb des unmittelbaren Besitzes vorhanden sein (§ 933). Daran sowie an fehlender Besitzübertragung scheitert der gutgläubige Erwerb idR. Näheres § 932 Rn 3–14, § 933 Rn 1–3, § 934 Rn 1–5.

33 **III. Gesicherte Forderung.** Als gesicherte, auch künftige oder bedingte Forderung kommt grds jeder Anspruch in Betracht. In der Praxis handelt es sich idR um (künftige) Darlehensforderungen, nicht notwendig gg den Sicherungsgeber. Gesicherte Forderungen aus Abtretungen im Rahmen bankmäßiger Geschäftsverbindung (BGH WM 05, 1076, 1078; 07, 874 Tz 16) sind auch Ansprüche aus Leasingverträgen (BGH WM 09, 66 Tz 14 ff).

34 Eine **Verjährung** der gesicherten Forderung hindert den Sicherungsnehmer nicht, sich aus dem Sicherungseigentum zu befriedigen (§ 216 II 1). Anderes gilt bei Verjährung von Zinsansprüchen (§ 216 III, BGH NJW 93, 3318, 3320).

35 Entsteht die gesicherte Forderung nicht, ist die Sicherungsübereignung grds gleichwohl wirksam, es sei denn, die Übereignung erfolgte aufschiebend bedingt durch die Entstehung der Forderung. Erlischt die gesicherte Forderung, fällt das Sicherungseigentum nur bei Vereinbarung einer auflösenden Bedingung automatisch an den Sicherungsgeber zurück. Andernfalls hat er nur einen schuldrechtlichen **Rückübereignungsanspruch** (BGHZ 100, 95, 105 = NJW 87, 1880).

36 Mangels Akzessorietät geht Sicherungseigentum nicht automatisch mit der gesicherten Forderung auf den Zessionar über; es besteht aber grds eine schuldrechtliche Verpflichtung des Zedenten zur Übertragung (BGHZ 42, 53, 56 = NJW 64, 1788 für Vorbehaltseigentum; 80, 228, 232 = 81, 1554 für Sicherungsgrundschuld).

37 **IV. Sicherungsabrede. 1. Rechtsnatur und Funktion.** Die im BGB nicht geregelte Sicherungsabrede, eine Treuhandabrede, ist ein schuldrechtlicher Vertrag, der als selbständiges Rechtsgeschäft oder Teil eines Vertragswerks den Rechtsgrund (BGHZ 124, 371, 375 = NJW 94, 861) der Sicherungsübereignung bildet, die Rechte und Pflichten bezüglich der Sicherungsübereigneten Sache regelt und das Sicherungseigentum mit der gesicherten Forderung verknüpft. Die Sicherungsabrede für ein Darlehen ist ein entgeltlicher Vertrag (§ 1 I HWiG), wenn der Sicherungsgeber wie etwa bei einem Darlehen (BGHZ 112, 136, 138 f = NJW 90, 2626; BGHZ 131, 184 = NJW 95, 55; 137, 367, 383 = NJW 98, 2607; WM 00, 1072, 1074)

38 **2. Abschluss und Parteien.** Die Sicherungsabrede kann grds formfrei, anders bei §§ 311b, auch stillschweigend (BGH WM 91, 86, 87 für Sicherungsgrundschuld), geschlossen und geändert werden (BGH WM 09, 117 Tz 57. Partner kann (Auslegungsfrage) der persönliche Schuldner oder aber der Eigentümer sein.

39 Sind Sicherungsgeber und persönlicher Schuldner nicht identisch, besteht zwischen ihnen idR ein Auftrag, GoA (BGH NJW 94, 2885) oder ein Schenkungsvertrag. Sicherungsnehmer ist idR der Gläubiger. Wenn das nicht der Fall ist, besteht zwischen Sicherungsnehmer und Gläubiger ein Treuhandverhältnis.

40 **3. Nichtigkeitsgründe.** Nichtigkeitsgründe ergeben sich va aus §§ 134 und 138 I. Diese schlagen auf die Sicherungsübereignung durch. Die Nichtigkeit der Sicherungsübereignung beeinflusst die Wirksamkeit der Sicherungsabrede grds nicht, Ausnahme § 139 (BGH NJW 94, 2885).

41 **Sittenwidrigkeit** (§ 138 I) setzt in objektiver Hinsicht eine anstößige Schädigung des Sicherungsgebers bzw der Gläubiger und in subjektiver Hinsicht grobe Fahrlässigkeit (Gewissenlosigkeit) (BGH NJW 93, 1587, 1588) und eine verwerfliche Gesinnung des Sicherungsnehmers voraus (BGHZ 10, 228, 233 = NJW 53, 1665). Zur notwendigen umfassenden Gesamtwürdigung s. § 138 24 ff.

42 Die Sicherungsübereignung unpfändbarer Sachen ist nicht sittenwidrig (BGH WM 61, 243, 244; Stuttg NJW 71, 50; Frankf NJW 73, 104, 105; Bambg MDR 81, 50). Gleiches dürfte für eine antizipierte Sicherungsübereignung gelten, die mit einem verlängerten Eigentumsvorbehalt kollidiert (*Geibel* WM 05, 962, 968).

43 Die Rspr hat zur Beurteilung der Sittenwidrigkeit die Fallgruppen der Knebelung, Gläubigergefährdung (Kredittäuschung) und anfänglichen Übersicherung gebildet, denen die Bedeutung eines Anhaltspunkts zukommt (BGH WM 58, 590, 591, NJW 70, 657; 91, 353, 354).

44 **a) Sittenwidrige Knebelung.** Sie liegt vor, wenn die wirtschaftliche Entfaltung des Sicherungsgebers in einem Maße beschnitten wird, dass er seine Selbständigkeit und wirtschaftliche Entschließungsfreiheit im Ganzen oder in einem wesentlichen Teil einbüßt (BGHZ 44, 158, 161 = NJW 65, 2147; 55, 1272, 1273; WM 59, 406, 408; NJW 62, 102, 103; NJW-RR 88, 1012; NJW 93, 1587, 1588; Köln MDR WM 86, 452, 453), er zB anfallende Sozialabgaben nicht mehr bezahlen kann (BGHZ 19, 12, 18 = NJW 56, 337). Maßgeblich sind der Umfang der Sicherungsübereignung und das Ausmaß der Kontroll- und Eingriffsbefugnisse des Sicherungsnehmers (BGH NJW 93, 1587, 1588). Die Übereignung des gesamten Maschinenparks (BGH NJW 56, 585) oder letzter freier Vermögensteile ist allein noch keine Knebelung (BGHZ 20, 43, 49 f = NJW 56, 706). Gleiches gilt für die Sicherungsabtretung sämtlicher Unternehmensforderungen (Stuttg NJW 64, 666).

45 **b) Anfängliche Übersicherung.** Sie liegt vor, wenn bereits bei Vertragsschluss feststeht, dass im noch ungewissen Verwertungsfall zwischen dem realisierbaren Wert der Sicherheit und der gesicherten Forderung ein krasses Missverhältnis bestehen wird. Die für den Freigabeanspruch bei nachträglicher Übersicherung entwi-

ckelte Deckungsgrenze (Rn 55) soll insoweit bedeutungslos sein, die Sittenwidrigkeit sich vielmehr nur aufgrund der Gesamtwürdigung von Inhalt, Beweggrund, Zweck und verwerflicher Gesinnung des Sicherungsnehmers im Einzelfall bestimmen (BGH NJW 98, 2047; 01, 1417, 1418; WM 03, 1367, 1369; *Ganter* WM 98, 2045 ff; *ders* WM 99, 1741, 1742; *ders* WM 01, 1, 3; aA *Nobbe* FS Schimansky 433, 451; *Tetzlaff* ZIP 03, 1826, 1830 ff; *Rimmelspacher* WuB I F 4.-1.98). Richtiger Ansicht nach besteht ein krasses Missverhältnis, wenn der Wert aller Sicherheiten des Gläubigers die Deckungsgrenze (Rn 55) um mehr als 200% (= 300% der gesicherten Forderung) übersteigt (Ddorf WM 07, 2009, 2011; Pal/*Ellenberger* § 138 Rz 97). Eine sittenwidrige anfängliche Übersicherung, die in der Praxis selten ist (s. aber Hamm WM 02, 451, 453), kommt bei Sicherungsübereignung einer einzigen Sache nicht in Betracht (Ddorf WM 93, 784, 785 f; Hamm WM 93, 1590, 1592; Frankf InVO 01, 220). Die Beweislast trägt der Sicherungsgeber. Zur nachträglichen Übersicherung Rn 54 f.

c) Gläubigergefährdung. Eine Gläubigerbenachteiligung führt grds nur zur Anfechtbarkeit der Sicherungsübereignung (BGHZ 138, 291, 299 = NJW 98, 2592; 93, 2041; WM 02, 1186, 1189). § 138 I greift nur ein, wenn weitere Umstände hinzukommen, etwa Täuschungsabsicht, Schädigungsvorsatz oder grob fahrlässiges Hinwegsetzen über Belange anderer Gläubiger (BGHZ 10, 228, 233 = NJW 53, 1665; 19, 12, 17 f = 56, 337; 20, 43, 50 ff = 56, 706; 77, 2261 f; 84, 728; WM 87, 1172, 1173; NJW 95, 1668). 46

Die **Sicherungsübereignung des letzten freien Vermögens** an einen Kreditgeber ist insb sittenwidrig, wenn dadurch gegenwärtige oder künftige Gläubiger über die Kreditwürdigkeit des Schuldners getäuscht werden und die Vertragspartner bei dieser Täuschung zusammengewirkt haben (BGH MDR 51, 604, 605; NJW 91, 353, 355; 95, 1668; Köln WM 97, 762, 764). Solange der Sicherungsnehmer, den eine Prüfungspflicht trifft (BGH NJW 95, 1668), davon ausgehen darf, dass der Sicherungsgeber werde mit dem neu ausgereichten Kredit eine Krise überwinden und seine Schulden bedienen können, fehlt es an der Sittenwidrigkeit (BGH NJW 84, 728 f; Hamm WM 00, 518, 519; Dresd WM 00, 1689, 1691; Köln WM 03, 1070, 1071). 47

Die Gläubigergefährdung kann zusätzlich einen Kreditbetrug darstellen und die Sicherungsübereignung deshalb auch nach § 134 nichtig sein. Auch unter dem Gesichtspunkt der Insolvenzverschleppung kann die Sicherungsübereignung sittenwidrig sein (Köln ZIP 84, 1472, 1474; WM 03, 1070, 1071 f). 48

4. AGB-Kontrolle. Eine formularmäßige weite Sicherungszweckerklärung, dass Sicherungseigentum bzw sicherungshalber abgetretene Rechte der Sicherung aller bestehenden und künftigen Forderungen etwa des Kreditgebers dienen, ist grds überraschend (§ 305c), wenn **Sicherungsgeber** nicht der Kreditnehmer, sondern **ein Dritter** ist. Anders ist dies bei der weiten Sicherungszweckerklärung des persönlich schuldenden Eigentümers (aA (unhaltbar) *Knops* ZIP 06, 1965, 1967 ff). Diese für Sicherungsgrundschulden (BGHZ 83, 56, 59 = NJW 82, 1035; 106, 19, 24 = 89, 831; 126, 174, 177 = 94, 2145; 92, 1822, 1823; 97, 2320, 2321; 01, 1416, 1417 u 1417, 1419) entwickelte und alsdann auf Bürgschaften (BGHZ 130, 19, 30 = NJW 95, 2553; 143, 95, 97 ff = 00, 658; 96, 3205; 02, 956) und AGB-Pfandrechte (Schlesw WM 06, 1578, 1580) ausgedehnte Rspr lässt sich auf Sicherungsübereignungen übertragen (Oldbg WM 93, 2162, 2166; Staud/*Wiegand* Anh zu §§ 929 ff Rz 176; Soergel/*Henssler* Anh § 930 Rz 86). Das Sicherungseigentum bzw das sicherungshalber abgetretene Recht sichert dann nur die Forderung, die Anlass für die Sicherungsübereignung war. 49

Der Inhaltskontrolle nach § 307 hält eine formularmäßige weite Sicherungszweckerklärung stand, da es mangels einer gesetzlichen Regelung an einem Kontrollmaßstab fehlt (BGH WM 96, 2233, 2234; NJW 97, 2320, 2322 für Sicherungsgrundschulden; WM 05, 1168, 1169). 50

5. Kündigung. Die Sicherungsabrede ist für den Drittsicherungsgeber nach Ablauf eines gewissen Zeitraums (*Lwowski* FS Kümpel 349, 364; *Derleder* NZM 06, 601, 608; *Ganter* WM 06, 1081, 1086), wegen Wegfalls der Geschäftsgrundlage (*Mankowski* WuB I F 2.-1.03) oder aus wichtigem Grund kündbar (BGH NJW 03, 61). Im Falle der Kündigung ist der Sicherungsnehmer zur Rückgabe des Sicherungsguts Zug um Zug gg Tilgung seiner bei Wirksamwerden der Kündigung bestehenden Forderung verpflichtet (*Ganter* aaO 1086). Verletzt der Sicherungsnehmer seine Pflichten aus dem Sicherungsvertrag schwer, kommt eine Kündigung der Sicherungsabrede nach § 314 in Betracht (vgl BGH NJW 86, 252, 253). 51

6. Inhalt. a) Bestimmbarkeit. Die Sicherungsabrede muss die gesicherten Forderungen und die zu übereignenden Sachen bzw Anwartschaftsrechte bestimmbar bezeichnen und bei einer Übereignung nach § 930 ein Besitzkonstitut enthalten. Die Bestimmbarkeit ist bei Erfassung aller bestehenden und künftigen, auch bedingten Forderungen aus einer Geschäftsverbindung gewahrt (BGHZ 130, 19, 21 f = NJW 95, 2553). 52

b) Reichweite. Ob die Sicherungsrede auch Ersatzforderungen wie etwa Schadensersatz- oder Bereicherungsansprüche erfasst, ist Auslegungsfrage. Bei einer weiten Sicherungszweckvereinbarung ist dies zu bejahen. Gleiches gilt, soweit ein Bürge für die Ersatzforderung haften würde (MüKo/*Oechsler* Anh §§ 929–936 Rz 27). Die Sicherungsabrede erstreckt sich im Zweifel auch auf Zubehör. Der Gegenbeweis obliegt dem Sicherungsgeber (BGH NJW 07, 216 Tz 16). 53

c) Freigabepflicht. Der Sicherungsabrede ist angesichts des fiduziarischen Charakters von Sicherungseigentum bzw sicherungshalber abgetretener Forderungen eine ermessensunabhängige Freigabeflicht des Siche- 54 rungsgebers bei nachträglicher Übersicherung zu entnehmen. Eine ausdrückliche Regelung dieser Pflicht ist auch bei formularmäßig bestellten revolvierenden Globalsicherungen, etwa Übereignungen von Warenlagern oder Globalzessionen, **keine Wirksamkeitsvoraussetzung** (BGHZ 137, 212, 219 = NJW 98, 671 (GrSZ); 138, 367, 371 = 98, 2206). Das gilt auch bei Abtretung von Arbeitseinkommen (BGH WM 05, 1168, 1169). Die frühere abw Rspr des VII., VIII. und IX. ZS des BGH ist durch die Entscheidung des GZS überholt. Bei Vereinbarung einer gg § 307 verstoßenden Freigaberegelung gelten folgende Grundsätze:

55 Eine **nachträgliche Übersicherung** kann durch Verminderung der gesicherten Forderung oder durch eine Erhöhung des Wertes des Sicherungsguts eintreten. Sie besteht vorbehaltlich einer wirksamen anders lautenden Regelung, wenn der Wert des Sicherungsgutes bzw der sicherungshalber abgetretenen Forderungen die gesicherten Hauptforderungen zuzüglich gesicherter Zinsansprüche und 10% Verwertungs- und Verwaltungspauschale übersteigt (BGHZ 137, 212, 224 = NJW 98, 671). Die Deckungsgrenze beträgt also 110% der gesicherten Forderungen. Bei einer gesicherten, nicht ausgeschöpften Kreditlinie kommt es auf das Kreditlimit zuzüglich 10% an (BGH NJW 87, 847, 848; Köln BB 97, 697, 698).

56 Der **realisierbare Wert des Sicherungsguts** bestimmt sich nach dem Marktpreis im Zeitpunkt der Beurteilung des Freigabeanspruchs. Bei Waren ohne einen solchen ist auf den Einkaufspreis bzw den geschätzten Herstellungspreis abzustellen (BGHZ 137, 212, 234 = NJW 98, 671; s.a. BGH NJW 95, 2348, 2349), bei sicherungshalber abgetretenen Forderungen auf den Nennwert (BGHZ 137, 212, 234 = NJW 98, 671). Ein Freigabeanspruch besteht bei mehreren oder teilbaren Sicherungsgütern regelmäßig dann, wenn der so ermittelte Wert des Sicherungsguts die Deckungsgrenze um 50% übersteigt. Dabei handelt es sich um eine Orientierungshilfe. Wer geltend macht, die Freigabegrenze von 150% sei im Streitfall unangemessen, muss dies darlegen und beweisen (BGHZ 137, 212, 235 f = NJW 98, 671).

57 Die **Auswahl**, welche von mehreren Sicherheiten freigegeben wird, trifft nach § 262 und dem Rechtsgedanken des § 1230 1 der Sicherungsnehmer (BGHZ 137, 212, 219 = NJW 98, 671). Bei unteilbaren Einzelgegenständen kommt ein Austauschanspruch des Sicherungsgebers aus § 242 in Betracht.

58 **d) Rückgewährpflicht.** Nach endgültigem Wegfall des Sicherungszwecks, insb Erlöschen der gesicherten Forderung, ist das Sicherungsgut, wenn – wie üblich – keine auflösende Bedingung vereinbart ist, an den Sicherungsgeber zurück zu übertragen (Rn 38) (BGH NJW 96, 1213, 1215; 97, 3434, 3436). Dies geschieht oft stillschweigend (BGH NJW 86, 977), bei Sicherungseigentum idR über § 929 2. Die Verpflichtung trifft den Sicherungsnehmer, auch wenn er das Sicherungsgut weiter übereignet hat (BGH WM 97, 13, 16). Der Rückgewähranspruch, der Zug um Zug gg Zahlung der gesicherten Forderung (BGH NJW 82, 2768, 2769 für Sicherungsgrundschuld) besteht, kann abgetreten oder verpfändet werden.

59 Bei einer auflösend bedingten Sicherungsübereignung kann die dann bestehende **Rückfallanwartschaft** (BGH NJW 84, 1184, 1185) schon vor Eintritt der Bedingung nach §§ 929 ff übertragen werden. Bei Eintritt der Bedingung geht das Eigentum ohne Durchgangserwerb auf den Erwerber über (BGHZ 20, 88 ff = NJW 56, 665).

60 Zahlt der mit dem Schuldner nicht identische Sicherungsgeber aufgrund seines Ablösungsrechts, hat der Sicherungsnehmer ihm auch die gesicherte Forderung abzutreten (Soergel/*Henssler* Anh § 930 Rz 88).

61 **e) Sonstige Pflichten.** Die Sicherungsabrede regelt außerdem die Rechte und Pflichten der Parteien, insb Besitz-, Nutzungs- und ggf Verarbeitungs- und Veräußerungsrechte des Sicherungsgebers, seine Pflichten zur ordnungsgemäßen Verwahrung (Frankf NJW 60, 827), Erhaltung und Versicherung, zur Anzeige einer Zerstörung oder Pfändung des Sicherungsguts, seinen Herausgabeanspruch und ggf ein Wegnahmerecht (BGH WM 55, 470; 61, 1297, 1298) im Verwertungsfall sowie die Modalitäten der Verwertung des Sicherungsguts (BGH NJW 80, 226; Rn 65 ff). Diese Rechte und Pflichten können der Sicherungsabrede im Wege der Auslegung nach § 157, 242 zu entnehmen sein. Ein Nutzungsrecht steht dem Sicherungseigentümer auch nach Eintritt des Sicherungsfalles grds nicht zu (BGH NJW 07, 216 f Tz 17 ff; *v. Olshausen* ZIP 07, 1145, 1146; s.a. Köln ZVI 06, 591, dazu *Mai* ZVI 07, 166; aA *Lutz/Schapiro* ZIP 08 1212, 1216 f). Ergänzend sind §§ 662 ff, insb §§ 666, 667, heranzuziehen (BGH NJW 94, 2285, 2286).

62 **V. Verfügungen. 1. Abtretung der gesicherten Forderung.** Bei Abtretung der gesicherten Forderung geht das Sicherungsgut nicht nach § 401, sondern nur kraft gesonderter Übereignung auf den Zessionar über. Dieser kann die Übereignung bei Übernahme aller Verpflichtungen aus der Sicherungsabrede grds verlangen (§ 401 Rn 5). Der Erwerber ist allen Einreden aus der Sicherungsabrede ausgesetzt (§ 404).

63 **2. Weiterübereignung des Sicherungsguts.** Der Sicherungsnehmer kann das Sicherungsgut, auch ein Anwartschaftsrecht, nach §§ 929 ff weiter übertragen. Wenn er dem Erwerber nicht die Verpflichtungen aus der Sicherungsabrede auferlegt, ist er dem Sicherungsgeber aus § 280 schadensersatzpflichtig (BGH WM 97, 13, 16). Die Erfüllung der gesicherten Forderung wird nur gg Rückgewähr des Sicherungsguts geschuldet. Bei Übertragung des Eigentums nach § 930 ist § 986 II entspr anzuwenden (BGHZ 111, 142, 146 = NJW 90, 1914 f).

64 **3. Verfügung des Sicherungsgebers.** Verfügt der Sicherungsgeber über das Sicherungsgut, verletzt er die Sicherungsabrede, soweit er das Sicherungsgut danach nicht veräußern darf. Er ist dem Sicherungsnehmer

dann aus § 280 schadensersatzpflichtig. Verfügen kann der Sicherungsgeber über seinen Rückgewähranspruch (BGH NJW 86, 977) bzw seine Rückfallanwartschaft.

VI. Verwertung des Sicherungsguts. 1. Regelung in der Sicherungsabrede. Die Verwertung bestimmt sich 65 nach der (AGB-)Sicherungsabrede (RGZ 143, 113, 116; BGH NJW 80, 226). Eine **unangemessene Verwertungsregelung** in AGB berührt die Wirksamkeit der Sicherungsübereignung – anders als die einer Lohnzession (Vor § 1273 Rn 28) – nicht (BGHZ 124, 380, 391 f = NJW 94, 864; 130, 59, 67 f = 95, 2219; 130, 115, 120 = 95, 1221; 94, 1796, 1797; 96, 847). An die Stelle der unwirksamen Regelung treten die gesetzlichen Vorschriften über den Pfandverkauf (BGH NJW 94, 1796), soweit sie bei der Sicherungsübereignung passen.

Der Sicherungsnehmer kann die vertraglich vorgesehene Verwertung ohne Beteiligung des Sicherungsgebers 66 vornehmen (BGH NJW 97, 1063, 1064), eine andere Verwertung etwa durch Nutzziehung, Verfall des Sicherungseigentums oder Selbsteintritt des Sicherungsnehmers (BGH WM 60, 171; Hamm OLGR 99, 317) nur mit dessen Zustimmung (BGH NJW 80, 226, 227; 07, 216, Tz 17). Eine im Vertrag vorgesehene Rücknahme zum gewöhnlichen Verkaufswert meint nicht den Händlereinkaufs-, sondern den Verkaufspreis (Schlesw MDR 08, 96). Ein Sicherungseigentümer ohne Nutzungsrecht kann die durch Vermietung des Sicherungsguts gezogenen Nutzungen nicht nach § 812 I 1 Alt 2 herausverlangen, auch nicht nach §§ 170 I, 172 InsO analog (BGH WM 06, 1636 f). Eine **Verfallklausel** ist angesichts des § 1229 nicht generell verboten, sondern an §§ 138 und 307 zu messen (str RGZ 83, 50, 53; BGH NJW 80, 226, 227; Erman/*Michalski* Anh §§ 929–932 Rz 15; BaRoth/*Sosnitza* § 1229 Rz 4; *Vollmer* EWiR 03, 1081, 1082 *Foerste* ZBB 09, 285, 292 f; aA Staud/*Wiegand* Anh zu §§ 929 Rz 234; Soergel/*Henssler* Anh § 930 Rz 80).

Auch wenn dem Sicherungsgeber bei Eintritt des Sicherungsfalles ein freies Verwertungsrecht eingeräumt ist, 67 hat er die Interessen des Sicherungsgebers in angemessener und zumutbarer Weise zu berücksichtigen, soweit nicht seine schutzwürdigen Sicherungsinteressen entgegenstehen (BGH WM 62, 393, 394 und 673, 674; NJW 66, 2009; 70, 701, 704; 91, 1946, 1947; 97, 1063, 1064; 00, 352, 353; 00, 3273, 3274). Verletzt er die Pflicht zur **bestmöglichen Verwertung** schuldhaft, so ist er aus § 280 schadensersatzpflichtig (BGH WM 62, 673, 674; NJW 00, 352, 353; Ddorf WM 90, 1062). Eine Pflichtverletzung liegt nicht schon darin, dass Sicherungsgegenstände nicht einzeln, sondern im Paket verkauft werden und der Erlös unter der Summe der Verkehrswerte aller Einzelstücke liegt (BGH WM 56, 1091, 1092; NJW 97, 1063, 1064). Stimmt der Sicherungsgeber der Art und Weise der Veräußerung zu, liegt eine Pflichtverletzung, zu deren Vermeidung die Einholung eines Wertgutachtens notwendig sein kann, grds nicht vor (BGH NJW 97, 1063, 1064).

Der Sicherungsnehmer darf **Sicherungsgut nur im erforderlichen Umfang verwerten** (BGH WM 61, 243, 68 244). Eine Verwertungspflicht besteht nicht (BGH NJW 80, 226; 07, 216, Tz 19), insb nicht zur unverzüglichen Verwertung (BGH NJW-RR 07, 781, Tz 11). Ggü anderen Sicherungsgebern besteht nur die Pflicht aus § 242, bei der Verwertung nicht willkürlich zu ihrem Schaden zu handeln (BGHZ 78, 137, 143 f = NJW 81, 748; BGH WM 87, 853, 856; NJW 00, 3273, 3274).

Der Nettoverwertungserlös, also ohne Umsatzsteuer (BGH WM 04, 121, 123), abzgl Verwertungs- und Ver- 69 mittlungskosten (BGH WM 62, 393, 394), ist mit der gesicherten Forderung zu verrechnen, ein **Übererlös** an den Sicherungsgeber auszukehren (BGH NJW 02, 2316, 2317). Eine Aufrechnung des Sicherungsnehmers mit weiteren ungesicherten Ansprüchen ist ausgeschlossen, es sei denn, der Sicherungsgeber ist insolvent (BGHZ 139, 325, 331 = NJW 99, 55; NJW 94, 2885, 2886) oder hatte für den zur Aufrechnung gestellten Anspruch Sicherheit zu leisten.

Der Sicherungsnehmer ist rechnungslegungspflichtig (§ 666; BGH WM 66, 1037, 1039). Die **Rechnungsle-** 70 **gung** muss über die verwerteten Gegenstände und die erzielten Erlöse Auskunft geben (BGH WM 56, 563, 565; Hamm OLGR 99, 317, 318; *Ganter* WM 99, 1741, 1742).

2. Fehlen einer vertraglichen Regelung. Fehlt eine vertragliche Regelung, sind die Vorschriften über den 71 Pfandverkauf teilweise ergänzend heranzuziehen (Frankf NJW-RR 86, 44). Dies gilt nicht, soweit sie auf der akzessorischen Natur des Pfandrechts beruhen.

a) Verwertungsreife. Verwertungsreife tritt erst **mit Verzug** (RGZ 142, 139, 141; BFH NVwZ 84, 468, 469; 72 Soergel/*Henssler* Anh § 930 Rz 68; *Ganter* in Schimansky/Bunte/Lwowski Bankrechts-Handbuch § 90 Rz 541; *Bülow* ZIP 99, 985, 987; Weber Kreditsicherheiten 170), nicht bereits mit Fälligkeit (so aber Staud/*Wiegand* Anh §§ 929 ff Rz 230, wohl auch BGH NJW-RR 95, 1369) der gesicherten Forderung ein. Notwendig ist idR außerdem eine Androhung der Verwertung mit angemessener Frist (§ 1234 I analog).

Nach Eintritt der Verwertungsreife hat der Sicherungsgeber das **Sicherungsgut auf Verlangen des Siche-** 73 **rungsnehmers herauszugeben** (BGH NJW 91, 1415, 1416; 80, 226, 227), auch wenn die gesicherte Forderung verjährt ist (§ 216 I). § 803 I 2 ZPO findet keine entspr Anwendung (BGH WM 61, 243, 244). Mit der Verweigerung der Herausgabe wird der Sicherungsgeber unberechtigter Besitzer und haftet nach §§ 987 ff (BGH NJW 80, 225, 226). Verletzt der Sicherungsgeber wesentliche Pflichten der Sicherungsabrede, besteht ein Herausgabeanspruch erst nach Kündigung (§ 314; MüKo/*Oechsler* Anh zu §§ 929–936 Rz 48).

Ein **Wegnahmerecht** des Sicherungsnehmers besteht nicht. Nimmt der Sicherungsnehmer das Sicherungsgut 74 gg den Willen des Sicherungsgebers an sich, liegt verbotene Eigenmacht vor (§ 858).

75 **b) Verwertungsart.** Die Verwertung kann durch freihändigen Verkauf, öffentliche Versteigerung (§ 1233; Hamm OLGR 99, 317), aber auch durch Zwangsvollstreckung nach §§ 808 ff ZPO aufgrund eines Zahlungstitels erfolgen. Im Falle der Zwangsvollstreckung ist § 811 ZPO zu beachten. Eine sicherungshalber abgetretene Forderung kann der Sicherungsnehmer einziehen, aber auch veräußern. Zu wählen hat der Sicherungsnehmer die Art, die das beste Ergebnis verspricht (Ddorf WM 90, 1062).

76 **VII. Sicherungsgut in Zwangsvollstreckung und Insolvenz. 1. des Sicherungsnehmers. a) Zwangsvollstreckung.** Vollstrecken Gläubiger des Sicherungsnehmers in das Sicherungsgut bzw die sicherungshalber abgetretene Forderung (BGH NJW 59, 1223, 1224), so steht dem Sicherungsgeber die Drittwiderspruchsklage zu (§ 771 ZP; BGHZ 55, 20, 26 = NJW 71, 799). Das Widerspruchsrecht des Sicherungsgebers entfällt mit Eintritt der Verwertungsreife (BGHZ 72, 141, 143, 146 = NJW 78, 1859; 03, 1182, 1183). Wenn der Sicherungsgeber unmittelbarer Besitzer des Sicherungsguts ist, kann er auch Vollstreckungserinnerung einlegen (§ 766 ZPO).

77 **b) Insolvenz.** In der Insolvenz des Sicherungsnehmers steht dem Sicherungsgeber ein Aussonderungsrecht nach § 47 InsO zu, wenn er die gesicherte Forderung getilgt hat oder deren Erfüllung anbietet, auch wenn er nur einen Rückgewähranspruch hat. Übt er diese Rechte nicht aus, verwertet der Insolvenzverwalter das Sicherungsgut und kehrt einen etwaigen Übererlös als Masseverbindlichkeit (§ 55 I Nr 3 InsO) an den Sicherungsgeber aus.

78 **2. des Sicherungsgebers. a) Zwangsvollstreckung.** Vollstrecken Gläubiger des Sicherungsgebers in das Sicherungsgut bzw die sicherungshalber abgetretene Forderung, so hat der Sicherungsnehmer bis zur Befriedigung der gesicherten Forderung (BGHZ 100, 95, 105 = NJW 87, 1880) die Drittwiderspruchsklage (§ 771 ZPO; BGHZ 12, 232, 234 = NJW 54, 673; 72, 141, 146 = 78, 1859; 80, 296, 299 = 81, 1835; 118, 201, 206 f = 92, 2014; 87, 1880). Dieser kann der Gläubiger bei einer Übersicherung, die einen Freigabeanspruch auslöst, § 242 entgegenhalten mit der Folge, dass der Sicherungsnehmer nur vorzugsweise Befriedigung erhält (Staud/*Wiegand* Anh zu §§ 929 ff Rz 252).

79 **b) Insolvenz.** In der Insolvenz des Sicherungsgebers steht dem Sicherungsnehmer nur ein **Absonderungsrecht** zu (§§ 50, 51 Nr 1 InsO), das sich ggf in einem Ersatzabsonderungsrecht analog § 48 I InsO fortsetzt (BGH WM 09, 237 Tz 18). Gleiches gilt bei Übertragung des Vorbehaltseigentums durch den Vorbehaltsverkäufer an die den Käufer finanzierende Bank in dessen Insolvenz (BGH NJW 08, 1803 Tz 23 ff, dazu *Jacoby* JZ 08, 1053, *Lux* MDR 08, 895 ff, *Smid* WM 08, 2089 ff). Das Sicherungsgut ist allerdings bis zur Veräußerung massezugehörig (BGHZ 147, 233, 239 = NJW 01, 1940; BGH WM 03, 2458, 2460; 07, 1129, 1130, 1132, dazu *Gundlach/Frenzel* DZWiR 07, 458). Das Absonderungsrecht erstreckt sich auch auf nach Insolvenzeröffnung entstandene Zins- und Kostenansprüche (BGH NJW 08, 3064, Tz 8 ff; WM 08, 2225, Tz 6; Köln ZIP 07, 1614, 1615; KG EWiR 09, 469). Das Absonderungsrecht erlischt, wenn der Drittschuldner in Unkenntnis der Abtretung an den Schuldner zahlt (§ 407 I, § 362 I; BGH WM 06, 915, 916) sowie bei einem im Insolvenzeröffnungszeitpunkt beiderseits nicht vollständig erfüllten Vertrag mit der Erfüllungswahl des Verwalters (BGHZ 106, 236, 241 f = NJW 89, 1282; 116, 156, 159 f = NJW 92, 507; 129, 336, 338 f = NJW 95, 1966; 135, 25, 26; NJW 06, 990, 991).

80 **aa) Verwertung.** Der Insolvenzverwalter allein kann das in seinem unmittel- und mittelbaren (BGHZ 166, 215, Tz 24 = NJW 06, 1873; WM 07, 172, Tz 7; *G. Fischer* WM 07, 813, 818; *Ganter* ZInsO 07, 841, 846 f; *Ch. Berger* WM 09, 577, 583; aA *Zahn* ZIP 07, 365, 368 ff bei insolventen Leasinggesellschaften) Besitz befindliche Sicherungsgut selbst **freihändig verwerten** (§ 166 I InsO), eine vom Schuldner sicherungshalber abgetretene Forderung auch noch nach Offenlegung (BGH NJW 02, 3475, 3476) einziehen (§ 166 II InsO; BGH NJW 05, 2231, 2232; Hambg ZIP 08, 33, 34), aber auch dem Sicherungsnehmer die Verwertung überlassen (§ 170 II InsO). Übernimmt der Sicherungsnehmer das Sicherungsgut nach § 168 III InsO, wird ein durch Weiterveräußerung erzielter Mehrerlös auf dessen Forderung nicht angerechnet (BGHZ 165, 28, 31 = NJW 06, 228; *G. Fischer* WM 07, 813, 817). Das Gewinninteresse des Sicherungseigentümers durch Weiterveräußerung ist durch § 168 InsO nicht umfasst (Karlsr WM 09, 364, 365).

81 Das Verwertungsrecht des Insolvenzverwalters (dazu *Szalai* ZInsO 09, 1177 ff), das nicht im Voraus vertraglich ausgeschlossen werden kann (BGH WM 09, 814 Tz 3; Rostock ZIP 08, 1128, 1130), erstreckt sich auf alle sicherungshalber abgetretenen Forderungen (BGHZ 166, 215, 218 = NJW 06, 1873; BGH WM 02, 1797; 04, 39; 06, 241 Tz 9; 09, 1046 Tz 12 f, dazu *Jahn* NZI 09, 427; 09, 1048 Tz 15). Der **Drittschuldner** kann außer in den Fällen der §§ 407 f nur noch an ihn leisten (BGH WM 09, 1046 Tz 15 ff; 09, 1048 Tz. 18; OLG Celle NZI 08, 434). Den Erlös muss der Insolvenzverwalter bis zur Verwertungsreife analog § 191 I InsO zurückbehalten (BGH WM 09, 237 Tz 21). Der Sicherungsnehmer kann eine abgetretene Forderung trotz Insolvenz des Sicherungsgebers abtreten (BGH WM 09, 1048 Tz 16). Der Insolvenzverwalter hat kein Recht auf einen vor Insolvenzeröffnung vom Drittschuldner hinterlegten Forderungserlös (BGH WM 06, 241) Der **vorläufige Insolvenzverwalter** hat kein Einziehungsrecht (BGHZ 144, 192, 199 = NJW 00, 1950; 146, 165, 172 f = 01, 1496; 154, 72, 79 = 03, 2240). Zieht er eine sicherungshalber abgetretene Forderung ein, steht dem Sicherungsnehmer ein Anspruch aus § 816 II zu (BGH WM 07, 895, Tz 14 f).

Zur dem Insolvenzverwalter zustehenden **Feststellungskosten- und Verwertungskostenpauschale**: BGHZ 82
154, 72, 76 ff = NJW 03, 2240; 165, 28, 32 = 06, 228; 02, 3475, 3477; WM 03, 2458, 2460; 04, 39, 40 f; 05, 126, 127; 07, 172, Tz 9; 08, 821 Tz 6 ff; *Ganter* ZInsO 07, 841, 843 ff.
Zur **Umsatzsteuerpflicht**: BFHE 126, 84, 85 f; 150, 379; 173, 458, 460; 175, 164, 167; 182, 444, 449; BFH/NV 83
99, 680; 04, 832; 04, 1302; ZIP 07, 1998; BGH WM 07, 1129, 1130; 09, 2268, 2270 f; *Piekenbrock* WM 07, 141 ff.; *Siebert* NZI 07, 17 ff; *Ganter* ZInsO 07, 841, 843 ff; *Kuder* ZIP 07, 1690, 1691 ff.

bb) Insolvenzanfechtung. Zur Anfechtung bei Sicherungsübereignungen und Sicherungsabtretungen, insb 84
Globalzessionen s (BGH NJW 03, 2171; WM 04, 1837, 1839; NJW 07, 2320, Tz 36 ff; NJW 07, 2324 Tz 16 f; WM 08, 1512 Tz 19; BGHZ 170, 196, Tz 14 = NJW 07, 1588; BGH NJW 07, 2324 f, Tz 15 ff: BGHZ 174, 297 Tz 14 ff = NJW 08, 430; DZWiR 08, 253; WM 08, 1442 Tz 21; 08, 1512 Tz 17; 09, 117 Tz 40 ff; 09, 237 Tz 10 ff; *Brandt/Günther* BKR 06, 232, 234; *Piekenbrock* WM 07, 141, 144; *Furche* WM 07, 1305; *Leithaus* NZI 07, 545, 547 ff; *Zeller/Edelmann* BB 07, 1461; *Schmalenbach/Sester* WM 07, 1164; *Kuder* ZIP 08, 289; *Brandt* BKR 08, 117 f; *v. Sethe* BKR 08, 118 f; *Kammel/Staps* NZI 08, 143; *Knees/Fischer* ZInsO 08, 117; *Edelmann* BB 08, 352; *Cranshaw* DZWiR 08, 221 u 397; *Eßbauer* ZInsO 08, 598; *Psaroudakis* ZInsO 09, 1039), zur Anfechtung des **Werthaltigmachens** von Forderungen insb aus Globalzessionen (BGH ZIP 08, 372; NJW 08, 430; WM 08, 1442 Tz 22; 08, 1512 Tz 21 ff; ZIP 09, 2347 Tz. 19; Dresd ZInsO 08, 564, 565; München NZI 09, 773; *Heinze* DZWiR 08, 185; *Hölzle/Geßner* ZIP 09, 1641, 1644 ff).

Titel 1 Pfandrecht an beweglichen Sachen

§ 1204 Gesetzlicher Inhalt des Pfandrechts an beweglichen Sachen.
(1) Eine bewegliche Sache kann zur Sicherung einer Forderung in der Weise belastet werden, dass der Gläubiger berechtigt ist, Befriedigung aus der Sache zu suchen (Pfandrecht).
(2) Das Pfandrecht kann auch für eine künftige oder eine bedingte Forderung bestellt werden.

A. Normzweck und Inhalt des Pfandrechts. § 1204 I enthält die Definition des Pfandrechts und anerkennt 1
ein solches beschränktes dingliches, akzessorisches (Vor §§ 1204 ff Rn 1) Recht zur Sicherung einer Forderung und zu deren Befriedigung durch Verwertung des Pfands. Es begründet keine Pflicht zur Zahlung, sondern zur Duldung der Verwertung; Beschränkung der Haftung des persönlichen Schuldners auf das Pfand ist zulässig.

B. Bewegliche Sache. Gegenstand eines vertraglichen Pfandrechts können nur sein fremde (ganz hM s. Soer- 2
gel/*Habersack* Rz 5) bewegliche Sachen (zu Schiffen und Luftfahrzeugen Einf Rn 11), auch vertretbare (§ 91), verbrauchbare (§ 92), unpfändbare (§§ 811, 812, 865 II ZPO), auch Zubehör (§ 97) sowie Scheinbestandteile (§ 95), auch Anwartschaftsrechte an beweglichen Sachen (BGHZ 35, 85, 93 = NJW 61, 1349) sowie Miteigentumsanteile (§ 1258 I), auch künftig entstehende Sachen mit deren Übergabe (§§ 1205, 1206), nicht aber wesentliche Bestandteile einer anderen (§§ 93, 94) oder Sachgesamtheiten wie zB Unternehmen oder Warenlager als solche (RGZ 53, 218, 220; 68, 49, 51 f; 77, 201, 207), wohl aber die einzelnen dazu gehörenden Sachen (BGH NJW 68, 392, 393). Eine die Einzelsachen hinreichend benennende Sammelbezeichnung genügt (Karlsr WM 99, 2451, 2456). Bei wechselndem Warenlagerbestand können hinzukommende als künftige Sachen verpfändet (BGHZ 128, 295, 298 f = NJW 95, 1085) und ausscheidende durch Vereinbarung einer auflösenden Bedingung oder nach §§ 1253, 1254 pfandfrei werden.
Anders als Inhaber- (§ 1293) und Orderpapiere (§ 1292) können Namenspapiere und Beweisurkunden wie zB 3
Hypotheken- und Grundschuldbriefe (BGHZ 60, 174, 175 = NJW 73, 514, dazu *Kollhosser* JR 73, 315), Versicherungsscheine (RGZ 51, 83, 86), Sparbücher (RGZ 68, 277, 282), Pfand-, Hinterlegungs- und Schuldscheine, KfZ-Briefe (BGH NJW 78, 1854) und Ausweispapiere als solche nicht verpfändet werden. In Betracht kommen Auslegung oder Umdeutung (§ 140) in eine Verpfändung des verbrieften Rechts, in eine Ermächtigung oder in ein vertragliches Zurückbehaltungsrecht (RGZ 66, 24, 26; 124, 28, 30), allerdings nicht bei Ausweispapieren (Karlsr NJW 96, 1416).

C. Gesicherte Forderung. I. Geldforderung. Gesichert werden können durch ein Pfandrecht wegen seiner 4
Akzessorietät nur erfüllbare (BGHZ 23, 293, 299 = NJW 57, 672) Geldforderungen oder solche, die in Geldforderungen übergehen können (§ 1228 II 2), gg den Verpfänder oder einen Dritten, auch verjährte, nicht aber unvollkommene etwa aus §§ 656, 762, 764 (hM, Staud/*Wiegand* Rz 16). Eine Forderungsauswechselung ohne Neubestellung des Pfandrechts ist nicht möglich (BGH WM 72, 283, 287).
Das Pfandrecht nach Nr 14 II AGB-Banken und Nr 21 III AGB-Sparkassen sichert auch alle künftigen 5
Ansprüche aus der bankmäßigen Geschäftsverbindung gg den Kunden, aus Haftungsübernahmen aber erst ab deren Fälligkeit (BGH WM 04, 371, 372). Nr 21 III 2 AGB-Sparkassen ist wegen Verstoßes gg § 305c I unwirksam (Schlesw WM 06, 1578, 1580; *Clemente* ZIP 90, 969, 975; *Jungmann* EWIR 06, 513, 514; aA *Toussaint* EWiR 07, 417, 418). Nr 14 II 2 AGB-Banken greift bei Nur-Verpfändungserklärung zu Gunsten einer Drittschuld nicht (München WM 08, 122).

6 **II. Bestimmbarkeit; künftige Forderung; Entstehung.** Die Forderung muss dem Grunde, nicht der Höhe nach bestimmbar sein (BGHZ 86, 340, 346 = NJW 83, 1123), was bei Pfandrechtsbestellung für alle auch künftigen oder bedingten Forderungen (§ 1204 II) eines Gläubigers der Fall ist (RGZ 78, 26, 27 f).

7 Das Pfandrecht entsteht, soweit nicht wie in Nr 21 III 3 AGB-Sparkassen (BGH WM 98, 2463) etwas anderes bestimmt ist (BGHZ 86, 300, 310 = NJW 83, 1114), rangwahrend (§ 1209) bereits mit Einigung und Übergabe der Pfandsache (BGHZ 86, 340, 347 = NJW 83, 1123; 93, 71, 76 = 85, 863; NJW 83, 1619, 1620; 98, 2592, 2597; WM 07, 874, Tz 14, offengelassen für § 140 InsO von BGHZ 170, 196, Tz 15; aA *Berger* NZI 07, 566, 568 ff für § 140 InsO), erlischt aber, wenn die künftige Forderung nicht mehr entstehen kann oder die Bedingung ausfällt (RGZ 145, 328, 336).

8 **III. Ersatzforderung.** Ob anstelle einer nichtigen Forderung ein Bereicherungs- oder Schadensersatzanspruch gesichert ist, ist Auslegungsfrage (BGH NJW 68, 1134), bei Leistungskondiktion aber idR zu bejahen.

9 **IV. Beweislast.** Für das Entstehen der Forderung trägt sie, wer das Pfandrecht geltend macht (BGH NJW 86, 2426, 2427).

10 **D. Irreguläres Pfandrecht.** Ein irreguläres Pfandrecht liegt vor, wenn der Pfandgläubiger Eigentümer der übergebenen Pfandsache werden und nach Erlöschen des Pfandrechts nicht diese, sondern eine andere Sache derselben Art zurückgeben muss. §§ 1204 ff sind entspr anwendbar (BGHZ 127, 138, 140 = NJW 94, 3287).

11 **I. Geld (Kaution).** An Geld wird ein echtes Pfandrecht nur begründet, wenn der Verpfänder Eigentümer der verpfändeten Zahlungsmittel bleiben soll. Bei einer Barkaution ist idR, insb bei einer verzinslichen (Ddorf NJW 78, 2511), ein irreguläres Pfandrecht gewollt, auf das die §§ 1204 ff, insb §§ 1213, 1214 (BGHZ 127, 138, 140 f = NJW 94, 3287), 1223, 1247 2, 1252 und 1254 entspr anzuwenden sind. Das gilt auch bei Leistung einer Kaution durch Sperrung eines Bankguthabens zugunsten des Gläubigers (Hamm BB 63, 1117; Kobl BB 74, 199; zur Rückerstattung: BGH NJW 72, 721, 722 f).

12 **II. Flaschenpfand.** Das Flaschenpfand ist idR kein irreguläres Pfandrecht, sondern der Kaufpreis für die leere Flasche, die im Falle einer Einheitsflasche dem Erwerber übereignet wird (BGHZ 173, 159, Tz 10; BGH NJW 56, 298; Stuttg WRP 90, 778; *Kollhosser/Bork* BB 87, 909, 914 f), unter Vereinbarung einer Rückkaufpflicht des Händlers (hM: Soergel/*Habersack* Rz 33; BaRoth/*Sosnitza* Rz 24; Hk-BGB/*Eckert* vor § 1204 Rz 12; *J.A. Weber* NJW 08, 948, 951; aA *Baur* ZIP 80, 1101, 1102). Passivlegitimiert für die Zahlung des Pfandbetrages sind sowohl der Abfüller als auch der Vertreiber, aktivlegitimiert ist jeder Flaschenbesitzer (BGH NJW 07, 2912 Tz 7). Bei Individual-Mehrwegpfandflaschen soll das Eigentum beim Hersteller/Vertreiber des Produkts verbleiben (BGH LM § 989 Nr 2; BGH LM § 1004 Nr 27; BGHZ 173, 159 Tz 16 f; Köln ZIP 80, 1098, 1099; *Schmitz/Goekenjan/Ischebeck* Jura 06, 821; aA *J.A. Weber* NJW 08, 948, 949 f), der es herausverlangen kann (§ 985). Ein irreguläres Pfandrecht kommt in Betracht (str), wenn der Händler ein besonderes Interesse am Rückerhalt hat (vgl BGH NJW 56, 298; Karlsr NJW-RR 88, 370, 371; Staud/*Wiegand* Rz 59; aA MüKo/*Damrau* Rz 8 Leihe).

§ 1205 Bestellung.

(1) ¹Zur Bestellung des Pfandrechts ist erforderlich, dass der Eigentümer die Sache dem Gläubiger übergibt und beide darüber einig sind, dass dem Gläubiger das Pfandrecht zustehen soll. ²Ist der Gläubiger im Besitz der Sache, so genügt die Einigung über die Entstehung des Pfandrechts.
(2) Die Übergabe einer im mittelbaren Besitz des Eigentümers befindlichen Sache kann dadurch ersetzt werden, dass der Eigentümer den mittelbaren Besitz auf den Pfandgläubiger überträgt und die Verpfändung dem Besitzer anzeigt.

1 **A. Grundlagen.** § 1205 regelt entspr § 929 nur die Voraussetzungen der Pfandrechtsbestellung durch den Eigentümer, dessen Vertreter oder Ermächtigten (§ 185), nicht durch einen Nichtberechtigten (§ 1207).

2 **B. Sicherungsabrede.** Der Pfandbestellung liegt als Kausalgeschäft idR ein oftmals stillschweigend getroffener, schuldrechtlicher Sicherungsvertrag zugrunde (BGH NJW-RR 91, 305). Partner des Gläubigers beim Sicherungsvertrag kann (Auslegungsfrage) der persönliche Schuldner oder aber der Eigentümer sein.

3 Die Verpflichtung zur Bestellung eines Pfandrechts an einer Sache erstreckt sich im Zweifel auch auf **Zubehör.** Der Gegenbeweis obliegt dem Verpfänder (BGH NJW 07, 216 Tz 13).

4 Bei Abgabe einer Sicherungsabrede in einer **Haustürsituation** besteht ein Widerrufsrecht nach § 312 I 1 auch, wenn der Schuldner nicht Verbraucher und seine Schuld nicht in einer Haustürsituation begründet worden ist (BGHZ 165, 363, 366 ff = NJW 06, 845; *Reinicke/Tiedtke* DB 98, 2001, 2003; *Drexl* JZ 98, 1046, 1056; *Mayen* FS Schimansky 415, 423; *Enders* IZ 06, 573; *Kulke* NJW 06, 2223; *Zahn* ZIP 06, 1069, 1073 f).

5 Aus der Sicherungsabrede ergibt sich keine Beratungs- und grds auch keine **Aufklärungspflicht** der Bank, da sie Sicherheiten und die Folgen der Sicherheitenbestellung nur im eigenen Interesse, nicht in dem des Kunden prüft (BGHZ 165, 363, 370 = NJW 06, 845; 02, 3695, 3697).

Die Sicherungsabrede ist als Dauerschuldverhältnis nach Ablauf eines gewissen Zeitraums (*Lwowski* FS Kümpel 349, 364), wegen Wegfalls der Geschäftsgrundlage oder aus wichtigem Grund kündbar (BGH NJW 03, 61, dazu *Gursky* JZ 05, 385, 398). Die **Kündigung** bewirkt die Verpflichtung zur Rückgabe des Pfandes Zug um Zug gg Tilgung der bei Wirksamwerden der Kündigung bestehenden Verbindlichkeiten des Schuldners. Fehlt ein **Sicherungsvertrag** oder ist er **nichtig**, greift § 812 I 1 Alt 1. Sind Schuldner und Verpfänder nicht identisch, besteht zwischen beiden idR ein Auftrag oder GoA (§ 677).

C. Einigung. Die Einigung ist ein **formfreier abstrakter dinglicher Vertrag**, in dem dem Gläubiger ein dingliches Verwertungsrecht an einem vom Verpfänder gestellten bestimmten Pfandgegenstand zur Sicherung einer zumindest bestimmbaren Forderung bestellt wird. Die Einigung kann bedingt (§ 158) oder befristet (§ 163) erfolgen, in AGB (BGHZ 128, 295, 298 f = NJW 95, 1085) oder in einer Satzung (Braunschw WM 97, 487, 488) enthalten sein. Sie muss bei Übergabe der Sache noch andauern.

Nr 14 AGB-Banken und Nr 21 I, II und III 1 AGB-Sparkassen, die unmittelbar die erforderliche (antizipierte) dingliche Einigung enthalten, sind AGB-rechtlich unbedenklich (BGHZ 93, 71, 75 = NJW 85, 863; 85, 1954, 1955; 88, 3260, 3262). Gesichert werden auch gesetzliche Ansprüche gg den Kunden etwa aus §§ 128 1, 161 II HGB im Zusammenhang mit der Geschäftsbeziehung (BGH WM 07, 874 Tz 13). Die Einigung muss bis zur Besitzerlangung fortdauern. Bis dahin kann der Kunde sie widerrufen (Saarbr OLGR 06, 167, 168). Ein stillschweigender Widerruf ist nur anzunehmen, wenn der Kunde erkennbar macht, ein Pfandrecht solle nicht entstehen (BGHZ 61, 72, 77 = NJW 73, 1754; 128, 295, 299 = NJW 95, 1085). Zu ihrer Einbeziehung bedarf es auch ggü ausländischen Banken keiner ausdrücklichen Erklärung (BGH WM 04, 1177), ggü Unternehmern reicht ein Hinweis (BGH WM 07, 874 Tz 12).

Das AGB-Pfandrecht erstreckt sich auf **Wertpapiere und Sachen**, deren Besitz das Kreditinstitut im bankmäßigen Geschäftsverkehr erlangt. Erfolgt die Verpfändung nur zu einem bestimmten Sicherungszweck, entsteht daneben kein Pfandrecht nach Nr 14 AGB-Banken und Nr 21 AGB-Sparkassen (BGHZ 128, 295, 299 = NJW 95, 1085; WM 90, 6, 7; NJW 91, 101; Saarbr MDR 06, 824 f). Nr 21 III 2 AGB-Sparkassen ist wegen Verstoßes gg § 305c I unwirksam (Schlesw WM 06, 1578, 1580; *Clemente* ZIP 90, 969, 975; *Jungmann* EWiR 06, 513, 514; aA *Toussaint* EWiR 07, 417, 418). Kein AGB-Pfandrecht der Bank bei vorübergehender Verwahrung von Schmuck (BGH NJW 59, 142 f).

§ 929 Rn 4–14 gelten entspr. § 312 I ist nicht anwendbar (AnwK/*Bülow* Rz 21).

D. Übergabe. I. Übergabe (Abs 1 S 1). Die Übergabe nach I 1, die – wie bei § 929 (Rn 12) – auf beiden Seiten unter Einschaltung von Besitzdienern, Besitzmittlern und Geheißpersonen erfolgen kann, erfordert, dass der Eigentümer den unmittelbaren Besitz zur Verpfändung willentlich und erkennbar tatsächlich aufgibt (RGZ 77, 201, 208), etwa durch Aushändigung angeblich aller Schlüssel zu einem Lagerraum (RGZ 103, 100, 101), und der Gläubiger ihn in solcher Weise nach § 854 I oder II erlangt. Daran fehlt es – anders als bei § 808 ZPO – auch bei Anbringung eines Pfandzeichens (BGH NJW 58, 1723), wenn der Eigentümer auf ausgesonderte Hölzer auf seinem Grundstück weiter Zugriff hat (BGHZ 27, 360, 362 = NJW 58, 1286). Übergabesurrogat nach § 930 genügt nicht, wohl aber die Einräumung von Mitbesitz an den Gläubiger (§ 1206).

II. Brevi manu traditio (Abs 1 S 2). Wie bei § 929 2 (Rn 14) bedarf es der Übergabe nicht, wenn der Gläubiger schon Allein- oder Mitbesitzer (§ 1206) der Pfandsache ist. Mittelbarer Besitz reicht aus (BGH NJW 97, 2110, 2111; *Gursky* JZ 97, 1154, 1163 f), wenn der Eigentümer nicht Besitzmittler ist (RGZ 118, 250, 253).

III. Mittelbarer Besitz (Abs 2). Ist der Eigentümer mittelbarer (Mit-)Besitzer (§ 1206), so kann die Übergabe durch Abtretung des Herausgabeanspruchs aus dem Besitzmittlungsverhältnis an den Gläubiger (§ 870) und formfreie Anzeige der Verpfändung an den unmittelbaren Besitzer erfolgen (Karlsr WM 99, 2451, 2455). Anweisung des Eigentümers an den Besitzmittler, den Besitz künftig nur dem Pfandgläubiger zu vermitteln, und Begründung eines neuen Besitzmittlungsverhältnisses ist Übergabe nach I 1 (str; BGH NJW 59, 1536, 1539; WM 68, 1144, 1145; Staud/*Wiegand* Rz 24; Soergel/*Habersack* Rz 25; aA RGZ 103, 151, 153).

Die formfreie **Verpfändungsanzeige** des Verpfänders ist eine empfangsbedürftige Willenserklärung (RGZ 89, 289, 291). Zur Abgabe kann der Verpfänder den Gläubiger bevollmächtigen; die Verpfändungserklärung enthält noch keine Vollmacht (RGZ 85, 431, 437; Köln NJW-RR 90, 485, 486). Die Anzeige hat an den unmittelbaren Besitzer (Karlsr WM 99, 2451, 2455), bei gestuftem mittelbaren Besitz an den nächsten Besitzmittler zu erfolgen. Sie ist nur mit Zustimmung des Pfandgläubigers rücknehmbar (§ 409 II analog). Inhaltlich genügt die Weisung an den Besitzmittler, den Besitz nunmehr für den Pfandgläubiger auszuüben (Staud/*Wiegand* Rz 29).

Bei fehlender oder unwirksamer Verpfändungsanzeige kommt eine Umdeutung (§ 140) der unwirksamen Verpfändung in eine Sicherungsübereignung nicht in Betracht (BGH WM 56, 258, 259).

§ 1206 Übergabeersatz durch Einräumung des Mitbesitzes.
Anstelle der Übergabe der Sache genügt die Einräumung des Mitbesitzes, wenn sich die Sache unter dem Mitverschluss des Gläubigers befindet oder, falls sie im Besitz eines Dritten ist, die Herausgabe nur an den Eigentümer und den Gläubiger gemeinschaftlich erfolgen kann.

1 **A. Normzweck und Inhalt.** Als Übergabeersatz lässt § 1206 in Ergänzung des § 1205 die Einräumung gesamthänderischen Mitbesitzes durch Mitverschluss oder Einschaltung eines Pfandhalters genügen.

2 **B. Unmittelbarer Mitbesitz – Mitverschluss (Alt 1).** Als Übergabeersatz reicht Mitbesitz des Pfandgläubigers nur, wenn sich die Pfandsache unter seinem Mitverschluss befindet, so dass der Verpfänder bzw sein Besitzmittler, Besitzdiener oder seine Geheißperson die Sachherrschaft tatsächlich nicht ohne Mitwirkung des Gläubigers bzw seiner vorgenannten Personen ausüben kann (BGHZ 86, 300, 308 = NJW 83, 1114; WM 63, 560, 561; RGZ 77, 201, 207). Besitz durch einen gemeinsamen Besitzdiener genügt nicht (hM).

3 Bei einem **Banksafe** hat der Kunde Alleinbesitz am Inhalt, auch wenn es nur von ihm und der Bank gemeinsam geöffnet werden kann (RGZ 141, 99, 101). Das AGB-Pfandrecht ergreift deshalb nicht den Inhalt nicht.

4 **C. Mittelbarer Mitbesitz – Pfandhalter (Alt 2).** Als Übergabeersatz genügt ferner, dass der unmittelbare Besitzer (Pfandhalter) verpflichtet ist, die Pfandsache nur an den Eigentümer und den Gläubiger gemeinsam bzw nur mit Zustimmung des jeweils anderen an einen von ihnen herauszugeben (RGZ 85, 431, 438 f; 87, 36, 39, 41; 118, 34, 37). Der Pfandhalter darf nicht nur Besitzdiener des Eigentümers sein (RGZ 66, 258, 261 f).

§ 1207 Verpfändung durch Nichtberechtigten.

Gehört die Sache nicht dem Verpfänder, so finden auf die Verpfändung die für den Erwerb des Eigentums geltenden Vorschriften der §§ 932, 934, 935 entsprechende Anwendung.

1 **A. Normzweck, Inhalt und Anwendungsbereich.** § 1207 regelt in Ergänzung der §§ 1205 f, deren Voraussetzungen – vom Eigentum abgesehen – vorliegen müssen, durch Verweisung auf § 932 (s. Rn 1–14) für § 1205 I und § 1206 Alt 1, auf § 934 (s. Rn 1–5) für § 1205 II und § 1206 Alt 2 sowie auf § 935 (s. Rn 1–15) den vertraglichen, gutgläubigen Erwerb vom Nichteigentümer (BGHZ 86, 300, 305 = NJW 83, 1114). § 933 ist nicht anwendbar, da ein Besitzkonstitut nicht ausreicht (§ 1205 Rn 11). Für gesetzliche BGB-Pfandrechte (§ 1257 Rn 3) und das Pfändungspfandrecht (BGHZ 119, 75, 82 ff = NJW 92, 2570) gilt § 1207 nicht.

2 **B. Sonderregelungen.** § 366 III HGB lässt gutgläubigen Erwerb bestimmter gesetzlicher HGB-Pfandrechte zu. Nach § 4 I 1 DepotG (Ausnahmen: § 4 II und III) gelten Wertpapiere bei Drittverwahrung nicht als Eigentum des Zwischenverwahrers. Vor einem Pfandrecht des Drittverwahrers für Vergütungsansprüche aus der Verwahrung ist der Eigentümer nicht geschützt (§ 4 I 2). Sonderregelungen enthalten auch das SchiffsRG, LuftfzG, PachtkreditG und das DüngemittelsicherungsG, s. dazu Einleitung Rn 9 ff.

3 **C. Gutgläubigkeit.** Geschützt wird der gute Glaube (§ 932 II) des Gläubigers an das Eigentum, nach § 366 I HGB auch an die Verfügungsbefugnis des Verpfänders, bei der Vollendung des Erwerbstatbestands. Bei einer aufschiebend bedingten Verpfändung kommt es anders als bei einer solchen für künftige oder bedingte Forderungen (BGHZ 86, 300, 310 = NJW 83, 1114) jedoch auf den Zeitpunkt der Einigung an (BGHZ 10, 69, 73 = NJW 53, 1099; 30, 374, 377 = 60, 34). Wie bei § 932 gibt es keine allg **Erkundigungsobliegenheit** etwa nach einer Sicherungsübereignung (BGHZ 86, 300, 311 f = NJW 83, 1114). Eine solche besteht jedoch bei konkreten Anhaltspunkten aus der Person des Verpfänders, zB bei kaufmännisch inkorrektem Verhalten (BGH NJW 81, 227, 228), aus der verpfändeten Ware (BGH aaO), zB bei Verpfändung fabrikneuer, üblicherweise unter Eigentumsvorbehalt gelieferter Ware (RGZ 141, 129, 133; Nürnbg WM 62, 95, 96), oder aus sonstigen Umständen, etwa bei Geschäften außerhalb des gewöhnlichen Geschäftsbetriebs (BGH NJW 99, 425, 426) oder in Krisenzeiten. Pfandleihern obliegt besondere Sorgfalt (vgl BGH NJW 82, 38, 39 (zahlreiche Teppiche); Hambg MDR 89, 66, 67; LG Bochum NJW 61, 1971; LG Hamburg MDR 58, 690).

4 Eine **Kfz-Werkstatt** erwirbt ein **vertragliches** Pfandrecht für die Werklohnforderung aufgrund von AGB grds auch dann gutgläubig, wenn sie sich den Kfz-Brief nicht vorlegen lässt (BGHZ 68, 323, 326 = NJW 77, 1240; 87, 274, 280 = 83, 2140; 100, 95, 101 = 87, 1880; 119, 75, 90 = 92, 2570; NJW 81, 226 f). Etwas anderes gilt beim Händlerleasing für die mit dem Händler verbundene Werkstatt (Hamm NJOZ 04, 2353, 2354; *Weber* NJW 05, 2195, 2199).

5 Die **Beweislast** für Bösgläubigkeit trägt, wer den gutgläubigen Rechtserwerb bestreitet (§ 932 II; BGH NJW 82, 38, 39). § 367 HGB enthält eine widerlegliche Vermutung für Bösgläubigkeit.

§ 1208 Gutgläubiger Erwerb des Vorrangs.

¹Ist die Sache mit dem Recht eines Dritten belastet, so geht das Pfandrecht dem Recht vor, es sei denn, dass der Pfandgläubiger zur Zeit des Erwerbs des Pfandrechts in Ansehung des Rechts nicht in gutem Glauben ist. ²Die Vorschriften des § 932 Abs. 1 Satz 2, des § 935 und des § 936 Abs. 3 finden entsprechende Anwendung.

1 **A. Normzweck, Inhalt und Sondervorschriften.** § 1208, der § 936 entspricht, regelt in Ergänzung des § 1207 *durch Verweisung auf §§ 932 I 2* (Rn 13), 935 (Rn 1–15) und 936 III (Rn 5) den gutgläubigen Erwerb des Vorrangs eines nach §§ 1205–1207 erworbenen Pfandrechts vor älteren beschränkten dinglichen Rechten eines Dritten. Sonderregelungen enthalten § 366 II HGB und §§ 4, 5 und 11 PachtkreditG (Einleitung Rn 10).

B. Gutgläubigkeit. Der gute Glaube (§ 932 II; Rn 9–12) des Gläubigers muss sich auf das Nichtbestehen des 2
älteren beschränkt dinglichen Rechts beziehen. Zum maßgeblichen Zeitpunkt § 1207 Rn 3, zur Beweislast
§ 1207 Rn 5. Rechtsfolge ist, dass das ältere Recht im Rang hinter das Pfandrecht des Erwerbers zurücktritt.

§ 1209 Rang des Pfandrechts. Für den Rang des Pfandrechts ist die Zeit der Bestellung auch dann maßgebend, wenn es für eine künftige oder eine bedingte Forderung bestellt ist.

A. Normzweck und Rangverhältnis. § 1209 regelt anknüpfend an das Prioritätsprinzip den Vorrang des 1
älteren Rechts vor dem jüngeren (BGHZ 52, 99, 107 = NJW 69, 1347). Entscheidend für das Rangverhältnis
auch zu gesetzlichen Pfandrechten und zum Pfändungspfandrecht ist der Zeitpunkt der Bestellung, nicht die
Entstehung der gesicherten künftigen oder bedingten Forderung (BGHZ 86, 340, 346 = NJW 83, 1123; 93,
71, 76 = 85, 863; 123, 183, 190 = 93, 2876). Das gilt nach hM, wie § 161 ergibt, auch bei bedingter Pfandrechtsbestellung (Staud/*Wiegand* Rz 6). Gleichzeitig bestellte Pfandrechte haben gleichen Rang. Die Parteien
können wegen des zwingenden Charakters des § 1209 mit dinglicher Wirkung nichts anderes vereinbaren (str
Staud/*Wiegand* Rz 9; Erman/*Michalski* Rz 1; aA MüKo/*Damrau* Rz 2; BaRoth/*Sosnitza* Rz 3; vermittelnd
Soergel/*Habersack* Rz 5), wohl aber mit schuldrechtlicher (*G. Hoffmann* WM 07, 1547).

B. Ausnahmen und Sonderregelungen. Ein gutgläubiger Erwerb des Vorrangs ist nach § 1208 und § 366 II 2
HGB möglich. Sonderregelungen enthalten § 357 1 HGB (BGH NJW 97, 2322, 2323), § 443 HGB, § 76 I AO,
§ 7 LuftfzG (Einl Rn 9), §§ 11, 12 PachtkreditG (Einleitung Rn 10; s.a. RGZ 143, 1, 11) und § 2 IV und V
DüngemittelsicherungsG (Einleitung Rn 11).

§ 1210 Umfang der Haftung des Pfandes. (1) ¹Das Pfand haftet für die Forderung in deren jeweiligem Bestand, insbesondere auch für Zinsen und Vertragsstrafen. ²Ist der persönliche Schuldner nicht der Eigentümer des Pfandes, so wird durch ein Rechtsgeschäft, das der Schuldner nach der Verpfändung vornimmt, die Haftung nicht erweitert.
(2) Das Pfand haftet für die Ansprüche des Pfandgläubigers auf Ersatz von Verwendungen, für die dem Pfandgläubiger zu ersetzenden Kosten der Kündigung und der Rechtsverfolgung sowie für die Kosten des Pfandverkaufs.

A. Regelungsgehalt. Die Norm regelt vorbehaltlich anders lautender Vereinbarung, die auch einen Haftungshöchstbetrag vorsehen kann, der akzessorischen Natur Rechnung tragend den Umfang der Pfandhaftung. 1

B. Umfang der Pfandhaftung. Bei einer Verpfändung einer eigenen Sache für eine eigene Schuld haftet das 2
Pfandrecht, auch mit Wirkung ggü nachrangig Berechtigten (hM, Staud/*Wiegand* Rz 6) sowie einem Erwerber der Pfandsache (hM, Staud/*Wiegand* Rz 9), nach I 1 auch für jede **nachträgliche Erweiterung der Schuld**
durch Vertrag, Verschulden, vertragliche oder gesetzliche Zinsen, Vertragsstrafen, Verzicht auf Einreden, nach
II zudem für Kosten für Verwendungen (§ 1216), Verwahrung, Kündigung, dingliche und persönliche Rechtsverfolgung (Hambg MDR 59, 580, 581) und Verwertung. I 1 gilt auch, wenn der Gläubiger den Verpfänder
gutgläubig für den Eigentümer hält (hM).
Eine **formularmäßige Verpfändung mit weiter Zweckerklärung** für eine fremde Schuld verstößt idR gg 3
§ 305c, nicht aber gg § 307 (BGH WM 02, 919 m Anm *Wagenknecht* WuB I F 2.-2.03). Nr 21 III 2 AGB-Sparkassen ist wegen Verstoßes gg § 305c I unwirksam (Schlesw WM 06, 1578, 1580; *Jungmann* EWiR 06, 513,
514). Das Pfandrecht sichert in einem solchen Fall nur den Anlasskredit, bei einem limitierten Kontokorrentkredit das vereinbarte Kreditlimit (LG Bonn WM 96, 1538, 1539). Ein Pfandrecht für eine fremde Schuld
haftet nach der dispositiven Regelung des § 1210 I 2 nicht für nachträgliche rechtsgeschäftliche Erweiterungen (*Rösler/Fischer* BKR 06, 50, 56).

§ 1211 Einreden des Verpfänders. (1) ¹Der Verpfänder kann dem Pfandgläubiger gegenüber die dem persönlichen Schuldner gegen die Forderung sowie die nach § 770 einem Bürgen zustehenden Einreden geltend machen. ²Stirbt der persönliche Schuldner, so kann sich der Verpfänder nicht darauf berufen, dass der Erbe für die Schuld nur beschränkt haftet.
(2) Ist der Verpfänder nicht der persönliche Schuldner, so verliert er eine Einrede nicht dadurch, dass dieser auf sie verzichtet.

A. Normzweck und Inhalt. Die Vorschrift regelt nur die Geltendmachung forderungsbezogener echter Einreden. Forderungs- und pfandbezogene Einwendungen sowie pfandbezogene Einreden stehen dem Verpfänder ohnehin zu. 1

B. Einreden. I erfasst forderungsbezogene Einreden aus §§ 242, 273, 320, 343, 655, 821 und 853 sowie Stundung und Erlassverpflichtung, nicht aber die Einrede der Verjährung (§ 216 I) und der beschränkten Haftung (§§ 1971, 1973 ff, § 254 II InsO). Außerdem gibt er dem Verpfänder die dilatorischen Einreden des Bürgen 2 aus § 770, wenn der Schuldner bestehende Gestaltungsrechte noch nicht ausgeübt hat oder der Gläubiger oder der Schuldner ein Aufrechnungsrecht hat.

3 Ist Verpfänder nicht der Schuldner, wirkt dessen Verzicht auf eine Einrede nicht gg ihn; II gilt allerdings nicht für Einreden aus § 770. Ein Urt, das dem Schuldner eine Einrede oder ein Gestaltungsrecht abspricht, wirkt nicht gg einen solchen Verpfänder (BGHZ 24, 97, 99 = NJW 57, 986; 107, 92, 96 = 89, 1276). Der Verpfänder kann sich aber auf ein dem Gläubiger ungünstiges Urt gg den Schuldner berufen.

4 **C. Rechtsfolgen.** Einwendungen und aufschiebende Einreden kann der Verpfänder der Klage aus § 1231 1 entgegenhalten oder zur Grundlage einer Klage auf Unterlassung der Pfandverwertung machen. Bei dauernden Einreden können der Verpfänder und auch der Eigentümer die Pfandsache herausverlangen (§ 1254).

§ 1212 Erstreckung auf getrennte Erzeugnisse. Das Pfandrecht erstreckt sich auf die Erzeugnisse, die von dem Pfande getrennt werden.

1 **Erzeugnisse** (§ 99 I) werden, dinglich nicht abdingbar, unabhängig von Eigentum und Besitz anders als beim Nutzungspfandrecht nach § 1213 vom Pfandrecht auch nach Trennung von der Pfandsache erfasst, soweit nicht §§ 936, 945, 949, 954 oder 956 eingreifen. Auf Zivilfrüchte (§ 99 III) sowie Versicherungsforderungen erstreckt sich das Pfandrecht nicht. Es umfasst wesentliche (§ 93), idR auch unwesentliche **Bestandteile**. **Zubehör** haftet nur, wenn es mit der Hauptsache verpfändet wurde (§§ 1205 f), wozu im Zweifel eine Verpflichtung besteht (§ 311c).

2 **Dingliche Surrogation** ist kein allgemeiner Grundsatz des Pfandrechts, sondern tritt nur in den gesetzlich geregelten Fällen (§§ 1219 II, 1247, 1287) ein (BGH NJW 08, 1732, Tz 20). Schadensersatz- und Versicherungsforderungen für zerstörte Pfandsachen unterliegen nicht dem Pfandrecht (BGH aaO Tz 22; Soergel/ *Habersack* Rz 3). Gleiches gilt bei Verpfändung eines Sparguthabens und Insolvenz der Bank für den Entschädigungsanspruch gem. §§ 3, 4 ESAEG (BGH aaO). § 285 gilt nicht.

§ 1213 Nutzungspfand. (1) Das Pfandrecht kann in der Weise bestellt werden, dass der Pfandgläubiger berechtigt ist, die Nutzungen des Pfandes zu ziehen.
(2) Ist eine von Natur fruchttragende Sache dem Pfandgläubiger zum Alleinbesitz übergeben, so ist im Zweifel anzunehmen, dass der Pfandgläubiger zum Fruchtbezug berechtigt sein soll.

1 Ein Nutzungspfand erfordert eine **besondere Vereinbarung** (RGZ 105, 408, 409). Dafür besteht bei fruchtbringenden Sachen und Alleinbesitz des Pfandgläubigers (§ 1205 II und II) nach II eine Vermutung, allerdings nicht bei Übergabe nach § 1231. Das gilt nicht beim Pfändungspfandrecht. Fehlt es an einer Nutzungspfandvereinbarung, hat der Pfandgläubiger gezogene Nutzungen (§ 100) dem Verpfänder nach §§ 681, 667, 687 II (RGZ 105, 408, 409), § 816 I 1 (Frankf NJW-RR 96, 585) sowie nach §§ 280, 823 I zu erstatten.

2 Der Pfandgläubiger erwirbt bis zum Erlöschen des Pfandrechts abw von § 1212 an Sachfrüchten mit der Trennung (§ 954) **Eigentum**, an mittelbaren Zivilfrüchten (§ 99 III) mit Übereignung der Leistung. Die Verteilung regelt § 101. Geld ist keine von Natur fruchtbringende Sache (BGHZ 84, 345, 348 = NJW 82, 2186; 127, 138, 141 = 94, 3287). Für Kaution bei Wohnungsmiete gilt § 551 III 3, bei gewerblicher Miete s. BGHZ 127, 138, 142 und § 1204 Rn 11.

§ 1214 Pflichten des nutzungsberechtigten Pfandgläubigers. (1) Steht dem Pfandgläubiger das Recht zu, die Nutzungen zu ziehen, so ist er verpflichtet, für die Gewinnung der Nutzungen zu sorgen und Rechenschaft abzulegen.
(2) Der Reinertrag der Nutzungen wird auf die geschuldete Leistung und, wenn Kosten und Zinsen zu entrichten sind, zunächst auf diese angerechnet.
(3) Abweichende Bestimmungen sind zulässig.

1 Der Nutzungspfandgläubiger (§ 1213) ist – abdingbar (III) – zur mindestens jährlichen Rechenschaft (§§ 259, 261), zur Nutzung und Unterhaltung der Pfandsache iR ordnungsgemäßer Geschäftsführung sowie zu den dazu notwendigen Verwendungen verpflichtet. Bei einem schuldhaften Verstoß gg diese Pflichten, etwa durch übermäßige oder unterlassene Nutzung, ist er dem Verpfänder schadensersatzpflichtig (§ 280).

2 Der Reinertrag, dh bei Eigenverbrauch der Verkehrswert minus Gewinnungs- und gewöhnlicher Unterhaltungskosten, bei Verwertung der erzielte Preis minus auch der Verwertungskosten, ist in der Reihenfolge des II anzurechnen. Bei einem Minusbetrag haftet die Pfandsache nur für die notwendigen Verwendungen (§§ 1210 II, 1216). Bei einer Nutziehung ohne Berechtigung gilt II entspr (BGH NJW 07, 216, Tz 23; RGZ 105, 408, 409; Frankf NJW-RR 96, 585; *v. Olshausen* ZIP 07, 1145, 1146), nicht aber bei unentgeltlicher Überlassung der Nutzung von dem Vermieterpfandrecht unterliegendem Mobiliar (Ddorf MDR 89, 546).

§ 1215 Verwahrungspflicht. Der Pfandgläubiger ist zur Verwahrung des Pfandes verpflichtet.

A. Grundlagen. Die Verwahrungspflicht ist Ausfluss des mit der Verpfändung zwischen Pfandgläubiger und Verpfänder entstehenden, in §§ 1215–1221, 1223–1226 dispositiv geregelten gesetzlichen Schuldverhältnisses. Für das nicht besonders geregelte Rechtsverhältnis zwischen Pfandgläubiger und Eigentümer kommt im Einzelfall eine entspr Anwendung dieser Normen in Betracht (Staud/*Wiegand* Rz 5). 1

B. Verwahrungspflicht. Die Verwahrungspflicht entsteht mit wirksamer Pfandrechtsbestellung bzw. mit Entstehen eines gesetzlichen Pfandrechts und unmittelbarem Alleinbesitz des Pfandgläubigers; sie erlischt mit Rückgabe bzw Verwertung des Pfandes, nicht bereits mit Erlöschen des Pfandrechts. Bei mittelbarem Besitz hat der Gläubiger die für die Verwahrung erforderlichen sachgerechten Weisungen zu erteilen. Bei bloßem Mitbesitz ist der Verpfänder für die Verwahrung verantwortlich. Eine Verwaltungs-, Erhaltungs- und Versicherungspflicht trifft Gläubiger mit Ausnahme von Pfandleihern (§ 8 PfandleihVO) idR nicht. 2

§§ 688 ff finden, soweit nichts anderes vereinbart ist, entspr Anwendung (RGZ 103, 171, 173; BGH WM 67, 343). Dies gilt nicht für §§ 689, 690, der Gläubiger haftet vielmehr nach §§ 276, 278. Statt § 693 gilt § 1216, statt §§ 695, 697 § 1223. Außerdem darf der Gläubiger die Sache entgegen § 691 1 in Drittverwahrung geben. Die Übergabe eines Schlüssels für eine Halle begründet keine Obhutspflicht des Gläubigers für dort lagernde nicht verpfändete Sachen (BGH WM 67, 343, 344). 3

Im Falle einer Pflichtverletzung ist der Gläubiger dem Verpfänder nach §§ 280, 823 ff **schadensersatzpflichtig** (BGH NJW 06, 848, 849), dem Eigentümer nur nach §§ 823 ff iRd § 991 II; der Verpfänder kann allerdings einen Schaden des Eigentümers im Wege der Drittschadensliquidation geltend machen (Soergel/*Habersack* Rz 7). Alle diese Ansprüche verjähren nach § 1226. 4

§ 1216 Ersatz von Verwendungen. ¹Macht der Pfandgläubiger Verwendungen auf das Pfand, so bestimmt sich die Ersatzpflicht des Verpfänders nach den Vorschriften über die Geschäftsführung ohne Auftrag. ²Der Pfandgläubiger ist berechtigt, eine Einrichtung, mit der er das Pfand versehen hat, wegzunehmen.

Die Vorschrift, die nicht für Verwendungen zur Nutzungsgewinnung (§ 1213 f) gilt, regelt das Wegnahmerecht (§ 258) des Pfandgläubigers und verweist wegen der Ersatzpflicht des Verpfänders, nicht des Eigentümers, für Verwendungen (§ 994 Rn 1–3) des Gläubigers, wie zB Lagerkosten, nicht aber Kosten zur Ablösung eines vorrangigen Berechtigten, auf §§ 677 ff, 683, 670. 1

Der Verpfänder haftet bei Verwendungen, die seinem Interesse und wirklichen oder mutmaßlichen Willen entsprechen, dem Gläubiger aus §§ 677 ff. Das ist bei Zahlungsunfähigkeit des Schuldners oder Überbelastung des Pfandes nicht der Fall. In Betracht kommt dann ein Anspruch aus §§ 684 1, 812 ff. Für diese Ansprüche, die nach § 1226 verjähren, haftet das Pfand (§ 1210 II). 2

Eine Haftung des Eigentümers aus §§ 677 ff kommt nur bei Fremdgeschäftsführungswillen des Verpfänders sowie aus § 812 I 1 Alt 2, nicht aber aus § 994 in Betracht, da der Gläubiger berechtigter Besitzer ist. Soweit Verpfänder und Eigentümer haften, besteht Gesamtschuld. 3

§ 1217 Rechtsverletzung durch den Pfandgläubiger. (1) Verletzt der Pfandgläubiger die Rechte des Verpfänders in erheblichem Maße und setzt er das verletzende Verhalten ungeachtet einer Abmahnung des Verpfänders fort, so kann der Verpfänder verlangen, dass das Pfand auf Kosten des Pfandgläubigers hinterlegt oder, wenn es sich nicht zur Hinterlegung eignet, an einen gerichtlich zu bestellenden Verwahrer abgeliefert wird.
(2) ¹Statt der Hinterlegung oder der Ablieferung der Sache an einen Verwahrer kann der Verpfänder die Rückgabe des Pfandes gegen Befriedigung des Gläubigers verlangen. ²Ist die Forderung unverzinslich und noch nicht fällig, so gebührt dem Pfandgläubiger nur die Summe, welche mit Hinzurechnung der gesetzlichen Zinsen für die Zeit von der Zahlung bis zur Fälligkeit dem Betrag der Forderung gleichkommt.

I erfordert als **Voraussetzungen** eine erhebliche Rechtsverletzung etwa durch unberechtigte Nutzung, Weiterverpfändung oder mangelhafte Verwahrung der Pfandsache und eine formfreie erfolglose Abmahnung, nicht aber ein Verschulden des Gläubigers oder einen Schaden. 1

Als **Rechtsfolge** gewährt I dem Verpfänder, nicht dem Eigentümer, in Ergänzung allg Vorschriften (§§ 280, 823 ff, 1004) einen Anspruch auf Hinterlegung (§ 372 ff), bei nicht hinterlegungsfähiger Sache auf Ablieferung an einen bestellten Verwahrer (§§ 688 ff), II statt dessen nach Wahl des Verpfänders ein Recht auf vorzeitige Pfandeinlösung, bei unverzinslicher, nicht fälliger Forderung unter Abzug von Zwischenzinsen (zur Berechnung s. BGHZ 115, 307, 310 = NJW 91, 3274). 2

§ 1218 Rechte des Verpfänders bei drohendem Verderb. (1) Ist der Verderb des Pfandes oder eine wesentliche Minderung des Wertes zu besorgen, so kann der Verpfänder die Rückgabe des Pfandes gegen anderweitige Sicherheitsleistungen verlangen; die Sicherheitsleistung durch Bürgen ist ausgeschlossen.
(2) Der Pfandgläubiger hat dem Verpfänder von dem drohenden Verderb unverzüglich Anzeige zu machen, sofern nicht die Anzeige untunlich ist.

§ 1219 Rechte des Pfandgläubigers bei drohendem Verderb. (1) Wird durch den drohenden Verderb des Pfandes oder durch eine zu besorgende wesentliche Minderung des Wertes die Sicherheit des Pfandgläubigers gefährdet, so kann dieser das Pfand öffentlich versteigern lassen.
(2) ¹Der Erlös tritt an die Stelle des Pfandes. ²Auf Verlangen des Verpfänders ist der Erlös zu hinterlegen.

§ 1220 Androhung der Versteigerung. (1) ¹Die Versteigerung des Pfandes ist erst zulässig, nachdem sie dem Verpfänder angedroht worden ist; die Androhung darf unterbleiben, wenn das Pfand dem Verderb ausgesetzt und mit dem Aufschub der Versteigerung Gefahr verbunden ist. ²Im Falle der Wertminderung ist außer der Androhung erforderlich, dass der Pfandgläubiger dem Verpfänder zur Leistung anderweitiger Sicherheit eine angemessene Frist bestimmt hat und diese verstrichen ist.
(2) Der Pfandgläubiger hat den Verpfänder von der Versteigerung unverzüglich zu benachrichtigen; im Falle der Unterlassung ist er zum Schadensersatz verpflichtet.
(3) Die Androhung, die Fristbestimmung und die Benachrichtigung dürfen unterbleiben, wenn sie untunlich sind.

1   S. Kommentierung § 1221.

§ 1221 Freihändiger Verkauf. Hat das Pfand einen Börsen- oder Marktpreis, so kann der Pfandgläubiger den Verkauf aus freier Hand durch einen zu solchen Verkäufen öffentlich ermächtigten Handelsmäkler oder durch eine zur öffentlichen Versteigerung befugte Person zum laufenden Preise bewirken.

1   **A. Besorgnis eines Verderbs oder einer Wertminderung.** Gemeinsame Voraussetzung der §§ 1218–1221 ist die Besorgnis des Verderbs oder der Wertminderung der Pfandsache vor Pfandreife. Verderb ist der Verlust oder die körperliche Verschlechterung der Sache. Eine wesentliche Wertminderung liegt bei einem erheblichen Rückgang des Kurses oder Preises infolge veränderter (Markt-)Verhältnisse vor. Bei volatilen Wertpapieren ist ein voraussehbarer stetiger Kursverfall erforderlich (LG Nürnbg-Fürth NJW-RR 03, 184). Dass dieser von anderen Aktienwerten abweicht, ist ohne Belang (aA *Saenger/Bergjan* EWiR 03, 321, 322).

2   **B. Rechtsfolgen der Besorgnis eines Verderbs oder einer Wertminderung. I. Rechte des Verpfänders und Eigentümers.** Der Gläubiger hat dem Verpfänder den **drohenden Verderb**, nicht eine wesentliche Wertminderung, anzuzeigen (§ 1218 II). Andernfalls macht er sich schadensersatzpflichtig.

3   Verpfänder und Eigentümer (str MüKo/*Damrau* § 1218 Rz 1; Erman/*Michalski* § 1218 Rz 5; aA RGRK/*Kregel* § 1218 Rz 1) können die Pfandsache Zug um Zug gg eine andere ausreichende **Sicherheit** (§§ 232 I; 233–238, 240), bei Unterdeckung gg eine mindestens gleichwertige, **austauschen**, nicht jedoch gg eine Bürgschaft (§ 1218 I Hs 2). Dieses Recht hat Vorrang vor den Rechten des Gläubigers nach §§ 1219–1221.

4   Insbes wenn der Verpfänder zur Stellung einer solchen anderen Sicherheit nicht in der Lage ist, aber auch dann, wenn sich eine ganz besonders günstige Verkaufsmöglichkeit bietet, kann er nach § 242 vom Gläubiger verlangen, dass er das Pfand freihändig verkauft, sich aus dem Erlös befriedigt oder davon eine andere Sicherheit erwirbt (RGZ 74, 151, 154; 101, 47, 49). Gleiches gilt, wenn der Gläubiger anderweitig ausreichend gesichert ist (BGH DB 56, 183; 66, 378). Kommt der Gläubiger dem nicht nach, ist er schadensersatzpflichtig (§ 280). Ohne Verlangen des Verpfänders kommt eine Verkaufspflicht des Gläubigers grds nicht in Betracht (MüKo/*Damrau* § 1218 Rz 4; Soergel/*Habersack* § 1218 Rz 6; zu weitgehend RGZ 109, 181, 182 f).

5   **II. Rechte des Pfandgläubigers.** Unter der zusätzlichen Voraussetzung der **Gefährdung seiner Sicherheit** (s. § 237 1) kann der Gläubiger das Pfand öffentlich versteigern (§§ 1219 I, 383 III, 1236–1246) oder, wenn es einen Börsen- oder Marktpreis (§ 385 Rn 1; sowie *A Wittig* FS Kümpel 587, 601) hat, vor der Pfandreife iSv § 1228 II nach § 1221 durch einen öffentlich ermächtigten Handelsmäkler (§ 93 HGB), Börsenhändler (§ 19 II BörsG), Gerichtsvollzieher (§ 383 III), öffentlichen Versteigerer (§ 34b V GewO) oder Notar (§ 20 III BNotO) freihändig zum laufenden Preis verkaufen lassen. Bei Veräußerung unter Marktpreis ist der Verkauf wirksam (hM, Staud/*Wiegand* § 1221 Rz 4; AnwK/*Bülow* § 1221 Rz 4; aA Soergel/*Habersack* § 1221 Rz 2), kann aber zu einem Schadensersatzpflicht aus § 280 und aus §§ 823 ff führen.

6   *Die Versteigerung ist nach dem zwingenden § 1220 I grds* (Ausn: I 1 Hs 2; III) erst nach **Androhung** (dazu *Mülbert* ZBB 90, 144, 156) ggü dem Verpfänder und dem Eigentümer (hM) und bei drohender Wertminderung nach erfolglosem Setzen einer angemessenen Frist zur Leistung einer anderweitigen Sicherheit zulässig. Andernfalls ist der Gläubiger dem Verpfänder, der den Schaden des Eigentümers liquidieren kann, nach

§ 280, dem Eigentümer nach §§ 823 ff schadensersatzpflichtig. Außerdem sind die Versteigerung und der Eigentumserwerb vorbehaltlich § 1244 unwirksam (hM Staud/*Wiegand* § 1220 Rz 5; Westermann/*Gursky* § 129 II 6; aA Erman/*Michalski* § 1220 Rz 1).

Von **Ort und Zeit der Versteigerung** hat der Gläubiger den Verpfänder und den Eigentümer grds (Ausn: § 1220 III) unverzüglich zu unterrichten (§ 1220 II). Andernfalls ist er schadensersatzpflichtig (§ 1220 II Hs 2), die Versteigerung aber gleichwohl wirksam. Über das Ergebnis der Versteigerung hat der Gläubiger den Verpfänder und den Eigentümer zu unterrichten (§ 1241). 7

An die Stelle des Pfandes tritt im Wege dinglicher Surrogation der **Erlös** (RGZ 94, 20, 24), der auf Verlangen des Verpfänders bzw des Eigentümers (str AnwK/*Bülow* § 1219 Rz 9; Erman/*Michalski* § 1219 Rz 2; aA Soergel/*Habersack* § 1219 Rz 5) auf Kosten des Verlangenden zu hinterlegen ist (§ 1219 II). 8

§ 1222 Pfandrecht an mehreren Sachen. Besteht das Pfandrecht an mehreren Sachen, so haftet jede für die ganze Forderung.

Der dispositive **Grundsatz der ungeteilten Pfandhaftung** für die ganze Forderung gilt kraft Gesetzes bei Trennung von Bestandteilen, aber auch, wenn mehrere Verpfänder Sachen für eine Forderung verpfänden, nicht aber, wenn ein Pfand nur für die Hauptforderung, ein anderes nur für Zinsen haftet. An allen verpfändeten Gegenständen entsteht bei einer Forderung ein einziges Gesamtpfandrecht. Zum Ausgleich bei mehreren Verpfändern s. § 1225 Rn 6 ff. Zum Gesamtpfandrecht beim Unternehmenskauf: *Schrell/Kirchner* BKR 03, 444 ff. 1

Eine bei mehreren Pfandsachen nicht ausgeschlossene anfängliche oder nachträgliche **Übersicherung** nimmt das Gesetz grds hin (BGH DB 66, 378). Etwas anderes gilt nach § 242 dann, wenn die Deckung der Schuld durch mehrere Sachen ersichtlich ausreicht und sich die Weigerung des Gläubigers, einen Teil freizugeben, als unzulässige Rechtsausübung darstellt (BGHZ 128, 295, 300 = NJW 95, 1085 m Anm *Rimmelspacher* JZ 95, 678 ff; WM 56, 217, 218; *Wiegand/Brunner* NJW 95, 2513, 2520; *Schrell/Kirchner* BKR 03, 444, 448). Nach Nr 16 II AGB-Banken, 22 II AGB-Sparkassen hat der Kunde bei nicht nur vorübergehender Übersicherung einen Anspruch auf Freigabe gem § 1255. Die Auswahl der zurückzugebenden Sachen trifft der Gläubiger (§ 1230). 2

§ 1223 Rückgabepflicht; Einlösungsrecht. (1) Der Pfandgläubiger ist verpflichtet, das Pfand nach dem Erlöschen des Pfandrechts dem Verpfänder zurückzugeben.
(2) Der Verpfänder kann die Rückgabe des Pfandes gegen Befriedigung des Pfandgläubigers verlangen, sobald der Schuldner zur Leistung berechtigt ist.

A. Rückgabepflicht des Pfandgläubigers (Abs 1). I. Rechte des Verpfänders. Aus dem mit dem Pfandgläubiger bestehenden gesetzlichen Schuldverhältnis (§ 1215 Rn 1), aber auch aus dem schuldrechtlichen Sicherungsvertrag kann der Verpfänder mit Erlöschen des Pfandrechts nach §§ 158 II, 163, 418, 1250 II, 1252–1256 die **Herausgabe der Pfandsache** verlangen. Das gilt grds auch dann, wenn der Verpfänder ggü dem Eigentümer kein Recht zum Besitz hat (BGHZ 73, 317, 321 ff = NJW 79, 1203 *Schubert* JR 79, 417 f; *Osterle* JZ 79, 634 ff; aA Soergel/*Habersack* Rz 4). Etwas anderes kann nach § 242 anzunehmen sein, wenn der Gläubiger den Mangel des Besitzrechts des Verpfänders kennt und die Sache dem Eigentümer nach Rückgabe an den Verpfänder (endgültig) verloren ginge (BGH aaO 323). 1

Eine Bank, die eine Prozessbürgschaft übernommen hat, ist zur Herausgabe des Pfandes erst nach Rückgabe der Bürgschaftsurkunde oder ausdrücklicher Entlassung aus der Bürgschaft verpflichtet (BGH NJW 71, 701, 702). Zur **Erfüllung der Rückgabepflicht** hat der Gläubiger dem Verpfänder den Alleinbesitz bzw bei mittelbarem Besitz vor Bestellung des Pfandrechts diesen wieder zu verschaffen (RGZ 92, 265, 267). 2

Ist der Pfandgläubiger zur Rückgabe schuldhaft nicht in der Lage, hat er dem mit dem Eigentümer identischen Verpfänder nach **§ 280 und ggf § 823 I** den Wert der Sache abzgl seiner gesamten Forderung zu ersetzen (RGZ 117, 51, 57), dem mit dem Eigentümer nicht identischen Verpfänder aus § 280 nur den Besitzwert (RGZ 116, 266, 268). 3

II. Rechte des Eigentümers. Der Eigentümer kann die **Herausgabe der Pfandsache** nur nach § 985 verlangen, und zwar an den Verpfänder, wenn dieser ihm ggü ein Recht zum Besitz hat, sonst an sich selbst (Soergel/*Habersack* Rz 5). Allerdings kann der Verpfänder seinen Anspruch aus I an den Eigentümer abtreten. 4

III. Rechte des Schuldners. Der persönliche Schuldner als solcher hat keinen Rückgabeanspruch. 5

B. Befriedigungsrecht des Verpfänders (Abs 2). II gibt auch dem Verpfänder als Partei des gesetzlichen Schuldverhältnisses (§ 1215 Rn 1), nicht dem Schuldner, ein Befriedigungsrecht (RGZ 90, 72; 92 280), sobald der Schuldner zur Leistung berechtigt ist (§ 271). Bei der gerichtlichen Geltendmachung reicht das Angebot, die gerichtlich festgestellte Schuld zu zahlen (RGZ 140, 345, 346). Das Befriedigungsrecht kann als Ganzes auch an den Eigentümer, dem § 1249 ein Ablösungsrecht gewährt, abgetreten werden. § 267 II gilt nicht. 6

Der Gläubiger, der die Forderung einklagt, muss die Rückgabe des Pfandes nicht anbieten. Der Verpfänder kann auf Rückgabe der Pfandsache, auch wenn er nicht Eigentümer ist, Zug um Zug gg volle Befriedigung 7 des Gläubigers klagen (§ 273; BGHZ 73, 317, 319 f = NJW 79, 1203; NJW 99, 3716, 3717), ohne die Forderung des Gläubigers beziffern zu müssen (RGZ 92, 280, 282 f; 140, 345, 346). War er nur Verpfänder, geht mit der Befriedigung die Forderung mit Pfandrecht auf ihn über (§ 1225), war er auch Eigentümer, nicht aber Schuldner, erwirbt er nach § 1225 die Forderung ohne das Pfandrecht (§ 1256), war er auch Schuldner und Eigentümer, erlöschen mit der Befriedigung die gesicherte Forderung (§ 362 I) und das Pfandrecht (§ 1252).

8 Die **Beweislast** für die Höhe der Forderung trägt der Gläubiger (RGZ 92, 280, 283).

§ 1224 Befriedigung durch Hinterlegung oder Aufrechnung. Die Befriedigung des Pfandgläubigers durch den Verpfänder kann auch durch Hinterlegung oder durch Aufrechnung erfolgen.

1 Die Vorschrift ermöglicht dem Verpfänder die Hinterlegung sowie die Aufrechnung mit eigenen Forderungen, nicht solchen des Schuldners (dazu §§ 1211, 770), gg den Gläubiger, obwohl er nicht Schuldner ist.

§ 1225 Forderungsübergang auf den Verpfänder. [1]Ist der Verpfänder nicht der persönliche Schuldner, so geht, soweit er den Pfandgläubiger befriedigt, die Forderung auf ihn über. [2]Die für einen Bürgen geltende Vorschrift des § 774 findet entsprechende Anwendung.

1 **A. Forderungsübergang (S 1).** Mit Befriedigung des Gläubigers durch den mit dem Schuldner nicht identischen **Verpfänder** gehen, soweit nicht anders vereinbart (RGZ 71, 324, 329), Forderung und Pfandrecht (§§ 401, 412, 1250) auf den Verpfänder über. Bei teilweisem Übergang einer Darlehensforderung kann der Verpfänder nicht eine Teilausfertigung einer erteilten Unterwerfungsurkunde verlangen (Frankf 14.3.08 – 19 U 205/07). Der Verpfänder kann Herausgabe der Pfandsache an sich verlangen (§§ 1227, 985). Ist der Verpfänder auch Eigentümer, erwirbt er nur die Forderung, das Pfandrecht erlischt (§ 1256).

2 Befriedigt der **Eigentümer**, der weder Verpfänder noch Schuldner ist, den Gläubiger, so kann er die Forderung nach §§ 268 III, 426, 774, 1249 erwerben. Wird das Pfand verwertet, so gilt die Forderung als vom Eigentümer berichtigt (§ 1247) und geht analog § 1249 2 ebenfalls auf ihn über, da er das Opfer erbracht hat (MüKo/*Damrau* Rz 4; Soergel/*Habersack* Rz 8; BaRoth/*Sosnitza* Rz 2; aA (auf Verpfänder gem § 1288 II) RG Recht 18 Nr 244; Staud/*Wiegand* Rz 3; AnwK/*Bülow* Rz 2).

3 Befriedigt der **Schuldner** die Forderung, so erlöschen sie (§ 362 I) und das Pfandrecht (§ 1252).

4 **B. Regress des Verpfänders (S 2).** Der Forderungsübergang darf nicht zum Nachteil des Gläubigers geltend gemacht werden (§ 774 I 2). Bei einer **Teilbefriedigung** geht das restliche Pfandrecht des Gläubigers dem des Verpfänders trotz Gleichrangigkeit mit der Folge faktisch vor, dass der Gläubiger dem Herausgabeanspruch des Verpfänders (§ 1251 I) ein Zurückbehaltungsrecht entgegenhalten kann. Zur Konkurrenz § 774 Rn 20 f.

5 Neben der übergegangenen Forderung hat der Verpfänder einen **Aufwendungsersatzanspruch** aus § 670, wenn er die Sache im Auftrag des Schuldners verpfändet hat oder die Voraussetzungen der GoA vorliegen. Die Einwendungen des Schuldners aus dem Rechtsverhältnis mit dem Verpfänder bleiben auch insoweit erhalten (§ 774 I 3, dort 23 f).

6 **C. Ausgleich bei mehrfacher Sicherung.** Für den Ausgleich unter mehreren **auf gleicher Stufe stehenden Sicherungsgebern** bei Befriedigung des Gläubigers durch einen von ihnen kommt es nicht darauf an, wer den Gläubiger als erster befriedigt. Der Ausgleich hat sich, soweit nichts anderes vereinbart ist oder eine bestimmte Sicherheit aufgrund einer Vereinbarung mit dem Sicherungsnehmer nur nachrangig haften soll (BGH WM 90, 1556, 1558), vielmehr nach ganz hM nach den **Regeln über die Gesamtschuld** (§ 426 I) zu vollziehen (BGHZ 108, 179, 183 ff = NJW 89, 2530; WM 91, 399, 400; NJW 92, 3228, 3229; ZIP 09, 166 Tz 13).

7 Der **Ausgleich unter mehreren Verpfändern** hat entspr §§ 774 II, 426 zu erfolgen (BGHZ 108, 179, 184 = NJW 89, 2530). Das bedeutet, dass der leistende Verpfänder die Forderung des Gläubigers und damit auch alle dafür bestellten Pfandrechte zwar in vollem Umfang erwirbt (§§ 401, 412), er diese aber nur in Höhe der jeweiligen Ausgleichsquote gg die anderen Verpfänder geltend machen kann. Der Innenausgleich richtet sich nach dem im Außenverhältnis ggü dem Gläubiger übernommenen Haftungsrisiko (BGHZ 137, 292, 294 ff = NJW 98, 894; WM 91, 399, 401; 00, 408, 410; ZIP 09, 166 Tz 15; Stuttg ZIP 90, 445, 446; Hamm WM 90, 1238, 1239; *Glöckner* ZIP 99, 821, 827 ff für Mitbürgen), nicht nach dem Wert der Pfandsache.

8 Der Ausgleichsanspruch ist auf die Haftung jedes Verpfänders mit der von ihm verpfändeten Sache beschränkt. Durch die **Aufgabe eines Pfandrechts** seitens des Gläubigers kann das Ausgleichsverhältnis nach BGH WM 91, 399, 400 nicht beeinflusst werden; in einem solchen Falle soll sich der auf Befriedigung aus der Sicherheit gerichtete Ausgleichsanspruch in einen dessen Wert entspr Zahlungsanspruch umwandeln. Die Ansicht des BGH überzeugt nicht; sie stellt den entlassenen Verpfänder aufgrund der Zahlungspflicht schlechter als vor Aufgabe des Pfandrechts und belastet die übrigen Verpfänder mit dem Risiko seiner Insolvenz. Richtiger Ansicht nach ist bei Aufgabe einer Sicherheit durch den Gläubiger § 776 entspr anzuwenden (Staud/*Wiegand* Rz 23 f, 39; Soergel/*Habersack* Rz 10; AnwK/*Bülow* Rz 12; *Finger* BB 74, 1416, 1422; *Gursky* JZ 97, 1154, 1165).

Diese Ausgleichsregeln gelten entspr, wenn eine Forderung neben einem Pfandrecht mit einem Grundpfandrecht (Staud/*Wiegand* Rz 25, 37) und/oder einer Bürgschaft oder einer anderen Personalsicherheit gesichert ist; die Bürgschaft ist trotz der §§ 776, 768 und 771 nicht privilegiert (hM, BGHZ 108, 179, 182 f; ZIP 09, 166 Tz 13 ff (für Bürgschaft und Grundschuld); *Gergen* JuS 07, 927, 931 f; aA *Reinicke* WM 61, 466, 469 f.; *Tiedtke* BB 84, 19, 20).   9

§ 1226 Verjährung der Ersatzansprüche. ¹Die Ersatzansprüche des Verpfänders wegen Veränderungen oder Verschlechterungen des Pfandes sowie die Ansprüche des Pfandgläubigers auf Ersatz von Verwendungen oder auf Gestattung der Wegnahme einer Einrichtung verjähren in sechs Monaten. ²Die Vorschrift des § 548 Abs. 1 Satz 2 und 3, Abs. 2 findet entsprechende Anwendung.

Die Vorschrift erfasst die Ansprüche des Verpfänders und des Gläubigers aus §§ 1215 f, nicht solche des Eigentümers. Die Frist beginnt im Falle des § 1215 mit der Rückgabe der Pfandsache (§ 548 I 2, II), im Falle des § 1216 mit der Beendigung des dinglichen Rechtsverhältnisses über die Pfandsache (§ 548 II; str Soergel/*Habersack* Rz 2; aA Staud/*Wiegand* Rz 2). Wird die Pfandsache nicht zurückgegeben, verjähren die Ansprüche aus § 1215 mit dem Rückgabeanspruch (§ 548 I 3), dh in 30 Jahren nach Erlöschen des Pfandrechts (§ 197 I Nr 1). In § 1226 nicht genannte Ansprüche verjähren nach allg Vorschriften.   1

§ 1227 Schutz des Pfandrechts. Wird das Recht des Pfandgläubigers beeinträchtigt, so finden auf die Ansprüche des Pfandgläubigers die für die Ansprüche aus dem Eigentum geltenden Vorschriften entsprechende Anwendung.

Die Vorschrift gewährt dem Pfandgläubiger Schutz gg Beeinträchtigungen seines dinglichen Rechts.   1
Der Pfandgläubiger kann entspr §§ 985, 986 von jedem unberechtigten Besitzer, auch vom Eigentümer und   2
vom Verpfänder, die Wiederherstellung der zur Begründung des Pfandrechts geschaffenen Besitzlage verlangen (BGH WM 56, 158, 160), soweit nicht § 1254 eingreift. Bei gemeinschaftlichem Pfandrecht gilt § 1011 entspr. Der Anspruch umfasst auch Erzeugnisse (§ 1212) und Nutzungen (§ 1213).
Schadensersatz kann der Pfandgläubiger nach §§ 987–993, die die §§ 812 ff und 823 ff teilweise verdrängen,   3
vor Pfandreife nur in Form eines vom Verpfänder aufgrund des Sicherungsvertrages zu bestellenden Pfandrechts an der Ersatzforderung verlangen, nach Pfandreife nur iR seines Sicherungsinteresses. IÜ kann der Eigentümer liquidieren. Verwendungsersatz kann der Besitzer, nicht aber der Eigentümer, Verpfänder oder Schuldner, nach §§ 994 ff verlangen, soweit das Sicherungsinteresse des Pfandgläubigers reicht.
Der Pfändungspfandgläubiger, dem die Vermutung des § 1006 zugute kommt, hat außerdem die Rechte aus   4
§§ 1004 f, 1007 und §§ 858 ff (RGZ 57, 323, 325) auch gg den Eigentümer sowie Ansprüche gg den Verpfänder aus dem gesetzlichen Schuldverhältnis (§ 1215 Rn 1), aus dem Sicherungsvertrag und im Falle einer Pfändung der Pfandsache die Rechte aus §§ 771 und 805 ZPO. In der Insolvenz hat der Gläubiger ein Absonderungsrecht (§ 50 I InsO). Zur Insolvenzanfechtung bei Pfandrechten insb nach Nr 14 AGB-Banken und Nr 21 AGB-Sparkassen: BGHZ 150, 122, 125 ff = NJW 02, 1722; 157, 350, 353 = WM 04, 1576; 07, 874, Tz 11; 09, 1046 Tz 28, dazu *Jahn* NZI 09, 427; Frankf ZIP 07, 1670 f; *Feuerborn* ZIP 02, 290 ff; *Kirchhof* ZInsO 03, 149, 153; *Ganter* WM 06, 1081, 1088, *Berger* NZI 07, 566, beim Vermieterpfandrecht BGHZ 170, 196 Tz 15 ff = NJW 07, 1588).

§ 1228 Befriedigung durch Pfandverkauf. (1) Die Befriedigung des Pfandgläubigers aus dem Pfande erfolgt durch Verkauf.
(2) ¹Der Pfandgläubiger ist zum Verkauf berechtigt, sobald die Forderung ganz oder zum Teil fällig ist. ²Besteht der geschuldete Gegenstand nicht in Geld, so ist der Verkauf erst zulässig, wenn die Forderung in eine Geldforderung übergegangen ist.

A. Art und Weise der Pfandverwertung (Abs 1). Bei Pfandreife (II) erfolgt die Verwertung des Pfandes   1
ohne Titel idR durch privaten Verkauf (§§ 1233–1240, 1245), bei Geld als Pfandsache abw von § 1229 durch Aneignung. Der Gläubiger kann auch gg den Schuldner einen Zahlungstitel erwirken und daraus vollstrecken oder sich gg den Eigentümer einen Titel auf Duldung der Verwertung verschaffen (§ 1233 II) und diesen zum gerichtlichen Pfandverkauf nach ZPO nutzen. Anders als sonst besteht nach § 9 II PfandleihVO (Einleitung Rn 12) eine Verwertungspflicht. Nach § 777 ZPO kann der Schuldner der Vollstreckung in sein Vermögen widersprechen, soweit die Schuld durch das Pfand gedeckt ist. Nach § 772 II muss der Gläubiger vor Inanspruchnahme des Bürgen das Pfand verwerten.

B. Pfandreife (Abs 2). Pfandreife tritt, soweit diese vereinbarungsgemäß nicht von weiteren Voraussetzungen   2
abhängig ist (erleichternde Vereinbarungen sind unwirksam), bei einer Geldforderung (1) auch nach § 9 I PfandleihVO (BGH WM 87, 185, 186) mit deren Fälligkeit, nicht erst mit Verzug ein. Annahmeverzug des Gläubigers ändert nichts; die Verwertung kann in einem solchen Falle aber eine Schadensersatzpflicht des Gläubigers auslösen. Der Nachweis der Fälligkeit obliegt dem Pfandgläubiger (MüKo/*Damrau* § 1282 Rz 14).

3 Bei einer Nichtgeldforderung setzt die Pfandreife außerdem voraus, dass sich die Forderung in einen Geldanspruch umgewandelt hat. Der Befreiungsanspruch eines Bürgen (§ 775) geht mit seiner erfolgreichen Inanspruchnahme in eine Geldforderung über. Bei Verstoß gg II ist die Veräußerung rechtswidrig (§ 1243 I).

4 **C. Insolvenz.** Anders als bei der Sicherungsübereignung darf der Pfandgläubiger die Sicherheit verwerten (§§ 173, 166 II InsO; BAG ZIP 07, 2173, Tz 35). Die Kostenpauschalen nach § 170, 171 InsO fallen nicht an.

§ 1229 Verbot der Verfallvereinbarung. Eine vor dem Eintritt der Verkaufsberechtigung getroffene Vereinbarung, nach welcher dem Pfandgläubiger, falls er nicht oder nicht rechtzeitig befriedigt wird, das Eigentum an der Sache zufallen oder übertragen werden soll, ist nichtig.

1 Eine **Verfallvereinbarung** (dazu *Foerste* ZBB 09, 285 ff) liegt vor, wenn der (aufschiebend bedingte) Eigentumserwerb oder eine schuldrechtliche (Vertragsstrafen-)Verpflichtung des Verpfänders zur Eigentumsverschaffung an die Nichterfüllung der gesicherten Forderung trotz Fälligkeit anknüpft und der Befriedigung des Gläubigers dient (BGHZ 130, 101, 105 = NJW 95, 2635; RGZ 92, 101, 105; 130, 227, 228; BayObLG DNotZ 93, 386, 387 f). Zulässig ist dagegen die Vereinbarung eines Rechts des Gläubigers, zwischen der rechtzeitig angebotenen geschuldeten Leistung und dem Erwerb der Pfandsache zu wählen (RGZ 130, 227, 228), sowie eine vom Eintritt der Pfandreife unabhängige Übereignungspflicht (RG JW 35, 2886).
2 Eine Verfallklausel kann die vereinbarungsgemäße Erstreckung des Pfandrechts bei Nichtigkeit der gesicherten Forderung auf Bereicherungsansprüche enthalten (BGH NJW 68, 1134).
3 Eine vor Eintritt der Pfandreife (§ 1228 II) vereinbarte Verfallklausel ist außerhalb des § 1259 (Rn 2) außer bei verpfändetem Geld nach § 1229 **nichtig**, macht idR aber nicht den gesamten Pfandvertrag unwirksam (§ 139). Eine nach Pfandreife getroffene Verfallvereinbarung ist bis zur Grenze des § 138 wirksam.
4 Auf Vereinbarungen mit dinglich nicht gesicherten Gläubigern ist das Verbot der Verfallabrede nicht analog anwendbar (BGHZ 130, 101, 104 ff).

§ 1230 Auswahl unter mehreren Pfändern. ¹Unter mehreren Pfändern kann der Pfandgläubiger, soweit nicht ein anderes bestimmt ist, diejenigen auswählen, welche verkauft werden sollen. ²Er kann nur so viele Pfänder zum Verkauf bringen, als zu seiner Befriedigung erforderlich sind.

1 § 1230 1 berechtigt den Gläubiger im Anschluss an § 1222 bis zur Grenze des Rechtsmissbrauchs (BGH WM 66, 115, 117 f), die zu verwertende Pfandsache frei auszuwählen. Er muss nicht vom Schuldner gestellte Pfandsachen zuerst verwerten (Soergel/*Habersack* Rz 2; aA LG Bonn WM 96, 1538, 1540).
2 Nach dem dispositiven (*Schrell/Kirchner* BKR 03, 444, 446) **§ 1230 2**, der auch bei Sachmengen gilt, ist ein übermäßiger Verkauf rechtswidrig iSv § 1243 I (RGZ 118, 250, 252; 145, 204, 212), macht den Gläubiger schadensersatzpflichtig (§ 280), beeinträchtigt den gutgläubigen Erwerb aber nicht (§ 1244; aA BaRoth/*Sosnitza* Rz 3).

§ 1231 Herausgabe des Pfandes zum Verkauf. ¹Ist der Pfandgläubiger nicht im Alleinbesitz des Pfandes, so kann er nach dem Eintritt der Verkaufsberechtigung die Herausgabe des Pfandes zum Zwecke des Verkaufs fordern. ²Auf Verlangen des Verpfänders hat an Stelle der Herausgabe die Ablieferung an einen gemeinschaftlichen Verwahrer zu erfolgen; der Verwahrer hat sich bei der Ablieferung zu verpflichten, das Pfand zum Verkauf bereitzustellen.

1 1 gewährt dem Gläubiger bei Verpfändung nach § 1206 und Pfandreife (§ 1228 II) einen Herausgabeanspruch nur gg den mitbesitzenden Verpfänder, nicht gg einen anderen Pfandgläubiger (s. dazu § 1232). Er richtet sich im Falle des § 1206 Hs 2 auf Übertragung des mittelbaren Alleinbesitzes und Ermächtigung des Pfandhalters, das Pfand an den Gläubiger allein herauszugeben (RG JW 38, 867, 869). Bei Verpfändung nach § 1205 II hat der Gläubiger den nach § 870 abgetretenen Herausgabeanspruch gg den Besitzmittler. Für einen Herausgabeanspruch gg Dritte gilt § 1227. Für gleichrangige Gläubiger s. § 1232 Rn 2.
2 Der Verpfänder kann dem Herausgabeverlangen mit dem Begehren nach Ablieferung der Pfandsache an einen gemeinsamen, notfalls vom Prozessgericht zu bestimmenden Verwahrer begegnen, der sie zum Verkauf bereitzustellen hat.

§ 1232 Nachstehende Pfandgläubiger. ¹Der Pfandgläubiger ist nicht verpflichtet, einem ihm im Range nachstehenden Pfandgläubiger das Pfand zum Zwecke des Verkaufs herauszugeben. ²Ist er nicht im Besitz des Pfandes, so kann er, sofern er nicht selbst den Verkauf betreibt, dem Verkauf durch einen nachstehenden Pfandgläubiger nicht widersprechen.

1 Bei **verschiedenrangigen Gläubigern** (§ 1209) hat ein nachrangiger einen Anspruch auf Herausgabe des Pfandes gg den besitzenden vorrangigen auch dann nicht (1), wenn nur für sein Pfandrecht Pfandreife besteht, wohl aber der vorrangige gg jenen (RGZ 97, 34, 41 f), es sei denn, er kann oder will den Pfandver-

kauf nicht betreiben (2; RGZ 87, 321, 325; 97, 34, 42). Der nachrangige kann sich dessen Pfandverwertung anschließen oder das vorrangige Pfandrecht ablösen (§ 1249).
Bei **gleichrangigen Gläubigern** und gemeinschaftlichem Besitz ist jeder berechtigt, die Herausgabe zum Verkauf des Pfandes zu verlangen (§§ 749, 753). Besitzt nur einer, so haben die anderen mindestens dieselben Rechte wie nicht besitzende nachrangige und überdies einen Anspruch auf Mitbesitzeinräumung zur Beteiligung am Pfandverkauf (§§ 747 2, 1011, 432). 2

§ 1233 Ausführung des Verkaufs. (1) Der Verkauf des Pfandes ist nach den Vorschriften der §§ 1234 bis 1240 zu bewirken.
(2) Hat der Pfandgläubiger für sein Recht zum Verkauf einen vollstreckbaren Titel gegen den Eigentümer erlangt, so kann er den Verkauf auch nach den für den Verkauf einer gepfändeten Sache geltenden Vorschriften bewirken lassen.

A. Pfandverkauf ohne Titel (Abs 1). IdR geschieht die Pfandverwertung nach I durch Privatverkauf (§ 433), idR durch öffentliche Versteigerung nach den §§ 1234–1240. Diese sind iRd §§ 1245 f, 1259 dispositiv. Der Verkauf erfolgt im Namen des Gläubigers, aber für Rechnung des Eigentümers und ist mit dem Zuschlag (§ 156 1) perfekt. Die Übereignung geschieht nach §§ 929 ff. 1
Der Gläubiger haftet für Rechtsmängel, die Haftung hat wegen § 1242 II nur geringe Bedeutung. Für Sachmängel hat der Gläubiger außer im Fall des § 474 I 1, II nur bei Arglist oder Garantieübernahme einzustehen (§ 445). 2

B. Pfandverkauf mit Titel (Abs 2). Anstelle des privaten Pfandverkaufs kann der Gläubiger nach Erwirken eines Titels auf Duldung der Pfandverwertung gg den Eigentümer (BGHZ 68, 323, 330 = NJW 77, 1240), den Pfandverkauf nach seiner Wahl ohne Pfändung der Sache nach §§ 814, 816 I, III und IV, 817 I–III, 821–823, 825 ZPO durch einen Gerichtsvollzieher durchführen lassen. Anstelle des § 816 II ZPO tritt § 1236, anstelle des § 817 IV ZPO § 1239 I 2, anstelle des § 818 ZPO § 1230 2 und anstelle des § 819 ZPO § 2147. Für die Wirkungen des Verkaufs gelten §§ 1242, 1244. Die Identität von Verpfänder und Eigentümer wird iRd § 1248 fingiert. 3

C. Vollstreckung mit Zahlungstitel. Schließlich kann der Gläubiger aufgrund der gesicherten Forderung einen Zahlungstitel gg den Schuldner erwirken und in dessen Vermögen einschl der ihm gehörenden Pfandsache vollstrecken (§§ 803 ff, 809). Eine Klage aus § 771 ZPO des mit dem Schuldner nicht identischen Eigentümers verstößt wegen des Verwertungsrechts des Gläubigers aus § 1204 I gg § 242 (RGZ 143, 275, 277 f; offen gelassen in BGHZ 118, 207). 4

§ 1234 Verkaufsandrohung; Wartefrist. (1) ¹Der Pfandgläubiger hat dem Eigentümer den Verkauf vorher anzudrohen und dabei den Geldbetrag zu bezeichnen, wegen dessen der Verkauf stattfinden soll. ²Die Androhung kann erst nach dem Eintritt der Verkaufsberechtigung erfolgen; sie darf unterbleiben, wenn sie untunlich ist.
(2) ¹Der Verkauf darf nicht vor dem Ablauf eines Monats nach der Androhung erfolgen. ²Ist die Androhung untunlich, so wird der Monat von dem Eintritt der Verkaufsberechtigung an berechnet.

Die an den Eigentümer (Eigentumsfiktion in § 1248) zu richtende, verzichtbare (§ 1245 II) **Androhung** des Verkaufs (§ 1235) in I ist eine empfangsbedürftige Willenserklärung, die erst nach Pfandreife (§ 1228 II) erfolgen kann. Sie und die auch bei Wertpapieren (LG Nürnbg-Fürth NJW-RR 03, 184) geltende Wartefrist von einem Monat (II), bei beiderseitigem Handelsgeschäft von einer Woche (§ 368 I 1 HGB), nach Nr 20.3 ADSp von zwei Wochen, sollen dem Eigentümer die Erhebung von Einwendungen sowie eine Pfandablösung (§ 1249) ermöglichen. 1
Ein **formularmäßiger Verzicht auf die Androhung** oder die Wartepflicht, die nach II 1 mit dem Zugang der Androhung beginnt, verstößt gg § 307 (BGH NJW 94, 2754, 2755; 95, 1085, 1086), macht die Verpfändung als solche aber nicht unwirksam (BGHZ 124, 380, 391 f = NJW 94, 864; 130, 115, 120 f = 95, 2221). 2
Untunlich ist die Androhung, wenn sie dem Gläubiger nicht zuzumuten ist, insb bei unbekanntem Aufenthalt des Eigentümers. 3
Ein Verstoß gg I und 2 macht die Veräußerung zwar nicht rechtswidrig (§ 1243 I), den Gläubiger aber schadensersatzpflichtig (§ 1243 II; RGZ 109, 324, 327; 145, 204, 211; LG Osnabrück WM 93, 1628, 1629 f; LG Nürnbg-Fürth NJW-RR 03, 184, 185). Der Gläubiger kann nachweisen, dass auch bei Einhaltung des § 1234 kein höherer Erlös erzielt worden wäre (RGZ 77, 201, 205; JW 30, 134, 135). 4

§ 1235 Öffentliche Versteigerung. (1) Der Verkauf des Pfandes ist im Wege öffentlicher Versteigerungen zu bewirken.
(2) Hat das Pfand einen Börsen- oder Marktpreis, so findet die Vorschrift des § 1221 Anwendung.

1 Im Normalfall der Pfandverwertung erfolgt die **öffentliche Versteigerung (I)** durch einen Gerichtsvollzieher (§ 383 III) oder öffentlich bestellten Auktionator als Vertreter des Gläubigers. Abbedingung ist erst nach Pfandreife zulässig (§ 1245 II). Beim Ordnungsamt unterbliebene Anzeige macht die Versteigerung nicht unwirksam (AG Lemgo RdL 06, 232, 233). An der Öffentlichkeit fehlt es, wenn die Versteigerung nicht für jedermann zugänglich ist (BGH NJW 90, 899, 900; *Tetzlaff* ZInsO 07, 478, 480), nicht jedermann die Möglichkeit eines Gebots hat oder wenn ein Gebot rechtswidrig nicht berücksichtigt wird.
2 Der Kaufvertragsschluss (§ 433) erfolgt durch Zuschlag (§ 156), die Übereignung nach §§ 929 ff Zug um Zug gg Barzahlung (§ 1238 I). Bei Pfandsachen mit Börsen- oder Marktpreis (§ 385 Rn 1) ist nach Wahl des Gläubigers auch ein freihändiger Verkauf (dazu *Bülow* WM 85, 405 ff) durch eine zur öffentlichen Versteigerung befugte Person (§ 383 III) zum laufenden Preis zulässig (§§ 1218–§ 1221 Rn 5).
3 Bei einem **Verstoß** gg § 1235 ist der Verkauf unwirksam (§ 1243 I), ein gutgläubiger Erwerb nicht möglich (§ 1244) und der Gläubiger schadensersatzpflichtig (§ 280).

§ 1236 Versteigerungsort.
¹Die Versteigerung hat an dem Orte zu erfolgen, an dem das Pfand aufbewahrt wird. ²Ist von einer Versteigerung an dem Aufbewahrungsort ein angemessener Erfolg nicht zu erwarten, so ist das Pfand an einem geeigneten anderen Orte zu versteigern.

1 Die Versteigerung bzw bei § 1235 II der freihändige Verkauf hat vorbehaltlich 2 bzw anderweitiger Vereinbarung (§ 1245 I 1) am Aufbewahrungsort, dh der örtlichen politischen Gemeinde, zu erfolgen. Bei Verstoß ist der Verkauf nicht unwirksam (§ 1243 I), der Gläubiger aber schadensersatzpflichtig (RG JW 30, 134).

§ 1237 Öffentliche Bekanntmachung.
¹Zeit und Ort der Versteigerung sind unter allgemeiner Bezeichnung des Pfandes öffentlich bekanntzumachen. ²Der Eigentümer und Dritte, denen Rechte an dem Pfande zustehen, sind besonders zu benachrichtigen; die Benachrichtigung darf unterbleiben, wenn sie untunlich ist.

1 Die ortsübliche öffentliche Bekanntmachung, idR durch Zeitungsanzeige, mit dem Inhalt des § 1237, auf die erst nach Pfandreife (§ 1228 II) verzichtet werden kann (§ 1245 II), ist Wirksamkeitsvoraussetzung für den Pfandverkauf (§ 1243 I), ein gutgläubiger Erwerb aber möglich (§ 1244).
2 Die Pflicht zur Benachrichtigung nach 2 ist eine bloße Ordnungsvorschrift, deren Verletzung die Wirksamkeit des Pfandverkaufs nicht berührt, sondern allenfalls eine Schadensersatzpflicht begründet (§ 1243 II). IRd § 1248 wird die Identität von Eigentümer und Verpfänder fingiert.

§ 1238 Verkaufsbedingungen.
(1) Das Pfand darf nur mit der Bestimmung verkauft werden, dass der Käufer den Kaufpreis sofort bar zu entrichten hat und seiner Rechte verlustig sein soll, wenn dies nicht geschieht.
(2) ¹Erfolgt der Verkauf ohne diese Bestimmung, so ist der Kaufpreis als von dem Pfandgläubiger empfangen anzusehen; die Rechte des Pfandgläubigers gegen den Ersteher bleiben unberührt. ²Unterbleibt die sofortige Entrichtung des Kaufpreises, so gilt das Gleiche, wenn nicht vor dem Schluss des Versteigerungstermins von dem Vorbehalte der Rechtsverwirkung Gebrauch gemacht wird.

1 Nach I sind bei Versteigerung oder freihändigem Verkauf (§ 1235) **Barzahlung** Zug um Zug gg Pfandübergabe und die Verwirkung der Rechte (§ 354) bei ausbleibender Barzahlung zu vereinbaren. I ist abdingbar (§ 1245), allerdings nicht formularmäßig (§ 307; Soergel/*Habersack* Rz 2).
2 Bei **Verstoß gg I** oder bei Aushändigung der Pfandsache an den Ersteher ohne Barzahlung (II 2) wird der Empfang des vereinbarten Kaufpreises nach II 1 im Verhältnis zum Eigentümer, Verpfänder, Schuldner und einem am Pfand dinglich Berechtigten mit der Rechtsfolge aus §§ 1247, 1252 fingiert. Ist der vereinbarte Kaufpreis höher als die gesicherte Forderung, hat der bisherige Eigentümer einen Anspruch auf den Mehrbetrag. Dingliche Rechte setzen sich daran fort. Vom Ersteher kann der Gläubiger weiterhin den vereinbarten Kaufpreis (§ 433 II) oder Schadensersatz verlangen oder den Rücktritt erklären (§ 354). Die zurückgegebene Pfandsache wird dann Eigentum des Gläubigers.

§ 1239 Mitbieten durch Gläubiger und Eigentümer.
(1) ¹Der Pfandgläubiger und der Eigentümer können bei der Versteigerung mitbieten. ²Erhält der Pfandgläubiger den Zuschlag, so ist der Kaufpreis als von ihm empfangen anzusehen.
(2) ¹Das Gebot des Eigentümers darf zurückgewiesen werden, wenn nicht der Betrag bar erlegt wird. ²Das Gleiche gilt von dem Gebot des Schuldners, wenn das Pfand für eine fremde Schuld haftet.

1 Mitbieten dürfen der Eigentümer, der Verpfänder, der Schuldner, alle Pfandgläubiger und Dritte, nicht aber der Versteigerer und seine Gehilfen. Der **verwertende Gläubiger** erwirbt die Pfandsache als Ersteher mit dem Zuschlag zu Eigentum; § 1244 findet entspr Anwendung. II 2 gilt nur für ihn, nicht andere Pfandgläubiger.

Übersteigt der Kaufpreis die gesicherte Forderung, ist der Mehrbetrag an den Eigentümer zu entrichten; dingliche Rechte setzen sich an diesem Anspruch fort.
Der **Eigentümer** erwirbt die Pfandsache als Ersteher lastenfrei; § 1244 gilt. Er und der **Schuldner** müssen den gebotenen Betrag an den Versteigerer in bar vorschießen, sonst kann ihr Gebot zurückgewiesen werden. Für den Verpfänder gilt dies nur, wenn er nach § 1248 als Eigentümer zu behandeln ist.

§ 1240 Gold- und Silbersachen.
(1) Gold- und Silbersachen dürfen nicht unter dem Gold- oder Silberwert zugeschlagen werden.
(2) Wird ein genügendes Gebot nicht abgegeben, so kann der Verkauf durch eine zur öffentlichen Versteigerung befugte Person aus freier Hand zu einem den Gold- oder Silberwert erreichenden Preis erfolgen.

Gold- und Silbersachen sind nur solche, die nach der Verkehrsauffassung hauptsächlich aus diesen Metallen bestehen (RG Recht 35 Nr 7996). Die analoge Anwendung auf andere Edelmetalle ist str. Ein Zuschlag unter dem aktuellen Metallwert ist rechtswidrig (§ 1243 II), gutgläubiger Erwerb bei Verletzung des I, nicht bei der des II, möglich (§ 1244). Abbedingung des § 1240 ist erst nach Pfandreife zulässig (§ 1245 II).

§ 1241 Benachrichtigung des Eigentümers.
Der Pfandgläubiger hat den Eigentümer von dem Verkauf des Pfandes und dem Ergebnis unverzüglich zu benachrichtigen, sofern nicht die Benachrichtigung untunlich ist.

Die Pflicht zur unverzüglichen (§ 121 I), formlosen Benachrichtigung des Eigentümers, nicht anderer Personen, gilt ohne Rücksicht auf die Art für alle Fälle eines erfolgten Verkaufs. IRd § 1248 gilt der Verpfänder als Eigentümer. Ein Verzicht darauf ist schon vor Pfandreife zulässig (§ 1245 I). Zur Untunlichkeit § 1234 Rn 3. Bei schuldhaftem Verstoß ist der Gläubiger schadensersatzpflichtig (§ 1243 II).

§ 1242 Wirkungen der rechtmäßigen Veräußerung.
(1) ¹Durch die rechtmäßige Veräußerung des Pfandes erlangt der Bewerber die gleichen Rechte, wie wenn er die Sache von dem Eigentümer erworben hätte. ²Dies gilt auch dann, wenn dem Pfandgläubiger der Zuschlag erteilt wird.
(2) ¹Pfandrechte an der Sache erlöschen, auch wenn sie dem Erwerber bekannt waren. ²Das Gleiche gilt von einem Nießbrauch, es sei denn, dass er allen Pfandrechten im Range vorgeht.

Eine **rechtmäßige Pfandveräußerung** erfordert ein Pfandrecht des Gläubigers (BGH NJW-RR 87, 317), Übereignung der Pfandsache (§§ 929 ff), bei § 1239 (Rn 1) den Zuschlag (§ 1242 I 2), und Einhaltung der in § 1243 I genannten Vorschriften, soweit nicht § 1245 f eingreifen. Fehlt eine Voraussetzung, s. § 1244.
Durch eine rechtmäßige Pfandveräußerung erlangt der Ersteher auch bei einer abhanden gekommenen Sache (§ 935) **pfandfreies Eigentum**; ein vorrangiges Nießbrauchsrecht bleibt bestehen (II 2), es sei denn, §§ 1244, 936 greifen ein. Erloschene Rechte setzen sich am Erlös fort (§ 1247).
Bei einem freihändigen Verkauf (§§ 1221, 1235 II, 1240 II), bei einer Versteigerung nur iRd § 445, und **Rückgängigmachung der Veräußerung** leben die gesicherten Forderungen, aber auch die alten Eigentums- und dinglichen Rechte wieder auf (hM, Soergel/*Habersack* Rz 6).

§ 1243 Rechtswidrige Veräußerung.
(1) Die Veräußerung des Pfandes ist nicht rechtmäßig, wenn gegen die Vorschriften des § 1228 Abs. 2, des § 1230 Satz 2, des § 1235, des § 1237 Satz 1 oder des § 1240 verstoßen wird.
(2) Verletzt der Pfandgläubiger eine andere für den Verkauf geltende Vorschrift, so ist er zum Schadensersatz verpflichtet, wenn ihm ein Verschulden zur Last fällt.

A. Unrechtmäßige Veräußerung (Abs 1). Außer in den Fällen des I ist die Veräußerung vorbehaltlich §§ 1245 f auch dann nicht rechtmäßig, wenn es an einem Pfandrecht fehlt (BGH NJW-RR 87, 317; WM 98, 1133, 1136). Eine unrechtmäßige Veräußerung ist nur unter den Voraussetzungen des § 1244 wirksam.
Bei unwirksamer Veräußerung bleibt das Eigentum an der Pfandsache unverändert. Der Gläubiger ist aus § 280 und §§ 823 ff schadensersatzpflichtig (RGZ 77, 201, 205; 100, 274, 278; BGH WM 98, 1133, 1136). Der Ersteher hat die Sache dem Gläubiger herauszugeben und kann von diesem seinerseits Schadensersatz wegen Nichterfüllung verlangen (RGZ 100, 274, 278).
Dem Eigentümer obliegt der Beweis für die unrechtmäßige Veräußerung und den Schaden; der Gläubiger hat nachzuweisen, dass auch bei Einhaltung der Vorschriften kein höherer Erlös erzielt worden wäre (RGZ 77, 201, 205; BGH NJW-RR 98, 543, 544; Frankf WM 86, 75, 76).

B. Verletzung von Ordnungsvorschriften (Abs 2). Eine vom Eigentümer zu beweisende Verletzung in I nicht genannter Ordnungsvorschriften berührt die Wirksamkeit der Veräußerung nicht (RGZ 100, 274, 278; BGH WM 98, 1133, 1135), löst aber bei Verschulden eine Schadensersatzpflicht aus. Mangelndes Verschulden hat der Gläubiger zu beweisen.

5 **C. Nachträgliche Genehmigung.** Eine nachträgliche Genehmigung des Verhaltens durch den Eigentümer heilt die Verstöße gg I und 2; es tritt dann dieselbe Rechtslage wie bei ordnungsgemäßer Pfandveräußerung ein (BGH NJW 95, 1350, 1351; WM 98, 1133, 1136).

§ 1244 Gutgläubiger Erwerb.
Wird eine Sache als Pfand veräußert, ohne dass dem Veräußerer ein Pfandrecht zusteht oder den Erfordernissen genügt wird, von denen die Rechtmäßigkeit der Veräußerung abhängt, so finden die Vorschriften der §§ 932 bis 934, 936 entsprechende Anwendung, wenn die Veräußerung nach § 1233 Abs. 2 erfolgt ist oder die Vorschriften des § 1235 oder des § 1240 Abs. 2 beobachtet worden sind.

1 War die **Veräußerung nach § 1243 I unrechtmäßig** oder hatte der Gläubiger kein Pfandrecht, so findet ein gutgläubiger lastenfreier Erwerb des Eigentums an der Pfandsache nur statt, wenn sie aufgrund eines Duldungstitels nach § 1233 II (§ 1233 Rn 1), durch öffentliche Versteigerung gem § 1235 I (§ 1235 Rn 1) oder § 1219 oder freihändig in der Form der §§ 1235 II, 1240 II oder 1221 erfolgte (AG Lemgo RdL 06, 232, 233). Bei freihändigem Verkauf aufgrund besonderer Vereinbarung (§ 1245) oder gerichtlicher Anordnung (§ 1246) ist ein gutgläubiger Erwerb nicht möglich (RGZ 100, 274, 278).
2 Geschützt werden bei dinglicher Einigung und Übergabe der Pfandsache nach §§ 929 ff, auch wenn sie abhanden gekommen war (§ 935; vgl BGH NJW 90, 899, 900), der gutgläubige Ersteher, auch wenn dies der Gläubiger oder der persönliche Schuldner ist.
3 **Gutgläubig ist der Ersteher**, wenn er den Mangel des Pfandrechts (RGZ 100, 274, 277; 104, 300, 302; BGHZ 119, 75, 89 = NJW 92, 2570) und/oder die Nichteinhaltung der in § 1243 I genannten Vorschriften bei Besitzerwerb nicht kannte und seine Unkenntnis nicht auf grober Fahrlässigkeit beruht (§ 932 II); zur Versteigerung eines gebrauchten Pkw BGHZ 119, 75, 89 ff = NJW 92, 2570, von Pferden AG Lemgo RdL 07, 232, 233; LG Detmold RdL 07, 162, 163. Die Bösgläubigkeit des Erstehers berührt die Wirksamkeit des Kaufvertrages nicht.
4 Fehlte es am Pfandrecht, so steht der Erlös dem früheren Eigentümer der Sache zu; fehlte es an den Rechtmäßigkeitsvoraussetzungen, so setzt sich das Pfandrecht am Erlös fort (§ 1247 2); war bereits Pfandreife eingetreten (§ 1228 II), steht der Erlös bis zur Höhe seiner Forderung dem betreibenden Gläubiger zu. Die Beweislast für die Voraussetzungen des § 1244 trägt mit Ausnahme seiner Gutgläubigkeit der Ersteher.
5 Beim **Pfändungspfandrecht** erwirbt der Ersteher bei öffentlicher Versteigerung durch einen Gerichtsvollzieher auch bei Bösgläubigkeit originäres Eigentum (BGHZ 55, 20, 25 = NJW 71, 799; 100, 85, 98 = 87, 1880; 119, 75, 76 = 92, 2570). Dagegen sind §§ 1242, 1244 anwendbar, wenn die Sache auf gerichtliche Anordnung nach § 825 II ZPO durch einen privaten Versteigerer versteigert wird (BGHZ 119, 75, 85).

§ 1245 Abweichende Vereinbarungen.
(1) ¹Der Eigentümer und der Pfandgläubiger können eine von den Vorschriften der §§ 1234 bis 1240 abweichende Art des Pfandverkaufs vereinbaren. ²Steht einem Dritten an dem Pfande ein Recht zu, das durch die Veräußerung erlischt, so ist die Zustimmung des Dritten erforderlich. ³Die Zustimmung ist demjenigen gegenüber zu erklären, zu dessen Gunsten sie erfolgt; sie ist unwiderruflich.
(2) Auf die Beobachtung der Vorschriften des § 1235, des § 1237 Satz 1 und des § 1240 kann nicht vor dem Eintritt der Verkaufsberechtigung verzichtet werden.

1 Die formfreie Vereinbarung nach I, die den Pfandverkauf (§§ 1235–1240) erschweren, iRd von II sowie der §§ 1230 2 (BaRoth/*Sosnitza* Rz 2) und 1259 (Rn 3 ff), aber auch erleichtern kann (RG JW 35, 2886), ändert den Inhalt des Pfandrechts mit dinglicher Wirkung. Erschwerungen sind idR nur Ordnungsvorschriften (§ 1243 II). Dritte iSv I 2 müssen der Vereinbarung ggü dem Begünstigten (3) zustimmen (§§ 183 f). IRd § 1248 gilt der Verpfänder als Eigentümer.
2 Ein Verstoß gg II, der im Anwendungsbereich des § 1259, was §§ 1235 und 1237 1 angeht, nicht gilt, macht einen Pfandverkauf rechtwidrig (§ 1243 I). Die Pfandrechtsbestellung als solche ist wirksam, auch wenn II nicht beachtet wurde (RGZ 100, 274, 276). Gutgläubiger Erwerb nach § 1244.
3 Eine Abweichung von anderen Vorschriften ist nur mit schuldrechtlicher Wirkung zulässig. Ein Verstoß gg eine solche Vereinbarung löst nur eine Schadensersatzpflicht aus.

§ 1246 Abweichung aus Billigkeitsgründen.
(1) Entspricht eine von den Vorschriften der §§ 1235 bis 1240 abweichende Art des Pfandverkaufs nach billigem Ermessen den Interessen der Beteiligten, so kann jeder von ihnen verlangen, dass der Verkauf in dieser Art erfolgt.
(2) Kommt eine Einigung nicht zustande, so entscheidet das Gericht.

1 Die Vorschrift gewährt in Ergänzung des § 1245 dem Eigentümer, einem dinglich Berechtigten sowie dem Gläubiger, nicht aber dem Verpfänder oder dem persönlichen Schuldner einen schuldrechtlichen Anspruch auf eine von §§ 1235–1240 sowie § 1230 2, nicht aber von § 1234 **abw Art des Pfandverkaufs**, wenn sie nach

billigem Ermessen dem Interesse des Anspruchstellers entspricht. Das ist der Fall, wenn sie für ihn vorteilhaft ist, ohne einen anderen Beteiligten zu benachteiligen (BGH NJW-RR 05, 916, 919; BayObLG Rpfleger 83, 393, 394). Im Falle der Einigung gilt § 1245.

Für die **Entscheidung nach II** ist der Rechtspfleger (§ 3 Nr 1b RpflG) des Amtsgerichts des Aufbewahrungs- 2 ortes zuständig. § 1245 II ist dabei zu beachten. Eine nicht rechtmäßige Pfandveräußerung kann nicht nach § 1246 II gebilligt werden (Köln EWiR 95, 753 m Anm *Medicus*).

§ 1247 Erlös aus dem Pfande.
¹Soweit der Erlös aus dem Pfande dem Pfandgläubiger zu seiner Befriedigung gebührt, gilt die Forderung als von dem Eigentümer berichtigt. ²Im Übrigen tritt der Erlös an die Stelle des Pfandes.

A. Regelungsinhalt und Anwendungsbereich. Die Vorschrift regelt in Anknüpfung an §§ 1242, 1244 die 1 dingliche Rechtslage am Verwertungserlös sowie die Tilgungswirkung nur bei wirksamer Pfandveräußerung. Nur soweit der Barerlös dem Gläubiger nicht gebührt, tritt dingliche Surrogation ein (2). Bei unbarem Erlös gelten § 1238 (Rn 2) und § 1239.

B. Dingliche Rechtslage am Verwertungserlös. I. Wirksame Pfandveräußerung. Bei nach § 1242 oder 2 § 1244 wirksamer Pfandverwertung gebührt der Erlös dem betreibenden Gläubiger, soweit er die gesicherte Forderung nebst Zinsen und Kosten (§ 1210) nicht übersteigt und keine dinglichen Rechte Dritter vorgehen. Der Gläubiger wird dann Alleineigentümer des Barerlöses. Nachrangige Pfandrechte erlöschen ersatzlos.

1. Fehlende Pfandreife. Bestand kein Pfandrecht, so erwirbt der ehemalige Eigentümer den Erlös zu Allein- 3 eigentum. Gleiches gilt bei bestehendem Pfandrecht, aber mangelnder Pfandreife (§ 1228 II) mit der Maßgabe, dass sich das Pfandrecht des Gläubigers am Erlös fortsetzt (2), der Gläubiger die Herausgabe des Erlöses bis zur Pfandreife verweigern (§ 986) und sich den Erlös alsdann aneignen darf.

2. Übererlös. Übersteigt der Barerlös die gesicherte Forderung, ohne dass vorrangige Rechte bestehen, so 4 erwerben der Gläubiger und der ehemalige Eigentümer daran Miteigentum im Verhältnis von Erlös (= 100%) und Forderung. Am Anteil des ehemaligen Eigentümers setzen sich nachrangige Rechte fort. Der Gläubiger darf seinen Anteil zu Alleineigentum entnehmen (§ 752). Der Übererlös wird dann Alleineigentum des ehemaligen Pfandeigentümers. Bei Vermischung des Erlöses mit eigenem Geld des Gläubigers gelten §§ 948, 947.

3. Vorrangige Rechte. Bestehen vorrangige Rechte und übersteigt der Barerlös diese nicht, so erhält der 5 betreibende Gläubiger nichts. Das vorrangige Recht setzt sich am Erlös fort (RGZ 119, 265, 269), dessen Alleineigentümer der ehemalige Eigentümer der Pfandsache wird.

Übersteigt der Barerlös das vorrangige Recht, so gebührt dem betreibenden Gläubiger der überschießende 6 Betrag bis zur Höhe seiner Forderung. Im Verhältnis des Überschussbetrages zum Erlös (= 100%) erwerben er und der ehemalige Eigentümer daran Miteigentum. Am Miteigentumsanteil des Eigentümers setzt sich das vorrangige Recht fort (2).

II. Unwirksame Pfandveräußerung. Bei unwirksamer Veräußerung erwirbt der Ersteher kein Eigentum, 7 dieses bleibt vielmehr beim bisherigen Eigentümer. Am Erlös erwirbt der betreibende Gläubiger, der dem Ersteher wegen Nichterfüllung schadensersatzpflichtig ist, Alleineigentum.

C. Tilgungswirkung. Soweit der Erlös dem betreibenden Gläubiger gebührt, gilt die gesicherte Forderung 8 bei wirksamer Pfandveräußerung als vom ehemaligen Eigentümer berichtigt (1), ohne dass für eine Tilgungsbestimmung des Schuldners Raum ist. Reicht der Erlös nicht zur Tilgung der gesamten Forderung, gilt § 366 II entspr (LG Darmstadt ZIP 05, 456, 457). Bei unrechtmäßiger, aber nach § 1244 wirksamer Pfandveräußerung gilt dies erst nach Eintritt der Pfandreife (§ 1228 II). Vorher setzt sich das Pfandrecht am Erlös, den der ehemalige Eigentümer zu Eigentum erwirbt, fort (2).

Die gesicherte Forderung erlischt, wenn der Eigentümer zugleich Schuldner ist. Andernfalls geht sie in entspr 9 Anwendung des § 1249 2, nach aA analog § 1225, auf den Eigentümer über. Bei unwirksamer Veräußerung bleibt die gesicherte Forderung bestehen. Reicht der Erlös bei gleichrangigen Pfandrechten nicht für alle, so ist er nicht nach Kopfteilen, sondern nach dem Verhältnis der Forderungen zu verteilen (RGZ 60, 70, 74).

§ 1248 Eigentumsvermutung.
Bei dem Verkauf des Pfandes gilt zugunsten des Pfandgläubigers der Verpfänder als der Eigentümer, es sei denn, dass der Pfandgläubiger weiß, dass der Verpfänder nicht der Eigentümer ist.

Beim Pfandverkauf (§§ 1233 II, 1234–1241, 1245 f, 1259) sowie bei Aushändigung eines Erlösüberschusses 1 (Soergel/*Habersack* Rz 2), nicht aber sonst, besteht zum Schutz des Gläubigers, nicht zugunsten anderer, die Fiktion, dass der Verpfänder auch der Eigentümer ist, wenn der Gläubiger die Personenverschiedenheit nicht positiv kennt. Unkenntnis des Gläubigers wird vermutet. Grobfahrlässige Unkenntnis schadet nicht.

2 Eine in Unkenntnis fehlender Identität von Verpfänder und Eigentümer abgegebene Erklärung muss nach Kenntniserlangung ggü dem Eigentümer nicht wiederholt werden.

§ 1249 Ablösungsrecht.
Wer durch die Veräußerung des Pfandes ein Recht an dem Pfande verlieren würde, kann den Pfandgläubiger befriedigen, sobald der Schuldner zur Leistung berechtigt ist. Die Vorschrift des § 268 Abs. 2, 3 findet entsprechende Anwendung.

1 **A. Ablösungsvoraussetzungen.** 1 gilt wegen §§ 362 I, 1252 nur für den Eigentümer sowie – auch bei Haftung als Bürge (RGZ 70, 405, 409; BGH NJW 56, 1197) – ohne Rücksicht auf ihren Rang andere dinglich Berechtigte (RGZ 167, 298, 299) und Inhaber eines kaufmännischen Zurückbehaltungsrechts (str), deren Rechte nach § 1242 II erlöschen würden. Ihr Ablösungsrecht besteht im Zeitpunkt des § 271 (dort Rn 1–8) und erlischt mit dem Eigentumserwerb des Erstehers. Der Gläubiger muss die Leistung zur Vermeidung von Annahmeverzug annehmen (RGZ 83, 390, 391). Eine Teilablösung ist nur iRd (§ 266 Rn 4–8) zulässig. Der Verpfänder kann nach § 1223 II (Rn 6) ablösen.

2 **B. Rechtsfolgen.** Rechtsfolge der Befriedigung des Gläubigers nach 1, die auch durch Hinterlegung oder Aufrechnung (§ 1224) erfolgen kann (§ 268 II), ist ohne Rücksicht auf die Willensrichtung des Ablösenden (RGZ 70, 405, 409; BGH NJW 56, 1197) der Übergang der gesicherten Forderung (§ 268 III) und des Pfandrechts (§§ 1250, 401, 412) auf den Ablösenden. Dieser kann nach Befriedigung des Gläubigers, nicht Zug um Zug, die Herausgabe der Pfandsache, bei mehreren Sachen alle (RGZ 83, 390, 391), verlangen (§ 1251 I). Bei Ablösung durch den Eigentümer erlischt das Pfandrecht idR (§ 1256 I 1).

3 Der Übergang kann bei zulässigen Teilleistungen nicht zum Nachteil des Gläubigers geltend gemacht werden (§ 268 III 2; RGZ 126, 178, 181 f für Zurückbehaltungsrecht). Das auf den Ablösenden übergegangene Pfandrecht steht dem verbleibenden des Gläubigers nach (Celle NJW 68, 1139 m abl Anm *Bronsch* NJW 68, 1936). Es gilt § 1225 Rn 4 entspr. Der Ablösende kann deshalb nicht die Herausgabe der Pfandsache nach § 1251 I verlangen. Zum Ausgleich unter mehreren Verpfändern § 1225 Rn 6 ff.

§ 1250 Übertragung der Forderung.
(1) ¹Mit der Übertragung der Forderung geht das Pfandrecht auf den neuen Gläubiger über. ²Das Pfandrecht kann nicht ohne die Forderung übertragen werden. (2) Wird bei der Übertragung der Forderung der Übergang des Pfandrechts ausgeschlossen, so erlischt das Pfandrecht.

1 **A. Übertragung der Forderung (Abs 1 S 1).** In Ausprägung des Akzessorietätsprinzips bestimmt I, dass das Pfandrecht ohne besondere Abrede der durch Rechtsgeschäft (§ 398), kraft Gesetzes (§ 412) oder Gerichtsbeschlusses (§ 835 II ZPO) übertragenen Forderung folgt, es sei denn, der Übergang des Pfandrechts wird nach II rechtsgeschäftlich ausgeschlossen. Mit Übergang des Pfandrechts erwirbt der neue Gläubiger einen Anspruch auf Herausgabe der Pfandsache (§ 1251 I).

2 Bei **Abtretung eines Forderungsteils** oder einer von mehreren gesicherten Forderungen entstehen gleichrangige Pfandrechte (hM, MüKo/*Damrau* Rz 2; Staud/*Wiegand* Rz 5 (aA Gesamtpfandrecht); bei §§ 1225, 1249 kann das Recht des Zessionars nicht zum Nachteil des Zedenten geltend gemacht werden. Haftet das Pfandrecht für alle auch künftigen Ansprüche aus einer (bankmäßigen) Geschäftsbeziehung und wird nur eine Einzelforderung daraus übertragen, so geht das Pfandrecht nicht mit über (Soergel/*Habersack* Rz 4).

3 Einen gutgläubigen Zweiterwerb des Pfandrechts als solches kennt das Gesetz nicht; ein solcher ist deshalb nur möglich, wenn die nicht existierende Forderung ausnahmsweise nach § 405, Art 16 WG oder Art 21 ScheckG gutgläubig erworben werden kann (hM).

4 **B. Übertragung des Pfandrechts (Abs 1 S 2).** Eine isolierte Übertragung oder Pfändung (Nürnbg MDR 01, 1133 f) des Pfandrechts ist nicht möglich (2). Sie kann idR nicht in eine Abtretung der Forderung umgedeutet werden (RG JW 38, 44). Zur ergänzenden Vertragsauslegung in einem solchen Fall BGH WM 90, 1202, 1204.

5 **C. Ausschluss des Pfandrechtsübergangs (Abs 2).** In diesem Falle geht die Forderung ohne das erloschene Pfandrecht auf den Zessionar über.

§ 1251 Wirkung des Pfandrechtsübergangs.
(1) Der neue Pfandgläubiger kann von dem bisherigen Pfandgläubiger die Herausgabe des Pfandes verlangen.
(2) ¹Mit der Erlangung des Besitzes tritt der neue Pfandgläubiger anstelle des bisherigen Pfandgläubigers in die mit dem Pfandrechte verbundenen Verpflichtungen gegen den Verpfänder ein. ²Erfüllt er die Verpflichtungen nicht, so haftet für den von ihm zu ersetzenden Schaden der bisherige Pfandgläubiger wie ein Bürge, der auf die Einrede der Vorausklage verzichtet hat. ³Die Haftung des bisherigen Pfandgläubigers tritt nicht ein, wenn die Forderung kraft Gesetzes auf den neuen Pfandgläubiger übergeht oder ihm auf Grund einer gesetzlichen Verpflichtung abgetreten wird.

A. Herausgabeanspruch des neuen Pfandgläubigers (Abs 1). Da der Erwerb des Pfandrechts nach § 1250 I keine Besitzübertragung erfordert, verpflichtet I den Zedenten zur Herausgabe der Pfandsache. Dieser hat dem Zessionar stets die Besitzposition zu verschaffen, die er selbst innehatte.

B. Rechtsfolgen der Herausgabe (Abs 2). Mit Besitzerlangung tritt der Zessionar in das gesetzliche Schuldverhältnis mit dem Verpfänder (§ 1215) ein (1). Er haftet nur für eigene Pflichtverletzungen (2).
Der Zedent haftet bei rechtsgeschäftlichem Forderungsübergang für Pflichtverletzungen des Zessionars sowie seiner Rechtsnachfolger ggü dem Verpfänder, nicht ggü dem Eigentümer (hM), wie ein selbstschuldnerischer Bürge (§ 773 I Nr 1). Dies gilt nicht bei gesetzlichem Forderungsübergang oder gesetzlicher Abtretungspflicht (3). Bei Überweisung nach §§ 1233 II, 835 ZPO greift § 838 ZPO ein.

§ 1252 Erlöschen mit der Forderung. Das Pfandrecht erlischt mit der Forderung, für die es besteht.

Als akzessorisches Sicherungsrecht erlischt das Pfandrecht mit der Forderung. Sichert es auch alle künftigen Ansprüche aus einer Geschäftsverbindung, bleibt es bestehen, auch wenn alle bisherigen Forderungen erloschen sind (Dresd WM 01, 803, 805); anders ist dies bei Beendigung der Geschäftsverbindung (BGHZ 86, 340, 347 = NJW 83, 1123). Erlischt die Forderung nur teilweise, haftet das Pfand für die Restforderung; in Betracht kommt bei mehreren Pfandsachen aber ein Rückgabeanspruch aus § 242.
Einreden lassen das Pfandrecht unberührt; bei dauernder Einrede, nicht aber bei einer Verjährungseinrede (§ 216 II 1), haben Verpfänder und Eigentümer Anspruch auf Rückgabe der Pfandsache (§ 1254 I).
Gründe für das Erlöschen der Forderung finden sich insb in §§ 158, 163, 362 I, 397. Zu anderen Erlöschensgründen s. Einleitung Rn 6. Entfällt der Erlöschensgrund etwa durch Anfechtung rückwirkend, lebt das Pfandrecht wieder auf, wenn die Pfandsache noch nicht zurückgegeben wurde (§ 1253 I).
Mit dem Erlöschen der Forderung kann der Verpfänder wieder die Rückgabe der Pfandsache verlangen (§ 1223 I). Die Beweislast für das Erlöschen trägt derjenige, der es geltend macht (BGH NJW 86, 2426).

§ 1253 Erlöschen durch Rückgabe. (1) ¹Das Pfandrecht erlischt, wenn der Pfandgläubiger das Pfand dem Verpfänder oder dem Eigentümer zurückgibt. ²Der Vorbehalt der Fortdauer des Pfandrechts ist unwirksam.
(2) ¹Ist das Pfand im Besitz des Verpfänders oder des Eigentümers, so wird vermutet, dass das Pfand ihm von dem Pfandgläubiger zurückgegeben worden sei. ²Diese Vermutung gilt auch dann, wenn sich das Pfand im Besitz eines Dritten befindet, der den Besitz nach der Entstehung des Pfandrechts von dem Verpfänder oder dem Eigentümer erlangt hat.

A. Rückgabe (Abs 1). Als Faustpfand (§§ 1205 f) erlischt es auch bei einem Vorbehalt (2) ohne Rücksicht auf den Rechtsfolgewillen des Gläubigers mit der freiwilligen Rückgabe der Pfandsache durch den Gläubiger an den Verpfänder oder Eigentümer oder auf ihr Geheiß an deren Besitzmittler, Besitzdiener oder Geheißperson (RGZ 92, 265, 267; 108, 163, 164).
Eine **freiwillige Rückgabe** liegt vor, wenn der Gläubiger seinen Besitz willentlich aufgibt (BGH NJW 97, 2110, 2111) oder eine solche Veränderung der Besitzlage durch den Eigentümer, den Verpfänder oder einen Dritten gestattet oder genehmigt (RGZ 57, 323, 326; 67, 421, 423) und die Pfandsache in deren Machtbereich gelangt. Eine kurzfristige Aushändigung der Sache an Eigentümer oder Verpfänder soll keinen Besitzverlust begründen (hM Staud/*Wiegand* Rz 12; Palandt/*Bassenge* Rz 4; aA Soergel/*Habersack* Rz 6). Das Belassen der Sache bei einem Dritten genügt als Rückgabe ebenso wenig (BGHZ 39, 173, 178 = NJW 63, 1200) wie die irrtümliche Aushändigung der Sache durch den Versteigerer an den Verpfänder. Gleiches gilt für die Gutschrift des Einlösungsbetrages verpfändeter Wertpapiere auf dem Konto des Verpfänders (BGH NJW 97, 2110, 2111).
Bei unmittelbarem Besitz des Gläubigers ist die Rückgabe ein Realakt (hM). Es genügt natürlicher **Besitzaufgabewille**. Bei mittelbarem Besitz (§ 1205 II) und Abtretung des Herausgabeanspruchs (§ 870) liegt ein Rechtsgeschäft vor. Bei irrtümlicher Rückgabe der Pfandsache insb infolge Täuschung (RG JW 12, 459) kommt ein Anspruch des Gläubigers aus §§ 823 ff auf Neubestellung in Betracht (RG JW 29, 2514, 2515).
Mit der Rückgabe erlöschen auch Rechte Dritter, mit denen das Pfandrecht belastet ist. Das Pfandrecht lebt mit Wiedererlangung des Besitzes durch den Gläubiger nicht wieder auf (RG JW 12, 459, 460). Es bedarf vielmehr ebenso wie bei einem Austausch der Pfandsache (RGZ 67, 423) oder der gesicherten Forderung (BGHZ 87, 274, 280 f = NJW 83, 2140) einer Neubestellung nach §§ 1205 f (Celle NJW 53, 1470, 1472).

B. Rückgabevermutung (Abs 2). Die widerlegbare (§ 292 ZPO) Rückgabevermutung besteht unter den Voraussetzungen des II unabhängig von denen des I. Die Vermutung gilt nicht, wenn die Sache sich nach einer zwischenzeitlichen anderen Besitzlage wieder beim Gläubiger befindet (RG JW 12, 911).

§ 1254 Anspruch auf Rückgabe.

§ 1254 Anspruch auf Rückgabe. ¹Steht dem Pfandrecht eine Einrede entgegen, durch welche die Geltendmachung des Pfandrechts dauernd ausgeschlossen wird, so kann der Verpfänder die Rückgabe des Pfandes verlangen. ²Das Gleiche Recht hat der Eigentümer.

1 Voraussetzung für den Rückgabeanspruch ist eine dauernde Einrede, nicht Einwendung, gg Forderung oder Pfandrecht etwa aus §§ 821. Die Verjährungseinrede genügt nicht (§ 216 I). Verpfänder und Eigentümer sind wie Gesamtgläubiger (§ 428) zu behandeln. Mit Rückgabe erlischt das Pfandrecht (§ 1253 I).

§ 1255 Aufhebung des Pfandrechts. (1) Zur Aufhebung des Pfandrechts durch Rechtsgeschäft genügt die Erklärung des Pfandgläubigers gegenüber dem Verpfänder oder dem Eigentümer, dass er das Pfandrecht aufgebe.
(2) ¹Ist das Pfandrecht mit dem Recht eines Dritten belastet, so ist die Zustimmung des Dritten erforderlich. ²Die Zustimmung ist demjenigen gegenüber zu erklären, zu dessen Gunsten sie erfolgt; sie ist unwiderruflich.

1 Die **Aufhebung (I)** erfordert nur eine einseitige, formlose, empfangsbedürftige Aufgabeerklärung ggü allen Verpfändern oder allen Eigentümern, ein stillschweigender Verzicht ein unzweideutiges Verhalten, das der Erklärungsempfänger als Aufgabe des Rechts verstehen darf (BGH NJW 97, 2110, 2111). Der Rückgabe der Pfandsache bedarf es nicht; nach Aufgabe des Pfandrechts hat der Verpfänder einen Herausgabeanspruch aus § 1223 I, der Eigentümer einen solchen aus § 985. Die gesicherte Forderung wird von der Aufgabe des Pfandrechts nicht berührt (Köln BB 00, 2277), sondern erlischt nur bei Erlass (§ 397).
2 Die bei einer Belastung des Pfandrechts erforderliche formlose, unwiderrufliche, einseitige **Zustimmungserklärung (§ 182) des Dritten (II)** muss als Annex der Aufgabeerklärung des Gläubigers ggü deren Adressaten erfolgen (str, Soergel/*Habersack* Rz 4; BaRoth/*Sosnitza* Rz 3; aA Staud/*Wiegand* Rz 5: Eigentümer, Verpfänder oder nachrangig Berechtigter). Sonst ist die Aufhebung absolut (str) unwirksam, die Aufgabeerklärung kann aber eine schuldrechtliche Verpflichtung enthalten, das Pfandrecht nicht auszuüben.

§ 1256 Zusammentreffen von Pfandrecht und Eigentum. (1) ¹Das Pfandrecht erlischt, wenn es mit dem Eigentum in derselben Person zusammentrifft. ²Das Erlöschen tritt nicht ein, solange die Forderung, für welche das Pfandrecht besteht, mit dem Recht eines Dritten belastet ist.
(2) Das Pfandrecht gilt als nicht erloschen, soweit der Eigentümer ein rechtliches Interesse an dem Fortbestehen des Pfandrechts hat.

1 **A. Zusammentreffen von Pfandrecht und Eigentum (Konsolidation).** Eine Konsolidation liegt vor, wenn der mit dem Schuldner nicht identische Eigentümer (sonst tritt Konfusion mit der Folge des § 1252 ein) nachträglich Inhaber der gesicherten Forderung etwa nach § 398, § 1225 oder §§ 1249 2, 268 III wird, oder der Pfandgläubiger das Alleineigentum an der Pfandsache etwa nach §§ 929 ff erwirbt (BGHZ 27, 227, 233 = NJW 58, 1282; Celle MDR 65, 831, 833).
2 **B. Rechtsfolgen.** Die Konsolidation bewirkt grds das Erlöschen des Pfandrechts (I 1). Das gilt nach I 2 – auch bei Konfusion (Rn 1) – mit absoluter Wirkung (hM) nicht, solange die gesicherte Forderung mit einem Pfandrecht oder einem Nießbrauchsrecht eines Dritten belastet ist.
3 Anders als I 2 fingiert II das Pfandrecht nur mit relativer Wirkung zu Gunsten des Eigentümers, nicht Dritter (BGHZ 27, 227, 233 = NJW aaO) als fortbestehend, soweit dieser daran ein rechtliches Interesse hat. Ein solches ist gegeben, wenn die Pfandsache mit nachrangigen dinglichen Rechten belastet ist, die mit Erlöschen des vorrangigen Rechts des Eigentümers aufrücken würden. Gleiches gilt, wenn der Eigentümer seine durch das Pfandrecht gesicherte Forderung abtreten will oder wenn sein Eigentumserwerb anfechtbar ist (RGZ 154, 378, 383). Außerdem sind die §§ 1976, 1991 II, 2143, 2175 und 2377 zu beachten.

§ 1257 Gesetzliches Pfandrecht. Die Vorschriften über das durch Rechtsgeschäft bestellte Pfandrecht finden auf ein kraft Gesetzes entstandenes Pfandrecht entsprechende Anwendung.

1 **A. Gesetzliche Pfandrechte.** Gesetzliche Pfandrechte an Sachen sehen im BGB vor: § 233 für Hinterlegungsberechtigte (RGZ 124, 218, 219), § 562 für Vermieter, § 581 II iVm § 562, § 592 für Verpächter, § 583 für Pächter, § 647 für Werkunternehmer, § 704 für Gastwirte, im HGB: (ohne Seehandelsrecht) §§ 397, 404 für Kommissionäre, § 441 für Frachtführer, § 464 für Spediteure, § 475b für Lagerhalter; im BinnSchG §§ 77, 89, 103 ff; das Düngemittelsicherungsgesetz (Vorbem §§ 1204 ff Rn 11). Das fiskalische Vorrecht nach § 76 AO ist einem gesetzlichen Pfandrecht gleichgestellt.
2 Keine gesetzlichen Pfandrechte sind das Pfändungspfandrecht (Rn 9) und die AGB-Pfandrechte nach Nr 14 AGB-Banken, Nr 21 AGB-Sparkassen oder Nr 20 ADSp (BGHZ 17, 1, 2 = NJW 55, 1145).

B. Entspr Anwendung. I. Entstehung und Rang. Die Entstehung gesetzlicher Pfandrechte richtet sich, wie 3
schon der Wortlaut („entstandenes Pfandrecht") zeigt, nicht nach §§ 1205–1208 (BGH NJW 99, 3716, 3717),
sondern nach den jeweiligen Sonderregelungen. Ein **gutgläubiger Erwerb** gesetzlicher Pfandrechte ist nach
stRspr (BGHZ 34, 122, 126 f = NJW 61, 499; 34, 153, 154 f = 61, 502; 35, 53, 61 = 61, 1259; 87, 274, 280 =
83, 2140; 100, 95, 101 = 87, 1880; 119, 75, 89 = 92, 2570) auch bei gesetzlichen Besitzpfandrechten – außerhalb des § 366 III HGB – nicht möglich, da es an der dafür erforderlichen rechtsgeschäftlichen Handlung des
Bestellers fehlt (a.A. die hM in der Literatur (Staud/*Wiegand* § 1257 Rz 14; MüKo/*Damrau* Rz 3; Soergel/
Habersack Rz 6; BaRoth/*Sosnitza* Rz 5; aA AnwK/*Bülow* Rz 6; *Westermann/Gursky* § 133 I). Für Pfandrechte
nach § 233 1 und § 583 3 spielt die Streitfrage keine Rolle; das Pfandrecht nach § 583 entsteht ohne Rücksicht
darauf, wer Eigentümer der Pfandsache ist (BGHZ 34, 153, 157). Das Vermieterpfandrecht an eingebrachten
pfändbaren Sachen des Mieters entsteht mit der Einbringung, auch soweit es erst künftig Mietzinsansprüche
sichert (BGHZ 170, 196 Tz 11 = NJW 07, 1588; 86, 2426, 2427);

Das gesetzliche Pfandrecht, auch das besitzlose, ergreift auch **Anwartschaftsrechte** des Schuldners, wenn dieser eine Sache unter Eigentumsvorbehalt erworben oder auflösend bedingt sicherungsübereignet hat (BGHZ 4
35, 85, 87 ff = NJW 61, 1349 für Grundpfandrecht; 54, 319, 331 = 70, 2212; 117, 200, 205 = 92, 1156). Mit
dem Erstarken zum Vollrecht, setzt sich das Pfandrecht analog § 1287 am Eigentum fort (BGHZ 125, 334,
339 = NJW 94, 3099 für Patentanwartschaft; BGH NJW 65, 1475; *Ganter* NZI 08, 583, 587). Mit dem Untergang des Anwartschaftsrechts entfällt auch das Pfandrecht.

§ 1209 gilt für gesetzliche Pfandrechte untereinander und im Verhältnis zum vertraglichen Pfandrecht entspr. 5

II. Pfandrechtsverhältnis. Die §§ 1209–1232 sind mit Ausnahme des § 1213 entspr anwendbar, soweit nicht 6
Sonderregelungen Ausnahmen enthalten. § 1215 gilt bei besitzlosen Pfandrechten nur, wenn der Gläubiger
die Pfandsache in Besitz genommen hat (RGZ 102, 77, 81 f). Das Vermieterpfandrecht ist kein Nutzungspfandrecht (Frankf NJW-RR 96, 585). Die §§ 1211, 1224 und 1225 sind anwendbar, soweit ein gesetzliches
Pfandrecht an schuldnerfremden Sachen etwa nach § 366 III HGB erworben werden kann.

III. Verwertung. Die §§ 1233–1248 sind anwendbar, § 1248 allerdings nur, soweit ein gesetzliches Pfandrecht 7
an schuldnerfremden Sachen erworben werden kann (Staud/*Wiegand* Rz 20). Zu § 1247 RGZ 119, 265, 269.

IV. Ablösung, Übertragung und Untergang. Die §§ 1249–1256 sind anwendbar, soweit nicht Sonderregelungen zB § 441 HGB, Ausnahmen enthalten, § 1253 allerdings nur bei Besitzpfandrechten (RGZ 134, 116, 8
120; BGHZ 87, 274, 280 = NJW 83, 2140; Ddorf MDR 89, 546; hM BaRoth/*Sosnitza* Rz 7; aA auch bei besitzlosen vom Gläubiger in Besitz genommenen Pfandsachen MüKo/*Damrau* Rz 8). Bei Herausgabe einer vom
Vermieter in Besitz genommenen Pfandsache kann aber Aufhebung nach § 1255 vorliegen (*Jauernig* Rz 3). Zu
§ 1249 Celle NJW 68, 1139, 1140, zu § 1256 Celle MDR 65, 831, 833.

C. Pfändungspfandrecht. Auf das Pfändungspfandrecht, das nach der ganz herrschenden gemischt privat- 9
öffentlichrechtlichen Theorie außer einer wirksamen Verstrickung voraussetzt, dass die titulierte Forderung
dem Gläubiger zusteht und die gepfändete Sache im Eigentum des Schuldners steht (BGHZ 119, 75, 84 ff
= NJW 92, 2570 mwN), sind die §§ 1204 ff nur anzuwenden, soweit die Regelungen der ZPO nicht entgegenstehen (RGZ 97, 34, 40; 108, 318, 320; 114, 384, 386; 156, 395, 397). §§ 1210, 1212, 1216, 1222, 1227 (RGZ
161, 119, 120; BGH WM 56, 158, 161, Herausgabe an den Gerichtsvollzieher), §§ 1250, 1253 (RGZ 156, 395,
397), 1255 und 1258 sind entspr anwendbar, nicht aber § 1207 (BGHZ 119, 75, 82 ff = NJW 92, 2570),
§ 1208, § 1211, §§ 1213–1215, sowie §§ 1217–1221, §§ 1223–1226, §§ 1228–1249, 1251, 1252, 1254 und 1256.

§ 1258 Pfandrecht am Anteil eines Miteigentümers.

(1) Besteht ein Pfandrecht an dem Anteil eines Miteigentümers, so übt der Pfandgläubiger die Rechte aus, die sich aus der Gemeinschaft der Miteigentümer in Ansehung der Verwaltung der Sache und der Art ihrer Benutzung ergeben.

(2) ¹Die Aufhebung der Gemeinschaft kann vor dem Eintritt der Verkaufsberechtigung des Pfandgläubigers nur von dem Miteigentümer und dem Pfandgläubiger gemeinschaftlich verlangt werden. ²Nach dem Eintritt der Verkaufsberechtigung kann der Pfandgläubiger die Aufhebung der Gemeinschaft verlangen, ohne dass es der Zustimmung des Miteigentümers bedarf; er ist nicht an eine Vereinbarung gebunden, durch welche die Miteigentümer das Recht, die Aufhebung der Gemeinschaft zu verlangen, für immer oder auf Zeit ausgeschlossen oder eine Kündigungsfrist bestimmt haben.

(3) Wird die Gemeinschaft aufgehoben, so gebührt dem Pfandgläubiger das Pfandrecht an den Gegenständen, welche an die Stelle des Anteils treten.

(4) Das Recht des Pfandgläubigers zum Verkauf des Anteils bleibt unberührt.

A. Normzweck und Anwendungsbereich. Das Gesetz behandelt ein Pfandrecht an einem Miteigentumsanteil nicht als Rechts-, sondern als Sachpfand (RGZ 146, 334, 335 f). §§ 1204 ff sind anwendbar. § 1258 enthält 1
ergänzende Regelungen zur Verwaltung und Auflösung der Bruchteilsgemeinschaft. Er gilt auch für die Verpfändung eines Miteigentumsanteils an sammelverwahrten Wertpapieren (§ 6 DepotG) und nach § 1273 für
die eines Gesamthandanteils entspr (BGHZ 52, 99, 103 = NJW 69, 1347; RGZ 83, 27, 30; 84, 395, 396 f).

2 B. Entstehung. Ein Pfandrecht an einem Miteigentumsanteil kann durch Verpfändung durch einen Allein- oder Miteigentümer nach § 1205 f, durch Verbindung (§ 947) oder Vermischung (§ 948; RGZ 67, 421, 425) einer verpfändeten Sache oder bei einem gesetzlichen Pfandrecht entstehen, wenn der Mieter etc nur Miteigentümer der Sache ist (RGZ 146, 334, 335). Die Verpfändung eines Depotanteils nach Nr 14 AGB-Banken, 21 AGB-Sparkassen erfolgt nach § 1205 I 2, da die Bank bereits mittelbaren Alleinbesitz hat (BGH NJW 97, 2110, 211). (Stückelose) Wertrechte werden wie Wertpapiere behandelt (§ 9a DepotG; BGHZ 5, 27 ff = NJW 52, 1012); erforderlich ist eine Anzeige nach § 1205 II an die Depotbank (BGH NJW 96, 1675, 1676). Ein Fondsanteil wird nach § 33 II InvG durch Übergabe des Anteilsscheins verpfändet, der Rücknahmeanspruch kann mitverpfändet werden (§ 37 I InvG).

3 C. Verwaltungsrechte (Abs 1). Die Verwaltungsrechte nach §§ 744–746 stehen dem Pfandgläubiger zu, die Benutzung des Anteils nur bei einem Nutzungspfandrecht vor (§ 1213 f). An von §§ 744 ff abw Vereinbarungen der Miteigentümer ist der Gläubiger gebunden (RGZ 146, 334, 337). Entscheidungen, die die Substanz der Sache verändern, bedürfen der Zustimmung des Miteigentümers (vgl BGH NJW 83, 932 f; Staud/*Wiegand* Rz 7).

4 D. Aufhebung der Gemeinschaft (Abs 2). Vor Eintritt der Pfandreife (§ 1228 II) kann die Aufhebung der Gemeinschaft (§ 749) nur von Miteigentümer und Pfandgläubiger gemeinsam verlangt werden (1), danach vom Pfandgläubiger allein, auch – abw von § 751 1 – wenn die Miteigentümer die Aufhebung beschränkt haben (2). Der Aufhebungsausschluss nach § 38 V InvG gilt weiterhin. Bei sammelverwahrten Wertpapieren tritt an die Stelle des Aufhebungs- der Auslieferungsanspruch (§§ 7 f DepotG).

5 E. Surrogation (Abs 3). Nach Aufhebung der Gemeinschaft setzt sich das Pfandrecht trotz des Wortlauts „gebührt" im Wege dinglicher Surrogation am Trennstück (§ 752) bzw am Erlösanteil (§ 753) des Miteigentümers fort (hM, BGHZ 52, 99, 105 f = NJW 69, 1347; Staud/*Wiegand* Rz 11).

6 F. Verkauf. Die Verwertung des verpfändeten Miteigentumsanteils kann, was IV klarstellt, auch durch dessen Veräußerung nach §§ 1228 ff erfolgen.

§ 1259 Verwertung des gewerblichen Pfandes.

[1]Sind Eigentümer und Pfandgläubiger Unternehmer, juristische Personen des öffentlichen Rechts oder öffentlich-rechtliche Sondervermögen, können sie für die Verwertung des Pfandes, das einen Börsen- oder Marktpreis hat, schon bei der Verpfändung vereinbaren, dass der Pfandgläubiger den Verkauf aus freier Hand zum laufenden Preis selbst oder durch Dritte vornehmen kann oder dem Pfandgläubiger das Eigentum an der Sache bei Fälligkeit der Forderung zufallen soll. [2]In diesem Fall gilt die Forderung in Höhe des am Tag der Fälligkeit geltenden Börsen- oder Marktpreises als von dem Eigentümer berichtigt. [3]Die §§ 1229 und 1233 bis 1239 finden keine Anwendung.

1 A. Grundlagen. Die durch Art 3 Nr 2 des am 9.4.04 in Kraft getretenen Gesetzes v 5.4.04 (BGBl I 502) eingefügte Vorschrift (Regierungsentwurf in ZIP 03, 1563, 1571) setzt Art 4 I und IV der RL 2002/47/EG v 6.6.02 über Finanzsicherheiten (ABl Nr L 168 43) durch eine Erleichterung der Pfandverwertung abw von §§ 1229, 1233–1239 und 1245 um.

2 B. Anwendungsbereich. Die Vorschrift erfasst nur gewerbliche Geschäfte (*Kollmann* WM 04, 1012, 1018 f) von Unternehmern (§ 14), insb Kreditinstituten, juristischen Personen des öffentlichen Rechts und von öffentlich-rechtlichen Sondervermögen als Eigentümer und Pfandgläubiger untereinander. Verpfänder kann auch ein Verbraucher (§ 13) sein. Der Pfandgegenstand muss außerdem einen Börsen- oder Marktpreis haben (§ 385 Rn 1). Das trifft insb bei Wertpapieren und anderen Finanzinstrumenten iSv § 1 Nr 17 KWG zu (*Kollmann* WM 04, 1012, 1013 ff), nicht aber bei gewerblichen Schutzrechten wie etwa Patenten (*Klawitter/Hombrecher* WM 04, 1213, 1216).

3 C. Verwertungserleichterung. Die Erleichterung der Verwertung liegt va darin, dass ein freihändiger Verkauf durch den Pfandgläubiger selbst zum aktuellen Börsen- oder Marktpreis etwa über die Börse ohne Androhung und Wartefrist entgegen § 1245 II schon vor Pfandreife (§ 1228 II), insb schon bei der Verpfändung, vereinbart werden kann. Ein Verkauf unter dem aktuellen Börsen- oder Marktpreis begründet einen Schadensersatzanspruch des Verpfänders aus § 280 und des Eigentümers aus §§ 823 ff.

4 Außerdem erlaubt § 1259 in Abweichung von § 1229 die Vereinbarung eines Verfalls der Pfandsache bei Fälligkeit der gesicherten Forderung und Anrechnung des dann aktuellen Börsen- oder Marktwertes auf die gesicherte Forderung (2). Ist diese niedriger als der vorgenannte Wert, gilt § 1247 2.

§§ 1260–1272 – *weggefallen* –

Titel 2 Pfandrecht an Rechten

Vorbemerkungen vor §§ 1273 ff

A. Einführung. I. Rechtsnatur und Inhalt des Pfandrechts. Ein Pfandrecht an einem Recht ist ein streng akzessorisches Recht mit dem Inhalt, die übertragbaren Rechte des Verpfänders auszuüben und sich hieraus wegen der gesicherten Forderung zu befriedigen. Es teilt den Charakter des belasteten Rechts. Ein Pfandrecht an einer Forderung ist somit schuldrechtlicher Natur, das die Forderung dem Pfandgläubiger allerdings mit absoluter Wirkung zuordnet und ihn insb vor vollstreckungsrechtlichen Eingriffen Dritter schützt (§ 805 ZPO, § 50 InsO). 1

II. Arten des Pfandrechts. Das geltende Recht kennt je nach Entstehungsform drei Arten von Pfandrechten an Rechten: Das rechtsgeschäftlich bestellte Pfandrecht (§§ 1274–1296), das gesetzliche Pfandrecht und das Pfändungspfandrecht (§ 804 ZPO). Für kraft Gesetzes entstehende Pfandrechte an Rechten gelten die Vorschriften über das rechtsgeschäftlich bestellte Pfandrecht entspr (§§ 1273 II, 1257, 1204 ff), für Pfändungspfandrechte (§§ 829 ff, 857 ff ZPO) subsidiär. 2

III. Wirtschaftliche Bedeutung. Die wirtschaftliche Bedeutung des Pfandrechts an Rechten ist nicht sehr hoch. Die Sicherungsabtretung (Rn 7 ff) hat es in erheblichem Umfang verdrängt; Grund dafür ist va die nach § 1280 notwendige Offenlegung. Nicht unerhebliche praktische Bedeutung hat das Pfandrecht noch aufgrund von Nr 14 AGB-Banken und Nr 21 AGB-Sparkassen insb bei Wertpapieren sowie bei der Verpfändung von Gesellschaftsanteilen. 3

IV. Entstehung, Untergang und Verwertung. 1. Entstehung und Untergang. Das rechtsgeschäftlich bestellte Pfandrecht entsteht durch abstrakten dinglichen Vertrag zwischen Gläubiger und Verpfänder nach den Regeln, die für die Übertragung des verpfändeten Rechts gelten (zB § 15 GmbHG), mit dem Inhalt, dass an diesem Recht ein Pfandrecht zur Sicherung einer bestimmten Forderung entstehen soll, sowie Anzeige gem § 1280 oder Übergabe nach §§ 1292, 1293, 1274 I 2, 1205 f. Mit der Pfandbestellung entsteht nach ganz hM zwischen Verpfänder und Pfandgläubiger ein gesetzliches Schuldverhältnis, das die wesentlichen Pflichten der Parteien regelt (RGZ 74, 151, 154; 101, 47, 49). 4

Zum Untergang gelten die Ausführungen Einleitung Rn 6 entspr. 5

2. Verwertung. Die Verwertung erfolgt idR aufgrund eines dinglichen Duldungstitels (§ 1277), durch Einziehung der verpfändeten Forderung ohne Titel nach § 1282, § 1291 oder § 1294, außerdem bei Orderpapieren durch Pfandverkauf §§ 1293, 1228 ff und bei Inhaberpapieren durch freihändigen Verkauf nach §§ 1293, 1235 II, 1221 sowie bei einem Zahlungstitel gg den Schuldner durch Vollstreckung nach der ZPO. 6

B. Sicherungsabtretung. I. Grundlagen. 1. Begriff und Rechtsnatur. Sicherungsabtretung ist die Abtretung eines Rechts zur Sicherung einer Forderung idR des Erwerbers gg den Sicherungsgeber oder einen Dritten. Sicherungshalber abgetretene Rechte sind nichtakzessorische fiduziarische Sicherheiten (BGHZ 137, 212, 218 f = NJW 98, 671). 7

Die Sicherungsabtretung ist eine abstrakte Verfügung; Rechtsgrund ist die Sicherungsabrede, die grds nur schuldrechtliche Beziehungen zwischen Sicherungsgeber und Sicherungsnehmer begründet. In der Praxis sind Gläubiger und Sicherungsnehmer fast immer, Schuldner, Sicherungsgeber und Gläubiger des abgetretenen Rechts idR personengleich. 8

2. Wirtschaftliche Bedeutung. Die Sicherungsabtretung hat das Pfandrecht an Rechten in vielen Bereichen verdrängt, weil sie anders als dieses ohne Anzeige nach § 1280 wirksam ist, die Bonität des Sicherungsgebers deshalb nicht gefährdet, und weil die Verwertungsregelung bei Pfandrechten praktischen Bedürfnissen nicht voll gerecht wird. Wirtschaftlich ist es eine pfandrechtliche Erscheinung. Praktische Bedeutung hat sie in Form von Globalzessionen, Lohnabtretungen, Anschlusszessionen in verlängerten Eigentumsvorbehalten und verlängerten Sicherungsübereignungen, Mantelzessionen sowie nach Nr 15 II AGB-Banken und Nr 25 I AGB-Sparkassen bei Einzugspapieren (dazu BGH NJW 07, 2324). 9

II. Abtretung des Sicherungsmittels. 1. Sicherungsmittel. Sicherungsmittel können abtretbare gegenwärtige, künftige, bedingte, befristete und ungewisse Forderungen (§ 398 Rn 13–16), aber auch sonstige übertragbare Rechte (§ 413 Rn 2–8) sein, wie zB Grundschulden (BGH NJW 74, 185), Patente (*Klawitter/Hombrecher* WM 04, 1213, 1216), Markenrechte (*Klawitter/Hombrecher* WM 05, 1689) oder Gesellschaftsanteile. 10

2. Abtretung. Die Sicherungsabtretung als abstraktes Verfügungsgeschäft erfolgt grds formlos nach § 398 und wird dem Schuldner der abgetretenen Forderung idR nicht angezeigt (stille Sicherungszession). In der Übergabe eines Sparbuchs liegt regelmäßig die stillschweigende Abtretung des Spargutahabens (BGH WM 05, 897, 900). Die formularmäßige Globalabtretung aller Ansprüche aus der Geschäftstätigkeit des Zedenten erfasst auch seinen Handelsvertreterausgleichsanspruch nach § 89b HGB (Frankf WM 05, 2134, 2135 f), die von Mietforderungen, auch Nutzungsersatzansprüche (BGHZ 140, 175, 180 = NJW 99, 715). Eine formular- 11 mäßige Globalzession erstreckt sich nach Verschmelzung des Zedenten nicht auf die vom Gesamtrechtsnachfolger in dessen Geschäftsbetrieb begründeten Forderungen (BGH WM 08, 65 Tz 3). Ob eine Sicherungsabtretung der Ansprüche aus einer Lebensversicherung auf den Todesfall auch den Rückkaufswertanspruch umfasst, ist Auslegungsfrage (BGH NJW 07, 2320 Tz 22).

12 **a) Bedingte Einigung.** Die Parteien können die Sicherungsabtretung durch Vereinbarung einer aufschiebenden oder auflösenden Bedingung an den Bestand der gesicherten Forderung binden und so akzessorietätsähnl ausgestalten. Ob das gewollt ist, ist Auslegungsfrage (BGH NJW 86, 997), idR aber nicht vereinbart (BGH NJW 00, 957, 958; anders BGH NJW 82, 275, 276), insb nicht bei Abtretung an eine Bank oder einer Mehrheit gesicherter Forderungen (BGH WM 60, 1407 f; NJW 84, 1184, 1186).

13 **b) Bestimmbarkeit.** Auch bei der Sicherungsabtretung (künftiger) mehrerer Forderungen (in AGB) muss die (antizipierte) Abtretung die abgetretene Forderung bestimmbar bezeichnen, sonst ist die Sicherungsabtretung nichtig (BGHZ 26, 185, 189 f = NJW 58, 457; BGH NJW 00, 276, 277; Frankf WM 05, 2134, 2137; Hamm ZIP 08, 1110, 1111). Ausreichend ist, wenn die abgetretene Forderung spätestens im Zeitpunkt ihrer Entstehung nach Gegenstand, Umfang und Schuldner für jeden, der die Parteiabsprachen kennt, bestimmbar ist (BGHZ 71, 75, 78 = NJW 78, 1050; 108, 98, 105 = 89, 1086; Hamm ZIP 08, 1110, 1111; Köln NZI 08, 373, 374 f). Dabei darf auch auf Umstände außerhalb der ggf auslegungsbedürftigen Abtretungsvereinbarung zurückgegriffen werden (BGHZ 7, 365, 368 f = NJW 53, 21; 95, 1668, 1669; 00, 276, 277; WM 08, 1750 Tz 17 f; Köln NZI 08, 373, 375).

14 Die Abtretung aller Forderungen erfasst idR nur gegenwärtig bestehende Ansprüche (BGH NJW 95, 1668, 1669; NJW-RR 03, 1691). Die Abtretung auch aller künftigen Forderungen ist bestimmt genug (LG Bielefeld WM 07, 2253, 2254), kann aber sittenwidrig sein.

15 **Dem Bestimmbarkeitserfordernis genügen:** Abtretung aller Ansprüche aus einem bestimmten Zeitraum, auch wenn einzelne ausgenommen sind (BGH WM 66, 13, 14), oder aus einem bestimmten Geschäft oder aus einer bestimmten Art von Geschäften (Stuttg NJW 64, 666) oder einer bestimmten Geschäftsbeziehung (BGH WM 61, 350, 351) oder gg bestimmte Schuldner (BGH NJW 99, 940) oder eines bestimmten Teilbetrags (BGH NJW 67, 751, 752), ebenso die Abtretung des pfändbaren Teils von Arbeitseinkommen (BAG WM 68, 1047, 1048; BGH NJW 95, 2289) sowie eine Mantelzession mit Übergabe der Listen über die abgetretenen Forderungen (LG Berlin WM 84, 224, 225).

16 **Hinreichende Bestimmbarkeit fehlt** bei Teilabtretung mehrerer Forderungen, wenn nicht erkennbar ist, auf welche Forderungen oder Forderungsteile sie sich bezieht (BGH WM 70, 848; 75, 977, 978), bei vereinbartem Nachrücken von Forderungen bis zu einem bestimmten Höchstbetrag ohne klare Nachrückregelung (BGHZ 71, 75, 79 = NJW 78, 1050), bei Verknüpfung der Abtretung mit dem Volumen gesicherter Forderungen (RGZ 92, 238, 239; BGH NJW 65, 2197, 2198; 00, 276, 278 krit dazu *Lorenz* EWiR 00, 213; Dresd NJW-RR 97, 1070; Hambg NJW-RR 99, 1316; Hamm ZIP 08, 1110, 1111), bei Abtretung der Forderung aus dem Verkauf sicherungsübereigneter Betriebsgegenstände und dem Verkauf des gesamten Betriebs (BGH WM 09, 812 Tz 11).

17 **c) Verfügungsberechtigung.** Die Abtretung muss durch den Rechtsinhaber oder einen sonst Verfügungsberechtigten erfolgen. Eine Sicherungsabtretung nach Eröffnung des Insolvenzverfahrens ist unwirksam (§ 81 InsO). Gleiches gilt für eine Abtretung nach Bestellung eines vorläufigen Insolvenzverwalters mit Zustimmungsvorbehalt (Naumbg ZIP 08, 1931, 1933). Anders ist dies bei einer Vorausabtretung vor Anordnung des Zustimmungsvorbehalts oder anderer Verfügungsbeschränkungen (BGHZ 135, 140, 144 ff = NJW 97, 1857; BGH ZIP 09, 2347 Tz 9 ff; Köln NZI 08, 373, 375). An der Verfügungsberechtigung des Schuldners fehlt es bei einer Abtretung von Vergütungsansprüchen gg die kassenärztliche Vereinigung, soweit die Ansprüche auf nach Eröffnung des Insolvenzverfahrens erbrachten ärztlichen Leistungen beruhen (§ 91 I InsO; BGH NJW 06, 2485; s.a. BGHZ 135, 140, 145; 162, 187, 190 = NJW 05, 1505; ZIP 03, 808, 809; BGH WM 09, 1515 Tz 10 ff, dazu *Obermüller* ZInsO 09, 1527 ff und *Seehafer* BB 09, 2053, für Vorausabtretung und Verpfändung des kausalen Schuldsaldos, Aufgabe von BGHZ 70, 86; BGH ZIP 09, 2347 Tz 23; aA Frankf ZIP 08, 2127).

18 Verfügungsberechtigt bei einer Lebensversicherung mit unwiderruflichem Bezugsrecht ist nicht der Versicherungsnehmer, sondern der Bezugsberechtigte (§ 13 Nr 2 ALB; BGHZ 45, 162, 165 = NJW 66, 1071; Frankf ZInsO 06, 977). Tritt der Versicherungsnehmer die Lebensversicherung sicherheitshalber ab, so wird eine frühere Bezugsberechtigung dadurch nur insoweit außer Kraft gesetzt, wie es zur Sicherung des Sicherungsnehmers erforderlich ist (BGHZ 109, 67, 71 = NJW 90, 256). Die restliche Versicherungssumme verbleibt dem Bezugsberechtigten (BGH NJW-RR 93, 668; NJW 96, 2230; NJW-RR 01, 1105; 02, 955, 956).

19 **d) Abtretbarkeit.** Die Sicherungsabtretung ist nur bei Abtretbarkeit des Rechts (§§ 399, 400) wirksam. zum Abtretungsverbot näher § 399 Rn 9 ff. Der Sicherungsnehmer kann ermächtigt sein, mit dem Schuldner die *Aufhebung des Abtretungsverbots* zu vereinbaren (BGH NJW-RR 91, 763, 764). Die Sicherungsvorausabtretung der Vergütungsforderung des Bauträgers gg den Erwerber an die finanzierende Bank ist nicht wegen Verstoßes gg die MaBV nichtig (BGH WM 07, 2191, 2192 f). Bei einem Abtretungsverbot ist bei Kaufleuten (BGH NJW 06, 3486, 347 Tz 10 ff) § 354a HGB zu beachten. Das Recht zur Kündigung eines Lebensversiche-

rungsvertrages ist nur zusammen mit dem Anspruch auf den Rückkaufswert übertragbar (BGHZ 45, 162, 168 = NJW 66, 101; Hamm ZInsO 06, 878; 880). Bei Abtretung aller Ansprüche aus einer mit einer Berufsunfähigkeitszusatzversicherung (BUZ) verbundenen Lebensversicherung ist die Abtretung der BUZ unwirksam (§ 850b I Nr 1 ZPO, § 400 BGB), die Abtretung der Lebensversicherung aber wirksam (Saarbr VersR 95, 1227; Köln VersR 98, 222; Hamm ZInsO 06, 878, 880; aA Jena VersR 00, 1005).

3. Rechtsfolgen der Sicherungsabtretung. Mit der Sicherungsabtretung scheidet die Forderung zwar im Rechtssinne aus dem Vermögen des Zedenten aus; wirtschaftlich gehört sie aber weiterhin dazu. Bei einer Vorausabtretung tritt die Wirkung gem § 140 InsO frühestens mit Entstehen der Forderung ein (BGHZ 170, 196, Tz 14 = NJW 07, 1588; 03, 2171; 07, 2324, Tz 16). Der Sicherungsgeber darf die Forderung weiterhin einziehen (§ 185 I), bei der stillen Zession mit dem Recht, Leistung an sich, bei der offenen Zession mit der Befugnis, Leistung an den Zessionar zu verlangen (BGHZ 140, 175, 181 = NJW 99, 715; 99, 2110, 2111; 02, 1568, 1569). Die eingezogenen Beträge muss er bei der Globalzession nicht abführen (BGHZ 138, 291, 303 = NJW 98, 2592). Der Sicherungsnehmer darf mit ihr nur unter Wahrung des Sicherungszwecks verfahren (BGH NJW 03, 1182, 1183), dh erst bei Nichterfüllung der gesicherten Forderung verwerten.

III. Gesicherte Forderung. Als gesicherte, auch künftige oder bedingte Forderung kommt wie bei der Sicherungsübereignung (Vorbem §§ 1204 ff Rn 33–36) grds jeder Anspruch in Betracht. Entsteht die gesicherte Forderung nicht, ist die Sicherungsabtretung gleichwohl wirksam, es sei denn, die Sicherungsabtretung erfolgte insoweit aufschiebend bedingt. Erlischt die gesicherte Forderung, fällt die sicherungshalber abgetretene Forderung nur bei Vereinbarung einer auflösenden Bedingung an den Zedenten zurück. Grds besteht nur ein Rückabtretungsanspruch (BGHZ 42, 53, 56 = NJW 64, 1788 für Vorbehaltseigentum; 80, 228, 232 = 81, 1554 für Sicherungsgrundschuld). Die Rückabtretung kann stillschweigend erfolgen (BGH NJW 86, 977).

IV. Sicherungsabrede. Für die im BGB nicht geregelte, formfreie Sicherungsabrede gelten Vorbem §§ 1204 ff Rn 37 ff, sowie ergänzend Folgendes:

1. Kollision von Globalzession mit verlängertem Eigentumsvorbehalt sowie verlängerter Sicherungsübereignung. Es gilt zwar der Grundsatz zeitlicher Priorität (BGHZ 30, 149, 151 = NJW 59, 1533; 32, 361, 363 = 60, 1716; 104, 123, 126 = 88, 3203; 104, 351, 353 = 89, 458; 05, 1192, 1193). Aber die Sicherungsinteressen des Warenlieferanten werden in Höhe der Lieferung und ihrer wirtschaftlichen Surrogate höher bewertet als die anderer Gläubiger (BGH NJW 77, 2261, 2262). Eine zeitlich vorrangige Globalzession zugunsten einer Bank oder eines Warenlieferanten ist deshalb wegen Gläubigerbenachteiligung bzw **Verleitung des Zedenten zum Vertragsbruch** insoweit als sittenwidrig und nichtig anzusehen, als sie Forderungen erfasst, die der Schuldner seinen Lieferanten aufgrund eines verlängerten Eigentumsvorbehalts abtreten muss und abtritt (stRspr BGHZ 30, 149, 152 f = NJW 59, 1533; 32, 361, 365 = 60, 1716; 55, 34, 35 = 71, 372; 72, 308, 310 = 79, 365; 98, 303, 315 = 87, 487; 100, 353, 358 = 87, 1878; 74, 942; 77, 2261 f; 83, 2502, 2504; 91, 2144, 2147; 95, 1668, 1669; 99, 940 und 2588). Das gilt auch, wenn die Abtretungen der Zustimmung des Drittschuldners bedürfen (BGHZ 55, 34, 35 = NJW 71, 372).

Nichtig ist auch eine Klausel, nach der der **Globalzessionar Zahlstelle des Zedenten** ist (BGHZ 72, 316, 320 = NJW 79, 371). Hinsichtlich nicht vom verlängerten Eigentumsvorbehalt erfasster Forderungen bleibt die Globalzession wirksam (BGHZ 72, 308, 315 = NJW 79, 365, 366; WM 67, 68; NJW 74, 942, 943). Die vorgenannte Rspr gilt nicht bei Kollision einer Globalzession an eine Bank mit nachfolgender Abtretung zu Gunsten des Vermieters (BGH NJW 05, 1192, 1193 f s.a. *Ganter* WM 06, 1081, 1083 f). Die Ergebnisse der Rspr sind anerkannt (*Eidenmüller/Engert* FS Kollhosser 103, 109 ff), nicht aber die Begründung (vgl MüKo/*Roth* § 398 Rz 159 ff; *Geibel* WM 05, 962, 968).

Nicht sittenwidrig ist eine Globalzession, wenn es ausnahmsweise an einer verwerflichen Gesinnung des Zessionars fehlt, zB weil ein verlängerter **Eigentumsvorbehalt branchenunüblich** ist, er damit deshalb nicht rechnen muss (BGHZ 32, 361, 366 = NJW 60, 1716; 55, 34, 35 = 71, 372; 98, 303, 314 f = 87, 487; 91, 2144; 95, 1668, 1669; 99, 940 und 2588, 2589) oder wenn der verlängerte Eigentumsvorbehalt aufgrund einer dinglichen **Teilverzichtsklausel** den Vorrang hat (BGHZ 98, 303, 314 f = NJW 87, 487; 91, 2144, 2147; 99, 2588, 2589). Eine schuldrechtliche Teilverzichtsklausel genügt nicht (BGHZ 72, 307, 310 = NJW 79, 365; 74, 942, 943; 83, 2502, 2504; 95, 1668, 1669; 99, 940, 941). Die Diskontierung eines Wechsels über eine vom verlängerten Eigentumsvorbehalt erfasste Kausalforderung ist nicht sittenwidrig (BGH NJW 79, 1704, 1705).

Leistet der Schuldner an die Bank als Zahlstelle des Zedenten und Sicherungsgebers, ist dies grds keine Einziehung der Forderung durch die Bank (BGHZ 53, 139, 141 = NJW 70, 464). Hat die Bank die Zahlstellenfunktion bei der Globalzession verlangt, muss sie sich nach Treu und Glauben so behandeln lassen, als hätte sie die Forderung eingezogen (BGHZ 72, 316, 320 = NJW 79, 371; s.a. Brandbg WM 99, 267, 270).

2. Nebenpflichten. Bei einer Globalzession schuldet der Sicherungsgeber die Vorlage von Bestandslisten über den Forderungsbestand (Rostock WM 98, 1530 f; *Ganter* WM 99, 1741, 1748).

3. Unangemessene Verwertungsregelung bei Lohnzession. Insgesamt nichtig ist eine formularmäßige Sicherungsabtretung aller pfändbaren Ansprüche eines Kreditnehmers aus einem Arbeitsverhältnis bei unangemessener Verwertungsregelung. Die existenziellen Interessen des Arbeitnehmers sind nur gewahrt, wenn die Verwertung der Forderung so rechtzeitig angekündigt wird, dass er sich noch bemühen kann, die weit reichenden Folgen der Offenlegung abzuwenden (BGHZ 108, 98, 104 ff = NJW 89, 2383; 92, 2626, 2627; 94, 2754 f; NJW-RR 05, 1408; aA *Schmidt* in Ulmer/Brandner/Hensen § 306 Rz 54a; *Pfeiffer* WuB I F 4.-10.92). Dies gilt nicht bei Lohnabtretungen zur Abwendung der Vollstreckung (BGH NJW 95, 2289) und ärztlichen Honorarforderungen (BGHZ 130, 59, 63 = NJW 95, 2219). Die Offenlegung einer unwirksamen Sicherungsabtretung ist eine pVV (BGH NJW 94, 2754, 2755).

29 **V. Verfügungen und Aufrechnung.** Zur Abtretung der gesicherten Forderung: Vorbem vor § 1204 Rn 62. Eine Weiterabtretung der sicherungshalber abgetretenen Forderung ist wirksam, auch wenn sie gg die Sicherungsabrede verstößt (BGH WM 82, 482, 483; 97, 13, 16). Der Schuldner kann aus (der Verletzung) der Sicherungsabrede grds keine Rechte herleiten (RGZ 102, 385, 386 f; BGH NJW 74, 185, 186). Die Erfüllung der gesicherten Forderung wird nur gg Rückabtretung der sicherungshalber abgetretenen Forderungen geschuldet. Der Sicherungsgeber kann über seinen Rückgewähranspruch verfügen (BGH NJW 86, 977). Erwirbt der Sicherungsgeber die abgetretene Forderung zurück, greift § 406 Hs 2 auch dann nicht ein, wenn der Sicherungsfall eingetreten und die Sicherungsabtretung offen gelegt war (BGH NJW 03, 1182, 1183 f).

30 **VI. Verwertung der sicherungshalber abgetretenen Forderung. 1. Regelung in der Sicherungsabrede.** Die Verwertung bestimmt sich nach der (AGB-)Sicherungsabrede (RGZ 143, 113, 116; BGH NJW 80, 226). Eine unangemessene Verwertungsregelung berührt die Wirksamkeit der Sicherungsabtretung nur bei Lohn- und Gehaltszessionen (Rn 28). IÜ gelten Vorbem §§ 1204 ff Rn 65 ff zur Sicherungsübereignung.

31 **2. Fehlen einer besonderen vertraglichen Regelung. a) Bis zur Verwertungsreife.** ist der Sicherungsgeber bei einer stillen Sicherungszession berechtigt (§§ 185 I, 362 II), die sicherungshalber abgetretene Forderung im eigenen Namen ggf unter vorheriger Ausübung eines Gestaltungsrechts einzuziehen, dabei Leistung an sich zu verlangen, gerichtlich in gewillkürter Prozessstandschaft geltend zu machen und im Wege der Zwangsvollstreckung durchzusetzen (BGHZ 120, 387, 395 = NJW 93, 1396; 80, 2527, 2528; 89, 1932, 1933; 99, 2110, 2111; 01, 231; 02, 1568, 1569). Ein Verzugsschaden bemisst sich nach der Person des Sicherungsgebers (BGHZ 128, 371, 378 = NJW 95, 1282; WM 97, 2171, 2172).

32 Der Sicherungsgeber verliert seine Einziehungsbefugnis mit Eröffnung des Insolvenzverfahrens, nicht bereits mit Stellung des Insolvenzantrags (BGHZ 144, 192, 198 f = NJW 00, 1950; WM 06, 1018, 1019). Der Widerruf der Einziehungsermächtigung ist zwar wirksam (BGHZ 82, 283, 290 f = NJW 82, 571), verstößt aber gg die Sicherungsabrede und verpflichtet ebenso wie eine vorzeitige Offenlegung zum Schadensersatz (BGH NJW 94, 2754 f).

33 Bei einer offenen oder offen gelegten Sicherungszession muss der Sicherungsgeber Leistung an den Zessionar verlangen (BGHZ 32, 67, 71 = NJW 60, 1105; 96, 151, 155 = 86, 850; 81, 678, 679; 89, 1932, 1933; 90, 1117; 95, 3186; 99, 2110, 2111), sofern er nicht zusätzlich zur Einziehung ermächtigt ist. Zur Factoringzession ist der Sicherungsgeber nicht befugt (BGHZ 75, 391, 397 = NJW 80, 772; 82, 283, 288 f = NJW 82, 571).

34 **b) Nach Verwertungsreife,** dh nicht bereits mit Fälligkeit, sondern bei Verzug des Sicherungsgebers mit der Erfüllung der gesicherten Forderung (str RGZ 142, 139, 141; BGHZ 108, 98, 106 (naheliegend) = NJW 89, 2383; BFH NVwZ 84, 468, 469; MüKo/*Roth* § 398 Rz 108; Palandt/*Grüneberg* § 398 Rz 25; aA wohl BGH NJW-RR 95, 1369), darf der Sicherungsnehmer die Sicherungsabtretung offen legen und die Forderung einziehen bzw anderweitig verwerten. Er kann dabei im Wege der Drittschadensliquidation auch einen Verzugsschaden des Zedenten liquidieren (BGHZ 128, 371, 378 = NJW 95, 1282; 06, 1662), einen eigenen Verzugsschaden nur in Höhe eines hypothetischen Schadens des Zedenten (Erman/*Westermann* § 398 Rz 36). Soweit der eingezogene Betrag die gesicherte Forderung übersteigt, hat er den Übererlös an den Sicherungsgeber herauszugeben (BGHZ 128, 371, 374 = NJW 95, 1282; 02, 2316, 2317).

35 **c) Umsatzsteuer.** Der einziehende Zessionar haftet dem Finanzamt gem § 13c I 1 UStG in Höhe der Umsatzsteuer, die im eingezogenen Betrag enthalten ist, falls der Zedent sie nicht entrichtet hat (*Ganter* WM 06, 1081, 1086 f; *Piekenbrock* WM 07, 141 ff).

36 **VII. Sicherungsabtretung in Zwangsvollstreckung und Insolvenz.** S Vorbem §§ 1204 ff Rn 76 ff.

§ 1273 Gesetzlicher Inhalt des Pfandrechts an Rechten.
(1) Gegenstand des Pfandrechts kann auch ein Recht sein.
(2) ¹Auf das Pfandrecht an Rechten finden die Vorschriften über das Pfandrecht an beweglichen Sachen entsprechende Anwendung, soweit sich nicht aus den §§ 1274 bis 1296 ein anderes ergibt. ²Die Anwendung der Vorschriften des § 1208 und des § 1213 Abs. 2 ist ausgeschlossen.

1 **A. Gegenstand des Pfandrechts (Abs 1). Verpfändbar** sind nach §§ 1273 ff alle subjektiven selbständig übertragbaren (§ 1274 II) und verwertbaren Vermögensrechte, wie etwa Forderungen gg Banken (*Fischer/Dissen* DZWiR 04, 368), einschl einer offenen Kreditlinie (BGHZ 147, 193, 195 ff = NJW 01, 898), auch Forderun-

gen des Verpfänders gg den Pfandgläubiger (BGHZ 93, 71, 76 = NJW 85, 863; 83, 2701, 2702; BB 04, 732), auch Immaterialgüterrechte, wie z.B. Patente, Gebrauchs- und Geschmacksmuster (*Klawitter/Hombrecher* WM 04, 1213, 1217), auch Aktien (RGZ 86, 154, 155; *Stupp* DB 06, 655; *Nodoushani* WM 07, 289; *Hirte/Knof* WM 08, 7), Gesellschaftsanteile (RGZ 100, 274, 275 f, 157, 52, 55; *Lux* GmbHR 03, 938 ff; *Reymann* DNotZ 05, 425 ff; *Bruhns* GmbHR 06, 587 ff), das Auseinandersetzungsguthaben eines Gesellschafters (BGH MDR 72, 414) oder Genossen (Braunschw WM 97, 487, 488), Miterbenanteile (§ 2033; RGZ 90, 232, 234; BGHZ 52, 99, 102 = NJW 69, 1347), Nacherbenrechte (RGZ 83, 434, 437), Pflichtteilsansprüche, Grund- und Rentenschulden (§ 1291), Reallasten (§ 1105), soweit übertragbar, und Anwartschaftsrechte aus einer Auflassung (BGHZ 49, 197, 202 = NJW 68, 493).

Auch **bedingte oder künftig entstehende, selbständig übertragbare Rechte** sind bei Bestimmbarkeit (§ 398 Rn 13) verpfändbar. Das Pfandrecht wird erst mit der Entstehung des verpfändeten Rechts begründet (BGH NJW 98, 2592, 2597; Köln NJW-RR 88, 239; s.a. BGHZ 32, 367, 369 = NJW 60, 1715), allerdings nur wenn die Verfügungsbefugnis des Verpfänders fortdauert (BGH WM 96, 2250, 2251; s.a. vor §§ 1273 ff Rn 17, 18). Der Rang bestimmt sich nach dem Zeitpunkt der Verpfändung (§ 1209 Rn 1). 2

Nicht verpfändbar sind der Titel einer Zeitschrift (RGZ 68, 49, 55), die Firma oder ein Unternehmen als solches (RGZ 68, 49, 55; 70, 226, 231; 95, 235, 236) sowie das Vermögen einer Person, ferner Allein- und Miteigentum (§ 1258) sowie Anwartschaftsrechte bei beweglichen Sachen, für die §§ 1204 ff gelten, Grunddienstbarkeiten sowie grundstücksgleiche Rechte wie zB das Wohnungseigentum oder das Erbbaurecht. 3

B. Anzuwendende Vorschriften. Außer den in § 1273 II genannten, in erster Linie anwendbaren Vorschriften der §§ 1274–1296 sind von §§ 1204–1259 entspr anwendbar: §§ 1204 (RGZ 136, 422, 424), § 1209, § 1210, § 1211 (BGH WM 56, 217), 1213 I, 1214, 1218–1221 (str), 1222, 1223 II (RGZ 121, 74, 77), 1224, 1225, 1228 II; 1229, 1232 (RGZ 87, 321, 325; 97, 34, 42), 1249 (RGZ 167, 298, 299), 1250, 2152 (RGZ 100, 274, 277), 1254, 1255, 1256 (RGZ 154, 378, 383), § 1257, § 1258 (BGHZ 52, 99, 105 = NJW 69, 1347) und § 1259. 4

Beschränkt anwendbar sind, wenn das Pfandrecht auch die Sache erfasst (§ 952) oder die Übergabe der Sache zur Pfandbestellung erforderlich ist (§ 1274 I 2): §§ 1205, 1206, 1215, 1216, 1217, 1223 I (RGZ 100, 274, 277), 1226, 1227, 1251 und 1253 (RGZ 92, 265, 266; 100, 274, 277). Außerdem finden die Vorschriften über den Pfandverkauf beschränkte Anwendung, wenn dieser zulässig (§ 1277) oder nach § 844 ZPO angeordnet ist (RGZ 61, 330, 333; 100, 274, 276). 5

Unanwendbar sind: §§ 1207, 1208 (Ausn § 1274 Rn 7), 1212, 1213 II, 1228 I und 1246. 6

§ 1274 Bestellung. (1) ¹Die Bestellung des Pfandrechts an einem Recht erfolgt nach den für die Übertragung des Rechts geltenden Vorschriften. ²Ist zur Übertragung des Rechts die Übergabe einer Sache erforderlich, so finden die Vorschriften der §§ 1205, 1206 Anwendung.
(2) Soweit ein Recht nicht übertragbar ist, kann ein Pfandrecht an dem Recht nicht bestellt werden.

A. Grundlagen. § 1274 regelt die rechtsgeschäftliche Bestellung des Pfandrechts an einem Recht durch Bezugnahme auf die Vorschriften der Vollrechtsübertragung. Die Pfandrechtsbestellung erfolgt durch Einigung zwischen Verpfänder und Gläubiger und erfordert je nach der Art des zu verpfändenden Rechts weitere Voraussetzungen. Sie bewirkt die Belastung des verpfändeten Rechts mit einem beschränkt dinglichen Recht. 1

Der Bestellung liegt wie bei § 1205 in der Regel oftmals stillschweigend getroffener, formloser (RGZ 58, 223, 226), kündbarer (BGH NJW 03, 61) schuldrechtlicher Sicherungsvertrag zugrunde (BGH NJW-RR 91, 305). Mit der Verpfändung entsteht zwischen dem Verpfänder und dem Gläubiger ein gesetzliches Schuldverhältnis, das die wesentlichen Pflichten der Parteien regelt (Vorbem vor § 1204 Rn 5). 2

B. Einigung. Die Einigung ist wie bei § 1205 ein abstrakter dinglicher Vertrag, in dem dem Gläubiger ein dingliches Verwertungsrecht an einem vom Verpfänder gestellten zumindest bestimmbaren Recht zur Sicherung einer zumindest bestimmbaren gegenwärtigen oder künftigen Forderung (RGZ 78, 26, 27 f; 136, 422, 425; Karlsr WM 00, 521; Dresd WM 01, 803, 804) bestellt wird. Die Einigung kann bedingt (§ 158) oder befristet (§ 163) erfolgen, in AGB (BGHZ 128, 295, 298 f = NJW 95, 1085; Dresd WM 01, 803, 804) oder in einer Satzung (Braunschw WM 97, 487, 488) enthalten sein. Das Pfandrecht der Bank an ihrer eigenen Schuld entsteht auch bei künftigen gesicherten Forderungen bereits mit der Einigung bzw der Vereinbarung der AGB (BGHZ 93, 71, 76 = NJW 85, 863; WM 98, 2463; 07, 874, 875 Tz 14). 3

Verpfänder und persönlicher Schuldner müssen nicht identisch sein; der Verpfänder muss aber über das verpfändete Recht verfügen können. Der Pfandgläubiger, zB eine Bank, und der Gläubiger oder der Schuldner der verpfändeten Forderung können identisch sein (BGHZ 93, 71, 76 = NJW 85, 863; BGH WM 62, 183, 185; NJW 83, 2701, 2702; 88, 3260, 3262; 03, 360, 361; 04, 1660, 1661). 4

Die Einigung (allg rechtsgeschäftliche Grundsätze sind anwendbar) ist gem §§ 133, 157 auslegungsfähig und nach **§ 140 umdeutbar**. In einer als Abtretung bezeichneten Erklärung (RG JW 28, 174, 175), in der Einräumung eines Vorrangs (RG JW 34, 221, 222), in der Hinterlegung eines Hypothekenbriefes (RG HRR 32 Nr 1748) kann eine Verpfändung liegen. Die nur zwischen dem Inhaber eines Sparbuchs und der Sparkasse vereinbarte Sperre eines Sparbuchs für den Gläubiger begründet für diesen kein Pfandrecht, da ein Pfand- 5 recht nicht zu Gunsten Dritter bestellt werden kann (RGZ 124, 217, 221; BGH NJW 84, 1749, 1750; *Canaris* NJW 73, 825, 829). Anders zu beurteilen sein kann dies bei einer Beteiligung des Gläubigers (BGH NJW 84, 1749, 1750). Ein Pfandrecht an einem Festgeldguthaben oder an Wertpapieren erfasst nach den banküblichen Formularen auch das daraus resultierende Guthaben auf einem Verrechnungskonto (Karlsr WM 00, 521).

6 Eine formularmäßige Verpfändung mit weiter Sicherungszweckerklärung zur Sicherung aller gegenwärtigen und künftigen Verbindlichkeiten des mit dem Schuldner identischen Verpfänders aus einer bankmäßigen Geschäftsverbindung ist AGB-rechtlich unbedenklich (Dresd WM 01, 803, 804). Bei einer Drittverpfändung verstößt eine **weite Sicherungszweckerklärung** idR gg § 305c mit der Folge, dass nur der Anlasskredit gesichert ist (Vor §§ 1204 ff Rn 49). Wirksamkeit der Verpfändung ist nicht von der Vereinbarung einer Deckungsgrenze mit Freigabeklausel abhängig (Dresd WM 01, 803, 804).

7 Gutgläubiger Erwerb des Pfandrechts ist nur möglich, soweit das verpfändete Recht selbst gutgläubig erworben werden kann, zB bei im Grundbuch eingetragenen Rechten (§§ 892, 1138, 1155) oder bei Orderpapieren (§ 1292). Dann ist auch § 1208 anwendbar. Zum gutgläubigen Erwerb bei Inhaberpapieren § 1293 Rn 2.

8 **C. Form und sonstige Erfordernisse.** Die Einigung bedarf der für die Vollrechtsübertragung notwendigen Form (zB § 15 III GmbHG). Diese muss alle wesentlichen Punkte des Pfandvertrages einschl der gesicherten Forderung umfassen (RGZ 136, 422, 424; 148, 349, 353). Eine unvollkommene Bezeichnung genügt, wenn sich die gesicherte Forderung aus Umständen außerhalb der Urkunde ermitteln lässt.

9 Wenn die Vollrechtsübertragung die Übergabe einer Sache erfordert oder an weitere Voraussetzungen gebunden ist, so gilt dies auch für die Verpfändung. §§ 1205 f sind zu beachten (I 1).

10 Für die iÜ formlose Verpfändung einer Forderung schreibt § 1280 in Abweichung von § 1274 I 1 eine Anzeige des Gläubigers der verpfändeten Forderung an den Schuldner vor.

11 Die Bestellung eines Pfandrechts für Forderungen aus verbindlichen Börsentermingeschäften durch einen Dritten setzte dessen Termingeschäftsfähigkeit voraus (BGHZ 148, 297, 299 ff = NJW 01, 3258).

12 **D. Einzelne verpfändbare Rechte. I. Hypothek. 1. Buchhypothek und -grundschuld.** Die Verpfändung einer durch eine Buchhypothek gesicherten Forderung oder eines Teils der Forderung (RG JW 36, 1136) sowie einer Buchgrundschuld (§ 1291) erfordert nur eine formlose Einigung sowie die Eintragung im Grundbuch aller belasteten Grundstücke (§§ 1154 III, 873 I; RGZ 63, 74, 75), aber keine Anzeige nach § 1280. Das Pfandrecht erstreckt sich ohne weiteres auch auf Zinsen des verpfändeten Grundpfandrechts (§ 1289 1) sowie auf eine erst später bestellte Hypothek. Der Anspruch auf Rückübertragung einer Grundschuld ist wie eine Forderung mit Anzeige nach § 1280 verpfändbar.

13 **2. Briefhypothek und -grundschuld.** Die Verpfändung einer durch eine Briefhypothek gesicherten Forderung sowie einer Briefgrundschuld (§ 1291) erfordert eine schriftliche Verpfändungserklärung des Verpfänders, eine formlose Annahmeerklärung des Gläubigers und die Übergabe des Briefes gem § 1205 f (RGZ 85, 431, 436) an den Pfandgläubiger (§ 1154 I 1). Bei einer Vereinbarung nach § 1117 II bedarf es einer Anzeige nach § 1205 II an das Grundbuchamt (Soergel/*Habersack* Rz 16). An die Stelle der schriftlichen Verpfändungserklärung kann nach § 1154 II die Eintragung der Verpfändung im Grundbuch treten.

14 Der Brief als solcher ist nicht Gegenstand eines eigenen Pfandrechts (§ 952). Die nichtige Bestellung eines Pfandrechts an einem Brief kann in ein vertragliches Zurückbehaltungsrecht (RGZ 66, 24, 27; 124, 28, 31) oder eine Verpflichtung zum Abschluss eines Pfandvertrages umdeutbar sein.

15 **3. Eigentümergrundschuld.** Eine bestehende, auch eine vorläufige, nicht aber eine künftige (str RGZ 145, 343, 353; BGHZ 53, 60, 64 f = NJW 70, 322; aA AnwK/*Bülow* Rz 19) Eigentümergrundschuld kann verpfändet werden. Wandelt sich die vorläufige Eigentümergrundschuld mit Valutierung der gesicherten Forderung in eine Fremdhypothek um, erlischt das Pfandrecht.

16 **II. Auflassungsanspruch und Anwartschaftsrecht.** Der Auflassungsanspruch kann bis zur Umschreibung des Grundbuchs formlos, aber mit Anzeige nach § 1280 an den Auflassungsschuldner verpfändet werden (RGZ 111, 298, 300; BayObLG NJW 76, 1895, 1896; zum ebenfalls formlosen Sicherungsvertrag vgl BGHZ 89, 41, 46 = NJW 84, 973). Im Falle einer eingetragenen Auflassungsvormerkung ist die Eintragung eines Verpfändungsvermerks im Grundbuch zulässig, aber für das Pfandrecht nicht notwendig (BayObLG NJW 68, 705; DNotZ 96, 554, 556).

17 Die Verpfändung eines **Anwartschaftsrechts** des Auflassungsempfängers hat in der Form des § 925 zu erfolgen; Eintragung im Grundbuch (BGHZ 49, 197, 202 = NJW 68, 493; 114, 161, 164 = 91, 2019) oder Anzeige nach § 1280 ist nicht notwendig. Mit der Erstarkung des Anwartschaftsrechts zum Vollrecht erwirbt der Pfandgläubiger in Anlehnung an § 1287 eine Sicherungshypothek (BGHZ 49, 197, 205; *Ganter* NZI 08, 583, 587). Die Verpfändung eines Anwartschaftsrechts an einer beweglichen Sache richtet sich nach §§ 1204 ff.

18 **III. Miterbenanteil.** Ein Miterbenanteil, auch ein Teil davon (BGH NJW 63, 1610, 1611), kann durch notariell beurkundete Einigung ohne Anzeige nach § 1280 verpfändet werden (§ 2033 I; RGZ 84, 395, 397 f; 90, 232, 234). Die Rechte des Miterben (§ 2038 f) darf der Pfandgläubiger ausüben (§ 1258 I; BGHZ 52, 99, 103 = NJW 69, 1347; NJW 68, 2059, 2060). Das gilt auch für die Mitwirkung bei der Auseinandersetzung (§ 2042),

die ohne seine Zustimmung ihm ggü nicht wirksam ist (RGZ 83, 27, 30; 90, 232, 236; BGHZ 52, 99, 103). Eine Vereinbarung, dass der Pfandgläubiger ein Verwertungsrecht hat, der Schuldner aber zur Tilgung der gesicherten Forderung nicht berechtigt sein soll, ist unwirksam (BGHZ 23, 293, 300 = NJW 57, 672).

IV. Gesellschaftsanteile. 1. Aktien. Inhaberaktien sind gem §§ 1293, 1204 ff verpfändbar (*Hirte/Knof* WM 08, 7, 8 und *Ch. Berger* WM 09, 577 ff zur Verpfändung von Globalaktien), Namensaktien nach §§ 1292, 68 I AktG (*Nodoushani* WM 07, 289, 292). Abgesehen davon ist eine Verpfändung der Mitgliedschaft als reine Rechtsverpfändung nach §§ 1273, 1274, 398, 413 zulässig (*Stupp* DB 06, 655, 657; *Nodoushani* WM 07, 289, 292; *G. Hoffmann* WM 07, 1547). Ein Auseinanderfallen von Mitgliedschaft und Aktienurkunde wird durch § 952 verhindert. Bei vinkulierten Namensaktien ist Zustimmung der Gesellschaft notwendig (§ 68 II AktG). Teilhabe-, Kontroll-, Dividenden- und Bezugsrechte stehen auch nach Verpfändung dem Aktionär zu (RGZ 157, 52, 55). Die vermögensrechtlichen Ansprüche können gesondert verpfändet werden (§§ 1279 ff; RGZ 98, 318, 320). 19

2. GmbH-Anteile. Die Verpfändung eines GmbH-Anteils erfolgt durch notariell beurkundete Einigung (§ 15 III GmbHG; *Bruhns* GmbHR 06, 587, 590 f; *Nodoushani* WM 07, 289, 290; eingehend *Reymann* DNotZ 05, 425 ff) ohne Anzeige nach § 1280 (RGZ 57, 414, 415) sowie Anmeldung nach § 16 I GmbHG, kann aber nach dem Gesellschaftsvertrag ausgeschlossen oder zustimmungsbedürftig sein (*Reymann* aaO 426 f). Der schuldrechtliche Sicherungsvertrag ist formfrei (RGZ 58, 223, 225; RG JW 37, 2118; *Werner* GmbHR 08, 755). Auch eine Teilverpfändung ist nach hM (Staud/*Wiegand* Rz 55; *Mertens* ZIP 98, 1787, 1788; *Leuschner* WM 05, 2161; *Bruhns* GmbHR 06, 587, 589 f) zulässig. Mitgliedschafts- und Gewinnbezugsrechte stehen weiterhin dem Gesellschafter zu (RGZ 139, 224, 227 f; 157, 52, 55; BGHZ 119, 191, 194 f = NJW 92, 3035; *Bruhns* GmbHR 06, 587, 588 f; aA *Roth* ZGR 00, 187, 210, 219), es sei denn, sie sind mitverpfändet oder es wurde ein Nutzungspfand (§ 1213) vereinbart (*Reymann* aaO 431 f). Verwertung erfolgt nach § 1277 1 (*Reimer/Webering* BB 03, 1631; *Reymann* aaO 450 ff). 20

3. Personengesellschafts-Anteile. Solche Anteile sind nur dann – formlos -verpfändbar, wenn der Gesellschaftsvertrag eine Übertragung oder Belastung vorsieht (II) oder alle Gesellschafter zustimmen (BGHZ 13, 179, 182 = NJW 54, 1155; 71, 296, 299 = 78, 1525; 81, 82, 84 = 81, 2747), auch bei KG-Komplementäranteilen ohne Kapitalanteil (*Hartmann/Klein* BKR 07, 323, 324). Die Verpfändung erfolgt durch formlose Einigung ohne Anzeige nach § 1280. Gewinn- und Ansprüche auf das Auseinandersetzungsguthaben und aus Geschäftsführung können wie eine Forderung unter Anzeige nach § 1280 verpfändet werden (§ 717 2; Stuttg NZG 01, 88, 90). Mitgliedschafts- und Verwaltungsrechte werden von der Verpfändung nicht berührt. Zum Pfandrecht an Gesellschaftsanteilen in der Insolvenz des Gesellschafters *Guido Meyer* ZfIR 04, 763 ff. 21

V. Genossenschaftsanteile. Sie sind nicht übertragbar und deshalb nicht verpfändbar. Etwas anderes gilt für Ansprüche auf Auseinandersetzungsguthaben (BGH WM 09, 416 ff, auch § 91 I InsO; Braunschw WM 97, 487, 488), das laufende Geschäftsguthaben (§ 76 I GenG) und den Gewinn. Insoweit ist neben einer Einigung jeweils eine Anzeige nach § 1280 notwendig, für die Verpfändung des Geschäftsguthabens außerdem Schriftform. 22

VI. Bank- und Versicherungsforderungen. Ein Sparguthaben kann durch bloße formlose Einigung und Anzeige nach § 1280 verpfändet werden. Es wird ebenso wie andere Kontenguthaben vom AGB-Pfandrecht erfasst (BGH WM 56, 217, 218; 62, 183, 185; NJW 83, 2701, 2702; BGHZ 93, 71, 78 = NJW 85, 863; 88, 3260, 3262; *Fischer/Dissen* DZWiR 04, 368; Bedenken aus § 305c und 307 bei *Piekenbrock* WM 09, 49, 50 ff); einer Anzeige nach § 1280 bedarf es dann nicht (BGH WM 56, 217, 218; NJW 04, 1660, 1662). Eine Übergabe des Sparbuchs ist nicht notwendig (§ 952; RGZ 124, 217, 220), aber sachgerecht und üblich (*Derleder* NZM 06, 601, 604). Die Verpfändung eines Sparguthabens erfasst nicht den Entschädigungsanspruch des Sparers nach §§ 3, 4 ESAEG bei Insolvenz der Bank (BGH NJW 08, 1732, Tz 14 f). 23

Das **Pfandrecht nach Nr 14 AGB-Banken, Nr 21 AGB-Sparkassen** auf Erteilung einer Gutschrift entsteht mit Eingang der Zahlung auf dem Kundenkonto (BGHZ 150, 122, 126 = NJW 02, 1722; 07, 2324 f Tz 16; WM 04, 666, 667; 05, 1790, 1791; 08, 1442 Tz 20; *Obermüller* ZInsO 09, 1527, 1530) und damit vor der Saldierung, so dass trotz BGH WM 09, 1515 Tz 10 ff das Pfandrecht nicht an § 91 I InsO scheitert. Es sichert auch gesetzliche Ansprüche der Bank gg den Kunden, etwa gg eine GmbH aus §§ 128 1, 161 II HGB für Schulden der GmbH & Co KG im Zusammenhang mit der Geschäftsverbindung (BGH WM 07, 874, Tz 17; *Jungmann* EWiR 06, 513, 514; aA *Clemente* ZBB 07, 55, 57 f). Das Pfandrecht erlischt bei Gutschrift und debitorisch geführtem Kontokorrentkonto (Hamm ZIP 01, 1683, 1688; Dresd WM 07, 31, 33). 24

Ansprüche aus **Versicherungen**, insb Lebensversicherungen, sind grds ohne Übergabe des Versicherungsscheins (§ 952) verpfändbar. Beschränkungen können sich aus den AVB ergeben. Eine schriftliche (§ 13 IV ALB) Anzeige nach § 1280 ist erforderlich. Die verpfändete Lebensversicherung kann nur noch mit Zustimmung des Pfandgläubigers gekündigt werden (*Elfring* NJW 05, 2192, 2193). Ist bei einer Lebensversicherung unwiderruflich ein Bezugsberechtigter benannt, so ist die Verpfändung ausgeschlossen (RGZ 127, 269, 271). Der Lebensversicherungsbegünstigte erwirbt den Anspruch auf die Versicherungssumme nicht aus dem Vermögen des Versicherungsnehmers, sondern hat einen Anspruch gg die Versicherung, der nicht mit einem Pfandrecht belastet ist (München WM 64, 778, 779). 25

26 **VII. Immaterialgüterrechte.** Patent- (§ 15 PatG; RGZ 75, 225, 227; 126, 280, 284), Gebrauchs- (§ 22 GebrMG) und Geschmacksmusterrechte (§ 30 GeschmMG) und Markenrechte (§§ 27, 29 I Nr 1 MarkenG) können durch formlosen Vertrag verpfändet werden (*Lwowski/Hoes* WM 99, 771, 773; *Klawitter/Hombrecher* WM 04, 1213; *dies.* WM 05, 1689; *Fammler* WRP 06, 534). Verlegerrechte sind ebenfalls formlos verpfändbar wie Filmrechte (*Brauer/Sopp* ZUM 04, 112, 115 f). Beim Urheberrecht kommt nicht eine Verpfändung des Rechts als solches, sondern nur die von übertragbaren Nutzungsrechten (§§ 31, 34 UrhG) in Betracht. Gleiches gilt bei Softwarerechten (*Plath* CR 06, 217, 218 f). Die Verwertung erfolgt nach § 1277. Ob Internet-Domains verpfändbar sind, ist str (ja: Münch K&R 04, 496; LG Essen Rpfleger 00, 168; LG Ddorf CR 01, 468; LG Mönchengladbach MDR 05, 118; *Welzel* MMR 01, 321; *Schafft* BB 06, 1013, 1016; nein: LG München CR 01, 342, 343, differenzierend BGH NJW 05, 3353 m Anm *Beyerlein* EWiR 05, 811; *Hartig* GRUR 06, 299 ff).

27 **E. Nicht verpfändbare Rechte (Abs 2).** Nicht verpfändbar sind Rechte, die nach einem Gesetz, zB §§ 38, 473, 613, 664, 717, 719, 1059, 1059, 1059b, 1092, 1098, 1103, 1110, 1378 III 1, 1419, 1487, 2033 nicht übertragen oder verpfändet werden können. Dazu gehören auch die Firma (RGZ 68, 49, 55) und ein Zeitungstitel (RGZ 95, 235, 236).

28 Auch unpfändbare Rechte können nicht übertragen (§§ 400, 413) und damit nicht verpfändet werden. Pfändungsverbote enthalten insb §§ 850 ff ZPO, nicht aber § 89 InsO (BGHZ 125, 116, 120 ff = NJW 94, 1057). In einem solchen Fall ist die Verpfändung absolut unwirksam (BGHZ 40, 156, 159 ff = NJW 64, 243; 112, 387, 389 = 91, 559).

29 Die Verpfändung ist ferner ausgeschlossen (§ 399 Alt 1, 413), wenn die Leistung an den Pfandgläubiger eine Inhaltsänderung bewirken würde, zB §§ 257, 1018, oder wenn die Abtretbarkeit eines Rechts vertraglich wirksam ausgeschlossen wurde (§ 399 Alt 2). Die Genehmigung des Schuldners beseitigt die Unpfändbarkeit ex nunc (str); zwischenzeitliche Pfändungen (§ 851 II ZPO) bleiben wirksam (BGHZ 70, 299, 303 = NJW 78, 813; 102, 293, 301 = NJW 88, 1210; 108, 172, 177 = NJW 90, 109).

§ 1275 Pfandrecht an Recht auf Leistung.
Ist ein Recht, kraft dessen eine Leistung gefordert werden kann, Gegenstand des Pfandrechts, so finden auf das Rechtsverhältnis zwischen dem Pfandgläubiger und dem Verpflichteten die Vorschriften, welche im Falle der Übertragung des Rechts für das Rechtsverhältnis zwischen dem Erwerber und dem Verpflichteten gelten, und im Falle einer nach § 1217 Abs. 1 getroffenen gerichtlichen Anordnung die Vorschrift des § 1070 Abs. 2 entsprechende Anwendung.

1 Zum Schutz des Schuldners der verpfändeten Forderung gelten bei einer **Forderungspfändung** (RGZ 87, 412, 415 f) **oder -verpfändung** die §§ 404–411 entspr, dh der Pfandgläubiger wird wie ein Zessionar behandelt, bei der Verpfändung von Inhaber- oder Orderpapieren die §§ 364 II, 365 HGB, Art 16, 17, 40 WG. Bei hypothekarisch gesicherten Forderungen gelten die §§ 404–411 nur für den persönlichen Anspruch, für die dingliche Forderung werden sie durch §§ 1138, 1156 f modifiziert. In einem aus Anlass der Verpfändung abgegebenen Schuldanerkenntnis kann ein Verzicht auf § 406 liegen (RGZ 71, 184, 187). Die Anzeige nach § 1280 bewirkt einerseits, dass dem Schuldner § 407 I in aller Regel nicht zugute kommt, andererseits, dass er bei einer Leistung an den Pfandgläubiger auch dann frei wird, wenn das Pfandrecht nicht bestand (§ 409).

2 Die **Verweisung auf § 1070 II** betrifft nur Fälle, in denen die Ausübung des Pfandrechts einem Verwalter übertragen wurde (§ 1217 I, § 165 FGG).

§ 1276 Aufhebung oder Änderung des verpfändeten Rechts.
(1) ¹Ein verpfändetes Recht kann durch Rechtsgeschäft nur mit Zustimmung des Pfandgläubigers aufgehoben werden. ²Die Zustimmung ist demjenigen gegenüber zu erklären, zu dessen Gunsten sie erfolgt; sie ist unwiderruflich. ³Die Vorschrift des § 876 Satz 3 bleibt unberührt.
(2) Das Gleiche gilt im Falle einer Änderung des Rechts, sofern sie das Pfandrecht beeinträchtigt.

1 **A. Normzweck und Inhalt.** Zum Schutz des Pfandgläubigers bedürfen beeinträchtigende Änderungen (II) und die rechtsgeschäftliche Aufhebung des verpfändeten Rechts, nicht aber dessen Übertragung oder weitere Belastung seiner Zustimmung. Fehlt sie, ist die Verfügung dem Pfandgläubiger ggü (relativ) unwirksam (BGH NJW 67, 200, 201; BayObLG NJW 59, 1780, 1782 f). Aufhebungen als lediglich mittelbare Folge eines Rechtsgeschäfts, wie zB der Beendigung eines Mietvertrages, werden nicht erfasst. Im Falle der Konfusion, etwa bei Veräußerung der Mietsache an den Mieter, bleibt der verpfändete Anspruch zugunsten des Pfandgläubigers bestehen (vgl RGZ 77, 250, 254). § 1275 und der Untergang des Pfandrechts durch lastenfreien gutgläubigen Erwerb (RGZ 84, 395, 399) bleiben unberührt.

2 Die nicht formbedürftige Zustimmung des Pfandgläubigers ist abw von § 182 I dem Begünstigten ggü zu erklären und abw von § 183 1 auch als Einwilligung unwiderruflich. Die Aufhebung eines im Grundbuch eingetragenen Rechts kann auch dem Grundbuchamt ggü erklärt werden (§ 876 3).

3 **B. Einzelfälle. I. Anwartschaftsrecht.** Die Vorschrift findet zugunsten des Pfandgläubigers bei der rechtsgeschäftlichen Aufhebung oder Beeinträchtigung eines Anwartschaftsrechts an einer beweglichen Sache durch

Vereinbarung entspr Anwendung (hM MüKo/*Damrau* § 1204 Rz 12; Soergel/*Habersack* Rz 2; AnwK/*Bülow* Rz 6; Erman/*Michalski* Rz 7; *Reinicke* MDR 61, 681, 682; *Kollhosser* JZ 85, 370 ff; *Tiedtke* NJW 85, 1305 ff und 88, 28 f; *Marotzke* AcP 186 (1986), 490, 494 ff). Die gegenteilige Ansicht (BGHZ 92, 280, 290 f = NJW 85, 376; s.a. Staud/*Wiegand* Rz 12; *Wilhelm* NJW 87, 1785 ff; *Ludwig* NJW 89, 1458 ff; *Scholz* MDR 90, 679 ff) behandelt § 1276 unter Missachtung des § 185 I als Sonderregelung und vermengt ohne Grund Rechts- und Sachpfand. Fällt das Anwartschaftsrecht weg, erlischt auch das Pfandrecht.

II. Miterbenanteil. Die Verpfändung hindert nicht eine Veräußerung des Erbteils, da das Pfandrecht dadurch nicht berührt wird. Etwas anderes gilt allerdings, wenn ein Miterbe oder ein Dritter alle Erbteile erwirbt (BayOBlG NJW 59, 1780, 1781). Verfügungen über Nachlassgegenstände beeinträchtigen das Pfandrecht und bedürfen deshalb der Zustimmung des Pfandgläubigers (RGZ 90, 232, 236; BayObLG aaO). Wird ein Nachlassgrundstück durch einen persönlichen Gläubiger zwangsversteigert, ist ein Duldungstitel gg den Pfandgläubiger notwendig, wenn die Verpfändung im Grundbuch eingetragen ist (BayObLG aaO 1782). 4

III. Gesellschaftsanteil. Der Gesellschafter kann über seinen verpfändeten Anteil verfügen und den Gesellschaftsvertrag ohne Zustimmung des Pfandgläubigers kündigen (MüKo/*Damrau* Rz 8; str). Das Pfandrecht setzt sich am Auseinandersetzungsguthaben fort (§ 1287 1; RGZ 95, 231, 232; 142, 373, 378 f; BGHZ 104, 351, 353 = NJW 89, 458; Stuttg NZG 04, 766; s.a. BGH NJW 97, 2110, 2111). 5

IV. Lebensversicherung. Eine verpfändete Lebensversicherung kann der Versicherungsnehmer nur mit Zustimmung des Pfandgläubigers kündigen. Dies gilt auch für den Insolvenzverwalter bei Insolvenz des Versicherungsnehmers (*Elfring* NJW 05, 2192, 2193 f; aA *Fröhling* ZInsO 06, 249, 250). 6

V. Gewerbliche Schutzrechte. Der Inhaber eines verpfändeten Patents kann dieses zwar ohne Zustimmung des Sicherungsnehmers veräußern, nicht aber ohne dessen Zustimmung aufgeben oder Lizenzen vergeben, da diese den Wert des Patents mindern (*Klawitter/Hombrecher* WM 04, 1213, 1215). 7

§ 1277 Befriedigung durch Zwangsvollstreckung.
¹Der Pfandgläubiger kann seine Befriedigung aus dem Rechte nur auf Grund eines vollstreckbaren Titels nach den für die Zwangsvollstreckung geltenden Vorschriften suchen, sofern nicht ein anderes bestimmt ist. ²Die Vorschriften des § 1229 und des § 1245 Abs. 2 bleiben unberührt.

A. Gesetzliche Regelverwertung. Nach Pfandreife (§ 1228 II) erfordert die Verwertung abw von §§ 1233 ff grds einen Duldungstitel (RGZ 103, 137, 139; *Maier-Reimer/Webering* BB 03, 1630) oder Titel auf Gestattung der Befriedigung aus dem verpfändeten Recht auch in Form einer vollstreckbaren Urkunde gg den Inhaber des verpfändeten Rechts; ein Zahlungstitel genügt nicht. Das Pfand haftet für die Prozesskosten (§ 1210). Zu deren Vermeidung München NJW 68, 556 und Köln NJW 77, 256. 1

Der Titel wird nach Maßgabe der **§§ 828 ff, 844, 857 ZPO** vollstreckt. Obwohl bereits ein Pfandrecht besteht, bedarf es einer Pfändung (hM, RGZ 103, 137, 139; MüKo/*Damrau* Rz 4). Für den Rang ist das bestellte Pfandrecht maßgeblich. Ordnet das Vollstreckungsgericht nach § 844 ZPO öffentliche Versteigerung oder freihändigen Verkauf durch eine Privatperson an, gelten die Vorschriften über den Pfandverkauf (§§ 1242–1244). 2

Allerdings enthalten §§ 1281 ff für ein Pfandrecht an Forderungen, § 1291 für ein Pfandrecht an Grund- und Rentenschulden sowie §§ 1293 ff für ein Pfandrecht an Inhaber- und Orderpapieren Sondervorschriften. Der Pfandgläubiger kann allerdings auch dann nach § 1277 vorgehen. 3

B. Vereinbarte Verwertung. Der Pfandvertrag kann eine von § 1277 abw Verwertung vorsehen, etwa einen freihändigen Verkauf oder eine öffentliche Versteigerung des Pfandes ohne Titel (RGZ 100, 274, 276; *Stupp* DB 06, 655, 659). Bei der Verpfändung von Unternehmensbeteiligungen an Banken geschieht das regelmäßig (*Tetzlaff* ZInsO 07, 478, 479). Eine Verfallabrede (§ 1229) und ein Verzicht auf eine öffentliche Versteigerung (§ 1245 II) sind erst nach Pfandreife zulässig. 4

§ 1278 Erlöschen durch Rückgabe.
Ist ein Recht, zu dessen Verpfändung die Übergabe einer Sache erforderlich ist, Gegenstand des Pfandrechts, so findet auf das Erlöschen des Pfandrechts durch die Rückgabe der Sache die Vorschrift des § 1253 entsprechende Anwendung.

Die Vorschrift greift insb bei der Rückgabe eines Hypotheken- oder Grundschuldbriefs oder eines Orderpapiers, etwa eines Wechsels auch ohne Rückindossament, nicht aber eines Rektapapiers, wie zB eines Sparbuchs, durch den Pfandgläubiger ein. Mit der erneuten Übergabe lebt das Pfandrecht nicht wieder auf, sondern muss nach § 1274 neu bestellt werden. Dazu genügt die erneute Aushändigung der alten Verpfändungserklärung (RGZ 78, 26, 31). Weitere Erlöschensgründe in §§ 1250 II, 1252, 1254–1256 und 1276. 1

§ 1279 Pfandrecht an einer Forderung.
¹Für das Pfandrecht an einer Forderung gelten die besonderen Vorschriften der §§ 1280 bis 1290. ²Soweit eine Forderung einen Börsen- oder Marktpreis hat, findet § 1259 entsprechende Anwendung.

1 Die Vorschriften der §§ 1280–1290 ergänzen und modifizieren die §§ 1273 ff für Pfandrechte an Forderungen aller Art, auch durch Hypotheken gesicherte, nicht aber für solche an Anwartschaftsrechten, Miterben- und Gesellschaftsanteilen sowie Immaterialgüterrechten. Grund- und Rentenschulden stehen Forderungen gleich (§ 1291). Auch ein Pfandrecht an eigener Schuld des Pfandgläubigers ist möglich (Nr 14 I 1 AGB-Banken; Nr 21 I 3 AGB-Sparkassen; BGHZ 93, 71, 76 = NJW 85, 863; 88, 3260, 3262; 03, 360, 361; 04, 1660, 1661; Dresd WM 07, 31, 33), bei teilbaren Forderungen auch eine Teilverpfändung.

2 Nach der Terminologie des BGB sind an der Forderungsverpfändung beteiligt der Pfandgläubiger, dh der Inhaber der gesicherten Forderung, der Gläubiger, dh der Inhaber der verpfändeten Forderung, sowie der Schuldner, dh der aus der verpfändeten Forderung Verpflichtete. Der Verpfänder und der Gläubiger müssen nicht personengleich sein.

§ 1280 Anzeige an den Schuldner.
Die Verpfändung einer Forderung, zu deren Übertragung der Abtretungsvertrag genügt, ist nur wirksam, wenn der Gläubiger sie dem Schuldner anzeigt.

1 **A. Notwendigkeit der Anzeige.** Zum Schutz von Pfandgläubiger und Schuldner setzt eine Forderungsverpfändung neben der Einigung zwingend eine Anzeige der Verpfändung voraus. Anderweitige Kenntnis des Schuldners von der Verpfändung genügt nicht (RGZ 68, 277, 281; 89, 289, 290).

2 Sind Schuldner und Pfandgläubiger identisch, bedarf es der Anzeige nicht (BGHZ 93, 71, 76 = NJW 85, 863; 88, 3260, 3262; Dresd WM 01, 803, 804). Eine Anzeige ist auch nicht erforderlich bei der Verpfändung von Forderungen, die wie zB Inhaber- oder Orderpapiere, Hypotheken, Grund- und Rentenschulden oder Bundesschatzbriefe (LG Konstanz WM 88, 1124, 1125), nicht durch formlosen Abtretungsvertrag übertragen werden können. Bei ihnen wird der Schuldner dadurch geschützt, dass er nur gg Aushändigung der Urkunde leisten muss bzw das Grundbuch einsehen kann. Bei der Verpfändung von Spar- (RGZ 68, 277, 281; 124, 217, 220) oder Versicherungsforderungen (RGZ 51, 83, 86; 79, 306, 307) ist die Anzeige nicht entbehrlich.

3 **B. Anforderungen an die Anzeige.** Die Anzeige ist eine empfangsbedürftige formfreie Willenserklärung (RGZ 89, 289, 290 f). Sie muss durch den Inhaber der verpfändeten Forderung bzw seinen Vertreter, nicht durch den Pfandgläubiger, nach der Verpfändung (MüKo/*Damrau* Rz 5) an den Schuldner oder dessen Vertreter erfolgen und erkennen lassen, dass der Forderungsinhaber die Verpfändung gg sich gelten lassen will (RGZ 68, 277, 282; 89, 289, 290). Dazu genügt auch die Übersendung des Verpfändungsvertrages (Köln NJW-RR 90, 485, 486). Bevollmächtigter Vertreter des Gläubigers kann auch der Pfandgläubiger sein (RGZ 79, 306, 308; 85, 431, 437; 89, 289, 290; Köln aaO). Der Verpfändungsurkunde kann idR keine Vollmacht entnommen werden (RGZ 85, 431, 437; Köln aaO).

4 **C. Rechtsfolgen bei fehlender oder unzureichender Anzeige.** Ohne Anzeige, die der Pfandgläubiger zu beweisen hat (München WM 08, 1497, 1499), ist die Forderungsverpfändung schwebend unwirksam (RGZ 79, 306, 309; BGHZ 137, 267, 278 = WM 98, 275). Der Verpfänder ist aus dem Sicherungsvertrag verpflichtet, für eine wirksame Anzeige zu sorgen (RGZ 85, 431, 437; München WM 64, 778, 779). Diese kann nachgeholt werden, solange der Gläubiger noch verfügungsberechtigter Inhaber der verpfändeten Forderung ist (vgl RGZ 89, 289, 291). Eine Umdeutung (§ 140) der Forderungsverpfändung in eine Sicherungsabtretung kommt nicht in Betracht (RGZ 79, 306, 308 f). Ist die Verpfändung mangels Anzeige endgültig unwirksam, kann an einem dem Pfandgläubiger ausgehändigten Sparbuch ein persönliches Zurückbehaltungsrecht bestehen (RGZ 51, 83, 87; 66, 24, 26 f; 68, 277, 282; 124, 28, 31 f).

§ 1281 Leistung vor Fälligkeit.
¹Der Schuldner kann nur an den Pfandgläubiger und den Gläubiger gemeinschaftlich leisten. ²Jeder von beiden kann verlangen, dass an sie gemeinschaftlich geleistet wird; jeder kann statt der Leistung verlangen, dass die geschuldete Sache für beide hinterlegt oder, wenn sie sich nicht zur Hinterlegung eignet, an einen gerichtlich zu bestellenden Verwahrer abgeliefert wird.

1 **A. Inhalt und Anwendungsbereich.** Die abdingbare (§ 1284), durch Nr 14 II AGB-Banken nicht abbedungene (BGH NJW 04, 1660, 1661) Vorschrift regelt die Stellung des Pfandgläubigers vor Pfandreife (§ 1228 II), § 1282 seine Stellung nach Pfandreife. § 1281 wird durch §§ 1287 und 1288 I ergänzt. Er gilt auch für Pfändungspfandrechte, solange eine Überweisung an den Gläubiger noch nicht erfolgt ist (RGZ 104, 34, 36; 108, 318, 320). Für Inhaber- und Orderpapiere enthält § 1294 eine Spezialregelung. Bezweckt wird der Schutz des Pfandgläubigers vor Pfandentziehung (Soergel/*Habersack* § 1287 Rz 1).

2 **B. Leistung vor Pfandreife (S 1).** Vor Pfandreife kann der Schuldner mit befreiender Wirkung nur an den Pfandgläubiger und den Gläubiger gemeinschaftlich leisten. Wird die Übereignung einer beweglichen Sache geschuldet, so hat der Schuldner dem Gläubiger das Eigentum zu übertragen und dem Pfandgläubiger

unmittelbaren oder mittelbaren einfachen, nicht gesamthänderischen (str) Mitbesitz zu verschaffen.
Bei **Grundstücken** genügt die Übereignung und Übergabe an den Gläubiger, da der Pfandgläubiger damit 3
nach § 1287 2 eine Sicherungshypothek erwirbt. Der Auflassung muss der Pfandgläubiger bei einem durch
Vormerkung gesicherten Auflassungsanspruch allerdings zustimmen (BayObLG NJW 68, 705, 706 f; NJW-RR
87, 793, 794; aA *Weidemann* NJW 68, 1335). War das Pfandrecht im Grundbuch vermerkt, bedarf es auch
der Eintragungsbewilligung des Pfandgläubigers (BayObLG NJW-RR 87, 793).
Bei **Überweisung eines Geldbetrages** auf das Konto des Gläubigers erwirbt der Pfandgläubiger nach § 1287 4
1 ein Pfandrecht am Anspruch des Gläubigers auf Gutschrift gg seine Bank und alsdann am Anspruch aus
der Gutschrift (BGH WM 96, 2250, 2252), soweit das Konto nicht debitorisch geführt wird.
Leistet er an den Gläubiger allein, so wird er dem Pfandgläubiger ggü nur im Falle der Gutgläubigkeit 5
(§§ 1275, 407, 408) frei (RGZ 77, 250, 254; s.a. Bambg WM 07, 389, 390). Nur dann setzt sich das Pfandrecht
des Pfandgläubigers nach § 1287 fort (Staud/*Wiegand* § 1287 Rz 7; Erman/*Michalski* Rz 3; Westermann/*Gursky*
§ 137 II 3a; aA MüKo/*Damrau* Rz 7; Soergel/*Habersack* § 1287 Rz 3, da es am Besitz des Pfandgläubigers
fehle). Wird eine **Speziessache** entgegen § 1281 1 allein an den Gläubiger geleistet, so ist str, ob der Gläubiger
daran Eigentum erwirbt (so unter Berufung auf den Wortlaut „kann nur" MüKo/*Damrau* Rz 5; Pal/*Bassenge*
Rz 3; *Stöber* DNotZ 85, 587), oder ob die Übereignung ggü dem Pfandgläubiger unwirksam ist (so Bay-
ObLG NJW 68, 705, 707; Erman/*Michalski* Rz 3). Bei einem Verstoß gg § 1281 1 kann der Pfandgläubiger
vom Schuldner nochmalige Leistung nach Maßgabe der §§ 1281, 1282 und evtl Schadensersatz aus § 280 oder
aus § 823 I (RGZ 108, 318, 321; 138, 252, 255; Staud/*Wiegand* Rz 4; aA Soergel/*Habersack* Rz 4) fordern.
Außerdem kommt ein Schadensersatzanspruch aus § 280 sowie ein Bereicherungsanspruch aus § 816 II gg
den Gläubiger in Betracht.

C. Geltendmachung der verpfändeten Forderung (S 2). Gläubiger und Pfandgläubiger können die verpfän- 6
dete Forderung jeweils allein (BGHZ 5, 251, 253 = NJW 52, 786) geltend machen, aber Leistung nur an beide
gemeinsam (Hs 1; BGH NJW 08, 1732, 1733) oder Hinterlegung für beide (§§ 373 ff) bzw bei nicht hinterle-
gungsfähigen Sachen Ablieferung an einen vom Gericht bestellten Verwahrer fordern.
Bei einem Pfandrecht einer Bank an eigener Schuld kann der Gläubiger, dh der Bankkunde, nicht Leistung 7
an sich (BGH WM 56, 217, 218; NJW 04, 1660, 1661) oder auf seine Anweisung an einen Dritten verlangen.
§ 1281 2 Hs 1 führt hier faktisch zu einer Sperre des Kontos, soweit nicht nach Treu und Glauben wegen
Übersicherung ein Freigabeanspruch besteht. Die Kontosperre unterliegt nicht der Insolvenzanfechtung,
wenn das Pfandrecht insolvenzfest ist (BGH NJW 04, 1660, 1661; *Fischer/Dissen* DZWiR 04, 368, 369).
Ansprüche aus einer von der Bank übernommenen Bürgschaft sichert das AGB-Pfandrecht erst mit deren
Fälligkeit (BGH WM 04, 371, 372). § 1285 I verpflichtet beide zur Mitwirkung bei der Einziehung, § 1288 I
beide zur Mitwirkung bei der Anlegung eines eingezogenen Geldbetrages.

§ 1282 Leistung nach Fälligkeit.
(1) ¹Sind die Voraussetzungen des § 1228 Abs. 2 eingetreten, so ist der Pfandgläubiger zur Einziehung der Forderung berechtigt und kann der Schuldner nur an ihn leisten. ²Die Einziehung einer Geldforderung steht dem Pfandgläubiger nur insoweit zu, als sie zu seiner Befriedigung erforderlich ist. ³Soweit er zur Einziehung berechtigt ist, kann er auch verlangen, dass ihm die Geldforderung an Zahlungs statt abgetreten wird.
(2) Zu anderen Verfügungen über die Forderung ist der Pfandgläubiger nicht berechtigt; das Recht, die Befriedigung aus der Forderung nach § 1277 zu suchen, bleibt unberührt.

A. Inhalt und Anwendungsbereich. Die abdingbare (§ 1284) Vorschrift regelt die Stellung des Pfandgläubi- 1
gers nach Eintritt der Pfandreife (§ 1228 II), § 1281 die vor Pfandreife. Sie ermöglicht abw von § 1277 eine
Verwertung des Pfandes ohne Titel und wird durch §§ 1287 und 1288 II ergänzt. Bei mehrfacher Verpfändung gilt § 1290. § 1295 enthält für Inhaber- und Orderpapiere eine Sondervorschrift.

B. Leistung nach Pfandreife. Nach Pfandreife, dh. Fälligkeit der gesicherten Forderung (§ 1228 II; Bambg 2
WM 07, 389, 391) kann der Schuldner mit befreiender Wirkung nur an den Pfandgläubiger leisten, soweit
nicht §§ 275, 407, 408 eingreifen. Nur dann setzt sich das Pfandrecht nach § 1287 fort. Ist eine bewegliche
Sache zu übereignen, so handelt der Pfandgläubiger bei der Übereignung als gesetzlicher Vertreter des Gläubigers, die Übergabe erfolgt an den Pfandgläubiger. Dieser erwirbt ein Pfandrecht an der übereigneten Sache
(§ 1287 1). Ist Geld zu übereignen, so handelt der Pfandgläubiger iRd § 1288 II im eigenen Namen.
Ist ein Grundstück zu übereignen, so hat die Auflassung und Übergabe an den Gläubiger zu erfolgen. Der 3
Pfandgläubiger wirkt daran als gesetzlicher Vertreter des Gläubigers mit. Nur mit Zustimmung des Pfandgläubigers kann der Gläubiger die Auflassung entgegennehmen. An dem Grundstück erwirbt der Pfandgläubiger mit dem Übergang des Eigentums auf den Gläubiger eine Sicherungshypothek (§ 1287 2).
Leistet der Schuldner nicht an den Pfand-, sondern den Gläubiger, so wird er dem Pfandgläubiger ggü nur 4
im Falle der Gutgläubigkeit (§§ 1275, 407, 408) frei. Zu weiteren Rechtsfolgen einer fehlerhaften Leistung
§ 1281 Rn 5.

5 **C. Einziehungsrecht des Pfandgläubigers.** Der Pfandgläubiger kann erst nach Pfandreife (§ 1228 II), die er zu beweisen hat (RGZ 78, 26, 34), die verpfändete Forderung selbst einziehen oder einziehen lassen (hM, BaRoth/*Sosnitza* Rz 2). Nur wenn die gesicherte Forderung nicht fällig ist, steht das Verwertungsrecht dem **Insolvenzverwalter** zu; dieser hat den Erlös in Höhe der gesicherten Forderung zurückzuhalten und vorrangig zu hinterlegen, bis die gesicherte Forderung fällig wird (BGH NJW 05, 2231, 2232 f; *Bitter* NZI 00, 399, 400).

6 Der Einziehungsberechtigte darf nach I 1 die verpfändete Forderung kündigen (§ 1283 III), wozu er nach § 1285 II 1 sogar verpflichtet ist, mahnen, gg eine Forderung des Schuldners aufrechnen (RGZ 58, 105, 107 f; 97, 34, 39 f), im eigenen Namen einklagen und aus einer verpfändeten Hypothekenforderung oder Grundschuld die Zwangsversteigerung betreiben. Das gilt auch bei Verpfändung einer Eigentümergrundschuld; § 1197 I gilt für den Pfandgläubiger nach hM nicht (BGHZ 103, 30, 37 = NJW 88, 1026; Köln NJW 59, 2167, 2168; Soergel/*Habersack* Rz 8). Einen bereits vorhandenen Titel kann der Pfandgläubiger nach § 727 ZPO auf sich umschreiben lassen.

7 Nicht erlaubt sind ihm Erlass, Vergleich, Novation oder Abtretung (RGZ 58, 105, 107; 97, 34, 39) der verpfändeten Forderung (II Hs 1). Solche Verfügungen sind ohne Zustimmung des Gläubigers schwebend unwirksam.

8 Bei verpfändeten Geldforderungen einschl Hypotheken- und Grundschuldforderungen ist der Pfandgläubiger nur iRd I 2 und des § 1210 einziehungsberechtigt, hinsichtlich des restlichen Anspruchs nur der Gläubiger. Bei einem Pfandrecht an eigener Schuld geschieht die Einziehung durch eine einfache Erklärung des Pfandgläubigers ggü dem Gläubiger (Ddorf WM 92, 1937, 1939; Dresd WM 07, 31, 33).

9 Soweit der Pfandgläubiger einziehungsberechtigt ist, kann er auch die Abtretung der verpfändeten Forderung an Zahlungs statt verlangen (I 3), diese erlassen oder darüber in anderer Weise verfügen mit der Folge, dass er als befriedigt gilt (§ 1288 II), soweit die verpfändete Forderung besteht, auch wenn sie uneinbringlich ist.

10 **D. Rechtsstellung des Gläubigers.** Der Gläubiger kann, soweit das Einziehungsrecht des Pfandgläubigers reicht, aus eigenem Recht nur Leistung an diesen verlangen (BGH NJW 08, 1732, 1733), die verpfändete Forderung kündigen (§ 1283 III), mahnen und im eigenen Namen auf Leistung an den Pfandgläubiger klagen (RGZ 77, 141, 145; BGH NJW-RR 91, 537). Eine Pflicht des Gläubigers besteht dazu anders als bei § 1281 nicht.

§ 1283 Kündigung.

(1) Hängt die Fälligkeit der verpfändeten Forderung von einer Kündigung ab, so bedarf der Gläubiger zur Kündigung der Zustimmung des Pfandgläubigers nur, wenn dieser berechtigt ist, die Nutzungen zu ziehen.
(2) Die Kündigung des Schuldners ist nur wirksam, wenn sie dem Pfandgläubiger und dem Gläubiger erklärt wird.
(3) Sind die Voraussetzungen des § 1228 Abs. 2 eingetreten, so ist auch der Pfandgläubiger zur Kündigung berechtigt; für die Kündigung des Schuldners genügt die Erklärung gegenüber dem Pfandgläubiger.

1 Die abdingbare (§ 1284) Vorschrift, die durch § 1286 ergänzt wird, regelt die Ausübung eines anderweitig (Ddorf WM 92, 1937, 1940) begründeten Rechts zur Kündigung der verpfändeten Forderung vor und nach Pfandreife (§ 1228 II). Für Inhaber- und Orderpapiere enthält § 1294 eine Sonderregelung.

2 **Vor der Pfandreife** ist nur der Gläubiger kündigungsberechtigt, nur beim Nutzungspfand (§ 1213 f) bedarf er nach I der Zustimmung (§§ 182 ff) des Pfandgläubigers. Zustimmungspflicht besteht unter den Voraussetzungen des § 1286 2. Eine Kündigung des Schuldners muss ggü dem Pfandgläubiger und dem Gläubiger erklärt werden (II), nicht notwendig gleichzeitig.

3 **Nach Pfandreife** (§ 1228 II) ist der Gläubiger (Ddorf WM 92, 1937, 1940), aber auch der Pfandgläubiger zur Ausübung eines Kündigungsrechts berechtigt (III Hs 1). Das gilt auch für die Kündigung einer Lebensversicherung, da das Kündigungsrecht kein höchstpersönliches Recht des Versicherungsnehmers ist (BGHZ 45, 162, 168 = NJW 66, 1071; MüKo/*Damrau* Rz 4; Soergel/*Habersack* Rz 3; aA Staud/*Wiegand* Rz 4; Erman/*Michalski* Rz 3). Für die Kündigung des Schuldners genügt eine Erklärung ggü dem Pfandgläubiger (II Hs 2).

§ 1284 Abweichende Vereinbarungen.

Die Vorschriften der §§ 1281 bis 1283 finden keine Anwendung, soweit der Pfandgläubiger und der Gläubiger ein anderes vereinbaren.

1 Die grds formfreie abw Vereinbarung, die noch nach Bestellung des Pfandrechts erfolgen kann, muss § 1277 2 beachten (RGZ 90, 255, 256). Eine Anzeige an den Schuldner ist nicht erforderlich, da § 1275 ihn schützt.

§ 1285 Mitwirkung zur Einziehung.

(1) Hat die Leistung an den Pfandgläubiger und den Gläubiger gemeinschaftlich zu erfolgen, so sind beide einander verpflichtet, zur Einziehung mitzuwirken, wenn die Forderung fällig ist.
(2) [1]Soweit der Pfandgläubiger berechtigt ist, die Forderung ohne Mitwirkung des Gläubigers einzuziehen, hat er für die ordnungsmäßige Einziehung zu sorgen. [2]Von der Einziehung hat er den Gläubiger unverzüglich zu benachrichtigen, sofern nicht die Benachrichtigung untunlich ist.

In Ergänzung des § 1281 schreibt I bei Meidung von Schadensersatz eine einklagbare gegenseitige Mitwir- 1
kungspflicht von Gläubiger und Pfandgläubiger bei der Einziehung vor, zB durch Einrichtung eines gemeinsamen Kontos oder die Bestimmung eines Treuhänders.

II sieht in Ergänzung des § 1282 eine Pflicht des Gläubigers zur Einziehung und zur Benachrichtigung des 2
Gläubigers vor. Diese umfasst nicht die Pflicht des Gläubigers zu anderweitigen Vollstreckungsmaßnahmen
(RGZ 169, 321, 323). Bei Leistung eines Kostenvorschusses, zu der der Gläubiger verpflichtet ist, besteht eine
Pflicht, die verpfändete Forderung einzuklagen. Durch eine schuldhafte Verletzung dieser Pflichten macht
sich der Pfandgläubiger schadensersatzpflichtig.

§ 1286 Kündigungspflicht bei Gefährdung. ¹Hängt die Fälligkeit der verpfändeten Forderung von einer Kündigung ab, so kann der Pfandgläubiger, sofern nicht das Kündigungsrecht ihm zusteht, von dem Gläubiger die Kündigung verlangen, wenn die Einziehung der Forderung wegen Gefährdung ihrer Sicherheit nach den Regeln einer ordnungsmäßigen Vermögensverwaltung geboten ist. ²Unter der gleichen Voraussetzung kann der Gläubiger von dem Pfandgläubiger die Zustimmung zur Kündigung verlangen, sofern die Zustimmung erforderlich ist.

Die § 1283 ergänzende Vorschrift normiert bei Gefährdung der Sicherheit der verpfändeten Forderung etwa 1
durch schlechte Vermögensverhältnisse des Schuldners, auch wenn sie schon bei Pfandrechtsbestellung
bestanden, eine einklagbare und nach § 894 ZPO vollstreckbare Pflicht des Gläubigers zur Kündigung (1)
sowie, soweit erforderlich, eine ebensolche Pflicht des Pfandgläubigers, der Kündigung zuzustimmen (2).
Eine schuldhafte Verletzung dieser Pflichten begründet einen Schadensersatzanspruch aus § 280.

§ 1287 Wirkung der Leistung. ¹Leistet der Schuldner in Gemäßheit der §§ 1281, 1282, so erwirbt mit der Leistung der Gläubiger den geleisteten Gegenstand und der Pfandgläubiger ein Pfandrecht an dem Gegenstand. ²Besteht die Leistung in der Übertragung des Eigentums an einem Grundstück, so erwirbt der Pfandgläubiger eine Sicherungshypothek; besteht sie in der Übertragung des Eigentums an einem eingetragenen Schiff oder Schiffsbauwerk, so erwirbt der Pfandgläubiger eine Schiffshypothek.

A. Inhalt und Anwendungsbereich. § 1287 regelt in Ergänzung der §§ 1281, 1282 und 1284 (*Ludwig* DNotZ 1
92, 339, 348) die Wirkung der Leistung auf die wirksam verpfändete Forderung. Da diese erlischt (§ 362 I),
fällt das Verpfändungsobjekt weg. An seine Stelle tritt grds der geleistete Gegenstand, an dem sich das Pfandrecht im Wege dinglicher Surrogation fortsetzt (1) bzw an dem der Pfandgläubiger eine Hypothek erwirbt
(2). Für verpfändete Geldforderungen enthält § 1288 weitere Regelungen. Zu Wirkungen einer gg §§ 1281,
1282 verstoßenden Leistung s. § 1281 Rn 5.

§ 1287 ist analog anwendbar, wenn sich der Pfandgegenstand in eine Forderung umwandelt, zB bei Einlö- 2
sung eines Wertpapiers (BGH NJW 97, 2110, 2111; *Ganter* NZI 08, 583, 587 f), bei einem verpfändeten
GmbH-Anteil in einen Anspruch auf die Abfindung (RGZ 142, 373, 378 f) oder bei einem Miterbenanteil in
eine Forderung auf den hinterlegten Teilungserlös (BGHZ 52, 99, 107 = NJW 69, 1347). An dieser Forderung
setzt sich das Pfandrecht fort, nicht jedoch an einem zu Alleineigentum zugeteilten Nachlassgegenstand (RGZ
84, 395, 397).

Ein Pfandrecht an einem Anwartschaftsrecht setzt sich analog § 1287 am Eigentum bzw Patent fort (BGHZ 3
35, 85, 94 = NJW 61, 1349; 125, 334, 339 = 94, 3099; *Ganter* NZI 08, 583, 587), das Pfandrecht an einer
hypothekarisch gesicherten Forderung mit Erlöschen in der Zwangsversteigerung an der nach § 128 I ZVG
entstehenden Sicherungshypothek (RGZ 60, 221, 223 f).

Bestand an der Forderung kein Pfandrecht, greift § 1287 nicht ein; für den vermeintlichen Pfandgläubiger 4
kommt neben einem Anspruch auf Bestellung eines Pfandrechts nur ein Zurückbehaltungsrecht an der
geleisteten Sache in Betracht (RGZ 51, 83, 86; 66, 24, 27).

B. Leistung einer beweglichen Sache. An einer nach § 1282 geleisteten Sache erlangt der Gläubiger Eigen- 5
tum, der Pfandgläubiger mit unmittelbarem Besitz ein Pfandrecht (*Ganter* NZI 08, 583, 587). An einer nach
§ 1281 geleisteten Sache erlangt der Gläubiger Eigentum, der Pfandgläubiger ein Pfandrecht, wenn er mindestens einfachen Mitbesitz erwirbt (MüKo/*Damrau* Rz 4; AnwK/*Bülow* Rz 5; aA Soergel/*Habersack* Rz 5).

C. Leistung von Forderungen und Rechten. Ist die verpfändete Forderung auf Übertragung eines 6
Anspruchs oder Rechts gerichtet, so erwirbt der Gläubiger mit der Übertragung des Rechts, der Pfandgläubiger gleichzeitig ohne Anzeige nach § 1280 ein Pfandrecht daran (§ 1287 1).

D. Leistung eines Grundstücks, Rechts an einem Grundstück oder Schiffs. I. Auflassungsanspruch. Bei 7
der Erfüllung eines verpfändeten Auflassungsanspruchs erlangt der Pfandgläubiger nach § 1287 II Hs 1 eine
Sicherungshypothek am übereigneten Grundstück. Die Hypothek geht allen Rechten, die erst mit der
Umschreibung des Grundbuchs eintragbar sind, im Rang vor (BGHZ 49, 197, 207 f = NJW 68, 493 m Anm
Rose 1087; Jena DNotZ 97, 158, 161). Für eine zu Gunsten des Verkäufers bewilligte Restkaufgeldhypothek

soll dies nach hM nicht gelten (BayObLGZ 72, 46, 49f; LG Fulda Rpfleger 88, 253; Staud/*Wiegand* Rz 15; aA Soergel/*Habersack* Rz 8; *Just* JZ 98, 120, 123 ff m beachtlichen Argumenten). Die Eintragung der Sicherungshypothek stellt eine Berichtigung des Grundbuchs dar (BayObLG NJW-RR 91, 567).

8 **II. Anwartschaftsrecht.** War ein Anwartschaftsrecht aus bereits erfolgter Auflassung Pfandgegenstand, so erwirbt der Pfandgläubiger in Anlehnung an § 1287 mit Erstarken des Anwartschaftsrechts zum Vollrecht eine Sicherungshypothek am Grundstück (BGHZ 49, 197, 205 = NJW 68, 493).

9 **III. Anspruch auf Bestellung eines Rechts an einem Grundstück.** War ein solcher Anspruch verpfändet, so entsteht mit der Eintragung bzw deren Rückübertragung kraft Gesetzes ein Pfandrecht an der Grundschuld bzw Eigentümergrundschuld (BGHZ 108, 237, 246 = NJW 89, 2536; Celle JR 56, 145, 146).

§ 1288 Anlegung eingezogenen Geldes.
(1) ¹Wird eine Geldforderung in Gemäßheit des § 1281 eingezogen, so sind der Pfandgläubiger und der Gläubiger einander verpflichtet, dazu mitzuwirken, dass der eingezogene Betrag, soweit es ohne Beeinträchtigung des Interesses des Pfandgläubigers tunlich ist, nach den für die Anlegung von Mündelgeld geltenden Vorschriften verzinslich angelegt und gleichzeitig dem Pfandgläubiger das Pfandrecht bestellt wird. ²Die Art der Anlegung bestimmt der Gläubiger.
(2) Erfolgt die Einziehung in Gemäßheit des § 1282, so gilt die Forderung des Pfandgläubigers, soweit ihm der eingezogene Betrag zu seiner Befriedigung gebührt, als von dem Gläubiger berichtigt.

1 **A. Einziehung einer Geldforderung vor Pfandreife.** Bei Leistung vor Pfandreife (§ 1228 II) erwirbt der Gläubiger das Eigentum, der Pfandgläubiger nach § 1287 1 ein Pfandrecht am Geld, bei unbarer ein Pfandrecht an der Forderung gg die kontoführende Bank. Nach I sind beide verpflichtet, bei der mündelsicheren Anlage (§ 1807) von Geld und der Bestellung eines Pfandrechts für den Pfandgläubiger daran mitzuwirken. Bei der Anlageart hat der Gläubiger auf die Interessen des Pfandgläubigers Rücksicht zu nehmen.

2 **B. Einziehung einer Geldforderung nach Pfandreife.** Bei Leistung nach Pfandreife (§ 1228 II) wird der Pfandgläubiger Alleineigentümer des Geldes, soweit es zur Befriedigung der gesicherten Forderung erforderlich ist. Diese erlischt ebenso wie die verpfändete Forderung und daran bestehende nachrangige Pfandrechte, es sei denn, der Verpfänder ist mit dem persönlichen Schuldner nicht identisch. Dann geht die gesicherte Forderung auf den Verpfänder über (§§ 1273 II 1, 1225 1).

3 Leistet der Schuldner einen die gesicherte Forderung übersteigenden Betrag an den Pfandgläubiger, wird der Schuldner nach hM ggü dem Gläubiger nicht frei (hM, Soergel/*Habersack* Rz 5; Erman/*Michalski* Rz 2), sondern muss den überzahlten Betrag beim Pfandgläubiger kondizieren (§ 812 I 1 Alt 1). Er muss also die Reichweite des Einziehungsrechts des Pfandgläubigers klären und den geschuldeten Betrag ggf hinterlegen (§ 372).

4 Bestand kein Pfandrecht, so muss der Schuldner den geleisteten Betrag beim Pfandgläubiger kondizieren, es sei denn, die Verpfändung der Forderung wurde ihm angezeigt (§ 1280). Dann ist der Schuldner durch seine Leistung an den Pfandgläubiger dem Gläubiger ggü frei geworden (§§ 1275, 409) und der Gläubiger muss sich an den Pfandgläubiger halten (§ 816 II).

§ 1289 Erstreckung auf die Zinsen.
¹Das Pfandrecht an einer Forderung erstreckt sich auf die Zinsen der Forderung. ²Die Vorschriften des § 1123 Abs. 2 und der §§ 1124, 1125 finden entsprechende Anwendung; an die Stelle der Beschlagnahme tritt die Anzeige des Pfandgläubigers an den Schuldner, dass er von dem Einziehungsrecht Gebrauch mache.

1 **A. Inhalt und Anwendungsbereich.** Die dispositive auch für Pfändungspfandrechte (Ddorf WM 84, 1431) geltende Regelung erstreckt das Pfandrecht auf die nach seiner Entstehung fällig werdenden Zinsen aller Art, auf rückständige nur bei besonderer Vereinbarung (Ddorf WM 84, 1431). § 1289 gilt nicht beim Nutzungspfandrecht (§ 1213), bei gesonderter Verpfändung des Zinsanspruchs (RGZ 74, 78, 81). Für Wertpapiere s. § 1296.

2 **B. Entspr Anwendung der §§ 1123 II, 1124 und 1125.** Zinsen werden wie Miet- und Pachtzinsforderungen bei der Hypothek behandelt, wobei an die Stelle der Beschlagnahme die Anzeige des Pfandgläubigers an den Schuldner tritt, dass er von seinem Einziehungsrecht (§§ 1281, 1282) Gebrauch macht. Erst mit der Anzeige wird die Haftung der Zinsansprüche wirksam. Vorher darf der Gläubiger über die Zinsen verfügen. Zum Umfang der Haftung und Enthaftung sowie zur Wirksamkeit von Vorausverfügungen s. § 1123 Rn 5, § 1124 Rn 4–8 und § 1125 Rn 2 f.

§ 1290 Einziehung bei mehrfacher Verpfändung.
Bestehen mehrere Pfandrechte an einer *Forderung*, so ist zur Einziehung nur derjenige Pfandgläubiger berechtigt, dessen Pfandrecht den übrigen Pfandrechten vorgeht.

A. Einziehungsrecht bei mehrfacher Verpfändung. Zur Einziehung (§§ 1281 f) und Kündigung (§ 1283) ist 1
nur der **erstrangige (§§ 1273 II, 1209)** Pfandgläubiger berechtigt, auch soweit die Forderung zu seiner
Befriedigung nicht benötigt wird. Der nachrangige Pfandgläubiger kann nach Pfandreife (§ 1228 II) nur Leistung an den erstrangigen (§ 1282 I), vor Pfandreife nur an diesen und den Gläubiger gemeinschaftlich
(§ 1281 1) verlangen. Der erstrangige Pfandgläubiger kann sein Einziehungsrecht auf einen nachrangigen
übertragen (BGH NJW 81, 1671, 1672), da § 1290 dispositiv ist. Nach Erlöschen des rangersten Pfandrechts
steht das Einziehungsrecht dem nächstrangigen Pfandgläubiger zu.
Gleichrangige Pfandgläubiger können eine unteilbare Leistung nur an alle verlangen (§ 432). Bei teilbaren 2
Forderungen kann jeder Pfandgläubiger den ihm gebührenden quotenmäßigen Anteil einziehen (Staud/*Wiegand* Rz 5; Soergel/*Habersack* Rz 4; BaRoth/*Sosnitza* Rz 3; aA AnwK/*Bülow* Rz 4).

B. Zusammentreffen mit Pfändungspfandrecht. Bei Zusammentreffen von Vertrags- und Pfändungspfand- 3
recht gilt § 1290 nicht (RGZ 97, 34, 40). Das Einziehungsrecht hat vielmehr der Pfändungspfandgläubiger.
Das Vertragspfandrecht setzt sich nach § 1287 am Erlös fort. Ein vorrangiger Pfandgläubiger kann daraus
vorzugsweise Befriedigung verlangen (§ 805 ZPO; Hamm NJW-RR 90, 233). Ein Nutzungspfandgläubiger hat
ein Widerspruchsrecht nach § 771 ZPO (RGZ 87, 321, 323). Bei Zusammentreffen mehrerer Pfändungspfandrechte gelten §§ 804, 853 ff ZPO.

§ 1291 Pfandrecht an Grund- oder Rentenschuld. Die Vorschriften über das Pfandrecht an einer Forderung gelten auch für das Pfandrecht an einer Grundschuld und an einer Rentenschuld.

Die Vorschrift stellt Grundschulden einer Forderung auf Zahlung eines bestimmten Betrages, Rentenschulden 1
einer auf eine Geldrente gerichteten Forderung gleich und verweist auf §§ 1281–1290. Schuldner ist der
Grundstückseigentümer. Die Renten werden als Zinsen behandelt (§ 1200). Für Hypotheken gilt § 1291 nicht.
Die Verpfändung von Grund- und Rentenschulden erfolgt nach §§ 1274 I 1, 1154. Nr 14 AGB-Banken erfasst 2
Grundschulden nicht; eine selbständige Verpfändung eines Grundschuldbriefs ist ausgeschlossen (BGHZ 60,
174, 175 = NJW 73, 514), eine Anzeige nach § 1280 entbehrlich. Das Pfandrecht an einer Forderung, die
durch eine Grundschuld gesichert ist, ergreift die Grundschuld nicht (RGZ 135, 272, 274).
Die Verwertung bestimmt sich nach §§ 1281 f, dh der Pfandgläubiger muss nach Pfandreife einen Duldungs- 3
titel erwirken und daraus vollstrecken. Das gilt trotz § 1197 auch bei Verpfändung einer Eigentümergrundschuld (BGHZ 103, 30, 37 = NJW 88, 1026; Köln NJW 59, 2167, 2168).

§ 1292 Verpfändung von Orderpapieren. Zur Verpfändung eines Wechsels oder eines anderen Papiers, das durch Indossament übertragen werden kann, genügt die Einigung des Gläubigers und des Pfandgläubigers und die Übergabe des indossierten Papiers.

A. Inhalt und Verpfändungsarten. § 1292 regelt die Verpfändung von Orderpapieren, dh Wechseln, Order- 1
schecks (Art 14 I ScheckG), Namensaktien (§ 68 I AktG), Namensinvestmentanteilsscheinen (§ 33 I InvG)
und Papieren nach § 363 HGB, auf wertpapierrechtlichem Wege durch formfreie Einigung über die Pfandrechtsbestellung, Übergabe des Papiers gem § 1205 f (RGZ 126, 348, 352) sowie Indossament. Bei depotverwahrten Aktien erfolgt die erforderliche Übergabe idR nach § 1205 II (*Nodoushani* WM 07, 289, 294, 295)
Einer Anzeige nach § 1280 bedarf es nicht. Bei Namensaktien und Namensinvestmentanteilsscheinen kann
die Verpfändung zustimmungsbedürftig sein (§ 68 II AktG), bedarf aber keiner Eintragung im Aktienregister
(§ 67 AktG; *Stupp* DB 06, 655, 660; *Nodoushani* WM 07, 289, 291).
Das Indossament kann sein ein offenes, auch blanko mögliches Pfandindossament (Art 19 WG) oder ein ver- 2
decktes Pfandindossament, also dem äußeren Anschein nach ein Vollindossament (*Stupp* DB 06, 655, 657 f;
Nodoushani WM 07, 289, 292). Ein offenes Vollmachtsindossament (Art 18 WG, 23 ScheckG) reicht nicht
aus (MüKo/*Damrau* Rz 12; Soergel/*Habersack* Rz 5; aA Staud/*Wiegand* Rz 10; AnwK/*Bülow* Rz 11).
Eine Verpfändung des verbrieften Rechts ist ferner nach § 1274 I 2 durch Einigung und Übergabe (BGHZ 3
104, 145, 149 = NJW 88, 1979; BGH NJW 58, 302, 303) des nicht indossierten Papiers ohne Anzeige nach
§ 1280 (*Stupp* DB 06, 655, 657; aA fälschlich *G. Hoffmann* WM 07, 1547) möglich Eine solche Verpfändung
sehen Nr 14 I AGB-Banken und Nr 21 I AGB-Sparkassen vor. Möglich ist selbstverständlich ferner eine wertpapier- oder eine zivilrechtliche Sicherungsübertragung eines Orderpapiers. Ob sie oder aber eine Verpfändung gewollt ist, ist Auslegungsfrage (BGH WM 61, 57).

B. Wirkungen der verschiedenen Verpfändungsarten. I. Offenes Pfandindossament. Bei einer Verpfändung mit- 4
tels offenen Pfandindossaments kann der Pfandgläubiger alle Rechte aus dem Orderpapier geltend machen; sein
Indossament hat die Wirkung eines Vollmachtsindossaments (Art 19 I WG). Es gelten die Vermutung und der Schutz
des gutgläubigen Pfandrechtserwerbs nach Art 16 WG, 19, 21 ScheckG und § 365 I HGB. Die aus dem Orderpapier
Verpflichteten können dem redlichen Pfandindossatar Einwendungen aus ihren unmittelbaren Beziehungen zum
Gläubiger nicht entgegensetzen (Art 19 II WG, 22 ScheckG, § 364 II HGB; *G. Hoffmann* WM 07, 1547, 1548). Der
Pfandindossatar kann gg den Pfandindossanten nicht wertpapierrechtlich vorgehen (RGZ 120, 205, 210).

5 **II. Verdecktes Pfandindossament.** Da eine Verpfändung mit einem Vollindossament vorliegt, erwirbt der Pfandgläubiger keinen wertpapierrechtlichen Anspruch gg den Verpfänder (RGZ 120, 205, 210), sondern nur dieselben Rechte wie beim offenen Pfandindossament. Da ein Vollindossament vorliegt, erwirbt ein Gutgläubiger das Orderpapier als solches, nicht nur das Pfandrecht daran. Wird ein Wechsel an eine Bank zum Diskont indossiert, liegt kein verdecktes Pfandindossament vor (Nr 14 III AGB-Banken, Nr 21 II AGB-Sparkassen; BGH WM 68, 695; 84, 1391, 1392; 86, 610, 611). Sammelverwahrte Namensaktien sind nach den AGB der Wertpapiersammelbank blanko indossiert (*G. Hoffmann* WM 07, 1547, 1551).

6 **III. Verpfändung nach § 1274.** Bei einer Verpfändung der verbrieften Forderung durch Einigung und Übergabe des nicht indossierten Papiers bleiben dem Schuldner alle Verteidigungsmöglichkeiten nach §§ 1275, 404 erhalten (*G. Hoffmann* WM 07, 1547, 1548).

7 **C. Verwertung des indossierten, verpfändeten Orderpapiers.** Für die Verwertung gelten neben §§ 1294–1296 die §§ 1279 ff und ergänzend die §§ 1273 ff, dh, die Befriedigung des Pfandgläubigers erfolgt grds durch Klage auf Duldung der Zwangsvollstreckung in das Papier (§ 1277) und dessen anschließende Pfändung.

§ 1293 Pfandrecht an Inhaberpapieren.
Für das Pfandrecht an einem Inhaberpapier gelten die Vorschriften über das Pfandrecht an beweglichen Sachen.

1 **A. Inhaberpapier als Sachpfand.** Inhaberpapiere, dh Inhaberschuldverschreibung (§ 793), kleine Inhaberpapiere (§ 807), Inhaberscheck (Art 5 ScheckG), Inhabergrund- und Inhaberrentenschuldbrief (§§ 1195, 1199), Inhaberaktie (§ 10 AktG) und Inhaberinvestmentanteilsschein (§ 33 I InvG), stehen bei der Verpfändung beweglichen Sachen gleich. Wie Inhaberpapiere sind Schuldbuchforderungen und Bundesschatzbriefe zu behandeln (BGH NJW 86, 1675, 1675; s.a. BundeswertpapierverwaltungsG v 11.12.01 (BGBl I 3519).

2 **B. Verpfändung.** Die Verpfändung erfolgt durch Einigung und Übergabe nach §§ 1205 f (BGH NJW 97, 2110, 2111 f). Indossament und Anzeige nach § 1280 sind entbehrlich, aber ratsam. Gutgläubiger Pfandrechtserwerb nach §§ 1207, 935 II sowie §§ 366 f HGB ist möglich. Eine Verpfändung des verbrieften Rechts kann auch nach §§ 1273, 1279 durch Einigung und Übergabe (KG NJW-RR 03, 542) ohne Anzeige nach § 1280 erfolgen; ein gutgläubiger Erwerb ist dann nicht möglich (*Hirte/Knof* WM 08, 7, 9).

3 Bei Sonderdepot (**Streifenbandverwahrung**) verwahrten Aktien erfolgt die Übergabe idR nach § 1205 II (*Nodoushani* WM 07, 289, 294 f). Unterhält der Verpfänder sein Depot beim Pfandgläubiger, ist die Übergabe der Aktien nach § 1205 I 2 entbehrlich (*G. Hoffmann* WM 07, 1547, 1550). Bei Inhaberpapieren in Sammelverwahrung (§ 5 DepotG) wird der Miteigentumsanteil (§ 1258) verpfändet (*G. Hoffmann* aaO 1549); die Verpfändung ist der Wertpapiersammelbank anzuzeigen (§ 1205 II; *G. Hoffmann* aaO 1550). Bei globalverbrieften Aktien (§ 10 V AktG) fehlt mittelbarer Besitz des Verpfänders; sie lassen sich deshalb nur nach einer Einzelverbriefung oder nach §§ 1274 I 1, 398 durch Verpfändung der Mitgliedschaft verpfänden (*Habersack/Mayer* WM 00, 1678, 1680 ff; AnwK/*Bülow* Rz 7; s.a. *Hirte/Knof* WM 08, 7, 12 f). Zur Verpfändung künftiger Aktien *Stupp* DB 06, 655, 658 f.

4 Durch die Verpfändung entsteht zwischen Verpfänder und Pfandgläubiger ein gesetzliches Schuldverhältnis (§§ 1215 ff). Der Pfandgläubiger ist daraus zur Einlösung fälliger und zur Beschaffung neuer Zinsscheine (§ 803) und ggf zum Umtausch von Aktien verpflichtet (§§ 1218 f). Das Pfandrecht setzt sich an den Ersatzstücken und Gratisaktien fort (RGZ 116, 198, 203), nicht aber an neuen Aktien aufgrund eines Bezugsrechts (RGZ 139, 224, 229; aA MüKo/*Damrau* Rz 8; *G. Hoffmann* WM 07, 1547, 1554).

5 **C. Verwertung.** Die Verwertung erfolgt durch Pfandverkauf nach §§ 1228, 1235 I, gem § 1233 II, durch Einziehung der Forderung nach § 1294 oder nach § 1277 sowie bei entspr Vereinbarung (§§ 1245, 1259) durch freihändigen Verkauf oder Verfall. Das Pfandrecht setzt sich am Erlös bzw am Einlösungsbetrag fort (§ 1287; BGH NJW 97, 2110, 2111). Zur Verwertung in der Insolvenz des Sicherungsgebers *Ch Berger* ZIP 07, 1533.

§ 1294 Einziehung und Kündigung.
Ist ein Wechsel, ein anderes Papier, das durch Indossament übertragen werden kann, oder ein Inhaberpapier Gegenstand des Pfandrechts, so ist, auch wenn die Voraussetzungen des § 1228 Abs. 2 noch nicht eingetreten sind, der Pfandgläubiger zur Einziehung und, falls Kündigung erforderlich ist, zur Kündigung berechtigt und kann der Schuldner nur an ihn leisten.

1 Abw von §§ 1281, 1283 hat der Pfandgläubiger bei Inhaber- und Orderpapieren auch bei Verpfändung nach § 1274 I 1 schon vor Pfandreife (§ 1228 II) das alleinige Einziehungs- und Kündigungsrecht ohne Rücksicht auf die Höhe der eigenen Forderung. § 1285 II gilt. Zu diesem Zweck kann der Pfandgläubiger, der nur Mitbesitzer ist, die Einräumung von Alleinbesitz verlangen (§ 1231). Ein Anspruch auf Abtretung an Zahlungs statt besteht nur iRv § 1282 I 3. Das Kündigungsrecht des Schuldners regelt § 1283 II und III.

2 Der Schuldner kann mit befreiender Wirkung nur an den Pfandgläubiger leisten; geschieht dies, erlischt das Pfandrecht. Der Gläubiger wird Eigentümer geleisteten Geldes bzw Gläubiger des Anspruchs auf Gutschrift

gg die kontoführende Bank, der Pfandgläubiger erwirbt ein Pfandrecht daran (§ 1287 1; BGH NJW 97, 2110, 2111). An dem Anspruch des Kontoinhabers aus der Gutschrift entsteht nachrangig ein Pfandrecht nach Nr 14 I 2 AGB-Banken, Nr 21 I 3 AGB-Sparkassen (BGH NJW 03, 360, 361). Vor Pfandreife gilt § 1288 I, nach Pfandreife § 1288 II.

§ 1295 Freihändiger Verkauf von Orderpapieren.
¹Hat ein verpfändetes Papier, das durch Indossament übertragen werden kann, einen Börsen- oder Marktpreis, so ist der Gläubiger nach dem Eintritt der Voraussetzungen des § 1228 Abs. 2 berechtigt, das Papier nach § 1221 verkaufen zu lassen. ²§ 1259 findet entsprechende Anwendung.

Die Vorschrift erleichtert die Verwertung von Orderpapieren (§ 1292 Rn 1) mit einem Markt- oder Börsenpreis (§ 385 Rn 1) auch bei Verpfändung nach § 1274. Der freihändige Verkauf (§ 1221), der neben die Verwertung nach §§ 1294 und 1277 tritt, setzt grds Verkaufsandrohung (§ 1234) und Benachrichtigung (§ 1241) voraus (*Schuler* NJW 57, 1049, 1052; *A. Wittig* FS Kümpel 587, 595). § 1244 findet Anwendung (RGZ 61, 330, 333). Der Pfandgläubiger kann die Papiere selbst erwerben. Verfall ist nur nach §§ 1229, 1259 zulässig.   1

§ 1296 Erstreckung auf Zinsscheine.
¹Das Pfandrecht an einem Wertpapier erstreckt sich auf die zu dem Papiere gehörenden Zins-, Renten- oder Gewinnanteilscheine nur dann, wenn sie dem Pfandgläubiger übergeben sind. ²Der Verpfänder kann, sofern nicht ein anderes bestimmt ist, die Herausgabe der Scheine verlangen, soweit sie vor dem Eintritt der Voraussetzungen des § 1228 Abs. 2 fällig werden.

In Abweichung von § 1289 erstreckt sich ein Pfandrecht insb bei Order- und Inhaberpapieren auf zugehörige Zins-, Renten und Gewinnanteilscheine, dh selbständig übertrag- und verpfändbare Wertpapiere (RGZ 77, 333, 335), nur, wenn sie dem Pfandgläubiger übergeben wurden (§ 1205 f). Aufgrund des Verpfändungsvertrages kann der Verpfänder zur Herausgabe verpflichtet sein. Für Zinserneuerungsscheine gilt § 1296 zwar nicht (RGZ 74, 339, 341), im Zweifel erstreckt sich das Pfandrecht aber auch auf sie (RGZ 58, 162, 165). Bei Verpfändung von Aktien ohne separaten Dividendenschein ist das Dividendenrecht mitverpfändet (*G. Hoffmann* WM 07, 1547, 1553).   1

Soweit nicht – wie etwa in Nr 14 IV AGB-Banken – anderes vereinbart ist, kann der Verpfänder außer beim Nutzungspfand (§ 1213) die Rückgabe vor Pfandreife fällig werdender Zinsscheine verlangen (2). Hatte der Pfandgläubiger Zinsscheine bereits eingelöst, muss er den eingezogenen Betrag herausgeben.   2

Buch 4 Familienrecht

Abschnitt 1 Bürgerliche Ehe

Titel 1 Verlöbnis

Vorbemerkungen vor § 1297: Nichteheliche Lebensgemeinschaft

1 **A. Allgemeines.** Die nichteheliche Lebensgemeinschaft, die wegen der Geltung der Rechtsprechung zur Vermögensauseinandersetzung auch für andere Formen des Zusammenlebens (BGH FamRZ 08, 1822) auch als **faktische Lebensgemeinschaft** bezeichnet wird (vgl *Gziwotz* FamRZ 09, 750; *Löhnig* FuR 08, 521) wird von der Rspr definiert als heterosexuelle Beziehung, die auf unbestimmte Dauer angelegt ist, sich durch innere Bindungen der Partner zueinander auszeichnet und neben sich keine weiteren Lebensgemeinschaften gleicher Art zulässt (BGH FamRZ 93, 533; BSG FamRZ 93, 1315; BVerfG FamRZ 93, 164; FamRZ 04, 1950). Die Bindungen der Partner zueinander müssen so eng sein, dass sie auch in den Not- und Wechselfällen des Lebens füreinander einstehen und Verantwortung übernehmen (BVerfG FamRZ 93, 163). Sie wird deshalb auch als Verantwortungs- und Einstehensgemeinschaft bezeichnet (*Gziwotz* FamRZ 94, 1217). Sie weist zwar weitgehende Ähnlichkeit mit der Ehe auf, unterscheidet sich von dieser aber durch den Mangel an Form (Ddorf FamRZ 81, 1077). Überdies ist nur die Ehe die rechtlich verfasste Paarbeziehung zwischen Mann und Frau, in der die gegenseitige Solidarität nicht nur faktisch gelebt wird, sondern auch eingeklagt werden kann (BVerfG FamRZ 07, 529, 531).

2 In einigen **sozialrechtlichen Vorschriften** (zB §§ 7 III Nr 3b SGB II, 20 SGB XII) wird der Begriff der nichtehelichen Lebensgemeinschaft weiter gefasst, um auf diese Weise eine Benachteiligung der Ehe ggü anderen Formen des Zusammenlebens im Hinblick auf die Gewährung staatlicher Leistungen zu verhindern. Hier reicht iA das Bestehen einer reinen Wohn- und Wirtschaftsgemeinschaft (BSG FamRZ 88, 1261; BVerwG FamRZ 91, 327) aus, um die gesetzlich bestimmten Folgen nichtehelichen Zusammenlebens auszulösen.

3 Die nichteheliche Lebensgemeinschaft ist kein **Verlöbnis**, da es ihr an dem für § 1297 erforderlichen Eheversprechen fehlt. Andererseits schließen Verlöbnis und nichteheliche Lebensgemeinschaft sich nicht aus, wenn die zusammen lebenden Partner die spätere Eheschließung vereinbart haben (Staud/*Löhnig* Anh zu § 1297 Rz 39). Im Fall der Trennung konkurrieren dann ggf die von der Rspr entwickelten Grundsätze zur Rückabwicklung von Zuwendungen mit Ansprüchen aus § 1301 (vgl *Gziwotz* FamRZ 99, 413).

4 Häufig schwierig zu ermitteln ist der **Beginn** des nichtehelichen Zusammenlebens, weil es anders als in der Ehe keinen nach außen sichtbaren Akt des Entstehens gibt. Die äußeren Formen – Begründung einer gemeinsamen Wohnung, gemeinsames Wirtschaften – schaffen zwar Indizien, lassen allein aber noch keinen sicheren Schluss auf den maßgeblichen Willen der Partner zu einer auf Dauer angelegten und durch innere Bindungen ausgezeichneten Partnerschaft zu. Gleichwohl wird es idR zulässig sein, von äußeren Umständen auf die innere Einstellung der Partner zueinander zu schließen (BVerfG FamRZ 93, 164; LSG BaWü NJW 06, 2349; LSG NRW NJW 05, 2253). Sinnvoll erscheint es, in Anlehnung an § 7 IIIa SGB XII regelmäßig vom Bestehen einer nichtehelichen Lebensgemeinschaft auszugehen, wenn die Partner alternativ länger als 1 Jahr oder mit einem gemeinsamen Kind zusammen leben, Kinder oder Angehörige im Haushalt versorgen oder befugt sind, über Einkommen oder Vermögen des anderen zu verfügen (Saarbr NJW-RR 09, 1449 für den gemeinsamen Erwerb einer Immobilie).

5 Da aber auch ein kurzes Zusammenleben nicht zwingend gegen eine eheähnliche Bindung spricht, ist stets eine Einzelfallprüfung geboten. Danach kann auch nach einem sehr kurzen Zusammenleben eine eheähnliche Bindung angenommen werden, wenn der schließlich maßgebliche Wille auf eine auf Dauer angelegte durch innere Bindungen ausgezeichnete Partnerschaft gerichtet war.

6 **B. Rechtslage während des Bestehens der nichtehelichen Lebensgemeinschaft. I. Beziehungen der Partner untereinander. 1. Partnerschaftsverträge und vermögensrechtliche Beziehungen.** Das unverheiratete Zusammenleben der Partner wird heute nicht mehr als generell sittenwidrig angesehen, auch dann nicht, wenn einer von beiden noch verheiratet ist (BGH FamRZ 91, 168). Deshalb können die Partner auch Partnerschaftsverträge miteinander abschließen, mit denen sie ihr Zusammenleben gestalten. Derartige Verträge sind wirksam, solange sich nicht einzelne Regelungen als sittenwidrig erweisen (BGH FamRZ 91, 168; Hamm FamRZ 88, 618; Karlsr FamRZ 89, 866). Das gilt auch für Verfügungen von Todes wegen (Ddorf FamRZ 09, 545), sofern nicht mit diesen ausschl der Zweck verfolgt wird, den Ehegatten oder Kinder aus einer noch bestehenden Ehe zu benachteiligen (BGH FamRZ 69, 323, 70, 368).

7 Auch **Unterhaltsverträge** begegnen keinen Bedenken (BGH FamRZ 86, 145), wobei allerdings die *Unverbindlichkeit und die damit verbundene Möglichkeit der jederzeitigen Beendigung der Partnerschaft* ohne Einhaltung bestimmter Fristen eines der maßgeblichen Unterscheidungsmerkmale zwischen Ehe und nichtehelicher Lebensgemeinschaft ist, weshalb Regelungen untersagt sind, durch die die Lösung der Partnerschaft verhindert oder über Gebühr erschwert wird (Hamm FamRZ 88, 618 für den Fall der Vereinbarung einer

unangemessenen Abfindung bei einseitiger Trennung). Andererseits ist die Vereinbarung von Unterhalts- oder **Abfindungsansprüchen** für den Fall der Trennung zulässig, die sich als angemessener Interessenausgleich darstellen (*Hausmann/Hohloch*, Kap 1 Rz 10). Die Grenzziehung kann im Einzelfall schwierig sein. Unzulässig ist eine Vereinbarung, wenn in ihr eine Sanktion mit Vertragsstrafencharakter zu sehen ist (Hamm NJW 88, 2474), zulässig eine solche, durch die dem wirtschaftlich schwächeren Partner das finanzielle Risiko einer Weiterführung der gemeinsamen Beziehung abgenommen werden soll (Köln FamRZ 01, 1608).

Vertraglich vereinbaren lässt sich auch eine **Altersvorsorge** zu Gunsten des wirtschaftlich schwächeren Partners, ohne dass allerdings die Möglichkeit der Übertragung von Anrechten aus der gesetzlichen Rentenversicherung oder der Beamtenpension besteht, weil diese nicht zur Disposition der Berechtigten stehen (MüKo/*Wacke* nach § 1302 Rz 47). Zulässig ist aber die Begründung eines Zahlungsanspruchs gegen den Bezieher der Rente oder Pension, der Abschluss einer Lebensversicherung zu Gunsten des Partners oder dessen freiwillige Versicherung in der gesetzlichen Rentenversicherung. 8

Schließen die Partner eine Vereinbarung für den Fall der Trennung, handelt es sich dabei um eine **unbenannte Zuwendung** (BGH FamRZ 95, 1060; 97, 933), weshalb sie keiner Form bedarf (Köln FamRZ 01, 1608). 9

Bestehen keine Vereinbarungen, ist weder das Ehe- noch das Verlöbnisrecht entspr anwendbar. Aus der Begründung eines gemeinsamen Haushalts allein kann auch noch nicht auf einen konkludent geschlossenen umfassenden Kooperationsvertrag zwischen den Partnern geschlossen werden, da durch den nur faktischen Zusammenschluss noch keine Rechtsgemeinschaft begründet wird (BGH FuR 98, 56). Auch ist nicht anzunehmen, dass sie sich den verbindlichen Regeln des Gesellschaftsrechts unterstellen wollen (BGH NJW 80, 1520; 82, 2863; 83, 2375; 92, 427; München FamRZ 80, 239), zumal eine danach bei Trennung stattfindende, dem Zugewinnausgleich ähnliche Auseinandersetzung dem mutmaßlichen Willen der Partner nicht entsprechen dürfte. 10

2. Unterhalt. Gegenseitige **Unterhaltspflichten** bestehen – abgesehen vom Fall des § 1615l – nicht; weder § 1360a, noch § 1361 oder §§ 1569 ff sind analog anwendbar. Deshalb gibt es unter den Partnern auch keine Prozesskostenvorschusspflicht (MüKo/*Wacke* nach § 1302 Rz 27). 11

Zulässig ist aber der Abschluss eines Vertrages zur Übernahme von Unterhaltspflichten. IRd Auslegung eines derartigen Vertrages können die Regelungen der §§ 1570 ff mit herangezogen werden. Bei insb der Annahme eines konkludent geschlossenen Unterhaltsvertrages ist aber Zurückhaltung geboten. So ist insb das Vertrauen auf die Fortdauer faktisch gewährten Unterhalts wegen der beiden Partnern gegebenen Möglichkeit der jederzeitigen Beendigung der Gemeinschaft nicht schützenswert. Leistet ein Partner seiner bedürftigen Partnerin Unterhalt, kann er diesen nach § 33a EStG von seinem zu versteuernden Einkommen abziehen, soweit der Partnerin mit Rücksicht auf die Unterhaltsleistungen öffentliche Mittel gekürzt worden sind (BFH FamRB 09, 133; FamRZ 04, 1642). 12

Wegen des Unterhaltsanspruchs aus § 1615l wird auf die Ausführungen zu dieser Norm verwiesen. 13

3. Versicherungsrecht. Das **Familienprivileg** des § 67 I aF VVG findet nach neuerer Rechtsprechung des BGH auf nichteheliche Lebensgemeinschaften entsprechende Anwendung (BGH FamRZ 09, 1133; Nürnbg OLGR 09, 352 zum entspr Forderungsübergang nach bayrischem Beamtenrecht). Nach § 86 III VVG nF ist der Anspruchsübergang schon von Gesetzes wegen ausgeschlossen, wenn sich „der Ersatzanspruch des Versicherungsnehmers gegen eine Person richtet, mit der er bei Eintritt des Schadens in häuslicher Gemeinschaft lebt." Die Beschränkung des Regressausschlusses nach altem Recht wurde als nicht mehr den heutigen gesellschaftlichen Verhältnissen entsprechend angesehen (BTDrs 16/3945 S 82). 14

II. Haftung. 1. Haftung ggü Dritten. a) Vertretung. Jeder Partner kann grds nur sich selbst rechtsgeschäftlich verpflichten. Die Regelung der für Ehegatten begründeten Möglichkeit der **Mitverpflichtung** nach § 1357 findet keine (analoge) Anwendung (Staud/*Löhnig* Anh zu § 1297 Rz 48), da die Möglichkeit, den Partner ohne weiteres zu verpflichten, dem Wesen der nichtehelichen Lebensgemeinschaft widerspricht, die sich von der Ehe gerade durch das Fehlen wechselseitiger Pflichten unterscheidet (Hamm FamRZ 99, 616). 15

Eine Verpflichtung des anderen kommt somit nur im Fall ausdrücklicher Vollmachtserteilung und des Handelns im fremden Namen (§ 164) in Betracht. Ggf kann auch an die Anwendung der Grundsätze der **Duldungs- und Anscheinsvollmacht** gedacht werden. Dabei kann für den Umfang einer nicht ausdrücklich erteilten Vollmacht auf § 1357 zurückgegriffen werden (Staud/*Löhnig* Anh zu § 1297 Rz 50). 16

b) Bürgschaft. Verbürgt sich ein Partner für Verbindlichkeiten des anderen, findet die Rspr zur Bürgschaft finanziell überforderter Ehegatten idR entspr Anwendung (BGH FamRZ 97, 481; *Bauer* FuR 03, 481, 487). Voraussetzung ist aber, dass dem Gläubiger die enge persönliche Bindung zwischen Schuldner und Bürgen bekannt ist. 17

2. Haftung der Partner untereinander. Da die nichteheliche Lebensgemeinschaft durch die enge persönliche Verbundenheit der Partner zueinander geprägt ist, haften die Partner untereinander nur für Vorsatz oder grobe Fahrlässigkeit, wobei diese **Haftungsbegrenzung** mit einer entspr stillschweigenden Vereinbarung iRd 18

§ 277 (Oldbg NJW 86, 2259; Karlsr FamRZ 92, 940) oder dem allgemeinen, aus §§ 1664, 1359, 708 abgeleiteten Rechtsgedanken begründet wird, nach dem im Bereich enger persönlicher Verbundenheit mit Nachlässigkeiten und Fehlern des anderen zu rechnen ist (Staud/*Löhnig* Anh zu § 1297 Rz 56 mwN).

19 Diese Haftungsbegrenzung hat allerdings keine Gültigkeit im **Straßenverkehr**, denn für individuelle Fehler und Nachlässigkeiten ist hier kein Raum (vgl § 1359 Rn 5). Anders als ein Ehegatte ist der Partner der nichtehelichen Lebensgemeinschaft auch nicht wegen der aus § 1353 abgeleiteten Verpflichtung zur ehelichen Lebensgemeinschaft daran gehindert, seinen Schadensersatzanspruch während des Zusammenlebens durchzusetzen (vgl für Ehegatten: BGH NJW 88, 1208).

20 Die Haftungsbegrenzung greift ferner nicht, wenn sich die Partner wie Dritte gegenüberstehen, also über das Zusammenleben hinaus ein Rechtsverhältnis zueinander begründen, zB durch Abschluss eines Arbeitsvertrages. Die nichteheliche Lebensgemeinschaft begründet keinen Deliktsschutz.

21 Hat ein Partner die getroffene Abrede zum Gebrauch empfängnisverhütender Mittel verletzt und kommt es deshalb zur Geburt eines gemeinsamen Kindes, begründet dies keine Schadensersatzansprüche, weil die Abrede einer rechtsgeschäftlichen Regelung nicht zugänglich ist (BGH FamRZ 86, 773).

22 **III. Gemeinsame Kinder.** Eine Unterscheidung zwischen ehelicher und nichtehelicher Abstammung gibt es nicht. Das gilt auch für das Verfahren, so dass das **Familiengericht** für alle Abstammungs- und Kindschaftssachen sowie alle sich aus der Verwandtschaft ergebenden Unterhaltsansprüche, also auch diejenigen des Kindes nicht miteinander verheirateter Eltern, zuständig ist (§§ 23a I Nr 1 GVG, 111 FamFG). Wegen der Ausgestaltung des Sorgerechts iE wird auf die Ausführungen zu §§ 1626 ff, wegen der des Umgangsrechts auf diejenigen zu §§ 1626 III, 1684 verwiesen.

23 **IV. Nichteheliche Lebensgemeinschaft und Dritte. 1. Haftung Dritter im Falle der Tötung oder Verletzung eines Partners.** Da innerhalb der nichtehelichen Lebensgemeinschaft – mit Ausnahme des Anspruchs aus § 1615l – keine gesetzlichen Unterhaltsansprüche bestehen, hat der hinterbliebene Partner gegen den Dritten nach der durch diesen erfolgten Tötung des Lebensgefährten keinen Anspruch aus § 844 II, auch dann nicht, wenn die Partner die Absicht späterer Heirat hatten. Da die Partner einander auch nicht kraft Gesetzes zu Leistungen im Haushalt oder Gewerbe verpflichtet sind, gilt dasselbe im Falle der Verletzung oder Tötung auch für Ansprüche aus § 845 (Celle NZV 09, 400; Nürnbg FamRZ 05, 2069; Palandt/*Brudermüller* Rz 26; aA: Staud/*Löhnig* Anh zu § 1297 Rz 250). Ein eigener Anspruch des Partners nach § 823 I kann aber uU bestehen, wenn dieser selbst eine Gesundheitsverletzung zB in Form des Schockschadens erlitten hat. Erstattungsfähig sind die Kosten für Besuche beim verletzten Lebensgefährten im Krankenhaus (LG Münster NJW 98, 1801; aA LG Oldenburg ZfS 89, 45).

24 **2. Krankheit des Lebenspartners.** Im Fall der Erkrankung eines Partners besteht für Ärzte und Pflegepersonal die ärztliche **Schweigepflicht** auch ggü einem langjährigen Lebenspartner (*Grziwotz* FamRZ 03, 1418, 1421; anders im Fall der Aidserkrankung, nach der dem Rechtsgut Leben des Partners ggü dem Geheimhaltungsinteresse des Erkrankten der Vorrang einzuräumen ist, Frankf MDR 99, 1444). Für Betreuungssachen ist die **Beschwerdebefugnis** im Fall der möglichen Beteiligung des Lebensgefährten als Person des Vertrauens (§ 274 IV Nr 1 FamFG) in § 303 II Nr 2 FamFG geregelt.

25 **V. Wohnung.** Haben beide Partner den Mietvertrag über die gemeinsam genutzte Wohnung abgeschlossen, sind sie dem Vermieter ggü Gesamtschuldner der zu zahlenden Miete.

26 Nimmt einer der Partner den anderen in die von ihm gemietete Wohnung auf, stellt dies eine selbständige **Gebrauchsüberlassung** iSd § 553 dar (BGH FamRZ 85, 42; Hamm FamRZ 83, 273). Der aufgenommene Partner soll dort nicht als jederzeit ausquartierbarer Besucher, sondern nach dem Willen beider mit selbständigem Mitgebrauch ausgestattet sein.

27 Der Lebensgefährte ist **Dritter** iSd § 553, da er nicht Partei des Mietvertrages ist und nicht zu den wegen ihrer engen, unter dem ausdrücklichen Schutz des Art 6 GG stehenden persönlichen Beziehungen dieser gleichstehenden Familie rechnet (BGH FuR 04, 429 = FamRZ 04, 91). Daraus folgt, dass der Mieter ohne Erlaubnis des Vermieters nicht berechtigt ist, die Mietsache dem Lebensgefährten als Dritten zu überlassen, § 540 I. Nach § 553 I steht dem Mieter, der ein berechtigtes Interesse an der Aufnahme eines Dritten hat, jedoch ein Anspruch auf Erteilung der Erlaubnis zu, die der Vermieter nur versagen kann, wenn in der Person des Dritten ein wichtiger Grund vorliegt, der Wohnraum übermäßig belegt würde oder ihm die Überlassung aus sonstigen Gründen nicht zugemutet werden kann (BGH aaO). Um dem Vermieter die Möglichkeit zur Prüfung zu geben, ist der Mieter zu Auskünften über die Person des Lebensgefährten verpflichtet (vgl § 553 Rn 6).

28 Duldet der Vermieter die Aufnahme des Partners in die Wohnung, belegt dies idR die **Zumutbarkeit** (§ 553 II), so dass nach Ablauf einer längeren Frist die Kündigung nicht mehr auf diesen Umstand gestützt werden kann. Dasselbe gilt zu Gunsten des Inhabers eines dinglichen **Wohnrechts**, der gem § 1093 II befugt ist, seine Familie mit aufzunehmen. Diese Regelung ist auf die auf Dauer angelegte nichteheliche Lebensgemeinschaft entspr anzuwenden (BGH FamRZ 82, 774).

29 Ist der Partner nicht Mit- oder Untermieter geworden, hat er ggü dem anderen kein eigenständiges **Besitzrecht** an der Wohnung. Zur Annahme eines Leihvertrages bedarf es besonderer Umstände, die noch nicht allein in dem Umstand gesehen werden können, dass die Partner sich zu einer Lebensgemeinschaft zusammen geschlossen haben, da dieser tatsächliche Vorgang allein keine rechtlichen Bindungen begründet (BGH FamRZ 08, 1404). Nach Beendigung der Partnerschaft kann der Eigentümer oder Mieter somit Herausgabe der Wohnung an sich beanspruchen, ohne dass es einer Kündigung bedarf oder ein Zurückbehaltungsrecht wegen eigener Zahlungsansprüche besteht (Hamm NJW 86, 728). Ein **Selbsthilferecht** besteht jedoch nicht, so dass der Mieter auf Räumungsklage angewiesen ist, gegen die dem Nichtmieter ggf Räumungsschutz zusteht (§ 721 V ZPO).

30 Möchte der Vermieter das Mietverhältnis beenden, muss er die **Kündigung** ggü beiden aussprechen, wenn beide Mitmieter sind, es sei denn, ein Mitmieter hat die Wohnung bereits verlassen und mit dem Vermieter über die Beendigung des Mietverhältnisses verhandelt (BGH NJW 05, 1715). Sonst reicht die Kündigung ggü dem Vertragspartner, wobei ein ggf zwischen den Partnern anzunehmendes Untermietverhältnis mit dem Hauptmietverhältnis endet (§ 546 II). Zur Fragen der Vollstreckung vgl Rn 35.

31 Ist es der Eigentümer selbst, der einen Partner in eine nichteheliche Lebensgemeinschaft aufnehmen will, so rechtfertigt dies das Recht des Vermieters zur **Eigenbedarfskündigung** iSd § 573 II Nr 2 (Karlsr FamRZ 82, 599).

32 **VI. Prozessuale Fragen.** Da die Partner einer nichtehelichen Lebensgemeinschaft nicht miteinander verlobt sind noch sonst in einer iSd § 383 ZPO oder § 52 StPO engen persönlichen Beziehung zueinander stehen, steht ihnen in einem den anderen betreffenden Rechtsstreit kein **Zeugnisverweigerungsrecht** zu (MüKo/*Wacke* nach § 1302 Rz 61; Zöller/*Greger* § 383 ZPO Rz 9; aA: Staud/*Löhnig* Anh zu § 1297 Rz 263). Dies entspricht dem eindeutigen Wortlaut der Norm. Der Umstand, dass der Gesetzgeber den Wortlaut trotz der entsprechenden Forderungen aus der Literatur anlässlich der Gesetzesänderungen der letzten Jahre beibehalten hat, spricht auch für eine bewusste Entscheidung gegen ein Aussageverweigerungsrecht.

33 Nach § 178 I ZPO können **Zustellungen** dann, wenn der Zustellungsempfänger in seiner Wohnung nicht angetroffen wird, an einen erwachsenen Familienangehörigen, eine in seiner Wohnung beschäftigte Person oder einen erwachsenen ständigen Mitbewohner erfolgen, worunter gerade auch unverheiratete Paare fallen.

34 Das Bestehen einer nichtehelichen Lebensgemeinschaft wirkt sich auf die Gewährung von **PKH** nicht aus. Zwar gehören zum Einkommen iSd § 115 ZPO alle Einkünfte in Geld oder Geldeswert, ohne Rücksicht darauf, ob hierauf ein Rechtsanspruch besteht, doch werden andererseits die iRd nichtehelichen Lebensgemeinschaft dem anderen erbrachten Leistungen nicht als Abzüge anerkannt, da der zu § 114 ZPO bestehenden Tabelle über Einkommensgrenzen nur gesetzliche Unterhaltspflichten zu Grunde gelegt sind (Köln FamRZ 88, 306; aA Stuttg MDR 05, 413 das für den Partner einen Abzug in Höhe des Freibetrages für Ehegatten vornehmen will). Deshalb findet weder eine Anrechnung der Einkünfte des Partners statt, noch muss sich der Partner der nichtehelichen Lebensgemeinschaft so behandeln lassen, als habe er einen Anspruch auf Prozesskostenvorschuss (Karlsr JurBüro 04, 382; BAG FamRZ 06, 1117).

35 Da Leistungen an den Partner der nichtehelichen Lebensgemeinschaft nicht in Erfüllung gesetzlicher Unterhaltspflichten erfolgen, führen sie nicht zu einer Erhöhung der **Pfändungsfreigrenzen** nach § 850c ZPO oder auch nur zur Berücksichtigung als besonderer Umstand iSd § 765a ZPO (LG Osnabrück Rpfleger 99, 34). Soll auf Räumung von Wohnraum vollstreckt werden, setzt dies einen **Titel gegen beide Partner** voraus, sofern die Wohnung an beide vermietet ist oder der Partner, der nicht Mitmieter geworden ist, an der Wohnung Mitbesitz begründet hat, der sich aus den Umständen klar und eindeutig ergeben muss (BGH FamRZ 08, 1174). Ist von der Sachherrschaft nur eines Partners auszugehen, genügt der Titel gegen diesen einen. Die gesetzliche Vermutung, dass an im Besitz von Ehegatten befindlichen beweglichen Sachen **Miteigentum** besteht (§ 1362), ist auf die nichteheliche Lebensgemeinschaft nicht (entsprechend) anzuwenden (BGH FamRZ 07, 457 mit Anm *Löhnig, Würdinger,* FamRZ 07, 1856).

36 **C. Auflösung der nichtehelichen Lebensgemeinschaft. I. Beendigungsfreiheit.** Wesentliches Merkmal der nichtehelichen Lebensgemeinschaft ist deren **Unverbindlichkeit**. Jeder Partner kann sich jederzeit ohne Angabe von Gründen aus ihr entfernen, weshalb Vereinbarungen, durch die die Auflösung unmöglich gemacht oder wesentlich erschwert werden, unwirksam sind. Da auch kein Vertrauensschutz gewährt wird, kann aus der einseitigen Auflösung als solcher kein Schadensersatzanspruch hergeleitet werden, solange nicht schädigende Handlungen im Zusammenhang mit der Trennung begangen werden, etwa durch Entgegennahme einer Zuwendung, wenn der Zuwendungsempfänger bereits fest entschlossen ist, den anderen zu verlassen (Celle NJW 83, 1065) oder Trennung zur Unzeit, unmittelbar vor dem Examen, der Niederkunft oder nach dem Eintritt einer schweren Erkrankung (MüKo/*Wacke* nach § 1302 Rz 329; Staud/*Löhnig* Anh zu § 1297 Rz 69 ff; aA *Diederichsen* NJW 83, 1017).

37 **II. Auseinandersetzung.** Wird eine nichteheliche Lebensgemeinschaft beendet, werden hiervon die Beziehungen zu Dritten nicht berührt. Von Bedeutung ist die Auflösung deshalb vorrangig für das Verhältnis der Partner untereinander. Haben sie den Fall der Beendigung nicht vertraglich geregelt, sind **Ausgleichsansprüche** wegen der dem anderen gewährten Leistungen jedoch grds ausgeschlossen, weil die nichteheliche Lebensgemeinschaft keine umfassende Rechtsgemeinschaft ist (BGH FamRZ 80, 664; 92, 408; 04, 94).

38 Einen allg Anspruch auf **Vermögensausgleich** gibt es nicht; die Regeln über den Zugewinnausgleich sind auch nicht analog anwendbar, weil die Rechtsordnung in Übereinstimmung mit Art 6 GG nur den Partnern einer rechtsgültigen Ehe im Falle deren Beendigung Rechte am Vermögen des anderen zugesteht (Frankf FamRZ 82, 265; Saarbr FamRZ 79, 796). Ansprüche kommen aber im Einzelfall in Betracht.

39 **1. Verrechnungsverbot.** Die nichteheliche Lebensgemeinschaft ist eine Verbindung zweier Menschen, die durch ihre zueinander bestehenden persönlichen Beziehungen geprägt ist. Ihr entscheidendes Merkmal ist ihre **Unverbindlichkeit.** Dies führt dazu, dass innerhalb der Gemeinschaft rechtliche Bindungen und rechtlich verbindliche Geschäfte idR nicht gewollt sind und die Ausnahme darstellen (BGH FamRZ 83, 1213; Ddorf FamRZ 97, 1110). Auch in wirtschaftlicher Hinsicht besteht somit keine Rechtsgemeinschaft, weshalb – sofern nicht etwas anderes vereinbart ist – weder persönliche noch wirtschaftliche Leistungen gegeneinander aufgerechnet werden (BGH FamRZ 83, 791).

40 Für Leistungen, die ein Partner iRd nichtehelichen Lebensgemeinschaft erbracht hat, hat er nach deren Beendigung deshalb regelmäßig gegen den anderen **keinen Ausgleichsanspruch**, zumal dieser gleichwertige Leistungen erbracht haben dürfte. Etwas anderes gilt nur dann, wenn die Leistungen über das iRd Lebensgemeinschaft zu Erwartende hinaus gehen (vgl u Rn 49ff).

41 **2. Wohnung.** Auf die Zuweisung der Wohnung nach der Trennung finden §§ 1361b, 1568a keine (entspr) Anwendung (Hamm FamRZ 05, 2085). Im Fall der Anwendung oder Androhung von Gewalt geben die Vorschriften des GewSchG eigene Ansprüche.

42 IÜ ist zu differenzieren: **Ist nur ein Partner Mieter** der gemeinsam genutzten Wohnung, hat der andere diese auf Verlangen zu räumen, da er dem Mieter ggü über die Beendigung der Lebensgemeinschaft hinaus kein eigenständiges Recht zum Besitz hat (vgl o Rn 29). Dasselbe gilt, wenn die Partner in einem im Alleineigentum eines Partners stehenden Haus wohnen, anders allerdings dann, wenn zwischen den Partnern ggf auch konkludent ein Miet- oder Untermietverhältnis begründet worden ist.

43 **Sind beide Partner Mieter** der Wohnung, müssen sie das Mietverhältnis auch gemeinsam beenden. Die Möglichkeit der einseitigen Kündigung besteht ebenso wenig wie die des Abschlusses eines Aufhebungsvertrages ohne Beteiligung des Mitmieters. Verlässt ein Partner die Wohnung ohne vorherige Regelung, haftet er dem Vermieter weiterhin auf Zahlung des Mietzinses. Trägt der andere aber nichts dazu bei, das Mietverhältnis zu beenden und gibt er zu erkennen, dass er die Wohnung allein nutzen möchte, ist er im Innenverhältnis verpflichtet, die Miete allein zu tragen; insoweit besteht ggf ein Freistellungsanspruch (Ddorf FamRZ 98, 739). Dasselbe gilt für denjenigen der Partner, der die gemeinsame Wohnung entgegen den früheren Planungen allein übernimmt (LG Koblenz FamRZ 00, 95). Haben die Partner den Mietvertrag im Hinblick auf die baldige Heirat gemeinsam abgeschlossen und ist es ihnen nicht möglich, vorzeitig aus dem Vertrag entlassen zu werden, haften beide zu gleichen Teilen (Dresd FamRZ 03, 158).

44 Beanspruchen nach der Beendigung der Partnerschaft beide die Wohnung für sich, bleibt nur die Möglichkeit der gemeinsamen Kündigung des Mietvertrages. Die **Mitwirkung an der Kündigung** kann jeder in entspr Anwendung gesellschaftsrechtlicher Vorschriften (Staud/*Löhnig* Anh zu § 1297 Rz 196) jederzeit verlangen, da das dem Mietvertrag zu Grunde liegende Gesellschaftsverhältnis jederzeit ohne wichtigen Grund gekündigt oder aufgehoben werden kann. Beide Partner sind deshalb verpflichtet, an der Kündigung der Wohnung mitzuwirken, auch dann, wenn der nicht mitwirkungsbereite Partner die Wohnung für sich behalten möchte (Ddorf FamRZ 08, 154), wobei von diesem ggf die Abgabe einer entspr Willenserklärung zu verlangen ist (§ 894 ZPO).

45 Endet die nichteheliche Lebensgemeinschaft durch den **Tod eines Partners**, wird das Mietverhältnis über die gemeinsame Wohnung nach § 563a mit dem überlebenden Partner fortgesetzt, sofern dieser es nicht binnen 1 Monat nach Kenntnis vom Tod kündigt (§ 563a II). Stirbt der Alleinmieter, kann der nichteheliche Lebenspartner gem § 563 I in das Mietverhältnis eintreten.

46 **3. Haushaltsgegenstände, Kraftfahrzeug.** §§ 1361a, 1568b finden keine (analoge) Anwendung. Jeder Partner kann gem § 985 sein Eigentum herausverlangen. Miteigentum wird nach **Gemeinschaftsvorschriften** auseinander gesetzt. Wer sich auf sein Alleineigentum beruft, hat dieses zu beweisen. An denjenigen Gegenständen, die einem Partner von Dritten geschenkt oder die ererbt worden sind, besteht im Zweifel Alleineigentum. IÜ ist zu prüfen, an wen bei Übergabe übereignet worden ist. Über das «Geschäft für den, den es angeht» wird jedenfalls beim Erwerb von Hausrat häufig Miteigentum begründet worden sein (BGH FamRZ 91, 923 für die gleiche Situation bei Ehegatten).

47 Indizien, die auf einen **Eigentumsbegründungswillen** schließen lassen können, sind Anwesenheit beim Kauf, Mitwirkung an der Kaufentscheidung oder die Finanzierung (Köln FamRZ 96, 614), sofern nicht gleichwertige Gegenleistungen des anderen etwa in Form der Haushaltsführung gegenüberstehen (Ddorf MDR 99, 233). Lassen sich die Eigentumsverhältnisse danach nicht klären, kann die Beweisregel der §§ 1006, 1008 greifen, die bei Mitbesitz Miteigentum vermuten lässt (BGH NJW 93, 935).

48 Wurde ein Kfz von einem Partner in die Partnerschaft eingebracht, besteht an ihm und dem aus eigenen Mitteln bezahlten Ersatzfahrzeug Alleineigentum. Wegen des in der Partnerschaft erworbenen Wagens ist auf die bei Erwerb abgegebenen Erklärungen abzustellen. Indizielle Bedeutung haben die Eintragung als Erwerber

im Kaufvertrag oder als Halter in Fahrzeugbrief oder –schein, das Aussuchen des Fahrzeugs, das Tragen der Kosten oder auch die überwiegende Nutzung durch nur einen Partner. Wurde das Kfz zum Alleineigentum eines Partners erworben, jedoch von dem anderen finanziert, entsteht zwischen beiden ein Auftragsverhältnis, in dessen Rahmen ein Aufwendungsersatzanspruch besteht (§ 670). Die zu erstattenden Aufwendungen sind in den geleisteten Ratenzahlungen zu sehen, wegen des Verrechnungsverbotes jedoch nur für die nach der Trennung fällig gewordenen (BGH FamRZ 81, 530).

4. Rückgewähr von Leistungen. Während des Zusammenlebens erbrachte gemeinschaftsbezogene Leistungen oder Zuwendungen können wegen des Verrechnungsverbotes regelmäßig nicht ersetzt verlangt werden (BGH FamRZ 08, 247, 248), in keinem Fall für Tätigkeiten, die das tägliche Zusammenleben ermöglicht haben, zB im Haushalt. Das gilt auch für **Pflegeleistungen** (Frankf FamRZ 82, 265), die Übernahme von **Handwerksarbeiten** im Haus des anderen (BGH FamRZ 83, 349) oder die **Finanzierung** des Zusammenlebens durch Kredite (BGH FamRZ 82, 1213; Oldbg NJW 86, 1817). Gehen die Leistungen weit über das Maß dessen hinaus, was iRd Zusammenlebens üblich ist, können im Einzelfall ausnahmsweise Ausgleichsansprüche begründet sein (BGH FamRZ 09, 849). 49

Haben die Partner mit dem Erwerb von Vermögensgegenständen oder der Beteiligung am Unternehmen des anderen im Innenverhältnis den über die Lebensgemeinschaft hinausgehenden Zweck verfolgt, einen wirtschaftlichen Wert zu schaffen, den sie für die Dauer ihrer Partnerschaft gemeinsam nutzen wollen und der ihnen nach ihrer Vorstellung gemeinsam gehören soll, kommen zur Auflösung einer im Einzelfall als ungerecht angesehenen Situation **Ausgleichsansprüche nach den Vorschriften über die BGB Gesellschaft** in Betracht (BGH FamRZ 08, 1822; FuR 04, 143 = FamRZ 03, 1542), ohne dass vom Bestehen einer Gesellschaft ausgegangen wird. Voraussetzung ist ein zumindest schlüssig zustande gekommener Vertrag, auf den zB aus Planung, Umfang und Dauer der Zusammenarbeit geschlossen werden kann (BGH FamRZ 08, 247, 249; FuR 06, 276 = FamRZ 06, 607: anders noch BGH FuR 04, 143 = FamRZ 03, 1542, wonach eine rein faktische Willensübereinstimmung ausreichte). Die Anwendung gesellschaftsrechtlicher Normen bezieht sich stets nur auf einzelne Gegenstände (BGH FamRZ 89, 599). 50

Im Ergebnis kann ein **gesellschaftsrechtlicher Anspruch** dann bestehen, wenn der den Anspruch stellende Partner objektiv einen wesentlichen Beitrag geleistet hat und subjektiv beide Partner die Absicht verfolgt haben, einen „gemeinschaftlichen" Wert zu schaffen. Die objektive Wesentlichkeit hängt maßgeblich von der Art des geschaffenen Vermögenswertes und den finanziellen Verhältnissen der Partner in der konkreten Lebenssituation ab (BGH NJW-RR 96, 1473). Für die subjektive Absicht, sich einen gemeinschaftlichen Wert zu schaffen, kommt es nicht auf die formaldingliche Zuordnung (BGH FamRZ 97, 1533 = FuR 98, 56), sondern darauf an, dass die Partner mit dem Erwerb des Vermögensgegenstandes die Absicht verfolgt haben, den geschaffenen Wert für die Dauer der Partnerschaft gemeinsam zu nutzen. Sie müssen die Vorstellung gehabt haben, der Vermögenswert werde ihnen bei wirtschaftlicher Betrachtung gemeinsam gehören (BGH FamRZ 93, 939). Der Anspruch entsteht in dem Moment, in dem die Partner ihre Zusammenarbeit tatsächlich einstellen (BGH FuR 06, 276 = FamRZ 06, 607). 51

Häufiger Anwendungsfall ist der Fall des Baus eines Hauses auf dem **Grundstück** eines Partners, an dem der andere sich mit Geld- oder Arbeitsleistungen beteiligt hat (BGH FamRZ 08, 247, 249; FamRZ 99, 1580; FamRZ 92, 408; Schlesw FamRZ 03, 96). Der Erwerb des Grundstücks durch nur einen und der Beitrag des anderen zu den Erwerbskosten allein begründet aber noch nicht die Anwendung gesellschaftsrechtlicher Normen (BGH NJW 83, 2375), während der Erwerb von Alleineigentum an dem bislang gemeinschaftlichen Grundstück mit wesentlichen Beiträgen des anderen nicht gegen deren Anwendung spricht (BGH NJW 92, 906). Zu den maßgeblichen Umständen des Einzelfalles zählen die finanziellen Verhältnisse der Partner und die Bedeutung des geleisteten Beitrages (BGH NJW-RR 96, 1473; 93, 774). Erforderlich ist, dass die Früchte der erbrachten Leistung bei Auflösung der Gesellschaft bei dem anderen noch vorhanden sind (Schlesw FamRZ 02, 884, nicht bei Handlangertätigkeiten), was bei Arbeitsleistungen schwer festzustellen sein wird. 52

Weiterer Anwendungsfall ist die Auseinandersetzung nach gemeinsamem Aufbau oder Betreiben eines als gemeinsamer Wert betrachteten und behandelten **Unternehmens** durch beiderseitige Arbeit, finanzielle Aufwendungen oder sonstige Leistungen (BGH FamRZ 97, 1533; 82, 1065). Nur gelegentliche Mitarbeit oder Aushilfe stellt keinen wesentlichen Beitrag dar. Da ein Über- oder Unterordnungsverhältnis der Innengesellschaft fremd ist, setzt sie weiter die faktische Gleichrangigkeit der Partner voraus, die sich nach außen in geeigneter Weise manifestiert hat, etwa bei einem 17 Jahre dauernden Aufbau eines Hotelbetriebes (Hamm FamRZ 80, 1530) oder unentgeltlicher Überlassung von Werkstatträumen zum Betrieb des anderen und 14 Jahre dauernder Mitarbeit darin (BGH FamRZ 82, 1065). 53

Die **Abwicklung** erfolgt in entspr Anwendung der §§ 730 ff, jedoch können die Partner anders als dort ihre Ansprüche isoliert geltend machen (Schlesw FamRZ 02, 96). Die Höhe der zu zahlenden Abfindung richtet sich nach dem Wert des aufzuteilenden Vermögens im Zeitpunkt der Auseinandersetzung (BGH FamRZ 83, 791). Zur Vereinfachung kann sich der Ausgleichsberechtigte auch darauf beschränken, die Erstattung seiner Einlagen zu verlangen (§ 733 II), wobei anerkannt ist, dass dies entgegen § 733 II 3 auch für werk- und dienstvertragsähnliche Leistungen gilt, soweit diese sich als bleibender Wert niedergeschlagen haben (BGH FamRZ 85, 1232). Haben die Partner ein Unternehmen betrieben, ist für den Tag der Beendigung der 54

Lebensgemeinschaft eine Bilanz zu erstellen. Von dem sich nach Abzug der Verbindlichkeiten und Erstattung der Einlagen errechnenden Überschuss steht jedem Partner ein seinem Anteil entspr Betrag als Geldforderung zu (§ 738 I 2). Unterschiedliche Beteiligung am Unternehmen ist durch unterschiedliche Quotierung zu berücksichtigen (BGH FamRZ 82, 1065). Eine Beteiligung an Fehlbeträgen scheidet aber aus, da § 735 nur ausnahmsweise bei Vorliegen besonderer Umstände Anwendung findet (Nürnbg FamRZ 00, 97).

55 Scheiden gesellschaftsrechtliche Ansprüche aus, weil zB der Abschluss eines Gesellschaftsvertrages nicht feststellbar ist, kommen nach der neueren Rechtsprechung des BGH – entgegen der bislang geltenden (zB BGH FamRZ 04, 96) – auch **bereicherungsrechtliche Ansprüche wegen Zweckverfehlung** oder Ansprüche nach den Grundsätzen über den Wegfall der Geschäftsgrundlage in Betracht (BGH FamRZ 08, 247, 249 noch offen lassend; 08, 1822; 08, 1828).

56 Ein Herausgabeanspruch nach § 812 I 2 2. Alt kann nur dann bestehen, wenn der mit der Leistung nach dem Inhalt des Rechtsgeschäfts bezweckte Erfolg nicht eingetreten ist, wobei eine stillschweigende Einigung – einseitige Vorstellungen genügen nicht (BGH FamZ 09, 849) – dann angenommen werden kann, wenn der die Leistung entgegen nehmende Teil erkennt, dass der andere mit ihr einen Zweck verfolgt und die Leistung entgegen nimmt, ohne zu widersprechen (BGH FamRZ 09, 849; 92, 160). Die zu fordernde konkrete **Zweckabrede** kann zB dann vorliegen, wenn die Partner zwar keine gemeinsamen Vermögenswerte schaffen wollten, der eine aber das Vermögen des anderen in der Erwartung vermehrt hat, an dem erworbenen Gegenstand langfristig partizipieren zu können (BGH FamRZ 09, 849).

57 Lässt sich auch eine Zweckabrede nicht feststellen, kommt darüber hinaus auch ein **Anspruch auf Rückabwicklung gemeinschaftsbezogener Zuwendungen nach § 313** dann in Betracht, wenn dieser die Vorstellung zu Grunde lag, die Lebensgemeinschaft, deren Ausgestaltung sie gedient hat, werde Bestand haben (Ddorf FamRZ 09, 1219). Dabei werden allerdings nicht solche Zuwendungen ausgeglichen, die iRd täglichen Zusammenlebens erbracht werden. Dasselbe gilt für Leistungen desjenigen Partners, der sich zwar nicht an den laufenden Kosten beteiligt, aber größere Einmalzahlungen erbringt (BGH FamRZ 08, 247).

58 Ein Ausgleichsanspruch ist dann zu bejahen, wenn dem Leistenden die Beibehaltung der durch die Leistung geschaffenen Vermögensverhältnisse nach Treu und Glauben nicht zuzumuten ist, wofür eine Gesamtabwägung aller Umstände des Falles vorzunehmen ist (BGH FamRZ 08, 1822).

59 Arbeitsleistungen führen dann zu einem Ausgleichsanspruch nach § 313, wenn der mindestens stillschweigende Abschluss eines **Kooperationsvertrages** festgestellt werden kann, dessen Grundlage nach dem Scheitern der Gemeinschaft entfallen ist (BGH FamRZ 81, 910 zu Ehegatten).

60 **5. Dienstvertrag.** Die nichteheliche Lebensgemeinschaft steht der Zulässigkeit der Vereinbarung von **Beschäftigungsverhältnissen** untereinander nicht entgegen (Staud/*Löhnig* Anh zu § 1297 Rz 123 mwN). Ein solches ist anzunehmen, wenn ein Partner es in verbindlicher Form übernimmt, den anderen in Zukunft zu pflegen und der andere dafür Gegenleistungen erbringt (Köln FamRZ 97, 1113). Es kann auch aus den Umständen des Falles gefolgert werden, zB dann, wenn ein Unternehmer jahrelang Sozialversicherungsbeiträge für die Partnerin gezahlt und deren Gehalt als Betriebsausgaben steuerlich geltend gemacht hat (Bremen FamRZ 99, 227).

61 Fehlt es an besonderen Absprachen, ist idR anzunehmen, dass Dienstleistungen iR einer nichtehelichen Lebensgemeinschaft nicht zum Zweck des Gelderwerbs, sondern altruistisch erbracht werden. Das gilt auch für in einem kleinen Familienbetrieb geleistete Arbeit, zumal dann, wenn der Lohn erst nach Beendigung der Gemeinschaft eingefordert wird (LAG Köln MDR 99, 1331). Leistungen, die wie Hausarbeit, Krankenpflege oder Betreuung der Kinder das tägliche Zusammenleben ermöglichen, können nicht ausgeglichen werden (Köln FamRZ 97, 1113). Etwas anderes gilt dann, wenn die Dienstleistung im Hinblick auf die Übernahme zB eines Ausgleichs durch materielle Zukunftssicherung, wie Versprechen einer späteren Heirat, Beteiligung am Unternehmen oder spätere Erbeinsetzung, erbracht worden ist. Schlägt diese auf einer derartigen Zusage beruhende Erwartung fehl, kann die gem §§ 611, 612 angemessene Vergütung verlangt werden (BAG Betrieb 65, 1562; *Haussleiter/Schulz* Kap 8 Rz 29).

62 **6. Auftrag.** Standen die Leistungen nicht in unmittelbarem Zusammenhang mit der Lebensgemeinschaft (BGH FamRZ 83, 349; Oldbg NJW 86, 1817), können Ausgleichsansprüche aus Auftrag bestehen, zB dann, wenn ein Partner dem anderen darlehensweise beschafftes Geld für die Anschaffung eines in seinem Alleineigentum stehenden PKW gibt, jedoch nur für die nach der Trennung fällig werdenden Raten (Saarbr FamRZ 98, 738; Oldbg FamRZ 86, 465), anders dann, wenn der von einem Partner finanzierte Gegenstand im Miteigentum stand (Oldbg FamRZ 86, 465). Ein Aufwendungsersatzanspruch kann auch bestehen, wenn der Partner das von dem anderen aufgenommene **Darlehen** bedient (Frankf NJW 85, 810), jedenfalls soweit keine Schenkung vorliegt (Karlsr FamRZ 86, 1095), oder bei Übernahme einer **Bürgschaft** für den Partner (Celle NJW 83, 1063; s.o. a§ 774 Rn 16). Im letztgenannten Fall steht der Aufwendungsersatzanspruch neben dem nach § 774 übergegangenen aus der Hauptforderung (s.o. § 774 Rn 16).

63 **7. Schenkungswiderruf.** Schenkungswiderruf nach § 530 kommt nur in Betracht, wenn die Zuwendung eine Schenkung iSd § 516 war, was bei Beiträgen, die der gemeinsamen Lebensführung dienen, wie Zurverfügungstellung von Konsumgütern, nicht der Fall ist. Schenkung liegt nur vor, wenn die Zuwendung dem Empfän-

ger ausschl allein zugute kommt und über das zur Verwirklichung der Lebensgemeinschaft Erforderliche hinausgeht. Den Widerruf rechtfertigender grober Undank durch eine schwere Verfehlung liegt nicht in der Auflösung der nichtehelichen Lebensgemeinschaft als solcher und der Zuwendung zu einem neuen Partner (Karlsr FamRZ 86, 1095), wohl aber in Bedrohungen, körperlichen Misshandlungen, grundlosen, uU sogar in auf zweifelhafte Verdachtsmomente gestützten Strafanzeigen (BGH FamRZ 91, 168), grundlosem Anschwärzen ggü dem Arbeitgeber oder schwerwiegenden Beleidigungen. Der Widerruf kann auch gerechtfertigt sein, wenn der Beschenkte noch wertvolle Geschenke entgegennimmt, obwohl er innerlich fest zur Trennung entschlossen ist (Celle NJW 83, 1065), oder wenn er zum Zeitpunkt der Zuwendung heimlich bereits eine neue Beziehung begründet hatte (Hamm NJW 78, 224).

Nicht widerrufen werden können **Pflicht- und Anstandsschenkungen**, zB Gelegenheitsgeschenke zu Weihnachten, Geburtstag oder aus sonstigen Anlässen. Gerade in einer von gegenseitigen Rechten und Pflichten freigehaltenen Beziehung wird der Schenker eher einer sittlichen Pflicht entsprechen als in der Ehe. §§ 1298, 1301 finden keine (analoge) Anwendung (BGH FamRZ 05, 1151). **64**

8. Vermögen. Hat ein Partner dem anderen **Vollmacht** zur Verfügung über sein Konto gegeben, erlischt diese im Zeitpunkt der Trennung (BGH FamRZ 88, 476 für Eheleute). Nach außen bleibt die Vollmacht jedoch wirksam, bis ihr Erlöschen angezeigt wurde (§ 170). Verfügungen in Ausnutzung dieser Situation können Schadensersatzansprüche nach §§ 823 II, 266 I StGB begründen. Berechtigt am Guthaben ist der jeweilige Kontoinhaber, gleich, aus wessen Vermögen die Einzahlungen stammen, da anzunehmen ist, dass es sich um Leistungen für die Gemeinschaft handelt (Frankf FamRZ 82, 265). Etwas anderes gilt nur, wenn sich auf dem Konto ein vom Bestand der Gemeinschaft unabhängiges größeres Vermögen befindet, das der gemeinsamen Altersversorgung dienen soll – dann gesellschaftsrechtliche Ansprüche –, oder wenn ein Partner das Vermögen des anderen treuhänderisch verwaltet – dann Anspruch nach § 670 (zum Haftungsumfang vgl Zweibr OLGR 05, 132). **65**

Sind beide Partner **Kontoinhaber**, sind sie Gesamtgläubiger (§ 428) und im Zweifel je hälftig berechtigt (§ 430). Für die Annahme gleicher Berechtigung kommt es nicht auf die Herkunft der Mittel noch darauf an, aus welchen Gründen das Konto eingerichtet wurde (BGH FamRZ 90, 370 für Eheleute). Zum Stichtag der Beendigung der Lebensgemeinschaft ist das Guthaben zu gleichen Teilen aufzuteilen (Celle FamRZ 82, 63). Das gilt auch beim Tod eines Partners (Celle FamRZ 82, 63). **66**

9. Schulden. Sind die Partner nach außen **Gesamtschuldner**, haften sie intern zu gleichen Teilen, solange nichts anderes vereinbart ist (§ 426 I 2). Für die Zeit des Zusammenlebens wird ein Ausgleich auch dann nicht geschuldet, wenn die gemeinsamen Verbindlichkeiten von einem getilgt werden (BGH FamRZ 80, 664), sofern nicht anderes vereinbart ist (Saarbr FamRZ 98, 738). Anderes gilt für die Zeit nach der Trennung, wobei die Ausgleichspflicht ohne vorherige Geltendmachung einsetzt (Celle OLGR 00, 25). Intern ist es von § 426 I 2 abw gerechtfertigt, einem Partner die volle Haftung aufzuerlegen, wenn mit einem gemeinsam aufgenommenen Kredit Schulden nur eines Partners getilgt wurden, es sei denn, die Tilgung stellte ein Geschenk dar (Karlsr FamRZ 86, 1095). **67**

D. Erbrecht. Da beim Tod eines Partners der nichtehelichen Lebensgemeinschaft die §§ 1931, 1932, 1371 nicht entspr anzuwenden sind, fällt der gesamte Nachlass den gesetzlichen Erben auch dann zu, wenn darin wesentliche Werte des überlebenden Partners enthalten sind (Saarbr NJW 79, 2050; Frankf FamRZ 81, 253). Erbansprüche des überlebenden Partners können nur auf Grund **Verfügung von Todes wegen** entstehen, wobei Testamente, durch die der Partner der nichtehelichen Lebensgemeinschaft bedacht wird, nicht gegen die guten Sitten verstoßen, solange durch sie nicht der Zweck der Belohnung oder Förderung geschlechtlicher Hingabe verfolgt wird (BGHZ 53, 375; 77, 59; 112, 262; FamRZ 83, 53; Ddorf FamRZ 09, 545) oder in ihnen eine familienfeindliche Gesinnung zum Ausdruck kommt (BGH NJW 70, 1273; Frankf FamRZ 79, 347; Staud/*Löhnig* Anh zu § 1297 Rz 156). **68**

Die Errichtung eines **gemeinschaftlichen Testamentes** ist nicht möglich (zur Verfassungskonformität BVerfG NJW 89, 1986). Wenn die Formerfordernisse erfüllt sind, kann ein gleichwohl errichtetes ggf in ein einseitiges umgedeutet werden (LG Berlin FamRZ 04, 405), sofern der Wille des Erblassers dahin ging, den anderen auch ohne wechselseitige Begünstigung zum Erben einzusetzen (BGH NJW-RR 87, 1410). Wollten die Partner dagegen die Erbfolge zueinander unter Ausschluss der gesetzlichen Erbfolge regeln, ist eine Umdeutung ausgeschlossen (Hamm FamRZ 97, 55). Endet die nichteheliche Lebensgemeinschaft vor dem Tod eines Partners, findet § 2077 I keine Anwendung. Bei Erbeinsetzung des Partners und Beendigung der Partnerschaft vor dem Tod müssen iÜ die gesetzlichen Erben beweisen, dass der Wille des Erblassers dahin ging, den Partner nur für den Fall des Fortbestehens der Gemeinschaft bis zum Tod zu bedenken (BayObLG FamRZ 83, 1226; MüKo/*Leipold* § 2077 Rz 11; Palandt/*Edenhofer* § 2077 Rz 2; Staud/*Löhnig* Anh zu § 1297 Rz 160; aA MüKo/*Wacke* nach § 1302 Rz 41). **69**

§ 1297 Unklagbarkeit, Nichtigkeit eines Strafversprechens.
(1) Aus einem Verlöbnis kann nicht auf Eingehung der Ehe geklagt werden.
(2) Das Versprechen einer Strafe für den Fall, dass die Eingehung der Ehe unterbleibt, ist nichtig.

1 **A. Begriff des Verlöbnisses.** Verlöbnis ist das gegenseitige Versprechen zweier Personen verschiedenen Geschlechts, in Zukunft miteinander die Ehe einzugehen. Verlobte stehen in einem rechtlich geregelten personenrechtlichen Gemeinschaftsverhältnis (BGH FamRZ 92, 160). §§ 1297 ff regeln lediglich den Ausschluss von Einklagbarkeit und Strafversprechen (§ 1297) sowie die Rechtsfolgen der Auflösung (§§ 1298–1302). Während Zustandekommen und Wirksamkeit des Verlöbnisses sich mangels spezieller Regelungen nach den allgemeinen Vorschriften über das Wirksamwerden von Rechtsgeschäften richten. Das wechselseitige Heiratsversprechen ist nach hM als Vertrag iSd §§ 137 ff, 145 ff zu qualifizieren (zum praktisch bedeutungslosen Theorienstreit bzgl der Rechtsnatur s. Staud/*Strätz* [2007] vor § 1297, Rz 18 ff mwN).

2 Vom Verlöbnis zu unterscheiden ist die nichteheliche Lebensgemeinschaft, bei der es an dem für § 1297 erforderlichen Eheversprechen fehlt. §§ 1297 ff sind auf solche Lebensgemeinschaften weder direkt noch analog anzuwenden. Das schließt nicht aus, dass zwischen zusammen lebenden Partnern zugleich ein Verlöbnis besteht. In einem solchen Fall konkurrieren dann §§ 1297 ff mit den von der Rspr entwickelten Grundsätzen zur Rückabwicklung von Leistungen (s. dazu näher Vor § 1297 Rn 3).

3 Dem gesetzlichen Verlöbnisbegriff unterfällt nicht das Versprechen zweier Personen gleichen Geschlechts, eine Lebenspartnerschaft zu begründen, doch sind die Verlöbnisvorschriften nach § 1 III LPartG auf ein solches Lebenspartnerschaftsversprechen entspr anzuwenden.

4 **B. Wirksamkeitsvoraussetzungen.** Das **Zustandekommen** eines Verlöbnisses erfordert übereinstimmende Willenserklärungen des Mannes und der Frau, die das ernsthafte gegenseitige Versprechen beinhalten, einander zu heiraten. Ein bloßes Liebesgeständnis oder Zusammenleben reichen nicht. Die Erklärungen müssen wechselseitig zugehen, doch ist eine Form (öffentliche Bekanntmachung, Erklärung ggü Dritten, Austausch von Verlobungsringen) gesetzlich nicht vorgeschrieben. Die gegenseitige Erklärung des Eheversprechens kann auch konkludent erfolgen, zB als religiöse Eheschließung vor standesamtlicher Trauung, Anmeldung der Eheschließung beim Standesamt, gemeinsame Hochzeitsvorbereitungen, Einladung von Gästen zum Polterabend oder zur Hochzeitsfeier. Hingegen reicht die Selbstbezeichnung zusammenlebender Partner als „Verlobte" nicht, wenn kein ernstliches Eheversprechen vorliegt (BayObLG FamRZ 83, 1226).

5 **Stellvertretung** wie auch gesetzliche **Vertretung** sind angesichts der höchstpersönlichen Natur des Eheversprechens ausgeschlossen. Die Verknüpfung mit einer **Bedingung** ist – anders als nach § 1312 2 für die Eheschließung – möglich (RGZ 80, 88). Ebenso zulässig ist **Zeitbestimmung** auf einen Anfangstermin iSv § 163, nicht aber die Befristung auf einen Endtermin.

6 Als Rechtsgeschäft erfordert das Verlöbnis **Geschäftsfähigkeit** beider Partner. Ein Geschäftsunfähiger kann sich nicht verloben. Bei beschränkter Geschäftsfähigkeit gelten §§ 106 ff. Der Minderjährige bedarf daher der Zustimmung seines gesetzlichen Vertreters. Ein ohne dessen Einwilligung erklärtes Verlöbnis ist schwebend unwirksam; mit Genehmigung des gesetzlichen Vertreters oder der Genehmigung des volljährig gewordenen wird es rückwirkend wirksam. Eine solche mit Rückwirkung verbundene Genehmigung ist auch dann noch möglich, wenn zwischenzeitlich ein grundloser Rücktritt des volljährigen Partners erfolgt war (MüKo/*Wacke* Rz 7). Auch ohne Vorliegen der erforderlichen Zustimmung des gesetzlichen Vertreters ist der volljährige Partner des Minderjährigen, der um dessen Minderjährigkeit wusste, an das Verlöbnis gebunden (§ 109 II). Unter dem Gesichtspunkt des Minderjährigenschutzes gilt dies auch dann, wenn ihm die Minderjährigkeit nicht bekannt war (im Erg ebenso MüKo/*Wacke* Rz 7). Da beschränkte Geschäftsfähigkeit bereits mit sieben Jahren beginnt (§ 106) und die Vorschriften über die Ehemündigkeit (§ 1303) auf das Verlöbnis nicht anzuwenden sind, ist fraglich, inwieweit Kinderverlobungen rechtliche Anerkennung finden können. Im Hinblick auf das verfassungsrechtliche Kinderschutzgebot (Art 6 II GG) kann das „Eheversprechen" eines Kindes, welches mangels **Reife und Einsichtsfähigkeit** über eine Partnerwahl und die rechtlichen Folgen eines Verlöbnisses nicht selbstbestimmt entscheiden kann, keine Wirksamkeit entfalten. Dies gilt auch dann, wenn zB an Wertvorstellungen anderer Kulturkreise orientierte Eltern der „Verlobung" zustimmen. Von daher wird man die Fähigkeit zur Abgabe eines rechtlich relevanten Eheversprechens kaum vor Vollendung des 14. Lebensjahres ansetzen können.

7 Die Nichtigkeitsgründe der §§ 134 (**gesetzliches Verbot**) und 138 I (**Sittenwidrigkeit**) gelten auch für das Verlöbnis. Sind die Partner Geschwister oder in gerader Linie miteinander verwandt – auch nur infolge einer Adoption –, führt der damit verbundene Verstoß gegen die Eheverbote in §§ 1307, 1308 I zur Nichtigkeit des Verlöbnisses. Sittenwidrig ist stets das Verlöbnis mit einem Verheirateten; die daraus folgende Nichtigkeit ist auch dann gegeben, wenn die Scheidungsvoraussetzungen vorliegen und die Scheidung betrieben wird (BGH FamRZ 84, 386). Indes schließt eine solche Nichtigkeit nicht aus, dass der gutgläubige Partner, der auf die Gültigkeit des Verlöbnisses vertraut hat, durch analoge Anwendung der §§ 1298 ff in seinem Vertrauen geschützt wird (Karlsr NJW 88, 3023).

8 Auf das Verlöbnis anwendbar sind die Vorschriften zur Wirksamkeit bei verheimlichtem **Vorbehalt** (§ 116 1) sowie zur Nichtigkeit bei erkanntem Vorbehalt (§ 116 2), beim **Scheingeschäft** (§ 117) und bei **Mangel der Ernstlichkeit** (§ 118 mit Schadensersatzpflicht aus § 122). **Nicht** anwendbar sind die Vorschriften zur **Anfechtung** von Rechtsgeschäften (§§ 119 ff, 142 f); nach zutreffender hM (LG Saarbrücken NJW 70, 327; Staud/*Strätz* [2007] vor § 1297 Rz 79; MüKo/*Wacke* Rz 11) werden sie durch §§ 1298 f als spezielle Regelung zum Rücktritt vom Verlöbnis verdrängt.

C. Wirkungen. I. Kein Zwang zur Eingehung der Ehe. Die aus einem wirksam zustande gekommenen Verlöbnis resultierende **Verpflichtung zur Eingehung der Ehe** ist zwar materiell-rechtlich wirksam und mit den in §§ 1298 ff geregelten Rechtsfolgen verbunden, jedoch prozessual **nicht einklagbar** (I). Dies entspricht der durch Art 6 I GG gewährleisteten Freiheit, die Ehe mit einem selbst gewählten Partner einzugehen, ohne auch nur mittelbar zur Ehe mit einem anderen Partner gezwungen zu sein (vgl BVerfG FamRZ 04, 765). Der Klagbarkeitsausschluss ist Verfahrenshindernis, eine Klage solchen Inhalts ist unzulässig. Ein dennoch ergangenes Urt ist nicht vollstreckbar (§§ 888 III, 894 II ZPO). Ein ausländisches Urt diesen Inhalts ist als ordre-public-widrig nicht anerkennungsfähig (§ 109 I Nr 4 FamFG). Zulässig ist hingegen eine selbständige Feststellungsklage (Staud/*Strätz* [2007] Rz 2) oder die Inzidentfeststellung dann, wenn das Verlöbnis Tatbestandsmerkmal ist (LG Kassel DAVorm 74, 119). 9

Mittel zur Verhinderung eines auch nur mittelbaren Zwangs zur Eheschließung ist die in II normierte **Nichtigkeit von Strafvereinbarungen** für den Fall, dass die Eingehung der Ehe unterbleibt. 10

II. Sonstige Wirkungen. Im **Familienrecht** beschränkt sich das Gesetz (§§ 1298–1302) auf die Regelung von Schadenersatz- und Rückgewähransprüchen bei Beendigung des Verlöbnisses (s. dazu Rn 1 ff). Außer der nicht einklagbaren Verpflichtung zur Eingehung der Ehe und einer gegenseitigen Beistandspflicht hat das nicht aufgelöste Verlöbnis keine familienrechtlichen Wirkungen. Es begründet weder Unterhaltspflichten noch ein Güterrechtsverhältnis und vermittelt keine Schwägerschaft. 11

Im **Erbrecht** existieren etliche Sondervorschriften für Verlobte. Dies gilt für den Erbverzicht (§§ 2347 I, 2351, 2352), den Erbvertrag (§§ 2275 III, 2276 II, 2279 II, 2290 III) und das Unwirksamwerden der Bedenkung des Partners bei Auflösung des Verlöbnisses (§ 2077 II). Insoweit gelten für Verlobte die gleichen Besonderheiten wie für Ehegatten. Sie können jedoch kein gemeinschaftliches Testament errichten (§ 2265). Ein gesetzliches Erbrecht des überlebenden Verlobten gibt es nicht. 12

Das **Prozessrecht** gewährt Verlobten wie Eheleuten Verweigerungsrechte (§§ 383 Nr 1, 385 I ZPO, 52 I Nr 1, 55, 61 Nr 2, 63 StPO) sowie das Recht zur Verweigerung des Gutachtens (§§ 408 I ZPO, 76 I StPO). 13

Verlobte sind „Angehörige" iS des **Strafrechts** (§ 11 I Nr 1a StGB), was ua für bestimmte Entschuldigungs-, Strafausschluss- und Strafmilderungsgründe von Bedeutung ist. Hingegen haben Verlobte keinen Anspruch auf Witwenversorgung iSd Gesetzes über die Entschädigung für Opfer von Gewalttaten (BSG FamRZ 92, 808). 14

D. Beendigung. I. Voraussetzungen. Das Verlöbnis endet durch Rücktritt oder einverständliche Entlobung, durch anderweitige Verlobung oder Heirat sowie durch den Tod eines der Verlobten. 15

Rücktritt ist, wie aus der speziellen Regelung in §§ 1298, 1299 abzuleiten ist, die einseitige Erklärung eines Verlobten, nicht mehr an das Eheversprechen gebunden zu sein. Der Rücktritt kann formlos und konkludent erfolgen; die Erklärung muss dem anderen Verlobten zugehen. Sowohl rechtsgeschäftliche als auch gesetzliche Vertretung sind ausgeschlossen (LG Saarbrücken NJW 70, 327). Im Hinblick auf die Eheschließungsfreiheit ist der Rücktritt jederzeit möglich, ein Grund nicht erforderlich. Ein minderjähriger Verlobter bedarf nicht der Zustimmung seines gesetzlichen Vertreters (RGZ 98, 13). 16

Die **einverständliche Entlobung** erfolgt durch formlos und konkludent möglichen Aufhebungsvertrag, zu dem ein minderjähriger Verlobter der Zustimmung seines gesetzlichen Vertreters nicht bedarf. 17

II. Rechtsfolgen. Bei Beendigung des Verlöbnisses zu Lebzeiten beider Verlobter entsteht der wechselseitige Anspruch auf **Rückgabe der einander gemachten Geschenke** (§ 1301 1). Bei Beendigung durch den Tod eines Verlobten ist ein solcher Anspruch im Zweifel ausgeschlossen (§ 1301 2). 18

Bei Rücktritt vom Verlöbnis kommen Ansprüche auf **Schadensersatz** in Betracht. Anspruchsgrundlagen hierfür sind §§ 1298, 1299. Daneben können Ansprüche aus unerlaubter Handlung (§§ 823 ff) oder wegen Wegfalls der Geschäftsgrundlage (Oldbg FamRZ 09, 2004) gegeben sein. Ansprüchen aus Leistungsstörung oder der Anwendung schuldrechtlicher Rücktrittsfolgen (§§ 346 ff) steht jedoch die Spezialität der §§ 1298 ff entgegen. 19

E. Auslandsbezug. Zum Verlöbnisstatut gibt es weder supranationale noch innerstaatlich kodifizierte Regelungen. Nach hM ist auf das Zustandekommen des Verlöbnisses Art 13 I EGBGB analog anzuwenden (BGH FamRZ 59, 105; Staud/*Strätz* [2007] vor § 1297 Rz 117). Vorfragen sind selbstständig anzuknüpfen, so die Form nach Art 11 EGBGB, die Geschäftsfähigkeit nach Art 7 EGBGB, die gesetzliche Vertretung durch Eltern nach Art 21 EGBGB (zu den Besonderheiten bei Vormundschaft s. Böhmer/Finger IntFamR/*Rausch* Art 24 EGBGB Rz 8–16). Für Ansprüche aus Beendigung des Verlöbnisses ist maßgeblich das Heimatrecht des Verlobten, gegen den solche Ansprüche vom anderen Teil geltend gemacht werden (BGH FamRZ 05, 1151). Die internationale Zuständigkeit zur Geltendmachung solcher Ansprüche folgt aus der örtlichen Zuständigkeit (BGH FamRZ 05, 1151). 20

§§ 1298 ff gelten nicht für vor dem 3.10.90 unter Geltung des DDR-Rechts geschlossene Verlöbnisse (Art 234 § 2 EGBGB). 21

§ 1298 Ersatzpflicht bei Rücktritt. (1) ¹Tritt ein Verlobter von dem Verlöbnis zurück, so hat er dem anderen Verlobten und dessen Eltern sowie dritten Personen, welche an Stelle der Eltern gehandelt haben, den Schaden zu ersetzen, der daraus entstanden ist, dass sie in Erwartung der Ehe Aufwendungen gemacht haben oder Verbindlichkeiten eingegangen sind. ²Dem anderen Verlobten hat er auch den Schaden zu ersetzen, den dieser dadurch erleidet, dass er in Erwartung der Ehe sonstige sein Vermögen oder seine Erwerbsstellung berührende Maßnahmen getroffen hat.
(2) Der Schaden ist nur insoweit zu ersetzen, als die Aufwendungen, die Eingehung der Verbindlichkeiten und die sonstigen Maßnahmen den Umständen nach angemessen waren.
(3) Die Ersatzpflicht tritt nicht ein, wenn ein wichtiger Grund für den Rücktritt vorliegt.

1 **A. Anwendungsbereich.** Die Vorschrift regelt den Ausgleich für durch **einseitige Beendigung eines Verlöbnisses nutzlos gewordene Aufwendungen oder sonstige Maßnahmen**, die der betroffene Verlobte, seine Eltern oder anstelle der Eltern Handelnde in Erwartung der Ehe getätigt haben. Sie normiert einen Anspruch auf Schadensersatz und knüpft diesen an den Rücktritt vom Verlöbnis, den der in Anspruch genommene Verlobte erklärt hat. Zu diesem Ersatzanspruch werden Voraussetzungen und Grenzen bestimmt. Zur **Konkurrenz** der Schadensersatzpflicht aus § 1298 mit anderen Anspruchsgrundlagen s. § 1297 Rn 19.

2 **B. Anspruchsvoraussetzungen.** Gesetzliche Voraussetzung ist zunächst ein **wirksames Verlöbnis** – s. dazu § 1297 Rn 4–8.

3 Darüber hinaus sind §§ 1298, 1299 **analog anwendbar**, wenn zwar kein wirksames Verlöbnis vorliegt, jedoch ein minderjähriger oder gutgläubiger Partner auf die Gültigkeit eines wegen fehlender Zustimmung des gesetzlichen Vertreters unwirksamen oder nach § 138 I nichtigen Verlöbnisses vertraut hat und deswegen schutzbedürftig ist. Dies ist der Fall, wenn der gutgläubige „Verlobte" den Nichtigkeitsgrund – etwa eine bestehende Ehe seines Partners – nicht kannte oder der volljährige Partner des Minderjährigen um dessen Minderjährigkeit wusste (Rechtsgedanke des § 109 II).

4 Voraussetzung ist stets, dass der **Rücktritt** vom Verlöbnis erklärt worden ist – s. dazu näher § 1297 Rn 16. In Fällen analoger Anwendbarkeit der Norm muss sich der Rücktritt auf das vermeintliche Verlöbnis bezogen haben. Bei einverständlicher Entlobung ist § 1298 nicht anwendbar.

5 **Anspruchsberechtigt** ist der von der Rücktrittserklärung betroffene Verlobte. Auch die Eltern des Verlobten sind anspruchsberechtigt, allerdings in geringerem Umfang als der Verlobte (s. Rn 6). Den Eltern stehen dritte Personen gleich, die anstelle der Eltern, dh aus persönlicher Bindung und sittlichem Empfinden wie Eltern gehandelt haben – zB Großeltern, Stiefelternteile, Pflegeeltern, ältere Geschwister. Sonstige Dritte sind nicht anspruchsberechtigt.

6 **Ersatzfähig** sind bestimmte Maßnahmen, die der Anspruchsberechtigte im Hinblick auf die künftige Eheschließung getätigt hat. Für den Verlobten sind dies in Erwartung der Ehe gemachte Aufwendungen, aus diesem Grunde eingegangene Verbindlichkeiten (I 1) sowie sonstige ehebezogene Maßnahmen, die sein Vermögen oder seine Erwerbsstellung berühren (I 2). Andere Schäden – insb immaterieller Art – können über § 1298 nicht liquidiert werden. Für Eltern und an deren Stelle handelnde Dritte sind nur in Erwartung der Ehe gemachte Aufwendungen oder aus diesem Grund eingegangene Verbindlichkeiten ersatzfähig (I 1), nicht aber sonstige Maßnahmen.

7 **Aufwendungen** sind vom Anspruchsteller aus seinem Vermögen in Erwartung der Ehe erbrachte Leistungen (BGH FamRZ 61, 424). Vermögensopfer dieser Art sind zB Anschaffungen für den Haushalt, Zahlung von Miete oder Kaufpreis für eine Wohnung oder ein Wohngrundstück, Umzugskosten in Erwartung des Zusammenlebens nach der Heirat, Kauf des Brautkleids, Kosten der Verlobungsfeier, geldwerte Arbeitsleistungen bei unbezahltem Urlaub, unentgeltlich erbrachte freiberufliche oder gewerbliche Dienste (BGH aaO), Finanzierung einer Ausbildung des Verlobten (MüKo/*Wacke* Rz 4).

8 Als ehebezogene **Verbindlichkeiten** kommen in Betracht die Bestellung von Lieferungen oder Dienstleistungen für Verlobungs- oder Hochzeitsfeier, die Aufnahme von Kredit zum Erwerb von Hausrat, Eigentumswohnung oder Eigenheim sowie der Abschluss dahingehender Miet- oder Kaufverträge, soweit dies nicht allein dem Zusammenleben in der Partnerschaft vor Eingehung der Ehe dient (vgl Köln FamRZ 95, 1142).

9 Zugunsten des betroffenen Verlobten sind neben ehebezogenen Aufwendungen und Verbindlichkeiten auch **sonstige Maßnahmen** ersatzfähig, die er in Erwartung der Ehe in Bezug auf sein Vermögen oder seine Erwerbsstellung getroffen hat (I 2). Hierunter fallen die Aufgabe einer Erwerbstätigkeit, die Kündigung der bisherigen Wohnung, die Veräußerung von bisher genutztem Hausrat oder von Wertgegenständen, der Verzicht auf Unterhaltsansprüche aus früherer Ehe (RGZ 163, 280).

10 Aufwendungen, Verbindlichkeiten oder sonstige Vermögensdispositionen müssen **in Erwartung der Ehe** getätigt worden sein. Hierzu ist die Feststellung erforderlich, dass die Maßnahme bei Wissen um das Scheitern der Verlobung vernünftigerweise unterblieben wäre. Dies ist nicht gegeben, wenn eine Verlobte ihre Berufstätigkeit infolge Schwangerschaft und damit nicht im Hinblick auf die erwartete Eheschließung aufgibt; der Ausgleich der durch die Schwangerschaft bedingten finanziellen Nachteile wird vom Schutzzweck des § 1298 nicht erfasst (Hamm FamRZ 95, 296) – § 1615l ist spezialgesetzliche Regelung. Eine zur Schwangerschaft führende „Hingabe" der Verlobten allein im Vertrauen auf die Einlösung des Eheversprechens

kommt angesichts heute verbreiteter Vorstellungen zu Sexualität und Partnerschaft nicht mehr in Betracht (aA noch MüKo/*Wacke* Rz 6).

Die getätigten Aufwendungen, Verbindlichkeiten oder sonstigen Maßnahmen sind nur insoweit ersatzfähig, als sie den Umständen nach **angemessen** waren (§ 1298 II). Sie müssen den persönlichen und wirtschaftlichen Verhältnissen der Verlobten entspr und in Relation zur Dauer der Verlobung und zur zeitlichen Nähe des Hochzeitstermins stehen. Unangemessen ist die Aufgabe einer gesicherten Erwerbstätigkeit nach nur kurzer Verlobungsdauer und bei noch nicht absehbarer Eheschließung (BGH FamRZ 61, 424; Frankf FamRZ 08, 305; Stuttg NJW 77, 1779) oder die Übertragung eines wesentlichen Teils des Vermögens bei noch fernem Hochzeitstermin (Oldbg FamRZ 09, 2004). 11

C. Schadensersatz. Zu ersetzen sind nicht die getätigten Aufwendungen, Verbindlichkeiten oder Maßnahmen selbst, sondern nur der durch solche Dispositionen dem Anspruchsberechtigten entstandene Schaden. Hierfür gelten die allgemeinen Regeln zum Schadensersatz, also §§ 249 ff, insb auch § 254 und die Rspr zur Vorteilsausgleichung (vgl BGH NJW-RR 04, 79). Der Ersatzanspruch ist abtretbar, verzichtbar, pfändbar und vererblich (MüKo/*Wacke* Rz 17 mwN). 12

D. Ausschluss der Ersatzpflicht. Die Verpflichtung des vom Verlöbnis zurückgetretenen Verlobten zum Schadensersatz ist ausgeschlossen, wenn ein **wichtiger Grund zum Rücktritt** gegeben war (§ 1298 III). Ein solcher Rücktrittsgrund liegt vor, wenn sich Tatsachen ergeben, die den Zurücktretenden bei verständiger Würdigung von der Verlobung abgehalten hätten (Palandt/*Brudermüller* Rz 8). Auf ein Verschulden des anderen Verlobten kommt es hierbei nicht an, wohl steht eigenes Verschulden des Zurücktretenden der Annahme eines wichtigen Grundes entgegen. Als Rücktrittsgründe kommen in Betracht: Bruch der Verlöbnistreue (vgl Kobl FamRZ 95, 1068); schwere Erkrankung des anderen Verlobten (insb HIV-Infektion); gewichtige Persönlichkeitsstörungen des anderen Verlobten; grundlose Verzögerung der Eheschließung; Schläge, Beleidigungen oder grundlose Verdächtigungen seitens des anderen Verlobten; ernsthafte Zerwürfnisse zwischen den Verlobten; Täuschung bezüglich der persönlichen oder wirtschaftlichen Verhältnisse des anderen Verlobten; Nichteinhaltung dem Zurücktretenden gemachter und für diesen wichtiger Zusagen. Hingegen ist das Erlöschen der emotionalen Zuneigung nach zutreffender hM (Staud/*Strätz* [2007] Rz 16; MüKo/*Wacke* Rz 10 mwN) kein wichtiger Grund zum Rücktritt. 13

§ 1299 Rücktritt aus Verschulden des anderen Teils. Veranlasst ein Verlobter den Rücktritt des anderen durch ein Verschulden, das einen wichtigen Grund für den Rücktritt bildet, so ist er nach Maßgabe des § 1298 Abs. 1, 2 zum Schadensersatz verpflichtet.

Gibt ein Verlobter dem anderen schuldhaft Anlass zu dessen Rücktritt aus wichtigem Grund, hat der Zurückgetretene seinerseits Anspruch auf Schadensersatz gegen den Veranlasser. Schuldhaftes Veranlassen liegt vor, wenn der Verlobte vorsätzlich oder fahrlässig (§ 276) gegen die aus dem Verlöbnis resultierenden Pflichten – insb: Verlöbnistreue, Fürsorge und Beistandsleistung, Eheschließung – verstößt. Dieses Verschulden muss ursächlich für den Rücktritt sein. Zur Erklärung des Rücktritts sowie zum Umfang der Ersatzfähigkeit und des zu ersetzenden Schadens gilt § 1298 I, II entspr. Zum wichtigen Grund s. § 1298 Rn 13. 1

Haben beide Teile einen wichtigen Grund für den Rücktritt verschuldet, bestehen nach zutreffender hM (Zweibr FamRZ 86, 354; Palandt/*Brudermüller* § 1298 Rz 8) beiderseits keine Ansprüche auf Schadensersatz (aA MüKo/*Wacke* Rz 4). 2

§ 1300 – *weggefallen* –

§ 1301 Rückgabe der Geschenke. ¹Unterbleibt die Eheschließung, so kann jeder Verlobte von dem anderen die Herausgabe desjenigen, was er ihm geschenkt oder zum Zeichen des Verlöbnisses gegeben hat, nach den Vorschriften über die Herausgabe einer ungerechtfertigten Bereicherung fordern. ²Im Zweifel ist anzunehmen, dass die Rückforderung ausgeschlossen sein soll, wenn das Verlöbnis durch den Tod eines der Verlobten aufgelöst wird.

Als selbstständiger Bereicherungstatbestand (BGH FamRZ 96, 601) regelt die Vorschrift die Pflicht der Verlobten, zum Zeichen der Verlobung gegebene oder sonst einander geschenkte Gegenstände bei Beendigung des Verlöbnisses gegenseitig wieder zurückzugeben. Aus dieser Verpflichtung resultierende Ansprüche fallen im Hinblick auf ihre Spezialität nicht in den sachlichen Anwendungsbereich des EuGVÜ (BGH aaO). Aufgrund der Rechtsfolgenverweisung in 1 sind §§ 814 ff – mit Ausnahme von §§ 819 II, 820 – anwendbar. Die Norm gilt für jeden Fall der Beendigung des Verlöbnisses. 1

Rückgabepflichtige **Geschenke** sind unentgeltliche Zuwendungen eines Verlobten an den anderen, die mit der Auflösung des Verlöbnisses ihre Grundlage verlieren. Dieser Schenkungsbegriff ist weit auszulegen (BGH FamRZ 05, 1151). Außer der Zuwendung von Sachen rechnen dazu auch die Befreiung von Verbindlichkeiten, der Erlass von Ansprüchen oder die Erbringung von Arbeitsleistungen ohne anderweitigen Ver- 2 dienstausfall, nicht aber kleinere Gelegenheitsgeschenke (§ 814). Nicht unter § 1301 fallen Aufwendungen, die mit einem Vermögensopfer verbunden sind; für diese gelten die speziellen Regelungen zum Schadensersatz bei Rücktritt in §§ 1298, 1299. Ebenso wenig fallen Unterhaltsbeiträge unter Verlobten, die bereits vor der Heirat einen gemeinsamen Haushalt führen, in den Anwendungsbereich der Norm (BGH aaO).

3 **Anspruchsberechtigt** ist der zuwendende Verlobte. Für Zuwendungen Dritter gilt die Vorschrift ihrem klaren Wortlaut nach nicht und ist auf diese auch nicht analog anwendbar (Staud/*Strätz* [2007] Rz 8; Palandt/*Brudermüller* Rz 1 – aA MüKo/*Wacke* § 1297 Rz 7). Schenkungen Dritter können ggf nach § 530 widerrufen oder nach § 812 I 2 2. Alt zurück gefordert werden. Der Rückforderungsanspruch eines Verlobten ist entspr § 815 ausgeschlossen, wenn er die Eheschließung wider Treu und Glauben verhindert hat (BGH NJW 66, 1653).

4 Ansprüche aus § 1301 sind vererblich, übertragbar, pfändbar und abdingbar. Wird das Verlöbnis durch Tod beendet, ist nach der Auslegungsregel in 2 im Zweifel anzunehmen, dass die Verlobten den Rückforderungsanspruch für diesen Fall ausgeschlossen haben.

5 Die internationale Zuständigkeit für Ansprüche aus § 1301 folgt mangels anderweitiger Regelung der örtlichen Zuständigkeit; eine evtl Zuständigkeit für deliktische Ansprüche kann nicht „kraft Sachzusammenhangs" auf die Zuständigkeit für Verlöbnisansprüche ausgedehnt werden. Ansprüche aus § 1301 fallen nicht in den sachlichen Geltungsbereich des EuGVÜ. Eine akzessorische Anknüpfung des Delikts- an das Verlöbnisstatut ist nicht zulässig (BGH FamRZ 96, 601).

§ 1302 Verjährung. **Die Verjährungsfrist der in den §§ 1298 bis 1301 bestimmten Ansprüche beginnt mit der Auflösung des Verlöbnisses.**

1 Die Norm wurde durch Art 1 Nr 4 des Gesetzes vom 24.9.09 mit Wirkung zum 1.1.10 geändert (BGBl I S 3142). Die bis dahin kürzere Verjährungsfrist von nur 2 Jahren entfällt, so für die Ansprüche aus §§ 1298 bis 1301 jetzt die allgemeinen Verjährungsregeln gelten. Die geänderte Norm ist auf alle am 1.1.10 noch nicht verjährten Ansprüche anzuwenden (Art 2 § 23 des genannten Gesetzes).

2 Verjährungsbeginn ist die Auflösung des Verlöbnisses. Bei Rücktritt ist dies der Zeitpunkt des Zugangs der Rücktrittserklärung. Bei Auflösung aus anderem Grunde ist das auflösende Ereignis (einverständliche Entlobung, anderweitige Verlobung, anderweitige Heirat oder Tod eines Verlobten) maßgeblich; auf dessen Kenntnis kommt es im Hinblick auf Normtext und Normzweck – Vermeidung hinausgeschobener Auseinandersetzungen nach Auflösung des Verlöbnisses – nicht an (Palandt/*Brudermüller* Rz 2 – str).

Titel 2 Eingehung der Ehe

Untertitel 1 Ehefähigkeit

§ 1303 Ehemündigkeit. (1) Eine Ehe soll nicht vor Eintritt der Volljährigkeit eingegangen werden.
(2) Das Familiengericht kann auf Antrag von dieser Vorschrift Befreiung erteilen, wenn der Antragsteller das 16. Lebensjahr vollendet hat und sein künftiger Ehegatte volljährig ist.
(3) Widerspricht der gesetzliche Vertreter des Antragstellers oder ein sonstiger Inhaber der Personensorge dem Antrag, so darf das Familiengericht die Befreiung nur erteilen, wenn der Widerspruch nicht auf triftigen Gründen beruht.
(4) Erteilt das Familiengericht die Befreiung nach Absatz 2, so bedarf der Antragsteller zur Eingehung der Ehe nicht mehr der Einwilligung des gesetzlichen Vertreters oder eines sonstigen Inhabers der Personensorge.

1 **A. Ehemündigkeit.** Die Vorschrift behandelt die vom **Lebensalter** abhängige Ehemündigkeit als besondere Ehefähigkeitsvoraussetzung. Sie ist zu unterscheiden von der in § 1304 geregelten weiteren Voraussetzung der Geschäftsfähigkeit. Die Ehemündigkeit ist an die Erlangung der Volljährigkeit geknüpft (I), sofern nicht das Familiengericht hiervon Befreiung erteilt (II). Volljährigkeit tritt ein mit Vollendung des 18. Lebensjahres (§ 2). Dies gilt nur für Personen, die dem deutschen Recht unterworfen sind, also Deutsche, Flüchtlinge und Asylberechtigte, heimatlose Ausländer und verschleppte Personen (Art 5 II EGBGB).

2 **B. Befreiung. I. Voraussetzungen.** Die familiengerichtliche Befreiung vom Alterserfordernis hat zur unabdingbaren Voraussetzung, dass zum Zeitpunkt der Eheschließung **ein Verlobter mindestens 18 Jahre und der andere mindestens 16 Jahre alt** ist. **Auf das Geschlecht kommt es hierbei nicht an**, so dass Befreiung auch möglich ist, wenn eine volljährige Frau einen minderjährigen Mann heiraten will.

3 Antragsberechtigt ist der hierfür selbst verfahrensfähige Minderjährige. Im Hinblick auf die Höchstpersönlichkeit der Eheschließungsfreiheit und den Gesetzeswortlaut, der in III den „Antragsteller" von dessen gesetzlichem Vertreter abgrenzt, hat Letzterer auch hM (Hamm FamRZ 65, 562; Palandt/*Brudermüller* Rz 4; MüKo/*Müller-Gindullis* Rz 13) ein eigenes Antragsrecht (aA Erman/*A. Roth* Rz 4; Bienwald FamRZ 75, 957). Der Antrag kann bereits vor Erreichen des Mindestalters gestellt werden.

Nach Art 111 FGG-RG ist für die bis 31.8.09 eingeleiteten Verfahren noch das alte materielle Recht anzuwen- 4
den. Seit dem 1.9. 09 findet ausschließlich das FamFG Anwendung. Nach § 26 FamFG unterliegt das Verfahren der Amtsermittlung. Das FamG wird insb die Verlobten, die Eltern, auch wenn sie nicht das Sorgerecht besitzen (§§ 159, 160 FamFG) oder die Inhaber der elterlichen Sorge anhören. Das Jugendamt ist nach § 162 FamFG zu hören, insb ist es auch nach §§ 7 II, 162 FamFG zu belehren, dass es auf Antrag auch als Beteiligter am Verfahren teilnehmen kann. Zuständig ist der Richter, nicht der Rechtspfleger (§ 14 I RPflG). Gegen die Entscheidung ist die Beschwerde gegeben (§§ 116, 117 FamFG).

Die Gebühren des Gerichtes bestimmen sich nach Nr 1320 Anlage 12 FamGKG, der Geschäftswert wird 5
regelmäßig 3.000 € betragen (§ 42 III FamGKG).

Kriterium zur Entscheidung über den Befreiungsantrag ist das **Wohl des minderjährigen Verlobten** 6
(vgl § 1697a). Hierfür sind die konkreten Umstände, insb auch die Person des volljährigen Partners maßgebend, da die Befreiung nicht allgemein, sondern nur zur Eheschließung mit einem bestimmten Partner erteilt werden kann. Die Prüfung des Minderjährigenwohls gebietet die Abwägung aller Umstände, die das weitere seelische und körperliche Befinden des noch minderjährigen Verlobten bei Eingehung der Ehe voraussichtlich beeinflussen werden. Ein zu erwartender Sozialhilfebezug kann für sich alleine kein Verweigerungsgrund sein (Karlsr FamRZ 00, 819). Notwendig ist hingegen, dass der Minderjährige die Entscheidung zu heiraten in voller Erkenntnis ihrer Tragweite getroffen hat (Jena FamRZ 97, 1274). Eine wechselseitige Bindung muss erkennbar und die ordnungsgemäße Erziehung eines gemeinsamen Kindes zu erwarten sein.

Widerspricht der Personensorgeberechtigte dem Antrag des Minderjährigen, ist nach III die Erteilung der 7
Befreiung ausgeschlossen, wenn der Widerspruch auf **triftigen Gründen** beruht. Unbeachtlich sind persönliche Interessen des Sorgeberechtigten, sonstiger Angehöriger oder Dritter, insb auch religiöse Einstellungen, aufgrund deren eine konfessionsfremde oder nicht religiöse Ehe oder Kindeserziehung verhindert werden soll. Die Bedeutung der Regelung in III liegt damit lediglich darin, dass bei Zustimmung des Personensorgeberechtigten und dem Fehlen offensichtlicher Gegenargumente im Zweifel die Befreiung zu erteilen ist, bei Widerspruch hingegen beachtenswerte Bedenken im Zweifel zur Ablehnung des Befreiungsantrags führen; der Sache nach handelt sich um eine Regelung für den non-liquet-Fall (MüKo/*Müller-Gindullis* § 1303 Rz 19).

Ist die familiengerichtliche Befreiung erteilt worden, **bedarf es zur Eheschließung nicht mehr der Einwilli-** 8
gung des Inhabers des Sorgerechts (IV). Dies gilt unabhängig davon, ob seine Zustimmung zur Befreiung vorgelegen hat, evtl später widerrufen wurde oder die Befreiung nach III gegen den Widerspruch des Personensorgeberechtigten erfolgt ist.

II. Wirksamkeit der Ehe. Eine entgegen § 1303 ohne familiengerichtliche Befreiung geschlossene Ehe ist 9
nach § 1314 I BGB aufhebbar und, wie sich aus § 1313 2 ergibt, erst mit Rechtskraft der Aufhebungsentscheidung aufgelöst. Nach § 1315 I Nr 1 ist die Aufhebung ausgeschlossen, wenn das Familiengericht nachträglich die Eheschließung genehmigt oder der bei Eheschließung Minderjährige nach Erreichen der Volljährigkeit zu erkennen gibt, dass er die Ehe fortsetzen will („Bestätigung"). Eine unter Verstoß gegen § 1303 geschlossene Ehe ist daher **wirksam**.

III. Auslandsbezug. S dazu Art 13 EGBGB Rn 4 ff. 10

§ 1304 Geschäftsunfähigkeit. Wer geschäftsunfähig ist, kann eine Ehe nicht eingehen.

Die Vorschrift normiert neben der in § 1303 geregelten lebensaltersabhängigen Ehemündigkeit die **Geschäfts-** 1
fähigkeit als weitere **Voraussetzung der Ehefähigkeit**. Danach ist eheunfähig, wer geschäftsunfähig ist.

Geschäftsunfähigkeit bestimmt sich nach § 104. Bedeutsam ist die **natürliche Geschäftsunfähigkeit** iSv § 104 2
Nr 2. Sie kommt in Betracht bei volljährigen sowie bei mindestens 16 Jahre alten minderjährigen – und damit unter den Voraussetzungen des § 1303 ggf ehemündigen – Heiratswilligen. Geschäftsunfähigkeit idS ist zu unterscheiden von Zuständen der Bewusstlosigkeit oder vorübergehenden Störung der Geistestätigkeit (§ 105 II), die § 1304 nicht unterfallen und daher der Ehefähigkeit nicht entgegenstehen, allerdings einen besonderen Aufhebungsgrund (§ 1314 II Nr 1) darstellen.

Geschäftsfähigkeit iSv § 1304 ist unter Berücksichtigung der in Art 6 I GG garantierten Eheschließungsfreiheit 3
als „Ehegeschäftsfähigkeit" zu beurteilen. Daher kommt es einzig darauf an, ob der Verlobte in der Lage ist, das *Wesen der Ehe zu begreifen* und insoweit eine freie Willensentscheidung zu treffen. Seine sonstigen Verstandesfähigkeiten sind nicht ausschlaggebend. Zur Ehefähigkeit reicht daher eine insoweit vorhandene **partielle Geschäftsfähigkeit** aus (BayObLG FamRZ 97, 294 und 03, 373). Die Voraussetzungen prüft der Standesbeamte in eigener Verantwortung und muss die Eheschließung ablehnen, wenn er von der Geschäftsunfähigkeit ausgeht (§ 49 PStG) oder hat bei Zweifeln eine Entscheidung des zuständigen FamG herbeizuführen.

Die entgegen § 1304 von einem Geschäftsunfähigen geschlossene Ehe ist nach § 1314 I aufhebbar und erst mit 4
Rechtskraft der Aufhebungsentscheidung aufgelöst. Nach § 1315 I Nr 2 ist die Aufhebung ausgeschlossen, wenn der Ehegatte nach Wegfall der Geschäftsunfähigkeit zu erkennen gibt, dass er die Ehe fortsetzen will („Bestätigung"). Eine unter Verstoß gegen § 1304 geschlossene Ehe ist daher **wirksam**.

§ 1306 Bestehende Ehe oder Lebenspartnerschaft

5 **Auslandsbezug:** Ehefähigkeit wie auch Geschäftsfähigkeit bestimmen sich gem Art 13 I und 7 EGBGB nach dem Heimatrecht des Verlobten. Bei danach gegebener Ehefähigkeit, jedoch fehlender Ehegeschäftsfähigkeit iSv § 1304 – wie auch im umgekehrten Falle – kommt ein ordre-public-Verstoß (Art 6 EGBGB) in Betracht.

§ 1305 – weggefallen –

Untertitel 2   Eheverbote

§ 1306 Bestehende Ehe oder Lebenspartnerschaft.
Eine Ehe darf nicht geschlossen werden, wenn zwischen einer der Personen, die die Ehe miteinander eingehen wollen, und einer dritten Person eine Ehe oder eine Lebenspartnerschaft besteht.

1 **A. Eheschließungsverbot.** Die Vorschrift wurde durch das EheschlRG mit Wirkung vom 1.7.98 in das BGB eingefügt. Sie löst die zuvor geltenden entspr Vorschriften des EheG (dort insb §§ 5, 20, 23) ab und gilt damit uneingeschränkt für alle Eheschließungen, die seit dem 1.7.98 vorgenommen werden (Übergangsregeln Art 226 RGBGB). Ein Verstoß gegen die Einehe ist nach § 172 StGB strafbar.

2 Die Norm statuiert ausnahmslos das Verbot der Eheschließung, wenn zumindest einer der Verlobten mit einem Dritten wirksam verheiratet ist. Als **zweiseitiges Verbot** gilt es bei Eheschließung im Inland auch dann, wenn ein ausländischer Verlobter nach seinem Heimatrecht mehrere Ehen eingehen darf.

3 **B. Wirksamkeitsfrage. I. Eheschließung seit dem 1.7.98.** Seit dem 1.7.98 bigamisch geschlossene Ehen sind nach § 1314 I aufhebbar, jedoch wirksam bis zur Rechtskraft der Aufhebungsentscheidung (§ 1313 2). Bei rechtskräftiger Aufhebung tritt ex nunc (BGH FamRZ 01, 685) Unwirksamkeit ein; für die Vergangenheit bleibt die Ehe voll gültig. Nach dem Tod eines Ehegatten ist eine Aufhebung nicht mehr möglich: § 131 FamFG.

4 Zur Aufhebung der bigamischen Ehe **antragsberechtigt** sind nach § 1316 I Nr 1 jeder Ehegatte, die zuständige Verwaltungsbehörde und „die dritte Person", also der Partner der vorangehenden Ehe, soweit sich der Antrag nicht als unzulässige Rechtsausübung darstellt (BGH FamRZ 02, 604).

5 Zu den Folgen einer rechtskräftigen Aufhebung vgl § 1318 I-IV.

6 **Heilung** der wegen Bigamie fehlerhaften Eheschließung iS eines **Ausschlusses der Aufhebbarkeit** ergibt sich nach § 1315 II Nr 1 für den Fall, dass bei Eingehung der bigamischen Ehe ein Scheidungs- oder Aufhebungsentscheidung bezüglich der früheren Ehe bereits ausgesprochen worden, jedoch noch nicht rechtskräftig war. Mit dessen Rechtskraft ist die Aufhebung der späteren Ehe ausgeschlossen. Ein weiterer, allerdings eingeschränkter Ausschluss der Aufhebbarkeit folgt aus §§ 1319, 1320. Nach § 1319 I können weder die Partner der bigamischen Ehe noch der frühere Ehegatte noch die zuständige Verwaltungsbehörde die Aufhebung beantragen, wenn die neue Eheschließung nach unrichtiger Todeserklärung bezüglich eines der früheren Ehegatten erfolgt ist und zumindest einer der nunmehr Eheschließenden nicht wusste, dass der für tot Erklärte noch lebt. Die neue Ehe erlangt Bestandsschutz dadurch, dass die frühere Ehe gem. § 1319 II aufgelöst wird (BGH FamRZ 94, 498). Allerdings kann der Ehepartner, welcher mit dem zu Unrecht für tot Erklärten verheiratet war, gem. § 1320 I fristgebunden die Aufhebung betreiben, jedoch nur, wenn er bei Eingehung der Zweitehe nicht wusste, dass der für tot Erklärte noch lebt.

7 **II. Altehen.** Bei bigamischer **Eheschließung vor dem 1.7.98** ergab sich aus §§ 5, 20 I, 23 EheG „**Nichtigkeit**", welche allerdings **erst mit Rechtskraft des die Nichtigkeit aussprechenden Entscheidung rückwirkend** eintrat; ohne eine solche Entscheidung galt die Ehe als wirksam. Übergangsregelung zur Nichtigerklärung/Aufhebung solcher Ehen ist, wenn diese nicht bereits vor dem 1.7.98 erfolgt ist, Art 226 II, III EGBGB. Danach ist grds neues Recht auf die Aufhebung anzuwenden (Art 226 III), also keine rückwirkende Nichtigerklärung mehr möglich.

8 Besonderheiten gelten für vor dem 3.10.90 auf dem Gebiet der damaligen **DDR** geschlossene bigamische Ehen. Nach Anlage I Kap III Sachgebiet B Abschnitt III Nr 11a des Vertrages zur Herstellung der deutschen Einheit vom 30.9.90 gelten §§ 1–21 EheG nicht für vor dem 3.10.90 geschlossene Ehen.

9 **III. Auslandsbezug.** Kollisionsnorm zur Anknüpfung der materiell-rechtlichen Voraussetzungen der Eheschließung unter Einschluss der Wirksamkeitsfrage bei materiell-rechtlich fehlerhafter Eheschließung ist Art 13 I, II EGBGB.

§ 1307 Verwandtschaft.
¹Eine Ehe darf nicht geschlossen werden zwischen Verwandten in gerader Linie sowie zwischen vollbürtigen und halbbürtigen Geschwistern. ²Dies gilt auch, wenn das Verwandtschaftsverhältnis durch Annahme als Kind erloschen ist.

A. Eheschließungsverbot. Die Vorschrift wurde durch das EheschlRG mit Wirkung vom 1.7.98 in das BGB eingefügt. Sie löst die zuvor maßgeblichen Vorschriften des EheG (dort §§ 4, 21, 23) ab und gilt damit uneingeschränkt für alle Eheschließungen, die seit dem 1.7.98 vorgenommen werden. **1**

§ 1307 statuiert ausnahmslos das Verbot der Eheschließung, wenn die Verlobten miteinander **in gerader Linie verwandt oder Geschwister** sind. Als **zweiseitiges Verbot** gilt es bei Eheschließung im Inland zB auch dann, wenn ein ausländischer Verlobter nach seinem Heimatrecht eine Geschwisterehe eingehen darf. Das Eheverbot korrespondiert mit der Strafbarkeit des Beischlafs zwischen in dieser Weise miteinander Verwandten (§ 173 StGB). Als Ehehindernis gilt es insb auch für den Standesbeamten, der vor Vornahme einer Eheschließung vAw zu prüfen hat, ob Verwandtschaft iSv § 1307 vorliegt (§ 5 II PStG). **2**

Verwandtschaft in gerader Linie bestimmt sich grds nach § 1589 1. Voraussetzung ist die Abstammung voneinander. Auf den Grad der Verwandtschaft kommt es nicht an. Über § 1589 hinaus bedeutet „Abstammung" hierbei nicht nur die über §§ 1591 ff anzuknüpfende rechtliche Abstammung, sondern jede genetische Abstammung. Dasselbe gilt für vollbürtige und halbbürtige Geschwister, also Personen, die unmittelbar von zumindest einem gemeinsamen Elternteil abstammen. **3**

In bestimmtem gesetzlich geregeltem Umfang entsteht bei Adoption rechtliche Verwandtschaft zwischen idR nicht durch genetische Abstammung verbundenen Personen, während zu anderen Personen bestehende Verwandtschaft ggf erlischt. Hierbei gilt als Grundsatz die Regelung in § 1754 I u II, wonach das adoptierte Kind die rechtliche Stellung eines Kindes des Annehmenden erhält und damit im Rechtssinne mit diesem verwandt wird, was sich auf die Verwandten des Annehmenden sowie des Angenommenen erstreckt. Umgekehrt erlöschen grds die Verwandtschaftsverhältnisse des angenommenen Kindes und seiner Abkömmlinge zu seinen bisherigen Verwandten (§ 1755). Ausnahmen gelten bei der Verwandten- und der Stiefkindadoption (§ 1756) sowie bei der Adoption Volljähriger (§ 1770). Besonderheiten gelten für vor dem 1.1.77 Adoptierte (Art 12 §§ 1–3 AdoptG v 2.7.76 [BGBl I 1749]). Nach 2 bleibt das Eheverbot bei adoptionsrechtlich bedingtem Erlöschen eines Verwandtschaftsverhältnisses bestehen. **4**

B. Wirksamkeitsfrage. I. Eheschließung seit dem 1.7.98. Seit dem 1.7.98 entgegen dem Eheverbot des § 1307 **geschlossene Ehen** sind gem § 1314 I aufhebbar, jedoch **wirksam bis zur Rechtskraft des Aufhebungsentscheidung** (§ 1313 2). Bei rechtskräftiger Aufhebung tritt ex nunc (BGH FamRZ 01, 685) Unwirksamkeit ein. Nach dem Tod eines Ehegatten ist eine Aufhebung nicht mehr möglich (§ 131 FamFG). **5**

Die **Folgen einer rechtskräftigen Aufhebung** ergeben sich aus § 1318 I–IV. **6**

II. Altehen. Bei **Eheschließung vor dem 1.7.98** ergab sich aus §§ 5, 20 I, 23 EheG „**Nichtigkeit**" der verbotswidrig geschlossenen Verwandtenehe, welche allerdings **erst mit Rechtskraft des die Nichtigkeit aussprechenden Entscheidung rückwirkend** eintrat; ohne eine solche Entscheidung galt die Ehe als wirksam. Die Nichtigerklärung war auch noch nach dem Tode eines Ehegatten möglich (§ 24 EheG). Übergangsregelung zur Nichtigerklärung/Aufhebung solcher Ehen ist, wenn diese nicht bereits vor dem 1.7.98 erfolgt ist, Art 226 II, III EGBGB. Danach ist grds neues Recht auf die Aufhebung anzuwenden (Art 226 III), also keine rückwirkende Nichtigerklärung mehr möglich. Nur für am 1.7.98 bereits rechtshängige Nichtigkeitsklagen verblieb es beim alten Recht (Art 226 II). **7**

Besonderheiten gelten für vor dem 3.10.90 auf dem Gebiet der damaligen **DDR** geschlossene Ehen. Nach Anlage I Kap III Sachgebiet B Abschnitt III Nr 11a des Vertrages zur Herstellung der deutschen Einheit vom 30.9.90 gelten §§ 1–21 EheG nicht für vor dem 3.10.90 geschlossene Ehen. Die Wirksamkeit solcher Ehen bestimmt sich nach dem bis dahin auf dem Gebiet der ehemaligen DDR geltenden Recht. **8**

§ 1308 Annahme als Kind.

(1) ¹Eine Ehe soll nicht geschlossen werden zwischen Personen, deren Verwandtschaft im Sinne des § 1307 durch Annahme als Kind begründet worden ist. ²Dies gilt nicht, wenn das Annahmeverhältnis aufgelöst worden ist.

(2) ¹Das Familiengericht kann auf Antrag von dieser Vorschrift Befreiung erteilen, wenn zwischen dem Antragsteller und seinem künftigen Ehegatten durch die Annahme als Kind eine Verwandtschaft in der Seitenlinie begründet worden ist. ²Die Befreiung soll versagt werden, wenn wichtige Gründe der Eingehung der Ehe entgegenstehen.

Während § 1307 den Umfang des Ehehindernisses wegen leiblicher Verwandtschaft iSv § 1589 regelt, betrifft § 1308 die Frage, inwieweit **durch Adoption entstandene Verwandtschaft** der Eheschließung entgegensteht (**Ehehindernis**). Ein solches Verwandtschaftsverhältnis ergibt sich bei Annahme Minderjähriger aus § 1754 I, II, bei Annahme Volljähriger aus §§ 1767 II, 1754 I, II, 1770 I 1, 1772 I. Das Ehehindernis besteht zwischen Adoptiveltern und -kindern, Adoptiv(ur)großeltern und -enkeln sowie zwischen Adoptivgeschwistern. Der Standesbeamte hat dies vAw zu prüfen (§ 5 II PStG) und muss zutreffendenfalls die Eheschließung ablehnen. **1**

Gem II kann bei einer zwischen **Adoptivgeschwistern** beabsichtigten Eheschließung durch das Familiengericht **Befreiung** erteilt werden Maßstab für die Entscheidung über die Befreiung ist, ob der beabsichtigten Eheschließung „wichtige Gründe" entgegenstehen (2). Die Befreiung ist die Regel, ihre Verweigerung die Ausnahme. Solche Gründe müssen in der Sphäre des bestehenden Familienverbands liegen; Aspekte aus **2** dem persönlichen Verhältnis der Heiratswilligen sind nicht maßgebend (vgl KG FamRZ 84, 582 und FamRZ 86, 993).

3 Zuständig ist das FamFG (§ 186 Nr. 4 FamFG) und der Richter, nicht der Rechtspfleger (§ 14 I RPflG). Wird eine **Ehe** unter Verletzung des Ehehindernisses in § 1308 geschlossen, ist sie **wirksam** und nicht aufhebbar. Falls die Ehe zwischen einem Adoptivelternteil und dem Adoptivkind (oder Adoptivenkel) geschlossen wurde, ist das Annahmeverhältnis aufgehoben (§ 1766). Bei Auslandsbezug ist zu beachten, dass nach Art 13 EGBGB das jeweilige Heimatrecht jedes Verlobten bestimmt, ob die Adoption ein Ehehindernis ist.

Untertitel 3 Ehefähigkeitszeugnis

§ 1309 Ehefähigkeitszeugnis für Ausländer.

(1) ¹Wer hinsichtlich der Voraussetzungen der Eheschließung vorbehaltlich des Artikels 13 Abs. 2 des Einführungsgesetzes zum Bürgerlichen Gesetzbuche ausländischem Recht unterliegt, soll eine Ehe nicht eingehen, bevor er ein Zeugnis der inneren Behörde seines Heimatstaats darüber beigebracht hat, dass der Eheschließung nach dem Recht dieses Staates kein Ehehindernis entgegensteht. ²Als Zeugnis der inneren Behörde gilt auch eine Bescheinigung, die von einer anderen Stelle nach Maßgabe eines mit dem Heimatstaat des Betroffenen geschlossenen Vertrags erteilt ist. ³Das Zeugnis verliert seine Kraft, wenn die Ehe nicht binnen sechs Monaten seit der Ausstellung geschlossen wird; ist in dem Zeugnis eine kürzere Geltungsdauer angegeben, ist diese maßgebend.
(2) ¹Von dem Erfordernis nach Absatz 1 Satz 1 kann der Präsident des Oberlandesgerichts, in dessen Bezirk das Standesamt, bei dem die Eheschließung angemeldet worden ist, seinen Sitz hat, Befreiung erteilen. ²Die Befreiung soll nur Staatenlosen mit gewöhnlichem Aufenthalt im Ausland und Angehörigen solcher Staaten erteilt werden, deren Behörden keine Ehefähigkeitszeugnisse im Sinne des Absatzes 1 ausstellen. ³In besonderen Fällen darf sie auch Angehörigen anderer Staaten erteilt werden. ⁴Die Befreiung gilt nur für die Dauer von sechs Monaten.

1 **A. Geltungsbereich.** Die Vorschrift steht im Kontext mit der kollisionsrechtlichen Regelung zum Eheschließungsstatut in Art 13 I EGBGB. Danach ergeben sich die materiellen Voraussetzungen der Eheschließung – unabhängig vom Ort der Eheschließung – für jeden Verlobten aus dem Recht des Staates, dem er unmittelbar vor der Eheschließung angehörte (BGH NJW 66, 1811). Anknüpfungspunkt ist die jeweilige Staatsangehörigkeit. Da auf das jeweilige Heimatrecht beider Verlobter verwiesen wird, darf die Ehe nur dann geschlossen werden, wenn alle Voraussetzungen nach den aufgrund der doppelten Verweisung berufenen Rechtsordnungen vorliegen. Liegt nach nur einer Rechtsordnung ein Ehehindernis vor, nach der anderen jedoch nicht, steht dies der Eheschließung entgegen. Nach § 5 II PStG hat das Standesamt vAw zu prüfen, ob der Eheschließung ein Ehehindernis entgegensteht; er muss also auch feststellen, dass bei einem ausländischen Verlobten kein nach dessen Heimatrecht bestehendes Hindernis vorliegt. Zur Erleichterung dieser Prüfung normiert § 1309 für ausländische Verlobte die Verpflichtung, dem Standesamt ein **Ehefähigkeitszeugnis** vorzulegen, welches von der zuständigen Behörde seines Heimatstaats ausgestellt worden ist und bescheinigt, dass nach dem Recht dieses Staats kein Ehehindernis besteht.

2 Wie sich aus dem Wortlaut von I 1 ergibt, ist die Norm nicht auf jeden Nichtdeutschen anwendbar (Art 13 EGBGB). Es besteht keine Verpflichtung zur Vorlage eines Ehefähigkeitszeugnisses für solche Nichtdeutsche, deren Personalstatut sich nicht nach der Staatsangehörigkeit, sondern ihrem gewöhnlichen Aufenthalt im Inland bestimmt. Dabei handelt es sich um Staatenlose und Personen, deren Staatsangehörigkeit nicht festgestellt werden kann (heimatlose Ausländer); für diesen Personenkreis ist gem dem New Yorker UN-Übereinkommen über die Rechtsstellung der Staatenlosen v 28.9.54 sowie nach Art 5 II EGBGB Ersatzanknüpfungspunkt anstelle der Staatsangehörigkeit der gewöhnliche Aufenthalt. Dasselbe gilt für Flüchtlinge, die unter das Genfer UN-Abkommen über die Rechtsstellung der Flüchtlinge v 28.7.51 iVm dem New Yorker Protokoll v 31.1.67 oder unter das Gesetz über Maßnahmen für im Rahmen humanitärer Hilfsaktionen aufgenommene Flüchtlinge v 22.7.80 (Kontingentflüchtlinge) fallen. Nach § 3 AsylVG gilt dies auch für anerkannte Asylberechtigte, und zwar rückwirkend für die Zeit vor der stattgebenden Asylentscheidung ab Aufenthaltsbegründung im Inland (BGH FamRZ 93, 48).

3 Für **Doppelstaater**/Mehrstaater ist zu unterscheiden: Nach Art 5 I 1 EGBGB kommt es grds auf die effektive Staatsangehörigkeit an, also darauf, zu welchem Staat die engste persönliche Beziehung besteht (s. dazu BGH FamRZ 80, 673; FAKomm-FamR/*Rausch* Art 5 EGBGB Rz 4). Besitzt jedoch der Doppelstaater/Mehrstaater auch die deutsche Staatsangehörigkeit, darf nicht auf die effektive Staatsangehörigkeit abgestellt werden; gem Art 5 I 2 EGBGB ist allein die deutsche Staatsangehörigkeit maßgeblich, völlig unabhängig davon, ob sie für *den Betroffenen* auch tatsächlich die effektive darstellt. Für einen Verlobten, der mehreren Staaten angehört, ist daher grds die Beibringung eines Ehefähigkeitszeugnisses desjenigen Staats erforderlich, mit dem er am engsten verbunden ist. Dies gilt jedoch nicht, wenn er auch die deutsche Staatsangehörigkeit besitzt.

Die Verweisung auf das Heimatrecht der Verlobten ist Gesamtverweisung iSv Art 4 I EGBGB (BGH NJW 66, 4
1811), dh in dessen **Kollisionsrecht**, was zur grundsätzlichen Beachtlichkeit von Rück- und Weiterverweisungen führt. Dennoch ist § 1309, da er dem Standesbeamten die Prüfung erleichtern und soweit wie möglich sicherstellen soll, dass das Heimatrecht insgesamt richtig angewendet wird, auch dann anwendbar, wenn ins deutsche Recht zurückverwiesen wird (Erman/*A Roth* Rz 3 mwN).

Für **deutsche** Verlobte generell sowie für Staatenlose, heimatlose Ausländer, ausländische Flüchtlinge und 5
Asylberechtigte mit gewöhnlichem Aufenthalt im Inland (s.o. Rn 2) gilt § 1309 nicht. Für diesen Personenkreis ermöglicht § 69b PStG die Ausstellung eines Ehefähigkeitszeugnisses durch den deutschen Standesbeamten, falls es eines solchen zur Eheschließung im Ausland bedarf.

Die Regelungen in §§ 1309 BGB und 69b PStG werden ergänzt durch das Münchener CIEC-Üb über die Ausstellung von Ehefähigkeitszeugnissen v 5.9.97 (BGBl 97 II 1087). Inhaltlich wird § 1309 durch das Üb nicht 6
betroffen.

B. Wirksamkeit des Ehefähigkeitszeugnisses. Für den Standesbeamten ist ein beigebrachtes Ehefähigkeitszeugnis nur dann beachtlich, wenn es von der zuständigen Behörde des Heimatstaats ausgestellt (I 1 u 2) und 7
noch nicht durch Zeitablauf kraftlos geworden ist (I 3). Zur Ausstellung **zuständig** ist nach I 1 die „innere" Behörde des Heimatstaats, grds also keine andere Stelle, insb keine diplomatische Vertretung. Nach I 2 indes kann das Zeugnis auch von einer anderen Stelle, ggf einer diplomatischen Vertretung ausgestellt werden, wenn ein zwischen der BRD und dem Heimatstaat geschlossenen Vertrag dies vorsieht.

Das Ehefähigkeitszeugnis wird 6 Monate nach seiner Ausstellung **kraftlos**, wenn bis dahin keine Eheschließung 8
erfolgt ist. Bei im Zeugnis angegebener kürzerer Geltungsdauer tritt mit deren Ablauf Kraftlosigkeit ein (**I 3**).

C. Befreiung. Angehörigen von Staaten, die kein Ehefähigkeitszeugnis kennen, muss es – insb im Hinblick 9
auf die grundrechtlich gewährleistete Eheschließungsfreiheit (BVerfG FamRZ 04, 765) – möglich sein, auch ohne die Vorlage eines Ehefähigkeitszeugnisses im Inland eine Ehe eingehen zu können. Die Regelung dazu findet sich in II. Sie gilt auch für Staatenlose mit gewöhnlichem Aufenthalt im Ausland und sieht eine **förmliche Befreiungsentscheidung** durch den Präsidenten des OLG, in dessen Bezirk das zuständige Standesamt seinen Sitz hat, vor (**II 1**).

Maßstab für die Erteilung der Befreiung ist vorrangig die **Frage, ob das Heimatrecht des Verlobten der** 10
geplanten Eheschließung entgegensteht. Der OLG-Präsident muss demgemäß entspr § 26 FamFG vAw ermitteln (BaRoth/*F Lohmann* Rz 24) und feststellen, dass nach dem gem Art 13 I EGBGB anwendbaren Recht kein Ehehindernis besteht. Dies gilt auch für ein nur aufschiebendes Eheverbot und ist unabhängig davon, ob die Verletzung des Ehehindernisses die Gültigkeit der gleichwohl geschlossenen Ehe beeinträchtigt oder nicht (BGH FamRZ 71, 366).

Besteht nach dem Heimatrecht des Verlobten ein Ehehindernis, ist dennoch Befreiung zu erteilen, wenn das 11
zusätzlich zu berücksichtigende deutsche Recht diesem Ehehindernis aus Gründen des **ordre public** die Anerkennung versagt (Art 6 EGBGB). Der Eheschließungsfreiheit entgegenstehende Regelungen fremden Rechts (zB absolute Unauflöslichkeit einer früheren Ehe sowie das Verbot der Eheschließung bei unterschiedlicher Religionszugehörigkeit – zu Letzterem BGH FamRZ 71, 366; Kobl FamRZ 94, 1262) sind hierzu Anlass.

Ausnahmsweise kann eine Befreiung auch Angehörigen von Staaten, die ein Ehefähigkeitszeugnis kennen, erteilt 12
werden. Nach II 3 ist dies **in besonderen Fällen** möglich. Damit gemeint sind Sachverhalte, bei deren Vorliegen die Beschaffung des Ehefähigkeitszeugnisses im Heimatstaat undurchführbar oder unzumutbar ist, etwa bei Krieg, Naturkatastrophen oder wegen politischer Verhältnisse (vgl Oldbg NJW-RR 89, 774; Köln NJW 90, 644).

Die Befreiung wird 6 Monate nach ihrer Erteilung **kraftlos**, wenn bis dahin keine Eheschließung erfolgt ist 13
(II 4).

Rechtsbehelf gegen die Versagung der Befreiung ist der Antrag auf gerichtliche Entscheidung gem Art 23 ff 14
EGGVG binnen einer Frist von einem Monat nach Zustellung. Zuständig ist ein Senat des OLG (§ 25 EGGVG).

D. Ehehindernis, Ehewirksamkeit. Die Erforderlichkeit der Vorlage eines Ehefähigkeitszeugnisses bedeutet 15
ein vom Standesbeamten gem § 5 II PStG zu beachtendes **aufschiebendes Ehehindernis**.

Eine unter Verletzung der Pflicht zur Beibringung des Ehefähigkeitszeugnisses gleichwohl **geschlossene Ehe** 16
ist wirksam.

Untertitel 4 Eheschließung

§ 1310 Zuständigkeit des Standesbeamten, Heilung fehlerhafter Ehen. (1) ¹Die Ehe wird nur dadurch geschlossen, dass die Eheschließenden vor dem Standesbeamten erklären, die Ehe miteinander eingehen zu wollen. ²Der Standesbeamte darf seine Mitwirkung an der Eheschließung nicht verweigern, wenn die Voraussetzungen der Eheschließung vorliegen; er muss seine Mitwirkung verweigern, wenn offenkundig ist, dass die Ehe nach § 1314 Abs. 2 aufhebbar wäre.

(2) Als Standesbeamter gilt auch, wer, ohne Standesbeamter zu sein, das Amt eines Standesbeamten öffentlich ausgeübt und die Ehe in das Eheregister eingetragen hat.
(3) Eine Ehe gilt auch dann als geschlossen, wenn die Ehegatten erklärt haben, die Ehe miteinander eingehen zu wollen, und
1. der Standesbeamte die Ehe in das Eheregister eingetragen hat,
2. der Standesbeamte im Zusammenhang mit der Beurkundung der Geburt eines gemeinsamen Kindes der Ehegatten einen Hinweis auf die Eheschließung in das Geburtenregister eingetragen hat oder
3. der Standesbeamte von den Ehegatten eine familienrechtliche Erklärung, die zu ihrer Wirksamkeit eine bestehende Ehe voraussetzt, entgegengenommen hat und den Ehegatten hierüber eine in Rechtsvorschriften vorgesehene Bescheinigung erteilt worden ist
und die Ehegatten seitdem zehn Jahre oder bis zum Tode eines der Ehegatten, mindestens jedoch fünf Jahre, als Ehegatten miteinander gelebt haben.

1 **A. Zivilehe.** Eine **Ehe** iSd § 1310 kann nur zwischen **Mann und Frau** geschlossen werden. Partner gleichen Geschlechts können keine Ehe eingehen (BVerfG FamRZ 93, 1419); ihnen steht die Begründung einer vom Ehebegriff zu unterscheidenden Lebenspartnerschaft offen (§ 1 LPartG).

2 I 1 normiert die zwingende Notwendigkeit der **Eheschließung vor dem Standesbeamten**. Vor einem Religionsdiener oder einer sonstigen Trauungsperson geschlossene Ehen zeitigen für das staatliche Recht keine Wirkungen, jedoch besteht seit dem 1.1.09 aufgrund Änderung des PStG (§§ 67, 67a) kein Verbot für eine vorherige kirchliche Trauung (Schwab FamRZ 08, 1121); diese löst jedoch nicht die zivilrechtlichen Wirkungen einer Eheschliessung aus. Ferntrauungen sind unzulässig.

3 **Standesbeamter** ist, wer für einen bestimmten Standesamtsbezirk förmlich zum Standesbeamten bestellt worden ist (§ 53 PStG).

4 Die Regelung in I 1 gilt uneingeschränkt für die Eheschließung deutscher Verlobter **im Inland**. Für hier vorgenommene Eheschließungen von Ausländern kann sich bei Vorliegen der in Art 13 III 2 EGBGB normierten besonderen Voraussetzungen eine Ausnahme ergeben (s. Art 13 EGBGB Rn 12). Das Formstatut für im Ausland vorgenommene Eheschließungen richtet sich nach Art 13 I EGBGB (s. Art 13 EGBGB Rn 14).

5 Liegen keine Ehehindernisse vor, kann der Standesbeamte seine **Mitwirkung an der Eheschließung** nur verweigern, wenn für ihn offenkundig ist, dass die Ehe nach § 1314 II aufhebbar wäre (**I 2**). Dies ist der Fall bei Bewusstlosigkeit oder vorübergehender Störung der Geistestätigkeit eines Verlobten, bei fehlendem Wissen eines Verlobten vom Stattfinden einer Eheschließung, bei arglistiger Täuschung oder Drohung ggü einem Verlobten sowie bei Absicht der Verlobten, lediglich eine Scheinehe zu schließen.

6 **B. Nichtehe, Heilung.** Verstöße gegen I 1, also **Eheschließung durch gleichgeschlechtliche Partner** oder **Eheschließung ohne Mitwirkung des Standesbeamten**, stehen ipso jure dem Zustandekommen einer Ehe entgegen – eine dennoch geschlossene „Ehe" ist nichtig und zeitigt keine Rechtswirkungen (**Nichtehe**). Ein Aufhebungsverfahren kommt mangels Vorliegens einer Ehe nicht in Betracht. Jedoch kann die Unwirksamkeit mit einer Klage auf Feststellung des Nichtbestehens einer Ehe geltend gemacht werden (§ 121 Ziff 3 FamFG).

7 Eine ohne Mitwirkung des Standesbeamten geschlossene (Nicht-)Ehe kann mit der Rechtsfolge rückwirkender Wirksamkeit (Palandt/*Brudermüller* Rz 14) **geheilt** werden, wenn die in **III** normierten besonderen Voraussetzungen vorliegen. Dazu ist erforderlich, dass der Standesbeamte trotz Unwirksamkeit der Ehe bestimmte **ehebezogene Amtshandlungen** vorgenommen hat **und** die vermeintlichen Ehegatten über einen bestimmten Zeitraum **als Ehegatten miteinander gelebt** haben. Als Amtshandlungen des Standesbeamten kommen in Betracht die Eintragung der Ehe in das Heirats- oder Familienbuch (III Nr 1), die Eintragung eines Hinweises auf die Eheschließung im Geburtenbuch bei Beurkundung der Geburt eines gemeinsamen Kindes (III Nr 2) sowie die Entgegennahme von eheabhängigen familienrechtlichen – zB namensrechtlichen – Erklärungen nebst Erteilung einer dahingehenden Bescheinigung (III Nr 3). Hinzukommen muss eheliches Zusammenleben über einen Zeitraum von 10 Jahren seit Vornahme der Amtshandlung. Ist ein Ehegatte gestorben, reicht es, wenn das Zusammenleben mindestens 5 Jahre bis zu seinem Tode angedauert hat (III aE). Die Heilung kann mit einer Klage auf Feststellung des Bestehens einer Ehe geltend gemacht werden (§ 121 Ziff 3 FamFG).

§ 1311 Persönliche Erklärung.
¹Die Eheschließenden müssen die Erklärungen nach § 1310 Abs. 1 persönlich und bei gleichzeitiger Anwesenheit abgeben. ²Die Erklärungen können nicht unter einer Bedingung oder Zeitbestimmung abgegeben werden.

1 Bei der Eheschließung vor dem Standesbeamten müssen beide Verlobte **gleichzeitig anwesend** sein (1 aE). *Sukzessivbeurkundung ist nicht möglich.*

2 Die Erklärung der Verlobten, miteinander die Ehe eingehen zu wollen, ist **höchstpersönlich**er Natur (1). Vertretung wie auch Erklärung durch Boten ist ausgeschlossen. Erfolgt gleichwohl die Erklärung der Eheschließung durch einen Vertreter, steht dies der Wirksamkeit der Ehe nicht entgegen (s.u. Rn 4). Ist die Vertretung

dem anderen Verlobten bekannt, kommt die Ehe mit dem nicht erschienenen Vertretenen zustande. Ist die Vertretung dem anderen Verlobten nicht bekannt (verdeckte Vertretung), kommt es darauf an, ob dieser seiner Vorstellung nach den tatsächlich Erschienenen oder Vertretenen heiraten will: im ersten Fall kommt die Ehe mit dem erschienenen Vertreter zustande, im zweiten Fall mit dem verdeckt Vertretenen (Erman/*A Roth* Rz 4; Palandt/*Brudermüller* Rz 5 mwN; Karlsr StAZ 94, 286). Wenn beide Verlobte unter fremden Namen die Erklärung abgeben ist zwischen ihnen die Ehe wirksam geschlossen (Staudinger/Strätz, § 1311 Rz 10).

Die Erklärung der Eheschließung ist **bedingungs- und befristungsfeindlich** (2). Soll eine Bedingung oder Befristung mit der Erklärung verbunden werden, muss der Standesbeamte, wenn er dies erkennt, seine Mitwirkung verweigern (s.o. Rn 2). Für den Standesbeamten nicht erkennbare Bedingungen, Befristungen oder Vorbehalte sind unwirksam (BayObLG FamRZ 82, 603), die Ehe hingegen wirksam. 3

Eine unter Verstoß gegen § 1311 geschlossene Ehe ist gem § 1314 I **aufhebbar**, jedoch **bis zur Rechtskraft der Aufhebungsentscheidung wirksam** (§ 1313 2). 4

§ 1312 Trauung. ¹Der Standesbeamte soll bei der Eheschließung die Eheschließenden einzeln befragen, ob sie die Ehe miteinander eingehen wollen, und, nachdem die Eheschließenden diese Frage bejaht haben, aussprechen, dass sie nunmehr kraft Gesetzes rechtmäßig verbundene Eheleute sind. ²Die Eheschließung kann in Gegenwart von einem oder zwei Zeugen erfolgen, sofern die Eheschließenden dies wünschen.

1 regelt die vom Standesbeamten bei der Eheschließung durchzuführende **Trauung** und die dabei einzuhaltenden Förmlichkeiten. Die Vorschrift wird ergänzt durch die in §§ 8 PStG, 187 der Dienstanweisung (DA) für die Standesbeamten enthaltenen Anweisungen zur würdigen Ausgestaltung der Eheschließung. Da es sich bei diesen Rechtsgrundlagen und bei I 1 um Soll-Vorschriften handelt, sind **Verstöße folgenlos**. 1

Seit der Eheschließungsrechtsreform 1998 ist die Anwesenheit von **Trauzeugen** nicht mehr vorgeschrieben. Auf Wunsch der Eheschließenden können bis zu 2 Trauzeugen anwesend sein (2). 2

Die Eheschließung ist gem § 9 PStG zu **beurkunden** und nach §§ 11, 12 PStG in das **Heiratsbuch** einzutragen. **Verstöße** hiergegen sind jedoch **folgenlos und** stehen der Wirksamkeit der Ehe nicht entgegen, ergeben auch keinen Aufhebungsgrund. 3

Titel 3 Aufhebung der Ehe

Vorbemerkungen vor §§ 1313 bis 1320

A. Allgemeines. Eine Ehe kann nur durch den Tod aufgelöst oder durch richterliche Entscheidung geschieden (§ 1564 I 1) oder aufgehoben (§ 1313 I 1) werden. Vorausgesetzt ist eine wirksam geschlossene Ehe, mag sie auch fehlerhaft zustande gekommen sein. Ausnahme: **Nichtehe** (zB Eheschließung vor einem Bediensteten, der nicht das Amt eines Standesbeamten ausübt, § 1310 II oder vor einem Geistlichen). Sie ist wegen schwerwiegender formeller oder materieller Fehler ohne jede familienrechtliche Wirkung. 1

Das Gesetz kennt neben der Scheidung nur noch die Eheaufhebung. Die Nichtigerklärung der Ehe wurde abgeschafft. Fehlerhaft zustande gekommene Ehen sind nicht mehr wie früher rückwirkend vernichtbar, sondern können ausschl ex nunc mit Rechtskraft der Entscheidung aufgehoben werden (§ 1313 2). Bis zu diesem Zeitpunkt ist die aufhebbare Ehe voll gültig (BGH FamRZ 01, 685, 686). 2

B. Unterschiede: Ehescheidung – Eheaufhebung. I. Materielles Recht. Während bei der Scheidung die Ehe aus Gründen geschieden wird, die **nach** der Eheschließung liegen und die Ehe zum Scheitern gebracht haben („zerrüttete Ehe"), erfolgt die Eheaufhebung aus Gründen die **bei** der Eheschließung vorgelegen haben („fehlerhafte Ehe"). Einziger Scheidungsgrund ist das Gescheitertsein der Ehe (§ 1565 I). Die verschiedenen Aufhebungsgründe sind (abschließend) in § 1314 aufgezählt. 3

II. Verfahrensrecht. Das Aufhebungsverfahren ist weitgehend dem Scheidungsverfahren (§§ 121 – 131 FamFG) nachgebildet. Im ersten Rechtszug gelten die Bestimmungen vor den Landgerichten entspr (§ 113 I FamFG). Das Aufhebungsverfahren ist Ehesache (§ 121 Nr 2 FamFG), insb gelten dieselben Regelungen für die sachliche (§ 111 Nr 1 FamFG) und örtliche Zuständigkeit (§ 122 FamFG) sowie die Vorschriften über die Antragsschrift (§ 113 V FamFG). Die Parteien heißen Antragsteller und Antragsgegner. Allerdings kennt das Aufhebungsverfahren nicht den Verfahrensverbund nach § 137 FamFG, sodass mehrere Familiensachen isoliert behandelt werden müssen. 4

Scheidungs- und Aufhebungsverfahren können miteinander verbunden werden (§ 126 FamFG). Über beide Verfahren muss gemeinsam verhandelt und entschieden werden. Wird dem Aufhebungsbegehren stattgegeben, wird das Scheidungsverfahren gegenstandslos. Sind beide Begehren begründet, ist nur auf Aufhebung der Ehe zu erkennen (§ 126 III FamFG).

5 Es empfiehlt sich im Aufhebungsverfahren hilfsweise den Scheidungsantrag zu stellen. Der Hilfsantrag kann zulässigerweise auch erstmals im Berufungsverfahren gestellt werden (Köln FamRZ 00, 819, 820). Ist der VA noch nicht durchgeführt, kommt eine Aufhebung der Entscheidung und Zurückverweisung an das Amtsgericht in Betracht (Brandbg FamRZ 08, 1534). Ein Ehegatte kann umgekehrt – nach bestrittener Auffassung – auch innerhalb eines Scheidungsverfahrens hilfsweise Eheaufhebung begehren (Zöller/*Philippi* § 631 Rz 17 mwN).

6 **III. Drittbeteiligte.** Während die Scheidung ausschl von Ehegatten beantragt werden kann (§ 1564 1), sind bei den meisten Aufhebungsgründen zusätzlich die **zuständige Verwaltungsbehörde** und im Falle der Bigamie ein **Dritter** (der Ehegatte aus der anderen Ehe) antragsberechtigt (§ 1316). Die Drittanträge sind gegen **beide** Ehegatten zu richten (§ 129 I FamFG).

7 **IV. Kosten.** Kosten werden grds gegeneinander aufgehoben (§ 132 I 1 FamFG), können ggf aber auch bei Bösgläubigkeit und Unredlichkeit eines Ehegatten nach billigem Ermessen anderweitig verteilt werden (§ 132 I 2 FamFG). § 132 FamFG gilt nicht im Falle der Aufhebung der Ehe auf Antrag der zuständigen Verwaltungsbehörde oder auf Antrag des Ehegatten der Erstehe im Falle der Bigamie (§ 132 II FamFG).

8 **V. Vorteile des Aufhebungsverfahrens ggü der Scheidung.** Die Eheaufhebung kann ohne Einhaltung des Trennungsjahres (§ 1565 II) beantragt werden. Das Aufhebungsverfahren ist nicht mit Folgesachen belastet, da die Verbundvorschriften (§ 137 FamFG) nicht gelten. Schließlich finden die Scheidungsfolgevorschriften nur eingeschränkt Anwendung (§ 1318).

9 **C. Übergangsrecht.** Das neu geschaffene Aufhebungsrecht (zB § 1314 II Nr 5 = Scheinehe) gilt nur für die nach dem 30.6.98 geschlossenen Ehen (Art 228 I EGBGB). IÜ finden die neuen Aufhebungsvorschriften auch auf die vor dem 1.7.98 geschlossenen Ehen Anwendung (Art 226 EGBGB).

§ 1313 Aufhebung durch Urteil. ¹Eine Ehe kann nur durch gerichtliche Entscheidung auf Antrag aufgehoben werden. ²Die Ehe ist mit der Rechtskraft der Entscheidung aufgelöst. ³Die Voraussetzungen, unter denen die Aufhebung begehrt werden kann, ergeben sich aus den folgenden Vorschriften.

1 **A. Allgemeines.** Die Aufhebung erfolgt wie die Scheidung durch rechtskräftige Entscheidung.

2 **B. Die materiellen Voraussetzungen der Eheaufhebung.** Ehe bedeutet eine familienrechtlich wirksam zustande gekommene Ehe. Eine Nichtehe (vor § 1313 Rn 1) kann nicht aufgehoben werden. Ob eine bereits geschiedene Ehe aufgehoben werden kann, ist str (§ 1317 Rn 5). Aufhebungsgrund sind die in § 1314 abschließend geregelten Aufhebungstatbestände. Die Aufhebung darf nicht ausgeschlossen sein (§ 1315). Die Antragsfrist (Jahresfrist) muss bei einigen Tatbeständen beachtet werden (§ 1317). Erforderlich ist der Antrag eines Antragberechtigten (§ 1316). Die Rechtsfolgen der Aufhebung regelt § 1318.

§ 1314 Aufhebungsgründe. (1) Eine Ehe kann aufgehoben werden, wenn sie entgegen den Vorschriften der §§ 1303, 1304, 1306, 1307, 1311 geschlossen worden ist.
(2) Eine Ehe kann ferner aufgehoben werden, wenn
1. ein Ehegatte sich bei der Eheschließung im Zustand der Bewusstlosigkeit oder vorübergehender Störung der Geistestätigkeit befand;
2. ein Ehegatte bei der Eheschließung nicht gewusst hat, dass es sich um eine Eheschließung handelt;
3. ein Ehegatte zur Eingehung der Ehe durch arglistige Täuschung über solche Umstände bestimmt worden ist, die ihn bei Kenntnis der Sachlage und bei richtiger Würdigung des Wesens der Ehe von der Eingehung der Ehe abgehalten hätten; dies gilt nicht, wenn die Täuschung Vermögensverhältnisse betrifft oder von einem Dritten ohne Wissen des anderen Ehegatten verübt worden ist;
4. ein Ehegatte zur Eingehung der Ehe widerrechtlich durch Drohung bestimmt worden ist;
5. beide Ehegatten sich bei der Eheschließung darüber einig waren, dass sie keine Verpflichtung gemäß § 1353 Abs. 1 begründen wollen.

1 **A. Allgemeines.** § 1314 enthält eine abschließende Aufzählung aller Aufhebungsgründe (§ 1313 3). Die in I aufgeführten Aufhebungsgründe beziehen sich auf Verstöße gegen Eheschließungsvorschriften. II Nr 1–4 betrifft Fehler bei der Bildung des Eheschließungswillens. Neu ist der Aufhebungsgrund der Scheinehe (II Nr 5).

2 Wenn offenkundig ist, dass die beabsichtigte Eheschließung nach II aufhebbar wäre, muss der Standesbeamte seine Mitwirkung an der Eheschließung ablehnen (§ 1310 I 2 2. Hs).

3 Die Rechtsfolgen der Aufhebung richten sich nach § 1318.

4 **B. Eheschließungsfehler (Abs 1). I. Verstoß gegen § 1303 I (Ehemündigkeit).** Aufhebbar ist eine Ehe, wenn ein Ehegatte bei Eheschließung minderjährig war. Das FamG kann aber Befreiung vom Erfordernis der Ehemündigkeit erteilen, wenn der minderjährige Heiratswillige das 16. Lebensjahr vollendet hat und der künftige

Ehegatte volljährig ist (§ 1303 II). Der Sorgerechtsinhaber kann der Ehemündigerklärung aus triftigen Gründen widersprechen (§ 1303 III). Wird der Dispens erteilt, kann der ehemündig gewordene Minderjährige ohne Einwilligung des Sorgerechtsinhabers die Ehe schließen (§ 1303 IV).

Wird die Ehe ohne Dispens geschlossen, entfällt die Aufhebbarkeit, wenn entweder dem minderjährigen Verlobten nachträglich der Dispens erteilt wird (§ 1315 I 1 Nr 1 – 1. Alt –) oder der bei Eheschließung minderjährige Ehegatte inzwischen volljährig geworden ist und die Ehe bestätigt (§ 1315 I 1 Nr 1 2. Alt). **5**

Antragsberechtigt ist jeder Ehegatte sowie die nach Landesrecht zuständige Verwaltungsbehörde (§ 1316 I 1 Nr 1), die aber von der Antragstellung absehen kann (§ 1316 III gilt nicht). Der minderjährige Ehegatte kann den Aufhebungsantrag ohne Zustimmung seines gesetzlichen Vertreters stellen (§ 1316 II 2). Der Aufhebungsantrag ist nicht befristet (Umkehrschluss aus § 1317 I). **6**

II. Verstoß gegen § 1304 (Geschäftsunfähigkeit). Die Ehe des bei Eheschließung Geschäftsunfähigen (§ 104 **7** Nr 2) ist wirksam, aber aufhebbar. Für beschränkt Geschäftsfähige (§ 106) gilt § 1303. Die Geschäftsunfähigkeit muss ehebezogen sein („Ehegeschäftsunfähigkeit"). Es kommt deshalb darauf an, ob bei dem Verlobten Einsichtsfähigkeit für das Wesen der Ehe besteht und ob er in der Lage ist, seine Entscheidung zur Eheschließung von vernünftigen Erwägungen abhängig zu machen (Ddorf FamRZ 97, 294, 295). Bei ernst zu nehmendem Heiratswillen kann auch bei einer stark debilen Person eine Eheschließung in Betracht kommen (AG Rottweil FamRZ 90, 626), ebenso in einem „lichten Augenblick" oder wenn trotz Geistesschwäche partielle Geschäftsfähigkeit für die Eheschließung besteht (BayObLG FamRZ 97, 297).

Der Standesbeamte muss Zweifeln an der Geschäftsfähigkeit vAw nachgehen. Dazu besteht idR Veranlassung, **8** wenn für den Betroffenen ein Betreuer bestellt ist, insb wenn ein Einwilligungsvorbehalt (§ 1903) besteht, der allerdings speziell für die Erklärung zur Eheschließung nicht angeordnet werden darf (§ 1903 II 1. Alt). Bei fortbestehenden Zweifeln muss der Standesbeamte durch Einschaltung des Amtsgerichts die Geschäftsfähigkeit durch Gutachten klären lassen (§ 49 II PStG). Teilt das Amtsgericht seine Zweifel nicht, kann es den Standesbeamten zur Vornahme der Eheschließung veranlassen (§ 49 I PStG). Bei nur vorübergehender Geistesstörung liegt keine Geschäftsunfähigkeit vor (§ 104 Nr 2 2. Hs) Der Standesbeamte muss gleichwohl die Eheschließung ablehnen, weil sie gem § 1314 II Nr 1 2. Alt aufhebbar wäre.

Die Aufhebbarkeit entfällt, wenn der nicht mehr Geschäftsunfähige die Ehe bestätigt (§ 1315 I Nr 2). **9**

Antragsberechtigt sind die Eheleute und die zuständige Verwaltungsbehörde (§ 1316). Für den zur Zeit des **10** Aufhebungsverfahrens geschäftsunfähigen Ehegatten kann nur der gesetzliche Vertreter den Antrag stellen (§ 1316 II), der selbst kein eigenes Antragsrecht hat. Die Verwaltungsbehörde soll nur in Härtefällen von der Antragstellung absehen (§ 1316 III; Rn 6).

Der Aufhebungsantrag ist nicht befristet (Umkehrschluss aus § 1317 I 1). **11**

III. Verstoß gegen Eheverbote (§§ 1306, 1307, 1311). 1. Doppelehe/Bigamie (§ 1306). Die Doppelehe mit **12** einem Dritten ist aufhebbar. Sonderregelungen gelten bei Wiederheirat nach unrichtiger Todeserklärung (§§ 1319, 1320). Eine aufhebbare Zweitehe liegt vor, wenn die Erstehe bei Eingehung der Zweitehe besteht. Das wird auch angenommen, wenn die Erstehe bei Zustandekommen der Zweitehe zwar aufgelöst war, jedoch das Scheidungs- oder Aufhebungsurteil nachträglich (zB in einem Wiederaufnahmeverfahren BGH FamRZ 76, 336) unwirksam geworden ist.

Wurde die Erstehe im Ausland aufgelöst, kommt es auf die Anerkennung der ausländischen Scheidung im **13** Inland nach Art 7 § 1 FamRÄndG, § 328 ZPO an (vgl Art 13 II Nr 3, Hs 2 Alt 3 EGBGB). Wurde die Erstehe des Ausländers aber im Inland aufgelöst, ist allein diese Entscheidung maßgebend, auch wenn das Heimatrecht des Ausländers das deutsche Urt nicht anerkennen sollte (Art 13 II Nr 3, Hs 2 Alt 2 EGBGB).

Da die Eheaufhebung nur „ex nunc" wirkt, vermag die Aufhebung an der für die Vergangenheit bestehenden **14** Konkurrenz zur Erstehe nichts mehr zu ändern. Deshalb stellt der Aufhebungsantrag im Regelfall eine unzulässige Rechtsausübung dar, wenn die erste Ehe im Zeitpunkt der Entscheidung über die Aufhebung der bigamischen Ehe bereits aufgelöst ist (BGH MDR 02, 520). Bei der Geltendmachung eigener Belange des früheren Ehegatten soll ein Aufhebungsantrag ausnahmsweise zulässig sein (BGH MDR 02, 520).

Die Aufhebbarkeit der Zweitehe entfällt iÜ dann, wenn die Erstehe aufgrund einer Entscheidung aufgelöst **15** wird, das bei Schließung der Zweitehe schon verkündet war (§ 1315 II Nr 1) aber erst nach diesem Zeitpunkt rechtskräftig wird. Liegt dieser Ausnahmefall nicht vor, können die Eheleute nur durch erneute Heirat mit ex-nunc-Wirkung die Aufhebbarkeit der Zweitehe beseitigen. Antragsberechtigt ist jeder Ehegatte, der (frühere) Ehegatte der Erstehe sowie die zuständige Verwaltungsbehörde, die nur in Härtefällen von der Antragstellung absehen soll (§ 1316 Rn 6).

Der Aufhebungsantrag ist nicht befristet (Umkehrschluss aus § 1317 I 1). **16**

2. §§ 1307, 1308 (Ehe unter Blutsverwandten und Adoptierten). Das Eheverbot der blutsmäßigen Abstam- **17** mung betrifft die Eheschließung zwischen Personen, deren eine von der anderen abstammt (§ 1589 1), sowie zwischen Geschwistern und Halbgeschwistern, mag das Verwandtschaftsverhältnis auch durch Adoption (§ 1755) eines Beteiligten später erloschen sein (§ 1307 2). Entfällt dagegen das Verwandtschaftsverhältnis rückwirkend wegen Anfechtung der Abstammung, entfällt mit ex-nunc-Wirkung auch das Eheverbot, so dass keine Aufhebung (mehr) möglich ist (Johannsen/*Henrich* § 1314 Rz 28).

18 Die gesetzliche Verwandtschaft ist der blutsmäßigen Verwandtschaft gleichzustellen. Deshalb kann der Ehemann die von seiner Frau im Ehebruch empfangene Tochter nicht heiraten, solange er nicht seine Vaterschaft (§ 1592 Nr 1) wirksam angefochten hat. Die Gleichstellung gilt auch in den Fällen der Leihmutterschaft (vgl § 1591 Rn 5). Deshalb darf der Sohn seine Mutter – die Leihmutter – nicht heiraten, obwohl er mit ihr genetisch nicht verwandt ist.

19 Das Eheverbot gilt gem § 1308 I 1 für den in § 1307 beschriebenen Personenkreis auch dann, wenn das Verwandtschaftsverhältnis auf Adoption beruht (§ 1754). Das Verbot entfällt bei nachträglicher Auflösung der Adoption (§ 1308 I 2 iVm §§ 1759, 1760, 1763). Der Richter (§ 14 I Nr 16 RpflG) kann adoptierten Geschwistern auf Antrag vom Eheverbot Befreiung erteilen (§ 1308 II 1), die nur aus wichtigen Gründen versagt werden darf (§ 1308 II 2).

20 Seit In-Kraft-Treten des EheschlRG besteht kein Eheverbot der Schwägerschaft mehr. Ebenso sind die Eheverbote der Wartezeit und des fehlenden Auseinandersetzungszeugnisses entfallen. Antragsberechtigt ist jeder Ehegatte sowie die zuständige Verwaltungsbehörde, die nur in Härtefällen von der Antragstellung absehen soll (§ 1316 III Rn 6). Der Aufhebungsantrag ist nicht befristet (Umkehrschluss aus § 1317 I 1).

21 **3. Verstoß gegen Formvorschriften (§ 1311).** Während die Regelung über den Trauvorgang (§ 1312) nur Ordnungscharakter hat, führt ein Verstoß gegen § 1311 zur Aufhebbarkeit der Ehe (§ 1314 I).

22 Die Aufhebungsmöglichkeit entfällt durch Zeitablauf, wenn die Eheleute 5 Jahre zusammengelebt haben. Zeiten des Getrenntlebens (vgl § 1567) hemmen den Fristablauf. Tritt der Fristablauf während des Aufhebungsverfahrens ein, bleibt die Aufhebung zulässig (§ 1315 II Nr 2). Die Aufhebungsmöglichkeit entfällt weiterhin, wenn ein Ehegatte stirbt, die Eheleute aber bis zu dessen Tod 3 Jahre zusammengelebt haben. Der Tod eines Ehegatten während des Aufhebungsverfahrens berührt nicht die Zulässigkeit der Aufhebung (§ 1315 II Nr 2).

23 Antragsberechtigt sind die Ehegatten sowie die zuständige Verwaltungsbehörde, die aber von der Antragstellung absehen kann. § 1316 III gilt nicht. Der Aufhebungsantrag ist nicht befristet (Umkehrschluss aus § 1317 I Nr 1).

24 **C. Willensfehler (Abs 2 Nr 1 und 2). I. Bewusstlosigkeit, Geistesstörung (Abs 2 Nr 1).** Die Grenze zwischen Bewusstlosigkeit und vorübergehender Störung der Geistestätigkeit (§ 105 II) ist fließend, so dass eine graduelle Abstufung zwischen Bewusstlosigkeit und hochgradiger Bewusstseinstrübung (Johannsen/Henrich § 4 Rz 38) entbehrlich erscheint. Entscheidend ist, ob die freie Willensbildung ausgeschlossen ist. Beispiele: Drogeneinfluss, Alkoholeinfluss, Hypnose, Fieber.

25 Besteht der Willensdefekt nicht mehr, kann der betreffende Ehegatte die Fortsetzung seiner Ehe bestätigen und dadurch deren Aufhebbarkeit beseitigen (§ 1315 I Nr 3). Ist er noch minderjährig, muss sein gesetzlicher Vertreter zustimmen, im Weigerungsfalle kann die Zustimmung gerichtlich ersetzt werden (§ 1315 I 3).

26 Antragsberechtigt ist jeder Ehegatte und die zuständige Verwaltungsbehörde, die nur in Härtefällen von der Antragstellung absehen soll (§ 1316 III). Der Antrag ist nicht befristet.

27 **II. Eheschließungsirrtum (Abs 2 Nr 2).** Eheschließungsirrtum liegt vor, wenn der Ehegatte die Bedeutung des Vorgangs als Eheschließung nicht erkennt („gewusst") hat. Zweifel genügen nicht. Bsp: Irrtum eines ausländischen Verlobten, für den die kirchliche Trauung maßgebend ist und der wegen unzureichender Deutschkenntnisse die Erklärungen vor dem Standesbeamten nur als bürokratische Vorstufe der kirchlichen Trauung ansieht.

28 Der Irrtum über persönliche Eigenschaften des anderen Ehegatten oder über dessen Person (Identität) ist seit In-Kraft-Treten des EheschlRG kein Aufhebungsgrund mehr, kann jedoch im Falle arglistiger Täuschung zur Aufhebbarkeit nach § 1314 II Nr 3 führen.

29 Die Aufhebbarkeit entfällt wenn der Ehegatte, der sich geirrt hat, nach Entdeckung des Irrtums die Fortsetzung der Ehe bestätigt (§ 1315 I Nr 4).

30 Antragsberechtigt ist allein der Ehegatte, der sich geirrt hat (§ 1316 I Nr 2). Der Antrag ist auf 1 Jahr befristet (§ 1317 I 1). Die Frist beginnt mit der Kenntnis der Aufhebungstatsachen (BGH FamRZ 67, 372).

31 **D. Arglistige Täuschung (Abs 2 Nr 3).** Arglistige Täuschung ist der in der Praxis häufigste Aufhebungsgrund. Er liegt vor, wenn der täuschende Verlobte durch Vorspiegelung falscher oder Unterdrückung wahrer Tatsachen, die für den anderen erkennbar von Bedeutung sind, den anderen Ehegatten zur Eheschließung veranlasst hat. Die Täuschung muss für die Eheschließung ursächlich und erheblich gewesen sein. Zu fragen ist, ob der Getäuschte durch Umstände zur Eheschließung veranlasst worden ist, die ihn bei Kenntnis der Sachlage und verständiger Würdigung des Wesens der Ehe von der Eheschließung abgehalten hätten (Johannsen/Henrich Rz 57–60) Täuschung über Vermögensverhältnisse nimmt das Gesetz aus, ebenso die Täuschung durch einen Dritten (zB Heiratsvermittler) (II Nr 3 – 2. Hs –), sofern er nicht mit dem anderen Verlobten kollusiv zusammengewirkt hat.

32 **Beispiele:** Täuschung über frühere Ehen, erhebliche Vorstrafen, Vorhandensein von Kindern, Schwangerschaft von einem Dritten (vgl § 1599 Rn 16), nachhaltige Ausübung der Prostitution (Brandbg FamRZ 06, 1376); fehlende Bereitschaft, die Ehe zu vollziehen (vgl Zweibr FamRZ 06, 1201); Beischlafunfähigkeit, Sterilität (Stuttg FamRZ 05, 33), gleichgeschlechtliche Veranlagung, erhebliche Krankheiten (Multiple Sklerose, Parkinson, AIDS, TB), eigene berufliche Stellung.

Die bloße Behauptung, der Ehegatte habe subjektive Empfindungen nur vorgespiegelt (hier: das Fehlen von Liebe und ehelicher Gesinnung) reicht zur schlüssigen Darlegung der Eheaufhebungstatsachen nicht aus (Hamm FamRZ 04, 545, LS), wenn nicht zugleich Tatsachen vorgetragen werden, aus welchen der die Aufhebung begehrende Ehegatte vernünftigerweise auf das tatsächliche Vorliegen dieser subjektiven Empfindungen schließen durfte (Zweibr FamRZ 02, 1560). 33

Fortfall der Aufhebungsmöglichkeit bei Bestätigung der Ehe durch den Getäuschten nach Entdeckung der Täuschung (§ 1315 I Nr 4), zB durch Beischlaf (Köln FamRZ 03, 375). Antragsberechtigt ist nur der Getäuschte (§ 1316 I Nr 2). Der Antrag ist auf 1 Jahr befristet (§ 1317 I 1). Zum Fristbeginn vgl Rn 30. Dem Getäuschten muss auch die Täuschungsabsicht bekannt geworden sein. 34

E. Drohung (Abs 2 Nr 4). Durch Drohung (§ 123) gegen den Verlobten oder dessen Angehörigen muss die Eheschließung herbeigeführt worden sein. Beispiele: Androhung von Gewalt, Selbstmord, Strafanzeige, Enterbung. 35

Die Aufhebungsmöglichkeit entfällt bei Bestätigung der Ehe durch den Bedrohten nach Beendigung der Zwangslage (§ 1315l Nr 4). 36

Antragsberechtigt ist nur der Bedrohte (§ 1316 I Nr 2). Der Antrag ist auf 1 Jahr befristet (§ 1317 I 1). Die Frist beginnt mit dem Aufhören der Zwangslage (§ 1317 II Nr 4). 37

F. Scheinehe (Abs 2 Nr 5). Eine Scheinehe liegt vor, wenn die Eheleute nur formal geheiratet haben, in Wirklichkeit aber eine eheliche Lebensgemeinschaft iSe Verantwortungsgemeinschaft (§ 1353 I 2 Hs 2) ablehnen. Beispiele: Aufenthalts-Ehe (BVerwG FamRZ 05, 1671; Ddorf FamRZ 08, 277), Staatsangehörigkeits-Ehe, Namens-Ehe, Versorgungs-Ehe, Ehe nur aus steuerlichen Gründen. 38

Prozesskostenhife für einen Aufhebungsantrag kann wegen Mutwilligkeit verweigert werden, wenn die Schließung und Aufhebung der Ehe von vornherein von einem einheitlichen Willen umfasst war (str; wie hier: Kobl FamRZ 04, 548; aA Frankf FamRZ 06, 1128). Jedenfalls muss ein für die Eingehung der Ehe gezahltes Entgelt zur Bestreitung der Prozesskosten eingesetzt werden und rechtfertigt die Verweigerung der Prozesskostenhilfe wegen selbstverschuldeter Hilfsbedürftigkeit (BGH FamRZ 05, 1477). 39

Der Standesbeamte muss seine Mitwirkung an der Eheschließung verweigern, wenn aufgrund konkreter Umstände offenkundig eine Scheinehe geschlossen werden soll (§ 1310 I 2 Hs 2). Er muss den Sachverhalt vAw zu klären suchen und kann die Sache im Zweifelsfalle dem AG vorlegen (§ 49 II PStG) (Thüringen FamRZ 00, 1365). Lehnt er wegen seiner Zweifel die Vornahme der Eheschließung ab, so kann er dazu auf Antrag der Verlobten oder der Aufsichtsbehörde angehalten werden (§ 49 I PStG). 40

Die Aufhebung der Ehe ist ausgeschlossen, wenn die Ehegatten die Verantwortungsgemeinschaft aufnehmen (§ 1315 I Nr 5), die Ehe also wechselseitig bestätigen. Maßgebend ist der äußere Eindruck einer auf Dauer angelegten Lebensgemeinschaft, ohne dass es auf die tatsächliche Dauer des Zusammenlebens ankommt (Celle FamRZ 04, 949). 41

Antragsberechtigt ist jeder Ehegatte und die zuständige Verwaltungsbehörde (§ 1316 I Nr 5), die nur in Härtefällen von der Antragstellung absehen soll (§ 1316 III). Der Antrag ist nicht befristet (Umkehrschluss aus § 1317 I). 42

Die Partner einer Scheinehe haben die Wahl zwischen Eheaufhebung und Scheidung. Im Falle der Aufhebung können keine Unterhaltsansprüche geltend gemacht werden. Außerdem ist das Trennungsjahr (§ 1565 II BGB) nicht zu beachten. Die Durchführung der Scheidung dauert dagegen länger, eröffnet aber die Chance von Unterhaltsansprüchen. 43

§ 1315 Ausschluss der Aufhebung. (1) ¹Eine Aufhebung der Ehe ist ausgeschlossen
1. bei Verstoß gegen § 1303, wenn die Voraussetzungen des § 1303 Abs. 2 bei der Eheschließung vorlagen und das Familiengericht, solange der Ehegatte nicht volljährig ist, die Eheschließung genehmigt oder wenn der Ehegatte, nachdem er volljährig geworden ist, zu erkennen gegeben hat, dass er die Ehe fortsetzen will (Bestätigung),
2. bei Verstoß gegen § 1304, wenn der Ehegatte nach Wegfall der Geschäftsunfähigkeit zu erkennen gegeben hat, dass er die Ehe fortsetzen will (Bestätigung),
3. im Falle des § 1314 Abs. 2 Nr. 1, wenn der Ehegatte nach Wegfall der Bewusstlosigkeit oder der Störung der Geistestätigkeit zu erkennen gegeben hat, dass er die Ehe fortsetzen will (Bestätigung),
4. in den Fällen des § 1314 Abs. 2 Nr. 2 bis 4, wenn der Ehegatte nach Entdeckung des Irrtums oder der Täuschung oder nach Aufhören der Zwangslage zu erkennen gegeben hat, dass er die Ehe fortsetzen will (Bestätigung),
5. in den Fällen des § 1314 Abs. 2 Nr. 5, wenn die Ehegatten nach der Eheschließung als Ehegatten miteinander gelebt haben.

²Die Bestätigung eines Geschäftsunfähigen ist unwirksam. ³Die Bestätigung eines Minderjährigen bedarf bei Verstoß gegen § 1304 und im Falle des § 1314 Abs. 2 Nr. 1 der Zustimmung des gesetzlichen Vertreters; verweigert der gesetzliche Vertreter die Zustimmung ohne triftige Gründe, so kann das Familiengericht die Zustimmung auf Antrag des Minderjährigen ersetzen.

(2) Eine Aufhebung der Ehe ist ferner ausgeschlossen
1. bei Verstoß gegen § 1306, wenn vor der Schließung der neuen Ehe die Scheidung oder Aufhebung der früheren Ehe oder die Aufhebung der Lebenspartnerschaft ausgesprochen ist und dieser Ausspruch nach der Schließung der neuen Ehe rechtskräftig wird;
2. bei Verstoß gegen § 1311, wenn die Ehegatten nach der Eheschließung fünf Jahre oder, falls einer von ihnen vorher verstorben ist, bis zu dessen Tode, jedoch mindestens drei Jahre als Ehegatten miteinander gelebt haben, es sei denn, dass bei Ablauf der fünf Jahre oder zur Zeit des Todes die Aufhebung beantragt ist.

1 **A. Allgemeines.** § 1315 regelt die Voraussetzungen, unter denen die Aufhebung einer nach § 1314 aufhebbaren Ehe ausgeschlossen ist. Der Ausschluss bewirkt, dass der Aufhebungsantrag unbegründet ist und die Ehe trotz aller Mängel uneingeschränkt gültig bleibt. Der Ausschluss gilt für alle Antragsberechtigten iSv § 1316.

2 Die Ausschlusstatbestände treffen für jeden einzelnen Aufhebungsgrund des § 1314 eine separate Regelung. Wegen der Einzelheiten wird auf die Erläuterungen der Einzeltatbestände des § 1314 verwiesen.

3 **B. Ausschluss durch Bestätigung.** Die Aufhebbarkeit wegen Minderjährigkeit oder gestörtem Eheschließungswillen infolge Geschäftsunfähigkeit, Bewusstlosigkeit, Störung der Geistestätigkeit, Irrtum, Täuschung oder Drohung kann durch „Bestätigung" geheilt werden (I 1 Nr 1–4), es sei denn, der Bestätigende ist geschäftsunfähig (I 2). Grds kann auch der Minderjährige die Ehe bestätigen (Umkehrschluss aus 3).

4 Nur in den Fällen der früheren Geschäftsunfähigkeit, Bewusstlosigkeit oder vorübergehenden Störung der Geistestätigkeit ist die Zustimmung des gesetzlichen Vertreters zur Bestätigung notwendig (3), weil der Minderjährige nach Beseitigung seines Willensdefekts erstmals eine einer Genehmigung zugängliche Willenserklärung abgeben konnte.

5 Bestätigung bedeutet die Manifestation des Festhaltewillens. Beispiele: Eheverkehr, erstmaliges Zusammenleben oder Wiederaufnahme der Verantwortungsgemeinschaft. Verbale Streicheleinheiten reichen regelmäßig nicht aus. Ein mehrmonatiges Zusammenleben nach Feststellen der Zeugungsunfähigkeit kann allerdings dann nicht als Bestätigung gewertet werden, wenn der Ehegatte durchgehend aber vergeblich versucht hat, den anderen zur Teilnahme an medizinischen Maßnahmen zur Behebung der Zeugungsunfähigkeit zu veranlassen (Stuttg FamRZ 05, 33).

6 Die Bestätigung muss spätestens bis zur letzten mündlichen Verhandlung in der Ehesache erfolgen.

7 Das Gesetz fingiert eine Doppelbestätigung, wenn beide Eheleute die Verantwortungsgemeinschaft aufnehmen, nachdem sie bisher nur eine Scheinehe geführt haben (I 1 Nr 5). Maßgebend für das Merkmal des Miteinanderlebens ist der äußere Eindruck, ohne dass die tatsächliche Dauer des Zusammenlebens entscheidend ist (Celle FamRZ 04, 949).

8 **C. Sonstige Ausschließungsgründe.** Zum Ausschluss der Aufhebbarkeit bei Bigamie (§ 1306) und fehlerhafter Eheschließungserklärung (§ 1311) wird auf § 1314 Rn 16, 29 verwiesen.

§ 1316 Antragsberechtigung. (1) ¹Antragsberechtigt
1. sind bei Verstoß gegen die §§ 1303, 1304, 1306, 1307, 1311 sowie in den Fällen des § 1314 Abs. 2 Nr. 1 und 5 jeder Ehegatte, die zuständige Verwaltungsbehörde und in den Fällen des § 1306 auch die dritte Person. ²Die zuständige Verwaltungsbehörde wird durch Rechtsverordnung der Landesregierungen bestimmt. ³Die Landesregierungen können die Ermächtigung nach Satz 2 durch Rechtsverordnung auf die zuständigen obersten Landesbehörden übertragen;
2. ist in den Fällen des § 1314 Abs. 2 Nr. 2 bis 4 der dort genannte Ehegatte.
(2) ¹Der Antrag kann für einen geschäftsunfähigen Ehegatten nur von seinem gesetzlichen Vertreter gestellt werden. ²In den übrigen Fällen kann ein minderjähriger Ehegatte den Antrag nur selbst stellen; er bedarf dazu nicht der Zustimmung seines gesetzlichen Vertreters.
(3) Bei Verstoß gegen die §§ 1304, 1306, 1307 sowie in den Fällen des § 1314 Abs. 2 Nr. 1 und 5 soll die zuständige Verwaltungsbehörde den Antrag stellen, wenn nicht die Aufhebung der Ehe für einen Ehegatten oder für die aus der Ehe hervorgegangenen Kinder eine so schwere Härte darstellen würde, dass die Aufrechterhaltung der Ehe ausnahmsweise geboten erscheint.

1 **A. Allgemeines.** Die Vorschrift regelt abschließend, wer den Aufhebungsantrag stellen darf. Antragsberechtigte können sein: einer oder beide Ehegatten, die zuständige Verwaltungsbehörde oder – bei Bigamie – der andere Ehegatte der Erstehe. Zur Antragsberechtigung vgl iÜ die Einzelerläuterungen zu § 1314.

2 **B. Antragsberechtigte.** Antragsberechtigt ist jeder Ehegatte bei Verstoß gegen §§ 1303, 1304, 1306, 1307, 1311, 1314 II Nr 1 u 5 (I 1 Nr 1), zusätzlich die zuständige Verwaltungsbehörde in den Fällen des I 1 Nr 1, der Ehegatte der in § 1314 II Nr 2 u 4 genannt ist (I 1 Nr 2) sowie zusätzlich der Erstehegatte im Falle der Bigamie (I Nr 1).

C. Eingeschränkte Geschäftsfähigkeit. Für den bei Antragstellung geschäftsunfähigen Ehegatten (§ 104 Nr 2) kann nur der gesetzliche Vertreter, der kein eigenes Antragsrecht hat, den Antrag stellen (II 1) und das Verfahren führen (§ 125 II 1 FamFG). Das Familien- oder Betreuungsgericht muss die Prozessführung genehmigen (§ 125 II 2 FamFG). Bei Geschäftsfähigkeit können Minderjährige kraft gesetzlicher Prozessfähigkeit (§ 125 I FamFG) nur selbst die Aufhebung beantragen und bedürfen auch keiner Zustimmung des gesetzlichen Vertreters.

D. Verwaltungsbehörden. sind die nach dem Recht der einzelnen Bundesländer bestimmten Behörden. Sie sind an die Stelle der bisher antragsberechtigten Staatsanwaltschaften getreten.

I. Landesrechtliche Zuständigkeiten. Zuständig sind in: **Baden-Württemberg** Regierungspräsidium Tübingen (VO v 16.1.01, GVBl 2), **Bayern** die Regierung von Mittelfranken (VO v 2.5.00, GVBl. 293), **Berlin** Bezirksverwaltungen (§§ 3 II 1, 4 I 2 AZG idF v 22.7.96, GVBl 302, 472), **Brandenburg** Ministerium der Justiz (§ 18 Bbg AGBGB v. 28.7.00, GVBl 114), **Hamburg** die Bezirksämter (AO v 1. 8. 98, AA 2450), **Hessen** Regierungspräsidien (VO v 22.12.99, GVBl 26), **Mecklenburg-Vorpommern** Landkreise und kreisfreie Städte (VO v. 10.12.99, GVBl 632), **Niedersachsen** Landkreise, kreisfreie und große selbständige Städte (G v 5.11.04, Nds GVBl, 394), **Nordrhein-Westfalen** die Bezirksregierungen Köln u Arnsberg (VO v 26. 5. 98, GVBl 391), **Rheinland-Pfalz** Aufsichts- und Dienstleistungsdirektion (VO v 3.7.98, § 1, GVBl 188, idF v 12.10.99, GVBl 353), **Saarland** Landkreise, Stadtverband und die Stadt Saarbrücken (G v 24. 6. 98, Abl 518), **Sachsen-Anhalt** die Landkreise und kreisfreien Städte (§ 1 I Nr 14 VO v 7. 5. 94/9. 12. 98; GVBl 94, 568; 98, 417), **Sachsen** die Regierungspräsidien (VO v 26. 6. 98, GVBl 265), **Schleswig-Holstein** die Landräte und Bürgermeister kreisfreier Städte (VO v 26. 5. 98, GVBl 199), **Thüringen** das Landesverwaltungsamt (VO v 1. 1. 99, GVBl 52).

II. Aufhebungsantrag der Behörde. Die Antragstellung steht im pflichtgemäßen Ermessen der Verwaltungsbehörde (BVerwG NJW 86, 3083). Bei Verstößen gegen § 1303 und § 1311 soll von der Antragstellung abgesehen werden, wenn zu erwarten ist, dass der Mangel gem § 1315 I Nr 1 oder II Nr 2 geheilt wird. In allen anderen Anwendungsfällen soll die Behörde den Antrag stellen und nur in Härtefällen davon absehen (III). Sie kann auch ein Wiederaufnahmeverfahren einleiten. Die Behörde ist postulationsfähig und unterliegt nicht dem Anwaltszwang. Der Antrag der Behörde ist gegen beide Eheleute zu richten (§ 129 I FamFG). Unterbleibt die Antragstellung, kann die Behörde auch von keinem Dritten zur Antragstellung gezwungen werden (Ddorf FamRZ 96, 109 betr StA). Andererseits ist in dem durch die Behörde betriebenen Aufhebungsverfahren zu überprüfen, ob der Antrag ermessensfehlerhaft gestellt ist (MüKo/*Müller-Gindullis* Rz 9). Zuständig ist das Familiengericht am Sitz der Verwaltungsbehörde, wenn die Ehe kinderlos blieb und die Eheleute zu keiner Zeit einen gemeinsamen Aufenthalt im Inland hatten (Dresd FamRZ 04, 952).

III. Beteiligung der Behörde ohne eigenen Antrag. Stellt die Verwaltungsbehörde keinen Antrag, obwohl sie antragsberechtigt wäre (§ 1316 I Nr 1; vgl Rn 2), ist sie vom Familiengericht von der Antragstellung zu benachrichtigen (§ 129 II 1 FamFG). Die Behörde kann dann das Verfahren selbständig betreiben, Anträge stellen und Rechtsmittel einlegen (§ 129 II 2 FamFG), auch insoweit ohne Anwaltszwang. Ist sie im ersten Rechtszug in das Verfahren eingetreten, muss sie die für die Parteien laufenden Rechtsmittelfristen einhalten (BayObLG FamRZ 66, 640 betr StA). Die Beteiligung der Behörde kann auf den Bestand oder die Aufhebung der Ehe abzielen (Karlsr FamRZ 91, 92 betr StA).

E. „Dritte Person" bei Doppelehe. „Dritte Person" ist der Erstehegatte des Bigamisten, wobei es nach dem Gesetzeswortlaut nicht darauf ankommt, ob die frühere Ehe noch besteht (BGH FamRZ 02, 604, 605). Da die Aufhebung der Ehe bloß ex nunc wirkt (BGH FamRZ 01, 685, 686), können die Rechte des Erstehegatten durch die zweite Eheschließung nur beeinträchtigt werden, wenn die Erstehe im Zeitpunkt der Aufhebung der bigamischen Ehe noch besteht. Ist die Erstehe in diesem Zeitpunkt bereits aufgelöst, setzt der Aufhebungsantrag die Geltendmachung eigener Belange des Erstehegatten voraus.
Diese sind nur beachtlich, wenn seinen objektiven Interessen an der Aufhebung der Ehe (zB Renten- und Versorgungsansprüche) auch ggü den Belangen der Ehegatten der Zweitehe und der daraus hervorgegangenen Kinder der Vorzug zu geben ist (BGH FamRZ 02, 604, 605 m Anm v *Oehlmann/Stille* FuR 03, 494).

§ 1317 Antragsfrist.
(1) ¹Der Antrag kann in den Fällen des § 1314 Abs. 2 Nr. 2 bis 4 nur binnen eines Jahres gestellt werden. ²Die Frist beginnt mit der Entdeckung des Irrtums oder der Täuschung oder mit dem Aufhören der Zwangslage; für den gesetzlichen Vertreter eines geschäftsunfähigen Ehegatten beginnt die Frist jedoch nicht vor dem Zeitpunkt, in welchem ihm die den Fristbeginn begründenden Umstände bekannt werden, für einen minderjährigen Ehegatten nicht vor dem Eintritt der Volljährigkeit. ³Auf den Lauf der Frist sind die §§ 206, 210 Abs. 1 Satz 1 entsprechend anzuwenden.

(2) Hat der gesetzliche Vertreter eines geschäftsunfähigen Ehegatten den Antrag nicht rechtzeitig gestellt, so kann der Ehegatte selbst innerhalb von sechs Monaten nach dem Wegfall der Geschäftsunfähigkeit den Antrag stellen.
(3) Ist die Ehe bereits aufgelöst, so kann der Antrag nicht mehr gestellt werden.

1 **A. Allgemeines.** Die Eheaufhebung bei Irrtum, arglistiger Täuschung und Drohung (§ 1314 II Nr 2–4) kann nur binnen eines Jahres gestellt werden (I 1). Daraus folgt im Umkehrschluss, dass bei allen anderen Aufhebungsgründen der Antrag nicht befristet ist. Die nach §§ 187 I, 188 II zu berechnende Ausschlussfrist unterliegt nicht der Parteidisposition (RGZ 164, 109). Nach Fristablauf erlischt die Aufhebungsmöglichkeit (BGHZ 25, 74). Beweislast: Der Antragsgegner muss den (früheren) Fristbeginn beweisen (RGZ 160, 19). Der Antragsteller trägt die Beweislast für die Wahrung der Frist und deren Hemmung (vgl I 3) (Palandt/*Brudermüller* Rz 6, 7).

2 **B. Fristbeginn und Fristwahrung.** Bei einem geschäftsunfähigen Ehegatten kommt es für den Fristbeginn auf die Kenntnis seines gesetzlichen Vertreters an (I 2 Hs 2).Versäumt dieser die Frist, kann der Ehegatte – sofern seine Geschäftsunfähigkeit entfällt – noch 6 Monate lang selbst anfechten (II). Für den minderjährigen Ehegatten beginnt die Frist erst mit dessen Volljährigkeit (I 2, letzte Alt).

3 Die Fristwahrung erfolgt durch Zustellung des Aufhebungsantrags, ggf schon mit Einreichung des Antrags, wenn dieser alsbald zugestellt wird (§ 270 III ZPO). Soweit für den Aufhebungsantrag die Genehmigung des FamG notwendig ist (vgl § 1316 Rn 2), muss auch diese Genehmigung fristgerecht eingehen (Johannsen/*Henrich* Rz 8).

4 **C. Keine Aufhebung nach Eheauflösung.** Eine bereits aufgelöste Ehe kann nicht mehr aufgehoben werden (III). Deshalb kann eine aufgehobene Ehe nicht aus einem neuen Aufhebungsgrund (erneut) aufgehoben werden.

5 Auch eine geschiedene Ehe kann nicht aufgehoben werden, wenn sich später herausstellt, dass sie aufhebbar war. Das gilt jedenfalls dann, wenn (nur) angestrebt wird, aus ethischen Gründen oder wegen des gesellschaftlichen Ansehens das Scheidungsurteil durch ein Aufhebungsurteil „ersetzt" zu erhalten (BGH FamRZ 96, 1209, 1210 zu § 37 II EheG). Allerdings können sich bei unterschiedlichen Rechtsfolgen von Scheidung und Aufhebung (vgl § 1318) Rechtsnachteile für den an sich Aufhebungsberechtigten ergeben. Er kann in diesem Fall ein schutzwürdiges Interesse haben, durch Feststellungsantrag klären zu lassen, dass die Ehe aufhebbar war und dass deshalb die Rechtsfolgen der Scheidung nicht eingetreten sind (BGH FamRZ 96, 1209, 1211; Palandt/*Brudermüller* Rz 10).

§ 1318 Folgen der Aufhebung.
(1) Die Folgen der Aufhebung einer Ehe bestimmen sich nur in den nachfolgend genannten Fällen nach den Vorschriften über die Scheidung.
(2) ¹Die §§ 1569 bis 1586b finden entsprechende Anwendung
1. zugunsten eines Ehegatten, der bei Verstoß gegen die §§ 1303, 1304, 1306, 1307 oder 1311 oder in den Fällen des § 1314 Abs. 2 Nr. 1 oder 2 die Aufhebbarkeit der Ehe bei der Eheschließung nicht gekannt hat oder der in den Fällen des § 1314 Abs. 2 Nr. 3 oder 4 von dem anderen Ehegatten oder mit dessen Wissen getäuscht oder bedroht worden ist;
2. zugunsten beider Ehegatten bei Verstoß gegen die §§ 1306, 1307 oder 1311, wenn beide Ehegatten die Aufhebbarkeit kannten; dies gilt nicht bei Verstoß gegen § 1306, soweit der Anspruch eines Ehegatten auf Unterhalt eine entsprechenden Anspruch der dritten Person beeinträchtigen würde.
²Die Vorschriften über den Unterhalt wegen der Pflege oder Erziehung eines gemeinschaftlichen Kindes finden auch insoweit entsprechende Anwendung, als eine Versagung des Unterhalts im Hinblick auf die Belange des Kindes grob unbillig wäre.
(3) Die §§ 1363 bis 1390 und § 1587 finden entsprechende Anwendung, soweit dies nicht im Hinblick auf die Umstände bei der Eheschließung oder bei Verstoß gegen § 1306 im Hinblick auf die Belange der dritten Person grob unbillig wäre.
(4) Die §§ 1568a und 1568b finden entsprechende Anwendung; dabei sind die Umstände bei der Eheschließung und bei Verstoß gegen § 1306 die Belange der dritten Person besonders zu berücksichtigen.
(5) § 1931 findet zugunsten eines Ehegatten, der bei Verstoß gegen die §§ 1304, 1306, 1307 oder 1311 oder im Falle des § 1314 Abs. 2 Nr. 1 die Aufhebbarkeit der Ehe bei der Eheschließung gekannt hat, keine Anwendung.

1 **A. Allgemeines.** Die Rechtsfolgen der Aufhebung richten sich nach Maßgabe von II ff nach den Vorschriften über die Scheidungsfolgen (I). Danach können entspr anwendbar sein die Vorschriften über Unterhalt (II), *Güterrecht und Versorgungsausgleich* (III), Hausrat und Ehewohnung (IV) sowie Namensführung (str, vgl Rn 14). V regelt als Sonderfall schließlich den erweiterten Ausschluss des Ehegattenerbrechts.

2 Das Gesetz regelt positiv für jeden einzelnen Aufhebungstatbestand, mit welcher Modifikation und für welchen Ehegatten die Scheidungsvorschriften Anwendung finden. Dadurch können sich unterschiedliche

Rechtsfolgen ergeben, je nachdem, ob ein Scheidungs- oder ein Aufhebungsantrag gestellt wird. Die Unterschiede können je nach Parteirolle den Ausschlag dafür geben, ob eine Ehescheidung oder ein Aufhebungsverfahren betrieben wird. Wegen der bei den verschiedenen Aufhebungstatbeständen anwendbaren einzelnen Scheidungsfolgen-Regelungen wird auf die Einzelerläuterungen zu § 1314 verwiesen.

B. Unterhalt (§§ 1569–1586b). I. Grundsätze. Das G unterscheidet zwischen zwei Gruppen von Aufhebungstatbeständen: Liegen die Voraussetzungen der §§ 1303, 1304, 1206, 1311 und 1314 II Nr 1 u 2 vor, kann im Fall der Eheaufhebung grds nur der bei Eheschließung gutgläubige bzw bedrohte Ehegatte nachehelichen Unterhalt verlangen (II 1 Nr 1), in den Fällen der §§ 1306, 1307 und 1311 können beide Ehegatten Unterhaltsgläubiger sein (II 1 Nr 2). 3

II. Kenntnis. bedeutet Kenntnis der Aufhebungstatsachen, nicht die rechtliche Wertung dieser Tatsachen als Aufhebungsgrund (Johannsen/*Henrich* Rz 4; aA MüKo/*Müller-Gindullis* Rz 4, „laienhafte Kenntnis der Rechtsfolgen erforderlich"). Maßgebend ist die bei Eheschließung vorhandene und nicht die später erlangte Kenntnis. 4

III. Beweislast. Die Gutgläubigkeit wird vermutet. Wer den guten Glauben bestreitet, muss die Bösgläubigkeit beweisen (RGZ 78, 589). 5

IV. Privilegierte Kindesbetreuung. Der nach II 1 unterhaltsrechtlich an sich ausgeschlossene Ehegatte kann ausnahmsweise Unterhalts gem § 1570 beanspruchen, wenn und soweit er gemeinsame Kinder versorgt und eine Unterhaltsversagung mit Blick auf die Kindesbelange grob unbillig wäre (II 2). Zur „Wahrung der Kindesbelange" ist auf die Rspr zu § 1579 zu verweisen. 6

C. Güterrecht und Versorgungsausgleich. Die güterrechtlichen Vorschriften (§§ 1363–1390) und die Regelungen über den Versorgungsausgleich (der Hinweis auf § 1587 ist zugleich ein Verweis auf die Vorschriften des VersAusglG) gelten entspr, wenn nicht grobe Unbilligkeit vorliegt (**III**). Die Billigkeitsklausel ergänzt die §§ 1381 BGB, 27 VersAusglG durch zusätzliche Berücksichtigung der Aufhebungsumstände. 7

Im Falle der Doppelehe (§ 1306) sind darüber hinaus die Belange des 1. Ehegatten zu berücksichtigen, wenn der 2. Ehegatte bei Eheschließung bösgläubig war oder die Durchführung des VA zu seinen Gunsten mit Rücksicht auf die Belange der 1. Ehefrau grob unbillig wäre (Palandt/*Brudermüller* Rz 12 und 13). 8

Die Stichtage (§§ 3 I VersAusglG, 1384) werden durch die Rechtshängigkeit des Aufhebungsantrags bestimmt (BGH FamRZ 89, 153 zu § 1587 II) und bleiben maßgebend, wenn an Stelle der Aufhebung die Scheidung beantragt wird (Palandt/*Brudermüller* Rz 13). 9

D. Ehewohnung und Hausrat. IV erwähnt nunmehr die die sinngemäße Anwendung der §§ 1568 a und 1568 b bei der Eheaufhebung, nachdem die bisher in Bezug genommene HausratsVO aufgehoben worden ist. Es gilt das zu III Gesagte (Rn 7, 8). 10

E. Ehegattenerbrecht. V enthält abw von den vorangehenden Absätzen keine Verweisung auf anzuwendendes Scheidungsfolgenrecht für den Fall der Eheaufhebung, sondern regelt einen erbrechtlichen Sonderfall. Er erweitert den in § 1933 1 und 2 geregelten Ausschluss des Ehegattenerbrechts bei einer durch Tod aufgelösten aufhebbaren Ehe. 11

I. Normaler Erbrechtsausschluss. Das Ehegattenerbrecht (§ 1931) ist gem § 1933 1 und 2 ausgeschlossen, wenn der Erblasser zur Eheaufhebung berechtigt und sein Aufhebungsantrag zugestellt war (BGH FamRZ 90, 1109 zu Scheidungsantrag). Die Einreichung eines PKH-Gesuchs für einen beabsichtigten Aufhebungsantrag erfüllt diese Voraussetzungen nicht. Entfällt das Ehegattenerbrecht, ist der überlebende Ehegatte auf Unterhaltsansprüche gegen die Erben angewiesen (§ 1933 3), deren Haftung gem § 1586b I 3 beschränkt ist. 12

II. Erweiterter Erbrechtsausschluss (Abs 5). War der Erblasser zur Eheaufhebung berechtigt, ist sein Aufhebungsantrag zu Lebzeiten aber nicht rechtshängig geworden, verbliebe es bei bloßer Anwendung des § 1933 beim Ehegattenerbrecht (Rn 12). V schließt jedoch das gesetzliche Erbrecht des überlebenden Ehegatten auch bei noch nicht rechtshängigem Aufhebungsantrag des Verstorbenen aus, wenn der Überlebende bei Eheschließung die Aufhebbarkeit seiner Ehe wegen Geschäftsunfähigkeit, Bigamie, Verwandtschaft, Formverstoß oder Geistesstörung kannte. Diese Regelung verhindert, dass der bösgläubige Ehegatte durch den Tod des anderen Ehegatten besser gestellt wird, als er stehen würde, wenn die Ehe noch zu Lebzeiten des anderen Ehegatten aufgehoben oder dessen Aufhebungsantrag zugestellt worden wäre. 13

F. Namensrecht. Namensrechtliche Folgen der Eheaufhebung sind gesetzlich nicht geregelt. Ob eine ausfüllungsbedürftige Lücke besteht, ist umstr (verneinend: MüKo/*Müller-Gindullis* Rz 15). Wer eine Lücke bejaht (Palandt/*Brudermüller* Rz 16), gelangt bei Gutgläubigkeit des Überlebenden zur analogen Anwendung des § 1355 V. Das neue Ehenamensrecht sieht nicht mehr die Möglichkeit vor, dem anderen Ehegatten die Fortführung des Ehenamens nach Anfechtung der Ehe zu untersagen. Denkbar sind allerdings Ausnahmen in krassen Einzelfällen unter dem Gesichtspunkt des Rechtsmissbrauchs gem § 242 (BGH FamRZ 05, 1658). 14

Titel 4 Wiederverheiratung nach Todeserklärung

§ 1319 Aufhebung der bisherigen Ehe. (1) Geht ein Ehegatte, nachdem der andere Ehegatte für tot erklärt worden ist, eine neue Ehe ein, so kann, wenn der für tot erklärte Ehegatte noch lebt, die neue Ehe nur dann wegen Verstoßes gegen § 1306 aufgehoben werden, wenn beide Ehegatten bei der Eheschließung wussten, dass der für tot erklärte Ehegatte im Zeitpunkt der Todeserklärung noch lebte.
(2) ¹Mit der Schließung der neuen Ehe wird die frühere Ehe aufgelöst, es sei denn, dass beide Ehegatten der neuen Ehe bei der Eheschließung wussten, dass der für tot erklärte Ehegatte im Zeitpunkt der Todeserklärung noch lebte. ²Sie bleibt auch dann aufgelöst, wenn die Todeserklärung aufgehoben wird.

1   S Kommentierung zu § 1320.

§ 1320 Aufhebung der neuen Ehe. (1) ¹Lebt der für tot erklärte Ehegatte noch, so kann unbeschadet des § 1319 sein früherer Ehegatte die Aufhebung der neuen Ehe begehren, es sei denn, dass er bei der Eheschließung wusste, dass der für tot erklärte Ehegatte zum Zeitpunkt der Todeserklärung noch gelebt hat. ²Die Aufhebung kann nur binnen eines Jahres begehrt werden. ³Die Frist beginnt mit dem Zeitpunkt, in dem der Ehegatte aus der früheren Ehe Kenntnis davon erlangt hat, dass der für tot erklärte Ehegatte noch lebt. ⁴§ 1317 Abs. 1 Satz 3, Abs. 2 gilt entsprechend.
(2) Für die Folgen der Aufhebung gilt § 1318 entsprechend.

1   **A. Allgemeines.** Schließt ein Ehegatte, nachdem sein Ehepartner für tot erklärt worden ist, eine neue Ehe, stellt sich nachträglich heraus, dass er eine Doppelehe führt, wenn die Todeserklärung falsch war. Die Rechtsfolgen dieses Bigamieproblems regeln die §§ 1319, 1320. Die Bedeutung der Vorschriften ist in Friedenszeiten gering. Die §§ 1319, 1320 treffen als lex specialis ggü §§ 1306, 1314 I unterschiedliche Rechtsfolgen für die Aufhebung der Erstehe (§ 1319) und der Zweitehe (§ 1320).

2   **B. Aufhebung der bisherigen Ehe (§ 1319). I. Inhalt.** Die Aufhebung der bisherigen Ehe hängt davon ab, ob die Ehegatten bei Abschluss der Zweitehe wussten, dass der für tot erklärte Ehegatte im Zeitpunkt der Todeserklärung noch lebte. Waren die Eheleute bösgläubig, kann die Zweitehe wie jede Doppelehe aufgehoben werden. Durch die gutgläubig geschlossene Zweitehe wird dagegen die Erstehe endgültig aufgelöst. Daran vermag auch eine spätere Aufhebung der Todeserklärung nichts zu ändern (II 2).

3   **II. Rechtsfolgen.** Der fälschlich für tot erklärte Ehegatte hat im Falle der Aufhebung der Zweitehe gegen seinen bösgläubigen Ehegatten einen Anspruch auf Unterhalt und Durchführung des Versorgungsausgleichs in entspr Anwendung der gesetzlichen Vorschriften. Außerdem kann er die elterliche Sorge im früher innegehabten Umfang beanspruchen (vgl § 1681 II). Auf die Namensführung wird § 1355 V entspr angewandt.

4   **C. Aufhebung der neuen Ehe (§ 1320). I. Inhalt.** Die Vorschrift ermöglicht dem gutgläubigen Bigamisten die Aufhebung seiner Zweitehe, obwohl er durch deren Abschluss bereits die Auflösung der Erstehe herbeigeführt hat, sofern er den Aufhebungsantrag binnen Jahresfrist ab Kenntnis der falschen Todeserklärung stellt.

5   **II. Rechtsfolgen.** Die Rechtsfolgen nach Aufhebung der Zweitehe richten sich nach § 1318.

§§ 1321–1352 – *weggefallen* –

Titel 5 Wirkungen der Ehe im Allgemeinen

§ 1353 Eheliche Lebensgemeinschaft. (1) ¹Die Ehe wird auf Lebenszeit geschlossen. ²Die Ehegatten sind einander zur ehelichen Lebensgemeinschaft verpflichtet; sie tragen füreinander Verantwortung.
(2) Ein Ehegatte ist nicht verpflichtet, dem Verlangen des anderen Ehegatten nach Herstellung der Gemeinschaft Folge zu leisten, wenn sich das Verlangen als Missbrauch seines Rechts darstellt oder wenn die Ehe gescheitert ist.

1   **A. Allgemeines.** § 1353 stellt klar, dass die Ehe auf Lebenszeit geschlossen ist. Darüber hinaus begründet die Norm in sehr allgemeiner Form die Verpflichtung zur ehelichen Lebensgemeinschaft. Sie ist damit die Grundnorm für das Verhalten in der Ehe. Sie fasst die aus der Eheschließung folgenden Rechte und Pflichten generalklauselhaft zusammen; die Pflicht zur ehelichen Lebensgemeinschaft und zur Verantwortung füreinander *ist eine Rechtspflicht* (BVerfG NJW 88, 2032). Außerdem kommt dem Begriff Bedeutung bei der Auslegung anderer die Ehe ausfüllender Normen zu.

B. Lebenszeitehe. Das Gesetz geht trotz der durch die Einführung der Zerrüttungsvermutungen eingeführten Erleichterungen der Auflösung der Ehe weiterhin von einem auf Lebenszeit angelegten Bund aus. Trotzdem sind also Zweckehen, in denen wenigstens ein Ehegatte neben der ehelichen Lebensgemeinschaft auch andere Zwecke, etwa den Erwerb einer Aufenthaltserlaubnis erstrebt, rechtsgültig (Staud/*Voppel* Rz 15).

Der Standesbeamte hat aber seine Mitwirkung zu verweigern, wenn die Eheleute sich bei der Eheschließung darüber einig sind, dass sie keine eheliche Lebensgemeinschaft wollen (§§ 1310 I 2, 1314 II Nr 5). Ist es gleichwohl zu einer derartigen Scheinehe gekommen, so ist diese zwar wirksam, aber aufhebbar.

C. Verpflichtung zur ehelichen Lebensgemeinschaft. I. Pflicht zur häuslichen Gemeinschaft. Mit der Eheschließung begründen die Ehegatten die Pflicht, in häuslicher Gemeinschaft zusammenzuleben, sofern die Lebensverhältnisse dem nicht entgegenstehen (Staud/*Voppel* Rz 70). Die eheliche Lebensgemeinschaft setzt zwar nicht zwingend einen räumlichen Ehemittelpunkt voraus (BGH FamRZ 80, 127), doch verbietet sie es den Ehegatten, ohne Notwendigkeit einen Wohnsitzwechsel vorzunehmen, sofern durch diesen die Gemeinschaft zerstört wird (Staud/*Voppel* Rz 70).

Aus der Pflicht zur häuslichen Gemeinschaft folgt andererseits, unabhängig von Eigentumsverhältnissen oder Güterstand, das Recht zur Mitbenutzung von Hausrat und Wohnung (Ddorf FamRZ 81, 545). Dadurch wird Mitbesitz an diesen begründet, der Besitzschutzansprüche nach § 866 oder ggf Ansprüche nach §§ 823, 1004, 1007 auslösen kann (Palandt/*Brudermüller* Rz 6).

II. Pflicht zur Geschlechtsgemeinschaft. Die Eheleute sind einander zur Geschlechtsgemeinschaft verpflichtet (BGH FamRZ 67, 1078; Schlesw NJW 93, 2945), die aber nicht Gegenstand eines Herstellungsantrags sein kann (§ 120 III FamFG). Sie besteht entspr den jeweiligen individuellen Verhältnissen, dem Alter, der gesundheitlichen und psychischen Disposition der Ehegatten (BGH NJW 67, 1079).

Die einseitige Weigerung zu Zeugung oder Empfängnis von Kindern stellt nach hM eine Verletzung der Ehepflicht dann dar, wenn dem sich weigernden Ehegatten keine schutzwürdigen Belange zur Seite stehen (Soergel/*Lange* Rz 11; Staud/*Voppel* Rz 35). Maßnahmen der Familienplanung sollten nur gemeinsam getroffen werden, doch ist weder die Abrede zum Gebrauch empfängnisverhütender Mittel noch zu deren Absetzung justiziabel (Staud/*Voppel* Rz 144). Jeder Ehegatte kann sich von der einmal getroffenen Abrede jederzeit wieder lossagen (BGH FamRZ 01, 541).

Die Sterilisation bedarf der Zustimmung des Ehegatten (Staud/*Voppel* Rz 42), zu der dieser jedoch bei medizinischer Indikation verpflichtet ist (Soergel/*Lange* Rz 11).

III. Pflicht zur Haushaltsführung und Funktionsteilung. Das Recht und die Pflicht zur Haushaltsführung und Betreuung gemeinsamer oder einvernehmlich im Haushalt aufgenommener Kinder (Hambg FamRZ 67, 103; Karlsr FamRZ 61, 371) folgt nicht mehr aus einem gesetzlichen Leitbild der Ehe, sondern ist dem gegenseitigen Einvernehmen der Eheleute übertragen (§ 1356 I, 1618a). Fehlt es an einer Einigung, so folgt die Pflicht zur anteiligen Haushaltsführung und Mitwirkung beider Ehegatten in angemessenem Umfang aus § 1353 I (*Rauscher* § 14 Rz 242; BGH JZ 60, 371).

Die Befugnis zur einvernehmlichen Regelung der Haushaltsführung und Kinderbetreuung ist durch die „Hausmanns Rspr" eingeschränkt, nach der Ehegatte, die anderen Unterhalt schulden, bei der zu treffenden Rollenwahl auch die Interessen der außerhalb der Ehe stehenden gleichrangigen Unterhaltsschuldner zu berücksichtigen haben (BGH FamRZ 06, 1827 = FuR 07, 19).

D. Die Verantwortungsgemeinschaft. I. Gefahrenabwehr und Hilfe in Notfällen. Über die jeden treffende und strafbewehrte (§ 323 StGB) Pflicht zur Hilfeleistung hinaus, trifft die Ehegatten die Pflicht, dem jeweils anderen drohende Gefahren abzuwehren, soweit ihm dies zumutbar ist. Insoweit erwächst den Ehegatten eine Garantenstellung iSv § 13 StGB (LK/*Jeschek* § 13 StGB Rz 23).

Danach besteht die Pflicht, den anderen davon abzuhalten, betrunken ein Kraftfahrzeug zu führen (BGH NJW 54, 1818; Köln NJW 73, 861), eine sonst strafbare Handlung zu begehen (Frankf FamRZ 87, 381), dafür Sorge zu tragen, dass der im Auto befindliche hilflose und betrunkene Ehegatte angeschnallt wird (Frankf FamRZ 87, 381) oder den anderen vom geplanten Suizid abzuhalten (BGH NJW 57, 1943).

Eine Pflicht zur Pflege des schwerstbehinderten Ehegatten besteht nicht (BGH NJW 95, 1486). Der Ehegatte hat es zu unterlassen, den anderen wegen des Verdachts einer Straftat oder eines Steuervergehens anzuzeigen (BGH MDR 64, 911), jedenfalls dann, wenn dies aus Rachsucht, Gehässigkeit oder in Schädigungsabsicht erfolgt (Staud/*Voppel* Rz 60). Etwas anderes gilt bei Anzeige eines geplanten Verbrechens oder dann, wenn der Anzeigende schwerwiegende berechtigte Eigeninteressen verfolgt (BGH FamRZ 63, 515; 64, 493, 495).

II. Beistand und Rücksichtnahme in persönlichen Angelegenheiten. Da jeder Ehegatte aus der ehelichen Lebensgemeinschaft auf die berechtigten Interessen des anderen Rücksicht zu nehmen hat, sind die Eheleute zB verpflichtet, die Aufnahme von Verwandten des anderen, insb Kindern aus früheren Ehen oder Beziehungen zu dulden (*Rauscher* § 14 Rz 244), häusliche Gewalt zu unterlassen (*Schwab* FamRZ 99, 1317) und Alkohol- und Medikamentenmissbrauch einzustellen (Frankf FamRZ 82, 484). Die Privat- und Intimsphäre des anderen ist zu respektieren, das Briefgeheimnis zu wahren, sofern dem nicht besonders gewichtige Interessen entgegenstehen (BGH FamRZ 70, 589). Auf die religiösen und sittlichen Anschauungen des Ehegatten ist

Rücksicht zu nehmen (Schlesw MDR 54, 417) und es ist zu unterlassen, dem anderen die eigenen Lebensformen aufzuoktroyieren (BGH NJW 60, 1447).

15 **III. Beistand und Rücksichtnahme in wirtschaftlichen Angelegenheiten.** Obwohl Ehegatten voneinander getrennte Vermögen haben und nicht für die Verbindlichkeiten des jeweils anderen einstehen müssen, besteht die Pflicht, den anderen oder dessen Eigentum unabhängig vom jeweiligen Güterstand vor Schaden zu bewahren. Deshalb darf ein gemeinsamer Verkauf des im Miteigentum stehenden Hauses nicht aus unsachlichen Gründen verhindert (Frankf OLGR 01, 66) oder andererseits ein Antrag auf Teilungsversteigerung nicht zur Unzeit gestellt (*Weinreich* FuR 06, 403, 406) werden. Ein Verstoß kann Schadensersatzansprüche nach § 826 begründen. Der Ehegatte kann gehalten sein, den anderen nicht dahingehend zu drängen, sich für eine ausschl im eigenen Namen begründete Verbindlichkeit zu verbürgen (BGH NJW 94, 1726; 95, 562).

16 Aus der Pflicht zur Minimierung finanzieller Lasten des Ehepartners sowie aus der nach der Ehescheidung nachwirkenden ehelichen Solidarität folgen steuerrechtliche Aufklärungs- und Mitwirkungspflichten. Danach ist jeder Ehegatte verpflichtet, dem anderen die für die Steuererklärung notwendigen Auskünfte zu erteilen. Sofern ihm hieraus keine Nachteile erwachsen, ist er verpflichtet, der gemeinsamen Veranlagung (§ 26 I EStG) zuzustimmen (BGH FamRZ 07, 1229; Dresd OLGR 09, 714 zur gleichen Verpflichtung auch des Insolvenzverwalters) solange die getrennte Veranlagung noch nicht beantragt wurde (Frankf FuR 06, 134). Diese Pflicht besteht auch bei zu erwartenden steuerlichen Nachteilen, wenn der andere sich verpflichtet, diese zu ersetzen (BGH aaO; vgl auch FamRZ 08, 40). Dabei ist, solange das Begehren nicht schikanös ist und der Ehegatte offensichtlich keine Vorteile aus der Zusammenveranlagung erzielen kann, nicht zu prüfen, ob die steuerrechtlichen Voraussetzungen zur gemeinsamen Veranlagung erfüllt sind, da dies den Finanzbehörden obliegt (BGH FamRZ 05, 182 = FuR 05, 183). Die Zustimmung kann auch nicht unter Hinweis auf Rückforderungsansprüche des Finanzamts verweigert werden (Bremen FamRZ 05, 800). Ein Anspruch des zustimmenden Ehegatten auf Sicherheitsleistung besteht zumindest dann nicht, wenn keine konkreten Anhaltspunkte dafür ersichtlich sind, dass die Nachteile nicht ersetzt werden (AG Konstanz FamRZ 03, 761).

17 Desgleichen besteht die Pflicht zur Zustimmung zum begrenzten Realsplitting (§ 10 I Nr 1 EStG) (BGH FamRZ 98, 953; Nürnbg FamRZ 04, 1967), wobei Streit über die Höhe der erbrachten Unterhaltsleistungen oder deren steuerrechtliche Anerkennungsfähigkeit dem nicht entgegensteht (Bremen FamRZ 01, 1371).

18 Die grundlose Verweigerung der gemeinsamen Veranlagung oder zum begrenzten Realsplitting verpflichtet zum Schadensersatz dahingehend, dem anderen die aus der realen Veranlagung erwachsenen Nachteile zu ersetzen (BGH FamRZ 93, 1304; Hamm FamRZ 01, 98; 98, 241).

19 Klagen auf Erteilung der Zustimmung wie auch Schadensersatzklagen sind sonstige Familiensachen iS § 266 FamFG, so dass für sie die Zuständigkeit der Familiengerichte gegeben ist.

20 Unabhängig von steuerlichen Belangen sind Ehegatten einander zur Erteilung von Auskünften über Vermögensbewegungen jedenfalls in groben Zügen verpflichtet (Hamm FamRZ 00, 228), wobei dieser Anspruch nicht so weit geht wie der aus § 1379 (vgl hier Rn 14). Auch kann es geboten sein, den Ehegatten in Rechtsangelegenheiten zu beraten (BGH FamRZ 01, 1521).

21 Da der Inhalt höchstpersönlicher Vertrauensverhältnisse des Ehegatten, insb von Daten aus dem Arzt-Patientenverhältnis, besonderen Schutz verdient, kann jeder Ehegatte nach der Trennung verlangen, dass er von dem anderen bevollmächtigt wird, ihn selbst betreffende Leistungen ggü der Krankenkasse bzw bei Beamten auch die Beihilfe selbst abzurechnen (Hamm FamRZ 07, 1884). Das gilt allerdings nicht für Kinder, für die gemeinsam das Recht der Gesundheitssorge ausgeübt wird (Ddorf FamRZ 09, 425; Hamm aaO).

22 Hat ein Ehegatte während der Ehe den dem anderen zugeordneten PKW auf seinen Namen versichert, ist er nach der Trennung verpflichtet, dem anderen den Schadensfreiheitsrabatt zu übertragen, wenn dem nicht anerkennenswerte Belange entgegen stehen (LG Hildesheim FamRZ 09, 608; LG Flensburg FamRZ 07, 146; aA: Budde FuR 04, 339).

23 **E. Wegfall der Herstellungspflicht (Abs 2).** Nach II ist ein Ehegatte nicht verpflichtet, dem Verlangen des anderen nach Herstellung der Gemeinschaft Folge zu leisten, wenn sich das Verlangen als Missbrauch darstellt oder wenn die Ehe gescheitert ist. Diese Vorschrift ist unter Berücksichtigung der Scheidungsvorschriften ohne praktische Bedeutung.

24 **F. Schutz vor Störungen. I. Unterlassungs- und Beseitigungsansprüche.** Der sog räumlich gegenständliche Bereich der Ehe gibt ein absolutes Recht iSv § 823 (BGH NJW 56, 1149, 1150). Der Schutzbereich umfasst die Ehewohnung (Staud/*Voppel* Rz 115), uU aber auch gewerblich genutzte Räume (BGH FamRZ 61, 432; Köln FamRZ 84, 267) sowie getrennte Räumlichkeiten innerhalb derselben Wohnung (Celle FamRZ 80, 242; Karlsr FamRZ 80, 139).

25 Störungen des räumlich gegenständlichen Bereichs der Ehe begründen einen Unterlassungs- und Beseitigungsanspruch (BGHZ 6, 360; 34, 80), ggf auch einen Schadensersatzanspruch, wobei dieser auch auf § 823 II gestützt werden kann, da das Schutzgesetz in Art 6 GG gesehen wird (BGHZ 6, 360, 366).

26 **II. Schadensersatzansprüche. 1. Störungen im höchstpersönlichen Bereich.** Pflichtverletzungen, die dem höchstpersönlichen Bereich der Ehe zuzurechnen sind, begründen keine Schadensersatzansprüche, weil die

Erfüllung dieser Pflichten nur durch die eheliche Gesinnung gewährleistet werden kann und auch nur indirekter staatlicher Zwang auf die Eheleute damit nicht vereinbar wäre (Palandt/*Brudermüller* Rz 14). Deshalb kann die eheliche Untreue nicht Grundlage einer Schadensersatzforderung sein (BGH FamRZ 72, 33, 34), selbst dann, wenn der Ehemann wegen der Ehelichkeitsvermutung des § 1592 für die aus der ehelichen Untreue entstammenden Kinder Unterhalt zu leisten hat (BGH FamRZ 90, 367; FamRZ 57, 133; vgl aber Rn 27). Kein Schadensersatzanspruch besteht auch bei Herbeiführung einer Schwangerschaft trotz einvernehmlicher Abrede zur Empfängnisverhütung (BGH FamRZ 86, 773) oder bei Schwangerschaft in Folge einer In-vitro-Fertilisation trotz zurückgezogenen Einverständnisses durch den Ehemann (BGH FamRZ 01, 541).

2. Störungen im geschäftsmäßigen Bereich. Schadensersatzansprüche auslösen können aber Störungen der ehelichen Lebensgemeinschaft durch rein geschäftsmäßige Handlungen, wie die unberechtigte Verweigerung der Zustimmung zur steuerlichen Veranlagung oder die Verletzung der Mitwirkungspflicht beim begrenzten Realsplitting (vgl oben Rn 15 ff). Dasselbe gilt, wenn zu der Verletzung der Pflicht zur ehelichen Treue weitere schädigende Handlungen hinzutreten, wenn zB die Ehefrau ihrem Ehemann ausdrücklich vorspiegelt, nur er komme als Erzeuger des erwarteten Kindes in Betracht und ihn damit von der Erhebung der Anfechtungsklage abhält (BGH FamRZ 81, 531). Die Anspruchsgrundlage kann dafür sowohl in § 823 II iVm § 263 StGB als auch in § 826 gesehen werden (BGH FamRZ 91, 367; 81, 531). 27

§ 1354 – *weggefallen* –

§ 1355 Ehename.
(1) ¹Die Ehegatten sollen einen gemeinsamen Familiennamen (Ehenamen) bestimmen. ²Die Ehegatten führen den von ihnen bestimmten Ehenamen. ³Bestimmen die Ehegatten keinen Ehenamen, so führen sie ihren zur Zeit der Eheschließung geführten Namen auch nach der Eheschließung.
(2) Zum Ehenamen können die Ehegatten durch Erklärung gegenüber dem Standesbeamten den Geburtsnamen oder den zur Zeit der Erklärung über die Bestimmung des Ehenamens geführten Namen der Frau oder des Mannes bestimmen.
(3) ¹Die Erklärung über die Bestimmung des Ehenamens soll bei der Eheschließung erfolgen. ²Wird die Erklärung später abgegeben, so muss sie öffentlich beglaubigt werden.
(4) ¹Ein Ehegatte, dessen Name nicht Ehename wird, kann durch Erklärung gegenüber dem Standesbeamten dem Ehenamen seinen Geburtsnamen oder den zur Zeit der Erklärung über die Bestimmung des Ehenamens geführten Namen voranstellen oder anfügen. ²Dies gilt nicht, wenn der Ehename aus mehreren Namen besteht. ³Besteht der Name eines Ehegatten aus mehreren Namen, so kann nur einer dieser Namen hinzugefügt werden. ⁴Die Erklärung kann gegenüber dem Standesbeamten widerrufen werden; in diesem Falle ist eine erneute Erklärung nach Satz 1 nicht zulässig. ⁵Die Erklärung und der Widerruf müssen öffentlich beglaubigt werden.
(5) ¹Der verwitwete oder geschiedene Ehegatte behält den Ehenamen. ²Er kann durch Erklärung gegenüber dem Standesbeamten seinen Geburtsnamen oder den Namen wieder annehmen, den er bis zur Bestimmung des Ehenamens geführt hat, oder dem Ehenamen seinen Geburtsnamen oder den zur Zeit der Bestimmung des Ehenamens geführten Namen voranstellen oder anfügen. ³Absatz 4 gilt entsprechend.
(6) Der Geburtsname ist der Name, der in die Geburtsurkunde eines Ehegatten zum Zeitpunkt der Erklärung gegenüber dem Standesbeamten einzutragen ist

A. Einleitung. Seit Inkrafttreten des FamiliennamensrechtsG am 1.4.94 ist den Eheleuten freigestellt, ob sie einen gemeinsamen Familiennamen, den Ehenamen, führen. Die Regelung des § 1355 I ist nur noch als Sollvorschrift ausgestaltet. Das KindschaftsrechtsreformG vom 16.12.97 ermöglichte die Bestimmung des Ehenamens auch noch nach der Eheschließung. Das Gesetz zur Änderung des Ehe- und Lebenspartnerschaftsnamensrechts vom 6.2.05 setzt die Entscheidung des BVerfG vom 18.2.04 (FamRZ 04, 515) um und gibt den Ehegatten jetzt auch die Möglichkeit, durch eine frühere Eheschließung erworbene Namen zum Ehenamen zu bestimmen. Der Kindesname ist in §§ 1616–1618 geregelt. 1

B. Die Gestaltungsalternativen. I. Ehegatten ohne gemeinsamen Namen (I 3). Da die Eheleute einen gemeinsamen Namen nur bestimmen sollen, ist die Möglichkeit eröffnet, hiervon auch abzusehen. Bestimmen sie bei der Eheschließung keinen gemeinsamen Namen, führt jeder seinen zu dem Zeitpunkt geführten Namen weiter. 2

II. Ehegatten mit gemeinsamen Namen. 1. Einfacher Name (II). Das Gesetz geht in § 1355 I davon aus, dass die Eheleute regelmäßig einen gemeinsamen Namen zum Ehenamen bestimmen. Eine der dafür gegebenen Möglichkeiten besteht darin, einen der Geburtsnamen zu wählen. Eine Kombination beider Geburtsnamen (unechter Doppelname) ist dagegen nicht zulässig, was keinen verfassungsrechtlichen Bedenken begegnet (BVerfG FamRZ 02, 530; FamRZ 09, 939). Der Sinn dieses Verbots liegt darin, in der Generationsfolge mehrgliedrige Namensketten zu vermeiden (BTDrs 12/5982, 18). Zusammengesetzte Namen (echte Doppelnamen) oder Adelsprädikate können jedoch wie einfache Namen zum Ehenamen bestimmt werden. 3

4 Zulässig ist es auch, den zum Zeitpunkt der Erklärung über die Bestimmung des Ehenamens geführten Namen, der nicht Geburtsname eines der Ehepartner ist, zum neuen Ehenamen zu bestimmen. Damit kann also der Ehename eines der Ehegatten aus einer geschiedenen Ehe zum neuen Ehenamen bestimmt werden, solange nicht dem Ehegatten die Fortführung des Namens unter dem Gesichtspunkt des Rechtsmissbrauchs untersagt werden kann (BGH FamRZ 05, 1658=FuR 06, 44). Wird dieser Name nach der Scheidung gem § 1355 V 5 abgelegt und nimmt der geschiedene Partner den Namen aus einer früheren Ehe wieder an, so gilt das auch für diesen Namen (zu den Wahlmöglichkeiten vgl *Wagenitz/Bornhofen* FamRZ 05, 1425).

5 **2. Zusammengesetzte Namen (IV).** Falls der Ehename nur aus einem Namen besteht, kann derjenige, dessen Name nicht zum Ehenamen bestimmt worden ist, seinen Geburtsnamen oder zum Zeitpunkt der Bestimmung geführten Namen dem Ehenamen als Begleitnamen voranstellen oder anfügen. Der Begleitname wird nicht Bestandteil des Ehenamens (KG FamRZ 00, 53) und darf nur aus einem Namen bestehen, was keinen verfassungsrechtlichen Bedenken begegnet (BVerfG FamRZ 09, 939=FuR 09, 540). Hat der Ehegatte einen Doppelnamen geführt, kann nur einer der Doppelnamen zum Begleitnamen bestimmt werden (IV 3). Der Begleitname kann widerrufen werden (IV 4). Unzulässig ist aber der Widerruf mit dem Ziel, die Reihenfolge von Ehe- und Begleitnamen zu ändern (BayObLG FamRZ 99, 162).

6 **III. Der Name nach Verwitwung oder Scheidung (V).** Der verwitwete oder geschiedene Ehegatte behält grds seinen bis zum Ende der Ehe geführten Namen. Nach V 2 kann er jedoch durch Erklärung ggü dem Standesbeamten seinen Ehenamen abwählen und seinen Geburtsnamen oder denjenigen Namen wieder annehmen, den er bis zur Bestimmung des Ehenamens geführt hat, also etwa den aus einer früheren Ehe. Weiter hat er die Möglichkeit, einen der genannten Namen seinem Ehenamen als Begleitnamen voranzustellen oder anzufügen. Eine ehevertragliche Abrede, mit der sich der Ehegatte, dessen Name nicht zum Ehenamen bestimmt worden ist, verpflichtet, im Fall der Scheidung den vor der Ehe geführten Namen wieder anzunehmen, ist nicht generell sittenwidrig (BGH FamRZ 08, 859).

7 **IV. Verfahren.** Die Wahl des Namens erfolgt durch mündliche Erklärung ggü dem Standesbeamten (I 2), wobei die Erklärung zur Vermeidung sonst notwendig werdender Namensänderungen bei der Eheschließung abgegeben werden soll (III 1). Zuvor abgegebene Bekundungen sind frei widerruflich (AnwK/*Wellenhofer* Rz 8).

8 Allein die Bestimmung des Ehenamens bei der Eheschließung ist formlos möglich. Alle anderen Erklärungen, die spätere Bestimmung des Ehenamens (III 2), die Wahl oder der Widerruf des Begleitnamens (IV 5), die Erklärungen des geschiedenen oder verwitweten Ehegatten (V3 iVm IV 5) müssen öffentlich beglaubigt werden (vgl FAFamR/*Pieper* Kap 3 Rz 19).

9 Str ist, ob die Namensbestimmung ein Rechtsgeschäft ist (so Palandt/*Brudermüller* Rz 5). Auch dann aber ist eine Anfechtung der Erklärung über die Ehenamenswahl nach hM aus Gründen der Rechtssicherheit nicht möglich, zumal die Norm in IV und V spezielle Regelungen für den Widerruf der getroffenen Wahl enthält (München StAZ 09, 78; Zweibr FamRZ 00, 1361; BayObLG NJW 93, 337 FAFamR/*Pieper*, Kap 3 Rz 20; aA: AnwK/*Wellenhofer* Rz 9).

§ 1356 Haushaltsführung, Erwerbstätigkeit.
(1) ¹**Die Ehegatten regeln die Haushaltsführung im gegenseitigen Einvernehmen.** ²**Ist die Haushaltsführung einem der Ehegatten überlassen, so leitet dieser den Haushalt in eigener Verantwortung.**
(2) ¹**Beide Ehegatten sind berechtigt, erwerbstätig zu sein.** ²**Bei der Wahl und Ausübung einer Erwerbstätigkeit haben sie auf die Belange des anderen Ehegatten und der Familie die gebotene Rücksicht zu nehmen.**

1 **A. Allgemeines.** Den Ehegatten obliegt es, sich um eine Einigung über die Bewältigung der im Haushalt anfallenden Aufgaben zu bemühen, während der Gesetzgeber bewusst auf ein gesetzliches Leitbild der Ehe verzichtet hat (BTDrs 7/650, 75). Die Norm stellt eine Konkretisierung von § 1353 I dar.

2 **B. Haushaltsführung.** Die Ehegatten können in autonomer Selbstbestimmung darüber entscheiden, wer in welchem Umfang erwerbstätig ist und wer die Haushaltsführung und ggf die Kinderbetreuung übernimmt. Eingeschränkt wird die Freiheit allerdings ggf wegen bestehender Unterhaltspflichten (**zur sog Hausmannsrspr vgl BGH FamRZ 06, 1827 = FuR 07, 19**). Wird die Aufgabe einem Ehegatten allein übertragen, liegt eine Hausfrauen- bzw Hausmannsehe vor. Die zu treffende Einigung stellt ein Rechtsgeschäft dar (Palandt/*Brudermüller* Rz 2; *Haas* FamRZ 02, 205). Es kann nicht verlangt werden, dass die Einigung auf unbestimmte Zeit aufrechtzuerhalten ist, weil der auf eine entspr Verpflichtung abzielende Wille fehlt (MüKo/*Wacke* Rz 7). Bei der Wahl der Rollenverteilung wie auch dem Verlangen einer Neubestimmung ist das Gebot der Rücksichtnahme bei der Gestaltung des Ehelebens zu beachten. Kommt es zu keiner Einigung, obliegt die Haushaltsführung beiden Ehegatten (BGH FamRZ 74, 367).

3 Der den Haushalt führende Ehegatte leitet den Haushalt in eigener Verantwortung, I 2. Durch die Führung des Haushalts erfüllt der Ehegatte seine gesetzliche Unterhaltspflicht (§§ 1360 2; 1606 III 2) ggü der Familie. Für den Umfang der Pflicht zur Mithilfe durch den anderen ist maßgeblich der Umfang der Erwerbstätigkeit der

Eheleute sowie der Zuschnitt des Haushalts und die Zahl und Betreuungsbedürftigkeit der Kinder. Auch diese haben ggf die Pflicht zur Mithilfe, §§ 1618a, 1619.

C. Erwerbstätigkeit, II. I. Berechtigung. Beide Ehegatten sind grds berechtigt, erwerbstätig zu sein, wobei das Recht nach II 2 unter dem Vorbehalt der Familienverträglichkeit steht. Zur Familie idS gehören nicht nur die Mitglieder der häuslichen Gemeinschaft, sondern auch weitere Personen, denen ggü eine sittliche Verpflichtung zur Pflege und Betreuung besteht (BTDrs 7/4361, 26). Bestehende Unterhaltspflichten können einerseits eine Pflicht zur Erwerbstätigkeit begründen, andererseits aber auch Einschränkungen bewirken, wenn der andere Ehegatte seinerseits durch vermehrte Erwerbstätigkeit Unterhaltspflichten zu erfüllen hat (vgl oben Rn 2). Die Pflicht zur Rücksichtnahme bezieht sich auch auf politische (BGHZ 43, 384) oder gemeinnützige Tätigkeiten (AnwK/*Wellenhofen* Rz 11). 4

II. Mitarbeit im Beruf oder Geschäft des Ehegatten. 1. Mitarbeitspflicht als Ausnahme. Eine Pflicht zur Mitarbeit ist gesetzlich nicht mehr vorgeschrieben. Sie kann sich aber in Ausnahmefällen aus der ehelichen Beistandspflicht (§ 1353) ergeben (Palandt/*Brudermüller* Rz 7; MüKo/*Wacke*, Rz 20), etwa beim Aufbau eines Betriebes (BGH FamRZ 59, 454), fehlenden Mitteln für die Einstellung einer Hilfskraft (BGHZ 46, 385) oder vorübergehendem Personalmangel, wobei der Ehegatte nicht gezwungen werden kann, deshalb auf eine einträglichere Existenz zu verzichten (BGH FamRZ 67, 611). 5

Eine Verpflichtung zur Beschäftigung des Ehegatten besteht umgekehrt nicht, insb nicht im Interesse von Gläubigern (AnwK/*Wellenhofen* Rz 12). Ausnahmen sind nur in Notfällen denkbar, etwa bei Arbeitslosigkeit des Ehegatten, dessen ausreichender Qualifikation und gleichzeitiger Vakanz einer geeigneten Stelle (Staud/*Hübner/Voppel* Rz 38). 6

2. Vergütung. Sind von den Ehegatten Vereinbarungen (vgl unten a, b, c) zur Mitarbeit getroffen, sind diese zu beachten (BGH FamRZ 90, 1219; FamRZ 95, 1062). IÜ ist regelmäßig von der Vergütungspflicht auszugehen (MüKo/*Wacke* Rz 24). Unentgeltlichkeit kann allenfalls bei unbedeutenden oder nur gelegentlichen Hilfstätigkeiten angenommen werden (BGHZ FamRZ 94, 1167), folgt aber nicht allein aus der Üblichkeit der Mitarbeit (Palandt/*Brudermüller* Rz 9). Unterhaltsrechtlich geschuldete Mitarbeit ist nicht zu vergüten (AnwK/*Wellenhofer* Rz 13). 7

a) Arbeitsverhältnis. Grundlage der Mitarbeit wird zumeist ein Arbeitsverhältnis sein, das uU auch konkludent begründet sein kann (BGH FamRZ 82, 910), etwa bei ständiger Zahlung von Sozialversicherungsbeiträgen für den mitarbeitenden Ehegatten oder bei steuerlicher Berücksichtigung des Ehegattengehalts als Betriebsausgaben (Bremen FamRZ 99, 227). Steuerrechtlich werden solche Arbeitsverhältnisse nur anerkannt, wenn sie auch mit Dritten vereinbart worden wären (BFH NJW 89, 319; *Genthe* FuR 92, 207) und die Vergütung tatsächlich ausgezahlt wird (BFH BB 68, 1029), sei es auch auf ein Ehegatten-Oder-Konto (BVerfG BStBl II 96, 34). 8

b) Ehegatteninnengesellschaft. Geht die Tätigkeit des Ehegatten über das Bestreben hinaus, die eheliche Lebensgemeinschaft zu verwirklichen, können die Voraussetzungen einer Ehegatteninnengesellschaft erfüllt sein, die nach der Trennung Ausgleichsansprüche entspr §§ 705 ff auslösen (vgl KKFamR/*Weinreich* § 1372 Rz 21 ff). 9

c) Ausgleichsanspruch wegen Wegfalls der Geschäftsgrundlage. Kann das Bestehen eines Arbeitsvertrages nicht festgestellt werden, kann uU ein familienrechtlicher Vertrag sui generis Grundlage der Mitarbeit gewesen sein, dessen Geschäftsgrundlage nach dem Scheitern der Ehe entfallen ist. Bei Gütertrennung bejaht die Rspr Ausgleichsansprüche bei erheblichen, unterhaltsrechtlich nicht geschuldeten und über das Übliche klar hinausgehenden Arbeitsleistungen eines Ehegatten im Betrieb des anderen. Die Höhe des Anspruchs bemisst sich nach dem Umfang der Leistungen, ist aber beschränkt auf die bei dem anderen noch vorhandene Vermögensvermehrung. Im gesetzlichen Güterstand wird durch den Zugewinnausgleich regelmäßig eine angemessene Beteiligung der Ehegatten an der Vermögensvermehrung des anderen anzunehmen sein (vgl KKFamR/*Weinreich* § 1372 Rz 36 ff). 10

§ 1357 Geschäfte zur Deckung des Lebensbedarfs. (1) ¹Jeder Ehegatte ist berechtigt, Geschäfte zur angemessenen Deckung des Lebensbedarfs der Familie mit Wirkung auch für den anderen Ehegatten zu besorgen. ²Durch solche Geschäfte werden beide Ehegatten berechtigt und verpflichtet, es sei denn, dass sich aus den Umständen etwas anderes ergibt.
(2) ¹Ein Ehegatte kann die Berechtigung des anderen Ehegatten, Geschäfte mit Wirkung für ihn zu besorgen, beschränken oder ausschließen; besteht für die Beschränkung oder Ausschließung kein ausreichender Grund, so hat das Familiengericht sie auf Antrag aufzuheben. ²Dritten gegenüber wirkt die Beschränkung oder Ausschließung nur nach Maßgabe des § 1412.
(3) Absatz 1 gilt nicht, wenn die Ehegatten getrennt leben.

§ 1357

1 **A. Allgemeines.** Die durch das 1. EheRG zum 1.7.77 umgestaltete Vorschrift ist an die Stelle der bis dahin geltenden Regelung über die sog Schlüsselgewalt getreten. Dieser lag das Leitbild der Hausfrauenehe zu Grunde, das jetzt aufgegeben ist. Die Norm erfasst einen nicht nur auf den Haushalt bezogenen erweiterten Wirkungskreis („Geschäfte zur angemessenen Deckung des Lebensbedarfs der Familie"). Darüber hinaus kann jeder Ehegatte Geschäfte mit Wirkung auch für den anderen besorgen. Nach I 2 werden dadurch beide Ehegatten berechtigt und verpflichtet.

2 Daraus erwachsende Bedenken im Hinblick auf die Vereinbarkeit der Regelung mit Art 3 I, 6 I GG hat das BVerfG zerstreut und die Norm für verfassungskonform befunden (BVerfG NJW 90, 175 m Anm *Derleder* FuR 90, 104). Den durch die Gesamthaftung der Eheleute bewirkten Gläubigerschutz (BVerfG aaO; MüKo/*Wacke* Rz 3) hat es als wichtigen, aber nicht vorrangigen oder gar alleinigen Zweck der Regelung bezeichnet und die Vorschrift als Ausgestaltung der Ehe in wirtschaftlicher Hinsicht gewertet. Sie soll weiter dazu dienen, die Kreditwürdigkeit der Familie (MüKo/*Wacke* Rz 2) oder die Chancengleichheit in der Familie zu erhöhen.

3 **B. Voraussetzungen. I. Ehe.** Die Möglichkeit der Verpflichtung auch des anderen Ehegatten besteht nur innerhalb einer wirksamen Ehe, also noch nicht während der Verlobungszeit und nicht mehr nach dem Ehezeitende, wobei es auf den Güterstand nicht ankommt (München NJW 72, 542).

4 **II. Kein Getrenntleben, III.** Nach III gilt die Regelung nicht, wenn die Eheleute getrennt leben. Die Möglichkeit, den anderen mit zu verpflichten, setzt also die Führung eines gemeinsamen Haushalts voraus. Wegen des Trennungsbegriffs kann auf § 1567 verwiesen werden, so dass auch das Getrenntleben innerhalb der Ehewohnung ausreichend ist (MüKo/*Wacke* Rz 45). Haben die Eheleute von Anfang an keinen gemeinsamen Hausstand, so treten die Wirkungen des § 1357 überhaupt nicht erst ein (BGH NJW 91, 2958; Hamm NJW-RR 72, 542). Bei nur vorübergehender Trennung, etwa bei Antritt der Strafhaft, wird die häusliche Gemeinschaft nicht zwingend aufgehoben (Hamm FamRZ 75, 346).

5 Entscheidend für die Wirkungen der Norm ist allein das Zusammen- bzw Getrenntleben zum Zeitpunkt des Geschäftes. Wird das Getrenntleben beendet und wieder ein gemeinsamer Haushalt begründet, so treten die Wirkungen ex nunc wieder ein. Eine Rückwirkung auf während der Trennung geschlossene Geschäfte erfolgt nicht. Eine erst nach Abschluss des Geschäftes erfolgte Trennung beseitigt umgekehrt die zuvor eingetretenen Rechtswirkungen nicht. Das Vertrauen auf die Verpflichtungsbefugnis ist nicht geschützt (LG Tübingen FamRZ 84, 50; *Dörr* NJW 89, 813).

6 **III. Geschäfte zur angemessenen Deckung des Lebensbedarfs der Familie.** Geschäfte iSd Norm sind Rechtsgeschäfte, die nach ihrer Art objektiv der Deckung des privaten Lebensbedarfs dienen, also einen Bezug zur familiären Konsumgemeinschaft aufweisen, womit an den Familienunterhalt nach §§ 1360, 1360a angeknüpft wird (MüKo/*Wacke* Rz 18; AnwK/*Wellenhofen* Rz 13). Geschäfte im Berufs- oder Erwerbsbereich fallen unabhängig von Art und Umfang der Tätigkeit nicht darunter (Ddorf OLGR 07, 302 für gewerbliche Mietverhältnisse). Betreffen die Geschäfte das Kfz, ist entscheidend, ob dieses der Familie zu dienen bestimmt ist oder für berufliche Zwecke genutzt wird (LG Freiburg FamRZ 88, 1052).

7 Auch dann, wenn es sich um Geschäfte zur Deckung des privaten Lebensbedarfs der Familie handelt, kommt eine Mitverpflichtung des Ehegatten nur bei Angemessenheit in Betracht. Diese liegt vor, wenn nach Art und Umfang des Geschäfts eine vorherige Abstimmung der Ehegatten nicht notwendig oder üblich erscheint und idR auch nicht stattfindet (Köln FamRZ 91, 434; Frankf FamRZ 83, 913). Sie fehlt dagegen, wenn die Geschäfte ohne Schwierigkeit zurückgestellt werden können, größeren Umfang aufweisen und eine vorherige Vereinbarung angezeigt ist (MüKo/*Wacke* Rz 20). Maßgebend ist der äußere Zuschnitt des Haushalts, der individuelle, äußerlich erkennbare Konsumstil (BGH NJW 85, 1394), wobei hilfsweise auf die bei Familien in vergleichbarer sozialer Lage üblichen Verbrauchsgewohnheiten abzustellen ist (BGH NJW 85, 1394).

8 Von der Norm erfasst sind: Kauf von Lebensmitteln und notwendiger Kleidung (RGZ 61, 78), Kauf von Haushaltsgeräten, Hausrat und hierauf bezogene Reparaturaufträge, Kauf von Spielzeug, Schulbedarf und Geschenken in angemessenem Umfang (LG Stuttgart MDR 67, 45), Verträge mit Telefon- und Kommunikationsgesellschaften (LG Stuttgart FamRZ 01, 1610), betreffend Energieversorgung (Ddorf NJW-RR 98, 490; AG Neuruppin FamRZ 09, 1221) und Heizmaterial, Beauftragung von Handwerkern für Reparaturarbeiten in der Ehewohnung (Ddorf NJW-RR 01, 1084) sowie Tierarzt für Haustiere (AG Kerpen FamRZ 89, 619), Anstellung und Kündigung der Haushaltshilfe, Beauftragung eines Wohnraummaklers (LG Braunschweig FamRZ 86, 61; LG Darmstadt NJW-RR 05, 1583), die eines Rechtsanwalts dann, wenn es um die Abwehr von Ansprüchen geht, die sich gegen die Erhaltung des gemeinsames Heimes richten (KG ZMR 06, 207; LG Darmstadt NJW-RR 05, 1583). Unerheblich ist, ob es sich um Fernabsatz- oder Haustürgeschäfte handelt (Staud/*Hübner/Voppel* Rz 72).

9 Zurückhaltung ist bei der Buchung von Urlaubsreisen geboten, weil diese typischerweise abgesprochen werden (Köln FamRZ 91, 434; LG Hamburg NJW 02, 1055). Eine Verpflichtung wird nur dann angenommen werden können, wenn die Buchungen im Einzelfall tatsächlich üblicherweise von einem Ehegatten allein vorgenommen werden.

Nicht von der Norm erfasst sind: Veräußerungsgeschäfte, auch dann nicht, wenn der Erlös für den Familien- 10
unterhalt eingesetzt wird (AnwK/*Wellenhofen* Rz 17; einschränkend MüKo/*Wacke* Rz 25, der die Norm auf
einzelne Veräußerungsgeschäfte anwenden möchte), Vertrag über Bau oder Kauf eines Hauses (BGH FamRZ
89, 35) einschl damit verbundene Darlehensaufnahme (LG Aachen FamRZ 89, 1176), langfristige Pachtverträge einschl deren Kündigung (Kobl NJW-RR 91, 66; BGH NJW 51, 309), Anmietung einer Wohnung
(LG Mannheim FamRZ 94, 445), Kündigung (AG Münster MDR 90, 900) oder Aufhebung des Mietverhältnisses (LG Köln FamRZ 90, 744), Maßnahmen zur Vermögensanlage und -verwaltung (MüKo/*Wacke* Rz 24),
Aufwendungen für einen Umzug zum Zweck des Getrenntlebens (LG Aachen FamRZ 80, 996). Erwerb oder
Leasing eines Kfz fällt regelmäßig nicht unter § 1357 (Ddorf OLGR 01, 508), es sei denn, Anschaffungen dieser Art werden regelmäßig von einem Ehegatten getätigt.

Unter § 1357 fallen Verträge über die ärztliche Behandlung gemeinsamer Kinder, solche über die Behandlung 11
des Ehegatten nur dann, wenn der Ehegatte sich nicht ausschl selbst verpflichten wollte und die Angemessenheit angesichts der Dringlichkeit und Art der Behandlung gewahrt ist (LG Oldbg FamRZ 09, 1221), wobei
medizinisch notwendige und unaufschiebbare ärztliche Behandlungen stets als angemessen gelten (BGH
NJW 92, 909; Schlesw FamRZ 94, 444). Der Ehegatte, der durch die Vertretung des anderen bei Vertragsschluss eine kostenintensive privatärztliche Behandlung akzeptiert, haftet nach § 1357, sofern er nicht seine
Ablehnung einer Mithaft zweifelsfrei klarstellt (Köln FamRZ 99, 1134).

Etwas anderes gilt, wenn sich aus den Umständen ergibt, dass der Ehegatte nicht mithaften möchte (I 2). Das 12
ist der Fall, wenn er diesen Willen ausdrücklich erklärt (BGH NJW 92, 909) oder wenn dieser Wille sich
daraus ergibt, dass eine kostendeckende Krankenversicherung besteht (Köln MDR 93, 55). Eine Mitverpflichtung scheidet auch aus, wenn der Ehegatte erklärt, er sei bei dem anderen mitversichert (Köln VersR 94, 107).
Schließt ein Ehemann den gynäkologischen Behandlungsvertrag im Namen seiner Frau, so muss er seinen
Willen, die Mithaft für beanspruchte Wahlleistungen nicht mit zu übernehmen, ausdrücklich erklären (BGH
NJW 85, 1394). Zur Mitverpflichtung kommt es ferner dann nicht, wenn die Kosten der ärztlichen Behand-
lung die wirtschaftliche Leistungsfähigkeit der Familie eindeutig überschreiten (Saarbr NJW 01, 1798; Köln
FamRZ 99, 1662).

C. Rechtsfolgen. Folge der Annahme eines Geschäftes nach § 1357 ist, dass beide Ehegatten aus ihm berech- 13
tigt und verpflichtet sind (I 2). Ggf muss der mitverpflichtete Ehegatte sich die Kenntnis des anderen zurechnen lassen (BGH FamRZ 82, 776). Beide Ehegatten haften als Gesamtschuldner, wobei sich die Mithaft auch
auf Ansprüche aus Pflichtverletzungen (§§ 280 I, 311 II) erstreckt (AnwK/*Wellenhofer* Rz 23). Etwas anderes
gilt allerdings für Schäden aus unerlaubter Handlung, zB nach Ladendiebstahl (Palandt/*Brudermüller* Rz 22).
Ist der Vertrag nichtig, haften beide Ehegatten bereicherungsrechtlich als Teilschuldner auf das jeweils
Erlangte (MüKo/*Wacke* Rz 21).

Im Hinblick auf die Berechtigung sind beide Ehegatten Gesamtgläubiger (MüKo/*Wacke* Rz 36). Rechte wie 14
Anfechtung, Kündigung oder Gewährleistungsansprüche kann jeder Ehegatte allein geltend machen (MüKo/
Wacke Rz 36). Dasselbe gilt für den Widerruf bei Verbraucherkreditverträgen (Staud/*Hübner/Voppel* Rz 76;
MüKo/*Wacke* Rz 29; zur Thematik vgl auch: *Berger* FamRZ 05, 1129).

Eine dingliche Wirkung kommt der Norm nicht zu (BGH NJW 91, 2283; MüKo/*Wacke* Rz 37), so dass die 15
Ehegatten an einem erworbenen Gegenstand nicht automatisch Miteigentum erwerben. Hinsichtlich des
Eigentumserwerbs gelten die allgemeinen Regeln, bei Bargeschäften des täglichen Lebens insb auch die des
Geschäfts für den, den es angeht. Bei Erwerb von Haushaltsgegenständen geht der Wille der Ehegatten im
Zweifel dahin, gemeinsames Eigentum zu erwerben (Kobl FamRZ 92, 1303).

Im Innenverhältnis sind die Ehegatten im Zweifel berechtigt, den anderen mit zu verpflichten, wobei die 16
Befugnis so weit geht, wie dem Ehegatten Haushaltsführungsfunktionen übertragen sind. Insoweit ist der
Ehegatte Weisungen des anderen nicht unterworfen, während dieser ihm das dafür erforderliche Haus-
haltsgeld iRs Unterhaltspflicht im Voraus zur Verfügung zu stellen hat. Wird der angemessene Rahmen überschritten, kommen Schadensersatzansprüche aus §§ 677 ff in Betracht (Palandt/*Brudermüller* Rz 23).

D. Ausschluss und Beschränkung der Verpflichtungsbefugnis. Nach II 1 kann jeder Ehegatte die sog 17
Schlüsselgewalt des anderen einseitig ggü diesem oder Dritten (§ 168 3) beschränken oder aufheben, ohne
dass das Recht auf Haushaltsführung iÜ davon betroffen wäre. Diese Maßnahme ist nur berechtigt, wenn der
haushaltsführende Ehegatte zur Führung der Geschäfte nicht fähig ist oder ernstliche Gründe gegen seinen
guten Willen sprechen. Dritten ggü ist diese Maßnahme nur wirksam, wenn sie diesem bekannt oder im
Güterrechtsregister eingetragen ist (II2, § 1412).

Der Antrag ist von dem Ehegatten allein an das zuständige Familiengericht zu richten (§§ 111 Nr 10, 266 II 18
FamFG), welches die Rechtmäßigkeit der Maßnahme zu prüfen hat.

§ 1358 – weggefallen –

§ 1359 Umfang der Sorgfaltspflicht.
Die Ehegatten haben bei der Erfüllung der sich aus dem ehelichen Verhältnis ergebenden Verpflichtungen einander nur für diejenige Sorgfalt einzustehen, welche sie in eigenen Angelegenheiten anzuwenden pflegen.

1 **A. Einleitung.** Die Vorschrift dient der Erhaltung des Rechtsfriedens in der ehelichen Lebensgemeinschaft (MüKo/*Wacke* Rz 2), die typischerweise durch engen räumlichen und persönlichen Kontakt und daraus folgend gegenseitige Einflussnahme auf die Vermögensinteressen der Ehepartner gekennzeichnet ist. Der strenge Haftungsmaßstab des § 276 würde das Zusammenleben über Gebühr belasten. Hinzu kommt, dass jeder Ehegatte den anderen mit seinen persönlichen Eigenschaften gewählt hat (MüKo/*Wacke* Rz 2; Staud/*Voppel* Rz 5). Die Norm ist letztlich Ausdruck der in § 1353 I 2 normierten Pflicht zur gegenseitigen Rücksichtnahme. Vergleichbare Haftungsbeschränkungen sind in den §§ 690, 708, 1664 und 2131 sowie in § 4 LPartG enthalten.

2 **B. Anwendungsbereich. I. Persönlich.** Die Norm regelt das Verhältnis zwischen Ehegatten. Jedenfalls nach Scheidung der Ehe ist sie deshalb nicht mehr anwendbar. Eine entspr Anwendung auf Verlobte oder nichtehelich Zusammenlebende ist mangels einer rechtlich verfestigten Lebensgemeinschaft abzulehnen (Soergel/*Lange* Rz 2 für Verlobte; aA MüKo/*Wacke* Rz 8). Sieht man den maßgeblichen Grund für die Haftungsbeschränkung in dem engen Zusammenleben in der ehelichen Lebensgemeinschaft, kann die Norm auch für die Zeit dauerhafter Trennung keine Anwendung finden (ebenso Staud/*Voppel* Rz 14; aA Soergel/*Lange* Rz 2; MüKo/*Wacke* Rz 8).

3 **II. Sachlich.** Die Haftungsbeschränkung bezieht sich nur auf die Erfüllung der sich aus dem ehelichen Verhältnis ergebenden Verpflichtungen, zu denen die typischen ehelichen Pflichten in Bezug auf den Unterhalt, den ehelichen Beistand (§ 1353 I 2) ggf einschl einer daraus ableitbaren Pflicht zur Mitarbeit, die Haushaltsführung (§ 1356) und Geschäfte zur Bedarfsdeckung (§ 1357) sowie die Vermögensverwaltung iRd Gütergemeinschaft und konkurrierende deliktische Ansprüche (Staud/*Voppel* Rz 15 mwN) gehören. Sie gilt nicht bei gemeinsamer Ausübung von Freizeitsport, jedenfalls dann nicht, wenn dieser eine dem Straßenverkehr vergleichbare Gefährlichkeit aufweist (BGH FamRZ 09, 1048 bei einem Unfall beim Wasserski).

4 Die Regelung gilt nicht im Bereich rechtsgeschäftlicher Absprachen, die die Ehegatten wie Dritte treffen, zB Pacht- oder Darlehensverträge, Arbeits- und Gesellschaftsverträge (Staud/*Voppel* Rz 16; MüKo/*Wacke* Rz 15). Bei Gefälligkeitsverträgen (Auftrag) wird eine (stillschweigend vereinbarte) Haftungsbegrenzung anzunehmen sein.

5 Die Regelung gilt ferner nicht für den Bereich des Verkehrsunfallrechts (BGHZ 53, 352, 355; 61, 101, 105; 63, 51, 57). Denn der schädigende Ehegatte kann sich im heutigen Straßenverkehr nicht darauf berufen, sich ständig verkehrswidrig zu verhalten. Auf diese Weise wird die Möglichkeit eröffnet, dass nach Verkehrsunfällen die Haftpflichtversicherung des schädigenden Ehegatten in Anspruch genommen werden kann (ausf dazu: Erman/*K. Gamillscheg* Rz 5; MüKo/*Wacke* Rz 18). Auch ein Amtshaftungsanspruch wird dadurch nicht gefährdet, weil das Verweisungsprivileg des § 839 I 2 nicht mehr für durch Amtsträger verursachte Verkehrsunfälle gilt (BGHZ 68, 217).

6 Der schädigende Ehegatte wird durch diese Rspr nicht unangemessen benachteiligt, weil ein Rückgriff des Versicherers gegen ihn gem § 86 III VVG ausscheidet, der auf andere Fälle der Legalzession (§§ 116 SGB X, 87a BBG, 6 EntgeltfortzG) entspr anwendbar ist (MüKo/*Wacke* Rz 22; Staud/*Voppel* Rz 26). Sofern kein Versicherungsschutz besteht, ist der schädigende Ehegatte durch die Stillhaltepflicht des Geschädigten geschützt (BGH FamRZ 88, 476).

7 **C. Regelungsinhalt. I. Haftungserleichterung.** Die Norm bildet keinen selbständigen Haftungsgrund, sondern modifiziert § 276 II iSe Haftungserleichterung. Eine Haftungsverschärfung tritt auch dann nicht ein, wenn der Ehegatte in eigenen Angelegenheiten üblicherweise besonders sorgfältig verfährt (MüKo/*Wacke* Rz 6). Die Grenze nach unten bildet die grobe Fahrlässigkeit (§ 277).

8 **II. Haftungsmaßstab und Haftungsvereinbarungen.** Die Norm stellt nur auf die tatsächlich angewandte Sorgfalt ab, nicht auf ein dem Ehegatten bei gehöriger Anstrengung mögliches Verhalten, wobei § 277 den notwendigen Schutz vor zu großer Nachlässigkeit bietet.

9 Die Regelung kann unter Beachtung des § 276 III durch Vereinbarungen verschärft oder noch weiter gemildert werden (Palandt/*Brudermüller* Rz 3; aA MüKo/*Wacke* Rz 14; Staud/*Voppel* Rz 11). Außerhalb des Anwendungsbereichs des § 1359 sind auch Haftungsausschlüsse bis zur Vorsatzgrenze denkbar, jedoch etwa bei gemeinsamen PKW-Fahrten und bestehendem Versicherungsschutz nicht ohne weiteres anzunehmen (Soergel/*Lange* Rz 8).

10 **D. Beweislast.** Während der Geschädigte zunächst den Nachweis der im Verkehr erforderlichen Sorgfalt zu beweisen hat, obliegt es dem Schädiger, dann nachzuweisen, dass er nicht anders gehandelt hat als üblicherweise in eigenen Angelegenheiten.

§ 1360 Verpflichtung zum Familienunterhalt.
¹Die Ehegatten sind einander verpflichtet, durch ihre Arbeit und mit ihrem Vermögen die Familie angemessen zu unterhalten. ²Ist einem Ehegatten die Haushaltsführung überlassen, so erfüllt er seine Verpflichtung, durch Arbeit zum Unterhalt der Familie beizutragen, in der Regel durch die Führung des Haushalts.

A. Grundlagen. §§ 1360, 1360a begründen einen **familienrechtlichen Unterhaltsanspruch**. Als Ausfluss des § 1353 I 2 stellt § 1360 klar, dass die Unterhaltspflicht bei bestehender Lebensgemeinschaft nicht nur eine sittliche, sondern eine **Rechtspflicht** ist, auf die sich Ehegatten auch ggü Dritten berufen können (BSG FamRZ 75, 162; Celle FamRZ 00, 1430). 1

Jeder Ehegatte hat seinen Beitrag zum Familienunterhalt entspr der in der Ehe übernommenen Funktion (etwa Haushaltsführung, Arbeitsleistung, Pflege kranker Angehöriger) zu leisten (BGH FamRZ 09, 761; vgl § 1360a Rn 2). In **Ausnahmefällen** ist Familienunterhalt in Form einer **Geldrente** zu leisten, etwa wenn ein Ehegatte pflegebedürftig wird und deshalb in einem Heim versorgt werden muss, die Eheleute aber nicht im rechtlichen Sinne getrennt leben (Ddorf NJW 02, 1353). Auch im Fall der **Konkurrenz mit anderen Unterhaltsansprüchen** ist Familienunterhalt auf die einzelnen Familienmitglieder aufzuteilen und in Geldbeträgen zu veranschlagen (BGH FamRZ 09, 762; 08, 1911; FuR 07, 318; zuvor bereits BGH FuR 03, 275 = FamRZ 03, 860). Sodann kann § 1578 als Orientierungshilfe herangezogen werden (BGH FamRZ 08, 1911; 07, 181). Bei **Tod** oder **Verletzung** eines Ehegatten kommt es darauf an, in welchem Umfang der getötete oder verletzte Ehegatte dem anderen zur Leistung von Familienunterhalt verpflichtet war. Zur Bemessung der Entschädigung (§§ 844 II 1, 845 I) des anderen Ehegatten (vgl BGH FamRZ 93, 411) bedarf es der Monetarisierung des bisher natural geleisteten Unterhalts. Soweit es zur Bezifferung des Anspruchs erforderlich ist, kann jeder Ehegatte vom anderen **Auskunft** über dessen Einkommens- und Vermögensverhältnisse nach §§ 242, 1353 verlangen (Karlsr FamRZ 90, 161). 2

Der Familienunterhalt ist konkret nach den **jeweiligen Bedürfnissen der Familie** zu bestimmen. Die Vorschriften über den Trennungsunterhalt (§ 1361) oder nachehelichen Unterhalt (§§ 1569 ff) sind grds nicht anwendbar, da diese Bestimmungen von der Unterhaltspflicht eines Ehegatten ggü dem anderen ausgehen. Beim Familienunterhalt hingegen ist jeder Ehegatte **zugleich Unterhaltsberechtigter und Unterhaltsverpflichteter** (BGH FamRZ 06, 1010; 97, 380; 95, 537). Beide Ehegatten sind gehalten, durch ihre Arbeit und durch ihr Vermögen die Familie angemessen zu unterhalten (BGH FamRZ 04, 366). 3

Jeder Ehegatte kann Leistung an sich, nicht in eine gemeinsame Kasse, verlangen. Nicht anspruchsberechtigt ist die Familie als solche; ihr fehlt die Rechtsfähigkeit (BAG FamRZ 86, 573). Kommt ein Elternteil der Verpflichtung zum Familienunterhalt nicht nach, können **Kinder** keine eigenen Ansprüche aus § 1360 herleiten (BGH NJW 97, 735). Sie müssen ihre Ansprüche nach §§ 1601 ff geltend machen. Die Gegenansicht, wonach § 1360 auch einen Anspruch der gemeinsamen Kinder begründet (*Schrade* FamRZ 57, 342; *Krüger* FamRZ 60, 180), verkennt, dass der eindeutige Wortlaut des § 1360 nur die Ehegatten als Gläubiger und Schuldner des Unterhaltsanspruchs nennt. 4

Der Familienunterhalt soll den Lebensunterhalt der Ehegatten und der Kinder bei **bestehender Lebensgemeinschaft** sichern. Maßgeblicher Endpunkt ist nicht die Scheidung (sodann §§ 1569 ff), sondern die Trennung (nach Trennung: § 1361). Das Auseinandergehen der Familie führt zu einer Abmilderung der ehelichen Solidarität und zu einer Reduktion der unterhaltsrechtlichen Verantwortung der Ehegatten füreinander. Der Trennungsunterhalt steht zwischen Familien- und Geschiedenenunterhalt. Die Verantwortung füreinander ist geringer als unter zusammenlebenden Ehegatten, aber größer als unter geschiedenen. Abgeleitet wird hieraus der **Symmetriegrundsatz oder das Prinzip abgestufter Ausgewogenheit:** getrennt lebende Ehegatten sollen sich nicht besser stehen als zusammenlebende, aber auch nicht schlechter als geschiedene. Die Ehegattenunterhaltstatbestände sind nicht nur in verschiedenen Vorschriften geregelt, sie unterscheiden sich auch hinsichtlich der Voraussetzungen und Rechtsfolgen. Es besteht **keine Identität** (BGH FamRZ 94, 148; 81, 242; Frankf NJW 70, 1882 (zur Nichtidentität von Familien- und Trennungsunterhalt). 5

§ 1360 gilt bei jedem **Güterstand**. Für die Gütergemeinschaft enthält § 1420 eine Sonderregelung hinsichtlich der Reihenfolge, in der Einkünfte zur Befriedigung des Familienunterhalts verwendet werden müssen. Die Verpflichtung zum Familienunterhalt besteht unabhängig davon, ob gemeinschaftliche Kinder vorhanden sind (Celle FamRZ 00, 1430). Eine **Verwirkung** des Familienunterhalts (§§ 1361 III, 1579 analog) ist ausgeschlossen (Ddorf FamRZ 92, 943). Die Verpflichtung zur Leistung von Familienunterhalt kann nicht abbedungen werden (*BGH FamRZ 01, 1066*). **Vereinbarungen** über Umfang sowie Art und Weise des Unterhalts sind jedoch, auch formfrei (ggf auch konkludent), zulässig. Die Ehegatten können ihre persönliche und wirtschaftliche Lebensführung frei bestimmen. Deswegen steht es ihnen auch frei, soweit sie nicht rechtsmissbräuchlich handeln, Vereinbarungen über die Kindesbetreuung und Haushaltsführung durch einen Ehegatten auch dann vorzusehen, wenn es sich um nicht gemeinschaftliche Kinder handelt (BGH FamRZ 07, 1081 m Anm *Luthin* = NJW 07, 2412; vgl iÜ Rn 11). Die **Bindungswirkung und Durchsetzbarkeit** solcher Vereinbarungen ist oftmals jedoch gering. Derartige Absprachen unterliegen in verstärktem Maß einer Anpassung an veränderte Umstände. Auch ihre Rechtsqualität, insb ob ihnen im Einzelfall überhaupt Vertragsqualität zukommt, kann zweifelhaft sein. 6

7 B. Anspruchsvoraussetzungen. I. Eheliche Lebensgemeinschaft. Familienunterhalt wird während **bestehender Lebensgemeinschaft** geschuldet. Sie beginnt (frühestens) mit **Eheschließung** (§ 1310) und endet mit **Trennung** der Ehegatten (§ 1567 I) oder dem Tod eines Ehegatten (§ 1615 I). Nehmen die Ehegatten ihre eheliche Lebensgemeinschaft nach Trennung wieder auf, tritt der Unterhaltsanspruch aus § 1360 wieder an die Stelle des Unterhaltsanspruchs bei Getrenntleben (§ 1361). Allein die räumliche Trennung schließt die eheliche Lebensgemeinschaft nicht aus, etwa bei auswärtiger Arbeit eines Ehegatten oder Strafhaft. Andererseits können Ehegatten auch getrennt in derselben Wohnung (§ 1587 I 2) leben. Entscheidend ist, ob sie an der Ehe festhalten und entspr der von ihnen selbst gesetzten Ordnung und der von ihnen vereinbarten Aufgabenverteilung leben (**intakte eheliche Lebensgemeinschaft**). Haben Ehegatten von vornherein keine Lebensgemeinschaft geplant oder eine ursprünglich geplante Lebensgemeinschaft später nicht realisiert, besteht kein Anspruch auf Familienunterhalt.

8 II. Bedürftigkeit/Leistungsfähigkeit. Der Anspruch auf Familienunterhalt dient der **Deckung des Bedarfs der gesamten Familie,** nicht nur eines Ehegatten. Die **Bedürftigkeit** eines Ehegatten ist nicht Anspruchsvoraussetzung. Die Bedürftigkeit einzelner Familienmitglieder (etwa Pflegebedürftigkeit) kann sich allerdings auf den Umfang des angemessenen Familienunterhalts auswirken (BGH FamRZ 93, 411; Ddorf NJW 02, 1353).

9 Der Anspruch auf Familienunterhalt setzt voraus, dass der in Anspruch genommene Ehegatte überhaupt in der Lage ist, durch Erwerbstätigkeit und/oder aus seinem Vermögen oder durch Haushaltsführung zum Familienunterhalt beizutragen. Der Anspruch hängt jedoch nicht von der **Leistungsfähigkeit** des Verpflichteten ab. Auf Leitlinien der Oberlandesgerichte kann nicht abgestellt werden, da sie den Unterhalt getrennt lebender oder geschiedener Eheleute betreffen und nur als Hilfsmittel benutzt werden können, wenn der Familienunterhalt aus besonderen Gründen insgesamt in Geld veranschlagt werden muss. Bei der Bemessung des Familienunterhalts sind die **Einkommens- und Vermögensverhältnisse der Eheleute** maßgeblich (BGH FamRZ 92, 291; 85, 576). Eine Verpflichtung zur Einleitung eines **Verbraucherinsolvenzverfahrens** besteht nicht (BGH NJW 08, 851). Der **Stamm des Vermögens** muss nur ausnahmsweise angegriffen werden, wenn die laufenden Einkünfte auch bei sparsamer Lebensführung nicht ausreichen. Der Einsatz des Vermögens ist jedoch nicht geboten, wenn die Verwertung unwirtschaftlich oder unter Berücksichtigung der beiderseitigen wirtschaftlichen Verhältnisse unbillig ist (Nürnbg FamRZ 08, 788; Saarbr FamRZ 08, 698 und grundl BGH FamRZ 00, 153). **Sozialleistungen,** die für Körper- oder Gesundheitsschäden gewährt werden, gehören zum Familieneinkommen, soweit der Berechtigte daraus keinen Mehrbedarf befriedigen muss. Die Vermutung des § 1610a gilt nicht beim Familienunterhalt (Ddorf NJW 02, 1353). Auch Elterngeld oder Pflegegeld müssen für den Familienunterhalt grds eingesetzt werden. Durch Schulden mindert sich das für den Familienunterhalt verfügbare Einkommen, gleichgültig ob sie vor oder während der Ehe entstanden sind (zu Einzelheiten der Einkommensermittlung vgl vor § 1577 Rn 1 ff).

10 Bei Leistungsunfähigkeit eines Ehegatten können Verwandte unter den Voraussetzungen der §§ 1601 ff, 1608 in Anspruch genommen werden. Leisten Dritte den Familienunterhalt, können sie im Wege der **Ausfall- oder Ersatzhaftung** (§ 1607) regressieren.

11 III. Leistungspflichten und Aufgabenverteilung. Jeder Ehegatte hat für den angemessenen Unterhalt der Familie seine **Arbeitskraft** (Nürnbg FamRZ 08, 788) und ggf sein **Vermögen** einzusetzen. Auf welche Weise jeder Ehegatte die ihm obliegende Unterhaltsverpflichtung zu erfüllen hat, hängt im Wesentlichen von der **Aufgabenverteilung in der Ehe** ab (BGH FamRZ 06, 1827; 95, 537; 85, 576). Der Gesetzgeber hat auf ein Leitbild bewusst verzichtet (BTDrs 7/650 100; „Leitbild der **individuellen Lebensgemeinschaft**", zu Einzelheiten vgl FAKomm-FamR/*Klein* § 1360 Rz 17 ff). Die **Rollenverteilung** können Ehegatten untereinander weitgehend **frei gestalten** (BVerfG FuR 04, 402 = FamRZ 04, 1949; BGH FuR 07, 318 = FamRZ 07, 1081). Die Dispositionsfreiheit darf jedoch nicht zu Lasten minderjähriger oder privilegiert volljähriger Kinder oder eines vorrangigen früheren Ehegatten (§§ 1582, 1609) gehen (BGH FamRZ 96, 796). Der von dem einzelnen Ehegatten für den Familienunterhalt zu leistende Anteil bestimmt sich nach den beiderseitigen Einkommens- und Vermögensverhältnissen (**Proportionalitätsgrundsatz,** BGH FamRZ 67, 380). Je nach Arbeitskraft und Vermögen des jeweiligen Ehegatten kann die Höhe des jeweiligen Beitrages zum Familienunterhalt unterschiedlich hoch sein. Erbringt ein Ehegatte die Unterhaltspflicht durch Haushaltsführung, stellt § 1316 2 die Proportionalität her. **Übersicht zu den Unterhaltsbeiträgen:**

– Vermögenserträge: sind grds zur Bestreitung des Unterhalts einzusetzen
– Vermögensverwertungsobliegenheit: anders als § 1602 beschränkt § 1360 die Eheleute nicht auf den Einsatz von Erträgen
– Erwerbstätigkeit: Der Familienunterhalt ist, sofern anderweitige Einkünfte nicht vorhanden sind, durch Einkünfte aus Erwerbstätigkeit aufzubringen.
– Haushaltsführung: § 1360 2 stellt die Haushaltsführung als Beitrag zum Familienunterhalt den Einkünften *aus Erwerbstätigkeit oder Vermögen* gleich.

Die Eheleute können jedoch vereinbaren, dass ein Ehegatte weniger zum Familienunterhalt beiträgt als er nach dem Grundsatz der verhältnismäßigen Inanspruchnahme schuldet, solange der andere Ehegatte den Unterschiedsbetrag erbringt (BGH FamRZ 04, 795).

In der **Haushaltsführungsehe** (Einverdienerehe) führt einer der Ehegatten den Haushalt und betreut ggf **12**
Kinder, während der verdienende Ehegatte durch Erwerbstätigkeit die für den Unterhalt der Familie erforderlichen Geldmittel aufbringt. Nach § 1360 II sind Haushaltsführung des einen und Erwerbstätigkeit des anderen Ehegatten gleichwertig. Der Haushalt führende Ehegatte leistet regelmäßig einen gleichwertigen und nicht ergänzungsbedürftigen Beitrag zum Familienunterhalt. Kein Ehegatte darf sich allerdings stringent auf seinen Pflichtenkreis zurückziehen. So ist auch der erwerbstätige Ehegatte nach § 1353 I 2 beistandspflichtig, etwa zur Mithilfe im Haushalt oder über § 1626 I 2 verpflichtet, sich um die Kindererziehung (mit) zu kümmern. Auch der Haushalt führende Ehegatte darf sich iRd **Gegenseitigkeitsverhältnisses** nicht immer auf seinen häuslichen Pflichtenkreis beschränken. Die Vereinbarung, dass allein ein Ehegatte den Haushalt führen soll, bedarf der Korrektur, wenn sie nicht mehr dem Willen beider entspricht oder wenn das Erwerbseinkommen des einen Ehegatten und die etwaigen Vermögenserträge im Falle einer Notlage für den Unterhalt nicht mehr ausreichen.

In der **Doppelverdienerehe** sind beide Eheleute erwerbstätig. Jeder Ehegatte ist entspr seinem Einkommen **13**
am Familienunterhalt beteiligt (1606 III 1 analog, vgl BGH FamRZ 04, 366). Der Anteil wird in der Weise berechnet, dass der finanzielle Bedarf der Familie mit dem vergleichbaren Nettoeinkommen jedes Ehegatten multipliziert und durch die Summe der vergleichbaren Nettoeinkommen beider Ehegatten geteilt wird. Des Vorwegabzugs eines Sockelbetrages in Höhe des eheangemessenen Selbstbehalts, der nach B IV der Düsseldorfer Tabelle, Stand 1.1.10, idR mit 1.000 € angesetzt wird, bedarf es nicht, da beide Eheleute während des Zusammenlebens gemeinsam wirtschaften und es auf ihre Leistungsfähigkeit grds nicht ankommt (vgl BGH FamRZ 04, 795). Mehrverdienst, der nicht anteilig für den Familienunterhalt benötigt wird, darf für persönliche Zwecke oder Vermögensbildung verwendet werden. An der Tätigkeit im Haushalt und an der Kinderbetreuung haben sich die Ehegatten entspr dem jeweiligen Zeitaufwand für die Erwerbstätigkeit bzw der jeweiligen beruflichen Belastung zu beteiligen.

In der **Zuverdienstehe** ist ein Ehegatte voll erwerbstätig, während der andere die Haushaltsführung übernommen hat, jedoch durch Nebentätigkeit einen Zuverdienst erzielt. Eine Beteiligung am Unterhalt erfolgt **14**
im Verhältnis der beiderseitigen Einkünfte (Celle FamRZ 78, 589), es sei denn, der Zuverdienst soll lediglich ein Taschengeld sichern (BGH FamRZ 99, 608). Kommt der vollschichtig erwerbstätige Ehegatte seinen Pflichten nicht nach oder reicht das Einkommen des vollverdienenden Ehegatten für eine angemessene Lebenshaltung nicht aus, muss sich der Zuverdiener mit seinem Zuverdienst anteilig am Familienunterhalt beteiligen.

Eheleute führen eine **Nichterwerbstätigenehe**, wenn keiner der beiden Ehegatten erwerbstätig ist, sondern **15**
beide Eheleute von eigenen und/oder fremden Versorgungen, von öffentlichen Leistungen und/oder von Vermögenserträgen leben. Beide Ehegatten sind sodann verpflichtet, den Haushalt gemeinsam zu führen und entspr ihren Einkünften zum Familienunterhalt beizutragen. Wichtiger als die Orientierung an diesen, teilweise tradierten, Leitbildern ist jedoch, auf die Verteilung der Aufgaben zwischen den Eheleuten in dem zu beurteilenden Zeitraum abzustellen. Es ist nicht mehr die Regel, dass sich Eheleute auf Dauer zwischen bestimmten Ehetypen entscheiden. So wird eine Erwerbstätigkeit nicht mehr nur wegen Kindererziehung unterbrochen, sondern oftmals auch aus anderen Gründen, die va durch längere Ausbildungszeiten, Gegebenheiten auf dem Arbeitsmarkt etc bedingt sind (eingehend hierzu *Scholz* FamRZ 03, 265).

IV. Sonderfragen. Der Anspruch auf Familienunterhalt ist mit dem Anspruch auf Trennungsunterhalt oder **16**
nachehelichen Unterhalt **nicht identisch** (Frankf NJW 70, 1882 zur Nichtidentität von Familien- und Trennungsunterhalt). Dies bedingt, dass für die einzelnen Zeiträume Unterhaltsansprüche jeweils neu geltend gemacht und tituliert werden müssen (Hamm FamRZ 88, 1512). Es muss jeweils eine **erneute Inverzugsetzung** erfolgen (BGH FamRZ 92, 920; 88, 370). Die **Vollstreckung** aus einem Titel wegen Familienunterhalt ist für die Zeit ab Trennung unzulässig (München FamRZ 81, 450). Entspr gilt für die Vollstreckung aus einem Trennungsunterhaltstitel nach erneutem Zusammenleben (Ddorf FamRZ 92, 943). Wird für die Zeit nach Rechtskraft der Scheidung noch wegen laufenden Unterhalts aus einem Urt über Trennungsunterhalt vollstreckt, muss hiergegen mit der **Vollstreckungsgegenklage** vorgegangen werden (BGH FamRZ 80, 1099; Hamm FamRZ 99, 725).

Eine Unterhaltsleistung an eine andere Person als den unterhaltsberechtigten Ehegatten würde eine Inhaltsänderung des Anspruchs bewirken. Der Unterhaltsanspruch des jeweiligen Ehegatten aus § 1360 1 ist nach **17**
§ 399 grds nicht abtretbar und daher nach § 851 ZPO unpfändbar (MüKo/*Wacke* § 1360 Rz 24; aA jedoch Palandt/*Brudermüller* § 1360 Rz 5).

Der Anspruch **verjährt** nach §§ 197 II, 195, 199 in drei Jahren. Die Verjährung ist nach § 207 I 1 allerdings gehemmt, solange die Ehe besteht. Unterhaltsstreitigkeiten nach §§ 1360 ff sind **Familienstreitsachen** nach § 231 I 2 FamFG. Es gelten die speziellen Vorschriften der §§ 231 bis 260 FamFG, iÜ die ZPO.

Schlüssiger Vortrag iR einer Klage auf Zahlung von Familienunterhalt erfordert **substantiierten Vortrag** zur **18**
Gestaltung der Lebensgemeinschaft der Familie, zum gesamten Familienbedarf und zu den Einkommensverhältnissen der Ehegatten. Sachvortrag lediglich zum Bedarf eines Ehegatten genügt nicht (zu Einzelheiten vgl Hamm FamRZ 89, 947; Bambg FamRZ 99, 849 und FAKomm-FamR/*Klein* § 1360 Rz 29). Bei bezifferten Ansprüchen ist die **Leistungsklage** die richtige Klageart. Die grds subsidiäre Herstellungsklage und die Fest-

§ 1360   Verpflichtung zum Familienunterhalt

stellungsklage (§ 256 ZPO) kommen in Betracht, wenn es um die nichterzwingbare konkrete Ausgestaltung der ehelichen Lebensgemeinschaft durch Unterhaltsgewährung geht, etwa um die ehegerechte Art und Weise der Erfüllung des Anspruchs auf Haushaltsführung und Kinderbetreuung.

19 Bei **Konkurrenz** des Familienunterhalts mit anderen Unterhaltsansprüchen, die in Form einer Geldrente zu entrichten sind, muss auch der Familienunterhalt in Geld veranschlagt werden (BGH FamRZ 03, 860 m Anm *Klinkhammer*, vgl iÜ Rn 2). Lebt der Unterhaltpflichtige mit seinen unterhaltsberechtigten Kindern und seinem Ehegatten in einem gemeinsamen Haushalt bedarf es einer Berechnung der einzelnen Unterhaltsansprüche nicht. Die Familie muss mit den vorhandenen Geldmitteln auskommen. **Konkurriert der Familienunterhaltsanspruch mit dem Unterhalt minderjähriger oder privilegiert volljähriger Kinder** ist zu berücksichtigen, dass der Anspruch eines Ehegatten auch durch Unterhaltsansprüche nachrangig Berechtigter, etwa der Eltern (BGH FamRZ 03, 860), aber auch volljähriger Kinder (BGH FamRZ 91, 1163) des Unterhaltsschuldners, eingeschränkt sein kann. Korrespondierend hiermit wird man den Unterhalt der vorrangigen minderjährigen und privilegiert volljährigen Kinder (§ 1609 Nr 1, zur alten Rechtslage vgl bereits BGH FamRZ 07, 1081) ggü dem nachrangigen Anspruch eines Ehegatten auf Familienunterhalt nicht ohne weiteres einer höheren Gruppe der Düsseldorfer Tabelle entnehmen können. Dies könnte dazu führen, dass der Ehegatte den ihm zustehenden Unterhalt ganz oder teilw nicht erhalten kann, weil dann der eheangemessene Selbstbehalt des Schuldners von mindestens 1.000 € nach B IV DT Stand 1.1.10 nicht mehr gewahrt wäre. In einer derartigen Konstellation wird man den Kindesunterhalt einer niedrigeren Einkommensgruppe zu entnehmen haben, deren Bedarfskontrollbetrag unter Berücksichtigung von Kindesunterhalt und Ehegattenunterhalt (noch) gewahrt ist. Ggf ist in die erste Einkommensgruppe herabzugruppieren (vgl auch BGH FamRZ 08, 968 sowie eingehend *Wendl/Scholz* § 3 Rz 66; vgl jedoch auch *Borth* FamRZ 06, 813 und *Schwab* FamRZ 05, 1417: „Verwässerung" der Rangregelungen). Schuldet ein erwerbstätiger Unterhaltsschuldner seinem jetzigen Ehegatten Familienunterhalt, einem früheren Ehegatten nachehelichen Unterhalt, ist zu berücksichtigen, dass durch das Zusammenleben eine Ersparnis eintritt. Die Hammer Leitlinien (Ziff 24.2) tragen dem dadurch Rechnung, dass der Verteilungsschlüssel auf 4:3,3:2,7 verändert wird. Das bedeutet, dass die Unterhaltsquote des geschiedenen Ehegatten um 10% von $^{30}/_{100}$ auf $^{33}/_{100}$ erhöht und die Quote des mit dem Schuldner zusammenlebenden Ehegatten um 10% auf $^{27}/_{100}$ des anrechenbaren Einkommens gekürzt wird (weitergehend *Wendl/Scholz* § 3 Rz 70, der darin keine ausreichende Berücksichtigung der durch das Zusammenleben eintretenden Ersparnis sieht). Ist der Schuldner nicht erwerbstätig und schuldet seinem jetzigen Ehegatten Familienunterhalt und einem geschiedenen Ehegatten nachehelichen Unterhalt, ist grds von einem gleichen Anteil, nämlich 33,33% für jeden, auszugehen. Die Hammer Leitlinien (Ziff 24.2) schlagen sodann eine Verteilung im Verhältnis von 3,6:3,6:2,8 vor. ZT wird eine Erhöhung des Bedarfs des früheren Ehegatten um $^{1}/_{7}$ des anrechenbaren Einkommens des Schuldners und eine Kürzung des Bedarfs des zusammenlebenden Ehegatten um $^{1}/_{7}$ vorgeschlagen (*Wendl/Scholz* § 3 Rz 71). Sind Schuldner und beide Ehegatten erwerbstätig, bietet es sich an, die Erwerbseinkünfte aller Beteiligten um den Bonus von $^{1}/_{7}$ oder $^{1}/_{10}$ zu kürzen und $^{9}/_{10}$ des jeweiligen Einkommens aller Beteiligten zu addieren und durch die Anzahl der Beteiligten zu teilen. Der auf jeden Berechtigten entfallende Anteil, bei zwei berechtigten Ehegatten mithin $^{1}/_{3}$, ist um $^{9}/_{10}$ des jeweiligen eigenen Erwerbseinkommens zu kürzen. Bei sonstigen Einkünften unterbleibt der Abzug des Erwerbstätigenbonus. Bei Zusammenleben des Schuldners mit seinem zweiten Ehegatten ist die Ersparnis der gemeinsamen Haushaltsführung wieder zu berücksichtigen, etwa durch eine Erhöhung des Bedarfs des geschiedenen Ehegatten um $^{1}/_{7}$ und eine Kürzung des Bedarfs des zweiten Ehegatten gleichfalls um $^{1}/_{7}$. Der **Familienunterhalt** kann nach § 1609 Nr 2, 3 **Vorrang vor dem Unterhalt des geschiedenen Ehegatten** haben, wenn der jetzige Ehegatte ein Kind betreut und im Fall der Scheidung Anspruch auf Unterhalt nach § 1570 hätte und wenn die erste Ehe nicht von langer Dauer war. Hier sind die Lebensverhältnisse der jetzigen Ehe durch das Vorhandensein des unterhaltsberechtigten ersten Ehegatten geprägt (*Gutdeutsch* FamRZ 08, 661). Dem Schuldner muss sein eheangemessener Selbstbehalt von 1.000 € nach B IV der Düsseldorfer Tabelle Stand 1.1.10 und der angemessene Unterhalt für seinen Ehegatten verbleiben. Dieser angemessene Bedarf des Ehegatten ist wegen der Ersparnis durch gemeinsame Haushaltsführung mit 80% von 1.000 €, somit 800 €, anzusetzen (vgl Düsseldorfer Tabelle B VI; für Quote von 75%, mithin 750 €, *Wendl/Scholz* § 3 Rz 77). Begehrt ein (nicht privilegiertes) volljähriges Kind aus einer früheren Ehe des Verpflichteten Unterhalt, muss dem Schuldner der angemessene Eigenbedarf (1.100 € Stand Düsseldorfer Tabelle 1.1.10) verbleiben. Der anteilige Familienunterhalt des jetzigen Ehegatten des Schuldners ist grds unter Vorwegabzug des Unterhalts des volljährigen Kindes zu berechnen, da die Unterhaltspflicht ggü diesem Kind die ehelichen Lebensverhältnisse prägt (BGH FamRZ 03, 860 m Anm *Klinkhammer*). Jedoch muss der Vorrang des jetzigen Ehegatten gewahrt bleiben. Es dürfte sich empfehlen, den angemessenen Bedarf des Ehegatten von dem sich aus der Düsseldorfer Tabelle (Anm A 5 II) ergebenen angemessenen Eigenbedarf des Schuldners ggü dem nicht privilegiert volljährigen Kind von 1.100 € abzuleiten und wegen der Ersparnis infolge gemeinsamer Haushaltsführung angemessen, etwa auf 75% oder 800 € entspr Ziff 22.2 der Leitlinien der OLGe, zu kürzen. Danach hat das volljährige Kind mithin keinen Unterhaltsanspruch mehr, wenn der Verpflichtete für sich und seine jetzige Ehefrau nicht mehr als 1.925 € (1.100 € + 825 (75% von 1.100 €) oder 1.900 € (1.100 € + 800 €) verfügbar hat. Macht die Mutter eines nicht ehelichen Kindes Unterhalt geltend, haftet der Kindesvater dem Kind bis zum notwendigen Selbstbehalt. Ggü der Mutter verbleibt dem Vater der angemessene Selbstbehalt von 1.000 €. Der Unterhaltsanspruch des Kindes geht dem Anspruch der nicht ehelichen Mutter im Rang vor (§ 1609 Nr 1, 2). Diese steht als Berechtigte im zweiten Rang der jetzigen Ehefrau gleich, wenn diese ihrerseits im Fall der Scheidung Anspruch auf Betreuungsunterhalt hätte oder wenn die Ehe von langer Dauer ist. Sind diese Voraussetzungen nicht gegeben, geht die nicht eheliche Mutter der jetzigen Ehefrau im Rang vor. Die **Unterhaltslast für ein nicht eheliches Kind** prägt die ehelichen Verhältnisse und ist daher bei der Berechnung des Anteils der Ehefrau am Familienunterhalt vorweg abzuziehen. **Konkurriert der Unterhaltsanspruch eines Elternteils mit dem Familienunterhalt**, den das unterhaltspflichtige Kind seinem Ehegatten und ggf seinen eigenen Kindern zu gewähren hat, gehen die Ansprüche der Mitglieder der jetzigen Familie, also der minderjährigen und volljährigen Kinder und des Ehegatten, dem Elternunterhalt im Rang vor (§ 1609 Nr 1-4). Der angemessene Selbstbehalt, der dem Pflichtigen ggü seinen Eltern zu verbleiben hat, beträgt 1.400 € (vgl. Ziff 21.3.2. der Leitlinien) und erhöht sich regelmäßig um 50% des den Selbstbehalt übersteigenden Einkommens (BGH FamRZ 02, 1698 m Anm *Klinkhammer*). Jedoch ist zu berücksichtigen, dass die ehelichen Lebensverhältnisse auch durch, ggf nur **latente, Unterhaltslasten** ggü den Eltern geprägt sein können (eingehend BGH FamRZ 03, 860 m Anm *Klinkhammer*). Der Anspruch des seinerseits unterhaltsberechtigten Ehegatten des Schuldners auf Beteiligung am Familienunterhalt ist unter Berücksichtigung einer pauschalen Ersparnis, etwa von $1/_7$, der Einkünfte beider Ehegatten zu berechnen, das Familieneinkommen um diese Ersparnis zu kürzen, der Restbetrag hälftig auf die Ehegatten unter Berücksichtigung ihres jeweiligen Einkommens aufzuteilen (Ddorf FamRZ 08, 438), der sich danach ergebene Anspruch des Ehegatten auf Familienunterhalt vom Einkommen des unterhaltspflichtigen Kindes abzuziehen. Der Rest der Einkünfte steht für den Elternunterhalt zur Verfügung, wobei der angemessene Selbstbehalt von 1.400 € zzgl 50% der Differenz zum so errechneten Einkommen gewahrt bleiben muss (eingehend hierzu, zugleich mit Berechnungsbeispielen *Wendl/Scholz* § 3 Rz 83 ff und *Klinkhammer* in: Eschenbruch/Klinkhammer Rz 2083).

§ 1360a Umfang der Unterhaltspflicht.
(1) Der angemessene Unterhalt der Familie umfasst alles, was nach den Verhältnissen der Ehegatten erforderlich ist, um die Kosten des Haushalts zu bestreiten und die persönlichen Bedürfnisse der Ehegatten und den Lebensbedarf der gemeinsamen unterhaltsberechtigten Kinder zu befriedigen.
(2) ¹Der Unterhalt ist in der Weise zu leisten, die durch die eheliche Lebensgemeinschaft geboten ist. ²Die Ehegatten sind einander verpflichtet, die zum gemeinsamen Unterhalt der Familie erforderlichen Mittel für einen angemessenen Zeitraum im Voraus zur Verfügung zu stellen.
(3) Die für die Unterhaltspflicht der Verwandten geltenden Vorschriften der §§ 1613 bis 1615 sind entsprechend anzuwenden.
(4) ¹Ist ein Ehegatte nicht in der Lage, die Kosten eines Rechtsstreits zu tragen, der eine persönliche Angelegenheit betrifft, so ist der andere Ehegatte verpflichtet, ihm diese Kosten vorzuschießen, soweit dies der Billigkeit entspricht. ²Das Gleiche gilt für die Kosten der Verteidigung in einem Strafverfahren, das gegen einen Ehegatten gerichtet ist.

A. Grundlagen. Die Norm bestimmt den Umfang der Verpflichtung zum Familienunterhalt. § 1360a I definiert als Maß des Unterhalts den gesamten Lebensbedarf der Familie. § 1360a II 1 regelt die Art der Unterhaltsleistung. § 1360a II 2 bestimmt die jeweiligen Leistungspflichten. Die Verweisungsnorm des § 1360a III erklärt die für die Unterhaltspflichten von Verwandten geltenden §§ 1613–1615 für entspr anwendbar. § 1360a IV normiert den Anspruch auf Prozesskostenvorschuss. 1

B. Maß des Familienunterhalts. Jeder Ehegatte hat seinen Beitrag zum Familienunterhalt entspr seiner nach dem individuellen Ehebild übernommenen Funktion zu leisten. Der Anspruch umfasst den **gesamten Lebensbedarf** der Familie, nicht nur der Ehegatten, sondern auch der gemeinsamen Kinder und der ihnen gleichstehenden Personen (§§ 1719, 1757), soweit sie unterhaltsberechtigt sind. Hierzu zählen nach § 1360a I vornehmlich die Bestreitung der Kosten des Haushalts sowie die Befriedigung persönlicher Bedürfnisse der Ehegatten und der anspruchsberechtigten Kinder (BGH FamRZ 98, 608; 85, 353). Erfasst werden nicht nur laufende periodische Ausgaben, sondern auch einmalige Kosten, etwa für die Anschaffung von Hausrat (BGH FamRZ 83, 351). Das Maß des Familienunterhalts bestimmt sich nach den familiären Verhältnissen. § 1578 kann als Orientierungshilfe herangezogen werden (BGH FuR 07, 318; FamRZ 06, 26; 04, 420; 04, 24; 03, 860; 03, 363 m Anm *Scholz*; Kobl NJW-RR 08, 1097). Es ist ein **objektiver Maßstab** anzulegen. Eine zu üppige Lebenshaltung bleibt ebenso außer Betracht wie eine zu dürftige Lebensgestaltung (BGH FamRZ 07, 1532). Maßgebend sind neben dem Einkommen die **berufliche und soziale Stellung** des Unterhaltsberechtigten und dessen **Herkunft, Ausbildung und Bildung** (BGH FamRZ 04, 370; 795: „sozialer Rahmen"). Eine zu üppige Lebenshaltung bleibt ebenso außer Betracht wie eine zu dürftige (BGH FamRZ 82, 151). Da regelmäßig die Einkünfte beider Ehegatten die Unterhaltspflicht auch begrenzen, kann der Anspruch nach §§ 1360, 1360a unter angemessene oder notwendige Selbstbehaltsätze sinken (BGH NJW 95, 537). 2

Übersicht zu den üblichen finanziellen Aufwendungen iRd **Haushaltsführung** (vgl BGH FamRZ 92, 291) und zu den zu deckenden **persönlichen Bedürfnissen**: 3

- Aufwendungen für das Wohnen (Miete, Mietnebenkosten, Zahlung der Annuitäten für das Familienheim). Der Erwerb eines Eigenheims hingegen ist Vermögensbildung und wird unterhaltsrechtlich auch bei hohen Einkünften nicht geschuldet (BGH FamRZ 04, 795)
- Kosten des Haushalts, etwa Aufwendungen für Verpflegung, Kleidung, Reinigung, Körper- und Gesundheitspflege
- Aufwendungen für Erholung, Urlaub, Freizeitgestaltung und gesellschaftliche Verpflichtungen (Ddorf FamRZ 67, 43)
- Beiträge für Verbände, Organisationen, Aufwand für geistige, künstlerische (BGH FamRZ 95, 537), politische Aktivitäten
- Aufwendungen für Krankheits- und Altersvorsorge (BGH FamRZ 05, 1817; 04, 792; 04, 366)
- Beiträge für sonstige Versicherungen (Haftpflicht-, Hausrat-, Rechtsschutzversicherung)
- Anschaffung und Betrieb eines Kraftfahrzeugs (BGH FamRZ 92, 291; Stuttg FamRZ 94, 444), etwa Steuer, Versicherung, Benzin, Reparaturen etc bzw Kosten für öffentliche Verkehrsmittel.
- Krankheitskosten, die nicht anderweitig gedeckt sind, etwa iR einer Krankenversicherung (BGH NJW 85, 1394; Braunschw FamRZ 96, 288; Hamm FamRZ 87, 1142). Auch die Kosten einer medizinisch-indizierten Kur oder Aufwendungen für eine besondere Ernährung durch Diät- oder Schonkost (Karlsr FamRZ 98, 1435) können zum Unterhaltsbedarf zählen, soweit nicht ein vorrangiger Anspruch gegen die Versicherungsgesellschaft besteht (Ddorf FamRZ 94, 396).
- Kosten für die Pflege eines kranken oder behinderten Familienmitglieds, soweit diese Kosten nicht anderweitig sichergestellt sind (BGH FamRZ 93, 411; Ddorf NJW 02, 1353)
- Aufwendungen für persönliche Bedürfnisse (Sport, Hobbys etc, vgl BGH FamRZ 84, 169; 83, 351)
- Die Ausbildung eines Ehegatten, wenn dies dem gemeinsamen Lebensplan oder aus anderen Gründen bei objektiver Betrachtung dem Gebot vernünftiger Lebensgestaltung entspricht (Arg: Wenn die Verantwortung der Ehegatten füreinander und ihre weiterwirkende Solidarität auch nach der Trennung oder gar der Scheidung einen derartigen Ausbildungsanspruch rechtfertigt, muss dies erst recht während intakter Ehe gelten). Ein einseitig ohne triftigen Grund gefasster Entschluss, eine weitere Ausbildung zu absolvieren, kann dagegen keine Finanzierungspflicht des Ehegatten auslösen (BGH FamRZ 85, 353; 81, 439).
- Auch der Lebensbedarf gemeinsamer unterhaltsberechtigter Kinder ist sicherzustellen. Da § 1360a I nicht von ehelichen Kindern spricht, sind auch voreheliche Kinder erfasst, sofern sie gemeinsame Kinder beider Eheleute sind. Die Eigenschaft als gemeinsames Kind entfällt mit rechtskräftiger Feststellung des Nichtbestehens der Vaterschaft nach §§ 1599, 1600d IV. Ein adoptiertes Kind ist ein gemeinsames Kind, §§ 1741 II 2, 1754 I. Auch der Bedarf eines Pflegekindes ist von den Ehegatten sicherzustellen (BGH FamRZ 99, 367). Für Stiefkinder schuldet weder der Ehegatte, der nicht Elternteil ist, noch der leibliche Elternteil einen Beitrag zum Familienunterhalt. Der leibliche Elternteil schuldet seinem Kind Unterhalt nach §§ 1601 ff, der Stiefelternteil schuldet keinen Unterhalt. Die Ehegatten können allerdings die Unterhaltspflicht aus §§ 1360 I, 1360a vertraglich auf Stiefkinder erstrecken (*Muscheler* FamRZ 04, 913). Zurückhaltung ist allerdings bei der Annahme eines konkludent geschlossenen Unterhaltsvertrages geboten. Allein die Aufnahme des Stiefkindes in die eheliche Wohnung reicht nicht (BGH FamRZ 69, 599; Nürnbg FamRZ 65, 217).
- Der Ehemann, der einer heterologen Insemination bei seiner Ehefrau zugestimmt hat, kann auf vertraglicher Grundlage dem daraus hervorgegangenen Kind zum Unterhalt verpflichtet sein, selbst wenn er später dessen Ehelichkeit angefochten hat (BGH FamRZ 95, 861).
- Der Lebensbedarf der Kinder umfasst Aufwendungen für Kleidung, Gesundheitsfürsorge, ihr seelisches Wohlergehen und die Kosten ihrer Erziehung (Spielzeug, Bücher, Musikinstrumente, Sportgeräte, Kosten für Klassenfahrten, Schüleraustausch (Köln FamRZ 99, 531), Kindergarten (Celle FamRZ 03, 323; Stuttg FamRZ 99, 884; zweifelhaft aber für Kosten eines Kinderhorts, vgl Karlsr NJW-RR 99, 4).
- Familienunterhalt erfasst nicht Aufwendungen zur Vermögensbildung. Familienunterhalt wird grds nicht zur Regulierung von Schulden eines Ehegatten oder von Kindern geschuldet. Jedoch kann auch die Erbringung von Zins- und Tilgungsleistungen zum Familienunterhalt zählen, etwa wenn es um die Finanzierung eines Familienheims oder größere für die Familie erforderliche Anschaffungen, etwa eines Kraftfahrzeugs, geht. Steuerschulden zählen grds nicht zum Familienunterhalt (BGH FamRZ 79, 115), mindern jedoch das verfügbare Einkommen (BGH FamRZ 02, 1025). Unterhaltsansprüche sonstiger Verwandter gehören nicht zum Lebensbedarf eines Ehegatten. Jedoch mindern vorrangige Unterhaltsansprüche das für den Familienunterhalt zur Verfügung stehende Einkommen. Unterhalt soll den Bedürftigen nicht von einer Schuldenlast befreien, sondern ihm ein Leben trotz Schulden ermöglichen (BGH FamRZ 90, 280).

4 **C. Art der Unterhaltsgewährung. I. Grundsatz.** Der Unterhaltsanspruch ist regelmäßig nicht in Gestalt einer Geldzahlung, sondern als **Naturalunterhalt** geschuldet (BGH FamRZ 04, 24; 186). Aufgrund **vereinbarter Pflichtenteilung** kann der Unterhalt durch Haushaltsführung, Betreuung gemeinsamer Kinder etc geleistet werden. Er ist als gegenseitiger Anspruch der Ehegatten darauf gerichtet, dass jeder von ihnen seinen Beitrag zum Familienunterhalt entspr seiner nach dem individuellen Ehebild übernommenen Funktion leistet (BGH FamRZ 95, 537). Im Fall der Konkurrenz mit anderen Unterhaltsansprüchen ist der Anspruch auf

Familienunterhalt auf die einzelnen Familienmitglieder aufzuteilen und in Geldbeträgen zu veranschlagen (BGH FamRZ 06, 26; 03, 860).

II. Wirtschaftsgeld. Nach § 1360a II 2 hat ein Ehegatte Anspruch auf Überlassung des Wirtschaftsgeldes, das er für die ihm nach § 1356 I 2 obliegende **eigenverantwortliche Haushaltsführung** benötigt. Er muss das Wirtschaftsgeld für den Familienunterhalt verwenden. Ersparnisse aus dem Wirtschaftsgeld darf er für sich nur verwenden, wenn der andere Ehegatte hiermit einverstanden ist und damit der Unterhalt nicht beeinträchtigt wird (Hamm FamRZ 88, 947; Frankf NJW 70, 1882). Erhält er neben dem Wirtschaftsgeld kein Taschengeld (vgl hierzu Rn 7), kann er Beträge, die als Taschengeld angemessen wären, jedoch für sich behalten. Das Wirtschaftsgeld wird nur **treuhänderisch** überlassen (BGH FamRZ 86, 668). Der Anspruch auf Wirtschaftsgeld ist nach § 399 nicht abtretbar. Er ist wegen §§ 1274 II, 851 ZPO auch **nicht pfändbar**. Eine Verpflichtung des haushaltsführenden Ehegatten, Rechenschaft abzulegen (§ 666), besteht nicht (BGH FamRZ 01, 23). Jedoch besteht eine familienrechtliche Obliegenheit, dem anderen Ehegatten Einblick in die Ausgabengestaltung zu geben und wichtige Angelegenheiten zu besprechen. **Nach Trennung der Ehegatten** erlischt der Anspruch auf Wirtschaftsgeld. Es kann weder für die Zeit nach der Trennung noch für den davor liegenden Zeitraum verlangt werden, da es nicht mehr für den Bedarf der Familie treuhänderisch verwendet werden kann (Hamm FamRZ 88, 947; Köln FamRZ 84, 1089). Ausnahmsweise kann für die Zeit vor der Trennung ein Anspruch bestehen, wenn der haushaltsführende Ehegatte zur Deckung des Familienunterhalts einen Kredit aufgenommen oder eigene Ersparnisse verwendet hat. Dann kann ein familienrechtlicher Ausgleichsanspruch in Betracht kommen, der oftmals jedoch an den fehlenden Voraussetzungen des § 1360b scheitern wird.

Die **Höhe des Wirtschaftsgeldes** bestimmt sich nach den zur Deckung des Lebensbedarfs der Familie ohne Taschengeld erforderlichen Geldmitteln unter Berücksichtigung des Einkommens und Vermögens beider Ehegatten. Maßgebend sind ferner die Absprachen der Parteien. Bei Streit über die Höhe des Wirtschaftsgeldes ist zu klären, welche Ausgaben hiervon zu bestreiten sind und welche Kosten vom erwerbstätigen Ehegatten unmittelbar getragen werden. Aufwendungen für einmalige größere Anschaffungen (Kraftfahrzeug oä) sowie Sonderbedarf sind im Wirtschaftsgeld, das nur den laufenden Bedarf decken soll, nicht enthalten. Für derartige Anschaffungen muss der erwerbstätige Ehegatte iR seiner Leistungsfähigkeit zusätzlich aufkommen bzw, sofern beide Ehegatten Einkünfte erzielen, anteilig. Bei beiderseitiger Erwerbstätigkeit sind beide Ehegatten zur Haushaltsführung und zu finanziellen Beiträgen verpflichtet und berechtigt. Deshalb gibt es für sie nur einen anteiligen Anspruch auf Wirtschaftsgeld (München FamRZ 99, 251; Celle FamRZ 99, 162).

III. Taschengeld. Jeder Ehegatte hat einen Anspruch auf einen angemessenen Teil des Gesamteinkommens als Taschengeld. Dieses soll die **Befriedigung persönlicher Bedürfnisse** nach eigenem Gutdünken des Ehegatten und freier Wahl unabhängig von einer Mitsprache des anderen Ehegatten ermöglichen (BGH FuR 05, 76; FamRZ 04, 2450; 366; 98, 608; *Haumer* FamRZ 96, 193; *Braun* NJW 00, 97). Taschengeld kann auch zur Schuldentilgung verwendet werden (BGH FuR 05, 76 = FamRZ 04, 1784; Köln FamRZ 01, 437; KG NJW 00, 149). Auch der verdienende Ehegatte hat einen Anspruch auf Taschengeld. Dieser Anspruch wird idR dadurch erfüllt, dass er den entspr Betrag von seinem Verdienst zur Verwendung für persönliche Zwecke einbehält (BGH FamRZ 98, 608). Der weniger verdienende Ehegatte kann das Taschengeld von seinem Verdienst einbehalten und hat einen Anspruch gegen den anderen Ehegatten, wenn sein Eigenverdienst zur Befriedigung nicht ausreicht (BGH FamRZ 98, 608 = FuR 98, 172). Taschengeld kann auch für Unterhaltszwecke – etwa iRd Elternunterhalts – herangezogen werden (BGH FamRZ 04, 366; Köln FamRZ 01, 437). Auch iRd Prozesskostenhilfe ist Taschengeld zu berücksichtigen (Karlsr FuR 05, 1182; Kobl FamRZ 05, 466; Zweibr FamRZ 01, 1470; Kobl MDR 96, 287). Obwohl § 1360a III nicht auf § 1605 verweist, ist ein **Auskunftsanspruch** über die Einkommens- und Vermögensverhältnisse des erwerbstätigen Ehegatten zu bejahen um den Taschengeldanspruch beziffern zu können (BGH FamRZ 04, 366).

Die **Höhe des Taschengeldes** richtet sich nach den Einkünften und Vermögensverhältnissen, dem Lebensstil und der Zukunftsplanung der Ehegatten und ist oftmals pauschalierend mit 5% bis 7% des bereinigten Einkommens anzusetzen (BGH FuR 07, 19 legt einen Mittelwert von **6%** zugrunde; vgl auch BGH FamRZ 04, 1784; 366; FuR 98, 172 = FamRZ 98, 608; Ddorf NJW 02, 1353; Köln FamRZ 01, 437; Nürnbg FamRZ 99, 505; Hamm FamRZ 90, 547). Berechnungsbasis ist das um Steuern, Sozialabgaben und sonstige Aufwendungen verminderte, verteilungsfähige Einkommen. Ein Anspruch auf Taschengeld besteht nicht, wenn das Einkommen nur zur Deckung des notwendigen Familienunterhalts ausreicht (BGH FamRZ 04, 1784; 98, 608). Der Anspruch auf Taschengeld besteht auch dann nicht, wenn der Unterhaltsberechtigte Gefahr läuft, das Taschengeld in einer sich selbst gefährdenden Weise auszugeben, etwa bei Alkoholkrankheit (Hambg FamRZ 98, 182), Drogen- oder Spielsucht des Berechtigten. Nach Trennung kann Taschengeld für einen vor der Trennung liegenden Zeitraum noch zugesprochen werden (Hamm FamRZ 88, 947), sofern sich der andere Ehegatte in Verzug befindet (§§ 1360a III, 1613 I).

Der Taschengeldanspruch ist nach hM gem § 850b II ZPO **bedingt pfändbar** (BGH FuR 05, 76; FamRZ 04, 1784; 1279; vgl auch *Büttner* FamRZ 94, 1433; für Unpfändbarkeit jedoch *Braun* AcP 95, 311; krit auch Palandt/*Brudermüller* § 1360a Rz 4; vgl weiter zur Pfändbarkeit von Unterhaltsansprüchen trotz § 850b ZPO

Foerste NJW 06, 2945). Dem **Billigkeitserfordernis** des § 850b II ZPO ist va dadurch Rechnung zu tragen, dass die Pfändung des Taschengeldanspruchs nur anteilig und zeitlich begrenzt zugelassen wird (so bereits Stuttg FamRZ 97, 1494). Der BGH (FamRZ 04, 1784) verlangt eine „umfassende und nachvollziehbare" Würdigung aller in Betracht kommenden Umstände des Einzelfalls. Entscheidend ist, wie viel Taschengeld dem Schuldner verbleibt und wie lange die Pfändung dauert. Je geringer der gepfändete Anteil des Taschengeldanspruchs ist, desto eher ist auch Billigkeit iSv § 850b II ZPO zu bejahen. Eine Pfändung ist regelmäßig iÜ nur möglich, wenn sie voraussichtlich in einem überschaubaren Zeitrahmen, etwa 4–5 Jahre, zur Tilgung führt: Eine Pfändung über Jahrzehnte ist zu weitgehend (Nürnbg FamRZ 99, 505; gegen eine derartige (zeitliche) Obergrenze jedoch Stuttg FamRZ 97, 1497; zu weiteren Einzelheiten vgl *Balthasar* FamRZ 05, 85). Eine Pfändung des Taschengeldes scheidet aus, wenn die gesamte, in einen Zahlungsanspruch umgerechnete Unterhaltsforderung des Ehegatten der Pfändung nicht unterläge (LG Koblenz FamRZ 05, 468). Bei **Abgabe der eidesstattlichen Versicherung** muss der Schuldner nähere Angaben zum Taschengeld und zum Nettoeinkommen des Ehepartners machen (BGH FuR 05, 81; FamRZ 04, 1279; KG NJW 00, 149). **Einwendungen** gegen die Zulässigkeit der Pfändung können nur mit vollstreckungsrechtlichen Rechtsbehelfen geltend gemacht werden (Bambg FamRZ 88, 948). Der Gläubiger ist **darlegungs- und beweispflichtig**, dass überhaupt ein Taschengeldanspruch besteht, darüber hinaus für alle Umstände, welche die Billigkeit der Pfändung begründen (BGH FuR 05, 76 = FamRZ 04, 1784; München JurBüro 99, 605).

10 IV. Verweisungen. IRd Familienunterhalts sind die für die Unterhaltspflicht der Verwandten geltenden Vorschriften der §§ 1613–1615 entspr anwendbar (§ 1360a III). Auch beim Familienunterhalt tritt **Verzug** für die Vergangenheit nur ein ab Mahnung oder Rechtshängigkeit oder Aufforderung zur Auskunftserteilung. **Sonderbedarf** hingegen kann innerhalb eines Jahres nach seinem Entstehen verlangt werden. Nach § 1614 I kann auf Familienunterhalt für die Zukunft nicht verzichtet werden. Zulässig sind hingegen **Vereinbarungen** über Art und Weise sowie die Höhe des Familienunterhalts. Nach § 1615 I erlischt der Anspruch auf Familienunterhalt mit dem **Tod** eines Ehegatten. Der Verpflichtete muss für die Beerdigungskosten aufkommen, wenn sie nicht vom Erben getragen werden (§ 1615 II).
Bei **Vorauszahlungen** handelt der Schuldner auf eigene Gefahr, wenn er für eine längere Zeit als drei Monate im Voraus Unterhalt zahlt (§§ 1614 II, 760 II). Leistet er für einen längeren Zeitraum voraus und benötigt der berechtigte Ehegatte nach Ablauf von drei Monaten erneut Mittel für den Unterhalt der Familie, etwa weil Vorauszahlungen nicht richtig eingeteilt wurden, muss der Verpflichtete erneut leisten (BGH FamRZ 93, 1186). § 1360a III verweist zwar nicht auf § 1605, gleichwohl wird ein **Auskunftsanspruch** de lege ferenda bejaht (Palandt/*Brudermüller* § 1360a Rz 6; *Kleffmann* in: Scholz/Stein, Teil G Rz 179).

11 V. Prozesskostenvorschuss. Der Anspruch auf Familienunterhalt umfasst auch den Anspruch auf Prozesskostenvorschuss. Ist ein Ehegatte nicht in der Lage, die Kosten eines Rechtsstreits zu tragen, der eine persönliche Angelegenheit betrifft, so ist der andere verpflichtet, ihm diese Kosten vorzuschießen, soweit dies der Billigkeit entspricht (§ 1360a IV 1). Das Gleiche gilt für die Kosten der Verteidigung in einem Strafverfahren, das gegen einen Ehegatten gerichtet ist (§ 1360a IV 2).

12 1. Grundlagen. Die Pflicht, dem anderen Ehegatten Prozesskostenvorschuss zu leisten, ist als **Ausdruck familiärer Solidarität** Ausfluss der Unterhaltspflicht (BGH FamRZ 90, 491; 86, 40). Eine Prozesskostenvorschusspflicht (zu Einzelheiten vgl *Büte* FuR 06, 9; *Klein* 96, 69, 147; *Bißmaier* FamRZ 02, 863; *Huber* FamRZ 02, 1541; *Caspary* NJW 05, 2577) besteht zwischen nicht getrennt lebenden Ehegatten (§ 1360a IV). Eine Prozesskostenvorschussverpflichtung besteht auch zwischen getrennt lebenden Ehegatten, da § 1361 IV 3 auf § 1360a IV verweist. Das Gleiche gilt für **getrennt lebende Lebenspartner** (§ 12 II 2 LPartG, § 1364 IV 3, 1360a IV). **Geschiedene Ehegatten** sind – ebenso wie Lebenspartner nach Aufhebung ihrer Partnerschaft – nicht verpflichtet, Prozesskosten vorzuschießen. § 1360a IV ist insoweit nicht, auch nicht analog, anwendbar (BGHZ FamRZ 90, 280; 84, 148; Schlesw FamRZ 08, 614; Zweibr FamRZ 00, 757). Soweit jedoch vor Rechtskraft der Scheidung Verzug hinsichtlich des PKV-Anspruchs eingetreten ist, kann dies zu einem Schadenersatzspruch führen (Schlesw FamRZ 08, 1614). In analoger Anwendung des § 1360a IV steht **minderjährigen Kindern** ein Anspruch ggü ihren Eltern auf Zahlung eines Prozesskostenvorschusses zu (BGH FamRZ 04, 1633; Kobl NJWE-FER 00, 173). Dies gilt gleichermaßen für eheliche wie nichteheliche Kinder. Auch der betreuende Elternteil kann grds zur Zahlung eines Prozesskostenvorschusses herangezogen werden (Köln FamRZ 99, 792; Jena FamRZ 98, 1302; vgl jedoch auch München FamRZ 91, 347). In entspr Anwendung des § 1360a IV schulden Eltern ihren **volljährigen Kindern** Vorschuss für die Kosten eines Rechtsstreits in persönlichen Angelegenheiten, wenn die Kinder wegen der Fortdauer ihrer Ausbildung noch keine eigene Lebensstellung erreicht haben (BGH FuR 05, 327 = FamRZ 05, 883; München FamRZ 07, 911; Zweibr FamRB 05, 200). **Kinder** sind ihren Eltern **nicht prozesskostenvorschusspflichtig** (München FamRZ 93, 821). Zu Einzelheiten des Prozesskostenvorschussanspruchs minderjähriger und volljähriger Kinder vgl FAKomm-FamR/*Klein* § 1360a Rz 29a ff. Ob der Anspruch eines **Verwandten** auf Prozesskostenvorschuss sich aus § 1613 oder § 1360a IV analog herleitet, ist umstr. Der BGH (FuR 04, 557 = FamRZ 04, 1633; FuR 05, 327 = FamRZ 05, 883) wendet § 1360a IV analog an, weist jedoch zutr darauf hin, dass der Prozesskostenvorschuss eine Form des Sonderbedarfs darstelle. Die Wahl der Anspruchsgrundlage ist für die Praxis, soweit es den Anspruch auf Prozesskostenvorschuss eines Verwandten anbelangt, wegen der erweiterten Zugriffsmöglichkeit des § 1613 II (Geltendmachung von Unterhalt für die Vergangenheit unter bestimmten Voraussetzungen) von Bedeutung. Die nichteheliche Mutter hat keinen Anspruch auf Prozesskostenvorschuss gegen den Kindesvater, da § 1615l III auf die Vorschriften über den Verwandtenunterhalt verweist, nicht jedoch auf § 1360a IV. Nichtverheiratete Eltern können auch nicht stärker miteinander verbunden sein als geschiedene Ehegatten (*Wendl/Scholz* § 6 Rz 22; aA München FamRZ 02, 1279).

Wird eine **Verbundscheidung** nur hinsichtlich einer oder mehrerer Folgesachen angegriffen und wird der Scheidungsausspruch während des Verfahrens im zweiten Rechtszug rechtskräftig, § 629a III ZPO, kann ein Vorschuss nicht mehr durch einstweilige Anordnung zugesprochen werden, da der Anspruch erloschen ist (München FamRZ 97, 1542; aber str, aA Nürnbg FamRZ 90, 421). Der bedürftige Ehegatte kann jedoch über §§ 280, 286 II einen Schadensersatzanspruch geltend machen, wenn er den Verpflichteten vor Rechtskraft der Scheidung in Verzug gesetzt hat. Ist vor Rechtskraft der Scheidung der Vorschuss tituliert worden, kann auch in der nachfolgenden Zeit hieraus vollstreckt werden (BGH FamRZ 85, 902; Frankf FamRZ 93, 1465). Ist der Vorschusspflichtige in **Verzug** gesetzt worden, so lässt der Eintritt der Scheidungsrechtskraft den Vorschussanspruch nicht entfallen (Frankf ZFE 05, 96). **PKH/VKH ist subsidiär.** Ein Anspruch auf Zahlung eines Vorschusses – auch in Raten (BGH FuR 04, 557 = FamRZ 04, 1633)-stellt iRd PKH/VKH einzusetzendes Vermögen dar und geht einem öffentlich-rechtlichen Anspruch auf PKH/VKH jedenfalls dann vor, wenn er mühelos und zeitnah durchsetzbar ist (BGH FamRZ 08, 1842; Celle FamRZ 07, 762; Karlsr FamRZ 06, 1852; Brandbg FamRZ 04, 120; KG FamRZ 03, 773; München FamRZ 94, 1126; Ddorf FamRZ 90, 420; Köln FamRZ 85, 1067; zu Einzelheiten vgl *Büte* FuR 06, 9). Vorwerfbares Unterlassen der rechtzeitigen Geltendmachung eines Prozesskostenvorschussanspruchs kann zur Festsetzung von aus dem Vermögen zu zahlenden Beträgen iRd PKH führen (Zweibr FuR 02, 272).

2. Anspruchsvoraussetzungen. Der Prozesskostenvorschussanspruch setzt voraus:
- eine bestehende Ehe,
- einen Rechtsstreit in einer persönlichen Angelegenheit,
- ausreichende Erfolgsaussicht der Rechtsverfolgung,
- Bedürftigkeit des PKV begehrenden Ehegatten und
- Leistungsfähigkeit des auf PKV in Anspruch genommenen Ehegatten

a) Bestehende Ehe. Der Prozesskostenvorschussanspruch besteht während einer wirksam geschlossenen Ehe. Kein Anspruch besteht (mehr) nach Ehescheidung (BGH FamRZ 90, 280; Zweibr FamRZ 00, 757), es sei denn der Unterhaltsschuldner wurde vor Rechtskraft der Scheidung in Verzug gesetzt (Frankf MDR 05, 500 im Anschluss an BGH FamRZ 85, 802) oder es liegt eine abgetrennte Folgesache vor (Nürnbg FamRZ 90, 421). Ein Prozesskostenvorschuss kann auch vom jetzigen Ehegatten zur Geltendmachung von Ansprüchen gegen einen früheren Ehegatten verlangt werden (Hamm FamRZ 89, 277; Frankf FamRZ 83, 588; aA Ddorf FamRZ 84, 388).

b) Rechtsstreit als persönliche Angelegenheit. Rechtsstreit ist jedes gerichtliche Verfahren (BSG NJW 70, 352 sozialgerichtliches Verfahren; LAG Berlin MDR 82, 436 arbeitsrechtliche Streitigkeit; OVG Lüneburg FamRZ 73, 145 verwaltungsrechtliche Streitigkeit) in jeder Verfahrensart (Karlsr FamRZ 84, 584; Frankf FamRZ 83, 588) und auf jeder Prozessseite (Kobl FamRZ 86, 466). Der Rechtsstreit muss eine persönliche Angelegenheit betreffen, damit eine genügend enge Verbindung zur Person des betreffenden Ehegatten oder des vorschussberechtigten Kindes besteht (BGH FamRZ 64, 197). Ausgehend vom Zweck des IV, die Familiensolidarität vor die staatliche Fürsorge zu stellen, wird der **Begriff der persönlichen Angelegenheit weit verstanden**. Auch vermögensrechtliche Ansprüche können hierunter fallen, selbst wenn sie sich gegen einen Dritten richten, jedoch ihre Wurzel in den aus der Ehe erwachsenen persönlichen oder wirtschaftlichen Beziehungen haben (BGH FamRZ 03, 1651). **Übersicht** zu Verfahren in **persönlichen Angelegenheiten**:
- insb Unterhaltssachen (BGH FamRZ 05, 883; Karlsr FamRZ 05, 1744). Hierzu zählen auch Verfahren, in denen ein Ehegatte Unterhaltsansprüche eines aus einer früheren Ehe stammenden Kindes abwehren will (Karlsr FamRZ 05, 1744).
- Ansprüche auf Auseinandersetzung des Vermögens zwischen Eheleuten, einschl des sie vorbereitenden Auskunftsprozesses (BGH FamRZ 60, 130)
- Ansprüche auf Nutzungsentgelt für eine von einem Ehegatten bewohnte Immobilie, die dem anderen Ehegatten gehört (aA Frankf FamRZ 01, 1148 m abl Anm *Carnap*)
- Insolvenzverfahren mit dem Ziel der Restschuldbefreiung, wenn die Insolvenz nicht vorwiegend auf vorehelichen Schulden beruht (BGH FamRZ 03, 1651)
- Vormundschafts-, Pflegschafts-, Betreuungs- und Unterbringungssachen
- Alle Statusverfahren (Karlsr FamRZ 96, 872; Hambg FamRZ 96, 224)
- Ansprüche auf Ersatz eines Körperschadens einschl Schmerzensgeld (München FamRZ 07, 911: Arzthaftungsprozess; Köln FamRZ 94, 1109)
- Ansprüche auf Ausbildungsförderung
- Prozesse um Renten aus der Sozialversicherung (BSG NJW 60, 502)

- Kündigungsschutzprozesse (LAG Berlin MDR 82, 436)
- Die Verteidigung in Strafverfahren
- Neben- oder Privatklage im Strafprozess (BGH NStZ 93, 351)
- Ansprüche auf Sozialhilfe (OVG Münster JurBüro 92, 185)
- Anfechtung von Ausweisungs- und Abschiebungsverfügungen der Ausländerbehörden
- Die Kosten einer außergerichtlichen Rechtsberatung oder Rechtsverfolgung sind in entsprechender Anwendung des § 1360a IV zu erstatten, wenn die übrigen Voraussetzungen dieser Vorschrift vorliegen (Schwab/*Borth* IV 82; München FamRZ 90, 312: Erstattung als Sonderbedarf).

17 **Keine persönliche Angelegenheiten** sind:
- Die Geltendmachung eines gesellschaftsrechtlichen Auseinandersetzungsguthabens ggü Dritten (BGHZ 41, 104)
- Ein Anspruch aus Mithaftung zusammen mit dem früheren Ehegatten ggü Dritten (Ddorf FamRZ 84, 388)
- Ein Anspruch auf Aufwendungsersatz ggü dem früheren Ehegatten (Nürnbg FamRZ 86, 697)
- Anspruch auf vorzeitigen Erbausgleich (Köln FamRZ 79, 178)
- Der Pflichtteilsergänzungsanspruch eines Abkömmlings gegen die Stiefmutter (Köln NJW-RR 89, 967).

18 **c) Hinreichende Erfolgsaussicht.** Die beabsichtigte Rechtsverfolgung muss hinreichende Aussicht auf Erfolg bieten und darf nicht mutwillig sein. Es sind dieselben Anforderungen zu stellen wie iRd Prüfung von PKH (§ 114 ZPO). Die Prozesskostenvorschusspflicht kann nicht an geringere Voraussetzungen als die PKH geknüpft werden und darf nicht schon dann eingreifen, wenn die Rechtsverfolgung nicht offensichtlich aussichtslos erscheint (grundl BGH FamRZ 01, 1363 = FuR 01, 318; zu Einzelheiten vgl *Bißmaier* FamRZ 02, 863). Der **Gleichlauf mit der PKH/VKH** gilt auch für die weitere Voraussetzung fehlenden Mutwillens.

19 **d) Bedürftigkeit.** Der berechtigte Ehegatte muss bedürftig sein, dh außerstande sein, die Kosten des Rechtsstreits selbst zu tragen. Maßstab hierfür sind nicht §§ 114 ff ZPO, sondern die **Billigkeit**, nach der sich auch der Anspruch auf Zahlung eines Prozesskostenvorschusses richtet. Ein Prozesskostenvorschuss wird daher nicht erst bei Beeinträchtigung des notwendigen Unterhalts, sondern schon bei Gefährdung des angemessenen Unterhalts geschuldet (Hambg NJW 60, 1768). Ein Prozesskostenvorschussanspruch kommt auch in Betracht, wenn die Vermögenslage des auf Prozesskostenvorschuss in Anspruch genommenen Ehegatten **wesentlich günstiger** ist als die des Berechtigten und dieser einen vorhandenen Vermögensstamm (gegenwärtig) nur schwer verwerten kann. Grds bedingen sich Bedürftigkeit des Berechtigten und Leistungsfähigkeit des Pflichtigen. Je leistungsfähiger der Pflichtige ist, desto geringere Anforderungen sind an die Bedürftigkeit des Berechtigten zu stellen und umgekehrt (Hamm NJW-RR 02, 1585). Bei der Geltendmachung von **Quotenunterhalt** scheidet ein Anspruch auf Prozesskostenvorschuss regelmäßig aus, weil andernfalls der Halbteilungsgrundsatz verletzt wäre (München FuR 06, 230; Köln FuR 02, 529; vgl auch Zweibr NJW-RR 99, 796). Eine Ausnahme kann nur vorliegen, wenn nicht prägende Einkünfte vorhanden sind, beim Unterhaltsschuldner einseitige vermögensbildende Aufwendungen als Abzugsposten anerkannt werden oder aber der Unterhaltsschuldner im Gegensatz zum Unterhaltsgläubiger über Vermögen verfügt (München FuR 06, 230 = FamRZ 06, 791). IÜ besteht kein Prozesskostenvorschussanspruch bei nicht unerheblichen eigenen Einkünften des Prozesskostenvorschuss begehrenden Ehegatten (Hamm NJW-RR 90, 1286). Auch muss der Bedürftige zunächst den Stamm seines Vermögens angreifen, sofern dieser nicht einer angemessenen Vorsorge für Krankheit und Alter dient. Eine Verpflichtung zur Verwertung des Vermögensstamms scheidet aus, wenn der Unterhaltsberechtigte den Vermögensstamm nur unter Schwierigkeiten verwerten kann, etwa bei der Festanlage von Geld.

20 **e) Leistungsfähigkeit.** Nur der leistungsfähige Ehegatte schuldet Prozesskostenvorschuss (Köln NJW-RR 01, 1585). Die Leistungsfähigkeit richtet sich, wie die Bedürftigkeit, nicht nach § 114 ZPO, sondern ist nach **Billigkeitsgesichtspunkten** zu bestimmen. Der auf Prozesskostenvorschuss in Anspruch genommene Ehegatte ist nicht leistungsfähig, wenn er nicht über eigenes Schonvermögen übersteigendes Vermögen verfügt und dieses zumutbar nicht angreifen muss (Ddorf FamRZ 99, 1673) oder wenn sein eigener angemessener Unterhalt gefährdet ist (BGH FamRZ 90, 491; Köln FamRZ 99, 792). Laufende Unterhaltsverpflichtungen sind genauso zu berücksichtigen wie Darlehensverbindlichkeiten. Prozesskostenvorschuss wird billigerweise nicht geschuldet, wenn dem in Anspruch genommenen Ehegatten, würde er den Prozess selbst führen, PKH bewilligt werden müsste, wenn er also mit mehr als vier monatlichen Raten für die PKH belastet wäre (Bambg NJWFER 00, 255; aA Köln FamRZ 99, 792; Nürnbg FamRZ 96, 879; München FuR 93, 714). Der BGH (FamRZ 04, 1633 mzN) hat sich der Auffassung angeschlossen, dass ein Prozesskostenvorschuss auch dann geschuldet wird, wenn der Vorschusspflichtige den gesamten Betrag zwar nicht einer Summe, jedoch in **Raten** zahlen kann.

21 **f) Billigkeit.** Die Zubilligung eines Prozesskostenvorschusses muss unter Berücksichtigung der oben aufgeführten Kriterien und den sonstigen Umständen der Billigkeit entsprechen. Auf die zu erwartende Kostenentscheidung, etwa die Aufhebung der Kosten iRd Ehescheidungsverfahrens, kommt es grds nicht an (KG FamRZ 03, 773). Es kann unbillig sein, den zweiten Ehegatten mit Kosten eines Rechtsstreits zu belasten, in dem es um vermögensrechtliche Ansprüche seines Partners aus einer früheren Ehe geht (Nürnbg FamRZ 86, 697; vgl aber auch Kobl FamRZ 86, 466 und Hamm FamRZ 89, 277). Ein Prozesskostenvorschuss entspricht regelmäßig nicht der Billigkeit, wenn ein Ehegatte gegen den anderen einen auf den Sozialhilfeträger, den Träger der Grundsicherung für Arbeitssuchende oder die Unterhaltsvorschusskasse übergegangenen und wieder rückabgetretenen Anspruch geltend machen will (Zweibr FamRZ 01, 149). Hingegen kann ein PKV-Anspruch gegen den **Sozialhilfeträger** bestehen (BGH FuR 08, 347=FamRZ 08, 1159). Ein derartiger Anspruch schließt eine PKH-Bewilligung aus.

g) Höhe des Prozesskostenvorschusses. Die Höhe des Prozesskostenvorschusses ergibt sich aus den Gebühren, die sich nach dem Streitwert des beabsichtigten Rechtsstreits oder des beabsichtigten Verfahrens ergeben. Der Anspruch auf Prozesskostenvorschuss umfasst die **notwendigen gerichtlichen und außergerichtlichen Kosten, Gebühren und Auslagen** (§§ 10 ff GKG; §§ 8, 9 RVG). IRd Schlüssigkeitsprüfung hat das Gericht auch die Höhe der voraussichtlich anfallenden Kosten und Gebühren zu überprüfen (München FamRZ 76, 697). Besteht für das Verfahren kein Anwaltszwang, sind Anwaltskosten nur vorzuschießen, soweit die Einschaltung eines Rechtsanwalts erforderlich und billig ist. Ein Anspruch auf Bevorschussung von Gutachterkosten entsteht erst, wenn das Gericht die Einholung eines Gutachtens beschlossen und der Partei einen Kostenvorschuss auferlegt hat (Frankf FamRZ 82, 714). 22

3. Verfahren. Der Prozesskostenvorschuss ist vor dem **Familiengericht** geltend zu machen (§§ 23a Nr 2, 23b I 2 Nr 6 GVG). Er kann im ordentlichen Rechtsstreit eingeklagt werden oder durch **einstweiligen Anordnung** (§ 127a ZPO mit §§ 621 Nr 5, 620a II 1 ZPO) 23
– im Verbundverfahren für die Ehesache und für Folgesachen (§ 620 Nr 10 ZPO) sowie für entsprechende Verfahren zwischen Lebenspartnern (§ 661 ZPO),
– in Unterhaltsverfahren (§ 127a ZPO),
– in Kindschaftssachen (§ 641d ZPO),
– in sonstigen selbstständigen Familiensachen der freiwilligen Gerichtsbarkeit, die durch §§ 127, 620 Nr 10 ZPO nicht erfasst werden.
Wird ein Kostenvorschuss für einen Prozess vor einem Zivil- oder einem allg oder besonderen VG begehrt, steht dem Berechtigten der Weg der einstweiligen Verfügung, die beim Familiengericht zu beantragen ist, offen.

Der Anspruch auf Prozesskostenvorschuss ist **nicht übertragbar** (§ 399). Er ist damit auch **nicht pfändbar** (§ 851 I ZPO) und unterliegt nicht der Aufrechnung (§ 394) (vgl BGH NJW 85, 2263; Köln FamRZ 93, 1462). Prozesskostenvorschuss kann nicht für die Vergangenheit verlangt werden (BGH FamRZ 85, 902; Nürnbg FamRZ 98, 489; Köln FamRZ 91, 847). Arg: Hat der Berechtigte in dem abgeschlossenen Verfahren Rechtsschutz erlangt, ist der Zweck des Prozesskostenvorschusses erfüllt. Hingegen kann aus einem Prozesskostenvorschusstitel auch nach Beendigung des Verfahrens noch die **Zwangsvollstreckung** betrieben werden (BGH NJW 85, 2263). 24

4. Rückforderung des Prozesskostenvorschusses. Ein Prozesskostenvorschuss kann grds nicht zurückgefordert werden. Insb führt die Tatsache, dass der Rechtsstreit gegen den anderen Ehegatten zugunsten des Berechtigten ausgegangen ist und diesem die Kosten auferlegt worden sind, nicht zu einer Rückzahlungsverpflichtung. Daher kann selbst nach einer solchen Kostenentscheidung noch aus dem Titel vollstreckt werden (BGH NJW 85, 2263). Ein geleisteter Prozesskostenvorschuss darf im **Kostenfestsetzungsverfahren** mit Zustimmung des Vorschussempfängers berücksichtigt werden (Brandbg FamRZ 04, 120; KG FamRZ 03, 773). Ohne Zustimmung ist eine Berücksichtigung möglich, wenn über die Zahlung nach Grund und Höhe kein Streit besteht und wenn sich nach dem Kostenabgleich ein Erstattungsanspruch des Vorschussempfängers gegen den Vorschusszahler ergibt (Zu Einzelheiten der Verrechnung in diesen Konstellationen vgl FAKomm-FamR/*Klein* § 1360a Rz 56 ff). Ein Prozesskostenvorschuss ist nur dann zurückzuzahlen, wenn die Voraussetzungen für den Anspruch nicht mehr gegeben sind, insb wenn sich die wirtschaftlichen Verhältnisse des unterhaltsberechtigten Ehegatten, etwa nach Durchführung eines Zugewinnausgleichsverfahrens, wesentlich verbessert haben (BGH FamRZ 90, 491; Kobl FamRZ 00, 1219; Hamm FamRZ 92, 672) oder die Rückzahlung aus anderen Gründen der **Billigkeit** entspricht (BGH NJW 90, 1476; BGH FamRZ 86, 40). Ein Rückzahlungsanspruch ist auch dann gegeben, wenn sich nachträglich herausstellt, dass die Voraussetzungen für die Gewährung des Vorschusses nicht gegeben waren, etwa wenn das Einkommen des Verpflichteten die Zahlung eines Vorschusses nicht zuließ (BGH FamRZ 90, 491). Der Rückforderungsanspruch ist ein **Anspruch eigener Art** und nicht aus §§ 812 ff herzuleiten. Deshalb gelten § 814, 818 III nicht (BGH FamRZ 90, 491; *Graba* FamRZ 90, 1045). Die **Rückzahlung** ist durch selbstständige Erstattungsklage vor dem Familiengericht geltend zu machen (BGH FamRZ 90, 491; München FamRZ 78, 601). 25

§ 1360b Zuvielleistung. Leistet ein Ehegatte zum Unterhalt der Familie einen höheren Beitrag als ihm obliegt, so ist im Zweifel anzunehmen, dass er nicht beabsichtigt, von dem anderen Ehegatten Ersatz zu verlangen.

§ 1361

1 A. Grundlagen. Die Vorschrift beinhaltet eine **widerlegbare Vermutung** und schafft keinen familienrechtlichen Ersatzanspruch (BGH FamRZ 84, 767). Ein Ehegatte, der für den Unterhalt freiwillig mehr geleistet hat, als es seiner Verpflichtung entsprach, kann die zuviel geleisteten Beträge im Zweifel nicht zurückverlangen. Eheleute wirtschaften nach der Lebenserfahrung gemeinsam, so dass von einem **Verzicht auf Ersatzansprüche** auszugehen ist (grundl BGH FamRZ 02, 730; vgl auch Oldbg NJW-RR 05, 1018; Karlsr FamRZ 99, 744). Die Ausschaltung gegenseitiger Ersatzansprüche soll dem Ehefrieden dienen (BGH FamRZ 68, 450). Unerheblich ist, ob es sich um laufende Unterhaltsleistungen oder einmalige Zahlung handelt, ob sie aus laufenden Einkünften oder aus dem Vermögen (BGH FamRZ 83, 351) bestritten werden. Erfasst werden auch Leistungen eines Ehegatten iRd Haushaltsführung oder Kindesbetreuung sowie Dienste, die Ehegatten über den eigentlichen Unterhalt einander leisten (BGH FamRZ 92, 300), etwa überobligationsmäßige Pflegeleistungen (BGH FamRZ 95, 537). § 1360b gilt auch für den **Trennungsunterhalt** (§ 1361 IV 4), **nicht** jedoch **beim nachehelichen Unterhalt** (Celle NJW 74, 504; Wohlfahrt FamRZ 01, 1185). Eine nach § 1360b nicht zu erstattende Leistung kann jedoch als **Vorausempfang** nach § 1380 anrechenbar sein (BGH FamRZ 83, 351).

2 B. Abgrenzung zu anderen Leistungen. Nicht unter § 1360b fallen Leistungen, die keine Unterhaltsleistungen darstellen, etwa Aufwendungen zur Vermögensbildung. Haften Ehegatten als **Gesamtschuldner**, ohne dass die zu tilgende Schuld der Deckung des Familienunterhalts dient, greift § 1360b nicht. Grds besteht im Innenverhältnis zwischen den Eheleuten eine Ausgleichspflicht, nach der jeder Ehegatte die Hälfte der Schulden tragen muss. In der intakten Ehe begründen Eheleute aber durch ihre eheliche Lebensgestaltung eine abw Handhabung iSd § 426 I Hs 2. Will sich ein Ehegatte die Rückforderung von Mehrleistungen für den Fall der Trennung vorbehalten, muss er dies zum Ausdruck bringen (BGH FamRZ 02, 739; vgl auch Oldbg NJW-RR 05, 1018). Die Auslegungsregel gilt auch für überobligatorische Leistungen, für die keine laufende Vergütungspflicht besteht (BGH NJW 95, 1486). Bei **Mitarbeit** im Erwerbsgeschäft des anderen Ehegatten ist zu berücksichtigen, dass eine derartige Tätigkeit regelmäßig schon keine Unterhaltsleistung darstellt und (Vergütungs-)Ansprüche entweder aus Vertrag, Ehegatteninnengesellschaft oder ausnahmsweise nach § 313 wegen Wegfalls der Geschäftsgrundlage in Betracht kommen. Nur für den Ausnahmefall, in dem unterhaltsrechtlich eine Mitarbeit geschuldet wird, ein Ehegatte aber mehr mitarbeitet als er unterhaltsrechtlich schuldet, greift § 1360b mit der Folge, dass er Ersatz für die Mehrleistung im Zweifel nicht verlangen kann.

3 C. Vermutung. Nach § 1360b wird vermutet, dass ein Ehegatte, der zum Unterhalt der Familie einen höheren Beitrag leistet, als ihm obliegt, im Zweifel nicht beabsichtigt, von dem anderen Ehegatten Ersatz zu verlangen. Diese Vermutung ist **widerlegbar**, wenn der Unterhaltsschuldner nachweist, dass er mehr als den geschuldeten Unterhalt geleistet hat und dass zum Zeitpunkt der Unterhaltsleistung (BGHZ 50, 266; BGH FamRZ 79, 115) ein **Ersatzverlangen** beabsichtigt war. Ein ausdrücklicher Vorbehalt ist nicht nötig. Das Ersatzverlangen kann sich auch aus den Umständen ergeben.

4 D. Darlegungs- und Beweislast. Der Ersatz begehrende Ehegatte hat darzulegen und ggf zu beweisen, dass er höheren Unterhalt geleistet hat als ihm obliegt, dass im Zeitpunkt der Leistung Ersatz beabsichtigt war und dass diese Absicht dem anderen Ehegatten von vornherein oder den Umständen nach bekannt war (Karlsr FamRZ 90, 744). Ist der Beweis der Absicht, Erstattung zu verlangen, nicht geführt, schließt § 1360b nicht nur einen familienrechtlichen Ausgleichsanspruch, sondern auch Ansprüche aus GoA oder ungerechtfertigter Bereicherung aus.

5 E. Zuständigkeit. Für Klagen auf Rückforderung oder Ersatz zuviel geleisteten Unterhalts ist gem § 231 FamFG das **Familiengericht** zuständig.

§ 1361 Unterhalt bei Getrenntleben.

(1) ¹Leben die Ehegatten getrennt, so kann ein Ehegatte von dem anderen den nach den Lebensverhältnissen und den Erwerbs- und Vermögensverhältnissen der Ehegatten angemessenen Unterhalt verlangen; für Aufwendungen infolge eines Körper- oder Gesundheitsschadens gilt § 1610a. ²Ist zwischen den getrenntlebenden Ehegatten ein Scheidungsverfahren rechtshängig, so gehören zum Unterhalt vom Eintritt der Rechtshängigkeit an auch die Kosten einer angemessenen Versicherung für den Fall des Alters sowie der verminderten Erwerbsfähigkeit.
(2) Der nichterwerbstätige Ehegatte kann nur dann darauf verwiesen werden, seinen Unterhalt durch eine Erwerbstätigkeit selbst zu verdienen, wenn dies von ihm nach seinen persönlichen Verhältnissen, insbesondere wegen einer früheren Erwerbstätigkeit unter Berücksichtigung der Dauer der Ehe, und nach den wirtschaftlichen Verhältnissen beider Ehegatten erwartet werden kann.
(3) Die Vorschrift des § 1579 Nr. 2 bis 8 über die Beschränkung oder Versagung des Unterhalts wegen grober Unbilligkeit ist entsprechend anzuwenden.
(4) ¹Der laufende Unterhalt ist durch Zahlung einer Geldrente zu gewähren. ²Die Rente ist monatlich im Voraus zu zahlen. ³Der Verpflichtete schuldet den vollen Monatsbetrag auch dann, wenn der Berechtigte im Laufe des Monats stirbt. ⁴§ 1360a Abs. 3, 4 und die §§ 1360b, 1605 sind entsprechend anzuwenden.

§ 1361 Unterhalt bei Getrenntleben

Inhaltsübersicht

	Rn		Rn
A. Grundlagen	1, 2	3. Dauer der Ehe	9
B. Unterhaltstatbestand	3–20	4. Wirtschaftliche Verhältnisse	10
I. Wirksam geschlossene Ehe	3	V. Lebensbedarf	11–19
II. Getrenntleben	4	VI. Die Art der Unterhaltsleistung	20
III. Leistungsfähigkeit	5	C. Sonderfragen	21–28
IV. Bedürftigkeit	6–10	D. Beschränkung und Versagung des Trennungsunterhalts	29
1. Kindesbetreuung	7		
2. Sonstige persönliche Verhältnisse	8		

A. Grundlagen. Durch das Getrenntleben der Ehegatten wird das eheliche Pflichtenverhältnis verändert, aber nicht beendet. Die Unterhaltspflichten unter Getrenntlebenden unterscheiden sich sowohl in den Voraussetzungen als auch in der Art und Weise der Erfüllung von denen bei bestehender häuslicher Gemeinschaft. An die Stelle des Familienunterhalts (zu Einzelheiten vgl § 1360a Rn 1) tritt der individuelle Unterhaltsanspruch eines Ehegatten gegen den anderen nach § 1361 (zur **Nichtidentität** von Familien- und Trennungsunterhalt vgl BGH FamRZ 99, 1497; 88, 370). Der Trennungsunterhalt ist nicht identisch mit dem Geschiedenenunterhalt (BGH FamRZ 85, 908), der ab dem Tag der Rechtskraft der Scheidung geschuldet wird (BGH FamRZ 84, 256). Leben Ehegatten nach einer Zeit der Trennung wieder zusammen, muss bei erneuter Trennung ein neuer Titel erwirkt werden (Karlsr FamRZ 03, 1104), es sei denn die Parteien haben etwas anderes vereinbart. Ein **Vergleich** über den Trennungsunterhalt umfasst nicht den Geschiedenenunterhalt. Dies gilt im Zweifel auch für einen im einstweiligen Anordnungsverfahren geschlossenen Vergleich, auch wenn einstweilige Anordnungen bis zum **Wirksamwerden einer anderweitigen Regelung** in Kraft bleiben. Handelt es sich bei der anderweitigen Regelung um ein Urt, setzt die einstweilige Anordnung erst mit Eintritt seiner Rechtskraft außer Kraft (BGH FamRZ 00, 751). Zum Trennungsunterhalt im IPR vgl FAKomm-FamR/*Rausch* Art 18 EGBGB Rz 2, 4 und 13. Der Trennungsunterhaltsanspruch ist **unabhängig vom Güterstand** (BGH FamRZ 90, 851; Oldbg NJW-RR 09, 1596; Zweibr FamRZ 98, 239), besteht mithin auch im Güterstand der Gütergemeinschaft. Zum Gesamtgut gehört auch das Erwerbseinkommen der Ehegatten (München FamRZ 96, 166; vgl auch *Weinreich* FuR 99, 49; *Kleinle* FamRZ 97, 1194). 1

§ 1361 I definiert den Umfang des Unterhaltsanspruchs, § 1361 II konkretisiert die Erwerbsobliegenheit des Berechtigten, § 1361 III verweist auf die Möglichkeiten der Einschränkung des Anspruchs, § 1361 IV regelt die Zahlungsmodalitäten. Das **UÄndG 2008** hat in § 1361 materiell-rechtlich nicht eingegriffen, sondern lediglich in III eine durch die Einfügung der neuen Nr 8 in § 1579 bedingte Folgeänderung klargestellt und gleichzeitig die Formulierung von III an die amtliche Überschrift von § 1579 angepasst. Trotz der Trennung der Ehegatten ist oftmals nicht vorhersehbar, ob die Ehe geschieden wird oder ob sich die Ehegatten wieder versöhnen. § 1361 soll den wirtschaftlich schwächeren Ehegatten, der auf den Fortbestand der gemeinsamen Planung vertraut hat, jedenfalls für eine gewisse Zeit vor nachteiligen Veränderungen der ehelichen Lebensverhältnisse schützen (BGH FamRZ 81, 439). Dieser vom Trennungsverschulden losgelöste **Schutzgedanke** ist verfassungskonform (BVerfG NJW 81, 1771; vgl auch BGH FamRZ 79, 569). Trennungsgründe und -verschulden berühren den Anspruch nach § 1361 grds nicht, sind ausnahmsweise in Fällen grober Unbilligkeit aber über § 1361 III iVm § 1579 Nr 2–8 zu berücksichtigen. Trennen sich Ehegatten, besteht zunächst **volle eheliche Solidarität** (Palandt/*Brudermüller* § 1361 Rz 1). Mit **zunehmender Trennungsdauer** nimmt diese jedoch ab. Der BGH (FuR 06, 266 = FamRZ 06, 683) legt beim Trennungs- und Geschiedenenunterhalt einen einheitlichen **Selbstbehalt,** der zwischen dem angemessenen Selbstbehalt und notwendigen Selbstbehalt liegt, zugrunde (vgl iÜ Ziff 21.4 der Leitlinien). 2

B. Unterhaltstatbestand. I. Wirksam geschlossene Ehe. § 1361 verlangt eine **rechtswirksam** geschlossene Ehe (zur „hinkenden" Ehe vgl BVerfG FamRZ 83, 668; BGH FuR 03, 516 und FAKomm-FamR/*Klein* § 1361 Rz 10). Ob und inwieweit die Ehegatten ihre eheliche Lebensgemeinschaft verwirklicht und ihre beiderseitigen Lebensdispositionen aufeinander abgestimmt haben, ist grds unerheblich (BGH FamRZ 89, 838; Köln NJW 95, 1157). Auch die Dauer der Ehe (FamRZ 89, 838) und die Dauer der Trennung (BGH FamRZ 85, 376) sind grds nicht maßgeblich und spielen erst iRd Erwerbsobliegenheit (§ 1361 II) eine Rolle. Andererseits setzt ein Trennungsunterhaltsanspruch ein Mindestmaß an zuvor praktizierter ehelicher Solidarität voraus. Ist diese nicht gegeben, scheidet, ggf über § 1579 Nr 8, ein Anspruch aus (BGH FamRZ 94, 558; die Ehegatten hatten sich wegen kirchlich noch nicht aufgelöster Vorehe trotz standesamtlicher Trennung als noch nicht „verheiratet" betrachtet; München FamRZ 03, 874 zum nachehelichen Unterhalt, wenn Eheleute 24 Jahre getrennt gelebt und in dieser Zeit faktisch nicht kommuniziert haben). 3

II. Getrenntleben. Eheleute leben getrennt, wenn **objektiv** zwischen ihnen keine häusliche Gemeinschaft mehr besteht und **subjektiv** zumindest ein Ehegatte sie erkennbar nicht herstellen will, weil er die eheliche Lebensgemeinschaft ablehnt (vgl iÜ Legaldefinition in § 1567 und die dortige Kommentierung, insb Rn 2). Grds ist die häusliche Gemeinschaft zum Zweck einer Trennung im Rechtssinne vollständig aufzuheben (Bremen FamRZ 4

00, 1417; Köln FamRZ 99, 93; München FamRZ 98, 826). Trennung setzt nicht unabdingbar voraus, dass die Parteien verschiedene Haushalte führen. Bei einer Trennung innerhalb der ehelichen Wohnung (§ 1567 I 2) muss die Trennung auch für einen Dritten nach außen erkennbar zutage treten. Die Trennung muss sich in allen Lebensbereichen dokumentieren, so dass allenfalls geringe untergeordnete Gemeinsamkeiten, etwa wegen Kindesbetreuung (Köln FamRZ 02, 1341; Stuttg FamRZ 92, 1435; kein Getrenntleben jedoch bei regelmäßiger Einnahme der Mahlzeiten, München FamRZ 01, 1457), verbleiben. Ein zeitlich begrenzter **Versöhnungsversuch** (zu Einzelheiten vgl § 1567 II und die Kommentierung in § 1567 Rn 9) beendet auch das unterhaltsrechtliche Getrenntleben nicht. Die unschädliche **Zeitgrenze** ist bei etwa **drei Monaten** anzusiedeln (Hamm NJW-RR 86, 554). Das Getrenntleben wird nicht dadurch ausgeschlossen, dass einer der Ehegatten dem anderen in geringerem Umfang Versorgungsleistungen (waschen von Wäsche, putzen der Wohnung etc) „aufdrängt" (Jena FamRZ 02, 99; München FamRZ 98, 826). Bei „aufgedrängter" Hilfe bedürfen die Trennungsvoraussetzungen jedoch eingehender Prüfung im Einzelfall (Jena FamRZ 02, 99).

5 **III. Leistungsfähigkeit.** § 1361 enthält, anders als etwa § 1581 für den Geschiedenenunterhalt und § 1603 für den Verwandtenunterhalt, keine spezielle Regelung zur Leistungsfähigkeit des Verpflichteten. Gleichwohl ist die **Leistungsfähigkeit** auch beim Trennungsunterhalt unverzichtbarer **Bestandteil des Unterhaltsrechtsverhältnisses** (BGH FamRZ 86, 556; vgl auch *Graba* FamRZ 01, 1257). Es gelten die gleichen Grundsätze wie beim nachehelichen Unterhalt (BGH FamRZ 09, 404; 06, 683), allerdings mit der Maßgabe, dass die vor der Scheidung noch bestehende größere Verantwortung der Ehegatten füreinander zu berücksichtigen ist (BVerfG FamRZ 03, 661 = FuR 03, 533; vgl auch BGH FamRZ 05, 97 zur Obliegenheit, den Vermögensstamm für den Trennungsunterhalt zu verwerten). Die finanzielle Leistungsfähigkeit endet jedenfalls dort, wo der Unterhaltsschuldner nicht mehr in der Lage ist, seine eigene Existenz zu sichern (BVerfG FamRZ 02, 1397 = FuR 02, 409). Die Leistungsfähigkeit wird durch den Betrag begrenzt, den der Verpflichtete für seinen eigenen Unterhalt und den Unterhalt der vorrangig Berechtigten benötigt. In der Praxis werden diese Beträge durch die **Selbstbehaltsätze** gegriffen. Der Selbstbehalt ggü einem Anspruch auf Trennungsunterhalt (oder nachehelichen Unterhalt) ist nach jüngster Rspr des BGH (FamRZ 09, 404; 06, 683 = FuR 06, 266; Abgrenzung zu BGH FamRZ 04, 1357) mit einem Betrag zu bemessen, der zwischen dem angemessenen Selbstbehalt (§ 1603 I) und dem notwendigen Selbstbehalt (§ 1603 II), zzt mindestens 1.000 € liegt. Einer zusätzlichen Grenze der Leistungsfähigkeit nach den individuellen ehelichen Lebensverhältnissen bedarf es nicht (mehr). Wegen der zuzurechnenden Einkünfte und berücksichtigungsfähigen Abzugsposten wird auf Rn 1 ff vor § 1577 verwiesen. **Übersicht zu den Selbstbehaltsätzen** vgl § 1581 Rn 6. Die Leistungsunfähigkeit oder die eingeschränkte Leistungsfähigkeit ist als **Einwendung** ausgestaltet. Der Unterhaltsverpflichtete trägt die **Darlegungs- und Beweislast** für eine von ihm behauptete fehlende oder eingeschränkte Leistungsfähigkeit (BGH FamRZ 90, 283 und ständig; Hamm FamRZ 96, 1216).

6 **IV. Bedürftigkeit.** Der Unterhaltsanspruch bei Getrenntleben setzt wie der Anspruch nach Scheidung Bedürftigkeit des Berechtigten voraus. Der **Bedarf** des Unterhalt begehrenden Ehegatten richtet sich nach den **Einkommens-** und **Vermögensverhältnissen** der Eheleute (zu Einzelheiten der unterhaltsrechtlichen Einkommensermittlung vgl vor § 1577 Rn 1 ff), nicht nach festen Bedarfssätzen (BGH FamRZ 06, 683; 98, 1501). Aufgrund der **wandelbaren ehelichen Lebensverhältnisse** ist für die Bedarfsbestimmung nicht statisch auf den Trennungszeitpunkt abzustellen. Auch Veränderungen nach der Trennung beeinflussen grds die ehelichen Lebensverhältnisse (BGH FamRZ 09, 411; 08, 968; zu Einzelheiten vgl § 1587 Rn 4). Bedürftig ist ein Ehegatte, wenn er diesen Bedarf nicht decken kann. Während iRd nachehelichen Unterhalts grds die gleichen Anforderungen an die Erwerbsobliegenheiten von Unterhaltsgläubiger und Unterhaltsschuldner zu stellen sind (**Grundsatz der Gegenseitigkeit**), kann ein getrennt lebender Ehegatte grds unterhaltsrechtlich nicht schlechter gestellt werden als ein geschiedener (BGH FamRZ 01, 350; 90, 283). Nach § 1361 II kann ein getrennt lebender Ehegatte nur unter wesentlich engeren Voraussetzungen als nach §§ 1569, 1577, 1574 II darauf verwiesen werden, seinen Unterhalt durch Erwerbstätigkeit selbst zu verdienen (BGH FamRZ 91, 416; 83, 670). Geboten ist eine umfassende **Zumutbarkeitsabwägung** (BGH FamRZ 91, 416; 90, 283). Der getrennt lebende Ehegatte kann nur dann darauf verwiesen werden, seinen Unterhalt durch Erwerbstätigkeit ganz oder teilweise selbst zu verdienen, wenn dies von ihm nach seinen persönlichen Verhältnissen, insb wegen einer früheren Erwerbstätigkeit unter Berücksichtigung der Dauer der Ehe und nach den wirtschaftlichen Verhältnissen beider Ehegatten, erwartet werden kann. Zumindest für eine geraume Zeit in der Trennungsphase sind die ehelichen Lebensverhältnisse zu perpetuieren, schon um nicht das endgültige Scheitern der Ehe zu fördern, in dem Scheidungsfolgen vorweggenommen und damit die Trennung vertieft wird (BGH FamRZ 05, 23; 81, 439; München FamRZ 93, 328). § 1361 II ist eine **Schutznorm für den Unterhaltsgläubiger** (BGH FamRZ 01, 350; Kobl NJW 03, 1816; *Graba* FamRZ 02, 715). Der Charakter der Norm als Schutzvorschrift zugunsten des während intakter Ehe nicht berufstätigen Ehepartners wird bereits aus dem Wortlaut („kann nur darauf verwiesen werden") deutlich. Der getrennt lebende Ehegatte kann damit nur unter wesentlich engeren Voraussetzungen auf eine eigene Erwerbstätigkeit verwiesen werden als der geschiedene. Regelmäßig wird vor **Ablauf des Trennungsjahres** von dem bislang haushaltsführenden Ehegatten nicht die Aufnahme einer Erwerbstätigkeit erwartet werden können (BGH FuR 01, 262 = FamRZ 01, 350; 90,

283: Erwerbsobliegenheit nach 15 monatiger Trennung; NJW 86, 722: Erwerbsobliegenheit nach zweijähriger Trennung; Kobl NJW 03, 1816, vgl auch Ziff 17.2 der Leitlinien). Die gleichen Grundsätze gelten bei der Ausweitung einer ausgeübten Tätigkeit bzw dem Wechsel von einer hinter den Fähigkeiten des Unterhaltsberechtigten zurückbleibenden schlecht bezahlten Tätigkeit in eine besser bezahlte Tätigkeit. Andererseits war es auch schon nach bisheriger Rspr möglich, bei einer langen Ehedauer die Verpflichtung zur Aufnahme einer Erwerbstätigkeit erst später einsetzen zu lassen (Kobl NJW 03, 1816; München FamRZ 02, 462; Köln FamRZ 02, 1627). **Pauschalisierte Zeitrahmen** sind jedoch zu vermeiden mit der Folge, dass auch vor Ablauf des Trennungsjahres eine Erwerbsobliegenheit einsetzen kann (BGH FamRZ 01, 35; Hamm FamRZ 97, 1536: sechs Monate). Dies gilt insb auch bei **beengten wirtschaftlichen Verhältnissen**. Hingegen nähern sich die Voraussetzungen für die Verpflichtung zur Aufnahme einer Erwerbstätigkeit mit zunehmender Verfestigung der Trennung, insb wenn die Scheidung nur noch eine Frage der Zeit ist, immer mehr den Maßstäben der §§ 1569 ff (BGH FamRZ 08, 963; 05, 23 = FuR 04, 543; FamRZ 01, 350; Kobl NJW 05, 686; vgl auch *Dose* FamRZ 07, 1289). Die durch das **UÄndG** betonte stärkere **Eigenverantwortung** des geschiedenen Ehegatten hat **Ausstrahlungswirkung** auch auf den Trennungsunterhalt (vgl auch *Büte* FuR 08, 309). Nach Ablauf des Trennungsjahres ist die Erwerbsobliegenheit ähnl wie beim nachehelichen Unterhalt zu beurteilen. Zahlt der Unterhaltsschuldner jedoch, ggf nach Ende der Kinderbetreuung, den Unterhalt weiter und beruft er sich nicht auf eine Erwerbsobliegenheit des anderen Ehegatten, wird ein **Vertrauenstatbestand** geschaffen, der den Beginn der Erwerbsobliegenheit verschieben kann (Karlsr FuR 05, 329; Köln FamRZ 99, 853; Hamm FamRZ 95, 1580; vgl auch BGH FamRZ 90, 496; krit *Schürmann* FPR 05, 492). Auf eine zu Beginn der Ehe geschlossene **Vereinbarung**, wonach ein Ehegatte während der Ehe keiner Erwerbstätigkeit nachzugehen braucht, kann sich der Unterhaltsberechtigte nach endgültiger Trennung nicht mehr berufen. Die Geschäftsgrundlage ist weggefallen (BGH FamRZ 88, 145). IRd gebotenen Zumutbarkeitsabwägung sind insb die nachfolgenden Umstände zu berücksichtigen.

1. Kindesbetreuung. Die Pflicht des Unterhalt begehrenden Ehegatten zur Aufnahme einer Erwerbstätigkeit wird maßgeblich durch die Notwendigkeit der Kinderbetreuung beeinflusst. Eine Erwerbsobliegenheit scheidet aus, wenn entspr den zu § 1570 entwickelten Grundsätzen wegen des Alters des oder der Kinder eine Erwerbstätigkeit nicht erwartet werden kann. Bis zum Inkrafttreten des **UÄndG** zum 1.1.08 bestand nach Auffassung des BGH (FamRZ 06, 846; 05, 967) bei Betreuung eines Kindes unter acht Jahren keine Erwerbsobliegenheit, ab der dritten Grundschulklasse die Verpflichtung zu einer Halbtagstätigkeit und ab dem 15. bis 16. Lebensjahr des Kindes eine Verpflichtung des betreuenden Elternteils zu einer Vollzeitbeschäftigung (sog **Altersphasenmodell**). Bei zwei Kindern konnte eine Teilzeitbeschäftigung erst ab dem 14. oder 15. Lebensjahr des älteren Kindes verlangt werden. Bei mehr Kindern oder bei Problemkindern verschoben sich die Einsatzzeitpunkte weiter (grundl BGH FamRZ 06, 846). Die Leitlinien der OLGe (jeweils Nr. 17.1) setzten diese Grundsätze teilw mit gewissen Modifikationen um. Dieses Altersphasenmodell führte in der Vergangenheit dazu, dass der bedürftige Ehegatte seiner Darlegungs- und Beweislast unter Hinweis auf das Alter des zu betreuenden Kindes nachkam und insbe nicht zu konkreten Betreuungsmöglichkeiten des Kindes Stellung nehmen musste (*Wellenhofer* FamRZ 07, 1282; wegen weiterer Einzelheiten vgl die Kommentierung zu Rz 7 der 3. Aufl sowie die Kommentierung zu § 1570). Dieses Altersphasenmodell kann jedenfalls ab Inkrafttreten des UÄndG 2008 nicht mehr angewandt werden. Künftig ist stärker auf den **konkreten Einzelfall** und **tatsächlich bestehende, verlässliche** und auch **zumutbare Möglichkeiten** der Kinderbetreuung abzustellen, wenn und soweit sie mit dem Kindeswohl in Einklang stehen (vgl § 1570, insb Rn 4 ff). Im Gegensatz zum nachehelichen Unterhalt ist auch die Betreuung **nicht gemeinschaftlicher Kinder** geschützt (BGH NJW 81, 448; FamRZ 79, 569). Entsteht ein Anspruch auf Trennungsunterhalt gem § 1361 nur dadurch, dass die Ehefrau die bisher ausgeübte Erwerbstätigkeit wegen der Geburt eines Kindes, das nicht von ihrem Ehemann abstammt, aufgibt, so tritt der Anspruch auf Trennungsunterhalt hinter einen gleichzeitig bestehenden Anspruch aus § 1615l zurück (Köln NJW-RR 06, 218; Bremen FamRZ 05, 213; Kobl FamRZ 05, 804; zur Prüfung der ehelichen Lebensverhältnisse für derartige Konstellationen grundl BGH NJW 99, 717). Zur **anteiligen Haftung** vgl Rn 28. Nach übereinstimmender Auffassung muss den besonderen Gegebenheiten des Einzelfalls Rechnung getragen werden, etwa ob das oder die Kinder in besonderem Maße betreuungsbedürftig sind (schulische, gesundheitliche Probleme etc, vgl BGH FamRZ 97, 671). Die **Betreuung** muss in jedem Fall **berechtigt** erfolgen (Frankf FamRZ 95, 234). Steht die Betreuung im Widerspruch zu einer etwaigen Sorgerechtsregelung, entfällt ein Unterhaltsanspruch wegen Kindesbetreuung.

2. Sonstige persönliche Verhältnisse. IRd umfassenden **Zumutbarkeitsprüfung** (BGH NJW 05, 61) sind darüber hinaus das **Alter** des Unterhalt begehrenden Ehegatten (BGH FamRZ 91, 416; Hamm FamRZ 95, 1580), **der Gesundheitszustand** (BGH FamRZ 91, 416; Stuttg FamRZ 97, 358; München FamRZ 93, 328), seine **Berufsausbildung** (Ddorf FamRZ 91, 76) und eine **frühere Erwerbstätigkeit** zu berücksichtigen. Für die Beurteilung der Zumutbarkeit der Aufnahme einer Erwerbstätigkeit ist entscheidend, wie lange die frühere Erwerbstätigkeit zurückliegt und welche Schwierigkeiten sich aus der Arbeitspause für eine Wiedereingliederung in das Berufsleben ergeben. Unerheblich ist, ob die frühere Tätigkeit vor oder während der Ehe ausgeübt worden ist (BGH FamRZ 82, 148). Die Aufnahme einer Erwerbstätigkeit ist unabhängig von der

Dauer der Arbeitspause zumutbar, wenn die Wiedereingliederung in das Erwerbsleben unproblematisch ist, etwa wenn die frühere Tätigkeit zwischenzeitlich inhaltlich und unter technischen Gesichtspunkten in der Art ihrer Ausführung im Wesentlichen unverändert geblieben ist (BGH FamRZ 81, 17). IdR ist dem getrennt lebenden Ehegatten die Fortsetzung der während des Zusammenlebens ausgeübten Erwerbstätigkeit in bisherigem Umfang zumutbar (München FamRZ 82, 270). Der Ehegatte muss sich nur um die Aufnahme einer **eheangemessenen Tätigkeit** bemühen. Die Kriterien einer iSd § 1361 II angemessenen Erwerbstätigkeit bestimmen sich nach deren Legaldefinition in § 1574 (zu Einzelheiten vgl Kommentierung zu § 1574). Das in § 1574 III erfasste Gebot, die zur Aufnahme einer angemessenen Erwerbstätigkeit erforderliche **Aus- und Fortbildung** sowie eine Umschulung vorzunehmen, ist auf den Trennungsunterhalt zu übertragen (Reinken FPR 05, 502; vgl auch BGH FamRZ 85, 782). Die Beurteilung, welche Erwerbstätigkeit angemessen ist, hängt von einer **Gesamtwürdigung der Umstände**, insb Ausbildung, Lebensalter und Fähigkeiten des Ehegatten, ab. Die **Berufsausbildung** des Berechtigten für sich allein ist nicht entscheidend (BGH FuR 04, 543 = FamRZ 05, 23). Auch wenn ein Ehegatte eine abgeschlossene Ausbildung für einen bestimmten Beruf absolviert hat, in dem erlernten Beruf aber nie eine geregelte Beschäftigung gefunden hat, kann nicht hierauf, sondern nur auf den letztlich in der Ehe ausgeübten Beruf abgestellt werden.

9 **3. Dauer der Ehe.** Das Kriterium der Ehedauer ist iRd § 1361 II sehr bedeutsam (BGH FamRZ 80, 876; 79, 569; Schlesw MDR 01, 1414), da § 1361 III ausdrücklich § 1579 Nr 1 ausschließt und der Anspruch auf Trennungsunterhalt bei kurzer Ehe mithin ausschl über § 1361 II begrenzt werden kann. Zu prüfen ist, ob und inwieweit der Berechtigte in seiner **Arbeitsbiografie** durch die Ehe eine Unterbrechung erfahren musste. Je länger diese Unterbrechung gedauert hat, desto mehr muss dies bei der Zumutbarkeit der Aufnahme einer Erwerbstätigkeit und bei der Gesamtbewertung eine Rolle spielen (München FamRZ 02, 462; KG FamRZ 91, 1188). Für den Begriff „Dauer der Ehe" wird man auf den Zeitraum abstellen müssen, in dem der Ehegatte etwa einer vormals ausgeübten Erwerbstätigkeit wegen der ehelichen Lebensgemeinschaft nicht nachgegangen ist (BGH NJW 80, 2247). Maßgeblich ist mithin die **Zeit der ehebedingten Erwerbsbehinderung**. Je kürzer die Ehedauer, desto eher besteht eine Erwerbsobliegenheit (Hamm FamRZ 97, 1536: Obliegenheit zur Erwerbstätigkeit schon im ersten Trennungsjahr bei kurzer Ehedauer). Bei längerer Ehedauer kommen längere Übergangszeiten in Betracht (KG FamRZ 91, 1188: zweijährige Übergangszeit bei langer Ehe). Der BGH (FamRZ 05, 23 = FuR 04, 543) hat eine Einkommensfiktion nach 1½ jähriger Trennung bei einer 13-jährigen kinderlosen Ehe nicht beanstandet. Korrespondierend hiermit spielt auch die **Dauer der Trennung** eine Rolle (Kobl NJW 05, 686: Erwerbsobliegenheit nach einjähriger Trennung). Je länger die Trennung dauert, desto geringer ist das schutzwürdige Vertrauen in den Fortbestand der Ehe und umso mehr verstärkt sich die Erwerbsobliegenheit (BGH FamRZ 01, 350 = FuR 01, 262; BGH FamRZ 90, 283; vgl auch Frankf FPR 04, 25; Hambg FamRZ 02, 753; Köln FamRZ 96, 1215; vgl iÜ Rn 6). Leben etwa Ehegatten länger als 10 Jahren räumlich getrennt und hat jede Partei ihr Auskommen ohne Unterhaltsansprüche geltend zu machen, ist davon auszugehen, dass sich die **Lebensverhältnisse verselbstständigt** haben und Trennungsunterhalt nicht mehr geschuldet ist (Frankf FPR 04, 25).

10 **4. Wirtschaftliche Verhältnisse.** Auch die wirtschaftlichen Verhältnisse haben auf die Zumutbarkeit der Erwerbstätigkeit unmittelbare Auswirkungen. Bei **beengten wirtschaftlichen Verhältnissen** ist die Erwerbsobliegenheit verschärft (BGH FamRZ 90, 283; FamRZ 82, 23; Kobl FamRZ 94, 1253 Bei **gehobenem Lebensstandard** der Parteien ist eine großzügigere Betrachtungsweise geboten (BGH FamRZ 90, 283).

11 **V. Lebensbedarf.** Der Unterhaltsbedarf eines getrennt lebenden Ehegatten richtet sich nach den **individuell ermittelten Lebens-, Einkommens- und Vermögensverhältnissen** (BGH FamRZ 90, 280). Dieser in § 1361 I normierte Begriff der „ehelichen Lebensverhältnisse" ist identisch mit dem Maßstab für den nachehelichen Unterhalt (BGH FamRZ 87, 257, 259; vgl iE § 1578 Rn 2). Die **ehelichen Lebensverhältnisse** markieren die Obergrenze des Lebenszuschnitts. Nach der Trennung soll der Ehegatte nicht besser gestellt sein als während des Zusammenlebens. Der Ansatz eines pauschalierenden Mindestbetrages kommt nicht in Betracht (BGH FamRZ 03, 363; 98, 1501). Die ehelichen Lebensverhältnisse können geprägt sein durch finanzielle, berufliche, aber auch gesundheitliche oder familiäre Faktoren. Die ehelichen Lebensverhältnisse werden (nur) aufgrund des tatsächlich erzielten Familieneinkommens bzw sonstiger Faktoren bestimmt, soweit hierdurch der gemeinsame Lebensstandard beider Ehegatten nachhaltig geprägt war (BGH FamRZ 82, 360; Hamm FamRZ 86, 1102). Eine Hinzurechnung nur gedachter wirtschaftlicher Verhältnisse verbietet sich (BGH FamRZ 97, 281; Hamm NJW-RR 04, 149). **Trennungsbedingter Mehrbedarf** ist nicht in den ehelichen Lebensverhältnissen angelegt und kann regelmäßig nicht neben dem nach der Differenz- oder Additionsmethode ermittelten Quotenbedarf berücksichtigt werden (BGH FuR 04, 548 = FamRZ 04, 1357; Graba FamRZ 02, 857, 859). Diese **individuelle Bedarfsermittlung** wird dahin modifiziert, dass eine extrem sparsame Wirtschafts- und/oder Lebensführung (Hamm FamRZ 93, 1089), aber auch eine verschwenderische Lebensführung (Ddorf FamRZ 96, 1418), zurückgeführt werden auf einen **objektivierten Maßstab** (BGH NJW 97, 735) einer vernünftigen Lebensführung. Einkommensteile, die nicht der Bedarfsdeckung, sondern der Vermögensbildung gedient haben, sind bei der Unterhaltsbemessung nicht zu berücksichtigen.

Maßgeblicher **Zeitpunkt für die Bedarfsbemessung** beim Trennungsunterhalt sind die wirtschaftlichen **12** Verhältnisse im Zeitpunkt der Trennung. Die **ehelichen Lebensverhältnisse** sind jedoch **wandelbar** (BGH FamRZ 08, 968; 06, 683). Veränderungen nach der Trennung beeinflussen grds die ehelichen Lebensverhältnisse, es sei denn, sie beruhen auf einer unerwarteten und vom Normalverlauf erheblich abw Entwicklung. Sofern nach der Trennung eintretende Veränderungen lediglich Umstände in den ehelichen Lebensverhältnissen **surrogieren** (etwa Erwerbseinkommen nach Haushaltsführung/Kinderbetreuung oder Haushaltsführung für einen neuen Partner) (BGH FamRZ 04, 1170; 04, 1173; 01, 1693), prägen sie die ehelichen Lebensverhältnisse.

Trennungsunterhalt umfasst den gesamten **regelmäßigen Lebensbedarf** des bedürftigen Ehegatten. Hierzu **13** zählen im Wesentlichen die Aufwendungen für Wohnung, Verpflegung, Kleidung, Freizeitgestaltung, Erholung sowie für sonstige persönliche und gesellschaftliche Bedürfnisse. Die zur Deckung solcher regelmäßigen Aufwendungen erforderlichen Mittel beinhalten den **Elementarunterhalt** (§ 1361 I 1).

Bei **außergewöhnlich guten Einkommensverhältnissen** lässt sich der Teilhabegedanke nicht iS einer quo- **14** talen Verteilung des Gesamteinkommens ohne Rücksicht auf die tatsächlichen Bedürfnisse des berechtigten Ehegatten konkretisieren. Hier ist eine **konkrete Bemessung** des eheangemessenen Unterhalts vorzunehmen (BGH NJW 94, 2618; Köln FamRZ 02, 326; Kobl FamRZ 02, 887; vgl zum Ganzen *Kleffmann* in: Scholz/Stein, Teil H Rz 228 ff). Die **quantitative Grenze** ab der eine quotale Berechnung nicht mehr zulässig ist, sondern der Bedarf konkret zu ermitteln ist, wird in einigen Leitlinien konkret beziffert, etwa Ziff 15.3 der Leitlinien der OLGe Jena und Frankf: relative Sättigungsgrenze bei 2.200 €. ZT wird auch an den Höchstwert nach der Düsseldorfer Tabelle angeknüpft. Danach endet die Möglichkeit quotaler Bedarfsbemessung dort, wo ein Einkommen nach der höchsten Gruppe (gegenwärtig 5.100 €) erreicht wird (Hamm FamRZ 05, 719; vgl *Scholz* FamRZ 93, 125, 136). In der Praxis sollte bei Erreichen derartiger Einkommensgrenzen **quotal** und **hilfsweise** der Bedarf **konkret** errechnet werden. Nur solche Lebensbedürfnisse werden berücksichtigt, die dem eheangemessenen Bedarf zuzurechnen sind, nicht jene, die der Vermögensbildung oder dem Luxus zugehören (Karlsr NJW-RR 00, 1026; Hamm FamRZ 99, 723). Den Unterhaltsberechtigten trifft die **Darlegungs- und Beweislast** für die Bedarfspositionen (Bambg FamRZ 99, 513; Hamm FamRZ 99, 723). Die **Einzelbedürfnisse** können naturgemäß nicht abschließend aufgelistet werden. Berücksichtigungsfähig sind (vgl zu weiteren Einzelheiten *Büte* FuR 05, 385 und *Kleffmann* in: Scholz/Stein, Teil H Rz 193):

- Allg Lebensbedarf: zwischen 380 € und 920 € monatlich (Köln FamRZ 93, 64: 750 DM zzgl 100 DM Haushaltsbedarf und 250 DM Kleinkosten; Köln FamRZ 92, 322, 323: 1800 DM; Ddorf FamRZ 91, 77: 1700 DM
- Wohnbedarf: zwischen 510 € und 1.020 € (Köln FamRZ 92, 322: 1800 DM; Frankf FamRZ 92, 823: 2000 DM), iÜ ist stets auf die jeweiligen Lebensverhältnisse abzustellen, etwa ob die Anmietung eines Reihenhauses oder einer Doppelhaushälfte als „angemessen" angesehen werden kann (Köln FamRZ 92, 322; Hamm FamRZ 92, 1175)
- Nebenkosten: ca 250 € (Köln FamRZ 93, 64)
- Telefonkosten: zwischen 50 € und 75 € (Köln FamRZ 93, 64: 150 DM; Hamm FamRZ 92, 1175: 100 DM)
- Kleidung zwischen 230 € und 350 € (Köln FamRZ 93, 64: 75 € bis 150 €, Bambg FamRZ 99, 513: 300 € für Haushaltshilfe, 200 € für Gartenarbeit; Köln FamRZ 92, 322: 700 DM)
- Kosmetika: bis 75 € monatlich (Kobl FamRZ 95, 479: 150 DM; Köln FamRZ 93, 64, 200 DM (einschl Friseur)
- Haushaltshilfe: bei überdurchschnittlichen Einkommensverhältnissen grds anzuerkennen, und zwar selbst dann, wenn in der Zeit des ehelichen Zusammenlebens eine Haushaltshilfe noch nicht beschäftigt war (Hamm FamRZ 92, 1175; Hamm FamRZ 99, 721). Es wurden Beträge in der Größenordnung von 350 DM berücksichtigt (Köln FamRZ 92, 322; vgl auch Hamm FamRZ 92, 1175; Köln FamRZ 93, 64: 150 bis 300 DM)
- Kraftfahrzeug: Monatspauschalen von 230 € bis 560 € wurden anerkannt (Köln FamRZ 93, 64: 500 DM; Ddorf FamRZ 91, 77: 1.000 DM; Hamm FamRZ 92, 1175: 1.100 DM)
- Urlaub: anerkannt wurden Monatsbeträge zwischen 200 € bis 760 € (Köln FamRZ 93, 64: 650 DM; Köln FamRZ 92, 322: 1.500 DM; Hamm FamRZ 92, 1175)
- Sport, Hobbys: je nach Einzelfall, soweit entschieden, zwischen 35 und 100 € (Ddorf FamRZ 91, 77: 70 DM; Kobl FamRZ 85, 479: 200 DM)
- kulturelle Veranstaltungen: je nach Einzelfall, regelmäßig zwischen 35 und 100 € (Köln FamRZ 92, 322: 70 DM; Ddorf FamRZ 91, 77: 70 DM; Kobl FamRZ 85, 479: 200 DM)
- Restaurantbesuche: je nach Einzelfall bis 100 € (Köln FamRZ 93, 64)
- Zeitschriften und Fachliteratur: bis 50 € (Köln FamRZ 92, 322)
- Auffangbetrag für Kleinkosten: bis ca 110 € (Köln FamRZ 93, 64)

Ein Anspruch auf **Ausbildungsunterhalt** bei Trennung kommt in Betracht, wenn die Ausbildung dem im **15** Lauf der Ehe einvernehmlich entwickelten gemeinsamen Lebensplan der Eheleute entspricht. Dabei ist es unerheblich, ob es sich um eine Erst- oder Zweitausbildung handelt (BGH FamRZ 85, 782). Fehlt ein entspr gemeinsamer Lebensplan, kann in der Trennungsphase ausnahmsweise Ausbildungsunterhalt unter Heranziehung der Grundsätze zum Scheidungsunterhalt begründet sein, weil getrennt lebende Ehegatten im Zweifel nicht schlechter gestellt werden dürfen als sie im Fall der Scheidung stünden. Während der Trennung kommt ein Anspruch auf Ausbildungsunterhalt nur insoweit in Betracht, als er sich nicht nach den Kriterien der §§ 1573 I iVm 1574 III begründen lässt. Der Bedürftige muss verpflichtet sein, sich einer zur Erlangung einer angemessenen Erwerbstätigkeit erforderlichen Ausbildung zu unterziehen, damit bei Scheidung eine baldige (Wieder-)Eingliederung in das Erwerbsleben möglich wird (BGH FamRZ 01, 350; 88, 1145; München FamRZ 98, 553: Ausbildungsunterhaltsanspruch während des Getrenntlebens, wenn der berechtigte Ehegatte wegen der Geburt eines Kindes eine Ausbildung abgebrochen hatte). Ein Anspruch entspr § 1575 während der Trennungszeit kann im Vorgriff auf dessen Voraussetzungen bejaht werden, wenn das endgültige Scheitern der Ehe feststeht (BGH FamRZ 01, 350) und die Aufnahme einer Ausbildung für die Ausübung einer angemessenen Erwerbstätigkeit erforderlich ist (zu Einzelheiten vgl § 1575 Rn 5).

16 Zum Zweck einer lückenlosen „sozialen Biografie" kann der Berechtigte ab Monatsanfang der Rechtshängigkeit des Ehescheidungsverfahrens nach § 1361 I 2 **Altersvorsorgeunterhalt** verlangen. Er ist in der Quote nicht enthalten (BGH FamRZ 07, 117). Altersvorsorgeunterhalt dient nicht der laufenden Deckung des Lebensbedarfs; er ist ggü dem Elementarunterhalt nachrangig. Besteht während der Trennung ausnahmsweise ein Anspruch auf Ausbildungsunterhalt, erstreckt er sich grds auch auf den Anspruchsteil „Altersvorsorge". Die Beschränkung des § 1578 III gilt insoweit nicht (BGH FamRZ 88, 1145). Bedürftigkeit hinsichtlich des Altersvorsorgeunterhalts entfällt, wenn für den berechtigten Ehegatten eine Altersversorgung zu erwarten ist, welche diejenige des Unterhaltsschuldners erreicht (BGH NJW 07, 144). Die **Höhe des Vorsorgebedarfs** richtet sich nach dem Umfang des angemessenen Elementarunterhalts (München FamRZ 05, 367). Der Vorsorgeunterhalt ist mittels der **Bremer Tabelle** (BGH FamRZ 09, 283 = FuR 09, 269; vgl weiter *Gutdeutsch* FuR 07, 157; FamRZ 07, 255; grundl zur Anwendung BGH FamRZ 83, 1883; 81, 442) unter Berücksichtigung von Beitragssätzen von 19,9 % für die Rentenversicherung und 2,8 % für die Arbeitslosenversicherung (Lohnsteuerklasse I ohne Kinderfreibetrag mit Solidaritätszuschlag) grds **mehrstufig** zu berechnen. Im Hinblick auf die Zielsetzung des Vorsorgeunterhalts ist der Elementarunterhalt zu dem Entgelt aus einer Erwerbstätigkeit und der Vorsorgeunterhalt zu den Versicherungsbeiträgen in Beziehung zu setzen, die im Hinblick auf ein derartiges Erwerbseinkommen zu entrichten wären und somit der Berechtigte hinsichtlich der Altersvorsorge so zu behandeln, wie wenn er aus einer versicherungspflichtigen Erwerbstätigkeit Einkünfte in Höhe des ihm an sich zustehenden Elementarunterhalts hätte (BGH FamRZ 99, 372):
1. Stufe: Ermittlung des Elementarunterhalts als Recheneinheit
2. Stufe: Hochrechnung dieses Nettobetrages nach der Bremer Tabelle zu einem fiktiven Bruttoeinkommen als Recheneinheit. Aus dieser Recheneinheit ist als Vorsorgeunterhalt der Beitrag zur gesetzlichen Rentenversicherung (2009: 19,9 %) zu entnehmen.
3. Stufe: Dieser Vorsorgeunterhalt ist sodann vom bereinigten Nettoeinkommen des Unterhaltsschuldners abzuziehen; sodann ist der endgültige Elementarunterhalt zu errechnen.

Mit einer **Angemessenheitskontrolle** ist zu prüfen, ob dem unterhaltsbedürftigen Ehegatten für den laufenden Lebensbedarf ausreichende Mittel zur Verfügung stehen oder ab eine Kürzung des an sich nachrangigen Altersvorsorgeunterhalts erforderlich ist (BGH NJW 99, 717). Reicht der Elementarunterhalt für den Bedarf nicht, entfällt ein Anspruch auf Vorsorgeunterhalt (BGH FamRZ 87, 684). Der mehrstufigen Berechnung des neben dem Altersvorsorgeunterhalt geschuldeten Elementarunterhalts bedarf es nicht, soweit im Wege der Anrechnungsmethode Einkünfte von der Unterhaltsquote abzuziehen sind (BGH FamRZ 99, 372; BGH FamRZ 88, 1145; München FamRZ 94, 1459). Zur Vermeidung einer komplizierten Berechnung hat *Gutdeutsch* eine **tabellarische Übersicht zum Direktabgriff des Altersvorsorgeunterhalts** entwickelt (FamRZ 09, 284; zur Verwendung vgl *Gutdeutsch/Hampel* FamRZ 92, 1028). Bei beengten Verhältnissen und in Mangelfällen ist der Vorsorgeunterhalt subsidiär (BGH FamRZ 89, 483). Bei **sehr guten Einkommensverhältnissen** ist die Höhe des geschuldeten Altersvorsorgeunterhalts nicht auf den sich aus der Beitragsbemessungsgrenze der gesetzlichen Rentenversicherung ergebenen Betrag beschränkt (BGH FuR 07, 28 = FamRZ 07, 117). Eine höhenmäßige Begrenzung kommt nur in Betracht, wenn andernfalls für den Unterhaltsberechtigten eine Altersversorgung zu erwarten steht, die diejenige des Unterhaltspflichtigen übersteigt (BGH FuR 07, 28 = FamRZ 07, 117; FamRZ 88, 1145) oder wenn der Halbteilungsgrundsatz verletzt wird (vgl auch München NJW 04, 2533; Bambg FamRZ 99, 513 und Ddorf FamRZ 91, 806). **Altersvorsorgeunterhalt** kann für die **Vergangenheit** nicht erst von dem Zeitpunkt an verlangt werden, in dem er ausdrücklich geltend gemacht worden ist. Es reicht für die Inanspruchnahme des Pflichtigen vielmehr aus, dass von ihm Auskunft mit dem Ziel der Geltendmachung eines Unterhaltsanspruchs begehrt worden ist (BGH FuR 07, 79 = FamRZ 07, 193; zurückhaltender der BGH in FamRZ 07, 1532: keine Bezifferung „in bestimmter Höhe" erforderlich).

Der Bedürftige hat den Altersvorsorgeunterhalt bestimmungsgemäß zu verwenden. Art und Weise der *Altersvorsorge kann er jedoch selbst wählen* (Einzahlung in die gesetzliche Versicherung, Lebensversicherung etc). Verwendet der Bedürftige den Vorsorgeunterhalt nicht bestimmungsgemäß, kann der Pflichtige beantragen, dass schuldbefreiend unmittelbar an den Versorgungsträger geleistet wird (BGH FamRZ 87, 684). Erfährt der Pflichtige erst später, dass Vorsorgeunterhalt nicht bestimmungsgemäß verwendet wurde, kommt im Rentenfall eine Verwirkung des Anspruchs nach § 1579 Nr 4 in Höhe der entgangenen Altersvorsorge in Betracht (BGH FamRZ 03, 843).

Trotz Trennung bleibt der Unterhaltsgläubiger grds in der gesetzlichen Krankenversicherung des Pflichtigen versichert (zu Einzelheiten vgl *Husheer* FamRZ 91, 264). Ist der Unterhaltsgläubiger nicht (mehr) selbst versichert oder beim Unterhaltsschuldner mitversichert, umfasst der Lebensbedarf auch die Kosten für eine angemessene **Kranken- und Pflegevorsorge** (§ 1578 II analog). Dieser Bedarfsteil ist unselbstständiger Teil des elementaren Lebensbedarfs (BGH FamRZ 07, 193, 117). Er ist gleichrangig neben dem Elementarunterhalt geltend zu machen und nicht – wie der Vorsorgeunterhalt – nachrangig (BGH FamRZ 89, 483). Die Höhe des Anspruchs richtet sich nach den bereits während des Zusammenlebens angefallenen Kosten (BGH FamRZ 88, 1145) bzw bei Neuversicherungen nach den angemessenen Kosten einer entspr Krankenversicherung. War der Unterhaltsgläubiger bereits vor der Trennung zusammen mit dem Unterhaltsschuldner privat kranken- und pflegeversichert, kann er auch nach der Trennung beanspruchen, in gleicher Weise weiter versichert zu sein, da diese Form des Krankenversicherungsschutzes den ehelichen Lebensverhältnissen entspricht (zu Einzelheiten vgl *Büte* FuR 05, 481 und *Husheer* FamRZ 91, 264). Dies gilt auch für die Fortführung einer Zusatzversicherung. Dem Unterhaltsschuldner obliegt – zumindest bis zur Scheidung – die Fortzahlung einer privaten Kranken- und Pflegeversicherung für den Unterhaltsgläubiger. Kündigt er eine bestehende Kranken- und Pflegeversicherung, kann der Unterhaltsgläubiger nicht nur die entstehenden Beitragslasten als trennungsbedingten Mehrbedarf geltend machen, sondern auch die Kosten der Heilbehandlung als Sonderbedarf. Solange noch eine Mitversicherung besteht, ist der Unterhaltsschuldner verpflichtet, Arztrechnungen der Krankenversicherung vorzulegen und erstattete Beträge weiterzuleiten (Schlesw FamRZ 83, 394). Bei Vereinbarung des **Realsplittings** ist der Unterhalt krankenversicherungsrechtlich als Einkommen anzusehen (BSG FamRZ 94, 1239; *Böhmel* FamRZ 95, 270). Der getrennt lebende Ehegatte kann dadurch krankenversicherungspflichtig werden. Wird Erwerbseinkommen fingiert, ist auch ein Krankenvorsorgeunterhaltsanspruch nicht gegeben (Hamm FamRZ 94, 107). Wird Krankenvorsorgeunterhalt nicht bestimmungsgemäß verwendet, ist der Bedürftige so zu behandeln als wäre er krankenversichert (BGH FamRZ 83, 676). Die Kosten der Pflegevorsorge sind ebenso wie die Kosten der Krankenvorsorge Bestandteil des Lebensbedarfs des Berechtigten und können in gleicher Form geltend gemacht werden (Saarbr FamRZ 99, 382; *Büttner* FamRZ 95, 193).

Krankenvorsorgeunterhalt ist in Mangelfällen nicht subsidiär. Wird Krankenvorsorgeunterhalt nicht bestimmungsgemäß verwendet, ist der Bedürftige so zu behandeln als wäre er krankenversichert. Treffen Krankenvorsorge- und Altersvorsorgeunterhalt zusammen, ist zunächst der Krankenvorsorgeunterhalt vom bereinigten Nettoeinkommen des Pflichtigen abzuziehen, sodann der Altersvorsorgeunterhalt zu berechnen.

Mehrbedarf ist ein regelmäßig auftretender Bedarf, der zusätzlich zum Elementarbedarf entsteht und durch besondere Umstände wie Unfall, Krankheit, Alter, Pflegebedürftigkeit, Gebrechlichkeit oder aufgrund einer Ausbildung, Fortbildung oder Umschulung entsteht. Er ist konkret zu ermitteln oder nach § 287 II ZPO zu schätzen (BGH FamRZ 82, 255; Köln ZFE 08, 393; Hamm FamRZ 06, 124). Der getrennt lebende Ehegatte darf nicht schlechter gestellt werden als der geschiedene. Aus den nachehelichen Unterhaltstatbeständen können Maßstäbe für die Beurteilung des Trennungsunterhalts entnommen werden (BGH FamRZ 01, 350). Da der Mehrbedarf Teil eines einheitlich zu betrachtenden Lebensbedarfs ist (BGH FamRZ 82, 255), muss er vorab abgezogen werden und steht nicht der Quotierung zur Verfügung.

Trennen sich Ehegatten, können auf beiden Seiten oftmals nicht unerhebliche Mehrkosten (Umzugskosten, doppelte Haushaltsführung etc) entstehen. Nach früherer Rspr (BGH FamRZ 87, 913; 84, 358) umfasste die volle Unterhalt die Quote aus den beiderseitigen Einkünften zzgl eines **trennungsbedingten Mehrbedarfs** (BGH FamRZ 90, 258; 88, 701). Dieser im Gesetz nicht normierte trennungsbedingte Mehrbedarf wurde entwickelt um Härten der vormals bei Hausfrauen angewandten Anrechnungsmethode zu mildern, wenn sie nach und wegen der Trennung eine Berufstätigkeit aufnahmen (eingehend *Graba* FamRZ 02, 857; *Gerhardt* FamRZ 03, 372). Infolge der verstärken Anwendung der Differenz-/Additionsmethode aufgrund der geänderten (Surrogat-)Rspr des BGH (FamRZ 01, 986) zur Neubewertung der ehelichen Lebensverhältnisse, wonach nach Trennung bzw Scheidung erstmals erzieltes Einkommen als Surrogat für die Familienarbeit anzusehen ist wie auch zu den sog wandelbaren ehelichen Lebensverhältnissen hat das Institut des **trennungsbedingten Mehrbedarfs seine Bedeutung verloren** (BGH FamRZ 07, 1303; 06, 583; 04, 1357). Trennungsbedingte, berücksichtigungswürdige Mehrkosten sind jedoch bei der Ermittlung des Nettoeinkommens in Abzug zu bringen (vgl iE vor § 1577 Rn 51 ff). Die Erhöhung der Lebenshaltungskosten durch getrennte Haushalte ist nicht als Teil der ehelichen Lebensverhältnisse und damit trennungsbedingter Mehrbedarf nicht als Bestandteil der Unterhaltszumessung anzuerkennen. Die Benachteiligung des haushaltsführenden Ehegatten ist durch die Surrogatrspr des BGH (FamRZ 01, 986 = FuR 01, 306) beseitigt. Neben des im Wege der Differenz-/Additionsmethode zu ermittelnden (höheren) Bedarfs würde ein konkret zu bemessener zusätzlicher Bedarf eines Ehegatten zu einem Verstoß gegen den Halbteilungsgrundsatz führen. Der Unterhaltsgläubiger kann mangels weiterer verfügbarer Mittel trennungsbedingten Bedarf iÜ nur geltend machen, wenn neben dem prägenden Einkommen noch zusätzliches Einkommen vorhanden ist (BGH FamRZ 04, 1357= FuR 04, 548). Ein Teil der OLGe hält am trennungsbedingten Mehrbedarf fest, soweit nicht prägende Einkünfte vorhanden sind. Soweit OLGe trennungsbedingten Mehrbedarf berücksichtigten, kann er nicht nach festen Pauschalbeträgen oder einem prozentualen Anteil des Bedarfs in Ansatz gebracht werden, sondern ist konkret zu berechnen und ggf darzulegen und zu beweisen (BGH FamRZ 90, 979, 90, 258). Eine Schätzung über § 287 ZPO ist jedoch zulässig (BGH FuR 01, 326 = FamRZ 01, 1603).

20 **VI. Die Art der Unterhaltsleistung.** Nach § 1361 IV ist der laufende Unterhalt durch Zahlung einer **Geldrente** zu gewähren. Die Geldrente ist monatlich im Voraus zu zahlen, es sei denn, es ist etwas anderes vereinbart (BGH FamRZ 97, 484). Die Ausn des § 1612 I 2 (Recht zur Bestimmung der Gewährung des Unterhalts in anderer Form aus besonderen Gründen) gilt nur für den Verwandtenunterhalt und ist beim Ehegattenunterhalt nicht, auch nicht analog, anwendbar. Der Anspruch auf Trennungsunterhalt nach § 1361 besteht auch, wenn die Ehegatten im Güterstand der **Gütergemeinschaft** leben. Zum Gesamtgut gehört auch das Erwerbseinkommen der Ehegatten (München FamRZ 96, 166). § 1420 gilt auch für den Trennungsunterhalt. Ist das Gesamtgut zum Unterhalt zu verwenden und verwalten die Parteien das Gesamtgut gemeinsam (§ 1421), kann der unterhaltsberechtigte Ehegatte von dem anderen nicht Zahlung einer Geldrente, sondern nach § 1451 (nur) Mitwirkung an den Maßregeln verlangen, die zur ordnungsgemäßen Verwendung des Gesamtguts für den Unterhalt erforderlich sind (BGH FamRZ 90, 851), sofern sich nicht ausnahmsweise der Zahlungsanspruch nach den konkreten Verhältnissen ohne weiteres errechnen und durchsetzen lässt (Ddorf FamRZ 99, 1348; *Weinreich* FuR 99, 49).

21 **C. Sonderfragen.** § 1361 IV 4 enthält zahlreiche **Verweisungen** auf das Recht des Familienunterhalts und Verwandtenunterhalts. Über § 1361 IV 4 und § 1360a III gilt § 1613 I auch für den Trennungsunterhalt. Nach § 1613 I 2 wird Unterhalt ab dem ersten des Monats geschuldet, jedoch nur dann, wenn der Unterhaltsanspruch dem Grunde nach zu diesem Zeitpunkt bestanden hat, mithin frühestens taggenau ab der Trennung. Str ist, ob bezüglich rückständiger Ansprüche auf Zahlung von Trennungsunterhalt die Frist des § 1585b III analog anzuwenden ist (vgl zum Meinungsstand FAKomm-FamR/*Klein* § 1361 Rz 99 zugleich auch zur Problematik der Verwirkung von länger als einem Jahr zurückliegender Ansprüche auf Trennungsunterhalt).

22 Der getrennt lebende Ehegatte kann neben dem laufenden Unterhalt unter bestimmten Voraussetzungen auch **Sonderbedarf** geltend machen (§§ 1361 IV 4, 1360 III, 1613 II, grundlegend BGH FamRZ 83, 29, vgl iÜ § 1613 Rn 8). Wird Quotenunterhalt geltend gemacht und sind keine zusätzlichen (nicht prägenden) Einkünfte vorhanden, fehlt es regelmäßig an der Leistungsfähigkeit des Pflichtigen für einen Sonderbedarf (München FamRZ 06, 791). Ist beim Bedürftigen Vermögen vorhanden, ist etwaiger Sonderbedarf zunächst hieraus zu bestreiten.

23 Trennungsunterhalt ist für die Zukunft nur **beschränkt disponibel** (§§ 1361 IV 3, 1360a III, 1614). Für die Vergangenheit ist ein **Unterhaltverzicht** möglich, soweit nicht der Anspruch auf einen Dritten übergegangen ist. Hinsichtlich des laufenden Unterhalts ist eine Verzichtsvereinbarung jedoch unwirksam, wenn eine gewisse **Toleranzgrenze** überschritten wird. Diese ist bei 20% bis 33% des nach den ehelichen Lebensverhältnissen angemessenen Bedarfs anzusetzen (Hamm FamRZ 07, 733; Hamm FuR 00, 280). Ein (unzulässiger) Verzicht kann nicht durch einen pactum de non petendo umgangen werden (Zweibr FamRZ 09, 147; vgl auch *Deisenhofer* FamRZ 00, 1368; *Bäumel* FPR 01, 132). Allein die Nichtgeltendmachung von Trennungsunterhalt impliziert keinen Unterhaltsverzicht (BGH FamRZ 05, 1236; 81, 763; zu denkbaren Vereinbarungen vgl iÜ *Schwackenberg* FPR 01, 107).

Über die **Art der Unterhaltsleistungen** (etwa Leistung ganz oder teilw in Natur) können Ehegatten wirksam disponieren (BGH FamRZ 65, 125; Hamm FamRZ 84, 790).

24 Anders als beim nachehelichen Unterhalt kann der Unterhaltsgläubiger während der Trennung keine **Kapitalabfindung** (§ 1585 II) verlangen. **Vorausleistungen** sind gem §§ 1360a III, 1614 II, 760 III nur für drei Monate wirksam (BGH NJW 93, 2105).

25 Der Anspruch auf Trennungsunterhalt **erlischt** mit Rechtskraft der Scheidung (Grundsatz der Nichtidentität von Trennungsunterhalt und nachehelichem Unterhalt, BGH FamRZ 88, 1137; 81, 242), bei Versöhnung der Eheleute mit endgültiger, nicht nur vorübergehender Aufhebung des Getrenntlebens (Nichtidentität von Familien- und Trennungsunterhalt) (Hamm FamRZ 99, 30; Ddorf FamRZ 92, 43), bei Tod des Unterhaltsgläubigers oder des Unterhaltsschuldners und bei grober Unbilligkeit (§ 1361 III iVm § 1579).

26 Die in § 1605 normierten Ansprüche auf **Auskunft** und Belegvorlage gelten über die Verweisungsnorm des § 1361 IV auch iRd Trennungsunterhalts (wegen der Einzelheiten vgl § 1605 Rn 1 ff). **Elementar-, Krankenversicherungs- und Vorsorgeunterhalt** sowie ausbildungsbedingter **Mehrbedarf** sind im Antrag und im Beschl **gesondert auszuweisen.** Sie werden nicht vAw zugesprochen (BGH FamRZ 85, 690). Wird ohne nähere Bezeichnung „Unterhalt" geltend gemachten, wird damit der gesamte Unterhalt umfasst. Für die Inanspruchnahme des Pflichtigen reicht es aus, dass von diesem **Auskunft** mit dem Ziel der Geltendmachung eines Unterhaltsanspruchs begehrt wird (BGH FamRZ 07, 193; 07, 196). Der Berechtigte kann oftmals erst nach Erteilung der Auskunft entscheiden, ob der Pflichtige in der Lage ist, Vorsorgeunterhalt zu leisten.

27 Der Unterhalt begehrende Ehegatte trägt die **Darlegungs- und Beweislast** für die anspruchsbegründenden Tatsachen. Hierzu gehören die ehelichen Lebensverhältnisse, aus denen er seinen Bedarf (BGH FamRZ 84, 149), und seine Bedürftigkeit (vgl auch BGH NJW 80, 393; Köln FamRZ 98, 1427; Karlsr FamRZ 97, 1011)

ableitet. Die fehlende oder eingeschränkte Leistungsfähigkeit hingegen hat der Schuldner als rechtshindernden Einwand darzulegen und ggf zu beweisen (BGH FamRZ 80, 126; Köln FamRZ 98, 1427). Korrespondierend hiermit trägt der Unterhaltsschuldner auch die Darlegungs- und Beweislast für unterhaltsrelevante Abzugsposten, etwa für die unterhaltsrechtliche Erheblichkeit von Verbindlichkeiten (BGH FamRZ 90, 283). Besteht eine Erwerbsobliegenheit, trägt die Darlegungs- und Beweislast für **hinreichende Bemühungen**(zu Einzelheiten vgl *Kleffmann* FuR 00, 454), ggf auch für deren Erfolglosigkeit (BGH NJW 86, 718), der dazu Verpflichtete. Zweifel an der Ernsthaftigkeit von Erwerbsbemühungen und daran, ob bei sachgerechten Bemühungen eine nicht ganz von der Hand zu weisende reale Beschäftigungschance besteht oder bestanden hätte, gehen zu Lasten des Arbeitssuchenden. Steht fest, dass sich der Unterhaltsverpflichtete unzureichend um Arbeit bemüht hat, muss er darlegen und beweisen, dass seine (hypothetischen) Bemühungen erfolglos gewesen wären (Braunschw NJW-RR 96, 454). Behauptet der Unterhaltsschuldner, der Gläubiger lebe mit einem neuen Partner zusammen und müsse sich iRd Anspruchs auf Trennungsunterhalt Versorgungsleistungen anrechnen lassen, dann muss er beweisen, dass eine derartige Lebensgemeinschaft besteht. Der Berechtigte wiederum muss den Vortrag des Pflichtigen widerlegen, er erbringe dem Partner Versorgungsleistungen und müsse sich hierfür eine Vergütung anrechnen lassen (BGH NJW 95, 717). Bei Nichtaufklärbarkeit des Zeitpunkts des Zusammenlebens in neuer Partnerschaft gelten die allg Beweislastregeln (Hamm FamRZ 02, 1627). **Verwirkungsgründe** sind vom Pflichtigen darzulegen und zu beweisen (BGH NJW 91, 1290). Der Verpflichtete trägt auch die Darlegungs- und Beweislast, dass es sich bei einer bereits in der Ehe ausgeübten Tätigkeit um keine unzumutbare Tätigkeit handelt (BGH FamRZ 98, 1501).

Der Anspruch auf Trennungsunterhalt tritt ggü dem Anspruch aus **§ 1615 l** zurück, wenn die Ehefrau ihre **28** Erwerbstätigkeit wegen eines nicht vom Ehemann abstammenden Kindes aufgibt (Bremen FamRZ 05, 213). Betreut die getrennt lebende Ehefrau sowohl ein eheliches als auch ein nach der Trennung geborenes, nicht vom Ehemann abstammendes Kind, so sind beide Väter in entspr Anwendung des § 1606 III 1 anteilig unterhaltsverpflichtet (BGH FamRZ 07, 1303; 98, 541; Bremen FamRZ 06, 1207; vgl zum Ganzen auch *Wever/ Schilling* FamRZ 02, 581; *Büttner* FamRZ 00, 781). Das Maß der jeweiligen Verpflichtung knüpft an die beiderseitigen Erwerbs- und Vermögensverhältnisse an. Insb sind auch Anzahl, Alter, Entwicklung und Betreuungsbedürftigkeit der jeweiligen Kinder zu berücksichtigen. Haben die ehelichen Kinder bereits ein Alter erreicht, das der Aufnahme einer (Teil-)Erwerbstätigkeit nicht mehr entgegensteht und kann eine solche nur wegen des erhöhten Betreuungsbedürfnisses des neugeborenen außerehelichen Kindes nicht verlangt werden, besteht eine anteilige Mithaftung des Ehemannes nur insoweit, als er auch ohne Geburt des neuen Kindes auf Unterhalt in Anspruch genommen werden könnte (Köln FamRB 06, 137). Das neben der Betreuung des ehelichen Kindes erzielbare Einkommen ist der Mutter sodann fiktiv zuzurechnen (Kobl FamRZ 05, 804; vgl auch Hamm FamRZ 00, 637). Kann eine Ehefrau wegen eines betreuten ehelichen Kindes und eines betreuten nicht ehelichen Kindes von dessen Vater und vom Ehemann Betreuungsunterhalt verlangen, beschränkt sich ihr **Bedarf** auch ggü dem nicht ehelichen Vater auf den ehelichen Bedarf(BGH FamRZ 07, 1303).

D. Beschränkung und Versagung des Trennungsunterhalts. Allein die Trennung als solche erlaubt es nicht, **29** Ehegattenunterhalt zu verweigern (BGH FamRZ 86, 434). Trennungsunterhalt kann nach § 1361 III beschränkt oder versagt werden, wenn einer der Härtegründe des § 1579 Nr 2–8 vorliegt. Der Ausschlussgrund der kurzen Ehedauer nach § 1579 Nr 1 ist ausdrücklich ausgenommen (BGH FamRZ 79, 569; Hamm FamRZ 97, 417). Allerdings kann eine **kurze Ehedauer** sowohl für die Frage der Erwerbsobliegenheit (§ 1361 II) als auch iRd Billigkeitsabwägung iRd Anwendung anderer Verwirkungstatbestände bedeutsam sein (Köln FamRZ 99, 93; Celle FamRZ 90, 519). Eine Begrenzung des Trennungsunterhalts kommt nur in Betracht, wenn

– ein Verwirkungstatbestand nach § 1579 Nr 2–8 vorliegt,
– die Verpflichtung zur Leistung von Unterhalt grob unbillig wäre,
– die Wahrung der Belange eines dem Unterhaltsgläubiger zur Pflege oder Erziehung anvertrauten gemeinschaftlichen Kindes die Begrenzung des Trennungsunterhalts erlaubt.

Der Schuldner muss alle vorgenannten Voraussetzungen **darlegen und beweisen** (BGH FamRZ 91, 670). Trennungsunterhalt kann beschränkt oder versagt werden, wenn sich die Ehegatten vor der Eheschließung darüber einig waren, dass keine Gemeinschaft aufgenommen werden sollte und ein Zusammenleben deshalb unterblieb (BGH FamRZ 94, 558). Lebt der unterhaltsbedürftige Ehegatte in einer **verfestigten Lebensgemeinschaft**, ist die Härteklausel des § 1579 Nr 2 entspr anwendbar. Maßgeblich ist, ob objektive, nach außen getretene Umstände den Schluss auf eine feste Beziehung nahe legen, etwa eine längere gemeinsame Haushaltsführung, das Erscheinungsbild in der Öffentlichkeit, größere gemeinsame Investitionen oder – auch ohne gemeinsamen Haushalt – die Dauer der Verbindung. Auf die Ausgestaltung der Beziehung in persönlicher oder finanzieller Hinsicht soll es nicht ankommen, sondern ausschließlich darauf, dass sich der geschiedene Ehegatte und über § 1361 III auch der getrennt lebende Ehegatte, der in einer verfestigten Lebensgemeinschaft lebt, aus der (nach-)ehelichen Solidarität objektiv verabschiedet. Der Anwendung der Klausel steht nicht entgegen, dass eine Eheschließung mit dem neuen Partner in der Trennungsphase nicht möglich ist (BGH FamRZ 02, 810). Entscheidend ist allein die Vergleichbarkeit der neuen Beziehung mit einer Ehe. Bei langjähriger Trennung (Richtschnur: 10 Jahre und mehr) kann ein

Trennungsunterhalt unter dem Gesichtspunkt des § 1579 Nr 7 verwirkt sein (Frankf FamRZ 04, 1574). Der Härtegrund einer mutwilligen Herbeiführung der Bedürftigkeit in § 1579 Nr 2 ist durch die Trennung als solche nicht erfüllt (BGH FamRZ 86, 434). IRd Beurteilung der groben Unbilligkeit iSd § 1579 anzustellenden **Interessenabwägung** sind die Belange eines vom Unterhaltsgläubiger betreuten Kindes zu wahren (**Kinderschutzklausel**). Dem betreuenden Ehegatten müssen jedenfalls diejenigen Mittel verbleiben, die er zur Deckung seines Mindestbedarfs benötigt. Wegen der Einzelheiten wird verwiesen auf die Kommentierung zu § 1579 Rn 3 ff. Darüber hinaus kommt für Unterhaltsrückstände eine **Verwirkung nach allg Grundsätzen** über § 242 in Betracht, wenn die entspr Voraussetzungen (Zeit- und Umstandsmoment) vorliegen (BGH FamRZ 99, 1422; 88, 370; vgl auch § 1585b Rn 6). Unterhalt dient der Existenzsicherung. Von einem Gläubiger, der lebensnotwendig auf Unterhaltsleistungen angewiesen ist, kann eher als von einem Gläubiger anderer Forderungen erwartet werden, dass er sich zeitnah um die Durchsetzung seines Anspruchs bemüht. Das **Zeitmoment** wird regelmäßig als erfüllt angesehen werden können, wenn die Ansprüche **ein Jahr** (oder länger) nicht weiterverfolgt wurden (BGH FuR 04, 226 = FamRZ 04, 531; Hamm FuR 04, 271). An das **Umstandsmoment** dürfen keine übertriebenen Anforderungen gestellt werden. Die Verwirkung bezieht sich gleichermaßen auf nicht titulierte wie titulierte Unterhaltsansprüche (BGH FuR 04, 226 = FamRZ 04, 531; FuR 03, 26 = FamRZ 02, 1698; FuR 00, 91 = FamRZ 99, 1422). Der Verwirkungseinwand greift auch, wenn Ansprüche bereits im Wege des Stufenantrags rechtshängig geworden sind, der Unterhaltsgläubiger den Rechtsstreit aber über einen entspr langen Zeitraum hinweg nicht betreibt (KG NJW-RR 05, 1308). § 1578b gilt für den Trennungsunterhalt nicht, auch nicht analog (Bremen FuR 09, 217; Brandbg NJW 09, 1356; Ddorf FamRZ 08, 1538; vgl auch BT-Drs 16/1830 6; Kobl NJW 03, 1816 zu § 1573 V; aber str, vgl auch *Graba* FamRZ 08, 1217 und *Triebs* FPR 08, 31).

§ 1361a Verteilung der Haushaltsgegenstände bei Getrenntleben.
(1) ¹Leben die Ehegatten getrennt, so kann jeder von ihnen die ihm gehörenden Haushaltsgegenstände von dem anderen Ehegatten herausverlangen. ²Er ist jedoch verpflichtet, sie dem anderen Ehegatten zum Gebrauch zu überlassen, soweit dieser sie zur Führung eines abgesonderten Haushalts benötigt und die Überlassung nach den Umständen des Falles der Billigkeit entspricht.
(2) Haushaltsgegenstände, die den Ehegatten gemeinsam gehören, werden zwischen ihnen nach den Grundsätzen der Billigkeit verteilt.
(3) ¹Können sich die Ehegatten nicht einigen, so entscheidet das zuständige Gericht. ²Dieses kann eine angemessene Vergütung für die Benutzung der Haushaltsgegenstände festsetzen.
(4) Die Eigentumsverhältnisse bleiben unberührt, sofern die Ehegatten nichts anderes vereinbaren.

1 **A. Allgemeines.** Die Norm gibt die Möglichkeit der **vorläufigen Regelung** von Besitz und Nutzungen von im Haushalt befindlichem Hausrat für die Zeit von der Trennung bis zur Rechtskraft der Ehescheidung. Die endgültige Verteilung der Haushaltssachen nach der Ehescheidung erfolgt nach § 1568b.

2 Die Zuweisung erfolgt nur zur Gebrauchsüberlassung, weshalb weder in Eigentumsrechte noch in Rechte Dritter eingegriffen wird. Deshalb ist auch nicht die Anordnung einer Ausgleichszahlung, sondern nur die einer Nutzungsentschädigung möglich.

3 Anders als nach § 1568b ist auch die Zuweisung nur einzelner Gegenstände zulässig, da die Wiederaufnahme der ehelichen Lebensgemeinschaft nicht dadurch erschwert werden soll, dass der gesamte Haushalt bereits verteilt ist (Palandt/*Brudermüller* Rz 2). Deshalb muss auch nicht zum Haushalt insgesamt vorgetragen werden (Brandbg FamRZ 00, 1102; Ddorf FamRZ 99, 1270).

4 Da die Norm keine vermögensrechtliche Auseinandersetzung der Eheleute bezweckt, kann nach ihr nicht die Herausgabe von Bargeld, Sparbüchern, Wertpapieren und Dokumenten oder die Überlassung von Bankguthaben verlangt werden (Hamm FamRZ 80, 708) Diese erfolgt nach §§ 985, 1353 (FA-FamR/*Klein* Kap 8 Rz 111).

5 **B. Der Begriff des Haushaltsgegenstandes.** Der Begriff des Haushaltsgegenstandes deckt sich mit den gleichlautenden in § 1369 und § 1568b. Haushaltsgegenstände sind danach alle beweglichen Gegenstände, die nach den Vermögens- und Lebensverhältnissen der Eheleute und ihrer Kinder üblicherweise für die Wohnung, die Hauswirtschaft und das Zusammenleben der Familie einschl der Freizeitgestaltung bestimmt sind, also der gemeinsamen Lebensführung dienen. Anschaffungsmotiv (Ddorf FamRZ 86, 1132) und Wert des Gegenstandes (BGH FamRZ 84, 575) sind ohne Bedeutung. Kein Haushaltsgegenstand liegt aber vor, wenn der Gegenstand nicht in der Ehezeit oder davor im Hinblick auf die Eheschließung angeschafft worden ist (Brandbg FamRZ 03, 532). Die eher ungenaue Abgrenzung zwischen Hausrat und sonstigem Vermögen ist angesichts der unterschiedlichen wirtschaftlichen Ergebnisse der Aufteilung unbefriedigend.

6 Zu den Haushaltsgegenständen gehören Möbel, Teppiche, Herde, Kühlschränke, Küchen- und Haushaltsgeräte, *Lampen, Bilder und Wandschmuck*, Gardinen, Vorhänge, Bett- und Tischwäsche, Rundfunk-, Fernseh- und Videogeräte, Tonträger, Filme, Bücher, Gartenmöbel, Nähmaschinen und Klaviere, soweit sie nicht der Berufsausübung eines oder beider Ehegatten dienen, ferner Ansprüche gegen Sachversicherer (KG FamRZ 60, 239) oder Dritte wegen Zerstörung oder unbefugter Veräußerung des Hausrates, nicht dagegen Schadenser-

satzansprüche gegen den Ehegatten (BGH FamRZ 91, 43; 83, 794; KG FamRZ 03, 1927; Karlsr FamRZ 01, 760; München FuR 97, 353; Ddorf FamRZ 92, 1445).

Das **Kraftfahrzeug** ist regelmäßig kein Haushaltsgegenstand, sofern es nicht ausnahmsweise unabhängig von den Eigentumsverhältnissen kraft Widmung für den gemeinsamen Haushalt zum Zweck der Haushalts- und privaten Lebensführung (Einkäufe, Kinderbetreuung) genutzt worden ist (Zweibr FamRZ 05, 902; Kobl NJW-RR 94, 516; Ddorf FamRZ 92, 60; Köln FamRZ 92, 696; Celle FamRZ 92, 1300). Nutzung auch für berufliche Zwecke steht dem nicht entgegen, wenn der Nutzung durch die Familie der Vorrang eingeräumt wurde (Zweibr FamRZ 05, 902; Naumbg FamRZ 04, 889; Köln FamRZ 02, 322; Staud/Voppel [2007] Rz 13). Dasselbe gilt unabhängig vom jeweiligen Wert auch für die von der Familie genutzte Segelyacht (LG Ravensburg FamRZ 95, 1585), Fahrräder oder Sportgeräte. 7

Einbauküchen und -möbel sind keine Haushaltsgegenstände, wenn sie wesentlicher Bestandteil des Gebäudes und damit Grundstücks sind, § 94 II (Zweibr FamRZ 93, 82; Hamm FamRZ 91, 89). Ob dies der Fall ist, ist eine Frage des Einzelfalls und bestimmt sich auch nach regionalen Besonderheiten (Hamm FamRZ 98, 1028), wobei die Montagekosten kein maßgebliches Kriterium bilden (Zweibr FamRZ 93, 82). 8

Kunstgegenstände und Antiquitäten sind dann Haushaltsgegenstände, wenn sie nach ihrer Zweckbestimmung und dem Lebenszuschnitt der Eheleute der Möblierung oder Ausschmückung der Wohnung dienen, dagegen nicht, wenn sie vorrangig als Kapitalanlage beschafft worden sind (BGH FamRZ 84, 144; 575; Brandbg FamRZ 03, 532; Bambg FamRZ 97, 378). 9

Auf **Haustiere** finden die Regeln der §§ 1361a, 1568b entspr Anwendung (Bambg FamRZ 04, 559; Zweibr FuR 98, 235 = FamRZ 98, 1432; Schlesw NJW 98, 3127). Nutzvieh ist jedoch ebenso wenig wie Hausrat zu behandeln wie aus Liebhaberei gehaltene Tiere (Naumbg FamRZ 01, 481). 10

Keine Haushaltsgegenstände sind Sachen, die ausschl beruflichen Zwecken nur eines Ehegatten oder lediglich seinen individuellen Bedürfnissen oder persönlichen Interessen zu dienen bestimmt sind, wie etwa der beruflich genutzte Computer (Hambg FamRZ 90, 1118; AG Amberg ebenso für den von der Familie genutzten Computer), das Musikinstrument des Musiklehrers, Fachliteratur, Briefmarken- (Hamm FamRZ 80, 683) oder Münzsammlungen (Ddorf FamRZ 86, 1134), Schmuck, Kleidung und Andenken. **Persönliche Gegenstände** gehören nicht zum Hausrat, so dass deren Herausgabe gem § 985 geltend zu machen ist. 11

C. Zuweisungsvoraussetzungen. Eine Zuweisung von Haushaltsgegenständen kommt nur im Falle des **Getrenntlebens** der Eheleute in Betracht. Die bloße Absicht der Trennung reicht, anders als für die Zuweisung der Ehewohnung nach § 1361b, nicht aus. Wegen des Begriffs des Getrenntlebens vgl iÜ § 1567 Rn 1 ff. 12

Die Norm gibt drei unterschiedliche Ansprüche, den auf Herausgabe des im Alleineigentum der antragstellenden Ehegatten stehenden Haushaltsgegenstände (I 1), den auf Herausgabe von im Alleineigentum des anderen stehenden Haushaltsgegenständen (I 2) und den auf vorläufige Verteilung des im gemeinsamen Eigentum stehenden Hausrats. 13

I. Im Alleineigentum stehende eigene Haushaltsgegenstände. Er kann nach I 1 nach der Trennung von jedem Ehegatten jederzeit heraus verlangt werden. Das aus § 1353 folgende Recht des anderen zum Mitbesitz kann dem Herausgabeverlangen nicht mehr entgegen gehalten werden (BGH FamRZ 84, 557). Anders als der Herausgabeanspruch nach § 985 ist dieser Anspruch jedoch durch die in der Norm enthaltene Billigkeitsregelung modifiziert (Naumbg FamRZ 07, 1169). 14

II. Haushaltsgegenstände im Alleineigentum des anderen Ehegatten. Sie können nach I 2 ausnahmsweise dann heraus verlangt werden, wenn der Nichteigentümer ihn zur Führung seines abgesonderten Haushalts benötigt und die Überlassung der Billigkeit entspricht. 15

Ein abgesonderter Haushalt besteht dann, wenn ein Ehegatte entweder von dem anderen in der früheren Ehewohnung getrennt oder – ggf auch mit Dritten – in einer eigenen Wohnung lebt und dort seinen Haushalt führt. Lebt er nach der Trennung zunächst bei Verwandten, kann er Herausgabe beanspruchen, wenn er sich mit den heraus verlangten Gegenständen seinen Haushalt erst schaffen will (FAFamR/*Klein* Kap 8 Rz 141). 16

Ob der Ehegatte den Haushaltsgegenstand zur Führung seines eigenen Haushalts benötigt, richtet sich nach den ehelichen Lebensverhältnissen, den Erwerbs- und Vermögensverhältnissen sowie den Bedürfnissen minderjähriger Kinder (Köln FamRZ 80, 249; 86, 703). Benötigen setzt keine besondere Dringlichkeit voraus. Eine Überlassung kommt aber nicht in Betracht, wenn der Nichteigentümer nach seinen wirtschaftlichen Verhältnissen in der Lage wäre, sich den geforderten Haushaltsgegenstand selbst zu beschaffen. Benötigen beide Ehegatten den Gegenstand, so ist nach Billigkeit zu entscheiden, wobei dem Eigentümer im Zweifel der Vorrang einzuräumen ist. 17

Auch dann, wenn der Nichteigentümer den Haushaltsgegenstand benötigt, besteht ein Überlassungsanspruch nur, wenn die Überlassung der Billigkeit entspricht. Dabei ist auf die Umstände des Einzelfalles abzustellen, insb die Bedürfnisse der minderjährigen Kinder (BayObLG FamRZ 72, 139). Unbillig wäre die Überlassung, wenn zu erwarten ist, dass der Nichteigentümer den Hausrat nicht ordnungsgemäß nutzen oder nicht pfleglich behandeln wird (FAFamR/*Klein* Kap 8 Rz 144). IRd Billigkeitsprüfung können auch die Gründe für die Trennung berücksichtigt werden. So kann der Nichteigentümer nicht verlangen, dass ihm der andere eine 18 den bisherigen Lebensverhältnissen entspr Wohnung einrichtet und die zur Führung des Haushalts mit einem Dritten erforderlichen Gegenstände verschafft, insb dann nicht, wenn der Bedarf erst durch das Zusammenleben mit dem neuen Partner entsteht.

19 I 2 gibt nur einen Anspruch auf Gebrauchsüberlassung, dies auch nur hinsichtlich des vorhandenen, nicht etwa auf Beschaffung benötigten Hausrats. Die Eigentumsverhältnisse werden durch die Entscheidung nicht berührt. An die Stelle des aus § 1353 folgenden Rechts zum (Mit-)Besitz tritt ein eigenständiges Recht zum Besitz des gebrauchsberechtigten Ehegatten. Der berechtigte Ehegatte ist für die Dauer der Nutzung zur Pflege und Erhaltung des Haushaltsgegenstandes verpflichtet und kann sich nicht mehr auf die Haftungserleichterung des § 1359 berufen (Staud/*Voppel* [2007] Rz 37; aA MüKo/*Wacke* Rz 18).

20 **III. Haushaltsgegenstände im Miteigentum beider Ehegatten.** werden gem II nach Billigkeit zur vorläufigen Nutzung für die Dauer des Getrenntlebens zugewiesen. Dabei ist anders als nach I 2 nicht darauf abzustellen, ob ein Ehegatte die Gegenstände benötigt. Ob die Überlassung billig ist, bestimmt sich im Wesentlichen nach dem Interesse der in der Ehe lebenden Kinder sowie den wirtschaftlichen Verhältnissen der Ehegatten.

21 Für das Bestehen von Miteigentum spricht die gesetzliche Vermutung des § 1568b II, der analog anzuwenden ist.

22 Auch nach II erfolgt nur eine vorläufige Zuweisung der Nutzungsmöglichkeit. Die Eigentumsverhältnisse bleiben unberührt, was in IV ausdrücklich geregelt ist. Nur dann, wenn die Eheleute etwas anderes vereinbaren, kann Alleineigentum begründet werden.

23 **IV. Zahlung einer Nutzungsvergütung.** kann nach III 2 im Fall der Überlassung des Gebrauchs von im Alleineigentum des anderen Ehegatten und von im gemeinsamen Eigentum stehenden Hausrat angeordnet werden. Da die Gebrauchsüberlassung die Eigentumsverhältnisse unberührt lässt, ist nur die Nutzung als solche auszugleichen, nicht etwa wie nach § 1568b I auch der Verlust des Eigentums. Die Höhe der Nutzungsvergütung bestimmt sich nach Billigkeitsgesichtspunkten. Dazu ist außer auf den Mietwert des Hausratsgegenstandes, der nicht überschritten werden darf, auch auf dessen Verkehrswert zum Zeitpunkt der Entscheidung (Stuttg FamRZ 93, 1461) sowie auf die Einkommens- und Vermögensverhältnisse der Ehegatten abzustellen. Diese können es auch geboten erscheinen lassen, von der Anordnung einer Nutzungsvergütung ganz abzusehen (München FamRZ 98, 1230 = FuR 97, 353).

24 Neben einer Nutzungsvergütung kommt auch die Anordnung in Betracht, die für den Gegenstand – zB das Kraftfahrzeug – anfallenden Steuern und Versicherungen zu übernehmen (München FamRZ 98, 1230 = FuR 97, 353).

25 **D. Besonderheiten. I. Verfahren.** Für das Verfahren ist nach §§ 23a I Nr 1 GVG, 111 Nr 5, 200 I FamFG die Zuständigkeit des Familiengerichts gegeben. Das Gericht ist gehalten, iRe mündlichen Verhandlung auf eine gütliche Einigung hinzuwirken (§ 36 I 2 FamFG).

26 Die Entscheidung verliert ihre Wirksamkeit, wenn die Eheleute die eheliche Lebensgemeinschaft wieder aufnehmen oder die Ehe rechtskräftig geschieden wird (Brandbg FamRZ 00, 1102). Haben sich die Eheleute über die Hausratsverteilung anlässlich ihrer Trennung geeinigt, so stellt auch diese Einigung im Zweifel nur eine Nutzungsregelung dar (Köln FamRZ 02, 322).

27 Die Eigentumsverhältnisse können im Verfahren offen bleiben, wenn der antragstellende Ehegatte den Haushaltsgegenstand wenigstens auch deshalb bekommt, weil er ihn zur Führung seines abgesonderten Haushalts benötigt (Brandbg FamRZ 00, 1102). Die Norm gilt nur zwischen den Ehegatten, weshalb sie dem Herausgabeanspruch eines Dritten nicht entgegen gehalten werden kann (LAG Köln NZA-RR 06, 425).

28 Der **Zuweisungsbeschluss** muss so gefasst sein, dass die dem Ehegatten zugewiesenen Gegenstände ohne weiteres individualisierbar sind (Köln FamRZ 01, 174; Naumbg FamRZ 07, 565). Dazu ist nicht ausreichend, nur den jederzeit veränderbaren Aufstellungsort der Sachen zu benennen (Brandbg FamRZ 03, 532). Der Vergütungsanspruch kann in einem nach § 209 FamFG vollstreckbaren Titel gesondert festgesetzt werden. Vorläufiger Rechtsschutz ist nach § 49 FamFG gegeben. Die Kostenentscheidung folgt aus § 81 FamFG.

29 **II. Problem des eigenmächtig entnommenen Hausrats.** Bei der Behandlung verbotener Eigenmacht an Haushaltsgegenständen ist das Verhältnis von § 1361a zu §§ 858 ff streitig. Einerseits wird vertreten, dass die Normen zueinander in echter Anspruchskonkurrenz stehen. Solange der Ehegatte nur die Wiedereinräumung des Mitbesitzes begehrt, ist danach der possessorische Besitzanspruch schon wegen der ggü § 1361a unterschiedlichen Zielrichtung nicht ausgeschlossen (Frankf FamRZ 03, 47; Kobl FamRZ 08, 63; Bambg FamRZ 93, 335; KG FamRZ 87, 1147; Ddorf FamRZ 83, 1163; Hambg FamRZ 80, 250), zumindest solange nur Gegenstände zur Deckung des Notbedarfs heraus verlangt werden.

30 Nach wohl herrschender Auffassung verdrängt § 1361a als lex specialis die Regelung des § 861 (BGH FamRZ 91, 928; Karlsr FamRZ 07, 59; Nürnbg FuR 06, 94 = FamRZ 06, 486; Köln FamRZ 01, 174; Stuttg FamRZ 96, 172; Oldbg FamRZ 94, 1254; Frankf FamRZ 88, 399; Zweibr FamRZ 87, 1146; Ddorf FamRZ 94, 390). Damit sind auch die Vorschriften über das Eigentümer – Besitzer-Verhältnis wegen des Hausrates zwischen den Ehepartnern nicht anwendbar (BGH FamRZ 82, 1200; Zweibr FamRZ 91, 848; Ddorf FamRZ 87, 1994).

Der Streit hat an praktischer Relevanz verloren, weil in jedem Fall die Zuständigkeit des Familiengerichts gegeben ist (§§ 111 Nr 5 oder Nr 10) und sich der einstweilige Rechtsschutz in jedem Fall nach §§ 49 ff FamFG richtet.

§ 1361b Ehewohnung bei Getrenntleben.

(1) ¹Leben die Ehegatten voneinander getrennt oder will einer von ihnen getrennt leben, so kann ein Ehegatte verlangen, dass ihm der andere die Ehewohnung oder einen Teil zur alleinigen Benutzung überlässt, soweit dies auch unter Berücksichtigung der Belange des anderen Ehegatten notwendig ist, um eine unbillige Härte zu vermeiden. ²Eine unbillige Härte kann auch dann gegeben sein, wenn das Wohl von im Haushalt lebenden Kindern beeinträchtigt ist. ³Steht einem Ehegatten allein oder gemeinsam mit einem Dritten das Eigentum, das Erbbaurecht oder der Nießbrauch an dem Grundstück zu, auf dem sich die Ehewohnung befindet, so ist dies besonders zu berücksichtigen; Entsprechendes gilt für das Wohnungseigentum, das Dauerwohnrecht und das dingliche Wohnrecht.

(2) ¹Hat der Ehegatte, gegen den sich der Antrag richtet, den anderen Ehegatten widerrechtlich und vorsätzlich am Körper, der Gesundheit oder der Freiheit verletzt oder mit einer solchen Verletzung oder der Verletzung des Lebens widerrechtlich gedroht, ist in der Regel die gesamte Wohnung zur alleinigen Benutzung zu überlassen. ²Der Anspruch auf Wohnungsüberlassung ist nur dann ausgeschlossen, wenn keine weiteren Verletzungen und widerrechtlichen Drohungen zu besorgen sind, es sei denn, dass dem verletzten Ehegatten das weitere Zusammenleben mit dem anderen wegen der Schwere der Tat nicht zuzumuten ist.

(3) ¹Wurde einem Ehegatten die Ehewohnung ganz oder zum Teil überlassen, so hat der andere alles zu unterlassen, was geeignet ist, die Ausübung dieses Nutzungsrechts zu erschweren oder zu vereiteln. ²Er kann von dem nutzungsberechtigten Ehegatten eine Vergütung für die Nutzung verlangen, soweit dies der Billigkeit entspricht.

(4) Ist nach der Trennung der Ehegatten im Sinne des § 1567 Abs. 1 ein Ehegatte aus der Ehewohnung ausgezogen und hat er binnen sechs Monaten nach seinem Auszug eine ernstliche Rückkehrabsicht dem anderen Ehegatten gegenüber nicht bekundet, so wird unwiderleglich vermutet, dass er dem in der Ehewohnung verbliebenen Ehegatten das alleinige Nutzungsrecht überlassen hat.

A. Allgemeines. Die Norm ist durch das UÄndG vom 20.2.86 (BGBl I 301) eingeführt und durch das GewSchG (BGBl I 3513) zum 1.1.02 umfassend geändert worden. Mit der damit verbundenen Einführung des Begriffs der unbilligen Härte sind die Zuweisungskriterien denen der früheren § 3 HausratsVO (jetzt § 1568a II) angeglichen worden (zu den Voraussetzungen: Stuttg FamRZ 04, 876). 1

§ 1361b ermöglicht – wie § 1361a für den Hausrat – nur eine **vorläufige Regelung der Nutzungsverhältnisse** an der Ehewohnung für die Dauer des Getrenntlebens. Es darf weder in Eigentums- noch in bestehende Mietverhältnisse (Hamm FamRZ 00, 1102) eingegriffen werden, weshalb im Verfahren Dritte nicht zu beteiligen sind. 2

Eine analoge Anwendung auf vergleichbare Lebenssachverhalte – insb die nichteheliche Lebensgemeinschaft – kommt nicht in Betracht (Hamm FamRZ 05, 2085; Staud/*Volpel* Rz 5). Für die eingetragene Lebenspartnerschaft enthält § 14 LPartG eine eigenständige Regelung. 3

B. Der Begriff der Ehewohnung. Dieser ist weit auszulegen. Er umfasst unabhängig von den Eigentums- und güterrechtlichen Verhältnissen alle Räume, in denen die Ehegatten wohnen, gewohnt haben oder bestimmungsgemäß wohnen wollten (BGH FamRZ 90, 987). Zur Ehewohnung rechnen auch **Nebenräume** wie der Dachboden, der Keller, Sport- oder Fitnessräume (Jena NJW-RR 04, 435) und die Garage, der Hausgarten (BGH FamRZ 90, 987, Jena NJW-RR 04, 435), ggf auch Gartenlauben, wenn sie von den Eheleuten zu Wohnzwecken genutzt werden (Naumbg FamRZ 05, 1269; Hamm FamRZ 09, 1225 mAnm v Els). Entscheidend sind die tatsächlichen Verhältnisse sowie der gemeinsame Plan der Nutzung als Ehewohnung, mag er auch letztlich nicht realisiert worden sein (München FamRZ 86, 1919). Unerheblich ist neben den Eigentumsverhältnissen auch, ob die Wohnung satzungsgemäß nur Mitgliedern einer Genossenschaft oder eines Vereins zusteht (München FamRZ 91, 1452), oder ob das Nutzungsrecht durch Verwaltungsakt begründet wurde (Stuttg FamRZ 90, 1354). 4

Ferienwohnung und **Wochenendhaus** können Ehewohnung sein, wenn sie häufig genug genutzt worden sind, um den räumlichen Mittelpunkt der Ehe darzustellen (Naumbg FamRZ 94, 389; München FamRZ 94, 131; Frankf FamRZ 82, 398; nicht bei einer nur für wenige Wochen im Jahr genutzten Ferienwohnung im Ausland Bambg FamRZ 01, 1316), ebenso die nur zeitweise, aber mit gewisser Regelmäßigkeit genutzte Stadtwohnung (Brandbg FamRZ 08, 1931). 5

Ausschl oder ganz überwiegend beruflich oder **gewerblich genutzte Räume** wie Werkstätten oder Praxisräume gehören nicht zur Ehewohnung. 6

Verlässt ein Ehegatte die Ehewohnung als Folge ehelicher Spannungen, so ändert das an ihrer Qualifikation nichts (Jena NJW-RR 04, 435; Karlsr FamRZ 99, 1087). Hat der Ehegatte aber zu erkennen gegeben, dass er die Wohnung nicht mehr für sich beansprucht, kann eine entspr Einigung vorliegen, wobei auf die Fristenre- 7 gelung des IV hinzuweisen ist. Überdies kann die Wohnung ihren Charakter als Ehewohnung verlieren (Köln FamRZ 05, 1993)

8   C. Zuweisungsvoraussetzungen. I. Der Begriff des Getrenntlebens. Dieser ist mit dem in § 1567 verwendeten identisch, so dass auf die Ausführungen zu dieser Norm verwiesen wird. Anders als für die Zuweisung von Haushaltssachen reicht hier aber auch bereits die ernsthafte Absicht der Trennung. Diese liegt vor, wenn mindestens einer der Ehegatten die eheliche Lebensgemeinschaft ablehnt und deshalb die häusliche Gemeinschaft aufheben will (FA-FamR/*Klein* Kap 8 Rz 240), wogegen eine Scheidungsabsicht nicht erforderlich ist (Staud/*Voppel* Rz 14).

9   **II. Der Begriff der unbilligen Härte.** kann nicht isoliert von den Gegebenheiten des Falles gesehen werden. So sind die Belange der Ehegatten und der im Haushalt lebenden Kinder zu berücksichtigen. Angesichts der Schwere des Eingriffs bedürfen sodann der Grundsatz der Verhältnismäßigkeit sowie nach I 3 die dinglichen Rechte an der Wohnung besonderer Beachtung. Die Zuweisungskriterien sind denen nach § 1568a angeglichen.

10 **1. Gewalt und andere Störungen.** stellen ein in II die Wohnungszuweisung rechtfertigendes Regelbeispiel dar (Stuttg FamRZ 07, 829). Danach ist jede Androhung oder Anwendung von Gewalt gegen den antragstellenden Ehegatten grds geeignet, die Zuweisung der Wohnung an den Ehegatten zu begründen. Hierunter fallen schwere Störungen des Familienlebens als Folge von Ängstigungen durch massive und ernsthafte, subjektiv stark belastende Drohungen (Köln FamRZ 06, 126; Karlsr FamRZ 91, 1440 für Morddrohungen), Gewalttätigkeiten (München FamRZ 96, 730), Misshandlungen des 1-jährigen Kindes (Köln FamRZ 96, 1220) oder Gewalt gegen Kinder (Kobl FamRZ 00, 28), die körperliche Misshandlung der Ehefrau (KG EzFamRaktuell 97, 301) oder auch nur eine einmalige tätliche Entgleisung bei Wiederholungsgefahr (München FamRZ 99, 1270 = FuR 99, 230). Im Fall grob rücksichtslosen, besonders unbeherrschten und unberechenbaren Verhaltens eines Ehegatten braucht es nicht zu unmittelbaren Gefahren für Leib oder Leben des anderen gekommen zu sein (Köln FamRZ 01, 761).

11 Unabhängig von Gewalt ist eine schwere Härte auch in folgenden Umständen zu sehen: dauernde Störung der Nachtruhe (Ddorf FamRZ 88, 1058), schwere Störungen des Familienlebens wegen Alkohol- oder Drogenabhängigkeit (Celle FamRZ 92, 676), Aufnahme des neuen Lebensgefährten in die Ehewohnung nach Zurückweisung des Antrages auf Zuweisung der Ehewohnung (Hamm FamRZ 93, 1442), eigenmächtige Entziehung der Nutzungsmöglichkeit für den unter multipler Sklerose leidenden Ehegatten (Hamm FamRZ 96, 1411).

12 Auch nach der Herabsenkung der Eingriffsschwelle stellt der **Alkoholmissbrauch** als solcher noch keine unbillige Härte dar, sofern nicht alkoholbedingte Störungen wie aggressives Verhalten, Entwendungen von Geld oder Wertsachen, mangelnde Hygiene oder auch Selbstzerstörungstendenzen hinzukommen (*Haussleiter/Schulz* Kap 4 Rz 23).

13 Unerheblich ist, ob die die Härte begründenden Umstände schuldhaft herbeigeführt worden sind. Deshalb kann uU auch in den Auswirkungen einer psychischen Erkrankung (Bambg EzFamRaktuell 00, 94) oder in der das weitere Zusammenleben belastenden lebensbedrohenden Tumorerkrankung (Jena FamRZ 97, 559) eine unbillige Härte gesehen werden.

14 Die Wohnungszuweisung kommt auch in Betracht, wenn die die Härte begründenden Umstände nicht nur auf das Verhalten eines Ehegatten zurückzuführen sind (Jena FamRZ 97, 559; Bambg FamRZ 90, 1353; Ddorf FamRZ 88, 1058; Kobl FamRZ 87, 852). Sind die Verursachungsbeiträge allerdings etwa gleichmäßig auf beiden Seiten zu suchen, ist vorbehaltlich des Kindeswohls darauf abzustellen, wen der Verlust der Wohnung persönlich oder beruflich härter trifft und wer wirtschaftlich eher in der Lage ist, eine angemessene neue Wohnung zu finden (Staud/*Voppel* Rz 43).

15 **2. Das Wohl der Kinder.** In I 2 ist die Beeinträchtigung des Wohls der Kinder ausdrücklich als ein die unbillige Härte begründender Umstand genannt. Danach ist es für die Zuweisung der Wohnung an einen Elternteil schon ausreichend, dass allein die Kinder unter den Spannungen und Streitigkeiten zwischen den Eltern leiden. Ist ein erträgliches Auskommen der Familie unter einem Dach nicht möglich, so haben die Bedürfnisse der Kinder an einer geordneten, ruhigen und entspannten Familiensituation Vorrang ggü den Interessen der Eltern daran, weiter in der Wohnung zu leben (Nürnbg FuR 05, 573). Kann die Familie in einer Wohnung nicht mehr zusammenleben, weil Streit und Hass die häusliche Atmosphäre unerträglich vergiften und ist den Kindern nicht zuzumuten, das Heim und die gewohnte Umgebung samt Freunden zu verlassen oder die Schule zu wechseln, so bleibt mit den Kindern derjenige Elternteil in der Wohnung, der sie betreut (*Brudermüller* FamRZ 03, 1795, 1797). Zu den zu berücksichtigenden Kindern zählen auch die **Stiefkinder** (KG FamRZ 91, 467; Schlesw FamRZ 91, 1301).

16 *3. Die dingliche Rechtsposition an der Ehewohnungen.* Dieser ist nach I 3 besonders zu berücksichtigen. Als solche kommen in Betracht: Alleineigentum eines Ehegatten, Erbbaurecht, Nießbrauchsrecht, Wohnungseigentum, Dauerwohnrecht, dingliches Wohnrecht. Der jeweils alleinigen Berechtigung eines Ehegatten steht die mit einem Dritten gleich. Die besondere Berücksichtigung der dinglichen Rechtsposition führt zu einer

Herabsetzung der Eingriffsschwelle zu Gunsten des dinglich Berechtigten (Köln FamRZ 94, 632), insb dann, wenn die Rechtsposition schon vor der Eheschließung bestanden hat (Hamm FamRZ 89, 739). Beantragt der Nichteigentümer die Zuweisung, sind an die unbillige Härte entspr strengere Anforderungen zu stellen (*Brudermüller* FamRZ 99, 129, 133). Haben etwa beide Ehegatten gleichermaßen die Ursache für die unbillige Härte gesetzt, ist die Wohnung dem dinglich berechtigten zuzuweisen (Köln FamRZ 94, 632).

Die dingliche Rechtsposition soll lediglich berücksichtigt werden, begründet aber keinen Vorrang ggü anderen Rechtspositionen. Hinter den Kinderschutzinteressen hat sie zurückzutreten, etwa dann, wenn der in der Wohnung des anderen lebende Ehegatte minderjährige, nicht zwingend gemeinschaftliche Kinder, betreut. Auch beim Zusammentreffen mit Kindesbelangen bleiben die Eigentumsrechte aber nicht unberücksichtigt, was uU zu einer nur befristeten Wohnungszuweisung führt (Köln FamRZ 09, 973). 17

Die Zuweisung kann stets nur zum Zweck der **Nutzung** beansprucht werden, weshalb der Alleineigentümer nicht die Besitzeinräumung zum Zweck der Vermietung (Frankf FamRZ 04, 875) oder mit der Begründung verlangen kann, er sei aus wirtschaftlichen Gründen gezwungen, die Ehewohnung zu veräußern (Saarbr OLGR 04, 515). Dies würde zu einer endgültigen Regelung schon während der Dauer des Getrenntlebens führen (Karlsr FamRZ 99, 1087; Hamm FamRZ 98, 1172; Köln FamRZ 97, 943). In extremen Ausnahmefällen kann dies, etwa um den wirtschaftlichen Ruin zu verhindern, ggf anders gesehen werden (Hambg FamRZ 92, 1298). 18

4. Zeitmoment und Freiwilligkeit (Abs 4). Der bisherige Besitz an der ehelichen Wohnung rechtfertigt zwar die Zuweisung an den Besitzer noch nicht (Ddorf FamRZ 98, 1171), doch sind die Anforderungen der Zuweisung an denjenigen Ehegatten, der die Wohnung bis zur Trennung allein besitzt umso geringer, je länger die Trennung anhält. Die Schwelle zum Eingriff zu Lasten des in der Wohnung verbliebenen Ehegatten ist zunehmend höher anzusetzen (Köln FamRZ 96, 547). Hat der aus der Ehewohnung ausgezogene Ehegatte gar nicht binnen 6 Monaten nach Verlassen der Wohnung dem anderen ggü seine ernsthafte Rückkehrabsicht bekundet, wird nach IV unwiderlegbar vermutet, dass er dem anderen das alleinige Nutzungsrecht überlassen hat. Mit dieser Regelung soll möglichst schnell Rechtssicherheit geschaffen werden. Außerdem wird dem Umstand Rechnung getragen, dass die Eheleute sich innerhalb der genannten Frist auf neue Lebensumstände eingestellt haben. 19

Hat ein Ehegatte die Wohnung freiwillig verlassen, so ist das ein iRd Billigkeitserwägungen zu überprüfender Umstand (Hamm FamRZ 98, 1172), wobei das **freiwillige Verlassen** nicht automatisch dazu führt, dass der in der Wohnung verbliebene Ehegatte die höhere Berechtigung hat als der andere. Das gilt insb dann, wenn das Verlassen der Wohnung allein der Herbeiführung der Trennung diente. 20

5. Belange des anderen Ehegatten (Abs 1 S 1). Die ausdrückliche Erwähnung der Belange des anderen Ehegatten zwingt zu einer **Gesamtabwägung** der Interessen beider Ehegatten. In diese sind alle Umstände des Falles einzubeziehen, die das Verhältnis der Ehegatten zueinander, ihre gegenwärtigen Lebensbedingungen und ihre Beziehungen zu ihrer Ehewohnung betreffen. Hierzu zählen auch Alter und Gesundheitszustand der Eheleute (Jena FamRZ 97, 559; Celle FamRZ 92, 465; KG FamRZ 91, 465; Kobl FamRZ 87, 853) sowie ihre wirtschaftlichen Verhältnisse (KG FamRZ 88, 182; Karlsr FamRZ 81, 1087). Maßgebend ist auch, ob ein Ehegatte auf die räumliche Lage der Wohnung oder ihre besondere Ausstattung angewiesen ist (Hamm FamRZ 93, 1441) oder ob ein Ehegatte die Wohnung schon vor der Eheschließung besaß und Eigenleistungen zu deren Ausbau erbracht hat (KG FamRZ 88, 182) oder wie die Eheleute sich zueinander bei der Durchsetzung ihrer Rechte verhalten, ob sie sich insb über getroffene Vereinbarungen hinweg gesetzt (Braunschw NJW-RR 96, 578) oder gar Zwang gegen den anderen ausgeübt haben (Hamm Fam RZ 96, 1411). 21

D. Regelungsinhalt. Jede Entscheidung nach § 1361b hat immer nur **vorläufigen Charakter** für die Dauer des Getrenntlebens. Eine weitergehende Regelung, etwa die endgültige Zuweisung der Ehewohnung oder eine Umgestaltung der vertraglichen Grundlagen scheidet selbst dann aus, wenn ein Ehegatte kein Interesse an der Nutzung mehr hat (Zweibr FamRZ 90, 55; Hamm FamRZ 85, 706), oder wenn beide Ehegatten übereinstimmend eine Änderung des Mietverhältnisses entspr § 1568a begehren (München FamRZ 96, 674; Köln FamRZ 94, 632). Rechtsgestaltende Maßnahmen ggü dem Vermieter kommen nicht in Betracht (Naumbg FamRZ 07, 596; Köln FamRZ 05, 1993). 22

1. Wohnungszuweisung. Mit der Zuweisungsentscheidung ist der Ehegatte, der die Wohnung verlassen muss, vAw und ausdrücklich zu verpflichten, sie zu räumen und an den anderen herauszugeben (BGH FamRZ 94, 98, 101). Die bloße Zuweisung ohne gleichzeitige Herausgabeverpflichtung stellt keinen vollstreckbaren Räumungstitel dar (Stuttg FamRZ 02, 589; Thomas/Putzo/*Hüßtege* § 885 Rz 3; aA: Saarbr FuR 05, 574), wobei die Vollstreckung nach den Vorschriften der ZPO erfolgt (§ 95 I Nr 2 FamFG), während ein Auszug nicht mit Zwangsgeld oder Zwangshaft erzwungen werden kann (Saarbr FuR 05, 574). 23

Nach § 885 II ZPO werden mit der Räumung auch **bewegliche Sachen**, die nicht Gegenstand der Zwangsvollstreckung sind, weggeschafft. Soll dies verhindert werden, muss dies ausdrücklich angeordnet und klargestellt werden, dass § 885 II ZPO nicht anzuwenden ist (Karlsr FamRZ 94, 1185; KG FamRZ 87, 1290). 24

§ 1361b

25 **2. Aufteilung der Wohnung.** Aus dem iRd Zuweisungsentscheidung zu beachtenden Grundsatz der Verhältnismäßigkeit folgt, dass die Zuweisung der gesamten Wohnung an einen Ehegatten dann unzulässig ist, wenn weniger einschneidende Maßnahmen in Betracht kommen. Deshalb ist die Wohnung unter beiden Eheleuten aufzuteilen, wenn ein erträgliches Miteinander noch möglich ist (München FuR 99, 230; Ddorf FamRZ 88, 1058; Zweibr FamRZ 87, 508; Frankf FamRZ 87, 159) und es im Interesse der Kinder liegt, beide Elternteile in unmittelbarer Nähe zu haben (AG Saarbr FamRZ 03, 530). Liegt die unbillige Härte allerdings in der Anwendung oder Androhung von Gewalt, ist dem verletzten Ehegatten nach II regelmäßig die gesamte Wohnung zur alleinigen Benutzung zu überlassen, um neue Konflikte zu vermeiden. Etwas anderes gilt nur dann, wenn die Wohnverhältnisse so großzügig bemessen sind, dass mit einem Zusammentreffen der Eheleute nach der Aufteilung nicht mehr zu rechnen ist (BTDrs 14/5429, 21, 43).

26 **3. Nutzungsvergütung.** Als Ausgleich dafür, dass der aus der Wohnung verdrängte Ehegatte bis zur Rechtskraft der Ehescheidung auf sein Recht zum Mitbesitz verzichten muss, kann, soweit dies der Billigkeit entspricht, von dem anderen beginnend ab Geltendmachung des Zahlungsbegehrens (München FamRZ 99, 1270; Köln FuR 98, 398; Braunschw FamRZ 96, 548) die Zahlung einer Nutzungsentschädigung verlangt werden. Der Anspruch besteht aber nur gegen den **Ehegatten**, nicht auch gegen den dort aufgenommenen **neuen Lebensgefährten** (LG Bielefeld FamRZ 03, 158). Er kann auch ohne dingliche Berechtigung bestehen (München FamRZ 08, 695). Für sonstige Ausgleichszahlungen, insb **Abstandsleistungen** wegen in der Wohnung verbliebener Möbel, bietet § 1361b keine Anspruchsgrundlage (Hamm FamRZ 89, 7; Hambg FamRZ 88, 80), wogegen der Ehegatte auch im Falle **freiwilligen Verlassens** der Ehewohnung einen Vergütungsanspruch haben kann, weil die Verpflichtung zur Überlassung der Wohnung nach III 2 kein Tatbestandsmerkmal mehr ist (Brandenbg NJW-RR 09, 725; München NJW 08, 381; Jena FamRZ 08, 1934).

27 Die Nutzungsvergütung wird regelmäßig in monatlich fällig werdenden Teilbeträgen festgesetzt, doch kann auch eine einmalige Abstandszahlung, oder die Freistellung von künftigen Mietzinsforderungen oder – im Falle finanzierten Wohneigentums – Kreditraten im Innenverhältnis angeordnet werden (Naumbg FamRZ 03, 1748).

28 Ob überhaupt und ggf in welcher Höhe eine Nutzungsvergütung festzusetzen ist, bestimmt sich nach den Gesamtumständen des Falles. Danach ist die Anordnung zur Zahlung einer Nutzungsvergütung dann regelmäßig billig, wenn die Wohnung im Alleineigentum des weichenden Ehegatten oder seiner Eltern steht (Naumbg FamRZ 98, 1529; Köln FamRZ 92, 440; München FamRZ 90, 530; Bambg FamRZ 90, 179). Nicht billig ist sie, wenn die Alleinnutzung einer für ihn zu großen Wohnung viel zu groß aufgedrängt ist (Naumbg OLGR 01, 141; Hamm FamRZ 96, 1476), wenn der nutzende Ehegatte minderjährige Kinder zu betreuen hat und deswegen nicht erwerbstätig ist (Brandbg FamRZ 02, 396; Köln FamRZ 97, 943), wenn der Vorteil unentgeltlichen Wohnens dem nutzungsberechtigten Ehegatten iRd Unterhaltsregelung als fiktives Einkommen angerechnet worden ist (BGH FamRZ 97, 484; 94, 1100; Naumbg NJW-RR 09, 1447; Köln FamRZ 05, 639) oder wenn der in der Wohnung verbliebene Ehegatte die gemeinsamen minderjährigen Kinder betreut und von dem anderen keinen Unterhalt bekommt (Köln FamRZ 97, 943). Vor Ablauf des ersten Trennungsjahres wird regelmäßig nicht der ungekürzte Mietwert zugesprochen (BGH NJW 00, 284), weil unternommen werden soll, die Trennung zu vertiefen.

29 Für die Bestimmung der Höhe der Nutzungsvergütung ist maßgeblich auf die wirtschaftlichen Verhältnisse der Eheleute, die bisherige Lebensführung und die Höhe der bestehenden Belastungen sowie darauf abzustellen, wer diese trägt (Frankf FamRZ 92, 677; Celle FamRZ 92, 677; München FamRZ 90, 530). IÜ ist regelmäßig vom halben Mietwert auszugehen (Frankf EzFamR aktuell 02, 107; BayObLG FamRZ 74, 22), der jedoch bei aufgedrängter Alleinnutzung (Hamm FamRZ 96, 1476) – hier bis zur Höhe des angemessenen Wohnwertes (*Haussleiter/Schulz* Kap 4 Rz 59) – oder schlechten wirtschaftlichen Verhältnissen (Schlesw FamRZ 88, 722; Ddorf FamRZ 85, 949) unterschritten werden kann. Obergrenze ist stets die ortsübliche Miete (BGH FamRZ 94, 822). Trägt der nutzende Ehegatte die Hauslasten einschl der verbrauchsunabhängigen Kosten, so ist die geschuldete Nutzungsvergütung um diese Beträge zu kürzen (Ddorf FamRZ 99, 1271; Braunschw FamRZ 96, 548; Celle FamRZ 92, 465; Frankf FamRZ 92, 677).

30 Steht die eheliche Wohnung im **Miteigentum beider Ehegatten**, so erfolgt die Zuweisung des Nutzungsrechts als solches nach § 1361b, während eine Nutzungsvergütung unter Miteigentümern aber nur als Folge einer Neuregelung der Verwaltung und Nutzung durch Beschl nach § 745 II angeordnet werden kann (BGH FamRZ 96, 931; 94, 822 Brandbg FamRZ 08, 1603; KG FamRZ 07, 908; Celle NJW 00, 1425; Köln FamRZ 99, 1272; Bambg FamRZ 90, 17; Palandt/*Brudermüller* Rz 20; aA: Brandenbg NJW-RR 09, 725; München NJW 08, 381; Hamm FamRZ 08, 1935; KG FamRZ 08, 1933; Jena FamRZ 08, 1934; MüKo/*Wacke* Rz 2; FAFamR/*Klein* Kap 8 Rz 80, nach denen § 1361b die Regelung des § 745 II verdrängt). Dieser Streit hat an praktischer Relevanz verloren, weil in beiden Fällen die Zuständigkeit der FamG gegeben ist, im Fall des Anspruchs nach § 745 II gem §§ 266 I 3, 111 Nr 10 FamFG. Verlässt ein Ehegatte seine eigene Wohnung *freiwillig, ist gleichfalls III 2 anwendbar* (BGH FamRZ 06, 930; Hamm FamRZ 08, 1637).

31 **4. Schutzanordnungen (Abs 3 S 1).** Dem die Wohnung verlassenden Ehegatten kann aufgegeben werden, alles zu unterlassen, was geeignet ist, die Ausübung des Nutzungsrechts zu erschweren oder zu vereiteln. Zu

den danach möglichen Anordnungen zählen das **Verbot der Kündigung** des Mietverhältnisses oder die Wohnung anderweitig zu vermieten, das Verbot, die Wohnung nochmals zu betreten, das Gebot, sämtliche **Schlüssel** auszuhändigen, **Belästigungs- oder Misshandlungsverbote** oder auch das Verbot, mit dem in der Wohnung verbliebenen Ehegatten Kontakt aufzunehmen. Insoweit ergibt sich eine Parallele zu den nach dem GewSchG möglichen Anordnungen. Streitig ist, ob die Norm eine Grundlage für ein **Veräußerungsverbot** gibt. Während die Zulässigkeit nach den Vorstellungen des Gesetzgebers zu bejahen ist (BTDrs 14/5429, 21, 33), wird andererseits in § 1361b keine hinreichende Grundlage für einen Eingriff in das Eigentum gesehen (*Brudermüller* FamRZ 03, 1705, 1709; Finger FuR 06, 241, 244; FAFamR/*Klein* Kap 8 Rz 284). Letztlich bedarf es aber eines Veräußerungsverbots aber dann nicht, wenn das Gericht zwischen den Ehegatten ein Mietverhältnis begründet (FAFamR/*Klein* Kap 8 Rz 285).

E. Besonderheiten. 1. Verfahren. Das Verfahren kann nicht als Folgesache mit der Ehescheidung geführt werden, weil die Norm nur die Möglichkeit einer vorläufigen Regelung bis zur Rechtskraft der Ehescheidung gibt. Es richtet sich nach §§ 200 ff FamFG. Eine Beteiligung Dritter kommt nicht in Betracht, doch kann es geboten sein, die in der Wohnung lebenden Kinder anzuhören (Staud/*Voppel* Rz 89). Mit der Wohnungszuweisung können auch **Annexentscheidungen** getroffen werden (§ 209 I FamFG), wie die Anordnung der Räumung und Herausgabe, die Einräumung einer Räumungsfrist oder Ge- und Verbote zur sachgerechten Nutzungsregelung (Dresd FamRZ 93, 183; Karlsr FamRZ 94, 1185; KG FamRZ 91, 467). 32

Es besteht die Möglichkeit des Erlasses einstweiliger Anordnungen (§§ 49 ff FamFG). Mit der Auflösung der Ehe endet das Getrenntleben, so dass die Entscheidungen nach § 1361b unwirksam werden. 33

2. Darlegungs- und Beweislast. Die den Antrag stützenden Umstände sind vom Antragsteller substanziiert darzulegen. Dazu sind die einzelnen die Wohnungszuweisung begründenden Vorfälle nach Zeit, Ort, näheren Umständen und konkreten Folgen genau zu schildern (*Haussleiter/Schulz* Kap 4 Rz 28). Nicht ausreichend ist der Vortrag, der Antragsgegner habe wiederholt bedroht, misshandelt oder vergewaltigt (Ddorf FamRZ 88, 1058), er habe ständig geschimpft und gedroht (Karlsr FamRZ 91, 1440) oder der antragstellende Ehegatte habe während der Ehe mehrfach Gewalt und Demütigungen erlitten (Brandbg FamRZ 96, 743; Köln FamRZ 94, 632; Hamm FamRZ 89, 739). 34

Zweifel an dem die Begründetheit des Zuweisungsantrages stützenden Vortrag gehen zu Lasten des Antragstellers. Steht fest, dass es zu einer Gewalttat gekommen ist, ist es Sache des Täters, darzulegen und zu beweisen, dass weitere Verletzungshandlungen von ihm nicht zu befürchten sind (II 2), wobei an die Widerlegung der aus dem Gesetz folgenden Vermutung der **Wiederholungsgefahr** hohe Anforderungen zu stellen sind (BTDrs 14/5429, 19). 35

Auch dann, wenn eine Wiederholungsgefahr nicht besteht, ist dem antragstellenden Ehegatten die Wohnung zu belassen, wenn ihm das weitere Zusammenleben allein wegen der Schwere der begangenen Tat nicht zuzumuten ist (II 2, 2. Hs). Der Gesetzgeber hat dabei insb an Fälle schwerer Körperverletzung, Vergewaltigung oder versuchten Totschlags gedacht (BTDrs 14/5429, 31). 36

3. Bei eigenmächtiger Änderung der Nutzungsverhältnisse sind Ansprüche aus § 985 ebenso wie solche aus dem **Eigentümer – Besitzerverhältnis** durch § 1361b ausgeschlossen BGH FamRZ 76, 691; Hamm FamRZ 98, 1172; Köln FamRZ 87, 77 jeweils zu § 985; Frankf FamRZ 92, 677 zum Eigentümer – Besitzerverhältnis; aA Brandenbg FamRZ 08, 542). 37

Die **Besitzschutzvorschriften** sind dagegen nach hM anwendbar, wenn der ausgeschlossene Ehegatte nur die Wiedereinräumung seines Mitbesitzes begehrt (Staud/*Voppel* § 1361b Rz 54; MüKo/*Wacke* Rz 3; aA: Palandt/*Brudermüller* Rz 18; Brandbg FamRZ 08, 542, das jedoch nicht zwischen § 985 und § 861 unterscheidet). Wegen der Sachnähe der Ansprüche zueinander und aus Gründen der Prozessökonomie ist die Zuständigkeit der Familiengerichte aber auch für Besitzschutzansprüche gegeben (Staud/*Voppel* Rz 54; MüKo/*Wacke* Rz 3; Soergel/*Lange* Rz 8), mindestens dann, wenn der Antragsgegner sein Verhalten damit verteidigt, die Aussperrung sei zum Zweck des Getrenntlebens erfolgt. 38

Die weitergehende Vorschrift des § 1361b schließt die Anwendung des § 2 GewSchG nicht aus. Anders als § 2 GewSchG gibt § 1361b die unbefristete Möglichkeit der Wohnungsüberlassung. Die Möglichkeiten der Umsetzung der Entscheidungen sind jedoch angeglichen (§§ 209, 216 FamFG). 39

§ 1362 Eigentumsvermutung.

(1) ¹Zugunsten der Gläubiger des Mannes und der Gläubiger der Frau wird vermutet, dass die im Besitz eines Ehegatten oder beider Ehegatten befindlichen beweglichen Sachen dem Schuldner gehören. ²Diese Vermutung gilt nicht, wenn die Ehegatten getrennt leben und sich die Sachen im Besitz des Ehegatten befinden, der nicht Schuldner ist. ³Inhaberpapiere und Orderpapiere, die mit Blankoindossament versehen sind, stehen den beweglichen Sachen gleich.
(2) Für die ausschließlich zum persönlichen Gebrauch eines Ehegatten bestimmten Sachen wird im Verhältnis der Ehegatten zueinander und zu den Gläubigern vermutet, dass sie dem Ehegatten gehören, für dessen Gebrauch sie bestimmt sind.

1 **A. Allgemeines.** Die Norm enthält eine Regelung des Gläubigerschutzes. Durch sie wird dem Außenstehenden der sonst oft nur schwer zu führende Nachweis des Eigentums gerade eines der Ehegatten erleichtert. Die Norm gilt im Außenverhältnis, nicht auch zwischen den Ehegatten selbst; hier gilt § 1006 (Oldbg FamRZ 91, 814).

2 **B. Voraussetzungen.** Die Eigentumsvermutung setzt das Bestehen einer Ehe voraus und gilt nach I 2 nicht mehr nach der Trennung der Eheleute (wegen des Begriffs des Getrenntlebens vgl § 1567) und auch nicht analog für die nichteheliche Lebensgemeinschaft (BGH FamRZ 07, 457). Sie gilt für alle beweglichen Sachen, also auch Geld, und nach I 3 auch für Orderpapiere, die mit Blanoindossament versehen sind, hingegen nicht für Grundstücke oder Forderungen. Sie gilt ferner nicht für ausschl zum persönlichen Gebrauch eines Ehegatten bestimmte Sachen wie Kleidung, Arbeitsgerät oder Schmuck (Saarbr OLGR 03, 75), für die nach II vermutet wird, dass sie dem Ehegatten gehören, für dessen Gebrauch sie bestimmt sind.

3 **C. Verfahren.** Um die Vermutung des I auszulösen, muss der Gläubiger die Voraussetzungen der Norm darlegen und beweisen, während es dem jeweils anderen Ehegatten obliegt, den vollen Nachweis seines Eigentums zu führen. Dieser Nachweis ist nicht durch Vorlage des Kfz-Briefes geführt (BGH NJW 70, 1002).

4 Besondere Bedeutung erlangt die Norm im Fall der **Zwangsvollstreckung**, in der sie ihre Entsprechung in § 739 ZPO findet, oder in der Insolvenz eines Ehegatten. Gegen die Vollstreckung hat der nicht schuldende Ehegatte die Möglichkeit der Klage nach § 771 ZPO.

5 Anders als die nach I gilt die Vermutung nach II auch über die Trennung und Eheauflösung hinaus (Staud/Voppel Rz 65). Dabei hat derjenige Ehegatte, der sich auf die Vermutung beruft, den Nachweis der Bestimmung der Sache zu seinem ausschl persönlichen Gebrauch zu erbringen, wobei neben Lebenserfahrung auch die Umstände des Falles herangezogen werden können (BGH FamRZ 71, 24; Nürnbg FamRZ 00, 1220 für den Fall des Damenschmucks).

Titel 6 Eheliches Güterrecht

Vorbemerkungen vor §§ 1363 ff

1 Das Güterrecht regelt die vermögensrechtlichen Beziehungen der Ehegatten zueinander, soweit sie auf dem Bestehen der Ehe beruhen. Treten sich die Eheleute wie Dritte ggü, sind die in diesem Zusammenhang begründeten Rechtsverhältnisse nicht dem Güterrecht zuzuordnen. Hierzu rechnen zB Ansprüche auf Ausgleich von Gesamtschulden (§ 426), Ausgleichsansprüche iRe Ehegatteninnengesellschaft, Ansprüche aus Miteigentum, Ansprüche aus Beteiligung an Steuererstattungen oder Steuernachzahlungen. Vom Güterrecht getrennt sind daneben allg Regelungen mit vermögensrechtlichem Bezug, die den „Wirkungen der Ehe im Allgemeinen" (§§ 1356, 1357, 1362) zugeordnet sind, zB der Versorgungsausgleich oder das Unterhaltsrecht.

2 Nach dem Inkrafttreten des BGB galt zunächst der Güterstand der ehemännlichen Verwaltung und Nutznießung als gesetzlicher. Da dieser mit Art 3 II GG unvereinbar war, galt vom 1.4.53 bis zum Wirksamwerden des Gleichberechtigungsgesetzes am 30.6.58 Gütertrennung, seit dem 1.7.58 sodann die Zugewinngemeinschaft als gesetzlicher Güterstand. Daneben gibt es den außerordentlichen gesetzlichen Güterstand der Gütertrennung (§ 1408) und als weiteren gesetzlichen Güterstand die Gütergemeinschaft (§§ 1415–1518).

3 Hinsichtlich einer in der früheren DDR geschlossenen Ehe gilt, dass die Eheleute seit dem 3.10.90 im gesetzlichen Güterstand der Zugewinngemeinschaft leben, sofern sie nichts anderes vereinbart haben (Art 234 § 4 I EGBGB). Im Fall der Scheidung einer solchen Ehe ist deshalb zunächst eine **Vermögensauseinandersetzung nach §§ 39, 40 FGB DDR** per 2.10.90 durchzuführen. Die sich danach ergebenden Ansprüche der Eheleute stellen deren Anfangsvermögen in der Zugewinngemeinschaft dar (Jena FamRZ 97, 1015). Haben die Eheleute von der bis zum 2.10.92 gegebenen Möglichkeit Gebrauch gemacht, durch einseitige Erklärung die Überleitung auszuschließen, gilt für sie nach wie vor die Eigentums- und Vermögensgemeinschaft des FGB DDR (wegen weiterer Einzelheiten vgl FAKomm-FamR/*Weinreich* vor § 1363 Rz 3 ff).

4 Haben die Eheleute ihren gewöhnlichen Aufenthalt vor dem 3.10.90 von der DDR in die Bundesrepublik verlegt, so erfolgt die Überleitung des Güterstandes in den der Zugewinngemeinschaft gem § 3 des Gesetzes über den ehelichen **Güterstand von Vertriebenen und Flüchtlingen** (BGBl I 69, 1067) mit Beginn des 4. Monats nach Begründung des gewöhnlichen Aufenthalts in der Bundesrepublik.

5 Wegen der güterrechtlichen Regelungen für den Fall, dass ein Ehegatte kein Deutscher ist oder beide einem anderen Staat angehören, wird auf Art 15 EGBGB verwiesen.

6 Die Zugewinngemeinschaft ist ein dogmatisch modifiziertes System der Gütertrennung, in dem jeder sein Alleineigentum behält und auch nur für seine Schulden haftet. Jeder kann, von den Einschränkungen der §§ 1365, 1369 abgesehen, frei über sein Vermögen verfügen und nur der während des Bestehens der Ehe erzielte Zugewinn wird aufgeteilt, wobei für den Fall der Beendigung durch Tod eines Ehegatten Besonderheiten gelten (§ 1371).

Die güterrechtlichen Vorschriften sind wie folgt gegliedert: 1. Geltungsbereich, 2. Grundsatz der Vermögenstrennung (§ 1363), 3. Verwaltung des Vermögens (§§ 1364–1370), 4. Auflösung der Zugewinngemeinschaft durch Tod (§ 1371), 5. Beendigung der Zugewinngemeinschaft in sonstigen Fällen (§§ 1372–1390). 7

Zum 1.9.09 ist das Güterrecht umfassend reformiert worden. Entgegen dem früheren Zustand wird iRd § 1374 I nunmehr auch ein negatives Endvermögen berücksichtigt. Der Auskunftsanspruch ist gestärkt und der Zeitpunkt für die Berechnung des Ausgleichsanspruchs unter entsprechender Änderung des § 1384 vorverlagert worden. 8

Nach Art 229 § 20 II EGBGB findet § 1374 in seiner alten Fassung auf alle bis zum 31.8.09 anhängig gewordenen Verfahren Anwendung, die Anerkennung negativen Anfangsvermögens somit erst auf Verfahren, die ab dem 1.9.09 anhängig geworden sind. Alle anderen Änderungen dienen nach den Vorstellungen des Gesetzgebers dagegen dem Schutz vor Manipulationen und sind deshalb auch **rückwirkend anzuwenden** (BTDrs 635/08 S 53; vgl a *Weinreich* FuR 09, 497, 508). 9

Das güterrechtliche Verfahren ist eine Familienstreitsache (§ 112 Nr 2 FamFG), das weitgehend nach den Vorschriften der ZPO abläuft. Besondere Regelungen zum Verfahren in Güterrechtssachen finden sich in §§ 261 ff FamFG. 10

Untertitel 1 Gesetzliches Güterrecht

§ 1363 Zugewinngemeinschaft. **(1) Die Ehegatten leben im Güterstand der Zugewinngemeinschaft, wenn sie nicht durch Ehevertrag etwas anderes vereinbaren.**
(2) ¹Das Vermögen des Mannes und das Vermögen der Frau werden nicht gemeinschaftliches Vermögen der Ehegatten; dies gilt auch für Vermögen, das ein Ehegatte nach der Eheschließung erwirbt. ²Der Zugewinn, den die Ehegatten in der Ehe erzielen, wird jedoch ausgeglichen, wenn die Zugewinngemeinschaft endet.

A. Geltung der Regeln über den Zugewinnausgleich. Solange die Ehegatten nicht etwas anderes bestimmt haben, leben sie im Güterstand der Zugewinngemeinschaft, wobei I den gesetzlichen Güterstand zur Disposition stellt. Sie beginnt mit dem Wirksamwerden der Eheschließung oder des die Zugewinngemeinschaft begründenden Ehevertrages. Wegen der Form des Ehevertrages vgl §§ 1408 ff. 1

Da nur auf die formale Rechtsposition abzustellen ist, gilt die Zugewinngemeinschaft auch nach fehlerhafter Eheschließung (BGH FamRZ 80, 768 für den Fall der bigamischen Ehe) oder wenn die Ehegatten die eheliche Lebensgemeinschaft nicht verwirklicht haben. 2

Die Zugewinngemeinschaft endet mit dem Tod eines Ehegatten (§ 1371), bei Wirksamwerden der Aufhebung oder Scheidung der Ehe (§§ 1313 ff, 1318 III, 1564 ff) mit der Rechtskraft des Urteils, das einer Klage auf vorzeitigen Ausgleich des Zugewinns stattgibt (§ 1388) oder mit dem Wirksamwerden eines auf Beendigung der Zugewinngemeinschaft gerichteten Ehevertrages (§§ 1408 I, 1414). Endet die Zugewinngemeinschaft durch den gleichzeitigen Tod beider Ehegatten, findet ein Zugewinnausgleich nicht statt, da Ausgleichsansprüche nur in der Person des Ehegatten entstehen können (BGH FamRZ 78, 678). 3

Wegen der Möglichkeit der vertraglichen Änderung des Güterstandes vgl § 1408. 4

B. Grundsatz der Vermögenstrennung (Abs 2). Weder das von den Ehegatten in die Ehe eingebrachte noch das von einem Ehegatten während der Ehe erworbene Vermögen wird gemeinsames Eigentum. Jeder Ehegatte haftet für vor und während der Ehe begründete Verbindlichkeiten selbst und nur mit seinem Vermögen. Wegen der Verwaltung des Vermögens wird auf § 1364 verwiesen. 5

C. Verfahren. Da der gesetzliche Güterstand die Regel bildet, trägt jeder Ehegatte für die Behauptung der Vereinbarung eines Ehevertrages und den Ausschluss der Zugewinngemeinschaft die Beweislast. 6

§ 1364 Vermögensverwaltung. **Jeder Ehegatte verwaltet sein Vermögen selbständig; er ist jedoch in der Verwaltung seines Vermögens nach Maßgabe der folgenden Vorschriften beschränkt.**

Da der Güterstand der Zugewinngemeinschaft eine spezielle Ausformung der Gütertrennung darstellt (§ 1363 II 1), bleibt folgerichtig nicht nur das Vermögen der Eheleute getrennt; daneben ist auch jeder grds frei in dessen Verwaltung. Beschränkungen in der **Verwaltungsfreiheit** folgen aus §§ 1365–1369, aus der Verpflichtung zur ehelichen Lebensgemeinschaft (BGHZ 1, 87, 92; 53, 352, 356; FamRZ 76, 691), aus den Schutzvorschriften der §§ 1375 II, 1384– 1387 sowie im Fall des Getrenntlebens aus § 1361a. Jeder Ehegatte ist iÜ frei, mit dem anderen oder Dritten in rechtsgeschäftliche Beziehungen zu treten und handelt dabei im eigenen Namen. Nur bei Geschäften zur angemessenen Deckung des Lebensbedarfs der Familie kann er auch den anderen verpflichten (§ 1357). Außerdem besteht die Möglichkeit der rechtsgeschäftlichen Bevollmächtigung auch aufgrund von Duldungs- oder Anscheinsvollmacht. Gemeinschaftliches Vermögen unterliegt, solange nichts anderes bestimmt ist, der gemeinschaftlichen Verwaltung. 1

2 Rechtsstreitigkeiten führt jeder Ehegatte allein, wobei eine gewillkürte Prozessstandschaft des ermächtigten Ehegatten bei eigenem Rechtsschutzinteresse anerkannt wird, die regelmäßig aus der ehelichen Lebensgemeinschaft zu bejahen ist (BGH FamRZ 61, 435; Staud/*Thiele* Rz 12).

3 Die **Vermögensverwaltung** kann auch formlos dem anderen Ehegatten überlassen werden (MüKo/*Koch* Rz 13). Es gelten dann, wenn ausnahmsweise Rechtsbindungswillen feststellbar ist, die Regeln über das Auftragsrecht, §§ 662 ff (*Haussleiter/Schulz* Kap 6 Rz 338). Die Übertragung der Vermögensverwaltung kann jederzeit formlos widerrufen werden, § 1413, sofern nicht durch Ehevertrag anderes bestimmt ist.

§ 1365 Verfügung über Vermögen im Ganzen.

(1) ¹Ein Ehegatte kann sich nur mit Einwilligung des anderen Ehegatten verpflichten, über sein Vermögen im Ganzen zu verfügen. ²Hat er sich ohne Zustimmung des anderen Ehegatten verpflichtet, so kann er die Verpflichtung nur erfüllen, wenn der andere Ehegatte einwilligt.

(2) Entspricht das Rechtsgeschäft den Grundsätzen einer ordnungsmäßigen Verwaltung, so kann das Familiengericht auf Antrag des Ehegatten die Zustimmung des anderen Ehegatten ersetzen, wenn dieser sie ohne ausreichenden Grund verweigert oder durch Krankheit oder Abwesenheit an der Abgabe einer Erklärung verhindert und mit dem Aufschub Gefahr verbunden ist.

1 **A. Allgemeines.** Die Norm schränkt die in § 1364 begründete Freiheit der Ehegatten in der Verwaltung ihrer Vermögen ein. Sie bezweckt, die wirtschaftliche Grundlage der Ehe und der Familiengemeinschaft zu wahren (BGHZ 35, 135) sowie den Schutz des ausgleichsberechtigten Ehegatten (BGHZ 132, 218; 101, 225; BayObLG NJW 75, 833). Die Gesetzesfassung abstrahiert jedoch von diesen Zwecken, so dass die Norm unabhängig davon anwendbar ist, ob der nicht verfügende Ehegatte im Falle künftiger Auflösung der Ehe ausgleichsberechtigt wäre und ob die Verfügung dem Gläubiger wegen Überschuldung des Ehegatten überhaupt zugute kommt (BGH FamRZ 00, 744 = FuR 00, 485). Sie gilt auch für Dritte, sofern sie – wie der Stellvertreter – ihre Rechtsmacht vom Ehegatten ableiten (Staud/*Thiele* Rz 12), nicht jedoch für Amtstreuhänder wie den Insolvenz-, Nachlass- oder Zwangsverwalter.

2 Die Vorschrift wirkt absolut, so dass dem übergangenen Ehegatten neben der **Revokationsklage** (§ 1368) die Möglichkeit zum vorzeitigen Zugewinnausgleich (§ 1385 Nr 2) gegeben ist. Die Vorschriften über den Gutglaubensschutz (§§ 892, 932 ff, 1032, 1207) finden keine Anwendung. Durch den subjektiven Tatbestand der Norm ist jedoch ein vergleichbarer Schutz des Dritten gewährleistet.

3 Die Norm ist abdingbar, weshalb die Ehegatten die Verfügungsbeschränkung durch förmlichen **Ehevertrag** (Staud/*Thiele* Rz 111) einvernehmlich zeitlich beschränken, ganz (BGHZ 41, 370; Hambg DNotZ 64, 229) oder hinsichtlich bestimmter Gegenstände auf sie verzichten können (Staud/*Thiele* Rz 110). Unzulässig ist aber die Vereinbarung einer Verfügungsbeschränkung über den Rahmen der Norm hinaus (Staud/*Thiele* Rz 110).

4 Die Norm bindet nur Ehegatten die im Zeitpunkt der Verfügung im Güterstand der Zugewinngemeinschaft gelebt haben, gilt mithin nicht für Geschäfte, durch die die Ehegatten sich noch als Verlobte verpflichtet haben (AnwKomm/*Gruber* Rz 4), auch dann nicht, wenn die Erfüllung in die Ehezeit fällt. Sie gilt auch nicht für nach der Rechtskraft der Ehescheidung abgeschlossene Rechtsgeschäfte (Bambg FamRZ 00, 1167; Köln OLGR 00, 484; Saarbr FamRZ 87, 1248; Hamm FamRZ 87, 591), während vor diesem Zeitpunkt vorgenommene Verfügungen auch danach noch zustimmungspflichtig sind (BGH FamRZ 78, 591). Ist die Ehe zwar rechtskräftig geschieden, der ursprünglich im Verbund geltend gemachte Zugewinnausgleichsanspruch aber noch rechtshängig, besteht die Zustimmungsbedürftigkeit fort (Celle FamRZ 04, 625; Hamm FamRZ 84, 53), nicht hingegen, wenn der Zugewinnausgleich isoliert geltend gemacht wird (Hamm FamRZ 06, 1557; München MDR 07, 47). Stirbt der zustimmungsberechtigte Ehegatte, ist das Geschäft wirksam, weil der Schutzzweck der Norm nicht mehr besteht (BGH FamRZ 96, 820).

5 **B. Objektiver Tatbestand. I. Vermögen im Ganzen.** Hierzu rechnet das vorhandene **Aktivvermögen**, nicht das **Nettovermögen** als Differenz zwischen Aktiva und Passiva, weshalb die Überschuldung eines Ehegatten die Anwendbarkeit der Norm nicht ausschließt (BGH FamRZ 00, 744 = FuR 00, 485). Besteht das Aktivvermögen nur aus unbedeutenden Wirtschaftsgütern, findet die Norm keine Anwendung, weil diese nicht die wirtschaftliche Grundlage der Familie sein können (RGZ 137, 349). Damit bleiben Passiva zwar grds unberücksichtigt, nicht jedoch dingliche Lasten, da diese, solange sie valutieren, den Wert der Sache mindern (BGH FamRZ 80, 765) oder ggf ganz aufzehren (BGH FamRZ 93, 1302). Hat das Rechtsgeschäft nicht das Vermögen en bloc zum Gegenstand, sondern machen verschiedene Rechtsgeschäfte über Einzelstücke in der Summe das mindestens nahezu ganze Vermögen aus, so kommt die Norm nach der sog Einzeltheorie bei der das letzte größere Vermögensstück betreffenden Verfügung zur Anwendung (BGH FamRZ 80, 765), sofern nicht enger zeitlicher und sachlicher Zusammenhang die Verfügungen zu einem einheitlichen Lebensvorgang machen, bei der § 1365 schon von vornherein Anwendung findet (BGH FamRZ 67, 382; Brandbg FamRZ 96, 1015).

6 **Laufende oder künftige Arbeits- und Renteneinkommen** sind kein Vermögen iSd Norm und werden nicht mit in den Wertevergleich einbezogen (BGH FamRZ 96, 792; NJW 90, 112; 89, 1051; Celle FamRZ 87, 942), da sie keinen iRd Zugewinnausgleichs zu berücksichtigenden Vermögenswert darstellen (BGH FamRZ 87, 909).

Der Einwilligung bedürfen nicht solche Rechtsgeschäfte, die wie eine **Verpfändung** zwar den Vermögensbestand gefährden, den Ehegatten aber nicht zu einer Verfügung über sein Vermögen verpflichten (BGH FamRZ 00, 744 = FuR 00, 485). Andererseits wird nicht auf eine faktische Einbuße abgestellt, so dass die Norm auch anwendbar ist, wenn eine Gegenleistung, zB ein Kaufpreis, vereinbart wird (BGHZ 35, 145; 43, 174). Es wird nur auf die Verfügung, nicht das Gegengeschäft abgestellt (BGHZ 35, 135, 145; aA Kobl FamRZ 08, 1078 bei Vereinbarung eines Wohnrechts als Gegenleistung zur Veräußerung eines Grundstücks). Maßgeblich ist die Relation der objektiven Werte zu denen der verbliebenen Werte, während die faktische Bedeutung der Sache für die Familie ohne Belang ist (BGH FamRZ 80, 765). Zulässig ist es, hierfür feste Grenzen zu ziehen (BGH FamRZ 80, 765), die jedoch von der Größe des insgesamt vorhandenen Vermögens abhängig sind. IdR erscheinen 10% **Mindestrestvermögen** sowohl für kleinere als auch für größere Vermögen im Grenzbereich (BGH FamRZ 77, 293; BayVerfGH FamRZ 05, 382; München FamRZ 05, 272). Verneint worden ist die Zustimmungspflicht bei einem Restvermögen von 15% (BGH FamRZ 80, 765; Köln NJW-RR 05, 4; Frankf FamRZ 84, 698), 16% (München FamRZ 79, 396), 20% (Stuttg Justiz 84, 104). Bejaht wurde sie bei einem verbleibenden Restvermögen von 13% (Köln NJW 76, 717), 15% bei bescheidenen wirtschaftlichen Verhältnissen (Kobl FamRZ 08, 1078) oder bei Übereignung eines ¾ Miteigentumsanteils an einem Hausgrundstück, wenn der verbleibende Rest praktisch wertlos ist (Hamm FamRZ 04, 1648).

II. Verfügung. Nur ein- oder zweiseitig begründete **rechtsgeschäftliche Verpflichtungen** unterliegen dem Zustimmungserfordernis, nicht solche kraft Gesetzes, behördlicher oder gerichtlicher Verfügungen (Staud/*Thiele* Rz 5). Die Beschränkungen beziehen sich auch nicht auf Maßnahmen der Zwangsvollstreckung der Gläubiger eines Ehegatten (BGH FamRZ 06, 856) und auch nicht auf Handlungen, die, wie die Vollstreckungsunterwerfung, nur vermögensgefährdend sind (BGH FamRZ 08, 1613).
Die Verpflichtung zu einer Verfügung über das Vermögen als Ganzes muss sich unmittelbar aus dem Rechtsgeschäft ergeben, was bei bloßer Begründung von Zahlungspflichten nach einem Kauf (BGH FamRZ 83, 455; Rostock FamRZ 95, 1583; Frankf MDR 68, 923) oder der bloßen Begründung von Zahlungspflichten nicht der Fall ist (Rostock FamRZ 95, 1583). Der Ehegatte kann also etwa sein gesamtes Barvermögen für den Kauf eines Gegenstandes ausgeben, diesen aber dann ggf nicht wieder zustimmungsfrei verkaufen.
Ist das **Verpflichtungsgeschäft** wirksam, kann der Ehegatte auch die zur Erfüllung erforderlichen Verfügungen vornehmen; die Zustimmung zum Verpflichtungsgeschäft deckt auch das **Verfügungsgeschäft** (BGH FamRZ 90, 970; NJW 89, 1609). Die Verpflichtung zu Realakten (Abbruch des Hauses) bedarf nicht der Einwilligung (MüKo/*Koch* Rz 43; Staud/*Thiele* Rz 9). Die Führung von Rechtsstreitigkeiten ist keine Verfügung, anders deren Beendigung durch Prozessvergleich (Staud/*Thiele* Rz 10). Verfügungen von Todes wegen fallen nicht unter § 1365 (BGH FamRZ 69, 323; 64, 25).

III. Einzelfälle. Anwartschaftsrecht kann ein relevanter Vermögenswert sein (BGH FamRZ 96, 792). Für die Bewertung ist der Wert des Kaufgegenstandes um den Betrag zu mindern, der aufgebracht werden muss, um das Recht zum Vollrecht erstarken zu lassen. **Veräußerung eines Miteigentumsanteils** an einem Hausgrundstück ist dann zustimmungspflichtig, wenn der verbleibende Anteil wirtschaftlich praktisch wertlos ist (Hamm FamRZ 04, 1648), die Belastung eines Grundstücks mit einer Hypothek, Grundschuld, Dienstbarkeit, dinglichem Wohnrecht oder Nießbrauch (Schlesw JurBüro 85, 1695) dann, wenn deren Wert den Grundstückswert im Wesentlichen aufzehrt (BGH FamRZ 93, 1302). **Langfristige Vermietung und Verpachtung** sind zustimmungsfrei (BGH FamRZ 89, 1051), ebenso Bestellung einer **Eigentümergrundschuld** (Hamm FamRZ 00, 276; Frank FamRZ 00, 500), oder Bewilligung einer **Restkaufgeldhypothek** oder Grundschuld zur Sicherung einer Kaufpreisforderung (Hamm FamRZ 59, 166) sowie die Einräumung eines Vorkaufsrechts (BGH NJW 82, 1099).
Der Antrag auf **Teilungsversteigerung** ist zwar keine rechtsgeschäftliche Verfügung, doch findet auch auf ihn § 1365 entsprechende Anwendung (BGH FuR 07, 525 = FamRZ 07, 1634). Das gilt jedoch nicht für den Gläubiger eines Ehegatten, der dessen Anspruch auf Aufhebung der Gemeinschaft gepfändet hat (Karlsr FamRZ 04, 629). Der Ehegatte darf die Zustimmung regelmäßig verweigern, solange Ehescheidungs- und Zugewinnausgleichsverfahren noch nicht abgeschlossen sind (Köln OLGR 00, 422). Dem übergangenen Ehegatten steht die Drittwiderspruchsklage (§ 771 ZPO) zur Verfügung, die Familiensache kraft Verfahrenszusammenhangs ist (München FamRZ 00, 365; Köln FamRZ 00, 1167; Hambg FamRZ 00, 1290 jeweils zum alten Verfahrensrecht; aA: Stuttg FamRZ 07, 1830, allein Vollstreckungserinnerung). Daneben ist die Erinnerung (§ 766 ZPO) gegeben, wenn das Vollstreckungsgericht die Versteigerung angeordnet hat, obwohl es Kenntnis von der Notwendigkeit der Zustimmung des Ehegatten hatte (BGH FuR 07, 525 = FamRZ 07, 1634; Frankf FamRZ 99, 524). Das Fehlen der Zustimmung macht aber den Antrag nicht unwirksam, so dass sie bis zum Zuschlag nachgeholt werden kann (Frankf FamRZ 97, 1490). Das Grundbuchamt ist nur im Ausnahmefall verpflichtet und auch nur berechtigt, vAw Zweifeln am Erfordernis der Zustimmung nachzugehen (München OLGR 09, 836; Frankf FamRZ 07, 1884; Schlesw Rpfleger 05, 265; Zweibr FamRZ 04, 818).
Die Führung eines **Rechtsstreits** (Staud/*Thiele* Rz 10; MüKo/*Koch* Rz 47) fällt ebenso wenig wie die Zwangsvollstreckung (Ddorf NJW 91, 851; Hambg NJW 70, 952) und prozessuale Willenserklärungen wie **Klageverzicht** und **Anerkenntnis** (MüKo/*Koch* Rz 48) unter § 1365. Anderes gilt für den **Prozessvergleich** (Staud/

Thiele Rz 10; MüKo/*Koch* Rz 47). **Schenkungen** von Todes wegen sind zustimmungsfrei, soweit auf sie § 2301 I Anwendung findet. Dasselbe gilt für Verfügungen von Todes wegen (BGH FamRZ 69, 323; 64, 25) oder Erbverträge (BGH FamRZ 69, 323; NJW 64, 347). Um den **Wert von Unternehmen** zu gewichten, ist auf dessen Ertragswert abzustellen, wobei dieser realisierbar sein muss (BGH NJW 77, 378; 949; FamRZ 67, 382). Der Wert von Unternehmensbeteiligungen bestimmt sich allein nach objektiven Kriterien, nicht nach den persönlichen Verhältnissen und Eigenschaften der Eheleute (BGH FamRZ 80, 765). Änderungen von Gesellschaftsverträgen bedürfen regelmäßig nicht der Einwilligung (MüKo/*Koch* Rz 73), es sei denn, sie führen zur Änderung der Mitgliedschaft (Hambg FamRZ 70, 407). Nicht zustimmungspflichtig ist die Änderung der Bezugsberechtigung aus einer Lebensversicherung (BGH FamRZ 67, 382).

15 **C. Subjektiver Tatbestand.** Die Norm ist um ein ungeschriebenes Tatbestandsmerkmal dahingehend zu ergänzen, dass ihre Voraussetzungen nur dann erfüllt sind, wenn der Vertragspartner positiv weiß, dass es sich bei dem fraglichen Gegenstand um das gesamte oder nahezu gesamte Vermögen des Ehegatten handelt, oder wenn er die Verhältnisse kennt, aus denen sich die Identität von Einzelgegenstand und Gesamtvermögen ergibt (BGH FamRZ 93, 1302; NJW 84, 609; Kobl FamRZ 08, 1078). Entscheidend ist die Kenntnis zum Zeitpunkt der Abgabe der maßgeblichen Willenserklärung (BGH FamRZ 90, 970). Spätere Zeitpunkte wie der des Verpflichtungsgeschäfts (BGH FamRZ 89, 970; NJW 89, 1609), Umschreibung im Grundbuch (LG Osnabrück FamRZ 73, 652), Eingang des Eintragungsantrags für die Auflassungsvormerkung (*Tiedtke* FamRZ 76, 320, 322) sind unerheblich.

16 Die **Beweislast** für die Kenntnis des Dritten trifft denjenigen Ehegatten, der sich auf die Unwirksamkeit des Rechtsgeschäfts beruft (BGH NJW 65, 909), wobei die Kenntnis aus den Umständen gefolgert werden kann, etwa einem dauernden Kontakt unter nahen Verwandten (Celle FamRZ 87, 942; aA Kobl FamRZ 08, 1078).

17 **D. Einwilligung.** Die Einwilligung (§§ 182 ff) ist eine empfangsbedürftige einseitige rechtsgeschäftliche Willenserklärung und bedarf keiner Form; sie kann ausdrücklich oder stillschweigend, ggü dem Ehegatten oder dem Dritten, vor der Verfügung (Zustimmung, § 182) oder danach (Genehmigung, § 184) erteilt werden. Das gilt auch für formbedürftige Verträge (KG NJW 62, 1062). Ggü dem Grundbuchamt ist der Nachweis allerdings in der Form des § 29 GBO zu erbringen. Die Zustimmung kann bis zur Vornahme des Rechtsgeschäfts widerrufen werden, § 183, dagegen nicht deren Verweigerung (BGHZ 125, 355).

18 Die **bedingt erteilte Einwilligung** ist nicht deren Verweigerung (so aber: KG OLGE 4, 346; Staud/*Thiele* Rz 79), da sie mit Eintritt der Bedingung wirksam wird (MüKo/*Koch* Rz 88). Verweigert der Ehegatte seine Zustimmung, wird der bis dahin schwebend unwirksame Vertrag von Anfang an unwirksam, § 1366. Ein späterer Widerruf der Verweigerung ist unwirksam (BGH FamRZ 94, 819).

19 **E. Ersetzung der Zustimmung (Abs 2).** Nach II kann die durch den Ehegatten verweigerte Zustimmung durch das Familiengericht ersetzt werden. Dazu muss das Geschäft den Grundsätzen einer **ordnungsgemäßen Verwaltung** entspr und der Ehegatte sie ohne ausreichenden Grund verweigert haben oder durch Krankheit oder Abwesenheit an der Zustimmung gehindert gewesen sein. Ersetzt werden kann auch die Genehmigung bereits getätigter Geschäfte (Palandt/*Brudermüller* Rz 20), aber nur zu Lebzeiten des zustimmungsberechtigten Ehegatten (BGHZ 125, 355). Ist ein Geschäft bereits unwirksam, kann es nicht mehr genehmigt werden (§ 1367).

20 Ein Geschäft entspricht den genannten Grundsätzen, wenn es ein ordentlicher Wirtschafter mit rechter ehelicher Gesinnung abschließen würde (BayObLG FamRZ 85, 1040; 68, 315; 63, 521). Maßgebend für die Beurteilung ist die letzte mündliche Verhandlung in der Tatsacheninstanz (BGH NJW 78, 1381; BayObLG FamRZ 68, 315), wobei eine umfassende Interessenabwägung zu erfolgen hat; die Höhe des zu erwartenden Veräußerungserlöses ist neben der gesamten familiären Situation unter vernünftigen wirtschaftlichen Erwägungen und Berücksichtigung der aus dem Grundeigentum resultierenden Belastungen abzuwägen (Köln FamRZ 07, 1343). Unerheblich ist, ob das Geschäft notwendig ist (BayObLG FamRZ 63, 521). An die Genehmigungsentscheidung sind nach längerer Trennung geringere Anforderungen zu stellen (BayObLG NJW 75, 833).

21 Verweigert der Ehegatte die Zustimmung ohne ausreichenden Grund, widerruft er eine bereits erteilte Zustimmung oder erteilt er sie nur unter Bedingungen, kann sie durch das Familiengericht ersetzt werden. Ein ausreichender Grund liegt vor, wenn das Geschäft mit den Schutzzwecken des § 1365 nicht zu vereinbaren ist. Die Norm begründet kein **Zurückbehaltungsrecht**, so dass die Verweigerung nicht dazu dienen kann, eigene Ansprüche durchzusetzen (Hamm FamRZ 67, 572). Ausreichend sind in erster Linie wirtschaftliche Gründe. So kann die Zustimmung verweigert werden, wenn das Geschäft den Interessen des Ehegatten nicht entspricht oder ihm gar schadet (Palandt/*Brudermüller* Rz 23). Dasselbe gilt, wenn eine **Gefährdung der wirtschaftlichen Grundlagen** der Familie oder der möglichen künftigen Ausgleichsforderung nicht unwahrscheinlich ist (Köln NJW-RR 05, 4; Saarbr FamRZ 87, 1248; BayObLG FamRZ 85, 1040), bei streitigem Zugewinnausgleichsverfahren durch das Geschäft vollendete Tatsachen bzgl des Vermögens eines Ehegatten *geschaffen würden* (Köln FamRZ 97, 677; Ddorf FamRZ 95, 309) oder ein schon bestehender Zugewinnausgleichsanspruch danach nicht mehr realisierbar wäre (BGH NJW 78, 1381; Saarbr FamRZ 87, 1248).

22 Auch **ideelle oder persönliche Gründe** können die Verweigerung rechtfertigen, so, wenn das Geschäft den häuslichen oder Familienfrieden beeinträchtigt oder die Zustimmung sonst unzumutbar ist (Hamm FamRZ

67, 573), nicht jedoch rein eigensüchtige Interessen (Hamm FamRZ 62, 162). Auch das Interesse an der Ehewohnung und deren Zuweisung gibt keinen ausreichenden Grund zur Verweigerung der Zustimmung (Stuttg NJW 83, 634).

Der Verweigerung der Zustimmung stehen die Verhinderung des Ehegatten oder dessen Abwesenheit oder Krankheit gleich. Die Verhinderung muss nicht dauernd sein (RGZ 103, 126) und die (physische oder psychische) Erkrankung einen Grad erreicht haben, der eine rechtzeitige Erklärung ausgeschlossen erscheinen lässt. Weitere Voraussetzung ist in diesen Fällen, dass mit dem Aufschub des Rechtsgeschäfts Gefahr verbunden ist, sei es auf vermögensrechtlichem Gebiet oder auch für die gemeinsamen Kinder. 23

Für das **Ersetzungsverfahren** ist das Familiengericht zuständig, § 261 II FamFG. Das Verfahren ist zwar eine Güterrechtssache iSv § 261 FamFG, jedoch keine Familienstreitsache (§§ 261 II, 112 Nr 2 FamFG), so dass das FamFG mit den sich aus §§ 262 ff FamFG ergebenden Besonderheiten uneingeschränkt anwendbar ist. Den notwendigen Antrag kann nur der Ehegatte, nicht auch der Dritte stellen. 24

§ 1366 Genehmigung von Verträgen. (1) Ein Vertrag, den ein Ehegatte ohne die erforderliche Einwilligung des anderen Ehegatten schließt, ist wirksam, wenn dieser ihn genehmigt.
(2) ¹Bis zur Genehmigung kann der Dritte den Vertrag widerrufen. ²Hat er gewusst, dass der Mann oder die Frau verheiratet ist, so kann er nur widerrufen, wenn der Mann oder die Frau wahrheitswidrig behauptet hat, der andere Ehegatte habe eingewilligt; er kann auch in diesem Falle nicht widerrufen, wenn ihm beim Abschluss des Vertrages bekannt war, dass der andere Ehegatte nicht eingewilligt hatte.
(3) ¹Fordert der Dritte den Ehegatten auf, die erforderliche Genehmigung des anderen Ehegatten zu beschaffen, so kann dieser sich nur dem Dritten gegenüber über die Genehmigung erklären; hat er sich bereits vor der Aufforderung seinem Ehegatten gegenüber erklärt, so wird die Erklärung unwirksam. ²Die Genehmigung kann nur innerhalb von zwei Wochen seit dem Empfang der Aufforderung erklärt werden; wird sie nicht erklärt, so gilt sie als verweigert. ³Ersetzt das Vormundschaftsgericht die Genehmigung, so ist sein Beschluss nur wirksam, wenn der Ehegatte ihn dem Dritten innerhalb der zweiwöchigen Frist mitteilt; andernfalls gilt die Genehmigung als verweigert.
(4) Wird die Genehmigung verweigert, so ist der Vertrag unwirksam.

A. Allgemeines. Ein ohne die erforderliche Einwilligung des anderen Ehegatten geschlossener Vertrag ist schwebend unwirksam. Er wird erst mit der Genehmigung wirksam (II). Bis zu seiner Genehmigung oder deren Ersetzung können aus ihm keine Rechte hergeleitet werden, er begründet keine Leistungspflichten. Die Norm gilt nur für Verträge, nicht für einseitige nach § 1365 zustimmungspflichtige Rechtsgeschäfte (§ 1367) oder Verfügungen über Haushaltsgegenstände (§ 1369 III). 1

B. Genehmigung. Die Genehmigung kann sowohl dem Ehegatten als auch dem Dritten ggü erklärt werden (§ 182 I). Sie ist unwiderruflich (BGHZ 40, 164) und wirkt auf den Zeitpunkt der Vornahme des Rechtsgeschäfts zurück (§ 184). Sie bedarf keiner Form, kann schlüssig erteilt werden, setzt aber voraus, dass der genehmigende Ehegatte Kenntnis des wesentlichen Inhalts und der Art des Rechtsgeschäfts hatte (BGH NJW 80, 1100). Auch ein Grundstücksgeschäft kann formlos genehmigt werden, jedoch ist die Genehmigung gem § 29 GBO grundbuchrechtlich nur verwertbar, wenn sie öffentlich beglaubigt ist. Sie ist nicht an eine Frist gebunden, solange der Dritte nach III verfährt. 2

C. Ende des gesetzlichen Güterstandes im Schwebezustand. Stirbt der zustimmungsberechtigte Ehegatte während des Schwebezustandes, wird der geschlossene Vertrag wirksam, weil eine Bindung iSv § 1365 nicht mehr besteht (BGH NJW 82, 1099). Stirbt der andere Ehegatte, bleibt es auch dann bei der schwebenden Unwirksamkeit, wenn der überlebende Ehegatte Alleinerbe des anderen ist (Karlsr FamRZ 78, 505). Wird die Ehe während des Schwebezustandes geschieden, wird der Vertrag nicht ohne Genehmigung wirksam, wenn durch ihn der Zugewinnausgleich konkret gefährdet würde (Karlsr FamRZ 76, 695) oder wenn sich dessen Gefährdung nicht ausschließen lässt (BGH NJW 78, 1380; aA BayObLG NJW 72, 1786). 3

D. Verweigerung der Genehmigung (Abs 4). Wie die Genehmigung kann auch deren Verweigerung dem Ehegatten oder dem Dritten ggü erklärt werden. Allg Äußerungen, die auf eine Verweigerung schließen lassen könnten, reichen nicht aus (BGH NJW 82, 1099). War in dem genehmigungspflichtigen Geschäft eine Frist vereinbart, mit deren Ablauf der bis dahin nicht genehmigte Vertrag unwirksam werden sollte, tritt diese Folge mit Fristablauf ein, gleich, ob der Ehegatte informiert ist oder nicht. Mit der Verweigerung der Genehmigung wird der zustimmungspflichtige Vertrag unwirksam (IV), es sei denn, sie wird ohne ausreichenden Grund und durch Beschl ersetzt. 4

Die Verweigerung der Genehmigung ist wie diese einseitige empfangsbedürftige nicht formgebundene Willenserklärung und nicht widerruflich (BGH FamRZ 94, 819). Wegen der bereits auf den Vertrag erbrachten Leistungen besteht ein Rückgewähranspruch aus § 812 I 1, 1. Alt (BGH NJW 76, 104). War das zustimmungspflichtige Geschäft ein dingliches und bestand es in der Übereignung von Eigentum, besteht ein Herausgabeanspruch nach § 985. 5

6 Obwohl die Anerkennung von **Schadensersatzansprüchen** des Dritten gegen den verfügenden Ehegatten dem Schutzzweck des § 1365 entgegenstehen könnte (Staud/*Thiele* § 1365 Rz 98), werden auf das negative Interesse beschränkte anerkannt (MüKo/*Koch* Rz 40; Palandt/*Brudermüller* § 1365 Rz 16). So kommt bei wahrheitswidriger Behauptung eines Gesamtvermögensgeschäftes Auferlegung der dadurch verursachten Kosten in Betracht (AG Nordenham FamRZ 09, 46). Demggü bestehen keine Ansprüche gegen den die Einwilligung verweigernden Ehegatten, weil die Zugewinngemeinschaft keine Pflicht kennt, an der ordnungsgemäßen Verwaltung des Partnervermögens mitzuwirken; die Interessen des Partners werden ggf durch das Familiengericht gewahrt.

7 **E. Möglichkeiten des Dritten. I. Widerruf des Vertrages (Abs 2).** Während des Schwebezustandes kann der Dritte den Vertrag widerrufen. War die Genehmigung bereits erteilt, besteht die Möglichkeit nicht mehr, auch dann nicht, wenn der Ehegatte – ggf ohne Kenntnis des Dritten – bereits zuvor in das Rechtsgeschäft eingewilligt hatte. Sofern nach der Verweigerung der Genehmigung diese noch durch das Familiengericht ersetzt werden kann, ist der Widerruf bis zur Rechtskraft dessen Entscheidung möglich. Wird der Widerruf während des Ersetzungsverfahrens erklärt, ist der Ersetzungsantrag zurückzuweisen, weil der Vertrag jetzt in jedem Fall nichtig ist.

8 Widerrufsberechtigt ist nur derjenige, der nicht gewusst hat, dass sein Vertragspartner verheiratet ist, oder davon zwar wusste, jedoch davon ausgehen konnte, dass der zustimmungspflichtige Ehegatte in das Geschäft eingewilligt hatte. Erforderlich ist für die erste Alternative positive Kenntnis.

9 Der Widerruf ist wie die Genehmigung eine einseitige empfangsbedürftige Willenserklärung, die aber an den Vertragspartner gerichtet sein muss, nicht an den anderen Ehegatten (Staud/*Thiele* Rz 17). Durch ihn wird der Vertrag wirkungslos und kann auch nicht mehr genehmigt werden.

10 **II. Aufforderung zur Beschaffung der Genehmigung (Abs 3).** Nach III kann der Dritte seinen Vertragspartner, nicht dessen Ehegatten, auffordern, die Genehmigung zu beschaffen, um den Schwebezustand zu beenden. Die Aufforderung ist eine geschäftsähnliche Handlung, keine Willenserklärung (Staud/*Thiele* Rz 27). Mit ihr kann sich der zustimmungspflichtige Ehegatte fortan wirksam nur noch ggü dem Dritten erklären (III 1), während die Verweigerung auch an den Ehegatten gerichtet sein kann. Die Aufforderung ist wie die Genehmigung oder deren Verweigerung nicht an eine Form gebunden (Palandt/*Brudermüller* Rz 9).

11 War die Einwilligung oder deren Verweigerung bereits vor der Aufforderung nach III erklärt, war der Schwebezustand bereits beendet, womit die Aufforderung ohne Wirkung ist. Dasselbe gilt, wenn der Güterstand innerhalb der Zwei-Wochen-Frist endet. Eine nach dem Rechtsgeschäft und vor der Aufforderung nur dem Ehegatten, nicht dem Dritten ggü erklärte Genehmigung oder deren Verweigerung wird durch die Aufforderung unwirksam (BGH FamRZ 94, 819).

12 Die Frist des III kann durch einseitige Erklärung des Dritten verlängert werden (*Böttcher* RPfleger 84, 381; MüKo/*Koch* Rz 19; aA Palandt/*Brudermüler* Rz 8, der einen Vertrag für erforderlich hält), während die Verkürzung das Einverständnis des vertragschließenden Ehegatten voraussetzt. Wird die Genehmigung durch familiengerichtliche Entscheidung ersetzt, bleibt diese nur wirksam, wenn sie dem Dritten innerhalb der Zwei-Wochen-Frist mitgeteilt wird. Mit der Verweigerung der Genehmigung ist der Vertrag endgültig unwirksam. Das gilt auch, wenn der Güterstand beendet wird, sei es durch den Tod des Ehegatten (*Reinecke* NJW 73, 305) oder durch Scheidung der Ehe (BayObLG NJW 72, 2272).

§ 1367 Einseitige Rechtsgeschäfte.
Ein einseitiges Rechtsgeschäft, das ohne die erforderliche Einwilligung vorgenommen wird, ist unwirksam.

1 Einseitige Rechtsgeschäfte iSd Norm sind nur die Dereliktion, die Auslobung und das Stiftungsgeschäft. Auf die Ausübung von Anfechtungs- und Rücktrittsrechten findet sie keine Anwendung. Zwar handelt es sich dabei auch um einseitige Rechtsgeschäfte, doch entspricht es nicht dem Sinn der Norm, Ehegatten bei der Geltendmachung von Willensmängeln und Leistungsstörungen aneinander zu binden (MüKo/*Koch* Rz 6; aA Palandt/*Brudermüller* Rz 1; Soergel/*Lange* Rz 2). Nicht unwirksam ist auch die Ausschlagung von Erbschaft oder Vermächtnis (MüKo/*Koch* Rz 6; Staud/*Thiele* § 1365 Rz 42). Wirksam ist der auf das Vermögen als Ganzes bezogene Überweisungsauftrag im Bankenverkehr, mag auch das ihr zu Grunde liegende Rechtsgeschäft zustimmungspflichtig gewesen sein (aA: *Westermann* FamRZ 67, 545, 546).

2 Ist für die Einwilligung eine besondere Form vorgesehen (§ 29 GBO), muss diese mindestens gleichzeitig mit dem einseitigen Rechtsgeschäft erfüllt sein (KG OLGE 7, 49, 53), wobei allerdings dem Ehegatten die Möglichkeit der Nachreichung gegeben werden muss (RGZ 50, 212). Nimmt ein Ehegatte ein einseitiges Rechtsgeschäft ohne erforderliche Genehmigung vor, ist es von Anfang an unwirksam. Es kann auch nicht durch spätere Genehmigung oder Beendigung des Güterstandes geheilt werden (RGZ 146, 316).

§ 1368 Geltendmachung der Unwirksamkeit.
Verfügt ein Ehegatte ohne die erforderliche Zustimmung des anderen Ehegatten über sein Vermögen, so ist auch der andere Ehegatte berechtigt, die sich aus der Unwirksamkeit der Verfügung ergebenden Rechte gegen den Dritten gerichtlich geltend zu machen.

A. Allgemeines. Die Norm gewährt dem übergangenen Ehegatten ein sog **Revokationsrecht**, dessen es 1 bedarf, da § 1365 für das Vermögen und § 1369 für Haushaltsgegenstände zwar die Unwirksamkeit des nicht genehmigten Rechtsgeschäftes regeln, nicht aber die Rückabwicklung zwar unwirksamer, aber bereits vollzogener Verfügungen. § 1368 gibt dem übergangenen Ehegatten dann die Möglichkeit der gerichtlichen Geltendmachung des Rückabwicklungsanspruchs, gleich ob der verfügende Ehegatte dazu bereit ist oder nicht. Der Anspruch besteht auch nach Rechtskraft der Ehescheidung (BGH FamRZ 83, 1101), ist aber ansonsten untrennbar mit der Zugewinngemeinschaft verbunden, so dass er nicht durch die Erben des übergangenen Ehegatten geltend gemacht werden kann (BayObLG FamRZ 80, 571).

Die Norm gibt keinen **Unterlassungsanspruch** (BGH FamRZ 80, 571), so dass der übergangene Ehegatte 2 über sie weder die Unwirksamkeit der Verfügung geltend machen noch deren zukünftige Vornahme verhindern kann (vgl aber AG Baden-Baden FamRZ 09, 1344, das einen Anspruch auf Eintragung einer Verfügungsbeschränkung im Grundbuch bejaht). Soweit das Feststellungsinteresse besteht, kann jedoch auf Feststellung der Unwirksamkeit des Verpflichtungsgeschäftes geklagt werden (BGH FamRZ 90, 970). Die Norm ist nicht anwendbar, wenn ein Ehegatte über im Alleineigentum des anderen stehendes Vermögen verfügt (Staud/*Thiele* Rz 12).

B. Rechte des nicht verfügenden Ehegatten. §§ 1365 ff bieten ein in sich geschlossenes Schutzsystem, in dem 3 als Folge des Prinzips der Gütertrennung eigene Rechte des übergangenen Ehegatten nicht vorgesehen sind. Der **Revokationsanspruch** ist somit auch kein eigener Anspruch des übergangenen Ehegatten. Dieser hat weder einen eigenen (Unterlassungs-) Anspruch, noch sind §§ 1365, 1369 Schutzgesetze iSv § 823 II (aA: Celle NJW 70, 1882). Der übergangene Ehegatte kann aber in **Prozessstandschaft** für den anderen im eigenen Namen tätig werden (Brandbg FamRZ 96, 1015; MüKo/*Koch* Rz 3) und alle sich aus der Unwirksamkeit ergebenden Rechte in jeder Verfahrensart im eigenen Namen geltend machen (Brandbg FamRZ 96, 1015). Hierzu gehören Arrest, einstweilige Verfügung, negative Feststellungsklage (BGH FamRZ 90, 970) oder Vollstreckungsgegenklage (§ 771 ZPO). Bei Fehlen der Zustimmung zu einem Grundstücksgeschäft kommt auch der **Amtswiderspruch** in Betracht (BayObLG FamRZ 88, 503). Ein Grundbuchberichtigungsanspruch besteht zu Gunsten des verfügenden Ehegatten (BGH NJW 84, 609).

Etwas anderes gilt dann, wenn der betroffene Gegenstand im Allein- oder Miteigentum des übergangenen 4 Ehegatten stand oder wenn er einen Anspruch aus Allein- oder Mitbesitz geltend macht. Diese Ansprüche haben ihre Grundlage nicht im ehelichen Güterrecht und bestehen in der Form, in der sie vom übergangenen Ehegatten hätten geltend gemacht werden können. Herausgabe kann somit nur an den verfügenden Ehegatten, oder wenn dieser sie nicht mehr zurück nehmen will, wegen der subsidiären Befugnis zur Übernahme ausnahmsweise an den anderen beansprucht werden (Palandt/*Brudermüller* Rz 4; aA Köln FamRZ 59, 460 Herausgabe an beide Ehegatten).

C. Stellung des verfügenden Ehegatten. Auch der verfügende Ehegatte selbst kann seine Rechte aus der 5 Unwirksamkeit des Vertrages geltend machen. Eine durch einen Ehegatten erstrittene Entscheidung hat materielle Rechtskraftwirkung, so dass in einem ggf zweiten Rechtsstreit des anderen Ehegatten nicht anders entschieden werden kann. Will der Gläubiger sich seinerseits vor einer zweiten Inanspruchnahme schützen, so steht ihm die Möglichkeit des negativen Feststellungsantrages offen (*Baur* FamRZ 58, 257).

D. Stellung des Dritten. Der gute Glaube des Dritten an das Fehlen von Verfügungsbeschränkungen ist 6 nicht geschützt, sogar dann nicht, wenn der andere die Zustimmungsfreiheit oder die erklärte Zustimmung wider besseres Wissen versichert (Palandt/*Brudermüller* Rz 2). Solange nicht beide Ehegatten dem Dritten ggü arglistig gehandelt haben, kann der Dritte ggü der Geltendmachung des Revokationsanspruchs auch nicht den Einwand unzulässiger Rechtsausübung erheben. Der Dritte hat auch kein Zurückbehaltungsrecht (§ 273) etwa wegen eines gezahlten Kaufpreises, den er nur von dem verfügenden Ehegatten, nicht auch von dem übergangenen fordern kann. Dasselbe gilt für die Zurückbehaltung wegen eines Schadensersatzanspruchs (Köln MDR 68, 586; Palandt/*Brudermüller* Rz 3) oder eines Verwendungsersatzanspruchs nach § 1000 (MüKo/*Koch*, § 1368 Rz 19; Staud/*Thiele* Rz 51; aA: Ermann/*Heckelmann* Rz 6; Soergel/*Lange* Rz 14), da der Familienschutz ggü dem Drittschutz vorrangig ist. Zulässig ist aber die Aufrechnung gegen den Revokationsanspruch (BGH FamRZ 00, 744 = FuR 00, 485).

E. Verfahren. Das **Revokationsverfahren** nach § 1368 ist Familiensache, weil es zu den Güterrechtssachen iS 7 § 261 I FamFG zählt (BGH FamRZ 81, 1045; Hamm MDR 01, 219 zum alten Recht). Das gilt auch für die **Drittwiderspruchsklage** gegen die **Teilungsversteigerung** des im Miteigentum stehenden Grundstücks, sofern sie über die Geltendmachung einer bloßen Miteigentümerposition hinausgeht (Hambg FamRZ 00, 1290). Die Darlegungs- und Beweislast trägt derjenige, der sich auf die Unwirksamkeit beruft (München OLGR 93, 153) wobei der antragstellende Ehegatte gegen den anderen ggf einen Anspruch auf Auskunft über die Person des ihm unbekannten Dritten hat (Frankf FamRZ 04, 1105). Der **Streitwert** bemisst sich an dem Wert des Gegenstandes, über den ohne Zustimmung verfügt worden ist (Köln JurBüro 95, 368).

§ 1369 Verfügungen über Haushaltsgegenstände.

(1) Ein Ehegatte kann über ihm gehörende Gegenstände des ehelichen Haushalts nur verfügen und sich zu einer solchen Verfügung auch nur verpflichten, wenn der andere Ehegatte einwilligt.

(2) Das Familiengericht kann auf Antrag des Ehegatten die Zustimmung des anderen Ehegatten ersetzen, wenn dieser sie ohne ausreichenden Grund verweigert oder durch Krankheit oder Abwesenheit verhindert ist, eine Erklärung abzugeben.

(3) Die Vorschriften der §§ 1366 bis 1368 gelten entsprechend.

1 **A. Allgemeines.** Die Norm enthält neben § 1365 eine weitere Einschränkung des in § 1364 begründeten Grundsatzes der selbständigen Verfügungsmacht über das eigene Vermögen. Sowohl Verfügungs- als auch Verpflichtungsgeschäft betreffend Gegenstände des ehelichen Haushalts setzen entweder die Einwilligung des Nichteigentümers oder deren Ersetzung durch das Familiengericht voraus. Der Sinn der Norm besteht darin, die stoffliche Substanz des Familienzusammenlebens gegen einseitige Maßnahmen durch einen Ehegatten zu sichern (Palandt/*Brudermüller* Rz 1), Schmälerungen der Zugewinnausgleichsforderung vorzubeugen und die Verteilung der Haushaltsgegenstände iRd Ehescheidung zu sichern (BayObLG FamRZ 80, 571). Deshalb gilt sie auch nach Trennung fort (Kobl FamRZ 91, 1302), wobei solche Gegenstände ausgenommen sind, die kurz vor oder nach der Trennung speziell für den abgesonderten Haushalt angeschafft worden sind (BGHZ 89, 137). Auch nach der Ehescheidung bleibt das vorher vorgenommene Rechtsgeschäft zustimmungsbedürftig, zumindest dann, wenn durch die Verfügung die Verteilung vorhandenen oder wieder zu erlangenden Hausrats beeinträchtigt würde (BayObLG FamRZ 80, 571).

2 § 1369 kann nicht durch Ehevertrag etwa auf Gegenstände die der Berufsausübung oder der Kapitalanlage dienen, erweitert werden. Andererseits kann er ebenso wie § 1365 durch Ehevertrag beschränkt oder abbedungen werden. Im Gebiet der früheren DDR gilt er unabhängig von der Option der Eheleute für ihren früheren Güterstand.

3 **B. Gegenstände des ehelichen Haushalts.** Der Begriff des Gegenstandes des ehelichen Haushalts ist identisch mit dem in §§ 1361a, 1370, 1568b, 1640 I 3 verwendeten. Haushaltsgegenstände sind danach bewegliche Sachen (§ 90) einschl wesentlicher Bestandteile (§ 93) und Zubehör (§ 97), aber auch den Hausrat betreffende Rechte, sofern sie der gemeinsamen Lebensführung im privaten Bereich einschl der Freizeitgestaltung dienen oder zu dienen bestimmt sind. Wegen der Begriffsbestimmung wird iÜ auf § 1361a Rn 5 ff verwiesen. Nicht zum Hausrat gehört die Ehewohnung, weshalb ein Ehegatte, der die eheliche Wohnung allein gemietet hat, auch das Mietverhältnis allein kündigen kann (LG Stuttgart FamRZ 77, 200).

4 Zu den die Haushaltsgegenstände betreffenden Rechten zählen etwa Forderungen, die wie Schadensersatzansprüche (BGH NJW 66, 1707; Kobl FamRZ 92, 1303) oder Leistungen aus den Hausrat betreffenden Sachversicherungen (Palandt/*Brudermüller* Rz 6), an die Stelle von Haushaltsgegenständen getreten sind. Dasselbe gilt für Forderungen aus dem Kauf beweglicher Sachen, die dem Haushalt zu dienen bestimmt sind, nicht dagegen für Dienstleistungen im Haus, so dass das Arbeitsverhältnis mit einer Haushaltshilfe auch von einem Ehegatten allein gekündigt werden kann (*Rittner* FamRZ 61, 188).

5 Zwar werden nach dem Wortlaut der Norm nur solche Gegenstände erfasst, die dem verfügenden Ehegatten gehören, doch ist die Norm extensiv auszulegen. Stehen Haushaltsgegenstände im Miteigentum beider Ehegatten, bedarf die Verfügung allerdings ohnehin der Zustimmung des Miteigentümers. § 1369 findet aber auch Anwendung auf Gegenstände, die im Eigentum Dritter stehen. Das gilt für das Besitzrecht an geliehenem oder gemietetem Hausrat (Palandt/*Brudermüller* Rz 6), allerdings nur so lange, wie es um die Herauslösung aus dem Haushalt geht, nicht dagegen für Maßnahmen, die wie Kündigung oder Rückgabe iRd Schuldverhältnisses anfallen. Weiter findet sie Anwendung auf das bei Erwerb unter Eigentumsvorbehalt erworbene Anwartschaftsrecht (Saarbr OLGZ 67, 4). Erwirbt der Dritte von einem Ehegatten einen im Alleineigentum des anderen stehenden Haushaltsgegenstand, so scheitert ein Gutglaubenserwerb bei Mitbesitz bereits an § 935. Stand der Gegenstand dagegen ausnahmsweise im Alleinbesitz des verfügenden Ehegatten, findet § 1369 gleichfalls Anwendung, da nicht ersichtlich ist, weshalb der Dritte durch die Nichtanwendung der Norm auf diesen Fall besser gestellt wäre, wenn er statt vom tatsächlichen vom vermeintlichen Eigentümer erwirbt (Schlesw SchlHA 74, 111; Köln MDR 68, 586; aA Soergel/*Lange* Rz 16).

6 **C. Zustimmungsbedürftigkeit.** Zustimmungsbedürftig sind alle ein- und mehrseitigen Verpflichtungs- und Verfügungsgeschäfte, die Hausrat zum Gegenstand haben. Das gilt auch dann, wenn mit ihnen ein Sicherungszweck verfolgt wird, wobei eine Ausnahme für Sicherungsübereignungen gilt, die Teil eines Rechtsgeschäfts sind, das den Erwerb von Haushaltsgegenständen zum Ziel hat (Sicherungsübereignung eines gekauften Gegenstandes iRe finanzierten Abzahlungskaufs). Nicht zustimmungsbedürftig sind Prozesshandlungen wie Klageerhebung, Anerkenntnis, Verzicht. Anderes gilt für den Prozessvergleich. Nicht zustimmungsbedürftig sind Verpflichtungsgeschäfte, die nicht unmittelbar den Verlust des Eigentums zur Folge haben, jedoch ein gesetzliches Pfandrecht auslösen. Dasselbe gilt für die Verpflichtung, einem Dritten Gegenstände des ehelichen Haushalts zum Gebrauch zu überlassen, wie Leihe oder Miete.

Handelt der Ehegatte nicht selbst, sondern durch einen Vertreter, so ist dieser durch § 1369 gebunden. Frei **7** von den Bindungen des § 1369 sind dagegen Amtstreuhänder wie der Nachlass-, der Insolvenz-, der Zwangsverwalter oder der Testamentsvollstrecker sowie solche Gläubiger, die die Zwangsvollstreckung wegen einer Geldforderung betreiben (Staud/*Thiele* Rz 38; *Schmidt* NJW 74, 323). Die Vorschriften über die Haushaltsführung und die Schlüsselgewalt begründen keine Einschränkung des Zustimmungserfordernisses (Staud/*Thiele* Rz 42; MüKo/*Koch* Rz 30).

D. Zustimmung und deren Fehlen. Wegen der Zustimmung gilt das zu §§ 1356, 1366 Dargestellte. Macht **8** der Ehegatte über einen längeren Zeitraum die Unwirksamkeit des Rechtsgeschäfts nicht geltend, ist regelmäßig von einer konkludenten Zustimmung auszugehen (Palandt/*Brudermüller* Rz 8).

Der Tatbestand der Norm erfährt keine subjektive Einschränkung; der Vertragspartner muss also nicht wissen, **9** dass es sich bei dem veräußerten Gegenstand um einen Haushaltsgegenstand handelt (FAFamR/*v Heintschel-Heinegg* Kap 9 Rz 35), dass der verfügende Ehegatte verheiratet ist oder dass es an der Zustimmung fehlt. Der geringere Schutz des Dritten ist damit zu begründen, dass seine Gefährdung geringer ist als bei Gesamtvermögensgeschäften. und dass sich die Widmung für den Haushalt leicht erfragen lässt (MüKo/*Koch* Rz 27). Erfolgt die Veräußerung durch einen Kaufmann iRs Handelsgeschäfts, ist sowohl das Verpflichtungs- als auch das Verfügungsgeschäft unwirksam, weil § 366 HGB in diesem Fall nicht anwendbar ist (Staud/*Thiele* Rz 66; aA MüKo/*Koch* Rz 28).

Wie nach § 1365 kann das Familiengericht auch nach II die fehlende Zustimmung des Ehegatten ersetzen, **10** wenn dieser sie ohne ausreichenden Grund verweigert oder in Folge Krankheit oder Abwesenheit verhindert ist, eine Erklärung abzugeben. Der Tatbestand ist ggü § 1365 aber verkürzt, indem nicht zu prüfen ist, ob die Verfügung einer ordnungsgemäßen Verwaltung entspricht. Sie wird jedoch dann nicht ersetzt, wenn der Haushaltsgegenstand nicht entbehrlich ist, die vereinbarte Gegenleistung unangemessen niedrig ist, zu befürchten steht, dass der Erlös nicht ordnungsgemäß verwendet wird oder sonst eine Schädigung der Familieninteressen zu besorgen ist (BayObLG FamRZ 68, 317; 60, 157; Hamm FamRZ 57, 572). Dasselbe gilt, wenn der Anspruch des Ehegatten auf eine gerechte und zweckmäßige Verteilung der Haushaltsgegenstände nach der Ehescheidung gefährdet würde (BayObLG FamRZ 80, 1001). Generell ist iRd Entscheidung auf den Schutzzweck der Norm abzustellen, wobei der maßgebliche Zeitpunkt der der familiengerichtlichen Entscheidung ist (BayObLG FamRZ 80, 1001; 68, 315; 60, 156). Die Genehmigung kommt deshalb insb bei Entbehrlichkeit des Hausrats, Vornahme struktureller Veränderungen oder zum Zweck der Beseitigung einer Notlage in Betracht. Im Fall der Krankheit oder Abwesenheit eines Ehegatten bedarf es nicht der Feststellung mit dem Aufschub des Rechtsgeschäfts verbundener Gefahr.

IÜ verweist III auf die Vorschriften der §§ 1366 bis 1368, derentwegen auf die obigen Ausführungen verwiesen werden kann. **11**

§ 1370 *Aufgehoben durch Art 1 Nr 4 des Gesetzes zur Änderung des Zugewinnausgleichs- und Vormundschaftsrechts vom 6.7.09 (BGBl I 1696).*

§ 1371 Zugewinnausgleich im Todesfall. (1) Wird der Güterstand durch den Tod eines Ehegatten beendet, so wird der Ausgleich des Zugewinns dadurch verwirklicht, dass sich der gesetzliche Erbteil des überlebenden Ehegatten um ein Viertel der Erbschaft erhöht; hierbei ist unerheblich, ob die Ehegatten im einzelnen Falle einen Zugewinn erzielt haben.
(2) Wird der überlebende Ehegatte nicht Erbe und steht ihm auch kein Vermächtnis zu, so kann er Ausgleich des Zugewinns nach den Vorschriften der §§ 1373 bis 1383, 1390 verlangen; der Pflichtteil des überlebenden Ehegatten oder eines anderen Pflichtteilsberechtigten bestimmt sich in diesem Falle nach dem nicht erhöhten gesetzlichen Erbteil des Ehegatten.
(3) Schlägt der überlebende Ehegatte die Erbschaft aus, so kann er neben dem Ausgleich des Zugewinns den Pflichtteil auch dann verlangen, wenn dieser ihm nach den erbrechtlichen Bestimmungen nicht zustünde; dies gilt nicht, wenn er durch Vertrag mit seinem Ehegatten auf sein gesetzliches Erbrecht oder sein Pflichtteilsrecht verzichtet hat.
(4) Sind erbberechtigte Abkömmlinge des verstorbenen Ehegatten, welche nicht aus der durch den Tod dieses Ehegatten aufgelösten Ehe stammen, vorhanden, so ist der überlebende Ehegatte verpflichtet, diesen Abkömmlingen, wenn und soweit sie dessen bedürfen, die Mittel zu einer angemessenen Ausbildung aus dem nach Absatz 1 zusätzlich gewährten Viertel zu gewähren.

A. Allgemeines. Während §§ 1372 ff den Ausgleich des Zugewinns im Allg regeln, stellt § 1371 eine Sonderregelung für den Fall der Beendigung der Zugewinngemeinschaft durch den Tod eines Ehegatten dar. Dabei **1** verbindet die Norm das **Ehegüterrecht** mit dem **Erbrecht**. Sie findet bei Auslandsbeteiligung nur Anwendung, wenn neben deutschem Güterrecht auch deutsches Erbrecht zur Anwendung kommt (Stuttg FamRZ 05, 1711; Schulte-Bunert FuR 06, 543) Nach der erbrechtlichen Lösung (I) erfolgt der Zugewinnausgleich dadurch, dass der gesetzliche Erbanspruch des Überlebenden pauschal um ein Viertel erhöht wird, gleich ob überhaupt ein Zugewinn und wenn, auf welcher Seite eingetreten ist. Diese Regel ändert nichts an dem Recht des überlebenden Ehegatten am Voraus (§ 1932). Mit der erbrechtlichen Lösung soll im Interesse des Familienfriedens verhindert werden, dass der Überlebende verpflichtet ist, iRe Zugewinnausgleichsantrags gegen die Erben den Nachweis zu führen, dass auf Seiten des Verstorbenen ein Zugewinn entstanden ist.

2 Die Norm führt zu einer erheblichen Besserstellung des Ehegatten ggü Miterben, weshalb IV einen gewissen Ausgleich zu Gunsten der nicht aus der Ehe stammenden Abkömmlinge des verstorbenen Ehegatten schafft.

3 Wird der überlebende Ehegatte nicht Erbe und steht ihm auch kein Vermächtnis zu, so greift die **güterrechtliche Lösung**, die zum Inhalt hat, dass der überlebende Ehegatte gegen die Erben einen **Zugewinnausgleichsanspruch** nach Maßgabe der §§ 1373–1383, 1390 hat. Daneben steht ihm der **sog kleine Pflichtteil** zu. Besteht neben dem Pflichtteil ein hoher Zugewinnausgleichsanspruch, kann der überlebende Ehegatte im Ergebnis besser stehen als nach der erbrechtlichen Lösung. Da er aber nicht gegen seinen Willen Erbe werden kann, tritt die erbrechtliche Lösung nicht gegen seinen Willen ein.

4 Für den Todeszeitpunkt ist in Übereinstimmung mit der medizinischen Wissenschaft der Eintritt des Gesamthirntodes maßgeblich, also der vollständige irreversible Ausfall der Funktionen von Großhirn, Kleinhirn und Hirnstamm (Köln NJW-RR 92, 1480; Frankf FamRZ 98, 190, BayObLG NJW-RR 99, 1309).

5 Die Norm findet nur Anwendung, wenn die Ehegatten im Zeitpunkt des Todes im gesetzlichen Güterstand der Zugewinngemeinschaft gelebt haben. Dasselbe gilt, wenn der Tod eintritt, nachdem ein Ehegatte Scheidungsantrag gestellt hat, aber bevor der Scheidungsbeschluss rechtskräftig geworden ist, oder wenn ein Ehegatte Antrag auf vorzeitigen Ausgleich des Zugewinns gestellt hat, hierüber aber noch nicht rechtskräftig entschieden ist. Für die Berechnung des Endvermögens ist im Fall des Todes während des laufenden Scheidungsverfahrens auf den Stichtag des § 1384 abzustellen, wenn die Ehe voraussichtlich geschieden worden wäre (BGH FamRZ 04, 527 = FuR 04, 258). Das gilt auch dann, wenn der überlebende Ehegatte durch Testament als Erbe ausgeschlossen ist und den güterrechtlichen Zugewinnausgleich beansprucht. Sterben beide Ehegatten (zB nach einem Verkehrsunfall) gleichzeitig, findet weder die erb- noch die güterrechtliche Regelung Anwendung, da kein Ehegatte den anderen beerben kann (§ 1923 I). Da ebenso wenig ein Ehegatte Nacherbe oder Vermächtnisnehmer sein kann, ist für erbrechtliche Lösungen kein Raum (BGHZ 75, 85). Da der Zugewinn nur zu Gunsten eines überlebenden Ehegatten und nicht der Erben ausgeglichen werden kann (Zweibr FamRZ 97, 683), findet auch ein Zugewinnausgleich nach der güterrechtlichen Lösung nicht statt (BGHZ 75, 85; *Werner* FamRZ 76, 251).

6 Die Folgen der **erbrechtlichen Lösung** können testamentarisch oder durch Ehevertrag ausgeschlossen oder abgeändert werden. Haben die Ehegatten die Zugewinngemeinschaft ausgeschlossen, betrifft dies auch den Zugewinnausgleich von Todes wegen nach I wie auch den nach II und III (Staud/*Thiele* Rz 133; MüKo/*Koch* Rz 19). Zulässig ist es auch, die erb- oder güterrechtliche Lösung insgesamt oder nur die nach I vorgesehene pauschale Erhöhung durch Ehevertrag auszuschließen (Staud/*Thiele* Rz 133). Der Ausschluss kann auch auf die Folgen nach I beschränkt werden, so dass beim Tod eines Ehegatten nur die güterrechtliche Regelung greift. Nicht zulässig ist die Vereinbarung einer von I abw Erhöhungsquote (Staud/*Thiele* Rz 133); insoweit bleibt nur eine Änderung durch erbrechtliche Gestaltungsmöglichkeiten. Nicht zulässig ist der Ausschluss des Ausbildungsunterhalts nach IV durch Ehevertrag (Staud/*Thiele* Rz 129). Soll dieser entfallen, bleibt nur der Ausschluss der Zugewinngemeinschaft.

7 In den Bundesländern, in denen die Höfeordnung gilt, sind deren Regelungen vorrangig, so dass sich hinsichtlich landwirtschaftlicher Betriebe Änderungen ggü den güterrechtlichen Regelungen nach II und III ergeben können.

8 **B. Erbrechtliche Lösung (Abs 1). I. Der Ehegatte ist Erbe oder Vermächtnisnehmer. 1. Ehegatte als Erbe.** I findet nur Anwendung, wenn der Ehegatte Erbe oder Vermächtnisnehmer des Verstorbenen ist (BGHZ 37, 58), da der gesetzliche Erbteil erhöht wird. Dasselbe gilt, wenn er Vor- (BGH FamRZ 65, 604) oder Nacherbe ist. Hinsichtlich der Anwendung der Norm ist dem Gericht kein Ermessen eingeräumt, so dass die Gründe für die Eheschließung ebenso unbedeutend sind wie die Ehedauer (Bambg OLGR 99, 265).

9 **2. Ehegatte als Vermächtnisnehmer.** Aus II folgt, dass I auch dann anzuwenden ist, wenn dem überlebenden Ehegatten ein Vermächtnis zugewandt wurde, das jedoch einen Mindestwert erreichen muss. Hat es praktisch nur einen Erinnerungswert, liegt eine Enterbung vor, durch die der Weg für die güterrechtliche Regelung frei ist (Palandt/*Brudermüller* Rz 2).

10 **3. Ehegatte als Pflichtteilsberechtigter.** Ist dem Ehegatten der Pflichtteil zugewandt worden, ist nach der Auslegungsregel des § 2304 von einem Vermächtnis auszugehen. Ob ein Fall der Enterbung vorliegt, richtet sich dann danach, ob dem überlebenden Ehegatten der „kleine" oder „große" Pflichtteil zugedacht war. Die Zuwendung des „kleinen" Pflichtteils steht idR einer Enterbung gleich (Palandt/*Brudermüller* Rz 2), so dass der Weg für die güterrechtliche Lösung frei ist. Der kleine Pflichtteil bemisst sich gemäß § 2303 I 2 auf die Hälfte des sich nach § 1931 errechnenden Erbteils ohne Berücksichtigung des Aufschlages nach I.

11 *Der „große" Pflichtteil* besteht aus der Hälfte des sich nach § 1931 errechnenden gesetzlichen Erbteils unter Einbeziehung des Aufschlages nach I. Da der Ehegatte neben Verwandten der ersten Ordnung (Kinder des Verstorbenen, § 1924) zu einem Viertel und neben solchen der zweiten Ordnung (Eltern des Verstorbenen, § 1925) zur Hälfte erbberechtigt ist, steht ihm unter Einbeziehung des Aufschlages nach I neben Verwandten

der ersten Ordnung insgesamt die Hälfte, neben solchen der zweiten Ordnung drei Viertel des Nachlasses zu, so dass der große Pflichtteil sich neben Verwandten der ersten Ordnung auf ein Viertel und neben Verwandten der zweiten Ordnung auf drei Achtel errechnet, während der kleine Pflichtteil ein Achtel bzw ein Viertel beträgt.

II. Rechtsfolge. Findet I Anwendung, wird der gesetzliche Erbteil pauschal um ein Viertel erhöht; eine konkrete Berechnung des Zugewinns findet nicht statt. Da die Vorschriften über den Zugewinnausgleich nicht angewandt werden, bleiben auch dem Ehegatten zu Lebzeiten gemachte Zuwendungen (§ 1380) unberücksichtigt. 12

Mit dem Tod des Verstorbenen geht dessen Nachlass, obwohl der Anspruch auf verschiedenen Grundlagen beruht (§§ 1931, 1371 I), in Höhe des gesetzlichen Erbteils einschl des Erhöhungsbetrages nach I auf den Ehegatten über, der auch dinglich berechtigt ist. Eine Teilausschlagung kommt nicht in Betracht (Staud/*Thiele* Rz 10). Nach § 5 I 1 ErbStG ist das zusätzliche Viertel aber nur in Höhe des Betrages erbschaftssteuerfrei, der dem überlebenden Ehegatten im Fall güterrechtlicher Abwicklung zufiele (zur Berechnung: BFH NJW 94, 150). 13

C. Güterrechtliche Lösung (Abs 2). I. Ehegatte ist nicht Erbe. Ist der überlebende Ehegatte weder gesetzlicher Erbe noch durch Testament bedacht (BGHZ 42, 182) und steht ihm auch kein Vermächtnis zu, greift die güterrechtliche Lösung nach II. Hat er allerdings die Erbschaft ausgeschlagen, enthält III die einschlägigen Regelungen. 14

1. Ausschluss durch Verfügung von Todes wegen. Da die Testierfreiheit der Eheleute nicht beschränkt ist, ist es jedem unbenommen, den anderen zu enterben (§ 1938). Dem testamentarisch Enterbten steht derjenige gleich, der auf den kleinen Pflichtteil verwiesen wird (s.o. Rn 10). 15

2. Gesetzlicher Ausschluss. Der Ehegatte ist dann von Gesetzes wegen von der Erbschaft ausgeschlossen, wenn der Verstorbene im Zeitpunkt seines Todes selbst die Scheidung beantragt oder der von dem anderen Ehegatten beantragten Scheidung zugestimmt hatte und wenn die Voraussetzungen der Ehescheidung vorlagen (§ 1933). Dasselbe gilt, wenn der Erblasser die Aufhebung der Ehe beantragt hatte und deren Voraussetzungen vorlagen. Nimmt der überlebende Ehegatte seinen begründeten Scheidungsantrag zurück, dem der andere zugestimmt hatte, so hat dies keinen Einfluss mehr auf den Ausschluss von der Erbfolge nach § 1933 (Frankf FamRZ 98, 190). Ist der überlebende Ehegatte während der Ehe testamentarisch bedacht worden, gilt dasselbe, sofern nicht anzunehmen ist, dass der Erblasser ihn auch für den Fall der Auflösung der Ehe hat bedenken wollen (§ 2077). 16

3. Erbunwürdigkeit. II greift ferner auch dann, wenn der überlebende Ehegatte durch rechtskräftigen Beschl für erbunwürdig erklärt worden ist (§ 2339). Ist der überlebende Ehegatte nicht Erbe, sondern Vermächtnisnehmer, gilt dasselbe (§ 2345). Der Erbunwürdigkeit steht die Entziehung des Ehegattenpflichtteils (§ 2335) gleich. Will der überlebende Ehegatte den Gefahren der Anfechtung entgehen, kann er das Erbe ausschlagen, was den Weg über III ebnet. 17

4. Erbverzicht. Gem § 2346 können Ehegatten durch Vertrag mit dem Erblasser auf ihr gesetzliches Erbteil verzichten. Der Verzichtsvertrag bedarf der notariellen Form (§ 2348) und hat zur Folge, dass der Überlebende nicht Erbe ist, somit seine Rechte aus II beanspruchen kann. 18

II. Rechtsfolge. Liegen die Voraussetzungen von II vor, kann der überlebende Ehegatte gem §§ 1931, 2304 den kleinen Pflichtteil beanspruchen (zur Berechnung vgl Rn 10), ohne dass ihm insoweit ein Wahlrecht zukäme (BGH NJW 82, 2497; Palandt/*Brudermüller* Rz 15; Staud/*Thiele* Rz 61). Daneben kann er von den Erben des Verstorbenen den Ausgleich des Zugewinns gem §§ 1373 ff beanspruchen. 19

Für die Berechnung der Zugewinnausgleichsforderung ist auf das Ende des Güterstandes abzustellen, also den Zeitpunkt des Todes. War zu diesem Zeitpunkt jedoch schon die Ehescheidung oder der Antrag auf vorzeitigen Ausgleich des Zugewinns rechtshängig, so ist in analoger Anwendung der §§ 1384, 1387 auf den Zeitpunkt der Rechtshängigkeit abzustellen, sofern der Antrag erfolgreich gewesen wäre, da die Norm in diesem Punkt ersichtlich eine Regelungslücke enthält, die durch die Analogie zu schließen ist (BGHZ 99, 304). 20

Die Anwendung der §§ 1373 ff hat zur Folge, dass gem § 1380 auch **Vorausempfänge** angerechnet werden können, alternativ über § 2315 auch auf den Pflichtteil. Die Erbunwürdigkeit kann iÜ Anlass geben, die Voraussetzungen des § 1381 zu prüfen. 21

Die Zugewinnausgleichsforderung ist eine **Nachlassverbindlichkeit** (§ 1967 II), die sich gegen die Erben richtet. Sie geht den Vermächtnissen, Auflagen und Pflichtteilsansprüchen vor (MüKo/*Koch* Rz 45; Staud/*Thiele* Rz 67). Sie rechnet nicht zum steuerpflichtigen Erwerb iSv § 5 II ErbStG. 22

D. Ausschlagung der Erbschaft (Abs 3). Schlägt der Ehegatte die Erbschaft aus (vgl §§ 1942 ff), wird er nach III so behandelt, als sei er nicht Erbe geworden, weshalb auch jetzt die güterrechtliche Lösung greift. Mit dieser Regelung erkennt das Gesetz das Interesse des Ehegatten daran an, die Erbschaft im Hinblick auf den Zugewinnausgleich auszuschlagen (Staud/*Thiele* Rz 82). Damit hat der Ehegatte faktisch die Möglichkeit der 23

24 III greift nur dann, wenn der überlebende Ehegatte nach der Ausschlagung weder Erbe noch Vermächtnisnehmer ist, weshalb die güterrechtliche Regelung dann nicht anzuwenden ist, wenn der Ehegatte zwar die Erbschaft ausgeschlagen, ein ihm zugedachtes Vermächtnis aber behalten hat. Dasselbe gilt, wenn er die testamentarische Erbschaft ausschlägt, sein gesetzliches Erbe aber annimmt. Sie gilt auch dann nicht, wenn der überlebende Ehegatte durch Vertrag mit dem Verstorbenen auf sein gesetzliches Erb- oder Pflichtteilsrecht verzichtet hat (III Hs 2).

25 Durch die Ausschlagung der Erbschaft verliert der überlebende Ehegatte grds auch seinen Pflichtteilsanspruch. Diese Konsequenz will III vermieden, wenn der überlebende Ehegatte mit dem Verstorbenen bis zu dessen Tod im Güterstand der Zugewinngemeinschaft gelebt hat. Denn er erhält nach III seinen Pflichtteil auch dann, wenn er ihm nach den erbrechtlichen Vorschriften nicht zustünde. Deshalb wird das Pflichtteilsrecht des überlebenden Ehegatten durch die Norm erweitert. Der Gesetzeswortlaut ist allerdings zu korrigieren, da die im Gesetz genannten „erbrechtlichen Vorschriften" nur diejenigen sind, die die Entstehung des Pflichtteils an die Ausschlagung der Erbschaft knüpfen. Diejenigen Vorschriften, die die Entstehung des Pflichtteilsanspruchs überhaupt verhindern oder dessen Fortfall herbeiführen, sind auch weiterhin anwendbar (Staud/*Thiele* Rz 84). Dem Ehegatten steht somit entgegen dem Wortlaut der Norm dann kein Pflichtteil zu, wenn ihm dieser entzogen oder er für erbunwürdig erklärt worden ist.

26 Wegen der Berechnung des Pflichtteils wird auf oben Rn 10 verwiesen, wegen der Berechnung des Zugewinnausgleichsanspruchs auf Rn 20 ff.

27 **E. Ausbildungsunterhalt für Stiefabkömmlinge (Abs 4).** Nach IV wird eine Unterhaltspflicht außerhalb eines Verwandtschaftsverhältnisses begründet, da die erbberechtigten Abkömmlinge, die nicht aus der durch den Tod dieses Ehegatten aufgelösten Ehe stammen, entweder Kinder des Verstorbenen aus früheren Ehen, Kinder aus der Beziehung zu einem Elternteil, mit dem der Verstorbene nicht verheiratet war oder gem §§ 1741 ff angenommene Kinder bzw deren Abkömmlinge sind. Der Sinn der Regelung liegt darin, die mit der Erhöhung des gesetzlichen Erbteils nach I verbundene Benachteiligung der Kinder zu begrenzen.

28 Voraussetzung für einen Anspruch aus IV ist die gesetzliche Erbberechtigung der Abkömmlinge; die testamentarische Erbeinsetzung reicht nicht aus. Die Berechtigten dürfen die Erbschaft nicht ausgeschlagen (*Boehmer* FamRZ 61, 47) oder auf sie verzichtet haben. Nicht erbberechtigt sind sie auch, wenn sie für erbunwürdig erklärt wurden (§§ 2339 ff) oder gem § 1924 II von der Erbfolge ausgeschlossen sind.

29 Der Ehegatte haftet nur dann, wenn er gesetzlicher Erbe des Verstorbenen ist, also die erbrechtliche Lösung nach I greift. Da der Ehegatte diese Lösung durch Ausschlagung der Erbschaft verhindern kann, hat er es in der Hand, sich auch der Haftung nach IV zu entziehen.

30 Ob ein Unterhaltsbedarf besteht, richtet sich nach den allg Vorschriften (§§ 1602, 1610). Der Anspruch umfasst neben den eigentlichen Ausbildungskosten auch die in der Zeit der Ausbildung anfallenden Lebenshaltungskosten (Palandt/*Brudermüller* Rz 9). Er besteht nicht, wenn der Abkömmling seinen Bedarf zB durch Einsatz auch des Stammes des ererbten Vermögens decken kann (Staud/*Thiele* Rz 102). Der Unterhaltsanspruch nach IV schließt den gegen einen Dritten, zB einen noch lebenden Elternteil, nicht aus (MüKo/*Koch* Rz 85; Palandt/*Brudermüller* Rz 9; aA: Staud/*Thiele* Rz 104). Die auf den Erben entfallende Unterhaltsquote ist dadurch zu ermitteln, dass der fiktive Anspruch gegen den Verstorbenen für den Fall seines Weiterlebens berechnet wird (vgl iÜ FaKomm-FamR/*Weinreich* Rz 56). Sind mehrere nach IV Berechtigte vorhanden, sind die vorhandenen Mittel, wenn sie nicht zur vollen Bedarfsdeckung ausreichen, proportional nach den Ausbildungsbedürfnissen zu quotieren (MüKo/*Koch* Rz 73).

31 Die Zahlungspflicht des überlebenden Ehegatten ist auf das ihm nach I zugeflossene Viertel begrenzt. Ist dieses durch die Unterhaltszahlungen verbraucht, endet die Zahlungspflicht.

§ 1372 Zugewinnausgleich in anderen Fällen. Wird der Güterstand auf andere Weise als durch den Tod eines Ehegatten beendet, so wird der Zugewinn nach den Vorschriften der §§ 1373 bis 1390 ausgeglichen.

1 **A. Allgemeines.** Da das Familienrecht vom Grundsatz der Halbteilung beherrscht wird, ist – von Ausnahmefällen wie dem des privilegierten Erwerbs (§ 1374 II) abgesehen – das während des Bestehens des Güterstandes erworbene Vermögen unter den Ehegatten hälftig aufzuteilen. §§ 1373 ff sind dabei Auffangtatbestand für alle Fälle, in denen die Ehe nicht durch den Tod endet. IRd Güterrechts wird ein auf Geldzahlung gerichteter Ausgleichsanspruch begründet, für den, bezogen auf genau festgelegte Stichtage, für beide Ehegatten die Vermögensstände getrennt festzuhalten sind. Dabei kommt es nicht darauf an, ob und in welcher Höhe ein Ehegatte einen Beitrag zum Zugewinn des anderen geleistet hat.

2 *Der Zugewinnausgleich nach §§ 1373 ff findet statt*, wenn der Güterstand durch Scheidung der Ehe (§§ 1564–1568), Aufhebung der Ehe (§§ 1313–1318), vorzeitigen Ausgleich des Zugewinns (§§ 1385–1388) oder Ehevertrag endet.

B. Zugewinnausgleich und andere Regelungen. I. Abgrenzung zum Haushaltsverteilungs- und Versorgungsausgleichsverfahren sowie Verhältnis zum Unterhalt. Während Ehewohnung und Haushaltsgegenstände nach § 1568a und b und die Versorgungsanwartschaften und -aussichten wegen Alters oder Berufs- und Erwerbsunfähigkeit im Versorgungsausgleichsverfahren verteilt werden, unterfällt das sonstige Vermögen dem Zugewinnausgleich. 3

1. Haushaltsgegenstände. Hinsichtlich der Haushaltsgegenstände ist streitig, wie diese im Verhältnis zum Zugewinn steht. Vertreten wird, dass sie generell nicht in den Zugewinn fallen (so Karlsr FamRZ 09, 1326; Hamm FamRZ 82, 937; Köln FamRZ 83, 709). Nach der hM gehören zwar auch **Haushaltsgegenstände** grds zum Anfangs- oder **Endvermögen**, doch scheiden sie aus dem Zugewinnausgleich aus, soweit sie der Vorschrift des § 1568b unterliegen (BGH FamRZ 84, 144; Ddorf FamRZ 05, 273; 92, 60; Bambg FamRZ 89, 408). Dasselbe gilt für eine danach zu leistende **Ausgleichszahlung** (BGH FamRZ 84, 144), während im Alleineigentum eines Ehegatten stehende Haushaltsgegenstände im Endvermögen zu berücksichtigen sind (BGH FamRZ 84, 144). 4

2. Versorgungsausgleich. Nach § 2 VersAusglG ist wegen der dem **Versorgungsausgleich** unterliegenden Anrechte ein güterrechtlicher Ausgleich von vornherein ausgeschlossen, unabhängig davon, ob ein Versorgungsausgleich stattfindet oder zB aufgrund einer Vereinbarung (§§ 1408 II, 6 VersAusglG) oder der Anwendung der Härteklausel (§ 27 VersAusglG) ausscheidet. 5

Abgrenzungsprobleme gibt es im Verhältnis zu privaten **Lebensversicherungen**, die dem Versorgungsausgleich dann nicht unterliegen, wenn sie weder mit Hilfe des Vermögens noch durch Arbeit der Eheleute begründet worden sind (BGH NJW 92, 1888 für den Fall einer aus Mitteln des vorzeitigen Zugewinnausgleichs begründeten Lebensversicherung). IÜ fallen solche Lebensversicherungen, die nicht der Altersvorsorge, sondern der Vermögensbildung dienen, nicht in den Versorgungsausgleich (BGH MDR 07, 887). Das gilt etwa für die **Kapitallebensversicherung**, solange nicht ein evtl **Rentenwahlrecht** ausschl und unwiderruflich ausgeübt worden ist (BGH FamRZ 93, 684; 84, 156). **Rentenversicherungen** mit **Kapitalwahlrecht** unterliegen dagegen grds dem Versorgungsausgleich, solange nicht bis zum Stichtag das Kapitalwahlrecht ausgeübt worden ist (BGH FamRZ 03, 923 = FuR 03, 369; FamRZ 03, 664 = FuR 03, 367 mit Anm *Deisenhofer* FamRZ 03, 745; zu den Konsequenzen vgl auch *Büte* FuR 03, 400), es sei denn, aus den Umständen kann auf eine Vermögensanlage und darauf geschlossen werden, dass die Versicherung nicht speziell der Altersversorgung dient (Oldbg FamRZ 08, 2038). 6

In das Endvermögen fällt auch eine vom Arbeitgeber iRd **betrieblichen Altersvorsorge** als Direktversicherung abgeschlossene Kapitallebensversicherung, wenn deren Bezugsrecht unwiderruflich ist (Köln FamRZ 01, 158) oder wenn es sich um eine befreiende Lebensversicherung nach § 1 II 1, 1 I BetrAVG handelt (BGH FamRZ 93, 1303). 7

3. Unterhalt. Laufender **Unterhalt** fällt mangels Fälligkeit nicht in das Endvermögen (BGH FamRZ 03, 1544 = FuR 04, 85). Anderes gilt aber für am Stichtag bereits fällige Unterhaltsrückstände, die beim Berechtigten in das Aktiv- und beim Verpflichteten in das Passivvermögen fallen (BGH FamRZ 03, 1544 = FuR 04, 85; Celle FamRZ 91, 944; Frankf FamRZ 90, 998). Dasselbe gilt für ein Kontoguthaben, das dazu dient, einen nur wenige Tage später fällig werdenden Unterhaltsanspruch zu befriedigen (BGH FamRZ 03, 1544). 8

II. Sonstige Ausgleichsregelungen. 1. Ausschließlichkeitsprinzip. Neben dem Zugewinnausgleich kommen grds keine anderen vermögensrechtlichen Ausgleichsansprüche in Betracht (BGHZ 89, 137; FAFamR/*v Heintschel-Heinegg* Kap 9 Rz 45). Er verdrängt Ansprüche aus ungerechtfertigter Bereicherung (BGH FamRZ 89, 147; 82, 246; MüKo/*Koch* Vor § 1363 Rz 22) und regelmäßig auch solche wegen Wegfalls der Geschäftsgrundlage, § 313 (BGH FamRZ 82, 246), sofern nicht ein iÜ unangemessenes und untragbares Ergebnis zu korrigieren ist (BGH FamRZ 91, 1169, 1170). Unberührt bleiben dagegen ausgleichsfremde Ansprüche, wobei zu beachten ist, dass sich diese und die Zugewinnausgleichsansprüche wechselseitig beeinflussen, da gegenseitige Ansprüche der Ehegatten bei dem einen als Aktiv- und dem anderen als Passivposten zu berücksichtigen sind (BGH FuR 07, 286 = FamRZ 07, 877; zu den Problemen daraus: *Schürmann/Weinreich* FuR 03, 60 ff). 9

a) Gesamtschuldnerausgleich, Gesamtgläubigerschaft. Da die Zugewinngemeinschaft keinen Verlustausgleich vorsieht, kommt dem Güterrecht kein Vorrang ggü § 426 zu (vgl: *Kotzur* NJW 89, 817, 818; FAFamR/*v Heintschel-Heinegg* Kap 9 Rz 48). Zum **Ausgleich von Gesamtschulden** allg vgl FamKK/*Brudermüller* § 426 Rz 13 ff. Für Steuerschulden haften die Eheleute gesamtschuldnerisch, § 44 II 1 AO. Eine nach Trennung der Eheleute fällig gewordene Steuerschuld wird unter entspr Heranziehung des § 270 AO auf Grundlage fiktiver getrennter Veranlagung verteilt (BGH FuR 06, 358 = FamRZ 06, 1178). 10

Auch § 430 wird durch die Regeln über den Zugewinnausgleich nicht verdrängt (BGH NJW 00, 2347). Zur Berechtigung der **Gesamtgläubiger** an Forderungen allg vgl FamKK/*Brudermüller* § 430 Rz 7 ff; zur Auseinandersetzung von **Gemeinschaftskonten** („Oder-Konten") BGHZ 95, 187; 93, 320; NJW 00, 2347; Brandbg FamRZ 08, 2036; Ddorf FamRZ 98, 165; Karlsr NJW-RR 90, 1285; Kobl NJW-RR 90, 1386 oder Bausparverträgen Hamm FamRZ 09, 968. 11

12 b) Bruchteilsgemeinschaft. Gemeinschaftsrechtliche Ansprüche werden durch das Güterrecht nicht verdrängt (Hamm FamRZ 89, 740; FAFamR/*v Heintschel-Heinegg* Kap 9 Rz 51). Zum Recht der Gemeinschaft bei Auseinandersetzung von Ehen vgl FamKK/*Brudermüller* § 745 Rz 9 ff. Zum Anspruch auf Nutzungsentschädigung nach § 745 bei Nutzung einer im Miteigentum stehenden Immobilie Karlsr FamRZ 09, 775; KG OLGR 09, 60; zur Berechtigung an einer Lebensversicherung, die der Sicherung eines zum Erwerb einer gemeinsamen Immobilie aufgenommenen gemeinsamen Kredits dient Bremen FamRZ 09, 779.

13 c) Gesellschaftsrechtliche Ansprüche. Wenn die beiderseitigen Vermögensdispositionen über den durch § 1353 I 2 gesteckten Rahmen der ehelichen Lebensgemeinschaft hinaus gehen, kann uU eine „**Ehegatten-Innengesellschaft**" angenommen werden (BGHZ 65, 320; FamRZ 06, 607), zB bei Einsatz von Arbeit und Vermögen für den Aufbau eines Unternehmens oder gemeinsamer beruflicher oder gewerblicher Tätigkeit (BGH FamRZ 90, 973, 89, 147; 87, 907), allerdings dann nicht, wenn dem ausdrückliche Vereinbarungen entgegen stehen (BGH FamRZ 95, 1002) oder die Leistung nur dazu dient, das Privatvermögen nur eines Ehegatten zu fördern (BGH FamRZ 99, 1580 = FuR 00, 241). Voraussetzung ist die Annahme eines zumindest schlüssig zustande gekommenen Vertrages (BGH FamRZ 06, 607) und Einigkeit darüber, einen gemeinsamen Zweck gemeinsam zu verfolgen und diesen durch vermögenswerte Leistungen zu fördern (BGH FamRZ 09, 34) sowie die annähernde Gleichwertigkeit der Beiträge, wie gleichberechtigte Mitarbeit im Geschäft des anderen, Berechtigung, auf Kassen und Konten zuzugreifen (Ddorf FamRZ 99, 228). Gilt der Einsatz dem Bestreben, die Voraussetzungen für die Verwirklichung der ehelichen Lebensgemeinschaft zu schaffen, zB durch den Bau eines Familienheims, oder geht die Mitarbeit nicht über das Übliche hinaus, scheidet eine Ehegatten-Innengesellschaft aus (BGH FamRZ 99, 1580; 95, 1062; 89, 147; 84, 361; 75, 35), anders, wenn mit der Tätigkeit auch der Lebensunterhalt gesichert werden soll (BGH FamRZ 90, 973; Schlesw FamRZ 04, 1375). Nicht erforderlich ist, dass der Zugewinnausgleich nicht zu einer angemessenen Vermögensverteilung führt; Ausgleichsansprüche aus der Ehegatteninnengesellschaft können neben dem Anspruch auf Zugewinnausgleich bestehen (BGH FamRZ 06, 607). Die Abwicklung erfolgt nach allg gesellschaftsrechtlichen Liquidationsregeln (Karlsr FamRZ 08, 1080); der Anspruch geht nur auf Beteiligung an den Gewinnen (LG Coburg FamRZ 09, 604).

14 d) Rückgewähr von Zuwendungen. Ehebedingte oder unbenannte Zuwendungen stellen ein ehebezogenes Rechtsgeschäft eigener Art dar, das darauf ausgerichtet ist, die eheliche Lebens- und Versorgungsgemeinschaft auszugestalten und zu sichern, was nicht mehr der Fall ist, wenn die Zuwendung mit Rücksicht auf die bevorstehende Scheidung erfolgt (Schlesw FamRZ 07, 820). Die unbenannte Zuwendung wird als Beitrag zur Verwirklichung der ehelichen Lebensgemeinschaft erbracht und hat darin ihre Geschäftsgrundlage (BGH FamRZ 06, 1022). Scheitert die Ehe, was bei der endgültigen Trennung der Ehegatten anzunehmen ist (BGH FamRZ 07, 877), kommen Rückgewähransprüche nach § 313 in Betracht, wenn der durch die einseitige Zuwendung geschaffene Vermögensstand unter Berücksichtigung der Ehedauer, von Art und Umfang der erbrachten Leistungen und der Höhe der hierdurch bedingten Vermögensmehrung für den zuwendenden Ehegatten unzumutbar ist (BGH FamRZ 03, 230; 88, 481; Bremen FamRZ 08, 2117). Die Grenze der Zumutbarkeit ist nicht zu niedrig anzusetzen, um keine „Zugewinngemeinschaft kraft Richterrechts" zu schaffen (BGH FamRZ 90, 855). Die eheliche Abstammung eines Kindes ist einseitige Erwartung, nicht Geschäftsgrundlage einer Zuwendung (München FamRZ 09, 1831). Neben dem Zugewinnausgleich kommt eine Rückabwicklung unbenannter Zuwendungen regelmäßig nicht in Betracht (KG FamRZ 10, 33; Ddorf FamRZ 03, 872), es sei denn, er führt zu einem für die Betroffenen untragbaren Ergebnis (BGH FamRZ 03, 23; Beispielsfälle: BGH FamRZ 91, 1169; FamRZ 94, 503; Stuttg FamRZ 94, 1326; München FamRZ 99, 1663). Dasselbe gilt für die Rückforderung von Schenkungen (KG NJW-RR 09, 1301). Bloße Arbeitsleistungen sind keine Zuwendungen (BGH FamRZ 94, 1167; 82, 910). Der Ausgleich erfolgt durch Zahlung in Geld (BGH FamRZ 89, 599), wobei die Höhe des Anspruchs von den Umständen des Einzelfalles abhängt (BGH FamRZ 02, 949; 99, 365; 90, 855). Nur in Ausnahmefällen kommt eine dingliche Rückgewähr in Betracht (München FamRZ 02, 393 verneint bei besonders emotionaler Bindung an ein Haus; BGH FamRZ 02, 949 = FuR 02, 449 bejaht bei kurzer Ehedauer und sonst fehlender Altersabsicherung). Der Rückgewähranspruch setzt nicht voraus, dass die Zuwendung schon vollzogen ist (BGH FamRZ 03, 230).

15 Beispielsfälle: Erwerb eines Grundstücks zu jeweils hälftigem Miteigentum, obwohl das investierte Eigenkapital von nur einem Ehegatten stammt, der auch Zins- und Tilgungsleistungen übernimmt (BGH FamRZ 89, 599; Bambg FamRZ 95, 234), Übertragung der Grundstückshälfte an den Ehepartner (Ddorf NJW-RR 96, 467; Bambg FamRZ 96, 1221), Hingabe eines größeren nicht rückzahlbaren Geldbetrages zur Einrichtung einer Arztpraxis (BGH NJW 74, 2045), zur Einzahlung auf einen Bausparvertrag (Schlesw FamRZ 88, 165) oder zur Investition in eine im Alleineigentum stehende Immobilie (BGH FamRZ 89, 147), Übertragung von Wertpapieren zum Zweck der Altersvorsorge oder um sie den Gläubigern zu entziehen (BGH FamRZ 94, 503; 91, 1169), Einräumung des Bezugsrechts an einer Lebensversicherung (BGH FamRZ 95, 229) und bei Güterstandswechsel Verzicht auf Zugewinnausgleichsansprüche (BGH FamRZ 97, 933).

16 e) Schadensersatz. Weder die Ehe noch die Zugewinngemeinschaft schließen das Bestehen von **Schadensersatzansprüchen** der Eheleute untereinander aus; sie sind sogar besonders geschützt, indem die Verjährung während bestehender Ehe gehemmt ist (§ 207 I). Ansprüche aus § 823 können bestehen zB wegen Zerstörung, Beiseiteschaffens oder Veräußerung von Hausrat (Köln FamRZ 02, 322; Ddorf FamRZ 86, 1134), Verschenkens gemeinschaftlichen Vermögens (KG FamRZ 92, 1429), in Höhe der Detektivkosten bei Kindesentführung (BGH FamRZ 90, 966; Kobl FamRZ 03, 238) oder in Höhe vergeblich aufgewendeter Kosten bei Vereitelung des Umgangs mit dem Kind (BGH FamRZ 02, 1720; Karlsr FamRZ 02, 1056). Wegen Schadensersatzansprüchen bei der Verweigerung gemeinsamer steuerlicher Veranlagung oder Verletzung der ehelichen Treuepflicht vgl § 1353 Rz 15 ff.

f) Ansprüche von und gegen Schwiegereltern. Auf Zuwendungen der Schwiegereltern an die Ehegatten findet die Rechtsprechung zur **Rückabwicklung unbenannter Zuwendungen** entspr Anwendung (BGH FamRZ 95, 1060; Nürnbg FuR 05, 429; München FamRZ 04, 196; Celle FamRZ 03, 1657), während sie auf Seiten des eigenen Kindes regelmäßig eine das Anfangsvermögen erhöhende **Schenkung** ist (Frankf FamRZ 09, 1065; Köln NJW 09, 1005). Rückabwicklung kommt in Betracht, wenn den Schwiegereltern die Aufrechterhaltung der bestehenden wirtschaftlichen Lage nicht zuzumuten ist (BGH FamRZ 99, 353; Brandbg FamRZ 09, 117; NJW-RR 09, 1444; Oldbg NJW 94, 1539; Köln NJW 94, 1540), wobei nichts anderes gilt, wenn die Zuwendung in der früheren DDR erfolgte (BGH FamRZ 98, 669; Dresden FamRZ 97, 739). Haben die Schwiegereltern umfangreiche Arbeitsleistungen erbracht, kommt die Annahme eines familienrechtlichen Kooperationsvertrages in Betracht, dessen Geschäftsgrundlage durch das Scheitern der Ehe entfallen ist (BGH FamRZ 82, 910; LG Marburg FamRZ 04, 1099 m Anm *Wever*).Erfolgt unter den Eheleuten ein Ausgleich des Zugewinns, scheidet eine Inanspruchnahme durch die Schwiegereltern regelmäßig aus (Celle FamRZ 03, 1657). Gefordert werden kann eine Ausgleichszahlung (BGH FamRZ 98, 669), bei Verfolgung eigener Zwecke ggf auch in voller Höhe (Oldbg FamRZ 92, 308). 17

Hat ein Ehegatte in das Haus der Schwiegereltern investiert, in dem die Eheleute gelebt haben, war Rechtsgrund für unentgeltliches Wohnen ein **Leihvertrag**, so dass nach Scheitern der Ehe und Verlassen der Wohnung durch beide Ehegatten Ansprüche aus ungerechtfertigter Bereicherung bestehen können (BGH FamRZ 85, 150; Oldbg FamRZ 08, 1440 zu § 812 I 1 1. Alt). 18

2. Verbot der Doppelberücksichtigung. Es darf keine zweifache Teilhabe eines Ehegatten an der gleichen Rechtsposition geben, was zB für den Versorgungsausgleich nach § 2 IV VersAusglG schon von Gesetzes wegen sichergestellt ist (Kobl FamRZ 05, 1255). Auch ein güterrechtlicher Ausgleich findet aber dann nicht statt, wenn ein Ausgleich bereits auf andere Weise, unterhaltsrechtlich oder im Wege des Versorgungsausgleichs, stattgefunden hat (BGH FamRZ 03, 432; FamRZ 04, 1352 m Anm *Bergschneider* FuR 05, 39; Zweibr FamRZ 04, 642; einschränkend Karlsr FamRZ 05, 909). Ob dem unterhalts- und zugewinnausgleichsberechtigten Ehegatten daraus ein **Wahlrecht** erwächst (bejahend: *Kogel* FamRZ 04, 1614; abl *Gerhardt/Schulz* FamRZ 05, 145), ist für die Praxis ohne Bedeutung. Eine einem Ehegatten ausgezahlte **Arbeitnehmerabfindung** bleibt somit im Zugewinnausgleich unberücksichtigt, wenn und soweit der andere unterhaltsrechtlich bereits beteiligt ist (BGH FamRZ 04, 1352 = FuR 05, 39; München FamRZ 05, 714; Frankf FamRZ 00, 611; vgl aber oben Rn 8). 19

Für die Ermittlung des **Vermögenswertes einer freiberuflichen Praxis** oder eines **Unternehmens** ist der vom Unternehmer tatsächlich bezogene Unternehmerlohn zu berechnen, der Grundlage der Unterhaltsberechnung ist. Nur der danach verbleibende Unternehmenswert kann Gegenstand des Zugewinnausgleichs sein (so auch: München, FamRZ 06, 1164, 1169; vgl auch *Schulz* FamRZ 06, 1237). Dazu ist neben dem Substanzwert der good will dadurch zu ermitteln, dass von dem Ausgangswert ein nicht pauschal angesetzter kalkulatorischer Unternehmerlohn, sondern der nach den individuellen Verhältnissen konkret gerechtfertigte Unternehmerlohn in Abzug gebracht wird (BGH FamRZ 08, 761; § 1376 Rn 20). 20

Was für Aktivvermögen gilt, hat auch für **Schulden** zu gelten (*Schulz* aaO; aA Kobl NJW-RR 08, 1173; FuR 07, 542). 21

§ 1373 Zugewinn. Zugewinn ist der Betrag, um den das Endvermögen eines Ehegatten das Anfangsvermögen übersteigt.

Die Norm stellt die für die Zugewinnausgleichsberechnung maßgebliche Begriffsbestimmung auf. Um den Zugewinn ermitteln zu können, müssen mit dem Anfangs- (§ 1374) und dem Endvermögen zwei weitere Rechengrößen mit herangezogen werden. 1

Der Zugewinn ist eine mathematische Rechengröße, die dadurch zu ermitteln ist, dass der Überschuss des End- ggü dem Anfangsvermögen eines jeden Ehegatten zu errechnen ist (BGH FamRZ 88, 373). Er stellt keine besondere Vermögensmasse dar und kann keine negative Größe annehmen, was schon aus dem Wortlaut der Norm folgt („übersteigt"). Deshalb sind **Verluste** nicht auszugleichen (FAFamR/vHeintschel-Heinegg Kap 9 Rz 59). 2

Auf welche Weise der Zugewinn zustande gekommen ist, ist unerheblich. Die Ermittlung der Ausgleichsforderung ist ein reines Bilanzierungsproblem. 3

4 Auszugleichen ist nur der echte oder nominelle Zugewinn. Da der Währungsverfall nur zu einem nicht auszugleichenden scheinbaren Zugewinn führt, erfolgt, um die Vergleichbarkeit von Anfangs- und Endvermögen herzustellen, eine Korrektur des Anfangsvermögens durch Indexierung.

5 Das Güterrecht ist zum 1.9.09 umfassend **reformiert** worden. Nach Art 299 § 20 EGBGB finden die geänderten Vorschriften ab diesem Stichtag auch auf Altfälle Anwendung. Eine Ausnahme bildet nur § 1374 mit der Anerkennung negativen Anfangsvermögens, der nur in solchen Verfahren anzuwenden ist, die ab 1.9.09 anhängig werden.

§ 1374 Anfangsvermögen.
(1) Anfangsvermögen ist das Vermögen, das einem Ehegatten nach Abzug der Verbindlichkeiten beim Eintritt des Güterstandes gehört.
(2) Vermögen, das ein Ehegatte nach Eintritt des Güterstandes von Todes wegen oder mit Rücksicht auf ein künftiges Erbrecht, durch Schenkung oder als Ausstattung erwirbt, wird nach Abzug der Verbindlichkeiten dem Anfangsvermögen hinzugerechnet, soweit es nicht den Umständen nach zu den Einkünften zu rechnen ist.
(3) Verbindlichkeiten sind über die Höhe des Vermögens hinaus abzuziehen.

1 **A. Allgemeines.** Das Anfangsvermögen, das kein reales Vermögen, sondern nur eine Rechengröße ist, ist dasjenige Vermögen, das einem Ehegatten nach Abzug der Verbindlichkeiten zum Stichtag des Eintritts in den Güterstand gehört. Durch II wird sichergestellt, dass bestimmte, mit der ehelichen Lebensgemeinschaft nicht im Zusammenhang stehende Vermögensbestandteile außer Betracht bleiben. Wegen der Wertermittlung wird auf § 1376 verwiesen, wegen der Bedeutung des Verzeichnisses über das Anfangsvermögen auf § 1377.

2 Mit der **Güterrechtsreform** vom 1.9.09 ist I 2. Hs gestrichen werden, so dass nunmehr auch ein negatives Anfangsvermögen berücksichtigt werden kann. Da zugleich nach § 1375 II Verbindlichkeiten auch beim Endvermögen über die Höhe des Vermögens hinaus abgezogen werden können, stellt jetzt auch die Minderung von Belastungen einen Zugewinn dar. Ein Korrektiv beinhaltet § 1378 II, nach dem die Ausgleichsforderung auf die Höhe des nach Abzug der Verbindlichkeiten bei Beendigung des Güterstandes vorhandenen Vermögens begrenzt wird.

3 Mit dem neuen III wird klargestellt, dass der Abzug von Verbindlichkeiten auch für den privilegierten Erwerb gilt, was bei der Übernahme eines überschuldeten Erbes dazu führt, dass sich das Anfangsvermögen verringert, was erheblichen Bedenken begegnet, weil so der verheiratete Ehegatte, der die übernommenen Lasten mit trägt, schlechter gestellt ist als derjenige, der nach Übernahme des belasteten Erbes die Beendigung des Güterstandes erstrebt (vgl *Weinreich* FuR 09, 199).

4 § 1374 ist durch formgebundenen **Ehevertrag** abdingbar. Es ist zB zulässig, das Anfangsvermögen wertmäßig festzulegen (Staud/*Thiele* Rz 49), einzelne Vermögensbestandteile durch Zurechnung zum Anfangsvermögen dem Zugewinnausgleich zu entziehen (BGH FamRZ 97, 800) oder einen abw Berechnungszeitpunkt zu vereinbaren (Hambg NJW 64, 1076; Palandt/*Brudermüller* Rz 3). Heben die Ehegatten die einmal vereinbarte Gütertrennung rückwirkend auf, kann der Beginn der Zugewinngemeinschaft auf den Beginn der Ehe vorverlegt werden (BGH FamRZ 98, 903).

5 **B. Vermögensbegriff. I. Aktivvermögen.** Das Das Vermögen besteht aus der Summe aller geldwerten Sachen und Rechte, die dem Ehegatten am Stichtag gehörten bzw bereits entstanden waren. Zum Stichtag vorhandene Forderungen gegen den anderen Ehegatten rechnen mit zum Anfangsvermögen. Diese Ansprüche müssen aber genau wie andere am Stichtag bereits entstanden sein, ohne dass es auf ihre Fälligkeit ankommt (BGH FamZ 91, 46). Ansprüche und Verbindlichkeiten aus wiederkehrenden Leistungen sind bis zur Höhe der am Stichtag fälligen Beträge zu berücksichtigen (BaR/Roth/*Meyer* Rz 8). Vor der Eheschließung erbrachte Leistungen des einen Ehegatten an den anderen können zwar dessen Anfangsvermögen beeinflussen, später wegen solcher Leistungen entstehende Ausgleichsansprüche sind dagegen irrelevant (BGHZ 115, 261). Ebenso ohne Bedeutung sind solche Ansprüche, die, wie zB die Abfindung für eine Witwenrente nach Wiederverheiratung (§ 107 SGB VI), erst mit der Wiederverheiratung entstehen (BGH NJW 82, 279). Gehört ein Vermögensgegenstand beiden Eheleuten gemeinsam, zählt der jeweilige Miteigentumsanteil zum Anfangsvermögen.

6 **II. Abzug von Verbindlichkeiten.** Mit der Neuregelung der Norm wird auch negatives Anfangsvermögen berücksichtigt, weshalb auch der Abbau von Schulden während der Ehezeit einen Zugewinn darstellt. Damit kommt die damit verbundene Verbesserung der wirtschaftlichen Situation nicht mehr nur einem Ehegatte zugute. Der damit verbundenen Gefahr, sich zum Zwecke der Erfüllung des Zugewinnausgleichsanspruchs verschulden zu müssen, wirkt das Korrektiv des § 1378 II entgegen, nach dem die Ausgleichsforderung auf die Höhe des am Ende der Ehezeit (vgl § 1384) vorhandene Vermögen begrenzt ist.

7 **C. Eintritt in den Güterstand.** Maßgebender Zeitpunkt für die Berechnung des Anfangsvermögens ist der Eintritt in den Güterstand, also zB der Tag der Eheschließung (§ 1310) oder des Wirksamwerdens des vertraglich begründeten Güterstandes. Ist die Ehe bereits vor dem 30.6.58 geschlossen worden, leben die Ehe-

leute seit dem 1.7.58 in der Zugewinngemeinschaft (Art 8 I Nr 3, II Nr 4 GleichberechtigungsG). Ist die Ehe vor dem 3.10.90 in der DDR geschlossen worden und haben die Eheleute nichts anderes bestimmt, leben sie seit diesem Tag in der Zugewinngemeinschaft (wegen der Berechnung in dem Fall vgl Vor § 163 Rn 3).

D. Indexierung. Um die auf dem Kaufkraftschwund des Geldes beruhende nur nominelle, unechte oder scheinbare Wertsteigerung, die keinen zu berücksichtigenden Zugewinn darstellt, herauszurechnen und die Vergleichbarkeit des Anfangs- mit dem Endvermögen herzustellen, muss das Anfangsvermögen auf den Geldwert zum Zeitpunkt der Beendigung des Güterstandes umgerechnet werden. Dies geschieht nach der Formel **Wert des Anfangsvermögens × Preisindex Endstichtag: Preisindex Anfangsstichtag = bereinigtes Endvermögen.** 8

Noch offen ist, ob auch das **negative Anfangsvermögen** zu indexieren ist (so: Gutdeutsch FPR 09. 277). Während einerseits Schulden im Anfangs- und Endvermögen nicht gleich belastend sind und der für das Abtragen der Schulden notwendige Konsumverzicht wegen der zwischenzeitlichen Geldentwertung geringer geworden ist, besteht der Sinn der Indexierung gerade darin, nur den effektiven Wertzuwachs zu erfassen. Der sich aus dem Kaufkraftverlust ergebende Wertunterschied ist kein ausgleichspflichtiger Vermögenserwerb. Deshalb dürfte eine Indexierung zu unterlassen sein, weil andernfalls gerade der unechte Wertverlust zur Begründung eines Zugewinns verwendet würde. 9

Zur Indexierung werden nicht einzelne Gegenstände herausgegriffen; es wird das Anfangsvermögen als einheitliche Summe insgesamt umgerechnet, ohne dass zwischen Sachwerten, Geld, Geldforderungen und Geldschulden unterschieden würde (BGH NJW 84, 434; Hamm FamRZ 84, 275). Unerheblich ist auch, ob Teile des Anfangsvermögens eine überdurchschnittlich sinkende Werttendenz haben oder ob sie im Endvermögen noch vorhanden sind (Hamm FamRZ 84, 275). 10

Für die Indexierung wurde zunächst der Preisindex für einen 4-Personen Arbeitnehmerhaushalt mit mittlerem Einkommen verwendet (BGH FamRZ 74, 83), während sodann der erst seit 1991 ermittelte Verbraucherpreisindex zu Grunde gelegt wurde, der jedoch wegen der Sondereinflüsse in den neuen Bundesländern teilweise nicht repräsentativ war (Jena FamRZ 98, 1028). Für die Zeit ab 1.1.03 steht nur noch ein **Preisindex für Deutschland** insgesamt zur Verfügung, den das Statistische Bundesamt für die Zeit ab 1991 zunächst auf das Basisjahr 2000 und sodann auf das Jahr 2005 = 100 umgestellt hat (wegen der fortlaufenden Aktualisierung vgl www.destatis.de). Wenn der Stichtag für die Berechnung des Anfangsvermögens in eine Zeit fällt, für die der aktuelle Index noch nicht errechnet ist, kann auf die vom Statistischen Bundesamt im Hinblick auf die Bedürfnisse der familiengerichtlichen Praxis veröffentlichte Tabelle mit jährlichen Werten der verketteten Indizes auf der Basis des Jahres 2000 zurückgegriffen werden (zum Problem der Indexierung: *Gutdeutsch* FamRZ 03, 1061). 11

Die iRd Zugewinnausgleichsverfahrens übliche **Pauschalierung** lässt es nach hM gerechtfertigt erscheinen, stets den Jahresindex zu verwenden und keine Differenzierung nach Monaten vorzunehmen (BGHZ 61, 385; Palandt/*Brudermüller* § 1376 Rz 30; aA *Gutdeutsch/Zieroth* FamRZ 96, 475). 12

1958	1959	1960	1961	1962	1963	1964	1965	1966	1967	1968	1969	1970
26,6	26,9	27,3	27,9	28,7	29,6	30,3	31,2	32,4	32,9	33,4	34,1	35,2

1971	1972	1973	1974	1975	1976	1977	1978	1979	1980	1981	1982	1983
37,1	39,1	41,9	44,8	47,4	49,5	51,3	52,7	54,8	57,8	61,5	64,7	66,8

1984	1985	1986	1987	1988	1989	1990	1991	1992	1993	1994	1995	1996
68,4	69,9	69,8	70,0	70,8	72,8	74,8	77,5	80,6	83,5	85,7	87,1	88,3

1997	1998	1999	2000	2001	2002	2003	2004	2005	2006	2007	2008	2009
90,0	90,9	91,41	92,7	94,5	95,9	96,9	98,5	100,0	101,6	103,9	106,6	107,0

13

E. Hinzurechnungen (Abs 2). Nach dem Grundgedanken des gesetzlichen Güterrechts beschränkt sich der Zugewinnausgleich auf das gemeinsam Erwirtschaftete, während die Eheleute nicht an solchen Zuwendungen beteiligt werden sollen, die allein auf persönlichen Beziehungen eines Ehegatten beruhen oder ihm aufgrund ähnlicher Umstände zufließen, an denen der andere keinen Anteil hat und die in keinem Zusammenhang mit der ehelichen Lebens- und Wirtschaftsgemeinschaft stehen (BGH FamRZ 95, 1562). Dieser Ausschluss wird dadurch erreicht, dass der Wert dieses Erwerbs dem Anfangsvermögen hinzugerechnet wird, wodurch der Ehegatte andererseits an realen Wertsteigerungen des erworbenen Vermögens beteiligt wird, was bei einer Ausklammerung des privilegierten Erwerbs aus dem Zugewinnausgleich nicht hätte erreicht werden können. 14

15 Die in II genannten Fallgruppen sind abschließend; eine **analoge Anwendung** auf ähnl gelagerte Lebenssachverhalte ist unzulässig (BGH FamRZ 95, 1562; Staud/*Thiele* Rz 22). Deshalb werden Anrechte auf Zahlung eines **Schmerzensgeldes** (BGH FamRZ 81, 755), Toto-, Lotto- und Lotteriegewinne (BGH FamRZ 77, 124), Unfallabfindungen (BGH FamRZ 82, 148), Rechte aus einer Kriegsopferversorgung (BGH FamRZ 81, 239) oder die bloße Wertsteigerung (BGH FamRZ 82, 593) nicht dem Anfangsvermögen hinzugerechnet. Zulässig ist es aber, im Wege der Auslegung der in II genannten Rechtsbegriffe Vermögenswerte zu privilegieren, die Anwendungsfälle der genannten Erwerbsvorgänge sind, zB die Lebensversicherungssumme, die ein Ehegatte als Bezugsberechtigter aus der Versicherung eines ihm nahe stehenden Dritten erhalten hat (BGH FamRZ 95, 1562). Ggf kann bei Schmerzensgeldzahlungen oder Unfallabfindungen auch an eine Korrektur über § 1381 gedacht werden (vgl dort Rn 16).

16 Eine Besonderheit stellt die Belastung eines ins Anfangsvermögen fallenden Grundstücks mit einem darauf lastenden **Nießbrauch**, einem **Wohnrecht** oder **Leibgedinge** dar, deren stetig sinkender Wert zu einer Steigerung des Grundstückswertes führt. Nach der Rechtsprechung des BGH ist diese Belastung des Grundstücks bei der Ermittlung des Anfangs- und ggf. auch Endvermögens mit dem jeweils aktuellen Wert wertmindernd zu berücksichtigen. Darüber hinaus ist der fortlaufende Wertzuwachs der Zuwendung als Folge des abnehmenden Wertes der Belastung auch für den dazwischen liegenden Zeitraum bzw die Zeit zwischen Erwerb des Grundstücks und dem Erlöschen der Belastung zu bewerten, um den **gleitenden Erwerbsvorgang** zu erfassen und vom Ausgleich ausnehmen zu können (BGH FuR 07, 332 = FamRZ 07, 978; anders noch BGH FuR 06, 27 = FamRZ 05, 1974). Sind auf das Recht Geld oder geldwerte Leistungen zu erbringen, sind diese jeweils zu kapitalisieren und vom Anfangs- sowie ggf. auch vom Endvermögen abzuziehen (BGH FamRZ 05, 1974, 1977), wobei es unerheblich ist, ob die Verpflichtung dinglich abgesichert ist (BGH aaO). Danach ist zunächst der Wert der Immobilie unter Berücksichtigung der mit der zu kapitalisierenden Belastung verbundenen Wertminderung bezogen auf die jeweiligen Stichtage festzustellen. Sodann ist der fortlaufende Wertzuwachs der Zuwendung auf Grund des abnehmenden Wertes der Belastung zu ermitteln, um den allmählich gleitenden Vermögenserwerb zu erfassen, der dem Anfangsvermögen hinzuzurechnen und vom Zugewinnausgleich auszunehmen ist. Dies wird ohne sachverständige Hilfe nicht möglich sein (BGH aaO; Bambg FamRZ 95, 607, das eine Schätzung vorgenommen hat; vgl auch *Koch*, FamRZ 08, 1381, 1382).

17 Hat ein Ehegatte am Beginn des Güterstandes ein **negatives Anfangsvermögen** und erhält er sodann ein nach II privilegiertes Vermögen, gibt es keine besonderen Probleme mehr. Mit der Anerkennung des negativen Anfangsvermögens verbunden ist die Konsequenz, dass der privilegierte Vermögenserwerb von den am Beginn der Ehezeit vorhandenen Lasten abzuziehen ist.

18 Der spätere Verlust des ererbten oder geschenkten Vermögens steht der Anwendung von II ebenso wenig entgegen wie dessen Surrogation. Spätere Gewinne aus dem privilegierten Vermögen erhöhen den Zugewinn, Verluste mindern ihn (BGHZ 87, 367).

19 Nach II privilegierter Erwerb wird mit den für den Zeitpunkt des Erwerbs maßgeblichen Indexzahlen umgerechnet (BGH FamRZ 87, 791). Sind anzurechnende Zuwendungen zu verschiedenen Zeiten erfolgt, ist jeweils gesondert zu indexieren.

20 **I. Von Todes wegen erworben.** Vermögen, das ein Ehegatte nach der Eheschließung aufgrund gesetzlicher oder gewillkürter **Erbfolge** erhält, wird ebenso wie das, was ihm in Erfüllung eines **Pflichtteilsanspruchs** oder eines **Vermächtnisses** zufällt, nach II dem Anfangsvermögen hinzugerechnet. Das gilt auch dann, wenn ein Ehegatte seinen Gläubiger beerbt und deshalb von einer Verbindlichkeit befreit wird (BGHZ 130, 377; Ddorf FamRZ 88, 287). Der Erwerb muss nicht direkt über den Nachlass vollzogen werden. Privilegiert ist auch die für den Verzicht auf ein Erbrecht, einen Pflichtteil oder Erbersatzanspruch oder die Ausschlagung eines Vermächtnisses gezahlte Abfindung (Palandt/*Brudermüller* Rz 10). Dasselbe gilt für das aufgrund eines im Erbschaftsstreit abgeschlossenen Vergleichs Geleistete (BGHZ 130, 377) oder für Entgelte und Abfindungen für den Verlust bereits angefallener erbrechtlicher Positionen (MüKo/*Koch* Rz 17).

21 Nach der Wiedervereinigung Deutschlands aufgrund der Vorschriften des Vermögensgesetzes mit Rücksicht auf ein Erbrecht erworbenes Vermögen ist als erbrechtlicher Vermögenszuwachs privilegiert (Ddorf FamRZ 05, 1835; *Lipp* FamRZ 98, 597; vgl aber zur Berücksichtigung von **Restitutionsansprüchen** BGH FamRZ 07, 1307; 04, 781). Ein Erwerb von Todes wegen ist auch im Abfindungsanspruch des weichenden Erben aus §§ 12–14 HöfeO zu sehen (Palandt/*Brudermüller* Rz 10).

22 Der Erwerb der Anwartschaft auf eine **Nacherbschaft** stellt einschl der realen Wertsteigerungen bis zum Eintritt des Nacherbfalls einen Erwerb von Todes wegen dar (BGH FamRZ 83, 882; *Haussleiter/Schulz* Kap 1 Rz 25). Tritt der Nacherbfall allerdings vor dem Stichtag für die Berechnung des Endvermögens ein, ist der gesamte Nachlasswert dem Anfangsvermögen zuzurechnen. Bei Bewertung nur der Anwartschaft ist auf deren realen Wert unter Berücksichtigung von Wertsteigerungen oder Wertverlusten abzustellen (BGH FamRZ 04, 783; FamRZ 83, 882; Palandt/*Brudermüller* Rz 12; aA Staud/*Thiele* Rz 28, der mangels hinreichender Sicherheit des Erwerbs keine Hinzurechnung vornehmen will). Im Ergebnis hat das zur Folge, dass die Anwartschaft im Anfangs- und Endvermögen mit demselben Wert einzusetzen ist und deshalb bei der Zugewinnausgleichsberechnung vernachlässigt werden kann.

Hat der erbende Ehegatte Werte in der Erwartung, sie später durch Erbgang wieder zu bekommen, in das 23
Vermögen des Erblassers investiert, scheidet eine Privilegierung des späteren (Rück-)Erwerbs aus (MüKo/
Koch Rz 17; aA Köln FamRZ 83, 71). Das gilt zB beim Bau eines Hauses aus eigenen Mitteln eines Ehegatten
auf dem Grundstück seiner Eltern. Bei Eintritt des Erbfalles ist nur der Grundstückswert ohne Bebauung
dem Anfangsvermögen zuzurechnen (BGH FamRZ 92, 1160). Soweit der andere Ehegatte durch Einsatz von
Kapital den Grundstückswert während der Ehezeit gesteigert hat, nimmt diese Wertsteigerung an der Privilegierung nicht teil (Schlesw OLGR 06, 398).

II. Mit Rücksicht auf ein künftiges Erbrecht erworben. Ein Erwerb mit Rücksicht auf ein späteres Erbrecht 24
liegt vor, wenn die vertragschließenden Parteien mit der Vermögensübertragung einen erst zukünftigen Erbgang haben vorwegnehmen wollen (BGH FamRZ 90, 1083; *Haussleiter/Schulz* Kap 1 Rz 26), gleich, ob der
begünstigte Ehegatte gesetzlicher oder gewillkürter Erbe ist. Die Voraussetzungen liegen regelmäßig vor,
wenn ein Ehegatte von seinen Eltern ein Grundstück, ein landwirtschaftliches Anwesen oder ein Unternehmen übertragen bekommt, wobei Indiz für die Vorwegnahme des Erbgangs die Einräumung eines Leibgedinges, die Übernahme späterer Beerdigungskosten und Grabpflege sowie die Verpflichtung zu Ausgleichszahlungen an Geschwister ist (BGH FamRZ 90, 1083).
Unentgeltlichkeit ist nicht unbedingt Voraussetzung (BGH NJW 95, 1349); der Wert der Zuwendung ist in 25
der Differenz zwischen dieser und der Gegenleistung zu sehen (Brandenbg FamRZ 09, 231), weshalb keine
vollwertige Gegenleistung geschuldet werden darf (Bambg FamRZ 90, 408). Dient die Gegenleistung dem
Zweck, den Lebensabend des Übertragenden zu sichern, führt diese wie auch die Übernahme von Ausgleichszahlungen an Geschwister zu einem erbschaftsbezogenen Erwerb, der typisch für Vereinbarungen ist, die ein
späteres Erbrecht vorwegnehmen und der Privilegierung nicht entgegenstehen (BGH FamRZ 90, 1083).
Unerheblich ist die äußere Form der Vereinbarung (BGH FamRZ 78, 334 für Kaufvertrag). Hat sich der
erwerbende Ehegatte zur Zahlung einer Leibrente verpflichtet, ist diese wertmindernd zu berücksichtigen
(BGH FamRZ 05, 1974 = FuR 06, 27).

III. Durch Schenkung oder als Ausstattung erworben. Der Begriff der Schenkung entspricht dem des 26
§ 516, so dass unbenannte Zuwendungen nicht unter II fallen und keinen privilegierten Erwerb darstellen
(BGH FamRZ 95, 1060; Nürnbg FuR 05, 429 = FamRZ 06, 38). Auch unentgeltliche Arbeitsleistungen oder
Gebrauchsüberlassungen sind keine Schenkung, anders die hierfür vereinbarte, aber erlassene Vergütung
(BGH FamRZ 87, 910). Schenkungen an beide Ehegatten fallen anteilig in das Anfangsvermögen beider Ehegatten (Hamm FamRZ 02, 1404; Kobl NJW 03, 1675), gemischte Schenkungen sind in Höhe des Wertes des
unentgeltlichen Anteils privilegierter Erwerb (BGH FamRZ 92, 1160; zur Bewertung einer Grundstücksübertragung gegen ungewisse Dauer von Pflege und Wohnrecht vgl Celle OLGR 08, 770).
Auf **Schenkungen unter den Eheleuten** findet II keine Anwendung. Die Privilegierung gilt nur für Schen- 27
kungen von dritter Seite (BGH FamRZ 88, 373). Zuwendungen der Eltern an das Schwiegerkind sind regelmäßig unbenannte Zuwendungen und damit dessen Anfangsvermögen nicht zuzurechnen (BGHZ 129; 259;
Kobl FuR 06, 474 = FamRZ 06, 1839; vgl § 1372 Rn 17 ff). **Zuwendungen der Eltern** an beide Ehegatten sind
auf Seiten des Schwiegerkindes unbenannte Zuwendungen, so dass sie nur beim eigenen Kind das Anfangsvermögen erhöhen (Frankf FamRZ 09, 1065; Köln NJW 09, 1005). Freiwillige Leistungen des Arbeitgebers
sind keine Schenkungen, sondern finden ihren Grund im Arbeitsverhältnis (München FamRZ 95, 1069).
Ausstattung ist dasjenige, was einem Kind mit Rücksicht auf seine Verheiratung oder auf die Erlangung einer 28
selbständigen Lebensstellung zur Begründung oder zum Erhalt der Wirtschaft oder der Lebensstellung vom
Vater oder der Mutter zugewendet wird (§ 1624 I). Maßgeblich ist der Zweck der Zuwendung, der aus den
Umständen rekonstruierbare oder der mutmaßliche Wille der Eltern (AG Stuttgart FamRZ 99, 655), während
es auf die Notwendigkeit zur Erreichung des Zwecks nicht ankommt (BGHZ 4, 91).

IV. Zu den Einkünften zu rechnen. Nicht privilegiert sind einmalige oder regelmäßige Zuwendungen, die 29
nicht der Vermögensbildung, sondern dem **laufenden Verbrauch** der Familie zu dienen bestimmt sind
(Zweibr FamRZ 84, 276), wie Zahlungen für den Erholungsurlaub der Familie, zum Erwerb des Führerscheins oder eines Kraftfahrzeugs, Zuschüsse zum Erwerb von Hausrat (Kobl FuR 06, 474 = FamRZ 06,
1839). Nicht zu den Einkünften zu rechnen sind Zuschüsse zur Finanzierung des Eigenheims (Bremen OLGR
98, 205 für Zuschüsse zum Erwerb von Baumaterial; *Haussleiter/Schulz* Kap 1 Rz 32). Maßgeblich für die
Beurteilung im Einzelfall sind die wirtschaftlichen Verhältnisse des Beschenkten und der Anlass der Zuwendung (BGH FamRZ 87, 910).

F. Negatives privilegiertes Anfangsvermögen (Abs 3). Der mit der Güterrechtsreform neu eingeführte III 30
stellt klar, dass Verbindlichkeiten nicht nur vom Anfangsvermögen, sondern auch vom privilegierten Vermögenserwerb abzuziehen sind. Erwirbt somit ein Ehegatte auf eine der in II genannten Weisen eine überschuldete Immobilie, so mindern die Belastungen sein Anfangsvermögen, weshalb der Hinzuerwerb letztlich auch
negativ sein kann. Dies soll deshalb geboten sein, weil der andere Ehegatte schon durch die mit der Überschuldung verbundene Minderung des Endvermögens benachteiligt ist (BTDrs 635/08 27). Zu den Bedenken
dazu vgl *Weinreich* FuR 09, 199.

31 G. Verfahren. Wer für sich das Vorhandensein von Anfangsvermögen behauptet, hat dieses substantiiert darzulegen und ggf zu beweisen, sofern nicht ein Verzeichnis über das Anfangsvermögen erstellt ist (§ 1377 I). Zu beweisen sind auch die Voraussetzungen für die Hinzurechnung nach II (BGH FamRZ 05, 1660 = FuR 06, 35), wobei kein Erfahrungssatz dahingehend besteht, dass privilegierte Zuwendungen nur an den aus der Sicht des Zuwendenden näher stehenden Ehegatten erfolgen (BGH FamRZ 95, 1060). Negatives Anfangsvermögen hat der ausgleichsberechtigte Ehegatte zu beweisen, weil es den Zugewinn des anderen steigert (*Klein* FuR 09, 654). Ist Hausrat oder Geld für dessen Anschaffung zugewandt, besteht die Vermutung der Zuwendung an beide Ehegatten (Ddorf FamRZ 94, 1384). IÜ vgl § 1377 Rn 6.

§ 1375 Endvermögen.

(1) ¹Endvermögen ist das Vermögen, das einem Ehegatten nach Abzug der Verbindlichkeiten bei der Beendigung des Güterstands gehört. ²Verbindlichkeiten sind über die Höhe des Vermögens hinaus abzuziehen.
(2) ¹Dem Endvermögen eines Ehegatten wird der Betrag hinzugerechnet, um den dieses Vermögen dadurch vermindert ist, dass ein Ehegatte nach Eintritt des Güterstandes
1. unentgeltliche Zuwendungen gemacht hat, durch die er nicht einer sittlichen Pflicht oder einer auf den Anstand zu nehmenden Rücksicht entsprochen hat,
2. Vermögen verschwendet hat oder
3. Handlungen in der Absicht vorgenommen hat, den anderen Ehegatten zu benachteiligen.
²Ist das Endvermögen eines Ehegatten geringer als das Vermögen, das er in der Auskunft zum Trennungszeitpunkt angegeben hat, so hat dieser Ehegatte darzulegen und zu beweisen, dass die Vermögensminderung nicht auf Handlungen im Sinne des Satzes 1 Nummer 1 bis 3 zurückzuführen ist.
(3) Der Betrag der Vermögensminderung wird dem Endvermögen nicht hinzugerechnet, wenn sie mindestens zehn Jahre vor Beendigung des Güterstandes eingetreten ist oder wenn der andere Ehegatte mit der unentgeltlichen Zuwendung oder der Verschwendung einverstanden gewesen ist.

1 A. Allgemeines. Das Endvermögen ist in § 1375 als Nettovermögen definiert; dasjenige, was dem Ehegatten nach Abzug der Verbindlichkeiten an dem jeweiligen Stichtag gehört. Mit der Reform § 1374 I und der Anerkennung negativen Anfangsvermögens einher geht konsequenterweise die Reform des § 1375 I 2, mit der auch beim Endvermögen Verbindlichkeiten über die Höhe des Vermögens hinaus abzuziehen sind, weshalb die bloße Reduzierung vorhandener Schulden nach der Reform des Güterrechts einen Zugewinn darstellt. Zugewinn setzt aber voraus, dass sich die Vermögenssituation des Ehegatten ggü dem Anfangsvermögen verbessert hat; einen „negativen Zugewinn" gibt es nicht (*Brudermüller* FamRZ 09, 1185, 1187).
2 Das Endvermögen ist nur ein in Geld ausgedrückter **Rechnungsfaktor** für die Ermittlung des Zugewinns; einzelne Vermögensgegenstände sind nur Rechnungsposten auf dem Weg zur Errechnung des Endvermögens (BGH NJW 96, 2152).
3 Die Norm ist in den Grenzen des § 138 durch formgebundenen **Ehevertrag** abdingbar. So ist es zulässig, bestimmte Vermögensgegenstände dem Zugewinn zu entziehen, das Endvermögen auf einen Höchstbetrag zu begrenzen oder bestimmte Rechengrößen sowie einen von § 1384 abw Stichtag zu vereinbaren. Nicht abdingbar ist allerdings die Regelung des II, zumindest dürfte eine entsprechende Regelung sittenwidrig sein (Staud/*Thiele* Rz 43; aA MüKo/*Koch* Rz 37).
4 B. Begriff des Endvermögens. I. Aktivvermögen. Zum Endvermögen rechnen alle am Stichtag (§ 1384) vorhandenen rechtlich geschützten Positionen von wirtschaftlichem Wert, alle Sachen, soweit sie nicht zu den Haushaltssachen zählen (vgl § 1372 Rn 4) und alle bewertbaren Rechte, soweit sie nicht dem Versorgungsausgleich unterliegen (§ 2 VersAusglG). Dazu rechnet auch Vermögen, das keinen Bezug zur ehelichen Lebensgemeinschaft hat, wie Lottogewinne (BGHZ 68, 43) oder ein Anspruch auf Schmerzensgeld (BGHZ 80, 149; vgl aber § 1381 Rn 16). Zum Endvermögen gehören auch Vermögensgegenstände aus dem privilegierten Anfangsvermögen der Ehegatten sowie am Stichtag vorhandenes Kontoguthaben, das dazu bestimmt gewesen ist, einen nur wenige Tage später fällig werdenden Unterhaltsanspruch zu befriedigen (BGH FamRZ 03, 1544 = FuR 05, 85).
5 II. Abzug von Verbindlichkeiten. Von dem am Stichtag vorhandenen Aktivvermögen sind an diesem Tage vorhandene Verbindlichkeiten abzuziehen. Unerheblich ist, ob die Verbindlichkeit bereits fällig ist. Abzustellen ist allein auf das Entstehen (BGH NJW 91, 1547). Nicht zu berücksichtigen sind sittliche Verpflichtungen (Palandt/*Brudermüller* Rz 14; aA: Frankf FamRZ 90, 998). Ist die Verbindlichkeit verjährt, bleibt sie unberücksichtigt, wenn die Verjährungseinrede am Stichtag erhoben war. Auch Verbindlichkeiten, die mit Haushaltsgegenständen zusammenhängen sind abzuziehen, weil eine dem früheren § 10 HausratsVO entsprechende Regelung nicht übernommen worden ist (Palandt/*Brudermüller* Rz 16).
6 Ansprüche der Ehegatten untereinander gelten für den Gläubiger aktives Endvermögen und für den anderen Passiva (BGH NJW 88, 1208 für Schadensersatzansprüche; Hamm FamRZ 07, 1243 für Unterhaltsansprüche; BGH FuR 07, 286 = FamRZ 07, 877 für Rückabwicklung ehebedingter Zuwendungen; KG FamRZ 09, 1327 für Gesamtschuldnerausgleichsansprüche; Ddorf OLGR 09, 323). Haften die Eheleute gesamtschuldnerisch,

so ist der intern auf jeden entfallende Anteil abzuziehen (BGH FamRZ 87, 1239; FamRZ 91, 43 für Steuerschulden; Karlsr FamRZ 05, 909). Ein in diesem Fall bestehender Ausgleichsanspruch gehört auf einer Seite zum aktiven Endvermögen, auf der anderen dagegen zu den Verbindlichkeiten. Wird jedoch ein Ehegatte vom Gläubiger voraussichtlich allein in Anspruch genommen und erscheinen Ausgleichsansprüche gegen den anderen nicht realisierbar, kann die Verbindlichkeit in voller Höhe bei ihm angesetzt werden (BGH FamRZ 97, 487), während trotz Alleinhaftung im Außenverhältnis eine anteilige Berücksichtigung bei beiden Ehegatten möglich ist, wenn im Innenverhältnis beide haften (Kobl NJW-RR 08, 1173).

C. Hinzurechnungen (Abs 2). Zwar ist jeder Ehegatte – abgesehen von den Einschränkungen der §§ 1365, 1367 – frei, über sein Vermögen nach seinem Gutdünken zu verfügen. Gewisse **illoyale Verfügungen**, durch die der Ehegatte sein Vermögen willkürlich und unredlich geschmälert hat, werden jedoch als ungeschehen betrachtet, um auf diese Weise den Zugewinnausgleichsanspruch des anderen zu erhalten. Eine Hinzurechnung findet auch dann, wenn die Voraussetzungen des II erfüllt sind, nicht mehr statt, wenn die Vermögensminderung mindestens 10 Jahre vor Beendigung des Güterstandes eingetreten ist (III). Für den Fristbeginn kommt es auf den Zeitpunkt der wirksamen Verpflichtung, nicht den der Erfüllung des vermögensmindernden Aktes an. 7

Eine Hinzurechnung nach II scheidet weiter aus, wenn der andere Ehegatte mit der unentgeltlichen Zuwendung oder Verschwendung einverstanden war. Dazu muss er seine Billigung zu erkennen gegeben haben, wobei das Einverständnis auch stillschweigend erklärt werden kann. Bloße Resignation, fehlender Widerspruch oder bloßes Stillschweigen genügen jedoch nicht (Staud/*Thiele* Rz 41). 8

Die Aufzählung der die Hinzurechnung rechtfertigenden Umstände ist abschließend. Eine analoge Anwendung auf vergleichbare Sachverhalte kommt nicht in Betracht (Karlsr FamRZ 04, 461 für aus einer Vergewaltigung entstandene Zahlungspflichten; Karlsr FamRZ 86, 167). Die Norm gilt nur für Vermögensminderungen vor der Rechtshängigkeit des die Beendigung des Güterstandes einleitenden Verfahrens und ist nicht analog auf illoyale Vermögensminderungen während des Scheidungsverfahrens anwendbar (Staud/*Thiele* Rz 36; *Haussleiter/Schulz* Kap 1 Rz 78). 9

Ist das Endvermögen überschuldet, ergeben sich angesichts der Berücksichtigung auch negativen Endvermögens keine Besonderheiten. Der nach II hinzu zu rechnende Betrag wird ggf von den vorhandenen Verbindlichkeiten abgezogen. Um die Vergleichbarkeit einer in der Vergangenheit erfolgten Vermögensminderung herzustellen, ist diese wie das Anfangsvermögen zu indexieren (Palandt/*Brudermüller* Rz 23). 10

I. Unentgeltliche Zuwendungen. Der Begriff der Zuwendung deckt sich mit dem der Schenkung iSv § 516 (Karlsr FamRZ 74, 306). Dazu rechnen auch Ausstattungen (§ 1624), Spenden und Stiftungen. Lag der Zuwendung eine Verpflichtung zu Grunde, fehlt es an der Unentgeltlichkeit (BGH FamRZ 86, 565), die aber uU in der Eingehung der Verpflichtung gesehen werden kann (Palandt/*Brudermüller* Rz 25). Ein vor Eintritt in den Güterstand gegebenes Schenkungsversprechen, das erst danach erfüllt wird, ist keine illoyale Vermögensverfügung iSv II. Dasselbe gilt für die Erfüllung einer verjährten Forderung (MüKo/*Koch* Rz 23). 11

Ob die Erfüllung eines Vertrages zu Gunsten Dritter eine unentgeltliche Zuwendung ist, bestimmt sich nach dem Valutaverhältnis (MüKo/*Koch* Rz 21). So können zB die Prämienzahlungen auf eine Lebensversicherung zu Gunsten Dritter unter II fallen (Hamm FamRZ 93, 1446). Eine Abfindungsklausel in einem Gesellschaftsvertrag, nach der bei Ausscheiden eines Ehegatten aus der Gesellschaft eine Abfindung nicht gezahlt werden soll, ist dann unentgeltliche Zuwendung, wenn sie ohne berechtigte Differenzierung nicht für alle Gesellschafter gilt (BGHZ 22, 186; Palandt/*Brudermüller* Rz 25; aA: *Benthin* FamRZ 82, 338, 346). Bei einer **getarnten Schenkung** und einem auffälligen Missverhältnis zwischen Leistung und Gegenleistung ist der Wertüberschuss dem Endvermögen hinzuzurechnen, wobei bei dessen Ermittlung nicht ein objektiver Maßstab anzulegen, sondern auf die Sicht der Vertragspartner abzustellen ist (BGH FamRZ 86, 565; Bambg FamRZ 90, 408). Ist in einem Vertrag nur aus steuerrechtlichen Gründen ein Entgelt vereinbart worden, liegt eine unentgeltliche Zuwendung dann vor, wenn die Parteien tatsächlich eine Schenkung gewollt haben (BGH FamRZ 86, 565; Karlsr FamRZ 93, 1444). Rechtsgrundlose Zuwendungen stehen den unentgeltlichen dann gleich, wenn die Leistung erfolgte, obwohl dem Leistenden positiv bekannt war, dass eine Pflicht zur Leistung nicht bestand. 12

Zuwendungen an den anderen Ehegatten fallen nach Sinn und Zweck der Norm nicht unter II (MüKo/*Koch* Rz 18). 13

Auch unentgeltliche Zuwendungen sind dem Endvermögen nicht zuzurechnen, wenn es sich um **Pflicht- und Anstandsschenkungen** handelt. Generell gehört es zur Freiheit eines Ehegatten, in angemessenem Rahmen unentgeltliche Zuwendungen zu machen, wobei für die Beurteilung dessen, was für die Eheleute angemessen ist, auf die konkrete Vermögens- und Lebenssituation der Beteiligten sowie ihre persönlichen Beziehungen abzustellen ist (BGH FamRZ 63, 292; München FamRZ 85, 814). 14

Zu den Anstandsschenkungen gehören Trinkgelder (BGH NJW 84, 2939; WM 80, 1336) und Gelegenheitsgaben wie Weihnachts- oder Geburtstagsgeschenke (MüKo/*Koch* Rz 26). Eine sittliche Pflicht ist anzuerkennen bei Ausstattungen der Kinder, Unterstützung bedürftiger Verwandter, Spenden an karitative Einrichtungen 15 und Errichtung gemeinnütziger Stiftungen oder Zuwendungen an den neuen Lebenspartner, jeweils in einem angemessenen Rahmen (AnwK/*Limbach* Rz 29).

16 **II. Vermögensverschwendung.** Verschwendet ist die Summe aller Beträge, die der Ehegatte unnütz, übermäßig oder ziellos in einem Maße verausgabt hat, das in keinem Verhältnis zu seinen Einkommens- und Vermögensverhältnissen stand (Karlsr FamRZ 86, 167; Ddorf FamRZ 81, 806). Auf die Motive des Ehegatten kommt es nicht an (Rostock FamRZ 00, 228). Allein ein großzügiger Lebensstil oder ein Leben über die Verhältnisse reicht nicht aus (BGH NJW 00, 2347). Teilnahme an Glücksspielen ist nur verschwenderisch, wenn das Verspielen des Vermögens als leichtfertig zu bewerten ist (*Haussleiter/Schulz* Kap 1 Rz 73). Auch die steuerliche Mehrbelastung durch die Wahl getrennter Veranlagung kann Verschwendung sein (BGH FamRZ 77, 38; aA Palandt/*Brudermüller* Rz 27).

17 **III. Benachteiligende Handlungen.** Hierzu rechnen **Realakte** wie die Beschädigung oder Zerstörung von Vermögensgegenständen (Rostock FamRZ 00, 228 bei Verbrennen von Geld; Frankf FamRZ 84, 1097) in Benachteiligungsabsicht (RGZ 54, 162). Der Wille, den anderen Ehegatten zu benachteiligen, muss der leitende, wenn auch nicht der ausschl Beweggrund des Handelns gewesen sein (BGH NJW 00, 2347; KG FamRZ 88, 171; Ddorf FamRZ 81, 806). Übergeordnete oder gleichrangige Motive schließen die Hinzurechnung aus (Frankf FamRZ 84, 1097 bei Sachbeschädigung im Zusammenhang mit Suizidversuch). Weil die Benachteiligungsabsicht schwer nachweisbar ist, hat der Täter der objektiv benachteiligenden Handlung den Entlastungsbeweis zu führen (Köln FamRZ 88, 174).

18 **D. Verfahren.** Der auf Zugewinnausgleich klagende Ehegatte hat die Voraussetzungen seines Anspruchs darzulegen und zu beweisen. Dazu gehört auch das Vorhandensein von Endvermögen des anderen und dessen Wert (BGH FamRZ 89, 954; 86, 1196; Brandbg FamRZ 05, 991). War allerdings in zeitlicher Nähe zum Stichtag beim anderen Ehegatten ein größerer Vermögenswert vorhanden, obliegt es diesem, sich über den Verbleib dieses Vermögens substantiiert und plausibel zu erklären (Ddorf FamRZ 08, 1858; Frankf FamRZ 06, 416). Behauptet der andere die Belastung seines Endvermögens mit Verbindlichkeiten, so hat die klagende Partei diesen Vortrag zu widerlegen (Köln NJW-RR 99, 239; Hamm FamRZ 98, 237; Stuttg FamRZ 93, 192), was jedoch hinreichend substantiierten Vortrag des Gegners voraussetzt (Brandbg FamRZ 04, 1029; Stuttg FamRZ 93, 192). Illoyale Vermögensverfügungen sind ebenso wie die Benachteiligungsabsicht von demjenigen zu beweisen, der sie behauptet. Eine Ausnahme gilt allerdings nach II 3. Danach wird vermutet, dass eine Minderung des Vermögens zwischen der für den Zeitpunkt der Trennung erteilten Auskunft und derjenigen über das Endvermögen auf illoyale Verfügungen zurückzuführen ist. Gelingt der Beweis des Gegenteils nicht, wird der geminderte Betrag nach § 1378 II 2 dem zur Erfüllung des Ausgleichsanspruchs zur Verfügung stehenden Betrag hinzugefügt. Die Norm erfasst aber nicht unrichtige oder unvollständige Auskünfte, die eine Vermutung nicht begründen können.

§ 1376 Wertermittlung des Anfangs- und Endvermögens.
(1) Der Berechnung des Anfangsvermögens wird der Wert zugrunde gelegt, den das beim Eintritt des Güterstandes vorhandene Vermögen in diesem Zeitpunkt, das dem Anfangsvermögen hinzuzurechnende Vermögen im Zeitpunkt des Erwerbes hatte.
(2) Der Berechnung des Endvermögens wird der Wert zugrunde gelegt, den das bei Beendigung des Güterstandes vorhandene Vermögen in diesem Zeitpunkt, eine dem Endvermögen hinzuzurechnende Vermögensminderung in dem Zeitpunkt hatte, in dem sie eingetreten ist.
(3) Die vorstehenden Vorschriften gelten entsprechend für die Bewertung von Verbindlichkeiten.
(4) Ein land- oder forstwirtschaftlicher Betrieb, der bei der Berechnung des Anfangsvermögens und des Endvermögens zu berücksichtigen ist, ist mit dem Ertragswert anzusetzen, wenn der Eigentümer nach § 1378 Abs. 1 in Anspruch genommen wird und eine Weiterführung oder Wiederaufnahme des Betriebes durch den Eigentümer oder einen Abkömmling erwartet werden kann; die Vorschrift des § 2049 Abs. 2 ist anzuwenden.

1 **A. Allgemeines.** Die Norm stellt – abgesehen von den in IV enthaltenen Vorgaben für land- und forstwirtschaftliche Betriebe – keine verbindlichen Bewertungsmaßstäbe auf. Die Auswahl der **Bewertungsmethoden** steht deshalb im pflichtgemäßen Ermessen des Tatrichters, dessen Bewertung nur darauf überprüft wird, ob sie auf rechtsfehlerhaften Erwägungen beruht oder gegen Denkgesetze verstößt (BGH FamRZ 93, 1183; FamRZ 86, 37). Die für die Bewertung maßgebliche Methode hängt im Wesentlichen vom Charakter des zu bewertenden Objekts ab (Zweibr FamRZ 98, 235; Hamm FamRZ 98, 235).

2 Ist der Vermögensbestand ermittelt, muss jeder einzelne Gegenstand in € bewertet werden. Ein Gegenstand darf nicht deshalb unberücksichtigt bleiben, weil er sowohl im Anfangs- als auch im Endvermögen vorhanden ist, weil andernfalls dem Zugewinnausgleich unterliegende Verkehrswertsteigerungen unberücksichtigt blieben.

3 Die Norm ist dispositiv und kann durch formgebundenen **Ehevertrag** abbedungen werden (Staud/*Thiele* Rz 49). IRd gerichtlichen Verfahrens ist es zulässig, sich auf bestimmte Werte oder Bewertungsmethoden zu einigen.

B. Bewertungsstichtage. I. Anfangsvermögen (Abs 1). Maßgeblicher Zeitpunkt für die Bewertung des Anfangsvermögens ist der des Eintritts in den Güterstand. Insoweit wird auf die Ausführungen zu § 1374 Rn 7 verwiesen. Stichtag für die Bewertung des gem § 1374 II privilegierten Erwerbs ist derjenige Zeitpunkt, in dem der Erwerbstatbestand vollendet worden ist, weshalb der Wert einer dem Anfangsvermögen hinzuzurechnenden Schenkung nicht dadurch gemindert wird, dass später Pflichtteilsergänzungsansprüche geltend gemacht worden sind (Stuttg FamRZ 90, 750). Um die auf dem Kaufkraftschwund des Geldes beruhende nur nominelle Wertsteigerung herauszurechnen, ist das Anfangsvermögen einschl der Hinzurechnungen auf den Geldwert zum Zeitpunkt der Beendigung des Güterstandes umzurechnen, vgl § 1374 Rn 8 ff.

II. Endvermögen (Abs 2). Maßgeblicher Zeitpunkt für die Bewertung des Endvermögens ist bei Ehescheidung oder -aufhebung die Rechtshängigkeit des Scheidungs- (§ 1384) oder Aufhebungsantrags (§§ 1384, 1318 III), bei vorzeitiger Aufhebung der Zugewinngemeinschaft die Rechtshängigkeit des entsprechenden Aufhebungsantrages (§ 1387) und bei Aufhebung des Güterstandes durch Ehevertrag der Zeitpunkt dessen Wirksamwerdens, bei Hinzurechnungen nach § 1375 II der Zeitpunkt des vermögensmindernden Verpflichtungsgeschäfts.

III. Verbindlichkeiten (Abs 3). Für den Zeitpunkt der Bewertung von Verbindlichkeiten gilt dasselbe wie für die des Anfangs- oder Endvermögens.

C. Bewertungsgrundsätze. I. Allg Bewertungsgrundsätze. Abzustellen ist immer auf den **Verkehrswert** des Vermögensgegenstandes, also den Wert, der als Erlös bei einer Veräußerung oder sonstigen Verwertung unter Ausnutzung aller Marktchancen erzielt werden könnte (BVerfG FamRZ 85, 256, 260; BGH FamRZ 86, 37, 39), wobei unerheblich ist, ob dieser sich sogleich verwirklichen lässt (BGH FamRZ 89, 1051). Ggf sind für den Fall der Veräußerung (fiktiv) anfallende **Steuern** oder **Verwertungskosten** zu berücksichtigen (BGH FamRZ 89, 1051; Ddorf FamRZ 08, 516; Dresd FamRZ 08, 1857). Ein **Good will** darf nur berücksichtigt werden, wenn bei Veräußerung Preise oder Vorteile erzielt würden, die über den Sachwert hinaus gehen, wobei für dessen Bewertung Richtlinien der jeweiligen Standesorganisationen heran gezogen werden können (BGH FuR 08, 295 = FamRZ 08, 761).

Der Verkehrswert wird bestimmt durch den **Sach- und Ertragswert**, wobei die Bedeutung des Ertragswertes umso geringer ist, je mehr das jeweilige Objekt eigengenutzt ist. Auf den **Liquidationswert** als die Summe derjenigen Werte, die bei einer Veräußerung der einzelnen Bestandteile des zu bewertenden Vermögens abzgl der Verbindlichkeiten (*Haussleiter/Schulz* Kap 1 Rz 112) zu erzielen wären, ist nur dann abzustellen, wenn die Liquidation zB eines Unternehmens die zwangsläufige Folge des Zugewinnausgleichs ist (BGH NJW 95, 2781) oder wenn es später ohne Erlös tatsächlich liquidiert worden ist (BGH NJW 82, 2497). IÜ vgl zu den Bewertungsmethoden Kuckenburg FPR 09, 290 ff; FAKomm-FamR/*Weinreich* Rz 12 ff).

II. Einzelne Vermögensgegenstände und Verbindlichkeiten. a) Abfindungen sind in die Ausgleichsbilanz einzustellen, soweit sie am Stichtag vorhanden sind, auch wenn sie im Zusammenhang mit Vorruhestandsregelungen oder Sozialplänen stehen und Versorgungsfunktion haben (BGH FamRZ 82, 148). Werden sie dagegen ggf stillschweigend auch unterhaltsrechtlich als fortlaufendes Einkommen behandelt und finden sie deshalb ganz oder teilweise bereits Berücksichtigung iRd Unterhaltsberechnung, scheidet eine Einstellung in das Endvermögen wegen des Verbots der Doppelverwertung aus (BGH FamRZ 04, 1352 = FuR 05, 39; FamRZ 04, 1866; vgl § 1372 Rn 19 mwN).

b) Anwartschaftsrechte stellen einen objektivierbaren Wert dar, der in der Vermögensbilanz zu berücksichtigen ist, sofern die Ehegatte durch sie in bestimmter und bewertbarer Weise bereichert ist (BGH FamRZ 90, 1217). Ist nicht sicher, dass sie zum Vollrecht erstarken, hat eine Abzinsung zu erfolgen (*Haussleiter/Schulz* Kap 1 Rz 137).

c) Darlehensansprüche gehören zu den Aktiva, Darlehnsverpflichtungen zu den Passiva. Haften beide Ehegatten gesamtschuldnerisch, ist die am Stichtag noch offene Forderung jeweils anteilig in Abzug zu bringen. Bei gegenseitigen Darlehen stellen diese auf der einen Seite einen Aktivposten und auf der anderen eine Verbindlichkeit dar (BGH FamRZ 89, 835).

d) Geldforderungen und Verbindlichkeiten sind mit ihrem Nennwert einzusetzen, wenn nicht der Zeitpunkt der Fälligkeit erheblich nach dem maßgeblichen Stichtag liegt, dann erfolgt Abzinsung (BGH FamRZ 90, 1217; wegen deren Berechnung *Haussleiter/Schulz* Kap 1 Rz 310 ff). Auflösend oder aufschiebend bedingte *Rechte* werden entgegen § 2313 unter Würdigung aller Umstände geschätzt (BGH FamRZ 92, 1157), ebenso unsichere Rechte (Karlsr FamRZ 03, 682), die bei Insolvenz des Schuldners ganz unberücksichtigt bleiben können (*Haussleiter/Schulz* Kap 1 Rz 300). Ansprüche aus Dauerschuldverhältnissen (Unterhalt, Arbeitseinkommen) werden nur mit dem am Stichtag fälligen Rückstand berücksichtigt (BGH FamRZ 03, 1544; FamRZ 01, 278; vgl iÜ § 1372 Rn 8).

e) Haushaltssachen und persönliches Gut werden, soweit sie überhaupt Berücksichtigung finden (vgl § 1372 Rn 4), mit dem Anschaffungspreis bewertet, von dem ein angemessener Abschlag vorzunehmen ist (Staud/*Thiele* Rz 40).

14 **f) Immobilien** sind mit dem Verkehrswert als dem hypothetischen Verkaufswert anzusetzen, für dessen Ermittlung vorwiegend auf den Substanzwert abzustellen ist, der ggf durch den Ertragswert modifiziert werden kann (BGH NJW 70, 2018; vgl iÜ VO über Ermittlung der Verkehrswerte von Gebäuden vom 6.12.88 BGBl I 2209). Bei Renditeobjekten ist vorrangig auf den Ertragswert abzustellen (Ddorf FamRZ 89, 280; Frankf FamRZ 89, 280; 80, 576), bei eigengenutzten Objekten dagegen auf den Substanzwert, der im Einzelfall um den Gebrauchswert erhöht werden kann (BGH FamRZ 86, 37). Wertmindernde Faktoren können durch Abzüge berücksichtigt werden (BGH FamRZ 93, 1183; BGHZ 75, 195 für Wiederkaufsrecht). Bei ungünstiger Marktlage können Wertabschläge vorgenommen werden, jedoch nicht bei nur vorübergehendem nicht rezessionsbedingtem Preisrückgang und nicht, wenn das Objekt weiter zu eigenen Wohnzwecken genutzt werden soll (BGH FamRZ 86, 40; Celle FamRZ 92, 1300). Hat ein Ehegatte das Grundstück vor dem Bewertungsstichtag gekauft und bebaut, ist dieses auch dann mit dem vollen Wert anzusetzen, wenn der Eigentumserwerb erst nach dem Stichtag erfolgt (Ddorf FamRZ 89, 1181). Ist das Grundstück von den Eltern geschenkt und dabei eine Rückfallklausel für den Fall der Veräußerung oder Belastung vereinbart, ist deren Wert mit einem Schätzwert als Bruchteil des Verkehrswertes einzustellen (München FamRZ 00, 1152). Durch den Ausbau von Räumen im im Alleineigentum eines Elternteils stehenden Haus zum Zweck der Nutzung als Ehewohnung entsteht keine vermögenswerte Position (Kobl OLGR 05, 86). Für Grundstücke im Gebiet der früheren DDR gelten keine Besonderheiten. Ein in der früheren DDR enteignetes Grundstück stellt weder als solches noch in Form des späteren Restitutionsanspruchs einen in das Anfangsvermögen fallenden Wert dar (BGH FamRZ 07, 1307; 04, 781).

15 **g) Kunstgegenstände, Schmuck, Sammlungen und Bibliotheken** werden mit dem unter Privatpersonen erzielbaren Erlös in die Bilanz eingestellt, soweit ein Markt vorhanden ist, iÜ ist auf den Wert für den Anbieter abzustellen, der sich des Fachhandels bedienen muss (MüKo/*Koch* Rz 12).

16 **h) Leasingverträge** können einen im Zugewinnausgleich zu berücksichtigenden Vermögenswert beinhalten (Karlsr FamRZ 04, 1028; Bambg FamRZ 96, 549).

17 **i) Lebensversicherungsverträge** werden nur dann mit dem Rückkaufwert als Liquidationswert bewertet, wenn sie nicht fortgeführt werden sollen. IÜ ist auf den Kapitalwert der am Stichtag eingezahlten Prämien zuzüglich evtl Gewinnanteile abzgl des Wertes ggf schon gewährter Versicherungsleistungen abzustellen (BGH FamRZ 95, 1270; Stuttg FamRZ 93, 192; Ddorf FamRZ 93, 192). Ist eine Lebensversicherung zur Sicherung an den Kreditgeber abgetreten, muss ihr Wert unberücksichtigt bleiben, doch mindert sich die Schuldenlast entspr (BGH FamRZ 92, 1155; Zweibr OLGR 08, 547). Wegen der Berücksichtigungsfähigkeit im Zugewinn überhaupt vgl § 1372 Rn 5 ff.

18 **k) Mietwohnungen** begründen bei bezahlter Miete eine Nutzungsmöglichkeit, weshalb deren Wert berücksichtigungsfähig ist (BGH FamRZ 91, 43).

19 **l) Nießbrauch und Wohnrecht** sind rechtlich geschützte Positionen von wirtschaftlichem Wert und deshalb in die Bilanz mit aufzunehmen (BGH FamRZ 86, 1186). Für die Bewertung ist vom fiktiven Nettomietwert auszugehen, der unter Berücksichtigung der statistischen Lebenserwartung des Berechtigten und der Restnutzungsdauer des Gebäudes zu kapitalisieren ist (BGH FamRZ 88, 593; zur Berechnung: BGH FuR 04, 425); vgl iÜ § 1374 Rn 16.

20 **m) Praxen von Freiberuflern** werden nach dem Umsatzverfahren bewertet (BGH FamRZ 99, 361; 91, 43). Für die Bewertung von Arzt- und Zahnarztpraxen (BGH FamRZ 08, 761; Hamm OLGR 09, 540; Kobl OLGR 99, 206), für die Rechtsanwaltskanzlei (BGH FamRZ 91, 43; Frankf FamRZ 99, 485; München NJW-RR 88, 262; Saarbr FamRZ 84, 794; BRAK-Mitteilungen 04, 222; *Römermann/Schröder* NJW 03, 2709), für das Steuerberaterbüro (BGH FamRZ 99, 361; Ddorf FamRZ 04, 1106), für das Architekturbüro (München FamRZ 84, 1086). Wegen weiterer Einzelheiten vgl FamKK/*Weinreich* Rz 40 ff.

21 **n) Schmerzensgeld und Schmerzensgeldansprüche** sind mit ihrem vollen Wert zu berücksichtigen. § 1374 II ist nicht anwendbar (BGH FamRZ 81, 755), doch kann uU an § 1381 gedacht werden.

22 **o) Steuerschulden** entstehen gem §§ 25 I, 26 I, 51a EStG erst mit Ablauf des Jahres, in dem die zu versteuernden Einkünfte erzielt worden sind. Sie bleiben unberücksichtigt, wenn der Stichtag vor diesem Zeitpunkt liegt (Ddorf FamRZ 04, 1106). Dasselbe gilt für Steuererstattungen, die auch erst mit Ablauf des jeweiligen Veranlagungszeitraums entstehen, bei gemeinsamer Veranlagung den Ehegatten in Höhe des ihnen im Innenverhältnis zustehenden Anteils (Köln FamRZ 99, 656 = FuR 98, 368).

23 **p) Unternehmen und Unternehmensbeteiligungen** werden nicht nach stets gleichen Regeln bewertet. Maßgeblich ist der objektive Unternehmenswert einschl der Forderungen und stillen Reserven sowie des inneren Wertes („good will"), nicht der subjektbezogene Wert als Einkommensquelle des Unternehmers (BGHZ 70, 114). Ausgangspunkt der Bewertung ist stets der Ertragswert (Hamm FamRZ 98, 235) oder ein Mittelwert aus einer Kombination zwischen Ertrags- und Substanzwert (BGH FamRZ 77, 386). Nicht betriebsnotwendiges Vermögen kann von der Gesamtbewertung des Unternehmens ausgenommen und mit seinem Liquidationswert *dem Gesamtwert* hinzugerechnet werden (BGH FamRZ 05, 99: zur Unternehmensbewertung, vgl auch *Kuckenburg* FPR 09, 290; *ders* FuR 05, 298; *Münch* FamRZ 06, 1164). Bei Handwerksbetrieben (BGHZ 70, 224; Ddorf FamRZ 84, 699), personenbezogenen Unternehmen (MüKo/*Koch* Rz 26) und entspr Beteiligungen kann darüber hinaus ein innerer Wert („good will") zu addieren sein. Bei der Bewertung von Unter-

nehmensbeteiligungen ist bei börsennotierten auf den mittleren Tageskurs am Stichtag und ansonsten auf den Wert des Unternehmens als solchem sowie den Umfang der Beteiligung daran abzustellen. Ist die Beteiligung nicht frei veräußerbar, bestimmt sich der Wert der Beteiligung nach dem für den Stichtag zu ermittelnden Auseinandersetzungsguthaben, zu dem ggf der innere Wert zu addieren ist und Abschläge für Abfindungsklauseln vorzunehmen sind (BGH FamRZ 86, 1196; 80, 37; Ddorf FamRZ 81, 48; *Reimann* FamRZ 89, 1248). Maßgeblich sind immer die am Stichtag bekannten und erkennbaren Verhältnisse (Hamm FamRZ 98, 235). Wegen weiterer Einzelheiten vgl FamKK/*Weinreich* Rz 45 ff, wegen der Problematik der Doppelverwertung vgl § 1372 Rn 20.

D. Land- und forstwirtschaftliche Betriebe (Abs 4). Der Zweck der Regelung des IV besteht darin, landwirtschaftliche Betriebe im Falle der Ehescheidung durch den Ansatz des idR geringeren Ertragswertes zu schützen und im öffentlichen Interesse zu erhalten (BVerfG NJW 85, 1329; BGHZ 113, 325). Eine analoge Anwendung der Norm etwa auf die Gütergemeinschaft findet nicht statt (BGH FamRZ 86, 776). 24

I. Begriff. Land- und forstwirtschaftliche Betriebe sind solche, die eine zum selbständigen Betrieb der Landwirtschaft, einschl der Viehzucht oder der Forstwirtschaft, geeignete und bestimmte **Wirtschaftseinheit** darstellen und mit den nötigen Wohn- und Wirtschaftsgebäuden versehen sind (BGH NJW 64, 1414). Außer Ackerbau und Viehzucht rechnen dazu auch Betriebe des Wein-, Obst- und Gemüseanbaus, gärtnerischer Nutzung wie Blumenzucht, Milch- und Viehwirtschaftsbetriebe, Geflügelhaltung und Pferdezucht, während zur Forstwirtschaft (Staud/*Thiele* Rz 18) auch Betriebe zur Gewinnung von Nutz- und Brennholz rechnen sowie Baumschulen (Staud/*Thiele* Rz 18). 25

Zum Betrieb gehören dessen **Zubehör** (§ 98 Nr 2), sämtliche Gegenstände, die zum ordnungsgemäßen Betrieb erforderlich und in ihn eingegliedert sind (MüKo/*Koch* Rz 38) sowie die betrieblichen Erzeugnisse (Staud/*Thiele* Rz 19). **Nebenbetriebe** sind zu berücksichtigen, soweit sie unselbständig sind (MüKo/*Koch* Rz 41), wie zB die mit der Landwirtschaft verbundene Gastwirtschaft, Reitschule oder der Beherbungsbetrieb für Feriengäste, solange die gewerbliche Betätigung Annex des land- oder forstwirtschaftlichen Betriebes ist. Dasselbe gilt für Aktien an einer Zuckerfabrik, die mit dem Recht und der Pflicht zur Zuckerlieferung verbunden sind (BGH FamRZ 91, 1266). 26

Während der Ehe hinzu erworbene Flächen nehmen an der **Privilegierung** nicht teil (FAFamR/*v Heintschel-Heinegg* Kap 9 Rz 71). Etwas anderes gilt dann, wenn der Hinzuerwerb zur Erhaltung der Lebensfähigkeit des Betriebs erforderlich war (BGH FamRZ 91, 1266). 27

II. Voraussetzungen. Der Ehegatte muss Inhaber des Betriebes sein, was auch der Fall ist, wenn der Betrieb zwar teilweise verpachtet ist, aber im Wesentlichen vom Eigentümer genutzt wird (Schlesw FamRB 04, 37). Ist er dagegen nur Pächter, kommt ein Ansatz des Betriebes im Zugewinnausgleich nicht in Betracht. 28

Es muss die Weiterführung oder Wiederaufnahme des Betriebs durch den Eigentümer oder dessen Abkömmling erwartet werden. Bestehen bei realistischer Betrachtung keine Anhaltspunkte für diese Prognoseentscheidung, weil zB nur noch Grund und Boden vorhanden sind, scheidet eine Ertragswertberechnung aus (BVerfG NJW 85, 1329). 29

Der Betrieb muss schl sowohl im Anfangs- als auch im Endvermögen vorhanden sein, wobei Identität von Anfangs- und Endvermögen nicht erforderlich ist, die Privilegierung also auch dann erfolgt, wenn ein Betrieb während der Ehezeit durch einen anderen ersetzt wird. 30

III. Ertragswert. Für die Berechnung des Ertragswertes ist von dem Reinertrag auszugehen, den der Betrieb nach seiner bisherigen wirtschaftlichen Bestimmung bei ordnungsgemäßer Bewirtschaftung nachhaltig gewähren kann (§ 2049 II). Landesrechtliche Vorschriften bleiben gem Art 137 EGBGB unberührt (Ertragswert = 25-facher, in Bayern 18-facher jährlicher Reingewinn; *Steffen* AgrarR 85, 99). Erleidet der Betrieb während der Ehezeit einen Wertverlust, ist dieser von dem Wert des übrigen hoffreien Vermögens abzuziehen (Schlesw OLGR 04, 40). 31

E. Verfahren. Der Verfahrensbeteiligte, der Zugewinnausgleichsansprüche geltend macht, trägt die Darlegungs- und Beweislast für Höhe und Vorhandensein des beiderseitigen Endvermögens (BGH FamRZ 89, 839), während – von den Besonderheiten des § 1377 abgesehen – jeder für sein eigenes Anfangsvermögen darlegungs- und beweispflichtig ist (BGH FamRZ 91, 1166), der andere für ein negatives Anfangsvermögen (Klein FuR 09, 654). Die Wertangaben einer Partei dürfen auch bei unsubstantiiertem Bestreiten durch die andere nur bei vorhandener Sachkunde des Gerichts Grundlage der Berechnung sein; andernfalls bedarf es der Einholung eines Sachverständigengutachtens (BGH FamRZ 89, 954). Besteht zwischen einem Ehegatten und einem Dritten Streit über das Bestehen einer Forderung und deren Höhe, kann das Zugewinnausgleichsverfahren bis zur Entscheidung über diesen Streit ausgesetzt werden (Palandt/*Brudermüller* Rz 32). 32

Wer die Privilegierung des IV für sich in Anspruch nimmt, hat alle die Prognoseentscheidung begründenden Umstände darzulegen und zu beweisen (BGH FamRZ 89, 1276). 33

§ 1377 Verzeichnis des Anfangsvermögens.

(1) Haben die Ehegatten den Bestand und den Wert des einem Ehegatten gehörenden Anfangsvermögens und der diesem Vermögen hinzuzurechnenden Gegenstände gemeinsam in einem Verzeichnis festgestellt, so wird im Verhältnis der Ehegatten zueinander vermutet, dass das Verzeichnis richtig ist.
(2) ¹Jeder Ehegatte kann verlangen, dass der andere Ehegatte bei der Aufnahme des Verzeichnisses mitwirkt. ²Auf die Aufnahme des Verzeichnisses sind die für den Nießbrauch geltenden Vorschriften des § 1035 anzuwenden. ³Jeder Ehegatte kann den Wert der Vermögensgegenstände und der Verbindlichkeiten auf seine Kosten durch Sachverständige feststellen lassen.
(3) Soweit kein Verzeichnis aufgenommen ist, wird vermutet, dass das Endvermögen eines Ehegatten seinen Zugewinn darstellt.

1 **A. Allgemeines.** Die Norm beinhaltet im Wesentlichen eine Beweislastregel. IÜ will sie die Eheleute bewegen, eine gemeinsame Inventarisierung der in die Zugewinngemeinschaft eingebrachten Sachen vorzunehmen, um spätere Beweisprobleme zu vermeiden.

2 **B. Verzeichnis über das Anfangsvermögen.** Um die Wirkung des I auszulösen, sind die am Stichtag vorhandenen Vermögensgegenstände gemeinsam aufzulisten und zu bewerten. Dasselbe gilt für die nach § 1374 II im Wege privilegierten Erwerbs hinzu gekommenen Vermögenswerte, die mit Angabe des Tages der Aufnahme in das Vermögen aufzunehmen und zu bewerten sind. Fehlt es an einer Auflistung der einzelnen Vermögensgegenstände, liegt kein wirksames Verzeichnis nach I vor, möglicherweise aber eine Vereinbarung über den Wert des Anfangsvermögens. Ist nur der Bestand ohne Angabe der Werte aufgelistet, bezieht sich die Vermutung nur auf diesen (AnwK/*Limbach* Rz 3). Wie die Aktiva sind auch die Verbindlichkeiten als den Wert des Anfangsvermögens bestimmend mit aufzulisten. Sind sie im Verzeichnis nicht enthalten, wird vermutet, dass keine Verbindlichkeiten bestanden.

3 Aus der Verweisung auf § 1035 folgt, dass für die Wirksamkeit des Verzeichnisses dessen Unterzeichnung durch beide Ehegatten oder die Aufnahme durch einen Notar erforderlich ist. Anzugeben ist auch das Datum.

4 Jeder Ehegatte ist verpflichtet, an der Aufstellung des Verzeichnisses über das jeweils eigene Vermögen mitzuwirken, wobei ihm die Möglichkeit der Einsichtnahme in die vorhandenen Belege gegeben werden muss (Staud/*Thiele* Rz 5). Auch hat jeder Ehegatte ein berechtigtes Interesse an Einsicht in die Grundakten des anderen (LG Stuttgart NJW-RR 96, 532). Vollstreckt wird der Mitwirkungsanspruch gem § 888 ZPO.

5 Nach II 3 kann jeder Ehegatte den Wert der Vermögensgegenstände und Verbindlichkeiten durch Sachverständige feststellen lassen, wobei derjenige die dafür notwendigen Kosten trägt, der diese Form der Wertermittlung beansprucht (Naumbg OLGR 01, 34; Karlsr FamRZ 81, 458).

6 **C. Wirkung des Verzeichnisses und Beweislast.** Die Vermutung des I gilt nur zwischen den Eheleuten, nicht auch ggü Dritten. Bestreitet ein Ehegatte die Richtigkeit des Verzeichnisses, trägt er die Beweislast für die Unrichtigkeit (§ 293 ZPO). Besteht kein Verzeichnis besteht die Vermutung, dass weder positives noch negatives Anfangsvermögen vorhanden war. Jeder Ehegatte für deshalb sich selbst das Vorhandensein und den Wert seines Anfangsvermögens zu beweisen (BGH FamRZ 91, 1166), der jeweils andere das Vorhandensein negativen Anfangsvermögens (*Klein* FuR 09, 654). Etwas anderes gilt nur dann, wenn es dem anderen Beteiligten aufgrund besserer Kenntnisse, deren Offenbarung ihm zumutbar ist, unschwer möglich wäre, die Beweisschwierigkeiten zu beheben (BGH FamRZ 02, 606 = FuR 02, 259). Behauptet ein Ehegatte, dass das Anfangsvermögen des anderen mit Verbindlichkeiten belastet war, hat der andere deren Fehlen zu beweisen (Karlsr FamRZ 86, 1105). Der Gegner muss die behaupteten Verbindlichkeiten jedoch genau darlegen. Auch sind an die Beweislast für das Fehlen von Verbindlichkeiten keine hohen Anforderungen zu stellen (*Haussleiter/Schulz* Kap 1 Rz 53).

§ 1378 Ausgleichsforderung.

(1) Übersteigt der Zugewinn des einen Ehegatten den Zugewinn des anderen, so steht die Hälfte des Überschusses dem anderen Ehegatten als Ausgleichsforderung zu.
(2) Die Höhe der Ausgleichsforderung wird durch den Wert des Vermögens begrenzt, das nach Abzug der Verbindlichkeiten bei Beendigung des Güterstandes vorhanden ist. Die sich nach Satz 1 ergebende Begrenzung der Ausgleichsforderung erhöht sich in des Fällen des § 1375 Absatz 2 Satz 1 um den dem Endvermögen hinzuzurechnenden Betrag.
(3) ¹Die Ausgleichsforderung entsteht mit der Beendigung des Güterstandes und ist von diesem Zeitpunkt an vererblich und übertragbar. ²Eine Vereinbarung, die die Ehegatten während eines Verfahrens, das auf die Auflösung der Ehe gerichtet ist, für den Fall der Auflösung der Ehe über den Ausgleich des Zugewinns treffen, bedarf der notariellen Beurkundung; § 127a findet auch auf eine Vereinbarung Anwendung, die in einem Verfahren in Ehesachen vor dem Prozessgericht protokolliert wird. ³Im Übrigen kann sich kein Ehegatte vor der Beendigung des Güterstandes verpflichten, über die Ausgleichsforderung zu verfügen.

A. Allgemeines. Die Norm bestimmt in I den Grundsatz für die Errechnung der Höhe der Ausgleichsforderung und statuiert in II eine Ausnahmeregelung sowie in III den Zeitpunkt des Entstehens der Forderung, auf die der spätere Gläubiger bis dahin auch noch kein Anwartschaftsrecht hat (MüKo/*Koch* Rz 16; einschränkend Staud/*Thiele* Rz 14). 1

Die Forderung auf Ausgleich des Zugewinns unterliegt weder der Schenkungs- noch der Erbschaftssteuer (*Schlünder/Geißler* FamRZ 05, 149, 155). Sie ist steuerlich neutral und rechnet nicht zum Einkommen (wegen der steuerlichen Behandlung vgl iÜ: FAKomm-FamR/*Weinreich* Rz 5 ff). 2

Mit Art 1 Nr 5 des Gesetzes zur Änderung des Erb- und Verjährungsrechts vom 24.9.09 (BGBl I 3142) ist IV, der die Verjährung regelte, mit Wirkung zum 1.1.10 aufgehoben worden. 3

B. Höhe der Ausgleichsforderung. Schuldner der Ausgleichsforderung ist der Ehegatte, der den höheren Zugewinn erwirtschaftet hat. Der Anspruch ist stets auf **Zahlung von Geld** gerichtet (Ausnahme: § 1383). Es besteht auch nicht die Möglichkeit, die Forderung ganz oder teilweise in Sachwerten zu erfüllen (Staud/*Thiele* Rz 2). 4

C. Begrenzung der Höhe (Abs 2). Die Zugewinnausgleichsforderung ist begrenzt auf den Wert des bei bei Rechtshängigkeit des Ehescheidungs- oder –aufhebungsantrags (§ 1384) bzw des Antrags auf vorzeitige Beendigung des Güterstandes (§ 1387) vorhandenen **Nettovermögens** des Schuldners, weshalb sie bei gänzlich fehlendem Vermögen auch ganz entfallen kann. Wegen der mit § 1384 verbundenen Vorverlagerung des Berechnungszeitpunktes sind Vermögensminderungen danach ohne Bedeutung. Damit kann sich der Ausgleichspflichtige seiner Zahlungspflicht nicht mehr durch Übertragung seines Vermögens auf Dritte entziehen. Andererseits ändert aber auch **unverschuldeter Vermögensverlust** nicht vor einer Inanspruchnahme, Ob es Möglichkeiten einer Korrektur für solche Fälle gibt, ist zweifelhaft. Dies geht weit über den mit der Gesetzesänderung gewollten Schutz vor Manipulationen hinaus. 5

Für die Ermittlung des Nettovermögens bleiben solche Verbindlichkeiten unberücksichtigt, die ggü der Ausgleichsforderung nachrangig sind, wie zB die Erbfallschulden bei Beendigung des Güterstandes durch den Tod eines Ehegatten und Abwicklung per güterrechtlicher Lösung (MüKo/*Koch* § 1375 Rz 15). Nicht berücksichtigt werden auch Bewertungsprivilegien wie das in § 1376 IV (Staud/*Thiele* Rz 9). 6

II beinhaltete nach altem Recht eine Einrede, so dass die Voraussetzungen des II vom Schuldner darzulegen und zu beweisen waren (AnwK/*Groß* Rz 22). Angesichts des Umstandes, dass es nur noch einen Zeitpunkt für die Berechnung des für die Höhe der Ausgleichsforderung maßgeblichen Vermögens gibt sowie der Tatsache, dass das Endvermögen ohnehin zu ermitteln ist, bedarf es einer ausdrücklichen Einrede für die Geltendmachung der Haftungsbegrenzung jetzt nicht mehr. 7

D. Entstehen der Ausgleichsforderung und Vereinbarungen über sie (Abs 3). I. Entstehen der Ausgleichsforderung. Die Ausgleichsforderung entsteht mit der Beendigung des Güterstandes, gleich aus welchem Grund, ob also durch Ehevertrag, Rechtskraft eines die Ehe oder den Güterstand beendenden Urteils oder Tod. Im Fall der Scheidung können Prozesszinsen deshalb erst ab Rechtskraft des Scheidungsurteils verlangt werden, auch bei Geltendmachung im Verbund (Palandt/*Brudermüller* Rz 3). Die gem §§ 1384, 1387 für die Berechnung des Zugewinns maßgeblichen Zeitpunkte sind für das Entstehen der Forderung ohne Bedeutung. Verstirbt ein Ehegatte vor der Rechtskraft der Scheidung, hinterlässt er seinen Erben somit keine Zugewinnausgleichsforderung (BGH FamRZ 95, 597). 8

Die Forderung entsteht unmittelbar kraft Gesetzes und wird mit der Beendigung des Güterstandes unabhängig vom Willen des Gläubigers fällig. Heiraten die Ehegatten erneut, bleibt ein aus der früheren Ehe bestehender Anspruch bestehen und ist gem § 207 I 1 sogar besonders geschützt (Nürnbg MDR 80, 668). 9

Gegen die Zugewinnausgleichsforderung kann die **Aufrechnung** erklärt werden. Wird umgekehrt mit dem Zugewinnausgleichsanspruch aufgerechnet, ist dies nicht deshalb treuwidrig, weil das Ausgleichsverfahren langwierig und kompliziert ist (BGH FuR 02, 32; 00, 221). Zum Erlöschen des Gegenanspruchs führt die Aufrechnung aber erst mit dem Entstehen der Zugewinnausgleichsforderung (Karlsr FamRZ 02, 315). 10

II. Vereinbarungen. Die Zugewinnausgleichsforderung stellt ein nur **beschränkt verkehrsfähiges Recht** dar. Rechtsgeschäfte, die gegen III verstoßen, sind nichtig (MüKo/*Koch* Rz 20), ohne dass die Nichtigkeit geheilt werden könnte (BGH FamRZ 04, 1353). Sinn der Regelung ist, jedes Drittinteresse an der Beendigung des Güterstandes auszuschließen, weshalb Verträge mit Dritten auch dann unter III 3 subsumiert werden, wenn beide Ehegatten an ihnen beteiligt sind (BGH FamRZ 04, 1353 = FuR 05, 41). 11

Vor **Beendigung des Güterstandes** ist die Forderung dem Rechtsverkehr grds entzogen, weshalb sowohl Verpflichtungs- als auch Verfügungsgeschäfte untersagt sind (BGH FamRZ 83, 157), auch dann, wenn sie unter der aufschiebenden Bedingung der Rechtskraft der Scheidung erfolgen (BGH FamRZ 08, 1435). Das gilt auch für Rechtsgeschäfte der Ehegatten untereinander, auch dann, wenn sie vor der Eheschließung getroffen wurden (Schlesw FamRZ 04, 808). Nach III 2 sind aber Verträge zulässig, die während eines auf Auflösung der Ehe gerichteten Verfahrens selbst gerichtlich protokolliert oder notariell beurkundet werden. 12

IÜ unterfallen **Eheverträge** dem III 3 nur dann, wenn sie eine Vereinbarung über die Zugewinnausgleichsforderung oder eine dieser nahe kommende Regelung enthalten, was bei Modifizierungen des Güterstandes 13 nicht der Fall ist (Karlsr FamRZ 09, 1670 bei einer Modifikation des Güterstandes). So können formfrei Vermögensgegenstände – etwa das Betriebsvermögen, dessen Surrogate oder Erträge – dem Zugewinnausgleich entzogen werden (BGH FamRZ 97, 800), es kann eine von der gesetzlichen Regelung abw Teilung vereinbart (BGH FamRZ 83, 157) und Regelungen zur Vermögensauseinandersetzung außerhalb des Güterrechts getroffen werden (Köln FamRZ 04, 1584). Wegen der Ausgestaltung der Vereinbarung zur Regelung der güterrechtlichen Verhältnisse iÜ vgl die Ausführungen zu § 1408.

14 Nachdem die Norm des § 1389 gestrichen worden ist, erfolgt die Sicherung der Ausgleichsforderung durch **dinglichen Arrest**, der ab Rechtshängigkeit des Ehescheidungsantrages zulässig ist (BTDrs 16/10798 45).

15 **E. Verjährung.** Die Verjährungsregelung ist mit der Aufhebung des IV zum 1.1.10 den allgemeinen Regelungen angepasst. Es gilt jetzt die 3-jährige Regelverjährung (§ 195), die mit Ablauf des Jahres zu laufen beginnt, indem der Anspruch entstanden ist. Die Höchstfrist beträgt 10 Jahre (§ 199 IV).

16 Auf den Lauf der Verjährungsfristen sind die §§ 194 ff iÜ ohne Besonderheiten anzuwenden. Deshalb wird der Ablauf der Frist auch durch einen unschlüssigen Antrag gehemmt (BGH FamRZ 96, 1271), auch dann, wenn sie vor dem unzuständigen Gericht erhoben und an das zuständige verwiesen wird (Naumbg NJW-RR 03, 1662). Auch der Stufenantrag hemmt den Fristablauf (BGH FamRZ 95, 797; 92, 1163; Jena FamRZ 05, 1994; Brandbg NJW-RR 05, 871), sogar dann, wenn der Auskunftsantrag von einem falschen Stichtag ausgeht, dieser aber berichtigt wird (KG FamRZ 01, 105; Zweibr NJW-RR 01, 865; aA: Hamm FamRZ 96, 864), nicht dagegen der isolierte Auskunftsantrag (Celle FamRZ 96, 678) oder der Antrag auf Zahlung des großen Pflichtteils (BGH FamRZ 83, 27; Frankf FamRZ 86, 807). Im Fall des Teilantrages, erstreckt sich die Hemmung der Verjährung nur auf den geltend gemachten Teil des Anspruchs (BGH FamRZ 08, 675); anders bei verdecktem Teilantrag, wenn der ursprünglich geltend gemachte Anspruch schon die spätere betragsmäßige Erweiterung umfasst (BGH FamRZ 08, 675).

17 Hemmung tritt auch ein, wenn die Eheleute Stillhaltung vereinbart haben (BGH FamRZ 99, 571 = FuR 99, 289), nicht aber bei der Vereinbarung, ein Wertgutachten einzuholen (Zweibr NJW-RR 95, 260). Gem § 207 tritt Hemmung ein, wenn die Eheleute vor der Realisierung des Anspruchs wieder heiraten (Hamm FamRZ 81, 1065; Nürnbg MDR 80, 668). Leben die Parteien nach ihrer Scheidung längere Zeit wieder zusammen, kann der Erhebung der Verjährungseinrede der Einwand der unzulässigen Rechtsausübung entgegenstehen. Wird das Zugewinnausgleichsverfahren nicht weiter betrieben, kommt es gem § 204 II 2 zu einer Beendigung der Verjährungshemmung dann, wenn das Verfahren wegen außergerichtlicher Vergleichsverhandlungen nicht betrieben wird (BGH FamRZ 99, 571 = FuR 99, 289); im Fall des Stufenantrages endet die Hemmung durch Nichtbetreiben des Verfahrens nach Erledigung der vorangegangenen Stufe (Jena OLGR 05, 580). Die Auskunft stellt im Hinblick auf den Leistungsanspruch kein Anerkenntnis iSv § 212 I Nr 1 dar (BGH FamRZ 99, 571 = FuR 99, 289; Karlsr OLGR 01, 198).

18 Die Hemmung endet dann, wenn der Zahlungsanspruch nicht beziffert wird (BGH FamRZ 96, 853). IÜ setzt die Hemmung die Individualisierung des Anspruchs voraus (BGH FamRZ 96, 853).

19 Ist die Ehe noch in der früheren DDR geschlossen, entsteht der Auseinandersetzungsanspruch nach § 40 FGB erst mit der Rechtskraft der Ehescheidung, so dass auch auf ihn IV anzuwenden ist (BGH FamRZ 02, 1097 = FuR 02, 498; Naumbg FamRZ 03, 160). Da der Anspruch nach § 40 FGB nicht identisch mit dem Zugewinnausgleichsanspruch ist, hemmt der Zugewinnausgleichsantrag nicht die Verjährung des Ausgleichsanspruchs nach § 40 FGB (Rostk FamRG 05, 2).

20 **F. Verfahren.** Zur Schlüssigkeit des Zugewinnausgleichsantrags gehört Vortrag zu den beiderseitigen Endvermögen, während jede Partei hinsichtlich ihres eigenen Anfangsvermögens darlegungs- und beweispflichtig ist (s.o. § 1377 Rn 6).

21 Zulässig ist es, zunächst einen Teilbetrag der Gesamtforderung zu verlangen (BGH FamRZ 96, 853; 94, 1095). Ist über den Zugewinnausgleich rechtskräftig entschieden, können im Fall des offenen Teilantrags Nachforderungen erhoben werden (BGH FamRZ 96, 853; 94, 1095), im Fall verdeckten Teilantrags aber nur, wenn der antragstellende Beteiligte erkennen lassen hat, dass nur ein Teilbetrag geltend gemacht wird (BGH NJW 61, 917; Palandt/*Brudermüller* Rz 18). Bei der Insolvenz eines Ehegatten ist der Auskunftsantrag gegen diesen und der Zahlungsantrag gegen den Insolvenzverwalter zu richten (Naumbg FamRZ 03, 386).

§ 1379 Auskunftspflicht.

(1) ¹Ist der Güterstand beendet oder hat ein Ehegatte die Scheidung, die Aufhebung der Ehe, den vorzeitigen Ausgleich des Zugewinns bei vorzeitiger Aufhebung der Zugewinngemeinschaft oder die vorzeitige Aufhebung der Zugewinngemeinschaft beantragt, kann jeder Ehegatte von dem anderen Ehegatten
1. Auskunft über das Vermögen zum Zeitpunkt der Trennung verlangen;
2. Auskunft über das Vermögen verlangen, soweit es für die Berechnung des Anfangs- oder Endvermögens maßgeblich ist.

²Auf Aufforderung sind Belege vorzulegen. ³Jeder Ehegatte kann verlangen, dass er bei der Aufnahme des ihm nach § 260 vorzulegenden Verzeichnisses zugezogen und dass der Wert der Vermögensgegenstände

und der Verbindlichkeiten ermittelt wird. ⁴Er kann auch verlangen, dass das Verzeichnis auf seine Kosten durch die zuständige Behörde oder durch einen zuständigen Beamten oder Notar aufgenommen wird. (2) ¹Leben die Ehegatten getrennt, kann jeder Ehegatte von dem anderen Ehegatten Auskunft über das Vermögen zum Zeitpunkt der Trennung verlangen. ²Absatz 1 Satz 2 bis 4 gilt entsprechend.

A. Allgemeines. Die Norm ist im Rahmen durch das Reformgesetz zum 1.9.09 geändert worden. Danach gibt es jetzt nicht mehr nur den Anspruch auf Auskunft über das End-, sondern auch das Anfangsvermögen. Daneben kann jetzt auch Auskunft über das Vermögen zum Zeitpunkt der Trennung beansprucht werden, wobei dieser Anspruch schon nach erfolgter Trennung geltend gemacht werden kann. Auch ist der Anspruch um eine Belegpflicht erweitert worden. Gem Art 229 § 20 EGBGB ist diese Regelung seit dem 1.9.09 uneingeschränkt, somit auch auf bereits anhängige Altfälle anwendbar. Neben dem Auskunftsanspruch gibt es weiterhin den auf Aufnahme des Bestandsverzeichnisses (I 4), den auf Hinzuziehung zur Erstellung des Bestandsverzeichnisses (I 3, Hs 1) und den Wertermittlungsanspruch (I 3 Hs 2). Da Auskunft auch über privilegierten Vermögenserwerb und illoyale Vermögensminderungen verlangt werden kann, besteht ein Bedarf für einen auf § 242 gestützten Anspruch bei Verdacht illoyaler Vermögensminderungen nicht mehr. 1

Die Norm ist nicht abdingbar, auch nicht durch **Ehevertrag** (Palandt/*Brudermüller* Rz 1; MüKo/*Koch* Rz 35). Zulässig ist es jedoch, dem Ehegatten nach Beendigung des Güterstandes die bestehende Schuld zu erlassen (BGH FamRZ 83, 157). 2

B. Auskunftsanspruch. I. Inhalt, Umfang und Grenzen. 1. Auskunft über das Endvermögen. Der Auskunftsanspruch soll den auskunftsberechtigten Ehegatten in die Lage versetzen, Existenz und Höhe seiner Zugewinnausgleichsforderung zu ermitteln. Deshalb kann er nach dem Wortlaut der Norm Auskunft über das Endmögen beanspruchen, soweit das Ergebnis der Auskunftserteilung für deren Berechnung maßgeblich ist. Daraus folgt, dass die Auskunft sich auch auf **illoyale Vermögensverfügungen** bezieht, ohne dass es noch eines besonderen Anspruchs nach § 242 bedarf (BTDrs 10/10798 38). Inhaltlich dürfte der Anspruch aber insoweit dem bisherigen auf § 242 gestützten entsprechen (vgl: BGH FamRZ 05, 689 = FuR 05, 269; FamRZ 00, 948; FamRZ 97, 800; Köln FamRZ 07, 1327). Anderseits bezieht sich der Anspruch nur auf das in den Zugewinnausgleich fallende Vermögen, mithin nicht auf Versorgungsanwartschaften oder Haushaltssachen, die der Verteilung des Haushalts nach § 1568b unterliegen (BGH FamRZ 84, 144: Karlsr FamRZ 82, 277; Hamm FamRZ 82, 937). 3

2. Auskunft über das Anfangsvermögen. Nach der Neufassung der Norm kann trotz der Beweislastregel des § 1377 Auskunft auch über das Anfangsvermögen beansprucht werden. Da auch insoweit Auskunft über die für die Berechnung des Anfangsvermögens maßgeblichen Umstände beansprucht werden kann, geht er auch dahin, über **privilegierten Vermögenserwerb** zu informieren. Dieser Anspruch besteht ebenso wie der betreffend das Endvermögen ab Rechtshängigkeit des auf die Beendigung des Güterstandes gerichteten Antrags. 4

3. Aufkunft über das Vermögen zum Trennungszeitpunkt. Weil ein Großteil der Vermögensmanipulationen zwischen Trennung und Rechtshängigkeit des auf die Beendigung des Güterstandes gerichteten Antrages vorgenommen wird (Hauer FuR 09, 331, 332), kann jetzt zusätzlich auch Auskunft über das Vermögen zum **Trennungszeitpunkt** beansprucht werden. Dieser Anspruch bildet die Grundlage für die Beweislastumkehr nach § 1375 II. Der Anspruch besteht sowohl ab Rechtshängigkeit des auf Beendigung des Güterstandes gerichteten Verfahrens als auch schon ab Trennung (II). Praktische Probleme dürften sich bei der Feststellung des Trennungszeitpunktes ergeben. 5

4. Entfallen des Anspruchs. Ein Auskunftsanspruch besteht nicht (mehr), wenn der die Auskunft begehrende Ehegatte aus ihr Rechtsfolgen nicht mehr herleiten kann (BGHZ 44, 163; 75, 195). Verweigert werden kann er aber nur dann, wenn evident ein Zugewinn nicht erzielt worden ist (Kobl FamRZ 85, 286), wobei äußerst strenge Maßstäbe anzulegen sind (BGH NJW 80, 1462), so, wenn ohne Rücksicht auf das Ergebnis der Auskunft feststeht, dass ein Zahlungsanspruch nicht besteht (Brandbg FamRZ 98, 174), weil zB **Verjährung** eingetreten ist, auf die der Schuldner sich bereits berufen hat (Frankf FamRZ 87, 1147; München FamRZ 69, 881), ferner, wenn die Ausgleichsforderung abschließend **vertraglich geregelt** wurde (Ddorf FamRZ 89, 182), wenn ein Zugewinn klar erkennbar nicht erzielt wurde (Kobl FamRZ 85, 286; München NJW 69, 881), wenn mit der Vereinbarung der Gütertrennung der Ausgleich des bis dahin entstandenen Zugewinns ausgeschlossen ist (Köln FuR 01, 438) oder wenn die Auskunft ersichtlich zweckfremd beansprucht wird, nur noch Selbstzweck ist und deshalb nicht mehr der Berechnung der Zugewinnausgleichsforderung dient (Nürnbg FamRZ 69, 287), so dass durch die Geltendmachung des Anspruchs gegen das **Schikaneverbot** verstoßen würde (Celle FamRZ 02, 1030). Nicht eingewendet werden kann, dem die Auskunft begehrenden Ehegatten seien die im Endvermögen vorhandenen Gegenstände bekannt (BGH FamRZ 96, 1271), zB aus dem Unterhaltsverfahren (Kobl FamRZ 05, 902). 6

Verweigert werden kann die Auskunft, wenn die Ehe niemals voll verwirklicht oder nach nur kurzer Dauer wieder geschieden worden ist (BGH NJW 72, 433). Dasselbe gilt, wenn der gesamte Zugewinn erwirtschaftet 7 wurde, als die Ehegatten **keine Lebensgemeinschaft** mehr geführt haben (MüKo/*Koch* Rz 7) oder wenn vereinbart ist, dass das Vermögen des einen Ehegatten für den Zugewinnausgleich außer Betracht bleiben soll (Hamm FuR 06, 217 = FamRZ 06, 1034). Die Berufung auf **grobe Unbilligkeit** (§ 1381) steht der Auskunftspflicht nicht entgegen, weil zumeist erst nach der Auskunft beurteilt werden kann, in welchem Umfang die Leistung verweigert werden kann (BGH FamRZ 80, 768; Brandbg FamRz 09, 1067; anders nur, wenn ein Ausgleichsanspruch evident nicht besteht BGH FamRZ 72, 488). Hat der auskunftsberechtigte Ehegatte seinerseits Vermögenswerte verschwiegen, steht das seinen Auskunftsanspruch nicht entgegen (Ddorf FamRZ 07, 830).

8 **5. Bestandsverzeichnis und Spezifizierung.** Die Auskunft hat durch Vorlage eines geordneten, nachprüfbaren Verzeichnisses zu erfolgen (§ 260). Eine Folge einzelner Angaben in Schriftsätzen oder während einer Korrespondenz erfüllt den Anspruch nicht (Hamm FamRZ 83, 812; Ddorf FamRZ 79, 808), doch können, sofern die Übersichtlichkeit gewahrt bleibt, mehrere Teilverzeichnisse vorgelegt werden (Karlsr FamRZ 04, 106). Wertangaben oder -berechnungen werden nicht geschuldet (BGH FamRZ 03, 597 = FuR 03, 47; FamRZ 89, 157), doch müssen die wertbildenden Faktoren so genau angegeben werden, dass der Ehegatte in die Lage versetzt wird, die Werte annähernd selbst zu bestimmen (Celle NJW 75, 1568). Der Zuziehung eines **Steuerberaters** oder **Sachverständigen** (BGH FamRZ 03, 598 = FuR 03, 47) bedarf es nicht, weshalb auch die Kosten der Wertermittlung durch einen Privatgutachter nicht erstattungsfähig sind (BGH FuR 07, 217 = FamRZ 07, 711). Bei **Verbindlichkeiten** sind im Hinblick auf § 1375 II auch Angaben zum Verwendungszweck erforderlich (Ddorf FamRZ 86, 168).

9 Der auskunftspflichtige Ehegatte hat das Bestandsverzeichnis so vollständig zu erstellen, wie ihm dies möglich ist. Begrenzt wird der Anspruch durch Gedächtnislücken, Mangel an vorhandenen Aufzeichnungen oder Informationsquellen anderer Art. Abgesehen von den zu nennenden Ausnahmen besteht keine Verpflichtung zur Vorlage von Belegen, auch nicht zu Kontrollzwecken (BGH NJW 80, 229; Bremen MDR 00, 360; Karlsr FamRZ 98, 761).

10 **Sachgesamtheiten** und Inbegriffe von Gegenständen können als solche benannt werden, soweit eine Aufschlüsselung nicht üblich und dem auskunftsberechtigten Ehegatten eine ausreichende Orientierung möglich ist. Das gilt etwa für Unternehmen, Sammlungen (Stuttg FamRZ 82, 282), Bibliotheken oder Zimmereinrichtungen (BGH NJW 84, 485). Einzelgegenstände sind anhand aller Faktoren zu individualisieren, die für ihre Bewertung erheblich sind, beim PKW Fabrikat, Modell, Baujahr, Kilometerleistung, Unfälle (Hamm OLGR 99, 50; Schlesw SchlHA 79, 17), beim Grundstück Lage, Größe und Art der Bebauung (Ddorf FamRZ 86, 168), bei Maschinen pp das Fabrikat, Herstellungsjahr, Erhaltungszustand. Zu Lebensversicherungen sind das Jahr des Abschlusses, Höhe der monatlichen Prämie und zugesagte Leistung zu erklären, wobei auch die Angabe der Rückkaufwerte und Überschussanteile ausreicht (BGH FamRZ 03, 1267 = FuR 03, 410), während die endgültige Bewertung später zu prüfen ist (Köln FamRZ 02, 1406 = FuR 02, 568).

11 Bei **Unternehmen und Unternehmensbeteiligungen** umfasst die Auskunft nach Treu und Glauben (Naumbg FamRZ 01, 1303) in analoger Anwendung des § 2314 auch die Vorlage der zur Beurteilung der Ertragslage nötigen Bilanzen bzw Gewinn- und Verlustrechnungen (BGH FamRZ 80, 37) im Regelfall der letzten 3 bis 5 Jahre (BGH FamRZ 80, 37; Bambg FamRZ 80, 573). Bei Unternehmensbeteiligungen, bei der Gesellschaftsanteil ausdrücklich nur dem buchmäßigen Guthaben entspr soll, ist trotzdem auch über die für den inneren Wert maßgeblichen Verhältnisse Auskunft zu erteilen (Naumbg FamRZ 01, 1303; Ddorf FamRZ 81, 48). Übt der auskunftspflichtige Ehegatte einen freien Beruf aus, hat er neben den Sozietäts- oder Gesellschaftsverträgen auch die für die Bewertung maßgeblichen Gewinn- und Verlustrechnungen für mehrere Jahre vor dem Stichtag vorzulegen (Hamm FamRZ 83, 812: 2 Jahre; Kobl FamRZ 82, 280 und Ddorf FamRZ 99, 1070: 5 Jahre). Für eine Arztpraxis ist Auskunft zu erteilen über die Praxiseinrichtung, den Umsatz, die Anzahl der Krankenscheine und Privatpatienten sowie die Einnahme- und Überschussrechnungen der letzten 5 Jahre vorzulegen (BGH FamRZ 89, 157; Kobl FamRZ 82, 280). Für landwirtschaftliche Betriebe genügt regelmäßig die Vorlage der betriebswirtschaftlichen Jahresabschlüsse der letzten beiden Wirtschaftsjahre mit der Auskunft über Betriebsflächen, Nutzungsart und Bonität des Bodens sowie Betriebsmittel (Ddorf FamRZ 86, 680).

12 Würde durch Vorlage der vollständigen Unterlagen Einblick in die **Vermögensverhältnisse Dritter** gewährt werden, können jene Teile abgedeckt werden, die sich ausschl mit den Dritten befassen. Dasselbe gilt für zusammenfassende Angaben, die nicht aufgeschlüsselt sind und damit keinen Einblick in die Verhältnisse des Schuldners geben (BGH FamRZ 83, 680). Dagegen schränken vertraglich übernommene Schweigepflichten die Auskunftspflicht nicht ein (Saarbr FamRZ 84, 794; Hamm FamRZ 83, 812).

13 Ist einmal das Gerüst einer Zusammenstellung des Vermögens erstellt, reicht es aus, in nachfolgender Korrespondenz Angaben nachzuschieben; ein jeweils neues Gesamtverzeichnis kann nicht verlangt werden (Zweibr FamRZ 01, 763). Maßstab für das, was der Ehegatte an Form beanspruchen kann, ist das, was erforderlich ist, um die Berechnung des Auskunftsanspruchs ohne übermäßigen Aufwand zu ermöglichen (KG FamRZ 00, 1292; *Kleffmann* FuR 99, 403, 405). Die Auskunft muss zwar schriftlich erteilt werden, doch bedarf sie keiner Unterschrift. Auch kann sich der Auskunftspflichtige eines Boten, etwa seines Prozessbevollmächtigten, bedienen, solange sichergestellt ist, dass die Auskunft eine Wissenserklärung des Auskunftsschuldners ist (BGH FamRZ 08, 600).

Wie schon bislang bei Geltendmachung eines Unterhaltsanspruchs (§§ 1605 I 2, 1580) besteht jetzt auch iRd 14
§ 1379 die **Pflicht zur Vorlage von Belegen**. Dieser Anspruch ist gesondert geltend zu machen, wobei Art
und Anzahl der Belege so konkret bezeichnet werden müssen, dass eine Vollstreckung wegen dieses
Anspruchs möglich ist (Zweibr FamRZ 01, 763). Der Auskunftspflichtige hat sich die Belege mit zumutbarem
Aufwand zu beschaffen, wobei er die Kosten hierfür trägt (Palandt/*Brudermüller* Rz 12).

6. Unterrichtungsanspruch. Aus §§ 1353, 1386 II folgt daneben der Anspruch des Ehegatten, über während 15
des Bestehens der ehelichen Lebensgemeinschaft getätigte Vermögensverfügungen in groben Zügen unterrichtet
zu werden. Dieser Anspruch besteht bis zur Auflösung der Ehe (BGH FamRZ 78, 677; Bambg FamRZ 09, 1906;
Karlsr FamRZ 90, 161), jedoch nicht mehr nach deren Scheitern und einem mehr als 1-jährigen Getrenntleben
(Karlsr FuR 03, 86) und bleibt inhaltlich hinter den Erfordernissen des § 260 zurück (Köln FamRZ 09, 605),
weshalb auch keine Unterlagen verlangt werden können (Palandt/*Brudermüller* Rz 4). Der Unterrichtungsanspruch ist als Leistungsantrag vor dem Familiengericht geltend zu machen (Haussleiter/*Schulz* Kap 1 Rz 459;
MüKo/*Koch* § 1386 Rz 24; anders noch Schlesw SchlHA 74, 112; Hambg FamRZ 67, 100).

II. Entstehen und Fälligkeit des Anspruchs. Der Auskunftsanspruch entsteht mit der Beendigung des 16
Güterstandes, der Rechtshängigkeit des auf die Beendigung des Güterstandes zielenden Verfahrens bzw mit
der Trennung, soweit er auf den Trennungszeitpunkt bezogen ist. Er ist sofort fällig (§ 271), wobei dem auskunftspflichtigen Ehegatten ein Zeitraum zur Verfügung stehen muss, der ihm objektiv zur Vorbereitung der
Auskunft zugebilligt werden muss.

III. Anspruch auf Zuziehung bei der Aufstellung des Bestandsverzeichnisses (Abs 1 S 3). Jeder Ehegatte 17
hat ein Recht auf Hinzuziehung bei der Erstellung des Bestandsverzeichnisses, wobei das Recht kein höchstpersönliches ist, so dass die Ausübung durch sachverständige Dritte zulässig ist. Der Anspruch besteht auch
dann noch, wenn der Schuldner es bereits erstellt hat (KG FamRZ 98, 761), um dem Berechtigten die Möglichkeit zu geben, es auch im Nachhinein auf seine Richtigkeit zu überprüfen.

C. Aufnahme des Bestandsverzeichnisses (Abs 1 S 4). Der auskunftsberechtigte Ehegatte hat nach I 4 einen 18
Anspruch auf Aufnahme des Bestandsverzeichnisses in einer durch das Gesetz bestimmten besonderen Form,
nämlich durch die zuständige Behörde, einen zuständigen Beamten oder einen Notar.

D. Wertermittlungsanspruch (Abs 1 S 2). Der Wertermittlungsanspruch ist ein zusätzlicher, der neben dem 19
Auskunftsanspruch ggf auch im Wege der Stufenklage gesondert geltend gemacht werden muss (Naumbg
OLGR 01, 34). IRd Anspruchs ist der auskunftspflichtige Ehegatte nur verpflichtet, die Verkehrswerte der in
sein Endvermögen fallenden Gegenstände zu ermitteln und anzugeben, soweit er hierzu selbst imstande ist
(BGH FamRZ 09, 595). Die Norm sieht nicht die Wertermittlung durch sachverständige Dritte vor (Karlsr
MDR 98, 53).

Ist jedoch eine zuverlässige Wertermittlung nicht möglich, hat der Auskunftsberechtigte auch das Recht, 20
Dritte zur Wertermittlung einzuschalten (BGH FamRZ 91, 316). Das kommt insb bei der Bewertung von
Grundstücken, Unternehmen und Unternehmensbeteiligungen in Betracht. Den Auftrag an den Sachverständigen hat dabei der Auskunftsberechtigte zu erteilen (BGH FamRZ 82, 682), während der auskunftspflichtige
Ehegatte die Tätigkeit des Sachverständigen zu dulden und unterstützen sowie die notwendigen Daten zur
Verfügung zu stellen hat (München FamRZ 82, 279).

Die Kosten der Wertermittlung durch Dritte hat derjenige zu tragen, in dessen Interesse die Wertermittlung 21
erfolgt, also regelmäßig der Gläubiger (Karlsr FamRZ 09, 1909), wobei es sich dabei um Kosten der Prozessvorbereitung handelt, die ggf nach einem späteren Rechtsstreit gem §§ 80 FamFG, 91 ZPO ersetzt verlangt
werden können (München MDR 86, 324; Soergel/*Lange* Rz 10), sofern das Gutachten prozessbezogen und
sachdienlich war (Brandbg FamRZ 08, 528).

Ein Zurückbehaltungsrecht mit der eigenen Auskunft bis zu dem Zeitpunkt, zu dem andere seiner Aus- 22
kunftspflicht nachgekommen ist, besteht nicht (Jena FamRZ 97, 1335; Frankf FamRZ 85, 483; Stuttg FamRZ
84, 273).

E. Verfahren und Durchsetzung des Anspruchs. Der Antrag auf Auskunftserteilung sollte, um spätere Pro- 23
bleme iRd Vollstreckung zu vermeiden, möglichst präzise gefasst sein. Rechnet zum Endvermögen ein Unternehmen oder eine Unternehmensbeteiligung, so ist schon im Antrag aufzunehmen, welche iE zu bezeichnenden Belege – Bilanzen und Gewinn- und Verlustrechnungen – vorzulegen sind (Zweibr FamRZ 01, 763).
Wird **Wertermittlung** beansprucht, ist dies im Antrag auszudrücken. Der Antrag kann als isolierter Auskunftsantrag und im Verbund mit der Ehescheidung, hier aber nur als Stufenantrag (KG FamRZ 00, 1292),
erhoben werden. Wird gleichwohl im Verbund isolierte Auskunft verlangt, ist das Verfahren gem § 140
FamFG abzutrennen (BGH FamRZ 97, 811; Hamm FamRZ 94, 773). Etwas anderes gilt, wenn der Zugewinnausgleich bereits Folgesache ist. Dann kann die **Auskunftswiderklage** im Verbund geltend gemacht werden (Zweibr FamRZ 96, 749). Die Möglichkeit der Wertermittlung nach I 3 steht der Zulässigkeit eines selbständigen Beweisverfahrens nicht entgegen, weil die Akzeptanz einer privat veranlassten Wertermittlung der
einer gerichtlich veranlassten nicht gleich steht (Hamm FamRZ 00, 1023).

24 Die Rechtskraft des Auskunftsurteils steht einem neuerlichen Auskunftsantrag nicht entgegen, wenn der Antragsteller an ihm wegen besonderer Umstände ein besonderes Interesse hat (Zweibr FamRZ 97, 1), weil zB der vollstreckbare Titel nicht wiederherstellbar untergegangen ist (BGH FamRZ 52, 705) oder weil Streit über die Tragweite einer zu Zweifeln Anlass gebenden Beschlussformel besteht (BGH FamRZ 62, 17).

25 Der Auskunftsanspruch wird nach § 888 ZPO vollstreckt (Zöller/*Stöber* § 888 Rz 3), der auf Wertermittlung und Wertfeststellung durch einen Sachverständigen nach § 887 ZPO (Bambg FamRZ 99, 312 = FuR 99, 33; Palandt/*Brudermüller* Rz 19).

26 Die für die Beschwerde maßgebliche **Beschwer** richtet sich bei Antragsabweisung nach dem Interesse an der Auskunftserteilung, bei stattgebendem Beschl nach dem Interesse daran, die Auskunft nicht zu erteilen, das sich regelmäßig nach dem voraussichtlichen Aufwand an Zeit und Kosten, die mit der Auskunftserteilung verbunden sind, bestimmt (BGH FamRZ 09, 594; FuR 07, 217 = FamRZ 07, 711; 1090; 08, 1346). Für die Beschwer bei Verpflichtung zur Abgabe einer eidesstattlichen Versicherung gilt dasselbe (Brandbg FamRZ 08, 1359). Abweichungen können sich im Fall eines besonderen Geheimhaltungsinteresses ergeben (BGH aaO). Ist der auskunftpflichtige Ehegatte gesondert zu Wertermittlung verpflichtet, so sind die hierfür notwendigen Kosten zu addieren, einschließlich derjenigen für die Einschaltung sachkundiger Hilfskräfte zur Klärung von Einzelfragen, nicht aber die eines Sachverständigengutachtens, da ein solches nicht geschuldet wird (BGH FuR 07, 217 = FamRZ 07, 711).

§ 1380 Anrechnung von Vorausempfängen. (1) ¹Auf die Ausgleichsforderung eines Ehegatten wird angerechnet, was ihm von dem anderen Ehegatten durch Rechtsgeschäft unter Lebenden mit der Bestimmung zugewendet ist, dass es auf die Ausgleichsforderung angerechnet werden soll. ²Im Zweifel ist anzunehmen, dass Zuwendungen angerechnet werden sollen, wenn ihr Wert den Wert von Gelegenheitsgeschenken übersteigt, die nach den Lebensverhältnissen der Ehegatten üblich sind.
(2) ¹Der Wert der Zuwendung wird bei der Berechnung der Ausgleichsforderung dem Zugewinn des Ehegatten hinzugerechnet, der die Zuwendung gemacht hat. ²Der Wert bestimmt sich nach dem Zeitpunkt der Zuwendung.

1 **A. Allgemeines.** Unentgeltliche Zuwendungen unter Ehegatten sind idR für einen später durchzuführenden Zugewinnausgleich ohne Bedeutung, weil der Erhöhung des Endvermögens des Zuwendungsempfängers eine entspr Reduzierung desjenigen des Zuwendenden ggü steht. Etwas anderes gilt allerdings dann, wenn einer der Ehegatten nur Verluste erwirtschaftet hat, die einen Zugewinn nicht darstellen (§ 1373 Rn 2), so dass die Zuwendung unberücksichtigt bliebe. Ähnliches gilt, wenn der Zugewinn die Höhe der Zuwendung nicht erreicht. Die Norm hat deshalb Bedeutung dann, wenn die Zuwendung sich mangels positiven Zugewinns iÜ im Zugewinnausgleich nicht oder nicht vollständig neutralisieren würde.

2 Die Regelung des I 1 ist nicht abdingbar (Staud/*Thiele* Rz 31). Im Falle beiderseitiger Zuwendungen dürfte es richtig sein, den Saldo zwischen beiden dann nach § 1380 anzurechnen, wenn der Ehegatte mit den höheren Zuwendungen ausgleichspflichtig ist (*Haussleiter/Schulz* Kap 1 Rz 400).

3 **B. Begriff der Zuwendung.** Zuwendungen iSd Norm sind nur **rechtsbeständige unentgeltliche**, die den Wert von Gelegenheitsgeschenken übersteigen (Köln FamRZ 98, 1515), auch solche, die dem anderen als Anerkennung und Ausgleich für familiäre Leistungen gegeben sind (BGH FamRZ 01, 413 = FuR 01, 271; FamRZ 82, 246), auch die **Freistellung von Lasten** (BGH FamRZ 82, 246). Ausreichend ist, wenn ein Ehegatte dem anderen den Vorteil mittels eines Dritten verschafft. **Verfügungen von Todes wegen** bleiben aber wegen § 1371 II außer Betracht (Staud/*Thiele* Rz 7). Die Unterscheidung zwischen unbenannter Zuwendung und echter Schenkung spielt in diesem Zusammenhang keine Rolle (BGH FamRZ 83, 351; 82, 246).

4 Nicht anzurechnen sind nicht beständige Zuwendungen, wie Schenkungen, die wirksam widerrufen wurden oder kondizierte oder nach § 313 zurückgeforderte ehebedingte Zuwendungen (MüKo/*Koch* vor § 1363 Rz 9). Dasselbe gilt für entgeltliche Leistungen, auch wenn die Gegenleistung gering ist (Staud/*Thiele* Rz 8). Anderes gilt dagegen für gemischte Schenkungen, für die nur der geschenkte Anteil Zuwendung ist (München FamRZ 87, 67). Wird eine Zuwendung von einem gemeinsamen Konto bezahlt, ist nur der auf den Zuwendenden entfallende Anteil anzurechnen (Köln FamRZ 98, 1514).

5 Vorausempfänge sind nur **freiwillige Leistungen**, wie die Übertragung von Anrechten an einem Wertpapierkonto (Karlsr FamRZ 03, 361), aber auch freiwillige, nach § 1360b nicht zurückzufordernde **Unterhaltsleistungen**, da das Gesetz die Anrechnung nicht auf Leistungen, die der Vermögensbildung dienen, beschränkt (BGH FamRZ 83, 351).

6 Die Zuwendung muss während des gesetzlichen Güterstandes erfolgt sein, wobei dessen Ende mit dem Tag der Rechtshängigkeit des Scheidungsantrages angenommen wird (Palandt/*Brudermüller* Rz 5). Für vor der Ehe getätigte Zuwendungen kommt eine Anrechnung nicht in Betracht. Erfolgt die Zuwendung nach der *Rechtshängigkeit des Scheidungsantrages*, wird sie im Regelfall als Leistung auf die Zugewinnausgleichsforderung an Erfüllung Statt anzusehen sein (Staud/*Thiele* Rz 11; MüKo/*Koch* Rz 14).

7 Ein Vorausempfang ist nur zu berücksichtigen, wenn er vom Ausgleichspflichtigen geleistet wurde. Stammt er vom Ausgleichsberechtigten, kann ein Ausgleich nur nach den allg Regeln der §§ 1372 ff erfolgen, weil er

schon begrifflich nicht von einer Ausgleichsforderung abgesetzt werden kann (BGH FamRZ 82, 778; Oldbg FamRZ 91, 814; Karlsr FamRZ 81, 556).

C. Anrechnung. Die nach I 1 erforderliche Zuwendungsbestimmung ist ein einseitiges empfangsbedürftiges Rechtsgeschäft, das mindestens zeitgleich mit der Zuwendung als solcher erfolgen muss (hM: *Haussleiter/ Schulz* Kap 1 Rz 381). Die rechtzeitige **Zuwendungsbestimmung** bedarf keiner Form und kann konkludent erfolgen. Erfolgt die Zuwendung zum erklärten Zweck der Vermögensauseinandersetzung nach dem Scheitern der Ehe, ist hierin die stillschweigende Bestimmung zu sehen, dass eine Anrechnung auf die Ausgleichsforderung erfolgen soll, wenn der Zuwendungsempfänger nach der Ehe Zugewinnausgleich beansprucht (BGH FamRZ 01, 757 = FuR 01, 271). 8

Nach erfolgter Zuwendung können sich die Ehegatten auch noch dahingehend einigen, dass eine Zuwendung als Vorausempfang angerechnet werden soll, aber nur in der Form eines **Ehevertrages**, da durch diese Einigung die Zugewinnausgleichsforderung unmittelbar berührt wird (Palandt/*Brudermüller* Rz 7; *Haussleiter/ Schulz* Kap 1 Rz 382; aA: Staud/*Thiele* Rz 16 formlos). 9

Nach I 2 ist im Zweifel anzunehmen, dass eine Anrechnung erfolgen soll, wenn der Wert der Zuwendung den von Gelegenheitsgeschenken übersteigt. Diese Norm findet dann Anwendung, wenn die Auslegung nach I 1 scheitert. Was unter Gelegenheitsgeschenken zu verstehen ist, bestimmt sich nach dem Wert, nicht dem Gegenstand der Zuwendung, wobei darauf abzustellen ist, was nach den Lebensverhältnissen der Eheleute üblich ist. Gelegenheitsgeschenke sind zB die aus besonderen Anlässen wie Weihnachten, Geburtstag usw. 10

Die **Anrechnung erfolgt in vier Schritten** (Karlsr FamRZ 04, 1033): 1. Die Zuwendung ist dem Zugewinn des zuwendenden Ehegatten hinzuzurechnen (II). 2. Sodann wird die Zuwendung vom Zugewinn des Zuwendungsempfängers abgezogen, wobei es unerheblich ist, ob der Vermögenswert tatsächlich noch vorhanden ist (BGH FamRZ 82, 246; FamRZ 87, 791). 3. Auf der Basis der korrigierten Zugewinne wird die fiktive Ausgleichsforderung errechnet. 4. Von der fiktiven Ausgleichsforderung wird der Wert der Zuwendung abgezogen. 11

Eine Indexierung des Zuwendungswertes muss nicht erfolgen, weil sich diese durch die vorzunehmenden Rechenschritte selbst neutralisieren würde (Staud/*Thiele* Rz 26; MüKo/*Koch* Rz 22; aA: Palandt/*Brudermüller* Rz 18; AnwK/*Groß* Rz 29). Erfährt der zugewendete Vermögensgegenstand während der Ehezeit dagegen einen echten Wertzuwachs, so handelt es sich dabei um eine ausgleichspflichtige Mehrung des Endvermögens. 12

D. Verfahren. Derjenige Ehegatte, der Rechte aus der Zuwendung als solcher herleitet, hat diese zu beweisen (Ddorf FamRZ 88, 63). Der andere trägt die Beweislast dafür, dass die Zuwendung nicht als Vorausempfang angerechnet werden sollte (Palandt/*Brudermüller* Rz 20). 13

§ 1381 Leistungsverweigerung wegen grober Unbilligkeit.
(1) Der Schuldner kann die Erfüllung der Ausgleichsforderung verweigern, soweit der Ausgleich des Zugewinns nach den Umständen des Falles grob unbillig wäre.
(2) Grobe Unbilligkeit kann insbesondere dann vorliegen, wenn der Ehegatte, der den geringeren Zugewinn erzielt hat, längere Zeit hindurch die wirtschaftlichen Verpflichtungen, die sich aus dem ehelichen Verhältnis ergeben, schuldhaft nicht erfüllt hat.

A. Allgemeines. Die gesetzliche Zugewinnausgleichsregelung ist bewusst schematisch getroffen worden. Sie lässt für individualisierende Wertungen keinen Raum. Für Fälle, in denen das Ergebnis des Zugewinnausgleichs dem Gerechtigkeitsempfinden in unerträglicher Weise widersprechen würde, gibt die Norm jedoch die Möglichkeit, die Zugewinnausgleichsforderung herabzusetzen oder ganz entfallen zu lassen. Dabei dürfen nicht die in der Systematik des Zugewinnausgleichs angelegten Mängel nach Billigkeitsmaßstäben behoben werden (Staud/*Thiele* Rz 2). Eine Billigkeitskorrektur ist vielmehr nur möglich, wenn die **Grundlagen des Zugewinnausgleichs** gestört sind (MüKo/*Koch* Rz 3) oder wenn der nach den gesetzlichen Vorgaben ermittelte Zugewinnausgleich im Einzelfall den Sinn und den Gerechtigkeitsgehalt der Vermögensteilhabe unter Ehegatten grob verfehlt (BGH FamRZ 92, 787), dem Gerechtigkeitsempfinden in unerträglicher Weise widersprechen würde (BGH FamRZ 92, 787; 80, 877). Die Norm wird daher eher einschränkend ausgelegt. 1

Die Anforderungen sind strenger als die iRd §§ 242 oder 1579 (BGH FamRZ 92, 787; FamRZ 80, 877; Celle FamRZ 92, 1300; Bambg FamRZ 90, 408). Die grobe Unbilligkeit kann nur der Ausgleichsschuldner für sich reklamieren, während sie nicht zur Begründung oder Erhöhung eines Anspruchs herangezogen werden kann (Staud/*Thiele* Rz 3; Palandt/*Brudermüller* Rz 1; aA *Kogel* MDR 97, 1000). 2

Das Leistungsverweigerungsrecht ist eine Einrede, die die Durchsetzbarkeit des Anspruchs auf Dauer hindert. Auf sie kann durch einseitige formlose Erklärung verzichtet werden (BGHZ 22, 267), antezepiert aber nur in den Grenzen des § 1378 III (Palandt/*Brudermüller* Rz 8). Sie kann auch von den Erben des ausgleichspflichtigen Ehegatten ausgeübt werden (BGH FamRZ 02, 606 = FuR 02, 259). Hat der Schuldner schon geleistet, kann er in den Grenzen des § 814 einen Bereicherungsanspruch aus § 813 haben. 3

4 In ihrem Anwendungsbereich stellt die Norm eine **Generalklausel** dar, die die Anwendung des § 242 ausschließt (BGH FamRZ 89, 1276), jedoch nicht außerhalb, weshalb zB wegen späterer Ereignisse der Einwand der unzulässigen Rechtsausübung oder Verwirkung geltend gemacht werden kann (BGH FamRZ 77, 38).

5 **B. Grobe Unbilligkeit. I. Der Begriff.** Die grobe Unbilligkeit darf nicht nur vorübergehend zu bejahen sein, weil andernfalls die Möglichkeit der Stundung nach § 1382 besteht (BGH NJW 70, 1600). Maßstab für die Billigkeitskorrektur ist die idealgerechte Durchführung des Zugewinnausgleichs auf der Grundlage des vom Gesetz angenommenen Grundmusters. Deshalb ist sie nicht gegeben, wenn ein Ehegatte Vermögen nur durch seine besondere Tüchtigkeit erworben hat, oder wenn dem Vermögenserwerb jegliche innere Beziehung zur ehelichen Lebensgemeinschaft fehlt, zB bei Grundstückserwerb nur wenige Wochen vor dem Ende der Ehezeit und Finanzierung des vollen Kaufpreises (aA: Celle FamRZ 92, 1300).

6 Der ausgleichspflichtige Ehegatte muss auf **wirtschaftlichem Gebiet schuldhaft gehandelt** haben, objektiv grobe Unbilligkeit reicht nicht aus (BGH FamRZ 92, 787; 80, 877). Dabei ist der konkrete **Sorgfaltsmaßstab** des § 1359 heranzuziehen, während es nicht erforderlich ist, dass die Pflichtverletzung unentschuldbar iSv unverzeihlich ist (Staud/*Thiele* Rz 12). Andererseits fordert die Norm nicht stets ein schuldhaftes Verhalten (BGH FamRZ 02, 606 = FuR 02, 259), insb nicht bei aus anderen als wirtschaftlichen Gründen für grob unbillig gehaltenem Verhalten.

7 Die Pflichtwidrigkeiten müssen länger andauern, wobei hinsichtlich des Zeitraums auf die Dauer der Ehe oder des Güterstandes abzustellen ist (BGH FamRZ 80, 877; Celle FamRZ 79, 431). Je länger die Ehe dauert, desto höher sind die Anforderungen an die Dauer der Pflichtverletzungen (BGH FamRZ 80, 877), während es auf die Dauer der Ehe allein nicht ankommt (*Haussleiter/Schulz* Kap 1 Rz 426).

8 Hat der Schuldner das Verhalten des Ehegatten **gebilligt**, ist § 1381 nicht anzuwenden. Das duldende Gewährenlassen ist aber noch keine Billigung, da Ehegatten nicht zum Widerspruch berechtigt oder gar verpflichtet sind (MüKo/*Koch* Rz 19).

9 Nicht berücksichtigt werden können **nacheheliche Umstände**, da mit der Beendigung der Ehe jede güterrechtliche Bindung zueinander endet (Staud/*Thiele* Rz 19; MüKo/*Koch* Rz 21; Palandt/*Brudermüller* Rz 6; aA: Ddorf FamRZ 95, 3183, 87, 821). Nicht herangezogen werden kann auch Verhalten nach der Zustellung des Scheidungsantrages, weil die Zeit zwischen der Rechtshängigkeit der Ehescheidung und deren Rechtskraft zugewinnausgleichsrechtlich ohne Belang ist (Bremen FamRZ 98, 245; Staud/*Thiele* Rz 19; Palandt/*Brudermüller* Rz 6; aA Köln FamRZ 98, 1370; Ddorf FamRZ 87, 821; Soergel/*Lange* Rz 15).

10 **II. Anwendungsfälle. 1. Nichterfüllung sich aus dem ehelichen Verhältnis ergebender wirtschaftlicher Verpflichtungen.** Die schuldhafte Verletzung der sich aus dem ehelichen Verhältnis ergebenden wirtschaftlichen Verpflichtungen ist als Regelbeispiel normiert. Dazu rechnet vorrangig die **Verletzung gesetzlicher Unterhaltspflichten** wie auch die der Absprachen über Haushaltsführung und Erwerbstätigkeit (Bremen FamRZ 98, 245).

11 **2. Sonstiges ökonomisches Fehlverhalten.** Es besteht nicht die Pflicht der Ehegatten, ihr Vermögen in angemessener Weise mit dem Ziel der Mehrung des Zugewinns oder in einer allein am Wohl der Familie orientierten Weise zu verwalten, weshalb das Bestehen des Zugewinnausgleichsanspruchs nicht von der Feststellung der Mitwirkung an der Vermögensmehrung abhängt (BGH FamRZ 92, 787; 80, 877). Deshalb scheitert der Zugewinnausgleichsanspruch nicht daran, dass der Gläubiger nicht ausreichend für den eigenen Zugewinn gesorgt hat; die **Fälle vorwerfbarer Vermögensminderung** werden durch § 1375 II geregelt (Palandt/*Brudermüller* Rz 16; aA: Staud/*Thiele* Rz 13).

12 **3. Fehlverhalten im persönlichen Bereich.** Ein **ehezerstörendes Verhalten**, das entweder durch die Erstreckung über einen im Vergleich zur Dauer des Güterstandes längeren Zeitraum oder durch die Schwere eines einmaligen oder kürzer andauernden Verhaltens ganz besonders ins Gewicht fällt, kann die grobe Unbilligkeit begründen (BGH FamRZ 80, 768; NJW 70, 1600; 66, 2109). Eine nur heimliche eheliche Untreue und die innere Abwendung von der Ehe reichen nicht aus (Ddorf FamRZ 81, 262), während als grobe Unbilligkeit begründend angesehen worden sind vielfacher und jahrelang andauernder schwerer Ehebruch (Hamm FamRZ 90, 627; 89, 1188; Celle FamRZ 79, 431), jahrzehntelange **Unterdrückung und Missachtung** des ausgleichspflichtigen Ehegatten (Bambg NJW-RR 97, 1435), massive körperliche Misshandlungen (Ddorf FamRZ 09, 1068) oder gar dessen Tötung (Karlsr FamRZ 87, 823), die Geburt von 4 Kindern und das Verheimlichen, dass der Ehemann, der jahrelang Unterhalt geleistet hat, nicht der Vater ist (Celle FamRZ 79, 431).

13 Haben sich die Eheleute getrennt oder eine eheliche Lebensgemeinschaft von vornherein nicht begründet, ist grobe Unbilligkeit nicht anzunehmen, weil der ausgleichspflichtige Ehegatte mindestens auf vorzeitigen Zugewinn hätte klagen können (MüKo/*Koch* Rz 23; Soergel/*Lange* Rz 18; Differenzierung BGH FamRZ 80, 877; aA: Staud/*Thiele* Rz 24).

14 **4. *Einkommens- und Vermögensverhältnisse.*** Die **beiderseitigen Einkommens- und Vermögensverhältnisse** spielen iRd Billigkeitsprüfung grds keine Rolle (BGH NJW 73, 749). Bringt die **sofortige Erfüllung** der Ausgleichsforderung den Schuldner in wirtschaftliche Schwierigkeiten, kann eine Korrektur über § 1382 erfolgen. Nur ausnahmsweise gilt etwas anderes, wenn der ausgleichspflichtige Ehegatte durch die Erfüllung

der Ausgleichsforderung unterhaltsberechtigt oder seine unterhaltsrechtliche Versorgungslage gefährdet würde, diejenige des ausgleichsberechtigten Ehegatten aber ungefährdet bliebe (BGH NJW 73, 749; Ddorf FamRZ 83, 921). Das gilt etwa, wenn der ausgleichspflichtige Ehegatte keine Berufsausbildung hat und sein Zugewinn allein aus der Wertsteigerung einer im Wege vorweg genommener Erbfolge erworbenen Haushälfte besteht (Schlesw NJW-RR 98, 1225; Frankf FamRZ 83, 921) oder wenn der Ehemann pflegebedürftig und auf Dauer erwerbsunfähig ist, keine Versorgungsanwartschaften besitzt und auf sein Vermögen angewiesen ist, während die Ehefrau, die ihn in dieser Situation verlassen hat, außerstande ist, ihm Unterhalt zu leisten (BGH FamRZ 73, 254).

Der Zugewinnausgleich kann auch grob unbillig sein, wenn der Ausgleichsschuldner in der Vergangenheit in erheblicher Höhe **Unterhalt überzahlt** hat und wenn die rechnerische Höhe der Ausgleichsforderung durch die ungewöhnlich sparsame Lebensführung des Ausgleichspflichtigen maßgeblich beeinflusst ist (Köln FamRZ 98, 1370), nicht dagegen schon dann, wenn wegen eines über längere Zeit überzahlten Unterhalts kein Rückzahlungsanspruch besteht, weil nicht durch § 1381 eine möglicherweise fehlerhafte Unterhaltsentscheidung korrigiert werden kann (aA: Brandbg FamRZ 04, 106). Ebenso wenig kann grobe Unbilligkeit begründet sein, weil der ausgleichsberechtigte Ehegatte das gemeinschaftliche Haus iRd Teilungsversteigerung besonders günstig erworben hat (aA Köln FamRZ 09, 1070; Schlesw FamRZ 98, 281), schon deshalb, weil die die grobe Unbilligkeit begründenden Umstände in die Trennungszeit fallen (s.o. Rn 9). 15

Eine erhebliche Ausweitung der sonst eher restriktiven Anwendung der Norm ist in der Annahme eines Leistungsverweigerungsrechts wegen grober Unbilligkeit darin zu sehen, dass der Zugewinn im Wesentlichen aus einer Abfindung für materielle oder **immaterielle Schadensersatzansprüche** aus einem Verkehrsunfall besteht (so: Stuttg FamRZ 02, 99). 16

C. Rechtsfolge. Sind die Voraussetzungen des § 1381 erfüllt, kann der Zugewinnausgleichsanspruch ganz entfallen oder, sofern nur die Erfüllung des vollen Anspruchs grob unbillig wäre, teilweise verweigert werden. Das ist eine Frage des Einzelfalls. 17

Die Norm begründet eine **Einrede**. Der Schuldner hat diejenigen Tatsachen zu beweisen, die die Unbilligkeit des Zugewinnausgleichsanspruchs begründen (BGH FamRZ 88, 593). 18

§ 1382 Stundung.
(1) ¹Das Familiengericht stundet auf Antrag eine Ausgleichsforderung, soweit sie vom Schuldner nicht bestritten wird, wenn die sofortige Zahlung auch unter Berücksichtigung der Interessen des Gläubigers zur Unzeit erfolgen würde. ²Die sofortige Zahlung würde auch dann zur Unzeit erfolgen, wenn sie die Wohnverhältnisse oder sonstigen Lebensverhältnisse gemeinschaftlicher Kinder nachhaltig verschlechtern würde.
(2) Eine gestundete Forderung hat der Schuldner zu verzinsen.
(3) Das Familiengericht kann auf Antrag anordnen, dass der Schuldner für eine gestundete Forderung Sicherheit zu leisten hat.
(4) Über Höhe und Fälligkeit der Zinsen und über Art und Umfang der Sicherheitsleistung entscheidet das Familiengericht nach billigem Ermessen.
(5) Soweit über die Ausgleichsforderung ein Rechtsstreit anhängig wird, kann der Schuldner einen Antrag auf Stundung nur in diesem Verfahren stellen.
(6) Das Familiengericht kann eine rechtskräftige Entscheidung auf Antrag aufheben oder ändern, wenn sich die Verhältnisse nach der Entscheidung wesentlich geändert haben.

A. Allgemeines. Die Norm gibt neben § 1381 die Möglichkeit, die Folgen des Zugewinnausgleichs im Härtefall zu Gunsten des Ausgleichsschuldners zu mildern, indem iRd Erfüllung bestehende Schwierigkeiten abgefangen werden. Die Anwendung des § 1381 kommt nicht mehr in Betracht, wenn die Unbilligkeit bereits durch Stundung beseitigt werden kann (BGH NJW 70, 1600). Die Anwendung des § 242 ist auch durch § 1382 ausgeschlossen, weil auch diese Norm eine spezielle Ausprägung des Grundsatzes von Treue und Glauben ist. 1

Die durch § 1382 eingeräumten Möglichkeiten können durch Rechtsgeschäft abbedungen werden (Staud/*Tiele* Rz 49), vor der Beendigung des Güterstandes aber nur in der Form des Ehevertrages, während eines auf Auflösung der Ehe gerichteten Verfahrens gem § 1378 III 2. Der völlige Ausschluss oder die Beschränkung der Stundungsmöglichkeit sind sittenwidrig (Staud/*Thiele* Rz 49; Soergel/*Lange* Rz 8). 2

Der Stundungsantrag kann jederzeit und unbefristet gestellt werden, wobei ein längerer Zeitablauf zwischen der Fälligkeit der Ausgleichsforderung und der Antragstellung aber ein Hinweis darauf ist, dass dem Schuldner die sofortige Erfüllung zumutbar ist. 3

Die Norm findet Anwendung iRd Zugewinnausgleichs nach §§ 1372 ff, des vorzeitigen Zugewinnausgleichs nach § 1385 und des dem Zugewinnausgleich gleichgestellten Verfahrens im Todesfall nach § 1371 II, nicht aber bei der pauschalen Erhöhung des gesetzlichen Erbteils nach § 1371 I (Palandt/*Brudermüller* Rz 1). 4

B. Stundungsvoraussetzungen. Die Stundungsentscheidung setzt eine **umfassende Abwägung der Interessen** des Schuldners, des Gläubigers und der Belange der gemeinsamen Kinder voraus, wobei kein Vorrang der 5

6 **I. Belange des Schuldners.** Die Stundung der Ausgleichsforderung kommt ausnahmsweise nur dann in Betracht, wenn die sofortige **Zahlung „zur Unzeit"** erfolgen würde. Zur Ausfüllung des Begriffs kann auf § 2331a zurückgegriffen werden, nach dem Stundung dann verlangt werden kann, wenn die sofortige Erfüllung den Schuldner ungewöhnlich hart treffen würde, wenn sie ihn zur Aufgabe seiner Familienwohnung oder zur Veräußerung eines Wirtschaftsguts zwingen würde, das für den Schuldner und seine Familie die Lebensgrundlage bildet. Die sofortige Zahlung soll den Schuldner nicht zu Dispositionen zwingen, die ihn ökonomisch oder persönlich über jenes Maß hinaus belasten, das mit jeder Auseinandersetzung am Ende des Güterstandes verbunden ist.

7 Die Stundung ist gerechtfertigt, wenn die besonderen Probleme des Schuldners durch die spätere Fälligkeit beseitigt oder zumindest gemildert werden können (Hamm FamRZ 81, 1065), während sie nicht in Betracht kommt, wenn die mit der Leistung bestehenden Probleme auch später bestehen würden (Palandt/*Brudermüller* Rz 2). Nicht notwendig ist, dass die Ausgleichsforderung aus den laufenden Einkünften bezahlt werden kann, da die Notwendigkeit der Vermögensverwertung eher die Regel als die Ausnahme ist. Anders beurteilt sich die Situation nur, wenn der Schuldner zu überstürzter und unwirtschaftlicher Veräußerung, zB in einer vorübergehenden Baisse, gezwungen wäre.

8 Übermäßig hart getroffen würde der Schuldner dann, wenn er ein unverfallbares Versorgungsanrecht aus einer zu seiner betrieblichen Altersversorgung abgeschlossenen Direktversicherung zu liquidieren oder sonst zu verwerten gezwungen wäre (BGH FamRZ 92, 411), wenn er lange krank war und krankheitsbedingt in eine atypische wirtschaftliche Situation geraten ist, in der sich die Erfüllung der Ausgleichsforderung einschneidender auswirkt als sie sich ohne Krankheit ausgewirkt hätte oder wenn ein behinderter Ausgleichsschuldner bei sofortiger Erfüllung zur Aufgabe seiner behindertengerecht ausgebauten Wohnung verpflichtet wäre.

9 Eine Stundung zu Gunsten Dritter ist ausgeschlossen, weshalb es nicht gerechtfertigt wäre, die Stundung anzuordnen, um ein Unternehmen im Interesse seiner Mitarbeiter zu erhalten (MüKo/*Koch* Rz 14). Hat der Schuldner die übermäßige Belastung selbst (mit) verursacht, kann er sich nicht auf den Schutz des § 1382 berufen (MüKo/*Koch* Rz 14).

10 **II. Belange des Gläubigers.** Von Bedeutung ist hier in erster Linie der **sofortige Geldbedarf des Gläubigers**, weshalb es einer Stundung entgegensteht, wenn der ausgleichsberechtigte Ehegatte während der Ehezeit berufliche Nachteile hingenommen hat und sich nach der Ehe mit Kapitalbedarf eine neue Existenz aufbauen muss oder wenn er im Hinblick auf hohe Zugewinnausgleichsleistungen auf nachehezeitlichen Unterhalt verzichtet hat.

11 Ohne Bedeutung sind dagegen die Umstände, die zur Beendigung des Güterstandes geführt haben, insb persönliche Pflichtwidrigkeiten, oder das Interesse an einer sicheren Vermögensanlage.

12 **III. Belange gemeinschaftlicher Kinder.** Zu den Interessen der gemeinschaftlichen Kinder rechnen zB die schulischen Belange, die berührt wären, hätte die Erfüllung der Ausgleichsforderung zur Folge, dass die bisherige Wohnung zu veräußern wäre, was mit einem für das Kind schädlichen Wohnungs- und Schulwechsel einher ginge (MüKo/*Koch* Rz 13). Die Vorschrift schützt auch im Haushalt des Schuldners lebende volljährige Kinder (Palandt/*Brudermüller* Rz 3).

13 **C. Verzinsung (Abs 2).** Die gestundete Ausgleichsforderung hat der Schuldner zu verzinsen, wobei das Gericht den Zinssatz nach billigem Ermessen bestimmt (IV). Eine Bindung an den gesetzlichen Zinssatz besteht nicht; dieser stellt aber die unterste dem Gläubiger zuzumutende Grenze dar (MüKo/*Koch* Rz 21). Die Verzinsung sollte den Sätzen des Kapitalmarktes für solche Anlagen angepasst werden, deren Laufzeit dem Zeitraum der Stundung entspricht, kann jedoch auch den speziellen Interessen des Gläubigers angepasst werden, wenn Anlage und Anlageform durch den Gläubiger feststehen.

14 **D. Sicherheitsleistung (Abs 3).** Wird die Leistung einer Sicherheit für die gestundete Forderung angeordnet, ist die Sicherheitsleistung Wirksamkeitsvoraussetzung für die Stundung, weshalb die Ausgleichsforderung nicht einredebehaftet ist, solange die Sicherheit nicht geleistet wurde (MüKo/*Koch* Rz 23). Art und Höhe der Sicherheitsleistung bestimmt das Gericht, §§ 232 ff gelten nicht (Staud/*Thiele* Rz 28; MüKo/*Koch* Rz 23).

15 **E. Verfahren.** Für das Verfahren ist die Zuständigkeit des Familiengerichts gegeben (§§ 23a I Nr 1 GVG, 111 Nr 9, 112 Nr 2, 260 II FamFG). Es unterliegt den Vorschriften des FamFG (§ 264 FamFG). Mit der Stundungsentscheidung sind der gestundete Betrag, der Zinssatz und der Stundungszeitraum sowie ggf Stundungsmodalitäten (evtl Ratenzahlungen mit Verfallklausel) festzulegen.

16 Ist die Zugewinnausgleichsforderung zwischen den Parteien nicht (mehr) streitig, ist die Stundung in einem isolierten Verfahren geltend zu machen, für das der Rechtspfleger zuständig ist (§ 25 Nr 3b RPflG), der auf Antrag des Gläubigers auch die Verpflichtung zur Zahlung aussprechen kann (§ 264 II FamFG), selbst dann, wenn der Stundungsantrag unbegründet ist (Soergel/*Lange* Rz 15).

Ist die Zugewinnausgleichsforderung streitig, kann der Stundungsantrag als Hilfsantrag im Verfahren – ggf **17** auch im Verbund mit der Ehescheidung (Palandt/*Brudermüller* Rz 5) – gestellt werden (V). Über die Forderung und die Stundung wird sodann einheitlich durch Beschl entschieden (§ 265 FamFG). Der Antrag auf Stundung einer bestr Forderung kann nur während des Verfahrens über diese gestellt werden, es sei denn, die Verhältnisse haben sich nach der letzten mündlichen Verhandlung über die Ausgleichsforderung geändert (Palandt/*Brudermüller* Rz 5).

VI gibt die Möglichkeit der Änderung der Entscheidung über die Stundung und ihre Modalitäten, wenn sich **18** die Verhältnisse nach der Entscheidung wesentlich geändert haben. § 264 I 2 FamFG steht dem nicht entgegen, schließt nur die Anwendung anderer Normen wie zB § 48 FamFG aus (Schulte-Bunert/*Weinreich*, FamRZ § 264 Rz 4). Auch hier können nur solche Umstände berücksichtigt werden, die bei der ursprünglichen Entscheidung noch keine Berücksichtigung haben finden können, so dass eine Stundung nicht in Betracht kommt, wenn die Voraussetzungen schon während des Zugewinnausgleichsverfahrens vorlagen, aber erst nach dessen Abschluss vorgetragen werden (Nürnbg FamRZ 03, 375). Die zu berücksichtigen Umstände können sowohl in der Sphäre des Schuldners als auch des Gläubigers zu suchen sein.

§ 1383 Übertragung von Vermögensgegenständen.
(1) Das Familiengericht kann auf Antrag des Gläubigers anordnen, dass der Schuldner bestimmte Gegenstände seines Vermögens dem Gläubiger unter Anrechnung auf die Ausgleichsforderung zu übertragen hat, wenn dies erforderlich ist, um eine grobe Unbilligkeit für den Gläubiger zu vermeiden, und wenn dies dem Schuldner zugemutet werden kann; in der Entscheidung ist der Betrag festzusetzen, der auf die Ausgleichsforderung angerechnet wird.
(2) Der Gläubiger muss die Gegenstände, deren Übertragung er begehrt, in dem Antrage bezeichnen.
(3) § 1382 Abs. 5 gilt entsprechend.

A. Allgemeines. Die Norm durchbricht für Ausnahmefälle den Grundsatz, dass die Zugewinnausgleichsfor- **1** derung eine reine Geldforderung ist. Sie bietet wie §§ 1381, 1382 eine Möglichkeit der Billigkeitskorrektur der iÜ starren Ausgleichsregelungen, und zwar zu Gunsten des Gläubigers. Die Norm ist nicht abdingbar, hindert aber eine eheverträgliche Regelung zu Gunsten des Gläubigers nicht (Palandt/*Brudermüller* Rz 3). Die Übertragung von Vermögensgegenständen kann nur der **Gläubiger** beanspruchen, während der Schuldner auf die Haushaltsverteilung, Rückabwicklung ehebedingter Zuwendungen oder Schenkungswiderruf zu verweisen ist. Bei im Miteigentum eines Ehegatten stehenden Haushaltsgegenständen ist § 1383 neben § 1568b anwendbar **2** (Staud/*Thiele* Rz 33; MüKo/*Koch* Rz 36).

B. Bestimmte Gegenstände des Schuldnervermögens. „Bestimmte Gegenstände" iSv § 1383 sind alle geld- **3** werten Objekte, die Gegenstand einer rechtsgeschäftlichen Verfügung sein können, nicht dagegen Rechte, wie die Beteiligung an einer Personengesellschaft (Palandt/*Brudermüller* Rz 5) oder Anrechte an einer Kapitallebensversicherung (BGH FamRZ 95, 1272). Übertragungsfähig sind auch Sachinbegriffe wie gewerbliche Unternehmen oder landwirtschaftliche Betriebe. Dasselbe gilt für einen Bruchteil am Eigentum an einer Sache, wie etwa dem Miteigentumsanteil an einer beiden Eheleuten gehörenden Immobilie.

Der Wert des zu übertragenden Gegenstandes darf den der Zugewinnausgleichsforderung einschl Zinsen **4** nicht übersteigen und muss zum Vermögen des Schuldners gehören.

C. Billigkeitserwägungen und Entscheidung. Der Rechtsbegriff der groben Unbilligkeit verlangt die Anle- **5** gung eines strengen Maßstabes. Allein aus auf wirtschaftlichem Gebiet liegenden Umständen lässt sich eine grobe Unbilligkeit nur herleiten, wenn ihnen ein ganz erhebliches Gewicht beizumessen ist (Frankf FamRZ 78, 687).

Grobe Unbilligkeit auf Seiten des Gläubigers kann iÜ vorliegen, wenn sich der Gläubiger nach dem Zerfall **6** der Familie von bestimmten Gegenständen trennen muss, die zwar im Eigentum des Schuldners stehen, zu denen er aber eine besonders enge Beziehung hat, weil sie von ihm erstellt oder benutzt worden sind, oder weil sie aus seiner Familie stammen und mit deren Tradition eng verbunden sind. Maßgeblich ist dann das **Affektionsinteresse** (Hamm FamRZ 78, 687). Grobe Unbilligkeit kann ferner dann vorliegen, wenn der Gläubiger eine Abwicklung der Ausgleichsforderung ganz oder zT in Sachwerten vorzieht, um einen langwierigen Geldtransfer zu vermeiden, der angesichts der Vermögenslage des Schuldners möglicherweise erhebliche Risiken in sich birgt (Staud/*Thiele* Rz 6).

Daneben muss die Übertragung von Vermögensgegenständen dem Schuldner **zumutbar** sein. Das ist insb **7** dann nicht der Fall, wenn der Schuldner die Gegenstände selbst nicht entbehren kann oder wenn er seinerseits ein besonderes Affektionsinteresse an ihnen hat. Je dringlicher iÜ das Interesse des Gläubigers an den Vermögensgegenständen ist, desto höher sind die Anforderungen an die Feststellung der Unzumutbarkeit für den Schuldner (Staud/*Thiele* Rz 8).

Nach rechtskräftiger Anordnung der Übertragung besteht die Geldforderung in Höhe des anzurechnenden **8** Betrages nicht mehr. Treten iRd danach geänderten Schuldverhältnisses Störungen ein, ergeben sich die Folgen hieraus aus den allg Vorschriften über Leistungsmängel. Für Sach- und Rechtsmängel haftet der Schuldner entspr § 365 nach den Vorschriften über das Kaufrecht (MüKo/*Koch* Rz 33).

9 In der Entscheidung ist vAw der Betrag festzusetzen, der auf die Ausgleichsforderung angerechnet wird. Maßgeblich ist der Verkehrswert zum Zeitpunkt der Entscheidung, nicht der Beendigung des Güterstandes (Staud/*Thiele* Rz 25).

10 **D. Verfahren.** Wegen des Verfahrens kann auf die Ausführungen zu § 1382 verwiesen werden, wobei der Gläubiger im Antrag die Gegenstände, deren Übertragung er begehrt, bestimmt bezeichnen muss (BGH FamRZ 90, 1219), nicht deren Wert.

§ 1384 Berechnungszeitpunkt des Zugewinns und Höhe der Ausgleichsforderung bei Scheidung.
Wird die Ehe geschieden, so tritt für die Berechnung des Zugewinns und für die Höhe der Ausgleichsforderung an die Stelle der Beendigung des Güterstandes der Zeitpunkt der Rechtshängigkeit des Scheidungsantrages.

1 **A. Allgemeines.** Der Güterstand der Zugewinngemeinschaft endet mit dem Tod eines der Ehegatten, mit der Aufhebung (§ 1313) oder Scheidung der Ehe (§ 1564), bei vorzeitigem Zugewinnausgleich (§ 1388) oder mit der wirksamen Vereinbarung eines anderen oder Ausschluss des gesetzlichen Güterstandes (§§ 1408 I, 1414). Für den Fall der Beendigung des Güterstandes durch Scheidung der Ehe wird der Zeitpunkt der Beendigung des Güterstandes für die Berechnung des Zugewinns auf den der Rechtshängigkeit des Scheidungsantrages vor verlagert.

2 Mit der Neufassung der Norm durch die **Güterrechtsreform** zum 1.9.09 wird der Stichtag auch für die Berechnung der Ausgleichsforderung auf den der Rechtshängigkeit des Scheidungsantrages vorverlagert, was dazu führt, dass die Vermögensentwicklung im Lauf des Scheidungsverfahrens für die Berechnung der Ausgleichsforderung unerheblich ist. Damit wird zwar Vermögensmanipulationen entgegen gewirkt, doch befreit auch der schicksalhafte Vermögensverlust nicht vor der vollen Haftung. Eine Korrektur über § 1381 ist jedenfalls nach der derzeitigen Auslegung der Norm nicht möglich, weil keine Korrektur systemimmanenter Ungerechtigkeiten erfolgt (§ 1381 Rn 1).

3 Die Norm ist dispositiv. Sie kann in den Grenzen des § 138 durch **Ehevertrag** abbedungen werden (Staud/ *Thiele* Rz 14). Sie gilt unmittelbar nur für die Ehescheidung, doch steht der Antrag auf Eheaufhebung dem der Scheidung gleich (§ 1318 III). Nicht anwendbar ist sie auf den Fall der Beendigung der Ehe durch den Tod eines Ehegatten (§ 1371) und für den Zeitpunkt der Bewertung des Gesamtgutes im Fall der Auseinandersetzung der Gütergemeinschaft (BGH FamRZ 84, 254). War zum Zeitpunkt des Todes eines Ehegatten zwischen ihnen ein Scheidungsantrag oder eine Aufhebungsklage rechtshängig, gilt § 1384 auch für die güterrechtliche Lösung nach § 1371 II (BGH FuR 04, 425; FamRZ 87, 353).

4 **B. Rechtshängigkeit des Scheidungsantrages.** Die Rechtshängigkeit tritt ein mit der **Zustellung der Antragsschrift** (§§ 111 Nr 1, 113 I FamFG, 253 I ZPO). Dem steht die Geltendmachung des Anspruchs in der mündlichen Verhandlung gleich (§§ 111 Nr 1, 113 I FamFG, 261 II ZPO), zB wenn der Scheidungsantrag nicht zugestellt wird (BGH NJW 72, 1373). Der Zugang einer Abschrift eines Gesuchs auf Bewilligung von **Verfahrenskostenhilfe** begründet die Rechtshängigkeit nicht.

5 Dieser Grundsatz gilt auch bei längerem **Ruhen des Verfahrens**, zB wegen zwischenzeitlicher Aussöhnung (BGH FamRZ 83, 350, 4 Jahre; Hamm FamRZ 92, 1180, 9 Jahre; FamRZ 80, 1637, 5 Jahre) und erneutem Zusammenleben (BGH FamRZ 83, 350) und auch im Fall der Aussetzung des Verfahrens (Staud/*Thiele* Rz 4). Nur dann, wenn der Ehegatte, zu dessen Nachteil sich die Berechnung des Endvermögens nach dem genannten Stichtag auswirkt, nicht die Möglichkeit einer Klagerücknahme gehabt hätte, erscheint es angemessen, ausnahmsweise auf die Stellung des neuen Scheidungsantrages abzustellen (Brem FamRZ 98, 1516).

6 Maßgeblich ist aber nur der Antrag, der schließlich zur Scheidung führt, weshalb ein bereits erledigter Antrag in einer Ehesache auch dann belanglos ist, wenn die eheliche Lebensgemeinschaft vor dem neuen, schließlich zur Scheidung führenden Antrag nicht wieder aufgenommen wurde (BGH FamRZ 79, 905; Kobl FamRZ 81, 260). Haben beide Ehegatten die Scheidung beantragt, ist auf den früher gestellten Antrag abzustellen, auch dann, wenn die Ehe nur auf den anderen geschieden wurde (BGHZ 46, 251). Der Zeitpunkt der Rechtshängigkeit bleibt auch maßgeblich, wenn das Zugewinnausgleichsverfahren gem § 141 2 FamFG als Verfahren auf vorzeitigen Zugewinnausgleich fortgeführt wird (Bambg FamRZ 97, 91).

7 Folge der Vorverlagerung des Berechnungszeitpunktes ist, dass danach eintretende Vermögensänderungen ohne Bedeutung sind. Vermögensminderungen führen nicht mehr zur Hinzurechnung nach § 1375 II, Vermögenszuwendungen nicht mehr zur Anrechnung nach § 1380. Mit der Rechtshängigkeit besteht der Anspruch auf Auskunft über das vorhandene Endvermögen (§ 1379 II).

8 **C. Verfahren.** Beruft sich ein Ehegatte auf die Vereinbarung eines abw Stichtages, hat er hierfür die Darlegungs- und Beweislast (Palandt/*Brudermüller* Rz 10). Der Stichtag kann nicht isoliert festgestellt werden (Köln FamRZ 03, 539).

Vorbemerkungen vor §§ 1385 bis 1388

A. Allgemeines. Die §§ 1385–1388 sind mit der Güterrechtsreform zum 1.9.09 umfassend geändert worden. So besteht jetzt die Möglichkeit, sogleich den Ausgleich zu verlangen, ohne zuvor die Zugewinngemeinschaft durch Gestaltungsantrag aufheben zu müssen (§ 1385). Daneben besteht aber weiterhin auch die Möglichkeit des reinen Gestaltungsantrages, der nicht mit einem Leistungsantrag verbunden wird (§ 1386). Weiter wurden die Tatbestandsvoraussetzungen erweitert, um den Schutz vor Manipulationen zu verstärken (im Einzelnen vgl *Fischinger* FamRZ 09, 1718).

Der vorzeitige Zugewinnausgleich trägt dem Umstand Rechnung, dass es Situationen gibt, in denen es unzumutbar erscheint, am gesetzlichen Güterstand festzuhalten. Die vom Gesetzgeber für erheblich gehaltenen Gründe sind in § 1385 abschließend genannt. Eine analoge Anwendung etwa auf den Fall des Vermögensverlustes durch einen Ehegatten oder Eintritt dessen Geschäftsunfähigkeit kommt nicht in Betracht. Auch die Androhung des ausgleichspflichtigen Ehegatten, er werde dafür sorgen, dass der andere kein Geld bekomme, rechtfertigen den vorzeitigen Zugewinnausgleich nicht (Hamm FamRZ 00, 228).

Das Recht auf vorzeitigen Ausgleich des Zugewinns kann nicht durch **Ehevertrag** ausgeschlossen oder beschränkt werden. Zulässig ist aber die Vereinbarung der Erweiterung der Möglichkeiten vorzeitigen Zugewinnausgleichs (Palandt/*Brudermüller* § 1386 Rz 3).

B. Verfahren. Ziel des Antrages nach § 1385 ist die vorzeitige Aufhebung der Zugewinngemeinschaft, neben die der Ausspruch über die Zahlungsverpflichtung tritt. Der Antrag nach § 1386 ist dagegen ein reiner **Gestaltungsantrag**, der zur Beendigung des Güterstandes führt. Die Rechtshängigkeit der Anträge nach § 1385 und § 1386 begründet den Auskunftsanspruch nach § 1379 I.

Dem Antrag fehlt das **Rechtsschutzinteresse**, wenn der Antragsgegner schon vor Antragstellung bereit war, Gütertrennung zu vereinbaren und einen dem § 1387 entspr Stichtag festzulegen. Der Ehegatte kann dem Antrag ggf durch sofortiges Anerkenntnis beggenen (Palandt/*Brudermüller* § 1386 Rz 9; aA MüKo/*Koch* § 1386 Rz 32). Zulässig ist ein Widerantrag des anderen Ehegatten, wenn etwa dem Antrag nach § 1385 mit einem solchen nach § 1386 begegnet wird, nicht aber, wenn Antrag und Widerantrag auf denselben Sachverhalt gestützt werden (Staud/*Thiele* § 1385 Rz 18; MüKo/*Koch* § 1386 Rz 33).

Mit der Rechtskraft des **Gestaltungsbeschlusses** tritt **Gütertrennung** ein (§ 1388). Außerdem entsteht die Zugewinnausgleichsforderung (§ 1378 III), wobei diese ggf der Höhe nach auf das bei Rechtshängigkeit des Antrages vorhandene Vermögen begrenzt ist (§§ 1387, 1378 II).

Funktionell zuständig für das Verfahren ist das Familiengericht (§§ 23 a I Nr 1 GVG, 111 Nr 9, 261 FamFG). Das Verfahren ist nicht Scheidungsfolgesache und kann auch nicht mit einer Ehesache verbunden werden (KG FamRZ 01, 166). Wird ein als Folgesache erhobener Zugewinnausgleichsantrag in zulässiger Weise in einen solchen auf vorzeitigen Zugewinnausgleich geändert, führt dies zur Aufhebung des Verbundes insoweit, ohne dass es einer Rücknahme des Zugewinnausgleichsantrages bedürfte (Ddorf FamRZ 03, 388; 02, 1572). Wird während des laufenden Verfahren nach §§ 1385 ff die Ehe rechtskräftig aufgelöst, ist es in der Hauptsache erledigt (Ddorf aaO).

Zulässig ist es, den Antrag auf vorzeitigen Ausgleich des Zugewinns mit einem solchen auf Erteilung der Auskunft über das Endvermögen zu verbinden (Celle FamRZ 00, 1369). In diesem Fall darf über den Stufenantrag erst befunden werden, wenn zuvor rechtskräftig über den Antrag nach §§ 1385 ff entschieden ist (Celle FamRZ 83, 171).

§ 1385 Vorzeitiger Zugewinnausgleich des ausgleichsberechtigten Ehegatten bei vorzeitiger Aufhebung der Zugewinngemeinschaft.
Der ausgleichsberechtigte Ehegatte kann vorzeitigen Ausgleich des Zugewinns bei vorzeitiger Aufhebung der Zugewinngemeinschaft verlangen, wenn
1. die Ehegatten seit mindestens drei Jahren getrennt leben,
2. Handlungen der in § 1365 oder § 1375 Absatz 2 bezeichneten Art zu befürchten sind und dadurch eine erhebliche Gefährdung der Erfüllung der Ausgleichsforderung zu besorgen ist,
3. der andere Ehegatte längere Zeit hindurch die wirtschaftlichen Verpflichtungen, die sich aus dem ehelichen Verhältnis ergeben, schuldhaft nicht erfüllt hat und anzunehmen ist, dass er sie auch in Zukunft nicht erfüllen wird, oder
4. der andere Ehegatte sich ohne ausreichenden Grund beharrlich weigert oder sich ohne ausreichenden Grund bis zur Erhebung der Klage auf Auskunft beharrlich geweigert hat, ihn über den Bestand seines Vermögens zu unterrichten.

A. Die Tatbestände des § 1385. Die einzelnen, die vorzeitige Aufhebung der Zugewinngemeinschaft rechtfertigenden Gründe sind in § 1385 zusammen gefasst, wobei diese Norm neben dem Gestaltungs- auch den Leistungsausspruch zulässt. § 1386 gibt hingegen die Möglichkeit des reinen Gestaltungsantrags. Wegen der Voraussetzungen verweist er auf § 1385.

2 I. Getrenntleben seit mindestens drei Jahren (Nr 1). Voraussetzung ist, dass die Eheleute seit mindestens drei Jahren voneinander getrennt sind. Danach wird das Scheitern der Ehe ohnehin unwiderlegbar vermutet (§ 1566 II). Wegen des Begriffs der Trennung wird auf § 1567 verwiesen.

3 Die Dreijahresfrist muss spätestens im Zeitpunkt der letzten mündlichen Verhandlung über den Antrag auf vorzeitigen Zugewinnausgleich abgelaufen sein. Sie muss drei Jahre ununterbrochen angedauert haben. Haben die Eheleute im Verlauf der Frist wieder zusammengelebt, unterbricht oder hemmt dies den Fristablauf dann nicht, wenn die Voraussetzungen des § 1567 II erfüllt sind.

4 Unerheblich ist, ob ein Ehegatte die Trennung schuldhaft herbeigeführt hat. Auch dann, wenn die Trennung durch schuldhafte schwere Eheverfehlungen des antragstellenden Ehegatten herbeigeführt worden ist, kann dieser nach Fristablauf Antrag auf vorzeitigen Zugewinnausgleich stellen (Staud/*Thiele* Rz 11).

5 II. Befürchtung von Gefährdungshandlungen (Nr 2). Der Tatbestand der Nr 2 beruht auf der Annahme der Gefährdung des zukünftigen Ausgleichsanspruchs als Folge der in der Norm genannten Verhaltensweisen.

6 Voraussetzung ist, dass als Folge der Verfügungen oder vermögensmindernden Handlungen eine erhebliche Gefährdung der künftigen Zugewinnausgleichsforderung zu besorgen ist. Für diese Annahme ist es ausreichend, dass die nahe liegende Möglichkeit einer Beeinträchtigung des Zugewinnausgleichsanspruchs in Entstehung, Umfang oder Durchsetzung besteht.

7 Im Fall des **Gesamtvermögensgeschäfts** (§ 1365) ist dies dann zu bejahen, wenn nicht sicher ist, ob das Geschäft in vollem Umfang rückgängig zu machen oder wenn nicht klar ist, ob der Ehegatte zur Revokation bereit oder in der Lage ist. Bei **illoyalen Vermögensminderungen** iS § 1375 II folgt die Gefährdung des Zugewinnausgleichanspruchs trotz der Erhöhung der Kappungsgrenze nach § 1378 II 2 aus der Möglichkeit, dass ein sich errechnender Ausgleichsanspruch nicht mehr realisiert werden kann. Stets muss die Gefahr real sein, wobei maßgeblich der Zeitpunkt der letzten mündlichen Verhandlung in der Tatsacheninstanz ist (Frankf FamRZ 84, 895).

8 Anders als nach altem Recht kann der vorzeitige Zugewinnausgleich jetzt schon dann beansprucht werden, wenn die **Gefährdungshandlungen** zu befürchten sind, während sie nicht mehr bereits vollzogen sein müssen.

9 III. Schuldhafte Nichterfüllung der sich aus dem ehelichen Verhältnis ergebenden wirtschaftlichen Verpflichtungen (Nr 3). Zu den sich aus dem ehelichen Verhältnis ergebenden Verpflichtungen zählen in erster Linie die Unterhaltspflicht sowohl ggü dem Ehegatten als auch gemeinsamen Kindern (§ 1360), die Pflicht zur Besorgung des ehelichen Haushalts iRd zwischen den Ehegatten getroffenen einvernehmlichen Regelung (§ 1356 I) sowie die aus § 1353 abgeleiteten Pflichten wirtschaftlichen Inhalts. Mit der Verletzung persönlicher Ehepflichten kann der Antrag auf vorzeitigen Zugewinnausgleich nicht begründet werden.

10 Die Nichterfüllung umfasst jedes Tun oder Unterlassen, wozu auch die nur unregelmäßige, unvollständige oder grundlos verzögerte Pflichterfüllung rechnet (Staud/*Thiele* Rz 5). Das Unterlassen muss über längere Zeit angedauert haben, wobei für die Bemessung des Zeitraums die Dauer der Ehe einerseits und die Schwere der Pflichtverletzung, die schuldhaft iRd Verschuldensmaßstabs der § 1359 gewesen sein muss (Palandt/*Brudermüller* Rz 7), andererseits zu berücksichtigen sind.

11 Anhand der Umstände des Einzelfalls ist festzustellen, ob die ökonomischen Pflichten auch in Zukunft nicht erfüllt werden. Bei der somit erforderlichen Prognose sind zu berücksichtigen Art und Umfang, Dauer und Schwere der bisherigen Pflichtwidrigkeiten sowie die subjektive Einstellung des Ehegatten. Unerheblich ist, ob das schuldhafte Tun oder Unterlassen bereits Einfluss auf den Zugewinn gehabt hat (vgl Brandbg FamRZ 08, 1441).

12 IV. Weigerung, Auskunft zu erteilen (Nr 4). Das eheliche Güterrecht verpflichtet die Ehegatten nur iRd § 1379, einander Auskunft über den Bestand des eigenen Vermögens zu erteilen. Unabhängig vom Güterstand folgt eine Verpflichtung zur wechselseitigen Information aber aus § 1353, sog **Unterrichtungsanspruch** (BGH FamRZ 78, 677; 76, 516; Karlsr FamRZ 03, 86, Hamm FamRZ 00, 228; vgl iÜ § 1379 Rn 15). Diese Information wird nur auf Verlangen geschuldet und geht auch nur dahin, einen Überblick über wesentliche Bestandteile des Vermögens und ihren Wert in groben Rastern zu vermitteln, ohne dass Angaben im Einzelnen oder gar Nachweise geschuldet würden (Hamm FamRZ 00, 228; Celle FamRZ 83, 171).

13 Verweigert ein Ehegatte die geforderten Informationen ohne ausreichenden Grund beharrlich, eröffnet dies nach Nr 4 die Möglichkeit des Antrages auf vorzeitigen Zugewinnausgleich. Dasselbe gilt, wenn der nach § 1379 gegebene **Auskunftsanspruch nach Trennung** nicht erfüllt wird. Eine beharrliche Weigerung wird regelmäßig erst nach wiederholtem fruchtlosen Verlangen oder dann angenommen werden können, wenn der Schuldner sich bereits nach dem ersten Auskunftsverlangen mit besonderer Intensität gegen die Auskunftsverpflichtung wehrt. Beides begründet den nicht zu widerlegenden Verdacht, dass der auskunftsberechtigte Ehegatte an Vermögenszuwächsen nicht beteiligt werden soll (Celle FamRZ 00, 1369; vgl *Weinreich* FuR 04, 65).

14 Weitere Voraussetzung ist die Verweigerung der geschuldeten Information ohne ausreichenden Grund. Ein ausreichender Grund zur Verweigerung liegt etwa dann vor, wenn ein Anspruch auf Unterrichtung nach dem endgültigen Scheitern der Ehe nicht mehr besteht (Karlsr FuR 03, 86), wenn zu befürchten ist, dass der informationsberechtigte Ehegatte die ihm mitgeteilten vertraulichen Daten nicht entspr behandeln würde, oder wenn sonst die reale Gefahr des Missbrauchs der mitgeteilten Daten gegeben ist (Staud/*Thiele* Rz 25).

Wird die geforderte Auskunft erteilt, nachdem der Auskunftsantrag – die Norm berücksichtigt nicht die 15
durch das FamFG geänderte Terminologie – bereits rechtshängig geworden ist, ändert das an der Berechtigung des Anspruchs aus § 1385 nichts mehr.
Ebenso wie nach Nr 3 ist auch nach Nr 4 nicht erforderlich, dass die Ausgleichsforderung gefährdet ist. 16

§ 1386 Vorzeitige Aufhebung der Zugewinngemeinschaft. Jeder Ehegatte kann unter entsprechender Anwendung des § 1385 die vorzeitige Aufhebung der Zugewinngemeinschaft verlangen.

Die Norm gibt die Möglichkeit, unter den Voraussetzungen des § 1385 die Zugewinngemeinschaft durch 1
Gestaltungsentscheidung zu beenden, ohne zugleich auch den Leistungsanspruch geltend zu machen. Hiervon wird insb Gebrauch machen, wer sich keinen eigenen Anspruch verspricht, aber aus sonstigen Gründen den Güterstand beendet wissen möchte. Rechtsfolge ist wie bei § 1385 der Eintritt der Gütertrennung (§ 1388).

§ 1387 Berechnungszeitpunkt des Zugewinns und Höhe der Ausgleichsforderung bei vorzeitigem Ausgleich oder vorzeitiger Aufhebung. In den Fällen der §§ 1385 und 1386 tritt für die Berechnung des Zugewinns und für die Höhe der Ausgleichsforderung an die Stelle der Beendigung des Güterstandes der Zeitpunkt, in dem die entsprechenden Klagen erhoben sind.

Die Norm beinhaltet eine parallele Regelung zu § 1384 für den Fall eines Antrages auf vorzeitigen Zugewinn- 1
ausgleich. Wie dort wird der Berechnungszeitpunkt von der Beendigung des Güterstandes vorverlagert auf den der Rechtshängigkeit des Antrages – die Terminologie des FamFG wird nicht aufgenommen – auf vorzeitigen Zugewinnausgleich. Sie hat wie § 1384 jetzt nicht mehr nur Bedeutung für den Berechnungszeitpunkt; auch die Höhe des Ausgleichsanspruchs bestimmt sich nach dem, was bei Rechtshängigkeit des Antrages nach § 1385 oder 1386 an Vermögen vorhanden ist.
Die Norm ist wie § 1384 dispositiv (Palandt/*Brudermüller* Rz 2), jedoch haben die Beteiligten während des 2
bestehenden Güterstandes die Form des Ehevertrages zu wahren. Wer eine von § 1387 abw Regelung behauptet, hat diese auch zu beweisen (Palandt/*Brudermüller* Rz 6).
Zu Einzelheiten wird auf die Ausführungen zu § 1384 verwiesen. Konkurriert der Antrag auf vorzeitigen 3
Zugewinnausgleich und der Ehescheidungsantrag miteinander, ist derjenige Zeitpunkt maßgeblich, zu dem die Zustellung des jeweils ersten Antrages erfolgt ist, sofern über die damit rechtshängig gewordene Sache positiv entschieden wird oder worden wäre (Hamm FamRZ 82, 609). Wird der Antrag auf Scheidung der Ehe zurück genommen, jedoch vorzeitiger Zugewinnausgleich begehrt, ist auf die Rechtshängigkeit des Scheidungsantrages (§ 1384) abzustellen (KG FamRZ 05, 805).
Stirbt ein Ehegatte während des laufenden Verfahrens, ist das Verfahren in der Hauptsache erledigt. Der 4
Güterstand endet dann durch den Tod des Ehegatten. Trotzdem ist § 1387 analog anzuwenden, wenn der überlebende Ehegatte und die Erben des Verstorbenen den Zugewinnausgleich gem § 1371 II durchführen, sofern der Antrag auf vorzeitigen Zugewinnausgleich fiktiv erfolgreich gewesen wäre (Staud/*Thiele* Rz 6).
Endet das Verfahren durch Vergleich, indem die Ehegatten für die Zukunft zur Gütertrennung übergehen, 5
ist – vorbehaltlich einer abw Vereinbarung – ebenfalls auf den Tag der Rechtshängigkeit des Antrages abzustellen, da der Normzweck an das Verfahren anknüpft, nicht an die mehr zufällige Art der Erledigung (Staud/*Thiele* Rz 7).

§ 1388 Eintritt der Gütertrennung. Mit der Rechtskraft der Entscheidung, die die Zugewinngemeinschaft vorzeitig aufhebt, tritt Gütertrennung ein.

A. Allgemeines. Mit der Rechtskraft der gestaltenden Entscheidung über den Antrag auf vorzeitigen Zuge- 1
winnausgleich endet der gesetzliche Güterstand der Zugewinngemeinschaft und es tritt Gütertrennung ein. Das gilt sowohl im Fall der Entscheidung nach § 1385 als auch der nach § 1386. Die Regelung ist verfassungskonform (KG FamRZ 95, 152). Kommt es nach Rechtskraft der Entscheidung zur Aussöhnung der Eheleute, ist die Fortsetzung der Zugewinngemeinschaft nur als Folge eines Ehevertrages möglich.
Eine einstweilige Anordnung mit dem Inhalt des § 1388 ist unzulässig, da es der Norm an der Vollstreckbar- 2
keit fehlt und die Anordnung die Gestaltungswirkung des Endbeschlusses vorwegnehmen würde sowie in ihren Wirkungen nicht mehr rückgängig zu machen wäre (Staud/*Thiele* Rz 6). Möglichkeiten zum Schutz der Eheleute vor unlauteren Vermögensminderungen sind durch die Mittel des einstweiligen Rechtsschutzes gegeben.

B. Tatbestand und Rechtsfolge. Der auf den Antrag auf vorzeitigen Zugewinnausgleich ergehende Beschl ist 3
sowohl im Fall des § 1385 als auch des § 1386 eine Gestaltungsentscheidung, die güterstandsändernde Wirkung hat – bei § 1385 verbunden mit dem Leistungsausspruch. Endet das Verfahren durch Vergleich, tritt Gütertrennung nur ein, wenn sie formgerecht vereinbart ist.

4 Da in den §§ 1385 ff eine den §§ 1449 II, 1470 II entspr Vorschrift zur Wirkung der Entscheidung ggü Dritten fehlt, ist § 1412 nicht anwendbar (hM: Staud/*Thiele* Rz 10; Palandt/*Brudermüller* Rz 4). Anderes gilt, wenn das Verfahren durch Vergleich endet; dann ist § 1412 unmittelbar anwendbar. Die Möglichkeit der Eintragung der Gütertrennung ins Güterrechtsregister besteht jedoch stets (BGH NJW 76, 1258).

§ 1389 *Aufgehoben durch Art 1 Nr 10 des Gesetzes zur Änderung des Zugewinnausgleichs- und Vormundschaftrechts vom 6.7.09 (BGBl I S 1696)*

§ 1390 Ansprüche des Ausgleichsberechtigten gegen Dritte. (1) ¹Der ausgleichsberechtigte Ehegatte kann von einem Dritten Ersatz des Wertes einer unentgeltlichen Zuwendung des ausgleichspflichtigen Ehegatten an den Dritten verlangen, wenn,
1. der ausgleichspflichtige Ehegatte die unentgeltliche Zuwendung an den Dritten in der Absicht gemacht hat, den ausgleichsberechtigten Ehegatten zu benachteiligen und
2. die Höhe der Ausgleichsforderung den Wert des nach Abzug der Verbindlichkeiten bei Beendigung des Güterstandes vorhandenen Vermögens des ausgleichspflichtigen Ehegatten übersteigt.

²Der Ersatz des Wertes des Erlangten erfolgt nach den Vorschriften über die Herausgabe einer ungerechtfertigten Bereicherung. ³Der Dritte kann die Zahlung durch Herausgabe des Erlangten abwenden. ⁴Der ausgleichspflichtige Ehegatte und der Dritte haften als Gesamtschuldner.
(2) Das Gleiche gilt für andere Rechtshandlungen, wenn die Absicht, den Ehegatten zu benachteiligen, dem Dritten bekannt war.
(3) ¹Die Verjährung des Anspruchs beginnt mit der Beendigung des Güterstands. ²Endet der Güterstand durch den Tod eines Ehegatten, so wird die Verjährung nicht dadurch gehemmt, dass der Anspruch erst geltend gemacht werden kann, wenn der Ehegatte die Erbschaft oder ein Vermächtnis ausgeschlagen hat.

1 **A. Allgemeines.** Der mit der Güterrechtsreform erheblich geänderte § 1390 zählt zu den Normen, durch die die Interessen des ausgleichsberechtigten Ehegatten auf ungeschmälerten Zugewinnausgleich geschützt werden. Sie ergänzt § 1375 II. Zwar wird der Wert illoyaler Vermögensverfügungen dem Endvermögen hinzugerechnet (§ 1378 II 2), doch kann die Realisierung des Ausgleichsanspruchs in diesen Fällen gefährdet sein. § 1390 mindert deshalb des Risiko des ausgleichsberechtigten Ehegatten, indem er einen Anspruch gegen den Empfänger der illoyalen Vermögensverfügung neben den aus § 1378 stellt. Allerdings besteht der Schutz nur dann, wenn entweder die Zuwendung unentgeltlich oder dem Dritten die Benachteiligungsabsicht bekannt war.

2 Die Aufzählung der Haftungstatbestände des § 1390 ist abschließend; eine analoge Anwendung auf andere Formen oder Zeitpunkte der Vermögensminderung kommt nicht in Betracht (Staud/*Thiele* Rz 13) Die Norm ist nicht abdingbar (MüKo/*Koch* Rz 29).

3 Der zugewinnausgleichsberechtigte Ehegatte hat gegen den Dritten einen auf § 242 basierenden **Auskunftsanspruch**, sofern er sich nicht auf andere ihm zumutbare Weise die erforderliche Kenntnis verschaffen und der Dritte die Auskunft unschwer erteilen kann (BGHZ 61, 180; 58; 237).

4 **B. Unentgeltliche Zuwendungen (Abs 1).** Ein Anspruch gegen den Dritten besteht, wenn die Zugewinnausgleichsforderung höher ist als das Endvermögen des ausgleichspflichtigen Ehegatten nach Abzug aller Verbindlichkeiten. Zwar haftet der Ausgleichspflichtige ohnehin mit seinem gesamten Endvermögen und im Fall der Hinzurechnung nach § 1378 II 2 darüber hinaus auch in Höhe des Wertes der illoyalen Vermögensverfügungen, doch begründet die Hinzurechnung die Gefahr, dass der Anspruch nicht erfüllt werden kann, weshalb der zusätzliche Anspruch gegen den Dritten eine **Sicherung des ausgleichsberechtigten Ehegatten** darstellt.

5 Die Zuwendung muss unentgeltlich erfolgt sein. Wegen des Begriff vgl § 1375 Rn 11 ff.

6 Der ausgleichspflichtige Ehegatte muss in **Benachteiligungsabsicht** gehandelt haben, die dann vorliegt, wenn die Absicht, die Rechte des ausgleichsberechtigten Ehegatten zu schmälern, das bestimmende, wenn auch nicht das alleinige Motiv für sein Handeln war. Nicht ausreichend ist, wenn andere Motive mindestens gleichrangig hinzutraten. Kenntnis hiervon muss der Dritte nicht gehabt haben.

7 **C. Rechtsfolge.** Wegen der Rechtsfolgen verweist die Norm auf die Vorschriften über die **ungerechtfertigte Bereicherung** mit der Möglichkeit der Berufung auf § 818 III, Statt der Herausgabe des Erlangten kann jetzt aber **Wertersatz** beansprucht werden (I 2), verschärfte Haftung ab Kenntnis der Benachteiligungsabsicht oder Rechtshängigkeit (§§ 819 I, 818 IV, 292, 987 ff). Der Anspruch entsteht mit der Beendigung des Güterstandes. Der ausgleichspflichtige Ehegatte und der Dritte haften als Gesamtschuldner (I 4).

8 Nach I 3 hat der Dritte die Möglichkeit, die Zahlung durch Herausgabe des Erlangten abzuwenden. Die **Ersetzungsbefugnis** ist auf Antrag des Dritten im Beschl vorzubehalten (Haussleiter/Schulz Kap 1 Rz 451).

9 **D. Rechtshandlungen in Benachteiligungsabsicht, die dem Dritten bekannt war (Abs 2).** Anders als nach I sind hier auch **entgeltliche Geschäfte** umfasst. Die praktische Bedeutung dieser Regelung ist gering, da unentgeltliche Geschäfte zumeist nicht vermögensmindernd wirken. In Betracht kommen insb entgeltliche

Geschäfte mit Dritten oder Darlehensgewährungen an Dritte, deren Zahlungsunfähigkeit bewusst in Kauf genommen wird, sowie die Veräußerung von Vermögen an Dritte in der Absicht, das leichter auszugebende Bargeld zu verschleudern (Staud/*Thiele* Rz 11).

Die Benachteiligungsabsicht des Ehegatten muss dem Dritten positiv bekannt gewesen sein, wobei die Kenntnis im Zeitpunkt des Eintritts der Rechtswirkungen der benachteiligenden Handlung vorhanden gewesen sein muss. Wegen des Umfangs der Haftung des Dritten wird auf oben Rn 7 ff verwiesen. **10**

E. Verjährungsbeginn (Abs 3). III ist durch das Gesetz zur Änderung des Erb- und Verjährungsrechts vom 24.9.09 (BGBl I 3142) zum 1.1.10 geändert worden. Es gilt jetzt die **Regelverjährung** des § 195, wobei die Verjährungsfrist mit der Beendigung des Güterstandes beginnt (III 1). Dasselbe gilt im Fall des Todes eines Ehegatten, wenn der überlebende Ehegatte die güterrechtliche Lösung nach § 1371 II gewählt hat. Da auch hier die Interessen des Dritten an Klarheit und Sicherheit schwerer wiegen, wird die Verjährung nicht dadurch gehemmt, dass der Anspruch erst nach der Ausschlagung der Erbschaft oder des Vermächtnisses geltend gemacht werden kann. **11**

F. Verfahren. Die Darlegungs- und Beweislast für den Anspruch aus I oder II trägt der Ehegatte, der diese Ansprüche für sich geltend macht. Ansprüche aus I und II können durch Arrest gesichert werden. **12**

§§ 1391–1407 – *weggefallen* –

Untertitel 2 Vertragliches Güterrecht

Kapitel 1 Allgemeine Vorschriften

§ 1408 Ehevertrag, Vertragsfreiheit. (1) Die Ehegatten können ihre güterrechtlichen Verhältnisse durch Vertrag (Ehevertrag) regeln, insbesondere auch nach der Eingehung der Ehe den Güterstand aufheben oder ändern.
(2) Schließen die Ehegatten in einem Ehevertrag Vereinbarungen über den Versorgungsausgleich, so sind insoweit die §§ 6 und 8 des Versorgungsausgleichsgesetzes anzuwenden.

A. Allgemeines. Eheverträge können mit Rücksicht auf die geplante oder bestehende Ehe getroffen werden. **1**
Mit ihnen können die sich aus dem Gesetz ergebenden familienrechtlichen Folgen modifiziert oder ausgeschlossen werden. Die Verträge können Regelungen zum Inhalt haben, die die Ehezeit umfassen. Mit ihnen können aber auch Regelungen für die Trennungszeit oder Scheidungsfolgenvereinbarungen getroffen werden. Zeitlich können sie vor, zu Beginn oder während der Ehe, aber auch in einer ehelichen Krisensituation oder im Hinblick auf eine bevorstehende Ehescheidung geschlossen werden.

Wird der Vertrag vor der Eheschließung abgeschlossen, kann er mit einem **Partnerschaftsvertrag** zur Regelung der vermögensrechtlichen Vorgänge vor der Ehe verbunden werden. Während einer ehelichen Krisensituation oder im Hinblick auf eine bevorstehende Ehescheidung können **Trennungsvereinbarungen** getroffen werden, durch die die Verpflichtung zur Unterhaltszahlung, die Nutzung der ehelichen Wohnung oder einzelner Vermögensgegenstände geregelt werden. Scheidungsfolgenvereinbarungen sind nach dem Inkrafttreten des FamFG nicht mehr Voraussetzung für eine einvernehmliche Scheidung (§§ 133, 134 FamFG). **2**

Inhaltlich kann sich die Vertragsgestaltung auf die güterrechtlichen Verhältnisse einschl der Vermögensverwaltung, den Versorgungsausgleich, die allg Ehewirkungen oder die gesetzliche Unterhaltspflicht beziehen. Möglich ist auch die Verbindung von Ehevertrag und Erbvertrag (§ 2276 II). **3**

Im Allg werden alle Vereinbarungen der genannten Art Eheverträge genannt (FAFamR/*Bergschneider* Kap 12 Rz 4). Nach der **Legaldefinition** des I liegt ein Ehevertrag aber nur dann vor, wenn durch ihn die güterrechtlichen Verhältnisse geregelt werden oder eine Vereinbarung zum Versorgungsausgleich getroffen wird (II). **4**

B. Wirksamkeit von Eheverträgen im Allgemeinen. I. Form. Formlos möglich sind Vereinbarungen über den Familienunterhalt (§ 1360), über die scheidungsbedingte Auseinandersetzung gemeinschaftlichen Vermögens, solange nicht im Einzelfall gesetzliche Formvorschriften zu beachten sind, zB § 311b (Ddorf FamRZ 01, 765), die Erteilung der nach §§ 1365, 1369, 1423 -1425 erforderlichen Zustimmung zu Verfügungen des anderen sowie solche Vereinbarungen, die auch mit Dritten formlos möglich wären (zB Rückabwicklung von Zuwendungen, gesellschaftsrechtliche, arbeitsrechtliche Regelungen). **5**

Formbedürftig sind dagegen die Regelung der Unterhaltspflicht nach Ehescheidung, die vor der Scheidung getroffen wird (§ 1585c), der güterrechtlichen Verhältnisse (§§ 1408 I, 1410), über den Versorgungsausgleich (§§ 1408 II, 1410, 7 VersAusglG), hinsichtlich Ausschluss oder Einschränkung der Überlassung der Vermögensverwaltung (§ 1413) sowie über den Zugewinnausgleich während eines Ehescheidungsverfahrens (§ 1378 III 2). **6**

7 **II. Vertragsfreiheit und deren Einschränkung.** Auch für Eheverträge gilt der aus der Privatautonomie (Art 2 GG) abgeleitete **Grundsatz der Vertragsfreiheit.** Er wird jedoch durch den Grundsatz der nachehelichen Solidarität (§ 1353) eingeschränkt. Veranlasst durch die Rechtsprechung des BVerfG (FuR 01, 163 = FamRZ 01, 343; FuR 01, 301 = FamRZ 01, 985) hat der BGH seine Rechtsprechung zur **Wirksamkeit und Ausübungskontrolle** deutlich geändert (BGH FuR 04, 226 = FamRZ 04, 531). Diese Rechtsprechung findet auch Anwendung auf alte Eheverträge, weshalb Anlass bestehen kann, diese auf ihre Wirksamkeit im Licht der neueren Rechtsprechung zu überprüfen.

8 Nach dem BVerfG (aaO) ist es im Fall besonders einseitiger ehevertraglicher Lastenverteilung und einer erheblich ungleichgewichtigen Verhandlungsposition der Vertragspartner Aufgabe der Zivilgerichte, durch **vertragliche Inhaltskontrolle** und ggf **Korrektur** zu verhindern, dass sich für einen Vertragspartner die Selbstbestimmung in Fremdbestimmung verkehrt. Wird der Ehevertrag im Zusammenhang mit einer Schwangerschaft geschlossen, gebietet es auch Art 6 GG, die Schwangere davor zu schützen, dass sie durch ihre Situation zu Vereinbarungen gedrängt wird, die ihren Interessen massiv zuwider laufen.

9 Nach der darauf basierenden Rechtsprechung des BGH darf der Schutzzweck der gesetzlichen Regelungen nicht beliebig unterlaufen werden. Die Grenze ist da zu ziehen, wo die vereinbarte Lastenverteilung evident einseitig erscheint und für den belasteten Ehegatten bei verständiger Würdigung des Wesens der Ehe unzumutbar ist (BGH FuR 04, 119=FamRZ 04, 601; FuR 05, 264=FamRZ 05, 691). Das ist umso mehr der Fall, als die vertragliche Regelung in den **Kernbereich des Scheidungsfolgenrechts** eingreift. Bei der danach vorzunehmenden Abstufung steht der Unterhalt wegen Kindesbetreuung an erster Stelle, gefolgt vom Unterhaltsanspruch wegen Krankheit/Gebrechen und wegen Alters, gleichrangig mit dem Versorgungsausgleich. Danach folgen der Unterhalt wegen Erwerbslosigkeit (§ 1573), der Kranken- und Altersvorsorgeunterhalt, der Aufstockungsunterhalt (§ 1573 II) und der Ausbildungsunterhalt (§ 1575). Da der Zugewinnausgleich nicht an konkrete Bedarfslagen anknüpft, ist hier am weitesten Raum für eine vertragliche Disposition gegeben (BGH aaO).

10 **III. Wirksamkeitskontrolle.** Neben den allgemeinen Grenzen der Vertragsfreiheit (§§ 134, 1587o) ist danach iRd **Wirksamkeitskontrolle** anhand des § 138 zu prüfen, ob zum Zeitpunkt des Vertragsschlusses iRe Gesamtschau (BGH FamRZ 05, 1444; Famm FamZ 05, 1567; 06, 1034; 07, 1310 bei Verzicht auch auf Betreuungsunterhalt; Frankf FamRZ 06, 339) eine Zwangslage in objektiver (evident einseitige, durch die individuelle Lebensplanung nicht gerechtfertigte Lastenverteilung) und subjektiver Hinsicht (konkrete subjektive Unterlegenheit in der Form einer stark ausgeprägten wirtschaftlichen und sozialen Abhängigkeit) gegeben war (vgl dazu Celle FamRZ 08, 2115), die die Sittenwidrigkeit und damit Nichtigkeit der Regelung begründet. Angesichts der grds bestehenden Dispositionsfreiheit wird dies nur ausnahmsweise der Fall sein (bejahend: BGH FamRZ 05, 1444; FamRZ 05, 691; FamRZ 06, 1097; Bremen FamRZ 08, 1441 bei Globalverzicht; München OLGR 08, 99 bei Ehevertrag mit Ausländerin; Celle FamRz 04, 1789; Kobl NJW-RR 04, 1445; Saarbr OLGR 04, 450; Ddorf FamRZ 06, 793; Hamm FamRZ 05, 1181 und 1567; Dresd FamRZ 06, 1546). Die Prüfung kann auch zu Gunsten des auf Unterhalt in Anspruch genommenen Ehepartners geboten sein (BGH FamRZ 09, 198), wobei die Sittenwidrigkeit sich auch daraus ergeben kann, dass die Ehegatten die auf der Ehe beruhenden Familienlasten zum Nachteil des Sozialleistungsträgers regeln (BGH aaO).

11 UU ist auch eine erhebliche Einschränkung der gesetzlichen Ansprüche hinzunehmen (Hamm FamRZ 05, 1181 auch in Krisensituationen; FamRZ 05, 1567), insb wenn sie durch andere Leistungen kompensiert werden (BGH NJW 06, 3142; zur Bedeutung salvatorischer Klauseln: BGH FamRZ 05, 1444; 06, 1097).

12 **IV. Ausübungskontrolle.** Ist der Ehevertrag nicht nichtig, gelangt man zur **Ausübungs- oder Missbrauchskontrolle** (BGH FamRZ 05, 1449). Dabei geht es va darum, nachträgliche Abweichungen von der ursprünglichen, dem Vertrag zu Grunde liegenden Lebensplanung zu berücksichtigen (BGH FamRZ 05, 691; 1444; 1449), soweit das nach der Rangordnung der Scheidungsfolgen zu bemessende Gewicht des vertraglichen (Teil-) Ausschlusses dies gebietet (BGH FamRZ 05, 1449). Ziel ist zumeist die Anpassung des Vertrages an die zum Zeitpunkt der Entscheidung ggü dem des Vertragsschlusses veränderten Umstände über die Grundsätze des Wegfalls der Geschäftsgrundlage (BGH FamRZ 05, 185; 1444; FuR 08, 208=FamRZ 08, 582 bei Erkrankung eines Ehegatten; Celle FamRZ 08, 2115 bei entgegen der ursprünglichen Vorstellung unterbliebener Berufstätigkeit), nicht die Anpassung des Vertrages an gesetzliche Leitbilder. Der durch den Teilhabegedanken bestimmte gesetzliche Austauschmechanismus bildet lediglich die Obergrenze (BGH FamRZ 05, 185).

13 Der durch die beanstandeten Regelungen benachteiligte Ehegatte trägt die Darlegungs- und Beweislast iRd Wirksamkeits- und Ausübungskontrolle (BGH FamRZ 05, 1444; Braunschw FamRZ 05, 2071; Frankf NJW-RR 05, 1597; Hamm FamRZ 06, 268; 06, 1034). Bei nicht von vornherein sittenwidrigen Vereinbarungen mit Schwangeren besteht ein Indiz für eine schwächere Verhandlungsposition (BGH FamRZ 05, 1444; NJW 06, 3142; Celle FamRZ 08, 1191). Die Zulässigkeit von Feststellungsanträgen wird von der Rspr unter bestimmten Voraussetzungen iR eines Verbundverfahrens bejaht (BGH FamRZ 05, 691; Ddorf NJW-RR 05, 1; abl Naumbg FamRZ 08, 619), hingegen abgelehnt vor Anhängigkeit desselben (Frankf ZFE 06, 153 m krit Anm).

14 **C. Vertrag zur Regelung der güterrechtlichen Verhältnisse (I).** Ein Ehevertrag iSv I liegt dann vor, wenn die Ehegatten den gesetzlichen Güterstand einvernehmlich aufheben, für eine noch zu schließende Ehe aus-

schließen (Schlesw FamRZ 04, 808) oder für die existierende ändern, sei es auch nur in Bezug auf einen einzelnen Gegenstand (BGH NJW 78, 1923). Aufgehoben wird der gesetzliche Güterstand durch Vereinbarung von Gütertrennung, der Gütergemeinschaft oder eines anderen Güterstandes. Die Vereinbarung der Errungenschafts- oder Fahrnisgemeinschaft würde jedoch ebenso wie die des Güterrechts der früheren DDR gem § 1409 ausgeschlossen sein.

Auch die rückwirkende Wiederherstellung der Zugewinngemeinschaft nach vorherigem Ausschluss (BGH FamRZ 98, 902) sowie die Beschränkung auf bestimmte Fälle wie zB die Ehescheidung oder Beendigung des Güterstandes durch Tod sind zulässig und möglich, ebenso die Modifikation der Regeln über den Zugewinnausgleich. So kann vereinbart werden, dass ein Ausgleich nur stattfindet, wenn die Ehe eine Mindestzeit Bestand gehabt hat, oder dass bestimmte Vermögenswerte, zB das Betriebsvermögen eines Ehegatten (BGH FamRZ 97, 800) dem Zugewinnausgleich entzogen oder dem Anfangsvermögen hinzugerechnet werden (*Grziwotz* MDR 98, 129, 131). Hinsichtlich einzelner Vermögensbestandteile können Werte festgelegt, Wertvorgaben gemacht oder die Wertermittlungsmethode bestimmt werden, wobei, um nicht das Gefüge des Zugewinnausgleichs zu sprengen, die Festlegungen für das Anfangs- und Endvermögen jeweils gleich erfolgen müssen (FAFamR/*Bergschneider* Kap 12 Rz 113). 15

Modifiziert werden können auch die gesetzlichen Zahlungsmodalitäten, indem zB die Ausgleichsforderung gestundet wird oder der Ausgleich in Form einer Rentenzahlung oder durch Übertragung von Vermögensgegenständen erfolgt. 16

IRd Gütergemeinschaft sind nur die Regeln über das Innenverhältnis zwischen den Eheleuten modifizierbar, während die über das Außenverhältnis zu Lasten Dritter ebenso wenig geändert werden dürfen wie die Zuordnung einzelner Vermögensgegenstände zu den Vermögensmassen. 17

Der Ehevertrag entfällt, wenn er durch einen anderen ersetzt wird. Im Fall der Scheidung verliert er seine Wirksamkeit für die Zukunft ebenso wie bei Aufhebung des Güterstandes. Eine Kündigung (auch aus wichtigem Grund) ist nicht möglich (Staud/*Thiele* Rz 39). 18

Die Regelungsbefugnis ist begrenzt durch § 1409 sowie die aus den allg Regeln (§§ 134, 137, 138) folgenden Beschränkungen (vgl dazu oben Rn 5). Eine weitergehende besondere güterrechtliche Einschränkung zB dahingehend, dass die Vereinbarung dem Wesen des Güterstandes nicht widersprechen darf, besteht nicht (MüKo/*Kanzleiter* Rz 13; Staud/*Thiele* Rz 17). 19

Der Ausschluss des gesetzlichen Güterstandes als solcher ist nicht sittenwidrig (BGH FuR 05, 413; FamRZ 05, 1444; FamRZ 06, 1359; 07, 1310=FuR 07, 1198). Die Vereinbarung der Gütertrennung inhaltlich kann nur dann beanstandet werden, wenn der ausgleichsberechtigte Ehegatte veranlasst wird, ohne Gegenleistung und Absicherung iÜ auf bereits erworbene Rechte zu verzichten. Die durch die Zugewinngemeinschaft eröffnete Rechtsposition ist nicht in gleicher Weise schutzwürdig wie etwa das elementare Recht auf Unterhalt oder einen angemessenen Anteil an der Altersversorgung durch den Versorgungsausgleich (BGH FuR 04, 119=FamRZ 04, 601). Wegen der nachrangigen Bedeutung des Zugewinnausgleichs im System des Scheidungsfolgenrechts ist sein Ausschluss regelmäßig nicht sittenwidrig (BGH FamRZ 07, 1310). 20

Genauer ist die Frage des die Sittenwidrigkeit begründenden groben Missverhältnisses zu prüfen, wenn außer auf den Zugewinnausgleich auch auf Versorgungsausgleich und/oder Unterhalt verzichtet wird (BVerfG FamRZ 01, 343; 985 zum Globalverzicht). So sind die Belange der Ehefrau, die sich entgegen ihrer ursprünglichen Absicht in der Ehe überwiegend der Kinderbetreuung gewidmet hat, durch Gütertrennung dann nicht mehr gewahrt, wenn ihr durch den Versorgungsausgleich kein gebührender Ausgleich verschafft wird (Celle FamRZ 08, 2115). 21

Wird durch einen Ehevertrag das Vermögen eines Ehegatten gemindert, kann dessen Gläubiger oder Insolvenzverwalter ggf die Anfechtung des Rechtsgeschäfts erklären (§§ 3 AnfG, 130 ff InsO). 22

D. Ehevertragliche Vereinbarungen über den Versorgungsausgleich (Abs 2). Es wird hinsichtlich der Möglichkeiten einer Vereinbarung zu dem Versorgungsausgleich auf die Kommentierung zu §§ 6, 8 des VersAusglG verwiesen. 23

§ 1409 Beschränkung der Vertragsfreiheit. Der Güterstand kann nicht durch Verweisung auf nicht mehr geltendes oder ausländisches Recht bestimmt werden.

A. Verweisung auf nicht mehr geltendes Recht. Die Norm beinhaltet im Interesse der Rechtsklarheit eine Einschränkung der Vertragsfreiheit dahin, dass die Eheleute durch Verweisung nur einen der im BGB genannten Güterstände vereinbaren dürfen. Das sind außer dem gesetzlichen Güterstand der Zugewinngemeinschaft die Gütergemeinschaft und die Gütertrennung. Die Bestimmung eines Güterstandes durch Verweisung auf nicht mehr geltendes Recht ist ausgeschlossen. Dazu zählen insb das Güterrecht der früheren DDR sowie die vor dem Inkrafttreten des GleichberechtigungsG am 1.7.58 im Gesetz genannten Güterstände der Verwaltung und Nutznießung sowie der Errungenschafts- und Fahrnisgemeinschaft (Staud/*Thiele* Rz 4, 5). 1

Haben die Eheleute bis zum 2.10.92 in wirksamer Weise für die Fortgeltung des in der früheren DDR geltenden Güterstandes optiert, bleibt diese Option wirksam. Haben sie den Güterstand jedoch aufgehoben oder von der Optionsmöglichkeit keinen Gebrauch gemacht, können sie ihn nicht wieder herstellen (AnwK/*Völker* Rz 5). 2

§ 1410   Form

3   Keine Bedenken bestehen gegen die Übernahme einzelner Regelungen aus früher bekannten Güterständen (MüKo/*Kanzleiter* Rz 1), da die Norm nur ein formales Verweisungsverbot enthält, die inhaltliche Gestaltungsfreiheit der Eheleute aber nicht einschränkt (Staud/*Thiele* Rz 2).
4   Ein Verstoß gegen § 1409 führt zur Nichtigkeit der getroffenen Vereinbarung (§ 134) mit der Folge, dass entweder der gesetzliche oder der bis zur Vereinbarung geltende vertragliche Güterstand gilt.
5   **B. Verweisung auf geltendes ausländisches Recht.** Auch die Vereinbarung eines einem ausländischen Recht bekannten Güterstandes durch Verweisung auf dieses Recht ist nicht zulässig. Das gilt allerdings dann nicht, wenn deutsches Recht gar nicht anwendbar ist. Außerdem ergeben sich Besonderheiten aus dem Kollisionsrecht des Art 15 II Nr 2 EGBGB. Danach kann auf ein ausländisches Recht verwiesen werden, wenn auch nur einer der Ehegatten den Mittelpunkt seines Lebens im Ausland hat, wobei die Rechtswahl der Form des Art 15 III, Art 14 IV 2 EGBGB, nicht der des § 1410 bedarf. Dieser Rechtswahl steht § 1409 nicht entgegen (Staud/*Thiele* Rz 9).
6   Hat eine Vereinbarung wie die der islamischen Morgengabe sowohl güterrechtlichen als auch unterhaltsrechtlichen Bezug, ist darauf abzustellen, worin das Schwergewicht des Ehevertrages zu sehen ist (zur Morgengabe: Köln IPRax 83, 73).

§ 1410 Form. Der Ehevertrag muss bei gleichzeitiger Anwesenheit beider Teile zur Niederschrift eines Notars geschlossen werden.

1   Über die in § 128 geregelte Form der notariellen Beurkundung hinaus regelt § 1410, dass der Ehevertrag nur bei gleichzeitiger Anwesenheit beider Ehegatten vor dem Notar geschlossen werden kann. Dadurch sollen die Eheleute vor Übereilung geschützt und eine sachkundige Belehrung gesichert werden. Darüber hinaus dient die Norm der Beweissicherung und der Gewährleistung weitest möglicher Gültigkeit der getroffenen Vereinbarung (BaRoth/*Mayer* Rz 1). Getrennte Beurkundung von Angebot und Annahme sind somit hier nicht zulässig.
2   Gleichzeitige Anwesenheit ist nicht gleichbedeutend mit persönlicher Anwesenheit, weshalb Stellvertretung möglich ist. Lässt sich ein Ehegatte bei der Beurkundung vertreten – ggf auch durch einen vom Selbstkontrahierungsverbot befreiten Bevollmächtigten (LG Braunschweig NdsRpfl 00, 34) –, so soll die Vollmacht der Verhandlungsniederschrift entweder in Urschrift oder in beglaubigter Abschrift beigefügt werden (§ 12 1 BeurkG). Wegen der Fälle gesetzlicher Vertretung vgl § 1411.
3   Eheverträge iSd Norm sind solche zur Regelung der güterrechtlichen Verhältnisse (§ 1408 I) oder zum Ausschluss des Versorgungsausgleichs (§§ 1408 II, 6 VersAusglG) einschl der Vereinbarung deren Aufhebung (Frankf FamRZ 01, 1523). Dazu rechnet aber auch der auf den Abschluss eines Ehevertrages gerichtete Vorvertrag (BGH FamRZ 66, 492) oder die einem Dritten ggü übernommene Verpflichtung zu dessen Abschluss (BGH FamRZ 04, 1353=FuR 05, 41; BaRoth/*Mayer* Rz 2), nicht aber die widerruflich erteilte Vollmacht zum Abschluss eines Ehevertrages (BaRoth/*Mayer* Rz 3) oder die nachträgliche Genehmigung des von einem vollmachtlosen Vertreter geschlossenen Vertrages (BGH NJW 98, 1857).
4   Da § 127a auch für Eheverträge gilt, kann die in § 1410 vorgesehene Form auch durch Protokollierung eines gerichtlichen Vergleichs ersetzt werden (Staud/*Thiele* Rz 12). Bei Anhängigkeit der Ehesache ist ein Ehevertrag iS § 1408 allerdings nur noch eine Regelung, die die güterrechtlichen Verhältnisse für die Zeit vom Vertragsschluss bis zur Rechtskraft der Ehescheidung regelt.
5   Die Formbedürftigkeit erstreckt sich auf den gesamten Inhalt des Vertrages einschl aller Nebenabreden. Ein Verstoß gegen die Formvorschriften führt gem § 125 zur Gesamtnichtigkeit des Vertrages.

§ 1411 Eheverträge beschränkt Geschäftsfähiger und Geschäftsunfähiger. (1) ¹Wer in der Geschäftsfähigkeit beschränkt ist, kann einen Ehevertrag nur mit Zustimmung seines gesetzlichen Vertreters schließen. ²Dies gilt auch für einen Betreuten, soweit für diese Angelegenheit ein Einwilligungsvorbehalt angeordnet ist. ³Ist der gesetzliche Vertreter ein Vormund, so ist außer der Zustimmung des gesetzlichen Vertreters die Genehmigung des Familiengerichts erforderlich, wenn der Ausgleich des Zugewinns ausgeschlossen oder eingeschränkt oder wenn Gütergemeinschaft vereinbart oder aufgehoben wird; ist der gesetzliche Vertreter ein Betreuer, ist die Genehmigung des Betreuungsgerichts erforderlich. ⁴Der gesetzliche Vertreter kann für einen in der Geschäftsfähigkeit beschränkten Ehegatten oder einen geschäftsfähigen Betreuten keinen Ehevertrag schließen.
(2) ¹Für einen geschäftsunfähigen Ehegatten schließt der gesetzliche Vertreter den Vertrag; Gütergemeinschaft kann er nicht vereinbaren oder aufheben. ²Ist der gesetzliche Vertreter ein Vormund oder Betreuer, so kann er den Vertrag nur mit Genehmigung des Familiengerichts schließen; ist der gesetzliche Vertreter ein Betreuer, ist die Genehmigung des Betreuungsgerichts erforderlich.

1   **A. Allgemeines.** Wegen der langfristigen und tiefgreifenden Auswirkungen des Ehevertrages auf die vermögensrechtlichen und persönlichen Verhältnisse der Ehegatten ist der gesetzliche Vertreter nicht befugt, für den Vertretenen einen Ehevertrag abzuschließen. Ist ein Ehegatte beschränkt geschäftsfähig oder als Betreuer

nicht geschäftsunfähig, kann er den Ehevertrag nur selbst abschließen, bedarf dazu aber der Zustimmung des gesetzlichen Vertreters oder Betreuers, die unter bestimmten Voraussetzungen ihrerseits hierzu die Zustimmung des Familien- oder Betreuungsgerichts benötigen. Für geschäftsunfähige Ehegatten ist der Abschluss eines Ehevertrages mit bestimmt vorgegebenen Inhalten ausgeschlossen.

B. Die Regelungen im Einzelnen. I. Der Ehegatte ist beschränkt geschäftsfähig oder steht als Geschäftsfähiger unter Vormundschaft oder Betreuung (Abs 1). Dieser Ehegatte kann den Ehevertrag nur selbst abschließen, nach I 4 niemals der gesetzliche Vertreter oder Betreuer. Der Ehegatte benötigt jedoch die Zustimmung des gesetzlichen Vertreters oder Betreuers, wobei zu differenzieren ist: 2

1. Der Ehegatte ist minderjährig. In diesem Fall benötigt der Ehegatte unabhängig vom Inhalt des Vertrages die Zustimmung seines gesetzlichen Vertreters (I 1). 3

2. Der Ehegatte steht unter Betreuung. Dieser Ehegatte benötigt die Zustimmung des Betreuers nur dann, wenn das Betreuungsgericht gem § 1903 einen entspr Einwilligungsvorbehalt angeordnet hat (I 2). Andernfalls ist die Anordnung der Betreuung für die Möglichkeit des Abschlusses eines Ehevertrages ohne Relevanz. Besteht ein Einwilligungsvorbehalt, gilt nicht § 1903 III, weshalb die Zustimmung des Betreuers losgelöst von der Frage der Vorteilhaftigkeit der Regelung erforderlich ist (Palandt/*Brudermüller* Rz 3). 4

3. Erfordernis der Genehmigung durch das Familien- oder Betreuungsgericht. Wird der beschränkt geschäftsfähige Ehegatte nicht durch seine Eltern, sondern einen Vormund vertreten oder liegt ein Fall der Betreuung mit entspr Einwilligungsvorbehalt vor, bedürfen sowohl der Vormund als auch der Betreuer für ihre Zustimmung zum Ehevertrag der Genehmigung des Familien- oder Betreuungsgerichts, wenn der Zugewinnausgleich ausgeschlossen oder eingeschränkt werden soll, die Gütergemeinschaft vereinbart oder aufgehoben werden soll. 5

Nicht in I 3 aufgenommen ist der Ausschluss des Versorgungsausgleichs, was angesichts der Bedeutung einer derartigen Vereinbarung nicht verständlich ist und vermuten lässt, dass der Gesetzgeber diesen übersehen hat (Staud/*Thiele* Rz 14). Da er aber nicht mehr zur Gütertrennung führt (vgl § 1414 2 aF), kann er jetzt nicht mehr dem Ausschluss des Zugewinnausgleichs gleichgestellt werden (Palandt/*Brudermüller* Rz 4; anders noch Vorauflage Rz 7 zur alten Rechtslage). 7

II. Der Ehegatte ist geschäftsunfähig (Abs 2). In diesem Fall kann der gesetzliche Vertreter für ihn den Ehevertrag abschließen. Wird er allerdings nicht durch einen Elternteil, sondern durch einen Vormund oder Betreuer vertreten, bedürfen diese ihrerseits der Genehmigung des Familien- oder Betreuungsgerichts (II 2). In keinem Fall kann der gesetzliche Vertreter für den geschäftsunfähigen Ehegatten die Gütergemeinschaft vereinbaren oder eine bestehende Gütergemeinschaft aufheben. 8

§ 1412 Wirkung gegenüber Dritten.
(1) Haben die Ehegatten den gesetzlichen Güterstand ausgeschlossen oder geändert, so können sie hieraus einem Dritten gegenüber Einwendungen gegen ein Rechtsgeschäft, das zwischen einem von ihnen und dem Dritten vorgenommen worden ist, nur herleiten, wenn der Ehevertrag im Güterrechtsregister des zuständigen Amtsgerichts eingetragen oder dem Dritten bekannt war, als das Rechtsgeschäft vorgenommen wurde; Einwendungen gegen ein rechtskräftiges Urteil, das zwischen einem der Ehegatten und dem Dritten ergangen ist, sind nur zulässig, wenn der Ehevertrag eingetragen oder dem Dritten bekannt war, als der Rechtsstreit anhängig wurde.
(2) Das Gleiche gilt, wenn die Ehegatten eine im Güterrechtsregister eingetragene Regelung der güterrechtlichen Verhältnisse durch Ehevertrag aufheben oder ändern.

A. Allgemeines. Da durch Eheverträge die Verpflichtungs- und Verfügungsbefugnisse der Ehegatten, ihre Haftung für Verbindlichkeiten und sogar die dingliche Zuordnung von Vermögensgegenständen berührt sein können, können sie Auswirkungen auch auf das Außenverhältnis zu Dritten haben, weshalb es des Schutzes dieser Dritten bedarf. 1

Der Dritte soll aber nur auf das Schweigen des Güterrechtsregisters vertrauen dürfen (**negative Publizität**). Solange es keine entgegenstehenden Eintragungen enthält, kann der Dritte darauf vertrauen, dass für die Ehegatten der gesetzliche Güterstand der Zugewinngemeinschaft gilt. Die Norm gilt auch nur für materiellrechtlich tatsächlich eingetretene Änderungen der güterrechtlichen Verhältnisse. Ergeben sich Einwendungen eines Ehegatten aus der Unwirksamkeit eines von einem Dritten für wirksam gehaltenen Ehevertrages, will der sich zB auf dessen Nichtigkeit berufen, kann er dies ohne Rücksicht darauf tun, ob die unwirksame Änderung der güterrechtlichen Verhältnisse im Register eingetragen war. 2

Die Eintragung ins Güterrechtsregister hat keine konstitutive Wirkung; Eheverträge bedürfen zu ihrer **Wirksamkeit** nicht der Eintragung ins Güterrechtsregister, wie umgekehrt diese Eintragung einen unwirksamen Vertrag nicht wirksam werden lässt. Auch für das Innenverhältnis der Ehegatten zueinander ist allein die wirkliche güterrechtliche Situation maßgeblich, nicht der Inhalt des Güterrechtsregisters. 3

Vorschriften über das Güterrechtsregister als solches enthalten die §§ 1558 ff. 4

5 **B. Inhalt und Wirkung des Schutzes der Eintragung.** In das Güterrechtsregister können eingetragen werden der Ausschluss und die Aufhebung des gesetzlichen Güterstandes mit der Folge, dass Gütertrennung eintritt (§ 1414), die Beendigung der Zugewinngemeinschaft kraft Gesetzes (zB gem § 1388), die Modifizierung der Zugewinngemeinschaft zB dahingehend, dass bei Auflösung der Ehe auf andere Weise als durch den Tod eines Ehegatten kein Zugewinnausgleich stattfindet (Köln FamRZ 94, 1256 = FuR 94, 377 m Anm *Derleder*), die Aufhebung der Gütergemeinschaft und damit gem § 1412 2 subsidiärer Eintritt der Gütertrennung, Aufhebung der Gütergemeinschaft kraft Gesetzes auf Grund entspr Aufhebungsbeschlusses (§ 1470) sowie Änderungen der Verwaltungsbefugnisse innerhalb der Gütergemeinschaft (§ 1418 IV). Eintragungsfähig sind auch Änderungen im Hinblick auf die gesetzliche Vertretungsbefugnis nach § 1357, also deren Beschränkung oder gänzlicher Ausschluss (Staud/*Thiele* Rz 35), aber Modifikationen der Gütertrennung in Richtung auf eine Zugewinngemeinschaft (Schlesw FamRZ 95, 1586).

6 Die Eintragung bewirkt nur einen Schutz für rechtsgeschäftliches Handeln und auch hier nur dahingehend, dass der Dritte grds davon ausgehen kann, dass zwischen Eheleuten der gesetzliche Güterstand gilt. Hiervon abw Vereinbarungen sind dem Dritten ggü nur dann wirksam, wenn sie im Güterrechtsregister eingetragen oder ihm sonst bekannt sind.

7 Der Schutz erstreckt sich nicht auf Rechtsgeschäfte der Ehegatten untereinander und auch nicht auf diejenigen Dritter zueinander, die etwa miteinander ein Rechtsgeschäft im Vertrauen auf die Richtigkeit einer Eintragung im Güterrechtsregister vereinbart haben. Ausgeschlossen sind nur Einwendungen der Ehegatten gegen die Wirksamkeit eines Rechtsgeschäftes ggü dem Partner eben dieses Geschäftes, während es iÜ auf die tatsächliche Rechtslage ankommt (MüKo/*Kanzleiter* Rz 5). Der Schutz des Registers umfasst auch nicht weitergehende Ansprüche und Rechtsverhältnisse, zB Ansprüche aus unerlaubter Handlung, auf gesetzlichen Unterhalt und gilt auch nicht für die Zwangsvollstreckung (BaRoth/*Mayer* Rz 7).

8 Voraussetzung für den Schutz durch das Güterrechtsregister ist weiter, dass die Registereintragung zum Zeitpunkt der Vornahme des Rechtsgeschäfts oder der Anhängigkeit des Rechtsstreits bereits erfolgt war. Kommt es auf die tatsächliche Kenntnis des Dritten der güterrechtlichen Verhältnisse an, so müssen diesem die wesentlichen Tatsachen bekannt sein, aus denen sich der Schluss auf die Änderung der Rechtsverhältnisse ergibt (MüKo/*Kanzleiter* Rz 8). Fahrlässige, auch grob fahrlässige Unkenntnis steht dem nicht gleich.

9 **C. Ausschluss und Ende des Schutzes der Eintragung.** Der durch das Güterrechtsregister gegebene Schutz endet mit der Änderung, der Löschung der Eintragung, der Beendigung der Ehe und gem § 1559 mit der Verlegung des Wohnsitzes, wenn an dem für den neuen Wohnsitz zuständigen Registergericht keine entspr Eintragung vorgenommen wird.

10 **D. Verhältnis zu ähnlich gelagerten Vorschriften.** Neben § 1412 sind die Vorschriften über den Schutz gutgläubiger Dritter, insb diejenigen über den gutgläubigen Erwerb im Sachenrecht uneingeschränkt anwendbar. Welche Norm jeweils Anwendung findet, hängt davon ab, worauf sich der gute Glaube stützt.

§ 1413 Widerruf der Überlassung der Vermögensverwaltung.
Überlässt ein Ehegatte sein Vermögen der Verwaltung des anderen Ehegatten, so kann das Recht, die Überlassung jederzeit zu widerrufen, nur durch Ehevertrag ausgeschlossen oder eingeschränkt werden; ein Widerruf aus wichtigem Grunde bleibt gleichwohl zulässig.

1 **A. Allgemeines.** Jeder Ehegatte kann dem anderen die Befugnis einräumen, sein Vermögen als Ganzes oder Teile davon zu verwalten. Der Verwaltervertrag ist kein Ehevertrag und bedarf deshalb nicht der Form der §§ 1410, 1411.

2 Wie der Verwaltervertrag selbst ist auch der Widerruf der Verwaltungsbefugnis jederzeit formlos möglich (RGZ 91, 363). Nur dann, wenn die Widerrufsmöglichkeit ausnahmsweise eingeschränkt oder ausgeschlossen werden soll, bedarf es hierzu eines Ehevertrages in der Form des § 1410. Auch dann, wenn von dieser Möglichkeit Gebrauch gemacht worden ist, bleibt der Widerruf aus wichtigem Grund jederzeit möglich.

3 **B. Vermögensverwaltung durch den anderen Ehegatten. I. Zustandekommen des Verwaltervertrages.** Die Überlassung der Vermögensverwaltung erfolgt durch schuldrechtlichen Vertrag, der auch durch schlüssiges Handeln zustande kommen kann (Haussleiter/*Schulz* Kap 6 Rz 338). Vorhanden sein muss aber **Rechtsbindungswillen** beider Ehegatten, das bei reinen **Gefälligkeitsverhältnissen** fehlt und zB dann nicht angenommen werden kann, wenn der Ehegatte iRd Beistandspflicht (§ 1353) oder aus Gefälligkeit faktisch die finanziellen Angelegenheiten des anderen erledigt (BGH FamRZ 88, 42; NJW 86, 1871), auch nicht über einen längeren Zeitraum (Karlsr FamRZ 83, 1250). Bloßes Dulden von Vermögensverwaltungshandlungen eines Ehegatten, der dem anderen dessen Vermögen vorenthält (Staud/*Thiele* Rz 5) reicht für die Annahme eines Verwaltervertrages nicht aus, ebenso Erteilung von Bankvollmachten (BGH FamRZ 01, 23, 24 = *FuR 00, 491*), *Dulden der Vereinnahmung von Bargeld bei Mitarbeit in einer Arztpraxis* (BGH FamRZ 86, 558) oder Erteilung einer Generalvollmacht, da Vollmachten nur Dritten ggü Vertretungsmacht begründen, aber keinen Schluss auf einen im Innenverhältnis bestehenden Rechtsbindungswillen zulassen (BGH FamRZ 01, 23, 24 = FuR 00, 491). Übernimmt ein Ehegatte einvernehmlich die Wirt-

schaftsführung allein, so entsteht daraus auch dann kein Auftragsverhältnis, wenn die verfügbaren Mittel im Wesentlichen aus den Einkünften des andern rühren (BGH aaO).

An die Feststellung eines Verwaltervertrages dürfen **keine geringen Anforderungen** gestellt werden (BGH FamRZ 86, 558, 559), weshalb Rechtsbindungswille unter Eheleuten regelmäßig nicht festzustellen und ein Verwaltervertrag nur ausnahmsweise anzunehmen sein wird. Denn durch die Regelung der Aufgabenbereiche schenken sich Ehegatten besonderes Vertrauen, weshalb dem wirtschaftenden Teil nicht einseitig das Risiko auferlegt werden kann, im Nachhinein Aufgaben möglicherweise nicht mehr mit der gleichen Genauigkeit angeben und belegen zu können, wie das in Rechtsverhältnissen ohne Inanspruchnahme personalen Vertrauens erforderlich und geboten ist (BGH FamRZ 01, 23 = FuR 00, 491 m zust Anm *Kogler* MDR 00, 1436). Ist ein Ehegatte bei Abschluss des Verwaltervertrages in seiner Geschäftsfähigkeit eingeschränkt, gelten §§ 107 ff, nicht § 1411 (Staud/*Thiele* Rz 5). 4

II. Rechtsstellung des Verwalters. Das Rechtsverhältnis zwischen den Ehegatten bestimmt sich bei Überlassung der Vermögensverwaltung nach **Auftragsrecht**, wenn eine Vergütung nicht geschuldet wird (BGHZ 31, 204). Bei Vergütungspflicht ist die Vermögensverwaltung **entgeltliche Geschäftsbesorgung** iS § 675, auf die gleichfalls Auftragsrecht Anwendung findet. Deshalb trifft den verwaltenden Ehegatten die Rechtspflicht zur ordnungsgemäßen Verwaltung. Verletzt er diese, ist er dem Vermögensinhaber zum Schadensersatz verpflichtet, wobei er aber nur für Vorsatz und grobe Fahrlässigkeit haftet (§§ 1359, 277). Der Vermögensinhaber ist weisungsbefugt (§ 665). Den Verwalter trifft nach § 666 die Pflicht, Auskunft zu erteilen und Rechenschaft zu legen (Köln FamRZ 99, 298). Daneben ist er zur Herausgabe des aus der Verwaltung Erlangten verpflichtet (§ 667). Ansprüche aus unerlaubter Handlung bleiben unberührt. 5

C. Einschränkung oder Ausschluss der Widerrufsmöglichkeit. Der Widerruf der Überlassung der Vermögensverwaltung ist jederzeit möglich und zulässig, die Beschränkung oder der Ausschluss dieser Möglichkeit dagegen regelmäßig nicht, es sei denn, Beschränkung oder Ausschluss der Widerrufsmöglichkeit sind in der Form des Ehevertrages (§§ 1410, 1411) vereinbart. Auch dann bleibt der Widerruf aus wichtigem Grund stets zulässig. Ein solcher liegt vor, wenn dem die Vermögensverwaltung überlassenden Ehegatten die Fortsetzung des Verwaltervertrages unter Berücksichtigung der Umstände des Einzelfalles unzumutbar ist (Staud/*Thiele* Rz 24). Das ist zB bei Scheitern der Ehe oder Verstoß gegen die Grundsätze ordnungsgemäßer Verwaltung der Fall. 6

D. Verfahren. Die Beweislast für die Überlassung der Vermögensverwaltung trägt der Ehegatte, der sich auf sie beruft. Eine Vermutung hierfür besteht nicht und folgt auch nicht daraus, dass die Eheleute in gutem Einvernehmen leben. Dies spricht eher für fehlenden Rechtsbindungswillen. 7

Kapitel 2 Eintritt der Gütertrennung

§ 1414 Eintritt der Gütertrennung. ¹Schließen die Ehegatten den gesetzlichen Güterstand aus oder heben sie ihn auf, so tritt Gütertrennung ein, falls sich nicht aus dem Ehevertrag etwas anderes ergibt. ²Das Gleiche gilt, wenn der Ausgleich des Zugewinns oder die Gütergemeinschaft aufgehoben wird.

A. Allgemeines. Die Norm erwähnt die Gütertrennung nur und gestaltet sie als Auffangtatbestand aus, ohne Wesen und Inhalt der Gütertrennung zu regeln. Wird umgekehrt die Gütertrennung aufgehoben, gilt die Zugewinngemeinschaft (Staud/*Thiele* vor § 1414 Rz 25). Die Vereinbarung der Gütertrennung kann ins Güterrechtsregister eingetragen werden (Schlesw FamRZ 95, 1586). 1

Das Wesen der Gütergemeinschaft besteht darin, dass sich die Eheleute wie Unverheiratete ggü stehen. Die Ehegatten haben volle Freiheit über ihr Vermögen miteinander oder mit Dritten Vereinbarungen zu treffen. Besonderheiten gelten nur für Ehewohnung und Haushaltssachen. Bei Gütertrennung erlangen die wechselseitigen vermögensrechtlichen Ansprüche außerhalb des Güterrechts besondere Bedeutung. 2

B. Eintritt der Gütertrennung. Gütertrennung tritt in folgenden Fällen ein: 3
1. Die Ehegatten schließen den gesetzlichen Güterstand durch Ehevertrag (§§ 1408, 1411) bereits vor der Eheschließung aus, ohne einen anderen Güterstand vereinbart zu haben (1).
2. Die Ehegatten heben während laufender Ehe den bereits bestehenden gesetzlichen Güterstand durch Ehevertrag (§§ 1408, 1410) auf, ohne einen anderen Güterstand vereinbart zu haben (1).
3. Die Ehegatten heben während laufender Ehe die zwischen ihnen bestehende Gütergemeinschaft auf, ohne etwas anderes, nämlich die Zugewinngemeinschaft, vereinbart zu haben (2).
4. Die Ehegatten belassen es zwar im Grundsatz beim gesetzlichen Güterstand, schließen aber durch Ehevertrag den Ausgleich des Zugewinns aus (2). In diesem Fall entfällt die der Zugewinngemeinschaft eigentümliche vermögensrechtliche Gemeinschaft. Gütertrennung tritt nur dann nicht ein, wenn der Ehevertrag ausdrücklich etwas anderes vorsieht.

5. Ein Urt auf vorzeitigen Ausgleich des Zugewinns wird rechtskräftig (§§ 1385 ff, 1388).
6. Ein Urt auf Aufhebung der Gütergemeinschaft wird rechtskräftig (§§ 1449 I, 1470 I).
Der Ausschluss des Versorgungsausgleichs führt nicht mehr zur Beendigung des Zugewinngemeinschaft.

4 Die Norm ist auf die Aufhebung anderer, individuell gestalteter Güterstände entspr anwendbar (*Rauscher* § 18 Rz 443).

5 **C. Wesen der Gütertrennung.** In der Gütergemeinschaft fehlen güterrechtliche Bindungen und Beziehungen der Eheleute zueinander. Ihre Vermögen bleiben voneinander getrennt, was aber die Bildung von Gemeinschaftsvermögen nicht ausschließt. Die Verfügungsbeschränkungen der §§ 1365 ff gelten nicht. Es gibt nach Beendigung der Ehe durch Scheidung keinen Ausgleichsanspruch nach § 1378 I und im Falle des Todes eines Ehegatten keine Erhöhung des gesetzlichen Erbteils nach § 1371 I.

6 Gleichwohl bestehen vermögensrechtliche Verflechtungen der Eheleute, die sich aus dem Wesen der Ehe und dem gemeinsamen Wirtschaften ergeben. Diese folgen aus der gesetzlichen Verpflichtung zum Familienunterhalt beizutragen (§ 1360) und aus der aus § 1353 folgenden Pflicht zur ehelichen Lebensgemeinschaft, nach der dem Ehegatten die Mitbenutzung auch der im Alleineigentum stehenden Ehewohnung oder des im Alleineigentum stehenden Hausrats ermöglicht werden muss. Auch § 1357 ist eine der allgemeinen Ehewirkungen und unabhängig vom Güterstand. Bei Gütertrennung gilt für in der Ehe angeschafften Hausrat die Miteigentumsvermutung des § 1568b II.

7 Die Gütertrennung lässt keine güterrechtlichen Vereinbarungen zu. Insb kann die Gütertrennung nicht dahingehend modifiziert werden, dass wesentliche Inhalte des gesetzlichen Güterstandes der Zugewinngemeinschaft übernommen werden (Schlesw FamRZ 95, 1586).

8 Eine spezielle Pflicht zur Auskunftserteilung über die eigenen Vermögensverhältnisse besteht nicht. Es gilt jedoch auch bei Gütertrennung § 1353 I, weshalb auch hier die aus dieser Norm folgende Unterrichtungspflicht gilt (BGH FamRZ 76, 516, 517).

9 Im Fall der Auflösung der Ehe gewinnen vermögensrechtliche Ausgleichsansprüche außerhalb des Güterrechts (Gesamtschuldnerausgleich, Auseinandersetzung von Miteigentum, Rückgewähr ehebedingter Zuwendungen, Ansprüche aus Ehegatteninnengesellschaft) besondere Bedeutung.

10 Die Gütertrennung endet durch Ehevertrag, mit dem ein anderer Güterstand vereinbart wird, wobei auch die Vereinbarung rückwirkender Aufhebung und Geltung der Zugewinngemeinschaft wirksam ist (BGH FamRZ 98, 903). Sie endet ferner mit Auflösung der Ehe durch den Tod eines Ehegatten oder den Eintritt der Rechtskraft eines Urteils auf Aufhebung oder Scheidung der Ehe.

Kapitel 3   Gütergemeinschaft

Vorbemerkungen vor §§ 1415 ff

(Literatur zur Gütergemeinschaft: *Wittich*, Die Gütergemeinschaft und ihre Auseinandersetzung, Neuwied, 2000; *Haußleiter/Schulz*, Vermögensauseinandersetzung bei Trennung und Scheidung, 4. Aufl, München 2004, Kap 2; *Bergschneider*, Verträge in Familiensachen, 3. Aufl, Bielefeld 2006, Rz 731 ff; *Schröder/Bergschneider*, Familienvermögensrecht, 2. Aufl, Bielefeld 2007)

1 Das Wesen der Gütergemeinschaft besteht darin, dass das in die Ehe eingebrachte und später erworbene Vermögen beider Eheleute zu einem gemeinschaftlichen Vermögen zusammengefasst wird, dem **Gesamtgut**, das regelmäßig gemeinschaftlich verwaltet wird, solange nicht durch Vertrag etwas Anderes bestimmt ist. Insb ist es zulässig, die Verwaltung auch einem Ehegatten allein zu übertragen.

2 Neben dem Gesamtgut gibt es das **Sondergut** beider Ehegatten, das aus deren rechtsgeschäftlich nicht übertragbaren Vermögensgegenständen zusammengesetzt ist, sowie ihr jeweiliges **Vorbehaltsgut**.

3 Wegen der weitgehenden Vereinigung der beiderseitigen Vermögensmassen wurde die Gütergemeinschaft als der vollkommenste Ausdruck der idealen Ehe angesehen (*Bosch* FamRZ 54, 149, 154), weshalb sie vor dem Inkrafttreten des BGB weit verbreitet war. Gleichwohl ist sie nicht zum Regelgüterstand erhoben worden. Heute ist sie der einzige vom Gesetz geregelte Wahlgüterstand, der gewisse Parallelen zu der bis zum 1.7.58 geltenden Errungenschaftsgemeinschaft aufweist. Angesichts der Kompliziertheit ihrer Regeln und wegen der mit ihr verbundenen Risiken und Abhängigkeiten der Partner voneinander kommt ihr jedoch keine große praktische Bedeutung mehr zu. Anzutreffen ist sie am ehesten noch in den ländlichen Bereichen Süddeutschlands.

4 Die Gütergemeinschaft gewährt den Ehegatten bei gemeinsamer Verwaltung einen erheblich besseren Schutz vor Vermögensverfügungen des jeweils anderen, der in der Zugewinngemeinschaft durch § 1365 nur unzureichend zur Verfügung steht. Besser ausgeprägt ist auch der Schutz des in einen landwirtschaftlichen Betrieb einheiratenden Ehegatten, dem die Gütergemeinschaft eine Privilegierung wie die nach § 1376 IV fremd ist. Zu berücksichtigen sind andererseits erbrechtliche Konsequenzen. So gilt die Erhöhung des gesetzlichen Erbteils des Ehegatten gem § 1371 I ausdrücklich nur für die Zugewinngemeinschaft, während § 1931 IV eine geson-

derte Besserstellung des Ehegatten nur für den Fall der Gütertrennung beinhaltet. Aus steuerrechtlicher Sicht ist zu beachten, dass derjenige Ehegatte, der das geringere Vermögen in die Gütergemeinschaft einbringt, durch sie eine Bereicherung erfährt, die nach § 7 I Nr 4 ErbStG schenkungssteuerpflichtig sein kann. Überlebt derjenige Ehegatte, der das größere Vermögen eingebracht hat und wird er zum Erben des anderen, so kann, sofern die Freigrenzen der §§ 16 I Nr 1, 17 I ErbStG überschritten sind, der Rückerwerb seines früheren Alleinvermögens der Erbschaftssteuer unterworfen sein (*Bergschneider* Rz 756 f).

Die Reform des familienrechtlichen Verfahrens hat zu einigen Änderungen der Terminologie geführt, die allerdings auch nicht stets übernommen worden sind. So wird irrtümlicherweise noch wiederholt von der „Klage" gesprochen, die jedoch im familienrechtlichen Verfahren dem „Antrag" gewichen ist. 5

Wegen der weitgehenden praktischen Bedeutungslosigkeit der Gütergemeinschaft wird im Folgenden von einer umfassenderen Kommentierung der zahlreichen Vorschriften abgesehen. 6

Unterkapitel 1 Allgemeine Vorschriften

§ 1415 Vereinbarung durch Ehevertrag. Vereinbaren die Ehegatten durch Ehevertrag Gütergemeinschaft, so gelten die nachstehenden Vorschriften.

Die Gütergemeinschaft wird durch Ehevertrag begründet. Dieser bedarf gem § 1410 der notariellen Beurkundung. Ein ohne Beachtung dieser Form geschlossener Vertrag ist nichtig. 1

Um Wirkungen ggü Dritten begründen zu können, ist daneben die Eintragung des Ehevertrages in das Güterrechtsregister des zuständigen AG erforderlich (§ 1412). 2

§ 1416 Gesamtgut. (1) ¹Das Vermögen des Mannes und das Vermögen der Frau werden durch die Gütergemeinschaft gemeinschaftliches Vermögen beider Ehegatten (Gesamtgut). ²Zu dem Gesamtgut gehört auch das Vermögen, das der Mann oder die Frau während der Gütergemeinschaft erwirbt.
(2) Die einzelnen Gegenstände werden gemeinschaftlich; sie brauchen nicht durch Rechtsgeschäft übertragen zu werden.
(3) ¹Wird ein Recht gemeinschaftlich, das im Grundbuch eingetragen ist oder in das Grundbuch eingetragen werden kann, so kann jeder Ehegatte von dem anderen verlangen, dass er zur Berichtigung des Grundbuchs mitwirke. ²Entsprechendes gilt, wenn ein Recht gemeinschaftlich wird, das im Schiffsregister oder im Schiffsbauregister eingetragen ist.

Hinsichtlich des Vermögens ist zwischen dem Sondergut, dem Vorbehaltsgut und dem Gesamtgut zu unterscheiden. Grds gilt das Vermögen als gemeinsames, so dass alles Gesamtgut ist, was nicht ausdrücklich Sonder- oder Vorbehaltsgut ist. Für Verbindlichkeiten gilt dasselbe. Für die Zugehörigkeit des Vermögens zum Gesamtgut streitet somit eine Vermutung. 1

Zum **Gesamtgut** zählen zB Grundstücke, Sparbücher, das regelmäßige Arbeits- oder Renteneinkommen, Einkünfte aus Vermietung und Verpachtung (BGH NJW 90, 2253) und der gesamte Hausrat, persönliche Bedarfsgegenstände wie Kleidung und dem Hobby dienende Gegenstände (*Haussleiter/Schulz* Kap 2 Rz 4). Dasselbe gilt für Schadensersatzansprüche aus einem Verkehrsunfall eines Ehegatten (BGH FamRZ 94, 295). 2

Unerheblich ist, ob die Gegenstände von Beginn der Gütergemeinschaft an vorhanden waren oder erst später hinzu erworben worden sind. Im Fall der Zuerwerbs vollzieht sich der Rechtsübergang nach II kraft Gesetzes, so dass es nicht darauf ankommt, ob der Erwerber überhaupt für die Gemeinschaft hat erwerben wollen (Palandt/*Brudermüller* § 1416 Rz 3). An im Güterstand der Gütergemeinschaft lebende Ehegatten sind Grundstücke deshalb auch an beide aufzulassen (BGH FamRZ 82, 356). Es wird kein **Bruchteilseigentum** begründet, so dass in das Grundbuch die gemeinschaftliche Berechtigung der Eheleute unter Angabe der für sie maßgeblichen Rechtsverhältnisse einzutragen ist (§ 47 GBO). 3

Hinsichtlich des Gesamtguts besteht zwischen den Ehegatten eine **Gemeinschaft zur gesamten Hand** (RGZ 129, 120). Beide Ehegatten sind Miteigentümer der zum Gesamtgut zählenden Vermögensgegenstände. Sie können somit weder über ihren Anteil am Gesamtgut verfügen, noch können sie dessen Teilung verlangen. Bei Insolvenz der nicht verwaltenden Ehegatten gehört dessen Anteil am Gesamtgut nicht zur Insolvenzmasse (BGH FamRZ 06, 1030). Wegen der Insolvenz vgl. iÜ vgl §§ 37, 333, 334 InsO. 4

Die **Verwaltung** des Gesamtguts richtet sich nach §§ 1422–1449 wenn es durch nur einen Ehegatten verwaltet wird und nach §§ 1450–1470, wenn die Verwaltung durch beide erfolgt. 5

§ 1417 Sondergut. (1) Vom Gesamtgut ist das Sondergut ausgeschlossen.
(2) Sondergut sind die Gegenstände, die nicht durch Rechtsgeschäft übertragen werden können.
(3) ¹Jeder Ehegatte verwaltet sein Sondergut selbständig. ²Er verwaltet es für Rechnung des Gesamtguts.

Zum Sondergut zählt dasjenige Vermögen, das nicht durch Rechtsgeschäft übertragen werden kann. Das sind zB gem §§ 399, 400 nicht abtretbare oder unpfändbare Ansprüche wie die nicht abtretbaren Teile der Lohn- 1 und Gehaltsansprüche, Unterhaltsansprüche, soweit sie iSd §§ 850 ff ZPO unpfändbar sind, sowie Forderungen aus Urheberrechten. Dasselbe gilt für Nießbrauchsrechte und persönliche Dienstbarkeiten, die gem § 1059 bzw § 1092 I nicht übertragbar sind. Zum Sondergut rechnen weiter Gesellschaftsanteile an einer OHG oder die als persönlich haftende Gesellschafter einer KG.

2 Nicht zum Sondergut gehören dagegen solche Rechte, die nicht ihrem Wesen nach, sondern nur kraft Parteivereinbarung nicht übertragbar sind (Palandt/*Brudermüller* § 1417 Rz 3). Denn der Umfang **des Sonderguts** ist durch das Gesetz erschöpfend festgelegt, so dass eine entspr Anwendung auf andere Vermögensgegenstände nicht in Betracht kommt.

3 Gem III verwaltet jeder Ehegatte sein Sondergut selbst. Er bleibt auch dessen **Alleineigentümer**. Die **Verwaltung** erfolgt jedoch für Rechnung des Gesamtguts, so dass diesem auch die Nutzungen zufallen, soweit sie durch Rechtsgeschäft übertragbar sind. Ebenso wie die Nutzungen des Gesamtguts sind sie vorrangig für den Familienunterhalt einzusetzen. Wirtschaftlich ist das Sondergut deshalb dem Gesamtgut zuzurechnen.

§ 1418 Vorbehaltsgut.
(1) Vom Gesamtgut ist das Vorbehaltsgut ausgeschlossen.
(2) Vorbehaltsgut sind die Gegenstände,
1. die durch Ehevertrag zum Vorbehaltsgut eines Ehegatten erklärt sind,
2. die ein Ehegatte von Todes wegen erwirbt oder die ihm von einem Dritten unentgeltlich zugewendet werden, wenn der Erblasser durch letztwillige Verfügung, der Dritte bei der Zuwendung bestimmt hat, dass der Erwerb Vorbehaltsgut sein soll,
3. die ein Ehegatte auf Grund eines zu seinem Vorbehaltsgut gehörenden Rechts oder als Ersatz für die Zerstörung, Beschädigung oder Entziehung eines zum Vorbehaltsgut gehörenden Gegenstandes oder durch ein Rechtsgeschäft erwirbt, das sich auf das Vorbehaltsgut bezieht.
(3) ¹Jeder Ehegatte verwaltet das Vorbehaltsgut selbständig. ²Er verwaltet es für eigene Rechnung.
(4) Gehören Vermögensgegenstände zum Vorbehaltsgut, so ist dies Dritten gegenüber nur nach Maßgabe des § 1412 wirksam.

1 **A. Wesen des Vorbehaltsguts.** Vorbehaltsgut steht im **Alleineigentum** jeweils eines Ehegatten und wird von ihm selbständig und auf eigene Rechnung verwaltet (III). Der Ehegatte hat das alleinige Verfügungsrecht und auch das Recht, die Nutzungen zu ziehen. Nur hilfsweise stehen sie für den Familienunterhalt zur Verfügung (§ 1420).

2 Wegen der Trennung des Vorbehaltsguts vom Gesamtgut und dem Vermögen des anderen Ehegatten besteht insoweit zwischen den Eheleuten Gütertrennung.

3 **B. Begründung des Vorbehaltsguts.** Begründet werden kann Vorbehaltsgut auf dreierlei Weise:

4 **I. Ehevertrag (II Nr 1).** Durch den in der Form des § 1410 geschlossenen Ehevertrag kann vereinbart werden, dass einzelne Vermögensgegenstände nicht in das Gesamtgut fallen und damit Vorbehaltsgut werden. Diese Möglichkeit besteht auch für Inbegriffe von Vermögen, die nach gewissen Kriterien bestimmt sein können. So ist es zB möglich, das Vorbehaltsgut nach dem Erwerbsgrund zu bestimmen und zu regeln, dass zu ihm all das zählt, was ein Ehegatte dem anderen schenkt (KG OLGR 12, 310).

5 **II. Bestimmung Dritter (II Nr 2).** Vermögen kann dann Vorbehaltsgut eines Ehegatten werden, wenn dieser es von einem Dritten erhält, sei es durch unentgeltliche Zuwendung oder durch letztwillige Verfügung. Voraussetzung ist dabei aber, dass der Dritte bei der Zuwendung zum Ausdruck bringt, dass der zugewendete Gegenstand nicht in das Gesamtgut fallen soll.

6 **III. Erwerb eines Ersatzstückes (II Nr 3).** Dem Ehegatten soll die Möglichkeit verbleiben, sein Vorbehaltsgut ungeschmälert zu erhalten. Wird deshalb ein Teil des Vorbehaltsguts zerstört, beschädigt oder entzogen, fällt auch der aus der Entschädigung – etwa der Versicherungsleistung – angeschaffte Ersatz in das Vorbehaltsgut. Dasselbe gilt für den Fall, dass aus Mitteln des Vorbehaltsguts Anschaffungen getätigt werden. Hierbei ist allerdings Voraussetzung, dass subjektiv die Absicht besteht, dass der angeschaffte Gegenstand dem Vorbehaltsgut zufallen soll. Unter dieser Voraussetzung fällt schließlich auch dasjenige in das Vorbehaltsgut, was aus dessen Erträgen erworben worden ist.

7 **C. Wirksamkeit ggü Dritten (IV).** Solange das Vorbehaltsgut nicht als solches in das **Güterrechtsregister** eingetragen ist, können hierauf Dritten ggü keine Einwendungen gestützt werden (IV iVm § 1412). Deshalb sollten die zum Vorbehaltsgut erklärten Gegenstände aus Gründen der Beweissicherung listenmäßig erfasst und die Listen zum Bestandteil des Ehevertrages gemacht werden (*Bergschneider* Rz 623).

§ 1419 Gesamthandsgemeinschaft.
(1) Ein Ehegatte kann nicht über seinen Anteil am Gesamtgut und an den einzelnen Gegenständen verfügen, die zum Gesamtgut gehören; er ist nicht berechtigt, Teilung zu verlangen.
(2) Gegen eine Forderung, die zum Gesamtgut gehört, kann der Schuldner nur mit einer Forderung aufrechnen, deren Berichtigung er aus dem Gesamtgut verlangen kann.

§ 1420 Verwendung zum Unterhalt.
Die Einkünfte, die in das Gesamtgut fallen, sind vor den Einkünften, die in das Vorbehaltsgut fallen, der Stamm des Gesamtguts ist vor dem Stamm des Vorbehaltsguts oder des Sondergutes für den Unterhalt der Familie zu verwenden.

Der Unterhalt der Familie ist vorrangig aus den in das Gesamtgut fallenden Einkünften, danach aus den Einkünften, die in das Vorbehaltsgut fallen, danach aus dem Stamm des Gesamtguts und zuletzt aus dem Stamm des Vorbehalts- und des Sonderguts zu bezahlen. Dieser Umstand hat erhebliche Auswirkungen auf die Durchsetzung von Unterhaltsansprüchen während des Bestehens der Gütergemeinschaft, da das für den Unterhalt relevante Vermögen beiden Ehegatten gleichermaßen gesamthänderisch zur Verfügung steht. Aus diesem Grunde sind unterhaltsrechtliche Fragen in der Gütergemeinschaft auf der Ebene der Verwaltung des Gesamtgutes zu lösen (vgl *Eschenbruch* Rz 1939 mwN). Bei Bestehen eines Unterhaltsanspruchs von Verwandten bestimmt sich die Unterhaltspflicht iÜ so, als ob das Gesamtgut dem Unterhaltspflichtigen allein gehörte (§ 1604). 1

Die Vorschrift des § 1420 gilt nicht nur für den Familienunterhalt gem § 1360, sondern auch für den Trennungsunterhalt nach § 1361 (BGH NJW 90, 2253), so dass auch dieser vorrangig aus dem Gesamtgut zu befriedigen ist. Da dieses im Regelfall gemeinschaftlich verwaltet wird, folgt daraus, dass der unterhaltsbedürftige Ehegatte den erforderlichen Unterhalt auch dann nicht einfach dem Gesamtgut entnehmen darf, wenn er im Besitz von Teilen des Vermögensstammes ist, sondern auch in dem Fall der Mitwirkung des anderen bedarf, sofern ihm nicht ausdrücklich oder konkludent das Recht eingeräumt worden ist, das gemeinsame Vermögen zur Deckung des eigenen Unterhaltsbedarfs zu verwenden (München FamRZ 96, 166). 2

Auch wenn er nicht im Besitz des Vermögensstammes ist, kann er nicht Zahlung des angemessenen Unterhalts beantragen, da er aus diesem Titel nur in das Sonder- oder Vorbehaltsgut des unterhaltspflichtigen Ehegatten vollstrecken könnte, das aber gerade nicht für den Unterhalt verwendet werden soll (BGH NJW 90, 2253). Deshalb wäre ein Antrag auf Zahlung des angemessenen Unterhalts unzulässig (Zweibr FamRZ 98, 239), anders für die Zeit nach Beendigung des Güterstandes (Oldbg NJW-RR 09, 1593). 3

Beansprucht werden kann stattdessen nur die Mitwirkung des anderen Ehegatten an einer ordnungsgemäßen Verwaltung (§ 1451), zu der auch die Mitwirkung an solchen Maßnahmen gehört, die zur Verwendung des Gesamtguts für den angemessenen Ehegattenunterhalt erforderlich sind (BGH NJW 90, 239 Oldbg NJW-RR 09, 1596). Der Antrag muss deshalb ggf auf Zustimmung zu einer solchen Maßnahme gehen, während ein Anspruch auf Zahlung einer Geldrente nicht besteht (zu weiteren Einzelheiten sowie den notwendigen Anträgen vgl *Weinreich* FuR 99, 49 ff). Zur Berechnung des Trennungsunterhalts Oldbg FamRZ 10, 213. 4

Auch hinsichtlich des Anspruchs auf Kindesunterhalt handelt es sich um eine Gesamtgutsverbindlichkeit, für die beide Ehegatten persönlich haften (§ 1459 II). Deshalb wäre, leben die Eltern voneinander getrennt, der Antrag des volljährigen Kindes auf Zahlung von Unterhalt, der wiederum dem Gesamtgut zu entnehmen ist (§ 1420), gegen beide Eltern zu richten, sofern das Gesamtgut von beiden verwaltet wird. Wird das Gesamtgut von einem Elternteil verwaltet, ist der Anspruch gegen den verwaltenden Elternteil geltend zu machen. Für das minderjährige Kind gilt dasselbe (vgl *Weinreich* FuR 99, 49, 52). 5

§ 1421 Verwaltung des Gesamtguts.
¹Die Ehegatten sollen in dem Ehevertrag, durch den sie die Gütergemeinschaft vereinbaren, bestimmen, ob das Gesamtgut von dem Mann oder der Frau oder von ihnen gemeinschaftlich verwaltet wird. ²Enthält der Ehevertrag keine Bestimmung hierüber, so verwalten die Ehegatten das Gesamtgut gemeinschaftlich.

Das Gesamtgut der Gütergemeinschaft wird im Regelfall durch beide Ehegatten gemeinsam verwaltet, es sei denn, durch Ehevertrag in der Form des § 1410 wird etwas anderes bestimmt. Hat trotz gemeinsamer Verwaltung nur einer der Ehegatten die Verwaltung ausgeübt und der andere dies sehenden Auges hingenommen, ist dies als stillschweigend erteilte Vollmacht anzusehen (Stuttg FamRZ 09, 974). 1

Die Verwaltung des Gesamtguts durch nur einen Ehegatten wird in den §§ 1422–1449, die durch beide Ehegatten in den §§ 1450–1470 geregelt. 2

Unterkapitel 2 Verwaltung des Gesamtgutes durch den Mann oder die Frau
Kommentierung s. nach §§ 1438 und 1449

§ 1422 Inhalt des Verwaltungsrechts.
¹Der Ehegatte, der das Gesamtgut verwaltet, ist insbesondere berechtigt, die zum Gesamtgut gehörenden Sachen in Besitz zu nehmen und über das Gesamtgut zu verfügen; er führt Rechtsstreitigkeiten, die sich auf das Gesamtgut beziehen, im eigenen Namen. ²Der andere Ehegatte wird durch die Verwaltungshandlungen nicht persönlich verpflichtet.

§ 1423 Verfügung über das Gesamtgut im Ganzen. ¹Der Ehegatte, der das Gesamtgut verwaltet, kann sich nur mit Einwilligung des anderen Ehegatten verpflichten, über das Gesamtgut im Ganzen zu verfügen. ²Hat er sich ohne Zustimmung des anderen Ehegatten verpflichtet, so kann er die Verpflichtung nur erfüllen, wenn der andere Ehegatte einwilligt.

§ 1424 Verfügung über Grundstücke, Schiffe oder Schiffsbauwerke. ¹Der Ehegatte, der das Gesamtgut verwaltet, kann nur mit Einwilligung des anderen Ehegatten über ein zum Gesamtgut gehörendes Grundstück verfügen; er kann sich zu einer solchen Verfügung auch nur mit Einwilligung seines Ehegatten verpflichten. ²Dasselbe gilt, wenn ein eingetragenes Schiff oder Schiffsbauwerk zum Gesamtgut gehört.

§ 1425 Schenkungen. (1) ¹Der Ehegatte, der das Gesamtgut verwaltet, kann nur mit Einwilligung des anderen Ehegatten Gegenstände aus dem Gesamtgut verschenken; hat er ohne Zustimmung des anderen Ehegatten versprochen, Gegenstände aus dem Gesamtgut zu verschenken, so kann er dieses Versprechen nur erfüllen, wenn der andere Ehegatte einwilligt. ²Das Gleiche gilt von einem Schenkungsversprechen, das sich nicht auf das Gesamtgut bezieht.
(2) Ausgenommen sind Schenkungen, durch die einer sittlichen Pflicht oder einer auf den Anstand zu nehmenden Rücksicht entsprochen wird.

§ 1426 Ersetzung der Zustimmung des anderen Ehegatten. Ist ein Rechtsgeschäft, das nach den §§ 1423, 1424 nur mit Einwilligung des anderen Ehegatten vorgenommen werden kann, zur ordnungsmäßigen Verwaltung des Gesamtguts erforderlich, so kann das Familiengericht auf Antrag die Zustimmung des anderen Ehegatten ersetzen, wenn dieser sie ohne ausreichenden Grund verweigert oder durch Krankheit oder Abwesenheit an der Abgabe einer Erklärung verhindert und mit dem Aufschub Gefahr verbunden ist.

§ 1427 Rechtsfolgen fehlender Einwilligung. (1) Nimmt der Ehegatte, der das Gesamtgut verwaltet, ein Rechtsgeschäft ohne die erforderliche Einwilligung des anderen Ehegatten vor, so gelten die Vorschriften des § 1366 Abs. 1, 3, 4 und des § 1367 entsprechend.
(2) ¹Einen Vertrag kann der Dritte bis zur Genehmigung widerrufen. ²Hat er gewusst, dass der Ehegatte in Gütergemeinschaft lebt, so kann er nur widerrufen, wenn dieser wahrheitswidrig behauptet hat, der andere Ehegatte habe eingewilligt; er kann auch in diesem Falle nicht widerrufen, wenn ihm beim Abschluss des Vertrages bekannt war, dass der andere Ehegatte nicht eingewilligt hatte.

§ 1428 Verfügungen ohne Zustimmung. Verfügt der Ehegatte, der das Gesamtgut verwaltet, ohne die erforderliche Zustimmung des anderen Ehegatten über ein zum Gesamtgut gehörendes Recht, so kann dieser das Recht gegen Dritte gerichtlich geltend machen; der Ehegatte, der das Gesamtgut verwaltet, braucht hierzu nicht mitzuwirken.

§ 1429 Notverwaltungsrecht. ¹Ist der Ehegatte, der das Gesamtgut verwaltet, durch Krankheit oder durch Abwesenheit verhindert, ein Rechtsgeschäft vorzunehmen, das sich auf das Gesamtgut bezieht, so kann der andere Ehegatte das Rechtsgeschäft vornehmen, wenn mit dem Aufschub Gefahr verbunden ist; er kann hierbei im eigenen Namen oder im Namen des verwaltenden Ehegatten handeln. ²Das Gleiche gilt für die Führung eines Rechtsstreits, der sich auf das Gesamtgut bezieht.

§ 1430 Ersetzung der Zustimmung des Verwalters. Verweigert der Ehegatte, der das Gesamtgut verwaltet, ohne ausreichenden Grund die Zustimmung zu einem Rechtsgeschäft, das der andere Ehegatte zur ordnungsmäßigen Besorgung seiner persönlichen Angelegenheiten vornehmen muss, aber ohne diese Zustimmung nicht mit Wirkung für das Gesamtgut vornehmen kann, so kann das Familiengericht die Zustimmung auf Antrag ersetzen.

§ 1431 Selbständiges Erwerbsgeschäft. (1) Hat der Ehegatte, der das Gesamtgut verwaltet, darin eingewilligt, dass der andere Ehegatte selbständig ein Erwerbsgeschäft betreibt, so ist seine Zustimmung zu solchen Rechtsgeschäften und Rechtsstreitigkeiten nicht erforderlich, die der Geschäftsbetrieb mit sich bringt. Einseitige Rechtsgeschäfte, die sich auf das Erwerbsgeschäft beziehen, sind dem Ehegatten gegenüber vorzunehmen, der das Erwerbsgeschäft betreibt.
(2) Weiß der Ehegatte, der das Gesamtgut verwaltet, dass der andere Ehegatte ein Erwerbsgeschäft betreibt, und hat er hiergegen keinen Einspruch eingelegt, so steht dies einer Einwilligung gleich.
(3) Dritten gegenüber ist ein Einspruch und der Widerruf der Einwilligung nur nach Maßgabe des § 1412 wirksam.

§ 1432 Annahme einer Erbschaft; Ablehnung von Vertragsantrag oder Schenkung. (1) ¹Ist dem Ehegatten, der das Gesamtgut nicht verwaltet, eine Erbschaft oder ein Vermächtnis angefallen, so ist nur er berechtigt, die Erbschaft oder das Vermächtnis anzunehmen oder auszuschlagen; die Zustimmung des anderen Ehegatten ist nicht erforderlich. ²Das Gleiche gilt von dem Verzicht auf den Pflichtteil oder auf den Ausgleich eines Zugewinns sowie von der Ablehnung eines Vertragsantrags oder einer Schenkung.
(2) Der Ehegatte, der das Gesamtgut nicht verwaltet, kann ein Inventar über eine ihm angefallene Erbschaft ohne Zustimmung des anderen Ehegatten errichten.

§ 1433 Fortsetzung eines Rechtsstreits. Der Ehegatte, der das Gesamtgut nicht verwaltet, kann ohne Zustimmung des anderen Ehegatten einen Rechtsstreit fortsetzen, der beim Eintritt der Gütergemeinschaft anhängig war.

§ 1434 Ungerechtfertigte Bereicherung des Gesamtguts. Wird durch ein Rechtsgeschäft, das ein Ehegatte ohne die erforderliche Zustimmung des anderen Ehegatten vornimmt, das Gesamtgut bereichert, so ist die Bereicherung nach den Vorschriften über die ungerechtfertigte Bereicherung aus dem Gesamtgut herauszugeben.

§ 1435 Pflichten des Verwalters. ¹Der Ehegatte hat das Gesamtgut ordnungsmäßig zu verwalten. ²Er hat den anderen Ehegatten über die Verwaltung zu unterrichten und ihm auf Verlangen über den Stand der Verwaltung Auskunft zu erteilen. ³Mindert sich das Gesamtgut, so muss er zu dem Gesamtgut Ersatz leisten, wenn er den Verlust verschuldet oder durch ein Rechtsgeschäft herbeigeführt hat, das er ohne die erforderliche Zustimmung des anderen Ehegatten vorgenommen hat.

§ 1436 Verwalter unter Vormundschaft oder Betreuung. Steht der Ehegatte, der das Gesamtgut verwaltet, unter Vormundschaft oder fällt die Verwaltung des Gesamtguts in den Aufgabenkreis seines Betreuers, so hat ihn der Vormund oder Betreuer in den Rechten und Pflichten zu vertreten, die sich aus der Verwaltung des Gesamtguts ergeben. Dies gilt auch dann, wenn der andere Ehegatte zum Vormund oder Betreuer bestellt ist.

§ 1437 Gesamtgutsverbindlichkeiten; persönliche Haftung. (1) Aus dem Gesamtgut können die Gläubiger des Ehegatten, der das Gesamtgut verwaltet, und, soweit sich aus den §§ 1438 bis 1440 nichts anderes ergibt, auch die Gläubiger des anderen Ehegatten Befriedigung verlangen (Gesamtgutsverbindlichkeiten).
(2) ¹Der Ehegatte, der das Gesamtgut verwaltet, haftet für die Verbindlichkeiten des anderen Ehegatten, die Gesamtgutsverbindlichkeiten sind, auch persönlich als Gesamtschuldner. ²Die Haftung erlischt mit der Beendigung der Gütergemeinschaft, wenn die Verbindlichkeiten im Verhältnis der Ehegatten zueinander dem anderen Ehegatten zur Last fallen.

§ 1438 Haftung des Gesamtguts. (1) Das Gesamtgut haftet für eine Verbindlichkeit aus einem Rechtsgeschäft, das während der Gütergemeinschaft vorgenommen wird, nur dann, wenn der Ehegatte, der das Gesamtgut verwaltet, das Rechtsgeschäft vornimmt oder wenn er ihm zustimmt oder wenn das Rechtsgeschäft ohne seine Zustimmung für das Gesamtgut wirksam ist.
(2) Für die Kosten eines Rechtsstreits haftet das Gesamtgut auch dann, wenn das Urteil dem Gesamtgut gegenüber nicht wirksam ist.

Gesamtgutsverbindlichkeiten, persönliche Haftung. Das Gesamtgut haftet für alle Verbindlichkeiten aus 1
den während der Gütergemeinschaft vorgenommenen Rechtsgeschäften, wenn sie durch den das Gesamtgut allein verwaltenden Ehegatten vorgenommen worden sind oder wenn der Verwalter oder der Ehegatte ihnen zugestimmt hat oder wenn sie gem § 1438 I ohne seine Zustimmung wirksam sind.
Nach § 1437 II haftet der das Gesamtgut verwaltende Ehegatte auch **persönlich gesamtschuldnerisch** neben 2
dem Gesamtgut, also auch mit seinem Sonder- oder Vorbehaltsgut, für solche Verbindlichkeiten, die Gesamtgutsverbindlichkeiten sind. Hierzu zählen auch Unterhaltsschulden.
Wird das Gesamtgut gemeinsam verwaltet, so gilt Ähnliches. § 1460 begründet die Haftung des Gesamtguts 3
für solche Rechtsgeschäfte, die während der Gütergemeinschaft vorgenommen worden und entweder wegen der Mitwirkung beider Ehegatten oder ggf auch ohne Zustimmung eines Ehegatten wirksam sind. § 1459 II begründet sodann die gesamtschuldnerische Haftung der Ehegatten persönlich neben dem Gesamtgut.
Sind die Verbindlichkeiten nur in der Person eines Ehegatten entstanden, so fallen sie im Innenverhältnis 4
auch nur diesem allein zur Last (§§ 1441, 1463), wobei der daraus resultierende Ausgleichsanspruch erst nach der Beendigung der Gütergemeinschaft fällig wird (§§ 1446, 1468).

§ 1439 Keine Haftung bei Erwerb einer Erbschaft. Das Gesamtgut haftet nicht für Verbindlichkeiten, die durch den Erwerb einer Erbschaft entstehen, wenn der Ehegatte, der Erbe ist, das Gesamtgut nicht verwaltet und die Erbschaft während der Gütergemeinschaft als Vorbehaltsgut oder als Sondergut erwirbt; das Gleiche gilt beim Erwerb eines Vermächtnisses.

§ 1440 Haftung für Vorbehalts- oder Sondergut. ¹Das Gesamtgut haftet nicht für eine Verbindlichkeit, die während der Gütergemeinschaft infolge eines zum Vorbehaltsgut oder Sondergut gehörenden Rechts oder des Besitzes einer dazu gehörenden Sache in der Person des Ehegatten entsteht, der das Gesamtgut nicht verwaltet. ²Das Gesamtgut haftet jedoch, wenn das Recht oder die Sache zu einem Erwerbsgeschäft gehört, das der Ehegatte mit Einwilligung des anderen Ehegatten selbständig betreibt, oder wenn die Verbindlichkeit zu den Lasten des Sonderguts gehört, die aus den Einkünften beglichen zu werden pflegen.

§ 1441 Haftung im Innenverhältnis. Im Verhältnis der Ehegatten zueinander fallen folgende Gesamtgutsverbindlichkeiten dem Ehegatten zur Last, in dessen Person sie entstehen:
1. die Verbindlichkeiten aus einer unerlaubten Handlung, die er nach Eintritt der Gütergemeinschaft begeht, oder aus einem Strafverfahren, das wegen einer solchen Handlung gegen ihn gerichtet wird;
2. die Verbindlichkeiten aus einem sich auf sein Vorbehaltsgut oder sein Sondergut beziehenden Rechtsverhältnis, auch wenn sie vor Eintritt der Gütergemeinschaft oder vor der Zeit entstanden sind, zu der das Gut Vorbehaltsgut oder Sondergut geworden ist;
3. die Kosten eines Rechtsstreits über eine der in den Nummern 1 und 2 bezeichneten Verbindlichkeiten.

§ 1442 Verbindlichkeiten des Sonderguts und eines Erwerbsgeschäfts. ¹Die Vorschrift des § 1441 Nr. 2, 3 gilt nicht, wenn die Verbindlichkeiten zu den Lasten des Sonderguts gehören, die aus den Einkünften beglichen zu werden pflegen. ²Die Vorschrift gilt auch dann nicht, wenn die Verbindlichkeiten durch den Betrieb eines für Rechnung des Gesamtguts geführten Erwerbsgeschäfts oder infolge eines zu einem solchen Erwerbsgeschäft gehörenden Rechts oder des Besitzes einer dazu gehörenden Sache entstehen.

§ 1443 Prozesskosten. (1) Im Verhältnis der Ehegatten zueinander fallen die Kosten eines Rechtsstreits, den die Ehegatten miteinander führen, dem Ehegatten zur Last, der sie nach allgemeinen Vorschriften zu tragen hat.
(2) ¹Führt der Ehegatte, der das Gesamtgut nicht verwaltet, einen Rechtsstreit mit einem Dritten, so fallen die Kosten des Rechtsstreits im Verhältnis der Ehegatten zueinander diesem Ehegatten zur Last. ²Die Kosten fallen jedoch dem Gesamtgut zur Last, wenn das Urteil dem Gesamtgut gegenüber wirksam ist oder wenn der Rechtsstreit eine persönliche Angelegenheit oder eine Gesamtgutsverbindlichkeit des Ehegatten betrifft und die Aufwendung der Kosten den Umständen nach geboten ist; § 1441 Nr. 3 und § 1442 bleiben unberührt.

§ 1444 Kosten der Ausstattung eines Kindes. (1) Verspricht oder gewährt der Ehegatte, der das Gesamtgut verwaltet, einem gemeinschaftlichen Kind aus dem Gesamtgut eine Ausstattung, so fällt ihm im Verhältnis der Ehegatten zueinander die Ausstattung zur Last, soweit sie das Maß übersteigt, das dem Gesamtgut entspricht.
(2) Verspricht oder gewährt der Ehegatte, der das Gesamtgut verwaltet, einem nicht gemeinschaftlichen Kind eine Ausstattung aus dem Gesamtgut, so fällt sie im Verhältnis der Ehegatten zueinander dem Vater oder der Mutter zur Last; für den Ehegatten, der das Gesamtgut nicht verwaltet, gilt dies jedoch nur insoweit, als er zustimmt oder die Ausstattung nicht das Maß übersteigt, das dem Gesamtgut entspricht.

§ 1445 Ausgleichung zwischen Vorbehalts-, Sonder- und Gesamtgut. (1) Verwendet der Ehegatte, der das Gesamtgut verwaltet, Gesamtgut in sein Vorbehaltsgut oder in sein Sondergut, so hat er den Wert des Verwendeten zum Gesamtgut zu ersetzen.
(2) Verwendet er Vorbehaltsgut oder Sondergut in das Gesamtgut, so kann er Ersatz aus dem Gesamtgut verlangen.

§ 1446 Fälligkeit des Ausgleichsanspruchs. (1) Was der Ehegatte, der das Gesamtgut verwaltet, zum Gesamtgut schuldet, braucht er erst nach der Beendigung der Gütergemeinschaft zu leisten; was er aus dem Gesamtgut zu fordern hat, kann er erst nach der Beendigung der Gütergemeinschaft fordern.
(2) Was der Ehegatte, der das Gesamtgut nicht verwaltet, zum Gesamtgut oder was er zum Vorbehaltsgut oder Sondergut des anderen Ehegatten schuldet, braucht er erst nach der Beendigung der Gütergemeinschaft zu leisten; er hat die Schuld jedoch schon vorher zu berichten, soweit sein Vorbehaltsgut und sein Sondergut hierzu ausreichen.

§ 1447 Aufhebungsklage des nicht verwaltenden Ehegatten. Der Ehegatte, der das Gesamtgut nicht verwaltet, kann auf Aufhebung der Gütergemeinschaft klagen,
1. wenn seine Rechte für die Zukunft dadurch erheblich gefährdet werden können, dass der andere Ehegatte zur Verwaltung des Gesamtguts unfähig ist oder sein Recht, das Gesamtgut zu verwalten, missbraucht,
2. wenn der andere Ehegatte seine Verpflichtung, zum Familienunterhalt beizutragen, verletzt hat und für die Zukunft eine erhebliche Gefährdung des Unterhalts zu besorgen ist,
3. wenn das Gesamtgut durch Verbindlichkeiten, die in der Person des anderen Ehegatten entstanden sind, in solchem Maße überschuldet ist, dass ein späterer Erwerb des Ehegatten, der das Gesamtgut nicht verwaltet, erheblich gefährdet wird,
4. wenn die Verwaltung des Gesamtguts in den Aufgabenkreis des Betreuers des anderen Ehegatten fällt.

§ 1448 Aufhebungsklage des Verwalters. Der Ehegatte, der das Gesamtgut verwaltet, kann auf Aufhebung der Gütergemeinschaft klagen, wenn das Gesamtgut infolge von Verbindlichkeiten des anderen Ehegatten, die diesem im Verhältnis der Ehegatten zueinander zur Last fallen, in solchem Maße überschuldet ist, dass ein späterer Erwerb erheblich gefährdet wird.

§ 1449 Wirkung der richterlichen Aufhebungsentscheidung. (1) Mit der Rechtskraft der richterlichen Entscheidung ist die Gütergemeinschaft aufgehoben; für die Zukunft gilt Gütertrennung.
(2) Dritten gegenüber ist die Aufhebung der Gütergemeinschaft nur nach Maßgabe des § 1412 wirksam.

A. Umfang der Verwalterbefugnisse. Ist ein Ehegatte allein zur Verwaltung des Gesamtgutes befugt, kann er grds auch allein hierüber verfügen. Rechtsstreitigkeiten führt er als **Prozessstandschafter** im eigenen Namen, kann allerdings nur das Gesamtgut, nicht auch den anderen Ehegatten persönlich verpflichten (§ 1422). Sofern allerdings eine Prozesshandlung zugleich ein Rechtsgeschäft beinhaltet (zB Prozessvergleich, Verzicht oder Anerkenntnis), das unter §§ 1423 – 1425 fällt, also eine Verfügung über das Gesamtgut im Ganzen (§ 1423), über Grundstücke, Schiffe oder Schiffsbauwerke (§ 1424) oder eine Schenkung (§ 1425) ist, ist die Zustimmung des anderen Ehegatten erforderlich (Staud/*Thiele* § 1422 Rz 27). 1

In **Passivprozessen** ist der Verwalter persönlich zu verklagen, wobei das gegen ihn erstrittene Urt die Vollstreckung in das Gesamtgut ermöglicht. 2

B. Rechte und Pflichten des Verwalters. Der Verwalter ist zur umfassenden Verwaltung des Gesamtguts berechtigt (§ 1422), aber auch verpflichtet. Ihn trifft die Pflicht zur ordnungsgemäßen Verwaltung, zur Erhaltung und Mehrung des Wertes des Gesamtguts und zur Auskunftserteilung ggü dem nicht verwaltenden Ehegatten (§ 1435). 3

Mindert sich der Wert des Gesamtguts durch unerlaubte einseitige Maßnahmen (§§ 1423–1425) oder durch schuldhaftes Verhalten des Verwalters, so begründet dies die Verpflichtung zur Leistung von Schadensersatz (§ 1435 III). Wegen des Verschuldensmaßstabes gilt allerdings die Haftungserleichterung nach § 1359. 4

Der Verwalter ist insb berechtigt, das Gesamtgut allein in Besitz zu nehmen, wobei das **Besitzrecht** nicht schrankenlos ist und unter dem Vorbehalt der Anforderungen nach § 1353 steht (Staud/*Thiele* § 1422 Rz 13). Deshalb sind alle Gegenstände dem Alleinbesitz des Verwalters entzogen, die dem gemeinsamen Gebrauch gewidmet sind, wie die Ehewohnung oder die Haushaltsgegenstände. Insoweit besteht Mitbesitz beider Ehegatten (Staud/*Thiele* § 1422 Rz 13). Für die **Vollstreckung** in das Gesamtgut bedarf es eines Titels nur gegen den verwaltenden Ehegatten (Zweibr FamRZ 09, 1910). 5

C. Schutz des nicht verwaltenden Ehegatten. I. Allgemeines. Dem Schutz des nicht verwaltenden Ehegatten dienen die Vorschriften der §§ 1427, 1428, die Regelungen für den Fall der **Überschreitung der Verwalterbefugnisse** beinhalten und iÜ § 1435 3, der den Verwalter ggf zur Leistung von **Schadensersatz** verpflichtet. Daneben folgt bei Alleinverwaltung ein Auskunftsanspruch der nichtverwaltenden Ehegatten aus § 1435, der jedoch nicht gegen Dritte besteht (LG Kleve FamRZ 05, 275). 6

II. Zustimmungspflichtige Verfügungen. 1. Erfordernis der Zustimmung durch den nicht verwaltenden Ehegatten (§§ 1424, 1425). Verwehrt ist dem Verwalter die Alleinverfügung über das **Gesamtgut im Ganzen**, wozu er der Einwilligung des nicht verwaltenden Ehegatten bedarf (§ 1423). Der Begriff des Gesamtgutes im Ganzen ist ähnl wie der des Vermögens im Ganzen zu verstehen, wie er in § 1365 für die Zugewinngemeinschaft verwendet wird. Über das Gesamtgut im Ganzen wird deshalb dann nicht verfügt, wenn – je nach wirtschaftlichen Verhältnissen – nach der Verfügung noch zwischen 10 und 15% des Gesamtguts verbleiben (BGH NJW 91, 1739). 7

Der Zustimmung des nicht verwaltenden Ehegatten bedürfen darüber hinaus auch Verfügungen über zum Gesamtgut gehörende **Grundstücke** (§ 1424) sowie **Schenkungen** aus dem Gesamtgut (§ 1425). Von Letzteren ausgenommen sind Schenkungen, durch die einer sittlichen Pflicht oder einer auf den Anstand zu nehmenden Rücksicht entsprochen wird (§ 1425 II). 8

9 **2. Ersetzung der Zustimmung des nicht verwaltenden Ehegatten (§ 1426).** Ist ein zustimmungspflichtiges Rechtsgeschäft zur ordnungsmäßigen Verwaltung des Gesamtguts erforderlich und verweigert der nicht verwaltende Ehegatte seine Zustimmung hierzu ohne ausreichenden Grund oder weil er durch Krankheit oder Abwesenheit an der Abgabe der Zustimmungserklärung gehindert ist, so kann diese auf Antrag des Verwalters durch das Familiengericht ersetzt werden, wenn mit dem Aufschub Gefahr verbunden wäre (§ 1426). Das ist zB dann der Fall, wenn ein Anspruch zu verjähren droht oder wenn das Unterlassen eines Rechtsgeschäfts die Verpflichtung auslösen würde, Schadensersatz wegen Nichterfüllung zu leisten (Staud/*Thiele* § 1426 Rz 18).

10 **3. Ersetzung der Zustimmung des verwaltenden Ehegatten (§§ 1429, 1430).** Der nicht verwaltende Ehegatte hat dagegen im Falle der Verhinderung des Verwalters ein „**Notverwaltungsrecht**" (§ 1429). Dieses ermächtigt ihn iSe gesetzlichen Stellvertretung auf das Gesamtgut bezogene Rechtsgeschäfte vorzunehmen, wenn mit deren Aufschub Gefahr verbunden wäre. Nach § 1430 kann die Zustimmung des Verwalters zu solchen Rechtsgeschäften durch das Familiengericht ersetzt werden, die der nicht verwaltende Ehegatte zur ordnungsgemäßen Besorgung persönlicher Angelegenheiten vornehmen muss, ohne die Zustimmung des Verwalters aber nicht vornehmen kann. Hierzu rechnen etwa die Vorbereitung und Erledigung von Ehesachen (KG JW 34, 908) oder die Durchsetzung von Unterhaltsansprüchen gegen den Verwalter oder Dritte (Staud/*Thiele* § 1430 Rz 8).

11 **4. Rechtsgeschäfte ohne die Zustimmung des Verwalters (§§ 1431 – 1433).** Schließlich kann der nicht verwaltende Ehegatte in bestimmten Fällen auch ohne die Zustimmung des Verwalters tätig werden. Nach § 1431 bedarf es der Zustimmung des Verwalters nämlich dann nicht, wenn der Verwalter darin eingewilligt hat, dass der andere Ehegatte ein Erwerbsgeschäft betreibt und dieser Rechtsgeschäfte oder Rechtsstreitigkeiten vornehmen bzw führen möchte, die dieses Erwerbsgeschäft mit sich bringt. Weiter ist der nicht verwaltende Ehegatte nach § 1432 berechtigt, ohne Zustimmung des Verwalters eine Erbschaft oder ein Vermächtnis anzunehmen oder auszuschlagen, auf einen Pflichtteil oder den Ausgleich des Zugewinns zu verzichten, einen Vertragsantrag oder eine Schenkung abzulehnen sowie nach § 1433 einen Rechtsstreit fortzuführen, der beim Eintritt der Gütergemeinschaft bereits anhängig war.

Unterkapitel 3 Gemeinschaftliche Verwaltung des Gesamtguts durch die Ehegatten

Kommentierung s. nach § 1470

§ 1450 Gemeinschaftliche Verwaltung durch die Ehegatten.
(1) ¹Wird das Gesamtgut von den Ehegatten gemeinschaftlich verwaltet, so sind die Ehegatten insbesondere nur gemeinschaftlich berechtigt, über das Gesamtgut zu verfügen und Rechtsstreitigkeiten zu führen, die sich auf das Gesamtgut beziehen. ²Der Besitz an den zum Gesamtgut gehörenden Sachen gebührt den Ehegatten gemeinschaftlich.
(2) Ist eine Willenserklärung den Ehegatten gegenüber abzugeben, so genügt die Abgabe gegenüber einem Ehegatten.

§ 1451 Mitwirkungspflicht beider Ehegatten.
Jeder Ehegatte ist dem anderen gegenüber verpflichtet, zu Maßregeln mitzuwirken, die zur ordnungsmäßigen Verwaltung des Gesamtguts erforderlich sind.

§ 1452 Ersetzung der Zustimmung.
(1) Ist zur ordnungsmäßigen Verwaltung des Gesamtguts die Vornahme eines Rechtsgeschäfts oder die Führung eines Rechtsstreits erforderlich, so kann das Familiengericht auf Antrag eines Ehegatten die Zustimmung des anderen Ehegatten ersetzen, wenn dieser sie ohne ausreichenden Grund verweigert.
(2) Die Vorschrift des Absatzes 1 gilt auch, wenn zur ordnungsmäßigen Besorgung der persönlichen Angelegenheiten eines Ehegatten ein Rechtsgeschäft erforderlich ist, das der Ehegatte mit Wirkung für das Gesamtgut nicht ohne Zustimmung des anderen Ehegatten vornehmen kann.

§ 1453 Verfügung ohne Einwilligung.
(1) Verfügt ein Ehegatte ohne die erforderliche Einwilligung des anderen Ehegatten über das Gesamtgut, so gelten die Vorschriften des § 1366 Abs. 1, 3, 4 und des § 1367 entsprechend.
(2) ¹Einen Vertrag kann der Dritte bis zur Genehmigung widerrufen. ²Hat er gewusst, dass der Ehegatte in Gütergemeinschaft lebt, so kann er nur widerrufen, wenn dieser wahrheitswidrig behauptet hat, der andere Ehegatte habe eingewilligt; er kann auch in diesem Falle nicht widerrufen, wenn ihm beim Abschluss des Vertrages bekannt war, dass der andere Ehegatte nicht eingewilligt hatte.

§ 1454 Notverwaltungsrecht. ¹Ist ein Ehegatte durch Krankheit oder Abwesenheit verhindert, bei einem Rechtsgeschäft mitzuwirken, das sich auf das Gesamtgut bezieht, so kann der andere Ehegatte das Rechtsgeschäft vornehmen, wenn mit dem Aufschub Gefahr verbunden ist; er kann hierbei im eigenen Namen oder im Namen beider Ehegatten handeln. ²Das Gleiche gilt für die Führung eines Rechtsstreits, der sich auf das Gesamtgut bezieht.

§ 1455 Verwaltungshandlungen ohne Mitwirkung des anderen Ehegatten. Jeder Ehegatte kann ohne Mitwirkung des anderen Ehegatten
1. eine ihm angefallene Erbschaft oder ein ihm angefallenes Vermächtnis annehmen oder ausschlagen,
2. auf seinen Pflichtteil oder auf den Ausgleich eines Zugewinns verzichten,
3. ein Inventar über eine ihm oder dem anderen Ehegatten angefallene Erbschaft errichten, es sei denn, dass die dem anderen Ehegatten angefallene Erbschaft zu dessen Vorbehaltsgut oder Sondergut gehört,
4. einen ihm gemachten Vertragsantrag oder eine ihm gemachte Schenkung ablehnen,
5. ein sich auf das Gesamtgut beziehendes Rechtsgeschäft gegenüber dem anderen Ehegatten vornehmen,
6. ein zum Gesamtgut gehörendes Recht gegen den anderen Ehegatten gerichtlich geltend machen,
7. einen Rechtsstreit fortsetzen, der beim Eintritt der Gütergemeinschaft anhängig war,
8. ein zum Gesamtgut gehörendes Recht gegen einen Dritten gerichtlich geltend machen, wenn der andere Ehegatte ohne die erforderliche Zustimmung über das Recht verfügt hat,
9. ein Widerspruchsrecht gegenüber einer Zwangsvollstreckung in das Gesamtgut gerichtlich geltend machen,
10. die zur Erhaltung des Gesamtguts notwendigen Maßnahmen treffen, wenn mit dem Aufschub Gefahr verbunden ist.

§ 1456 Selbständiges Erwerbsgeschäft. (1) ¹Hat ein Ehegatte darin eingewilligt, dass der andere Ehegatte selbständig ein Erwerbsgeschäft betreibt, so ist seine Zustimmung zu solchen Rechtsgeschäften und Rechtsstreitigkeiten nicht erforderlich, die der Geschäftsbetrieb mit sich bringt. ²Einseitige Rechtsgeschäfte, die sich auf das Erwerbsgeschäft beziehen, sind dem Ehegatten gegenüber vorzunehmen, der das Erwerbsgeschäft betreibt.
(2) Weiß ein Ehegatte, dass der andere ein Erwerbsgeschäft betreibt, und hat er hiergegen keinen Einspruch eingelegt, so steht dies einer Einwilligung gleich.
(3) Dritten gegenüber ist ein Einspruch und der Widerruf der Einwilligung nur nach Maßgabe des § 1412 wirksam.

§ 1457 Ungerechtfertigte Bereicherung des Gesamtguts. Wird durch ein Rechtsgeschäft, das ein Ehegatte ohne die erforderliche Zustimmung des anderen Ehegatten vornimmt, das Gesamtgut bereichert, so ist die Bereicherung nach den Vorschriften über die ungerechtfertigte Bereicherung aus dem Gesamtgut herauszugeben.

§ 1458 Vormundschaft über einen Ehegatten. Solange ein Ehegatte unter elterlicher Sorge oder unter Vormundschaft steht, verwaltet der andere Ehegatte das Gesamtgut allein; die Vorschriften der §§ 1422 bis 1499 sind anzuwenden.

§ 1459 Gesamtgutsverbindlichkeiten; persönliche Haftung. (1) Die Gläubiger des Mannes und die Gläubiger der Frau können, soweit sich aus den §§ 1460 bis 1462 nichts anderes ergibt, aus dem Gesamtgut Befriedigung verlangen (Gesamtgutsverbindlichkeiten).
(2) ¹Für die Gesamtgutsverbindlichkeiten haften die Ehegatten auch persönlich als Gesamtschuldner. ²Fallen die Verbindlichkeiten im Verhältnis der Ehegatten zueinander einem der Ehegatten zur Last, so erlischt die Verbindlichkeit des anderen Ehegatten mit der Beendigung der Gütergemeinschaft.

§ 1460 Haftung des Gesamtguts. (1) Das Gesamtgut haftet für eine Verbindlichkeit aus einem Rechtsgeschäft, das ein Ehegatte während der Gütergemeinschaft vornimmt, nur dann, wenn der andere Ehegatte dem Rechtsgeschäft zustimmt oder wenn das Rechtsgeschäft ohne seine Zustimmung für das Gesamtgut wirksam ist.
(2) Für die Kosten eines Rechtsstreits haftet das Gesamtgut auch dann, wenn das Urteil dem Gesamtgut gegenüber nicht wirksam ist.

§ 1461 Keine Haftung bei Erwerb einer Erbschaft. Das Gesamtgut haftet nicht für Verbindlichkeiten eines Ehegatten, die durch den Erwerb einer Erbschaft oder eines Vermächtnisses entstehen, wenn der Ehegatte die Erbschaft oder das Vermächtnis während der Gütergemeinschaft als Vorbehaltsgut oder als Sondergut erwirbt.

§ 1462 Haftung für Vorbehalts- oder Sondergut. ¹Das Gesamtgut haftet nicht für eine Verbindlichkeit eines Ehegatten, die während der Gütergemeinschaft infolge eines zum Vorbehaltsgut oder zum Sondergut gehörenden Rechts oder des Besitzes einer dazu gehörenden Sache entsteht. ²Das Gesamtgut haftet jedoch, wenn das Recht oder die Sache zu einem Erwerbsgeschäft gehört, das ein Ehegatte mit Einwilligung des anderen Ehegatten selbständig betreibt, oder wenn die Verbindlichkeit zu den Lasten des Sonderguts gehört, die aus den Einkünften beglichen zu werden pflegen.

§ 1463 Haftung im Innenverhältnis. Im Verhältnis der Ehegatten zueinander fallen folgende Gesamtgutsverbindlichkeiten dem Ehegatten zur Last, in dessen Person sie entstehen:
1. die Verbindlichkeiten aus einer unerlaubten Handlung, die er nach Eintritt der Gütergemeinschaft begeht, oder aus einem Strafverfahren, das wegen einer solchen Handlung gegen ihn gerichtet wird,
2. die Verbindlichkeiten aus einem sich auf sein Vorbehaltsgut oder sein Sondergut beziehenden Rechtsverhältnis, auch wenn sie vor Eintritt der Gütergemeinschaft oder vor der Zeit entstanden sind, zu der das Gut Vorbehaltsgut oder Sondergut geworden ist,
3. die Kosten eines Rechtsstreits über eine der in den Nummern 1 und 2 bezeichneten Verbindlichkeiten.

Wegen der Haftung des Gesamtguts sowie der persönlichen Haftung der Eheleute für Gesamtgutsverbindlichkeiten wird auf § 1438 Rn 1 ff verwiesen.

§ 1464 Verbindlichkeiten des Sondergutes und eines Erwerbsgeschäfts. ¹Die Vorschrift des § 1463 Nr. 2, 3 gilt nicht, wenn die Verbindlichkeiten zu den Lasten des Sonderguts gehören, die aus den Einkünften beglichen zu werden pflegen. ²Die Vorschrift gilt auch dann nicht, wenn die Verbindlichkeiten durch den Betrieb eines für Rechnung des Gesamtguts geführten Erwerbsgeschäfts oder infolge eines zu einem solchen Erwerbsgeschäft gehörenden Rechts oder des Besitzes einer dazu gehörenden Sache entstehen.

§ 1465 Prozesskosten. (1) Im Verhältnis der Ehegatten zueinander fallen die Kosten eines Rechtsstreits, den die Ehegatten miteinander führen, dem Ehegatten zur Last, der sie nach allgemeinen Vorschriften zu tragen hat.
(2) ¹Führt ein Ehegatte einen Rechtsstreit mit einem Dritten, so fallen die Kosten des Rechtsstreits im Verhältnis der Ehegatten zueinander dem Ehegatten zur Last, der den Rechtsstreit führt. ²Die Kosten fallen jedoch dem Gesamtgut zur Last, wenn das Urteil dem Gesamtgut gegenüber wirksam ist oder wenn der Rechtsstreit eine persönliche Angelegenheit oder eine Gesamtgutsverbindlichkeit des Ehegatten betrifft und die Aufwendung der Kosten den Umständen nach geboten ist; § 1463 Nr. 3 und § 1464 bleiben unberührt.

§ 1466 Kosten der Ausstattung eines nicht gemeinschaftlichen Kindes. Im Verhältnis der Ehegatten zueinander fallen die Kosten der Ausstattung eines nicht gemeinschaftlichen Kindes dem Vater oder der Mutter des Kindes zur Last.

§ 1467 Ausgleichung zwischen Vorbehalts-, Sonder- und Gesamtgut. (1) Verwendet ein Ehegatte Gesamtgut in sein Vorbehaltsgut oder in sein Sondergut, so hat er den Wert des Verwendeten zum Gesamtgut zu ersetzen.
(2) Verwendet ein Ehegatte Vorbehaltsgut oder Sondergut in das Gesamtgut, so kann er Ersatz aus dem Gesamtgut verlangen.

§ 1468 Fälligkeit des Ausgleichsanspruchs. Was ein Ehegatte zum Gesamtgut oder was er zum Vorbehaltsgut oder Sondergut des anderen Ehegatten schuldet, braucht er erst nach Beendigung der Gütergemeinschaft zu leisten; soweit jedoch das Vorbehaltsgut und das Sondergut des Schuldners ausreichen, hat er die Schuld schon vorher zu berichtigen.

§ 1469 Aufhebungsklage. Jeder Ehegatte kann auf Aufhebung der Gütergemeinschaft klagen,
1. wenn seine Rechte für die Zukunft dadurch erheblich gefährdet werden können, dass der andere Ehegatte ohne seine Mitwirkung Verwaltungshandlungen vornimmt, die nur gemeinschaftlich vorgenommen werden dürfen,
2. wenn der andere Ehegatte sich ohne ausreichenden Grund beharrlich weigert, zur ordnungsmäßigen Verwaltung des Gesamtguts mitzuwirken,
3. wenn der andere Ehegatte seine Verpflichtung, zum Familienunterhalt beizutragen, verletzt hat und für die Zukunft eine erhebliche Gefährdung des Unterhalts zu besorgen ist,
4. wenn das Gesamtgut durch Verbindlichkeiten, die in der Person des anderen Ehegatten entstanden sind und diesem im Verhältnis der Ehegatten zueinander zur Last fallen, in solchem Maße überschuldet ist, dass sein späterer Erwerb erheblich gefährdet wird,

5. wenn die Wahrnehmung eines Rechts des anderen Ehegatten, das sich aus der Gütergemeinschaft ergibt, vom Aufgabenkreis eines Betreuers erfasst wird.

§ 1470 Wirkung der richterlichen Aufhebungsentscheidung.
(1) Mit der Rechtskraft der richterlichen Aufhebungsentscheidung ist die Gütergemeinschaft aufgehoben; für die Zukunft gilt Gütertrennung.
(2) Dritten gegenüber ist die Aufhebung der Gütergemeinschaft nur nach Maßgabe des § 1412 wirksam.

A. Gemeinsame Verwaltung des Gesamtguts. Verwalten die Eheleute das Gesamtgut gemeinsam, so müssen alle Verfügungen gemeinsam getroffen werden. Dieses Erfordernis kann nur durch gegenseitige Bevollmächtigungen aufgelockert werden, die aber auch stillschweigend erteilt werden können (Stuttg FamRZ 09, 974). Einseitig vorgenommene Verfügungen sind unwirksam (§§ 1453 I, 1366). Soll in das gemeinsam verwaltete Gesamtgut vollstreckt werden, bedarf es eines Titels gegen beide Eheleute, der sich nicht zwingend aus nur einer Urkunde ergeben muss (Zweibr FamRZ 09, 1910). 1

Nur für die Entgegennahme von **Willenserklärungen** reicht es nach § 1450 II aus, dass diese nur einem Ehegatten ggü abgegeben werden. Der Besitz an zum Gesamtgut rechnenden Sachen gebührt beiden Ehegatten gemeinschaftlich (§ 1450 I 2). 2

B. Ersetzung der Mitwirkung des anderen Ehegatten. Streiten die Eheleute über Verwaltungsmaßnahmen und kann die für eine Verfügung erforderliche Gemeinsamkeit nicht hergestellt werden, so kann die zu treffende Entscheidung ggf durch das **Familiengericht** ersetzt werden (§ 1452). Die Voraussetzung hierfür ist dann gegeben, wenn ein Ehegatte seine Mitwirkung ohne ausreichenden Grund verweigert, obwohl iRe ordnungsgemäßen Verwaltung des Gesamtgutes ein Rechtsgeschäft vorzunehmen oder ein Rechtsstreit zu führen wäre. Hierzu rechnen auch Streitigkeiten um den Trennungsunterhaltsanspruch eines Ehegatten (BGH FamRZ 91, 468; BayObLG FamRZ 01, 1214; vgl o § 1420 Rn 1 ff). 3

C. Verwaltungshandlungen ohne Mitwirkung des anderen. 1. Notverwaltungsrecht. In Ausnahmefällen kann auch bei gemeinschaftlicher Verwaltung ein Ehegatte allein tätig werden. Das gilt einmal für das „**Notverwaltungsrecht**" im Falle der Verhinderung des anderen Ehegatten (§ 1454). Hiernach ist das Alleinhandeln dann zulässig, wenn mit dem Aufschub Gefahr verbunden wäre. 4

2. Entbehrlichkeit der Mitwirkung in sonstigen Fällen. Weiter begründet § 1455 ein Recht zur alleinigen Verwaltung im jeweils **persönlichen Bereich** der Ehegatten. Danach kann jeder Ehegatte allein eine ihm angefallene Erbschaft oder ein ihm angefallenes Vermächtnis annehmen oder ausschlagen, auf seinen Pflichtteil oder den Zugewinnausgleich verzichten, einen ihm angetragenen Vertragsantrag oder eine Schenkung ablehnen sowie einen beim Eintritt in die Gütergemeinschaft bereits anhängigen Rechtsstreit fortsetzen und ein zum Gesamtgut gehörendes Recht gegen den anderen Ehegatten durchsetzen. 5

Nach § 1455 Nr 10 kann er, wenn zum Gesamtgut Anteile der Ehegatten an einer GmbH gehören, allein berechtigt sein, in der Gesellschafterversammlung gefasste **rechtswidrige Beschlüsse** auch gegen den Willen des anderen Ehegatten gerichtlich anzufechten (Saarbr FPR 02, 189). 6

Nach § 1456 ist die Zustimmung des anderen Ehegatten für solche Rechtsgeschäfte und Rechtsstreitigkeiten entbehrlich, die der Betrieb eines mit Zustimmung des anderen Ehegatten betriebenen **selbständigen Erwerbsgeschäfts** nur eines Ehegatten mit sich bringt. Nach § 1458 darf ein Ehegatte das Gesamtgut schließlich dann allein verwalten, wenn und solange der andere unter elterlicher Sorge oder Vormundschaft steht. Die Norm ist aber nicht anwendbar, wenn für den Ehegatten ein Betreuer bestellt ist (BayObLG Pfleger 05, 140). 7

Unterkapitel 4   Auseinandersetzung des Gesamtgutes

Kommentierung s. nach § 1482

§ 1471 Beginn der Auseinandersetzung.
(1) Nach der Beendigung der Gütergemeinschaft setzen sich die Ehegatten über das Gesamtgut auseinander.
(2) Bis zur Auseinandersetzung gilt für das Gesamtgut die Vorschrift des § 1419.

§ 1472 Gemeinschaftliche Verwaltung des Gesamtguts.
(1) Bis zur Auseinandersetzung verwalten die Ehegatten das Gesamtgut gemeinschaftlich.
(2) ¹Jeder Ehegatte darf das Gesamtgut in derselben Weise wie vor der Beendigung der Gütergemeinschaft verwalten, bis er von der Beendigung Kenntnis erlangt oder sie kennen muss. ²Ein Dritter kann sich hierauf nicht berufen, wenn er bei der Vornahme eines Rechtsgeschäfts weiß oder wissen muss, dass die Gütergemeinschaft beendet ist.

(3) Jeder Ehegatte ist dem anderen gegenüber verpflichtet, zu Maßregeln mitzuwirken, die zur ordnungsmäßigen Verwaltung des Gesamtguts erforderlich sind; die zur Erhaltung notwendigen Maßregeln kann jeder Ehegatte allein treffen.
(4) ¹Endet die Gütergemeinschaft durch den Tod eines Ehegatten, so hat der überlebende Ehegatte die Geschäfte, die zur ordnungsmäßigen Verwaltung erforderlich sind und nicht ohne Gefahr aufgeschoben werden können, so lange zu führen, bis der Erbe anderweit Fürsorge treffen kann. ²Diese Verpflichtung besteht nicht, wenn der verstorbene Ehegatte das Gesamtgut allein verwaltet hat.

§ 1473 Unmittelbare Ersetzung. (1) Was auf Grund eines zum Gesamtgut gehörenden Rechts oder als Ersatz für die Zerstörung, Beschädigung oder Entziehung eines zum Gesamtgut gehörenden Gegenstands oder durch ein Rechtsgeschäft erworben wird, das sich auf das Gesamtgut bezieht, wird Gesamtgut.
(2) Gehört eine Forderung, die durch Rechtsgeschäft erworben ist, zum Gesamtgut, so braucht der Schuldner dies erst dann gegen sich gelten zu lassen, wenn er erfährt, dass die Forderung zum Gesamtgut gehört; die Vorschriften der §§ 406 bis 408 sind entsprechend anzuwenden.

§ 1474 Durchführung der Auseinandersetzung. Die Ehegatten setzen sich, soweit sie nichts anderes vereinbaren, nach den §§ 1475 bis 1481 auseinander.

§ 1475 Berichtigung der Gesamtgutsverbindlichkeiten. (1) ¹Die Ehegatten haben zunächst die Gesamtgutsverbindlichkeiten zu berichtigen. ²Ist eine Verbindlichkeit noch nicht fällig oder ist sie streitig, so müssen die Ehegatten zurückbehalten, was zur Berichtigung dieser Verbindlichkeit erforderlich ist.
(2) Fällt eine Gesamtgutsverbindlichkeit im Verhältnis der Ehegatten zueinander einem der Ehegatten allein zur Last, so kann dieser nicht verlangen, dass die Verbindlichkeit aus dem Gesamtgut berichtigt wird.
(3) Das Gesamtgut ist in Geld umzusetzen, soweit dies erforderlich ist, um die Gesamtgutsverbindlichkeiten zu berichtigen.

§ 1476 Teilung des Überschusses. (1) Der Überschuss, der nach der Berichtigung der Gesamtgutsverbindlichkeiten verbleibt, gebührt den Ehegatten zu gleichen Teilen.
(2) ¹Was einer der Ehegatten zum Gesamtgut zu ersetzen hat, muss er sich auf seinen Teil anrechnen lassen. ²Soweit er den Ersatz nicht auf diese Weise leistet, bleibt er dem anderen Ehegatten verpflichtet.

§ 1477 Durchführung der Teilung. (1) Der Überschuss wird nach den Vorschriften über die Gemeinschaft geteilt.
(2) ¹Jeder Ehegatte kann gegen Ersatz des Wertes die Sachen übernehmen, die ausschließlich zu seinem persönlichen Gebrauch bestimmt sind, insbesondere Kleider, Schmucksachen und Arbeitsgeräte. ²Das Gleiche gilt für die Gegenstände, die ein Ehegatte in die Gütergemeinschaft eingebracht oder während der Gütergemeinschaft durch Erbfolge, durch Vermächtnis oder mit Rücksicht auf ein künftiges Erbrecht, durch Schenkung oder als Ausstattung erworben hat.

§ 1478 Auseinandersetzung nach Scheidung. (1) Ist die Ehe geschieden, bevor die Auseinandersetzung beendet ist, so ist auf Verlangen eines Ehegatten jedem von ihnen der Wert dessen zurückzuerstatten, was er in die Gütergemeinschaft eingebracht hat; reicht hierzu der Wert des Gesamtguts nicht aus, so ist der Fehlbetrag von den Ehegatten nach dem Verhältnis des Wertes des von ihnen Eingebrachten zu tragen.
(2) Als eingebracht sind anzusehen
1. die Gegenstände, die einem Ehegatten beim Eintritt der Gütergemeinschaft gehört haben,
2. die Gegenstände, die ein Ehegatte von Todes wegen oder mit Rücksicht auf ein künftiges Erbrecht, durch Schenkung oder als Ausstattung erworben hat, es sei denn, dass der Erwerb den Umständen nach zu den Einkünften zu rechnen war,
3. die Rechte, die mit dem Tode eines Ehegatten erlöschen oder deren Erwerb durch den Tod eines Ehegatten bedingt ist.
(3) Der Wert des Eingebrachten bestimmt sich nach der Zeit der Einbringung.

§ 1479 Auseinandersetzung nach richterlicher Aufhebungsentscheidung. Wird die Gütergemeinschaft auf Grund der §§ 1447, 1448 oder des § 1469 durch richterliche Entscheidung aufgehoben, so kann der Ehegatte, der die richterliche Entscheidung erwirkt hat, verlangen, dass die Auseinandersetzung so erfolgt, wie wenn der Anspruch auf Auseinandersetzung in dem Zeitpunkt rechtshängig geworden wäre, in dem die Klage auf Aufhebung der Gütergemeinschaft erhoben ist.

§ 1480 Haftung nach der Teilung gegenüber Dritten. ¹Wird das Gesamtgut geteilt, bevor eine Gesamtgutsverbindlichkeit berichtigt ist, so haftet dem Gläubiger auch der Ehegatte persönlich als Gesamtschuldner, für den zur Zeit der Teilung eine solche Haftung nicht besteht. ²Seine Haftung beschränkt sich auf die ihm zugeteilten Gegenstände; die für die Haftung des Erben geltenden Vorschriften der §§ 1990, 1991 sind entsprechend anzuwenden.

§ 1481 Haftung der Ehegatten untereinander. (1) Wird das Gesamtgut geteilt, bevor eine Gesamtgutsverbindlichkeit berichtigt ist, die im Verhältnis der Ehegatten zueinander dem Gesamtgut zur Last fällt, so hat der Ehegatte, der das Gesamtgut während der Gütergemeinschaft allein verwaltet hat, dem anderen Ehegatten dafür einzustehen, dass dieser weder über die Hälfte der Verbindlichkeiten noch über das aus dem Gesamtgut Erlangte hinaus in Anspruch genommen wird.
(2) Haben die Ehegatten das Gesamtgut während der Gütergemeinschaft gemeinschaftlich verwaltet, so hat jeder Ehegatte dem anderen dafür einzustehen, dass dieser von dem Gläubiger nicht über die Hälfte der Verbindlichkeit hinaus in Anspruch genommen wird.
(3) Fällt die Verbindlichkeit im Verhältnis der Ehegatten zueinander einem der Ehegatten zur Last, so hat dieser dem anderen dafür einzustehen, dass der andere Ehegatte von dem Gläubiger nicht in Anspruch genommen wird.

§ 1482 Eheauflösung durch Tod. ¹Wird die Ehe durch den Tod eines Ehegatten aufgelöst, so gehört der Anteil des verstorbenen Ehegatten am Gesamtgut zum Nachlass. ²Der verstorbene Ehegatte wird nach den allgemeinen Vorschriften beerbt.

A. Beendigung der Gütergemeinschaft. I. Arten der Beendigung. 1. Beendigung durch Ehevertrag. Die 1
Gütergemeinschaft kann dadurch beendet werden, dass die Eheleute einen neuen Ehevertrag abschließen, mit dem sie die Aufhebung der Gütergemeinschaft vereinbaren. Wird hierin außer der Aufhebung der Gütergemeinschaft nichts über einen anderweitig gewollten Güterstand geregelt, so gilt zwischen den Ehegatten fortan **Gütertrennung** (§ 1414 1), nicht etwa der gesetzliche Güterstand der Zugewinngemeinschaft.

2. Beendigung durch Beendigung der Ehe oder Tod eines Ehegatten. Mit der Ehe endet auch die Gütergemeinschaft. Im Falle des Todes eines Ehegatten ist aber zu beachten, dass sie mit den gemeinsamen Kindern fortgesetzt werden kann, wenn dies im Ehevertrag entspr vereinbart worden ist (§ 1483). 2

3. Beendigung durch Aufhebungsantrag. Jeder Ehegatte kann den Antrag auf Aufhebung der Gütergemeinschaft stellen. Das Gesetz ist hier irrtümlicherweise der Terminologie des FamFG noch nicht gefolgt. Für den verwaltenden Ehegatten besteht die Möglichkeit immer dann, wenn das Gesamtgut in Folge von Verbindlichkeiten des anderen Ehegatten, die diesem im Verhältnis der Ehegatten zueinander zur Last fallen, überschuldet ist (§ 1448). 3

Im Falle **alleiniger Verwaltung** kann der nicht verwaltende Ehegatte gem § 1447 iÜ die Aufhebung der 4
Gütergemeinschaft beantragen, wenn
1. seine Rechte für die Zukunft dadurch erheblich gefährdet werden können, dass der verwaltende Ehegatte zur Verwaltung unfähig ist oder sein Verwaltungsrecht missbraucht (§ 1447 Nr 1),
2. der andere Ehegatte seine Verpflichtung, zum Familienunterhalt beizutragen, verletzt hat und für die Zukunft eine erhebliche Gefährdung des Unterhalts zu besorgen ist (§ 1447 Nr 2),
3. das Gesamtgut durch Verbindlichkeiten, die in der Person des anderen Ehegatten entstanden sind, in solchem Maße überschuldet ist, dass ein späterer Erwerb des Ehegatten, der das Gesamtgut nicht verwaltet, erheblich gefährdet wäre (§ 1447 Nr 3),
4. die Verwaltung des Gesamtguts in den Aufgabenkreis des Betreuers des anderen Ehegatten fällt (§ 1447 Nr 4).

Im Fall **gemeinsamer Verwaltung** kann jeder Ehegatte gem § 1469 die Aufhebung der Gütergemeinschaft 5
beantragen, wenn
1. seine Rechte für die Zukunft dadurch erheblich gefährdet werden können, dass der andere Ehegatte ohne seine Mitwirkung Verwaltungshandlungen vornimmt, die nur gemeinschaftlich vorgenommen werden dürfen (§ 1469 Nr 1),
2. der andere Ehegatte sich ohne ausreichenden Grund beharrlich weigert, an der ordnungsgemäßen Verwaltung des Gesamtguts mitzuwirken (§ 1469 Nr 2),
3. der andere Ehegatte seine Verpflichtung, zum Familienunterhalt beizutragen, verletzt hat und für die Zukunft eine erhebliche Gefährdung des Unterhalts zu besorgen ist (§ 1469 Nr 3),
4. das Gesamtgut durch Verbindlichkeiten, die in der Person des anderen Ehegatten entstanden sind und diesem im Verhältnis der Ehegatten zueinander allein zur Last fallen, in solchem Maße überschuldet ist, dass sein späterer Erwerb erheblich gefährdet wäre (§ 1469 Nr 4),
5. die Wahrnehmung eines Rechts des anderen Ehegatten, das sich aus der Gütergemeinschaft ergibt, vom Aufgabenkreis eines Betreuers erfasst wird (§ 1469 Nr 5).

§ 1482 Eheauflösung durch Tod

6 **II. Die Auseinandersetzung.** Hinsichtlich der Auseinandersetzung gehen die Vorschriften der §§ 1568a und b über die Zuweisung der **Ehewohnung** und die Verteilung der **Haushaltsgegenstände** den Regeln der §§ 1474 ff vor (Soergel/*Gaul* § 1471 Rz 9; *Haussleiter/Schulz* Kap 5 Rz 55). Nur soweit sie nicht im Widerspruch zu diesen stehen, bleiben die Vorschriften über die Gütergemeinschaft anwendbar. So kann das Familiengericht zwar in das Eigentum an Haushaltsgegenständen eingreifen und die Benutzung der Ehewohnung regeln. Die Auseinandersetzung des Eigentums hieran erfolgt aber nach §§ 1474 ff. (Zur Auseinandersetzung vgl iÜ grundlegend Kobl FamRZ 06, 40 ff mit Anm *Bergschneider*).

7 Mit der **Rechtskraft des Aufhebungsbeschlusses** ist die Gütergemeinschaft aufgehoben. Für die Zukunft gilt zwischen den Ehegatten Gütertrennung (§ 1449 I für die Alleinverwaltung; § 1470 I für die gemeinschaftliche Verwaltung).

8 IÜ ist zwischen den unterschiedlichen Vermögensmassen zu differenzieren:

9 **1. Sonder- und Vorbehaltsgut.** Hinsichtlich des Sonder- und Vorbehaltsguts bedarf es keiner besonderen Auseinandersetzung. Beides bleibt von der Auseinandersetzung der Gütergemeinschaft unberührt und bei jeweils demjenigen Ehegatten, der auch bislang Eigentümer war.

10 **2. Gesamtgut.** Die Auseinandersetzung über das Gesamtgut erfolgt nach §§ 1471 ff. Da sie sich über einen längeren Zeitraum erstrecken kann, dauert das nach § 1419 bestehende Gesamthandsverhältnis zunächst an. Aus der Gütergemeinschaft wird jedoch die **Liquidationsgemeinschaft**, §§ 1471 II 2, 1419 (BGH FamRZ 85, 903). Während bei Bestehen der Gütergemeinschaft die Verwaltung durch nur einen Ehegatten möglich war, verwalten die Ehegatten das Gesamtgut bis zum Abschluss der Auseinandersetzung nunmehr zwingend gemeinschaftlich, § 1472 I.

11 Um eine ordnungsgemäße Auseinandersetzung zu sichern, besteht nach § 1472 III der **Anspruch des Ehegatten auf Mitwirkung** des anderen an solchen Maßnahmen, die zu einer ordnungsgemäßen Verwaltung des Gesamtguts erforderlich sind. Diese Mitwirkung kann jedoch nicht mehr durch das Familiengericht ersetzt werden. Wird sie zu Unrecht verweigert, ist ggf Antrag auf Zustimmung zu der beabsichtigten Maßnahme zu stellen (BayObLG FGPrax 03, 227). Hierzu zählt zB die Zurverfügungstellung des notwendigen Unterhalts wie auch sonst alle Maßnahmen, die unter Beachtung der Grundsätze vernünftiger Wirtschaftsführung auf Erhaltung, Sicherung und Vermehrung des Gesamtgutes im Interesse der Ehegatten und etwaiger Kinder abzielen, wobei in der Liquidationsphase der Gesichtspunkt der Erhaltung und Sicherung des Gesamtgutes in den Vordergrund rückt (BayObLG FamRZ 05, 109).

12 Über die Durchführung der Auseinandersetzung können die Eheleute sich vereinbaren, solange durch die Vereinbarung nicht in Rechte Dritter eingegriffen wird. Kommt es nicht zu einer derartigen Vereinbarung, erfolgt die Auseinandersetzung nach §§ 1447–1481, und zwar in zwei Schritten.

13 **a) Berichtigung der Gesamtgutsverbindlichkeiten.** Vorab sind die **Gesamtgutsverbindlichkeiten** zu berichtigen (§ 1475). Hierzu zählen solche Verbindlichkeiten, derentwegen die Gläubiger Befriedigung aus dem Gesamtgut verlangen können, die aber noch während des Bestehens der Gütergemeinschaft begründet worden sein müssen. Verbindlichkeiten, die erst im Zuge des Betriebes des Gesamtguts nach der Beendigung der Gütergemeinschaft eingegangen werden, sind, sofern nicht der andere Ehegatte bei der Begründung der Schulden mitgewirkt oder ihr zugestimmt hat, von demjenigen zu tragen, der sie eingegangen ist (München FamRZ 96, 170).

14 Soweit erforderlich, ist das Gesamtgut in Geld umzusetzen (§ 1475 III). Das geschieht bei beweglichen Sachen durch **Verkauf**. Kommt die hierfür erforderliche Einigung nicht zustande, ist nach **Gemeinschaftsrecht** zu verfahren, §§ 753, 1233 ff. Bei Immobilien findet, soweit eine Einigung nicht erzielt werden kann, die Teilungsversteigerung (§ 180 I ZVG) statt. Diese kann jeder Ehegatte beantragen, wobei dem jeweils anderen die Möglichkeit gegeben ist, dagegen – als Familiensache – im Wege der Drittwiderspruchsklage vorzugehen (BGH FamRZ 85, 903).

15 Zulässig ist es auch, dass ein Ehegatte die Verbindlichkeiten als Alleinschuldner übernimmt und die Gläubiger den anderen aus der Haftung entlassen (BGH FamRZ 86, 40). Sofern Forderungen noch nicht fällig oder streitig sind, sind entspr Rücklagen zu bilden, um auf diese Weise den späteren Ausgleich der Forderungen zu gewährleisten.

16 Jeder Ehegatte hat gegen den anderen einen Anspruch darauf, dass die **Gesamtgutsverbindlichkeiten** berichtigt werden, ehe es zu einer Aufteilung des **Überschusses** kommt (BGH FamRZ 86, 40). Er kann deswegen ggf auch die zur Teilung des Gesamtguts erforderlichen Willenserklärungen bis zur sachgemäßen Schadensregulierung verweigern (BGH aaO). So soll möglichst verhindert werden, dass einer der Ehegatten einem Gesamtgutsgläubiger persönlich haftet (§§ 1480, 1481), was eintreten könnte, wenn das Gesamtgut ohne Rücksicht auf noch bestehende Verbindlichkeiten verteilt würde (BGH FamRZ 85, 903).

17 IRe ordnungsgemäßen Verwaltung kann daneben jeder Ehegatte verlangen, dass zunächst diejenigen Verbindlichkeiten ausgeglichen werden, an deren Berichtigung ein besonderes Interesse besteht, die zB bereits tituliert sind. Reicht iÜ das Gesamtgut nicht aus, die Gesamtgutsverbindlichkeiten vollständig auszugleichen, können die Ehegatten die Gläubiger auch in der **Reihenfolge der Anmeldung** befriedigen, ohne sich der Haftung nach § 1480 auszusetzen (Staud/*Thiele* § 1475 Rz 13).

Für die danach noch nicht getilgten Verbindlichkeiten haftet derjenige Ehegatte persönlich, in dessen Person sie begründet worden sind, es sei denn, die Ehegatten haften bei gemeinsamer Verwaltung gem § 1459 gemeinschaftlich. **18**

Würde die Berichtigung der Gesamtgutsverbindlichkeiten unterbleiben, liefe der Gläubiger Gefahr, nach Beendigung der Gütergemeinschaft nur noch die Möglichkeit zu haben, auf denjenigen Ehegatten zugreifen zu können, in dessen Person die Schuld begründet worden ist, da ihm die Möglichkeit des Zugriffs auf das Gesamtgut abgeschnitten wäre und der andere Ehegatte auch im Fall der Alleinverwaltung nicht persönlich mit seinem Sonder- oder Vorbehaltsgut haftet, §§ 1437–1449. Selbst bei gemeinsamer Verwaltung haften die Ehegatten gem §§ 1459–1462 nicht für alle während der Gütergemeinschaft begründeten Verbindlichkeiten persönlich. Um dieser im Fall unvollständiger Tilgung der Gesamtgutsverbindlichkeiten für den Gesamtgutsgläubiger bestehenden Gefahr zu entgehen, bestimmt § 1480, dass in jenen Fällen auch der jeweils andere Ehegatte persönlich haftet, allerdings begrenzt auf die ihm nach der Auseinandersetzung der Gütergemeinschaft zugeteilten Gegenstände. Beide Ehegatten haften dann nach außen als Gesamtschuldner, wobei § 1481 die interne Haftung regelt. **19**

b) Verteilung des Überschusses. Sind die Gesamtgutsverbindlichkeiten getilgt, ist der dann noch verbleibende Überschuss zu verteilen, und zwar gem § 1477 I nach Gemeinschaftsrecht, also vorrangig durch Teilung in Natur (§ 752), es sei denn, es greift eine der nachfolgenden Ausnahmen (Übernahmerecht bzw Vorzugsrecht). Dabei ist diese auf den einzelnen Vermögensgegenstand und nicht auf den Sachenbegriff des Gesamthandsvermögens bezogen, wie ihn das Gesamtgut der Gütergemeinschaft darstellt (BGH FamRZ 88, 813). **20**

aa) Übernahmerecht. Nach § 1477 II kann jeder Ehegatte die Sachen entnehmen, die ausschl zu seinem **persönlichen Gebrauch** bestimmt waren, insb Kleidung, Schmuck oder Arbeitsgerät, aber auch in die Gütergemeinschaft eingebrachte Gegenstände. Dasselbe gilt für von einem Ehegatten allein genutzte Fahrzeuge oder Hobbygeräte. Heraus verlangt werden können schließlich solche Gegenstände, die die Eheleute während des Bestehens der Gütergemeinschaft geerbt, per Vermächtnis oder mit Rücksicht auf ein späteres Erbrecht erworben, geschenkt oder als Ausstattung erhalten haben. **21**

Der Begriff des Erwerbs mit **Rücksicht auf ein künftiges Erbrecht** ist weit zu fassen, so dass einem Übernahmerecht nicht entgegensteht, dass der Erwerber zB an seine auch erbberechtigten Geschwister Ausgleichszahlungen geleistet hat oder dass der Nachlassgegenstand dem Ehegatten erst im Zuge einer Erbauseinandersetzung gegen entspr Ausgleichszahlungen zugefallen ist (BGH FamRZ 98, 817 = FuR 98, 231). Dagegen besteht ein Übernahmerecht nicht für Surrogate. **22**

Das Übernahmerecht ist ein **Gestaltungsrecht**, das durch formlose (München FamRZ 88, 1275), einseitige und empfangsbedürftige Willenserklärung auszuüben ist. Es ist ausgeschlossen, wenn das Gesamtgut nicht ausreicht, bestehende Verbindlichkeiten zu tilgen. Ist der Gegenstand einem Gesamtgutsgläubiger herauszugeben oder ist sein Wert zur Schuldentilgung mit heranzuziehen, so hat das Übernahmerecht hinter der Verpflichtung zur Berichtigung der Gesamtgutsverbindlichkeiten zurückzustehen (Palandt/*Brudermüller* § 1477 Rz 3). Allerdings hat der übernahmeberechtigte Ehegatte die Möglichkeit, die Tilgung der Gesamtgutsverbindlichkeit zu übernehmen und dafür Sorge zu tragen, dass der andere aus der Haftung entlassen wird (BGH FamRZ 85, 903). **23**

Der **Begriff des Gegenstandes** iSd § 1477 II ist weiter als der Sachbegriff des BGB. Zu ihm zählen auch Rechte, zB Anrechte aus einer Lebensversicherung. War ein Ehegatte bei Beginn der Gütergemeinschaft nur Inhaber eines schuldrechtlichen Anspruchs auf Übertragung des Eigentums an einem Grundstück und erhält er erst während des Bestehens der Gütergemeinschaft das Eigentum hieran, so wird er bei Beendigung der Gütergemeinschaft behandelt, als habe er das Grundstück eingebracht (Stuttg FamRZ 96, 1474). **24**

Die Übernahme erfolgt nur gegen entspr **Wertersatz**. Dabei bestimmt sich der Übernahmewert entweder nach dem von den Parteien vereinbarten Zeitpunkt, oder – falls eine Vereinbarung nicht zustande kommt – nach dem Zeitpunkt der Übernahme. Im Falle der Übernahme von Grundeigentum ist dies der der Eintragung des Eigentumswechsels im Grundbuch (BGH FamRZ 86, 40). Unerheblich ist dagegen der Zeitpunkt der Zustellung des Scheidungsantrages (*Klüber* FPR 01, 84, 86). Der Übernahmewert ist ggf durch einen Sachverständigen zu ermitteln, wobei für landwirtschaftlich genutzte Grundstücke die Privilegierung des § 1376 IV nicht gilt (*Klüber* FPR 01, 84, 86). **25**

Der zu leistende Wertersatz muss nicht unbedingt durch **Einzahlungen** erfolgen. Möglich ist es auch, eine **Verrechnung** mit dem Anteil des Ehegatten am Überschuss vorzunehmen, der sich nach Hinzurechnung des zu leistenden Wertersatzes ergibt (BGH FamRZ 88, 926). Aus diesem Grunde ist der Wertersatzanspruch zwar mit der Übernahme fällig, kann aber erst nach endgültiger Auseinandersetzung als Zahlungsanspruch geltend gemacht werden (BGH FamRZ 07, 625 = FuR 07, 224). Wegen des Wertersatzanspruches als Folge der Übernahme steht dem anderen Ehegatten ggf ein Zurückbehaltungsrecht zu (Zweibr OLGR 04, 630). Ist noch nicht absehbar, ob der Wert der restlichen Auseinandersetzungsguthabens der der übernommenen Sache erreicht, kann der andere im Rahmen seines Zurückbehaltungsrechts ggf Sicherheitsleistung bis zur Höhe des hälftigen Wertes der übernommenen Sache beanspruchen (BGH FamRZ 08, 1323; 07, 625 = FuR 07, 224). **26**

27 **bb) Bereinigung von Vorzugsrechten.** Endet die Gütergemeinschaft nach der Scheidung der Ehe, so haben die Eheleute als weitere Ausnahme von der Verteilung nach Gemeinschaftsrecht die Möglichkeit, den Wert dessen zurückerstattet zu verlangen, was sie in die Gütergemeinschaft **eingebracht** haben (§ 1478). Sie haben somit ein Wahlrecht zwischen der Halbteilung nach §§ 1476, 1477 und der Teilung nach § 1478, wobei das **Übernahmerecht** aus § 1477 II durch das Vorliegen eines Erstattungsanspruchs nicht ausgeschlossen wird. Beide Rechte können nebeneinander ausgeübt werden (BGHZ 84, 338; Karlsr FamRZ 82, 286).

28 Ausgeübt wird das **Wahlrecht** durch formlose Erklärung ggü dem anderen Ehegatten oder der die Auseinandersetzung vermittelnden Behörde. Es kann auch im Verbund mit dem Scheidungsantrag erklärt werden.

29 § 1478 gibt kein **Rückgaberecht** und modifiziert den Grundsatz der Halbteilung aus Billigkeitsgründen. Es soll vermieden werden, dass derjenige Ehegatte, der nichts oder weniger als der andere in die Ehe eingebracht und vielleicht sogar durch sein Verhalten zum Scheitern der Ehe beigetragen hat, nunmehr auch noch seine Beteiligung an dem von dem anderen eingebrachten Vermögen erzwingen kann (Palandt/*Brudermüller* § 1478 Rz 1).

30 Was eingebracht sein kann, ist in § 1478 II aufgezählt. Dazu gehören diejenigen Gegenstände, die einem Ehegatten beim Eintritt in den Güterstand gehört haben und die er von Todes wegen, mit Rücksicht auf ein künftiges Erbrecht, durch Schenkung oder als Ausstattung erworben hat. Dasselbe gilt für Rechte, die mit dem Tod eines Ehegatten erlöschen oder deren Erwerb den Tod eines Ehegatten bedingt ist, wie Leibrenten, Nießbrauchsrecht oder Anrechte aus Lebensversicherungen. Haben die Eheleute bis zum Beginn der Gütergemeinschaft im gesetzlichen Güterstand der Zugewinngemeinschaft gelebt, so hat derjenige Ehegatte, der nach deren Beendigung einen Zugewinnausgleichsanspruch gehabt hätte, diesen eingebracht (BGH FamRZ 94, 256), sofern nicht durch Ehevertrag etwas anderes geregelt ist.

31 Anders als nach § 1477 ist wegen der **Wertberechnung** nach § 1478 III auf den Zeitpunkt der Übernahme abzustellen. Ausgeglichen werden sollen lediglich inflationsbedingte Kaufkraftverluste, weshalb eine Inflationsbereinigung wie bei der Ermittlung des Anfangsvermögens stattzufinden hat (BGHZ 84, 333). Wertsteigerungen, Wertminderungen oder gar der Untergang des eingebrachten Gegenstandes sind iÜ ohne Bedeutung (*Klein* FuR 95, 170). Keine entspr Anwendung findet allerdings § 1376 IV, so dass auch landwirtschaftliche Betriebe nicht nach dem Ertragswert zu berücksichtigen sind (Staud/*Thiele* § 1478 Rz 9).

32 Reicht das vorhandene Gesamtgut nach der Wahl der Auseinandersetzung nach § 1478 nicht aus, um den Erstattungsanspruch zu erfüllen, so ist es im Verhältnis derjenigen Werte aufzuteilen, die die Eheleute in die Gütergemeinschaft eingebracht haben. Daraus folgt, dass ein Ehegatte das Gesamtgut für sich allein beanspruchen kann, wenn der andere nichts eingebracht hat und der Wert des von ihm eingebrachten Vermögens den Wert des Gesamtgutes übersteigt.

33 **cc) Teilung des Überschusses oder Verlustes.** Sind die Schulden getilgt und die Übernahmerechte ausgeübt, ist das dann noch vorhandene Gesamtgut nach **Gemeinschaftsrecht** aufzuteilen (§ 1477). Zur Teilungsmasse hinzuzurechnen ist dasjenige, was die Eheleute dem Gesamtgut schulden (§ 1476 II). Dazu rechnen etwa Schadensersatzansprüche aus unerlaubter Handlung (§§ 1441 Nr 1, 1463 Nr 1), Ansprüche wegen aus dem Gesamtgut bezahlter Verbindlichkeiten des Vorbehalts- oder Sonderguts (§§ 1441 Nr 2, 1463 Nr 2), Ansprüche auf Ausgleich von Verwendungen, die aus dem Gesamtgut für das Vorbehalts- oder Sondergut getroffen worden sind (§§ 1445 I, 1467 I), Kostenersatz wegen im Gesetz genannter Rechtsstreitigkeiten (§§ 1441 Nr 3, 1443, 1463 Nr 3), Ansprüche auf Ersatz von Ausstattungen (§§ 1444, 1446) und Ansprüche auf Schadensersatz wegen schuldhafter Minderung des Gesamtguts (§ 1435 3). Die Teilung des sich danach ergebenden Überschusses oder Verlustes erfolgt wiederum nach Gemeinschaftsrecht (§§ 1474, 1476 I, 752 ff). Entspr gilt für vorhandene Verluste.

34 **B. Verfahren.** Bei der Durchführung der Auseinandersetzung der Gütergemeinschaft können die Eheleute die Vermittlung des Amtsgerichts beantragen, das einen **Auseinandersetzungsplan** vorlegt, der zu beurkunden ist (vgl § 373 FamFG).

35 Im Übrigen kann vor dem zuständigen Familiengericht (§§ 23a I Nr 1 GVG, 111 Nr 9, 260 FamFG) ein **Auseinandersetzungsverfahren** betrieben werden. Der Antrag geht nicht auf Zahlung eines bestimmten Betrages, sondern auf Zustimmung zu einem mit dem Antrag vorzulegenden Auseinandersetzungsplan (wegen weiterer Einzelheiten, insb auch der zu stellenden Anträge vgl *Wittich* 63 ff).

Unterkapitel 5 Fortgesetzte Gütergemeinschaft*

§ 1483 Eintritt der fortgesetzten Gütergemeinschaft.
(1) ¹Die Ehegatten können durch Ehevertrag vereinbaren, dass die Gütergemeinschaft nach dem Tod eines Ehegatten zwischen dem überlebenden Ehegatten und den gemeinschaftlichen Abkömmlingen fortgesetzt wird. ²Treffen die Ehegatten eine solche Vereinbarung, so wird die Gütergemeinschaft mit den gemeinschaftlichen Abkömmlingen fortgesetzt, die bei gesetzlicher Erbfolge als Erben berufen sind. ³Der Anteil des ver-

---
* S. Hinweis Vor §§ 1415 ff Rn 6.

storbenen Ehegatten am Gesamtgut gehört nicht zum Nachlass; im Übrigen wird der Ehegatte nach den allgemeinen Vorschriften beerbt.
(2) Sind neben den gemeinschaftlichen Abkömmlingen andere Abkömmlinge vorhanden, so bestimmen sich ihr Erbrecht und ihre Erbteile so, wie wenn fortgesetzte Gütergemeinschaft nicht eingetreten wäre.

§ 1484 Ablehnung der fortgesetzten Gütergemeinschaft. (1) Der überlebende Ehegatte kann die Fortsetzung der Gütergemeinschaft ablehnen.
(2) ¹Auf die Ablehnung finden die für die Ausschlagung einer Erbschaft geltenden Vorschriften der §§ 1943 1947, 1950, 1952, 1954 bis 1957, 1959 entsprechende Anwendung. ²Steht der überlebende Ehegatte unter elterlicher Sorge oder unter Vormundschaft, so ist zur Ablehnung die Genehmigung des Familiengerichts erforderlich. ³Dies gilt auch für die Ablehnung durch den Betreuer des überlebenden Ehegatten.
(3) Lehnt der Ehegatte die Fortsetzung der Gütergemeinschaft ab, so gilt das Gleiche wie im Falle des § 1482.

§ 1485 Gesamtgut. (1) Das Gesamtgut der fortgesetzten Gütergemeinschaft besteht aus dem ehelichen Gesamtgut, soweit es nicht nach § 1483 Abs. 2 einem nicht anteilsberechtigten Abkömmling zufällt, und aus dem Vermögen, das der überlebende Ehegatte aus dem Nachlass des verstorbenen Ehegatten oder nach dem Eintritt der fortgesetzten Gütergemeinschaft erwirbt.
(2) Das Vermögen, das ein gemeinschaftlicher Abkömmling zur Zeit des Eintritts der fortgesetzten Gütergemeinschaft hat oder später erwirbt, gehört nicht zu dem Gesamtgut.
(3) Auf das Gesamtgut findet die für die eheliche Gütergemeinschaft geltende Vorschrift des § 1416 Abs. 2 und 3 entsprechende Anwendung.

§ 1486 Vorbehaltsgut; Sondergut. (1) Vorbehaltsgut des überlebenden Ehegatten ist, was er bisher als Vorbehaltsgut gehabt hat oder was er nach § 1418 Abs. 2 Nr. 2, 3 als Vorbehaltsgut erwirbt.
(2) Sondergut des überlebenden Ehegatten ist, was er bisher als Sondergut gehabt hat oder was er als Sondergut erwirbt.

§ 1487 Rechtsstellung des Ehegatten und der Abkömmlinge. (1) Die Rechte und Verbindlichkeiten des überlebenden Ehegatten sowie der anteilsberechtigten Abkömmlinge in Ansehung des Gesamtguts der fortgesetzten Gütergemeinschaft bestimmen sich nach den für die eheliche Gütergemeinschaft geltenden Vorschriften der §§ 1419, 1422 bis 1428, 1434, des § 1435 Satz 1, 3 und der §§ 1436, 1445; der überlebende Ehegatte hat die rechtliche Stellung des Ehegatten, der das Gesamtgut allein verwaltet, die anteilsberechtigten Abkömmlinge haben die rechtliche Stellung des anderen Ehegatten.
(2) Was der überlebende Ehegatte zu dem Gesamtgut schuldet oder aus dem Gesamtgut zu fordern hat, ist erst nach der Beendigung der fortgesetzten Gütergemeinschaft zu leisten.

§ 1488 Gesamtgutsverbindlichkeiten. Gesamtgutsverbindlichkeiten der fortgesetzten Gütergemeinschaft sind die Verbindlichkeiten des überlebenden Ehegatten sowie solche Verbindlichkeiten des verstorbenen Ehegatten, die Gesamtgutsverbindlichkeiten der ehelichen Gütergemeinschaft waren.

§ 1489 Persönliche Haftung für die Gesamtgutsverbindlichkeiten. (1) Für die Gesamtgutsverbindlichkeiten der fortgesetzten Gütergemeinschaft haftet der überlebende Ehegatte persönlich.
(2) Soweit die persönliche Haftung den überlebenden Ehegatten nur infolge des Eintritts der fortgesetzten Gütergemeinschaft trifft, finden die für die Haftung des Erben für die Nachlassverbindlichkeiten geltenden Vorschriften entsprechende Anwendung; an die Stelle des Nachlasses tritt das Gesamtgut in dem Bestand, den es zur Zeit des Eintritts der fortgesetzten Gütergemeinschaft hat.
(3) Eine persönliche Haftung der anteilsberechtigten Abkömmlinge für die Verbindlichkeiten des verstorbenen oder des überlebenden Ehegatten wird durch die fortgesetzte Gütergemeinschaft nicht begründet.

§ 1490 Tod eines Abkömmlings. ¹Stirbt ein anteilsberechtigter Abkömmling, so gehört sein Anteil an dem Gesamtgute nicht zu seinem Nachlass. ²Hinterlässt er Abkömmlinge, die anteilsberechtigt sein würden, wenn er den verstorbenen Ehegatten nicht überlebt hätte, so treten die Abkömmlinge an seine Stelle. ³Hinterlässt er solche Abkömmlinge nicht, so wächst sein Anteil den übrigen anteilsberechtigten Abkömmlingen und, wenn solche nicht vorhanden sind, dem überlebenden Ehegatten an.

§ 1491 Verzicht eines Abkömmlings. (1) ¹Ein anteilsberechtigter Abkömmling kann auf seinen Anteil an dem Gesamtgut verzichten. ²Der Verzicht erfolgt durch Erklärung gegenüber dem für den Nachlass des verstorbenen Ehegatten zuständigen Gericht; die Erklärung ist in öffentlich beglaubigter Form abzugeben. ³Das Nachlassgericht soll die Erklärung dem überlebenden Ehegatten und den übrigen anteilsberechtigten Abkömmlingen mitteilen.

(2) ¹Der Verzicht kann auch durch Vertrag mit dem überlebenden Ehegatten und den übrigen anteilsberechtigten Abkömmlingen erfolgen. ²Der Vertrag bedarf der notariellen Beurkundung.
(3) ¹Steht der Abkömmling unter elterlicher Sorge oder unter Vormundschaft, so ist zu dem Verzicht die Genehmigung des Familiengerichts erforderlich. ²Bei einem Verzicht durch den Betreuer des Abkömmlings ist die Genehmigung des Betreuungsgerichts erforderlich.
(4) Der Verzicht hat die gleichen Wirkungen, wie wenn der Verzichtende zur Zeit des Verzichts ohne Hinterlassung von Abkömmlingen gestorben wäre.

§ 1492 Aufhebung durch den überlebenden Ehegatten.
(1) ¹Der überlebende Ehegatte kann die fortgesetzte Gütergemeinschaft jederzeit aufheben. ²Die Aufhebung erfolgt durch Erklärung gegenüber dem für den Nachlass des verstorbenen Ehegatten zuständigen Gericht; die Erklärung ist in öffentlich beglaubigter Form abzugeben. ³Das Nachlassgericht soll die Erklärung den anteilsberechtigten Abkömmlingen und, wenn der überlebende Ehegatte gesetzlicher Vertreter eines der Abkömmlinge ist, dem Familiengericht mitteilen.
(2) ¹Die Aufhebung kann auch durch Vertrag zwischen dem überlebenden Ehegatten und den anteilsberechtigten Abkömmlingen erfolgen. ²Der Vertrag bedarf der notariellen Beurkundung.
(3) ¹Steht der überlebende Ehegatte unter elterlicher Sorge oder unter Vormundschaft, so ist zu der Aufhebung die Genehmigung des Familiengerichts erforderlich. ²Bei einer Aufhebung durch den Betreuer des überlebenden Ehegatten ist die Genehmigung des Betreuungsgerichts erforderlich.

§ 1493 Wiederverheiratung oder Begründung einer Lebenspartnerschaft des überlebenden Ehegatten.
(1) Die fortgesetzte Gütergemeinschaft endet, wenn der überlebende Ehegatte wieder heiratet oder eine Lebenspartnerschaft begründet.
(2) ¹Der überlebende Ehegatte hat, wenn ein anteilsberechtigter Abkömmling minderjährig ist, die Absicht der Wiederverheiratung dem Familiengericht anzuzeigen, ein Verzeichnis des Gesamtguts einzureichen, die Gütergemeinschaft aufzuheben und die Auseinandersetzung herbeizuführen. ²Das Familiengericht kann gestatten, dass die Aufhebung der Gütergemeinschaft bis zur Eheschließung unterbleibt und dass die Auseinandersetzung erst später erfolgt. Die Sätze 1 und 2 gelten auch, wenn die Sorge für das Vermögen eines anteilsberechtigten Abkömmlings zum Aufgabenkreis eines Betreuers gehört; in diesem Fall tritt an die Stelle des Familiengerichts das Betreuungsgericht.
(3) Das Standesamt, bei dem die Eheschließung angemeldet worden ist, teilt dem Familiengericht die Anmeldung mit.

§ 1494 Tod des überlebenden Ehegatten.
(1) Die fortgesetzte Gütergemeinschaft endet mit dem Tode des überlebenden Ehegatten.
(2) Wird der überlebende Ehegatte für tot erklärt oder wird seine Todeszeit nach den Vorschriften des Verschollenheitsgesetzes festgestellt, so endet die fortgesetzte Gütergemeinschaft mit dem Zeitpunkt, der als Zeitpunkt des Todes gilt.

§ 1495 Aufhebungsklage eines Abkömmlings.
Ein anteilsberechtigter Abkömmling kann gegen den überlebenden Ehegatten auf Aufhebung der fortgesetzten Gütergemeinschaft klagen,
1. wenn seine Rechte für die Zukunft dadurch erheblich gefährdet werden können, dass der überlebende Ehegatte zur Verwaltung des Gesamtgutes unfähig ist oder sein Recht, das Gesamtgut zu verwalten, missbraucht,
2. wenn der überlebende Ehegatte seine Verpflichtung, dem Abkömmling Unterhalt zu gewähren, verletzt hat und für die Zukunft eine erhebliche Gefährdung des Unterhalts zu besorgen ist,
3. wenn die Verwaltung des Gesamtguts in den Aufgabenkreis des Betreuers des überlebenden Ehegatten fällt,
4. wenn der überlebende Ehegatte die elterliche Sorge über den Abkömmling verwirkt hat oder, falls sie ihm zugestanden hätte, verwirkt haben würde.

§ 1496 Wirkung der richterlichen Aufhebungsentscheidung.
¹Die Aufhebung der fortgesetzten Gütergemeinschaft tritt in den Fällen des § 1495 mit der Rechtskraft der richterlichen Entscheidung ein. ²Sie tritt für alle Abkömmlinge ein, auch wenn die richterliche Entscheidung auf die Klage eines der Abkömmlinge ergangen ist.

§ 1497 Rechtsverhältnis bis zur Auseinandersetzung.
(1) Nach der Beendigung der fortgesetzten Gütergemeinschaft setzen sich der überlebende Ehegatte und die Abkömmlinge über das Gesamtgut auseinander.
(2) Bis zur Auseinandersetzung bestimmt sich ihr Rechtsverhältnis am Gesamtgut nach den §§ 1419, 1472, 1473.

§ 1498 Durchführung der Auseinandersetzung. ¹Auf die Auseinandersetzung sind die Vorschriften der §§ 1475, 1476, des § 1477 Abs. 1, der §§ 1479, 1480 und des § 1481 Abs. 1, 3 anzuwenden; an die Stelle des Ehegatten, der das Gesamtgut allein verwaltet hat, tritt der überlebende Ehegatte, an die Stelle des anderen Ehegatten treten die anteilsberechtigten Abkömmlinge. ²Die in § 1476 Abs. 2 Satz 2 bezeichnete Verpflichtung besteht nur für den überlebenden Ehegatten.

§ 1499 Verbindlichkeiten zu Lasten des überlebenden Ehegatten. Bei der Auseinandersetzung fallen dem überlebenden Ehegatten zur Last:
1. die ihm bei dem Eintritt der fortgesetzten Gütergemeinschaft obliegenden Gesamtgutsverbindlichkeiten, für die das eheliche Gesamtgut nicht haftete oder die im Verhältnis der Ehegatten zueinander ihm zur Last fielen;
2. die nach dem Eintritt der fortgesetzten Gütergemeinschaft entstandenen Gesamtgutsverbindlichkeiten, die, wenn sie während der ehelichen Gütergemeinschaft in seiner Person entstanden wären, im Verhältnis der Ehegatten zueinander ihm zur Last gefallen sein würden;
3. eine Ausstattung, die er einem anteilsberechtigten Abkömmling über das dem Gesamtgut entsprechende Maß hinaus oder die er einem nicht anteilsberechtigten Abkömmling versprochen oder gewährt hat.

§ 1500 Verbindlichkeiten zu Lasten der Abkömmlinge. (1) Die anteilsberechtigten Abkömmlinge müssen sich Verbindlichkeiten des verstorbenen Ehegatten, die diesem im Verhältnis der Ehegatten zueinander zur Last fielen, bei der Auseinandersetzung auf ihren Anteil insoweit anrechnen lassen, als der überlebende Ehegatte nicht von dem Erben des verstorbenen Ehegatten Deckung hat erlangen können.
(2) In gleicher Weise haben sich die anteilsberechtigten Abkömmlinge anrechnen zu lassen, was der verstorbene Ehegatte zu dem Gesamtgut zu ersetzen hatte.

§ 1501 Anrechnung von Abfindungen. (1) Ist einem anteilsberechtigten Abkömmling für den Verzicht auf seinen Anteil eine Abfindung aus dem Gesamtgut gewährt worden, so wird sie bei der Auseinandersetzung in das Gesamtgut eingerechnet und auf die den Abkömmlingen gebührende Hälfte angerechnet.
(2) ¹Der überlebende Ehegatte kann mit den übrigen anteilsberechtigten Abkömmlingen schon vor der Aufhebung der fortgesetzten Gütergemeinschaft eine abweichende Vereinbarung treffen. ²Die Vereinbarung bedarf der notariellen Beurkundung; sie ist auch denjenigen Abkömmlingen gegenüber wirksam, welche erst später in die fortgesetzte Gütergemeinschaft eintreten.

§ 1502 Übernahmerecht des überlebenden Ehegatten. (1) ¹Der überlebende Ehegatte ist berechtigt, das Gesamtgut oder einzelne dazu gehörende Gegenstände gegen Ersatz des Wertes zu übernehmen. ²Das Recht geht nicht auf den Erben über.
(2) ¹Wird die fortgesetzte Gütergemeinschaft auf Grund des § 1495 durch Urteil aufgehoben, so steht dem überlebenden Ehegatten das im Absatz 1 bestimmte Recht nicht zu. ²Die anteilsberechtigten Abkömmlinge können in diesem Falle diejenigen Gegenstände gegen Ersatz des Wertes übernehmen, welche der verstorbene Ehegatte nach § 1477 Abs. 2 zu übernehmen berechtigt sein würde. ³Das Recht kann von ihnen nur gemeinschaftlich ausgeübt werden.

§ 1503 Teilung unter den Abkömmlingen. (1) Mehrere anteilsberechtigte Abkömmlinge teilen die ihnen zufallende Hälfte des Gesamtguts nach dem Verhältnis der Anteile, zu denen sie im Falle der gesetzlichen Erbfolge als Erben des verstorbenen Ehegatten berufen sein würden, wenn dieser erst zur Zeit der Beendigung der fortgesetzten Gütergemeinschaft gestorben wäre.
(2) Das Vorempfangene kommt nach den für die Ausgleichung unter Abkömmlingen geltenden Vorschriften zur Ausgleichung, soweit nicht eine solche bereits bei der Teilung des Nachlasses des verstorbenen Ehegatten erfolgt ist.
(3) Ist einem Abkömmling, der auf seinen Anteil verzichtet hat, eine Abfindung aus dem Gesamtgut *gewährt worden*, so fällt sie den Abkömmlingen zur Last, denen der Verzicht zustatten kommt.

§ 1504 Haftungsausgleich unter Abkömmlingen. ¹Soweit die anteilsberechtigten Abkömmlinge nach § 1480 den Gesamtgutsgläubigern haften, sind sie im Verhältnis zueinander nach der Größe ihres Anteils an dem Gesamtgut verpflichtet. ²Die Verpflichtung beschränkt sich auf die ihnen zugeteilten Gegenstände; die für die Haftung des Erben geltenden Vorschriften der §§ 1990, 1991 finden entsprechende Anwendung.

§ 1505 Ergänzung des Anteils des Abkömmlings. Die Vorschriften über das Recht auf Ergänzung des Pflichtteils finden zugunsten eines anteilsberechtigten Abkömmlings entsprechende Anwendung; an die Stelle des Erbfalls tritt die Beendigung der fortgesetzten Gütergemeinschaft, als gesetzlicher Erbteil gilt der dem Abkömmling zur Zeit der Beendigung gebührende Anteil an dem Gesamtgut, als Pflichtanteil gilt die Hälfte des Wertes dieses Anteils.

§ 1506 Anteilsunwürdigkeit. ¹Ist ein gemeinschaftlicher Abkömmling erbunwürdig, so ist er auch des Anteils an dem Gesamtgut unwürdig. ²Die Vorschriften über die Erbunwürdigkeit finden entsprechende Anwendung.

§ 1507 Zeugnis über Fortsetzung der Gütergemeinschaft. ¹Das Nachlassgericht hat dem überlebenden Ehegatten auf Antrag ein Zeugnis über die Fortsetzung der Gütergemeinschaft zu erteilen. ²Die Vorschriften über den Erbschein finden entsprechende Anwendung.

§ 1508 – *weggefallen* –

§ 1509 Ausschließung der fortgesetzten Gütergemeinschaft durch letztwillige Verfügung. ¹Jeder Ehegatte kann für den Fall, dass die Ehe durch seinen Tod aufgelöst wird, die Fortsetzung der Gütergemeinschaft durch letztwillige Verfügung ausschließen, wenn er berechtigt ist, dem anderen Ehegatten den Pflichtteil zu entziehen oder auf Aufhebung der Gütergemeinschaft zu klagen. ²Das Gleiche gilt, wenn der Ehegatte berechtigt ist, die Aufhebung der Ehe zu beantragen, und den Antrag gestellt hat. ³Auf die Ausschließung finden die Vorschriften über die Entziehung des Pflichtteils entsprechende Anwendung.

§ 1510 Wirkung der Ausschließung. Wird die Fortsetzung der Gütergemeinschaft ausgeschlossen, so gilt das Gleiche wie im Falle des § 1482.

§ 1511 Ausschließung eines Abkömmlings. (1) Jeder Ehegatte kann für den Fall, dass die Ehe durch seinen Tod aufgelöst wird, einen gemeinschaftlichen Abkömmling von der fortgesetzten Gütergemeinschaft durch letztwillige Verfügung ausschließen.
(2) ¹Der ausgeschlossene Abkömmling kann, unbeschadet seines Erbrechts, aus dem Gesamtgut der fortgesetzten Gütergemeinschaft die Zahlung des Betrages verlangen, der ihm von dem Gesamtgut der ehelichen Gütergemeinschaft als Pflichtteil gebühren würde, wenn die fortgesetzte Gütergemeinschaft nicht eingetreten wäre. ²Die für den Pflichtteilsanspruch geltenden Vorschriften finden entsprechende Anwendung.
(3) ¹Der dem ausgeschlossenen Abkömmling gezahlte Betrag wird bei der Auseinandersetzung den anteilsberechtigten Abkömmlingen nach Maßgabe des § 1501 angerechnet. ²Im Verhältnis der Abkömmlinge zueinander fällt er den Abkömmlingen zur Last, denen die Ausschließung zustatten kommt.

§ 1512 Herabsetzung des Anteils. Jeder Ehegatte kann für den Fall, dass mit seinem Tode die fortgesetzte Gütergemeinschaft eintritt, den einem anteilsberechtigten Abkömmling nach der Beendigung der fortgesetzten Gütergemeinschaft gebührenden Anteil an dem Gesamtgut durch letztwillige Verfügung bis auf die Hälfte herabsetzen.

§ 1513 Entziehung des Anteils. (1) ¹Jeder Ehegatte kann für den Fall, dass mit seinem Tode die fortgesetzte Gütergemeinschaft eintritt, einem anteilsberechtigten Abkömmling den diesem nach der Beendigung der fortgesetzten Gütergemeinschaft gebührenden Anteil an dem Gesamtgut durch letztwillige Verfügung entziehen, wenn er berechtigt ist, dem Abkömmling den Pflichtteil zu entziehen. ²Die Vorschrift des § 2336 Abs. 2 bis 4 finden entsprechende Anwendung.
(2) Der Ehegatte kann, wenn er nach § 2338 berechtigt ist, das Pflichtteilsrecht des Abkömmlings zu beschränken, den Anteil des Abkömmlings am Gesamtgut einer entsprechenden Beschränkung unterwerfen.

§ 1514 Zuwendung des entzogenen Betrags. Jeder Ehegatte kann den Betrag, den er nach § 1512 oder nach § 1513 Abs. 1 einem Abkömmling entzieht, auch einem Dritten durch letztwillige Verfügung zuwenden.

§ 1515 Übernahmerecht eines Abkömmlings und des Ehegatten. (1) Jeder Ehegatte kann für den Fall, dass mit seinem Tode die fortgesetzte Gütergemeinschaft eintritt, durch letztwillige Verfügung anordnen, dass ein anteilsberechtigter Abkömmling das Recht haben soll, bei der Teilung das Gesamtgut oder einzelne dazu gehörende Gegenstände gegen Ersatz des Wertes zu übernehmen.

(2) ¹Gehört zu dem Gesamtgut ein Landgut, so kann angeordnet werden, dass das Landgut mit dem Ertragswert oder mit einem Preis, der den Ertragswert mindestens erreicht, angesetzt werden soll. ²Die für die Erbfolge geltende Vorschrift des § 2049 findet Anwendung.
(3) Das Recht, das Landgut zu dem in Absatz 2 bezeichneten Wert oder Preis zu übernehmen kann auch dem überlebenden Ehegatten eingeräumt werden.

§ 1516 Zustimmung des anderen Ehegatten. (1) Zur Wirksamkeit der in den §§ 1511 bis 1515 bezeichneten Verfügungen eines Ehegatten ist die Zustimmung des anderen Ehegatten erforderlich.
(2) ¹Die Zustimmung kann nicht durch einen Vertreter erteilt werden. ²Ist der Ehegatte in der Geschäftsfähigkeit beschränkt, so ist die Zustimmung seines gesetzlichen Vertreters nicht erforderlich. ³Die Zustimmungserklärung bedarf der notariellen Beurkundung. ⁴Die Zustimmung ist unwiderruflich.
(3) Die Ehegatten können die in den §§ 1511 bis 1515 bezeichneten Verfügungen auch in einem gemeinschaftlichen Testament treffen.

§ 1517 Verzicht eines Abkömmlings auf seinen Anteil. (1) ¹Zur Wirksamkeit eines Vertrags, durch den ein gemeinschaftlicher Abkömmling einem der Ehegatten gegenüber für den Fall, dass die Ehe durch dessen Tod aufgelöst wird, auf seinen Anteil am Gesamtgute der fortgesetzten Gütergemeinschaft verzichtet oder durch den ein solcher Verzicht aufgehoben wird, ist die Zustimmung des anderen Ehegatten erforderlich. ²Für die Zustimmung gilt die Vorschrift des § 1516 Abs. 2 Satz 3, 4.
(2) Die für den Erbverzicht geltenden Vorschriften finden entsprechende Anwendung.

§ 1518 Zwingendes Recht. ¹Anordnungen, die mit den Vorschriften der §§ 1483 bis 1517 in Widerspruch stehen, können von den Ehegatten weder durch letztwillige Verfügung noch durch Vertrag getroffen werden. ²Das Recht der Ehegatten, den Vertrag, durch den sie die Fortsetzung der Gütergemeinschaft vereinbart haben, durch Ehevertrag aufzuheben, bleibt unberührt.

§§ 1519–1557 – weggefallen –

Untertitel 3 Güterrechtsregister

Vorbemerkungen vor §§ 1558 ff

Die §§ 1558–1563 regeln das Verfahren der Eintragung in das Güterrechtsregister, während sich deren Wirkungen nach § 1412 richten. Die Eintragungen haben nur **deklaratorische Bedeutung**; die Änderung der güterrechtlichen Verhältnisse ist von der Registereintragung unabhängig. Anders als dem Grundbuch kommt dem Güterrechtsregister kein öffentlicher Glaube zu. Der Rechtsverkehr kann sich somit nur auf sein Schweigen verlassen (**negative Publizität**). 1

Der Dritte muss die im Güterrechtsregister eingetragenen Tatsachen gegen sich gelten lassen, unabhängig davon, ob er sie kennt. Denn er hätte jederzeit die Möglichkeit, sich Kenntnis zu verschaffen (§ 1563). Ist die Tatsache nicht eingetragen, muss der Dritte sie nur dann gegen sich gelten lassen, wenn er sie kennt (§ 1412). 2

Eintragungsfähig sind nur solche Tatsachen, die Außenwirkung entfalten, die also geeignet sind, die Rechtsstellung der Ehegatten zu Dritten zu beeinflussen (BGHZ 66, 203, 207; Staud/*Thiele* Rz 4), wie insb solche Tatsachen, die die Eigentumszuordnung, die Verfügungsbefugnis oder die Haftung für Schulden (Köln FamRZ 94, 1256) beeinflussen. 3

Eintragungsfähig sind danach Eheverträge einschl Änderung und Aufhebung, auch durch Urt (§§ 1412 II, 1449 II, 1470 II), Zugehörigkeit von Vermögen zum Vorbehaltsgut in der Gütergemeinschaft (§ 1418 IV), Ausschluss des gesetzlichen Güterstandes (BGHZ 66, 203 einschl der durch Beschl (Palandt/*Brudermüller* Rz 3), Einspruch gegen den Betrieb eines Erwerbsgeschäfts und Widerruf der Einwilligung bei Gütergemeinschaft (§§ 1431 III, 1456 III), Beschränkung und Ausschluss der Schlüsselgewalt nach § 1357 II (BGH FamRZ 76, 443), Ausschluss oder abw Regelung der Verfügungsbeschränkung aus §§ 1365 I, 1369 I (Staud/*Thiele* Rz 7), Änderungen der Regelungen zum Zugewinnausgleich (Köln FamRZ 94, 1256; LG Bonn RNotZ 01, 588; Palandt/*Brudermüller* Rz 3). 4

Nicht eintragungsfähig sind Vereinbarung (§ 1483), Aufhebung (§ 1492) oder Ausschließung (§ 1509) der fortgesetzten Gütergemeinschaft (MüKo/*Kanzleiter* Rz 9), Zugehörigkeit von Vermögen zum Sondergut in der Gütergemeinschaft (§ 1417), Überlassung der Vermögensverwaltung oder deren Ausschluss (§ 1413), Vermögensverzeichnisse der Ehegatten (AnwK/*Völker* Rz 8), ehevertraglicher Ausschluss des Versorgungsausgleichs (Braunschw OLGR 04, 383). 5

Das Güterrechtsregister hat keine erhebliche praktische Bedeutung mehr, weshalb auch seine Abschaffung gefordert wird (*Reithmann* DNotZ 84, 459; AnwK/*Völker* Rz 5). 6

§ 1558 Zuständiges Registergericht. (1) Die Eintragungen in das Güterrechtsregister sind bei jedem Amtsgericht zu bewirken, in dessen Bezirk auch nur einer der Ehegatten seinen gewöhnlichen Aufenthalt hat.
(2) ¹Die Landesregierungen werden ermächtigt, durch Rechtsverordnung einem Amtsgericht für die Bezirke mehrerer Amtsgerichte die Zuständigkeit für die Führung des Registers zu übertragen. ²Die Landesregierungen können die Ermächtigung durch Rechtsverordnung auf die Landesjustizverwaltungen übertragen.

1 Das Güterrechtsregister wird beim Amtsgericht geführt, dort vom Rechtspfleger (§ 3 Nr 1 e RPflG). Örtlich zuständig ist dasjenige Gericht, in dessen Bezirk auch nur einer der Ehegatten seinen gewöhnlichen Aufenthalt hat, wobei II es den Landesjustizverwaltungen ermöglicht, für mehrere Amtsgerichtsbezirke ein gemeinsames Register einzuführen.
2 Der gewöhnliche Aufenthalt befindet sich dort, wo der tatsächliche Schwerpunkt der Bindungen dieses Ehegatten, sein Daseinsmittelpunkt, liegt (BGH FamRZ 81, 135, 137). Bei mehreren gleichrangigen gewöhnlichen Aufenthalten, muss die Eintragung bei jedem der dafür zuständigen Registergerichte erfolgen (Staud/*Thiele* Rz 3).
3 Da es nur auf den gewöhnlichen Aufenthalt im Inland ankommt, hat die Nationalität der Eheleute auf die Zuständigkeit keinen Einfluss (vgl Art 16 EGBGB). Hat andererseits keiner der Ehegatten seinen gewöhnlichen Aufenthalt im Inland, kommt eine Eintragung auch dann nicht in Frage, wenn beide Deutsche sind (Staud/*Thiele* Rz 5).
4 Auch für die güterrechtlichen Verhältnisse von Kaufleuten ist allein das Güterrechtsregister maßgeblich (Art 4 EGHGB), während die sich auf das Handelsgewerbe beziehenden Verhältnisse in das Handelsregister einzutragen sind.
5 Eintragungen, die bei einem unzuständigen Gericht erfolgen, sind unwirksam (RGRK/*Finke* Rz 14; AnwK/*Völker* Rz 5). Dasselbe gilt für sich widersprechende Eintragungen bei verschiedenen Gerichten (Staud/*Thiele* Rz 3) oder Eintragungen, die nicht bei allen zuständigen Gerichten erfolgen (Staud/*Thiele* Rz 2). Unwirksame Eintragungen sind vAw zu löschen (§§ 161 I, 142, 143 FGG).

§ 1559 Verlegung des gewöhnlichen Aufenthalts. ¹Verlegt ein Ehegatte nach der Eintragung seinen gewöhnlichen Aufenthalt in einen anderen Bezirk, so muss die Eintragung im Register dieses Bezirks wiederholt werden. ²Die frühere Eintragung gilt als von neuem erfolgt, wenn ein Ehegatte den gewöhnlichen Aufenthalt in den früheren Bezirk zurückverlegt.

1 Die Verlegung des gewöhnlichen Aufenthalts in den Bezirk eines anderen Registergerichts führt dazu, dass die bisherige Eintragung ihre Wirkung verliert. Sie ist aber nicht vAw zu löschen, da sie im Falle der Rückverlegung des Wohnsitzes nach 2 wieder auflebt.
2 Sowohl die Löschung der alten Eintragung als auch die Neueintragung setzen einen Antrag mindestens eines Ehegatten voraus.
3 Wird der gewöhnliche Aufenthalt in den früheren Registerbezirk zurück verlegt, lebt die Wirkung der bisherigen Eintragung wieder auf. War diese allerdings gelöscht, bedarf es einer Neueintragung.

§ 1560 Antrag auf Eintragung. ¹Eine Eintragung in das Register soll nur auf Antrag und nur insoweit erfolgen, als sie beantragt ist. ²Der Antrag ist in öffentlich beglaubigter Form zu stellen.

1 Der für die Eintragung notwendige Antrag ist eine materiell-rechtliche Erklärung (Köln MDR 83, 490), wobei durch sie auch der Umfang der Eintragung begrenzt wird. Es ist also auch möglich, nur Teile einer ehevertraglichen Regelung einzutragen.
2 Der Antrag ist in öffentlich beglaubigter Form zu stellen (§§ 129, 39, 40 BeurkG). Nur der beurkundende Notar gilt als zur Antragstellung ermächtigt (§ 378 FamFG), dies auch nur, wenn die Eheleute zuvor die Erklärung nach 1 abgegeben haben (Celle NdsRpfl 99, 340). Der Antrag kann aber bereits in den Ehevertrag aufgenommen werden; dann genügt die Vorlage des Vertrages beim Registergericht.
3 Das Registergericht prüft außer seiner Zuständigkeit die formellen Antragsvoraussetzungen sowie die Zulässigkeit des Antrages (Schulte-Bunert/Weinreich/*Nedden-Böger* vor § 378 FamFG Rz 57 ff). Auf Bedenken hat es hinzuweisen (§ 382 IV FamFG). Nicht geprüft wird die inhaltliche Richtigkeit des Antrags, es sei denn, es bestehen insoweit begründete Zweifel oder die Eintragung verstieße gegen §§ 134, 138. In diesem Fall sind weitere Ermittlungen anzustellen (KG RPfl 01, 589).
4 Unzulässige Anträge sind zurückzuweisen. IÜ entscheidet das Gericht über die Fassung der Eintragung, ohne an den Wortlaut des Antrages gebunden zu sein (AnwK/*Völker* Rz 6). Wegen der Form der Eintragung vgl auch §§ 382 ff FamFG.

§ 1561 **Antragserfordernisse.** (1) Zur Eintragung ist der Antrag beider Ehegatten erforderlich; jeder Ehegatte ist dem anderen gegenüber zur Mitwirkung verpflichtet.
(2) Der Antrag eines Ehegatten genügt
1. zur Eintragung eines Ehevertrages oder einer auf gerichtlicher Entscheidung beruhenden Änderung der güterrechtlichen Verhältnisse der Ehegatten, wenn mit dem Antrag der Ehevertrag oder die mit dem Zeugnis der Rechtskraft versehene Entscheidung vorgelegt wird;
2. zur Wiederholung einer Eintragung in das Register eines anderen Bezirks, wenn mit dem Antrag eine nach der Aufhebung des bisherigen Wohnsitzes erteilte, öffentlich beglaubigte Abschrift der früheren Eintragung vorgelegt wird;
3. zur Eintragung des Einspruchs gegen den selbständigen Betrieb eines Erwerbsgeschäfts durch den anderen Ehegatten und zur Eintragung des Widerrufs der Einwilligung, wenn die Ehegatten in Gütergemeinschaft leben und der Ehegatte, der den Antrag stellt, das Gesamtgut allein oder mit dem anderen Ehegatten gemeinschaftlich verwaltet;
4. zur Eintragung der Beschränkung oder Ausschließung der Berechtigung des anderen Ehegatten, Geschäfte mit Wirkung für den Antragsteller zu besorgen (§ 1357 Abs. 2).

Nach dem Grundsatz des I bedarf es regelmäßig des Antrages beider Ehegatten, wobei jeder Ehegatte ggf einen durch Leistungsklage vor dem Familiengericht geltend zu machenden Anspruch gegen den anderen auf Mitwirkung hat (§ 894 ZPO). 1

Ist dem Rechtsschutzbedürfnis des anderen Ehegatten bereits Rechnung getragen oder liegt dem Antrag ein allein dem antragstellenden Ehegatten zustehendes Recht zu Grunde, so reicht nach II ausnahmsweise der Antrag auch nur eines Ehegatten. Das ist der Fall, wenn ein Ehevertrag vorgelegt wird – wobei die Zustimmung des bei Abschluss vollmachtlos vertretenen Ehegatten in beglaubigter Form nachzuweisen ist (KG RPfl 01, 252) – oder wenn die Eintragung einer auf gerichtlicher Entscheidung beruhenden Änderung der güterrechtlichen Verhältnisse begehrt wird (II Nr 1). Im letzteren Fall ist die Entscheidung mit Rechtskraftzeugnis vorzulegen. 2

Der Antrag nur eines Ehegatten ist weiter ausreichend bei Wiederholung der Eintragung bei einem anderen Registergericht (II 2), zur Eintragung eines Einspruchs gegen den selbständigen Betrieb eines Erwerbsgeschäfts eines Ehegatten, zum Widerruf der Einwilligung zu einem derartigen Geschäft bei Gütergemeinschaft zwischen den Ehegatten (II Nr 3) sowie zur Entziehung oder Einschränkung der Schlüsselgewalt (II Nr 4). Wird diese durch Entscheidung des Familiengerichts aufgehoben, ist Nachweis der Rechtskraft dieser Entscheidung erforderlich (§ 40 III FamFG). 3

§ 1562 **Öffentliche Bekanntmachung.** (1) Das Amtsgericht hat die Eintragung durch das für seine Bekanntmachung bestimmte Blatt zu veröffentlichen.
(2) Wird eine Änderung des Güterstandes eingetragen, so hat sich die Bekanntmachung auf die Bezeichnung des Güterstands und, wenn dieser abweichend von dem Gesetz geregelt ist, auf eine allgemeine Bezeichnung der Abweichung zu beschränken.

Jede Eintragung ist vAw in dem hierfür bestimmten Blatt zu veröffentlichen. Das gilt auch für solche Eintragungen, die wegen Änderung der güterrechtlichen Verhältnisse auf einem Beschl beruhen (Palandt/*Brudermüller* Rz 1). Von der Bekanntmachung sind beide Ehegatten zu benachrichtigen (§ 383 I FamFG). 1

II regelt den Inhalt der Bekanntmachung dahingehend, dass sie bei Änderung des Güterstandes auf dessen Bezeichnung oder eine allg Bezeichnung der Abweichung vom gesetzlichen Güterstand (zB: „Vorbehaltsgut besteht" (Staud/*Thiele* Rz 4)) zu beschränken ist. In allen anderen Fällen hat sie in vollem Wortlaut zu erfolgen. 2

§ 1563 **Registereinsicht.** ¹Die Einsicht des Registers ist jedem gestattet. ²Von den Eintragungen kann eine Abschrift gefordert werden; die Abschrift ist auf Verlangen zu beglaubigen.

Das Recht zur Einsicht in das Güterrechtsregister steht jedem zu. Ein rechtliches Interesse muss nicht glaubhaft gemacht werden. Die Einsichtnahme bezieht sich auch auf diejenigen Schriftstücke, auf die die Eintragung Bezug nimmt, nicht auf die Registerakten. Die Einsichtnahme ist kostenlos (§ 90 KostO). Wegen der Kosten für Abschriften, Zeugnisse und Beglaubigungen vgl §§ 2 Nr 1, 89 KostO. 1

Titel 7 Scheidung der Ehe

Untertitel 1 Scheidungsgründe

§ 1564 Scheidung durch Urteil. ¹Eine Ehe kann nur durch richterliche Entscheidung auf Antrag eines oder beider Ehegatten geschieden werden. ²Die Ehe ist mit der Rechtskraft der Entscheidung aufgelöst. ³Die Voraussetzungen, unter denen die Scheidung begehrt werden kann, ergeben sich aus den folgenden Vorschriften.

1 **A. Begriff der Ehe.** Das Bestehen einer Ehe bestimmt sich nach den §§ 1303 ff, so dass auch die aufhebbare Ehe (§ 1313) geschieden werden kann. Ist die Ehe im Ausland geschlossen worden, ist die Frage, ob eine wirksame Eheschließung vorliegt, nach dem Eheschließungsstatut zu beantworten. Dieses knüpft hinsichtlich der materiell-rechtlichen Eheschließungsvoraussetzungen an Art 13 I und II EGBGB, hinsichtlich der Form der Eheschließung an Art 11 I (bei im Ausland geschlossenen Ehen) oder Art 13 III EGBGB (bei im Inland geschlossenen Ehen) an. IÜ ist die Eheschließung eine vAw zu klärende Vorfrage, wobei der jeweilige Antragsteller die Beweislast für den Bestand einer gültigen Ehe trägt (FAFamR/v *Heintschell-Heinegg* Kap 2 Rz 39). Im Fall einer Nichtehe ist vorrangig ein Verfahren auf **Feststellung des Nichtbestehens einer Ehe** zu führen, § 121 Nr 3 FamFG (zu Haftungsfragen BGH FamRZ 03, 838).

2 Die Fehl- oder Zweckehe, häufig auch als **Scheinehe** bezeichnet, die ausschl zu ehefremden Zwecken geschlossen worden ist, unterliegt ohne Einschränkung dem Ehescheidungsrecht (Staud/*Rauscher* Rz 11). Auch die sog **hinkende Ehe**, in der ein deutscher und ein nichtdeutscher Partner eine nach deutschem Recht gültige Ehe geschlossen haben, die im Heimatland des nichtdeutschen Partners nicht anerkannt wird, ist nach deutschem Recht zu scheiden (Hamm FamRZ 94, 1182; Stuttg FamRZ 80, 783). Liegt eine nur aus der Sicht des Heimatstaates des nichtdeutschen Partners wirksame Ehe vor, während nach deutschem Recht von einer Nichtehe auszugehen ist, kommt eine Ehescheidung nicht in Betracht (MüKo/*Winkler v Mohrenfels* Art 17 EGBGB Rz 59).

3 **B. Scheidung nur durch richterliche Entscheidung.** Die Ehe kann nur durch richterliche Entscheidung – nach der Änderung der Terminologie des FamFG – durch **Beschl** geschieden werden. Auch die Zurückweisung des Scheidungsantrages durch Beschl ist unzulässig (Naumbg FamRZ 07, 870). Das gilt auch für nach ausländischem Recht in Deutschland zu scheidende Ehen (BGH FamRZ 82, 44) oder für Eheschließungen im Ausland, auf die deutsches Recht anwendbar ist (BayObLG FamRZ 03, 381). Ist eine Ehe nach anzuwendendem kanonischen Recht unscheidbar, ist dies mit der in Art 6 GG garantierten Eheschließungsfreiheit nicht zu vereinbaren (BGH StAZ 07, 337, 340). Zur Anerkennung einer Scheidung nach mosaischem Recht vgl BGH FamRZ 08, 1409, zu einer durch einer durch den norwegischen Fylkesmann geschiedenen Ehe Schlesw FamRZ 09, 609.

4 **C. Vereinbarungen.** Unzulässig ist die Vereinbarung eines Scheidungsausschlusses (BGH FamRZ 90, 372), zulässig dagegen der Verzicht auf ein Scheidungsrecht, das aber neu entsteht, wenn ein Scheidungstatbestand auf Grund neuer Tatsachen erfüllt ist (BGH FamRZ 86, 655).

§ 1565 Scheitern der Ehe. (1) ¹Eine Ehe kann geschieden werden, wenn sie gescheitert ist. ²Die Ehe ist gescheitert, wenn die Lebensgemeinschaft der Ehegatten nicht mehr besteht und nicht erwartet werden kann, dass die Ehegatten sie wiederherstellen.
(2) Leben die Ehegatten noch nicht ein Jahr getrennt, so kann die Ehe nur geschieden werden, wenn die Fortsetzung der Ehe für den Antragsteller aus Gründen, die in der Person des anderen Ehegatten liegen, eine unzumutbare Härte darstellen würde.

1 **A. Allgemeines.** Einziger Grund für eine Scheidung der Ehe ist deren Scheitern. Um die Feststellung des Gescheitertseins treffen zu können, darf die eheliche Lebensgemeinschaft nicht mehr bestehen (= **Diagnose**) und es darf nicht erwartet werden, dass sie wieder hergestellt wird (= **Prognose**). An die Feststellung des Scheiterns sind strenge Anforderungen zu stellen, wobei es dem die Scheidung begehrenden Ehegatten obliegt, diejenigen Tatsachen substantiiert darzulegen, von denen die erforderlichen Feststellungen abhängen (Köln FamRZ 95, 1503; Saarbr MDR 05, 37).

2 **B. Gescheitertsein der Ehe. I. Nichtbestehen der ehelichen Lebensgemeinschaft.** Unter der Lebensgemeinschaft ist das Ganze der ehelichen Lebensverhältnisse zu verstehen, wobei primär die wechselseitigen inneren Bindungen der Eheleute sind und die häusliche Gemeinschaft die äußere Realisierung der Lebensgemeinschaft in einer beiden Ehegatten gemeinsamen Wohnung umschreibt (BGH FamRZ 02, 316; 89, 479). Die *Lebensgemeinschaft* besteht nicht mehr, wenn zwischen den Ehegatten **objektiv** keine häusliche Gemeinschaft mehr besteht und **subjektiv** zumindest ein Ehegatte die Ehe mit dem anderen nicht mehr fortsetzen will (Zweibr FamRZ 06, 1210).

Die **räumliche Trennung** der Eheleute ist zumeist auch ein Indiz für die Aufhebung der Lebensgemeinschaft (BGH NJW 78, 1810). Sie allein reicht allerdings nicht aus, um deren Nichtbestehen feststellen zu können. Das gilt, wenn es trotz getrennten Wohnens noch intensive Kontakte zwischen den Eheleuten gibt, bei denen es auch zum Geschlechtsverkehr kommt (Köln FamRZ 02, 239; Schlesw FamRZ 01, 1456) oder wenn es wegen der besonders gelagerten Umstände des Falles eine häusliche Gemeinschaft nicht geben kann (Dresd MDR 02, 762 für den Fall der Verbüßung einer Haftstrafe durch einen Ehegatten). Hat eine häusliche Gemeinschaft von Beginn der Ehe an nie bestanden, beginnt das Trennungsjahr, wenn sich wenigstens ein Ehegatte von den iÜ bestehenden Gemeinsamkeiten lossagt (München FamRZ 98, 826). 3

Beim **Getrenntleben innerhalb der ehelichen Wohnung** bedarf es für die Annahme der Aufhebung der ehelichen Lebensgemeinschaft der Feststellung, dass sich die Gemeinsamkeiten im Haushalt auf das unvermeidliche Maß beschränken (Brandbg OLGR 08, 577) und dass keine wesentlichen persönlichen Beziehungen mehr bestehen. Gelegentliche Handreichungen (München FamRZ 98, 826) oder Zugeständnisse im Interesse der gemeinsamen Kinder stehen der Annahme des Getrenntlebens aber nicht entgegen (FA-FamR/*v Heintschel-Heinegg* Kap 2 Rz 65 mwN), es sei denn, die Ehegatten haben zwar getrennte Schlafzimmer, halten im Interesse der gemeinsamen Kinder jedoch den Schein der ehelichen Gemeinschaft aufrecht (Stuttg FamRZ 02, 239). Lassen die Ehegatten die eheliche Lebensgemeinschaft mit teils arbeitsteiliger Gestaltung bei fortschreitender Verselbstständigung der jeweiligen Lebensverhältnisse gleichsam auslaufen, beginnt das Getrenntleben mit der Beendigung dieses Prozesses (Zweibr FamRZ 00, 1418). 4

Fehlt es an der räumlichen Trennung, oder hat eine häusliche Gemeinschaft nie bestanden, ist maßgeblich auf die eheliche **Gesinnung** der Eheleute abzustellen. Der Wille, die Lebensgemeinschaft zu beenden, muss nach außen erkennbar hervortreten, etwa durch Mitteilung der Trennungsabsicht oder Stellung des Scheidungsantrages (Hamm FamRZ 90, 166; Bambg FamRZ 81, 52) oder indem ein Ehegatte den anderen auffordert, die Gemeinschaft wieder aufzunehmen, dieser sich aber weigert. 5

Ein kürzeres, der Versöhnung dienendes Zusammenleben steht der Annahme der Aufhebung der Lebensgemeinschaft nicht entgegen (§ 1567 II). 6

II. Nichterwartung der Wiederherstellung der ehelichen Lebensgemeinschaft. Ob die Wiederherstellung der ehelichen Lebensgemeinschaft erwartet werden kann, ist durch das Gericht unter Würdigung aller Umstände des Falles zu entscheiden (BGH NJW 78, 1810). Allein die Trennung von mehr als 1 Jahr begründet für sich noch nicht die tatsächliche Vermutung des Scheiterns der Ehe (BGH FamRZ 95, 229). Erforderlich ist Sachvortrag, der dem Gericht die Analyse der ehelichen Lebensgemeinschaft und die für die Entscheidung notwendige Prognose erlaubt, während der Vortrag, die Ehe sei gescheitert oder unheilbar zerrüttet, nur eine Rechtsbehauptung darstellt (Saarbr MDR 05, 37). 7

Ausreichend ist die **einseitige Abwendung** von der Ehe und der nur bei einem Ehegatten festzustellende völlige Verlust des Gefühls für die inneren Bindungen an den anderen (BGH FamRZ 79, 422; Zweibr FamRZ 06, 1210). Dabei ist zumeist die **Selbsteinschätzung** der Eheleute ausreichend, die durch beiderseitige Scheidungsanträge oder durch Zustimmung zum Scheidungsantrag des anderen zum Ausdruck kommt, während von übertriebenen Ermittlungen zur Ernsthaftigkeit des Verlustes der ehelichen Gesinnung abgesehen werden sollte. 8

Sind beide Ehegatten bereit, einen **Versöhnungsversuch** zu unternehmen (BGH FamRZ 95, 229) oder kommt es zu täglichen Besuchen des Ehegatten und regelmäßigem Geschlechtsverkehr (Oldbg FamRZ 97, 1213), kann die für die Ehescheidung erforderliche Prognose nicht getroffen werden. Indizien sind dagegen ein länger dauerndes Getrenntleben (BGH FamRZ 81, 127), die ernsthafte Zuwendung eines oder beider Ehegatten zu neuen Partnern (BGH FamRZ 79, 422), Ehebruch dann, wenn er mit einer nachhaltigen Beziehung verbunden ist (Staud/*Rauscher* Rz 74), Misshandlungen des Ehegatten, schwerwiegende Beleidigungen oder dauernde Lieblosigkeit. 9

Die die Zerrüttung begründenden Umstände müssen **nicht schuldhaft** herbeigeführt worden sein. Auch Krankheit eines Ehegatten, das Versagen im Haushalt oder Unfähigkeit zum Geschlechtsverkehr können die Ehe scheitern lassen (MüKo/*Wolf* Rz 51e). 10

Auch bei einer Fehl- oder Scheinehe gilt nichts anderes (Zweibr FamRZ 97, 241; Karlsr FamRZ 86, 680). 11

C. Keine Scheidung bei Trennung von weniger als 1 Jahr. Aus § 1565 II folgt im Umkehrschluss, dass eine Ehe erst geschieden werden kann, wenn die Eheleute mindestens 1 Jahr voneinander getrennt gelebt haben. Dadurch soll **Rechtsmissbrauch** und voreiligen Ehescheidungen entgegengewirkt sowie die nach I zu treffende Prognose erleichtert werden (BGH FamRZ 81, 127). Nichts anderes gilt, wenn beide Ehegatten die Scheidung vor Ablauf des Trennungsjahres beantragen oder der Antragsgegner dem Scheidungsantrag zustimmt (BGH FamRZ 81, 127), im Fall der Scheinehe (KG NJW 82, 112) oder dann, wenn die Eheleute nie einen gemeinsamen Haushalt begründet haben, jedoch sonst eine eheliche Lebensgemeinschaft bestanden hat (München FamRZ 98, 826). Nur unter den besonderen Voraussetzungen des II kann auf die Einhaltung der Frist verzichtet werden. 12

D. Scheidung bei Trennung von weniger als 1 Jahr (Abs 2). Da II keinen eigenständigen Scheidungstatbestand darstellt, ist auch hier gesondert festzustellen, ob die Ehe gescheitert ist (Kobl FamRZ 78, 31). Die 13 unzumutbare Härte folgt nicht aus dem Scheitern der Ehe an sich oder den dazu führenden Umständen (Brandbg FamRZ 95, 807). Die Gründe, die zum Scheitern der Ehe geführt haben, können aber bei der Prüfung nach II mit einbezogen werden (Staud/*Rauscher* Rz 122; aA: MüKo/*Wolf* Rz 76, Köln FamRZ 92, 319).

14 II setzt voraus, dass die Fortsetzung der Ehe für den Antragsteller aus Gründen, die in der Person des anderen Ehegatten liegen, eine unzumutbare Härte darstellen würde, wobei an die Feststellung **strenge Anforderungen** zu stellen sind (Saarbr FamRZ 05, 809; Stuttg FamRZ 02, 1342; Rostock FamRZ 93, 808). Es muss eine Ausnahmesituation ggü der schlicht gescheiterten Ehe gegeben sein. Bloße Schwierigkeiten, Unstimmigkeiten oder ehetypische Zerwürfnisse kommen für die Annahme einer unzumutbaren Härte nicht in Betracht (Hamm FamRZ 79, 511). Die Verletzung der ehelichen Treuepflicht begründet sie für sich genommen gleichfalls nicht (Stuttg FamRZ 02, 1342).

15 Die unzumutbare Härte muss sich aus dem **Fortbestand des äußeren Bandes der Ehe** ergeben, nicht aus der Fortsetzung der ehelichen Lebensgemeinschaft, die häufig ohnehin nicht mehr besteht. Es muss dem antragstellenden Ehegatten nicht mehr zumutbar sein, mit dem anderen auch nur formal bis zum Ablauf des Trennungsjahres verheiratet zu sein (BGH FamRZ 81, 127; Köln NJW-RR 96, 519; Nürnbg FuR 93, 230; Oldbg FamRZ 92, 682). Das die Härte begründende Verhalten des Ehegatten muss mit nach außen in Erscheinung getretener Öffentlichkeitswirkung verbunden sein (Ddorf FamRZ 86, 998).

16 Die Härtegründe müssen **in der Person des anderen Ehegatten** gegeben sein, also aus seiner Sphäre rühren, nicht jedoch zwingend von ihm verursacht oder gar verschuldet sein. Auch unverschuldete Handlungen oder Eigenschaften können die Härte begründen (MüKo/*Wolf* Rz 77). Es scheiden jedoch solche Gründe aus, die vom Antragsteller provoziert oder mit verursacht sind, weil die Berufung hierauf sich regelmäßig als rechtsmissbräuchlich darstellen würde. Sind in der Sphäre beider Ehegatten unabhängig voneinander etwa gleich schwerwiegende Härtegründe gegeben, haben etwa beide Ehegatten neue und auf Dauer angelegte außereheliche Beziehungen begründet, lässt der auf Seiten des Antragstellers gegebene Grund den auf der Seite des Antragsgegners weniger schwer gewichtig erscheinen, weshalb es regelmäßig zumutbar sein wird, das Trennungsjahr abzuwarten (Stuttg FamRZ 99, 722; Brandbg FamRZ 95, 807; Oldbg FamRZ 92, 682).

17 II findet auf **Fehl- oder Scheinehen**, bei denen keine eheliche Lebensgemeinschaft begründet und nur der Zweck verfolgt worden ist, dem ausländischen Ehegatten eine Aufenthaltserlaubnis zu verschaffen, keine Anwendung (BGH FamRZ 81, 127; Zweibr FamRZ 97, 1212; Karlsr FamRZ 86, 680).

18 In folgenden Fällen ist **unzumutbare Härte angenommen** worden: Unterhaltung eines ehebrecherischen Verhältnisses in der vormals ehelichen Wohnung (Saarbr FamRZ 05, 809; Köln FamRZ 99, 723), Eingehen einer festen neuen Partnerschaft (Rostock FamRZ 93, 808; Köln FamRZ 91, 822), insb dann, wenn der Ehegatte dadurch ggü Dritten besonders gedemütigt wird (Köln FamRZ 03, 1565), wie etwa durch das Zusammenleben im früher ehelichen Hausanwesen (Saarbr FamRZ 05, 809), Aufnahme einer Tätigkeit als Prostituierte ohne die Zustimmung des Ehemannes (Bremen FamRZ 96, 489), Aufforderung zum Geschlechtsverkehr zu dritt, nachdem ein ehebrecherisches Verhältnis aufgedeckt worden ist (Köln FamRZ 96, 519), Verlassen der antragstellenden Ehefrau kurz nach der Geburt eines gemeinsamen Kindes, um mit einer anderen Frau zusammenzuleben (Schlesw NJW-RR 89, 260), schwere Beleidigungen und grobe Ehrverletzungen (BGH FamRZ 81, 519), Trunksucht und häufige Alkoholexzesse (München FamRZ 78, 29), insb verbunden mit Drohungen durch den gewalttätigen Ehegatten (Schlesw ORGR 08, 16), Geschlechtsverkehr mit der Stieftochter (Oldbg FamRZ 92, 682), körperliche Misshandlungen, soweit sie nicht im Affekt erfolgen (Stuttg FamRZ 02, 239).

19 In folgenden Fällen ist die **unzumutbare Härte verneint** worden: Ablehnung der Ehe und des Ehepartners (Ddorf FamRZ 00, 286), Aufnahme einer gleichgeschlechtlichen Beziehung (Nürnbg FamRZ 07, 1885; Köln FamRZ 97, 24; Celle NJW 82, 586; aA Staud/*Rauscher* Rz 182), Kenntnisnahme vom wahren Grund der Verbüßung einer mehrjährigen Haftstrafe erst nach der Eheschließung (Nürnbg FamRZ 90, 630), Leiden des Antragsgegners unter einer bei Eheschließung nicht bekannten Nervenkrankheit (Ddorf FamRZ 93, 809); der Ehebruch als solcher (Stuttg FamRZ 02, 1342) sowie die schlichte Aufnahme einer außerehelichen Lebensgemeinschaft mit einem Dritten (Rostock NJW 06, 3648), Verletzung von Unterhaltspflichten (Saarbr FamRZ 78, 114), Schließung der Ehe aus sachfremden Gründen (Karlsr FamRZ 86, 680), Erklärung, der Unterhaltspflicht nicht nachzukommen und in der ausländischen Heimat leben zu wollen (KG FamRZ 00, 288), Wunsch, vor der Geburt eines von dem neuen Partner erwarteten Kindes, diesen zu heiraten (Naumbg NJW 05, 1812), Aussperren aus der Wohnung durch den Antragsgegner, wenn der Antragsteller eine andere Wohnung gefunden hat (Zweibr FamRZ 05, 379).

20 **E. Stellung des vorzeitigen Scheidungsantrages.** Wird der Ehescheidungsantrag vor Ablauf des Trennungsjahres gestellt und liegt ein Härtegrund nicht vor, sind dem antragstellenden Ehegatten entspr § 97 II ZPO die Kosten des Berufungsverfahrens aufzuerlegen, wenn er dort nur deshalb obsiegt, weil die Scheidungsvoraussetzungen mittlerweile durch Zeitablauf erfüllt sind (BGH FamRZ 97, 347; Brandbg FamRZ 00, 1417; Nürnbg NJW-RR 97, 388; Kobl FamRZ 08, 996: dann nicht, wenn das Trennungsjahr zwar nach Schluss der mündlichen Verhandlung, aber vor Verkündung des erstinstanzl Beschl abgelaufen war). Stehen Folgesachen zur Entscheidung an, ist das den Scheidungsantrag zurückweisende Beschl aufzuheben und die Sache zur Herstellung des Verbundes zurückzuverweisen (Naumbg FamRZ 07, 100). Weil der der Ehescheidung wider-

sprechende Ehegatte durch die Zulassung des verfrüht gestellten Scheidungsantrages möglicherweise erhebliche wirtschaftliche Nachteile hat, wird auch die Meinung vertreten, die Sache müsse trotz einjähriger Trennungsfrist zurückverwiesen werden (Oldbg FamRZ 96, 1480).

§ 1566 Vermutung für das Scheitern. (1) Es wird unwiderlegbar vermutet, dass die Ehe gescheitert ist, wenn die Ehegatten seit einem Jahr getrennt leben und beide Ehegatten die Scheidung beantragen oder der Antragsgegner der Scheidung zustimmt.
(2) Es wird unwiderlegbar vermutet, dass die Ehe gescheitert ist, wenn die Ehegatten seit drei Jahren getrennt leben.

A. Allgemeines. Die Norm schafft keinen eigenständigen Scheidungstatbestand, sondern stellt eine zwingende **Beweislastregel** für die Feststellung des Scheiterns der Ehe dar und begründet eine offene Form der einverständlichen Scheidung (= Konventionalscheidung). Die Voraussetzungen für die Anwendung der Beweisregeln müssen spätestens zum Zeitpunkt der letzten mündlichen Verhandlung in der letzten Tatsacheninstanz erfüllt sein. Liegen die Voraussetzungen des § 1566 vor, so greift dessen Beweisregel zwingend. Das Gericht darf die tatsächliche Zerrüttung dann nicht mehr prüfen. 1

B. Vermutungsvoraussetzungen. I. Getrenntleben. Wegen des Begriffs des Getrenntlebens wird auf § 1567 verwiesen, wobei § 1566 auch auf solche Ehen Anwendung findet, in denen eine häusliche Gemeinschaft nicht begründet worden ist, also auch auf Fehl- oder Zweckehen (Staud/*Rauscher* Rz 21 ff). 2

II. Einverständliche Scheidung nach 1-jährigem Getrenntleben (Abs 1). I gibt den Eheleuten die Möglichkeit zur einvernehmlichen Scheidung durch **beiderseitige Antragstellung** oder durch **Zustimmung zum Antrag des anderen.** Während die bisherige Konventionalscheidung gem § 630 ZPO aF auch die Einigung über bestimmte Scheidungsfolgen voraussetzte, sind nach § 133 Nr 2 FamFG nur noch Angaben darüber notwendig, ob die Ehegatten Einigungen über bestimmte Scheidungsfolgen getroffen haben, wodurch dem Gericht Klarheit über den Umfang des Konfliktpotentials verschafft und Gelegenheit gegeben werden soll, auf die Beteiligten einzuwirken, offene Fragen zu regeln (Schulte-Bunert/Weinreich/*Schröder*, § 133 FamFG Rz 3). Nach beiderseitiger Antragstellung oder der Zustimmung zum Scheidungsantrag braucht das Gericht keine weiteren Ermittlungen anzustellen (Schulte-Bunert/Weinreich/Schröder § 134 FamFG Rz 1). 3

Die Zustimmung des Antragsgegners zum einseitig gestellten Scheidungsantrag ist dem Gericht ggü zu erklären. Wird sie nur außergerichtlich erklärt, ist sicherzustellen, dass sie dem Gericht mit Wissen und Wollen des Erklärenden vorgelegt wird (Stuttg OLGZ 1993, 263; Saarbr FamRZ 92, 109). Wird sie nur dem Ehegatten ggü erklärt, etwa in einer Unterhaltsvereinbarung, begründet dies auch keine materiell-rechtliche Verpflichtung zur Abgabe einer formwirksamen Erklärung ggü dem Gericht (BGH FamRZ 95, 229). 4

Die Zustimmungserklärung ist jederzeit **frei widerruflich** (§ 134 II FamFG), für sie besteht kein Anwaltszwang. Erforderlich ist aber die Verfahrensfähigkeit des Antragsgegners. Fehlt diese, bedarf die Zustimmung durch den gesetzlichen Vertreter ebenso wie der Scheidungsantrag selbst der Genehmigung des Vormundschaftsgerichts (§ 125 II FamFG). 5

III. Streitige Scheidung nach 3-jährigem Getrenntleben (II). Leben die Eheleute spätestens zum Zeitpunkt der letzten mündlichen Verhandlung mindestens 3 Jahre voneinander getrennt, wird die Zerrüttung der Ehe **unwiderlegbar vermutet.** Der Beweis des Gegenteils ist sogar ausgeschlossen, weshalb eine Beweisaufnahme nicht erfolgen darf (BGH FamRZ 00, 285; Brandbg FamRZ 00, 1417). Jetzt ist die Ehe ggf auch gegen den Willen des anderen Ehegatten zu scheiden. 6

Besteht allerdings zur freien Überzeugung des Gerichtes eine Aussicht auf Fortsetzung der Ehe, darf das Scheidungsverfahren ausgesetzt werden, solange nicht die Eheleute widersprechen (§ 136 I 2 FamFG). 7

§ 1567 Getrenntleben. (1) ¹Die Ehegatten leben getrennt, wenn zwischen ihnen keine häusliche Gemeinschaft besteht und ein Ehegatte sie erkennbar nicht herstellen will, weil er die eheliche Lebensgemeinschaft ablehnt. ²Die häusliche Gemeinschaft besteht auch dann nicht mehr, wenn die Ehegatten innerhalb der ehelichen Wohnung getrennt leben.
(2) Ein Zusammenleben über kürzere Zeit, das der Versöhnung der Ehegatten dienen soll, unterbricht oder hemmt die in § 1566 bestimmten Fristen nicht.

A. Getrenntleben. Der Begriff des Getrenntlebens hat grundlegende Bedeutung für alle Scheidungstatbestände und ist – abgesehen vom Ausnahmetatbestand des § 1565 II – immer der maßgebliche Indikator für die Annahme des Scheiterns der Ehe. Daneben ist er Voraussetzung für das Entstehen des Unterhaltsanspruchs nach § 1361 oder für eine Sorgerechtsregelung nach § 1671. 1

I. Nichtbestehen der häuslichen Gemeinschaft. Hat ein Ehegatte die häusliche Gemeinschaft verlassen, kann das Fehlen der häuslichen Gemeinschaft leicht festgestellt werden. In allen anderen Fällen muss die **Aufhebung der häuslichen Gemeinschaft** weitestgehend herbeigeführt worden sein, sei es auch innerhalb der Ehewoh- 2 nung. Nur ein Restmaß an Gemeinsamkeiten wird noch akzeptiert. So kann ein Getrenntleben dann noch angenommen werden, wenn die Eheleute im Falle der Trennung innerhalb der Ehewohnung einzelne Räume weiterhin gemeinsam nutzen und gelegentlich gleichzeitig an einem Tisch essen, sofern es sich dabei um ein bloßes räumliches Nebeneinandersein ohne persönliche Beziehung oder geistige Gemeinsamkeit handelt (Ddorf FamRZ 82, 1014). Das ist auch dann der Fall, wenn sich die Gemeinsamkeit auf den sonntäglichen gemeinsamen Mittagstisch beschränkt und dies im Interesse der Kinder geschieht, die schonend auf den eventuellen Auszug eines Elternteils vorbereitet werden sollen. Auch geringe Versorgungsleistungen eines Ehegatten stehen der Annahme des Getrenntlebens nicht zwingend entgegen (Hambg MDR 99, 748; München FamRZ 98, 826), wenn sie notgedrungen wegen der Erkrankung des anderen Ehegatten erfolgen (Stuttg NJW-RR 93, 514) oder aufgedrängt sind (Jena EzFamR aktuell 01, 212). Kein Getrenntleben liegt dagegen vor, wenn die Ehegatten wechselseitig unverändert Versorgungsleistungen erbringen und nur nicht mehr geschlechtlich miteinander verkehren sowie ständig verbale Auseinandersetzungen führen (Kobl OLGR 04, 632).

3 Ein Getrenntleben kann nicht angenommen werden, wenn die Eheleute das gemeinsame Schlafzimmer weiter benutzen (Hamm FamRZ 99, 723), wenn die Eheleute einander unverändert Versorgungsleistungen in erheblichem Umfang erbringen (Brandbg OLGR 08, 577; Kobl OLGR 04, 632) oder wenn die Eheleute einvernehmlich mit teils arbeitsteiliger Gestaltung bei fortschreitender Verselbständigung der jeweiligen Lebensverhältnisse die eheliche Lebensgemeinschaft gewissermaßen auslaufen lassen wollen (Zweibr FamRZ 00, 1418).

4 Leben die Ehegatten **nicht in häuslicher Gemeinschaft**, so ist maßgeblich auf den **Trennungswillen** abzustellen. Das gilt im Falle berufsbedingter Trennung (zB Ehe mit Seemann), bei der das Getrenntleben dann ansetzt, wenn ein Ehegatte dem anderen erklärt, er wolle nicht mehr ihm zusammenleben (Hamm FamRZ 78, 119). Befindet sich ein Ehegatte in Strafhaft, beginnt das Getrenntleben dann, wenn ein Ehegatte frei zum Ausdruck bringt, er wolle die Gemeinschaft mit dem anderen nicht mehr aufrechterhalten. Hierzu reicht die bloße Einstellung der Besuche in der JVA nicht aus (Dresd MDR 02, 762; Bambg FamRZ 81, 52). Ist ein Ehegatte in einem Pflegeheim untergebracht, kann dieser Umstand allein das Getrenntleben nicht begründen. Hier ist außer auf den Trennungswillen auch darauf abzustellen, ob noch ein Restbestand der Verwirklichung der ehelichen Lebensgemeinschaft gegeben ist, der sich auf die Kontaktpflege zB durch Besuche beschränkt (BGH FamRZ 89, 479; Hamm FamRZ 90, 166).

5 **II. Trennungsabsicht.** Neben dem objektiven Nichtbestehen der häuslichen Gemeinschaft muss der nach außen erkennbar gewordene Wille festgestellt werden, die häusliche Gemeinschaft auch nicht wieder herzustellen. Dieser Wille muss das Motiv für die Ablehnung der ehelichen Lebensgemeinschaft sein.

6 Die **Feststellung** ist leicht zu treffen, wenn der scheidungswillige Ehegatte von dem anderen aufgefordert worden ist, die eheliche Lebensgemeinschaft wieder herzustellen, sich darauf jedoch weigert (FA-FamR/*v Heintschel-Heinegg*, Kap 2 Rz 67). Ein erkennbares äußeres Zeichen ist stets in der **ausdrücklichen Erklärung der Trennungsabsicht** oder der **Stellung des Scheidungsantrages** zu sehen (Hamm FamRZ 90, 166; Bambg FamRZ 81, 52).

7 Besondere Bedeutung kommt der Feststellung der Trennungsabsicht zu, wenn die Trennung innerhalb der Ehewohnung erfolgte oder die häusliche Gemeinschaft – wie bei Strafhaft oder berufsbedingter Trennung – gar nicht bestand. Auch dann ist nur auf die objektive Erkennbarkeit, nicht auf die Kundgabe der Trennungsabsicht dem Partner ggü abzustellen (Dresd FamRZ 02, 762; Karlsr FamRZ 86, 680).

8 Die Erklärung der Trennungsabsicht ist **keine Willenserklärung**, weshalb sie auch von einem Geschäftsunfähigen erklärt werden kann (BGH FamRZ 89, 479, 481). Hier kommt es nur auf den tatsächlich erkennbar werdenden Willen des Ehegatten, nicht den des gesetzlichen Vertreters an (BGH FamRZ 89, 479). Fehlt dem geistig behinderten Ehegatten jedoch das Bewusstsein für die Zerrüttung der Ehe völlig, so kann ihm die Berufung auf deren Scheitern nicht mit der Begründung versagt werden, er habe jedes Verständnis für die Ehe und deren Scheitern verloren (BGH FamRZ 89, 479, 481). In derartigen Fällen ist auf den weitergehenden Begriff der Lebensgemeinschaft abzustellen und zu prüfen, ob die Ehe auch objektiv als Verantwortungsgemeinschaft gescheitert ist (BGH FamRZ 02, 316, 317; Frankf FamRZ 02, 511).

9 **B. Versöhnungsversuche. I. Begriff des Versöhnungsversuchs.** Durch die Regelung des II sollen Versöhnungsversuche der Eheleute erleichtert werden. Der grds scheidungswillige Ehegatte soll nicht befürchten müssen, nach einem kurzfristigen Versöhnungsversuch werde die Trennungsfrist neu zu laufen beginnen und nur deshalb von dem Versuch Abstand nehmen (BTDrs 7/650 114).

10 Der Versuch setzt voraus, dass das Zusammenleben der Versöhnung der Eheleute zu dienen bestimmt ist. Unschädlich ist, wenn weitere Motive wie Mitleid oder Pflege eines gemeinsamen Kindes hinzutreten (Staud/*Rauscher* Rz 122). Ein einmaliger Geschlechtsverkehr bei einer ansonsten gescheiterten Ehe bietet noch keinen hinreichenden Anhaltspunkt für die Annahme eines Versöhnungsversuchs (Köln FamRZ 02, 239; Celle FamRZ 96, 804).

11 Eine **echte Versöhnung** ist kein Versöhnungsversuch (München FamRZ 90, 885; Hamm NJW-RR 86, 554). Hierfür reicht uU bereits ein 14-tägiges Zusammenleben aus (München FamRZ 90, 885). Die erneute Trennung setzt eine neue Trennungszeit in Lauf (BGH NJW 82, 1870).

II. Begriff der »kürzeren Zeit«. Um die Trennungsfrist nicht zu unterbrechen, darf das Zusammenleben nur 12
ein kurzes sein. Ob es noch kurz ist, ist in Abhängigkeit von der gesamten Trennungsdauer zu sehen. So können drei Monate uU noch kurz sein (Ddorf FamRZ 95, 96; Zweibr FamRZ 81, 146; aA Hamm NJW-RR 86, 554), während eine „kürzere Zeit" bei einem Zusammenleben von 4 Monaten im letzten Trennungsjahr nicht mehr anzunehmen ist (Köln FamRZ 82, 1015). Für vorangegangene Jahre kann eine großzügigere Betrachtungsweise geboten sein (Staud/*Rauscher* Rz 142).

III. Rechtsfolge. Liegen die Voraussetzungen des II vor, ist der Ablauf der in § 1566 bestimmten Frist weder 13
unterbrochen noch gehemmt. Dasselbe gilt über den Wortlaut der Norm hinaus auch für den Ablauf der Mindesttrennungsdauer des § 1565 II. Insoweit liegt offenbar ein Redaktionsversehen des Gesetzgebers vor (Zweibr FamRZ 81, 146; Celle FamRZ 79, 235; Köln FamRZ 79, 236; Hamm FamRZ 78, 117).

C. Verfahren. Zur **Darlegung des Getrenntlebens** in der Ehewohnung reicht allein die Behauptung, die 14
Wohnung sei zwischen den Ehegatten aufgeteilt, nicht aus (Bremen OLGR 99, 441). Erforderlich ist vielmehr, dass substantiiert dazu vorgetragen wird, welche Räume innerhalb der Wohnung von den Ehegatten allein und welche gemeinsam genutzt werden, ob getrennt geschlafen wird, ob die Mahlzeiten getrennt eingenommen, ob Versorgungsleistungen füreinander erbracht werden und welche Berührungspunkte ggf sonst noch bestehen. IÜ trägt derjenige Ehegatte, der die Scheidung begehrt, die **Beweislast** für das Vorliegen der Trennungsvoraussetzungen (Brandbg OLGR 08, 577).

Haben die Eheleute zwischenzeitlich wieder zusammengelebt, trägt der Antragsgegner die **Beweislast** dafür, 15
dass dieses Zusammenleben nicht nur der Versöhnung dienen sollte, sondern zu einer echten Aussöhnung geführt hat (Zweibr FamRZ 97, 1212; München FamRZ 90, 885; Celle FamRZ 79, 234).

§ 1568 Härteklausel. (1) Die Ehe soll nicht geschieden werden, obwohl sie gescheitert ist, wenn und solange die Aufrechterhaltung der Ehe im Interesse der aus der Ehe hervorgegangenen minderjährigen Kinder aus besonderen Gründen ausnahmsweise notwendig ist oder wenn und solange die Scheidung für den Antragsgegner, der sie ablehnt, auf Grund außergewöhnlicher Umstände eine so schwere Härte darstellen würde, dass die Aufrechterhaltung der Ehe auch unter Berücksichtigung der Belange des Antragstellers ausnahmsweise geboten erscheint.
(2) – *weggefallen* –

A. Allgemeines. Durch die Norm soll nur die Scheidung einer im Grundsatz gescheiterten Ehe zur Unzeit 1
vermieden werden (Staud/*Rauscher* Rz 15 mwN). Sie hat zwar faktisch eine eheerhaltende und -verlängernde Wirkung, jedoch nicht die Erhaltung der Ehe zum Zweck (RGRK/*Grashoff* Rz 5).

Sie schützt zwei Zielgruppen: minderjährige aus der Ehe hervorgegangene Kinder (1. Fallgruppe **Kinderschutz-** 2
klausel) und den nicht die Scheidung beantragenden Ehegatten (2. Fallgruppe **Ehegattenschutzklausel**).

B. Die Härteklauseln. I. Die Kinderschutzklausel. betrifft nur gemeinschaftliche minderjährige Kinder der 3
Ehegatten. Dazu gehören außer den leiblichen auch Adoptivkinder, nicht dagegen Kinder nur eines Ehegatten aus einer anderen Beziehung.

Die Kinderschutzklausel greift nur in den seltenen Ausnahmefällen, in denen das Kind ein besonderes Inte- 4
resse an der **Aufrechterhaltung des äußeren Bandes der Ehe** hat, das über das übliche am Bestand einer sozial intakten Familie hinausgeht (Staud/*Rauscher* Rz 20). Deshalb kann die Härteklausel weder mit den aus der Trennung resultierenden nachteiligen Folgen (Köln FamRZ 81, 959; FAFamR/*v Heintschel-Heinegg* Kap 2 Rz 41) noch mit der voraussichtlichen Behinderung des späteren Umgangsrechts begründet werden (Frankf NJW-RR 02, 162). Zu bejahen ist die schwere Härte bei der im Fall der Scheidung ernsthaften Gefahr der Selbsttötung eines minderjährigen Kindes (Hambg FamRZ 86, 469), das aber auch dann nicht, wenn das Kind noch zu klein ist, um zu dem betreffenden Elternteil noch keine eigenen gefestigten Beziehungen hat aufbauen können (Köln FamRZ 98, 827).

Da die Pflicht zur Rücksichtnahme auf die Belange der Kinder aus der uneingeschränkten Solidarität mit die- 5
sen folgt, werden die **Kindesbelange** nicht mit denen des die Ehescheidung begehrenden Ehegatten abgewogen (Staud/*Rauscher* Rz 20).

II. Die Ehegattenschutzklausel. soll dem an der Ehe festhaltenden Ehegatten die Möglichkeit und die Zeit 6
geben, sich auf die Auflösung der Ehe einzustellen (BTDrs 7/4361, 13). Da die Ehescheidung gegen den Willen eines Ehegatten regelmäßig mit Härten verbunden ist, ist der Maßstab für die schwere Härte nicht die Ehe schlechthin, sondern die bereits gescheiterte. Nur dann, wenn sich auf Grund außergewöhnlicher Umstände durch die Scheidung besondere Härten ergeben, kann an der bereits gescheiterten Ehe festzuhalten sein, wobei hier anders als im Falle der Kinderschutzklausel die beiderseitigen Interessen gegeneinander abzuwägen sind, ohne dass Umstände, die schon durch die Trennung hervorgerufen worden sind, in die Wertung mit einbezogen werden könnten (Köln NJW 82, 2262). Die Ablehnung der Scheidung muss das einzige Mittel sein, um den Ehegatten vor einer für ihn scheidungsbedingt entstehenden unerträglichen Lage zu bewahren (München FuR 92, 294).

7 Anzunehmen ist die schwere Härte etwa im Spätstadium der **Erkrankung** des an der Ehe festhaltenden Ehegatten an multipler Sklerose, wenn schon kleine Aktivierungen der Entzündungsvorgänge massive Anfälle bewirken, so dass die Gefahr wesentlicher gesundheitlicher Verschlechterungen besteht (BGH FamRZ 85, 905). Das gilt allerdings dann nicht, wenn die Verweigerung der Ehescheidung nunmehr für den scheidungswilligen Ehegatten zu einer akuten lebensbedrohenden Gesundheitsgefährdung führen kann (Hamm NJW-RR 89, 1159). Schwere Härte ist zu bejahen, wenn dem betagten und pflegebedürftigen Ehegatten eine Ehescheidung in seinen letzten Lebensjahren nicht mehr zugemutet werden kann (Stuttg NJW-RR 02, 1443).

8 Die **religiöse Überzeugung** eines Ehegatten und seine Stellung in einer Glaubensgemeinschaft können die schwere Härte nicht begründen (Schlesw OLGR 01, 6; Stuttg FamRZ 91, 334).

9 Die **Suizidgefahr** führt nur dann zur Anwendung der Norm, wenn sie aus einer von dem Ehegatten nicht zu steuernden psychischen Ausnahmesituation resultiert (BGH FamRZ 81, 1161; Hamm FamRZ 90, 60; Schlesw MDR 06, 874), nicht dagegen dann, wenn sie eine von dem Ehegatten selbst zu verantwortende Fehlreaktion darstellt (FAFamR/*v Heintschel-Heinegg*, Kap 2 Rz 45). Mit der Scheidung einhergehende seelische Belastungen sind grds zumutbar, insb dann, wenn der unter Depressionen leidende Ehegatte therapiefähig ist (Stuttg NJW-RR 92, 1093; Hamm FamRZ 90, 60). Da überdies Depressionen eine häufige Begleiterscheinung des Partnerverlustes darstellen, begründen sie allein selbst dann nicht die scheidungshindernden außergewöhnlichen Umstände, wenn als ihre Folge der Suizid droht (Celle NJW-RR 95, 1409).

10 Keine schwere Härte liegt in der drohenden **Abschiebung** eines ausländischen Ehegatten, weil die Rechtsfolgen des Ausländerrechts an die dauerhaft bestehende Trennung anknüpfen und dem rechtlichen Bestand der Ehe ausländerrechtlich keine entscheidende Bedeutung zukommt (Nürnbg FamRZ 96, 35; Karlsr FamRZ 90, 630). Das gilt selbst dann, wenn nach der drohenden Abschiebung der Verlust der Bindung zum gemeinsamen Kind zu befürchten ist (Köln FamRZ 98, 827).

11 Nicht zu begründen vermögen die schwere Härte die langjährige Blockade des Umgangs mit den gemeinschaftlichen Kindern durch den die Scheidung begehrenden Ehegatten (Frankf MDR 02, 521), die lange Ehedauer, die Ablehnung der Scheidung aus ethischen Gründen oder der unbedingte Wille, an der Ehe festzuhalten (Brandbg FamRZ 09, 1223) und ein nach Ehescheidung zu leistender Zugewinnausgleich mit nachfolgenden wirtschaftlichen Problemen (Hamm FamRZ 89, 1188). Unerheblich ist auch, dass der Krankenversicherungsschutz des Ehegatten nach der Scheidung hinter dem bei fortbestehender Ehe zurück bleibt und damit der Versorgungsstatus nicht aufrechterhalten wird (BGH FamRZ 81, 649), oder dass sich die Scheidung zum aktuellen Zeitpunkt hinsichtlich des Erwerbs von Rentenversorgungsanwartschaften ungünstig auswirkt, weil der Ehegatte wegen der Betreuung eines gemeinschaftlichen schwerstbehinderten Kindes an der Ausweitung seiner Berufstätigkeit gehindert ist (KG NJW-RR 01, 1658). Keine schwere Härte liegt auch darin, dass ein Landwirt den von seiner Ehefrau eingebrachten Hof, den er jahrzehntelang bewirtschaftet hat, verlassen muss (München OLGR 95, 9). Anderes gilt dann, wenn dies mit anderen Umständen wie hohem Lebensalter und Pflegebedürftigkeit zusammen trifft (Stuttg NJW-RR 02, 1443). Wirtschaftliche Folgen sind grds iRd güterrechtlichen Scheidungsfolgen zu erfassen und für die Härte ebenso zu gewichten wie immaterielle Folgen (BGH NJW 84, 2353). Die Härtefallklausel bietet auch keinen Schutz davor, dass ein Ehegatte in Folge der Scheidung zum Sozialfall wird (Bambg FamRZ 05, 810).

12 Fehlt dem sich auf die Härteklausel berufenden Ehegatten selbst die Bereitschaft zur Wiederaufnahme der ehelichen Lebensgemeinschaft, ist die Berufung auf § 1568 von vornherein ausgeschlossen (BGH FamRZ 85, 905).

13 **C. Verfahren.** Entgegen dem Wortlaut hat das Familiengericht bei der Anwendung der Norm **kein Ermessen**; liegen die Voraussetzungen vor, ist der Scheidungsantrag zurückzuweisen (Palandt/*Brudermüller* Rz 1).

14 Zwar gilt im Ehescheidungsverfahren der einge**schränkte Untersuchungsgrundsatz** (§ 127 FamFG). Außergewöhnliche Umstände nach § 1568 können aber nur dann berücksichtigt werden, wenn sie von dem die Scheidung abl Ehegatten vorgebracht sind, weshalb die **Darlegungs- und Beweislast** bei dem liegt, der die Ehe erhalten will (Brandbg FamRZ 07, 1888). Im Zweifel ist die Ehe deshalb zu scheiden (Karlsr FamRZ 00, 430). Etwas anderes gilt im Interesse des Kindeswohls bei Anwendung der Kinderschutzklausel (FAFamR/*v Heintschel-Heinegg* Kap 2 Rz 42).

Untertitel 1a Behandlung der Ehewohnung und der Haushaltsgegenstände anlässlich der Scheidung

Vorbem vor §§ 1568a und b

1 Mit dem Gesetz zur Änderung des Zugewinnausgleichs- und Vormundschaftsrechts vom 6.7.09 (BGBl I 1696) sind die materiellen Vorschriften der HausratsVO in das BGB, dort §§ 1568a und b übernommen worden, nachdem zuvor bereits die formalen Vorschriften im FamFG aufgegangen sind. Das Verfahren zur Behandlung der Ehewohnung und der Haushaltsgegenstände bestimmt sich deshalb nicht mehr nach §§ 1

und 11 ff HausratsVO, sondern nach §§ 200 ff FamFG, die Kostenvorschriften sind im FamGKG enthalten. Überdies ist die Terminologie dahingehend geändert worden, dass nicht mehr vom Hausrat, sondern von Haushaltssachen gesprochen wird. Der Begriff ist nunmehr identisch mit dem in §§ 1361a, 1369, 1932 verwendeten.

§§ 1568 a und b sind nur auf Fälle der Auflösung einer Ehe, deren Aufhebung und über § 17 LPartG die Aufhebung gleichgeschlechtlicher Lebenspartnerschaften anwendbar, nicht aber auf die Auflösung **nichtehelicher Lebensgemeinschaften** (Hamm FamRZ 05, 2085). Die nach der Trennung bis zur Rechtskraft der Ehescheidung ggf notwendige vorläufige Zuweisung von Haushaltssachen und Ehewohnung vollzieht sich nach §§ 1361a und b. 2

Das Bestehen einer **Gütergemeinschaft** steht der Anwendbarkeit der Vorschriften nicht entgegen. Die im Haushaltsverteilungsverfahren getroffenen Regelungen haben auch für die nachfolgende Auseinandersetzung der Gütergemeinschaft Bestand. 3

Wegen der Abgrenzung zum Zugewinn vgl § 1373 Rn 4. 4

Die Neuregelungen der § 1568a und b, entsprechen im Wesentlichen den materiellen Vorschriften der HausratsVO. § 9 HausratsVO, der die Möglichkeit gab, auch **Alleineigentum** eines Ehegatten auf den anderen zu übertragen, wenn dieser auf die Weiternutzung angewiesen war, ist allerdings ersatzlos gestrichen, was angesichts der geringen Bedürfnisses an derartigen Regelungen angemessen ist. Nicht übernommen ist auch eine dem § 10 HausratsVO entsprechende Regelung, der die Möglichkeit gab, mit dem **Hausrat zusammenhängende Verbindlichkeiten** auf einen Ehegatten zu übertragen. Auch diese Norm hatte nur geringe praktische Bedeutung erlangt. Schließlich fehlt eine Regelung, die wir § 6 HausratsVO die sich mit der **Aufteilung der Ehewohnung** nach der Scheidung im Gesetz befasste. Auch diese Vorschrift hatte stets geringe praktische Bedeutung. Sollte im Ausnahmefall einmal eine Aufteilung in Betracht kommen, dürfte die wegen des geringeren damit verbundenen Eingriffs und unter Berücksichtigung des im Verfahren geltenden Grundsatzes der Verhältnismäßigkeit auch jetzt noch möglich sein. 5

Während die HausratsVO die Grundlage für eine Entscheidung nach Billigkeit bot (vgl Vorauflage § 1 HausratsVO Rz 1), sind §§ 1568 und b als **Anspruchsgrundlagen** ausgestaltet. Dabei entsprechen die Voraussetzungen aber im Wesentlichen den in der HausratsVO aufgestellten Billigkeitskriterien (BTDrs 16/10798 S 33). Konsequenz ist aber, dass sich die Diskussion darüber erledigt hat, ob die Ehewohnung einem Ehegatten auch ohne oder gegen dessen Willen zugewiesen werden kann (vgl dazu Vorauflage § 5 HausratsVO Rz 8 ff). Wer keinen Zuweisungsantrag stellt, kann die Wohnung nicht zugewiesen erhalten. Ist niemand an der Weiternutzung interessiert, gibt es kein Zuweisungsverfahren; ein Mietvertrag muss dann ggf gekündigt werden. 6

Im **Verfahren** sind weitgehende **Mitwirkungspflichten** der Beteiligten begründet worden. Insb kann das Gericht bei grds fortbestehendem **Amtsermittlungsgrundsatz** verlangen, dass die Beteiligten eine vollständige Auflistung aller Haushaltssachen vorlegen und ihre Angaben zu den heraus verlangten Gegenständen präzisieren. Kommen sie dem nicht nach, können sie mit weiterem Vortrag präkludiert sein. Eine zwischen den Eheleuten getroffene **Einigung** stellt nicht mehr wie nach § 1 I HausratsVO ein Verfahrenshindernis dar (FAFamR/Weinreich, § 1 HausratsVO Rz 9 ff), sondern lässt, sofern sie umfassend und vollständig ist, das Rechtsschutzbedürfnis für ein Verfahren entfallen (BTDrs 16/6308 249). 7

Der **Verfahrenswert** bestimmt sich nach § 48 FamGKG, für einstweilige Anordnungen nach § 41 FamGKG. 8

§ 1568a Ehewohnung. (1) Ein Ehegatte kann verlangen, dass ihm der andere Ehegatte anlässlich der Scheidung die Ehewohnung überlässt, wenn er auf deren Nutzung unter Berücksichtigung des Wohls der im Haushalt lebenden Kinder und der Lebensverhältnisse der Ehegatten in stärkerem Maße angewiesen ist als der andere Ehegatte oder die Überlassung aus anderen Gründen der Billigkeit entspricht.
(2) ¹Ist einer der Ehegatten allein oder gemeinsam mit einem Dritten Eigentümer des Grundstücks, auf dem sich die Ehewohnung befindet, oder steht einem Ehegatten allein oder gemeinsam mit einem Dritten ein Nießbrauch, das Erbbaurecht oder ein dingliches Wohnrecht an dem Grundstück zu, so kann der andere Ehegatte die Überlassung nur verlangen, wenn dies notwendig ist, um eine unbillige Härte zu vermeiden. ²Entsprechendes gilt für das Wohnungseigentum und das Dauerwohnrecht.
(3) ¹Der Ehegatte, dem die Wohnung überlassen wird, tritt
1. zum Zeitpunkt des Zugangs der Mitteilung der Ehegatten über die Überlassung an den Vermieter oder
2. mit Rechtskraft der Endentscheidung im Wohnungszuweisungsverfahren.
an Stelle des zur Überlassung verpflichteten Ehegatten in ein von diesem eingegangenes Mietverhältnis ein oder setzt ein von beiden eingegangenes Mietverhältnis allein fort. ²§ 563 Absatz 4 gilt entsprechend.
(4) Ein Ehegatte kann die Begründung eines Mietverhältnisses über eine Wohnung, die die Ehegatten auf Grund eines Dienst- oder Arbeitsverhältnisses innehaben, das zwischen einem von ihnen und einem Dritten besteht, nur verlangen, wenn der Dritte einverstanden oder dies notwendig ist, um eine schwere Härte zu vermeiden.
(5) ¹Besteht kein Mietverhältnis über die Ehewohnung, so kann sowohl der Ehegatte, der Anspruch auf deren Überlassung hat, als auch die zur Vermietung berechtigte Person die Begründung eines Mietverhältnisses zu ortsüblichen Bedingungen verlangen. ²Unter den Voraussetzungen des § 575 Absatz 1 oder

wenn die Begründung eines unbefristeten Mietverhältnisses unter Würdigung der berechtigten Interessen des Vermieters unbillig ist, kann der Vermieter eine angemessene Befristung des Mietverhältnisses verlangen. ³Kommt eine Einigung über die Höhe der Miete nicht zustande, kann der Vermieter eine angemessene Miete, im Zweifel die ortsübliche Vergleichsmiete, verlangen.

(6) In den Fällen der Absätze 3 und 5 erlischt der Anspruch auf Eintritt in das Mietverhältnis oder auf seine Begründung ein Jahr nach Rechtskraft der Endentscheidung in der Scheidungssache, wenn nicht er nicht vorher rechtshängig gemacht worden ist.

1 **A. Allgemeines.** Die Norm bietet die Grundlage für die Wohnungszuweisung und bestimmt die Tatbestandsvoraussetzungen, wobei – wie bislang – im Wesentlichen auf das Wohl der im Haushalt lebenden Kinder und die Lebensverhältnisse der Eheleute abgestellt wird. Innerhalb der Vorschrift entspricht II dem bisherigen § 3 HausratsVO, III dem bisherigen § 5 HausratsVO und IV dem bisherigen § 4 HausratsVO, während V den bisherigen § 5 II HausratsVO ersetzt und konkretisiert. VI begründet schließlich eine Ausschlussfrist, die den bisherigen § 12 HausratsVO verschärft.

2 I stellt die eigentliche Anspruchsgrundlage dar, die wegen der verschiedenen Fallgestaltungen durch die Absätze 2 bis 5 modifiziert wird. VI beinhaltet eine gesetzliche Ausschlussfrist.

3 Eine **Ausgleichszahlung** für den die Wohnung verlassenden Ehegatten ist – anders als in § 1568b – in der Norm nicht vorgesehen. Anders als noch nach altem Recht kommt sie deshalb auch nicht in Betracht (zum alten Recht vgl Frankf FamRZ 08, 83; Hamm FamRZ 88, 745; Karlsr FamRZ 81, 1087; *Haussleiter/Schulz* Kap 4 Rz 103; Staud/*Weinreich* Rz 21).

4 **B. Begriff der Ehewohnung.** Wegen des Begriffs der Ehewohnung vgl § 1361b Rn 4 ff. Hatten die Ehegatten überhaupt noch keine gemeinsame Wohnung, ist für eine Wohnungszuweisung nach § 1568a kein Raum.

5 **C. Die einzelnen Überlassungstatbestände. 1. Zuweisung aus Gründen des Kindeswohls oder der Billigkeit (Abs 1).** Der Anspruch auf Zuweisung der Ehewohnung besteht vorrangig dann, wenn das Kindeswohl dies gebietet, wobei schon dem Wortlaut der Norm entnommen werden kann, dass es sich dabei nicht zwingend um **gemeinsame Kinder** handeln muss. Ebenso wird das Kindeswohl nicht mit deren Volljährigkeit bedeutungslos (Brandbg FamRZ 01, 636).

6 In der Regel wird demjenigen Ehegatten, der die gemeinsamen minderjährigen oder volljährigen Kinder betreut, die Ehewohnung (Celle FamRZ 92, 465, 466; Karlsr FamRZ 81, 1087) zu belassen sein; da den Kindern möglichst das vertraute Umfeld erhalten bleiben soll. Auch ist es dem allein lebenden Elternteil eher als dem anderen möglich, eine angemessene Ersatzwohnung zu bekommen (Celle FamRZ 92, 465, 466).

7 Falls noch nicht feststeht, bei welchem Elternteil sich die Kinder zukünftig aufhalten werden, wird es zweckmäßig sein, das Verfahren bis zur **Entscheidung über das Sorgerecht** auszusetzen (§ 21 I FamFG).

8 Sind keine Kinder vorhanden, ist allein auf die Lebensverhältnisse der Beteiligten oder die sonstigen die **Billigkeit** begründenden Umstände abzustellen. Dabei sind maßgeblich die **wirtschaftlichen Verhältnisse** der Eheleute und ihre Fähigkeit, sich anderweitig Ersatz für Hausrat oder Wohnung zu beschaffen (BayObLG FamRZ 64, 306, 308) zu berücksichtigen. Hatte ein Ehegatte während des Bestehens der ehelichen Lebensgemeinschaft stets höhere Einkünfte und deshalb mehr zu den gemeinsamen Ersparnissen beigetragen als der andere, kommt dem jedoch nur geringe Bedeutung zu (KG FamRZ 88, 182, 184), da die Herkunft der Mittel kein wesentliches Kriterium darstellt. Das gilt selbst dann, wenn sie aus einer nur einem der Ehegatten zugeflossenen Erbschaft stammen (Ddorf FamRZ 87, 1055).

9 **Belange familienfremder Dritter**, etwa der neuen Lebensgefährtin des Ehemannes (KG FamRZ 91, 467), sind für die Entscheidung ohne Bedeutung. Andererseits kann uU aber Berücksichtigung finden, dass ein naher Angehöriger eines der Ehegatten im selben Haus wohnt.

10 Der Rechtsgedanke der §§ 1381, 1579 findet im Einzelfall auch iRd Wohnungszuweisungsverfahrens Berücksichtigung (KG FamRZ 88, 182; Staud/*Weinreich* § 2 HausratsVO Rz 13), weshalb im Einzelfall auch auf die **Ursachen der Eheauflösung** abgestellt werden kann. Das gilt jedoch nicht schon für das schlichte Verschulden der Trennung, sondern erst für ein schwerwiegendes und klar bei einem Ehegatten liegendes Fehlverhalten (BVerfG NJW 80, 182; KG FamRZ 88, 182).

11 **2. Zuweisung der Wohnung im Eigentum des anderen (Abs 2).** Die Regelung des II entspricht dem bisherigen § 3 HausratsVO. Danach setzt der Überlassungsanspruch im Fall der dinglichen Berechtigung des überlassenden Ehegatten voraus, dass die Wohnungszuweisung erforderlich ist, um eine **unbillige Härte** zu vermeiden. Mit der Entscheidung wird nicht in dingliche Rechte am Haus eingegriffen; die Wohnungszuweisung erfolgt nur zum Gebrauch (KG FamRZ 86, 72) weshalb die Wohnungszuweisung auch keinen enteignenden Eingriff darstellt.

12 II regelt nur den Fall, in dem sich die Ehewohnung im eigenen Haus eines der Ehegatten befindet oder dieser *mit einem Dritten Miteigentümer ist. Dasselbe gilt*, wenn zu Gunsten eines der Ehegatten an dem Haus ein Nießbrauchrecht (§ 1030 BGB), ein Erbbaurecht (§ 1 ErbbauVO) oder ein dingliches Wohnrecht bestellt ist (§ 1093 BGB). Weiter findet II Anwendung auf den Fall des Wohnungseigentums (§ 1 WEG) oder Dauerwohnrechts (§ 31 WEG) an der Ehewohnung.

Gehört die Ehewohnung vollständig einem Dritten, regelt sich die Zuweisung der Ehewohnung nach V. 13
Steht die Wohnung im **Miteigentum** beider Ehegatten oder sind beide gemeinsam sonst dinglich an ihr 14
berechtigt, erfolgt die Zuweisung der Wohnung dagegen allein nach I, ohne dass es dabei auf das Tatbestandsmerkmal der unbilligen Härte ankommt. Sind sich in diesem Fall die Eheleute über die Alleinnutzung durch einen der Ehegatten als solche einig, beansprucht der die Wohnung nicht nutzende Miteigentümer jedoch eine **Nutzungsentschädigung**, bestimmen sich die Ansprüche nach § 745 II (BGH FamRZ 82, 335; 83, 795; München FamRZ 05, 806; Brandbg FamRZ 08, 1444), wobei der Rechtsstreit dazu als sonstige Familiensache iS § 266 FamFG in die Zuständigkeit des Familiengerichts fällt. Die Rechtsgrundlage war bislang streitig und wurde teilweise auch in der entsprechenden Anwendung der HausratsVO gesehen (vgl München FamRZ 07, 1655; Hamm FamRZ 08, 1637). Die Analogie zu § 1568a verbietet sich aber jetzt, weil der Gesetzgeber bewusst eine eigenständige Regelung zur Nutzungsentschädigung abgelehnt hat, somit also keine die Analogie eröffnende Regelungslücke vorliegt.

Konkurrieren mehrere dingliche Rechte der Ehegatten an der Ehewohnung miteinander, so ist demjenigen 15
dinglich Berechtigten der Vorrang einzuräumen, dessen Berechtigung den anderen von der Nutzung ausschließt. Das gilt zB im Verhältnis zwischen Eigentümer und Nießbraucher, in dem allein auf das Eigentum abzustellen ist (Stuttg FamRZ 90, 1260). Sind beide Ehegatten Miteigentümer des mit der ehelichen Wohnung bebauten Grundstücks, aber nur einer Erbbauberechtigter und damit alleiniger Eigentümer der Ehewohnung selbst, gilt entsprechendes (Oldbg FamRZ 98, 57). Bei Gleichrang der dinglichen Berechtigung folgt die Entscheidung aus I, ebenso, wenn ein dingliches Wohnrecht und das Eigentum miteinander konkurrieren, das Wohnrecht aber nicht unter Ausschluss der Eigentümer bestellt worden ist (Naumbg FamRZ 98, 1529).

An die Annahme einer **unbilligen Härte** sind strenge Anforderungen zu stellen, um nicht mehr als notwendig 16
in das Eigentum einzugreifen. Die Zuweisung muss deshalb auf Grund außergewöhnlicher Umstände dringend notwendig sein, um eine für den Nichteigentümer unerträgliche Belastung abzuwenden. Die Aufgabe der Wohnung muss für ihn eine ungewöhnlich schwere Beeinträchtigung darstellen (Naumbg FamRZ 02, 131; Köln FamRZ 92, 322). Eine bloße Unbequemlichkeit begründet die schwere Härte nicht. Auch reicht es nicht aus, dass einer der Ehegatten die Wohnung dringender benötigt als der andere oder dass er keine der Ehewohnung vergleichbare Unterkunft zu finden vermag (München FamRZ 95, 1205). Die Wohnungszuweisung kann auch nicht zum Zweck der Sicherung sonst gefährdeter Unterhaltsansprüche erfolgen (München FamRZ 95, 1205). Andererseits ist der Anwendungsbereich nicht auf Sachverhalte unmittelbarer Gewalt für Leib oder Leben des betroffenen Ehegatten beschränkt. Es genügen außergewöhnliche Umstände, die das Verbleiben des Ehegatten zu einer unerträglichen Belastung machen. Hierzu rechnet auch grob rücksichtsloses Verhalten (Naumbg OLGR 06, 307).

Positiv kann eine **unbillige Härte** angenommen werden, wenn derjenige Elternteil, der die gemeinsamen 17
Kinder betreut, im Gegensatz zu dem anderen keine andere für sich und die Kinder angemessene Wohnung finden kann (BayObLG FamRZ 74, 17; Stuttg OLGZ 68, 126). Unangemessen wäre eine Ersatzwohnung, wenn der die Kinder betreuende Elternteil gezwungen wäre, im Wohnzimmer zu schlafen (Köln FamRZ 96, 492). Im Fall der Betreuung nur eines bereits 14 Jahre alten Kindes wird allerdings kaum anzunehmen sein, dass keine angemessene Ersatzwohnung gefunden werden kann (Oldbg FamRZ 98, 571).

Die unbillige Härte kann auch darin begründet sein, dass der Nichteigentümer in dem Haus oder in der Ehewohnung 18
einen Gewerbebetrieb oder eine Praxis hat, die nicht alsbald verlegt werden können. Abzustellen ist in diesem Zusammenhang auch auf das Alter der Beteiligten (AG Königstein FamRZ 02, 973), ihre psychische Verfassung und ihre körperlichen Gegebenheiten sowie darauf, ob der Eigentümer die Wohnung überhaupt selbst benötigen und nutzen will (BayObLG FamRZ 77, 467).

3. Zuweisung der Mietwohnung (Abs 3). Ist die eheliche Wohnung eine Mietwohnung und wird diese nach 19
I einem Ehegatten allein überlassen, so tritt der übernehmende Ehegatte in das mit dem anderen bestehende Mietverhältnis ein oder führt das mit beiden bestehende allein fort. Auch dann, wenn die Zuweisung nach II an den nicht dinglich Berechtigten erfolgt, soll zwischen den Eheleuten ein Mietverhältnis begründet werden (BTDrs 16/10798 3). Die Änderung oder Begründung des Mietverhältnisses vollzieht sich nach III automatisch mit dem **Zugang (§ 130) der Mitteilung** der Ehegatten über die Überlassung oder der **Rechtskraft der Entscheidung** nach § 1568a. Die Zuweisungsentscheidung wird im Fall isolierter Entscheidung nach Ablauf der Rechtsmittelfrist rechtskräftig (§ 45 FamFG), im Fall der Entscheidung im Verbund mit der Rechtskraft des Scheidungsausspruchs (§ 148 FamFG). Weil aber mit der Zuweisungsentscheidung in die Rechte der Vermieter eingegriffen wird, sind diese am Verfahren zu beteiligen (§ 204 I FamFG).

Indem die Vertragsänderung schon mit dem Zugang der Mitteilung über die übereinstimmende Wohnungsüberlassung 20
eintritt, bedarf es in diesem Fall auch dann keines Zuweisungsverfahrens, wenn der Vermieter nicht zustimmt. Einem gleichwohl eingeleiteten Verfahren würde das Rechtsschutzbedürfnis fehlen. Nach dem Wortlaut der Norm muss die Mitteilung durch beide Ehegatten, sei es auch nur sukzessive, erfolgen. Weigert sich ein Ehegatte, hat der andere einen Mitwirkungsanspruch (§ 1353 I 2).

Der **Begriff der Mietwohnung** ist weit auszulegen ist und umfasst alle mietähnlichen Vertragsgestaltungen, 21
auf Grund derer Eheleute berechtigt sind, eine Wohnung zu nutzen, also etwa Leih- oder Pachtverhältnisse.

Als Mietwohnung gilt auch eine Genossenschaftswohnung, die nach der Satzung der Genossenschaft nur an Mitglieder vergeben werden darf, gleichwohl aber an denjenigen Ehegatten zugewiesen werden kann, der nicht Mitglied der Genossenschaft ist (München FamRZ 91, 1452; KG FamRZ 84, 1242), da § 1568a auch eine für die Zuweisung genossenschaftlich gebundenen Wohnraums hinreichend bestimmte Rechtsgrundlage darstellt (BTDrs 16/10798 34; BVerfG NJW 92, 106 zu § 5 HausratsVO). Allerdings kann das Familiengericht weder die Mitgliedschaftsrechte als solche übertragen, noch sonst in sie eingreifen.

22 Der **gerichtliche Eingriff in das Vertragsverhältnis** beschränkt sich, wird die Wohnung nicht dem Ehegatten zugewiesen, der ohnehin Alleinmieter ist, darauf, eine Änderung in der Person des Vertragspartners vorzunehmen, während das Vertragsverhältnis iÜ unberührt bleibt. Insb ist es dem Familiengericht verwehrt, zu Gunsten des Mieters Änderungen hinsichtlich des Mietzinses, der Zahlungsmodalitäten, der Kündigungsfristen oder der Laufzeit des Vertrages vorzunehmen. Sonstige Gestaltungsmöglichkeiten bestehen nicht mehr.

23 Wird das bislang mit beiden Eheleuten bestehende Mietverhältnis mit nur einem fortgesetzt, erlischt das Vertragsverhältnis mit dem anderen mit der Rechtskraft der Zuweisungsentscheidung. Sofern nicht das Gericht etwas anderes anordnet, wird der weichende Mieter von seinen sich aus dem Vertrag ergebenden Verpflichtungen frei. Damit erlischt auch das an seinen Sachen bestehende **Vermieterpfandrecht**, allerdings nur für die Zukunft. Es besteht fort, soweit sich aus der Zeit bis dahin Mietrückstände ergeben haben.

24 Eine geleistete **Kaution** bleibt beim Vermieter, was daraus folgt, dass das Mietverhältnis aus der Sicht des Vermieters – wenngleich evtl mit einem anderen Mieter – fortgesetzt wird. Es ist dann Aufgabe der Mieter, die Kaution intern aufzuteilen (Staud/*Weinreich* § 5 HausratsVO Rz 19).

25 Durch den Wechsel in der Person des Mieters können die Belange des Vermieters erheblich beeinträchtigt sein. Anders als noch § 5 I 2 HausratsVO gibt die Norm aber keine Möglichkeit mehr, **Anordnungen zum Schutz des Vermieters** zu treffen. Stattdessen besteht nach III 2 in entsprechender Anwendung des § 563 Abs. 4 ein **Sonderkündigungsrecht** des Vermieters, das ihm die Möglichkeit gibt, innerhalb einer Frist von 1 Monat nach Kenntniserlangung vom endgültigen Eintritt in das Vertragsverhältnis außerordentlich zu kündigen, wenn in der Person des in den Vertrag eintretenden Ehegatten ein wichtiger Grund vorliegt, zB die Unfähigkeit, die Miete zahlen zu können (§ 563 Rz 29 mwN).

26 **4. Zuweisung der Dienst- oder Werkwohnung (Abs 4).** IV ersetzt den bisherigen § 4 HausratsVO. Er ist anders als die bisherige Regelung nicht als Sollvorschrift ausgestaltet sondern begründet einen ausdrücklichen Anspruch auf, wenn der Dritte mit der Wohnungszuweisung **einverstanden** oder wenn sie notwendig ist, um eine **schwere Härte** zu vermeiden. Zwar spricht die Norm von der Begründung eines Mietverhältnisses, nicht auch von der Überlassung der Wohnung, doch dürfte auch die Wohnungszuweisung als solche – zB unter Regelung der Nutzung im Innenverhältnis – unter dem Vorbehalt des Einverständnisses des Dritten stehen.

27 Eine **Dienst- oder Werkwohnung** ist eine solche, die ein Ehegatte mit Rücksicht auf ein Dienst- oder Arbeitsverhältnis erhalten hat. Dabei kommt es nicht darauf an, dass der Arbeitgeber auch Hauseigentümer ist. IV findet auch Anwendung, wenn dieser die Wohnung seinerseits von einem Dritten angemietet hat, um sie an seinen Betriebsangehörigen zu überlassen (Frankf FamRZ 91, 838). Im Einzelnen können dies sein Werkmietwohnungen nach § 576, die mit Rücksicht auf das Bestehen eines Dienstverhältnisses vermietet worden sind, Werkdienstwohnungen nach § 576b, die iRe Dienstverhältnisses überlassen worden sind, wobei der an sich angemessene Mietzins einen Teil der Vergütung für die Dienstleistung darstellt, Bergarbeiterwohnungen, die aus Mitteln der Kohleabgabe auf Grund des Gesetzes vom 4.5.57 (BGBl III 2330) errichtet und an Wohnberechtigte im Kohlebergbau durch Mietvertrag überlassen worden sind, oder Dienstwohnungen, die auf Grund eines öffentlich – rechtlichen Nutzungsverhältnisses überlassen worden sind.

28 Die Dienst- oder Werkwohnung ist regelmäßig demjenigen Ehegatten zu überlassen, der sie vom Arbeitgeber mit Rücksicht auf sein Dienst- oder Arbeitsverhältnis bekommen hat. Eine Zuweisung an den anderen Ehegatten setzt voraus, dass entweder der Arbeitgeber mit ihr einverstanden ist, oder dass sie notwendig ist, um eine schwere Härte zu vermeiden. Wegen des Begriffs der schweren Härte kann auf die von der Rechtsprechung zu § 4 HausratsVO entwickelten Voraussetzungen für eine Zuweisung der Dienstwohnung ohne die Zustimmung des Dienstherrn zurückgegriffen werden (BTDrs 16/10798 34). Sie kommt in Betracht, wenn die Belange des anderen Ehegatten ausnahmsweise schwerer wiegen als die des Arbeitgebers (Frankf FamRZ 92, 695; Hambg FamRZ 90, 651), weil zB der Charakter der Wohnung als Dienst- oder Werkwohnung in absehbarer Zeit ohnehin aufgegeben werden soll (BayObLG NJW 70, 329) oder weil die Fortsetzung des Arbeitsverhältnisses für den betriebsangehörigen Ehegatten nicht unmöglich oder unzumutbar erschwert wird (BayObLG NJW 70, 329). In jedem dieser Fälle gebieten es die Interessen des Arbeitgebers aber, die Wohnung nur befristet zu überlassen.

29 Besteht ein Dienst- oder Arbeitsverhältnis – wie etwa bei einem Hausmeisterehepaar – mit **beiden Ehegatten**, ist die Wohnung dem zuzuweisen, mit dem das Arbeits- oder Dienstverhältnis fortgesetzt werden soll. *Wird es mit beiden Ehegatten fortgesetzt, erfolgt die Zuweisung nach I.*

30 **5. Begründung eines Mietverhältnisses (Abs 5).** Nach V besteht ein Anspruch auf Begründung eines Mietverhältnisses, wenn ein solches bislang nicht bestand. Das kann zB dann der Fall sein, wenn die Wohnung in

einem Haus gelegen ist, das im Alleineigentum eines Ehegatten oder im Miteigentum beider steht oder auf Grund eines entsprechenden dinglichen Rechts bewohnt wird, aber auch dann, wenn die Wohnung zB wegen verwandtschaftlicher Beziehungen zu den Eigentümern leihweise oder sonst unentgeltlich zur Verfügung gestellt worden war. Dasselbe gilt, wenn das Mietverhältnis über die eheliche Wohnung – zB durch die Kündigung seitens eines Ehegatten oder durch Abschluss eines Aufhebungsvertrages zwischen einem Ehegatten und dem Vermieter – beendet worden ist, ein Ehegatte aber noch in der Wohnung lebt und diese noch nicht an Dritte weiter vermietet ist.

Das Gericht hat im Rahmen seiner Entscheidung nach V eine der Höhe nach **angemessene Miete** festzusetzen. Anders als nach der HausratsVO richtet sich die Miethöhe nicht mehr nach den wirtschaftlichen Verhältnissen der Beteiligten, sondern nach den **ortsüblichen Bedingungen**. Die persönlichen und wirtschaftlichen Verhältnisse der Beteiligten können aber Anlass geben, hiervon abzuweichen (BTDrs 16/10798 35). Das kann ua dann der Fall sein, wenn Vermieter der unterhaltspflichtige Ehegatte und der Wohnvorteil iRd Unterhaltsberechnung berücksichtigt ist. Besteht Miteigentum beider Ehegatten, bestimmt sich die festzusetzende Miete nach dem halben Mietwert. 31

Unter den Voraussetzungen des § 575 I, also dann, wenn der Vermieter die Räume oder für Familienangehörige nutzen möchte, wenn er die Räume beseitigen oder wesentlich verändern möchte oder sie an einen zur Dienstleistung Verpflichteten vermieten möchte, kann der Vermieter eine angemessene **Befristung des Mietverhältnisses** verlangen. Dasselbe gilt, wenn die Befristung der Billigkeit entspricht. Mit dieser Möglichkeit soll ein angemessener Ausgleich der Interessen der Beteiligten erreicht werden (BTDrs 16/10798 36). Die Länge der Frist bestimmt sich nach dem Interessen am Verbleib in der Wohnung einerseits und dem an einer Räumung andererseits (BTDrs 16/10798 36). 32

D. Befristung (Abs 6). Nach VI erlischt der Anspruch auf Überlassung der Wohnung nach III wie auch der nach Begründung eines Mietverhältnisses über die Ehewohnung dann, wenn der Anspruch nicht innerhalb einer Frist von 1 Jahr nach Rechtskraft der Endentscheidung in der Scheidungssache rechtshängig gemacht worden ist. Indem IV in der Vorschrift ausdrücklich nicht genannt ist, gilt die Befristung nicht für die Überlassung einer auf Grund eines Dienst- oder Arbeitsverhältnisses überlassene Wohnung. 33

§ 1568b Haushaltsgegenstände.
(1) Jeder Ehegatte kann verlangen, dass ihm der andere Ehegatte anlässlich der Scheidung die im gemeinsamen Eigentum stehenden Haushaltsgegenstände überlässt und übereignet, wenn er auf deren Nutzung unter Berücksichtigung des Wohls der im Haushalt lebenden Kinder und der Lebensverhältnisse der Ehegatten in stärkerem Maße angewiesen ist als der andere Ehegatte oder dies aus anderen Gründen der Billigkeit entspricht.
(2) Haushaltsgegenstände, die während der Ehe für den gemeinsamen Haushalt angeschafft wurden, gelten für die Verteilung als gemeinsames Eigentum der Ehegatten, es sei denn, das Alleineigentum eines Ehegatten steht fest.
(3) Der Ehegatte, der sein Eigentum nach Absatz 1 überträgt, kann eine angemessene Ausgleichszahlung verlangen.

A. Allgemeines. Die Norm ersetzt den früheren § 8 HausratsVO und regelt die Verteilung der Haushaltsgegenstände für die Zeit nach Rechtskraft der Ehescheidung. Während I den Anspruch auf Überlassung beinhaltet und die Voraussetzungen hierfür aufstellt, begründet II die früher in § 8 II HausratsVO enthaltene Vermutung des Miteigentums beider Ehegatten an den während der Ehe für den gemeinsamen Haushalt angeschafften Haushaltsgegenständen. Anders als iRd Zuweisung der Ehewohnung darf nicht in **Rechte Dritter** eingegriffen werden. 1

Die §§ 8 bis 10 regeln die Verteilung des Hausrats für die Zeit nach **Rechtskraft der Ehescheidung**. Maßgeblich für die Entscheidung sind die Eigentumsverhältnisse am Hausrat, während die Rechte Dritter unberührt bleiben. 2

Die Norm bezweckt die schnelle und einfache Verteilung der Haushaltsgegenstände (BTDrs 16/10798 16). Durch das Verteilungsverfahren wird eine andernfalls erforderliche Auseinandersetzung des Miteigentums an den Haushaltsgegenständen nach §§ 752 ff vermieden. Außerdem begründet II die Vermutung des Bestehens von Miteigentum am während der Ehe angeschafften Hausrat, was ansonsten erforderliche umfangreiche Beweiserhebungen entbehrlich macht, die außer Verhältnis zum Wert der Haushaltsgegenstände stehen. 3

Eine Zuteilung von im **Alleineigentum** eines Ehegatten stehenden Haushaltsgegenständen ist nicht mehr möglich, da § 9 HausratsVO ersatzlos gestrichen ist. Eine Verteilung von mit Haushaltsgegenständen zusammenhängenden Schulden ist, nachdem auch § 10 HausratsVO nicht übernommen worden ist, nur noch über § 426 oder iRd Zugewinnausgleichs möglich. 4

Zum Verhältnis zum Zugewinnausgleich vgl § 1373 Rn 4. 5

B. Begriff des Haushaltsgegenstandes. Der Begriff des Haushaltsgegenstandes ist identisch mit dem in §§ 1361a, 1369, 1932 verwendeten. Vgl deshalb § 1361a Rn 5 ff. 6

7 Die Eigentumsverhältnisse sind für die Einordnung als Haushaltsgegenstand unerheblich, weshalb er auch geliehen (Hamm FamRZ 90, 531), geleast (Stuttg FamRZ 95, 1275) oder gemietet sein oder sich im Sicherungseigentum Dritter befinden kann. Das Haushaltsverteilungsverfahren umfasst allerdings nur solche Gegenstände, die entweder beiden Ehegatten gemeinsam gehören (I) oder für den gemeinsamen Haushalt angeschafft worden sind (II).

8 **C. Gemeinsames Eigentum.** Nur im gemeinsamen Eigentum beider Ehegatten stehende Haushaltsgegenstände unterliegen der Verteilung nach I, wobei es unerheblich ist, ob es sich hierbei um Miteigentum oder – wie im Falle der Gütergemeinschaft – um Gesamthandseigentum handelt. Entsprechend kann mit geliehenem (Hamm FamRZ 90, 531), gemietetem oder geleastem (Stuttg FamRZ 95, 1275) Hausrat verfahren werden.

9 **D. Miteigentumsvermutung (Abs 2).** Durch II wird für während der Ehe angeschaffte Haushaltsgegenstände die Vermutung begründet, dass diese im Miteigentum beider Ehegatten steht. Die Vermutung gilt nur iRd Haushaltsverteilung und ist wie jede Vermutung **widerlegbar**. Sie beschränkt sich auf solche Haushaltsgegenstände, der während der Ehe, also im Zeitraum zwischen Eheschließung und endgültiger Trennung (Brandbg FamRZ 03, 532 LS), angeschafft worden sind. Für vor der Eheschließung für einen gemeinsamen Haushalt angeschaffte Haushaltsgegenstände, wird Miteigentum gem § 1006 häufig aus dem bestehenden Mitbesitz zu vermuten sein. Werden die Haushaltsgegenstände dagegen zB in Vorbereitung der bevorstehenden Trennung oder erst danach angeschafft, erfolgt die Anschaffung nicht mehr für den gemeinsamen Haushalt, weshalb die Vermutung des II hierfür nicht mehr gilt (BGH FamRZ 84, 144, 147).

10 Der **Begriff der Anschaffung** setzt einen entgeltlichen Eigentumserwerb voraus. Unerheblich ist, ob ein Ehegatte die Anschaffung allein oder im Einvernehmen mit dem anderen vorgenommen hat. Eine Schenkung ist zwar keine Anschaffung, doch werden geschenkte Haushaltsgegenstände von der einhelligen Praxis wie angeschaffte behandelt. Das gilt auch für solche, die von Dritten zur Hochzeit oder danach geschenkt worden sind, solange nicht die Umstände des Falles für eine Schenkung an nur einen Ehegatten sprechen (Köln FamRZ 86, 703), anders jedoch bei ererbten Haushaltsgegenständen (Celle NdsRpfl 60, 231), es sei denn, die ererbten Gegenstände ersetzten bis dahin genutzte gemeinsame (Stuttg NJW 82, 585).

11 Der Ehegatte, der sich auf Alleineigentum beruft, hat dieses zu **beweisen** (München NJW 72, 542).

12 **E. Die Zuweisung von Haushaltsgegenständen. 1. Vorhandensein der Haushaltsgegenstände.** Die Verteilung kann sich nur auf solche Gegenstände beziehen, die im Zeitpunkt der gerichtlichen Entscheidung noch **vorhanden** sind (Hamm FamRZ 96, 1423), wobei Haushaltssachen solange als vorhanden gilt, wie nicht das Gegenteil erwiesen ist. Vorhanden sind auch solche Sachen, die ein Ehegatte für sich beiseite geschafft hat (KG FamRZ 74, 195). Tritt bei im gemeinsamen Eigentum beider Ehegatten stehenden Haushaltsgegenständen nach der Rechtskraft der Ehescheidung eine Änderung der Eigentums- oder Besitzverhältnisse ein, ist diese für die Verteilung unbeachtlich (Hamm FamRZ 90, 1126; Ddorf FamRZ 86, 1132).

13 **2. Auskunftsanspruch.** Ein **Anspruch auf Auskunft** über den Bestand des Hausrats wurde nach altem Recht nur in Ausnahmefällen angenommen (vgl Vorauflage § 1 HausratsVO Rz 5 mwN). Dieses Anspruchs bedarf es nach der erweiterten aus § 206 FamFG folgenden Mitwirkungspflicht heute nicht mehr.

14 **3. Billigkeit.** Voraussetzung der Zuweisung ist, dass der die Herausgabe beanspruchende Ehegatte auf die Nutzung unter Berücksichtigung der im Haushalt lebenden Kinder und der Lebensverhältnisse der Ehegatten in stärkerem Maße angewiesen ist, oder dies aus anderen Gründen der Billigkeit entspricht. Die Zuweisungsvoraussetzungen sind somit die gleichen wie iRd § 1568a I, weshalb insoweit auf die Ausführungen zu § 1568a Rn 5 ff verwiesen werden kann.

15 **4. Die Zuweisungsentscheidung.** Mit der Zuteilung der Haushaltsgegenstände an einen der Ehegatten wird die an ihnen bestehende Miteigentümergemeinschaft aufgelöst und der begünstigte Ehegatte Alleineigentümer. Einer Übergabe bedarf es hierzu nicht.

16 Durch die Entscheidung sollen möglichst klare Verhältnisse geschaffen werden, weshalb eine Zuteilung von Gegenständen »soweit vorhanden« ebenso unzulässig ist wie eine bedingte Zuteilung. Die Entscheidung muss eine **Herausgabeanordnung** enthalten, die möglichst so klar formuliert sein sollte, dass die herauszugebenden Gegenstände **individualisierbar** sind (Naumbg FamRZ 07, 565; Köln FamRZ 01, 174; Brandbg FamRZ 00, 204) und die sie sich als vollstreckbar erweist.

17 Auf die Zuweisung von Haushaltsgegenständen finden das Kaufrecht und damit die Vorschriften über die **Sachmängelhaftung** keine entsprechende Anwendung. Erweisen sich zugewiesene Haushaltsgegenstände nachträglich als mangelhaft, kann die Hausratsentscheidung allenfalls gem § 48 FamFG korrigiert werden (Karlsr FamRZ 81, 63 zu § 17 HausratsVO).

18 *F. Ausgleichszahlung (Abs 3).* Nach III kann derjenige Ehegatte, der sein (Mit-)eigentum nach I überträgt, eine angemessene Ausgleichszahlung verlangen. Anders als nach § 8 III HausratsVO ist die Ausgleichszahlung nicht mehr ausschließlich an Billigkeitsgesichtspunkte geknüpft. Es soll eine **Gesamtverrechnung** erfolgen, so dass derjenige die Zahlung beanspruchen kann, der wertmäßig weniger Haushaltssachen erhalten hat. Die

Anordnung einer isolierten Ausgleichszahlung ohne gleichzeitige Zuweisung von Hausrat ist unzulässig (Naumbg FamRZ 07, 920; Jena FamRZ 96, 1293; Zweibr FamRZ 87, 165). Ein exakter wertmäßiger Ausgleich ist aber auch nach der Neuregelung weder mit noch ohne Ausgleichszahlung zwingend geboten (BGH FamRZ 94, 505). Deshalb braucht auch für die Berechnung der Höhe der Ausgleichszahlung nur eine pauschale und überschlägige Bewertung des Hausrats zu erfolgen, für die auf den **Verkehrswert** zum Zeitpunkt der Entscheidung abzustellen ist (Stuttg FamRZ 93, 1461; 92, 1446), nicht auf die Anschaffungskosten. Schadensersatzansprüche des ausgleichsberechtigten Ehegatten gegen den anderen wegen unbefugter Verfügungen über gemeinsamen Hausrat können bei der Berechnung der Ausgleichszahlung nicht berücksichtigt werden, weil nur im Zeitpunkt der Zuweisungsentscheidung noch vorhandener Hausrat Gegenstand der Zuweisungsentscheidung sein kann (Hamm FamRZ 96, 1423), doch kann dem unberechtigt verfügenden Ehegatten der unbefugtermaßen veräußerte Gegenstand angerechnet werden (KG FamRZ 74, 195). 19

Aufrechnung gegen eine Ausgleichsforderung im Haushaltsverteilungsverfahren ist unzulässig, ebenso eine Verrechnung mit Unterhaltsansprüchen (Frankf FamRZ 83, 730), da der Ehegatte, dem der Ausgleich zugesprochen wird, in die Lage versetzt werden soll, sich sogleich neuen Hausrat zu beschaffen, was ihm andernfalls verwehrt würde (Hamm FamRZ 81, 293). Ebenso wenig kommt ein Zurückbehaltungsrecht an einzelnen Haushaltsgegenständen in Betracht (LG Limburg FamRZ 93, 1464). 20

Untertitel 2   Unterhalt des geschiedenen Ehegatten

Kapitel 1   Grundsatz

§ 1569 Grundsatz der Eigenverantwortung. ¹Nach der Scheidung obliegt es jedem Ehegatten, selbst für seinen Unterhalt zu sorgen. ²Ist er dazu außerstande, so hat er gegen den anderen Ehegatten einen Anspruch auf Unterhalt nur nach den folgenden Vorschriften.

A. Normzweck. § 1569 beinhaltet keine selbstständige Anspruchsgrundlage. Die Vorschrift normiert den Grundsatz der **wirtschaftlichen Eigenverantwortung**. Jeder Ehegatte hat nach der Scheidung regelmäßig selbst für seinen Unterhalt zu sorgen. Daneben steht der Grundsatz der **nachwirkenden Mitverantwortung** des wirtschaftlich stärkeren Ehegatten für den anderen (BVerfG FamRZ 81, 745; BGH FamRZ 99, 710, 81, 1163). Die Rechtfertigung für die Beschränkung der sich durch Art 2 I GG geschützten finanziellen Handlungsfreiheit des Verpflichteten als Folge der Unterhaltspflicht ggü dem bedürftigen Ehegatten ist aus der fortwirkenden (nach-)ehelichen Solidarität herzuleiten, deren verfassungsrechtliche Grundlage sich aus Art 6 I GG ergibt. Als Folge dieser Mitverantwortung für den bedürftigen Partner muss der wirtschaftlich stärkere Ehegatte bei Erfüllung eines gesetzlichen Unterhaltstatbestandes die finanzielle Unterhaltsbelastung bis zur Grenze des Zumutbaren hinnehmen. Der Gesetzgeber hat erneut keinen „clean break", wonach die wechselseitigen Beziehungen mit der Scheidung definitiv und nach allen Seiten gelöst werden, vorgenommen. Der Gedanke der **ehelichen Solidarität** ist nicht allein auf die Ehezeit beschränkt (BGH NJW 04, 930; zu Legitimationsproblemen im nachehelichen Unterhaltsrecht eingehend Brudermüller, Geschieden und doch gebunden? Beck 2008). Das System der §§ 1569 ff gilt nicht nur, wenn die Ehe durch Scheidung (§§ 1564 ff) aufgelöst wird, sondern auch nach Aufhebung der Ehe (§ 1318). Seiner Rechtsnatur nach ist der gesetzliche Unterhaltsanspruch ein familienrechtlicher Anspruch, der jedoch schuldrechtliche Züge trägt (Möglichkeit von Vereinbarungen (§ 1585c), einer Kapitalisierung (§ 1585 II) sowie einer Sicherheitsleistung (§ 1585a). Andererseits behält eine vertragliche Unterhaltsregelung familienrechtlichen Charakter, soweit sie sich lediglich als Ausprägung des gesetzlichen Unterhaltsanspruchs darstellt. Hierfür spricht eine Vermutung (BGH FamRZ 88, 933; BGH NJW 84, 2350). 1

Das **UÄndG** lässt das System der Unterhaltstatbestände unangetastet. § 1569 beinhaltet (weiterhin) keine selbstständige Anspruchsgrundlage. Der **Grundsatz der Eigenverantwortung** wird jedoch **gestärkt**. Das Prinzip der Eigenverantwortlichkeit erhält deutlich **mehr Gewicht**. Es soll als Leitlinie für die Auslegung der einzelnen, im folgenden Abschnitt geregelten Unterhaltstatbestände herangezogen werden. Künftig wird in stärkerem Maße zu berücksichtigen sein, ob die Unterhaltsbedürftigkeit aus der Aufgabenverteilung während der Ehe resultiert oder auf andere, nicht spezifisch ehebedingte Gründe zurückzuführen ist (*Menne* FF 06, 175). § 1569 I postuliert die **Obliegenheit** des geschiedenen Ehegatten, also eine Verhaltensanforderung an den Berechtigten (vgl *van Els* FPR 05, 348; *Menne* FPR 05, 323), im eigenen Interesse nach der Scheidung für sein wirtschaftliches Fortkommen selbst zu sorgen. Die Einführung des Wortes „nur" in 2 soll jedoch (einmal mehr) verdeutlichen, dass ein **Unterhaltsanspruch** gemessen am Grundsatz der Eigenverantwortung die **Ausnahme** und nicht die Regel ist (*Borth* FamRZ 06, 813). Er soll nur in Betracht kommen, wenn einer der Unterhaltstatbestände der §§ 1570 ff vorliegt. Ein nachehelicher Unterhalt soll **keine Lebensstandardgarantie** entspr den (bisherigen) ehelichen Lebensverhältnissen gewähren (BGH FamRZ 08, 968; 06, 683). Nach der Vorstellung des Gesetzgebers ist eine fortwirkende Verantwortung für den bedürftigen Ehegatten va **zum Ausgleich von ehebedingten**, **nicht scheidungsbedingten**, **Nachteilen** erforderlich, die aufgrund der Aufga- 2 benverteilung in der Ehe entstanden sind und zur Folge haben, dass der Berechtigte nicht selbst für seinen Unterhalt sorgen kann (BTDrs 16/1830 18). Je geringer solche Nachteile sind, desto eher kommt eine Beschränkung des Unterhalts (§ 1578b) in Betracht. Die **Unterhaltstatbestände der §§ 1570 ff** sind im Lichte des akzentuierten Grundsatzes der nachehelichen Eigenverantwortung grds **enger auszulegen**. Dies gilt zunächst für **§ 1570**. Das bisherige **Altersphasenmodell** ist zu überdenken und zu korrigieren (vgl bereits Karlsr NJW 04, 523; *Reinken* FPR 05, 502; *Menne* FPR 05, 323; *Luthin* FPR 04, 567). In der Praxis wird sich zwar eine gewisse **pauschalierende Betrachtungsweise** herauskristallisieren und werden zunehmend **Fallgruppen** für das Einsetzen einer Erwerbsobliegenheit entstehen (vom BGH in FamRZ 08, 1739 ausdrücklich für zulässig erklärt). Ein starres Altersphasenmodell ist mit der gesetzlichen Neufassung allerdings nicht mehr vereinbar. Künftig ist verstärkt darauf abzustellen, inwieweit aufgrund des konkreten Einzelfalls und der Betreuungssituation vor Ort dem betreuenden Elternteil eine (Teil-) Erwerbstätigkeit neben der Kinderbetreuung erwartet werden kann. Damit soll anstelle der bisherigen eher schematisierenden Betrachtungsweise stärker auf den **konkreten Einzelfall** und auf die tatsächlich bestehenden verlässlichen Kinderbetreuungsmöglichkeiten abgestellt werden. Im Einklang mit aktuellen Tendenzen in der Rspr (vgl etwa Oldbg FamRZ 05, 718) und entsprechenden Forderungen in der Lit (vgl bereits Palandt/*Brudermüller* § 1570 Rz 8,12; AnwK/*Schürmann* § 1577 Rz 60 ff; FAKomm-FamR/*Klein* § 1570 Rz 17) reicht es nicht (mehr) aus, dass der Kinder betreuende Elternteil sich darauf beruft, ein oder mehrere Kinder eines bestimmten Alters zu betreuen. Vielmehr ist geboten, abhängig vom Alter des Kindes Tatsachen vorzutragen, anhand derer sich das Gericht ein Bild von der Lebenssituation des betreuenden Elternteils und des Kindes machen kann. Weiter wird, ebenfalls abhängig vom Kindesalter, eine konkrete Darlegung der Umstände erforderlich sein, die der Aufnahme einer (Teil-)Erwerbstätigkeit durch den betreuenden Elternteil entgegenstehen. Bedeutung erlangt die Neufassung des § 1569 auch bei der Auslegung des **Krankheitsunterhalts (§ 1572)**. Die wirtschaftlichen Folgen einer latenten Krankheit, die mit der Lebensgestaltung in der Ehe nichts zu tun haben, können nicht allein wegen des früheren Ehebandes einseitig auf den Unterhaltspflichtigen abgewälzt werden. Ein weiteres Anwendungsbsp bildet schließlich der **Aufstockungsunterhalt (§ 1573 II)**. Soweit dieser nicht dem Ausgleich ehebedingter Nachteile dient, hat die nacheheliche Solidarität stärker hinter der Eigenverantwortung zurückzutreten (*Menne* FPR 05, 323; vgl frühzeitig bereits *Willutzki* FamRZ 77, 770). Die **ehelichen Lebensverhältnisse** werden nicht mehr – wie bisher in § 1574 II- von vornherein berücksichtigt, sondern nach der Neuregelung nur noch auf **Einwand des Unterhaltsgläubigers**, treten mithin ggü den Obliegenheiten des Unterhaltsgläubigers zurück. Schließlich erlangt der Grundsatz der Eigenverantwortung auch bei der Auslegung des **§ 1578b** Bedeutung. Das Prinzip der Eigenverantwortung führt dazu, dass ein Unterhaltsanspruch unter Wahrung der Belange eines gemeinschaftlichen, vom Berechtigten betreuten Kindes um so eher beschränkt werden kann, je geringer die ehebedingten, auf der Aufgabenverteilung während der Ehe beruhenden Nachteile sind, die beim unterhaltsberechtigten Ehegatten infolge der Scheidung eintreten. Das verschärfte Prinzip der Eigenverantwortung führt nunmehr dazu, dass **jeder Unterhaltsanspruch** – unter Wahrung der Belange eines gemeinschaftlichen, vom Unterhaltsgläubiger betreuten Kindes- sowohl der Dauer als auch der Höhe nach zu **begrenzen „ist"**, wenn die Voraussetzungen dieser Begrenzungsnorm vorliegen. Ein nachehelicher Unterhaltsanspruch kann um so eher beschränkt werden, je geringer die aufgrund der Kinderbetreuung eingetretenen (**betreuungsbedingten**) bzw die auf der Aufgabenverteilung während der Ehe beruhenden (**ehebedingten**) **Nachteile** sind, die beim unterhaltsberechtigten Ehegatten infolge der Scheidung eingetreten sind.

3 **B. Regel-Ausnahme-Prinzip.** Der Gesetzgeber hat bewusst **keine Generalklausel** aufgenommen, aufgrund derer dem wirtschaftlich schwächeren Ehegatten nach der Scheidung im Fall der Bedürftigkeit Unterhalt zu gewähren ist. Die in §§ 1570–1576 enthaltenen Unterhaltstatbestände stellen sich als numerisch aufgeführte Ausnahmeregelungen (**Enumerationsprinzip**) des allg Grundsatzes dar, dass jeder Ehegatte nach der Scheidung für seinen Unterhalt selbst aufzukommen hat (BGH FamRZ 81, 981; 81, 242; vgl auch *Borth* FamRZ 06, 813). Durch das umfassende System der Tatbestände wurde in der Vergangenheit aus der Ausn faktisch jedoch die Regel (zur Kritik an dieser Entwicklung vgl insb *Diederichsen* NJW 93). Das zum 1.1.08 in Kraft getretene **UÄndG** hat zu einer deutlichen **Akzentverschiebung** und zu einer Betonung des bereits mit dem 1. EheRG intendierten Regel-Ausnahme-Verhältnisses geführt (*Born* NJW 08, 1; *Börger* ZAP 08, 17; *Borth* FamRZ 06, 813).

4 **C. Anspruchsumfang.** Ein Anspruch auf nachehelichen Unterhalt besteht nur, wenn einer der Tatbestände der §§ 1570 ff erfüllt ist:
– Betreuung eines gemeinschaftlichen Kindes (§ 1570),
– Alter (§ 1571),
– Krankheit/Gebrechen (§ 1572),
– Erwerbslosigkeit bzw Aufstockung (§ 1573 I 2),
– Ausbildung, Fortbildung oder Umschulung (§ 1575) oder
– Billigkeit (§ 1576).

Die Bedürftigkeit des geschiedenen Ehegatten muss **nicht** notwendig **ehebedingt** sein (BGH FamRZ 80, 981). Da jedoch die nacheheliche Solidarität nicht uferlos sein kann, stellt das G jedenfalls für einzelne Unterhaltstatbestände (§§ 1571, 1572, 1573 III) sicher, dass Unterhalt nur geschuldet wird, wenn ein **zeitlicher, persönlicher und wirtschaftlicher Zusammenhang** der Bedürftigkeit des geschiedenen Ehegatten mit der Ehe besteht (Ddorf FamRZ 98, 1519; Stuttg FamRZ 82, 1015). Normierte oder anzunehmende, etwa aufgrund der Surrogatrspr des BGH (FamRZ 01, 986), **Einsatzzeitpunkte** sind Anspruchsvoraussetzung. Einsatzzeitpunkte beschränken den unterhaltsrechtlichen Verantwortungsbereich des verpflichteten Ehegatten. Es handelt sich um **Schutzvorschriften** zugunsten des Verpflichteten (BGH FamRZ 01, 1291). Auch wenn der geschiedene Ehegatte nicht in der Lage ist, selbst für sich zu sorgen, kann er von dem anderen Ehegatten trotz dessen Leistungsfähigkeit nicht Unterhalt verlangen, wenn der Berechtigungsgrund nicht zum maßgeblichen Einsatzzeitpunkt vorliegt. Der Bedürftige muss beweisen, dass die Unterhaltsberechtigung im Einsatzzeitpunkt gegeben ist. Im Fall einer im Zeitpunkt der Rechtskraft der Scheidung latent vorhandenen Krankheit, die erst 23 Monate später ausgebrochen ist, hat der BGH (FamRZ 01, 1291) diese Voraussetzung verneint. **Schicksalhafte Ereignisse**, die einen Ehegatten nach der Scheidung treffen, sollen grds nicht von dem anderen Ehegatten getragen werden. Es gehört zur Schlüssigkeit eines für die Zeit nach der Scheidung geltend gemachten Unterhaltsanspruchs, die **Tatbestandskette** lückenlos darzustellen. Ausnahmsweise ist eine lückenlose Tatbestandskette nicht erforderlich:
– Keine nachhaltige Sicherung der Einkünfte aus einer angemessenen Erwerbstätigkeit bei Scheidung (§ 1573 IV 1)
– Wiederaufleben des Unterhaltsanspruchs nach Auflösung einer weiteren Ehe (§ 1586a I)
– Betreuungsunterhalt (§ 1570)
– Billigkeitsunterhalt (§ 1576)
Soweit ein Anspruch einen Einsatzzeitpunkt verlangt, müssen die Tatbestandsvoraussetzungen zum Einsatzzeitpunkt vorliegen (BGH FamRZ 05, 1817; München FamRZ 93, 564). Die Tatbestandskette entfällt nicht, wenn der Unterhaltsgläubiger erst nachträglich bedürftig wird oder der Unterhaltsanspruch zunächst an der Leistungsfähigkeit des Unterhaltsschuldners scheiterte. Es genügt, dass unterschiedliche Unterhaltstatbestände nacheinander wirken (Kobl NJW-RR 06, 151).

D. Einheitlicher Anspruch, Anschlussunterhalt, Teilanschlussunterhalt. Der Anspruch auf nachehelichen Unterhalt ist stets ein **einheitlicher Anspruch**, auch wenn zwei oder mehrere Einzeltatbestände gleichzeitig oder im zeitlichen Anschluss aneinander (**zusammengesetzte Anspruchsgrundlage**) verwirklicht sind (BGH FamRZ 01, 1687=FuR 01, 494). Kann von einem Ehegatten, etwa wegen Kindesbetreuung oder wegen gesundheitlicher Beeinträchtigungen, nur eine Teilerwerbstätigkeit erwartet werden, kann er Unterhalt nur bis zur Höhe desjenigen Mehrverdienstes verlangen, der sich bei einer angemessenen Vollerwerbstätigkeit ergäbe (**Teilunterhaltsanspruch**). Reicht sein Eigenverdienst zusammen mit dem Teilanspruch, etwa aus § 1570 oder § 1572, zu seinem vollen Unterhalt iSd § 1578 I 1 nicht aus, kommt neben dem Primäranspruch ein **Sekundäranspruch**, etwa Aufstockungsunterhaltsanspruch nach § 1573 II, in Betracht (BGH FuR 01, 494=FamRZ 01, 1687; BGH FuR 99, 372=FamRZ 99, 708; vgl auch BGH FuR 07, 276 = FamRZ 07, 793). Ist der einem titulierten Unterhaltsanspruch zugrunde liegende Tatbestand wegen Veränderung der Verhältnisse weggefallen, kann es geboten sein, die Unterhaltspflicht aufgrund eines anderen Unterhaltstatbestands aufrechtzuerhalten (BGH NJW 95, 1891). Besteht nur eine Verpflichtung zur Zahlung eines Teilunterhalts, kann ein Anschlussunterhalt auch nur in Höhe des Teilbetrages verlangt werden (Ddorf FamRZ 94, 965). Das mögliche Bestehen verschiedener Anspruchsgrundlagen macht eine **genaue Differenzierung** und Bezifferung **der verschiedenen Teilansprüche** erforderlich (BGH FamRZ 94, 228). Dies galt bis zum Inkrafttreten des UÄndG insb wegen der unterschiedlichen Begrenzungsmöglichkeiten (BGH FamRZ 93, 789). Aber auch nach Inkrafttreten des UÄndG zum 1.1.08 ist eine Differenzierung der verschiedenen Anspruchsgrundlagen geboten (BGH FamRZ 09, 406, 770). Ausnahmsweise ist eine genaue Bestimmung der Unterhaltstatbestände nicht erforderlich, etwa wenn eine Befristung aus Billigkeitsgründen ausscheidet (BGH FuR 99, 372=FamRZ 99, 708; 94, 228). Eine fehlende Aufschlüsselung der Anspruchsgrundlagen beschwert den Unterhaltsschuldner (BGH FuR 01, 494=FamRZ 01, 1687).

E. Beginn und Ende des nachehelichen Unterhaltsanspruchs. Der **Anspruch** auf nachehelichen Unterhalt **entsteht** am Tag der Rechtskraft der Scheidung (BGH FamRZ 88, 370; 81, 242 und ständig; Köln FamRZ 02, 326). Der Nachscheidungsunterhalt ist mit dem Trennungsunterhalt **nicht identisch** (BGH FamRZ 99, 1497). Daraus folgt, dass vor Entstehung des nachehelichen Unterhaltsanspruchs eine wirksame Mahnung nicht erfolgen kann (BGH FamRZ 88, 370; Hamm FamRZ 98, 1512). Obgleich der Anspruch vor Rechtskraft der Scheidung nicht entstanden ist, kann er als **Folgesache** iRd Ehescheidungsverfahrens geltend gemacht werden (§ 137 II Nr 2 FamFG), nicht aber als isolierter Antrag, weil die Voraussetzungen für einen Antrag auf künftige Leistung nicht erfüllt sind (§ 259 ZPO). Der Anspruch auf nachehelichen Unterhalt **erlischt** ganz oder teilw endgültig, wenn die Voraussetzungen eines Anspruchstatbestands entfallen und Voraussetzungen eines Anschlussunterhalts nicht gegeben sind, wenn der Berechtigte wieder heiratet oder stirbt (§ 1586 I), wenn auf nachehelichen Unterhalt wirksam verzichtet wurde, wenn der Unterhalt durch eine Kapitalabfindung abgegolten wurde (§ 1585 II) und wenn ein Anspruch nach § 1578b zeitlich begrenzt wurde, mit Ablauf der festgesetzten Zeitgrenze. Auch eine Unterhaltsversagung wegen eines der Verwirkungstatbestände des § 1579 führt regelmäßig zum endgültigen Verlust des Unterhaltsanspruchs. Bei Versagung eines Unterhaltsanspruchs nach § 1579 Ziff 2 wegen Zusammenlebens in einer verfestigten Lebensgemeinschaft ist nach Beendigung dieser Lebensgemeinschaft allerdings eine **neue Billigkeitsprüfung** erforderlich (BGH FamRZ 87, 1238; 86, 441; Hamm FamRZ 07, 1106; Schlesw MDR 00, 770). Ein infolge **Wiederverheiratung** erloschener Unterhaltsanspruch lebt nach § 1586a wieder auf, wenn die neue Ehe aufgelöst wird und der Berechtigte ein Kind aus der alten Ehe zu pflegen und zu erziehen hat. Ein Anspruch nach §§ 1571 bis 1573 oder § 1575 konnte sich nach § 1586a I 2 anschließen, wenn deren Voraussetzungen im Zeitpunkt der Beendigung der Kinderbetreuung vorliegen. § 1586a I 2 ist durch die Unterhaltsreform ersatzlos gestrichen (zu Einzelheiten vgl § 1586a Rn 4). Ein **Wiederaufleben** des Anspruchs auf Anschlussunterhalt widerspricht dem Grundsatz der Eigenverantwortung.

8 **F. Darlegungs- und Beweislast.** Der Unterhalt begehrende Ehegatte hat die **Darlegungs- und Beweislast** für alle ihm günstigen **anspruchsgründenden Tatsachen**:
- Scheidung der Ehe,
- Bedarf nach den ehelichen Lebensverhältnissen,
- Bedürftigkeit (Kindesbetreuung, Alter, Krankheit, Arbeitslosigkeit bzw nicht bedarfsdeckendes Einkommen, Ausbildung, Billigkeit).

Die Beweislast für **Einwendungen und Einreden** trägt der in Anspruch genommene Ehegatte:
- Unterhaltsverzicht (§ 1585c),
- Wiederverheiratung oder Tod des Berechtigten (§ 1586 I),
- Leistungsunfähigkeit (§ 1581),
- Grobe Unbilligkeit (§ 1579),
- Begrenzung nach § 1578b (bzw §§ 1573 V und 1578 I 2 aF),
- Verjährung
- Verwirkung.

9 **G. Rückforderung von Unterhalt.** Der aufgrund eines Titels oder freiwillig gezahlte Unterhalt kann von dem materiell-rechtlich geschuldeten Unterhalt abweichen. Bei **Überzahlungen** ohne Titulierung richtet sich die Rückforderung nach §§ 812 ff, wobei § 814 der Rückforderung entgegenstehen kann, wenn in positiver Kenntnis der Nichtschuld geleistet worden ist (zu Einzelheiten vgl *Büte* FuR 06, 193). Die Rückforderungseinschränkungen der §§ 1360b, 1361 IV 4 gelten für den Nachscheidungsunterhalt nicht. **Einstweilige Anordnungen** (§ 236 FamFG) treten erst mit Rechtskraft einer anderweitigen Regelung in der betreffenden Unterhaltssache außer Kraft (§ 56 FamFG; vgl auch BGH NJW 00, 740). Die einstweilige Anordnung tritt trotz Nichtidentität des Trennungs- und Geschiedenenunterhalts auch nicht mit Rechtskraft des Scheidungsurteils außer Kraft (BGH NJW 00, 740).
Hat ein Unterhaltsschuldner aufgrund einer einstweiligen Anordnung Unterhalt gezahlt, den er aufgrund eines späteren Unterhaltsbeschlusses nicht geschuldet hat, hat er keinen Schadensersatzanspruch. Ein derartiger aus einer Analogie zu § 945 ZPO herleitbarer Anspruch wird von der herrschenden Meinung (BGH NJW 00, 740) insb unter Hinweis auf das geschlossene Regelungssystem der der einstweiligen Anordnung abgelehnt. Auch der Reformgesetzgeber hat eine Analogie abgelehnt, indem § 119 I 2 FamFG nur auf § 112 Nr 2 u 3, nicht § 112 Nr 1 FamFG, verweist. Da die einstweilige Anordnung nicht in Rechtskraft erwächst, richtet sich die Rückforderung nach §§ 812 ff (BGH FamRZ 84, 767). Für den **Wegfall der Bereicherung** gem § 818 III kommt es darauf an, ob der Empfänger die Leistungen restlos für seine Lebensbedürfnisse verbraucht oder sich damit noch in seinem Vermögen vorhandene Werte oder Vorteile verschafft hat (BGH FamRZ 08, 968; NJW 00, 740). Eine Vermutung, dass die Überzahlung verbraucht ist, besteht nur hinsichtlich der Verwendung für laufende Lebenshaltungskosten (BGH FamRZ 98, 951). Die Befreiung von Verbindlichkeiten durch Tilgung mittels grundlos erlangten Unterhalts steht einem Wegfall der Bereicherung grds entgegen. Die rechtsgrundlose Unterhaltszahlung muss aber für diesen Vorteil kausal gewesen sein. Daran fehlt es, wenn der Unterhaltsempfänger Schulden mit einem anderen als dem rechtsgrundlos erhaltenen Betrag zahlt. In diesem Fall genügt der Nachweis, dass er die Schulden auch ohne Überzahlung getilgt hätte (BGH NJW 92, 2415). Die **verschärfte Haftung** nach § 818 IV bei Rückforderung von Unterhalt tritt erst mit Rechtshängigkeit einer Klage auf Rückzahlung der geleisteten Beträge oder eines auf Herabsetzung gerichteten Abänderungsantrags (§ 241 FamFG) ein. Unabhängig von einer durch §§ 238, 241 FamFG verbesserten Möglichkeit der Durchsetzung eines Rückzahlungsanspruchs empfiehlt es sich immer, nach § 242 iVm § 769 ZPO den **Antrag auf Einstellung der Zwangsvollstreckung** zu stellen. § 820 ist für den gesetzlichen Unterhaltsanspruch und ihn modifizierende Vereinbarungen nicht anwendbar (BGH FamRZ 00, 751; 98, 951). Unterhalt, der an den *geschiedenen Ehegatten für die Zeit nach* Wirksamkeit des **Versorgungsausgleichs** geleistet wird, kann zurückgefordert werden, soweit der Unterhaltsberechtigte aufgrund des durchgeführten Versorgungsausgleichs einen Rentenanspruch erlangt hat (BGH NJW 82, 1147). Die Erstattung der Nachzahlung einer nachträglich bewilligten Erwerbsunfähigkeitsrente kann nach § 242 für einen Zeitraum verlangt werden, für den

der andere zugleich Unterhalt erhalten hat (BGH FamRZ 90, 269). Bei **Leistungen unter Vorbehalt** kann die Zahlung unterschiedliche Bedeutung haben. Im Regelfall will der Unterhaltsschuldner nur dem Verständnis seiner Leistung als Anerkenntnis entgegentreten und die Wirksamkeit des § 814 ausschließen, um sich die Möglichkeit der Rückforderung zu erhalten. Ausnahmsweise kann bei entspr Anhaltspunkten etwas anderes gelten, wenn der Schuldner bei seiner Vorbehaltsleistung dem Leistungsempfänger für einen späteren Rückforderungsstreit die Beweislast für das Bestehen des Anspruchs auferlegen will. Eine derartige Leistung unter Vorbehalt stellt keine Erfüllung iSd § 362 dar (BGH NJW 88, 2376).

H. Übergangsregelungen. Für Unterhaltsansprüche aus vor dem 1.7.77 rechtskräftig aufgelösten Ehen ("Altehen") bestimmt sich das anwendbare Recht hinsichtlich der Unterhaltstatbestände (§§ 58–61 EheG), ihrer Begrenzung und Beendigung (§§ 65 ff EheG) weiterhin nach §§ 58 ff EheG. Dies gilt auch, wenn eine Abänderung eines Unterhaltstitels aus einer Altehe begehrt wird. Die Bemessung des Unterhalts hingegen richtet sich im Wesentlichen nach den Grundsätzen des ab 1.7.77 geltenden Unterhaltsrechts. Auf Ehen, die vor dem 1.7.77 geschlossen, aber nach diesem Zeitpunkt geschieden worden sind, ist das neue Recht anzuwenden. Darin liegt keine unzulässige Rückwirkung (BVerfGE 56, 361, 391). Im **Beitrittsgebiet** gelten §§ 1569 ff nur für die nach dem Beitritt der neuen Bundesländer am 3.10.90 rechtskräftig aufgelösten Ehen (Art 234 § 5 EGBGB). Für vor diesem Datum rechtskräftig geschiedene Ehen richtet sich der Unterhaltsanspruch weiter nach §§ 29–33 FGB. Ein in der ehemaligen DDR geschiedener Ehegatte besitzt jedoch nach Art 18 V EGBGB analog einen Anspruch auf nachehelichen Unterhalt nach §§ 1569 ff, wenn der Verpflichtete vor dem Beitritt in das Gebiet der damaligen Bundesrepublik übergesiedelt ist (BGH FamRZ 94, 160). Das **neue Unterhaltsrecht** gilt ab dem 1.1.08 für Unterhaltsansprüche, die ab dem 1.1.08 fällig werden. Es gilt nicht für Unterhaltsansprüche, die die Zeit bis 31.12.07 betreffen und nicht für vor dem 1.7.77 geschiedene Ehen. Bereits bestehende Titel oder Vereinbarungen können abgeändert werden. Die Änderung erfolgt über den **Abänderungsantrag** nach § 238 FamFG. Anerkannt ist, dass eine **Änderung des Gesetzes** in beiden Fällen als **Abänderungsgrund** gilt (BGH FamRZ 01, 1687). Voraussetzung ist allerdings immer eine wesentliche Veränderung der Verhältnisse bzw bei Störungen der Geschäftsgrundlage ein unzumutbares Festhalten an der bestehenden Vereinbarung. Danach ist eine Änderung nur zu berücksichtigen, wenn die Änderung dem anderen Teil unter Berücksichtigung seines Vertrauens in die getroffene Regelung zumutbar ist. Die Frage der **Zumutbarkeit** beurteilt sich insb bei der Durchsetzung der Rangverhältnisse auch nach den schutzwürdigen Interessen des durch die Gesetzesänderung benachteiligten Ehegatten. Geschützt wird das Vertrauen sowohl eines Unterhaltsberechtigten als auch eines Unterhaltsverpflichteten auf den Fortbestand der Regelung. Hinsichtlich des **Vertrauensschutzes** ist das Gesetz allerdings missverständlich, weil nur der Gläubiger angesprochen wird. Da für die Anpassung von Unterhaltsvereinbarungen jedoch der Maßstab des § 313 ZPO gilt, ist auf die beiderseitige Zumutbarkeit abzustellen(zutr *Born* NJW 08,1). Dies gilt insb, wenn die Unterhaltsvereinbarung nur ein Bestandteil einer größeren, umfassenderen Regelung ist, etwa neben dem Unterhalt auch güterrechtliche Fragen, Fragen der Hausratsverteilung oder sonstige Scheidungsfolgesachen geregelt wurden. Bei derartigen Konstellationen wird vor einer Änderung des unterhaltsrechtlichen Teils zurückhaltend zu prüfen sein, welche Rückwirkungen sich auf die verbleibenden Bereiche ergeben und inwieweit durch eine Änderung der Geschäftsgrundlage die Gesamtvereinbarung berührt wird. Die Berücksichtigung des Vertrauens – ggf zusammen mit einer ergänzenden Vertragsauslegung – wird als das geeignete Mittel anzusehen sein um zu einer gerechten Lösung im Einzelfall zu kommen (vgl auch *Borth* FamRZ 06, 813; *Bosch* FF 07, 293; Hamm 08, 2049). Eine Abänderung ist jedoch ausgeschlossen, wenn die maßgeblichen Umstände bereits bei Titelschaffung vorlagen. IRd **Begrenzung und Befristung** nach § 1578b ist zu berücksichtigen, dass durch das UÄndG im Wesentlichen keine neue Rechtslage geschaffen wurde und im Wesentlichen die Rspr des BGH (grundl in FamRZ 06, 1006) bestätigt und ergänzt wurde. § 1578b hat die Begrenzungs- und Befristungsmöglichkeiten lediglich auf weitere Unterhaltstatbestände erstreckt (vgl auch *Dose* FamRZ 07, 1289). Der Abänderungsantragsteller wird demnach nur dann als nicht präkludiert angesehen werden können, wenn die Umstände, die für den Fortfall ehebedingter Nachteile sprechen, bereits vor der Entscheidung des BGH vom 12.4.06 entstanden sind (Dresd NJW 08, 3073; Bremen 08, 3074; *Rasch* FPR 08, 15; vgl jedoch auch Hamm FamRZ 08, 1000; *Triebs* FPR 08, 31).

J. Sonderfragen. I. Nichtidentität. Zwischen Trennungs- und Nachscheidungsunterhalt besteht **keine Identität** (grundl BGH FamRZ 88, 242). Aus einem Trennungsunterhaltstitel kann über den Zeitpunkt der Scheidungsrechtskraft hinaus nicht vollstreckt werden. Etwas anderes gilt bei einer einstweiligen Anordnung, die gem § 620f ZPO auch über den Zeitpunkt der Scheidungsrechtskraft hinaus wirkt bis zu einer anderweitigen Regelung. Eine anderweitige Regelung kann insb eine Entscheidung über den nachehelichen Unterhalt im Verbund sein. Die einstweilige Anordnung ist für den Fall der Fortgeltung mit der negativen Feststellungsklage anzugreifen. Wird iÜ aus einem Trennungsunterhaltstitel nach Scheidungsrechtskraft vollstreckt, hat der Unterhaltsschuldner hiergegen mit der Vollstreckungsgegenklage nach § 767 ZPO vorzugehen. Wegen der Nichtidentität von Trennungs- und Geschiedenenunterhalt kann vor Scheidungsrechtskraft auch nicht wirksam gemahnt werden (grundl BGH FamRZ 88, 370; vgl auch Hamm FamRZ 98, 1512).

12 **II. Verzinsung.** Unterhaltsschulden sind jedenfalls ab Eintritt der Rechtshängigkeit (BGH FamRZ 97, 352) zu verzinsen. Zur Höhe vgl §§ 247, 288, 291.

13 **III. Verwirkung, Verjährung.** Auch der Anspruch auf nachehelichen Unterhalt kann, sofern das entspr **Zeit- und Umstandsmoment** vorliegt, verwirkt sein. Das gilt auch für Unterhaltsrückstände (BGH FamRZ 04, 531; 02, 1699; vgl auch § 1585b Rn 6). Die Unterhaltsansprüche verjähren in **drei Jahren** (§§ 195, 196 iVm 197 II). Diese Frist gilt auch für Ansprüche, die rechtskräftig tituliert sind, aber erst nach Rechtskraft des Titels fällig werden. Für die bis zur Rechtskraft eines Urteils (§ 197 I Nr 3) oder bis zum Abschluss eines Vergleichs bzw der Erstellung einer vollstreckbaren Urkunde (§ 197 I Nr 4) aufgelaufenen – titulierten – Unterhaltsverpflichtungen gilt die dreißigjährige Verjährungsfrist. Die regelmäßige kurze Verjährung beginnt nach § 199 I zum Ende des Jahres, die dreißigjährige Verjährungsfrist gem § 200 mit Entstehen des Anspruchs. Ein Neubeginn der Verjährung ist durch eine Vollstreckungshandlung herbeizuführen (vgl § 212, zu Einzelheiten *Weinreich* FuR 03, 14 und *Büttner* FamRZ 02, 361). Zur **Hemmung der Verjährung** vgl §§ 203 ff. Für den nachehelichen Unterhalt gilt eine Hemmung gem § 207 I 1 nicht. Die Neuregelung der Verjährung gilt auch für den Sonderbedarf (*Büttner* FamRZ 02, 361).

14 **IV. Pfändbarkeit.** Der Anspruch auf nachehelichen Unterhalt ist (wie der Trennungsunterhalt und Familienunterhalt) als echter Unterhaltsanspruch grds **nicht pfändbar** (§ 850b I Nr 2 ZPO; vgl auch BGH FamRB 08, 271). Er ist damit grds auch **nicht abtretbar** (§ 400). § 400 ist allerdings bei Unterhaltsansprüchen nicht anwendbar, wenn der Zedent vom Zessionar eine wirtschaftlich gleichwertige Leistung erhalten hat bzw erhält (BGH FamRZ 95, 160). Das Vollstreckungsgericht kann eine Pfändung nach § 850b II ZPO bei Vorliegen besonderer Umstände ausnahmsweise zulassen.

15 **V. Aufrechnung.** Gegen unpfändbare Forderungen kann nach § 394 nicht aufgerechnet werden. Unter das **Aufrechnungsverbot** nach § 850b I Nr 2 ZPO fallen alle **gesetzlichen Unterhaltsansprüche**. Über den Wortlaut der Vorschrift hinaus erstreckt sich die Unpfändbarkeit auch auf Unterhaltsforderungen, die iR und aufgrund einer gesetzlichen Unterhaltsverpflichtung geschuldet werden, und damit auch auf einmalig zu zahlende Unterhaltsbeträge (BGH FamRZ 02, 1179), Rückstände (BGH FamRZ 60, 110; Kobl FamRZ 00, 1219), Zinsen (Hamm FamRZ 88, 952), Sonderbedarf (BGH FamRZ 06, 612; Ddorf FamRZ 82, 498), Abfindungsbeträge (BGH FamRZ 06, 612; Bambg FamRZ 96, 1487) und Prozesskostenvorschüsse (BGH FamRZ 05, 1164; Karlsr FamRZ 84, 1090) sowie Ansprüche auf Erstattung der steuerlichen Nachteile aus dem begrenzten Realsplitting (BGH FamRZ 07, 793; 97, 544; Nürnbg FamRZ 00, 880). **Ansprüche** hingegen, die ausnahmsweise nicht auf einer gesetzlichen Unterhaltspflicht beruhen, sondern losgelöst von dieser auf **vertragliche Grundlage** gestellt wurden, **unterliegen § 394 nicht** (BGH FamRZ 02, 1179). Bei Vorliegen bestimmter Voraussetzungen kann mit Gegenforderungen jeder Art **gegen Unterhaltsforderungen aufgerechnet werden** (vgl *Wendl/Dose* § 6 Rz 311), sofern weitere (enge) Voraussetzungen erfüllt sind. Dem Gegner ist der notwendige Lebensunterhalt oder iRd § 850b II ZPO das pfändungsfreie Einkommen zu belassen. Außer in Fällen der Arglist müssen auch die übrigen Voraussetzungen des § 850b II ZPO erfüllt sein. Das sonstige bewegliche Vermögen darf keine Befriedigung versprechen und auch dann ist die Pfändung nur iRd Billigkeit zulässig. Bei der **Billigkeitsprüfung** ist das Interesse des Aufrechnenden an der Schuldentilgung gegen das Interesse des anderen an der Aufrechterhaltung seines Lebensstandards abzuwägen. Der Aufrechnungsgegner wird dabei regelmäßig Einbussen am Lebensstandard hinnehmen müssen. Für die Aufrechnungsforderung ist ein **Titel** zu schaffen, mit dem der Aufrechnende die gegen ihn selbst bestehende Unterhaltsforderung pfänden muss. Erst wenn dies geschehen ist, kann wirksam aufgerechnet werden. **Aufrechnungserklärungen** müssen ggü künftigem Unterhalt jeweils in drei bzw sechs Monaten **wiederholt** werden. Prozessual privilegiert sind **Aufrechnungsforderungen** aus vorsätzlicher unerlaubter Handlung, die ihren Grund in betrügerischem Verhalten bei der Auseinandersetzung um den Unterhalt haben. Eine **Aufrechnung mit Unterhalt** ist zulässig (BGH FamRZ 96, 1067). Für die Zukunft kann mit Kindes- und Trennungsunterhalt nur für drei Monate, mit nachehelichem Unterhalt für sechs Monate aufgerechnet werden.

16 **VI. Vereinbarungen.** Nach § 1585c können Ehegatten den nachehelichen Unterhalt vertraglich regeln. Grds besteht volle **Vertragsfreiheit** (zu Einzelheiten vgl § 1585c Rn 1 ff). Derartige vertragliche Regelungen sind grds **konkretisierende und modifizierende Unterhaltsvereinbarungen**. Sie lassen den Charakter des Anspruchs als gesetzlichen Unterhaltsanspruch unberührt. Ausnahmsweise kann der Unterhaltsanspruch unter Verzicht auf einen gesetzlichen Anspruch durch eine **eigenständige vertragliche Unterhaltsvereinbarung** geregelt werden. Auf derartige novierende Vereinbarungen sind die Normen des Unterhaltsrechts nur ergänzend heranzuziehen. Streitigkeiten über derartige echte Vertragsansprüche sind keine Familiensachen.

17 **VII. Erbenhaftung.** Ein Anspruch auf nachehelichen Unterhalt geht mit dem **Tod des Verpflichteten** als **Nachlassverbindlichkeit** auf dessen Erben, ggf auch auf den Erbeserben, über. Der Unterhaltsanspruch hat *Ersatzfunktion* für das weggefallene Erbrecht. Die Unterhaltsschuld verwandelt sich in eine Nachlassverbindlichkeit auf Unterhalt, so dass nunmehr die Erben für den Unterhalt haften (zu Einzelheiten § 1586b Rn 1 ff).

VIII. Verbraucherinsolvenz. Rückständige Unterhaltsansprüche bis zu einer Eröffnung des Insolvenzverfahrens sind normale Insolvenzforderungen (§ 40 InsO). Sie sind zur Tabelle anzumelden. Der Insolvenzschuldner ist für sie nicht mehr passivlegitimiert. Die Eröffnung des Insolvenzverfahrens während eines Unterhaltsprozesses führt hinsichtlich der bis zur Insolvenzeröffnung entstandenen Ansprüche zur Unterbrechung (§ 240 ZPO; Hamm FamRZ 05, 279; Kobl FamRZ 03, 109). Hinsichtlich der künftigen Ansprüche kann durch Teilurteil entschieden werden (Kobl FamRZ 03, 109). Nur bei gesteigerter Unterhaltsverpflichtung, nicht in sonstigen Unterhaltsverhältnissen, insb auch nicht beim Trennungs- oder Geschiedenenunterhalt (vgl BGH FamRZ 08, 497) kann die Obliegenheit zur Stellung dieses **Verbraucherinsolvenzantrags** bestehen, wenn ohne ihn die unterhaltsrechtliche Leistungsfähigkeit geringer ist und dem Schuldner ein derartiger Antrag zugemutet werden kann (BGH FamRZ 05, 608; vgl zu Einzelheiten *Melchers* FuR 02, 145; *Hauß* MDR 02, 1167 und *Born* FamRZ 01, 441, Anm zu Hamm FamRZ 01, 441). 18

IX. Ausschluss von Bagatellunterhalt. Das Unterhaltsrecht verfolgt nicht den Zweck, jedwede auch nur geringen Einkommensdifferenzen zu nivellieren. Beim Aufstockungsunterhalt werden bestimmte Mindestbeträge für erforderlich erachtet, etwa in der Größenordnung von 50 € (Ddorf FamRZ 96, 947; München FamRZ 97, 425; nach BGH FamRZ 84, 988 darf ein Anspruch von (mehr als) 82 € jedoch schon nicht mehr vernachlässigt werden). Empfehlenswert ist, keine statische Grenze zu ziehen, sondern die Höhe des sich rechnerisch ergebenen Unterhaltsbetrages am bereinigten Nettoeinkommen des Bedürftigen zu orientieren. Danach wird man einen Unterhaltsbetrag von unter **10% des bereinigten Nettoeinkommens** des Bedürftigen als unwesentlich ansehen können (München FamRZ 04, 1208; vgl auch Kobl NJW-RR 06, 151). Auch zu berücksichtigen ist, dass es keine Lebensstandardgarantie (mehr) gibt, zu Einzelheiten vgl Rn 1 und Kommentierung zu § 1573. 19

Kapitel 2 Unterhaltsberechtigung

§ 1570 Unterhalt wegen Betreuung eines Kindes.

1. ¹Ein geschiedener Ehegatte kann von dem anderen wegen der Pflege oder Erziehung eines gemeinschaftlichen Kindes für mindestens drei Jahre nach der Geburt Unterhalt verlangen. ²Die Dauer des Unterhaltsanspruchs verlängert sich, solange und soweit dies der Billigkeit entspricht. ³Dabei sind die Belange des Kindes und die bestehenden Möglichkeiten der Kinderbetreuung zu berücksichtigen.
2. Die Dauer des Unterhaltsanspruchs verlängert sich darüber hinaus, wenn dies unter Berücksichtigung der Gestaltung von Kinderbetreuung und Erwerbstätigkeit in der Ehe sowie der Dauer der Ehe der Billigkeit entspricht.

Inhaltsübersicht

	Rn		Rn
I. Normzweck	1, 2	d) Obliegenheit zum Beginn der Arbeitsplatzsuche	10
II. Anspruchsvoraussetzungen	3–14	3. Umfang des Anspruchs	11
1. Gemeinschaftliches Kind	4	4. Konkurrenzen	12
2. Kindesbetreuung und Erwerbsobliegenheit	5–10	5. Auswirkungen auf den Trennungsunterhalt	13
a) Bisheriges Altersphasenmodell	6, 7	6. Beweislast	14
b) Leitlinien Stand 1.1.2010	8	III. Begrenzung des Anspruchs	15
c) Erwerbsobliegenheit nach dem UÄndG	9		

I. Normzweck. Die Vorschrift ist **Ausdruck der gemeinsamen Elternverantwortung**. Sie dient dazu, die persönliche Betreuung des Kindes trotz Trennung seiner Eltern wenigstens durch einen Elternteil zu ermöglichen, um auch Kindern aus geschiedenen Ehen gleichmäßige Entwicklungschancen zu geben (BVerfG FamRZ 07, 965; 81, 745). Der Gesetzgeber hat den Unterhaltsanspruch nach § 1570 in mehrfacher Hinsicht **privilegiert**, s. etwa §§ 1577 IV, 1578b, 1579, 1586a; vgl auch § 47 SGB VI. § 1570 I kennt **keinen Einsatzzeitpunkt** (BGH NJW 85, 909). Der Anspruch nach § 1570 II kann jedoch nur im unmittelbaren Anschluss an die Kindesbetreuung nach § 1570 I geltend gemacht werden (*Borth* FamRZ 08, 2). Der Anspruch entsteht originär, wenn wegen einer notwendigen Kindesbetreuung eine Erwerbstätigkeit nicht oder nur teilw ausgeübt werden kann. Der Anspruch kann jederzeit wiederaufleben, wenn ein Kind betreuungsbedürftig wird oder auch erst lange Zeit nach der Scheidung entstehen (BGH FamRZ 85, 357). Vater und Mutter sind als sorgeberechtigte Elternteile gleich zu behandeln (Karlsr FamRZ 98, 560). 1

Durch das **UÄndG 2008** wurde der Betreuungsunterhaltsanspruch neu strukturiert (eingehend Büttner FPR 09, 92; Zimmermann FuR 09, 1, 305). Der betreuende Elternteil hat Anspruch auf einen „**Basisunterhalt**" während der ersten drei Lebensjahre des Kindes mit der Möglichkeit, im Anschluss daran **Unterhalt aus Bil-** 2

ligkeitsgründen zu erlangen. Der **Basisunterhalt** wird für die ersten drei Lebensjahre des Kindes für den betreuenden Elternteil gewährt (§ 1570 I 1). Diese Drei-Jahresfrist ist im Regelfall mit dem Kindeswohl vereinbar (BVerfG FamRZ 07, 965). In den ersten drei Lebensjahren des Kindes hat der geschiedene Ehegatte im Fall der Bedürftigkeit stets einen Anspruch auf Betreuungsunterhalt. Der betreuende Elternteil kann sich auch dann, wenn eine Versorgung durch Dritte möglich wäre, frei dafür entscheiden, das Kind selbst zu betreuen. Der Gesetzgeber trägt mit dieser Neuregelung der Entscheidung des BVerfG vom 28.2.07 (FamRZ 07, 965) Rechnung. In ihr wurde die **Verfassungswidrigkeit** der **unterschiedlichen Dauer** der Betreuungsunterhaltsansprüche bei ehelichen Kindern und nicht ehelichen Kindern festgestellt. Die Dauer des Unterhaltsanspruchs wegen der Betreuung ehelicher und nicht ehelicher Kinder während der ersten drei Lebensjahre des Kindes richtet sich nach denselben Grundsätzen und ist gleichlang ausgestaltet. Dieser „Basisunterhalt" ist nach § 1570 I 2 u 3 zu **verlängern**, soweit und solange dies der **Billigkeit** entspricht. Der betreuende Elternteil kann danach auch die erstmalige Zahlung von Betreuungsunterhalt fordern, wenn das zu betreuende Kind im maßgeblichen Zeitpunkt bereits älter als drei Jahre ist. Maßstab für eine Verlängerung sind in erster Linie **kindbezogene Gründe**. Insoweit empfiehlt sich eine Orientierung an der bisherigen Rspr zu den „kindbezogenen Belangen" bei § 1615l II 2. Die Belange des Kindes können etwa einer Fremdbetreuung entgegenstehen, wenn das Kind unter der Trennung besonders leidet und der persönlichen Betreuung durch einen Elternteil bedarf. Soweit es das Kindeswohl erfordert, hat das Prinzip der Eigenverantwortung (vgl iE Kommentierung zu § 1569) zurückzustehen. In dem Maße, in dem eine kindgerechte Betreuungsmöglichkeit besteht, kann von dem betreuenden Elternteil eine Erwerbstätigkeit erwartet werden. Im Interesse des Kindeswohls ist kein abrupter Wechsel von der elterlichen Betreuung zu einer Vollzeiterwerbstätigkeit erforderlich. Im Interesse des Kindeswohls kann auch ein **gestufter Übergang** von der elterlichen Betreuung über eine Teilzeittätigkeit bis hin zu einer Vollzeittätigkeit möglich sein (vgl BTDrs 16/6080; BGH FuR 09, 397; FamRZ 09, 1124, 770, 1391; 08, 1739; FPR 09, 479; vgl auch Thüringen FuR 09, 58; Köln FF 09, 80; Ddorf MDR 09, 323). Mit der in § 1570 II geschaffenen Möglichkeit, die Dauer des Unterhaltsanspruchs zu verlängern, greift der Gesetzgeber eine Erwägung des BVerfG (FamRZ 07, 965) auf. Das BVerfG hatte darauf hingewiesen, dass es dem Gesetzgeber unbenommen sei, einen geschiedenen Elternteil wegen des Schutzes, den die eheliche Verbindung durch Art 6 I GG erfahre, unterhaltsrechtlich besser zu stellen als einen unverheirateten Elternteil, was sich mittelbar auch auf die Lebenssituation der mit diesen Elternteilen zusammenlebenden Kinder auswirken könne. Nach **§ 1570 II**, der sich gleich einem „**Annexanspruch**" an den Betreuungsunterhaltsanspruch nach § 1570 I anschließen kann, wird eine Verlängerung des Unterhaltsanspruchs allein aus Gründen ermöglicht, die ihre Rechtfertigung in der Ehe haben. Maßgeblich ist dabei das in der Ehe gewachsene Vertrauen in die vereinbarte und praktizierte Rollenverteilung und die gemeinsame Ausgestaltung der Kindesbetreuung (**elternbezogene Gründe**). Die konkreten ehelichen Lebensverhältnisse und die nachwirkende eheliche Solidarität finden hier ihren Niederschlag und können eine Verlängerung rechtfertigen. So kann etwa einem geschiedenen Ehegatten, der im Interesse der Kindererziehung seine Erwerbstätigkeit dauerhaft aufgegeben oder zurückgestellt hat, ein längerer Anspruch auf Betreuungsunterhalt eingeräumt werden als einem Ehegatten, der von vornherein alsbald wieder in seinen Beruf zurückkehren wollte. Der Anspruch nach § 1570 II kann nicht zu jedem beliebigen Zeitpunkten nach der Scheidung geltend gemacht werden, sondern knüpft stets an den „Basisunterhalt" nach § 1570 I an. Mit der Neuregelung des § 1570 wird eine **Harmonisierung mit sozialrechtlichen Wertungen** erreicht (vgl BGH FamRZ 06, 1362). So ist nach § 10 I Nr 3 SGB II einem erwerbsfähigen Hilfsbedürftigen jede Arbeit zumutbar, es sei denn, dass die Ausübung der Arbeit die Erziehung eines Kindes gefährden würde. Die Erziehung eines Kindes, das das dritte Lebensjahr vollendet hat, ist aber regelmäßig nicht gefährdet, wenn seine Betreuung in einer Tageseinrichtung oder in Tagespflege sichergestellt ist. Damit korrespondiert der Anspruch auf einen Kindergartenplatz ab Vollendung des dritten Lebensjahres des Kindes gem § 24 I SGB VIII. Unterhaltsleistungen, die vor dem 1.1.08 fällig geworden sind, bleiben mangels Rückwirkung des neuen Rechts (BTDrs 16/1830 35) unberührt (§ 36 Nr 7 EGZPO). Für die Zeit danach kommt eine Änderung von rechtskräftigen Entscheidungen, Vollstreckungstiteln oder Unterhaltsvereinbarungen aus der Zeit vor Inkrafttreten des Gesetzes wegen Umständen, die schon davor entstanden waren, nur in Betracht, soweit eine wesentliche Änderung der Unterhaltsverpflichtung eintritt und die Änderung dem anderen Teil unter Berücksichtigung seines Vertrauens in die getroffene Regelung zumutbar ist (§ 36 Nr 1 EGZPO). Entspr aufgrund der Gesetzesneufassung erheblich gewordene Umstände dürfen bei einer erstmaligen Änderung nach dem 1.1.08 aber ohne die zeitlichen Beschränkungen des §§ 323 II und 767 II ZPO geltend gemacht werden (§ 36 Nr 2 EGZPO). Darüber hinaus ist es möglich, sie auch noch in der Revisionsinstanz eines anhängigen Verfahrens vorzubringen (§ 36 Nr 5 EGZPO).

3 **II. Anspruchsvoraussetzungen.** Ein Betreuungsunterhaltsanspruch setzt voraus,
– dass ein geschiedener Ehegatte ein gemeinschaftliches Kind berechtigt pflegt oder erzieht,
– von dem geschiedenen Ehegatten aus diesem Grund keine oder keine vollschichtige Erwerbstätigkeit erwartet werden kann.

Der Anspruch setzt nicht voraus, dass die Ehegatten begonnen hatten, eine eheliche Lebensgemeinschaft zu verwirklichen (BGH FuR 06, 32; zu Konstellationen der Verwirkung vgl Kommentierung zu § 1579).

1. Gemeinschaftliches Kind. Gemeinschaftliche Kinder sind die **in der Ehe geborenen** (§§ 1591, 1592 Nr 1) **4** Kinder und die gemeinschaftlich **adoptierten** (§ 1754 I) Kinder. **Voreheliche Kinder** sind gemeinschaftlich, wenn nach der Geburt die Eltern heiraten (§ 1626a II Nr 2). Nach Anhängigkeit eines Scheidungsantrags geborene Kinder sind gemeinschaftlich, falls nicht gem § 1599 II ein anderer Mann mit Zustimmung des Ehemannes und der Mutter die Vaterschaft anerkannt hat. Nach Rechtskraft der Scheidung geborene Kinder gelten gem § 1592 Nr 1 nicht mehr als gemeinschaftliche. In diesen Fällen bedarf es der Anerkennung oder gerichtlichen Feststellung (*Gaul* FamRZ 97, 1441), die das Kind aber nur dann zu einem „gemeinschaftlichen Kind" iSd § 1570 macht, wenn die Voraussetzungen des § 1593 (Geburt innerhalb von 300 Tagen nach Auflösung der Ehe) erfüllt sind. **Scheineheliche Kinder** gelten so lange als gemeinschaftliche Kinder, bis die Vaterschaft eines anderen Mannes rechtskräftig festgestellt ist (§ 1600d IV, vgl BGH FamRZ 98, 426; Ddorf FamRZ 99, 1274). Bis zu diesem Zeitpunkt besteht mithin ein Anspruch nach § 1570, sofern nicht § 1579 greift (BGH FamRZ 85, 51). **Gemeinschaftliche** nicht aus der Ehe stammende **Kinder geschiedener** Ehegatten sind nicht als gemeinschaftliche Kinder iSd § 1570 anzusehen, da es sich insoweit nicht um eine ehebedingte Bedürfnislage handelt (BGH FamRZ 98, 426; 85, 51). IRd § 1570 wird an den Status der „Ehelichkeit" angeknüpft. Ob dieser formale Gesichtspunkt letztlich zutr ist, kann im Regelfall dahinstellen, da die Unterhaltsansprüche des § 1570 und § 1615l durch das UÄndG 2008 weitgehend angeglichen wurden. **Ersteheliche Kinder eines Ehepartners** und – auch gemeinschaftlich aufgenommene – **Pflegekinder** sind keine gemeinschaftlichen Kinder. Eine Gleichstellung mit gemeinschaftlichen Kindern hat der Gesetzgeber ausdrücklich abgelehnt (BTDrs 7/650, 123 u 223). Die Betreuung nicht gemeinschaftlicher Kinder nach der Scheidung begründet keinen Anspruch nach § 1570 (Kobl FamRZ 05, 321). Ein Unterhaltsanspruch gegen den geschiedenen Ehegatten kann sich in diesen Fällen nur aus § 1576 (vgl dort Rn 8 ff) ergeben. Die Begriffe „**Pflege oder Erziehung**" entspr der Regelung in § 1606 III 2 und § 1626 II. „Pflege" betrifft die Sorge um die körperliche und gesundheitliche Seite, „Erziehung" mehr die Bemühungen um die geistige und seelische Entwicklung. **Betreuungsunterbrechungen** (Krankenhausaufenthalt, Ferienaufenthalt beim anderen Elternteil etc) beeinflussen den Unterhaltsanspruch nicht, solange nicht eine Arbeitsaufnahme für diese Zeit möglich und zumutbar ist (Ddorf FamRZ 87, 1262). Die Tatbestandsvoraussetzungen sind auch erfüllt, wenn sich der Sorgeberechtigte bei der Pflege zeitweilig fremder Hilfe, etwa von Familienangehörigen, bedient (BGH FamRZ 81, 543). Erfolgt jedoch eine dauerhafte (Richtschnur: ab drei Monaten) Betreuungsunterbrechung oder ein entspr Betreuungswechsel, etwa Unterbringung des Kindes in einem Heim, solange nicht eine teilweise Betreuungsbedürftigkeit in den Ferien und an Wochenenden weiterhin verbleibt, oder der Besuch eines Internats, entfällt ein Anspruch aus § 1570. Die **Betreuung** des Kindes muss **rechtmäßig** erfolgen. Dies kann auf einem Einverständnis des anderen Elternteils beruhen oder auf einer vorläufigen oder endgültigen gerichtlichen Sorgeregelung. Für eine Übergangszeit und bis zu einer gerichtlichen Entscheidung kommt es auf die tatsächlichen **Obhutverhältnisse** an, sofern diese nicht arglistig oder mit Gewalt herbeigeführt worden sind (BGH FamRZ 80, 665; Frankf FamRZ 95, 234). Von einem echten **Wechselmodell** kann nur bei gleicher Betreuung der minderjährigen Kinder durch beide Elternteile ausgegangen werden (BGH FamRZ 07, 707). Eine überwiegende Betreuung durch einen Elternteil führt nicht nur zur Barunterhaltsverpflichtung des anderen Elternteils hinsichtlich des Kindesunterhalts (vgl auch *Schilling* FPR 06, 291), sondern rechtfertigt grds auch Unterhaltsansprüche für den betreuenden Elternteil nach § 1570 (vgl BGH FamRZ 06, 1015; *Glatt* FPR 06, 298 zur Auswirkung auf die Inanspruchnahme sozialstaatlicher Leistungen und *Eschweiler* FPR 06, 305 zu Problemen im Hinblick auf die gesetzliche Vertretung und Prozessstandschaft).

2. Kindesbetreuung und Erwerbsobliegenheit. Aus der Fassung des § 1570 („solange und soweit") ergibt **5** sich, dass die gebotene Betreuungstätigkeit (noch) einen solchen Umfang annehmen muss, dass daneben keine volle oder teilw Erwerbstätigkeit in Betracht kommt. Die **Kindesbetreuung** muss **für die Erwerbsbeschränkung kausal** sein. Innerhalb der ersten drei Lebensjahre des Kindes steht es dem betreuenden Elternteil frei, ob er das Kind selbst betreut oder anderweitige Betreuungsmöglichkeiten nutzt (BGH FuR 09, 391; FamRZ 83, 456; vgl auch Frankf FamRB 09, 69). Ein gleichwohl während der ersten drei Lebensjahre erzieltes Einkommen ist damit stets überobligatorisch. Der betreuende Elternteil kann in dieser Zeit auch eine schon bestehende Erwerbstätigkeit unterhaltsrechtlich sanktionslos wieder aufgeben und sich voll der Erziehung und Betreuung des Kindes widmen. Erzielt er allerdings eigene Einkünfte, weil das Kind auf andere Weise betreut wird, ist das überobligatorisch erzielte Einkommen nicht völlig unberücksichtigt zu lassen, sondern nach den Umständen des Einzelfalls anteilig zu berücksichtigen (BGH FamRZ 05, 1154; MDR 09, 689). Es ist regelmäßig unerheblich, ob bei Inanspruchnahme von Betreuungsleistungen Dritter eine Erwerbstätigkeit verrichtet werden könnte oder ob angesichts der objektiven und subjektiven Umstände eine Arbeit gefunden werden könnte. Nach dem Zerfall der Familie und damit auch des gemeinsamen Lebensplans muss sich der ein gemeinsames Kind betreuende geschiedene Ehegatte an einer früheren Lebensplanung grds nicht festhalten lassen (BGH FamRZ 88, 145). Ob und in welchem Umfang eine Erwerbsobliegenheit trotz Kindesbetreuung besteht, ist nach **objektiven Kriterien** zu beurteilen. Der Gesetzgeber hatte im Hinblick auf die Vielgestaltigkeit der zu erfassenden Lebenssachverhalte bewusst davon abgesehen, eine widerlegbare Vermutung des Inhalts zu schaffen, dass ein Ehegatte eine Erwerbstätigkeit erst aufnehmen kann, wenn das zu erziehende Kind ein bestimmtes Lebensalter erreicht hat (BGH FamRZ 83, 456).

6 **a) Bisheriges Altersphasenmodell.** Bis zum Inkrafttreten des UÄndG am 1.1.08 wurde allgemein ein **Phasenmodell** („08/15-Modell", vgl *Wellenhofer* FamRZ 07, 1282) praktiziert. Darin kamen Erfahrungssätze zur Notwendigkeit der Betreuung heranwachsender Kinder zum Ausdruck. Wer hiervon abweichen wollte, musste besondere Gründe und die hierfür erforderlichen Voraussetzungen darlegen und ggf. beweisen (BGH FamRZ 91, 170; 90, 981). Auch wenn die Umstände des Einzelfalls jeweils besonders zu berücksichtigen waren, hatte sich dieses Modell als mehr oder minder starres Schema durchgesetzt. Wegen der Einzelheiten wird verwiesen auf die Regelungen in den bis 2007 geltenden Leitlinien, jeweils Ziff 17, die Kommentierung in der 3. Aufl (Rn 5 ff) sowie *Kleffmann* in: Scholz/Stein, Praxishandbuch Familienrecht, Teil H, Rz 65).

7 Nach diesem Modell war von folgenden Grundsätzen auszugehen:
 – Keine Erwerbsobliegenheit bei Betreuung eines Kindes, das noch nicht schulpflichtig ist, bei Betreuung eines Kindes bis zum Alter von acht Jahren, bei Betreuung eines Kindes bis zum Erreichen der dritten Grundschulklasse, bei Betreuung von mehreren Kindern bis zum Alter des jüngsten Kindes von 14 Jahren.
 – Eine teilweise Erwerbsobliegenheit, die nicht den Umfang einer Halbtagstätigkeit erreichen musste, wurde angenommen bei einem Kind ab Beginn des dritten Schuljahres, bei einem Kind im Alter von 9 bis 15 Jahren, bei zwei Kindern bis 18 Jahren.
 – Eine vollschichtige Erwerbsobliegenheit wurde angenommen bei Betreuung eines Kindes ab etwa 15 bis 16 Jahren.

Bei höherer Kinderzahl wurde dem betreuenden Elternteil eine Erwerbstätigkeit nur in geringerem Umfang zugemutet (BGH FamRZ 99, 372). Dieses Schema wurde, teilweise mit Modifikationen, nahezu durchgängig angewandt. Die schon in der Vergangenheit mögliche und gebotene (vgl bereits BGH NJW 82, 326 und FamRZ 84, 364) Berücksichtigung der Umstände des Einzelfalls unterblieb oftmals (vgl auch *Schnitzler* FF 08, 269).

8 **b) Leitlinien Stand 1.1.2010.** Mit Inkrafttreten des UÄndG zum 1.1.08 haben die Familiensenate der Oberlandesgerichte ihre Leitlinien (vgl Beilage zu NJW Heft 10/08, FPR Heft 3/08 oder Sonderbeilage FuR 08 Heft 4) fortentwickelt, das in der Vergangenheit praktizierte Altersphasenmodell modifiziert (Hamm), für nicht mehr anwendbar erklärt (Hambg) oder entspr der Intention des Gesetzgebers auf die gebotene Einzelfallprüfung verwiesen. Versuche, ein modifiziertes Altersphasenmodell weiter anzuwenden (vgl etwa Celle FF 09, 81; KG FamRZ 09, 336; Ddorf FPR 09, 58; Köln FamRZ 08, 2119) kontrastieren mit der Intention des Gesetzgebers, wonach eine Anknüpfung der Verlängerung des Betreuungsunterhaltsanspruchs nur an das Alter des Kindes ausscheidet. Auch der BGH hat zwischenzeitlich mehrfach erkannt, dass das Alter des zu betreuenden Kindes lediglich eines von mehreren zu berücksichtigenden Kriterien ist und dass stets eine Einzelfallprüfung erforderlich ist (BGH FamRZ 09, 1124, 1391; vgl iÜ Rn 9).

9 **c) Erwerbsobliegenheit nach dem UÄndG.** Unter dem Blickwinkel der strengeren Fassung des § 1569 iVm der Neustrukturierung des § 1570 ist das **tradierte „Altersphasenmodell" letztlich nicht mehr anwendbar** (BGH FuR 09, 447; 391 = FamRZ 09, 770, 1124). Zwar handelt es sich bei Unterhaltsfällen um Massenerscheinungen, die es von der beratenden und forensischen Praxis verlangen, Anhaltspunkte für die Beurteilung des Einsetzens von Erwerbsobliegenheiten zu liefern (insoweit zutr *Borth*, Unterhaltsänderungsgesetz, FamRZ-Buch 24, Rz 71 und *Gerhardt* FuR 08, 9). Ein neues und starres Altersphasenmodell, ggf auch mit herabgesetzten Altersgrenzen, ist mit dem Gesetzestext allerdings nicht mehr vereinbar (BGH FamRZ 09, 770, 1124; *Viefhues* ZFE 08, 44; *Schilling* FPR 08, 27; *Wever* FamRZ 08, 228; *Hohmann-Dennhardt* FF 07, 174). Maßgeblich für die Frage, ab wann und in welchem Umfang der betreuende Elternteil eine Erwerbstätigkeit aufnehmen muss, sind immer die **Umstände des Einzelfalls** (Celle NJW 08, 1456; Ddorf ZFE 08, 273; Bremen NJW 08, 1745). War in der Vergangenheit im Wesentlichen das Alter des zu betreuenden Kindes maßgeblich für das Einsetzen der Erwerbsobliegenheit, sind nach Inkrafttreten des UÄndG zum 1.1.08 mehrere Parameter abzufragen, die erst in ihrer Gesamtheit eine Beurteilung des Einzelfalls erlauben. Neben dem **Alter des oder der zu betreuenden Kinder** zählen hierzu insb kindbezogene Gründe, die eine persönliche Betreuung notwendig machen könnten, die Frage, welche **Betreuungsmöglichkeiten** mit Blick auf das Kindeswohl zumutbar sind (Verfügbarkeit einer Betreuungseinrichtung, Qualität, Umfang, Ganztags- oder Halbtagsbetreuung?), Erreichbarkeit der Betreuungseinrichtung sowie besondere Bedürfnisse des Kindes und sonstige Umstände des Einzelfalls. Auch zu berücksichtigen ist die „**Logistik der Kinderbetreuung**" (*Menne* FamRB 08, 116). Zu berücksichtigen sind, der Aufwand für die Fahrten zur Betreuungseinrichtung, die Koordinierung mit anderen (Freizeit-)Terminen des Kindes etc (vgl auch *Meyer* FamRZ 08, 101; *Viefhues* ZFE 08, 44). Intention des Gesetzgebers war, dass derartige Einzelfallumstände berücksichtigt werden und dass die Fokussierung lediglich auf das Kindesalter zu kurz greift (vgl Begründung UÄndG, BTDrs 16/1830, 13, 16). Mit dieser gebotenen Einzelfallprüfung ist ein festes Schema nicht mehr vereinbar. Dies hindert allerdings nicht, Orientierungshilfen oder ein „**Kriterienmodell**" (*Menne* FamRB 08, 116) zu entwickeln, innerhalb dessen unter Berücksichtigung der Einzelfallumstände flexibel die Einsatzzeiten für Erwerbsobliegenheiten beurteilt werden (zu Einzelheiten des Kindesbetreuungsunterhalts vgl weiter *Diehl* FuR 08, 519; *Maurer* FamRZ 08, 2168; *Schilling* FF 08, 279; *Borth* FamRB 08, 2 und *Menne* FamRB 08, 110). Der BGH (FamRZ 08, 1739) hat zu Recht darauf hingewiesen, dass der Gesichtspunkt einer überobligationsmäßigen Doppelbe-

lastung aus Kinderbetreuung und Versorgung einerseits und Erwerbstätigkeit andererseits auch mit dem Alter des zu betreuenden Kindes in Zusammenhang steht. Der BGH hat sich nicht gegen eine gewisse pauschalierende Betrachtungsweise gewandt (FamRZ 08, 1739). Der BGH hat ein neues „Altersphasenmodell", das mit dem Gesetz nicht in Einklang zu bringen wäre, abgelehnt, sondern hat zu Recht darauf hingewiesen, dass sich zunehmend **Fallgruppen** für das Einsetzen einer Erwerbsobliegenheit herauskristallisieren werden (klarstellend Hahne FF 09, 5; vgl auch *Menne* FamRB 08, 110). In der obergerichtlichen Rechtsprechung ist nach Inkrafttreten des UÄndG die Erwerbsobliegenheit Kinder betreuender Elternteile noch sehr uneinheitlich, was folgende **Kasuistik** verdeutlicht:

München (FuR 08, 509 = FamRZ 08, 1945; FamRB 08, 264): Keine vollschichtige Erwerbsobliegenheit bei Betreuung eines Kindes im Kindergarten- oder Grundschulalter.

Nürnbg (FuR 08, 512 = ZFE 08, 433): Halbtagstätigkeit zu erwarten, wenn das Kind die zweite Grundschulklasse besucht, Vollzeiterwerbstätigkeit ab dem 15. Lebensjahr des Kindes.

Jena (NJW 08, 3224): Keine vollschichtige Erwerbsobliegenheit, wenn der Elternteil ein Kind betreut, das die ersten beiden Grundschulklassen besucht.

Ddorf (FuR 08, 515 = FF 08, 418): Ein Elternteil, der ein sechs Jahre altes Kind betreut, muss substantiiert darlegen, dass die konkrete Betreuungssituation oder eine besondere Betreuungsbedürftigkeit des Kindes eine vollschichtige Erwerbstätigkeit nicht zulassen; iÜ grds halbschichtige Erwerbstätigkeit zumutbar.

Hamm (FamRB 08, 265; Hamm NJW 08, 2049 m Anm *Borth* = FPR 08, 311 m Anm *Erdrich*): Bei Betreuung eines behinderten Kindes kann sich die Erwerbsobliegenheit anders darstellen, wenn ein entsprechender Betreuungsmehraufwand entsteht.

Ddorf (FuR 08, 501 = FamRZ 08, 1861): Bei Betreuung von Kindern im Alter von sieben und neun Jahren Teilzeittätigkeit im Umfang von fünf Stunden zumutbar. Zu Recht verweist das OLG Düsseldorf jedoch darauf, dass der betreuende Elternteil nicht für verpflichtet erachtet werden kann, abrupt einer Erwerbstätigkeit nachzugehen. Geboten ist ein gestufter Übergang.

Karlsr (NJW 08, 3645): Obliegenheit zur vollschichtigen Erwerbstätigkeit bei Betreuung eines 13 Jahre alten Kindes

Köln (FuR 08, 506=FamRZ 08, 2119): Vollschichtige Erwerbsobliegenheit bei zwei acht und elf Jahre alten Kindern.

Ddorf (NJW 08, 3005): Halbschichtige Erwerbsobliegenheit bei Betreuung eines sechs Jahre alten Kindes.

Celle (FamRZ 08, 997=FuR 08, 607): Bei Betreuung eines neun Jahre alten Kindes muss iE dargelegt werden, dass wegen fehlender oder nur eingeschränkter Betreuungsmöglichkeiten eine weitergehende Beschäftigung nicht möglich sein soll.

Köln (NJW-RR 09, 370): Teilzeittätigkeit bei Betreuung einer achtjährigen Tochter ausreichend, wenn sich die Ehefrau beruflich neu orientieren muss.

Karls (MDR 09, 512): Eine bisher nicht erwerbstätige Ehefrau soll nach einer Übergangsfrist trotz der Betreuung eines 11-jährigen Kindes nach den Wechsel des Kindes auf eine weiterführende Schule eine Berufstätigkeit im Umfang von 30 Wochenstunden zumutbar sein.

KG (FuR 09, 209): Bei Betreuung eines achtjährigen Kindes noch keine vollschichtige Erwerbsobliegenheit und keine Obliegenheit, das Kind in eine ganztägige Fremdbetreuung zu geben.

Köln (FamRZ 08, 2119): Bei Betreuung von zwei Kindern im Alter von elf und acht Jahren grds vollschichtige Erwerbsobliegenheit.

Thüringen (FamRZ 08, 2203): IdR keine vollschichtige Erwerbsobliegenheit bei Betreuung eines Kindes im Kindergartenalter oder während der ersten beiden Grundschuljahre.

Ddorf (FamRZ 08, 1861): Keine Vollerwerbsobliegenheit bei Betreuung von zwei Kindern im Alter von sieben und neun Jahren.

Nürnbg (ZFE 08, 433): Keine Erwerbsobliegenheit bei Betreuung eines Kindes vor dem 15. Lebensjahr (kaum haltbar, da faktisch das überholte Altersphasenmodell zugrunde gelegt wird).

Brandbg (FamRZ 08, 1947): Obliegenheit zur halbschichtigen Tätigkeit bei Betreuung eines an ADS leidenden 11-jährigen Kindes.

München (FamRZ 08, 1945): Im Regelfall nur teilschichtige Erwerbsobliegenheit bei Betreuung eines Kindes bis zu den ersten Grundschuljahren.

Braunschw (FuR 09, 213): Teilschichtige Erwerbsobliegenheit bei Betreuung von zwei Kindern im Alter von 13 und 15 Jahren, wobei ein Kind an ADS leidet und erhöhter Betreuungsaufwand besteht.

KG (FuR 09, 38): Keine Obliegenheit zur vollschichtigen Erwerbstätigkeit bei Betreuung von zwei schulpflichtigen Kindern.

Bremen (FuR 09, 280): Bei Betreuung eines 12 ½ jährigen Kindes ist es Sache der betreuenden Mutter, im Einzelnen darzulegen, welche Umstände einer vollschichtigen Erwerbstätigkeit entgegenstehen. Diese Entscheidung entspricht der Linie des BGH (FuR 08, 552).

Thüringen (FuR 09, 58): Bei Betreuung eines Kindes, das den Kindergarten oder die ersten beiden Grundschulklassen besucht, wird eine Vollbeschäftigung regelmäßig nicht verlangt werden können.

Karls (FuR 09, 49): Für eine geschiedene Mutter besteht vor Vollendung des 15. Lebensjahrs des Kindes eine Obliegenheit zur vollschichtigen Erwerbstätigkeit.
Hamm (FuR 09, 698): Auch bei 14 und 11 Jahre alten Kindern soll keine über einen halbschichtigen Umfang hinausgehende Berufstätigkeit geschuldet sein, wenn die betreuende Mutter als Flugbegleiterin in Monatsteilzeit arbeitet (einen Monat vollschichtig, einen Monat überhaupt nicht).
Hamm (FuR 09, 702): Bei Betreuung von zwei Kindern, ist die getrennt lebende Ehefrau zu einer halbschichtigen Tätigkeit verpflichtet, selbst dann, wenn das jüngere achtjährige Kind wegen Hyperaktivität einer besonderen Betreuung bedarf, aber bis 14.00 Uhr die Schule besucht.
Oldbg (NJW-RR 09, 1593): Kein Unterhaltsanspruch mehr bei Betreuung von 13 und 9 Jahre alten Kindern, wenn die Nutzung von Fremdbetreuungsangeboten mit den Kindesbelangen vereinbart ist.

Künftig ist verstärkt darauf abzustellen, inwieweit aufgrund des konkreten Einzelfalls und der Betreuungssituation vor Ort von dem betreuenden Elternteil eine (Teil-)Erwerbstätigkeit neben der Kinderbetreuung erwartet werden kann. Tatsächlich bestehende angemessene Möglichkeiten der Kinder**fremdbetreuung** sind in Anspruch zu nehmen. Insgesamt wird die Aufnahme oder Ausweitung einer Erwerbstätigkeit von dem Elternteil, der minderjährige Kinder betreut, früher als in der bisherigen Gerichtspraxis erwartet. Der Zeitrahmen der konkreten Betreuungsmöglichkeit ist entscheidend, weniger das Alter des oder der Kinder. Die **Möglichkeit der Fremdbetreuung** von Kindern hat ungeachtet regionaler Unterschiede (vgl auch *Wellenhofer* FamRZ 07, 1282) und einzelner, bestehender Angebotslücken insgesamt stark zugenommen. Erwerbstätigkeit neben Kindererziehung ist heute vielfach Realität. Diese gesellschaftliche Entwicklung ist bei der Beurteilung der Frage, inwieweit dem geschiedenen Elternteil neben der Betreuung eines Kindes eine Erwerbstätigkeit zumutbar ist, angemessen zu berücksichtigen. Anstelle der bisherigen, oftmals schematisierenden Betrachtungsweise anhand des Altersphasenmodells ist künftig stärker auf den konkreten Einzelfall, tatsächlich bestehende, verlässliche und auch zumutbare Möglichkeiten der Kinderbetreuung abzustellen, wenn und soweit sie mit dem Kindeswohl in Einklang stehen (zum letztgenannten Aspekt vgl insb BVerfG FamRZ 07, 965: Betreuungsunterhalt wird in erster Linie in Kindesinteresse zugebilligt). In derartigen Konstellationen ist dem betreuenden Elternteil regelmäßig eine teilschichtige Erwerbstätigkeit, etwa eine Vormittagsbeschäftigung zumutbar, wenn das Kind einen Kindergarten, eine Kindertagesstätte, einen Kinderhort oder eine Schule mit „Mittagsbetreuung" besucht. IÜ hat der Tatrichter anhand aller Umstände des jeweiligen Einzelfalls Beginn und Umfang der Erwerbstätigkeit zu prüfen. Maßgebliche Kriterien sind insb die **persönlichen und wirtschaftlichen Verhältnisse der Elternteile** (vgl hierzu bereits BGH FamRZ 82, 148 und FamRZ 84, 364), die **persönliche Situation des Unterhalt begehrenden Ehegatten** (Alter, Gesundheitszustand, Berufsausbildung, Chancen auf dem Arbeitsmarkt, frühere Erwerbstätigkeit, Dauer der Ehe (BGH FamRZ 83, 996), **Hilfe durch Dritte** (BGH FamRZ 89, 487), ggf überdurchschnittlich hoher Betreuungsaufwand, etwa wegen gesundheitlicher Beeinträchtigung des Kindes (BGH FamRZ 06, 846). Durch die Formulierung in § 1570 I 3 will der Gesetzgeber den Unterhaltsgläubiger verpflichten, idR eine mögliche Fremdbetreuung des Kindes ab dem dritten Geburtstag in Anspruch zu nehmen. Der Elternteil kann sich nicht mehr darauf beschränken, die Zahl und das Alter der Kinder vorzutragen. Handelt es sich nicht mehr um Kleinkinder im Alter bis zu drei Jahren, hat er sich zu den Möglichkeiten einer Fremdbetreuung zu erklären bzw darzulegen, warum eine derartige Fremdbetreuung unmöglich oder für das jeweilige Kind (etwa entwicklungs- oder krankheitsbedingt) unzumutbar ist (zur Beweislast vgl Rn 14). Die **Möglichkeit der Betreuung außerhalb der Familie** muss tatsächlich existieren, zumutbar und verlässlich sein sowie mit dem Kindeswohl in Einklang stehen. Dies ist grds der Fall bei Besuch eines Kindergartens, einer Kindertagesstätte, eines Horts oder einer Ganztagsschule (BGH FamRZ 09, 770; 08, 1739; BVerfG FamRZ 07, 965; vgl auch KG FamRZ 09, 981). Die konkret vorhandenen Modalitäten der Fremdbetreuung geben darüber hinaus den äußeren zeitlichen Rahmen für die überhaupt mögliche Erwerbstätigkeit vor. Nur für die ersten drei Lebensjahre des Kindes bleibt es dem betreuenden Elternteil überlassen, ob er bestehende Betreuungsmöglichkeiten in Anspruch nimmt oder nicht. Findet zwischen dem Kind und dem nicht betreuenden Elternteil kein Umgang statt, stellt allein das verbale Angebot eines Elternteils auf nunmehrige Kinderbetreuung während der werktäglichen Nachmittage zur Ermöglichung einer Ausweitung der Erwerbstätigkeit des anderen Elternteils keine beachtliche Betreuungsalternative dar (Celle FuR 08, 559; ähnl KG FamRZ 09, 981). Auch ist zu vermeiden, dass Kinder durch eine Dreiteilung zwischen den Haushalten des betreuenden Elternteils, des barunterhaltspflichtigen Elternteils und ggf dem Haushalt von Familienangehörigen ihren Lebensmittelpunkt verlieren (Hamm FuR 09, 698). Eine **Betreuungsmöglichkeit durch Verwandte** wird sich der betreuende Elternteil grds nur entgegenhalten lassen müssen, wenn es sich um Mitglieder seiner Familie handelt und die Betreuung durch sie einer gewissen Übung entspricht und verlässlich ist. Allein die abstrakte Möglichkeit der Betreuungsübernahme durch Verwandte scheidet schon deshalb aus, weil Verwandte hierzu nicht verpflichtet sind (*Menne* FamRB 08, 110; vgl jedoch auch und sehr weitgehend Oldbg FuR 09, 594: Obliegenheit zur Einstellung einer Betreuungsperson).

Den elternbezogenen Gründen kommt grds jedoch nur geringeres Gewicht als den kindbezogenen Gründen zu (BGH FamRZ 08, 1739). Die kindbezogenen Gründe sind stets vorrangig zu prüfen (BGH FamRZ 09, 1124, 770). Sie kommen insb nur in Betracht, wenn die geschiedene Ehe einen besonderen Vertrauenstatbestand für den Unterhaltsberechtigten geschaffen hat. Die Neuregelung führt nicht dazu, dass ab dem dritten

Geburtstag des Kindes eine Erwerbstätigkeit sofort erwartet werden kann, sofern eine zumutbare Fremdbetreuung gewährleistet ist. Durch die Termini „soweit und solange" soll aufgezeigt werden, dass es sich um einen beruflichen (Wieder-)Einstieg in einem Umfang handelt, wie er nach den konkreten Umständen des Einzelfalls möglich und – auch für das Kind – zumutbar ist (BGH FamRZ 08, 1739; Frankf FamRZ 09, 524). Liegt bei einem Kind nach vollendetem dritten Lebensjahr eine **normale Entwicklungsreife** vor, wird man davon ausgehen können, dass jedenfalls eine teilw Fremdbetreuung zumutbar ist. Besteht ein **besonderes Betreuungsbedürfnis** (Schulschwierigkeiten, gesundheitliche Beeinträchtigungen), besondere Belastungen des Kindes durch die Trennung der Eltern (vgl auch BGH FamRZ 06, 846), kann eine andere Beurteilung gerechtfertigt sein. Allein auf das Alter des Kindes kann nicht (mehr) abgestellt werden (BGH FamRZ 09, 770, 1124, 1391).

§ 1570 I regelt nicht ausdrücklich die Verhältnisse bei **Betreuung mehrerer Kinder** im Alter über drei Jahren. Sind alle Kinder älter als drei Jahre, können die Betreuungsaufgaben so umfangreich sein, dass nur eine Teilerwerbstätigkeit zumutbar ist. Da auch die Summierung aller Betreuungsaufgaben die Belange jedes einzelnen Kindes betrifft, leitet sich in einem solchen Fall der Anspruch aus § 1570 I 2 ab und kann sich je nach den Umständen des Einzelfalls verlängern (vgl auch *Borth* FamRZ 08, 2).

§ 1570 II ermöglicht im Einzelfall aus Gründen der **nachehelichen Solidarität** eine weitere **Verlängerung des Unterhaltsanspruchs** aus Gründen, die ihre Rechtfertigung allein in der Ehe haben. Maßgeblich ist das in der Ehe gewachsene Vertrauen in die vereinbarte und praktizierte **Rollenverteilung** und die gemeinsame Ausgestaltung der Kindesbetreuung. Die konkreten ehelichen Lebensverhältnisse und die nachwirkende eheliche Solidarität finden ihren Niederschlag und können eine Verlängerung rechtfertigen. Der betreuende Elternteil darf durch Berufstätigkeit und Kindesbetreuung nicht überobligationsmäßig belastet werden (BGH FamRZ 09, 770, 1124; Karls MDR 09, 512). So kann etwa einem geschiedenen Ehegatten, der im Interesse der Kindererziehung seine Erwerbstätigkeit dauerhaft aufgegeben oder zurückgestellt hat, ein längerer Anspruch auf Betreuungsunterhalt eingeräumt werden als einem Ehegatten, der von vornherein alsbald wieder in seinen Beruf zurückkehren wollte. Auch ist zu berücksichtigen, was die Eltern vor der Trennung dazu vereinbart haben, ob und ggf wann eine Fremdbetreuung des Kindes in Anspruch genommen werden solle. Eine Entscheidung, welche die Eltern für ihr gemeinsames Kind während intakter Ehe für richtig gehalten haben, wird nicht mit dem Scheitern der Ehe als gegenstandslos angesehen werden können. Andererseits ist eine derartige gemeinsame Entscheidung ggf an veränderte wirtschaftliche Situationen (zusätzliche finanzielle Lasten wegen doppelter Haushaltsführung etc) anzupassen (vgl *Bosch* FF 07, 293). Die ausgeübte und verlangte Erwerbstätigkeit darf neben dem nach der Erziehung und Betreuung in Tageseinrichtungen verbleibenden Anteil an der Betreuung nicht zu einer überobligationsmäßigen Belastung des betreuenden Elternteils führen (BGH FamRZ 08, 1739; NJW 09, 2592). Selbst wenn Kinder ganztags in einer kindgerechten Einrichtung betreut und erzogen werden, was dem betreuenden Elternteil grds die Möglichkeit zu einer Vollzeittätigkeit einräumen würde, kann sich bei Rückkehr in die Familienwohnung ein **weiterer Betreuungsbedarf** ergeben, dessen Umfang im Einzelfall unterschiedlich sein kann. Der Umfang dieses zusätzlichen Betreuungsbedarfs kann von der Anzahl der Kinder und deren Gesundheitszustand, aber auch von dem Entwicklungsstand und den Neigungen und Begabungen der Kinder abhängig sein. Die zeitliche Belastung des betreuenden Elternteils steigt mit dem Umfang der noch notwendigen Betreuung des Kindes (vgl auch BGH NJW 09, 1954). Unter Berücksichtigung des konkreten Betreuungsbedarfs ist sodann eine Einzelfallprüfung geboten, ob und in welchem Umfang die Erwerbsobliegenheit des unterhaltsberechtigten Elternteils über den Umfang der Betreuung des Kindes in einer kindgerechten Einrichtung hinaus noch eingeschränkt ist (BGH FamRZ 09, 1124, 770; NJW 09, 2592). Dem Ehegatten, der schon während intakter Ehe schnellstmöglich wieder in den Beruf zurückkehren wollte, wird man das dann nach Scheitern der Ehe früher zumuten können als dem Ehegatten, der in Abstimmung mit dem anderen im Interesse der Familie seine Erwerbstätigkeit aufgegeben hat. Ist die ehebedingte Billigkeit einer Verlängerung festgestellt, verlängert sich der Unterhaltsanspruch ohne weiteres.

d) Obliegenheit zum Beginn der Arbeitsplatzsuche. Wenn das Ende der Betreuung des Kindes zuverlässig absehbar ist, setzt die Obliegenheit zur Arbeitsplatzsuche ein (BGH FamRZ 95, 871). Nach Inkrafttreten des UÄndG zum 1.1.08 hat sich die Obliegenheit auch zu erstrecken auf die Bemühungen um eine verlässliche Unterbringung des über drei Jahre alten Kindes in einer Betreuungseinrichtung. Dies kann auch deutlich vor Beendigung der Betreuungsphase sein. Durch **vertragliche Regelungen** kann der Beginn der Erwerbsobliegenheit wirksam verschoben werden (BGH FamRZ 89, 150). **Novierende verstärkende Unterhaltsvereinbarungen** mit denen der Unterhaltsanspruch eines (potenziell) kinderbetreuenden Partners ehevertraglich verstärkt und/oder verstetigt werden soll, unterliegen gleichfalls einer Ausübungskontrolle (zu Einzelheiten vgl § 1585c). Rechtssicherheit wird letztlich nur durch eine anderweitige Vermögensverteilung iRd Zugewinnausgleichs oder durch eine -ggf ratenweise zu bezahlende- drittfinanzierte Unterhaltsabfindung erreichbar sein um einer denkbaren Anpassung der Raten präventiv entgegenzuwirken (Herrler FPR 09, 506).

In **Mangelfällen** bestehen gesteigerte Anforderungen für den Unterhaltsgläubiger (BGH NJW 83, 1548; Karlsr FamRZ 83, 716). Wird eine zumutbare Erwerbstätigkeit nicht aufgenommen, weil der Unterhalt ungeachtet einer Erwerbsobliegenheit in der bisherigen Höhe durch den Schuldner fortgezahlt wird, kann dadurch ein **Vertrauenstatbestand** geschaffen werden, der eine Berufung auf eine frühere Obliegenheit zur Arbeitssuche ausschließt (Karlsr FuR 05, 329 = FamRZ 05, 1756; Köln FamRZ 99, 853). Hat der Berechtigte die Voraussetzungen einer (teilw) **Verwirkung** nach § 1579 erfüllt, können verschärfte Zumutbarkeitsanforderungen an seine Erwerbsbemühungen zu stellen sein.

11 **3. Umfang des Anspruchs.** Ist der geschiedene Ehegatte wegen Kindesbetreuung vollständig an einer Erwerbstätigkeit gehindert, beruht sein Anspruch allein auf § 1570. Er kann den vollen, den ehelichen Lebensverhältnissen (§ 1578) entspr Unterhalt verlangen, soweit er nicht durch sonstige eigene anrechenbare Einkünfte gedeckt ist. Bei nur teilweise durch Betreuung eingeschränkter Erwerbstätigkeit kann er Unterhalt nach § 1570 bis zur Höhe des Mehreinkommens verlangen, das er durch eine angemessene vollschichtige Tätigkeit erzielen könnte. Es kommt zusätzlich ein Anspruch nach § 1573 II in Betracht (vgl § 1569 Rn 5). Auch nach neuem Unterhaltsrecht besteht die Notwendigkeit, weiterhin Teilansprüche zu unterscheiden (BGH FamRZ 09, 406; vgl iÜ § 1573 Rn 22 und § 1569 Rn 9). An einen Anspruch aus § 1570 können sich andere Unterhaltsansprüche anschließen (**Anschlussunterhalt**, vgl § 1569 Rn 5). **Vertragliche Begrenzungen** des Anspruchs sind im Hinblick auf die vom BVerfG (FamRZ 01, 985 = FuR 01, 300; 01, 343 = FuR 02, 163) und vom BGH (FamRZ 04, 601; NJW 05, 137) definierten Schranken nur eingeschränkt zulässig (BGH FamRZ 08, 582; 07, 1310; NJW 06, 3142; Ddorf FamRZ 08, 519; zu Einzelheiten vgl § 1585c Rn 3 ff).

12 **4. Konkurrenzen.** § 1570 ist ggü **§ 1615l** seit Inkrafttreten des UÄndG nicht mehr vorrangig. In entsprechender Anwendung des § 1606 III 1 **haften beide Väter anteilig** nach ihren Erwerbs- und Vermögensverhältnissen (BGH FamRZ 07, 1303; 98, 541). Daneben sind Anzahl, Alter, Entwicklung und Betreuungsbedürftigkeit der jeweiligen Kinder zu berücksichtigen (BGH FamRZ 98, 541; Hamm FamRZ 05, 1276; Kobl 05, 804). Der Unterhaltsberechtigte kann neben dem Betreuungsunterhaltsanspruch noch andere Ansprüche nach § 1571 ff haben, etwa einen Erwerbslosigkeitsunterhaltsanspruch nach § 1573 I oder einen Aufstockungsunterhaltsanspruch nach § 1573 II. Die **Lehre von den Teilansprüchen** hat mit dem UÄndG zum 1.1.08 zwar an Bedeutung wegen der einheitlichen Begrenzungs- und Befristungsmöglichkeiten bei allen nachehelichen Unterhaltstatbeständen verloren, ist jedoch nicht gänzlich obsolet geworden (BGH FamRZ 09, 472; eingehend Gerhardt FuR 05, 529; Büte, FuR 08, 311). Die nachehelichen Unterhaltstatbestände sind daher weiterhin gesondert auszuweisen (vgl Rn 11 und § 1569 Rn 9).
Die **Rangordnung** zwischen den einzelnen Unterhaltstatbeständen bezieht sich nicht auf die jeweiligen Ansprüche, sondern stellt auf die **Person des Unterhaltsberechtigten** ab. Danach ist der Unterhaltsanspruch nach § 1570 in den zweiten Rang nach § 1609 Nr 2 zu stufen selbst dann, wenn der Unterhaltsberechtigte neben dem Betreuungsunterhaltsanspruch teilw noch Unterhalt, etwa wegen Erwerbslosigkeit fordern kann (vgl auch FAFamR/*Gerhardt* Rz 6/355 und *Menne*/*Grundmann* Das neue Unterhaltsrecht, S 89).

13 **5. Auswirkungen auf den Trennungsunterhalt.** § 1570 I betrifft grds nur den nachehelichen Unterhalt. Die Begründung des Regierungsentwurfs verweist ausdrücklich auf die nacheheliche Eigenverantwortung. Schon für § 1570 aF war jedoch anerkannt (vgl insb BGH FamRZ 90, 283), dass mit zunehmender Verfestigung der Trennung und nach Rechtshängigkeit eines Ehescheidungsverfahrens sich die Erwerbsobliegenheit beim Trennungs- und Nachscheidungsunterhalt anglichen (BGH FuR 08, 283; 01, 350; FamRZ 90, 283). Dem wurde auch in den Leitlinien (Ziff 17.2) zT Rechnung getragen. Diese Grundsätze sind erst Recht mit Inkrafttreten des UÄndG zum 1.1.08 heranzuziehen. Nach Ablauf des Trennungsjahres und soweit die Scheidung hinreichend gewiss ist, strahlen die Grundsätze des § 1570 auch auf den Trennungsunterhalt aus (vgl auch *Borth* FamRZ 08, 2; *Menne* FamRB 08, 110 und *Büte* FuR 08, 309).

14 **6. Beweislast.** Die Beweislast für die Tatbestandsvoraussetzungen des § 1570 trägt grds der Unterhaltsberechtigte. Wer bis zum Inkrafttreten des UÄndG zum 1.1.08 Abweichungen von den **Altersphasenmodell** (vgl jeweils Ziff 17 der Leitlinien bis 2007) enthaltenen Grundsätze behauptete, war insoweit darlegungs- und beweisbelastet (BGH FamRZ 90, 496; 83, 456). Seit dem 1.1.08 ist der Unterhaltsgläubiger von der Darlegungs- und Beweislast nur noch insoweit entbunden als das zu betreuende Kind nicht älter als drei Jahre ist. Ist das **Kind älter als drei Jahre,** hat der Gläubiger darzulegen und zu beweisen, dass eine, ggf auch nur teilschichtige, Erwerbstätigkeit, etwa aufgrund der konkreten Betreuungssituation (fehlende Ganztagsbetreuung oä) oder wegen besonderer Betreuungsbedürftigkeit des Kindes, nicht möglich ist (Ddorf ZFE 08, 273; NJW 08, 2658; Celle FPR 08, 318). Die Darlegungs- und Beweislast erfordert hierbei nicht nur Ausführungen zu den Bemühungen um die Erlangung einer Betreuungsmöglichkeit, sondern im Bestreitensfall auch den Nachweis der angestellten Bemühungen. Macht der Unterhaltbegehrende geltend, die Ausübung einer vollen oder teilw Erwerbstätigkeit sei neben der Betreuungsaufgabe unzumutbar, weil entweder eine hohe Betreuungslast besteht, etwa bei mehreren Kindern, oder in der Person des Kindes besondere Umstände vorliegen (Lernbehinderung, Entwicklungsstörungen, seelische Belastungen) sind diese Umstände ebenfalls vom *Berechtigten* darzulegen und zu beweisen. Allein das Berufen auf ein bestimmtes Alter des Kindes (zur Darlegungs- und Beweislast beim tradierten Altersphasenmodell vgl zuletzt BGH FamRZ 06, 846) reicht nicht mehr, wenn das Kind das dritte Lebensjahr vollendet hat (BGH FamRZ 09, 1124, 1391; NJW 09, 2592). Auch nach Inkrafttreten des UÄndG ist es dabei geblieben, dass für die ersten drei Lebensjahre des Kindes der

betreuende Elternteil frei und ohne weitere Darlegungen entscheiden kann, ob er die Betreuung und Erziehung des Kindes in dieser Zeit selbst vornehmen möchte oder ob er staatliche Hilfen in Anspruch nimmt um eine eigene Erwerbstätigkeit zu ermöglichen (§ 24 II, III SGB VIII). Den unterhaltsberechtigten Elternteil trifft jedoch die **Darlegungs- und Beweislast** für die individuellen **Voraussetzungen einer Verlängerung des Betreuungsunterhalts über die Dauer von drei Jahren** hinaus (BGH NJW 09, 2592; FamRZ 09, 1391, 770; 08, 1739; Celle FamRZ 08, 997; differenzierend Gerhardt FuR 08, 9).
Auch iRd vom Verpflichteten eingeleiteten Abänderungsverfahrens obliegt es dem betreuenden Elternteil kind- bzw elternbezogene Gründe für einen Fortbestand des Betreuungsunterhaltsanspruchs vorzutragen. Macht ein **gleichrangiger** geschiedener Ehegatte nach § 1570 Betreuungsunterhalt geltend, hat der Unterhaltsschuldner den Hinzutritt eines weiteren Unterhaltsberechtigten als einen ihm günstigen Umstand darzulegen und zu beweisen (*Gerhardt* FuR 08, 194).

III. Begrenzung des Anspruchs. Der Anspruch nach § 1570 unterfällt zwar dem **Kernbereich der Scheidungsfolgen**, ist aber **beschränkt disponibel** (BGH FamRZ 07, 1310; zu Einzelheiten vgl Kommentierung zu § 1585c). Der Anspruch kann auch nach **§ 1579** beschränkt oder versagt werden. Die Belange eines dem Berechtigten zur Pflege oder Erziehung anvertrauten gemeinschaftlichen Kindes sind jedoch zu wahren (zu Einzelheiten vgl Kommentierung zu § 1579).
§ 1578b ist auf alle Tatbestände, auch auf § 1570, anwendbar. Eine Befristung des Betreuungsunterhalts nach § 1578b scheidet jedoch aus, weil § 1570 in der seit dem 1.1.08 geltenden Fassung insoweit eine Sonderregelung für die Billigkeitsabwägung enthält. Nach Vollendung des dritten Lebensjahres steht den betreuenden Elternteil nur noch Betreuungsunterhalt nach Billigkeit zu (§ 1570 I 2). IRd Billigkeitsabwägung sind aber bereits alle kind- und elternbezogenen Umstände des Einzelfalls zu berücksichtigen. Wenn sie zu dem Ergebnis führt, dass der Betreuungsunterhalt über die Vollendung des dritten Lebensjahres hinaus wenigstens teilw fortdauert, können dieselben Gründe nicht zu einer Befristung iRd der Billigkeit nach § 1578b führen (BGH FamRZ 09, 1124, 770). Dies schließt allerdings eine höhenmäßige Begrenzung nach § 1578b I iRd des § 1570 nicht aus (BGH FamRZ 09, 981, 770; Hamm FPR 09, 62; Brandbg ZFE 09, 189). Besonders in Fällen, in denen der Unterhaltsbedarf nach den ehelichen Lebensverhältnissen (§ 1578 I) erheblich über den angemessenen Unterhalt nach der eigenen Lebensstellung des Berechtigten hinausgeht, kommt eine Kürzung bis auf den eigenen angemessenen Unterhalt in Betracht. Dies setzt stets voraus, dass die notwendige Erziehung und Betreuung des gemeinsamen Kindes trotz des abgesenkten Unterhaltsbedarfs sichergestellt und das Kindeswohl auch sonst nicht beeinträchtigt ist, während die fortdauernde Teilhabe des betreuenden Elternteils an den abgeleiteten Lebensverhältnissen während der Ehe unbillig erscheint (KG FamRZ 09, 336).
Der Betreuungsunterhalt während der ersten drei Lebensjahre des Kindes und ein daran anschließender weiterer Betreuungsunterhalt stellen einen einheitlichen Unterhaltsanspruch dar. Nur, wenn im Zeitpunkt der Entscheidung für die Zeit nach Vollendung des dritten Lebensjahres absehbar keine kind- oder elternbezogenen Verlängerungsgründe vorliegen, ist künftiger Betreuungsunterhalt zu befristen (BGH FamRZ 09, 770). Für einen Anspruch nach § 1570 I 2 u 3 dürfte dieser Grundsatz auch für einen Anspruch nach § 1570 I 1 heranzuziehen sein. Nach aA kommt iRd des § 1570 I 1 per se grds nur die Tenorierung eines befristeten Betreuungsunterhalts in Betracht (Köln FPR 08, 455; Brandbg ZFE 09, 189; Maurer FamRZ 08, 2157; Wever FamRZ 08, 553). Nur wenn ausnahmsweise feststeht, dass nach Vollendung des dritten Lebensjahres keine kind- oder elternbezogenen Verlängerungsgründe mehr vorliegen, ist der Betreuungsunterhaltsanspruch ab dem vierten Lebensjahre des Kindes abzuweisen (vgl auch Willemsen ZFE 09, 230; Viefhues ZFE 09, 212).

§ 1571 Unterhalt wegen Alters.
Ein geschiedener Ehegatte kann von dem anderen Unterhalt verlangen, soweit von ihm im Zeitpunkt
1. der Scheidung,
2. der Beendigung der Pflege oder Erziehung eines gemeinschaftlichen Kindes oder
3. des Wegfalls der Voraussetzungen für einen Unterhaltsanspruch nach den §§ 1572 und 1573
wegen seines Alters einer Erwerbstätigkeit nicht mehr erwartet werden kann.

I. Normzweck. Die Vorschrift gewährt einen Unterhaltsanspruch, wenn von einem Ehegatten wegen seines Alters eine Erwerbstätigkeit nicht mehr erwartet werden kann. Die Unterhaltsbedürftigkeit muss nicht ehebedingt sein. Sie besteht auch, wenn der Unterhalt begehrende Ehegatte nicht während der Ehe alt geworden ist, sondern bereits im Zeitpunkt der Eheschließung wegen seines Alters keiner Erwerbstätigkeit mehr nachgehen konnte (**Altersehe** vgl BGH FamRZ 83, 150; 82, 28). Auch bei einer kurzen Ehe kann, sofern nicht § 1579 Nr 1 erfüllt ist, Altersunterhalt verlangt werden. § 1571 ist auch anwendbar, wenn von dem Unterhaltsgläubiger altersbedingt nunmehr eine Teilzeittätigkeit erwartet werden kann (Bambg FamRZ 92, 1305: 56-jährige Frau).

II. Anspruchsvoraussetzungen. § 1571 besteht aus zwei Tatbestandselementen.
– Die Voraussetzungen des Altersunterhalts müssen zu bestimmten Einsatzzeitpunkten vorliegen.
– Altersbedingt muss eine Erwerbstätigkeit unzumutbar sein.

3 1. Einsatzzeitpunkte. Mit der Anknüpfung an einen bestimmten Einsatzzeitpunkt soll erreicht werden, dass die grds **Eigenverantwortlichkeit** des Ehegatten für seinen Unterhalt (§ 1569) bestehen bleibt. Die Anspruchsvoraussetzungen müssen vorliegen im Zeitpunkt der
– Scheidung
– Beendigung der Pflege oder Erziehung eines gemeinschaftlichen Kindes
– Wegfall der Voraussetzungen eines Anspruchs nach § 1572
– Wegfall der Voraussetzungen eines Anspruchs nach § 1573.

Ausbildungsunterhalt nach § 1575 wird vom G nicht erwähnt, weil es eine Ausbildung bis zur Grenze des Altersunterhalts nicht gibt. Auch im Anschluss an Billigkeitsunterhalt (§ 1576) kann Altersunterhalt nicht verlangt werden. Nicht erforderlich ist, dass zu den maßgeblichen Einsatzzeitpunkten eine Leistungsfähigkeit des Schuldners vorliegt. Auch die Bedürftigkeit des Berechtigten muss im Einsatzzeitpunkt nicht vorliegen (BGH FamRZ 87, 152 (noch zu § 58 ff EheG); München FamRZ 93, 564; aber str). Ist ein Ehegatte erst nach diesem Zeitpunkt aus Altersgründen gehindert, eine Erwerbstätigkeit auszuüben, fällt dies nicht mehr in den Risikobereich des anderen Ehegatten.

4 a) Scheidungsrechtskraft. Die **altersbedingte Erwerbsbehinderung** muss im Zeitpunkt der Rechtskraft des Scheidungsurteils (§ 1564) vorliegen. Bei Regelung des nachehelichen Unterhalts im Verbund mit der Scheidung ist sie aus Sicht der letzten Tatsachenverhandlung zu beurteilen, soweit Veränderungen bis zur Scheidung nicht zu erwarten sind (BGH FamRZ 83, 144; 82, 892). § 1571 schreibt die lückenlose Verbindung mit dem Scheidungszeitpunkt lediglich für die **Unterhaltsberechtigung**, nicht für die übrigen Voraussetzungen des Unterhaltsanspruchs vor. Aus diesem Grund genügt es, wenn das Alter zum Einsatzzeitpunkt vorliegt, sich die Bedürftigkeit aber erst später einstellt (BGH FamRZ 87, 689 (zu § 1573 I); München FamRZ 93, 564, aber str). Auch die **Leistungsfähigkeit** muss nicht zum Einsatzzeitpunkt vorliegen. So kann Altersunterhalt zugebilligt werden, wenn eine Leistungsfähigkeit des Unterhaltsverpflichteten sich erst nach der Scheidung ergibt.

5 b) Zeitpunkt der Beendigung der Pflege oder Erziehung eines gemeinschaftlichen Kindes. Maßgeblich ist nicht die tatsächliche Beendigung, sondern die **rechtliche Betreuungsnotwendigkeit** (BGH FamRZ 91, 170; 90, 496; zu Einzelheiten vgl § 1570 Rn 5). Altersunterhalt im Anschluss an Betreuungsunterhalt ist die Fortsetzung des bisherigen (einheitlichen) Anspruchs aufgrund einer anderen Berechtigung, nicht dagegen die Begründung eines neuen Anspruchs. Es ist jedoch nicht notwendig, dass der Voranspruch tatsächlich geltend gemacht wurde; es reicht, wenn nur seine Voraussetzungen vorlagen. Der Umfang des Anspruchs auf **Anschlussaltersunterhalt** erweitert nicht den vollen Unterhalt, wenn bislang die Unterhaltsberechtigung nur einen Teilanspruch rechtfertigte, weil der geschiedene Ehegatte etwa neben der Betreuung gehalten war, einer Teilzeitbeschäftigung nachzugehen.

6 c) Wegfall der Voraussetzungen eines Anspruchs nach § 1572. Altersunterhalt kann zugebilligt werden, wenn das bisherige Erwerbshindernis Krankheit lückenlos im altersbedingten Erwerbshindernis einmündet. Bestand nur ein Teilanspruch auf Krankheitsunterhalt, weil der geschiedene Ehegatte gehalten war, sich iÜ durch eine Arbeit seinen Lebensbedarf zu verdienen, gibt auch der Anschlussaltersunterhalt nur eine Berechtigung zu teilw Unterhalt.

7 d) Wegfall eines Unterhaltsanspruchs nach § 1573. Die Unterhaltsberechtigung des Ehegatten nach § 1573, die bislang wegen Arbeitslosigkeit, unzureichenden Verdienstes oder Wegfalls einer angemessenen, den Unterhalt ganz oder teilw nachhaltig sichernden Erwerbstätigkeit gegeben war, geht in eine solche wegen Alters über, weil der Berechtigte nunmehr aus diesem Grund nicht mehr auf ein Einkommen aus einer Erwerbstätigkeit verwiesen werden kann. Der Anschlussunterhalt wegen Alters schließt auch hier nur die früher von tatsächlichem oder fiktivem Erwerbseinkommen nicht gedeckte Bedarfslücke. Konnte Unterhalt nach § 1573 V (vgl nunmehr § 1578b II) zeitlich begrenzt werden, kann dennoch Altersunterhalt bis zum Lebensende begründet sein, wenn die Unterhaltsberechtigung wegen des Alters während der Befristung entsteht. In diesem Fall wird die gegenwärtig noch unbeschränkte Berechtigung durch eine andere ersetzt. Der Unterhaltstatbestand des § 1571 muss ohne wesentliche zeitliche Lücke an die Auflösung der Ehe oder an das Ende eines der genannten Unterhaltsansprüche anschließen (Tatbestands- oder sog **Unterhaltskette**). Tritt die altersbedingte Erwerbsunfähigkeit deutlich nach diesen Einsatzzeitpunkten ein, ist ein Anspruch nach § 1571 nicht begründet.

8 2. Altersbedingte Unzumutbarkeit der Erwerbstätigkeit. Der Begriff „**Alter**" ist gesetzlich nicht festgelegt. Maßgebend sind die Umstände des Einzelfalls (BGH FamRZ 99, 708; 95, 1416). Als **Richtschnur** kann das Erreichen der **Regelaltersgrenze** (vgl § 35 SGB VI; §§ 25, 41 BRRG) gelten, da ab diesem Zeitpunkt allg eine Erwerbstätigkeit nicht mehr erwartet werden kann (BGH FamRZ 06, 683; 93, 43; Hamm FamRZ 95, 1416; vgl auch BGH FamRZ 88, 265: kein Altersunterhalt für 48-jährige Ehefrau. Öffentlich-rechtliche oder arbeitsmarktpolitische Gründe für **vorgezogene Altersgrenzen** als solche sind für das Unterhaltsrecht nicht maßgebend (BGH FamRZ 99, 708; Hamm NJW 99, 2976; Kobl NJWE-FER 00, 108). Hier ist zu prüfen, ob im Einzelfall eine anderweitige (Weiter-)Beschäftigung in Betracht kommt. Allein der Rentenbezug aufgrund des

Erreichens einer **flexiblen Altersgrenze** lässt die Erwerbsobliegenheit nicht entfallen (BGH FamRZ 99, 708). Die gleichen Grundsätze gelten bei der **Altersteilzeit**. Auch bei **Freiberuflern** wird man grds die Regelaltersgrenze anzuwenden haben (Hamm FamRZ 97, 883). Etwas anderes kann ausnahmsweise gelten bei beengten wirtschaftlichen Verhältnissen. Hier ist eine (teilw) Fortsetzung der Erwerbstätigkeit eines Freiberuflers eher zu verlangen. Von dem Grundsatz, dass ab Erreichen der Regelaltersgrenze keine Erwerbsobliegenheit mehr besteht, darf nur in Ausnahmefällen abgewichen werden. Eine derartige Ausn ist denkbar, wenn es um die Sicherung des Mindestbedarfs minderjähriger Kinder geht und/oder die Fortführung der Tätigkeit über die übliche Altersgrenze hinaus geplant war. Ob in diesen Fällen noch eine Erwerbsobliegenheit besteht, ist nach unterhaltsrechtlichen Kriterien unter Berücksichtigung der Umstände des Einzelfalls zu entscheiden (BGH FuR 99, 372 = FamRZ 99, 708; Hamm FamRZ 95, 1416). Wird nach Erreichen der allgemeinen Altersgrenze und ohne entspr Obliegenheit eine Tätigkeit (weiterhin) ausgeübt, bleibt das zusätzlich erzielte Einkommen nicht schon deswegen vollständig unberücksichtigt, weil es überobligationsmäßig erzielt wird. Vielmehr ist der **unterhaltsrelevante Anteil des überobligationsmäßig erzielten Einkommens** nach **Billigkeit** zu ermitteln und – ggf neben den eigenen Renteneinkünften – im Wege der Differenz-/Additionsmethode in die Unterhaltsbemessung einzubeziehen (BGH FuR 06, 266 = FamRZ 06, 683; 05, 1154). Ein Anspruch auf Altersunterhalt besteht nicht, wenn die Bedürftigkeit erst nach **Durchführung des Versorgungsausgleichs** eingetreten ist und der ausgleichspflichtige Ehegatte die – auch nur zeitweise – Kürzung des Versorgungsausgleichs zur Vermeidung der Bedürftigkeit zu beantragen unterlässt (Celle FamRZ 06, 1544). § 1571 ist **geschlechtsneutral** anzuwenden.

3. Kausalität. Das Alter muss kausal dafür sein, dass eine angemessene Erwerbstätigkeit nicht mehr zu erwarten ist. Kann eine Erwerbstätigkeit weniger wegen des Alters als vielmehr wegen der schlechten Arbeitsmarktlage nicht gefunden werden, greift nicht § 1571, sondern § 1573 I (vgl dort Rn 6). Str ist, ob für den Anspruch nach § 1571 genügt, dass das Alter eine Mitursache für die Erwerbsverhinderung ist, etwa neben Krankheit, oder ob dieser voraussetzt, dass ausschl wegen Alters eine Beschäftigung ausscheidet. Wie beim Betreuungsunterhalt wird man auch beim Altersunterhalt der Lehre von der **Monokausalität** zu folgen haben. Aus § 1571 Ziff 3 ist zu schließen, dass Altersunterhalt ausscheidet, sobald ein Anspruch auf Krankheitsunterhalt nach § 1572 oder Arbeitslosenunterhalt nach § 1573 gegeben ist.

4. Unzumutbarkeit der Erwerbstätigkeit. Maßgebend sind iRd **Gesamtabwägung** alle Umstände des konkreten Einzelfalls. Zu prüfen ist, ob gerade das Alter iVm der beruflichen Qualifikation eine konkret in Betracht kommende angemessene (§ 1574 II) Erwerbstätigkeit verhindert. Objektiv entscheidet die Art der beruflichen Tätigkeit, insb, ob ein bestimmter Beruf im Alter (überhaupt) noch ausgeübt werden kann und wenn ja, ob und insoweit nicht – vornehmlich altersbedingt – der entspr Arbeitsmarkt verschlossen ist (Hambg FamRZ 91, 445: Altersunterhalt für 53-jährige Frau nach 20-jähriger Ehe; Kobl NJW-RR 93, 964: Altersunterhalt für eine 51-jährige Frau). Subjektiv ist die Entwicklung der Ehe bis zum Einsatzzeitpunkt maßgebend (BGH FamRZ 83, 144; Hamm FamRZ 99, 1078; 95, 1416). Bei langer Ehedauer und ausschl Haushaltstätigkeit oder langer Kindesbetreuung eines Ehegatten und guter beruflicher Stellung des anderen Ehegatten kann ein Altersunterhalt auch bei einem Alter unter 60 Jahren schon in Betracht kommen (BGH NJW 91, 1049; 85, 1340). Andererseits kann auch von einer 50-jährigen Frau, die während der Ehe 20 Jahre Hausfrau war, unterhaltsrechtlich verlangt werden, nach der Scheidung eine angemessene Erwerbstätigkeit auszuüben (BGH NJW 83, 683), ggf auch eine Teilzeitbeschäftigung. Auch bei Bezug eines vorgezogenen Altersruhegeldes etwa durch eine 60-jährige Ehefrau, kann eine Erwerbsobliegenheit, etwa im Geringverdienerbereich, noch zu bejahen sein (BGH NJW 99, 1547 (vgl auch Kobl FamRZ 92, 950: kein Altersunterhalt für eine 53-jährige Ehefrau). **Vorruhestandsregelungen** (zu Einzelheiten vgl vor § 1577 Rn 38) sind unterhaltsrechtlich nicht ohne weiteres zu akzeptieren (zu weiteren Einzelheiten vgl *Viefhues* FF 06, 103). Die altersbedingte Unterhaltsbedürftigkeit richtet sich allein nach unterhaltsrechtlichen Maßstäben, nicht nach sozialrechtlichen und/oder sozialpolitischen Erwägungen (BGH FamRZ 05, 696; vgl weiter FAKomm-FamR/*Kleffmann* vor § 1361 Rz 103 ff; s.o. Rn 8).

5. Konkurrenzen. Eine Unterhaltsberechtigung kann nach §§ 1570, 1571 für verschiedene Teile des Anspruchs bestehen. Auch kann der gleiche Anspruchsteil doppelt begründet sein. **Vorrangig** ist der mehrfach privilegierte Anspruch nach **§ 1570. Krankheitsunterhalt** und **Altersunterhalt** können nacheinander jeweils allein, aber auch nebeneinander jeweils eine Teilunterhaltsberechtigung begründen, aber nicht kumulativ. Krankheitsunterhalt geht dem Altersunterhalt vor, solange nicht durch das Alter eine praktisch unveränderliche Unterhaltsberechtigung bis zum Lebensende entstanden ist. **Arbeitslosenunterhalt** geht dem Altersunterhalt vor, weil § 1573 die Erwerbsobliegenheit voraussetzt. Kann ein Ehegatte nur nach einer Ausbildung eine angemessene Tätigkeit finden, ist § 1571 anwendbar, wenn die Ausbildung wegen des Alters nicht mehr sinnvoll ist (BGH FamRZ 87, 691). Nach Ansicht des BGH (FamRZ 99, 707) kann § 1571 erfüllt sein, wenn typischerweise in dem betreffenden Alter und in den in Betracht kommenden Berufssparten keine angemessene Arbeit mehr gefunden werden kann, dagegen § 1573 I, wenn wegen der konkreten Umstände des Einzelfalls aufgrund des Alters die Aufnahme einer angemessenen Tätigkeit scheitert. Auch kann neben der Berechtigung zum Altersunterhalt eine Berechtigung zum Arbeitslosenunterhalt bestehen, wenn trotz des Alters eine **Teilzeitbeschäftigung** erwartet, aber nicht gefunden werden kann. Reicht der Unterhalt nach § 1571 nicht für den vollen Unterhalt iSd § 1578 I 1, kommt ein subsidiärer Anspruch nach § 1573 II für den teilerwerbstätigen Ehegatten in Betracht. Die Anspruchsgrundlagen sind auch nach Inkrafttreten des UÄndG zum 1.1.08 genau zu differenzieren (BGH FamRZ 09, 406, 770).

12   6. **Begrenzung.** Eine Begrenzung ist nach § 1579, insb wegen kurzer Ehedauer nach § 1579 Nr 1, möglich (zu Einzelheiten vgl Kommentierung zu § 1579).
Eine Herabsetzung und/oder zeitliche Begrenzung ist auch nach § 1578b, der für alle nachehelichen Unterhaltstatbestände gilt (zu Einzelheiten vgl Kommentierung zu § 1578b), möglich. Wegen der zu berücksichtigenden Kriterien, insb **ehebedingter Nachteile** vgl § 1572 Rn 10.
Kasuistik:
 – OLG Koblenz (FamRZ 09, 1750): Herabsetzung des Unterhalts auf den angemessenen Lebensbedarf nach einer Übergangszeit
 – OLG Schlesw (NJW 09, 2223): Herabsetzung und Befristung, wenn keine ehebedingten Nachteile vorliegen
 – Brandbg (NJW-RR 09, 371): Befristung, falls keine ehebedingten Nachteile vorliegen
 – Köln (FF 09, 79): Keine Befristung mehr beim Altersunterhalt nach neunjähriger Ehe

13   7. **Beweislast.** Der **Unterhaltsberechtigte** muss darlegen, dass altersbedingt keine angemessene Erwerbstätigkeit erwartet werden kann. Vor Erreichen der Regelaltersgrenze muss er nachweisen, dass er typischerweise in den für ihn in Betracht kommenden Berufssparten altersbedingt keine angemessene Arbeit mehr zu finden vermag. Hat der Berechtigte die Regelaltersgrenze v (vgl BGH FamRZ 06, 683) erreicht, kann von ihm iA keine Erwerbstätigkeit mehr erwartet werden. Umstände, aus denen sich abw von dieser Regelwertung die Zumutbarkeit einer weiteren Erwerbstätigkeit im Einzelfall ergeben soll, hat der Unterhaltsschuldner darzulegen und ggf zu beweisen.

14   8. **Disponibilität.** Altersunterhalt gehört zum **Kernbereich** des gesetzlichen Scheidungsfolgerechts und kann nicht schrankenlos vertraglich abbedungen werden (BGH FamRZ 04, 601; zu Einzelheiten vgl § 1585c Rn 6).

§ 1572 Unterhalt wegen Krankheit oder Gebrechen.
Ein geschiedener Ehegatte kann von dem anderen Unterhalt verlangen, solange und soweit von ihm vom Zeitpunkt
1. der Scheidung,
2. der Beendigung der Pflege oder Erziehung eines gemeinschaftlichen Kindes,
3. der Beendigung der Ausbildung, Fortbildung oder Umschulung oder
4. des Wegfalls der Voraussetzungen für einen Unterhaltsanspruch nach § 1573
an wegen Krankheit oder anderer Gebrechen oder Schwäche seiner körperlichen oder geistigen Kräfte einer Erwerbstätigkeit nicht erwartet werden kann.

1   I. **Normzweck.** Die Vorschrift erstreckt die eheliche Solidarität über den Zeitpunkt der Scheidung hinaus auf **krankheitsbedingte Bedürfnislagen.** Die gesundheitlichen Einschränkungen müssen nicht ehebedingt, jedoch ursächlich für die Unzumutbarkeit der Erwerbstätigkeit sein (BGH FamRZ 04, 779; 94, 566). Die Mitverantwortung des leistungsfähigen Unterhaltsschuldners ggü dem unterhaltsbedürftigen geschiedenen Ehegatten ist eine Folge der Eheschließung und des ehelichen Zusammenlebens, und zwar unabhängig vom Gesundheitszustand bei Eheschließung. Trotz gesundheitlicher Beeinträchtigungen aus Erwerbstätigkeit erzieltes Einkommen ist nicht überobligatorisch (BGH FamRZ 98, 899).

2   II. **Anspruchsvoraussetzungen.** Anspruchsberechtigt ist, wer zum maßgeblichen **Einsatzzeitpunkt** nicht oder nur teilw infolge Krankheit oder anderer Gebrechen oder Schwäche der körperlichen oder geistigen Kräfte durch eine angemessene eigene Erwerbstätigkeit seinen Lebensbedarf decken kann. Es bestehen drei Anspruchsvoraussetzungen:
 – Vorliegen einer Krankheit, eines anderen Gebrechens oder Schwäche der körperlichen oder geistigen Kräfte
 – aufgrund der gesundheitlichen Beeinträchtigungen ist eine angemessene Erwerbstätigkeit nicht oder nur teilweise zu erwarten
 – Vorliegen eines Einsatzzeitpunkts.

3   Eine **Ehebedingtheit** der Bedürftigkeit ist nicht Anspruchsvoraussetzung (BGH FamRZ 04, 779; 96, 1272). Die von § 1572 erfasste Bedürfnislage kann auch auf einer bereits vor der Ehe ausgebrochenen und im Zeitpunkt der Scheidung noch bestehenden Erkrankung beruhen (BGH FamRZ 96, 1273). Der Anspruch besteht auch, wenn der Verpflichtete im Zeitpunkt der Eheschließung die bereits bestehende Erkrankung nicht kannte. § 1579 Nr 8 findet regelmäßig keine Anwendung (BGH FamRZ 95, 1405; 94, 566; vgl iÜ Rn 9). Auch ein Verschulden ist nicht erforderlich. **Verschuldensgesichtspunkte** können allerdings über § 1579 Nr 4 berücksichtigt werden (BGH NJW 88, 1147).

1. Krankheit, Gebrechen oder geistige Schwäche. Das Gesetz definiert die Begriffe „Krankheit", „Gebrechen" oder „Schwäche seiner körperlichen oder geistigen Kräfte" nicht. Es ist auf die entspr sozialversicherungsrechtlichen Begriffsbestimmungen zurückzugreifen (zum Begriff „Krankheit" s. BTDrs 7/650 125). **Krankheit** ist nach stRspr des BSG ein objektiv fassbarer regelwidriger Körper- oder Geisteszustand, der ärztlicher Behandlung bedarf und/oder Arbeitsunfähigkeit zur Folge hat (BSG NJW 73, 582). Krankheit idS sind auch eine Alkohol- und Drogensucht sowie Medikamentenabhängigkeit (BGH FamRZ 88, 375; Hamm FamRZ 89, 631; *Foerste* FamRZ 99, 1245) sowie eine Rentenneurose bei Steuerungsunfähigkeit und Übergewicht (Köln FamRZ 92, 65). **Gebrechen** sind alle von der Regel abweichenden körperlichen oder geistigen Zustände, mit deren Dauer für nicht absehbare Zeit zu rechnen ist (BSG NJW 61, 987), etwa Blindheit, Taubheit, Lähmungen etc. Zur **körperlichen oder geistigen Schwäche** zählen ua vorzeitiger Kräfteverbrauch, Altersabbau, Schwachsinn, nicht kompensierbare Persönlichkeitsstörungen, Konzentrationsschwächen etc (vgl Bambg FamRZ 00, 231). **Unterhalts- oder Rentenneurosen** sind als neurotische Störung aufgrund der Angst, den Unterhaltsanspruch zu verlieren, als Krankheit anzusehen, wenn die neurotische Störung Krankheitswert hat und nicht ohne Behandlung durch die Aberkennung des Unterhaltsanspruchs überwunden werden kann. Die Feststellung, ob die Willens- oder Steuerungsfähigkeit krankheitsbedingt eingeschränkt ist oder ob es sich nur um eine Simulation handelt, ist ohne ärztliche Begutachtung meist nicht möglich (Hamm FamRZ 95, 996). Wegen der Simulationsnähe von Neurosen ist stets Wachsamkeit des Sachverständigen und des Tatrichters geboten (BGH FamRZ 84, 660). Unterhaltsrechtlich relevante gesundheitliche Beeinträchtigungen liegen nicht schon bei gewissen verbreiteten körperlichen Abnutzungserscheinungen oder Unpässlichkeiten vor.

2. Krankheitsbedingte Erwerbsunfähigkeit. Die gesundheitlichen Beeinträchtigungen müssen **kausal** für eine Erwerbsunfähigkeit oder Erwerbsbeschränkung sein. Eine medizinisch in Wahrheit nicht gerechtfertigte Untätigkeit darf nicht auf Kosten des ehemaligen Ehegatten über einen Unterhaltsanspruch finanziert werden (BGH FamRZ 84, 353). Die nicht mögliche **Erwerbstätigkeit** muss **eheangemessen** iSv § 1574 II sein (BGH FamRZ 83, 144). Ein Anspruch nach § 1572 entfällt, wenn infolge der bestehenden Leiden zwar der alte Beruf nicht mehr ausgeübt werden kann, aber andere berufliche Tätigkeiten vollschichtig möglich sind, sofern es sich um angemessene Tätigkeiten iSd § 1574 II handelt.

3. Einsatzzeitpunkte. Die vier Einsatzzeitpunkte des § 1572 wollen einerseits den **zeitlichen Zusammenhang** des nachehelichen Unterhalts mit der Ehe sicherstellen (BGH FamRZ 90, 260), andererseits die nacheheliche Solidarität begrenzen. Unterhalt nach § 1572 kann nur verlangt werden, wenn die gesundheitlichen Beeinträchtigungen gegeben sind im Zeitpunkt der Scheidung, der Beendigung der Pflege oder Erziehung eines gemeinschaftlichen Kindes, Beendigung der Ausbildung, Fortbildung oder Umschulung oder im Zeitpunkt des Wegfalls der Voraussetzungen eines Anspruchs nach § 1573.

Zeitpunkt der Scheidung bedeutet eine Erkrankung bei Eintritt der Rechtskraft der Scheidung. Bei einer Verbundentscheidung sind die im Zeitpunkt der letzten mündlichen Verhandlung bestehenden Verhältnisse maßgebend, sofern die bis zum Eintritt der Rechtskraft zu erwartende Entwicklung nicht voraussehbar ist (BGH FamRZ 83, 144; 82, 892). Gesundheitliche Störungen, welche nach der Scheidung zur Erwerbsunfähigkeit führen, können einen Anspruch nach § 1572 begründen, wenn die Beschwerden schon im Zeitpunkt der Scheidung bestanden und sich nachher entspr verschlimmert haben und soweit der Unterhalt noch nicht durch Erwerbstätigkeit nachhaltig gesichert war (Hamm FamRZ 99, 230 und grundl BGH NJW 87, 2229). Erforderlich ist ein **naher zeitlicher und sachlicher Zusammenhang** zwischen gesundheitlichen Störungen und dem Einsatzzeitpunkt. Ein naher zeitlicher Zusammenhang zwischen (bei Scheidung) verminderter und im Eintritt völliger Erwerbsunfähigkeit ist bei einem Zeitraum von bis zu 2 Jahren bejaht worden (BGH FamRZ 01, 1291; 87, 684; KG FamRZ 02, 460 (1 Jahr), 4 Jahre jedoch nicht ausreichend, vgl Karlsr FamRZ 94, 105; enger Kobl FuR 06, 45: kein naher zeitlicher Zusammenhang bei einer Erkrankung, die 21 Monate nach Rechtskraft der Scheidung ausbricht). Scheitert ein Krankheitsunterhaltsanspruch am Einsatzzeitpunkt (Kobl NJW-RR 06, 151 erachtet einen Zeitraum von 21 Monaten nicht als ausreichend), kann ein **Billigkeitsanspruch** nach § 1576 in Betracht kommen (zu den Erfordernissen vgl BGH FamRZ 01, 1291 und iÜ § 1576 Rn 3 ff). Ein sachlicher Zusammenhang ist anzunehmen, wenn sich im Wesentlichen dieselben Leiden verschlimmert haben, deretwegen der Unterhaltsgläubiger bereits im Einsatzzeitpunkt teilw erwerbsunfähig war und die sodann zum völligen Ausschluss der Erwerbsfähigkeit geführt haben (BGH FamRZ 87, 684). Auch eine im Zeitpunkt der Scheidung bereits **latent vorhandene Erkrankung** genügt nicht für die Begründung eines Anspruchs nach § 1572, wenn sie nicht in nahem zeitlichen Zusammenhang der Scheidung ausgebrochen ist und zur Erwerbsunfähigkeit geführt hat (BGH FamRZ 01, 1291, bestätigendes Revisionsurteil zu Karlsr FamRZ 00, 233; Schlesw FuR 06, 283; vgl auch Kobl FuR 06, 45 und KG FamRZ 02, 460). Eine latente Erkrankung ist gegeben, wenn sämtliche Krankheitsursachen bereits zum jeweiligen Einsatzzeitpunkt vorgelegen haben und sodann die Krankheit in nahem zeitlichem Zusammenhang ausbrechen. Die **Funktion der Einsatzzeitpunkte** (Wahrung eigener Verantwortung, § 1569) darf nicht ausgehöhlt werden. Der Gesetzgeber hat die Grenzen nachehelicher Solidarität bewusst eng gezogen und den Tatbestand durch Einsatzzeitpunkte scharf eingegrenzt. Jede andere (großzügigere) Betrachtungsweise insb des nahen zeitlichen Zusammenhangs liefe dieser Intention zuwider, wonach schicksalsbedingte Ereignisse, die sich nach der Scheidung im Leben eines geschiedenen Ehegatten einstellen, grds nicht zu Lasten des anderen Ehegatten gehen dürfen. Ist im Zeitpunkt der Scheidung wegen Krankheit eine Erwerbstätigkeit nicht zu erwarten, besteht ein originärer Anspruch auf Krankheitsunterhalt. War im Zeitpunkt der Scheidung wegen Krankheit nur eine teilschichtige Erwerbstätigkeit möglich und verschlimmert sich in der Folgezeit die Krankheit so sehr, dass in nahem zeitlichen Zusammenhang völlige Erwerbsunfähigkeit eintritt, ist der spätere völlige Wegfall der Erwerbsfähigkeit nach dem Einsatzzeitpunkt der Scheidung zuzurechnen (BGH FamRZ 87, 684). Für das **Ende der Kinderbetreuung** iSd § 1572 Nr 2 ist nicht die Volljährigkeit des Kindes maßgebend, sondern es ist auf den Zeitpunkt abzustellen, in dem die Voraussetzungen für einen auf § 1570 gestützten Anspruch wegfallen (zu Einzelheiten vgl § 1570 Rn 5, Ziff 17.1 der Leitlinien). Hinsichtlich des Einsatzzeitpunkts des § 1572 Nr 3 müssen die Voraussetzungen eines Anspruchs nach § 1575 bestanden haben; die krankheitsbedingte Erwerbsunfähigkeit muss bei Ende der Ausbildung eingetreten sein. Es handelt sich um **Anschlussunterhalt**. Besteht seit Rechtskraft der Scheidung bis zum Ausbruch der zur Erwerbsunfähigkeit führenden Erkrankung ein Anspruch auf **Aufstockungsunterhalt**, kann sich ein Anspruch auf Krankheitsunterhalt anschließen (Kobl FuR 06, 45 = NJW 06, 151). Dieser beschränkt sich aber auf die Höhe, in der der weggefallene Aufstockungsunterhaltsanspruch den nach den ehelichen Lebensverhältnissen bemessenen Gesamtbedarf gedeckt hat (**Teilanschlussunterhalt**, BGH FuR 01, 404 = FamRZ 01, 1291). Der Einsatzzeitpunkt des § 1572 Nr 4 ist gegeben, wenn eine die Erwerbsfähigkeit beeinträchtigende Krankheit ausbricht, bevor der Unterhalt iSd § 1573 IV (zu Einzelheiten vgl § 1573 Rn 17) nachhaltig gesichert ist. Eine **Verschiebung der Einsatzzeitpunkte** kann sich jedoch dadurch ergeben, dass der Verpflichtete den Unterhaltsanspruch, obwohl seine Voraussetzungen entfallen sind, weiter erfüllt hat, ohne Erwerbsbemühungen zu verlangen (Karlsr FuR 05, 329 für den Anspruch nach § 1570). Der Unterhaltsverpflichtete kann sich sodann nicht nach Treu und Glauben darauf berufen, dass der Unterhaltsberechtigte in einer Zeit, während der der Schuldner ihm tatsächlich Unterhalt geleistet hat, erkennbar im Vertrauen auf einen tatsächlich nicht gegebenen unterhaltsbegründenden Tatbestand die zum Nachweis eines Anspruchs gem § 1577 I an sich erforderlichen Erwerbsbemühungen unterlassen hat (BGH FamRZ 90, 496; krit AnwK/*Fränken* § 1572 Rz 11).

8 III. Begrenzungen. Unterhaltsansprüche nach § 1572 können gem § 1579 oder § 1578b begrenzt werden. Nach der alten Gesetzeslage konnte eine Begrenzung nach § 1578 I 2 erfolgen (Hambg FamRZ 98, 294; Hamm FamRZ 98, 295), nicht aber nach § 1573 V.

9 1. Begrenzung nach § 1579. Hat der Unterhaltsgläubiger seine gesundheitlichen Beeinträchtigungen **unterhaltsbezogen leichtfertig** (mit-)verursacht (etwa Alkohol- oder Drogenabhängigkeit, Medikamentenabhängigkeit, Übergewicht (Köln FamRZ 92, 65; Hamm FamRZ 89, 631; Ddorf FamRZ 87, 1262), kann der Anspruch nach § 1579 verwirkt sein (BGH FamRZ 88, 375). **Verwirkung** setzt voraus, dass sich der Unterhaltsgläubiger von Vorstellungen und Antrieben hat leiten lassen, die ihn nicht nur in die Krankheit schlechthin geführt haben, sondern die sich darüber hinaus unterhaltsbezogen auf die Herbeiführung seiner Bedürftigkeit als Folge unvernünftigen Verhaltens erstreckt haben (Bambg FamRZ 98, 370). Den Unterhaltsgläubiger trifft bei allen Gesundheitsstörungen die **Obliegenheit zur medizinischen Behandlung** (BGH FuR 05, 516). Erkennt der Gläubiger seine Krankheit und auch deren Behandlungsbedürftigkeit, unterlässt er jedoch schuldhaft notwendige, weitgehend risikolose Behandlungsmaßnahmen (BGH FamRZ 87, 359), kann sein Unterhaltsanspruch nach § 1579 Nr 4 begrenzt werden (Naumbg FamRZ 07, 472). Für die Frage des Verschuldens kommt es darauf an, ob die Fähigkeit des Unterhaltsgläubigers, entspr seiner Einsicht in die Notwendigkeit einer Therapie zu handeln, (suchtbedingt) wesentlich eingeschränkt war oder ist (BGH FamRZ 81, 1042), insb wenn er wegen einer Willens-/Charakterschwäche nicht im Stande ist, seiner Erkrankung gegenzusteuern. Liegt ein Verstoß gegen die Obliegenheit vor, die Arbeitskraft durch geeignete Maßnahmen wieder herzustellen, können **fiktive Einkünfte** zugerechnet werden. Voraussetzung dieser Einkommensfiktion ist, dass durch bestimmte Behandlungsmaßnahmen die Erwerbsfähigkeit wieder hergestellt wird und die Einsichtsfähigkeit vorhanden ist, sich zur Wiederherstellung der Arbeitsfähigkeit einer derartigen Behandlungsmaßnahme zu unterziehen (BGH FamRZ 84, 660; Hamm FamRZ 99, 437). Die **Zumutbarkeitsgrenzen** für die Behandlung, ggf auch eine Operation, entspr denen im Schadensersatzrecht. Die Behandlung muss relativ gefahrlos, schmerzarm und aussichtsreich sein (BGH VersR 61, 1125; Hamm FamRZ 96, 863). Zur **Suchtbehandlung** besteht eine Obliegenheit. Für die Dauer einer derartigen Behandlung ist ein Anspruch nach § 1572 gegeben (Hamm FamRZ 89, 631; Ddorf FamRZ 87, 1262). Auch im Anschluss an die Suchtbehandlung kann ein Anspruch nach § 1572 gegeben sein, wenn der Bedürftige zum Einsatzzeitpunkt fähig und in der Lage war, seine Erkrankung und deren Behandlungsbedürftigkeit zu erkennen und sich allen gebotenen Behandlungsmöglichkeiten – wenn auch erfolglos – unterzogen hat ("unverschuldet fehlgeschlagene Therapie", Schlesw OLGR 01, 248). Kommt krankheitsbedingt ein **Rentenanspruch** in Betracht, hat der Gläubiger entspr Anträge *zu stellen*. Soweit ein Vorschuss nicht gefordert werden kann, kann der Schuldner, solange über den Rentenantrag noch nicht entschieden ist, ein zins- und tilgungsfreies Darlehen gegen Abtretung des Anspruchs auf Rentennachzahlung anbieten, falls die Voraussetzungen hierfür vorliegen, verbunden mit dem Verzicht auf Rückzahlung, soweit Rentennachzahlungen fließen (BGH FamRZ 83, 574). Der Unterhaltsgläubiger ist verpflichtet, ein solches Darlehen anzunehmen. Auch eine bereits vor Eheschließung nicht erkannte oder bereits ausgebrochene und im Zeitpunkt der Scheidung oder zu den übrigen Einsatzzeitpunkten weiterhin bestehende, in ihrem vollen Ausmaß erkennbare und fortdauernde Erkrankung begründet einen Unterhaltsanspruch nach § 1572 (BGH FamRZ 94, 566). Allein die durch eine solche, nicht ehebedingte, Erkrankung ausgelöste Bedürfnislage des Unterhaltsgläubigers und die daraus für den Unterhaltsschuldner folgende Unterhaltslast rechtfertigt für sich allein keine Begrenzung des Unterhaltsanspruchs wegen Unzumutbarkeit. § 1579 dient weder dazu, den Anwendungsbereich des § 1572 zu verändern, noch den Tatbestand dieser Vorschrift zu umgehen (BGH FamRZ 96, 1272; 95, 1405; Hamm FamRZ 06, 707). Wenn aus sonstigen Gründen, den objektiven Gegebenheiten und Entwicklungen der Lebensverhältnisse der Ehegatten die aus der Unterhaltspflicht erwachsene Belastung für den Unterhaltsschuldner die **Grenzen des Zumutbaren** überschreitet (BGH FamRZ 86, 443), kann (ausnahmsweise) § 1579 Nr 8 eingreifen. Dies ist etwa der Fall, wenn eine den Eheleuten bekannte Erkrankung bei Eingehung einer kurzen Ehe bestand (BGH FamRZ 88, 930) oder sonstige besonders belastende Umstände hinzutreten (Brandbg FamRZ 96, 866). Eine zeitliche Begrenzung nach § 1579 Nr 8 kommt auch in Betracht, wenn die Ehe zwar nicht von kurzer Dauer iSd § 1579 Nr 1 war, die Eheleute tatsächlich aber nur wenige Monate zusammengelebt haben (Hamm FamRZ 87, 1151). Schließlich kann Unterhalt nach § 1579 Nr 8 ausgeschlossen sein, wenn die Krankheit bereits bei Eheschließung bestand, der Unterhaltsgläubiger jedoch durch die Eheschließung keine Nachteile erlitten hat und der Unterhaltsschuldner durch die Betreuung eines Kleinkindes bei voller Berufstätigkeit besonders belastet ist (Brandbg FamRZ 96, 866) oder wenn im Einzelfall das Ausmaß der Belastung die Grenze des Zumutbaren übersteigt (Oldbg FamRZ 91, 827). Hat der bedürftige Ehegatte seine Erkrankung schon vor Eingehung der Ehe gekannt, sie dem anderen Ehegatten aber **verschwiegen**, kommt es für die Anwendung des § 1579 auf die gesamten Umstände des Einzelfalls (Dauer der Ehe, ehebedingte Nachteile, persönliche und wirtschaftliche Verhältnisse der Ehegatten) an (BGH FamRZ 81, 1163).

2. Begrenzung nach § 1578b. Die **Billigkeitsregelung** des § 1578b gilt für alle Unterhaltstatbestände, auch für § 1572 (zu Einzelheiten vgl Kommentierung zu § 1578b). § 1578b ist neben § 1579 (vgl Rn 9) anwendbar. Nach Maßgabe der in § 1578b aufgeführten Billigkeitskriterien ist eine Herabsetzung oder zeitliche Begrenzung des Unterhaltsanspruchs möglich (BGH FamRZ 09, 406; FuR 09, 203, 530; KG FamRZ 09, 1153; München FamRZ 09, 1154; Ddorf FuR 09, 418; Hambg FamRZ 09, 781; Kobl FuR 09, 589; Celle NJW 08, 3578; München FamRZ 08, 1959). Da es sich bei der Krankheit und der durch sie bedingten Erwerbsunfähigkeit regelmäßig um eine schicksalhafte Entwicklung handelt, ist eine dauerhafte Unterhaltsverantwortung des geschiedenen Ehegatten, die allein in zeitlichen Zusammenhang mit der Ehe stehende Krankheitsrisiko nicht ohne Weiteres zu rechtfertigen. Ein **ehebedingter Nachteil** liegt nicht allein deshalb vor, weil die Krankheit während der Ehe ausgebrochen ist (Ddorf FuR 09, 418 = FamRZ 09, 1914). Die nach der Ehe fortwirkende Verantwortung (**nacheheliche Solidarität**) erschöpft sich nicht im Ausgleich ehebedingter Nachteile (BGH FamRZ 09, 406; FuR 09, 530). Erforderlich ist eine **umfassende Billigkeitsabwägung**. Maßgeblich zu berücksichtigen sind die wirtschaftlichen Verhältnisse der Ehepartner, die Ehedauer, die Gestaltung der ehelichen Lebensverhältnisse und die Auswirkungen des Versorgungsausgleichs. Diese Billigkeitsabwägung kann in einem Fall zu einer Begrenzung des Krankheitsunterhalts führen (BGH FuR 09, 203), in einem anderen Fall auch einen unbefristeten Krankheitsunterhaltsanspruch verlangen (BGH FuR 09, 530 = FamRZ 09, 1914: 26-jährige Hausfrauenehe, vier Kinder, Eigeneinkünfte der Ehefrau nur knapp über dem Selbstbehalt). Eine Begrenzung kommt nicht in Betracht, wenn die Krankheit der unterhaltsberechtigten Ehefrau im Wochenbett nach der Geburt eines ehegemeinschaftlichen Kindes aufgetreten ist und zu einer Bedürftigkeit geführt hat (Braunschw FamRZ 08, 999; vgl auch Nürnbg FuR 08, 359). Ist die Erwerbsunfähigkeit nicht ehe-, sondern schicksalsbedingt, kann ein ehebedingter Nachteil gegeben sein, wenn die Versorgungslage aufgrund der Ehe schlechter ist als sie wäre, wenn der Ehegatte ohne Unterbrechung erwerbstätig gewesen wäre. Unter dem Gesichtspunkt der nachehelichen Solidarität ist neben der Ehedauer (Nürnbg FamRZ 08, 1256; Frankf FamRZ 09, 526 (Befristung allerdings auch nach 23-jähriger Ehe), Hambg FamRZ 09, 781) auch eine Prognose hinsichtlich des weiteren Krankheitsverlaufs (Köln FamRZ 09, 429; München FamRZ 08, 1959) zu berücksichtigen.

IV. Disponibilität des Krankheitsunterhalts. Die Erkrankung eines Ehegatten kann die Berufung des anderen Ehegatten auf einen **ehevertraglich vereinbarten Ausschluss von nachehelichem Unterhalt** grds als rechtsmissbräuchlich erscheinen lassen. Dies führt idR aber nicht dazu, dass nun die gesetzlichen Regelungen über Scheidungsfolgen eintreten. Vielmehr hat sich die ggf gebotene richterliche Anpassung des Vertrages darauf zu beschränken, solche Nachteile auszugleichen, die ehebedingt sind (BGH FamRZ 08, 582). Der **ehevertragliche Ausschluss des Krankheitsunterhalts** wird bei deutschen Staatsangehörigen grds als zulässig angesehen werden können, wenn im Zeitpunkt des Vertragsabschlusses für die Parteien eine Krankheit nicht absehbar war (BGH MDR 05, 815 = FamRB 05, 126). Auch ein wechselseitiger Unterhaltsverzicht von zwei kranken Ehegatten, die beide bereits Sozialhilfeempfänger sind, ist grds wirksam (BGH FamRZ 07, 197; zur Sittenwidrigkeit eines ehevertraglichen Verzichts auf Krankheitsunterhalt BGH FamRZ 07, 450 und § 1585c Rn 8).

12 **V. Auskunfts- und Informationsanspruch.** Der Schuldner hat einen Auskunfts- und Informationsanspruch über den Krankheits- und Behandlungsverlauf.

13 **VI. Konkurrenzen.** §§ 1570, 1571, 1572 können miteinander konkurrieren. **Vorrangig** ist der mehrfach privilegierte Tatbestand des **§ 1570**. Ist der Unterhaltsberechtigte an einer Erwerbstätigkeit vollständig gehindert, ergibt sich der Unterhaltsanspruch allein aus §§ 1570 bis 1572 (BGH FPR 09, 128; FamRZ 99, 708). Dies gilt auch für den Teil des Unterhaltsbedarfs, der nicht durch das Erwerbshindernis verursacht worden ist, sondern auf dem den angemessenen Lebensbedarf übersteigenden Bedarf nach den ehelichen Lebensverhältnissen (voller Unterhalt) gem § 1578 I 1 beruht. Nur bei einer lediglich teilw Erwerbshinderung ist der Unterhalt wegen des durch die Erwerbshinderung verursachten Einkommensausfalls auf §§ 1570 bis 1572 zu stützen, iÜ auf § 1573 II (BGH FamRZ 09, 406). Scheitert ein Unterhaltsanspruch wegen Krankheit (nur) am Einsatzzeitpunkt, kommt ein Billigkeitsunterhaltsanspruch nach § 1576 in Betracht (BGH FamRZ 03, 1734; vgl auch § 1576 Rn 3).

14 **VII. Darlegungs- und Beweislast.** Verlangt ein geschiedener Ehegatte Unterhalt nach § 1572, muss er sowohl zur gesundheitsbedingten Unzumutbarkeit einer Erwerbstätigkeit als auch zu den maßgeblichen Einsatzzeitpunkten schlüssig und substantiiert vortragen, im Bestreitensfall Beweis führen (BGH FamRZ 01, 1291; 93, 789; 90, 496). Ein (geschiedener) Ehegatte muss, um die Voraussetzungen des § 1572 darzutun, iE die Krankheiten, an denen er leidet, angeben und vortragen, inwiefern sich diese auf seine Erwerbsfähigkeit auswirken (Celle FamRZ 09, 121). Er darf sich nicht generell auf Erwerbsunfähigkeit berufen, sondern muss, insb im Hinblick darauf, dass eine teilweise Erwerbsunfähigkeit vorliegen kann, **Art und Umfang der gesundheitlichen Beeinträchtigungen oder des Leidens darlegen** (BGH FamRZ 07, 200 m Anm *Büttner* = FuR 07, 25; vgl bereits BGH FamRZ 01, 1291). Dies ist grds aufgrund aussagefähiger ärztlicher Atteste zu belegen. Erst sodann ist das Gericht gehalten, eine Beweisaufnahme über die Erwerbsfähigkeit durchzuführen. Die insoweit zu stellenden Anforderungen dürfen allerdings nicht überspannt werden und müssen jeweils den Umständen des Einzelfalls entspr (BGH FuR 05, 516 = FamRZ 05, 1897; FamRZ 87, 144). Sind Parteien in einem Vorprozess von voller Erwerbsfähigkeit des Unterhaltsgläubigers ausgegangen und haben lediglich Aufstockungsunterhalt (§ 1573 II) vereinbart, kann sich der Unterhaltsgläubiger im Abänderungsverfahren auf § 1572 als neue Anspruchsgrundlage nur stützen, wenn er nachweist, dass er in einem der maßgeblichen Einsatzzeitpunkte krankheitsbedingt in seiner Erwerbsfähigkeit eingeschränkt war (Hamm FamRZ 99, 1510). Gesundheitliche Beeinträchtigungen sind substantiiert nach Art und Umfang darzulegen (Celle FamRZ 09, 121; Stuttg NJWE-FER 01, 225; Nürnbg FamRZ 92, 682). Der bloße Hinweis auf eine seit längerem vorliegende Erkrankung reicht nicht und lässt nicht erkennen, welche konkreten gesundheitlichen Beeinträchtigungen bestehen und wie sie sich auf die Erwerbsfähigkeit auswirken (BGH FamRZ 01, 1291). Allerdings indiziert der Bezug einer **Erwerbsunfähigkeitsrente** eine entspr Erkrankung (BGH FuR 05, 516 = FamRZ 05, 1897). Behauptet der Unterhaltspflichtige die Gesundung des Berechtigten, muss er konkret vortragen, aus welchen Umständen er auf eine dauerhafte Genesung schließen will. Ein pauschales und unsubstanziiertes Widersprechen genügt den Anforderungen an einen erheblichen Sachvortrag nicht (BGH FuR 05, 516 = FamRZ 05, 1897).

§ 1573 Unterhalt wegen Erwerbslosigkeit und Aufstockungsunterhalt.
(1) Soweit ein geschiedener Ehegatte keinen Unterhaltsanspruch nach den §§ 1570 bis 1572 hat, kann er gleichwohl Unterhalt verlangen, solange und soweit er nach der Scheidung keine angemessene Erwerbstätigkeit zu finden vermag.
(2) Reichen die Einkünfte aus einer angemessenen Erwerbstätigkeit zum vollen Unterhalt (§ 1578) nicht aus, kann er, soweit er nicht bereits einen Unterhaltsanspruch nach den §§ 1570 bis 1572 hat, den Unterschiedsbetrag zwischen den Einkünften und dem vollen Unterhalt verlangen.
(3) Absätze 1 und 2 gelten entsprechend, wenn Unterhalt nach den §§ 1570 bis 1572, 1575 zu gewähren war, die Voraussetzungen dieser Vorschriften aber entfallen sind.
(4) ¹Der geschiedene Ehegatte kann auch dann Unterhalt verlangen, wenn die Einkünfte aus einer angemessenen Erwerbstätigkeit wegfallen, weil es ihm trotz seiner Bemühungen nicht gelungen war, den Unterhalt durch die Erwerbstätigkeit nach der Scheidung nachhaltig zu sichern. ²War es ihm gelungen, den Unterhalt teilweise nachhaltig zu sichern, so kann er den Unterschiedsbetrag zwischen dem nachhaltig gesicherten und dem vollen Unterhalt verlangen.

1 **I. Normzweck.** IRd vorrangig zu beachtenden (BGH FamRZ 91, 416) Gebots der **wirtschaftlichen Eigenverantwortung** (§ 1569) schützt § 1573 den Unterhaltsgläubiger weitgehend vor einem sozialen Abstieg nach dem Zerfall der Ehe (zu Einzelheiten vgl *Maier* FamRZ 05, 1509). Zu diesem Zweck wird in § 1573 I dem *geschiedenen Ehegatten, der in das Arbeitsleben noch nicht wieder eingegliedert ist*, ein Unterhaltsanspruch eingeräumt („**Erwerbslosenunterhalt**"). § 1573 II gibt dem Ehegatten, der im Zeitpunkt der Scheidung erwerbstätig ist, dessen Einkünfte jedoch nicht den vollen Unterhalt iSd § 1578 erreichen, einen Anspruch auf **Aufstockungs-** oder **Ergänzungsunterhalt**. Dies gilt jedoch nicht bei nur geringfügigen Einkommensunter-

schieden (**Ausschluss von Bagatellunterhalt,** vgl Kobl NJW-RR 06, 151; München FuR 04, 179 = FamRZ 04, 1208). §§ 1573 III („**Anschlussunterhalt**") u IV („**Unterhaltsanspruch nach Wegfall einer angemessenen Erwerbstätigkeit**") dehnen für beide Ansprüche den maßgeblichen Zeitpunkt (Scheidung) auf weitere Einsatzzeitpunkte aus. Das **UÄndG 2008** hat V der Norm aufgehoben, weil das G mit § 1578b eine allg Regelung zur Herabsetzung und zeitlichen Begrenzung des nachehelichen Unterhaltsanspruchs geschaffen hat, die auch die zeitliche Begrenzung des Unterhalts gem § 1573 ermöglicht. Anlass zur Reform war auch die Tatsache, dass die bisher in §§ 1573 V und 1578 I 2 u 3 vorhandenen Beschränkungsmöglichkeiten von der Rspr kaum genutzt wurden (*Gerhardt* FamRZ 00, 34; *Brudermüller* FamRZ 98, 649; *Schwab* FamRZ 97, 521). Insb nach der Änderung der Rspr zur Anrechnungs- und Differenzmethode (BGH FamRZ 01, 986) sind Begrenzungsmöglichkeiten verstärkt zu beachten. Die Unterhaltstatbestände des § 1573 dienen der **Erhaltung des ehelichen Lebensstandards,** ohne jedoch strikt auf die **ehebedingte Bedürftigkeit** beschränkt zu sein (BGH FamRZ 82, 892). Dies entspricht der Tatsache, dass das in der Ehe erreichte Lebensniveau im Regelfall als eine Leistung beider Ehegatten anzusehen ist, so dass die nacheheliche Mitverantwortung eine Aufrechterhaltung dieses Lebensstandards rechtfertigt (*Maier* FamRZ 05, 1509). Auch in Doppelverdienerehen hat in zahlreichen Fällen ein Ehepartner mit Rücksicht auf Kindesinteressen oder die Interessen des anderen auf eine berufliche Weiterentwicklung verzichtet. Es wäre nicht gerecht, ihm die fortwirkenden Nachteile dieser Lebensgestaltung bei einem Scheitern der Ehe alleine aufzulegen. Liegen jedoch keine **ehebedingten Nachteile** vor, ist die dauerhafte Aufrechterhaltung des ehelichen Lebensstandards nicht gerechtfertigt (eingehend zu Legitimationsdefiziten eines darüber hinausgehenden Unterhalts *Brudermüller,* Geschieden und doch gebunden?, 08, 140 ff).

II. Unterhalt wegen Erwerbslosigkeit. Nach § 1573 I kann ein geschiedener Ehegatte von dem anderen Unterhalt verlangen, solange und soweit er nach der Scheidung keine angemessene Erwerbstätigkeit zu finden vermag. 2

1. Anspruchsvoraussetzungen. Der Anspruch ist gegeben, wenn kein Anspruch nach §§ 1570, 1571 oder 1572 besteht, der Unterhaltsberechtigte trotz notwendiger Bemühungen keine angemessene Erwerbstätigkeit findet, die Bedürfnislage zu den maßgeblichen Einsatzzeitpunkten vorliegt und noch keine nachhaltige Unterhaltssicherung durch eine bereits ausgeübte angemessene Erwerbstätigkeit erfolgt. 3

a) Subsidiarität. § 1573 ist subsidiär. Bei Vorliegen der Voraussetzungen einer vorrangigen Norm (§§ 1570, 1571 oder 1572) besteht kein Anspruch, auch kein Teilanspruch, aus § 1573 I (BGH FamRZ 99, 762; 88, 927). Da § 1573 stets eine Erwerbsobliegenheit voraussetzt, die bei Ansprüchen nach §§ 1575 und 1576 fehlt, sind auch Ansprüche nach §§ 1575 und 1576 vorrangig ggü den Ansprüchen nach § 1573. Ein Anspruch nach § 1573 I besteht nicht, solange der Berechtigte eine **angemessene Tätigkeit** ausübt. Geht der Berechtigte einer angemessenen Teilzeitbeschäftigung, nicht jedoch einer zumutbaren Vollzeitbeschäftigung nach, kann er über § 1573 I einen Unterhaltsanspruch hinsichtlich des durch die Teilzeitbeschäftigung noch nicht gedeckten vollen Unterhaltsbedarfs geltend machen. Geht der Berechtigte einer vollschichtigen, jedoch nicht angemessenen Tätigkeit nach, kann er über § 1573 I einen Anspruch hinsichtlich der Differenz zwischen dem „vollen Bedarf" (§ 1578 I) und den anrechenbaren Einkünften aus der nicht angemessenen Tätigkeit geltend machen. Die Verpflichtung, sich um eine angemessene Erwerbstätigkeit zu bemühen (zu Einzelheiten vgl Rn 6), bleibt hiervon ungerührt. 4

b) Fehlende oder unangemessene Erwerbstätigkeit. Der Anspruch setzt voraus, dass der geschiedene Ehegatte im Zeitpunkt der Scheidung nicht oder nur teilw in angemessener Weise erwerbstätig war (BGH FamRZ 85, 53). 5

c) Erwerbsobliegenheit. Den Unterhaltsgläubiger muss eine Erwerbsobliegenheit treffen. Die Obliegenheit zur Arbeitssuche kann schon vor Rechtskraft der Scheidung beginnen (grundl zum Beginn der Obliegenheit zur Arbeitssuche BGH FuR 08, 597 = FamRZ 08, 2104; 87, 684; vgl auch Oldbg FamRZ 96, 64; Karlsr FamRZ 91, 1449; Ddorf FamRZ 91, 193; vgl zT auch die Regelungen in den Leitlinien zu Ziff 17.2). Der Zeitpunkt für den **Beginn der Erwerbsobliegenheit** kann auch schon zu Zeiten der Kindesbetreuung einsetzen, wenn das Ende der Kindesbetreuung verlässlich absehbar ist (Hamm FamRZ 88, 1280). Andererseits kann der Zeitpunkt für den Beginn der Erwerbsobliegenheit hinausgeschoben sein, wenn der Verpflichtete etwa einen Vertrauenstatbestand durch freiwillige Unterhaltszahlung bei erkennbar fehlender Erwerbsbemühung schafft (Karlsr FuR 05, 329; Hamm FamRZ 95, 1580). Anspruchsvoraussetzung ist nicht schon die Arbeitslosigkeit, sondern erst das Unvermögen des Ehegatten, mit zumutbarer Anstrengung eine angemessene Erwerbstätigkeit zu finden. Hieraus ist die Obliegenheit abzuleiten, sich um eine angemessene Erwerbstätigkeit intensiv zu bemühen. Die inhaltlichen Voraussetzungen (vgl *Kleffmann* FuR 00, 454; *Pauling* FPR 00, 11) sind vielschichtig. Die an eine **ausreichende Bemühung um Arbeit** zu stellenden Anforderungen sind nicht in allen Fällen gleich. Ob ein Arbeitsuchender eine Stelle finden kann, hängt einerseits von den Verhältnissen auf dem Arbeitsmarkt, andererseits aber auch von den persönlichen Voraussetzungen des Arbeitsuchenden ab, insb von seinem Alter, seiner Gesundheit, seiner Vorbildung, seinem bisherigen beruflichen Werdegang und seinen sonstigen persönlichen Voraussetzungen (BGH FamRZ 96, 345; NJW 94, 1013; Dresd 96, 1236; 6

Hamm FamRZ 96, 957). Eine **Meldung bei der Agentur für Arbeit** ist stets nötig, aber allein nicht ausreichend (BGH FamRZ 90, 499). Regelmäßig sind auch intensive **Privatinitiativen** erforderlich. Hierzu zählen rechtzeitige Bewerbungen auf Stellenangebote in Zeitungen oder sonstigen Werbeträgern, aber auch iRd finanziell Zumutbaren die Aufgabe eigener Stellenannoncen (Dresd FF 00, 31). Die Bewerbung muss zielgerichtet (Bambg FamRZ 88, 725) sein, einen konkreten Bezug zur angebotenen Stelle haben (Hamm FamRZ 92, 63) und insgesamt einen „werbenden Charakter" aufweisen. In **zeitlicher Hinsicht** muss bei vollschichtiger Erwerbsobliegenheit grds die gesamte Arbeitskraft der Stellensuche gewidmet werden (Karls FamRZ 02, 1566; Naumbg FamRZ 97, 311; Hamm FamRZ 96, 629).

7 **d) Folgen der Obliegenheitsverletzung.** Wird die Obliegenheit nicht ordnungsgemäß erfüllt, wird die Ursächlichkeit für die Nichtaufnahme einer zumutbaren Arbeit **vermutet.** Der Berechtigte muss sich sodann das erzielbare Einkommen anrechnen lassen, solange die Ursächlichkeit fortwirkt. Der Berechtigte kann jedoch, wenn er die Obliegenheit verspätet erfüllt, je nach den Umständen und jedenfalls nach zwei Jahren die **Beendigung der Fiktion** geltend machen (BGH FamRZ 08, 872; Hamm FamRZ 07, 1327). Auch kann der Berechtigte dartun, dass von vornherein keine **reale Beschäftigungschance** bestand. Hierfür trifft ihn die Darlegungs- und Beweislast; jeder ernsthafte Zweifel geht zu seinen Lasten (BGH FuR 08, 597 = FamRZ 08, 2104; 93, 789; Bambg FamRZ 98, 289). Ohne hinreichende Bemühung genügt es nicht, dass die Chance, einen Arbeitsplatz zu finden nach Arbeitsmarktlage nur gering ist (Karlsr FamRZ 02, 1566).

8 **III. Einsatzpunkt.** Die Voraussetzungen des Arbeitslosigkeitsunterhalts müssen im Zeitpunkt der Scheidung oder der in III genannten Einsatzzeitpunkte erfüllt sein (BGH FuR 05, 555 = FamRZ 05, 1870 m Anm *Büttner* FamRZ 05, 1899). Der Einsatzzeitpunkt ist nicht eng an den Stichtag der Rechtskraft des Scheidungsurteils gebunden, muss jedoch in **zeitlichem Zusammenhang** mit der Scheidung stehen. Ein Zeitraum von 1½ Jahren (BGH FamRZ 87, 684) oder auch einem Jahr (Oldbg FamRZ 86, 64) reicht nicht. Bei dem Einsatzzeitpunkt des Wegfalls eines Anspruchs nach § 1570 handelt es sich um **Anschlussunterhalt.** Dieser Einsatzzeitpunkt ist gegeben, wenn der Berechtigte wegen des Alters des Kindes durch dessen Betreuung nicht mehr an der Aufnahme einer Erwerbstätigkeit gehindert wird, aber wegen der Arbeitslage keine Erwerbstätigkeit findet. Der Einsatzzeitpunkt nach § 1571 spielt praktisch keine Rolle. Der Einsatzzeitpunkt wegen Wegfalls eines Anspruchs nach § 1572 liegt vor, wenn der Berechtigte wieder gesund wird und deshalb erneut arbeiten kann, aber keine angemessene Arbeit findet. Der Einsatzzeitpunkt des „Wegfalls eines Ausbildungsunterhalts" liegt vor, wenn der Betreffende nach Beendigung einer berechtigten Ausbildung keine angemessene Erwerbstätigkeit findet. Wie bei den anderen Anschlussunterhaltstatbeständen besteht der Anspruch nur in dem Umfang weiter, wie er im Zeitpunkt des wegfallenden Vortatbestandes bestand.

9 **IV. Aufstockungsunterhalt.** Aufgrund der **Surrogatrspr** des BGH (FamRZ 01, 986) kam dem Aufstockungsunterhalt zunehmend Bedeutung zu. Allerdings kann § 1573 II **keine** von ehebedingten Nachteilen unabhängige **Lebensstandardgarantie** liefern (BGH FamRZ 07, 2052). Auch hat der Gesetzgeber durch die Neufassung des § 1574 I u II die Entscheidung darüber relativiert, welche Art von Erwerbstätigkeit aufgrund der ehelichen Verhältnisse für einen geschiedenen Ehegatten angemessen ist. Abzustellen ist maßgeblich darauf, ob eine angemessene Erwerbstätigkeit, wie sie bspw vor der Ehe ausgeübt wurde, bei einer als Korrektiv nachfolgenden Billigkeitsprüfung aufgrund der ehelichen Lebensverhältnisse als unbillig zu beurteilen ist. Der Berechtigte hat ggf darzulegen und zu beweisen, dass eine für ihn erreichbare Erwerbstätigkeit aufgrund dieser ehelichen Verhältnisse unzumutbar ist (BTDrs 16/1830 17). Auch § 1578b stellt klar, dass es keine von vornherein gewährte Lebensstandardgarantie in Form einer Teilhabe gibt, die der Höhe nach nicht abänderbar oder zeitlich unbegrenzt wäre. Dies kann dazu führen, dass der geschiedene Ehegatte ggf einen reduzierten Lebensstandard in Kauf nehmen muss und ein Aufstockungsunterhaltsanspruch nicht zugebilligt werden kann (BTDrs 16/1830 17). Ein Aufstockungsunterhalt nach § 1573 II setzt voraus, dass kein vorrangiger Anspruch besteht, eine angemessene Erwerbstätigkeit ausgeübt wird, ein Einsatzzeitpunkt gewahrt ist und ein nicht nur unerhebliches Einkommensgefälle vorliegt.

10 **1. Subsidiarität.** Der Aufstockungsunterhalt nach § 1573 II ist wie der Anspruch nach I subsidiär ggü §§ 1570 bis 1572 und § 1576. Reicht der Unterhalt nach § 1570 zusammen mit Einkommen aus Teilerwerbstätigkeit zum vollen Unterhalt nicht aus, besteht zusätzlich ein Anspruch gem § 1573 II (BGH FamRZ 90, 492).Zwischen den jeweiligen Teilansprüchen ist zu differenzieren (BGH FamRZ 09, 770; 406; NJW 01, 3618).

11 **2. Angemessene Erwerbstätigkeit.** Der Unterhalt begehrende Ehegatte muss eine angemessene Erwerbstätigkeit (Legaldefinition vgl § 1574) ausüben. Ist die Tätigkeit nicht angemessen iSd § 1574, beruht ein möglicher Unterhaltsanspruch auf § 1573 I (BGH FamRZ 88, 265). § 1573 II ist auch anzuwenden, wenn sich der Unterhaltsgläubiger um die ihm obliegende Erwerbstätigkeit nicht genügend bemüht, das ihm deshalb anzurechnende fiktive Einkommen aber seinen vollen Unterhalt iSd § 1578 I nicht decken würde (Bambg FamRZ 98, 289).

3. Einkommensgefälle. Geringfügige Einkommensdifferenzen sind nicht auszugleichen (BGH FamRZ 84, 988; Kobl NJW-RR 06, 151; Brandbg FamRZ 05, 210; Ddorf FamRZ 96, 947; Aufstockungsunterhalt muss einen Mindestbetrag von (seinerzeit) 100 DM erreichen; München FamRZ 97, 425). Streitig ist, welcher Betrag als „geringfügig" iSd § 1573 II angesehen werden kann. Maßgebend für die Größenordnung des Aufstockungsbetrages, die nicht mehr vernachlässigt werden kann, sind die ehelichen Lebensverhältnisse (KG FamRZ 81, 156). Je niedriger sie sind, umso weniger kann Aufstockungsunterhalt versagt werden. Richtschnur für eine **prozentuale Grenze** dürften 10% des bereinigten Nettoeinkommens des Bedürftigen sein (Kobl NJW-RR 06, 151; München FuR 04, 179). Dadurch bleiben auch geringere Unterhaltsbeträge, die bei kleineren Einkommen wichtig sind, garantiert.

4. Einsatzzeitpunkte. IRd § 1573 II gelten die gleichen Einsatzzeitpunkte wie in § 1573 I (BGH FamRZ 83, 886; Hamm FamRZ 04, 375; Zweibr FamRZ 02, 1565). Maßgeblich ist nicht die Geltendmachung des Anspruchs, sondern das (kontinuierliche) Vorliegen seiner Voraussetzungen (BGH FuR 05, 555 = FamRZ 05, 1817; Hamm FamRZ 04, 375; Jena FamRZ 04, 1207; vgl iÜ Rn 8).

5. Methodenwahl. Die Höhe des Aufstockungsunterhalts hängt von der Differenz zwischen dem vollen Unterhalt nach § 1578 und anrechenbaren eigenen Einkünften ab. Nach der Surrogatsrspr des BGH (grundl FamRZ 01, 986) sind nicht nur das in der Ehe erzielte und zur Deckung des Lebensbedarfs eingesetzte Einkommen prägend, sondern auch die Haushalts- und Kinderversorgung, deren Surrogat die nach der Scheidung einsetzende Erwerbstätigkeit ist. Eine Monetarisierung dieser Leistung findet nicht statt. Sie wird mit der späteren Berufstätigkeit gleichgesetzt. Die **Differenzmethode** ist daher für die Berechnung des Aufstockungsunterhalts immer maßgebend, wenn die ehelichen Lebensverhältnisse durch beiderseitige Einkünfte geprägt waren, oder wenn Einkünfte eines Ehepartners an die Stelle der bisherigen Haushaltsführung und Kinderversorgung treten. Der Aufstockungsunterhalt beläuft sich danach auf $^3/_7$ (bzw 45%) der Differenz der beiderseitigen Erwerbseinkünfte bzw auf die Hälfte der Differenz der sonstigen Einkünfte. Die **Anrechnungsmethode** hingegen ist anwendbar, wenn Eigeneinkünfte vorhanden sind, die nicht die ehelichen Lebensverhältnisse geprägt haben (etwa Mehreinkünfte aus einem späteren Karrieresprung oder Einkünfte aus einer Erbschaft; vgl zu Einzelheiten § 1578 Rn 2). Die **Additionsmethode** ist eine Berechnungsvereinfachung der Differenzmethode unter Berücksichtigung der Anrechnungsmethode in der zweiten Stufe. In der ersten Stufe werden das prägende Einkommen des Verpflichteten und das prägende Einkommen des Berechtigten addiert. Die Hälfte der Summe stellt den Unterhaltsbedarf dar. In der zweiten Stufe wird von dem so ermittelten Unterhaltsbedarf das Eigeneinkommen des Berechtigten abgezogen (prägende und nicht prägende Erwerbseinkünfte zu $^6/_7$ (bzw 90%) plus sonstiges prägendes und nicht prägendes Einkommen). Hat Teilzeitarbeit die ehelichen Lebensverhältnisse geprägt, die nach der Scheidung ausgeweitet wird und ist das hinzukommende Einkommen nicht mehr als die ehelichen Lebensverhältnisse prägend anzusehen, ist auf die prägenden Einkommensteile die Differenzmethode anzuwenden, auf das hinzutretende Einkommen ebenfalls die Differenzmethode, wenn die Aufstockung anstelle der bisherigen Haushaltsführung oder Kinderversorgungstätigkeit tritt. In den zwei Stufen der Additionsmethode wird nur gerechnet, wenn ein die ehelichen Lebensverhältnisse nicht prägendes Einkommen hinzutritt.

6. Anschlussunterhalt. Nach § 1573 III kommt Anschlussunterhalt sowohl als Erwerbslosenunterhalt (§ 1573 I) als auch als Aufstockungsunterhalt (§ 1573 II) in Betracht, wenn die Voraussetzungen für die Ansprüche aus §§ 1570 bis 1572 entfallen sind. § 1573 III setzt daher die gleichen Einsatzzeitpunkte wie § 1573 I u II voraus. § 1573 III normiert jedoch einen **weiteren Einsatzzeitpunkt**, nämlich den des Wegfalls eines Anspruchs nach § 1575. Maßgebend ist nur das Vorliegen der Unterhaltstatbestände. Auf die tatsächliche Zahlung des Unterhalts kommt es nicht an. IÜ muss die **Bedürfnislage**, die daraus entsteht, dass der zunächst aus anderen Gründen unterhaltsberechtigte Ehegatte nicht sogleich eine angemessene Erwerbstätigkeit zu finden vermag, noch im **Zusammenhang mit der Ehe** stehen.

V. Nachhaltige Unterhaltssicherung. Der geschiedene Ehegatte soll das Risiko des Arbeitsplatzverlustes des anderen nur noch bei **Bezug zur Ehe** tragen müssen. Die nacheheliche Verantwortung des Unterhaltsschuldners soll begrenzt werden, wenn der Unterhaltsbedürftige zunächst eine wirtschaftliche Sicherung erreicht und später aus persönlichen Gründen und/oder wegen der Arbeitsmarktlage wieder verloren hat. Die Folgen der ungewissen künftigen Entwicklung muss grds jeder Ehegatte selbst tragen und kann sich insoweit nicht auf eine nachwirkende eheliche Solidarität berufen (BGH FamRZ 03, 1734). Dies gilt etwa für betriebsbedingte Arbeitsplatzrisiken und/oder persönliche Krankheitsrisiken (Hamm FamRZ 99, 230).

1. Nachhaltigkeit. Der berufstätige Unterhaltsgläubiger trägt das Risiko des Arbeitsplatzverlustes jedoch nur, wenn seine Erwerbstätigkeit **nachhaltig gesichert** ist (BGH FamRZ 85, 791; Hamm FamRZ 99, 230). Für die Beurteilung der nachhaltigen Sicherung ist maßgebend, ob die Erwerbstätigkeit im Zeitpunkt ihrer Aufnahme nach objektiven Maßstäben und allg Lebenserfahrung mit einer gewissen Sicherheit als dauerhaft angesehen werden kann oder ob befürchtet werden muss, dass der Unterhalt begehrende geschiedene Ehegatte sie durch außerhalb seiner Entschließungsfreiheit liegende Umstände in absehbarer Zeit wieder verlieren wird. Dabei sind vom Standpunkt eines objektiven Betrachters aus auch solche Umstände in die Beurteilung einzubeziehen, die zwar schon zu diesem Zeitpunkt bestanden haben, aber erst später zutage getreten sind (etwa latente Krankheit, derentwegen der Arbeitsplatz in absehbarer Zeit wieder aufgegeben werden musste; BGH FamRZ 03, 1734; 88, 701; 85, 791; Hamm FamRZ 97, 821). Maßgeblich ist eine **nachträgliche objektive Betrachtung**. Hatte der geschiedene Ehegatte die Erwerbstätigkeit schon vor der Scheidung aufgenommen, ist für die Frage einer nachhaltigen Sicherung der Zeitpunkt der Rechtskraft der Scheidung der frühestmögliche Zeitpunkt für die Beurteilung der nachhaltigen Sicherung des Unterhalts (BGH FamRZ 85, 53). Maßgebend ist die Sicherung des Unterhalts, nicht eines bestimmten Arbeitsplatzes. Nach einer gewissen **Zeitspanne,** in der der geschiedene Ehegatte einer Erwerbstätigkeit nachgegangen ist, muss zur Vermeidung einer Ausuferung des Unterhaltsanspruchs davon ausgegangen werden, dass inzwischen durch die Erwerbstätigkeit eine nachhaltige Sicherung des Unterhalts eingetreten ist. Eine derartige nachhaltige Sicherung ist spätestens nach Ablauf von **zwei Jahren** (Köln FamRZ 05, 1912; Karlsr FamRZ 00, 233) anzunehmen, im Hinblick darauf, dass der Berechtigte betriebsbedingte Arbeitsplatzrisiken und persönliche Krankheitsrisiken grds selbst zu tragen hat, jedoch im Zweifel schon deutlich früher (so auch Hamm FamRZ 99, 230; Ddorf FamRZ 98, 1519; Köln FamRZ 98, 1434).

18 **2. Darlegungs- und Beweislast.** Fallen Einkünfte aus einer Erwerbstätigkeit später weg, muss der Unterhalt begehrende Ehegatte (auch) darlegen und beweisen, dass der Unterhalt nicht bereits nachhaltig gesichert und dass eine nachhaltige Sicherung nicht zu erreichen war (BGH FamRZ 03, 1734; 85, 1234).

19 **3. Umfang des Anspruchs.** Der Umfang des Unterhalts beschränkt sich gem § 1573 IV 2 auf die Differenz zwischen dem vollen Unterhalt und dem erzielten bereinigten Arbeitseinkommen, wenn es dem geschiedenen Ehegatten nur gelungen war, den Unterhalt nachhaltig zu sichern. Dies hat der Tatrichter zu beurteilen (BGH FamRZ 01, 1291). Wegen der aus der Versorgung eines Partners zu berücksichtigenden Einkünfte vgl BGH FamRZ 87, 689 und *Wendl/Pauling* § 4 Rz 118.

20 **VI. Begrenzung.** § 1573 V aF bot eine Korrekturmöglichkeit durch Befristung des Unterhalts, wenn nach Dauer und Art der Ehegestaltung eine unbeschränkte Unterhaltsgewährung unbillig und die Teilhabe am ehelichen Lebensstandard nicht mehr gerechtfertigt war (BGH NJW 01, 2254; zu Einzelheiten vgl *Brudermüller* FamRZ 98, 649). Insb nach der Surrogatrspr des BGH war § 1573 V aF verstärkt zu beachten (BGH FamRZ 04, 1208; 01, 986; *Scholz* FamRZ 03, 263, 271; zu Einzelheiten vgl Kommentierung zur 3. Aufl., § 1573 Rz 21 ff). Schon für den weggefallenen § 1573 V aF hatte der BGH (FamRZ 07, 800) erkannt, dass eine bestimmte Ehedauer nicht zu den Tatbestandsvoraussetzungen gehört, es maßgeblich, wie nunmehr in § 1578b formuliert, auf **ehebedingte Nachteile** ankommt (BGH FuR 06, 374 = FamRZ 06, 1006; vgl weiter Ddorf FamRZ 07, 835; Celle FamRZ 07, 832; Kobl FamRZ 07, 833). Maßgeblich ist nicht der Gesichtspunkt der Ehedauer, sondern das **Maß der wirtschaftlichen Verflechtung** (vgl bereits Ddorf FuR 06, 98 = FamRZ 06, 1040), Zwar hatte § 1573 V aF als **unterhaltsbegrenzende Norm Ausnahmecharakter** und fand deswegen va bei kurzen und kinderlosen Ehen Anwendung. Die Vorschrift war allerdings nicht auf derartige Fälle beschränkt. Das Gesetz legte in § 1573 V, ebenso wie in § 1578 I 2, **keine bestimmte Ehedauer** fest, von der ab eine zeitliche Begrenzung des Unterhaltsanspruchs nicht mehr in Betracht kam. Der BGH hat zwischenzeitlich mehrfach erkannt, dass es dem Sinn und Zweck des § 1573 V aF widerspreche, den **Billigkeitsgesichtspunkt** „Dauer der Ehe" im Sinne einer festen Zeitgrenze zu bestimmen, von der ab der Unterhaltsanspruch grds keiner zeitlichen Begrenzung mehr zugänglich sein könne (BGH FamRZ 07, 1232; 200; NJW 08, 148 m Anm *Born*; 08, 151). Vielmehr stellt das Gesetz die Ehedauer als Billigkeitsgesichtspunkt gleichrangig neben die „Gestaltung von Haushaltsführung und Erwerbstätigkeit". Bei der Billigkeitsabwägung sind zudem die Arbeitsteilung der Ehegatten und die Ehedauer lediglich zu „berücksichtigen". Jeder einzelne Umstand lässt sich also nicht zwingend für oder gegen eine Befristung ins Feld führen. Beide Aspekte beanspruchen, wie bereits der Wortlaut „insb" verdeutlicht, für die Billigkeitsprüfung keine Ausschließlichkeit. Dem Unterhaltsberechtigten ist vielmehr (nur) eine **Übergangszeit** zuzubilligen innerhalb derer er sich nach der Scheidung auf die Kürzung des ehcangemessenen Unterhalts einstellen kann (BGH NJW 08, 151; FamRZ 07, 200; 06, 1006; Karls NJW-RR 09, 1011; Bremen FamRZ 09, 347; Hamm FamRZ 09, 508; Frankf aM FuR 09, 224). Die Instanzgerichte arbeiteten demgegenüber oftmals mit festen zeitlichen Grenzen, etwa dahin, dass bei einer Ehedauer von zwei bis zehn Jahren eine Begrenzung des Unterhalts noch für zulässig erachtet wurde, ab einer Ehedauer von zehn Jahren jedoch nicht mehr (vgl Zusammenstellung bei *Kalthoener/Büttner/Niepmann* 9. Aufl, Rz 1037 ff). Derartigen festen zeitlichen Grenzen hat der BGH in zahlreichen jüngeren Entscheidungen eine Absage erteilt (BGH FamRZ 07, 200 m Anm *Büttner*, 793 m Anm *Büttner*; NJW 07, 2628 m Anm *Ehinger* = FamRZ 07, 1232 m Anm *Maurer* NJW 08, 149). Eine lebenslange Beibehaltung des eheliche Lebensstandards kommt danach (nur) in Betracht, wenn die Ehe von langer Dauer war, die Übernahme von erheblichen beruflichen Nachteilen wegen der Ehe oder im Fall gemeinsamer betreuungsbedürftiger Kinder angemessen ist (Nürnbg FamRZ 09, 345; Zweibr FuR 09, 60; Oldbg FamRZ 09, 1159). IÜ wird es regelmäßig *angemessen sein*, dem Berechtigten im Fall einer Verbesserung seines Lebensstandards durch die Ehe nach einer Übergangszeit (Bremen FamRZ 09, 347 = FuR 09, 41) eine Reduzierung auf seinen vor der Ehe bestehenden Lebensstandard zuzumuten. Der Anspruch auf Aufstockungsunterhalt soll gerade **keine Lebensstandardgarantie** bieten, sondern nur **ehebedingte Nachteile ausgleichen** (BGH FamRZ 08, 1325 = FuR 09,

401). Danach kann selbst bei einer Ehe von zwanzig Jahren eine Anspruchsbegrenzung in Betracht kommen, sofern keine ehebedingten Nachteile vorliegen. Andererseits war nicht ausgeschlossen, die Begrenzung auch bei erheblich kürzeren Ehen vorzunehmen sofern ehebedingte Nachteile vorhanden waren. Die zu § 1573 V aF entwickelten Grundsätze können strukturell iRd § 1578b (vgl zu Einzelheiten dort) übernommen werden. Über die Begrenzung nach § 1578b ist grds bereits im **Ursprungsverfahren** zu entscheiden. Sind die Gründe für die Begrenzung erst nach Titelschaffung eingetreten oder konnten sie im Ursprungsverfahren nicht verlässlich prognostiziert werden, besteht grds die Möglichkeit der Abänderung. Die Änderung der Rspr steht insofern veränderten tatsächlichen Verhältnissen gleich (BGH FamRZ 07, 793; restriktiv hingg Stuttg FamRZ 09, 1941, das den Schuldner als präkludiert ansieht hinsichtlich der Abänderungsmöglichkeit eines Vergleichs aus Juni 2005 im Hinblick auf die Entscheidung des BGH vom 9.6.004 (FamRZ 04, 1357) in der der BGH darauf hinweist, dass der Begrenzung und Befristung des nachehelichen Ehegattenunterhalts stärkeres Gewicht beizumessen ist).

VII. Beweislast. Der Unterhalt begehrende Ehegatte muss darlegen und beweisen, dass er trotz hinreichender Bemühungen keine angemessene Arbeit finden kann (BGH NJW 87, 898). Bei fehlenden hinreichenden Bemühungen muss er nachweisen, dass er keinen Arbeitsplatz gefunden hätte (Köln FamRZ 98, 1434), eine nachhaltige Sicherung des Unterhalts nicht zu erreichen war (BGH NJW 86, 375) und keine realistische Beschäftigungschance bestand (BGH FamRZ 08, 2104). **Zweifel an der Ernsthaftigkeit der Erwerbsbemühungen** gehen zu Lasten des Berechtigten (BGH FamRZ 88, 605; 87, 912). Über die zeitliche Begrenzung des Unterhalts ist bereits im ursprünglichen Unterhaltsverfahren zu befinden (BGH FamRZ 01, 905; 00, 1499 m Anm *Gottwald*), wenn die betreffenden Gründe bereits eingetreten und zuverlässig voraussehbar sind (BGH NJW 86, 2832). Konnten im Ausgangsverfahren die maßgebenden Umstände noch nicht abschließend beurteilt werden (KG FPR 02, 301), ist eine zeitliche Begrenzung im Wege des **Abänderungsverfahrens** geltend zu machen (BGH FamRZ 01, 905, 1364). 21

VIII. Konkurrenzen. Der Anspruch nach § 1573 I und II ist ggü den Ansprüchen nach §§ 1570 bis 1572, 1576 subsidiär. Für die Abgrenzung der Anspruchsgrundlage wegen eines Erwerbshindernisses aus §§ 1570 bis 1572 und aus § 1573 II ist entscheidend, ob wegen des Hindernisses eine Erwerbstätigkeit vollständig oder nur zT ausgeschlossen ist (BGH FamRZ 83, 789 zu § 1572; BGH FamRZ 99, 708 zu § 1571). Ist der Unterhaltsberechtigte an einer Erwerbstätigkeit vollständig gehindert, ergibt sich der Anspruch allein aus §§ 1570 bis 1572, und zwar auch für den Teil des Bedarfs, der nicht durch das Erwerbshindernis verursacht worden ist, sondern auf dem den angemessenen Lebensbedarf übersteigenden Bedarf nach den ehelichen Lebensverhältnissen und nach § 1578 I 1 beruht. Nur bei einer lediglich teilw Erwerbshinderung ist der Unterhalt wegen des durch die Erwerbshinderung verursachten Einkommensausfalls auf §§ 1570 bis 1572 und iÜ auf § 1573 II zu stützen (BGH MDR 09, 386). § 1573 II greift erst, wenn dem Berechtigten eine volle oder teilw Erwerbstätigkeit möglich ist.
Der Anspruch auf Aufstockungsunterhalt nach geschiedener Ehe ist nur dann mit dem Anspruch eines neuen Ehegatten auf Betreuungsunterhalt gleichrangig, wenn nach langer Ehedauer auch ehebedingte Nachteile iSd § 1578b I 2 u 3 vorliegen (BGH FuR 08, 542).
Ein Anspruch nach § 1573 II setzt voraus, dass kein Anspruch nach § 1573 I oder IV besteht (BGH FamRZ 88, 701). 22

§ 1574 Angemessene Erwerbstätigkeit.
(1) Dem geschiedenen Ehegatten obliegt es, eine angemessene Erwerbstätigkeit auszuüben.
(2) ¹Angemessen ist eine Erwerbstätigkeit, die der Ausbildung, den Fähigkeiten, einer früheren Erwerbstätigkeit, dem Lebensalter und dem Gesundheitszustand des geschiedenen Ehegatten entspricht, soweit eine solche Tätigkeit nicht nach den ehelichen Lebensverhältnissen unbillig wäre. ²Bei den ehelichen Lebensverhältnissen sind insbesondere die Dauer der Pflege oder Erziehung eines gemeinschaftlichen Kindes zu berücksichtigen.
(3) Soweit es zur Aufnahme einer angemessenen Erwerbstätigkeit erforderlich ist, obliegt es dem geschiedenen Ehegatten, sich ausbilden, fortbilden oder umschulen zu lassen, wenn ein erfolgreicher Abschluss der Ausbildung zu erwarten ist.

I. Normzweck. Die Vorschrift enthält **keine Anspruchsgrundlage**, sondern eine inhaltliche Beschränkung der Erwerbsobliegenheit, wenn nach §§ 1570 ff eine Erwerbstätigkeit zu erwarten ist (BGH FamRZ 83, 144). § 1574 bildet eine **Ergänzungsnorm** zu den Unterhaltstatbeständen. Dem (geschiedenen) Ehegatten wird nicht jede Erwerbstätigkeit angesonnen, sondern nur eine „angemessene". Das UÄndG 2008 hat § 1574 I u II infolge der stärkeren **Betonung des Grundsatzes der Eigenverantwortung** (§ 1569) neu gefasst und damit die Anforderungen an die (Wieder-)Aufnahme einer Erwerbstätigkeit nach Scheidung erhöht. Neu aufgenommen in den **Abwägungskatalog** wurde eine **frühere Erwerbstätigkeit**. Hingegen stehen die **ehelichen Lebensverhältnisse** nicht mehr gleichrangig neben den sonstigen Kriterien zur Bestimmung einer angemessenen Erwerbstätigkeit (Ausbildung, Lebensalter, Fähigkeiten, Gesundheitszustand). Ggf gute Einkommens- 1 verhältnisse in der Ehe, die nach dem bisherigen Recht dazu führen konnten, dass eine erlernte einfache berufliche Tätigkeit nicht mehr als angemessen anzusehen war (vgl BGH FamRZ 83, 144), sind nicht mehr mit gleichem Gewicht wie die sonstigen Merkmale zu berücksichtigen, sondern allenfalls in einer zweiten Stufe als Korrektiv iRe **Billigkeitsprüfung** (Begründung RegE BTDrs 16/183, 17 f). Danach bleibt der Schutz eines Ehegatten vor einem sozialen Abstieg aufgrund einer nachhaltigen gemeinsamen Gestaltung der Ehe va also bei einer langen Ehedauer, in der sich bei guten Einkommensverhältnissen eine starke wirtschaftliche Abhängigkeit entwickelt hat, erhalten. Die **ehelichen Lebensverhältnisse** stellen eine Ausn von dem Grundsatz der Eigenverantwortung dar. Kommt nach den Umständen allein die Aufnahme einer solcher beruflichen Tätigkeit in Betracht, die als nicht angemessen anzusehen ist, kann eine Erwerbstätigkeit nicht erwartet werden. In **Mangelfällen** wird § 1574 durch § 1581 eingeschränkt. In Mangellagen kann dem geschiedenen Ehegatten eine über § 1574 hinausgehende Obliegenheit zum Einsatz seiner Erwerbsfähigkeit treffen (BGH FamRZ 83, 569; zu Einzelheiten vgl § 1581 Rn 17). Wird wegen Verstoßes gegen die Erwerbsobliegenheit **fiktives Einkommen** eingesetzt, bedarf es einer genauen Prüfung, mit welchem Einkommen der Bedürftige nach seinen konkreten persönlichen Eigenschaften bemessen werden kann (BGH NJW 96, 517; vgl iÜ vor § 1577 Rn 34). Zur Bestimmung der inhaltlichen Beschränkung der Erwerbsobliegenheit nennt § 1574 II mehrere Merkmale für die Angemessenheit, die exemplarisch gemeint und **in ihrer Gesamtheit zu würdigen** sind (BGH FamRZ 05, 23; 91, 416). Sie sind jedoch nicht abschließend (BGH FamRZ 86, 553).

2 § 1574 III enthält eine **Obliegenheit**, sich ausbilden, fortbilden oder umschulen zu lassen, soweit dies zur Aufnahme einer angemessenen Erwerbstätigkeit erforderlich ist (vgl Hamm FamRZ 98, 243: Erwerbsobliegenheit einer Ärztin, die ihren Beruf nie ausgeübt hat).

3 **II. Angemessenheit der Erwerbstätigkeit.** § 1574 I verlangt die Ausübung einer „angemessenen Erwerbstätigkeit". Auch der neu formulierte I beinhaltet durch die Beibehaltung des Terminus „angemessene Erwerbstätigkeit" eine Einschränkung zur Aufnahme einer **Erwerbstätigkeit**, weil dieser bestimmte, in II 1 näher definierte Anforderungen enthält, die bewirken, dass der geschiedene Ehegatte nicht jedwede Tätigkeit aufzunehmen hat (zu Einzelheiten vgl FAKomm-FamR/*Klein* § 1574 Rz 4 ff; *Borth* FamRZ 08, 2).

4 § 1574 II enthält keinen abschließenden **Katalog der Angemessenheitskriterien**. Vielmehr sind alle **Umstände des Einzelfalls** zu prüfen und abzuwägen, wobei allerdings den im Gesetz genannten Merkmalen besondere Bedeutung zukommt (BGH FuR 04, 543 = FamRZ 05, 23; FamRZ 91, 416). Eine optimale berufliche Erfüllung kann nicht verlangt werden (BGH FamRZ 85, 782; 84, 988). Ob eine Erwerbstätigkeit als angemessen anzusehen ist und dem Ehegatten insb eine ausreichende berufliche Entfaltung ermöglicht, ist unter **Zumutbarkeitskriterien** zu prüfen (BGH FuR 04, 543 = FamRZ 05, 23). Die Kriterien sind nicht statisch bezogen auf den Scheidungszeitpunkt zu würdigen. Wegen der Wandelbarkeit der ehelichen Lebensverhältnisse (BGH FamRZ 08, 968; 06, 683) kommt es auf die fortgeschriebenen ehelichen Verhältnisse an, die für den maßgeblichen Unterhaltszeitraum bestimmend sind.

5 **1. Ausbildung.** Ein leitender Gesichtspunkt für die Angemessenheit ist die **berufliche Ausbildung**, die ein Ehegatte vor oder in der Ehe genossen hat (Karls FamRZ 09, 120). Bei der Ausbildung kommt es va darauf an, ob es sich um eine abgeschlossene Berufsausbildung (Hochschul- oder Fachhochschulstudium, Fachschulausbildung mit entspr Qualifikation, Handwerkslehre mit Gesellen- oder Meisterprüfung etc) handelt, die zur Aufnahme eines bestimmten Berufs berechtigt. Ist die Berufsausbildung nicht abgeschlossen, so wird ihr jedenfalls in aller Regel keine ausschlaggebende Bedeutung zukommen. Eine einmal **ausgeübte Beschäftigung** ist regelmäßig angemessen, wenn sie der beruflichen Vorbildung oder dem Ausbildungsniveau (BGH FamRZ 91, 416), der Vorbildung oder der selbstgewählten bisherigen beruflichen Entwicklung entspricht (Karls FamRZ 09, 120). Eine Vorbildung ist unbeachtlich, soweit sie wegen der Lage auf dem Arbeitsmarkt oder aus anderen Gründen praktisch keine konkrete Erwerbstätigkeit ermöglicht oder keine Erwerbstätigkeit ermöglicht, mit der ausreichende Einkünfte erzielt werden können. Eine angemessene Berufstätigkeit beschränkt sich nicht nur auf das durch die Ausbildung erworbene Berufsfeld, sondern umfasst auch Tätigkeiten, die dem Status der erworbenen Ausbildung entspr (Hamm FamRZ 92, 1184).

6 **2. Persönliche Fähigkeiten.** Hierunter fallen alle **personenbezogenen Umstände** geistiger oder körperlicher Art, unabhängig davon, ob sie im Beruf oder außerberuflich erworben worden sind. Hierunter zählen etwa Geschicklichkeiten, Fertigkeiten oder sonstiges beruflich verwertbares Können.

7 **3. Alter.** Soweit nicht bereits die Voraussetzungen des § 1571 gegeben sind, kann auch das Lebensalter des geschiedenen Ehegatten Berücksichtigung finden (Hamm FamRZ 08, 991). Dem **Lebensalter** wird insb dann Bedeutung beizumessen zu sein, wenn sich der Ehegatte dem Alter nähert, dessen Erreichung einen Unterhaltsanspruch nach § 1571 auslösen kann. Demgemäß kann eine Erwerbstätigkeit als unangemessen angesehen werden, wenn sie mit einem unzumutbaren körperlichen und/oder seelischen Kräfteaufwand verbunden *ist, der im Hinblick auf das Lebensalter nicht mehr erwartet werden kann* (Zweibr FamRZ 83, 1138). Weder bei Männern noch bei Frauen kann jedoch davon ausgegangen werden, dass eine erneute Erwerbstätigkeit ab einem Alter von 50 Jahren nicht mehr altersentspr ist, wenn der ursprüngliche Arbeitsplatz durch Kündigung, Insolvenz oder sonstige Umstände verloren gegangen ist. Zwar kann Alter bei einer Neueinstellung ein

Hindernis sein, muss es aber nicht (vgl Hamm FamRZ 99, 1275: jedenfalls Tätigkeit im Geringverdienerbereich noch möglich; Karlsr FamRZ 02, 1567).

4. Gesundheitszustand. Auch wenn kein Anspruch nach § 1572 besteht, muss für die Angemessenheit einer konkreten Erwerbstätigkeit geprüft werden, ob sie gesundheitlich bewältigt werden kann (etwa zu verneinen für stehende Tätigkeiten bei Venenleiden; grundl BGH FamRZ 86, 1085). 8

5. Frühere Erwerbstätigkeit. Das **UÄndG 2008** hat als **weiteres Kriterium** eine „frühere Erwerbstätigkeit" normiert. Der Gesetzgeber sieht die Erwerbstätigkeit in einem früher ausgeübten Beruf grds als angemessen an, und zwar auch dann, wenn der jetzt Unterhalt beanspruchende Ehegatte während der Ehe eine Tätigkeit ausgeübt hat, die unter seiner beruflichen Qualifikation lag. Dem Unterhaltsgläubiger ist es danach verwehrt, Unterhalt auf der Basis seiner höheren Berufsqualifikation zu fordern, wenn er im Verlauf der Ehe über einen längeren Zeitraum hinweg eine geringer qualifizierte Tätigkeit ausgeübt hat (vgl bereits BGH FamRZ 05, 23 = FuR 04, 543). Grds gilt dies auch dann, wenn die Erwerbstätigkeit während der bestehenden ehelichen Lebensgemeinschaft aufgrund einer wirtschaftlich beengten Situation oder nur zeitlich befristet aufgenommen wurde, weil der Anlass oder das Motiv für die Aufnahme einer Erwerbstätigkeit in der Ehe grds unerheblich sind (*Borth* FamRZ 08, 2). 9

6. Eheliche Lebensverhältnisse. Nach § 1574 aF waren die ehelichen Lebensverhältnisse neben den zuvor dargelegten Merkmalen ein gleichwertiges Tatbestandsmerkmal iRd Angemessenheitsprüfung. § 1574 II 1 Hs 2 nF nimmt die ehelichen Lebensverhältnisse aus der Prüfung der Angemessenheit der Erwerbstätigkeit heraus, behält sie jedoch als **Korrektiv** iRe gesonderten Billigkeitsprüfung bei. Mit dieser Regelung soll im Einzelfall dem Vertrauen des Berechtigten im Hinblick auf eine „nachhaltige gemeinsame Ehegestaltung" Rechnung getragen werden (BTDrs 16/1830, 17). Der Begriff der ehelichen Lebensverhältnisse ist nicht abschließend gefasst. Bedeutsam sind nicht mehr nur diejenigen Umstände, die im Zeitpunkt der Scheidung die ehelichen Lebensverhältnisse nachhaltig geprägt haben. Einzubeziehen sind, abgesehen von einer nicht in der Ehe angelegten Einkommenssteigerung, nicht lediglich die Entwicklung der Verhältnisse seit der Trennung bis zur Scheidung, sondern auch die Fortentwicklung der ehelichen Verhältnisse nach Scheidung (BGH FamRZ 08, 134; 968). Mehrere Elemente sind zu berücksichtigen, insb die **Dauer der Ehe**, die **Dauer der Pflege und Erziehung eines oder mehrerer gemeinschaftlicher Kinder**, die **Dauer der (Nicht-)Ausübung einer beruflichen Tätigkeit** sowie die **konkreten wirtschaftlichen Verhältnisse**. § 1574 II 1 Hs 2 beinhaltet eine **Einwendung**. Der Unterhaltsgläubiger muss darlegen und beweisen, dass ihm im konkreten Einzelfall eine an sich als angemessen anzusehende Tätigkeit nach den ehelichen Lebensverhältnissen nicht zumutbar ist. Mit **zunehmender Dauer der Ehe** (vgl Hamm FamRZ 93, 970; Kobl FamRZ 90, 751; KG FamRZ 84, 898) gewinnen die ehelichen Lebensverhältnisse, insb der in langjähriger Ehe erreichte soziale Status, an Gewicht. Bei gehobenen wirtschaftlichen Verhältnissen und einer entspr langen Dauer kann sich der Kreis der als angemessen in Betracht kommenden Erwerbstätigkeiten deutlich verengen. Anderseits kann trotz gehobener wirtschaftlicher Verhältnisse die (Wieder-)Aufnahme einer Erwerbstätigkeit in dem bereits vor oder während des Bestehens der Ehe erlernten und/oder ausgeübten Beruf angemessen sein. Neben der langen Ehedauer maßgeblich zu berücksichtigen sind die Zeiten der Betreuung und Erziehung gemeinschaftlicher Kinder (§ 1574 II 2). Andererseits kann selbst bei **gehobenen wirtschaftlichen ehelichen Lebensverhältnissen** die Wiederaufnahme einer Arbeit in dem bereits bei Bestehen der Ehe ausgeübten oder erlernten Beruf angemessen sein; BGH NJW 95, 1345; FamRZ 91, 416 (Tätigkeit einer ausgebildeten Kindergärtnerin als selbstständige Verkaufsberaterin in einem gehobenen Einrichtungshaus), Kobl FamRZ 93, 199 (eigenständige gehobene Tätigkeit für eine ehemalige Bankangestellte). Allein die in der ehelichen Lebensgemeinschaft erreichte „gesellschaftliche Stellung", die sich maßgeblich aus der beruflichen Stellung des unterhaltspflichtigen Ehegatten ableiten kann, stellt keinen erheblichen Einwand gegen eine an sich bestehende Erwerbsobliegenheit dar (vgl BGH FamRZ 83, 144; Hamm FamRZ 93, 970). **Einfache eheliche Lebensverhältnisse** können die Übernahme von einfachen Hilfstätigkeiten als zumutbar erscheinen lassen, auch wenn der Berechtigte eine Berufsausbildung hat, in seinem Beruf aber keine Arbeit finden kann (Hamm FamRZ 88, 814). Wie bei § 1578 I sind die ehelichen Lebensverhältnisse regelmäßig unter Einbeziehung der Entwicklung bis zur Scheidung zu beurteilen. Außergewöhnliche, nicht vorhersehbare Veränderungen bleiben grds unberücksichtigt (BGH NJW 84, 1685; 83, 1483). Neben diesen **subjektiven Kriterien** müssen darüber hinaus **objektive Kriterien** erfüllt sein. Insb muss für eine nach subjektiven Kriterien zumutbare Erwerbstätigkeit eine **realistische Beschäftigungschance** bestehen (BGH FamRZ 87, 912; 86, 244; München FamRZ 02, 462). IdR sind weitere objektive Kriterien wie Erreichbarkeit des Arbeitsplatzes (BGH NJW 86, 985) zu würdigen (vgl iÜ BGH FamRZ 91, 416: Gebot der Gesamtwürdigung aller Umstände). § 1574 gilt entspr für die Beurteilung, welche Erwerbstätigkeit für den Verpflichteten angemessen ist. 10

III. Ausbildungsobliegenheit. Die Obliegenheit zur Ausbildung, Fortbildung und Umschulung nach III ergibt sich aus der Erwerbsobliegenheit, wenn mit dem bisherigen Bildungsstand eine angemessene bedarfsdeckende Tätigkeit nicht gefunden werden kann (BGH FamRZ 86, 1085; 84, 561). Die Obliegenheit zur Ausbildung beginnt in dem gleichen Zeitpunkt wie die Obliegenheit zur Arbeitssuche. Die Begriffe Ausbildung, 11

Fortbildung und Umschulung sind wie bei § 1575 (vgl § 1575 Rn 2 ff) zu verstehen. § 1574 III ist eine Obliegenheit des Berechtigten, während § 1575 ihm einen Ausbildungsanspruch gibt (BGH FamRZ 86, 1085; Hamm FamRZ 98, 244). **Voraussetzungen der Ausbildungsobliegenheit:**
– Die Ausbildung muss zur Aufnahme einer angemessenen Erwerbstätigkeit erforderlich sein.
– Ein erfolgreicher Ausbildungsabschluss muss zu erwarten sein.
– Es muss eine realistische Chance bestehen, dass nach Ausbildungsabschluss eine angemessene Erwerbstätigkeit erlangt wird.

Eine Obliegenheit zur Weiterbildung besteht nicht, wenn der bedürftige Ehegatte nach Abschluss voraussichtlich ein Alter erreicht haben wird, mit dem er die Voraussetzungen des § 1571 erfüllt. Die **Ausbildung** muss **erforderlich** sein (BGH FamRZ 87, 691). Bei einer besonders **zeit- und kostenaufwendigen** Ausbildung müssen allerdings besondere Gründe vorliegen; andernfalls muss eine kürzere und kostengünstigere Alternative gewählt werden (BGH FamRZ 84, 561). Übt der Berechtigte bereits eine angemessene Erwerbstätigkeit aus, mit der er ggf seinen vollen Unterhalt nicht deckt, besteht allenfalls ein Anspruch nach § 1573 (BGH FamRZ 82, 360). Darüber hinaus muss ein erfolgreicher Ausbildungsabschluss zu erwarten sein (BGH FamRZ 86, 553). Der Unterhaltsanspruch während der Weiterbildung beruht auf § 1573 I, da eine Erwerbstätigkeit noch nicht möglich ist. Kommt ein geschiedener Ehegatte der Obliegenheit nach § 1574 III nicht nach, sind fiktive Einkünfte anzurechnen.

12 Der **Höhe** nach entspricht er dem Unterhalt nach den ehelichen Lebensverhältnissen und umfasst gem § 1578 II auch die Kosten der Weiterbildung. Eine **zeitliche Begrenzung** kommt in Betracht, wenn die Dauer der Weiterbildung zuverlässig prognostiziert werden kann (BGH FamRZ 86, 553). Ist dies, was idR der Fall sein dürfte, jedoch nicht zu erwarten, steht dem Verpflichteten eine entspr **Auskunfts- und Informationsanspruch** auch hinsichtlich des Verlaufs der Weiterbildung zu. IÜ ist er auf ein Abänderungsverfahren zu verweisen. Kommt der Bedürftige seiner Ausbildungsobliegenheit schuldhaft nicht nach, darf er sich nach § 1579 III nicht mehr auf eine Ausbildungsberechtigung berufen, wenn sein bisheriges Verhalten als mutwillige Herbeiführung der Bedürftigkeit zu werten ist (BGH FamRZ 86, 553). Bei mutwilliger Unterlassung einer Ausbildung können iÜ fiktive Einkünfte zugerechnet werden in Höhe eines Betrages, den der Berechtigte bei ordnungsgemäßer Ausbildung bei einer angemessenen Erwerbstätigkeit hätte erzielen können (BGH NJW 86, 3080; Dresd FamRZ 96, 1236). Ein ergänzender Aufstockungsunterhaltsanspruch ist nicht ausgeschlossen (BGH FamRZ 88, 927). Nach der Rspr des BGH (FamRZ 88, 145; 86, 553) müssen, wenn der Unterhaltsanspruch wegen einer **Obliegenheitsverletzung** gem § 1574 teilweise oder insgesamt ausgeschlossen ist, zudem die Voraussetzungen des § 1579 Nr 3 vorliegen. Dies erscheint allein schon deshalb zweifelhaft, (ebenso Palandt/*Brudermüller* § 1574 Rz 6), weil Obliegenheitsverletzungen regelmäßig keine grobe Unbilligkeit voraussetzen. IÜ handelt es sich nicht um eine Frage der Anspruchsverwirkung, sondern um eine Frage der Erfüllung der Anspruchsvoraussetzungen.

13 Verstoßen Unterhaltsgläubiger oder Unterhaltsschuldner gegen eine jeweilige Obliegenheit, ist, sofern eine realistische Beschäftigungschance besteht, entspr Einkommen zu fingieren (BGH FamRZ 88, 927). Es sind diejenigen Einkünfte anzusetzen, die erzielt worden wären, wenn keine Obliegenheit verletzt worden wäre (BGH FamRZ 96, 345).

Sind die Umstände, die die Annahme fiktiver Einkünfte rechtfertigen, nicht mehr gegeben, ist die **Abänderung** zulässig (Frankf FamRZ 95, 735). Aus einer Obliegenheitsverletzung kann kein dauerhafter Anspruchsverlust folgen. Die Abänderung eines wegen mutwilliger Aufgabe einer gut bezahlten Arbeitsstelle auf fiktiver Grundlage ergangenen Unterhaltstitels ist nicht bereits mit der Behauptung zulässig, der Abänderungsantragsteller genüge inzwischen seiner Erwerbsobliegenheit, verdiene aber weniger als zuvor. Erforderlich ist vielmehr, dass der Abänderungsantragsteller geltend macht, er hätte die frühere Arbeitsstelle inzwischen aus anderen Gründen verloren (BGH FamRZ 08, 872 m Anm *Hoppenz*). Da bei unterhaltsbezogenem leichtfertigen Verhalten als Sanktion folgt, dass das alte Einkommen unabhängig von der Erzielbarkeit fortgeschrieben wird, ist keine Veränderung der Verhältnisse gegeben, wenn der Unterhaltspflichtige nun einen neuen Arbeitsplatz mit geringeren Bezüge findet. Erzielt er geringere Einkünfte als früher, kommt eine Abänderung nur in Betracht, wenn bei Fortbestand des alten Arbeitsverhältnisses zwischenzeitlich der Arbeitsplatzverlust auch ohne unterhaltsbezogenes Verhalten eingetreten wäre. Bei einem Wiedereinstieg in das Erwerbsleben nach langer Unterbrechung muss sich die Unterhaltspartei ggf mit einem vergleichsweise niedrigeren Gehalt begnügen (Köln FamRZ 93, 711). Soweit eine selbstständige Beschäftigung ausgeübt wird, die keinen Gewinn abwirft, ist eine abhängige Beschäftigung anzunehmen (BGH FuR 04, 543 = FamRZ 05, 23).

14 **IV. Beweislast.** Während nach § 1574 aF bei der Angemessenheitsprüfung positiv festgestellt werden musste, dass eine Erwerbstätigkeit den ehelichen Lebensverhältnissen entsprach, trifft nunmehr den **Unterhaltsgläubiger die Darlegungs- und Beweislast**, dafür, dass für ihn eine mögliche Tätigkeit wegen der ehelichen Lebensverhältnisse unbillig wäre. Die Tatsachen, aus denen sich ein unzumutbares Abweichen der Erwerbstätigkeit von nachhaltig gestalteten ehelichen Lebensverhältnissen ergibt, sind vom Gläubiger als Einwand vorzubringen und zu beweisen (*Dose* FamRZ 07, 1289). Der Grundsatz der Eigenverantwortung (vgl zu Einzelheiten Kommentierung zu § 1569) begründet hohe Anforderungen, sich um eine angemessene Erwerbstätigkeit zu bemühen. Der Unterhalt Begehrende hat iRd Darlegung seiner Bedürftigkeit

iE vorzutragen und ggf zu beweisen, was er unternommen hat um einen zumutbaren Arbeitsplatz zu erlangen. In diesem Zusammenhang reicht die Meldung bei der Arbeitsagentur nicht aus. Auch private Vermittlungsbemühungen sind erforderlich. Ggf ist auch ein Ortswechsel und die Aufnahme einer anderen beruflichen Tätigkeit zumutbar. Die Erwerbsbemühungen müssen dauerhaft und regelmäßig erfolgen. Die Bemühungen müssen auch ernsthaft sein (wegen der Anforderungen an eine ordnungsgemäße Bemühung um die Erlangung einer Erwerbstätigkeit vgl Vor § 1577 Rn 36). Eine langjährig ausgeübte Berufstätigkeit begründet eine Vermutung für ihre Angemessenheit. Für eine zumutbare Erwerbstätigkeit muss eine reale Beschäftigungschance bestehen.

§ 1575 Ausbildung, Fortbildung oder Umschulung.

(1) ¹Ein geschiedener Ehegatten, der in Erwartung der Ehe oder während der Ehe eine Schul- oder Berufsausbildung nicht aufgenommen oder abgebrochen hat, kann von dem anderen Ehegatten Unterhalt verlangen, wenn er diese oder eine entsprechende Ausbildung sobald wie möglich aufnimmt, um eine angemessene Erwerbstätigkeit, die den Unterhalt nachhaltig sichert, zu erlangen und der erfolgreiche Abschluss der Ausbildung zu erwarten ist. ²Der Anspruch besteht längstens für die Zeit, in der eine solche Ausbildung im Allgemeinen abgeschlossen wird; dabei sind ehebedingte Verzögerungen der Ausbildung zu berücksichtigen.
(2) Entsprechendes gilt, wenn sich der geschiedene Ehegatte fortbilden oder umschulen lässt, um Nachteile auszugleichen, die durch die Ehe eingetreten sind.
(3) Verlangt der geschiedene Ehegatte nach Beendigung der Ausbildung, Fortbildung oder Umschulung Unterhalt nach § 1573, so bleibt bei der Bestimmung der ihm angemessenen Erwerbstätigkeit (§ 1574 Abs. 2) der erreichte höhere Ausbildungsstand außer Betracht.

I. Normzweck. Ausbildungsunterhalt nach § 1575 beinhaltet keinen generellen Ausbildungsfinanzierungsanspruch, sondern dient nur dem **Ausgleich ehebedingter Ausbildungsnachteile** (Karls FamRZ 09, 120). Die Norm ermöglicht eine berufliche Verbesserung, die ohne die Ehe schon früher erreicht worden wäre (BGH FamRZ 85, 782). Ein Ausbildungsfinanzierungsanspruch besteht iÜ nur, wenn die Ausbildung notwendig ist, um eine angemessene Erwerbstätigkeit iSd § 1574 II auszuüben (zu Einzelheiten vgl *Borth* FPR 08, 341; *Reinecke* FPR 08, 373; vgl iÜ Kommentierung zu § 1574 Rn 4 ff). Es ist zwischen dem Anspruch wegen Ausbildung (I) und wegen Fortbildung oder Umschulung (II) zu differenzieren. III der Norm schließlich bestimmt, dass der durch die Ausbildung erreichte höhere Ausbildungstand bei der Bestimmung der angemessenen Erwerbstätigkeit nach § 1574 II außer Betracht bleibt. 1

II. Anspruchsvoraussetzungen. IRd § 1575 I muss der Bedürftige in Erwartung der Ehe oder während der Ehe eine Schul- oder Berufsausbildung nicht aufgenommen oder abgebrochen haben. 2
Sodann muss der Bedürftige diese oder eine entspr Ausbildung sobald wie möglich nach der Scheidung beginnen oder fortsetzen. Die Ausbildung muss notwendig sein, um eine angemessene Erwerbstätigkeit zu erlangen, die den Unterhalt nachhaltig sichert. Der Ausbildungsabschluss muss innerhalb normaler Ausbildungszeit zu erwarten sein, wobei ehebedingte Ausbildungsverzögerungen zu berücksichtigen sind.

1. Anspruch auf Ausbildung. Ausbildung ist **im weitesten Sinne** zu verstehen. Es muss sich um einen anerkannten Ausbildungsgang handeln, der sich nach einem bestimmten Ausbildungsplan richtet und von einem Ausbilder geleitet wird (BGH FamRZ 87, 795). Die Ausübung einer selbstständigen Tätigkeit stellt keine derartige Ausbildung dar, selbst wenn nach einer mehrjährigen Praxisphase sodann eine Abschlussprüfung abgelegt wird (BGH FamRZ 87, 795). Eine Beschränkung auf die im BAföG aufgeführten Ausbildungsmöglichkeiten ist nicht anzunehmen. § 1575 I gewährt einen Anspruch auf **niveausteigernde Ausbildung**, sofern eine derartige Ausbildung nach den persönlichen Verhältnissen des Berechtigten ohne die Eheschließung zu erwarten gewesen wäre. Bei **Ausbildungsabbruch vor der Ehe** muss nachgewiesen werden, dass dies wegen der Ehe geschah (Frankf FamRZ 85, 712; Bambg FamRZ 81, 150). Insoweit sind konkrete Pläne für die Ausbildungsdurchführung vom Berechtigten darzulegen und ggf zu beweisen. Die bloße Äußerung von Berufswünschen reicht nicht. Bei Ausbildungsabbruch in der Ehe bedarf es eines derartigen Nachweises nicht. Dem Abbruch einer Ausbildung kann eine längere krankheitsbedingte Unterbrechung der Ausbildung gleichgesetzt werden (BGH FamRZ 80, 126). 3
Aus dem **Gebot des Ausgleichs ehebedingter Ausbildungsnachteile** folgt, dass es sich um dieselbe oder eine der abgebrochenen Ausbildung entspr Ausbildung handeln muss. Die Ausbildungsgänge müssen hinsichtlich der sozialen Einordnung des Berufsziels und des Niveaus einander gleichwertig sein, auch wenn eine fachliche Einheit nicht erforderlich ist (Köln FamRZ 96, 867: Gleichwertigkeit von Rechtsanwaltsgehilfin (Rechtsanwaltsfachangestellte) und Krankenschwester; Frankf FamRZ 95, 879: Medizinstudium für Steuergehilfin (Steuerfachangestellte) nicht gleichwertig). Die Aufnahme einer nichtgleichwertigen Ausbildung rechtfertigt keinen Anspruch nach § 1575 (Ddorf FamRZ 87, 708). Der Bedürftige muss die unterlassene oder abgebrochene Ausbildung oder eine entspr Ausbildung sobald wie möglich aufnehmen. Ein fester **Einsatzzeitpunkt** ist nicht fixiert. Eine gewisse **Überlegungsfrist** ist zuzubilligen (Köln FamRZ 96, 867: 14 Monate nach Scheidung nicht mehr ausreichend; Hamm FamRZ 83, 181: ein Jahr nach Scheidung noch ausreichend). 4

5 Die Ausbildung muss **notwendig und geeignet** sein, um eine angemessene Erwerbstätigkeit zu erlangen, die den Unterhalt nachhaltig sichert (Karls FamRZ 09, 789; 120). Daran fehlt es etwa, wenn nach den ehelichen Lebensverhältnissen die Aufnahme einer unqualifizierten Tätigkeit angemessen und zumutbar ist (BGH FamRZ 01, 350) und durch eine Ausbildung keine **ehebedingten Nachteile** des beruflichen Fortkommens auszugleichen sind (BGH FamRZ 85, 782). Ehebedingte Nachteile liegen insb vor, wenn die Schul- oder Berufsausbildung in unmittelbarem zeitlichen Zusammenhang mit der Eheschließung oder in der Ehe abgebrochen wurde (BGH FamRZ 01, 350). Vom Verpflichteten ist keine Ausbildung zu finanzieren, die zum bloßen Vergnügen betrieben wird (BGH FamRZ 87, 795; 85, 782). Ziel der Ausbildung bleibt, dass der Bedürftige auch nach der Ausbildung eine angemessene Erwerbstätigkeit ausüben kann und dadurch wirtschaftlich selbstständig wird. Besteht prognostisch keine realistische Beschäftigungschance, entfällt ein Ausbildungsanspruch (BGH FamRZ 86, 553). Das Gleiche gilt, wenn wegen des Alters des Bedürftigen eine Ausbildung nicht mehr sinnvoll ist (BGH FamRZ 87, 691).

6 Die **Ausbildung** muss **zielstrebig** durchgeführt werden. Der Abschluss muss innerhalb **normaler Ausbildungszeit** zu erwarten sein (BGH FamRZ 80, 126). Es kommt auf die Befähigung, den Gesundheitszustand, das Alter und die Einsatzbereitschaft des Bedürftigen an. Die Erfolgsaussicht muss sowohl bei Ausbildungsaufnahme als auch während des weiteren Verlaufs der Ausbildung bestehen. Der Ausbildungsanspruch erlischt mit Ablauf der üblichen Ausbildungszeit. Allerdings sind ehebedingte Verzögerungen der Ausbildung zu berücksichtigen (§ 1575 I 2) und können eine Verlängerung der Ausbildungszeit rechtfertigen. Hierzu zählen etwa die Betreuung eines gemeinschaftlichen Kindes, Umstellungsschwierigkeiten nach der Scheidung, krankheitsbedingte Verzögerungen (BGH FamRZ 80, 126). Entfallen die Voraussetzungen des Anspruchs während der Ausbildung, kann – sofern der Anspruch tituliert ist – **Abänderung** begehrt werden. Eine Rückzahlung bis dahin gezahlten Unterhalts kann, sofern nicht ausnahmsweise die Voraussetzungen des § 826 vorliegen, nicht verlangt werden (AnwK/*Fränken* § 1575 Rz 8). Ein **Ausbildungswechsel** muss nicht finanziert werden. Ein Anspruch auf Finanzierung einer niveausteigernden **Zweit- oder Drittausbildung** besteht nicht, wenn der Bedürftige bereits über eine abgeschlossene Berufsausbildung verfügt, die ihm die Ausübung einer einträglichen angemessenen Erwerbstätigkeit ermöglicht.

7 Die **Höhe des Ausbildungsunterhalts** richtet sich nach den **ehelichen Lebensverhältnissen** (§ 1578 I). Hinzu kommt bei Leistungsfähigkeit des Unterhaltsschuldners ggf **ausbildungsbedingter Mehrbedarf** (§ 1578 II) sowie **Kranken- und Pflegevorsorgeunterhalt** (§ 1578 III), nicht jedoch Altersvorsorgeunterhalt. Der Unterhaltsgläubiger ist gehalten, nicht subsidiäre öffentliche Fördermittel zu beantragen und bedarfsmindernd einzusetzen. Dies gilt auch für darlehensweise gewährte Mittel, soweit die Aufnahme des Darlehens im Verhältnis zum Verpflichteten zumutbar ist. Die iRd Verwandtenunterhalts entwickelten Grundsätze (BGH FamRZ 85, 916) sind entspr anwendbar. Ob eine (Teil-)Erwerbstätigkeit neben der Ausbildung zumutbar ist, richtet sich nach den Umständen des Einzelfalls. Ist sie zumutbar, sind Einkünfte hieraus entspr den ehelichen Lebensverhältnissen grds nach der Differenzmethode zu berücksichtigen. Bei Unzumutbarkeit kommt eine Berücksichtigung nur nach den Maßstäben des § 1577 II in Betracht (zur Berücksichtigung im Wege der Differenz- oder Anrechnungsmethode vgl BGH FamRZ 05, 1154; 03, 518).

8 **2. Anspruch auf Fortbildung und Umschulung.** Nach § 1575 II gilt § 1575 I entspr, wenn sich der Bedürftige fortbilden oder umschulen lässt, um Nachteile auszugleichen, die durch die Ehe eingetreten sind. Der **Kausalzusammenhang** ist nur anzunehmen, wenn die berufliche Stellung zur Zeit der Scheidung schlechter ist, als sie es gewesen wäre, wenn die Eheleute nicht geheiratet hätten (BGH FamRZ 84, 988). § 1575 II kommt in Betracht, wenn der geschiedene Ehegatte bereits über eine abgeschlossene Berufsausbildung oder eine angemessene Berufserfahrung verfügt und lediglich eine Fortbildung oder Umschulung erforderlich ist, um ehebedingte Nachteile auszugleichen (BGH NJW-RR 95, 835; FamRZ 85, 782). Unter **beruflicher Fortbildung** sind Maßnahmen zu verstehen, die das Ziel haben, berufliche Kenntnisse und Fertigkeiten festzustellen, zu erhalten und zu erweitern oder der technischen Entwicklung anzupassen oder einen beruflichen Aufstieg zu ermöglichen (vgl zum Ganzen BGH FamRZ 87, 795). Unter **beruflicher Umschulung** ist die Teilnahme an Maßnahmen zu verstehen, die das Ziel haben, einem Arbeitsuchenden den Übergang in eine andere geeignete berufliche Tätigkeit zu ermöglichen, insb um die berufliche Beweglichkeit zu sichern und zu verbessern.

9 § 1575 II enthält nicht nur eine **Rechtsfolgenverweisung**, sondern auch eine **Verweisung auf die Voraussetzungen des § 1575 I**. Ein Anspruch nach § 1575 II besteht, wenn
 – die Fortbildung oder Umschulung notwendig ist zum Ausgleich ehebedingter Nacheile
 – die Fortbildung oder Umschulung erforderlich ist, um eine angemessene Erwerbstätigkeit zu erlangen, die den Unterhalt nachhaltig sichert
 – die Fortbildung oder Umschulung sobald wie möglich aufgenommen wird
 – der erfolgreiche Abschluss innerhalb normaler Fortbildungs- oder Umschulungszeit zu erwarten ist
 – die Fortbildungs- oder Umschulungszeit zu erwarten ist
 – die Fortbildungs- oder Umschulungsmaßnahme kein Hochschulstudium darstellt.

Der Fortbildungs- oder Umschulungsunterhalt ist **zeitlich begrenzt** auf die durchschnittliche Dauer der Fortbildung oder Umschulung (vgl Rn 5, 6). Die **neue Begrenzungsnorm** des § 1578b gilt auch für den Ausbildungsunterhaltsanspruch nach § 1575. Allerdings besteht für diese Ansprüche ohnehin bereits die Befristungsmöglichkeit nach § 1575 I 2. Die neue Härteklausel lässt diese Befristungsmöglichkeit unberührt. § 1575 I 2 ist daher **lex specialis** anzusehen haben (*Borth* FamRZ 06, 813). Eine Befristung von Ausbildungsunterhaltsansprüchen kommt nur in Betracht, wenn der Ausbildungszweck nicht gefährdet wird, insb wenn absehbar ist, wann die Ausbildung beendet wird. Eine **Kombination von Begrenzung und Befristung** ist gleichfalls möglich.

III. Konkurrenzen. Wenn der Unterhaltsberechtigte eine angemessene Arbeit gem §§ 1573 I, 1574 II finden könnte, besteht der Anspruch nach § 1575 gleichwohl. Das G räumt den Anspruch gerade ein, um zum **Ausgleich ehebedingter Ausbildungsnachteile** die Ausbildung durchführen zu können. Ein Anspruch nach § 1575 geht einem Anspruch nach § 1573 vor. Hieraus folgt jedoch nicht, dass der geschiedene Ehegatte den anderen auch dann auf Ausbildungsunterhalt in Anspruch nehmen kann, wenn er bereits über eine abgeschlossene Berufsausbildung verfügt, die ihm die Ausübung einer angemessenen Erwerbstätigkeit ermöglicht. In seinem solchen Fall überstiege die Verpflichtung zur Finanzierung einer Zweitausbildung den Bereich ehelicher Solidarität. Findet der Bedürftige nach Abschluss einer niveausteigernden Ausbildung nach § 1575 keine seinem neuen Ausbildungsniveau entspr Arbeitsstelle, kann nach § 1573 I u III ein **Anspruch auf Erwerbslosigkeitsunterhalt** als Anschlussunterhalt entstehen. Für den Anschlussunterhalt bleibt bei Bestimmung der angemessenen Erwerbstätigkeit iSv § 1574 II der erreichte **höhere Ausbildungsstand** aufgrund der Ausbildung iRd § 1575 außer Betracht (§ 1575 III). Grds kommt während der **Trennung** ein Anspruch auf **Ausbildungsunterhalt** nur insoweit in Betracht, als er sich nach den Kriterien des § 1573 I iVm § 1574 III begründen lässt. Nur in besonders gelagerten Fällen kann während der Trennung der Eheleute auch ein Unterhaltsanspruch nach den Maßstäben des § 1575 in Frage kommen, etwa wenn ein Ehegatte während der Trennungszeit im Vorgriff auf die Voraussetzungen des § 1575 eine Ausbildung aufnimmt, nach dem das endgültige Scheitern der Ehe feststeht. Eine nach der Trennung und noch während bestehender Ehe aufgenommene und nach der Scheidung fortgesetzte Ausbildung wird von dem Wortlaut des § 1575 zwar nicht erfasst, fällt jedoch in dessen Anwendungsbereich, weil die Ausbildung während des Getrenntlebens in derartigen Fällen nur in Vorwegnahme des nachehelichen Ausbildungsbeginns aufgenommen wird (BGH FamRZ 01, 350 = FuR 01, 262).

IV. Darlegungs- und Beweislast. Der Ausbildungsunterhalt begehrende Ehegatte muss die Anspruchsvoraussetzungen des § 1575 darlegen und ggf beweisen. Hierzu gehört ua, dass die Eheschließung kausal für eine nicht aufgenommene oder abgebrochene Ausbildung war. Wird die Ausbildung während der Ehe abgebrochen, wird die **Ehebedingtheit** des Abbruchs vermutet (BGH NJW 80, 393).

§ 1576 Unterhalt aus Billigkeitsgründen. ¹Ein geschiedener Ehegatten kann von dem anderen Unterhalt verlangen, soweit und solange von ihm aus sonstigen schwerwiegenden Gründen eine Erwerbstätigkeit nicht erwartet werden kann und die Versagung von Unterhalt unter Berücksichtigung der Belange beider Ehegatten grob unbillig wäre. ²Schwerwiegende Gründe dürfen nicht allein deswegen berücksichtigt werden, weil sie zum Scheitern der Ehe geführt haben.

I. Normzweck. § 1576 ergänzt die klar umschriebenen Unterhaltstatbestände der §§ 1570 bis 1573 und 1575 um eine **positive Billigkeitsklausel.** § 1576 stellt keinen Ersatz für die vom Gesetzgeber abgelehnte unterhaltsrechtliche Generalklausel dar. § 1576 soll als **Auffangtatbestand** (BGH FamRZ 83, 800) Regelungslücken schließen und damit Härten vermeiden, die sich aus dem enumerativen Tatbestandskatalog der §§ 1570 bis 1573 und 1575 für den Unterhaltsgläubiger ergeben können (BGH FuR 03, 568 = FamRZ 03, 1734), also sicherstellen, dass das Enumerationsprinzip der nachehelichen Unterhaltstatbestände keine unbilligen und ungerechten Härten verursacht Mit der Vorschrift können keine Lücken geschlossen werden, die der Gesetzgeber im nachehelichen Tatbestandssystem zur Begrenzung der nachehelichen Solidarität bewusst gelassen hat (BGH FamRZ 83, 800). § 1576 beinhaltet eine **Härteregelung für Ausnahmefälle.** § 1576 ist **eng auszulegen.** Ein Einsatzzeitpunkt ist nicht erforderlich (BGH FamRZ 03, 1734).

II. Anspruchsvoraussetzungen. § 1576 enthält zwei Tatbestandselemente voraus: Es muss ein sonstiger, den Tatbeständen der §§ 1570–1572 und 1575 vergleichbarer schwerwiegender Grund vorliegen; die Versagung des Unterhalts wäre unter Berücksichtigung der Belange beider Ehegatten grob unbillig sein.

1. Sonstige schwerwiegende Gründe. Die Gründe für das Absehen von einer Erwerbstätigkeit müssen so schwer wiegen wie die Gründe, die in den Tatbeständen der §§ 1570 ff zugrunde gelegt worden sind. Sie müssen nicht ehebedingt sein (BGH FamRZ 03, 1734; 83, 800; aA Palandt/*Brudermüller* § 1576 Rz 3). Eine **Ehebedingtheit** stellt jedoch zumindest einen wichtigen Anhaltspunkt dafür dar, ob ein sonstiger schwerwiegender Grund bejaht werden kann. Nach § 1576 2 dürfen schwer wiegende Gründe nicht allein deshalb berücksichtigt werden, weil sie zum Scheitern der Ehe geführt haben. Der Unterhaltsanspruch wird in erster Linie nach wirtschaftlichen Gesichtspunkten gewährt. Auf die **Ursachen der Zerrüttung** der Ehe kommt es grds nicht an. Allerdings können Gründe, die zum Scheitern der Ehe geführt haben, iRd **Billigkeitsabwägung** mit berücksichtigt werden

(BGH FamRZ 84, 361). § 1576 ist auch zu prüfen, wenn **Krankheitsunterhalt nur am Einsatzzeitpunkt scheitert** (BGH FamRZ 03, 1734; 90, 496; Zweibr FamRZ 02, 821). Entspr hat zu gelten, wenn ein anderer Unterhaltstatbestand der §§ 1570 ff nur am Einsatzzeitpunkt scheitert (Hamm FamRZ 99, 230). Mit zunehmender **Entfernung von den Einsatzzeitpunkten** sind strengere Anforderungen an die Ausweitung der nachehelichen Solidarität, die dem Anspruch nach § 1576 zugrunde liegt, zu stellen (BGH FamRZ 03, 1734 m Anm *Büttner* FamRZ 03, 1830; Zweibr FamRZ 02, 821; Bambg FamRZ 97, 819). Je länger die Scheidung zurückliegt, um so eher kann der Pflichtige darauf vertrauen, nicht mehr auf Unterhalt in Anspruch genommen zu werden.

3. Grobe Unbilligkeit. Die Unterhaltsversagung muss unter Berücksichtigung der Belange beider Ehegatten grob unbillig sein, dh dem Gerechtigkeitsempfinden in unerträglicher Weise widersprechen (BGH FamRZ 83, 800). IRd Billigkeitsabwägung sind sämtliche Umstände des Einzelfalls zu würdigen. Dabei sind insb die **persönlichen und wirtschaftlichen Verhältnisse** der Eheleute zu berücksichtigen (Hamm FamRZ 96, 1417; Karlsr FamRZ 94, 104). Insb sind folgende Gesichtspunkte iRd **Billigkeitsprüfung** zu berücksichtigen (grundl BGH FamRZ 03, 1734; vgl auch Karlsr FamRZ 94, 104 und Ddorf FamRZ 99, 1274):
– Zusammenhang der Bedürfnislage mit den ehelichen Lebensverhältnissen
– Ein Verhalten des Verpflichteten, aufgrund dessen der Bedürftige auf die Mitverantwortung für eine nacheheliche Bedürfnislage vertrauen durfte.
– Besondere Opfer des Bedürftigen für die Lebensgemeinschaft oder den Ehegatten beim Aufbau oder der Sicherung der Existenz oder in Krankheitszeiten und in sonstigen Notlagen.
– Eine lange Ehedauer, weil dies die nachwirkende Mitverantwortung erhöht.
– Alter, Krankheit und sonstige Umstände, die unter §§ 1571, 1572 fallen.
– Wirtschaftliche Verhältnisse beider Ehegatten, insb, wenn der Verpflichtete unschwer Unterhalt zahlen kann.
– Eheliches Fehlverhalten des Bedürftigen
– Betreuung nichtgemeinschaftlicher Kinder und Betreuung weiterer gemeinschaftlicher Kinder.

Da es sich bei § 1576 um eine Billigkeitsklausel handelt, bedarf ein derartiger auf positive Billigkeit gestützter Unterhaltsanspruch keines Korrektivs um der Billigkeit willen. Die **Härteklausel des § 1579** greift ggü einem Unterhaltsanspruch nach § 1576 nicht ein. Umstände, die gegen die Zubilligung des Unterhalts sprechen, einschl des Verhaltens des Unterhalt begehrenden Ehegatten, sind vielmehr iRd Prüfung zu würdigen, ob die Versagung von Unterhalt unter Berücksichtigung der Belange beider Ehegatten grob unbillig wäre. Billigkeitsgesichtspunke können zugleich Einfluss auf die Höhe und die Dauer des Unterhaltsanspruchs nehmen. Kann der Verpflichtete den Unterhalt nicht ohne Gefährdung des eigenen angemessenen Unterhalts leisten (§ 1581), entfällt ein Anspruch, soweit dem Verpflichteten nicht der angemessene Selbstbehalt verbleibt.

4. Kasuistik. Gründe für die Einschränkung der Erwerbsfähigkeit sind vielfältig, lassen sich jedoch in den nachfolgenden **Fallgruppen** erfassen. **Besondere Leistungen für den anderen Ehegatten** sind als schwer wiegender Grund anzusehen, wenn die Erwerbstätigkeit deswegen unterbleibt. Es wäre treuwidrig, einerseits die Leistung eines Ehepartners in Anspruch zu nehmen und ihm andererseits die Unterstützung zu versagen, wenn er sich infolge der dem Verpflichteten zugute kommenden Leistung nicht selbst unterhalten kann. Je entsagungsvoller das iRv § 1576 angeführte Verhalten des geschiedenen Ehegatten war (und auch ist), desto eher ist dem anderen eine nacheheliche Unterhaltslast zumutbar (FAKomm-FamR/*Klein* § 1576 Rz 10). Auch **Vermögensopfer** im Interesse des Verpflichteten (etwa die Finanzierung einer Ausbildung des Verpflichteten oder auch ein Umzug mit Arbeitsaufgabe im Interesse des Verpflichteten) können iSd Gegenseitigkeitsverhältnisses einen schwer wiegenden Grund darstellen. **Krankheit und Behinderung** jenseits der Einsatzzeitpunkte genügen für sich nicht, mögen sie auch ehebedingt sein. Es müssen stets besondere Umstände des Einzelfalls wie Mitverantwortung für die Krankheit (Verletzung durch den Verpflichteten) oder die sonstige Schaffung besonderer Vertrauenstatbestände, die über die Scheidungsrechtskraft hinauswirken, hinzutreten (Zweibr FamRZ 02, 821). Auch die **Pflege und Erziehung betreuungsbedürftiger nichtgemeinschaftlicher Kinder** reicht als solche nicht aus, um einen Anspruch aus § 1576 zu begründen. Das Gesetz beschränkt den Anspruch nach § 1570 grds auf gemeinschaftliche Kinder (BGH FamRZ 83, 800). Billigkeitsunterhalt kommt nur in Betracht, wenn besondere Umstände hinzutreten (BGH FamRZ 83, 800; Kobl FamRZ 05, 1997). Dies kann bei folgenden Konstellationen der Fall sein:
– **Stiefkinder** (Kinder des Verpflichteten), weil es sich sodann um eine besondere Leistung für den Verpflichteten handelt (Stuttg FamRZ 83, 503; Köln FamRZ 80, 886; Bambg FamRZ 80, 587; vgl auch *Pauling* FPR 04, 99).
– Bei **Pflegekindern** ist ein besonderer Vertrauenstatbestand gegeben, wenn sie gemeinschaftlich aufgenommen wurden (BGH FamRZ 84, 361; Ddorf FamRZ 87, 1254; vgl auch *Maier* FPR 04, 440). Eine Aufnahme *nur mit Zustimmung des Verpflichteten* soll dagegen den Anspruch nicht rechtfertigen (BGH FamRZ 84, 769; Hamm FamRZ 96, 1417). Dies erscheint jedoch zweifelhaft, da schon mit Zustimmung ein Vertrauenstatbestand geschaffen wird.

– **Gemeinschaftliche nacheheliche Kinder** werden nicht im Vertrauen auf den Fortbestand eines Einverständnisses betreut. Die Tatsache der gemeinschaftlichen Abstammung reicht zur Begründung eines Vertrauenstatbestandes nicht aus (BGH FamRZ 98, 426). Der Anspruch richtet sich nach § 1615l.
– **Enkelkinder:** Hier sind die Grundsätze heranzuziehen, die bei Betreuung eines sonstigen Pflegekindes geltend.

Stammt das von der geschiedenen Ehefrau betreute Kind zwar biologisch von dem geschiedenen Ehemann ab, ist es rechtlich jedoch als eheliches Kind eines früheren Ehemannes der Frau anzusehen, kommt als Anspruchsgrundlage für den nachehelichen Unterhalt der Ehefrau trotz bislang praktizierter gemeinsamer Verantwortung nicht § 1570, sondern nur § 1576 1 in Betracht (Ddorf FamRZ 99, 1274). Bei **Ehebruchskindern** ist im Regelfall die grobe Unbilligkeit der Unterhaltsversagung zu verneinen, da ein ehezerstörendes Verhalten bei der Billigkeitsprüfung zu berücksichtigen ist. Etwas anderes kann gelten, wenn sich der Unterhaltsverpflichtete mit diesem Umstand längere Zeit abgefunden hat und sonstige Umstände (Arbeitsplatzaufgabe durch die Unterhaltsberechtigte etc) hinzutreten (Frankf FamRZ 82, 299).

III. Konkurrenzen. § 1576 ist als **Auffangtatbestand** ggü §§ 1570–1572 und § 1575 subsidiär (BGH FamRZ 7 03, 1734; 84, 361; 84, 379). Bestehen Unterhaltsansprüche nach §§ 1570 ff auch nur teilw, gehen sie dem Anspruch aus § 1576 vor und sind gesondert zu beziffern (BGH FamRZ 84, 361; 84, 379; Zweibr FamRZ 02, 821).
Der Unterhaltsanspruch geht dem Anspruch des volljährigen Kindes vor, nicht jedoch dem Anspruch des minderjährigen Kindes und dem des nach § 1603 II 2 privilegierten volljährigen Kindes. Der **Rang** des Anspruchs nach § 1576 kann sich aus Billigkeitsgründen nicht ändern (BGH FamRZ 85, 911).

IV. Begrenzung und Befristung. Unterhaltsansprüche nach § 1576 können nach § 1578b weder herabgesetzt 8 noch befristet werden (zu Einzelheiten vgl *Büttner* FamRZ 07, 773). Liegen die Voraussetzungen für eine **Herabsetzung oder Befristung** vor, fehlt es bereits an den Anspruchsvoraussetzungen des § 1576. IÜ wird die gebotene Billigkeitsabwägung oftmals dazu führen, dass Billigkeitsunterhalt per se nur für eine **Übergangszeit** zugebilligt werden kann (BGH FamRZ 84, 769).

V. Darlegungs- und Beweislast. Der Berechtigte muss darlegen und beweisen, dass von ihm aus schwer wie- 9 genden Gründen eine Erwerbstätigkeit nicht erwartet werden kann. Bei der Abwägung der groben Unbilligkeit muss jeder Ehepartner die zu seinen Gunsten sprechenden Umstände darlegen und beweisen.

Vorbemerkungen Vor § 1577: Grundlagen der Einkommensermittlung

Inhaltsübersicht	Rn		Rn
A. Grundlagen	1–5	I. Einkommensfiktion bei Arbeitslosigkeit	36–38
B. Einkünfte aus nichtselbstständiger Tätigkeit	6–12	II. Fiktion bei unzureichender Vermögensnutzung	39, 40
I. Kasuistik regelmäßiger Barbezüge	7–9	III. Rollenwechsel in neuer Ehe	41, 42
II. Unregelmäßige oder einmalige Barbezüge	10, 11	IV. Fiktive Einkünfte wegen Versorgungsleistungen	43
III. Sachbezüge	12	H. Abzüge	44–55
C. Einkünfte aus selbstständiger Tätigkeit	13–17	I. Steuern	45–47
D. Sozialstaatliche Leistungen	18	II. Vorsorgeaufwendungen	48
E. Einkünfte aus Kapitalvermögen, Wohnvorteil	19–29	III. Berufsbedingte Aufwendungen	49
I. Einkünfte aus Kapitalvermögen	20	IV. Umgangskosten	50
II. Vermögensverwertung	21	V. Verbindlichkeiten	51, 52
III. Einkünfte aus Vermietung und Verpachtung	22–29	VI. Unterhalt anderer Berechtigter	53
F. Sonstige Einkünfte	30	VII. Vermögenswirksame Leistungen	54
G. Fiktive Einkünfte	31–43	VIII. Mehraufwendungen wegen Krankheit oder Alter	55

A. Grundlagen. Der Umfang jeden Unterhaltsanspruchs hängt maßgeblich von der Ermittlung des Einkom- 1 mens der am Unterhaltsrechtsverhältnis Beteiligten ab. Das BGB enthält keine Regelung, was bei einer Unterhaltsberechnung als Einkommen zu berücksichtigen ist (zu Grundfragen der Einkommensermittlung vgl *Wendl/Dose* Das Unterhaltsrecht in der familienrichterlichen Praxis, 7. Aufl, § 1; FAKomm-FamR/*Kleffmann* Vor § 1361 Rz 1 ff und *Kleffmann* in: Scholz/Stein, Praxishandbuch Familienrecht, Teil G Rz 1 ff).
Die Einkommensermittlung erfolgt für Berechtigte und Verpflichtete grds nach den gleichen Regeln. Sowohl 2 für den Unterhaltsberechtigten als auch für den Unterhaltspflichtigen gilt, dass grds alle erzielten und erzielbaren Einkünfte, gleich welcher Art sie sind und aus welchem Anlass sie erzielt werden, maßgeblich sind (**weiter Einkommensbegriff**, BGH FamRZ 06, 99; 04, 186). Auf eine genaue Einkommensermittlung kann

nur ausnahmsweise verzichtet werden. Dies gilt beim Ehegattenunterhalt etwa dann, wenn das Einkommen des Verpflichteten so hoch ist, dass der Unterhalt nicht quotal, sondern konkret zu berechnen ist (BGH FamRZ 07, 117; vgl Ziff 15.3 der Leitlinien).Beim Kindesunterhalt kann auf die Einkommensermittlung verzichtet werden, wenn der Verpflichtete seine uneingeschränkte Leistungsfähigkeit einräumt und nur der Bedarf des Berechtigten festzustellen ist (BGH FamRZ 83, 473; Ddorf FamRZ 91, 806). IÜ spielen beim **Kindesunterhalt** grds alle Nettoeinkünfte des Verpflichteten und alle Nettoeinkünfte des Kindes eine Rolle (BGH FamRZ 82, 250). Auch wenn nach den Grundsätzen zu den wandelbaren ehelichen Lebensverhältnissen (BGH FamRZ 08, 968; 06, 683) grds davon auszugehen ist, dass die aktuellen Einkünfte maßgeblich sind, ist beim **Ehegattenunterhalt** zwischen die ehelichen Lebensverhältnisse prägenden Einkünften und solchen Einkünften, welche die ehelichen Lebensverhältnisse nicht geprägt haben, zu unterscheiden (zu Einzelheiten vgl Kommentierung zu § 1578).

3 Bedürftigkeit einerseits und Leistungsfähigkeit andererseits müssen in **zeitlicher Kongruenz** stehen. Eine zu einem späteren Zeitpunkt gesteigerte Leistungsfähigkeit erhöht nicht den Unterhaltsanspruch für die Vergangenheit. Als Folge des Zuflussprinzips ist auch dann nicht nachträglich Unterhalt zu leisten, wenn der Unterhaltspflichtige Zahlungen rückwirkend für einen vergangenen Zeitraum erhalten hat (BGH FamRZ 85, 155; Nürnbg FamRZ 97, 961; zum Gebot einer derartigen zeitlichen Kongruenz vgl insb BVerfG FamRZ, 05, 1051 m Anm *Klinkhammer*).
Die wirtschaftlichen Verhältnisse der Parteien können ständigen Änderungen unterliegen. Eine verlässliche Prognose des in Zukunft erzielten Einkommens kann regelmäßig nur aufgrund in der Vergangenheit erzielter Einkünfte erfolgen. Das Unterhaltsrecht stellt auf einen **repräsentativen Einkommenszeitraum** ab. Bei der Ermittlung der Einkünfte **nichtselbstständiger Beschäftigter** sind grds die Einkünfte der letzten **zwölf Monate** oder des letzten Kalenderjahres maßgeblich (BGH FamRZ 83, 996). In Einzelfällen kann auch hier jedoch ein Jahreszeitraum noch nicht repräsentativ sein. Bei sich dauerhaft abzeichnenden Einkommensänderungen können die früheren Bezüge nicht ohne weiteres fortgeschrieben werden (München FamRZ 84, 173). Bei **Selbstständigen** ist grds auf einen **Drei-Jahres-Zeitraum** abzustellen (BGH FamRZ 04, 1177; 92, 1045; Hamm FuR 98, 263). Auch dies schließt jedoch nicht aus, dass im Einzelfall eine längere (BGH FamRZ 04, 1177; 85, 357: Sechs-Jahres-Zeitraum) oder kürzere (Hamm FamRZ 97, 310; Köln NJW-RR 95, 1157) Zeitspanne zugrunde gelegt wird (FAKomm-FamR/*Kleffmann* vor § 1361 Rz 8). Bei anderen Einkünften mit ähnlicher Schwankungsbreite wie den Einkünften Selbstständiger kommt gleichfalls der Durchschnitt der Einkünfte aus den letzten, regelmäßig drei, Jahren in Betracht (BGH FamRZ 84, 39 für Einkünfte aus Kapitalvermögen).

4 Eine **modifizierte Einkommensermittlung** ist ggf im Mangelfall (vgl iE § 1581 Rn 16 und *Scholz* in: Scholz/Stein, Praxishandbuch Familienrecht, Teil K Rz 85 ff) und bei verschärfter Unterhaltspflicht (vgl Kommentierung zu § 1603 II) geboten.

5 Die Unterhalt begehrende Partei hat die Voraussetzungen des Anspruchs darzulegen und zu beweisen (BGH FamRZ 95, 291; Hamm FamRZ 96, 1216). Der **Einwand mangelnder Leistungsfähigkeit** stellt eine echte Einwendung dar und ist vom Verpflichteten darzulegen. Beruft sich der Unterhaltspflichtige auf sein zu versteuerndes Einkommen, so muss er die abgesetzten Beträge so darlegen, dass die allein steuerlich beachtlichen Aufwendungen von den auch unterhaltsrechtlich abzugsfähigen Aufwendungen abgegrenzt werden können (Celle FamRZ 03, 177; Kobl FamRZ 00, 605 = FuR 00, 183 und grundl BGH FamRZ 80, 770). Der Gläubiger kann sich über den **Auskunftsanspruch** (vgl iE die Kommentierung zu § 1605 und FAKomm-FamR/*Kleffmann* vor § 1361 Rz 14 ff) Kenntnis vom Einkommen des Pflichtigen verschaffen. Alternativ kann er ein bestimmtes Einkommen des Pflichtigen konkret behaupten. Das Bestreiten der beklagten Partei ohne zumutbare Substantiierung zieht sodann die **Geständnisfunktion** des § 138 III ZPO nach sich (BGH FamRZ 87, 259; Hamm FamRZ 90, 641; Kobl FamRZ 00, 605). Aus der **wechselseitigen Substantiierungspflicht** ergibt sich damit praktisch eine Darlegungslastumkehr dahin, dass jede Partei für ihr eigenes Einkommen darlegungsbelastet ist. Neben der materiell-rechtlichen Verpflichtung zur Auskunftserteilung besteht in allen Unterhaltsverfahren noch eine **prozessuale Auskunftspflicht** (BGH FamRZ 05, 1986). § 643 ZPO stellte es in das Ermessen des Gerichts, Auskünfte einzuholen. Nach **§§ 235, 236 FamFG** besteht unter bestimmten Voraussetzung eine Verpflichtung des Gerichts, die Auskünfte von der anderen Unterhaltspartei oder Dritten einzuholen, nach § 236 I Nr 5 FamFG auch vom Finanzamt. Nach § 235 III FamFG sind die Unterhaltsparteien verpflichtet, unaufgefordert während des Verfahrens wesentliche Änderungen, die Gegenstand einer Anordnung nach § 235 I FamFG waren, mitzuteilen.
Ausnahmsweise, etwa bei völliger Unverhältnismäßigkeit einer weiteren Aufklärung der Einkommensverhältnisse, ist eine **Schätzung** der Einkünfte (§ 287 II ZPO) zulässig (BGH FamRZ 95, 347).

6 **B. Einkünfte aus nichtselbstständiger Tätigkeit.** Zu den Einkünften aus nichtselbstständiger Arbeit (§§ 2 I Nr 4, 19 EStG) gehören alle Einnahmen, die einem Arbeitnehmer aus einem bestehenden Dienst- oder Arbeitsverhältnis in Geld oder Geldeswert (§ 8 EStG) gewährt werden. Die Einkünfte müssen **nachhaltig** erzielt werden. Es kommt nicht darauf an, ob die Leistungen regelmäßig oder nur einmalig, aufgrund eines Rechtsanspruchs oder freiwillig erfolgen (BGH FamRZ 82, 250; 80, 342). Es gilt das strenge **Zuflussprinzip** (§ 11 I 3 EStG, gelockert nur durch die Verweisung auf § 38a I EStG). Erfolgt die Zahlung laufenden Arbeitslohns erst nachträglich, aber noch innerhalb von drei Wochen nach dem Jahreswechsel, zählt sie zum Arbeitslohn des Vorjahres. Soweit Zahlungen einmalig erfolgen, sind sie auf einen angemessenen Zeitraum zu verteilen (vgl Ziff 1.2 der Leitlinien). Zu den Einkünften aus nicht selbstständiger Tätigkeit zählen Vergütungen für alle Leistungen aus dem Dienst- oder Arbeitsverhältnis, unabhängig davon, ob sie laufend (etwa monatlich) oder unregelmäßig erbracht werden (BGH FamRZ 82, 250; BGH FamRZ 80, 342) sowie Sachbezüge.

I. Kasuistik regelmäßiger Barbezüge. Zu den unterhaltsrechtlich berücksichtigungsfähigen wiederkehrenden Vergütungen zählen insb 7
- **Abgeordnetenbezüge** und Kostenpauschalen der Abgeordneten (BGH FamRZ 86, 780; Brandbg FamRZ 99, 1082). Mandatsbezogene Aufwendungen sind jedoch in Abzug zu bringen (Bambg FamRZ 99, 1082).
- **Aufwandsentschädigungen**, etwa von Bürgermeistern oder Kreisräten (Bambg FamRZ 99, 1082: Anrechnung nur zu einem Drittel wegen konkret nachgewiesenen Mehrbedarfs).
- **Ausbildungsvergütungen** (BGH FamRZ 06, 99; Brandbg NJW 08, 94), reduziert um ausbildungsbedingten Aufwand (vgl Ziff 10.2.2 der Leitlinien).
- **Auslandszulagen**, gemindert um auslandsspezifischen Mehraufwand, (BGH FamRZ 80, 347; Schlesw FamRZ 05, 369 (Auslandsverwendungszuschläge von Soldaten); Stuttg FamRZ 02, 820; Kobl FamRZ 00, 1154).
- **Auslösungen** (BGH FamRZ 82, 887).
- Die **Besoldung** von Beamten, Richtern und Soldaten.
- **Direktlebensversicherung:** Zahlungen des Arbeitgebers für eine als betriebliche Altersversorgung ausgestaltete Direktversicherung sind einkommenserhöhend zu berücksichtigen (Schlesw FamRZ 05, 211; Celle FamRZ 05, 297). Sie sind jedoch wieder einkommensmindernd zu berücksichtigen, soweit es sich um Aufwendungen im Rahmen zulässiger ergänzender Altersvorsorge handelt (BGH FamRZ 05, 1817; 04, 792; vgl IÜ Rn 48).
- **Entlassungsgeld,** eines Zivildienstleistenden (München FamRZ 92, 595).
- **Erschwerniszulagen, Härtezulagen** (Hamm FamRZ 09, 2009) sowie Zuschläge für Schicht-, Sonntags-, Feiertags- und Nachtarbeit, jedenfalls wenn sie typischerweise mit der Berufsausübung zusammenhängen. In Ausnahmefällen kann es sich um Einkünfte aus unzumutbarer Tätigkeit handeln.
- **Essensgeldzuschuss**
- **Familienzuschlag:** Ist grds unterhaltspflichtiges Einkommen (BGH FamRZ 05, 1817). IRv Ehegattenunterhaltsansprüchen, und zwar gleichermaßen für gleichrangige wie nachrangige Ehegattenunterhaltsansprüche, bemisst sich der Bedarf auf der Basis des um den Splittingvorteil (vgl hierzu Rn 45 ff) und den Familienzuschlag (§ 40 I BBesG) erhöhten Einkommens (BGH FamRZ 08, 1911 unter Aufgabe von BGH FamRZ 07, 793). Zur Bestimmung des Unterhaltsbedarfs der berechtigten Ehegatten im Wege der Dreiteilung vgl Rn 45.
- **Fliegerzulage** und Fliegeraufwandsentschädigung (BGH FamRZ 94, 21: Mehraufwendungen wurden vom BGH über § 287 ZPO mit einem Drittel geschätzt).
- **Geschäftsführerbezüge:** Sofern es sich um einen geschäftsführenden Gesellschafter einer GmbH handelt, bezieht er nicht nur Einkünfte aus nichtselbstständiger Tätigkeit als Geschäftsführer, sondern aus seiner Stellung als Gesellschafter auch noch Einkünfte aus Kapitalvermögen (§ 20 I Nr 1 EStG, vgl hierzu Rn 20).
- **Gerichtsvollziehereinkommen** (Köln FamRZ 87, 1257).
- **Kinderbezogene Teile des Familienzuschlags** sind Elemente der Dienst- und Versorgungsbezüge (BGH FamRZ 89, 272; 84, 374).
- **Kinderzuschüsse** sind Einkommen, soweit sie das staatliche Kindergeld übersteigen (BGH FamRZ 83, 49; Kobl FamRZ 97, 398; Hamm FamRZ 94, 895).
- **Kinderzuschlag:** enthält das Einkommen des wiederverheirateten Unterhaltspflichtigen einen Kinderzuschlag, ist dieser Bestandteil des Einkommens und auch dann zur Bemessung des nachehelichen Unterhalts des geschiedenen Ehegatten einzusetzen, wenn das Kind aus der neuen Verbindung stammt (BGH FamRZ 07, 882 = FuR 07, 270). Die dem Unterhaltspflichtigen nach § 32 VI 1 und 2 EStG zuzuordnenden **Kinderfreibeträge** sind unabhängig davon, aus welcher Ehe das Kind stammt, bei der Bestimmung des unterhaltsrelevanten Einkommens zu berücksichtigen. Vormals wurden Freibeträge nach § 32 VI 2 EStG der bestehenden (neuen) Ehe vorbehalten. Wegen der modifizierten Rechtsprechung zur Behandlung steuerlicher und sonstiger Vorteile, soweit sie wegen einer neuen Ehe gewährt werden, bedarf es insoweit einer Differenzierung jedoch nicht mehr.– **Krankenversicherungszuschüsse** sind einkommenserhöhend zu berücksichtigen, wenn der Krankenversicherungsbeitrag als Abzugsposten berücksichtigt wird (Hamm FamRZ 01, 370).
- **Lohnfortzahlung** im Krankheitsfall (Hambg FamRZ 92, 1308).
- **Mehrarbeit, Überstunden, Nebeneinkünfte**: Die unterhaltsrechtliche Berücksichtigung daraus erzielter 8
Vergütungen unterliegt einer wertenden Betrachtung. IRd Kindesunterhalts (zu Einzelheiten vgl Kommentierung zu § 1603) sind derartige Einkünfte, jedenfalls soweit sie der Deckung des Mindestunterhalts dienen, heranzuziehen (BGH FamRZ 09, 314; 09 162). Beim Ehegattenunterhalt spielen Zumutbarkeitsge-

sichtspunkte eine größere Rolle (BGH FamRZ 09, 314; 09, 162; 08, 872; BVerfG FamRZ 03, 661). Grds obliegt dem Unterhaltsverpflichteten nur eine normale, bei abhängiger Arbeit tarifgemäße oder dienstzeitgemäße, Erwerbstätigkeit. Jedoch gibt es Berufe, zu denen typisch oder gar zwingend berufsverwandte Nebentätigkeiten gehören, etwa die Prüfungstätigkeit für Hochschullehrer. Eine Anrechnung dieser Nebeneinkünfte erfolgt nach Treu und Glauben und unter Berücksichtigung aller Umstände des Einzelfalls (BGH FamRZ 83, 569). Als Nebenprodukt einer Haupttätigkeit ist Nebentätigkeit, weil ein wesentlicher Teil der Ergebnisse der Nebenarbeit entweder im Hauptberuf erarbeitet wird oder nebenberuflich wegen der Hauptarbeit mit geringerer Mühe hergestellt wird, teilw anrechenbar, wobei die Quote den Umständen des Einzelfalls anzupassen ist (Celle FamRZ 02, 694; Hamm FamRZ 01, 102; Bambg FamRZ 99, 883). Folgt die Nebentätigkeit notwendig aus dem Hauptberuf, etwa Einnahmen eines Krankenhausarztes aus Gutachtertätigkeit, liegt eine volle Anrechnung nahe. Die Vergütung für Überstunden sowie Zulagen für Dienste zu ungünstigen Zeiten sind zwar grds unterhaltspflichtiges Einkommen. Auch hier ergeben sich Einschränkungen jedoch unter dem Gesichtspunkt der Zumutbarkeit. So werden Überstunden nur angerechnet, sofern sie berufstypisch sind oder das übliche Maß nicht übersteigen (BGH FamRZ 04, 186; 80, 984; Hamm FuR 04, 273 = FamRZ 04, 376; Kobl FamRZ 03, 611; s.a. Ziff 1.3 der Leitlinien). Grds genügt ein Arbeitnehmer seiner Erwerbsobliegenheit mit der Ausübung einer vollschichtigen Tätigkeit. Mehrarbeit gilt jedoch noch als geringfügig, wenn sieben Überstunden monatlich geleistet werden (BGH FamRZ 80, 984), eine Stunde pro Arbeitstag (Ddorf FamRZ 84, 1092) oder bis zu 10% der Regelarbeitszeit (Köln FamRZ 84, 1108; aA allerdings Ddorf FamRZ 81, 772: Geringfügigkeitsgrenze bei 10% der Regelarbeitszeit bereits überschritten. Bei Berufskraftfahrern wird die Grenze weiter gezogen. Hier sollen 25% der Regelarbeitszeit noch berufstypisch sein (Köln FamRZ 84, 1108; vgl zum Ganzen *Christl* FamRZ 03, 1235). Neben der individuellen Arbeitsbelastung ist die **Zumutbarkeit von Mehrarbeit** auch in Abhängigkeit vom jeweiligen Unterhaltsverhältnis zu beurteilen (Dresd FamRZ 05, 1584; Nürnbg FamRZ 05, 1507; KG FuR 05, 454). IRd objektiven Zumutbarkeit sind die Grenzen des **Arbeitszeitgesetzes** zu beachten. Nach § 3 ArbZG darf die werktägliche Arbeitszeit von Arbeitnehmern acht Stunden nicht überschreiten. Nach § 9 I ArbZG darf eine Beschäftigung an Sonn- und gesetzlichen Feiertagen grds nicht erfolgen. Damit ist die wöchentliche Arbeitszeit auf 48 Stunden (sechs Tage à acht Stunden) begrenzt. Lediglich in mehrschichtigen Betrieben können der Beginn und das Ende der Sonn- und Feiertagsruhe verschoben werden und können ausnahmsweise Arbeiten, die nicht an Werktagen vorgenommen werden, auch an Sonn- und Feiertagen verrichtet werden. Damit ist die objektive Obergrenze der zumutbaren Erwerbstätigkeit vorgegeben (BGH FamRZ 09, 162, 314; 08, 872 und grundlegend BVerfG FamRZ 03, 661; teilw stringenter in der Vergangenheit jedoch einige Obergerichte, etwa Brandbg FuR 09, 279; Dresd FamRZ 08, 173). Neben den objektiven Grenzen der Zumutbarkeit sind auch subjektive Grenzen der Zumutbarkeit einer Erwerbstätigkeit (Art und Umfang des Umgangs des Pflichtigen mit seinen Kindern (BVerfG FamRZ 08, 845, 1334) zu berücksichtigen.

9 – **Reisekosten:** Derartige vom Arbeitgeber erstattete Reisekosten sind dem Nettoeinkommen voll zuzurechnen, sofern nicht dargetan wird, dass den erstatteten Reisekosten tatsächlich entspr Mehraufwendungen ggüstehen (Köln FamRZ 03, 602).
– **Soldaten:** Sämtliche Dienst- und Nebenbezüge sowie der Wehrsold sind unterhaltsrechtlich relevant (BGH FamRZ 87, 930). Übergangsbeihilfen (§ 12 SVG) sind entspr den Grundsätzen zur Berücksichtigung von Abfindungen zu beurteilen.
– **Spesen:** Sie stellen nach Maßgabe des Einzelfalles grds unterhaltsrelevantes Einkommen dar (BGH NJW 94, 134). Mangels anderer Anhaltspunkte sind die mit diesem Einkommensteil zusammenhängenden erhöhten Aufwendungen, vermindert um häusliche Ersparnisse, vorab abzuziehen. Im Zweifel kann bei derartigen Aufwendungspauschalen (außer Kilometergeld) ein Drittel als Einkommen angesetzt werden (vgl Ziff 1.4 der Leitlinien).
– **Urlaubsgeld** ist Einkommensbestandteil (BGH FamRZ 80, 84). **Urlaubsabgeltungen** hingegen sind Geldzahlungen des Arbeitgebers für nicht genommenen Urlaub. Sie stellen grds unzumutbaren Erwerb dar (BGH FamRZ 93, 182; Köln FamRZ 84, 1108). Eine Anrechnung kann ausnahmsweise nach Billigkeitsgesichtspunkten erfolgen (BGH NJW-RR 92, 1282 beanstandet eine hälftige Anrechnung revisionsrechtlich nicht).
– **Weihnachtsgeld** ist unterhaltsrechtlich relevantes Einkommen (BGH FamRZ 82, 250; 80, 555).
– **Zulagen** sind unterhaltsrechtliches relevantes Einkommen, ggf gemindert um die entspr Mehraufwendungen. Dies gilt etwa für Monatszulagen (BGH FamRZ 82, 887), Montagezulagen (BGH FamRZ 82, 887), die Auslandszulage (BGH FamRZ 80, 342; Bambg FamRZ 97, 1339; Kobl FamRZ 95, 1374), Erschwerniszulagen oder Schmutzzulagen.

10 **II. Unregelmäßige oder einmalige Barbezüge.** Nicht nur laufende, sondern auch unregelmäßig oder einmalig erzielte Einkünfte sind unterhaltsrechtlich zu berücksichtigen. **Abfindungen**, die ein Unterhaltsschuldner nach Verlust eines Arbeitsplatzes oder aufgrund eines Sozialplans erhält, sind wegen ihrer **Lohnersatzfunktion** Einkommen (BGH FamRZ 07, 983; 90, 172, 269; Saarbr FuR 04, 260; vgl auch *Soyka* FuR 05, 539). Abfindungen, die aufgrund einer vormaligen unzumutbaren Tätigkeit gezahlt werden, sind unterhaltsrechtlich gleichwohl zu berücksichtigen (Köln FamRZ 06, 342). Ein **Erwerbstätigenbonus** und ein **pauschaler**

berufsbedingter Aufwand können nicht in Ansatz gebracht werden (BGH FamRZ 09, 307; 07, 983). Es gilt der für Erwerbstätige geltende Selbstbehalt (Hamm FamRZ 96, 219). Abfindungen dienen der Aufrechterhaltung der bisherigen wirtschaftlichen Verhältnisse. Zum Zweck der Unterhaltsbemessung sind sie auf einen längeren Zeitraum umzulegen. Richtschnur für den **Umlegungszeitraum** kann die Höhe des bisherigen Einkommens und der (voraussichtliche) Zeitraum der anschließenden leistungsgeminderten Zeit sein (BGH FamRZ 03, 590; zu Einzelheiten vgl *Viefhues* ZFE 07, 273). Im Regelfall ist der Betrag der Abfindung als Einkommen zugrunde zu legen, der als Nettoeinkommen bei Beendigung des Arbeitsverhältnisses inkl Sonderzuwendungen erzielt wurde (Brandbg FamRZ 95, 1220) abzgl Arbeitslosengeld. Bei älteren Arbeitnehmern kann die Abfindung auf die Zeit bis zum voraussichtlichen Rentenbeginn verteilt werden (Hamm NJW-RR 09, 508; Karlsr FamRZ 01, 1615). Der Unterhaltsschuldner muss die Abfindung iRe **sparsamer Wirtschaftsführung** verwenden. Bei beengten wirtschaftlichen Verhältnissen, insb wenn dem Unterhaltsverpflichteten nur der notwendige Selbstbehalt verbleibt, besteht keine Verpflichtung, die Abfindung vollständig zum Unterhalt einzusetzen (BGH FamRZ 90, 269). Der Verpflichtete kann Teile der Abfindung für notwendige Anschaffungen, nicht aber für üblicherweise aus dem laufenden Einkommen finanzierte Haushaltsausgaben, einsetzen (Kobl FamRZ 91, 573). Eine Schuldenbegleichung kann zulässig sein (Celle FamRZ 92, 590 und grundl BGH FamRZ 90, 269). Nur bei unterhaltsbezogenem Verschulden, dh bei einem leichtfertigen Verbrauch, ist dies nicht hinzunehmen (München FamRZ 95, 809; Celle FamRZ 92, 590). Eine Abfindung aus einem früheren Arbeitsverhältnis kann nicht zur Aufstockung des Einkommens aus einem neuen Arbeitsverhältnis bis zur Höhe des bisherigen Erwerbseinkommens herangezogen werden, wenn sich die durch den Arbeitsplatzwechsel eingetretene dauerhafte Absenkung der Erwerbseinkünfte als nicht abzuwendender Einkommensrückgang darstellt (BGH FamRZ 03, 590).Erlangt der Unterhaltsschuldner unmittelbar nach dem Verlust des Arbeitsplatzes eine neue Anstellung mit etwa dem gleichen Einkommen, hat die Abfindung keine Lohnersatzfunktion. Sie ist sodann dem Vermögen zuzurechnen (zur Abgrenzung vgl BGH FamRZ 01, 278). Ungeachtet seiner Funktion als Lohnersatzleistung bildet der bei Zustellung des Scheidungsantrags vorhandene Abfindungsbetrag einen beim Zugewinnausgleich zu berücksichtigenden Vermögenswert (BGH FamRZ 01, 278). Es gilt allerdings das **Verbot der Doppelverwertung** (BGH FamRZ 04, 1352; 03, 432). Ist die Abfindung, wovon im Zweifel auszugehen ist, unterhaltsrechtlich berücksichtigt, kann sie nicht güterrechtlich nochmals in Ansatz gebracht werden (zu Einzelheiten vgl FA-FamR/Gerhardt, 6. Kap Rz 19 ff und 43).

Die beim Ausscheiden aus der Bundeswehr an Soldaten gezahlte **Übergangsbeihilfe** (§ 12 SVG) stellt eine abfindungsgleiche Zahlung dar und ist unterhaltsrechtlich zu berücksichtigen (BGH FamRZ 87, 930; Köln FamRZ 95, 353). Etwas anderes gilt für die nach § 11 SVG gezahlten **Übergangsgebührnisse**. Diese werden je nach Dienstzeit für sechs Monate bis drei Jahre gezahlt und sind als laufende Bezüge den regelmäßigen Einkünften zuzurechnen (BGH FamRZ 87, 930). **Entlassungsgeld**, das ein Zivildienstleistender als Überbrückung bis zur Aufnahme einer Erwerbstätigkeit erhält, ist gleichfalls als Einkommen anzusehen (München FamRZ 92, 595). Die **Ausbildungsversicherung** eines Auszubildenden muss für einen längeren Zeitraum, regelmäßig die Dauer der Ausbildung, umgerechnet und dann angerechnet werden. **Jubiläumszuwendungen** sind unterhaltsrechtlich zu berücksichtigen (BGH FamRZ 70, 636; München FamRZ 80, 150) und auf einen angemessenen Zeitraum zu verteilen (BGH FamRZ 87, 359; 82, 250). **11**

III. Sachbezüge. Auch Sachzuwendungen (vgl Ziff 4 der Leitlinien) sind unterhaltspflichtiges Einkommen (BGH FamRZ 83, 352). Sie können in vielfältiger Form gewährt werden (Deputate in Land- und Forstwirtschaft, freie oder verbilligte Energiekosten, freie oder verbilligte Kost, freies oder verbilligtes Wohnen (Köln FamRZ 94, 897), Gewährung von Zuschüssen (Telefonkosten (Karlsr FamRZ 90, 533), Kontoführungskosten etc), verbilligter Warenbezug (Hamm FamRZ 99, 167), verbilligte oder freie Fahrten, Flüge). **12**

Die **Höhe der Eigenersparnis** ist je nach Leistungsgrad zu beurteilen (BGH FamRZ 83, 352), etwa anhand der **Sachbezugsverordnung**, bei der Bewertung von Deputaten anhand der üblichen Mittelpreise des Verbrauchsortes oder notfalls über § 287 ZPO zu **schätzen**. Als Wert für die mietfreie Überlassung einer Werks- oder Dienstwohnung ist der ortsübliche Mietzins anzusetzen.

Bei der unentgeltlichen Überlassung eines **Geschäfts- oder Dienstfahrzeugs** (BGH FamRZ 08, 281; vgl auch Langheim FamRZ 09, 665; Romeyko FamRZ 04, 242), ist unabhängig vom Zeitpunkt der Anschaffung des Fahrzeugs der Vorteil mit 1% des Bruttolistenpreises für das Fahrzeug einschl aller Sonderausstattungen anzusetzen. Für Fahrten zwischen Wohnung und Arbeitsstelle sind je Entfernungskilometer monatlich zusätzlich 0,03% des Listenpreises anzusetzen. Die damit verbundene höhere steuerliche Belastung vermindert den Auszahlungsbetrag und den wirtschaftlichen Vorteil für den Arbeitnehmer. Der zu schätzende geldwerte Vorteil muss nicht identisch sein mit dem steuerlichen Gehaltsanteil (BGH FamRZ 08, 287; Hamm FPR 09, 62; Karlsr FamRZ 06, 1759). Oftmals ist der Nutzungsanteil eines Firmenwagens geringer als der Nennwert des Sachbezugs (Karlsr FuR 06, 472). In der obergerichtlichen Rspr wird der geldwerte Vorteil regelmäßig geschätzt (Hamm NJW-RR 09, 294; Zweibr FamRZ 08, 1655), und zwar mit Beträgen zwischen 50 € und 300 € (Hamm FamRZ 99, 513; München FamRZ 99, 1350; Kasuistik bei *Kleffmann* in Scholz/Stein, Praxishandbuch Familienrecht, Teil G Rz 14). Sofern durch die Nutzung des Firmenfahrzeugs auch Fahrten zum Arbeitsplatz abgedeckt werden, entfällt der Ansatz berufsbedingter Aufwendungen in Gestalt der Fahrtkosten (München FamRZ 99, 1250; *Kleffmann* FuR 00, 147).

13 **C. Einkünfte aus selbstständiger Tätigkeit.** Zu den Einkünften aus selbstständiger Tätigkeit zählen die Einkünfte aus Land- und Forstwirtschaft (§§ 2 I Nr 1, 13 EStG), Gewerbebetrieb (§§ 2 I Nr 2, 15 EStG) und selbstständiger Tätigkeit (§§ 2 I Nr 3, 18 EStG). Die **maßgebliche Größe** zur Bestimmung des unterhaltsrechtlich relevanten Einkommens ist der **Gewinn** (zu Einzelheiten vgl FAKomm-FamR/*Kleffmann* vor § 1361 Rz 30; *Kleffmann* in: Scholz/Stein, Praxishandbuch Familienrecht Teil G Rz 23 ff und *Kleffmann* FuR 94, 159). Bei Freiberuflern und Gewerbetreibenden, die keine Bilanzierungspflicht trifft, wird der Gewinn durch Einnahme-Überschussrechnung, bei Vollkaufleuten ua durch Betriebsvermögensvergleich ermittelt. Als Ersatz einer Einkommensermittlung kann die **Gewinnschätzung** nach § 13a EStG, § 162 AO genauso wenig herangezogen werden wie eine Cashflow-Rechnung (*Durchlaub* FamRZ 87, 1223). Zulässig ist ausnahmsweise allerdings eine Schätzung nach § 287 ZPO (BGH FamRZ 93, 789). Zumindest als Hilfsmittel bei der Feststellung des wahren Einkommens (Frankf FuR 01, 370; Dresd FamRZ 99, 850; Köln FamRZ 83, 87) oder als Indiz (Hamm FamRZ 05, 214) für die Höhe des Effektiveinkommens (BGH NJW 92, 1902; Ddorf FamRZ 05, 211; Frankf FamRZ 05, 803; 01, 370; Hamm FamRZ 96, 1216; München FamRZ 92, 442; Zweibr NJW 92, 1903) können jedoch **Entnahmen** herangezogen werden. Nach § 4 I 2 EStG sind Entnahmen alle Wirtschaftsgüter, die der Steuerpflichtige dem Betrieb für sich, für seinen Haushalt oder für andere betriebsfremde Zwecke im Lauf des Wirtschaftsjahres entnommen hat. Auf diese Entnahmen soll auch abgestellt werden können, wenn konkrete Hinweise auf Manipulationen der steuerlichen Gewinnermittlung bestehen (Frankf FuR 01, 370; Hamm FamRZ 96, 1216; FamRZ 93, 1088) oder der darlegungs- und beweispflichtige Unterhaltsschuldner zur behaupteten Leistungsunfähigkeit oder eingeschränkten Leistungsfähigkeit nicht in dem erforderlichen Umfang Stellung nimmt (BGH FamRZ 80, 770). Entnahmen bilden oftmals einen guten Anhalt für die in der Vergangenheit bestehenden Lebensverhältnisse (*Schürmann* FamRZ 02, 1149; *Kuckenburg* FuR 06, 293). Beruft sich der Unterhaltspflichtige auf **Überentnahmen**, dh auf Privatentnahmen, die den in den vorgelegten steuerlichen Unterlagen ausgewiesenen Gewinn übersteigen, hat er iRd schlüssigen Darlegung seiner Einkommensverhältnisse nachzuweisen, dass er die Entnahmen aus der **Substanz des Betriebes** und/oder auf Kosten einer (zunehmenden) **Verschuldung** getätigt hat. Gelingt ihm dieser Nachweis, kann ihm nicht zugemutet werden, weiterhin nicht erwirtschaftete Entnahmen zu tätigen und dies durch zusätzliche Darlehensaufnahmen zu finanzieren (Frankf FamRZ 05, 803). Grds sind bei Einkünften aus selbstständiger Tätigkeit die letzten drei Jahre (BGH FamRZ 04, 1355; Karlsr FamRZ 07, 413) maßgeblich, uU kann auch ein längerer Zeitraum zugrunde gelegt werden (BGH NJW 84, 1614; vgl auch Ziff 1.5 der Leitlinien). Ein **mehrjähriger Schnitt** beschreibt hingegen die Einkommensverhältnisse dann nicht zutr, wenn es sich um die Anfangsphase eines neu gegründeten Betriebs handelt oder anhaltend sinkende Umsätze zu verzeichnen sind. In derartigen Konstellationen kann es angebracht sein, nur auf das letzte abgeschlossene Geschäftsjahr (BGH FamRZ 85, 471; Hamm FamRZ 97, 310) abzustellen oder die **Einkünfte** aus dem Mehrjahreszeitraum zu **gewichten**.

14 Bei Beteiligung als Gesellschafter an einer Personengesellschaft oder als Gesellschafter an einer Kapitalgesellschaft ist zu prüfen, ob es sich um einen **Minderheits- oder Mehrheitsgesellschafter** handelt. Bei Mehrheitsgesellschaftern von Personen- und Kapitalgesellschaften, dh bei einer Beteiligungsquote von 50% oder mehr (aA *Nickl* FamRZ 88, 133: Grenze bei 75%) gilt, dass diese unterhaltsrechtlich nicht besser, aber auch nicht schlechter behandelt werden dürfen als Selbstständige, die Einkünfte als Einzelunternehmer oder Freiberufler erzielen. Unterhaltsrechtlich kann sich die Leistungsfähigkeit dieser Mehrheitsgesellschafter nicht nur nach den tatsächlichen Entnahmen bzw den tatsächlich vorgenommenen Gewinnausschüttungen bemessen. Bei Mehrheitsgesellschaftern ist vom **Grundsatz der Vollausschüttung** auszugehen (*Fischer/Winkelmann/Maier* FamRZ 96, 1391). Bei der Beurteilung der Leistungsfähigkeit eines **geschäftsführenden Gesellschafters** einer GmbH ist grds auf dessen im Unterhaltszeitraum erzieltes Jahreseinkommen entsprechend seiner Geschäftsführervergütung abzustellen. Zur Ermittlung seines unterhaltsrelevanten Einkommens ist auf den Drei-Jahres-Durchschnittswert aus den dem Unterhaltszeitraum vorangegangenen Jahren nur dann abzustellen, wenn der Unterhaltsschuldner als sogenannter „**verkappter Selbstständiger**" zu behandeln ist. Dies wiederum ist der Fall, wenn er sein Geschäftsführergehalt entsprechend den jeweiligen Gewinnen und Verlusten unmittelbar an diese anpasst und somit wie ein selbstständiger Kaufmann oder Freiberufler den jeweiligen Jahresgewinn des Betriebs bzw Kanzlei oder Praxis als Einkommen zur Bedarfsdeckung verwendet (Köln NJW-RR 07, 941).

15 Das unterhaltsrechtlich relevante Einkommen ist nicht stets mit dem steuerpflichtigen Einkommen identisch. Das Steuerrecht privilegiert einzelne Einkommensarten. Der Selbstständige genügt seiner Darlegungs- und Beweislast nicht, wenn er nur sein steuerrechtliches Einkommen aufzeigt (BGH FamRZ 98, 357; Hamm FamRZ 96, 1216). Die **lineare AfA** (Absetzung für Abnutzung in gleichbleibenden Jahresbeträgen) kann grds unterhaltsrechtlich anerkannt werden (BGH FamRZ 03, 741; vgl auch *Kemper* FuR 03, 266 und *Kuckenburg* FPR 03, 415), nicht jedoch die **degressive Abschreibung** (BGH FuR 03, 261 = FamRZ 03, 741 zu Einzelheiten vgl FAKomm-FamR/*Kleffmann* vor § 1361 Rz 40; *Strohal* FPR 06, 344), dh die Absetzung für Abnutzung in fallenden Jahresbeträgen nach § 7 II EStG. Aufgrund der **Unternehmenssteuerreform 2008** entfällt die degressive Abschreibung für neu angeschaffte Wirtschaftsgüter mit einem Wert von mehr als 1.000 €. Sie wird durch die lineare Abschreibung ersetzt. Für Wirtschaftsgüter im Wert zwischen 151 und 1.000 € gilt die sogenannte **Poolabschreibung**. Dabei muss ein Unternehmen die betreffenden Produkte in einem Sammel-

posten bündeln, der wie ein einzelnes Wirtschaftsgut behandelt und über einen Zeitraum von fünf Jahren linear abgeschrieben wird. Bei steuerlich korrekt vorgenommener (Sonder-)Abschreibung ist unterhaltsrechtlich das betreffende Wirtschaftsgut ggf fiktiv linear abzuschreiben (BGH FuR 03, 269 m Anm *Kemper* = FamRZ 03, 741). Die **Ansparabschreibung** (§ 7 III EStG) stellte eine Rückstellung für künftige abschreibungsfähige Investitionen und damit wirtschaftlich eine befristete Kreditierung der Steuerschuld dar. Sie diente der Verbesserung der Liquidität und Eigenkapitalausstattung der Unternehmen. Bei einer unterhaltsrechtlichen Korrektur um diese Abschreibung, die mit einer höheren Steuerlast einherging, sah der BGH den Zweck der Ansparabschreibung, die geplante Investition, als gefährdet, weil die dafür zurückgestellten Mittel, die nicht in den privaten Konsum fließen sollten, nunmehr eine erhöhte Unterhaltsschuld des Unternehmers zur Folge hatten (BGH FamRZ 04, 1177; vgl *Götsche* ZFE 06, 55 und *Strohal* FPR 06, 344). In derartigen Konstellationen sollte der für die Unterhaltsberechnung maßgebliche Zeitraum verlängert werden, etwa von drei auf fünf Jahre. Wird eine Ansparabschreibung gewinnerhöhend bei der Bemessung des Einkommens hingerechnet, ist die sich daraus ergebende – fiktive – Steuerlast zusätzlich zu berücksichtigen, falls diese Abschreibung nicht bereits wieder im Prüfungszeitraum aufgelöst worden ist (BGH FamRZ 04, 1177. Die bisherige Ansparabschreibung für kleine und mittelständische Firmen ist seit dem 1.1.08 durch den **Investitionsabzugsbetrag** ersetzt worden. Die Investitionsfrist ist auf drei Jahre verlängert. Der Abzugsbetrag kann auch für gebrauchte Wirtschaftsgüter in Anspruch genommen werden. Wird die begünstigte Investition nicht getätigt, wird der Investitionskostenabzug rückgängig gemacht. Es erfolgt eine Änderung des früheren Steuerbescheides ex-tunc mit verzinster Nachversteuerung. Erfolgt die Investition planmäßig, so kann der Abzugsbetrag im Ergebnisgewinn neutral auf die Anschaffungskosten übertragen werden (zu Einzelheiten vgl *Kleffmann* in Scholz/Stein, Praxishandbuch Familienrecht, Teil G Rz 34). Aufgrund dieses neuen Verfahrens wird es ermöglicht, für Investitionen, die innerhalb von drei Jahren geplant sind, eine 40-prozentige Abschreibung der voraussichtlichen Kosten vorzunehmen. Den Investitionsabzugsbetrag können allerdings nur bilanzierende Unternehmen mit einem Betriebsvermögen bis 235.000 € in Anspruch nehmen.

Zur **Gebäudeabschreibung** vgl Rn 23 und zu sonstigen Abschreibungen *Kleffmann* in Scholz/Stein, Teil G Rz 32 ff.

Dem Selbstständigen ist unter Berücksichtigung des Vorsichtsprinzips gestattet, von der Finanzverwaltung anerkannte **Rückstellungen** auch unterhaltsrechtlich dann geltend zu machen, wenn sie angemessen sind (zu Einzelheiten vgl *Kleffmann* in: Scholz/Stein, Praxishandbuch Familienrecht, Teil G Rz 34; *Schürmann* FamRB 06, 183; *Strohal* FPR 06, 344). Hierbei kann es sich insb um Rückstellungen für Pensionen, Steuerrückstellungen, Rückstellungen für Garantieverpflichtungen etc handeln. Die Kosten der Lebensführung sind von den Betriebs-/Praxisausgaben abzugrenzen. Private Nutzungsanteile an Gütern des Betriebsvermögens sind entspr § 287 ZPO zu schätzen. Das Gleiche gilt für Positionen wie Repräsentationskosten, Werbegeschenke, Bewirtungskosten etc. Derartige **gemischte Aufwendungen,** dh ein Aufwand, der sowohl betrieblich als auch privat veranlasst ist oder sein kann, ist einer ermessensbegrenzenden Objektivierungs- und Angemessenheitsprüfung zu unterziehen (Übersicht der insoweit prüfenswerten Aufwendungen bei FAKomm-FamR/*Kleffmann* vor § 1361 Rz 49). **Beispiele** für Aufwendungen, die – teilweise oder insgesamt – Kosten der privaten Lebensführung beinhalten und prüfenswert sind und unterhaltsrechtlich ggf zu kürzen sind: Abschreibungen, Reise und Bewirtungskosten, Kfz-Kosten, Telefon- und Internetkosten, Eigenanteil von Mieten, Personalkosten in nicht betriebsüblichem Umfang (BGH FamRZ 06, 387).

Stehen Betriebsausgaben in keinem angemessenen Verhältnis zu den Einnahmen, etwa was die Personalausgaben anbelangt, ist zu prüfen, ob dem Selbstständigen vorzuwerfen ist, dass er keine Maßnahmen zur Kostensenkung ergriffen hat. Der Unterhaltsberechtigte hat (lediglich) die Angemessenheit der Ausgaben zu beanstanden, allerdings substantiiert und nicht pauschal (KG FamRZ 06, 1868). Es ist sodann Aufgabe des Verpflichteten, iE darzulegen, aus welchem Grund Maßnahmen zur Reduzierung dieser Ausgaben nicht ergriffen wurden und nicht in Betracht kommen (BGH FamRZ 06, 387; FuR 04, 507 = FamRZ 04, 1178; 87, 259 vgl auch Frankf FamRZ 07, 404; Karlsr FamRZ 07, 413).

Hinsichtlich der berücksichtigungsfähigen **Vorsorgeaufwendungen** für Krankheit und Alter wird auf die Ausführungen zu Rn 47 ff verwiesen.

Die bei den Einkünften aus Gewerbebetrieb anfallende **Gewerbesteuer** wird bereits bei der Ermittlung des steuerlich maßgeblichen Gewinns berücksichtigt. Die **Umsatzsteuer** ist bei Einkünften aus Gewerbebetrieb und Selbstständigen unterhaltsrechtlich nicht relevant. Vom Einkommen in Abzug zu bringen sind **Einkommensteuern sowie Solidaritätszuschlag und Kirchensteuern.** Nach dem **In-Prinzip** werden Steuern in der im Veranlagungszeitraum tatsächlich entrichteten Höhe berücksichtigt, dh Vorauszahlungen für das laufende Jahr einschl der durch Steuerabzug erhobenen Einkommensteuer und der Körperschaftsteuer bei Einkünften aus Kapitalvermögen zzgl Vorauszahlungen für Vorjahre zzgl Abflusszahlungen, abzgl Erstattungen für Vorjahre (BGH FamRZ 91, 304; 90, 981). Eine fiktive Steuerberechnung wird damit vermieden. Die handels- und/oder steuerrechtlichen Rechnungsgrundlagen folgen nicht dem In-Prinzip, sondern dem **Für-Prinzip** (Hamm FamRZ 95, 1153; *Wendl/Kemper* § 1 Rz 567 und FAKomm-FamR/*Kleffmann* vor § 1361 Rz 53 ff). Danach werden Beträge für den Zeitraum berücksichtigt, für den sie geleistet wurden. Sowohl die tatsächlich gezahlten wie die veranlagten Steuern stehen jedoch nicht in Beziehung zu den unterhaltsrechtlich relevanten

Korrekturen. In diesen Konstellationen sollte der fiktiven Erhöhung des steuerlich relevanten Einkommens eine **fiktiv höhere steuerliche Veranlagung** entspr. Die Differenz zwischen unterhaltsrechtlich relevantem Bruttoeinkommen und steuerlich relevantem Bruttoeinkommen, die sich aufgrund unterhaltsrechtlich notwendiger Korrekturen, etwa bei Abschreibungen, ergibt, ist mit der anteiligen Steuer belastet. Steuervorteile aus unterhaltrechtlich unbeachtlichen Aufwendungen bleiben sodann beim Unterhaltsverpflichteten (vgl auch *Kleffmann* in: Scholz/Stein, Praxishandbuch Familienrecht Teil G Rz 47 ff mit Berechnungsbeispielen).

18 **D. Sozialstaatliche Leistungen.** Sozialleistungen (vgl auch Ziff 2 der Leitlinien) zählen zum unterhaltsrechtlich relevanten Einkommen, soweit sie nicht nur subsidiär gewährt werden (BGH NJW 97, 1919). Für die Beurteilung der Bedürftigkeit und der Leistungsfähigkeit nach **bürgerlichem Recht** gelten teilw **andere Maßstäbe** als im **Sozialhilferecht** (BGH FamRZ 95, 537; 80, 40; vgl auch *Scholz* FamRZ 04, 751 und *Schellhorn* FuR 99, 10). Das UÄndG 2008 hat mit einer Angleichung des Bürgerlichen Rechts an andere Rechtsgebiete begonnen, etwa in dem es das Existenzminimum eines Kindes in § 1612a I an den doppelten Freibetrag für das sächliche Existenzminimum eines Kindes (Kinderfreibetrag) nach § 32 VI 1 EStG geknüpft hat, oder in dem sich in § 1570 (Betreuungsunterhalt) bei der Notwendigkeit der Betreuung von Kleinkindern Gedanken des SGB II und des SGB X hinsichtlich des Alters der Kinder finden.
Arbeitslosengeld I (§ 117 SGB III 3, vgl auch Ziff 2.1 der Leitlinien) ist eine Entgeltersatzleistung und unterhaltsrechtlich zu berücksichtigen (BGH FamRZ 09, 307; 96, 1067; NJWE-FER 96, 15). Für die unterhaltsrechtliche Anrechnung ist es unerheblich, aufgrund welcher Beschäftigung das Arbeitslosengeld gezahlt wird. Auch bei einer zuvor überobligatorischen Arbeit ist es wie Einkommen aus zumutbarer Tätigkeit zu behandeln (Ddorf FamRZ 02, 99; Stuttg FamRZ 96, 415; Hambg FamRZ 92, 1308; aA Köln FamRZ 94, 897), weil dieses Erwerbsersatzeinkommen ohne überobligationsmäßige Anstrengung erzielt wird. Ein **Erwerbstätigbonus** ist nicht zu berücksichtigen (BGH FamRZ 09, 307; 07, 983). Der wegen eines leiblichen Kindes gewährte erhöhte Leistungssatz des Arbeitslosengeldes ist auch im Fall der Wiederverheiratung des Unterhaltspflichtigen Bestandteil seines zur Bemessung des nachehelichen Unterhalts maßgeblichen Einkommens. Der auf der Wiederverheiratung beruhende Teil des Arbeitslosengeldes ist entspr den Grundsätzen zur Berücksichtigung des Splittingvorteils aus neuer Ehe (BGH FuR 08, 542; zu Einzelheiten vgl iÜ Rn 45) zu behandeln.
Arbeitslosengeld II stellt hingegen eine subsidiäre Sozialleistung dar und ist damit kein unterhaltsrechtlich relevantes Einkommen (BGH FamRZ 09, 307). Sie dient nicht der Entlastung des Unterhaltspflichtigen und ist daher beim Bedürftigen stets unbeachtlich. Auch das an den Pflichtigen ausgekehrte ALG II deckt regelmäßig (nur) dessen sozialhilferechtlichen Lebensbedarf und hat damit keine Einkommensfunktion (BGH FamRZ 06, 683). Ein (teilw) Leistungsfähigkeit kann sich nur ergeben, wenn noch sonstige Einkünfte, etwa in Gestalt nichtsubsidiärer Sozialleistungen oder wegen Verstosses gegen die Erwerbsobliegenheit fiktive Einkünfte, vorhanden sind.
Das als Zuschuss zum Arbeitslosengeld II gezahlte **Einstiegsgeld** stellt unterhaltsrechtliches Einkommen dar (Celle FamRZ 06, 1203). Das Gleiche gilt für **nicht subsidiäre Leistungen nach SGB II**, insb befristete Zuschläge (§ 24 SGB II), Entschädigungen für Mehraufwendungen (§ 16 SGB II) oder Freibeträge (§ 30 SGB II). Als Einkommen zu berücksichtigen sind auch das **Unterhaltsgeld** bei der Teilnahme an Maßnahmen der beruflichen Weiterbildung, **Übergangsgeld**, **Kurzarbeitergeld** und **Insolvenzgeld**, **Schlechtwetter-** und **Streikgeld**).
BAföG-Leistungen sind Einkommen, auch wenn sie als Darlehen gewährt werden (BGH NJW 80, 393; 87, 1551). Dies gilt nicht für Vorausleistungen nach §§ 36, 37 BAföG (BGH FamRZ 96, 1067). Nimmt der Unterhaltsgläubiger schuldhaft entspr Mittel nicht in Anspruch, ist in Höhe der möglichen Förderung fiktives Einkommen zuzurechnen (BGH FamRZ 80, 126). Regelmäßig muss der Unterhaltsgläubiger gegen einen ablehnenden BAföG-Bescheid jedoch kein Rechtsmittel einlegen (BGH FamRZ 89, 499), wenn und soweit nicht der Unterhaltsschuldner für die entstehenden Kosten aufkommt. Auf Seiten des Unterhaltsschuldners mindert die Bedienung von BaföG-Schulden ab Fälligkeit das unterhaltsrelevante Einkommen.
Berufsausbildungsbeihilfen (§ 59 ff SGB II) haben Lohnersatzfunktion und stellen nur dann eine subsidiäre Geldleistung dar, wenn sie als Vorauszahlung erbracht werden (Oldbg FamRZ 89, 531 zu § 40 AFG). **Erziehungsgeld** wird (weiter) gezahlt für Geburten, die bis zum 31.12.06 erfolgt sind. Wegen § 9 I BErzGG stellt es grds kein Einkommen dar (BVerfG FamRZ 00, 1149). Nach § 9 II BErzGG ist es ausnahmsweise Einkommen bei gesteigerter Unterhaltspflicht ggü einem minderjährigen Kind (§ 1603 II BGB, vgl auch Ziff 2.5 der Leitlinien) und ggf iRe Konstellation der Verwirkung gebotenen Billigkeitsabwägung nach §§ 1361, 1579, 1611. Soweit Erziehungsgeld als Einkommen berücksichtigt wird, ist der Selbstbehalt zu wahren (BGH FamRZ 06, 1010).
Elterngeld wird für ab 1.1.07 geborene Kinder gezahlt. Das bisherige BErzGG wurde durch das **Bundeselterngeld-** und **Elternzeitgesetz** (BEEG) ersetzt (eingehend hierzu *Scholz* FamRZ 07, 7; *Brosius-Gersdorf* FamRZ 07, 177; *Götsche* FamRB 07, 120; *Mleczko* ZFE 07, 49). Elterngeld ist insoweit keine Sozialleistung als ein *Mindestelterngeld* in Höhe von 300 € monatl selbst dann gezahlt wird, wenn vor Geburt des Kindes kein Einkommen aus Erwerbstätigkeit erzielt wurde. Elterngeld ist eine elternbezogene Lohnersatzleistung, wenn aufgrund der Geburt des Kindes von einem Elternteil die Erwerbstätigkeit aufgegeben oder eingeschränkt wird und Grundlage der Bemessung des Elterngeldes der dadurch bedingte Einkommensverlust ist. Nach § 11 I

BEEG werden Unterhaltspflichtigen durch die Zahlung des Elterngeldes nur insoweit berührt, als die Zahlung 300 € übersteigt. Entspr gilt nach § 11 2 u 3 BEEG bei Zahlung über 28 Monate und Mehrlingsgeburten. In Höhe des 300 € übersteigenden Betrages ist Elterngeld unterhaltsrelevantes Einkommen. Da es sich nicht um Erwerbseinkünfte handelt, sind ein Erwerbstätigenbonus sowie berufsbedingte Aufwendungen nicht zu berücksichtigen. Es gilt der Selbstbehalt für Nichterwerbstätige. Nach § 11 IV BEEG gelten 1 bis 3 nicht in den Fällen der §§ 1361 III, 1579, 1603 II und 1611 I.

Kindergeld (Ziff 3 der Leitlinien) ist eine öffentliche Sozialleistung, die gewährt wird, um die Unterhaltslast der Eltern ggü ihren Kindern zu erleichtern. Kindergeld stellt **kein Einkommen des bezugsberechtigten Elternteils** dar (BGH FamRZ 05, 347; 03, 445; 97, 806). Schon iRd Volljährigenunterhalts hatte der BGH (FamRZ 08, 2104, 07, 542; 06, 774, 99) erkannt, dass Kindergeld wie Einkommen des volljährigen Kindes zu behandeln sei. Dem ist der Gesetzgeber mit der Neufassung des § 1612b und der zum 1.1.08 in Kraft getretenen Unterhaltsreform gefolgt. Die vom BVErfG (FamRZ 03, 1370) angemahnte Harmonisierung unterhalts- und sozialrechtlicher Regelungen wurde dadurch herbeigeführt, dass das Kindergeld, wie im Sozialrecht (vgl § 11 I 3 SGB II, § 82 I 2 SGB XII) bedarfsdeckend anzusetzen ist. Kindergeld als Unterhaltsrechtlich ist nach § 1612b I das auf das Kind entfallende Kindergeld zur Deckung seines Bedarfs zur Hälfte zu verwenden, wenn ein Elternteil seine Unterhaltspflicht durch Betreuung des Kindes erfüllt, in allen anderen Fällen in voller Höhe. Dies gilt insb für ein minderjähriges Kind, das nicht von einem Elternteil, sondern verantwortlich von Dritten betreut wird, für das verheiratete minderjährige Kind, für privilegierte volljährige Kinder iSd § 1603 II 2 und für alle anderen volljährigen Kinder, gleichgültig, ob sie im Haushalt eines Elternteils, anderer Verwandter oder im eigenen Haushalt leben, ob sie sich in einer Schul- oder sonstigen Ausbildung befinden, ob sie Einkünfte erzielen, ob sie arbeitslos, arbeitsunfähig, krank oder behindert sind (BGH FamRZ 09, 1300; 1477). Da das Kindergeld bedarfsdeckend angerechnet wird, ist bei der Berechnung des Ehegattenunterhalts der Unterhalt für das minderjährige wie für das volljährige Kind nur in Höhe des **Zahlbetrages**, nicht des Tabellenbetrages, vom Einkommen des Pflichtigen abzuziehen (BGH FamRZ 09, 1300; 1477; weiterführend Dose FamRZ 07, 1289).

Ein **Zählkindvorteil** ist nach § 1612b II kein Einkommen (BGH FamRZ 00, 1492; 97, 806).

Kinderzuschläge (§ 6a BKGG) sind kein Einkommen der Eltern, sondern decken den Bedarf des Kindes, sind mithin wie das Kindergeld zu behandeln.

Das Gleiche gilt für **Kinderzuschüsse**, etwa aus der gesetzlichen Rentenversicherung, der Unfallversicherung oder Zulagen überstaatlicher Einrichtungen (Kobl FamRZ 95, 1374). Derartige Zuwendungen verdrängen (teilw) das Kindergeld. Soweit dies der Fall ist, gilt nach § 1612c die gleiche Regelung wie in § 1612b (vgl *Wendl/Scholz* § 2 Rz 498).

Aufgrund des Gesetzes zur Sicherung von Beschäftigung und Stabilität in Deutschland von 2.3.09 ist für jedes Kind, das im Jahr 2009 Anspruch auf Kindergeld hatte, eine einmalige Zahlung von 100 € geleistet worden (**Kinderbonus**). Seinem Wesen nach handelt es sich um eine Kindergeldleistung, die entspr § 1612b zu berücksichtigen ist. Die Anrechnung erfolgt auf den Bedarf des Kindes und nicht auf den Unterhalt. Von dem Bedarf des Kindes ist mithin nicht nur das Kindergeld hälftig (oder voll), sondern auch der Kinderbonus hälftig (oder voll) abzusetzen.

Pflegegeld wird aufgrund unterschiedlicher tatsächlicher Konstellationen und gesetzlicher Grundlagen gewährt. Pflege- und Erziehungsgeld nach §§ 23 I, 2, 39 SGB VIII ist **Einkommen der Pflegeperson**, soweit es den für den Unterhalt des Pflegekindes benötigten Betrag übersteigt und damit als Anerkennung für die Betreuung und erzieherischen Bemühungen der Pflegeperson gezahlt wird. Dieser den Pflegeeltern zuzurechnende (Einkommens-)Anteil ist über § 287 ZPO zu schätzen, kann regelmäßig mit $^1/_3$ des Pflegegeldes in Ansatz gebracht werden. Hinsichtlich des als Einkommen in Ansatz zu bringenden Pflegegeldanteils ist auch der Erwerbstätigbonus zu berücksichtigen (BGH FamRZ 07, 377). Pflegegeld als Leistung aus der Pflegeversicherung bei einer häuslichen Pflege stellt im Zweifel beim Bedürftigen kein Einkommen dar, weil es nur erhöhte Aufwendungen deckt, §§ 1610a, 1578a, 1361 I (vgl zum Ganzen Wendl/Dose § 1 Rz 443 ff). Bei der Pflegeperson, an die es weitergeleitet wird, ist Pflegegeld nach § 13 VI SGB VI unterhaltsrechtliches Einkommen nur, wenn der Anspruch nach §§ 1579, 1611 verwirkt ist, in Konstellationen gesteigerter Unterhaltspflicht ggü einem minderjährigen Kind nach § 1603 II oder bei Vorhandensein einer Erwerbsobliegenheit iRd Ehegattenunterhalts und Pflichtiger und der zu Pflegende sind in gerader Linie verwandt sind. Auch insoweit kann eine Berücksichtigung als Einkommen nur hinsichtlich des Anteils erfolgen, der von dem Pflegegeld nicht für einen erhöhten Bedarf des Pflegebedürftigen benötigt wird. Bei Pflege eines gemeinsamen behinderten Kindes durch einen Ehegatten ist Pflegegeld kein Einkommen (§ 13 VI SGB XI, vgl BGH FamRZ 06, 846). Der als Einkommen unterhaltsrechtlich zu berücksichtigende Teil des Pflegegeldes ist steuerfrei (§ 3 Nr 36 EStG).

Blindengeld, Unfall- und Versorgungsrenten, Schwerstbeschädigtenzulagen sind grds Einkommen. Allerdings ist § 1610a zu beachten (vgl Ziff 2.7 der Leitlinien).

Leistungen der Grundsicherung sind eine bedürftigkeitsabhängige, ggü der Sozialhilfe vorrangige Sozialleistung für Personen ab Vollendung des 65. Lebensjahres und Personen ab 18 Jahren, die gem § 43 II SGB VI dauerhaft voll erwerbsgemindert sind. Der Höhe nach entspr sie etwa dem Umfang der Sozialhilfe (eingehend *Klinkhammer* FamRZ 03, 1793; 02, 997). Bei Unterhaltsansprüchen behinderter Kinder oder von Eltern gegen Kinder sind Leistungen zur Grundsicherung unter den Voraussetzungen des § 43 II 1 SGB XII als Einkommen des Bedürftigen anzusetzen (BGH FamRZ 07, 1158 mAnm *Scholz*). Tatsächliche Unterhaltszahlungen mindern im Gegensatz zu bloßen Unterhaltsansprüchen den Anspruch auf Grundsicherung. Daher ist es zT erforderlich, Zahlungen an den Bedürftigen als zinsfreies Darlehen und nicht als Unterhalt zu deklarieren (*Scholz* in Anm zu BGH FamRZ 07, 1158). Besteht beim Verwandtenunterhalt ein Anspruch auf Grundsicherung, liegt eine Obliegenheitsverletzung vor, wenn er vom Bedürftigen nicht geltend gemacht wird (Hamm FamRZ 04, 1807; Nürnbg FamRZ 04, 1988). Ist ein volljähriges Kind erwerbsunfähig, ist es gehalten, seinen allg Lebensbedarf durch die Inanspruchnahme von Leistungen der Grundsicherung zu decken. Unterlässt er dies, sind entspr Leistungen ggf fiktiv zuzurechnen (Naumbg ZFE 09, 114; Oldbg FamRZ 04, 295). Leistungen der Grundsicherung im Alter und im Bereich des Verwandtenunterhalts sind eine eigenständige Leistung (FamRZ 07, 1158) und unterhaltsrechtliches Einkommen. IRd Ehegattenunterhalts ist die Grundsicherung ggü dem Unterhaltsanspruch gegen den anderen Ehegatten subsidiär (Hamm FamRZ 06, 125).

Alle Arten von **Versorgungsbezügen** und **Renten** nebst Zulagen und Zuschlägen sind grds unterhaltsrechtlich relevant. Dies gilt etwa für die Altersrenten in der gesetzlichen Rentenversicherung, die Ausgleichsrente, beamtenrechtliche Pensionen, Berufsschadensausgleichsrente, Conterganrente, Ehegattenzuschlag für Schwerbeschädigte, Erwerbsunfähigkeitsrente, Kriegsbeschädigtenrente, Kleiderzulagen, Unfallrente, Schwerbeschädigtengrundrente, Schmerzensgeldrente, Waisenrente oder Halbwaisenrente (Dresd NJW-RR 06, 221; Stuttg 05, 1528 und grundl BGH FamRZ 80, 1109).

Sozialhilfe ist subsidiär und stellt kein Einkommen im unterhaltsrechtlichen Sinne dar (BGH FamRZ 01, 619; 00, 1358; 99, 843). Der Grundsatz der Subsidiarität gilt selbst dann, wenn der nach § 94 SGB XII vorgesehene Übergang des Unterhaltsanspruchs auf den Sozialhilfeträger ausnahmsweise gem § 94 I SGB XII ausgeschlossen ist (BGH FamRZ 00, 1358).

Krankengeld (Karlsr FamRZ 00, 1091; Schlesw FamRZ 90, 518), **Krankentagegeld** und **Krankenhaustagegeld**, jeweils abzgl anfallender Mehrausgaben sind unterhaltsrechtlich zu berücksichtigen, jedoch ohne Ansatz eines Erwerbstätigenbonus und/oder pauschaler berufsbedingter Aufwendungen (BGH FamRZ 09, 307 für das Krankengeld).

Leistungen aus einer **privaten Unfallversicherung** (BGH FamRZ 87, 36) stellen unterhaltsrelevantes Einkommen dar. Das Gleiche gilt für **Unterhaltsgeld** (Karlsr FamRZ 99, 1678) bei Teilnahme an Maßnahmen der beruflichen Weiterbildung, **Übergangsgeld**, **Kurzarbeitergeld** und **Insolvenzgeld**. Leistungen nach dem **Unterhaltsvorschussgesetz** sind wegen des gesetzlichen Forderungsübergangs gem § 7 UVG subsidiär (BGH FamRZ 86, 878). Auf Unterhalt in Anspruch genommene Verwandte, insb Großeltern, können das Kind jedoch auf die vorrangige Deckung des Unterhaltsbedarfs durch UVG-Leistungen verweisen. Die Unterhaltsforderung eines Empfängers dieser Leistungen kann in Ausnahmefällen treuwidrig sein (BGH FamRZ 01, 619; 99, 843).

Die **wiederaufgelebte Witwenrente**, etwa nach § 90 I SGB VI, ist nicht anspruchsmindernd zu berücksichtigen (BGH NJW 79, 815), auch wenn der Unterhaltsanspruch gem § 1579 gekürzt ist (BGH FamRZ 86, 889).

19 **E. Einkünfte aus Kapitalvermögen, Wohnvorteil.** Vermögenseinkünfte erhöhen als Erträge des Vermögens das unterhaltsrechtlich relevante Einkommen des jeweiligen Vermögensinhabers.

20 **I. Einkünfte aus Kapitalvermögen.** Zu den Einkünften aus Kapitalvermögen zählen Zinsen, Einlagen und Konten bei Kreditinstituten, Diskonterträge bei Wechselgeschäften, Ausschüttung von Investmentgesellschaften, Stückzinsen, Gewinnanteile aus der Beteiligung an Kapitalgesellschaften (zur Leistungsfähigkeit eines „verkappten Selbstständigen" vgl Köln NJW-RR 07, 941 und Rn 15), Dividenden, Einkünfte aus stiller Gesellschaft, aus Wertpapieren und Einkünfte aus Spekulationsgewinnen (Stuttg FamRZ 02, 635). Die Einkünfte mindern sich um **Werbungskosten** (Depotgebühren, Bankspesen, Auslagen für die Teilnahme an Gesellschafterversammlungen, Kapitalertragsteuer und persönliche Steuern, Kosten für einen notwendigen Vermögensverwalter). Die Ermittlung der Vermögenserträge erfolgt als **Überschussrechnung** durch Abzug der Werbungskosten von den Bruttoeinkünften (§ 2 II Nr 2 EStG). Auf die **Herkunft des Vermögens** kommt es grds nicht an: Erbanteil an einem Baugrundstück (BGH FamRZ 80, 143; Hamm NJW-RR 98, 6) Sparguthaben (BGH FamRZ 85, 360), Versteigerungserlös (BGH FamRZ 85, 582), Miteigentumsanteil an einem Haus (BGH FamRZ 84, 662), Lottogewinn (Frankf FamRZ 95, 875), Schmerzensgeldzahlungen jedenfalls bei gesteigerter Unterhaltspflicht (BGH FamRZ 89, 170; Karlsr FamRZ 00, 750) oder Erlös aus der Veräußerung eines Eigenheims (BGH FamRZ 85, 354).

21 **II. Vermögensverwertung.** Eine Verpflichtung zur **Verwertung des Vermögensstamms** besteht nur **ausnahmsweise**. Für den nachehelichen Unterhalt regeln §§ 1577 II, 1581 2, dass der Stamm des Vermögens nicht verwertet werden muss, soweit die Verwertung unwirtschaftlich und unter Berücksichtigung der beiderseitigen wirtschaftlichen Verhältnisse unbillig wäre (zu Einzelheiten vgl Kommentierung zu § 1577). Zwar fehlt für den Trennungsunterhalt eine entspr Regelung. Regelmäßig ist allerdings auch dort unter Zugrundelegung vergleichbarer Kriterien eine **Zumutbarkeitsprüfung** vorzunehmen (BGH FamRZ 86, 556; München FamRZ 93, 62). Beim Trennungsunterhalt ist zu berücksichtigen, dass die Ehegatten einerseits ein höheres

Maß an Rücksichtnahme schulden und andererseits eine trennungsfördernde Vermögensverwertung grds ausgeschlossen werden muss (BGH FamRZ 93, 165). Beim Trennungsunterhalt kommt deshalb eine Verwertung des Vermögens nur unter engeren Voraussetzungen in Betracht (München FamRZ 93, 62; Hamm FamRZ 97, 1537). Für den Kindesunterhalt enthalten §§ 1602 II, 1603 I und II 1 besondere Regelungen. Wegen der iRd gebotenen Zumutbarkeitsprüfung hinsichtlich der Obliegenheit zur Verwertung des Vermögensstamms zu beachtenden Abwägungskriterien wird auf die Kommentierung bei FAKomm-FamR/*Kleffmann* vor § 1361 Rz 86 (für den nachehelichen Unterhalt), Rz 87 (für den Trennungsunterhalt) und Rz 88 ff (für den Kindes- und Ehegattenunterhalt) verwiesen.

III. Einkünfte aus Vermietung und Verpachtung. Miet- und Pachteinnahmen sind Einkünfte aus der Nutzung eines Vermögens. Wegen denkbarer Schwankungen (etwa vorübergehender Wohnungsleerstand) sollte im Zweifel ein **Mehrjahresdurchschnitt** bei der Einkommensermittlung zugrunde gelegt werden (Hamm FamRZ 07, 73). Bei den Miet- und Pachteinnahmen handelt es sich um **Überschusseinkünfte** (§ 2 II 2 EStG). Sie werden durch Abzug der Werbungskosten von den Bruttoeinnahmen ermittelt. Zu den **Einnahmen** zählen vornehmlich Miet- oder Pachtzinsen, Mietvorauszahlungen, Mietzuschüsse, Nutzungsentschädigungen, Schadensersatzleistungen des Mieters oder Pächters, die auf einer Vertragsverletzung beruhen, Wert von Sach- oder Dienstleistungen des Mieters, die anstelle der Mietzinszahlung geleistet werden. Zu den berücksichtigungsfähigen **Abzugsposten** zählen insb Nebenleistungen des Mieters für Strom, Wasser etc, allg Hausunkosten, Prämien für notwendige Hausversicherungen, Grundsteuern und öffentliche Abgaben für Müllabfuhr, Abwasser etc, notwendige, die Immobilie betreffende Prozesskosten, Beiträge zum Haus- und Grundbesitzerverein, notwendige Reisekosten zum Mietobjekt, Kredit- und Finanzierungskosten. Ob insoweit neben Zinsleistungen auch Tilgungsleistungen anzuerkennen sind, bedarf der Prüfung im Einzelfall. Grds ist es dem Unterhaltsschuldner nicht gestattet, auf Kosten des Unterhaltsberechtigten Vermögen zu bilden, zumal wenn der Berechtigte am Vermögenszuwachs nicht teilnimmt (BGH FamRZ 87, 36; Karlsr FamRZ 93, 1091). Letztlich ist nur aufgrund **umfassender Interessenabwägung** zu entscheiden, ob **Tilgungsleistungen** anzuerkennen sind (BGH NJW 93, 2703). Steht die **Immobilie im Miteigentum beider Ehepartner**, fehlt es an einer einseitigen Vermögensbildung mit der Folge, dass Zins- und Tilgungsleistungen einkommensmindernd zu berücksichtigen sind. Tilgt nur einer der Eheleute die Schuld, erfolgt durch die unterhaltsrechtliche Berücksichtigung kein Gesamtschuldnerausgleich nach § 426 I 1. Entspr gilt, wenn die Immobilie zwar im **Alleineigentum** eines Ehegatten steht, der andere Ehegatte jedoch über den güterrechtlichen Ausgleich bis zur Rechtshängigkeit des Scheidungsverfahrens an der Vermögensbildung partizipiert (BGH FamRZ 08, 963; 07, 879; 91, 1163). Nicht abziehbar sind ab Rechtshängigkeit des Scheidungsverfahrens als Stichtag für den Zugewinnausgleich bzw bei Gütertrennung ab Trennung Tilgungsbeträge, wenn sie der **einseitigen Vermögensbildung** dienen (BGH FamRZ 08, 963; 00, 950). Etwas anderes kann gelten, wenn es sich bei den Tilgungsleistungen um eine **zusätzliche private Altersvorsorge** handelt (BGH FamRZ 08, 963; 07, 879). Neben den Beiträgen in die gesetzliche Rentenversicherung erlangt die zusätzliche private Altersvorsorge zunehmend Bedeutung und ist in angemessenem Umfang einkommensmindernd zu berücksichtigen (BGH NJW 05, 3277; 03, 1179 für den Elternunterhalt). Geht man weiter davon aus, dass die **Wahl der Altersvorsorge** in das **Ermessen** der jeweiligen Unterhaltspartei gestellt ist, ist auch eine angemessene Altersvorsorge durch Immobilienerwerb und Besitz und damit korrespondierend einen angemessenen Finanzierungsaufwand unter Einschluss der angemessenen Tilgungsleistungen (zur Angemessenheit angemessener Altersvorsorge vgl Rn 48) für zulässig zu erachten (BGH FamRZ 08, 963; 07, 879; 05, 1817; vgl auch *Gerhardt* FamRZ 07, 945 und *Gerhardt/Schulz* FamRZ 05, 1523).

Gebäudeabschreibungen sind steuerlich zulässig, berühren jedoch nicht die unterhaltsrechtlich relevanten Einkünfte. Es liegt lediglich ein pauschal angerechneter Verschleiß von Vermögensgegenständen zugrunde, der entweder konkret nicht gegeben ist oder zumindest über die tatsächliche Ausmaß der Wertsteigerung hinausgeht und oftmals auch ausgeglichen wird durch eine günstige Entwicklung auf dem Immobilienmarkt (BGH FamRZ 05, 1159; 97, 281). Notwendige **Erhaltungsaufwendungen** sind einkommensmindernd zu berücksichtigen (BGH FamRZ 05, 1159). Handelt es sich um notwendige Erhaltungsaufwendungen in größerem Umfang, müssen sie ggf auf mehrere Jahre verteilt werden (BGH FamRZ 84, 39). Ausgaben für wertsteigernde Maßnahmen und/oder Modernisierungskosten sind als vermögensbildende Aufwendungen grds nicht zu berücksichtigen (BGH FamRZ 05, 1159; 00, 351).

Eine **Instandhaltungsrücklage** ist unterhaltsrechtlich nicht akzeptabel (BGH FamRZ 00, 531), weil es sich um einen pauschalierten Aufwand handelt und es nicht feststeht, ob die Rücklage jemals zweckentspr eingesetzt wird. Etwas anderes kann jedoch gelten für Rücklagen, die im Hinblick auf konkrete Mängel gebildet werden (BGH FamRZ 00, 351; München FuR 03, 724). Bei Eigentumswohnungsanlagen ist wegen der dort nach der Eigentümerordnung bestehenden generellen Rücklagenverpflichtung nach § 21 V WEG ein großzügiger Maßstab anzulegen. Hier sind vorgeschriebene Rücklagen als Abzugsposten grds anzuerkennen (*Münch* FamRZ 02, 1407).

Verluste aus Vermietung und Verpachtung sind nicht zu berücksichtigen, sofern sie aus Abschreibungen und/oder überhöhten Instandhaltungspauschalen, der Beteiligung an Bauherrenmodellen oder ähnlichen Abschreibungsmodellen resultieren (BGH FuR 05, 361 = FamRZ 05, 1159; vgl bereits BGH FamRZ 04, 1177).

Sie sind hingegen anerkennungsfähig, sofern es sich um kurzfristige Verluste, etwa aufgrund vorübergehender Mietausfälle, handelt. Steht die Immobilie im Miteigentum beider Eheleute und handelt es sich um eine gemeinsame Vermögensbildung der Eheleute sind die Verluste bis zur Vermögensauseinandersetzung zu berücksichtigen mit der Folge, dass es bei der Berücksichtigung der Abschreibungen unter Berücksichtigung der tatsächlichen Steuerlast bleibt. Eine einseitige Vermögensbildung zu Lasten der anderen am Unterhaltsverhältnis beteiligten Partei ist ab Rechtshängigkeit des Scheidungsverfahrens als Stichtag für den Zugewinnausgleich bzw bei Gütertrennung ab Trennung nicht mehr zulässig (BGH FamRZ 08, 963). Dies gilt auch für Verluste aus der Beteiligung an Abschreibungsmodellen. Aus den Verlusten resultierende Steuervorteile verbleiben dem Verpflichteten jedoch allein (BGH FamRZ 05, 1159). Dies wiederum verlangt eine **fiktive Steuerberechnung** dergestalt, dass das zu versteuernde Einkommen um den in dem Steuerbescheid ausgewiesenen Verlustabzug aus Vermietung und Verpachtung erhöht wird und aus dem erhöhten Einkommen eine fiktiv zu zahlende Steuer nach der Steuertabelle ermittelt wird.

26 Auch das **mietfreie Wohnen im Eigenheim** (vgl Ziff 5 der Leitlinien) als Nutzung des Grundstückseigentums (§ 100) stellt eine unterhaltsrechtlich relevante Einkommensquelle dar (BGH FamRZ 07, 879; 03, 1179 (zum Familienunterhalt); 89, 87 (zum Trennungsunterhalt)). Für die Bewertung dieses Wohnvorteils ist von dem objektiven Wert auszugehen (BGH NJW 95, 2627), regelmäßig der **objektiven Marktmiete** (BGH FamRZ 00, 950; Hamm FamRZ 99, 233). Diese Marktmiete **begrenzt den Wohnvorteil** nach oben (BGH FuR 07, 264; FamRZ 03, 1179; *Graba* FamRZ 01, 1257). Nach Scheidung der Ehe ist grds die objektive Marktmiete in Ansatz zu bringen (BGH NJW 98, 753). Nach der Scheidung besteht grds eine Obliegenheit zur Verwertung der Wohnung, etwa durch Verkauf, Vermietung, Teilvermietung, da keine Erhaltungsinteressen mehr bestehen (BGH FamRZ 94, 1100). Nur ausnahmsweise kann sich nach Scheidung aufgrund einer vorzunehmenden Gesamtabwägung eine Unzumutbarkeit des Auszuges ergeben (Hamm NJWE-FER 00, 273), die sodann nur den Ansatz einer angemessenen Miete für eine kleinere Wohnung rechtfertigt (BGH FamRZ 00, 950; 92, 423). Gehören einem Ehegatten **mehrere Wohnungen**, können seinem Einkommen entspr Wohnvorteile zugerechnet werden. Eine Kürzung kommt jedoch unter Angemessenheitsgesichtspunkten in Betracht (BGH FamRZ 09, 1300).

Von dem, ggf über § 287 ZPO zu schätzenden, Mietwert sind die **Hauslasten** abzuziehen, mit denen ein Mieter üblicherweise nicht belastet wird. Unterhaltsrechtlich zurechenbar ist ein Wohnvorteil nur insoweit als der Wohnwert die mit dem Grundeigentum verbundenen Kosten übersteigt (BGH FamRZ 08, 963; 07, 879; 03, 1179). Ein Wohnwert besteht nur, soweit der Eigentümer billiger lebt als ein Mieter (BGH FamRZ 95, 869). Ob mit dem Eigentum verbundene Kosten allein von dem Eigentümer und nicht vom Mieter zu tragen sind, lässt sich weniger nach dem Kriterium der Verbrauchsabhängigkeit der Kosten als nach dem Kriterium der **Umlagefähigkeit** beurteilen (BGH NJW 09, 1266; FamRZ 09, 1300 = FuR 09, 567 unter Aufgabe von BGH FamRZ 00, 351, 665; 98, 899). Nach § 556 I 1 können Parteien vereinbaren, dass der Mieter Betriebskosten trägt. Betriebskosten sind die Kosten, die dem Eigentümer durch das Eigentum am Grundstück oder durch den bestimmungsgemäßen Gebrauch des Gebäudes, der Nebengebäude und Anlagen, Einrichtungen und des Grundstücks laufend entstehen. Nach der seit dem 1.1.04 geltenden Betriebskostenverordnung sind danach nicht umlagefähig etwa Kosten der Verwaltung und Kosten der Instandhaltung (§ 1 II BetrKV). Nur derartige nicht umlagefähige Betriebskosten können als wohnwertmindernd berücksichtigt werden. Steht das Eigenheim jedoch im **Mieteigentum** der Eheleute, werden die verbrauchsunabhängigen Nebenkosten aber nur von einem Ehegatten gezahlt, wird man diese Kosten hingegen als Abzugsposten zu berücksichtigen haben. Dies hat den Vorteil, dass keine zusätzliche Abrechnung mehr vorzunehmen ist, nachdem im Gegensatz zu den verbrauchsabhängigen Nebenkosten die verbrauchsunabhängigen Nebenkosten bis zur Vermögensauseinandersetzung beide Ehegatten zu tragen haben (eingehend *Gerhardt* FuR 07, 393). Abzusetzen sind **Zinsen** für die auf dem Grundstück lastenden Darlehensverbindlichkeiten (BGH NJW 00, 265; Celle FamRZ 99, 508). Zinsbelastungen sind sowohl bei einem prägenden Wohnwert (BGH FamRZ 08, 963; 07, 879; 00, 950) als auch bei einem nicht prägenden Wohnwert (BGH FamRZ 08, 963) abzuziehen. Übersteigen die Abzahlungen den Wohnwert, ist mit einem **negativen Wohnwert** zu rechnen (BGH FamRZ 07, 879; eingehend *Gerhardt* FuR 07, 394). Bei einem erst nach der Scheidung entstandenen **nicht prägenden Wohnwert**, etwa aus einer Erbschaft oder aus dem Zugewinn, können bei einer Schuldenaufnahme nur Zinsen vom Wohnwert abgezogen werden, nicht die Tilgung als Vermögensbildung (BGH FamRZ 00, 950). Das Gleiche gilt, wenn es sich bei diesem Wohnwert zwar um ein prägendes Surrogat des früheren Wohnwerts handelt, weil er aus dem Verkaufserlös des Familienheims angeschafft wurde (BGH FamRZ 06, 387), aber hierzu neue und damit nicht prägende Schulden aufgenommen wurden (BGH FamRZ 05, 1159).

27 Für die Dauer des **Getrenntlebens** ist der Wohnvorteil nach dem Mietzins für eine den wirtschaftlichen Verhältnissen der Parteien angemessene Wohnung zu bestimmen (BGH FamRZ 08, 963; FuR 07, 263=FamRZ 07, 879; 03, 1179). Solange die Wiederherstellung der ehelichen Lebensgemeinschaft nicht ausgeschlossen ist, kann dem in der Wohnung verbliebenen Ehegatten regelmäßig nicht zugemutet werden, die Wiederherstellung der ehelichen Lebensgemeinschaft durch vorzeitige Aufgabe des Familienheims zu erschweren (Zweibr FamRZ 07, 470; Hamm FamRZ 02, 885; Köln FamRZ 02, 97). Dies gilt jedoch nicht, wenn die Unterhaltspartei etwa schon während der Trennung ihren Partner in die Wohnung aufgenommen hat (Zweibr FamRZ 08,

615; Kobl NJW 03, 1816). Hier ist es ausnahmsweise gerechtfertigt, schon in der Trennungsphase die objektive Marktmiete in Ansatz zu bringen. In der Vergangenheit wurde der **angemessenen Wohnvorteil** grds für den gesamten Trennungszeitraum in Ansatz gebracht (BGH FamRZ 00, 351). Hiervon kann nicht mehr ausgegangen werden. Zwar entsprach (BGH FamRZ 07, 879; 00, 950) und entspricht (BGH FamRZ 08, 963=FuR 08, 283) es allgemeiner Meinung, dass in der Trennungszeit grds nur der angemessene Mietwert in Ansatz gebracht werden kann. Der BGH hat seine Rechtsprechung zum Wohnwert jedoch grundl geändert. Die Differenzierung zwischen Bedarf, Bedürftigkeit und Leistungsfähigkeit ist aufgegeben. Für die Bedürftigkeit und Leistungsfähigkeit gilt das Gleiche wie beim Bedarf. Hinsichtlich der Bemessung des Wohnvorteils ist **innerhalb des Trennungsunterhalts zu differenzieren**. Der volle Mietwert und nicht mehr nur der angemessene Mietwert ist zugrunde zu legen, wenn mit der Wiederherstellung der ehelichen Lebensverhältnisse nicht mehr gerechnet werden kann (BGH FamRZ 09, 23). Dies wiederum ist insb der Fall, wenn ein Ehescheidungsverfahren rechtshängig ist oder die Eheleute sich vermögensrechtlich auseinandergesetzt haben (BGH FamRZ 08, 963 m Anm *Büttner*=FuR 08, 283; vgl weiter Zweibr FamRZ 08, 615 und Nürnbg FamRZ 08, 992). Der angemessene **Wohnwert** darf nicht schematisch, etwa nach der in der Vergangenheit zugrunde gelegten Drittelobergrenze, bemessen werden, sondern richtet sich nach dem **Mietzins** einer nach dem Auszug des Ehepartners entsprechend den ehelichen Lebensverhältnissen **angemessenen kleineren Wohnung** (BGH FamRZ 07, 879; 98, 899). Dies bedeutet, dass die Wohnungsgröße ermittelt werden muss, die den Wohnbedürfnissen des wohnen gebliebenen Ehegatten entspricht. Hier sind die ehelichen Lebensverhältnisse ebenso zu berücksichtigen wie der Wohnbedarf für ein Kind, das der in der Wohnung verbliebene Ehegatte betreut. Der Mietwert ist über § 287 ZPO zu schätzen. **Schätzgrundlage** kann unter Berücksichtigung des örtlichen Wohnungsmarkts die **Miete des ausgezogenen Ehegatten** sein oder die **um ein Drittel gekürzte Marktmiete** (vgl *Gerhardt* FuR 07, 393). Bei der Bemessung des angemessenen Wohnwerts sollte iÜ nicht unberücksichtigt bleiben, dass in den Leitlinien der Oberlandesgerichte im Selbstbehalt ein Warmmietanteil von 360 €, in etwa 280 € Kaltmiete, enthalten ist (vgl auch Nürnbg FamRZ 08, 992). Daraus lässt sich die Wertung ziehen, dass jedenfalls dann, wenn der Selbstbehalt des Unterhaltsverpflichteten in Frage steht oder aber der Unterhaltsberechtigte Unterhalt von weniger als 770 € erhält als angemessener Mietwert dieser Kaltmietanteil anzusetzen ist, der dann zu erhöhen ist, wenn der wohnen gebliebene Ehegatte ein gemeinsames Kind betreut, für das der andere Unterhalt zu zahlen hat. In diesen Fällen empfiehlt sich eine Erhöhung des Wohnwertes um etwa 15% des Tabellenbetrages, da ein Anteil von 20% des Tabellenbetrages den Wohnbedarf des Kindes decken soll und etwa 15% dem Kaltmietanteil entsprechen könnte. Beim Trennungsunterhalt sind **Zins- und Tilgungsleistungen** in Abzug zu bringen, weil es dem Eigentümer in der Trennungszeit grds nicht zumutbar ist, das Familienheim zur Steigerung seiner Einkünfte zu verwerten und der andere Ehegatte über den Zugewinn weiter an der Vermögensbildung partizipiert (BGH FamRZ 07, 879). Ab Rechtshängigkeit des Ehescheidungsverfahrens erfolgt dagegen keine Teilhabe an der Vermögensbildung des Partners, so dass ab diesem Zeitpunkt die gleichen Grundsätze wie beim nachehelichen Unterhalt gelten müssen, weil der Unterhalt der einseitigen Vermögensbildung vorgeht (BGH FamRZ 08, 963). Die Tilgungsleistungen sind sodann nicht mehr zu berücksichtigen, sondern nur noch die Zinslasten, es sei denn es handelt sich um eine zulässige Altersvorsorge (vgl zum Ganzen *Gerhardt* FamRZ 07, 945; *Gerhardt/Schulz* FamRZ 05, 1523; vgl iÜ Rn 22 u 48). Regelmäßig gezahlte Raten auf einen Kredit für die Ehewohnung sind in der Trennungszeit in voller Höhe und nicht nur beschränkt auf die Höhe des angemessenen Wohnvorteils zu berücksichtigen (BGH FamRZ 07, 879 = FuR 07, 263). Auch iRd Bedürftigkeit sind die gezahlten Kreditraten bei der Bemessung des geschuldeten Trennungsunterhalts regelmäßig in voller Höhe (Zins- und Tilgung) zu berücksichtigen, allerdings beschränkt auf die Summe aus eigenen Einkünften und Gebrauchsvorteilen (vgl zu weiteren Einzelheiten und Berechnungsbeispielen FAKomm-FamR/*Kleffmann* vor § 1361 Rz 109 ff).

Übersteigen die **Belastungen** den Wohnwert, so ist dies, jedenfalls solange eine Obliegenheit zur Verwertung nicht besteht, bei der Feststellung der Leistungsfähigkeit des Pflichtigen zu berücksichtigen. Die Zurechnung eines Wohnvorteils entfällt, da der Eigentümer nicht günstiger wohnt als der Mieter. Die Belastungen sind, soweit sie den Wohnwert übersteigen, einkommensreduzierend zu berücksichtigen (BGH FamRZ 84, 358). Ob der Mehrbetrag eine **berücksichtigungsfähige Verbindlichkeit** darstellt, ist iR umfassender Interessenabwägung zu beurteilen. Ist das Familienheim während der Trennungszeit verkauft, entfällt der Wohnwert. An die Stelle des Wohnvorteils tritt als **Surrogat** der Verkaufserlös bzw der Wohnwert eines aus dem Erlös angeschafften neuen Eigentums (grundl BGH FamRZ 02, 88; 01, 986). Erwirbt ein Ehegatte den Eigentumsanteil des anderen und wird damit Alleineigentümer, tritt bei dem veräußernden Ehegatten anstelle des früheren Miteigentums der Verkaufserlös und an die Stelle des früheren Wohnvorteils der jetzt erzielbare Zinsgewinn. Für den anderen Ehegatten bleibt es bei dem schon früher vorhandenen hälftigen Eigentum und dem sich daraus ergebenden hälftigen Wohnvorteil. Hinzu kommt die erworbene Zweiteigentumshälfte mit dem sich daraus ergebenden hälftigen Wohnvorteil. Um den Wohnvorteil nicht übermäßig zu berücksichtigen, muss bei dem erwerbenden Ehegatten der Betrag abgesetzt werden, den er zum Erwerb der zweiten Eigentumshälfte aufgewendet hat. Der Wohnvorteil aus der zweiten Eigentumshälfte ist um die Kreditbelastung auf den dafür aufgewendeten Geldbetrag zu mindern, und zwar lediglich um den Zinsanteil (BGH FamRZ 08, 963). Dem Berechtigten eines **dinglichen Wohnrechts**, der in ein Pflegeheim geht und das Wohnrecht nicht nutzen kann, stehen jedenfalls ohne besondere Vereinbarung Einnahmen aus einer Vermietung der Wohnung an Dritte nicht zu, mit der Folge, dass entsprechende Einkünfte nicht zurechenbar sind (BGH FamRZ 08, 1072).

29 Beim **Kindesunterhalt** ist mietfreies Wohnen nur einkommenserhöhend zu berücksichtigen, wenn der barunterhaltpflichtige Elternteil im Eigenheim lebt. Auszugehen ist von der objektiven Marktmiete. Nach Treu und Glauben kann jedoch auch nur ein angemessener Wohnwert in Ansatz gebracht werden, wenn die verbleibenden Mittel für Unterhaltszahlung und Lebensführung nicht ausreichen (zu weiteren Einzelheiten der Berücksichtigung des Wohnwerts beim Kindesunterhalt vgl FAKomm-FamR/*Kleffmann* vor § 1361 Rz 101). Beim **Verwandtenunterhalt** ist regelmäßig nicht der objektive, sondern nur ein angemessener Wohnwert für die Einkommensbestimmung maßgebend (BGH FamRZ 03, 1179). Beim Elternunterhalt ist insb zu beachten, dass die Unterhaltsverpflichtung nicht zu einer spürbaren Absenkung des Lebensstandards führen darf. Dies wäre oftmals der Fall, wenn beim Wohnwert die Marktmiete angesetzt würde (BGH FamRZ 06, 1100). Entspr gilt bei der Ersatzhaftung von Großeltern (BGH FamRZ 06, 26).
Soweit im Unterhaltsverfahren ein Wohnwert einkommenserhöhend berücksichtigt wurde, kommt daneben keine **Nutzungsentschädigung** mehr in Betracht (BGH FamRZ 03, 432). Eine Berücksichtigung der Abzahlung bei der Unterhaltsberechnung schließt einen **Gesamtschuldnerausgleich** nach § 426 I aus, da eine anderweitige Regelung vorliegt (BGH FamRZ 05, 1236). Dies gilt nicht nur bei Ansatz der Marktmiete, sondern auch bei Berücksichtigung nur des angemessenen Wohnwerts. Soweit noch eine **Eigenheimzulage** gezahlt wird, ist sie unterhaltsrechtlich relevant (vgl Ziff 5 der Leitlinien). Sie erhöht entweder den Wohnwert oder kürzt die Abzahlungen (Hamm ZFE 06, 276; München FamRZ 99, 251).

30 F. Sonstige Einkünfte. **Leibrenten** sind sowohl mit ihrem Zins- als auch dem Tilgungsanteil unterhaltsrechtlich relevantes Einkommen (BGH FamRZ 94, 228). Der damit verbundene Verbrauch des Vermögens führt zu keiner anderen Beurteilung, weil in der Veräußerung gegen wiederkehrende Leistungen die Absicht zum Ausdruck kommt, diese in der Vergangenheit geschaffenen Werte für die Deckung des laufenden Lebensbedarfs im Alter einzusetzen (BGH FamRZ 94, 228).
Barunterhaltsleistungen dienen in erster Linie der Deckung des eigenen Bedarfs des Unterhaltsempfängers und verfolgen nicht den Zweck, den Unterhaltsempfänger in die Lage zu versetzen, seinerseits aus dem erhaltenen Unterhalt wieder Unterhaltsansprüche befriedigen zu können (BGH FamRZ 85, 273). Ist der unterhaltsberechtigte Ehegatte seinerseits jedoch gesteigert unterhaltspflichtig (§ 1603 II), muss er alle verfügbaren Mittel, grds auch den empfangenen (Ehegatten-)Unterhalt für den Kindesunterhalt verwenden (BGH FamRZ 80, 555). Auch bei der Haftungsverteilung iRd Unterhalts volljähriger Kinder ist Ehegattenunterhalt zu berücksichtigen (BGH FamRZ 05, 1817). In der Praxis wird oftmals eine zumindest konkludente Freistellungsvereinbarung, die jedoch stets einen Rechtsbindungswillen voraussetzt (BGH FamRZ 09, 768), angenommen werden können, wenn ein Elternteil auch nach Volljährigkeit des Kindes weiterhin den vollen Kindesunterhalt leistet (BGH FamRZ 08, 2104). Der Vorwegabzug des gesamten Kindesunterhalts bei einem Ehegatten führt bereits durch die entspr Herabsetzung des Ehegattenunterhalts zu einer anteiligen Berücksichtigung bei beiden Ehegatten (*Gutdeutsch* FamRZ 09, 1022). Unterhalt kann, ggf zusammen mit anderen Einkünften des Empfängers, auch zu einer Barunterhaltspflicht ggü den eigenen Eltern führen, wenn der eigene angemessene Lebensbedarf durch die Beiträge des Ehepartners zum **Familienunterhalt** gewährleistet ist (BGH FamRZ 04, 370; 795), darüber hinaus ggü minderjährigen Kindern, wenn bei Übernahme der Haushaltsführung in einer neuen Ehe oder nichtehelichen Partnerschaft der eigene Lebensbedarf durch die Unterhaltsleistungen des Partners („**Hausmannrspr**") gedeckt ist (BGH FamRZ 01, 614; 96, 796).
Taschengeld (zu Einzelheiten vgl § 1360a Rn 7), das der Unterhaltspflichtige erhält oder erhalten könnte, kann als Einkommen herangezogen werden (BGH FamRZ 04, 370; 03, 366). Taschengeld ist unterhaltsrelevant nicht nur bei gesteigerter Unterhaltspflicht, sondern auch im Verhältnis zu gleich- oder nachrangigen Unterhaltsansprüchen, etwa volljähriger Kinder oder bedürftiger Eltern. Maßgeblich ist, dass der eigene maßgebliche Selbstbehalt gewahrt ist (BGH FamRZ 04, 366; 04, 441; 01, 1065).
Bei **freiwilligen Zuwendungen** Dritter (vgl Ziff 8 der Leitlinien) kann es sich um Geldzuwendungen oder sonstige Zuwendungen wie die Gewährung eines zinslosen Darlehens (BGH FamRZ 05, 967; vgl auch *Büttner* FamRZ 02, 1445), Sachzuwendungen in Form von Wohnungsgewährung (Hambg FamRZ 05, 927) oder Übernahme von Pflegeleistungen oder Betreuungs- und Aufsichtsleistungen von Kindern handeln. Handelt es sich dagegen wirtschaftlich um eine Gegenleistung, etwa für Pflege und Betreuung der Eltern (BGH FamRZ 95, 537) oder ein Leibgeding, ist die Zuwendung nicht freiwillig und stellt unterhaltsrelevantes Einkommen dar (BGH FamRZ 05, 967; 95, 537). Auch die Ersparnis bei Zusammenleben mit einem neuen Partner stellt keine freiwillige Leistung eines Dritten dar (BGH FamRZ 09, 314; 08, 594; vgl auch Schael FuR 06, 6). Freiwillige Zuwendungen sind nur zu beachten, falls sie nach dem Willen des Zuwendenden auch dem anderen am Unterhaltsrechtsverhältnis Beteiligten zugute kommen sollen (BGH FamRZ 05, 967; 99, 843; 95, 537). Im Zweifel kann dies nicht angenommen werden (BGH FamRZ 00, 154; 95, 537). In Fällen der Unterhaltsverwirkung nach §§ 1579, 1611 sollen freiwillige Leistungen Dritter in die Billigkeitsabwägung einzustellen sein (BGH FamRZ 89, 1279). Warum die Zuwendungsfreiheit Dritter in einem Verwirkungsfall eingeschränkt werden soll, ist jedoch nicht ersichtlich. Der Dritte, der die Verwirkung nicht zu verantworten hat, kann nicht mit Verwirkungsfolgen zur Entlastung des Verpflichteten belegt werden (vgl auch *Büttner* FamRZ

02, 1445). Auch in **Mangelfällen** ist es nicht gerechtfertigt, die Leistungen des Dritten zu berücksichtigen (*Büttner* FamRZ 02, 1445; zur Berücksichtigung freiwilliger Zuwendungen in Mangelfällen vgl BGH FamRZ 00, 151; 99, 843 und § 1581 Rn 16).
Steuervorteile sind unabhängig vom gesetzgeberisch verfolgten Zweck Einkommen (BGH FamRZ 89, 172). Steuervorteile, die in zumutbarer Weise erzielt werden können, sind wahrzunehmen (BGH FamRZ 98, 953). Der **Splittingvorteil** aus der Wiederverheiratung bei Zusammenveranlagung in der neuen Ehe kam nach bisheriger Rspr iRd nachehelichen Unterhalts nur der neuen Ehe zugute und blieb ggü dem ersten Ehegatten unberücksichtigt. (BGH FamRZ 07, 882; 05, 1817; BVerfG FamRZ 04, 1093; 03, 1821). Die gleichen Erwägungen galten für andere ausschl auf der Eheschließung beruhenden Vorteilen (Kobl FamRZ 05, 720 für den Teil des Arbeitslosengeldes, der dem Pflichtigen wegen der erneuten Eheschließung gezahlt wird; vgl *Schürmann* FamRZ 03, 1825), nicht aber für den von der Unterhaltspflicht abhängigen Zuschlag nach § 40 I BBesG (Celle FuR 05, 331 = NJW 05, 1516; vgl jedoch auch Hamm FuR 05, 332). Diese Rspr gilt nicht mehr uneingeschränkt. Es gibt keine Lebensstandardgarantie mehr. Mehrere Ehegatten beeinflussen sich bei der Bedarfsermittlung wechselseitig. Nach geänderter Respr des BGH zu den **wandelbaren ehelichen Lebensverhältnissen** sind alle Unterhaltslasten zu berücksichtigen (BGH FamRZ 09, 579; 411; 08, 1911).
Schuldet der Unterhaltpflichtige sowohl einem geschiedenen als auch einem neuen Ehegatten Unterhalt, so ist der nach den ehelichen Lebensverhältnissen zu bemessene Unterhaltsbedarf jedes Berechtigten im Wege der **Dreiteilung des Gesamteinkommens** des Unterhaltspflichtigen und beider Unterhaltsberechtigter zu ermitteln (BGH FamRZ 09, 411; 08, 1911). Grundlage sind die Einkünfte aller in der Unterhaltskonstellation verstrickten Personen unter Berücksichtigung aller Steuervorteile, auch des Splittingvorteils oder Realsplittingvorteils. Das Gleiche gilt für den Familienzuschlag. Unter Beachtung der Rechtspr des BVerfG (FamRZ 03, 1821), wonach dem Unterhaltsberechtigten jedoch kein höherer Anspruch zustehen darf als er ohne die Ehe des Unterhaltspflichtigen hätte, ist in Fällen, in denen der neue Ehegatte wegen eigener Einkünfte keinen oder nur einen sehr geringen Unterhaltsbedarf hat, eine **Kontrollrechnung** vorzunehmen. Dabei bleiben sowohl der neue Ehegatte als auch der aus der neuen Ehe resultierende Splittingvorteil unberücksichtigt. Eine Korrektur ist ebenfalls erforderlich, wenn von zwei geschiedenen Ehegatten ein Ehegatte seinen iRd Dreiteilung ermittelten Bedarf durch eigenes Einkommen deckt. IRd **Kindesunterhalts** war hingegen und ist weiterhin die **reale Steuerlast** maßgeblich (BGH FamRZ 05, 1817; Hamm FamRZ 05, 1188). Dies gilt ggü allen Kindern, unabhängig davon, ob sie aus der ersten oder einer weiteren Ehe stammen oder nicht ehelich geboren sind (BGH FamRZ 08, 2189; 07, 882).
Den Unterhaltsschuldner trifft eine **Obliegenheit zur Geltendmachung des Realsplittings** nur insoweit, als er den Unterhaltsanspruch **anerkannt** hat, dieser **rechtskräftig festgestellt** ist oder soweit er den Unterhaltsanspruch **freiwillig erfüllt** (BGH FamRZ 08, 968; 07, 885, 793 m Anm *Büttner*; FamRZ 07, 882). Bemisst sich der Anspruch auf nachehelichen Unterhalt gegen einen wiederverheirateten Ehegatten nach seinem fiktiv ohne den Splittingvorteil der neuen Ehe errechneten Einkommen, ist auch ein evtl Realsplittingvorteil auf der Grundlage dieses fiktiv nach der Grundtabelle bemessenen Einkommens zu bestimmen (BGH FuR 07, 367 = FamRZ 07, 1232).
Steuererstattungen sind unterhaltspflichtiges Einkommen (BGH FamRZ 88, 486; 85, 911; Hamm FamRZ 96, 1413). Sie werden auf 12 Monate verteilt und grds in dem Jahr berücksichtigt, in welchem die Rückzahlung erfolgt (BGH FamRZ 84, 1211). Zur Aufteilung von Einkommensteuererstattungen zwischen getrennt lebenden oder geschiedenen Ehegatten vgl *Kleffmann* in: Scholz/Stein, Praxishandbuch Familienrecht, Teil G Rz 91). Ist mit Steuererstattungen künftig mit an Sicherheit grenzender Wahrscheinlichkeit nicht mehr zu rechnen, können sie auch nicht einkommenserhöhend berücksichtigt werden (Hamm FamRZ 97, 374).

G. Fiktive Einkünfte. Unterhaltsrechtlich maßgeblich können auch aufgrund einer **unterhaltsrechtlichen Obliegenheit** nicht erzielte, aber erzielbare Einkünfte sein (vgl Ziff 9 der Leitlinien). Dies gilt gleichermaßen für den Pflichtigen wie den Berechtigten. Es ist verfassungsrechtlich nicht zu beanstanden, dass nicht nur die tatsächlichen, sondern auch fiktiv erzielbare Einkünfte berücksichtigt werden, wenn eine Unterhaltspartei ihr mögliche und zumutbare Einkünfte nicht erzielt, obwohl diese bei „gutem Willen" erzielbar wären (BVerfG FamRZ 08, 1403; 07, 273). Die Zurechnung eines fiktiven Einkommens muss sowohl dem Grund als auch der Höhe nach besonders gerechtfertigt sein, weil nur mit tatsächlich vorhandenen Einkünften der Lebensbedarf gedeckt werden kann. Der Ansatz fiktiven Einkommens ist eine **Ausnahme** (BGH FamRZ 02, 813; 85, 273), die besonders begründet werden muss. Die Zurechnung fiktiver Einkünfte basiert nach Treu und Glauben auf den sowohl auf dem Unterhaltsschuldner als auch auf dem Unterhaltsgläubiger lastenden wechselseitigen Obliegenheiten, alle zumutbaren Einkünfte zu erzielen (BGH FamRZ 00, 1358; 99, 2365). Soweit der Umfang der Erwerbsobliegenheit zu beurteilen ist, hat dies unter Wahrung des Grundsatzes der **Verhältnismäßigkeit** zu geschehen (grundl BVerfG FuR 04, 495). Eine über die tatsächliche Erwerbstätigkeit hinausgehende Obliegenheit zur Erzielung von Einkommen, das insoweit der Unterhaltsberechnung fiktiv zugerechnet wird, kann nur angenommen werden, wenn und soweit die Aufnahme einer weiteren oder anderen Erwerbstätigkeit unter Berücksichtigung der Umstände des Einzelfalls zumutbar ist und nicht unverhältnismäßig belastet (BVerfG FamRZ 07, 273 = NJW 07, 649; FuR 03, 533 = FamRZ 03, 661). Die Zurechnung fiktiven Einkommens muss unter **Zumutbarkeitsgesichtspunkten** im Einzelfall tragfähig begründet werden (eingehend zur

Einkommensfiktion im Unterhaltsrecht FAKomm-FamR/*Klein* vor § 1360 Rz 161 ff und *Kleffmann* in Scholz/ Stein, Praxishandbuch Familienrecht, Teil G Rz 98 ff). Die individuellen Verdienstmöglichkeiten einer Unterhaltspartei sind maßgeblich zu berücksichtigen (BVerfG FuR 08, 337; FamRZ 08, 1403; BVerfG FuR 08, 138). Auch darf der ausgeurteilte Unterhalt nicht zu einer unverhältnismäßigen Belastung des Verpflichteten führen. Wird die **Grenze des Zumutbaren** überschritten, ist die Beschränkung der Dispositionsfreiheit des Verpflichteten im finanziellen Bereich als Folge der Unterhaltsansprüche nicht mehr Bestandteil der verfassungsmäßigen Ordnung und von dem Grundrecht des Art 2 I GG nicht gedeckt. IRd **Zumutbarkeit einer Nebentätigkeit** sind objektive Grenzen einer Erwerbstätigkeit unter Berücksichtigung des Umfangs schon ausgeübter (Vollzeit-)Tätigkeit zu berücksichtigen. Übt der Unterhaltspflichtige eine Berufstätigkeit aus, die 40 Std wöchentlich unterschreitet, kann grds eine Nebentätigkeit jedenfalls bei einer gesteigerter Unterhaltspflicht nach § 1603 II verlangt werden (BGH NJW 09, 1411). Auch bei bereits verrichteter Vollzeittätigkeit kommt eine Obliegenheit zur Nebentätigkeit in Betracht. Nach § 3 ArbZG darf die werktägliche Arbeitszeit acht Stunden nicht überschreiten. Ausnahmen kommen nur in engen Grenzen in Betracht. Nach § 9 I ArbZG dürfen Arbeitnehmer an Sonn- und gesetzlichen Feiertagen grds nicht beschäftigt werden. Damit ist die wöchentliche Arbeitszeit regelmäßig auf 48 Stunden begrenzt, wobei nach § 2 ArbZG die Arbeitszeiten bei verschiedenen Arbeitgebern zusammenzurechnen sind. Lediglich in mehrschichtigen Betrieben können Beginn und Ende der Sonn- und Feiertagsruhe verschoben werden. Auch gelten nach § 10 ArbZG für bestimmte Arbeiten, die nicht an Werktagen vorgenommen werden können, Ausnahmen. Damit sind **Obergrenzen zumutbarer Erwerbstätigkeit** selbst für Fälle gesteigerter Unterhaltspflicht gezogen (BGH FamRZ 09, 314; 08, 872; vgl auch BVerfG FamRZ 03, 661). Darüber hinaus sind **subjektive Zumutbarkeitsgrenzen** unter Abwägung der besonderen Lebens- und Arbeitssituation einerseits und der Bedarfslage des Berechtigten andererseits zu berücksichtigen (BGH FamRZ 09, 314). Hierzu zählen etwa Alter, gesundheitliche Beeinträchtigungen, Art und Umfang der Ausübung von Umgangskontakten, Dauer einer Arbeitsunfähigkeit, Lage am Arbeitsmarkt (vgl BVerfG FamRZ 08, 1145; BGH FuR 09, 167; NJW 09, 1410).
Eine **fiktive Zurechnung** von Einkünften kommt grds bei **allen Einkommensarten** in Betracht.

32 Die Voraussetzungen für die Zurechnung fiktiver Einkünfte sind in den verschiedenen Unterhaltsverhältnissen unterschiedlich. So gelten **strenge Anforderungen** iRd § 1603 II bei der Unterhaltsverpflichtung **ggü minderjährigen Kindern** (BGH FamRZ 09, 314; FuR 01, 220; Köln FPR 09, 64; Ddorf FuR 06, 425; Dresd FamRZ 03, 1206) und **privilegierten volljährigen Kindern**. Ggü nicht privilegierten volljährigen Kindern bestehen derart strenge Anforderungen nicht. Insb sind volljährige Kinder, die sich nicht in der Berufsausbildung befinden, in erster Linie selbst für ihren Lebensunterhalt verantwortlich (BGH FamRZ 94, 372). Beim **Verwandtenunterhalt** (zu Einzelheiten vgl *Graba* FamRZ 01, 1257) und beim Unterhalt nach § 1615l (vgl *Büttner* FamRZ 00, 781; München FamRZ 99, 1166) gelten nur durchschnittliche Anforderungen. Beim **Elternunterhalt** kommt die Zurechnung fiktiver Einkünfte nur ausnahmsweise in Betracht (zu Einzelheiten vgl *Günther* FuR 95, 1). In der Phase des **Getrenntlebens** besteht eine gesteigerte Verantwortung der Ehegatten füreinander. Der Verpflichtete ist während Bestehens der Ehe in erhöhtem Maße für den Unterhalt des Ehegatten verantwortlich. Ihn trifft eine erhöhte Obliegenheit zur Einkommenserzielung. Der bedürftige Ehegatte kann darauf verwiesen werden, seinen Unterhalt durch eine Erwerbstätigkeit selbst zu verdienen, wenn dies von ihm nach seinen persönlichen Verhältnissen, insb wegen einer früheren Erwerbstätigkeit, unter Berücksichtigung der Ehedauer und nach den wirtschaftlichen Verhältnissen der Ehegatten erwartet werden kann (BGH NJW 01, 973; zu Einzelheiten vgl § 1361 Rn 4). Beim **nachehelichen Unterhalt** besteht wegen des Prinzips der Eigenverantwortlichkeit (zu Einzelheiten vgl § 1569 Rn 1 f) grds die Obliegenheit, eine angemessene Erwerbstätigkeit auszuüben.

33 Für den Bedürftigen enthalten §§ 1361 II, 1579 III, 1611 konkrete Regelungen über eine schuldhafte unterhaltsrechtlich beachtliche Herbeiführung der Bedürftigkeit mit der Folge eines Anspruchsverlustes oder einer Anspruchsminderung. Der Grundsatz der **Spiegelbildlichkeit** verlangt, dass Berechtigter und Verpflichteter gleich zu behandeln sind (BGH FamRZ 08, 2104; 00, 1358). Durch die zum 1.1.08 iRd des UÄndG in Kraft getretene Neufassung des § 1574 I wurde beim Ehegattenunterhalt die Erwerbsobliegenheit des Bedürftigen ausdrücklich normiert (vgl auch BGH FamRZ 07, 1532). Minderjährige und sich noch in Ausbildung befindliche volljährige Schüler haben keine Erwerbsobliegenheit. Bei Ansprüchen nach § 1615l beginnt die Erwerbsobliegenheit nach Vollendung des dritten Lebensjahres des Kindes, beim Trennungsunterhalt idR nach Ablauf des Trennungsjahres. IRd nachehelichen Unterhalts ist die seit dem 1.1.08 verstärkte Eigenverantwortung jedenfalls ab Scheidung der Ehe zu beachten.
Fiktive Einkünfte können nur zugerechnet werden, wenn eine **kausale Verletzungshandlung** vorliegt. Die **Darlegungs- und Beweislast** für die Bedürftigkeit trägt der Berechtigte, für fehlende oder eingeschränkte Leistungsfähigkeit der Pflichtige. Es muss substantiiert vorgetragen werden, in welchem Umfang etwa Bemühungen um einen Arbeitsplatz unternommen wurden (BGH FamRZ 09, 1300; 08, 2104).
Das vorwerfbare *Verhalten* muss für die Leistungsfähigkeit oder eingeschränkte Leistungsfähigkeit bzw die Bedürftigkeit ursächlich sein (BGH FamRZ 86, 668; Hamm FamRZ 99, 165). Aus der Verletzung einer Erwerbsobliegenheit kann nicht ohne weiteres auf eine entspr Leistungsfähigkeit geschlossen werden (Karlsr ZFE 08, 315). Die kausale Verletzungshandlung muss schließlich den unterhaltsrechtlichen relevanten Ver-

schuldensmaßstab erreichen. Ein Verstoß gegen Treu und Glauben kommt im Allgemeinen nur in Betracht, wenn dem Pflichtigen ein verantwortungsloses, zumindest leichtfertiges, Verhalten zur Last zu legen ist (BGH FuR 03, 345; NJW 03, 3122). Diese zur Wahrung der Verhältnismäßigkeit eines weitgehenden Grundrechtseingriffs erforderliche Vorraussetzung ist nicht schon gegeben, wenn sich nach einer beruflichen Umorientierung die damit verbundenen Risiken –und sei es auch nur wegen fehlenden unternehmerischen Geschicks und unvollständiger Risikovorsorge- verwirklichen (BVerfG FamRZ 08, 139; FPR 08, 527).

Die Höhe der zu fingierenden Einkünfte ist, ggf im Wege der Schätzung nach § 287 ZPO, festzustellen. Die **34** Verletzung der Obliegenheit zur Einkommenserzielung kann zur Folge haben, dass der Unterhaltspartei ein Einkommen in der Höhe zugerechnet wird, über das sie bei ordentlicher Erfüllung der Obliegenheit verfügen könnte (BGH FamRZ 94, 372; Celle FamRZ 05, 648). Dem Unterhaltsschuldner, der sich nach dem nicht vorwerfbaren Verlust seiner Arbeitsstelle um eine Ersatzbeschäftigung nicht bemüht, kann nicht sein früherer Verdienst zugerechnet werden, wenn dieser nach der Lage auf dem Arbeitsmarkt oder seinen persönlichen Verhältnissen bei einem anderen Arbeitgeber, bei dem er neu anfängt, nicht erzielbar ist. Ansetzbar ist vielmehr nur das bei realistischer Betrachtung erreichbare Einkommen (BGH FamRZ 85, 158, Übersicht zur Höhe der zu fingierenden Einkünfte bei *Kleffmann* in: Scholz/Stein, Praxishandbuch Familienrecht Teil G Rz 100). Die **Zurechnung fiktiven Einkommens bei ungelernten Arbeitskräften** differiert in der obergerichtlichen Rspr:

Brandbg (FamRZ 04, 396):	9,70 € brutto bei 40 Stunden/Woche und Steuerklasse I, 05
Hamm (FamRZ 03, 1210):	9,00 € pro Stunde
Köln (Geschäftsnr 4WF 31/03):	9,40 € brutto pro Stunde bei 40 Stunden/Woche
KG (FuR 05, 454):	7,65 € pro Stunde
Ddorf (FamRB 07, 7):	10,00 € pro Stunde
Hamm (FamRZ 05, 803):	10,00 € pro Stunde
Hamm (11 WF 41/05, unveröffentlicht):	9,10 € brutto pro Stunde bei 40 Stunden/Woche
Dresd (FamFR 09, 163):	9,00 € brutto pro Stunde (1.000 € netto monatl)
Stuttg (16 UF 156/96, unveröffentlicht):	7,00 € pro Stunde bei mangelhaften Deutschkenntnissen

Das **Spektrum** der fingierten Einkünfte für ungelernte Arbeitskräfte bewegt sich damit **zwischen 7 € und 10 € pro Arbeitsstunde**; vgl iÜ Köln (ZFE 08, 195: 900 € monatlich Einkommensfiktion bei ungelernter Kraft); Naumbg (ZFE 08, 195: Fiktion von Nebeneinkünften in Höhe von 200 € neben einer vollschichtigen Tätigkeit); ähnl Hambg (FamRZ 08, 1274); zurückhaltender Kobl (FamRZ 08, 173: jedenfalls bei gesundheitlichen Beeinträchtigungen keine weitere Einkommensfiktion aus Nebentätigkeit für eine Bäckereifachverkäuferin, die bereits vollschichtig tätig ist); Schlesw (FamRZ 08, 173: Nebenerwerbsobliegenheit mit Einkommensfiktion von 150 € für ein Mitglied der freiwilligen Feuerwehr). Nach den aktuellen wirtschaftlichen Verhältnissen ist zweifelhaft, ob ein Unterhaltsschuldner ohne qualifizierte Ausbildung auch bei genügender Anstrengung seine Unterhaltspflichten überhaupt erfüllen kann (Frankf NJW 07, 382; vgl auch Ddorf FamRB 07, 7). Aus dem Ansatz eines fiktiven Einkommens des Unterhaltsschuldners folgt noch nicht zwingend eine fiktive Leistungsfähigkeit des Schuldners (Dresd FamFR 09, 163). Die Zurechnung fiktiver erfolgt anhand einer **Vier-Stufen-Prüfung**:
– Obliegenheit zur Einkommenserzielung
– Kausale Verletzungshandlung
– Prüfung des Verschuldensmaßstabs
– Zurechnung der Höhe der fiktiven Einkünfte.

Kommt eine Einkommensfiktion dem Grunde nach in Betracht, kann sie letztlich nicht auf unabsehbare Zeit **35** erfolgen (Frankf FamRZ 95, 735; Hamm FamRZ 95, 1217; zur Abänderung von Unterhaltstiteln bei fingierten Verhältnissen *Graba* FamRZ 02, 6). Eine **Beendigung der Fiktion** setzt vorherige, intensive nachhaltige und redliche Bemühungen um die Erlangung von Einkünften voraus. Eine sofortige Beendigung der Fiktion nach erfolglosen hinreichenden Arbeitsplatzbemühungen darf hingegen nicht erfolgen, da andernfalls die Einkommensfiktion unterlaufen würde. Die Abänderung eines wegen mutwilliger Aufgabe einer gut bezahlten Arbeitsstelle auf fiktiver Grundlage ergangenen Unterhaltsurteils ist nicht bereits mit der Behauptung zulässig, der Abänderungsantragsteller genüge inzwischen seiner Erwerbsobliegenheit, verdiene aber weniger als zuvor. Erforderlich ist vielmehr, dass der Abänderungsantragsteller geltend macht, er hätte die frühere Arbeitsstelle inzwischen aus anderen Gründen verloren (BGH FamRZ 08, 872). Wird Einkommen fingiert, gilt die **Fiktion** nicht nur auf der Einnahmenseite, sondern auch bei den Abzügen. So ist bei Erwerbseinkünften ein Erwerbstätigenbonus zu berücksichtigen (BGH FamRZ 91, 307). Vormals gezahlte Kreditraten sind gleichfalls einkommensmindernd zu fingieren (Hamm FamRZ 95, 1203). Auch fiktive Steuern und mit einer Vermögensanlage verbundene Kosten sind zu berücksichtigen. Darüber hinaus ist der maßgebliche Selbstbehalt (fiktiv) zu berücksichtigen (BGH FamRZ 99, 372; 90, 979; Ddorf FamRZ 99, 1020).

I. Einkommensfiktion bei Arbeitslosigkeit. Berufliche Veränderungen, die mit einer Einschränkung oder **36** einem Verlust der Leistungsfähigkeit verbunden sind, führen nicht stets zur Anrechnung fiktiver Einkünfte. Erforderlich ist ein verantwortungsloses, zumindest leichtfertiges Handeln und das Bewusstsein des Pflichtigen, dass sich wegen seines Fehlverhaltens seine Leistungsfähigkeit reduziert oder reduzieren könnte (BGH NJW 03, 3122; FuR 00, 472 = FamRZ 00, 815). Ein **leichtfertiges Vorgehen** wird umso eher zu bejahen sein als weniger sachliche Gründe für einen Arbeitsplatzwechsel vorhanden sind und eine verschärfte Unterhaltspflicht besteht.

37 **Kasuistik zur Einkommensfiktion bei Arbeitslosigkeit:**
 – Der Pflichtige gibt seinen Arbeitsplatz auf, um sich der Unterhaltspflicht zu entziehen.
 – Der Pflichtige kündigt von sich aus das Arbeitsverhältnis wegen Konflikten am Arbeitsplatz (Hamm FamRZ 97, 357).
 – Der Pflichtige zerstört bewusst seine wirtschaftliche Existenz oder bummelt absichtlich, um den Arbeitsplatz zu verlieren.
 – Der Pflichtige verhält sich am Arbeitsplatz mutwillig oder verantwortungslos und verliert aus diesen Gründen den Arbeitsplatz (Schlesw NJW-RR 07, 152; Hamm FamRZ 98, 979; grundl BGH FamRZ 02, 813).
 – Der Pflichtige verschuldet leichtfertig eine arbeitgeberseitige Kündigung (BGH FamRZ 88, 597; Karlsr NJW-FER 00, 73; Hamm FamRZ 98, 979).
 – Verletzung der Obliegenheit, wieder einen neuen Arbeitsplatz zu finden (zu Einzelheiten vgl *Kleffmann* in: Scholz/Stein, Praxishandbuch Familienrecht Teil G Rz 102 und *Kleffmann* FuR 00, 454; *Viefhues* FuR 07, 241; sowie BGH FamRZ 03, 1471; Naumbg FamRZ 03, 175; Brandbg FamRZ 00, 115). Eine Anrechnung fiktiver Einkünfte kommt jedoch nicht in Betracht, wenn auch bei ausreichenden Bemühungen eine reale Beschäftigungschance nicht bestanden hätte (Celle FamRZ 05, 648; KG FamRZ 03, 1208; Frankf FamRZ 01, 624).
 – IRd Anforderungen an die Erwerbsbemühungen sind im Einzelfall die objektiven Bedingungen für die Erwerbstätigkeit und die subjektiven Merkmale – etwa berufliche Qualifikation, Alter (BGH FamRZ 04, 254 m Anm *Borth* FamRZ 04, 360 (Pensionierung eines Strahlflugzeugführers mit 41 Jahren) und Gesundheit (BGH FamRZ 86, 244) – von besonderer Bedeutung. Das Anforderungsprofil muss eine hinreichende Aussicht auf Erfolg der Bewerbung bieten. Ein Arbeitsloser muss – bei verschuldeter und unverschuldeter Arbeitslosigkeit- alles Zumutbare unternehmen, um eine Erwerbstätigkeit zu finden (BGH FamRZ 90, 499; Saarbr NJW-RR 05, 1454). Er muss sich laufend intensiv, ernstlich und nachhaltig bewerben. Es reicht nicht aus, sich bei der Arbeitsagentur als arbeitssuchend zu melden. Vielmehr sind private intensive Bemühungen um einen Arbeitsplatz erforderlich, zB Bewerbungen auf Stellenanzeigen in der Zeitung, Aufgabe eigener Stellengesuche, Meldung bei Vermittlungsagenturen etc, soweit nach dem Arbeitsmarkt eine reale Beschäftigungschance besteht (BGH FamRZ 09, 314; 08, 2104; 00, 1358; Köln FamRZ 09, 1920). Eine Umschulung ist nicht mehr als ein Indiz, dass der Betreffende jedenfalls vom Arbeitsamt nicht zu vermitteln ist (BGH FamRZ 94, 372; Bremen FamRZ 96, 957). Der Umschüler hat sich bereits während der Maßnahme um einen Arbeitsplatz zu bemühen (BGH FuR 99, 282 = FamRZ 99, 843; Jena FuR 06, 233; FamRZ 05, 1110). Ausländische Erwerbslose müssen ihre Sprachkenntnisse aktiv verbessern. Nur 13 Bewerbungen innerhalb von sechs Wochen sind nicht ausreichend (Schlesw ZFE 07, 277).
 – Auch ein Berufsunfähiger, der eine Berufsunfähigkeitsrente bezieht, ist jedenfalls zur Erfüllung von Unterhaltspflichten ggü minderjährigen Kindern grds noch zur Verrichtung zumindest leichter Erwerbstätigkeiten verpflichtet (Jena ZFE 06, 357). Die sozialhilferechtliche Erwerbsunfähigkeit lässt die unterhaltsrechtliche Erwerbspflicht grds nicht entfallen (Saarbr ZFE 07, 116; Zweibr FamRB 07, 35).
 – Fehlen anerkennenswerte örtliche Bindungen, haben die Erwerbsbemühungen überregional zu erfolgen (Hamm FamRZ 99, 165; Dresd FamRZ 99, 396).
 – Für die Suche nach einem Arbeitsplatz hat der Arbeitslose grds die Zeit aufzuwenden, die ein Erwerbstätiger für die Ausübung seines Berufs benötigt (Köln FamRZ 05, 1912; Karlsr FamRZ 02, 1567; Brandbg NJW-FER 01, 70; Kobl FamRZ 00, 313). Inhaltlich setzen die Bemühungen voraus, dass die Bewerbungen rechtzeitig, schriftlich, ggf auch persönlich erfolgen. Alle unternommenen Anstrengungen sind durch nachprüfbare Auflistung zu dokumentieren (BGH FamRZ 96, 345; Dresd FamRZ 99, 1527; Hamm FamRZ 98, 42 m Anm *Born*).
 – Fiktive Erwerbseinkünfte dürfen allerdings nur zugerechnet werden, wenn der Betroffene tatsächlich überhaupt noch vermittelbar ist bzw eine realistische Beschäftigungschance hat (BGH FamRZ 09, 314; 08, 2104; 86, 885; vgl auch Dresd FamRZ 96, 1236). Regelmäßig lässt sich jedoch erst nach erfolglosen intensiven Bemühungen sagen, ob im Einzelfall eine Chance auf dem Arbeitsmarkt bestand oder nicht. Wollte man in Zeiten und Regionen hoher Arbeitslosigkeit die Anforderungen an intensive Arbeitssuche für erwerbsfähige Arbeitnehmer aufgeben, bestünde keine Möglichkeit mehr, zwischen wirklicher und nur vorgetäuschter Chancenlosigkeit auf dem Arbeitsmarkt zu unterscheiden.
 – Diejenige Partei, die mit einer Erwerbsobliegenheit belastet ist, hat ausreichende Erwerbsbemühungen wie auch das *Fehlen jedweder* Erwerbsmöglichkeiten darzulegen und zu beweisen (BGH FamRZ 09, 1300; 08, 2104; 96, 345; Köln FamRZ 09, 1920; NJW-RR 07, 291; Brandbg ZFE 07, 192; vgl auch Saarbr NJW-RR 05, 1454). Jeder ernsthafte Zweifel geht zu Lasten der darlegungs- und beweisbelasteten Partei (BGH FamRZ 86, 885). Fehlende ausreichende Erwerbsbemühungen indizieren die reale Beschäftigungschance.

- Leichtfertige weitere Ausbildung nach abgeschlossener Berufsausbildung (BGH FamRZ 99, 843; Bremen FamRZ 07, 74; Hamm FamRZ 96, 863).
- Leichtfertige Arbeitsplatzaufgabe, um sich selbstständig zu machen ohne vorherige Unterhaltssicherung, etwa durch Rücklagenbildung (BGH FamRZ 87, 372; Celle FamRZ 07, 1121; Köln NJW-RR 06, 1664; Köln FamRZ 02, 1627; Hamm FamRZ 96, 959).
- Gibt der Unterhaltsgläubiger eine selbstständige Tätigkeit auf, weil sie seiner Meinung nach nicht genug einbringt, besteht für ihn die Obliegenheit, sich umgehend zielgerichtet mit aller Intensität um eine andere Erwerbstätigkeit mit besseren Einkunftsmöglichkeiten zu bemühen (Köln NJW-RR 01, 1371).
- Unterlassene Vorsorge bei Berufswechsel mit voraussehbarem Einkommensrückgang (BGH FamRZ 82, 365; Celle FamRZ 07, 1121; Hamm FamRZ 96, 959).
- IR gesteigerter Unterhaltsverpflichtung kann selbst bei vollschichtiger Tätigkeit eine Obliegenheit zur Neben- oder Aushilfstätigkeit bestehen (BGH FamRZ 09, 314; FuR 09, 162; Köln FPR 09, 64; zu Einzelheiten vgl Rn 32).
- Zumutbarkeit einer Nebentätigkeit bei ganztätiger Umschulung iR gesteigerter Erwerbsobliegenheit. Allerdings hat stets eine umfassende Zumutbarkeitsprüfung zu erfolgen (BVerfG FamRZ 03, 661; Hamm FamRZ 06, 1299; 05, 649; Nürnbg FamRZ 05, 1502). Zu beachten sind gesundheitliche Beeinträchtigungen des Unterhaltsschuldners, die Berücksichtigung der Arbeits- und Lebenssituation (Kobl FamRZ 08, 173; Bambg FuR 05, 520: keine Obliegenheit zur Nebentätigkeit bei langer Wegstrecke zur Durchführung regelmäßiger Umgangskontakte mit den Kindern; vgl auch Köln FuR 07, 88: 48 Stunden wöchentlich zumutbar; Dresd ZFE 07, 271: 44 Stunden wöchentlich zumutbar; zurückhaltend Brandbg ZFE 07, 271: keine Obliegenheit zur Nebentätigkeit bei Verrichtung einer vollschichtigen Tätigkeit), die Beachtung der Arbeitszeitgesetze, die Berücksichtigung der Arbeitsmarktsituation, die Prüfung der rechtlichen Zulässigkeit einer Nebentätigkeit (zu Einzelheiten vgl Rn 32).
- Dem Unterhaltspflichtigen obliegt die Darlegungs- und Beweislast dafür, dass und welche Hinderungsgründe im Einzelfall der Ausübung einer Nebenerwerbstätigkeit entgegenstehen (Köln FuR 07, 88).
- Obliegenheit, selbstständige Tätigkeit zugunsten einer besser bezahlten abhängigen Tätigkeit aufzugeben (Kobl FamRZ 09, 1921; Naumbg FPR 08, 536; Hamm FamRZ 01, 565; Kobl FamRZ 00, 288; zu weiteren Einzelfragen vgl FAKomm-FamR/*Kleffmann* vor § 1361 Rz 113).

Eine Einkommensfiktion kommt jedoch nicht in Betracht bei folgenden Fallgestaltungen: 38
- Trunkenheitsfahrt mit der Folge des Arbeitsplatzverlustes (Konstellation des selbstverschuldeten, aber doch ungewollten Arbeitsverlustes; BGH FuR 00, 472; NJW 94, 248; Dresd FamRZ 96, 1236).
- Kündigt ein Ehemann und Vater sein Arbeitsverhältnis, um im Sorgerechtsverfahren eine bessere Ausgangsposition zu haben, kann dies uU unterhaltsrechtlich zu berücksichtigen sein (Relevanz der betreuungsbedingten Einkommensminderung) (BGH FamRZ 85, 158; vgl auch BVerfG FamRZ 96, 343).
- Kündigung des Arbeitsverhältnisses aus krankheitsbedingten Gründen (BGH NJW 03, 3122). Allein der Umstand, dass der Unterhaltsgläubiger in seiner Erwerbsfähigkeit in einem Maß eingeschränkt ist, nach dem er iSd Sozialhilferechts als voll umfänglich erwerbsunfähig gilt, lässt unterhaltsrechtlich seine Erwerbspflicht iRd ihm verbleibenden Möglichkeiten nicht entfallen (Zweibr FamRZ 07, 417; Jena FamRZ 06, 1299).
- Fortfall oder Reduzierung von Überstunden oder Nebenarbeit ist grds gerechtfertigt (Hamm FamRZ 92, 450; Kobl FamRZ 91, 1475; zur Beachtung von Zumutbarkeitsgrenzen vgl insb BVerfG FamRZ 03, 661; BGH FamRZ 09, 314).
- Infolge von Straftaten reduziertes oder weggefallenes Einkommen rechtfertigt keine Einkommensfiktion, es sei denn, die Straftat hat einen unterhaltsrechtlichen Bezug (BGH FuR 02, 236; Kobl FamRZ 04, 1313; Köln FamRZ 03, 1203).
- Alkoholabhängigkeit und darauf beruhender Arbeitsplatzverlust rechtfertigen allein noch nicht die Annahme fiktiven Einkommens, da auch Alkoholmissbrauch als Krankheit angesehen werden kann (BGH FamRZ 94, 240; Hamm NJW-RR 96, 963). Für den Alkoholkranken besteht jedoch die Obliegenheit, sich einer ärztlichen Behandlung zu unterziehen um die Leistungsfähigkeit wieder herzustellen (Brandbg FamRZ 07, 72).
- Fiktive vollschichtige Tätigkeit bei tatsächlicher Teilzeitarbeit kann nicht unterstellt werden, wenn die Teilzeitarbeit iRe gesicherten Arbeitsverhältnisses durchgeführt wird, dessen Ausweitung zur Ganztagstätigkeit derzeit nicht möglich ist (Frankf FamRZ 87, 190). In diesen Konstellationen bleibt der Unterhaltsschuldner jedoch zur Aufnahme einer vollschichtigen Tätigkeit verpflichtet und hat nachzuweisen, dass zumutbare Ganzstagsarbeit mit vergleichbarer Sicherheit außerhalb des derzeitigen Arbeitsplatzes nicht erlangt werden kann. Ggf hat er neben der Teilzeitbeschäftigung noch eine Nebentätigkeit (zu Einzelheiten vgl Rn 32) aufzunehmen (Frankf FamRZ 00, 25; Celle FamRZ 93, 963).
- Die Aufgabe unselbstständiger Arbeit zugunsten selbstständiger Arbeit rechtfertigt für sich keine Einkommensfiktion (BGH FamRZ 88, 145; Frankf FamRZ 91, 106).
- Die Aufgabe einer selbstständigen Erwerbstätigkeit mit ggf erheblichen Einkommenseinbußen, sofern nicht im Einzelfall schwerwiegende Gründe vorliegen, die dem Verpflichteten nach Treu und Glauben die

Berufung auf seine eingeschränkte Leistungsfähigkeit verwehren (BGH FamRZ 03, 1471; Hamm FamRZ 07, 1106; Dresd NJW-RR 03, 364).
- Die unternehmerisch sinnvolle Veräußerung eines defizitären Unternehmens ist hinzunehmen (Hamm FamRZ 94, 1029).
- Ein Arbeitsplatzwechsel ist trotz geringerer Entlohnung anzuerkennen, wenn der Arbeitsplatz sicherer ist und Schichtarbeit entfällt (Karlsr FamRZ 93, 836).
- In der Vereinbarung von Altersteilzeit liegt dann kein Verstoß gegen die Erwerbsobliegenheit, wenn besondere Gründe, etwa gesundheitliche Beeinträchtigungen, gegeben sind (grundl BGH FamRZ 99, 708; vgl auch Hamm FamRZ 05, 1177; Köln FamRZ 03, 602; Schlesw FamRZ 03, 685; Hamm FamRZ 02, 1476; Kobl FamRZ 00, 610). IÜ besteht grds eine volle Erwerbsobliegenheit bis zur Regelaltersgrenze (Saarbr NJW 07, 520; ZFE 05, 100; zur Erwerbsobliegenheit bei vorgezogenem Ruhestand eines Jetpiloten mit 41 Jahren vgl BGH FamRZ 04, 254). Zu weiteren Einzelfragen vgl FAKomm-FamR/*Kleffmann* vor § 1361 Rz 130 ff. Unterhaltsrechtlich hingenommen werden können Altersteilzeit bzw der vorzeitige Ruhestand mithin, wenn eine entsprechende einvernehmliche Entscheidung der Eheleute vorlag, gesundheitliche Gründe dies rechtfertigen oder der Arbeitnehmer damit lediglich einer Kündigung zuvor kommt (Hamm NJW 04, 161; Kobl FamRZ 04, 1573).

39 **II. Fiktion bei unzureichender Vermögensnutzung.** Dem Berechtigten und dem Verpflichteten sind fiktive Erträge als Einkommen zuzurechnen, wenn sie es unterlassen, ihr Vermögen in zumutbarer ertragbringender Weise zu nutzen oder zu verwerten (BGH FuR 00, 469; FamRZ 98, 87; Nürnbg NJW-RR 08, 599; Saarbr FamRZ 08, 698; Celle FamRZ 02, 878). Dem Betreffenden steht bei der **Wahl der Anlageform** ein Beurteilungsspielraum zu. Er muss nicht in jedem Fall die Anlageform mit der höchsten Rendite wählen, sondern kann auch die Sicherheit des tatsächlich gewählten Anlageform und weitere Gesichtspunkte berücksichtigen. Der einzuräumende Entscheidungsspielraum ist überschritten, wenn die Anlage des Vermögens eindeutig unwirtschaftlich ist (BGH FamRZ 92, 423). Beim nachehelichen Unterhalt ist grds Vermögen jeder Art zu verwerten (Hamm ZFE 03, 221). Bei der vorzunehmenden **Billigkeitsabwägung** sind vornehmlich zu berücksichtigen die voraussichtliche Dauer der Unterhaltsbedürftigkeit, die dauerhafte Ertragsmöglichkeit des Vermögens, Belange naher Angehöriger, Vorhandensein sonstigen Vermögens. Die Verwertung des Vermögensstamms ist jedenfalls dann nicht unbillig iSd § 1577 III, wenn der Anspruchsberechtigten ein erhebliches Vermögen verbleibt, während der Verpflichtete der Grenze der Leistungsunfähigkeit nahe käme (Hamm FamRZ 06, 86 und grundl BGH FamRZ 85, 354). Beim Trennungsunterhalt fehlt eine den §§ 1577 III, 1581 entspr Bestimmung. Eine Verwertungspflicht folgt jedoch aus § 1361, wenn der Unterhalt der Berechtigten aus dem Stamm seines Vermögens bestritten werden kann. Diese Verpflichtung geht allerdings beim Trennungsunterhalt weniger weit als beim Geschiedenenunterhalt. Im Verhältnis zu minderjährigen oder privilegiert volljährigen Kindern hat der Verpflichtete iRd § 1603 I grds auch den Stamm seines Vermögens zur Bestreitung des Unterhalts einzusetzen (BGH FamRZ 86, 48). Volljährige Kinder müssen zunächst ihr eigenes Vermögen verwerten, soweit dies nicht unwirtschaftlich ist (Ddorf FamRZ 90, 1137). Minderjährige Kinder brauchen den eigenen Vermögensstamm im Verhältnis zu ihren Eltern nicht zu verwerten, solange die Eltern leistungsfähig sind.

40 Kasuistik zu fiktiven Erträgen bei unterlassener Vermögensnutzung oder Vermögensverwertung
- Vermietung eines großen luxuriösen Hauses und Anmietung einer weniger kostspieligen Wohnung (BGH FamRZ 88, 144; 84, 358).
- Unterhaltung zweier Immobilien, die keine Nettoerlöse bringen (Ddorf FamRZ 96, 1418).
- Verwertung eines Miteigentumsanteils im Wert von ca 38.000 €, jedenfalls bei gesteigerter Unterhaltsverpflichtung ggü einem minderjährigen Kind (Dresd FamRZ 99, 396).
- Barmittel sind möglichst nutzbringend zu verwerten (BGH FamRZ 88, 145; Hamm FamRZ 99, 516).
- Zumutbare Maßnahmen zur Einziehung von Vermögen müssen ergriffen werden, ggf auch die gerichtliche Geltendmachung einer Darlehensforderung (Hamm FamRZ 93, 1065).
- Verwertung von Hausrat ist regelmäßig, wenn schon nicht unwirtschaftlich, dann jedoch unbillig.
- Ob ein Erbanteil zu verwerten ist, etwa Pflichtteilsansprüche geltend zu machen sind, hängt von Zumutbarkeitsgesichtspunkten ab (BGH FamRZ 93, 1065; Hamm FamRZ 97, 1537).
- Unentgeltliche Überlassung eines Hauses an einen Verwandten (Hamm FamRB 03, 285).
- Eine Fiktion kann nicht erfolgen, wenn Vermögen (teilw) zur Bestreitung berücksichtigungsfähiger Kosten verwandt wird, etwa Bestreitung von Verfahrenskosten, Kauf einer neuen Wohnungseinrichtung, eines beruflich benötigten Kfz, Einzahlung in eine Lebensversicherung als angemessener Altersvorsorgeaufwand (BGH FamRZ 90, 989). Der Verbrauch des Geldes ist stets individuell und nur pauschal zu prüfen (BGH FamRZ 09, 23).

41 **III. Rollenwechsel in neuer Ehe.** Bei Tätigkeit in neuer Ehe als Hausmann oder als Hausfrau wird die Unterhaltspflicht ggü dem neuen Ehegatten und ggf ggü dem Kind aus neuer Ehe erfüllt, nicht dagegen ggü einem minderjährigen oder privilegiert volljährigen Kind aus erster Ehe oder auch ggf ggü dem früheren Ehegatten, jedenfalls dann, wenn dieser nach § 1570 unterhaltsberechtigt ist (BGH FamRZ 96, 796). Der barunterhaltspflichtige Ehegatte kann sich nur unter engen Voraussetzungen auf die Rolle des Hausmanns berufen (BGH FamRZ 06, 1827; 96, 796). Insb wenn der barunterhaltspflichtige Ehegatte zuvor den Familienunterhalt durch Erwerbstätigkeit sichergestellt hat und nunmehr ein **Rollentausch** vorgenommen wurde, bedarf es insoweit eines **rechtfertigenden Grundes**. Sind in neuer Ehe keine Kinder zu betreuen, ist der wiederverheiratete Elternteil von Unterhaltpflichten ggü minderjährigen, unverheirateten bzw privilegiert volljährigen Kindern aus einer früheren Ehe grds nicht befreit (BGH FamRZ 01, 544). Der neue Ehepartner muss dem unterhaltspflichtigen Ehegatten eine der Beschaffung von Unterhaltsmitteln dienende Arbeit ermöglichen (arg aus § 1356 II; BGH FamRZ 96, 796). Die Grundsätze der **Hausmannsrspr** sind auch iRd **nichtehelichen Lebensgemeinschaft** anwendbar (BGH FamRZ 01, 614). Auch ein betreuungsbedürftiges minderjähriges Kind aus der neuen Ehe entbindet nicht von der Unterhaltspflicht für minderjährige Kinder aus einer früheren Ehe, die nach § 1609 Nr 1 im gleichen Rang stehen (BGH FamRZ 96, 796). Für den Unterhaltspflichtigen besteht die Obliegenheit, ggf eine Nebentätigkeit aufzunehmen, um so zum Unterhalt der Berechtigten aus vorangegangener Ehe beitragen zu können. Die **Rollenwahl** in der neuen Ehe ist hinzunehmen, wenn sich der **Familienunterhalt** in der neuen Ehe durch die Erwerbstätigkeit des anderen, nichtunterhaltspflichtigen Ehegatten **wesentlich günstiger gestaltet** (BGH FamRZ 06, 1827; FamRZ 01, 1064; Kobl NJW-RR 05, 1310). Geringe Einkommensunterschiede reichen insoweit nicht (BGH FamRZ 01, 614). Aber auch dann muss der Unterhaltspflichtige die häusliche Tätigkeit auf das unbedingt notwendige Maß beschränken und wenigstens eine Nebentätigkeit aufnehmen, um der Barunterhaltspflicht zu genügen. Im Falle eines berechtigten Rollentauschs ist die Unterhaltspflicht ggü Kindern aus erster Ehe auf der Grundlage einer Nebenerwerbstätigkeit und des Taschengeldanspruchs nicht durch einen fiktiven Unterhaltsanspruch begrenzt, der sich ergäbe, wenn der barunterhaltspflichtige Elternteil auch in seiner neuen Ehe vollzeiterwerbstätig wäre und von solchen Einkünften seinen eigenen Selbstbehalt sowie alle weiteren gleichrangigen Unterhaltsansprüche abdecken müsste (BGH FamRZ 06, 1827 unter Aufgabe von BGH FamRZ 82, 590 und Weiterführung von FamRZ 04, 363). Der BGH hatte in der Vergangenheit die Nebenerwerbsobliegenheit durch eine **fiktive Kontrollberechnung** begrenzt. Danach konnte die Obliegenheit nur soweit reichen, dass die Kinder nicht schlechter gestellt werden, als sie stünden, wenn kein Rollentausch stattgefunden hätte. **An dieser Begrenzung hält der BGH nicht mehr fest.** Die Leistungsfähigkeit bemisst sich nach den tatsächlichen Verhältnissen. Ebenso wie die Verheiratung zu einer Schmälerung des Unterhaltsanspruchs führen kann, kann sie sich auch zum Vorteil der erstehelichen Kinder auswirken (BGH FamRZ 06, 1827).

Ist die Übernahme der Haushaltsführung unterhaltsrechtlich nicht zu akzeptieren, wird dem Unterhaltspflichtigen ein fiktives Einkommen in der nach seinen persönlichen Verhältnissen erzielbaren Höhe zugerechnet. In diesem Umfang muss er sich als leistungsfähig behandeln lassen (BGH FamRZ 01, 1065; 96, 796; Kobl FuR 00, 367). Kann die Rollenverteilung ausnahmsweise gebilligt werden, muss der Unterhaltspflichtige die Haushaltsführung und Betreuung des oder der Kinder in neuer Ehe auf das unbedingt Notwendige beschränken, damit er durch eine Nebentätigkeit den Unterhaltsbedarf unterhaltsberechtigter Kinder aus früherer Ehe soweit wie möglich sicherstellen kann (BGH FamRZ 06, 1827; 96, 796). Die Pflicht zur Aufnahme einer Erwerbstätigkeit besteht regelmäßig nicht, solange der haushaltsführende Ehegatte in der Zeit nach der Geburt eines Kindes aus der neuen Ehe Erziehungsgeld bzw Elterngeld bezieht (BGH FamRZ 06, 1010). Er ist allerdings verpflichtet, dieses auch für den Unterhalt minderjähriger Kinder aus erster Ehe einzusetzen (vgl § 9 2 BEEG). **42**

Voraussetzungen für die Akzeptanz der Rollenwahl:
- **Wesentlich günstigere Einkommenssituation**: Es genügt nicht, dass die Einkommenssituation der neuen Familie nur „günstiger" ist. Das Kriterium der Wesentlichkeit muss erfüllt sein. Geringe Einkommensunterschiede, etwa von 100–200 €, reichen nicht (BGH FamRZ 01, 514; Kobl NJW-RR 05, 1310; fraglich daher Oldbg FamRB 05, 68).
- **Kinderbetreuung durch Dritte nicht möglich**: Wer früher der Ernährer der Familie war, darf sich nicht auf die Hausmannrolle in der neuen Beziehung zurückziehen, wenn Dritte eingeschaltet werden können, die die Kinder aus der neuen Ehe entgeltlich betreuen können.
- **Vorsorgemaßnahmen**: Soweit die Möglichkeit bestand, Rücklagen zu bilden, ist ein Wechsel in die Hausmannrolle nur hinzunehmen, wenn diese Rücklagen für den Unterhalt der übrigen Berechtigten auch gemacht worden sind.
- Eine **Begrenzung** auf die (fiktiven) Verhältnisse bei Fortsetzung der früheren Erwerbstätigkeit erfolgt nicht (BGH FamRZ 06, 1827).
- **Abschließende Interessenabwägung**: Die »zurückgelassenen« Unterhaltsberechtigten müssen die Rollenwahl nur hinnehmen, wenn das Interesse der neuen Familie an dieser Rollenwahl ihr eigenes Interesse an Beibehaltung der bisherigen Unterhaltssicherung deutlich überwiegt. Die neue Beziehung ist mit der »Hypothek« bestehender Unterhaltspflichten belastet.

IV. Fiktive Einkünfte wegen Versorgungsleistungen. Sowohl der Unterhaltsberechtigte als auch der Unterhaltsverpflichtete können nach Trennung/Scheidung eine eheähnliche Gemeinschaft eingehen. Typisch ist, dass die Beteiligten gegenseitig Versorgungsleistungen erbringen. Das Zusammenleben mit einem Lebensgefährten führt nicht ohne weiteres zur Minderung der Bedürftigkeit des Ehegatten. Zuwendungen des neuen **43**

Partners sind als freiwillige Zuwendungen eines Dritten zu behandeln. Es hängt danach von dem Willen des Partners ab, ob er mit der Zuwendung nur den Ehegatten unterstützen oder ob er den Unterhaltspflichtigen entlasten will (BGH FamRZ 95, 1486; 93, 412). Leistet der neue Partner finanzielle Beiträge zur Lebensführung, so liegt darin grds ein Entgelt für die von den Ehegatten erbrachte Haushaltsführung und die sonstige Versorgung. Es kommt nicht darauf an, ob die Partner eine entspr Vereinbarung getroffen haben (BGH FamRZ 80, 40). Erfolgen keine Zuwendungen, kann in entspr Anwendung des § 850h II ZPO für die geleisteten Dienste eine **angemessene Vergütung** in Ansatz gebracht werden (BGH FamRZ 08, 1739; 04, 1173). Voraussetzung ist die Möglichkeit des Partners die Leistungen auch zu vergüten. Es kommt mithin auf seine Leistungsfähigkeit an (BGH FamRZ 89, 487). Entgegen diesem vom BGH gewählten Vergütungsansatz wird weiterhin von einer weit verbreiteten Meinung die Lösung präferiert, Versorgungsleistungen unter dem Gesichtspunkt ersparter Aufwendungen zu berücksichtigen mit der Folge, dass es insoweit nicht auf eine Leistungsfähigkeit des neuen Partners ankommt (München FamRZ 05, 713; Hamm FRB 05, 6). Der Umstand, dass der den neuen Partner versorgende, Unterhalt beanspruchende Ehegatte vollschichtig erwerbstätig ist, schließt grds nicht aus, ein entspr Entgelt bedürftigkeitsmindernd anzurechnen. Das Erbringen der Versorgungsleistungen kann nach Lage des Falls als unzumutbare Arbeit angesehen werden. In Anwendung des § 1577 II ist sodann zu entscheiden, ob die Vergütung ganz oder teilw zu berücksichtigen ist (BGH FamRZ 95, 343). Dem **Unterhaltpflichtigen** werden keine Entgelte für entgegengenommene Versorgungsleistungen durch seinen Partner zugerechnet. Unter dem Gesichtspunkt ersparter Lebenshaltungskosten kann jedoch eine Reduzierung des Selbstbehalts in Betracht kommen. Die Leitlinien enthalten hierzu teilweise Regelungen zu Ziff 21.5. Versorgt der **Unterhaltsberechtigte** seinen neuen Partner in irgendeiner Weise, etwa indem er den Haushalt führt, ist ein entspr Entgelt in Ansatz zu bringen, sofern der Partner leistungsfähig ist (BGH FamRZ 04, 1170; 04, 1173 bei Ehegattenunterhalt; Kobl NJW-RR 05, 1457 beim Unterhalt nach § 1615 l; zu Einzelheiten vgl *Büttner* FamRZ 96, 136). In diesen Fällen tritt der Wert der Versorgungsleistungen oder der Vorteil aus der neuen Lebensgemeinschaft als **Surrogat** an die Stelle einer Haushaltsführung während der Ehe und ist im Wege der **Differenzmethode** zu berücksichtigen (BGH FamRZ 04, 1179). Die **Leitlinien** enthalten zu Ziff 6 Orientierungsvorschläge für die Bemessung der in Ansatz zu bringenden angemessenen Vergütung, oftmals zwischen 200 € bis 550 € (zu weiteren Einzelheiten vgl *Kleffmann* in: FAKomm-FamR/*Kleffmann* vor § 1361 Rz 138 ff und *Schael* FuR 06, 6). Der Unterhaltsberechtigte hat zu beweisen, dass kein eheähnliches Verhältnis besteht bzw aus der Beziehung zu einem neuen Partner keine geldwerten Vorteile oder Entgelte bezogen werden können. Diese **Darlegungs- und Beweislast** setzt allerdings erst nach einem entsprechenden substantiierten Vortrag des Pflichtigen zum Bestehen einer eheähnlichen Beziehung des Berechtigten zu einem neuen Partner ein. Den Unterhaltsberechtigten trifft auch die Beweislast für eine etwaige Leistungsunfähigkeit des neuen Partners (BGH FamRZ 95, 343; 89, 487). Die gleichen Grundsätze gelten bei Versorgungsleistungen für Verwandte.

44 **H. Abzüge.** Für die Unterhaltsberechnung maßgeblich ist das **bereinigte Nettoeinkommen**. Das Bruttoeinkommen reduziert sich insb um die nachfolgend aufgeführten Positionen (vgl auch Ziff 10 der Leitlinien).

45 **I. Steuern.** Steuern sind grds in der Höhe in Abzug zu bringen wie sie im maßgeblichen Unterhaltszeitraum tatsächlich angefallen sind (**In-Prinzip** BGH FamRZ 91, 670, 304). Steuerzahlungen und Steuererstattungen werden grds nur im Jahr der tatsächlichen Leistung berücksichtigt. Auch eine erst nach Scheidung entstandene Steuer, etwa die Kirchensteuer nach Wiedereintritt in die Kirche, ist grds beim Ehegattenunterhalt bei der Bedarfsermittlung zu berücksichtigen (BGH FamRZ 07, 793).
Bei Selbstständigen und Gewerbetreibenden ist die strikte Anwendung des In-Prinzips oftmals problematisch, da bei schwankenden Einkünften die immer erst im Nachhinein festgesetzte Steuerbelastung das Ergebnis verzerren kann. Die maßgeblichen Vorschusszahlungen, Erstattungen und Nachforderungen ergeben sich aus Einkünften, die oft lange vor dem Prüfungszeitraum erzielt wurden. Aus diesem Grund und zur Vermeidung von Manipulationsmöglichkeiten bietet sich daher insoweit regelmäßig das **Für-Prinzip** an. Danach sind die vom Finanzamt vorgenommenen oder noch vorzunehmenden Veranlagungen maßgeblich, ohne Rücksicht darauf, welche Zahlungen im betreffenden Zeitraum konkret geleistet wurden. Sind fiktive Einkünfte für die Unterhaltsberechnung maßgeblich, hat auch insoweit eine fiktive Steuerberechnung zu erfolgen. Dies gilt insb, bei Negativeinkünften zur Vermögensbildung. Hier ist die fiktive Berechnung ohne derartige Negativeinkünfte geboten, da die Vermögensbildung nicht zu Lasten des Berechtigten gehen kann, der andererseits aber auch hieraus keine Vorteile ziehen soll. Das Gleiche gilt bei der steuerlichen Berücksichtigung außergewöhnlicher Belastungen, die unterhaltsrechtlich nicht als Abzugsposten anerkannt werden. Das Für-Prinzip ist auch anzuwenden, wenn für die Prognoseentscheidung hinsichtlich des künftigen Unterhalts eine andere Besteuerungsgrundlage heranzuziehen ist (etwa getrennte statt gemeinsamer Veranlagung bzw. Steuerklasse I statt III).

46 *Der* **Splittingvorteil,** *der sich daraus ergibt, dass der Unterhaltsverpflichtete wieder geheiratet hat, ist beim Verwandtenunterhalt als Einkommen zu berücksichtigen (BGH FamRZ 05, 1817; Hamm FamRZ 05, 1177). IÜ gilt der Grundsatz, dass der Splittingvorteil allein der bestehenden – neuen – Ehe zugewiesen ist und ihr nicht dadurch entzogen werden kann, dass er bei der Bemessung des Unterhaltsbedarfs für den geschiedenen*

Ehegatten einkommenserhöhend berücksichtigt wird (BVerfG FamRZ 03, 1821; BGH FamRZ 07, 1232; 05, 1817) so nicht mehr (vgl Rn 30). Schuldet der Unterhaltspflichtige sowohl einem geschiedenen als auch einem neuen Ehegatten Unterhalt, so ist der nach den ehelichen Lebensverhältnissen zu bemessene Unterhaltsbedarf jedes Berechtigten im Wege der **Dreiteilung des Gesamteinkommens** des Unterhaltspflichtigen und beider Unterhaltsberechtigter zu ermitteln (BGH FamRZ 09, 579; 411; 08, 1911). Grundlage dafür sind die Einkünfte aller in der Unterhaltskonstellation verstrickten Personen. Auf Seiten des Unterhaltspflichtigen ist dessen Erwerbseinkommen unter Einbeziehung des Ehegattensplittings maßgeblich. Unter Berücksichtigung des Halbteilungsgrundsatzes, der eine gleichmäßige Verteilung des Einkommens zwischen dem Unterhaltsberechtigten und dem Pflichtigen gewährleisten soll, bestimmt sich der Bedarf bei zwei unterhaltsberechtigten Personen sodann durch die Dreiteilung des gesamten unterhaltsrechtlich relevanten Einkommens. Eigenes Einkommen ist bedarfsdeckend anzurechnen (BGH NJW 08, 3213; vgl auch Ddorf FF 08, 328). Unter Beachtung der Rspr des BVerfG (FamRZ 03, 1821), wonach dem Unterhaltsberechtigten kein höherer Anspruch zustehen darf als er ohne die Ehe des Unterhaltspflichtigen hätte, ist in Fällen, in denen der neue Ehegatte wegen eigener Einkünfte keinen oder nur einen sehr geringen Unterhaltsbedarf hat, eine **Kontrollrechnung** vorzunehmen (BGH FamRZ 08, 1911). Dabei bleiben sowohl der neue Ehegatte als auch der aus der neuen Ehe resultierende Splittingvorteil unberücksichtigt. Die gleichen Grundsätze wird man heranzuziehen haben auch bei sonstigen auf der neuen Eheschließung beruhenden Leistungen, etwa bei Teilen des ALG (Frankf NJW-RR 06, 77; Kobl FamRZ 05, 720) oder beim Familienzuschlag (BGH FamRZ 07, 793; Hamm FamRZ 05, 1177).

Zumutbar sicher erzielbare **Steuervorteile** sind wie Einkommen zu behandeln (BGH FamRZ 99, 372; vgl zum Ganzen auch *Schürmann* FuR 03, 450). Dazu gehört neben der Inanspruchnahme des begrenzten Realsplittings und der zutreffenden Steuerklassenwahl (BGH FamRZ 04, 443) auch die Geltendmachung steuerlicher Freibeträge und Pauschalen bei der Einkommensteuerveranlagung, sofern ihre Höhe zweifelsfrei feststeht, nicht hingegen wegen streitiger Spitzenbeträge (BGH FamRZ 99, 372). Den Unterhaltsschuldner trifft eine **Obliegenheit zur Geltendmachung des Realsplittings** aber nur insoweit, als er den Unterhaltsanspruch anerkannt hat, dieser rechtskräftig festgestellt ist oder soweit er den Unterhaltsanspruch freiwillig erfüllt (BGH FamRZ 07, 1232; 793). Maßgeblich ist der Zeitpunkt der tatsächlichen Zahlung (§ 11 II 1 EStG, In-Prinzip). Steht fest, dass Steuererstattungen oder Steuernachzahlungen künftig nicht in bisheriger Höhe entstehen, können sie der Berechnung des künftigen Unterhalts nicht in unveränderter Höhe mit der Begründung unzureichender Vorhersehbarkeit der weiteren Einkommensentwicklung zugrunde gelegt werden (BGH FamRZ 99, 372). 47

II. Vorsorgeaufwendungen. Renten-, Arbeitslosen- und Krankenversicherungsbeiträge können in angemessener und nachgewiesener Höhe einkommensmindernd geltend gemacht werden (vgl Ziff 10.1 der Leitlinien; zu Einzelheiten vgl FAKomm-FamR/*Kleffmann* vor § 1361 Rz 148). Die Angemessenheit richtet sich nach den Einkommens- und Vermögensverhältnissen bzw dem Versicherungsschutz, der vor der Trennung bestand. Die **primäre Altersvorsorge** wird künftig kaum ausreichen mit der Folge, dass es einer ergänzenden **privaten Altersvorsorge** bedarf (BGH FamRZ 09, 530; 08, 963; 07, 793; FuR 06, 180; NJW 05, 3277; FamRZ 03, 860; 03, 1179). Neben gesetzlichen und betrieblichen Aufwendungen sind auch zusätzliche freiwillige Versicherungsleistungen als Altersvorsorge grds zu berücksichtigen, wenn sie der Vermögensbildung dienen. Für die Höhe des berücksichtigungsfähigen Aufwands ist iRd schwächer ausgestalteten Elternunterhalts ein um etwa 25% über der gesetzlichen Rentenversicherung liegender Betrag, also etwa weitere 5% des Bruttoeinkommens, als angemessener Altersvorsorgeaufwand anzusehen (BGH NJW 06, 3344; FamRZ 04, 792). Auch iRd Ehegattenunterhaltsverhältnisses ist angemessener zusätzlicher Altersvorsorgeaufwand grds berücksichtigungsfähig (BGH FamRZ 06, 387; 05, 1871; NJW 05, 3277), und zwar bis zu 4% des Gesamtbruttoeinkommens des Vorjahres beim Berechtigten und Verpflichteten (BGH FamRZ 09, 1207; FuR 07, 367). Grds besteht **Wahlfreiheit** (Lebensversicherung, Wertpapiere, Fonds, Spargutsthaben, vgl BGH FamRZ 08, 963; 06, 1511; 05, 1917) oder Tilgungsleistungen für einen Immobilienkredit (BGH FuR 09, 223; FamRZ 04, 443; 03, 1179 iRd Elternunterhalts; vgl auch BGH FamRZ 09, 1209 = FuR 09, 530 und Dorf NJW 09, 1229). Voraussetzung für die Absetzbarkeit von Vorsorgeaufwendungen ist, dass derartige Aufwendungen tatsächlich geleistet werden. **Fiktive Abzüge** kommen insoweit nicht in Betracht (BGH FamRZ 07, 793; 03, 860). Auch andere Anlageformen, etwa der **Erwerb einer Immobilie**, werden in angemessenem Umfang als private Altersvorsorge zu akzeptieren sein (BGH FamRZ 04, 443; FamRZ 03, 1179 iRd Elternunterhalts). Eine abzugsfähige Altersversorgung ist auch die **Direktversicherung**, wenn sie vom Arbeitgeber als Altersversorgung gedacht ist (München FamRZ 97, 613; vgl auch BGH NJW 05, 3277). Auch bei **Beamten** gelten ähnliche Grundsätze (BGH FamRZ 03, 1179). 48

Mit Erreichen der Regelaltersgrenze können entsprechende Abzüge nicht mehr vorgenommen werden, da danach eine Altersversorgung gewährt wird und nicht mehr vorzusorgen ist (BGH FamRZ 00, 251). Aufwendungen zur **Pflegeversicherung** sind nach dem zum 1.1.95 in Kraft getretenen Pflegeversicherungsgesetz als Krankheitsvorsorge anzusehen (vgl zum Ganzen *Gutdeutsch* FamRZ 94, 878) und als Abzugsposten zu berücksichtigen.

49 III. Berufsbedingte Aufwendungen. Berufsbedingte Aufwendungen die sich von den privaten Lebenshaltungskosten nach objektiven Merkmalen eindeutig abgrenzen lassen, sind iRd Angemessenen vom Nettoeinkommen aus unselbstständiger Arbeit abzuziehen. Von fiktiven Erwerbseinkünften ist auch ein fiktiver Erwerbsaufwand in Abzug zu bringen. Einen allgemeinen Erfahrungssatz dahin, dass bei höheren Einkünften auch höhere Werbungskosten entstehen, gibt es nicht (BFHE 193, 536; 202, 540). Die **Leitlinien der OLGe** enthalten zu Ziff 10.2 teilweise erheblich divergierende Orientierungshilfen für die Berücksichtigung derartigen berufsbedingten Aufwands (wegen der Einzelheiten vgl FAKomm-FamR/*Kleffmann* vor § 1361 Rz 149 ff). ZT wird eine **Pauschale** von 5% des Nettoerwerbseinkommens in Ansatz gebracht (vgl BGH FamRZ 00, 1492; zT mit Ober- und Untergrenzen), zT wird der konkrete Nachweis berufsbedingten Aufwands für erforderlich erachtet. Bei Ansatz der Kilometerpauschale können nicht zusätzlich konkrete Kosten geltend gemacht werden (Hamm FamRZ 01, 482). Bei weiten Fahrtstrecken von der Wohnung zur Arbeit kann eine Verringerung des Kilometersatzes in Betracht kommen, etwa Ansatz eines Betrages von 0,30 € für die ersten 30 km und eines reduzierten Betrages von 0,10 € für die Folgekilometer (vgl Ziff 10.2.2 HLL). Mit der Pauschale ist regelmäßig der gesamte Fahrzeugaufwand gedeckt, insb können nicht zusätzlich noch Kosten für Haltung, Betrieb, Steuer, Versicherung, Reparatur etc) in Ansatz gebracht werden. Der BGH (FuR 06, 75 = FamRZ 06, 108; 00, 1492 m Anm *Scholz*) billigt, dass Aufwendungen idR mit 5% des Nettoeinkommens (pauschal) angesetzt werden und dass, wenn höhere Aufwendungen geltend gemacht werden oder ein Mangelfall vorliegt, die gesamten Aufwendungen iE darzulegen, nachzuweisen und ggf nach § 287 ZPO zu schätzen sind. Dabei dürfen die Anforderungen an eine **Schätzung** nicht überspannt werden (BGH FuR 09, 404; FamRZ 06, 108; Naumbg FamRZ 09, 404). Unterhaltsrechtlich anzuerkennende berufsbedingte Aufwendungen können nicht ohne nähere Prüfung mit den steuerlich anerkannten Werbungskosten gleichgesetzt werden (BGH FuR 09, 409 = FamRZ 09, 762). Der **berufsbedingte Fahrtkostenaufwand** ist immer auf seine **Angemessenheit** zu überprüfen und so niedrig wie möglich zu halten. Bei unverhältnismäßig hohen Kosten (Richtschnur: ein Drittel oder mehr des Nettoeinkommens) ist zu prüfen, ob öffentliche Verkehrsmittel zumutbar genutzt werden können oder ein Wohnungswechsel zumutbar ist (BGH FamRZ 98, 1501). Andererseits können auch hohe Fahrtkosten wegen persönlicher Bindungen hinzunehmen sein, wenn sonst die Lebensplanung des Unterhaltspflichtigen unzumutbar eingeschränkt würde. Wer sich auf hohe Fahrtkosten mit dem eigenen Pkw beruft, trägt die **Darlegungs- und Beweislast** für eine Ausnahmesituation (Brandbg FamRZ 02, 981), insb für die Behauptung, der Arbeitsplatz lasse sich zumutbar nicht mit öffentlichen Verkehrsmitteln erreichen (Stuttg FamRZ 08, 1273; Karlsr FamRZ 00, 233). Berufsbedingte **Fahrtkosten** sind nicht einkommensmindernd zu berücksichtigen, wenn sie nur im **Bagatellbereich** liegen (Köln FamRZ 07, 1463: 11 €). Kleinere Positionen wie Kleidungskosten, Telefonkosten etc sind regelmäßig mit dem Erwerbstätigenbonus abgegolten (BGH FamRZ 07, 193). **Gewerkschaftsbeiträge** sind grds einkommensmindernd zu berücksichtigen (BGH NJW 97, 1919; Hamm FuR 03, 90). Ausnahmsweise kann etwas anderes gelten im Mangelfall oder soweit das Existenzminimum minderjähriger Kinder tangiert ist (Ddorf NJW 05, 1999). Der Ansatz pauschaler berufsbedingter Aufwendungen setzt stets voraus, dass berufsbedingte Aufwendungen überhaupt entstehen. Dies ist beim längerfristigen Bezug von Krankengeld (BGH FamRZ 09, 307) oder einer Rente (BGH FamRZ 82, 579) nicht der Fall. Berufsbedingter Aufwand entsteht auch nicht bei Arbeitslosen. Diese können nur die Kosten der Arbeitsplatzsuche mindernd geltend machen. Bei **Auszubildenden** kann ein entsprechender **Ausbildungsaufwand** (vgl Ziff 12.2 und 13.2 der Leitlinien) in Abzug gebracht werden. Nachgewiesene konkrete und angemessene **Kinderbetreuungskosten** sind beim erwerbstätigen Pflichtigen und Bedürftigen anzuerkennender Aufwand, wenn sie zur Ausübung der Berufstätigkeit erforderlich sind (BGH FamRZ 07, 882; 05, 1154; 91, 182). In Betracht kommen Kosten für eine Betreuungsperson, Kinderhort, Kindergrippe etc. Bei Betreuung durch Familienangehörige, etwa Großeltern, kommt ein fiktiver Ansatz in Betracht. **Kindergartenkosten** und Beiträge für vergleichbare Aufwendungen für die Betreuung eines Kindes stellen hingegen keinen berufsbedingten Aufwand dar, und zwar unabhängig davon, ob der Kindergarten halb- oder ganztägig besucht wird (BGH FuR 09, 415; FamRZ 08, 1152). Der Unterhaltsanspruch eines Kindes umfasst nach § 1610 dessen gesamten Lebensbedarf einschließlich der Kosten der Erziehung, so das Aufwendungen, die in erster Linie erzieherischen Zwecken dienen, Bedarf des Kindes und nicht des betreuenden Elternteils darstellen. Der Kindergarten bietet nicht nur die fürsorgende Betreuung des Kindes, sondern fördert auch soziale Verhaltensweisen und stellt damit eine Bildungseinrichtung im elementaren Bereich dar. Damit stehen erzieherische Aufgaben und nicht die Ermöglichung der Erwerbstätigkeit des betreuenden Elternteils im Vordergrund. Für die Kindergartenkosten als Mehrbedarf des Kindes haften die Eltern anteilig. Zur Berücksichtigung eines **Kinderbetreuungsbonus** (vgl BGH FamRZ 05, 442 und Kommentierung zu § 1577 Rn 15).

50 IV. Umgangskosten. Durch Ausübung des Umgangs bedingte Kosten können regelmäßig nicht vom Einkommen abgezogen werden (BGH FamRZ 95, 215; vgl auch *Weychardt* FPR 06, 333). Etwas anderes kann *gelten aufgrund der nach* § 1612 b V begrenzten Kindergeldanrechnung, wenn sonst ausreichende Mittel zur Umgangsausübung fehlen (BVerfG FamRZ 03, 1370; FamRZ 07, 193; FuR 05, 253 = FamRZ 05, 706 in Anschluss an FuR 03, 269; Bremen FamRZ 08, 1274; vgl auch Kobl NJW-RR 05, 1310; Bambg FuR 05, 520; Frankf FuR 04, 398). In derartigen Konstellationen kann insb der **Selbstbehalt** maßvoll **angehoben** werden

(Schlesw ZFE 05, 455) oder das unterhaltsrelevante **Einkommen gemindert** werden (vgl BGH FamRZ 07, 193; ZFE 08, 229; NJW 06, 2258; FuR 05, 253 = FamRZ 05, 706; zur Übernahme der Umgangskosten durch den Sozialleistungsträger vgl LSG Baden-Württemberg FamRZ 06, 895). Besuchskosten sind regelmäßig steuerlich nicht als außergewöhnliche Belastung abziehbar (BFH FamRB 08, 31; *Janssen* ZFE 06, 249 und *Söpper* FamRZ 05, 503). Umgangskosten können als zusätzlicher Bedarf des Unterhaltspflichtigen zu berücksichtigen sein, wenn die Kindergeldanrechnung im Mangelfall unterbleibt (BGH FamRZ 05, 706 m Anm *Luthin*).

V. Verbindlichkeiten. Berücksichtigungswürdige Verbindlichkeiten mindern das unterhaltsrechtlich relevante Einkommen (vgl auch Ziff 10.4 der Leitlinien). Schulden können allerdings nur abgezogen werden, soweit sie tatsächlich auch bedient werden (Saarbr ZFE 07, 276; Hambg FamRZ 03, 1102). Werden Einkünfte fingiert, ist auch eine **fiktive Bedienung von Schuldverbindlichkeiten** zu berücksichtigen. Es gibt keinen gesetzlichen Vorrang von Unterhaltsverpflichtungen (BGH FamRZ 84, 657; Frankf ZFE 05, 96). Neben diesen sind nach §§ 1581, 1603 I auch sonstige Verpflichtungen des Unterhaltsschuldners zu berücksichtigen. Bei der Berücksichtigung von Verbindlichkeiten sind die Interessen der Unterhaltsberechtigten, Drittgläubiger und des Unterhaltsschuldners aufgrund einer **umfassenden Interessenabwägung** zu berücksichtigen (BGH FamRZ 02, 536 und ständig). Aus dem jeweiligen Unterhaltsverhältnis ergeben sich dabei weitreichende Unterschiede. IRd Ehegattenunterhalts sind Abzugsposten bei der Bedarfsermittlung nicht nur Schulden aus der Zeit des Zusammenlebens, sondern auch nach Trennung/Scheidung entstandene Verbindlichkeiten, soweit sie unumgänglich sind bzw nicht leichtfertig eingegangen wurden (BGH FamRZ 08, 968; 06, 683). Da es **keine Lebensstandardgarantie** gibt, nimmt der Bedürftige nach der Trennung nicht nur an Einkommenserhöhungen des Pflichtigen, sondern auch an Einkommensminderungen durch nicht vorwerfbare Einkommensreduzierungen oder neue Ausgaben teil. Die Neuaufnahme der Schuld als **berücksichtigungswürdige Ausgabe** darf jedoch nicht auf einem unterhaltsbezogenen leichtfertigen oder mutwilligen Verhalten beruhen (BGH FamRZ 08, 968). Leistungen zur einseitigen Vermögensbildung gehen der Unterhaltsverpflichtung nur ausnahmsweise vor, wenn es sich um eine angemessene Altersvorsorge handelt (BGH FamRZ 08, 963). Handelt es sich um eine berücksichtigungswürdige Schuld, ist sie sowohl beim Bedarf als auch bei der Bedürftigkeit und Leistungsfähigkeit Abzugsposten (BGH FamRZ 08, 497; 95, 869). Diese Grundsätze gelten gleichermaßen beim Ehegatten- wie Verwandtenunterhalt. **Bedeutsame Umstände für die gebotene Interessenabwägung:**

– Verschärfte Unterhaltspflicht (§ 1603 II)
– Zweck der Verbindlichkeit
– Zeitpunkt und Art der Entstehung der Verbindlichkeit
– Dringlichkeit der beiderseitigen Bedürfnisse (Kredit zur Finanzierung des Umzugs, Anschaffung notwendigen Mobiliars, der Kaution für eine Mietwohnung, zur Bestreitung von Renovierungskosten etc).
– Kenntnis des Schuldners von Grund und Höhe der Unterhaltsschuld (BGH ZFE 07, 189; FamRZ 02, 536; Dresd FamRZ 06, 569)
– Möglichkeiten des Schuldners, die Leistungsfähigkeit in zumutbarer Weise ganz oder teilw, zB durch Tilgungsstreckung, wiederherzustellen (BGH FamRZ 02, 536; Rostock FamRZ 09, 1922)
– Schutzwürdige Belange Dritter (grundl BGH FamRZ 82, 157 und 84, 657).

Nach geänderter Rspr des BGH (FamRZ 06, 683) sind nicht nur voraussehbare Einkommensverbesserungen beim Ehegattenunterhalt nach der Scheidung, sondern auch nicht vorwerfbare Einkommensminderungen zu berücksichtigen. Wie bei Einkommensreduzierungen muss der Bedürftige eine Absenkung seines Bedarfs auch durch neue unumgängliche Ausgaben des Pflichtigen hinnehmen (BGH FamRZ 07, 791; 06, 683; zu Einzelheiten vgl *Gerhardt* FamRZ 07, 945). Der Bedürftige trägt grds die Risiken einer negativen Entwicklung der vorhandenen Mittel mit. Dies gilt zunächst aber nicht nur für das Hinzutreten weiterer Unterhaltslasten (BGH FamRZ 06, 683), sondern auch für das Hinzutreten sonstiger **berücksichtigungswürdiger Verbindlichkeiten**. Grds berücksichtigungsfähig sind alle in der Zeit des ehelichen Zusammenlebens entstandenen Verbindlichkeiten (BGH NJW 98, 2821). Verbindlichkeiten, die der gemeinsamen Vermögensbildung dienen, Aufwendungen zur einseitigen Vermögensbildung jedenfalls soweit sie einvernehmlich begründet wurden. Berücksichtigungsfähig sind aber auch alle nach Trennung/Scheidung eingegangenen Verbindlichkeiten sofern es sich nicht um leichtfertig eingegangene neue Schulden handelt (BGH FamRZ 08, 968; 06, 683; Köln FamRZ 08, 1536). Dies gilt etwa für trennungsbedingte Kredite zur Finanzierung des Umzugs, Anschaffung notwendigen Mobiliars, Finanzierungskosten für einen Pkw, wenn der Arbeitsplatz mit öffentlichen Verkehrsmitteln nicht erreichbar ist etc. Leichtfertige, für luxuriöse Zwecke oder ohne verständlichen Grund eingegangene Verbindlichkeiten sind nicht abzugsfähig (grundl BGH FamRZ 96, 160; 84, 358; Ddorf FamRZ 07, 1032: Anschaffung eines zweiten Motorrades; Spielschulden; Schulden für teure Reisen etc; vgl zu weiteren Einzelheiten *Gerhardt* FamRZ 07, 945 und zur Übersicht über berücksichtigungsfähige und nicht berücksichtigungsfähige Ausgaben FAKomm-FamR/*Kleffmann* vor § 1361 Rz 184). Soweit eine gemeinsame Schuld bei der Bildung des bereinigten Nettoeinkommens für den Ehegattenunterhalt berücksichtigt wird, entfällt ein **Gesamtschuldnerausgleich**, weil eine anderweitige Regelung iSd § 426 I 2 vorliegt (BGH FamRZ 08, 602; FamRZ 05, 1236; Bremen FamRZ 07, 47). Dies gilt nicht, wenn eine gemeinsame Schuld lediglich beim Kindesunterhalt berücksichtigt wird (BGH FamRZ 08, 602; FuR 07, 562; FamRZ 07, 1975). Es handelt sich schon nicht um wechselseitige Ansprüche der Ehegatten. Die Berücksichtigung einer Gesamtschuld beim Kindesunterhalt führt auch nur in eingeschränktem Umfang zu einem reduzierten Unterhalt (ggf andere Einkommensgruppe) und regelmäßig nicht zu einem angemessenen Äquivalent für die alleinige Belastung mit der Gesamtschuld (BGH FamRZ 07, 1975). Die **Darlegungs- und Beweislast** für berücksichtigungswürdige Schulden trägt die Partei, die sich auf den Abzug beruft (BGH FamRZ 90, 283).

52 Eine Obliegenheit zur **Einleitung eines Verbraucherinsolvenzverfahrens** (eingehend hierzu *Pape* ZAP 07, 1165; *Sternal* NJW 07, 1909) besteht iRd Unterhalts für **minderjährige** und **privilegierte volljährige Kinder**, wenn der Schuldner trotz ernsthafter außergerichtlicher Bemühungen eine Reduzierung seiner bisherigen Belastungen nicht erreichen kann, die Unterhaltspflicht zur Zahlungsunfähigkeit führt und ein Insolvenzverfahren nicht aus anderen vom Schuldner darzulegenden Gründen unzumutbar ist (BGH FamRZ 08, 497; 08, 137; FuR 05, 246 = FamRZ 05, 608). IRd **Trennungsunterhalts** und **nachehelichen Unterhalts** trifft den Unterhaltsschuldner keine Obliegenheit zur Einleitung der Verbraucherinsolvenz (BGH FamRZ 08, 137 = FuR 08, 144). Wegen des schwerwiegenden Eingriffs einer Verbraucherinsolvenz in die Lebensstellung eines Ehegatten verbietet sich die Ausdehnung der Obliegenheit zur Einleitung eines Insolvenzverfahrens auch auf das Ehegattenunterhaltsverhältnis. Den Unterhaltsberechtigten treffen jedoch Obliegenheiten. Er muss sämtliche ihm möglichen Anträge stellen und den pfändungsfreien und damit unterhaltsrechtlich zur Verfügung stehenden Teil maximal ausschöpfen (BGH FamRZ 08, 137; vgl auch NJW 03, 2167). Ggü einem Anspruch aus **§ 1615l** besteht **keine Obliegenheit zur Einleitung eines Insolvenzverfahrens** mit Restschuldbefreiung (Kobl FamRZ 06, 440). Als Folge der Einleitung des Insolvenzverfahrens sind unterhaltsrechtlich nicht mehr die – mit erheblichen Verbindlichkeiten belasteten – vollen Erwerbseinkünfte des Schuldners zu berücksichtigen, sondern nur noch die ihm in der Insolvenz für den eigenen Unterhalt und für die Ansprüche anderer Unterhaltsberechtigter nach Ermessen der Gläubigerversammlung bzw des Insolvenzverwalters gewährten Beträge (§ 100 InsO). Die Dauer der Unterhaltspflicht, zumal ggü minderjährigen Kindern, muss in einem angemessenen Verhältnis zu derjenigen des Insolvenzverfahrens stehen (Dresd FamRZ 03, 1028 m Anm *Schürmann*, FamRZ 01, 441; Stuttg FamRZ 03, 1216; vgl auch Nürnbg FamRZ 05, 1502: keine Obliegenheit zur Einleitung eines Verbraucherinsolvenzverfahrens, wenn die Drittschulden relativ niedrig sind). Die Möglichkeit der Verbraucherinsolvenz macht eine **Abwägung** zwischen den Gläubigerinteressen und den Interessen der Unterhaltsberechtigten sowie des Unterhaltspflichtigen nicht entbehrlich (*Schürmann* FamRZ 05, 888). Der Schuldner ist nicht gehindert, im Einzelfall Umstände vorzutragen und ggf zu beweisen, welche die Obliegenheit zur Einleitung eines Insolvenzverfahrens im Einzelfall als unzumutbar erscheinen lassen (BGH FamRZ 05, 608; Stuttg FamRZ 03, 1216; ausf *Ortner* ZFE 05, 303; *Krause* FamRZ 05, 1725; *Hauß* FamRZ 06, 1496; vgl auch *Niepmann* FPR 06, 91 und *Große-Boymann* FPR 06, 101). So obliegt es einem Unterhaltsschuldner auch im Rahmen seiner ggü minderjährigen Kinder gesteigerten Unterhaltspflicht nicht, ein Insolvenzverfahren einzuleiten, wenn die damit verbundene Einschränkung seiner wirtschaftlichen Handlungsfreiheit den Erhalt seines Arbeitsplatzes gefährdet (Oldbg FamRZ 06, 1223).

Prüfungsschema hinsichtlich der Obliegenheit zur Einleitung eines Insolvenzverfahrens:
– gesteigerte Unterhaltspflicht nach § 1603 II;
– Vorliegen der Voraussetzungen der Verbraucherinsolvenz mit Restschuldbefreiung
– Eröffnungsgrund, §§ 16 ff InsO: bereits eingetretene oder drohende Zahlungsunfähigkeit und keine Gründe gegen eine spätere Restschuldbefreiung nach Maßgabe der §§ 286 InsO;
– keine Unzumutbarkeit der Antragspflicht im konkreten Einzelfall wegen zu erwartender Kosten des Insolvenzverfahrens;
– Einschränkung der wirtschaftlichen Selbstständigkeit durch Bestellung eines Treuhänders im Insolvenzverfahren, § 313 I; § 292 InsO,
– Dauer des Insolvenzverfahrens im Vergleich zur voraussichtlichen Unterhaltspflicht ggü minderjährigen Kindern;
– keine erheblichen Einschnitte in die Rechte anderer Gläubiger.

An die unterhaltsrechtliche Berücksichtigung von Schulden werden besonders hohe Anforderungen gestellt, wenn der Mindestunterhalt minderjähriger Kinder tangiert ist (BGH FamRZ 92, 797). Wegen einkommensmindernd in den verschiedenen Unterhaltsverhältnissen zu berücksichtigenden Ausgaben wird auf die Übersicht im FAKomm-FamR/*Kleffmann* vor § 1361 Rz 179 ff verwiesen.

Ein und derselbe Vermögenswert darf nicht in mehreren Ausgleichssystemen berücksichtigt werden (grundl BGH FamRZ 07, 1532). Eine **Doppelverwertung** im Unterhalt und Zugewinn benachteiligt bei Aktiva den Pflichtigen, bei Passiva den Bedürftigen. Das **Verbot der Doppelverwertung** bei Schulden ist nach geänderter Rechtspr des BGH (FamRZ 08, 963; vgl auch BGH FamRZ 09, 23) nur noch von beschränkter Bedeutung. Tilgungsleistungen zur einseitigen Vermögensbildung sind nicht mehr berücksichtigungswürdig, wenn der Bedürftige über den Zugewinnausgleich nicht mehr an der Vermögensmehrung partizipiert (BGH FamRZ 09, 23; 08, 963; 07, 897). *Eine Ausnahme gilt nur, sofern es sich bei den Tilgungsleistungen um eine zulässige angemessene Altersvorsorge handelt oder die Einkommensverhältnisse so gut sind, dass nur ein Teil für die Lebensführung benötigt wird und es deshalb zur konkreten Bedarfsermittlung kommt. In allen anderen Fällen bilden sie bei der Bereinigung des Nettoeinkommens für die Bedarfsermittlung keinen Abzugsposten* mehr, da Unterhalt der Vermögensbildung vorgeht. Handelt es sich bei der einseitigen Vermögensbildung um eine zulässige Altersvorsorge, kommt es zu keiner zweifachen Benachteiligung, auch wenn dieselbe Tilgung beim Zugewinn als Alleinschuld angesetzt wird, da sie unterhaltsrechtlich keine Verbindlichkeit, sondern Vorsorgeaufwand darstellt (zu weiteren Einzelheiten vgl insb *Gerhardt* FamRZ 07, 945 und *Gerhardt/Schulz* FamRZ 05, 1523).

VI. Unterhalt anderer Berechtigter. Auch Unterhalt für andere Berechtigte kann beim Pflichtigen und Bedürftigen einen Abzugsposten darstellen (BGH FamRZ 99, 367; 92, 797). Der Vorwegabzug gilt nicht nur für gemeinschaftliche Kinder, sondern auch für voreheliche Kinder (BGH FamRZ 03, 860) oder nichteheliche Kinder für die bereits während des Bestehens der Ehe aufzukommen war (BGH FamRZ 03, 363; 00, 1492). Die Unterhaltspflicht ggü einem vor der Scheidung geborenen nichtehelichen Kind ist auch dann zu berücksichtigen, wenn es nach der Trennung geboren wurde (BGH FamRZ 00, 1492; 99, 367). Nach **geänderter Rechtsprechung des BGH** (FamRZ 06, 683) und den geänderten Rangverhältnissen iRd UÄndG 2008 mit dem Vorrang des minderjährigen Kindes und des privilegierten volljährigen Kindes (§ 1609 Nr 1) ist der Unterhalt dieser Kinder generell ein Abzugsposten, auch wenn die Kinder erst nach der Scheidung der ersten Ehe geboren wurden und aus einer zweiten Ehe oder neuen Partnerschaft stammen (BGH FamRZ 09, 0411; 08, 968) und auch für nachehelich adoptierte Kinder (BGH FuR 09, 169; NJW 09, 145). Die Berücksichtigung nachehelicher Veränderungen findet erst dort ihre Grenze, wo sie auf einem unterhaltsrechtlich vorwerfbaren Verhalten beruht. Im Fall einer Unterhaltspflicht für neu hinzutretende Kinder (BGH FamRZ 08, 968) oder für adoptierte Kinder (BGH FamRZ 09, 23) ist dies nicht der Fall. Dem Unterhaltspflichtigen kann auch eine weitere Unterhaltspflicht für einen neuen Ehegatten nicht vorgeworfen werden mit der Folge, dass auch diese Unterhaltsverpflichtung grds berücksichtigungsfähig ist (BGH FuR 09, 169; FamRZ 08, 1911, 968). Weil auch die neue Heirat unterhaltsrechtlich nicht vorwerfbar ist, muss auch die dadurch ausgelöste Unterhaltspflicht bei der Bemessung des Bedarfs berücksichtigt werden. Insoweit ist es unerheblich, ob die hinzugetretene Unterhaltspflicht für einen neuen Ehegatten ggü dem Unterhaltsanspruch des geschiedenen Ehegatten vor-, gleich- oder nachrangig ist. Der Rang des Unterhaltsanspruchs wirkt sich erst bei der Leistungsfähigkeit im Mangelfall aus (BGH FuR 09, 169; FamRZ 08, 1911).

Trotz Nachrangs ist der Unterhalt für **nicht privilegierte volljährige Kinder** Abzugsposten, wenn die Aufwendungen die ehelichen Lebensverhältnisse geprägt haben (BGH FamRZ 09, 762; 06, 26; 03, 860). Auch Unterhaltsansprüche nach § 1615l sind berücksichtigungsfähig (BGH FamRZ 06, 683). Abzugsposten können auch **latente Unterhaltslasten** sein, die in der Ehe noch nicht erfüllt wurden, jedoch voraussehbar waren, darstellen (BGH FamRZ 04, 186; 03, 860; vgl auch Kobl NJW-RR 07, 729). Dies ist iRd Elternunterhalts etwa der Fall, wenn sich aufgrund einer geringen eigenen Altersvorsorge die Unterhaltsverpflichtung für einen Elternteil in der Ehe wegen Gewährung von Sozialhilfe abzeichnete. Nicht abziehbar sind Unterhaltsleistungen für die keine gesetzliche Verpflichtung besteht. Dies gilt auch für den Unterhalt von **Stiefkindern** (BGH FamRZ 05, 1817). Maßgeblich ist der tatsächlich geschuldete Unterhalt, nicht ein anderweitiger, ggf höher titulierter Unterhalt (BGH FamRZ 03, 363). Auch ein zu hoher vertraglich vereinbarter Unterhalt ist nicht maßgeblich. **Abzugsposten** ist nicht der Tabellenunterhalt, sondern der **Zahlbetrag** (eingehend *Dose* FamRZ 07, 1289; *Gerhardt* FamRZ 07, 945 und *Scholz* FamRZ 07, 2021). Dies gilt sowohl für die Bedarfsermittlung nach § 1578 I (BGH FamRZ 09, 1300) als auch iRd Prüfung der Leistungsfähigkeit nach § 1581 (BGH FamRZ 09, 1477). Der Zahlbetrag ist nicht nur beim Volljährigenunterhalt (BGH FamRZ 08, 2104, 963; 06, 99), sondern auch beim Minderjährigenunterhalt (BGH FuR 09, 567 = NJW 09, 2523) maßgeblich. Nur der Abzug des Zahlbetrages entspricht der Neukonzeption des § 1612b im UÄndG. An die Stelle der bisherigen Anrechnung des Kindergeldes auf den Barunterhaltsanspruch des Kindes sollte der bedarfsmindernde Vorwegabzug des Kindergelds treten. Die Art und Weise der Kindergeldanrechnung hat sich ggü der früheren Rechtslage (vgl etwa noch BGH FamRZ 86, 783) grundl geändert. Durch das infolge der nunmehr bedarfsdeckenden Anrechnung des Kindergelds frei werdende Einkommen soll auch im Verhältnis von Erst- und Zweitfamilie für den Unterhalt nachrangig Berechtigter zur Verfügung stehen (BT-Drs 16/1830, 29). Korrespondierend mit der Berücksichtigung weiterer Unterhaltsberechtigter sind auch Einkünfte, die im Ansatz nicht relevant wären, etwa aus einem nachehelichen Karrieresprung, unterhaltsrechtlich maßgeblich (BGH FamRZ 09, 411). Soweit ein nachehelicher Karrieresprung lediglich eine neu hinzugetretene Unterhaltspflicht auffängt, ist das daraus resultierende Einkommen in die Berechnung einzubeziehen. Der Unterhaltsanspruch nach den ehelichen Lebensverhältnissen ist in solchen Fällen auf der Grundlage des nach dem Karrieresprung aktuell erzielten Einkommens unter Berücksichtigung der später hinzugekommenen Unterhaltspflichten, im Falle einer Unterhaltspflicht ggü einem Ehegatten im Wege der Dreiteilung (BGH FamRZ 08, 1911) zu bemessen (BGH FamRZ 09, 411; NJW 09, 588).

VII. Vermögenswirksame Leistungen. Hinsichtlich der einkommensmindernden Berücksichtigung der vermögenswirksamen Leistungen wird auf Ziff 10.6 der Leitlinien verwiesen.

VIII. Mehraufwendungen wegen Krankheit oder Alter. Konkret dargelegter krankheitsbedingter Mehraufwand ist beim Pflichtigen und Bedürftigen, soweit dieser eigene Einkünfte hat, abzugsfähig (BGH FamRZ 09, 307). Beim einkommenslosen Bedürftigen ist der Mehrbedarf unselbständiger Bestandteil seines Unterhalts.

Zu den Mehraufwendungen zählen Kosten einer Haushaltshilfe (BGH FamRZ 84, 153; Ddorf FamRZ 82, 380) oder die Kosten einer Diät (ggf zu schätzen). Häusliche Ersparnisse sind ggf zu schätzen. Berücksichtigungsfähig sind auch nur Kosten, die den allgemeinen Krankenvorsorgebedarf übersteigen (BGH FamRZ 95, 537; Hamm NJW-RR 97, 962; Ddorf FamRZ 78, 843).

§ 1577 Bedürftigkeit.
(1) Der geschiedene Ehegatte kann den Unterhalt nach den §§ 1570 bis 1573, 1575 und 1576 nicht verlangen, solange und soweit er sich aus seinen Einkünften und seinem Vermögen selbst unterhalten kann.

(2) ¹Einkünfte sind nicht anzurechnen, soweit der Verpflichtete nicht den vollen Unterhalt (§§ 1578 und 1578b) leistet. ²Einkünfte, die den vollen Unterhalt übersteigen, sind insoweit anzurechnen, als dies unter Berücksichtigung der beiderseitigen wirtschaftlichen Verhältnisse der Billigkeit entspricht.

(3) Den Stamm des Vermögens braucht der Berechtigte nicht zu verwerten, soweit die Verwertung unwirtschaftlich oder unter Berücksichtigung der beiderseitigen wirtschaftlichen Verhältnisse unbillig wäre.

(4) ¹War zum Zeitpunkt der Ehescheidung zu erwarten, dass der Unterhalt des Berechtigten aus seinem Vermögen nachhaltig gesichert sein würde, fällt das Vermögen aber später weg, so besteht kein Anspruch auf Unterhalt. ²Dies gilt nicht, wenn im Zeitpunkt des Vermögenswegfalls von dem Ehegatten wegen der Pflege oder Erziehung eines gemeinschaftlichen Kindes eine Erwerbstätigkeit nicht erwartet werden kann.

1 **A. Grundlagen.** § 1577 normiert für den nachehelichen Unterhalt das allg gültige unterhaltsrechtliche Prinzip, dass Unterhalt nur beanspruchen kann, wer selbst **bedürftig** ist (BGH FamRZ 89, 487). Die oft langjährigen Verpflichtungen schränken den Unterhaltspflichtigen teilw erheblich in seiner durch Art 1 u 2 GG geschützten **allg Handlungsfreiheit** ein (BVerfG FamRZ 01, 1685). Dies gebietet, die mit der Unterhaltsverpflichtung verbundenen Belastungen so gering wie möglich zu halten. Eine die Bedürftigkeit mindernde Zurechnung eigener Einkünfte ist damit zugleich Ausdruck des nach der Scheidung herrschenden Prinzips der persönlichen und **wirtschaftlichen Eigenverantwortung** (zu Einzelheiten vgl § 1569 Rn 1). Der geschiedene Ehegatte ist nur dann als bedürftig anzusehen, wenn und soweit er mit seinen prägenden und prägenden unterhaltsrechtlich bereinigten Einkünften und – soweit geboten – durch Verwertung seines Vermögens seinen an den ehelichen Lebensverhältnissen ausgerichteten vollen Lebensbedarf nicht oder nicht in vollem Umfang zu decken vermag und hierzu auch nicht verpflichtet ist (grundl BGH FamRZ 89, 487).

2 § 1574 I und II beziehen sich auf die Anrechnung eigener Einkünfte einschl zuzurechnender Erträge aus dem Vermögen. § 1577 II ist iRd **Trennungsunterhalts** (BGH FamRZ 95, 343), des Unterhalts nach **§ 1615 l** (BGH FamRZ 05, 442 m Anm *Schilling* = FuR 05, 174; vgl auch München FuR 06, 187 = NJW-RR 06, 586) und auch iRd **Verwandtenunterhalts** (§§ 1601 ff, vgl BGH FamRZ 95, 475) **analog anwendbar**. Durch das **UÄndG 2008** wird der Klammerzusatz in § 1577 II ergänzt. Mit dem Hinweis auch auf § 1578b wird klargestellt, dass der „volle Unterhalt" iSd Bestimmung nicht nur der Unterhalt nach Maßgabe der ehelichen Lebensverhältnisse (§ 1578 I), sondern ggf auch der aus Billigkeitsgründen herabgesetzte Unterhalt nach § 1578b sein kann. § 1574 III begrenzt die Obliegenheit zur Verwertung eigenen Vermögens. § 1577 IV betrifft die wiedereintretende Bedürftigkeit nach Vermögensverfall.

3 **B. Bedürftigkeit. 1. Maßstab.** Die Bedürftigkeit richtet sich allein nach **unterhaltsrechtlichen Kriterien**, nicht etwa nach sozialhilferechtlichen Maßstäben (BGH NJW 95, 1486). Der nach §§ 1578, 1578b zu bemessene **Bedarf** bildet den Maßstab für die Bedürftigkeit. Ein in ausreichender Höhe nachhaltig gesichertes eigenes Einkommen lässt einen Unterhaltsanspruch dauerhaft entfallen (§ 1573 IV). Eine später durch Wegfall dieser Einkünfte einsetzende Bedürftigkeit kann daher nur dann noch einen Unterhaltsanspruch begründen, wenn zu diesem Zeitpunkt die Vorraussetzungen für einen Anspruch aus §§ 1570 ff unmittelbar oder lückenlos als Anschlusstatbestand gegeben sind (BGH FamRZ 87, 689). Umstr ist, inwieweit dies auch für einen Unterhaltsanspruch aus §§ 1571, 1572, 1573, 1575 gilt, wenn mit Ausnahme der Bedürftigkeit die sonstigen Anspruchsvoraussetzungen zum Einsatzzeitpunkt gegeben waren und eine Bedürfnislage erst später eintritt. ZT werden die Anspruchsvoraussetzungen bejaht (München FamRZ 93, 564; Zweibr NJWE-FER 01, 143), zT verneint (FAKomm-FamR/*Klein* § 1577 Rz 4), zT wird eine differenzierte Betrachtung nach der jeweiligen Risikosphäre vorgeschlagen (AnwK/*Schürmann* § 1577 Rz 5).

4 Die Bedürftigkeit ist nach dem konkreten Unterhaltszeitraum zu beurteilen (**zeitliche Kongruenz**). Dies ist nach § 1585 I 2 der einzelne Monat (BGH FamRZ 82, 259). Zu einem späteren Zeitpunkt zufließende Mittel beseitigen mithin nicht rückwirkend die Bedürftigkeit. Ein Bereicherungsanspruch scheidet aus (BGH NJWE-FER 98, 217). Bei **Rentennachzahlungen** ist der Nachzahlungsbetrag unterhaltsrechtlich zwar allein einem künftigen Zeitraum zuzuordnen (BGH FamRZ 85, 155). Die Rechte des Unterhaltsschuldners *sind jedoch zu wahren*. Hat der Schuldner vom Rentenverlauf seitens des Gläubigers Kenntnis, kann er eine Überzahlung abwenden, indem er dem Gläubiger bis zur Bewilligung der Rente den Unterhalt als **zins- und tilgungsfreies Darlehen** anbietet, verbunden mit der Verpflichtung, im Fall der Ablehnung des Rentenantrages auf die Rückzahlung des Darlehens zu verzichten, soweit es sich mit dem Unterhalt deckt, während es im

Fall der Rentenbewilligung zurückzugewähren ist (BGH FamRZ 89, 718). Der Gläubiger ist verpflichtet, ein derartiges Kreditangebot anzunehmen (BGH FamRZ 92, 1152; *Reinecke* ZFE 03, 115). Soweit der Eintritt des Rentenfalls nicht bekannt ist, kommt jedoch ein **Erstattungsanspruch** nach Treu und Glauben in Betracht. Seine Höhe orientiert sich an dem Teil der Rentennachzahlung, um den sich der Unterhalt ermäßigt hätte, wenn die Rente während des fraglichen Zeitraums schon bezahlt worden wäre (BGH FamRZ 89, 718).
Die Bedürftigkeit des Berechtigten und sein Bedarf verringern sich nicht durch eine **freiwillige Einschränkung** seiner Lebensführung (BGH NJW 95, 1343). **Kreditverpflichtungen** erhöhen grds den Bedarf nicht. **Unterhaltszahlungen** dienen der Deckung des laufenden Lebensbedarfs, nicht der Vermögensbildung oder dem Abbau von Verbindlichkeiten (BGH NJW 98, 753; FamRZ 90, 280; NJW 85, 2265). Dem Unterhaltspflichtigen obliegt es nicht, durch eine Erhöhung des Unterhalts mittelbar für **Verbindlichkeiten** des geschiedenen Ehegatten einzustehen (BGH FamRZ 92, 423). Etwas anderes kann gelten für Aufwendungen iRd Erzielung von Einkünften (etwa Zurechnung eines Wohnwerts einerseits und Berücksichtigung der Zinslasten für die Wohnung andererseits), für Verbindlichkeiten, die bereits während der Ehe bestanden („eheprägende Verbindlichkeiten", vgl BGH FamRZ 97, 806; Ddorf FamRZ 94, 1049). Ob dies auch für Darlehensverbindlichkeiten, die der Unterhaltsgläubiger begründet hat, um seine Lebenshaltungskosten zu finanzieren, während der Unterhaltschuldner Unterhaltsleistungen zu Unrecht verweigert hat, gelten kann, ist zweifelhaft (bejahend FAKomm-FamR/*Klein* § 1577 Rz 13, verneinend AnwK/*Schürmann* § 1577 Rz 10). Übersteigen Belastungen aus Verbindlichkeiten die eigenen Einkünfte des Bedürftigen, führt dies nicht zu einer Erhöhung der Unterhaltspflicht (BGH FamRZ 07, 879 für die Konstellation einer Hausfinanzierung; NJW 92, 1044). **Unterhaltsverpflichtungen**, die der Berechtigte einem Dritten ggü hat, sind wie sonstige Verbindlichkeiten zu beurteilen, erhöhen die Bedürftigkeit mithin grds nicht (BGH FamRZ 85, 273). Lebt der Berechtigte im **Ausland**, sind für seinen Bedarf die dortigen tatsächlichen Versorgungsmöglichkeiten und deren Kosten maßgebend (BGH FamRZ 92, 160).

2. Anrechenbare Einkünfte. Bei der Bestimmung der anzurechnenden Einkünfte gelten spiegelbildlich dieselben Grundsätze wie für die Beurteilung der Leistungsfähigkeit des Unterhaltspflichtigen (BGH FamRZ 81, 541; 80, 771; zu Einzelheiten vgl § 1581 Rn 4). Eine **Bedürftigkeit** ist (nur) gegeben, wenn der Unterhaltsgläubiger mit seinen **prägenden und nicht prägenden Einkünften** und durch Verwertung seines Vermögens den ihm zustehenden vollen Unterhalt nicht erreicht (BGH NJW 89, 1083). Die **Darlegungs- und Beweislast** hierfür trägt der Berechtigte (BGH FamRZ 89, 487). Die Bedürftigkeit hängt mithin vom jeweiligen Bedarf ab, der bei der Unterhaltsberechnung ermittelt wird. Sie richtet sich nach den **konkreten Verhältnissen**, da der Ehegattenunterhalt nicht pauschaliert wird, sondern individuell angelegt ist (BGH FamRZ 06, 683; 07, 793). Der in § 1577 verwendete Begriff der „Einkünfte" ist nicht im steuerrechtlichen Sinne (§ 2 EStG) zu verstehen (zu Einzelheiten vgl vor § 1577 Rn 1 ff). Das Schwergewicht der eigenen Bedarfsdeckung bilden in der Praxis **Einkünfte aus Erwerbstätigkeit** (vgl vor § 1577 Rn 6 ff). Als Einkommen gelten auch **fiktive Einkünfte**, dh Beträge, die dem Unterhaltsberechtigten zwar nicht zufließen, die er aber unter zumutbarer Ausnutzung seiner Arbeitsfähigkeit oder einer nutzbringenden Vermögensanlage erzielen könnte (zu Einzelheiten vgl vor § 1577 Rn 31 ff). Für die Beurteilung der Zumutbarkeit der Erwerbsaufnahme gelten nach Scheidung der Ehe strengere Maßstäbe als beim Trennungsunterhalt (vgl dort § 1361 Rn 3). Das Gleiche gilt, wenn der Verpflichtete nach § 1581 nur Billigkeitsunterhalt schuldet (zur Verschärfung der Zumutbarkeitsanforderungen vgl BGH NJW 83, 1548).
Auch dem Berechtigten zufließende **geldwerte Vorteile** führen zu einer Ersparnis bei den sonst für den Lebensunterhalt notwendigen Ausgaben und mindern die Bedürftigkeit in Höhe der ersparten Aufwendungen (vgl vor § 1577 Rn 12 ff). Es kann sich um die Gestellung einer Dienstwohnung, eines Firmenfahrzeugs, freien oder verbilligten Essens, Personalrabatte etc handeln.
Vermögenserträge mindern die Bedürftigkeit. Die Herkunft des Vermögens ist unerheblich (BGH FamRZ 88, 1145). Auch Erträge aus einer Leibrente (BGH FamRZ 94, 228; Köln FamRZ 83, 643), einem Zugewinnausgleich (BGH FamRZ 87, 912; 85, 354; Köln FamRZ 93, 711; Karlsr FamRZ 02, 750), einer sonstigen Vermögensauseinandersetzung (Köln FamRZ 98, 743), Zinsen aus Schmerzensgeld (BGH FamRZ 88, 1031; vgl jedoch auch Ddorf FamRZ 97, 1098) sind bedürftigkeitsmindernd zu berücksichtigen. Zum Vermögen zählen auch durchsetzbare Ansprüche gegen Dritte. So sind Pflichtteilsansprüche grds geltend zu machen (BGH FamRZ 83, 1065; zu Grenzen vgl Hamm FamRZ 97, 1537) oder die Auflösung einer ungeteilten Erbengemeinschaft zu betreiben (BGH FamRZ 80, 126), soweit dies nach § 1577 III zumutbar ist. Eine entspr Verpflichtung besteht andererseits nicht, wenn die Durchsetzung von Rechten unwirtschaftlich oder mit einem unsicheren Ausgang verbunden ist (BGH FamRZ 98, 1503). Maßgeblich ist der **Nettozufluss**, dh der Vermögensertrag abzgl der Werbungskosten (BGH NJW 92, 1044; 88, 1282).
Wirtschaftliche Nutzungen aus dem Vermögen stellen auch **Wohnvorteile** dar (zu Einzelheiten vgl vor § 1577 Rn 20 ff). Beim nachehelichen Unterhalt ist für den Wohnvorteil die **objektive Marktmiete** maßgeblich (BGH NJW 98, 753). Diese kann regelmäßig über den örtlichen Mietspiegel ermittelt, ggf über § 287 ZPO geschätzt werden (BGH FamRZ 95, 869). Nach der Scheidung ist grds eine Obliegenheit zur Verwertung der Wohnung bzw des Hauses zu bejahen, da keine Erhaltungsinteressen mehr bestehen (BGH FamRZ 94, 1100). Etwas anderes kann sich ergeben, wenn ein Auszug unzumutbar ist (Hamm NJWE-FER 00, 273) oder der

mietfrei Wohnende seinen Eltern zum Unterhalt verpflichtet ist (Oldbg FamRZ 00, 1174; zu Einzelheiten und berücksichtigungsfähigen Abzugsposten vgl vor § 1577 Rn 44 ff). Hinsichtlich der bedürftigkeitsmindernden Berücksichtigung sonstiger Einkünfte wird auf die Kommentierung vor § 1577 verwiesen, so hinsichtlich der Einkünfte aus Erwerbstätigkeit (Rn 6 ff), der Berücksichtigung geldwerter Vorteile (Rn 12), der Lohnersatzleistungen (Rn 18), der Versorgungsleistungen für einen Partner (Rn 13), freiwilliger Zuwendungen Dritter und von Sozialleistungen (Rn 18 ff). Von den Einkünften sind die unterhaltsrelevanten **Abzüge** vorzunehmen. Insoweit gilt der **Gleichbehandlungsgrundsatz**. In dem Maße, in dem Einkünfte des Schuldners bereinigt werden, ist dies auch dem Gläubiger gestattet. Wegen der berücksichtigungsfähigen Abzugsposten wird auf die Kommentierung vor § 1577 Rn 44 ff verwiesen.

10 **3. Nichtanrechnung von Einkünften aus unzumutbarer Arbeit. a) Anwendungsbereich des § 1577 Abs 2.**
§ 1577 II gilt nicht für Einkünfte aus zumutbarer Tätigkeit. Derartige Einkünfte mindern stets die Bedürftigkeit (BGH FamRZ 83, 146). Einkünfte aus unzumutbarer Tätigkeit prägten die **ehelichen Lebensverhältnisse nicht** (BGH FamRZ 98, 1501). Arg: eine derartige Tätigkeit kann jederzeit wieder sanktionslos aufgegeben werden (BGH FamRZ 05, 1154 = FuR 05, 364 m Anm *Gerhardt*; FamRZ 05, 1158). Demgemäß sollten derartige Einkünfte nicht bedarfs-, sondern bedürftigkeitsbestimmend herangezogen werden können. In Konsequenz seiner **Surrogatrspr** (grundl FamRZ 01, 986 = FuR 01, 306, zu Einzelheiten vgl Kommentierung zu § 1578) hat der BGH (FamRZ 05, 1154 = FuR 05, 364; FamRZ 03, 518 = FuR 03, 248) diese Rechtsprechung aufgegeben. Erzielt der Unterhaltsberechtigte nach der Trennung (oder Scheidung) Einkünfte aus unzumutbarer Tätigkeit, dh aus einer Tätigkeit, für die er keine Erwerbsobliegenheit hat und die er jederzeit beenden kann, handelt es sich um prägende Einkünfte, die nach Kürzung um den nach § 1577 II anrechnungsfreien Betrag bedarfserhöhend anzusetzen sind (BGH FamRZ 06, 683; 05, 1154; 05, 967). Nur noch der „nicht unterhaltsrelevante" Anteil an den überobligationsmäßigen Einkünften (vgl Rn 15) kann als nicht prägend angesehen werden.

11 **b) Grenzen zumutbarer Tätigkeit.** Eine Tätigkeit ist immer unzumutbar, wenn derjenige, der sie ausübt, unterhaltsrechtlich nicht gehindert ist, sie jederzeit wieder zu beenden (BGH FamRZ 01, 350; Ddorf NJW-RR 07, 1157). Dies gilt für den Unterhaltsschuldner wie für den Unterhaltsgläubiger gleichermaßen. Übt der Gläubiger eine unzumutbare Tätigkeit aus, bleibt er bedürftig, wenn das erzielte und nach § 1577 II anrechenbare Einkommen seinen Unterhaltsbedarf nicht deckt. Einkünfte aus unzumutbarer Erwerbsquelle bleiben nur ausnahmsweise völlig unangetastet. Nach § 1577 II 2 sind sie in begrenztem Umfang regelmäßig auch zur Entlastung des Unterhaltsschuldners heranzuziehen (BGH FamRZ 95, 343). Die **Grenze zumutbarer Tätigkeit** ist **nicht statisch**. Sie kann sich durch veränderte Umstände und Belastungen (Heranwachsen der Kinder, spätere Übernahme von Betreuungsaufgaben; *Kobl* FamRZ 99, 1275), gesundheitliche Beeinträchtigungen, Alter etc verschieben. Im **Mangelfall** gelten bei der Zumutbarkeitsprüfung erhöhte Anforderungen (BGH NJW 99, 2365, 2804; FamRZ 83, 569; zu Einzelheiten § 1581 Rn 10). Geboten ist eine **umfassende Prüfung der Umstände des Einzelfalls** (BGH FamRZ 05, 1442 m Anm *Schilling*).

12 Der Hauptanwendungsbereich der Vorschrift liegt bei der Fortsetzung einer Erwerbstätigkeit über das Rentenalter hinaus, der Ausübung einer nach den ehelichen Lebensverhältnissen nicht angemessenen Tätigkeit und insb bei einer neben der **Kindesbetreuung** fortgesetzten oder nach der Trennung ohne eine entspr Obliegenheit aufgenommenen Erwerbstätigkeit. Das **tradierte Altersphasenmodell** gilt nicht mehr (vgl § 1570 Rn 6 ff). Tendenziell setzen Erwerbsobliegenheiten bei Kindesbetreuung deutlich früher ein (vgl zu Einzelheiten Kommentierung zu § 1570, insb Rn 5 ff). Ein **maßgebendes Indiz** für eine vorhandene tatsächliche Arbeitsfähigkeit und die Abgrenzung obligatorischer von überobligatorischen Einkünften bei Kindesbetreuung kann die freiwillige Aufnahme einer Berufstätigkeit sein (BGH FamRZ 05, 442 = FuR 05, 174) bzw die Beibehaltung einer Tätigkeit nach der Trennung (BGH FamRZ 95, 343; 81, 1159; Ddorf NJW-RR 01, 434; Hamm FamRZ 00, 26; Köln FamRZ 99, 113). Wichtiges Abwägungskriterium sind weiter die **beiderseitigen wirtschaftlichen Verhältnisse** der Parteien (Hamm FamRZ 02, 1708; KG FamRZ 95, 355), insb auch weitere Unterhaltspflichten (Saarbr NJW-RR 06, 869; Braunschw FamRZ 02, 1711), aber auch anrechnungsfreies Einkommen des Unterhaltsschuldners (Hambg FamRZ 05, 927). Beengte wirtschaftliche Verhältnisse sprechen für eine weitergehende Zumutbarkeit bei der Ausübung einer Erwerbstätigkeit (BGH FamRZ 83, 569). Insb bestehende Kreditverpflichtungen belegen, dass der gewählte Lebenszuschnitt nicht aus dem Einkommen (nur) eines Ehegatten bestritten werden konnte. Eine nach der Trennung geänderte Rollenverteilung führt bei Fortsetzung bisheriger Arbeit nicht dazu, dass diese Erwerbstätigkeit nunmehr regelmäßig als unzumutbar anzusehen ist (Hamm FamRZ 04, 375). Die Beurteilung der Vereinbarkeit von Kindererziehung und Berufstätigkeit hat sich in den letzten Jahrzehnten gewandelt. Gesetzliche Regelungen, etwa in § 1615l oder § 10 I Nr 3 SGB II, deuten darauf hin, dass die Erziehung eines über drei Jahre alten Kindes regelmäßig als nicht gefährdet angesehen wird, soweit seine Betreuung gewährleistet ist. Für die Frage der Zumutbarkeit geboten ist eine **Einzelfallbetrachtung** (BGH FamRZ 05, 1442; Karlsr NJW 04, 523). Die durch die Betreuung vorhandene konkrete *Belastungssituation* des Unterhaltsberechtigten (Anzahl der Kinder, Möglichkeiten der Drittbetreuung, Tagesmutter, Kinderhort etc), gesundheitliche Beeinträchtigungen des oder der Kinder, Entlastung bei neuer Partnerschaft etc sollten bei der Beurteilung der Zumutarbeit einer Erwerbstätigkeit im

Vordergrund stehen (BGH FamRZ 05, 442; 05, 967). Auch maßgebend ist, wie die Kindesbetreuung mit den konkreten Arbeitszeiten unter Berücksichtigung erforderlicher Fahrzeiten vereinbar ist, zu welchen Zeiten die Kinder einen Kindergarten oder die Schule besuchen können bzw der (Fremd-)Betreuung bedürfen (BGH FamRZ 01, 350; zur geänderten Rechtslage nach der Neufassung der §§ 1569, 1570 im UÄndG ab 1.1.08 vgl insb Kommentierung zu § 1569 und § 1570 Rn 5 ff). Pauschale Kürzungen, etwa auf $^1/_3$ des Erwerbseinkommens oder auf die Hälfte (vom BGH in FamRZ 05, 967 bei einem Elternteil gebilligt, der zwei Kinder im Alter von sechs und zehn Jahren betreut), werden jedenfalls nach Inkrafttreten des UÄndG zum 1.1.08 nicht mehr vorgenommen werden können. Darüber hinaus ist der **Halbteilungsgrundsatz** zu beachten. Dies bedeutet zwar nicht, dass beiden Ehegatten genau die Hälfte des gemeinsamen Einkommens verbleiben muss. Die Abweichung darf jedoch in jedem Fall nur maßvoll sein.

Lohnersatzleistungen (Arbeitslosengeld oder andere Sozialleistungen) oder eine **Abfindung**, die auf vorangegangener unzumutbarer Tätigkeit beruhen, zählen nicht zu Einnahmen aus überobligatorischer Tätigkeit (Stuttg FamRZ 96, 415; Hambg FamRZ 92, 1308; Kobl FamRZ 02, 325 für eine Abfindung). Diese Leistungen beruhen nicht auf eigenen unzumutbaren Anstrengungen. Arbeitslosengeld oder andere Sozialleistungen sind auf Sozialabgaben zurückzuführen, die in der Vergangenheit das anrechenbare Einkommen in voller Höhe gemindert haben.   13

Ob in einer **neuen Partnerschaft** neben einer Erwerbstätigkeit erbrachte **Versorgungsleistungen** (zur Höhe vgl Ziff 6 der Leitlinien und iÜ Kommentierung vor § 1577 Rn 43) regelmäßig als unzumutbar angesehen werden, ist zweifelhaft (befürwortend Karlsr FamRZ 88, 99; für Anrechnung Hamm FamRZ 95, 1152; für Berücksichtigung unter dem Gesichtspunkt ersparter Aufwendungen *Gerhardt* FamRZ 03, 272). Nach Auffassung des BGH (FamRZ 95, 343; 87, 1011) stellen übernommene Versorgungsleistungen ein gewichtiges Indiz für deren Zumutbarkeit dar. Es handelt sich um keine mit einer Erwerbstätigkeit vergleichbare Tätigkeit, sondern um eine anderweitige Deckung des Bedarfs (BGH FamRZ 04, 1173; 87, 1011).   14

c) Berechnung bei überobligatorischer Tätigkeit. Erzielt der unterhaltsberechtigte Ehegatte Einkünfte aus überobligatorischer Tätigkeit, sind diese Einkünfte zunächst um die **üblichen Abzugsposten** zu bereinigen (zu Einzelheiten vgl vor § 1577 Rn 44 ff). Hierzu zählen vornehmlich Steuern, Altersvorsorgeaufwendungen, Krankenvorsorgeaufwendungen, Erwerbsaufwand, vorrangige Unterhaltslasten, Verbindlichkeiten etc. Entstehen dem Gläubiger aufgrund seiner unzumutbaren Tätigkeit konkrete Aufwendungen für die Kinderbetreuung (Kinderhort, Kindermädchen etc), ist dieser konkrete Betreuungsaufwand neben ggf vorhandenen berufsbedingten Aufwendungen vorab in Abzug zu bringen (BGH FamRZ 05, 1154 = FuR 05, 364; Saarbr NJW-RR 06, 869 (Tagesmutter); KG FamRZ 06, 341 (Hortkosten) vgl auch BGH FuR 01, 262 = FamRZ 01, 350) für den Unterhaltsschuldner. Arg: erst dieser Aufwand ermöglicht die (überobligatorische) Erwerbstätigkeit trotz Kindesbetreuung. Die **Kosten einer Fremdbetreuung** sind auch dann in Abzug zu bringen, wenn die entsprechende Leistung etwa von nahen Angehörigen unentgeltlich erbracht wird. Derartige Leistungen sollen den Unterhaltspflichtigen regelmäßig nicht entlasten und müssen und dem Gesichtspunkt der freiwilligen Zuwendungen Dritter (zu Einzelheiten vgl vor § 1577 Rn 30) allein dem Berechtigten zugute kommen (BGH FamRZ 01, 350). **Kosten** für einen **Kindergarten** stellen keinen **berufsbedingten Aufwand** dar (BGH FamRZ 08, 1152). Die für den Kindergartenbesuch anfallenden Kosten sind unabhängig davon, ob die Einrichtung halb- oder ganztags besucht wird, zum Bedarf des Kindes zu rechnen (BGH FamRZ 08, 1152; 07, 887; vgl iÜ vor § 1577 Rn 49). Bei **teilweiser Erwerbsobliegenheit** ist der nach § 1577 II zu berücksichtigende Betrag und der auf überobligatorischer Tätigkeit beruhende Teil zu bestimmen (BGH FamRZ 03, 518). Überobligatorische Einkünfte des Unterhaltsgläubigers sind in einen **unterhaltsrelevanten** und einen **nicht unterhaltsrelevanten Teil aufzuspalten**. Nur der unterhaltsrelevante Teil ist iRd Additions-/Differenzmethode zu berücksichtigen, der nicht unterhaltsrelevante Teil bleibt bei der Unterhaltsermittlung unberücksichtigt (grundl BGH FamRZ 05, 1154 = FuR 05, 364; FamRZ 03, 518 = FuR 03, 248; FamRZ 01, 1687 = FuR 01, 494). Je größer die doppelte Last (Erwerbstätigkeit neben Kindesbetreuung) ist, umso höher wird der nicht unterhaltsrelevante Betrag festzusetzen sein. **Kriterien für die Bemessung des anrechnungsfreien Betrages** (zu Einzelheiten vgl FAKomm-FamR/*Klein* § 1577 Rz 58 ff):   15

– Alter des betreuten Kindes bzw der betreuten Kinder, wenn und weil der betreuende Elternteil einen Teil seiner Berufstätigkeit während einer Zeit ausüben kann, in der das Kind/die Kinder anderweitig betreut ist/sind (Kindergarten, Kindertagesstätte, Kinderhort, Schule (vgl auch Saarbr NJW-RR 06, 869).

– Vereinbarkeit der konkreten Arbeitszeiten unter Berücksichtigung erforderlicher berufsbedingter Fahrzeiten (BGH FuR 01, 262 = FamRZ 01, 350; KG FamRZ 06, 341).

– Freiwilligkeit der Erwerbsaufnahme bzw der Fortsetzung einer Erwerbstätigkeit (BGH FamRZ 05, 442 = FuR 05, 174; FamRZ 98, 1501).

– Die beiderseitigen wirtschaftlichen Verhältnisse (Hamm FamRZ 02, 1708; KG FamRZ 95, 355), insb auch weitere Unterhaltspflichten, anrechnungsfreies Einkommen des Unterhaltsschuldners (Hambg FamRZ 05, 927).

– Mit der Kinderbetreuung verbundener Zeitaufwand (BGH FuR 01, 262 = FamRZ 01, 350; Saarbr NJW-RR 06, 869).

– Aufwand der Betreuung des Kindes durch Verwandte oder Dritte (Hambg FamRZ 05, 927; KG FamRZ 06, 341).

– Mit der Erwerbstätigkeit neben der Kinderbetreuung verbundene sonstige besondere Erschwernisse (Hamm FamRZ 02, 1708).
– Mit der Kinderbetreuung verbundener Organisationsaufwand (Saarbr NJW-RR 06, 869).
– Zeitweise anderweitige Beaufsichtigung des Kindes bzw der Kinder durch verfügbare Hilfen (KG FamRZ 06, 341 unter Hinweis auf BGH FamRZ 01, 350).

Der anrechnungsfreie Betrag hängt von der Erwerbsobliegenheit des berechtigten Ehegatten ab (vgl hierzu § 1570 Rn 5 ff). Eine völlige Anrechnungsfreiheit kommt jedenfalls nach Stärkung der wirtschaftlichen Eigenverantwortung geschiedener Eheleute im UÄndG kaum noch in Betracht. Eine nur schematische, oftmals hälftige, Anrechnung überobligationsmäßig erzielter Einkünfte ist nicht zulässig. Erforderlich ist eine Einzelfallprüfung.

16 **Berechnungsbsp** (zu weiteren Einzelheiten vgl BGH FamRZ 05, 1154 und *Soyka* FK 05, 145): Die Eheleute M und F leben getrennt. Ihr Sohn S. ist drei Jahre alt und
lebt bei F. M verdient bereinigt 1.850 €. F verdient aus vollschichtiger Tätigkeit bereinigt 800 €. F begehrt Trennungsunterhalt. Mangels sonstiger Umstände ist davon auszugehen, dass im Hinblick auf die Betreuungssituation, die Belastungen durch die Berufsausbildung und aufgrund sonstiger Umstände bei Betreuung des dreijährigen Kindes ein anrechnungsfreier Betrag von 200 € zugrunde zulegen ist:

Einkommen M:	1.850 €
abzüglich Kindesunterhalt (DT, Stand: 1.1.10, 2. Einkommensgruppe/1. Altersstufe	241 €
Tabellenunterhalt 333 € ./. hälftiges Kindergeld 92 € somit	
Restliches Einkommen M: 1.850 € ./. 241 €, somit	1.609 €
Einkommen F: 800 € ./. 200 €, somit	600 €
Einkommensdifferenz	1.09 €
$^3/_7$ Quote	432 € (gerundet).

Die Berechnung ändert sich entspr, wenn im Einzelfall andere Beträge als anrechnungsfrei angesehen werden müssen.

17 Auch andere überobligationsmäßig erzielte Einkünfte, etwa Einkünfte aus Nebentätigkeiten neben Verrichtung einer vollschichtigen Erwerbstätigkeit, prägen die ehelichen Lebensverhältnisse. Zu prüfen ist, ob ein gewisser Teil dieser überobligationsmäßigen Einkünfte entspr §§ 1577 II bzw 242 anrechnungsfrei bleiben muss.

18 **4. Verwertung des Vermögensstamms.** Abw von § 58 EheG normiert § 1577 I die Pflicht, nicht nur Erträge des Vermögens, sondern auch dessen Substanz zur Deckung des eigenen Unterhaltsbedarfs einzusetzen. Dies ist Ausdruck des Prinzips der **wirtschaftlichen Eigenverantwortung**. Beim nachehelichen Unterhalt besteht der Grundsatz, dass der Bedürftige vor Inanspruchnahme des Verpflichteten den Vermögensstamm verbrauchen muss. Er ist auf die voraussichtliche Dauer der Unterhaltsbedürftigkeit zu verteilen (BGH FamRZ 85, 360). Eine Vermögensverwertungsobliegenheit besteht nicht, wenn die Verwertung unwirtschaftlich oder unter Berücksichtigung der beiderseitigen wirtschaftlichen Verhältnisse unbillig wäre. Die Wirtschaftlichkeit ist insb zu verneinen, wenn die Vermögensverwertung zu einem nicht mehr vertretbaren wirtschaftlichen Schaden führt (BGH FamRZ 80, 43). Eine **Unwirtschaftlichkeit** kann sich aber auch unter Berücksichtigung des Lebensalters des Unterhaltsgläubigers wie auch aufgrund der voraussichtlichen Dauer der Bedürftigkeit sowie der Ertragsstärke des Vermögens ergeben, insb wenn der Gläubiger durch die Verwertung seines Vermögens die Basis für eine langfristige Sicherung seines Unterhalts aus eigenen Mitteln aufgeben müsste (München FamRZ 94, 1459). Das Gleiche gilt, wenn ein zu erwartender Erlös in keinem angemessenen Verhältnis zum Wert der Sache für den Bedürftigen steht. Bei der Prüfung der **Unbilligkeit** der Verwertung sind die Rechtsgedanken aus § 180 III ZVG (Hausgrundstück, auf dem gemeinsame Kinder wohnen), § 90 II Nr 8 SGB II (kleines Hausgrundstück) und § 90 II Nr 9 SGB II (Notgroschen) zu berücksichtigen. Maßgeblich sind die **persönlichen Lebensumstände**, insb das Lebensalter und der Gesundheitszustand der Unterhaltsparteien, die Belange naher Angehöriger (BGH FamRZ 84, 364), die beiderseitigen wirtschaftlichen Verhältnisse der Parteien, die Ertragsmöglichkeiten der Vermögensgegenstände im Vergleich zu ihrem ideellen Wert (BGH FamRZ 85, 354), die Notwendigkeit von Rücklagen für den Fall der Not und der Krankheit (BGH FamRZ 85, 360), die Rücksichtnahme auf Belange naher Angehöriger (BGH FamRZ 80, 126 für den Verlust eines Wohnrechts eines Elternteils) Affektionsinteressen.

19 **a) Einsatz eigenen Vermögens.** Das Gesetz geht von dem **Grundsatz** aus, dass vorhandenes Vermögen für den eigenen Unterhalt zu verbrauchen ist, bevor der andere Ehegatte auf Unterhalt in Anspruch genommen werden kann. Dabei steht nur ein **saldierter Überschuss** des Aktivvermögens über das Passivvermögen zur Deckung des eigenen Unterhalts zur Verfügung (München FamRZ 93, 62; *Graba* FamRZ 85, 118). Zum einzusetzenden Vermögen zählen grds alle Vermögenswerte unabhängig von ihrer Herkunft oder Anlageform. Hierzu zählen etwa laufende Kontoguthaben (BGH FamRZ 03, 1544), Alterskapital beim Zugewinn (BGH FamRZ 03, 153), Schmerzensgeld (BGH FamRZ 88, 1031; zur Verwertung erebten Vermögens vgl auch Oldbg FamRZ 05, 718), aus dem Zugewinn erhaltene Kapitalbeträge (BGH FamRZ 85, 357), Anteile an einer Erbengemeinschaft

(BGH FamRZ 80, 126), Allein- oder Miteigentum an Grundstücken (BGH FamRZ 84, 662) oder der Erlös aus der Veräußerung einer früher gemeinsam genutzten Immobile (BGH FamRZ 85, 354). Die Pflicht zum Einsatz des Vermögens setzt ein, wenn nach Anrechnung der Vermögenserträge ein noch ungedeckter Bedarf besteht. Das Vermögen ist auf die **voraussichtliche Dauer der Unterhaltsbedürftigkeit** zu verteilen (BGH FamRZ 85, 360; 98, 367; Hamm FamRZ 00, 1286). Bei ungewisser Dauer der Unterhaltsbedürftigkeit dient vorhandenes Vermögen der ergänzenden Sicherung des Bedarfs auf Lebenszeit (BGH FamRZ 85, 354). Die **Grenzen der Vermögensverwertungsverpflichtung** sind erreicht, wenn der Bedürftige restliches Kapital als angemessene Rücklage für plötzlich auftretenden Sonderbedarf, etwa für den Fall der Krankheit, benötigt (BGH FamRZ 84, 364; 85, 354; 85, 360; Hambg FamRZ 96, 292: ca 4.450 € Sparguthaben).

b) Unwirtschaftlichkeit oder Unbilligkeit. Eine Vermögensverwertungsobliegenheit besteht nicht, wenn die Verwertung unwirtschaftlich oder unter Berücksichtigung der beiderseitigen wirtschaftlichen Verhältnisse unbillig wäre. Die Wirtschaftlichkeit ist insb zu verneinen, wenn die Vermögensverwertung zu einem **nicht mehr vertretbaren wirtschaftlichen Schaden** führt (BGH FamRZ 80, 43). Eine Unwirtschaftlichkeit kann sich auch unter Berücksichtigung des Lebensalters des Unterhaltsgläubigers sowie aufgrund der voraussichtlichen Dauer der Bedürftigkeit sowie der Ertragsstärke des Vermögens ergeben, insb wenn der Gläubiger durch die Verwertung seines Vermögens die Basis für eine langfristige Sicherung seines Unterhalts aus eigenen Mitteln aufgeben müsste (München FamRZ 94, 1459). Das Gleiche gilt, wenn ein zu erwartender Erlös in keinem **angemessenen Verhältnis** zum Wert der Sache für den Bedürftigen steht (Frankf FamRZ 87, 1179). Aufgrund der nach der Scheidung bestehenden wirtschaftlichen Eigenverantwortung ist die Verwertung eines Bankguthabens und anderer liquider Mittel auch dann nicht unwirtschaftlich, wenn Geld zinsgünstig angelegt worden ist (BGH FamRZ 85, 360). Bei einer Vermögensumschichtung sind Verluste oftmals nicht ausgeschlossen. Ob ein unwirtschaftlicher Vermögenseinsatz vorliegt, ist im Einzelfall stets **objekt- und zeitbezogen** festzustellen (BGH FamRZ 86, 560: keine Verpflichtung zur Verwertung von Immobilienvermögen bei einer Nettorendite von 3,9%). Der Grundsatz der Vermögensverwertungsverpflichtung erfährt eine erhebliche Einschränkung durch die gebotene **Billigkeitsabwägung** (zu Einzelheiten vgl FAKomm-FamR/*Klein* § 1577 Rz 61 und AnwK/*Schürmann* § 1577 Rz 80, vgl iÜ Rn 18). **Kasuistik unbilliger Vermögenswertung**:
– Verwertung einer selbstgenutzten kleinen Immobile (vgl aber Köln FamRZ 92, 55: Wohnfläche von 148 qm für einen 1-Personenhaushalt zu groß).
– Verwertung des mit gemeinsamen Kindern bewohnten Hausgrundstücks soweit die Belange der Kinder einem Wohnungswechsel entgegenstehen.
– Einsatz des Kapitals aus der Zahlung eines Schmerzensgeldes (BGH FamRZ 88, 1031; vgl jedoch auch BGH FamRZ 89, 170 zum Einsatz von Schmerzensgeld bei gesteigerter Unfallverpflichtung).
– Der Einsatz des für einen konkreten Zweck angesparten Betrages (Ausbildungsversicherung oder private Altersvorsorge), wenn damit ein künftig zu erwartender Bedarf zu decken ist.

5. Vermögensverlust. War zum Zeitpunkt der Scheidung zu erwarten, dass der Lebensbedarf des Unterhaltsgläubigers aus seinem Vermögen nachhaltig gesichert sein würde, fällt das Vermögen aber später weg, so besteht kein Anspruch auf Unterhalt, und zwar auch dann nicht, wenn zunächst ein Unterhaltsanspruch bestand, dieser aber wegen späteren Vermögenserwerbs erloschen ist. § 1577 IV entspricht in seiner Zielsetzung § 1573 IV. Er dient dem **Vertrauen des Unterhaltsschuldners** darauf, dass der geschiedene Ehegatte aufgrund seines Vermögens nicht auf Unterhalt angewiesen ist. Für die Frage der **Nachhaltigkeit der Unterhaltssicherung** gelten die Maßstäbe des § 1573. Eine nachhaltige Sicherung liegt vor, wenn eine Einbeziehung aller von Beginn an bestehenden Umstände die Prognose rechtfertigt, das Vermögen genüge nach seiner Höhe und Werthaltigkeit, um den Unterhaltsbedarf dauerhaft zu decken (BGH FamRZ 85, 791). Maßgebend ist die Sicht zum Zeitpunkt der Ehescheidung, mithin eine **ex-ante-Beurteilung**. Allerdings sind Umstände zu berücksichtigen, die zum maßgeblichen Zeitpunkt bereits vorhanden, aber noch nicht bekannt waren (BGH FamRZ 85, 791). Die Vorschrift ist nicht nur auf bei der Ehescheidung vorhandenes Vermögen anzuwenden, sondern bei einem späteren Vermögenserwerb bezogen auf den Zeitpunkt seiner bedarfsdeckenden Anrechnung (BGH FamRZ 85, 791). Die Ausnahmeregelung des § 1574 IV gilt allerdings nicht, wenn im Zeitpunkt des Vermögenswegfalls von dem geschiedenen Ehegatten wegen der Pflege oder Erziehung eines gemeinschaftlichen Kindes keine Erwerbstätigkeit erwartet werden konnte. Dann lebt der Unterhaltsanspruch nach § 1570 wieder auf. Zweifelhaft ist, ob bei einem wiederaufgelebten Anspruch auf Betreuungsunterhalt auch erneut Anschlusstatbestände nach §§ 1571 ff in Betracht kommen (vgl auch Palandt/*Brudermüller* § 1577 Rz 37). Der wirkliche Grund für den wiederauflebenden Unterhaltsanspruch liegt in der fortwirkenden Elternverantwortung, nicht in der Ehe selbst. Zwischen alters- oder krankheitsbedingter Erwerbsunfähigkeit und Zeiten und Kinderbetreuung besteht kein zwingender Kausalzusammenhang (so mit Recht AnwK/*Schürmann* § 1577 Rz 86).

6. Beweislast. Der **Unterhaltsgläubiger** hat alle seine Bedürftigkeit begründenden Umstände darzulegen und zu beweisen (BGH NJW 89, 1083; 83, 683):
– Die Höhe seiner Einkünfte aus Erwerbstätigkeit (Hambg FamRZ 96, 292).
– Vergebliche Bemühungen um den Erhalt einer Arbeitsstelle einschl einer fehlenden Beschäftigungschance auf dem Arbeitsmarkt (BGH FamRZ 09, 1300; 86, 244).

- Die der Ausübung oder Ausweitung einer Erwerbstätigkeit entgegenstehenden Gründe (Celle FamRZ 94, 963; Hambg FamRZ 96, 292).
- Die Unzumutbarkeit einer tatsächlich ausgeübten Erwerbstätigkeit.
- Den Umfang des Vermögens und der daraus erzielten Erträge (Hamm FamRZ 98, 27).
- Unwirtschaftlichkeit und Unbilligkeit beim Einsatz des Vermögensstamms.
- Die nicht nachhaltige Sicherung des Unterhalts durch weggefallenes Vermögen.
- Das Nichtbestehen einer neuer Partnerschaft und dass hieraus keine Leistungen bezogen werden oder zu beanspruchen sind (BGH FamRZ 95, 343; 91, 670; 83, 150). Allerdings löst ein substantiierter Vortrag des Pflichtigen diese Darlegungs- und Beweislast aus. Dieser muss hinreichende Anhaltspunkte für das Bestehen einer solchen Partnerschaft darlegen um es dem Unterhaltsberechtigten zu ermöglichen, die gegen ihn sprechenden Gründe auszuräumen. Verbleibende Zweifel wirken sich zu Lasten des Unterhaltsberechtigten aus.

§ 1578 Maß des Unterhalts.
(1) ¹Das Maß des Unterhalts bestimmt sich nach den ehelichen Lebensverhältnissen. ²Der Unterhalt umfasst den gesamten Lebensbedarf.
(2) Zum Lebensbedarf gehören auch die Kosten einer angemessenen Versicherung für den Fall der Krankheit und der Pflegebedürftigkeit sowie die Kosten einer Schul- oder Berufsausbildung, einer Fortbildung oder einer Umschulung nach den §§ 1574, 1575.
(3) Hat der geschiedene Ehegatte einen Unterhaltsanspruch nach den §§ 1570 bis 1573 oder § 1576, so gehören zum Lebensbedarf auch die Kosten einer angemessenen Versicherung für den Fall des Alters sowie der verminderten Erwerbsfähigkeit.

1 **A. Grundlagen.** Die Norm bestimmt den **Bedarf** für alle Tatbestände des nachehelichen Unterhalts nach den **ehelichen Lebensverhältnissen**. Die Regelung ist inhaltsgleich mit § 1361 I 1 (BGH FamRZ 90, 250). Damit werden die ehelichen Lebensverhältnisse zum zentralen Maßstab für die Höhe jedes Anspruchs auf Ehegattenunterhalt. Durch die Anknüpfung an die ehelichen Lebensverhältnisse soll dem berechtigten Ehegatten den in der Ehe erreichten Lebensstandard grds auch für die Zukunft erhalten und der sozial schwächere Ehegatte vor einem sozialen Abstieg bewahrt werden. Dieser Bedarf stellt die **Obergrenze** des Anspruchs dar. Der Unterhaltsanspruch kann geringer sein als der Bedarf (nach den ehelichen Lebensverhältnissen), wenn entweder die Leistungsfähigkeit des Unterhaltspflichtigen eingeschränkt ist, und/oder sich die Bedürftigkeit des Berechtigten durch eigenes Einkommen mindert.

2 **B. Eheliche Lebensverhältnisse.** Nach Auffassung des BGH (FamRZ 84, 149; 82, 576) sind mit diesem Begriff alle Verhältnisse gemeint, die für den Lebenszuschnitt in der Ehe und damit für den ehelichen Lebensstandard bestimmend (**prägend**) waren. Hierzu gehören zum einen die den Lebensstandard bestimmenden wirtschaftlichen Verhältnisse wie Einkommen und Vermögen, soweit es in die Bedarfsdeckung eingeflossen ist, sowie Belastungen (BGH FamRZ 99, 367). Zum anderen fallen nach der geänderten (Surrogat-)Rechtsprechung des BGH hierunter auch alle sonstigen beruflichen, gesundheitlichen, familiären und ähnl Faktoren, die für den Lebenszuschnitt von Bedeutung waren, insb die Hausführung und Kinderbetreuung des in der Ehe nichtberufstätigen Ehegatten (BGH FamRZ 01, 986). Nach neuer BGH-Rechtsprechung sind eheprägend auch alle nach der Scheidung eintretenden Umstände, wenn sie zu einer Absenkung des Bedarfs führen (BGH FamRZ 06, 683; 07, 793; 08, 134; 08, 968; Urt v 18.11.09 –XII ZR 65/09-). Darunter fallen alle nach der Scheidung entstandenen Verbindlichkeiten, wenn sie berücksichtigungsfähig sind und alle Unterhaltspflichten, gleichgültig, ob vorrangig, gleichrangig oder nachrangig. Ob dies in gleicher Weise auch dann gilt, wenn dies beim Unterhaltsberechtigten eintritt (so BGH) ist im Hinblick auf § 1573 Abs 4 mehr als zweifelhaft.
Bei der Bemessung des Bedarfs unberücksichtigt bleiben Faktoren, denen ein Bezug zu den ehelichen Lebensverhältnissen fehlt. Bestandteile des Einkommens, die nicht zur Deckung der Lebensführung verwendet wurden (**Vermögensbildungsbeiträge**) sind nicht bedarfsprägend. Das Gleiche gilt für Einkünfte, die nicht auf einer normalen Entwicklung der Einkünfte beruhen (**Karrieresprung**) oder Erträge aus späterem Vermögenserwerb (**Erbschaft**).Allerdings besteht eine Ausnahme dann, wenn diese an sich nicht prägenden Einkünfte mit bedarfssenkenden Entwicklungen nach der Trennung zusammentreffen. In diesen Fällen prägen sie die ehelichen Lebensverhältnisse in der Höhe, die erforderlich ist, um die Bedarfssenkung aufzufangen, iÜ bleiben sie nicht prägend (BGH Urt v. 17.12.08 – ZII ZR 9/07-).
Für die Bestimmung der ehelichen Lebensverhältnisse sind grds **alle Einkünfte** heranzuziehen (BGH FamRZ 86, 780).

3 **C. Maßstab.** Die ehelichen Lebens-, Erwerbs- und Vermögensverhältnisse sind jeweils konkret nach einem **objektiven Maßstab** festzulegen (BGH FamRZ 93, 789). Der durch die tatsächlichen Gegebenheiten bestimmte Lebensstandard ist maßgeblich (BGH FamRZ 97, 281). Eine Korrektur erfolgt lediglich, wenn sich die Ehepartner in ihrer Lebensführung unangemessen beschränkt oder wenn sie übermäßig aufwendig gelebt haben (BGH FamRZ 82, 151; Bambg FamRZ 94, 1178; Hamm FamRZ 93, 1089). Ein **Mindestbedarf** kann

nicht in Ansatz gebracht werden (BGH FamRZ 03, 363; BGH FamRZ 97, 806). Bei eheprägenden nachrangigen Unterhaltspflichten hängt allerdings die Berücksichtigung bei der Bedarfsberechnung davon ab, ob der Mindestbedarf des vorrangigen Ehegatten dadurch unterschritten wird (BGH FamRZ 03, 363).

Eine **Obergrenze** für den Ehegattenunterhalt gibt es grds nicht (BGH FamRZ 94, 1169; 83, 150). Auch bei hohen Einkünften bestimmt das tatsächliche Konsumverhalten der Eheleute die Höhe des Bedarfs. Bei überdurchschnittlichen Einkommensverhältnissen wird der Unterhalt jedoch nicht mehr nach Quote, sondern konkret zu berechnen sein. Diese **faktische Sättigungsgrenze** wird angenommen werden können bei einem die höchste Einkommensgruppe der Düsseldorfer Tabelle übersteigenden Einkommen. ZT enthalten die Leitlinien konkrete Regelungen (etwa Ziff 15.3 der Leitlinien des OLG Frankfurt (2.220 €) oder Ziff 15.3 der Leitlinien des OLG Jena (1.840 €) zu Einzelheiten vgl *Eschenbruch/Loy* FamRZ 94, 665).

D. Zeitpunkt. Das Gesetz definiert den für die Beurteilung der ehelichen Lebensverhältnisse maßgeblichen Zeitpunkt nicht. Nach ständiger Rechtsprechung des BGH (NJW 88, 2034; vgl auch BVerfG NJW 93, 2926) sind maßgeblich die Verhältnisse im Zeitpunkt der **Rechtskraft der Scheidung**. Auf diesen Zeitpunkt darf allerdings nicht starr abgestellt werden. Einkommensentwicklungen prägen die ehelichen Lebensverhältnisse nicht, wenn sie auf einer unerwarteten, ungewöhnlichen, vom Normalverlauf erheblich abw Karriereentwicklung beruhen (BGH FamRZ 90, 1085; BGH FamRZ 01, 986 = FuR 01, 306) oder wenn sich das Einkommen nur infolge der Trennung wesentlich verändert hat, ohne dass die Wurzeln dieser Veränderung in die ehelichen Lebensverhältnisse zum Zeitpunkt noch intakter Ehe zurückreichen (KKFamR/*Klein*, § 1578 Rz 53 ff; Kobl FamRZ 03, 1109). Dies gilt allerdings auf Seiten des Unterhaltspflichtigen nur für bedarfserhöhende Entwicklungen. Bedarfssenkende Umstände prägen die ehelichen Lebensverhältnisse auch dann, wenn sie nach der Scheidung eintreten. Dies gilt für die Entstehung vorrangiger, nachrangiger oder gleichrangiger Unterhaltspflichten und Verbindlichkeiten, vgl Rn 2. Aus diesem Grunde prägen der Ehegatteunterhalt aufgrund einer neuen Ehe oder ein nach Scheidung entstehender Unterhalt nach § 1615 l die Lebensverhältnisse der ersten Ehe. Bei Verbindlichkeiten auf Seiten des Pflichtigen ist daher der Begriff eheprägend bedeutungslos, maßgeblich ist nur noch, ob die Schuld berücksichtigungsfähig ist. Auf Seiten des Unterhaltsberechtigten muss nach den dargestellten Kriterien nach wie vor geprüft werden, ob Schulden oder Unterhaltspflichten eheprägend sind. Dies folgt aus § 1573 IV, wonach der Wegfall Unterhalt sichernder Einkünfte nicht zur Bedürftigkeit führen kann.

Für die Beurteilung im Zeitpunkt der Rechtskraft der Scheidung gegebenen ehelichen Lebensverhältnisse ist grds der Zeitpunkt der letzen mündlichen Verhandlung maßgeblich (BGH NJW 82, 2439).

Veränderungen der Lebensverhältnisse vor der Trennung sind immer prägend, sofern die Einkünfte nachhaltig erzielt wurden und dauerhaft sind (BGH FamRZ 88, 259). Das Gleiche gilt für, ggf auch nur latent vorhandene, Belastungen (Hamm NJW-RR 98, 6).

Grds sind auch auf Dauer angelegte Einkommensveränderungen in der Trennungsphase prägend, da die Eheleute an der Entwicklung der ehelichen Lebensverhältnisse grds bis zur Rechtskraft der Scheidung teilnehmen (BGH NJW 99, 717). Ausnahme hiervon wiederum bei unerwarteten, vom Normalverlauf erheblich abw Entwicklung der Einkommensverhältnisse in der Trennungsphase (BGH NJW 01, 3260) oder Entwicklungen, die nur wegen der Trennung eingetreten sind. Geht man mithin als vom Zeitpunkt der Rechtskraft des Scheidungsurteils maßgeblichen Zeitpunkt für die Bemessung der ehelichen Lebensverhältnisse aus, müssen immer die Verhältnisse bei Trennung berücksichtigt werden, da prägend nur Einkünfte sein können, deren „Wurzeln" im gemeinsamen Zusammenleben liegen (BGH NJW 84, 292).

1. Kasuistik eheprägender Faktoren. Für die Bestimmung des Bedarfs ist sämtliches Einkommen einschl sämtlicher geldwerter Vorteile, welches für die allg Lebensführung zur Verfügung stand, heranzuziehen (zu Einzelheiten der Einkommensermittlung vgl vor § 1577 Rn 1 ff).

2. Einkommen aus Erwerbstätigkeit. Das Hauptgewicht der prägenden Einkünfte liegt beim Einkommen aus Erwerbstätigkeit, seien es Einkünfte aus selbstständiger oder nichtselbstständiger Tätigkeit, regelmäßige oder unregelmäßige Einkünfte (zu Einzelheiten vgl vor § 1577 Rn 1 ff).

Entscheidend ist stets, dass die Erwerbseinkünfte die ehelichen Lebensverhältnisse nachhaltig und dauerhaft geprägt haben. Einkünfte aus **unzumutbarer Tätigkeit** sieht der BGH als prägend an (BGH FuR 05, 364; anders noch BGH FamRZ 03, 518).

3. Einkommen aus Vermögen. Alle während der Ehe zugeflossenen Erträge aus vorhandenem Vermögen sind für die ehelichen Lebensverhältnisse prägend, unabhängig von der Herkunft des Vermögens (Erbschaft) (BGH FamRZ 88, 1145; Hamm FamRZ 98, 620; Karlsr FamRZ 90, 51) oder Schmerzengeld (BGH FamRZ 95, 869; 88, 1031; Saarbr FamRZ 03, 685; Karlsr FamRZ 02, 750).

4. Fiktive Einkünfte. Fiktives Einkommen ist auf Seiten des Unterhaltsschuldners als Erwerbsersatzeinkommen prägend (BGH FamRZ 85, 374). Auf Seiten des Unterhaltsgläubigers ist fiktives Einkommen wegen Verstoßes gegen eine Erwerbsobliegenheit als Surrogat der Familienarbeit anzusehen und gleichfalls prägend in die Bedarfsbemessung einzubeziehen (BGH FamRZ 01, 986 = FuR 01, 306; BGH FamRZ 01, 1291 = FuR 01, 404).

9 **5. Haushaltsführung und Kindesbetreuung.** Haushaltsführung und Kindesbetreuung stellen wirtschaftlich gleichwertige Leistungen dar. Der Wert der Hausarbeit und/oder Kindesbetreuung wird mit dem Wert des späteren Erwerbseinkommens als Surrogat in Ansatz gebracht (BGH FamRZ 01, 986; BVerfG FamRZ 02, 527). Auf die Gründe für die Nichterwerbstätigkeit in der Ehe kommt es nicht an. Auch kommt es nicht auf den Umfang der Hausarbeit an. Es findet keine Monetarisierung des Werts der Hausarbeit statt (BVerfG FamRZ 02, 527).
Ein nachehelicher Einkommensrückgang prägt die ehelichen Lebensverhältnisse, sofern er nicht auf einer Verletzung der Erwerbsobliegenheit beruht (BGH FamRZ 03, 590).

10 **6. Haushaltsführung für Dritte.** Haushaltsführung für Dritte stellt gleichfalls ein Surrogat dar (anders Oldenburg FamRZ 02, 1488). Es kommt nicht darauf an, für wen die Leistung erbracht wird, sondern nur darauf, ob sie anstelle der ertraglosen Hausarbeit/Kinderbetreuung getreten ist (BGH FamRZ 04, 1173 = FuR 04, 497; BGH FuR 04, 1170; 04, 500).

11 **7. Renten/Pensionen.** Die Grundsätze der geänderten Rechtsprechung, wonach nach Trennung/Scheidung erzieltes Erwerbseinkommen des Unterhaltsgläubigers gleichsam als Surrogat des wirtschaftlichen Werts seiner bisherigen Familienarbeit bei der Unterhaltsbemessung im Wege der Additions- bzw Differenzmethode einbezogen wird, gelten auch, wenn der unterhaltbegehrende Ehegatte aus Altersgründen nach der Ehe keine Erwerbstätigkeit mehr aufnimmt, sondern eine Altersversorgung (Rente/Pension) bezieht. Auch diese Altersvorsorge ist als Surrogat in die Bedarfsberechnung einzustellen, und zwar insgesamt ohne Unterscheidung danach, ob die der Versorgung zugrunde liegenden Leistungen – insgesamt oder teilweise- vor oder während der Ehezeit erbracht wurden, und/oder ob sie auf den durchgeführten Versorgungsausgleich beruhen (BGH FuR 02, 26 = FamRZ 02, 88; anders noch BGH FamRZ 87, 459).

12 **8. Wohnvorteil.** Haben Eheleute während der Ehe in einem im Allein- oder Miteigentum stehenden Haus bzw einer Eigentumswohnung gelebt, ist eine damit verbundene Ersparnis an Mietaufwendungen als Nutzung vorhandenen Vermögens prägender Bestandteil der ehelichen Lebensverhältnisse (BGH FamRZ 90, 283; BGH FamRZ 95, 869; zu weiteren Einzelheiten vgl vor § 1577 Rn 20 ff). Der Vorteil ist beiden Ehegatten hälftig zuzurechnen. Die Höhe des Wohnvorteils richtet sich idR. Ab dem Zeitpunkt, in dem eine Versöhnung der Eheleute nicht mehr zu erwarten ist, nach der objektiven Marktmiete (BGH FuR 08, 401, wobei der BGH dies von zwei Ereignissen abhängig macht, nämlich entweder die Zustellung des Scheidungsantrages oder die Vermögensauseinandersetzung der Eheleute) abzgl aufzubringender Zinsleistungen sowie weiterer mit dem Grundbesitz verbundener Kosten, die üblicherweise nicht vom Mieter getragen werden (BGH FamRZ 95, 869). Ob auch die Tilgung zu berücksichtigen ist, hängt davon ab, ob diese auch dem anderen Ehegatten zugute kommt, etwa bei gemeinsamem Eigentum oder der Partizipierung im Zugewinnausgleich. Dies gilt auch schon bei der Bedarfsberechnung (BGH FuR 08, 401).
Haben Ehegatten mietfrei im eigenen Haus oder der eigenen Wohnung gewohnt und hat ein Ehegatte die Immobilie oder seinen Miteigentumsanteil veräußert, findet der (bisherige) Wohnvorteil sein Surrogat in den Nutzungen aus dem Erlös. Wird aus dem Erlös neues Eigentum finanziert, stellt der Vorteil mietfreien Wohnens in diesem Eigentum Surrogat des bisherigen Wohnvorteils dar (BGH NJW 02, 436; 01, 2254).

13 **9. Nichtprägende Einkünfte.** Als nichtprägende Einkünfte sind anzusehen:
– Einkünfte aufgrund eines Karrieresprungs bei Unterhaltsgläubiger und/oder Unterhaltsschuldner nach Trennung/Scheidung (BGH FuR 01, 306 = FamRZ 01, 986), soweit sie nicht dazu erforderlich sind, einkommenssenkende Entwicklungen auszugleichen. Einkünfte aus Vermögen, das von dritter Seite zugeflossen ist (etwa aus Erbschaften oder aus Glücksspiel (Lottogewinn nach Trennung/Scheidung). Diese Mittel haben die ehelichen Lebensverhältnisse nicht geprägt (Hamm FamRZ 92, 1154).

14 **10. Für die Deckung des allg Lebensbedarfs stehen nichtdisponibel Belastungen nicht zur Verfügung.** Derartige Belastungen sind als prägende Faktoren daher gleichfalls zu berücksichtigen. Nach Scheidung entstandene Verbindlichkeiten beim Unterhaltspflichtigen sind ebenfalls eheprägend, s. Rn 4.

§ 1578a Deckungsvermutung bei schadensbedingten Mehraufwendungen.
Für Aufwendungen infolge eines Körper- oder Gesundheitsschadens gilt § 1610a.

1 Die Norm entspricht § 1610a. § 1578a gilt für den nachpartnerschaftlichen Unterhalt nach Aufhebung der Lebenspartnerschaft entspr (§ 16 I 2 LPartG). Wegen der Einzelheiten vgl die Kommentierung zu § 1610a.

§ 1578b Herabsetzung und zeitliche Begrenzung des Unterhalts wegen Unbilligkeit.
(1) ¹Der Unterhaltsanspruch des geschiedenen Ehegatten ist auf den angemessenen Lebensbedarf herabzusetzen, wenn eine an den ehelichen Lebensverhältnissen orientierte Bemessung des Unterhaltsanspruchs auch unter Wahrung der Belange eines dem Berechtigten zur Pflege oder Erziehung anvertrauten gemeinschaftlichen Kindes unbillig wäre. ²Dabei ist insbesondere zu berücksichtigen, inwieweit

durch die Ehe Nachteile im Hinblick auf die Möglichkeit eingetreten sind, für den eigenen Unterhalt zu sorgen. ³Solche Nachteile können sich vor allem aus der Dauer der Pflege oder Erziehung eines gemeinschaftlichen Kindes, aus der Gestaltung von Haushaltsführung und Erwerbstätigkeit während der Ehe sowie aus der Dauer der Ehe ergeben.
(2) ¹Der Unterhaltsanspruch des geschiedenen Ehegatten ist zeitlich zu begrenzen, wenn ein zeitlich unbegrenzter Unterhaltsanspruch auch unter Wahrung der Belange eines dem Berechtigten zur Pflege oder Erziehung anvertrauten gemeinschaftlichen Kindes unbillig wäre. ²Absatz 1 Satz 2 und 3 gilt entsprechend.
(3) Herabsetzung und zeitliche Begrenzung des Unterhaltsanspruchs können miteinander verbunden werden.

A. Allgemeines. Die bisher in §§ 1573 V und 1578 I 2 geregelte Unterhaltsbegrenzung ist durch die Unterhaltsreform neu konzipiert und in einer einzigen Vorschrift neu gestaltet worden. In letzter Zeit war die Unterhaltsbegrenzung Gegenstand von mehreren BGH-Entscheidungen. Hierbei handelt es sich um die ersten BGH-Entscheidungen zur Unterhaltsbegrenzung. Die Urteile sind vom 12.04.06 (FuR 06, 374), vom 25.10.06 (FuR 07, 25), vom 28.02.07 (FuR 07, 276), vom 04.07.07 (FuR 07, 490) vom 26.09.07 – XII ZR 11/05 und XII ZR 15/05 – FamRZ 08, 2042 und 2059), vom14.11.07 (FamRZ 08, 134), 16.04.08 (FuR 08, 401) 25.06.08 (FamRZ 08, 1508), 26.11.08 (FuR 09, 203), 27.05.09 XII ZR 111/08 und 14.10.09 XII ZR 146/08. In diesen Entscheidungen hat der BGH klare Grundlagen zur Prüfung einer Unterhaltsbegrenzung entwickelt, die an ehebedingten Nachteilen anknüpfen. Als erstes ist zu prüfen, ob der Unterhaltsberechtigte ehebedingte Nachteile erlitten hat. Ist dies nicht der Fall, ist als nächstes festzustellen, ob dem Unterhaltsberechtigten zumutbar ist, sich mit dem Unterhaltsniveau zufrieden zu geben, dass er mit seinen eigenen Einkünften erzielen kann. Maßstab für die Billigkeitsprüfung sind das Alter des Unterhaltsberechtigten und die Ehedauer. Hat der Unterhaltsberechtigte ehebedingte Nachteile erlitten, kommt insoweit eine Unterhaltsbegrenzung nicht in Betracht. Es sind zunächst die ehebedingten Nachteile durch den Unterhalt auszugleichen. Verlangt der Unterhaltsberechtigte darüber hinausgehenden Unterhalt, ist im Hinblick darauf zu prüfen, ob es ihm zumutbar ist, sich mit dem ihm aufgrund des Ausgleichs ehebedingter Nachteile zustehenden Unterhalt und den eigenen Einkünften im Hinblick auf sein Alter und die Ehedauer zufrieden zu geben. Zuletzt ist zu prüfen, welche Übergangszeit der Berechtigte benötigt, um sich auf die Unterhaltskürzung einzustellen. Der BGH knüpft mit diesen Erwägungen ganz unmissverständlich an den Wortlaut der neuen Begrenzungsvorschrift an. Gleichwohl handelt es sich um Entscheidungen, die zum alten Recht ergangen sind. Auch bei den bisherigen Billigkeitsabwägungen dürfte es nämlich ausschließlich auf ehebedingte Nachteile ankommen. Letztlich ist danach zwar maßgeblich die Ehedauer, die Gestaltung von Haushaltsführung und Kinderbetreuung und sonstige Umstände. Entscheidend ist jedoch, dass der Gedanke des Gesetzgebers, der ihn zu der Konzeption dieser Begrenzungsvorschriften bewogen hat, inzwischen durch die Surrogatsrechtsprechung des BGH überholt ist. Der Gesetzgeber hatte bei der Unterhaltsbegrenzung va den haushaltsführenden und kinderbetreuenden Ehegatten im Auge, der bereits schon auf der getroffenen Rollenwahl wegen der Abhängigkeit von dem alleinverdienenden Ehegatten schutzwürdig war. Die dadurch begründete Abhängigkeit allein sollte jedoch nicht ausreichen. Vielmehr musste noch hinzukommen, dass die Verflechtung durch die zunehmende Ehedauer ein Maß erreicht hat, das dem Unterhaltsberechtigten eine Art Unterhaltsgarantie zukommen lassen sollte. Allein dafür war die Ehedauer maßgebend. Die Surrogatsrechtsprechung hat insoweit zu einer Änderung geführt, als Einkünfte des Unterhaltsberechtigten, die er möglicherweise erst mehrere Jahre nach der Ehe erzielt, die ehelichen Lebensverhältnisse bestimmen, und die ursprünglich vorhandene Verflechtung und Abhängigkeit dadurch aufgehoben. Ob und in welchem Umfange eine weitergehende Verflechtung besteht, ist nicht aufgrund der tatsächlichen geführten Ehe, sondern auf der unterhaltsrechtlich abgerechneten Ehe zu beurteilen. Danach wird die Ehe unterhaltsrechtlich wie eine Doppelverdienerehe behandelt. Letztlich liegt ein Unterschied zu einer tatsächlich praktizierten Doppelverdienerehe ausschließlich in ehebedingten Nachteilen. Diese sind maßgebend dafür, ob weiterhin eine Verflechtung besteht, die bei der Unterhaltsbegrenzung berücksichtigt werden muss. Insoweit stellt der BGH daher zu Recht auf diese ehebedingten Nachteile ab. Daraus folgt, dass diese BGH-Entscheidungen als erste Entscheidungen zu neuem Recht aber auch als maßgebende Auslegung für die bisherigen Begrenzungsvorschriften berücksichtigt werden müssen.

B. Anwendungsbereich. Mit der neu gefassten Vorschrift werden die beiden bisherigen Begrenzungsnormen, §§ 1573 V und 1578 I 2 zu einer Norm zusammengefasst. Während eine zeitliche Herabsetzung und Begrenzung des Unterhalts nur bei § 1573 V mit einem eingeschränkten Anwendungsbereich für Anspruchsgrundlagen des § 1573 möglich war und § 1578 I 2 zwar für alle Anspruchsgrundlagen galt, aber nur eine Herabsetzung auf den angemessenen Lebensbedarf zuließ, ermöglicht § 1578b nunmehr bei allen Anspruchsgrundlagen eine Herabsetzung des Unterhalts auf Null, wenn dies der Billigkeit entspricht. Der Gesetzgeber hat die Herabsetzung auf den angemessenen Lebensbedarf und die weitergehende Begrenzung in zwei Absätze aufgespaltet. Letztlich handelt es sich aber nur um graduelle Unterschiede, die von Billigkeitserwägungen abhängen.

3 **C. Normzweck.** Die Begrenzungsnorm bezweckt, die dauerhafte Aufrechterhaltung des ehelichen Lebensstandards aufzuweichen und den sich aufgrund der ehelichen Lebensverhältnisse ergebenden Unterhalt zeitlich zu begrenzen oder herabzusetzen. Es handelt sich um eine Einwendung, die vAw zu berücksichtigen ist (BGH FamRZ 1990, 858). Ein Begrenzungsantrag muss deshalb vom Verpflichteten nicht gestellt werden, der Klageabweisungsantrag umfasst vielmehr auch die zeitliche Begrenzung oder Herabsetzung des Unterhalts (OLG München FamRZ 1997, 295).

4 **D. ehebedingte Nachteile.** Ehebedingte Nachteile sind gegeben, wenn die Ehefrau geringere Einkünfte erzielt, als sie ohne die Ehe erzielen würde. Maßgeblich ist, ob der Unterhaltsberechtigte ohne die Einschränkung oder Aufgabe der Erwerbstätigkeit während der Ehe nach der Scheidung ein höheres Einkommen erzielen würde. Dabei sind auch hypothetische berufliche Entwicklungen des Unterhaltsberechtigten, die mit Wahrscheinlichkeit eingetreten wären, zu berücksichtigen. Erwerbsbeeinträchtigungen aufgrund familiärer Bindungen, wie z.B. die Pflege von eigenen Verwandten, sind nicht auf die Ehe zurückzuführen und begründen keinen ehebedingten Nachteil (BGH Urt vom 26.09.2007 – XII ZR 11/05 –). Ist der Unterhaltsberechtigte bereits schon bei Eingehung der Ehe erwerbsunfähig, dürfte ehebedingte Nachteile auszuschließen sein. Wird er während der Ehe erwerbsunfähig, sind ehebedingte Nachteile gegeben, wenn es sich nicht um eine schicksalsbedingte Erkrankung handelt, sondern um eine Erwerbsbeeinträchtigung, die mit der Ehe zusammenhängt, zB Erkrankungen durch die Geburt eines Kindes, möglicherweise aber auch eine trennungsbedingte Depression. Möglich sind auch ehebedingte Nachteile, wenn die Versorgungslage ohne die Ehe besser wäre als mit, etwa wenn die Mindestvoraussetzungen für eine Erwerbsunfähigkeitsrente durch die Ehe nicht erfüllt sind (BGH Urteile v 26.11.08 und 27.05.09). Soweit der Versorgungsausgleich stattgefunden hat, sind die in diesen Zeitraum hineinfallende ehebedingten Nachteile dadurch ausgeglichen (BGH FuR 08, 401).

5 **E. Billigkeit.** Sind ehebedingte Nachteile nicht gegeben oder durch einen Teil des geltend gemachten Unterhalts ausgeglichen, ist als nächstes zu prüfen, ob und welche Unterhaltsbegrenzung der Billigkeit entspricht. Die einzigen Billigkeitskriterien, die der BGH berücksichtigt hat, sind Dauer der Ehe und Alter des Unterhaltsberechtigten. Dabei steht weder ein 22-jährige noch ein Alter der Ehefrau von 42 oder 60 Jahren einer Unterhaltsbegrenzung entgegen. Mit Herabsetzung des Unterhalts auf Null entfallen spätere Anschlussunterhaltstatbestände, weil entsprechende Einsatzzeitpunkte nicht mehr gegeben sind. Auch dies spielt bei der Unterhaltsbegrenzung keine Rolle (BGH FuR 08, 438). Letztlich kommt dieser Billigkeitsabwägung nach der BGH-Rechtsprechung nur eine ganz untergeordnete Bedeutung zu, so dass bei Nichtbestehen ehebedinger Nachteile im Regelfall zu begrenzen ist. Beim Unterhalt wegen Krankheit ist als Billigkeitskriterium zu prüfen, ob die nacheheliche Solidarität eine Aufrechterhaltung der Unterhaltspflicht ganz oder teilweise gebietet. Dies ist aufgrund einer Einzelfallabwägung zu prüfen (BGH Urteile v. 26.11.08 und 27.05.09).

6 **F. Übergangszeit.** Die Übergangszeit, also die Zeit von der Ehescheidung bis zur Unterhaltsbegrenzung, findet ihren Grund darin, dass der Unterhaltsberechtigte nach der Ehescheidung Zeit benötigt, um sich auf die Kürzung des eheangemessenen Unterhalts einzustellen (BGH FamRZ 1986, 886; FuR 08, 88). Dem Unterhaltsberechtigten soll also genügend Zeit zur Verfügung gestellt werden, seine Lebensbedürfnisse auf das spätere – niedrigere – Unterhaltsniveau einzurichten. Keinesfalls soll er an den höheren Unterhalt gewöhnt werden. Zu veranschlagen ist also die Zeit, die dazu erforderlich ist. Zwar kann dabei auch die Dauer der Ehe nicht unberücksichtigt bleiben, da damit eine stärkere Verfestigung einhergeht, so dass dem Unterhaltsberechtigten mehr Zeit bleiben muss, seine persönlichen und wirtschaftlichen Verhältnisse auf die Einkünfte einzurichten, die er ohne die Unterhaltsleistung des geschiedenen Ehegatten zur Verfügung hat. Im Regelfall dürfte ein Zeitraum von zwei bis drei Jahren ab Rechtskraft der Scheidung ausreichen.

7 **G. Angemessener Lebensbedarf.** Anknüpfungspunkt ist die Lebensstellung des Berechtigten, die er vor der Ehe hatte oder die er ohne die Ehe gehabt hätte. Der Begriff angemessen bringt zum Ausdruck, dass der Bedarf oberhalb des Existenzminimums und des notwendigen Unterhalts liegen soll (BGH Urt v 14.10.09 XII ZR 146/08).

8 **H. Beweislast.** Da die Begrenzungsvorschrift eine Einwendung ist, hat der Verpflichtete die Darlegungs- und Beweislast für das Vorliegen der Billigkeitsgründe, die eine zeitliche Begrenzung rechtfertigen (BGH FamRZ 1990, 857; FuR 08, 88). Er muss also grds beweisen, dass der Berechtigte ehebedingte Nachteile nicht erlitten hat. Hat er Tatsachen vorgetragen, die, – wie z.B. die Aufnahme einer vollzeitgen Tätigkeit in dem vom Unterhaltsberechtigten erlernten oder vor der Ehe ausgeübten Beruf – einen Wegfall ehebedingter Nachteile und damit eine Begrenzung des nachehelichen Unterhalts nahe legen, obliegt es dem Unterhaltsberechtigten, Umstände darzulegen und zu beweisen, die gegen eine Unterhaltsbegrenzung oder *für eine längere Schonfrist* sprechen (BGH FuR 08, 88). Dies bedeutet, dass der Unterhaltsberechtigte darlegungs- und beweisbelastet für einen Karriereverlauf seines beruflichen Werdeganges ist, der wegen der Ehe nicht eingetreten ist.

I. Kombination. Die zeitliche Begrenzung und die zeitliche Herabsetzung nach Absätzen 1 und 2 können miteinander kombiniert werden. Der Unterhalt kann also für eine Übergangszeit auf den angemessenen Lebensbedarf herabgesetzt und nach einer weiteren Übergangszeit völlig versagt werden. Auch hier ist jedoch zu beachten, dass das Existenzminimum nicht unterschritten werden sollte. **9**

J. Abänderungsverfahren. Im Regelfall sind die für die Unterhaltsbegrenzung erforderlichen Umstände bereits im Erstverfahren bekannt, so dass über die Unterhaltsbegrenzung auch in diesem Verfahren zu entscheiden ist (BGH FamRZ 00, 1499). In einem späteren Abänderungsverfahren kann daher die erstmalige Geltendmachung der Unterhaltsbegrenzung nur dann Erfolg haben, wenn die Präklusionswirkung des § 323 II ZPO nicht eingreift. Dies ist wegen mangelnder Überschaubarkeit der Billigkeitskriterien dann der Fall, wenn im Erstverfahren keine sichere Prognose bezüglich der ehebedingten Nachteile möglich war (BGH FamRZ 00, 1499) oder nachträglich neue Umstände für eine entsprechende Billigkeitsentscheidung eingetreten sind, wie z.B. der Wegfall ehebedingter Nachteile (BGH FamRZ 01, 905). Eine Befristung im Erstverfahren war insb auch dann nicht möglich, wenn dort noch die Anrechnungsmethode zur Anwendung gekommen ist, da dieser Berechnungsmethode die ehebedingten Nachteile auf der Stirn geschrieben stehen, so dass eine Unterhaltsbegrenzung ohnehin nicht in Betracht kommen konnte. Die Frage der Präklusion wird auch Bedeutung für künftige Abänderungsmöglichkeiten aufgrund der Neufassung des § 1578 b iRd Unterhaltsreform haben. In der Übergangsvorschrift nach § 36 Nr 1 EGZPO ist ausdrücklich hervorgehoben, dass nur solche Umstände eine Abänderung rechtfertigen, die erstmals durch die Unterhaltsreform erheblich geworden sind. Dies bedeutet, dass alle bereits schon nach altem Recht erheblichen Umstände eine Abänderung nicht rechtfertigen können. Diese sind präkludiert. Aus diesem Grunde wird in allen Abänderungsverfahren zu prüfen sein, ob der Unterhalt nicht schon nach altem Recht zu begrenzen gewesen wäre. Auch für diese Beurteilung sind die oben unter A erwähnten BGH-Entscheidungen maßgebend. Der BGH hat nunmehr zu erkennen gegeben, dass er mit der ersten Entscheidung zur Unterhaltsbegrenzung vom April 2006 seine Rechtsprechung geändert hat(BGH FuR 08, 542). Da die Änderung der BGH-Rechtsprechung ein Abänderungsgrund ist, dürfte im Regelfall die Abänderbarkeit von Titeln, die vor April 2006 errichtet worden sind, keine großen Probleme bereiten (s. auch BGH Urt v 18.11.08 XII ZR 65/09). **10**

K. Bereuungsunterhalt. Der Betreuungsunterhalt ist nicht zu begrenzen. Davon ist jedoch der Aufstockungsteil eines einheitlichen Unterhalts zu unterscheiden. Ist der Unterhalt höher als das von dem unterhaltsberechtigten Ehegatten erzielbare Einkommen, beruht der darüber hinaus gehende Teil des Unterhalts nichts auf der Kindertreuung, sondern darauf, das dieser Ehegatte nicht in der Lage ist, den eheangemessenen Bedarf selbst sicherzustellen. Dies beruht darauf, dass durch den Betreuungsunterhalt nur die Erwerbseinbußen ausgeglichen werden sollen, die bei dem betreuenden Ehegatte durch die Kinderbetreuung eingetreten sind. Solche Erwerbseinbußen sind nicht mehr gegeben, wenn der Unterhalt das erzielbare Einkommen des bedürftigen Ehegatten abdeckt. **11**

Der Ausstockungsteil ist zu begrenzen, wenn die Voraussetzungen des § 1578 vorliegen, also insb etwaige ehebedingte Nachteile durch den unangetastet gebliebenen Unterhalt ausgeglichen sind, das Kindeswohl dem nicht entgegensteht und die Erziehung und Betreuung des Kindes sichergestellt ist (BGH Urteile v 17.06.09 – XII ZR 102/08 – und 06.05.09 – XII ZR 114/08 -). **12**

§ 1579 Beschränkung oder Wegfall der Verpflichtung.
Ein Unterhaltsanspruch ist zu versagen, herabzusetzen oder zeitlich zu begrenzen, soweit die Inanspruchnahme des Verpflichteten auch unter Wahrung der Belange eines dem Berechtigten zur Pflege oder Erziehung anvertrauten gemeinschaftlichen Kindes grob unbillig wäre, weil
1. die Ehe von kurzer Dauer war; dabei ist die Zeit zu berücksichtigen, in welcher der Berechtigte wegen der Pflege oder Erziehung eines gemeinschaftlichen Kindes nach § 1570 Unterhalt verlangen kann,
2. der Berechtigte in einer verfestigten Lebensgemeinschaft lebt,
3. der Berechtigte sich eines Verbrechens oder eines schweren vorsätzlichen Vergehens gegen den Verpflichteten oder einen nahen Angehörigen des Verpflichteten schuldig gemacht hat,
4. der Berechtigte seine Bedürftigkeit mutwillig herbeigeführt hat,
5. der Berechtigte sich über schwerwiegende Vermögensinteressen des Verpflichteten mutwillig hinweggesetzt hat,
6. *der Berechtigte vor der Trennung längere Zeit hindurch seine Pflicht, zum Familienunterhalt beizutragen, gröblich verletzt hat,*
7. dem Berechtigten ein offensichtlich schwerwiegendes, eindeutig bei ihm liegendes Fehlverhalten gegen den Verpflichteten zur Last fällt oder
8. ein anderer Grund vorliegt, der ebenso schwer wiegt wie die in den Nummern 1 bis 6 aufgeführten Gründe.

A. Norminhalt. Nach der Vorschrift ist ein Unterhaltsanspruch zu versagen, herabzusetzen oder zeitlich zu begrenzen, soweit die Inanspruchnahme des Unterhaltspflichtigen auch unter Wahrung der Belange eines **1**

dem Berechtigten zur Pflege oder Erziehung anvertrauten gemeinschaftlichen Kindes grob unbillig wäre, weil gewisse innovativ aufgeführte Härtegründe erfüllt ist. Es muss also einer der alternativ aufgeführten Härtegründe der Nr 1 bis 7 vorliegen und außerdem aufgrund einer umfassenden Billigkeitsabwägung aller Umstände eine Inanspruchnahme des Unterhaltsverpflichteten grob unbillig sein.

2 **B. Anwendungsbereich.** Die Vorschrift ist anzuwenden beim nachehelichen Unterhalt sowie gem § 1361 III für den Trennungsunterhalt mit Ausn der kurzen Ehedauer gem § 1579 Nr 1. Die Verwirkungsvorschriften gelten neben den Begrenzungsbestimmungen der §§ 1573 V, 1578 I 2. Die Einwendung gilt auch für den gegen den Erben nach Tod des Unterhaltsverpflichteten gerichteten Unterhaltsanspruchs gem § 1586b. Die Vorschrift ist nicht anzuwenden bei einem Anspruch nach § 1576. Sie gilt ebenfalls nicht auf Unterhaltsansprüche nach §§ 58 ff EheG bei Altehen (BGH FamRZ 91, 1040).

3 **C. Verwirkungstatbestände. I. Kurze Ehedauer gem Nr 1.** Der Härtegrund ist anzuwenden, wenn die Ehe von kurzer Dauer war. Die Dauer der Ehe bemisst sich nicht nach der Zeit des tatsächlichen Zusammenlebens, sondern es gilt die Zeit von Eheschließung bis zur Rechtshängigkeit des Scheidungsantrages (BGH FamRZ 95, 1405).

4 **1. Zeitrahmen für eine kurze Ehedauer.** Hat die Ehe nicht länger als zwei Jahre bestanden, ist sie idR als kurz zu beurteilen (BGH FamRZ 99, 710; 95, 1405). Dies gilt auch bei vorgerücktem Alter der Eheleute (BGH FamRZ 82, 894). Bei einer Ehedauer ab drei Jahren ist im Regelfall nicht mehr von einer kurzen Ehedauer zu sprechen, weil die Eheleute ihre Lebenspositionen in der Ehe bereits aufeinander abgestimmt haben (BGH FamRZ 99, 710; 95, 1405). Bei Vorliegen besonderer Umstände kann im Einzelfall auch noch bei einer Ehedauer von knapp fünf Jahren von einer kurzen Ehedauer gesprochen werden, wenn sich die Eheleute in ihrer Lebensführung nicht aufeinander eingestellt haben (BGH FamRZ 99, 710). Hier dürfte insb auch die Surrogatsrechtsprechung des BGH von Bedeutung sein. Bei einer Ehedauer zwischen zwei und drei Jahren hängt die Beurteilung davon ab, ob die Eheleute sich bereits in wechselseitiger Abhängigkeit auf ein gemeinschaftliches Lebensziel ausgerichtet haben (BGH FamRZ 81, 140).

5 **2. Kurze Ehe bei Kinderbetreuung.** Nach bisherigem Wortlaut stand die Ehedauer der Zeit gleich, in welcher der Berechtigte wegen Betreuung eines gemeinschaftlichen Kindes nach § 1570 Unterhalt beanspruchen kann. Dies bedeutet, dass man im Falle der Kinderbetreuung immer eine 15-jährige und damit eine lange Ehe hätte. Deswegen musste auch bei der Kinderbetreuung zunächst auf die tatsächliche Ehedauer abgestellt werden (BVerfG FamRZ 89, 941) ansonsten würde der Verwirkungstatbestand faktisch leer laufen. War die tatsächliche Ehedauer als kurz zu bezeichnen, war iRd Billigkeitsabwägung zu prüfen, inwieweit die Inanspruchnahme des Verpflichteten auf ungekürzten Unterhalt auch unter Wahrung der Belange des zu betreuenden Kindes grob unbillig ist und dem Grundsatz der Verhältnismäßigkeit widerspricht (BGH FamRZ 90, 492). Durch die geänderte Formulierung soll diese Prüfungsreihenfolge nunmehr aus dem Gesetz abzuleiten sein.

6 **II. Verfestigte Lebensgemeinschaft.** Grds stellt allein der Umstand, dass der Unterhaltsberechtigte nach der Scheidung eine intime Beziehung oder eine nicht eheliche Lebensgemeinschaft mit einem neuen Partner eingeht, noch keinen Härtegrund dar (BGH FamRZ 89, 487). Auch die Tatsache, dass er mit dem Unterhalt einen Dritten unterhält ist unerheblich (BGH FamRZ 88, 930). Es müssen besondere Umstände vorliegen, die dazu führen, dass die Unterhaltszahlungen für den Unterhaltspflichtigen unzumutbar sind (BGH FamRZ 94, 558). Danach kann ein Verwirkungstatbestand gegeben sein, wenn eine eheähnliche Beziehung des Unterhaltsberechtigten zu seinem neuen Lebensgefährtin wegen kränkender oder sonst anstößiger Begleitumstände geeignet ist, den Verpflichteten in außergewöhnlicher Weise zu treffen, in der Öffentlichkeit bloß zu stellen oder sonst in seinem Ansehen zu schädigen (BGH FamRZ 89, 487) oder der Unterhaltsberechtigte zu einem Partner ein auf Dauer angelegtes Verhältnis aufnimmt und das nicht eheliche Zusammenleben gleichsam an die Stelle einer Ehe getreten ist (BGH FamRZ 02, 23, 810).

7 Voraussetzung ist eine Verfestigung, die einen gewissen Zeitablauf von zwei bis drei Jahren des Zusammenlebens voraussetzt (BGH FamRZ 97, 671; 95, 726; FuR 07, 529). Zw ist ob ein kürzerer Zeitabstand ausreichend sein kann, zB bei Geburt eines gemeinsamen Kindes (Köln FF 99, 154) oder Anschaffen einer gemeinsamen Immobilie (Hburg FamRZ 02, 1038). Ob dies jedoch geeignete Kriterien für eine bereits vertiefte Verfestigung sind, ist deswegen zweifelhaft, weil darin nur der Wunsch nach Verfestigung zum Ausdruck kommt.

8 Weitere Voraussetzung ist, dass das nicht eheliche Zusammenleben eine Form angenommen hat, die diese Lebensgemeinschaft mit einer Ehe vergleichbar macht. Dies ist dann gegeben, wenn ein gemeinsamer Haushalt besteht. Unterhalten die Eheleute jedoch getrennte Wohnungen, müssen besondere Umstände hinzutreten, um die Eheähnlichkeit anzunehmen. Dazu reicht die gemeinsame Gestaltung des Urlaubs ebensowenig aus wie gemeinsame Besuche von Familienfesten und Feierlichkeiten sowie das Verbringen einiger Wochenenden im Monat (BGH FamRZ 02, 23). Weitere Voraussetzung ist vielmehr, dass die Eheleute auch ansonsten trotz getrennter Wohnungen ihr Leben gemeinsam gestalten. Dies ist dann nicht gegeben, wenn sie sich dafür entschieden haben, dauerhaft eine gewisse Distanz aufrecht zu erhalten, um persönliche Freiräume zu verwirklichen, ihre Beziehung also bewusst auf Distanz angelegt ist, weil kein enges Zusammenleben gewünscht wird.

Ob es irgendwelche Hinderungsgründe für eine neue Eheschließung gibt, ist demgegenüber unerheblich. 9
Ausreichend ist, dass die Parteien ihre Lebensverhältnisse so aufeinander abgestellt haben, dass sie wechselseitig füreinander einstehen wollen, indem sie sich gegenseitig Hilfe und Unterstützung gewähren und damit ihr Zusammenleben eheähnlich gestalten (BGH FamRZ 02, 810). Deswegen ist der Verwirkungstatbestand auch während der Trennungszeit gegeben, bei gleichgeschlechtlicher Partnerschaft oder bei anderen wichtigen Gründen, die gegen eine neue Eheschließung vorgetragen wurden oder auch bei einem verheirateten Lebenspartner. Die alte bisherige Rechtsprechung zum Bestehen einer Unterhaltsgemeinschaft (BGH FamRZ 95, 540; 89, 490) oder zum Erscheinungsbild in der Öffentlichkeit (BGH FamRZ 84, 986) ist damit gegenstandslos geworden, weil es sich hierbei lediglich um Hilfskonstruktionen für den Fall handelte, dass nach früherer Auffassung Umstände, die gegen eine Eheschließung sprachen, den Verwirkungstatbestand ausschlossen (BGH FamRZ 95, 344).

III. Schwere Straftat. Erforderlich ist ein Verbrechen oder ein schweres vorsätzliches Vergehen gegen den 10
Verpflichteten oder einen nahen Angehörigen des Verpflichteten.

1. Art der in Betracht kommenden Delikte. In Betracht kommen Mord, Totschlag, Eigentumsdelikte 11
(Hamm FamRZ 94, 168), Unterhaltspflichtverletzung, körperliche Misshandlung von Kindern (Hamm FamRZ 02, 240) sowie sexuelle Delikte (Hamm FamRZ 90, 887), außerdem Beleidigungen, Verleumdungen und falsche Anschuldigungen (BGH NJW 82, 100). Bei den Vermögensdelikten sind insb Betrugshandlungen zum Nachteil des Verpflichteten einschl Prozessbetrug zB durch Verstoß gegen die prozessuale Wahrheitsverpflichtung im Unterhaltsprozess zu erwähnen (BGH FamRZ 00, 153). Dazu gehören Verschweigen des Abbruchs einer Ausbildung (BGH FamRZ 90, 1095) oder eigener Einkünfte (BGH FamRZ 00, 153) oder vehementes Bestreiten des Zusammenlebens mit einem neuen Partner (Hamm FamRZ 96, 1079) in Betracht.

2. Verschulden. Voraussetzung ist stets ein schuldhaftes Verhalten des Unterhaltsberechtigten. Erforderlich 12
ist also Schuldfähigkeit. Verminderte Schuldfähigkeit lässt den Härtegrund demgegenüber nicht entfallen, kann aber Einfluss auf die grobe Unbilligkeit haben (BGH NJW 82, 100). Die Verwirkung greift im Regelfall für die Zukunft nicht aber für die Rückstände ein (BGH FamRZ 84, 34), es sei denn, dass die Verfehlung so schwer ist, dass auch der Unterhalt für die Vergangenheit erfasst werden muss.

3. Opfer. Die Tat muss entweder ggü dem Verpflichteten oder einem nahen Angehörigen des Verpflichteten 13
begangen werden. Dazu zählen auch dessen neuer Ehegatte sowie Verwandte des Verpflichteten ersten Grades. Für weitere Verwandte wird es darauf ankommen, wie stark sich der Verpflichtete familiär mit dem Angehörigen verbunden fühlt

IV. Mutwillige Herbeiführung der Bedürftigkeit gem Nr 3. Der Härtegrund greift ein, wenn der Berech- 14
tigte seine Bedürftigkeit mutwillig herbeigeführt hat.

1. Herbeiführung der Bedürftigkeit. Bedürftig ist der Berechtigte, wenn ihm die Mittel für seinen eigenen 15
angemessenen Unterhalt fehlen und er sich diese auch nicht in zumutbarer Weise beschaffen kann. Voraussetzung ist ein zurückliegendes Verhalten, das Einfluss auf die Bedürftigkeit hat. Das Merkmal ist auch gegeben bei Alkohol- oder Drogenabhängigkeit, bei Aufgabe einer Erwerbstätigkeit (BGH FamRZ 01, 541), bei Verschwendung oder unwirtschaftlicher Vermögensanlage (BGH FamRZ 84, 364), bei bestimmungswidriger Verwendung des Altersvorsorgeunterhalts (BGH FamRZ 03, 848). Nicht ausreichend ist ein fehlgeschlagener Selbsttötungsversuch (BGH FamRZ 89, 1054), Auszug aus der Ehewohnung (BGH FamRZ 89, 1160) oder einer homologen In-Vitro-Fertilisation (BGH FamRZ 01, 541).

2. Mutwilligkeit. Mutwilligkeit erfasst nicht nur ein vorsätzliches zweckgerichtetes Verhalten, sondern auch 16
ein leichtfertiges Verhalten des Berechtigten (BGH FamRZ 89, 1054). Erforderlich ist eine unterhaltsbezogene Mutwilligkeit. Deshalb müssen sich die Antriebe die zu dem Verhalten geführt haben, auch auf die Bedürftigkeit als Folge dieses Verhaltens erstrecken (BGH FamRZ 01, 541). Mutwilligkeit ist zu bejahen, wenn sich der Bedürftige in Verantwortungs- und Rücksichtslosigkeit ggü dem Pflichtigen über die erkannte Möglichkeit nachteiliger finanzieller Folgen seines Handelns auf seinen Unterhaltsbedarf hinweggesetzt und damit zumindest leichtfertig gehandelt hat (BGH FamRZ 03, 848). Einfaches Verschulden reicht also nicht aus (BGH FamRZ 88, 375).

V. *Mutwillige Verletzung von Vermögensinteressen* des Verpflichteten gem Nr 4. Der Berechtigte muss 17
sich über schwerwiegende Vermögensinteressen des Verpflichteten mutwillig hinweggesetzt haben. Objektiv muss das Verhalten des Berechtigten eine besondere Intensität erreicht haben, subjektiv muss er mutwillig handeln. S. oben Rn 11. Zu erwähnen ist ein betrügerisches Verhalten im Unterhaltsprozess (BGH FamRZ 90, 1095), Anschwärzen beim Arbeitgeber mit Gefährdung des Arbeitsplatzes aus Rachsucht (München FamRZ 82, 270), belastende Aussage in einem Disziplinarverfahren, anstatt vom Aussageverweigerungsrecht Gebrauch zu machen (Köln FamRZ 95, 1580), Strafanzeigen, die zu einem Ermittlungsverfahren führen, können ebenfalls geeignet sein (München FamRZ 82, 270; Kobl FamRZ 91, 1312). Kein mutwilliges Verhalten liegt vor, wenn die Anzeige zur Wahrnehmung berechtigter Interessen erfolgt ist (BGH FamRZ 02, 23).

Dies ist gegeben bei Erstattung von Strafanzeigen wegen Unterhaltspflichtverletzung (Stuttg FamRZ 79, 40). Auch eine Strafanzeige wegen Steuerhinterziehung kann zur Verwirkung führen (Köln NJW FF 99, 107).

18 VI. Gröbliche Verletzung der Pflicht zum Familienunterhalt beizutragen, gem Nr 5. Dem Wortlaut nach können nur Gründe berücksichtigt werden, die vor der Trennung entstanden sind, weil es danach einen Beitrag zum Familienunterhalt nicht mehr gibt. Die Verletzung kann sich auch auf die gemeinsamen Kinder beziehen. Verletzt werden müssen die Verpflichtungen, die der Unterhaltsberechtigte aufgrund der Aufgabenverteilung in der Ehe übernommen hat. Die Pflichten müssen gröblich verletzt worden sein. Dies setzt zumindest ein grob fahrlässiges Verhalten voraus. Außerdem müssen objektive Merkmale vorliegen, nach denen es sich um eine Pflichtverletzung von besonderem Gewicht handelt.

19 VII. Offensichtlich schwerwiegendes, eindeutig beim Berechtigten liegendes Verhalten gem Nr 6. Härtegrund ist ein eheliches Fehlverhalten das sowohl bis zur Scheidung als auch nach der Scheidung begangen werden kann.

20 1. Schwerwiegendes Fehlverhalten. Bis zur Scheidung muss es sich um einen schweren Verstoß gegen die ehelichen Pflichten handeln. Dazu gehören eheliche Treuepflichten, eheliche Solidarität und der Grundsatz der Gegenseitigkeit. Diese Verpflichtungen enden mit der Rechtskraft der Scheidung (BGH FamRZ 95, 344). Allerdings wandelt sich die eheliche Solidarität in eine nacheheliche Solidarität, so dass grobe Verstöße dagegen auch nach der Scheidung ebenfalls den Verwirkungstatbestand erfüllen können. Erforderlich sind Verstöße gegen das Gebot der Rücksichtnahme der beiderseitigen persönlichen und wirtschaftlichen Interessen und des Umgangs miteinander. Das Fehlverhalten muss sich gegen den Verpflichteten richten. Es muss außerdem schuldhaft sein, so dass hier ebenfalls Schuldfähigkeit vorausgesetzt ist.

21 2. Einseitigkeit. Das schwerwiegende Fehlverhalten muss eindeutig beim Berechtigten liegen. Aus diesem Grunde muss das Verhalten des Verpflichteten stets mitberücksichtigt werden (BGH FamRZ 81, 1042).

22 3. Einzelfälle. In Betracht kommen Verstöße gegen die eheliche Treuepflicht, wenn der Berechtigte während der Ehe ein nachhaltiges, auf längere Dauer angelegtes intimes Verhältnis zu einem Dritten aufnimmt und gegen den Willen des Verpflichteten fortführt (BGH FamRZ 89, 1279). Dies gilt auch bei gleichgeschlechtlichen Beziehungen (BGH FamRZ 08, 1414). Ausreichend ist ferner eine intime Beziehung zu wechselnden Partnern, ferner ein Ausbrechen aus der Ehe, wenn dies zum Zusammenleben mit einem Dritten in nicht ehelicher Lebensgemeinschaft führt (BGH FamRZ 89, 487; 86, 722). Die Einseitigkeit des Fehlverhaltens ist dann nicht gegeben, wenn der andere Ehegatte sich ebenfalls von seinen ehelichen Bindungen distanziert hat und seine Ehe faktisch als nicht mehr bestehend betrachtet (BGH FamRZ 81, 752), beim Verpflichteten die ehelichen Gefühle bereits zum Zeitpunkt der Abkehr des Berechtigten erkaltet waren und dieser deshalb von dem Fehlverhalten nicht mehr betroffen sein konnte (BGH NJW 86, 722) oder aber der Verpflichtete schwere Eheverfehlungen gegen den Berechtigten begangen hat, diesen geschlagen hat (BGH FamRZ 89, 487) oder häufig betrunken war und es deshalb zu wüsten Auseinandersetzungen gekommen ist (BGH FamRZ 82, 463). Dabei kann allerdings nicht jedes Fehlverhalten des Verpflichteten dem Berechtigten den Charakter der Einseitigkeit nehmen. Es müssen vielmehr konkrete Verfehlungen vorgebracht werden, denen einiges Gewicht zukommt und die dazu führen, dass dem Berechtigten das Festhalten an der Ehe erheblich erschwert worden ist (BGH FamRZ 83, 670).

23 4. Darlegungs- und Beweislast. Der Verpflichtete hat die Darlegungs- und Beweislast dafür, dass ihm die Zahlung von Unterhalt unzumutbar ist. Er muss also ein offensichtlich schwerwiegendes eindeutig beim Berechtigten liegendes Fehlverhalten darlegen und beweisen. Dazu gehört auch die Einseitigkeit des Fehlverhaltens. Dies führt dazu, dass er etwaige Gegenvorwürfe des Unterhaltsberechtigten ausräumen muss. Damit er allerdings nicht in unüberwindliche Beweisschwierigkeiten gebracht wird, müssen die Vorwürfe des Unterhaltsberechtigten so konkret sein, dass sie überhaupt widerlegt werden können. Darüber hinaus muss er nicht auf alle Vorwürfe des Berechtigten reagieren, sondern nur auf solche von einigem Gewicht. Je allg die Gegenvorwürfe sind, desto unsubstantiierter ist das Vorbringen des Unterhaltsberechtigten, so dass diesen Gegenvorwürfen nicht nachgegangen werden muss.

24 VIII. Anderer schwerwiegender Grund gem Nr 7. Voraussetzung ist ein anderer Grund, der ebenso schwer wiegt, wie der in Nr 1 bis 6 aufgeführten Gründe. Hierbei handelt es sich um einen Auffangtatbestand, mit der unverhältnismäßige Belastung des Unterhaltsverpflichteten mit Unterhaltszahlungen vermieden werden sollen.

25 1. Subsidiarität. Die Nr 7 ist Auffangtatbestand. Dies bedeutet, dass dann, wenn die Härtegründe der Nr 1 bis 6 vorliegen, Nr 7 nicht mehr geprüft werden darf. Gleiches gilt, wenn einer der Härtegründe der Nr 1 bis 6 daran scheitert, dass ein Merkmal fehlt. In diesen Fällen dürfte es kaum gerechtfertigt sein, daraus einen Härtegrund nach Nr 7 herzuleiten, weil dies den Anforderungen des Gesetzgebers widersprechen würde (BGH FamRZ 87, 572). Etwas anderes gilt lediglich dann, wenn andere Tatsachen hinzukommen, die mit den Gesamtumständen zu einer unzumutbaren Belastung des Pflichtigen führen (BGH FamRZ 88, 930).

Grds stellt allein der Umstand, dass der Unterhaltsberechtigte nach der Scheidung eine intime Beziehung 26
oder eine nicht eheliche Lebensgemeinschaft mit einem neuen Partner eingeht, noch keinen Härtegrund dar
(BGH FamRZ 89, 487). Auch die Tatsache, dass er mit dem Unterhalt einen Dritten unterhält ist unerheblich
(BGH FamRZ 88, 930). Es müssen besondere Umstände vorliegen, die dazu führen, dass die Unterhaltszahlungen für den Unterhaltpflichtigen unzumutbar sind (BGH FamRZ 94, 558). Danach kann ein Verwirkungstatbestand gegeben sein, wenn eine eheähnliche Beziehung des Unterhaltsberechtigten zu seinem neuen
Lebensgefährtin wegen kränkender oder sonst anstößiger Begleitumstände geeignet ist, den Verpflichteten in
außergewöhnlicher Weise zu treffen, in der Öffentlichkeit bloß zu stellen oder sonst in seinem Ansehen zu
schädigen (BGH FamRZ 89, 487) oder der Unterhaltsberechtigte zu einem Partner ein auf Dauer angelegtes
Verhältnis aufnimmt und das nicht eheliche Zusammenleben gleichsam an die Stelle einer Ehe getreten ist
(BGH FamRZ 02, 23, 810).

Voraussetzung ist eine Verfestigung, die einen gewissen Zeitablauf von zwei bis drei Jahren des Zusammenle- 27
bens voraussetzt (BGH FamRZ 97, 671; 95, 726). Zw ist ob ein kürzerer Zeitabstand ausreichend sein kann,
zB bei Geburt eines gemeinsamen Kindes (Köln FF 99, 154) oder Anschaffen einer gemeinsamen Immobilie
(Hburg FamRZ 02, 1038). Ob dies jedoch geeignete Kriterien für eine bereits vertiefte Verfestigung sind, ist
deswegen zweifelhaft, weil darin nur der Wunsch nach Verfestigung zum Ausdruck kommt.

Weitere Voraussetzung ist, dass das nicht eheliche Zusammenleben eine Form angenommen hat, die diese 28
Lebensgemeinschaft mit einer Ehe vergleichbar macht. Dies ist dann gegeben, wenn ein gemeinsamer Haushalt besteht. Unterhalten die Eheleute jedoch getrennte Wohnungen, müssen besondere Umstände hinzutreten, um die Eheähnlichkeit anzunehmen. Dazu reicht die gemeinsame Gestaltung des Urlaubs ebensowenig
aus wie gemeinsame Besuche von Familienfesten und Feierlichkeiten sowie das Verbringen einiger Wochenenden im Monat (BGH FamRZ 02, 23). Weitere Voraussetzung ist vielmehr, dass die Eheleute auch ansonsten
trotz getrennter Wohnungen ihr Leben gemeinsam gestalten. Dies ist dann nicht gegeben, wenn sie sich dafür
entschieden haben, dauerhaft eine gewisse Distanz aufrecht zu erhalten, um persönliche Freiräume zu verwirklichen, ihre Beziehung also bewusst auf Distanz angelegt ist, weil kein enges Zusammenleben gewünscht
wird.

Ob es irgendwelche Hinderungsgründe für eine neue Eheschließung gibt, ist demgegenüber unerheblich. 29
Ausreichend ist, dass die Parteien ihre Lebensverhältnisse so aufeinander abgestellt haben, dass sie wechselseitig füreinander einstehen wollen, indem sie sich gegenseitig Hilfe und Unterstützung gewähren und damit ihr
Zusammenleben eheähnlich gestalten (BGH FamRZ 02, 810). Deswegen ist der Verwirkungstatbestand auch
während der Trennungszeit gegeben, bei gleichgeschlechtlicher Partnerschaft oder bei anderen wichtigen
Gründen, die gegen eine neue Eheschließung vorgetragen wurden oder auch bei einem verheirateten Lebenspartner. Die alte bisherige Rechtsprechung zum Bestehen einer Unterhaltsgemeinschaft (BGH FamRZ 95,
540; 89, 490) oder zum Erscheinungsbild in der Öffentlichkeit (BGH FamRZ 84, 986) ist damit gegenstandslos geworden, weil es sich hierbei lediglich um Hilfskonstruktionen für den Fall handelte, dass nach früherer
Auffassung Umstände, die gegen eine Eheschließung sprachen, den Verwirkungstatbestand ausschlossen
(BGH FamRZ 95, 344).

2. Einzelfälle. Ausreichend sein kann Ausübung der Prostitution (Hamm FamRZ 02, 753), gewerbsmäßiger 30
Telefonsex (Karlsr FamRZ 95, 1488), Verletzung der Verpflichtung zur ungefragten Information (Bambg
FamRZ 01, 843), nachhaltige massive Behinderung des Umgangsrechts (München FamRZ 98, 750; Nürnberg
FamRZ 97, 614). Nicht ausreichend ist der fehlgeschlagene Selbsttötungsversuch (BGH FamRZ 89, 1054),
Unterhaltsverlangen erstmals nach 25 Jahren (BGH FamRZ 85, 376), Auszahlung der Witwenrente (Köln
OLGR 02, 297), Verrat eines Familiengeheimnisses verbunden mit versuchter Erpressung finanzieller Vorteile
(Hamm OLGR 00, 42), Leben der neuen Familie unterhalb der Sozialhilfeschwelle infolge des Geschiedenenunterhalts (BGH FamRZ 96, 272).

D. Grobe Unbilligkeit. Die Vorschrift stellt eine rechtsvernichtende Einwendung dar (BGH FamRZ 91, 670) 31
und ist daher vAw zu beachten. Allerdings muss sich der Unterhaltsschuldner iRd jeweiligen Billigkeitsabwägung auf Verwirkung berufen, um die Unzumutbarkeit festzustellen. Zahlt er über längere Zeit hinweg Unterhalt trotz Kenntnis einer möglichen Verwirkung kann daraus zu folgen sein, dass er den Härtefall als nicht
so schwerwiegend ansieht, um daraus Konsequenzen ziehen zu müssen (Ddorf FamRZ 97, 1159). Wenn er
den Unterhalt trotz Kenntnis des Verwirkungstatbestandes anerkennt, wird darin im Regelfall eine Verzeihung liegen. *Die grobe Unbilligkeit ist iRe Gesamtwürdigung der Einzelfallumstände zu ermitteln.* Zu
berücksichtigen sind iRe Gesamtabwägung die Interessen des Verpflichteten an einer unterhaltsrechtlichen
Entlastung, die Interessen des Berechtigten an den Unterhaltsleistungen, die vorrangigen Belange gemeinschaftlicher Kinder, Schwere des Härtegrundes und Maß des Verschuldens. Hinzu kommen persönliche Verhältnisse wie Alter, Gesundheitszustand, schicksalsbedingte Lebenssituation (BGH FamRZ 86, 670; 88, 930;
86, 889; 02, 810).

E. Kindesinteressen. Betreut der Berechtigte ein gemeinschaftliches Kind, sind die Kindeswohlinteressen 32
vorrangig zu berücksichtigen. Es muss verhindert werden, dass der Unterhaltsberechtigte der das Kind
betreut, wegen Einschränkungen oder Wegfalls des Unterhalts zu einer Erwerbstätigkeit gezwungen wird, die

sich an sich mit der Kindesbetreuung nicht vereinbaren lässt (BGH FamRZ 84, 986). Sind allerdings die Belange des Kindeswohls gewahrt, besteht Freiraum, den Unterhalt herabzusetzen oder zu versagen. Es ist daher möglich, den Unterhalt auf einen Betrag herabzusetzen, der dem Existenzminimum entspricht, da die Belange des Kindes idR ausreichend gewahrt werden, wenn dem Unterhaltsberechtigten der notdürftige Unterhalt gesichert wird (BGH FamRZ 98, 541; 97, 671).

33 Dies bedeutet, dass der Unterhalt auf den Mindestbedarf gem 4 V der Düsseldorfer Tabelle begrenzt werden darf. Darauf sind dann allerdings sämtliche dem Unterhaltsberechtigten zuzurechnenden Einkünfte anzurechnen, und zwar auch ein Versorgungsentgelt oder das Erziehungsgeld. Die Anrechnung ist deswegen geboten, weil es sich nicht um eine Bedarfsberechnung, sondern um Sicherstellung des Existenzminimums geht. Ferner ist es möglich, bereits erzieltes Einkommen des Unterhaltsberechtigten in vollem Umfang bedarfsprägend zu berücksichtigen, auch wenn es an sich aus unzumutbarerer Erwerbstätigkeit stammt. Schließlich ist auch zu prüfen, ob angemessene Betreuungsmöglichkeiten für das Kind bestehen, zB durch den Besuch eines Kindergartens, durch Betreuung seitens naher Angehöriger wie Großeltern oder durch den neuen Partner des Berechtigten. Hier ist jedoch besondere Vorsicht geboten. Über die Verwirkung darf nicht über das Umgangsrecht bestimmt werden. Das Umgangsrecht richtet sich nach dem Kindeswohl und nicht nach unterhaltsrechtlichen Gesichtspunkten. Wenn unter Berücksichtigung des Kindeswohls eine Betreuung durch die Großeltern nicht in Betracht kommt, darf dies auch nicht über die Verwirkung erzwungen werden. Gleiches gilt für die Betreuung durch den neuen Lebenspartner. Wenn der Unterhaltsberechtigte ernstzunehmende Gründe vorträge, nach denen die Kinderbetreuung durch den neuen Lebenspartner nicht in Betracht kommt, muss dem Rechnung getragen werden. Ändert sich die Betreuungsbedürftigkeit des Kindes und damit auch die Erwerbsobliegenheit des Unterhaltsberechtigten, ist es durchaus möglich, die Verwirkung im Hinblick auf die nunmehr reduzierten Kindeswohlinteressen erneut zu prüfen und iRe Abänderungsverfahrens den Verwirkungsgesichtspunkt im Hinblick darauf stärker durchschlagen zu lassen.

34 **F. Rechtsfolgen.** Der Unterhaltsanspruch kann betragsmäßig herabgesetzt oder zeitlich begrenzt werden. Außerdem ist auch sein völliger Wegfall möglich. Welche dieser Sanktionen unter Berücksichtigung aller Umstände der Billigkeit entspr, ist aufgrund einer Gesamtwürdigung vorzunehmen. Entscheidend ist, welche dieser Maßnahmen dem Unterhaltsverpflichteten aufgrund einer Abwägung aller Gesamtumstände zumutbar sind.

35 **G. Wiederaufleben des Unterhaltsanspruchs.** Ein Wiederaufleben des Unterhaltsanspruchs kommt insb dann in Betracht, wenn der Unterhalt wegen Zusammenleben mit einem neuen Partner oder wegen massiver Behinderung des Umgangsrechts verwirkt war. Gibt er diese Beziehung auf oder ändern sich die Umstände bzgl des Umgangsrechts in einer Weise, die vor Eintritt der die Unzumutbarkeit begründenden Umstände bestanden hat (BGH FamRZ 87, 689) ist eine neue Prüfung der Verwirkungsfrage vorzunehmen. Dabei sind alle Umstände zu berücksichtigen, die die neue Billigkeitsabwägung beeinflussen können. Eine wesentliche Bedeutung kommt insb dem Zeitfaktor, dh der Ehedauer zu, weil diese eine die Grundlage der Unterhaltspflicht verstärkende Wirkung hat (BGH FamRZ 87, 689). Zu prüfen ist, ob dem Unterhaltsverpflichteten nunmehr die Zahlung von Unterhalt wieder zumutbar ist. Je länger er gar keinen oder nur reduzierten Unterhalt gezahlt hat, desto härter wird ihn ein Wiederaufleben des alten Unterhaltsanspruchs treffen (BGH FamRZ 87, 689).

Bei anderen Härtegründen wird ein Wiederaufleben des Unterhaltsanspruchs im Regelfall nicht in Betracht kommen. Eine Ausn kann sich dann ergeben, wenn der Unterhaltsverpflichtete dem Unterhaltsberechtigten den Vorfall, der zur Verwirkung des Unterhaltstatbestands geführt hat, verziehen hat.

36 **H. Darlegungs- und Beweislast.** Für die tatsächlichen Voraussetzungen des jeweils behaupteten Verwirkungstatbestandes – auch für die Einseitigkeit des Fehlverhaltens – wie auch für alle die grobe Unbilligkeit begründenden Tatsachen trägt der Unterhaltsschuldner die Darlegungs- und Beweislast (BGH FamRZ 91, 670). Er muss Vorbringen des Unterhaltsgläubigers, das im Falle der Richtigkeit gegen die Annahme einer groben Unbilligkeit sprechen würde, widerlegen. Wird er dadurch in unüberwindliche Beweisschwierigkeiten gebracht, ist eine Widerlegung nicht erforderlich. Vielmehr ist das Vorbringen des Unterhaltsberechtigten unerheblich.

§ 1580 Auskunftspflicht. ¹Die geschiedenen Ehegatten sind einander verpflichtet, auf Verlangen über ihre Einkünfte und ihr Vermögen Auskunft zu erteilen. ²§ 1605 ist entsprechend anzuwenden.

1 Die Vorschrift statuiert wechselseitige Auskunftspflichten zwischen geschiedenen Ehegatten (zu Einzelheiten vgl *Schürmann* FuR 05, 49, 193; *Kleffmann* FuR 99, 403). Sie entspricht inhaltlich § 1605 (zu Einzelheiten vgl dortige Kommentierung). Sinn und Zweck der Vorschrift liegen darin, die Beteiligten i die Lage zu versetzen, Unterhaltsansprüche geltend zu machen bzw unberechtigte Forderungen abzuwehren. Der Auskunftsanspruch gilt wechselseitig zwischen geschiedenen Ehegatten. Beide Ansprüche sind jedoch weder Zug um Zug zu erfüllen, noch besteht ein Leistungsverweigerungs- oder Zurückbehaltungsrecht (Köln FamRZ 87, 714). Zur Auskunftsverpflichtung im Unterhaltsverfahren nach §§ 235, 236 FamFG vgl iÜ *Kleffmann* in Scholz/

Stein, Praxishandbuch Familienrecht, Teil G Rz 176 und hinsichtlich der Pflicht zur unaufgeforderten Auskunftserteilung Teil G Rz 210).
Der Anspruch auf Auskunft und Belegvorlage entsteht mit **Rechtshängigkeit** des Ehescheidungsverfahrens (BGH FamRZ 82, 151). Über das Auskunfts- und Belegvorlagebegehren kann schon vor Rechtskraft der Scheidung entschieden werden. Die Vorschrift gilt nicht für den Auskunftsanspruch zwischen **getrennt lebenden Eheleuten**. Hier verweist § 1361 IV 4 auf § 1605. Wegen der Auskunftsverpflichtung zwischen nicht getrennt lebenden Eheleuten wird auf die Kommentierung zu § 1353 verwiesen. § 1580 gilt auch für Lebenspartner nach Aufhebung der Lebenspartnerschaft kraft Verweises in § 16 II 2 LPartG entspr. 2

Wegen der **Nichtidentität** der Trennungs- und Geschiedenenunterhaltsansprüche stellt das Auskunftsbegehren hinsichtlich des nachehelichen Unterhalts einen **anderen Streitgegenstand** als das Auskunftsbegehren hinsichtlich des Trennungsunterhalts dar. Daher kann dem Auskunftsbegehren nach § 1580 grds weder entgegengehalten werden, dass bereits ein Auskunftsverfahren wegen Trennungsunterhalts rechtshängig ist (Ddorf FamRZ 92, 1313), noch, dass der Auskunftsschuldner bereits während der Trennungszeit Auskunft erteilt hat und daher nicht verpflichtet ist, vor Ablauf der Sperrfrist des § 1605 II erneut Auskunft zu erteilen (Hamm FamRZ 04, 377; Köln FPR 03, 129; Ddorf FamRZ 02, 1038; unzutreffend Jena FamRZ 97, 1280). Der Auskunftsanspruch nach § 1580 kann jedoch **ausnahmsweise rechtsmissbräuchlich** sein, wenn aufgrund der erteilten Auskünfte und der vorliegenden Belege die für die Bemessung des nachehelichen Unterhalts maßgebenden wirtschaftlichen Verhältnisse bekannt sind und wenn offensichtlich ist, dass sich an ihnen nichts geändert hat (Köln FamRZ 01, 1713). Ein Auskunftsanspruch besteht auch nicht, wenn es bei der Prüfung der Bedürftigkeit und/oder Leistungsfähigkeit auf die wirtschaftlichen Verhältnisse nicht ankommt, sich etwa der Unterhaltsverpflichtete nicht auf fehlende oder eingeschränkte Leistungsfähigkeit beruft (BGH FamRZ 94, 1169) oder wenn feststeht, dass unabhängig von den Einkommens- und Vermögensverhältnissen ein Unterhaltsanspruch gegen den Verpflichteten nicht in Betracht kommen kann (Hamm FamRZ 05, 1839). 3

Der Auskunftsanspruch kann **isoliert** oder in Form eines **Stufenantrags** (§ 113 I FamFG, § 254 ZPO, vgl BGH NJW 82, 1645) geltend gemacht werden. Eine Geltendmachung ist auch im **Verbund** mit dem Scheidungsverfahren möglich, dann jedoch nur iRe Stufenantrags (BGH NJW 97, 2176). 4

Gem § 1580 2 ist iÜ § 1605 entspr anzuwenden; vgl insoweit die Kommentierung zu § 1605. 5

Kapitel 3 Leistungsfähigkeit und Rangfolge

§ 1581 Leistungsfähigkeit. ¹Ist der Verpflichtete nach seinen Erwerbs- und Vermögensverhältnissen unter Berücksichtigung seiner sonstigen Verpflichtungen außerstande, ohne Gefährdung des eigenen angemessenen Unterhalts dem Berechtigten Unterhalt zu gewähren, so braucht er nur insoweit Unterhalt zu leisten, als es mit Rücksicht auf die Bedürfnisse und die Erwerbs- und Vermögensverhältnisse der geschiedenen Ehegatten der Billigkeit entspricht. ²Den Stamm des Vermögens braucht er nicht zu verwerten, soweit die Verwertung unwirtschaftlich oder unter Berücksichtigung der beiderseitigen wirtschaftlichen Verhältnisse unbillig wäre.

I. Grundlagen. Für den Geschiedenenunterhalt beinhaltet § 1581, ähnl wie früher § 1603 oder § 59 EheG, eine Regelung der Leistungsfähigkeit sowie der Folgen einer gänzlich oder teilw fehlenden Leistungsfähigkeit. Nach § 1581 darf der angemessene Eigenbedarf des unterhaltspflichtigen geschiedenen Ehegatten durch Zahlung des nachehelichen Unterhalts nicht gefährdet werden. Eines variablen Selbstbehalts (zu Einzelheiten vgl Rn 5 ff) bedarf es nicht (mehr) weil die erforderliche Anpassung an das Einkommen des Pflichtigen bereits durch die an das Einkommen des Pflichtigen geknüpfte Bestimmung des Bedarfs des Berechtigten (Grundsätze über die **wandelbaren ehelichen Lebensverhältnisse**) erfolgt (BGH FamRZ 06, 683). Der billige Selbstbehalt liegt zwischen dem notwendigen und dem angemessen Selbstbehalt, zzt 1.000 € (vgl Ziff 21.4 der Leitlinien). Ist der Verpflichtete unter Berücksichtigung seiner sonstigen Belastungen, ggf auch vorrangiger Unterhaltslasten, nicht in der Lage, ohne Gefährdung seines angemessenen Eigenbedarfs den vollen Unterhalt zu leisten, schlägt der Unterhaltsanspruch des Berechtigten in einen **Billigkeitsanspruch** um (BGH FamRZ 90, 260; Kobl FamRZ 05, 1482). Dessen Umfang hat das Gericht unter Abwägung der den Eheleuten zur Verfügung stehenden Mittel sowie der beiderseits zu befriedigenden Bedürfnisse nach **individuellen Gesichtspunkten** zu bestimmen (BGH FamRZ 04, 1357; 90, 260). Eine weitergehende finanzielle Belastung des Pflichtigen über diese Grenze des Zumutbaren hinaus wäre verfassungswidrig (BVerfG FamRZ 02, 1685 = FuR 02 175; BVerfG FamRZ 01, 1685). Die Grundsätze des § 1581 gelten **entspr beim Trennungsunterhalt** (BGH FamRZ 06, 683; 86, 556). 1

Obwohl die Leistungsfähigkeit – wie die Bedürftigkeit – eine Voraussetzung jeden Unterhaltsanspruchs darstellt, ist sie in § 1581 (wie auch i § 1603) aus Zweckmäßigkeitsgründen als **Einwendung** ausgestaltet (BGH FamRZ 88, 930). Dies führt zur **Darlegungs-** und **Beweislast** des Pflichtigen für eine von ihm behauptete beschränkte oder fehlende Leistungsfähigkeit (BGH FamRZ 88, 930; BVerfG FamRZ 85, 143: verfassungsrechtlich bedenkenfrei). Erhebt der Verpflichtete hinsichtlich seiner Leistungsfähigkeit keine Einwendungen, wird die **Leistungsfähigkeit vermutet**. 2

3 Eine erst nach Unterhaltstitulierung eintretende Änderung der Leistungsfähigkeit beruht idR auf Änderungen der wirtschaftlichen Verhältnisse. Änderungen der Leistungsfähigkeit können sowohl von dem Berechtigten als auch dem Verpflichteten über nach § 238 FamFG (hinsichtlich gerichtlicher Beschlüsse), § 239 FamFG (hinsichtlich vollstreckbarer Urkunden oder Vergleiche) oder nach § 240 FamFG (hinsichtlich Entscheidungen nach §§ 237 und 253 FamFG) geltend gemacht werden. Der Verpflichtete kann **Abänderung** begehren, wenn er wegen geänderter Leistungsfähigkeit den Unterhalt in bisheriger Höhe nicht mehr zahlen kann. Der berechtigte Ehegatte kann Abänderungverlangen und ggf den vollen eheangemessenen Unterhalt geltend machen, wenn ihm im Vorverfahren nur ein Billigkeitsunterhalt nach § 1581 zugesprochen wurde und der Verpflichtete zwischenzeitlich voll leistungsfähig geworden ist (BGH FamRZ 89, 817; 89, 842). Eine Bindung an die Grundlagen der Mangelfallberechnung im abzuändernden Titel besteht nicht (BGH FamRZ 89, 847).

4 **II. Leistungsfähigkeit.** Für die Beurteilung der Leistungsfähigkeit sind **alle verfügbaren prägenden Einkommensquellen** heranzuziehen (BGH FamRZ 06, 683) und ggf auch vorhandenes Vermögen zu verwerten (zu Grundfragen der Einkommensermittlung vgl *Kleffmann* in: Scholz/Stein, Teil G Rz 1 ff und vor § 1577 Rz 1 ff). Die Bestimmung der Leistungsfähigkeit entspricht nicht sozialhilferechtlichen Kriterien (BGH NJW 95, 1486). Bedürftigkeit einerseits und Leistungsfähigkeit andererseits sind grds nach **gleichen Maßstäben** zu ermitteln (BGH FamRZ 85, 354), mit tendenziell strengeren Voraussetzungen beim Bedürftigen (vgl *Graba* FamRZ 01, 1257).

5 **1. Selbstbehalt.** Ist der Schuldner nach seinen Erwerbs- und Vermögensverhältnissen unter Berücksichtigung seiner sonstigen Verpflichtungen außerstande, ohne Gefährdung des eigenen Unterhalts dem Gläubiger Unterhalt zu gewähren, so braucht er nur insoweit Unterhalt zu leisten, als es mit Rücksicht auf die Bedürfnisse und die Erwerbs- und Vermögensverhältnisse der geschiedenen Ehegatten der **Billigkeit** entspricht. Seine finanzielle Leistungsfähigkeit endet jedenfalls dort, wo er nicht mehr in der Lage ist, seine eigene Existenz zu sichern (BVerfG FuR 02, 175=FamRZ 02, 1685; FamRZ 01, 1685; vgl auch *Klinkhammer* FamRZ 04, 1909 und *Schürmann* FamRZ 05, 148). Die Unterhaltsverpflichtung darf nicht zu einer Sozialhilfebedürftigkeit des Schuldners führen (BGH FamRZ 06, 683=FuR 06, 266). Die Bemessung dieses –auch verfassungsrechtlich zu beachtenden– Mindestselbstbehalts ist Aufgabe des Tatrichters, wobei es diesem nicht verwehrt ist, sich an Erfahrungs- und Richtwerte anzulehnen, sofern nicht i Einzelfall besondere Umstände eine Abweichung gebieten (BGH FuR 06, 266= FamRZ 06, 683). Die **Tabellen** und **Leitlinien**, jeweils zu Ziff 21.4, unterschieden in der Vergangenheit zwischen dem notwendigen (§ 1603 II), dem angemessenen (§ 1603 I), dem eheangemessenen (§§ 1361 I, 1578 I) sowie dem billigen Selbstbehalt (§ 1581). Im Rahmen seiner Rechtsprechung zu den **wandelbaren ehelichen Lebensverhältnissen** (zu Einzelheiten vgl Kommentierung zu § 1578) hat der BGH (FuR 06, 266 = FamRZ 06, 683 in Fortführung von BGH FuR 05, 170=FamRZ 05, 354) auch die Grundsätze zur **Bemessung des Selbstbehalts** des Unterhaltsschuldners verändert. Er hatte in der Vergangenheit die Leistungsfähigkeit iRd Ehegattenunterhalts nach oben in der Weise beschränkt um zu verhindern, dass der Unterhaltsschuldner ggü einem höheren eheangemessenen Unterhaltsbedarf bis zur Grenze eines Mindestselbstbehalts haftet und dass dadurch der Grundsatz der Halbteilung verletzt wird (BGH FamRZ 90, 260; BGH FamRZ 04, 1357).

Dieser zusätzlichen Grenze der Leistungsfähigkeit nach den individuellen ehelichen Lebensverhältnissen bedarf es nach der **Surrogatrechtsprechung** (BGH FuR 06, 266=FamRZ 06, 683) nicht mehr, weil nunmehr der Grundsatz der gleichmäßigen Teilhabe beider Ehegatten am ehelichen Lebensstandard („Halbteilungsgrundsatz") bereits iRd Bedarfsbemessung gewahrt wird. In Einklang mit der Rechtsprechung zur Leistungsfähigkeit beim Verwandtenunterhalt (§ 1603) ist danach auch iRd § 1581 die Leistungsfähigkeit des Unterhaltsschuldners erst bei „Gefährdung des eigenen angemessenen Unterhalts" (§ 1581 1) beeinträchtigt. Der **Ehegattenselbstbehalt** kann nicht mit dem Betrag bemessen werden, der als notwendiger Selbstbehalt ggü Unterhaltsansprüchen Minderjähriger oder ihnen nach § 1603 II 2 gleichgestellter Kinder iRd Verwandtenunterhalts gilt. Er ist regelmäßig mit einem Betrag zu bemessen, der zwischen dem angemessenen Selbstbehalt (§ 1603 I) und dem notwendigen Selbstbehalt (§ 1603 II) liegt (BGH FamRZ 09, 307; 404 für den Trennungsunterhalt). Nach BGH ist nicht zu beanstanden, beim angemessenen Selbstbehalt nur einen Betrag anzusetzen und nicht zwischen Erwerbstätigen und Nichterwerbstätigen zu differenzieren (BGH FamRZ 09, 579, 311; 06, 1099). Der BGH differenziert dabei nicht zwischen Selbstbehaltsätzen iRd Trennungsunterhalts (§ 1361) und des Geschiedenenunterhalts (§§ 1569 ff). Der BGH erachtet es für nicht vertretbar, dem Schuldner nur den notwendigen Selbstbehalt zu belassen, und zwar auch dann nicht, wenn der Unterhaltsgläubiger auf diese Weise gezwungen ist, öffentliche Mittel für seinen Unterhalt in Anspruch zu nehmen (BGH FamRZ 09, 198; FuR 06, 266=FamRZ 06, 683; vgl auch BGH FamRZ 97, 806).

6 **Übersicht zu den Selbstbehaltsätzen:**

– Notwendiger Selbstbehalt (§ 1603 II): Gilt bei der Haftung von Eltern ggü ihren minderjährigen und diesen nach § 1603 II 2 gleichgestellten volljährigen Kindern (BGH NJW 84, 1614)

– Angemessener Selbstbehalt (§ 1603 I): Für Unterhaltsansprüche volljähriger Kinder oder Enkel: idR 1.100 €

– Angemessener Ehegattenselbstbehalt (§ 1581):	Ggü Ehegatten und bei Ansprüchen nach § 1615l (BGH FamRZ 05, 354) gilt der „billige Selbstbehalt", ein in etwa gemittelter Wert zwischen den Selbstbehalten des § 1603 I und des § 1603 II (BGH FamRZ 06, 683= FuR 06, 266: idR 1.000 €
– Großer Selbstbehalt:	Haften Kinder für den Lebensbedarf ihrer Eltern, können sie sich auf die Haftungsgrenze des erweiterten großen Selbstbehalts berufen (BGH FamRZ 02, 1698=FuR 03, 26: idR 1.400 €). Dieser Betrag erhöht sich noch um einen Anteil an dem darüber hinausgehenden Einkommen, idR 50% (BGH FamRZ 02, 1698). Dieser Selbstbehalt gilt auch für Ansprüche von Enkeln ggü ihren Großeltern (BGH FamRZ 07, 375), allerdings mit unterschiedlicher Handhabung hinsichtlich der Erhöhung des Selbstbehalts um die Hälfte des darüber hinausgehenden Einkommens.

Veränderungen des Selbstbehalts können sich ausnahmsweise aufgrund der Besonderheiten des Einzelfalls ergeben (grds BGH FamRZ 84, 154). So kann eine **Erhöhung des Selbstbehalts** gerechtfertigt sein, wenn angemessene Kosten des Umgangs zu berücksichtigen sind (BVerfG FamRZ 02, 809; BGH FamRZ 08, 594; 05, 706: Richtschnur: hälftiger Kindergeldanteil). **Trennungsbedingter Mehrbedarf** wird regelmäßig schon deshalb nicht zu einer Erhöhung des Selbstbehalts führen können, weil er nach der Surrogatrechtsprechung des BGH (grundl FamRZ 01, 986=FuR 01, 306) kaum noch in Betracht kommt (zu weiteren Einzelheiten vgl FAKomm-FamR/*Klein* § 1581 Rz 51 ff). Eine **Verminderung des Selbstbehalts** ist gleichfalls nur in **Ausnahmefällen** denkbar. So kommt eine Reduzierung des Selbstbehalts grds nicht in Betracht, wenn der Unterhaltsschuldner Konsumverzicht übt (Hamm NJW-RR 97, 962; Karlsr FamRZ 98, 479; Frankf FamRZ 99, 1522). Dem Unterhaltsschuldner ist es unbenommen, etwa sein Wohnbedarf auf besonders einfache Weise zu decken und die dadurch freiwerdenden Mittel für bessere Kleidung oder Ernährung auszugeben (Ddorf FamRZ 99, 1020). Etwas anderes gilt nur, wenn der Unterhaltsschuldner das Existenzminimum minderjähriger Kinder sicherzustellen hat. Sodann hat er die Kostenersparnis aus dem Konsumverzicht für die Sicherung des Lebensunterhalts der Kinder einzusetzen (BGH FuR 06, 266 = FamRZ 06, 683; BGH FuR 04, 33 = FamRZ 04, 25; Dresd FamRZ 99, 1522). Lebt der Unterhaltsschuldner mit einem Partner in einer **Haushaltsgemeinschaft**, ist der Selbstbehalt jedenfalls im Mangelfall herabzusetzen sofern der neue Partner zur gemeinsamen Lebensführung beiträgt oder beitragen kann (BGH FamRZ 08, 594, 968; 04, 24; 02, 47; Nürnbg FamRZ 04, 300; Hamm 02, 1708). Der Gesetzgeber des **UÄndG 2008** empfiehlt im Fall des Zusammenlebens den Selbstbehalt des Pflichtigen herabzusetzen (BTDrs 16/1830 24 nach Ziff 24.2.2 HLL wird dieser Ersparnis mit 12,5% berücksichtigt). Das bedeutet eine Herabsetzung des Ehegattenselbstbehalts von 1.000 € auf 875 € (zu Einzelheiten vgl Gerhardt/*Gutdeutsch* FamRZ 07, 778). Voraussetzung ist eine echte Ersparnis und auch eine Leistungsfähigkeit des Partners (BGH FamRZ 08, 968; zu weiteren Einzelheiten *Wendl/Gutdeutsch*, § 5 Rz 12 und *Wendl/Scholz*, § 3 Rz 70 ff). Die Herabsetzung des Selbstbehalts aufgrund der Vorteile des Zusammenlebens kann jedoch allenfalls bis zum sozialhilferechtlichen Existenzminimum erfolgen (BGH FamRZ 08, 968, 73; 08, 594). Der Selbstbehalt kann aufgrund **gemeinsamer Haushaltsführung** reduziert werden, und zwar unabhängig davon, ob es sich um eine eheliche oder nicht eheliche Lebensgemeinschaft handelt (BGH FamRZ 08, 594=FuR 08, 203; FamRZ 04, 24; vgl auch *Born* FPR 08, 119). Die Rechtfertigung der Herabsetzung liegt darin, dass der Unterhaltspflichtige wegen des Synergieeffekts ohne Einbussen günstiger lebt und seinen Lebensstandard mit geringeren Mitteln aufrechterhalten kann als ein allein lebender Unterhaltpflichtiger. Maßgeblich ist die Tatsache des Zusammenlebens, nicht der formale Akt der Eheschließung. Der Umstand der Heirat ist (allein) insoweit von Bedeutung, dass der Unterhaltspflichtige gegen seinen neuen Ehegatten nach § 1360a einen **Anspruch auf Familienunterhalt** hat, der –im Fall der Leistungsfähigkeit des neuen Ehegatten- seinen Selbstbehalt ganz oder teilw deckt. Ist der Lebenspartner leistungsunfähig, ist dies vom Unterhaltspflichtigen substantiiert darzulegen und nachzuweisen. **Wohnkosten** können sowohl zu einer Erhöhung als auch einer Herabsetzung des Selbstbehalts führen. Die Düsseldorfer Tabelle weist zu jedem Selbstbehalt die darin enthaltene Warmmiete aus. Unvermeidbare Mietkosten erhöhen den Selbstbehalt, wenn sie den darin vorausgesetzten Betrag übersteigen. Lebt der Unterhaltspflichtige mietfrei oder unterschreiten die Wohnkosten die in der Tabelle ausgewiesenen Beträge, verringert sich der Selbstbehalt entspr. Dies gilt allerdings nur, wenn es sich nicht um eine bewusste und freiwillige Entscheidung des Pflichtigen handelt, auf einen ihm zustehenden angemessenen Wohnkomfort zu verzichten (BGH FamRZ 06, 1664; 04, 370) oder es sich um eine freiwillige Zuwendung eines Dritten handelt, die grds unterhaltsrechtlich unberücksichtigt zu bleiben hat (BGH FamRZ 05, 967; vgl auch Ziff 8 der LL). Der Selbstbehalt eines im **Ausland** lebenden Schuldners ist entweder über die Kürzung des Eigenbedarfs nach der **Ländergruppeneinteilung des Bundesfinanzministeriums** zu bestimmen (Vergleich der Durchschnittslöhne in der verarbeitenden Industrie nach steuerlichen Gesichtspunkten) oder nach den vom statistischen Bundesamt herausgegebenen Werten zur **Verbrauchergeldparität** (wie viel ausländische Geldeinheiten sind erforderlich, um die gleichen Gütermengen in bestimmter Qualität im Ausland zu erwerben, die man im Inland für eine inländische Geldeinheit erhält (BGH FamRZ

88, 705; Hamm FamRZ 06, 124; Zweibr FamRZ 04, 729; München FamRZ 02, 55; vgl auch *Gutdeutsch/Zieroth* FamRZ 93, 1152 mwN).

8 **2. Zeitliche Kongruenz.** Wie bei der Bedürftigkeit muss die Leistungsfähigkeit in **zeitlicher Kongruenz** zum Unterhaltsanspruch stehen. Eine zu einem späteren Zeitpunkt gesteigerte Leistungsfähigkeit erhöht nicht den Unterhaltsanspruch für die Vergangenheit. Als Folge des **Zuflussprinzips** wird für die Vergangenheit Unterhalt auch dann nicht geschuldet, wenn der Unterhaltspflichtige Zahlungen rückwirkend für einen vergangenen Zeitraum erhält (BGH FamRZ 85, 155). **Leistungseinschränkungen** des Unterhaltsschuldners sind nur beachtlich, wenn sie nachhaltig eintreten. Kurzfristige oder vorübergehende Minderungen der Leistungsfähigkeit, die auch iR üblicher und angemessener Vorsorge überbrückt werden können, sind grds unbeachtlich. Richtschnur: Einschränkungen der Leistungsfähigkeit von bis zu drei Monaten führen regelmäßig nicht zu einer Anpassung des Unterhalts (Dresd FamRZ 98, 767 will sogar einen Zeitraum von sechs Monaten als „vorübergehende" Einschränkung ansehen).

9 **3. Maßgebliche Einkünfte.** Die Leistungsfähigkeit des Unterhaltsschuldners wird einerseits durch sein tatsächlich vorhandenes Einkommen und/oder Vermögen bestimmt, andererseits durch seine Erwerbsfähigkeit wie auch seine Erwerbspflicht, also diejenigen Mittel, die er bei guten Willen – etwa durch zumutbare Erwerbstätigkeit – erzielen könnte.

10 Nach dem Grundsatz der **Gleichbehandlung beider Ehegatten** sind iRd Leistungsfähigkeit grds alle Einkünfte des Schuldners heranzuziehen, die spiegelbildlich auch bei der Feststellung der Bedürftigkeit des Unterhaltsgläubigers mindernd anzusetzen sind (BGH FamRZ 85, 354; zu Einzelheiten vgl vor § 1577 Rn 1 ff und *Kleffmann* in: Scholz/Stein, Teil G Rz 1 ff und FAKomm-FamR/*Kleffmann* vor § 1361 Rz 20 ff). Insb zu berücksichtigen sind alle regelmäßigen und grds auch unregelmäßigen oder einmaligen Barbezüge, Sachbezüge, Einkünfte aus selbstständiger Tätigkeit, Renten, Pensionen, Sozialleistungen mit Lohnersatzfunktion, Einkünfte aus Kapitalvermögen und Vermietung und Verpachtung. Die Leistungsfähigkeit beurteilt sich jedoch nicht nur nach dem tatsächlich verfügbaren Einkommen, sondern auch nach der **Erwerbsfähigkeit** des Schuldners (BVerfG FamRZ 85, 143). Auch solches Einkommen bestimmt die Leistungsfähigkeit, das der Unterhaltspflichtige zwar nicht erzielt, jedoch unter zumutbarer Ausnutzung seiner Arbeitsfähigkeit oder einer nutzbringenden Vermögensanlage erzielen könnte (BGH FamRZ 96, 796). Bei der Erwerbsverpflichtung iRd nachehelichen Unterhalts sind jedoch **Zumutbarkeitskriterien** zu beachten. Eine gesteigerte Erwerbsverpflichtung entspr § 1603 II besteht beim nachehelichen Unterhalt nur iRd § 1570, bei den anderen Unterhaltstatbeständen gelten geringere Anforderungen (zu Einzelheiten der Einkommensfiktion bei Arbeitslosigkeit vgl FAKomm-FamR/*Kleffmann* vor § 1361 Rz 112 ff). Ein **Berufs- und Arbeitsplatzwechsel** ist dem Pflichtigen im Hinblick auf Art 2, 12 GG grds nicht verwehrt (BGH FamRZ 03, 1471). Etwas anderes gilt, wenn sich der Pflichtige über zu beachtende Belange des Unterhaltsberechtigten hinwegsetzt und sein Verhalten als unterhaltsbezogen leichtfertig zu qualifizieren ist (zu Einzelheiten vgl vor § 1577 Rn 36 ff). Einkommenseinbußen auf Seiten des Pflichtigen muss der Berechtigte grds nicht hinnehmen, wenn sie auf der Inanspruchnahme von **Altersteilzeit**, vorzeitiger Pensionierung (Richtschnur: Erwerbsobliegenheit bis zum Erreichen der Regelaltersgrenze, BGH FamRZ 82, 252; Saarbr NJW 07, 520) etc beruhen. Ausnahmsweise gilt etwas anderes, wenn diese Maßnahmen aufgrund gesundheitlicher Beeinträchtigungen geboten waren (Hamm FamRZ 05, 1177; Köln FamRZ 03, 602) oder der Unterhaltsgläubiger seinen Unterhaltsbedarf auf einem relativ hohen Niveau mit eigenen Einkünften sicherstellen kann (Kobl FamRZ 00, 610; zu Einzelheiten vgl *Kleffmann* in: Scholz/Stein, Teil G Rz 106). Für einen Selbstständigen gelten regelmäßig die gleichen Grundsätze. Bei durch **Studium/Berufsausbildung** eingeschränkter bzw aufgehobener Leistungsfähigkeit ist zwischen der Fortsetzung einer bereits während der Ehe begonnenen und einer erst nach der Trennung aufgenommenen Ausbildung zu differenzieren. Eine durch Scheidung entstandene Unterhaltspflicht zwingt nicht zur Unterbrechung oder zum Abbruch einer bereits begonnenen Berufsausbildung, wenn diese ordnungsgemäß und zielstrebig betrieben wird. Die Belange des Unterhaltsberechtigten und das Persönlichkeitsrecht des Verpflichteten mit dem Recht auf freie Berufswahl sind gegeneinander abzuwägen. Dem Abschluss einer Erstausbildung wird als Voraussetzung für eine nachhaltige Leistungsfähigkeit regelmäßig der Vorrang vor der sofortigen Erfüllung der Unterhaltspflichten beizumessen sein (BGH FamRZ 94, 372; zu weiteren Einzelheiten vgl AnwK/*Schürmann* § 1581 Rz 24). Eine **Zweitausbildung** kann der Unterhaltspflichtige grds nicht durchführen, solange der Unterhaltsbedürftige auf Sozialhilfe oder Dritte angewiesen ist (BGH NJW 81, 1609). Etwas anderes gilt, wenn die Zweitausbildung bereits weit vorangeschritten ist und deren Abschluss erhöhte Aufstiegschancen bietet (vgl BGH FamRZ 87, 930; Hamm FamRZ 92, 469). Ein aufgrund von **Umschulungs- und Fortbildungsmaßnahmen** reduziertes Einkommen mindert die Leistungsfähigkeit, soweit der bisherige Beruf aus gesundheitlichen Gründen nicht beibehalten werden konnte und/oder keine realistische Beschäftigungschance mehr bot (BGH FamRZ 94, 372; Jena FamRZ 99, 1523). Die Grundsätze zur Hausmannrspr (zu Einzelheiten vgl BGH FamRZ 87, 252; vor § 1577 Rn 41 ff; FAKomm-FamR/*Kleffmann* vor § 1361 Rz 121 ff und *Kleffmann* in Scholz/Stein Teil G Rz 107 ff) können nach dem UÄndG 2008 wegen des **Nachrangs des Ehegattenunterhalts** (vgl § 1609) nicht mehr ohne weiteres im Verhältnis zum unterhaltsberechtigten geschiedenen Ehegatten herangezogen werden (vgl Kommentierung zu § 1609). Kindergeld stellt kein dem Elternteil zuzurechnendes Einkommen dar. Einkommen des Empfängers ist jedoch der **Zählkindvorteil** (BGH FamRZ 97, 806). **Freiwillige unentgeltliche Zuwendungen Dritter** sind grds bei keinem Ehegatten als Einkommen zu berücksichtigen solange der Verpflichtete leistungsfähig ist, weil nach der Lebenserfahrung der Dritte damit den Berechtigten zusätzlich unterstützen und nicht den Verpflichteten entlasten will (BGH FamRZ 00, 153; vgl auch Ziff 8 der LL; vgl zu Modifizierungen im Mangelfall Rn 18). Der **Splittingvorteil** nach Wiederverheiratung bei Zusammenveranlagung in der neuen Ehe kam nach zwischenzeitlich überholter Rspr iRd Ehegattenunterhalts nur der neuen Ehe zugute (BVerfG FamRZ 03, 1821; BGH NJW 05, 3277; *Kuckenburg* FuR 04, 160). Bei einem wiederverheirateten Unterhaltspflichtigen war der Steuerabzug danach auf der Basis einer getrennten Veranlagung durchzuführen (BGH FamRZ 07, 983; 06, 1178). Nach Inkrafttreten des UÄndG ist eine Konkurrenz des Unterhalts des geschiedenen und/oder neuen Ehegatten m Kindesunterhalt ausgeschlossen. Schuldet der Unterhaltspflichtige sowohl einem geschiedenen als einem neuen Ehegatten Unterhalt, so ist der nach den ehelichen Lebensverhältnissen zu bemessene Bedarf jedes Berechtigten im Weg der **Dreiteilung des Gesamteinkommens** des Unterhaltspflichtigen und beider Unterhaltsberechtigter zu ermitteln (BGH FamRZ 08, 1911=FuR 08, 542; vgl auch *Gutdeutsch* FamRB 08, 382). Grundlage sind die Einkünfte aller in der Unterhaltskonstellation verstrickten Personen, und zwar unter Einbeziehung des Ehegattensplittings und auch des Familienzuschlags (Aufg von BGH FamRZ 05, 1917). Unter Berücksichtigung des **Halbteilungsgrundsatzes**, der eine gleichmäßige Verteilung des Einkommens zwischen dem Unterhaltsberechtigten und dem Pflichtigen gewährleisten soll, bestimmt sich der Bedarf bei zwei unterhaltsberechtigten Personen sodann durch die Dreiteilung des gesamten unterhaltsrechtlich relevanten Einkommens. Zur Berechnung der Bedürftigkeit ist auf den so ermittelten Unterhaltsbedarf das eigene Einkommen des jeweiligen Berechtigten bedarfsdeckend anzurechnen (BGH FamRZ 08, 1911=FuR 08, 542). Unter Beachtung der Rspr des BVerfG (FamRZ 03, 1821) wonach dem Unterhaltsberechtigen kein höherer Anspruch zusteht darf als er ohne die Ehe des Pflichtigen hätte, ist in Fällen, in denen der neue Ehegatte wegen eigener Einkünfte keinen oder nur einen sehr geringen Unterhaltsbedarf hat, eine **Kontrollrechnung** durchzuführen. Dabei bleiben sowohl der neue Ehegatte als auch der aus der neuen Ehe resultierende Splittingvorteil unberücksichtigt. Eine Korrektur ist gleichfalls erforderlich, wenn von zwei geschiedenen Ehegatten ein Ehegatte seinen iRd Dreiteilung ermittelten Bedarf durch eigenes Einkommen deckt. Diese Grundsätze gelten auch für andere, ausschließlich auf der Eheschließung beruhende Vorteile wie den Familienzuschlag oder das erhöhte ALG. IRd Kindesunterhalts war der Splittingvorteil stets zu berücksichtigen (BGH FamRZ 08, 2189; 07, 882, 983). **Vermögenserträge** sind beim nachehelichen Unterhalt uneingeschränkt zu berücksichtigen. Unterhaltsrechtlich relevant sind die Nettoerträge, dh die Einnahmen (Zinsen, Dividenden, Tantiemen etc) abzgl der Ausgaben (Steuern, Werbungskosten etc; vgl BGH FamRZ 86, 441). Wird Vermögen nicht ertragreich angelegt, richtet sich eine Fiktion von Vermögenserträgen nach allg Grundsätzen (vgl BGH NJW 86, 1342, iÜ FAKomm-FamR/*Kleffmann* vor § 1361 Rz 127 ff). Für den **Einsatz des Vermögensstamms** gelten für den Pflichtigen die gleichen Grundsätze wie für den Berechtigten. In Ermangelung sonstiger Mittel muss ein Unterhaltspflichtiger grds nach der Scheidung auch den Vermögensstamm für Unterhaltszwecke einsetzen. Dies gilt nicht, wenn die Vermögensverwertung i Einzelfall unzumutbar ist (BGH NJW 85, 2029; 80, 340; FuR 05, 23 = FamRZ 05, 97 zugleich zur Vermögensverwertungspflicht beim Trennungsunterhalt).

Die Einkünfte reduzieren sind um angemessene **Aufwendungen für Krankheit und Alter,** ggf auch die Aufwendungen für eine erg Altersvorsorge (BGH FamRZ 07, 1232; 07, 793; zu Einzelheiten vgl vor § 1577 Rn 47). Einkommensmindernd zu berücksichtigen sind weiter typische Abzugsposten wie **berufsbedingte Aufwendungen** (zu Einzelheiten vgl vor § 1577 Rn 49), **Steuern** (vgl vor § 1577 Rn 45), berücksichtigungsfähige **Verbindlichkeiten** (zu Einzelheiten vgl vor § 1577 Rn 51), **Unterhaltspflichten** ggü vor –und/oder gleichrangig Berechtigten (vgl vor § 1577 Rn 53), uU **Umgangskosten** und **Verfahrenskosten**.

Bei beschränkter Leistungsfähigkeit bestehen hinsichtlich aller grds berücksichtigungsfähigen Abzugspositionen **verschärfte Anforderungen an die Notwendigkeit** solcher Abzüge (zu Einzelheiten vgl Rn 20). Die grds unterhaltsrechtlichen berücksichtigungsfähigen Aufwendungen sind wertend auf ihre Angemessenheit unter Anlegung verschärfter Anforderungen und Maßstäbe in Mangelfallkonstellationen zu überprüfen. Wie bei der Zurechnung von Einkommen ist für die Beurteilung der Leistungsfähigkeit grds ohne Bedeutung, ob Verbindlichkeiten des Unterhaltsschuldners die ehelichen Lebensverhältnisse geprägt haben oder erst nach der Trennung/Scheidung entstanden sind. Die Differenzierung wirkt sich allerdings insoweit aus, als nach der Trennung/Scheidung eingegangene Kreditverpflichtungen nur unter engen Voraussetzungen auch unterhaltsrechtlich beachtlich sind. § 1581 1 schreibt ausdrücklich die Berücksichtigung der sonstigen Verpflichtungen vor. *Unterhaltspflichten* genießen keinen allg Vorrang vor den Ansprüchen anderer Gläubiger (BGH FamRZ 84, 657). Ein relativer Vorrang ergibt sich allerdings aus dem durch § 850d ZPO geschützten Vorrangbereich i der Zwangsvollstreckung. Die Berücksichtigungsfähigkeit von Verbindlichkeiten ist anhand einer umfassenden Interessenabwägung zu beurteilen. Bedeutsame **Umstände für die gebotene Interessenabwägung** sind vornehmlich: Zweck der Verbindlichkeit, Zeitpunkt und Art der Entstehung der Verbindlichkeit, Dringlichkeit der beiderseitigen Bedürfnisse, Kenntnis des Unterhaltsschuldners von Grund und Höhe der Unterhaltsschuld, Möglichkeiten des Schuldners, die Leistungsfähigkeit in zumutbarer Weise ganz oder teilw, zB durch Tilgungsstreckung, wieder herzustellen, schutzwürdige Belange Dritter (vgl zum Ganzen grundl BGH FamRZ 82, 157; 84, 657 sowie FAKomm-FamR/*Kleffmann* vor § 1361 Rz 159 ff).

Selbst nach Trennung oder Scheidung aufgenommene **neue Verbindlichkeiten** des Schuldners sind jedoch nicht a priori unbeachtlich. Allerdings sind bei dem Kriterium der Notwendigkeit der neuen Verbindlichkeit strenge Maßstäbe anzulegen. Nicht eheprägende, nach der Trennung eingegangene Verbindlichkeiten können nur ausnahmsweise iRd Leistungsfähigkeit berücksichtigt werden. Bereits die Kenntnis von der Unterhaltspflicht verwehrt es dem Schuldner oftmals, sich auf eine infolge von Schulden eingetretene Verminderung der Leistungsfähigkeit zu berufen (BGH FamRZ 90, 283). Solche Verpflichtungen können in Mangelfallkonstellationen nur berücksichtigt werden, wenn und soweit sie „unvermeidbar" waren (BGH FamRZ 98, 1501), dh „notwendig und unausweichlich" (BGH FamRZ 90, 283) eingegangen werden mussten. Insoweit ist ein **strenger Maßstab** anzulegen (BGH FamRZ 98, 1501; Hamm FuR 00, 33). Nicht berücksichtigungsfähig sind Verbindlichkeiten, die aus der Finanzierung des Zugewinnausgleichanspruchs des anderen Ehegatten resultieren, da andernfalls der Berechtigte über eine Beschränkung des Unterhalts seinen eigenen Zugewinnausgleichsanspruch finanzieren müsste. Gleichfalls nicht berücksichtigungsfähig sind Verbindlichkeiten, die aus der Erfüllung von Unterhaltsansprüchen aus der Vergangenheit herrühren, Verbindlichkeiten die der Deckung des laufenden Lebensbedarfs zuzurechnen sind (BGH FamRZ 98, 1501), im Zusammenhang mit einem Vermögenserwerb stehende Kreditverpflichtungen oder Schulden aus leichtfertig eingegangenen Verpflichtungen (Köln FamRZ 94, 1406 wegen der Obliegenheit zur Einleitung eines Insolvenzverfahrens vgl vor § 1577 Rn 51). **Unterhaltspflichten** ggü gleichrangig Unterhaltsberechtigten mindern die Leistungsfähigkeit. Dies galt auch für eine Unterhaltspflicht ggü einem erst nach Rechtskraft der Ehescheidung geborenen Kind (BGH FamRZ 87, 472). Nach § 1609 Nr 1 haben seit dem 1.1.08 minderjährige Kinder und ihnen nach § 1603 II gleichgestellte volljährige Kinder absoluten Vorrang. Die Unterhaltspflicht ggü einem neuen Ehegatten schränkt die Leistungsfähigkeit ein, sofern der neue und der geschiedene Ehegatte gleichrangig sind (zu Einzelheiten vgl § 1609). Ansprüche nachrangiger Unterhaltsberechtigter tangieren die Leistungsfähigkeit grds nicht (zu Einzelheiten vgl vor § 1577 Rn 52).

12 **III. Billigkeitsunterhalt, Mangelfälle. 1. Billigkeitsunterhalt.** Ist der eigene angemessene Bedarf des Verpflichteten bei Leistung des vollen Unterhalts gefährdet, ist stattdessen nach § 1581 1 Unterhalt nur insoweit zu leisten, als es der Billigkeit entspricht (**Billigkeitsunterhalt**). Diese Feststellung ist wichtig, weil bei einer **späteren Abänderung** der volle Unterhalt verlangt werden kann, wenn nunmehr Mittel zur vollen Bedarfsdeckung vorhanden sind. Es besteht kein Grund, die Parteien i einem solchen Fall an der früheren Beschränkung auf einen Billigkeitsunterhalt festzuhalten (BGH FamRZ 89, 817; 87, 257). Die **Ermittlung des Billigkeitsunterhalts** erfolgt grds **zweistufig**. In der ersten Stufe ist der nach den ehelichen Lebensverhältnissen (§ 1578) erforderliche volle Unterhalt zu ermitteln. Maßgeblich sind die gesamten eheprägenden Einkünfte, Erwerbseinkünfte unter Berücksichtigung des Erwerbstätigenbonus und sonstige Einkünfte hälftig (BGH FamRZ 04, 1357). Auch sind die Beträge des angemessenen Unterhalts für andere Unterhaltsberechtigte festzustellen. In der zweiten Berechnungsstufe findet nach Billigkeitserwägungen eine Kürzung des Anspruchs zur Anpassung an die Leistungsfähigkeit des Verpflichteten statt (BGH FamRZ 04, 1357; NJW 83, 1733). Ggü dem geschiedenen Ehegatten, der grds Anspruch auf den vollen angemessenen Unterhalt gem § 1578 hat, gilt gem § 1581 der sogenannte **Billigkeitsselbstbehalt**, wenn dem Unterhaltspflichtigen andernfalls nicht der eheangemessene Unterhalt verbleibt. Dieser Selbstbehalt wird in den Leitlinien (Ziff 21) mit durchgängig 1.000 € berücksichtigt (zu Einzelheiten vgl Rn 6). Dieser Selbstbehalt gilt auch beim **Trennungsunterhalt** (BGH FamRZ 09, 404; 06, 683 m krit Anm *Büttner* FamRZ 06, 765) und ggü dem Anspruch aus § **1615l** III (BGH FamRZ 05, 354). Der Umfang des Billigkeitsanspruchs ist anhand der **individuellen Verhältnisse der Eheleute** zu bestimmen (BGH FamRZ 04, 1357). Die Berücksichtigung von Verbindlichkeiten und von berufsbedingten Aufwendungen unterliegt strengeren Maßstäben. Auch können sich die Grenzen zumutbarer Erwerbstätigkeit verschieben (BGH FamRZ 83, 146; 87, 46; Hamm FamRZ 99, 43). Die zur Kürzung nach § 1581 führenden Billigkeitsgesichtspunkte gelten für beide Ehegatten einheitlich (BGH FamRZ 92, 1045; 90, 1091).
Berücksichtigungsfähige Kriterien sind ua die Einkommens- und Vermögensverhältnisse sowie sonstige wirtschaftliche Verhältnisse beider Ehegatten, persönliche Verhältnisse jedes Ehegatten wie Alter, Gesundheitszustand sowie individuelle Bedürfnisse, eheliche Lebensverhältnisse vor und nach der Trennung, Erwerbsfähigkeit, zumutbare Tätigkeiten, besonderer Leistungseinsatz, ernsthafte Erwerbsbemühungen und besondere Anstrengungen zur Erzielung zumutbarer, evtl auch unzumutbarer, überobligationsmäßiger Einkünfte,besondere Belastungen durch Kinder und sonstige besondere Belastungen, der Umfang, in welchem bei der Bedarfsbemessung bereits Abzüge berücksichtigt wurden. Hingegen unbeachtlich ist grds ein Verschulden an der Trennung/Scheidung.

13 **2. Mangelfälle.** Von einem Mangelfall wird gesprochen, wenn der Verpflichtete nach seinen Erwerbs- und Vermögensverhältnissen unter Berücksichtigung seiner sonstigen Verpflichtungen außerstande ist, ohne *Gefährdung seines eigenen Unterhalts* dem Berechtigten Unterhalt zu gewähren (Reinken FPR 09, 82). Der dem Pflichtigen zu belassene Selbstbehalt bestimmt sich in erster Linie danach, wem ggü er unterhaltspflichtig ist (vgl Rn 6). **Schema für Mangelfallkonstellationen:**

- Bestimmung des Einkommens des Pflichtigen
- Abzug der berücksichtigungsfähigen Unterhaltslasten
- Bestimmung des maßgeblichen Selbstbehalts

Wird der Selbstbehalt nach Abzug der Unterhaltslasten nicht erreicht, liegt kein Mangelfall liegt. Liegt der verbleibende Betrag unter dem Selbstbehalt, muss entspr den Rangverhältnissen (§ 1609) der Differenzbetrag auf die Unterhaltsansprüche verteilt werden.

a) Begriffsbestimmung. Ein **verschärfter** oder **absoluter Mangelfall liegt vor,** wenn der Unterhaltsschuldner nach Abzug seines Selbstbehalts die Ansprüche der erstrangigen Unterhaltsgläubiger (§ 1609 Nr 1) nicht voll erfüllen kann. Nachrangige Unterhaltsgläubiger (§ 1609 Nr 2–7) scheiden aus. 14

Ein **einfacher** oder **relativer Mangelfall** liegt vor, wenn der Unterhaltsschuldner allen Unterhaltsgläubigern im ersten Rang ihren angemessenen Unterhalt sichern kann, nicht aber den Gläubigern in den folgenden Rängen (§ 1609 Nr 2–7).

b) Modifizierte Einkommensermittlung im Mangelfall. Mangellagen verschärfen die beiderseitigen Obliegenheiten im Unterhaltsverhältnis, bevor der Fehlbetrag auf die Berechtigten verteilt und damit ihr jeweiliger Unterhaltsanspruch gekürzt wird. Die sonst üblichen **Maßstäbe** für die Ermittlung des Einkommens (vgl Rn 9 und eingehend vor § 1577 Rn 1 ff) sind **wertend zu überprüfen**. Insb die Anforderungen an die Erwerbsobliegenheit von Gläubiger und Schuldner, die Berücksichtigung von Zusatzeinkünften und die Pflicht zur Verwertung des Vermögensstamms sind verschärft zu überprüfen. Korrespondierend hiermit ist die Berücksichtigungsfähigkeit von den das anrechnungsfähige Einkommen mindernden Ausgaben (vgl vor § 1577 Rn 44 ff) tendenziell restriktiv zu bestimmen und ein strenger Maßstab anzulegen. 15

Die Anforderungen an die **Erwerbsobliegenheit** können im Mangelfall verschärft werden (BGH FamRZ 87, 46). Diese verschärften Anforderungen sind umso größer je größer der Fehlbedarf ist. Kommt einer der Ehegatten solchen verschärften Anforderungen nicht oder nicht ausreichend nach, können Einkünfte **fiktiv zugerechnet** werden (zu Einzelheiten vgl vor § 1577 Rn 31 ff zugleich zu Grenzen zulässiger Einkommensfiktion). IRd Ehegattenunterhalts und im Hinblick auf den durch das UÄndG 2008 nochmals betonten Grundsatz der wirtschaftlichen Eigenverantwortung ist bei der Fiktion von Einkünften allerdings Zurückhaltung geboten, soweit nacheheliche Unterhaltstatbestände außerhalb des § 1570 betroffen sind. **Unzumutbare Erwerbseinkünfte** können über das in § 1577 II 1 vorgesehene Maß hinaus in Mangelfällen angerechnet werden (BGH FamRZ 83, 146). Dies gilt insb für die Zurechnung von Einkünften aus Überstunden oder Nebentätigkeiten. 16

Leistungen, die ein Dritter dem Gläubiger oder Schuldner unentgeltlich erbringt, stellen grds kein unterhaltsrelevantes Einkommen dar (zu Einzelheiten vgl vor § 1577 Rn 30). Etwas anderes gilt ausnahmsweise nur, wenn der **Wille des Zuwendenden** eine entspr Entlastung der Unterhaltspartei intendiert (BGH FamRZ 95, 537; vgl auch Nr 8 der Leitlinien). Im Mangelfall ist die Anrechnung derartiger Leistungen zu verschärfen. Im Mangelfall können **freiwillige Leistungen Dritter** bei Prüfung der Leistungsfähigkeit unter Billigkeitsgesichtspunkten ganz oder teilw, etwa in Höhe ersparter Aufwendungen, bedarfsdeckend berücksichtigt werden (BGH FamRZ 00, 153; 99, 843; krit jedoch Kalthoener/Büttner/Niepmann Rz 528 und Palandt/Brudermüller § 1581 Rz 22). Da eine solche Entscheidung den Dritten jedoch nicht bindet, kann er die Leistungen jederzeit einstellen. Die Mangellage ist dann abändernd erneut zu prüfen. 17

Sofern der Unterhalt nicht aus laufenden Einkünften bestritten werden kann, ist ggf auch der Stamm des Vermögens zu verwerten. Etwas anderes gilt nur, wenn die Vermögensverwertung unwirtschaftlich oder unter Berücksichtigung der beiderseitigen wirtschaftlichen Verhältnisse unbillig wäre (§ 1577 III für den Berechtigten, § 1581 2 für den Verpflichteten). Im Mangelfall sind an diese **Vermögensverwertungsverpflichtung** gleichfalls gesteigerte Anforderungen zu stellen. § 1581 2 normiert ein **Regel-Ausnahme-Prinzip**: Die Einsatzpflicht stellt die Regel dar, die Einschränkung dieser Obliegenheit die Ausnahme. Aufgrund des Gegenseitigkeitsprinzips sind die Obliegenheiten zur Vermögensverwertung und die Maßstäbe des § 1577 III für den Unterhaltsgläubiger und § 1581 2 für den Unterhaltsschuldner regelmäßig identisch (BGH FamRZ 85, 354; zu Einzelheiten FAKomm-FamR/*Klein* § 1581 Rz 32). Eine Verwertung ist idR zumutbar, wenn aus dem Erlös der Unterhaltsbedarf beider Ehegatten neben sonstigen Einkünften auf Lebenszeit erfüllt werden kann. Vermögen dient in erster Linie dazu, den Unterhaltsbedarf, ggf ergänzend zu sonstigen Einkünften, auf Lebenszeit zu sichern. Es ist nicht für Erben vorzuhalten (BGH FamRZ 86, 556; 85, 360). Geboten ist jedoch eine umfassende **Zumutbarkeitsprüfung**, bei der Belange beider Ehegatten unter Berücksichtigung der Umstände des Einzelfalls abgewogen werden müssen (BGH FamRZ 86, 556; 85, 360). 18

Bei beschränkter Leistungsfähigkeit sind **verschärfte Anforderungen** für die **Anerkennung von Abzugsposten vom Bruttoeinkommen** zu stellen. Bei den **berufsbedingten Aufwendungen** wird ein Aufwand, der die von einigen Oberlandesgerichten gewährte Pauschale von 5% des Nettoeinkommens übersteigt, nicht in Betracht kommen (BGH FamRZ 06, 108; vgl auch *Kleffmann* in: Scholz/Stein, Teil G Rz 141). Der Schuldner wird in Mangelfallkonstellationen eher auf die Nutzung öffentlicher Verkehrsmittel verwiesen werden können, wenn dadurch Ersparnisse erzielbar sind (BGH FamRZ 02, 536 m Anm *Büttner*). Der Schuldner ist im Mangelfall auch eher auf die Verlegung seines Wohnsitzes in die Nähe seiner Arbeitsstelle zu verweisen 19

§ 1581

(BGH FamRZ 94, 372; vgl auch Brandbg FamRZ 99, 1010). Die Kosten einer angemessenen **Kranken- und Pflegeversicherung** sowie einer, ggf auch ergänzenden, **Altersvorsorge** sind grds einkommensmindernd zu berücksichtigen (BGH FamRZ 07, 793; 07, 193; 03, 860). Wenn in einem Mangelfall jedoch der Berechtigte wegen des Nachrangs des Vorsorgeunterhalts keinen Vorsorgeunterhalt erhält, kann es gerechtfertigt sein, dass ein Selbstständiger seine Vorsorgeaufwendungen reduziert oder eine ergänzende Altersvorsorge eines abhängig Beschäftigten nicht oder nicht in vollem Umfang anzuerkennen ist. Auch im Mangelfall kommt Unterhaltsansprüchen kein allg Vorrang vor den Forderungen anderer Gläubiger zu (BGH FamRZ 84, 657). Eine auf berücksichtigungswürdigen Verpflichtungen beruhende Verminderung des Einkommens führt, sofern sie nicht auf einer Verletzung der Erwerbsobliegenheit beruht, auch zu einer Verminderung des Bedarfs des (geschiedenen) Ehegatten (BGH FamRZ 06, 683). Bei der Berücksichtigung entspr **Verbindlichkeiten** hat auch im Mangelfall eine umfassende Abwägung der Interessen von Unterhaltsgläubiger, Unterhaltsschuldner und Drittgläubigern stattzufinden (BGH FuR 02, 228 = FamRZ 02, 536). Zu berücksichtigen sind inbes Zweck der Verbindlichkeiten, Zeitpunkt und Art ihrer Begründung, Dringlichkeit der Bedürfnisse beider Ehegatten, Kenntnis des Verpflichteten von Grund und Höhe des Unterhaltsanspruchs bei Begründung der Verbindlichkeiten, Begründung der Verbindlichkeit mit oder ohne Kenntnis des Berechtigten, Interesse des Verpflichteten an der Tilgung der Verbindlichkeiten, Möglichkeiten der Tilgungsstreckung, Möglichkeiten des Verpflichteten seine Leistungsfähigkeit zumutbar teilw oder ganz wieder herzustellen, Möglichkeiten des Berechtigten, sich fehlende Mittel durch eigenen Einsatz anderweitig als durch Unterhalt zu beschaffen, schutzwürdige Belange von Drittgläubigern. Kann der Unterhaltsschuldner trotz ernsthafter Bemühungen eine Reduzierung seiner Belastungen nicht erreichen, besteht iRd Unterhaltsverhältnisses ggü minderjährigen und privilegiert volljährigen Kindern ggf die **Obliegenheit zur Einleitung eines Verbraucherinsolvenzverfahrens** (BGH FamRZ 05, 608 mAnm 687; zu Einzelheiten vgl FAKomm-FamR/*Kleffmann* vor § 1361 Rz 163). Eine derartige Obliegenheit besteht wegen der schwerwiegenden Einschränkung der Handlungsfreiheit nach Art 2 GG, die durch eine Verbraucherinsolvenz herbeigeführt wird, in anderen Unterhaltsverhältnissen nicht (BGH FamRZ 08, 497(Ehegattenunterhalt); Kobl FuR 05, 463 (Anspruch nach § 1615l)). Die Obliegenheit zur Einleitung eines Verbraucherinsolvenzverfahrens bedarf einer umfassenden **Zumutbarkeitsprüfung** (Oldbg FamRZ 06, 1223: Gefährdung des Arbeitsplatzes macht Insolvenzantrag regelmäßig unzumutbar; vgl weiter *Schürmann* FamRZ 05, 888). Eine Obliegenheit kann immer nur bestehen bei gesteigerter Unterhaltspflicht nach § 1603 II, Vorliegens der Voraussetzungen der Verbraucherinsolvenz mit Restschuldbefreiung, eines Eröffnungsgrundes (§§ 16 ff InsO), bereits eingetretener oder drohender Zahlungsunfähigkeit und Nichtvorhandensein von Gründen gegen eine spätere Restschuldbefreiung nach Maßgabe der §§ 286 ff InsO, keine Unzumutbarkeit der Antragspflicht i konkreten Einzelfall (auch wegen zu erwartender Kosten des Insolvenzverfahrens), Einschränkung der wirtschaftlichen Selbstständigkeit durch Bestellung eines Treuhänders im Insolvenzverfahren (§§ 313 I, 292 InsO), der Berücksichtigung der Dauer des Insolvenzverfahrens im Vergleich zur voraussichtlichen Dauer der Unterhaltspflicht ggü minderjährigen Kindern und der Prüfung der Rechte anderer Gläubiger.

20 **c) Unterhaltsberechnung mit einem Berechtigten.** Ein Mangelfall liegt bereits vor, wenn der Pflichtige den Unterhaltsanspruch des einzigen Berechtigten ohne Gefährdung seines angemessenen Selbstbehalts nicht erfüllen kann. Dann ist der Unterhaltsanspruch des Berechtigten entspr zu kürzen.
Ehemann (M) verdient 1.300 € und ist der erwerbsunfähigen und einkommenslosen geschiedenen Ehefrau (F) unterhaltspflichtig.
Einkommen M: 1.300 €
Bedarf F: nach DT: 1.300 € x 3/7 = 557 €
Nach SüdL: (½ aus 9/10 x 1.300 €) = 585 €
M verbleiben 743 € bzw 715 €, mithin weniger als der Ehegattenselbstbehalt von 1.000 € (DT B IV). Kürzung des Anspruchs der F sodann auf die Differenz zwischen Einkommen des M zum Selbstbehalt, somit 300 €.

21 **d) Unterhaltsberechnung mit mehreren Berechtigten.** Die von der Rspr entwickelten Grundsätze zur Mangefallberechnung (vgl etwa BGH FamRZ 03, 363) sind mit Inkrafttreten des UÄndG zum 1.1.08 nicht mehr uneingeschränkt anwendbar. Wegen der neuen Rangregelungen in § 1609 ist ein absoluter Mangelfall nur noch denkbar, wenn innerhalb eines Rangs mehrere Bedürftige vorhanden sind.

22 Beispiel, in Anlehnung an Anhang 2 Nr 2.2 SüdL
Der unterhaltspflichtige Vater V hat ein bereinigtes Nettoeinkommen von 1.600 €. Unterhaltsberechtigt sind ein 18-jähriges Kind K1, das bei der Mutter lebt und aufs Gymnasium geht, und die beiden minderjährigen Kinder K2 (14 Jahre) und K3 (10 Jahre), die von der Mutter betreut werden. Das Kindergeld von 558 € wird an die Mutter ausbezahlt, deren sonstiges Einkommen unter 900 e liegt.
Unterhaltsberechnung gem Nr 23.1:
Mangels Leistungsfähigkeit der Mutter alleinige Barunterhaltspflicht von V für alle Kinder.
Bedarf K1: 488 € (DT Gruppe 1, 4. Altersstufe) – 184 € Kindergeld ergibt einen ungedeckten Bedarf = Einsatzbetrag von 304 €

Bedarf K2: 426 € (DT Gruppe 1, 3. Altersstufe) – 92 € ½ Kindergeld ergibt einen ungedeckten Bedarf = Einsatzbetrag von 334 €
Bedarf K3: 364 € (FT 1, 2. Altersstufe) – 95 € ½ Kindergeld ergibt einen ungedeckten Bedarf = Einsatzbetrag von 296 €
Summe der Einsatzbeträge: 304 + 334 + 269 = 907 €
Verteilungsmasse:
Einkommen 1.600 € – Selbstbehalt 900 € = 700 €
Prozentuale Kürzung:
700/907 * 100 = 77,18
Berechnung der gekürzten Unterhaltsansprüche:
K1: 304 € * 77,18 % = 235 €; zum Leben verfügbar also 235 + 184 = 149 €;
K2: 334 € * 77,18 % = 258 €, zum Leben verfügbar also 258 + 92 = 350 €;
K3: 269 € * 77,18 % = 208 €; zum Leben verfügbar also 208 + 95 = 303 €.

Die **Mangelfallberechnung** erfolgt **mehrstufig** : 23
- Feststellung des Bedarfs der Berechtigten
- Feststellung der Verteilungsmasse
- Prüfung der Rangfragen und Ausscheiden nachrangiger Berechtigter sowie Feststellung der Deckungsquote
- Feststellung des sich aus dieser Deckungsquote für den Berechtigten errechnenden Anspruchs
- Überprüfung des Ergebnisses auf seine Angemessenheit.

Formel für die Mangelfallberechnung:
K = V : S. x 100
K = prozentuale Kürzung
S = Summe der Einsatzbeträge aller Berechtigen
V = Verteilungsmasse (Einkommen des Verpflichteten abzgl Selbstbehalt)

Reicht die Verteilungsmasse, dh die Differenz zwischen dem notwendigen Selbstbehalt und dem bereinigten 24 Nettoeinkommen des Pflichtigen, nicht aus, die Ansprüche der erstrangig berechtigten Kinder voll zu erfüllen, ist ihr Unterhalt entspr der Formel in Rn 23 zu kürzen. Kindergeld ist bedarfsdeckend anzusetzen, § 1612b I (BGH FamRZ 09, 311; 08, 2104). Der Unterhalt nachrangig Berechtigter ist nicht zu berücksichtigen.
Bei einem oder mehreren bedürftigen Ehegatten ist zunächst der vorrangige Kindesunterhalt mit dem Zahlbetrag bei der Bereinigung des Nettoeinkommens des Pflichtigen zu berücksichtigen. Die Rangregelung in § 1609 ändert nichts daran, dass zwischen allen vor- und nachrangig Unterhaltsberechtigten ein angemessenes Verteilungsergebnis herbeigeführt werden muss (BTDrs 16/1830 vom 15.6.06, 24). Trotz der Rangpriorität (vgl insb *Schürmann* FamRZ 08, 313; Palandt/*Brudermüller* § 1578 Rz 52) spricht viel dafür, den Kindesunterhalt im Mangelfall nur mit dem Mindestunterhalt in Ansatz zu bringen (vgl auch BGH FamRZ 08, 2189; 968; *Klinkhammer* FamRZ 08, 193 unter Anwedung der Bedarfskontrollbeträge; Scholz FamRZ 07, 2021).

Bei mehreren Ehegatten ist der Bedarf durch Dreiteilung (Gleichteilung) zu ermitteln (BGH FamRZ 09, 411; 25 08, 1911). Reicht die Verteilungsmasse zur Deckung des Bedarfs mehrerer Ehegatten nicht, erfolgt eine anteilige Kürzung. Ist ein Ehegatte nachrangig, scheidet er nicht gänzlich aus. Wegen des Grundsatzes der Halbteilung ist beim vorrangigen Ehegatten ein Mindestbedarf anzusetzen (eingehend *Gerhardt* FamRZ 09, 1114). Dem vorrangigen Bedürftigen darf durch Unterhalt und Eigeneinkommen nicht mehr verbleiben, als dem Pflichtigen (BGH FamRZ 08, 1911; FA-FamR/*Gerhardt*, 6.Kap Rz 730). Wegen des Grundsatzes der Halbteilung und aus Gleichbehandlungsgründen ist dieser Mindestbedarf mit dem Mindestselbstbehalt des Pflichtigen (1.000 €) gleichzusetzen.
Leben Pflichtiger und Bedürftiger zusammen, ist wegen der dadurch eintretenden Ersparnis der Mindestbedarf und der Selbstbehalt um 10 % herabzusetzen (*Gerhardt* FamRZ 09, 1114).
Ist bei mehreren Ehegatten einer mit dem Pflichtigen verheiratet, ist der Familienunterhalt in Geld zu veranschlagen (BGH FamRZ 08, 1911; 07, 1081; vgl iÜ § 1360 Rn 2). Ein Erwerbstätigenbonus ist nicht zu berücksichtigen (BGH FamRZ 07, 1081).
Die Mangelverteilung ist auf ihre Angemessenheit zu überprüfen (BGH FamRZ 03, 363). Das errechnete Ergebnis ist zu überprüfen und ggf zu korrigieren, wenn die Mangelfallkürzung zu einem Ungleichgewicht der verbleibenden Barmittel innerhalb der ersten und zweiten Familie führt, insb auch dadurch eine Familie Sozialleistungen in Anspruch nehmen muss (BTDrs 16/1830 vom 15.6.06 24).

IV. Darlegungs- und Beweislast. Der **Unterhaltsschuldner** trägt die Darlegungs- und Beweislast für alle 26 Einschränkungen seiner Leistungsfähigkeit (BGH FamRZ 80, 770). Sie erstreckt sich auf alle die Unterhaltsberechnung beeinflussenden Faktoren (AnwK/*Schürmann* § 1581 Rz 64):
- Die Höhe des seine Leistungsfähigkeit bestimmenden Einkommens (BGH FamRZ 80, 770; Hamm FamRZ 96, 1216)
- Die Notwendigkeit von einkommensmindernd geltend gemachten Aufwendungen (BGH FamRZ 98, 357; 85, 357)

- Die Höhe bestehender Verpflichtungen und Gründe für ihre unterhaltsrechtliche Berücksichtigung (BGH FamRZ 92, 797; 90, 283; 88, 930)
- Einschränkungen der Erwerbsfähigkeit aus gesundheitlichen Gründen (Schlesw FamRZ 89, 997)
- Bemühungen um den Erhalt einer neuen Arbeitsstelle (BGH FamRZ 00, 1398; Köln FamRZ 97, 1104)
- Erfolglose Erwerbsbemühungen nach Zurechnung eines fiktiven Einkommens
- Umstände, die zu einer Verminderung eines früher bezogenen Einkommens geführt haben, wenn darauf die Herabsetzung eines bestehenden Anspruchs gestützt wird
- Die Höhe eines etwaigen Mehrbedarfs
- Die Gefährdung des eigenen angemessenen Unterhalts (BGH FamRZ 80, 770).

Steht die Leistungsunfähigkeit hingegen fest, obliegt dem **Unterhaltsgläubiger** der Nachweis für die den Vorwurf eines verantwortungslosen oder leichtfertigen Handelns rechtfertigenden Tatsachen.

§ 1582 Rang des geschiedenen Ehegatten bei mehreren Unterhaltsberechtigten.
Sind mehrere Unterhaltsberechtigte vorhanden, richtet sich der Rang des geschiedenen Ehegatten nach § 1609.

1 Mit dem **UÄndG 2008** ist diese Norm neu gefasst. Die Änderungen betreffen sowohl die nunmehr präziser gefasste Überschrift als auch den Text der Bestimmung. An die Stelle der komplexen Rangregelung in § 1582 aF (zu Einzelheiten vgl Kommentierung zu § 1582, 2. Aufl) tritt eine reine **Verweisungsnorm**, die für alle Unterhaltsverhältnisse gilt. Die Regelung der Rangfolge zwischen allen Unterhaltsgläubigern ergibt sich nunmehr aus § 1609 (zu Einzelheiten vgl die dortige Kommentierung sowie insb *Klinkhammer* FamRZ 07, 1205).

§ 1583 Einfluss des Güterstandes.
Lebt der Verpflichtete im Falle der Wiederheirat mit seinem neuen Ehegatten im Güterstand der Gütergemeinschaft, so ist § 1604 entsprechend anzuwenden.

1 Hat der Unterhaltsschuldner in neuer Ehe **Gütergemeinschaft** (§§ 1415 ff) vereinbart, kann grds keine Vermögenstrennung wie beim gesetzlichen Güterstand fingiert werden. Durch die Wahl des Güterstandes darf andererseits der Unterhaltsberechtigte nicht schlechter gestellt werden. § 1583 enthält die **Fiktion**, dass entspr § 1604 das Gesamtgut dem Unterhaltsschuldner allein gehört. Diese Fiktion gilt auch bei fortgesetzter Gütergemeinschaft (§§ 1483 ff). Durch die Verweisung auf § 1604 2 wird eine Besserstellung des Unterhaltsgläubigers in den Fällen relativiert, in denen auch der neue Ehegatte (in der Gütergemeinschaft) seinem früheren Ehegatten (oder Verwandten) unterhaltspflichtig ist. Wenn auch der neue Ehegatte bedürftige Verwandte hat, mindern die entspr Unterhaltsverbindlichkeiten das Gesamtgut nicht im Voraus, sondern der Unterhalt ist nach § 1604 2 so aus dem Gesamtgut zu gewähren, als ob die Bedürftigen zu beiden Ehegatten in dem Verwandtschaftsverhältnis stünden, auf dem die Unterhaltspflicht des verpflichteten Ehegatten beruht. Dies muss aber nicht dazu führen, das Gesamtgut für die Unterhaltsberechtigten der beiden Ehegatten gleichmäßig heranzuziehen. Die **Rangordnung** der Berechtigten untereinander ergibt sich aus § 1609. Sind die Unterhaltsberechtigten gleichrangig, ist eine Billigkeitsentscheidung zu treffen, bei der insb der unterschiedlich hohe Bedarf der Berechtigten zu berücksichtigen ist.

2 Es muss sich um eine **bestehende Gütergemeinschaft** handeln. Nach Beendigung der Gütergemeinschaft ist nur noch das Vermögen des Unterhaltspflichtigen maßgebend. Hierzu gehört allerdings auch sein Anteil am ungeteilten Gesamtgut oder dasjenige, was er aufgrund der Auseinandersetzung zu beanspruchen hat. Bei **Beendigung der Gütergemeinschaft** durch Tod des Verpflichteten (§ 1482) gilt § 1586b. Der Anteil am Gesamtgut gehört zum Nachlass (§ 1482 1).

§ 1583 gilt analog bei einer aufgehobenen Lebenspartnerschaft für nachpartnerschaftlichen Unterhalt (§ 16 II 2 LPartG).

§ 1584 Rangverhältnisse mehrerer Unterhaltsverpflichteter.
¹**Der unterhaltspflichtige geschiedene Ehegatte haftet vor den Verwandten des Berechtigten.** ²**Soweit jedoch der Verpflichtete nicht leistungsfähig ist, haften die Verwandten vor dem geschiedenen Ehegatten.** ³**§ 1607 Abs. 2 und 4 gilt entsprechend.**

1 § 1584 regelt die **Haftungsrangfolge** mehrerer Unterhaltsschuldner. Nach 1 der Vorschrift haftet der unterhaltspflichtige geschiedene Ehegatte vor den Verwandten des Unterhaltsgläubigers (**Vorranghaftung**). Nach 2 haften die Verwandten, wenn der geschiedene Ehegatte nicht oder nur beschränkt leistungsfähig ist (**Ausfallhaftung**). Nach 3 haften die Verwandten ersatzweise, wenn der Unterhaltsschuldner teilw oder insgesamt leistungsfähig ist, der Unterhalt jedoch (insgesamt oder teilw) nicht erreicht werden kann (**Ersatzhaftung**). Insoweit verweist § 1584 auf die Legalzession des § 1607 II mit dem Verbot des Forderungsübergangs zum Nachteil des Berechtigten (§ 1607 IV). Die Primärhaftung des Ehegatten beruht darauf, dass Eheleute die Ehe auf Lebenszeit schließen, sie während der Dauer der Ehe zur ehelichen Lebensgemeinschaft verpflichtet sind und füreinander Verantwortung tragen (§ 1353 I). Diese Pflicht

zur Solidarität besteht auch nach der Scheidung teilw fort (BVerfG FamRZ 84, 346). Bei Aufhebung der Ehe gilt § 1318. Bei Ehen, die vor dem 1.7.77 geschieden worden sind, ist § 63 EheG anzuwenden.
Der geschiedene Ehegatte haftet vor Verwandten des Unterhaltsgläubigers auch, wenn diese in äußerst guten wirtschaftlichen Verhältnissen leben, während sich der Unterhaltsschuldner mit relativ geringem Einkommen bescheiden muss. Der geschiedene Ehegatte haftet auch vorrangig, wenn sich der andere noch in Ausbildung befindet, selbst wenn die Verwandten noch verpflichtet wären, Ausbildungsunterhalt (§ 1610 II) zu leisten (zu Einzelheiten vgl FAKomm-FamR/*Klein* § 1584 Rz 1). § 1584 ist auch auf alle **vertraglichen Ansprüche** anzuwenden, die den gesetzlichen Unterhaltsanspruch näher ausgestalten, nicht aber auf novierende Vereinbarungen. Ein **Unterhaltsverzicht** der Eheleute zu Lasten nachrangig haftender Verwandter ist diesen ggü unwirksam. Ein derartiger Verzicht verstößt gegen die guten Sitten, wenn er im Zeitpunkt des Vertragsschlusses zu einer evident einseitigen Lastenverteilung für den Scheidungsfall führt (grundl BGH FamRZ 04, 601, 606; vgl auch BVerfG FamRZ 01, 343 m Anm *Schwab* und BVerfG FamRZ 01, 985). Der Verzicht kann auch dann sittenwidrig sein, wenn er zwangsläufig zur Folge hat, dass die Unterhaltspflicht einen nachrangigen Verwandten trifft, selbst wenn dessen Benachteiligung nicht beabsichtigt war (Hamm FamRZ 96, 116; BGH FamRZ 83, 137 zur gleichgelagerten Problematik des Vertrags zu Lasten des Sozialhilfeträgers). Auf einen nicht von vornherein sittenwidrigen Verzicht kann sich der dadurch begünstigte Ehegatte nach Treu und Glauben nicht berufen, wenn der Ausschluss des nachehelichen Unterhalts i Zeitpunkt des Scheiterns der ehelichen Lebensgemeinschaft zu einer evident einseitigen Lastenverteilung führt und dem belasteten Ehegatten bei verständiger Würdigung des Wesens der Ehe nicht zugemutet werden kann, diese Nachteile hinzunehmen. Diesen Einwand kann auch der Verwandte geltend machen, wenn er anstelle des eigentlich verpflichteten Ehegatten zum Unterhalt herangezogen werden soll. Der Verzicht hindert die Inanspruchnahme des Verwandten allerdings nicht, wenn die Bedürftigkeit erst längere Zeit nach dem Vertragsschluss eingetreten ist und dies nicht vorhersehbar war. Hier wird es jedoch oftmals an den maßgeblichen Einsatzzeitpunkten der §§ 1571 ff fehlen.
Verbleibt dem Unterhaltsschuldner nicht der angemessene Selbstbehalt und ist er sodann **nicht leistungsfähig**, haften die Verwandten originär. Ein Forderungsübergang ist, anders als bei der Ersatzhaftung, ausgeschlossen. Ist der Ehegatte nur begrenzt leistungsfähig, haften die Verwandten nur für den verbleibenden Rest. Der **Umfang der Haftung** bestimmt sich nach allg Grundsätzen des Verwandtenunterhalts, nicht nach § 1581. Die Haftung der Verwandten erfasst nicht den Vorsorgeunterhalt iSd § 1578 III. Ist ein nachehelicher Unterhalt wegen grober Unbilligkeit nach § 1579 begrenzt oder ausgeschlossen, können sich die Verwandten hierauf nur berufen, wenn der **Ausschlussgrund nach § 1579** zugleich auch die Voraussetzungen des § 1611 (zu Einzelheiten vgl Kommentierung zu § 1611) erfüllt.
Ist der geschiedene Ehegatte leistungsfähig, kann der Unterhaltsgläubiger jedoch seinen Unterhaltsanspruch gegen ihn nicht durchsetzen, haften die Verwandten anstelle des geschiedenen Ehegatten. Diese Konstellation ist etwa gegeben, wenn die Rechtsverfolgung im Inland ausgeschlossen oder erheblich erschwert ist (Bsp: ständig wechselnder Aufenthalt) oder wenn ein inländischer Titel im Ausland vollstreckt werden müsste. Die **Ersatzhaftung** löst aufgrund der **Legalzession** des § 1603 II einen Ersatzanspruch gegen den unterhaltspflichtigen Ehegatten aus. Leistet hingegen ein nichtunterhaltspflichtiger Dritter freiwillig an den unterhaltsberechtigten geschiedenen Ehegatten, kann der Dritte ggf Ersatzansprüche aus GoA (§§ 677 ff) oder aus ungerechtfertigter Bereicherung (§§ 812 ff) geltend machen. Der Forderungsübergang kann nicht zum Nachteil des Unterhaltsgläubigers geltend gemacht werden (§ 1584 3 iVm § 1607 IV). Für den übergegangenen Anspruch gilt § 412. Der Ersatzanspruch kann abgetreten, gepfändet und verpfändet werden. Eine Aufrechnung gegen den Anspruch ist möglich. §§ 850b und 850d ZPO gelten nicht (MüKo/*Maurer* § 1584 Rz 9). Sicherungsrechte gehen gem § 401 I auf den neuen Gläubiger über. Einwendungen können diesem nach § 404 entgegengesetzt werden.
Die **Darlegungs- und Beweislast** ist differenziert zu beurteilen. Nimmt der **unterhaltsberechtigte geschiedene Ehegatte** einen nachrangig haftenden Verwandten in Anspruch, muss er darlegen und beweisen, dass sein eigener (ehe-)angemessener Unterhalt gefährdet ist und dass der vorrangig haftende geschiedene Ehegatte nicht leistungsfähig oder nur eingeschränkt leistungsfähig ist oder dass er seine Ansprüche wegen erschwerter Rechtsverfolgung nicht oder nur teilw durchsetzen kann (Hamm FamRZ 96, 116). Beruft sich **der unterhaltspflichtige geschiedene Ehegatte** auf den Vorrang unterhaltspflichtiger Verwandter, muss er darlegen und beweisen, dass sein eigener (ehe-)angemessener Unterhalt unter Berücksichtigung seiner sonstigen Verpflichtungen oder trotz Fehlens solcher Verpflichtungen gefährdet ist und dass ein Verwandter vor ihm haftet.
Der in Anspruch genommene Verwandte muss darlegen und beweisen, dass der vorrangig Haftende seine Unterhaltspflicht erfüllt hat oder dass ein anderer Unterhaltsschuldner vorhanden ist. Der **ersatzweise haftende Verwandte** muss bei Inanspruchnahme des Verpflichteten kraft Rechtsübergangs die Voraussetzungen des Unterhaltsanspruchs des Berechtigten und insb dessen Bedürftigkeit darlegen und beweisen. Der Verpflichtete muss die begrenzte oder fehlende Leistungsfähigkeit darlegen und beweisen.

Kapitel 4 Gestaltung des Unterhaltsanspruchs

§ 1585 Art der Unterhaltsgewährung. (1) ¹Der laufende Unterhalt ist durch Zahlung einer Geldrente zu gewähren. ²Die Rente ist monatlich im Voraus zu entrichten. ³Der Verpflichtete schuldet den vollen Monatsbetrag auch dann, wenn der Unterhaltsanspruch im Laufe des Monats durch Wiederheirat oder Tod des Berechtigten erlischt.
(2) Statt der Rente kann der Berechtigte eine Abfindung in Kapital verlangen, wenn ein wichtiger Grund vorliegt und der Verpflichtete dadurch nicht unbillig belastet wird.

1   Der Unterhalt ist als **Geldrente** (vgl auch § 1571 Rn 2) monatlich **im Voraus**, dh bis zum Monatsersten, in vollen Monatsbeträgen zu entrichten. Dies gilt auch, wenn die Ehegatten in Gütergemeinschaft gelebt haben, diese aber noch nicht auseinander gesetzt sei (Nürnbg FuR 93, 289). § 1612 I 2 ist nicht anwendbar. Die Parteien können jedoch eine **andere Art der Unterhaltsgewährung vereinbaren** (BGH NJW 97, 731). Selbst wenn der Verpflichtete den Unterhalt regelmäßig und pünktlich zahlt, hat der Berechtigte ein Rechtsschutzinteresse an einer **Titulierung** des Unterhaltsanspruchs. Der Verpflichtete könnte die freiwilligen Zahlungen einstellen, so dass der Berechtigte für diesen Fall einen Titel über den vollen Unterhalt benötigt (BGH FamRZ 98, 1165). Der Berechtigte muss sich jedoch zur Übernahme der Kosten für die Titulierung bereit erklären. Entspricht der Verpflichtete der Aufforderung zur Titelschaffung nicht, gibt er Veranlassung zur Erhebung eines Unterhaltsantrags und hat auch bei sofortigem Anerkenntnis die Kosten zu tragen (vgl § 243 Ziff 4 FamFG, § 93 ZPO). **Vorauszahlungen** braucht der Unterhaltsgläubiger nur für einen Zeitraum von 6 Monaten entgegenzunehmen. Gegen seinen Unterhaltsanspruch kann für die Zukunft und über diesen Zeitraum hinaus nicht aufgerechnet werden (BGH FuR 93, 226 = FamRZ 93, 1186). Durch Aufrechnung kann wegen des grds bestehenden **Aufrechnungsverbots** (§ 394) nicht erfüllt werden (Zur Zulässigkeit einer Aufrechnung im Hinblick auf einen Antrag nach § 850b II ZPO; vgl *Wendl/Haußleiter* § 6 Rz 304 ff und Palandt/*Brudermüller* § 1585 Rz 3). IGgs zu § 1602 ist die Unterhaltsrente grds lebenslänglich geschuldet (zu Befristungsmöglichkeiten vgl § 1578b). Auch **Vorsorgeunterhalt** ist als Teil des einheitlichen Unterhaltsanspruchs grds durch Zahlung einer Geldrente zu erfüllen, und zwar grds an den Berechtigten, ausnahmsweise an den Versorgungsträger (grundl BGH FamRZ 81, 442).

2   Der **Unterhaltsgläubiger,** nicht der Unterhaltsschuldner, kann statt einer laufenden Rente unter gewissen Voraussetzungen eine **Kapitalabfindung verlangen** (BGH FamRZ 93, 1186 = FuR 93, 226). Im Falle der Vereinbarung einer Abfindung erlischt der Unterhaltsanspruch mit Abschluss des Abfindungsvertrages, andernfalls mit Rechtskraft des eine Kapitalabfindung zuerkennenden Beschlusses.
Der Anspruch auf Kapitalabfindung setzt eine **Interessenabwägung** voraus. Auf Seiten des Berechtigten muss ein **wichtiger Grund** für eine derartige Abfindung vorhanden sein (etwa Benötigung des Kapitals zur Schaffung einer eigenen Existenz oder drohende Leistungsunfähigkeit des Unterhaltsschuldners, Vermögensverschwendung durch den Verpflichteten etc). Der Verpflichtete darf durch die Kapitalabfindung nicht unbillig belastet werden. Der Verpflichtete darf nicht dazu angehalten werden, verlustreiche Dispositionen zu tätigen oder die Abfindung über einen Kredit zu finanzieren. Der Abfindungsanspruch ist kein Unterhaltsanspruch mehr. Die Vorschriften über den Pfändungsschutz (§ 850b ZPO) und das Pfändungsvorrecht (§ 850d ZPO) sind nicht anwendbar. Der Anspruch ist abtretbar und pfändbar.

3   Bei der **Höhe der Kapitalabfindung** sind insb zu berücksichtigen die Lebenserwartung beider Parteien, Wegfall der Bedürftigkeit des Unterhaltsgläubigers oder die künftige Leistungsfähigkeit des Unterhaltsschuldners (zu Einzelheiten vgl *Göppinger/Börger/Miessen* § 5 Rz 250; *Schöppe/Fredenburg* FuR 99, 11 (zugleich mit einem Berechnungsbsp) und FAKomm-FamR/*Klein* § 1585 Rz 9 ff). Einen Anhaltspunkt für die Bemessung der Abfindung kann insb die Praxis der Haftpflichtversicherer bei der Kapitalisierung von Hinterbliebenenrenten (§ 844 II) bieten. Hier wurden ua **Kapitalisierungsfaktoren** für Witwenrenten unter Berücksichtigung der Wiederverheiratungsmöglichkeiten erarbeitet. In der Praxis gleichwohl verbreitet sind pauschalierte Abfindungsbeträge in Höhe eines mehrfachen (oftmals fünf- bis siebenfachen) Jahresbetrages.
Die Abfindung braucht nicht in einer Geldzahlung zu bestehen. Eine Abfindungsregelung ist im Hinblick auf **steuerliche** (BFH NJW-FER 98, 211) oder **besoldungsrechtliche Nachteile** im Einzelfall sehr genau zu ventilieren. Wenn die Parteien eines Unterhaltsvergleichs mit der Vereinbarung eines Abfindungsbetrages eine **abschließende Regelung** treffen wollen, ist der Fortbestand der unterhaltsrelevanten Umstände nicht Geschäftsgrundlage (BGH FuR 05, 508 = FamRZ 05, 1662). Bei der Vereinbarung verbleibt es auch, wenn die **Abfindung in Raten** gezahlt werden sollte und der unterhaltsberechtigte Ehegatte vor Fälligkeit der letzten Rate wieder heiratet (BGH FuR 05, 508 = FamRZ 05, 1662; Kobl FamRZ 02, 1040) oder sich die Gesetzeslage oder höchstrichterliche Rechtsprechung ändern. Etwas anderes kann nur gelten, wenn keine echte Abfindung, sondern lediglich eine Vorauszahlung auf die Unterhaltspflichten vereinbart wurde.

§ 1585a Sicherheitsleistung. (1) ¹Der Verpflichtete hat auf Verlangen Sicherheit zu leisten. ²Die Verpflichtung, Sicherheit zu leisten, entfällt, wenn kein Grund zu der Annahme besteht, dass die Unterhaltsleistung gefährdet ist oder wenn der Verpflichtete durch die Sicherheitsleistung unbillig belastet

würde. ³Der Betrag, für den Sicherheit zu leisten ist, soll den einfachen Jahresbetrag der Unterhaltsrente nicht übersteigen, sofern nicht nach den besonderen Umständen des Falles eine höhere Sicherheitsleistung angemessen erscheint.
(2) Die Art der Sicherheitsleistung bestimmt sich nach den Umständen; die Beschränkung des § 232 gilt nicht.

Dem Unterhaltsberechtigten wird ein **materiell-rechtlicher Anspruch** auf Sicherheitsleistung eingeräumt. Der Anspruch entsteht mit der Unterhaltspflicht und ist dieser akzessorisch. § 1585a ist auf den Trennungsunterhalt (Ddorf FamRZ 81, 67) und den Kindesunterhalt (Ddorf FamRZ 80, 1116) nicht, auch nicht analog, anwendbar, jedoch bei vertraglichen Unterhaltsansprüchen (*Löhnig* FamRZ 04, 503). 1

Der Berechtigte braucht beim Verlangen einer Sicherheitsleistung nichts weiter darzulegen. Es ist Sache des Verpflichteten, **Einwendungen** zu erheben, durch die er den Anspruch zu Fall bringen kann. Ein Anspruch auf Sicherheitsleistung besteht nicht, wenn kein Grund zu der Annahme besteht, dass die Unterhaltsleistung gefährdet ist (laufende pünktliche Zahlung des Unterhalts, feste Arbeitsstelle, geregeltes Einkommen, geordnete Vermögensverhältnisse etc). Eine **Gefährdung** wird hingegen anzunehmen sein, wenn der Verpflichtete Vermögen verschleudert, über seine Einkommensverhältnisse lebt, ins Ausland zieht, nicht regelmäßig Unterhalt zahlt oder gar androht, seine Unterhaltspflicht nicht zu erfüllen. Sicherheit muss der Verpflichtete ebenfalls nicht leisten, wenn ihn dies **unbillig belasten** würde. Dies ist etwa der Fall, wenn die wirtschaftliche Existenz in Frage gestellt wird (BTDrs 7/650, 146) oder wenn Vermögen nur mit (erheblichem) Verlust liquidiert werden könnte. 2

Die Höhe der Sicherheitsleistung soll den **Jahresbetrag** der Unterhaltsrente nicht überschreiten. Besondere Umstände (Verschwendungssucht des Schuldners oä) können ausnahmsweise jedoch eine höhere Sicherheitsleistung angemessen erscheinen lassen. Steht fest, dass der Unterhaltsanspruch nicht ein Jahr bestehen wird, kann die Höhe der Sicherheitsleistung entspr reduziert werden. 3

Die **Art der Sicherheitsleistung** bestimmt sich nach den Umständen des Einzelfalls. An die in § 232 aufgeführten Arten der Sicherheitsleistung besteht keine Bindung. Sicherheit kann auch durch Verpfändung von Ansprüchen aus einer Lebensversicherung, von Wertpapieren, Miet- und Pachtforderungen geleistet werden. Eine Abtretung von Lohn- und Gehaltsansprüchen ist nicht zulässig, da eine derartige Abtretung über die bloße Sicherung der Ansprüche hinausginge und die geschuldete Leistung vorweg nähme. 4

Eine Sicherheitsleistung wird nur auf **Antrag** angeordnet. Zuständig sind die **Familiengerichte**. Der Anspruch kann bereits im Ausgangsverfahren geltend gemacht werden. Wird er iR einer Nachforderungsklage (§ 324 ZPO) geltend gemacht, muss der Berechtigte darlegen und beweisen, dass sich die Vermögensverhältnisse des Verpflichteten erheblich verschlechtert haben. Der Verpflichtete seinerseits kann (nachträglich) verlangen, die Anordnung der Sicherheitsleistung aufzuheben oder die Sicherheit herabzusetzen. Sodann muss er darlegen und beweisen, dass die Gefährdung fortgefallen ist oder der Fortbestand der Sicherheitsleistung ihn nunmehr unbillig belastet. Nach hM (MüKo/*Maurer* § 1585a Rz 8) muss der Verpflichtete insoweit mit der Vollstreckungsgegenklage vorgehen. Der Berechtigte kann den Anspruch auch im Wege des **einstweiligen Rechtsschutzes** (§§ 916 ff ZPO) verfolgen. Der Berechtigte ist zwar materiellrechtlich von weiteren Voraussetzungen für die Sicherheitsleistung befreit. IRd Arrestverfahrens hat er jedoch den Arrestgrund nach § 917 ZPO (Vereitelung oder wesentliche Erschwerung der Vollstreckung eines Urteils oder Vollstreckung im Ausland) glaubhaft zu machen (Ddorf FamRZ 80, 1116). Ggü dem Regelfall des voraussetzungslosen Anspruchs auf Sicherheitsleistung hat der Verpflichtete die Voraussetzungen für ein Entfallen der Verpflichtung (fehlende Gefährdung oder unbillige Belastung) zu **beweisen**. Verlangt der Berechtigte eine höhere Sicherheitsleistung als den Jahresbetrag, hat er die entspr besonderen Umstände zu beweisen. 5

§ 1585b Unterhalt für die Vergangenheit.
(1) Wegen eines Sonderbedarfs (§ 1613 Abs. 2) kann der Berechtigte Unterhalt für die Vergangenheit verlangen.
(2) Im Übrigen kann der Berechtigte für die Vergangenheit Erfüllung oder Schadensersatz wegen Nichterfüllung nur entsprechend § 1613 I fordern.
(3) Für eine mehr als ein Jahr vor der Rechtshängigkeit liegende Zeit kann Erfüllung oder Schadensersatz wegen Nichterfüllung nur verlangt werden, wenn anzunehmen ist, dass der Verpflichtete sich der Leistung absichtlich entzogen hat.

Grds kann Unterhalt für die Vergangenheit nicht verlangt werden („praeteritum non vivitur"). § 1585b enthält Ausnahmen von diesem Grundsatz. Nach § 1585b I kann **Sonderbedarf für die Vergangenheit** geltend gemacht werden, weil es oft aus tatsächlichen Gründen nicht möglich ist, den Verpflichteten in Verzug zu setzen oder Klage gegen ihn zu erheben. **Laufender Unterhalt** kann gem § 1585b II ab **Verzug oder Rechtshängigkeit** verlangt werden, weil sich der Verpflichtete in diesen Fällen auf die Zahlungen einstellen konnte. Eine zeitliche Grenze von einem Jahr vor Rechtshängigkeit setzt III sowohl für Sonderbedarf als auch für laufenden Unterhalt. Für die Zeit davor hat der Berechtigte seine Ansprüche verwirkt, es sei denn der Verpflichtete hat sich der Leistung absichtlich entzogen. 1

2 Auch der geschiedene Ehegatte kann neben dem laufenden Unterhalt unter bestimmten Voraussetzungen **Sonderbedarf** verlangen. Sonderbedarf ist ein unregelmäßiger, außergewöhnlich hoher Bedarf. Es muss sich um einen Bedarf handeln, der nicht mit Wahrscheinlichkeit voraussehbar war und demgemäß bei der Bemessung des laufenden Unterhalts nicht berücksichtigt werden konnte (BGH FuR 06, 210 = FamRZ 06, 612 in Fortführung von BGH FuR 01, 326 = FamRZ 01, 1603). Für mehr als ein Jahr zurückliegende Ansprüche bleibt es dagegen nach § 1613 II 1 bei der generellen Regelung in §§ 1613 I, 1585b III.

3 Ein Unterhaltsgläubiger kann für die Vergangenheit ausnahmsweise nachehelichen Unterhalt oder Schadensersatz wegen Nichterfüllung verlangen, wenn sich der Schuldner in **Verzug** (§ 286 I) befand (Schlesw FuR 09, 537) oder der Unterhaltsanspruch **rechtshängig** geworden ist. Verzug erfordert Mahnung nach Fälligkeit. Eine Zuvielforderung im Mahnschreiben schadet nicht. Verzug tritt dann nur in der geschuldeten Höhe ein (BGH FamRZ 82, 887). Verlangt der Gläubiger dagegen mit der Mahnung zu wenig, begründet dies keinen Verzug auf einen höheren als den begehrten Betrag (BGH FamRZ 04, 1177; vgl Kommentierung zu § 286 und § 1613). **Rechtshängigkeit** des Unterhaltsanspruchs tritt mit förmlicher Zustellung der Klage ein (§§ 253 I; 261 I ZPO), bei einer Unterhaltserhöhung ab Zustellung des entsprechenden Schriftsatzes oder der Antragstellung in der mündlichen Verhandlung, § 261 II ZPO. Bei einer Stufenklage tritt auch für den mit dem Auskunftsbegehren verbundenen unbezifferten Unterhaltsantrag bereits mit Zustellung der Klage Rechtshängigkeit des gesamten Verfahrens ein (BGH FamRZ 90, 283). Allein ein **Verfahrenskostenhilfegesuch** bewirkt hingegen keine Rechtshängigkeit (BGH FamRZ 90, 283). Ein Verfahrenskostenhilfegesuch steht jedoch einer verzugsbegründenden Mahnung gleich. Haben geschiedene Eheleute den Anspruch auf nachehelichen Unterhalt **vertraglich** geregelt, kann der Gläubiger rückständigen Unterhalt grds auch für eine Zeit verlangen, in der der Schuldner nicht in Verzug war und der Anspruch nicht rechtshängig geworden ist. Für eine länger als ein Jahr vor Rechtshängigkeit liegende Zeit kann jedoch auch der vertraglich geregelte Unterhalt nur unter den Voraussetzungen des § 1585b III verlangt werden (BGH FamRZ 89, 150).

Beim nachehelichen Unterhalt begründete allein ein Auskunftsbegehren – anders als beim Familien-, Trennungs- und Verwandtenunterhalt – (§§ 1361 IV 4, 1360a III, 1613) wegen der Nichtanwendbarkeit des § 1613 I keinen Verzug. Erforderlich war stets eine **Stufenmahnung** (grds zur Stufenmahnung BGH FamRZ 90, 283; Budde FamRZ 05, 1217). In der **Neuregelung des § 1585b II** werden die Disparitäten zwischen Familien-, Trennungs-, Verwandten- und nachehelichem Unterhalt beseitigt (vgl bereits *Gerhardt* FuR 05, 529, 537). Durch die Verweisung in § 1585b II auf § 1613 I sind die **Voraussetzungen**, nach denen Unterhalt für die Vergangenheit gefordert werden kann, nunmehr **vereinheitlicht** (zur Neuregelung vgl auch *Büte* FuR 08, 177). Damit genügt nunmehr auch beim nachehelichen Unterhalt das Auskunftsverlangen um den Unterhaltsschuldner in Verzug zu setzen. Erforderlich bleibt allerdings, dass die Auskunft nach Rechtskraft der Scheidung begehrt wird (arg Nichtidentität von Trennungs- und nachehelichem Unterhalt; BGH FamRZ 92, 920; 88, 370). **Altersvorsorgeunterhalt** kann für die Vergangenheit nicht erst ab dem Zeitpunkt an verlangt werden, in dem er ausdrücklich geltend gemacht worden ist. Es reicht für die Inanspruchnahme des Unterhaltspflichtigen aus, dass von diesem Auskunft mit dem Ziel der Geltendmachung eines Unterhaltsanspruchs begehrt wird (BGH FuR 07, 79 = FamRZ 07, 193 m Anm *Borth*; zurückhaltender formuliert der BGH in FamRZ 07, 1532 m Anm *Maurer*: keine Bezifferung „in bestimmter Höhe" erforderlich).

Auch im Abänderungsverfahren (§ 238 III 2 FamFG) kann rückständiger Unterhalt nach § 1585b II für die Zeit vor Anhängigkeit des Abänderungsantrags geltend gemacht werden.

4 § 1585b III will den Berechtigten veranlassen, sich um eine zeitnahe Verwirklichung des Unterhaltsanspruchs zu bemühen (BGH NJW 92, 1956; Schlesw FamRZ 00, 889; Henjes FuR 09, 432). Es handelt sich um einen gesetzlich geregelten Fall der **Verwirkung**. Auf den Anspruch auf Freistellung von Steuernachteilen, die dem unterhaltsberechtigten Ehegatten infolge seiner Zustimmung zum begrenzten Realsplitting entstehen können, ist § 1585b III weder unmittelbar noch entspr anwendbar (BGH FuR 05, 317 = NJW 05, 2223 im Anschluss an BGH FamRZ 85, 1232). Der Schutz des Schuldners vor der Inanspruchnahme für eine Zeit, die **ein Jahr vor Rechtshängigkeit** liegt gilt, sowohl für den laufenden Unterhalt als auch für den Sonderbedarf. Er gilt auch hinsichtlich der Nebenforderungen und Verzugsschäden, nicht jedoch für Ansprüche wegen des Ausgleichs steuerlicher Nachteile durch das Realsplitting (BGH FamRZ 85, 1232). § 1585b III gilt auch bei **Anspruchsübergang** (BGH FamRZ 87, 1014) und bei **vertraglicher Regelung** des Unterhaltsanspruchs. § 1585b III ist **disponibel** (BGH NJW 89, 526). **Rechtshängigkeit** tritt mit Antragzustellung ein. Die Zustellung eines Verfahrenskostenhilfegesuchs genügt nicht (BGH FamRZ 92, 920; Naumbg FuR 05, 423 = FamRZ 06, 490; Karlsr FamRB 02, 323). Bei Einreichung eines Antrags und gleichzeitigem Verfahrenskostenhilfegesuch ist § 167 ZPO anwendbar, so dass es auf den Zeitpunkt der Klageeinreichung ankommt (Schlesw FamRZ 02, 1635; Ddorf FamRZ 02, 327). Wird gegen den Berechtigten eine Vollstreckungsgegenklage des Verpflichteten erhoben, reicht es aus, wenn er ihr entgegentritt, weil für den Verpflichteten keine Zweifel an der Ernsthaftigkeit der Rechtsverfolgung des Berechtigten bestehen (Karlsr FamRZ 88, 400).

5 Unterhaltsansprüche können für die Vergangenheit auch ohne Beachtung der **Einjahresgrenze** geltend gemacht werden, wenn sich der Verpflichtete der Leistung **absichtlich entzogen** hat. Insoweit genügt jedes zweckgerichtete Verhalten des Schuldners, das die zeitnahe Realisierung der Unterhaltsschuld verhindert oder

zumindest wesentlich erschwert (BGH FamRZ 89, 150). Nicht ausreichend ist die bloße Einstellung der (Unterhalts-)Zahlung (Köln FamRZ 97, 426).

Neben dem in § 1585b III gesetzlich geregelten Fall der Verwirkung ist auch eine **Verwirkung nach allg** 6 **Grundsätzen** möglich. Voraussetzung ist, dass der Berechtigte den Anspruch längere Zeit nicht geltend gemacht hat, obwohl er dazu in der Lage wäre (**Zeitmoment**) und der Verpflichtete sich mit Rücksicht auf das gesamte Verhalten des Berechtigten darauf einrichten durfte und eingerichtet hat, dass dieser sein Recht auch in der Zukunft nicht geltend macht (**Umstandsmoment,** grundl BGH FamRZ 07, 453; 02, 1698; vgl auch Henjes FuR 09, 432). Von einem Unterhaltsgläubiger, der auf laufende Unterhaltsleistungen angewiesen ist, muss eher als von einem Gläubiger anderer Forderungen erwartet werden, dass er sich zeitnah um die Durchsetzung des Anspruchs bemüht. Andernfalls können Unterhaltsrückstände zu einer erdrückenden Schuldenlast anwachsen. Abgesehen davon sind im Unterhaltsrechtstreit die für die Bemessung des Unterhalts maßgeblichen Einkommensverhältnisse der Parteien nach längerer Zeit oft nur schwer aufklärbar. Diese Gründe, die eine möglichst zeitnahe Geltendmachung des Unterhalts nahe legen, sind so wichtig, dass das Zeitmoment der Verwirkung auch schon erfüllt sein kann, sobald die Rückstände Zeitabschnitte betreffen, die **ein Jahr** zurückliegen (BGH FamRZ 07, 1698). An das Umstandsmoment stellt der BGH keine hohen Anforderungen. Inbes sind Vertrauensinvestitionen bei normalen Einkommensverhältnissen nicht erforderlich, da nach der Lebenserfahrung davon ausgegangen wird, dass davon keine Rücklagen gebildet werden (vgl auch Brandbg FamRZ 07, 55 und Hamm FamRZ 07, 159), Auch rechtshängige Forderungen unterliegen der Verwirkung (Stuttg FamRZ 00, 889). Im Hinblick auf die Verkürzung der Verjährungsvorschriften durch das Schuldrechtsmodernisierungsgesetz kommt neben dem Zeitmoment (BGH FamRZ 99, 1422: Nichtgeltendmachung von Kindesunterhalt über sieben Jahre; Oldbg FamRZ 05, 722: nachehelicher Unterhalt drei Jahre nicht verfolgt; KG NJW-RR 05, 1308: (Eltern-)Unterhalt zweieinhalb Jahre nicht verfolgt; Karlsr FamRZ 05, 1855: (Kindes-)Unterhaltsansprüche eineinhalb Jahre nicht verfolgt; Hamm FamRZ 04, 1998: Ehegattenunterhalt ein Jahr nicht verfolgt) für eine Verwirkung vor Verjährungseintritt dem Umstandsmoment besondere Bedeutung zu (BGH FamRZ 03, 449 m Anm *Büttner* und *Büttner* FamRZ 02, 361). An die **Verwirkung rechtshängiger und titulierter Unterhaltsansprüche** sind keine strengeren Maßstäbe anzulegen als bei nicht titulierten Ansprüchen (BGH FamRZ 04, 53: titulierte Unterhaltsrückstände; BGH FamRZ 02, 1698: nicht titulierte Ansprüche). Begehrt der Unterhaltsberechtigte zunächst **Auskunft**, ist er verpflichtet, spätestens innerhalb eines Jahres nach Auskunftserteilung zu beziffern um dem Verwirkungseinwand zu entgehen (*Büttner* FamRZ 07, 456; Karlsr ZFE 07, 37: Bezifferung erst zwei Jahre nach Auskunftserteilung nicht ausreichend). Eine Verwirkung kann auch eintreten, wenn durch **Verhandlungen** der Parteien und durch zögerliches Verhalten des Anspruchsberechtigten der Unterhaltsverpflichtete nicht mehr mit der Geltendmachung der Ansprüche rechnen musste (Celle ZFE 07, 350). Wurde **titulierter Unterhalt**, im entschiedenen Fall von der Unterhaltsvorschusskasse, längere Zeit **nicht vollstreckt**, ist der aufgelaufene Unterhaltsrückstand jedenfalls verwirkt, wenn er länger als 18 Monate nicht geltend gemacht wurde (Hamm NJW-RR 07, 726).

Die Voraussetzungen des Verzugs, mithin Fälligkeit und Mahnung, muss der Berechtigte beweisen. Den Ver- 7 pflichteten trifft die **Beweislast** dafür, dass er den Verzug nicht zu vertreten hat. Der Unterhaltsgläubiger hat Umstände darzulegen und zu beweisen, die nach der Lebenserfahrung den Schluss rechtfertigen, der Unterhaltschuldner habe „sich der Leistung absichtlich entzogen". Der Unterhaltsschuldner hat Tatsachen darzulegen und zu beweisen, die diese Schlussfolgerung zu erschüttern vermögen (BGH FamRZ 89, 150).

§ 1585c Vereinbarungen über den Unterhalt.
Die Ehegatten können über die Unterhaltspflicht für die Zeit nach der Scheidung Vereinbarungen treffen. Eine Vereinbarung, die vor der Rechtskraft der Scheidung getroffen wird, bedarf der notariellen Beurkundung. § 127a findet auch auf eine Vereinbarung Anwendung, die in einem Verfahren in Ehesachen vor dem Prozessgericht protokolliert wird.

I. Grundlagen. § 1585c stellt klar, dass der **Grundsatz der Vertragsfreiheit** auch im Unterhaltsrecht gilt (vgl 1 auch BGH FamRZ 07, 1310; Ddorf FamRB 08, 2; Celle FamRZ 08, 1192).Einen unverzichtbaren Mindestgehalt an Ehescheidungsfolgen gibt es nicht (BGH FamRZ 04, 601; Ddorf FamRZ 05, 216 m Anm *Bergschneider*; *Hahne* DNotZ 04, 84). Eine Unterhaltsvereinbarung für die Zeit nach der Scheidung kann sowohl während der Ehe als auch nach rechtskräftiger Scheidung getroffen werden.
Sie kann auch vor Eheschließung erfolgen, obwohl der Wortlaut des § 1585c („Ehegatten") diesen Fall nicht erfasst (BGH FamRZ 91, 306).

II. Form der Vereinbarung. Vereinbarungen über den nachehelichen Unterhalt waren in der Vergangenheit 2 grds formfrei möglich, also auch mündlich oder privatschriftlich. Dies begegnete wegen der Bedeutsamkeit der Regelung, insb wegen des ggf lebenslänglich geschuldeten nachehelichen Unterhalts, Bedenken (*Schubert* FamRZ 01, 733). Auch wies die vormalige Regelung Disparitäten zu Formvorschriften bei anderen Scheidungsfolgen, etwa dem Versorgungsausgleich (§§ 1408 II, 1587o II) oder dem Güterrecht (§§ 1410, 1378 III) auf. Das **UÄndG** hat der Norm einen zweiten Satz angefügt. Danach bedürfen **vor Rechtskraft der Ehescheidung getroffene Vereinbarungen** über den nachehelichen Unterhalt der **notariellen Beurkundung**. Zweck der Formvorschrift ist es, durch die Mitwirkung eines Notars die fachkundige und unabhängige Beratung der vertragsschließenden Parteien sicherzustellen, um die Vertragspartner vor übereilten Erklärungen zu bewahren und ihnen die rechtliche Tragweite ihrer Vereinbarungen vor Augen zu führen. Durch die Anfügung des dritten Satzes soll sichergestellt werden, dass außer einem Prozessvergleich von den Parteien auch eine formwirksame Vereinbarung über den nachehelichen Unterhalt in einem Verfahren in Ehesachen im Wege der **Protokollierung durch das Prozessgericht** abgeschlossen werden kann. Damit soll Rechtssicherheit geschaffen werden für den in der forensischen Praxis nicht seltenen Fall, in dem die Ehegatten in einer Ehesache das Gericht um Protokollierung einer zuvor getroffenen Einigung, etwa eines Unterhaltsverzichts, ersuchen, ohne dass ein Unterhaltsverfahren anhängig ist oder dass Streit oder Ungewissheit über den Unterhalt durch gegenseitiges Nachgeben ausgeräumt wird. Von der Formvorschrift erfasst sind alle Regelungen unterhaltsrechtlicher Art (Verzicht, Abfindung, Begrenzung, Modifizierung von Obliegenheiten, Vereinbarungen über steuerliche Aspekte, soweit sie Ausfluss der Unterhaltspflicht sind, Viefhues FPR 09, 114). Das Formerfordernis gilt sowohl für die **novierende** wie die **gestaltende** (vgl Rn 4) Unterhaltsvereinbarung (aber str, vgl auch Bambg FamRZ 99, 1278). Die Regelung erfasst sowohl **Eheverträge** als auch **Scheidungsfolgenvereinbarungen** vor Rechtskraft der Scheidung. Das Formerfordernis besteht nur für den nachehelichen Unterhalt, nicht für den Trennungsunterhalt (§ 1361 I), den Unterhalt des nicht ehelichen Elternteils (§ 1615l I, II), den Familienunterhalt oder den Verwandtenunterhalt einschließlich des Kindesunterhalts (krit insoweit zu Recht Borth FamRZ 06, 813, der zutr darauf hinweist, dass Kindes- und nachehelicher Unterhalt in einer rechtlichen und wirtschaftlichen Abhängigkeit zueinander stehen und beim Kindesunterhalt eine Schutzbedürftigkeit zumindest in gleicher Weise wie beim nachehelichen Unterhalt gegeben ist). Nach dem Wortlauf des § 1585c 3 muss die Vereinbarung in einem Verfahren in Ehesachen (§ 121 FamFG) vor dem Prozessgericht protokolliert werden. Dazu zählen nur die in § 606 ZPO aufgeführten Verfahren. Nach diesem Gesetzeswortlauf wird es nicht mehr möglich sein, in einem Verfahren über den Trennungsunterhalt einen Vergleich über den nachehelichen Unterhalt abzuschließen (*Bergschneider* FamRZ 08, 17; *Büte* FuR 08, 177; aA jedoch *Billhardt* FamRZ 08, 748; Göhler-Schlicht FF 08, 143). Selbst wenn man der Auffassung folgen wollte, dass auch in einem isolierten Verfahren über Trennungsunterhalt wirksam Vereinbarungen für den nachehelichen Unterhalt durch Protokoll bei Gericht geschlossen werden können, wird der Rechtsanwalt letztlich schon aus haftungsrechtlichen Gründen hierauf nicht vertrauen können, da er regelmäßig die Maßnahme zu treffen hat, welche drohende Nachteile am Wahrscheinlichsten vermeidet. Er hat denjenigen Weg zu wählen, auf dem diese am sichersten und gefahrlosesten erreichbar ist. Auch dies spricht für das Gebot der Protokollierung in einem Verfahren der Ehesache. Ein Rechtsanwaltsvergleich gem § 796a ZPO genügt dem Formerfordernis nicht (Bergschneider DNotZ 08, 95; vgl auch Steiniger/Viefhues FPR 09, 114). **Unterhaltsvereinbarungen nach Scheidung** sind **formfrei** möglich, es sei denn eine Formbedürftigkeit ergibt sich aus dem Regelungsgegenstand (vgl etwa § 311). Eine besondere Schutzbedürftigkeit des Ehegatten, der sich in der schwächeren Verhandlungsposition befindet, sieht der Gesetzgeber nur im Zeitraum bis zur Rechtskraft des Scheidungsurteils. Sodann sind Vereinbarungen formfrei abänderbar. Die **formfreie Abänderbarkeit** bezieht sich auf alle Vereinbarungen zum nachehelichen Unterhalt, sowohl formlose Vereinbarungen nach altem Recht als auch formbedürftige Vereinbarungen vor Rechtskraft des Scheidungsurteils als auch formfreie Vereinbarungen nach Rechtskraft des Scheidungsurteils (arg: in der Abänderung einer Vereinbarung liegt stets der Abschluss einer neuen Vereinbarung). Der Gesetzgeber wollte spätere Anpassungen von Unterhaltsvereinbarungen nicht durch Einführung eins Formzwangs unnötig erschweren (vgl auch *Menne* FF 06, 174 und *Gerhardt* FuR 05, 529). Eine formfreie Abänderung ist jedoch nicht möglich, wenn in der ursprünglichen Vereinbarung die Abänderbarkeit in notarieller Form (§§ 127, 127a) vorgesehen ist. Die neue Formvorschrift findet iÜ nur auf Rechtsgeschäfte Anwendung, die nach Inkrafttreten des Gesetzes vollendet werden. **Vor Inkrafttreten** des **UÄndG** (1.1.08) getroffene **formlose Vereinbarungen** bleiben wirksam. Eine formal unwirksame Vereinbarung kann jedoch wegen des Doppelcharakters des Vergleichs als materielles Rechtsgeschäft wirksam sein (BGH NJW 85, 1962).

3 **III. Inhalt der Vereinbarung.** IRd § 1585c können sowohl **novierende Vereinbarungen**, die den Unterhaltsanspruch losgelöst von der gesetzlichen Regelung auf eine eigenständige Grundlage stellen, getroffen werden als auch **modifizierende (gestaltende) Vereinbarungen**, welche lediglich die gesetzliche Unterhaltspflicht konkretisieren, getroffen werden.

4 **1. Novierende Vereinbarung.** Hierbei handelt es sich um eine schuldumwandelnde und schuldbegründende **selbstständige Unterhaltsvereinbarung**, welche die vereinbarten Ansprüche vom gesetzlichen Unterhaltsrecht löst und ausschließlich auf eine vertragliche Grundlage stellt (Karlsr FamRZ 00, 233). Die (besonderen) Vorschriften für gesetzliche Unterhaltsansprüche gelten dann nicht mehr (BGH FamRZ 78, 373). §§ 1582–1585b, 1586–1586b sind allenfalls im Wege ergänzender Vertragsauslegung heranzuziehen. Ein Rechtsstreit über Ansprüche aus einer selbstständigen Unterhaltsvereinbarung ist **keine Familiensache** (BGH NJW 79, 43; *Büttner* FamRZ 94, 1433). §§ 238, 239 FamFG (vormals § 323 ZPO) ist beim selbstständigen Unterhaltsvertrag nicht anwendbar. Voraussetzung des selbstständigen Unterhaltsvertrags ist regelmäßig der gegenseitige Verzicht auf den nachehelichen Unterhalt. Als Abfindung für den Verzicht erhält sodann der unterhaltsberechtigte Ehegatte ein **Leibrentenstammrecht** iSd § 761. Durch die Überlassung des Stammrechts ist der gesetzliche Unterhaltsanspruch abgegolten. Das Leibrentenstammrecht begründet, und zwar ohne die unterhaltsrechtlichen Kriterien der Bedürftigkeit und Leistungsfähigkeit, Ansprüche auf regelmäßige wiederkehrende Leistungen. Eine derartige **novierende Vereinbarung** kann nur **ausnahmsweise** angenommen werden.

2. Gestaltende Vereinbarung. Im Zweifel ist nur eine unselbstständige **vertragliche Ausgestaltung des gesetzlichen Unterhaltsanspruchs** anzunehmen. Über die vertraglichen Regelungen hinaus sind ggf die allgemeinen unterhalts- und verfahrensrechtlichen Vorschriften anzuwenden (Hamm FamRZ 97, 1282; 98, Palandt/*Brudermüller* § 1585c Rz 8). Der gesetzliche Unterhaltsanspruch kann vielfältig vertraglich ausgestaltet werden (BGH FamRZ 97, 873), etwa durch Begrenzung der Unterhaltstatbestände, Begrenzung des Unterhaltsmaßes, Begrenzung der Unterhaltszeit, Umsetzung von § 1579, Konkretisierung von Obliegenheiten, Regelung des Karrieresprungs, Regelung der Verwendung des Vorsorgeunterhalts, Regelung der Auskunftspflichten, Verzicht auf Abfindung und Sicherheit, Ausschluss der Erbenhaftung). Bei jeder Vereinbarung sind die **steuerlichen Aspekte** zu prüfen (Münch FamRB 07, 281; *Schulze/zur Wiesche* FPR 01, 117), insb im Hinblick auf die Möglichkeit der Inanspruchnahme des Realsplittings nach § 10 I EStG oder des Abzugs außergewöhnlicher Belastungen nach § 33a EStG. Bei **Beamten** ist die mögliche Auswirkung auf den Familienzuschlag zu bedenken, da ein geschiedener Beamter keinen Anspruch auf den Familienzuschlag der Stufe 1 hat, wenn seine Pflicht zum Unterhalt aus seiner Ehe durch Kapitalabfindung erloschen ist (BVG NJW 03, 1886; BVerwG NJW 03, 1886). Schließlich sind die Auswirkungen der §§ 33, 34 VersAusglG (vorm § 5 VAHRG) zu beachten. Ein vollständiger Verzicht steht der Anwendung dieser Vorschriften entgegen. Wenn die Parteien eines Unterhaltsvergleichs mit der **Vereinbarung eines Abfindungsbetrages** eine abschließende Regelung treffen wollten, liegt darin regelmäßig auch ein Ausschluss weiterer Ansprüche für nicht vorhersehbare Änderungen. Die abschließende Wirkung auf der Grundlage einer Prognose ist dann wesentlicher Inhalt der vertraglichen Vereinbarung und nicht bloß deren Geschäftsgrundlage. Gleiches gilt für die Nachforderung noch ausstehender Abfindungsraten und für die Rückzahlung schon geleisteter Beträge. Eine andere Beurteilung ist allenfalls in den Fällen denkbar, in denen der Kapitalbetrag keine (in Raten zu zahlende) Abfindung, sondern eine bloße Kapitalisierung sein soll. Dann wird durch die Unterhaltszahlung lediglich der gesetzliche Unterhaltsanspruch konkretisiert, während im Fall einer endgültigen, abschließenden Regelung an die Stelle des durch Verzicht abbedungenen gesetzlichen Unterhalts eine eigenständige vertragliche Unterhaltsvereinbarung tritt. Bei einer endgültigen Regelung scheidet eine Anpassung an veränderte Umstände, etwa an die Wiederverheiratung des Berechtigten, aus (BGH FamRZ 05, 1662, zugleich zu denkbaren Anfechtungsgründen und Ansprüchen nach § 826). Von besonderer Bedeutung ist der **Unterhaltsverzicht**. Eine derartige Vereinbarung muss stets klar und eindeutig formuliert sein (Schlesw FamRZ 93, 72). Im Einzelfall ist zu prüfen, ob anstelle eines Unterhaltsverzichts nachehelicher Unterhalt lediglich nicht geltend gemacht wird. Selbst eine längerfristige **Nichtgeltendmachung** von Unterhalt kann allein nicht als Ausdruck eines Verzichtswillens angesehen werden (BGH FamRZ 81, 763, auch zum Kindesunterhalt). Der **Verzichtswille muss eindeutig** zum Ausdruck gebracht werden. Ein stillschweigender Verzicht kann nur ausnahmsweise angenommen werden (Schlesw FamRZ 93, 72). Der Grundsatz, dass ein einseitiger Verzicht auf einen Anspruch ohne rechtliche Wirkung ist (BGH NJW 87, 3203), gilt auch im Unterhaltsrecht. Auch ein Verzicht auf einen Unterhaltsanspruch erfordert deshalb einen vertraglichen Erlass iSd § 397 (BGH NJW 85, 1835; Ddorf FamRZ 96, 734). Der Verzicht kann befristet und aufschiebend oder auflösend bedingt sowie mit einem Rücktrittsvorbehalt verbunden werden. Auch ein Verzicht auf einen Unterhaltsverzicht ist durch Vertrag möglich und führt dazu, dass wieder die gesetzliche Unterhaltsregelung gilt (Ddorf FamRZ 96, 734). Der **Verzicht** kann **vollumfänglich** erfolgen. Er erfasst sodann das Stammrecht und alle sich aus dem Stammrecht ergebenden Einzelansprüche. Von einem **Verzicht** auf nachehelichen Unterhalt können **einzelne Elemente**, etwa Unterhaltstatbestände wegen Kindesbetreuung, wegen Krankheit etc, ausgenommen werden. Umgekehrt kann sich der Verzicht auch auf nur einzelne Unterhaltsbestandteile (etwa Altersvorsorgeunterhalt), bestimmte Unterhaltstatbestände (etwa Aufstockungsunterhalt nach § 1573 II), oder auf einen Teilbetrag des gesetzlich geschuldeten Unterhalts erstrecken. Ein wirksamer Unterhaltsverzicht umfasst im Zweifel den gesamten Unterhaltsanspruch, also auch den **Notbedarf**. Wird der Fall etwaigen Notbedarfs ausdrücklich ausgenommen, ist ggf das Existenzminimum bzw Aufstockung auf das Existenzminimum geschuldet (BGH FamRZ 80, 1104). Der **Verzicht** auf den Anspruch gem **§ 1586 a** muss ausdrücklich erklärt werden.

3. Wirksamkeits- und Ausübungskontrolle. Während in der Vergangenheit bei Eheverträgen nahezu völlige **Vertragsfreiheit** angenommen wurde, hat sich die Rechtsprechung insb aufgrund der Entscheidungen des BVerfG (FamRZ 01, 343) und des BGH (FamRZ 04, 601= FuR 04, 119) stark gewandelt (Übersicht der BGH-Rechtsprechung bei *Weber-Moneke-Schnitzler* FF 07, 135; vgl auch Langenfeld FPR 09, 497). Eheverträge unterliegen der **Inhaltskontrolle** zu zwei verschiedenen Zeitpunkten mit unterschiedlichen Prüfungskriterien und andersartigen Rechtsfolgen: Zum Zeitpunkt des Vertragsabschlusses ist die Vereinbarung iRd **Wirksamkeitskontrolle** (vgl Rn 7) zu prüfen auf Sittenwidrigkeit gem § 138 mit der evtl Folge der totalen Nichtigkeit (BGH FamRZ 05, 26; 05, 1449). Die richterliche Inhaltskontrolle kann sich nicht nur zugunsten, sondern auch zu Lasten des Unterhaltsberechtigten auswirken (BGH FamRZ 09, 198; Karlsr FamRZ 07, 478). Es geht um den **Ausgleich ehebedingter**, nicht scheidungsbedingter, **Nachteile** (BGH FamRZ 08, 582; NJW 05, 2386). Durch eine richterliche Vertragsanpassung darf der Ehegatte nicht besser gestellt werden, als er sich ohne die Ehe von seinen mit dieser einhergehenden Erwerbsverzicht stünde (BGH NJW-RR 07, 2848). Bei Scheitern der Lebensgemeinschaft der Parteien wird mit Hilfe der **Ausübungskontrolle** nach § 242 (vgl BGH FamRZ 08, 582; 05, 26; 05, 1449; vgl zu Einzelheiten Rn 7) untersucht, ob die durch den Ehevertrag vereinbarten Rechtsfolgen nach dem Eintritt unerwarteter Veränderungen für den im Vertrag benachteiligten Ehepartner noch hinnehmbar erscheinen; andernfalls erfolgt eine richterliche Vertragsanpassung. Ziel beider Überprüfungen ist es, eine evident einseitige und nicht hinnehmbare Lastenverteilung zu korrigieren. Die vom BVerfG und BGH entwickelten Grundsätze zur richterlichen Inhaltskontrolle von Eheverträgen sind auf **Scheidungsvereinbarungen** entspr anzuwenden (Celle FamRZ 07, 1567; 04, 1969; 1202 jeweils m Anm *Bergschneider*; *Borth* FamRZ 04, 609), desgleichen auf nachehelich getroffene Vereinbarungen (Münch FamRZ 05, 215) und in Ausnahmefällen auf Trennungsvereinbarungen.

7 Unter welchen Voraussetzungen eine Vereinbarung, durch welche Ehegatten ihre unterhaltsrechtlichen Verhältnisse (oder ihre Vermögensangelegenheiten) für den Scheidungsfall abw von den gesetzlichen Vorschriften regeln, unwirksam ist (§ 138) oder eine Berufung auf alle oder einzelne vertragliche Regelungen unzulässig macht (§ 242), lässt sich nicht allg und für alle denkbaren Fälle beantworten (zu Einzelheiten vgl Kommentierung zu § 1408). Die **grds Disponibilität der Scheidungsfolgen** (BGH FamRZ 07, 1310; 06, 1359 mAnm *Bergschneider*; FamRZ 06, 1437; 05, 1449; 05, 1424) darf nicht dazu führen, dass der Schutzzweck der gesetzlichen Regelungen durch vertragliche Vereinbarungen beliebig unterlaufen werden kann. Dies wäre aber der Fall, wenn dadurch eine **evident einseitige** und durch die individuelle Gestaltung der ehelichen Lebensverhältnisse **nicht gerechtfertigte Lastenverteilung** entstünde, die hinzunehmen für den belasteten Ehegatten – bei angemessener Berücksichtigung der Belange des anderen Ehegatten und seines Vertrauens in die Geltung der getroffenen Abrede – bei verständiger Würdigung des Wesens der Ehe unzumutbar erscheint (BGH FamRZ 05, 1449). Entspr der Rspr des BVerfG (FamRZ 01, 343; 01, 985) und des BGH (FamRZ 04, 601) ist in zwei Schritten zu prüfen, ob die Vertragsfreiheit von den Parteien missbraucht wurde (BGH FamRZ 05, 691; 1444; 185; FuR 05, 262; 410). Zunächst ist iRd **Wirksamkeitskontrolle** zu prüfen, ob die Vereinbarung schon im Zeitpunkt ihres Zustandekommens offenkundig zu einer derart einseitigen Lastenverteilung für den Scheidungsfall führt, dass ihr losgelöst von der künftigen Entwicklung der Ehegatten und ihrer Lebensverhältnisse wegen Verstoßes gegen die guten Sitten die Anerkennung der Rechtsordnung ganz oder teilweise zu versagen ist mit der Folge, dass an ihre Stelle die gesetzlichen Regelungen treten (vgl BGH NJW 04, 930). Erforderlich ist eine Gesamtwürdigung der Umstände bei Vertragsabschluss. Die Gesamtwürdigung hat auf die **individuellen Verhältnisse** bei Vertragsschluss abzustellen, insb auf die Einkommens- und Vermögensverhältnisse, den geplanten oder bereits verwirklichten Zuschnitt der Ehe sowie auf die Auswirkungen auf die Ehegatten und auf die Kinder. **Subjektiv** sind die von den Ehegatten mit der Abrede verfolgten Zwecke sowie sonstige Beweggründe zu berücksichtigen. Nur wenn durch den Vertrag Regelungen aus dem **Kernbereich** des gesetzlichen Scheidungsfolgenrechts ganz oder jedenfalls zu erheblichen Teilen abbedungen werden, ohne dass rechtfertigende Gründe oder eine Kompensation vorliegen, kommt das Verdikt der **Sittenwidrigkeit** in Betracht. Aus den gesetzlichen Regelungen über nachehelichen Unterhalt, Zugewinn- und Versorgungsausgleich lässt sich **kein unverzichtbarer Mindeststandard an Scheidungsfolgen** herauslesen (BGH NJW 09, 2124; FamRZ 07, 1310; 04, 601 und ständig). Korrespondierend zur Autonomie der Ehegatten bei der Ausgestaltung ihrer Lebensverhältnisse unterliegen die Scheidungsfolgen grds der vertraglichen Disposition der Ehegatten. Andererseits liegt dem gesetzlichen Scheidungsfolgensystem der Gedanke zugrunde, dass ehebedingte Nachteile, die ein Ehegatte um der Ehe oder der Kindererziehung willen in seinem eigenen beruflichen Fortkommen und dem Aufbau einer entspr Altersversorgung oder eines entspr Vermögens auf sich genommen hat, nach der Scheidung ausgeglichen werden sollen, wobei Erwerbstätigkeit und Familienarbeit, wenn die Parteien nichts anderes vereinbart haben, grds als gleichwertig behandelt werden. Ob eine ehevertragliche Scheidungsfolgenregelung mit diesem Grundgedanken vereinbar ist, bedarf im Einzelfall der Prüfung (BGH FuR 05, 413). Allein eine **Schwangerschaft** der Ehefrau bei Abschluss des Ehevertrages vermag für sich allein noch keine Nichtigkeit zu begründen. Sie indiziert jedoch eine **ungleiche Verhandlungsposition** und damit eine Disparität bei Vertragsabschluss (BGH NJW 09, 2124; FamRZ 05, 1444; Celle FamRB 08, 33). Weitere Umstände wie Alter, finanzielle Verhältnisse, berufliche Qualifikationen etc sind jedoch gleichfalls zu berücksichtigen. Hat eine Vereinbarung vor diesem Hintergrund Bestand, ist im Wege der **Ausübungskontrolle** zu prüfen, ob und inwieweit ein Ehegatte die ihm durch den Vertrag eingeräumte Rechtsmacht missbraucht, wenn er sich auf die Vereinbarung beruft (§ 242). Hierfür sind nicht nur die Verhältnisse im Zeitpunkt des Vertragsschlusses maßgebend, sondern auch die Umstände im **Zeitpunkt des Scheiterns der Lebensgemeinschaft** (BGH FamRZ 05, 1444; 04, 601). Die **Erkrankung eines Ehegatten** kann die Berufung des anderen Ehegatten auf den ehevertraglich vereinbarten Ausschluss von nachehelichem Unterhalt als rechtsmissbräuchlich erscheinen lassen (BGH FamRZ 08, 582). Bei der sodann gebotenen richterlichen Anpassung der Vereinbarung sind jedoch (nur) die ehebedingten Nachteile auszugleichen. Diese liegen etwa darin, dass der erkrankte Ehegatte in der Ehe auf eine eigene mögliche Erwerbstätigkeit verzichtet hat und nunmehr eine Erwerbsunfähigkeitsrente bezieht, die niedriger ist als die Rente, die er bezöge, wenn er in der Ehe berufstätig geblieben wäre. Die Rspr, wonach

Eheverträge und Scheidungsvereinbarungen, die zu Lasten des **Sozialleistungsträgers** gehen, sittenwidrig sein können (grundl BGH FamRZ 83, 137), gilt weiter (BGH FamRZ 09, 198; 07, 197 = FuR 07, 81). Die nicht ehebedingten Lebensrisiken eines Partners können grds und von vornherein auch mit Wirkung gegen den Sozialleistungsträger aus der gemeinsamen Verantwortung, welche die Ehegatten füreinander haben, herausgenommen werden. Voraussetzung für eine sittenwidrige Belastung des Sozialhilfeträgers ist stets, dass ohne den Unterhaltsverzicht des einen Ehegatten eine Unterhaltspflicht des anderen Ehegatten bestünde und erst der Ausschluss dieser Pflicht zur Belastung des Sozialleistungsträgers führt (BGH FuR 07, 81=FamRZ 07, 197). Ein Ehevertrag, der einen Globalverzicht zu Lasten eines aus dem **Ausland** eingereisten Ehegatten enthält, der seine Heimat verlassen hat und im Hinblick auf die Eheschließung in Deutschland ansässig geworden ist, ist jedenfalls dann sittenwidrig, wenn schon bei Vertragsschluss die Möglichkeit nicht fern lag, dass er sich wegen einer Erkrankung im Fall des Scheiterns der Ehe werde selbst unterhalten können (BGH FamRZ 07, 450; vgl auch *Grziwotz* DNotZ 07, 304 und *Bergschneider* FamRZ 07, 452). **Globalverzichte** mit ausweisungsbedrohten Ausländern sind regelmäßig unwirksam (BGH FamRZ 07, 1157). Bei Globalverzichten ist stets jedoch eine Gesamtbetrachtung aller Umstände unter Berücksichtigung sämtlicher wirtschaftlicher und persönlicher Verhältnisse sowie den Motiven geboten (BGH FamRZ 05, 691; vgl zuvor bereits BVerfG FamRZ 01, 343; vgl auch München FamRZ 07, 1244 und Hamm FamRZ 05, 1567). Ein Ehevertrag, durch den der vereinbarte nacheheliche Unterhalt nach den Einkommensverhältnissen bei Vertragsschluss bemessen worden ist, ist nicht deshalb unwirksam, weil darin eine Anpassung an künftige Einkommenssteigerungen des Unterhaltspflichtigen ausgeschlossen wurde. Auch eine richterliche Vertragsanpassung nach § 242 ist im Fall späterer Einkommenssteigerungen nicht gerechtfertigt (BGH FamRZ 07, 974). IRd Ausübungskontrolle hat eine Beschränkung auf den **Ausgleich ehebedingter Nachteile** (BGH FamRZ 08, 587; NJW 07, 904) zu erfolgen. Im Wege einer Hypothese ist die finanzielle Stellung des Unterhalt begehrenden Partners zu ermitteln, die dieser gehabt hätte, wäre es nicht zur Eheschließung und den damit für seine berufliche Entwicklung ausgelösten Nachteilen gekommen (vgl bereits BGH FamRZ 05, 1449; 185; 04, 601).

Die **Rangordnung der Scheidungsfolgen** ist zu beachten. Je höherrangig die Scheidungsfolgen angesiedelt **8** werden, desto schwerwiegender müssen die Gründe für deren Abbedingung sein (BGH NJW 09, 2124; FamRZ 07, 1310; NJW 06, 3142; FamRZ 05, 1444; vgl auch *Dauner-Lieb* AcP 01, 295; *Hahne* DNotZ 04, 84):
1. Stufe: Unterhalt wegen Kindesbetreuung gem § 1570: grds unverzichtbar, allerdings (in Grenzen) modifizierbar nach Dauer und Höhe (BGH FamRZ 08, 582; NJW 06, 3142 m Anm *Rakete-Dombek* NJW 06, 3146; FamRZ 05, 1444; NJW 04, 930; Ddorf FamRZ 08, 519; 05, 216). Andernfalls würde der Satz, dass auch der Kindesbetreuungsunterhalt einer abweichenden vertraglichen Regelung zugänglich ist, zur Leerformel. Eine Vereinbarung, nach welcher der Betreuungsunterhalt bereits dann entfallen soll, wenn das jüngste Kind das 6. Lebensjahr vollendet hat, ist nicht schlechthin sittenwidrig. Entscheidend sind die Umstände des Einzelfalls (BGH FuR 07, 373 = FamRZ 07, 1310; FamRZ 07, 291; Hamm FuR 07, 177). Dies gilt erst recht nach Inkrafttreten des UÄndG 2008 und der Aufgabe des in der Vergangenheit praktizierten Altersphasenmodells. Nach der Rspr des BGH (FamRZ 06, 1359; 05, 1444) kann der Betreuungsunterhalt abw von den gesetzlichen Vorschriften geregelt werden und muss nicht immer den eheangemessenen Unterhalt erreichen. Im Hinblick auf den **hohen Rang des Betreuungsunterhalts** bedarf es jedoch im Einzelfall einer sorgfältigen, letztlich zurückhaltenden, Prüfung. Bei einfachen oder mittleren Verhältnissen sollte die Vereinbarung eines geringeren als des gesetzlichen Unterhalts (§ 1578 I 1) vermieden werden (vgl auch Kobl FamRZ 04, 805). Bei sehr großzügigen Verhältnissen kommt eine höhenmäßige Begrenzung eher in Betracht. Maßstab ist auch hier das Kindeswohl.
2. Stufe: Alters- und Krankheitsunterhalt nach §§ 1571, 1572: ebenfalls hochrangig eingestuft (BGH FamRZ 08, 582; 07, 197; 05, 1449; 04, 601) jedoch in Grenzen disponibel (BGH FamRZ 05, 691; 05, 26). Ist der Ehegatte zum Zeitpunkt des Abschlusses des Ehevertrages bereits krank, verschlimmert sich seine Krankheit bis zur Scheidung nicht oder bringt die Krankheit während dieser Zeit keine größere Unterhaltsbedürftigkeit mit sich, ist ein ehevertraglicher Unterhaltsverzicht grds nicht zu beanstanden (BGH FamRZ 07, 197; vgl auch BGH FamRB 05, 126 zum (wirksamen) wechselseitigen Unterhaltsverzicht von zwei kranken Ehegatten, die bereits beide Sozialhilfeempfänger sind; zur Dispositionsbefugnis beim Krankheitsunterhalt vgl iÜ § 1572 Rn 11). Liegt zum Zeitpunkt des Vertragsabschlusses die Möglichkeit nicht fern, dass der Ehegatte sich nach der Scheidung krankheitsbedingt nicht selbst wird unterhalten können, ist der Ehevertrag im Wege der Bestandskontrolle nach § 138 I zu beanstanden (BGH FamRZ 07, 450). Andererseits bestehen gegen den ehevertraglichen Ausschluss eines Unterhaltsanspruchs keine Bedenken, wenn bei Vertragsabschluss nicht absehbar ist, ob und wann der Berechtigte unterhaltsbedürftig werden könnte und ein wesentlicher Teil der Altersversorgung bereits erworben worden ist (BGH NJW 05, 1370). Bei der Inhaltskontrolle von Eheverträgen teilt jedoch der **Krankenvorsorge- und Altersvorsorgeunterhalt** den Rang des Elementarunterhalts, von dem er sich ableitet, soweit die Unterhaltspflicht ehebedingte Nachteile ausgleichen soll (BGH FuR 05, 410 = FamRZ 05, 1449; 05, 1444). Damit wird der Altersvorsorgeunterhalt stark aufgewertet. Der BGH hatte dem Krankenvorsorge- und Altersvorsorgeunterhalt zunächst eine eher nachrangige Bedeutung zugemessen (BGH FamRZ 04, 601) und den Krankenvorsorge-

unterhalt an die vierte Stelle der Wertigkeitsleiter gesetzt. Dieser Nachrang kann aber dort nicht zum Zuge kommen, wo die Unterhaltspflicht **ehebedingte Nachteile** ausgleichen soll. Das Unterhaltsrecht will in solchen Fällen die Risiken, die ein Ehegatte iRd gemeinsamen Lebensplanung auf sich genommen hat und die sich mit der Trennung und Scheidung der Ehegatten verwirklichen, gleichmäßig unter den Ehegatten verteilen. Eine solche gleichmäßige Lastenverteilung kann sich nicht auf den Elementarunterhalt beschränken und den Krankheits- und Altersvorsorgeunterhalt aussparen. Damit sind diese unselbstständigen Bestandteile des Unterhalts unter denselben Schutz gestellt wie der Elementarunterhalt, von dem sie sich ableiten: ergibt sich Elementarunterhalt aus §§ 1570–1572 und gehört er damit zum Kernbereich der Scheidungsfolgen, unterliegt auch der Kranken- und Altersvorsorgeunterhalt diesem Schutz und damit denselben Wirksamkeitsanforderungen wie der Elementarunterhalt. Leitet sich der Alters- und Krankenvorsorgeunterhalt von Unterhaltsansprüchen nach §§ 1573 I oder II ab, ist er genauso wenig schutzbedürftig und ohne Begründung ausschließbar wie der Elementarunterhalt selbst. Allerdings ist der Altersvorsorgeunterhalt auf den Betrag zu beschränken, den der Kinder betreuende Ehegatte ohne die Kinderbetreuung bei Weiterführung seiner beruflichen Tätigkeit auch unter Einbeziehung entspr Beiträge seines Arbeitgebers für den Auf- und Ausbau seiner Altersversorgung hätte verwenden können. Maßgebend ist damit der Beitragsbemessungssatz für die Rentenversicherung und das erzielbare Bruttoeinkommen, wobei Arbeitgeber- und Arbeitnehmeranteile zusammenzurechnen sind (BGH FuR 05, 410=FamRZ 05, 1449). Damit erstreckt der BGH seine zum Versorgungsausgleich entwickelte Rspr (FamRZ 05, 185; eingehend hierzu *Deisenhofer* FPR 07, 124) auf den Altersvorsorgeunterhalt. Beim Versorgungsausgleich hatte der BGH iRd Beanstandung eines Ausschlusses des Versorgungsausgleichs nicht die Aufteilung nach § 1587a II 2, also nicht Nivellierung, stattfinden lassen, sondern den Ausgleich nur in der Höhe gestattet, wie er sich für die kinderbetreuende Ehefrau bei Fortsetzung ihrer Erwerbstätigung ergeben hätte.

3. Stufe: Unterhalt wegen Erwerbslosigkeit nach § 1573 I und IV: Weitergehend disponibel, da schon § 1573 IV das Risiko der Erwerbslosigkeit auf den Berechtigen verlagert (BGH FamRZ 08, 582; 07, 974; 05, 691, 1444; Ddorf FamRZ 08, 519; FamRZ 07, 732; Hamm NJW 06, 3012; krit jedoch *Maier* FamRZ 05, 1509).

4. Stufe: Die übrigen Unterhaltstatbestände wie **Aufstockungsunterhalt** nach § 1573 II (BGH FamRZ 07, 974; 05, 691; Hamm FamRZ 07, 732; 05, 1562), **Ausbildungsunterhalt** nach § 1575 und **Billigkeitsunterhalt** nach § 1576 (BGH FamRZ 05, 1444) sind weitgehend disponibel (BGH FamRZ 05, 691; Ddorf FamRB 08, 2; Hamm FamRZ 07, 732).

9 IV. Salvatorische Klauseln, Wirksamkeitsklauseln. Ergibt die Wirksamkeitskontrolle, dass einzelne Klauseln eines Ehevertrages schon im Zeitpunkt seines Zustandekommens nach § 138 I nichtig sind, so ist nach § 139 idR der gesamte Vertrag nichtig, wenn nicht anzunehmen ist, das er auch ohne die nichtigen Klauseln geschlossen sein würde (BGH FamRZ 06, 1097; FuR 05, 413 = FamRZ 05, 1444). Ein Rechtsgeschäft kann jedoch auch ohne den sittenwidrigen Teil aufrechterhalten werden, wenn dies dem **mutmaßlichen Parteiwillen** entspricht (ausf zur **Teil- oder Gesamtnichtigkeit** bei Eheverträgen *Brambring* NJW 07, 865). Voraussetzung ist jedoch, dass sich der Sittenverstoß eindeutig auf einen abtrennbaren Teil beschränkt und iÜ gegen den Inhalt des Vertrages keine Bedenken bestehen (BGH FamRZ 06, 1097; 05, 1444; NJW 01, 815; Kobl FamRZ 07, 479). Der unwirksame Verzicht auf Trennungsunterhalt (§§ 1364 IV 4; 1360a III, 1614 I) muss jedenfalls dann nicht die Unwirksamkeit eines Verzichts auf nachehelichen Unterhalt zur Folge haben, wenn die Parteien das Rechtsgeschäft auch ohne den unwirksamen Teil abgeschlossen hätten (Kobl FamRZ 07, 479; Frankf FamRZ 07, 2082). Wegen der Nichtidentität von Trennungsunterhalt und nachehelichem Unterhalt (BGH FamRZ 81, 242) wird man bereits unterschiedlicher Meinung darüber sein können, ob eine Vereinbarung einerseits über den Trennungs- andererseits über den nachehelichen Unterhalt überhaupt als einheitliches Rechtsgeschäft iSd § 139 anzusehen ist. Nur wenn man diese Frage bejaht, wird es eine Auslegung des mutmaßlichen Parteiwillens bedürfen. In der Praxis wird man oftmals nur zu einer Teilnichtigkeit gelangen (zutr *Bergschneider* FamRZ 07, 2083). Wünschen Parteien, dass einzelne Vertragsbestimmungen jedenfalls Bestand haben sollen, empfehlen sich **Sicherungsklauseln**, insb salvatorische Klauseln. Derartige salvatorische Klauseln sollten jedoch nicht standardisiert verwendet werden und sollten individuell formuliert sein. Sie können relevant werden, wenn sich die Gesamtnichtigkeit aus der Anwendung des § 139 ergibt (BGH NJW 06, 2331; vgl. Kobl FamRZ 06, 230; Hamm NJW-RR 06, 793; München DNotZ 05, 819; *Brambring* NJW 07, 865 und *Bergschneider* FamRZ 05, 185). In diesem Fall führen salvatorische Klauseln zu einer **Beweislastumkehr.** Der Vertragspartner, der sich auf die Gesamtnichtigkeit der Vereinbarung beruft, ist entgegen § 139 **darlegungs- und beweispflichtig** (BGH NJW 03, 347). Dieser Ehegatte, muss die Vermutung, dass der Vertrag auch ohne den nichtigen Teil noch eine ausgewogene und von den Parteien gewollte Regelung enthält, widerlegen. Die salvatorische Klausel kann kombiniert werden mit einer **Wirksamkeitsklausel.** Diese regelt im Einzelnen, welche Vertragsbestimmungen im Verhältnis zueinander für den Fall der Unwirksamkeit einzelner Klauseln jedenfalls Bestand haben sollen (*Bergschneider/Kössinger* P.IV.2). Ergibt sich die *Sittenwidrigkeit* der getroffenen Abreden bereits aus der Gesamtwürdigung eines Vertrages, dessen Inhalt für eine Partei ausnahmslos nachteilig ist und dessen Einzelregelungen durch keine berechtigten Belange der anderen Partei gerechtfertigt werden, so erfasst die Nichtigkeitsfolge den gesamten Vertrag. Für eine **Teilnichtigkeit** bleibt in diesem Fall kein Raum (*Brambring* FPR 05, 130). Eine salvatorische Klausel ändert daran nichts (BGH FamRZ 08, 2011; 06, 1097; vgl auch Kobl FamRZ 06, 230; Hamm NJW-RR 06, 793; *Bergschneider* FamRZ 05, 185; München DNotZ 05, 819). **Salvatorische Klauseln** haben danach nur beschränkte Bedeutung (vgl auch Langenfeld FPR 08, 38; Brambring FPR 05, 130). Keine Gesamtnichtigkeit, sondern über § 139 eine Teilwirksamkeit kann sich ergeben, wenn der Inhalt des Ehevertrages für eine Partei nicht ausnahmslos nachteilig ist, sondern auch vorteilhafte Regelungen enthält oder Einzelregelungen durch berechtigte Belange der anderen Partei gerechtfertigt sind.

V. Verfahrensfragen. Die Unwirksamkeit eines Ehevertrages kann iRe Ehescheidungsverfahrens als Folgesache gem. § 623 ZPO oder in einem isolierten Verfahren im Wege eines Stufenantrags geltend gemacht werden. Das Familiengericht hat sodann die Wirksamkeit des Ehevertrages **inzident** zu prüfen (Naumbg FamRZ 08, 619). Ein **isolierter Feststellungsantrag** über die Wirksamkeit einer unterhaltsrechtlichen Regelung im Ehevertrag wird als unzulässig anzusehen sein. Zwar mögen Gründe der Prozesswirtschaftlichkeit für eine Zulässigkeit sprechen (Ddorf NJW-RR 05, 1). Jedoch wird ein Feststellungsinteresse zu verneinen sein. Andernfalls würde § 623 ZPO, der den prozessualen Weg zur Regelung der Scheidungsfolgen aufzeigt, ausgehöhlt (zutr Frankf NJW-RR 07, 289). Hingegen schließen sämtliche **Verbundverfahren** gem § 623 ZPO die Möglichkeit ein, einen entsprechenden **Zwischenfeststellungsantrag** zu erheben, sofern die Voraussetzungen des § 256 II ZPO erfüllt sind (BGH FamRZ 09, 198; 05, 282; 04, 691; Frankf FuR 06, 196; Köln FamRZ 06, 1768 und eingehend *Gomille* NJW 08, 274). Wurde im Hinblick auf einen Ehevertrag Unterhalt nicht geltend gemacht und liegt kein Unterhaltstitel vor, kann Unterhalt für die Zukunft geltend gemacht werden, vorausgesetzt die Anspruchsvoraussetzungen liegen (noch) vor. Eine Verwirkung des Stammrechts ist nicht anzunehmen. Liegt ein abweisender oder teilweise abweisender Titel vor, ist die einschlägige Rspr des BGH in Zusammenhang mit der Surrogatsprechung heranzuziehen, wonach eine **grundlegende Änderung der Rspr** einen **Abänderungsgrund** iSv § 238 FamFG (vorm 323 ZPO) darstellt (BGH FamRZ 03, 849 und 1734). Die **Darlegungs- und Beweislast** für die Umstände hinsichtlich der Unwirksamkeit der Vereinbarung trägt die Partei, die sich darauf beruft. Von einer ungleichen Verhandlungsposition ist auf deren Ausnutzung zu schließen (vgl Palandt/*Brudermüller* § 1408 Rz 33). Die Darlegungs- und Beweislast wird zT jedoch auf die begünstigte Partei verlagert, in dem von einer evident einseitigen Belastung eines Ehegatte auf eine „subjektive" Ungleichheit geschlossen wird, wenn kein nachvollziehbarer Grund erkennbar ist (Karlsr FamRZ 07, 477).

10

Kapitel 5 Ende des Unterhaltsanspruchs

§ 1586 Wiederverheiratung, Begründung einer Lebenspartnerschaft oder Tod des Berechtigten.
(1) Der Unterhaltsanspruch erlischt mit der Wiederheirat, der Begründung einer Lebenspartnerschaft oder dem Tode des Berechtigten.
(2) ¹Ansprüche auf Erfüllung oder Schadensersatz wegen Nichterfüllung für die Vergangenheit bleiben bestehen. ²Das Gleiche gilt für den Anspruch auf den zur Zeit der Wiederheirat, der Begründung einer Lebenspartnerschaft oder des Todes fälligen Monatsbetrag.

Bei **Wiederheirat** des Berechtigten erlangt dieser einen neuen Unterhaltsanspruch gegen seinen Ehegatten nach §§ 1360 ff. Der bisherige Anspruch erlischt. Das Gleiche gilt nach Art 2 Nr 8 LPartG auch für eingetragene Lebenspartner. § 1586 I ist auf den Unterhaltsanspruch aus Anlass der Geburt nach § 1615 l I 1 und II 1 u 2 entspr anwendbar (BGH FamRZ 05, 347 m Anm *Schilling* und *Graba*). § 1586 ist **disponibel** (Kobl FamRZ 02, 1040; Bambg FamRZ 99, 1278). Das Erlöschen titulierter Unterhaltsansprüche nach § 1586 ist mit der **Vollstreckungsgegenklage** (§ 767 ZPO) geltend zu machen.

1

Der **Tod des Berechtigten** führt zum Erlöschen aller Unterhaltsrechtsverhältnisse. Rückständige oder fällige Unterhaltsansprüche sind vererblich. Der Fortbestand der unterhaltsrelevanten Umstände ist nicht **Geschäftsgrundlage** eines **Abfindungsvergleichs** für nachehelichen Unterhalt. Auch im Fall der vereinbarten Ratenzahlung lässt eine **Wiederheirat** des Berechtigten die noch ausstehende Ratenzahlungspflicht nicht entfallen (BGH FamRZ 05, 1662 = FuR 05, 508). Wenn die Parteien eines Unterhaltsvergleichs mit der Vereinbarung eines Abfindungsbetrages eine endgültige Regelung des Unterhalts wollen, liegt darin regelmäßig auch ein Ausschluss weiterer Ansprüche für nicht vorhersehbare Veränderungen (BGH NJW 51, 759). Die abschließende Wirkung auf der Grundlage einer bloßen Prognose ist daher wesentlicher Inhalt der vertraglichen Vereinbarung und nicht nur deren Geschäftsgrundlage. Gleiches gilt auch für die Nachforderung noch ausstehender Abfindungsansprüche und für die Rückzahlung schon geleisteter Beträge. Anstelle des durch Verzicht abbedungenen gesetzlichen Unterhalts tritt eine **eigenständige vertragliche Unterhaltsvereinbarung**. Diese wird nicht an veränderte Umstände angepasst (BGH NJW 05, 3282). Der **Fortbestand der unterhaltsrelevanten Umstände** ist **nicht Geschäftsgrundlage** der Vereinbarung. Bei der Vereinbarung verbleibt es auch, wenn der Abfindungsbetrag in Raten gezahlt werden soll und die Unterhaltsberechtigte vor Fälligkeit der letzten Rate wieder heiratet. Davon zu unterscheiden sind nur Fälle, in denen der Kapitalbetrag keine Abfindung darstellen soll, sondern eine Kapitalisierung in

2

Form der Vorauszahlung. Nur bei einer derartigen Konstellation wird der gesetzliche Unterhaltsanspruch konkretisiert (BGH FamRZ 05, 1662 = FuR 05, 508).

3 Ansprüche auf **Erfüllung** oder **Schadenersatz wegen Nichterfüllung** für die Vergangenheit bleiben bestehen. Sie können von den Erben weiterverfolgt werden. Bei Tod oder Wiederheirat wird der volle Monatsbetrag geschuldet.

4 Wenn Einverständnis zwischen den Parteien besteht, dass die titulierten Ansprüche vollständig erfüllt oder entfallen sind oder dies aufgrund einer Vollstreckungsgegenklage oder Abänderungsklage durch Urt festgestellt wurde, ist der Unterhaltsberechtigte entspr §§ 785, 797 ZPO zur Herausgabe des Titels verpflichtet (Nürnbg FuR 92, 303).

§ 1586a Wiederaufleben des Unterhaltsanspruchs.
(1) Geht ein geschiedener Ehegatte eine neue Ehe oder Lebenspartnerschaft ein und wird die Ehe oder Lebenspartnerschaft wieder aufgelöst, so kann er von dem früheren Ehegatten Unterhalt nach § 1570 verlangen, wenn er ein Kind aus der früheren Ehe oder Lebenspartnerschaft zu pflegen oder zu erziehen hat.
(2) Der Ehegatte der später aufgelösten Ehe haftet vor dem Ehegatten der früher aufgelösten Ehe. Satz 1 findet auf Lebenspartnerschaften entsprechende Anwendung.

1 § 1586a enthält eine **Ausn** von der Regel des § 1586 I, wonach der Anspruch auf nachehelichen Unterhalt mit der Wiederheirat erlischt. Aus dem Gesichtspunkt der **nachehelichen Solidarität** soll der Berechtigte bei Betreuung eines gemeinsamen Kindes aus erster Ehe den früheren Ehegatten auf Unterhalt in Anspruch nehmen können. § 1586a beinhaltet damit zugleich eine Ausn von der ansonsten gebotenen **Tatbestandskette**. § 1586a gilt auch iRd **Lebenspartnerschaft**, allerdings nur dann, wenn ein Lebenspartner das Kind des anderen angenommen und dieses dadurch die Stellung eines gemeinschaftlichen Kindes der Lebenspartner erlangt hat (§§ 16 I, 9 VII LPartG, § 1754 I).

2 Die Vorschrift gilt für alle Gestaltungen der **Auflösung einer** wirksam geschlossenen **Ehe**, also auch durch Aufhebungsurteile und Scheidung sowie bei Lebenspartnerschaften. Im Fall des Todes des Ehegatten kann § 1586a analog angewendet werden (Saarbr FamRZ 87, 1047). Der Unterhaltsberechtigte muss durch die Betreuung eines oder mehrerer Kinder aus der früheren Ehe an einer Erwerbstätigkeit gehindert sein. Es gelten die zu § 1570 entwickelten Maßstäbe. Ein Einsatzzeitpunkt ist, ebenso wie bei § 1570, nicht erforderlich.

3 Der gem § 1586 I mit Wiederheirat des Unterhaltsgläubigers kraft Gesetzes erlöschende Anspruch ist mit dem Anspruch aus § 1586a I nicht identisch. Für die Höhe des subsidiären Unterhalts nach § 1586a ist der in letzter Ehe erreichte Lebensstandard **Obergrenze**. Auch ein über den Unterhaltsanspruch eines Ehegatten für die Zeit nach Scheidung der Ehe geschlossener Vergleich umfasst ohne entspr Parteiwillen nicht den Unterhaltsanspruch, den der frühere Unterhaltsgläubiger nach der Scheidung einer neuen Ehe gem § 1586a erlangt (BGH FamRZ 88, 46).

4 Durch das **UÄndG 2008** wurde § 1586a I 2 aF ersatzlos gestrichen. Diese Bestimmung gewährte vormals einen praktisch nur selten geltend gemachten **Betreuungsanschlussunterhaltsanspruch** gegen einen früheren Ehegatten nach Scheidung einer weiteren Ehe des unterhaltsbedürftigen Ehegatten. IGgs zu dem aus Gründen des Kindeswohls gebotenen Betreuungsunterhaltsanspruch gegen den früheren Ehegatten nach § 1586a I 1 fehlt es für den Anschlussunterhalt an einer inneren Rechtfertigung. Der unterhaltsbedürftige Ehegatte löst sich mit der Eingehung einer neuen Ehe endgültig von der aus der früheren, geschiedenen Ehe abgeleiteten nachehelichen Solidarität. Der **Grundsatz der Eigenverantwortung** des geschiedenen Ehegatten steht dem Wiederaufleben von Anschlussunterhaltsansprüchen entgegen. Auch ein Anspruch nach § 1576 kommt nicht in Betracht, da § 1586a eine eng auszulegende Ausn von der Regel des § 1586 darstellt. Kommt eine Unterhaltspflicht beider geschiedenen Ehegatten in Betracht, haftet der Ehegatte der später aufgelösten Ehe vor dem Ehegatten der früher aufgelösten Ehe. Die vorrangige Haftung des zweiten Ehegatten besteht auch dann, wenn der bedürftige Ehegatte ein Kind aus der ersten Ehe bereits während des Bestehens der zweiten Ehe betreut hat, da dies die Lebensverhältnisse dieser Ehe geprägt hat. Eine Haftung des ersten Ehegatten kommt allerdings erst dann in Betracht, wenn der Unterhaltsanspruch aus § 1570 gg ihn erst nach Auflösung der zweiten Ehe entsteht, weil der bedürftige Ehegatte nunmehr die Betreuung des Kindes aus der ersten Ehe übernommen hat. Der erste Ehegatte haftet auch dann, wenn der zweite nicht oder teilw leistungsfähig ist oder der Unterhaltsanspruch gg ihn nach § 1579 verwirkt ist.

5 Bei Zusammentreffen von Unterhaltsansprüchen aus mehreren Ehen oder Lebenspartnerschaften haftet der Ehegatte oder Partner der später aufgelösten Ehe oder Partnerschaft vorrangig. Dies gilt auch, wenn aus den verschiedenen Ehen Kinder hervorgegangen sind. Ist der Unterhaltsgläubiger jedoch wegen der Betreuung eines Kindes/mehrerer Kinder aus zweiter Ehe an einer Erwerbstätigkeit nur teilweise gehindert, infolge der Betreuung aller Kinder dagegen in vollem Umfang, spricht viel dafür, entspr der Rspr des BGH zur Anteilshaftung zweier Väter nach §§ 1570 bzw 1615l (FamRZ 98, 541 = FuR 98, 131) beide geschiedenen Ehegatten **anteilig im Verhältnis ihrer nachwirkenden Mitverantwortung** analog § 1606 III haften zu lassen (FAKomm-FamR/*Klein* § 1586b Rz 7, aber str). **Entfällt die Primärhaftung** des zweiten Ehegatten wegen eingeschränkter Leistungsfähigkeit bzw Leistungsunfähigkeit, lebt die Unterhaltspflicht des ersten Ehegatten wie-

der auf. Dies gilt auch, wenn der Unterhaltsanspruch gegen den zweiten Ehegatten nicht oder nur erschwert durchgesetzt werden kann.
Zwischen dem durch Wiederheirat erloschenen Anspruch auf Unterhalt und dem Anspruch nach aufgelöster Zweitehe auf Betreuungsunterhalt besteht **keine Identität** (BGH FamRZ 88, 46). Der Berechtigte muss die Voraussetzungen des neuen Unterhaltsanspruchs **darlegen** und **beweisen**. Es bedarf einer neuen Titulierung des Anspruchs nach § 1586a. Die Umschreibung eines Alttitels ist nicht möglich. Gegen die Vollstreckung aus dem ursprünglichen Titel kann **Vollstreckungsgegenklage** (§ 767 ZPO) erhoben werden (BGH FamRZ 88, 46). Der Antrag eines früheren Ehegatten auf Feststellung, dass ein bei Scheidung der neuen Ehe nach § 1586a möglicher Unterhaltsanspruch gegen ihn ausgeschlossen sei, ist unzulässig (Karlsr FamRZ 89, 184). Die Haftung des zweiten Ehegatten ist ggf inzidenter in dem Verfahren gegen den früheren Ehegatten zu prüfen (Hamm FamRZ 86, 364).

§ 1586b Kein Erlöschen bei Tod des Verpflichteten.

(1) ¹Mit dem Tod des Verpflichteten geht die Unterhaltspflicht auf den Erben als Nachlassverbindlichkeit über. ²Die Beschränkungen nach § 1581 fallen weg. ³Der Erbe haftet jedoch nicht über einen Betrag hinaus, der dem Pflichtteil entspricht, welcher dem Berechtigten zustände, wenn die Ehe nicht geschieden worden wäre.
(2) Für die Berechnung des Pflichtteils bleiben Besonderheiten auf Grund des Güterstands, in dem die geschiedenen Ehegatten gelebt haben, außer Betracht.

Verstirbt der Unterhaltsschuldner, geht die Unterhaltspflicht auf den Erben als **Nachlassverbindlichkeit** (§ 1967 II) über. Eine vergleichbare Regelung enthält § 16 II 2 LPartG. Die **passive Vererblichkeit** des Unterhaltsanspruchs des geschiedenen Ehegatten stellt einen Ausgleich für den Verlust erbrechtlicher Ansprüche dar (*Bömelburg* FF 08, 144; *Schindler* FPR 06, 121). Durch § 1586b ändert sich der Anspruchsinhalt nicht. Die Unterhaltsschuld verwandelt sich qua lege in eine Nachlassverbindlichkeit auf Unterhalt. Da der Unterhaltsanspruch in dem Umfang auf die Erben übergeht, wie er beim Tod des Unterhaltsschuldners diesem ggü bestanden hat, ist zu dessen Gunsten auch ein **Erwerbstätigenbonus** in Abzug zu bringen (Zweibr ZFE 07, 399). Dem Erben wird lediglich der **Einwand der Haftungsbeschränkung** auf den Pflichtteil eingeräumt (Frankf FF 03, 68; vgl auch *Kuchinke* FF 02, 161). § 1586b erfasst nur **gesetzliche Unterhaltsansprüche**. Den gesetzlichen Unterhaltsanspruch konkretisierende **Unterhaltsvereinbarungen** binden den Erben gleichermaßen (BGH FamRZ 04, 1546; Kobl FamRZ 03, 261). Bei (in der Praxis äußerst seltenen!) selbstständigen Unterhaltsvereinbarungen, ist, sofern die Vereinbarung nichts Gegenteiliges enthält, § 1586b nicht anwendbar (aber str; vgl Bambg FamRZ 99, 1278; *Bergschneider* FamRZ 03, 1049 und *Hambitzer* FamRZ 01, 201). Die vertragliche **Abbedingung** der Beschränkung der Unterhaltsansprüche auf den Pflichtteil ist möglich (*Hambitzer* FPR 03, 157).

Der Unterhaltsberechtigte muss weiterhin **bedürftig** sein. Veränderungen seiner wirtschaftlichen Lage aufgrund des Todes des Unterhaltsschuldners, etwa Zufluss von Vermögen aufgrund von Versicherungsleistungen, sind zu berücksichtigen. Der Unterhaltsanspruch entfällt, wenn der Berechtigte wieder heiratet (§ 1586 I). Auf die Leistungsfähigkeit des verstorbenen Unterhaltsschuldners kommt es nicht (mehr) an. Die **Haftung des Erben** ist nach § 1586b I 3 auf den fiktiven Pflichtteil des Unterhaltsberechtigten **beschränkt**. Der geschiedene Ehegatte soll nicht mehr erhalten als er gehabt hätte, wenn seine Ehe statt durch Scheidung durch Tod des Verpflichteten aufgelöst worden wäre. Maßgebend ist der kleine Pflichtteil gem § 1931 I, II. **Güterrechtliche Besonderheiten** sind wegen § 1586b II unerheblich. § 1371 I ist damit nicht anwendbar. Wegen der Berechnung des fiktiven Pflichtteils als Haftungsquote vgl § 2303 Rn 4ff. Auszugehen ist vom Gesamtnachlass, mithin nicht vom Vermögen des Unterhaltsschuldners etwa im Zeitpunkt der Ehescheidung. Andere Pflichtteilsberechtigte, etwa auch nach Scheidung geborene Kinder, sind zu berücksichtigen. Für die Berechnung des fiktiven Pflichtteils gelten §§ 2311 ff. Auf der Passivseite ist eine Unterhaltsschuld ggü dem zweiten Ehegatten nicht abzuziehen. Der Ansatz einer güterrechtlichen Ausgleichsforderung des überlebenden Ehegatten ist umstr (bejahend *Dickmann* FamRZ 77, 161; abl *Bergschneider* FamRZ 03, 1049). Bei der Bemessung der Haftungsgrenze des § 1586b I 3 sind auch **(fiktive) Pflichtteilsergänzungsansprüche** zu berücksichtigen, die dem Unterhaltsberechtigten gem § 2325 gegen die Erben zustünden, wenn seine Ehe mit dem Unterhaltspflichtigen erst durch dessen Tod aufgelöst worden wäre (BGH FamRZ 03, 848). Ggü diesen (nur fiktiven) Pflichtteilsergänzungsansprüchen des Unterhaltsberechtigten können sich Erben, die selbst pflichtteilsberechtigt sind, nicht auf § 2328 berufen (BGH FamRZ 07, 1800 = FuR 07, 522 im Anschluss an BGH FamRZ 01, 282 = FuR 01, 259; Kobl FamRZ 03, 261; vgl zum Ganzen auch *Schindler* ZFE 07, 453; und *Bömelburg* FF 08, 144). Für die Pflichtteilsergänzung stellt das Gesetz auf den **Schenkungszeitpunkt** ab. Das Gesetz will denjenigen schützen, der seine Erberwartung auf die Vermögensverhältnisse in der Zeit stützen kann, als er schon pflichtteilsberechtigt war. Der Schutzgedanke kann nicht für denjenigen zum Zug kommen, der erst nach der Schenkung pflichtteilsberechtigt geworden ist, sei es durch Eheschließung, durch Adoption oder sogar durch Geburt. Diese Lösung nimmt dem Unterhaltsschuldner den Anreiz, seinen Nachlass durch Schenkungen zu Lebzeiten zu vermindern und so den nach seinem Tod weiterbestehenden, ohnehin beschränkten Unterhaltsanspruch seines geschiedenen Ehegatten zu entwerten (BGH FuR 01, 259 = FamRZ 01, 282).

3 Geht der Unterhaltsanspruch bis auf die Haftungsbeschränkung unverändert auf den Erben über, geht auch der Einwand der Verwirkung (§ 1579, § 16 I LPartG, § 242) über. Der Erbe kann sich aber auf **Verwirkungsgründe** nicht berufen, wenn das Verhalten des Erblassers den Schluss zulässt, er wolle vom Verwirkungseinwand keinen Gebrauch machen (Ddorf FamRZ 97, 1159; vgl zum Ganzen *Wilhelm-Lenz* FPR 05, 295). Davon ist nicht auszugehen, wenn der Erblasser den Unterhalt weitergezahlt hat, damit seine Rente nicht nach § 5 VAHRG (nunmehr: §§ 33, 34 VersAusgleichG) gekürzt wird (BGH FamRZ 04, 614; 03, 521). Die Unterhaltslast des Erben entfällt, wenn der überlebende Ehegatte auf sein Pflichtteilsrecht **verzichtet** hat. In einem derartigen Verzicht manifestiert sich gerade sein Entschluss, dass er kraft Gesetzes im Erbfall vom Erben nichts erhalten will. Der Erbe soll ihm dann auch nichts schulden. Tritt der Unterhaltsanspruch gegen den Erben nach der Scheidung an die Stelle bis dahin bestehender erbrechtlicher Ansprüche, dann müssen solche Ansprüche durch die Scheidung auch tatsächlich weggefallen sein, andernfalls die Ersatzfunktion nicht erforderlich ist (aber str; (zur Gegenmeinung vgl etwa *Keim* FPR 06, 145; *Bergschneider* FamRZ 03, 1049; vgl auch Kuchinke FPR 06, 145). Eine ausdrückliche (notarielle) Regelung ist immer empfehlenswert (so zu Recht *Bömelburg* FF 08, 144; *Schindler* FPR 06, 121).

4 Der Unterhaltsberechtigte hat nach §§ 1580, 1605 iVm § 1967 einen **Auskunftsanspruch** gegen den Erben, damit er seinen Unterhaltsanspruch beziffern kann (vgl auch *Schindler* FamRZ 04, 1527). Der Erbe hat einen Auskunftsanspruchs bzgl der anzurechnenden Vorempfänge des Berechtigten. Einen **Wertermittlungsanspruch** bzgl des Nachlasses hat der Unterhaltsberechtigte nur nach Maßgabe des § 242 (*Schindler* FamRZ 04, 1527). Die Haftung des Erben betrifft einen Unterhaltsanspruch. Ein eigener Rechtsstreit ist daher **Familiensache**. Ein bereits gegen den unterhaltspflichtigen geschiedenen Ehegatten vorhandener Titel kann auf den Erben umgeschrieben werden (BGH FamRZ 07, 1800; 04, 1546; zuvor bereits Kobl FamRZ 04, 557; Stuttg FamRZ 04, 1220; vgl weiter *Bergschneider* FamRZ 03, 1040; *Dressler* NJW 03, 2430; *Schindler* ZFE 07, 453; *Schindler* FPR 06, 121 und *Hambitzer* FamRZ 01, 201). Die Rechtsnatur der auf den Erben übergegangenen Unterhaltspflicht ändert sich nicht. Die Möglichkeit der **Umschreibung des Titels** entspricht dem Bestreben des Gesetzgebers, eine dauerhafte Sicherung des unterhaltsberechtigten geschiedenen Ehegatten über den Tod des Schuldners hinaus zu schaffen. Die Umschreibung dient auch dem Gebot der Prozessökonomie. Die Möglichkeit der Umschreibung eines Unterhaltstitels nach § 727 ZPO schließt ein **Rechtsschutzbedürfnis** für eine **Leistungsantrag** gegen den Erben nicht aus, soweit der Erbe Einwendungen gegen den Fortbestand des nicht rechtskraftfähigen Titels erhebt (KG FamRZ 05, 1759). Ist die Unterhaltspflicht auf den Erben übergegangen, so ist im Fall einer wesentlichen Änderung der für die Unterhaltsbemessung maßgeblichen Verhältnisse für beide Parteien die **Abänderungsverfahren** nach §§ 238 ff FamFG eröffnet. Dies kann auch von einem Miterben allein erhoben werden (Zweibr ZFE 07, 399). Da der Unterhaltsanspruch eine Nachlassverbindlichkeit ist (vgl Rn 1), sind auch die allgemeinen Grundsätze der Erbenhaftung zu beachten. **Der Erbe haftet unbeschränkt, aber beschränkbar** (BGH FamRZ 04, 614). Der Erbe muss § 780 ZPO beachten und sich die **Haftungsbeschränkung** auf den Nachlass **vorbehalten** (Kobl FPR 03, 202). Sodann gelten §§ 1975 ff, 1930 sowie bei Miterben §§ 2059 ff, die der Erbe ggf gem §§ 785, 767 ZPO realisieren muss. Der Erbe kann die Durchsetzung des Unterhaltsanspruchs durch Erhebung der **Dürftigkeitseinrede** (§ 1990) abwehren, in dem er die Haftung auf den dürftigen Nachlass beschränkt (BGH NJW 01, 828; Kobl NJW 03, 439).

Untertitel 3   Versorgungsausgleich

Kapitel 1   Grundsatz

§ 1587 Verweis auf das Versorgungsausgleichsgesetz. Nach Maßgabe des Versorgungsausgleichsgesetzes findet zwischen den geschiedenen Ehegatten ein Ausgleich von im In- oder Ausland bestehenden Anrechten statt, insbesondere aus der gesetzlichen Rentenversicherung, aus anderen Regelungssystemen wie der Beamtenversorgung oder der berufsständischen Versorgung, aus der betrieblichen Altersversorgung oder aus der privaten Alters- und Invaliditätsvorsorge.

1 Ausgehend von dem Halbteilungsgrundsatz, der sich aus der Ehe als eine auf Dauer angelegte Lebens- und Versorgungsgemeinschaft ergibt, soll mit der Scheidung die gleichmäßige Teilhabe an der in der Ehezeit erworbenen Versorgungsanrechten erreicht werden. Ist eine Ehe geschieden, ist es von Verfassungswegen geboten, einen Ausgleich zu schaffen (BVerfG v 28.2.80, 1 BvL 17/77, FamRZ 80, 326). Aus Art 6 I iVm Art 3 II GG folgt, dass die Eheleute einen Anspruch auf gleichmäßige Teilhabe an dem in der Ehezeit erworbenen Vorsorgevermögen haben (BVerfG v 2.5.06 – 1 BvR 1275/97, FamRZ 06, 1000). Derjenige, der die *geringeren Versorgungsrechte* erworben hat, ist zum Ausgleich berechtigt. Der Anspruch auf gleiche Beteiligung am in der Ehe erworbenen Vermögen rechtfertigt auch den mit dem Versorgungsausgleich verbundenen Eingriff in die durch Art 14 I GG geschützten Anrechte desjenigen Ehegatten, der über die werthöheren Anrechte verfügt. Ebenso ist der Eingriff in die Anrechte aus der Beamtenversorgung nach Art 33 V GG

gerechtfertigt. Der Versorgungsausgleich wird sowohl für den Fall der Scheidung, (§ 1587 I BGB) als auch für den Fall einer Aufhebung einer Lebenspartnerschaft (§§ 20, 21 IV LPartG), ferner bei Aufhebung der Ehe (§ 1318 III BGB) und in Fällen mit Auslandsberührung (Artikel 17 III EGBGB) durchgeführt.

Titel 8 Kirchliche Verpflichtungen

§ 1588 Kirchliche Verpflichtungen. Die kirchlichen Verpflichtungen in Ansehung der Ehe werden durch die Vorschriften dieses Abschnitts nicht berührt.

Staatliches und kirchliches Eherecht sind voneinander unabhängig. Die Vorschrift stellt dies klar und schließt damit jede weitere dahingehende kollisionsrechtliche Prüfung aus. Nach dem Inkrafttreten des neuen Personenstandsgesetzes vom 19.2.07 (BGBl I, 122) zum 1.1.09 besteht jetzt nicht mehr das in § 67 PSTG aF enthaltene Voraustrauungsverbot, nach dem eine kirchliche Trauung ohne vorherige standesamtliche Eheschließung nicht zulässig war.   1

Abschnitt 2 Verwandtschaft

Titel 1 Allgemeine Vorschriften

§ 1589 Verwandtschaft. ¹Personen, deren eine von der anderen abstammt, sind in gerader Linie verwandt. ²Personen, die nicht in gerader Linie verwandt sind, aber von derselben dritten Person abstammen, sind in der Seitenlinie verwandt. ³Der Grad der Verwandtschaft bestimmt sich nach der Zahl der sie vermittelnden Geburten.

Der Rechtsbegriff der Verwandtschaft ist im Zivilrecht maßgeblich va als Voraussetzung von Unterhaltspflichten nach §§ 1601 ff, als Ehehindernis nach § 1307 und für das gesetzliche Erbrecht nach §§ 1924–1930. Auch im Prozessrecht (zB §§ 41 Nr 3, 383 I Nr 3 ZPO, 29 I FamFG, 22 Nr 3, 52 I Nr 3 StPO) sowie in anderen Rechtsbereichen (vgl etwa §§ 6, 7 BeurkG) ist bei Verwendung des Begriffs „Verwandte" die Definition des § 1589 heranzuziehen.   1

Verwandtschaft im Rechtssinne gibt es in zwei Formen: In **gerader Linie** sind Personen miteinander verwandt, wenn die eine unmittelbar oder mittelbar von der anderen abstammt (1). Dies trifft zu für Eltern und ihre Kinder, Großeltern und ihre Enkel, Urgroßeltern und ihre Urenkel usw. Verwandtschaft in der **Seitenlinie** liegt vor, wenn die betreffenden Personen zwar nicht voneinander abstammen, jedoch beide von derselben dritten Person (2), also einen gemeinsamen Vorfahren haben. Dies gilt für voll- und halbbürtige Geschwister untereinander, für Kinder einerseits und die Geschwister ihrer Eltern sowie deren Abkömmlinge andererseits, für Enkel einerseits und die Geschwister ihrer Großeltern sowie deren Abkömmlinge andererseits usw.   2

Der **Grad** der Verwandtschaft in gerader Linie wie auch in der Seitenlinie wird durch die Zahl der die Verwandtschaft vermittelnden Geburten bestimmt (3). Die Ermittlung des Verwandtschaftsgrades erfolgt danach in der Weise, dass die Anzahl der Personen festgestellt wird, welche im Abstammungsgefüge die Verbindung zwischen den beiden betroffenen Verwandten herstellen; hierbei ist von den beiden betroffenen Verwandten nur einer mitzuzählen.   3

§ 1590 Schwägerschaft. (1) ¹Die Verwandten eines Ehegatten sind mit dem anderen Ehegatten verschwägert. ²Die Linie und der Grad der Schwägerschaft bestimmen sich nach der Linie und dem Grade der sie vermittelnden Verwandtschaft.
(2) Die Schwägerschaft dauert fort, auch wenn die Ehe, durch die sie begründet wurde, aufgelöst ist.

Verschwägert ist eine Person mit sämtlichen Verwandten ihres Ehegatten sowie den Ehegatten ihrer Verwandten (I 1). Hierunter fallen zB in gerader Linie Stiefelternteile und ihre Stiefkinder – nicht aber Stiefgeschwister untereinander –, ebenso Schwiegereltern und Schwiegerkinder. In der Seitenlinie sind mit einem Ehegatten verschwägert zB die Brüder und Schwestern des anderen Ehegatten – nicht aber auch die Ehegatten dieser Brüder und Schwestern.   1

Gem I 2 entspricht der **Grad** der Schwägerschaft dem Grad der die Schwägerschaft vermittelnden Verwandtschaft (s. § 1589 Rn 3).   2

Einmal begründete **Schwägerschaft endet nicht** bei Auflösung der Ehe, welche die Schwägerschaft vermittelt hat (II). Hingegen entsteht keine Schwägerschaft mit nach Auflösung der Ehe hinzu gekommenen Verwandten des früheren Ehegatten.   3

4 Nach § 11 II LPartG führt die Begründung einer eingetragenen **Lebenspartnerschaft** in gleicher Weise wie eine Eheschließung zu Schwägerschaft zwischen den Verwandten eines Lebenspartners einerseits und dem anderen Lebenspartner andererseits.

Titel 2 Abstammung

Vorbemerkungen vor §§ 1591 bis 1600e: Abstammung

1 **A. Altes Recht.** Vor dem 1.7.70 war das nichteheliche Kind nicht mit seinem Vater verwandt. Erst durch das NEhelG vom 19.8.69 hat der Gesetzgeber einen wesentlichen Schritt getan zur Angleichung der Rechtsstellung nicht ehelicher und ehelicher Kinder. Die rechtliche Stellung der vor dem 1.7.70 geborenen Kinder wurde in den Übergangsvorschriften des Art 12 NEhelG geregelt. Nach wie vor wurden nicht eheliche Kinder aber in wesentlichen Bereichen rechtlich anders behandelt als eheliche Kinder.

2 **B. Kindschaftsrechtsreformgesetz (KindRG).** Diese Unterschiede sind durch die Neuregelungen des Kindschaftsrechts weitgehend beseitigt worden. Damit ist auch das Bedürfnis entfallen, in getrennten Titeln zwischen ehelicher und nicht ehelicher Abstammung zu unterscheiden. Die Abstammung ist jetzt für eheliche und nicht eheliche Kinder in einem *einheitlichen* Abschnitt (§§ 1591–1600d) geregelt. Die Vorschriften zur **Legitimation**, dh zur Herbeiführung der Ehelichkeit nicht ehelicher Kinder sind **entfallen**, Art I Nr 48 KindRG.

3 Eheliche und nicht eheliche Kinder sind auf Grund des Erbrechtsgleichstellungsgesetzes (**ErbGleichG**) auch erbrechtlich gleich gestellt.

4 Das **neue Erbrecht** gilt im Grundsatz für alle Kinder. Ausgenommen ist die Gruppe der vor dem 1.7.49 geborenen Kinder (vgl § 10 II 1 NEhelG, die allerdings mit dem Vater für Erbfälle ab dem 1.4.98 das volle Erbrecht vereinbaren können (**§ 10a NEhelG**, Art 14 § 14 KindRG). Lebte der Vater des vor dem 1.7.49 geborenen nichtehelichen Kindes allerdings im Beitrittszeitpunkt (3.10.1990) in der **DDR**, nach deren Recht Kinder mit ihren nichtehelichen Vätern stets verwandt waren, steht auch solchen Kindern ein Erbrecht zu (Art 235 § 1 II EGBGB). Der EGMR hat durch Entscheidung vom 28.5.09 den erbrechtlichen Ausschluss der vor dem 1.7.49 geborenen **westdeutschen** Kinder als Verstoß gegen Art 14 und 8 der EMRK beanstandet, wenn ein Näheverhältnis zwischen Vater und Kind bestanden hat (FamRZ 09, 1293). Unabhängig von der Frage, ob die deutschen Gerichte an die Entscheidung des EGMR gebunden sind, ist der deutsche Gesetzgeber verpflichtet, rückwirkend zum 28.5.09 die Rechtsfrage so abzuändern, dass ein Konventionsverstoß ausscheidet. Unter diesen Umständen dürfte auch den westdeutschen Kindern entgegen dem aktuellen Gesetzeswortlaut unter den vom EGMR aufgezeigten Umständen das Erbrecht zuzustehen.

5 Das alte Erbrecht ist weiterhin anzuwenden, wenn der Erblasser vor dem 1.4.98 gestorben ist oder vor diesem Zeitpunkt ein Erbausgleich stattgefunden hat (Art 227 EGBGB).

6 Gleichwohl bleiben Unterschiede zwischen Kindern, die von verheirateten oder nicht verheirateten Eltern abstammen. So wirkt sich die Abstammung des Kindes von verheirateten Eltern aus beim Abstammungsrecht (§§ 1592 Nr 1, 1593, 1599 II), beim Unterhalt (§§ 1615a ff), beim Kindesnamen (§§ 1616 ff), beim Sorgerecht (§§ 1626 ff) und bei der Adoption (§§ 1741 III, 1742, 1757).

7 **C. Stärkung der Rechtsstellung des biologischen Vaters.** § 1600 aF versperrte bisher dem leiblichen, aber nicht rechtlichen Vater (sog biologischen Vater) jede Möglichkeit, die Scheinvaterschaft eines anderen Mannes anzufechten. Dieser Rechtszustand wurde insb dann als unbefriedigend empfunden, wenn der Scheinvater (aufgrund Anerkennung) lediglich „Zahlvater" war und nicht mit der Mutter und dem Kind zusammenlebte.

8 Das BVerfG hat § 1600 BGB aF insoweit als unvereinbar mit Art 6 II 1 GG angesehen, als dem biologischen Vater auch dann **das Recht zur Anfechtung** der rechtlichen Vaterschaft verwehrt war, wenn die Mutter und der Scheinvater **keine** nach Art 6 I GG schützenswerte **soziale Familie** bildeten (BVerfG FamRZ 03, 816, 821).

9 Nunmehr eröffnen die §§ 1600, 1600a, 1600b, 1600o u § 182 I FamFG dem biologischen Vater die Möglichkeit, die rechtliche Vaterposition zu erlangen, wenn dem der Schutz der familiären Beziehung zwischen dem Kind und seinen rechtlichen Eltern nicht entgegensteht Zu den Einzelheiten vgl § 1600 Rn 2.

10 **D. Gesetzesänderungen 2008. 1. Abstimmungsklage ohne Statuswirkung (§ 1598a).** Der Gesetzgeber hat nunmehr neben dem Anfechtungsverfahren in § 1598a ein separates Verfahren zur Klärung der Abstammung **ohne Statuswirkung** zur Verfügung gestellt, um einen praktikablen Weg zur Abstammungsklärung zu ermöglichen.

11 **2. Behördliches Anfechtungsrecht (§ 1600 Abs 1 Nr 5 – ReGE –).** Zur Bekämpfung rechtswidrig erfolgter Vaterschaftsanerkennungen ist ein behördliches Anfechtungsrecht vorgesehen (vgl § 1594 Rn 1, § 1600 Rn 5, § 1600b Rn 1 u 12).

E. Gesetzesänderung 2009. Das Familienverfahrensgesetz (FamFG) ist am 1.9.09 in Kraft getreten und führt zu einer ganzen Reihe von Änderungen. Es widmet den Abstammungssachen einen eigenen Abschnitt (§§ 169–185 FamFG), vgl zu den Einzelheiten insb den *Anhang* nach § 1600e.

F. IPR. Das **Internationale Privatrecht** ist in Art 19 EGBGB (Abstammung), Art 20 EGBGB (Anfechtung der Abstammung) und Art 23 EGBGB (Zustimmung zur Vaterschaftsanerkennung) geregelt.
Die deutschen Gerichte sind zuständig, wenn einer der Beteiligten (Kind, Mutter, Vater oder der Mann, der an Eides statt versichert, der Mutter in der Empfängniszeit beigewohnt zu haben) Deutscher ist oder seinen gewöhnlichen Aufenthalt im Inland hat (§ 100 FamFG).

G. Übergangsrecht. Die Übergangsvorschriften zum **materiellen Abstammungsrecht** sind in Art 224 § 1 EGBGB geregelt. Danach gilt für die Vaterschaft eines vor dem 1.7.98 geborenen Kindes altes Rechts (§ 1 I), für die Vaterschaftsanfechtung dagegen neues Recht (§ 1 II) (Nürnbg FamRZ 02, 1722).

§ 1591 Mutterschaft. Mutter eines Kindes ist die Frau, die es geboren hat.

A. Das Problem. Das BGB regelte bisher nicht, wer als Mutter des Kindes anzusehen ist, weil es als selbstverständlich davon ausging, dass die gebärende Frau auch die genetische Mutter ist. Diese Identität ist jedoch in Frage gestellt, seitdem Manipulationen mit Eizelle und Embryo möglich sind. Der Streit zwischen genetischer und austragender Mutter kann sich bei folgenden Sachverhalten ergeben: 1. der Eispende (= der Ehefrau wird eine fremde unbefruchtete Eizelle eingepflanzt (die sodann durch den Ehemann befruchtet wird) oder eine fremde Eizelle, die zuvor mit dem Samen des Ehemannes künstlich befruchtet worden ist), 2. der Embryonenspende (= ein Embryo aus Eizelle und Samenzelle dritter Personen wird der Ehefrau eingepflanzt) und 3. der Ersatzmutter.

I. Begriff der Ersatzmutter. Der Begriff „Ersatzmutter" ist im Adoptionsvermittlungsgesetz definiert.

1. Leihmutter („Ammenmutter" oder „Tragemutter"). Von ihr spricht man, wenn der Ehefrau eine Eizelle entnommen, mit dem Samen ihres Ehemannes künstlich befruchtet und dann der Ersatzmutter eingepflanzt wird (§ 13a Nr 2 AdVermiG).

2. Übernommene Mutterschaft. Diese liegt vor, wenn eine Frau ihre eigene Eizelle – künstlich befruchtet mit dem Samen des Ehemannes der Wunschmutter – wieder eingepflanzt wird (§ 13a Nr 1 Alt 1 AdVermiG) oder eine Frau sich – (zB mit dem Ehemann der Wunschmutter – einer natürlichen Befruchtung unterzieht (§ 13a Nr 1 Alt 2 AdVermiG).

3. Fortpflanzung mit Stammzellen. Ein juristischer Abgrund tut sich auf, wenn es auch beim Menschen zur **Fortpflanzung mit Stammzellen** kommt. **Noch Zukunftsmusik**, aber nicht mehr unrealistisch soll folgendes Szenarium sein: Ein unfruchtbarer Mann lässt aus einer Hautzelle einen Embryo klonen. Die entnommen Stammzellen lassen sich zu Ei- wie zu Samenzellen züchten. Durch In-vitro-Befruchtung und Verpflanzung in die Gebärmutter einer Frau können so Kinder mit Mutter und Vater, Kinder mit nur einem genetischen Elternteil oder mit zwei genetischen Vätern heranwachsen. Eine Frau könnte sogar mit sich selbst ein Mädchen zeugen (vgl Frankfurter Allgemeine Sonntagszeitung v 19.9.04, 73).

4. (Muster-)Richtlinie für ärztliche Produktionsmedizin. Die Bundesärztekammer hat eine neue Richtlinie zur Durchführung der assistierten Reproduktion bekannt gemacht, die Begriffsbestimmungen und Voraussetzungen der zugelassenen medizinischen Assistenz regelt und kommentiert (vgl Deutsches Ärzteblatt 00, A1392 ff).

5. Rechtsfolgen der Ersatzmutterschaft. Die Ersatzmutter gilt in allen Fällen als Kindesmutter gem § 1591. Ist der Ehemann der Wunschmutter Samenspender, kann er die Vaterschaft anerkennen oder seine Vaterschaft kann gerichtlich festgestellt werden, wenn die **Ersatzmutter unverheiratet** ist.

Ist die **Ersatzmutter verheiratet**, gilt ihr Ehemann als Kindesvater (§ 1592 Nr 1). Mangels Anfechtungsberechtigung (vgl § 1600) können die Wunscheltern die Vaterschaft nicht anfechten und allenfalls durch Adoption gesetzliche Eltern werden. Die fehlenden Einwilligungen der Kindesmutter (Ersatzmutter) und deren Ehemannes in die Adoption können nur nach Maßgabe der §§ 1747 ff – falls diese Voraussetzungen ausnahmsweise vorliegen sollten – ersetzt werden. Auf eine vertragliche Verpflichtung der Ersatzmutter und deren Ehemannes, der Adoption zuzustimmen, können sich die Wunscheltern nicht berufen, weil ein solcher Vertrag wegen Verstoßes gegen das Embryonenschutz-Gesetz (Rn 9) gem § 134 nichtig ist (str: vgl Palandt/ *Diederichsen* vor § 1591 Rz 20 mwN).

6. Ersatzmuttervermittlung. Die Ersatzmuttervermittlung (§ 13b AdVermiG) ist verboten (§ 13c AdVermiG) und für Dritte (nicht für die Ersatzmutter und die Bestelleltern) unter Strafe gestellt (§ 14b AdVermiG). Ordnungswidrig handelt, wer Ersatzmütter oder Bestelleltern durch öffentliche Erklärungen, insb durch Zeitungsanzeigen und Zeitungsberichte, sucht oder anbietet (§§ 13d, 14 I Nr 2 AdVermiG).

10 **II. Embryonenschutzgesetz.** Der Gesetzgeber hat bereits durch das Embryonenschutzgesetz (ESchG) vom 13.12.90 die missbräuchliche Anwendung von Fortpflanzungstechniken (für die medizinische Assistenz, nicht für die Mutter) unter Strafe gestellt (§ 1 ESchG). Die zivilrechtlichen Folgen bei einem Verstoß gegen dieses Gesetz blieben ungeregelt.

11 **B. Begriff der Mutter.** Das Gesetz definiert jetzt als Mutter eines Kindes „**die Frau, die es geboren hat**". Damit ist für das Zivilrecht klargestellt, dass in allen Fällen „gespaltener Mutterschaft" stets die gebärende Frau rechtlich die Kindesmutter ist. Die Ersatzmutter ist also keine Scheinmutter, deren Mutterschaft durch Anfechtung beseitigt werden könnte. Es besteht ein Verwandtschaftsverhältnis des Kindes zu allen Verwandten der gebärenden Frau.

12 **C. Antrag auf Feststellung der genetischen Mutterschaft? I. Statusantrag.** Ein **Statusantrag** nach **§ 169 Nr 1 FamFG** auf Feststellung der genetischen Mutterschaft ist **grds unzulässig**, weil zwischen Kind und genetischer Mutter kein Eltern-Kind-Verhältnis besteht. Das Fehlen dieser Antragsmöglichkeit ist allerdings unbefriedigend, wenn sich das Abstammungsstatut zunächst nach **ausländischem Recht** richtet (das eine Feststellung der genetischen Mutterschaft kennt) und durch den Umzug des Kindes nach Deutschland ändert (vgl insoweit zum IPR: § 1600d Rn 20).

13 § 1598a erlaubt jetzt jedoch, die rechtliche Mutterschaft auf ihre genetische Richtigkeit zu überprüfen (vgl § 1598a Rn 1).

14 **II. Feststellungsantrag.** Der Gesetzgeber hält in Fällen der Ei- oder Embryonenspende einen Antrag auf Feststellung des Bestehens oder Nichtbestehens der genetischen Mutterschaft zu dem Kind (**§ 256 ZPO**) für zulässig, soweit es nach der Ratio der einschlägigen Vorschriften gerade auf die genetische Abstammung ankommt, wie zB beim Eheverbot der Blutsverwandtschaft (früher: § 4 EheG, jetzt: § 1307) oder beim Beischlaf unter Verwandten (§ 173 StGB) (so der Regierungsentwurf, BTDrs 13/4899 S 83).

15 **D. Ein Antrag auf Feststellung der leiblichen Mutterschaft.** kommt ausnahmsweise in Betracht, wenn ein Kind vertauscht oder verwechselt worden ist (Bremen FamRZ 95, 1291).

16 **E. Anerkennung der Mutterschaft.** Besitzen die Kindesmutter oder der Vater eine **fremde Staatsangehörigkeit** und sieht deren Heimatrecht die (dem deutschen Rechte fremde) Anerkennung der Mutterschaft vor, kann die Anerkennung der Mutter im Geburtsregister beurkundet werden (§ 27 II PStG).

17 **F. Anspruch gegen die Mutter auf Nennung des Vaters?** Das BVerfG anerkennt das Recht des Kindes auf Kenntnis des leiblichen Vaters (FamRZ 94, 881) und leitet den **Auskunftsanspruch** des Kindes gegen die Kindesmutter auf Benennung des Vaters oder der Männer, mit denen sie während der gesetzlichen Empfängniszeit Geschlechtsverkehr hatte, **aus § 1618a** her. **Bei der Abwägung** der Grundrechtspositionen von Mutter und Kind steht den Gerichten ein **weiter Spielraum** zur Verfügung (BVerfG FamRZ 97, 870, 871).

18 Um dem minderjährigen Kind das Auskunftsverfahren zu ermöglichen, ist ggf gem § 1666 ein Ergänzungspfleger zu bestellen (vgl AG Fürth FamRZ 01, 1090; verneint für zwei 17 und 13 Jahre alte Geschwister). Dagegen steht dem Jugendamt als Beistand ein eigener Auskunftsanspruch nicht zu (Hamm FamRZ 91, 1229).

19 Der Auskunftsanspruch ist gem § 120 FamFG iVm § 888 I ZPO zu **vollstrecken** (Bremen NJW 00, 963). Der Antragsteller trägt die **Beweislast** dafür, dass die Kindesmutter den Namen des Kindesvaters kennt (Köln FamRZ 94, 1197, 1198). Der Auskunftsantrag des Kindes gegen die Mutter ist **sonstige Famliensache nach § 266 I Nr 4 FamFG**. Zum Recht des volljährigen Kindes, zur Kenntnis der eigenen Abstammung durch Anfechtungsantrag zu gelangen, vgl § 1600 Rn 2 u § 1600b Rn 13.

20 **G. Auskunftsanspruch des Scheinvaters.** Es ist str, ob die Kindesmutter verpflichtet ist, dem Scheinvater den Namen des Erzeugers zu nennen. Hat sie sich ggü dem Scheinvater gem § 826 schadensersatzpflichtig gemacht (vgl § 1599 Rn 12), hat dieser einen Auskunftsanspruch gegen die Mutter auf Bekanntgabe des Namens des leiblichen Vaters, um diesen in Regress nehmen zu können (vgl Oldbg FamRZ 94, 651; Bambg FamRZ 04, 562).

21 **H.** Der **Auskunftsanspruch der Kindesmutter** gegen den Betreiber der Internetseite „anonyme Sexauktionen" auf Nennung der Männer, die die Beischlafmöglichkeit mit ihr ersteigert und praktiziert haben, ist zu bejahen, weil das Interesse des ungeborenen Kindes an der Feststellung der Vaterschaft dem Interesse der Auktionsteilnehmer an der Geheimhaltung ihrer persönlichen Daten vorgeht (LG Stuttgart FamRZ 08, 1648).

22 **I. Rechtsfolgen der Auskunftsverweigerung.** Ist die Auskunftsverweigerung **dem Kind ggü** rechtsmissbräuchlich, kommen Sorgerechtseinschränkungen nach § 1666 in Betracht, um die Vaterschaft klären zu können. *Zur Schadensersatzpflicht der Mutter bei Falschauskünften ggü dem Scheinvater, s. § 1599 Rn 14.*

§ 1592 Vaterschaft. Vater eines Kindes ist der Mann,
1. der zum Zeitpunkt der Geburt mit der Mutter des Kindes verheiratet ist,
2. der die Vaterschaft anerkannt hat oder
3. dessen Vaterschaft nach § 1600d oder § 640h Abs. 2 der Zivilprozessordnung gerichtlich festgestellt ist.

A. Allgemeines. Besteht die Vaterschaft nach einem der vier gesetzlichen Fälle, ist eine anderweitig anerkannte Vaterschaft nicht wirksam (§ 1594 II). Ausn: § 1599 II 1 Hs 2. Der biologische Vater ist Vater im Rechtssinne, wenn er im maßgebenden Zeitraum mit der Mutter verheiratet war **oder** wenn er die Vaterschaft anerkannt hat **oder** wenn seine Vaterschaft nach § 1600d **oder** nach § 182 I FamFG (vgl Einführung vor § 1591 Rn 4) gerichtlich festgestellt ist. 1

B. Vaterschaft auf Grund Ehe (Nr 1). I. Grundsatz. Vater eines Kindes ist der Mann, der im Zeitpunkt der Geburt mit der Mutter des Kindes verheiratet ist (§ 1592 Nr 1), mag das Kind auch *vor* der Ehe gezeugt sein (**gesetzliche Vermutung**). 2

Daraus folgt, dass die Vaterschaft des geschiedenen Mannes der Mutter für das innerhalb der Empfängniszeit **nach der Ehe** geborene Kind entgegen § 1591 I 1 aF grds **nicht** mehr vermutet wird. Anfechtungsprozesse wegen nachehelich geborener Kinder entfallen deshalb. 3

II. Künstliche Befruchtung. Da es für die Vaterschaft nur noch auf die Kausalität des Verheiratetseins ankommt, ist der Ehemann gem § 1592 Nr 1 Vater des von seiner Frau geborenen Kindes in allen Fällen künstlicher Befruchtung. 4

Man unterscheidet die **homologe Befruchtung** (= künstliche Befruchtung der Eheleute unter Verwendung ihrer *eigenen* Keimzellen) und die **heterologe Befruchtung** (= künstliche Befruchtung mit dem Samen eines *anderen* als dem des Ehemannes), die *im* Mutterleib vorkommen können (**Insemination**) oder *außerhalb*, als sog extra korporale Befruchtung (**In-vitro-Fertilisation**). 5

Wegen der **Anfechtungsmöglichkeit** der Vaterschaft bei heterologer Insemination vgl § 1600b Rn 9, 12 und § 1600 IV nF Rn 8. Unterzieht sich die Ehefrau einer homologen In-vitro-Fertilisation, obwohl der Ehemann sein **Einverständnis zurückgezogen** hat, rechtfertigt dies nicht die Herabsetzung des **Ehegattenunterhalts** wegen grober Unbilligkeit nach § 1579 Nr 3 u 4 (BVerfG FamRZ 01, 541). 6

Die **Kosten** einer wegen Unfruchtbarkeit des Mannes vorgenommenen homologen In-vitro-Fertilisation gehören zu den erstattungsfähigen Aufwendungen in der **privaten Krankenversicherung** (BGH FamRZ 04, 772), nicht dagegen die Kosten weiterer Maßnahmen der künstlichen Befruchtung (München FamRZ 05, 106). Die private Krankenversicherung muss ggf auch die Kosten einer weiteren künstlichen Befruchtung übernehmen (BGH FamRZ 06, 1521). Auch die **gesetzliche Krankenversicherung** übernimmt die Kosten, jedoch beschränkt auf verheiratete Personen (§ 27a I Nr 3 SGB V), was nicht gegen den Gleichheitsgrundsatz verstößt (BVerfG 07, 529). Aufwendungen für die künstliche Befruchtung einer nicht verheirateten, empfängnisunfähigen Frau sind als außergewöhnliche Belastung anzuerkennen, wenn die Maßnahmen in Übereinstimmung mit den Richtlinien der ärztlichen Berufsordnungen vorgenommen werden (BFH FamRZ 07, 1810). 7

Aufwendungen für eine künstliche Befruchtung, die infolge veränderter Lebensplanung wegen einer früher freiwillig zum Zwecke der Empfängnisverhütung vorgenommenen Sterilisation erforderlich werden, sind dagegen nicht als außergewöhnliche Belastung (§ 33 EStG) zu berücksichtigen (BFH FamRZ 05, 1245). 8

III. Abweichungen. Vom Grundsatz des § 1592 Nr 1 gibt es eine Erweiterung und eine Ausn: 9

1. Nacheheliche Vaterschaftsvermutung. Die Vaterschaft aufgrund Ehe gilt auch für ein innerhalb von 300 Tagen **nach dem Tod** des Vaters (also **außerhalb der Ehe**) geborenes Kind (§ 1593 Rn 2). 10

2. Drittanerkennung. Andererseits gilt die Vaterschaft aufgrund Ehe nicht, obwohl ein Kind **innerhalb der (gescheiterten) Ehe** geboren wird, sofern ein Dritter die Vaterschaft nach Beginn des Scheidungsverfahrens anerkennt (§ 1599 Rn 13). 11

C. Vaterschaft auf Grund Anerkennung (Nr 2). Vgl die Erläuterungen zu § 1594. 12

D. Die gerichtliche Feststellung der Vaterschaft (Nr 3). Das G begnügte sich bisher mit einer einzigen Vorschrift (**§ 1600d**). Nunmehr beinhaltet ein vom biologischen Vater erstrittenes Anfechtungsurteil die Feststellung seiner eigenen Vaterschaft (**§ 640 II ZPO**, vgl § 1600 Rn 2). 13

§ 1593 Vaterschaft bei Auflösung der Ehe durch Tod. ¹§ 1592 Nr. 1 gilt entsprechend, wenn die Ehe durch Tod aufgelöst wurde und innerhalb von 300 Tagen nach der Auflösung ein Kind geboren wird. ²Steht fest, dass das Kind mehr als dreihundert Tage vor seiner Geburt empfangen wurde, so ist dieser Zeitraum maßgebend. ³Wird von einer Frau, die eine weitere Ehe geschlossen hat, ein Kind geboren, das sowohl nach den Sätzen 1 und 2 Kind des früheren Ehemannes als auch nach § 1592 Nr. 1 Kind des neuen Ehemannes wäre, so ist es nur als Kind des neuen Ehemannes anzusehen. ⁴Wird die Vaterschaft angefochten und wird rechtskräftig festgestellt, dass der neue Ehemann nicht Vater des Kindes ist, so ist es Kind des früheren Ehemannes.

1 **A. Allgemeines.** Die Vorschrift ergänzt den § 1592 Nr 1 (Vaterschaft aufgrund Ehe), wenn das Kind **nach dem Tod des Vaters** geboren wird, sofern die Empfängniszeit teilweise **in** der Ehe liegt (**nacheheliche Vaterschaftsvermutung**).

2 **B. Geburt des Kindes nach dem Tod des Vaters.** Wird das Kind innerhalb von 300 Tagen (§ 1600d Rn 2) **nach dem Tod** (gleichgestellt ist der Zeitpunkt der Todesvermutung nach §§ 9 u 44 des Verschollenheitsgesetzes) des verheirateten Vaters – und damit **außerhalb der Ehe** – geboren, wird die Vaterschaft nach § 1592 Nr 1 auf diesen Zeitraum ausgedehnt (**1**). Steht ausnahmsweise fest, dass das Kind *früher* als 300 Tage vor seiner Geburt empfangen wurde, erstreckt sich die Vaterschaft des Verstorbenen auf *diesen* Zeitraum (**2**).

3 **C. Sonderfall: Wiederheirat der Mutter innerhalb von 300 Tagen.** Für das innerhalb von 300 Tagen (oder ausnahmsweise früher = § 1593 I 2) nach dem Tod des Vaters geborene Kind der wiederverheirateten Mutter bestünde sowohl die Vaterschaft des verstorbenen Mannes der Mutter (**1 u 2**) als auch die Vaterschaft des zweiten Ehemannes (§ 1592 Nr 1). Das G räumt der Vaterschaftsvermutung des lebenden Mannes den Vorrang ein (**3**).

4 Wird jedoch rechtskräftig festgestellt, dass der zweite Ehemann nicht der Kindesvater ist, gilt der Verstorbene als Vater des Kindes (**4**).

5 **D. Drittanerkennung.** § 1599 II (Drittanerkennung nach Beginn des Scheidungsverfahrens) hat als lex specialis Vorrang ggü §§ 1592 Nr 1, 1593 (§ 1599 Rn 13 ff).

§ 1594 Anerkennung der Vaterschaft.

(1) Die Rechtswirkungen der Anerkennung können, soweit sich nicht aus dem Gesetz anderes ergibt, erst von dem Zeitpunkt an geltend gemacht werden, zu dem die Anerkennung wirksam wird.
(2) Eine Anerkennung der Vaterschaft ist nicht wirksam, solange die Vaterschaft eines anderen Mannes besteht.
(3) Eine Anerkennung unter einer Bedingung oder Zeitbestimmung ist unwirksam.
(4) Die Anerkennung ist schon vor der Geburt des Kindes zulässig.

1 **A. Bedeutung der Norm.** Das G verwendet für die Anerkenntniserklärung des Vaters einheitlich den Begriff „**Anerkennung**". Die Anerkennung begründet – **selbst wenn sie wissentlich falsch ist** (Köln FamRZ 02, 629, 630) – für und gegen alle den Rechtsschein der Vaterschaft. Das G trägt dieser weit reichenden Wirkung durch folgende Umstände Rechnung:

2 – **es fordert** die Zustimmung der Mutter und in bestimmten Fällen des Kindes und des Ehemannes der Mutter, um eventuellen Missbräuchen soweit wie möglich vorzubeugen;

3 – **es fordert** die öffentliche Beurkundung sowohl der Anerkennung als auch der Zustimmungen (§ 1597 I).

4 Vermehrt sind Fälle aufgetreten, in denen deutsche Männer gegen Geld ausländische Kinder anerkannt haben, um diesen die deutsche Staatsangehörigkeit und Sozialhilfe zu verschaffen. Da die Anerkennenden regelmäßig leistungsunfähig sind, fallen die Kinder dem Staat zur Last. Dieser **Missbrauch** wurde möglich, weil das Kind bei seiner Zustimmung zur Anerkennung seit 1998 nicht mehr vom Jugendamt als Amtspfleger vertreten wird. Der Gesetzgeber hat diese Lücke geschlossen, indem nunmehr eine Behörde jedenfalls dann zur Anfechtung der Vaterschaft berechtigt ist, wenn zwischen den Kindern und dem Anerkennenden, der nicht der biologische Vater ist, keine „sozialfamiläre Beziehung" (vgl § 1600 Rn 2) besteht **und** durch die Anerkennung die rechtlichen Voraussetzungen für den unlauteren Aufenthalt des Kindes oder eines Elternteils ermöglicht werden sollen (vgl § 1600 I Nr 5 iVm III BGB).

5 Anerkenntnis und Zustimmung können auch in der **mündlichen Verhandlung** zur Niederschrift des Gerichts erklärt werden (§ 180 FamFG). § 180 1 FamFG soll iRd Feststellungsantrags die Abgabe eines Vaterschaftsanerkenntnisses erleichtern, während § 180 2 FamFG für den Sonderfall des § 1599 II klarstellt, dass iRe Vaterschaftsverfahrens die Zustimmungserklärung des Ehemannes zur Anerkennung des verfahrensunabhängigen Erzeugers (§ 1599 Rn 13) zur Niederschrift genommen werden kann. Das Anerkenntnis ist außerdem wirksam, wenn es ausweislich des Protokolls nicht vorgespielt, vielmehr lediglich laut diktiert und genehmigt worden ist (Brandbg FamRZ 00, 548).

6 Meist erfolgt das Anerkenntnis durch kostenfreie **Beurkundung** bei einem beliebigen **Jugendamt** (§ 59 I 1 Nr 1 SGB VIII iVm § 87e SGB VIII) oder **Standesamt** 27 II PStG). Dieses ordnet an, dass die Anerkennung beim Geburtsregister vAw zu beurkunden ist (§§ 1597 II; 27 I PStG). Anerkennung und Zustimmungen sind keine empfangsbedürftigen, sondern einseitige und zustimmungsbedürftige Willenserklärungen. Das Jugendamt kann die Beurkundung ablehnen, wenn die Anerkennung „rechtsmissbräuchlich" erfolgen soll, etwa um einem Ausländer ein Aufenthaltsrecht zu verschaffen (vgl LG Wuppertal FamRZ 05, 1844).

7 Bei **Willensmängeln** des Anerkennenden ist § 1596 zu beachten. Außerdem ist die Anerkennung **zustimmungsbedürftig** (§ 1595). Weiterhin bedürfen Anerkennung und Zustimmung **öffentlicher Beurkundung** und dürfen nicht widerrufen worden sein (§ 1597). Das Jugendamt kann die Beurteilung ablehnen, wenn die Anerkennung **rechtsmissbräuchlich** erfolgen soll (LG Wuppertal FamRZ 05, 1844). Zur Strafbarkeit der Kindesmutter im Falle der Herbeiführung einer unrichtigen Anerkennung vgl LG Düsseldorf FamRZ 08, 1077.

B. Wirksamwerden der Anerkennung. Die Anerkennung ist schon **vor** der Geburt des Kindes zulässig (IV). 8
In diesem Fall ist auch der mit der Mutter nicht verheiratete Kindesvater gem § 21 PStG in das Geburtenbuch
einzutragen (Frankf FamRZ 01, 1545). Ist die Mutter im Zeitpunkt der Geburt mit einem anderen Mann verheiratet, hat die Vaterschaft des Ehemannes (vgl § 1592 Nr 1) Vorrang vor IV (str, wie hier: Palandt/*Diederichsen* Rz 9; aA Scholz/Stein/*Eckebrecht* Teil Q, Rz 28).
Die Anerkennung soll auch nach dem **Tod des Kindes** noch möglich sein (BayObLG FamRZ 01, 1543, 1544). 9
Sie ist auch nach dem **Tod des Vaters** möglich, wenn das Anerkenntnis vor dem Tod abgegeben worden ist
(*Rauscher* FFR 02, 362).
Die Rechtswirkungen der Anerkennung können grds aber erst geltend gemacht werden, wenn die Anerkennung wirksam wird (**I**). Entspr gilt für die Vaterschaftsfeststellung (§ 1600d Rn 16). 10
Eine Anerkennung der Vaterschaft ist nicht wirksam, solange die Vaterschaft eines anderen Mannes nach 11
§ 1592 besteht (**II**). Der Vorbehalt bezieht sich nur auf eine auf §§ 1592, 1593 beruhende Vaterschaft, nicht
aber auf eine solche nach ausländischem Recht (Staud/*Rauscher* § 1594 Rz 24 mwN). Dennoch ist die Anerkennung vor Rechtskraft der anderweitigen Anfechtung nicht ohne rechtliche Bedeutung. Sie wirkt sich allerdings erst mit der Rechtskraft der Anfechtung einer anderweit bestehenden Vaterschaftsvermutung oder
nach Rechtskraft der Scheidung aus und ist bis dahin *schwebend unwirksam* (Köln FamRZ 06, 149). Dass die
Anerkennung „für den Fall" des demnächstigen Wegfalls einer anderweitig bestehenden Vaterschaftsvermutung erklärt wird, stellt keine unzulässige Bedingung iSv III dar (BGH FamRZ 87, 375, 376 zu § 1600b I aF).
Mit Wirksamwerden der Anerkennung wirkt der Vaterschaftstatbestand auf den Zeitpunkt der Geburt
zurück. Der Anerkannte ist rechtlich so zu behandeln, als ob er ab seiner Geburt Abkömmling des Anerkennenden gewesen wäre (Köln FamRZ 06, 150).
Im Falle der **Drittanerkennung** (Anerkennung durch den Erzeuger bei bestehender Ehe (vgl § 1599 II Rn 13) 12
ist II nicht anzuwenden. Zu den **Steuervorteilen** nach Anerkennung der Vaterschaft vgl BFH FamRZ 06, 266.
Die Anerkennung ist bedingungsfeindlich (III). 13

§ 1595 Zustimmungsbedürftigkeit der Anerkennung.
(1) Die Anerkennung bedarf der Zustimmung der Mutter.
(2) Die Anerkennung bedarf auch der Zustimmung des Kindes, wenn der Mutter insoweit die elterliche Sorge nicht zusteht.
(3) Für die Zustimmung gilt § 1594 Abs. 3 und 4 entsprechend.

A. Zustimmung der Mutter. Die Vaterschaftsanerkennung bedarf der **Zustimmung der Mutter aus eigenem** 1
Recht (I). Die Mutter muss sich also keine Vaterschaft aufdrängen lassen. Sie kann nicht gerichtlich ersetzt
werden. Fehlt sie, weil sie verweigert wird *oder* weil die Kindesmutter tot oder unbekannten Aufenthalts ist,
kommt an Stelle der Anerkennung nur eine Vaterschaftsfeststellung in Betracht.
B. Zustimmung des Kindes. Immer notwendig ist die Zustimmung des **volljährigen** Kindes (II). Die Not- 2
wendigkeit der Zustimmung des **minderjährigen** Kindes richtet sich nach dem *Sorgerecht der Mutter*.
Bei **Alleinsorge** der Kindesmutter bedarf es *keiner* Zustimmung des minderjährigen Kindes (= Umkehr- 3
schluss aus II). Da die Mutter bereits aus eigenem Recht zustimmen muss (I), wäre ihre (zusätzliche) Zustimmung als gesetzliche Vertreterin für das Kind reiner Formalismus.
Auch wenn die Mutter nicht die Alleinsorge hat, sondern **Mitinhaberin** der **elterlichen Sorge** ist (= gemein- 4
same Sorge zusammen mit ihrem gem § 1592 Nr 1 als Vater geltenden Ehemann), muss das Kind *nicht*
zustimmen (Umkehrschluss aus II). Dadurch wird vermieden, dass der Ehemann, wenn er bei der Zustimmungsvertretung mitberechtigt wäre, durch sein Veto als gesetzlicher Vertreter des Kindes die Anerkennung
verhindern könnte (BTDrs 13/4899 S 84).
Die Zustimmung des *minderjährigen* Kindes ist nur noch erforderlich, wenn die Mutter **mangels Alleinsorge** 5
das Kind nicht allein gesetzlich vertreten könnte (II), zB wenn das Kind von einem Vormund oder Pfleger
vertreten wird (§§ 1773, 1796, 1909; BayObLG FamRZ 02, 1543, 1544).
Für das geschäftsunfähige oder unter 14 Jahre alte Kind kann nur dessen gesetzlicher Vertreter zustimmen. 6
IÜ bedarf es der eigenen Zustimmung des Kindes und außerdem der Zustimmung seines gesetzlichen Vertreters (§ 1596 II).
Mit der Zustimmungserklärung des gesetzlichen Vertreters tritt die Wirksamkeit der erklärten Vaterschaftsan- 7
erkennung und damit deren Unwiderruflichkeit ein (Brandbg FamRZ 00, 548).
C. Sonderfall: Zustimmung des in Scheidung lebenden Scheinvaters. Wenn ein Dritter nach Anhängigkeit 8
des Scheidungsantrags die Vaterschaft eines innerhalb der Ehe geborenen Kindes anerkennen will
(§ 1599 II 1 Rn 13), bedarf es der zusätzlichen Zustimmung des Ehemannes der Kindesmutter zur Anerkennung (§ 1599 II 2).

§ 1596 Anerkennung und Zustimmung bei fehlender oder beschränkter Geschäftsfähigkeit.
(1) ¹Wer in der Geschäftsfähigkeit beschränkt ist, kann nur selbst anerkennen. ²Die Zustimmung des gesetzlichen Vertreters ist erforderlich. ³Für einen Geschäftsunfähigen kann der gesetzliche Vertreter mit Genehmigung des Vormundschaftsgerichts anerkennen. ⁴Für die Zustimmung der Mutter gelten die Sätze 1 bis 3 entsprechend.
(2) ¹Für ein Kind, das geschäftsunfähig oder noch nicht 14 Jahre alt ist, kann nur der gesetzliche Vertreter der Anerkennung zustimmen. ²Im Übrigen kann ein Kind, das in der Geschäftsfähigkeit beschränkt ist, nur selbst zustimmen; es bedarf hierzu der Zustimmung des gesetzlichen Vertreters.
(3) Ein geschäftsfähiger Betreuter kann nur selbst anerkennen oder zustimmen; § 1903 bleibt unberührt.
(4) Anerkennung und Zustimmung können nicht durch einen Bevollmächtigten erklärt werden.

1 **A. Vorbemerkung.** Die Vorschrift regelt die Wirksamkeit von Anerkennung und Zustimmung zur Anerkennung, wenn die gem § 1595 Beteiligten (Mutter und Kind) nicht voll geschäftsfähig sind. Anerkennung und Zustimmung können nicht durch einen Bevollmächtigten erklärt werden, erfordern also höchstpersönliche Erklärungen (IV) ebenso wie die Vaterschaftsanfechtung (§ 1600a I Rn 1).

2 **B. Betreuung.** Ein voll geschäftsfähiger Betreuter (§ 1896) kann nur selbst anerkennen und zustimmen (III Hs 1). Für einen geschäftsunfähigen Betreuten kann nur sein Betreuer handeln, sofern er für den Aufgabenkreis der Personen- und Vermögenssorge bestellt ist (§ 1902). Wurde ein Einwilligungsvorbehalt angeordnet (§ 1903), bedarf die (notwendige eigene) Erklärung des Betreuten der Zustimmung seines Betreuers (III Hs 2).

3 **C. Geschäftsunfähigkeit.** Für einen Geschäftsunfähigen kann nur der gesetzliche Vertreter anerkennen mit Genehmigung des Vormundschaftsgerichts (I 3). I 4 für die Zustimmung der geschäftsunfähigen Mutter auf die für die Vaterschaftsanerkennung durch den geschäftsunfähigen Mann geltende Vorschrift (I 3).

4 Für das geschäftsunfähige Kind kann nur der gesetzliche Vertreter zustimmen, jedoch bedarf es **nicht** der gerichtlichen Genehmigung (II 1).

5 **D. Beschränkte Geschäftsfähigkeit.** Das beschränkt geschäftsfähige Kind (§ 106) kann nur höchstpersönlich anerkennen mit Zustimmung seines gesetzlichen Vertreters (I 1 u 2).

6 Ist das minderjährige **Kind** über 14 Jahre alt, kann es nur selbst zustimmen und bedarf der Zustimmung seines gesetzlichen Vertreters (II 2). Für die Zustimmung der beschränkt geschäftsfähigen **Mutter** gilt dasselbe (I 3 unter Bezug auf I 1 u 2).

7 Ist das Kind jünger als 14, kann nur der gesetzliche Vertreter (ggf der Beistand) zustimmen (II 1).

§ 1597 Formerfordernisse; Widerruf.
(1) Anerkennung und Zustimmung müssen öffentlich beurkundet werden.
(2) Beglaubigte Abschriften der Anerkennung und aller Erklärungen, die für die Wirksamkeit der Anerkennung bedeutsam sind, sind dem Vater, der Mutter und dem Kind sowie dem Standesamt zu übersenden.
(3) ¹Der Mann kann die Anerkennung widerrufen, wenn sie ein Jahr nach der Beurkundung noch nicht wirksam geworden ist. ²Für den Widerruf gelten die Absätze 1 und 2 sowie § 1594 Abs. 3 und § 1596 Abs. 1, 3 und 4 entsprechend.

1 Die Erklärungen von Anerkennung und Zustimmung sind **bedingungsfeindlich** (§§ 1595 III, 1594 III) und müssen öffentlich beurkundet werden (I), wozu neben dem Notar, dem Standesbeamten (§ 29a PStG), dem Rechtspfleger (§ 3 Nr 1 f RPflG) und dem Gericht des Vaterschaftsprozesses (§ 641c ZPO) auch das Jugendamt ausdrücklich befugt ist (§ 59 I 1 Nr 1 SGB VIII; BGH FamRZ 95, 1129 zu § 1600e I aF). Ein Anerkenntnis durch Anerkenntnisurteil ist unzulässig (BGH FamRZ 94, 694).

2 Hinsichtlich sämtlicher Erklärungen besteht Benachrichtigungspflicht zur Übersendung beglaubigter Abschriften an Vater, Mutter Kind und Standesbeamten (II).

3 Der Mann kann seine Anerkennung widerrufen, wenn sie – mangels der erforderlichen Zustimmungen (§§ 1595, 1596) – nicht 1 Jahr nach der Beurkundung wirksam geworden ist (III).

4 Ein Widerruf der Anerkennung **wegen Irrtums** ist grds unzulässig. Anerkennung und Zustimmung – auch wenn sie bewusst falsch sind – können nur im Wege der Anfechtungsklage beseitigt werden. Ausnahmsweise kommen als Widerrufsgründe in Betracht: das Vorliegen eines Restitutionsgrundes, die Missbräuchlichkeit der Berufung auf das Anerkenntnis zB: bei „gekaufter Vaterschaft" (KG FamRZ 02, 1725, LS), wenn die Anerkennung nicht schon deswegen sittenwidrig ist (Scholz/Stein/*Eckebrecht* Teil Q, Rz 30) sowie das Vorliegen eines Abänderungsgrundes iSv § 323 ZPO (BGHZ 80, 392). Diese besonderen Widerrufsgründe können auch noch in der Berufungsinstanz geltend gemacht werden (Brandbg DA Vorm 00, 58, 59).

§ 1598 Unwirksamkeit von Anerkennung, Zustimmung und Widerruf. (1) Anerkennung, Zustimmung und Widerruf sind nur unwirksam, wenn sie den Erfordernissen der vorstehenden Vorschriften nicht genügen.
(2) Sind seit der Eintragung in ein deutsches Personenstandsregister fünf Jahre verstrichen, so ist die Anerkennung wirksam, auch wenn sie den Erfordernissen der vorstehenden Vorschriften nicht genügt.

Die Erklärungen von Anerkennung, Zustimmung und Widerruf sind unwirksam, wenn die Voraussetzungen 1
der §§ 1594–1597 nicht vorliegen (**I**).
Sind seit Eintragung der Anerkennung in das Personenstandsbuch 5 Jahre vergangen, ist die Anerkennung 2
trotz Formmängeln wirksam (**II**). Ausn: Anerkennung der Vaterschaft unter Verstoß gegen § 1594 II (Rostock FamRZ 08, 2226).

§ 1598a Anspruch auf Einwilligung in eine genetische Untersuchung zur Klärung der leiblichen Abstammung. (1) ¹Zur Klärung der leiblichen Abstammung des Kindes können
1. der Vater jeweils von Mutter und Kind,
2. die Mutter jeweils von Vater und Kind und
3. das Kind jeweils von beiden Elternteilen

verlangen, dass diese in eine genetische Abstammungsuntersuchung einwilligen und die Entnahme einer für die Untersuchung geeigneten genetischen Probe dulden. ²Die Probe muss nach den anerkannten Grundsätzen der Wissenschaft entnommen werden.
(2) Auf Antrag eines Klärungsberechtigten, hat das Familiengericht eine nicht erteilte Einwilligung zu ersetzen und die Duldung einer Probeentnahme anzuordnen.
(3) Das Gericht setzt das Verfahren aus, wenn und solange die Klärung der leiblichen Abstammung eine erhebliche Beeinträchtigung des Wohls des minderjährigen Kindes begründen würde, die auch unter Berücksichtigung der Belange des Klärungsberechtigten für das Kind unzumutbar wäre.
(4) ¹Wer in eine genetische Abstammungsuntersuchung eingewilligt und eine genetische Probe abgegeben hat, kann von dem Klärungsberechtigten, der eine Abstammungsuntersuchung hat durchführen lassen, Einsicht in das Abstammungsgutachten oder Aushändigung einer Abschrift erlangen. ²Über Streitigkeiten aus dem Anspruch nach Satz 1 entscheidet das Familiengericht.

Der Gesetzgeber stellt als Konsequenz aus der Rechtsprechung des Bundesverfassungsgerichts (FamRZ 07, 1
441) über die Rechtswidrigkeit heimlich eingeholter Vaterschaftsgutachten nunmehr neben dem bisherigen Anfechtungsverfahren ein eigenständiges **Verfahren auf (bloße) Klärung der Abstammung** (also ohne Statuswirkung) zur Verfügung. § 1598a BGB regelt, dass Vater, Mutter und Kind jeweils ggü den anderen beiden Familienmitgliedern einen Anspruch auf Klärung der Abstammung haben (I). Nach Nr 1 ist allein der rechtliche **Vater** anspruchsberechtigt. Umgekehrt kann das **Kind** nach Nr 3 lediglich überprüfen lassen, ob sein rechtlicher Vater sein biologischer Vater ist. Soweit sich die Klage in beiden Fällen (auch) gegen die Mutter richtet, ist nur die rechtliche Mutter gemeint (vgl § 1591). Nach dem Wortlaut des § 1598a I kann auch die rechtliche **Mutterschaft** auf ihre genetische Richtigkeit überprüft werden (*Helms* FamRZ 08, 1033 mwN).
Der Anspruch ist an keine weiteren Voraussetzungen – auch keine Fristen – gebunden. Die Antragsgegner 2
müssen grds einwilligen und Blutproben entnehmen lassen. Willigen sie nicht ein, kann ihre Einwilligung vom Familienrichter ersetzt werden (II). In diesem Verfahren können der Vater und die Mutter das Kind nicht vertreten (§ 1629 IIa). Für das Kind ist deshalb ein Ergänzungspfleger zu bestellen. Das Jugendamt ist zu beteiligen (§ 176 I 2 FamFG und Eltern und Kinder nach Maßgabe des § 175 II FamFG anzuhören. Die Entscheidung nach § 1598a II wird erst mit Rechtskraft wirksam (§ 184 I FamFG). Sie kann nicht vollstreckt werden, wenn die Art der Probeentnahme der untersuchten Person nicht zugemutet werden kann (§ 96a I FamFG). Bei wiederholter unberechtigter Verweigerung der Untersuchung kann auch unmittelbarer Zwang angewendet werden, insb die zwangsweise Vorführung zur Untersuchung angeordnet werden (§ 96a II FamFG). Über die Rechtmäßigkeit der Weigerung entscheidet erneut der Familienrichter ebenso wie über weitere Vollstreckungsmaßnahmen bei wiederholter unberechtigter Verweigerung der Untersuchung.
Ausnahmen von der Ersetzungsmöglichkeit: Das **Kindeswohl** steht der Abstammungsklärung entgegen 3
(zB in besonderen Lebenslagen und Entwicklungsphasen des Kindes wie zB bei Magersucht oder Selbstmordgefahr). Das Familiengericht muss dann das Verfahren aussetzen (III). Weiterhin kein Klärungsverfahren, wenn das Klärungsverlangen **missbräuchlich** gestellt ist (zB im Wiederholungsfall, zur Schikane von Familienmitgliedern oder aufgrund fixer Ideen).
Durch die Einleitung des Klärungsverfahrens wird die Frist für die Vaterschaftsanfechtung analog § 204 II 4
gehemmt (§ 1600b V). Die Anfechtungsfrist läuft erst 6 Monate nach rechtskräftigem Abschluss des Klärungsverfahrens weiter.
Praktische Bedeutung erlangt das Klärungsverfahren va, wenn die Frist für eine Statuskorrektur verstrichen 5
ist. So besteht zB die Möglichkeit, auf diesem Wege den Härtegrund des § 1579 Nr 7 zu beweisen. Auch kann das im Klärungsverfahren erstattete Gutachten als Restitutionsgrund iSv § 185 FamFG herangezogen werden.

§ 1599 Nichtbestehen der Vaterschaft.

(1) § 1592 Nr. 1 und 2 und § 1593 gelten nicht, wenn auf Grund einer Anfechtung rechtskräftig festgestellt ist, dass der Mann nicht der Vater des Kindes ist. (2) ¹§ 1592 Nr. 1 und § 1593 gelten auch nicht, wenn das Kind nach Anhängigkeit eines Scheidungsantrags geboren wird und ein Dritter spätestens bis zum Ablauf eines Jahres nach Rechtskraft des dem Scheidungsantrag stattgebenden Urteils die Vaterschaft anerkennt; § 1594 Abs. 2 ist nicht anzuwenden. ²Neben den nach den §§ 1595 und 1596 notwendigen Erklärungen bedarf die Anerkennung der Zustimmung des Mannes, der im Zeitpunkt der Geburt mit der Mutter des Kindes verheiratet ist; für diese Zustimmung gelten § 1594 Abs. 3 und 4, § 1596 Abs. 1 Satz 1 bis 3, Abs. 3 und 4, § 1597 Abs. 1 und 2 und § 1598 Abs. 1 entsprechend. ³Die Anerkennung wird frühestens mit Rechtskraft des dem Scheidungsantrag stattgebenden Urteils wirksam.

1 **A. Allgemeines.** Die aufgrund Ehe (§ 1592 Nr 1) oder Anerkennung (§ 1592 Nr 2) bestehende Vaterschaft wird durch rechtskräftiges Anfechtungsurteil beseitigt (I). Die Anfechtung führt zum **Verlust der Deutschen Staatsangehörigkeit,** wenn sich diese allein vom Anfechtungskläger herleitet. Die Anfechtung beseitigt die rechtlichen Voraussetzungen des Staatsangehörigkeitserwerbs mit Rückwirkung (FamRZ 04, 802). Darin liegt keine gegen Art 16 I 1 GG verstoßende Entziehung der Staatsangehörigkeit (BVerfG FamRZ 07, 21). Zum Anfechtungsverfahren vgl Anhang zu § 1600e, zur Anfechtungsberechtigung § 1600, zur Anfechtungsfrist § 1600b und zur Beweislage Anhang zu ex § 1600e Rn 45.

2 Die gerichtliche Anfechtung ist für *alle* Kinder (ob ehelich oder nicht ehelich) **einheitlich** geregelt. Es bestehen keine gesonderten Vorschriften für die Anfechtung der Vaterschaftsanerkennung. Angefochten wird also nicht mehr die Ehelichkeit eines Kindes, sondern die Vaterschaft des Ehemannes der Kindesmutter. Ebenso wird nicht die Anerkennung einer nicht ehelichen Vaterschaft angefochten, sondern die Vaterschaft des Anerkennenden.

3 Die Anfechtung der Vaterschaft eines **ausländischen** (hier: türkischen) Kindes mit gewöhnlichem Aufenthalt in Deutschland richtet sich nach deutschem Recht, Art 20 2 EGBGB (Stuttg FamRZ 99, 610). Ist ausländisches Recht anwendbar, liegt ein Verstoß gegen den deutschen ordre public vor, wenn das ausländische Recht keine Anfechtungsmöglichkeit vorsieht (Stuttg FamRZ 01, 246).

4 **B. Ersatzansprüche nach erfolgreicher Anfechtung. I. Scheinvater gegen Kind.** Der Scheinvater hat gegen das Kind einen **Auskunftsanspruch,** wer der leibliche Vater ist (Köln FamRZ 02, 1214). Nach erfolgter Anfechtung steht fest, dass der Rechtsgrund für den vom Scheinvater geleisteten Kindesunterhalt nachträglich entfallen ist (§ 812 I 2 Alt 1). Die in § 1607 III 2 angeordnete Legalzession (Rn 5) hindert nicht die Entstehung des Bereicherungsanspruchs. Jedoch scheitert der Scheinvater mit seiner Bereicherungsklage gegen das Kind regelmäßig am **Entreicherungseinwand** (§ 818 III) (BGH FamRZ 81, 764, 765).

5 **II. Scheinvater gegen biologischen Vater.** Nach erfolgter **Anfechtung** kann der Scheinvater beim biologischen Vater **Regress** nehmen, soweit der Erzeuger unterhaltspflichtig war (§ 1607 III 2). Scheinvater ist der Ehemann der Kindesmutter (§ 1607 III 1) bzw ein mit der Kindesmutter nicht verheirateter Mann (§ 1607 III 2).

6 Der Regressanspruch des Ehemannes ist nicht davon abhängig, dass er annimmt, er selbst sei der Vater (*Henrich* FamRZ 01, 785; Palandt/*Brudermüller*, § 1607 Rz 16, aA: AG Wipperfürth FamRZ 01, 738). Dagegen ist der Scheinvaterregress des „wissenden" mit der Kindesmutter nicht verheirateten Mannes (§ 1607 III 2) ausgeschlossen (Celle MDR 05, 634).

7 Der Regress umfasst neben dem laufenden Unterhalt auch einen etwaigen vom Ehemann der Kindesmutter geleisteten Prozesskostenvorschuss sowie die ihm entstandenen Kosten des Anfechtungsverfahrens (BGH FamRZ 1988, 387). Ist der Scheinvater durch Anerkennung Vater geworden, steht ihm gegen den Erzeuger kein Anspruch auf Ersatz der Kosten des Anfechtungsverfahrens zu (Celle FamRZ 05, 1853).

8 Das Verlangen rückständigen Unterhalts kann für den Erzeuger eine **unbillige Härte** sein (§ 1613 III), es sei denn, der Erzeuger war unredlich, weil das Kind mit seinem Einverständnis dem Scheinvater untergeschoben worden ist (Karlsr FamRZ 00, 1435, LS). Eine unbillige Härte liegt vor, wenn der Kindesvater deswegen nicht mit seiner Inanspruchnahme rechnen musste, weil selbst die Kindesmutter von der Vaterschaft eines anderen Mannes ausgegangen ist (Oldbg FamRZ 06, 1661). Ggf kommt eine **teilw** Herabsetzung und Stundung des Unterhaltsanspruchs des Scheinvaters gegen den leiblichen Vater in Betracht (Schlesw MDR 07, 1024).

9 Allerdings hat der Scheinvater gegen den Erzeuger **keine** Regressmöglichkeit nach § 1607 III 2, **solange** dessen Vaterschaft **nicht festgestellt** oder **nicht anerkannt** ist (Celle NJW-RR 00, 451). Der Scheinvater ist insb nicht gem § 1600e gegen den Erzeuger klagebefugt (BGH FamRZ 99, 716). Die Feststellung der Vaterschaft des Erzeugers kann auch nicht als Vorfrage in einem Regressprozess geklärt werden (BGH FamRZ 93, 696 zu §§ 1600a, 1615b II aF; Hamm FamRZ 05, 475).

10 *Selbst* nach erfolgreicher Anfechtung der (Schein-)Vaterschaft durch den Scheinvater, die Mutter oder durch das Kind können die Mutter und das Kind den Regress des vormaligen **Scheinvaters** verhindern, wenn sie sich dem Statuswechsel widersetzen; denn ohne ihre Mitwirkung kann es nicht zur gesetzlichen Vaterschaft

des leiblichen Vaters durch Anerkennung kommen, da seine Anerkennung der Zustimmung von Mutter und Kind (§ 1595) bedarf (zu Ausnahmen vgl Rn 9).

Zumal mit Blick auf den drohenden Unterhaltsregress dürfte nach erfolgreicher Anfechtung der Scheinvaterschaft auch wenig Neigung auf Seiten des **biologischen Vaters** bestehen, **selbst** die Feststellung seiner Vaterschaft zu betreiben. In Betracht käme insoweit sein Antrag auf Feststellung seiner eigenen Vaterschaft (Palandt/*Diederichsen* § 1600e Rz 4; *Wieser* NJW 98, 2023). Hat allerdings der biologische Vater selbst (vgl Einführung vor § 1591 Rn 4) das Anfechtungsverfahren gegen das Kind und den Scheinvater betrieben, „beinhaltet" die Rechtskraft der erfolgreichen Anfechtung zugleich die Feststellung **seiner** Vaterschaft (§§ 182 I FamFG, vgl § 1600 Rn 2). Allerdings ist die Anfechtungsmöglichkeit des biologischen Vaters beschränkt. Sie ist ausgeschlossen, solange die Mutter mit dem Scheinvater verheiratet ist oder zwischen Scheinvater und Kind eine sozial-familiäre Beziehung besteht (§ 1600 II u III, vgl § 1600 Rn 2). 11

In **Ausnahmefällen** kann die Berufung auf die Regresssperre (§§ 1600d IV, 1594) gegen Treu und Glauben verstoßen (§ 242). Dabei ist eine umfassende Interessenabwägung vorzunehmen, wobei der Frage besonderes Gewicht zukommt, ob und in welcher Intensität die schutzwürdigen Interessen des Kindes und der Familienfriede durch eine **Durchbrechung der Regresssperre** berührt werden (BGH FamRZ 08, 1836). Eine solche Ausnahme ist insb bei allseits „**unstreitiger Vaterschaft**" des außerehelichen Erzeugers anzunehmen. Bei dieser Sachlage kann gegen den biologischen Vater ohne Feststellung seiner rechtlichen Vaterschaft Regress genommen werden (Ddorf FamRZ 00, 1032; BGH FamRZ 08, 1424; vgl § 1600d Rn 1). Regelmäßig ist dann auch im VA-Verfahren die Anwendung des § 27 VersAusglG in Betracht zu ziehen (BGH FamRZ 08, 1836, 1840). Zu weitgehend erscheint die Auffassung, die eine hinreichende Erfolgsaussicht für einen Regressunterhaltsantrag des Scheinvaters annimmt, wenn der vermutete biologische Vater sich grundlos weigert, auf Kosten des Scheinvaters einen außergerichtlichen DNA-Vaterschaftstest vornehmen zu lassen (Karlsr FamRZ 05, 474). 12

III. Scheinvater gegen Sozialamt. Hat der Scheinvater an den Träger der Sozialhilfe, der dem Kind Hilfe gewährt hat, Unterhaltszahlungen geleistet, steht ihm gegen den Sozialhilfeträger ein Bereicherungsanspruch jedenfalls dann zu, wenn er seinen nach § 1607 III 2 auf ihn übergegangenen Anspruch gegen den Erzeuger – weil dieser zB untergetaucht ist – nicht realisieren kann (BGH FamRZ 81, 30, 32). 13

IV. Scheinvater gegen (geschiedene) Ehefrau. 1. Grundsatz. Nach stRspr (BGHZ 23, 215; 26, 217; 57, 229) hält der BGH im Grundsatz daran fest, dass der Scheinvater von seiner (geschiedenen) Ehefrau **nicht** auf Grund eines von dieser begangenen Ehebruchs, aus dem ein Kind hervorgegangen ist, nach **§ 823** Ersatz des Vermögensschadens verlangen kann, der ihm durch Unterhaltszahlungen an das scheineheliche Kind entstanden ist (BGH FamRZ 90, 367). Zuständig für den Auskunftsantrag des Scheinvaters gegen die Kindesmutter ist das Familiengericht (Hamm FamRZ 05, 1844). 14

2. Ausnahme. Allerdings kann die Anwendung des **§ 826** in Betracht kommen, **wenn** zu dem Ehebruch eine **sittenwidrig schädigende Verletzungshandlung** der Ehefrau **hinzutritt** (BGH FamRZ 90, 367). Erteilt zB die Kindesmutter grob fahrlässig in dem Bewusstsein der möglichen Schädigung auf die Frage, ob sie in der gesetzlichen Empfängniszeit auch mit einem anderen Mann verkehrt habe, eine unrichtige Auskunft, handelt sie sittenwidrig. Sie ist dem Zahlvater dann hinsichtlich der auf Grund der Falschauskunft zu Unrecht geleisteten Unterhaltszahlungen gem § 826 zum Schadensersatz verpflichtet (Hamm MDR 99, 42). 15

Dagegen begründet allein die Tatsache, dass die Kindesmutter dem Mann den Mehrverkehr nicht mitgeteilt hat, keinen Schadensersatzanspruch aus § 826 (Köln NJW-Report 99, 1673) und auch keinen Anspruch auf Eheanfechtung wegen arglistiger Täuschung gem § 1314 II Nr 3 (Stuttg FamRZ 05, 2070). Eine Schadensersatzpflicht der Kindesmutter kann auch eintreten, wenn sie ihrem (späteren) Mann **vor** der Ehe vorgespiegelt hat, dass **nur er** als Vater des von ihr erwarteten Kindes in Frage komme (BGH FamRZ 81, 531). In diesem Fall hat der Scheinvater gegen die Kindesmutter einen Anspruch auf **Bekanntgabe des Namens** des leiblichen Vaters, damit er gegen ihn Regress nehmen kann (Bambg FamRZ 04, 562), vgl § 1591 Rn 20. 16

C. Drittanerkennung (Abs 2). Die §§ 1592 Nr 1; 1593 gelten nicht, wenn das Kind nach der **Anhängigkeit** des Scheidungsantrags **innerhalb der Ehe** geboren wird, **sofern** ein Dritter spätestens innerhalb eines Jahres **nach** Rechtskraft der Scheidung die Vaterschaft **anerkennt** (II 1), die zudem der zusätzlichen Zustimmung des Ehemannes der Kindesmutter bedarf (II 2; § 1595 Rn 8). 17

Die Zustimmungen der Kindesmutter und deren Ehemannes sind ebenfalls an die Jahresfrist geknüpft (Stuttg FamRZ 04, 1054 mwN; aA Zweibr FamRZ 00, 546). 18

Eine evtl **vor** der Scheidung der Mutter erklärte Anerkennung des Dritten ist zunächst schwebend unwirksam und wird erst mit Rechtskraft der Scheidung wirksam (II 3). Dasselbe gilt für die vor Rechtskraft der Scheidung durch den Dritten abgegebene Sorgerechtserklärung nach § 1626a I Nr 1 (BGH FamRZ 04, 802). 19

Durch diese Regelung wird ein teurer Abstammungsprozess in den Fällen, in denen sich alle Beteiligten über die wahre Abstammung einig sind, vermieden. Bei nach Anhängigkeit des Scheidungsantrags geborenen Kindern muss vor Einreichung einer Vaterschaftsanfechtungsklage daher **versucht werden**, über den einfachen Weg des § 1599 II eine **Vaterschaftsanerkennung** zu erreichen. Sonst besteht kein Rechtsschutzbedürfnis für die Durchführung eines Abstammungsprozesses (*Büttner* FF 00, 13, 14; **str**, aA Brandbg FamRZ 08, 68). 20

§ 1600 Anfechtungsberechtigte.

(1) Berechtigt, die Vaterschaft anzufechten, sind folgende Personen:
1. der Mann, dessen Vaterschaft nach § 1592 Nr. 1 und 2, § 1593 besteht,
2. der Mann, der an Eides statt versichert, der Mutter des Kindes während der Empfängniszeit beigewohnt zu haben,
3. die Mutter und
4. das Kind und
5. die zuständige Behörde (anfechtungsberechtigte Behörde) in den Fällen des § 1592 Nr 2.

(2) Die Anfechtung nach Absatz 1 Nr. 2 setzt voraus, dass zwischen dem Kind und seinem Vater im Sinne von Absatz 1 Nr. 1 keine sozial-familiäre Beziehung besteht oder im Zeitpunkt seines Todes bestanden hat und dass der Anfechtende leiblicher Vater des Kindes ist.

(3) Die Anfechtung nach Absatz 1 Nr. 5 setzt voraus, dass zwischen dem Kind und dem Anerkennenden keine sozial-familiäre Beziehung besteht oder im Zeitpunkt der Anerkennung oder seines Todes bestanden hat und durch die Anerkennung rechtliche Voraussetzungen für die erlaubte Einreise oder den erlaubten Aufenthalt des Kindes oder eines Elternteils geschaffen werden.

(4) ¹Eine sozial-familiäre Beziehung nach Absatz 2 und 3 besteht, wenn der Vater im Sinne von Absatz 1 Nr. 1 zum maßgeblichen Zeitpunkt für das Kind tatsächliche Verantwortung trägt oder getragen hat. ²Eine Übernahme tatsächlicher Verantwortung liegt in der Regel vor, wenn der Vater im Sinne von Absatz 1 Nr. 1 mit der Mutter des Kindes verheiratet ist oder mit dem Kind längere Zeit in häuslicher Gemeinschaft zusammengelebt hat.

(5) Ist das Kind mit Einwilligung des Mannes und der Mutter durch künstliche Befruchtung mittels Samenspende eines Dritten gezeugt worden, so ist die Anfechtung der Vaterschaft durch den Mann oder die Mutter ausgeschlossen.

(6) ¹Die Landesregierungen werden ermächtigt, die Behörden nach Absatz 1 Nr. 5 durch Rechtsverordnung zu bestimmen. ²Die Landesregierungen können diese Ermächtigung durch Rechtsverordnung auf die zuständigen obersten Landesbehörden übertragen. ³Ist eine örtliche Zuständigkeit der Behörde nach diesen Vorschriften nicht begründet, so wird die Zuständigkeit durch den Sitz des Gerichts bestimmt, das für die Klage zuständig ist.

1 **A. Allgemeines.** Die aufgrund Ehe (§§ 1592 Nr 1, 1593) oder Anerkennung (§ 1592 Nr 2) bestehende Vaterschaft kann angefochten werden. Die aufgrund gerichtlicher Entscheidung festgestellte Vaterschaft (§§ 1600d, 182 FamFG) kann nur durch Restitution beseitigt werden (§§ 580 ZPO, 185 FamFG); vgl Anhang zu ex § 1600e Rn 42).

2 **B. Anfechtungsberechtigte.** Der Kreis der Anfechtungsberechtigten ist durch das G v 23.4.04 (vgl Einführung vor § 1591 Rn 4) um den biologischen Vater erweitert worden. I wurde geändert und II und III hinzugefügt. Der II aF ist jetzt IV. *Geplant ist die Einführung einer behördlichen Anfechtung (§ 1600 I Nr 5 – vgl Rn 14).*

3 **I. Gesetzlicher Vater (Abs 1 Nr 1).** Anfechtungsberechtigt ist der Mann, dessen Vaterschaft nach §§ 1592 Nr 1 u 2, 1593 besteht, auch wenn er nicht Sorgerechtsinhaber ist. Der Scheinvater kann auch sein eigenes Vaterschaftsanerkenntnis anfechten (Köln FamRZ 02, 629) und dafür PKH beanspruchen (Naumbg FamRZ 08, 2146).

4 **II. Biologischer Vater (Abs 1 Nr 2; Abs 2 u 3).** Der leibliche, aber nicht rechtliche („biologische") Vater war nach § 1600 I aF von jeder Anfechtungsmöglichkeit ausgeschlossen, solange die Vaterschaft eines anderen Mannes bestand (BGH FamRZ 99, 716). Ihm konnte lediglich vom klagenden Kind oder der klagenden Mutter der Streit verkündet werden (§ 640e II ZPO aF; Anhang zu ex § 1600e Rn 20). Das BVerfG hat jedoch die alte Gesetzesfassung insoweit mit Art 6 II 1 GG für unvereinbar erklärt, soweit sie den biologischen Vater ausnahmslos von der Anfechtung der Vaterschaft eines anderen Mannes zur Erlangung der eigenen rechtlichen Vaterschaft ausgeschlossen hat (BVerfG FamRZ 03, 816, 818). Gedacht war dabei an die Fälle, in denen die rechtlichen Eltern mit dem Kind gar keine soziale Familie bildeten, wie etwa bei bloßer Zahlvaterschaft.

5 Durch das am 30.4.04 in Kraft getretene G v 23.4.04 (vgl Einführung vor § 1591 Rn 4) wurden die Vorgaben des BVerfG umgesetzt, insb durch die Aufnahme einer **begrenzten Anfechtungsberechtigung** des leiblichen Vaters in § 1600 I–III nF und durch die jetzt in § 182 I FamFG geregelte Beschlusswirkung, wonach die vom leiblichen Vater gem § 1600 I Nr 2 erstrittene rechtskräftige Anfechtungsentscheidung **zugleich die Feststellung seiner Vaterschaft beinhaltet**.

6 Die Anfechtungsmöglichkeit ist an **drei Voraussetzungen** geknüpft:
(1.) Abgabe einer eidesstattlichen Versicherung des leiblichen Vaters, der Kindesmutter in der Empfängniszeit *beigewohnt zu haben* **(I Nr 2)**,
(2.) zwischen Kind und gesetzlichem Vater darf keine sozial-familiäre Beziehung bestehen oder im Zeitpunkt des Todes bestanden haben **(II Alt 1)**,
(3.) Der Anfechtende muss leiblicher Kindesvater sein **(II Alt 2)**

Der anfechtende Mann muss seine Beiwohnung in der Empfängniszeit **an Eides Statt** versichern (**I Nr 2**). Diese Erklärung erhöht die Substantiierungspflicht des Anfechtenden, gehört also zur Schlüssigkeit des Anfechtungsantrags. Sie soll gleichzeitig wegen der strafrechtlichen Folgen bei Abgabe einer falschen eidesstattlichen Versicherung (vgl §§ 156, 163 StGB) eine Anfechtung „ins Blaue hinein" vermeiden. Durch die Erstreckung der eidesstattlichen Versicherung auf die Tatsache der Beiwohnung ist die Anfechtungsmöglichkeit für einen Dritten, der nur den Samen gespendet, aber der Mutter nicht beigewohnt hat, ausgeschlossen (BTDrs 15/2492 S 9).

Das **Nichtbestehen** einer **sozial-familiären Beziehung** zwischen gesetzlichem Vater und dem Kind ist Voraussetzung für den Erfolg der Anfechtung (**II Alt 1**). Wird eine solche Beziehung dagegen **festgestellt**, ist die Anfechtung durch den leiblichen Vater endgültig nicht zugelassen und bleibt auch in der Zukunft verschlossen. Ein „Wiederaufleben" des Anfechtungsrechts ist nicht möglich (BTDrs 15/2253 11). Das Nichtbestehen einer sozialfamiliären Beziehung ist eine Frage der Begründetheit der Klage (FamRZ 08, 1821). Die negative Tatbestandsvoraussetzung ist von dem Anfechtenden leiblichen Vater zu beweisen mit der Folge, dass sich eine non–liquet–Situation zu seinen Lasten auswirkt (FamRZ 08, 1822).

Eine sozial-familiäre Beziehung besteht, wenn der gesetzliche Vater für das Kind **tatsächliche Verantwortung** trägt (vgl zu den Einzelheiten Stuttg FamRZ 08, 629). Von der Übernahme einer derartigen Verantwortung ist idR auszugehen, wenn der gesetzliche Vater mit der Kindesmutter **verheiratet** ist **oder** mit dem Kind längere Zeit in häuslicher Gemeinschaft gelebt hat (**III**). Allerdings reicht diese Regelannahme nach Auffassung des BGH nicht ohne Weiteres für das Bestehen einer sozial-familiären Beziehung aus, weil diese nach § 1600 III 1 voraussetze, dass der rechtliche Vater die tatsächliche Verantwortung für das Kind (noch) trägt oder bis zu seinem Tod getragen hat (FamRZ 07, 724). Ist das nicht der Fall (Beispiele: Scheinehe; Getrenntleben der Mutter und des rechtlichen Vaters; nur kurze Zeit zurückliegende Eheschließung), ist die Regelannahme vom Einzelfall widerlegt (vgl BTDrs 15/2235 11; FamRZ 07, 724). Fehlen diese Ausnahmetatbestände, versteht idR ein Anfechtungsrecht erst **nach der Scheidung** des gesetzlichen Vaters von der Kindesmutter und iÜ nur dann, wenn der gesetzliche Vater nicht längere Zeit **in häuslicher Gemeinschaft** mit dem Kind gelebt hat. Der unbestimmte Rechtsbegriff „**längere Zeit**" ist wie in §§ 1630 III, 1632 IV, 1682 sowie 1685 II auszulegen. Das bedeutet:

Dauert die häusliche Gemeinschaft **noch an**, besteht kein Anfechtungsrecht. Dasselbe gilt, wenn die häusliche Gemeinschaft zwar aufgehoben ist, das daraus entstandene Vertrauensverhältnis zu dem Kind aber noch besteht und die gegenwärtige Bezugswelt des Kindes prägt. Insoweit kann auf die Auslegung desselben Rechtsbegriffs in § 1685 II (Palandt/*Diederichsen* § 1685 Rz 8) und § 1682 2 (Palandt/*Diederichsen* § 1682 Rz 6) zurückgegriffen werden. Ist allerdings die häusliche Gemeinschaft schon längere Zeit **aufgehoben**, prägt sie nicht mehr die gegenwärtige Bezugswelt des Kindes, mag die häusliche Gemeinschaft ihrerseits auch längere Zeit angedauert haben. Dann ist der Weg zu Anfechtung frei (*Pieper* FuR 04, 385, 387).

Der Anfechtende muss **leiblicher Vater** des Kindes sein (**II Alt 2**). Für die Schlüssigkeit des Anfechtungsantrags reicht die Behauptung der leiblichen Vaterschaft aus. Dagegen hat die Anfechtungsantrag erst Erfolg, wenn die leibliche Vaterschaft des Anfechtenden gerichtlich festgestellt werden kann. Der erfolgreiche Anfechtungsbeschluss **beinhaltet** die Feststellung der leiblichen Vaterschaft. Diese Wirkung ist im Tenor des Anfechtungsurteils auszusprechen (**§ 182 I FamFG**). Durch die rechtliche Verknüpfung von Anfechtung und Feststellung der Vaterschaft ist gewährleistet, dass das Kind nicht vaterlos wird. Zur Anfechtungs**frist** vgl § 1600b Rn 9.

III. Kindesmutter (Abs 1 Nr 3). Die **Mutter** kann nicht nur die Anerkennung, sondern **alle Fälle der Vaterschaft** anfechten (§ 1600). Eine Kindeswohlprüfung findet (anders als bei einer Anfechtung des minderjährigen Kindes, vertreten durch die Mutter, vgl § 1600a Rn 9) **nicht** statt. Diese unterschiedliche Behandlung leuchtet nicht ein (vgl *Gaul* FamRZ 00, 1461, 1470). Ficht die allein sorgeberechtigte Mutter die Vaterschaft an, ist für das gem § 172 FamFG zu beteiligende Kind – schon für die Klagezustellung und die Ladung – ein Ergänzungspfleger zu bestellen (BGH FamRZ 02, 880).

IV. Kinder (Abs 1 Nr 4). Für minderjährige Kinder ist gesetzliche Vertretung notwendig vgl § 1600a Rn 3). Volljährige Kinder können die Anfechtung **unbeschränkt** geltend machen, also nicht begrenzt auf im Gesetz enumerativ aufgeführte Gründe.

V. Anfechtungsberechtigte Behörde. § 1600 I Nr 5 sieht jetzt vor, dass eine von den Bundesländern jeweils zu bestimmende Behörde eine missbräuchliche Vaterschaftsanerkennung unter den Voraussetzungen des § 1600 III u IV (Fehlen einer sozial-familiären Beziehung und Legalisierung unlauterer Aufenthaltsverhältnisse durch Anerkennung der Vaterschaft) anfechten kann. Es besteht kein verwaltungsgerichtlicher Folgenbeseitigungsanspruch des Kindes auf Rücknahme einer behördlichen Vaterschaftsanfechtungsklage (HessVGH FuR 2010, 119).

VI. Eltern des verstorbenen (Schein-)Vaters. Die **Eltern des verstorbenen (Schein-)Vaters** können *nicht* mehr anfechten (Umkehrschluss aus § 1600; BTDrs 13/4899 57).

16 **C. Anfechtung bei künstlicher Befruchtung (Abs 5).** Der **Anfechtungsausschluss** für Vater und Mutter bei heterologer Insemination gilt auch im Falle der Selbstvornahme der künstlichen Befruchtung (Hamm FamRZ 08, 630). Das Anfechtungsrecht des Kindes ist vom Ausschluss nicht betroffen. Beim minderjährigen Kind gilt die Einschränkung, dass die durch den gesetzlichen Vertreter zu erklärende Anfechtung (§ 1600a II) dem Kindeswohl dienen muss. Dies dürfte bei einer Vaterschaftsanfechtung nach heterologer Befruchtung idR nicht der Fall sein (*Wanitzek* FamRZ 03, 734).

§ 1600a Persönliche Anfechtung; Anfechtung bei fehlender oder beschränkter Geschäftsfähigkeit.
(1) Die Anfechtung kann nicht durch einen Bevollmächtigten erfolgen.
(2) ¹Die Anfechtungsberechtigten im Sinne von § 1600 Abs. 1 Nr. 1 bis 3 können die Vaterschaft nur selbst anfechten. ²Dies gilt auch, wenn sie in der Geschäftsfähigkeit beschränkt sind; sie bedürfen hierzu nicht der Zustimmung ihres gesetzlichen Vertreters. ³Sind sie geschäftsunfähig, so kann nur ihr gesetzlicher Vertreter anfechten.
(3) Für ein geschäftsunfähiges oder in der Geschäftsfähigkeit beschränktes Kind kann nur der gesetzliche Vertreter anfechten.
(4) Die Anfechtung durch den gesetzlichen Vertreter ist nur zulässig, wenn sie dem Wohl des Vertretenen dient.
(5) Ein geschäftsfähiger Betreuter kann die Vaterschaft nur selbst anfechten.

1 **A. Allgemeines.** Die Vorschrift regelt – ähnl wie § 1596 für die Anerkennung und Zustimmung dazu – die Stellvertretung bei Abgabe der Anfechtungserklärung. Die Anfechtungsberechtigten (§ 1600) müssen **höchstpersönlich** anfechten (**I 1**), mögen sie auch unter Betreuung stehen (**V**), es sei denn, sie sind geschäftsunfähig.

2 **B. Willensmängel des Vaters oder der Mutter (Abs 2).** Vater und Mutter müssen stets **selbst** die Anfechtung erklären (**II 1**), auch wenn sie minderjährig sind (**II 2**). Im Falle ihrer **Geschäftsunfähigkeit** (§ 104 Nr 1 u 2) kann nur der gesetzliche Vertreter anfechten. Das sind bei Minderjährigkeit des Kindesvaters oder der Kindesmutter deren Eltern bzw ein Pfleger (§ 1630). Die Anfechtung muss dem Kindeswohl dienen (IV; Rn 9). Bei Geschäftsunfähigkeit eines Volljährigen kann nur der Betreuer anfechten, wenn er für diesen Aufgabenkreis bestellt ist (§ 1902).

3 **C. Willensmängel des Kindes (Abs 3).** Für **minderjährige** Kinder, die geschäftsunfähig (§ 104 Nr 1 u 2) oder nur beschränkt geschäftsfähig (§ 106) sind, kann **nur** der gesetzliche Vertreter anfechten, dessen Zustimmung **nicht** der gerichtlichen **Genehmigung** bedarf (III). Allerdings muss die Zustimmung dem Kindeswohl dienen (IV).

4 Der **Vater** ist infolge seiner Stellung als Kläger oder Beklagter des Anfechtungsprozesses an der gesetzlichen Vertretung des Kindes gem § 181 rechtlich gehindert (BGH FamRZ 02, 880).

5 Einer Vertretung durch die **Mutter** (des ehelichen Kindes) stehen **bis zur Rechtskraft der Scheidung** §§ 1629 II 1 iVm 1795 I Nr 3 entgegen (Bambg FamRZ 92, 220), so dass – unabhängig von Alleinsorge oder gemeinsamer Sorge – für das Kind ein Ergänzungspfleger bestellt werden muss (§ 1909 I 1), notwendigenfalls vorab ein Prozesspfleger (§ 57 I ZPO).

6 Auch **nach der Scheidung** bleibt die Mutter von der gesetzlichen Vertretung ausgeschlossen (BGH FamRZ 72, 498, 499), und zwar so lange, bis sie das alleinige Sorgerecht erhält (vgl §§ 1671 II oder 1626a II oder § 1680) (Köln FamRZ 01, 245), das dann nur noch wegen eines erheblichen Interessengegensatzes eingeschränkt werden kann, §§ 1629 II 3 Hs 1, 1796 (vgl BayObLG FamRZ 99, 737, 739).

7 Bei Anfechtung der anerkannten Vaterschaft des mit der Mutter nicht verheirateten Vaters wird das Kind von der Mutter vertreten, wenn dieser gem § 1626a II die Alleinsorge zusteht (Köln FamRZ 05, 43). Ist die Mutter nicht sorgeberechtigt (§ 1672 I) oder nur zusammen mit dem Vater (§ 1626a I Nr 1), erhält das Kind einen **Ergänzungspfleger**, §§ 1909 I 1, 1629 II 1 (Köln FamRZ 01, 245). In dessen Bestellung liegt keine stillschweigende Entziehung des Sorgerechts bezüglich der Entscheidung über das „Ob" der Anfechtung (Hamm FamRZ 08, 1646, n rk), über das weiterhin die sorgeberechtigten Eltern zu entscheiden haben, im Streitfall über § 1628 mit Hilfe des Gerichts (Brandbg FamRZ 08, 1270 – LS –).

8 Mängel der gesetzlichen Vertretung machen ein gleichwohl erlassenes Urt anfechtbar (vgl Anhang zu ex § 1600e Rn 52).

9 Der Aufgabenkreis des Beistands umfasst nicht die Anfechtung eines Vaterschaftsanerkenntnisses (Nürnbg FamRZ 01, 705).

10 **D. Kindeswohl (Abs 4).** Die Anfechtung gem II 3 bzw III **durch den gesetzlichen Vertreter** (Rn 6–8) ist nur zulässig, wenn sie dem Wohl des geschäftsunfähigen Elternteils oder des Kindes „dient" (IV). Bei den Erwägungen zum Kindeswohl sind ähnliche Überlegungen anzustellen wie zur vormundschaftsgerichtlichen Genehmigung. Danach muss die Anfechtung für das Kind rechtlich vorteilhaft sein. Wenngleich die Klärung *der biologischen Abstammung* Teil des allg Persönlichkeitsrechts ist (Schlesw FamRZ 03, 51), genießt die Feststellung der Abstammung keinen selbstverständlichen Vorrang. Vielmehr sind die Vor- und Nachteile im konkreten Fall abzuwägen. Zweifel gehen zu Lasten des Anfechtenden (Köln FamRZ 01, 245).

Zu berücksichtigen sind va die möglichen Auswirkungen des Anfechtungsverfahrens auf den **Familienfrieden der Beteiligten** (BTDrs 13/4899 S 87; Schlesw FamRZ 03, 51) und vermögensrechtliche Konsequenzen (Verlust von Unterhalts- und Erbansprüchen) bei drohender rechtlicher Vaterlosigkeit, wenn die Kindesmutter über den genetischen Vater keine Angaben macht oder machen kann (BayObLG FamRZ 95, 185, 186). Ist der Anfechtungsgegner von der Kindesmutter geschieden und sind keine persönlichen Bindungen des Kindes zum (Schein-)Vater mehr vorhanden, dürfte die Anfechtung regelmäßig dem Kindeswohl dienen (BGH FamRZ 90, 507). Die Anfechtung kann im Einzelfall auch dann dem Kindeswohl dienen, wenn nicht damit zu rechnen ist, dass der wahre Vater ermittelt, aber jedenfalls der Ausschluss des Scheinvaters als leiblicher Vater festgestellt werden kann (Nürnbg FamRZ 05, 1697).

§ 1600b Anfechtungsfristen.

(1) ¹Die Vaterschaft kann binnen zwei Jahren gerichtlich angefochten werden. ²Die Frist beginnt mit dem Zeitpunkt, in dem der Berechtigte von den Umständen erfährt, die gegen die Vaterschaft sprechen; das Vorliegen einer sozial-familiären Beziehung im Sinne des § 1600 Abs. 2 erste Alternative hindert den Lauf der Frist nicht.
(1a) ¹Im Fall des § 1600 Abs. 1 Nr 5 kann die Vaterschaft binnen eines Jahres gerichtlich angefochten werden. ²Die Frist beginnt, wenn die anfechtungsberechtigte Behörde von den Tatsachen Kenntnis erlangt, die die Annahme rechtfertigen, dass die Voraussetzungen für ihr Anfechtungsrecht vorliegen. ³Die Anfechtung ist spätestens nach Ablauf von fünf Jahren seit der Wirksamkeit der Anerkennung der Vaterschaft für ein im Bundesgebiet geborenes Kind ausgeschlossen; ansonsten spätestens fünf Jahre nach der Einreise des Kindes.
(2) ¹Die Frist beginnt nicht vor der Geburt des Kindes und nicht, bevor die Anerkennung wirksam geworden ist. ²In den Fällen des § 1593 Satz 4 beginnt die Frist nicht vor der Rechtskraft der Entscheidung, durch die festgestellt wird, dass der neue Ehemann der Mutter nicht der Vater des Kindes ist.
(3) ¹Hat der gesetzliche Vertreter eines minderjährigen Kindes die Vaterschaft nicht rechtzeitig angefochten, so kann das Kind nach dem Eintritt der Volljährigkeit selbst anfechten. ²In diesem Falle beginnt die Frist nicht vor Eintritt der Volljährigkeit und nicht vor dem Zeitpunkt, in dem das Kind von den Umständen erfährt, die gegen die Vaterschaft sprechen.
(4) ¹Hat der gesetzliche Vertreter eines Geschäftsunfähigen die Vaterschaft nicht rechtzeitig angefochten, so kann der Anfechtungsberechtigte nach dem Wegfall der Geschäftsunfähigkeit selbst anfechten. ²Absatz 3 Satz 2 gilt entsprechend.
(5) ¹Die Frist wird durch die Einleitung eines Verfahrens nach § 1598a Abs. 2 gehemmt; § 204 Abs. 2 gilt entsprechend. ²Die Frist ist auch gehemmt, solange der Anfechtungsberechtigte widerrechtlich durch Drohung an der Anfechtung gehindert wird. ³Im Übrigen sind die §§ 206 und 210 entsprechend anzuwenden.
(6) Erlangt das Kind Kenntnis von Umständen, auf Grund derer die Folgen der Vaterschaft für es unzumutbar werden, so beginnt für das Kind mit diesem Zeitpunkt die Frist des Absatzes 1 Satz 1 erneut.

A. Die Frist. Für alle Anfechtungsberechtigten gilt unterschiedslos eine 2-jährige Anfechtungsfrist (I). Die zeitliche Beschränkung der Anfechtung ist verfassungsgemäß (BVerfG FamRZ 91, 325 zu § 1594 I aF). Die 2-jährige Anfechtungsfrist gilt **auch** für die Anfechtung der **Anerkennung** der Vaterschaft (Köln FamRZ 99, 800) sowie für die Anfechtung durch den biologischen Vater (vgl Rn 12).

B. 1-Jahresfrist. Gem § 1600b I a kann die anfechtungsberechtigte Behörde (Rn 15) die Vaterschaft binnen eines Jahres anfechten. Auf eine Verletzung des § 1600b kann eine **Amtshaftungsklage** des leiblichen Vaters nicht gestützt werden, weil die Vorschrift nicht den Schutz des leiblichen Vaters an einer Verhinderung seiner Vaterschaftsfeststellung und vor einer Inanspruchnahme auf Zahlung von Unterhalt dient (BGH FamRZ 07, 36). Ebensowenig kann der leibliche Vater nach Feststellung seiner Vaterschaft damit gehört werden, der Anfechtungsklage des Scheinvaters sei zu Unrecht stattgegeben worden, weil die Anfechtungsfrist versäumt worden sei und ihm deshalb Schadensersatzansprüche (§§ 826, 823 II iVm § 263 StGB) gegen den Scheinvater zustünden (Thüringen FamRZ 06, 1602).

C. Fristbeginn. Die Frist beginnt nicht vor der Geburt des Kindes (Rostock MDR 07, 839). Die Frist beginnt ab Kenntnis der Umstände, die gegen die Vaterschaft sprechen (I 2). Zur Auslegung dieser Vorschrift können die zum bisherigen Recht (§§ 1594 II 1, 1600h II 1 aF) entwickelten Grundsätze herangezogen werden (vgl BGH FamRZ 88, 278 zu § 1594 I aF). Abw Regelungen in Europa (zB in Italien, Belgien oder Bulgarien), in denen die Anfechtungsfrist – von zudem nur 1 Jahr – allein mit Kenntnis von der Geburt des Kindes beginnt, verstoßen gegen Art 8 EMRK (EuGHMRK FamRZ 06, 181) und dürften deshalb auch dem deutschen ordre public widersprechen.

I. Anfechtung durch den (Schein-)Vater. Der Scheinvater muss den wahren Vater nicht kennen (BGH NJWE-FER 98, 167). Die Anfechtungsfrist beginnt vielmehr, wenn der Scheinvater die sichere Kenntnis von Tatsachen erlangt, aus denen sich die **nicht ganz fern liegende Möglichkeit** einer Abstammung des Kindes von einem anderen Mann als ihm selbst ergibt (Karlsr FamRZ 01, 702).
Das ist zB der Fall, wenn die Kindesmutter die Abstammung in Frage stellt (Hamm FamRZ 94, 186) **oder** wenn der Mann erfährt, dass die Kindesmutter mit dem Dritten während der Empfängniszeit Urlaub

gemacht hat (Hamm FamRZ 92, 472) **oder** bei hinreichend begründeten Anhaltspunkten vom **Mehrverkehr** (Anhang zu ex § 1600e Rn 80) der Kindesmutter (BGH FamRZ 06, 771: bei gewerbsmäßigem, wenn auch geschütztem Verkehr; Frankf FamRZ 00, 108 „Sextourismus"; Brandbg FamRZ 02, 1055 zweiwöchiges Wohnen der Mutter während der Empfängniszeit in der Wohnung eines anderen Mannes), **es sei denn**, er erfährt, der andere Mann sei nach ärztlicher Feststellung zeugungsunfähig (BGH FamRZ 89, 169) **oder** wenn (hier: auf Grund des Reifegrads des Kindes) die Möglichkeit ganz fern liegt, dass der eheliche Verkehr zur Zeugung des Kindes geführt hat (BGH FamRZ 90, 507). Die Berufung auf **anonyme Anrufe**, für die der Scheinvater nur durch seine eigene Parteivernehmung Beweis anbietet, ist ebenso wenig schlüssiges Vorbringen wie der Hinweis auf eine **mangelnde Ähnlichkeit** des Kindes, es sei denn, das Kind hat zB eine dunkle Hautfarbe, während Mutter und „Vater" rein weiß sind (Köln FamRZ 04, 87).

6   Die Frist beginnt also nicht erst ab positiver Kenntnis der Nichtvaterschaft, sondern ab Kenntnis der Umstände, die **objektiv** für die Nichtvaterschaft sprechen. Der Vater muss nicht davon überzeugt sein, dass die Vaterschaft ausgeschlossen ist (Rostock FamRZ 04, 497; Brandbg FamRZ 04, 480; Köln FamRZ 03, 781). Nur vage Zweifel an der Vaterschaft setzen die Anfechtungsfrist dagegen nicht in Lauf (Brandbg FamRZ 04, 480). **Verbleibende Zweifel**, ob der Vater Umstände iSv § 1600b gekannt hat (oder kennen musste) gehen zu Lasten des Kindes (BGH FamRZ 90, 507; Rostock FamRZ 03, 479). Das Kind oder sein Streithelfer müssen also nachweisen, dass der klagende Vater schon früher von Umständen Kenntnis erlangt hat, die gegen seine Vaterschaft sprechen (s. Anhang zu ex § 1600e Rn 77).

7   Grds ist nicht von naturwissenschaftlichen Spezialkenntnissen auszugehen, sondern vom **Erkenntnisstand eines verständigen Laien** (BGH FamRZ 90, 507). Deshalb wird die Anfechtungsfrist erst dadurch in Gang gesetzt, dass durch den Ehebruch aus der Sicht eines naturwissenschaftlich nicht vorgebildeten Laien die Vaterschaft des Ehemannes ersichtlich in Frage gestellt ist. Das ist zB bei Verwendung von **Kondomen** während des Ehebruchs bei späterem ungeschütztem Eheverkehr nicht anzunehmen (Hamm FamRZ 99, 1363).

8   Hat zB der Vater (mit heller Hautfarbe) keine besondere Kenntnis der Vererbungslehre, so soll allein die Kenntnis, dass das Kind bereits bei der Geburt dieselbe dunkle Hautfarbe wie die Mutter und keine Mischfarbe aufgewiesen hat, die Anfechtungsfrist nicht in Lauf setzen (Karlsr FamRZ 00, 107, zw).

9   Die Frist für die Anfechtung beginnt **auch** dann zu laufen, wenn der Ehemann der Kindesmutter infolge **Rechtsirrtums** angenommen hat, das Kind gelte auch ohne Anfechtung als nicht ehelich, oder weil er auf die Angaben der Kindesmutter vertraut hat, er sei nicht als Vater in die Geburtsurkunde eingetragen (Kobl FamRZ 97, 1171 LS).

10 Die in Gang gesetzte Anfechtungsfrist beginnt grds **neu zu laufen,** wenn der Anfechtungsberechtigte **weitere verdächtige Umstände** erfährt. Etwas anderes gilt nur, wenn ursprünglich bestehende und dem Anfechtungsberechtigten bekannte Verdachtsmomente durch gegenteilige Tatsachen widerlegt erscheinen oder wenn der bisherige Verdacht bei verständiger Würdigung aufgegeben werden durfte (Köln FamRZ 01, 703, 704).

11 Ist das von der Ehefrau geborene Kind auf Grund **künstlicher Befruchtung** mit dem Samen eines anderen Mannes als dem des Ehemannes (*heterologe Befruchtung*, vgl § 1592 Rn 7) entstanden, kann der Ehemann die Vaterschaft **nicht** anfechten (§ 1600 IV). Eine Anfechtung ist auch bei **bewusst falschem Anerkenntnis** möglich, soweit sie innerhalb der Anfechtungsfrist erhoben wird (Köln FamRZ 02, 629).

12 **II. Anfechtung durch den biologischen Vater.** Auch für den biologischen Vater gilt die Zweijahresfrist des I 1. Die Frist beginnt regelmäßig zu laufen, sobald der biologische Vater von der Geburt des Kindes erfährt; denn aufgrund des ihm bekannten Beiwohnungszeitpunkts muss sich ihm die Möglichkeit seiner Vaterschaft aufdrängen. Die Anfechtungsfrist muss sowohl ggü dem Kind als auch ggü dem Putativvater gewahrt sein (FamRZ 08, 1921).

13 **I 2 Hs 2 s.** wurde durch G v 23.4.04 eingefügt (vgl Einführung vor § 1591 Rn 4). Er stellt klar, dass die Anfechtungsfrist für den biologischen Vater auch während der Zeit läuft, in der die Vaterschaftsanfechtung für ihn deshalb ausgeschlossen ist, weil zwischen dem rechtlichen Vater und dem Kind eine sozial-familiäre Beziehung (§ 1600 II Alt 1) besteht, vgl § 1600 Rn 2. Läuft die Zweijahresfrist ab, ohne dass der leibliche Vater wegen der sozial-familiären Beziehung zwischen Kind und gesetzlichem Vater die Vaterschaft anfechten konnte, verliert er jede Anfechtungsmöglichkeit BTDrs 15/2253 15).

14 **III. Anfechtung durch das minderjährige Kind.** Für den Beginn der Anfechtungsfrist kommt es auf die Kenntnis desjenigen gesetzlichen Vertreters an, der befugt ist, das Kind im Anfechtungsprozess wirksam zu vertreten (vgl § 166 I). Gesetzlicher Vertreter ist daher bei Alleinsorge der **alleinsorge**berechtigte Elternteil ab Rechtskraft der Sorgeregelung (Bambg FamRZ 92, 220). Bei **gemeinsamer Sorge** der Eltern beginnt die Frist erst mit der Bestellung des Ergänzungspflegers für die Anfechtungsklage (Köln FamRZ 01, 245). Ist die Frist versäumt, lebt sie durch einen Wechsel des gesetzlichen Vertreters nicht wieder auf (Bambg FamRZ 92, 220). Vgl aber zur Anfechtung bei Unzumutbarkeit Rn 17.

15 **IV.** *Anfechtung durch das volljährige Kind.* Für das volljährige Kind, dessen früherer gesetzlicher Vertreter während der Minderjährigkeit die Vaterschaft nicht angefochten hat, beginnt die Zweijahresfrist frühestens mit seiner Volljährigkeit (**III 1**), **jedoch nicht vor Kenntnis** der gegen die Vaterschaft sprechenden Umstände (**III 2**).

Das Gleiche gilt für das bisher geschäftsunfähige Kind bei Eintritt seiner Geschäftsfähigkeit, wenn die gesetz- 16
lichen Vertreter die Anfechtung der Vaterschaft während der Geschäftsunfähigkeit des Kindes versäumt
haben (**IV**).

Werden die Folgen der Vaterschaft für das Kind **unzumutbar**, kommt es für den Beginn der 2-Jahresfrist auf 17
die Kenntnis der Unzumutbarkeitstatsachen an, auch wenn das Kind bereits zu einem früheren Zeitpunkt die
gegen die Vaterschaft sprechenden Umstände erfahren hat (*VI*). Anhaltspunkte für Unzumutbarkeitstatsachen sollen die in §§ 1596 I, 1600i II, V aF geregelten Gründe sein (BTDrs 13/4899 S 88). Unzumutbarkeitsgründe liegen zB vor, wenn die Ehe der Kindesmutter mit dem gesetzlichen Vater aufgelöst ist und die Mutter
den biologischen Vater geheiratet hat (vgl Palandt/*Diederichsen* § 1600b Rz 26 mwN).

V. Anfechtung durch die Mutter. Die Anfechtungsfrist für die Mutter beginnt nicht erst mit dem In-Kraft- 18
Treten des KindRG am 1.7.98 zu laufen. Die Mutter kann ihr Anfechtungsrecht deshalb nicht mehr ausüben,
wenn die Anknüpfungstatsachen iSv § 1600b mehr als 2 Jahre zurückliegen (BGH FamRZ 02, 880). Zur Ausschlussfrist nach § 62 I FGB – DDR, vgl § 1599 Rn 3. Im Falle heterologer Befruchtung ist das Anfechtungsrecht der Mutter ausgeschlossen (vgl § 1600 IV).

VI. Anfechtungsberechtigte Behörde. Die Ein-Jahresfrist für die Behörde beginnt mit Kenntnis der Anfech- 19
tungstatsache. Die Anfechtung ist spätestens nach Ablauf von fünf Jahren seit der Wirksamkeit der Anerkennung unzulässig, falls das Kind in Deutschland geboren wurde, sonst fünf Jahre nach Einreise des Kindes.

D. Fristwahrung/Fristhemmung. Die Anfechtungsfrist wird durch **Rechtshängigkeit** des Antrags gewahrt 20
(Köln FamRZ 01, 246). Ausnahmsweise reicht auch die rechtzeitige Einreichung des Antrags (die Übersendung des Antragsentwurfs genügt dagegen nicht), sofern die Zustellung „demnächst" erfolgt (BGH FamRZ
95, 1484 zu § 270 III ZPO aF).

Der Ablauf der 2-Jahresfrist kann gehemmt sein (*V*), insb durch Einleitung eines Verfahrens nach § 1598a II 21
(*V 1 Hs 1*); § 204 II gilt entsprechend: Die Anfechtungsfrist läuft erst 6 Monate nach rechtskräftigem
Abschluss des Klärungsverfahrens weiter. Die 2-Jahresfrist ist weiterhin gehemmt, wenn der Anfechtungsberechtigte durch **Drohung** von der Anfechtung abgehalten wird (*V 2*) **oder** bei **Vertrauen**statbeständen analog
§§ **206, 210** (*V 3*). Letzteres ist etwa der Fall, wenn der Mann auf die Erklärung des Jugendamts vertraut hat,
es betreibe als Ergänzungspfleger des Kindes in dessen Namen die Anfechtung der Ehelichkeit (BGH FamRZ
94, 1313) oder wenn der Mann sich auf die (nämlich in Widerspruch zu Art 224 § 1 I EGBGB stehende) Rechtsansicht des Familiengerichts verlässt, dass die Vaterschaft hinsichtlich eines vor dem 1.7.98
geborenen Kindes sich nur noch nach den neuen Vorschriften richte (Ddorf Beschl v 2.1.01 – 1 WF 234/00).
Ein **Rechtsirrtum** kann nur bei Einhaltung der äußersten, billigerweise zu erwartenden Sorgfalt als auf höherer Gewalt beruhend angesehen werden (Köln FamRZ 97, 1171). Wird die Vaterschaftsanfechtungsklage einer
prozessunfähigen Partei persönlich zugestellt, so endet die zweijährige Anfechtungsfrist erst sechs Monate
nach dem Zeitpunkt, in dem der Mangel der Vertretungsmacht behoben worden ist, analog § 210 (Schlesw
FamRZ 07, 1902).

Dagegen sind **vom Gericht verschuldete Verzögerungen** regelmäßig als höhere Gewalt anzusehen 22
(BGH FamRZ 95, 1484). Bei **Verfahrenskostenhilfe–Bedürftigkeit** besteht eine Fristhemmung grds von der
Einreichung eines ordnungsgemäßen VKH–Antrags bis zum Erhalt der VKH–Entscheidung (BGH FamRZ
91, 545).

E. Fristversäumung. Wird die Anfechtungsfrist versäumt, gilt der Anfechtende aus Gründen der Rechtssi- 23
cherheit dann als rechtliche Vater, wenn seine biologische Vaterschaft nachweislich ausgeschlossen
ist (Brandbg FamRZ 01, 1630). Der Scheinvater hat unter diesen Umständen auch keinen Anspruch gegen
das volljährige Kind, dass es die Vaterschaft anficht (AG Duisburg-Hamborn FamRZ 05, 291).

Zur Beweislast für die Fristversäumung vgl Anhang zu ex § 1600e Rn 53. 24

§ 1600c Vaterschaftsvermutung im Anfechtungsverfahren.

(1) In dem Verfahren auf Anfechtung der Vaterschaft wird vermutet, dass das Kind von dem Mann abstammt, dessen Vaterschaft nach § 1592 Nr. 1 und 2, § 1593 besteht.

(2) Die Vermutung nach Absatz 1 gilt nicht, wenn der Mann, der die Vaterschaft anerkannt hat, die Vaterschaft anficht und seine Anerkennung unter einem Willensmangel nach § 119 Abs. 1, § 123 leidet; in diesem Falle ist § 1600d Abs. 2 und 3 entsprechend anzuwenden.

A. Grundsatz. Im Anfechtungsverfahren wird widerleglich (§ 292 ZPO) vermutet, dass das Kind von dem 1
Mann abstammt, dessen Vaterschaft nach §§ 1592, 1593 besteht (I). Diese Vermutung kann nur durch den
vollen Beweis des Gegenteils ausgeräumt werden (*Gaul* FamRZ 00, 1461, 1469). Für das Anfechtungsverfahren gelten die normalen Beweislastregeln. Dies gilt auch im Fall der auf Grund Ehe bestehenden Vaterschaft
(§ 1592 Nr 1). Das G knüpft die Vaterschaft lediglich an die Kausalität des Verheiratetseins und nicht wie
nach altem Recht (§ 1591 II 1 aF) an die Vaterschaftsvermutung, die nur noch in Vaterschaftsfeststellungskla-
gen Bedeutung haben kann (Anhang zu ex § 1600e Rn 75).

2 **B. Ausnahme bei Willensmängeln der Anerkennung.** Stellt sich im Anfechtungsverfahren heraus, dass im Falle einer auf Anerkennung beruhenden Vaterschaft (§ 1592 Nr 2) die Anerkennung des als Vater vermuteten Mannes, der die Anfechtungsklage betreibt, auf Willensmängeln bei der Anerkennung beruht, gilt gem I nicht die Vaterschaftsvermutung nach § 1592 Nr 2, sondern gem II in entsprechender Anwendung des § 1600d II u III lediglich die **Vaterschaftsvermutung**, die unter erleichterten Beweisregeln ausgeräumt werden kann (Anhang zu ex § 1600e Rn 76 ff).

§ 1600d Gerichtliche Feststellung der Vaterschaft.
(1) Besteht keine Vaterschaft nach § 1592 Nr. 1 und 2, § 1593, so ist die Vaterschaft gerichtlich festzustellen.
(2) ¹Im Verfahren auf gerichtliche Feststellung der Vaterschaft wird als Vater vermutet, wer der Mutter während der Empfängniszeit beigewohnt hat. ²Die Vermutung gilt nicht, wenn schwerwiegende Zweifel an der Vaterschaft bestehen.
(3) ¹Als Empfängniszeit gilt die Zeit von dem 300. bis zu dem 181. Tage vor der Geburt des Kindes, mit Einschluss sowohl des 300. als auch des 181. Tages. ²Steht fest, dass das Kind außerhalb des Zeitraums des Satzes 1 empfangen worden ist, so gilt dieser abweichende Zeitraum als Empfängniszeit.
(4) Die Rechtswirkungen der Vaterschaft können, soweit sich nicht aus dem Gesetz anderes ergibt, erst vom Zeitpunkt ihrer Feststellung an geltend gemacht werden.

1 **A. Positive Feststellung der Vaterschaft.** Die Vaterschaft ist gerichtlich festzustellen, wenn keine Vaterschaft nach § 1592 Nr 1 oder Nr 2 besteht (I). Dass es um die Feststellung der Vaterschaft des Mannes geht, der das Kind gezeugt hat, von dem es also abstammt (vgl § 1589), wird nicht positiv ausgedrückt, aber als selbstverständlich unterstellt.

2 **B. Vaterschaftsvermutung.** Es wird der Mann als Vater vermutet, der der Mutter in der Empfängniszeit beigewohnt hat (II 1). Die Empfängniszeit (= 300.–181. Tag vor der Geburt) ist jetzt der europaweit überwiegend üblichen Frist angepasst (III 1). Wegen **Tabellen** zur Berechnung der **Empfängniszeit** vgl *Herlau* FamRZ 98, 1349 ff.

3 Die **Vaterschaftsvermutung** hat im Wesentlichen **rein prozessuale Bedeutung**, jedoch **praktische Bedeutung** für den Erlass einstweiliger Unterhaltsregelungen (Rn 16). Wegen des Verhältnisses von I zu II 1 wird auf den Anhang nach Anhang zu ex § 1600e Rn 59, 70 verwiesen. Die Vaterschaftsvermutung gilt nicht, wenn die Vaterschaft offenbar unmöglich ist (Anhang zu ex § 1600e Rn 76) oder wenn schwer wiegende Zweifel an der Vaterschaft bestehen (II 2; vgl Anhang zu ex § 1600e Rn 78).

4 **C. Antragsberechtigung.** Da das Abstammungsverfahren als **Verfahren der freiwilligen Gerichtsbarkeit** ausgestaltet ist, entfällt die bisherige prozessuale Frontstellung insb zwischen Kind und anfechtendem Vater. Das FamFG legt fest, wer am Verfahren zu beteiligen ist (§ 172 FamFG) und dass es eines verfahrenseinleitenden Antrags bedarf (§ 171 I FamFG), der die betroffenen Personen bezeichnen soll (§ 171 I 1 FamFG).

5 **I. Kind und Mutter.** Antragsberechtigt ist neben dem Kind auch die Kindesmutter (§ 172 FamFG). Ein **noch nicht geborenes Kind** ist für die Feststellung der Vaterschaft und für die Geltendmachung von Unterhalt iRv § 1712 rechts- und parteifähig (Schlesw MDR 00, 397 m Anm *Born*).

6 **II. Vater.** Antragsberechtigt ist weiterhin der Vater. Jedoch ist die gerichtliche Feststellung der Vaterschaft nicht zulässig, solange die Vaterschaftsanerkennung eines anderen Mannes besteht (BGH FamRZ 99, 716, 717).

7 **III. Biologischer Vater.** Unzulässig ist eine **isolierter Abstammungsfeststellungsantrag** des biologischen Vaters, also ein Antrag nur zur Feststellung der **genetischen** Vaterschaft ohne statusrechtliche Folgen nach § 256 ZPO (Hamm FamRZ 99, 1365; Ddorf FamRZ 03, 1559), da § 1600d als lex specialis vorgeht. Zur geplanten Neuregelung vgl § 1598a.

8 Jedoch kann der biologische Vater unter bestimmten Umständen (vgl § 1600 I Nr 2) die gesetzliche Vaterschaft des Scheinvaters anfechten (vgl § 1600 Rn 2). Hat seine Anfechtung Erfolg, wird gleichzeitig seine eigene Vaterschaft festgestellt (§ 182 I FamFG).

9 **IV. Eltern des verstorbenen Vaters.** sind nicht berechtigt, die Vaterschaft ihres verstorbenen Sohnes feststellen zulassen, weil § 1600e nicht – auch nicht entspr – anwendbar ist (Hambg FamRZ 02, 842).

10 **D. Ergänzungspfleger oder Beistand bei Feststellungsklage des Kindes. I. Ergänzungspfleger.** Trotz eines möglichen Interessengegensatzes zwischen den Eltern bzw der Mutter und dem Kind scheidet die automatische Bestellung eines Pflegers nach §§ 1796, 1629 II 3 Hs 1 aus (§ 1629 II 3 Hs 2).

11 Ob im Einzelfall unter den Voraussetzungen des § 1666 entgegen dem Wortlaut des § 1629 II 3 Hs 2 gleichwohl die *Bestellung eines Ergänzungspflegers* in Betracht kommt, ist umstr (verneinend: BayObLG FamRZ 99, 737; bejahend: Ddorf 6 UF 118/99, Beschl v 17.8.99; Palandt/*Diederichsen* § 1600a Rz 39, 40). Zur Ergänzungspflegschaft bei Anfechtungsklagen vgl § 1600a Rn 5, 7.

II. Beistand für das geborene Kind. Auf Grund des am 1.7.98 zusammen mit dem KindRG in Kraft getretenen Beistandschaftsgesetzes vom 4.12.97 (BGBl I 2846) tritt an die Stelle der gesetzlichen Amtspflegschaft ist jetzt eine freiwillige Beistandschaft, die ohne weiteres eintritt, sobald ein allein sorgeberechtigter Elternteil oder (bei gemeinsamer Sorge) der Obhutinhaber (§ 1713 I 2) beim Jugendamt einen schriftlichen Antrag gestellt hat (§§ 1712 I, 1714 I). 12

Die Beistandschaft bewirkt **keine** Einschränkung der elterlichen Sorge (§ 1716 1), vielmehr tritt der Beistand (in seinem Aufgabenkreis) als **weiterer gesetzlicher Vertreter** des Kindes neben den Sorgerechtsinhaber. Nur **im Prozess** vertritt **allein** der **Beistand** das Kind (§ 173 FamFG). 13

III. Pränataler Beistand. Die Beistandschaft tritt schon vor der Geburt des Kindes ein (§ 1714 2), wenn die schwangere Mutter dies beantragt (§ 1713 II 1). 14

Der pränatale Beistand kann deshalb schon vor der Geburt des Kindes auf Feststellung der Vaterschaft und Zahlung des Regelunterhalts klagen (Schlesw MDR 00, 397, 399). Ermöglicht wird die frühzeitige Vaterschaftsfeststellung durch die Weiterentwicklung der DNA-Pränataldiagnostik (vgl *Reichelt* FamRZ 94, 1303) und der DNA-Analyse (Anhang zu ex § 1600e Rn 29), die bereits durchgeführt werden kann, wenn dem neugeborenen Kind nach Beendigung der Geburt aus der Nabelschnur eine Blutprobe entnommen wird. Damit entfällt die bisher bei der Erstattung herkömmlicher Blutgruppengutachten erforderliche mehrmonatige Wartezeit, die auf Grund der physiologischen Zusammensetzung des Blutes des Neugeborenen einzuhalten ist (Schlesw MDR 00, 397, 398). 15

E. Wirksamwerden der Vaterschaftsfeststellung. I. Grundsatz. Die Rechtswirkungen der Vaterschaft können erst **ab Rechtskraft** der Feststellung geltend gemacht werden (IV) und wirken dann für und gegen alle (§ 184 FamFG). **Vor Rechtskraft** der Feststellung kann nicht geltend gemacht werden, dass der Erzeuger des Kindes und nicht der Scheinvater rechtlicher Vater ist (**Sperrwirkung**, vgl Rn 16). Das gilt selbst dann, wenn offensichtlich ist, dass der (kraft Ehe oder Anerkennung) als Vater geltende Mann nicht der Erzeuger ist (seit RGZ 157, 346) oder (zB wegen Zeugungsunfähigkeit oder langjähriger Abwesenheit) nicht der Erzeuger sein kann. Lebt also bspw das Kind mit seiner geschiedenen Mutter und seinem Erzeuger zusammen, ist der frühere Ehemann, der als Vater gilt, bis zur Rechtskraft des von ihm betriebenen Anfechtungsverfahrens zur Zahlung von **Kindesunterhalt** verpflichtet. Entspr gilt im Falle der Vaterschaftsanerkennung (**Sperrwirkung**, vgl § 1594 II Rn 8). 16

Die Sperrwirkung gilt grds auch für den Ehegattenunterhalt. Deshalb kann der auf Ehegattenunterhalt in Anspruch genommene Ehemann den Einwand der Verwirkung (§ 1579) mit der Behauptung, das Kind sei ihm von seiner Frau untergeschoben worden, nur erheben, wenn er zuvor seine Vaterschaft angefochten hat (Köln MDR 03, 270). In Ausnahmefällen wird der **Verwirkungseinwand** von der Rspr auch unabhängig von einer rechtskräftigen Anfechtung der Vaterschaft zugelassen, zB wenn die Abstammung von einem anderen Mann allseits unstr ist (§ 1599 II). Die Klärung der Vaterschaft kann in diesem Ausnahmefall incident festgestellt werden, zB im Regressprozess des Scheinvaters gegen den mutmaßlichen Erzeuger, wenn das Kind sonst rechtlos gestellt wäre, falls weder die Kindesmutter noch der mutmaßliche Erzeuger bereit sind, dessen Vaterschaft gerichtlich feststellen zu lassen (FamRZ 08, 1424). 17

II. Ausnahme (Unterhaltspflicht schon vor Feststellung). 1. Unterhalt von Mutter und Kind durch einstweilige Anordnung. Schon vor Feststellung der Vaterschaft kann von dem nach II als Vater vermuteten Mann gem § 247 FamFG für Mutter und Kind Unterhalt im Wege der EA verlangt werden, nämlich die ersten drei Monate für das Kind und 14 Wochen (= 6 Wochen vor und 8 Wochen nach der Geburt) für die Mutter (vgl § 1615 L I BGB). Die Mutter kann den Kindesunterhalt selbst geltend machen (§ 247 I 1 FamFG), es bedarf also nicht der Bestellung eines Ergänzungspflegers. 18

Die Mutter kann darüber hinaus den Sonderbedarf geltend machen, der ihr infolge der Schwangerschaft oder der Entbindung außerhalb des 14-Wochen-Zeitraums entsteht (§ 1615 L I 2 BGB). Hinsichtlich sämtlicher Beträge kann deren Hinterlegung bereits vor der Geburt des Kindes beantragt werden (§ 247 I 3 FamFG).

Die Voraussetzungen der Vermutung nach II sind glaubhaft zu machen (§§ 936, 920 II, 294 ZPO). 19

2. Unterhalt für Mutter und Kind durch einstweilige Anordnung im Feststellungsprozess. Sobald ein (positiver) Feststellungsantrag (unzulässig also bei Anträgen auf Feststellung der Unwirksamkeit einer Vaterschaftsanerkennung und bei Anfechtungsanträgen (Kobl FamRZ 74, 383) anhängig gemacht ist, kann das Gericht ggf nach mündlicher Verhandlung (§ 246 II FamFG) durch **einstweilige Anordnung** auf Antrag des **Kindes** Kindesunterhalt und auf Antrag der **Mutter** deren Unterhalt regeln (§ 248 I FamFG), und zwar durch Zuerkennung von Barunterhalt oder durch Sicherheitsleistung (§ 248 IV FamFG). 20

Die EA regelt den **laufenden** Unterhalt und wird erst mit Rücknahme des Feststellungsantrags oder dessen rechtkräftiger Abweisung unwirksam (§ 248 V 1 FamFG). 21

Die EA-Anträge können noch in der zweiten Instanz gestellt werden (§ 248 II FamFG). 22

Wird der Feststellunghsantrag zurückgenommen oder abgewiesen, ist der aus der Vollziehung der einstweiligen Anordnung dem Mann entstandene **Schaden** zu ersetzen (§ 248 V 2 FamFG). 23

§ 1600e *(aufgehoben)*

ex § 1600e
Verfahren in Abstammungssachen

1 **A. Allgemeines. I. Gegenstand.** Das Abstammungsverfahren dient der Klärung der Vaterschaft. Es umfasst die Verfahren auf Feststellung der Vaterschaft (einschl der Feststellung der Wirksamkeit oder Unwirksamkeit der Vaterschaftsanerkennung) ebenso wie die Vaterschaftsanfechtung. Es hat das Ziel, einen Mann entweder sicher von der Vaterschaft auszuschließen oder ihn mit an Sicherheit grenzender Wahrscheinlichkeit als Vater festzustellen. Das Klärungsverfahren nach § 1598a dient der bloßen Information.

2 Die früheren „Kindschaftssachen" genannten Verfahren sind jetzt „**Abstammungssachen**" und in **§ 169 FamFG** abschließend aufgezählt. Die Vorschriften, die bisher das zivilprozessuale Streitverfahren in Kindschaftssachen geregelt haben (vgl **§§ 640–641i ZPO aF**) wurden **aufgehoben**. Das Verfahren in Abstammungssachen ist in einem eigenen Abschnitt des FamFG (§§ 169–185 FamFG) geregelt und gehört jetzt zu den **Familiensachen** = § 111 Nr 3 FamFG (vgl Stößer, Das neue Verfahren in Abstammungssachen nach dem FamFG, FamRZ 09, 923).

3 **II. Einheitliche Verfahrensordnung. 1. Abstammungssachen.** Im Gegensatz zum bisherigen Recht sind alle Verfahren der in § 169 FamFG geregelten Art Abstammungssachen, also unabhängig davon ob der Kindesvater gestorben ist oder lebt. **Alle** Abstammungssachen sind **Verfahren der freiwilligen Gerichtsbarkeit** und werden durch einen **Antrag** eingeleitet (§ 171 I FamFG). Das zivilprozessuale Verfahren wurde abgeschafft. In dem Antrag sollen das Verfahrensziel und die betroffenen Personen bezeichnet werden (§ 171 II 1 FamFG).

4 **2. Der Tod eines Beteiligten.** führt zur Erledigung des Verfahrens in der Hauptsache, wenn kein Beteiligter binnen einer vom Gericht zu setzenden Monatsfrist die Verfahrensfortsetzung verlangt (§ 181 FamFG).

5 **III. Verfahrenskostenvorschuss (VKV). 1. Feststellungsantrag des Kindes.** Für den Antrag des Kindes auf Feststellung der Vaterschaft muss der **Antragsgegner (Putativ-Vater)** dem Kind keinen VKV leisten, denn die Frage der (nicht ehelichen) Vaterschaft und mithin einer evtl bestehenden Unterhaltspflicht soll in diesem Prozess erst geklärt werden (Kobl FamRZ 99, 241). Dagegen kann dem Kind ein VKV-Anspruch gegen seine **Mutter** zustehen, auch wenn diese ihre Unterhaltspflicht durch Pflege und Erziehung des Kindes (§ 1606 III 2) erfüllt (Köln FamRZ 99, 792). UU soll eine VKV-Pflicht der **Großeltern** in Betracht kommen (Kobl FamRZ 99, 241).

6 **2. Anfechtungsantrag des Kindes.** Für den Anfechtungsantrag des Kindes ist der **(Noch-)Vater** kostenvorschusspflichtig; denn bis zur Rechtskraft der Anfechtungsentscheidung gilt er als Vater, § 1600c I (Kobl FamRZ 97, 679). Stellt sich jedoch während des Anfechtungsprozesses durch Gutachten heraus, dass der Beklagte als Erzeuger ausscheidet, soll seine (weitere) Vorschusspflicht entfallen, weil lediglich eine formale Rechtsstellung ausgenutzt würde (Bremen OLGR 98, 334).

7 **IV. Verfahrenskostenhilfe. 1. VKH.** Die staatliche Kostenübernahme heißt in Verfahren der freiwilligen Gerichtsbarkeit statt Prozesskostenhilfe jetzt Verfahrenskostenhilfe (§§ 76 – 78 FamFG). Die Vorschriften der ZPO über die Regelung der Prozesskostenhilfe gelten entsprechend (§ 76 I FamFG), einschließlich der Beschwerdemöglichkeit (§ 76 II FamFG) und des Bewilligungsverfahrens (§ 77 FamFG).
Den Parteien ist in Abstammungs-Sachen **grds VKH** zu bewilligen, sofern die persönlichen und wirtschaftlichen Voraussetzungen dafür vorliegen (str: Zöller/*Philippi* § 115 Rz 53; Ddorf FamRZ 96, 616). Das gilt wegen der besonderen und einschneidenden Bedeutung der Abstammungs-Verfahren auch für Fälle, in denen eine Partei dem Antragsbegehren nicht entgegentritt (Dresd FamRZ 99, 600 betr das im Anfechtungsverfahren beteiligte Kind; Kobl FamRZ 02, 1194).

8 **a) Anfechtungsantrag.** Hinreichende Erfolgsaussicht isd VKH für den Anfechtungsantrag setzt voraus, dass entweder ein Geschlechtsverkehr mit der Kindesmutter in der Empfängniszeit geleugnet wird oder substantiiert ein Mehrverkehr vorgetragen wird, aus dem das Kind stammen kann (vgl Rn 73; Karlsr FamRZ 01, 1532). Eine generelle Erfolgsaussicht iSe generellen Interesses an der Durchführung eines Abstammungsverfahrens („um völlig sicher zu sein") besteht nicht (Köln FamRZ 98, 1523). Das bloße Leugnen der Vaterschaft durch die Kindesmutter unter Hinweis darauf, dass sie auch anderweit Geschlechtsverkehr gehabt habe, reicht nicht aus, wenn diese Behauptung nur durch Parteivernehmung der Kindesmutter unter Beweis gestellt werden kann und wenn das beklagte Kind diese Behauptung bestreitet (Köln FamRZ 05, 43). Der Kindesmutter kann VKH für einen Anfechtungsantrag nicht mit der Begründung verweigert werden, sie hätte im Hinblick auf § 1592 Nr 1 von der Eheschließung Abstand nehmen müssen, da sie von einem anderen Mann schwanger gewesen sei (Köln FamRZ 01, 244).

9 Ihr Anfechtungsantrag ist *weiterhin nur* schlüssig, wenn auch die Rechtzeitigkeit der Anfechtung vorgetragen wird (§ 171 II FamFG).

10 Vor Einreichung des Anfechtungsantrags muss aber ggf versucht werden, über die **einfachere Möglichkeit** des § 1599 II eine Vaterschaftsanerkennung zu erreichen. Dies gilt jedenfalls **nach** der Scheidung (Naumbg

FamRZ 08, 432). Ohne diesen Versuch dürfte für einen Anfechtungsantrag **vor** der Scheidung kein Rechtsschutzbedürfnis und damit kein Anspruch auf VKH bestehen (*Büttner* FF 2000, 13, 14 aA Braunschw FamRZ 08, 68), es sei denn, das Scheidungsverfahren kann voraussichtlich nicht in absehbarer Zeit abgeschlossen werden (Karlsr FamRZ 05, 743).

Die Mutwilligkeit ist auch dann zu verneinen, wenn offen ist, ob ein Dritter bereit ist, die Vaterschaft anzuerkennen (Köln FamRZ 05, 743). Jedenfalls besteht keine Obliegenheit des Scheinvaters, den Dritten zur Abgabe eines Vaterschaftsanerkenntnisses aufzufordern (Brandbg FamRZ 01, 503). Auch die Kindesmutter, die in Kenntnis der Nichtvaterschaft ihre Zustimmung zu einem bewusst falschen Vaterschaftsanerkenntnis erteilt hat, erhält VKH für ein Anfechtungsverfahren (Köln FamRZ 06, 1280). — 11

b) Feststellungsantrag. Dem Antragsteller darf VKH nicht wegen Mutwilligkeit verweigert werden, weil er nicht zunächst ein privates Abstammungsgutachten eingeholt und nicht abgewartet hat, ob der beteiligte Vater dies zum Anlass nimmt, die Vaterschaft anzuerkennen (Hamm FamRZ 04, 549). Das beteiligte Kind kann nicht auf einen Verfahrenskosten-Vorschuss gegen den Putativvater verwiesen werden (Karlsr FamRZ 08, 2042). — 12

Die **Rechtsverteidigung** des im Feststellungsverfahren als Vater in Anspruch genommenen Mannes hat nur dann hinreichende Aussicht auf Erfolg iSv § 114 ZPO, wenn er ernsthafte Zweifel an seiner Vaterschaft darlegt (Nürnbg FamRZ 04, 547). Der Vortrag, er wisse nicht, ob er der einzige Geschlechtspartner der Kindesmutter gewesen sei, reicht deshalb nicht aus (Köln FamRZ 03, 1018). Wegen der regelmäßig bestehenden Unsicherheit über die Vaterschaft kann VKH zur Rechtsverteidigung nachträglich bewilligt werden, auch wenn wegen des im Prozess eingeholten Gutachtens die Rechtsverteidigung inzwischen aussichtslos ist (Stuttg FamRZ 05, 1266). — 13

Zur VKH-Bewilligung an die beteiligte **Kindesmutter**, s. Rn 7. — 14

2. Anwaltsbeiordnung. Die Beiordnung eines Rechtsanwalts ist im § 78 FamFG geregelt und entspricht der Rechtslage wie bei Anwendung des § 121 ZPO. Durch § 78 II FamFG ist mit Blick auf die bisherige Streitfrage, ob § 121 II ZPO im Bereich der freiwilligen Gerichtsbarkeit anwendbar ist, klargestellt, dass ein Rechtsanwalt eigener Wahl beizuordnen ist, wenn wegen der Schwierigkeit der Rechtslage die anwaltliche Vertretung erforderlich erscheint. — 15

Wenn der Partei in einem „unstreitigen" Fall das **Jugendamt** als Verfahrenspfleger beigeordnet ist (Dresd FamRZ 99, 600, 601) oder aus dem Gesichtspunkt der Waffengleichheit (§ 121 II 1 Alt 2 ZPO; Ddorf FamRZ 95, 241; Hamm FamRZ 00, 1226), ist daneben eine Anwaltsbeiordnung nicht geboten (Dresd FamRZ 99, 600, 601). — 16

V. Gegenstandswert. Gem § 47 I FamFKG gilt in **Abstammungssachen** nach § 169 Nr 1–4 FamFG ein fester Streitwert von 2.000 €, in den übrigen Abstammungssachen von 1.000 €. Bei mehreren verklagten Kindern vervielfacht sich der Streitwert (Hambg FamRZ 07, 1035). Wird neben dem Antrag auf Feststellung der Vaterschaft auch der Regelbetrag (Rn 37) verlangt, findet keine Zusammenrechnung statt, vielmehr ist nach § 33 I 2 FamGKG nur der höher zu bewertende Anspruch maßgebend, ggf also der Zahlungsanspruch (Köln FamRZ 01, 779). — 17

B. Das Verfahren. I. Vorbemerkung. Prozessvoraussetzungen und Verfahren sind für Anfechtungsanträge und Feststellungsanträge weitgehend gleich geregelt. Ein wesentlicher prozessualer Unterschied zwischen beiden Klagearten liegt in der unterschiedlichen Beweissituation (vgl nachfolgend unter Rn 45 ff). — 18

II. Sachliche Zuständigkeit. Abstammungssachen (§ 169 FamFG) gehören zu den Familiensachen (§ 111 Nr 3 FamFG), für die die FamGe ausschl zuständig sind (§ 23b GVG). Die **deutschen Gerichte** sind zuständig, wenn das Kind, die Mutter, der Vater oder der Mann, der an Eides statt versichert, der Mutter während der Empfängniszeit beigewohnt zu haben, Deutscher ist oder seinen gewöhnlichen Aufenthalt im Inland hat (§ 100 FamFG). — 19

III. Örtliche Zuständigkeit. Örtlich ausschl zuständig ist das Gericht, in dessen Bezirk das Kind seinen Wohnsitz oder gewöhnlichen Aufenthalt hat (§ 170 I FamFG). — 20

Hat das Kind weder Wohnsitz noch gewöhnlichen Aufenthalt im Inland, ist der gewöhnliche Aufenthalt der Mutter, ansonsten der des Vaters maßgebend (§ 170 II FamFG). — 21

Hat keiner der Beteiligten in Deutschland Wohnsitz oder gewöhnlichen Aufenthalt, ist das FamG Schöneberg (Berlin) ausschl zuständig (§ 170 III FamFG). — 22

IV. Amtsermittlungsprinzip. 1. Grundsatz. Im Abstammungsprozess gilt grds der Amtsermittlungsgrundsatz (§ 26 FamFG), jedoch bleiben die nach §§ 640 ff ZPO aF typischen besonderen Verfahrenselemente (Strengbeweis, Wirkung der Entscheidung für und gegen alle sowie die besonderen Wiederaufnahmevorschriften) erhalten. — 23

Generell soll das Amtsgericht vor einer Beweisaufnahme einen **Erörterungstermin** in Anwesenheit der Beteiligten anordnen (§ 175 I FamFG).

Der Beibringungsgrundsatz ist eingeschränkt. Das Gericht kann vAw Beweise anordnen und auch solche Tatsachen berücksichtigen, die von den Parteien nicht vorgetragen sind Allerdings dürfen im Anfechtungsprozess nicht vorgebrachte Tatsachen nur berücksichtigt werden, wenn sie geeignet sind dem Fortbestand der Vaterschaft zu dienen oder wenn der Anfechtende der Verwertung zustimmt (**eingeschränkte Amtsermittlung**, vgl § 177 I FamFG).

24 **2. Förmliche Beweisaufnahme.** In Abstammungssachen hat eine förmliche Beweisaufnahme stattzufinden (§ 177 II 1 FamFG). Eine **Beweiserleichterung** ist vorgesehen, wenn bereits ein brauchbares, einverständlich eingeholtes Abstammungsgutachten vorliegt. Wenn die Beteiligten der Verwertung zustimmen, erübrigt sich die Begutachtung durch einen weiteren Sachverständigen (§ 177 II 2 FamFG).

25 **3. Konsequenzen.** Aus dem eingeschränkten Beibringungsgrundsatz folgt zB, dass in Vaterschaftsfeststellungsverfahren Blutgruppengutachten auch dann einzuholen sind, wenn der verklagte Mann übereinstimmend als Vater benannt ist (Schlesw DA Vorm 82, 350).

26 Dagegen bedarf es zB in Anfechtungsverfahren keiner Begutachtung, wenn die Vaterschaft eines anderen Mannes als des Scheinvaters zur Überzeugung des Richters (§ 286 I ZPO) hinreichend bezeugt ist (Rn 47). Ebenso besteht bei gänzlich substanzlosem Bestreiten der Vaterschaft vAw kein Anlass zur Einholung eines Gutachtens (Rn 48).

27 **V. Beteiligte.** Anders als bisher sind alle Abstammungsverfahren Verfahren der freiwilligen Gerichtsbarkeit und damit **ohne formale Gegner** ausgestattet. Dadurch wird va die Frontstellung zwischen dem anfechtenden Vater und dem Kind vermieden.
Von Amts wegen sind das Kind, die Mutter und der Vater (Scheinvater) zu beteiligen (§ 172 I FamFG). Wird die zwingend vorgeschriebene Beteiligung unterlassen, liegt wegen Verletzung des rechtlichen Gehörs (Art 103 I GG) ein schwerer Verfahrensmangel vor (BGH FamRZ 02, 880, 881).

28 Die Beteiligung des Kindes ist auch dann erforderlich, wenn die allein sorgeberechtigte Kindesmutter selbst Prozesspartei ist. Das rechtfertigt die entspr Anwendung des § 1795 I Nr 3 und es macht erforderlich, einen **Ergänzungspfleger** zu bestellen (BGH FamRZ 02, 882), und zwar schon für die Zustellung des Antrags und der Ladung zum Termin (BGH MDR 02, 948).

29 Wenn der **biologische Vater** nach § 1600 I Nr 2 die Vaterschaftsanfechtung betreibt, ist er als Antragsteller Verfahrensbeteiligter iSv § 7 I FamFG (vgl BT-Drs 16/9733 295). In diesem Fall sind das Kind und der Scheinvater zu beteiligen.

30 **VI. Anhörung des Jugendamts.** Auch bei der Behördenanfechtungen (§ 1660 I Nr 5) ist das Jugendamt anzuhören (§ 176 I FamFG), das seinerseits zu Mitteilungen an die Ausländerbehörden verpflichtet ist, falls dadurch nicht die Erfüllung der eigenen Aufgaben gefährdet wird (§ 87 II Hs 2 AufentG).

31 **VII. Zeugnisverweigerungsrecht des Mehrverkehrszeugen.** Ihm steht ein Zeugnisverweigerungsrecht nach § 384 Nr 1 ZPO wegen der Möglichkeit der Inanspruchnahme durch den ne Vater zu (Karlsr FamRZ 90, 641). Die ggf mit Zwang durchzuführende Blutentnahme kann er dagegen nicht verhindern.

32 **VIII. Begutachtungsmethoden.** Die Vaterschaftsfeststellung dient der **Feststellung** bzw dem **Ausschluss** der biologischen Vaterschaft durch Abstammungsbegutachtung mit Ermittlung der Vaterschaftswahrscheinlichkeit (% Wahrscheinlichkeit), die angibt, wie häufig unter 100 entspr Fällen der betreffende Mann der wahre Vater des Kindes ist. Zur hämogenetischen Abstammungsbegutachtung steht heute ein großes Angebot von Methoden zur Verfügung, va Blutgruppensysteme und DNS-Polymorphismen. Bei Ausschöpfung aller Möglichkeiten ist heute praktisch jeder Fall zu lösen.

33 **1. Blutgruppengutachten.** Die Blutgruppengutachten beruhen darauf, dass bestimmte Bluteigenschaften vererblich und unveränderbar sind. Seltene Ausn: Neumutation an einem Gen (Rn 57).

34 Die Untersuchung der Bluteigenschaften der Beteiligten (**serologisches Beweisverfahren**) kann mit Sicherheit zum Ausschluss einer Person als Vater führen, wenn vererbliche Blutmerkmale des Kindes weder bei der Mutter noch bei dem untersuchten Mann feststellbar sind (**negativer Vaterschaftsbeweis**).

35 Ist der Vaterschaftsausschluss serologisch nicht möglich, werden die Blutbefunde statistisch-mathematisch ausgewertet (**sero-statistisches Beweisverfahren**). Zu Grunde liegt die statistisch abgesicherte Erkenntnis, dass bestimmte Blutmerkmale in der Bevölkerung verschieden oft anzutreffen sind. Weisen sowohl das Kind als auch der Vater eine selten vorkommende Bluteigenschaft auf, spricht eine hohe Wahrscheinlichkeit für die Vaterschaft des untersuchten Mannes. Der BGH hat sich mehrfach zum Beweiswert serostatistischer Methoden geäußert (BGHZ 61, 165, 170; FamRZ 82, 691; 87, 583).

36 **2. Genomanalyse (DNA-Analyse).** Mit dieser Methode werden Gen-Merkmale der Beteiligten untersucht und verglichen, sog DNS-Polymorphismen („DNS" steht für **D**esoxyribo**n**ukleinsäure). Weist das Kind Gen-Merkmale auf, die weder bei der Mutter noch bei dem untersuchten Mann feststellbar sind, scheidet der Mann als Vater aus (**negativer Vaterschaftsbeweis**). Andererseits trägt die DNA-Analyse zum positiven Vaterschaftsnachweis bei, wenn die Gen-Merkmale der Beteiligten übereinstimmen.

Nach den Abstammungsrichtlinien des Bundesgesundheitsamts (Rn 29) sind DNA-Untersuchungen nur iVm 37
der Untersuchung herkömmlicher Systeme statthaft (Bundesgesundheitsblatt 96, 312; vgl *Rittner* NJW 02,
1745, 1747). Auch der BGH hat ggü dieser Methode Vorbehalte, ob dieses Verfahren allein für den Vaterschaftsnachweis ausreichen kann (BGH FamRZ 07, 1745). Andererseits lässt der BGH die DNS-Analyse nicht
nur als Ergänzung zu herkömmlichen Untersuchungsmethoden zu, sondern beanstandet in Einzelfällen die
Nichteinholung der DNS-Analyse als verfahrenswidrig (BGH FamRZ 91, 185, 187; 91, 426, 427). Der Beweiswert des DNA-Gutachtens wird in keiner Weise dadurch berührt, dass die Analyse auf der Grundlage von
Speichelproben statt von Blutproben erstellt worden ist (Karlsr FamRZ 04, 898), obwohl Blut ggü Speichel
deutliche Vorteile aufweist (BGH FamRZ 07, 1745, 1747).

3. Erbbiologische Gutachten. Sie vergleichen sichtbare körperliche Merkmale von Kind und Vater, die ver- 38
erbbar sind – wie zB Nasenform, Hautfarbe und Gesichtsform – und ziehen aus dem Umfang der Übereinstimmungen (nur) Wahrscheinlichkeitsschlüsse auf die Vaterschaft, die im Regelfall nur von *eingeschränktem*
Aussagewert sind. Allerdings kann das erbbiologische Gutachten in besonders gelagerten Fällen, zB bei der
Abstammungsbegutachtung in Brüderfällen, bei sonst unklarer Beweislage eindeutige Hinweise für die Vaterschaft geben (vgl das Bsp bei *Henke* DA Vorm 96, 331, 337).

4. Tragezeitgutachten. Sie vergleichen die Schwangerschaftsdauer und die Reifemerkmale des Kindes. Sie 39
können für den negativen Vaterschaftsnachweis von Bedeutung sein, zB bei ungewöhnlich kurzer oder ungewöhnlich langer Tragezeit, wenn der beklagte Mann im fraglichen Zeitraum abwesend war, und können in
bestimmten Fällen den Ausschlag geben (vgl den Sachverhalt BGH FamRZ 87, 583, 584, Rn 58).

XI. Abstammungsrichtlinien. Im Bundesgesundheitsblatt werden seit 1960 in unregelmäßigen Abständen 40
Richtlinien (des „Robert-Koch-Instituts – Bundesinstituts für Infektionskrankheiten und nicht übertragbare
Krankheiten") für die Erstellung von Blutgruppengutachten veröffentlicht, die zwar weitgehend befolgt werden, für die Gerichte allerdings nicht bindend sind (BGH FamRZ 78, 1202). Die letzte Neufassung stammt
aus dem Jahre 2002 (FamRZ 02, 1159).

Daneben gibt es Abstammungsrichtlinien der „Arbeitsgemeinschaft der Sachverständigen für Abstammungs- 41
gutachten in der Bundesrepublik Deutschland eV" (Stand: 19.3.02; FamRZ 03, 81). Rechtsnatur und Verbindlichkeit dieser Richtlinien wie auch ihr Verhältnis zu den amtlichen Richtlinien ist unklar (vgl *Mutschler*
FamRZ 95, 841; *Martin* FamRZ 03, 76).

XII. Aussagekraft der Gutachten. 1. Gutachtenpraxis. Bis vor wenigen Jahren erstreckte sich die Begutach- 42
tung auf die Untersuchung von ca 25 „Blutgruppenmerkmalen" wie Blutgruppen-, Serum-, Plasmaprotein-,
Isoenzym- und HLA-Systeme. Durch die Entdeckung einer Vielzahl von DNS-Polymorphismen seit Mitte der
80er-Jahre und deren Einbeziehung in die Begutachtung, konnte die Anzahl der zu untersuchenden konventionellen Blutgruppensysteme stark verringert werden. Üblich ist heute eine gestufte Begutachtung.

a) Kurzgutachten. In Anfechtungsverfahren, bei denen auf Grund von Zeugenvernehmung alles auf die 43
Nichtvaterschaft des Mannes hinweist, kann ein verkürztes Blutgruppengutachten (Kurzgutachten, nur 10–13
Systeme umfassend) eingeholt werden, das häufig bereits einen vollen beweiskräftigen Ausschluss liefert
(*Martin/Kramer* DA Vorm 94, 11, 12).

b) Kompaktgutachten. In ca ⅔ aller Fälle werden Kompaktgutachten (Grundgutachten) eingeholt, die 10– 44
12 herkömmliche Blutgruppensysteme sowie 3 DNA-Systeme untersuchen. Bei diesem Untersuchungsumfang wird regelmäßig entweder das Prädikat „Vaterschaft praktisch erwiesen" erreicht oder es liegen sichere
Ausschlussgründe vor.

c) Sonderfälle. Nur in seltenen Ausnahmefällen sind weitere Untersuchungen notwendig, insb ergänzende 45
DNA-Analysen (Rn 59, 60).

Reine DNA-Analysen kommen kaum vor. Sie sind zB notwendig, wenn Kindern und Erwachsenen wegen 46
schlechter Venen kein Blut entnommen werden kann, sondern nur Mundschleimhautproben (Hamm FamRZ
04, 897, 898), wenn die Blutproben zu alt sind oder wenn keine Blutproben sondern nur Blutspuren untersucht werden können.

2. Der Beweisbeschluss nach § 358a ZPO. Das Abstammungsgutachten ist zu der Frage einzuholen, ob der 47
Antragsgegner/Antragsteller von der Vaterschaft zum/zur ... ausgeschlossen werden kann. Im Nichtausschlussfall soll die Vaterschaftswahrscheinlichkeit ermittelt werden. Die Begutachtung sollte konventionelle
und (notwendigenfalls) DNS-Polymorphismen umfassen. Der Beweisbeschluss über die Anordnung eines
DNA-Gutachtens zur Vaterschaftsfeststellungsklage ist **nicht anfechtbar**, sondern allenfalls unter besonderen
Umständen die zwangsweise Durchführung der Beweisaufnahme (BGH FamRZ 07, 549; FamRZ 07, 728).
Rechtsschutz ist dadurch gewährleistet, dass die Rechtmäßigkeit, die Untersuchung zu verweigern, überprüft
werden kann.

XIII. Zwangsweise Blutentnahme. 1. Grundsatz. Die Abstammungsklärung muss erforderlich sein. Fehlt es 48
an der Erforderlichkeit, kann die Untersuchung verweigert werden (Nürnbg FamRZ 05, 728). Erforderlich ist

die Untersuchung regelmäßig dann nicht, wenn andere nicht weniger aussagekräftige Beweismöglichkeiten bestehen (zB eine Exhumierung; Nürnbg aaO; Hamm FamRZ 05, 1792).

49 Soweit die Untersuchung erforderlich ist, müssen Parteien oder am Verfahren nicht beteiligte Dritte (zB die Eltern des verstorbenen Kindesvaters; Dresd FamRZ 99, 448) die Entnahme von Blutproben dulden (die Duldungsverpflichtung richtet sich auch dann nach deutschem Recht, wenn der mutmaßliche Vater im Ausland lebt = Bremen U v 20.1.09, 4 UF 99/08), soweit es ihnen zumutbar ist (§ 178 I FamFG). Unzumutbarkeit der Blutentnahme liegt zB für die Kindesmutter nicht vor, wenn die Blutentnahme einen inzestuösen Geschlechtsverkehr offenbaren könnte (Karlsr FamRZ 92, 334). Auch für die Zeugen Jehova ist die Blutentnahme zumutbar (Ddorf FamRZ 76, 52). Dagegen wird die Unzumutbarkeit bei gesundheitlichen Gefahren infolge der Untersuchung zu bejahen sein (Kobl NJW 76, 379, „Spritzenphobie").

50 Der in der Blutentnahme liegende körperliche Eingriff tangiert das Grundrecht auf körperliche Unversehrtheit „offensichtlich nicht" (BVerfG FamRZ 56, 215).

51 **2. Weigerung. a) Zwangsmaßnahmen.** Im Weigerungsfall kann analog §§ 386–390 ZPO Zwang angewendet werden (§ 178 II 1 FamFG), in letzter Konsequenz die zwangsweise Vorführung zur Blutentnahme (§ 178 II 2 FamFG) durch Gerichtsvollzieher unter Zuhilfenahme der Polizei. Die ordnungsgemäße Ladung zur Blutentnahme hat durch das Gericht zu erfolgen. Eine Ladung durch den Sachverständigen oder das Gesundheitsamt erfüllt nicht die Anforderungen des § 377 II Nr 1–3 ZPO (Brandbg FamRZ 01, 1010).

52 Über die Rechtmäßigkeit der Weigerung, falls sie begründet wird,(ohne Grundangabe entfällt das Zwischenverfahren BGH NJW 90, 2937) ist vorab in einem Zwischenverfahren gem § 387 ZPO durch Zwischenbeschluß (zu entscheiden, der gem § 387 III ZPO der sofortigen Beschwerde unterliegt (BGH FamRZ 07, 549). Erst nach Rechtskraft der die Duldungspflicht bejahenden Entscheidung kann Zwang angewandt werden (Dresd FamRZ 99, 448), falls nicht der Erlass einer einstweiligen Anordnung durch das BVerfG (vgl § 32 BVerfGG) in Betracht kommt (BVerfG FamRZ 08, 1507). Die Zustimmung zur Blutentnahme und Begutachtung gem § 178 I FamFG kann analog § 290 ZPO nur widerrufen werden, wenn sie durch einen Irrtum veranlasst ist (Oldbg FamRZ 05, 1841). Die Klage auf Mitwirkung an einer Vaterschaftsbegutachtung kann nicht mit dem Abstammungsverfahren verbunden werden (BGH FamRZ 07, 124). Fraglich ist aber, ob es überhaupt möglich ist sich durch Verzug oder durch konstitutives Anerkenntnis zur Mitwirkung an einer Vaterschaftsfeststellung oder zur Durchführung der hierzu erforderlichen Maßnahmen zu verpflichten (offen gelassen von BGH FamRZ 07, 359).

53 **b) Minderjährige.** Hat ein Minderjähriger die erforderliche Verstandesreife (idR mit Vollendung des 14. Lebensjahres), wird das Weigerungsrecht von ihm selbst – ohne Zustimmung seines gesetzlichen Vertreters – ausgeübt. Fehlt die Verstandesreife, hat der gesetzliche Vertreter über die Duldung zur Blutentnahme zu befinden. Die Weigerung der vertretungsberechtigten Mutter, das Kind der Blutentnahme für eine Abstammungsbegutachtung zu unterziehen, ist idR unberechtigt. Es ist in der Rechtsprechung anerkannt, dass der Schutz der Intimsphäre der Mutter ggü dem vorrangigen Recht des Kindes auf Kenntnis seiner Abstammung zurückzutreten hat (Nürnbg FamRZ 96, 1155; Thüringen Beschl v 22.1.07, 1 UF 454/06 (Juris)). Bei erheblichem Interessengegensatz ist ein Ergänzungspfleger zu bestellen (Karlsr FamRZ 98, 563).

54 Die bei einem Kind von 7 Jahren rechtskräftig angeordnete Blutentnahme lässt nur die Festsetzung eines Ordnungsmittels gegen den gesetzlichen Vertreter zu (München FamRZ 97, 1170).

55 **3. Prozessuale Konsequenzen der erfolgreichen Weigerung.** Ist eine zwangsweise Durchsetzung der Blutentnahme gegen den auf Vaterschaftsfeststellung verklagten Mann (zB wegen Flucht ins Ausland) nicht möglich, kann er nach entspr Belehrung so behandelt werden, als wären die Begutachtung erfolgt und keine schwer wiegenden Zweifel an seiner Vaterschaft begründet (BGH FamRZ 86, 663; 93, 691; Hamm FamRZ 93, 473).

56 **IX. Regelunterhalt im Status-Verbund.** Im Feststellungsprozess des Kindes kann dem Vater auf Antrag des Kindes mit der Feststellung zugleich aufgegeben werden, Unterhalt in Höhe von 100% (Zöller/*Philippi* § 653 Rz 2) des Mindestunterhalts und gem den Altersstufen nach § 1612a I 3 und unter Berücksichtigung der Leistungen nach § 1612b oder 1612c zu zahlen (§ 237 III FamFG). Es handelt sich nicht um eine Stufenklage, so dass VKH einheitlich zu bewilligen ist (Naumbg FamRZ 05, 42; § 33 I 2 FamGKG). IGgs zur Statussache kann der mit ihr verbundene Anspruch auf Kindesunterhalt anerkannt werden (Brandbg FamRZ 05, 1843).

57 Der Einwand der Leistungsunfähigkeit kann im Verbundverfahren nach § 653 ZPO nicht vorgebracht werden (Hamm DA Vorm 00, 65), es sei denn, es handelt sich um eine unstreitige oder offensichtlich dauerhafte Leistungsunfähigkeit (Brandbg FamRZ 00, 1581, 1582). Auch der Einwand der Erfüllung der Unterhaltsansprüche kann nicht bereits im Annexverfahren des § 653 ZPO, sondern erst iRe anschließenden Korrekturklage nach § 654 ZPO geltend gemacht werden (BGH FamRZ 03, 1095; Brandbg FamRZ 05, 1843). Verstößt die Vaterschaftsfeststellung durch ein ausländisches (hier: polnisches) Gericht gegen den ordre public, kann die zugleich ausgesprochene Unterhaltsverpflichtung in Deutschland nicht für vollstreckbar erklärt werden (BGH FuR 09, 682).

X. Rechtsmittelzug. 1. Familiensenat. Die Abstammungssachen sind dem FamG zugewachsen (§ 111 Nr 3 FamFG). Für Beschwerden sind die Oberlandesgerichte (Senate für Familiensachen) zuständig (§ 119 I Nr 1a GVG). — 58

2. Beschwerde. Gegen Endentscheidungen in Familiensachen findet die Beschwerde statt (§ 58 FamFG) — 59

3. Rechtsbeschwerde. Gegen eine Entscheidung des Oberlandesgerichts findet nur die Rechtsbeschwerde statt, wenn sie zugelassen wird. Die am 1.1.02 allg eingeführte Nichtzulassungsbeschwerde (§§ 544, 621e II ZPO aF) ist in Familiensachen erst ab 1.1.12 statthaft (§ 26 Nr 8 EGZPO nF). — 60

XI. Änderung rechtskräftiger Feststellungsbeschlüsse (Restitution). Gegen die durch Beschl festgestellte Vaterschaft – dasselbe gilt, wenn der Beschl den Feststellungsantrag abweist (BGH FamRZ 03, 1833) – findet nur die Restitution (§ 185 FamFG) statt. Der Wiederaufnahmeantrag kann auch darauf gestützt werden, dass ein neues Vaterschaftsgutachten vorliegt, das allein oder iVm den im früheren Verfahren erhobenen Beweisen eine andere Entscheidung herbeigeführt haben würde (§ 185 I FamFG). — 61
In Betracht kommt ebenfalls ein im Klärungsverfahren (§ 1598a) eingeholtes Gutachten.
Die Vorlage eines neuen Gutachtens ist Zulässigkeitsvoraussetzung (BGH FamRZ 94, 235). Bei der Erstellung eines solchen Gutachtens ist der Restitutionskläger auf die freiwillige Mitwirkung der Beteiligten angewiesen, deren Mitwirkung nicht gerichtlich durchgesetzt werden kann (Zweibr FamRZ 05, 735). — 62
Als Gutachten kommen nicht nur Blutgruppen- oder Erbbiologische Gutachten in Betracht (BGH FamRZ 84, 681). Unter bestimmten Umständen kann sogar die Gesamtheit früherer Schreiben verschiedener Professoren als Gutachten gewertet werden (BGH FamRZ 89, 1067). — 63
Der Wiederaufnahmeantrag kann auch von dem Beteiligten erhoben werden, der in dem früheren Verfahren obsiegt hat (§ 185 II FamFG). Der Wiederaufnahmeantrag kann mit einem Nichtigkeitsantrag oder einem Restitutionsantrag nach § 580 ZPO verbunden werden. In diesem Fall ist § 584 ZPO anzuwenden, dagegen nicht die Antragsfrist des § 586 ZPO (§ 185 III 2, IV FamFG). — 64
Die Wiederaufnahme ist in 3 Stufen zu prüfen (BGH FamRZ 03, 1833, 1834): IRd Zulässigkeit des Antrags (1. Stufe) kommt es lediglich darauf an, ob die formalen Voraussetzungen für die Wiederaufnahme vorliegen, insb ein neues Gutachten, aus dem sich ein Wideraufnahmegrund ergeben soll. Sodann ist das Vorliegen des Restitutionsgrundes festzustellen (2. Stufe), also zu prüfen, ob das Gutachten die Richtigkeit der früheren Entscheidung zu erschüttern vermag. Nur bei begründeter Wiederaufnahme ist schließlich über die Aufhebung oder Bestätigung der früheren Entscheidung zu befinden (3. Stufe). — 65
Wenn ein neues Gutachten das Beweisergebnis des Vorprozesses erschüttert, liegt kein Hindernis für den Restitutionsantrag darin, dass schon das Gericht des Vorprozesses bei gehöriger Beachtung des Untersuchungsgrundsatzes die Notwendigkeit weiterer Beweisermittlung hätte erkennen müssen (BGH FamRZ 93, 943). Die Restitution findet auch statt, wenn es sich bei dem anzufechtenden Titel um eine prozessordnungswidrig ergangene Anerkenntnisentscheidung handelt (BGH FamRZ 94, 694). — 66
War eine Anfechtungsklage wegen Fristablaufs rechtskräftig abgewiesen, berechtigt die durch Klärungsklage (§ 1598a II gewonnene Erkenntnis der fehlenden Abstammung nicht die Erhebung des Restitutionsantrags (Art 229 § 16 EGBGB – RegE –). — 67

C. Die unterschiedliche Beweislage bei Anfechtungs- und Feststellungsanträgen. I. Anfechtungsantrag. — 68
1. Beweislast. Das beklagte Kind trägt grds die objektive Beweislast für die Versäumung der Anfechtungsfrist (BGH FamRZ 90, 507, 509; Brandbg FamRZ 01, 1630, 1631; Rostock FamRZ 04, 479) und damit auch für die Kenntnis des Vaters von den Anfechtungstatsachen. Jedoch obliegt dem anfechtenden Vater die sekundäre Darlegungslast, die seiner Ansicht nach gegen seine Vaterschaft sprechenden Umstände und den Zeitpunkt ihres Bekanntwerdens vorzutragen (BGH FamRZ 98, 955).
Der Anfechtende trägt die Beweislast für die negative Vaterschaftsfeststellung. Dagegen trägt derjenige, der sich auf die Rechtsmissbräuchlichkeit der Ehelichkeitsanfechtung beruft, die Beweislast hinsichtlich der den Rechtsmissbrauch begründenden Tatsachen (BGH FamRZ 93, 695). — 69
In einem Anfechtungsverfahren nach § 1600 I Nr 1–4 sollen die Umstände angegeben werden, die gegen die Vaterschaft sprechen, sowie der Zeitpunkt, in dem diese Umstände bekannt wurden (§ 171 II 2 FamFG) Betreibt die anfechtungsberechtigte Behörde das Verfahren (§ 1600 I Nr 5), müssen die Umstände angegeben werden, die die Annahme rechtfertigen, dass die Voraussetzungen des § 1600 III vorliegen, sowie der Zeitpunkt, in dem diese Umstände bekannt wurden (§ 171 II 3 FamFG).

2. Beweislastregeln. a) Grundsatz. Im Anfechtungsverfahren gilt die Vaterschaftsvermutung (§ 1600c), die voll widerlegt werden muss (vgl dagegen im Feststellungsverfahren Rn 70). Ausn: Willensmängel der Anerkennung (§ 1600c Rn 2). — 70

b) Zeugenvernehmung oder Gutachten? Da die Vaterschaft nach § 1592 Nr 1 lediglich an das Verheiratetsein der Eltern anknüpft, lässt sich die Vaterschaftsvermutung (§ 1600c) oft allein durch Zeugenvernehmung beseitigen, zB durch die glaubhaften Bekundungen der Kindesmutter, dass ihr der Vater (Scheinvater) in der gesetzlichen Empfängniszeit nicht beigewohnt habe. Oft bestätigt auch der leibliche Vater (und zB neue — 71

Lebensgefährte der Mutter), dass er mit der Kindesmutter seit deren Trennung (vom Scheinvater) zusammenlebt, dass er mit der Kindesmutter schon während deren Ehe verkehrt hat und dass er das in deren Ehe geborene Kind anerkennen will (zB AG Hannover FamRZ 01, 245, LS). Ein kostenaufwendiges Blutgruppengutachten kann dann entfallen.

72 Reicht dem Richter die Zeugenvernehmung zu seiner Überzeugungsbildung nicht aus, genügt regelmäßig die Einholung eines Kurzgutachtens (s.o. Rn 35). *Martin/Kramer* (DA Vorm 94, 12, 14) vertreten – weitergehend – die Auffassung, dass ein Kurzgutachten in allen Anfechtungsverfahren mit (scheinbar) eindeutiger Prozesslage einzuholen sei, weil jahrelange Untersuchungen ergeben haben, dass in 3–4% der „unstreitigen" Fälle die Anfechtungsklage abzuweisen war.

73 **3. Gutachten bei substanzlosem Vortrag?** Für einen Anfechtungsantrag des Ehemannes der Kindesmutter reicht das bloße Vorbringen – er sei nicht der Vater des beklagten Kindes, seine Vaterschaft könne durch Sachverständigengutachten ausgeschlossen werden – nicht aus. Vielmehr muss der anfechtende Vater Umstände vortragen, die bei objektiver Betrachtung geeignet sind, Zweifel an der Ehelichkeit zu wecken und die Möglichkeit der fehlenden Abstammung als nicht ganz fern liegend erscheinen lassen.

74 Auch unter Berücksichtigung des Amtsermittlungsgebotes besteht deshalb kein Anlass zur Einholung eines Abstammungsgutachtens *bei* gänzlich substanzlosem Bestreiten der Vaterschaft (BGH FamRZ 98, 955; Kobl FamRZ 00, 1032), etwa durch den Vortrag des Scheinvaters, er habe die Kindesmutter während der Empfängniszeit ständig mit anderen Männern gesehen (Köln FamRZ 98, 696). Unschlüssig ist auch der Vortrag des aufgrund Anerkenntnisses geltenden Vaters, die Kindesmutter habe ihm geraume Zeit nach dem Anerkenntnis erklärt, dass er nicht der Vater des Kindes sei (Köln 05, 42). Ein anonymer Telefonanruf, das Kind stamme nicht vom rechtlichen Vater, reicht ebenso wenig wie die Behauptung mangelnder Ähnlichkeit des Kindes mit dem rechtlichen Vater für einen Anfangsverdacht aus (FamRZ 08, 501).

75 **4. Anfangsverdacht aufgrund privater DNS-Tests?** Der Vaterschaftsausschluss kann leicht durch die genetische Untersuchung zB eines Kinderhaares geführt werden. Deshalb erscheint ein solches Gutachten – ein urkundlich belegtes Parteivorbringen – durchaus und besser zur Substantiierung der für eine Anfechtungsklage erforderlichen Zweifel geeignet als der übliche Hinweis des Scheinvaters auf ihm zugetragene Gerüchte (so im Ergebnis Karlsr FamRZ 03, 52). Gegen diesen Ansatz bestehen aber zwei wesentliche Einwände: Zum einen verstößt ein Privatgutachten, wenn es heimlich eingeholt wird – also ohne Wissen und ohne Zustimmung des Kindes und seiner Mutter –, gegen das Recht des Kindes auf informationelle Selbstbestimmung (BGH FamRZ 05, 340). Zum andern sind Privatgutachten ohne Identitätsnachweis unbrauchbar (Celle FamRZ 04, 481). In der Praxis sollte deshalb unterschieden werden:

76 Wird das Privatgutachten **im allseitigen Einverständnis** eingeholt, ist es zur Substantiierung des Anfangsverdachts zuzulassen, wenn der Identitätsnachweis in geeigneter Weise sichergestellt ist, etwa durch Beachtung insb der Ziffern 2.2 u 2.3 der Abstammungsrichtlinien des Robert-Koch-Instituts (vgl Rn 29). Eine rechtlich bindende Verpflichtung zur Vaterschaftsbegutachtung kann allerdings nicht eingegangen werden (Köln FamRZ 04, 87).

77 Wird das Privatgutachten dagegen heimlich eingeholt, scheidet auch eine nur prozessuale Verwertung im Anfechtungsverfahren aus. Die Güterabwägung ergibt, dass die grundrechtlich geschützte informationelle Selbstbestimmung als Ausfluss des Persönlichkeitsrechts des Kindes schwerer wiegt als das rechtlich geschützte Interesse des Scheinvaters an der Feststellung seiner Vaterschaft oder Nichtvaterschaft (BVerfG FamRZ 03, 21, 25). Die Verwendung des heimlich erlangten genetischen Materials ist deshalb rechtswidrig, so dass ein darauf gestütztes Gutachten gegen das **Beweisverwertungsverbot** verstößt und auch nicht als bloßes Mittel zur Substantiierung der Anfechtungsklage zugelassen werden kann (BGH FamRZ 05, 340 und 08, 502). Konsequenterweise vermag dafür die auf ein heimliches Gutachten gestützte Kenntnis der Vaterschaft die Anfechtungsfrist des § 1600b nicht auszulösen (BGH FamRZ 06, 687).

78 Hat ein Gericht allerdings das heimlich eingeholte Gutachten als schlüssigen Klagevortrag behandelt und vAw ein Abstammungsgutachten eingeholt, kann sich der klagende Vater das (für ihn günstige) Ergebnis des gerichtlichen Gutachtens zu Eigen machen; denn dieses unterliegt nicht einem Verwertungsverbot, obwohl es ohne die zuvor durch ein heimliches Gutachten in rechtswidriger Weise gewonnenen Informationen nicht hätte erlangt werden können („**keine Fernwirkung**," vgl BGH FamRZ 06, 686, 688). Das beklagte Kind oder sein Vertreter hätten der gerichtlichen Beweisaufnahme durch Verweigerung der Blutentnahme begegnen müssen (BGH FamRZ 06, 688).

79 Das BVerfG hält die Ablehnung heimlich eingeholter genetischer Abstammungsgutachten als Beweismittel für verfassungsgemäß, hat dem Gesetzgeber aber gleichzeitig aufgegeben ein **Verfahren zur Klärung der Vaterschaft ohne Statuswirkung** bereitzustellen (FamRZ 07, 441). Dem ist der Gesetzgeber durch das G zur Klärung der Vaterschaft unabhängig vom Anfechtungsverfahren inzwischen nachgekommen (vgl § 1598a).

80 **II. Feststellungsantrag. 1. Beweislast.** Die Beweislast für seine Abstammung von dem Mann trägt das Kind (BGHZ 40, 372).

2. Beweislastregeln. a) Verhältnis von positiver Vaterschaftsfeststellung und Vaterschaftsvermutung. Im 81
Feststellungsverfahren gilt die Vaterschaftsvermutung wegen Beiwohnung (§ 1600d II 1). Das bedeutet jedoch
nicht, dass der Nachweis der Beiwohnung über die Vaterschaftsfeststellung entscheidet. Die Vaterschaftsvermutung kommt vielmehr nur subsidiär zum Zuge, wenn sich die Vaterschaft nicht durch Gutachten positiv
feststellen lässt (§ 1600d I), etwa bei Beweisvereitelung (AG Wedding FamRZ 05, 1192). Greift das Gericht
deshalb ohne vorherige Ausnutzung der ihm zur Verfügung stehenden Beweismöglichkeiten auf die Vaterschaftsvermutung zurück, so verstößt es gegen seine Aufklärungspflicht (BGH FamRZ 91, 426, 427 zu
§ 1600o II aF).

b) Positive Vaterschaftsfeststellung. aa) Zeugenvernehmung? Im Feststellungsverfahren ist trotz regelmä- 82
ßig bestehender Notwendigkeit zur Einholung eines Abstammungsgutachtens zunächst zumindest durch Vernehmung der Kindesmutter zu klären, ob der verklagte Mann überhaupt als Vater in Betracht zu ziehen ist,
um Verwechslungen zu vermeiden.

bb) Gutachten. Nach dem Amtsermittlungsgrundsatz (Rn 11) ist für die positive Feststellung der Vaterschaft 83
idR die Einholung eines Gutachtens (vgl die Liste der geprüften Gutachten im Internet unter www.kfga.de)
zwingend (BGH FamRZ 97, 490, 492). Hiervon kann nur ausnahmsweise abgesehen werden, etwa bei erfolgreicher Verweigerung der Blutentnahme (BGH FamRZ 93, 691, Rn 36) oder wenn der Mann unbekannten
Aufenthaltes ist (Bambg FamRZ 95, 1280). Aus demselben Vereitelungsgesichtspunkt sind Statusurteile von
Kreisgerichten der DDR, falls keine Abstammungsgutachten eingeholt worden sind, wirksam, wenn das
Kreisgericht den zB in West-Berlin lebenden als Vater verklagten Mann nicht zur Mitwirkung an einer Begutachtung zwingen konnte (BGH FamRZ 97, 490, 492).
Der Gutachtenweg führt meistens zum Erfolg. Er scheitert nur in seltenen Fällen, etwa wenn der Vater und 84
dessen Eltern verstorben sind und kein ausreichendes Untersuchungsmaterial (Blut, Gewebe) für eine Begutachtung zur Verfügung steht oder wenn auch eine DNA-Analyse ausnahmsweise keine Klarheit schafft.

cc) Vollbeweis. Das Gericht muss auf Grund der durchgeführten Beweisaufnahme von der Vaterschaft des 85
Mannes *voll überzeugt* sein, mögen auch zunächst Zweifel bestanden haben (Braunschw DA Vorm 80, 553).
Voraussetzung für den positiven Vaterschaftsnachweis ist die Ausschöpfung aller zur Verfügung stehenden
Beweismittel. Die Beweisanforderungen sind außergewöhnlich hoch. Bei Werten ab 99,73% wird der Vaterschaftswahrscheinlichkeit (= W; Rn 22) das verbale Prädikat „Vaterschaft praktisch erwiesen" zugeordnet
(BGH DA Vorm 73, 537, 541; Hamm FamRZ 94, 649). Bei Vaterschaftsplausibilitäten von jedenfalls 99,85%
(BGH FamRZ 74, 88), 99,99% (Brandbg FamRZ 96, 369) oder 99,994% ist eine weitere Beweisaufnahme idR
entbehrlich (BGH FamRZ 91, 426, 428 (bei 99,994%). Ein Regelfall liegt vor, wenn der beklagte Mann die
Beiwohnung einräumt und für einen Mehrverkehr der Mutter keine Anhaltspunkte bestehen.

dd) Ausnahmsweise ergänzende Gutachten. Allerdings können auch bei extrem hoher Wahrscheinlichkeit 86
einer Vaterschaft aus medizinischer Sicht bei besonderen Anhaltspunkten gleichwohl schwer wiegende
Zweifel verbleiben, so dass eine weitere Begutachtung in Betracht kommt. Das kann insb Fall sein, wenn
eine Mehrverkehrszeuge in die Begutachtung einzubeziehen ist. Es soll Fälle gegeben haben, in denen zwei
Eventual-Väter isolierte Wahrscheinlichkeitswerte von 99,73% erreicht haben (BGH FamRZ 90, 615, 616).
Mehrere Mehrverkehrszeugen sind auch bei hohem W-Wert des beklagten Mannes ausnahmslos in die
Begutachtung einzubeziehen, weil dadurch Auswirkungen auf den Rechensatz und damit auf das Ergebnis
der biostatistischen Auswertung iSe geringeren Vaterschaftswahrscheinlichkeit nicht von vornherein ausgeschlossen werden können (BGH FamRZ 90, 615; 07, 1745).

ee) Fälle aus der Rechtsprechung. Trotz einer statistischen Vaterschaftswahrscheinlichkeit (W) von 99,95% 87
kann eine weitere Begutachtung in Betracht kommen, wenn es das Gericht unterlassen hat, weitere (noch
nicht als Vater ausgeschlossene) Mehrverkehrszeugen in die Begutachtung einzubeziehen (BGH FamRZ 90,
615; 07, 1745), sofern sie nicht unerreichbar sind (Hamm FamRZ 04, 898). Das gilt insb, wenn der in
Anspruch genommene Vater einer **außereuropäischen Rasse** angehört (hier: Iraner), weil die Vaterschaftswahrscheinlichkeit (hier: 99,9996%) üblicherweise auf der Basis mitteleuropäischer Frequenzen ermittelt
wird (BGH FamRZ 88, 1037–1039).
Keine weitere Begutachtungsnotwendigkeit bei 99,999904% W, obwohl die serologische Begutachtung bei 88
einem System eine Ausschlusskonstellation zu Gunsten des beklagten Mannes ergeben hatte, weil die Gesamtwürdigung der bis dahin durchgeführten Beweisaufnahme keinen Zweifel zuließ, dass dem Faktorenausschluss eine **Neumutation** zu Grunde lag und der Vaterschaftsausschluss daher in Wahrheit vorgetäuscht war
(BGH FamRZ 91, 185, 186).
Trotz 99,99% W kann die Einholung eines Tragezeitgutachtens notwendig sein wegen der Diskrepanz zwi- 89
schen der Tragezeit und behauptetem Beiwohnungszeitpunkt (BGH FamRZ 87, 583, 584).
Trotz 99,994% W bejaht der BGH (BGH FamRZ 91, 426, 428) die Notwendigkeit zur Einholung eines vom 90
beklagten Mann beantragten DNA-Gutachtens, weil es diesem nicht um die Relativierung des W-Wertes
ging, sondern um den Nachweis seines Ausschlusses als Erzeuger; denn der Mann hatte geltend gemacht, dass
er mit der Kindesmutter in der Empfängniszeit keinen Geschlechtsverkehr gehabt habe und schon deshalb als

Vater ausscheiden müsse. Das OLG Hamm verneint bei vergleichbarem Sachverhalt (99,97% W) die Notwendigkeit zur Einholung einer zusätzlichen DNA-Analyse, weil sich dadurch die Vaterschaftswahrscheinlichkeit allenfalls noch erhöhe, jedoch nur eine rein theoretische Möglichkeit bestehe, dass sich ein Vaterschaftsausschluss ergeben könne (Hamm FamRZ 93, 472, 473; ebenso: KG FamRZ 92, 599 bei einem Ausschlusswert von 99,99%).

91 Der BGH verneint bei 99,999999999% (biostatistischer) W die Notwendigkeit einer ergänzenden DNA-Begutachtung zum Zwecke des Vaterschaftsausschlusses, wenn der beklagte Mann die Beiwohnung eingeräumt und sich für einen Mehrverkehr kein Anhaltspunkt ergeben hat (BGH FamRZ 94, 506, 508).

92 **c) Vaterschaftsvermutung wegen Beiwohnung.** Erst wenn sich die Vaterschaft oder Nichtvaterschaft trotz Gutachtens ausnahmsweise nicht feststellen lässt oder ein Gutachten überhaupt nicht erstellt werden kann, weil – etwa bei Auslandsberührung (vgl Franke, FamRZ 95, 975) – kein Duldungszwang nach § 178 FamFG besteht, kommt zu Gunsten des Kindes die Vaterschaftsvermutung des § 1600d II 1 zum Zuge, es sei denn, für den in Anspruch genommenen Vater greift die Beweiserleichterung des § 1600d II 2 ein.

93 Praktische Bedeutung hat die Vaterschaftsvermutung als Voraussetzung für einstweilige Unterhaltsregelungen, vgl § 1594 Rn 11 u § 1600d Rn 16.

94 Der häufig verwendete Begriff Beiwohnungsvermutung ist irreführend; denn nicht die Beiwohnung wird vermutet, sondern die Vaterschaft wegen Beiwohnung. Eine echte Beiwohnungsvermutung regelt dagegen Art 12 § 3 II 5 NehelG für die vor dem 1.7.70 geborenen nichtehelichen Kinder. Danach wird vermutet, dass der Mann, der gem I dieser Vorschrift als Vater iSd Gesetzes angesehen wird, der Kindesmutter in der Empfängniszeit beigewohnt hat.

95 **aa) Beiwohnung.** Über die Beiwohnung innerhalb der Empfängniszeit (§ 1600d Rn 2) muss ausnahmsweise Beweis erhoben werden, wenn mangels anderer Feststellungsmöglichkeiten die Klärung der Abstammung nur aufgrund Vaterschaftsvermutung möglich ist (vgl Rn 50).

96 Der Nachweis des Samenergusses ist nicht erforderlich (Stuttg DA Vorm 74, 233). Bei künstlicher Samenübertragung muss die Insemination bewiesen werden (Palandt/*Diederichsen* § 1600d Rz 12).

97 **bb) Zweck der Vaterschaftsvermutung.** ist es, in den sehr seltenen Fällen, in denen trotz Ausschöpfung aller Beweismittel die Vaterschaft nicht nachgewiesen werden kann, doch noch die Feststellung der Vaterschaft zu ermöglichen (BTDrs 13/4899 S 88). Die Vermutung greift ein, falls die Beiwohnung innerhalb der Empfängniszeit bewiesen wird.

98 **d) Ausräumung der Beweisvermutung. aa) Offenbare Unmöglichkeit.** Bei offenbarer Unmöglichkeit der Vaterschaft wird die Beweisvermutung ausgeräumt, so zB wenn der Mann während der Empfängniszeit (§ 1600d III 1) ununterbrochen im Ausland war, wenn er zeugungsunfähig ist oder wenn er einer anderen Rasse als das Kind angehört.

99 Dagegen liegt zB keine offenbare Unmöglichkeit vor beim Nachweis des Gebrauchs empfängnisverhütender Mittel oder jahrelanger Kinderlosigkeit trotz dauernden Geschlechtsverkehrs (vgl iE: Palandt/*Diederichsen* § 1600d Rz 14 mwN).

100 **bb) Schwer wiegende Zweifel.** Die Vaterschaftsvermutung wird nicht nur bei offenbarer Unmöglichkeit ausgeräumt, sondern schon bei schwer wiegenden Zweifeln an der Vaterschaft (§ 1600d II 2).

101 **e) Beweismaß.** Es brauchen nicht die Anforderungen wie bei einem strikten Gegenbeweis eingehalten zu werden, weil jedenfalls mittelbar Beweis geführt werden kann durch die gesetzliche Vermutung des § 1600d II 1 (vgl dagegen bei der Anfechtungsklage § 1600c Rn 1). Schwer wiegende Zweifel müssen nicht der Annahme einer offenbaren Unmöglichkeit nahe kommen (BGH FamRZ 73, 2249). Es reicht vielmehr aus, dass nach Abwägung aller Umstände schwer wiegende Zweifel „verbleiben".

102 Verweigert der vermutete Vater die Blutentnahme, ist das eine Beweisvereitelung, die dahingehend gewertet werden kann, als hätten sich keinerlei Anhaltspunkte für schwer wiegende Zweifel ergeben (vgl Rn 36). Das gilt jedoch nur dann, wenn die Vaterschaftsfeststellung iÜ Beweisergebnis eine hinreichende Grundlage findet (BGH FamRZ 86, 663). Daran fehlt es aber, wenn die Vaterschaft des anderen Mannes nach der Stellungnahme des Gesundheitsamtes nicht ausgeschlossen werden kann (Karlsr FamRZ 01, 931).

103 **f) Bsp: Mehrverkehrseinrede.** Am häufigsten wird der Einwand des Mehrverkehrs erhoben. Der Nachweis des Mehrverkehrs begründet regelmäßig schwer wiegende Zweifel an der Vaterschaft, jedoch nicht in jedem Fall (vgl BGH FamRZ 89, 1067; eineiiger Zwillingsbruder des verklagten Mannes als Mehrverkehrszeuge).

104 **g) Konsequenz bei schwerwiegenden Zweifeln.** Der verklagte Mann wird nicht als Vater des Kindes vermutet, obwohl er der Mutter beigewohnt hat. Die Feststellungsklage des Kindes oder der Mutter ist abzuweisen.

Titel 3 Unterhaltspflicht

Vorbemerkungen vor §§ 1601 ff

A. Anwendungsbereich. Die §§ 1601 ff regeln Unterhaltspflichten zwischen Verwandten in gerader Linie, 1
also den Unterhalt minderjähriger Kinder, volljähriger Kinder und Eltern gegen ihre Kinder sowie Enkel
gegen ihre Großeltern. Sie gelten aber auch für den Unterhalt der nichtehelichen Mutter gem § 1615l III 1,
bei Adoption und bei bloßer Scheinvaterschaft.

B. Unterhaltsarten. Es ist zu differenzieren zwischen Bar-, Natural- und Betreuungsunterhalt. 2

I. Barunterhalt. Gem § 1612 b I 1 wird Barunterhalt durch die Entrichtung einer Geldrente gewährt. Die 3
Geldrente dient nach § 1610 II der Deckung des gesamten Lebensbedarfs einschl der Kosten einer angemessenen Ausbildung.

II. Naturalunterhalt. Der Naturalunterhalt erfasst ebenso wie der Barunterhalt den gesamten Lebensbedarf. 4
Der Unterschied besteht lediglich darin, dass die zur Befriedigung der Lebensbedürfnisse erforderlichen
Dinge in Natura zur Verfügung gestellt werden. Der Naturalunterhalt erfasst damit diejenigen Leistungen, für
deren Beschaffung der Unterhaltsberechtigte seinen Barunterhalt einsetzen müsste.

III. Betreuungsunterhalt. Der Betreuungsunterhalt erfasst die Betreuungsleistung der Eltern ggü ihren Kin- 5
dern, nämlich die Versorgung, Erziehung, persönliche Zuwendung und Haushaltsführung. Im Unterschied
zum Naturalunterhalt deckt er nicht die materiellen Bedürfnisse des Kindes ab. Dabei handelt es sich um
denjenigen Unterhalt, den das Gesetz in § 1606 III 2 als Unterhaltsbeitrag durch die **Pflege und Erziehung**
des Kindes kennzeichnet (*Scholz* FamRZ 94, 1314). Wird der Betreuungsunterhalt vor dritter Seite, aber nicht
von den Eltern geleistet, ist er zu monetarisieren, ansonsten nicht (BGH Urt v 30. 8. 06 – XII ZR 138/04 –).

C. Prüfungsschema. Ein Unterhaltsanspruch ist stets nach folgendem Prüfungsschema zu beurteilen: 6

I. Anspruchsgrundlage. Diese ergibt sich aus § 1601 und setzt Verwandtschaft in gerader Linie voraus. 7

II. Bedarf des Berechtigten. Gem § 1610 II umfasst der angemessene Unterhalt den gesamten Lebensbedarf. 8
Nach I der Vorschrift bestimmt sich das Maß des Unterhalts durch die Lebensstellung des Bedürftigen. Dabei
ist allerdings zu berücksichtigen, dass unterhaltsberechtigte Kinder im Regelfall noch keine wirtschaftliche
Selbständigkeit erlangt haben, so dass sich ihre Lebensstellung von ihren Eltern ableitet. Es kommt daher auf
deren Einkommens- und Vermögensverhältnisse an (BGH FamRZ 96, 160; 87, 58).

III. Bedürftigkeit. Auf der Stufe der Bedürftigkeit ist zu prüfen, ob und in welcher Höhe Einkünfte des 9
Unterhaltsberechtigten auf den Bedarf anzurechnen sind und diesen decken, § 1602.

IV. Leistungsfähigkeit. Gem § 1603 ist zu prüfen, ob der in Anspruch genommene Verwandte in der Lage 10
ist, den Unterhalt ohne Gefährdung seines eigenen angemessenen Unterhalts zu zahlen.

V. Besonderheiten. Auf dieser Stufe ist zu prüfen, ob die Voraussetzungen für die Geltendmachung von 11
Unterhalt in der Vergangenheit gem § 1613 vorliegen oder ob der Unterhaltsanspruch gem § 242 oder § 1611
verwirkt ist. Schließlich ist in Mangelfällen eine Mangelverteilung unter gleichrangigen Unterhaltsberechtigten durchzuführen.

D. Tabellen und Leitlinien. I. Düsseldorfer Tabelle. Sie ist zu beziehen über die Homepage im Internet 12
„www.olg-duesseldorf.nrw.de". Ihr letzter Stand ist 1. 1. 10. Sie enthält ein Regelwerk für Minderjährigen-
und Volljährigenunterhalt, das im gesamten Bundesgebiet anerkannt ist. Sie gliedert sich auf in Altersstufen
und Einkommensgruppen. Sie enthält Prozentsätze der weiteren Einkommensgruppen im Hinblick auf § 249
FamFG und Bedarfskontrollbeträge, die vom Selbstbehalt zu unterscheiden sind (Wendl/Staudigl/*Scholz* § 2
Rz 239)und – nunmehr vom BGH gebilligt- für eine angemessene Verteilung des Einkommens des Unterhaltspflichtigen auf den oder die unterhaltsberechtigten Ehegatten nach § 1615l BGB und
die Kinde zu sorgen (BGH FuR 08, 297). Der Nachrang des Ehegatten ggü minderjährigen Kindern gibt dazu
erst recht Veranlassung (BGH FuR 08, 297). Die Bedarfssätze sind nach der neusten Tabelle darauf zugeschnitten, dass der Unterhaltspflichtige einem Ehegatten und einem Kind oder zwei Kindern Unterhalt zu
gewähren hat. Bei einer größeren oder geringeren Anzahl von Unterhaltsberechtigten können Zu- oder
Abschläge von den Bedarfssätzen vorgenommen werden. Die Düsseldorfer Tabelle begrenzt den Kindesunterhalt nicht nach oben. Bei Einkünften, die über den Höchstbetrag der 10. Einkommensgruppe hinausgehen,
ist eine konkrete Bedarfsberechnung erforderlich (BGH FamRZ 00, 358). Neben dem Regelwerk enthält die
Düsseldorfer Tabelle Regelungen über den Unterhalt Volljähriger mit eigenem Haushalt, zu den Selbstbehaltsätzen, zur Mangelfallberechnung sowie zur Umschreibung von Titeln mit Tabellenbeträgen nach der
RegelbetragVO. Zu den meisten zusätzlichen Regelungen enthalten die Leitlinien der Oberlandesgerichte
eigenständige Bestimmungen, die in den jeweiligen Bezirken zu beachten sind.

13 **II. Berliner Tabelle.** Im Beitrittsgebiet galt bisher die Berliner Tabelle. Diese Tabelle beruhte auf den niedrigeren Regelbeträgen Ost und wies zwei zusätzliche Einkommensgruppen auf, die der ersten Einkommensgruppe der Düsseldorfer Tabelle quasi vorgeschaltet waren. Da § 1612a BGB nicht mehr zwischen Beitrittsgebiet und alten Ländern differenziert, es also nur noch einen einheitlichen Mindestunterhalt gibt, besteht kein Bedürfnis mehr für eine solche Tabelle.

14 **III. Leitlinien.** Alle deutschen Oberlandesgerichte haben Leitlinien entwickelt, die aus Gründen der Übersichtlichkeit ab 1.7.03 an die gemeinsam festgelegte Leitlinienstruktur aufweisen (FamRZ 03, 909). Sie sind unter der Homepage der jeweiligen Oberlandesgerichte zu beziehen (vgl Übersicht Wendl/Staudigl/*Dose* § 1 Rz 7). Sie besitzen keinen Rechtscharakter und keine einer Rechtsnorm vergleichbare Verbindlichkeit.

15 **E. Besonderheiten. I. Auskunft.** Der Unterhaltsberechtigte hat gem § 1605 auf Verlangen Auskunft über seine Einkommens- und Vermögensverhältnisse zu erteilen. Zwischen Unterhaltsverpflichteten besteht ein Auskunftsanspruch nach § 242 (FamRZ 03, 1836).

16 **II. Unterhalt für die Vergangenheit.** Unterhalt für die Vergangenheit kann nach § 1613, der auch gem § 1615 l III 1 für den Unterhalt einer nichtehelichen Mutter, nach § 1361 IV 4 für den Trennungsunterhalt und nunmehr nach § 1585 b II auch für den nachehelichen Unterhalt gilt, bei Verzug, Zugang des Auskunftsbegehrens oder Rechtshängigkeit verlangt werden.

17 **III. Verwirkung.** In Betracht kommt die Verwirkung gem § 1611 und die allg Verwirkung gem § 242, die eintritt, wenn Unterhalt längere Zeit nicht geltend gemacht worden ist und der Verpflichtete davon ausgehen durfte, dass Unterhalt nicht verlangt wird (BGH FamRZ 02, 1698; Urt v 22.11.06 XII ZR 152/04).

18 **IV. Schadensersatz.** Ein Schadensersatzanspruch in Höhe des zu Unrecht gezahlten Unterhalts ist gem § 823 II iVm § 263 StGB gegeben im Falle des Prozessbetruges (BGH FamRZ 84, 767). Er ist ferner dann gegeben, wenn die Verpflichtung zur ungefragten Information über eine Einkommensänderung bestand und die Veränderung nicht mitgeteilt wurde. Dabei erhöhte sich die Treuepflicht bei Vergleichen (BGH FamRZ 00, 153). Erkennt der Unterhaltsgläubiger, dass durch veränderte Einkommensverhältnisse ein rechtskräftiger Titel unrichtig wurde, besteht ein Schadensersatzanspruch nach § 826, wenn eine vorsätzliche sittenwidrige Ausnützung des unrichtig gewordenen Urteils gegeben ist (BGH FamRZ 88, 270; 86, 794). Voraussetzung ist allerdings ein Verhalten des Unterhaltsberechtigten, bei dem eine unerträgliche Ausnutzung des unrichtig gewordenen Vollstreckungstitels anzunehmen ist.

19 **V. Bereicherung.** Rückforderung zu viel gezahlten Unterhalts aus ungerechtfertigter Bereicherung nach § 812 kommt in Betracht bei rückwirkender Abänderung eines Unterhaltstitels im Wege der Abänderungsklage oder Zahlung aufgrund einer einstweiligen Anordnung, die später keinen Bestand hat. Eine einstweilige Anordnung ist nur eine vorläufige Regelung, die keinen Rechtsgrund für das Behaltendürfen des Unterhalts darstellt. Wird diese durch negative Feststellungsklage, sofort erhobene Bereicherungsklage (BGH FamRZ 84, 767) oder durch anderweitige Hauptsacheregelung iSd § 56 FamFG außer Kraft gesetzt, muss der Unterhalt zurückgezahlt werden. Wurde der Unterhalt aufgrund eines Urteils gezahlt, kommt wegen der Wirkung des § 323 III ZPO eine Rückforderung erst ab Rechtshängigkeit des Abänderungsantrages in Betracht. Zu beachten ist jedoch die Entreicherung gem § 818 III ZPO, die regelmäßig durchgreift. Eine verschärfte Haftung gem § 818 IV oder § 819 I kommt nunmehr ab Rechtshängigkeit des Abänderungsantrages in Betracht (§ 241 FamFG). Dies gilt aber nicht für einstweilige Anordnungen. Hie bleibt es bei der verschärften Haftung nach Rechtshängigkeit des Bereicherungsantrages

20 **VI. Aufrechnung.** Grds kann mit Gegenforderungen auch gegen Unterhaltsforderungen aufgerechnet werden. Zu beachten ist jedoch § 850 b II ZPO. Beruht die Aufrechnungsforderung auf einer vorsätzlichen unerlaubten Handlung im Zusammenhang mit einem Fehlverhalten bei der Auseinandersetzung um den Unterhalt, darf ohne die Hürden des § 850 b II ZPO aufgerechnet werden.

21 **F. Beweislast.** Der Unterhaltsberechtigte trägt die Darlegung- und Beweislast für den Bedarf und seine Bedürftigkeit, während der Verpflichtete sie für seine Leistungsunfähigkeit trägt. Wird der Regelbetrag nach § 1612 a geltend gemacht, muss der Unterhaltspflichtige nachweisen, dass er diesen nicht zahlen kann, weil die Leistungsfähigkeit betroffen ist (BGH FamRZ 02, 536). Ein volljähriges Kind ist auch für die Haftungsverteilung unter den Eltern darlegungs- und beweispflichtig (BGH FamRZ 87, 259).

Untertitel 1   Allgemeine Vorschriften

§ 1601 Unterhaltsverpflichtete. Verwandte in gerader Linie sind verpflichtet, einander Unterhalt zu gewähren.

1 **A. Verwandtschaftsverhältnis.** Unterhaltsberechtigter und Unterhaltsverpflichteter müssen in gerader Linie verwandt sein, also gem § 1589 voneinander abstammen. Kein Unterhaltsverhältnis besteht mithin zu Stiefkindern (BGH NJW 69, 2007) und zwischen der Verwandtschaft in der Seitenlinie, also Geschwister, Vetter,

Onkel, Neffe etc. Die Unterhaltsverpflichtung kann sich in beiden Richtungen auswirken, unterhaltsberechtigt können also sowohl Kinder ggü ihren Eltern als auch Eltern ggü ihren Kindern sein. Die Rangfolge mehrerer Unterhaltsverpflichteter ergibt sich aus § 1606, die Rangfolge mehrerer Unterhaltsberechtigter aus § 1609.

B. Dauer der Verpflichtung. Die Unterhaltspflicht besteht dem Grunde nach lebenslang (BGH FamRZ 84, 682). Unerheblich ist, ob die Kinder nur bei einem Elternteil, bei beiden Eltern oder bei Dritten leben oder einen eigenen Haushalt führen. Derartige Umstände sind nur iRd Bemessung des Unterhalts und der Beurteilung der Barunterhaltsverpflichtung zu berücksichtigen. Der Unterhaltsanspruch endet dann, wenn keine Bedürftigkeit mehr besteht. Die Unterhaltsverpflichtung ggü Kindern endet im Regelfall dann, wenn dem Kind die Ausbildung zu einem angemessenen Beruf ermöglicht worden ist, § 1610 II. Eine erneute Bedürftigkeit kann unter bestimmten Voraussetzungen wieder aufleben, zB bei krankheitsbedingter Erwerbsunfähigkeit.

C. Identität. Zwischen Minderjährigen- und Volljährigenunterhalt besteht Identität (BGH FamRZ 84, 682). Deswegen muss der Unterhaltsverpflichtete eine Abänderungsklage gegen einen titulierten Minderjährigenunterhalt erheben, wenn er nach Volljährigkeit des Kindes keinen oder nur geringeren Unterhalt zahlen will.

§ 1602 Bedürftigkeit.
(1) Unterhaltsberechtigt ist nur, wer außerstande ist, sich selbst zu unterhalten.
(2) Ein minderjähriges unverheiratetes Kind kann von seinen Eltern, auch wenn es Vermögen hat, die Gewährung des Unterhalts insoweit verlangen, als die Einkünfte seines Vermögens und der Ertrag seiner Arbeit zum Unterhalt nicht ausreichen.

A. Unterhaltsbedürftigkeit. I. Minderjährige Kinder. Minderjährige Kinder sind – bis auf seltene Ausnahmefälle – bedürftig, weil sie entweder eine Schule besuchen oder für einen Beruf ausgebildet werden und daher nicht in der Lage sind, sich selbst angemessen zu unterhalten.

II. Volljährige Kinder. Volljährige Kinder sind unterhaltsbedürftig, wenn sie sich in einer Ausbildung befinden oder wegen Krankheit nicht in der Lage sind, ihren Unterhalt selbst sicherzustellen. Schwangerschaft oder Betreuung eines eigenen Kindes steht der Unterhaltsbedürftigkeit nicht entgegen (BGH FamRZ 85, 273). Vorrangig unterhaltsverpflichtet ist jedoch der Vater des Kindes des Volljährigen gem § 1615 l. Der Volljährigenunterhalt kann jedoch über den Drei-Jahres-Zeitraum hinausgehen. Im Hinblick auf das Alter des Kindes ist die Mutter jedoch an einer Erwerbstätigkeit nicht gehindert. Beachtlich sind ausschl andere Gründe, die einer Erwerbstätigkeit entgegenstehen (Oldenburg, FamRZ 91, 1090; BGH FamRZ 85, 1245). Arbeitslosigkeit begründet nur dann eine Unterhaltsverpflichtung, wenn dem Volljährigen ein Verstoß gegen eine gesteigerte Erwerbsobliegenheit nicht vorzuwerfen ist (BGH FamRZ 87, 930; 85, 1245). Der Volljährige muss insoweit Arbeit jeder Art, auch berufsfremde Tätigkeiten aufnehmen. Wehr- und Zivildienstleistende sind idR nicht unterhaltsbedürftig, da der Wehrsold bzw die Geld- und Sachbezüge des Zivildienstleistenden für die Bedarfsdeckung ausreichen (BGH FamRZ 94, 303).

III. Eltern. Die Unterhaltsbedürftigkeit von Eltern beruht weniger darauf, dass sie über keine ausreichende Altersversorgung verfügen, als vielmehr auf hohen Kosten eines Alters- oder Pflegeheims, dessen Kosten durch Leistungen der Sozialhilfe nicht gedeckt werden. Dieser Mehrbedarf ist ein unselbständiger Bestandteil des Unterhaltsanspruchs und führt ebenfalls zur Bedürftigkeit.

B. Bedarfsdeckende Einkünfte. I. Schülerarbeit. Bei Schülern sollten Einkünfte nicht angerechnet werden, wenn sie nur in geringem Umfange erzielt werden. Dies gilt insb dann, wenn das Kind seine schulischen Pflichten erfüllt (Köln FamRZ 96, 1101).

II. Studentenarbeit. Studenten haben ebenfalls keine Erwerbsobliegenheit, auch nicht während der Semesterferien. Erzielen sie Einkünfte, ist gem § 1577 II zu prüfen, ob ein Teil unter Berücksichtigung der beiderseitigen wirtschaftlichen Verhältnisse und aufgrund sonstiger Billigkeitserwägungen anrechnungsfrei zu bleiben hat (Wendl/Staudigl/*Scholz*, § 2 Rz 88). Eine Anrechnung kommt nicht in Betracht, wenn die Erwerbstätigkeit deswegen aufgenommen wurde, weil der Unterhaltsverpflichtete keinen Unterhalt gezahlt hat (Hamm 97, 231).

III. Ausbildungsvergütung. Ausbildungsvergütungen, Ausbildungsbeihilfen, Zuschüsse während eines Praktikums und ähnl Bezüge sind anrechenbare Einkünfte des Auszubildenden (Wendl/Staudigl/*Scholz*, § 2 Rz 90). Ob die Ausbildungsvergütung um eine Ausbildungspauschale zu bereinigen ist, wird von den Oberlandesgerichten unterschiedlich beurteilt. Regelungen finden sich in den jeweiligen Leitlinien unter 10.2.3. Bei Minderjährigen ist die Ausbildungsvergütung zur Hälfte auf beide Elternteile aufzuteilen, weil sie auch dem Elternteil, der den Betreuungsunterhalt leistet, zugute kommen soll. Bei volljährigen Kindern ist sie demggü auf den Bedarf anzurechnen (BGH FamRZ 88, 159; 80, 1109).

7 **IV. Kindergeld.** Kindergeld ist gem § 1612 b I und II nunmehr bedarfsdeckend anzurechnen.

8 **V. Halbwaisenrente.** Die Halbwaisenrente ist als eigenes Einkommen des Kindes auf den Bedarf anzurechnen. Dadurch kommt sie dem überlebenden Elternteil in voller Höhe zugute, wenn das Kind bei Dritten lebt (BGH Urt v 30. 08. 06 – XII ZR 138/04 –; BGH FamRZ 80, 1109; Stuttgart FamRZ 01, 1241).Lebt das Kind bei dem verbliebenen Elternteil, ist die Halbwaisenrente nur zur Hälfte anzurechnen (BGH FuR 09, 411).

9 **VI. Rente wegen Körperbehinderung.** Gem § 1610 a wird gesetzlich vermutet, dass ein Behinderter die wegen der Behinderung empfangenen Sozialleistungen auch tatsächlich für den mit der Behinderung verbundenen Mehrbedarf benötigt. Dafür spricht eine Vermutung, so dass der Unterhaltsverpflichtete darlegen und beweisen muss, dass diese Rente Einkommensfunktion hat.

10 **VII. Anrechnung eines Versorgungsentgelts.** Lebt das volljährige Kind mit einem anderen Partner in einer nichtehelichen Gemeinschaft zusammen, kommt die Anrechnung eines Versorgungsentgelts entspr den Grundsätzen zum Ehegattenunterhalt in Betracht (BGH FamRZ 89, 487). Ist der neue Lebenspartner nicht leistungsfähig, können nur geringe Ersparnisse durch das Zusammenleben bedarfsdeckend berücksichtigt werden.

11 **VIII. Wohnvorteil.** Die Anrechnung eines Wohnvorteils des Kindes ist möglich, wenn das Kind in der eigenen Immobilie wohnt. Etwa 20% der Tabellenbeträge der Düsseldorfer Tabelle decken den Wohnbedarf des Kindes ab. Die bedarfsdeckende Zurechnung eines Wohnvorteils kommt allerdings dann nicht in Betracht, wenn das volljährige Kind bei einem Elternteil, von dem Barunterhalt nicht verlangt wird, in dessen Immobilie wohnt. Hier handelt es sich entweder um freiwillige Leistungen Dritter, die nicht zu berücksichtigen sind (BGH FamRZ 92, 425), oder um Naturalunterhalt, der auf den Haftungsanteil des Elternteils umgerechnet wird, bei dem das Kind lebt.

12 **IX. Sozialleistungen. 1. Als subsidiäre Sozialleistungen kommen Arbeitslosengeld II, Sozialgeld, Sozialhilfe.** Grundsicherungsleistungen und UVG-Leistungen in Betracht. Wann dies mangels Forderungsüberganges nach §§ 94 SGB XII und 33 SGB II als Einkommen anzurechnen ist oder aber die Inanspruchnahme des Unterhaltsverpflichteten treuwidrig ist, wird von den Oberlandesgerichten teilweise unterschiedlich beurteilt. Insofern wird auf die Leitlinien unter „2. Sozialleistungen" verwiesen.

13 **2. Nicht subsidiäre Sozialleistungen.** Ist das Wohngeld. Dies ist Einkommen, soweit es nicht erhöhte Wohnkosten abdeckt, sowie BAföG; die Grundsicherung nach §§ 41 ff SGB XII ist ebenfalls als Einkommen zu berücksichtigen. Gleiches dürfte für den Kinderzuschlag gem § 6 b BKindG gelten.

14 **3. Vermögen.** Das minderjährige Kind muss die Vermögenserträge, also Zinsen, Dividenden usw bedarfsdeckend einsetzen, braucht aber den Vermögensstamm nicht zu verwerten. Demggü muss ein volljähriges Kind auch den Vermögensstamm für seinen Bedarf einsetzen, soweit dies nicht im Einzelfall grob unbillig ist (BGH FamRZ 86, 48). Der Vermögensstamm ist auch dann einzusetzen, wenn er auf freiwilligen Zuwendungen Dritter beruht und dem Kind zu eigener Verfügung zugewendet worden ist (München FamRZ 96, 1433). Zu berücksichtigen ist allerdings, ob das volljährige Kind den Stamm des Vermögens für den angemessenen Lebensbedarf zu späterer Zeit benötigt (Karlsr FamRZ 01, 47). Die Verwertungsobliegenheit gilt auch für ein privilegiertes volljähriges Kind, da der Gesetzgeber hier keine Gleichstellung mit minderjährigen Kindern gewollt hat.

§ 1603 Leistungsfähigkeit.

(1) Unterhaltspflichtig ist nicht, wer bei Berücksichtigung seiner sonstigen Verpflichtungen außerstande ist, ohne Gefährdung seines angemessenen Unterhalts den Unterhalt zu gewähren.
(2) Befinden sich die Eltern in dieser Lage, so sind sie ihren minderjährigen unverheirateten Kindern gegenüber verpflichtet, alle verfügbaren Mittel zu ihrem und der Kinder Unterhalt gleichmäßig zu verwenden. Den minderjährigen unverheirateten Kindern stehen volljährige unverheiratete Kinder bis zur Vollendung des 21. Lebensjahres gleich, solange sie im Haushalt der Eltern oder eines Elternteils leben und sich in der allgemeinen Schulausbildung befinden. Diese Verpflichtung tritt nicht ein, wenn ein anderer unterhaltspflichtiger Verwandter vorhanden ist; sie tritt auch nicht ein gegenüber einem Kind, dessen Unterhalt aus dem Stamme seines Vermögens bestritten werden kann.

1 **A. Leistungsfähigkeit. I. Eigener angemessener Unterhalt.** Der eigene angemessene Unterhalt des Pflichtigen variiert je nachdem, ob er dem Berechtigten nach II gesteigert unterhaltsverpflichtet ist oder eine „normale" Unterhaltsverpflichtung besteht, wobei in diesem Rahmen auch die gesetzliche Ausgestaltung des Unterhaltsanspruchs unter Berücksichtigung der Rangfolge von Bedeutung ist.

2 **1. Gesteigerte Unterhaltsverpflichtung.** Dafür gilt der notwendige Selbstbehalt, der von den Oberlandesgerichten unterschiedlich festgelegt worden ist. Entspr Angaben finden sich in den Leitlinien unter 21.2. In dem Selbstbehalt ist ein Betrag für den Wohnbedarf enthalten, der ebenfalls beziffert ist. Bei höheren oder gerin-

geren Mietkosten oder sonstigen Umständen kann der Selbstbehalt im Einzelfall angemessen abgesenkt oder erhöht werden. Insb können die Vorteile des Zusammenlebens mit einem neuen Partner zur Senkung des Selbstbehalts berücksichtigt werden (BGH FamRZ 08, 778).

2. Normale Unterhaltsverpflichtung. Bei nicht gesteigerter Unterhaltsverpflichtung variiert der Selbstbehalt 3 je nachdem ob es sich um Unterhalt für volljährige Kinder, Eltern oder eine Unterhaltsverpflichtung nach § 1615l handelt. Auch hier weichen die Leitlinien voneinander ab. Entspr Regeln finden sich in den Leitlinien unter 21.3. Auch hier ist es möglich, den Selbstbehalt im Einzelfall zu senken oder zu erhöhen.

II. Erwerbsobliegenheit. 1. Gesteigerte Unterhaltsverpflichtung. Den Eltern obliegt eine erhöhte Arbeits- 4 pflicht unter gesteigerter Ausnutzung ihrer Arbeitskraft. Sie sind uU auch verpflichtet, in zumutbaren Grenzen einen Orts- oder Berufswechsel vorzunehmen, wenn sie nur auf diese Weise ihre Unterhaltsverpflichtung erfüllen können. Sie müssen alle zumutbaren Erwerbsmöglichkeiten ausschöpfen und sogar berufsfremde Tätigkeiten unterhalb ihrer gewohnten Lebensstellung aufnehmen (BGH FamRZ 94, 372). Sie haben grds kein Recht, zwecks weiterer Ausbildung einen Beruf aufzugeben und den Unterhaltsbedürftigen der Sozialhilfe zu überantworten (BGH aaO). Kommen sie ihrer gesteigerten Erwerbspflicht nicht nach, wird ihnen ein fiktives Einkommen in der Höhe zugerechnet, wie sie es bei gutem Willen durch eine zumutbare Erwerbstätigkeit erzielen könnten. Es muss allerdings feststehen oder zumindest nicht auszuschließen sein, dass bei genügenden Bewerbungsbemühungen eine reale Beschäftigungschance bestanden hätte. Zweifel wirken sich zu Lasten des Unterhaltsverpflichteten aus (BGH FamRZ 87, 144). Tatsächlich erzielte Zusatzeinkünfte sind in vollem Umfange bei der Einkommensermittlung zu berücksichtigen. Einkünfte aus unzumutbarer Tätigkeit gibt es bei der gesteigerten Unterhaltsverpflichtung nicht (Hamm FamRZ 96, 303). Ob eine Nebenbeschäftigung zumutbar ist, richtet sich nach den vom BVerfG entwickelten Grundsätzen (FamRZ 03, 661).

2. Normale Unterhaltsverpflichtung. Auch wenn eine gesteigerte Erwerbsobliegenheit nicht besteht, darf 5 ein Elternteil sich nicht durch leichtfertiges unterhaltsbezogenes Verhalten leistungsunfähig machen. In einem solchen Fall sind ihm die alten Einkünfte weiterhin zuzurechnen (*Eschenbruch* Rz 5 244). Ein Elternteil erfüllt seine Erwerbsobliegenheit, wenn er einer vollschichtigen Erwerbstätigkeit nachgeht. Er ist nicht verpflichtet, eine Nebentätigkeit aufzunehmen. Leistet er Überstunden, können diese gem § 1577 II in entspr Anwendung teilw unberücksichtigt bleiben (vgl BGH FamRZ 83, 886; FamRZ 82, 779). Auch hier können fiktive Einkünfte zugerechnet werden, wenn der Unterhaltsschuldner sich nicht hinreichend intensiv um eine neue Beschäftigung bemüht hat und eine Beschäftigungschance besteht. Ihn trifft dafür die Darlegungs- und Beweislast.

III. Berücksichtigung von Schulden. 1. Gesteigerte Unterhaltsverpflichtung. Verbindlichkeiten dürfen 6 nicht ohne Rücksicht auf die Unterhaltsinteressen getilgt werden. Es bedarf einer Interessenabwägung unter Berücksichtigung der Belange von Unterhaltsgläubiger, Unterhaltsschuldner und Drittgläubiger. Dabei ist die gesteigerte Unterhaltsverpflichtung ein wesentliches Abwägungskriterium (BGH FamRZ 97, 806; 02, 536; einschränkend Hamm FamRZ 03, 1214). Die besondere Schutzwürdigkeit des Kindes dürfte jedoch im Regelfall durchschlagende Bedeutung haben und das Abwägungsergebnis zugunsten des Kindesunterhalts beeinflussen (BGH FamRZ 86, 254).

2. Normale Unterhaltsverpflichtung. Hier hängt die Berücksichtigungsfähigkeit von Schulden von einer 7 ähnl Interessenabwägung ab wie bei der gesteigerten Erwerbsobliegenheit. Von Eltern eines studierenden Kindes kann im Allg verlangt werden, dass sie auf dessen Unterhaltsbedürftigkeit bis zum Abschluss der Ausbildung Rücksicht nehmen, bevor sie ihre Leistungsfähigkeit erschöpfende Verbindlichkeiten eingehen. Insb geht es nicht an, durch unverantwortliches Schuldenmachen seiner Unterhaltsverpflichtung zu entgehen. Entscheidend wird letztlich sein, ob die Eltern oder der barunterhaltspflichtige Elternteil die Verbindlichkeit in Kenntnis ihrer Barunterhaltsverpflichtung eingegangen sind (BGH FamRZ 82, 157).

IV. Kosten des Umgangsrechts. Diese können dem Kind ggü entweder durch eine Erhöhung des Selbstbe- 8 halts oder als Minderung des verfügbaren Einkommens geltend gemacht werden, wenn dem Unterhaltsverpflichteten weniger als die Hälfte des Kindergeldes verbleibt (BGH FamRZ 05, 48).

V. Obliegenheit zur Einleitung des Insolvenzverfahrens. Die monatliche Schuldenbelastung kann durch 9 Einleitung der Verbraucherinsolvenz mit der späteren Restschuldbefreiung verringert werden. Eine unterhaltsrechtliche Obliegenheit für den Schuldner, von dem Verbraucherinsolvenzverfahren Gebrauch zu machen, kann bei gesteigerter Unterhaltsverpflichtung bestehen (BGH FamRZ 05, 508).

VI. Einsatz des Vermögens. 1. Gesteigerte Unterhaltsverpflichtung. Eltern müssen auch den Stamm ihres 10 Vermögens verwerten, wenn der Unterhalt des Kindes durch die Erwerbstätigkeit nicht aufgebracht werden kann. Die Sicherstellung des eigenen Selbstbehalts des Unterhaltsverpflichteten geht jedoch vor. Ihm ist daher der Teil des Vermögens zu belassen, auf den er für eigene Unterhaltszwecke angewiesen ist (BGH FamRZ 89, 170). Ihm muss allerdings immer ein Notgroschen verbleiben.

11 **2. Normale Unterhaltsverpflichtung.** Auch bei der normalen Unterhaltsverpflichtung hat der Unterhaltsverpflichtete den Stamm seines Vermögens zur Bestreitung des Unterhalts einzusetzen (BGH FamRZ 88, 604). Allerdings darf dies nicht dazu führen, dass der eigene angemessene Unterhalt des Unterhaltsverpflichtigen gefährdet wird. Er darf daher nicht von fortlaufenden Einkünften abgeschnitten werden, die er zur Erfüllung weiterer Unterhaltsansprüche, anderer berücksichtigungsfähiger Verbindlichkeiten und zur Bestreitung seines eigenen Unterhalts benötigt (BGH FamRZ 88, 604). Dies gilt auch für den Elternunterhalt (BGH FamRZ 04, 1184). Allerdings ist zu berücksichtigen, ob das Vermögen nicht der angemessenen Altersversorgung dient, bei Eltern 5 % des letzten Bruttoeinkommens multipliziert mit dem gesamten Berufsjahren – ca 35 Jahre – (BGH Urt v 30.8.06 – XII ZR 98/04 –).

12 **B. Gesteigerte Unterhaltsverpflichtung.** Die gesteigerte Unterhaltsverpflichtung gilt ggü minderjährigen unverheirateten Kindern und ihnen gleichstehenden privilegierten volljährigen Kindern.

13 **C. Privilegierte volljährige Kinder. I. Alter der Kinder.** Erfasst werden von der Gleichstellung nur solche Volljährige, die das 21. Lebensjahr noch nicht vollendet haben.

14 **II. Familienstand der Kinder.** Privilegiert werden ausschl ledige Kinder. Dies bedeutet, dass die Gleichstellung mit minderjährigen Kindern mit der Heirat des Kindes endet. Die Privilegierung lebt auch nicht wieder auf, wenn die Ehe geschieden wird (Wendl/Staudigl/*Scholz*, § 2 Rz 455).

15 **III. Leben im Haushalt der Eltern oder eines Elternteils.** Das volljährige Kind muss im Haushalt eines Elternteils leben. Dies bedeutet, dass dort sein Lebensmittelpunkt sein muss. Dies ist auch dann der Fall, wenn das Kind sich in einem Internat befindet und nur in den Ferien in den Haushalt der Eltern zurückkehrt. So lange die Wohnung nicht tatsächlich aufgegeben wird, ändert auch eine längere vorübergehende Abwesenheit nichts. Gründet das Kind einen eigenen Haushalt, ohne zurückkehren zu wollen, endet die Haushaltsgemeinschaft mit den Eltern.

16 **IV. Allgemeine Schulausbildung.** Dazu gehören alle Schulen, die einen allg Bildungsabschluss oberhalb der Grundschule vermitteln. Dies gilt insb für Hauptschule, Realschule, Gymnasium und integrierte Gesamtschule. Letztlich ist der Begriff der allg Schulausbildung in drei Richtungen einzugrenzen, nämlich nach Ausbildungsziel, zeitlicher Beanspruchung des Schülers und Organisationsstruktur der Schule (BGH FuR 01, 355). Problematisch ist die Einordnung des Schulbesuches eines Berufskollegs, da dieser einen doppelqualifizierenden Bildungsweg darstellt. Hier kommt es auf den Schwerpunkt der Ausbildung an.

17 **D. Wegfall der gesteigerten Unterhaltspflicht.** Nach III 2 greift die gesteigerte Unterhaltsverpflichtung nicht, wenn weitere leistungsfähige unterhaltspflichtige Verwandte vorhanden sind, denen trotz Barunterhaltsleistungen ein eigener angemessener Unterhalt verbleibt. In Betracht kommen Großeltern, aber auch der andere Elternteil. Voraussetzung ist, dass die Eltern des unterhaltsberechtigten Kindes außer Stande sind, ohne Gefährdung ihres eigenen angemessenen Unterhalts den Unterhalt des Kindes zu decken. Gemeint ist damit der Bedarf der ersten Einkommensgruppe (Karlsr FamRZ 01, 782; aA Stuttg FamRZ 00, 376; Zweibrücken FamRZ 00, 766). Grds führt der Wegfall der gesteigerten Unterhaltsverpflichtung dazu, dass sich der unterhaltsverpflichtete Elternteil auf den angemessenen Selbstbehalt berufen darf und nicht auf den notwendigen Selbstbehalt beschränkt ist. Allerdings kann ein Elternteil auch dann für den gesamten Unterhalt haften, wenn die Inanspruchnahme des anderen Elternteils zu einem erheblichen finanziellen Ungleichgewicht zwischen den Elternteilen führen würde, weil der eine wesentlich geringere Einkünfte als der andere hat und in deutlich ungünstigeren wirtschaftlichen Verhältnissen lebt (BGH FamRZ 99, 286; 91, 182; FuR 08, 92).

18 **E. Hausmannrechtsprechung.** Betreut der Unterhaltsverpflichtete ein Kind aus einer neuen Ehe oder dem gleichgestellt aus einer nicht ehelichen Lebensbeziehung (BGH FuR 01, 183) kommen die Grundsätze der Hausmannrechtsprechung zum Tragen (BGH FamRZ 96, 796; 04, 364; München FamRZ 99, 1076; BGH Urt v 5. 10. 06 – XII ZR 197/02).

§ 1604 Einfluss des Güterstands.

¹Lebt der Unterhaltspflichtige in Gütergemeinschaft, bestimmt sich seine Unterhaltspflicht Verwandten gegenüber so, als ob das Gesamtgut ihm gehörte. ²Haben beide in Gütergemeinschaft lebende Personen bedürftige Verwandte, ist der Unterhalt aus dem Gesamtgut so zu gewähren, als ob die Bedürftigen zu beiden Unterhaltspflichtigen in dem Verwandtschaftsverhältnis ständen, auf dem die Unterhaltspflicht des Verpflichteten beruht.

1 **A. Inhaltsänderung.** Die mit der Unterhaltsreform zum 1.1.08 durchgeführte Änderung des Wortlauts erfasst nunmehr auch die Lebenspartnerschaften nach dem LPartG.

2 **B. Gütergemeinschaft.** Voraussetzung ist eine Gütergemeinschaft gem §§ 1416 bis 1518.

3 **C. Gesamtgutverbindlichkeit.** Die Unterhaltspflicht ist Gesamtgutverbindlichkeit und muss bei Auseinandersetzung des Gesamtgutes ausgeglichen werden (§§ 1441 II Nr 2, 1463 Nr 2). Bei der Beurteilung der Leistungsfähigkeit ist auch das Einkommen des Ehegatten zu berücksichtigen (Frankfurt OLGR 02, 25).

D. Beiderseitige Unterhaltsverpflichtung. Sind beide Ehegatten unterhaltspflichtig, wird fingiert, dass ein Verwandtschaftsverhältnis aller Unterhaltsberechtigten zu beiden besteht. Deren Rangfolge richtet sich nach § 1609. 4

§ 1605 Auskunftspflicht.
(1) ¹Verwandte in gerader Linie sind einander verpflichtet, auf Verlangen über ihre Einkünfte und ihr Vermögen Auskunft zu erteilen, soweit dies zur Feststellung eines Unterhaltsanspruchs oder einer Unterhaltsverpflichtung erforderlich ist. ²Über die Höhe der Einkünfte sind auf Verlangen Belege, insbesondere Bescheinigungen des Arbeitgebers, vorzulegen. ³Die §§ 260, 261 sind entsprechend anzuwenden.
(2) Vor Ablauf von zwei Jahren kann Auskunft erneut nur verlangt werden, wenn glaubhaft gemacht wird, dass der zur Auskunft Verpflichtete später wesentlich höhere Einkünfte oder weiteres Vermögen erworben hat.

A. Norminhalt. Die Vorschrift enthält zwei getrennte Ansprüche, nämlich auf Auskunft und Vorlage von Belegen, die jeweils einzeln, auch kumulativ oder alternativ geltend gemacht werden können (München FamRZ 93, 202; Köln FamRZ 03, 235). Was geltend gemacht wird, muss klar und deutlich zum Ausdruck gebracht werden. Grds ist Auskunft nur auf Verlangen zu erteilen. Die Kosten für die Auskunft hat grds der Auskunftsschuldner zu tragen (BGH FamRZ 75, 405). 1

B. Verwandte in gerader Linie. Einander unterhaltsverpflichtet sind Unterhaltsgläubiger und Unterhaltsschuldner, nicht aber gleichrangig Unterhaltsverpflichtete untereinander. Ein Auskunftsanspruch kann sich aber aus § 242 ergeben (BGH FamRZ 03, 1836). Allerdings ist es nicht möglich, den Ehepartner des Unterhaltsverpflichteten in Anspruch zu nehmen (BGH FamRZ 03, 1836). 2

C. Auf Verlangen. IdR ist es Sache von Unterhaltsgläubigern und Unterhaltsschuldner, sich über evtl Veränderungen zu vergewissern. Ausnahmsweise besteht eine Pflicht zu ungefragter Information insb dann, wenn Änderungen weder zu erwarten noch erkennbar waren (vgl dazu iE BGH FamRZ 86, 794). Während eines Prozesses besteht eine umfassende prozessuale Wahrheitsverpflichtung (BGH FamRZ 00, 153). Auch bei der Geltendmachung von Unterhalt sind alle unterhaltsrechtlich relevanten Umstände vorzutragen (Kobl FamRZ 87, 1156). 3

D. Auskunft. I. Umfang. Die Auskunft muss alle Positionen enthalten, die für die Beurteilung der Bedürftigkeit bzw Leistungsfähigkeit von Bedeutung sein können. Es sind sämtliche Einkünfte, auch Steuererstattungen anzugeben (Ddorf FamRZ 91, 1315). Die Auskunftsverpflichtung bezieht sich auch auf das Vermögen. Wegen der laufenden Veränderungen muss allerdings ein Stichtag festgelegt werden. 4

II. Der Zeitraum. Die Auskunft ist für den Zeitraum zu erteilen, der für die Unterhaltsbemessung maßgeblich ist. Bei Arbeitnehmers betrifft dies idR das abgelaufene Kalenderjahr, bei Selbständigen wegen der schwankenden Einkünfte idR die letzten drei abgelaufenen Jahre. 5

E. Erforderlichkeit. Auskunft wird nicht geschuldet, wenn sie den Unterhaltsanspruch unter keinem Gesichtspunkt beeinflussen kann (BGH FamRZ 85, 791). Dies gilt zB beim Unterhaltsverzicht (Köln FamRZ 00, 609) oder dann, wenn die Leistungsfähigkeit des Verpflichteten bei der konkreten Bedarfsberechnung außer Streit steht (BGH FamRZ 94, 1169). Bei Verwirkung gem § 1579 kommt es darauf an, ob der Unterhalt mit Sicherheit entfällt (BGH FamRZ 83, 996). Ist dies zweifelhaft, muss Auskunft erteilt werden (Karlsr OLGR 01, 327). 6

F. Belegvorlage. Die Belege und Unterlagen, die verlangt werden, müssen im Antrag und im Urteilstenor genau bezeichnet werden. Der Gläubiger kann Vorlage der Originale verlangen (KG FamRZ 82, 624). Es können nur solche Belege verlangt werden, die für den Unterhaltsanspruch benötigt werden. Belege sind insb Verdienstbescheinigungen, Lohnsteuerkarte, Einkommensteuerbescheide, Bilanzen, Gewinn- und Verlustrechnungen, Umsatzsteuerbescheide. Bei Unternehmern bezieht sich die Vorlagepflicht auf alle Belege, aus denen sich der Unternehmergewinn ergibt bzw ermitteln lässt (BGH FamRZ 94, 27). 7

G. Formerfordernisse. Erforderlich ist die Vorlage einer systematischen Aufstellung aller Angaben, die nötig sind, damit der Unterhaltsanspruch berechnet werden kann. Diese müssen zu einem geschlossenen Werk zusammengefügt werden (BGH FamRZ 83, 1232). Die Auskunft bedarf grds der Schriftform (BGH FamRZ 84, 144). Sie ist aber nicht persönlich zu unterschreiben (BGH FuR 08, 410; aA München FamRZ 96, 738). Die Übermittlung kann demgü auch durch Dritte erfolgen. 8

H. Erneute Auskunft. Grds kann eine Auskunft erst nach Ablauf von zwei Jahren erneut verlangt werden. Die Frist beginnt bei einer rechtkräftigen Verurteilung mit dem Tag der letzten mündlichen Verhandlung zu laufen (Hburg FamRZ 84, 1142; aA Kobl 79, 1021: Urteilsverkündung). Beim Vergleichsabschluss kommt es auf dessen Zeitpunkt an (Ddorf 93, 591). Bei Veränderungen in der Einkommensentwicklung kann auch schon zu einem früheren Zeitpunkt erneut Auskunft verlangt werden. 9

10 I. Auskunft bei Anspruchsübergang. Wird der Unterhaltsanspruch nach § 33 SGB II übergeleitet oder geht er gem § 93 SGB XII kraft Gesetzes auf den Träger der Sozialhilfe über, werden davon auch die Auskunftsansprüche betroffen. Zudem enthält § 117 SGB XII einen eigenständigen Auskunftsanspruch des Trägers der Sozialhilfe, der sich auch auf die mit dem Unterhaltsschuldner verheirateten Ehepartner erstreckt.

11 J. Ehegattenunterhalt. Der Auskunftsanspruch gilt über §§ 1580, 1361 IV auch für den Trennungsunterhalt und nachehelichen Unterhalt.

12 K. Eidesstattliche Versicherung. Die eidesstattliche Versicherung kann gem §§ 259 bis 261 verlangt werden, wenn der begründete Verdacht besteht, dass die Auskunft in einzelnen Punkten nicht mit der erforderlichen Sorgfalt erteilt worden ist. Bei mangelhafter Auskunft, die auf einem entschuldbaren Irrtum beruht, besteht lediglich ein Anspruch auf ergänzende Auskunft (BGH WM 96, 466).

13 L. Prozessuales. Die Auskunft kann isoliert oder im Wege der Stufenklage, § 254 ZPO iVm §§ 112f FamFG, geltend gemacht werden. Die geschuldete Leistung ist konkret zu bezeichnen, damit der Antrag nicht unbestimmt ist. Die erforderlichen Belege müssen genau bezeichnet sein. Entspr genau muss der Tenor formuliert werden. Die Zwangsvollstreckung erfolgt gem § 888 ZPO. Voraussetzung ist allerdings immer, dass dem Schuldner die Erfüllung der Verpflichtung möglich ist (BGH FamRZ 92, 535).

Nach § 235 Abs 1 FamFG kann das Gericht entsprechende Auskünfte einholen. Es ist dazu verpflichtet, wenn ein Beteiligter dies beantragt und der andere Beteiligte vor Beginn des Verfahrens einer gesetzlichen Auskunftspflicht entgegen einer Aufforderung nicht innerhalb angemessener Frist nicht nachgekommen ist, § 235 II FamFG. Die Folgen der Auskunftsverweigerung ggü dem Gericht ergeben sich aus § 236 FamFG.

Die Auskunftsklage kann auch mit einem Abänderungsbegehren nach § 238 FamFG verbunden werden, um den Zeitpunkt für den Änderungsbeginn nach § 238 III FamFG zu wahren.

§ 1606 Rangverhältnisse mehrerer Pflichtiger.
(1) Die Abkömmlinge sind vor den Verwandten der aufsteigenden Linie unterhaltspflichtig.
(2) Unter den Abkömmlingen und unter den Verwandten der aufsteigenden Linie haften die näheren vor den entfernteren.
(3) ¹Mehrere gleich nahe Verwandte haften anteilig nach ihren Erwerbs- und Vermögensverhältnissen. ²Der Elternteil, der ein minderjähriges, unverheiratetes Kind betreut, erfüllt seine Verpflichtung, zum Unterhalt des Kindes beizutragen, in der Regel durch die Pflege und die Erziehung des Kindes.

1 A. Vorrangige Unterhaltspflicht von Abkömmlingen. Kinder, Enkel usw haften dem Unterhaltsgläubiger vor dessen Eltern, Großeltern usw. Sind die Abkömmlinge nicht leistungsfähig, haften die Verwandten aufsteigender Linie, und zwar wiederum die näheren vor den entfernteren, also die Eltern vor Großeltern usw.

2 B. Vorrangige Unterhaltspflicht der näheren Verwandten. Eltern haften also vor Großeltern, Kinder vor Enkeln usw.

3 C. Anteilige Haftung. Mehrere Verwandte der gleichen Stufen haften nicht als Gesamt-, sondern als Teilschuldner anteilig nach ihren jeweiligen Erwerbs- und Vermögensverhältnissen (BGH FamRZ 94, 696).

4 D. Haftungsanteile beim Volljährigenunterhalt. Mit Eintritt der Volljährigkeit endet der Betreuungsunterhalt gem § 1606 III mit der Folge, dass beide Eltern barunterhaltspflichtig werden. Dies gilt sowohl für privilegierte, als auch für nicht privilegierte volljährige Kinder (BGH FamRZ 02, 815). Dies bedeutet, dass das Klagevorbringen betr Minderjährigenunterhalt für den Volljährigenunterhalt nicht ausreicht, da der Volljährige auch das Einkommen des anderen barunterhaltspflichtigen Elternteils vortragen muss, um die Haftungsanteile darzulegen.

5 I. Bedarfsermittlung. Bei der Bedarfsermittlung sind für den Volljährigenunterhalt die beiderseitigen Einkommen der Eltern zusammenzurechnen. Eine Höherstufung wegen unterdurchschnittlicher Einkommensverpflichtung kommt dabei nicht in Betracht. Zu berücksichtigen ist, dass ein Elternteil zu höherem Unterhalt verpflichtet werden darf, als er bei alleiniger Barunterhaltsverpflichtung schulden würde (BGH FamRZ 88, 1039; 86, 151).

6 II. Vergleichseinkommen der Eltern. Ist das Einkommen der Eltern ermittelt, sind davon vorrangige und gleichrangige Unterhaltsverpflichtungen ebenso wie berücksichtigungsfähige Schulden abzuziehen. Leistet ein Elternteil für ein minderjähriges Kind den Betreuungsunterhalt, ist dieser nicht zu monetarisieren. In Betracht kommt allenfalls, ein Teil seines Einkommens gem § 1577 II anrechnungsfrei zu lassen.

7 III. Sockelbetrag. Das Einkommen beider Eltern ist um den Sockelbetrag zu reduzieren. Die Höhe des *Sockelbetrages* wird von den Oberlandesgerichten unterschiedlich bemessen. Regelungen finden sich unter 13.3 der Leitlinien.

IV. Berechnungsformel. Die Formel für die Berechnung des Volljährigenunterhalts lautet: 8
Bedarf des Kindes × (Einkommen des Pflichtigen − Sockelbetrag): (Einkommen des Pflichtigen − Sockelbetrag + Einkommen des anderen Elternteils − Sockelbetrag).

E. Gleichwertigkeit des Betreuungsunterhalts. Der Betreuungsunterhalt ist nach III 2 mit dem Barunterhalt 9
gleichwertig und befreit damit den betreuenden Elternteil von der Beteiligung am Barunterhalt. Dies gilt allerdings nicht für Mehr- oder Sonderbedarf (BGH FamRZ 83, 689).

F. Beiderseitige Barunterhaltspflicht beim minderjährigen Kind. Eine zusätzliche Barunterhaltspflicht des 10
betreuenden Elternteils kommt in Betracht bei einer Aufteilung der Betreuung auf beide Eltern, bei eigenem Haushalt des Kindes mit Zustimmung des Bestimmungsberechtigten gem § 1612, bei Versterben eines Elternteils, bei fehlender Leistungsfähigkeit eines Elternteils und bei einem erheblichen finanziellen Ungleichgewicht zwischen dem barunterhaltspflichtigen und dem betreuenden Elternteil (BGH FamRZ 98, 286; 02, 742) sowie Wechselmodell, das aber erst dann gegeben ist, wenn die Eltern das Kind in etwa je zur Hälfte betreuen. Ansonsten verbleibt es bei der alleinigen und uneingeschränkten Barunterhaltespflicht des Elternteils, der die geringere Betreuung leistet (BGH FuR 06, 420).

§ 1607 Ersatzhaftung und gesetzlicher Forderungsübergang.
(1) Soweit ein Verwandter auf Grund des § 1603 nicht unterhaltspflichtig ist, hat der nach ihm haftende Verwandte den Unterhalt zu gewähren.
(2) ¹Das Gleiche gilt, wenn die Rechtsverfolgung gegen einen Verwandten im Inland ausgeschlossen oder erheblich erschwert ist. ²Der Anspruch gegen einen solchen Verwandten geht, soweit ein anderer nach Absatz 1 verpflichteter Verwandter den Unterhalt gewährt, auf diesen über.
(3) ¹Der Unterhaltsanspruch eines Kindes gegen einen Elternteil geht, soweit unter den Voraussetzungen des Absatzes 2 Satz 1 anstelle des Elternteils ein anderer, nicht unterhaltspflichtiger Verwandter oder der Ehegatte des anderen Elternteils Unterhalt leistet, auf diesen über. ²Satz 1 gilt entsprechend, wenn dem Kind ein Dritter als Vater Unterhalt gewährt.
(4) Der Übergang des Unterhaltsanspruchs kann nicht zum Nachteil des Unterhaltsberechtigten geltend gemacht werden.

A. Anwendungsbereich. Die Vorschrift regelt die Ersatzhaftung eines Verwandten, der an sich nicht unter- 1
haltspflichtig wäre, weil ein gem § 1606 vorrangiger Unterhaltspflichtiger vorhanden ist, der aber entweder nicht leistungsfähig ist oder demggü die Rechtsverfolgung erheblich erschwert ist. III soll die Bereitschaft nicht unterhaltspflichtiger Dritter zur Unterstützung des Kindes fördern und gewährt deshalb einen Forderungsübergang.

B. Ausfallhaftung bei Leistungsunfähigkeit. Ist ein Unterhaltspflichtiger gem § 1603 nicht leistungsfähig, 2
den angemessenen Unterhalt zu zahlen, haftet an seiner Stelle der nicht Unterhaltsverpflichtete. Bei gleichrangig haftenden Verwandten führt dies zur Erhöhung der anteiligen Haftung des Leistungsfähigen, bei nachrangigen Verwandten zur Haftung des Nächstverpflichteten nach § 1606.
Ein Regress gegen den leistungsunfähigen Verwandten scheidet im Unterschied zu II aus.

C. Ausfallhaftung bei erschwerter Rechtsverfolgung. Eine erschwerte Rechtsverfolgung kommt in Betracht 3
bei Stillstand der Rechtspflege (Palandt/*Diederichsen* § 1607 Rz 11), unbekanntem Aufenthalt (BGH FamRZ 89, 850), Aufenthalt im Ausland bei fehlender inländischer Zuständigkeit oder häufigem Wohnsitzwechsel (AG Alsfeld DAV 74, 519). Durch die Ausfallhaftung findet ein gesetzlicher Forderungsübergang statt.

D. Enkelunterhalt. Scheitert die Inanspruchnahme des Elternteils daran, dass er verstorben ist, die Rechts- 4
verfolgung gegen ihn ausgeschlossen oder erheblich erschwert ist oder an seiner fehlenden Leistungsfähigkeit, haftet zunächst der andere Elternteil auf Barunterhalt. Unerheblich ist, ob er außerdem den Betreuungsunterhalt leistet (BGH FuR 06, 366).

I. Bedarf. Der Bedarf des Kindes richtet sich nach den Einkommens- und Vermögensverhältnissen der Eltern 5
und nicht der in Anspruch genommenen Großeltern (BGH FuR 06, 366).

II. Leistungsfähigkeit. 1. Volljährige Enkelkinder. Bei volljährigen Enkelkindern spricht alles dafür, dass 6
sich der Unterhalt der in Anspruch genommenen Großeltern auf den erhöhten Selbstbehalt berufen darf, der beim Elternunterhalt gilt (BGH FuR 06, 366).

2. Minderjährige Enkelkinder. Bei minderjährigen Enkelkindern wird der Selbstbehalt von den Oberlandes- 7
gerichten uneinheitlich festgelegt. Regelungen dazu finden sich – wenn überhaupt – unter 21.3 nebst einer weiteren Untergliederung. Der BGH legt auch hier den Selbsterhalt ggü Eltern zugrunde (BGH FuR 06, 366; Urt v. 20.12.06 XII ZR 137/04).

8 E. Forderungsübergang beim Kindesunterhalt nach III. Der Forderungsübergang gilt nur für Unterhaltsansprüche von Kindern gegen einen Elternteil und nur unter den Voraussetzungen des II 1, also Schwierigkeiten bei der Rechtsverfolgung.

9 I. Nicht unterhaltspflichtige Verwandte. Dazu gehören alle Verwandte, also auch Geschwister des Kindes, die Geschwistern der Eltern, nach Adoption hinzugewonnene Verwandten sowie Stiefeltern des Kindes.

10 II. Scheinvater. Scheinvater ist jeder Dritte, der dem Kind als Vater Unterhalt geleistet hat, gleichgültig ob die rechtliche Vaterschaft auf der Ehe mit der Mutter, auf Anerkenntnis oder gerichtlicher Feststellung beruht. Bedeutungslos ist ferner, ob er die Umstände kannte, die für die Vaterschaft eines anderen Mannes sprachen (*Henrich* FamRZ 01, 785). Die Höhe des Unterhalts bemisst sich nach der Leistungsfähigkeit des leiblichen Vaters, so dass es auf dessen Einkommens- und Vermögensverhältnisse ankommt (KG FamRZ 00, 441). Der Rückgriffsanspruch umfasst auch besondere Unterhaltsteile wie Prozesskostenvorschuss (BGH FamRZ 68, 78) oder Naturalleistungen (AG Köln FamRZ 91, 735). Erstattungsfähig sind ferner die Kosten eines Vaterschaftsprozesses (BGH FamRZ 72, 37).

11 F. Benachteiligungsverbot. Der Übergang des Unterhaltsanspruchs darf nicht zum Nachteil des unterhaltsberechtigten Kindes geltend gemacht werden. Dies wirkt sich praktisch in der Weise aus, dass die Regressforderung dem Unterhaltsanspruch des Kindes gegen den wirklichen Unterhaltsverpflichteten im Range nachgeht mit der Folge, dass die Regressforderung dessen Leistungsfähigkeit nicht beeinträchtigt (RGZ 126, 181). Dies gilt auch für sonstige Ausgleichsansprüche einschl Bereicherungsansprüchen (KG FamRZ 00, 441).

§ 1608 Haftung des Ehegatten oder Lebenspartners.

(1) ¹Der Ehegatte des Bedürftigen haftet vor dessen Verwandten. ²Soweit jedoch der Ehegatte bei Berücksichtigung seiner sonstigen Verpflichtungen außerstande ist, ohne Gefährdung seines angemessenen Unterhalts den Unterhalt zu gewähren, haften die Verwandten vor dem Ehegatten. ³§ 1607 Abs. 2 und 4 gilt entsprechend. ⁴Der Lebenspartner des Bedürftigen haftet in gleicher Weise wie ein Ehegatte.
(2) – *weggefallen* –

1 A. Haftung der Verwandten. Grds haften der Ehegatte und der Lebenspartner des Unterhaltsberechtigten vor allen Verwandten für dessen Unterhalt. Etwas anderes gilt dann, wenn der Ehegatte leistungsunfähig ist.

2 B. Leistungsunfähigkeit. Der unterhaltspflichtige Ehegatte schuldet Unterhalt nur bis zur Grenze seines eigenen eheangemessenen Unterhaltsbedarfs nach § 1581 analog. Ist er zB wegen Krankheit leistungsunfähig, haften die Verwandten (Hamm 98, 1612). Ein Rückgriffsanspruch besteht in Fällen der Leistungsunfähigkeit nicht.

3 C. Haftungsumfang. Die Verwandten haften allerdings nur im Umfang des Anspruchs auf Ehegattenunterhalt (BGHZ 41, 104).

4 D. Erschwerte Rechtsverfolgung. Haften die Verwandten jedoch nur deswegen, weil der Anspruch gegen den Ehegatten wegen Schwierigkeiten bei der Rechtsverfolgung gem § 1607 II nicht durchgesetzt werden kann, gehen die Unterhaltsansprüche gegen den Ehegatten auf die Verwandten über, I 3 iVm § 1607 II.

§ 1609 Rangverhältnisse mehrerer Bedürftiger.

Sind mehrere Unterhaltsberechtigte vorhanden und ist der Unterhaltspflichtige außerstande, allen Unterhalt zu gewähren, gilt folgende Rangfolge:
1. minderjährige unverheiratete Kinder und Kinder im Sinne des § 1603 Abs. 2 S. 2,
2. Elternteile, die wegen der Betreuung eines Kinder unterhaltsberechtigt sind oder im Fall einer Scheidung wären, sowie Ehegatten und geschiedene Ehegatten bei einer Ehe von langer Dauer, bei der Feststellung einer Ehe von langer Dauer sind auch Nachteile im Sinne des § 1578 b Abs. 1 S. 2 und 3 zu berücksichtigen,
3. Ehegatten und geschiedene Ehegatten, die nicht unter Nummer 2 fallen,
4. Kinder, die nicht unter Nummer 1 fallen,
5. Enkelkinder und weitere Abkömmlinge,
6. Eltern,
7. weitere Verwandte der aufsteigenden Linie; unter ihnen gehen die Näheren den Entfernteren vor.

1 A. Allgemeines. Rangfragen treten insb auf, wenn der barunterhaltspflichtige Elternteil Minderjährigen- und Ehegattenunterhalt schuldet und nicht in der Lage ist, sämtliche Unterhaltsansprüche zu erfüllen. Der *Nachrang eines Unterhaltsberechtigten* kommt erst dann zu tragen, wenn die Einkünfte des Unterhaltspflichtigen nicht ausreichen, den angemessenen Unterhalt aller Berechtigten und seinen eigenen Bedarf sicherzustellen. Es sind also zunächst immer die Unterhaltsansprüche zu berechnen, bevor die Rangverhältnisse geprüft werden.

B. Rangstufen. Minderjährige unverheiratete und privilegierte volljährige Kinder gem § 1603 II 3 sind nunmehr ggü Ehegatten vorrangig. Dies bedeutet, dass das Einkommen des Unterhaltsverpflichteten zunächst um die Kindesunterhalte zu bereinigen ist. Soweit das dann noch verfügbare Einkommen den ggü dem Ehegatten oder dem Anspruch aus § 1615 l geltenden Selbstbehalt, der in beiden Fällen identisch ist, übersteigt, sind die Unterhaltsberechtigten auf dem zweiten Rang zu befriedigen. Auf dem zweiten Rang befinden sich zunächst die Ehegatten, die wegen der Betreuung eines Kindes unterhaltsberechtigt sind oder im Falle einer Scheidung gewähren. Damit sind die mit dem Unterhaltsverpflichteten zusammen lebenden Ehegatten gemeint. Hier ist hypothetisch zu prüfen, ob diese im Falle einer Scheidung wegen Betreuung eines Kindes unterhaltsberechtigt wären. Voraussetzung ist also, dass der Ehegatte tatsächlich einen Anspruch auf Betreuungsunterhalt gem § 1570 hat. Soweit er einer vollschichtigen Erwerbstätigkeit nachgeht und darüber hinaus unterhaltsberechtigt ist, handelt es sich ausschließlich um Aufstockungsunterhalt nach § 1573 II, so dass dieser Ehegatte auf dem dritten Rang steht. Gleiches gilt auch, wenn der Ehegatten den vollen Unterhalt erhält, weil es ihm trotz ausreichender Erwerbsbemühungen nicht gelungen ist, eine Arbeitsstelle zu finden. In diesem Falle beruht der Unterhaltsanspruch auf § 1573 I und ebenfalls nicht auf § 1570. Ist der Ehegatte allerdings sowohl nach § 1570 als auch nach § 1573 II unterhaltsberechtigt, stützt sich also der Unterhaltsanspruch auf gemischten Anspruchsgrundlagen, ändert sich an der zweiten Rangstelle des Ehegatten nichts, weil er wegen der Betreuung eines Kindes unterhaltsberechtigt ist. Da es in dem Gesetzeswortlaut nicht „soweit" heißt, ist ausreichend, wenn ein Teil des Unterhalts auf § 1570 beruht.
Auf der zweiten Rangstufe stehen ferner Ehegatten bei einer Ehe von langer Dauer. Bei der Beurteilung der Ehedauer sind die Nachteile iSd § 1578 b I 2 und 3 zu berücksichtigen. Hat der Ehegatte ehebedingte Nachteile erlitten (vgl. dazu § 1578 b Rn 3), sind andere Maßstäbe anzulegen, als wenn ehebedingte Nachteile nicht gegeben sind. Bei der Frage, der Ehedauer wird insb im Hinblick auf die BGH-Rechtsprechung (vgl. § 1578 b Rn 4) auch das Alter des unterhaltsberechtigten Ehegatten zu berücksichtigen sein. Der BGH (FuR 08, 542) hat eine lange Ehe (28 Jahre im entschiedenen Fall) abgelehnt, weil ehebedingte Nachteile nicht gegeben waren. Letztlich wird man sagen können, dass immer dann, wenn eine Unterhaltsbegrenzung in Betracht kommt, nicht von einer Ehe von langer Dauer auszugehen sein dürfte. Ist der bedürftige Ehegatte mit dem Unterhaltsverpflichteten verheiratet, besteht die Möglichkeit, dass die Ehe durch ihre Fortdauer zu einer Ehe von langer Dauer wird. Es ist also möglich, in den zweiten Rang „hineinzuwachsen". Ebenso ist es möglich, dass der Ehegatte mit Wegfall des Betreuungsunterhalts aus der zweiten Rangstufe herausfällt.
Die zweite Rangstufe gilt ferner für Elternteile, die wegen Betreuung eines Kindes nach § 1615 l unterhaltsberechtigt sind.
Auf der dritten Rangstelle stehen die Ehegatten, die nicht unter Nr 2 fallen. Dazu gehören also die Ehegatten, die wegen Betreuung eines Kindes nicht unterhaltsberechtigt sind und deren Ehe auch nicht von langer Dauer war. Die Frage ist, ob diese Bestimmung verfassungsgemäß ist. Da die Ehe gem Art 6 GG unter dem besonderen Schutz des Staates steht, dürfte es problematisch sein, dass die finanzielle Grundlage einer Ehe durch einen Unterhaltsanspruch nach § 1615 l wegen der Vorrangigkeit zerstört werden kann. Geht aus einem Ehebruch ein Kind hervor und ist die Ehe der Unterhaltsverpflichteten nicht von langer Dauer und kinderlos, würde der Anspruch nach § 1615 l dem Anspruch der mit dem Unterhaltspflichtigen verheirateten Ehefrau im Rang vorgehen, so dass für die Ehe bei Einkünften des Pflichtigen von etwa 2.000 € nur noch die Hälfte des Einkommens zur Verfügung stände.
An vierter Rangstelle stehen die nicht privilegierten volljährigen Kinder. Es folgen die Enkelkinder, Eltern und sonstige Verwandte.

C. Mangelfall. Ein Mangelfall ist gegeben, wenn das Einkommen des Unterhaltspflichtigen unter Wahrung seines eigenen Selbstbehalts nicht ausreicht, den Bedarf aller Unterhaltsberechtigten in vollem Umfang sicherzustellen.

I. Auswirkungen der Rangverhältnisse. Zunächst sind die Ansprüche der vorrangig Berechtigten auf den vollen angemessenen Unterhalt sicherzustellen. Nachrangige Unterhaltsberechtigte sind erst dann zu befriedigen, wenn auch unter Berücksichtigung des eigenen Selbstbehalts des Pflichtigen noch Mittel für Unterhaltszwecke zur Verfügung stehen (BGH FamRZ 84, 683). Auch eine nachrangige Unterhaltsverpflichtung prägt die ehelichen Lebensverhältnisse. Der Nachrang wirkt sich erst dann aus, wenn der Mindestbedarf des vorrangigen Ehegatten unterschritten wird (BGH FamRZ 03, 363). Das bedeutet, dass auch ein nachrangiger geschiedener Ehegatte bei der Beurteilung der Lebensverhältnisse der 2. Ehe berücksichtigt werden muss, wenn der Mindestbedarf des 2. Ehegatten, der in den Leitlinien neu zu regeln ist, gewahrt bleibt (BGH FuR 08, 542). Danach soll sogar die Unterhaltspflicht ggü einem nachrangigen zweiten Ehegatten die Lebensverhältnisse der geschiedenen Ehe prägen.

II. Mangelfallberechnung. Bei der Mangelfallberechnung gleichrangiger Unterhaltsberechtigter ist zunächst von dem für Unterhaltszwecke zur Verfügung stehenden Einkommen des Unterhaltspflichtigen sein notwendiger oder angemessener Selbstbehalt abzuziehen. Dabei handelt es sich um die Verteilungsmasse. Zu ermitteln sind außerdem die Einsatzbeträge. Dies sind bei minderjährigen Kindern die Zahlbeträge, die sich aus dem Mindestunterhalt nach Abzug des halben Kindergeldes ergeben. Bei volljährigen Kindern ist von dem

Mindestunterhalt das volle Kindergeld abzuziehen. Anschließend ist die Summe der Einsatzbeträge zu ermitteln und die Mangelfallberechnung nach folgender Formel durchzuführen:
Einsatzbetrag × Verteilungsmasse: Summe der Einsatzbeträge.
Möglich ist nunmehr auch eine Mangelfallberechnung auf der 2. Rangstelle zwischen gleichrangigen Ehegatten oder einem Ehegatten und einem Berechtigten nach § 1615 l. Da die ehelichen Lebensverhältnisse der beiden Ehen identisch sein dürften, wird das nach Abzug des Selbstbehalts verbleibende Einkommen des Pflichtigen auf die Eheleute zu verteilen sein, wobei bei dem mit dem Pflichtigen zusammenlebenden Ehegatten die Vorteile des Zusammenlebens zu berücksichtigen sind. Bei Zusammentreffen von Ehegattenunterhalt und einem Anspruch nach § 1615l ist der jeweilige Bedarf zu ermitteln. Ist der Bedarf der nicht verheirateten Mutter höher, ist zu berücksichtigen, dass sie nicht mehr als die Ehefrau erhalten darf (BGH FamRZ 05, 442).

§ 1610 Maß des Unterhalts. (1) **Das Maß des zu gewährenden Unterhalts bestimmt sich nach der Lebensstellung des Bedürftigen (angemessener Unterhalt).**
(2) **Der Unterhalt umfasst den gesamten Lebensbedarf einschließlich der Kosten einer angemessenen Vorbildung zu einem Beruf, bei einer der Erziehung bedürftigen Person auch die Kosten der Erziehung.**

1 **A. Unterhalt nach der Lebensstellung.** Bei der Beurteilung der Lebensstellung des Bedürftigen ist zu berücksichtigen, dass minderjährige und volljährige Kinder, die sich noch in der Ausbildung befinden, keine wirtschaftliche Selbständigkeit erlangt haben. Aus diesem Grunde leiten sie ihre Lebensstellung von ihren Eltern ab, solange sie noch auf die von diesen zur Verfügung gestellten Mittel angewiesen sind. Deswegen kommt es va auf die Einkommens- und Vermögensverhältnisse der Eltern an (BGH FamRZ 96, 160). Maßgeblich für den Unterhalt ist insoweit die Düsseldorfer Tabelle (vgl Vorbem zu § 1601 ff).

2 **I. Volljährige Kinder.** Bei volljährigen Kindern gelten die vorhergehenden Grundsätze entspr. Zu unterscheiden ist, ob der Volljährige im Haushalt eines Elternteils wohnt oder einen eigenen Haushalt unterhält. Die Bedarfssätze ergeben sich entweder aus der 4. Altersstufe der Düsseldorfer Tabelle oder dem festen Bedarfssatz gem Anm Nr 7 der Düsseldorfer Tabelle. In den Leitlinien finden sich entspr Regelungen unter 13.1. Lebt der Volljährige im Haushalt eines Elternteils und entstehen wegen der Entfernung zum Studienort erhebliche Fahrtkosten, kann ein Umzug erforderlich sein, um den bedarf entsprechend zu senken (BGH FuR 09,411).

3 **II. Kind mit eigener Lebensstellung.** Hat das Kind aufgrund längerer Ausübung einer beruflichen Tätigkeit eine eigene Lebensstellung erlangt und wird es dann unterhaltsbedürftig, erscheint es angemessen, ihm das Existenzminimum als Bedarf zuzubilligen, das in den Selbstbehaltsätzen zum Ausdruck kommt (Bambg FamRZ 94, 255).

4 **III. Bedarf der Eltern.** Beim Elternunterhalt entspricht der Bedarf ebenfalls dem Existenzminimum, das in den Selbstbehaltssätzen zum Ausdruck kommt (BGH FamRZ 02, 1698).

5 **IV. Bedarf beim Enkelunterhalt.** Wegen des Bedarfs beim Enkelunterhalt s. § 1607 Rn 5.

6 **B. Gesamter Lebensbedarf.** Der Elementarbedarf umfasst den Bedarf des täglichen Lebens, nicht aber Schulden und auch keine eigenen Unterhaltslasten des Unterhaltsgläubigers. Dazu gehören insb Aufwendungen für Unterkunft, Verpflegung, Reinigung, Kleidung, Ferien und Hausrat (BGH FamRZ 84, 769), aber auch Spielzeug (BVerwG NJW 93, 1218) sowie zur Pflege geistiger und körperlicher Interessen (BGH FamRZ 83, 473). Dazu gehört auch ein Taschengeld (Schleswig FuR 98, 178). Von den Unterhaltssätzen der Düsseldorfer Tabelle nicht erfasst werden der Mehrbedarf und der Sonderbedarf. Auch Kranken- und Pflegeversicherungsbeiträge sind in den Tabellensätzen der Düsseldorfer Tabelle nicht enthalten.

7 **C. Ausbildungsunterhalt. I. Erstausbildung.** Kinder haben grds nur Anspruch auf eine Ausbildung, nicht auf mehrere. Haben Eltern ihrem Kind eine den Begabungen und Fähigkeiten sowie dem Leistungswillen entspr Ausbildung finanziert, haben sie ihre Unterhaltsverpflichtung erfüllt und müssen dem Kind nicht noch eine weitere ermöglichen (BGH FamRZ 01, 1601; 93, 1057). Zur Erstausbildung gehört auch ein Studium nach praktischer Ausbildung und Abitur, wenn ein sachlicher und zeitlicher Zusammenhang gegeben ist (vgl dazu iE BGH FamRZ 93, 1057; 89, 853; 01, 1601; 95, 416). Demggü liegt in den Fällen Realschule – Lehre – Fachoberschule – Studium im Regelfall eine Zweitausbildung vor, wenn das Kind nicht von vornherein beabsichtigt hatte, nach der Lehre die Fachoberschule zu besuchen und anschließend zu studieren, wobei der Entschluss zu studieren erst während der praktischen Ausbildung gefasst werden muss (BGH FamRZ 91, 320) oder die Eltern mit einem derartigen beruflichen Werdegang des Kindes aufgrund besonderer Anhaltspunkte rechnen mussten (BGH FamRZ 00, 420; Kobl FamRZ 01, 852; BGH FuR 06, 361: Ausreichend ist, wenn die Begabung des Kindes nicht richtig eingeschränkt wurde, wobei Verzögerungen unerheblich sind, die auf einem leichten Versagen des Kindes beruhen – hier: Realschule – Maurerlehre – Fachoberschule – Abitur – Ausbildung Polizeidienst – Prüfungsversagen – Studium der Architektur). Eine Zweitausbildung

wird allerdings dann geschuldet, wenn aus beruflichen Gründen ein Berufswechsel erforderlich ist (BGH FamRZ 95, 416), der zunächst erlernte Beruf entgegen objektiver Vorhersehbarkeit keine ausreichende Lebensgrundlage bietet (BGH FamRZ 95, 416), Eltern die Begabungen des Kindes falsch eingeschätzt haben (BGH FamRZ 95, 416; 93, 1057), das Kind gegen seinen Willen in einen seiner Begabung nicht entspr Beruf gedrängt worden ist (BFG FamRZ 89, 853), die Zweitausbildung auf einer intellektuellen Spätentwicklung beruht (BFG FamRZ 00, 420), das Kind unter dem Eindruck von Trennung und Scheidung keinen gefestigten Berufswunsch bilden konnte (Düsseldorf FamRZ 94, 1546) oder die begonnene falsche Ausbildung auf Bitten der Eltern beendet wird und das Kind dann eine seinen Neigungen und Fähigkeiten entspr Ausbildung aufnimmt (BGH FamRZ 91, 931).

II. Angemessenheit. Als angemessen ist eine Berufsausbildung zu verstehen, die der Begabung und den Fähigkeiten, dem Leistungswillen und den beachtenswerten Neigungen des Kindes am besten entspricht, ohne dass es insoweit auf Beruf und gesellschaftliche Stellung der Eltern ankommt, und die sich hinsichtlich ihrer Finanzierung in den Grenzen der wirtschaftlichen Leistungsfähigkeit der Eltern hält (BGH FamRZ 01, 1601; 93, 1057). 8

III. Ausbildungsdauer. Das Kind hat die Obliegenheit, die Ausbildung mit Fleiß und der gebotenen Zielstrebigkeit in angemessener und üblicher Zeit zu beenden (BGH FamRZ 98, 671; Hamm FamRZ 00, 886; Köln FamRZ 00, 1162). Verzögerungen, die auf einem vorübergehend leichten Versagen des Kindes zurückzuführen sind, müssen hingenommen werden (BGH FamRZ 90, 149). 9

IV. Ausbildungsbeginn. Die Ausbildung muss nach Abgang von der Schule in einer angemessenen Orientierungsphase aufgenommen werden (BGH FamRZ 98, 671). Bei der Orientierungsphase sind auch Alter, Entwicklungsstand und die gesamten Lebensumstände des Kindes zu berücksichtigen (BGH FamRZ 01, 1601). 10

V. Ausbildungsumfang. Die praktische Ausbildung ist mit der Gesellen-, Gehilfen- oder Facharbeiterprüfung abgeschlossen. Die Fortbildung zum Meister unterfällt nicht mehr der angemessenen Erstausbildung (Stuttg FamRZ 96, 1435). 11

VI. Studium. Das Studium ist mit Fleiß und Zielstrebigkeit zu betreiben, damit es innerhalb angemessener und üblicher Dauer beendet werden kann (BGH FamRZ 92, 1064). Innerhalb dieses Rahmens darf das Kind auch den Studienort wechseln. Der Ortswechsel muss aber der Ausbildung dienen. Entsteht durch den Ortswechsel erhöhter Unterhaltsbedarf des Kindes, kommt es darauf an, ob sich die Finanzierung in den Grenzen der wirtschaftlichen Leistungsfähigkeit der Eltern hält (BGH FamRZ 92, 1064). Nach diesen Grundsätzen ist auch ein Auslandsstudium zu beurteilen (Hamm 03, 1409). Die Studiendauer bemisst sich vom Beginn des Studiums bis zum Regelabschluss. Einen Anhaltspunkt bietet die Höchstförderungsdauer nach § 15a BAföG (Hamm FamRZ 99, 387; 00, 886). Verzögerungen sind unschädlich, wenn sie auf Krankheit (Hamm FamRZ 90, 904), leichtem Prüfungsversagen (Karlsruhe FamRZ 94, 2362), einem Auslandsstudium (Hamm FamRZ 03, 1409) berühren oder durch Erwerbstätigkeit des Studenten gegeben sind, soweit Eltern ihrer Unterhaltsverpflichtung nicht nachgekommen sind (Hamm FamRZ 97, 1497). Wird die Wartezeit bis zur Zulassung zum gewünschten Studienfach mit einem anderen Studiengang belegt, sind die Eltern nicht gehalten, dieses nicht berufsbezogene Parkstudium zu finanzieren (Kobl FamRZ 91, 108; Frankfurt FamRZ 90, 789). Ein Studienwechsel ist iRd anfänglichen Orientierung möglich. Diese kann sich äußerstenfalls auf die ersten drei Semester erstrecken (BGH FamRZ 87, 470; Celle FamRZ 02, 1645). 12

VII. Kontrollrechte. Den unterhaltspflichtigen Eltern stehen gem § 242 Kontrollrechte über den Ausbildungsverlauf des volljährigen Kindes zu. Sie sind berechtigt, die Vorlage von Zeugnissen über Zwischenprüfungen etc zu verlangen (BGH FamRZ 87, 470). 13

§ 1610a Deckungsvermutung bei schadensbedingten Mehraufwendungen.
Werden für Aufwendungen infolge eines Körper- oder Gesundheitsschadens Sozialleistungen in Anspruch genommen, wird bei der Feststellung eines Unterhaltsanspruchs vermutet, dass die Kosten der Aufwendungen nicht geringer sind als die Höhe dieser Sozialleistungen.

A. Sozialleistungen. Als Sozialleistungen iSd Vorschrift sind anerkannt worden 1
- Leistungen nach dem Bundesversorgungsgesetz
- Blindengeld
- Grundrente § 31 BVG
- Schwerbeschädigtenzulage § 31 BVG
- Pflegezulage § 35 BVG
- Kleiderzulagen und Wäschezuschuss §§ 35, 15 BVG
- Sonstige Zulagen nach §§ 14, 31 V, 35 BVG
- Orthopädische Mittel, Badekuren §§ 11, 13, 16 ff, 18 BVG
- Berufsschadensausgleichsrenten § 30 BVG

- Ausgleichsrente § 32 BVG
- Pflegegeld nach § 37 SGB XI
- Leistungen nach §§ 80 SVG, 50 Zivildienstversorgungsgesetz, 59 Bundesgrenzschutzgesetz, 4, 5 HHG, 52 Bundesseuchengesetz, 31 Schwerbehindertengesetz

Keine Sozialleistungen sind Krankengeld, Krankentagegeld und Krankenhaustagegeld (Bremen FamRZ 91, 86)
- Erziehungsgeld, hier ist § 9 1 BerzGG zu beachten
- Renten aus der gesetzlichen Unfallversicherung (BGH FamRZ 82, 252)
- Erwerbsunfähigkeitsrente nach § 44 SGB VI

2 B. Darlegungs- und Beweislast. Zugunsten der Berechtigten wird vermutet, dass die schädigungsbedingten Aufwendungen nicht geringer sind als die entspr Zuwendung durch die Sozialleistung und dass sie tatsächlich zur Deckung des schadensbedingten Mehrbedarfs aufgewendet wird (Hamm FamRZ 91, 1199). Derjenige, der sich auf die Anrechnung der Rente beruft, hat deren Einkommensfunktion zu beweisen.

3 C. Ehegattenunterhalt. Die Vorschrift gilt entspr für den Trennungs- und nachehelichen Unterhalt gem §§ 1361 I 1 Hs 2 und 1578a, sowie für die eingetragene Lebenspartnerschaft nach § 12 III 2 LPartG.

§ 1611 Beschränkung oder Wegfall der Verpflichtung.
(1) ¹Ist der Unterhaltsberechtigte durch sein sittliches Verschulden bedürftig geworden, hat er seine eigene Unterhaltspflicht gegenüber dem Unterhaltspflichtigen gröblich vernachlässigt oder sich vorsätzlich einer schweren Verfehlung gegen den Unterhaltspflichtigen oder einen nahen Angehörigen des Unterhaltspflichtigen schuldig gemacht, so braucht der Verpflichtete nur einen Beitrag zum Unterhalt in der Höhe zu leisten, die der Billigkeit entspricht. ²Die Verpflichtung fällt ganz weg, wenn die Inanspruchnahme des Verpflichteten grob unbillig wäre.
(2) Die Vorschriften des Absatzes 1 sind auf die Unterhaltspflicht von Eltern gegenüber ihren minderjährigen unverheirateten Kindern nicht anzuwenden.
(3) Der Bedürftige kann wegen einer nach diesen Vorschriften eintretenden Beschränkung seines Anspruchs nicht andere Unterhaltspflichtige in Anspruch nehmen.

1 A. Anwendungsbereich. Die Vorschrift findet Anwendung auf Unterhaltsansprüche aller Verwandter mit Ausn minderjähriger Kinder. Sie gilt insb auch für die privilegierten volljährigen Kinder. Abzustellen ist dabei auf die die Verwirkung rechtfertigende Handlung. Handlungen eines Minderjährigen können ihn auch nach Eintritt der Volljährigkeit nicht zugerechnet werden, wenn er noch unterhaltsbedürftig ist.

2 B. Bedürftigkeit durch sittliches Verschulden. Hat der Unterhaltsberechtigte seine Bedürftigkeit ganz oder teilweise selbst herbeigeführt, hängt die Verwirkung davon ab, ob sittliches Verschulden gegeben ist. Hierbei handelt es sich um Vorwerfbarkeit von erheblichem Gewicht (BGH FamRZ 85, 273). Dies kann insb bei Rauschgift- und/oder Alkoholsucht gegeben sein (Celle FamRZ 90, 1142). Ist die Sucht jedoch als Krankheit anzusehen, kommt die Verwirkung nur in Betracht, wenn sich weigert, sich einer Therapiemaßnahme zu unterziehen (Wendl/Staudigl/*Scholz* § 2 Rz 84). Wenn zwischen Lebenswandel und Bedürftigkeit kein Zusammenhang besteht, liegt sittliches Verschulden nicht vor (Köln FamRZ 90, 310).

3 C. Grobe Vernachlässigung der eigenen Unterhaltsverpflichtung ggü dem Unterhaltspflichtigen. Dieser Tatbestand ist gegeben, wenn der nunmehr Bedürftige ggü dem jetzt Unterhaltspflichtigen in der Vergangenheit seinerseits unterhaltspflichtig war und sich dieser Unterhaltsverpflichtung entzogen hat. Dieser Verwirkungsunterhalt hat praktisch nur beim Elternunterhalt Relevanz. Eine Vernachlässigung muss sich nicht auf den Barunterhalt beschränken, sondern kann sich auch auf den Betreuungsunterhalt beziehen (BGH FamRZ 04, 1559).

4 D. Schwere Verfehlung gegen den Unterhaltspflichtigen oder einen nahen Angehörigen. Erforderlich ist ein schwerer Schuldvorwurf (BGH FamRZ 95, 475). Dies kommt in Betracht bei tief greifenden Kränkungen, die einen groben Mangel an verwandtschaftlicher Gesinnung und menschlicher Rücksichtnahme erkennen lassen, zB bei tätlichen Angriffen, Bedrohungen, wiederholten groben Beleidigungen oder Denunziationen zum Zwecke der beruflichen oder wirtschaftlichen Schädigung des Unterhaltspflichtigen (Celle FamRZ 93, 1235; München FamRZ 92, 597). Auch das Verschweigen von anzurechnenden Einkünften kann ebenso ausreichen wie die Ablehnung jeder persönlichen Kontaktaufnahme, wenn sie begleitet wird von besonders beleidigendem oder verletzendem Verhalten des Unterhaltsberechtigten (BGH FamRZ 95, 475). In diesem Zusammenhang ist auch zu berücksichtigen, ob der Unterhaltsverpflichtete dem Volljährigen als Kind die notwendige Zuwendung versagt oder sich schwerer Verfehlungen ggü dem anderen Elternteil schuldig gemacht hat (München FamRZ 92, 595; aaO Bamberg FamRZ 92, 717).

5 E. Verschulden. Verwirkung kommt nur bei Verschulden in Betracht (BGH FamRZ 04, 1097).

F. Billigkeitserwägungen. Ein völliger Wegfall der Unterhaltsverpflichtung kommt gem I 2 nur dann in 6
Betracht, wenn die Inanspruchnahme des Pflichtigen grob unbillig wäre. Das setzt ein erhebliches sittenwidriges Verschulden oder eine so schwer wiegende Verfehlung voraus, dass selbst die Zahlung eines geringfügigen Unterhalts der Gerechtigkeit in unerträglicher Weise widersprechen würde (Göppinger/Wax/*Stöckle* Rz 1501). Abzuwägen sind insb die Schwere der Verfehlung, die wirtschaftliche Lage des Unterhaltsverpflichteten sowie eigene Verfehlungen des Unterhaltsverpflichteten zB in der Erziehung (BGH FamRZ 95, 475).

G. Wiederaufleben der Unterhaltsverpflichtung. Die weggefallene Unterhaltsverpflichtung kann wieder 7
aufleben, wenn die Voraussetzungen der Unterhaltsbeschränkung entfallen sind. Das Unterhaltsrechtsverhältnis besteht trotz der Verwirkung fort. Ein Wiederaufleben kann gegeben sein bei Alkoholsucht, wenn diese erfolgreich bekämpft wird und die Bedürftigkeit später nicht mehr im Zusammenhang damit steht (Göppinger/Wax/*Stöckle* Rz 1504).

§ 1612 Art der Unterhaltsgewährung.

(1) ¹Der Unterhalt ist durch Entrichtung einer Geldrente zu gewähren. ²Der Verpflichtete kann verlangen, dass ihm die Gewährung des Unterhalts in anderer Art gestattet wird, wenn besondere Gründe es rechtfertigen.
(2) ¹Haben Eltern einem unverheirateten Kind Unterhalt zu gewähren, können sie bestimmen, in welcher Art und für welche Zeit im Voraus der Unterhalt gewährt werden soll, sofern auf die Belange des Kindes die gebotene Rücksicht genommen wird. ²Ist das Kind minderjährig, so kann ein Elternteil, dem die Sorge für die Person des Kindes nicht zusteht, eine Bestimmung nur für die Zeit treffen, in der das Kind in seinen Haushalt aufgenommen ist.
(3) ¹Eine Geldrente ist monatlich im Voraus zu zahlen. ²Der Verpflichtete schuldet den vollen Monatsbetrag auch dann, wenn der Berechtigte im Laufe des Monats stirbt.

A. Zahlung einer Geldrente. Der Unterhalt ist regelmäßig auf die Zahlung eines bestimmten monatlichen 1
Geldbetrages gerichtet, sog Barunterhalt. Er ist damit eine Geldschuld.

B. Zahlungsweise. Der Unterhalt ist gem III für den gesamten Monat im Voraus zu entrichten. Es handelt 2
sich um eine Schickschuld, so dass die rechtzeitige Absendung des Geldes ausreicht (Köln FamRZ 90, 1243). Üblich sind Regelungen, bis wann der Unterhalt auf dem Konto des Unterhaltsberechtigten eingehen muss.

C. Anderweitige Leistung. Im Einverständnis der Parteien können Geldleistungen in Naturalleistungen 3
ersetzt werden. Nimmt der Gläubiger solche ohne Widerspruch entgegen, muss er diese auf den Barunterhalt anrechnen lassen. Ansonsten ist eine andere Art der Unterhaltsgewährung nur bei besonderen Gründen möglich. Hier kommen insb schutzwürdige Interessen des Unterhaltsverpflichteten in Betracht.

D. Unterhaltsbestimmungsrecht. I. Inhalt des Bestimmungsrechts. Die Unterhaltsbestimmung ist muss 4
den gesamten Lebensbedarf des Kindes erfassen. Denkbar sind sowohl Natural- als auch Barunterhaltsleistungen (BGH FamRZ 85, 584). Es darf jedoch nichts ausgelassen werden (BGH FamRZ 93, 417).

II. Rechtsnatur des Bestimmungsrechts. Das Bestimmungsrecht ist ein Gestaltungsrecht. Es wird durch 5
eine empfangsbedürftige Willenserklärung ausgeübt (BGH FamRZ 83, 369). Eine besondere Form ist ebenso wenig wie eine ausdrückliche Erklärung erforderlich (BGH FamRZ 83, 369).

III. Betroffene Kinder. Das Bestimmungsrecht gilt nur ggü Kindern, die nicht verheiratet sind oder verheiratet waren (Köln, FamRZ 83, 643). 6

IV. Bestimmungsberechtigte. 1. Volljährige Kinder. Das Bestimmungsrecht steht jedem Elternteil zu, der 7
von den volljährigen Kindern auf Unterhalt in Anspruch genommen wird (BGH FamRZ 93, 322). Im Falle der Trennung oder Scheidung ist jeder Elternteil zur Ausübung des Bestimmungsrechts befugt (BGH FamRZ 88, 831; 93, 322; aA Karlsruhe FamRZ 82, 821; Köln FamRZ 82, 838). Bei gegenläufigen Unterhaltsbestimmungen ist die Interessenlage der Eltern zu berücksichtigen. Werden schutzwürdige Interessen eines Elternteils berührt, ist die Bestimmung des anderen unwirksam (BGH FamRZ 88, 831). Sind beide Bestimmungen wirksam, hat das volljährige Kind die Entscheidung, welcher Bestimmung es folgt (Göppinger/Wax/*Kodal* Rz 151). Mit der Befolgung eines Bestimmungsrechts erlischt der Barunterhaltsanspruch des anderen Elternteils. Befolgt das Kind eine wirksame Unterhaltsbestimmung nicht, kann es keinen Barunterhalt von einem der Elternteile verlangen (Wendl/Staudigl/*Scholz* § 2 Rz 33).

2. Minderjährige Kinder. Bei minderjährigen Kindern ist gem II 3 auf das Sorgerecht abzustellen. Hat der 8
andere Elternteil das Kind in seinem Haushalt aufgenommen, wird er für diesen Zeitraum wie ein Sorgeberechtigter behandelt. Fallen Teilsorgerecht und Aufenthaltsbestimmungsrecht auseinander, ist letzteres maßgebend (Köln NJW 98, 320).

V. Wirksamkeitsvoraussetzungen. Unwirksam sind Unterhaltsbestimmungen, wenn auf die Belange des 9
Kindes nicht die gebotene Rücksicht genommen worden ist, sie einer Regelung der Eltern, die einem Vergleich, möglicherweise auch während der Minderjährigkeit getroffen wurde, entgegenstehen (BGH FamRZ

83, 892), die nicht den gesamten Lebensbedarf abdecken, Belange des anderen Elternteils missachten, rechtlich undurchführbar sind, zB entgegen die Aufenthaltsbestimmung eines Betreuers (BGH FamRZ 85, 917), tatsächlich undurchführbar sind, zB große Entfernung vom Studienort (BGH FamRZ 96, 798) oder offensichtlicher Missbrauch besteht (BGH FamRZ 85, 584; Frankfurt FamRZ 01, 116).

10 **VI. Bestimmungsänderung durch das Familiengericht.** Eine Bestimmungsänderung ist nicht mehr vorgesehen. Es geht nur noch darum, ob die Bestimmung der Eltern wirksam oder unwirksam ist. Für die Berücksichtigung der Belange des Kindes wird jedoch auf die früheren Erwägungen abzustellen sein, die eine Änderung des Bestimmungsrechts ermöglichen. Dazu müssen besondere Gründe gegeben sein, die in einer tief greifenden Entfremdung (Köln FamRZ 96, 963; Celle FamRZ 97, 968; KG FamRZ 90, 791; Brandbg FuR 06, 314) oder einer einschneidenden Veränderung der Lebenssituation (Göppinger/Wax/*Kodal* Rz 178) liegen können. Nicht ausreichend sind Bedürfnis nach Selbständigkeit (Hambg FamRZ 83, 643; Hamm FamRZ 90, 404), Spannungen im Elternhaus die mit gutem Willen auf beiden Seiten behoben werden können (Göppinger/Wax/*Kodal* Rz 176) oder verlangte Mitarbeit im Haushalt (LG Düsseldorf FamRZ 85, 517).

11 **VII. Rechtsfolgen der Bestimmung. 1. Geltendmachung im Unterhaltsprozess.** Das Kind muss den Einwand der Nichtigkeit des Bestimmungsrechts im Unterhaltsprozess geltend machen. Ein gesondertes Verfahren für die Überprüfung ist nicht mehr vorgesehen.

12 **2. Bestimmung durch die Eltern.** Haben Eltern bzw Elternteile das Bestimmungsrecht wirksam ausgeübt, hat das Kind keinen Anspruch auf Barunterhalt (BGH FamRZ 81, 250). Es muss also den Naturalunterhalt annehmen. Auch ein Anspruch auf Teilunterhalt scheidet aus (aA Göppinger/Wax/*Kodal* Rz 182). Unterhaltsklage ist dann abzuweisen. Ist die Bestimmung unwirksam, wird dem Unterhaltsantrag, soweit die anspruchsbegründenden Voraussetzungen im übrigen gegeben sind, stattgegeben.

§ 1612a Mindestunterhalt minderjähriger Kinder.

(1) Ein minderjähriges Kind kann von einem Elternteil, mit dem es nicht in einem Haushalt lebt, den Unterhalt als Prozentsatz des jeweiligen Mindestunterhalts verlangen. Der Mindestunterhalt richtet sich nach dem doppelten Freibetrag für das sächliche Existenzminimum eines Kindes (Kinderfreibetrag) nach § 32 Abs. 6 S. 1 des Einkommensteuergesetzes. Er beträgt monatlich entsprechend dem Alter des Kindes
1. für die Zeit bis zur Vollendung des sechsten Lebensjahrs (erste Altersstufe) 87 Prozent,
2. für die Zeit vom siebten bis zur Vollendung des zwölften Lebensjahrs (zweite Altersstufe) 100 Prozent und
3. für die Zeit vom 13. Lebensjahr an (dritte Altersstufe) 117 Prozent
eines Zwölftels des doppelten Kinderfreibetrags.
(2) Der Prozentsatz ist auf eine Dezimalstelle zu begrenzen; jede weitere sich ergebende Dezimalstelle wird nicht berücksichtigt. Der sich bei der Berechnung des Unterhalts ergebende Betrag ist auf volle Euro aufzurunden.
(3) Der Unterhalt einer höheren Altersstufe ist ab dem Beginn des Monats maßgebend, in dem das Kind das betreffende Lebensjahr vollendet.

1 **A. Anwendungsbereich.** Erfasst werden minderjährige Kinder. Allerdings kann aus einem Titel auf Mindestunterhalt auch nach Erreichen der Volljährigkeit vollstreckt werden, § 798a ZPO.

2 **B. Mindestunterhalt.** Der Mindestunterhalt wird dem Kinderfreibetrag nach § 32 VI 1 EStG entnommen, der verdoppelt wird. Damit ist das Existenzminimum des Kindes sicher gestellt. Es ist davon auszugehen, dass der steuerliche Kinderfreibetrag, der auf dem sachlichen Existenzminimum beruht, jeweils angepasst wird, wenn das Existenzminimum nach den alle zwei Jahre erscheinenden Existenzminimumsberichten der Bundesregierung angepasst wird. Da der Steuergesetzgeber den Betrag, der im Existenzminimumbericht als sächliche Existenzminimum von Kindern ausgewiesen ist, halbiert, war dieser zu verdoppeln, da die Summe der beiden Eltern gewährten Kinderfreibeträge, also eine Verdoppelung, das volle sächliche Existenzminimum des Kindes darstellt, § 32 VI 2 EStG. Da die Höhe des Existenzminimums von Kindern für alle Altersstufen im ganzen Bundesgebiet einheitlich festgelegt ist, bezieht sich der Mindestunterhalt nach dem steuerlichen Kinderfreibetrag auf das gesamte Bundesgebiet. Die Berliner Tabelle hat damit ausgedient. Ausgangspunkt für die Festlegung des Mindestunterhalts nach dem doppelten steuerlichen Kinderfreibetrag ist der Mindestunterhalt der zweiten Altersstufe. Die Werte der ersten und dritten Altersstufe leiten sich in der Weise davon ab, dass der Mindestunterhalt für die erste Altersstufe 87 % davon und der der dritten Altersstufe 117 % beträgt. In der Übergangsregelung zur Unterhaltsreform, § 36 Nr 4 EGZPO ist jedoch festgelegt, dass dieser nach Maßgabe des § 1612a I berechnete Mindestunterhalt durch einen Mindestunterhalt iSd § 1612a ersetzt wird, so lange der nach dem steuerlichen Kinderfreibetrag ermittelte Mindestunterhalt nicht höher ist. Der Mindestunterhalt iSd § 1612a beträgt in der ersten Altersstufe 317 €, in der zweiten Altersstufe 364 € und in der dritten Altersstufe 426 €. Darauf ist das halbe Kindergeld anzurechnen. Im Ergebnis führt dies zu den bisherigen Tabellenbeträgen, die aufgrund der letzten Regelbetragverordnung, die bis zum 31.12.07 galt, hergeleitet wurden.

C. Prozentsatz. Auch das neue System erlaubt die Geltendmachung eines Prozentsatzes des Mindestbedarfs. Damit wird der Unterhalt dynamisiert, weil jener sich auf die jeweilige Düsseldorfer Tabelle bezieht. Möglich ist auch, den Unterhalt als Festbetrag geltend zu machen. **3**

D. Formulierung der Anträge. Ein dynamisierter Unterhaltstitel setzt einen entspr Antrag voraus. Er muss den Prozentsatz für die jeweilige Altersstufe bis zum 18. Lebensjahr des Kindes enthalten. Bezugspunkt für den Prozentsatz ist der Mindestbedarf. Es ist ferner zu beantragen, dass darauf das halbe Kindergeld in der jeweils gültigen Höhe, zZ 92 €, anzurechnen ist. **4**

§ 1612b Deckung des Barbedarfs durch Kindergeld.
(1) Das auf das Kind entfallende Kindergeld ist zur Deckung seines Barbedarfs zu verwenden:
1. zur Hälfte, wenn ein Elternteil seine Unterhaltspflicht durch Betreuung des Kindes erfülle (§ 1606 Abs. 3 Satz 2);
2. in allen anderen Fällen in voller Höhe.
In diesem Umfang mindert es den Barbedarf des Kindes.
(2) Ist das Kindergeld wegen der Berücksichtigung eines nicht gemeinschaftlichen Kindes erhöht, ist es im Umfang der Erhöhung nicht bedarfsmindernd zu berücksichtigen.

A. Allgemeines zum Kindergeld. I. Rechtliche Grundlagen. Entspr Grundlagen finden sich im EStG und BKGG. Letzteres betrifft nur beschränkt Steuerpflichtige und Kinder, die Kindergeld für sich beanspruchen, wenn sie Vollwaisen sind, den Aufenthalt ihrer Eltern nicht kennen oder niemandem sonst ein Kindergeldanspruch zusteht. **1**

II. Anspruchsberechtigte. Nach § 63 EStG sind anspruchsberechtigt die Eltern, uU auch Pflegeeltern. Der Anspruch entfällt bei einem bestimmten Einkommen des Kindes gem §§ 32 IV 2 EStG. Das Alter der Kinder, die das Kindergeld vermitteln ist geregelt in § 32 IV 1 EStG. **2**

III. Bezugsberechtigte. Kindergeldbezugsberechtigt bei mehreren Anspruchsberechtigten ist nach § 64 II die Person, in deren Haushalt das Kind lebt. Lebt das Kind im eigenen Haushalt ist nach III 1 bezugsberechtigt derjenige, der dem Kind Barunterhalt zahlt. Bei Barunterhaltszahlungen beider Eltern steht das Kindergeld demjenigen zu, der den höheren Unterhalt leistet. Bei gleich hohem Unterhalt muss die Bezugsberechtigung abgestimmt werden. Bei Leistungsfähigkeit eines Elternteils besteht die Möglichkeit der Abzweigung des Kindergeldes durch das Kind selbst gem § 74 EStG. **3**

IV. Höhe des Kindergeldes. Seit dem 1.1.09 beträgt das Kindergeld im Monat für das erste und zweite Kind je 164 €, für das dritte Kind 170 € und für das vierte Kind 195 €. Das Kindergeld wird einkommensunabhängig gewährt. **4**

B. Auswirkungen auf den Bedarf des Kindes. I. Minderjährige Kinder. Das Kindergeld wird nicht mehr auf den Anspruch angerechnet, sondern auf den Bedarf des Kindes. Damit hat es bedarfsdeckende Wirkung. **5**

II. Volljährige Kinder. Bei volljährigen Kindern wird das Kindergeld in voller Höhe auf den Bedarf angerechnet. Dies bedeutet, dass bei der Berechnung der Haftungsanteile nur der um das gesamte Kindergeld gekürzte Restbedarf von den Eltern sichergestellt werden muss. Auf diese Weise kommt das Kindergeld dem Elternteil, der den höheren Haftungsanteil zu tragen hat, mehr zugute als dem anderen Elternteil. **6**

1. Kind im Haushalt eines Elternteils. Das Kindergeld erhält der Elternteil, in dessen Haushalt das Kind lebt, § 64 II EStG. Gleichwohl wird das Kindergeld in voller Höhe auf den Bedarf des Kindes angerechnet. Der Elternteil, der das Kindergeld erhält, hat es aus diesem Grunde zu dem von ihm zu tragenden Haftungsteil an das Kind auszukehren. **7**

2. Kind mit eigenem Haushalt. Das Kindergeld erhält gem § 64 III 1 EStG der Elternteil, der dem Kind alleine oder den höheren Barunterhalt zahlt. Da auch hier das Kindergeld auf den Bedarf des volljährigen Kindes angerechnet wird, muss der Elternteil nach Berechnung seines Haftungsanteils das volle Kindergeld an das Kind auskehren. Das Kind darf auf keinen Fall weniger als den festen Bedarfssatz erhalten. Einer Auskehrung des Kindergeldes bedarf es nur dann nicht, wenn das volljährige Kind das Kindergeld selbst bezieht. **8**

C. Auswirkungen der Bedarfsdeckung. Da das Kindergeld bedarfsdeckend angerechnet wird, bedarf es einer Regelung zur Anrechnung des Kindergeldes im Mangelfall nicht mehr. Die Mangelfallberechnung ist eine Auswirkung der eingeschränkten Leistungsfähigkeit der Unterhaltsverpflichteten. Da die Leistungsfähigkeit erst nach der Feststellung des Bedarfs und der Bedürftigkeit des Unterhaltsberechtigten geprüft werden darf, stellt sich bei der Leistungsfähigkeit ohnehin nur die Frage, ob der Unterhaltsverpflichtete in der Lage ist, den Zahlbetrag, also den Tabellenbetrag nach Abzug des halben oder vollen Kindergeldes zu zahlen, da das Kindergeld bereits schon auf der Bedarfs- und Bedürftigkeitsebene berücksichtigt worden ist. Eine weitere Auswirkung der Bedarfsdeckung zeigt sich darin, dass bei der Mangelfallberechnung als Einsatzbeträge für den Kindesunterhalt lediglich die Zahlbeträge eingesetzt werden dürfen. **9**

10 **D. Zählkindvorteil nach II.** Zählkinder sind Kinder, für ein Elternteil zwar einen Anspruch auf Kindergeld hat, nicht aber die Bezugsberechtigung für Kindergeld. Da alle Kinder bei der Bemessung der Höhe des Kindergeldes mitgezählt werden, soll der Zählkindvorteil dem Elternteil allein zugute kommen, der eine zusätzliche Unterhaltslast für ein nicht gemeinschaftliches Kind trägt. Dies wirkt sich wegen des höheren Kindergeldes erst ab dem 4. Kind aus.

§ 1612c Anrechnung anderer kindbezogener Leistungen.
§ 1612 b gilt entsprechend für regelmäßig wiederkehrende kindbezogene Leistungen, soweit sie den Anspruch auf Kindergeld ausschließen.

1 Kindergeldersetzende Leistungen sind in §§ 65 EStG, 4 BKGG geregelt. Dafür gelten Vorschriften über die Kindergeldanrechnung entspr. Die Anrechnung der Höhe nach ist auf ein fiktives Kindergeld beschränkt. Darüber hinausgehende Leistungen sind in die Ermittlung des für Unterhaltszwecke einzusetzenden Einkommens einzubeziehen. Sind die Leistungen geringer, ist zu prüfen, ob ein erg Anspruch auf Kindergeld nach § 65 II EStG besteht oder die Differenz nach zwischenstaatlichen Vereinbarungen auszugleichen ist.

2 Nicht unter die Vorschrift fallen kindbezogene Besoldungs- und Entgeltbestandteile.

§ 1613 Unterhalt für die Vergangenheit.
(1) ¹Für die Vergangenheit kann der Berechtigte Erfüllung oder Schadensersatz wegen Nichterfüllung nur von dem Zeitpunkt an fordern, zu welchem der Verpflichtete zum Zwecke der Geltendmachung des Unterhaltsanspruchs aufgefordert worden ist, über seine Einkünfte und sein Vermögen Auskunft zu erteilen, zu welchem der Verpflichtete in Verzug gekommen oder der Unterhaltsanspruch rechtshängig geworden ist. ²Der Unterhalt wird ab dem Ersten des Monats, in den die bezeichneten Ereignisse fallen, geschuldet, wenn der Unterhaltsanspruch dem Grunde nach zu diesem Zeitpunkt bestanden hat.
(2) Der Berechtigte kann für die Vergangenheit ohne die Einschränkung des Absatzes 1 Erfüllung verlangen
1. wegen eines unregelmäßigen außergewöhnlich hohen Bedarfs (Sonderbedarf); nach Ablauf eines Jahres seit seiner Entstehung kann dieser Anspruch nur geltend gemacht werden, wenn vorher der Verpflichtete in Verzug gekommen oder der Anspruch rechtshängig geworden ist;
2. für den Zeitraum, in dem er
   a) aus rechtlichen Gründen oder
   b) aus tatsächlichen Gründen, die in den Verantwortungsbereich des Unterhaltspflichtigen fallen,
   an der Geltendmachung des Unterhaltsanspruchs gehindert war.
(3) ¹In den Fällen des Absatzes 2 Nr. 2 kann Erfüllung nicht nur in Teilbeträgen oder erst zu einem späteren Zeitpunkt verlangt werden, soweit die volle oder die sofortige Erfüllung für den Verpflichteten eine unbillige Härte bedeuten würde. ²Dies gilt auch, soweit ein Dritter vom Verpflichteten Ersatz verlangt, weil er anstelle des Verpflichteten Unterhalt gewährt hat.

1 **A. Geltendmachung von Unterhaltsrückständen. I. Auskunftsverlangen.** Das Auskunftsverlangen muss Klarheit schaffen, für welchen Unterhalt die Auskunft verlangt wird (Frankfurt FuR 02, 534). Mit der erstmaligen Bezifferung des Unterhalts entfällt die Wirkung des I für darüber hinausgehenden Unterhalt.

2 **II. Verzug. 1. Fälligkeit.** Die Fälligkeit kann sich aus einem Vertrag oder dem Gesetz ergeben. Bei Trennungsunterhalt ist die Trennung erforderlich, beim nachehelichen Unterhalt die Rechtskraft der Scheidung. Da beide Unterhaltsarten nicht identisch sind, müssen die Voraussetzungen jeweils gesondert geschaffen werden.

3 **2. Mahnung.** S § 286 Rn 1. Zur Bestimmtheit sind erforderlich Angaben zur Unterhaltsart, zum Zeitpunkt und zur Höhe (Karlsr FamRZ 98, 742). Die Anmahnung eines höheren Betrag ist im Regelfall unschädlich (BGH FamRZ 82, 887). Bei Ermäßigung des Unterhalts bleibt der Verzug für den reduzierten Unterhalt bestehen (Hamm FamRZ 89, 1303). Ein PKH-Antrag steht der Mahnung gleich. Zur Entbehrlichkeit der Mahnung vgl § 284 II.

4 **III. Rechtshängigkeit.** Rechtshängigkeit tritt nur bei förmlicher Zustellung der Klage, auch der Stufenklage nach § 256 ZPO ein, bei Klageerhöhung ab Zustellung des entspr Schriftsatzes. Die formlose Übersendung eines PKH-Antrages reicht nicht (BGH FamRZ 90, 283).

5 **IV. Beginn der Zahlungspflicht.** Nach I 2 besteht die Zahlungspflicht zum 1. des Monats. Voraussetzung ist allerdings, dass der Unterhaltsanspruch materiell rechtlich dem Grunde nach zu diesem Zeitpunkt schon bestanden hat.

6 **B. Ehegattenunterhalt. I. Trennungsunterhalt.** Entspr Anwendung von § 1613 gem § 1361 IV 4, § 1360a III.

II. Nachehelicher Unterhalt. Nach der Neufassung von § 1585b II ebenfalls entsprechende Anwendung von 7
§ 1613. Ausreichend ist daher auch hier das Auskunftsverlangen. Eine Rückbeziehung auf den Monatsersten
gilt allerdings nicht.

C. Sonderbedarf nach II Nr 1. Unregelmäßig ist ein unvorhergesehener Bedarf. Str ob er überraschend sein 8
muss (so BGH FamRZ 84, 470; BGH FuR 06, 210; aA Karlsruhe FamRZ 97, 967). Maßgeblich wird die Möglichkeit der Rücklagenbildung sein (BVerfG FamRZ 99, 1342). Ob er außergewöhnlich hoch ist, beurteilt sich
nach den wirtschaftlichen Verhältnissen (BVerfG aaO). Zum Sonderbedarf gehören Erstausstattung eines
Säuglings (BVerfG aaO), Schulfahrten (Hamm FamRZ 03, 1585), Kommunions- und Konfirmationskosten
(Bremen FamRZ 03, 1587; KG FamRZ 03, 1584; verneinend, da vorhersehbar BGH FuR 06, 210), Prozesskostenvorschuss, Umzugskosten (München OLGR 96, 264) und uU Computer (Hamm FamRZ 04, 830). Zum
Sonderbedarf kann auch der den Betreuungsunterhalt leistende Elternteil herangezogen werden (BGH
FamRZ 98, 286). Sonderbedarf kann während eines Jahres nach seiner Entstehung ohne die Einschränkung
nach I verlangt werden, danach nur bei Verzug oder Rechtshängigkeit.

D. Verhinderung der Geltendmachung. Ohne Voraussetzungen nach I kann rückständiger Unterhalt ver- 9
langt werden, wenn er aus rechtlichen oder tatsächlichen Gründen, die im Verantwortungsbereich des Unterhaltspflichtigen fallen, nicht geltend gemacht werden konnte, II Nr 1a und 1b.

I. Rechtliche Gründe. Die Vorschrift hat praktisch nur für nicht eheliche Kinder Bedeutung, wenn ihr Vater 10
erst nach ihrer Geburt festgestellt werden kann, weil der Unterhaltsanspruch bereits mit Geburt des Kindes
entsteht und auch fällig wird, vor Rechtswirkungen der Vaterschaft aber nicht geltend gemacht werden kann.

II. Tatsächliche Gründe. Hierzu gehören Untertauchen, Aufenthalt im Ausland, auch wenn der Aufenthalts- 11
ort bekannt ist, jedoch sonstige Umstände zu einem erheblichen Zeitverzug oder zur Ungewissheit über den
Erfolg der eingeleiteten Maßnahmen führen.

E. Verwirkung. Nicht zeitnah geltend gemachte Unterhaltsansprüche können gem § 242 verwirken. 12

I. Zeitmoment. Im Grundsatz reicht ein Zeitraum von mehr als einem Jahr vor Rechtshängigkeit für die 13
Verwirkung der bis dahin entstandenen Unterhaltsansprüche aus (BGH FamRZ 02, 1698). Dies gilt auch für
titulierte Ansprüche, die erst nach der Titulierung fällig werden.

II. Umstandsmoment. Erforderlich ist, dass sich der Schuldner darauf einrichten durfte, nicht mehr in 14
Anspruch genommen zu werden. Besondere Vertrauensinvestitionen müssen nicht dargelegt werden, wenn
die Einkünfte sich in einem Rahmen bewegen, der dafür spricht, dass sie für die Lebenshaltungskosten verbraucht werden (BGH aaO).

III. Rechtsfolgen. Der Verwirkung unterliegen nur die Ansprüche, die länger als ein Jahr vor der Geltendma- 15
chung bestanden, da der Verzug durch die Verwirkung nicht beseitigt wird. Die im letzten Jahr bis zur Geltendmachung entstandenen Ansprüche werden also nicht von der Verwirkung erfasst (BGH Urt v. 22.11.06
XII ZR 152/04).

§ 1614 Verzicht auf den Unterhaltsanspruch; Vorausleistung. (1) Für die Zukunft kann auf den Unterhalt nicht verzichtet werden.
(2) Durch eine Vorausleistung wird der Verpflichtete bei erneuter Bedürftigkeit des Berechtigten nur für den im § 760 Abs. 2 bestimmten Zeitabschnitt oder, wenn er selbst den Zeitabschnitt zu bestimmen hatte, für einen den Umständen nach angemessenen Zeitabschnitt befreit.

A. Verzicht. Verzicht beinhaltet einen Erlassvertrag und erfordert zwei übereinstimmende Willenserklärun- 1
gen. Demgegenüber können Eltern Freistellungsvereinbarungen treffen und die Unterhaltsbeiträge im Verhältnis untereinander regeln. Diese hindern das Kind allerdings an der Geltendmachung des Unterhaltsanspruchs nicht (Frankfurt FamRZ 94, 1131). Bei einem Teilverzicht ist ein Ermessensrahmen zu beachten. Bei
einer Toleranzgrenze von etwa einem Drittel ist ein unzulässiger Teilverzicht noch nicht anzunehmen (Köln
FamRZ 83, 750; Celle FamRZ 92, 94; Hamm FamRZ 01, 1023).

I. Unterhalt für die Zukunft. Die Nichtigkeit eines Unterhaltsverzichtes betrifft nur den Unterhalt für die 2
Zukunft.

II. Unterhalt für die Vergangenheit. Auf Unterhaltsrückstände kann demgegenüber rechtswirksam verzich- 3
tet werden.

B. Vorauszahlungen. II beschränkt die Erfüllung für Unterhaltsvorauszahlungen. Danach befreien diese für 4
drei Monate, vgl § 760 II, oder für einen angemessenen Zeitabschnitt. Hierbei handelt es sich idR um einen
Rahmen zwischen drei und sechs Monaten. Sollen Zahlungen einen längeren Zeitraum abgelten, handelt der
Schuldner auf eigene Gefahr. Hat der Gläubiger das gezahlte Geld nicht richtig eingeteilt, verschwendet oder
ist ihm das Geld abhanden gekommen (BGH FamRZ 93, 1186), muss erneut gezahlt werden.

5 C. Ehegattenunterhalt. I. Trennungsunterhalt. Die Vorschrift gilt auch für den Trennungsunterhalt gem §§ 1361 IV 3, 1360a III.

6 II. Nachehelichen Unterhalt. Für den nachehelichen Unterhalt gilt § 1614 nicht. Dies bedeutet zunächst, dass auf nachehelichen Unterhalt verzichtet werden kann. Auch I gilt für Vorausleistungen nicht. Allerdings leistet der Schuldner auch hier auf eigene Gefahr, wenn er nachehelichen Unterhalt für mehr als sechs Monate im Voraus zahlt (BGH FamRZ 93, 1186).

§ 1615 Erlöschen des Unterhaltsanspruchs. (1) Der Unterhaltsanspruch erlischt mit dem Tode des Berechtigten oder des Verpflichteten, soweit er nicht auf Erfüllung oder Schadensersatz wegen Nichterfüllung für die Vergangenheit oder auf solche im Voraus zu bewirkende Leistungen gerichtet ist, die zur Zeit des Todes des Berechtigten oder des Verpflichteten fällig sind.
(2) Im Falle des Todes des Berechtigten hat der Verpflichtete die Kosten der Beerdigung zu tragen, soweit ihre Bezahlung nicht von dem Erben zu verlangen ist.

1 A. Grundsatz. Der höchstpersönliche Unterhaltsanspruch erlischt mit dem Tod des Gläubigers und des Schuldners.

2 B. Ausnahmen. Bis zum Tode eines der Beteiligten entstandene Unterhaltsansprüche bleiben bestehen, soweit nicht die Voraussetzung des § 1613 vorliegen.
Nach dem Tode bestehende, aber zum Todeszeitpunkt fällige Unterhaltsansprüche bleiben ebenfalls bestehen, also zB Ansprüche für die restlichen Tage des Monats gem § 1612 III.

3 I. Tod des Unterhaltsgläubigers. Stirbt der Unterhaltsgläubiger, gehen Ansprüche gem § 1922 auf den Erben über. Sie verlieren ihren Charakter als Unterhaltsansprüche nicht.

4 II. Tod des Unterhaltsschuldners. Stirbt der Unterhaltsschuldner, haftet dessen Erbe nach § 1967. Die Haftung ist grds unbeschränkt, anders als nach § 1586b, der für den nachehelichen Unterhalt gilt und auch künftige Unterhaltsansprüche erfasst.

5 C. Beerdigungskosten nach II. Kann der gem § 1968 vorrangig verpflichtete Erbe die Beerdigungskosten nicht zahlen, haftet der Unterhaltsschuldner. Ist er zugleich Erbe, kann er sich auf die Beschränkung der Erbenhaftung nicht berufen. Die Ersatzverpflichtung ist Ausschluss der gesetzlichen Unterhaltsverpflichtung, so dass § 1603 I für den Erben gilt.

Untertitel 2 Besondere Vorschriften für das Kind und seine nicht miteinander verheirateten Eltern

§ 1615a Anwendbare Vorschriften. Besteht für ein Kind keine Vaterschaft nach § 1592 Nr. 1, § 1593 und haben die Eltern das Kind auch nicht während ihrer Ehe gezeugt oder nach seiner Geburt die Ehe miteinander geschlossen, gelten die allgemeinen Vorschriften, soweit sich nichts anderes aus den folgenden Vorschriften ergibt.

1 Anwendungsbereich. Die Vorschrift behandelt außereheliche und eheliche Kinder unterhaltsrechtlich gleich. Die Besonderheit beschränkt sich auf § 1615 o.

§§ 1615b–1615k – *weggefallen* –

§ 1615l Unterhaltsanspruch von Mutter und Vater aus Anlass der Geburt. (1) ¹Der Vater hat der Mutter für die Dauer von sechs Wochen vor und acht Wochen nach der Geburt des Kindes Unterhalt zu gewähren. ²Dies gilt auch hinsichtlich der Kosten, die infolge der Schwangerschaft oder der Entbindung außerhalb dieses Zeitraums entstehen.
(2) ¹Soweit die Mutter einer Erwerbstätigkeit nicht nachgeht, weil sie infolge der Schwangerschaft oder einer durch die Schwangerschaft oder die Entbindung verursachten Krankheit dazu außerstande ist, ist der Vater verpflichtet, ihr über die in Absatz 1 Satz 1 bezeichnete Zeit hinaus Unterhalt zu gewähren. ²Das Gleiche gilt, soweit von der Mutter wegen der Pflege oder Erziehung des Kindes eine Erwerbstätigkeit nicht erwartet werden kann. ³Die Unterhaltspflicht beginnt frühestens vier Monate vor der Geburt und besteht für mindestens drei Jahre nach der Geburt. ⁴Sie verlängert sich, solange und soweit dies der Billigkeit entspricht. ⁵Dabei sind insbesondere die Belange des Kindes und die bestehenden Möglichkeiten der Kinderbetreuung zu berücksichtigen.

(3) ¹Die Vorschriften über die Unterhaltspflicht zwischen Verwandten sind entsprechend anzuwenden. ²Die Verpflichtung des Vaters geht der Verpflichtung der Verwandten der Mutter vor. ³§ 1613 Abs. 2 gilt entsprechend. ⁴Der Anspruch erlischt nicht mit dem Tode des Vaters.
(4) ¹Wenn der Vater das Kind betreut, steht ihm der Anspruch nach Absatz 2 Satz 2 gegen die Mutter zu. ²In diesem Falle gilt Absatz 3 entsprechend.

A. Unterhalt während der Mutterschutzfrist nach I. I gewährt einen Unterhaltsanspruch für die Zeit, in der die Mutter gem §§ 3 II, 6 I MuSchG einem Beschäftigungsverbot unterliegt, also sechs Wochen vor bis acht Wochen nach der Geburt des Kindes. Der Anspruch ist unabhängig davon, ob die Bedürftigkeit durch Schwangerschaft oder Entbindung bedingt ist, setzt also keine Kausalität voraus (BGH FamRZ 98, 541). Die Vorschrift gilt auch hinsichtlich der Kosten die infolge der Schwangerschaft oder der Entbindung außerhalb dieses Zeitraums entstehen. Erfasst wird nur der Sonderbedarf der Mutter, nicht der hiervon abzugrenzende Bedarf des Kindes. 1

B. Unterhalt wegen Krankheit nach II. Nach II ist die Mutter auch unterhaltsberechtigt, wenn sie infolge der Schwangerschaft oder einer durch sie oder die Entbindung verursachte Krankheit außer Stande ist, einer Erwerbstätigkeit nachzugehen. Hier ist Ursächlichkeit erforderlich. 2

C. Unterhalt wegen Kinderbetreuung nach II S 1. I. Bedarf der Mutter. Für den Bedarf ist gem III 1, § 1610 I die Lebensstellung der unterhaltsberechtigten Mutter maßgebend. Von Bedeutung ist ihr Einkommen, das sie ohne Geburt des Kindes gehabt hätte. Würde sie danach einen höheren Bedarf als die Hälfte des Einkommens des Vaters beanspruchen können, wird ihr Bedarf durch den Halbteilungsgrundsatz auf die Hälfte des Manneseinkommens begrenzt (BGH FamRZ 05, 357). Auch bei mehrjährigem Zusammenleben mit dem Vater des Kindes kommt als Bedarf nicht der Lebensstandard der nichtehelichen Lebensgemeinschaft in Betracht (BGH FuR 08, 485). Maßgebend sind vielmehr die Einkünfte, die der Berechtigte ohne die Geburt des Kindes hätte. Betreut die Mutter ein Kind aus einer früheren Ehe und macht sie Unterhalt wegen eines weiteren nicht ehelichen Kindes geltend, sind die ehelichen Lebensverhältnisse auch für den Bedarf bzgl der Ansprüche aus § 1615 l maßgebend (BGH FamRZ 98, 541). Ob dies auch dann gilt, wenn dadurch das Existenzminimum unterschritten wird, hat der BGH nunmehr in Zweifel gezogen (FuR 08, 485). Wurde vor der Geburt keine Erwerbstätigkeit ausgeübt, richtet sich der Bedarf überwiegend nach dem Existenzminimum (BGH FamRZ 08, 1739; vgl dazu auch die Leitlinien der OLG zu Gliederungspunkt 18). Der Bedarf erfasst auch die Kosten für die Kranken- und Pflegeversicherung (Bremen FamRZ 00, 636). Ein Anspruch auf Altersvorsorgeunterhalt besteht dagegen nicht. 3

II. Bedürftigkeit der Mutter. Lohnfortzahlung gem § 11 MuSchG und Mutterschaftsgeld gem § 200 RVO mindern die Bedürftigkeit. Erziehungsgeld ist dagegen nicht anzurechnen (BVerfG 00, 1149). Stammen die Einkünfte im Hinblick auf die Betreuung des Kindes aus überobligatorischer Tätigkeit, kann ein Teil davon gem § 1577 II anrechnungsfrei bleiben (BGH FamRZ 05, 357). 4

III. Leistungsfähigkeit des Vaters. Dem Unterhaltsschuldner steht ein etwa gleich hoher Selbstbehalt zu, als wenn er mit der Mutter verheiratet wäre. Sein Selbstbehalt liegt zwischen dem notwendigen und dem angemessenen (BGH FamRZ 05, 354). Die Leitlinien enthalten dazu Regelungen unter Gliederungspunkt 23.3.1. Auch das Vermögen des Pflichtigen ist erforderlichenfalls einzusetzen. Der Steuervorteil aus bestehender Ehe des Vaters kommt der nichtehelichen Mutter nicht zu Gute (BGH FuR 08, 485 anders möglicherweise dann, wenn der Unterhalt nach § 1615 l die Lebensverhältnisse der Ehe prägt und umgekehrt). 5

IV. Dauer des Unterhalts. Die Unterhaltsverpflichtung beginnt frühestens vier Monate vor und endet mindestens drei Jahre nach der Geburt. Die Verlängerungsmöglichkeiten entsprechen dem § 1570 I. Auf dortigen Erläuterungen wird Bezug genommen. Damit sind beide Unterhaltsansprüche den Vorgaben des BVerfG gleichgeschaltet. Es gilt nicht § 1570 II, da darin die nacheheliche Solidarität zum Ausdruck kommt, die nach den Vorgaben des BVerfG einzige Differenzierungsmöglichkeit für die beiden Unterhaltsansprüche ist. Stattdessen kommt eine Verlängerung in Betracht, wenn das Kind in einer nicht ehelichen Lebensgemeinschaft geboren wird. Dies allein dürfte aber nicht ausreichen. Vielmehr wird es auch hier – wie bei den ehelichen Kindern- auf die Gestaltung von Kinderbetreuung und Erwerbstätigkeit ankommen (§1570 Abs.2), da die nicht ehelichen Kinder ansonsten besser stünden. 6

D. Rangfolge. Die Rangfolge ergibt sich nunmehr aus § 1609 unmittelbar. Danach sind vorrangig Unterhaltsansprüche der unverheirateten minderjährigen Kinder und der gleichgestellten privilegierten volljährigen Kinder. Gleichrang besteht mit der geschiedenen und der neuen Ehefrau des Vaters, wenn diese wegen Betreuung eines Kindes Unterhalt verlangen kann oder die Ehe von langer Dauer war oder ist. Andere Ehefrauen sind gem § 1609 Nr3 nachrangig. 7

E. Mehrere Unterhaltsschuldner der Mutter. Die Verpflichtung des Vaters des nicht ehelichen Kindes geht der Verpflichtung der Verwandten der Mutter vor. Eine anteilige Haftung kann bei gleichzeitiger Unterhaltspflicht des Ehegatten gegeben sein. Die Höhe der Haftungsanteile bestimmt sich nach den Umständen des 8

Einzelfalles, insb den Einkommens- und Vermögensverhältnissen, die um die Selbstbehalte zu bereinigen sind, aber auch der Anzahl, Alter und Betreuungsbedürftigkeit der Kinder (BGH FamRZ 08, 1739; FamRZ 98, 541). Heiratet die Mutter einen anderen Mann, entfällt der Anspruch aus § 1615l in Analogie zu § 1586 (BGH FamRZ 05, 347).

9 **F. Tod des Vaters.** In Abweichung zu § 1615 erlischt der Anspruch mit dem Tod des Verpflichteten nicht. Vielmehr haften die Erben nach § 1967 für den Unterhalt.

10 **G. Betreuung durch den Vater.** Unterhalt wegen Betreuung eines Kindes steht auch dem Vater zu, wenn dieser und nicht die Mutter das Kind betreut. Die Vaterschaft muss anerkannt oder rechtskräftig festgestellt sein, §§ 1592 Nr 2, 1600d I und II. Str ist, ob es ausreicht, wenn die Vaterschaft unstr ist (so Zweibrücken FamRZ 98, 554 aA Hamm FamRZ 89, 619). Der Vater muss das Kind betreuen. Ist dies der Fall, kommt es auf eine dem widersprechende Sorgerechtsregelung nicht an (*Büdenbender* FamRZ 98, 134). Der Unterhaltsanspruch ist wegen des Hinweises auf II 2 auf den laufenden Unterhalt beschränkt, er beginnt mit der Geburt des Kindes, wenn der Vater das Kind ab diesem Zeitpunkt betreut.

§ 1615m Beerdigungskosten für die Mutter.
Stirbt die Mutter infolge der Schwangerschaft oder der Entbindung, so hat der Vater die Kosten der Beerdigung zu tragen, soweit ihre Bezahlung nicht von dem Erben der Mutter zu erlangen ist.

1 **Anwendungsbereich**
Die Mutter muss infolge der Schwangerschaft oder Entbindung verstorben sein. Der Vater haftet nur subsidiär hinter den Erben. Der Anspruch richtet sich nach der Lebensstellung der Mutter.

§ 1615n Kein Erlöschen bei Tod des Vaters oder Totgeburt.
¹Die Ansprüche nach den §§ 1615l, 1615m bestehen auch dann, wenn der Vater vor der Geburt des Kindes gestorben oder wenn das Kind tot geboren ist. ²Bei einer Fehlgeburt gelten die Vorschriften der §§ 1615l, 1615m sinngemäß.

1 **A. Ansprüche bei Tod des Vaters.** Die Ansprüche von Mutter und Kind aus §§ 1615l und 1615m richten sich gegen die Erben des Vaters. Dabei handelt es sich um eine Nachlassverbindlichkeit.

2 **B. Ansprüche bei Tod – oder Fehlgeburt.** Auch bei Totgeburt des Kindes besteht die Verpflichtung des Vaters, die Ansprüche auf Erstattung der Kosten, die infolge der Schwangerschaft und Entbindung entstanden sind und Unterhalt nach § 1615l I 1 und II 1 zu befriedigen. Die Feststellung der Vaterschaft geschieht inzidenter im Leistungsprozess. Für die Fristberechnung ist auf den Zeitpunkt der Tod- bzw Fehlgeburt abzustellen. Umstr ist die Frage, ob der Vater auch die Kosten der Schwangerschaftsunterbrechung bzw einer Totgeburt infolge unerlaubter Abtreibung zu tragen hat (bejahend AG Brake FamRZ 76, 288; Palandt/*Diederichsen* § 1615 n Rz 2; abl BaRoth § 1615 n Rz 4).
Stirbt die Mutter infolge des Schwangerschaftsabbruchs, trägt der Vater auch die Kosten der Beerdigung, es sei denn, er hat versucht, den Abbruch in verantwortungsvoller Weise zu verhindern (Palandt/Diederichsen § 1615 n Rz 2).

3 **C. Rangverhältnis.** Der Anspruch ist bei der Aufzählung der Anspruchsberechtigten in § 1609 nicht erwähnt. Trotz entsprechender Hinweise hat der Gesetzgeber es nicht für nötig befunden, diese Lücke zu schließen. Es kommt daher allenfalls eine analoge Anwendung der Nummern des § 1609 in Betracht.

§ 1615o – *aufgehoben* –

Titel 4 Rechtsverhältnis zwischen den Eltern und dem Kind im Allgemeinen

Vorbemerkungen vor §§ 1616 bis 1625

1 **A. Nachname des Kindes.** Eheliche und nicht eheliche Kinder sind auch im Namensrecht gleichgestellt. Das Namensrecht knüpft im Regelfall an das Sorgerecht an. Im Grundsatz kann der Kindesname deshalb nur während der Minderjährigkeit des Kindes geändert werden (BayObLG FamRZ 02, 1729).

2 Darüber hinaus hat die Neufassung des Ehegattennamensrechts (§ 1355 Rn 1 ff) eine Anpassung des Kindesnamensrechts notwendig gemacht.

3 **B. Vorname des Kindes. I. Grundsatz.** Das Recht zur Bestimmung des Vornamens ist gesetzlich nicht geregelt und folgt aus dem Personensorgerecht (§§ 1626 I 1, 1627), das beiden Eltern zusteht, wenn sie gemeinsam sorgeberechtigt sind. Ist die mit dem Vater nicht verheiratete Mutter allein sorgeberechtigt (§ 1626a II), fehlt dem Vater das Bestimmungsrecht (OVG Brandenburg FamRZ 05, 1119).

Die Vornamensbestimmung wird nicht durch Anzeige ggü dem Standesbeamten ausgeübt, sondern durch 4
formlose Einigung der Eltern, sodass der Eintragung im Geburtenbuch nur deklaratorische Bedeutung
zukommt. Fehlt diese Einigung und ist auf Grund der falschen Geburtsanzeige eines Elternteils ein unrichtiger Vorname angegeben, ist der Geburtenbucheintrag auf Antrag eines Elternteils (§ 47 II 1 PStG) grds einer
Berichtigung zugänglich (BayObLG FamRZ 95, 685, 686).

II. Meinungsverschiedenheiten. Bei Meinungsverschiedenheiten müssen die Eltern sich um eine Einigung 5
bemühen (§ 1627 2). Bleiben die Differenzen bestehen, kann das FamG auf Antrag gem § 1628 einem Elternteil das Vornamensbestimmungsrecht übertragen, ggf mit Auflagen und Beschränkungen.

III. Grenzen des Bestimmungsrechts. Das Vornamensbestimmungsrecht unterliegt Beschränkungen 6
durch das Gewohnheitsrecht und (letztlich) durch § 1666. Die Kasuistik in der Rspr (zB Zweibr FamRZ 93,
1242 Unzulässigkeit von „Lord" oder „Moewe" BayObLG FamRZ 87, 203 als Vornamen, Zulässigkeit von
„Chelsea" Hamm FamRZ 95, 1225, „Alke" LG Braunschweig FamRZ 01, 1480, LS und „Mienaatchi" Stuttg
FamRZ 03, 1687 als Mädchennamen, von „Büb" Köln FamRZ 00, 69, LS und Tjorven Hamm FamRZ 01,
1480, LS als Jungennamen und von „Prestige", „Gerrit", „Mikado" und „Speedy" FamRZ 99, 46 sowie „Birkenfeld" Frankf FamRZ 01, 372, LS sowie „Anderson" BVerfG FamRZ 05, 2049 als weitere Vornamen für
einen Knaben) spiegelt den Fantasiereichtum der Eltern bei der Vornamensgebung wider Auch bisher als
Familiennamen gebräuchliche Namen (hier: Lütke) sind nicht generell als wählbare Vornamen ausgeschlossen (FamRZ 08, 1331). Das Namensfindungsrecht der Eltern ist auf 4–5 Vornamen begrenzt (BVerfG
FamRZ 04, 522).

IV. Änderung des Vornamens. Vornamensänderungen kommen in Betracht nach Verwaltungsrecht (§ 3 I 7
NamÄndG), bei Adoptionen (§ 1757 IV Nr 1) und bei Geschlechtsumwandlung (Transsexuellen-Gesetz).

V. Nachgeschobener Vorname. Soll das Kind nach abgeschlossener Beurkundung im Geburtenbuch noch 8
einen weiteren Vornamen erhalten, so kann dies nicht durch Berichtigung, sondern nur durch behördliche
Namensänderung geschehen (BayObLG FamRZ 00, 55).

§ 1616 Geburtsname bei Eltern mit Ehenamen. Das Kind erhält den Ehenamen seiner Eltern als Geburtsnamen.

Tragen die Eltern bei der Geburt des Kindes einen Ehenamen (vgl § 1355) – mögen sie zu diesem Zeitpunkt 1
auch schon wieder geschieden sein –, erhält das Kind automatisch diesen Ehenamen als Geburtsnamen. Eine
andere Namensbestimmung der Eltern ist unzulässig (§ 1616 BGB). Ein von einem Elternteil mit dem Ehenamen verbundener „Begleitname" geht nicht auf das Kind über.

Die bei der Bildung des Ehenamens der Eltern geltenden Grundsätze zur Angleichung ausländischen 2
Namensrechts (s. Rn 5a) sind auch auf die Bildung des Kindesnamens übertragbar. Deshalb können die
Eltern zB den nach isländischem Recht gebildeten „Vatersnamen" (der aus dem Vornamen des Vaters unter
Hinzufügung des Namensteils „son" besteht) zum Familiennamen des Kindes bestimmen (LG Tübingen
FamRZ 04, 730).

Zu den Auswirkungen auf den Kindesnamen bei einer Änderung des Ehenamens vgl § 1617c III Nr 1. 3

§ 1617 Geburtsname bei Eltern ohne Ehenamen und gemeinsamer Sorge. (1) ¹Führen die Eltern keinen Ehenamen und steht ihnen die Sorge gemeinsam zu, so bestimmen sie durch Erklärung gegenüber dem Standesamt den Namen, den der Vater oder die Mutter zur Zeit der Erklärung führt, zum Geburtsnamen des Kindes. ²Eine nach der Beurkundung der Geburt abgegebene Erklärung muss öffentlich beglaubigt werden. ³Die Bestimmung der Eltern gilt auch für ihre weiteren Kinder.
(2) ¹Treffen die Eltern binnen eines Monats nach der Geburt des Kindes keine Bestimmung, überträgt das Familiengericht das Bestimmungsrecht einem Elternteil. ²Absatz 1 gilt entsprechend. ³Das Gericht kann dem Elternteil für die Ausübung des Bestimmungsrechts eine Frist setzen. ⁴Ist nach Ablauf der Frist das Bestimmungsrecht nicht ausgeübt worden, so erhält das Kind den Namen des Elternteils, dem das Bestimmungsrecht übertragen ist.
(3) Ist ein Kind nicht im Inland geboren, so überträgt das Gericht einem Elternteil das Bestimmungsrecht nach Absatz 2 nur dann, wenn ein Elternteil oder das Kind dies beantragt oder die Eintragung des Namens des Kindes in ein deutsches Personenstandsregister oder in ein amtliches deutsches Identitätspapier erforderlich wird.

A. Allgemeines. Bei Eltern ohne Ehenamen folgt das Recht zur Bestimmung des Kindesnamens aus der 1
elterlichen Sorge. Eltern ohne Ehenamen sind nicht miteinander verheiratete Eltern bzw Eheleute, die bis zur
Geburt des Kindes keinen Ehenamen bestimmt haben. Zu unterscheiden ist, ob die Eltern gemeinsam sorgeberechtigt sind oder nicht. Bei fehlender gemeinsamer Sorge kommt § 1617a zur Anwendung.

2 **B. Betroffene.** Die Vorschrift betrifft stets eheliche Kinder. Außerdem sind Kinder (noch) nicht miteinander verheirateter Eltern betroffen, die durch Sorgerechtserklärungen schon vor der Geburt der Kinder erklärt haben, dass sie die Sorge gemeinsam übernehmen wollen (§ 1626b II iVm § 1626a I Nr 1).

3 **C. Namenswahl.** Die Eltern können in diesen Fällen *bei* der Geburt (formlos) oder nach Beurkundung der Geburt (öffentliche Beglaubigung notwendig) den Namen des Vaters oder der Mutter zum Geburtsnamen bestimmen (§ 1617 I 1). Wählbar ist also auch der Name des Vaters, wenn dieser nicht mit der Kindesmutter verheiratet ist. Die Wahl eines Doppelnamens der Eltern für das Kind, zusammengesetzt aus ihren jeweiligen Familiennamen, ist unzulässig (BayObLG FamRZ 00, 56, 57; zur vorübergehenden Zulässigkeit des Doppelnamens für vor dem 1.4.94 geborene Kinder: BVerfG FamRZ 91, 535, 538). Der Ausschluss des Kinderdoppelnamens verstößt nicht gegen das durch Art 6 II GG geschützte Elternrecht (BVerfG FamRZ 02, 306) und nicht gegen Art 12 oder Art 18 EG (EuGH FamRZ 08, 2089 –LS-).

4 **D. Geschwister.** Eine einmal getroffene Namenswahl der Eltern ist auch für weitere Kinder bindend (I 3), auch im Falle späterer Adoption (BayObLG FamRZ 05, 1010).

5 § 1617 I 3 gilt hingegen nicht, wenn die Eltern bei der Geburt eines weiteren Kindes keine Sorgerechtserklärung gem § 1626a abgeben. Das Kind erhält vielmehr als Geburtsnamen den Familiennamen der gem § 1626a II allein sorgeberechtigten Mutter, falls diese nicht gem § 1617a II dem Kind mit Zustimmung des Kindesvaters dessen Namen erteilt hat (Hamm FamRZ 05, 1009).

6 **E. Gemeinsames Bestimmungsrecht binnen Monatsfrist.** Die Eltern können innerhalb eines Monats nach der Geburt den Geburtsnamen des Kindes bestimmen (II 1).

7 **F. Uneinigkeit der Eltern.** Treffen die Eltern binnen Monatsfrist keine Namensbestimmung, überträgt das FamG entspr § 1628 das Bestimmungsrecht einem Elternteil (II 1). Der Familienrichter setzt außerdem eine Frist für die Ausübung des Bestimmungsrechts (II 3).

8 Ausnahme: Ist das Kind im Ausland geboren, wird das Bestimmungsrecht nur auf Antrag übertragen oder wenn der Name des Kindes in das deutsche Personenstandsbuch oder deutsche Ausweispapiere eingetragen werden soll (III). Sodann ist zu unterscheiden:

9 Der bestimmungsberechtigte Elternteil kann entspr § 1617 I seinen im Bestimmungszeitpunkt geführten Namen oder den Namen des anderen Elternteils zum Geburtsnamen des Kindes bestimmen (II 2). Einer Zustimmung des anderen Elternteils bedarf es nicht. Dieser kann also die Wahl (selbst seines eigenen Namens) durch den bestimmungsberechtigten Elternteil nicht verhindern.

10 Bleibt der bestimmungsberechtigte Elternteil innerhalb der gerichtlich gesetzten Frist untätig, erhält das Kind nach Fristablauf automatisch dessen Namen (IV 4). Auf den Grund der Fristversäumung kommt es ebenso wenig an wie auf elterliches Verschulden. Eine Wiedereinsetzung in den vorigen Stand ist im G nicht vorgesehen (Hamm FamRZ 04, 731).

§ 1617a Geburtsname bei Eltern ohne Ehenamen und Alleinsorge.

(1) Führen die Eltern keinen Ehenamen und steht die elterliche Sorge nur einem Elternteil zu, so erhält das Kind den Namen, den dieser Elternteil im Zeitpunkt der Geburt des Kindes führt.

(2) ¹Der Elternteil, dem die elterliche Sorge für ein unverheiratetes Kind allein zusteht, kann dem Kind durch Erklärung gegenüber dem Standesamt den Namen des anderen Elternteils erteilen. ²Die Erteilung des Namens bedarf der Einwilligung des anderen Elternteils und, wenn das Kind das fünfte Lebensjahr vollendet hat, auch der Einwilligung des Kindes. ³Die Erklärungen müssen öffentlich beglaubigt werden. ⁴Für die Einwilligung des Kindes gilt § 1617c Abs. 1 entsprechend.

1 Die Vorschrift regelt die Namensführung von **Kindern, deren Eltern keinen Ehenamen tragen**, sofern ein Elternteil allein sorgeberechtigt ist.

2 Betroffen sind Kinder nicht verheirateter Eltern, wenn der Mutter die originäre Alleinsorge zusteht (§ 1626a II BGB), selten auch Kinder von Eltern, die verheiratet sind oder verheiratet waren, falls ein Elternteil verstorben oder ihm das Sorgerecht entzogen worden ist.

3 Das Kind erhält mit der Geburt kraft Gesetzes den Namen, den der allein sorgeberechtigte Elternteil im Zeitpunkt der Geburt führt (I).

4 Hat das Kind im Regelfall (originäre Alleinsorge der Mutter) zunächst automatisch gem I den Namen der Mutter erhalten, kann die Mutter dem Kind den Namen des Kindesvaters erteilen (II), jedoch nicht mehr nach dem Tod des Kindes (BayObLG FamRZ 01, 1543, 1545). Erforderlich sind jedoch die öffentlich beglaubigten (§ 1617a I 3) Einwilligungen des Kindes – soweit es das 5. Lebensjahr vollendet hat – sowie des anderen Elternteiles, dessen Einwilligung nicht gerichtlich ersetzt werden kann. Eine Rückänderung in den Nachnamen der *Kindesmutter ist nur gem* § 3 NÄG möglich, wenn dies zum Wohle des Kindes erforderlich ist (OVG Bremen FamRZ 05, 1927).

5 Die Namensänderung kann bereits bei Geburt des Kindes erfolgen (unechte Namensänderung), wenn die Erklärung der Mutter und die Zustimmung des Vaters bereits vor der Geburt des Kindes abgegeben worden sind.

Andererseits entfällt mit Eintritt der Volljährigkeit des Kindes die Befugnis des allein sorgeberechtigten Elternteils zur Namensänderung (BVerfG FamRZ 08, 496). Eine erweiternde Anwendung des 1617a II dahingehend, dass das volljährige Kind einen Wechsel von dem nach einem Elternteil geführten Namen zu dem des anderen Elternteils vornehmen kann, ist nicht möglich (BayObLG FamRZ 02, 1729, 1730). 6

Fällt später dem Kindesvater die Alleinsorge zu (§ 1672 I), kann dieser mit Einwilligung der Kindesmutter dem Kind in entspr Anwendung des II seinen eigenen Namen erteilen (BayObLG FamRZ 00, 1435). Dagegen gestattet das Gesetz dem Vater, dem nach dem Tod der nach § 1626a II allein sorgeberechtigten Mutter die Alleinsorge zugefallen ist, nicht, dem Kind seinen Namen zu erteilen (BGH FamRZ 05, 1984). 7

§ 1617b Name bei nachträglicher gemeinsamer Sorge oder Scheinvaterschaft.
(1) ¹Wird eine gemeinsame Sorge der Eltern erst begründet, wenn das Kind bereits einen Namen führt, so kann der Name des Kindes binnen drei Monaten nach der Begründung der gemeinsamen Sorge neu bestimmt werden. ²Die Frist endet, wenn ein Elternteil bei Begründung der gemeinsamen Sorge seinen gewöhnlichen Aufenthalt nicht im Inland hat, nicht vor Ablauf eines Monats nach Rückkehr in das Inland. ³Hat das Kind das fünfte Lebensjahr vollendet, so ist die Bestimmung nur wirksam, wenn es sich der Bestimmung anschließt. ⁴§ 1617 Abs. 1 und § 1617c Abs. 1 Satz 2 und 3 und Abs. 3 gelten entsprechend.
(2) ¹Wird rechtskräftig festgestellt, dass ein Mann, dessen Familienname Geburtsname des Kindes geworden ist, nicht der Vater des Kindes ist, so erhält das Kind auf seinen Antrag oder, wenn das Kind das fünfte Lebensjahr noch nicht vollendet hat, auch auf Antrag des Mannes den Namen, den die Mutter im Zeitpunkt der Geburt des Kindes führt, als Geburtsnamen. ²Der Antrag erfolgt durch Erklärung gegenüber dem Standesamt, die öffentlich beglaubigt werden muss. ³Für den Antrag des Kindes gilt § 1617c Abs. 1 Satz 2 und 3 entsprechend.

A. Allgemeines. Betroffen sind die Kinder nicht verheirateter Eltern ohne gemeinsames Sorgerecht (§ 1617a I, Rn 2), wenn die Eltern nachträglich durch gemeinsame Sorgerechtserklärungen oder durch Heirat die gemeinsame Sorge begründen (I) oder Kinder, die den Familiennamen des Mannes (Scheinvaters) tragen, wenn dieser seine Vaterschaft angefochten hat (II). 1

I. Nachträglicher Sorgerechtserwerb (Abs 1). 1. Gemeinsame Sorge durch Erklärungen (§ 1626a Nr 1). Die Eltern können binnen 3 Monaten nach Begründung der gemeinsamen Sorge den Kindesnamen (nur einverständlich) ändern (I), unter der weiteren Voraussetzung, dass sich das Kind, falls es über 5 Jahre alt ist, der Änderung anschließt (I 3). Für die Namensbestimmung gelten die §§ 1617 I, 1617c I 2 u 3, III entspr. Machen die Eltern dagegen von der Änderungsmöglichkeit gem I keinen Gebrauch, so ist der von diesem Kind weitergeführte Familienname auch für später geborene Geschwister verbindlich (BayObLG FamRZ 02, 856). Ausn: Übergangsfälle nach Art 224 § 3 EGBGB (Ddorf FamRZ 06, 1226). 2

Trennen sich die Eltern wieder und erhält die Mutter die Alleinsorge, nachdem das Kind bereits aufgrund des I 1 einen Geburtsnamen erhalten hat, steht der Mutter nicht das Recht zu, beim Kind eine (erneute) Namensänderung vorzunehmen (Bremen FamRZ 03, 1687). 3

2. Gemeinsame Sorge durch spätere Heirat (§ 1626a I Nr 2). Wenn die Eltern bei der – der Geburt des Kindes nachfolgenden – Heirat einen Ehenamen annehmen, wird dieser automatisch Geburtsname des Kindes, falls sich das Kind, sofern es über 5 Jahre alt ist, der Änderung anschließt (§ 1617c I 1). 4

Heiraten die Eltern nach der Geburt des Kindes, ohne einen Ehenamen anzunehmen, haben sie nach § 1617b I 1 das Recht zur Neubestimmung des Geburtsnamens des Kindes (s.o. Rn 2). Bestimmen sie später doch noch einen Ehenamen, geht dieser auf das Kind über (§ 1617c I 1). 5

B. Anfechtung der Vaterschaft des Namensgebers. I. Grundsatz. Trägt das Kind als Geburtsnamen den Familiennamen des Vaters und wird dessen Vaterschaft – und damit die Nichtehelichkeit des Kindes – rechtskräftig festgestellt, führt das Kind weiterhin den Namen des Scheinvaters (Umkehrschluss aus II 1). 6

II. Ausn. Jedoch erhält das Kind gem § 1617b II den Namen, den die Kindesmutter im Zeitpunkt der Geburt des Kindes geführt hat, als Geburtsnamen vor Vollendung des 5. Lebensjahres auf Antrag des Kindes oder auf Antrag des Scheinvaters, nach Vollendung des 5. Lebensjahres (nur) auf Antrag des Kindes. 7

§ 1617c Name bei Namensänderung der Eltern.
(1) ¹Bestimmen die Eltern einen Ehenamen, nachdem das Kind das fünfte Lebensjahr vollendet hat, so erstreckt sich der Ehename auf den Geburtsnamen des Kindes nur dann, wenn es sich der Namensgebung anschließt. ²Ein in der Geschäftsfähigkeit beschränktes Kind, welches das 14. Lebensjahr vollendet hat, kann die Erklärung nur selbst abgeben; es bedarf hierzu der Zustimmung seines gesetzlichen Vertreters. ³Die Erklärung ist gegenüber dem Standesamt abzugeben; sie muss öffentlich beglaubigt werden.

§ 1618

(2) Absatz 1 gilt entsprechend,
1. wenn sich der Ehename, der Geburtsname eines Kindes geworden ist, ändert oder
2. wenn sich in den Fällen der §§ 1617, 1617a und 1617b der Familienname eines Elternteils, der Geburtsname eines Kindes geworden ist, auf andere Weise als durch Eheschließung oder Begründung einer Lebenspartnerschaft ändert.
(3) Eine Änderung des Geburtsnamens erstreckt sich auf den Ehenamen oder den Lebenspartnerschaftsnamen des Kindes nur dann, wenn sich auch der Ehegatte oder der Lebenspartner der Namensänderung anschließt; Absatz 1 Satz 3 gilt entsprechend.

1 Die Voraussetzungen für eine Änderung des Geburtsnamen des Kindes sind unterschiedlich geregelt je nach Alter des Kindes und dem Grund der Namensänderung.

2 I regelt exemplarisch den Fall der Namensänderung, wenn Eltern, die bei der Geburt des Kindes keinen Ehenamen hatten, später einen Ehenamen anmelden. Die Ehenamensbestimmung erstreckt sich dann ohne weiteres auf den Geburtsnamen des Kindes, wenn es noch nicht 5 Jahre alt ist. Hat das Kind das fünfte, aber noch nicht das vierzehnte Lebensjahr vollendet, kann es sich der Namensgebung der Eltern durch Erklärung seines gesetzlichen Vertreters anschließen. Ab Vollendung des vierzehnten Lebensjahres kann sich das Kind nur durch seine eigene Erklärung der Namensänderung anschließen, die zusätzlich der Zustimmung des gesetzlichen Vertreters bedarf (I 2). Sämtliche Erklärungen sind ggü dem Standesbeamten abzugeben und müssen öffentlich beglaubigt werden (I 3).

3 Ist der Ehename bei der Geburt des Kindes (§ 1616) oder später (§ 1617c I) zum Kindesnamen geworden, führt die entspr Anwendung des I zur Änderung des Kindesnamens, wenn sich der Ehename der Eltern ändert (II Nr 1).

4 Dasselbe gilt, wenn sich der Familienname eines Elternteils, der gem §§ 1617, 1617b, 1617c I und II oder durch Adoption Geburtsname des Kindes geworden ist, auf andere Weise als durch Eheschließung oder Gründung einer Lebenspartnerschaft ändert (II Nr 2).

5 III trifft ergänzende Regelungen, für den Fall, dass das Kind, dessen Name sich nach I und II ändert, verheiratet ist. Er erlangt nur Bedeutung, wenn der Geburtsname des Kindes, der von der Namensänderung betroffen ist, zuvor bereits zum Ehenamen in der Ehe des Kindes geworden war. Die Änderung des Geburtsnamens des Kindes durch die Eltern erstreckt sich in diesem Fall nur dann auch auf den Ehenamen des Kindes, wenn dessen Ehegatte/Lebenspartner ggü dem Standesbeamten in öffentlich beglaubigter Form seine Zustimmung erklärt.

6 Verweigert das Schwiegerkind seine Zustimmung, behält auch das Kind seinen bisherigen Ehenamen, obwohl sich sein Geburtsname durch die Namensänderung der Eltern inzwischen geändert hat. Allerdings kann das Kind seinen geänderten Geburtsnamen seinem Ehenamen als Begleitnamen anfügen.

7 Führte das Kind im Zeitpunkt der Namensänderung keinen Ehenamen, wirkt sich die Namensänderung weder auf das Kind noch auf seinen Ehegatten/Lebenspartner aus. Entschließen sich beide jedoch zur Bestimmung eines Ehenamens, können sie dafür auch den geänderten Geburtsnamen des Kindes bestimmen.

§ 1618 Einbenennung. ¹Der Elternteil, dem die elterliche Sorge für ein unverheiratetes Kind allein oder gemeinsam mit dem anderen Elternteil zusteht, und sein Ehegatte, der nicht Elternteil des Kindes ist, können dem Kind, das sie in ihren gemeinsamen Haushalt aufgenommen haben, durch Erklärung gegenüber dem Standesamt ihren Ehenamen erteilen. ²Sie können diesen Namen auch dem von dem Kind zur Zeit der Erklärung geführten Namen voranstellen oder anfügen; ein bereits zuvor nach Halbsatz 1 vorangestellter oder angefügter Ehename entfällt. ³Die Erteilung, Voranstellung oder Anfügung des Namens bedarf der Einwilligung des anderen Elternteils, wenn ihm die elterliche Sorge gemeinsam mit dem den Namen erteilenden Elternteil zusteht oder das Kind seinen Namen führt, und, wenn das Kind das fünfte Lebensjahr vollendet hat, auch der Einwilligung des Kindes. ⁴Das Familiengericht kann die Einwilligung des anderen Elternteils ersetzen, wenn die Erteilung, Voranstellung oder Anfügung des Namens zum Wohl des Kindes erforderlich ist. ⁵Die Erklärungen müssen öffentlich beglaubigt werden. ⁶§ 1617c gilt entsprechend.

1 **A. Einbenennung von Stiefkindern und Scheidungshalbwaisen.** Eine nachträgliche Namensänderung ist nur iRd §§ 1617a II, 1617b, 1617c und 1618 möglich. Im Mittelpunkt des Interesses steht dabei die Namensänderung nach Scheidung der Eltern (§ 1618). Hauptanwendungsfall ist die Übertragung des neuen Ehenamens auf das Kind (Einbenennung von Stiefkindern), aber auch um die Namensangleichung bei Scheidungshalbwaisen, das sind Kinder, deren Sorgerechtsinhaber unverheiratet ist (s. Rn 12). Weitergehend stellt sich die Frage, ob eine Einbenennung in analoger Anwendung der Einbenennungsvorschriften möglich ist, wenn *dem Elternteil, der mit dem anderen Elternteil nie verheiratet war,* das Sorgerecht zufällt (s. Rn 14).

2 **I. Der geschiedene Elternteil ist wieder verheiratet und Inhaber der Alleinsorge oder der gemeinschaftlichen Sorge. 1. Einbenennungsvoraussetzungen.** sind Einbenennungserklärung des Sorgerechtsinhabers, Einbenennungserklärung des neuen Ehegatten, Führung eines neuen Ehenamens, Aufnahme des Kindes in

den gemeinsamen Haushalt, Zustimmung des anderen nicht sorgeberechtigten Elternteils, wenn das Kind seinen Namen führt oder – unabhängig von der Namensführung – wenn er mitsorgeberechtigt ist, und die Einwilligung des über 5 Jahre alten Kindes.

2. Erteilung des neuen Ehenamens an Stiefkinder. Der einbenennende Elternteil kann dem Kind seinen 3 neuen Ehenamen erteilen oder seinen neuen Ehenamen dem Geburtsnamen des Kindes voranstellen oder anfügen (additive Einbenennung, § 1618 1 und 2 – 1. Hs –, s. Rn 29).

Die Einbenennung setzt voraus, dass der Einbenennende und sein Ehegatte bereits einen Ehenamen führen 4 und nicht lediglich zukünftig planen (Hamm FamRZ 00, 1437). Außerdem müssen sie das Kind in ihren Haushalt aufgenommen haben.

Zukünftig ist darüber hinaus mit jeder Wiederheirat eine erneute Einbenennung möglich, jedoch entfällt 5 dann ein auf Grund vorangegangener Einbenennung dem Namen des Kindes vorangestellter oder angefügter Ehename (§ 1618 2 – 2. Hs –).

Das über 5 Jahre alte Kind muss zustimmen (§ 1618 3). Wenn es noch nicht das 14. Lebensjahr vollendet hat, 6 wird seine Erklärung vom Sorgerechtsinhaber in gesetzlicher Vertretung abgegeben (Karlsr FamRZ 00, 1437). Hat das Kind das 14. Lebensjahr vollendet, kann es die Erklärung nur selbst abgeben, bedarf hierzu aber der Zustimmung seines gesetzlichen Vertreters (§ 1618 3 und 6 iVm § 1617c I 2).

Gesetzlicher Vertreter anstelle oder für das Kind ist in Fällen der **Alleinsorge** der alleinsorgeberechtigte 7 Elternteil (§ 1626 I 2). Er ist nicht gem §§ 1629 II 1, 1795 II, 181 von der Vertretung ausgeschlossen (BayObLG FamRZ 02, 857; aA Zweibr FamRZ 00, 696). Bei einem erheblichen Interessengegensatz zum Kind kann ihm die Vertretung entzogen werden (§§ 1629 II 3, 1796). In Fällen der **gemeinschaftlichen Sorge** ist die Vertretungslage unklar. Der Gesetzgeber hat dieses Problem bei Ausweitung des § 1618 auf den Fall der gemeinschaftlichen Sorge durch das Kinderrechteverbesserungs-Gesetz nicht bedacht. Es wird die Auffassung vertreten, dass sich der die Einbenennung betreibende Elternteil zuvor die Alleinsorge übertragen lassen müsse, um die Zustimmung durch oder für das Kind erklären zu können. Nach richtiger Auffassung erübrigt sich ein Vorverfahren schon deshalb, weil der Einbenennende als Obhutsinhaber das Kind auch bei gemeinsamer Sorge gesetzlich vertreten kann (analog § 1629 II 2).

Jede Einbenennung setzt die Einwilligung des mitsorgeberechtigten Elternteils voraus (Köln FamRZ 04, 811) 8 oder des nicht sorgeberechtigten Elternteils, falls das Kind dessen Namen führt, § 1618 3 (Karlsr FamRZ 04, 811). Auf diese Einwilligung kann auch bei unbekanntem Aufenthalt des anderen Elternteils nicht verzichtet werden. Eine analoge Anwendung des § 1747 IV – 2. Alt – scheidet aus (Hamm FamRZ 00, 695). Die Einwilligung kann nach Maßgabe des § 1618 4 ersetzt werden (s. Rn 15 ff).

Nach dem Tod des nicht sorgeberechtigten Elternteils ist die Einwilligung seiner Eltern in die Einbenennung 9 nicht erforderlich und muss deshalb auch nicht ersetzt werden (BayObLG FamRZ 05, 388).

3. Erteilung des Geburtsnamens an Scheidungshalbwaisen. Umstritten ist, ob der allein sorgeberechtigte 10 Elternteil, der nach der Scheidung seinen Geburtsnamen wieder angenommen hat (§ 1355 V 2), den Namen seines Kindes angleichen kann. Das Namensrecht sieht für Scheidungshalbwaisen – anders als für Stiefkinder – keine Änderungsmöglichkeit vor. Für eine analoge Anwendung des § 1618 ist kein Raum, weil keine Regelungslücke besteht (BVerwG FamRZ 02, 1105). Das Namensbestimmungsrecht der Eltern ist durch die gesetzlich vorgesehenen Wahlmöglichkeiten eingeschränkt (Frankf FamRZ 05, 1927; BVerwG FamRZ 02, 1104, 1105).

Aus demselben Grund kann sich ein Kind, das bereits nach § 1618 einbenannt worden ist, nicht später dem 11 gem § 1355 V 2 wieder angenommenen Geburtsnamen eines Elternteils anschließen (Hamm FamRZ 02, 1731, 1733, Vorlagebeschluss). In Betracht kommt dann nur eine Namensänderung nach dem NamÄndG (s. Rn 31).

II. Sonderfall: Einbenennung bei Alleinsorge des nie verheirateten Elternteils. Beruht die Namensun- 12 gleichheit zwischen dem Kind und seinem sorgeberechtigten Elternteil nicht auf einer Eheschließung des Sorgerechtsinhabers, sondern auf einem Wechsel im Sorgerecht (zB wenn der nicht verheiratete Kindesvater gem § 1680 III – 2. Alt – Alleinsorgerechtsinhaber geworden ist, nachdem der originär sorgeberechtigten Kindesmutter (§ 1626a II) gem § 1666 das Sorgerecht entzogen wurde, besteht keine „planwidrige Unvollständigkeit" des Gesetzes, die eine Einbenennung analog § 1618 ermöglicht (so aber: Köln FamRZ 01, 1547).

1. Ersetzung der Einwilligung in die Einbenennung (§ 1618 S 4). a) Verfahrensrecht. Es handelt sich um 13 ein die elterliche Sorge betreffendes Verfahren, für das die FamGe sachlich zuständig sind (§§ 151 Nr 1 FamFG, 23b I GVG). Funktionell zuständig ist der Rechtspfleger (§ 3 Nr 2a RpflG) des für den Wohnsitz des Kindes (§ 11) örtlich zuständigen FamG, § 152 II FamFG.

Alle Beteiligten sind idR von Amts wegen (§ 26 FamFG) persönlich anzuhören. Dies betrifft beide Eltern 14 (§ 160 FamFG) sowie das Kind (§ 159 FamFG), sofern es zur Sachaufklärung beitragen kann. Das dürfte frühestens ab dem 6. oder 7. Lebensjahr der Fall sein (Bambg MDR 00, 524 betr 7-jähriges Kind). Allerdings wird ein Kind unter 12 Jahren kaum in der Lage sein, die Zuordnung eines neuen Namens sachgerecht zu bewerten und ihre Wirkung für die Zukunft abzuschätzen (Oldenbg FamRZ 99, 1381). Das Kind sollte grds in Abwesenheit von Mutter und Vater angehört werden (Rostock FamRZ 00, 695, 696). Die Anhörungspflicht besteht auch in der Beschwerdeinstanz, es sei denn, es handelt sich nur um Rechtsfragen (Stuttg FamRZ 99, 1375, 1376). Eine Vernehmung des Kindes als Zeuge findet nicht statt (§ 163 III FamFG).

15 Das Unterlassen der persönlichen Anhörung ist ein schwerer Verfahrensmangel, der analog § 539 ZPO ebenso zur Aufhebung und Zurückverweisung des Verfahrens führen kann (Brandbg FamRZ 01, 571) wie das Fehlen einer Begründung oder bei einer nur formelhaften oder zu knappen Begründung des Ersetzungsbeschlusses (Frankf FamRZ 99, 1379; Rostock FamRZ 00, 695, 696).

16 Wegen des Interessengegensatzes zwischen dem Kind und dem antragstellenden Elternteil wird das FamG in jedem Einzelfall fragen müssen, ob dem Kind – gerade auch in jüngerem Alter – gem § 158 II Nr 1 FamFG ein Verfahrensbeistand zur Seite gestellt werden muss (Rostock FamRZ 00, 695, 696).

17 Bei der Prüfung der Erfolgsaussicht iRd Verfahrenskostenhilfe ist nicht kleinlich zu verfahren (Dresd FamRZ 99, 1378). Die Beiordnung eines Rechtsanwalts ist wegen der Bedeutung des Ersetzungsverfahrens idR geboten (*Oelkers/Kreutzfeldt* FamRZ 00, 647).

18 Als Gegenstandswert ist – auch in der Beschwerdeinstanz – der Regelwert von 3.000 € (§ 42 III FamGKG) anzusetzen.

19 Gegen den Ersetzungsbeschluss findet die binnen eines Monats einzulegende befristete Beschwerde statt (BGH FamRZ 99, 1648). Der Beschl des Rechtspflegers ist deshalb zuzustellen (§ 41 II 2 FamFG), um den Lauf der Monatsfrist (§ 63 I FamFG) in Gang zu setzen. Dagegen findet gegen den Beschl, der die Ersetzung zurückweist, keine Beschwerde des Kindes statt (BGH FamRZ 99, 1648; Nürnbg FamRZ 01, 49, LS).

20 **b) Materielles Recht.** Die Einwilligung des anderen Elternteils kann ersetzt werden, wenn die Einbenennung zum Wohle des Kindes „erforderlich" ist (§ 1618 4). Mit dem Merkmal der Erforderlichkeit hat der Gesetzgeber in Abgrenzung zur großzügigen Rspr der Verwaltungsgerichte zu § 3 NamÄndG (s. Rn 31: „förderlich") den zunächst im Gesetzgebungsverfahren vorgesehenen Begriff („dient") ersetzt und damit die Eingriffsvoraussetzungen erheblich verschärft. § 1618 4 ist in seinem Anwendungsbereich deshalb lex specialis ggü § 3 NamÄndG (s. Rn 31).

21 Die Ersetzung darf nur dann erfolgen, wenn sie aus Gründen des Kindeswohles unabdingbar nötig ist (BGH FamRZ 02, 94). Es müssen ohne die Ersetzung konkret zu erwartende Schäden für das Kind zu befürchten sein, wie zB bei einer entscheidenden Verschlechterung einer Erkrankung (hier Asthma) aufgrund der Namensverschiedenheit (Hamm FamRZ 08, 2148). Die Einbenennung muss iRe Gesamtbewertung aller Umstände für das Kind einen so hohen materiellen und seelischen Nutzen versprechen, dass ein um das Wohl seines Kindes verständig sorgender Elternteil auf die Erhaltung der Namensbande zu dem Kind nicht bestehen würde (Ddorf FamRZ 00, 691; Rostock FamRZ 00, 695, 696 mwN). Teilw wird in Anlehnung an § 1696 dahingehend formuliert, dass die Ersetzung triftige das Kindeswohl nachhaltig berührende Gründe voraussetzt (*Oelkers/Kreutzfeldt* FamRZ 00, 648) bzw dass triftige Gründe für die Zurückstellung des Interesses des nicht sorgeberechtigten Elternteils an der Erhaltung des Namens bestehen müssen (Hamm FamRZ 00, 692, LS). Besteht kein Namensband zum mitsorgeberechtigten Vater, sollen geringere Anforderungen an die Erforderlichkeit der Einwilligungsersetzung zu stellen sein (Bambg FamRZ 08, 2148, str).

22 Bei der Interessenabwägung ist zu bedenken, dass es in der heutigen Zeit nicht mehr ungewöhnlich ist, wenn die Familiennamen von Eltern und Kind auseinander fallen, zumal wenn die Kindesmutter ihren früheren Ehenamen (den auch das Kind führt) in ihren jetzigen „Doppelnamen" übernommen hat. Es kommt ferner hinzu, dass der Nachname im kindlichen Freundeskreis häufig keine besondere Bedeutung hat, da die Kinder sich normalerweise beim Vornamen nennen. Nach Auffassung des BGH ist auch die Kontinuität der Namensführung ein wichtiger Kindesbelang (BGH FamRZ 02, 94). Andererseits sind die seit der Trennung gewachsenen Beziehungen des Kindes in der neuen Familie, darunter auch sein Verhältnis zu Stief- und Halbgeschwistern, iRd Kindeswohlprüfung abzuwägen (*Oelkers/Kreutzfeldt* FamRZ 00, 647, 648).

23 Mit Blick auf den anderen Elternteil, dessen Namen das Kind trägt, ist wichtig, dass die angestrebte Namensänderung einen schwer wiegenden Eingriff darstellt, der die persönliche Identität des Elternteils berührt und mit Identitätsverlust zu tun hat (Frankf FamRZ 99, 1376, 1377). Diese Umstände wiegen umso schwerer, je stärker dieser Elternteil auch noch nach der Trennung insb durch regelmäßige Kontakte und Unterhaltszahlungen für das Kind Verantwortung gezeigt und eine tragfähige Beziehung zu ihm hergestellt hat. Diese Grundsätze sind vom OLG auch dann zu beachten, wenn aufgrund der angefochtenen Entscheidung des FamG die Einbenennung bereits beurkundet worden ist (BGH FamRZ 05, 889). Die Einbenennung ist der Ausnahmefall (München FamRZ 99, 153, 154) und von der Rspr überwiegend abgelehnt.

24 So wurden die Einbenennungsvoraussetzungen von der Rspr verneint, wenn die Kinder aus 1. Ehe befürchten, ihre Halbschwester aus 2. Ehe sei ein „Kind erster Klasse" (Braunschw StAZ 00, 16), bei gelegentlichen Hänseleien des Kindes mit dem Namen seines leiblichen Vaters („Baumännchen") (Hamm FamRZ 99, 1380, 1381), bei lästigen Nachfragen wegen der Verschiedenheit der Familiennamen (Oldbg FamRZ 99, 1381, *1382), wenn die Kindesmutter* beabsichtigt, praktisch alle Brücken hinter sich abzubrechen (Oldbg FamRZ 99, 1381), wenn der Vater (mangels Leistungsfähigkeit) keinen Kindesunterhalt zahlen konnte (Hamm FamRZ 99, 736), wenn die Namensänderung va die Integration des Kindes in seine Stieffamilie dokumentieren soll (Nürnbg FamRZ 99, 1379, 1380).

Anderseits ist die Einwilligung von der Rspr ersetzt worden, weil ein 9 Jahre altes Kind seit 3 Jahren (unberechtigt) den Namen seiner (neuen) Familie führt und nur unter diesem Namen bekannt ist (Kobl FamRZ 00, 692, LS), weil der Vater seit 3 Jahren sein Umgangsrecht nicht wahrgenommen, keinen Kindesunterhalt gezahlt und seine Bereitschaft zur Einwilligung in die Stiefvateradoption erklärt hat (Oldbg FamRZ 00, 694), weil der Vater seit längerer Zeit keinen Kontakt mehr zu seinem Kind unterhält und auch keinerlei Umgang wünscht (Bambg FamRZ 01, 570, LS), während mangelnde Umgangskontakte allein für die Ersetzung nicht ausreichen (Brandbg FamRZ 03, 631, LS). 25

Scheitert die Einbenennung durch vollständigen Namenswechsel am Widerstand des anderen Elternteils, wird das FamG in geeigneten Fällen vAw zu prüfen haben, ob dem Einbenennungsanliegen durch eine weniger einschneidende Maßnahme Rechnung getragen werden kann, etwa durch einverständliche Bildung eines Doppelnamens gem § 1618 2 (**additive Einbenennung**) (Celle FamRZ 99, 1374). Dabei ist allerdings zu berücksichtigen, dass die additive Einbenennung nicht ein Weniger ggü der (vollen) Einbenennung darstellt, sondern ein aliud, zu dem die Beteiligten entspr Erklärungen und Anträge abgeben müssen, bevor das Gericht eine solche Entscheidung treffen kann (BGH FamRZ 02, 1331). Im Fall der additiven Einbenennung sind geringere Anforderungen an die Erforderlichkeit einer Namensänderung zu stellen als bei Einbenennung durch vollständigen Namenswechsel (Köln FamRZ 03, 630). 26

2. Annahme als Kind (Adoption). a) Namensgebung. Es ist zu unterscheiden, ob die annehmende/n Person/en verheiratet ist/sind: (1) Wird das Kind von einem Ehepaar mit Ehenamen angenommen, erhält es dessen Ehenamen als Geburtsnamen (Umkehrschluss aus § 1757 II iVm § 1616). 27

(2) Nimmt ein Ehepaar ohne Ehenamen ein Kind an bzw ein Ehegatte das Kind seines Ehegatten, erfolgt die Namensbestimmung (ggü dem FamG) entspr § 1617 I (§ 1757 II). Das Kind, sofern über 5 Jahre alt, muss in diesem Falle zustimmen (§ 1757 II 2). 28

(3) Wird das Kind von einem nicht Verheirateten adoptiert, erhält es dessen Familiennamen (ohne eventuellen Begleitnamen) als Geburtsnamen (§ 1757 I). Maßgeblicher Familienname des Annehmenden ist der Name, den er in dem Zeitpunkt führt, in dem der Name des Angenommenen rechtskräftig festgestellt wird (Köln FamRZ 04, 399, LS). 29

b) Namensänderung. Die Auswirkungen der Aufhebung der Adoption auf den Kindesnamen sind in § 1765 geregelt. Keine Namensänderung nach Wirksamwerden des Adoptionsbeschlusses (BayObLG FamRZ 03, 1773 LS). 30

3. Namensänderungsgesetz (NamÄndG). Für eine Änderung des Kindesnamens „aus wichtigem Grund" (§ 3 I NamÄndG) wird nach der neueren Rspr des BVerwG lediglich vorausgesetzt, dass die Änderung dem Wohle des Kindes „förderlich" (bisher: „erforderlich") ist (BVerwG FamRZ 94, 439; 96, 937). In Fällen der Einbenennung wird § 3 NamÄndG durch § 1618 4 als lex specialis verdrängt (OVG Münster FamRZ 00, 698). 31

Für ein minderjähriges Kind stellt der gesetzliche Vertreter den Antrag (§ 2 I 1 – 1. Hs – NamÄndG). Hat das Kind einen Vormund oder Pfleger, bedarf dessen Namensänderungsantrag der Genehmigung durch das VormG (§ 2 I 1 – 2. Hs – NamÄndG), die zu erteilen ist, wenn sie dem Wohle des Kindes am besten entspricht (entsprechende Anwendung des § 1697a) (VerwG Darmstadt FamRZ 99, 655). 32

B. Übergangsrecht. I. Geburt vor dem 1. Juli 1998. Ein vor dem 1.7.98 geborenes Kind behält seinen am 1.7.98 geführten Geburtsnamen auch nach diesem Zeitpunkt (Art 224 § 3 I 1 EGBGB). Der Geburtsname ist aber nach neuem Recht (§§ 1617a II, 1617b, 1617c) abänderbar (Art 224 § 3 I 2 EGBGB). 33

II. Sonderfälle. Sonderregelungen in Art 224 § 3 II bis VI EGBGB (*Gressmann* Neues Kindschaftsrecht, 98, Rz 573 ff) betreffen die besondere Rechtslage der Kindesnamen im Zusammenhang mit dem Übergangsrecht vor In-Kraft-Treten des Familiennamenrechtsgesetzes vom 16.12.93 (BGBl I 2054). 34

§ 1618a Pflicht zu Beistand und Rücksicht. Eltern und Kinder sind einander Beistand und Rücksicht schuldig.

Die Vorschrift regelt das **gesetzliche Leitbild** für das Verhältnis zwischen Eltern und Kindern, nämlich die gegenseitige Fürsorge, wie sie in einer intakten Familie auch ohne besondere gesetzliche Vorschrift geübt wird (BGH FamRZ 98, 101, 103). Die Norm hat als Generalklausel im Kindschaftsrecht vergleichbare Bedeutung wie § 1353 zwischen Eheleuten, soweit sie nicht spezialgesetzlich verdrängt wird (vgl §§ 1611 und 1612 II). 1

Die Pflicht zur gemeinsamen Fürsorge gebietet Beistandsleistung und Rücksichtnahme. Der ursprünglich nur programmatische Charakter der Vorschrift hat sich geändert. Aus ihr werden inzwischen konkrete Rechtsfolgen abgeleitet (Palandt/*Diederichsen* Rz 5), die Einzelpflichten des Beistands und der Rücksichtnahme konkretisieren (vgl die Rsprhinweise in KKFamR/*Weinreich* § 1618a Rz 4–12). 2

§ 1619 Dienstleistungen in Haus und Geschäft. Das Kind ist, solange es dem elterlichen Hausstand angehört und von den Eltern erzogen oder unterhalten wird, verpflichtet, in einer seinen Kräften und seiner Lebensstellung entsprechenden Weise den Eltern in ihrem Hauswesen und Geschäft Dienste zu leisten.

§ 1620

1 A. Allgemeines. Die weitgehend unbekannte Vorschrift regelt die den Eltern in deren Haushalt und Geschäft geschuldete Dienstleistung der Kinder. Praktische Bedeutung hat die Vorschrift noch in zwei Fällen: Die Pflichtenlage des Kindes wird iRe Schadensersatzanspruchs nach § 854 materialisiert, wenn es durch Fremdeinwirkung ums Leben kommt. Hat das Kind dagegen in beachtlichem Umfang tatsächlich Dienste geleistet, wird es erbrechtlich belohnt (§ 2057a) Ein umfassenderer Einsatz der Vorschrift im Alltag – etwa als Vehikel zur Einforderung häuslicher Mithilfe – wird als nicht zeitgemäß empfunden.

2 B. Hauskind. Dienstleistungspflichtig ist das gemeinschaftliche minderjährige oder volljährige Kind (auch Stiefkind), ob ledig oder verheiratet, solange es im Haushalt mindestens eines sorgeberechtigten Elternteils lebt und von ihm unterhalten wird.

3 C. Dienstleistungspflicht. Art und Ausmaß der Dienstpflicht sind abhängig vom Alter des Kindes und seinen Fähigkeiten, aber auch von den Lebensverhältnissen der Eltern (zB Krankheit, doppelte Berufstätigkeit, Erziehung. durch nur einen Elternteil) sowie den sächlichen Erfordernissen wie Haushalt oder Geschäftsbetrieb (vgl BGH NJW 1972, 1716). Deshalb gibt es insb für den **zeitlich geschuldeten Umfang** der Dienstleistung keine Faustregel. Der BGH hat 1973 bei über 14 Jahre alten Kindern (Mädchen wie Jungen) den Ansatz von 7 Wochenstunden für vertretbar gehalten (FamRZ 73, 536). Die Missbrauchsgrenze wird durch § 1666 gezogen. Wer sich als Volljähriger gegängelt fühlt, kann sich der Dienstpflicht durch Verlassen des Elternhauses entziehen (BGH FamRZ 98, 101, 103), wenn er sich selbst unterhalten kann. Ein unterhaltsberechtigtes, unverheiratetes Kind riskiert allerdings bei einem Veto der Eltern (vgl § 1612 II) den Verlust seines Anspruchs auf Barunterhalt. Kinder sind nicht dienstpflichtig, wenn sie einer anderweitigen vollschichtigen Erwerbstätigkeit nachgehen (BGH FamRZ 98, 101). Die Dienste erfolgen idR **unentgeltlich**, falls nichts anderes (ggf konkludent) vereinbart wird (Dienst-, Arbeits- oder Gesellschaftsvertrag).

§ 1620 Aufwendungen des Kindes für den elterlichen Haushalt.

Macht ein dem elterlichen Hausstand angehörendes volljähriges Kind zur Bestreitung der Kosten des Haushalts aus seinem Vermögen eine Aufwendung oder überlässt es den Eltern zu diesem Zwecke etwas aus seinem Vermögen, so ist im Zweifel anzunehmen, dass die Absicht fehlt, Ersatz zu verlangen.

1 Beteiligt sich ein volljähriges noch dem elterlichen Haushalt angehörendes Kind durch finanzielle Beiträge an den Haushaltskosten, kann es diese im Zweifel gem § 1620 nicht zurückverlangen (Auslegungsregel); vgl die ähnlichen Regelungen in §§ 685 II und 1360b im Falle zuviel gezahlten Unterhalts. Ausn: Das Kind hat sich die Rückforderung ausdrücklich vorbehalten oder seine Leistung überschreitet bei Weitem die ihm im Haushalt erwachsenen Vorteile.

§§ 1621–1623 – weggefallen –

§ 1624 Ausstattung aus dem Elternvermögen.

(1) Was einem Kinde mit Rücksicht auf seine Verheiratung oder auf die Erhaltung einer selbständigen Lebensstellung zur Begründung oder zur Erlangung der Wirtschaft oder der Lebensstellung von dem Vater oder der Mutter zugewendet wird (Ausstattung), gilt, auch wenn eine Verpflichtung nicht besteht, nur insoweit als Schenkung, als die Ausstattung das den Umständen, insbesondere den Vermögensverhältnissen des Vaters oder der Mutter, entsprechende Maß übersteigt.
(2) Die Verpflichtung des Ausstattenden zur Gewährleistung wegen eines Mangels im Recht oder wegen eines Fehlers der Sache bestimmt sich, auch soweit die Ausstattung nicht als Schenkung gilt, nach den für die Gewährleistungspflicht des Schenkers geltenden Vorschriften.

1 A. Allgemeines. Jede finanzielle Unterstützung der Eltern soll den Weg des Kindes in die Selbständigkeit ermöglichen oder erleichtern. Das Gesetz behandelt solche Leistungen je nach ihrer Zweckbestimmung unterschiedlich. Als gesetzliche Verpflichtung geregelt sind die Aufwendungen zur Finanzierung der Ausbildung (§ 1610 II). Soweit die Eltern darüber hinaus noch in der Lage sind, unentgeltliche Vermögensleistungen zu erbringen, qualifiziert § 1624 die sog Ausstattung – in Abgrenzung zur Schenkung – als Rechtsinstitut eigener Art mit privilegierten Rechtsfolgen.

2 B. Ausstattung. Eine Ausstattung (vgl BGHZ 44, 91) ist eine zweckgerichtete Vermögenszuwendung an das Kind anlässlich der Heirat (sog Mitgift oder Aussteuer) oder zur Erlangung der Selbständigkeit, etwa durch Einrichtung eines Betriebes (Ausstattungszweck).

3 C. Rechtsfolgen. Das Ausstattungsversprechen bedarf im Gegensatz zur Schenkung keiner Form. Dafür gibt es weder die Notbedarfseinrede (vgl § 519) noch die nach Schenkungsrecht bestehende Möglichkeit, die Ausstattung zurückzufordern (vgl §§ 528–529) oder zu widerrufen (vgl §§ 530 f). Die Ausstattung ist nicht durch das AnfG (§ 3 I Nr 3) gefährdet.

Die einem Ehegatten gemachte Ausstattung erhöht idR sein Anfangsvermögen (§ 1374 II). Wendet der Ehegatte seinerseits einem Kind eine Ausstattung zu, ist der Gegenwert seinem Endvermögen nicht hinzuzurechnen, wenn die Ausstattung einer sittlichen Pflicht oder dem Anstand entspricht (Umkehrschluss aus § 1375 II Nr 1). Die Ausstattung kann als Zuwendung iSv §§ 2315, 2316 bei der Berechnung des Pflichtteils Berücksichtigung finden. 4

Im Steuerrecht wird die Ausstattung nicht als außergewöhnliche Belastung (§ 33 EStG) anerkannt, weil sie nicht als „zwangsläufig" angesehen wird. Das gilt sogar dann, wenn die Eltern ihrer Tochter keine Berufsausbildung finanziert haben (BFH BB 87, 2081). 5

D. Übermaßverbot. Die Privilegierung entfällt, wenn die Aussteuer unangemessen hoch ist. Sie wird dann wie eine Schenkung behandelt. Maßstab für die Angemessenheit sind die konkreten Einzelfallumstände, die sich einer verallgemeinernden Beurteilung – etwa durch Heranziehung des fiktiven gesetzlichen Erbteils oder fester Bruchteile davon – entziehen (Stuttg BW NotZ 97, 147). 6

E. Gewährleistung. Die Haftung des Zuwendenden für Rechts- oder Sachmängel der Ausstattung richtet sich nach Schenkungsrecht (§§ 523, 524). 7

§ 1625 Ausstattung aus dem Kindesvermögen. ¹Gewährt der Vater einem Kind, dessen Vermögen kraft elterlicher Sorge, Vormundschaft oder Betreuung seiner Verwaltung unterliegt, eine Ausstattung, so ist im Zweifel anzunehmen, dass er sie aus diesem Vermögen gewährt. ²Diese Vorschrift findet auf die Mutter entsprechende Anwendung.

Die Eltern müssen dem Kind dessen kraft Vermögenssorge (§ 1626 I 2) verwaltetes Vermögen herausgeben, wenn die elterliche Sorge ruht oder endet (§ 1698). Bleibt dabei unklar, aus wessen Vermögen eine dem Kind früher gewährte Ausstattung (vgl § 1624) herrührt, bestimmt die Auslegungsregel des § 1625, dass die Ausstattung vom Kindesvermögen abzuziehen ist. 1

Titel 5 Elterliche Sorge

§ 1626 Elterliche Sorge, Grundsätze. (1) ¹Die Eltern haben die Pflicht und das Recht, für das minderjährige Kind zu sorgen (elterliche Sorge). ²Die elterliche Sorge umfasst die Sorge für die Person des Kindes (Personensorge) und das Vermögen des Kindes (Vermögenssorge).
(2) ¹Bei der Pflege und Erziehung berücksichtigen die Eltern die wachsende Fähigkeit und das wachsende Bedürfnis des Kindes zu selbständigem, verantwortungsbewußtem Handeln. ²Sie besprechen mit dem Kind, soweit es nach dessen Entwicklungsstand angezeigt ist, Fragen der elterlichen Sorge und streben Einvernehmen an.
(3) ¹Zum Wohl des Kindes gehört in der Regel der Umgang mit beiden Elternteilen. ²Gleiches gilt für den Umgang mit anderen Personen, zu denen das Kind Bindungen besitzt, wenn ihre Aufrechterhaltung für seine Entwicklung förderlich ist.

A. Allgemeines. I. Verfassungsrechtliche Verankerung. Das Recht und die Pflicht zur elterlichen Sorge sind in Art 6 II 1 GG verfassungsrechtlich verankert. Demnach sind Pflege und Erziehung der Kinder das natürliche Recht der Eltern. Dieses Individualgrundrecht, das jedem Elternteil einzeln zusteht, garantiert den Vorrang der Eltern, ihre Eigenständigkeit und Selbstverantwortlichkeit bei der Pflege und Erziehung der Kinder ggü staatlichen Eingriffen (BVerfGE 24, 1, 138; FamRZ 09, 1897). Zugleich normiert Art 6 II 1 GG die Pflicht der Eltern zur Pflege und Erziehung der Kinder als wesensbestimmender Bestandteil des Elternrechts, das deshalb treffender als Elternverantwortung bezeichnet werden kann (BVerfGE 24, 1, 143; 56, 363, 381). Diese Pflichtenbindung ist mehr als eine bloße Schranke und unterscheidet das Elternrecht von allen anderen Grundrechten (BVerfGE 24, 1, 143; 56, 363, 381). 1

Dem Elternrecht steht das **staatliche Wächteramt** ggü, das in **Art 6 II 2 GG** seinen Ausdruck gefunden hat. Bei Versagen der Eltern ist der Staat nicht nur berechtigt, sondern auch verpflichtet die Pflege und Erziehung des Kindes sicherzustellen (BVerfGE 24, 1, 144). Diese staatliche Verpflichtung ist Ausfluss der Grundrechte des Kindes auf Wahrung seiner Menschenwürde (Art 1 I GG) und freie Entfaltung seiner Persönlichkeit (Art 2 I GG; BVerfGE 24, 1, 144). Dabei bestimmen das Wohl des Kindes und der Grundsatz der Verhältnismäßigkeit Art und Ausmaß der staatlichen Maßnahmen. Für den Fall der Trennung des Kindes von seinen Eltern ist dies in Art 6 III GG besonders geregelt, der wiederum in § 1666a seinen Niederschlag gefunden hat. 2

Grundrechtsträger des durch Art 6 II 1 GG geschützten Elternrechts sind die leiblichen Eltern des Kindes, im Falle der Adoption die Adoptiveltern; ebenso der (nur) rechtliche Vater, der Elternverantwortung wahrnimmt (BVerfG FamRZ 08, 960). Auch die Väter nichtehelicher Kinder sind Träger des Elternrechts aus Art 6 II 1 GG und zwar unabhängig davon, ob sie mit der Mutter des Kindes zusammenleben oder mit dieser gemeinsam Erziehungsaufgaben wahrnehmen (BVerfGE 92, 158). Doch ist der Gesetzgeber befugt, bei der 3

Ausgestaltung der konkreten Rechte beider Elternteile die unterschiedlichen tatsächlichen Verhältnisse zu berücksichtigen (BVerfGE 92, 158). Der leibliche, aber nicht rechtliche Vater (sog **biologischer Vater**) bildet mit seinem Kind eine von Art 6 I GG geschützte Familie, wenn zwischen ihm und dem Kind eine sozial-familiäre Beziehung besteht (BVerfG FamRZ 03, 816; s. § 1685 Rn 3). Träger des Elternrechts nach Art 6 II 1 GG ist in diesen Fällen aber nur der rechtliche (Gilt-)Vater.

4 **II. Rechtsnatur und deliktsrechtliche Ansprüche.** Die elterliche Sorge ist als höchstpersönliches Recht **unvererblich** und nur zur Ausübung, aber **nicht** an sich **übertragbar** (Palandt/*Diederichsen* § 1626 Rz 2). Wegen der bestehenden Pflichtenbindung ist die elterliche Sorge grds auch **unverzichtbar** (Ausnahme aber zB § 1672). Dem Sorgerecht steht weder die tatsächlich dauerhaft ausgeübte Sorge noch die einem Pflegeberechtigten übertragene Ausübung der Personsorge gleich.

5 Das elterliche Sorgerecht ist ein **absolutes Recht** iSd § 823 I (BGH FamRZ 90, 966, 967). Daher macht sich schadenersatzpflichtig, wer dieses Recht schuldhaft verletzt (LG Aachen FamRZ 86, 713). IVm § 1004 ist der Sorgerechtsinhaber auch vor Eingriffen Dritter geschützt.

6 Andererseits sind die Eltern verpflichtet ihr Kind zu beaufsichtigen. Die **Verletzung der Aufsichtspflicht** löst regelmäßig Schadenersatzansprüche des geschädigten Dritten gem § 832 I 1 aus (s. dort). Die Aufsichtspflicht ist Teil der Personensorge und kann an Dritte zur Ausübung übertragen werden. Regelmäßig geschieht dies ggü Kindergärtnerinnen und Lehrern; aber auch in der Einladung zu einem Kindergeburtstag kann ein Angebot zur Übernahme der Aufsicht liegen (Celle FamRZ 88, 58).

7 **III. Beginn und Ende.** Das Sorgerecht **beginnt** mit der Geburt des Kindes und **endet** regelmäßig mit dessen Volljährigkeit. Vorher endet die elterliche Sorge – außer durch Tod des Kindes oder eines Elternteils (vgl §§ 1680, 1681) – nur auf Grund eines staatlichen Eingriffs: Sorgerechtsentzug (§ 1666), Sorgerechtsübertragung (§§ 1671, 1672) oder Adoption (§ 1755). Die elterliche Sorge steht verheirateten Eltern unausgesprochen gemeinsam zu; iÜ gilt § 1626a.

8 **B. S 2: Inhalt der elterlichen Sorge.** Die elterliche Sorge umfasst sowohl die **Personen- als auch die Vermögenssorge,** wobei diese Teilbereiche im Einzelfall nicht immer scharf voneinander abzugrenzen sind. Daneben kann die elterliche Sorge noch in viele weitere Teilbereiche zerlegt werden. Wegen des Grundsatzes der Verhältnismäßigkeit erlangt dies bei der Auswahl von Maßnahmen gem § 1666, aber auch bei der Übertragung von Teilbereichen der elterlichen Sorge gem § 1671 praktische Bedeutung. Daneben lässt sich für die elterliche Sorge noch eine andere Unterscheidung treffen, die alle Teilbereiche betrifft: die **tatsächliche Sorge** einerseits und die **Vertretung des Kindes** andererseits, vgl §§ 1629 I, 1633.

9 **I. Personensorge.** Die Personensorge umfasst insb folgende **Bereiche:** Aufenthaltsbestimmung (vgl § 1631 I), Aufsicht (vgl §§ 832 I, 1631 I), Ausbildung (insb Schulwahl, schulische Angelegenheiten, aber auch das Erlernen außerschulischer Fertigkeiten, vgl § 1631a), Berufsangelegenheiten (insb Berufswahl, vgl § 1631a), Erziehung im engeren Sinne (einschl religiöser Erziehung, vgl § 1631 I), Gesundheitsfürsorge (Impfungen, geschlossene Unterbringung gem § 1631b, Zuführung zur Drogentherapie, Beendigung lebenshaltender Maßnahmen, Brandbg FamRZ 00, 2361), Namensgebung und -änderung, Pflege (vgl § 1631 I), Umgangsbestimmung mit Eltern oder Dritten, Vaterschaftsanfechtung. Dabei berechtigt und verpflichtet die Personensorge die Eltern (oder die sonstigen Sorgeberechtigten) in Wahrnehmung der tatsächlichen Sorge zu Handlungen in eigenem Namen für das Kind, aber auch zur Vertretung des Kindes in diesen Angelegenheiten.

10 **II. Vermögenssorge.** Die Vermögenssorge umfasst das Recht und die Pflicht der Eltern das vorhandene Vermögen des Kindes **wirtschaftlich sinnvoll** in dessen Interesse zu verwalten, in erster Linie also zu erhalten und zu mehren. Deshalb sind Schulden möglichst zu vermeiden, Geld nach den Grundsätzen einer wirtschaftlichen Vermögensverwaltung anzulegen (vgl § 1642) und Ansprüche gegen Dritte geltend zu machen. Neben der tatsächlichen Sorge steht auch hier die **Vertretung des Kindes** in allen vermögensrechtlichen Angelegenheiten. Letztere hat im Bereich der Vermögenssorge besondere Bedeutung, etwa bei dem Abschluss von Rechtsgeschäften oder der (auch gerichtlichen) Geltendmachung von Ansprüchen. Regelungen zur Vermögenssorge enthalten die §§ 1638–1649.

11 **C. Erziehungsgrundsätze.** II schreibt iSe **partnerschaftlichen Erziehung** den Eltern vor, bei der Pflege und Erziehung des Kindes dessen fortschreitende Fähigkeit und sein wachsendes Bedürfnis zu selbständigem, verantwortungsbewussten Handeln zu berücksichtigen, Fragen der elterlichen Sorge, je nach Entwicklungsstand, mit dem Kind zu besprechen und Einvernehmen anzustreben (Karlsr FamRZ 89, 1322). Je mehr aber das Kind in seiner körperlichen, geistigen und seelischen Entwicklung zu einer eigenständigen Persönlichkeit reift, hat das Elterngrundrecht auf Erziehung (verbunden mit Anleitung, Überwachung, Lenkung und Formung) zurückzutreten, ohne dass damit eine Grundrechtsverletzung zulasten der erziehenden Eltern einhergehe (Karlsr *FamRZ 89, 1322*). Ergänzt wird die Vorschrift durch die Verbotsnorm des § 1631 II.

12 **D. Abs 3: Umgang des Kindes.** III hebt die **Bedeutung des Umgangs für das Wohl des Kindes** hervor. Dass der Umgang mit beiden Eltern grds erwünscht ist, wird durch **III 1** betont. Das Umgangsrecht der Eltern, Großeltern, Geschwister, Stiefeltern und Pflegeeltern ist in den §§ 1684, 1685 abschließend ausgestaltet

(s. § 1685 Rn 4). Darüber hinaus enthält III 2 die allg Verpflichtung der Eltern iR ihres Umgangsbestimmungsrechts auch den Umgang mit anderen Personen zuzulassen, sofern dies für das Kind förderlich ist (vgl Palandt/*Diederichsen* § 1626 Rz 24).

§ 1626a Elterliche Sorge nicht miteinander verheirateter Eltern; Sorgeerklärungen.
(1) Sind die Eltern bei der Geburt des Kindes nicht miteinander verheiratet, so steht ihnen die elterliche Sorge dann gemeinsam zu, wenn sie
1. erklären, daß sie die Sorge gemeinsam übernehmen wollen (Sorgeerklärungen), oder
2. einander heiraten.
(2) Im Übrigen hat die Mutter die elterliche Sorge.

Sind die Eltern (s.u. § 1626c Rn 1) bei der Geburt des Kindes verheiratet, steht ihnen (unausgesprochen) die elterliche Sorge gemeinsam zu. Für unverheiratete Eltern gilt § 1626a. Nach II ist die Mutter grds alleinsorgeberechtigt. Der Vater kann gem I durch Sorgeerklärungen oder Heirat die gemeinsame Sorge erlangen, jedoch nur insoweit als sie der Mutter zu diesem Zeitpunkt noch zustand (BGH FamRZ 05, 1469, 1470). Wurde der Mutter die elterliche Sorge, die ihr gem II allein zustand, ganz oder teilweise gem § 1666 entzogen und nicht gem § 1680 II, III in diesem Umfang zugleich dem Vater übertragen, kann dieser nur gem § 1696 das Sorgerecht später (insoweit) erhalten (BGH FamRZ 05, 1469, 1470; Palandt/*Diederichsen* § 1626a Rz 4; Johannsen/Henrich/*Jaeger* § 1626a Rz 7). Der Umfang der Begründung der gemeinsamen Sorge steht aber nicht zur Disposition der Eltern. Sie können keine auf Teilbereiche beschränkte Sorgerklärungen abgeben, sondern die gemeinsame Sorge nur umfassend begründen, soweit sie der Mutter bislang allein zustand (BGH FamRZ 08, 251, 255; Palandt/*Diederichsen* § 1626a Rz 4). 1

Es ist mit dem GG vereinbar, dass das gemeinsame Sorgerecht nicht miteinander verheirateter Eltern die Abgabe übereinstimmender Sorgeerklärungen voraussetzt und andernfalls die Mutter alleinsorgeberechtigt ist (BVerfG FamRZ 03, 285; BGH FamRZ 01, 907). „Das Kindeswohl verlangt, dass das Kind ab seiner Geburt eine Person hat, die für das Kind rechtsverbindlich handeln kann. Angesichts der Unterschiedlichkeit der Lebensverhältnisse, in die die Kinder hineingeboren werden, ist es verfassungsgemäß, das nichteheliche Kind bei seiner Geburt sorgerechtlich grds der Mutter zuzuordnen." (BVerfG FamRZ 03, 285). Nur wenn die Mutter als alleinige Inhaberin der elterlichen Sorge das Elternrecht des anderen Elternteils nicht angemessen zur Geltung bringt und das Wohl des Kindes durch ihr Verhalten gefährdet wird, kann ausnahmsweise das Sorgerecht gem §§ 1666, 1680 II, III auf den Vater übertragen werden (BGH FamRZ 01, 907; Jena FuR 09, 706). Doch hat nunmehr der EGMR mit Urt vom 3.12.09 (Az 22028/04, bei juris) festgestellt, dass § 1626a II den Vater eines nichtehelichen Kindes in seinen Menschenrechten verletzt, indem die Vorschrift gegen das Diskriminierungsverbot verstößt. 2

Für nicht miteinander verheiratete Eltern, die sich bereits **vor dem 1.7.98 getrennt** haben sieht Art 224 § 2 EGBGB eine Übergangsregelung vor. Diese ist verfassungsrechtlich notwendig, weil Eltern nichtehelicher Kinder vor Inkrafttreten des § 1626a keine Möglichkeit der gemeinsamen Sorgerklärung hatten (BVerfG FamRZ 03, 285). Nach Art 224 § 2 EGBGB kann ein Elternteil – regelmäßig der nichteheliche Vater – die verweigerte Sorgeerklärung des anderen Elternteils durch das Familiengericht ersetzen lassen, wenn die Eltern längere Zeit in häuslicher Gemeinschaft gemeinsam für das Kind Verantwortung getragen haben und die gemeinsame Sorge dem Kindeswohl dient. Letzteres muss positiv festgestellt werden können (BGH FamRZ 08, 251, 253; vgl Kobl FamRZ 06, 56). Denn die Übergangsvorschrift soll keinen erleichterten Zugang zur gemeinsamen Sorge schaffen, sondern nur den Mangel ausgleichen, dass vor dem 1.7.98 die Möglichkeit eines gemeinsamen Sorgerechts nach § 1626a I Nr 1 noch nicht bestand (BGH FamRZ 08, 251, 253; Karlsr FamRZ 05, 831). 3

§ 1626b Besondere Wirksamkeitsvoraussetzungen der Sorgeerklärung.
(1) Eine Sorgeerklärung unter einer Bedingung oder einer Zeitbestimmung ist unwirksam.
(2) Die Sorgeerklärung kann schon vor der Geburt des Kindes abgegeben werden.
(3) Eine Sorgeerklärung ist unwirksam, soweit eine gerichtliche Entscheidung über die elterliche Sorge nach den §§ 1671, 1672 getroffen oder eine solche Entscheidung nach § 1696 Abs 1 geändert wurde.

Gem I sind Bedingungen und Befristungen (vgl §§ 158–163) unzulässig. Die Koppelung an das Bestehen einer nichtehelichen Lebensgemeinschaft ist daher ebenso wenig möglich wie die Vereinbarung einer „Probezeit". 1

II ergänzt die §§ 1592 Nr 2, 1594 IV, 1595 III. Da Sorgeerklärungen nur die Eltern abgeben können (s.u. § 1626c Rn 1), ist eine vorgeburtliche Erklärung nur möglich, wenn auch die Vaterschaft wirksam anerkannt worden ist. 2

Nach III haben gerichtliche Sorgerechtsentscheidungen gem §§ 1671, 1672, auch iVm § 1696, Vorrang, mit der Folge, dass Sorgeerklärungen fortan unwirksam sind. Erfasst die gerichtliche Entscheidung nur Teilbereiche der elterlichen Sorge, bleiben Sorgeerklärungen hinsichtlich des Restes wirksam (Johannsen/Henrich/*Jae-* 3 ger § 1626b Rz 4). Gerichtliche Entscheidungen nach anderen Vorschriften (insb § 1666) werden nicht erfasst, doch hindern sie ebenso für die Zeit ihres Bestehens eine Sorgeerklärung für den betroffenen Sorgebereich (s.o. § 1626a Rn 1).

§ 1626c Persönliche Abgabe; beschränkt geschäftsfähiger Elternteil. (1) Die Eltern können die Sorgeerklärungen nur selbst abgeben.
(2) ¹Die Sorgeerklärung eines beschränkt geschäftsfähigen Elternteils bedarf der Zustimmung seines gesetzlichen Vertreters. ²Die Zustimmung kann nur von diesem selbst abgegeben werden; § 1626b Abs 1 und 2 gilt entsprechend. ³Das Familiengericht hat die Zustimmung auf Antrag des beschränkt geschäftsfähigen Elternteils zu ersetzen, wenn die Sorgeerklärung dem Wohl dieses Elternteils nicht widerspricht.

1 Nur die **Eltern** können Sorgeerklärungen abgeben. Daher muss die Abstammung des Kindes im Rechtssinne gem §§ 1591 ff feststehen. Die Sorgeerklärung des biologischen Vaters, der (noch) nicht rechtlicher Vater ist, entfaltet keine Wirkung. Ausnahmsweise ist die Sorgeerklärung eines unter den Voraussetzungen des § 1599 II Anerkennenden schwebend unwirksam und wird mit wirksamer Vaterschaftsanerkennung wirksam (BGH FamRZ 04, 802; vgl auch Stuttg FamRZ 08, 539, 540).

2 Die in I normierte Höchstpersönlichkeit schließt Stellvertretung und Botschaft aus (vgl BGH FamRZ 01, 907, 908). Die Eltern müssen selbst vor der beurkundenden Stelle erscheinen (Johannsen/Henrich/*Jaeger* § 1626c Rz 2).

3 Für die notwendige Zustimmung des gesetzlichen Vertreters (beide Eltern bei gemeinsamer Sorge) gelten gem **II 2** dieselben Wirksamkeitsvoraussetzungen wie für die Sorgeerklärung. Ob eine **Ersetzung** der Zustimmung erfolgen kann, beurteilt sich nach denselben Kriterien wie bei § 1303 (BTDrs 13/4899, 95). Den dahingehenden Antrag muss der minderjährige Elternteil selbst stellen. Bei wirksamer Sorgeerklärung ist § 1673 II zu beachten. II gilt für gänzlich **geschäftsunfähige Elternteile** entspr, da die insoweit bestehende Gesetzeslücke unter Berücksichtigung der berechtigten Interessen geistig behinderter Menschen geschlossen werden muss (Staud/*Coester* § 1626c Rz 14; Johannsen/Henrich/*Jaeger* § 1626c Rz 5; aA MüKo/*Huber* § 1626e Rz 7; Palandt/*Diederichsen* § 1626c Rz 1: nichtig gem § 105 trotz § 1626e; wiederum anders: Erman/*Michalski* § 1626c Rz 2: wirksam ohne Zustimmung wegen § 1626e).

§ 1626d Form; Mitteilungspflicht. (1) Sorgeerklärungen und Zustimmungen müssen öffentlich beurkundet werden.
(2) Die beurkundende Stelle teilte die Abgabe von Sorgeerklärungen und Zustimmungen unter Angabe des Geburtsdatums und Geburtsorts des Kindes sowie des Namens, den das Kind zur Zeit der Beurkundung seiner Geburt geführt hat, dem nach § 87c Abs. 6 Satz 2 des Achten Buches Sozialgesetzbuch zuständigen Jugendamt zum Zwecke der Auskunftserteilung nach § 58a des Achten Buches Sozialgesetzbuch unverzüglich mit.

1 Die öffentliche Beurkundung ist Wirksamkeitserfordernis der Sorgeerklärung. Beurkundende Stelle kann nur ein Notar (§ 20 I BNotO) oder (jedes) Jugendamt (§§ 59 I 1 Nr 8, 87e SGB VIII) sein.

2 Die Mitteilungen müssen gem § 87c VI 2 SGB VIII an das Jugendamt des Geburtsorts des Kindes erfolgen. So ist gewährleistet, dass die alleinsorgeberechtigte Mutter Negativauskunft gem § 58a SGB VIII von diesem Jugendamt erhalten kann. II ist bloße Ordnungsvorschrift, deren Nichterfüllung die Wirksamkeit der Sorgeerklärung unberührt lässt (Johannsen/Henrich/*Jaeger* § 1626d Rz 3; Palandt/*Diederichsen* § 1626d Rz 3).

§ 1626e Unwirksamkeit. Sorgeerklärungen und Zustimmungen sind nur unwirksam, wenn sie den Erfordernissen der vorstehenden Vorschriften nicht genügen.

1 Die Vorschrift schließt alle anderen Unwirksamkeitsgründe aus. Insb können sonstige Willensmängel nach §§ 116–123 nicht geltend gemacht werden (Johannsen/Henrich/*Jaeger* § 1626e Rz 2). Die §§ 134–139 sind ebenfalls ausgeschlossen, weshalb auch die Beurkundung zusätzlicher unwirksamer Vereinbarungen in einem notariellen Vertrag die Wirksamkeit der Sorgeerklärung unberührt lässt (Ddorf FamRZ 08, 1552, 1553). Eine Ausn vom Grundsatz der Exklusivität der Unwirksamkeitsgründe gilt für die Geschäftsunfähigkeit eines Elternteils (s. § 1626c Rn 3; ähnl Palandt/*Diederichsen* § 1626e Rz 1).

2 Die Unwirksamkeit der Sorgeerklärung wirkt ex tunc.

§ 1627 Ausübung der elterlichen Sorge. ¹Die Eltern haben die elterliche Sorge in eigener Verantwortung und in gegenseitigem Einvernehmen zum Wohl des Kindes auszuüben. ²Bei Meinungsverschiedenheiten müssen sie versuchen, sich zu einigen.

1 1 will zweierlei deutlich machen: Jeder Elternteil trägt für sich **allein** die **volle Verantwortung** für das Wohl des Kindes; dass daneben auch der andere Elternteil vollverantwortlich ist, entlastet ihn nicht (Staud/*Peschel-*

Gutzeit § 1627 Rz 6). Jeder Elternteil ist aber auch verpflichtet die elterliche Sorge **im Einvernehmen** mit dem anderen Elternteil auszuüben. Diese Pflicht zur gegenseitigen Abstimmung besteht insb in Angelegenheiten, die von erheblicher Bedeutung für das Kind sind (s. dazu § 1687 Rn 3, 6 ff). Leben Eltern getrennt, gilt § 1687. Eine Verpflichtung zur gemeinsamen Sorge besteht aufgrund § 1627 nicht (Palandt/*Diederichsen* § 1627 Rz 1). Haben die Eltern verschiedene Ansichten über eine das Kind betr Angelegenheit sind sie gem 2 verpflichtet, 2 den Versuch zu unternehmen, sich zu einigen. Gelingt dies nicht, kann jeder Elternteil nach § 1628 vorgehen.

§ 1628 Gerichtliche Entscheidung bei Meinungsverschiedenheiten der Eltern. ¹Können sich die Eltern in einer einzelnen Angelegenheit oder in einer bestimmten Art von Angelegenheiten der elterlichen Sorge, deren Regelung für das Kind von erheblicher Bedeutung ist, nicht einigen, so kann das Familiengericht auf Antrag eines Elternteils die Entscheidung einem Elternteil übertragen. ²Die Übertragung kann mit Beschränkungen oder mit Auflagen verbunden werden.

A. Voraussetzung. für die Übertragung des Entscheidungsrechts ist, dass die Eltern, denen zumindest in 1 dem streitigen Teilbereich die elterliche Sorge **gemeinsam** zustehen muss, sich in einer **bestimmten Art von Angelegenheit** nicht einigen können. Dem steht gleich, wenn sich ein Elternteil nicht zu einer Stellungnahme durchringen kann (AG Pankow FamRZ 09, 1843). Das Sorgerecht als Ganzes kann nicht übertragen werden. Schwierigkeiten bereitet die **Abgrenzung zu § 1671**, weil der Anwendungsbereich des § 1628 nicht auf Eltern 2 beschränkt ist, die zusammenleben, sondern auch bei Getrenntleben gilt (vgl *Schwab* FamRZ 98, 457, 468 FamRZ). Die Unterscheidung ist aber wichtig, weil § 1671 höhere Anforderungen an die Übertragung des Sorgerechts stellt. Daher ist der Anwendungsbereich des § 1628 eng zu fassen (München FamRZ 08, 1103, 1104: Bestimmung des Erstwohnsitzes des Kindes nach MeldeG ist in Wirklichkeit Streit um Aufenthaltsbestimmungsrecht nach § 1671). Nach dem Willen des Gesetzgebers geht es bei § 1628 um die auf eine konkrete Situation bezogene Zuteilung der Entscheidungsbefugnis (BTDrs 13/4899 S 99; vgl Köln FamRZ 05, 644, 645: Passbeantragung; Karlsr FamRZ 08, 1368: Urlaubsreise; Frankf FamRZ 09, 894: Kindergartenwahl; Jena FamRZ 09, 894: Umgang mit Dritten; Dresd FamRZ 09, 1330, 1331; BGH FamRZ 05, 1167: christliche Taufe, was aber wenig überzeugt, weil damit Grundentscheidung für die religiöse Erziehung getroffen wird). Dagegen betrifft § 1671 eine teilw Übertragung des Sorgerechts für alle in diesem Teilbereich denkbaren Entscheidungen bis zum Eintritt der Volljährigkeit des Kindes (BTDrs 13/4899 S 99; vgl Hamm FamRZ 06, 1058, 1059 hinsichtlich Staatsangehörigkeit). Im einen Fall steht demnach der situative Bezug im Vordergrund, während im anderen Fall eher eine grds Entscheidung zu treffen ist (krit hierzu *Schwab* FamRZ 98, 457, 467 f). Deshalb ist die Entscheidung über die Wahl der Schule dem § 1628 zuzuordnen, während die Entscheidung über alle schulischen Angelegenheiten nur gem § 1671 auf einen Elternteil übertragen werden kann (vgl Palandt/*Diederichsen* § 1628 Rz 3; *Schwab* FamRZ 98, 457, 467). Andererseits erlaubt § 1628 nach hM auch die Übertragung des Aufenthaltsbestimmungsrechts, insb beim Streit der Eltern über den Aufenthalt des Kindes anlässlich einer beabsichtigten Trennung (BTDrs 13/4899 S 95). Leben die Eltern zusammen, kommt nur § 1628 in Betracht; leben sie getrennt, ist zunächst der ausdrückliche Wille des Antragstellers entscheidend. Dass iÜ ein Vorrang des § 1628 als milderer Eingriffsnorm bestehen soll (so Staud/*Coester* § 1671 Rz 58), kann nur gelten, wenn eine Entscheidung nach dieser Norm auch geeignet ist, den Konflikt dauerhaft zu lösen (Schwab/*Motzer* Rz III 58).
Es muss sich um eine Angelegenheit handeln, die für das Kind **von erheblicher Bedeutung** ist. Der Begriff 3 ist derselbe wie in § 1687 (s. dort Rn 3, 6 ff). Bei einem Streit um alltägliche Angelegenheiten können die Eltern das Gericht nicht anrufen. Tun sie es dennoch, stellt das Gericht mit einer sog **Negativentscheidung** fest, dass es sich um keine Angelegenheit von erheblicher Bedeutung handelt. Im Falle des Getrenntlebens der Eltern gilt § 1687.

B. Das Gericht kann die notwendige Entscheidung in der Sache nicht selbst treffen, sondern überträgt einem 4 Elternteil die **Befugnis allein zu entscheiden.** Maßstab ist dabei das **Wohl des Kindes**, das gem § 1697a stets beachtet werden muss (BTDrs 13/4899 S 95). Stellt das Gericht fest, dass weder der eine noch der andere Elternteil eine sinnvolle Entscheidung treffen wird und ist das Wohl des Kindes dadurch gefährdet, kommen Maßnahmen nach §§ 1666 ff in Betracht. Das Gleiche gilt, wenn sich eine Kindeswohlgefährdung auf Grund der Streitigkeiten der Eltern ergibt.
In dem Umfang, in dem das Gericht einem Elternteil das Entscheidungsrecht überträgt, steht diesem auch 5 die alleinige **Vertretung des Kindes** gem § 1629 I 3 zu.

C. Gem 2 kann das Gericht die Übertragung mit **Beschränkungen** oder **Auflagen** verbinden. Diese sollen 6 insb sicherstellen, dass der Elternteil, dem die Alleinentscheidungsbefugnis übertragen wurde, auch in dem von ihm angekündigten Sinne handelt.

§ 1629 Vertretung des Kindes. (1) ¹Die elterliche Sorge umfasst die Vertretung des Kindes. ²Die Eltern vertreten das Kind gemeinschaftlich; ist eine Willenserklärung gegenüber dem Kind abzugeben, so genügt die Abgabe gegenüber einem Elternteil. ³Ein Elternteil vertritt das Kind allein, soweit er die elter-

liche Sorge allein ausübt oder ihm die Entscheidung nach § 1628 übertragen ist. ⁴Bei Gefahr im Verzug ist jeder Elternteil dazu berechtigt, alle Rechtshandlungen vorzunehmen, die zum Wohl des Kindes notwendig sind; der andere Elternteil ist unverzüglich zu unterrichten.
(2) ¹Der Vater und die Mutter können das Kind insoweit nicht vertreten, als nach § 1795 ein Vormund von der Vertretung des Kindes ausgeschlossen ist. ²Steht die elterliche Sorge für ein Kind den Eltern gemeinsam zu, so kann der Elternteil, in dessen Obhut sich das Kind befindet, Unterhaltsansprüche des Kindes gegen den anderen Elternteil geltend machen. ³Das Familiengericht kann dem Vater und der Mutter nach § 1796 die Vertretung entziehen; dies gilt nicht für die Feststellung der Vaterschaft.
(2a) Der Vater und die Mutter können das Kind in einem gerichtlichen Verfahren nach § 1598a Abs. 2 nicht vertreten.
(3) ¹Sind die Eltern des Kindes miteinander verheiratet, so kann ein Elternteil, solange die Eltern getrennt leben oder eine Ehesache zwischen ihnen anhängig ist, Unterhaltsansprüche des Kindes gegen den anderen Elternteil nur im eigenen Namen geltend machen. ²Eine von einem Elternteil erwirkte gerichtliche Entscheidung und ein zwischen den Eltern geschlossener gerichtlicher Vergleich wirken auch für und gegen das Kind.

1 A. Abs 1: Umfang der gesetzlichen Vertretungsmacht. I. Die elterliche Sorge enthält neben der Pflicht und dem Recht zur tatsächlichen Betreuung und Erziehung des Kindes, die **rechtliche Befugnis** das Kind nach außen hin zu vertreten. Diese in I 1 normierte gesetzliche Vertretung des Kindes im Außenverhältnis korrespondiert immer mit der Berechtigung zur tatsächlichen Sorge im Innenverhältnis. Da die gesetzliche Vertretungsmacht aus der elterlichen Sorge erwächst, besteht sie nur in dem Umfang, in dem der Elternteil auch Inhaber der elterlichen Sorge ist.

2 Die **Vertretungsmacht** der Eltern **umfasst** das Recht im Namen des Kindes alle Rechtshandlungen, insb Rechtsgeschäfte und Einwilligungen (in medizinische Maßnahmen) mit Wirkung für und gegen das Kind vorzunehmen. Es besteht aber keine Vermutung, dass die Eltern in Angelegenheiten, die das Kind betr, auch das Kind verpflichten wollen. Im Zweifel ist unter Beachtung des § 164 und der hierzu entwickelten Rechtsfiguren durch Auslegung zu ermitteln, ob die Eltern im Namen des Kindes oder im eigenen Namen gehandelt haben (Palandt/*Diederichsen* § 1629 Rz 6).

3 Die Vertretungsmacht der Eltern ist verschiedentlich durch G beschränkt (vgl § 1629 II 1 und § 1631c); auch die **Beschränkung** durch gerichtliche Anordnung (vgl § 1629 II 3 und §§ 1666 ff) oder bei Zuwendung Dritter (§§ 1638 f) ist möglich. Bei der Einwilligung in einen **ärztlichen Heileingriff** ist zu beachten, dass diese nicht mehr wirksam von den Eltern als gesetzliche Vertreter erklärt werden kann, wenn das Kind aufgrund seiner Verstandesreife die Tragweite des Eingriffs und der erteilten Einwilligung selbst erfassen kann (Palandt/*Diederichsen* § 1629 Rz 8). Dies dürfte regelmäßig bei einem normal entwickelten Kind etwa ab dem 16. Lebensjahr der Fall sein.

4 IR ihrer Vertretungsmacht können die Eltern auch Dritten eine **rechtsgeschäftliche Vollmacht** zur Vertretung des Kindes erteilen. Dies ist sowohl in Bezug auf einzelne Angelegenheiten als auch in Form einer generellen Vollmacht möglich, soweit die Widerruflichkeit gewahrt ist und keine versteckte Sorgerechtsübertragung vorliegt. Dritter kann auch der andere Elternteil sein, unabhängig davon, ob er sorgeberechtigt ist (vgl auch *Geiger/Kirsch* FamRZ 09, 1879).

5 II. Sofern und soweit beide Eltern Inhaber der gesetzlichen Vertretungsmacht sind, können sie gem I 2 Hs 1 das Kind nur gemeinsam aktiv vertreten. Deshalb ist eine Rechtshandlung nur dann wirksam, wenn sie beide Eltern vornehmen. Eine Bevollmächtigung, die im Einzelfall auch stillschweigend erfolgen kann, ist aber zulässig; ebenso gelten die Grundsätze der Duldungs- und Anscheinsvollmacht (BGH FamRZ 88, 1142, 1143). Handelt ein Elternteil ohne die erforderliche Mitwirkung des anderen Elternteils, kommt eine Haftung gem §§ 177 ff in Betracht. Dieses Prinzip der **Gesamtvertretung** gilt aber nicht bei passiver Stellvertretung. Insoweit genügt gem I 2 Hs 2 die Abgabe der Willenserklärung ggü einem Elternteil.

6 Die **Einwilligung der Eltern in einen ärztlichen Eingriff** bei ihrem Kind ist zwar kein Rechtsgeschäft, sondern Gestattung oder Ermächtigung zur Vornahme tatsächlicher Handlungen, die in den Rechtskreis des Gestattenden eingreifen, doch ist auch diese Einwilligung Ausübung der elterlichen Personensorge mit der Folge, dass sie wirksam nur im Einvernehmen beider Eltern erteilt werden kann (BGH FamRZ 88, 1142, 1143). In „Routinefällen" wird der Arzt darauf vertrauen dürfen, dass der Elternteil, der mit dem Kind vorspricht, aufgrund einer allg Funktionsaufteilung zwischen den Eltern auf diesem Teilgebiet der Personensorge oder einer konkreten Absprache ermächtigt ist, für den Abwesenden die erforderliche Einwilligung in ärztliche Heileingriffe nach Beratung durch den Arzt mit zu erteilen. Geht es allerdings um schwierige und weitreichende Entscheidungen über die Behandlung des Kindes, die mit erheblichen Risiken verbunden sind, dann liegt eine Ermächtigung des einen Elternteils zur Einwilligung in ärztliche Eingriffe bei dem Kind durch den anderen nicht von vornherein nahe. Hier muss sich der Arzt Gewissheit verschaffen, dass der nicht erschienene Elternteil mit der vorgesehenen Behandlung des Kindes einverstanden ist (BGH FamRZ 88, 1142, 1143; München FamRZ 09, 2099).

III. Dass ein Elternteil das Kind **allein vertritt**, wenn er auch alleiniger Inhaber der elterlichen Sorge ist, ergibt sich bereits aus I 1. Dabei ist es gleichgültig worauf die **Alleinsorge** beruht. In Betracht kommt neben der Sorgerechtsübertragung gem §§ 1671, 1672 auch der Entzug des Sorgerechts des anderen Elternteils gem § 1666. Dagegen entsteht bei einer Interessenkollision gem II 1 kein Alleinsorgerecht des anderen Elternteils. Vielmehr ist ein Ergänzungspfleger gem § 1909 I zu bestellen (s.u. Rn 14). 7

I 3 erweitert das **Recht zur Alleinvertretung** und erstreckt es auch auf den Elternteil, der ohne alleinsorgeberechtigt zu sein, in berechtigter Weise die elterliche Sorge **allein ausübt**. Dies betrifft die Fälle der tatsächlichen Verhinderung oder des Ruhens der elterlichen Sorge eines Elternteils gem § 1678 iVm §§ 1673, 1674 sowie der Alleinentscheidungsbefugnis des betreuenden Elternteils in Alltagsangelegenheiten bei gemeinsamer Sorge gem § 1687 I 2 und des vorübergehend betreuenden Elternteils in Angelegenheiten der tatsächlichen Betreuung bei gemeinsamer Sorge und ohne Sorgeberechtigung gem §§ 1687 I 4, 1687a. Darüber hinaus ist nach **I 3** auch der Elternteil alleinvertretungsberechtigt, dem gem **§ 1628** das Entscheidungsrecht übertragen wurde. Schließlich besteht gem II 2 eine Sonderregelung für die Geltendmachung von Unterhaltsansprüchen (s.u. Rn 15). 8

In **I 4 Hs 1** ist nunmehr das **Notvertretungsrecht** normiert, dass jeden Elternteil bei Gefahr im Verzug berechtigt, das Kind allein zu vertreten. Das Alleinvertretungsrecht ist aber beschränkt auf die Rechtshandlungen, die zum Wohl des Kindes notwendig sind. Die Annahme von **Gefahr im Verzug** setzt voraus, dass die Zustimmung des anderen Elternteils für die erforderliche Rechtshandlung nicht mehr eingeholt werden kann, ohne dass dem Kind erheblich nicht wieder gutzumachende, insb gesundheitliche oder finanzielle, Nachteile entstehen (vgl Palandt/*Diederichsen* § 1629 Rz 17). Bejaht der Elternteil **irrtümlich** die Voraussetzungen für das Notvertretungsrecht wird man die Notwendigkeit der Vornahme der Rechtshandlung ex ante aus der Sicht eines vernünftig denkender Dritten zu beurteilen haben (vgl auch Johannsen/Henrich/*Jaeger* § 1629 Rz 4). Nach Vornahme der Eilmaßnahme ist der andere Elternteil unverzüglich hiervon zu unterrichten, **I 4 Hs 2**. 9

B. Abs 2 S 1, 3 und Abs 2a: Ausschluss und Entziehung des Vertretungsrechts. I. Gem II 1 ist das Vertretungsrecht der Eltern ausgeschlossen, wenn auch ein Vormund gem § 1795 das Kind nicht vertreten könnte. Über § 1795 II findet § 181 Anwendung. IÜ betrifft § 1795 I ausschl Rechtsgeschäfte, so dass für alle anderen Rechtshandlungen mit Interessenkonflikt nur die Anwendung von II 3 iVm § 1796 in Betracht kommt. Eine Sonderregelung des gesetzlichen Ausschlusses des Vertretungsrechts beider Eltern findet sich in § 52 II 2 StPO (anders bei Nebenklageanschluss, vgl Frankf FamRZ 09, 1227). Liegen die Voraussetzungen des **II 1** vor, ist die Vertretung des Kindes **kraft Gesetzes** ausgeschlossen, ohne dass es darauf ankommt, ob im konkreten Fall ein Interessenkonflikt vorliegt oder das Wohl oder das Vermögen des Kindes gefährdet ist. 10

II. Einen Spezialfall des Ausschlusses des Vertretungsrechts regelt der mit dem am 1.4.08 in Kraft getretenen G zur Klärung der Vaterschaft unabhängig vom Anfechtungsverfahren vom 26.3.08 (BGBl I 441) eingefügte **IIa**. Demnach können Vater und Mutter das Kind im **gerichtlichen** Verfahren nach dem ebenfalls mit diesem G neu eingefügten § 1598a nicht vertreten, wodurch Interessenkollisionen verhindert werden sollen. Außerhalb dieses Verfahrens gilt der Ausschluss nicht, weshalb die Eltern eine außergerichtliche Vereinbarung über die Klärung der Abstammung treffen können. Regelmäßig werden dadurch die Kindesinteressen gewahrt sein, andernfalls kommt eine Entziehung des Vertretungsrechts gem II 3 in Betracht (BTDrs 16/6561 15). 11

III. IÜ kann das Familiengericht gem **II 3 Hs 1** einem Elternteil die Vertretung für einzelne Angelegenheiten oder einen bestimmten Kreis von Angelegenheiten entziehen, wenn dies gem § 1796 bei einem Vormund veranlasst wäre. Voraussetzung dafür ist, dass die konkrete Gefahr einer **Interessenkollision** besteht, die den Elternteil objektiv hindert zugleich die Interessen des Kindes wahrzunehmen. Dabei ist auch zu berücksichtigen, welche Auswirkungen der Interessengegensatz auf den Familienfrieden hat (Palandt/*Diederichsen* § 1629 Rz 24, 26). Der erhebliche Interessengegensatz kann sich bei dem anderen Elternteil, der nicht unmittelbar betroffen ist, aus einem gleichgelagerten eigenen Interesse ergeben (Köln NJWE-FER 00, 231). 12

Gem II 3 Hs 2 kann das Vertretungsrecht für die **Vaterschaftsfeststellung** der Mutter nicht entzogen werden. Ohne diese Regelung käme ggü einer Mutter, die die Vaterschaftsfeststellung unterlässt, insoweit der Entzug des Sorgerechts in Betracht mit der Folge der Antragstellung durch den Ergänzungspfleger. Dies stünde aber im Gegensatz zu der Absicht des Gesetzgebers, die er mit der Abschaffung der Amtspflegschaft verfolgt hat (vgl Palandt/*Diederichsen* § 1629 Rz 28). Nunmehr kann der Mutter das Sorgerecht im Hinblick auf den unterlassenen Vaterschaftsfeststellungsantrag nur dann entzogen werden, wenn die Voraussetzungen des § 1666 erfüllt sind. Dies bedarf einer sorgfältigen Prüfung. Zwar ist im Normalfall von einem natürlichen Interesse des Kindes an der Feststellung seiner wirklichen Abstammung auszugehen (BGH NJW 72, 1708; Stuttg FamRZ 83, 831). Doch war bereits nach altem Recht anerkannt, dass der Mutter nur dann das Sorgerecht teilweise entzogen werden darf, wenn im konkreten Einzelfall Umstände festgestellt werden, aus denen sich ein erheblicher Interessengegensatz zwischen Mutter und Kind ergibt (Stuttg FamRZ 83, 831; BayObLG FamRZ 94, 1196; FamRZ 99, 737 f). Umso mehr muss dies für die Annahme der Voraussetzungen des § 1666 gelten. Gegen die Feststellung der Vaterschaft könnten die Umstände der Zeugung (Vergewaltigung, Inzest) oder die günstigere unterhalts- oder erbrechtliche Situation sprechen (Palandt/*Diederichsen* § 1629 Rz 28). 13

14 **IV. Rechtsfolge** des Ausschlusses oder der Entziehung des Vertretungsrechts ist die Bestellung eines **Ergänzungspflegers** gem § 1909 I. Dies gilt auch, wenn nur bei einem Elternteil ein Interessenwiderstreit konkret festgestellt wird, weil immer auch die Gefahr der Beeinflussung des anderen Elternteils besteht (vgl BGH NJW 72, 1708; Palandt/*Diederichsen* § 1629 Rz 20). IÜ folgt dies aus den Grundsätzen der Gesamtvertretung, wonach bei rechtlicher Verhinderung eines Vertreters auch der andere infolge der Begrenzung seiner Vertretungsmacht auf die Gesamtvertretung nicht wirksam handeln kann (Staud/*Peschel-Gutzeit* § 1629 Rz 315).

15 **C. Abs 2 S 2 und Abs 3: Sonderfall: Geltendmachung von Unterhaltsansprüchen. I. Alleinvertretung in Unterhaltssachen, Abs 2 S 2.** Unabhängig davon, ob die Eltern verheiratet sind oder nicht, ist bei gemeinsamer elterlicher Sorge gem II 2 der Elternteil zur Geltendmachung von Unterhaltsansprüchen berechtigt, in dessen alleiniger **Obhut** sich das Kind befindet. Entscheidend sind die tatsächlichen Betreuungsverhältnisse (Bambg FamRZ 85, 632). (Alleinige) Obhut hat der Elternteil bei dem der Schwerpunkt tatsächlicher Fürsorge liegt, das ist derjenige, der sich vor dem anderen des Wohls des Kindes annimmt (BGH FamRZ 06, 1015, 1016; Brandbg FamRZ 09, 1228; Stuttg FamRZ 95, 1168; Ddorf FamRZ 92, 575). Dies kann auch bei Getrenntleben der Eltern innerhalb einer Wohnung der Fall sein, insb wenn ein Elternteil voll und der andere nicht oder nur teilweise erwerbstätig ist (Ddorf FamRZ 88, 1092). Auch wenn das Kind in einem Heim oder bei einer Pflegefamilie untergebracht ist, kann derjenige Elternteil, der sich um das Wohl des Kindes kümmert, regelmäßig Kontakte zu ihm hält und für seinen Unterhalt aufkommt, Inhaber der Obhut iSd II 2 sein (Brandbg FamRZ 09, 1228). Ein längerer Ferienaufenthalt bei dem Umgangselternteil begründet noch kein Obhutsverhältnis (Köln FamRZ 05, 1852). Lässt sich nicht feststellen, bei welchem Elternteil der Schwerpunkt der Fürsorge liegt, kommt nur ein Antrag gem § 1628 oder die Bestellung eines Unterhaltspflegers gem §§ 1666, 1693, 1697 in Betracht (BGH NJW 06, 2258; Johannsen/Henrich/*Jaeger* § 1629 Rz 6). Dies ist insb beim sog „Wechselmodell" der Fall, bei dem sich die Eltern darauf geeinigt haben, dass das Kind einen Teil der Woche beim Vater, den anderen bei der Mutter verbringt (München FamRZ 03, 248).

16 Die **Vertretungsmacht** ist auf die Geltendmachung von Unterhaltsansprüchen des Kindes gegen den anderen Ehegatten beschränkt. Sie umfasst die gerichtliche und außergerichtliche Vertretung. Bei der außergerichtlichen Vertretung muss der Elternteil im Namen des Kindes handeln; für die gerichtliche Vertretung gilt dasselbe, wenn nicht III eingreift. Über den Wortlaut des II 2 hinaus, vertritt der Elternteil das Kind gerichtlich und außergerichtlich auch dann, wenn der andere Elternteil **Ansprüche gegen das Kind** im Zusammenhang mit der bestehenden Kindesunterhaltspflicht geltend macht, insb die Abänderung eines Titels verlangt (vgl Johannsen/Henrich/*Jaeger* § 1629 Rz 6).

17 **II. Gesetzliche Verfahrensstandschaft und Wirkungen, Abs 3. 1.** Um dem ehelichen Kind Konflikte zu ersparen und es nicht am Scheidungsverbundverfahren seiner Eltern beteiligen zu müssen, trifft **III 1** für verheiratete Eltern, die getrennt leben (oder zwischen denen eine Ehesache anhängig ist) eine **Sonderregelung** für die gerichtliche Geltendmachung von Unterhaltsansprüchen des Kindes gegen einen Elternteil: Der Elternteil muss den Kindesunterhalt zwingend im eigenen Namen für das Kind geltend machen.

18 Diese Form der gesetzlichen Verfahrensstandschaft setzt notwendigerweise voraus, dass der antragstellende Elternteil die **alleinige Vertretungsmacht** für die Geltendmachung von Unterhaltsansprüchen des Kindes gegen den anderen Elternteil hat, weil ihm andernfalls die Aktivlegitimation fehlt. Die Vertretungsmacht kann auf (zumindest insoweit) bestehender Alleinsorge oder auf Kindesobhut bei gemeinsamer Sorge gem II 2 beruhen.

19 Die Eltern müssen iSd § 1567 I **getrennt leben**, aber noch verheiratet sein. Die Regelung gilt nicht für geschiedene oder unverheiratete Eltern.

20 Die Verfahrensstandschaft ist nicht auf das Scheidungsverbundverfahren beschränkt, sondern gilt für alle Kindesunterhaltsverfahren (BGH FamRZ 83, 474) einschl einstweiliger Anordnungen und über den Wortlaut des III 1 hinaus auch für Passivverfahren betr den Kindesunterhalt (zB Abänderungsanträge, negative Feststellungsanträge), aber nicht für das vereinfachte Unterhaltsverfahren (Palandt/*Diederichsen* § 1629 Rz 38).

21 **2. Die Verfahrensstandschaft endet** mit Rechtskraft der Scheidung, mit Volljährigkeit des Kindes, mit Übergang des Kindesunterhaltsanspruchs auf das Land gem § 7 UVG und mit Übergang der Sorge oder Obhut auf den anderen Elternteil (Hamm FamRZ 90, 890). Während in den letzten beiden Fällen die Verfahrensstandschaft übergangslos endet, gilt iÜ folgendes: Macht ein Elternteil Unterhaltsansprüche eines gemeinschaftlichen Kindes gegen den anderen Elternteil gem § 1629 III 1 zulässigerweise im eigenen Namen geltend, so dauert seine Verfahrensstandschaft über die Scheidung der Ehe hinaus jedenfalls dann bis zum Abschluss des Unterhaltsverfahrens fort, wenn die elterliche Sorge für das minderjährige Kind keinem anderen als ihm übertragen worden ist (BGH FamRZ 90, 283). Hat ein Ehegatte im Verbundverfahren rechtzeitig die Regelung der gesetzlichen Unterhaltspflicht ggü einem minderjährigen ehelichen Kind begehrt, dann tritt das Kind selbst als Partei in das Verfahren ein, wenn es **volljährig** geworden ist (*BGH FamRZ 85, 471*). Es handelt sich um einen gesetzlichen Beteiligtenwechsel, der keiner Zustimmung des Gegners bedarf (München FamRZ 96, 422). Dies gilt auch für die Geltendmachung von Unterhaltsrückständen (München FamRZ 96, 422).

Da III 1 voraussetzt, dass es sich um ein gemeinschaftliches Kind handelt, endet die Verfahrensstandschaft 22
auch übergangslos mit rechtskräftigem Feststellungsbeschluss bei erfolgreicher Vaterschaftsanfechtung (Ddorf
FamRZ 87, 1162).

3. Die gesetzliche Verfahrensstandschaft gem III 1 wirkt auch noch im **Zwangsvollstreckungsverfahren**. 23
Deshalb kann solange die Verfahrensstandschaft besteht nur der Elternteil, der Titelgläubiger ist, die Vollstreckung im eigenen Namen betreiben. Selbst **nach Rechtskraft der Scheidung** ist der betr Elternteil – solange
das Kind noch minderjährig ist – berechtigt im eigenen Namen gegen den anderen Elternteil aus dem Kindesunterhaltstitel zu vollstrecken (Hamm FamRZ 84, 927; Nürnbg FamRZ 87, 1172; vgl BGH FamRZ 91,
295 f). Daneben kann jetzt aber nach Umschreibung des Titels auch das Kind selbst vollstrecken, da mit
Rechtskraft der Scheidung die Verfahrensstandschaft entfallen ist.
Anders ist es, wenn die Verfahrensstandschaft auf Grund **Volljährigkeit** des Kindes endet. Dann kann nur 24
mehr das Kind selbst vollstrecken, muss jedoch zuvor den Unterhaltstitel auf sich umschreiben lassen. Vollstreckt der Elternteil, der Titelgläubiger ist, dennoch weiter, kann der Schuldner-Elternteil dagegen mit dem
Vollstreckungsgegenantrag vorgehen (Hamm FamRZ 00, 365; Brandbg FamRZ 97, 509; Köln FamRZ 95,
308). Dieselben Grundsätze gelten, wenn die Verfahrensstandschaft auf Grund Obhutswechsels auf den anderen Elternteil übergegangen ist (München FamRZ 97, 1493 f).
Ist die Verfahrensstandschaft beendet, ist ein Abänderungsantrag vom Kind bzw gegen das Kind zu erheben, 25
auch wenn Titelgläubiger der Elternteil ist (Karlsr FamRZ 80, 1059; 80, 1149; Hamm FamRZ 90, 1375). Vor
Beendigung der Verfahrensstandschaft ist der Abänderungsantrag gegen den Gläubiger-Elternteil zu richten.

4. III 2 knüpft an III 1 an. Eine iRd Verfahrensstandschaft erstrittene gerichtliche Entscheidung oder 26
geschlossener gerichtlicher Vergleich wirkt für und gegen das Kind. Ein Beitritt des Kindes ist daher nicht
erforderlich (Palandt/*Diederichsen* § 1629 Rz 41).

§ 1629a Beschränkung der Minderjährigenhaftung.
(1) ¹Die Haftung für Verbindlichkeiten, die die Eltern im Rahmen ihrer gesetzlichen Vertretungsmacht oder sonstige vertretungsberechtigte Personen im Rahmen ihrer Vertretungsmacht durch Rechtsgeschäft oder eines sonstige Handlung mit Wirkung für das Kind begründet haben, oder die auf Grund eines während der Minderjährigkeit erfolgten Erwerbs von Todes wegen entstanden sind, beschränkt sich auf den Bestand des bei Eintritt der Volljährigkeit vorhandenen Vermögens des Kindes; dasselbe gilt für Verbindlichkeiten aus Rechtsgeschäften, die der Minderjährige gemäß den §§ 107, 108 oder des § 111 mit Zustimmung seiner Eltern vorgenommen hat oder für Verbindlichkeiten aus Rechtsgeschäften, zu denen die Eltern die Genehmigung des Familiengerichts erhalten haben. ²Beruft sich der volljährig Gewordene auf die Beschränkung der Haftung, so finden die für die Haftung des Erben geltenden Vorschriften der §§ 1990, 1991 entsprechende Anwendung.
(2) Absatz 1 gilt nicht für Verbindlichkeiten aus dem selbständigen Betrieb eines Erwerbsgeschäfts, soweit der Minderjährige hierzu nach § 112 ermächtigt war, und für Verbindlichkeiten aus Rechtsgeschäften, die allein der Befriedigung seiner persönlichen Bedürfnisse dienten.
(3) Die Rechte der Gläubiger gegen Mitschuldner und Mithaftende, sowie deren Rechte aus einer für die Forderung bestellten Sicherheit oder aus einer deren Bestellung sichernden Vormerkung werden von Absatz 1 nicht berührt.
(4) ¹Hat das volljährig gewordene Mitglied einer Erbengemeinschaft oder Gesellschaft nicht binnen drei Monaten nach Eintritt der Volljährigkeit die Auseinandersetzung des Nachlasses verlangt oder die Kündigung der Gesellschaft erklärt, ist im Zweifel anzunehmen, dass die aus einem solchen Verhältnis herrührende Verbindlichkeit nach dem Eintritt der Volljährigkeit entstanden ist; Entsprechendes gilt für den volljährig gewordenen Inhaber eines Handelsgeschäfts, der dieses nicht binnen drei Monaten nach Eintritt der Volljährigkeit einstellt. ²Unter den in Satz 1 bezeichneten Voraussetzungen wird ferner vermutet, dass das gegenwärtige Vermögen des volljährig Gewordenen bereits bei Eintritt der Volljährigkeit vorhanden war.

A. Abs 1 u 2: Haftungsbeschränkung. I. Voraussetzungen. Die Vorschrift will verhindern, dass der Minder- 1
jährige mit **fremdverursachten Schulden** in die Volljährigkeit eintritt (FAKomm-FamR/*Ziegler* § 1629a
Rz 2). Daher werden alle Verbindlichkeiten erfasst, die Eltern, Vormund, Pfleger oder andere Vertretungsberechtigte durch Rechtsgeschäft oder sonstige Handlungen mit Wirkung für den Minderjährigen begründen
(I 1 Hs 1) oder die der Minderjährige selbst aufgrund der ihm erteilten Einwilligung bzw Genehmigung dieser Personen gem §§ 107, 108, 111 eingeht (I 1 Hs 2). Daran ändert auch die gerichtlichen Genehmigung
nichts (I 1 Hs 2). Ebenso fallen ererbte Schulden in den Anwendungsbereich (I 1 Hs 1).
Gem II besteht die Möglichkeit der Haftungsbeschränkung aber nicht für Verbindlichkeiten, die der Minder- 2
jährige iRe **Erwerbsgeschäfts** nach § 112 oder ausschl zur **persönlichen Bedürfnisbefriedigung** begründet.
Zu letzteren zählen insb Kleingeschäfte des täglichen Lebens, wie der Kauf von Lebensmitteln und Schulutensilien, aber auch von Konsum- und Freizeitartikeln (AG Leipzig FamRZ 08, 84; Palandt/*Diederichsen* § 1629a

Rz 12; vgl auch *Klüsener* Rpfleger 99, 55 ff). Auch Kosten medizinischer Behandlung dienen grds der persönlichen Bedürfnisbefriedigung (AG Norderstedt MDR 01, 513 bei Röntgenuntersuchung); anders aber – mit der Folge des Haftungsprivileg nach I – bei aufwendiger und kostspieliger ärztlicher Behandlung, deren Kosten von der Krankenversicherung nicht vollständig übernommen werden und die den medizinischen Mindestschutz übersteigen (AG Leipzig FamRZ 08, 84 bei besonderer kieferorthopädischer Behandlung m zust Anm *Bischof/Löscher*).

3 Für ausschl **selbstverursachte Verbindlichkeiten** scheidet eine Haftungsbegrenzung gem I aus. Dies gilt für Ansprüche gegen den Minderjährigen aus unerlaubter Handlung gem §§ 823 ff (einschl der Billigkeitshaftung nach § 829), Gefährdungshaftung (Straßenverkehr), Eigentumsrecht gem § 985, ungerechtfertigter Bereicherung gem §§ 812 ff sowie Unterhaltsverpflichtungen gem §§ 1601 ff (Palandt/*Diederichsen* § 1629a Rz 12; FAKomm-FamR/*Ziegler* § 1629a Rz 5).

4 **II. Wirkungen.** Der volljährig Gewordene kann seine Haftung hinsichtlich der in der Minderjährigkeit entstandenen beschränkungsfähigen Verbindlichkeiten (s.o. Rn 1–3) auf sein Aktivvermögen begrenzen. Der Volljährige haftet nur noch mit seinem bisherigen Vermögen; Neuerwerb ist haftungsfrei. Um diese Wirkungen auszulösen, muss sich der junge Erwachsene aber auf seine beschränkte Haftung berufen und gem I 2 iVm § 1990 die Erschöpfungseinrede erheben. Zum Schutz in der Zwangsvollstreckung muss er die Aufnahme des Vorbehalts der beschränkten Haftung im Urt gem §§ 780 I, 786 ZPO beantragen; dies ist wegen der Möglichkeit der Vollstreckungsgegenklage nach §§ 781, 785, 767, 786 ZPO nur dann entbehrlich, wenn der Titel noch aus der Zeit der Minderjährigkeit stammt (FAKomm-FamR/*Ziegler* § 1629a Rz 6). Die weiteren Wirkungen der Geltendmachung der Einrede regeln die entspr anwendbaren §§ 1990, 1991.

5 **B. Abs 3: Keine Auswirkung auf Mithaftende.** Die Haftungsbeschränkung gilt nicht für Dritte, die an Stelle oder neben dem Minderjährigen verpflichtet sind, wie Gesamtschuldner, Bürgen, Schuldübernehmer und Sicherungsgeber.

6 **C. Abs 4: Vermutungen zum Gläubigerschutz.** IV enthält zwei Vermutungen zum Schutz der Gläubiger des volljährig Gewordenen, die zur Beweislastumkehr führen. Gem **IV 1** wird vermutet, dass die Verbindlichkeiten erst nach Eintritt der Volljährigkeit entstanden sind; gem **IV 2** wird vermutet, dass das gesamte Vermögen bereits bei Eintritt der Volljährigkeit vorhanden war. Beide Vermutungen führen dazu, dass die Haftungsbeschränkung nicht eingreifen kann. Dem volljährig Gewordenen steht freilich der Gegenbeweis offen.

7 Beide nebeneinander stehenden Vermutungen setzen voraus, dass der Schuldner nicht binnen einer Frist von **drei Monaten** nach Erlangung der Volljährigkeit die Auseinandersetzung der Erbengemeinschaft verlangt, die Gesellschaft gekündigt oder das Handelsgeschäft eingestellt hat.

§ 1630 Elterliche Sorge bei Pflegerbestellung oder Familienpflege.

(1) Die elterliche Sorge erstreckt sich nicht auf Angelegenheiten des Kindes, für die ein Pfleger bestellt ist.
(2) Steht die Personensorge oder die Vermögenssorge einem Pfleger zu, so entscheidet das Familiengericht, falls sich die Eltern und der Pfleger in einer Angelegenheit nicht einigen können, die sowohl die Person als auch das Vermögen des Kindes betrifft.
(3) ¹Geben die Eltern das Kind für längere Zeit in Familienpflege, so kann das Familiengericht auf Antrag der Eltern oder der Pflegeperson Angelegenheiten der elterlichen Sorge auf die Pflegeperson übertragen. ²Für die Übertragung auf Antrag der Pflegeperson ist die Zustimmung der Eltern erforderlich. ³Im Umfang der Übertragung hat die Pflegeperson die Rechte und Pflichten eines Pflegers.

1 **A. Abs 1: Beschränkung der elterlichen Sorge durch Pflegerbestellung.** Ist dem Kind ein Pfleger bestellt, so wird die elterliche Sorge in dem Umfang der Bestellung verdrängt. Die Pflegerbestellung wirkt deshalb wie ein teilweiser Sorgerechtsentzug. Es handelt sich um eine Ergänzungspflegschaft gem § 1909 I. Wann ein Ergänzungspfleger zu bestellen ist, wird in verschiedenen Vorschriften geregelt. Hauptanwendungsfälle sind § 1666 sowie die rechtliche Verhinderung der Eltern auf Grund Interessenkonflikts gem § 1629 II 1 und 3.

2 **B. Abs 2: Konflikt zwischen Eltern und Pfleger.** Ein rechtlich relevanter Konflikt tritt auf, wenn in einer Angelegenheit, die **Personen- und Vermögenssorge** betrifft, Pfleger und Eltern, die jeweils für den einen oder anderen Teilbereich das Sorgerecht innehaben, unterschiedlicher Meinung sind. Für diesen Fall bestimmt II, dass das Familiengericht den Streit zu entscheiden hat. Dabei **ersetzt** es die Zustimmung des oder der Sorgeberechtigten, dessen Meinung es nicht folgen will. Sind sich aber der Pfleger und ein Elternteil einig, so verfährt das Familiengericht gem § 1628; einer Entscheidung gem § 1630 II bedarf es dann nicht.

3 **Analog** gilt II in allen Fällen, in denen Personen- und Vermögenssorge verschiedenen Personen zustehen und *auch, wenn nur für einen Teilbereich der Personen- oder Vermögenssorge eine andere Person sorgeberechtigt ist.* Voraussetzung ist aber, dass der Konflikt Personen- und Vermögenssorge betrifft. Deshalb soll keine analoge Anwendung in Betracht kommen, wenn der Konflikt innerhalb eines Teilbereichs besteht (RGZ 129, 18; Palandt/*Diederichsen* § 1630 Rz 7; aA Staud/*Peschel-Gutzeit* § 1630 Rz 22).

Ein **Anwendungsbsp** ist der Konflikt über die Berufswahl – die ja grds der Personensorge unterliegt – wenn für die Ausbildung das Kindesvermögen herangezogen werden soll (vgl RGZ 129, 18; s. Palandt/*Diederichsen* § 1630 Rz 5). Dagegen ist die Verwendung des Kindesunterhalts ausschl eine Angelegenheit der Personensorge, weshalb II nicht eingreift.   4

C. Abs 3: Sorgerechtsübertragung bei Familienpflege. Befindet sich das Kind mit Zustimmung der Eltern für längere Zeit in Familienpflege, wozu auch die Vollzeitpflege gem § 33 SGB VIII gehört, so kann das Familiengericht auf Antrag der Eltern oder der Pflegeperson Angelegenheiten der elterlichen Sorge auf die Pflegeperson übertragen. Voraussetzung ist aber die **Zustimmung der Eltern**. Es können einzelne Angelegenheiten, aber auch die gesamte elterliche Sorge übertragen werden (KG FamRZ 06, 1291, 1292; *Baer* FamRZ 1982, 221, 229; MüKo/*Huber* § 1630 Rz 26; aA Jena FamRZ 09, 992, 993).   5

Gem III 3 hat die Pflegeperson durch die Übertragung die Rechte und Pflichten eines Ergänzungspflegers, wodurch die ordnungsgemäße Betreuung des Kindes erheblich vereinfacht wird. Daneben gilt § 1688, der jedoch im Bereich der Sorgerechtübertragung nach III subsidiär ist.   6

§ 1631 Inhalt und Grenzen der Personensorge.
(1) Die Personensorge umfaßt insbesondere die Pflicht und das Recht, das Kind zu pflegen, zu erziehen, zu beaufsichtigen und seinen Aufenthalt zu bestimmen.
(2) ¹Kinder haben ein Recht auf gewaltfreie Erziehung. ²Körperliche Bestrafungen, seelische Verletzungen und andere entwürdigende Maßnahmen sind unzulässig.
(3) Das Familiengericht hat die Eltern auf Antrag bei der Ausübung der Personensorge in geeigneten Fällen zu unterstützen.

A. Abs 1: Personensorge. I benennt wichtige Teilbereiche der Personensorge; vollständig ist die Aufzählung nicht. Hinsichtlich der einzelnen Bestandteile der Personensorge und ihrer Bedeutung s. § 1626 Rn 9.   1

B. Abs 2: Gewaltfreie Erziehung. Der Absatz wurde durch das G zur Ächtung der Gewalt in der Erziehung vom 2.11.00 neu gefasst. Es handelt sich um eine Verbotsnorm, der va Appellcharakter zukommt mit dem Ziel einer Bewusstseinsänderung der Bevölkerung (*Heger/Schomburg* KindPrax 00, 172). 1 beinhaltet nicht nur ein Verbot von Gewalt, sondern gibt dem Kind ein Recht auf gewaltfreie Erziehung. Darin soll zum Ausdruck kommen, dass das Kind als Person mit eigener Würde und als Träger von Rechten und Pflichten die Achtung seiner Persönlichkeit auch von den Eltern verlangen kann (Staud/*Salgo* § 1631 Rz 83). Ergänzt wird die Vorschrift durch § 1626 II, der die Erziehungsgrundsätze positiv beschreibt.   2

2 konkretisiert das Gewaltverbot, wobei die „entwürdigenden Maßnahmen" Oberbegriff und Auffangtatbestand bilden (Staud/*Salgo* § 1631 Rz 89). Verboten sind demnach körperliche Bestrafungen, va Schläge, aber auch Ohrfeigen, Schütteln, Ohrenziehen, kräftiges Zupacken oder auch nur ein „Klaps". Denn als Sanktion eingesetzt, stellt auch eine nur geringfügige körperliche Einwirkung, wenn schon keine körperliche Bestrafung ieS, so jedenfalls eine entwürdigende Maßnahme dar (vgl Staud/*Salgo* § 1631 Rz 86). Seelische Verletzungen werden va durch beleidigende, missachtende oder gefühlskalte Äußerungen oder Verhaltensweisen herbeigeführt.   3

II steht einer körperlichen Einwirkung auf das Kind zu dessen Schutz (Wegreißen) oder zur Durchsetzung berechtigter Verbote (Entwinden gefährlicher Gegenstände) mangels Strafcharakter nicht entgegen (Palandt/*Diederichsen* § 1631 Rz 9; Staud/*Salgo* § 1631 Rz 85).   4

Eine Sanktion wegen eines Verstoßes gegen II, sieht die Vorschrift nicht vor. Doch können im Übertretungsfall sowohl eine strafrechtliche Verfolgung insb wegen Körperverletzungsdelikten oder Maßnahmen nach § 1666 in Betracht kommen.   5

C. Abs 3: Familiengerichtliche Unterstützung. Auf jederzeit widerruflichen Antrag beider personensorgeberechtigter Eltern oder eines allein personensorgeberechtigten Elternteils muss das Familiengericht – in Gestalt des Rechtspflegers (§ 3 Nr 2a RPflG) – diese unterstützen. Allerdings nur in geeigneten Fällen, weshalb das Familiengericht ein Tätigwerden auch ablehnen kann; entscheidend hierfür ist das Kindeswohl. Das Gericht kann hinter dem Antrag zurückbleiben, darf aber nicht über ihn hinausgehen. Der Antrag ist auch jederzeit widerruflich. Denn das Familiengericht wird nicht in Wahrnehmung seines staatlichen Wächteramtes, sondern als „Organ staatlicher Familienhilfe" tätig (Staud/*Salgo* § 1631 Rz 94). Unberührt bleibt freilich das Recht und die Pflicht des Familiengerichts Maßnahmen gem § 1666 – durch den Richter – zu ergreifen, falls iRd Unterstützungstätigkeit Umstände bekannt werden, die dies erfordern.   6

Bei den konkreten Unterstützungsmaßnahmen wird das Familiengericht vielfach auf die Hilfe des Jugendamts zurückgreifen. Doch kann es im Einzelfall sinnvoll sein, dass der Rechtspfleger selbst mit dem Kind spricht oder versucht in einem gemeinsamen Gespräch zwischen Eltern und Kindern zu vermitteln.   7

§ 1631a Ausbildung und Beruf. ¹In Angelegenheiten der Ausbildung und des Berufes nehmen die Eltern insbesondere auf Eignung und Neigung des Kindes Rücksicht. ²Bestehen Zweifel, so soll der Rat eines Lehrers oder einer anderen geeigneten Person eingeholt werden.

1 Die Vorschrift ist eine Ausprägung des Grundsatzes der partnerschaftlichen Erziehung (vgl § 1626 Rn 11).

§ 1631b Mit Freiheitsentziehung verbundene Unterbringung. ¹Eine Unterbringung des Kindes, die mit Freiheitsentziehung verbunden ist, bedarf der Genehmigung des Familiengerichts. ²Die Unterbringung ist zulässig, wenn sie zum Wohl des Kindes, insbesondere zur Abwendung einer erheblichen Selbst- oder Fremdgefährdung, erforderlich ist und der Gefahr nicht auf andere Weise, auch nicht durch andere öffentliche Hilfen, begegnet werden kann. ³Ohne die Genehmigung ist die Unterbringung nur zulässig, wenn mit dem Aufschub Gefahr verbunden ist; die Genehmigung ist unverzüglich nachzuholen.

1 I. Ähnl wie § 1906 für Erwachsene, die unter Betreuung stehen, verlangt § 1631b 1 auch für die Unterbringung des Kindes eine gerichtliche Genehmigung. Das gilt aber nur für die Unterbringung, mit der eine **Freiheitsentziehung** verbunden ist. Damit ist va die Unterbringung in einer geschlossenen Anstalt, einem Heim oder einem Krankenhaus bzw einer geschlossenen Abteilung innerhalb dieser Einrichtungen gemeint. Ob darunter auch die halboffene Unterbringung fällt, wenn der Betroffene seinen Willen, sich frei zu bewegen, wann und wohin er will, nicht durchsetzen kann, ist streitig (bejahend AG Kamen FamRZ 83, 299). Es wird im Einzelfall auch auf das äußere Erscheinungsbild der Einrichtung (Mauern, Stacheldraht, elektronische Überwachung) und auf die konkrete Möglichkeit des Betroffenen ankommen, die Sicherungsvorkehrungen zu überwinden. Nicht genehmigungspflichtig sind in jedem Fall bloße **Freiheitsbeschränkungen** (begrenzte Ausgangszeiten, Stubenarrest) wie sie in einem streng geführten Erziehungsinternat bestehen (Palandt/*Diederichsen* § 1631b Rz 3).

2 Unter Freiheitsentziehung und damit unter die Genehmigungspflicht fallen auch die sog **unterbringungsähnlichen Maßnahmen**, wie die Fixierung der Extremitäten oder des Körpers durch Fesselung (aA LG Essen FamRZ 93, 1347 mit krit Anm *Dodegge*; AG Hamburg-Barmbek FamRZ 09, 792). Insoweit ist **§ 1906 IV analog** anzuwenden, denn der Minderjährigenschutz kann nicht hinter dem im Betreuungsrecht für Erwachsene bestehenden Erfordernissen zurückbleiben (Staud/*Salgo* § 1631b Rz 15; Palandt/*Diederichsen* § 1631b Rz 2). Unterbringungsähnliche Maßnahmen sind auch dann noch genehmigungspflichtig, wenn bereits die Unterbringung als solche genehmigt wurde.

3 II. S 2: **Voraussetzungen.** 2 wurde durch das G zur Erleichterung familiengerichtlicher Maßnahmen bei Gefährdung des Kindswohls v 4.7.08 (BGBl I 1188) eingefügt. Er stellt klar, dass die Unterbringung aus Gründen des **Kindeswohls** erforderlich und verhältnismäßig sein muss. Insb ist der Vorrang anderer öffentlicher Hilfen zu beachten (AmtlBegr BTDrs 16/6815, 14). Nur wenn das Wohl des Kindes seine geschlossene Unterbringung erfordert, genehmigt das Gericht die Entscheidung der Eltern, denen dabei ein gewisser Spielraum zukommt. Da es sich um einen besonders einschneidenden Eingriff in das Selbstbestimmungsrecht und die persönliche Freiheit des Kindes handelt, darf die Genehmigung nur erfolgen, wenn sie unerlässlich ist, weil mildere Maßnahmen nicht ausreichen (vgl Staud/*Salgo* § 1631b Rz 23). Im Falle der Fremdgefährdung kann die Unterbringung nur geboten sein, wenn sie mit einer gewissen Selbstgefährdung einhergeht, etwa weil das Kind sich sonst dem Risiko von Notwehrmaßnahmen, Ersatzansprüchen oder Prozessen aussetzt (AmtlBegr BTDrs 16/6815, 14; *Meysen* NJW 08, 2673, 2675). Eine geschlossene Unterbringung allein zu Zwecken einer Sanktionierung ist (selbstverständlich) unzulässig (AmtlBegr BTDrs 16/6815, 14).

4 III. Das Familiengericht genehmigt lediglich die Unterbringung des Kindes. Die Unterbringung selbst kann nur durch den **Inhaber des Aufenthaltsbestimmungsrechts** erfolgen. Regelmäßig werden das die Eltern sein. Wegen des Grundsatzes der Gesamtvertretung gem § 1629 I 2 Hs 1 müssen beide Eltern die Unterbringung wollen und die Genehmigung hierfür beantragen. Sind sie sich uneins hat das Familiengericht auf Antrag gem § 1628 einem Elternteil das Entscheidungsrecht zu übertragen. Dies kann mit der Genehmigungsentscheidung verbunden werden. Verweigern beide Eltern die Unterbringung des Kindes und wird dadurch das Wohl des Kindes gefährdet, kann ihnen gem § 1666 das Aufenthaltsbestimmungsrecht entzogen werden. Der Ergänzungspfleger kann dann die Unterbringung des Kindes nach Einholung der familiengerichtlichen Genehmigung veranlassen.

5 IV. S 3. erlaubt in besonders eiligen Fällen die Unterbringung ohne Genehmigung, die jedoch unverzüglich nachzuholen ist.

6 V. Für das **Verfahren** gelten die §§ 167, 312 ff FamFG; das Jugendamt ist gem § 162 I FamFG anzuhören.

§ 1631c Verbot der Sterilisation. ¹Die Eltern können nicht in eine Sterilisation des Kindes einwilligen. ²Auch das Kind selbst kann nicht in die Sterilisation einwilligen. ³§ 1909 findet keine Anwendung.

Die Vorschrift enthält das ausnahmslose Verbot der Sterilisation Minderjähriger. 1

§ 1632 Anspruch auf Herausgabe des Kindes; Bestimmung des Umgangs; Verbleibensanordnung bei Familienpflege. (1) Die Personensorge umfaßt das Recht, die Herausgabe des Kindes von jedem zu verlangen, der es den Eltern oder einem Elternteil widerrechtlich vorenthält.
(2) Die Personensorge umfaßt ferner das Recht, den Umgang des Kindes auch mit Wirkung für und gegen Dritte zu bestimmen.
(3) Über Streitigkeiten, die eine Angelegenheit nach Absatz 1 oder 2 betreffen, entscheidet das Familiengericht auf Antrag eines Elternteils.
(4) Lebt das Kind seit längerer Zeit in Familienpflege und wollen die Eltern das Kind von der Pflegeperson wegnehmen, so kann das Familiengericht von Amts wegen oder auf Antrag der Pflegeperson anordnen, daß das Kind bei der Pflegeperson verbleibt, wenn und solange das Kindeswohl durch die Wegnahme gefährdet würde.

A. Abs 1: Anspruch auf Herausgabe des Kindes. I. Anspruchsberechtigt. ist nur, wer Inhaber des Aufenthaltsbestimmungsrechts ist (Nürnbg FamRZ 00, 369; BayObLG FamRZ 90, 1379). Sind dies beide Eltern, können sie den Anspruch nur gemeinsam oder ein Elternteil mit Zustimmung des anderen ggü Dritten geltend machen. Ein Elternteil kann vom anderen ggü Dritten nur dann die Herausgabe des Kindes verlangen, wenn ihm das Aufenthaltsbestimmungsrecht allein zusteht. Daneben steht der Herausgabeanspruch gem § 1800 auch dem Vormund und dem Ergänzungspfleger zu (Brandbg FamRZ 00, 1038; AG Siegen FamRZ 09, 1501). 1

II. Anspruchsverpflichtet. ist derjenige, der das Kind in seiner Gewalt hat und die Herausgabe verweigert oder den Berechtigten auf andere Weise daran hindert das Kind wieder an sich zu bringen (Palandt/*Diederichsen* § 1632 Rz 4). 2

III. Weitere Voraussetzung für den Herausgabeanspruch ist, dass das Kind dem Berechtigten **widerrechtlich** vorenthalten wird. Widerrechtlichkeit ist ausgeschlossen, wenn das Herausgabeverlangen einen Missbrauch der elterlichen Sorge darstellt, der unter § 1666 fällt (BayObLG FamRZ 90, 1379, 1381). Stets ist das **Wohl des Kindes** zu beachten, § 1697a (vgl BayObLG FamRZ 90, 1379, 1381). 3

B. Abs 2: Bestimmung des Umgangs des Kindes. Die Eltern üben das **Umgangsbestimmungsrecht** gemeinsam aus, wenn ihnen das Sorgerecht gemeinsam zusteht. Bei Uneinigkeit können sie gem § 1628 vorgehen. Neben der **Umgangsgestattung**, die meist stillschweigend erfolgt, wird der Umgang des Kindes in negativer Form durch **Umgangsverbote** bestimmt. Dabei stellt sich die Frage nach den **Grenzen des Bestimmungsrechts**. Soweit der Person, mit der dem Kind der Umgang verboten werden soll, ein Umgangsrecht gem §§ 1684, 1685 zusteht, kann ein Verbot nur nach Maßgabe dieser Vorschriften erfolgen. IÜ darf das Bestimmungsrecht nicht missbräuchlich ausgeübt werden, wobei die Grenze in jedem Fall die Kindeswohlgefährdung nach § 1666 bildet. Bei älteren Kindern wird man die Missbrauchsschranke niedriger ansetzen und triftige und sachliche Gründe für das Umgangsverbot verlangen müssen, weil mit zunehmendem Alter das Selbstbestimmungsrecht des Kindes stärker zu beachten ist. 4

C. Abs 4: Verbleibensanordnung: Durch diese besondere Schutznorm wird der Herausgabeanspruch gem § 1632 I dahin abgewandelt, dass die **Herausnahme eines Kindes** aus der Pflegefamilie **zur Unzeit** vermieden werden soll, um insb sein seelisches Wohl nicht zu gefährden (BayObLG FamRZ 91, 1080). 5

I. Formelle Voraussetzungen. Das Kind muss sich in **Familienpflege** befinden. Damit sind nicht nur die Vollzeitpflege und sonstige Pflegeformen gem §§ 33 ff SGB VIII gemeint, sondern jedes tatsächliche Pflegeverhältnis familienähnlicher Art, das seit längerer Zeit besteht; eine Pflegeerlaubnis nach §§ 44 ff SGB VIII ist nicht Voraussetzung (BayObLG FamRZ 84, 817). In „Familienpflege" iSd Vorschrift kann sich ein Kind auch bei Verwandten, insb bei Großeltern, befinden (BayObLG FamRZ 91, 1080). 6

Gem § 1632 IV muss die Familienpflege **seit längerer Zeit** bestehen. Hierunter ist keine bestimmte Zeitspanne zu verstehen. Auszugehen ist vielmehr vom engeren kindlichen Zeitbegriff und den kindlichen Zeitvorstellungen, die wiederum in Beziehung zum Kindesalter stehen (vgl Köln FamRZ 07, 658; 09, 989). Je jünger das Kind ist, umso länger wird ihm eine Zeitspanne erscheinen, und umso länger ist auch die Zeit in Beziehung zur Dauer seines bisherigen Lebens, so dass es schon einen recht langen Zeitraum darstellt, wenn ein einjähriges Kind seit einem halben Jahr in einer Pflegefamilie gelebt hat (BayObLG FamRZ 91, 1080). Entscheidend ist, welche Bindungen sich in diesem Zeitraum zwischen Kind und Pflegeperson entwickelt haben, wobei auch das Verhältnis zu anderen Personen in der Pflegefamilie, wie etwa Pflegegeschwister, von Bedeutung sein kann (BayObLG FamRZ 91, 1080; vgl auch Celle FamRZ 90, 191; Karlsr FamRZ 06, 1501, 1502). 7

8 Die Vorschrift setzt voraus, dass die **Eltern sorgeberechtigt**, zumindest aber Inhaber des Aufenthaltsbestimmungsrechts, sind. Andernfalls stünde ihnen bereits kein Herausgabeanspruch gem I zu, der abgewehrt werden müsste. Über den Wortlaut hinaus gilt die Vorschrift im Grundsatz auch dann, wenn ein Vormund das Kind von der Pflegeperson wegnehmen will (BayObLG FamRZ 91, 1080).

9 **II. Materielle Voraussetzungen.** In materieller Hinsicht setzt eine Verbleibensanordnung gem IV voraus, dass durch das Herausgabeverlangen das **Wohl des Kindes** iSv **§ 1666 I gefährdet** wird (BayObLG FamRZ 91, 1080; Frankf FamRZ 09, 1499, 1500). Ob dies der Fall ist, hängt von den Umständen des Einzelfalls ab und muss idR mit Hilfe eines kinderpsychologischen Gutachtens geklärt werden (BayObLG FamRZ 91, 1080; Köln FamRZ 09, 989). Entscheidend ist dabei insb, wie starke Bindungen des Kindes zur Pflegeperson bestehen. Es kann aus kinderpsychologischer Sicht als gesichert angesehen werden, dass die Trennung eines Kleinkinds von einer Bezugsperson eine erhebliche psychische Belastung für das Kind darstellt und mit einem schwer bestimmbaren Zukunftsrisiko verbunden ist (BayObLG FamRZ 91, 1080). Dabei ist nicht notwendigerweise allein auf die Pflegeperson abzustellen. Die Bezugswelt des Kindes wird auch durch die Beziehung zu Geschwistern oder Spielkameraden bestimmt (BayObLG FamRZ 91, 1080; Celle FamRZ 90, 191). Zum andern entspricht es aber auch dem Kindeswohl, eine Verfestigung des Pflegeverhältnisses zu vermeiden, wenn dies zu einer Entfremdung des Kindes zu seiner Herkunftsfamilie führt und eine Rückführung dadurch erheblich erschwert wird (Karlsr FamRZ 06, 1501, 1502). Denn die Inpflegenahme hat grds vorübergehenden Charakter, weshalb eine unumkehrbare Entwicklung zu einem endg Verbleib des Kindes in der Pflegefamilie vermieden werden muss (EGMR FamRZ 02, 1393, 1397; vgl auch Köln FamRZ 08, 808). Dennoch kann bei starken Bindungen des Kindes an die Pflegeeltern im Einzelfall auch eine unbefristete Verbleibensanordnung geboten sein (Brandbg FamRZ 09, 61, 62).

10 Befindet sich ein Kind seit längerer Zeit in Familienpflege und ist als Folge hiervon eine gewachsene Bindung zu den Pflegeeltern entstanden, dann steht auch die Pflegefamilie unter dem vom GG garantierten Schutz der Familie (BayObLG NJW 88, 2381). Grds hat demgegenüber aber das **Erziehungsrecht der Eltern den Vorrang** (BayObLG NJW 88, 2381). Deshalb führt allein der Umstand, dass es dem Kind bei den Pflegeeltern gut geht, noch nicht zu einer Verbleibensanordnung (vgl BayObLG FamRZ 78, 135). Nur wenn durch die Herausgabe an die Eltern eine schwere und nachhaltige Schädigung des körperlichen und seelischen Wohlbefindens des Kindes zu erwarten ist, tritt das Elternrecht zurück, so dass eine Verbleibensanordnung ergehen kann (BVerfG FamRZ 85, 39, 42; 06, 1593, 1594). Anders aber, wenn das Jugendamt nur einen Wechsel der Pflegeperson beabsichtigt: Dann muss ein psychischer oder physischer Schaden für das Kindswohl mit hinreichender Sicherheit ausgeschlossen sein (BVerfG FamRZ 87, 786, 790; Karlsr FamRZ 06, 1501, 1502).

11 Im **Verhältnis zu § 1666** ist die Verbleibensanordnung als milderes Mittel vorrangig. Das Gericht muss daher im Einzelnen erwägen und darlegen, aus welchen Gründen es die angenommene Gefahr für die Entwicklung des Kindes nur durch den Entzug des Sorgerechts für abwendbar gehalten hat (BVerfG FamRZ 89, 145). Das dem Kindeswohl zuwider laufende Herausgabeverlangen der Eltern iVm ständigen Beunruhigungen des Kindes und Störungen des intakten Pflegeverhältnisses kann aber die Entziehung der elterlichen Sorge rechtfertigen, wenn dies als einzige Mittel erscheint, um das Kind vor erheblichen Beeinträchtigungen seines Wohls zu bewahren (Bambg DAVorm 87, 664, Frankf 09, 990, 991 f).

12 Auch innerhalb des IV gilt der **Grundsatz der Verhältnismäßigkeit**. Als milderes Mittel kommt insb eine Besuchsregelung zwischen dem Sorgeberechtigten und der Pflegeperson zum Wohle des Kindes in Betracht (BayObLG FamRZ 84, 817). Die Verbleibensanordnung darf nur solange wie nötig aufrechterhalten werden. Kann die Gefährdung des Kindes auf Dauer nur dadurch abgewendet werden, dass es nicht bei seinen Eltern wohnt, so muss ein Sorgerechtsentzugsverfahren gem § 1666 durchgeführt werden.

§ 1633 Personensorge für verheirateten Minderjährigen.
Die Personensorge für einen Minderjährigen, der verheiratet ist oder war, beschränkt sich auf die Vertretung in den persönlichen Angelegenheiten.

1 Die Personensorge für einen Minderjährigen, der die Ehe eingeht (vgl § 1303), entfällt – m Ausn der rechtlichen Vertretung in diesem Bereich. Demggü steht die Vermögenssorge uneingeschränkt weiterhin den Eltern bzw dem bisherigen Inhaber zu. Betrifft eine Angelegenheit sowohl den Bereich der Personen als auch der Vermögenssorge, gilt § 1630 analog. Auch nach Scheidung der Ehe lebt die elterliche Sorge nicht wieder auf.

§§ 1634–1637 – *weggefallen* –

§ 1638 Beschränkung der Vermögenssorge.
(1) Die Vermögenssorge erstreckt sich nicht auf das Vermögen, welches das Kind von Todes wegen erwirbt oder welches ihm unter Lebenden unentgeltlich zugewendet wird, wenn der Erblasser durch letztwillige Verfügung, der Zuwendende bei der Zuwendung bestimmt hat, dass die Eltern das Vermögen nicht verwalten sollen.
(2) Was das Kind auf Grund eines zu einem solchen Vermögen gehörenden Rechtes oder als Ersatz für die Zerstörung, Beschädigung oder Entziehung eines zu dem Vermögen gehörenden Gegenstandes oder

durch ein Rechtsgeschäft erwirbt, das sich auf das Vermögen bezieht, können die Eltern gleichfalls nicht verwalten.
(3) ¹Ist durch letztwillige Verfügung oder bei der Zuwendung bestimmt, dass ein Elternteil das Vermögen nicht verwalten soll, so verwaltet es der andere Elternteil. ²Insoweit vertritt dieser das Kind.

A. Abs 1: Beschränkung durch Erblasser oder Schenker. Die Ausschließung von der Vermögenssorge kann ein Dritter lediglich hinsichtlich des zugewendeten Vermögens vornehmen. Sie betrifft nur die Verwaltung dieses Vermögens, nicht die Entscheidung darüber, ob die Erbschaft oder die Zuwendung überhaupt angenommen oder ausgeschlagen wird (Karlsr FamRZ 65, 573, 574). Auch ein Elternteil selbst kann den Ausschluss anordnen mit der Folge, dass er gem III seine Zuwendung alleine verwaltet. 1

I. Erwerb von Todes wegen. Von Todes wegen erwirbt das Kind nicht nur durch **Erbfolge** oder **Vermächtnis**, sondern – nach dem klaren Wortlaut der Vorschrift – auch, wenn ihm ein **Pflichtteil** zufällt (Staud/*Engler* § 1638 Rz 7). 2

Die **Ausschließung** muss durch letztwillige Verfügung – Testament oder einseitige Verfügung im Erbvertrag – erfolgen. Sie braucht nicht ausdrücklich erklärt zu werden, sondern kann auch **konkludent** zum Ausdruck kommen. Insb genügt die Bitte um Pflegerbestellung oder Anordnung der Verwaltung durch einen Miterben (Staud/*Engler* § 1638 Rz 11). Aber auch die Enterbung eines Kindes mit der Folge, dass das Enkelkind gesetzlicher Erbe wird, kann als Ausschließung angesehen werden. Dagegen beinhaltet die Anordnung der Testamentsvollstreckung (BayObLG FamRZ 89, 1342, 1343) oder der Ausschluss des überlebenden Elternteils von der Nutznießung keinen Ausschluss von der Vermögensverwaltung, regelmäßig aber eine Beschränkung gem § 1639 (BayObLGZ 82, 86). 3

II. Unentgeltliche Zuwendung unter Lebenden. Als **unentgeltliche Zuwendung** kommt insb die Schenkung gem § 516 in Betracht. Aber auch in der ohne Verpflichtung versprochenen und gewährten Ausstattung gem § 1624 kann eine unentgeltliche Zuwendung iSd § 1638 zu sehen sein (Staud/*Engler* § 1638 Rz 15). 4

Voraussetzung für die **Ausschließung** der Eltern von der Verwaltung des zugewendeten Vermögens ist, dass die Zuwendung unentgeltlich erfolgt. Das ist nicht der Fall, wenn das Kind einen Rechtsanspruch auf die Zuwendung hat. Die Ausschließung ist an keine Form gebunden. Sie muss aber zusammen mit der Zuwendung erfolgen. Eine vorher oder nachher erklärte Ausschließung ist unwirksam (BayObLGZ 6, 553, 558; KG FamRZ 62, 432, 435). 5

III. Rechtsfolgen der Ausschließung. Die wirksame Ausschließung der Eltern von der Verwaltung des erworbenen oder zugewendeten Vermögens lässt das Recht der Eltern unberührt im Namen des Kindes die **Annahme oder Ausschlagung** des Erwerbs oder der Zuwendung zu erklären. 6

Wird nur **ein Elternteil** von der Vermögensverwaltung ausgeschlossen, so verwaltet der andere Elternteil das erworbene oder zugewendete Vermögen gem III allein. Auch wenn dieser zugleich **Testamentsvollstrecker** ist, liegen die Voraussetzungen einer Ergänzungspflegschaft grds nicht vor (BGH FamRZ 08, 1156, 1157 m abl Anm *Zimmermann*). Bezieht sich die Ausschließung auf **beide Elternteile**, so müssen sie dies dem Familiengericht unverzüglich anzeigen, damit der gem § 1909 I 2 erforderliche Ergänzungspfleger bestellt werden kann. Der Erblasser oder Zuwendende kann gem § 1917 I einen Pfleger benennen. Dies kann auch ein Elternteil sein, der dann den Beschränkungen eines Pflegers gem §§ 1814 ff iVm § 1915 I mit Befreiungsmöglichkeit gem § 1917 II 2 unterliegt. 7

Die von der Vermögensverwaltung ausgeschlossenen Eltern können die Entlassung des für das zugewendete Vermögen zuständigen **Testamentsvollstreckers** ebenso wenig beantragen (BGH FamRZ 89, 269) wie einen **Erbschein** für das Kind (Frankf FamRZ 97, 1115). Über Art und Bestand der Zuwendung können sie zumindest dann keine **Auskunft** verlangen, wenn der Erblasser oder Zuwendende verfügt hat, dass die Eltern von der Zuwendung nichts erfahren sollen (LG Bonn FamRZ 95, 1433). Der Ausschluss von der Vermögensverwaltung bezieht sich auch auf die **Verwendungsbefugnis** für die Überschusseinkünfte gem § 1649 II. 8

Die Ausschließung kann **bedingt oder befristet** erklärt werden und vom Familiengericht weder aufgehoben noch beschränkt werden. Eine Anordnung, dass Verwaltungsmaßnahmen der gerichtlichen Genehmigung bedürfen, ist nicht wirksam. 9

B. Abs 2: Surrogatsgrundsatz. II erstreckt den Ausschluss von der Verwaltung auch auf solches Vermögen, das in den drei genannten Fällen von dem erworbenen oder zugewendeten Vermögen herrührt. 10

§ 1639 Anordnung des Erblassers oder Zuwendenden.
(1) Was das Kind von Todes wegen erwirbt oder was ihm unter Lebenden unentgeltlich zugewendet wird, haben die Eltern nach den Anordnungen zu verwalten, die durch letztwillige Verfügung oder bei der Zuwendung getroffen worden sind.
(2) Die Eltern dürfen von den Anordnungen insoweit abweichen, als es nach § 1803 Abs 2, 3 einem Vormund gestattet ist.

§ 1640

1 Die Vorschrift ergänzt § 1638 und gibt in **I** dem Zuwendenden die Möglichkeit auf die **Vermögensverwaltung** Einfluss zu nehmen, ohne die Eltern sogleich davon auszuschließen. Diese können das Kind weiterhin vertreten, so dass die Bestellung eines Ergänzungspflegers gem § 1909 I nicht erforderlich ist (BayObLG FamRZ 1982, 737, LS). Wie bei § 1638 muss die Anordnung bei einer unentgeltlichen Zuwendung unter Lebenden auch hier zugleich mit der Verfügung erfolgen. Der Surrogationsgrundsatz des § 1638 II findet entspr Anwendung. Die Anordnung ist an keine Form gebunden, muss aber Verbindlichkeit zum Ausdruck bringen und darf nicht als Bedingung oder Aufl zu verstehen sein. Als Anordnung kommt insb der Ausschluss der Befugnis zur Überschussverwendung gem § 1649 II in Betracht. Dagegen kann die Notwendigkeit einer familiengerichtlichen Genehmigung für bestimmte Verwaltungsmaßnahmen nicht angeordnet werden.

2 Die **Einhaltung der Anordnungen** kann nur durch Maßnahmen des Familiengerichts gem §§ 1666, 1667 erzwungen werden. Demnach ist nunmehr – entgegen dem früheren Recht – eine Gefährdung des Kindesvermögens erforderlich (Palandt/*Diederichsen* § 1639 Rz 2; aA Staud/*Engler* § 1639 Rz 4, 11). Daneben können sich die Eltern bei Nichtbefolgung der Anordnungen gem § 1664 schadensersatzpflichtig machen.

3 Gem **II** können die Eltern unter den Voraussetzungen des § 1803 II und III von den Anordnungen **abweichen**. Dies erfordert bei einem Erwerb von Todes wegen die Genehmigung des Familiengerichts und bei einer unentgeltlichen Zuwendung unter Lebenden die Zustimmung des Zuwendenden, die wiederum durch das Familiengericht ersetzt werden kann.

§ 1640 Vermögensverzeichnis. (1) ¹Die Eltern haben das ihrer Verwaltung unterliegende Vermögen, welches das Kind von Todes wegen erwirbt, zu verzeichnen, das Verzeichnis mit der Versicherung der Richtigkeit und Vollständigkeit zu versehen und dem Familiengericht einzureichen. ²Gleiches gilt für Vermögen, welches das Kind sonst anlässlich eines Sterbefalles erwirbt, sowie für Abfindungen, die anstelle von Unterhalt gewährt werden, und unentgeltliche Zuwendungen. ³Bei Haushaltsgegenständen genügt die Angabe des Gesamtwertes.
(2) Absatz 1 gilt nicht,
1. wenn der Wert eines Vermögenserwerbs 15.000 Euro nicht übersteigt oder
2. soweit der Erblasser durch letztwillige Verfügung oder der Zuwendende bei der Zuwendung eine abweichende Anordnung getroffen hat.
(3) Reichen die Eltern entgegen Absatz 1, 2 ein Verzeichnis nicht ein oder ist das eingereichte Verzeichnis ungenügend, so kann das Familiengericht anordnen, dass das Verzeichnis durch eine zuständige Behörde oder einen zuständigen Beamten oder Notar aufgenommen wird.

1 **A. Abs 1: Erwerbstatbestände und Inhalt des Vermögensverzeichnisses. I.** Die **Pflicht zur Erstellung** eines Verzeichnisses über das zugewendete Vermögen besteht für die Eltern in folgenden Fällen: Vermögenserwerb durch Verfügung von Todes wegen (Erbfolge, Vermächtnis und Pflichtteil), Vermögenserwerb anlässlich eines Sterbefalles (Schadenersatzrente gem § 844 II, § 10 II StVG, Leistungen aus einer Lebensversicherung), Unterhaltsabfindung (nicht aber Kapitalabfindung gem § 843 III, da diese Schadensersatzcharakter haben, Palandt/*Diederichsen* § 1640 Rz 3; Staud/*Engler* § 1640 Rz 9), unentgeltliche Zuwendung (Schenkung und Ausstattung).

2 **II.** In dem Vermögensverzeichnis sind alle erworbenen oder zugewendeten **Gegenstände** einzeln aufzuführen, genau zu kennzeichnen, die wertbildenden Faktoren anzugeben und der Wert zu schätzen, wobei die Zuziehung eines Sachverständigen nicht verlangt werden kann. Eine Ausn besteht gem I 3 lediglich für Haushaltsgegenstände, sofern sie nicht besonders wertvoll sind. Zwingend sind nur die Aktiva aufzuzählen, weil sich die Verzeichnispflicht auf das zugewendete Vermögen beschränkt. Bei einem erworbenen **Pflichtteil** sind die Grundlagen der Berechnung des Anspruchs (Reinbestandteil des Nachlasses und Anteil des Kindes) anzugeben (BayObLG FamRZ 63, 578). Bei einer Erbengemeinschaft zwischen einem Elternteil und dem Kind oder, wenn das Kind Nacherbe und ein Elternteil Vorerbe ist, müssen alle Nachlassbestandteile und der Wert des Pflichtteils angegeben werden (Staud/*Engler* § 1640 Rz 24). Der Eintritt der **fortgesetzten Gütergemeinschaft** ist lediglich anzuzeigen. Das Verzeichnis ist schriftlich oder zu Protokoll des Familiengerichts zu erstellen. Eine Pflicht zur Vorlage von Belegen besteht nicht.

3 **B. Abs 2: Unanwendbarkeit des Abs 1. I.** Gem **II Nr 1** kommt I nicht zur Anwendung wenn der Wert des Vermögenserwerbs 15.000 € nicht übersteigt. Dabei sind die Zuwendungen, die getrennt aber anlässlich desselben Anlasses erfolgen, zusammenzurechnen. IÜ ist für die Wertgrenze nur das zugewendete Vermögen, nicht das Gesamtvermögen des Kindes maßgebend. Bei der Wertberechnung ist vom Verkehrswert auszugehen. Maßgeblich ist das Nettovermögen, das nach Abzug der Verbindlichkeiten verbleibt (Staud/*Engler* § 1640 Rz 15).

4 **II.** Ferner besteht gem **II Nr 2** keine Pflicht zur Erstellung eines Verzeichnisses, wenn der Zuwendende die Eltern hiervon befreit hat.

C. Abs 3: Rechtsfolgen bei Verstoß gegen die Verzeichnispflicht. Kommen die Eltern ihrer Pflicht zur 5
Erstellung eines Vermögensverzeichnisses nicht nach oder ist das eingereichte Verzeichnis mangelhaft, so setzt
das Familiengericht zunächst eine Frist. Nach fruchtlosem Ablauf der Frist kann das Familiengericht gem § 33
FGG ein **Zwangsgeld** androhen und festsetzen (vgl BayObLG FamRZ 94, 1191). Ferner kann es die Aufnahme eines **öffentlichen Inventars** durch einen Notar (vgl § 20 I BNotO) oder die zuständige Landesbehörde (vgl § 200 FGG bzw § 486 II FamFG) verlangen.

Erst wenn diese milderen Maßnahmen nicht zum Erfolg führen oder von vornherein nicht geeignet sind, 6
insb weil dem Notar keine Gelegenheit zur Inventarisierung gegeben wird, kommt die **Entziehung der Vermögenssorge** in Betracht, die regelmäßig vorher angedroht werden muss (Staud/*Engler* § 1640 Rz 34). Da
§ 1640 keine eigene Eingriffsnorm mehr enthält, kann der Entzug der Vermögenssorge nur über die Generalklausel des § 1666 I erfolgen. Voraussetzung ist daher eine Gefährdung des Kindesvermögens (aA Staud/*Engler*
§ 1640 Rz 34). Diese ist aber hier gem § 1666 II idR anzunehmen. Mglw genügt es aber auch einen Teil der
Vermögenssorge zu entziehen. Die Folge des Entzugs ist die Bestellung eines Ergänzungspflegers sowie die
Herausgabe des Vermögens und Rechenschaftslegung gem § 1698.

§ 1641 Schenkungsverbot. ¹Die Eltern können nicht in Vertretung des Kindes Schenkungen machen. ²Ausgenommen sind Schenkungen, durch die einer sittlichen Pflicht oder einer auf den Anstand zu nehmenden Rücksicht entsprochen wird.

1 verbietet sowohl Schenkungen der Eltern aus dem Kindesvermögen als auch die Zustimmung der Eltern zu 1
Schenkungen des Kindes. Auf die Ausschlagung einer Erbschaft oder eines Vermächtnisses sowie für den Verzicht auf einen Pflichtteil zu Gunsten eines Dritten ist die Vorschrift nicht anwendbar; insoweit besteht aber
Genehmigungspflicht gem § 1643 II. Dagegen fällt auch das „Taschengeldvermögen" des § 110 unter das
Schenkungsverbot des 1.

Eine **entgegen 1** vorgenommene Schenkung ist **nichtig** und kann auch nicht durch das Familiengericht 2
genehmigt werden. Die Eltern haften dem Kind ggf gem §§ 1664, 823 ff. Bei einer Schenkung in Vertretung
des Kindes steht diesem ein Herausgabeanspruch gegen den Beschenkten gem § 985 zu, weil § 932 den guten
Glauben an die Verfügungsberechtigung im Falle des § 1641 nicht schützt. Bei Schenkung der Eltern im eigenen Namen erwirbt der gutgläubige Beschenkte zwar Eigentum, das Kind kann aber Herausgabe des Erlangten gem § 816 I 2 verlangen (vgl Staud/*Engler* § 1641 Rz 17 ff).

Das Schenkungsverbot gem **2** gilt nicht für **Pflicht- und Anstandsschenkungen**. Dazu zählen aber nicht 3
bloße Wohltätigkeiten. Liegt die Zuwendung unter Berücksichtigung der materiellen und immateriellen
Belange des Kindes letztlich in seinem Interesse, kann uU eine erlaubte Schenkung angenommen werden (vgl
Hamm FamRZ 87, 751). In jedem Fall ist eine eventuelle Genehmigungspflichtigkeit gem § 1643 zu beachten.

§ 1642 Anlegung von Geld. Die Eltern haben das ihrer Verwaltung unterliegende Geld des Kindes nach den Grundsätzen einer wirtschaftlichen Vermögensverwaltung anzulegen, soweit es nicht zur Bestreitung von Ausgaben bereitzuhalten ist.

Die Vorschrift verpflichtet die Eltern dazu das Bargeld des Kindes **gewinnbringend** anzulegen. Eine 1
Beschränkung auf mündelsichere Anlagen (§§ 1806, 1807) besteht nicht (mehr). Vielmehr dürfen und müssen die Eltern sich so verhalten wie es ein wirtschaftlich denkender Privatmann täte, der eher die konservative
Anl bevorzugt (vgl LG Kassel FamRZ 03, 626). Die Anl in Sparguthaben mit Mindestrendite genügt bei nennenswertem Barvermögen nicht (LG Kassel FamRZ 03, 626). In Betracht kommen neben festverzinslichen
Wertpapieren und Sparkonten – die va für kleinere Vermögen geeignet sind – auch Immobilien, Bausparverträge, Lebensversicherungen, aber auch Aktien, Immobilienfonds, Unternehmensbeteiligungen und Investmentanteile. Die Anl in Sammelobjekte, wie Antiquitäten, Kunstwerke oder Briefmarken, kann zumindest als
Teilanlage auch geeignet sein. Die Anlageform steht in engem Verhältnis zum Umfang des Vermögens. Bei
größeren Vermögen ist fast immer auf eine ausgewogene Streuung zu achten. Die Anl muss einerseits sicher
sein, andererseits dürfen sich die Eltern nicht mit der sichersten Anl zufrieden geben, wenn diese keine ausreichende Rendite erbringt. UU müssen sich die Eltern fachkundig beraten lassen.

Eine **Einschränkung der Anlagepflicht** besteht für Gelder, die für anstehende Ausgaben (zB Krankheitskosten) bereit gehalten werden müssen. Dies gilt auch für Unterhaltsbeteiligungen gem § 1649 I. 2

Bei **Verstoß gegen die Anlagepflicht** kann das Familiengericht insb gem § 1667 II 1 eine bestimmte Anl 3
anordnen. IÜ machen sich die Eltern bei pflichtwidriger Vermögensverwaltung gem § 1664 schadenersatzpflichtig.

§ 1643 Genehmigungspflichtige Rechtsgeschäfte. (1) Zu Rechtsgeschäften für das Kind bedürfen die Eltern der Genehmigung des Familiengerichts in den Fällen, in denen nach § 1821 und nach § 1822 Nr. 1, 3, 5, 8 bis 11 ein Vormund der Genehmigung bedarf.

§ 1644 Überlassung von Vermögensgegenständen an das Kind

(2) ¹Das Gleiche gilt für die Ausschlagung einer Erbschaft oder eines Vermächtnisses sowie für den Verzicht auf einen Pflichtteil. ²Tritt der Anfall an das Kind erst infolge der Ausschlagung eines Elternteils ein, der das Kind allein oder gemeinsam mit dem anderen Elternteil vertritt, so ist die Genehmigung nur erforderlich, wenn dieser neben dem Kind berufen war.
(3) Die Vorschriften der §§ 1825, 1828 bis 1831 sind entsprechend anzuwenden.

1 **A. Abs 1: Genehmigungspflicht nach Vormundschaftsrecht.** Durch Verweisung auf das Vormundschaftsrecht sind folgende Rechtsgeschäfte der Eltern genehmigungspflichtig: **§ 1821**: Grundstücksgeschäfte einschl Geschäfte über eingetragene Schiffe, außer Grundpfandrechte (vgl § 1821 II); keiner Genehmigung bedarf nach stRspr aber die Verfügung über ein Grundstück, das im Eigentum einer Personenhandelsgesellschaft steht, an der ein Minderjähriger beteiligt ist (BGH NJW 71, 375, 376); dies gilt entspr für eine GbR (Schlesw FamRZ 03, 559), anders aber, falls diese nur verwaltende Tätigkeit bezweckt (Kobl FamRZ 03, 249); **§ 1822 Nr 1**: Rechtsgeschäfte über das Vermögen im Ganzen sowie über Erbschaft, künftigen Erbteil, künftigen Pflichtteil; **§ 1822 Nr 3**: Entgeltlicher Erwerb oder Veräußerung eines Erwerbsgeschäfts oder Eingehen eines Gesellschaftsvertrages zum Betrieb eines Erwerbsgeschäfts (vgl Naumbg FamRZ 03, 57 zur Genehmigungspflichtigkeit eines Gesellschaftsvertrages); **§ 1822 Nr 5**: Eingehen eines Miet- oder Pachtvertrags mit Verpflichtung zu wiederkehrenden Leistungen und Laufzeit über ein Jahr nach Eintritt der Volljährigkeit (vgl Naumbg FamRZ 03, 57 zur Genehmigungspflichtigkeit einer Darlehensaufnahme); **§ 1822 Nr 8**: Aufnahme von Geld auf den Kredit des Mündels; **§ 1822 Nr 9**: Ausstellen einer Inhaberschuldverschreibung, Eingehen einer Verbindlichkeit aus Wechsel oder sonstigem Orderpapier; **§ 1822 Nr 10**: Übernahme einer fremden Verbindlichkeit, insb zur Eingehung einer Bürgschaft; **§ 1822 Nr 11**: Erteilung einer Prokura.

2 **B. Abs 2: Genehmigungspflicht bei Ausschlagung eines Erwerbs von Todes wegen. I.** Genehmigungspflichtig sind nach II 1 die **Ausschlagung** einer **Erbschaft**, eines **Erbteils**, eines **Vermächtnisses** sowie der Verzicht auf den **Pflichtteil**; dagegen nicht die Annahme einer Erbschaft oder eines Vermächtnisses und deren Anfechtung (Palandt/*Diederichsen* § 1643 Rz 3).

3 **II.** Gem II 2 ist eine Genehmigung aber dann nicht erforderlich, wenn ein sorgeberechtigter Elternteil das ihm zugewendete Erbe, Vermächtnis oder Pflichtteil für seine Person ausschlägt und es deswegen an das Kind fällt. Denn in diesem Fall ist nach der Lebenserfahrung eine Genehmigung des Familiengerichts entbehrlich, weil die Ausschlagung durch den Elternteil zeigt, dass dies zumindest eine vertretbare Entscheidung ist. Eine Ausn von dieser Ausn besteht aber dann, wenn der ausschlagende Elternteil neben dem Kind berufen ist. Denn die vorgenannte Überlegung ist dann nicht mehr zwingend, vgl etwa § 1951.

4 **C. Abs 3: Genehmigung. I. Maßstab.** Die Entscheidung darüber, ob die Genehmigung zu erteilen oder zu versagen ist, hat sich unter Beachtung des Elternrechts am **Wohl des Kindes** zu orientieren. Sie ist eine **Ermessensentscheidung** (BGH FamRZ 86, 970; BayObLG FamRZ 90, 8, 9). Dabei ist das Gesamtinteresse maßgebend, das im Wesentlichen – aber nicht ausschl – durch die materiellen Interessen des Kindes bestimmt wird. Die Genehmigung darf daher nur versagt werden, wenn das in Aussicht genommene Geschäft nach dem im Zeitpunkt der Entscheidung zu beurteilenden Gesamtumständen (alle möglichen Vor- und Nachteile), nicht dem Interesse des Kindes entspricht (Zweibr FamRZ 01, 1236). Vorteile, Risiken, Erträge und Aufwendungen sind abzuwägen. Den Eltern verbleibt dabei eine Dispositionsbefugnis, die nur beschränkt zur Überprüfung des Familiengerichts steht. Nicht jedes Risiko soll von dem unter elterlicher Sorge stehenden Kind ferngehalten werden (Zweibr FamRZ 01, 1236).

5 **II. Ausgestaltung.** Zur näheren Ausgestaltung der Genehmigung verweist III auf das **Vormundschaftsrecht**. Demnach kann eine allg Ermächtigung gem § 1825 erteilt werden. Die Genehmigung ist gem § 1828 ggü den Inhabern der Vermögenssorge – regelmäßig also den Eltern – zu erklären. Die Regelungen der §§ 1829 bis 1831 entspr denjenigen der §§ 108, 109 und 111, die für Rechtsgeschäfte Minderjähriger gelten.

§ 1644 Überlassung von Vermögensgegenständen an das Kind.
Die Eltern können Gegenstände, die sie nur mit Genehmigung des Familiengerichts veräußern dürfen, dem Kinde nicht ohne diese Genehmigung zur Erfüllung eines von dem Kinde geschlossenen Vertrages oder zu freier Verfügung überlassen.

1 Die Vorschrift verhindert eine Umgehung des § 1643. Denn andernfalls könnte ein Vertrag, den der Minderjährige selbst abschließt, durch Überlassung der erforderlichen Mittel an ihn gem § 110 wirksam werden, obwohl er nach § 1643 genehmigungspflichtig wäre, wenn ihn die Eltern abgeschlossen hätten.

§ 1645 Neues Erwerbsgeschäft.
Die Eltern sollen nicht ohne Genehmigung des Familiengerichts ein neues Erwerbsgeschäft im Namen des Kindes beginnen.

Die Entscheidung hat sich am Wohl des Kindes zu orientieren. Die Genehmigung beinhaltet nicht bereits eine gem §§ 1643 I, 1822 Nr 3 erforderliche Genehmigung; umgekehrt dagegen schon (vgl Staud/*Engler* § 1645 Rz 4). Ein Verstoß gegen § 1645 macht die Geschäftsgründung nicht unwirksam, kann aber eine Schadenersatzpflicht der Eltern gem § 1664 auslösen. Auch sind Maßnahmen des Familiengerichts gem §§ 1666, 1667 möglich, wenn deren Voraussetzungen vorliegen.

§ 1646 Erwerb mit Mitteln des Kindes. (1) ¹Erwerben die Eltern mit Mitteln des Kindes bewegliche Sachen, so geht mit dem Erwerb das Eigentum auf das Kind über, es sei denn, dass die Eltern nicht für Rechnung des Kindes erwerben wollen. ²Dies gilt insbesondere auch von Inhaberpapieren und von Orderpapieren, die mit Blankoindossament versehen sind.
(2) Die Vorschriften des Absatzes 1 sind entsprechend anzuwenden, wenn die Eltern mit Mitteln des Kindes ein Recht an Sachen der bezeichneten Art oder ein anderes Recht erwerben, zu dessen Übertragung der Abtretungsvertrag genügt.

Handeln die Eltern im Namen des Kindes, so erwirbt dieses bereits gem §§ 164 I, 1629 Eigentum. Dies gilt wegen § 164 II aber nicht, wenn die Eltern **im eigenen Namen für Rechnung des Kindes** handeln. In diesem Fall wird das Kind aber gem § 1646 kraft Gesetzes ohne Zwischenerwerb Eigentümer. Dagegen greift § 1646 nicht ein, wenn die Eltern für eigene Rechnung oder für Rechnung Dritter handeln. In diesem Fall steht dem Kind aber ein Herausgabe- oder Schadensersatzanspruch gem §§ 667, 678, 681 2, 687 II gegen seine Eltern zu (vgl Palandt/*Diederichsen* § 1646 Rz 1).

Wird der Erwerb nur teilw mit Mitteln des Kindes bestritten, so erlangt es **anteiliges Miteigentum**. Dies muss auch für einen Kredit gelten, der nur teilweise mit Mitteln des Kindes zurückgeführt wird (Staud/*Engler* § 1646 Rz 14, str).

Handelt nur **einer der beiden Elternteile** – der nicht sorgeberechtigt zu sein braucht –, so hat das Kind uU einen Anspruch auf Genehmigung durch den anderen mit- oder alleinsorgeberechtigten Elternteil zur Herbeiführung des Eigentumserwerbs gem § 1646 (Staud/*Engler* § 1646 Rz 16).

Die Vorschrift gilt gem 1 und 2 gleichermaßen für bewegliche Sachen wie für Rechte. Wird eine **Forderung** mit Mitteln des Kindes erworben, so sind über § 412 die §§ 406 ff anwendbar.

§ 1647 – weggefallen –

§ 1648 Ersatz von Aufwendungen. Machen die Eltern bei der Ausübung der Personensorge oder der Vermögenssorge Aufwendungen, die sie den Umständen nach für erforderlich halten dürfen, so können sie von dem Kind Ersatz verlangen, sofern nicht die Aufwendungen ihnen selbst zur Last fallen.

Bei der Prüfung der Ersatzfähigkeit ist nicht auf die objektive Notwendigkeit abzustellen, sondern darauf, was nach dem **Sorgfaltsmaßstab des § 1664** subjektiv für erforderlich gehalten werden durfte, auch und gerade im Hinblick auf die Vermögensverhältnisse des Kindes (BGH FamRZ 98, 367, 368). Ersatzberechtigt ist auch der nichtsorgeberechtigte Elternteil, wenn ihm wenigstens die **tatsächliche Sorge** für die Person oder das Vermögen des Kindes zusteht; sonst bleibt nur der Rückgriff auf die allg Ansprüche gem §§ 667 ff, 812.

Ein Ersatzanspruch besteht nicht, wenn die Aufwendungen von den Eltern selbst zu tragen sind, weil sie als **Unterhaltsleistungen** gem §§ 1601 ff geschuldet werden. Darunter fallen insb auch das gezahlte Taschengeld und die Aufwendungen für Bekleidung, ärztliche Behandlung sowie sportliche und musikalische Ausbildung. Soweit über das geschuldete Maß hinausgehende Unterhaltsleistungen erbracht werden, greift die Vermutung des § 685 II ein, wonach regelmäßig die Absicht fehlt, vom Empfänger Ersatz zu verlangen. Soweit es sich um Gelegenheitsgeschenke handelt, gilt das gleiche nach dem Rechtsgedanken des § 534 (BGH FamRZ 98, 367, 368). Ein Ersatzanspruch entfällt ganz generell, wenn im Zeitpunkt der Aufwendung keine Absicht bestand dafür Ersatz zu verlangen (Erlassvertrag, vgl Staud/*Engler* § 1648 Rz 8), wofür allerdings keine tatsächliche Vermutung spricht (BGH FamRZ 98, 367, 368). Ein Ersatzanspruch kommt insb bei Auslagen im Zusammenhang mit Vermögenswerten des Kindes in Betracht.

Der Anspruch auf Ersatz von Aufwendungen umfasst auch die Verzinsung gem § 256 und die Freistellung von einer Verbindlichkeit gem § 257. Der Betrag kann von den verfügungsberechtigten Eltern dem Kindesvermögen **selbst entnommen werden**, weil dadurch lediglich eine Verbindlichkeit erfüllt wird, vgl §§ 1629 II 1, 1795 II, 181 (Staud/*Engler* § 1648 Rz 8; Palandt/*Diederichsen* § 1648 Rz 3). Der Anspruch ist vor den **allg Zivilgerichten** geltend zu machen. Die **Verjährung** ist gem § 207 I 2 Nr 2 bis zur Volljährigkeit des Kindes gehemmt.

§ 1649 Verwendung der Einkünfte des Kindesvermögens. (1) ¹Die Einkünfte des Kindesvermögens, die zur ordnungsmäßigen Verwaltung des Vermögens nicht benötigt werden, sind für den Unterhalt des Kindes zu verwenden. ²Soweit die Vermögenseinkünfte nicht ausreichen, können die Einkünfte verwendet werden, die das Kind durch seine Arbeit oder durch den ihm nach § 112 gestatteten selbständigen Betrieb eines Erwerbsgeschäfts erwirbt.

(2) ¹Die Eltern können die Einkünfte des Vermögens, die zur ordnungsmäßigen Verwaltung des Vermögens und für den Unterhalt des Kindes nicht benötigt werden, für ihren eigenen Unterhalt und für den Unterhalt der minderjährigen unverheirateten Geschwister des Kindes verwenden, soweit dies unter Berücksichtigung der Vermögens- und Erwerbsverhältnisse der Beteiligten der Billigkeit entspricht. ²Diese Befugnis erlischt mit der Eheschließung des Kindes.

1 **A. Bedeutung der Vorschrift.** Die Vorschrift regelt für welche Zwecke und in welcher Reihenfolge die Eltern Einkünfte aus dem Kindesvermögen abw von der Anlagepflicht des § 1642 verwenden dürfen. Die **Verwendungsregeln** sind aber nur insoweit bindend als sie dem Schutz des Kindesvermögens dienen; den Eltern steht es deshalb frei den Kindesunterhalt aus eigenen Mitteln zu bestreiten. Dabei korrespondiert I mit § 1602 II, wonach die Eltern keinen Unterhalt schulden, soweit ihn das Kind aus seinen Vermögenseinkünften und dem Ertrag seiner Arbeit bestreiten kann. Der **Sinn des § 1649** erschließt sich erst aus II. Zum einen wird dadurch sichergestellt, dass nur Einkünfte aus dem *Vermögen* des Kindes und keine anderen von den Eltern und Geschwistern für deren Unterhalt verwendet werden dürfen. Zum anderen dient die Vorschrift dazu, ein unverhältnismäßiges wirtschaftliches Gefälle innerhalb der Familie zu vermeiden.

2 **B. Abs 1: Verwendung der Vermögenseinkünfte des Kindes zur Deckung seines eigenen Unterhalts. I.** Unter Einkünften aus dem Vermögen sind hier anderes als in § 1602 II die Bruttoeinkünfte zu verstehen. Deshalb bestimmt I 1, dass **zunächst** mit den Einkünften die **notwendigen Verwaltungsausgaben** zu decken sind. Dazu gehören nicht nur die laufenden oder außerordentlichen Kosten, wie Steuern, Versicherungen und Reparaturen, sondern auch Investitionen und Rücklagen, die wirtschaftlich sinnvoll sind. Nur für die so festgestellten verbleibenden **Nettoeinkünfte** gilt die normierte Verwendungsreihenfolge.

3 **II.** Die Nettoeinkünfte aus dem Kindesvermögen sind dann wiederum vorrangig für den Unterhalt des Kindes zu verwenden. Dabei kann für die **Bemessung des Unterhalts** nicht ohne weiteres § 1610 herangezogen werden. Vielmehr ist mit Blickrichtung auf II unter Berücksichtigung der Vermögens- und Erwerbsverhältnisse innerhalb der gesamten Familie zu bestimmen, welchen Teil der Nettoeinkünfte das Kind verständlicherweise für seinen Unterhalt verwenden würde (vgl Staud/*Engler* § 1649 Rz 20). Keinesfalls kann der Lebensstandard der Eltern, finanziert durch die Vermögenseinkünfte des Kindes, höher sein als der des Kindes.

4 **III.** Nur soweit die Vermögenseinkünfte des Kindes zur ordnungsgemäßen Verwaltung des Vermögens und zur Bestreitung seines Unterhalts nicht ausreichen, können gem I 2 die **Einkünfte des Kindes aus eigener Arbeit oder Erwerbsgeschäft (§ 112)** verwendet werden. Dies soll verhindern, dass die Eltern Verwaltungskosten und Unterhalt mit dem Erwerbseinkommen des Kindes decken und so die Überschusseinkünfte aus dem Vermögen gem II für sich verwenden können (Staud/*Engler* § 1649 Rz 21).

5 Reichen die Einkünfte des Kindes aus Erwerbstätigkeit nicht zur Deckung der Verwaltungskosten *und* des Unterhalts aus, so haben die Eltern die Wahl, wofür sie die Einkünfte verwenden wollen.

6 **C. Abs 2: Verwendung der Vermögenseinkünfte des Kindes zur Deckung des Unterhalts seiner Eltern und Geschwister. I.** Die unter Beachtung des in I bestimmten Verwendungsvorrangs verbleibenden **überschüssigen Einkünfte** aus dem Kindesvermögen dürfen gem I 1 von den Eltern für ihren eigenen Unterhalt und denjenigen der minderjährigen unverheirateten Geschwister des Kindes verwendet werden. Ob die Eltern von dieser Befugnis Gebrauch machen, steht in ihrem **Ermessen**. Deshalb handelt es sich um kein übertragbares Recht der Eltern, auf das Dritte zugreifen könnten. Auch die Geschwister haben keinen Anspruch auf Ausübung (Staud/*Engler* § 1649 Rz 25). Ob man aus der Befugnis des geschiedenen Ehegatten, seinen durch eigene Einkünfte erreichten Lebensstandard unter Zugriff auf das Kindesvermögen zu verbessern, eine Unterhaltsobliegenheit ggü dem Unterhaltsverpflichteten herleiten kann, diesen auf Kosten des Vermögens des Kindes zu entlasten, erscheint im Hinblick auf die gesetzliche Rangvorschrift des § 1609 I sehr zweifelhaft (Celle FamRZ 87, 1038).

7 Voraussetzung für die Ausübung der Verwendungsbefugnis ist, dass den Eltern die **Vermögenssorge** zusteht. Von einem **Vermögenspfleger** können sie nicht die Herausgabe der Überschusseinkünfte verlangen (BayObLG FamRZ 75, 219, 220).

8 Die Verwendung der Überschusseinkünfte für den eigenen Unterhalt und denjenigen der Geschwister muss der **Billigkeit** entspr. Dies gilt insb auch für den Umfang der Inanspruchnahme. Dabei ist wie beim Unterhalt des Kindes nach I (s.o. Rn 3) nicht der Maßstab des gesetzlichen Verwandtenunterhalts der §§ 1601 ff heranzuziehen, sondern unter Berücksichtigung der Vermögens- und Erwerbsverhältnisse aller Beteiligter von einem **angemessenen Unterhaltsbedarf** auszugehen, der einen gleichmäßigen Lebensstandard innerhalb der Familie sichert und von einem vernünftig denkenden Dritten weder als zu bescheiden noch als zu verschwenderisch angesehen würde.

9 Die Überschusseinkünfte dürfen nur für den Unterhalt der Eltern und der minderjährigen unverheirateten Geschwister verwendet werden. Damit sind – m Ausn von Adoptiveltern – nur die **leiblichen Eltern und Geschwister** gemeint. Dazu gehören auch halbbürtige Geschwister, nicht jedoch Stiefeltern und Stiefgeschwister, weil diese keine Blutsverwandten sind (Staud/*Engler* § 1649 Rz 21).

II. Die Befugnis zur Verwendung der Überschusseinkünfte **endet** gem II 2 spätestens mit der Heirat des 10 Kindes.

D. Rechtsfolgen bei Verstoß gegen die Verwendungsregeln. Verwenden die Eltern die Einkünfte des Kindes 11 pflichtwidrig unter Verstoß gegen § 1649, so kann dies Maßnahmen des Familiengerichts gem §§ **1666, 1667** nach sich ziehen. Die **Haftung der Eltern** bestimmt sich nach § 1664. Daneben steht dem Kind ein **Bereicherungsanspruch** gem §§ 812 ff gegen seine Eltern und Geschwister zu, wenn die Einkünfte nicht in Einklang mit § 1649 verwendet wurden; andererseits stellt § 1649 II einen Rechtsgrund zum Behalten iSd § 812 dar, wenn seine Voraussetzungen erfüllt sind (Staud/*Engler* § 1649 Rz 41).

§§ 1650–1663 – *weggefallen* –

§ 1664 Beschränkte Haftung der Eltern.
(1) Die Eltern haben bei der Ausübung der elterlichen Sorge dem Kind gegenüber nur für die Sorgfalt einzustehen, die sie in eigenen Angelegenheiten anzuwenden pflegen.
(2) Sind für einen Schaden beide Eltern verantwortlich, so haften sie als Gesamtschuldner.

A. Abs 1: Haftung der Eltern bei sorgfaltswidriger Ausübung der elterlichen Sorge. I. Nach überwiegen- 1 der Meinung in Literatur und Rspr bestimmt die Vorschrift nicht nur den Haftungsmaßstab, sondern ist zugleich **Anspruchsgrundlage** für Schadenersatzansprüche des Kindes gegen seine Eltern, die in einer Pflichtverletzung bei der Ausübung der elterlichen Sorge begründet sind (BGHF 6, 55, 57 v 10.2.88; Köln FamRZ 97, 1351; Ddorf FamRZ 92, 1097; Palandt/*Diederichsen* § 1664 Rz 1; aA Staud/*Engler* § 1664 Rz 6 mwN unter Hinweis auf den Wortlaut der Vorschrift). Ihr Anwendungsbereich erstreckt sich demnach auf alle Schäden, die auf der Verletzung der Elternpflichten zur rechtlichen und tatsächlichen Wahrnehmung der Kindesinteressen auf dem Gebiet der Personen- und Vermögenssorge beruhen (Köln FamRZ 97, 1351).

II. In dem vorgenannten Anwendungsbereich bestimmt I den **Haftungsmaßstab** der Eltern für Schaden- 2 ersatzansprüche des Kindes. Demnach müssen die Eltern bei der Ausübung der Sorge nur für die Einhaltung derjenigen Sorgfalt einstehen, die sie auch in eigenen Angelegenheiten walten lassen. Dieses „Haftungsprivileg" gründet in der familienrechtlichen Verbundenheit zu dem Geschädigten (BGH FamRZ 88, 810, 812). Denn Familiengemeinschaft ist Haftungsgemeinschaft (vgl Palandt/*Diederichsen* § 1664 Rz 1). Dies führt dazu, dass der gewissenhafte Elternteil im Verhältnis zum leichtfertigen strenger haftet. Die Grenze bildet aber der objektiv zu bestimmende Maßstab des § 277: Vorsatz und grobe Fahrlässigkeit haben die Eltern immer zu vertreten.

III. Voraussetzung. für die Anwendbarkeit des § 1664 ist, dass den Eltern die Sorge auch zusteht, insb darf 3 das **Sorgerecht** weder ruhen noch entzogen sein. Dagegen ist § 1664 entspr anzuwenden, wenn ein nichtsorgeberechtigter Elternteil die Sorge tatsächlich ausübt, etwa bei der Ausübung des Umgangsrechts (vgl BGH FamRZ 88, 810, 812). Eine analoge Anwendung des § 1664 auf andere Personen als die Eltern kommt dagegen wegen des familienrechtlich geprägten Ausnahmecharakters dieser Vorschrift nicht in Betracht (BGH FamRZ 96, 155). Etwas anderes gilt kraft Gesetzes nur für den Vormund: § 1793 I 3 verweist auf § 1664, wenn der Mündel auf längere Zeit im Haushalt des Vormundes aufgenommen ist. Auch findet § 1664 in umgekehrter Weise auf die Haftung des Kindes ggü den Eltern entspr Anwendung, da es ungerechtfertigt wäre insoweit einen anderen Haftungsmaßstab anzulegen (Staud/*Engler* § 1664 Rz 13).

IV. Grds haftet jeder Elternteil nur für sein eigenes Verschulden. Doch ist auch nach diesem Prinzip der **indi-** 4 **viduellen Elternverantwortung** jeder Elternteil gehalten, in zumutbaren Grenzen den anderen Elternteil zu überwachen (Köln FamRZ 97, 1351). Daher werden – abgesehen von Augenblicksversagen – regelmäßig beide Eltern sich einer Pflichtverletzung schuldig gemacht haben.

V. Bedienen sich die Eltern der Hilfe eines Dritten (Hauspersonal, Kindermädchen, Babysitter) zur Erfüllung 5 ihrer Pflichten ggü dem Kind, so haften sie für dessen Auswahl und Überwachung gem § 1664 I. Für ein Verschulden dieses **Erfüllungsgehilfen** müssen sie gem § 278 einstehen. Aber auch hier gilt für die Eltern das Haftungsprivileg des § 1664 I mit der möglichen Folge, dass nur der Erfüllungsgehilfe haftet.

Etwas anderes muss gelten, wenn die Eltern für ihr Kind die Hilfe eines **Arztes oder Rechtsanwalts** in 6 Anspruch nehmen. Zwar sind sie dann iRd § 1664 I ebenfalls für die Auswahl und in eingeschränkter Weise auch für die Überwachung verantwortlich, doch kann darüber hinaus eine Haftung der Eltern nicht angenommen werden, weil sie zur eigenen Pflichtenwahrnehmung (schuldlos) nicht in der Lage sind (vgl Staud/*Engler* § 1664 Rz 28 f).

VI. Ausschluss der Anwendbarkeit. 1. Die Haftungsbeschränkung des § 1664 I gilt nicht für Schadenersatz- 7 ansprüche aus der **Verletzung der elterlichen Aufsichtspflicht** (str; ebenso: Stuttg VersR 80, 952; Karlsr VersR 77, 232; 82, 450; Staud/*Engler* § 1664 Rz 33; offen BGH FamRZ 88, 810, 812; aA Hamm NZV 94, 68; Ddorf FamRZ 00, 438; Karlsr FamRZ 09, 707, 708; MüKo/*Huber* § 1664 Rz 11 FamRZ; Palandt/*Diederichsen*

§ 1664 Rz 4). Denn die Fürsorgepflicht der Eltern ggü dem Kind als Kernstück der elterlichen Sorge verlangt es, dass die Aufsichtspflicht objektiv und nicht nach dem subjektiven Sorgfaltsmaßstab eines Elternteils bestimmt wird (vgl Staud/*Engler* § 1664 Rz 33). Hinsichtlich der Ansprüche Dritter gem § 832 ist bereits der Anwendungsbereich des § 1664 nicht eröffnet.

8 2. Keine Anwendung findet I auch auf Schadenersatzansprüche aus **unerlaubter Handlung gem §§ 823 ff** (str; ebenso Staud/*Engler* § 1664 Rz 34; aA bei innerem Zusammenhang mit elterlicher Sorge: MüKo/*Huber* § 1664 Rz 9; Palandt/*Diederichsen* § 1664 Rz 3; eingeschränkt auch BGH FamRZ 88, 810). Dies gilt insb auch für Ansprüche wegen eines Verkehrsunfalls den ein Elternteil verursacht hat, einschl der Ansprüche aus Gefährdungshaftung gem § 7 II StVG (unstr; Hamm NJW 93, 542; LG Tübingen NJW-RR 90, 346; vgl auch BGH FamRZ 70, 386).

9 3. Schließlich greift das Haftungsprivileg des I nicht ein, wenn es um **Ansprüche aus einem Vertrag** zwischen Eltern und Kind geht.

10 B. Abs 2: Haftung der Eltern als Gesamtschuldner. Die Eltern haften dem Kind als **Gesamtschuldner** gem § 421. Dies gilt aber nur, wenn sie auch beide für den Schaden verantwortlich sind, dh beiden eine schuldhafte Verletzung ihrer Pflichten vorzuwerfen ist. Im Anwendungsbereich des I bestimmt sich die Schuld nach der Sorgfalt in eigenen Angelegenheiten, weshalb dem Kind trotz Pflichtverletzung beider Eltern mglw nur ein Elternteil schadensersatzpflichtig ist. In diesem Fall ist dem haftenden Elternteil ein Rückgriff nach §§ 426 I oder II verwehrt.

11 Haftet neben den Eltern **ein Dritter** für die Verletzung des Kindes (eingehend dazu Staud/*Engler* § 1664 Rz 48 ff; *Medicus* BürgR Rz 928 ff), so wird seine Ersatzpflicht nicht dadurch berührt, dass die Eltern des Kindes an der Schädigung mitbeteiligt waren, aber wegen des milderen Sorgfaltsmaßstabes des § 1664 I dem Kind nicht haften. Dem Dritten steht in diesem Fall auch kein (fingierter) Ausgleichsanspruch gegen die Eltern zu (BGH FamRZ 88, 810).

§ 1665 – *weggefallen* –

§ 1666 Gerichtliche Maßnahmen bei Gefährdung des Kindeswohls.

(1) Wird das körperliche, geistige oder seelische Wohl des Kindes oder sein Vermögen gefährdet und sind die Eltern nicht gewillt oder nicht in der Lage, die Gefahr abzuwenden, so hat das Familiengericht die Maßnahmen zu treffen, die zur Abwendung der Gefahr erforderlich sind.
(2) In der Regel ist anzunehmen, dass das Vermögen des Kindes gefährdet ist, wenn der Inhaber der Vermögenssorge seine Unterhaltspflicht gegenüber dem Kind oder seine mit der Vermögenssorge verbundenen Pflichten verletzt oder Anordnungen des Gerichts, die sich auf die Vermögenssorge beziehen, nicht befolgt.
(3) Zu den gerichtlichen Maßnahmen nach Absatz 1 gehören insbesondere
1. Gebote, öffentliche Hilfen wie zum Beispiel Leistungen der Kinder- und Jugendhilfe und der Gesundheitsfürsorge in Anspruch zu nehmen,
2. Gebote, für die Einhaltung der Schulpflicht zu sorgen,
3. Verbote, vorübergehend oder auf unbestimmte Zeit die Familienwohnung oder eine andere Wohnung zu nutzen, sich in einem bestimmten Umkreis der Wohnung aufzuhalten oder zu bestimmende andere Orte aufzusuchen, an denen sich das Kind regelmäßig aufhält,
4. Verbote, Verbindung zum Kind aufzunehmen oder ein Zusammentreffen mit dem Kind herbeizuführen,
5. die Ersetzung von Erklärungen des Inhabers der elterlichen Sorge,
6. die teilweise oder vollständige Entziehung der elterlichen Sorge.
(4) In Angelegenheiten der Personensorge kann das Gericht auch Maßnahmen mit Wirkung gegen einen Dritten treffen.

A. Abs 1: Eingriffsvoraussetzungen bei Gefährdung des persönlichen Kindeswohls. I. Kindeswohl- und
1 Gefährdungsbegriff. 1. Das körperliche, geistige oder seelische Wohl des Kindes muss gefährdet sein. Der **Begriff des Kindeswohls** ist das Herzstück der Generalklausel des § 1666, die das Familiengericht im Einzelfall auf der Grundlage eines individuell herausgearbeiteten Sachverhalts auszufüllen hat (Staud/*Coester* § 1666 Rz 64). Dabei kann es auf die Kindeswohlkriterien zurückgreifen, die für die Sorgerechtsentscheidung gem § 1671 II Nr 2 entwickelt wurden (s. § 1671 Rn 29 ff). Die Gefährdung des Kindeswohls ist Eingriffsschwelle und Legitimation für staatliche Schutzmaßnahmen (Staud/*Coester* § 1666 Rz 63). Das Kindeswohl hat Vorrang vor den Interessen der Eltern, erst recht vor denjenigen anderer Beteiligter. Die Eltern können zwar grds *frei von staatlichen Einflüssen und Eingriffen* nach eigenen Vorstellungen darüber entscheiden, wie sie die Pflege und Erziehung ihrer Kinder gestalten und damit ihrer Elternverantwortung gerecht werden wollen. In der Beziehung zum Kind muss aber das **Kindeswohl die oberste Richtschnur** der elterlichen Pflege und Erziehung sein. Wenn Eltern ihrer Verantwortung nicht gerecht werden, greift das **Wächteramt** des Staates

nach Art 6 II 2 GG ein; der Staat ist nicht nur berechtigt, sondern auch verpflichtet, die Pflege und Erziehung des Kindes sicherzustellen; der Staat ist nicht nur berechtigt, sondern auch verpflichtet, die Pflege und Erziehung des Kindes sicherzustellen (BVerfG FamRZ 68, 578, 584; 82, 567, 569; 89, 145, 146; 99, 85, 86; 99, 145, 156; 06, 1593, 1594).

2. Die **Gefahr** muss **gegenwärtig oder nahe bevorstehend** sein und so ernst zu nehmen, dass sich bei Fortdauer eine erhebliche Schädigung des körperlichen, geistigen oder seelischen Wohls des Kindes mit ziemlicher Sicherheit voraussehen lässt (Zweibr FamRZ 84, 931; BGH FamRZ 56, 350; Brandbg FamRZ 08, 1557; Celle FamRZ 03, 1490; Hamm FamRZ 06, 359). Eine bloß künftige Gefahr genügt nicht. Andererseits setzt die Annahme einer gegenwärtigen Gefahr nicht voraus, dass sie sich bereits auf das augenblickliche oder vorübergehende Befinden des Kindes ausgewirkt hat (BayObLG DAVorm 81, 901, 903). Vielmehr genügt es, dass der Schaden für eine gedeihliche altersgemäße Entwicklung des Kindes bereits in den gegenwärtigen Verhältnissen angelegt ist (vgl Staud/*Coester* § 1666 Rz 79). An den Grad der Wahrscheinlichkeit der Gefährdung sind umso geringere Anforderungen zu stellen, je größer und gewichtiger der drohende Schaden ist; konkrete Verdachtsmomente aufgrund zumindest geringer Anzeichen bleiben aber notwendig (Karlsr FamRZ 09, 1599: Reise in Land mit Beschneidungspraxis).

Es muss sich um eine **schwerwiegende Gefährdung** des Kindes in körperlicher, seelischer oder geistiger Beziehung handeln. Denn grds genießt die Pflege und Erziehung der Kinder durch die Eltern gem Art 6 II 1 GG den Vorrang vor staatlichem Handeln (vgl BVerfGE 24, 1, 135 = FamRZ 68, 578, 582). Nicht jedes Versagen oder jede Nachlässigkeit berechtigt den Staat in Wahrnehmung seines Wächteramtes die Eltern von der Pflege und Erziehung ihres Kindes auszuschließen oder selbst diese Aufgabe zu übernehmen (BVerfG FamRZ 06, 1593, 1594; 08, 492). Die Beachtung des Kindeswohls bedeutet nicht, dass es zur Ausübung des Wächteramtes des Staates nach Art 6 II 2 GG gehört, gegen den Willen der Eltern für eine den Fähigkeiten des Kindes bestmögliche Förderung zu sorgen (Köln FamRZ 08, 1553, 1554). Die Interessen des Kindes werden in aller Regel am besten von den Eltern wahrgenommen. Dabei ist in Kauf zu nehmen, dass das Kind durch den Entschluss der Eltern wirkliche oder vermeintliche Nachteile erleidet, die iRe nach objektiven Maßstäben betriebenen Begabtenauslese vielleicht vermieden werden könnten. (BVerfG FamRZ 82, 567; 570; 08, 492; 08, 2185, 2186; BayObLG FamRZ 93, 1350; Köln FamRZ 96, 1027, 1028; Celle FamRZ 03, 549) Gelegentliche Erziehungsfehler, wie sie jedem Personensorgeberechtigten unterlaufen können, stellen keine Gefährdung des Kindeswohls im Sinn von § 1666 I dar (BayObLG FamRZ 93, 843, 845). Selbst einer nicht optimalen Elternbetreuung ist grds der Vorrang vor einer – auch qualifizierten – Fremdbetreuung zu geben (Brandbg FamRZ 09, 994, 995; vgl auch Celle FamRZ 03, 549, 550; Hambg FamRZ 01, 1008). „Die sozialen Verhältnisse der Eltern, in die ein Kind hineingeboren wird, müssen als schicksalhaft hingenommen werden. Es dürfen damit nicht Maßnahmen gerechtfertigt werden, die es ermöglichen sollen, das Kind in einer besseren sozialen Umgebung aufwachsen zu lassen." (BayObLG NJW-RR 90, 70; ebenso Hamm FamRZ 04, 1664, 1665; vgl auch EGMR FamRZ 02, 1393, 1396). Das Kind hat keinen Anspruch auf „Idealeltern" und optimale Förderung und Erziehung. Die Eltern und deren sozioökonomische Verhältnisse zählen grds zum Schicksals- und Lebensrisiko eines Kindes (Brandbg FamRZ 08, 1556; Köln FamRZ 08, 1553, 1554; Staud/*Coester* § 1666 Rz 81; Palandt/*Diederichsen* § 1666 Rz 9). Daher ist das staatliche Wächteramt auf die Abwehr von Gefahren beschränkt (Hamm FamRZ 04, 1664, 1665). Dabei ist zu beachten, dass Art 8 I, II EMRK das Recht auf Achtung des Familienlebens garantiert und Eingriffe des Staates nur unter engen Voraussetzungen zulässt (vgl auch EGMR FamRZ 08, 1319, 1320). Die Eingriffe müssen die Fortentwicklung der familiären Beziehungen mit dem Ziel ermöglichen, Eltern und Kinder wieder zusammenzuführen (Hamm FamRZ 04, 1664; EGMR FamRZ 02, 1393; 04, 1456; 05, 585).

II. Unerheblichkeit des Erziehungsversagens. § 1666 I wurde durch das am 12.7.08 in Kraft getretene Gesetz zur Erleichterung familiengerichtlicher Maßnahmen bei Gefährdung des Kindswohls vom 4.7.08 (BGBl I 1188) neu gefasst. Im Gegensatz zum früheren Recht muss nun die Ursache der Gefährdung des Kindeswohls nicht mehr festgestellt und einer bestimmten Fallgruppe zugeordnet werden. Entscheidend ist allein, ob und in welchem Ausmaß eine Gefährdung des Kindeswohls vorliegt; auf ein elterliches Erziehungsversagen kommt es (richtigerweise) nicht mehr an. Dies erspart unergiebige, teils aufwändige, vergangenheitsorientierte Ermittlungen und vermeidet die dadurch hervorgerufene Beeinträchtigungen der elterlichen Kooperationsbereitschaft (AmtlBegr BTDrs 16/6815, 10; *Meysen* NJW 08, 2673; vgl auch schon zum früheren Recht Staud/*Coester* § 1666 Rz 58, 59, 87). Der Wegfall der Voraussetzung elterlichen Erziehungsversagens lässt die Eingriffsschwelle für Maßnahmen gem § 1666 iÜ unangetastet (AmtlBegr BTDrs 16/6815, 14; *Meysen* NJW 08, 2673).

III. Fallgruppen der Gefährdung des persönlichen Kindeswohls. 1. Missbräuchliche Ausübung der elterlichen Sorge. Das Kindeswohl kann durch die missbräuchliche Ausübung der elterlichen Sorge gefährdet sein. Sie liegt vor, wenn von dem Sorgerecht durch aktives Tun falsch, rechtswidrig und zweckwidrig Gebrauch gemacht wird in einer dem Wohl des Kindes und dem Erziehungsziel objektiv zuwiderlaufenden, jedem besonnenen denkenden Elternteil erkennbaren Weise; eine lediglich unzweckmäßige, unpraktische oder ungeschickte Verhaltensweise oder Maßnahme ist noch nicht rechtsmissbräuchlich (BayObLG FamRZ 81, 999). Klassische

Fälle des Missbrauchs der elterlichen Sorge sind die körperliche und seelische Misshandlung, insb der sexuelle Missbrauch, aber auch die aktive Verweigerung notwendiger medizinischer Behandlung.

6 **Bsp:** Fehlende Rücksichtnahme auf Eignung und Neigung des Kindes bei der Ausbildungswahl (BayObLG FamRZ 82, 634, 636); Gewalttaten (Hamm FamRZ 96, 1029; 05, 1274; Frankf FamRZ 08, 1554); Herausgabeverlangen und Aufenthaltswechsel des Kindes zur Unzeit (BayObLG FamRZ 81, 814; 82, 1118; 82, 1239; 84, 932; 85, 312; 94, 781; 92, 1221; Celle 84, 931; Frankf FamRZ 09, 990, AG München DAVorm 1995, 1004), soweit nicht § 1632 IV genügt; Kindesentziehung/-entführung (Bambg FamRZ 1987, 185, 187); körperliche und seelische Misshandlungen (BayObLG FamRZ 82, 1239; 93, 229; 94, 975; 99, 178; Hamm FamRZ 09, 1352); Beschneidung (Dresd FamRZ 03, 1862); Missachtung der Schulpflicht (BayObLG NJW 84, 928; AG Saarbrücken FamRZ 03, 1859; BGH FamRZ 08, 45), sexueller Missbrauch, Überbehütung (AG Moers FamRZ 86, 715); Umgangsverhinderung (DAVorm 1983, 377; 1982, 600); verfehltes Erziehungsmodell (Kobl FamRZ 07, 1680); Verhinderung notwendiger medizinischer Behandlung (Celle NJW 95, 792; BayObLG FamRZ 95, 1437); kein Sorgerechtsmissbrauch aber, wenn – etwa bei irreversibler Bewusstlosigkeit des Kindes – die Entscheidung, lebensverlängernder Maßnahmen zu unterlassen oder zu beenden, das Wohl des Kindes wahrt (Hamm NJW 07, 2704).

7 **2. Vernachlässigung des Kindes und Erziehungsversagen.** Das persönliche Kindeswohl ist durch **Vernachlässigung des Kindes** gefährdet, wenn die Eltern (oder ein Elternteil) in unverantwortlicher Weise untätig bleiben und ihren Pflichten ggü dem Kind nicht nachkommen. Zu denken ist an Verwahrlosung, mangelhafte Ernährung und fehlende medizinische (Vor-)Sorge sowie mangelnde Zuwendung. Ursache hierfür ist fast immer ein - **meist unverschuldetes** - **Erziehungsversagen** eines Elternteils infolge einer psychischen Erkrankung, geistigen Behinderung oder Alkohol- und Drogenabhängigkeit.

8 **Bsp:** Alkoholabhängigkeit (BayObLG FamRZ 82, 192; 88, 748; 94, 913, 915; 97, 1553, 1554; Hamm FamRZ 95, 1209; Frankf FamRZ 03, 1317); Drogenabhängigkeit (Frankf FamRZ 1983, 530); Duldung des Fehlverhaltens des Ehepartners (Frankf FamRZ 81, 308; BayObLG FamRZ 94, 1413; LG Bambg DAVorm 84, 196); mangelnde Förderung (BayObLG FamRZ 95, 1437; 99, 1154) fehlendes „Fremdeln" als Ausdruck fehlender Bindungsbeziehung (Hamm FamRZ 09, 1753, 1754); mangelnde Hygiene (Brandbg FamRZ 08, 713); psychische Erkrankung (BayObLG FamRZ 95, 502; 96, 1031; 97, 387, 388; 99, 318, 319; Dresd FamRZ 08, 712); Starrsinnigkeit (BGH NJW 56, 1434).

9 **3. Verhalten Dritter.** Auch das **Verhalten eines Dritten** kann das Wohl des Kindes gefährden. Der Vorrang der elterlichen Gefahrabwehr ist bei dieser Fallgruppe besonders zu beachten (s.u. Rn 10 ff). Deshalb sind Maßnahmen in erster Linie gegen den Dritten zu richten. Nur wenn diese nicht ausreichen, sind Eingriffe in die Personensorge zulässig. So wenn das Versagen der Mutter darin besteht, dass sie wegen ihres psychischen Zustands nicht in der Lage ist, die erhebliche Gefährdung ihrer 10-jährigen Tochter durch den von ihrer weiteren 16-jährigen Tochter ausgehenden schlechten Einfluss entgegenzutreten (BayObLG FamRZ 95, 948, 950).

10 **IV. Vorrang der Gefahrabwehr durch die Eltern.** Neben der Gefährdung des Kindeswohls ist weitere Voraussetzung für ein staatliches Eingreifen gem § 1666 I, dass die Eltern entweder **nicht in der Lage** oder **nicht gewillt** sind, die Gefahr abzuwenden. Dieses Gefahrabwendungsprimat folgt unmittelbar aus dem in Art 6 II 1 GG verfassungsrechtlich verankerten Sorgevorrang der Eltern.

11 Während dieses negative Tatbestandsmerkmal bei fehlendem Willen der Eltern leicht festzustellen ist, muss das Familiengericht im Falle der **Bereitschaft der Eltern zur Gefahrabwehr** sorgfältig prüfen, ob sie dazu nicht doch in der Lage sind. Bloße Lippenbekenntnisse genügen aber nicht; auch muss die Bereitschaft der Eltern zur Gefahrabwehr auf Einsicht beruhen und nicht bloß unter dem Druck des Verfahrens entstanden sein. Das Gericht muss den Eindruck gewonnen haben, dass die Eltern hinreichende Gewähr dafür bieten, die Gefahr abzuwenden (Staud/*Coester* § 1666 Rz 151). Daran kann es insb bei fortbestehender Drogenabhängigkeit der Eltern fehlen (vgl Frankf FamRZ 83, 530, 531).

12 Bei der Prüfung der Frage, ob die Eltern fähig sind die Gefahr abzuwenden, sind insb auch **öffentliche Hilfen** gem §§ 27 ff SGB VIII (Kinder- und Jugendhilfe) in Betracht zu ziehen, sofern sie von den Eltern akzeptiert werden (s. § 1666a I). Dazu zählen neben Beratung und Erziehungsbeistandschaft auch so einschneidende Maßnahmen wie Vollzeitpflege und Heimerziehung. Bevollmächtigt oder ermächtigt der Inhaber des Sorgerechts das Jugendamt zur Ausübung der elterlichen Sorge oder Teilen hiervon, so kann dies allein die Gefährdung oder die Erforderlichkeit gerichtlicher Maßnahmen allenfalls dann entfallen lassen, wenn das Jugendamt mit der Bevollmächtigung oder der Ermächtigung einverstanden ist (KG FamRZ 79, 1060, 1061; vgl auch BayObLG FamRZ 85, 522).

13 Beruht die Gefährdung des Kindes auf dem Verhalten eines Dritten, ist besonders sorgfältig zu prüfen, ob die Eltern nicht selbst in der Lage sind gegen den Dritten vorzugehen und geeignete Schutzmaßnahmen zu ergreifen (vgl Staud/*Coester* § 1666 Rz 152).

14 **B. Abs 1 und 2: Eingriffsvoraussetzungen bei Gefährdung des Kindesvermögens.** Auch bei konkreter Gefährdung des Kindesvermögens ist das Familiengericht befugt einzugreifen (vgl auch BVerfGE 72, 155, 174

= FamRZ 86, 769, 773). Die wichtigsten Fälle der Gefährdung des Kindesvermögens sind in II als Regelbsp genannt. Eine abschließende Definition der Vermögensgefährdung und damit eine zusätzliche Voraussetzung für staatliche Eingriffe stellt dies aber nicht dar (Staud/*Coester* § 1666 Rz 164; BTDrs 13/4899 S 97).

I. Gefährdung des Kindesvermögens im Allgemeinen, Abs 1. Eine Gefährdung des Kindesvermögens setzt eine **gegenwärtige Gefahr** voraus, also eine Situation, in der nach den Umständen der Eintritt eines Schadens wahrscheinlich ist oder zumindest als naheliegende Möglichkeit erscheint. Dies hängt von den jeweiligen Umständen des Einzelfalls ab (BayObLG FamRZ 83, 528, 530; 89, 652, 653; 94, 11). Dabei reicht es aus, dass eine derartige Pflichtverletzung nach den Umständen des Falles nicht ganz fern liegt (vgl BayObLG FamRZ 91, 1339). 15

Gefährdung kann nicht nur bei einer Verminderung oder einem ordnungswidrigen Verbrauch des Kindesvermögens, sondern grds auch dann anzunehmen sein, wenn durch Verletzung der mit der Vermögenssorge verbundenen Pflichten übliche Möglichkeiten der Vermögensmehrung nicht genutzt werden, so beim Unterlassen der in § 1642 vorgeschriebenen Geldanlage (BayObLG FamRZ 83, 528, 530; 89, 652, 653; 94, 11). 16

Es muss das **Vermögen des Kindes in seiner Gesamtheit** gefährdet sein. Die Verletzung einzelner Vermögensinteressen genügt nicht, es sei denn die Vermögenslage des Kindes wird dadurch insgesamt beeinträchtigt. Dabei muss eine erhebliche Schädigung drohen, da geringere Beeinträchtigungen keine staatlichen Eingriffe rechtfertigen können (Staud/*Coester* § 1666 Rz 163). 17

Ein **schuldhaftes Verhalten** des Sorgeberechtigten war bereits nach altem Recht **nicht erforderlich** (BayObLG FamRZ 89, 1215, 1216; 94, 11); zum neuen Recht s.o. Rn 4. Gerade bei der Verletzung der Vermögenssorge muss der Schutz auch objektive Gefährdungen umfassen, da die mangelnde Fähigkeit der Eltern im ökonomischen Bereich richtig zu handeln regelmäßig unverschuldet ist. 18

Neben den Regelbsp des II hat der allg Tatbestand des I kaum noch eigenständige Bedeutung. Doch muss bei Vermögensgefährdungen durch **Vermögensverfall der Eltern** oder Handlungen Dritter auf die Generalklausel zurückgegriffen werden (Staud/*Coester* § 1666 Rz 174, 175). 19

II. Regelbsp für eine Gefährdung des Kindesvermögens, Abs 2. 1. Verletzung der Unterhaltspflicht. Die Verletzung der Unterhaltspflicht setzt einen **Unterhaltsanspruch gem §§ 1601 ff** voraus, also insb Bedürftigkeit des Kindes und Leistungsfähigkeit der Eltern. Erfasst wird sowohl der Bar- als auch der Naturalunterhalt. Bei einem iSd § 1602 II vermögenden Kind müssen die Eltern diesem das Vermögen zur Verfügung stellen und ihm seinen Arbeitsverdienst in angemessenem Umfang belassen (Staud/*Coester* § 1666 Rz 167). Zur Feststellung der Unterhaltspflichtverletzung kann auch auf die strafrechtlichen Grundsätze für die Verwirklichung des § 170 StGB zurückgegriffen werden. Deshalb ist ein **Rechtsirrtum** der Eltern über ihre Unterhaltspflicht nur beachtlich, wenn er unvermeidbar war (aA Staud/*Coester* § 1666 Rz 167: Rechtsirrtum stets unbeachtlich). Auch entlasten die gesetzlichen oder freiwilligen **Versorgungsleistungen Dritter**, insb öffentlichen Hilfen, die Eltern grds nicht. Anders ist es aber, wenn die Zahlungen Dritter unabhängig von der Nichtzahlung durch den Sorgerechtsinhaber erfolgen oder wenn dieser seinen Beitrag zur Unterhaltssicherung gerade dadurch leistet, dass er dafür Sorge trägt, dass das Kind von Dritten – etwa den Großeltern – versorgt wird und dies auf einer Vereinbarung zwischen allen Beteiligten beruht (BayObLG FamRZ 89, 652). 20

Die **Gesamtvermögenslage** des Kindes muss gefährdet sein und nicht nur der Unterhalt. Deshalb kommt bei kleineren Verletzungen der Unterhaltspflicht eine Gefährdung des Kindesvermögens nicht in Betracht. Vornehmlich geht es um den Schutz des leiblichen Kindeswohls (BayObLG FamRZ 89, 652). 21

2. Verletzung der Vermögenssorgepflicht. Ganz allg sind die Eltern verpflichtet das Kindesvermögen zu erhalten, zu verwerten und zu vermehren, also nach den Grundsätzen einer wirtschaftlichen Vermögensverwaltung anzulegen, soweit es nicht zur Bestreitung von Ausgaben, insb für den Kindesunterhalt, bereitzuhalten ist, vgl §§ 1626 I 2, 1642, 1649 I 1. 22

Als Verletzungshandlungen kommen demnach insb in Betracht: Eine **nachlässige Vermögensverwaltung**, etwa durch Unterlassen der durch § 1642 vorgeschriebenen Geldanlage (BayObLG FamRZ 94, 11), und ein **ordnungswidriger Verbrauch** des dem Kind zustehenden Sparguthabens (BayObLG FamRZ 91, 1339, 1340), der bereits in der Abhebung des Sparguthabens zum Zwecke der eigenen Verwendung, insb bei überschuldetem Elternteil, gesehen werden kann (BayObLG FamRZ 89, 1215, 1216). 23

Zu beachten ist, dass auch hier nicht jede Verletzung einer Vermögenssorgepflicht genügt. Für eine staatliche Schutzmaßnahme gem I ist vielmehr die **Gefährdung des Kindesvermögens insgesamt** und nicht nur einzelner Positionen erforderlich (Staud/*Coester* § 1666 Rz 170). 24

3. Verstoß gegen gerichtliche Anordnungen zur Vermögenssorge. Das Gericht kann insb gem § 1640 III und § 1667 Anordnungen zur Vermögensverwaltung und Rechnungslegung treffen. Solche gehen den Maßnahmen gem § 1666 I vor, soweit sie zur Abwendung einer Vermögensgefährdung geeignet sind. Verstoßen die Eltern dann aber gegen ihre so konkretisierten Verhaltenspflichten, wird zumindest ein teilweiser Entzug der Vermögenssorge auch unter Beachtung des Verhältnismäßigkeitsprinzips fast immer unumgänglich sein (Staud/*Coester* § 1666 Rz 173; Palandt/*Diederichsen* § 1666 Rz 28). 25

26 **III. Vorrang der Gefahrabwehr durch die Eltern.** Ebenso wie für die Personensorge gilt auch für die Vermögenssorge, dass ein staatliches Eingreifen nur dann zulässig ist, wenn die Eltern die Gefährdung des Kindes nicht abwenden wollen oder können (s.o. Rn 11 ff). Sind die Eltern zwar bereit die Vermögensgefährdung abzuwenden, dazu aber nicht in der Lage, so ist insb zu prüfen, ob nicht geeignete gerichtliche Anordnungen gem § 1667 ausreichen, um sie dazu zu befähigen. Geht die Gefährdung von Dritten aus, so kommt dem Gefahrabwendungsvorrang der Eltern besonderes Gewicht zu.

27 **C. Maßnahmen des Familiengerichts. I. Grundsatz der Verhältnismäßigkeit.** Liegen die Voraussetzungen für einen Eingriff in die Personen- oder Vermögenssorge gem I vor, so hat das Familiengericht **die zur Abwendung der Gefahr erforderlichen und geeigneten Maßnahmen** zu treffen. Dabei ist der **Grundsatz der Verhältnismäßigkeit** strikt zu beachten. Dieser gebietet es, dass sich Art und Ausmaß des staatlichen Eingriffs nach dem Grad des Versagens der Eltern und danach bestimmen müssen, was im Interesse des Kindes geboten ist. Der Staat muss daher nach Möglichkeiten suchen, durch helfende, unterstützende, auf Herstellung oder Wiederherstellung eines verantwortungsgerechten Verhaltens der leiblichen Eltern gerichtete Maßnahmen sein Ziel zu erreichen (BVerfG FamRZ 68, 578, 584; 89, 145, 146). Eine besondere Ausprägung hat der Verhältnismäßigkeitsgrundsatz in § 1666a I und II für die stärksten Eingriffe in das Elternrecht gefunden.

28 Aus den Erfordernissen der Verhältnismäßigkeit und der Geeignetheit folgt das **Gebot des geringstmöglichen Eingriffs.** Deshalb darf ein schwerer Eingriff in die elterliche Sorge erst erfolgen, wenn mildere Maßnahmen keinen Erfolg versprechen. Eine Maßnahme gem § 1666 muss von vornherein ausscheiden, wenn die Gefahr, die von ihr für das Kindeswohl ausgeht, größer ist als der Schaden, der abgewendet werden soll (BayObLG FamRZ 98, 1044, 1045). Ein vorläufiger Entzug der elterlichen Sorge kann nur in ganz besonderen Ausnahmefällen erfolgen (Köln FamRZ 07, 1682: Gewalt zwischen Eltern und Verweigerung der Mitwirkung an Klärung der Sachlage).

29 Maßnahmen mit endg Charakter dürfen nur ausnahmsweise angeordnet werden (BayObLG NJW-RR 90, 70, 71; Oldbg FamRZ 81, 811, 813). Grds dürfen Sorgerechtsmaßnahmen nur so lange aufrechterhalten bleiben, wie dies erforderlich ist. Jedoch ist eine zeitliche Begrenzung gerichtlicher Maßnahmen idR nicht möglich, weil nur in Ausnahmefällen abzusehen ist, wie lange die Gefährdung dauert (Karlsr FamRZ 05, 1272). Stattdessen sieht § 1696 III bei länger andauernden Maßnahmen eine regelmäßige Überprüfung in angemessenen Zeitabschnitten vor.

30 Die elterliche Sorge umfasst gem § 1626 I 2 sowohl die Personensorge als auch die Vermögenssorge. Die Entziehung der elterlichen Sorge insgesamt sieht das G nicht vor. Dies kann praktisch nur durch Entziehung sämtlicher Teilbereiche erreicht werden, sofern die Voraussetzungen hierfür vorliegen (BayObLG FamRZ 99, 179, 181; Kobl FamRZ 07, 1680).

31 **II. Maßnahmen bei Gefährdung der Personensorge. 1.** Als mildeste Maßnahmen kommen Ermahnungen, Auflagen, Gebote und Verbote in Betracht. So können die Eltern insbes angewiesen werden öffentliche Hilfe nach dem SGB VIII (Kinder- und Jugendhilfe) anzunehmen (vgl Staud/Coester § 1666 Rz 186). Solche Jugendhilfemaßnahmen kann das Gericht auch mit Bindungswirkung für das Jugendamt anordnen (Frankf FamRZ 94, 392; DAVorm 93, 943). In der gerichtlichen Praxis wird davon aber eher selten Gebrauch gemacht, weil dies voraussetzt, dass die Eltern bereit und in der Lage sind mit dem Jugendamt zusammenzuarbeiten. Ist dies der Fall, wird sich ein Verfahren gem § 1666 aber meist erübrigen. IdR ist es erforderlich den Eltern einen Teil oder sogar die gesamte Personensorge zu entziehen. Als mildere Maßnahmen kann es aber auch ausreichend sein gem Abs 3 Erklärungen des Sorgerechtsinhabers zu ersetzen. Eine Trennung des Kindes von dem sorgeberechtigten Elternteil darf nur dann erfolgen, wenn das Fehlverhalten ein solches Ausmaß erreicht, dass das Kind in seinem körperlichen, geistigen und seelischen Wohl nachhaltig gefährdet ist und dieser Gefahr nicht auf andere Weise, auch nicht durch öffentliche Hilfen, begegnet werden kann (BVerfG FamRZ 1982, 567; 2009, 1897; Saarbr FamRZ 2008, 711; vgl. auch Brandbg FamRZ 2009, 994). In § 1666 a ist dieser Grundsatz eigens gesetzlich normiert.

32 **2.** Das Gebot des geringstmöglichen Eingriffs bedeutet nicht, dass im Zweifel eine unsichere, aber mildere Maßnahme gewählt werden muss. Vielmehr gilt, dass je schwerwiegender die drohende Gefährdung ist, desto sicherer der Schutz des Kindes sein muss. So kann der fortbestehenden Gefahr eines unkontrollierten Verhaltens des Vaters, das zu erheblichen, teilweise sogar lebensbedrohlichen Verletzungen der Kinder führt, nur mit hinreichender Sicherheit durch die **Trennung** der Kinder von den Eltern begegnet werden, wozu die Entziehung des Aufenthaltsbestimmungsrechts die geeignete Maßnahme ist. Andere familiäre Hilfen (s. § 1666a I) sind nicht geeignet, die Gefährdung mit der gebotenen Beschleunigung und Verlässlichkeit zu beggnen, insb wäre eine ständige Überwachung der Familie mit zumutbarem Aufwand nicht zu verwirklichen. Der Grundsatz der Verhältnismäßigkeit ist in einem solchen Fall schon wegen der Schwere der körperlichen Beeinträchtigungen nicht verletzt (BayObLG FamRZ 97, 572, 573; 99, 178, 179).

33 Die **gesamte Personensorge** für ein Kind darf in Anwendung des Verhältnismäßigkeitsgrundsatzes nur dann entzogen werden, wenn andere Maßnahmen erfolglos geblieben sind oder wenn anzunehmen ist, dass sie zur Abwendung einer schwerwiegenden Gefahr für das körperliche, geistige oder seelische Wohl des Kindes nicht

ausreichen (s. § 1666a II; BayObLG FamRZ 99, 316, 317; vgl auch BayObLG FamRZ 94, 1413). Deshalb ist regelmäßig auch zu prüfen, ob die Gefährdung des Kindes nicht schon dadurch beseitigt werden kann, dass dem Sorgeberechtigten das Aufenthaltsbestimmungsrecht statt der gesamten Personensorge entzogen wird (BayObLG FamRZ 90, 780).
Jeder staatliche Eingriff in das Erziehungsrecht der Eltern muss so gering, zurückhaltend und behutsam, wie im Einzelfall nur möglich gehalten sein. Daher ist zu prüfen, ob statt der endg Trennung eines Kindes von seinen Eltern nicht stattdessen eine **zeitweise Entziehung** der Personensorge mit zeitweiliger Trennung ausreicht, um den Konflikten zu begegnen und Spannungen zu beseitigen (Köln FamRZ 96, 1027).

3. Besteht der Missbrauch des Sorgerechts oder das unverschuldete Elternversagen nur in einem dem Kindeswohl zuwiderlaufenden Rückführungsverlangen, reicht es idR aus, den **Verbleib** in der Pflegefamilie gem § 1632 IV anzuordnen, so dass iRd Verhältnismäßigkeitsgrundsatzes eine familiengerichtliche Maßnahme darauf zu beschränken ist (Hamm FamRZ 98, 447, 448; stRspr, vgl nur BayObLG FamRZ 84, 932; NJW-FER 00, 231; zum Verhältnis zu § 1632 vgl dort Rn 11). Bei einer Gefährdung des Kindeswohls durch die Vereitelung des Umgangs muss als milderes Mittel grds die **Androhung und Verhängung von Zwangsgeld** gem § 33 FGG (Ordnungsmittel gem § 89 FamFG) in Betracht gezogen werden (BayObLG FamRZ 98, 1044, 1045).

4. III wurde durch das am 12.7.08 in Kraft getretene G zur Erleichterung familiengerichtlicher Maßnahmen bei Gefährdung des Kindswohls vom 4.7.08 (BGBl I 1188) neu gefasst. Er zählt mögliche familiengerichtliche Maßnahmen bei Gefährdung des persönlichen Kindeswohls beispielhaft - nicht abschließend - auf und will die Bandbreite der Gestaltungsmöglichkeiten verdeutlichen, die unterhalb der Schwelle des Sorgerechtsentzugs bestehen (AmtlBegr BTDrs 16/6815, 15; *Meysen* NJW 08, 2673 f). **Nr 1** ermöglicht es dem Familiengericht beispielsweise die Eltern anzuweisen, ihr Kind einen sozialen Trainingskurs besuchen zu lassen, einen Kindertagesbetreuungsplatz anzunehmen oder Früherkennungsuntersuchungen wahrzunehmen (BTDrs 16/6815, 15). Nach **Nr 2** kann das Familiengericht den Eltern gebieten, für die Einhaltung der Schulpflicht zu sorgen. **Nr 3 und 4** übernimmt Regelungen des GewSchG, das gem § 3 GewSchG keine Anwendung findet (BTDrs 16/6815, 15). Schließlich ermöglicht es **Nr. 5** dem Familiengericht – wie auch schon nach alter Rechtslage – Erklärungen des Sorgeberechtigten direkt zu **ersetzen**. Der Umweg über eine Pflegerbestellung ist daher nicht mehr erforderlich. Mit Wirksamkeit des Beschlusses gilt die Erklärung als abgegeben. In Betracht kommen im Bereich der Personensorge va Zustimmungen und rechtfertigende Einwilligungen in ärztliche Behandlungen und Heileingriffe, aber auch in Begutachtungen durch Sachverständige iRd familiengerichtlichen Verfahrens (vgl Brandbg FamRZ 08, 2147; Rostock FamRZ 06, 1623; Zweibr FamRZ 99, 521). Ebenso fallen Anträge auf Sozialleistungen und auf Jugendhilfemaßnahmen gem §§ 27 ff SGB VIII in den Anwendungsbereich der Vorschrift.

5. Das Familiengericht kann in Angelegenheiten der Personensorge gem **IV** auch Maßnahmen mit **unmittelbarer Wirkung gegen Dritte** treffen. Als Dritter kommt jede nichtsorgeberechtigte Person in Betracht, also auch der Stiefvater oder die Geschwister (Staud/*Coester* § 1666 Rz 1). Die Eltern sind daher nicht gezwungen, die Rechte des Kindes vor einem Zivilgericht wahrzunehmen, andererseits bleibt ihnen dies unbenommen. Das Familiengericht kann und muss aber bei Vorliegen der Eingriffsvoraussetzungen ungeachtet dessen tätig werden, ob die Eltern auch auf dem Zivilrechtsweg oder nach dem Gewaltschutzgesetz Schutzmaßnahmen zugunsten des Kindes erreichen könnten (Zweibr FamRZ 94, 976, 977). Als Maßnahme ggü Dritten kommt insb auch die Auferlegung von **Verhaltenspflichten gegen den Täter** eines sexuellen Kindesmissbrauchs in Betracht (vgl III Nr 4; Zweibr FamRZ 94, 976 ff; Köln KindPrax 99, 95, 96; Kobl EzFamR aktuell 03, 151 f).

III. **Maßnahmen bei Gefährdung der Vermögenssorge.** Bei Gefährdung des Kindesvermögens kommt als schwerster Eingriff der teilweise oder völlige **Entzug der Vermögenssorge** in Betracht. Mildere und deshalb grds vorrangige Maßnahmen sind insb die in § 1667 I bis III aufgezählten **Anordnungen**. Daneben rechtfertigt die Generalklausel des § 1666 I noch andere Anordnungen, aber auch **Gebote** und **Auflagen**.

III Nr 5 ermöglicht es dem Gericht Erklärungen der Eltern zu ersetzen. Im Bereich der Vermögenssorge kommen dabei va rechtsgeschäftliche Erklärungen, insb auch die Zustimmung zu Rechtsgeschäften oder deren Versagung in Betracht.

Der Gesetzgeber hat es nicht für erforderlich gehalten das Familiengericht zu ermächtigen, in Angelegenheiten der Vermögenssorge **Maßnahmen mit Wirkung gegen Dritte** zu ergreifen, wie sich im Umkehrschluss aus **IV** ergibt. Die Eltern haben aber die Möglichkeit bei einer Gefährdung des Kindesvermögens durch Dritte die allg Zivilgerichte anzurufen (vgl BTDrs 13/4899 S 97; Palandt/*Diederichsen* § 1666 Rz 46).

IV. **Folgen des Sorgerechtsentzugs.** Wird das Sorgerecht dem bisherigen Inhaber ganz oder teilweise entzogen, so muss das Familiengericht zugleich bestimmen, wer stattdessen die elterliche Sorge innehat. Dabei sind folgende Konstellationen zu unterscheiden:

1. Wird nur **einem Elternteil** die Sorge ganz oder teilweise entzogen und stand die **elterliche Sorge** beiden **gemeinsam** zu, so gilt § 1680 III iVm I: die elterliche Sorge steht allein dem anderen Elternteil zu. Dies hat das Familiengericht durch Beschl auszusprechen (vgl KG FamRZ 71, 267, 269).

43 2. Wird nur **einem Elternteil** die Sorge ganz oder teilweise entzogen und stand diesem die **elterliche Sorge** bisher **allein** zu, so hat das Familiengericht zunächst zu prüfen, ob sie nunmehr dem anderen Elternteil übertragen werden kann. Prüfungsmaßstab ist – je nach dem worauf die Alleinsorge beruhte – entweder § 1680 III iVm II 2 (Alleinsorge gem § 1626a II) oder § 1696 I (Alleinsorge gem §§ 1671, 1672). Deshalb kann in beiden Fällen eine Übertragung auf den anderen Elternteil bereits abgelehnt werden, wenn dies dem Wohl des Kindes nicht entspricht, ohne dass eine Kindeswohlgefährdung iSd § 1666 I vorliegen muss (BayObLG FamRZ 99, 178, 181; vgl auch Staud/*Coester* § 1666 Rz 1). In verfassungskonformer Auslegung des § 1680 II und III genügt es aber uU für die Übertragung des Sorgerechts auf den anderen Elternteil, wenn dies dem Wohl des Kindes nicht widerspricht (s. BVerfG FamRZ 06, 385, 386; s. dazu § 1680 Rn 4).

44 Erst wenn auch der andere Elternteil dafür nicht in Betracht kommt, ist die elterliche Sorge – soweit sie entzogen wurde – einem Ergänzungspfleger gem § 1909 I 1 zu übertragen. Ein Vormund ist gem § 1773 I nur zu bestellen, wenn sowohl die Personensorge als auch die Vermögenssorge und somit die gesamte elterliche Sorge entzogen wird (vgl BayObLG FamRZ 99, 316, 318). Das Familiengericht ist gemäß § 23 b I GVG iVm §§ 111 Nr 2, 151 Nr 4 und 5 FamFG auch für die Auswahl und Bestellung des Vormunds oder Pflegers zuständig.

45 3. Wird **beiden Elternteilen** die Sorge ganz oder teilweise entzogen, so ist sie auf einen Vormund oder Ergänzungspfleger zu übertragen (s.o. Rn 44).

§ 1666a Grundsatz der Verhältnismäßigkeit; Vorrang öffentlicher Hilfen.

(1) Maßnahmen, mit denen eine Trennung des Kindes von der elterlichen Familie verbunden ist, sind nur zulässig, wenn der Gefahr nicht auf andere Weise, auch nicht durch öffentliche Hilfen, begegnet werden kann. (2) Die gesamte Personensorge darf nur entzogen werden, wenn andere Maßnahmen erfolglos geblieben sind oder wenn anzunehmen ist, daß sie zur Abwendung der Gefahr nicht ausreichen.

1 **A. Allgemeines.** Die Vorschrift normiert ausdrücklich das **Verhältnismäßigkeitsprinzips** für besonders schwere Eingriffe in die elterliche Sorge gem § 1666, auf den sie sich bezieht. Eine eigenständige Eingriffsermächtigung enthält sie nicht. Da der Grundsatz der Verhältnismäßigkeit und der Subsidiarität staatlichen Handelns bereits unmittelbar aus dem GG folgt (Art 6 II, III GG), kommt der Vorschrift nur deklaratorische Bedeutung zu.

2 **B. Abs 1: Trennung des Kindes von der elterlichen Familie.** Maßgeblich ist die **faktische Trennung** des Kindes von den Eltern oder einem alleinsorgeberechtigten Elternteil (Staud/*Coester* § 1666a Rz 7). Da dies eine besonders einschneidende Maßnahme ist, setzt sie voraus, dass alle milderen Mittel nicht ausreichen, um die Gefährdung des Kindes abzuwenden. Dabei weist I besonders darauf hin zu prüfen, ob der Gefahr nicht durch öffentliche Hilfen begegnet werden kann. Damit sind die **Leistungen der Jugendhilfe** gem §§ 11 bis 40 SGB VIII (Kinder- und Jugendhilfe) gemeint.

3 **C. Abs 2: Entzug der gesamten Personensorge.** Vgl dazu § 1666 Rn 33 ff.

§ 1667 Gerichtliche Maßnahmen bei Gefährdung des Kindesvermögens.

(1) ¹Das Familiengericht kann anordnen, daß die Eltern ein Verzeichnis des Vermögens des Kindes einreichen und über die Verwaltung Rechnung legen. ²Die Eltern haben das Verzeichnis mit der Versicherung der Richtigkeit und Vollständigkeit zu versehen. ³Ist das eingereichte Verzeichnis ungenügend, so kann das Familiengericht anordnen, daß das Verzeichnis durch eine zuständige Behörde oder durch einen zuständigen Beamten oder Notar aufgenommen wird.
(2) ¹Das Familiengericht kann anordnen, daß das Geld des Kindes in bestimmter Weise anzulegen und dass zur Abhebung seine Genehmigung erforderlich ist. ²Gehören Wertpapiere, Kostbarkeiten oder Schuldbuchforderungen gegen den Bund oder ein Land zum Vermögen des Kindes, so kann das Familiengericht dem Elternteil, der das Kind vertritt, die gleichen Verpflichtungen auferlegen, die nach §§ 1814 bis 1816, 1818 einem Vormund obliegen; die §§ 1819, 1820 sind entsprechend anzuwenden.
(3) ¹Das Familiengericht kann dem Elternteil, der das Vermögen des Kindes gefährdet, Sicherheitsleistung für das seiner Verwaltung unterliegende Vermögen auferlegen. ²Die Art und den Umfang der Sicherheitsleistung bestimmt das Familiengericht nach seinem Ermessen. ³Bei der Bestellung und Aufhebung der Sicherheit wird die Mitwirkung des Kindes durch die Anordnung des Familiengerichts ersetzt. ⁴Die Sicherheitsleistung darf nur dadurch erzwungen werden, daß die Vermögenssorge gemäß § 1666 Abs. 1 ganz oder teilweise entzogen wird.
(4) **Die Kosten der angeordneten Maßnahmen trägt der Elternteil, der sie veranlasst hat.**

1 **A. Allgemeines.** Die Vorschrift ergänzt § 1666 I auf der **Rechtsfolgenseite**, indem sie drei mögliche Maßnahmen benennt und ausgestaltet, die das Familiengericht bei Gefährdung des Kindesvermögens ergreifen kann. Sie gibt selbst **keine Ermächtigung** zum Eingriff in die Vermögenssorge und zur Anordnung der beschriebenen Maßnahmen. Voraussetzung dafür ist vielmehr, dass der Eingriffstatbestand des § 1666 I im

Hinblick auf das Kindesvermögen erfüllt ist (vgl Staud/*Coester* § 1667 Rz 2 f; Palandt/*Diederichsen* § 1667 Rz 1). Die Aufzählung der möglichen Maßnahmen bei Gefährdung des Kindesvermögens ist nicht abschließend. Die Generalklausel des § 1666 I ermöglicht darüber hinaus noch weitere Anordnungen. Ggü dem ganzen oder teilweisen Entzug der Vermögenssorge sind die Maßnahmen gem § 1667 wegen des Grundsatzes der Verhältnismäßigkeit jedoch vorrangig, sofern sie zur Gefahrenabwehr geeignet sind.

B. Abs 1: Vermögensverzeichnis und Rechnungslegung. Das Familiengericht kann von den Eltern die **Vorlage eines Vermögensverzeichnisses** verlangen und dessen Umfang bestimmen. Die Anordnung kann auch dann ergehen, wenn nur **ein** Elternteil seine Vermögenssorgepflicht verletzt hat. Über das eigene Vermögen müssen die Eltern keine Auskunft geben. 2

Ebenso kann das Familiengericht verlangen, dass die Eltern über die Verwaltung des Kindesvermögens – einmalig oder regelmäßig – **Rechnung legen.** Die für die Rechnungslegung des Vormunds geltenden Vorschriften der §§ 1840 ff sind entspr anzuwenden (BayObLG FamRZ 94, 1191, 1192). 3

Bei einem ungenügenden Verzeichnis gilt I 3. Bei begründetem Anlass zu Zweifeln an der Richtigkeit der gemachten Angaben kann gem § 15 II FGG auch die Vorlage einer **eidesstattlichen Versicherung** zur Glaubhaftmachung verlangt werden (BayObLG FamRZ 94, 1191, 1192). Als Beugemittel bei Nichtbefolgung der Anordnungen sind Zwangsmaßnahmen gem § 33 FGG möglich, um für die Zukunft die Befolgung zu erzwingen (vgl BayObLG FamRZ 94, 1191, 1192). 4

C. Abs 2: Geldanlage und Sicherungsmaßnahmen. Verletzen die Eltern ihre Pflicht zur wirtschaftlichen Vermögensverwaltung gem § 1642, so kann das Familiengericht die Art und Weise der **Geldanlage** bestimmen. 5

Bei unberechtigtem Eigenverbrauch, insb von Spargeldern des Kindes, kann die Anordnung einer Genehmigungspflicht in Form eines **Sperrvermerks** erfolgen. Noch nicht geklärt ist, ob dieser mit unmittelbarer Wirkung ggü dem Geldinstitut angeordnet werden kann (so Staud/*Coester* § 1667 Rz 11) oder ob das Gericht darauf beschränkt ist, die Einhaltung des Genehmigungsvorbehalts zu überwachen und mittels Zwangsmaßnahmen nach § 33 FGG durchzusetzen (BayObLG FamRZ 77, 144). 6

II 2 verweist für die Verwaltung von Wertpapieren, Kostbarkeiten oder Buchforderungen gegen den Bund oder ein Land auf das Vormundschaftsrecht. 7

D. Abs 3: Sicherheitsleistung. Das Familiengericht kann gem III 1 auch die Leistung einer Sicherheit anordnen. Dadurch bleiben die Eltern verfügungsbefugt, tragen aber das Schadensrisiko. Die Sicherheitsleistung ist als milderes Mittel vorrangig ggü dem Entzug der Vermögenssorge. Voraussetzung für die Anordnung ist aber, dass sie geeignet ist die Gefahr abzuwenden. Das ist nicht der Fall, wenn die Eltern die Sicherheitsleistung nicht erbringen können oder wollen. Denn die Leistung einer Sicherheit, die ja aus dem Elternvermögen zu erfolgen hat, kann nicht gem § 33 FGG (§ 95 FamFG) erzwungen werden (vgl BayObLG FamRZ 77, 144, 146). Dies kann nur mittelbar durch die Androhung des Entzugs der Vermögenssorge erfolgen, vgl III 4. 8

Gem III 2 bestimmt das Familiengericht Art und Umfang der Sicherheitsleistung ohne an die §§ 232 ff gebunden zu sein (vgl Palandt/*Diederichsen* § 1667 Rz 7). III 3 macht die Bestellung eines Ergänzungspflegers überflüssig. Das Familiengericht kann unmittelbar an Stelle des Kindes die erforderlichen Erklärungen – bspw ggü dem Grundbuchamt – abgeben. 9

E. Abs 4: Kosten. Die Kosten der angeordneten Maßnahme trägt gem IV der Elternteil, der sie verursacht hat. Eine Kostenerstattung vom Kind gem § 1648 kann nicht verlangt werden (Staud/*Coester* § 1667 Rz 19). Für die Verfahrenskosten gelten aber die §§ 80 ff FamFG. 10

§§ 1668–1670 – *weggefallen* –

§ 1671 Getrenntleben bei gemeinsamer elterlicher Sorge.
(1) Leben Eltern, denen die elterliche Sorge gemeinsam zusteht, nicht nur vorübergehend getrennt, so kann jeder Elternteil beantragen, daß ihm das Familiengericht die elterliche Sorge oder einen Teil der elterlichen Sorge allein überträgt.
(2) Dem Antrag ist stattzugeben, soweit
1. der andere Elternteil zustimmt, es sei denn, daß das Kind das 14. Lebensjahr vollendet hat und der Übertragung widerspricht, oder
2. zu erwarten ist, dass die Aufhebung der gemeinsamen Sorge und die Übertragung auf den Antragsteller dem Wohl des Kindes am besten entspricht.
(3) Dem Antrag ist nicht stattzugeben, soweit die elterliche Sorge auf Grund anderer Vorschriften abweichend geregelt werden muß.

A. Abs 1: Regelungsvoraussetzungen und -möglichkeiten. I. Regelungsvoraussetzungen. 1. Es muss sich um ein **gemeinschaftliches Kind** der Eltern im Rechtssinne gem §§ 1591 ff handeln. Unerheblich ist, ob das Kind ehelich oder nichtehelich ist. 1

2 2. Den Eltern muss die **elterliche Sorge** für das Kind **gemeinsam** zustehen. Dies ist originär der Fall, wenn die Eltern bei der Geburt des Kindes miteinander verheiratet waren. Sie können die gemeinsame Sorge aber auch erst später durch Heirat (§ 1626a I Nr 2) oder durch gemeinsame Sorgeerklärung (§ 1626a I Nr 1) erlangt haben. Im Falle der Alleinsorge, kann eine andere Sorgerechtsregelung nur auf der Grundlage des § 1696 erfolgen, selbst wenn die Eltern sich einig sind (krit daher *Schwab* FamRZ 98, 457, 461). Ausreichend ist es, wenn den Eltern die Sorge nur für einen Teilbereich gemeinsam zusteht, iÜ aber einem Elternteil allein oder einem Pfleger. Jedoch gilt § 1671 dann eben nur für *den* Teilbereich der Sorge, für den die Eltern gemeinsam sorgeberechtigt sind.

3 3. Die Eltern müssen **nicht nur vorübergehend getrennt leben**. Dabei ist Getrenntleben iSd § 1567 I zu verstehen, weshalb auch ein Getrenntleben innerhalb der gemeinsamen Wohnung ausreicht (*Schwab* FamRZ 98, 457, 461). Die Trennungsabsicht muss aber nach außen sichtbar werden (FA-FamR/*Maier* Kap 4 Rz 160).

4 4. Schließlich muss ein Elternteil **beantragen**, dass ihm die elterliche Sorge ganz oder teilweise allein übertragen wird. Das Antragsrecht steht ausschl den Eltern, nicht dem Kind und auch nicht dem Jugendamt zu. Diese haben nur die Möglichkeit über eine Anregung gem § 1666 oder § 1696 eine andere Sorgerechtsregelung zu erreichen. Der beantragende Elternteil muss die Alleinsorge für sich, nicht für den anderen Elternteil begehren. Der anderslautende Antrag ist aber als Zustimmung zum noch erforderlichen Sorgerechtsantrag des anderen Elternteils zu werten (*Schwab* FamRZ 98, 457, 461; Palandt/*Diederichsen* § 1671 Rz 9).

5 Außerhalb des Scheidungsverbundes kann der Antrag eines Elternteils selbst schriftlich oder zu Protokoll der Geschäftsstelle gestellt werden. Im Folgesacheverfahren ist auch insoweit die Vertretung durch einen **Rechtsanwalt** gem § 78 II ZPO (§ 114 I FamFG) erforderlich (Staud/*Coester* § 1671 Rz 46; Palandt/*Diederichsen* § 1671 Rz 9). Die Zustimmung zum Sorgerechtsantrag der Gegenseite bedarf dagegen auch im Scheidungsverbundverfahren keiner anwaltlichen Vertretung (Bambg FamRZ 00, 763; Staud/*Coester* § 1671 Rz 77).

6 **II. Regelungsmöglichkeiten.** Das in I beschriebene Antragsrecht bestimmt auch die Regelungsmöglichkeiten und die Befugnisse des Gerichts. Demnach kann die elterliche Sorge ganz oder nur hinsichtlich einzelner frei bestimmbarer Teilbereiche auf einen Elternteil übertragen werden. In letzterem Fall, der sog **partiellen Alleinsorge**, verbleibt es dann iÜ bei der gemeinsamen Sorge. Es können aber auch weitere Teilbereiche an den *anderen* Elternteil übertragen werden. Werden alle Teilbereiche aufgeteilt, besteht keine gemeinsame Sorge mehr.

7 **B. Abs 2: Voraussetzungen für die Übertragung der Alleinsorge.** II regelt unter welchen Voraussetzungen dem Antrag auf Übertragung der Alleinsorge oder der partiellen Alleinsorge stattzugeben ist. Dabei sind die Fallgruppen der Nr 1 und der Nr 2 zu unterscheiden.

8 **I. Abs 1 Nr 1: Übertragung auf Grund Zustimmung des anderen Elternteils. 1. Die Zustimmung** ist **formfrei**. Sie kann sogar außergerichtlich erklärt werden, wenn sie sich auf einen konkreten Antrag bezieht und dem Gericht mitgeteilt wird (Johannsen/Henrich/*Jaeger* § 1671 Rz 23), was jedoch praktisch ohne Belang ist. Die Zustimmung ist eine **höchstpersönliche** Willenserklärung, weshalb ein minderjähriger Elternteil der Einwilligung seines gesetzlichen Vertreters nicht bedarf (Staud/*Coester* § 1671 Rz 79). Da auf die elterliche Sorge nicht durch Willenserklärung verzichtet werden kann, ist die Zustimmung bis zur Entscheidung in der letzten Tatsacheninstanz ohne Begründung formlos **widerruflich** (Staud/*Coester* § 1671 Rz 82; *Schwab* FamRZ 98, 457, 461; AG Hannover FamRZ 01, 846, 848; aA FA-FamR/*Maier* Kap 4 Rz 165: nur aus Gründen des Kindeswohls). Die Zustimmung kann auf die Übertragung eines Teilbereichs der elterlichen Sorge **beschränkt** werden. Der Erfolg des Antrags iÜ richtet sich dann nach § 1671 II Nr 2 (vgl Nürnbg FamRZ 99, 673).

9 2. Eine **Kindeswohlprüfung** findet iRd § 1671 II Nr 1 grds nicht statt (Johannsen/Henrich/*Jaeger* § 1671 Rz 30). Stimmt der andere Elternteil dem Antrag auf Übertragung der Alleinsorge zu, **muss** das Gericht dem Antrag ohne Sachprüfung stattgeben. Eine Begründung des Antrags oder der Zustimmung ist nicht erforderlich und kann vom Gericht auch nicht verlangt werden. Auch eine Motivforschung ist dem Gericht verwehrt (*Schwab* FamRZ 98, 457, 461).

10 Von diesem Grundsatz gibt es allerdings eine **Ausn**: Ergeben sich konkrete Anhaltspunkte dafür, dass die von den Eltern begehrte Sorgerechtsregelung das Wohl des Kindes gefährden könnte, ist das Gericht berechtigt und verpflichtet dies iRe Verfahrens gem §§ 1666, 1671 III vAw aufzuklären. Wird dabei eine **Kindeswohlgefährdung** iSd § 1666 festgestellt, kann und muss das Gericht die elterliche Sorge abw von dem übereinstimmenden Vorschlag der Eltern regeln. Hierfür genügt es jedoch nicht, wenn der Elternvorschlag dem Wohl des Kindes nur widerspricht, ohne dass die Eingriffsschwelle des § 1666 bereits erreicht ist. Etwas anderes ergibt sich auch nicht aus § 1697a (ebenso Johannsen/Henrich/*Jaeger* § 1671 Rz 30; aA *Schwab* FamRZ 98, 457, 461), da der Wortlaut des § 1671 II Nr 1 und die Systematik des § 1671 eine solche Auslegung nicht zulassen.

11 Anhaltspunkte für eine Kindeswohlgefährdung können sich für das Gericht insb auf Grund der **Anhörung** des Jugendamts (§ 49 I Nr 9 FGG), der Eltern (§ 50a FGG) und des Kindes (§ 50b FGG) ergeben, die auch im Falle des § 1671 II Nr 1 obligatorisch sind.

3. Der **Widerspruch** des mindestens 14 Jahre alten Kindes beseitigt die Möglichkeit der Sorgerechtsübertragung gem § 1671 II Nr 1. Das bedeutet aber noch nicht, dass die Sorge zwingend anders geregelt werden muss als die Eltern dies einvernehmlich wollen. Das Kind hat kein Vetorecht. Doch muss der Sorgerechtsantrag nunmehr die Voraussetzungen des § 1671 II Nr 2 erfüllen, insb unterliegt er der vollen Kindeswohlprüfung. Dabei ist der entgegenstehende Wille des Kindes ein beachtlicher Umstand (s.u. Rn 48 ff).

Der Widerspruch bedarf **keiner Form**. Er muss aber eindeutig als solcher erkennbar sein. Äußert das Kind lediglich seine Wünsche oder seine Unzufriedenheit über die Trennungssituation, kann darin noch kein Widerspruch gesehen werden (Johannsen/Henrich/*Jaeger* § 1671 Rz 27). Das Gericht hat dies bei der Kindesanhörung gem § 50b FGG (§ 159 FamFG) näher aufzuklären. Wie die Zustimmung, ist auch der Widerspruch bis zur Entscheidung in der letzten Tatsachendistanz **widerruflich**. Das Kind kann auf sein Widerspruchsrecht nicht verzichten.

II. Nr 2: Übertragung aus Gründen des Kindeswohls. Auch ohne Zustimmung des anderen Elternteils kann die elterliche Sorge auf Antrag gem § 1671 II Nr 2 ganz oder teilweise auf einen Elternteil allein übertragen werden. Voraussetzung ist, dass dem Wohl des Kindes am besten entspricht. Damit ist das Kindeswohl das **zentrale Entscheidungskriterium**. Dies ergibt sich bereits aus dem Wortlaut der Vorschrift, iÜ aber auch aus der allg Regel des § 1697a (Johannsen/Henrich/*Jaeger* § 1671 Rz 41).

Das **Kindeswohl hat Vorrang** vor den Interessen der Eltern (BVerfG FamRZ 89, 143; 96, 1267; Hamm 96, 361). Bei einer Interessenkollision zwischen Eltern und Kind ist das Kindeswohl der bestimmende Maßstab (BVerfG FamRZ 99, 85, 86). Denn das verfassungsrechtlich verankerte Elternrecht findet seine Rechtfertigung letztlich allein im Bedürfnis des Kindes nach Schutz und Hilfe (BVerfG FamRZ 86, 769, 772). Eltern haben keinen Machtanspruch ggü ihren Kindern, die als Wesen mit eigener Menschenwürde und eigenem Recht auf Persönlichkeitsentfaltung selbst Träger der Grundrechte der Art 1 I und 2 II GG sind (BVerfG FamRZ 86, 769, 772).

Sicherlich entspräche es dem Wohl des Kindes regelmäßig am besten, wenn die Eltern wieder glücklich zusammenleben würden. Dies kann aber nicht erzwungen werden. Die **entscheidende Frage** lautet daher: Ist zu erwarten, dass die Aufhebung der gemeinsamen Sorge und Übertragung auf den Antragsteller *unter den gegebenen Umständen* dem Wohl des Kindes am besten entspricht? Dabei macht der Gesetzeswortlaut deutlich, dass die Prüfung des Kindeswohls in **zweierlei Blickrichtung** zu erfolgen hat: Entspricht die Aufhebung der gemeinsamen Sorge dem Kindeswohl am besten? Entspricht die Übertragung (gerade) auf den Antragsteller dem Kindeswohl am besten?

1. Erster Prüfungsschritt: Entspricht die Aufhebung der gemeinsamen Sorge dem Wohl des Kindes am besten? a) Es besteht **kein Regel-Ausnahme-Verhältnis** in dem Sinn, dass eine Priorität zugunsten der gemeinsamen elterlichen Sorge bestehen und die Alleinsorge eines Elternteils nur in Ausnahmefällen als ultima ratio in Betracht kommen sollte (BGH FamRZ 99, 1646, 1647; 05, 1167; 08, 592; BVerfG FamRZ 04, 354; Hamm FamRZ 99, 39; München FamRZ 08, 1774). Es ist vielmehr in erster Linie Sache der Eltern zu entscheiden, ob sie die gemeinsame Sorge nach ihrer Scheidung beibehalten wollen oder nicht. Es besteht weder ein Vorrang der gemeinsamen Sorge vor der Alleinsorge noch eine gesetzliche Vermutung dafür, dass die gemeinsame elterliche Sorge im Zweifel die für das Kind beste Form der Wahrnehmung elterlicher Verantwortung ist. Einer solchen Regelung stände bereits entgegen, dass sich elterliche Gemeinsamkeit in der Realität nicht verordnen lässt (BGH FamRZ 99, 1646, 1647; 08, 592, 593; BTDrs 13/4899 63; Johannsen/Henrich/*Jaeger* § 1671 Rz 34; aA Haase/*Kloster-Harz* FamRZ 00, 1003, 1005; wohl auch Palandt/*Diederichsen* § 1671 Rz 16; zum Streitstand vor und nach der Entscheidung des BGH vgl FAKomm-FamR/*Ziegler* § 1671 Rz 21 ff).

Mit der Ablehnung eines Regel-Ausnahme-Verhältnisses sollen die **Vorteile der gemeinsamen elterlichen Sorge** nicht geleugnet werden. Grds ist sie die erstrebenswerteste Sorgeform (vgl auch Staud/*Coester* § 1671 Rz 118). Denn niemand wird ernsthaft bestreiten, dass es für die Entwicklung eines Kindes und damit für sein Wohl am besten ist, wenn die (erziehungsgeeigneten) Eltern glücklich zusammenleben (vgl auch BVerfG FamRZ 68, 578, 584; 81, 429). Dann ist es aber selbstverständlich, dass es nach der Trennung das Beste für das Kind ist, wenn die Eltern auf der Elternebene weiterhin einvernehmlich und harmonisch zusammenwirken (vgl auch Johannsen/Henrich/*Jaeger* § 1671 Rz 34; München FamRZ 99, 1006, 1007). Jedoch bleibt dies in der Praxis oftmals Utopie. Der Streit auf der Paarebene erfasst regelmäßig auch die *Elternebene und damit das Kind*. Es wäre lebensfremd anzunehmen, das Kind bleibe von Streitigkeiten auf der Paarebene verschont (*Oelkers* MDR 00, 32, 33). Für dieses Problem kann aber nicht allein der Elternteil verantwortlich gemacht werden, der die gemeinsame Sorge ablehnt (vgl auch Johannsen/Henrich/*Jaeger* § 1671 Rz 39; Staud/*Coester* § 1671 Rz 122). Vielmehr ist grds davon auszugehen, dass keinen Elternteil eine Schuld daran trifft, dass die Zerrüttung der Paarebene die Elternebene erfasst. Ist die Elternebene aber dergestalt gestört, dass ein oder beide Elternteile nicht mehr kooperieren wollen oder können, so ist unter diesen Umständen die Aufhebung der gemeinsamen Sorge regelmäßig das Beste für das Kind, weil es durch den Konflikt der Eltern belastet wird (BGH FamRZ 99, 1646, 1647; KG FamRZ 00, 502; Frankf FamRZ 08, 1470; vgl auch BTDrs 13/4899 63).

19 **b) Subjektive Kooperationsbereitschaft und objektive Kooperationsfähigkeit** der Eltern sind notwendige Voraussetzungen für die gemeinsame Sorge (KG NJW-FER 00, 175; FamRZ 00, 502; 00, 504; 05, 1768; 07, 754, 755; Brandbg FamRZ 08, 1474, 1475; 09, 709; 1758; Dresd FamRZ 00, 109; Hamm FamRZ 02, 18; 02, 565; 07, 756, 07, 757; Karlsr FamRZ 00, 1041; Köln FamRZ 05, 1275; München FamRZ 02, 189; Oldbg FamRZ 98, 1464; Stuttg FamRZ 99, 1596; Johannsen/Henrich/*Jaeger* § 1671 Rz 36; FA-FamR/*Maier* Kap 4 Rz 171 ff). Die Eltern müssen gewillt und in der Lage sein auch künftig gemeinsam die Erziehungsverantwortung zu tragen und ihre persönlichen Interessen und Differenzen zurückzustellen (Johannsen/Henrich/*Jaeger* § 1671 Rz 36; FA-FamR/*Maier* Kap 4 Rz 172). Die gemeinsame Ausübung der Elternverantwortung setzt eine tragfähige soziale Beziehung zwischen den Eltern voraus und erfordert ein Mindestmaß an Übereinstimmung zwischen ihnen (BVerfG FamRZ 95, 789, 792; 03, 285, 289; BGH FamRZ 08, 251, 254).

20 Problematisch ist, **wann** vom Fehlen der **erforderlichen Kooperationsbereitschaft und -fähigkeit** auszugehen ist. Dies hängt entscheidend davon ab, welche Auswirkungen die mangelnde Einigungsfähigkeit der Eltern bei einer Gesamtbeurteilung der Verhältnisse auf die Entwicklung und das Wohl des Kindes haben wird (BGH FamRZ 99, 1646, 1648). Das bedeutet einerseits, dass nicht jede Spannung oder Streitigkeit zwischen getrenntlebenden Eltern das gemeinsame Sorgerecht ausschließt, andererseits aber auch, dass nicht zwingend ein Streit über Angelegenheiten von erheblicher Bedeutung iSd § 1687 I 1 vorliegen muss, um von einer fehlenden Kooperationsbereitschaft auszugehen (Stuttg FamRZ 99, 1596; Celle FamRZ 03, 1488; 08, 637). Vielmehr genügen *zumindest* Streitigkeiten in wesentlichen Bereichen der elterlichen Sorge (BGH FamRZ 99, 1646, 1647; 08, 592, 593). Nach richtiger Ansicht kann es auf die Bedeutung der streitigen Sache aber nicht ankommen, sondern ausschl auf die Auswirkungen für das Kind (vgl auch *Oelkers* MDR 00, 32, 33; *Born* FamRZ 00, 396, 399; Johannsen/Henrich/*Jaeger* § 1671 Rz 36b; Köln FamRZ 09, 62; Hamm FamRZ 00, 1039). Streitigkeiten über Nichtigkeiten können das Kind genauso – uU sogar stärker – belasten als solche über sog Angelegenheiten von erheblicher Bedeutung. Demzufolge kann es auch keine Rolle spielen, ob Entscheidungen von grds Bedeutung erst in ein paar Jahren anstehen (Stuttg FamRZ 99, 1596; Karlsr FamRZ 00, 1041, 1042; Johannsen/Henrich/*Jaeger* § 1671 Rz 36c; aA wohl Brandbg FamRZ 02, 567; 03, 52; Köln FamRZ 08, 636, 637), zumal sich dies nur schwer vorhersagen lässt und angesichts der Dauer streitiger Verfahren eine Sorgerechtsentscheidung im Bedarfsfall nicht immer zeitnah möglich sein wird. Dem Kindswohl dient aber nur eine verlässliche und vorhersehbare Entscheidungssituation auch bei künftigen Angelegenheiten von erheblicher Bedeutung. Insgesamt bedarf es einer tragfähigen sozialen Beziehung zwischen den Eltern (BGH FamRZ 08, 592, 593).

21 Die Eltern sind grds verpflichtet zum Wohle des Kindes **zusammenzuwirken**. Das bedeutet aber nicht, dass die fehlende Kooperationsbereitschaft eines Elternteils unbeachtlich und von vornherein mit einem Makel behaftet wäre (vgl auch Johannsen/Henrich/*Jaeger* § 1671 Rz 39; Staud/*Coester* § 1671 Rz 122; aA Haase/*Kloster-Harz* FamRZ 00, 1003, 1005: Pflicht zur Einigung). Denn Gemeinsamkeit lässt sich nicht verordnen (BTDrs 13/4899 63). Es käme auch niemand auf die Idee, von den Eltern zu verlangen, dass sie wieder glücklich zusammenleben sollen, obwohl dies sicherlich für das Kind am besten wäre. Die **Weigerungshaltung** eines Elternteils muss nach wohl hM aber nachvollziehbar sein, darf nicht willkürlich erfolgen und erfordert einen differenzierten Tatsachenvortrag, der die Schwierigkeiten zwischen den Eltern anhand konkreter Vorfälle dezidiert schildert (Dresd FamRZ 00, 109; FA-FamR/*Maier* Kap 4 Rz 173; vgl auch Köln FamRZ 02, 1492; Hamm FamRZ 05, 537; BGH FamRZ 05, 1167). Diese Auffassung begegnet Bedenken, weil sie über den Umweg einer vermeintlichen Feststellungslast im Ergebnis doch zu einem Vorrang der gemeinsamen Sorge führt. Teilweise wird auch gefordert, die Kooperationsbereitschaft im Wege einer **Prognose** festzustellen, die auf der Grundlage der Einigungsfähigkeit der Eltern bei Angelegenheiten von erheblicher Bedeutung in der Vergangenheit zu treffen sei. Könne das wiederholte Fehlen einer Einigung danach nicht festgestellt werden, verbleibe es bei der gemeinsamen Sorge (Karlsr FamRZ 00, 1041 m krit Anm *Luthin*; Köln FamRZ 03, 1037; Hamm FamRZ 02, 565). Dieser Ansatz wird den tatsächlichen Verhältnissen aber nicht gerecht (vgl FAKomm-FamR/*Ziegler* § 1671 Rz 28).

22 Es erscheint deshalb richtiger, das **Problem der Weigerungshaltung** eines Elternteils auf der zweiten Prüfungsstufe, bei der Frage der Erziehungsgeeignetheit des antragstellenden Elternteils zu lösen (s.u. Rn 39 ff). Lehnt ein Elternteil die gemeinsame Sorge nachhaltig und trotz umfassender Erörterung ab, so fehlt ihm schlicht die subjektive Kooperationsbereitschaft. Eine Prognose seiner Bereitschaft zur Zusammenarbeit kann deshalb nur negativ ausfallen, unabhängig davon, ob es in der Vergangenheit zu einer Einigung der Eltern in Kindesangelegenheiten gekommen ist. Denn spätestens durch das Sorgerechtsverfahren wird der Konflikt auf der Paarebene manifest. Deshalb lautet das Ergebnis der ersten Prüfungsstufe konsequenterweise, dass es dem Wohl des Kindes am besten entspricht die elterliche Sorge aufzuheben. Damit steht aber noch nicht fest, ob dem Antrag auf Übertragung der Alleinsorge tatsächlich stattzugeben ist. Denn iRd zweiten Prüfungsstufe ist nunmehr zu untersuchen, ob die Weigerungshaltung des antragstellenden Elternteils nachvollziehbar erscheint oder ob sie willkürlich und missbräuchlich ist. In letzterem Fall kommt eine Übertragung der Alleinsorge auf den antragstellenden Elternteil regelmäßig nicht in Betracht, weil er nicht ausreichend erziehungsgeeignet ist. Insb dürfte es dem Antragsteller in diesen Fällen an der notwendigen Bindungstoleranz fehlen (vgl Fallbsp bei *Bode* FamRZ 00, 478; Ddorf FamRZ 05, 2087).

c) Bei dem oft erbitterten Streit über Alleinsorge oder gemeinsame Sorge, sollte nicht übersehen werden, dass die **praktische Bedeutung** in vielen Fällen doch eher gering ist. Denn die Belassung der gemeinsamen elterlichen Sorge gibt noch lange keine Garantie dafür, dass die Beziehung des Elternteils, bei dem das Kind nicht regelmäßig wohnt, stark und vertrauensvoll bleibt oder wieder wird (vgl KG FamRZ 00, 502). Dies wird vielmehr allein durch den persönlichen Umgang erreicht, weshalb einem spannungsfrei gelebten, funktionierenden und in ausreichendem Umfang ausgeübten Umgangsrecht die entscheidende Bedeutung zukommt. Beim Umgang kann der andere Elternteil auf die Entwicklung seines Kindes Einfluss nehmen, es faktisch miterziehen, dh ihm Werte vermitteln, ihn in seiner Entwicklung zu einem sozial kompetenten Menschen fördern und seine Persönlichkeit stärken. Dagegen birgt eine erzwungene gemeinsame Sorge gegen den Willen des Elternteils, bei dem das Kind wohnt, die Gefahr, dass der notwendige spannungsfreie Umgang erschwert oder verhindert wird (ebenso *Born* FamRZ 00, 396, 399: Pyrrhus-Sieg). Andererseits sind die Vorbehalte gegen die gemeinsame Sorge oftmals unbegründet, zumal § 1687 die Reibungspunkte im Alltag deutlich verringern kann. 23

d) Die Aufhebung der gemeinsamen Sorge entspricht in jedem Fall dem Kindeswohl am besten, wenn hinsichtlich eines Elternteils die Voraussetzungen des **§ 1666** gegeben sind. Das Gericht überträgt dann dem anderen erziehungsgeeigneten Elternteil die Alleinsorge auf Antrag, andernfalls gem §§ 1671 III, 1666 (vgl Brandbg EzFamR aktuell 01, 306; AG Rheinbach FamRZ 00, 511). 24

Ist der Grad der Kindeswohlgefährdung iSd § 1666 noch nicht erreicht, so ist die Aufhebung der gemeinsamen elterlichen Sorge nicht zwingend. Allerdings wird man in den Fällen, in denen **ein Elternteil deutlich weniger erziehungsgeeignet** ist, eher zur Aufhebung der gemeinsamen Sorge und Übertragung der Alleinsorge auf den anderen Elternteil kommen. Die beiden Prüfungsschritte können nicht völlig losgelöst voneinander gesehen werden. Die Frage der Erziehungsgeeignetheit des Elternteils ist grds aber erst im zweiten Prüfungsschritt zu untersuchen. Dabei erscheint der Antrag eines Elternteils auf Übertragung der Alleinsorge umso weniger missbräuchlich und willkürlich (s.o. Rn 22) je geringer die Erziehungseignung des anderen Elternteils ist. 25

e) Schließlich ist immer zu prüfen, ob die Aufhebung der gemeinsamen Sorge nicht auf **Teilbereiche** beschränkt werden kann. Das ist dann der Fall, wenn iÜ eine ausreichende Kooperationsfähigkeit und -bereitschaft der Eltern besteht. Doch ist die Ablehnung einer Aufteilung der elterlichen Sorge in verschiedene Teilbereiche zumindest dann nicht zu beanstanden, wenn zwischen den Eltern unabhängig von einzelnen Erziehungsfragen vielfältige Konflikte bestehen, die negative Auswirkungen auf das Kind erwarten lassen (BGH FamRZ 99, 1646, 1647; 08, 592, 593 f). Es ist lebensfremd anzunehmen, dass sich fehlende Kooperationsbereitschaft und -fähigkeit auf Teilbereiche beschränken würde (ebenso *Born* FamRZ 00, 396, 399; anders wohl KG FamRZ 08, 634, 635). Am ehesten ist eine Aufspaltung noch für die Bereiche Personen- und Vermögenssorge denkbar. Verfehlt ist es jedenfalls unter Missachtung des Kindeswohls nach dem Grundsatz des geringstmöglichen Eingriffs in Elternrechte die gemeinsame Sorge nur soweit aufzuheben als dies unerlässlich ist (Staud/*Coester* § 1671 Rz 273). 26

2. Zweiter Prüfungsschritt: Entspricht die Übertragung (gerade) auf den Antragsteller dem Wohl des Kindes am besten? Der Antrag auf Übertragung der Alleinsorge gem § 1671 II Nr 2 hat auch bei Fehlen der Kooperationsbereitschaft und -fähigkeit der Eltern nur Erfolg, wenn die Übertragung gerade auf den Antragsteller dem Wohl des Kindes am besten entspricht. Bei der Prüfung dieser Frage ist nicht auf ein theoretisches Ideal abzustellen, sondern darauf, welche Sorgeentscheidung unter den gegebenen Umständen für das Kind am besten ist. Anders gefragt: Ist die Übertragung der Alleinsorge auf den Antragsteller für das Kind weniger schädlich als es die Übertragung auf den Antragsgegner wäre (vgl auch BGH FamRZ 85, 169)? 27

Der Inhalt des zentralen **Begriffs des Kindeswohls** ist im G nicht näher definiert. Lediglich in § 1 I des SGB VIII, das sich mit der Kinder- und Jugendhilfe befasst, findet sich die Formulierung, dass jeder junge Mensch ein Recht auf Förderung seiner Entwicklung und auf Erziehung zu einer eigenverantwortlichen und gemeinschaftsfähigen Persönlichkeit hat. Damit wird aber eher das Ziel der Erziehung beschrieben als die Lebensumstände des Kindes, die Voraussetzung für das Erreichen dieses Ziels sind (ähnl Johannsen/Henrich/ *Jaeger* § 1671 Rz 48). Neben der Fähigkeit der Eltern eine solche Erziehung zu leisten wird das Wohl des Kindes maßgeblich durch Umstände bestimmt wie etwa: eine angst- und spannungsfreie Beziehung zu beiden Eltern und der Eltern untereinander, das Erleben einer bedingungslosen Liebe der Eltern, die dem Kind die Sicherheit des Angenommenseins vermittelt, der Kontakt zu weiteren Bezugspersonen, insb zu gleichaltrigen Kindern, günstige äußere Wohn- und Lebensverhältnisse, zu denen auch die wirtschaftlichen Verhältnisse zählen, sowie die entspr Schul- und Berufsausbildung (vgl auch AG Daun FamRZ 08, 1879: Versorgungs- und Identitätsbeziehung). 28

Ob das Sorgerecht besser dem einen oder dem anderen Elternteil zu übertragen ist, beurteilt sich nach anerkannten Kriterien: **Förderungsgrundsatz, Kontinuitätsgrundsatz, Bindungen des Kindes und Kindeswille** (Johannsen/Henrich/*Jaeger* § 1671 Rz 52, 64, 68, 78; Palandt/*Diederichsen* § 1671 27-30; Staud/*Coester* § 1671 Rz 177; FA-FamR/*Maier* Kap 4 Rz 181). Für diese Kriterien gibt es weder eine Reihenfolge noch eine allge- 29 meingültige Gewichtung (Staud/*Coester* § 1671 Rz 175; Johannsen/Henrich/*Jaeger* § 1671 Rz 52; FA-FamR/*Maier* Kap 4 Rz 182). Der Prüfung des Kindeswohls ist jeder Schematismus fremd. Deshalb muss in jedem Einzelfall nach umfassender Sachverhaltsermittlung durch das Gericht geprüft werden, welche Sorgeentscheidung gerade für dieses Kind mit seiner Persönlichkeit und seiner Vergangenheit im Hinblick auf seine Zukunft am besten ist (Staud/*Coester* § 1671 Rz 173 und Johannsen/Henrich/*Jaeger* § 1671 Rz 46 sprechen von Individualgerechtigkeit für das Kind). Dabei sind die genannten Kriterien lediglich hilfreich die vielfältigen Aspekte des Kindeswohls zu erfassen und zu ordnen. Im Einzelfall kann jedem Kriterium die entscheidende Bedeutung zukommen; jedes kann mehr oder weniger bedeutsam sein, abgesehen vom Fall der völligen Erziehungsunfähigkeit eines Elternteils (BGH FamRZ 90, 392, 393). So kann einem Elternteil, der nach dem Förderungsprinzip weniger als der andere zur Erziehung des Kindes geeignet ist, trotzdem das Sorgerecht übertragen werden, wenn das Kind zu ihm die stärkeren Bindungen entwickelt hat (KG FamRZ 83, 1159).

30 **a) Förderungsgrundsatz.** Der Förderungsgrundsatz stellt darauf ab, bei welchem Elternteil das Kind die meiste **Unterstützung für den Aufbau seiner Persönlichkeit** erfahren kann (BVerfG FamRZ 81, 124). Das ist der Elternteil, der nach seiner eigenen Persönlichkeit, seiner Beziehung zum Kind und nach den äußeren Verhältnissen eher in der Lage zu sein scheint, das Kind zu betreuen und seine seelische und geistige Entfaltung zu begünstigen (KG FamRZ 90, 1383; Brandbg FamRZ 96, 1095). Es ist daher eine Prognose abzugeben, bei welchem Elternteil das Kind eher zu einer körperlich und psychisch gesunden, eigenverantwortlichen und gemeinschaftsfähigen Persönlichkeit mit einer seinen Möglichkeiten und Bedürfnissen entspr Ausbildung heranwachsen wird. Schlicht ausgedrückt: Es ist zu fragen, bei wem das Kind aller Voraussicht nach besser „geraten" wird. Dabei richtet der Förderungsgrundsatz das Augenmerk auf die Fähigkeiten und Möglichkeiten des jeweiligen Elternteils. Ohne Anspruch auf Vollständigkeit lassen sich diese unter folgenden Aspekten betrachten:

31 **aa) Erziehungseignung im engeren Sinn und Erziehungsstil.** Welcher Elternteil besser geeignet ist das Kind zu erziehen und welcher Elternteil das bessere Erziehungskonzept und den besseren Erziehungsstil hat, lässt sich anhand von *positiven* Merkmalen nur schwer feststellen, zumal man innerhalb einer gewissen Bandbreite mit Wertungen zurückhaltend sein muss. Es ist nicht Aufgabe des Familienrichters darüber zu befinden, welcher Erziehungsauffassung generell der Vorzug zu geben ist, solange die in Betracht kommenden innerhalb bestimmter Grenzen liegen (Hamm FamRZ 89, 654; vgl auch Johannsen/Henrich/*Jaeger* § 1671 Rz 60; FA-FamR/*Maier* Kap 4 Rz 195). Deshalb beschränkt sich die Prüfung im Allg darauf, ob bei einem Elternteil **objektive Umstände** festzustellen sind, die seine **Erziehungseignung mindern** oder ganz aufheben (vgl auch FAKomm-FamR/*Ziegler* § 1671 Rz 42 ff). Solche sind insb psychische Erkrankungen, deutlich verminderte Intelligenz, erhöhte Aggressions- und Gewaltbereitschaft; Alkohol- und Drogenabhängigkeit (Brandbg FamRZ 02, 1), körperliche Erkrankungen, sofern sie sich auf die Erziehungsfähigkeit auswirken (Stuttg NJW 88, 26: HIV nicht), kriminelle Verhaltensweisen, insb Gewalttaten, sexueller Missbrauch (s.u. Rn 33), Kindesentführung, schlechte Kenntnisse der deutschen Sprache und Kultur bei Kindeswohnsitz in Deutschland, entwürdigender Erziehungsstils, Defizite bei der tatsächlichen Betreuung des Kindes (vgl Kobl R 97, 93; Brandbg FamRZ 03, 49), mangelnde Bereitschaft die elterliche Verantwortung wahrzunehmen. Ein solcher negativer Umstand wiegt umso schwerer, je stärker er ausgeprägt ist und je mehr er sich ggü dem Kind auswirkt. Die bloße Zugehörigkeit zur Religionsgemeinschaft der **Zeugen Jehovas** oder der **Scientology-Organisation** mindert allein die Erziehungseignung noch nicht (Oldbg NJW 97, 2962; Hamm FuR 97, 56; Hambg FamRZ 96, 684; Düsseld FamRZ 95, 1511; Stuttg FamRZ 95, 1290; AG Helmstedt FamRZ 07, 1837; Frankf FamRZ 97, 573; AG Tempelhof-Kreuzberg FamRZ 09, 987), sie tut es aber, wenn der betreffende Elternteil den repressiven Erziehungsstil, den diese Sekten lehren (vgl Oelkers/Kraft FuR 97, 161) kritiklos auf das Kind anwendet und es auch im Sinne dieser »Heilslehren« zu beeinflussen sucht (Frankf FamRZ 94, 920).

32 Das Zusammenleben mit oder die bloße Beziehung zu einem **neuen Lebenspartner** begründet für sich genommen keinen Mangel der Erziehungsfähigkeit, auch wenn der neue Partner der Grund für das Scheitern der Ehe war. Doch muss der Elternteil den neuen Partner dem Kind behutsam nahe bringen und darf ihn nicht an Stelle des leiblichen Vaters oder der leiblichen Mutter setzen. Ist er hierzu nicht gewillt oder nicht in der Lage, so kann dies einen erheblichen Erziehungsmangel darstellen. Auch ist es dem Wohl des Kindes nicht förderlich, wenn die neue Lebenspartnerschaft sich dahingehend auswirkt, dass das Kind, das gerade in der Trennungszeit besonders viel Liebe und Aufmerksamkeit braucht, vernachlässigt wird. Schließlich kann die Erziehungseignung des Elternteils eingeschränkt sein, wenn sein neuer Lebenspartner seinerseits eines der oben genannten Defizite (s. Rn 31) aufweist.

33 Eine Sonderstellung innerhalb der kriminellen Verhaltensweisen nimmt der **sexuelle Missbrauch von Kindern** ein, insb des Kindes, für das das Sorgerecht beantragt wird. Es versteht sich von selbst, dass der Elternteil, *der sein Kind nachweislich missbraucht hat,* die elterliche Sorge nicht erhalten kann. Regelmäßig wird dies auch dann der Fall sein, wenn der sexuelle Missbrauch an einem fremden Kind begangen wurde, da diese Verhaltensweise auf eine generelle Erziehungsunfähigkeit schließen lässt (vgl Brandbg EzFamR 01, 306, 307). Steht der sexuelle Missbrauch noch nicht fest, muss das Familiengericht den Sachverhalt iRs **Amtser-**

mittlungspflicht gem § 12 FGG selbst aufklären, insb durch Anhörung der Eltern, Einvernahme sachdienlicher Zeugen sowie Erholung eines psychologischen Sachverständigengutachtens. Häufig führt dies jedoch zu keinem eindeutigen Ergebnis. Liegt aber zumindest ein hinreichender Tatverdacht iSd § 170 I StPO vor, so kommt eine Übertragung des Sorgerechts auf den tatverdächtigen Elternteil nicht in Betracht. Gleiches muss gelten, wenn ein hinreichender Tatverdacht zwar nicht bejaht werden kann, aber immer noch eine gewisse Wahrscheinlichkeit dafür besteht, dass der Elternteil das Kind missbraucht hat. Anders als im Strafprozess kann hier nicht nach dem Grundsatz in dubio pro reo verfahren werden, vielmehr ist **im Zweifel für den Schutz des Kindes** zu entscheiden (ebenso Johannsen/Henrich/*Jaeger* § 1671 Rz 58). Nur wenn mit der im Strafrecht für eine Verurteilung erforderlichen Sicherheit feststeht, dass der Elternteil das Kind *nicht* sexuell missbraucht hat, ist der Tatvorwurf bei der Sorgeentscheidung außer Acht zu lassen. An diese Feststellung dürfen aber andererseits keine überspannten Anforderungen gestellt werden. Wie im Strafrecht genügt ein nach der Lebenserfahrung ausreichendes Maß an Sicherheit, demgegenüber vernünftige Zweifel nicht mehr aufkommen können und die persönliche Gewissheit des Richters idS. Ein bloß theoretischer Zweifel an der Unschuld bleibt unberücksichtigt, weil eine mathematische Gewissheit nicht verlangt werden kann (vgl BGH NStZ 88, 236, 237; zum Missbrauch mit dem Missbrauch vgl FAKomm-FamR/*Ziegler* § 1671 Rz 52).

bb) Betreuungsmöglichkeit und -bereitschaft. Auch ein erziehungsgeeigneter Elternteil kann sein Kind nur dann entspr fördern, wenn er bereit und in der Lage ist es über einen ausreichenden Zeitraum selbst persönlich zu betreuen. Diesem **Zeitmoment** kommt ein nicht unbedeutendes Gewicht zu. Denn oftmals lassen sich bei der Erziehungseignung der Eltern keine wesentlichen Unterschiede feststellen, so dass die persönliche Betreuungsmöglichkeit den Ausschlag dafür gibt, welcher Elternteil das Kind besser fördern kann. 34

Aus der Notwendigkeit des Zusammenspiels von Erziehungseignung und tatsächlicher Erziehung folgt zwangsläufig, dass es darauf ankommt, in welchem Umfang ein Elternteil zur **persönlichen Betreuung** in der Lage ist. Dafür genügt nicht, dass der betr Elternteil die Betreuung durch Dritte organisiert, selbst wenn er ihnen Verhaltensanweisungen gibt und deren Einhaltung überprüft. Denn nach gesicherten psychologischen Erkenntnissen ist eine stabile und kontinuierliche Beziehung des Kindes zu einer bestimmten Person für eine gesunde Entwicklung notwendig und der häufige Wechsel der Bezugsperson dem Kindeswohl abträglich (vgl auch Frankf FamRZ 94, 9). Dies gilt in erster Linie für **Kleinkinder**. Je jünger ein Kind ist, umso wichtiger ist es für seine Entwicklung, dass es sich in der Obhut eines Menschen weiß, der Zeit hat auf seine Fragen, Wünsche und Nöte einzugehen (BVerfG FamRZ 81, 124, 127). Aber auch bei **größeren Kindern** kann es wichtig sein, dass es eine Person – vornehmlich einen Elternteil – gibt, der auch zeitlich in der Lage ist die Entwicklung des Kindes, seine Verhaltensweisen und seine Befindlichkeit zu verfolgen, um im Bedarfsfall erzieherisch eingreifen zu können. Daneben bedarf auch ein größeres Kind noch der tatsächlichen Betreuung, etwa im schulischen Bereich. 35

Neben der objektiven Möglichkeit der Betreuung ist die **subjektive Bereitschaft** hierzu von Bedeutung (vgl Frankf FamRZ 94, 9). Es liegt auf der Hand, dass zur Betreuungsmöglichkeit auch die Betreuungsbereitschaft hinzukommen muss, um das Kind bestmöglichst zu fördern. Deshalb kann eine zeitlich geringere Betreuungsmöglichkeit dadurch wettgemacht werden, dass die persönliche Betreuung umso aufmerksamer und verantwortungsvoller wahrgenommen wird. Die Betreuung durch dritte Personen kann dabei eine wertvolle Ergänzung sein. Insgesamt muss dadurch die Betreuungssituation nicht schlechter sein als bei einem Elternteil, der in der Lage ist das Kind in vollem Umfang allein zu betreuen. Zumeist wird auch dem Elternteil eine intensivere und bessere Betreuung des Kindes möglich sein, zu dem das Kind die stärkere Bindung hat (s.u. Rn 42 ff). 36

cc) Wirtschaftliche Verhältnisse. Unbestreitbar nehmen auch die wirtschaftlichen Verhältnisse auf die Entwicklung des Kindes Einfluss. Dabei versteht es sich von selbst, dass nicht grds eine Präferenz für den reicheren Elternteil besteht. Doch wird man zugeben müssen, dass der reiche Elternteil dem Kind mehr **Entwicklungsmöglichkeiten** bieten kann. Allein ausschlaggebend wird dies jedoch nur selten sein, zumal das Kind über den Unterhalt regelmäßig am Wohlstand des anderen Elternteils teilnimmt. Doch wirkt es sich negativ auf die Beurteilung der Förderungsfähigkeit eines Elternteils aus, wenn er nicht in der Lage ist die elementaren Grundbedürfnisse des Kindes, wozu auch eine angemessene Ausbildung gehört, ausreichend zu befriedigen. Zu prüfen bleibt aber, ob dies nicht durch Unterhaltszahlungen oder staatliche Hilfen gewährleistet ist. Zu den wirtschaftlichen Verhältnissen zählen auch die **Wohnverhältnisse**. Schlechte Wohnverhältnisse sind sicher nicht geeignet die Entwicklung des Kindes bestmöglichst zu fördern. Dabei es nicht nur auf die Größe und Einteilung der Wohnung an, sondern auch darauf, wie und von wem sie genutzt wird. So ist ein eigenes Zimmer, das das Kind allein bewohnt, nicht in jedem Fall seiner Entwicklung förderlicher, doch sicher dann, wenn es ansonsten gezwungen ist es mit Erwachsenen oder wesentlich älteren Kindern zu teilen. In jedem Fall sollte das Kind einen Raum haben, in den es sich zurückziehen kann und der ihm – nicht notwendig allein – „gehört". 37

38

dd) Bindungstoleranz. Unter Bindungstoleranz versteht man die Fähigkeit des alleinsorgeberechtigten Elternteils **zuzulassen**, dass das Kind einen **regelmäßigen Kontakt** mit dem anderen Elternteil pflegt und auch zu diesem eine liebe- und vertrauensvolle Beziehung unterhält. Dies bedeutet in erster Linie, dass ein 39 persönlicher Umgang nicht nur ermöglicht, sondern auch positiv gefördert wird (vgl Zweibr FamRZ 05, 745). Im Sorgerechtsverfahren ist deshalb zu prüfen, welcher Elternteil hierfür eher die Gewähr bietet, wenn ihm die elterliche Sorge allein übertragen werden würde.

40 Die Bindungstoleranz ist **wesentliche Voraussetzung für die Übertragung des alleinigen Sorgerechts**. Daher kann entscheidend gegen die Übertragung der elterlichen Sorge auf einen Elternteil sprechen, dass dieser nicht bereit oder fähig ist, die Bindungen des Kindes zu dem anderen Elternteil zu respektieren und zu fördern, insb durch Mitwirkung an der Realisierung des Umgangsrechts (Frankf ZfJ 98, 343; ebenso Brandbg FamRZ 01, 1021; vgl auch Hamm FamRZ 00, 1039; Dresd FamRZ 03, 397; München FamRZ 03, 57; Celle FamRZ 04, 1667; Ddorf FuR 05, 563; KG FamRZ 08, 2054; Köln FamRZ 09, 1762; vgl aber auch Hamm FamRZ 07, 1677; 09, 1763: kein zwangsläufiger Sorgerechtsentzug; BGH FamRZ 08, 592, 594: Überwiegen anderer Kriterien; Kobl FamRZ 08, 1973: Ungeeignetheit des anderen Elternteils; BVerfG FamRZ 09, 189; 09, 1389: Kindeswohl entscheidet). Daher ist das Verhalten des sorgerechtigten Elternteils anlässlich des Umgangs des Kindes mit dem anderen Elternteil ein maßgebliches Kriterium. Doch darf die Bindungstoleranz des sorgeberechtigten Elternteils nicht losgelöst vom Verhalten und der Erziehungseignung des anderen Elternteils beurteilt werden. Je weniger dieser selbst bindungstolerant ist (und etwa das Kind für seine Zwecke in der Sorgerechtsauseinandersetzung instrumentalisiert) oder je erziehungsungeeigneter er ist, desto weniger kann vom anderen Elternteil Bindungstoleranz erwartet werden.

41 Nach der hier vertretenen Auffassung ist auch die **Ablehnung der gemeinsamen elterlichen Sorge** durch einen Elternteil unter dem Aspekt der Bindungstoleranz zu prüfen (s.o. Rn 22). Die Ablehnung ist dann Ausdruck mangelnder Bindungstoleranz, wenn sie willkürlich oder missbräuchlich erfolgt. Bei der Prüfung dieser Frage ist darauf abzustellen, ob der andere Elternteil begründeten Anlass zu einer solchen Ablehnungshaltung gibt. Dies ist nicht nur dann der Fall, wenn die Eltern über wichtige das Kind betr Fragen uneins sind oder waren. Vielmehr ist es ausreichend, aber auch erforderlich, dass die Beziehung der Eltern auf der Paarebene gestört ist und sowohl Grund wie Ausmaß der Störung als auch die darauf beruhende Ablehnung der gemeinsamen Sorge von einem vernünftig denkenden Menschen nachvollzogen werden können (zu Bsp vgl FAKomm-FamR/*Ziegler* § 1671 Rz 63 f). IÜ wird die Ablehnung der gemeinsamen elterlichen Sorge umso eher nachvollziehbar sein, je weniger erziehungsgeeignet der andere Elternteil ist.

42 **b) Bindungen des Kindes.** Ein weiteres wichtiges Kriterium bei der Prüfung des Kindeswohls sind die Bindungen des Kindes. Damit sind die **gefühlsmäßigen Neigungen** gemeint, die das Kind zu seinen Eltern und Geschwistern, aber auch zu anderen nahestehenden Personen hat (Johannsen/Henrich/*Jaeger* § 1671 Rz 68). Das Entstehen und Erhalten stabiler emotionaler Beziehungen ist für eine gesunde Entwicklung des Kindes unerlässlich (Johannsen/Henrich/*Jaeger* § 1671 Rz 69). Durch die Trennung der Eltern wird aber fast zwangsläufig die kindliche Beziehungswelt verändert. Deshalb ist es besonders wichtig, dass das Kind seine emotionalen Bindungen möglichst unverändert beibehalten kann. Unter diesem Gesichtspunkt ist derjenigen Sorgeentscheidung der Vorzug zu geben, die die Bindungen des Kindes am wenigsten beeinträchtigt. Vielfach wird eine stärkere Bindung des Kindes zu dem Elternteil bestehen, der sich hauptsächlich um die Betreuung und Versorgung kümmert als zu dem berufstätigen Elternteil, der vergleichsweise wenig Zeit mit dem Kind verbringt. Der zeitliche Faktor darf aber nicht überbetont werden; vielmehr ist die **Qualität der Bindung** entscheidend (Johannsen/Henrich/*Jaeger* § 1671 Rz 72). Tatsächlich können bei einem kurzen aber regelmäßigen und intensiven Kontakt ebenso starke Bindungen entstehen. Dies wird oftmals erst mit Hilfe eines kinderpsychologischen Sachverständigengutachtens zu klären sein.

43 Steht die Stärke der Bindungen des Kindes zu seinen verschiedenen Bezugspersonen fest, so kann dennoch problematisch sein, welche Sorgeentscheidung diese Bindungen am besten beachtet. Denn oft bedeutet der Erhalt der stärksten emotionalen Bindung, die Beeinträchtigung oder gar den Verlust anderer ebenfalls wichtiger Beziehungen. Bei der dann erforderlichen Abwägung ist zu prüfen, ob die **Trennung des Kindes von seiner Hauptbezugsperson** verantwortet werden kann. Für ein Kind zwischen sechs Monaten und drei Jahren soll dies nach überwiegender Meinung grds nicht in Frage kommen, weil dieser Lebensabschnitt als besonders trennungsempfindlich angesehen wird (Johannsen/Henrich/*Jaeger* § 1671 Rz 71 mwN). Später kommt eine Trennung des Kindes von seiner Hauptbezugsperson in Betracht, wenn dieser Verlust durch den Erhalt anderer Bindungen aufgefangen werden kann.

44 Bei der Bewertung der Bindungen des Kindes und der Abschätzung der Folgen für diese im Falle der einen oder anderen Sorgeentscheidung muss auch berücksichtigt werden, welche **Entwicklung** diese Bindungen im Hinblick auf die durch die Trennung der Eltern veränderte Situation voraussichtlich nehmen werden. Ein Umzug des antragstellenden Elternteils ins entfernte Ausland bedarf regelmäßig beachtenswerter Gründe (München FamRZ 08, 1774, 1775; FamRZ 09, 1600, 1601).

45 Die stärkere Bindung des Kindes an einen Elternteil ist auch dann zu beachten, wenn dieser das Kind dem anderen Elternteil abwendig gemacht hat, vorausgesetzt die Bindung besitzt unabhängig von der Einstellung zum anderen Elternteil ihren Wert. Andernfalls wäre dies eine Sanktion gegen das Kind, dessen Bindung an eine Bezugsperson damit übergangen würde. Die unlautere **Beeinflussung des Kindes** ist jedoch als Umstand zu berücksichtigen, der die erzieherische Eignung des betreuenden Elternteils in Frage stellt und unter diesem Gesichtspunkt der Übertragung des Sorgerechts auf ihn entgegenstehen kann (BGH FamRZ 85, 169, 170).

Durch die Trennung der Eltern verliert das Kind den ständigen Kontakt zu einem Elternteil. Desto wichtiger ist es, dass ihm die anderen Bezugspersonen nach Möglichkeit erhalten bleiben. Dazu zählen va die Geschwister des Kindes, selbstverständlich auch die Halbgeschwister (Hamm FamRZ 96, 562, 563). Denn nicht der Grad der Verwandtschaft, sondern der Erhalt gewachsener sozialer Beziehungen steht im Vordergrund. Eine **Geschwistertrennung** ist grds zu vermeiden, weil das Zusammenbleiben der Kinder nach Trennung der Eltern das Gefühl einer fortbestehenden Gemeinschaft vermittelt und den Eindruck des Zerbrechens der Familie abdämpft (Hamm FamRZ 00, 1039; vgl auch Celle FamRZ 92, 465; Kobl FamRZ 03, 397; Dresd FamRZ 03, 1489; Brandbg FamRZ 03, 53; 08, 2054). Es dient regelmäßig dem Wohl des Kindes, wenn es zusammen mit Geschwistern aufwächst (BayObLG FamRZ 85, 522; Hamm 85, 1078; Celle 92, 465; vgl Brandbg FuR 09, 624). Dies gilt grds auch, wenn die enge Bindung der Geschwister durch Rivalitäten überlagert ist (Celle FamRZ 92, 465, 466). Nur wenn zwischen den Kindern Aggressionen vorherrschen, die das übliche Maß an Konflikten übersteigen, kann die Trennung der Geschwister dem Wohl beider Kinder entspr (Frankf FamRZ 94, 9, 921); ebenso bei besonders enger Bindung an jeweils einen Elternteil (Celle FamRZ 07, 1838). Ebenso kann es zum Schutz eines Kindes erforderlich sein, es von dem schädlichen Einfluss des anderen künftig fern zu halten. Haben die Kinder nicht zum gleichen Elternteil die stärksten Bindungen, muss sorgfältig abgewogen werden, ob der **Geschwisterbindung** oder der **Elternbindung** der Vorzug zu geben ist. 46

c) **Kontinuitätsgrundsatz.** Der Kontinuitätsgrundsatz hat kaum eigenständige Bedeutung. Er vereinigt lediglich die Kriterien des Förderungsgrundsatzes und der Kindesbindungen unter dem besonderen Blickwinkel der Stetigkeit. Das Kontinuitätsprinzip erschöpft sich nicht darin, möglichst die zum Zeitpunkt der Sorgeentscheidung bestehende Betreuungssituation beizubehalten. Vielmehr ist die sorgerechtliche Lösung anzustreben, die **für die Zukunft** eine möglichst einheitliche, stetige und gleichmäßige Betreuung und Erziehung des Kindes nach der Trennung der Eltern gewährleistet (BVerfG FamRZ 82, 1179, 1183; BGH FamRZ 90, 392, 393; Celle FamRZ 92, 465; Brandbg FamRZ 03, 49; Köln FamRZ 09, 1762). Deshalb darf die Anwendung des Kontinuitätsgrundsatzes nicht dazu führen, dass zwar eine gleichmäßige aber schädliche Entwicklung unter Vernachlässigung anderer, insb zukunftsorientierter Aspekte des Kindeswohls fortgeführt wird (München FamRZ 91, 1343, 1345). Der Kontinuitätsgrundsatz wird aber regelmäßig dann den Ausschlag für eine Sorgeentscheidung iSd **gegenwärtigen Betreuungssituation** geben, wenn die Eltern in gleichem Maße erziehungsgeeignet sind und auch hinsichtlich der Bindungen des Kindes kaum Unterschiede festgestellt werden können (Köln FamRZ 00, 1041; AG Hamburg FamRZ 00, 499; Hamm OLGR 97, 315; FamRZ 09, 1757; Brandbg FamRZ 01, 1021; 02, 404; 09, 1759). 47

d) **Wille des Kindes.** Der Wille des Kindes ist bereits deshalb beachtlich, weil es die Person ist, um die es bei der Sorgeentscheidung geht und die von ihr am stärksten betroffen wird. Das Kind ist **nicht Objekt des Sorgeverfahrens**. Es ist vielmehr ein Individuum mit eigenen Grundrechten, das keinen Machtansprüchen seiner Eltern unterliegt (BVerfGE FamRZ 86, 769, 772) und das mit zunehmendem Alter ein immer stärkeres Recht auf Selbstbestimmung und freie Entfaltung seiner Persönlichkeit hat (vgl auch BVerfG FamRZ 81, 124, 126; 08, 1737, 1738; Schlesw FamRZ 03, 1494). Daneben ist der Kindeswille ein wichtiges Indiz für die Bindungen und Neigungen des Kindes (BGH FamRZ 90, 392, 393; BVerfG FamRZ 08, 1737, 1738). 48

Der Wille des Kindes muss **zuverlässig festgestellt** werden. Im Allg geschieht dies im Wege der richterlichen **Kindesanhörung** gem § 50b FGG (§ 159 FamFG), die bereits ab einem Alter von drei Jahren erfolgen sollte (vgl BayObLG FamRZ 83, 948; 84, 312; KG FamRZ 83, 1159; Frankf FamRZ 97, 571; Hamm FamRZ 09, 996; Johannsen/Henrich/*Brudermüller* § 50b FGG Rz 7 mwN). Der geäußerte Wille muss freilich nicht zwingend mit dem tatsächlichen Willen des Kindes übereinstimmen. Denn es besteht – neben der Möglichkeit der bewussten Manipulation – die Gefahr, dass sich das Kind aus Verlustängsten heraus mit dem Elternteil überidentifiziert, bei dem es seit der Trennung der Eltern wohnt. Von der Anhörung sollte aber dann gem § 50b III FGG (§ 159 III FamFG) abgesehen werden, wenn deren Erkenntniswert außer Verhältnis zur Belastung für das Kind steht (vgl Rostock FamRZ 07, 1835 10-jähriges Kind: Verzicht der Eltern genügt nicht). Doch zeigt die Erfahrung, dass die Belastung gerade bei Kleinkindern eher von den Eltern als von den Kindern selbst empfunden wird, vorausgesetzt der Familienrichter führt die **Anhörung** kindgerecht und in einer angstfreien und entspannten Atmosphäre durch. Dazu gehört insb, dass das Kind nicht durch direkte Fragen, die unmittelbar ergebnisorientiert sind, in die Enge getrieben wird. Der Familienrichter muss sich auch *damit* zufrieden geben, wenn die Anhörung kein für ihn verwertbares Ergebnis bringt. Gerade jüngere Kinder sind oft nicht in der Lage, ihre persönlichen Bindungen zu den Eltern dem Gericht präzise mitzuteilen. Das Kind befindet sich auch in dem Konflikt, dass es sich mit der Entscheidung *für* einen Elternteil notwendig *gegen* den anderen Elternteil aussprechen muss; etwas, was es nicht leisten kann (BVerfGE 55, 171, 183 f = FamRZ 81, 124, 127). Der Richter darf auch nicht in den innersten Bereich eines Kindes eindringen, um etwas zu erfahren, was das Kind erkennbar nicht offenbaren will (KG FamRZ 90, 1383). 49

Lässt sich der (wahre) Wille des Kindes im Wege der Anhörung nicht sicher feststellen, so muss er durch Erholung eines **kinderpsychologischen Gutachtens** genauer erforscht werden (vgl BVerfG FamRZ 07, 1797). 50

Dazu besteht aber kein Anlass, wenn es lediglich um graduelle Unterschiede im Hinblick auf die Neigung des Kindes zum einen oder anderen Elternteil geht, die sich mit Sicherheit auf die Sorgeentscheidung nicht auswirken werden.

51 Der zuverlässig festgestellte **wahre Kindeswille** ist für die Sorgeentscheidung von erheblicher Bedeutung (BVerfG FamRZ 09, 1389; Celle FamRZ 92, 465). Er ist insb entscheidend, wenn sich weder nach dem Förderungs- noch nach dem Kontinuitätsgrundsatz eine bessere Erziehungseignung eines Elternteils feststellen lässt (vgl KG FamRZ 90, 1383; Ddorf FamRZ 88, 13). Generell ist der Kindeswille aber nur beachtlich, wenn er nicht auf Selbstschädigung gerichtet ist, da sich auch der Kindeswille dem Kindeswohl zu beugen hat (Bambg ZfJ 96, 4; Frankf FamRZ 05, 1700; vgl auch Zweibr FamRZ 05, 745; BVerfG FamRZ 05, 1057; 07, 335; 09 1389). Auch ist der Wille unbeachtlich, wenn er von unrealistischen Vorstellungen getragen wird, wie etwa, dass der „gewünschte" Elternteil die iRd Umgangsrechts gegebenen „Sonntagsbedingungen" auf den Alltag übertragen werde (Hamm FamRZ 88, 1313; Bambg FamRZ 88, 750).

52 Der **Kindeswille allein** ist zwar für die Sorgerechtsentscheidung nicht ausschlaggebend, er verdient jedoch mit zunehmendem **Alter** und dem damit verbundenen Reifeprozess stärkere Beachtung (vgl BVerfG FamRZ 08, 1737, 1738; Frankf FamRZ 09, 990). Während der Wille unabhängig vom Alter des Kindes für seine Bindungen und Neigungen stets von erheblicher Bedeutung ist, gilt dies hinsichtlich des Selbstbestimmungsrechts nur, soweit verstandesmäßige und seelische Reife entwickelt sind (Johannsen/Henrich/*Jaeger* § 1671 Rz 81; vgl Brandbg FamRZ 08, 1471). Dies hängt maßgeblich vom Alter des Kindes ab. Von dem geäußerten Willen eines 16-Jährigen kann man sicher nur aus schwerwiegenden Gründen abweichen (Frankf FamRZ 97, 573, 574; Brandbg FamRZ 08, 1471). Ganz allg gilt, dass der Wille eines 12-jährigen Kindes bereits eine zuverlässige Entscheidungsgrundlage sein kann (Johannsen/Henrich/*Jaeger* § 1671 Rz 81). Dabei kann das Selbstbestimmungsrecht bei ausreichender Verstandesreife bereits so im Vordergrund stehen, dass es auf die Mitteilung vernünftiger und einleuchtender Gründe für die Willensäußerung nicht mehr ankommt (Johannsen/Henrich/*Jaeger* § 1671 Rz 82). Dem Willen eines 8-jährigen Kindes kommt regelmäßig noch keine ausschlaggebende Bedeutung zu (Brandbg FamRZ 08, 1472, 1473 – umfassende Gesamtabwägung).

53 **e) Gesamtabwägung der Kindeswohlkriterien. Eine Rangordnung der Kindeswohlkriterien besteht nicht.** Alle Kriterien stehen über den Begriff des Kindeswohls in innerer Beziehung zueinander und können sich gegenseitig verstärken oder aufheben (BGH FamRZ 85, 169). Wenn man den Kontinuitätsgrundsatz als Unterfall des Förderungsgrundsatzes begreift und sich vor Augen hält, dass die Bindungen des Kindes regelmäßig in dem von ihm geäußerten Willen zum Ausdruck kommen, so reduziert sich das Abwägen der Kindeswohlkriterien im Falle widersprüchlicher Einzelergebnisse auf die Frage, ob mehr dem verstandesmäßigen oder dem emotionalen Gesichtspunkt im Einzelfall der Vorzug zu geben ist. Hierzu lassen sich wiederum zwei Kernaussagen treffen: Ein Kind in seiner Entwicklung fördern kann nur ein Elternteil, der auch eine ausreichende emotionale Bindung zu dem Kind hat. Eine starke emotionale Bindung zum Kind kann die Fähigkeit es zu fördern nicht ersetzen. Zwischen diesen beiden widerstreitenden Thesen muss im Einzelfall die dem Wohl des Kindes am besten entspr Lösung gefunden werden. Dabei wird es entscheidend darauf ankommen, wie stark die Bindungen einerseits und wie schwach die Förderungsgeeignetheit andererseits und umgekehrt bei einem Elternteil vorhanden sind (vgl auch Bambg 98, 1462). Bsp für Gesamtabwägung bei entgegenstehendem Kindeswillen: Brandbg FamRZ 08, 1472).

54 Dem Förderungsgrundsatz kommt anerkanntermaßen jedoch dann der Vorrang zu, wenn ein Elternteil vollkommen erziehungsunfähig ist. **Erzieherisches Versagen in Teilbereichen** muss dagegen ebenso wie in intakten Familien als vielfach unvermeidlich notfalls in Kauf genommen werden, wenn die Sorgerechtsregelung nur so die am wenigsten schädliche Alternative ist (BGH FamRZ 85, 169, 171).

55 **C. Sorgerechtsregelung auf Grund vorrangiger anderer Vorschriften.** Mit den in § 1671 III genannten „anderen Vorschriften" sind die **§§ 1666, 1666a und 1667** gemeint. Der Hinweis auf deren Vorrang hat lediglich klarstellende Funktion. Denn das Familiengericht muss gem § 1666 einem oder beiden Elternteilen das Sorgerecht vAw entziehen, wenn anders der Kindeswohlgefährdung nicht entgegengewirkt werden kann. Ist die hohe Eingriffsschwelle des § 1666 erreicht, kommt es auf einen entgegenstehenden Willen der Eltern naturgemäß nicht an. Deshalb versteht es sich von selbst, dass ein Antrag gem § 1671 II – auch wenn der andere Elternteil zustimmt – unbeachtlich ist, soweit er im Widerspruch zu einer gem § 1666 notwendigen Sorgerechtsregelung steht. Entspricht dagegen der Antrag auf Übertragung der Alleinsorge der gem § 1666 erforderlichen Sorgerechtsregelung, etwa weil nur der Antragsgegner erziehungsungeeignet ist, so hat die Sorgerechtsübertragung gem § 1671 II zu erfolgen. Dies folgt aus § 1666a II, der Ausdruck des in Art 6 II GG geschützten Elternrechts ist, das einen Eingriff des Staates iRs Wächteramtes nur als ultima ratio zulässt.

56 Ein Verfahren gem §§ 1666 ff hat das Familiengericht vAw einzuleiten, wenn hinreichende Anhaltspunkte für eine Kindeswohlgefährdung vorhanden sind. Außer durch Mitteilung des Jugendamts ergeben sich solche Anhaltspunkte *insb iRe Sorgerechtsverfahrens* gem § 1671 II Nr 2, bei dem das Kindeswohl umfassend geprüft wird.

§ 1672 Getrenntleben bei elterlicher Sorge der Mutter.

(1) ¹Leben die Eltern nicht nur vorübergehend getrennt und steht die elterliche Sorge nach § 1626a Abs. 2 der Mutter zu, so kann der Vater mit Zustimmung der Mutter beantragen, daß ihm das Familiengericht die elterliche Sorge oder einen Teil der elterlichen Sorge allein überträgt. ²Dem Antrag ist stattzugeben, wenn die Übertragung dem Wohl des Kindes dient.

(2) ¹Soweit eine Übertragung nach Absatz 1 stattgefunden hat, kann das Familiengericht auf Antrag eines Elternteils mit Zustimmung des anderen Elternteils entscheiden, daß die elterliche Sorge den Eltern gemeinsam zusteht, wenn dies dem Wohl des Kindes nicht widerspricht. ²Das gilt auch, soweit die Übertragung nach Absatz 1 wieder aufgehoben wurde.

A. Abs 1: Übertragung der Alleinsorge von der Mutter auf den Vater. Das Verfahren erfordert einen Antrag des Vaters, ihm die elterliche Sorge ganz oder teilw zu übertragen.

I. S 1: Zulässigkeit des Antrags des Vaters. 1. Die elterliche Sorge für das Kind muss der Mutter gem § 1626a II allein zustehen. Dies bedeutet, dass die Eltern weder miteinander verheiratet sein noch eine Sorgeerklärung gem § 1626a I Nr 1 abgegeben haben dürfen. Der Anwendungsbereich der Vorschrift ist nicht eröffnet, wenn der Mutter zwar ursprünglich die Alleinsorge gem § 1626a II zustand, sie diese dann aber aufgegeben hatte bevor sie ihr wieder gem § 1671 I, II, § 1696 oder § 1666 übertragen wurde. Die deshalb bestehende Möglichkeit der Umgehung der Vorschrift durch gemeinsame Sorgeerklärung und anschließender Übertragung der Alleinsorge auf den Vater gem § 1671 II Nr 1 ohne Kindeswohlprüfung hat der Gesetzgeber als fernliegend bewusst in Kauf genommen (BTDrs 13/4899 101).

2. Die Eltern müssen **getrennt leben** iSd § 1567. Leben die Eltern zusammen, bringt es keinen Vorteil für das Kind, wenn die Mutter die elterliche Sorge vollständig auf den Vater überträgt, da sie regelmäßig die tatsächliche Sorge in nicht unerheblichem Umfang ausüben wird. Soll der Vater in die elterliche Sorge eingebunden werden, kann dies durch Begründung der gemeinsamen Sorge im Wege der Sorgeerklärung gem § 1626a I Nr 1 geschehen (BTDrs 13/4899 100). Das Getrenntleben der Eltern erfordert nicht, dass sie schon einmal zusammengelebt haben. Auch wenn dies nie der Fall war, findet § 1672 Anwendung (Palandt/*Diederichsen* § 1672 Rz 2).

3. Der Antrag des Vaters auf Übertragung der Alleinsorge (ganz oder teilweise) ist nur zulässig, wenn die Mutter dem Antrag zustimmt. Dabei ist auch die teilweise Zustimmung der Mutter möglich, weil der Vater seinen Antrag auf Übertragung der Alleinsorge ebenfalls auf Teilbereiche beschränken kann. Ohne **Zustimmung der Mutter** ist der Antrag als unzulässig ohne nähere Sachprüfung zurückzuweisen, insb bedarf es keiner persönlichen Anhörung der Beteiligten. Dadurch wird vermieden, dass das Verhältnis von Mutter und Kind durch ein Sorgeverfahren belastet wird, in dem der Vater doch noch versuchen könnte die Zustimmung der Mutter herbeizuführen (BTDrs 13/4899 100). Der Zustimmung der Mutter bedarf es nicht, wenn deren Sorge gem § 1751 I ruht (BGH FamRZ 07, 1969).

Die **Zustimmung** der Mutter **kann** durch das Familiengericht **nicht ersetzt werden** (AG Pankow FamRZ 00, 1241; Brandbg FamRZ 08, 1102). Gegen den Willen der Mutter ist eine Übertragung der Alleinsorge auf den Vater deshalb nur gem § 1666 möglich, dessen hohe Eingriffsvoraussetzungen dann aber vorliegen müssen (vgl Hamm FamRZ 00, 1239; Naumbg EzFamR aktuell 03, 153).

Ohne Zustimmung der Mutter kann weder die Alleinsorge des Vaters noch die gemeinsame Sorge begründet werden. Die darin liegende Ungleichbehandlung der Väter nichtehelicher Kinder ist noch verfassungskonform (vgl BVerfG FamRZ 03, 285; Brandbg FamRZ 08, 1102), insb vor dem Hintergrund der tatsächlichen Betreuungsverhältnisse nichtehelicher Kinder in den (noch) ganz überwiegenden Fällen.

II. S 2: Begründetheit des Antrags. Dem zulässigen in Übereinstimmung mit der Mutter gestellten Antrag ist nur stattzugeben, wenn die Übertragung der Alleinsorge auf den Vater **dem Wohl des Kindes dient**. Anders als im Falle des § 1671 II Nr 1 macht die Zustimmung des anderen Elternteils die Kindeswohlprüfung nicht entbehrlich. Diese ist vielmehr nach den zu § 1671 II Nr 2 entwickelten Kriterien durchzuführen (s. § 1671 Rn 29 ff).

Der Gesetzgeber wollte ausweislich der amtlichen Begründung zum Gesetzentwurf durch die Formulierung „dem Wohl des Kindes dient" sicherstellen, dass es zu einem Wechsel der Alleinsorge nur kommt, wenn die Vorteile für das Kind zweifelsfrei überwiegen (BTDrs 13/4899 101). Ein gradueller Unterschied zwischen dem „dient" hier und dem „am besten entspricht" bei § 1671 II Nr 2 ist aber weder praktisch noch theoretisch fassbar (krit auch Palandt/*Diederichsen* § 1672 Rz 4), zumal die Bereitschaft der Mutter, auf die elterliche Sorge zu verzichten, bereits ein Indiz dafür ist, dass der Sorgewechsel dem Wohl des Kindes dient (so ausdrücklich zur Indizwirkung BTDrs 13/4899 101). Zudem wird man die Entscheidung des BVerfG (FamRZ 06, 385, 386) zu § 1680 II 2 hier entspr beachten müssen (s. § 1680 Rn 4). Ruht die Sorge der Mutter gem § 1751 I, ist dem Antrag des Vaters bereits dann stattzugeben, wenn die Übertragung auf ihn dem Kindeswohl nicht widerspricht (BGH FamRZ 07, 1969).

9 Dient die Übertragung der Alleinsorge auf den Vater nur **in Teilbereichen** dem Wohl des Kindes, iÜ aber nicht, so ist der Antrag auch nur teilweise stattzugeben. Zwar findet sich in 2 anders als in § 1671 II das Wort „soweit" nicht, doch ergibt sich die Zulässigkeit einer teilweisen Stattgabe bereits aus dem Gebot der bestmöglichen Beachtung des Kindeswohls und entspricht iÜ auch einem praktischen Bedürfnis.

10 **B. Abs 2: Begründung der gemeinsamen Sorge. I. S 1:** Hat eine **Übertragung der Alleinsorge gem I** stattgefunden, haben die Eltern wegen § 1626b III nicht die Möglichkeit eine Sorgeerklärung abzugeben. Ferner kann die gemeinsame Sorge nicht im Wege der Abänderung gem § 1696 I begründet werden, weil das Gericht auch ursprünglich keine solche anordnen konnte. Um den Eltern die Möglichkeit der Herstellung der gemeinsamen Sorge zu geben, bedurfte es daher der Regelung des II 1.

11 **Formale Voraussetzungen** für einen erfolgreichen Antrag nach 1 sind: Eine Übertragung der elterlichen Sorge nach I auf den Vater, der Antrag eines Elternteils (Vater oder Mutter) auf Begründung der gemeinsamen Sorge und die Zustimmung des anderen Elternteils hierzu.

12 Die gemeinsame Sorge darf aber nur vom Gericht hergestellt werden, wenn dies **dem Wohl des Kindes nicht widerspricht.** Der Gesetzgeber wollte durch diese Formulierung zum Ausdruck bringen, dass der Prüfungsmaßstab weniger streng ist als bei der Sorgerechtsübertragung gem I (BTDrs 13/4899 101). Da die Kooperationsbereitschaft und -fähigkeit der Eltern bei der Herstellung und Belassung der gemeinsamen elterlichen Sorge die größte Hürde ist, wird das Familiengericht dem übereinstimmenden Willen der Eltern tatsächlich nur dann nicht folgen dürfen, wenn dies zu einer Kindeswohlgefährdung iSd § 1666 führen würde. IÜ ist darauf hinzuweisen, dass es gesetzgeberisch zumindest nicht zwingend war hier überhaupt eine Kindeswohlprüfung festzuschreiben, während bei originärer Alleinsorge der Mutter die gemeinsame Sorge gem § 1626a II durch einfache Sorgeerklärung ohne Kindeswohlprüfung und ohne gerichtliche Beteiligung gem § 1626a I Nr 1 begründet werden kann (Palandt/*Diederichsen* § 1672 Rz 5; ebenso Staud/*Coester* § 1672 Rz 16 ff: konzeptioneller Fehlgriff).

13 **II. S 2:** Wurde die Übertragung der Alleinsorge auf den Vater nach I im Wege der Abänderung **gem § 1696 I aufgehoben** und die Sorge wieder auf die Mutter rückübertragen, so haben die Eltern, die jetzt die gemeinsame Sorge herbeiführen möchten, ebenfalls weder die Möglichkeit eine Sorgeerklärung abzugeben – wegen § 1626b III – noch dies durch Abänderung gem § 1696 I zu erreichen (s.o. Rn 10). Auch für diese Fälle ist unter den Voraussetzungen des 1 die Herstellung der gemeinsamen elterlichen Sorge möglich. Hinsichtlich dem Erfordernis der Kindeswohlprüfung wird die Diskrepanz zu § 1626a noch deutlicher (s.o. Rn 12).

§ 1673 Ruhen der elterlichen Sorge bei rechtlichem Hindernis.

(1) Die elterliche Sorge eines Elternteils ruht, wenn er geschäftsunfähig ist.
(2) ¹Das Gleiche gilt, wenn er in der Geschäftsfähigkeit beschränkt ist. ²Die Personensorge für das Kind steht ihm neben dem gesetzlichen Vertreter des Kindes zu; zur Vertretung des Kindes ist er nicht berechtigt. ³Bei einer Meinungsverschiedenheit geht die Meinung des minderjährigen Elternteils vor, wenn der gesetzliche Vertreter des Kindes ein Vormund oder Pfleger ist; andernfalls gelten § 1627 Satz 2 und § 1628.

1 **A. Allgemeines.** Die Vorschrift benennt die Voraussetzungen, unter denen die elterliche Sorge aus rechtlichen Gründen ruht. Zu den Wirkungen und Rechtsfolgen des Ruhens der elterlichen Sorge vgl §§ 1675, 1678.

2 **B. Abs 1: Geschäftsunfähigkeit eines Elternteils.** Ist ein Elternteil gem **§ 104 Nr 2 geschäftsunfähig**, so ruht seine elterliche Sorge. Dabei reicht eine partielle Geschäftsunfähigkeit aus, wenn sich diese ganz oder teilweise auf den Bereich der elterlichen Sorge erstreckt (Palandt/*Diederichsen* § 1673 Rz 2; Staud/*Coester* § 1673 Rz 11). Nur vorübergehende Störungen der Geistestätigkeit iSd § 105 II genügen dagegen nicht. Sie stellen vielmehr ein tatsächliches Hindernis für die Ausübung der elterlichen Sorge dar, das wegen seiner kurzen Dauer zwar keine Feststellung des Familiengerichts gem § 1674 I zulässt, doch unmittelbar die Rechtsfolge des § 1678 I auslöst oder Maßnahmen des Familiengerichts gem § 1693 ermöglicht.

3 **Die elterliche Sorge lebt automatisch wieder auf**, wenn der Elternteil seine Geschäftsfähigkeit wiedererlangt – und zwar in vollem Umfang (vgl Karlsr FamRZ 05, 1272). Anders als bei einem tatsächlichen Hindernis bedarf es dafür keines feststellenden Beschlusses des Familiengerichts entspr § 1674 II (BayObLG Rpfleger 1968, 22).

4 **C. Abs 2: Beschränkte Geschäftsfähigkeit eines Elternteils. I.** Nach II 1 ruht auch die elterliche Sorge eines beschränkt geschäftsfähigen Elternteils. Dabei kann es sich nur um einen **minderjährigen Elternteil** gem § 106 handeln. Mit Eintritt der Volljährigkeit kann dieser automatisch die elterliche Sorge in vollem Umfang ausüben (vgl Karlsr FamRZ 05, 1272). Die Anordnung einer Betreuung gem § 1896 ff ist für die Geschäftsfähigkeit ohne Bedeutung und wirkt sich deshalb auf die elterliche Sorge zumindest nicht direkt aus (vgl *Bienwald* FamRZ 94, 484 zu den deshalb auftretenden Problemen). Die Einrichtung einer Betreuung, mit dem Aufgabenkreis der Vertretung des Betreuten in allen dessen Kind betr Angelegenheiten, ist wegen der Höchstpersönlichkeit der elterlichen Sorge und der abschließenden Regelung ihrer Übertragbarkeit unzulässig (Palandt/*Diederichsen* § 1673 Rz 5).

II. Jedoch steht dem minderjährigen Elternteil gem II 2 ein beschränktes Sorgerecht zu, das die Personensorge mit Ausnahme der gesetzlichen Vertretung umfasst. Zur Ausübung dieser **tatsächlichen Personensorge** ist der minderjährige Elternteil neben dem gesetzlichen Vertreter des Kindes (anderer Elternteil oder Vormund gem § 1678) berechtigt und verpflichtet. Diese Befugnis darf ihm auch nicht durch seine Eltern genommen werden (LG Hamburg FamRZ 81, 309).

III. 3 behandelt die Rechte des minderjährigen Elternteils bei **Meinungsverschiedenheiten** mit dem gesetzlichen Vertreter des Kindes. Ist dies ein Vormund oder Pfleger, so kommt der Meinung des Minderjährigen der Vorrang zu. Ist dagegen der andere Elternteil der gesetzliche Vertreter des Kindes, so folgt aus der Verweisung auf §§ 1627 2, 1628, dass die Meinung des Minderjährigen gleichrangig ist und dass die Eltern sich einigen und notfalls das Gericht anrufen müssen.

§ 1674 Ruhen der elterlichen Sorge bei tatsächlichem Hindernis.

(1) Die elterliche Sorge eines Elternteils ruht, wenn das Familiengericht feststellt, daß er auf längere Zeit die elterliche Sorge tatsächlich nicht ausüben kann.
(2) Die elterliche Sorge lebt wieder auf, wenn das Familiengericht feststellt, daß der Grund des Ruhens nicht mehr besteht.

A. Abs 1: Ruhen der elterlichen Sorge. I. Die elterliche Sorge ruht, wenn dies durch das Familiengericht festgestellt wird. Die Feststellung hat **gestaltungsähnliche Wirkung**, die unabhängig von ihrer sachlichen Richtigkeit eintritt (BayObLG FamRZ 88, 867, 868). Deshalb handelt es sich um einen Fall der rechtlichen Verhinderung auf Grund richterlichen Feststellungsbeschlusses (Staud/*Coester* § 1674 Rz 2).

II. Voraussetzung. für die Feststellung des Ruhens ist, dass der betr Elternteil die elterliche Sorge tatsächlich längere Zeit nicht ausüben kann. Entscheidend ist die Prognose für die Zukunft. Die bislang verstriche Zeit kann lediglich ein Indiz dafür sein. Ist die Ausübung voraussichtlich nur über einen kurzen Zeitraum nicht möglich, liegt eine tatsächliche Verhinderung vor, die der Feststellung des Ruhens nicht zugänglich ist, jedoch ebenfalls die Rechtsfolge des § 1678 I auslöst. Die Feststellung des Ruhens der elterlichen Sorge kommt aber nur in Betracht, wenn die Aussicht besteht, dass sie nach Wegfall des tatsächlichen Hindernisses wieder ausgeübt werden kann (Hamm FamRZ 96, 1029, 1030; Palandt/*Diederichsen* § 1674 Rz 1; aA Staud/*Coester* § 1674 Rz 8: auch bleibende Verhinderungen).

Die **längere körperliche Abwesenheit** eines oder beider Elternteile, insb bei **Auslandsaufenthalt** (praktisch relevant bei sog „unbegleiteten Minderjährigen", die ohne Eltern nach Deutschland einreisen), führt nicht automatisch zu einem tatsächlichen Ausübungshindernis iSd § 1674 I. Vielmehr ist stets im Einzelfall zu prüfen, ob dem abwesenden Elternteil nicht ausreichende Möglichkeiten der Einflussnahme und Steuerung verblieben sind. Dies ist anzunehmen, wenn telefonisch, brieflich oder mit anderen modernen Kommunikationsmitteln Kontakt gehalten wird und auf Grund des Alters des Kindes oder der Einschaltung eines Bevollmächtigten vor Ort eine ausreichende Einwirkungsmöglichkeit besteht (vgl im umgekehrten Fall LG Duisburg DAVorm 89, 719). Der abwesende Elternteil muss entweder im Wege der Aufsicht oder durch jederzeitige Übernahme der Personen- und Vermögenssorge zur eigenverantwortlichen Ausübung in der Lage sein. Von entscheidender Bedeutung ist dabei welche andere Person mit der Ausübung seines Teils der elterlichen Sorge betraut ist (BGH FamRZ 05, 29). Insb wenn dem anderen Elternteil durch gemeinsame Absprache die Ausübung der elterlichen Sorge überlassen wird, ist für die Feststellung des Ruhens kein Raum (BGH FamRZ 05, 29; Staud/*Coester* § 1674 Rz 11). Dagegen fehlte es an einer ausreichenden Einwirkungsmöglichkeit etwa bei einem albanischen Minderjährigen, der bei seinem Onkel in Deutschland wohnt, während die Eltern in Albanien leben und wegen bestehender Ausreiseschwierigkeiten für längere Zeit keine Möglichkeit haben mit dem Kind direkten Kontakt aufzunehmen und in Ausübung ihrer elterlichen Sorge auf die Erziehung und Entwicklung des Kindes Einfluss zu nehmen (LG Frankenthal Rpfleger 1994, 251). Eine theoretische Kommunikationsmöglichkeit reicht nicht aus, ebenso wenig die tatsächliche Obhut eines Dritten, der nicht zur gesetzlichen Vertretung des Kindes befugt ist (Köln FamRZ 92, 1093: Minderjähriger in Obhut des älteren Bruders).

Wegen fehlender Einwirkungsmöglichkeit ist auch der Elternteil, der sich noch längere Zeit in **Strafhaft** befindet, nicht in der Lage seine elterliche Sorge verantwortlich auszuüben (BayObLG NJW 75, 1082; Dresd FamRZ 03, 1038; Brandbg FamRZ 09, 237; 1683; aA Frankf FamRZ 07, 753). Bei **Untersuchungshaft** gilt dies nur, wenn eine sich anschließende längere Strafhaft wahrscheinlich ist (BayObLG NJW 75, 1082). Dagegen ist ein **Krankenhausaufenthalt** wegen seiner vorübergehenden Natur und der bestehenden Einflussmöglichkeiten regelmäßig kein – zumindest aber kein längere Zeit – bestehendes Hindernis für die Ausübung der elterlichen Sorge.

Ein tatsächliches Ausübungshindernis, das zur Feststellung des Ruhens der elterlichen Sorge führt, kann auch dann vorliegen, wenn ein Elternteil **geistig oder psychisch behindert** ist, ohne dass bereits die Schwelle der Geschäftsunfähigkeit erreicht wird. Insoweit ist § 1674 I Auffangtatbestand zu § 1673. Ein Elternteil kann auch dann an der Ausübung der elterlichen Sorge tatsächlich verhindert sein, wenn er von dem anderen –

geistesgestörten – Elternteil, dessen elterliche Sorge ruht, psychisch derart abhängig und ihm in einem Maße hörig ist, dass er die elterliche Sorge tatsächlich nicht mehr in eigener Verantwortung ausüben kann (BayObLG FamRZ 81, 595).

6 Gem § 1751 I 1 ruht auch die elterliche Sorge des Elternteils, der in die Annahme zur Adoption wirksam eingewilligt hat oder dessen Einwilligung ersetzt wurde. Dies wirkt sich jedoch auch im Falle des sog **Inkognito-Adoptionsverfahrens** auf den anderen Elternteil nicht aus. Die faktischen Durchsetzungshindernisse können nicht zur Annahme der Voraussetzungen des § 1674 führen (BayObLG FamRZ 88, 867). Eine Beschränkung des Sorgerechts ist deshalb nur unter den Voraussetzungen des § 1666 möglich (Staud/*Coester* § 1674 Rz 15).

7 **III.** Es darf nicht übersehen werden, dass durch die Feststellung des Ruhens gem § 1674 I in erheblicher Weise in das Sorgerecht eingegriffen wird. Im sich teilweise deckenden **Anwendungsbereich des § 1666** – also bei konkreter Gefährdung des Kindeswohls – muss deshalb dieser Bestimmung der Vorrang zukommen. Nur so ist sichergestellt, dass die hohe Eingriffsschwelle und das nach dem Verhältnismäßigkeitsgrundsatz abgestufte Maßnahmesystem der §§ 1666 ff beachtet werden (ähnl Staud/*Coester* § 1674 Rz 11).

8 Ein **Vorrang** kommt **§ 1666** aber auch dann zu, wenn der Schutz des betroffenen Kindes es erfordert zu gewährleisten, dass bei Wegfall des tatsächlichen Hindernisses die elterliche Sorge nicht wieder auflebt, obwohl über die tatsächlichen Gegebenheiten hinaus die Voraussetzungen des § 1666 weiterhin gegeben sind (vgl Hamm 96, 1029).

9 **B. Abs 2: Wiederaufleben der elterlichen Sorge.** Ist das Ruhen der elterlichen Sorge gem § 1674 I einmal festgestellt, so lebt sie – im Gegensatz zum Ruhen gem § 1673 – erst wieder auf, wenn das Familiengericht wiederum festgestellt hat, dass der Grund des Ruhens nicht mehr besteht. Diese Feststellung hat **konstitutive Wirkung** und ist vAw zu treffen (BayObLGZ 67, 269, 271).

10 Der Beschl wird gem § 51 II FGG (§ 40 I FamFG) erst wirksam, wenn er dem Elternteil bekannt gegeben wird, dessen elterliche Sorge bislang geruht hat. Dem anderen Elternteil muss der Beschl ebenfalls **bekannt gegeben** werden. Bis dahin kann er die elterliche Sorge gem § 1698a I, II noch ausüben.

11 Wurde dem anderen Elternteil die elterliche Sorge gem § 1678 II übertragen, so kann der Beschl gem § 1674 II diese Wirkung nicht beseitigen. Vielmehr ist dafür eine Abänderungsentscheidung gem § 1696 I erforderlich. Dagegen erlischt eine Vormundschaft gem §§ 1882, 1773; eine Pflegschaft ist gem § 1919 aufzuheben (Staud/*Coester* § 1674 Rz 23).

§ 1675 Wirkung des Ruhens. Solange die elterliche Sorge ruht, ist ein Elternteil nicht berechtigt, sie auszuüben.

1 Der Elternteil, dessen Sorge gem §§ 1673 I, II, 1674, 1751 I 1 ruht, kann sie rechtlich nicht ausüben; dies betrifft sowohl die elterlichen Rechte als auch die Pflichten. Durch das Ruhen endet die elterliche Sorge aber nicht, vielmehr ist lediglich ihre **Ausübung gehemmt**. Mit Eintritt des Ruhens der Vermögenssorge ist der betroffene Elternteil gem § 1698 I zur Vermögensherausgabe und zur Rechnungslegung verpflichtet; hinsichtlich der Fortführung der Geschäfte bis zur Kenntnismöglichkeit gilt § 1698a II. Stirbt der sorgeberechtigte Elternteil, endet das Ruhen der Sorge nicht, vielmehr ist ein Vormund zu bestellen, falls nicht § 1680 I zur Anwendung kommt.

§ 1676 – weggefallen –

§ 1677 Beendigung der Sorge durch Todeserklärung. Die elterliche Sorge eines Elternteils endet, wenn er für tot erklärt oder seine Todeszeit nach den Vorschriften des Verschollenheitsgesetzes festgestellt wird, mit dem Zeitpunkt, der als Zeitpunkt des Todes gilt.

1 Die elterliche Sorge endet mit der Wirksamkeit des gerichtlichen Beschlusses im **Verschollenheitsverfahren** gem §§ 29, 40 VerschG mit dem der Tod oder die Todeszeit festgestellt wird. Im Interesse der Rechtsklarheit handelt es sich nicht um eine bloße Vermutung wie in § 44 II VerschG. Stellt sich später heraus, dass der für tot Erklärte lebt, gilt § 1681 II.

§ 1678 Folgen der tatsächlichen Verhinderung oder des Ruhens für den anderen Elternteil. (1) Ist ein Elternteil tatsächlich verhindert, die elterliche Sorge auszuüben, oder ruht seine elterliche Sorge, so übt der andere Teil die elterliche Sorge allein aus; dies gilt nicht, wenn die elterliche Sorge dem Elternteil nach § 1626a Abs. 2, § 1671 oder 1672 Abs. 1 allein zustand.
(2) Ruht die elterliche Sorge des Elternteils, dem sie nach § 1626a Abs. 2 allein zustand, und besteht keine **Aussicht, daß der Grund des Ruhens wegfallen** werde, so hat das Familiengericht die elterliche Sorge dem anderen Elternteil zu übertragen, wenn dies dem Wohl des Kindes dient.

A. Abs 1: Rechtsfolge bei ursprünglich gemeinsamer Sorge. I Hs 1 setzt voraus, dass zunächst beiden 1
Elternteilen die **Sorge gemeinsam** zustand. In diesem Fall wächst einem Elternteil die Alleinsorge automatisch ohne Sachprüfung kraft Gesetzes zu, wenn der andere entweder rechtlich gem § 1673 oder tatsächlich an der Ausübung verhindert ist. Bei tatsächlicher Verhinderung spielt es keine Rolle, ob das Ruhen gem § 1674 festgestellt wurde oder nicht; die Rechtsfolge gilt deshalb auch bei nur vorübergehendem tatsächlichem Ausübungshindernis.

Die Voraussetzung der ursprünglich gemeinsamen Sorge folgt aus I Hs 2, der die Rechtsfolge des I Hs 1 für 2
die Fälle der Alleinsorge gem §§ 1626a II, 1671 und 1672 I ausschließt. Aber auch demjenigen Elternteil, dem das Sorgerecht gem § 1666 entzogen worden ist, kann die Alleinsorge nicht zuwachsen. § 1678 findet in entspr eingeschränkter Form auch Anwendung, wenn sich die Verhinderung oder die gemeinsame Sorge nur auf Teilbereiche der elterlichen Sorge erstreckt.

B. Abs 2: Rechtsfolge bei ursprünglicher Alleinsorge. Stand die elterliche Sorge dem nunmehr verhinderten Elternteil bislang allein zu, so richtet sich die weitere Verfahrensweise nach dem Rechtgrund für die 3
Alleinsorge:

I. Alleinsorge der Mutter gem § 1626a II. Dem Vater, der bisher nicht sorgeberechtigt war, weil er weder mit 4
der Mutter verheiratet noch im Besitz einer gemeinsamen Sorgeerklärung ist (§ 1626a I), kann bei dauernder Verhinderung der Mutter die elterliche Sorge nur übertragen werden, wenn dies dem Wohl des Kindes dient. Der Gesetzgeber hat diesen **Maßstab für die Kindeswohlprüfung** gewählt, weil gerade in Fällen, in denen die Eltern keine Sorgeerklärungen abgegeben haben, diese vielfach nicht in einer intakten nichtehelichen Gemeinschaft leben werden, sondern der Vater häufig wenig oder gar keinen Kontakt zu dem Kind gehabt haben wird (BTDrs 13/4899 102). Für die Kindeswohlprüfung sind die zu § 1671 II Nr 2 entwickelten Kriterien heranzuziehen (s. § 1671 Rn 29 ff). Dabei erfordert eine verfassungskonforme Auslegung, dass grds davon auszugehen ist, dass die Übertragung der Sorge auf den Vater dem Wohl des Kindes dient, wenn nicht Umstände festgestellt werden können, die dagegen sprechen (Staud/*Coester* § 1678 Rz 29; ähnl Palandt/*Diederichsen* § 1678 Rz 10). Die Entscheidung des BVerfG (FamRZ 06, 385, 386) zu § 1680 II 2 wird entspr zu beachten sein (s. § 1680 Rn 4). Bei einer Sorgerechtsübertragung auf den Vater kann auch eine Verbleibensanordnung gem § 1632 IV oder § 1682 in Betracht kommen.

In Abweichung zu I **setzt II voraus**, dass das Sorgerecht der Mutter **ruht** und **keine Aussicht** besteht, dass 5
der **Grund des Ruhens wegfallen wird**. Die elterliche Sorge ruht aus Rechtsgründen gem § 1673; aus tatsächlichen Gründen nur, wenn dies gem § 1674 festgestellt ist. Eine rein tatsächliche Verhinderung genügt daher als Voraussetzung der Anwendbarkeit des § 1678 II nicht. Das zusätzliche Erfordernis des voraussichtlich endg Ruhens der elterlichen Sorge folgt aus dem Bedürfnis die Erziehungskontinuität zu wahren und dem Kind einen häufigen Sorgerechtswechsel zu ersparen (Staud/*Coester* § 1678 Rz 27).

Ist die gem § 1626a II alleinsorgeberechtigte Mutter verhindert die elterliche Sorge auszuüben, ohne dass die 6
Voraussetzungen des II gegeben sind – sei es dass die Verhinderung nur vorübergehend ist oder eine Übertragung auf den Vater dem Wohl des Kindes nicht dient – so ist durch das gem § 1693 zum Eingreifen verpflichtete Familiengericht dem Kind gem § 1773 I ein **Vormund** oder bei nur partieller Verhinderung der Mutter gem § 1909 I ein **Pfleger** zu bestellen.

II. Alleinsorge gem §§ 1671, 1672. Beruhte die Alleinsorge des nunmehr verhinderten Elternteils auf einer 7
gerichtlichen Übertragungsentscheidung gem § 1671 oder § 1672, so kann dem anderen Elternteil die Sorge unter den Voraussetzungen des § 1696 übertragen werden. Da es sich dabei um eine **Änderungsentscheidung** handelt, die sich nach § 1696 richtet, hat es der Gesetzgeber nicht für notwendig erachtet in § 1678 II eine besondere Regelung zu treffen (vgl BTDrs 13/4899 102). Demnach sind für eine Sorgerechtsabänderung triftige, das Wohl des Kindes nachhaltig berührende Gründe erforderlich. Andererseits reichen diese aber auch aus; die Voraussetzungen des II müssen nicht vorliegen. Eine Abänderung nach § 1996 wird aber nur bei einer Verhinderung in gewissem Umfang, insb in zeitlicher Hinsicht, in Betracht kommen.

Der Wertungswiderspruch zu dem Fall, dass die elterliche Sorge bei Tod des Elternteils auf den anderen gem 8
§ 1680 II 1 bereits dann zu übertragen ist, wenn dies dem Wohl des Kindes nicht widerspricht, ist auf berechtigte Kritik gestoßen (eingehend Staud/*Coester* § 1678 Rz 15 ff; vgl auch § 1680 Rn 4).

III. Alleinsorge wegen Sorgerechtsentzugs des anderen Elternteils gem § 1666. Hatte der nunmehr verhin- 9
derten Elternteil die Sorge nur deshalb alleine inne, weil dem anderen Elternteil das Sorgerecht gem § 1666 entzogen worden war, ist dem Kind ein Vormund (§ 1773 I), bei Teilentzug der Sorge ein Pfleger, zu bestellen. Nur wenn der Sorgerechtsentzug gem § 1696 II aufgehoben wird, kann der andere Elternteil die Sorge erwerben.

§ 1679 – *weggefallen* –

§ 1680 Tod eines Elternteils oder Entziehung des Sorgerechts. (1) **Stand die elterliche Sorge den Eltern gemeinsam zu und ist ein Elternteil gestorben, so steht die elterliche Sorge dem überlebenden Elternteil zu.**

(2) ¹Ist ein Elternteil, dem die elterliche Sorge gemäß § 1671 oder 1672 Abs. 1 allein zustand, gestorben, so hat das Familiengericht die elterliche Sorge dem überlebenden Elternteil zu übertragen, wenn dies dem Wohl des Kindes nicht widerspricht. ²Stand die elterliche Sorge der Mutter gemäß § 1626a Abs 2 allein zu, so hat das Familiengericht die elterliche Sorge dem Vater zu übertragen, wenn dies dem Wohl des Kindes dient.
(3) Absatz 1 und Absatz 2 Satz 2 gelten entsprechend, soweit einem Elternteil, dem die elterliche Sorge gemeinsam mit dem anderen Elternteil oder gemäß § 1626a Abs. 2 allein zustand, die elterliche Sorge entzogen wird.

1 **A. Abs 1: Rechtsfolge bei Tod eines gemeinsam sorgeberechtigten Elternteils.** Stand beiden Eltern die Sorge gemeinsam zu und stirbt ein Elternteil, so erwirbt der andere automatisch ohne Sachprüfung kraft Gesetzes die Alleinsorge. Diese Regelung entspricht § 1678 I Hs 1.

2 **B. Abs 2: Rechtsfolge bei Tod des alleinsorgeberechtigten Elternteils.** War der verstorbene Elternteil bislang alleiniger Inhaber der elterlichen Sorge, so richtet sich die weitere Verfahrensweise nach dem Rechtsgrund für die Alleinsorge:

3 **I. S 1:** Beruhte die Alleinsorge des verstorbenen Elternteils auf einer gerichtlichen **Übertragungsentscheidung** gem § 1671 oder § 1672, so ist dem anderen Elternteil die Sorge zu übertragen, wenn dies dem Wohl des Kindes nicht widerspricht. Andernfalls ist ein Vormund zu bestellen (vgl BayObLG FamRZ 00, 972). Für die Kindeswohlprüfung sind die zu § 1671 II Nr 2 entwickelten Kriterien heranzuziehen (s. § 1671 Rn 29 ff).

4 **II. S 2:** Stand der verstorbenen Mutter die Alleinsorge gem § 1626a II zu, weil sie mit dem Vater weder verheiratet war noch eine gemeinsame Sorgeerklärung abgegeben hatte, so ist dem Vater die elterliche Sorge zu übertragen, wenn dies dem Wohl des Kindes dient. Hat er aber die Sorge über einen längeren Zeitraum tatsächlich ausgeübt, genügt es in verfassungskonformer Auslegung der Vorschrift, dass die Übertragung dem Kindeswohl nicht widerspricht (BVerfG FamRZ 06, 385, 386; 08, 2185, 2186; bereits zuvor: Staud/*Coester* § 1680 Rz 14 ff).

5 **C. Abs 3: Entspr Anwendung bei Sorgerechtsentzug.** Durch III wird in den Fällen des I (gemeinsame Sorge) und des II 2 (Alleinsorge gem § 1626a II) der Entzug der elterlichen Sorge ggü einem Elternteil, dem Tod dieses Elternteils gleichgestellt. Es besteht lediglich die Besonderheit, dass der Sorgerechtsentzug auch teilweise erfolgen kann, so dass die Regelungen dann nur für den entzogenen Teilbereich gelten.

6 Eine entspr Anwendung des II 1 wird nicht angeordnet. Der Gesetzgeber hielt im Falle der Alleinsorge auf Grund gerichtlicher Übertragungsentscheidung die Anwendung des § 1696 für geboten, wenn dem bisherigen Sorgerechtsinhaber das Sorgerecht entzogen wird (BTDrs 13/4899 103). Hinsichtlich der materiellen Voraussetzungen muss die verfassungskonforme Auslegung des II 2 entspr gelten (s.o. Rn 4).

§ 1681 Todeserklärung eines Elternteils. (1) § 1680 Abs. 1 und 2 gilt entsprechend, wenn die elterliche Sorge eines Elternteils endet, weil er für tot erklärt oder seine Todeszeit nach den Vorschriften des Verschollenheitsgesetzes festgestellt worden ist.
(2) Lebt dieser Elternteil noch, so hat ihm das Familiengericht auf Antrag die elterliche Sorge in dem Umfang zu übertragen, in dem sie ihm vor dem nach § 1677 maßgebenden Zeitpunkt zustand, wenn dies dem Wohl des Kindes nicht widerspricht.

1 **A. Abs 1:** Gem § 1677 endet die elterliche Sorge auch dann, wenn ein Elternteil für tot erklärt oder seine Todeszeit nach den Vorschriften des VerschG festgestellt wird. Im Anschluss daran bestimmt § 1681 I, dass der andere Elternteil die Sorge unter den gleichen Voraussetzungen (§ 1680) erwirbt, die beim (feststehenden) Tod des Elternteils erforderlich wären.

2 **B. Abs 2:** Stellt sich später heraus, dass der für tot erklärte Elternteil noch lebt, ist ihm auf Antrag die elterliche Sorge im ursprünglichen Umfang zurück zu übertragen, wenn dies dem Wohl des Kindes nicht widerspricht. Diese Einschränkung der Kindeswohlprüfung sah der Reformgesetzgeber als notwendig an, weil häufig eine erhebliche Entfremdung zwischen dem Kind und dem vermeintlich toten Elternteil eingetreten und das Kind sich an neuen Bezugspersonen orientiert haben wird (BTDrs 13/4899 104).

§ 1682 Verbleibensanordnung zugunsten von Bezugspersonen. ¹Hat das Kind seit längerer Zeit in einem Haushalt mit einem Elternteil und dessen Ehegatten gelebt und will der andere Elternteil, der nach den §§ 1678, 1680, 1681 den Aufenthalt des Kindes nunmehr alleine bestimmen kann, das Kind von dem Ehegatten wegnehmen so kann das Familiengericht von Amts wegen oder auf Antrag des Ehegatten anordnen, daß das Kind bei dem Ehegatten verbleibt, wenn und solange das Kindeswohl durch die Wegnahme gefährdet würde. ²Satz 1 gilt entsprechend, wenn das Kind seit längerer Zeit in einem Haushalt mit einem Elternteil und dessen Lebenspartner oder einer nach § 1685 Abs 1 umgangsberechtigten volljährigen Person gelebt hat.

A. Allgemeines. Die Vorschrift wurde durch das KindRG neu geschaffen. Sie dient dem Schutz des Kindes, das bislang mit dem Elternteil, der Inhaber der Sorge war, sowie einer dritten, ihm nahestehenden Person in einem **familiären Verband** gelebt und in diesem Verhältnis seine Bezugswelt gefunden hat. Ist das Kind dem nunmehr alleinigen Inhaber der Sorge entfremdet und würde durch die Herausnahme zur Unzeit sein persönliches, insb sein seelisches Wohl, gefährdet, so kann dem durch eine Verbleibensanordnung begegnet werden. Dabei ist in erster Linie an **klassische Stiefelternsituationen** gedacht (BTDrs 13/4899 104).

B. Voraussetzungen der Verbleibensanordnung. I. Grundvoraussetzung für den Erlass einer Verbleibensanordnung ist, dass der Elternteil, gegen den sich die Anordnung richtet, das alleinige Aufenthaltsbestimmungsrecht **auf Grund der §§ 1678, 1680 oder 1681** erworben hat.

II. Die Schutzfunktion des § 1682 betrifft nur das Zusammenleben mit einem bestimmten Personenkreis. Nach 1 ist das der sog **Stiefelternteil**; nach 2 der eingetragene Lebenspartner iSd LPartG oder iVm § 1685 I die **Großeltern** und **volljährigen Geschwister** oder der **Lebensgefährte einer nichtehelichen Lebensgemeinschaft**. Ob diese Personen tatsächlich ein Umgangsrecht hätten, spielt keine Rolle (BTDrs 13/4899 104).

III. Das Kind muss mit einer der bezeichneten Personen und dem verhinderten oder sonst weggefallenen Elternteil **in einem Haushalt** gelebt haben. Der Begriff entspricht dem der häuslichen Gemeinschaft des § 1685 II und meint eine Lebensgemeinschaft mit festen und regelmäßigen Kontakten (Palandt/*Diederichsen* § 1682 Rz 5).

IV. Das Zusammenleben muss **längere Zeit** angedauert haben. Dabei kann keine bestimmte Zeitdauer als Maßstab genannt werden. Vielmehr ist das subjektive Zeitempfinden des Kindes im Einzelfall maßgeblich (s. § 1632 Rn 7; Staud/*Coester* § 1682 Rz 13 ff).

V. Eine Verbleibensanordnung kann nur ergehen, wenn der Elternteil, der das Aufenthaltsbestimmungsrecht nunmehr alleine ausübt, den Willen hat, das Kind von der bezeichneten Bezugsperson wegzunehmen. Dies folgt bereits aus dem Wortlaut der Vorschrift selbst; iÜ ist es ein Gebot der Verhältnismäßigkeit. Dabei ist nicht erforderlich, dass der Elternteil bereits die Herausgabe verlangt hat. Vielmehr besteht bereits dann ein **Rechtsschutzbedürfnis**, wenn ein Herausgabekonflikt zu erwarten ist, etwa weil der Elternteil das Herausgabeverlangen oder die Wegnahme des Kindes ernsthaft angekündigt hat (Staud/*Coester* § 1682 Rz 20).

VI. Schließlich müsste das **Wohl des Kindes** durch die Wegnahme **gefährdet** sein. Der Begriff der Kindeswohlgefährdung entspricht dem des § 1666. Regelmäßig ist bei einem Herausgabeverlangen zur Unzeit, das sich über die Bedürfnisse des Kindes hinwegsetzt, diese Voraussetzung erfüllt (vgl BTDrs 13/4899 104). Die Verbleibensanordnung setzt voraus, dass die Gefährdung des Kindeswohls **nur vorübergehend** ist und durch vermehrte Kontakte zu dem sorgeberechtigten Elternteil beendet werden kann und soll. Lediglich ein abrupter Wechsel der Betreuungssituation soll vermieden werden. Ist dieses Ziel in absehbarer Zeit nicht erreichbar, kommt nur der ganz oder teilweise Entzug der elterlichen Sorge unter den erhöhten Voraussetzungen der §§ 1666, 1666a in Betracht (Palandt/*Diederichsen* § 1682 Rz 13).

C. Rechtsfolge der Verbleibensanordnung. Die Verbleibensanordnung entzieht die elterliche Sorge nicht, schränkt sie jedoch ein, insb im Hinblick auf das Aufenthaltsbestimmungsrecht. Den Bezugspersonen stehen die in § 1688 genannten Entscheidungsrechte zu.

§ 1683 – weggefallen –

§ 1684 Umgangsrecht des Kindes mit den Eltern.
(1) Das Kind hat das Recht auf Umgang mit jedem Elternteil; jeder Elternteil ist zum Umgang mit dem Kind verpflichtet und berechtigt.
(2) ¹Die Eltern haben alles zu unterlassen, was das Verhältnis des Kindes zum jeweils anderen Elternteil beeinträchtigt oder die Erziehung erschwert. ²Entsprechendes gilt, wenn sich das Kind in der Obhut einer anderen Person befindet.
(3) ¹Das Familiengericht kann über den Umfang des Umgangsrechts entscheiden und seine Ausübung, auch gegenüber Dritten, näher regeln. ²Es kann die Beteiligten durch Anordnungen zur Erfüllung der in Absatz 2 geregelten Pflicht anhalten. ³Wird die Pflicht nach Absatz 2 dauerhaft oder wiederholt erheblich verletzt, kann das Familiengericht auch eine Pflegschaft für die Durchführung des Umgangs anordnen (Umgangspflegschaft). ⁴Die Umgangspflegschaft umfasst das Recht, die Herausgabe des Kindes zur Durchführung des Umgangs zu verlangen und für die Dauer des Umgangs dessen Aufenthalt zu bestimmen. ⁵Die Anordnung ist zu befristen. ⁶Für den Ersatz von Aufwendungen und die Vergütung des Umgangspflegers gilt § 277 des Gesetzes über das Verfahren in Familiensachen und in den Angelegenheiten der freiwilligen Gerichtsbarkeit entsprechend.
(4) ¹Das Familiengericht kann das Umgangsrecht oder den Vollzug früherer Entscheidungen über das Umgangsrecht einschränken oder ausschließen, soweit dies zum Wohl des Kindes erforderlich ist. ²Eine Entscheidung, die das Umgangsrecht oder seinen Vollzug für längere Zeit oder auf Dauer einschränkt oder ausschließt, kann nur ergehen, wenn andernfalls das Wohl des Kindes gefährdet wäre. ³Das Famili-

engericht kann insbesondere anordnen, daß der Umgang nur stattfinden darf, wenn ein mitwirkungsbereiter Dritter anwesend ist. ⁴Dritter kann auch ein Träger der Jugendhilfe oder ein Verein sein; dieser bestimmt dann jeweils, welche Einzelperson die Aufgabe wahrnimmt.

A. Abs 1: Umgangsrecht und Umgangspflicht. I. Umgangsrecht des Kindes und Umgangspflicht der
1 **Eltern.** Bei der Ausübung und Ausgestaltung des Umgangsrechts ist **zentraler Maßstab und oberste Richtschnur** das **Wohl des Kindes**, dem im Konfliktfall der Vorrang vor den Elterninteressen zukommt (BVerfG FamRZ 99, 85, 86). Zum Wohl des Kindes gehört idR der **Umgang mit beiden Elternteilen**, § 1626 III 1. Denn für die Entwicklung des Kindes ist es von besonderer Wichtigkeit, dass es durch ungestörten persönlichen Umgang mit dem Elternteil, bei dem es nicht in Obhut ist, Gelegenheit erhält, sich ein eigenständiges, auf persönlichen Erfahrungen beruhendes Bild von diesem und dessen Ansichten zu machen (Köln FamRZ 98, 1463). Ebenso ist anerkannt, dass es für eine gedeihliche seelische Entwicklung eines Kindes und die psychische Verarbeitung einer Familienauflösung in aller Regel bedeutsam ist, nicht nur einen sorgenden (und sorgeberechtigten) Elternteil als Bindungspartner zu haben, sondern auch den anderen Elternteil nicht faktisch zu verlieren, vielmehr die Beziehung zu ihm so gut wie möglich aufrechtzuerhalten (Celle FamRZ 98, 1458, 1459; 90, 1026, 1027; Hamm FamRZ 00, 45; Bambg FamRZ 00, 46, 47). Dies gilt selbst dann, wenn das Kind wegen seines geringen Alters die Trennung gar nicht bewusst miterlebt und vielleicht in dem neuen Partner des Elternteils, bei dem es lebt, einen Ersatz gefunden hat oder finden könnte, weil die Erfahrung in den Adoptionsfällen lehrt, dass spätestens im jugendlichen Alter die Frage nach der Herkunft und nach der Person des leiblichen Elternteils große Bedeutung für die Identifikation und Selbstfindung des Kindes erlangt. Unabhängig davon, wie sich das Verhältnis zwischen dem Kind und dem Elternteil, bei dem es sich nicht (mehr) aufhält, entwickeln wird, sind beide für immer schicksalhaft miteinander verbunden, so dass dem Kind Gelegenheit gegeben werden muss auch diesen Elternteil kennen zu lernen, um zu begreifen, wo seine Wurzeln sind (KG FamRZ 03, 948, 949).

2 Daneben sind **Entwicklungen** denkbar, die es notwendig machen, dass der bisher nicht sorgeberechtigte Elternteil zur Übernahme der elterlichen Sorge oder Obhut verpflichtet ist, sei es dass der andere Elternteil stirbt (§ 1680 I und II) oder dass er aus anderen Gründen an einer weiteren Ausübung der elterlichen Sorge gehindert ist (§§ 1678 II, 1696 I; vgl auch Frankf FamRZ 88, 754, 755). In einem solchen Fall wird ein in der Vergangenheit wahrgenommenes Umgangsrecht die Umstellung des Kindes auf die veränderten Verhältnisse idR erleichtern (BVerfGE 64, 180, 189 = FamRZ 83, 872, 874; BGH FamRZ 84, 778, 779).

3 Das Kind hat einen **klagbaren** und ausnahmsweise auch **vollstreckbaren Anspruch** auf Umgang (vgl Köln FamRZ 01, 1023; 02, 979; München FamRZ 05, 2010), wenn dem auch in erster Linie nur Appellcharakter zukommt (Staud/*Rauscher* § 1684 Rz 59, 60; vgl aber Brandbg FamRZ 05, 293, aufgehoben durch BVerfG FamRZ 08, 845). Doch dient ein mit Zwangsmitteln gegen einen umgangsunwilligen Elternteil durchgesetzter Umgang idR nicht dem Kindeswohl (BVerfG FamRZ 08, 845, 850 ff). Die Umgangspflicht ist ein höchstpersönliches Recht des Kindes, das gegen einen umgangsunwilligen Elternteils nur durch das Kind – vertreten durch den anderen Elterteil oder im Falle eines Interessenkonflikts durch einen Ergänzungspfleger – geltend gemacht werden kann (BGH FamRZ 08, 1334 mit Anm *Luthin* und weiterer Anm *Bienwald*, FamRZ 08, 2020 mit dem Hinweis, dass Ergänzungspfleger und nicht Verfahrenspfleger (jetzt Verfahrensbeistand) zu bestellen wäre).

4 **II. Umgangsrecht der Eltern. 1.** Das Umgangsrecht des nichtsorgeberechtigten Elternteils steht ebenso wie die elterliche Sorge des anderen Elternteils unter dem Schutz des Art 6 II 1 GG. Beide Rechtspositionen erwachsen aus dem natürlichen Elternrecht und der damit verbundenen Elternverantwortung und müssen von den Eltern im Verhältnis zueinander respektiert werden. Der sorgeberechtigte Elternteil muss demgemäß grds den persönlichen Umgang des Kindes mit dem anderen Elternteil ermöglichen. Dadurch soll dem nichtsorgeberechtigten Elternteil Gelegenheit gegeben werden, sich von dem körperlichen und geistigen Befinden des Kindes und seiner Entwicklung durch Augenschein und gegenseitige Absprache fortlaufend zu überzeugen, die verwandtschaftlichen Beziehungen zu ihm aufrechtzuerhalten und einer Entfremdung vorzubeugen sowie dem Liebesbedürfnis beider Teile Rechnung zu tragen (stRspr BVerfG FamRZ 71, 412, 424; 95, 86, 87; 05, 1057; 06, 605; 07, 105; 07, 531, 533; 09, 399; BGH FamRZ 65, 130; 84, 778, 779; 87, 356, 358). Der Staat muss das Umgangsrecht fördern und ihm auch zur Durchsetzung verhelfen, soweit dies mit den Rechten anderer, insb dem Kindeswohl noch in Einklang zu bringen ist (EGMR FamRZ 08, 1059).

5 Der Umgang dient dem Wohl des Kindes, weil der Kontakt zu beiden Eltern seine Sozialisation fördert und es für seine Identifikation und Selbstfindung nicht nur *einen* Elternteil als ständigen Bindungspartner braucht, sondern auch den anderen faktisch nicht verlieren darf (vgl Staud/*Rauscher* § 1684 Rz 32; Johannsen/Henrich/*Jaeger* § 1684 Rz 3).

6 Der umgangsberechtigte Elternteil, der nicht Inhaber oder Mitinhaber der elterlichen Sorge ist, hat nach wohl noch hM **kein Erziehungsrecht** (Soergel/*Straetz* § 1634 aF Rz 11; Johannsen/Henrich/*Jaeger* § 1684 Rz 4; Palandt/*Diederichsen* § 1684 Rz 3), jedoch wird man ihm ein Mitprägungsrecht zugestehen müssen, wenn der Umgang das Kindeswohl fördern soll (für Miterziehungsrecht: Staud/*Rauscher* § 1684 Rz 41; FA-FamR/*Büte* Kap 4 Rz 432).

Dieses **Mitprägungsrecht** des anderen Elternteils findet im Kindeswohl aber nicht nur sein Ziel, sondern auch seine Grenze. Deshalb muss der umgangsberechtigte Elternteil alles vermeiden, was das Kind in einen **Loyalitätskonflikt** zwischen ihm und dem Sorgerechtsinhaber bringen könnte (vgl Staud/*Rauscher* § 1684 Rz 41). Dies folgt auch aus der Wohlverhaltensklausel des II. Das Sorgerecht wird nur – aber eben auch – insoweit eingeschränkt, als das zur Erreichung des Zwecks des Umgangsrechts erforderlich ist (BGH FamRZ 69, 148; München FamRZ 98, 974).

Im Zweifel gebührt dem Sorgerecht der Vorrang. Dies ist aber nicht schon dann der Fall, wenn der umgangsberechtigte Elternteil sich nicht so verhält, wie es ein „Idealelternteil" im objektiven Sinn oder in der Vorstellung des Sorgerechtsinhabers tun würde. Auch im Falle des Zusammenlebens der Eltern ist dies häufig nicht so. Dennoch kann das Kind davon profitieren, dass es unterschiedliche Lebensweisen und Überzeugungen kennen lernt. Es ist eben das Kind seiner Eltern, die in ihrer Unterschiedlichkeit wiederum ein Spiegelbild der Gesellschaft sind. Grds ist es aber für die **Sozialisation** des Kindes förderlich, wenn es altersangemessene Erfahrungen machen kann. Im Einzelfall kann es schwierig sein abzuwägen, ob der Sorgerechtsinhaber die vom umgangsberechtigten Elternteil vertretene Auffassung noch tolerieren muss oder ob diese bereits einen unzulässigen Eingriff in das Sorgerecht darstellt (vgl München FamRZ 98, 974).

Das so verstandene Miterziehungsrecht des nichtsorgeberechtigten Elternteils gibt ihm aber nicht das Recht die Personensorge **ggü Dritten** auszuüben. Deshalb ist der umgangsberechtigte Elternteil nicht befugt, an den Kindergarten, die Schule oder Ärzte heranzutreten, um Informationen über sein Kind zu erhalten. Hierzu muss er vielmehr gem § 1686 Auskunft vom anderen Elternteil verlangen.

2. Das Umgangsrecht steht jedem Elternteil zu, auch dem **nichtehelichen Vater**. Der sog **biologische Vater**, der zwar leiblicher, aber nicht rechtlicher Vater ist, hat ein Umgangsrecht nach Maßgabe des § 1685 (s. dort Rn 1). Das Umgangsrecht besteht unabhängig vom Sorgerecht, weshalb auch der Elternteil, dem die gemeinsame Sorge oder die Alleinsorge zusteht, umgangsberechtigt ist, wenn das Kind sich nicht in seiner Obhut befindet.

Die Befugnis des Vaters zum persönlichen Umgang mit seinem Kind ist nicht schon deshalb ausgeschlossen, weil er die **Vaterschaft angefochten** hat, solange dem Antrag noch nicht rechtskräftig stattgegeben wurde. Denn die Stellung des Anfechtungsantrags dient allein der Klärung der Abstammung. Daraus kann kein zwingender Rückschluss auf das persönliche Verhältnis zwischen dem Vater und dem Kind gezogen werden (BGH FamRZ 88, 711).

Ebenfalls rechtfertigt die Tatsache, dass ein Kind durch **Fremdbefruchtung** (heterologe Insemination in utero) gezeugt worden ist, nicht den Ausschluss der Umgangsbefugnis des später geschiedenen Ehemannes und Gilt-Vaters, dessen Vaterschaftsanfechtungsantrag rechtskräftig abgewiesen wurde; ihm steht vielmehr grds die Umgangsbefugnis mit „seinem" Kinde zu (Frankf 88, 754).

Das Umgangsrecht steht grds auch demjenigen Elternteil zu, dem die elterliche **Sorge gem § 1666 entzogen** wurde oder der aus anderen Gründen nicht erziehungsgeeignet ist. Es kann jedoch beschränkt oder ausgeschlossen werden, wenn dies die Gründe, die den Elternteil als erziehungsungeeignet erscheinen lassen, notwendig machen.

3. Das Umgangsrecht **beinhaltet** nicht nur den persönlichen Umgang mit dem Kind, sondern auch den brieflichen und telefonischen Kontakt zu ihm. Es besteht uneingeschränkt auch ggü einem **Säugling** (Celle FamRZ 90, 1026, 1027), erst recht ggü einem **Kleinkind** (Stuttg NJW 81, 404), denn nur so kann der Gefahr einer dauerhaften Entfremdung vorgebeugt werden.

4. Das Umgangsrecht ist ein **absolutes Recht** iSd § 823 I (AG Essen FamRZ 08, 717; Staud/*Rauscher* § 1684 Rz 25; Johannsen/Henrich/*Jaeger* § 1684 Rz 7; Palandt/*Diederichsen* § 1684 Rz 4). Es wirkt ggü jedermann, auch ggü dem anderen sorgeberechtigten Elternteil. Umgekehrt gilt dies aber als absolute Recht der elterliche Sorge ggü dem umgangsberechtigten Elternteil (vgl BGH FamRZ 90, 966, 968). Dieser macht sich gem § 235 StGB strafbar, wenn er dem umgangsberechtigten Elternteils das Kind entzieht (BGHSt 44, 355 = FamRZ 99, 651). Die Umgangsvereitelung kann Schadenersatzpflichten auslösen (AG Essen FamRZ 08, 717; AG Bremen FamRZ 08, 1369).

Ebenso wie die elterliche Sorge ist das Umgangsrecht ein **höchstpersönliches Recht**, das **nicht übertragen** werden kann. Die Umgangspflicht eines Elternteils ist ein höchstpersönliches Recht, das nur dem Kind, nicht auch dem anderen Elternteil zusteht (BGH FamRZ 08, 1334, 1335 m Anm *Luthin*; s.o. Rn 3).

Als Bestandteil des natürlichen Elternrechts ist das Umgangsrecht als solches **unverzichtbar**. Eine Verzichtserklärung ist daher unzulässig und rechtlich nicht verbindlich (BGH FamRZ 84, 778, 779). Dies folgt auch daraus, dass dem Umgangsrecht der Eltern die Umgangspflicht und das eigene Umgangsrecht des Kindes gegenüberstehen. Jedoch kann sich der umgangsberechtigte Elternteil für eine gewisse Zeit verpflichten, das Umgangsrecht nicht auszuüben, wenn dies dem Kindeswohl dient (BGH FamRZ 84, 778, 779). Dies muss erst recht gelten, wenn die Voraussetzungen für einen Ausschluss des Umgangsrechts gem § 1684 IV 1 vorliegen. Dagegen ist der Verzicht auf das Umgangsrecht gegen Freistellung von der Unterhaltspflicht regelmäßig sittenwidrig und damit nichtig gem § 138 I, weil dadurch das Kind zum Gegenstand eines Handels gemacht und das Umgangsrecht „kommerzialisiert" wird. Davon ist idR auszugehen, wenn die beiderseitigen Verpflichtungen als gegenseitige, in ihrer Wirksamkeit voneinander abhängige Vereinbarungen getroffen worden sind (BGH FamRZ 84, 778, 779).

18 Aus denselben Erwägungen, die die Unverzichtbarkeit des Umgangsrechts begründen, folgt auch, dass es **nicht verwirkt werden kann** (vgl KG FamRZ 85, 639, 640). Deshalb kann das Umgangsrecht auch nicht gänzlich mit der Begründung versagt werden, der Elternteil habe sich längere Zeit nicht um sein Kind gekümmert und keinen Umgang mit ihm gepflegt (Hamm FamRZ 96, 424).

19 **B. Abs 2, Abs 3 S 2 bis 6: Wohlverhaltenspflicht, Anordnungen und Sanktionen. I. S 1: Wechselseitige Loyalitätspflicht der Eltern. 1.** Die mit dem natürlichen Elternrecht verbundene **Elternverantwortung** begründet die Pflicht der Eltern das Wohl des Kindes bestmöglichst zu fördern und nicht zu beeinträchtigen. Dem Kindeswohl entspricht es aber am besten, wenn die Eltern auch noch nach der Trennung auf der Elternebene einvernehmlich zusammenarbeiten und die Konflikte, die zur Trennung geführt haben, weder vor dem Kind noch auf dem Rücken des Kindes austragen. Dazu gehört insb auch, dass die Eltern wechselseitig das Recht des anderen zum Umgang mit dem Kind akzeptieren, unterstützen und fördern. Diese Selbstverständlichkeit wird durch II ausdrücklich hervorgehoben.

20 Über seinen Wortlaut hinaus verlangt das Wohlverhaltensgebot des II von jedem Elternteil auch eine aktive Förderung des Verhältnisses des jeweils anderen Elternteils zum Kind (Jena FamRZ 00, 47; Saarbr FamRZ 07, 927; Naumbg FamRZ 09, 792, 793; Staud/*Rauscher* § 1684 Rz 93; Johannsen/Henrich/*Jaeger* § 1684 Rz 14; Palandt/*Diederichsen* § 1684 Rz 7). Sinnvollerweise lässt sich das Gebot zu loyalem Verhalten nicht auf Unterlassungspflichten reduzieren. Denn es macht keinen Unterschied, ob ein Elternteil durch aktive Handlungen das Verhältnis des Kindes zum anderen Elternteil stört oder ob er das dadurch tut, dass er gebotene Handlungen unterlässt. Es ist grds Aufgabe des sorgeberechtigten Elternteils, das Kind behutsam und positiv auf den Kontakt mit dem anderen Elternteil vorzubereiten (Bambg FamRZ 95, 428; Frankf FamRZ 88, 754, 755). Sollte er hierzu nicht in der Lage sein, kann dies Anlass zur Überprüfung seiner Erziehungsfähigkeit gem § 1696 I geben (Frankf FamRZ 88, 754, 755). Zur Erziehungsaufgabe gehört auch, auf das Kind mit dem Ziel einzuwirken, psychische Widerstände gegen den Umgang mit dem anderen Elternteil abzubauen und eine positive Einstellung zu gewinnen (Jena FamRZ 00, 47). Wohlverhalten des sorgeberechtigten Elternteils bedeutet auch, dass er die **Übergabe** des Kindes so gestaltet, dass es nicht in einen Loyalitätskonflikt gestürzt wird. Dazu gehört insb, dass der Elternteil durch aktive Handlungen und ermunternde Worte dem Kind zu verstehen gibt, dass es den Besuchskontakt mit dem anderen Elternteil nicht missbilligt, sondern ebenfalls wünscht (vgl Brandbg FamRZ 96, 1092, 1093). Zur Umgangsvereitelung und PAS vgl FAKomm-FamR/*Ziegler* § 1684 Rz 27 ff.

21 **2.** Grds steht die Wohlverhaltensklausel des II einer **Auswanderung** des Sorgeberechtigten mit dem Kind nicht entgegen. Dies gilt erst recht für einen **Umzug** innerhalb Deutschlands, der die Entfernung zum umgangsberechtigten Elternteil erheblich vergrößert (vgl BGH FamRZ 87, 356, 358; 90, 392, 393; Karlsr FamRZ 90, 1094; Hambg FamRZ 03, 946). Die Auswanderung kann aber uU Veranlassung zu einer **Änderung der Sorgerechtsregelung** gem § 1696 I im Interesse des Kindes geben (vgl BGH FamRZ 87, 356, 358). Von Bedeutung ist, ob der Sorgeberechtigte triftige Gründe für die Auswanderung hat (Oldbg FamRZ 80, 78, 79; Köln FamRZ 06, 1625; München FamRZ 09, 794 mit Anm *Dollinger* mwN; FamRZ 09, 1600, 1601; aA Johannsen/Henrich/*Jaeger* § 1684 Rz 18; vgl auch Nürnbg FamRZ 00, 1603, 1604; Zweibr NJW-RR 04, 1588). Erfolgt die Auswanderung, um das Umgangsrecht zu vereiteln, wird eine Sorgerechtsänderung aber nahe liegen (Staud/*Rauscher* § 1684 Rz 73: regelmäßig unausweichlich; aA Karlsr FamRZ 78, 201; Johannsen/Henrich/*Jaeger* § 1684 Rz 19: nicht zwingend).

22 **II. S 2: Loyalitätspflicht zwischen Eltern und Obhutspersonen.** Befindet sich das Kind in der Obhut (tatsächliche Betreuung) anderer Personen, wie etwa der Großeltern, Pflegeeltern, des Vormunds oder Pflegers, so haben die Eltern in gleicher Weise die Pflicht zum Wohlverhalten ggü diesen. Aber auch die Obhutspersonen trifft diese Pflicht ggü den Eltern.

23 **III. Abs 3 S 2 bis 6: Anordnungen und Sanktionen.** Der Verletzung oder drohenden Verletzung der Wohlverhaltenspflicht gem II kann das Familiengericht durch **Anordnungen gem III 2** begegnen. Auch der umgangsberechtigte Elternteil kann mittels solcher Anordnungen zu einem bestimmten wünschenswerten Verhalten angewiesen werden, wenn die Voraussetzungen für einen Umgangsrechtsausschluss gem IV noch nicht vorliegen oder ein solcher dadurch gerade verhindert werden kann. Welchen **Inhalt** solche Anordnungen im Einzelnen haben können, ist noch nicht abschließend geklärt. Entscheidend wäre es, die Einstellung des blockierenden Elternteils zu ändern. Das Aufsuchen einer Beratungsstelle oder die Durchführung einer Familientherapie kann nach III 2 aber nicht angeordnet werden (Nürnbg FamRZ 06, 1146, Karlsr FamRZ 04, 56; Brandbg FamRZ 02, 975; Stuttg FamRZ 07, 1682 unter Aufgabe FamRZ 01, 932; aA Staud/*Rauscher* § 1684 Rz 107).

24 Mit Inkrafttreten des FamFG am 1.9.09 wurden die **Sätze 3 bis 6 in III** eingefügt und dadurch die bisherige gerichtliche Praxis gesetzlich geregelt, wonach bei Gefährdung des Kindeswohls ein Ergänzungspfleger („**Umgangspfleger**") mit dem Wirkungskreis „Regelung des Umgangs und Bestimmung des Aufenthalts für

den Zeitraum der Durchführung des Umgangs" gem §§ 1696 I, 1666 bestellt wurde (Frankf FamRZ 00, 1240; Bambg FamRZ 85, 1175; Brandbg FamRZ 07, 577; 09, 1688; Celle FamRZ 07, 1265; Zweibr FamRZ 07, 1678; Saarbr FamRZ 08, 86; Naumbg FamRZ 09, 792, 793; krit FAKomm-FamR/*Ziegler* § 1684 Rz 37). Die hohe Schwelle der Kindeswohlgefährdung gem § 1666 muss nach der neuen Gesetzeslage nicht mehr überwunden werden, doch macht 3 deutlich, dass das Umgangsrecht in erheblicher Weise vereitelt worden sein muss (AmtlBegr BTDrs 16/6308, 345; vgl auch § 1685 III 2). 4 gibt dem Umgangspfleger eigene Rechte (Gestaltung des Umgangs, der Übergabe, der Rückgabe sowie Herausgabeverlangen), von denen er Gebrauch machen kann, falls es ihm nicht gelingt, zwischen den Eltern zu vermitteln. Die Kindesherausgabe kann er aber ohne gerichtliche Anordnung gem § 90 I FamFG nicht durch unmittelbaren Zwang durchsetzen. Wegen § 90 II 1 FamFG ist eine solche Anordnung ggü dem betreuenden Elternteil nicht zulässig. Da die Umgangspflegschaft nicht über einen längeren Zeitraum sinnvoll ist, schreibt 5 eine Befristung vor (AmtlBegr BTDrs 16/6308, 346). Die Verweisung in 6 bewirkt, dass Aufwendungsersatz und Vergütung des Umgangspflegers zunächst aus der Staatskasse zu bezahlen sind (§ 277 V FamFG); da es sich dabei um Verfahrensauslagen handelt, trägt diese letztlich der Kostenschuldner. IÜ sind auf die Umgangspflegschaft die Vorschriften über die Pflegschaft gem §§ 1909 ff anwendbar (AmtlBegr BTDrs 16/6308, 346).

25 Verstößt der umgangsberechtigte Elternteil gegen seine Wohlverhaltenspflicht gem II, kommt neben der zeitlichen **Beschränkung des Umgangsrechts** im äußersten Fall der gänzliche **Ausschluss** gem IV, in Betracht (s.u. Rn 47 ff). Wird dagegen das Umgangsrecht vom sorgeberechtigten Elternteil, in dessen Obhut sich das Kind befindet, nachhaltig beeinträchtigt oder sogar ganz vereitelt, kann auch der **Entzug des Sorgerechts** und die Übertragung auf den anderen Elternteil gem § 1696 I veranlasst sein (vgl Kobl FamRZ 03, 397; Ddorf FuR 05, 563; Frankf FamRZ 05, 1700). Die fehlende Bindungstoleranz des Sorgerechtsinhabers führt aber nur dann zur Abänderung der Sorgerechtsregelung, wenn die vorzunehmende Gesamtabwägung aller Kindeswohlkriterien ergibt, dass dies die bessere Lösung für das Kind ist (vgl § 1671 Rn 39 ff).

26 Ein weiteres Mittel die Eltern zur Erfüllung ihrer Wohlverhaltenspflichten anzuhalten, ist die **Androhung und Verhängung von Zwangsgeld oder Zwangshaft** gem § 33 FGG (§ 89 FamFG: Ordnungsgeld oder –haft, auch nachträglich). Solche Vollstreckungsmaßnahmen setzen aber die schuldhafte Zuwiderhandlung gegen eine gerichtliche Regelung des Umgangs oder eine gerichtlich bestätigte Umgangsvereinbarung voraus. Deren Inhalt muss vollstreckungsfähig sein und deshalb ein genau bestimmtes Gebot oder Verbot enthalten.

27 Anordnungen und Sanktionen sind aber nur bedingt geeignet die Verwirklichung des Umgangsrechts auf Dauer tatsächlich zu verbessern. Ein funktionierendes Umgangsrecht kann **nicht durch staatlichen Zwang** erreicht werden. Vordringlich sollte daher eine Einigung der Eltern herbeigeführt werden, vgl §§ 52, 52a FGG (§ 156 FamFG).

28 Eine fortgesetzte massive und schuldhafte Vereitelung des Umgangsrechts kann in schwerwiegenden Fällen zu einer völligen oder teilweisen **Verwirkung des Ehegattenunterhalts** gem § 1579 Nr 6 führen (München FamRZ 98, 750; 97, 1160; Nürnbg FamRZ 94, 1393; 97, 614, 615; Celle FamRZ 89, 14; vgl BGH FamRZ 87, 356).

29 **C. Abs 3 S 1: Regelungsbefugnis des Familiengerichts. I. Vorrang der Elternvereinbarung.** Die Eltern können die Ausgestaltung des persönlichen Umgangs grds selbst bestimmen. Das Familiengericht darf den Umfang und die Ausübung des Umgangsrechts nur dann regeln, wenn die Eltern nicht in der Lage sind eine wirksame und erforderliche Vereinbarung darüber zu treffen (BVerfG FamRZ 95, 86, 87). Die **vorrangige Zuständigkeit der Eltern** für die Ausgestaltung des Umgangsrechts folgt aus dem natürlichen Elternrecht, das in Art 6 II 1 GG verankert ist. Eine von einer elterlichen Vereinbarung **abweichende gerichtliche Umgangsregelung** ist nur zulässig, wenn erhebliche Gründe des Kindeswohls dies erfordern. Es reicht nicht aus, dass dem Gericht eine bessere als die elterliche Regelung möglich erscheint (Köln FamRZ 82, 1237; vgl auch Staud/*Rauscher* § 1684 Rz 158). Die Elternvereinbarung darf nicht sittenwidrig sein. Insb ist es unzulässig die Nichtausübung des Umgangsrechts mit einer Freistellung von der Unterhaltspflicht zu koppeln (s.o. Rn 17).

30 Im Unterschied zu einer gerichtlichen Regelung kann die Umgangsvereinbarung der Eltern nicht sogleich **Grundlage für Vollstreckungsmaßnahmen** gem § 33 FGG (§ 89 FamFG: Ordnungsmittel) sein. Dazu ist vielmehr die gerichtliche Billigung der Vereinbarung erforderlich. Hierzu muss das Gericht in geeigneter Form zum Ausdruck bringen, dass es sich die Umgangsvereinbarung zu Eigen macht, damit von einer gerichtlichen Verfügung iSd § 33 FGG (§§ 89, 86 I FamFG: gerichtlich gebilligter Vergleich) gesprochen werden kann (BGH FamRZ 88, 277; Frankf FamRZ 88, 1315; Bambg 95, 428). Die Billigung setzt voraus, dass das Gericht die Vereinbarung geprüft hat und sie dem Kindeswohl zumindest nicht widerspricht. Im Falle des § 52a IV 3 FGG (anders § 156 II FamFG) tritt die Billigungswirkung kraft Gesetzes ein. Die Vereinbarung einer **Vertragsstrafe** ist sittenwidrig und daher nichtig (Staud/*Rauscher* § 1684 Rz 125; Johannsen/Henrich/ *Jaeger* § 1684 Rz 11).

31 **II. Regelungsbedürfnis und -anlass.** Eine Umgangsregelung kann vAw oder auf formlosen **Antrag** eines Elternteils, eines Personensorgeberechtigten, des Kindes oder auf Anregung des Jugendamts ergehen. Liegt bereits eine gerichtliche Umgangsregelung vor, kann diese unter den Voraussetzungen des § 1696 I ebenfalls auf Antrag oder vAw geändert werden. Ein **Regelungsbedürfnis** besteht auch, wenn die Eltern lediglich über

Einzelheiten der Ausgestaltung des Umgangs streiten oder wenn sie sich zwar einig sind, aber zur Sicherung der Vollstreckungsmöglichkeit eine gerichtliche Anordnung oder gerichtlich gebilligte Vereinbarung wollen (vgl Köln FamRZ 02, 979).

32 **III. Regelungsgrundsätze.** Das Familiengericht soll die Ausgestaltung des Umgangs **konkret und umfassend** regeln. Dazu gehört insb die Bestimmung von Art, Ort, Zeit, Dauer, Häufigkeit, Übergabemodalitäten (Holen und Bringen des Kindes), Ferien- und Feiertagsumgang, Ausfall- und Nachholungsregeln und evtl Überwachungsmaßnahmen (vgl München FamRZ 03, 55; Stuttg FamRZ 07, 1682). Das Gericht kann sich nicht darauf beschränken, das Umgangsrecht lediglich dem Grunde nach einzuräumen. Vielmehr ist es gehalten, eine Umgangsregelung mit durchsetzbarem Inhalt zu treffen, die **vollständig, vollziehbar und vollstreckbar** sein muss (Frankf FamRZ 99, 617, 618; 08, 1372; vgl Kobl FamRZ 07, 1682; Oldbg FuR 09, 645). Dies gilt aber nur für eine gerichtliche Entscheidung (vgl Brandbg FamRZ 09, 131, 132: Anfechtbarkeit einer gerichtlich gebilligten nicht vollstreckungsfähigen Umgangsvereinbarung). Kommt dagegen unter maßgeblicher Mitwirkung des Gerichts eine Umgangsvereinbarung zu Stande, brauchen die Einzelheiten der Ausübung des Umgangsrechts nur insoweit geregelt werden, als dies zur Beilegung des Streits der Beteiligten erforderlich ist.

33 Bei der Regelung des Umgangs ist das Familiengericht weder an Anträge gebunden noch wird es durch diese in seinen Gestaltungsmöglichkeiten begrenzt (vgl BGHZ 51, 2). Es darf einen Antrag auch nicht einfach ablehnen, sondern **muss** eine **konkrete abweichende Regelung** treffen, notfalls den Umgang konkret einschränken oder ausschließen (BGH FamRZ 94, 158, 160; BVerfG FamRZ 05, 1815 f; Naumbg: FamRZ 09, 1417, 1418). Etwas anderes gilt aber, wenn der Umgangsberechtigte ein „Weniger" nicht will (BGH FamRZ 05, 1471; Karlsr FamRZ 06, 1868).

34 Ungeachtet der Berücksichtigung der Interessen der Eltern ist das **Wohl des Kindes die oberste Richtschnur** (s.o. Rn 1). Dabei können die Kriterien der Kindeswohlprüfung, die bei der Sorgerechtsentscheidung heranzuziehen sind (s. § 1671 Rn 29 ff), in modifizierter Form angewandt werden. So wird der Gedanke **des Förderungsgrundsatzes** für die Bestimmung von Dauer und Häufigkeit des Umgangs eine Rolle spielen. Gleiches gilt für die **Bindungen des Kindes**, wobei zu beachten ist, dass das Umgangsrecht auch dazu dienen soll, Bindungen erst wachsen zu lassen. Geschwisterbindungen sollten grds dadurch Rechnung getragen werden, dass insb die Kinder, die sonst nicht zusammen leben, den Umgang gemeinsam verbringen (vgl Staud/*Rauscher* § 1684 Rz 181). Der **Kindeswille** steht beim Umgangsrecht besonders im Vordergrund, weil das Kind hinsichtlich der konkreten Ausgestaltung des Umgangs mehr Wünsche und Vorstellungen hat und auch äußert als dies beim Sorgerecht der Fall ist. Der Wille des Kindes ist ein wichtiges Kriterium für das Wohl des Kindes, kann mit diesem aber nicht gleich gesetzt werden (vgl Staud/*Rauscher* § 1684 Rz 176). Er ist nur zu berücksichtigen, soweit er mit dem Kindeswohl vereinbar ist (BVerfG FamRZ 93, 662, 663; 05, 1057). Bei der **Ermittlung** (§ 12 FGG; § 26 FamFG), der Bindungen des Kindes und seines Willens kommt der obligatorischen Kindesanhörung (§ 50b FGG; § 159 FamFG; s. dazu § 1671 Rn 49) besondere Bedeutung zu, erforderlichenfalls ist ein psychologisches Sachverständigengutachten zu erholen.

35 Soweit als möglich muss auch auf die **Interessen der Eltern** Rücksicht genommen werden, zumal dadurch mittelbar auch das Kindeswohl beeinflusst wird. Eine gegen den Willen eines Elternteils angeordnete Umgangsregelung birgt die Gefahr, dass sich die abl Haltung auch auf das Kind überträgt oder sein Befinden beeinflusst (vgl Staud/*Rauscher* § 1684 Rz 163). Deshalb sollte das Gericht um Ausgleich bemüht sein, soweit dies mit dem Kindeswohl noch vereinbar ist und zur konfliktfreien Ausübung des Umgangsrechts beiträgt.

36 **IV. Regelungsinhalt. 1.** Der richtige **Ort** für die Wahrnehmung des Umgangsrechts ist grds die **Wohnung des Berechtigten** (Ddorf FamRZ 88, 16; BGH FamRZ 69, 148, 149) und nicht ein neutraler Ort oder gar die Wohnung des betreuenden Elternteils. Das Kind soll den umgangsberechtigten Elternteil möglichst unverfälscht und unbefangen in dessen normaler Umgebung und üblichem sozialen Umfeld erleben. Dies bedeutet aber nicht, dass der Umgangsberechtigte immer zu Hause bleiben muss. Selbstverständlich darf er mit dem Kind – auch während der gesamten Dauer des Umgangskontakts – Ausflüge unternehmen oder Freunde und Verwandte besuchen (Staud/*Rauscher* § 1684 Rz 183).

37 Das Wohl des Kindes kann aber auch einen **neutralen Ort** erfordern. Die Räume des Jugendamts, einer Beratungsstelle, des Kindergartens oder ähnl öffentlicher Einrichtungen können insb in Betracht kommen, wenn die Anwesenheit neutraler Dritter notwendig ist, Entführungsgefahr besteht, der Umgang erst wieder angebahnt werden muss oder die Lebensumstände des Umgangsberechtigten dies erfordern (große Entfernung zum Wohnort, Haft). Daneben kann auch die Wohnung eines Dritten, insb der Verwandten oder Großeltern des Kindes, als Umgangsort dienen. Da die Bestimmung eines neutralen Ortes eine Einschränkung des grds räumlich unbeschränkten Umgangsrechts darstellt, darf sie nur erfolgen, wenn das Kindeswohl dies erfordert. Eine Kindeswohlgefährdung muss aber noch nicht vorliegen, da die Einschränkung nicht einem Ausschluss gem IV gleichzusetzen ist (Johannsen/Henrich/*Jaeger* § 1684 Rz 24; aA Staud/*Rauscher* § 1684 Rz 186).

38 **2. Dauer und Häufigkeit.** des Umgangs lassen sich nicht aus allg Erfahrungssätzen ermitteln, sondern nur aus den Umständen des Einzelfalls. Dabei ist das Elternrecht beider Elternteile, das Persönlichkeitsrecht des Kindes und insb dessen Wohl zu beachten (BVerfG FamRZ 93, 662, 663; 95, 86, 87). Jegliche Schematisierung

verbietet sich (Hamm FamRZ 90, 654, 655). Dennoch hat sich eine verfestigte Tendenz zu einem 14-tägigen Umgangsrecht für ältere Kinder herausgebildet (vgl AG Kerpen FamRZ 94, 1486, 1487; KG FamRZ 89, 656, 660; Staud/*Rauscher* § 1684 Rz 187). Dies ist nicht zu beanstanden. Vielmehr wird sich in den ganz überwiegenden Fällen etwa ab dem Kindergartenalter ein **Umgang an jedem zweiten Wochenende** empfehlen, der nach Möglichkeit zumindest **eine Übernachtung** mit einschließen sollte.

Der Umgang sollte **regelmäßig und periodisch** stattfinden, so dass das Kind und auch die Eltern sich **39** darauf einstellen können und er zu einem festen und selbstverständlichen Bestandteil in ihrem Lebensplan wird (Staud/*Rauscher* § 1684 Rz 1). Die Zeit zwischen den Umgangskontakten darf nicht zu lange sein, um der Gefahr der **Entfremdung** vorzubeugen. Andererseits ist ein zu kurzer Rhythmus, nicht zu empfehlen, insb wenn dann ein Elternteil stets die Wochenenden und der andere die Werktage mit dem Kind zusammen wäre. Eine **Ausnahme** besteht aber für **Kleinkinder** bis etwa drei Jahre. Hier sollte der Umgang idR einmal in der Woche, bei Säuglingen sogar noch häufiger stattfinden, um dem eingeschränkten Erinnerungsvermögen und dem besonderen Zeitgefühl dieser Altersgruppe Rechnung zu tragen (Staud/*Rauscher* § 1684 Rz 1; Johannsen/Henrich/*Jaeger* § 1684 Rz 26; vgl auch AG Kerpen FamRZ 94, 1486, 1487). Ein Umgangskontakt **unter der Woche** entspricht bereits regelmäßig deshalb nicht dem Wohl des Kindes, weil es da Kindergarten oder Schule besuchen wird, so dass die Zeit des Zusammenseins stark verkürzt wäre; häufig wird auch der umgangsberechtigte Elternteil berufstätig sein (vgl aber AG Saarbrücken FamRZ 03, 10). Auch ein blockweiser Aufenthalt bei jeweils einem Elternteil („Wechselmodell") dient regelmäßig nicht dem Kindeswohl. Denn es ist erforderlich dem Kind insoweit Sicherheit zu geben, dass es wissen und erfahren kann, wo sich sein Lebensmittelpunkt befindet (Karlsr FuR 98, 270, 272). Dies ist auch Ausdruck der zu wahrenden Erziehungskontinuität (Staud/*Rauscher* § 1684 Rz 189). Das Kind darf in seiner prinzipiellen Zuordnung zum Sorgeberechtigten nicht irritiert und keinen Spannungen und Widersprüchen ausgesetzt werden, die in der Reifeentwicklung schädlich sind (Hamm FamRZ 90, 654, 655; vgl auch Zweibr FamRZ 97, 45, 46 zur „Pendelsituation"; Dresd FamRZ 05, 125; Celle FamRZ 08, 2053 jeweils zu den Vor- und Nachteilen des sog »Wechselmodells«).

Die **Dauer des einzelnen Umgangs** sollte so bemessen sein, dass sich eine oft vorhandene Anfangsscheu **40** legen und eine wirkliche Vertrautheit bilden kann. Kind und umgangsberechtigter Elternteil müssen etwas wirklich Sinnvolles miteinander unternehmen können. Der Umgang sollte nicht den Charakter eines Pflichtbesuchs bei einem entfernten Verwandten haben, sondern zu einer Begegnung mit gegenseitigem Gefühlsaustausch werden. Dies wird zwar ganz entscheidend vom Geschick des Umgangsberechtigten abhängen, Voraussetzung ist aber, dass dafür ausreichend Zeit zur Verfügung steht. Besteht bereits eine solch wünschenswerte vertrauensvolle Beziehung, versteht es sich von selbst, dass ein länger andauernder Umgang dem Wohl des Kindes entspricht. Andererseits muss die Dauer des Umgangs insb bei kleineren Kindern so bemessen sein, dass die Trennung vom betreuenden Elternteil, der regelmäßig die Hauptbezugsperson sein wird, zu keiner Belastung für das Kind wird (Johannsen/Henrich/*Jaeger* § 1684 Rz 269).

Wie lange genau ein Umgangskontakt dauern sollte, kann nur im **Einzelfall** entschieden werden. Dies hängt **41** va vom Alter des Kindes, der Intensität seiner bisherigen Beziehungen zum Umgangsberechtigten, von der Entfernung der Wohnorte der Eltern, aber auch von den sonstigen Interessenbindungen des Kindes und der Eltern ab (Hamm FamRZ 90, 654, 655). Geht man von einem Umgang an jedem zweiten Wochenende aus, sollte aber eine Dauer von zwei Tagen mit Übernachtung, also von Samstag Vormittag bis Sonntag Nachmittag, als Anhaltspunkt für eine **angemessene Umgangsdauer** angesehen werden, die – wenn sie nicht sogleich verwirklicht werden kann – zumindest angestrebt werden sollte (vgl auch Johannsen/Henrich/*Jaeger* § 1684 Rz 27). **Übernachtungen** können die Beziehungen zum umgangsberechtigten Elternteil ganz wesentlich intensivieren und zum Wohl des Kindes verbessern und erhalten. Bestehen gute Bindungen zum umgangsberechtigten Elternteil, dessen Erziehungseignung außer Frage stehen muss, so kommt ein Übernachtungsumgang bereits im Kleinkindalter in Betracht (Zweibr FamRZ 09, 134; KG FamRZ 09, 2302, 2303; Johannsen/Henrich/*Jaeger* § 1684 Rz 26; Staud/*Rauscher* § 1684 Rz 8; vgl auch BVerfG FamRZ 07, 105, 106 f; 07, 1078, 1079; aA Palandt/*Diederichsen* § 1684 Rz 15). Die Anordnung eines Übernachtungsumgangs gegen den Willen des sorgeberechtigten Elternteils ist jedoch sorgfältig zu prüfen, um das Kind nicht in einen Loyalitätskonflikt zu stürzen (Hamm FamRZ 90, 654, 655; vgl auch Staud/*Rauscher* § 1684 Rz 8).

Neben dem periodischen Umgang muss auch eine Regelung für die **großen christlichen Feiertage** (Weih- **42** nachten, Ostern und Pfingsten) getroffen werden. Denn nicht nur der sorgeberechtigte Elternteil, sondern auch der andere, auf den zeitlich begrenzten Umgang angewiesene Elternteil, muss – nicht zuletzt im Kindesinteresse – die Gelegenheit haben, iRs Umgangsrechts aus dem normalen Ablauf des Jahres herausragende Tage gemeinsam mit dem Kind zu verbringen. Unabhängig von der religiösen Bedeutung, die der betr Elternteil den kirchlichen Feiertagen beimisst, haben sie ihre besondere Stellung im Lauf des Jahres; insb für ein kleines Kind ist es nicht gleichgültig und bedeutungslos, wo es solche Tage verbringt (vgl Bambg FamRZ 90, 3; zu Einzelheiten vgl FAKomm-FamR/*Ziegler* § 1684 Rz 75).

Zur Regelung des Umgangs gehört grds auch die Bestimmung eines **Ferienumgangs**. Dieser ist besonders **43** geeignet das Zusammensein des Kindes mit dem Umgangsberechtigten zu normalisieren und eine tiefe vertrauensvolle Beziehung zu schaffen (BVerfG FamRZ 05, 871; 07, 1078, 1079). Auch bei Kleinkindern kommt bereits ein Ferienumgang in Betracht (BVerfG FamRZ 07, 105, 106). Voraussetzung ist aber, dass die Bindung bereits von guter Qualität ist und keine konkrete Gefahr besteht, dass das Kind unter Verlustängsten leiden wird. Dem Kindeswillen wird dabei besonderes Gewicht zukommen (vgl KG FamRZ 78, 728). Je nach Qualität der Bindung kann die Dauer des Ferienumgangs auch bis zu 4 Wochen betragen (Johannsen/Henrich/*Jaeger* § 1684 Rz 28; KG FamRZ 09, 2302, 2303: idR keine 3 Wochen). Eine so lange Umgangsdauer wird aber wegen der Gefahr der Verstärkung eines Elternkonflikts nur mit Billigung des Sorgeberechtigten in Betracht kommen, die ansonsten nicht zwingend erforderlich ist. Der Ferienumgang findet zusätzlich zum periodischen Umgang statt und kommt nicht nur als Ersatz für einen solchen in Betracht (vgl Köln FamRZ 82, 1237; Frankf FamRZ 96, 362; Johannsen/Henrich/*Jaeger* § 1684 Rz 28; Staud/*Rauscher* § 1684 Rz 8; aA KG FamRZ 79, 70). Für **Auslandsreisen**, insb Flugreisen, ist die Zustimmung des Sorgeberechtigten erforderlich (Frankf FamRZ 99, 1008).

44   3. Das **Abholen und Zurückbringen** des Kindes ist Aufgabe des Umgangsberechtigten (Nürnbg FamRZ 99, 1008; Zweibr FamRZ 82, 531; 98, 1465; Frankf FamRZ 88, 866; Johannsen/Henrich/*Jaeger* § 1684 Rz 30; Staud/*Rauscher* § 1684 Rz 214). Den sorgeberechtigten Elternteil trifft über selbstverständliche Vorbereitungshandlungen in der eigenen häuslichen Sphäre hinaus grds keine Verpflichtung an der Verwirklichung des Umgangsrechtes aktiv mitzuwirken (Nürnbg FamRZ 99, 1008; Zweibr FamRZ 82, 531). Doch sollte dem Sorgeberechtigten im Interesse eines möglichst entspannten Umgangs und somit zum Wohl des Kindes zuzumuten sein, zumindest geringfügige Mitwirkungshandlungen vorzunehmen, wenn dies eine maßgebliche Erleichterung der Ausübung des Umgangs für den Berechtigten darstellt (Staud/*Rauscher* § 1684 Rz 215). Hat der sorgeberechtigten Elternteil aber durch seinen Wegzug eine erhebliche räumliche Distanz zum Umgangsberechtigten geschaffen, kann er verpflichtet sein, sich an dem dadurch erhöhten zeitlichen und organisatorischen Aufwand zu beteiligen (KG FamRZ 06, 881; Brandbg FamRZ 09, 131, 132 f).

45   4. Grds steht dem Umgangsberechtigten während des Umgangs das Recht zu, den Umgang des Kindes mit Wirkung für und gegen Dritte zu bestimmen. Deshalb kommt idR auch eine Anordnung, dass das Umgangsrecht nicht in **Anwesenheit des neuen Lebenspartners** des Umgangsberechtigten durchgeführt werden darf, nicht in Betracht (Hamm FamRZ 82, 93; Staud/*Rauscher* § 1684 Rz 221; Johannsen/Henrich/*Jaeger* § 1684 Rz 31; aA Köln FamRZ 82, 1236 vor Ablauf des Trennungsjahres). Die Anordnung des **Ausschlusses des neuen Partners** vom Umgang kann und muss aber dann erfolgen, wenn es das Kindeswohl erfordert (Nürnbg FamRZ 98, 976).

46   5. „Grds hat der Umgangsberechtigte die üblichen **Kosten des Umgangs** selbst zu tragen und kann sie weder unmittelbar im Wege einer Erstattung noch mittelbar unterhaltsrechtlich im Wege einer Einkommensminderung geltend machen" (BGH FamRZ 95, 215, 216). Etwas anderes kann aber in Mangelfällen gelten (s. dazu vor § 1577 Rn 49).

47   **D. Abs 4: Einschränkung und Ausschluss des Umgangsrechts. I. S 1 und 2: Eingriffsvoraussetzungen.** Eine Einschränkung oder ein Ausschluss des Umgangsrechts setzt gem IV 1 immer voraus, dass dies **zum Wohl des Kindes erforderlich** ist. Soll dies für längere Zeit oder auf Dauer geschehen, so ist gem IV 2 erforderlich, dass andernfalls **das Wohl des Kindes gefährdet** wäre (Jena FamRZ 00, 47; Schlesw FamRZ 00, 48, 49; Johannsen/Henrich/*Jaeger* § 1684 Rz 34). Bereits vor Inkrafttreten des KindRG war es in stRspr anerkannt, dass der völlige oder zeitweilige Ausschluss des Umgangs nur angeordnet werden darf, wenn dies nach den Umständen des Falles unumgänglich ist, um eine Gefährdung der körperlichen oder seelischen Entwicklung des Kindes abzuwenden, und diese Gefahr nicht auf andere Weise ausreichend sicher abgewehrt werden kann (BGH FamRZ 84, 1084; 88, 711; vgl BVerfG FamRZ 71, 412, 424; 95, 86, 87; 08, 246). Vor dem völligen Ausschluss ist stets zu prüfen, ob nicht die bloße Beschränkung des Umgangsrechts oder dessen sachgerechte Ausgestaltung ausreichend ist, etwa durch Begleitung des Umgangs oder die Anordnung der Umgangspflegschaft (BVerfG FamRZ 09, 399, 400). Bei staatlicher Inobhutnahme sind an jegliche weiteren Beschränkungen, insb des Sorge- oder Umgangsrechts strenge Anforderungen zustellen (Karlsr FamRZ 08, 1554).

48   Die für einen Eingriff gem IV 2 erforderliche Kindeswohlgefährdung entspricht derjenigen des **§ 1666** (Johannsen/Henrich/*Jaeger* § 1684 Rz 34; Staud/*Rauscher* § 1684 Rz 268; aA Palandt/*Diederichsen* § 1684 Rz 24). Für die **Eingriffsschwelle** des IV 1 gilt dagegen der Maßstab des **§ 1696**. Demnach sind für eine Einschränkung oder einen Ausschluss des Umgangsrechts von kürzerer Dauer triftige, das Wohl des Kindes nachhaltig berührende Gründe erforderlich aber auch ausreichend (Johannsen/Henrich/*Jaeger* § 1684 Rz 34; Staud/*Rauscher* § 1684 Rz 269). Dabei weist das Wort „soweit" in IV 1 auf den stets zu beachtenden Grundsatz der Verhältnismäßigkeit hin, weshalb ebenso wie bei IV 2 ein bestimmter Eingriff immer nur erfolgen darf, wenn keine weniger einschneidenden Maßnahmen für das zu erreichende Ziel zur Verfügung stehen (Staud/*Rauscher* § 1684 Rz 272).

49   Wegen der unterschiedlich hohen Eingriffsschwelle ist von Bedeutung, welche Zeiträume als **„längere Zeit"** iSd IV 2 anzusehen sind. Dabei wird zum einen auf das altersgemäße Zeitempfinden des Kindes (Johannsen/Henrich/*Jaeger* § 1684 Rz 34; s. § 1632 Rn 7) und zum anderen auf die Häufigkeit des bisherigen Umgangs (Palandt/*Diederichsen* § 1684 Rz 35) abzustellen sein. Insb aber erfordert es Sinn und Zweck der unterschied-

lichen Eingriffsschwellen bei der zeitlichen Einordnung auch die Schwere des Eingriffs heranzuziehen (Staud/ *Rauscher* § 1684 Rz 267). Wird das bisher 14-tägig ausgeübte Umgangsrecht ausgeschlossen, so wird man auch bei einem älteren Kind bereits dann von einer längeren Zeit sprechen müssen, wenn der Umgang mehr als zweimal entfallen soll, was etwa einem Monat entspricht; bei einem jüngeren Kind kommt auch ein kürzerer Zeitraum in Betracht. Dagegen kann bei einer weniger einschneidenden Maßnahme, wie etwa dem Verbot mit dem Kind ins Ausland zu fahren (wegen Entführungsgefahr), ein Zeitraum von einem halben Jahr noch als kurz angesehen werden. Ein Zeitraum über einem halben Jahr dürfte aber in jedem Fall eine „längere Zeit" sein.

Wann eine Regelung bereits eine **Einschränkung** des Umgangsrechts iSd IV darstellt oder noch eine auf III 1 beruhende nähere Ausgestaltung des Umgangs ist, kann nur im Einzelfall entschieden werden. Es kann auch lediglich der **Vollzug** früherer Entscheidungen über das Umgangsrecht – und nicht gleich das Umgangsrecht selbst – eingeschränkt oder ausgeschlossen werden (vgl FAKomm-FamR/*Ziegler* § 1684 Rz 94). Sowohl der Ausschluss des Umgangsrechts als auch des Vollzugs einer diesbzgl Entscheidung müssen eine bestimmte **zeitliche Festlegung** enthalten, aus der sich ergibt, ob und inwieweit das Umgangsrecht zeitweilig oder dauernd ausgeschlossen werden soll (Celle FamRZ 90, 1026).

50
51
52

Allg Regeln, wann die Einschränkung oder der Ausschluss des Umgangsrechts zum Wohle des Kindes oder gar zur Abwendung seiner Gefährdung erforderlich ist, lassen sich nicht aufstellen. Bsp aus der Rspr: **Angstreaktionen/psychische Belastungen**: Köln FamRZ 97, 1097; Celle DAVorm 96, 278; BayObLG FamRZ 92, 97, 98; Frankf FamRZ 03, 1317; Nürnbg FamRZ 08, 715. **Entgegenstehender Kindeswille**: Einerseits ist der Wille des Kindes immer ein beachtlicher Umstand, andererseits entspricht der geäußerte oder auch der tatsächliche Wille des Kindes oft zumindest mittelfristig nicht seinem Wohl. BGH FamRZ 80, 131: Bedeutsam für einen Ausschluss des Umgangsrechts eines Elternteils ist stets, ob die Einstellung des Kindes auf subjektiv beachtlichen oder verständlichen Beweggründen beruht. In solchen Fällen wird eine gewaltsame Durchsetzung des Umgangsrechts mit seinem Zweck im Allg ebenso unvereinbar sein wie mit dem Persönlichkeitsrecht des Kindes. Mit zunehmendem Alter gewinnt der Kindeswille an Bedeutung: BVerfGE 64, 180, 1; Brandbg FamRZ 03, 1405; 00, 1106; Celle FamRZ 98, 1458; 08, 1369: Wille des Kindes (hier 7-jährig) ist zu akzeptieren; Ddorf FamRZ 94, 1277, 1278; Hambg FamRZ 08, 1372; Nürnbg FamRZ 09, 1687, 1688; Hamm FamRZ 94, 57; 96, 361; 00, 45; 08, 1371: IdR kann Widerstand kleinerer Kinder (bis 9/11 Jahren) durch erzieherische Mittel überwunden werden, älterer nicht mehr; Jena FamRZ 96, 359, 360; 00, 47; Karlsr FamRZ 05, 259; Schlesw FamRZ 00, 48. **Eigensinnige Motive**: Hamm FamRZ 97, 693. **Eingliederung in neue Familie**: Brandbg FamRZ 00, 1106; Karlsr FamRZ 99, 184; Köln OLGR 99, 178; FamRZ 03, 952. **Entfremdung/lange Nichtausübung**: KG FamRZ 00, 49, 50; Karlsr FamRZ 99, 184; Hamm FamRZ 94, 58; 96, 424; Ddorf FamRZ 94, 1276. **HIV**: Hamm NJW 89, 2336; Frankf NJW 91, 1554 mwN. **Inhaftierung**: BGH FamRZ 84, 1084; Brandbg FamRZ 03, 1405; Hamm FamRZ 03, 951; **Kindesentziehung**: Köln FuR 00, 238; 00, 239; Kobl FamRZ 09, 133; München FamRZ 98, 976, 977; Karlsr FamRZ 96, 424, 425; Brandbg FamRZ 03, 947; Hamm FamRZ 97, 1095; Celle FamRZ 96, 364. **Misshandlung**: Oldbg FamRZ 05, 925; Karlsr FamRZ 09, 130: Verstümmelung. **Pädophile Neigungen**: BVerfG FamRZ 05, 1816; 08, 494: konkrete Gefährdung erforderlich; Ddorf FamRZ 09, 1684: Ausschluss wegen konkreter Gefahr. **Sexueller Missbrauch** (vgl § 1671 Rn 33): Häufig wird sich der Verdacht des sexuellen Missbrauchs nicht sogleich völlig ausräumen lassen. Dann wird man zum Schutz des Kindes von einer bestehenden Gefahr für das Kindeswohl ausgehen und grds zunächst den Ausschluss des Umgangsrechts – mglw auch nur seine Beschränkung in Form der Begleitung (s.u. Rn 54 ff) – anordnen müssen. Sodann muss der Sachverhalt umfassend aufgeklärt werden. Nur wenn mit der im Strafverfahren für die Verurteilung eines Angeklagten erforderlichen Sicherheit feststeht, dass ein sexueller Missbrauch nicht stattgefunden hat, sind Umgangsbeschränkungen nicht angezeigt. An diese Feststellung dürfen aber keine übertriebenen Anforderungen gestellt werden (s. dazu § 1671 Rn 33). Jedenfalls ist es bedenklich, vom bloßen Verdacht des sexuellen Missbrauchs zu sprechen, der den Ausschluss des Umgangsrechts regelmäßig nicht erforderlich mache, wie ein Teil der obergerichtlichen Rspr: Celle FamRZ 98, 971, 972; 98, 973; Hambg FamRZ 96, 422; Frankf FamRZ 95, 1432; Bambg FamRZ 95, 181; Bambg FamRZ 94, 7; Stuttg FamRZ 94, 718; Hamm FamRZ 93, 1233; Ddorf FamRZ 92, 5. **Spannungen und Streit**: Hamm FamRZ 94, 58; 98, 969; 00, 1108 f; Bambg FamRZ 98, 969; Frankf. **Unbekannter Aufenthalt**: Karlsr OLGR 98, 143. **Vaterschaft**: BGH FamRZ 88, 711; Frankf FamRZ 88, 754; 90, 655.

53

II. S 3 und 4: Begleiteter Umgang. Ein völliger Ausschluss des Umgangsrechts kommt nicht in Betracht, wenn auch ein **begleiteter Umgang** gem IV 3, 4 genügt, um die Gefährdung des Kindeswohls abzuwenden (vgl Köln FamRZ 05, 295; BVerfG FamRZ 09, 399, 400). Auch ein begleiteter Umgangs darf nur angeordnet werden, wenn die Voraussetzungen des IV 1 oder 2 vorliegen. Wegen der Schwere des Eingriffs und der üblichen Dauer der Anordnung ist deshalb regelmäßig eine konkrete Gefährdung des Kindeswohls erforderlich (Brandbg FamRZ 08, 1374). Der begleitete Umgang ist deshalb keinesfalls ein Allheilmittel zur Lösung von Umgangskonflikten zerstrittener Eltern. Denn es ist zu bedenken, dass sowohl für den Umgangsberechtigten als auch für das Kind die Anwesenheit einer dritten Person unnatürlich und damit belastend ist (vgl auch München FamRZ 03, 551).

54

55 **Hauptanwendungsfälle** (vgl BTDrs 13/4899 106) für die Anordnung eines begleiteten Umgangs sind der erwiesene oder nicht ausgeräumte **Verdacht des sexuellen Missbrauchs** (Hambg FamRZ 96, 422; AG Kerpen FamRZ 98, 254, 255; München FamRZ 99, 674, 675) und die drohende **Gefahr einer Kindesentziehung** (Celle FamRZ 96, 364; München FamRZ 98, 976, 977; Köln FamRZ 05, 1770), vereinzelt auch bei drohender Verstümmelung des weiblichen Genitals (Karlsr FamRZ 09, 130). Wertvolle Dienste kann der begleitete Umgang aber insb auch zur Anbahnung von Umgangskontakten nach längerer Unterbrechung leisten, um Ängste beim Sorgeberechtigten oder beim Kind abzubauen (vgl Hamm FamRZ 96, 424; 99, 326). In diesem Fall muss aber noch mehr als sonst das Ziel im Vordergrund stehen, so schnell wie möglich einen „normalen" Umgang zu erreichen. Dabei ist es hilfreich, wenn der begleitende Dritte eine psychologisch geschulte Person ist, bspw ein Mitarbeiter einer Erziehungsberatungsstelle. Lehnt das Kind aber Umgangskontakte nachdrücklich in beachtenswerter Weise ab, scheidet auch die Anordnung eines begleiteten Umgangs aus (Ddorf FamRZ 98, 1460, 1461). Auch bei psychischer Erkrankung oder Drogenabhängigkeit des Umgangsberechtigter kann die Anordnung eines begleiteten Umgangs in Betracht kommen (Staud/*Rauscher* § 1684 Rz 316).

56 Im Falle der Anordnung eines begleiteten Umgangs muss das Gericht sich vor seiner Entscheidung davon überzeugen, dass ein **zur Mitwirkung bereiter Dritter** vorhanden ist (Frankf FamRZ 99, 617; kein Vergütungsanspruch Hamm FamRZ 08, 1374). In erster Linie kommt dafür das Jugendamt, ein anderer Träger der Jugendhilfe, Erziehungsberatungsstellen oder ein entspr Verein in Betracht, vgl **IV** 4. Daneben können auch Privatpersonen, insb Freunde oder Verwandte, den Umgang begleiten, was jedoch nur sinnvoll ist, wenn die Person von Eltern und Kind akzeptiert wird.

§ 1685 Umgangsrecht des Kindes mit anderen Bezugspersonen.

(1) Großeltern und Geschwister haben ein Recht auf Umgang mit dem Kind, wenn dieser dem Wohl des Kindes dient.
(2) ¹Gleiches gilt für enge Bezugspersonen des Kindes, wenn diese für das Kind tatsächliche Verantwortung tragen oder getragen haben (sozial-familiäre Beziehung). ²Eine Übernahme tatsächlicher Verantwortung ist in der Regel anzunehmen, wenn die Person mit dem Kind längere Zeit in häuslicher Gemeinschaft zusammengelebt hat.
(3) ¹§ 1684 Abs. 2 bis 4 gilt entsprechend. ²Eine Umgangspflegschaft nach § 1684 Abs. 3 Satz 3 bis 5 kann das Familiengericht nur anordnen, wenn die Voraussetzungen des § 1666 Abs. 1 erfüllt sind.

1 **A. Umgangsberechtigter Personenkreis. I.** Die Vorschrift räumt auch nichtelterlichen Personen ein Umgangsrecht ein; eine Umgangspflicht besteht für diesen Personenkreis aber nicht.

2 **II.** Gem I steht auch den **Großeltern und Geschwistern** des Kindes ein Umgangsrecht zu. Dabei ist der Verwandtenbegriff des § 1589 zu Grunde zu legen, so dass zwar Halb-, aber keine Stiefgeschwister nach I umgangsberechtigt sind. Der neue Ehegatte eines Großelternteils hat gem I ebenso wenig ein Umgangsrecht wie Tanten und Onkel (Zweibr FamRZ 99, 1161) oder Cousins und Cousinen oder die Urgroßeltern des Kindes. Doch kann diesem Personenkreis unter den Voraussetzungen des II ein Umgangsrecht zustehen. Dagegen sind die Großeltern und Geschwister, die sich auf I berufen können, unabhängig davon umgangsberechtigt, ob sie mit dem Kind in häuslicher Gemeinschaft gelebt haben oder nicht.

3 **III.** Gem II 1 sind **alle engen Bezugspersonen** des Kindes umgangsberechtigt, vorausgesetzt sie tragen für das Kind tatsächlich Verantwortung oder haben dies getan. Dabei bedarf es keiner aktuellen persönlich vertrauten Beziehung zum Kind, vielmehr genügt es, wenn die umgangsbegehrende Person für das Kind in der Vergangenheit eine enge Bezugsperson war (BGH FamRZ 05, 705). Diese Konstellation bezeichnet der Gesetzgeber als **sozial-familiäre Beziehung** (vgl zur Darlegungslast BGH FamRZ 08, 1821). Als Umgangsberechtigte kommen insb **Stiefeltern** einschl der Lebenspartner iSd LPartG sowie Pflegeeltern in Betracht, aber – aufgrund der vom BVerfG (FamRZ 03, 816) veranlassten Gesetzesänderung – auch der **Lebensgefährte** einer nichtehelichen Gemeinschaft und der sog **„biologische" Vater.** Gem II 2 ist idR von der Übernahme der tatsächlichen Verantwortung und damit von einer sozial-familiären Beziehung auszugehen, wenn jemand längere Zeit mit dem Kind in häuslicher Gemeinschaft gelebt hat (vgl BVerfG FamRZ 04, 1705). Entscheidend ist aber, dass das so begründete Vertrauensverhältnis noch besteht oder zumindest daran angeknüpft werden kann (Kobl FamRZ 09, 1229, 1230: Entfremdung bei mehr als 3 Jahren Kontaktunterbrechung angenommen). Ob das Zusammenleben über eine **längere Zeit** stattgefunden hat, ist nach dem subjektiven Empfinden des Kindes zu beurteilen. Entscheidend ist dabei weniger eine bestimmte zeitliche Dauer als vielmehr, dass das Kind zu der Person eine nachhaltige Beziehung aufgebaut hat (s. § 1632 Rn 7). Einjähriges Zusammenleben genügt jedenfalls, wenn keine gegenteiligen Umstände ersichtlich sind (BGH FamRZ 05, 705). Die häusliche Gemeinschaft muss nicht während der gesamten Zeit bestanden haben (Staud/*Rauscher* § 1685 Rz 10). Nötig ist eine Lebensgemeinschaft mit festen und regelmäßigen Kontakten.

4 **IV.** Die Personen, denen ein eigenes Umgangsrecht mit einem minderjährigen Kind eingeräumt ist, werden durch § 1685 **abschließend** bestimmt (Zweibr FamRZ 99, 1161; BVerfG FamRZ 03, 816, 825). Der Kreis der

Umgangsberechtigten wird auch nicht durch § 1626 III erweitert, der lediglich festschreibt, welcher Umgang dem Wohl des Kindes dient (Bambg FamRZ 99, 810; vgl Staud/*Rauscher* § 1685 Rz 15; aA Rostock FamRZ 05, 744).

Ein Umgang des Kindes mit Personen ohne eigenes Umgangsrecht kann aber beim Vorliegen einer Gefährdung des Kindeswohls durch Maßnahmen nach § 1666 ermöglicht werden (Zweibr FamRZ 99, 1161; Johannsen/Henrich/*Jaeger* § 1685 Rz 2; Staud/*Rauscher* § 1685 Rz 17). Nicht ausreichend ist, dass der Umgang für das Kindeswohl nur förderlich wäre (Oldbg FamRZ 03, 1582). 5

B. Kindeswohldienlichkeit. Unabhängig davon, ob die Umgangsberechtigung auf I oder II beruht, ist stets erforderlich, dass der Umgang dem **Wohl des Kindes dient**. Der Reformgesetzgeber hat für die Kindeswohlprüfung bewusst diesen erhöhten Maßstab gewählt, um das Umgangsrechts einzugrenzen. Grdl ist, dass § 1685 dem berechtigten Personenkreis zwar eigene subjektive Rechte gibt, jedoch nicht in erster Linie um derentwillen, sondern um des Kindes willen (Kobl JurBüro 00, 221). 6

Ob der Umgang dem Kindeswohl dient, ist nach den üblichen Kriterien zu beurteilen (s. § 1684 Rn 34 und § 1671 Rn 29 ff), insb ist danach zu fragen, ob das Kind durch den Umgang gefördert wird. Dem Willen des Kindes kommt entscheidende Bedeutung zu (Johannsen/Henrich/*Jaeger* § 1685 Rz 6; vgl Hamm FamRZ 09, 996). Auch zu Gunsten von Großeltern und Geschwistern besteht **keine Vermutung**, dass der Umgang mit diesen dem Wohl des Kindes dient (vgl Kobl JurBüro 00, 221; Köln FamRZ 08, 2147: Vermutung setzt bestehende Bindungen voraus, die für das Kind förderlich sind. Gleichwohl spricht hierfür, dass diese Kontakte üblich und im Allg dem Kindeswohl auch dienlich sind. Bei diesem Personenkreis müssen die Bindungen nicht zwangsläufig bereits existieren, da es auf lange Sicht dem Wohl des Kindes dient, wenn es Beziehungen zu engsten Verwandten aufbauen kann (Johannsen/Henrich/*Jaeger* § 1685 Rz 5; Staud/*Rauscher* § 1685 Rz 19). Die Feststellungslast der Kindeswohldienlichkeit trägt der Umgangsberechtigte (Staud/*Rauscher* § 1685 Rz 19). 7

Der Umgang mit den Großeltern oder den Geschwistern dient dem Kindeswohl nicht, wenn ihn der sorgeberechtigte Elternteil – selbst gegen den ausdrücklichen Wunsch des Kindes – ablehnt, sofern dies aus verständlichen Gründen geschieht (Kobl FamRZ 00, 1111). Das Umgangsrecht der Großeltern mit ihren Enkelkindern ist trotz bestehender Bindung und unbegründeter Einwendungen des sorgeberechtigten Elternteils zeitweilig auszuschließen, wenn es dem Kindeswohl aus anderen Gründen nicht förderlich ist (Kobl NJW-RR 00, 883). Dies kann der Fall sein, wenn das Verhältnis der Großeltern zu einem Elternteil des Enkelkindes so stark zerrüttet ist, dass kein normaler Kontakt mehr möglich ist und deshalb eine Beeinträchtigung des Kindeswohls durch den Umgang zu befürchten ist (Hamm FamRZ 00, 1110; 05, 2012; vgl auch Karlsr FamRZ 08, 915; Naumbg FamRZ 08, 915; Gegenbeispiel: KG FamRZ 09, 1229). Das Umgangsrecht nach § 1684 ist grds vorrangig, weshalb bei Dauer und Häufigkeit des Umgangs nach § 1685 eher Zurückhaltung geboten ist (Brandbg FamRZ 09, 2303). 8

Sind sich die Eltern, die beide personensorgeberechtigt sind, **untereinander uneins**, ob ein Umgang mit den in § 1685 genannten Personen stattfinden soll, so müssen sie sich gem § 1627 2 versuchen zu einigen; notfalls hat das Familiengericht gem § 1628 zu bestimmen, wer die Entscheidung zu treffen hat. 9

C. Abs 3: Entsprechende Anwendung. Gem der **Verweisung** in III 1 gilt insb die Wohlverhaltensklausel und die Anordnungskompetenz des Familiengerichts entspr (s. § 1684 Rn 19 ff). Die Anordnung einer Umgangspflegschaft setzt gem 2 aber – anders als bei § 1684 III – eine Kindeswohlgefährdung nach § 1666 voraus. 10

§ 1686 Auskunft über die persönlichen Verhältnisse des Kindes.
(1) ¹Jeder Elternteil kann vom anderen Elternteil bei berechtigtem Interesse Auskunft über die persönlichen Verhältnisse des Kindes verlangen, soweit dies dem Wohl des Kindes nicht widerspricht. ²Über Streitigkeiten entscheidet das Familiengericht.

A. Voraussetzungen. I. Auskunftsberechtigter. Jeder Elternteil ist auskunftsberechtigt, auch wenn er selbst Inhaber der Personensorge ist. Daher kann auch bei gemeinsamer elterlicher Sorge der Elternteil, bei dem sich das Kind nicht in Obhut befindet, vom anderen Auskunft verlangen. **Hauptanwendungsfall** der Vorschrift ist aber, dass der nichtsorgeberechtigte Elternteil Auskunft begehrt. Für diesen ist der Auskunftsanspruch insb von Bedeutung, wenn sein Umgangsrecht ausgeschlossen oder beschränkt ist (vgl Brandbg FamRZ 00, 1106). Notwendige Voraussetzung ist dies aber nicht. UU kann auch ein Auskunftsanspruch des alleinsorgeberechtigten Elternteils in Betracht kommen. Die Frage, ob ein Elternteil tatsächlich vom anderen Auskunft verlangen kann, ist bei der Prüfung des berechtigten Interesses zu entscheiden. 1

Eine **entspr Anwendung** auf umgangsberechtigte Personen, die nicht Eltern des Kindes sind, mag sinnvoll sein, muss aber **abgelehnt** werden (ebenso Staud/*Rauscher* § 1686 Rz 4; aA Palandt/*Diederichsen* § 1686 Rz 3). Das Auskunftsrecht leitet sich aus dem Elternrecht ab, das den gem § 1685 umgangsberechtigten Personen gerade nicht zusteht (Staud/*Rauscher* § 1686 Rz 4). IÜ kann auch keine Gesetzeslücke angenommen werden, da das KindRG zugleich mit § 1686 auch § 1685 neu eingefügt hat. 2

3 II. Auskunftsverpflichteter. Auskunftsverpflichtet ist jeder Elternteil, regelmäßig derjenige, in dessen Obhut sich das Kind befindet. Daneben erscheint es aber notwendig auch den gem § 1685 umgangsberechtigten Personen eine Auskunftspflicht aufzuerlegen (Staud/*Rauscher* § 1686 Rz 5). Sie sind zwar nicht Eltern, doch unterscheidet sich ihre Rechtsposition tatsächlich nicht so wesentlich von derjenigen des nur umgangsberechtigten Elternteils. Anders als bei der Frage der Berechtigung folgt die Verpflichtung auch nicht aus dem Elternrecht, sondern kann aus der Umgangsberechtigung abgeleitet werden. Eine entspr Anwendung des § 1686 ist daher zu befürworten (Staud/*Rauscher* § 1686 Rz 5).

4 Nur der Elternteil, nicht das Kind und auch nicht sonstige Dritte (Lehrer, Ärzte), sind auskunftspflichtig. Der verpflichtete Elternteil muss auch nicht seine Zustimmung zur Auskunftserteilung durch Dritte geben, insb muss er die behandelnden Ärzte nicht von ihrer Schweigepflicht entbinden (Hamm FamRZ 95, 1288, 1290; Bremen OLGR 99, 86).

5 III. Berechtigtes Interesse. Ein Auskunftsanspruch besteht nur dann, wenn der begehrende Elternteil ein berechtigtes Interesse an der Auskunft hat. Dies ist umso eher anzunehmen je weniger er die **Möglichkeit** hat die **Informationen zu erlangen**. Deshalb hat regelmäßig der Elternteil, dem die Sorge nicht zusteht und dessen Umgangsrecht eingeschränkt oder ausgeschlossen ist, ein berechtigtes Interesse daran über die Entwicklung des Kindes Auskunft zu erhalten (BayObLG FamRZ 96, 813; 93, 1487; Schlesw FamRZ 96, 1355; vgl auch Brandbg FamRZ 00, 1106; 07, 2003; 08, 638; Köln FamRZ 05, 1276). Das gilt gerade dann, wenn das Kind den persönlichen oder brieflichen Kontakt zu dem Elternteil ablehnt oder ein solcher wegen des geringen Alters des Kindes oder der zu großen räumlichen Entfernung nicht durchführbar ist (Schlesw FamRZ 96, 1355; BayObLG FamRZ 83, 1169; 93, 1487). Ein berechtigtes Interesse ist aber nur dann gegeben, wenn der Elternteil keine andere Möglichkeit besitzt, sich über den Auskunftsgegenstand zu unterrichten (Brandbg FamRZ 08, 638). Die Berechtigung Auskunft zu verlangen ist immer im Hinblick auf den begehrten Inhalt zu prüfen.

6 Aber auch der Elternteil, der sein **Umgangsrecht** angemessen und vollumfänglich wahrnimmt und sogar der **sorgeberechtigte Elternteil**, in dessen Obhut sich das Kind befindet, kann gegen den anderen Elternteil einen Auskunftsanspruch haben, wenn dieser Informationen besitzt, die ihm nicht oder nicht sofort zugänglich sind, die aber für das Wohl des Kindes Bedeutung haben (Zweibr FamRZ 90, 779; Brandbg FamRZ 08, 638; Staud/*Rauscher* § 1686 Rz 7 f; Palandt/*Diederichsen* § 1686 Rz 1; Johannsen/Henrich/*Jaeger* § 1686 Rz 2). Dabei ist etwa an eine akute Erkrankung oder sonstige wichtige Veränderungen zu denken. Eine erkennbare Feindseligkeit zwischen den Elternteilen oder die Tatsache, dass der geschuldete Kindesunterhalt nicht freiwillig bezahlt wird, steht einem Auskunftsverlangen nicht entgegen (BayObLG FamRZ 96, 813). Ein berechtigtes Interesse kann nicht verneint werden, weil sich der auskunftsbegehrende Elternteil längere Zeit nicht um das Kind gekümmert hat (BayObLG FamRZ 93, 1487; Schlesw FamRZ 96, 1355; Köln FamRZ 05, 1276; Brandbg FamRZ 08, 638).

7 Ob das Kind seinerseits ein berechtigtes Interesse an der **Verweigerung der Auskunft** hat, ist bei der Prüfung der Kindeswohlverträglichkeit zu entscheiden. Dass der verpflichtete Elternteil jeglichen Kontakt mit dem anderen Elternteil ablehnt, ist unerheblich, da er die Auskünfte **nicht persönlich** erteilen muss, sondern auch Dritte – etwa einen Rechtsanwalt – als Mittelsperson einschalten kann (Köln FamRZ 97, 111). Auch die Übermittlung durch das Jugendamt ist möglich.

8 IV. Kindeswohl. In engem Zusammenhang mit dem Erfordernis des berechtigten Interesses steht die Prüfung, ob die im Einzelfall begehrte **Auskunft dem Wohl des Kindes widerspricht.** Dies ist nur in Ausnahmefällen zu bejahen. Es bedarf keiner positiven Feststellung, dass das Auskunftsverlangen dem Wohl des Kindes dienlich ist, es darf ihm nur nicht widersprechen (Schlesw FamRZ 96, 1355; vgl auch LG Koblenz DAVorm 88, 308). Das Wohl des Kindes ist nicht Maßstab, sondern lediglich Grenze des Auskunftsrechts. Nur wenn und soweit konkrete Umstände dafür sprechen, dass durch die Erfüllung des Auskunftsverlangens das Kindeswohl beeinträchtigt werden kann, darf die Auskunft verweigert werden (BayObLG FamRZ 93, 1487). Für das Kindeswohl sind die Ziele, die der Elternteil mit dem Auskunftsbegehren verfolgt, jedoch nur dann von Belang, wenn ihre Verwirklichung konkret in den Lebenskreis des Kindes eingreift. Die Auskunft kann deshalb auch dann verlangt werden, wenn sie lediglich zur eigenen Unterrichtung begehrt wird. Unerheblich ist es auch, ob der Elternteil mit seinem Auskunftsbegehren mglw die Absicht verfolgt, Umstände zu erfahren, die die Höhe des von ihm geschuldeten Unterhalts berühren, da insoweit auch eine Auskunftspflicht gem § 1605 I 1 bestünde (BayObLG FamRZ 93, 1487).

9 Der regelmäßige Auskunftsanspruch über die Entwicklung des Kindes kann nur untersagt werden, wenn damit dem Wohl des Kindes **abträgliche Ziele** verfolgt würden (Köln FamRZ 97, 111). Dies wäre etwa der Fall, wenn das Lichtbild des Kindes öffentlich zur Schau gestellt oder den Medien zur Veröffentlichung überlassen würde; desgleichen wenn die von der personensorgeberechtigten Mutter erteilten Auskünfte der Öffentlichkeit zugänglich gemacht würden (BayObLG FamRZ 96, 813); ebenso, wenn das Auskunftsrecht nur zur Überwachung des Personensorgeberechtigten missbraucht werden soll (BayObLG FamRZ 93, 1487; Zweibr FamRZ 90, 779).

Das **Einverständnis des Kindes** ist grds für die Auskunftserteilung nicht erforderlich, jedoch dessen Fehlen bei der Prüfung des Kindeswohls zu berücksichtigen, insb wenn die Auskunft die Intimsphäre betrifft und das Kind bereits im jugendlichen Alter ist (Hamm FamRZ 03, 1583: Anspruch auf Zeugniskopie auch gegen den Willen der 15-jährigen Tochter). Eine Auskunft der personensorgeberechtigten Mutter an den nichtehelichen Vater über die persönlichen Verhältnisse des Kindes ist nicht deshalb mit dem Wohl des Kindes unvereinbar, weil das 17-jährige Kind jeden Kontakt mit dem Vater ablehnt (BayObLG FamRZ 93, 1487). Der Personensorgeberechtigte kann aber nicht verpflichtet werden, über die höchstpersönlichen Verhältnisse eines fast volljährigen Kindes (zB Arztbesuche, Entbindung der Ärzte von der Schweigepflicht, gesellschaftliches und politisches Engagement, freundschaftliche und verwandtschaftliche Kontakte) gegen den Willen des Kindes Auskunft zu erteilen (AG Hamburg FamRZ 90, 1382). 10

B. Inhalt der Auskunft. Bereits nach dem Wortlaut der Vorschrift ist das Auskunftsverlangen auf die **persönlichen Verhältnisse des Kindes** beschränkt. Diese umfassen im Grundsatz alle für das Befinden und die Entwicklung des Kindes wesentlichen Umstände (BayObLG FamRZ 93, 1487; Johannsen/Henrich/*Jaeger* § 1686 Rz 4). Der Umfang des Auskunftsanspruchs iE hängt aber von den jeweiligen Gegebenheiten ab (BayObLG FamRZ 93, 1487). Als Faustregel gilt, dass der Auskunftsanspruch nur die Informationen umfasst, die der nicht personensorgeberechtigte Elternteil über die persönlichen Verhältnisse des Kindes erhalten könnte, wenn er Umgang hätte (AG Hamburg FamRZ 90, 1382). Die laufende Führung eines Tagebuchs durch den anderen Elternteil kann nicht verlangt werden (Kobl FamRZ 02, 980). 11

Zu den persönlichen Verhältnissen, über die Auskunft verlangt werden kann, gehört insb der **Gesundheitszustand** des Kindes und seine **allg, schulische und berufliche Entwicklung** sowie seine besonderen persönlichen Interessen (FA-FamR/*Büte* Kap 4 Rz 618 ff). Deshalb kann grds auch die Übermittlung von **Schul- und Ausbildungszeugnissen** verlangt werden (BayObLG FamRZ 93, 1487; 83, 1169; Hamm FamRZ 03, 1583). Regelmäßig beinhaltet die Auskunftspflicht aber nicht die **Überlassung von Belegen**, außer wenn die Auskunft sinnvoll und zweckentspr die Beifügung schriftlicher Unterlagen erfordert (Zweibr FamRZ 90, 779; Impfbuch: ja, Vorsorgeuntersuchungsheft: nein). 12

Auch besteht grds Anspruch auf die Übermittlung eines Lichtbildes des Kindes. Denn ein Bild kann auf einfache, dennoch aussagekräftige und die Persönlichkeitssphäre des Kindes schonende Weise einen Eindruck von dem Kind vermitteln (BayObLG FamRZ 93, 1487). Bei einem fast volljährigen Jugendlichen besteht keine Verpflichtung der Mutter gegen seinen Willen neue Lichtbilder herstellen zu lassen (BayObLG FamRZ 93, 1487). 13

Regelmäßig sollte etwa **halbjährlich** über die persönlichen Verhältnisse berichtet werden (BayObLG FamRZ 96, 813; FA-FamR/*Büte* Kap 4 Rz 619). Bestehen jedoch tiefgreifenden Spannungen zwischen den Eltern, die die Auskunftserteilung jeweils zur Ursache neuer Auseinandersetzungen werden lassen, die dem Kindeswohl abträglich wären, kann es notwendig sein, den Berichtszeitraum auf ein Jahr auszudehnen (BayObLG FamRZ 96, 813). 14

Hinsichtlich der Einwilligung des Kindes und der Auskunft über höchstpersönliche Verhältnisse s.o. Rn 10. 15

§ 1687 Ausübung der gemeinsamen Sorge bei Getrenntleben.

(1) ¹Leben Eltern, denen die elterliche Sorge gemeinsam zusteht, nicht nur vorübergehend getrennt, so ist bei Entscheidungen in Angelegenheiten, deren Regelung für das Kind von erheblicher Bedeutung ist, ihr gegenseitiges Einvernehmen erforderlich. ²Der Elternteil, bei dem sich das Kind mit Einwilligung des anderen Elternteils oder auf Grund einer gerichtlichen Entscheidung gewöhnlich aufhält, hat die Befugnis zur alleinigen Entscheidung in Angelegenheiten des täglichen Lebens. ³Entscheidungen in Angelegenheiten des täglichen Lebens sind in der Regel solche, die häufig vorkommen und die keine schwer abzuändernden Auswirkungen auf die Entwicklung des Kindes haben. ⁴Solange sich das Kind mit Einwilligung dieses Elternteils oder auf Grund einer gerichtlichen Entscheidung bei dem anderen Elternteil aufhält, hat dieser die Befugnis zur alleinigen Entscheidung in Angelegenheiten der tatsächlichen Betreuung. ⁵§ 1629 Abs. 1 S 4 und § 1684 Abs. 2 S 1 gelten entsprechend.
(2) Das Familiengericht kann die Befugnisse nach Absatz 1 und Satz 2 und 4 einschränken oder ausschließen, wenn dies zum Wohl des Kindes erforderlich ist.

A. Anwendungsbereich und Gesetzeszweck. Die Vorschrift gilt ausschl für Eltern, denen die **elterliche Sorge gemeinsam** zusteht und die iSv § 1567 **getrennt voneinander** leben. Soweit die gemeinsame elterliche Sorge nur für einen Teilbereich besteht, ist § 1687 insoweit beschränkt anwendbar. Unerheblich ist, ob die Eltern miteinander verheiratet sind oder waren. 1

Grds gilt auch bei getrennt lebenden Eltern § 1627, wonach sie ihre elterliche Sorge **im gegenseitigen Einvernehmen** zum Wohl des Kindes auszuüben haben und bei Meinungsverschiedenheiten versuchen müssen, sich zu einigen. Da dies aber für untergeordnete Angelegenheiten des täglichen Lebens unnötige Reibungspunkte schaffen würde, gibt § 1687 I 2 einem Elternteil insoweit die alleinige Entscheidungsbefugnis. Dies ist eine wichtige Ergänzung und Hilfe zu einer erfolgreichen und praktikablen Handhabung der gemeinsamen Sorge bei getrennt lebenden Eltern (vgl BTDrs 13/4899 107). 2

3 **B. Abs 1: Stufensystem der Befugnisse. I. S 1: Gegenseitiges Einvernehmen bei Entscheidungen von erheblicher Bedeutung. 1.** I 1 stellt klar, dass für **Entscheidungen in Angelegenheiten von erheblicher Bedeutung** für das Kind weiterhin das gegenseitige Einvernehmen der Eltern erforderlich ist (vgl § 1627). Eine definitive Beschreibung, welche Angelegenheiten das sind, ist nicht möglich (Palandt/*Diederichsen* § 1687 Rz 6). Im Umkehrschluss folgt aber aus I 2 und 3, dass es keine Angelegenheiten des täglichen Lebens sind, die idR häufig vorkommen und keine schwer abzuändernden Auswirkungen auf die Entwicklung des Kindes haben. Dabei stehen Angelegenheiten gem 1 und 2 in einem „Entweder-Oder-Verhältnis", das keine Zwischenbereiche zulässt (*Schwab* FamRZ 98, 457, 468). Angelegenheiten gem I 1 sind bspw Grundsatzentscheidungen auf den Gebieten der tatsächlichen Betreuung, der Bestimmung des Aufenthalts, der schulischen und religiösen Erziehung, der beruflichen Ausbildung oder der medizinischen Versorgung des Kindes (BTDrs 13/4899 107). Dieser nicht abschließenden Aufzählung sind insb noch die Angelegenheiten des Umgangs, der Status- und Namensfragen sowie der Vermögenssorge einschl der Geltendmachung von Unterhalt hinzuzufügen, sofern grds Fragen betroffen sind (s.u. Rn 7).

4 **2.** Das **Einvernehmen** der Eltern kann für den konkreten Einzelfall, aber auch vorweg für ein bestimmtes Bündel von Angelegenheiten erklärt werden. Im letzteren Fall sind aber Entscheidungen auf Grund sich neu ergebender Umstände nicht mehr vom ursprünglichen Einvernehmen gedeckt. Das Einvernehmen kann auch stillschweigend erteilt werden. Im Umfang des Einvernehmens erhält ein Elternteil auch die Ermächtigung zur Alleinentscheidung einschl der alleinigen Vertretungsmacht (§ 1629 I 3), sofern dies im Hinblick auf die zu regelnde Angelegenheit notwendig ist (Palandt/*Diederichsen* § 1687 Rz 8). Wenn kein Einvernehmen hergestellt werden kann, ist nach hM gem **§ 1628** zu verfahren (s. aber § 1628 Rn 2). Demnach kann jeder Elternteil das Familiengericht anrufen, das dann einem die Entscheidungsbefugnis überträgt. Daneben kann ein Elternteil die fehlende Übereinstimmung zum Anlass nehmen gem § 1671 II Nr 2 einen Antrag auf Übertragung der Alleinsorge für den betr Teilbereich zu stellen.

5 **II. S 2 und 3: Alleinentscheidungsbefugnis in Alltagsangelegenheiten. 1.** Alleinentscheidungsbefugt nach I 2 kann nur der Elternteil sein, bei dem sich das Kind mit Einwilligung des anderen Elternteils oder auf Grund einer gerichtlichen Entscheidung **gewöhnlich aufhält**. Dem G liegt der Regelfall des **Residenzmodells** zu Grunde, bei dem das Kind überwiegend bei dem betreuenden Elternteil lebt und zu dem anderen Elternteil Umgangskontakte mit mehr oder weniger langen Aufenthalten unterhält. Beim „Wechsel-" oder „Pendelmodell", bei dem das Kind mal beim einen, mal beim anderen Elternteil seinen Lebensmittelpunkt und damit seinen gewöhnlichen Aufenthalt hat, wechselt mit diesem auch die Befugnis zur Entscheidung in Alltagsangelegenheiten (Staud/*Salgo* § 1687 Rz 15).

6 **2.** Was Entscheidungen in Angelegenheiten des täglichen Lebens sind, versucht I 3 näher zu beschreiben. Demnach weisen diese regelmäßig zwei Merkmale auf: die Entscheidungen müssen **häufig vorkommen** und **keine schwer abzuändernden Auswirkungen** auf die Entwicklung des Kindes haben. Dabei ist das Merkmal der Häufigkeit nicht ganz unproblematisch, weil der Gesetzgeber sicherlich auch einmalige oder seltene Entscheidungen von untergeordneter Bedeutung erfassen wollte. Andererseits können gerade alltägliche häufig vorkommende Entscheidungen die Entwicklung des Kindes ganz entscheidend prägen; dazu zählen etwa die Fragen, wann das Kind ins Bett gehen oder abends nach Hause kommen soll oder in welchem Umfang es fernsehen darf (problematisch daher Bsp bei Palandt/*Diederichsen* § 1687 Rz 11).

7 Bsp für das Vorliegen (*ja*) oder Nichtvorliegen (*nein*) von Angelegenheiten des täglichen Lebens iSd I 2 (vgl *Schwab* FamRZ 98, 457, 469; Staud/*Salgo* § 1687 Rz 36 ff): **Schule/Ausbildung:** *nein:* Wahl der Schulart und der Schule/Ausbildungsstätte (vgl München FamRZ 99, 111: Schulwechsel keine Alltagsfrage; ebenso Dresd FamRZ 03, 1489; Rostock FamRZ 07, 1835: Besuch weiterführender Schule), der Fächer und Fachrichtungen, Besprechung mit Lehrern wegen gefährdeter Versetzung, Entscheidung über Internatserziehung, Wahl der Lehre und der Lehrstelle; Kindergartenwahl (Frankf FamRZ 09, 894); *ja:* Entschuldigung im Krankheitsfall, Teilnahme an Sonderveranstaltungen, Notwendigkeit von Nachhilfe (Naumbg FamRZ 06, 1058), unbedeutendere Wahlmöglichkeiten iRd gewählten Ausbildungsgangs (zB Wahlfächer, Schulchor; ebenso Staud/*Salgo* § 1687 Rz 43), Auswahl der Begleitperson zu Schule, Kindergarten, Hort (Bremen FamRZ 09, 355). **Gesundheit:** *nein:* Grdl Entscheidungen der Gesundheitsvorsorge, Operationen und andere medizinische Behandlungen mit erheblichen Risiken (vgl Bambg FamRZ 03, 1403, das zu Recht die Frage der Behandlung eines hyperkinetischen Syndroms wegen der uU hervorgerufenen Nebenwirkungen als Angelegenheit von erheblicher Bedeutung ansieht), Impfungen (KG FamRZ 06, 142); *ja:* Behandlung leichterer Erkrankungen üblicher Art (zB Erkältungen), alltägliche Gesundheitsvorsorge. **Aufenthalt:** *nein:* Grundentscheidung, bei welchem Elternteil das Kind lebt, freiheitsentziehende Unterbringung; *ja:* Aufenthaltsbestimmung im Einzelnen (zB Wahl des Wohnsitzes, Teilnahme am Ferienlager – aber s.u. Rn 8 bei Auslandsaufenthalten – Besuch bei Großeltern). **Umgang:** *nein:* Grundentscheidung des Umgangs gem §§ 1632 II, 1684, 1685 (Ob und Dimension; Dresd FamRZ 05, 1275; Jena FamRZ 09, 894); *ja:* Einzelentscheidungen im täglichen Vollzug (zB Kontakte des Kindes zu den Nachbarn, Fernhalten eines unerwünschten Freundes), Begleitperson zu Schule, Kindergarten, Hort (Bremen FamRZ 09, 355). **Status- und Namensfragen:** Stets *nein* (vgl Dresd FamRZ 09, 1330, 1331: Vaterschaftsanfechtung; Staud/*Salgo* § 1687 Rz 47); beachte § 1617 II. **Fragen der Religion:** Grds *nein*; vgl dazu aber G über die religiöse Kindererziehung, das vorrangig ist. **Geltendmachung von Unterhalt**: Grds *nein*; beachte § 1629 II 2, III 1. **Vermögenssorge**: *nein*: Grdl Fragen der Anlage und der Verwendung des Kindesvermögens; *ja*: vergleichsweise unbedeutende Angelegenheiten wie die Verwaltung von Geldgeschenken; Taschengeld und Verwendung desselben iRv § 110 (Staud/*Salgo* § 1687 Rz 48).

Bei der Entscheidung, ob ein Kleinkind mit einem Elternteil einen **Ferienaufenthalt im Ausland** verbringen kann, handelt es sich um *keine* Angelegenheit des täglichen Lebens, sondern um eine solche von erheblicher Bedeutung, zumal bei derartigen Reisen typischerweise Gesundheitsgefahren für ein kleines Kind bestehen (Naumbg FamRZ 00, 1241; Köln FamRZ 99, 249). Dasselbe gilt für ältere Kinder, wenn eine besondere Gefahrenlage im Urlaubsland besteht (AG Heidelberg FamRZ 03, 1404), aber auch bei Fernreisen in einen zumindest nicht umfassend vertrauten Kulturkreis (Köln FamRZ 06, 644; aA Karlsr FamRZ 08, 1368 f: Einzelfallentscheidung). Andererseits kann nach den persönlichen Verhältnissen der Familie auch eine Reise ins entfernte Ausland eine Angelegenheit des täglichen Lebens sein (Karls FamRZ 05, 1004: China). Die Beantragung eines Ausweispapiers ist für sich genommen eine bloße Formalie und daher keine Angelegenheit von erheblicher Bedeutung (Bremen FamRZ 08, 810; Palandt/*Diederichsen* § 1687 Rz 11; aA Karlsr FamRZ 05, 1187). 8

3. Obwohl dies nicht ausdrücklich geregelt ist, umfasst nach dem Sinn des Gesetzes die alleinige Entscheidungsbefugnis in alltäglichen Angelegenheiten auch die **alleinige gesetzliche Vertretungsmacht** des Kindes hierfür (*Schwab* FamRZ 98, 457, 470; Palandt/*Diederichsen* § 1687 Rz 9: § 1629 I 3 anwendbar). 9

III. S 4: Alleinentscheidungsbefugnis bei tatsächlicher Betreuung. Die in I 4 normierte Alleinentscheidungsbefugnis desjenigen Elternteils, bei dem sich das Kind berechtigterweise vorübergehend aufhält, folgt aus der rein praktischen Notwendigkeit, dass dieser Elternteil nur so seiner Betreuungs- und Aufsichtspflicht nachkommen kann (vgl Palandt/*Diederichsen* § 1687 Rz 12). Folgerichtig ist die **Alleinentscheidungsbefugnis beschränkt** auf die Dauer des Aufenthalts bei dem Elternteil und auf Angelegenheiten der tatsächlichen Betreuung. Ebenso folgerichtig findet I 4 gem § 1687a entspr auch für den nichtsorgeberechtigten Elternteil Anwendung. Hauptanwendungsfall ist das einvernehmlich oder in Übereinstimmung mit einer gerichtlichen Entscheidung ausgeübte Umgangsrecht, insb auch beim Ferienumgang. Maßgeblich ist der Besuchscharakter (vgl Johannsen/Henrich/*Jaeger* § 1687 Rz 8). Hat das Kind seinen Lebensmittelpunkt – sei es auch nur für ein kurzen Zeitraum, etwa in Durchführung des „Wechselmodells" – bei einem Elternteil, folgt dessen Befugnis zur alleinigen Entscheidung bereits aus I 2 (s.o. Rn 5). 10

Angelegenheiten der tatsächlichen Betreuung sind entspr dem Sinn und Zweck der Vorschrift solche, die zwangsläufig ständig zur Entscheidung anstehen, wenn man ein Kind in seiner Obhut hat. Dazu zählen insb die Fragen, was das Kind essen, wann es ins Bett gehen (vgl BTDrs 13/4899 108) und welche Kleidung es tragen soll, aber auch welche Spiele es machen und in welchem Umfang es fernsehen darf. Die Befugnis zur tatsächlichen Betreuung umfasst aber nicht das Recht, das Kind zu vertreten. Insoweit besteht nur ein Notvertretungsrecht gem I 5 iVm § 1629 I 4 (Palandt/*Diederichsen* § 1687 Rz 13). 11

IV. S 5: Notvertretungsrecht und Wohlverhaltenspflicht. 1. Durch die Verweisung auf § 1629 I 4 ist klargestellt, dass das **Notvertretungsrecht**, das auch die Befugnis zu tatsächlichem Handeln in der Notlage umfasst, im Anwendungsbereich des § 1687 ebenfalls gilt (vgl BTDrs 13/4899 108). Hinsichtlich der Voraussetzungen des Notvertretungsrechts vgl § 1629 Rn 9. 12

2. Die Pflicht zu gegenseitigem **Wohlverhalten**, die in § 1684 II 1 normiert ist, gilt entspr auch im Anwendungsbereich des § 1687 und erlangt insb bei der Ausübung des Alleinentscheidungsrechts Bedeutung (vgl Palandt/*Diederichsen* § 1687 Rz 15). 13

C. Abs 2: Einschränkung und Ausschluss der Befugnisse durch das Familiengericht. II gibt dem Familiengericht das Recht in die Befugnis zur Alleinentscheidung gem I 2 oder 4 einzugreifen, wenn dies zum Wohl des Kindes erforderlich ist. Diese Eingriffsschwelle ist niedriger als bei § 1666, verlangt aber, dass triftige, das Kindeswohl nachhaltig berührende Gründe vorhanden sind, die darauf hinweisen, dass ohne die Maßnahme eine ungünstige Entwicklung des Kindes eintreten könnte (BGH FamRZ 79, 113; Palandt/*Diederichsen* § 1687 Rz 16). Das Familiengericht sollte von der Eingriffsmöglichkeit regelmäßig nur auf – grds nicht erforderlichen – Antrag eines Elternteils Gebrauch machen (vgl Staud/*Salgo* § 1687 Rz 55). 14

§ 1687a Entscheidungsbefugnisse des nicht sorgeberechtigten Elternteils.
Für jeden Elternteil, der nicht Inhaber der elterlichen Sorge ist und bei dem sich das Kind mit Einwilligung des anderen Elternteils oder eines sonstigen Inhabers der Sorge oder auf Grund einer gerichtlichen Entscheidung aufhält, gilt § 1687 Abs. 1 Satz 4 und 5 und Abs. 2 entsprechend.

Die Vorschrift erklärt für den nicht sorgeberechtigten Elternteil als entspr anwendbar: die Alleinentscheidungsbefugnis nach § 1687 I 4, das Notvertretungsrecht nach § 1687 I 5, die wechselseitige Wohlverhaltenspflicht gem § 1687 I 5 und die Eingriffsbefugnis des Familiengerichts nach § 1687 II. 1

§ 1687b Sorgerechtliche Befugnisse des Ehegatten. (1) ¹Der Ehegatte eines allein sorgeberechtigten Elternteils, der nicht Elternteil des Kindes ist, hat im Einvernehmen mit dem sorgeberechtigten Elternteil die Befugnis zur Mitentscheidung in Angelegenheiten des täglichen Lebens des Kindes. ²§ 1629 Abs. 2 Satz 1 gilt entsprechend.
(2) Bei Gefahr im Verzug ist der Ehegatte dazu berechtigt, alle Rechtshandlungen vorzunehmen, die zum Wohl des Kindes notwendig sind; der sorgeberechtigte Elternteil ist unverzüglich zu unterrichten.
(3) Das Familiengericht kann die Befugnisse nach Abs. 1 einschränken oder ausschließen, wenn dies zum Wohl des Kindes erforderlich ist.
(4) Die Befugnisse nach Abs. 1 bestehen nicht, wenn die Ehegatten nicht nur vorübergehend getrennt leben.

1 Die Vorschrift verleiht dem **Stiefelternteil**, der mit dem alleinsorgeberechtigten Elternteil zusammenlebt, ein gesetzliches Mitentscheidungsrecht. Dasselbe Recht steht dem eingetragenen Lebenspartner nach dem inhaltsgleichen § 9 LPartG zu (vgl Palandt/*Brudermüller* § 9 LPartG Rz 2; *Schwab* FamRZ 01, 385, 394 f).

§ 1688 Entscheidungsbefugnisse der Pflegeperson. (1) ¹Lebt ein Kind für längere Zeit in Familienpflege, so ist die Pflegeperson berechtigt, in Angelegenheiten des täglichen Lebens zu entscheiden sowie den Inhaber der elterlichen Sorge in solchen Angelegenheiten zu vertreten. ²Sie ist befugt, den Arbeitsverdienst des Kindes zu verwalten sowie Unterhalts-, Versicherungs-, Versorgungs- und sonstige Sozialleistungen für das Kind geltend zu machen und zu verwalten. ³§ 1629 Abs. 1 Satz 4 gilt entsprechend.
(2) Der Pflegeperson steht eine Person gleich, die im Rahmen der Hilfe nach den §§ 34, 35 und 35a Abs. 1 S 2 Nr. 3 und 4 des Achten Buches Sozialgesetzbuch die Erziehung und Betreuung eines Kindes übernommen hat.
(3) ¹Die Absätze 1 und 2 gelten nicht, wenn der Inhaber der elterlichen Sorge etwas anderes erklärt. ²Das Familiengericht kann die Befugnisse nach den Absätzen 1 und 2 einschränken oder ausschließen, wenn dies zum Wohl des Kindes erforderlich ist.
(4) Für eine Person, bei der sich das Kind auf Grund einer gerichtlichen Entscheidung nach § 1632 Abs 4 oder § 1682 aufhält, gelten die Absätze 1 und 3 mit der Maßgabe, daß die genannten Befugnisse nur das Familiengericht einschränken oder ausschließen kann.

1 **A. Abs 1: Alleinentscheidungsbefugnis von Pflegepersonen. I. Anwendungsbereich.** Der Anwendungsbereich der Vorschrift ist eröffnet, wenn ein Kind für längere Zeit in Familienpflege lebt. Damit ist die Vollzeitpflege gem § 33 SGB VIII sowie die auf Grund einer Pflegeerlaubnis gem § 44 I SGB VIII gewährte regelmäßige Betreuung und Unterbringung des Kindes außerhalb der Familie gemeint.

2 **II. Umfang der Befugnis. 1.** Gem 1 ist die Pflegeperson befugt in **Angelegenheiten des täglichen Lebens** allein zu entscheiden. Dies entspricht der Regelung der Alleinentscheidungsbefugnis des betreuenden Elternteils bei gemeinsamer Sorge gem § 1687 I 2 (s. § 1687 Rn 5 ff). Anders geregelt ist aber das Recht, das Kind in diesen Angelegenheiten nach außen zu vertreten. Die Pflegeperson hat keine direkte **Vertretungsmacht** für das Kind, sondern nur eine mittelbare, indem es den Inhaber der elterlichen Sorge vertreten kann.

3 **2.** Darüber hinaus ist die Pflegeperson gem **2** befugt, den Arbeitsverdienst des Kindes zu verwalten sowie die genannten Leistungen geltend zu machen und zu verwalten. Unterhaltsansprüche kann die Pflegeperson aber nicht gegen die Eltern geltend machen, wenn diese sorgeberechtigt sind, weil sie nur ein vom Inhaber der elterlichen Sorge abgeleitetes Vertretungsrecht hat (vgl Palandt/*Diederichsen* § 1688 Rz 8).

4 **3.** IÜ steht der Pflegeperson auch das Notvertretungsrecht gem § 1629 I 4 zu (s. § 1629 Rn 9).

5 **4.** Unabhängig von § 1688 kann der Sorgerechtsinhaber Teile der elterlichen Sorge und der gesetzlichen Vertretung **zur Ausübung** auf die Pflegeperson **übertragen**, sofern sich dies noch iRd Zulässigen hält (s. § 1626 Rn 4).

6 **B. Abs 2: Erweiterter Anwendungsbereich.** II erweitert den Anwendungsbereich des I auf Personen, die zwar keine Pflegepersonen iSd SGB VIII sind, aber das Kind iRe Heimerziehung oder einer sonstigen betreuten Wohnform gem § 34 SGB VIII, einer intensiven sozialpädagogischen Einzelbetreuung gem § 35 SGB VIII oder der Eingliederungshilfe für seelisch behinderte Kinder und Jugendliche gem § 35a SGB VIII **erziehen und betreuen**.

7 **C. Abs 3: Vorrang des Sorgerechtsinhabers und Eingriffsbefugnis des Familiengerichts. I. S 1.** stellt die Befugnisse der Pflegeperson und des ihr gleichgestellten Erziehers und Betreuers uneingeschränkt zur Disposition des Inhabers der elterlichen Sorge. In dem Umfang, in dem dieser etwas anderes erklärt, entfällt deren Alleinentscheidungsbefugnis. Diese Beschränkung stellt jedoch eine Ausn dar, so dass der Sorgerechtsinhaber hierfür die Feststellungslast trägt.

II. S 2. gibt dem Familiengericht die Ermächtigung in die Alleinentscheidungsbefugnis der Pflegepersonen und der diesen gleichgestellten Personen einzugreifen, wenn das Wohl des Kindes dies erfordert. Die Regelung entspricht § 1687 II (s. § 1687 Rn 14).

D. Abs 4: Befugnisse bei Verbleibensanordnung. IV erweitert den Anwendungsbereich der I bis III auf Personen, bei denen sich das Kind auf Grund einer **Verbleibensanordnung** gem § 1632 IV oder § 1682 aufhält. Da in diesem Fall zwischen der Bezugsperson, bei der sich das Kind aufhält, und dem Inhaber der elterlichen Sorge Streit besteht, ist die Anwendbarkeit des III 1 ausgeschlossen. IV will sicherstellen, dass derjenige, der das Kind zu dessen Wohle noch eine gewisse Zeit betreuen soll, hierfür auch mit den notwendigen Befugnissen ausgestattet ist.

§§ 1689–1692 – weggefallen –

§ 1693 Gerichtliche Maßnahmen bei Verhinderung der Eltern. Sind die Eltern verhindert, die elterliche Sorge auszuüben, so hat das Familiengericht die im Interesse des Kindes erforderlichen Maßregeln zu treffen.

Voraussetzung für das Eingreifen des Familiengerichts ist, dass **beide Eltern** an der Ausübung der elterlichen Sorge ganz oder teilweise verhindert sind. Die Verhinderung kann auf tatsächlichen (§ 1678 I) oder rechtlichen Gründen (§§ 1673, 1674, 1629 II 1) beruhen. Die Dauer der Verhinderung ist unerheblich.

Es muss jedoch stets ein **dringendes, anders nicht regelbares Bedürfnis** bestehen (Staud/*Coester* § 1693 Rz 3; Karlsr FamRZ 00, 568). Das Gericht darf immer nur das unbedingt Notwendige tun (Palandt/*Diederichsen* § 1693 Rz 2). Es kann die erforderlichen Maßnahmen (zB vorläufige Unterbringung, Einwilligung in eine Operation) zwar selbst vornehmen, doch ist die Bestellung eines Ergänzungspflegers oder Vormunds vorrangig (Naumbg FamRZ 08, 639), wenn hierfür noch Zeit verbleibt.

Das Familiengericht ist gem § 151 Nr 4 und Nr 5 FamFG für die **Anordnung** einer Vormundschaft (§§ 1773 ff) oder Ergänzungspflegschaft (§§ 1909 ff) zuständig. Die Zuständigkeit umfasst auch die **Auswahl** des Vormunds oder Pflegers gem §§ 1779, 1915 I sowie deren förmliche Bestellung gem §§ 1789, 1915 I (Schulte-Bunert/Weinreich/*Tschichoflos* § 151 FamFG Rz 11, 13).

§§ 1694, 1695 – weggefallen –

§ 1696 Abänderung gerichtlicher Entscheidungen und gerichtlich gebilligter Vergleiche. (1) ¹Eine Entscheidung zum Sorge- oder Umgangsrecht oder ein gerichtlich gebilligter Vergleich ist zu ändern, wenn dies aus triftigen, das Wohl des Kindes nachhaltig berührenden Gründen angezeigt ist. ²§ 1672 Abs. 2, § 1680 Abs. 2 Satz 1 sowie § 1681 Abs. 1 und 2 bleiben unberührt.
(2) Eine Maßnahme nach den §§ 1666 bis 1667 oder einer anderen Vorschrift des Bürgerlichen Gesetzbuches, die nur ergriffen werden darf, wenn dies zur Abwendung einer Kindeswohlgefährdung oder zum Wohl des Kindes erforderlich ist (kindesschutzrechtliche Maßnahme), ist aufzuheben, wenn eine Gefahr für das Wohl des Kindes nicht mehr besteht oder die Erforderlichkeit der Maßnahme entfallen ist.

A. Abs 1 S 1: Generalnorm zur Abänderung. I. Formelle Voraussetzungen – Anwendungsbereich. 1. Der mit Inkrafttreten des FGG-RG am 1.9.09 neu gestaltete § 1696 enthält die materiellrechtliche Eingriffsbefugnis zur Änderung von sorge- und umgangsrechtlichen Entscheidungen sowie von gerichtlich gebilligten Vergleichen iSd § 156 II FamFG. Die verfahrensrechtlichen Regelungen wurden in § 166 FamFG übernommen. Inhaltlich neu ist lediglich, dass nunmehr auch gerichtlich gebilligte Vergleiche der Abänderung nach § 1696 unterliegen. Die Generalnorm des I 1 tritt ggü den Spezialvorschriften des I 2 und II zurück. Die Anwendung des I 1 setzt voraus, dass eine Entscheidung des Familiengerichts oder ein von diesem gerichtlich gebilligter Vergleich auf dem Gebiet der elterlichen Sorge oder des Umgangsrechts bereits vorliegt. Ohne einen solchen Titel kann eine Abänderung gem § 1696 I 1 nicht erfolgen. Deshalb findet die Vorschrift keine Anwendung, wenn eine privatrechtliche Vereinbarung der Eltern oder ein kraft Gesetzes bestehendes Sorgerechtsverhältnis abgeändert werden soll (Staud/*Coester* § 1696 Rz 31). Hauptanwendungsfälle sind die Abänderung von gerichtlichen Umgangsanordnungen oder -vergleichen sowie von Sorgeentscheidungen gem § 1671 und gem §§ 1671, 1672 aF, wozu auch die gerichtliche Anordnung der gemeinsamen Sorge in diesen Altfällen zählt (*Schwab* FamRZ 98, 457, 471; hinsichtlich § 1672 aF vgl auch Braunschw FamRZ 99, 1006; Zweibr OLGR 00, 144; Schlesw OLGR 99, 341). Dagegen unterliegt die auf Grund gemeinsamer Sorgeerklärung iSd § 1626a I Nr 1 (*Schwab* FamRZ 98, 457, 471) oder Heirat gem § 1626a I Nr 2 bestehende gemeinsame elterliche Sorge ebenso wenig der Abänderung gem § 1696 wie die gem § 1626a II bestehende Alleinsorge der unverheirateten Mutter (vgl auch § 1672 I).

Hinsichtlich **§ 1672 aF** ist die Anwendbarkeit des § 1696 I 1 aber nur insoweit gegeben als während der Dauer des weiteren Getrenntlebens vor der Scheidung eine Abänderung erfolgen soll. Denn einer Entscheidung gem

§ 1672 aF kommt auch nach Inkrafttreten des Kindschaftsrechtsreformgesetzes am 1.7.98 keine Bestandskraft über die Scheidung hinaus zu. Dies folgt aus der Systematik der Neuregelung, deren Zweck es war, die Elternautonomie zu stärken. Dem würde es widersprechen, wenn in einem zu diesem Zeitpunkt noch nicht abgeschlossenen Scheidungsverfahren einem Elternteil, der an der gemeinsamen elterlichen Sorge festhalten will, die Wirkungen des neuen Rechts wegen einer Norm vorenthalten würden, deren Zweck es nicht war, die Verhältnisse nach der Scheidung zu regeln (Zweibr FamRZ 00, 506; Hamm FamRZ 98, 1315; 99, 1159; Schlesw OLGR 99, 341; Stuttg FamRZ 01, 435; Stuttg OLGR 00, 212; Bambg FamRZ 99, 805; Nürnbg FamRZ 99, 614; Köln FamRZ 99, 613; 00, 509; aA Frankf FamRZ 99, 612; Stuttg FamRZ 99, 804; Zweibr FamRZ 99, 807; AG Freysing FamRZ 99, 806; Jena FamRZ 01, 436). Für die Zeit nach der Scheidung richtet sich die Regelung der elterlichen Sorge allein nach § 1671 mit der Folge, dass der Elternteil, der an der Alleinsorge – die ihm während des Getrenntlebens gem § 1672 aF übertragen worden war – festhalten will, einen Antrag gem § 1671 II stellen muss; andernfalls tritt mit Rechtskraft des Scheidung gemeinsame Sorge ein.

3 Dass die gemeinsame Sorge, die nach neuem Recht trotz Trennung und Scheidung fortbesteht, keiner Abänderung nach § 1696 I zugänglich ist, versteht sich von selbst, da eine gerichtliche Entscheidung gerade fehlt. Aber auch wenn ein **Antrag** eines Elternteils gem § 1671 II **zurückgewiesen** wurde, kann nichts anderes gelten (ebenso Staud/*Coester* § 1696 Rz 31; ähnl bei Ablehnung des Umgangsrechtsantrages Hamm EzFamR aktuell 97, 7), weil auch hier die gemeinsame Sorge nicht durch die gerichtliche Entscheidung begründet wurde, sondern lediglich fortbesteht. Auch ergäben sich dadurch unnötige Probleme bei der Frage, nach welchem Maßstab der nunmehrige Antrag des damaligen Antragsgegners zu beurteilen wäre. Würde man für diesen auch § 1696 heranziehen, wäre er durch den ursprünglich unbegründeten Antrag des anderen Elternteils benachteiligt; würde man aber § 1671 nur auf diesen Elternteil anwenden ergäben sich unterschiedliche Beurteilungsmaßstäbe für das gleiche Sorgerechtsverhältnis.

4 2. Die Abänderung einer gerichtlichen Entscheidung gem § 1696 kommt erst in Betracht, wenn sie rechtskräftig ist. Solange die Möglichkeit besteht dagegen mit **Rechtsmitteln** vorzugehen, scheidet die Anwendung von § 1696 aus. Doch steht den Beteiligten die uneingeschränkte Dispositionsbefugnis darüber zu, ob sie gegen eine Entscheidung des Familiengerichts ein Rechtsmittel einlegen oder sie ein bereits eingelegtes Rechtsmittel durchführen; diese Entschließungsfreiheit wird auch durch § 1696 I nicht beeinträchtigt (BGH FamRZ 99, 1585, 1586). Deshalb können die Parteien auch außergerichtlich durch Vertrag den Verzicht auf ein bereits eingelegtes Rechtsmittel vereinbaren (BGH FamRZ 99, 1585, 1586).

5 Ein Vergleich kann nur auf Antrag eines Elternteils oder unter den Voraussetzungen des § 1666 abgeändert werden. Denn er beruht auf einer einverständlichen Entscheidung der Eltern (AmtlBegr BTDrs 16/6308, 346).

6 Gegenüber **Maßnahmen gem § 1666** ist wegen des Grundsatzes der Verhältnismäßigkeit die Abänderung gem § 1696 vorrangig, wenn die Gefahr auch dadurch abgewendet werden kann. Wegen des höheren Prüfungsmaßstabes hat aber § 1666 in den Fällen Vorrang, in denen es nicht darum geht, die getroffene Sorgeregelung wegen veränderter Umstände abzuändern, sondern bei Gefährdung des Kindeswohls gerichtlich einzuschreiten (BVerfG FamRZ 09, 1472, 1474). IÜ gehen Sonderregelungen, die einer Veränderung der Umstände bereits Rechnung tragen, der Anwendung des § 1696 vor, was durch I 2 ausdrücklich klargestellt wird (AmtlBegr BTDrs 16/6308, 346; eingehend Staud/*Coester* § 1696 Rz 8 ff).

7 **II. Inhaltliche Voraussetzungen. 1.** In allen Sorge- und Umgangsrechtssachen ist für den Einwand der rechtskräftig entschiedenen Sache kein Raum. Die Fürsorge ggü dem Minderjährigen hat stets Vorrang vor der Endgültigkeit einer einmal getroffenen Entscheidung. Sorge- und Umgangsrechtsentscheidungen sind daher der materiellen Rechtskraft nicht fähig (BGH NJW-RR 86, 1130; BGHZ 64, 19, 29; KG FamRZ 77, 65). Sie können lediglich in formelle Rechtskraft erwachsen.

8 Folgerichtig schafft § 1696 I 1 die Möglichkeit der Abänderung einer gerichtlichen Entscheidung, die für das Gericht zu einer vAw wahrzunehmenden Pflicht wird (vgl BTDrs 13/4899, 109), falls eine abweichende Regelung aus triftigen, das Wohl des Kindes nachhaltig berührenden Gründen angezeigt ist. Diese in ständiger Rechtsprechung (BGH NJW-RR 86, 1130; BGH FamRZ 93, 314; BGHZ 64, 19, 29; BayObLG FamRZ 64, 640 f; 71, 467, 471; 74, 318, 3; 76, 38, 39 und 41, 42; KG FamRZ 59, 253, 254; 67, 411, 412) entwickelte und vertretene Formel ist mit Neufassung der Vorschrift Gesetz geworden. Damit soll insb ggü den Betroffenen zum Ausdruck kommen, dass nicht jede Änderung ausreicht, um das Verfahren neu aufzurollen (BTDrs 13/4899, 109).

9 2. Sinn und Zweck des Abänderungsverfahrens ist nicht die nochmalige Überprüfung einer früheren Sorgerechtsentscheidung nach Ausschöpfung des Rechtsweges, sondern die Anpassung an inzwischen eingetretene oder bekannt gewordene, nachhaltige und gewichtige Änderungen tatsächlicher oder rechtlicher Art unter dem Gesichtspunkt des Kindeswohls. Die Abänderung einer formell rechtskräftigen Regelung kommt deshalb *nur in Betracht, wenn Tatsachen geltend gemacht werden, die nach Erlass der abzuändernden Entscheidung eingetreten oder bekannt geworden sind* (Bambg FamRZ 90, 1135). Sie dient nicht dazu, eine nachträglich als unrichtig erkannte Entscheidung bei unverändertem Sach-, Rechts- und Erkenntnisstand zu korrigieren, etwa weil der Richter die Dinge nunmehr anders sieht (Bambg v 21.1.87, Az 2 UF 354/86). Anderseits ist im

Interesse des Kindeswohls an das Erfordernis neuer Umstände kein strenger Maßstab anzulegen (Staud/*Coester* § 1696 Rz 51; vgl Rostock FamRZ 07, 1352). So ist nicht erforderlich, dass Änderungen der äußeren Lebensumstände eingetreten sind. Vielmehr kann auch die veränderte innere Einstellung eines Elternteils oder des Kindes genügen, wenn sie sich äußerlich bemerkbar macht (BGH FamRZ 93, 314, 315). Auch müssen nicht neue tatsächliche Umstände eingetreten sein (BGH NJW-RR 86, 1130); die Änderung der Gesetzgebung oder der höchstrichterlichen Rechtsprechung kann ebenso Anlass zu einer Abänderung geben (s. aber Rn 16). Neu ist ein Umstand auch, wenn er zwar bei der Erstentscheidung bereits vorhanden, aber nicht bekannt war.

3. Liegen veränderte Umstände vor, so ist zu prüfen, ob deswegen eine Änderung der Erstentscheidung notwendig ist. Maßstab ist ausschließlich das Kindeswohl. Das Interesse der übrigen Beteiligten ist nur von Bedeutung, sofern es sich auf das Kindeswohl auswirkt (Staud/*Coester* § 1696 Rz 53). Es ist nicht losgelöst von der Erstentscheidung nach der für das Kind besten Lösung zu suchen, sondern ein Vergleich zwischen der bestehenden Regelung und einer möglichen neuen Regelung anzustellen. Die Vorteile der Neuregelung müssen bei fehlendem Einvernehmen der Eltern die mit der Änderung verbundenen Nachteile unter dem Gesichtspunkt der Erziehungskontinuität deutlich überwiegen (Karlsr OLGR 00, 383; Köln FamRZ 05, 1276). Für die Beurteilung der Alternativen sind jeweils alle üblichen Kindeswohlkriterien (s. § 1671 Rn 29 ff) heranziehen. Beim anschließenden Vergleich der Regelungen ist danach zu fragen, ob das Änderungsinteresse das Bestandsinteresse deutlich überwiegt. 10

Dieser strenge Maßstab gilt jedoch nicht, wenn die Eltern einen übereinstimmenden Vorschlag machen, insb zur Neuregelung der Sorge. Dann dreht sich das Regel-Ausnahme-Verhältnis um: Die triftigen Gründe müssen nicht für die erstrebte Änderung sprechen, es genügt wenn sie ihr nicht im Wege stehen (*Schwab* FamRZ 98, 457, 471; Staud/*Coester* § 1696 Rz 61; Dresd FamRZ 02, 632 sieht in dem übereinstimmenden Elternvorschlag bereits einen triftigen Grund und hält das Gericht für daran gebunden, falls nicht das mindestens 14 Jahre alte Kind widerspricht oder konkrete Anzeichen für eine Kindeswohlgefährdung vorliegen). Erst recht gilt dies, wenn beide Eltern einen gerichtlich gebilligten Vergleich einvernehmlich abändern wollen. Dies ist bereits möglich, wenn der neue Vergleich wiederum die gerichtliche Billigung findet. 11

4. Die Änderungsbefugnis ist insoweit beschränkt als es dem Gericht verwehrt ist ein anderes Rechtsverhältnis zu regeln als Gegenstand der Erstentscheidung war. So kann es bei Abänderung einer Umgangsanordnung nicht das Sorgerecht regeln und bei einer Entscheidung nach § 1628 nicht die Sachentscheidung treffen. Innerhalb des Verfahrensgegenstands steht ihm jedoch jede zum Zeitpunkt der Abänderungsentscheidung bestehende Gestaltungsmöglichkeit zu. Deshalb kann das Gericht nach Übertragung der elterlichen Sorge gem § 1672 I auf den Vater durch Änderungsentscheidung nach § 1696 I wiederum der Mutter das Alleinsorgerecht übertragen. Auch kann bei gerichtlicher Übertragung der Alleinsorge auf einen Elternteil gem § 1696 wieder die gemeinsame Sorge hergestellt werden (Staud/*Coester* § 1696 Rz 34; *Schwab* FamRZ 98, 457, 471; aA wohl BTDrs 13/4899, 101). 12

Die Abänderungsentscheidung muss wie jeder Eingriff in das elterliche Sorgerecht den **Grundsatz der Verhältnismäßigkeit** sowie das allgemein verbindliche Prinzip des mildesten Mittels beachten. Angesichts der Bedeutung des Elternrechts und des Grundrechtsschutzes, unter dem es steht, ist jeder Eingriff in dieses Recht auf das unumgänglich notwendige Maß zu beschränken. Das gewählte Mittel muss zur Beseitigung der aufgetretenen Gefahr geeignet sein und darf über das zur Gefahrbeseitigung Erforderliche – nach dem Grundsatz der Verhältnismäßigkeit – nicht hinausgehen (BGH NJW-RR 86, 1264, 1265). 13

III. Anwendungsbeispiele. Gemeinsame Sorge. »Die Änderung ist weder mit dem Interesse eines beteiligten Elternteils noch ausschließlich mit einem entsprechenden Wunsch des Kindes zu begründen. Daher ist der inzwischen nicht mehr bestehende Wille eines Elternteils, das Sorgerecht gemeinsam auszuüben, für sich allein unbeachtlich. Einer solchen Erklärung kommt nur dann entscheidungserhebliche Bedeutung zu, wenn sie Ausdruck einer inzwischen eingetretenen Entwicklung ist, die nach einer Änderung der gemeinsamen Sorge durch gerichtliche Entscheidung im Interesse des Kindes dringend verlangt.« (Karlsr FamRZ 98, 1046). Allein die Tatsache, dass der Vater bei gemeinsamer Sorge der Eltern sich nicht in ausreichendem Maß um das Wohl der Kinder aktiv bemüht und nicht weitergehend Verantwortung übernimmt, rechtfertigt noch nicht die Abänderung und Übertragung der Alleinsorge auf die Mutter, wenn nicht ersichtlich ist, dass sich durch die beantragte Sorgerechtsänderung die Situation für die Kinder verbessern würde (Frankf FamRZ 96, 889). Ob bei entsprechender Konstellation bei einer Erstentscheidung die Beibehaltung der gemeinsamen elterlichen Sorge in Betracht käme, ist unerheblich. 14

Kindeswille. Der ausgeprägte Wunsch eines 11-jährigen Kindes, der keine momentane Einstellung, sondern eine zeitlich überdauernde Wunschbekundung darstellt, kann entscheidender Grund für eine Sorgerechtsänderung sein. Diese ist nicht deshalb ausgeschlossen, weil die elterliche Sorge dabei von der Mutter auf einen heute gleichfalls dem weiblichen Geschlecht zugehörigen früheren Vater übertragen werden muss (Schlesw FamRZ 90, 433, 434). Die Entscheidung nach § 1696 ist aber allein am Kindeswohl auszurichten, nicht an den Interessen der Eltern und auch nicht an einem entspr Wunsch des Kindes (vgl Hamm FamRZ 88, 1313, 1314). 15

16 Neue Rechtslage durch KindRG. Der Prüfungsmaßstab ist bei der Abänderungsentscheidung nach § 1696 streng: Die Vorteile der Neuregelung müssen bei fehlendem Einvernehmen der Eltern die mit der Änderung verbundenen Nachteile unter dem Gesichtspunkt der Erziehungskontinuität deutlich überwiegen. Geänderte Gesetze – hier die Neuregelung des Bereichs der elterlichen Sorge durch das KindRG – rechtfertigen für sich allein keine Abänderung (Karlsr OLGR 00, 383). »Ein Abänderungsgrund ist nicht allein in dem Inkrafttreten des KindRG zu sehen, sondern die gemeinsame Sorge muss bei Ablehnung durch einen Elternteil zu einer tatsächlichen Verbesserung der Situation des Kindes führen. Das Bestehen eines Konsenses der Eltern über Entscheidungen von erheblicher Bedeutung reicht dazu nicht aus.« (Braunschw FamRZ 02, 121).

17 B. Abs 1 S 2: Vorrang spezialgesetzlicher Regelungen. Der mit Inkrafttreten des FGG-RG am 1.9.09 neu eingefügte I 2 dient lediglich der Klarstellung, dass die genannten Spezialregelungen zur Abänderung gerichtlicher Entscheidungen der Generalnorm des I 1 vorgehen (AmtlBegr BTDrs 16/6308, 346).

18 C. Abs 2: Aufhebung von Maßnahmen. II enthält die Legaldefinition kindesschutzrechtlicher Maßnahmen. Er soll verdeutlichen, dass der Grundsatz der Erforderlichkeit und Verhältnismäßigkeit für alle kindesschutzrechtlichen Maßnahmen zugleich Eingriffs- und Bestandsvoraussetzung ist. Dies betrifft Maßnahmen nach §§ 1631b, 1632 IV, 1666, 1666a, 1667, 1682, 1684 IV (auch iVm § 1685 III), 1687 II (auch iVm § 1687a) und 1688 III 2, IV. Sind solche Maßnahmen nicht mehr erforderlich, weil keine Gefahr für das Wohl des Kindes oder dessen Vermögen mehr besteht oder ist die Erforderlichkeit aus sonstigen Gründen entfallen, muss sie das Gericht aufheben. Dabei sind im Hauptanwendungsfall des § 1666 insb die Tragweite der Trennung von der Pflegefamilie, die Intensität der zu ihr entstandenen Bindungen und die Erziehungsfähigkeit der Herkunftsfamilie zu berücksichtigen (Stuttg FamRZ 05, 1273). Eine Aufhebung ist insb geboten, wenn seit der früheren Entscheidung entweder eine Änderung in den tatsächlichen Verhältnissen eingetreten ist oder doch Umstände zutage getreten sind, die zu einer anderen Beurteilung des der früheren Regelung zugrunde gelegten Sachverhalts nötigen, und sich hierbei ergibt, dass die Gefährdungsvoraussetzungen des § 1666 I nicht mehr vorliegen (BayObLG FamRZ 97, 956, 957; vgl auch Celle FamRZ 03, 549). Das gleiche gilt, wenn die Maßnahme von Anfang an unzulässig war oder sich als ungeeignet erwiesen hat (Staud/*Coester* § 1696 Rz 101). Auch kann es trotz wiedererlangter Erziehungsfähigkeit der Mutter erforderlich sein, die derzeit stabile Entwicklung des Kindes bei den Pflegeeltern aufrechtzuerhalten, insb wenn auch das Kind dies wünscht (Frankf FamRZ 02, 1277).

19 Die Gefahr muss aber völlig weggefallen sein und darf nicht in anderer Form weiter bestehen. Ist etwa der Mutter wegen einer psychischen Erkrankung, die in Schüben auftritt, die Personensorge entzogen worden, zwingt die Tatsache, dass mehr als 1 Jahr lang keine Krankheitsschübe mehr aufgetreten sind, nicht zur Abänderung oder Aufhebung, wenn die Gefahr weiterer Krankheitsschübe besteht (BayObLG FamRZ 97, 956).

20 In Betracht kommt nicht nur die völlige Aufhebung einer Maßnahme, sondern auch deren Abmilderung durch teilweise Aufhebung. Ist eine Ersetzung oder Verschärfung der Maßnahme erforderlich, hat dies gem §§ 1696, 1666 zu erfolgen.

21 D. Verfahrensrecht. Die Überprüfung und Abänderung einer Sorgerechtsentscheidung gem § 1696 ist ein ggü der Erstentscheidung selbständiges Verfahren, das in § 166 FamFG geregelt ist. Die Zuständigkeit ist unabhängig vom Erstverfahren zu bestimmen (BayObLG FamRZ 00, 1233). Dies gilt auch, wenn die Maßnahme durch eine höhere Instanz angeordnet wurde (BayObLG FamRZ 80, 284). Die örtliche, sachliche und funktionelle Zuständigkeit richtet sich nach den zum Zeitpunkt der Einleitung des Abänderungsverfahrens für die in Betracht kommende Maßnahme geltenden Vorschriften (BGH FamRZ 90, 1101).

§ 1697 – weggefallen –

§ 1697a Kindeswohlprinzip.
Soweit nicht anderes bestimmt ist, trifft das Gericht in Verfahren über die in diesem Titel geregelten Angelegenheiten diejenige Entscheidung, die unter Berücksichtigung der tatsächlichen Gegebenheiten und Möglichkeiten sowie der berechtigten Interessen der Beteiligten dem Wohl des Kindes am besten entspricht.

1 § 1697a will ausdrücklich vor Augen führen, dass das **Kindeswohl der zentrale und beherrschende Maßstab** für alle gerichtlichen Entscheidungen ist. Das Kindeswohl wird zum allg Rechtsprinzip erhoben (Palandt/*Diederichsen* § 1697a Rn 1). Die praktische Bedeutung der subsidiären Vorschrift ist jedoch gering, weil die meisten Eingriffsnormen den Begriff des Kindeswohls bereits enthalten. Soweit dies nicht der Fall ist – etwa bei §§ 1628, 1684 I, 1632 I bis III –, kommt § 1697a aber Auffangfunktion zu, so dass die vor Einf der Vorschrift notwendige Analogie nicht mehr erforderlich ist. Zum Kindeswohlbegriff vgl § 1671 Rn 28 ff.

§ 1698 Herausgabe des Kindesvermögens; Rechnungslegung.
(1) Endet oder ruht die elterliche Sorge der Eltern oder hört aus einem anderen Grunde ihre Vermögenssorge auf, so haben sie dem Kind das Vermögen herauszugeben und auf Verlangen über die Verwaltung Rechenschaft abzulegen.

(2) Über die Nutzungen des Kindesvermögens brauchen die Eltern nur insoweit Rechenschaft abzulegen, als Grund zu der Annahme besteht, daß sie die Nutzungen entgegen der Vorschrift des § 1649 verwendet haben.

Voraussetzung der Vermögensherausgabe und Rechnungslegung ist, dass die Vermögenssorge **endet** oder **ruht**. Die Sorge endet insb bei Eintritt der Volljährigkeit, iÜ durch Übertragung oder Entzug; ein Ruhen tritt gem §§ 1673, 1674 I, 1751 I 1 ein.

Die **Vermögensherausgabe** verpflichtet gem §§ 260, 261 auch zur Vorlage eines Bestandsverzeichnisses. Für die **Rechnungslegung** gelten §§ 259, 261. II gibt keinen eigenen Anspruch, sondern erweitert bei Vorliegen der Voraussetzungen des I die Rechenschaftspflicht auf Nutzungen bei Verdacht eines Verstoßes gegen § 1649 (Staud/*Coester* Rz 11, str).

Endet die Vermögenssorge der Eltern oder eines Elternteils vor Eintritt der Volljährigkeit des Kindes, dann steht der **Anspruch** nach § 1698 dem neuen Sorgerechtsinhaber, nicht dem minderjährigen Kind selbst, zu (BGHF 6, 55, 57 v 10. 2. 88). Als neuer Sorgerechtsinhaber kommt auch der Elternteil in Betracht, der jetzt allein Inhaber der Vermögenssorge ist, die zuvor beiden Eltern gemeinsam zustand. Sind beide Eltern verpflichtet, haften sie als Gesamtschuldner. Der Anspruch ist vor den **allg Zivilgerichten** geltend zu machen.

§ 1698a Fortführung der Geschäfte in Unkenntnis der Beendigung der elterlichen Sorge.
(1) ¹Die Eltern dürfen die mit der Personensorge und mit der Vermögenssorge für das Kind verbundenen Geschäfte fortführen, bis sie von der Beendigung der elterlichen Sorge Kenntnis erlangen oder sie kennen müssen. ²Ein Dritter kann sich auf diese Befugnis nicht berufen, wenn er bei der Vornahme eines Rechtsgeschäfts die Beendigung kennt oder kennen muß.
(2) Diese Vorschriften sind entsprechend anzuwenden, wenn die elterliche Sorge ruht.

Sind die Eltern im Hinblick auf den Fortbestand der elterlichen Sorge **gutgläubig**, so kommt dies im Außenverhältnis auch einem Dritten zugute, sofern er ebenfalls gutgläubig ist; im Innenverhältnis zum Kind sind die Eltern zur Geschäftsführung als berechtigt anzusehen.

Kennen die Eltern den Wegfall ihrer Sorgeberechtigung oder hätten sie ihn kennen müssen, so wird auch der gute Glaube des Dritten nicht geschützt. Dieser kann lediglich gem § 179 I Regress nehmen. Das Kind kann die Ansprüche gem §§ 687 II, 677 ff geltend machen.

Für die Beurteilung der Fahrlässigkeit im Hinblick auf das Kennenmüssen des Wegfalls der elterlichen Sorge gilt der allg Maßstab des § 276 II und nicht der des § 1664 (Staud/*Coester* § 1698a Rz 5).

§ 1698b Fortführung dringender Geschäfte nach Tod des Kindes.
Endet die elterliche Sorge durch den Tod des Kindes, so haben die Eltern die Geschäfte, die nicht ohne Gefahr aufgeschoben werden können, zu besorgen, bis der Erbe anderweit Fürsorge treffen kann.

Die Vorschrift begründet das Recht und die Pflicht der Eltern zur **einstweiligen Fürsorge** für das bisherige Kindesvermögen. Dem Tod des Kindes steht die Todeserklärung gleich. Die Eltern müssen zum Zeitpunkt des Todes sorgeberechtigt gewesen sein.

Die Eltern haften ggü den Erben gem § 1664; Aufwendungsersatz steht ihnen analog § 1648 zu.

§§ 1699–1711 – *weggefallen* –

Titel 6 Beistandschaft

§ 1712 Beistandschaft des Jugendamts; Aufgaben.
(1) Auf schriftlichen Antrag eines Elternteils wird das Jugendamt Beistand des Kindes für folgende Aufgaben:
1. die Feststellung der Vaterschaft,
2. die Geltendmachung von Unterhaltsansprüchen sowie die Verfügung über diese Ansprüche; ist das Kind bei einem Dritten entgeltlich in Pflege, so ist der Beistand berechtigt, aus dem vom Unterhaltspflichtigen Geleisteten den Dritten zu befriedigen.
(2) Der Antrag kann auf einzelne der in Absatz 1 bezeichneten Aufgaben beschränkt werden.

A. Einführung. Durch das Gesetz über die freiwillige Beistandschaft (BGBl I 97, 2846) wurde die gesetzliche Amtspflegschaft durch die freiwillige Beistandschaft abgelöst. Sie ist ein freiwilliges und dienstorientiertes Angebot der Jugendhilfe. Orientierungspunkt für die Handlungsweise des Beistandes ist das Wohl des Kindes und dessen Interessenlage (*Rüting* Kind-Prax 05, 168, 169). Grds kann eine Partei derzeit nicht auf die Beistandschaft verwiesen werden (BGH FamRZ 06, 481; *Friederici* jurisPR-FamR 2/07 Anm 4). Im Anwaltsprozess ist der Beistand postulationsfähig (§ 114 IV FamFG). Da es sich nicht um eine Selbstvertretung des

Jugendamtes handelt (§ 114 III FamFG) wird die Vertretung durch einen Beistand der anwaltlichen Vertretung gleichgestellt. Dennoch wird der Verzicht auf eine Beistandschaft (so Karlsr FamRZ 09, 1514) auch in Zukunft nicht als mutwillig anzusehen sein; dies insb nicht bei Vertretung durch einen Fachanwalt für Familienrecht.

2 Die Beistandschaft setzt einen Antrag voraus und Beistand wird immer ein Mitarbeiter des Jugendamtes. Ist nach § 18 SGB 8 das Jugendamt nur zur Beratung und Unterstützung berechtigt (Naumbg FF 05, 63 m Anm *Lindemann-Hinz*), wird die über die Beratung hinausgehende Tätigkeit durch die Vorschriften der Beistandschaft nicht erweitert. Keine Beistandschaft kann beantragt werden iRd Verfahrens zur Klärung der Abstammung unabhängig vom Anfechtungsverfahren nach § 1598a (*Borth* FuR 07, 381, 384).

3 Wird dem Jugendamt die Geburt eines Kindes gemeldet, dessen Eltern nicht miteinander verheiratet sind, besteht eine durch § 52a SGB VIII detailliert geregelte Informationspflicht. Ua ist der nichtehelichen Mutter Beistand für die Feststellung der Vaterschaft und Geltendmachung von Unterhalt anzubieten.

4 Beistand wird nicht das Jugendamt als Behörde, vielmehr ist ein Beamter oder Angestellter nach § 55 II SGB VIII zu bestimmen, der iRd durch Übertragung Vertreter des Kindes wird; die elterliche Sorge wird hierdurch nicht eingeschränkt. Durch Landesrecht kann aufgrund der konkurrierenden Gesetzgebungszuständigkeit nach Art 144 EGBGB bestimmt werden, dass auch ein Verein mit der Beistandschaft beauftragt werden kann. Ist dies durch Landesgesetz geregelt, ist grds die Zustimmung des beantragenden Elternteils zur Übertragung an den Verein erforderlich (vgl ua § 30 KJHG-LSA).

5 Ergänzt wird diese Regelung durch die Vertretungsregelung in Unterhaltsverfahren durch §§ 114 IV Nr 2, 234 FamFG. Im Falle der Vertretung durch den Beistand getrennt lebender Ehegatten endet die Beistandschaft mit dem Ende der Prozessstandschaft nach § 1629 III (Berlin DAVorm 98, 242).

6 **B. Voraussetzungen.** Ein schriftlicher Antrag eines Elternteils ist Voraussetzung für ein Tätigwerden ggü Dritten. Aus der Aufgabenstellung ergibt sich, dass die Elternschaft feststehen muss. Dies ist bezüglich der Mutter stets der Fall (§ 1591). Der nichteheliche Vater ist – da seine Vaterschaft nicht feststeht – deshalb nicht berechtigt, das Jugendamt als Beistand zu beauftragen, seine Vaterschaft gerichtlich feststellen zu lassen. Auch für eine Vaterschaftsanfechtungsklage kann der anfechtende Vater keine Beistandschaft begründen.

7 Wird die Beistandschaft ohne jede Konkretisierung beantragt, erfasst sie die Bereiche der Feststellung der Vaterschaft und die Geltendmachung von Unterhaltsansprüchen. Hiervon erfasst werden auch die Geltendmachung von Unterhaltsansprüchen gegen den Pflichtigen, wenn das Kind sich in entgeltlicher Pflege bei einem Dritten befindet, da die Pflegeperson selbst nicht berechtigt ist, Unterhalt ggü den Unterhaltspflichtigen geltend zu machen. Grds wird das Jugendamt ebenso wie der Beantragende ein tatsächliches und auch rechtliches Interesse daran haben, den Auftrag zu konkretisieren und auch inhaltlich oder zeitlich zu beschränken.

8 Da nach II der Antrag auf einzelne der Aufgaben beschränkt werden kann, ist umstr, ob auch eine Einschränkung der gesetzlich definierten Aufgaben zulässig ist, zB also bei der Vaterschaftsfeststellung die Beschränkung auf Klagen gegen einen bestimmten Mann (jurisPK/*Hoffmann* § 1712 Rz 3). Der Elternteil hat nach Beendigung der Beistandschaft ein umfassendes Auskunftsrecht, denn er kann den Beistand für eine nicht ordnungsgemäße Erledigung seines Auftrages nach den Grundsätzen der Amtshaftung in Anspruch nehmen (BGHZ 100, 313).

9 Überwiegend wird die Rechtsansicht vertreten, dass die Beistandschaft trotz des Gesetzeswortlauts sowohl für die Geltendmachung als auch zur Verteidigung von Rechtspositionen zulässig ist (Naumbg Beschl v 22.2.07 – Az 8 UF 185/06). Einigkeit besteht in der Rspr, dass eine im vereinfachten Verfahren bestehende Beistandschaft im Falle der Unterhaltsherabsetzungsklage nach § 654 ZPO fortbesteht (Hamm JAmt 04, 144). Ebenso gehört nicht zum Aufgabenkreis des Beistandes die Anfechtung eines Vaterschaftsanerkenntnisses (Nürnbg FamRZ 01, 48). Erfolgt eine Klageverbindung für einerseits eine Anfechtungs- und gleichzeitig eine Feststellungsklage (AG Schwerin FamRZ 05, 381), wird für beide Anträge die Zulässigkeit einer Beistandschaft zu bejahen sein, da in einem Rechtsstreit nicht unterschiedliche Bevollmächtigungen wirksam sein können.

10 Die Bestellung des Beistands bedeutet, dass dieser das Kind auch gerichtlich vertreten darf und insoweit die einschränkende Vorschrift des § 1629 III 1 verdrängt wird (Stuttg JAmt 07, 40; MüKo/*Huber*, 4. Aufl 02, § 1629 Rz 97u DIJuF- Rechtsgutachten v 10.5.02, JAmt 02, 243).

§ 1713 Antragsberechtigte.

(1) ¹Den Antrag kann ein Elternteil stellen, dem für den Aufgabenkreis der beantragten Beistandschaft die alleinige elterliche Sorge zusteht oder zustünde, wenn das Kind bereits geboren wäre. ²Steht die elterliche Sorge für das Kind den Eltern gemeinsam zu, kann der Antrag von dem Elternteil gestellt werden, in dessen Obhut sich das Kind befindet. ³Der Antrag kann auch von einem nach § 1776 berufenen Vormund gestellt werden. ⁴Er kann nicht durch einen Vertreter gestellt werden.

(2) ¹Vor der Geburt des Kindes kann die werdende Mutter den Antrag auch dann stellen, wenn das Kind, sofern es bereits geboren wäre, unter Vormundschaft stünde. ²Ist die werdende Mutter in der Geschäftsfähigkeit beschränkt, so kann sie den Antrag nur selbst stellen; sie bedarf hierzu nicht der Zustimmung

ihres gesetzlichen Vertreters. ³Für eine geschäftsunfähige werdende Mutter kann nur ihr gesetzlicher Vertreter den Antrag stellen.

A. Grundlagen. Besteht nach § 1712 das Erfordernis eines schriftlichen Antrages, regelt I die Berechtigung zur Stellung desselben. Auch nach der Kindschaftsreform im Jahr 1998 setzte die Antragsberechtigung alleinige elterliche Sorge voraus. Eine Anpassung an die in § 1629 II geregelte Vertretungsbefugnis erfolgte erst zum 12.4.02. 1

Die Regelung umfasst insgesamt den Antrag sowohl für die Zeit nach als auch vor der Geburt des Kindes. Grds besteht ein Vertretungsverbot des Elternteils, sobald die Beistandschaft wirksam beantragt ist (vgl auch § 234 FamFG). Die Beschränkung wirkt aber nur in dem Umfang der begründeten Beistandschaft. Durch die ausdrücklich geregelte Antragsberechtigung soll sichergestellt werden, dass die Wirksamkeit der Beistandschaft nicht von Fragen einer wirksamen Bevollmächtigung abhängig ist. 2

B. Antragsberechtigung. Die Vertretungs- und damit Antragsberechtigung des Kindes regelt sich nach der Geburt entspr den Vorschriften des bürgerlichen Rechts. Wird das Kind nichtehelich geboren, wird es allein durch die Mutter nach § 1625a II 2 vertreten. Wird eine Sorgerechtserklärung beurkundet, gelten ab diesem Zeitpunkt dieselben Regelungen für die Vertretung wie für das ehelich geborene Kind. Solange und soweit keine Sorgerechtsentscheidung ergangen ist, erfolgt die Vertretung durch den Elternteil, der tatsächlich das Kind betreut (Naumbg FamRZ 05, 1275). Wird eine Unterhaltsbeistandschaft nach §§ 1685, 1690 begründet, geht diese der allgemeinen Vertretungsregel des § 1629 vor (DAVorm 98, 242). 3

Da auch schon vor der Geburt eines Kindes Unterhaltsansprüche geltend gemacht werden können (§ 1615o), wird die Antragsberechtigung fingiert nach den Rechtstatsachen, die ab Geburt des Kindes Geltung beanspruchen können. Das Antragsrecht steht der beschränkt geschäftsfähigen Mutter (§ 106) auch dann alleine zu, wenn nach der Geburt eine Vormundschaft nach §§ 1673, 1675, 1791c eintreten würde. Nur die nach § 104 geschäftsunfähige Mutter kann den Antrag nicht stellen, und aufgrund des in I normierten Vertretungsverbotes bedurfte es der ausdrücklichen Regelung, dass nur in diesem Fall der gesetzliche Vertreter zur Antragstellung berechtigt ist. 4

§ 1714 Eintritt der Beistandschaft. (1) ¹Die Beistandschaft tritt ein, sobald der Antrag dem Jugendamt zugeht. ²Dies gilt auch, wenn der Antrag vor der Geburt des Kindes gestellt wird.

Die Beistandschaft tritt nicht erst mit der Bestimmung des Jugendamtsmitarbeiters nach § 55 SGB VIII ein, sondern schon mit Eingang des schriftlichen Antrages beim Jugendamt. Grds ist nach § 87c SGB VIII das Jugendamt am Wohnsitz des Elternteils zuständig, der den Antrag zu stellen berechtigt ist. Dies ergibt sich auch aus der Privilegierung des Gerichtsstandes (§ 232 I Nr 2 FamFG). 1

§ 1715 Beendigung der Beistandschaft. (1) ¹Die Beistandschaft endet, wenn der Antragsteller dies schriftlich verlangt. ²§ 1712 Abs. 2 und § 1714 gelten entsprechend.
(2) Die Beistandschaft endet auch, sobald der Antragsteller keine der in § 1713 genannten Voraussetzungen mehr erfüllt.

Ebenso wie die Beistandschaft nur aufgrund freiwilligen und schriftlichen Antrages eingerichtet wird, tritt sie außer Kraft, wenn das schriftliche Verlangen beim Jugendamt eingeht. Es bedarf keiner Begründung und ist aus diesem Grund auch nicht nachprüfbar, kann daher jederzeit und damit auch zur Unzeit erfolgen. Aus der Möglichkeit, den Widerruf auf bestimmte Tätigkeiten zu beschränken, folgt, dass die Beistandschaft von Beginn an nicht nur generell erteilt, sondern auch selektiv auf bestimmte Aufgaben beschränkt eingerichtet werden kann. Ist dies erfolgt, endet die Beistandschaft ohne schriftliches Verlangen mit Erfüllung des Auftrages. 1

Die Beistandschaft endet, wenn in der Person des Antragstellers die Voraussetzungen nach § 1712 nicht mehr vorliegen. Kraft Gesetzes endet die Beistandschaft deshalb mit Eintritt der Volljährigkeit des Kindes, da mit diesem Zeitpunkt die Vertretungsbefugnis der Eltern erlischt. Der dadurch eintretende Mangel der Aktivlegitimation des Jugendamtes ist nach § 234 FamFG vAw im Prozess bis zum Abschluss des Verfahrens zu berücksichtigen (Karlsr JAmt 01, 15). Ebenso endet die Beistandschaft, wenn eine der in § 1713 normierten Voraussetzungen entfällt, so der Tod des Elternteils, Adoption des Kindes (§ 1754; DIJuF Rechtsgutachten JAmt 06, 343), und bei der vor der Geburt eingerichteten Beistandschaft dadurch, dass die Schwangerschaft nicht mit der Geburt eines lebenden Kindes beendet wird. 2

Im Falle der Vaterschaftsfeststellung endet aufgrund der Verweisung auf § 1918 die Beistandschaft mit Rechtskraft des Feststellungsurteils. Ist mit der Vaterschaftsfeststellung auch der Unterhalt nach §§ 179 I, 237 FamFG Gegenstand des Verfahrens, endet die Beistandschaft insoweit erst mit Abschluss des Unterhaltsverfahrens (Hamm JAmt 04, 144 Erstreckung auf das vereinfachte Verfahren). Eine weitere Beendigung ergibt sich aus § 1717, erlischt jedoch nicht bei einem längeren Schulaufenthalt im Ausland, denn der Jugendliche behält auch während dieser Zeit seinen gewöhnlichen Aufenthalt in Deutschland (DIJuF-Rechtsgutachten v 20.3.06, JAmt 06, 193–195). 3

§ 1716 Wirkungen der Beistandschaft.

¹Durch die Beistandschaft wird die elterliche Sorge nicht eingeschränkt. ²Im Übrigen gelten die Vorschriften über die Pflegschaft mit Ausnahme derjenigen über die Aufsicht des Familiengerichts und die Rechnungslegung sinngemäß; die §§ 1791, 1791c Abs. 3 sind nicht anzuwenden.

1 **A. Einführung.** Das Besondere ist, dass die elterliche Sorge durch die Beistandschaft nicht eingeschränkt wird, es also zu Konflikten zwischen den Rechten des Beistandes und des Inhabers der elterlichen Sorge kommen kann.

2 **B. Konfliktfälle Sorgerecht – Beistandschaft.** Da durch die Beistandschaft die elterliche Sorge nicht eingeschränkt wird, besteht das Vertretungsrecht des Sorgeberechtigten neben dem Vertretungsrecht des Beistandes fort. Im Falle eines Rechtsstreits hat der Gesetzgeber mit § 234 FamFG den Vorrang der Vertretung durch den Beistand ausdrücklich geregelt. Für sonstige Rechtsgeschäfte fehlt hingegen jede Regelung. Der Sorgeberechtigte könnte deshalb auch im Falle eines anhängigen Rechtsstreits außergerichtlich eine Vereinbarung schließen oder Verzicht auf Ansprüche, soweit dies gesetzlich zulässig ist, erklären.

3 Mit dem Postulat der Weisungsfreiheit des Beistandes durch eine Bindung an das Kindeswohl ist der Konflikt ebenfalls nicht lösbar (aA Erman/*Roth*, 10. Aufl 00, § 1716 Rz 2), denn das in § 1697a statuierte Kindeswohl hat auf die Feststellung der Vaterschaft oder die Geltendmachung von Unterhaltsansprüchen unmittelbar keinen Einfluss. Handlungen des sorgeberechtigten Elternteils, die nicht die Eingriffsschwelle des § 1666 überschreiten, werden von der Rechtsordnung hingenommen.

4 **C. Vorschriften der Pflegschaft.** Durch die Verweisung auf die Vorschriften der Pflegschaft und deren grds sinngemäßen Anwendung ergibt sich zunächst, dass im Gegensatz zur Pflegschaft keine Aufsicht des Familiengerichtes (§ 151 Nr 4 FamFG) nach § 1837 II besteht und deshalb die Rechnungslegung nach §§ 1840, 1890 entfällt. Auch besteht kein einklagbarer Anspruch auf laufende Information (Celle JAmt 01, 310).

5 Von besonderer Bedeutung ist die Haftung nach § 1833 und aufgrund der Vorschriften des SGB VIII kommen die Amtshaftungsvorschriften zur Anwendung. Weiterhin erhält der Beistand keine Vergütung (§ 1836 IV) oder Aufwandsentschädigung (§ 1835a V). Aufwendungsersatz ist jedoch denkbar, wenn nach § 1835 V Vermögen oder gutes Einkommen des Kindes vorhanden ist.

§ 1717 Erfordernis des gewöhnlichen Aufenthalts im Inland.

¹Die Beistandschaft tritt nur ein, wenn das Kind seinen gewöhnlichen Aufenthalt im Inland hat; sie endet, wenn das Kind seinen gewöhnlichen Aufenthalt im Ausland begründet. ²Dies gilt für die Beistandschaft vor der Geburt des Kindes entsprechend.

1 Als Sonderregelung im Verhältnis zu Art 24 EGBGB wird eine Beistandschaft nur wirksam, wenn das minderjährige Kind seinen gewöhnlichen Aufenthalt im Inland hat. Wird der Aufenthalt ins Ausland verlegt endet kraft Gesetzes die Beistandschaft. Der gewöhnliche Aufenthalt im Inland entfällt nicht durch einen längeren Auslandsschulaufenthalt (DIJuF-Rechtsgutachten in JAmt 06, 193). Da die Beistandschaft auch vor der Geburt beantragt werden kann, stellt das Gesetz in diesem Fall auf den Aufenthalt der Mutter ab, und erst ab Geburt des Kindes ist dessen Aufenthalt ausschlaggebend.

§§ 1718–1740 – *weggefallen* –

Titel 7   Annahme als Kind

Vorbemerkungen vor §§ 1741 bis 1772

1 Für alle ab dem 1.9.09 beantragten Verfahren handelt es sich um eine Familiensache (§ 186 FamFG). Adoption ist die Annahme eines fremden Kindes als eigenes. Mit der Wirksamkeit der Adoption erlöschen alle Rechte der leiblichen Eltern, es entfällt jedes Recht auch auf persönlichen Umgang und natürlich entfällt auch die erbrechtliche Stellung. Das Gesetz unterscheidet zwischen der Adoption Minderjähriger (§§ 1741–1766) und der von Volljährigen (§§ 1767–1772). Schwerpunkt der gesetzlichen Regelungen ist die Minderjährigenadoption.

2 Neben den sehr ins Einzelne gehenden Vorschriften des bürgerlichen Rechts sind bei Auslandsberührung die Vorschriften der Art 22, 23 EGBGB zu beachten. Grds sind die jeweiligen Jugend- oder Landesjugendämter berechtigt, Adoptionen zu vermitteln. Erfolgt die Vermittlung zum Zwecke der Adoption durch eine andere *Organisation*, ist das AdoptionsvermittlungsG (BGBl I 02, 354) zu beachten. Für die Annahme eines Minderjährigen, die aufgrund einer ausländischen Entscheidung erfolgt oder die auf der Anwendung ausländische Sachvorschriften beruht, ist das Gesetz über Wirkung der Annahme als Kind (AdWirkG, idF v 5.11.01 BGBl I 2950) einschlägig (*Reinhardt* JAmt 06, 325). Die örtliche Zuständigkeit regelt § 187 FamFG, die inter-

nationale Zuständigkeit § 101 FamFG. Ausführliche Informationen zu internationalen Adoptionen sind erhältlich auch über die Homepage des Bundesjustizministeriums (www.bmj.de/enid/0,0/Familienrecht/ Internationale Adoption) und einschließlich der Rechtsgrundlagen bei der Bundeszentralstelle für Auslandsadoption, Adenauer Alle 99-103, 53113 Bonn, Postanschrift: 53094 Bonn, und im Internet unter http://www.bundesjustizamt.de.

Ebenfalls bei internationalem Bezug ist das Haager Üb über den Schutz von Kindern und die Zusammenarbeit auf dem Gebiet internationaler Adoption vom 29.5.93 (BGBl II 1035) zu beachten. Dies bindet jedoch nur die Vertragsstaaten, so dass die Adoption aus einem anderen als einem Vertragsstaat nicht nach diesem Gesetz, sondern nach den Vorschriften des EGBGB zu beurteilen ist. 3

Für alle Fälle des internationalen Bezuges und der Ein- und Auswirkungen auf deutsches Recht, auf die bei den nachfolgenden Erläuterungen nicht eingegangen werden kann, wird verwiesen auf die ausf Kommentierung in AnwK/*Benicke* Art 22 EGBGB. Nach EuGHGMR (FamRZ 07, 1529 mit zust Anm v *Henrich* 1531) kann eine Nichtanerkennung einer Auslandsadoption nicht damit gerechtfertigt werden, dass sie „in einer demokratischen Gesellschaft notwendig" sei, um die dort genannten Ziele zu erreichen. 4

In einer eingetragenen Lebenspartnerschaft enthält § 9 VI, VII LebenspartnerschaftsG idF vom 15.12.04 mit Wirkung vom 1.1.05 Sonderbestimmungen, die neben den allgemeinen Vorschriften des BGB zu beachten sind (vgl *Schlütter* FF 05, 234). Das beim BVerfG angestrengte Verfahren gegen die Stiefkindadoption wurde durch Rücknahme des Antrages beendet (BVerfG 1 BvF 3/05). 5

Verfahrensrechtlich handelt es sich bei der Adoption um ein Verfahren nach dem FamFG. Sobald ein Antrag gestellt wird, muss das Familiengericht vAw nach § 26 FamFG FGG die notwendigen Voraussetzungen ermitteln. Das Verfahren ist im Abschn 5 des FamFG geregelt. 6

Untertitel 1 Annahme Minderjähriger

§ 1741 Zulässigkeit der Annahme.
(1) ¹Die Annahme als Kind ist zulässig, wenn sie dem Wohl des Kindes dient und zu erwarten ist, dass zwischen dem Annehmenden und dem Kind ein Eltern-Kind-Verhältnis entsteht. ²Wer an einer gesetzes- oder sittenwidrigen Vermittlung oder Verbringung eines Kindes zum Zwecke der Annahme mitgewirkt oder einen Dritten hiermit beauftragt oder hierfür belohnt hat, soll ein Kind nur dann annehmen, wenn dies zum Wohl des Kindes erforderlich ist.
(2) ¹Wer nicht verheiratet ist, kann ein Kind nur allein annehmen. ²Ein Ehepaar kann ein Kind nur gemeinschaftlich annehmen. ³Ein Ehegatte kann ein Kind seines Ehegatten allein annehmen. ⁴Er kann ein Kind auch dann allein annehmen, wenn der andere Ehegatte das Kind nicht annehmen kann, weil er geschäftsunfähig ist oder das 21. Lebensjahr noch nicht vollendet hat.

A. Regelungsziel. Vorrang hat auch hier ebenso wie im Regelungsbereich der elterlichen Sorge (§ 1697a) das Kindeswohl. Aus der Zielvorgabe, ein Eltern-Kind-Verhältnis entstehen zu lassen, ergibt sich, dass auch bei ehelichen Kindern eine Adoption durch Dritte nicht ausgeschlossen ist, wenn in der Familie kein ausreichender Schutz gewährleistet ist und mit einer Adoption dem Kind eine bessere Entwicklung gewährt werden kann (vgl LG Saarbrücken Beschl 26.9.08 – Az 5 T 187/08). Andere Beweggründe als das Wohl des Kindes können nicht Grundlage für eine Adoption sein, nicht also zB der Erhalt eines speziellen Namens (Adelsname). Das Kindeswohl kann erst beurteilt werden, wenn das Kind geboren ist. Deshalb ist eine Annahme vor Geburt des Kindes unzulässig. Die Frage, ob das anzunehmende Kind bereits volljährig ist, ist nach seinem – gem Art 7 I EGBGB zur Anwendung gelangenden – Heimatrecht zu beantworten (Bremen OLGR 06, 510–512). 1

Das grds Adoptionsverbot in I 2 soll vorrangig den Kinderhandel unterbinden. In einem solchen Fall trifft denjenigen, der an einer solchen Handlung beteiligt war, die Beweislast dafür, dass trotz des Gesetzesverstoßes die Annahme im Interesse des Kindes erforderlich ist. Die Anforderungen sind in diesem Fall hoch angesetzt und entsprechen denen der Einbenennung (§ 1618). 2

Durch das Gesetz zur Überarbeitung des Lebenspartnerschaftsrechts vom 15.12.04 (BGBl 3396) ist auch für die Lebenspartnerschaft die rechtliche Möglichkeit einer Adoption eröffnet. Zulässig ist seit dem 1.1.05 die Stiefkindadoption (§ 9 VI, VII LPartG). Das gegen diese Adoption angestrengte Verfahren vor dem BVerfG wurde durch Rücknahme beendet (BVerfG 1 BvF 3/05). Die Adoption eines fremden Kindes ist weder einem Partner alleine noch beiden gemeinsam gestattet. 3

B. Regelungsumfang. Der in II 1 statuierte Grundsatz, dass ein Nichtverheirateter ein Kind nur allein annehmen kann, wird schon in 2 erweitert dahingehend, dass eine Annahme durch Eheleute nur gemeinsam erfolgen kann und 3, dass der Ehegatte auch das Kind des anderen Ehegatten alleine annehmen kann, wodurch das Kind dann die rechtliche Stellung eines gemeinsamen Kindes erhält. Letztlich bestimmt 4, dass die Annahme durch einen Ehegatten auch dann zulässig ist, wenn der andere Ehegatte noch nicht das 21. Lebensjahr vollendet hat oder geschäftsunfähig ist. Ein Verstoss gegen II macht jedoch eine erfolgte Adoption nicht unwirksam (Ddorf Beschl v 11.10.07 Az I-3 Wx 179/07, 3 Wx 179/07). 4

5 Neben diesen formalen Voraussetzungen ist zu beachten, dass die Voraussetzungen nach I erfüllt sein müssen und durch die Adoption ein Eltern-Kind-Verhältnis entsteht. Insb sind für die Gesamtbeurteilung alle Erkenntnisse heranzuziehen, die einer positiven Prognose zu Grunde zu legen sind. Die Anforderungen in der Praxis der Jugendämter und Anspruchsvoraussetzungen nach der Kommentarliteratur sind oft als überhöht zu bewerten und spiegeln ein Idealbild des Annehmenden wider, dem leibliche Eltern meist nicht entsprechen können.

6 Das Wohl des Kindes und die für eine Adoption zu beachtenden Grundsätze stehen einer Inkognito-Adoption nicht entgegen, wenn dadurch Streit und Auseinandersetzungen zu Lasten des Kindes vermieden werden können.

7 Lebt das anzunehmende Kind in einer Pflegefamilie, wird die Annahme durch einen Dritten stets dann auszuschließen sein, wenn durch die Herausnahme für das Kind keine nachhaltige Verbesserung zu erwarten ist. Wenn zur Begründung auf die Verbleibensanordnung nach § 1632 IV verwiesen wird (AnwK/*Finger* § 1741 Rz 11 mit umfangreichen Literaturnachweisen) wird übersehen, dass die vAw oder auf Antrag zu treffende Verbleibensanordnung nur für das Herausverlangen durch die Eltern eine Regelung enthält. Trotz des Elternrechts auf Herausgabe des Kindes ggü den Pflegeeltern gebietet das Wohl des Kindes das Anordnen des Verbleibens bei den Pflegeeltern, wenn und solange das Kindeswohl durch die Wegnahme gefährdet würde.

8 **C. Verfahrensrechtliche Hinweise.** Ein Adoptionsverfahren wird ausschl durch einen Antrag eingeleitet, der von demjenigen gestellt wird, der ein Kind annehmen möchte. Das weitere Verfahren richtet sich nach den Regeln des FamFG (§§ 186 ff). Das Familiengericht ermittelt vAw, was jedoch den oder die Antragsteller nicht von einer Mitwirkungspflicht befreit. Auch das Jugendamt ist in die Amtsermittlung eingebunden, denn es ist nach § 194 FamFG zu allen wesentlichen Vorgängen anzuhören. Das Jugendamt kann nach § 188 II FamFG auch auf Antrag am Verfahren beteiligt werden. Soweit dies zur Wahrung der Interessen eines Minderjährigen erforderlich ist hat das FamG ihm einen Verfahrensbeistand zu bestellen (§ 191 FamFG).

9 Die Beteiligten werden für die verschiedenen Verfahren in § 188 FamFG enumerativ aufgelistet. Das FamG kann vAw keine einstweilige Anordnung erlassen, da die Adoption nur auf Antrag durchgeführt wird (§ 51 I FamFG).

10 Die Pflichten des Jugendamtes iRe Adoptionsverfahrens ergeben sich auch aus § 189 FamFG und den §§ 50, 51 SGB VIII. Neben der Mitwirkung im Adoptionsverfahren wird auch die Unterstützung des Adoptionswilligen geregelt. Die Tätigkeit des Jugendamtes, ob aufgrund der Vorschriften des FamFG oder des SGB VIII, ist kosten- und gebührenfrei.

§ 1742 Annahme nur als gemeinschaftliches Kind.
Ein angenommenes Kind kann, solange das Annahmeverhältnis besteht, bei Lebzeiten eines Annehmenden nur von dessen Ehegatten angenommen werden.

1 Die Vorschrift verbietet die Kettenadoption, dh die Weitergabe des angenommenen Kindes an andere Adoptionsbewerber. Wird das Annahmeverhältnis aufgelöst, steht einer erneuten Adoption nichts im Wege. Das Rechtsverhältnis endet zweifelsfrei durch Aufhebung der Adoption (§ 1759). Es endet nicht, wenn der allein adoptierende Ehegatte verstirbt, da der Überlebende nach wie vor Elternrechte besitzt, denn Eheleute können nur gemeinsam ein Kind adoptieren bzw nur das Kind des anderen Ehegatten (§§ 1677, 1680 I). Heiratet der Überlebende wieder, kann jedoch der neue Ehegatte das Kind adoptieren mit der Rechtsfolge, dass das Kind jetzt zu beiden Ehegatten die Rechtsbeziehung eines leiblichen Kindes hat.

2 Das Bestehen eines Annahmeverhältnisses steht auch einer Eheschließung entgegen (§ 1307).

§ 1743 Mindestalter.
¹Der Annehmende muss das 25., in den Fällen des § 1741 Abs. 2 Satz 3 das 21. Lebensjahr vollendet haben. ²In den Fällen des § 1741 Abs. 2 Satz 2 muss ein Ehegatte das 25. Lebensjahr, der andere Ehegatte das 21. Lebensjahr vollendet haben.

1 Um eine Eltern-Kind-Bindung nach der Vorgabe des § 1741 I 1 feststellen zu können, erlaubt das Gesetz den Ausspruch der Adoption erst mit der Vollendung des 25. Lebensjahres des Annehmenden. Die Vollendung des 21. Lebensjahres ist jedoch dann ausreichend, wenn das leibliche Kind des anderen Ehegatten angenommen werden soll. Wollen Eheleute gemeinsam ein Kind annehmen, muss einer von ihnen mindestens das 25., der andere das 21. Lebensjahr vollendet haben. Mit diesen Altersgrenzen hat der Gesetzgeber auch zum Ausdruck bringen wollen, dass nicht nur das Alter der Annehmenden als solches ausschlaggebend ist, sondern auch, dass eine gewisse Reife, ein abgerundetes Persönlichkeitsbild gefordert wird. Einem iSd Vorschriften Eltern-Kind-Bindung steht grds auch ein großer Altersunterschied zum Kind ebenso entgegen wie aus sonstigen Tatsachen abzuleitende Unreife. Auch persönliche oder wirtschaftliche Probleme in der Ehe können *Anlass sein, die Annahme nicht zu genehmigen.* Ein Höchstalter für den Annehmenden ist zwar gesetzlich nicht normiert, jedoch kann bei hohem Alter der Annehmenden kein echtes Eltern-Kind-Verhältnis mehr entstehen, die Adoption in diesem Fall zu versagen ist (Frankf Beschl v 12.6.03 Az 20 W 264/02).

§ 1744 Probezeit.
Die Annahme soll in der Regel erst ausgesprochen werden, wenn der Annehmende das Kind eine angemessene Zeit in Pflege gehabt hat.

A. Grundlagen. Um die Voraussetzungen einer Adoption zu prüfen, insb die Eignung zur Adoption und das Entstehen einer Eltern-Kind-Bindung, soll das Kind zunächst eine angemessene Zeit zur Pflege desjenigen gegeben werden, der die Adoption anstrebt. Diese Probezeit ist nicht zwingend notwendig, kann jedoch nur dann entfallen, wenn auf andere Weise eine korrekte Prüfung der Adoptionsvoraussetzungen möglich ist. Grds wird eine Probezeit entfallen, wenn die Adoption des Kindes des Ehepartners beabsichtigt ist. Die Dauer der Probezeit ist nicht bestimmt. Im Falle einer Annahme unmittelbar oder zeitlich nah zur Geburt des Kindes wird auf sie ganz verzichtet werden können, nach Vollendung des dritten Lebensjahres ist sie jedoch unverzichtbar. 1

B. Regelungsumfang. Die Adoptionspflege ist in den §§ 44–49 SGB 8 geregelt (DIJuF-Rechtsgutachten JAmt 06, 339); eine Pflegeerlaubnis ist in diesem Fall nicht erforderlich (§ 49 I SGB 9). Wurde die Zustimmung der Eltern zur Adoption erteilt, rechtskräftig ersetzt oder bei alleiniger elterlicher Sorge die Zustimmung zur Adoption erteilt, wird das Jugendamt zum Amtsvormund des Kindes. Mit Aufnahme des Kindes in den Haushalt der Pflegeeltern haften diese vorrangig hinsichtlich des Unterhaltes (§ 1751 IV). Die Pflegeperson hat in Angelegenheiten des täglichen Lebens das Vertretungsrecht, hat den Arbeitsverdienst des Kindes zu verwalten sowie Unterhalts-, Versicherungs-, Versorgungs- und sonstige Sozialleistungen für das Kind geltend zu machen (§ 1688). Dieses Recht kann durch das Jugendamt als Amtsvormund oder durch gerichtliche Entscheidung eingeschränkt werden (§ 1688 III). 2

§ 1745 Verbot der Annahme.
¹Die Annahme darf nicht ausgesprochen werden, wenn ihr überwiegende Interessen der Kinder des Annehmenden oder des Anzunehmenden entgegenstehen oder wenn zu befürchten ist, dass Interessen des Anzunehmenden durch Kinder des Annehmenden gefährdet werden. ²Vermögensrechtliche Interessen sollen nicht ausschlaggebend sein.

A. Grundlagen. Eine Adoption erfordert nach § 1741 die besondere Berücksichtigung des Kindeswohls. § 1745 verlangt iRd Gesamtprüfung auch die Einbeziehung wichtiger Interessen sonstiger Beteiligter. Im Vordergrund stehen immaterielle Interessen, was sich aus 2 ableitet. Dies bedeutet jedoch nicht, dass vermögensrechtliche Interessen keine Auswirkungen haben, denn eine Adoption hat schon aufgrund des Rechtsaktes erhebliche wirtschaftliche Auswirkungen, so des Erbrechtes und auch hinsichtlich der Unterhaltspflichten. Aufgrund der Gesetzessystematik soll aber eine Adoption nicht alleine an wirtschaftlichen Interessen scheitern. 1

B. Anhörung des Kindes. Sowohl aus dem ausdrücklich erwähnten Interesse des Kindes als auch aus dem Grundsatz, dass die Adoption dem Wohl des Kindes dienen muss (§ 1741 I 1), folgt, dass das anzunehmende Kind Subjekt und nicht Objekt des Verfahrens ist. Dies hat zur Folge, dass die jeweiligen Interessenlagen und Absichten, so gut sie auch gemeint sein mögen, zurückstehen müssen, wenn und soweit das Kindeswohl entgegensteht. Das Familiengericht hat sich deshalb zunächst mit dem Kind zu beschäftigen und ist grds gezwungen, das Kind persönlich anzuhören, denn § 192 FamFG erfordert die Anhörungspflicht für alle Verfahren, die die Personen- oder Vermögensinteressen des Kindes betreffen. 2

Die Anhörung hat persönlich zu erfolgen und ist eine besondere Form der Sachaufklärung (Keidel/Kuntze/Winkler/*Engelhardt* FGG § 50b Rz 3). 3

Der Richter hat die Anhörung persönlich durchzuführen als Ausfluss von Art 6 GG (BVerfG FamRZ 07, 1078), sollte jedoch bei Unklarheiten oder aufgrund besonderer Umstände auch einen Sachverständigen zuziehen oder nach einer Anhörung ein Gutachten in Auftrag geben, denn gerade im Adoptionsverfahren ist es von besonderer Wichtigkeit, dass Neigungen ebenso wie Aversionen klar und nachvollziehbar festgestellt werden. Diese Feststellung entscheidet im Einzelfall letztlich darüber, ob eine Adoption überhaupt stattfindet oder zu unterbleiben hat. Je älter ein Kind ist, desto größere Bedeutung hat die Anhörung. Von einer Anhörung eins minderjährigen Beteiligten kann das FamG absehen, wenn Nachteile für seine Entwicklung, Erziehung oder Gesundheit zu befürchten sind. Auch kann die Anhörung unterbleiben, wenn wegen des geringen Alters eine Aufklärung nicht zu erwarten ist. Die Rechtsprechung geht grds von einer Anhörungspflicht ab Vollendung des 3. Lebensjahres aus (*Völker* in jurisPR-FamR 14/09 Anm 2 mit Nachweisen). 4

Auch hat das Kind ab Vollendung des 14. Lebensjahres ein eigenes Beschwerderecht (§ 60 FamFG). Das eigene Beschwerderecht verlangt auch, dass alle Verfügungen und Entscheidungen, gegen die Rechtsmittel oder Rechtsbehelfe gegeben sind, auch dem Kind zuzustellen sind. Vollendet das Kind erst nach der Verkündung der Entscheidung das 14. Lebensjahr, steht ihm ein eigenes Rechtsmittel nicht zu; erfolgt die Mitteilung der Entscheidung durch Zustellung, kommt es auf diesen Stichtag an. 5

Das das Adoptionsverfahren nur auf Antrag durchgeführt wird entfällt die Berechtigung des Gerichtes, vAw Eilmaßnahmen zu verfügen. Hierfür ist grds auch keine Notwendigkeit erkennbar. 6

7   Der Verstoß gegen die Anhörungspflicht macht eine Verfügung oder Entscheidung nur anfechtbar, da es sich um einen Verfahrensfehler und nicht um eine konstitutive Genehmigung handelt. Der Verfahrensfehler ist mit einem Rechtsmittel anfechtbar und stellt keinen Aufhebungsgrund iSv § 1760 dar.

§ 1746 Einwilligung des Kindes.

(1) ¹Zur Annahme ist die Einwilligung des Kindes erforderlich. ²Für ein Kind, das geschäftsunfähig oder noch nicht 14 Jahre alt ist, kann nur sein gesetzlicher Vertreter die Einwilligung erteilen. ³Im Übrigen kann das Kind die Einwilligung nur selbst erteilen; es bedarf hierzu der Zustimmung seines gesetzlichen Vertreters. ⁴Die Einwilligung bedarf bei unterschiedlicher Staatsangehörigkeit des Annehmenden und des Kindes der Genehmigung des Familiengerichts; dies gilt nicht, wenn die Annahme deutschem Recht unterliegt.
(2) ¹Hat das Kind das 14. Lebensjahr vollendet und ist es nicht geschäftsunfähig, so kann es die Einwilligung bis zum Wirksamwerden des Ausspruchs der Annahme gegenüber dem Familiengericht widerrufen. ²Der Widerruf bedarf der öffentlichen Beurkundung. ³Eine Zustimmung des gesetzlichen Vertreters ist nicht erforderlich.
(3) Verweigert der Vormund oder Pfleger die Einwilligung oder Zustimmung ohne triftigen Grund, so kann das Familiengericht sie ersetzen; einer Erklärung nach Absatz 1 durch die Eltern bedarf es nicht, soweit diese nach den §§ 1747, 1750 unwiderruflich in die Annahme eingewilligt haben oder ihre Einwilligung nach § 1748 durch das Familiengericht ersetzt worden ist.

1   **A. Grundlagen.** Da das Kind und sein Wohlergehen zentral im Fokus des Verfahrens zu stehen haben, ist grds die Zustimmung des Kindes erforderlich (I 1). Erst ab einem Alter von 14 geht das Gesetz davon aus, dass Reife und Verständnis des Kindes so ausgeprägt sind, dass seiner Entscheidung grds Bedeutung zukommt. Einwilligung und Zustimmung bedürfen der Beurkundung. Insoweit und hinsichtlich der weiteren Voraussetzungen für die Wirksamkeit bzw Unwirksamkeit wird auf § 1750 und die Erläuterungen verwiesen.

2   **B. Einzelregelung. I. Einwilligung des Kindes.** Unabhängig vom Alter des Kindes verlangt I 1 die Einwilligung des Kindes. Hat es das 14. Lebensjahr noch nicht vollendet, erteilt die Einwilligung ausschl der gesetzliche Vertreter. Bei nichtehelicher Geburt muss das Familiengericht prüfen, ob eine Sorgerechtserklärung nach § 1626a erfolgt ist. Aufgrund der Mitteilungspflicht nach § 1626d darf sich das Familiengericht im Rahmen seiner Amtsermittlung nicht auf die Erklärung der Mutter verlassen, sondern wird entweder eine Bescheinigung nach § 58a SGB 8 verlangen oder aber vom zuständigen Jugendamt nach § 87c SGB 8 eine Auskunft einholen.

3   Nach Vollendung des 14. Lebensjahres gelten diese Voraussetzungen weiter, wenn das Kind geschäftsunfähig ist. Ansonsten kann es ab diesem Alter die Einwilligung nur selbst erteilen, die jedoch zur Wirksamkeit der Zustimmung des gesetzlichen Vertreters bedarf. Fehlt die Einwilligung, führt dies nur unter der Voraussetzung des § 1760 und nur auf Antrag zur Aufhebung der Adoption.

4   Keiner Einwilligung oder Zustimmung bedarf es, wenn die Eltern nach §§ 1747, 1750 unwiderruflich in die Annahme eingewilligt haben oder eine Ersetzung nach § 1748 erfolgt ist.

5   **II. Genehmigung des Familiengerichts.** In den Fällen des I bedürfen weder die Einwilligung noch die Zustimmung einer gerichtlichen Bestätigung oder Genehmigung. Nur wenn die Annehmenden und das Kind unterschiedlicher Staatsangehörigkeit sind, bedarf es der Genehmigung durch das Familiengericht. Es prüft vAw insb unter Beachtung der Art 22, 23 EGBGB, welches Recht zu beachten ist. Stellt es fest, dass die Annahme nach deutschem Recht erfolgt, bedarf es keiner Genehmigung. Eine diesbezügliche Feststellung, die den Beteiligten zugänglich gemacht wird, ist empfehlenswert.

6   **III. Widerruf.** Bis zur Wirksamkeit der Adoption kann das Kind mit Vollendung des 14. Lebensjahres – sofern es nicht geschäftsunfähig ist – die Einwilligung widerrufen. Dieses Recht ist an keine Bedingung oder Begründung gebunden. Der Widerruf hat ggü dem Familiengericht zu erfolgen. Im Gegensatz zur Einwilligung bedarf der Widerruf der öffentlichen Beurkundung. Die Form soll sicherstellen, dass der Minderjährige durch den Notar oder sonstige Urkundsperson über die Rechtswirkung belehrt wird, der Widerruf nicht leichtfertig erfolgt. Der Widerruf ist unabhängig davon, wer die nach I geforderte Einwilligung erklärt hat, zulässig. Eine Zustimmung des gesetzlichen Vertreters bedarf es nicht.

7   **IV. Ersetzung der Einwilligung oder Zustimmung.** Steht die gesetzliche Vertretung einem Vormund oder Pfleger zu und verweigert dieser die Einwilligung oder Zustimmung, kann diese Erklärung durch das Familiengericht ersetzt werden. Die Ersetzung ist unzulässig, wenn ein triftiger Grund für die Verweigerung vorliegt. Einer Ersetzung bedarf es nicht in den Fällen der §§ 1747, 1750, wenn also in die Annahme unwiderruflich eingewilligt worden war.

8   Verweigern die Eltern eine notwendige Zustimmung oder Einwilligung, erfolgt die Ersetzung nur nach § 1747.

9   **C. Verfahrensrechtliche Hinweise.** Zur Beurkundung des Widerrufs nach II sind neben den Notaren auch die Jugendämter nach § 59 I Nr 6 SGB 8 berufen; diese ist kostenfrei.

Die Ersetzung der Einwilligung oder Zustimmung durch das Familiengericht erfolgt von Amts wegen, also ohne Antrag in Abweichung von der Ersetzung der Einwilligung der Eltern nach § 1747. 10

Beschwerdebefugt sind die jeweilige Antragsteller, das Kind ab Vollendung des 14. Lebensjahres und jeder Beteiligte, der von der gerichtlichen Verfügung betroffen ist (§§ 59, 60 FamFG). 11

§ 1747 Einwilligung der Eltern des Kindes.
(1) ¹Zur Annahme eines Kindes ist die Einwilligung der Eltern erforderlich. ²Sofern kein anderer Mann nach § 1592 als Vater anzusehen ist, gilt im Sinne des Satzes 1 und des § 1748 Abs. 4 als Vater, wer die Voraussetzung des § 1600d Abs. 2 Satz 1 glaubhaft macht.

(2) ¹Die Einwilligung kann erst erteilt werden, wenn das Kind acht Wochen alt ist. ²Sie ist auch dann wirksam, wenn der Einwilligende die schon feststehenden Annehmenden nicht kennt.

(3) ¹Sind die Eltern nicht miteinander verheiratet und haben sie keine Sorgeerklärungen abgegeben,
1. kann die Einwilligung des Vaters bereits vor der Geburt erteilt werden;
2. darf, wenn der Vater die Übertragung der Sorge nach § 1672 Abs. 1 beantragt hat, eine Annahme erst ausgesprochen werden, nachdem über den Antrag des Vaters entschieden worden ist;
3. kann der Vater darauf verzichten, die Übertragung der Sorge nach § 1672 Abs. 1 zu beantragen. ²Die Verzichtserklärung muss öffentlich beurkundet werden. ³§ 1750 gilt sinngemäß mit Ausnahme von Absatz 4 Satz 1.

(4) Die Einwilligung eines Elternteils ist nicht erforderlich, wenn er zur Abgabe einer Erklärung dauernd außerstande oder sein Aufenthalt dauernd unbekannt ist.

A. Grundlagen. „Die Pflege und Erziehung der Kinder ist das natürliche Recht der Eltern und die zuvörderst ihnen obliegende Pflicht. Über ihre Betätigung wacht die staatliche Gemeinschaft." Aufgrund dieser Bestimmung des Grundgesetzes in Art 6 II und der Gleichstellung des ehelichen mit dem nichtehelichen Kind in IV folgt, dass die Eltern eines Kindes einer Adoption zustimmen müssen, denn mit deren Wirksamkeit verlieren sie ihre grundrechtlich geschützten Rechte. Die Ersetzung der Zustimmung ist auf Ausnahmen beschränkt (§ 1748). Aus der Gesamtregelung ergibt sich auch, dass sonstige Personen, gleich wie nah sie verwandtschaftlich zu dem Kind stehen, nicht in die Einwilligung einbezogen sind, auch wenn durch die Annahme Rechte – zB Erbrecht – davon unmittelbar oder mittelbar berührt und verändert werden. 1

B. Einzelregelungen. I. Grundsatz und Vaterschaft (Abs 1). Ausgehend von dem Grundsatz, dass die Eltern – also Vater und Mutter – der Annahme zustimmen müssen-, stellt die Vorschrift zunächst auf diese Elternschaft ab. Da die Kindesmutter immer feststeht (§ 1591), wird hinsichtlich der Vaterschaft auf die gesetzliche Regel des § 1592 Bezug genommen. Der Mann, der im Zeitpunkt der Geburt mit der Mutter verheiratet ist, ebenso der Mann, der wirksam die Vaterschaft anerkannt hat, und auch derjenige, dessen Vaterschaft rechtskräftig festgestellt wurde, muss grds der Annahme zustimmen. Entscheidend ist der rechtliche Status als Vater, weitere Wirkungen, zB gemeinsame elterliche Sorge (§ 1626a), sind hingegen ohne Bedeutung. 2

Steht ein Mann als Vater nach diesen gesetzlichen Regeln nicht fest, ist auch derjenige im Adoptionsverfahren zu beteiligen, der glaubhaft macht, dass er der Kindesmutter während der Empfängniszeit beigewohnt hat. Die Rechte des biologischen Vaters wurden aufgrund der Entscheidung des BVerfG v 9.4.03 – Az 1 BvR 1493/96 und 1 BvR 1724/01 durch das Gesetz v 23.4.05 (BGBl I 598) wesentlich verändert und die Vorschriften über die Vaterschaftsanfechtung und -feststellung grdl verändert. Vorrang hat jede Vaterschaft, die nach § 1592 vermutet wird. Wenn hiernach keine Vaterschaft festgestellt ist, kommt derjenige in Betracht, der seine Vaterschaft glaubhaft macht. 3

Diese gesetzliche Änderung bedingt es, dass im Zweifel das Familiengericht durch Beweisaufnahme zu klären hat, ob ein Mann als Vater in Betracht kommt oder nicht. Ein Verweisen auf das Anfechtungs- oder Feststellungsverfahren ist nicht möglich. Wenn jedoch auch das Anfechtungs- und Feststellungsverfahren anhängig ist kann es im Einzelfall wegen der statusrechtlichen Wirkungen ggü jedermann zweckmäßig sein, die Rechtskraft der Anfechtung und Feststellung abzuwarten, insb, wenn dadurch keine Verzögerungen zu erwarten sind. Unerheblich ist, ob die Mutter die Behauptung des Mannes stützt oder ihr entgegentritt, denn nur im Vaterschaftsfeststellungsverfahren hat ihre Einwilligung rechtliche Bedeutung. 4

Ist der Vater unbekannt, weil die Mutter seinen Namen nicht preisgibt oder ihn nicht kennt, wird das Familiengericht die angemessen erscheinenden Nachfragen tätigen. Kann auch hierdurch ein Mann nicht als Vater ermittelt werden oder bestreitet ein Mann die Vaterschaft, entfällt seine Mitwirkung. Zwangsmittel gegen die Mutter, den vermutlichen Vater zu benennen, sieht das Gesetz nicht vor, ebenso wenig Zwangsmittel gegen denjenigen, der als Vater in Betracht kommen könnte (Stuttg FamRZ 92, 1469). 5

II. Fristablauf. Um Übereilung möglichst zu vermeiden, verlangt das Gesetz, dass die Geburt des Kindes mindestens acht Wochen zurückliegt. Eine zeitlich davor erteilte Einwilligung ist nichtig, da sie gegen ein gesetzliches Verbot verstößt (§ 138), und muss deshalb nach Fristablauf erneut erteilt werden. Aufgrund der Regelung in 2 ist unerheblich, ob die Einwilligung der Mutter vor Stellung eines Adoptionsantrages erteilt wird oder erst danach. 6

7 **III. Ausnahmebestimmungen des Abs 3.** Bei nichtehelicher Geburt kann die Mutter auch den Vater als Sorgeberechtigten bestimmen nach § 1626a. Ist dies nicht erfolgt, bestimmt Nr 1, dass die Einwilligung in eine Adoption durch den Vater schon vor der Geburt des Kindes erteilt werden kann. Da noch kein Vater feststeht, gelten insoweit die Regelungen des I für die Vermutung der Vaterschaft entspr.

8 Hat der nichteheliche Vater die Sorgerechtsübertragung auf sich beantragt, muss ein laufendes Adoptionsverfahren nach Nr 2 bis zum rechtskräftigen Abschluss ausgesetzt werden. Der Zustimmung der Mutter bedarf es in diesem Fall nicht, denn § 1751 I 6 bestimmt für diesen Fall, dass alleine der Antrag des Vaters auf Sorgerechtsübertragung ausreicht. Das Gesetz betont durch diese Regelung das grundrechtlich geschützte Elternrecht und erst, wenn dies nicht greift, kommt eine Annahme durch Dritte in Betracht.

9 Auch eine Beschwerde beim Europäischen Gerichtshof für Menschenrechte gegen eine negative Sorgerechtsentscheidung ist von den Instanzgerichten zu beachten. Nach der Entscheidung des BVerfG (FamRZ 04, 1857 Görgülü) erstreckt sich die Bindungswirkung einer solchen Entscheidung auf alle staatlichen Organe und verpflichtet diese grds, im Rahmen ihrer Zuständigkeit und ohne Verstoß gegen die Bindung an Gesetz und Recht (Art 20 III GG) einen fortdauernden Konventionsverstoß zu beenden und einen konventionsgemäßen Zustand herzustellen (jurisPR-FamR 22/04 Anm 1 *Pilati*; *Völker* Kind-Prax 04, 215).

10 Auf sein Recht, die Übertragung der elterlichen Sorge auf sich zu beantragen und mit diesem das Annahmeverfahren zu blockieren, kann der Vater auch durch ausdrückliche Erklärung verzichten. Damit entfällt zwar die Sperrwirkung nach Nr 2, die Einwilligung ist jedoch weiterhin notwendig und ggf nach § 1748 zu ersetzen. Notwendig ist die Beurkundung des Verzichts und Zugang beim Familiengericht. Durch die Verweisung auf § 1750 und die ausdrückliche Ausnahme von IV 1 ist der Verzicht nicht an ein spezielles Adoptionsverfahren gebunden, gilt vielmehr generell.

11 Bei Rücknahme oder Abweisung eines Adoptionsantrages gilt der Verzicht weiter und erfasst auch ein neues Annahmeverfahren, wenn zB andere Pflegeeltern einen Antrag stellen. Zu beachten ist aber, dass der Verzicht nach drei Jahren wirkungslos wird.

§ 1748 Ersetzung der Einwilligung eines Elternteils.
(1) ¹Das Familiengericht hat auf Antrag des Kindes die Einwilligung eines Elternteils zu ersetzen, wenn dieser seine Pflichten gegenüber dem Kind anhaltend gröblich verletzt hat oder durch sein Verhalten gezeigt hat, dass ihm das Kind gleichgültig ist, und wenn das Unterbleiben der Annahme dem Kind zu unverhältnismäßigem Nachteil gereichen würde. ²Die Einwilligung kann auch ersetzt werden, wenn die Pflichtverletzung zwar nicht anhaltend, aber besonders schwer ist und das Kind voraussichtlich dauernd nicht mehr der Obhut des Elternteils anvertraut werden kann.
(2) ¹Wegen Gleichgültigkeit, die nicht zugleich eine anhaltende gröbliche Pflichtverletzung ist, darf die Einwilligung nicht ersetzt werden, bevor der Elternteil vom Jugendamt über die Möglichkeit ihrer Ersetzung belehrt und nach Maßgabe des § 51 Abs. 2 des Achten Buches Sozialgesetzbuch beraten worden ist und seit der Belehrung wenigstens drei Monate verstrichen sind; in der Belehrung ist auf die Frist hinzuweisen. ²Der Belehrung bedarf es nicht, wenn der Elternteil seinen Aufenthaltsort ohne Hinterlassung seiner neuen Anschrift gewechselt hat und der Aufenthaltsort vom Jugendamt während eines Zeitraums von drei Monaten trotz angemessener Nachforschungen nicht ermittelt werden konnte; in diesem Falle beginnt die Frist mit der ersten auf die Belehrung und Beratung oder auf die Ermittlung des Aufenthaltsorts gerichteten Handlung des Jugendamts. ³Die Fristen laufen frühestens fünf Monate nach der Geburt des Kindes ab.
(3) Die Einwilligung eines Elternteils kann ferner ersetzt werden, wenn er wegen einer besonders schweren psychischen Krankheit oder einer besonders schweren geistigen oder seelischen Behinderung zur Pflege und Erziehung des Kindes dauernd unfähig ist und wenn das Kind bei Unterbleiben der Annahme nicht in einer Familie aufwachsen könnte und dadurch in seiner Entwicklung schwer gefährdet wäre.
(4) In den Fällen des § 1626 a Abs. 2 hat das Familiengericht die Einwilligung des Vaters zu ersetzen, wenn das Unterbleiben der Annahme dem Kind zu unverhältnismäßigem Nachteil gereichen würde.

1 **A. Grundlagen.** Für die Annahme eines Kindes ist die Einwilligung der Eltern nach § 1747 erforderlich. Im Hinblick auf das verfassungsrechtlich geschützte Elternrecht kann nur in Ausnahmefällen die Zustimmung ersetzt werden. In der Praxis wird häufig das Verfahren nach § 1666 überhaupt erst der Anstoß für die Herausnahme des Kindes aus dem Elternhaushalt sein und als Folge hiervon die Einleitung eines Annahmeverfahrens.

2 Die Ersetzung ist immer dann nicht zulässig, wenn das Kind auch ohne Adoption nicht in einem Heim untergebracht werden muss, vielmehr in einer Familie – auch Pflegefamilie, die es ggf adoptieren will – aufwachsen kann (NJW 97, 585).

3 *B. Regelungsumfang.* **I. Antragsverfahren.** Das Ersetzungsverfahren setzt stets einen Antrag des Kindes voraus. Die Regelungen des § 1746 geltend entspr. Dies bedeutet, dass mit Vollendung des 14. Lebensjahres das Kind selbst entscheidet, der gesetzliche Vertreter jedoch zustimmen muss. Da gerade in Fällen der Ersetzung häufig ein Interessenkonflikt bestehen wird, muss in diesen Fällen ein Verfahrensbeistand (§ 191

FamFG) für das Kind bestellt werden. Die Bestellung muss speziell für diesen Fall erfolgen, denn Pflegschaften allgemein erstrecken sich auf diese Fallgestaltung nicht (Stuttg FamRZ 04, 542). Die Ersetzung der Zustimmung strahlt zwar in das Adoptionsverfahren aus und ist eine der vielen Voraussetzungen für eine wirksame Annahme, jedoch ist das Ersetzungsverfahren ein eigenständiges Verfahren (§§ 186 Nr 2, 198 IFamFG). Dies erschließt sich aus der Wortwahl in § 187 I FamFG, wonach die örtliche Zuständigkeit für die Verfahren nach § 186 Nr 1–3 FamFG geregelt wird. Die Zuständigkeit kann daher mit der des Annahmegerichtes auseinander fallen. Der Beschl muss begründet werden, da er rechtsmittelfähig ist und erst mit Rechtskraft Wirkung entfalten kann. Erst mit Eintritt der Unanfechtbarkeit ersetzt der Beschl die Willenserklärung des Elternteils, dessen Zustimmung oder Einwilligung erforderlich ist (§ 198 I FamFG).

II. Anhaltende gröbliche Pflichtverletzung (Abs 1). Eine Ersetzung ist nur dann zulässig, wenn der Elternteil seine ggü dem Kind bestehenden Pflichten gröblich und anhaltend verletzt. Liegen die Voraussetzungen nach § 1666 vor, werden diese grds auch für die Ersetzung anzunehmen sein. Gröblich ist eine Pflichtverletzung stets dann, wenn Grundbedürfnisse eines Kindes gefährdet werden. Neben den objektiven Pflichtverletzung bedarf es auch der Feststellung, dass subjektiv ein Mindestmaß an Einsichtsfähigkeit besteht, denn der Elternteil muss das Unrecht seiner Handlungsweise erkennen können (BayObLG FamRZ 99, 1688). Im Einzelfall genügt auch ein einmaliger Vorgang, jedoch muss er so schwerwiegend sein, dass es nicht mehr verantwortet werden kann, das Kind wieder seiner Obhut anzuvertrauen. Eine besonders schwere Pflichtverletzung ist anzunehmen, wenn der Vater die Kindesmutter getötet hat (Brandbg Beschl 15.3.07 Az 11 Wx 43/06). 4

III. Gleichgültigkeit (Abs 1, 2). Neben der gröblichen Pflichtverletzung erwähnt das Gesetz ausdrücklich als eigenständigen Ersetzungstatbestand die Gleichgültigkeit des Elternteils ggü dem Kind. Keine Gleichgültigkeit ist gegeben, wenn der Elternteil Handlungen unterlässt in der eigenen Überzeugung, damit den Interessen des Kindes zu entsprechen. Auch setzt ein Unterlassen oder Tun stets voraus, dass dieses Verhalten nicht aufgrund objektiver Umstände letztlich notwendig oder unausweichlich ist. Stets ist die Feststellung erforderlich, dass das Verhalten auf Gleichgültigkeit beruht. Im Hinblick auf die Regelungen im SGB VIII, insb der §§ 16–21, wird immer erst das Angebot der Beratung und Hilfestellung erforderlich sein. Das ernsthafte und nachhaltige Ablehnen solcher Angebote, die Verweigerung der Mitarbeit bei einem Hilfeplan und die Fortsetzung des bisherigen, dem Kindeswohl schädigenden Verhaltens wird erst die Feststellung der Gleichgültigkeit ermöglichen. 5

Eine Ersetzung bedarf weiterhin noch die Feststellung, dass das Unterbleiben der Annahme dem Kind unverhältnismäßige Nachteile gereichen würde. Kann diese Feststellung nicht erfolgen, sind andere Maßnahmen im Interesse des Kindes zu ergreifen, eine Ersetzung kommt dann jedoch nicht in Betracht. Das Jugendamt muss den Elternteil nicht nur über die Hilfemöglichkeiten des SGB VIII belehren, sondern auch darüber, unter welchen Voraussetzungen eine Ersetzung der Einwilligung möglich ist. Damit soll auch erreicht werden, dass dem Elternteil bewusst wird, dass er objektiv gegen grds Kindesinteressen verstößt. In der Belehrung ist auch darauf hinzuweisen, dass erst nach Ablauf von 3 Monaten eine Ersetzung zulässig ist. Damit wird dem Elternteil Gelegenheit gegeben, sein Verhalten zu überdenken und zu ändern. 6

Von einer nachhaltigen, das Kindeswohl schädigenden Gleichgültigkeit geht das Gesetz in den Fällen aus, in denen der Elternteil ohne Hinterlassen einer Anschrift seinen Aufenthaltsort wechselt. Auch hier geht das Gesetz von einer Frist von 3 Monaten aus, knüpft den Beginn der Frist jedoch an den Tag, an dem angemessene Nachforschungen zur Feststellung des Aufenthaltes eingeleitet wurden. Die Einleitung der Aufenthaltsermittlung ist für den Fristbeginn jedoch nur dann ausreichend, wenn diese Tätigkeit – zumindest auch – dem Zweck dient, den Elternteil zu beraten und zu belehren iSd Adoptionsrechts. Fehlt diese Zweckbestimmung bei einer Aufenthaltsermittlung, beginnt die Frist nicht zu laufen. Zu beachten ist ergänzend, dass der Fristablauf frühestens fünf Monate nach Geburt des Kindes eintreten kann (3). Da erst bei einer Abwesenheit von mehr als drei Monaten eine Ersetzung zulässig ist, bedeutet diese ergänzende Fristregelung, dass zwar die angemessene Nachforschung zwecks Feststellung des Aufenthaltsortes des Elternteils schon unmittelbar nach der Geburt eines Kindes eingeleitet werden darf, die Ersetzung dann aber bis zum fünften Monat abgewartet werden muss. 7

IV. Sonstige Ersetzungsgründe (Abs 3). In Fällen einer besonders schweren psychischen Krankheit oder besonders schweren geistigen oder seelischen Behinderungen eines Elternteils bedarf es der ergänzenden Feststellung, dass der Elternteil zur Pflege und Erziehung des Kindes dauernd unfähig ist. Insoweit fehlt es an einem vorwerfbaren Verhaltens des Elternteils, wie es in den Fallgestaltungen des I oder II gefordert wird. 8

V. Ersetzung bei nichtehelicher Vaterschaft. Ist ein Kind nichtehelich geboren und wurde keine gemeinsame elterliche Sorge begründet, kann die Zustimmung des Vaters ersetzt werden. Ein nachteiliges Verhalten des Vaters ggü dem Kind iSv I oder II ist nicht erforderlich. Ausreichend ist die Feststellung, dass das Unterbleiben der Annahme dem Kind unverhältnismäßige Nachteile bereiten würde (s.o.). Verfassungsrechtlichen Bedenken ist der BGH (FamRZ 05, 1781) durch eine verfassungskonforme Auslegung entgegengetreten. Das Unterbleiben der Adoption gereicht dem Kind nur dann zu unverhältnismäßigem Nachteil, wenn die Adoption einen so erheblichen Vorteil für das Kind bieten würde, dass ein sich verständig um sein Kind sorgender Elternteil auf der Erhaltung des Verwandtschaftsbandes nicht bestehen würde (krit *Lipp* JZ 06, 96). 9

10 Das BVerfG (FamRZ 06, 1355 m Anm *Rösler/Reimann*) hat diese Rspr des BGH ausdrücklich als zutr bestätigt und dahingehend ergänzt, dass nicht generell von einer sozialen Beziehung auszugehen ist. Auf Seiten des Vaters ist nach dieser bestätigten Rspr ua zu erwägen, ob und inwieweit ein gelebtes Vater-Kind-Verhältnis bestehe oder bestanden habe oder welche Gründe den Vater an dem Aufbau oder an der Aufrechterhaltung eines solchen Verhältnisses gehindert hätten.

§ 1749 Einwilligung des Ehegatten.
(1) ¹Zur Annahme eines Kindes durch einen Ehegatten allein ist die Einwilligung des anderen Ehegatten erforderlich. ²Das Familiengericht kann auf Antrag des Annehmenden die Einwilligung ersetzen. ³Die Einwilligung darf nicht ersetzt werden, wenn berechtigte Interessen des anderen Ehegatten und der Familie der Annahme entgegenstehen.
(2) Zur Annahme eines Verheirateten ist die Einwilligung seines Ehegatten erforderlich.
(3) Die Einwilligung des Ehegatten ist nicht erforderlich, wenn er zur Abgabe der Erklärung dauernd außerstande oder sein Aufenthalt dauernd unbekannt ist.

1 **A. Grundlagen.** Da die Annahme auch die Interessen des Ehegatten betreffen kann, ist grds auch seine Einwilligung erforderlich. Aber auch beim Annehmenden entstehen neue Pflichten, die in ihren Auswirkungen auch den Ehepartner betreffen können. Zu denken ist besonders an Unterhaltspflichten oder aber die Erbrechtsfolge.

2 **B. Regelungsumfang. I. Alleinige Annahme (Abs 1).** Ausgehend von dem Grundsatz, dass ein Ehepaar nur gemeinsam ein Kind annehmen kann, § 1741 II 1, bestimmt I, dass bei Annahme nur durch einen Ehegatten die Zustimmung des anderen erforderlich ist. Betroffen ist von dieser Regelung nur die Stiefkindadoption, die nach § 1741 II 3 erlaubt ist.

3 Aber auch eine Annahme eines fremden Kindes ist zulässig, setzt aber voraus, dass der Ehegatte das Kind nicht annehmen kann, weil er geschäftsunfähig ist oder das 21. Lebensjahr noch nicht vollendet hat (§ 1741 II 3). Es bedarf jedoch nach III keiner Einwilligung, wenn der andere Ehegatte zur Abgabe der Erklärung dauernd außerstande oder sein Aufenthalt dauernd unbekannt ist (III).

4 **II. Annahme eines Verheirateten (Abs 2).** Der seltene Fall der Annahme eines verheirateten Kindes regelt II. Mangels einer Verweisung in § 1768 bedarf es auch bei der Volljährigenannahme der Einwilligung des Ehepartners. Eine Ersetzung der Einwilligung ist nicht vorgesehen, denn der Bestand der Ehe und deren Erhalt werden als vorrangig erachtet und sollen nicht durch eine Adoption beeinträchtigt werden.

5 **III. Ersetzung der Einwilligung.** Nach I 2 und 3 kann durch das Familiengericht die Einwilligung des anderen Ehegatten ersetzt werden. Diese Möglichkeit ist beschränkt auf die Anwendungsfälle des I, kommt also nicht bei II in Betracht. Erforderlich ist ein Antrag. Fehlt dieser, scheitert die Adoption wegen der fehlenden Einwilligung, die dann auch nicht ersetzt werden darf.

6 Liegen die Voraussetzungen nach III nicht vor, kann eine Ersetzung nur erfolgen, wenn berechtigte Interessen des anderen Ehegatten und der Familie der Annahme nicht entgegenstehen. Im Gegensatz zur Ersetzung anderer Einwilligungen stellt das Gesetz an die Interessen des anderen Ehegatten keine besonders hohen Anforderungen. Dies hat zur Folge, dass die Ersetzung nur ausnahmsweise erfolgen darf, insb wenn also die Verweigerung der Zustimmung schikanös oder willkürlich ist. Es sind alle Umstände aufgrund der Amtsermittlung in die Beurteilung einzubeziehen. Der schon erfolgte Wechsel des Kindes in eine Pflegefamilie, die das Kind mit dem Ziel der Adoption aufgenommen hat, wird ebenso zu berücksichtigen sein wie auch die häuslichen Verhältnisse des verweigernden Ehegatten. Da die Einwilligung nicht am Beginn des Adoptionsverfahrens stehen muss, sollte zunächst die Eingliederung in die Pflegefamilie erfolgen, um nach einer gewissen Dauer auch die gewachsenen Bindungen des Kindes berücksichtigen zu können, die dann gegen die berechtigten Interesse des anderen Ehegatten abzuwägen sind.

7 **C. Verfahrensrechtliche Hinweise.** Nach dem Gesetzeswortlaut ist alleine der Annehmende zur Stellung des Ersetzungsantrages berechtigt. Dem Kind oder anderen Ehegatten steht deshalb weder ein Antrags- noch Beschwerderecht zu. Das Verfahren der Ersetzung ist ebenso wie das nach § 1748 ein besonderes Verfahren, nicht also Teil des Adoptionsverfahrens.

§ 1750 Einwilligungserklärung.
(1) ¹Die Einwilligung nach §§ 1746, 1747 und 1749 ist dem Familiengericht gegenüber zu erklären. ²Die Erklärung bedarf der notariellen Beurkundung. ³Die Einwilligung wird in dem Zeitpunkt wirksam, in dem sie dem Familiengericht zugeht.
(2) ¹Die Einwilligung kann nicht unter einer Bedingung oder einer Zeitbestimmung erteilt werden. ²Sie ist unwiderruflich; die Vorschrift des § 1746 Abs. 2 bleibt unberührt.
(3) ¹Die Einwilligung kann nicht durch einen Vertreter erteilt werden. ²Ist der Einwilligende in der Geschäftsfähigkeit beschränkt, so bedarf seine Einwilligung nicht der Zustimmung seines gesetzlichen Vertreters. ³Die Vorschrift des § 1746 Abs. 1 Satz 2, 3 bleibt unberührt.

(4) ¹Die Einwilligung verliert ihre Kraft, wenn der Antrag zurückgenommen oder die Annahme versagt wird. ²Die Einwilligung eines Elternteils verliert ferner ihre Kraft, wenn das Kind nicht innerhalb von drei Jahren seit dem Wirksamwerden der Einwilligung angenommen wird.

A. Grundlagen. Notwendig für eine Adoption sind die Einwilligung des Kindes, der leiblichen Eltern und, falls das Kind verheiratet ist, seines Ehegatten. Die Vorschrift regelt nur die Form und den Zeitpunkt und die Zeitdauer der Wirksamkeit und setzt die besonderen Regeln für die Einwilligung der vorhergehenden Vorschriften voraus. 1

B. Zugang (Abs 1 S 1, 3). Die Einwilligungen nach den Vorschriften der §§ 1746, 1747 und 1749 sind ggü dem Familiengericht abzugeben. Aus dieser besonderen Regelung ergibt sich, dass es sich um vom Adoptionsverfahren getrennte Verfahren handelt. Entscheidend ist der Zugang der Erklärung. Unerheblich ist, wer die Erklärung in den Verfügungsbereich des Familiengerichts verbringt. Wirksamkeitsvoraussetzung ist auch, dass das Familiengericht zuständig ist. Dies bestimmt sich nach § 187 FamFG. Keine Schwierigkeiten für die Zuständigkeitsbestimmung ergeben sich, wenn ein Adoptionsantrag schon vorliegt. Ist dies nicht der Fall oder handelt es sich um eine Inkognito-Adoption, muss das Gericht, bei dem die Einwilligungserklärung eingeht, vAw prüfen, ob es der richtige Empfänger ist (Hamm DNotZ 87, 308). Ist das Gericht örtlich unzuständig, hat es die Erklärung an das zuständige Gericht weiterzuleiten. Da die Wirksamkeit voraussetzt, dass die Erklärung beim zuständigen Gericht eingeht, wird bei Abgabe oder Weiterleitung die Einwilligung erst mit Zugang beim zuständigen Familiengericht wirksam. 2

Liegt beim Gericht noch kein Antrag auf Adoption vor, ist dies unschädlich, denn eine bestimmte Reihenfolge ist gesetzlich nicht vorgeschrieben. Nur im Falle der Einwilligung eines Elternteils verliert diese ihre Kraft, wenn nicht binnen drei Jahren seit dem Wirksamwerden der Einwilligung – also Zugang beim Familiengericht – die Adoption erfolgt ist. Die Einwilligung kann jedoch mehrfach wiederholt werden und ein eingeleitetes, aber noch nicht abgeschlossenes Adoptionsverfahren muss nicht neu eingeleitet werden bei Ablauf der Kraft der Einwilligung, denn entscheidend kommt es darauf an, dass im Zeitpunkt der Adoption alle Wirksamkeitsvoraussetzungen vorliegen. Zu beachten ist auch, dass die elterliche Sorge nicht automatisch an den Elternteil zurückfällt, vielmehr muss das Familiengericht über eine Rückübertragung oder anderweitigen Regelung entscheiden (§ 1751 III). 3

C. Formerfordernis. Nur die Einwilligungserklärungen der §§ 1746, 1747, 1749 bedürfen der notariellen Beurkundung. Diese richtet sich nach den §§ 8 ff BeurkG, kann aber kraft ausdrücklicher gesetzlicher Regelung ersetzt werden durch eine Beurkundung beim Jugendamt nach § 59 SGB 8. Wohl seltener wird die Einwilligung auch in einem gerichtlichen Protokoll erklärt werden (§ 127a), wobei insb die §§ 160 III 1, 162 I ZPO beachtet werden müssen. 4

Das Formerfordernis erfasst nicht nur den Beurkundungsvorgang selbst, sondern verlangt auch, dass die Urschrift oder eine Ausfertigung derselben dem Familiengericht zugeht. Die Ausfertigung ersetzt im Rechtsverkehr die Urschrift (§ 43 BeurkG). 5

Für eine Vielzahl von Erklärungen sind im Adoptionsverfahren andere Formerfordernisse aufgestellt sind. Wenn keine besondere Form für eine Erklärung verlangt wird, ist Schriftform erforderlich (§ 126), denn nur so kann die Tatsache der Abgabe der Erklärung dokumentiert werden, sofern die Erklärung nicht in einem Verfahrensprotokoll enthalten ist; in diesem Fall sind die entspr Protokollierungsregeln zu beachten. 6

D. Sonstige Voraussetzungen (Abs 2, 3). Rein formal bestimmt II 1, dass die Einwilligung nicht unter einer Bedingung oder Zeitbestimmung erteilt werden kann. Enthält die Urkunde eine unzulässige Einschränkung, entfaltet sie nicht die nach dem Gesetz erforderliche Wirkung und ist zurückzuweisen bzw durch eine inhaltlich gültige Erklärung zu ersetzen. Ist die Zustimmung wirksam erteilt, ist sie unwiderruflich. Da die Wirksamkeit erst mit Zugang beim Familiengericht gegeben ist, kann bis dahin noch ein Widerruf Erfolg haben. 7

Von der Unwiderruflichkeit gibt es nur in den Fällen des § 1746 II eine Ausnahme: das minderjährige über 14 Jahre alte Kind darf die Einwilligung widerrufen ohne Angabe von Gründen. Sein Widerrufsrecht erlischt mit dem Ausspruch der Annahme. 8

Nach III ist eine Abgabe mittels Vertreter untersagt. Auch der beschränkt Geschäftsfähige kann die Einwilligung alleine erteilen und es bedarf nicht der Zustimmung des gesetzlichen Vertreters. Dies gilt nicht für die Einwilligung durch den gesetzlichen Vertreter, wenn das Kind noch nicht 14 ist und für die Zustimmung des gesetzlichen Vertreters nach dieser Altersgrenze. 9

E. Rücknahme und Fristen. Einwilligungen sind, da sie ohne Bedingung oder Zeitbestimmung erteilt werden müssen, unbegrenzt wirksam. Da sie jedoch nicht für jeden Fall der Annahme, sondern nur für ein konkretes Verfahren erteilt werden dürfen, entfällt die Wirkung der Einwilligung, wenn der Adoptionsantrag zurückgenommen oder rechtskräftig abgewiesen wird. Entscheidend ist nicht der Erlass einer ablehnenden Entscheidung, sondern deren Rechtskraft. Eine Besonderheit besteht für die Einwilligung des Elternteils, die ihre Kraft verliert, wenn nicht innerhalb von 3 Jahren seit Wirksamwerden die Adoption erfolgt ist, jedoch kann diese Einwilligung mehrfach erneuert werden. 10

§ 1751 Wirkung der elterlichen Einwilligung, Verpflichtung zum Unterhalt.

(1) ¹Mit der Einwilligung eines Elternteils in die Annahme ruht die elterliche Sorge dieses Elternteils; die Befugnis zum persönlichen Umgang mit dem Kind darf nicht ausgeübt werden. ²Das Jugendamt wird Vormund; dies gilt nicht, wenn der andere Elternteil die elterliche Sorge allein ausübt oder wenn bereits ein Vormund bestellt ist. ³Eine bestehende Pflegschaft bleibt unberührt. ⁴Das Familiengericht hat dem Jugendamt unverzüglich eine Bescheinigung über den Eintritt der Vormundschaft zu erteilen; § 1791 ist nicht anzuwenden. ⁵Für den Annehmenden gilt während der Zeit der Adoptionspflege § 1688 Abs. 1 und 3 entsprechend. ⁶Hat die Mutter in die Annahme eingewilligt, so bedarf ein Antrag des Vaters nach § 1672 Abs. 1 nicht ihrer Zustimmung.
(2) Absatz 1 ist nicht anzuwenden auf einen Ehegatten, dessen Kind vom anderen Ehegatten angenommen wird.
(3) Hat die Einwilligung eines Elternteils ihre Kraft verloren, so hat das Familiengericht die elterliche Sorge dem Elternteil zu übertragen, wenn und soweit dies dem Wohle des Kindes nicht widerspricht.
(4) ¹Der Annehmende ist dem Kind vor den Verwandten des Kindes zur Gewährung des Unterhalts verpflichtet, sobald die Eltern des Kindes die erforderliche Einwilligung erteilt haben und das Kind in die Obhut des Annehmenden mit dem Ziel der Annahme aufgenommen ist. ²Will der Ehegatte ein Kind seines Ehegatten annehmen, so sind die Ehegatten dem Kind vor den anderen Verwandten des Kindes zur Gewährung des Unterhalts verpflichtet, sobald die erforderliche Einwilligung der Eltern des Kindes erteilt und das Kind in die Obhut der Ehegatten aufgenommen ist.

1 **A. Grundlagen.** Die Einwilligung in die Adoption durch einen Elternteil oder beide Eltern zerschneidet begrifflich das enge Band, das zum Kind besteht. Um das weitere Verfahren nicht zu stören, muss der Einwilligung schon eine klar umrissene Wirkung zugeordnet werden.

2 **B. Regelungsumfang. I. Sorgerecht (Abs 1).** Die elterliche Sorge oder elterliche Verantwortung (EU-VO Nr 2201/03 Einl Nr 6) ist eine grundrechtlich geschützte Rechtsstellung. Wenn und soweit ein Elternteil oder beide Eltern durch freiwillige Erklärung bereit sind, dieses Recht an Dritte abzugeben, trifft das Gesetz die Regelung dahingehend, dass die Rechtsstellung des Elternteils ruht (1). Die elterliche Sorge geht auf das Jugendamt als Vormund über. Dies gilt nur dann nicht, wenn schon ein Vormund bestellt ist.

3 Steht die elterliche Sorge beiden Eltern zu und hat nur ein Elternteil seine Einwilligung erteilt, übt der andere Elternteil das Sorgerecht alleine aus. Dies entspricht den Regeln über das Ruhen bei rechtlichem Hindernis (§ 1673) und Ruhen bei tatsächlichem Hindernis (§ 1674). Nicht erforderlich ist, dass die elterliche Sorge uneingeschränkt bestand, denn eine Einschränkung durch Pflegschaft (§ 1630) ist ohne Relevanz, wie sich aus der ausdrücklichen Regelung, dass eine Pflegschaft bestehen bleibt, ergibt.

4 Die Amtsvormundschaft tritt als Rechtsfolge der wirksamen Einwilligung ein. Die Stellung als Amtsvormund weist das Jugendamt ausschl dadurch nach, dass es die Bestätigung des Familiengericht besitzt. In allen sonstigen Fällen der Errichtung einer Vormundschaft bedarf es noch der förmlichen Bestellung nach § 1791. Das Jugendamt übt die Amtsvormundschaft nicht als Behörde aus, sondern hat einem Beamten oder Angestellten der Dienststelle die Ausübung der Aufgaben zu übertragen (§ 55 II SGB 8).

5 Sind die Eltern nicht miteinander verheiratet und wurde keine gemeinsame elterliche Sorge nach § 1626a begründet, kann der Kindesvater auch ohne Zustimmung der Mutter die Übertragung der elterlichen Sorge auf sich beantragen (§ 1672); dieser Antrag verhindert bis zu seinem rechtskräftigen Abschluss eine Adoption (§ 1747 III Nr 2). Ruht die elterliche Sorge der Mutter, weil diese der Adoption zugestimmt hat, bedarf ein Antrag des Vaters auf Übertragung der alleinigen elterlichen Sorge nicht mehr ihrer Zustimmung. In einem solchen Fall ist dem Antrag des Vaters unter Beachtung der Europäischen Menschenrechtskonvention schon dann stattzugeben, die die Übertragung der elterlichen Sorge auf den Vater dem Wohl des Kindes „entspricht" (Fall Görgülü – BGH Beschl v 26.9.07 – Az XII ZHB 229/06).

6 **II. Adoptionspflege.** Befindet sich das Kind bei Pflegeeltern, die es mit dem Ziel der Adoption in ihren Haushalt aufgenommen haben (§ 1744), entscheiden sie über Angelegenheiten des täglichen Lebens. Diese Vorschrift ist weitgehend inhaltsgleich mit § 1687, die die Vertretung bei getrennt lebenden Eltern bei bestehender gemeinsamer elterlicher Sorge regelt. Die Rspr ist teilweise sehr eng und betrachtet als erheblich schon einen Auslandsurlaub von durchschnittlicher Dauer (Naumbg FamRZ 00, 1241). Die Abgrenzung wird im Einzelfall problematisch sein, ist aber für die Pflegefamilie deshalb geringfügig einfacher in der Handhabung, da dem Amtsvormund als Inhaber der elterlichen Sorge ein vorrangiges Bestimmungsrecht zukommt (§ 1688 III).

7 **III. Stiefkindadoption (Abs 2).** Will ein Ehegatte das Kind des anderen Ehegatten annehmen, sind die in I bestimmten Einschränkungen nicht erforderlich, weshalb II sie ausdrücklich für nicht anwendbar erklärt. Zu beachten sind verfassungsrechtliche Voraussetzungen der Ersetzung der Einwilligung des nichtehelichen Vaters bei Stiefkindadoptionen (Heitmann jurisPR-FamR 1/06 Anm 2).

IV. Sorgerechtsentscheidung (Abs 3). Die Einwilligung eines Elternteils verliert nach § 1750 IV ihre Wirkung, wenn entweder der Antrag zurückgenommen, rechtskräftig abgewiesen wird oder bei alleiniger elterlicher Sorge die Adoption nicht innerhalb von drei Jahren erfolgt ist. Bedingt dadurch, dass nicht die Unwirksamkeit der Einwilligung eintritt, sondern die Einwilligung nur ihre Kraft verliert, verbleibt es zunächst hinsichtlich der elterlichen Sorge dabei, dass die Amtsvormundschaft weiter bestehen bleibt. Jedoch hat das Familiengericht dem anderen Elternteil die elterliche Sorge zu übertragen, wenn und soweit dies dem Kindeswohl entspricht. 8

Aufgrund der Eingliederung der Adoption in das Familienrecht ist für die Einwilligung als auch Änderung der elterlichen Sorge ausschließlich das Familiengericht zuständig. 9

C. Unterhaltspflicht. Die wirtschaftlich wohl stärkste Auswirkung hat die Einwilligung auf die Unterhaltspflicht. Das Gesetz stellt auf die Einwilligung als solche und die Eingliederung des Kindes beim Annehmenden ab. Sind beide Voraussetzungen erfüllt, ist der Annehmende vorrangig vor den Eltern zur Unterhaltsgewährung verpflichtet. Voraussetzung ist aber, dass es sich um eine Adoptionspflege handelt, denn § 1688 I bestimmt für die Pflegeeltern generell, dass sie ua auch Unterhaltsleistungen für das Kind geltend zu machen berechtigt und verpflichtet sind. Im Falle der Adoptionspflege kommt im Einzelfall auch die Geltendmachung von Unterhalt ggü den Eltern in Betracht, jedoch nur dann, wenn die Leistungsfähigkeit der Pflegeeltern erschöpft ist. Diese Grundsätze gelten auch im Falle der Stiefkindadoption (2). 10

Mit Aufnahme des Kindes in die Obhut des Annehmenden erhält dieser auch die Berechtigung auf Geltendmachung aller Sozialleistungen oder sonstigen staatlichen Leistungen. Dies ergibt sich aus der Bezugnahme in I 5 auf die Regelungen in § 1688 I und III. Erziehungs- und Kindergeld gehören hierzu ebenso und das Kind wird in die Familienversicherung des SGB 5 einbezogen. 11

§ 1752 Beschluss des Vormundschaftsgerichts, Antrag. (1) Die Annahme als Kind wird auf Antrag des Annehmenden vom Familiengericht ausgesprochen.
(2) ¹Der Antrag kann nicht unter einer Bedingung oder einer Zeitbestimmung oder durch einen Vertreter gestellt werden. ²Er bedarf der notariellen Beurkundung.

A. Antragserfordernis. Eingeleitet wird das Verfahren auf Annahme eines Kindes durch einen förmlichen Antrag des Annehmenden. Der Antrag darf nicht unter einer Bedingung gestellt werden. Die Hinzufügung jeder Bedingungen oder Zeitbestimmungen ist unzulässig. Die Vorschrift selbst enthält keine Bestimmung darüber, welcher konkrete Inhalt erforderlich ist. Aus § 1753 I folgt aber, dass der Antrag auf ein bestimmtes Kind bezogen sein muss. Auch sollte der Annehmende eindeutig zum Ausdruck bringen, dass er in einem Eltern-Kind-Verhältnis leben möchte, da dies Voraussetzung für eine Adoption ist. Die Beurkundung durch einen Notar ist vorgeschrieben. Aufgrund der Enumeration in § 95 SGB VIII darf das Jugendamt diesen Antrag nicht beurkunden. Ob auch eine gerichtliche Protokollierung ausreicht (§ 127a), wird wohl zu verneinen sein. 1

B. Entscheidung. Liegen alle Voraussetzungen für eine Annahme vor, entscheidet das Familiengericht durch Beschl. Nach (§ 197 FamFG) muss die Entscheidung die Rechtsgrundlage der Annahme enthalten. Wurde die Zustimmung eines Elternteils nach § 1747 IV für nicht erforderlich gehalten, muss dies aus den Gründen ausdrücklich hervorgehen. Er ist erst mit Zustellung an den Annehmenden wirksam, dann aber auch unanfechtbar (§ 197 II FamFG). Ist der Annehmende verstorben wird die Annahme mit Zustellung an das Kind wirksam und unanfechtbar. Da der Beschl unanfechtbar ist, entfällt eine Belehrung über ein Rechtsmittel (§ 58 FamFG; jurisPR-FamR 22/2009 Anm 4 *Friederici*). 2

C. Verfahrensrechtliche Hinweise. Rechtsmittel oder Rechtsbehelfe sind aufgrund der Unabänderbarkeit durch das Gericht nur denkbar für den Fall, dass der Antrag zurückgewiesen wird. In diesem Fall ist beschwerdeberechtigt nach § 59 FamFG, wer durch den Beschl in seinen Rechten beeinträchtigt wird. Im Gegensatz hierzu steht das Verfahren auf Aufhebung der Adoption (§ 198 II FamFG), bei dem erst mit Rechtskraft des Beschlusses die Wirkungen entfallen. 3

§ 1753 Annahme nach dem Tode. (1) Der Ausspruch der Annahme kann nicht nach dem Tode des Kindes erfolgen.
(2) Nach dem Tode des Annehmenden ist der Ausspruch nur zulässig, wenn der Annehmende den Antrag beim Familiengericht eingereicht oder bei oder nach der notariellen Beurkundung des Antrags den Notar damit betraut hat, den Antrag einzureichen.
(3) Wird die Annahme nach dem Tode des Annehmenden ausgesprochen, so hat sie die gleiche Wirkung, wie wenn sie vor dem Tode erfolgt wäre.

Ist das Kind verstorben, bevor die Annahme wirksam geworden ist, ist die Annahme rechtlich ausgeschlossen, da das Ziel der Förderung des Kindeswohls nicht mehr erreicht werden kann. 1

2 Verstirbt der Annehmende, bevor die Wirksamkeit eingetreten ist, geht die Regelung grds davon aus, dass die Annahme wirksam erfolgt ist (III). Das Kind erhält damit den Status, den es durch die Adoption auch erhalten sollte, insb auch das Erbrecht. Voraussetzung für die Wirksamkeit nach dem Versterben des Annehmenden ist, dass sein Antrag im Zeitpunkt des Todes schon beim Gericht vorliegt. Ausreichend ist auch, dass der beurkundende Notar schon in dem Antrag oder aber auch danach damit betraut wurde, den Antrag beim Familiengericht einzureichen. Wird erst nach dem Tode des Erblassers die Adoption ausgesprochen, so wird das bisher als gesetzlicher Alleinerbe geltende nichteheliche Kind des Erblassers nur zum Ersbersatzanspruchsberechtigten ggü der adoptierten Alleinerbin. Dies gilt auch im Erbschaftssteuergesetz (FG München EFG 06, 1337).

§ 1754 Wirkung der Annahme.
(1) Nimmt ein Ehepaar ein Kind an oder nimmt ein Ehegatte ein Kind des anderen Ehegatten an, so erlangt das Kind die rechtliche Stellung eines gemeinschaftlichen Kindes der Ehegatten.
(2) In den anderen Fällen erlangt das Kind die rechtliche Stellung eines Kindes des Annehmenden.
(3) Die elterliche Sorge steht in den Fällen des Absatzes 1 den Ehegatten gemeinsam, in den Fällen des Absatzes 2 dem Annehmenden zu.

1 Die Wirkung der Annahme wird differenziert geregelt für den Fall der gemeinsamen Annahme durch Eheleute einerseits und die Annahme durch eine Einzelperson. Im Falle der gemeinsamen Annahme erhält das Kind die rechtliche Stellung eines gemeinsamen Kindes (I). Die elterliche Sorge steht, wie bei ehelicher Geburt eines Kindes, beiden Eltern gemeinsam zu (III).

2 Nimmt eine Einzelperson ein Kind an, so erhält das Kind die rechtliche Stellung eines Kindes des Annehmenden. Im Falle der Stiefkindadoption ist damit dieselbe Rechtssituation geschaffen wie bei einer gemeinsamen Annahme durch Eheleute.

3 Die Wirkungen werden nur in Bezug auf den oder die Annehmenden erwähnt, die Folge der grds Änderung der Rechtsstellung ist aber, dass hinsichtlich der leiblichen Eltern alle rechtlichen Verbindungen in demselben Umfang beendet, wie sie für das Kind begründet werden. Insoweit werden die weiteren Wirkungen in den §§ 1755 ff iE einer besonderen Regelung unterworfen.

4 Die erbrechtliche Stellung eines Kindes nach Adoption in einer registrierten gleichgeschlechtlichen Partnerschaft aufgrund von § 9 VII LPartG wirft auch verfassungsrechtliche Probleme auf (ausf *Schlütter* FF 05, 234). Mit Wirksamkeit der Annahme erlischt eine Vormundschaft, weil die Voraussetzungen entfallen (§§ 1773, 1882). Auswirkungen können auch im Recht der Staatsangehörigkeit feststellbar sein, und im Eheschließungsrecht besteht jetzt ein Eheschließungsverbot (§ 1308), von dem Befreiung erteilt werden kann. Im letzteren Fall erlischt die Annahmewirkung mit der Eheschließung (§ 1766). Das Namensrecht ist in § 1757 ausdrücklich und abschließend geregelt.

§ 1755 Erlöschen von Verwandtschaftsverhältnissen.
(1) ¹Mit der Annahme erlöschen das Verwandtschaftsverhältnis des Kindes und seiner Abkömmlinge zu den bisherigen Verwandten und die sich aus ihm ergebenden Rechte und Pflichten. ²Ansprüche des Kindes, die bis zur Annahme entstanden sind, insbesondere auf Renten, Waisengeld und andere entsprechende wiederkehrende Leistungen, werden durch die Annahme nicht berührt; dies gilt nicht für Unterhaltsansprüche.
(2) Nimmt ein Ehegatte das Kind seines Ehegatten an, so tritt das Erlöschen nur im Verhältnis zu dem anderen Elternteil und dessen Verwandten ein.

1 Grundsatz ist, dass mit dem Entstehen der neuen Verwandtschaftsverhältnisse auch die korrespondierenden aus der bisherigen Rechtsebene erlöschen. Schon mit der Einwilligung der Eltern wird deren Rechtssituation beschränkt (§ 1751), jedoch erlöschen alle Rechte erst mit der wirksamen Annahme. Da mit der Adoption das Kind die rechtliche Stellung erhält, die es mit der Geburt in diesem sozialen Umfeld erworben hätte, erlöschen jedoch nur die Rechtsbeziehungen, die in einem Verhältnis zur Adoption stehen. Erhalten bleiben hingegen diejenigen Rechtsbeziehungen, die zur Annahme in keinem inhaltlichen Verhältnis stehen. Hierzu gehört insb das Verhältnis zu Geschwistern, denn auch des Angenommenen zu seinen eigenen Kindern, die ihrerseits trotz Annahme des Elternteils Geschwister bleiben.

2 Das Umgangsrecht der leiblichen Eltern mit dem adoptierten Kind, das schon nach Einwilligung nach § 1751 I 1 ruht, erlischt. Es besteht auch kein Auskunftsanspruch nach § 1686 (OLGR Stuttg 06, 788) und ebenso kein Umgangsrecht nach § 1686 II. Bestehen bleiben aber sonstige Umgangsrechte anderer Bezugspersonen.

3 Ausdrücklich geregelt ist unabhängig hiervon, dass erworbene Ansprüche des Kindes auf Rente, Waisengeld *und andere wiederkehrende Ansprüche* erhalten bleiben, nicht jedoch Unterhaltsansprüche. Sinn der Regelung ist, dass durch die Adoption das Wohl des Kindes gefördert werden soll, was mit Anspruchsverlust nicht zu vereinbaren wäre. Insb verliert das Kind keine Rechte, soweit es diese schon vor der Annahme erworben hat, behält also eine angefallene Erbschaft.

§ 1756 Bestehenbleiben von Verwandtschaftsverhältnissen. (1) Sind die Annehmenden mit dem Kind im zweiten oder dritten Grad verwandt oder verschwägert, so erlöschen nur das Verwandtschaftsverhältnis des Kindes und seiner Abkömmlinge zu den Eltern des Kindes und die sich aus ihm ergebenden Rechte und Pflichten.
(2) Nimmt ein Ehegatte das Kind seines Ehegatten an, so erlischt das Verwandtschaftsverhältnis nicht im Verhältnis zu den Verwandten des anderen Elternteils, wenn dieser die elterliche Sorge hatte und verstorben ist.

Ausdrücklich bestimmt diese Vorschrift neben den grds Wirkungen der Adoption gem den vorstehenden Vorschriften, dass bestimmte Verwandtschaftsverhältnisse durch die Adoption nicht berührt werden. Mit der Annahme erlöschen nach I nur die Rechtsbeziehungen des Kindes, ggf auch seiner Abkömmlinge, zu den leiblichen Eltern. Zu sonstigen Verwandten bleiben die bisherigen Rechtsbeziehungen erhalten. Erhalten bleiben also die Beziehungen zu eigenen Geschwistern, Onkel und Tanten, ebenso wie zu Großeltern. 1

Bei der Stiefkindadoption nach Versterben des anderen Elternteils erlöschen die verwandtschaftlichen Beziehungen nicht, wenn der verstorbene Elternteil die elterliche Sorge im Zeitpunkt seines Versterbens innehatte. Nicht erforderlich ist die alleinige elterliche Sorge, es genügt auch gemeinsame elterliche Sorge. 2

§ 1757 Name des Kindes. (1) ¹Das Kind erhält als Geburtsnamen den Familiennamen des Annehmenden. ²Als Familienname gilt nicht der dem Ehenamen oder dem Lebenspartnerschaftsnamen hinzugefügte Name (§ 1355 Abs. 4; § 3 Abs. 2 Lebenspartnerschaftsgesetz).
(2) ¹Nimmt ein Ehepaar ein Kind an oder nimmt ein Ehegatte ein Kind des anderen Ehegatten an und führen die Ehegatten keinen Ehenamen, so bestimmen sie den Geburtsnamen des Kindes vor dem Ausspruch der Annahme durch Erklärung gegenüber dem Familiengericht; § 1617 Abs. 1 gilt entsprechend. ²Hat das Kind das fünfte Lebensjahr vollendet, so ist die Bestimmung nur wirksam, wenn es sich der Bestimmung vor dem Ausspruch der Annahme durch Erklärung gegenüber dem Familiengericht anschließt; § 1617c Abs. 1 Satz 2 gilt entsprechend.
(3) Die Änderung des Geburtsnamens erstreckt sich auf den Ehenamen des Kindes nur dann, wenn sich auch der Ehegatte der Namensänderung vor dem Ausspruch der Annahme durch Erklärung gegenüber dem Familiengericht anschließt; die Erklärung muss öffentlich beglaubigt werden.
(4) ¹Das Familiengericht kann auf Antrag des Annehmenden mit Einwilligung des Kindes mit dem Ausspruch der Annahme
1. Vornamen des Kindes ändern, ihm einen oder mehrere neue Vornamen beigeben, wenn dies dem Wohl des Kindes entspricht;
2. dem neuen Familiennamen des Kindes den bisherigen Familiennamen voranstellen oder anfügen, wenn dies aus schwerwiegenden Gründen zum Wohl des Kindes erforderlich ist. ²§ 1746 I 2, 3, III 1. HS ist entsprechend anzuwenden.

A. Grundlagen. Die Rechtsfolgen der Adoption bedürfen einer sehr detaillierten Regelung, und dazu gehört auch das Namensrecht. Als Rechtsfolge der Adoption bestimmt I die Übernahme des neuen Familiennamens, lässt aber in den weiteren Absätzen Gestaltungen zu. Die Gestaltungsmöglichkeiten sind abschließend geregelt. Wird in einem Annahmeantrag eine Gestaltung begehrt, die gesetzlich nicht zugelassen ist, muss das gesamte Verfahren an diesem Mangel scheitern, sofern nicht eine Nachbesserung erfolgt. 1

B. Regelungsumfang. I. Einzel- und gemeinsame Adoption. Im Falle der Einzeladoption erhält das Kind den Namen des Annehmenden. Führt der Annehmende mehrere Namen in zeitlicher Reihenfolge, ist derjenige bestimmend, den er im Zeitpunkt der Wirksamkeit der Annahme führt (Köln FamRZ 04, 399; BayObLG FamRZ 03, 1869). Fehlerhafte Bezeichnungen berühren jedoch nicht die Wirksamkeit der Annahme. Es handelt sich beim Namen um eine Rechtsfolge der Adoption mit der Folge, dass zB auch der Standesbeamte die fehlerhafte Namensregelung einzutragen verweigern kann (BayObLG FamRZ 94, 775 Adelsprädikat). Das Gesetz schließt in I 2 den hinzugefügten Namen als Familiennamen aus. 2

II. Gemeinsame Adoption (Abs 2). Nehmen Eheleute ein Kind gemeinsam an und führen sie einen gemeinsamen Ehenamen, erhält auch das Kind diesen. Führen die Ehegatten keinen gemeinsamen Namen, müssen sie den Namen des Kindes (Geburtsnamen) vor dem Ausspruch der Annahme ggü dem Familiengericht bestimmen. Zu beachten ist, dass ein Kind nach Vollendung des 5. Lebensjahres sich der Namenswahl vor dem Ausspruch der Annahme anschließen muss, damit die Namensgebung wirksam ist. Wird dies übersehen, hat dies auf die Wirksamkeit der Annahme keinen Einfluss, jedoch behält das Kind seinen bisherigen Namen. 3

Erfolgt die Namensgebung bzw Namenswahl nicht schon in dem zu beurkundenden Annahmeantrag, bedarf die Wahl der öffentlichen Beglaubigung (§ 1617). Die nach III erforderliche Anschlusserklärung wiederholt inhaltlich die Regelung in § 1617c und verlangt öffentliche Beglaubigung. Mit Zugang beim Familiengericht wird diese Erklärung bindend (§ 1757). 4

5 **III. Namensänderungen (Abs 4).** Wünschen die Adoptierenden eine Namensänderung, kommt sowohl eine Änderung des Vornamens als auch des Familiennamens in Betracht. Erforderlich ist ein vor der Adoption gestellter Antrag, der der Einwilligung des Kindes bedarf. Die Änderung muss im Adoptionsbeschluss enthalten sein, da eine spätere Abänderung unzulässig ist (AG Nürnberg StAZ 09, 82). Ob die Änderung oder Hinzufügung dem Wohl des Kindes widerspricht, kann nicht allgemein zutr beantwortet werden. Ein Kind unter 3 Jahren wird von einer Namensänderung oder Ergänzung praktisch nicht betroffen sein. Ebenso wird wohl die Änderung oder Ergänzung zu sehen sein, wenn ein seit längerer Zeit schon geführter weiterer Name rechtlich dem bestehenden Namen hinzugefügt wird.

6 Im Einzelfall kann die Änderung eines Vornamens angezeigt sein, wenn der bisherige negativ belastet ist oder geeignet ist, dass das Kind durch Dritte gehänselt oder aufgezogen wird. Dies gilt auch dann, wenn ein für ein Kleinkind aus der Situation heraus niedlicher Name später nur noch Anlass zu Verwunderung oder Spott geben kann (AG Coburg StAZ 90. 37: lächerlich: „Stompie"; LG Bremen StAZ 96, 46: unzulässiger Vorname „Frieden mit Gott Allein durch Jesus Christus").

7 Das Familiengericht kann auf Antrag mit der Annahme gestatten, dass dem neuen Familiennamen der bisherige Familienname vorangestellt oder angefügt wird. Zulässig ist dies jedoch nur, wenn schwer wiegende Gründe dies zum Wohl des Kindes erfordern. Ein Interesse an der Beibehaltung genügt daher nicht. Die Einwilligung des Kindes ist erforderlich, und insoweit verweist die Vorschrift auf § 1746 I 2 u 3 und III Hs 1 in entspr Anwendung.

8 **IV. Form und Verfahren.** Alle Erklärungen iRd Namenswahl und Namensänderung bedürfen der öffentlichen Beglaubigung. Diese ist nur dann nicht erforderlich, wenn die Erklärung schon in dem beurkundeten Adoptionsantrag enthalten ist. Eine Änderung nach erfolgter Annahme ist gesetzlich nicht vorgesehen (AG Nürnberg StAZ 09, 82). Unzulässig ist im Annahmebeschluss auszusprechen, dass das Kind seinen bisherigen Namen weiterführt (BayObLG FamRZ 03, 1869); der Beschl ist insoweit wegen Gesetzesverstoßes nichtig, berührt aber die Wirksamkeit der Adoption insgesamt nicht (jurisPraxK/*Heiderhoff* § 1757 Rz 11).

§ 1758 Offenbarungs- und Ausforschungsverbot.
(1) Tatsachen, die geeignet sind, die Annahme und ihre Umstände aufzudecken, dürfen ohne Zustimmung des Annehmenden und des Kindes nicht offenbart oder ausgeforscht werden, es sei denn, dass besondere Gründe des öffentlichen Interesses dies erfordern.
(2) ¹Absatz 1 gilt sinngemäß, wenn die nach § 1747 erforderliche Einwilligung erteilt ist. ²Das Familiengericht kann anordnen, dass die Wirkungen des Absatzes 1 eintreten, wenn ein Antrag auf Ersetzung der Einwilligung eines Elternteils gestellt worden ist.

1 **A. Grundlagen.** Wird durch die Annahme eines Kindes im Verhältnis zum Annehmenden ein Rechtszustand geschaffen, der – wenigstens weitgehend – demjenigen gleicht, der durch Geburt erworben wird, andererseits die Rechtsbindungen zu den leiblichen Eltern im gleichen Umfang beendet werden, so ergibt sich aus diesen Veränderungen auch ein Anspruch auf Vertraulichkeit der Vorgänge. Alle Betroffenen haben einen Anspruch auf Wahrung ihrer Privatheit, und aus diesem Grund besteht grds ein Offenbarungs- und Ausforschungsverbot. Aufgrund der gesetzlichen Regelung ergibt sich hieraus die Zulässigkeit der Inkognito-Adoption.

2 **B. Regelungsumfang. I. Voraussetzungen.** Grds hat niemand ein Recht oder einen Anspruch auf Offenbarung von Tatsachen, die für eine Annahme grdl waren, noch über die Umstände im Einzelfall. Aufgrund der Ausnahmeregelung, dass ohne Zustimmung des Annehmenden und des Kindes keinerlei Auskünfte erteilt werden dürfen, folgt, dass sich der Anspruch zunächst gegen Dritte richtet, nicht also das Innenverhältnis Annehmender zum Kind betrifft. Im letztgenannten Verhältnis bestimmt der Annehmende, ob, wann und in welchem Umfang das Kind von der Tatsache und den Umständen der Adoption Kenntnis erhält.

3 Im Außenverhältnis erfolgt eine Offenbarung nur, wenn beide, also Annehmender und das Kind, zustimmen. Diese Wirkungen treten schon ein, sobald die Einwilligung nach § 1747 erteilt ist (II 1). Das Familiengericht kann die Wirkungen des I auch schon anordnen, wenn ein Antrag auf Ersetzung der Einwilligung eines Elternteils gestellt ist.

4 Das Schweigegebot betrifft alle Personen und Stellen, die im Adoptionsverfahren mitwirken oder sonst auf irgendeine Weise beteiligt sind. Die leiblichen Eltern sind hiervon nicht betroffen, da sie im Verfahren beteiligt waren bzw sind und ihnen aufgrund des zu gewährenden rechtlichen Gehörs alle Tatsachen und Umstände bekannt sind oder bekannt sein können.

5 **II. Besondere öffentliche Interesse.** Besondere Gründe des öffentlichen Interesses erlauben die Offenbarung von Tatsachen der Adoption auch ohne Zustimmung des Annehmenden und des Kindes. Im Einzelfall wird dies in Strafverfahren zum Tragen kommen. Fraglich ist, ob auch der Umstand, dass ein Elternteil übergangen wurde, überhaupt unter diese Norm fällt. Während das Adoptionsverfahren noch nicht abgelaufen ist, kann jeder, dessen Mitwirkung in irgendeiner Form erforderlich ist, diese Mitwirkung anmahnen mit der Folge, dass aufgrund des Amtsermittlungsverfahrens seine Beteiligung und damit auch Einbeziehung in die Umstände der Adoption erfolgen muss (§ 188 FamFG). Besteht keine Bindung zwischen dem Kind und dem

Übergangenen, ist ein Aufhebungsantrag kaum denkbar. In allen anderen Fällen erfährt der Nichtbeteiligte von der Tatsache der Adoption und kann dann den Aufhebungsantrag stellen mit der Folge, dass er in diesem Verfahren beteiligt ist.

III. Besondere Auswirkungen. Die Adoption bewirkt auch Eintragungen nach dem Personenstandsgesetz. Grds ist die Einsicht in die Personenstandsbücher nur bei berechtigtem Interesse zulässig (§ 61 I PStG). Das Kind hat nach § 61 II 1 PStG das Recht auf Einsicht, wenn es das 16. Lebensjahr vollendet hat (München FamRZ 06, 61), da es ein rechtliches Interesse bezüglich seiner leiblichen Vorfahren hat. 6

C. Verfahrensrechtliche Hinweise. Das Verbot der Ausforschung und Bekanntgabe an Nichtberechtigte ist ein Schutzgesetz iSd zivilrechtlichen Deliktsrechts (§ 823 II). Schadensersatzansprüche wegen Verletzung des allg Persönlichkeitsrechts sind vor den Zivilgerichten auszutragen. Soweit Akteneinsicht und/oder Offenbarung von Tatsachen oder Umständen ggü der Vermittlungsstelle oder dem Jugendamt begehrt wird, ist bei Verweigerung grds nur der Verwaltungsrechtsweg gegeben, ebenso bei Einsichtersuchen ggü dem Standesamt. 7

§ 1759 Aufhebung des Annahmeverhältnisses. Das Annahmeverhältnis kann nur in den Fällen der §§ 1760, 1763 aufgehoben werden.

Aufgrund der Wirkungen einer Adoption im rechtlichen wie auch sozialen Umfeld ist die Annahme nicht anfechtbar. Sie unterliegt jedoch der Aufhebung, dies jedoch nur in den ausdrücklich normierten Fällen des § 1760 (fehlende Erklärungen) und § 1763 (schwer wiegende Gründe). 1

Aufgrund dieser eindeutigen Regelungen entfallen alle anderen, dem Privatrecht sonst zugehörigen Regeln, wie zB Anfechtung einer Willenserklärung, Wegfall oder Störung der Geschäftsgrundlage, um nur einige zu nennen. Diese Einengung ist aber auch erforderlich, denn letztlich bewirkt die Adoption eine Statusänderung, auf die sich jedermann berufen kann. Die Konzentration auf wenige Aufhebungstatbestände wird allgemein bei Statusverfahren beachtet, so bei der Vaterschaftsfeststellung und -anfechtung oder auch der Scheidung. 2

Auf die Nichtigkeit kann sich hingegen jeder berufen. Um möglichst wenige Fälle der Nichtigkeit zu schaffen, sind die Wirkungen einzelner Rechtsakte innerhalb des Adoptionsverfahrens sehr konkret geregelt und einer Anfechtung entzogen. Fälle von Nichtigkeit sind in der Rspr nicht bekannt. Das BVerfG (FamRZ 94, 493) hat bei einem Verstoß gegen das rechtliche Gehör ausgeführt, dass der Rechtsfolgeanspruch auf die Verfassungswidrigkeit der angegriffenen Norm oder die Rechtswirkung beschränkt werden kann, wenn die Nichtigkeitserklärung zu schwer erträglichen Folgen führen würde. In einem Adoptionsverfahren wurde nach dieser Entscheidung bei Verstoß gegen das rechtliche Gehör nur die Rechtskraft in Bezug auf den Verletzten beschränkt, damit die versäumte Rechtshandlung nachgeholt werden kann; die Adoptionswirkungen wurden aber ausdrücklich als iÜ wirksam belassen. Diese Entscheidung ist zwar zur Volljährigenadoption ergangen, zeigt aber vom Grundsatz her, dass aufgrund der besonderen Wirkungen und unter Abwägung der Interessen aller Beteiligten möglichst auf die Feststellung einer Nichtigkeit verzichtet werden sollte. 3

§ 1760 Aufhebung wegen fehlender Erklärungen. (1) Das Annahmeverhältnis kann auf Antrag vom Familiengericht aufgehoben werden, wenn es ohne Antrag des Annehmenden, ohne die Einwilligung des Kindes oder ohne die erforderliche Einwilligung eines Elternteils begründet worden ist.
(2) Der Antrag oder eine Einwilligung ist nur dann unwirksam, wenn der Erklärende
a) zur Zeit der Erklärung sich im Zustand der Bewusstlosigkeit oder vorübergehenden Störung der Geistestätigkeit befand, wenn der Antragsteller geschäftsunfähig war oder das geschäftsunfähige oder noch nicht 14 Jahre alte Kind die Einwilligung selbst erteilt hat,
b) nicht gewusst hat, dass es sich um eine Annahme als Kind handelt, oder wenn er dies zwar gewusst hat, aber einen Annahmeantrag nicht hat stellen oder eine Einwilligung zur Annahme nicht hat abgeben wollen oder wenn sich der Annehmende in der Person des anzunehmenden Kindes oder wenn sich das anzunehmende Kind in der Person des Annehmenden geirrt hat,
c) durch arglistige Täuschung über wesentliche Umstände zur Erklärung bestimmt worden ist,
d) widerrechtlich durch Drohung zur Erklärung bestimmt worden ist,
e) die Einwilligung vor Ablauf der in § 1747 Abs. 2 Satz 1 bestimmten Frist erteilt hat.
(3) ¹Die Aufhebung ist ausgeschlossen, wenn der Erklärende nach Wegfall der Geschäftsunfähigkeit, der Bewusstlosigkeit, der Störung der Geistestätigkeit, der durch die Drohung bestimmten Zwangslage, nach der Entdeckung des Irrtums oder nach Ablauf der in § 1747 Abs. 2 Satz 1 bestimmten Frist den Antrag oder die Einwilligung nachgeholt oder sonst zu erkennen gegeben hat, dass das Annahmeverhältnis aufrechterhalten werden soll. ²Die Vorschriften des § 1746 Abs. 1 Satz 2, 3 und des § 1750 Abs. 3 Satz 1, 2 sind entsprechend anzuwenden.
(4) Die Aufhebung wegen arglistiger Täuschung über wesentliche Umstände ist ferner ausgeschlossen, wenn über Vermögensverhältnisse des Annehmenden oder des Kindes getäuscht worden ist oder wenn die Täuschung ohne Wissen eines Antrags- oder Einwilligungsberechtigten von jemand verübt worden ist, der weder antrags- noch einwilligungsberechtigt noch zur Vermittlung der Annahme befugt war.

§ 1760 Aufhebung wegen fehlender Erklärungen

(5) ¹Ist beim Ausspruch der Annahme zu Unrecht angenommen worden, dass ein Elternteil zur Abgabe der Erklärung dauernd außerstande oder sein Aufenthalt dauernd unbekannt sei, so ist die Aufhebung ausgeschlossen, wenn der Elternteil die Einwilligung nachgeholt oder sonst zu erkennen gegeben hat, dass das Annahmeverhältnis aufrechterhalten werden soll. ²Die Vorschrift des § 1750 Abs. 3 Satz 1, 2 ist entsprechend anzuwenden.

1 **A. Grundlagen.** Aufgrund der ins Detail gehenden Regelung werden die allgemeinen Regeln über Willensmängel für nicht anwendbar erklärt, soweit hier eine konkrete, auf das Adoptionsverfahren zugeschnittene Regelung erfolgt ist. Zu beachten ist stets, dass auch bei Feststehen eines Erklärungsmangels dieser nur dann zur Aufhebung führen kann, wenn der Antragsberechtigte innerhalb konkret bestimmter Fristen einen Antrag stellt (§ 1762). Mängel der aufgeführten Art haben nicht die Nichtigkeit zur Folge, sondern nur die Aufhebbarkeit. Grds will das Gesetz die Annahme bestehen lassen und die Aufhebung auf besonders wichtige Fälle, insb aus Gründen des Kindeswohls, beschränken.

2 **B. Regelungsumfang.** Nach I kann das Familiengericht bei Vorliegen von Mängeln die Annahme aufheben, wenn ein entspr Antrag gestellt wird. Auch ohne Antrag ist zum Wohle des Kindes nach § 1763 die Aufhebung vAw möglich. Zu beachten ist hierbei, dass die bloße Feststellung eines Mangels, gleich welcher Art, grds nicht ausreicht, die Aufhebung zu begründen. Vielmehr muss das Familiengericht iRe vAw (§ 12 FGG; § 26 FamFG) durchzuführenden Ermessensprüfung feststellen, dass es dem Wohl des Kindes dient, wenn die Annahme aufgehoben wird. Ist dies nicht der Fall, ist die Aufhebung trotz Vorliegens eines Grundes abzulehnen.

3 **I. Erklärungsmängel (Abs 1).** Ein Aufhebungsgrund liegt vor, wenn kein Annahmeantrag vorgelegen hat oder die Annahme ohne die – notwendige – Einwilligung des Kindes oder eines Elternteils erfolgte, ohne dass eine wirksame Ersetzung erfolgte. Die Aufhebung ist nicht zwingend. Wird die fehlende Erklärung oder der Antrag wirksam nachgeholt, entfällt die Aufhebung. Auch wenn in den vorherigen Vorschriften weitere Zustimmungen oder Einwilligungen gefordert werden, ist die Aufhebung auf das Fehlen der ausdrücklich genannten Erklärungen beschränkt. Alle anderen Mängel sind nicht ausreichend, ein Aufhebungsverfahren einzuleiten oder die Aufhebung zu begründen. Insb ist also weder die fehlende Zustimmung des Ehegatten noch die Zustimmung zur Einwilligung des Kindes durch den gesetzlichen Vertreter genügend. Auch eine fehlende notarielle Beurkundung oder ein Verstoß gegen sonstige Formvorschriften reichen nicht aus. Unzulässige Bedingungen oder Zeitbefristungen nach § 1752 II sind deshalb für die Wirksamkeit des Beschlusses nach § 1752 I im Ergebnis unschädlich. Ein Adoptionsbeschluss ohne dass die Zustimmung des Ehegatten vorliegt ist zwar fehlerhaft, grds aber wirksam und unanfechtbar (Ddorf Beschl v 11.10.07 Az I-3 Wx 179/07, 3 Wx 179/07).

4 **II. Willensmängel (Abs 2).** Im Unterschied zu I fehlen nicht die entspr Erklärungen, diese sind jedoch anfechtbar wegen Mängel in der Geschäftsfähigkeit oder auch Täuschung oder Drohung. Alle Anfechtungsgründe des bürgerlichen Rechts werden durch diese besondere Regelung nicht generell, sondern nur dann anerkannt, wenn die zusätzlichen Bedingungen dieses Absatzes vorliegen. Eine weitere Einschränkung der Anfechtbarkeit bestimmt sich aus IV.

5 **III. Heilung (Abs 3).** Ist ein Mangel nach I oder II gegeben, kommt eine Aufhebung nicht in Betracht, wenn eine Heilung eingetreten ist. Wird die Willenserklärung nachgeholt oder gibt derjenige, dessen Erklärung fehlte oder anfechtbar war, zu erkennen, dass trotzdem das Annahmeverhältnis aufrechterhalten werden soll (Bestätigung), entfällt der Aufhebungsgrund. Nicht erforderlich ist also, dass eine Erklärung ggü dem Familiengericht zu erfolgen hat, da auch ein nicht rechtsgeschäftliches Verhalten ausreichend ist. In diesen Fällen wird das Familiengericht von dem Mangel meist nichts erfahren, denn auch die Tatsache, dass ein Aufhebungsantrag nicht gestellt wird, ist als eine faktische Bestätigung der Annahme zu werten.

6 **IV. Einschränkung bei Täuschung (Abs 4).** Ausgeschlossen ist eine Aufhebung immer dann, wenn über Vermögensverhältnisse des Annehmenden oder des Kindes getäuscht wurde. Wer die Täuschungshandlung vorgenommen hat und wer letztlich getäuscht wurde, ist unbeachtlich. Die Vorschrift betont hiermit nochmals ausdrücklich, dass Vorrang im Annahmeverfahren das Wohl des Kindes hat, vermögensrechtliche Interessen auf keinen Fall im Vordergrund stehen sollen und dürfen. In der zweiten Alternative ist die Aufhebung auch dann ausgeschlossen, wenn die Täuschung ohne Wissen eines Antrags- oder Einwilligungsberechtigten erfolgt ist, wenn im Verfahren Beteiligte durch einen Dritten hinters Licht geführt wurden.

7 **V. Nachträgliche Bestätigung.** Wurde die Zustimmung eines Elternteils deshalb nicht eingeholt, weil man davon ausging, dass er dauerhaft nicht imstande sei, die Erklärung abzugeben oder ging man irrtümlich davon aus, dass sein Aufenthalt unbekannt sei, wird sich der Betreffende beim Familiengericht oder einem Beteiligten melden. Wird die notwendige Erklärung nachgeholt, entfällt der Aufhebungsgrund. Dieselbe Wirkung tritt ein, wenn der Elternteil durch sein Verhalten ganz allgemein zu erkennen gibt, dass trotz Fehlens seiner Erklärung die Annahme bestehen bleiben soll. Auch hier ist keine Erklärung ggü dem Familiengericht

notwendig, denn es genügt das tatsächliche Verhalten trotz Kenntnis des Mangels. Eine formlose Erklärung ggü dem Familiengericht beseitigt aber auch jeden Zweifel.

C. Verfahrensrechtliche Hinweise. Das Verfahren richtet sich nach §§ 23 ff, 186 ff FamFG. Grds soll das Gericht, wenn ein Aufhebungsmangel geltend gemacht wird, in einem Termin die Sache erörtern, zu dem der Antragsteller ebenso zu laden ist wie der Annehmende, das Kind und bei Minderjährigkeit desselben auch das Jugendamt. Eine Beistandsbestellung wegen widerstreitender Interessen ist nach § 191 FamFG immer dann notwendig, wenn bei einem minderjährigen Kind der Annehmende der gesetzliche Vertreter ist. 8

Im Gegensatz zum Annahmebeschluss, der mit Verkündung/Zustellung wirksam wird und unanfechtbar ist, wird ein Aufhebungsbeschluss erst mit Rechtskraft wirksam § 198 II FamFG). Dies bedeutet auch, dass auch nach einem Aufhebungsbeschluss noch die tatsächliche und rechtliche Möglichkeit besteht, bestehende Mängel zu beseitigen und damit der Adoption doch zur Wirkung zu verhelfen. Im Rechtsmittelverfahren werden auch alle Rechtsgründe, insb aber auch die Ermessensentscheidungen einer Überprüfung unterworfen immer auch mit dem gesetzlich vorgegebenen Ziel, zum Wohl des Kindes die Aufhebung nur ausnahmsweise zuzulassen. Schon das Familiengericht muss auch prüfen, ob nicht nach § 1761 ein Aufhebungshindernis vorliegt. 9

§ 1761 Aufhebungshindernisse. (1) Das Annahmeverhältnis kann nicht aufgehoben werden, weil eine erforderliche Einwilligung nicht eingeholt worden oder nach § 1760 Abs. 2 unwirksam ist, wenn die Voraussetzungen für die Ersetzung der Einwilligung beim Ausspruch der Annahme vorgelegen haben oder wenn sie zum Zeitpunkt der Entscheidung über den Aufhebungsantrag vorliegen; dabei ist es unschädlich, wenn eine Belehrung oder Beratung nach § 1748 Abs. 2 nicht erfolgt ist.
(2) Das Annahmeverhältnis darf nicht aufgehoben werden, wenn dadurch das Wohl des Kindes erheblich gefährdet würde, es sei denn, dass überwiegende Interessen des Annehmenden die Aufhebung erfordern.

Ausgehend von dem Grundsatz, dass eine erfolgte Adoption im wohlverstandenen Interesse des Annehmenden und des Kindes auch unter Berücksichtigung der Auswirkungen insgesamt möglichst nicht aufgehoben werden sollte, bestimmt die Vorschrift, dass im Falle des Fehlens einer Einwilligung eine Aufhebung nur dann erfolgen darf, wenn im Zeitpunkt des Annahmebeschlusses – §§ 1752, 56e FGG – die Voraussetzungen für eine Ersetzung schon vorgelegen haben. War dies nicht der Fall, ist auch ausreichend, wenn inzwischen die Ersetzungsvoraussetzungen gegeben sind. Unerheblich ist, dass gegen bestehende Belehrungs- oder Beratungspflichten verstoßen wurde. Es bedarf also nicht einer nachträglichen Ersetzung, vielmehr genügt die Feststellung durch das Familiengericht, dass die Voraussetzungen für eine Ersetzung im Zeitpunkt der Annahme vorgelegen haben oder derzeit noch vorliegen. 1

Erfasst von der Regelung sind nur notwendige Einwilligungen. Es muss stets also geprüft werden, ob die Einwilligung notwendig war oder nicht. Dies bedeutet zB, dass die fehlende Einwilligung des Ehegatten nach § 1749 I kein Aufhebungsgrund ist, da die Einwilligung nur als erforderlich, nicht aber als notwendig bezeichnet wird. Unabhängig von den verschiedenen Gründen einer Aufhebung bestimmt II, dass eine Aufhebung zu unterbleiben hat, wenn dadurch das Wohl des Kindes erheblich gefährdet würde. Es bedarf in diesem Fall einer Abwägung auch zu den Interessen des Annehmenden. Im Falle der Aufhebung kommt auch nicht ein Belassen des Kindes beim Annehmenden in Betracht unter dem Gesichtspunkt der Familienpflege (Karlsr DAVorm 96, 390). 2

Die Besonderheiten einer Adoption nach dem Übergangsrecht nach der deutschen Wiedervereinigung regelt Art 234 § 13 EGBGB. Besonderheiten der Aufhebung an der Schnittstelle zu § 51 FamGB/DDR behandelt BezG Meiningen NJ 93, 272. 3

§ 1762 Antragsberechtigung; Antragsfrist, Form. (1) ¹Antragsberechtigt ist nur derjenige, ohne dessen Antrag oder Einwilligung das Kind angenommen worden ist. ²Für ein Kind, das geschäftsunfähig oder noch nicht 14 Jahre alt ist, und für den Annehmenden, der geschäftsunfähig ist, können die gesetzlichen Vertreter den Antrag stellen. ³Im Übrigen kann der Antrag nicht durch einen Vertreter gestellt werden. ⁴Ist der Antragsberechtigte in der Geschäftsfähigkeit beschränkt, so ist die Zustimmung des gesetzlichen Vertreters nicht erforderlich.
(2) ¹Der Antrag kann nur innerhalb eines Jahres gestellt werden, wenn seit der Annahme noch keine drei Jahre verstrichen sind. ²Die Frist beginnt
a) in den Fällen des § 1760 Abs. 2 Buchstabe a mit dem Zeitpunkt, in dem der Erklärende zumindest die beschränkte Geschäftsfähigkeit erlangt hat oder in dem gesetzlichen Vertreter des geschäftsunfähigen Annehmenden oder des noch nicht 14 Jahre alten oder geschäftsunfähigen Kindes die Erklärung bekannt wird;
b) in den Fällen des § 1760 Abs. 2 Buchstaben b, c mit dem Zeitpunkt, in dem der Erklärende den Irrtum oder die Täuschung entdeckt;
c) in dem Falle des § 1760 Abs. 2 Buchstabe d mit dem Zeitpunkt, in dem die Zwangslage aufhört;
d) in dem Falle des § 1760 Abs. 2 Buchstabe e nach Ablauf der in § 1747 Abs. 2 Satz 1 bestimmten Frist;

e) in den Fällen des § 1760 Abs. 5 mit dem Zeitpunkt, in dem dem Elternteil bekannt wird, dass die Annahme ohne seine Einwilligung erfolgt ist.
³Die für die Verjährung geltenden Vorschriften der §§ 206, 210 sind entsprechend anzuwenden.
(3) Der Antrag bedarf der notariellen Beurkundung.

1 Die Aufhebung setzt grds einen Antrag voraus. Daneben kommt auch eine Aufhebung von Amts wegen nach § 1763 in Betracht. Den Antrag zu stellen ist nur derjenige berechtigt, dem im Annahmeverfahren ein Mitwirkungsrecht zusteht. Das Kind kann den Antrag nur selbst stellen, wenn es das 14. Lebensjahr vollendet hat und nicht geschäftsunfähig ist. Davor muss für das Kind der gesetzliche Vertreter tätig werden. Kinder des Annehmenden sind nicht berechtigt, die Aufhebung zu beantragen, denn ihre Zustimmung ist nicht notwendig für die Annahme (BayObLG FamRZ 86, 719). Auch der Erbe des Antragstellers noch ein Nachlasspfleger sind nicht beschwerdebefugt (OLGR München 07, 6559).

2 Ist die Adoption vor mehr als drei Jahren erfolgt, ist ein Aufhebungsantrag nicht statthaft. Vor Ablauf dieser Frist kann der Antrag nur wirksam gestellt werden innerhalb einer Frist von einem Jahr. Für die einzelnen Gründe, die eine Aufhebung tragen können, bestimmt das Gesetz exakt den jeweiligen Zeitpunkt für den Fristlauf, und die Berechnungsvorschriften der §§ 206, 210 der Verjährung sind anzuwenden.

3 Der Antrag bedarf nach III der notariellen Beurkundung. Mit derselben ist der Antrag aber nicht gestellt, sondern es kommt auf den Zeitpunkt des Zuganges beim Familiengericht an, da das Gesetz einen Antrag voraussetzt. Fehlte die Einwilligung des Elternteils im Falle des § 1760 V, ist ausdrücklich bestimmt, dass die Antragsfrist beginnt mit dem Zeitpunkt, zu dem ihm bekannt wird, dass die Annahme oder seine Einwilligung erfolgt ist.

§ 1763 Aufhebung von Amts wegen.
(1) Während der Minderjährigkeit des Kindes kann das Familiengericht das Annahmeverhältnis von Amts wegen aufheben, wenn dies aus schwerwiegenden Gründen zum Wohl des Kindes erforderlich ist.
(2) Ist das Kind von einem Ehepaar angenommen, so kann auch das zwischen dem Kind und einem Ehegatten bestehende Annahmeverhältnis aufgehoben werden.
(3) Das Annahmeverhältnis darf nur aufgehoben werden,
a) wenn in dem Falle des Absatzes 2 der andere Ehegatte oder wenn ein leiblicher Elternteil bereit ist, die Pflege und Erziehung des Kindes zu übernehmen, und wenn die Ausübung der elterlichen Sorge durch ihn dem Wohl des Kindes nicht widersprechen würde oder
b) wenn die Aufhebung eine erneute Annahme des Kindes ermöglichen soll.

1 Neben den Aufhebungsmöglichkeiten auf Antrag eines Beteiligten sieht das Gesetz auch eine Aufhebung vAw vor. Zulässig ist dies jedoch nur, solange des Kind noch minderjährig ist (I). Wird es im Verlauf des Verfahrens volljährig, darf das Familiengericht die Aufhebung nicht mehr anordnen; die Möglichkeiten nach § 1771 kommen dann zur Anwendung. Erforderlich sind schwer wiegende Gründe. Auch muss die Aufhebung zum Wohl des Kindes erforderlich sein. Die Voraussetzungen müssen daher von besonderem Gewicht und auch Dauer sein. Kurzfristige Probleme in der Familie, Streit oder auch Scheidung sind für sich alleine nicht ausreichend. Es ist praktisch als letzter Ausweg gestaltet mit der Folge, dass sonstige Sorgerechtsentscheidungen vorab ebenso vorrangig sind wie Einschränkungs- und Entzugsverfahren nach § 1666. Der Erörterungstermin (§ 32 FamFG) kann entfallen, wenn es von vornherein an konkreten Anhaltspunkten dafür fehlt, dass die Aufhebung zum Wohl des Kindes erforderlich ist (Oldbg FamRZ 04, 399).

2 Haben Eheleute ein Kind gemeinsam angenommen, kann die Rücknahme der Adoption auch nur ggü einem Ehegatten erfolgen. Auch in dieser Fallgestaltung ist Voraussetzung, dass alle anderen gesetzlichen Möglichkeiten der Gefahrenbeseitigung versagt haben oder von vornherein als nicht geeignet erscheinen. In Betracht kommen alle Maßnahmen der Einschränkung oder Versagung des Umgangsrechts, aber auch solche nach §§ 1666, 1666a. Ist ein Ehegatte oder der leibliche Elternteil bereit, die Pflege und Erziehung allein zu übernehmen, darf die Aufhebung des Adoptionsrechtsverhältnisses in Bezug auf den anderen Elternteil erfolgen. Aber auch in diesem Fall ist eine Kindeswohlprüfung notwendig.

3 Eine Aufhebung nur ggü einem Elternteil kommt auch dann in Betracht, wenn dadurch eine erneute Annahme des Kindes ermöglicht werden soll. Denkbar ist dies im Falle einer Ehescheidung und unter den Voraussetzungen, dass ein Elternteil sowohl im Umgang als auch Sorgerecht vom Kind ferngehalten werden muss, der betreuende Elternteil wieder heiratet und der neue Partner das Kind annehmen will.

§ 1764 Wirkung der Aufhebung.
(1) ¹Die Aufhebung wirkt nur für die Zukunft. ²Hebt das Familiengericht das Annahmeverhältnis nach dem Tode des Annehmenden auf dessen Antrag oder nach dem Tode des Kindes auf dessen Antrag auf, so hat dies die gleiche Wirkung, wie wenn das Annahmeverhältnis vor dem Tode aufgehoben worden wäre.

(2) Mit der Aufhebung der Annahme als Kind erlöschen das durch die Annahme begründete Verwandtschaftsverhältnis des Kindes und seiner Abkömmlinge zu den bisherigen Verwandten und die sich aus ihm ergebenden Rechte und Pflichten.
(3) Gleichzeitig leben das Verwandtschaftsverhältnis des Kindes und seiner Abkömmlinge zu den leiblichen Verwandten des Kindes und die sich aus ihm ergebenden Rechte und Pflichten, mit Ausnahme der elterlichen Sorge, wieder auf.
(4) Das Familiengericht hat den leiblichen Eltern die elterliche Sorge zurückzuübertragen, wenn und soweit dies dem Wohl des Kindes nicht widerspricht; andernfalls bestellt es einen Vormund oder Pfleger.
(5) Besteht das Annahmeverhältnis zu einem Ehepaar und erfolgt die Aufhebung nur im Verhältnis zu einem Ehegatten, so treten die Wirkungen des Absatzes 2 nur zwischen dem Kind und seinen Abkömmlingen und diesem Ehegatten und dessen Verwandten ein; die Wirkungen des Absatzes 3 treten nicht ein.

A. Grundlagen. Bewirkt die Adoption, dass grds mit Wirkung der Annahme das Kind in dem neuen Lebenskreis auch diejenige rechtliche Stellung erhält, die es mit der Geburt hätte erlangen können, muss die Aufhebung diese Beziehungen wieder aufheben. Unterschiedliche Regelungen sind jedoch notwendig in verschiedener Hinsicht, da die vorausgegangene Zeit gelebt wurde und darauf resultierende Rechtsbeziehungen auch fortwirken können. Die Gesamtregelung hat zur Folge, dass ein Kind nach Aufhebung der Adoption nicht ein Kind ohne Verwandtschaft wird, vielmehr kehrt es grds in die gesellschaftliche und rechtliche Position zurück, die es vor der Adoption innehatte. Wird ein Kind von einer Person angenommen, die nicht die deutsche Staatsangehörigkeit besitzt, verliert das Kind mit der Annahme die deutsche Staatsangehörigkeit nur dann, wenn es gleichzeitig die des Annehmenden erwirbt (§§ 17, 27 RuStAG). Dies gilt nur dann nicht, wenn das Kind auch nach der Adoption mit einem deutschen Elternteil verwandt bleibt. Ein Verlust der hiernach erworbenen Staatsangehörigkeit im Falle der Rückgängigmachung der Adoption sieht das Staatsangehörigkeitsrecht nicht vor. 1

B. Regelungsumfang. I. Erlöschen und Wiederaufleben von Rechtsbeziehungen. Grds wirkt die Aufhebung nur für die Zukunft (I). Bis zu diesem Zeitpunkt erworbene Ansprüche bleiben bis zu diesem Zeitpunkt erhalten. Dies wird deutlich bei Unterhaltsansprüchen, die für die Zukunft wegfallen, nicht aber für die Vergangenheit. 2

Mit der Aufhebung erlöschen alle verwandtschaftlichen Beziehungen aufgrund der durch Adoption erlangten Stellung als leibliches Kind des Annehmenden (II). Davon erfasst sind auch die verwandtschaftlichen Verhältnisse der Abkömmlinge des Kindes. Im Gegenzug leben die durch die Adoption erloschenen verwandtschaftlichen Rechtsbeziehungen wieder auf (III). 3

II. Aufhebung nach Tod des Annehmenden. Eine Sonderregelung enthält I 2. Stellt der Annehmende oder das Kind den Antrag auf Aufhebung und liegen die Voraussetzungen hierfür vor, wirkt die Aufhebung auch für die Vergangenheit. Es treten also nicht die erbrechtlichen Folgen ein, da das Annahmeverhältnis vor dem Tod als beendet betrachtet wird. 4

III. Elterliche Sorge. Die elterliche Sorge, die mit der Zustimmung zur Adoption ebenso ruht wie das Umgangsrecht (§ 1751 I), bedurfte einer besonderen Regelung. Nach IV fällt sie nicht an die leiblichen Eltern zurück, sondern es bedarf einer Entscheidung des Familiengerichts, ob dies dem Wohl des Kindes widerspricht. Von besonderer Bedeutung wird sein, ob noch eine Eltern-Kind-Beziehung besteht oder aber aufgrund des Alters des Kindes wieder aufbaubar ist. Vor Vollendung des 3. Lebensjahres wird eine Rückgabe an die leiblichen Eltern noch in Betracht kommen. In dieser Fallgestaltung wird aber auch von Bedeutung sein, wie es zur Adoptionsfreigabe gekommen ist und ob die leiblichen Eltern überhaupt das Kind wieder betreuen wollen. Nach dem dritten Lebensjahr muss im Hinblick auf den Aufenthalt in der Pflege- und später Adoptionsfamilie und auch des gesamten sozialen Umfeldes eine Rückübertragung wohl eher unwahrscheinlich werden. Die Interessenlage ist nicht vergleichbar mit der eines Kindes in einer Pflegefamilie, da in diesem Fall die elterliche Sorge noch bei den leiblichen Eltern vorhanden ist und ein Anspruch auf Umgang besteht (§ 1632 IV: Verbleibensanordnung). Im Zweifel ist ein Pfleger zu bestellen. 5

IV. Teilaufhebung (Abs 5). Haben Eheleute ein Kind gemeinsam angenommen, kann die Wirkung der Aufhebung beschränkt werden auf einen Ehegatten. Da das Adoptionsrechtsverhältnis zu einem Ehegatten bestehen bleibt, ist es folgerichtig, dass die Rechtsbeziehungen des Kindes zu seinen leiblichen Verwandten nicht aufleben. Anders ist die Rechtslage bei einer Stiefkindadoption. Hinsichtlich der elterlichen Sorge des leiblichen Elternteils ist aber IV zu beachten, da das durch die Adoption erlöschende Mitsorgerecht nicht automatisch zur Alleinsorge des leiblichen Elternteils führt. 6

§ 1765 Name des Kindes nach der Aufhebung. (1) ¹Mit der Aufhebung der Annahme als Kind verliert das Kind das Recht, den Familiennamen des Annehmenden als Geburtsnamen zu führen. ²Satz 1 ist in den Fällen des § 1754 Abs. 1 nicht anzuwenden, wenn das Kind einen Geburtsnamen nach § 1757 Abs. 1 führt und das Annahmeverhältnis zu einem Ehegatten allein aufgehoben wird. ³Ist der Geburtsname zum Ehenamen oder Lebenspartnerschaftsnamen des Kindes geworden, so bleibt dieser unberührt.

§ 1766   Ehe zwischen Annehmendem und Kind

(2) ¹Auf Antrag des Kindes kann das Familiengericht mit der Aufhebung anordnen, dass das Kind den Familiennamen behält, den es durch die Annahme erworben hat, wenn das Kind ein berechtigtes Interesse an der Führung dieses Namens hat. ²§ 1746 Abs. 1 Satz 2, 3 ist entsprechend anzuwenden.
(3) Ist der durch die Annahme erworbene Name zum Ehenamen oder Lebenspartnerschaftsnamen geworden, so hat das Familiengericht auf gemeinsamen Antrag der Ehegatten oder Lebenspartner mit der Aufhebung anzuordnen, dass die Ehegatten oder Lebenspartner als Ehenamen oder Lebenspartnerschaftsnamen den Geburtsnamen führen, den das Kind vor der Annahme geführt hat.

1 Das Namensrecht richtet sich nicht nach den allgemeinen Regeln, sondern wird gesonderten Rechtsfolgen unterworfen. Grds verliert das Kind mit Wegfall der Adoptionswirkungen das Recht, den Namen des Annehmenden zu führen. Ausnahmen gelten für den Fall, dass der Adoptivname der Ehename geworden ist, das Annahmeverhältnis nur zu einem Ehegatten aufgehoben oder auf Antrag durch das Familiengericht die Fortführung in der Aufhebungsentscheidung genehmigt wird. Erforderlich ist im letztgenannten Fall, dass ein berechtigtes Interesse des Kindes an der Fortführung des Namens besteht.

2 Ist der durch die Annahme erworbene Name zum Ehenamen oder Lebenspartnerschaftsnamen geworden, können die Ehegatten oder Labenspartner nur gemeinsam beantragen, dass die Ehegatten – oder Lebenspartner – wieder den Geburtsnamen führen, den das Kind vor der Annahme geführt hat.

3 Das Familiengericht hat in allen Fallgestaltungen nur die formellen Voraussetzungen des Antrages zu prüfen und mit der Aufhebungsentscheidung ihm zu entsprechen. Ein Auswahl- oder Prüfungsermessen steht ihm nicht zu. Das Gesetz kennt, anders im Falle der Annahme des Kindes (§ 1757), keine Änderung des Vornamens des Kindes. Erfolgt die Namensänderung nicht auf Antrag in dem Aufhebungsbeschluss, kann eine Änderung nur noch nach öffentlich-rechtlichen Vorschriften erfolgen (NamÄndG).

§ 1766 Ehe zwischen Annehmendem und Kind.
¹Schließt ein Annehmender mit dem Angenommenen oder einem seiner Abkömmlinge den eherechtlichen Vorschriften zuwider die Ehe, so wird mit der Eheschließung das durch die Annahme zwischen ihnen begründete Rechtsverhältnis aufgehoben. ²§§ 1764, 1765 sind nicht anzuwenden.

1 Die Annahme als Kind ist ein Ehehindernis, jedoch bewirkt ein Verstoß hiergegen nur, dass die Aufhebung beantragt werden kann (§ 1314). Mit der Eheschließung erlischt im Verhältnis der dann Eheleute das durch die Annahme begründete Rechtsverhältnis. Da die Regelung ausschl den Annehmenden und den Angenommenen bezeichnet, sind andere Eheschließungen, zB des Annehmenden mit einem Kind des Angenommenen, nicht erfasst. Die Rangfolgen in der Verwandtschaft, insb im Erbrecht, sind in diesem Fall relativ und kaum durchschaubar.

Untertitel 2   Annahme Volljähriger

§ 1767 Zulässigkeit der Annahme, anzuwendende Vorschriften.
(1) Ein Volljähriger kann als Kind angenommen werden, wenn die Annahme sittlich gerechtfertigt ist; dies ist insbesondere anzunehmen, wenn zwischen dem Annehmenden und dem Anzunehmenden ein Eltern-Kind-Verhältnis bereits entstanden ist.
(2) ¹Für die Annahme Volljähriger gelten die Vorschriften über die Annahme Minderjähriger sinngemäß, soweit sich aus den folgenden Vorschriften nichts anderes ergibt. ²§ 1757 Abs. 3 ist entsprechend anzuwenden, wenn der Angenommene eine Lebenspartnerschaft begründet hat und sein Geburtsname zum Lebenspartnerschaftsnamen bestimmt worden ist. ³Zur Annahme einer Person, die eine Lebenspartnerschaft führt, ist die Einwilligung des Lebenspartners erforderlich.

1 **A. Grundlagen.** Grds ist auch die Annahme eines Volljährigen zulässig. Die Frage, ob das anzunehmende Kind bereits volljährig ist, ist nach seinem – gem Art 7 I EGBGB zur Anwendung gelangenden – Heimatrecht zu beantworten (Bremen OLGR 06, 510). Da in diesem Fall aufgrund der Volljährigkeit nicht mehr das Wohl des Kindes iSd Familienrechtes im Vordergrund stehen kann, tritt an die Stelle des Kindeswohls die sittliche Rechtfertigung (*Liermann* FamRZ 93, 1263). Die formellen Voraussetzungen sind grds vergleichbar mit der Minderjährigenadoption, jedoch entfallen die Beschränkungen aufgrund der Minderjährigkeit.

2 Die Regeln geltend entspr für die eingetragene Lebenspartnerschaft.

3 **B. Regelungsumfang.** Grds ist eine Annahme eines Volljährigen dann zulässig, wenn dies sittlich gerechtfertigt ist. Das Gesetz gibt hierzu als Beispiel den Umstand, dass eine Eltern-Kind-Bindung entstanden ist und diese auch in eine Rechtsposition umgewandelt werden soll (LG Saarbrücken Beschl 26.9.08 – Az 5 T 187/08). Ein von einem sexuellen in ein freundschaftliches gewandeltes Verhältnis zwischen zwei Erwachsenen schließt das gleichzeitige Bestehen eines Eltern-Kind-Verhältnisses zwischen ihnen aus, selbst wenn umfang-

reiche freundschaftliche Unterstützungshandlungen erbracht wurden (München FamRZ 06, 574). Eine Probezeit, wie § 1744 es verlangt, wird daher nicht mehr gefordert, kann aber auf freiwilliger Basis die Grundlage für eine Eltern-Kind-Beziehung erst schaffen. Wann eine sittliche Rechtfertigung anzunehmen ist, bedarf einer umfassenden Betrachtung aufgrund Amtsermittlung und ist letztlich stets eine Frage des Einzelfalles (von Els DAVorm 93, 328). Einer Annahme kann entgegenstehen, dass sie nur erfolgen soll, um etwaige Unterhaltsansprüche der leiblichen Mutter auszuschließen (AG Solingen DAVorm 93, 328). Die Ersparnis von Erbschaftssteuer steht aber einer Adoption nicht entgegen, wenn sie nicht Hauptmotiv ist (Karlsr FamRZ 06, 142). Zweifel an dem Vorliegen des Eltern-Kind-Verhältnisses gehen zu Lasten des Antragstellers mit der Folge, dass der Antrag abzulehnen ist (OLGR München 09, 700; jurisPR-FamR 17/09 Anm 5 *Becker*). Orientierend an der Vorgabe des Gesetzgebers wird eine Adoption letztlich nur dann scheitern, wenn keine nachvollziehbaren Gründe erkennbar sind. Damit sind auch wirtschaftliche Gründe, zB einer Firmennachfolge, nicht ausgeschlossen, wenn im Zusammenhang damit auch eine über das rein geschäftliche Interesse hinausgehende Bindung feststellbar ist. Erst der erkennbare Missbrauch kann zu einer Verweigerung führen.

Die Vorschriften der Minderjährigenannahme gelten in entspr Anwendung. Damit entfallen alle Einschränkungen, die sich aus der Minderjährigkeit ergeben, und ergänzt werden die Voraussetzungen durch die besonderen Vorschriften der §§ 1768–1772. 4

C. Verfahrensrechtliche Hinweise. Das Verfahren richtet sich wie im Falle der Minderjährigkeit nach den §§ 186 ff FamFG und unterliegt der Amtsermittlung. Zuständig ist das Familiengericht. Der Annahmebeschluss ist mit Zustellung an den Annehmenden, nach seinem Tod an das Kind, wirksam und unanfechtbar, der Aufhebungsbeschluss hingegen ist erst mit Rechtskraft wirksam (§ 198 FamFG). 5

§ 1768 Antrag. (1) ¹Die Annahme eines Volljährigen wird auf Antrag des Annehmenden und des Anzunehmenden vom Familiengericht ausgesprochen. ²§§ 1742, 1744, 1745, 1746 Abs. 1, 2, § 1747 sind nicht anzuwenden.
(2) Für einen Anzunehmenden, der geschäftsunfähig ist, kann der Antrag nur von seinem gesetzlichen Vertreter gestellt werden.

Anders als bei der Annahme eines Minderjährigen ist Voraussetzung der gemeinsame Antrag des Annehmenden und des Anzunehmenden. Die Anträge können in verschiedenen Urkunden gestellt werden. Das Annahmeverfahren und die notwendige Amtsermittlung beginnen jedoch erst nach Vorliegen beider Anträge. Die Einschränkungen, denen eine Annahme bei Minderjährigen unterliegt, werden ausgeschlossen, die Adoption damit formell stark erleichtert. 1

Ist der Anzunehmende geschäftsunfähig, kann nur sein gesetzlicher Vertreter den Antrag stellen. Bei nur eingeschränkter Geschäftsfähigkeit kann damit der Anzunehmende den Antrag wirksam selbst stellen. Das Bestehen einer Betreuung (§§ 1896 ff) bedarf einer konkreten Prüfung, ob noch eine eingeschränkte Geschäftsfähigkeit besteht oder nicht, denn die Betreuung als solche lässt nicht zwingend auf das Fehlen der Geschäftsfähigkeit schließen. Der Beschl über die Anordnung der Betreuung wird meist Aufschluss geben können. 2

§ 1769 Verbot der Annahme. Die Annahme eines Volljährigen darf nicht ausgesprochen werden, wenn ihr überwiegende Interessen der Kinder des Annehmenden oder des Anzunehmenden entgegenstehen.

Wie auch bei der Annahme eines Minderjährigen muss das Familiengericht ermitteln und prüfen, ob überwiegende Interessen der Kinder des Annehmenden oder des Anzunehmenden einer Adoption entgegenstehen (München FGPrax 05, 261). Der im Falle der Adoption verringerte Pflichtteilsanspruch kann jedoch das Interesse an der rechtlichen Verankerung einer jahrzehntelang tatsächlich gelebten familiären Beziehung idR nicht überwiegen (AB Bremen Beschl 7.7.09 Az 46 XVI 46/09). Vorrangig wird es sich um erbrechtliche, aber auch unterhaltsrechtliche Folgen handeln. Da die Kindesinteressen berücksichtigt werden müssen, bedarf es der Anhörung, denn nur auf diesem Weg wird das Familiengericht Kenntnis von entgegenstehenden Interessen erlangen. Sind die anzuhörenden Kinder noch minderjährig, muss das Familiengericht alle Umstände vAw ermitteln. Sind die Kinder hingegen volljährig, darf das Familiengericht trotz auch in diesem Fall bestehender Amtsermittlung darauf vertrauen, dass Tatsachen und Umstände geltend gemacht werden. Dies beruht auf dem Grundsatz der freiwilligen Gerichtsbarkeit, dass alle Beteiligten auch eine Mitwirkungspflicht haben (§ 27 FamFG) und die Amtsermittlung sich nur auf solche Umstände erstreckt, für die das Gericht Anhaltspunkte hat, nicht also allen nur theoretisch denkbaren Ansätzen nachgegangen werden muss. 1

Das BVerfG (FamRZ 94, 493) hat bei einem Verstoß gegen das rechtliche Gehör ausgeführt, dass der Rechtsfolgenanspruch auf die Verfassungswidrigkeit der angegriffenen Norm oder die Rechtswirkung des Rechtsaktes beschränkt werden kann, wenn die Nichtigkeitserklärung zu schwer erträglichen Folgen führen würde. In einem Adoptionsverfahren eines Volljährigen wurde nach dieser Entscheidung bei Verstoß gegen das rechtliche Gehör nur die Rechtskraft in Bezug auf den Verletzten eingeschränkt, damit die versäumte Rechtshandlung nachgeholt werden kann; die Adoptionswirkungen wurden aber ausdrücklich als iÜ wirksam belassen. 2

§ 1770 Wirkung der Annahme.

(1) ¹Die Wirkungen der Annahme eines Volljährigen erstrecken sich nicht auf die Verwandten des Annehmenden. ²Der Ehegatte oder Lebenspartner des Annehmenden wird nicht mit dem Angenommenen, dessen Ehegatte oder Lebenspartner wird nicht mit dem Annehmenden verschwägert.

(2) Die Rechte und Pflichten aus dem Verwandtschaftsverhältnis des Angenommenen und seiner Abkömmlinge zu ihren Verwandten werden durch die Annahme nicht berührt, soweit das Gesetz nichts anderes vorschreibt.

(3) Der Annehmende ist dem Angenommenen und dessen Abkömmlingen vor den leiblichen Verwandten des Angenommenen zur Gewährung des Unterhalts verpflichtet.

1 Der Angenommene wird mit Wirkung der Annahme Kind des Annehmenden (§ 1754). Es entstehen bzw erlöschen die erb- und unterhaltsrechtlichen Folgen wie im Fall der Annahme eines Minderjährigen, denn § 1767 II verweist insoweit auf die entspr Rechtsfolgen ohne Vorbehalt. Die rechtlichen Wirkungen sind aber beschränkt auf den Annehmenden, erstrecken sich also nicht auf seinen Ehepartner. Dies hat auch zur Folge, dass mehrere volljährige Kinder durch die Adoption nur mit dem Annehmenden verwandt sind, nicht aber untereinander.

2 In unterhaltsrechtlicher Sicht bestimmt III ausdrücklich den Vorrang des Annehmenden vor den leiblichen Verwandten des Angenommenen.

§ 1771 Aufhebung des Annahmeverhältnisses.

¹Das Familiengericht kann das Annahmeverhältnis, das zu einem Volljährigen begründet worden ist, auf Antrag des Annehmenden und des Angenommenen aufheben, wenn ein wichtiger Grund vorliegt. ²Im Übrigen kann das Annahmeverhältnis nur in sinngemäßer Anwendung der Vorschrift des § 1760 Abs. 1 bis 5 aufgehoben werden. ³An die Stelle der Einwilligung des Kindes tritt der Antrag des Anzunehmenden.

1 In Abweichung von der Minderjährigenadoption bedarf die Aufhebung bei Volljährigen eines Antrags sowohl des Annehmenden als auch des Angenommenen. Da bei der Minderjährigenadoption auch der Mangel der Einwilligung des Kindes ein Aufhebungsgrund sein kann (§ 1760 I), folgt hieraus, dass die Aufhebung nach § 1771 voraussetzt, dass es sich um eine Volljährigenadoption gehandelt hat, das Kind also nicht nach der Adoption erst volljährig geworden ist (Karlsr FamRZ 96, 4343), jedoch kommt in diesem Fall eine Aufhebung vAw nicht mehr in Betracht.

2 Als weitere Aufhebungsgründe sind die Erklärungsmängel des § 1760 II entspr auf die Aufhebung anzuwenden. Statt der Einwilligung des Kindes tritt an dessen Stelle der Antrag des Anzunehmenden.

3 Zwar bestimmt die Vorschrift insgesamt keine eigenen Fristen, jedoch ist aufgrund der Verweisung auf § 1760 auch die Frist nach § 1762 II zu beachten. Ab Kenntnis des wichtigen Grundes oder der Mängel nach § 1760 muss der Antrag binnen Jahresfrist wirksam gestellt werden und ist unzulässig, wenn die Annahme länger als drei Jahre zurückliegt.

§ 1772 Annahme mit den Wirkungen der Minderjährigenannahme.

(1) ¹Das Familiengericht kann beim Ausspruch der Annahme eines Volljährigen auf Antrag des Annehmenden und des Anzunehmenden bestimmen, dass sich die Wirkungen der Annahme nach den Vorschriften über die Annahme eines Minderjährigen oder eines verwandten Minderjährigen richten (§§ 1754 bis 1756), wenn
a) ein minderjähriger Bruder oder eine minderjährige Schwester des Anzunehmenden von dem Annehmenden als Kind angenommen worden ist oder gleichzeitig angenommen wird oder
b) der Anzunehmende bereits als Minderjähriger in die Familie des Annehmenden aufgenommen worden ist oder
c) der Annehmende das Kind seines Ehegatten annimmt oder
d) der Anzunehmende in dem Zeitpunkt, in dem der Antrag auf Annahme bei dem Familiengericht eingereicht wird, noch nicht volljährig ist.

²Eine solche Bestimmung darf nicht getroffen werden, wenn ihr überwiegende Interessen der Eltern des Anzunehmenden entgegenstehen.

(2) ¹Das Annahmeverhältnis kann in den Fällen des Absatzes 1 nur in sinngemäßer Anwendung der Vorschrift des § 1760 Abs. 1 bis 5 aufgehoben werden. ²An die Stelle der Einwilligung des Kindes tritt der Antrag des Anzunehmenden.

1 Die Rechtswirkungen einer Adoption bei Volljährigkeit sind ggü der Minderjährigenadoption eingeschränkt. Man bezeichnet deshalb auch die Adoption bei Volljährigen als schwache, bei Minderjährigen als starke Adoption. Die Vorschrift gibt dem Familiengericht die Möglichkeit, auch im Falle der Adoption eines Volljährigen die vergleichbaren Wirkungen einer Minderjährigenadoption anzuordnen (OLG München FamRZ 09, 1337). Voraussetzung ist, dass sowohl Annehmender als auch Anzunehmender dies beantragen. Auch muss diese Wirkung im Annahmebeschluss ausdrücklich bestimmt werden, eine nachträgliche Anord-

nung ist unzulässig. Es ist ausreichend, wenn der Beschl ausdrücklich feststellt, dass der Beschl die „Wirkungen der Annahme nach den Vorschriften über die Annahme eines Minderjährigen oder eines verwandten Minderjährigen" richtet oder aber die Rechtsgrundlage ausdrücklich in den Beschlusswortlaut einbezogen wird. Zu beachten sind verfassungsrechtliche Voraussetzungen der Ersetzung de Einwilligung des nichtehelichen Vaters bei Stiefkindadoptionen (*Heitmann* jurisPR-FamR 1/06 Anm 2).

Einer starken Annahme können Interessen der Eltern des Anzunehmenden entgegenstehen. Diese sind deshalb zu hören und das Familiengericht wird ihnen den Inhalt der gesetzlichen Regelung zur Kenntnis geben. Es wird dann an den Eltern liegen, ob sie Tatsachen vortragen oder auf solche hinweisen, die in der Abwägung ein überwiegendes Interesse an der Versagung begründen können. Eine Amtspflicht, nach denkbaren Einwänden ohne Anhaltspunkte zu forschen, besteht nach allgemeiner Ansicht nicht (Keidel/Kuntze/Winkler/*Schmidt* FGG § 12 Rz 5; auch nicht über die Regelung der Beteiligung nach § 7 FamFG ab 1.9.09). 2

Ist die Adoption mit den Wirkungen dieser Vorschrift durchgeführt worden, unterliegt die Aufhebung den Grundsätzen des § 1760; an die Stelle der Einwilligung des Kindes tritt der Antrag des Anzunehmenden. Die Antragsfrist von einem Jahr und die Ausschlussfrist von drei Jahren nach § 17. 3

Abschnitt 3   Vormundschaft, Rechtliche Betreuung, Pflegschaft

Vorbemerkungen vor §§ 1773 bis 1921

Das materielle Vormundschaftsrecht hat in §§ 1773 ff. seine Regelung gefunden und gliedert sich in die Vormundschaft über Minderjährige (§§ 1773–1895), die Betreuung (§§ 1896–1908i) und die Pflegschaft (§§ 1909–1921), die den Dritten Abschnitt beschließt. Als besonders ausgestaltete Art der Pflegschaft ist die Beistandschaft des Jugendamtes außerhalb des 3. Abschnitts geregelt (§§ 1712–1717). Das spezielle Verfahrensrecht findet sich im FamFG.. 1

Vormundschaft: Gesetzlich geregelte allgemeine Fürsorge für Person und Vermögen des minderjährigen Mündels. Im Gegensatz zur Pflegschaft ersetzt sie die fehlende elterliche Personen- und Vermögenssorge für Minderjährige nicht nur in einzelnen Angelegenheiten oder Teilbereichen sondern umfassend. **Betreuung:** Fürsorge für einen Volljährigen, die zumeist auf einzelne genau begrenzte Teilgebiete beschränkt ist, in denen der Betroffene aufgrund einer geistig/psychischen Behinderung seine Angelegenheiten nicht zu besorgen vermag. Im Extremfall kann die Betreuung auch die gesamte Personen- und Vermögenssorge umfassen. **Pflegschaft:** Ein durch das FamG festgelegtes beschränktes Fürsorgeverhältnis, das sich idR auf einen bestimmten Geschäftskreis des Pfleglings beschränkt und das unabhängig vom Lebensalter und der Geschäftsfähigkeit des Betroffenen angeordnet werden kann. In Ausnahmefällen auch mit einen die gesamte Personen- und Vermögenssorge umfassenden Geschäftskreis (§ 1909 III). 2

Rechtsnatur. Vormund, Betreuer und Pfleger üben trotz vielfältiger öffentlich rechtlicher Bestandteile der gesetzlichen Regelungen ein privatrechtliches Amt aus (vgl Staud/*Engler* v § 1773 Rz 12 ff mwN). Es gilt das **Prinzip des Einzelamtes**, dh nach der Intention des Gesetzgebers sollen Vormundschaft und Betreuung idR von einer Person geführt werden, um eine möglichst umfassende Fürsorge für den Betroffenen sicherzustellen. Stehen natürliche Personen als Vormund oder Betreuer zur Verfügung, gehen sie der Bestellung eines Vereins oder einer Behörde vor (vgl §§ 1791a–1791c, 1887 I, 1900, 1915l). Dieses **Subsidiaritätsprinzip** ist im Vormundschaftsrecht aus Kindeswohlerwägungen streng, im Pflegschaftsrecht nur eingeschränkt zu beachten. Die wirksame Anordnung einer Vereins- oder Amtsvormundschaft des Jugendamtes setzt voraus, dass das Gericht zuvor konkrete Ermittlungen angestellt hat, ob nicht ein geeigneter Einzelvormund zur Übernahme des Amtes zur Verfügung steht (KG NJWE-FER 99, 211). Soll das Jugendamt nur zum Ergänzungspfleger bestellt werden, so ist dies auch unter Übergehung einer geeigneten Einzelperson zulässig (Stuttg FamRZ 02, 1065). Der Grundsatz der Subsidiarität der Amtspflegschaft ggü der Einzelpflegschaft gilt auch im Verhältnis zu Einzelpersonen, die Pflegschaften iR ihrer Berufsausübung führen (BayObLG FamRZ 97, 897). In seiner **Amtsführung** handelt der Vormund grds **selbständig**, dh er, und nicht etwa das FamG, entscheidet über alle Bereiche der Personen- und Vermögenssorge des Mündels. Dem FamG obliegt jedoch die Überwachung des Vormunds. Es kann ihm in Einzelfällen Weisungen erteilen (§ 1837), in bestimmten Fällen muss der Vormund auch die Genehmigung des FamG einholen, bevor er handelt (§§ 1809 ff). Der Umfang der konkreten Genehmigungserfordernisse hängt dabei wesentlich davon ab, ob es sich um eine gewöhnliche oder eine befreite Vormundschaft handelt (vgl §§ 1852 ff). 3

Die **Haftung** des Vormunds ggü dem Mündel/Betreuten für schuldhafte Pflichtverletzungen folgt aus den §§ 1833, 1908i I 1. Der Vormund/Betreuer hat iÜ einem Beauftragten (§ 667) vergleichbare Rechte und Pflichten (Naumbg FamRZ 08, 182). Ansonsten **Staatshaftung** für den **Richter** (Art 34 GG, § 839), bei Verletzung der Aufsichtspflicht, etwa wenn das FamG keine oder ungeeignete Maßnahmen trifft (Oldbg Rpfleger 79, 101) oder eine erforderliche Genehmigung ohne vorherige hinreichende Aufklärung des Sachverhalts erteilt wird (BGH NJW 86, 2829). Vormundschaft und Betreuung sind grds ein **Ehrenamt**. Den Amtsinhabern steht daher zunächst nur Aufwendungsersatz, für ihre Tätigkeit zu (§§ 1835–1836e). Abw von diesem 4

Grundsatz muss aus Billigkeitsgründen eine Vergütung gewährt werden, wenn der Mündel/Betreute über genügend eigene Mittel verfügt oder wenn der Vormund/Betreuer so viele Vormundschaften/Betreuungen führt, dass diese nur berufsmäßig geführt werden können (§§ 1836 ff).

5 **Verfahren.** Das Verfahren richtet sich nach §§ 151 ff FamFG. Einstweilige Maßnahmen nach § 1846. Die Anordnung der Vormundschaft erfolgt vAw durch die Familiengerichte (§§ 1774, 1697). Zur Unterstützung ihrer Tätigkeit bestehen für andere Behörden bestimmte Anzeige- und Meldepflichten (für Standesbeamte: § 21b PStG; für Jugendämter: §§ 8a III, 42 III Nr 2 SGB VIII; Anzeigepflicht bei Tod des Vormunds §§ 1894, 1895). Zwangsmittel: Androhung und Festsetzung von Zwangsgeld (§ 1837 III); Entlassung des Vormunds (§ 1886).

6 **Zwischenstaatliches Recht.** Die Anordnung der Betreuung, Vormundschaft oder Pflegschaft unterliegt nach Art 24 I 2 EGBGB grds dem Recht des Staates, dem der Betroffene angehört (Art 24 I 1 EGBGB). Für die uU auch nach deutschem Recht mögliche Anordnung der Betreuung für einen fremden Staatsangehörigen s. Art 24 I 2 EGBGB (ab 1.1.09 auch das Haager Erwachsenenschutzabkommen: BGBl 07 II 323 ff; *Helms* FamRZ 08, 1995). Die Zuständigkeit deutscher Gerichte ist begründet, wenn Ausländer hier ihren gewöhnlichen Aufenthalt haben oder bei schlichtem Aufenthalt (etwa Durchreise) hier ein Fürsorgebedürfnis zu Tage tritt (§§ 99, 104, 152, 272 FamFG). Für Maßnahmen in Bezug auf Minderjährige ist das Haager Minderjährigenschutzabkommen (BGBl 71 III 217, 1150, Anh 1 zu Art 2) zu beachten, dass die Anwendung deutschen Rechts für alle Minderjährige vorsieht, die ihren gewöhnlichen Aufenthalt in Deutschland haben (vgl Art 13 I MSA). Für Minderjährige mit deutscher Staatsbürgerschaft, die ihren gewöhnlichen Aufenthalt im Ausland haben, fehlt es idR an der Zuständigkeit deutscher Gerichte. Ausnahmsweise kann diese aber begründet sein, soweit konkrete Gefahren für das Kindeswohls gerade die Tätigkeit des deutschen Gerichts erfordern und die Behörden des Aufenthaltsstaates zustimmen (vgl Art 4 MSA).

Titel 1 Vormundschaft

Untertitel 1 Begründung der Vormundschaft

§ 1773 Voraussetzungen. (1) Ein Minderjähriger erhält einen Vormund, wenn er nicht unter elterlicher Sorge steht oder wenn die Eltern weder in den die Person noch in den das Vermögen betreffenden Angelegenheiten zur Vertretung des Minderjährigen berechtigt sind.
(2) Ein Minderjähriger erhält einen Vormund auch dann, wenn sein Familienstand nicht zu ermitteln ist.

1 **A. Zweck der Vorschrift.** Da Minderjährige entweder geschäftsunfähig (§ 104 Nr 1) oder nur beschränkt geschäftsfähig (§ 106) sind, können sie nicht selbst rechtsgeschäftlich uneingeschränkt für sich handeln. Sie werden daher insoweit durch ihre sorgeberechtigten Eltern gemeinsam vertreten (§§ 1626, 1629); bzw das nicht in einer Ehe geborene Kind wird idR durch seine Mutter vertreten (§ 1626a II). Entfällt die gesetzliche Vertretung durch die Sorgeberechtigten, so erhält der Minderjährige nach § 1773 bzw § 1680 II 2 einen Vormund als gesetzlichen Vertreter, um seine volle rechtsgeschäftliche Handlungsfähigkeit wieder herzustellen. Zusätzlich obliegt dem Vormund auch die Sorge für den Minderjährigen. Für Kinder nicht verheirateter Eltern wird diese Vorschrift durch § 1791c ergänzt. Bei adoptierten Kindern tritt mit Einwilligung eines Elternteils in die Adoption Amtsvormundschaft des Jugendamtes ein (§ 1751 I).

2 **B. Voraussetzungen der Anordnung der Vormundschaft.** Die Vormundschaft kann nur für Minderjährige angeordnet werden. Sie endet daher automatisch mit der Volljährigkeit des Mündels (§§ 2, 1882). Besteht über den Mündigkeitstermin hinaus ein weiterer Fürsorgebedarf, so muss ein Betreuer bestellt (vgl § 1896) werden.

3 **C. Fallgruppen.** Eine Vormundschaft wird nach I in zwei Fällen angeordnet: Erstens, wenn der **Minderjährige nicht unter elterlicher Sorge** steht (§ 1626), wenn also ein eheliches Kind keinen lebenden Elternteil mehr hat oder bei einem nicht in einer Ehe geborenem Kind die Mutter verstirbt, ohne dass zuvor eine Sorgerechtserklärung (§ 1626a I) abgegeben wurde. Zweitens, wenn die **Sorgeberechtigten** sowohl **von der Personen- als auch von der Vermögenssorge ausgeschlossen** sind (I) bzw ihr Sorgerecht für beide Sorgebereiche ruht (§§ 1673 ff). Dies ist etwa der Fall, wenn der alleinsorgeberechtigten Mutter, beiden sorgeberechtigten Elternteilen, bzw dem überlebenden Elternteil, die elterliche Sorge vollständig entzogen wurde (§ 1666). Auch wenn der oder die Sorgeberechtigten selbst unter Betreuung stehen, nimmt nicht der Betreuer die Vormundschaft wahr, sondern das Kind muss einen Vormund erhalten (§ 1896). Ist hingegen nur ein Teilbereich der elterlichen Sorge (zB nur die Personen- oder die Vermögenssorge) entzogen, so genügt die Bestellung eines Ergänzungspflegers (§ 1909) für diesen Teilbereich (BayObLG FamRZ 99, 316). Sind beide Eltern vorhanden, aber nur einer von ihnen sorgeberechtigt, so wird das Familiengericht für den Fall, dass der sorgeberechtigte Elternteil verstirbt oder auf andere Weise sein Sorgerecht verliert, idR die Alleinsorge auf den anderen Elternteil übertragen (§ 1680 I u II) soweit dies nicht dem Kindeswohl widerspricht (BayObLG NJWE-FER 98, 269). Ist hingegen nur ein Elternteil von der Vertretung ausgeschlossen (§ 1638), so wird der Minderjährige

vom anderen Elternteil allein vertreten, soweit dieser nicht ausnahmsweise (§ 1629 II 1 u III) ausgeschlossen ist, was für den konkreten Fall vor Anordnung der Vormundschaft durch das Gericht zu klären ist (Saarbr JAmt 04, 163).

Nach II ist außerdem für **Findelkinder** ein Vormund zu bestellen, wenn der Familienstand nicht zu ermitteln ist, (§§ 25, 26 PStG, 152 III FamFG). Ist der Familienstand lediglich bestritten, kommt nur die Anordnung einer Pflegschaft (§ 1909) in Betracht (vgl Staud/*Engler* § 1773 Rz 2). 4

§ 1774 Anordnung von Amts wegen. ¹Das Familiengericht hat die Vormundschaft von Amts wegen anzuordnen. ²Ist anzunehmen, dass ein Kind mit seiner Geburt eines Vormunds bedarf, so kann schon vor der Geburt des Kindes ein Vormund bestellt werden; die Bestellung wird mit der Geburt des Kindes wirksam.

A. Bestellungsgrundsatz. 1 stellt klar, dass die Vormundschaft grds (mit Ausnahme der Vormundschaft kraft Gesetzes nach § 1751 I 2 und § 1791c) nicht von selbst eintritt, sondern angeordnet werden muss. 2 bestimmt, dass soweit erforderlich auch bereits vor der Geburt eines Kindes, wenn feststeht, dass dieses im Zeitpunkt seiner Geburt eines Vormundes bedürfen wird, ein solcher bestellt werden kann. Dies kann der Fall sein, wenn die nicht verheiratete Mutter im Zeitpunkt der Geburt des Kindes noch minderjährig oder geschäftsunfähig ist (§§ 1626a II, 1673 II). Der Eintritt einer Amtsvormundschaft des Jugendamtes (§ 1791c I 1) lässt sich auf diesem Wege vermeiden. 1

B. Mängel bei der Anordnung der Vormundschaft. Örtliche, sachliche oder funktionelle Zuständigkeitsmängel führen idR nicht zur Unwirksamkeit der Anordnung (vgl Staud/*Engler* § 1774 Rz 23 ff). Elementare materielle Mängel der Anordnung der Vormundschaft, wie etwa die Anordnung der Vormundschaft für eine juristische Person, für einen bereits verstorbenen Mündel oder für einen Volljährigen, führen genau wie die Geschäftsunfähigkeit des bestellten Vormunds (§ 1780) zur Nichtigkeit der Anordnung (vgl Staud/*Engler* § 1774 Rz 27). Fehlen materielle Voraussetzungen für die Anordnung (so zB bei der Doppelanordnung der Vormundschaft), so bleibt die zu Unrecht angeordnete Vormundschaft und ebenso die Bestellung des Vormunds wirksam, bis sie durch das FamG selbst oder das Beschwerdegericht aufgehoben werden. Der Anordnung der Vormundschaft kommt nach hM rechts begründende Wirkung zu (vgl Palandt/*Diederichsen* Rz 2; aA MüKo/*Schwab* Rz 8), so dass das Prozessgericht keine eigene Prüfungskompetenz hat und insoweit an die Anordnung gebunden ist (BGH 33, 195). Bei Zweifeln an der Vertretungsbefugnis des Vormunds ist lediglich Aussetzung des Verfahrens möglich (BGH NJW 64, 1316, 1319). Die Aufhebung der Vormundschaft beendet die Rechte und Pflichten des Vormunds aus der zu Unrecht angeordneten Vormundschaft *ex nunc* und ist daher ohne Wirkung auf durch den Vormund oder ihm ggü vorgenommene Rechtsgeschäfte. 2

C. Verfahren. Für die Ermittlung der für die Anordnung der Vormundschaft wesentlichen Tatsachen gilt der **Amtsermittlungsgrundsatz (§ 26 FamFG).** Ergänzend werden in verschiedenen Spezialregelungen Standesbeamte (§ 68 I PStG, § 168a I FamFG), das Jugendamt (§§ 42 II 3 Nr 2, III 4, 70 III SGB VIII), Gerichte (§ 22a I FamFG) und die Staatsanwaltschaft (§ 70 JGG) verpflichtet, dem FamG Mitteilung von der Erforderlichkeit einer Vormundschaft zu machen. 3

§ 1775 Mehrere Vormünder. ¹Das Familiengericht kann ein Ehepaar gemeinschaftlich zu Vormündern bestellen. ²Im Übrigen soll das Familiengericht, sofern nicht besondere Gründe für die Bestellung mehrerer Vormünder vorliegen, für den Mündel und, wenn Geschwister zu bevormunden sind, für alle Mündel nur einen Vormund bestellen.

Alleinvormundschaft. Grds soll im Interesse des Familienzusammenhalts für einzelne Mündel, aber auch für mehrere Geschwister (auch für halbbürtige Geschwister) nur ein Vormund bestellt werden (vgl § 1786 I Nr 8), damit dieser – vergleichbar den Eltern – nicht nur die gesetzliche Vertretung des Mündels übernimmt, sondern zur echten Bezugsperson werden kann. Von diesem Grundsatz darf ohne das Vorliegen besonderer Gründe nur bei einem Ehepaar abgewichen werden, das auch gemeinsam zu Vormündern bestellt werden kann (LG Berlin NJW-RR 88, 1418). Die Norm findet keine Anwendung bei Bestellung eines Gegenvormunds (§ 1792). 1

Die **Bestellung mehrerer Vormünder** für einzelne Mündel oder verschiedener Vormünder für Geschwister als Mit- oder Gegenvormund (§§ 1797, 1792 III) setzt immer besonderer Gründe voraus, über deren Vorliegen das Gericht in freien Ermessen zu entscheiden hat. In Betracht kommt etwa eine schwierige Vermögensverwaltung oder, Glaubensverschiedenheit von Vormund und Mündel, so dass nur durch die Bestellung eines weiteren Vormunds eine dem Bekenntnis des Mündels entspr Erziehung sichergestellt werden kann (BayObLG FamRZ 66, 323/26). Andere Gründe, wie eine vorübergehende Behinderung des Vormunds (BayObLG Rpfleger 76, 389: Ergänzungspflegschaft), seine Überwachung (LG Berlin Rpfleger 70, 91) oder der Vorbereitung seiner Entlassung (BayObLG NJW 70, 1687) genügen für die Bestellung eines Mitvormunds nicht. Ist ein Vormund von den Eltern des Kindes berufen worden (vgl §§ 1776 f), so setzt die Bestellung eines weiteren 2

Vormundes dessen Zustimmung voraus (§ 1778 IV). Haben die Eltern die Bestellung mehrerer Mitvormünder angeordnet (§ 1776) oder ausgeschlossen, so ist das FamG daran nicht gebunden (MüKo/*Schwab* § 1775 Rz 2). Für die Auswahl und Bestellung von Mitvormündern gelten iÜ die gleichen Regelungen, wie für den Einzelvormund.

3   Sind mehrere Vormünder bestellt, so führen sie die Vormundschaft grds gemeinschaftlich (§ 1791 I). Auf die Bestellung mehrerer Gegenvormünder und Pfleger ist § 1775 entsprechend anzuwenden.

§ 1776 Benennungsrecht der Eltern. (1) Als Vormund ist berufen, wer von den Eltern des Mündels als Vormund benannt ist.
(2) Haben der Vater und die Mutter verschiedene Personen benannt, so gilt die Benennung durch den zuletzt verstorbenen Elternteil.

1   S Kommentierung § 1778.

§ 1777 Voraussetzungen des Benennungsrechts. (1) Die Eltern können einen Vormund nur benennen, wenn ihnen zur Zeit ihres Todes die Sorge für die Person und das Vermögen des Kindes zusteht.
(2) Der Vater kann für ein Kind, das erst nach seinem Tode geboren wird, einen Vormund benennen, wenn er dazu berechtigt sein würde, falls das Kind vor seinem Tode geboren wäre.
(3) Der Vormund wird durch letztwillige Verfügung benannt.

1   S Kommentierung § 1778.

§ 1778 Übergehen des benannten Vormunds. (1) Wer nach § 1776 als Vormund berufen ist, darf ohne seine Zustimmung nur übergangen werden,
1. wenn er nach den §§ 1780 bis 1784 nicht zum Vormund bestellt werden kann oder soll,
2. wenn er an der Übernahme der Vormundschaft verhindert ist,
3. wenn er die Übernahme verzögert,
4. wenn seine Bestellung das Wohl des Mündels gefährden würde,
5. wenn der Mündel, der das 14. Lebensjahr vollendet hat, der Bestellung widerspricht, es sei denn, der Mündel ist geschäftsunfähig.

(2) Ist der Berufene nur vorübergehend verhindert, so hat ihn das Familiengericht nach dem Wegfall des Hindernisses auf seinen Antrag anstelle des bisherigen Vormunds zum Vormund zu bestellen.
(3) Für einen minderjährigen Ehegatten darf der andere Ehegatte vor den nach § 1776 Berufenen zum Vormund bestellt werden.
(4) Neben dem Berufenen darf nur mit dessen Zustimmung ein Mitvormund bestellt werden.

1   **A. Normzweck.** Die §§ 1776–1778 sind Ausfluss des Elternrechts Art 6 II GG und ermöglichen es den Eltern iR ihres Sorgerechts für den Fall, dass eine Vormundschaft nötig werden sollte, bereits im vor hinein sicherzustellen, dass eine bestimmte Person als Vormund bestellt wird. Die Benennung führt nicht zu einer Erweiterung des Rechtskreises des Benannten. Eine über die Grenzen des § 1785 hinaus gegebene Pflicht zur Übernahme der Vormundschaft wird nicht begründet. Ggü benannten Vormündern wird der Benannte insofern privilegiert, als ein Mitvormund, außer wenn die Eltern mehrere Vormünder benannt haben, ohne seine Zustimmung nicht bestellt werden darf (§ 1778 IV). Entspr hat er ein Recht zur Ablehnung und auf Entlassung eines ohne seine Zustimmung bestellten Mitvormunds (§§ 1786 I Nr 7, 1889 I). Ausnahmsweise kann in der Verweigerung der Zustimmung zur Bestellung eines Mitvormunds eine das Wohl des Mündels gefährdende Pflichtwidrigkeit liegen, die es rechtfertigt nach § 1778 Nr 4 von einer Bestellung des Berufenen abzusehen, bzw den schon als Vormund bestellten, nach § 1886 zu entlassen (MüKo/*Schwab* Rz 19 aE).

2   **B. Rechtsausübung.** Die Berufung zum Vormund erfolgt durch eine **Benennung durch die Eltern** § 1776 I, dh durch denjenigen, dem zum Zeitpunkt des Todes für das Kind das volle Personen- und Vermögenssorgerecht zustand (§§ 1777 I, 1626, 1626a). Ein in bestimmten einzelnen Beziehungen beschränktes Sorgerecht (wie zB gem §§ 1629 II, 1630 I, 1638) beeinträchtigt das Benennungsrecht nicht (Staud/*Engler* § 1777 Rz 7). Die Wirksamkeit der Benennung hängt auch nicht davon ab, ob dem Anordnenden im Zeitpunkt der Anordnung oder zeitweilig danach die Personen- und Vermögenssorge zugestanden hat. Ist das Sorgerecht zwischen den Eltern aufgeteilt, kann keiner von ihnen einen Vormund benennen, die Benennung des Vormunds muss bei gemeinsamer Sorge auch gemeinsam erfolgen. Werden verschiedene Personen als Vormund benannt, so gilt die Benennung durch den zuletzt verstorbenen Elternteil (§ 1776 II). Eltern können bei Vorliegen der übrigen Voraussetzungen einen *Vormund auch für künftig zu erwartende Kinder* wirksam benennen. Stirbt der Vater vor der Geburt des Kindes, so ist die Benennung nach § 1777 II dennoch wirksam, wenn der Vater benennungsberechtigt gewesen wäre, wenn das Kind zum Zeitpunkt der Benennung bereits geboren gewesen wäre. Stirbt die Mutter, bevor die Geburt des Kindes vollendet ist, so ist § 1777 II entspr anzuwenden (Staud/*Engler* § 1777 Rz 14 mwN).

C. Form. Die Benennung erfolgt nach § 1777 III **durch letztwillige Verfügung**, also durch ein Testament oder einen Erbvertrag (§§ 1937, 1941). Sie kann auch unter einer Bedingung oder Zweckbestimmung erfolgen (BayObLG OLGZ 28, 270), jedoch nicht auf Dritte übertragen werden. Der Widerruf der Benennung ist zulässig. Bei Benennung verschiedener Personen entscheidet die Benennung des Letztverstorbenen. Das FamG hat in Zweifelsfällen durch Auslegung zu ermitteln, ob inhaltlich eine Benennung vorliegt, die Bezeichnung als „Vormund" ist nicht erforderlich (BayObLG FamRZ 66, 323). Das Jugendamt kann nicht benannt werden, Vereine nur soweit sie vom Landesjugendamt als geeignet erklärt worden sind (§ 1791a I 2). Zu den Gestaltungsmöglichkeiten bzgl der Führung der Vormundschaft s. §§ 1797 III, 1803, 1852 ff.

D. Rechtsfolge. Der nach § 1776 Berufene hat grds ein Recht darauf, als Vormund bestellt zu werden, soweit er für dieses Amt nicht iSd § 1778 I ungeeignet ist und nicht vorrangig der Ehegatte des Mündels (§ 1778 III) zum Vormund bestellt werden soll oder kraft Gesetzes Amtsvormundschaft (§ 1791c) eintritt. Der Berufene ist übergangen, wenn sein Antrag, als Vormund bestellt zu werden, zurückgewiesen oder eine andere Person als Vormund bestellt wird, unabhängig davon, ob dem Gericht die Benennung bekannt war. Hat der wirksam Berufene der Bestellung eines anderen nicht zugestimmt, so darf er nach § 1778 I Nr 1 übergangen werden, wenn er nach §§ 1780 ff nicht zum Vormund bestellt werden kann oder soll (dies gilt für Geschäftsunfähige, Minderjährige, unter Betreuung Stehende, im Insolvenzverfahren befindliche Personen, sowie Beamte oder Religionsdiener ohne die erforderliche Erlaubnis). Nach Nr 2 kann der Benannte auch übergangen werden, wenn er aus tatsächlichen Gründen dauernd an der Übernahme der Vormundschaft verhindert ist, etwa infolge von Krankheit oder Abwesenheit im Ausland usw. Bei nur vorübergehender Verhinderung, ist bei ihrem Wegfall auf Antrag des Übergangenen der bisherige Vormund zu entlassen und der von den Eltern Benannte zu ernennen (§ 1778 II). Verzögert der Benannte die Übernahme der Vormundschaft (Nr 3), kann er gleichfalls übergangen werden. Er macht sich jedoch, anders als nach der Auswahl durch das Gericht ggü dem Mündel nicht gem § 1787 schadensersatzpflichtig, da der Benannte nicht zur Übernahme des Amtes verpflichtet ist (Staud/Engler § 1778 Rz 19). Außerdem kann nach Nr 4 von der Bestellung des Benannten abgesehen werden, wenn durch die Bestellung das geistige, sittliche und gesundheitliche Wohl des Mündels oder auch seine Vermögensinteressen objektiv (ggfls auch schuldlos) gefährden würden (BayObLG FamRZ 97, 1289), wie etwa, wenn der Benannte zu alt oder aus anderen Gründen körperlich nicht in der Lage ist, für das Mündel zu sorgen (Staud/*Engler* § 1778 Rz 27). Auch die Unfähigkeit des Benannten zur Führung einer schwierigen Vermögensverwaltung (MüKo/*Schwab* § 1778 Rz 13) oder Nichtbeachtung von Vermögensinteressen des Mündels in der Vergangenheit (BayObLG FamRZ 97, 1289) aber auch das Bestehen eines Interessengegensatzes zwischen benannten und Mündel (BayObLG Rpfleger 93, 17), können eine Übergehung des Benannten rechtfertigen. Konfessionsverschiedenheit zwischen benanntem Vormund und Mündel alleine führt noch nicht zur Gefährdung der Mündelinteressen, hier kommt es auf den Einzelfall an (Staud/*Engler* Rz 28). Schließlich kann nach Nr 5 von der Benennung dann abgewichen werden, wenn der nicht geschäftsunfähige Mündel, der das 14. Lebensjahr vollendet hat, der Bestellung widerspricht (eine persönliche Anhörung des Mündels ist gem §§ 151 Nr 4; 159 FamFG in jedem Fall erforderlich, bei Nichtbeachtung des Widerspruchs Beschwerderecht des Mündels gem § 60 FamFG). Ist der gem § 1776 Berufene nicht geeignet und findet sich kein anderer geeigneter Einzelvormund, ist die Vereins- bzw Amtsvormundschaft des Jugendamtes anzuordnen (§§ 1791a, b).

E. Verfahren. Wird der wirksam Berufene übergangen, so steht ihm dagegen die befristete Beschwerde zu (§§ 59 I; 63 I FamFG).

§ 1779 Auswahl durch das Familiengericht.
(1) Ist die Vormundschaft nicht einem nach § 1776 Berufenen zu übertragen, so hat das Familiengericht nach Anhörung des Jugendamts den Vormund auszuwählen.
(2) ¹Das Familiengericht soll eine Person auswählen, die nach ihren persönlichen Verhältnissen und ihrer Vermögenslage sowie nach den sonstigen Umständen zur Führung der Vormundschaft geeignet ist. ²Bei der Auswahl unter mehreren geeigneten Personen sind der mutmaßliche Wille der Eltern, die persönlichen Bindungen des Mündels, die Verwandtschaft oder Schwägerschaft mit dem Mündel sowie das religiöse Bekenntnis des Mündels zu berücksichtigen.
(3) ¹Das Familiengericht soll bei der Auswahl des Vormunds Verwandte oder Verschwägerte des Mündels hören, wenn dies ohne erhebliche Verzögerung und ohne unverhältnismäßige Kosten geschehen kann. ²Die Verwandten und Verschwägerten können von dem Mündel Ersatz ihrer Auslagen verlangen; der Betrag der Auslagen wird von dem Familiengericht festgesetzt.

A. Normzweck. Wenn von den Eltern nach § 1776 niemand wirksam benannt wurde oder ein Grund vorliegt, einen von den Eltern Berufenen nach § 1778 zu übergehen bzw im Falle der Entziehung des Sorgerechts (§ 1697) ist durch das FamG eine zur Führung der Vormundschaft geeignete Person auszusuchen. Die Norm nennt das Verfahren und die Kriterien für die Auswahl des Vormunds.

2 Kriterium für die **Auswahl** des Vormunds ist seine Eignung für die Führung der Vormundschaft (§ 1779 II 1), dh seine Fähigkeit, das Amt so zu führen, wie es das Wohl des Mündels erfordert (Hamm NJWE-FER 97, 31).

3 Die **Eignung** des Vormunds bestimmt sich nach seinen gesamten persönlichen Verhältnissen einschließlich seiner Vermögenslage (Staud/*Engler* § 1779 Rz 11; LG Freiburg FamRZ 07, 2104 ff). Sie wird vom FamG nach freiem Ermessen beurteilt. Zu berücksichtigende Faktoren sind zB Krankheit, Gebrechlichkeit oder auch nur mangelnde Lebenserfahrung. Weiterhin können berufliche Überlastung aber auch eine bereits bestehende Belastung mit anderen Vormundschaften sowie die fehlende Bereitschaft zur Übernahme der Vormundschaft, gegen die Berufung einer Person sprechen (Staud/*Engler* § 1779 Rz 7).

4 **Gegen die Eignung** einer Person zum Vormund in charakterlicher Hinsicht kann zB eine erhebliche kriminelle Vergangenheit (BayObLG OLGE 20, 358: Vorstrafe wegen Kindesmisshandlung) oder eigenes fortdauerndes schweres Erziehungsversagen sprechen. Die politische Gesinnung des Vormunds kann hingegen idR nicht maßgebend sein (Staud/*Engler* § 1779 Rz 9). Mögliche wirtschaftliche Interessenkonflikte können etwa bei umfänglicher Vermögensverwaltung wegen der Gefahr einer Beeinträchtigung des Mündelwohls gegen die Eignung einer Person als Vormund sprechen (BayObLG FamRZ 93, 241).

5 Unter **mehreren geeigneten Personen** hat das FamG nach pflichtgemäßen (BayObLG FamRZ 76, 1356) Ermessen die Auswahl zu treffen (II 2). Auswahlkriterien und Reihenfolge bestimmen sich alleine nach dem Wohl des Mündels. Bei der **Auswahl** sind neben dem religiösen Bekenntnis, der mutmaßliche Wille der Eltern (bei geäußertem Willen § 1776), die persönlichen Bindungen des Mündels und die Verwandtschaft oder Schwägerschaft mit dem Mündel zu berücksichtigen (Staud/*Engler* § 1779 Rz 13 ff mwN). Ist keine der geeigneten Personen zur Übernahme der Vormundschaft bereit, ist die durch das Amt am wenigsten belastete Person auszuwählen (Palandt/*Diederichsen* § 1779 Rz 6 mwN).

6 Der Ausgewählte ist **zur Übernahme der Vormundschaft verpflichtet** (§ 1785), sofern er nicht dazu unfähig oder untauglich ist oder einen Ablehnungsgrund gem. §§ 1780–1784, 1786 hat. Er kann sich nicht darauf berufen, dass er iSd § 1779 ungeeignet sei (Staud/*Engler* § 1779 Rz 54). Bei unbegründeter Ablehnung hat er dem Mündel den dadurch entstandenen Schaden zu ersetzen (§ 1787).

7 **B. Verfahren.** Vor der Auswahl des Vormunds hat das Gericht das Jugendamt zu hören (I, § 161 FamFG). Gleiches gilt für Verwandte und Verschwägerte (§§ 1589, 1590) des Mündels (III 1), die auf Antrag oder von Amtswegen zu hören sind, soweit sie sich sachdienlich äußern können und die Anhörung ohne Verzögerung und unverhältnismäßige Kosten geschehen kann. Den Verwandten und Verschwägerten steht gegen den Mündel ein Anspruch auf Ersatz der ihnen dadurch entstandenen Auslagen (zB Reisekosten, nicht hingegen Zeitversäumnis) zu (III 2). Zahlt der spätere Vormund nicht, so müssen die Angehörigen gegen den Mündel klagen. Bei Mittellosigkeit des Mündels besteht kein Ersatzanspruch gegen die Staatskasse.

8 Gegen die Auswahl des Vormunds ist die befristete Beschwerde gegeben (§§ 58, 59, 63 I FamFG).. Beschwerdeberechtigt sind alle Personen, die ein berechtigtes Interesse daran haben, um das persönliche Wohl des Kindes besorgt zu sein (Staud/*Engler* § 1779 Rz 52), ggf auch ein nichtsorgeberechtigter Elternteil (KG FamRZ 08, 2306) oder Personen bei denen das Kind über einen längeren Zeitraum gelebt hat (BayObLG Rpfleger 83, 301), bzw das Jugendamt (§ 59 II FamFG). Bloße Verwandtschaft begründet aber noch kein Beschwerderecht. Der Mündel ist gem § 60 FamFG beschwerdeberechtigt. Hat die Beschwerde Erfolg, so ist der Vormund zu entlassen.

§ 1780 Unfähigkeit zur Vormundschaft. Zum Vormund kann nicht bestellt werden, wer geschäftsunfähig ist.

1 **Nichtig ist** die Bestellung eines Vormunds, wenn dieser geschäftsunfähig (nach § 104 Nr 2) ist. Wird er erst nach der Bestellung geschäftsunfähig, so ist er nach §§ 1886 zu entlassen. Vormundschaftsunfähig sind daneben juristische Personen mit Ausnahme als für geeignet erklärte Vereine und das Jugendamt (vgl §§ 1791a, b).

§ 1781 Untauglichkeit zur Vormundschaft. Zum Vormund soll nicht bestellt werden:
1. wer minderjährig ist,
2. derjenige, für den ein Betreuer bestellt ist.

1 Untauglich zur Bestellung als Vormund sind nach dieser Norm Minderjährige (Nr 1) oder unter Betreuung stehende Personen (Nr 2, vgl § 1896). Ist eine Person unter Verstoß gegen § 1781 zum Vormund bestellt worden, so ist diese Bestellung zwar nicht unwirksam, der untaugliche Vormund muss jedoch entlassen werden (§ 1886).

§ 1782 Ausschluss durch die Eltern. (1) ¹Zum Vormund soll nicht bestellt werden, wer durch Anordnung der Eltern des Mündels von der Vormundschaft ausgeschlossen ist. ²Haben die Eltern einander widersprechende Anordnungen getroffen, so gilt die Anordnung des zuletzt verstorbenen Elternteils. (2) Auf die Ausschließung ist die Vorschrift des § 1777 anzuwenden.

Bestimmte Personen oder Personengruppen können auch durch die Eltern in Ausübung ihres Sorgerechts von der Vormundschaft ausgeschlossen werden. Der Ausschluss bedarf der Form einer letztwilligen Verfügung (Testament, Erbvertrag). Bei widersprüchlichen Ausschließungen, gilt die Verfügung des Längstlebenden. Personen die unter Verstoß gegen § 1782 zum Vormund bestellt worden sind, sind nach § 1886 zu entlassen.

§ 1783 – weggefallen –

§ 1784 Beamter oder Religionsdiener als Vormund. (1) Ein Beamter oder Religionsdiener, der nach den Landesgesetzen einer besonderen Erlaubnis zur Übernahme einer Vormundschaft bedarf, soll nicht ohne die vorgeschriebene Erlaubnis zum Vormund bestellt werden.
(2) Diese Erlaubnis darf nur versagt werden, wenn ein wichtiger dienstlicher Grund vorliegt.

Beamte und Religionsdiener bedürfen zur Bestellung als Vormund der **Erlaubnis** ihrer **Dienstherren**. Für Beamte ergibt sich dies aus § 65 BBG (Bundesbeamte) bzw aus den zu § 42 I BRRG ergangenen Landesgesetzen (Landesbeamte). Für Religionsdiener gelten die internen Rechtsordnungen der jeweiligen Religionsgemeinschaft (Art 137, 140 WeimRV). Nach **II** darf die Genehmigung durch die jeweilige Anstellungskörperschaft nur verweigert werden, soweit durch die Bestellung wichtige dienstliche Belange beeinträchtigt würden. Bei Beamten bestimmt sich dies nach dem Nebentätigkeitsrecht. Wird die Erlaubnis nicht erteilt, ist der bereits zum Vormund bestellte Beamte oder Religionsdiener zu entlassen. Bis dahin ist die Bestellung wirksam.

§ 1785 Übernahmepflicht. Jeder Deutsche hat die Vormundschaft, für die er von dem Familiengericht ausgewählt wird, zu übernehmen, sofern nicht seiner Bestellung zum Vormund einer der in den §§ 1780 bis 1784 bestimmten Gründe entgegensteht.

Für jeden Deutschen iSd Art 116 GG besteht grds die Pflicht zur Übernahme einer ihm angetragenen Vormundschaft, soweit er nicht als Vormund ungeeignet ist (§ 1780–1784) oder die Übernahme aus anderen Gründen ablehnen kann (§ 1786). Ohne entsprechende Übernahmeverpflichtung können auch Ausländer zum Vormund bestellt werden. Bei Weigerung können gegen den zur Übernahme der Vormundschaft Verpflichteten Ordnungsstrafen verhängt werden (§ 1788). Zusätzlich kann sich der Ablehnende dem Mündel schadensersatzpflichtig (§ 1787) machen. Diese Norm gilt nur für natürliche Personen, so dass ein Verein nur mit seiner Zustimmung bestellt werden kann (§ 1791a I 2). Beim Jugendamt ergibt sich eine eigenständige Verpflichtung zur Übernahme der Vormundschaft aus dem Auffangcharakter der Amtsvormundschaft (vgl § 1791b).

§ 1786 Ablehnungsrecht. (1) Die Übernahme der Vormundschaft kann ablehnen:
1. ein Elternteil, welcher zwei oder mehr noch nicht schulpflichtige Kinder überwiegend betreut oder glaubhaft macht, dass die ihm obliegende Fürsorge für die Familie die Ausübung des Amts dauernd besonders erschwert,
2. wer das 60. Lebensjahr vollendet hat,
3. wem die Sorge für die Person oder das Vermögen von mehr als drei minderjährigen Kindern zusteht,
4. wer durch Krankheit oder durch Gebrechen verhindert ist, die Vormundschaft ordnungsmäßig zu führen,
5. wer wegen Entfernung seines Wohnsitzes von dem Sitz des Familiengerichts die Vormundschaft nicht ohne besondere Belästigung führen kann,
6. – weggefallen –
7. wer mit einem anderen zur gemeinschaftlichen Führung der Vormundschaft bestellt werden soll,
8. wer mehr als eine Vormundschaft, Betreuung oder Pflegschaft führt; die Vormundschaft oder Pflegschaft über mehrere Geschwister gilt nur als eine; die Führung von zwei Gegenvormundschaften steht der Führung einer Vormundschaft gleich.
(2) Das Ablehnungsrecht erlischt, wenn es nicht vor der Bestellung bei dem Familiengericht geltend gemacht wird.

Die Norm regelt die Gründe, aus denen eine zum Vormund berufene Person ihre Bestellung ablehnen darf. Die Aufzählung der Gründe in den Nr 1–8 ist abschließend (Staud/*Engler* § 1786 Rz 8). Eine Ablehnung mit der Begründung man sei ungeeignet, ist nicht möglich (KG FamRZ 63, 376). Der Ablehnungsgrund muss vor der Bestellung zum Vormund beim Gericht geltend gemacht werden (II). Unterbleibt das, ist er verwirkt. Tritt erst nach der Bestellung ein zur Ablehnung berechtigender Grund ein, so führt dies lediglich zur Entlassung des Vormunds (§ 1889). Die Vorschrift findet keine Anwendung auf den Vereins- und den Amtsvormund.
Ablehnungsgründe: Nr 1: Für jeden Elternteil, gleichgültig ob verheiratet, ledig, verwitwet oder geschieden, der die überwiegende Betreuung von mindestens zwei noch nicht schulpflichtigen Kindern, auch Stief- und

Pflegekindern (Staud/*Engler* § 1786 Rz 11) übernommen hat oder andere Umstände, die die Fürsorge für die Familie besonders erschweren, wie etwa die intensive Betreuung pflegebedürftiger Familienangehöriger (MüKo/*Schwab* § 1786 Rz 4). **Nr 2**: Vollendung des 60. Lebensjahrs, wobei maßgebend der Zeitpunkt der Bestellung ist (Staud/*Engler* § 1786 Rz 13). **Nr 3**: Personen- und/oder Vermögenssorge für mindestens vier minderjährige Kinder. Eine besondere Belastung iSv Nr 1 ist nicht erforderlich. Kinder für die das Sorgerecht entzogen ist, werden nicht mitgezählt. **Nr 4**: Hinderung an der ordnungsgemäßen Führung der Vormundschaft durch Krankheit von voraussichtlich längerer Dauer oder Gebrechen (vgl § 1572). **Nr 5**: Besondere Belästigung durch die Führung der Vormundschaft wegen der Entfernung vom Sitz des FamG. Abzustellen ist nicht auf den Wohnsitz im Gerichtsbezirk, sondern entscheidend sind die Verkehrs- und Beförderungsverhältnisse sowie der Einzelfall (BayObLGZ 6, 168). **Nr 7**: Ist die Bestellung zum gemeinschaftlichen Vormund iSd § 1797 I (Mitvormundschaft) beabsichtigt, resultiert hieraus nach § 1833 II ein besonderes Haftungsrisiko, weil er auch auf die pflichtgemäße Amtsführung des Mitvormunds zu achten hat. Deshalb steht ihm ein besonderes Ablehnungsrecht zu. **Nr 8**: Werden bereits zwei Vormundschaften, Pflegschaften oder Betreuungen geführt, kann die Übernahme einer weiteren Vormundschaft abgelehnt werden. Die Führung von Vormundschaften oder Pflegschaften für Geschwister gilt als eine, zwei Gegenvormundschaften zählen als eine Vormundschaft (Staud/*Engler* § 1786 Rz 25).

3 **Verfahren.** Gegen die den rechtzeitig geltend gemachten Ablehnungsgrund zurückweisende Verfügung findet die befristete Beschwerde statt (§§ 58, 63 FamFG). Bis zur Entscheidung muss die Vormundschaft vorläufig übernommen werden (§ 1787 II).

§ 1787 Folgen der unbegründeten Ablehnung.
(1) Wer die Übernahme der Vormundschaft ohne Grund ablehnt, ist, wenn ihm ein Verschulden zur Last fällt, für den Schaden verantwortlich, der dem Mündel dadurch entsteht, dass sich die Bestellung des Vormunds verzögert.
(2) Erklärt das Familiengericht die Ablehnung für unbegründet, so hat der Ablehnende, unbeschadet der ihm zustehenden Rechtsmittel, die Vormundschaft auf Erfordern des Familiengerichts vorläufig zu übernehmen.

1 **A. Schadensersatzpflicht (Abs 1).** Lehnt der zum Vormund Ausgewählte (§ 1779), obwohl er nicht ungeeignet ist (§§ 1780–1784), ohne Grund (§ 1786), schuldhaft (§ 276) die Übernahme der Vormundschaft ab oder verzögert er sie, so macht er sich ggü dem Mündel schadensersatzpflichtig. Eine Ablehnung kann dabei auch im unentschuldigten Fernbleiben von einem gerichtlich angesetzten Termin oder der Verweigerung bestimmter Erklärungen innerhalb der vom Gericht gesetzter Frist liegen. Ersatzfähig ist jeder Schaden, der dem Mündel durch die Verzögerung der Bestellung eines Vormunds entsteht. Unerheblich ist dabei, ob das FamG den Schaden durch eigenes Eingreifen (§ 1846) oder die Bestellung eines Pflegers (§ 1909 III) hätte verringern können. Dem Mündel obliegt es vor dem Prozessgericht das Verschulden des Gegners (§ 278), den eigenen Schaden und die Kausalität zu beweisen. Es entscheidet ohne Bindung an die Entscheidung des FamG (Staud/*Engler* § 1787 Rz 8).

2 **B. Vorläufige Vormundschaft (Abs 2).** Lehnt der zum Vormund Ausgewählte die Übernahme der Vormundschaft ab, und erklärt das FamG die Ablehnung für unbegründet, so kann es zugleich anordnen, dass der Ausgewählte die Vormundschaft vorläufig zu übernehmen habe. Gegen diese Anordnung der vorläufigen Übernahme hat der Betroffene das Rechtsmittel der Beschwerde, die keine aufschiebende Wirkung hat, so dass die vorläufige Übernahme, selbst wenn der Beschwerde schließlich stattgegeben wird, zunächst mit Zwangsmitteln nach § 1788 erzwungen werden und die Weigerung Schadensersatzansprüche nach I auslösen kann (Staud/*Engler* § 1787 Rz 12).

§ 1788 Zwangsgeld.
(1) Das Familiengericht kann den zum Vormund Ausgewählten durch Festsetzung von Zwangsgeld zur Übernahme der Vormundschaft anhalten.
(2) ¹Die Zwangsgelder dürfen nur in Zwischenräumen von mindestens einer Woche festgesetzt werden. ²Mehr als drei Zwangsgelder dürfen nicht festgesetzt werden.

1 Voraussetzung für die Festsetzung von Zwangsgeld ist, dass der gem § 1779 zum Vormund ausgewählte Betroffene nach § 1785 zur Übernahme des Amtes verpflichtet ist, ohne einen Ablehnungsgrund nach § 1787 zu haben. Auch eine vorläufige Pflicht zur Übernahme nach § 1787 II genügt (Staud/*Engler* § 1788 Rz 3). Es kommt nur die Festsetzung von Zwangsgeld nach entspr Androhung in Betracht. Bleibt die Festsetzung nach zweimaliger Wiederholung ohne Erfolg, so muss in Abweichung von der allgemeinen Regelung des § 1837 III ein anderer Vormund ausgewählt werden. Die Höhe des Zwangsgeldes ergibt sich aus § 35 I 1, III FamFG. Zwangshaft oder die Umwandlung von Zwangsgeld in Haft scheidet aus (Soergel/*Zimmermann* Rz 2). Die Vorschrift ist auf den Gegenvormund gem § 1792 und auf den Pfleger gem § 1915 entspr anwendbar, nicht jedoch auf den zum Betreuer Ausgewählten, vgl § 1898.

§ 1789 Bestellung durch das Vormundschaftsgericht.
¹Der Vormund wird von dem Familiengericht durch Verpflichtung zu treuer und gewissenhafter Führung der Vormundschaft bestellt. ²Die Verpflichtung soll mittels Handschlags an Eides Statt erfolgen.

A. Bestellung des Vormunds. Sie ist ein öffentlich-rechtlicher mitwirkungsbedürftiger Rechtsakt und besteht aus der Beauftragung der ausgewählten Person durch den Rechtspfleger und dem Versprechen des Bestellten. Da es sich um kein Rechtsgeschäft handelt, sind die §§ 119 ff, 154 ff unanwendbar, jedoch ist eine Entlassung des Vormunds unter den Voraussetzungen der §§ 1886 ff mit ex-nunc-Wirkung möglich. § 1789 findet bei der Vereins- (§ 1791a II) und Amtsvormundschaft (§ 1791b II) keine Anwendung. 1

B. Form. Der Vormund verpflichtet sich durch sein **Versprechen zu treuer und gewissenhafter Führung der Vormundschaft** (1). Dabei ist die Verwendung der im Gesetz genannten Worte nicht unbedingt erforderlich, die gewählten Worte müssen jedoch den Verpflichtungswillen auf diese Prinzipien deutlich zum Ausdruck bringen (Staud/*Engler* § 1789 Rz 4). Eine Bestätigung des Vormunds allein durch ein schlüssiges Verhalten des Gerichts ist ausgeschlossen (BGH NJW 74, 1374). Die Verpflichtung erfolgt grds durch **Handschlag an Eides statt** (2), dh die persönliche Anwesenheit des zu Bestellenden beim FamG ist erforderlich, dh Vertretung und eine schriftliche Bestellung (Ausn: Vereins- und Amtsvormundschaft §§ 1791a II, 1791b II) ist unzulässig. Auch Bedingungen und Befristungen mit Ausnahme des § 1790 sind unzulässig. Die Verpflichtung des Vormunds durch das FamG kann nicht allgemein auch für künftige Fälle, sondern stets nur für ein konkretes Mündel erfolgen (Staud/*Engler* § 1789 Rz 9; Palandt/*Diederichsen* § 1789 Rz 1; aA Soergel/*Zimmermann* § 1789 Rz 5). 2

C. Rechtsfolge. Mit der Bestellung tritt der Vormund sein Amt an. Ablehnungsrechte gem § 1786 erlöschen mit diesem Zeitpunkt und es entstehen die Pflichten und Rechte des Vormunds, dh insb das Recht den Mündel zu vertreten (§ 1793) und die Verpflichtung für den durch eine schuldhafte Pflichtverletzung entstandenen Schaden zu haften (§ 1833). Die später ausgestellte Bestallungsurkunde (§ 1791) hat lediglich deklaratorischen Charakter (Staud/*Engler* § 1790 Rz 6). 3

§ 1790 Bestellung unter Vorbehalt.
Bei der Bestellung des Vormunds kann die Entlassung für den Fall vorbehalten werden, dass ein bestimmtes Ereignis eintritt oder nicht eintritt.

A. Normzweck. Über die Voraussetzungen der §§ 1886–1889 hinaus, kann der Vormund entlassen werden, wenn bereits bei der Bestellung die Entlassung für den Fall des Eintritts bestimmter Umstände ausdrücklich vorbehalten ist. Treten diese Umstände ein, führt dies aber nicht automatisch zur Beendigung des Amts, diese tritt vielmehr erst durch eine im Ermessen des FamG liegende Entlassungsverfügung ein. Darin besteht der Unterschied zur unzulässigen befristeten oder bedingten Bestellung eines Vormunds (s. § 1789). Eine Bestellung unter Vorbehalt kommt besonders dann in Betracht, wenn durch den Vormund (evtl als Mitvormund) von vornherein nur bestimmte sachlich und zeitlich begrenzter Aufgaben zu erledigen sind (Staud/*Engler* § 1790 Rz 7). 1

B. Entspr Anwendung. Ein Entlassungsvorbehalt kann auch bei Bestellung eines Amtsvormunds oder eines Vereinsvormunds (§§ 1791a, 1791b) sowie bei Pflegschaften (§ 1915) vorgesehen werden. Eine Betreuerbestellung mit Entlassungsvorbehalt ist nicht zulässig (§ 1908i). 2

§ 1791 Bestallungsurkunde.
(1) Der Vormund erhält eine Bestallung.
(2) Die Bestallung soll enthalten den Namen und die Zeit der Geburt des Mündels, die Namen des Vormunds, des Gegenvormunds und der Mitvormünder sowie im Falle der Teilung der Vormundschaft die Art der Teilung.

A. Normzweck. Die **Bestallung** ist eine Bescheinigung, ein Zeugnis über die Bestellung zum Vormund (§ 1789). Sie ist kein Legitimationspapier und enthält keine Vollmacht (KGJ 41, 38). Die Bestallungsurkunde erzeugt deshalb auch für gutgläubige Dritte keinen Rechtsscheinschutz hinsichtlich der Vormundstellung und der Vertretungsmacht (Staud/*Engler* § 1791 Rz 6). Für den Wirkungskreis des Einzelvormunds ist allein die Verpflichtungsverhandlung gem § 1789 ausschlaggebend. Dritte, die mit dem Mündel durch den Vormund Geschäfte vornehmen wollen, müssen sich iÜ immer beim FamG erkundigen, ob und in welchem Umfang der Vormund für das Mündel handeln kann. Für unrichtige Angaben des Gerichts Haftung ggü Dritten und dem Mündel nach § 839, Art 34 GG. 1

B. Inhalt der Bestallung. Außer den in II genannten Angaben sind weitere Zusätze gestattet und zweckmäßig, etwa Befreiungen und deren Aufhebung (§§ 1817, 1852 ff), Entziehung der Vertretungsmacht iRd § 1796, Anordnungen gem §§ 1803, 1825, Entlassungsvorbehalt gem § 1790. Sind Befreiungen nicht vollständig angegeben ist der Vormund beschwerdeberechtigt (KGJ 45, 66). Bei Änderungen muss die Urkunde berichtigt werden. Bei Entlassung des Vormunds ist die Urkunde zurückzugeben (§ 1893 II 1). 2

3 C. Entspr Anwendung. § 1791 gilt auch für den Gegenvormund (§ 1792 IV) und den Pfleger (§ 1915 I), nicht hingegen für die Vereins- und Amtsvormundschaft. Auch für den Betreuer (§ 1908i) und den Beistand (§ 1716) findet die Norm keine Anwendung.

§ 1791a Vereinsvormundschaft.
(1) ¹Ein rechtsfähiger Verein kann zum Vormund bestellt werden, wenn er vom Landesjugendamt hierzu für geeignet erklärt worden ist. ²Der Verein darf nur zum Vormund bestellt werden, wenn eine als ehrenamtlicher Einzelvormund geeignete Person nicht vorhanden ist oder wenn er nach § 1776 als Vormund berufen ist; die Bestellung bedarf der Einwilligung des Vereins.
(2) Die Bestellung erfolgt durch Beschluss des Familiengerichts; die §§ 1789, 1791 sind nicht anzuwenden.
(3) ¹Der Verein bedient sich bei der Führung der Vormundschaft einzelner seiner Mitglieder oder Mitarbeiter; eine Person, die den Mündel in einem Heim des Vereins als Erzieher betreut, darf die Aufgaben des Vormunds nicht ausüben. ²Für ein Verschulden des Mitglieds oder des Mitarbeiters ist der Verein dem Mündel in gleicher Weise verantwortlich wie für ein Verschulden eines verfassungsmäßig berufenen Vertreters.
(4) Will das Familiengericht neben dem Verein einen Mitvormund oder will es einen Gegenvormund bestellen, so soll es vor der Entscheidung den Verein hören.

1 A. Normzweck. Ist keine als Einzelvormund geeignete Person vorhanden oder entspricht es dem durch Ausübung des Benennungsrechts geäußerten Elternwillen (§ 1776), kann auch ein rechtsfähiger Verein (§ 21) zum Vormund bestellt werden. In Betracht kommen nur Vereine deren Zweck die Förderung der Jugendwohlfahrt ist und die zzt der Bestellung vom Landesjugendamt für geeignet erklärt worden sein müssen (I 1; § 54 SGB VIII). Für den Verein besteht keine Übernahmeverpflichtung (I 2 aE). Ist der Verein gem § 1776 von den Eltern als Vormund benannt, so kann er nur nach § 1778 I übergangen werden.

2 B. Form der Bestellung. Die Bestellung des Vereins zum Vormund erfolgt abw von §§ 1789, 1791 durch schriftliche Verfügung des FamG, die mit der Bekanntmachung an den Verein wirksam wird (§ 15 FamFG). Es genügt dabei, wenn die Mitteilung an den Verein lediglich mündlich erfolgt (BayObLG FamRZ 62, 205). Die Ausfertigung der schriftlichen Verfügung ersetzt die Bestallungsurkunde (s. § 1893 II 2).

3 C. Führung der Vormundschaft. Der Verein bedient sich bei der Führung der Vormundschaft einzelner Mitglieder oder Mitarbeiter (III 1), Vormund bleibt aber der Verein selbst. Unter Mitarbeitern sind angestellte Personen (Voll- oder Teilzeit), nicht jedoch ehrenamtlich tätige Personen zu verstehen, die nicht Mitglieder des Vereins sind. Die Aufgaben des Vormunds können von dem Verein auch auf verschiedene Personen verteilt werden. Personen, die den Mündel in einem Heim des Vereins als Erzieher betreuen (III 1 aE), sind auch als Vereinsmitglied oder als Mitarbeiter des Vereins kraft Gesetzes ausgeschlossen. **Der Verein haftet** für Verschulden seiner Mitglieder und Mitarbeiter, nach § 31. Die §§ 278, 831 finden keine Anwendung (Soergel/*Zimmermann* § 1791a Rz 7; LG Stade FamRZ 08, 2232). Der **Vereinsvormund ist befreiter Vormund** (§ 1857 iVm §§ 1852, 1854). Der Vereinsvormund ist auch von der Überwachung durch das Jugendamt weitgehend freigestellt (§ 53 IV 2 iVm III SGB VIII). Gegen den Verein kann kein Zwangsgeld (§ 1837 III 2) festgesetzt werden. Bei Bestellung eines Mit- oder Gegenvormunds ist der Verein zuvor zu hören (IV). **Aufwendungen und Vergütungen** können nur eingeschränkt geltend gemacht werden, vgl §§ 1835 V, 1835a V, 1836 IV. Der **Verein** ist als Vormund zu **entlassen**, sobald ein geeigneter Einzelvormund vorhanden ist, bei Widerruf der Erlaubnis des Landesjugendamts oder aus wichtigem Grund auf Antrag (§§ 1887, 1889 II). Die durch den Verein mit der Führung der Vormundschaft beauftragten Mitglieder oder Mitarbeiter kann das FamG auch bei pflichtwidriger Amtsführung nicht entlassen, sondern es muss in solchen Fällen den Verein gem § 1837 II 1 anhalten, den Pflichtwidrigkeiten durch vereinsinterne Maßnahmen zu begegnen (BayObLG FamRZ 94, 991). Der Verein hat die bei Bestellung erhaltene schriftliche Verfügung zurückzugeben (§ 1893 II 2). Die Vorschrift ist auf Gegenvormundschaft (§ 1792 IV) und Pflegschaft (§ 1915 I) entsprechend anzuwenden. Für die Betreuung gilt sie nur teilweise (vgl § 1908i).

§ 1791b Bestellte Amtsvormundschaft des Jugendamts.
(1) ¹Ist eine als ehrenamtlicher Einzelvormund geeignete Person nicht vorhanden, so kann auch das Jugendamt zum Vormund bestellt werden. ²Das Jugendamt kann von den Eltern des Mündels weder benannt noch ausgeschlossen werden.
(2) Die Bestellung erfolgt durch Beschluss des Familiengerichts; die §§ 1789, 1791 sind nicht anzuwenden.

1 A. Normzweck. Fehlt eine als Einzelvormund geeignete Person kann bei Vorliegen der allgemeinen Voraussetzungen des § 1773 als *ultima ratio* auch das Jugendamt als Vormund bestellt werden (I). Wegen des Auffangcharakters der Norm können die Eltern die Vormundschaft des Jugendamtes nicht ausschließen (I 2). Im Interesse unnötige Belastungen der Behörde zu vermeiden, können sie es aber umgekehrt auch nicht, als Vormund benennen (I 2). **Voraussetzungen der Bestellung:** Dem FamG obliegt es wegen des Vorrangs der Einzelvormundschaft eigene Ermittlungen anzustellen, ob die Voraussetzungen für die Bestellung einer Amtsvormundschaft des Jugendamtes vorliegen (vgl §§ 53 I SGB VIII, 26 FamFG; KG NJWE-FER 99, 211), es darf sich zu diesem Nachweis nicht auf die Mitwirkung des Jugendamtes beschränken. Die notwendige Intensität der Ermittlungen bestimmt sich dabei nach der Schwierigkeit des konkreten Falles (Zweibr NJW-RR 87, 584; BayObLG FamRZ 94, 1413). Auch Pflegeeltern haben bei Geeignetheit Vorrang vor dem Jugendamt (LG Hannover FamRZ 07, 1909). Die Vereinsvormundschaft hat hingegen keinen Vorrang vor der Amtsvormundschaft (Staud/*Engler* Rz 5, Palandt/*Diederichsen* § 1791b Rz 1; aA Frankf OLGZ 80, 129; MüKo/*Schwab* § 1791b Rz 3). Die Zustimmung des Jugendamtes zur Bestellung als Vormund ist anders als beim Verein nicht erforderlich.

B. Form der Bestellung. Die Bestellung erfolgt durch schriftliche Verfügung; §§ 1785, 1791 gelten nicht (II). Das Gericht ist bei der Bestellung nicht an das nach § 87c III SGB VIII zuständige Jugendamt gebunden, sondern kann aus sachlichen Gründen, wie zB Ortsnähe, Kontinuität usw, auch ein anderes Jugendamt zum Vormund bestellen (BayObLG FamRZ 89, 1340; Hamm FamRZ 95, 830; Hamm NJWE-FER 98, 107). Bei der Bestellung Übergangenen steht die Beschwerde zu (§ 59 FamFG; für Minderjährige ab 14 Jahren, § 60 FamFG). Fristbeginn § 60 III FamFG. 2

C. Führung der Vormundschaft. Das Jugendamt überträgt die Führung der Vormundschaft auf einzelne seiner Beamten und Angestellten (§ 55 SGB VIII), die iR dieser Übertragung gesetzliche Vertreter des Mündels sind (§ 55 II SGB VIII), bleibt aber selbst Vormund (BGHZ 45, 362). Ihre Handlungen und Erklärungen sind dem Jugendamt als dem Träger der Amtsvormundschaft als eigene Akte zuzurechnen (§ 55 II 3 SGB VIII). Das **Jugendamt ist befreiter Vormund** (§ 1857a iVm §§ 1852-1854). Es kann auch zum Mit- (§ 1775) oder Gegenvormund (§ 1792 I 2 u § 58 SGB VIII) bestellt werden. IRd Geltung der BGB Vorschriften genießt das Jugendamt in vielen Bereichen weitergehende Freistellungen als der Vereinsvormund (vgl Staud/*Engler* § 1791b Rz 10f). ZT haben die Länder auch von der Ermächtigung des § 56 II 3 SGB VIII Gebrauch gemacht und weitere landesrechtliche Ausnahmen von der Aufsicht des FamG in vermögensrechtlicher Hinsicht sowie bei Lehr- und Arbeitsverträgen vorgesehen (vgl die Zusammenstellung der Vorschriften bei Staud/*Engler* § 1791b Rz 11). Für die Möglichkeit der nur eingeschränkt geltend zu machenden **Aufwendungs- und Vergütungsansprüche** gilt dasselbe wie für die Vereinsvormundschaft (vgl § 1791a Rn 3). Das **Jugendamt ist zu entlassen**, wenn ein geeigneter anderer Vormund zur Verfügung steht (§§ 1887, 1889 II). Das Jugendamt hat die Möglichkeit der Beendigung der Amtsvormundschaft idR jährlich zu prüfen (§ 56 IV SGB VIII). Die Bestellungsurkunde ist bei Entlassung gem § 1893 II zurückzugeben. 3

§ 1791c Gesetzliche Amtsvormundschaft des Jugendamts.

(1) ¹Mit der Geburt eines Kindes, dessen Eltern nicht miteinander verheiratet sind und das eines Vormunds bedarf, wird das Jugendamt Vormund, wenn das Kind seinen gewöhnlichen Aufenthalt im Geltungsbereich dieses Gesetzes hat; dies gilt nicht, wenn bereits vor der Geburt des Kindes ein Vormund bestellt ist. ²Wurde die Vaterschaft nach § 1592 Nr. 1 oder 2 durch Anfechtung beseitigt, und bedarf das Kind eines Vormunds, so wird das Jugendamt in dem Zeitpunkt Vormund, in dem die Entscheidung rechtskräftig wird.
(2) War das Jugendamt Pfleger eines Kindes, dessen Eltern nicht miteinander verheiratet sind, endet die Pflegschaft kraft Gesetzes und bedarf das Kind eines Vormunds, so wird das Jugendamt Vormund, das bisher Pfleger war.
(3) Das Familiengericht hat dem Jugendamt unverzüglich eine Bescheinigung über den Eintritt der Vormundschaft zu erteilen; § 1791 ist nicht anzuwenden.

A. Normzweck. Die Vorschrift dient dem Schutz außerhalb der Ehe geborener Kinder, die bei Geburt keinen sorgeberechtigten Elternteil haben. Damit sie nicht über einen längeren Zeitraum ohne gesetzlichen Vertreter sind, wird das Jugendamt kraft Gesetzes von Geburt an ihr gesetzlicher Vertreter. 1

B. Voraussetzungen des Eintritts der Amtsvormundschaft ist, dass der Betroffene ein Kind ist, dessen **Eltern nicht miteinander verheiratet** sind. Dies ist auch dann der Fall, wenn die Ehe vor der Geburt des Kindes aufgehoben oder durch Scheidung aufgelöst wurde. Das gleiche gilt, wenn durch eine spätere Gerichtsentscheidung eine Vaterschaft nach § 1593 Nr 1 oder 2 beseitigt wird (I 2). Wenn die Eltern des Kindes zwar nicht miteinander verheiratet sind, aber Sorgerechtserklärungen gem §§ 1626a I Nr 1, 1626b II abgegeben haben, kommt § 1791c nicht zur Anwendung. Ebenso wenig wenn der Mutter das Sorgerecht alleine zusteht (hier kann Beistandschaft gem §§ 1712, 1713 I beantragt werden). Anders wenn die alleinsorgeberechtigte Mutter ausfällt (vgl AG Lörrach DAV 82, 293), zB wenn sie in der Geburt gestorben ist oder wegen Geschäftsunfähigkeit oder Minderjährigkeit das ihr zustehende Sorgerecht nicht ausüben kann (§§ 1673, 1677). Der betroffene Mündel seinen **gewöhnlichen Aufenthalt** im Inland hat, wobei es auf die Staatsbürgerschaft des Kindes nicht ankommt. Schlichter Aufenthalt, etwa bei Besuch der Großeltern oder Durchreise reicht nicht. Das **Kind muss eines Vormunds bedürfen**, dh sowohl Vater als auch Mutter sind weder sorge- noch vertretungsberechtigt. Dies ist zB der Fall, wenn die alleinsorgeberechtigte Mutter minder- 2 jährig ist (§§ 1673 II, 1675). Keiner Amtsvormundschaft bedarf es jedoch, wenn schon vor der Geburt ein Vormund bestellt wurde (I 1 Hs 2; § 1774 2). Sofern ein Jugendamt bereits Pfleger des Kindes war, endet die Pflegschaft und wird das Jugendamt Vormund, das bisher Pfleger war (II).

3 **C. Führung der gesetzlichen Amtsvormundschaft.** Da die Amtsvormundschaft bei Vorliegen der Voraussetzungen von Gesetzes wegen eintritt, bedarf es einer Bestellung des Jugendamtes nicht. Das FamG stellt über den Eintritt der Amtsvormundschaft eine Bescheinigung aus (III), die nur deklaratorische Bedeutung hat. Hinsichtlich der Übertragung der Aufgaben auf Mitarbeiter, zu Freistellungen, zur Geltendmachung von Aufwendungen und Vergütung sowie zur Entlassung vgl § 1791b Rn 1–3. Die örtlichen Zuständigkeit richtet sich nach § 87c I u II SGB VIII.

§ 1792 Gegenvormund. (1) ¹Neben dem Vormund kann ein Gegenvormund bestellt werden. ²Ist das Jugendamt Vormund, so kann kein Gegenvormund bestellt werden; das Jugendamt kann Gegenvormund sein.
(2) Ein Gegenvormund soll bestellt werden, wenn mit der Vormundschaft eine Vermögensverwaltung verbunden ist, es sei denn, dass die Verwaltung nicht erheblich oder dass die Vormundschaft von mehreren Vormündern gemeinsam zu führen ist.
(3) Ist die Vormundschaft von mehreren Vormündern nicht gemeinschaftlich zu führen, so kann der eine Vormund zum Gegenvormund des anderen bestellt werden.
(4) Auf die Berufung und Bestellung des Gegenvormunds sind die für die Begründung der Vormundschaft geltenden Vorschriften anzuwenden.

1 **A. Normzweck.** Dem Gegenvormund obliegt – anders als dem Mitvormund (vgl §§ 1795, 1797) – ergänzend zum FamG, alleine die **Kontrolle der pflichtgemäßen Amtsführung** des oder der Vormünder (vgl §§ 1799, 1809, 1823, 1826, 1842, 1891). Er ist nicht zur Vertretung des Mündels berechtigt. Bei Amtsvormundschaft gem §§ 1791b u c iVm 1792 I 2 Hs 1 ist die Bestellung eines Gegenvormunds ausgeschlossen. Erfolgt sie dennoch, ist sie unwirksam. Ist bereits ein Pfleger bestellt worden (§ 1915 II), ist die zusätzliche Bestellung eines Gegenvormunds zwar nicht erforderlich, aber zulässig. Haben die Eltern die Bestellung eines Gegenvormunds ausgeschlossen, bzw den von ihnen benannten Vormund von den Genehmigungspflichten befreit (§§ 1852 II, 1855, 1856), darf kein Gegenvormund bestellt werden. Ist dieser dennoch bestellt worden, so ist er idR vAw **ex nunc** zu entlassen (beachte aber § 1857).

2 **B. Gründe für die Bestellung.** Grds liegt die Bestellung im Ermessen des FamG (I 1). Nach II soll sie erfolgen, wenn mit der Vormundschaft eine **Vermögensverwaltung** verbunden ist. (II 1). Ist für den gleichen Bereich bereits ein Mitvormund bestellt, entfällt eine weitere Kontrollnotwendigkeit, da jeder der Mitvormünder zugleich zum Gegenvormund des anderen bestellt werden kann (III). Auch wenn unabhängig von der Höhe des zu verwaltenden Vermögens der Verwaltungsaufwand nicht erheblich ist (II), kann von der Bestellung eines Gegenvormunds abgesehen werden (BayObLG FamRZ 94, 325). Ein Gegenvormund darf nicht alleine zur Entlastung des FamG/BtG von seinen Kontrollaufgaben bestellt werden (Frankf FamRZ 09, 247). Alleine der Umstand, dass zur Vermögensverwaltung genehmigungsbedürftige Geschäfte gehören, zwingt nicht zur Bestellung eines Gegenvormunds (BayObLG FamRZ 04, 1992). Wird eine nach II erforderliche Bestellung eines Gegenvormunds versäumt, Staatshaftung für daraus resultierende Schäden gem § 839 iVm Art 34 GG.

3 **C. Berufung und Bestellung.** Hier gelten die allgemeinen Regeln für die Begründung der Vormundschaft (IV, §§ 1776–1791). Zulässig ist auch die Bestellung mehrerer Gegenvormünder (IV iVm § 1775). Verwandtschaft oder Freundschaft zwischen Vormund und Gegenvormund stehen einer Bestellung idR nicht entgegen (Soergel/*Zimmermann* § 1792 Rz 9). Vergütung und Aufwendungsersatz richten sich nach §§ 1835 ff (BayObLG FGPrax 04, 236).

Untertitel 2 Führung der Vormundschaft

§ 1793 Aufgaben des Vormunds, Haftung des Mündels. (1) ¹Der Vormund hat das Recht und die Pflicht, für die Person und das Vermögen des Mündels zu sorgen, insbesondere den Mündel zu vertreten. ²§ 1626 Abs. 2 gilt entsprechend. ³Ist der Mündel auf längere Dauer in den Haushalt des Vormunds aufgenommen, so gelten auch die §§ 1618a, 1619, 1664 entsprechend.
(2) Für Verbindlichkeiten, die im Rahmen der Vertretungsmacht nach Absatz 1 gegenüber dem Mündel begründet werden, haftet das Mündel entsprechend § 1629a.

1 **A. Normzweck.** Die Norm beschreibt den der elterlichen Sorge nachgebildeten Inhalt der Vormundschaft. Dem Vormund obliegt die **gesamte Personen – und Vermögenssorge** einschließlich der Vertretung des Mündels auf beiden Gebieten (I 1). Er hat die Vormundschaft in erster Linie im wohlverstandenen Interesse

des Mündels auszuüben (RG JW 12, 67, 68), soweit damit vereinbar, darf er bei seiner Amtsführung darüber hinaus auch die Interessen der Familie des Mündels berücksichtigen (vgl § 1828 Rn 4). Bei der Ausübung des Sorgerechts gilt der Grundsatz der Selbstständigkeit des Vormunds, dh er bedarf mit Ausnahme der gesetzlich bestimmten Fälle grds nicht der Mitwirkung Dritter (BGHZ 17, 118, 120; BGH DNotZ 67, 320), vgl § 1837. Dieser Grundsatz wird jedoch in mehrfacher Hinsicht modifiziert: Für Geschäfte, bei denen eine generelle Gefahr der Interessenkollision besteht, kann der Vormund den Mündel nicht vertreten (§§ 1795, 1804) oder ist in seinen Handlungsmöglichkeiten eng beschränkt (vgl §§ 1805 ff). Zum Schutz des Mündelvermögens ist darüber hinaus bei einer Reihe von Geschäften die Mitwirkung des Gegenvormunds (§§ 1810, 1812 ff, 1824) notwendig bzw es bestehen weitere Genehmigungserfordernisse (§§ 1821 ff, 1828 ff). Schließlich ist der Vormund der Aufsicht des FamG unterworfen (§ 1837). Unterstützt wird der Vormund bei seiner Tätigkeit vom Jugendamt (§ 53 II SGB VIII). Für schuldhaft herbeigeführte Schäden haftet er dem Mündel auf Ersatz (§ 1833). Der Mündel hat ggü dem Vormund die Verpflichtung zur Zahlung von Auslagenersatz (§ 1835) und ggf einer Vergütung (§ 1836). II beschränkt die Haftung des Mündels aus durch den Vormund iRs Amtes begründeten Verbindlichkeiten auf das bei Volljährigkeit vorhandene Vermögen (§ 1629a I).

B. Personensorge. Die sorgerechtlichen Befugnisse in diesem Bereich bestimmen sich nach §§ 1631–1633 (§ 1800). Dem Vormund steht auch das Namenerteilungsrecht nach § 1617a I 1 zu. Besondere Rücksicht ist auf das religiöse Bekenntnis des Mündels zu nehmen, vgl § 1801. Die tatsächliche Personensorge kann jedoch durch das **Nebensorgerecht** der Eltern nach § 1673 II beschränkt sein. Besteht die Vormundschaft wegen der beschränkten Geschäftsfähigkeit eines minderjährigen Elternteils, so bleibt also diesem neben dem Vormund die um die gesetzliche Vertretung geminderte tatsächliche Sorge, dh bei Meinungsverschiedenheiten mit dem Vormund in diesem Bereich, geht die Meinung des minderjährigen Elternteils vor (§ 1673 II 3). Mit der Verheiratung des Mündels verliert der Vormund die Personensorge (§ 1633). Für die Erziehung des Mündels (I 2) gelten die Maßstäbe des § 1626 II. In diesem Rahmen ist der Vormund auch zu Anordnungen befugt, mit denen der Mündel nicht einverstanden ist (Staud/*Engler* Rz 1; vgl BGH FamRZ 67, 620, 623). Lebt der Mündel längere Zeit im Haushalt des Vormunds, ist er diesem ggü, wie sonst auch den Eltern, zu gegenseitigen Beistand und Rücksicht (§ 1618a) und zur Dienstleistungspflicht in Haushalt und Geschäft (§ 1619) verpflichtet. Für die Haftung gilt dann die Haftungserleichterung des § 1664 in gleichem Umfang, wie ggü seinen Eltern.

C. Vermögenssorge. Die tatsächliche Vermögenssorge wird in den §§ 1802–1842 näher ausgestaltet. Ziel ist es, das Vermögen des Mündels bis zu dessen Volljährigkeit zu erhalten und soweit möglich zu mehren, daher wird der Vormund verpflichtet das vorgefundene Vermögen sicher und möglichst rentabel anzulegen (RG 137, 320), er darf aber auch den Vermögensstamm angreifen, wenn dies für die Finanzierung einer angemessene Ausbildung des Mündels erforderlich ist (BGH MDR 67, 473). Die Vermögensverwaltung erstreckt sich auf das ganze vorgefundene Vermögen, soweit die Verwaltungszuständigkeit für Vermögensteile nicht ausdrücklich anderen Personen zugeordnet ist, wie etwa einem Nachlassverwalter (§ 1984), einem Testamentsvollstrecker (§ 2205); dem Ehegatten (§§ 1487, 1422) oder einem Pfleger (§ 1794). Der Vormund hat das Besitzrecht am Vermögen des Mündels und kann daher darauf Zugriff nehmen bzw es durch einen vom FamG beauftragten Gerichtsvollzieher in Besitz nehmen lassen (BGH NJW 54, 918; Staud/*Engler* § 1793 Rz 19; MüKo/*Schwab* § 1793 Rz 16; aA Soergel/*Zimmermann* § 1793 Rz 5 mwN). Der Vormund ist iRe ordnungsgemäße Verwaltung des Mündelvermögens auch zur Buchführung, der Abgabe von Steuererklärungen und beim Vorliegen besonderer Umstände auch den Abschluss einer Haftpflichtversicherung für den Mündel verpflichtet, einen kaufmännischen Geschäftsbetrieb des Mündels braucht er nicht zu führen (Soergel/*Zimmermann* § 1793 Rz 5).

D. Gesetzliche Vertretung. Der Vormund ist auch gesetzlicher Vertreter des Mündels, wobei der Umfang der gesetzlichen Vertretung derjenigen der Eltern entspricht. Er darf also für den Mündel grds alle Arten von Rechtsgeschäften vornehmen und ihn vor Gericht vertreten (§ 51 ZPO). Bei Rechtsgeschäften, die der Mündel nicht selbst vornehmen kann, ist seine Zustimmung erforderlich (vgl §§ 107, 108). Soweit der Mündel selbst voll geschäftsfähig ist, findet keine Vertretung statt (§§ 112, 113). Bei nur rechtlich vorteilhaften Geschäften ist der Vormund neben dem Mündel vertretungsberechtigt. Weitere Beschränkungen der Vertretungsmacht gelten bei höchstpersönlichen Rechtsgeschäften, zB der Eheschließung § 1311, dem Abschluss eines Ehevertrages § 1411 I 1 u 4, der Anerkennung der Vaterschaft § 1596, der Anfechtung der Vaterschaft § 1600a II 1 u 2, der Zustimmung zu Namensänderungen § 1617c, 1618 und der Einwilligung in die Sterilisation § 1631c. Eine Vertretung ist auch dann ausgeschlossen, wenn für einen bestimmten Bereich wegen der Besorgnis von Interessenkollisionen ein Pfleger bestellt ist (§ 1796), bei Geschäften, die dem Vormund verboten sind (§ 1804) oder für die er die erforderliche Genehmigung nicht erhalten hat (§§ 1809 ff, 1821 ff). Handelt der Vormund trotzdem, ist er Vertreter ohne Vertretungsmacht und haftet Dritten nach § 179. Soweit der Vormund innerhalb seiner Vertretungsmacht Erklärungen im Namen des Mündels abgibt, wird der Mündel dadurch unmittelbar berechtigt oder verpflichtet (§ 164). Der Vormund kann, wenn dies nicht gegen die Interessen des Mündels verstößt, auch im eigenen Namen kontrahieren (MüKo/*Schwab* § 1793 Rz 22 mwN). Der Mündel wird in den zeitlichen Grenzen des § 1629a aus den Rechtsgeschäften des Vormunds verpflichtet

(II) und haftet Dritten ggf auch auf Schadensersatz gem § 278, selbst wenn der Vormund bei Vertragsabschluss unter Missbrauch der Vertretungsmacht gehandelt hat (Staud/*Engler* § 1793 Rz 64). Bei Kenntnis oder grobfahrlässiger Unkenntnis des Gegners kann aber die Arglisteinwand erhoben werden (BGHZ 49, 1, 5). Eine deliktische Haftung ist ausgeschlossen (RGZ 121, 114 ff).

5 **E. Übertragung von Aufgaben auf Dritte.** Grds gilt das Prinzip der persönlichen Führung der Vormundschaft, dh es dürfen weder Amt noch Aufgaben insgesamt durch den Vormund auf Dritte übertragen werden. Der Vormund darf sich aber Hilfspersonen bedienen, soweit die **Erledigung einzelner Aufgaben** nicht sein persönliches Handeln erfordert (zB zur Verwaltung von Teilen des Mündelvermögens RG 76, 185). Eine hierfür erteilte Vollmacht hat die Wirkung, dass der Dritte den Mündel unmittelbar vertritt. Bei zulässiger Übertragung haftet der Vormund nur für die Auswahl, Unterweisung und Beaufsichtigung der Hilfspersonen (RGZ 76, 185). IÜ haften diese selbst. War die Aufgabenübertragung unzulässig, so haftet der Vormund dem Mündel aus § 1833 wegen schuldhafter Pflichtverletzung. Ob die Vollmacht auch in Form einer Generalvollmacht erteilt werden kann ist streitig. Soweit sie sich nicht nur auf einzelne Aufgaben bezieht, dürfte die Generalvollmacht gegen das Prinzip der persönlichen Führung der Vormundschaft verstoßen. (MüKo/*Schwab* § 1793 Rz 36, Staud/*Engler* § 1793 Rz 50; aA Soergel/*Zimmermann* § 1793 Rz 15).

§ 1794 Beschränkung durch Pflegschaft.
Das Recht und die Pflicht des Vormunds, für die Person und das Vermögen des Mündels zu sorgen, erstreckt sich nicht auf Angelegenheiten des Mündels, für die ein Pfleger bestellt ist.

1 **A. Normzweck.** Die Vorschrift entspricht § 1630 und stellt klar, dass der Vormund in den Wirkungskreisen, in denen ein Pfleger bestellt ist (vgl §§ 1795, 1796, 1801, 1909 I 2), nicht zur Vertretung des Mündels befugt ist. Im Wirkungskreis des Pflegers steht dem Vormund kein eigenes Beschwerderecht zu (BayObLG FamRZ 92, 104). Nimmt der Vormund dennoch Rechtsgeschäfte vor, gelten die §§ 177 ff. Dies gilt, auch wenn die Pflegerbestellung zu Unrecht erfolgt ist (BayObLGZ 6, 553, 558). Der Vormund und das Jugendamt haben soweit erforderlich, auf die Bestellung eines Pflegers hinzuwirken (Anzeigepflichten gem § 1909 II und §§ 50 II, II, 53 III 3, 5 SGB VIII).

2 **B. Verfahren.** Soweit der Vormund durch die Pflegerbestellung in seiner Rechtsstellung eingeschränkt wird, ist er beschwerdebefugt Bei Streitigkeiten zwischen Vormund und Pfleger über Angelegenheiten, die in beider Zuständigkeitsbereich fallen, entscheidet das FamG (Soergel/*Zimmermann* § 1794 Rz 1).

§ 1795 Ausschluss der Vertretungsmacht.
(1) Der Vormund kann den Mündel nicht vertreten:
1. bei einem Rechtsgeschäft zwischen seinem Ehegatten, seinem Lebenspartner oder einem seiner Verwandten in gerader Linie einerseits und dem Mündel andererseits, es sei denn, dass das Rechtsgeschäft ausschließlich in der Erfüllung einer Verbindlichkeit besteht,
2. bei einem Rechtsgeschäfte, das die Übertragung oder Belastung einer durch Pfandrecht, Hypothek, Schiffshypothek oder Bürgschaft gesicherten Forderung des Mündels gegen den Vormund oder die Aufhebung oder Minderung dieser Sicherheit zum Gegenstand hat oder die Verpflichtung des Mündels zu einer solchen Übertragung, Belastung, Aufhebung oder Minderung begründet,
3. bei einem Rechtsstreit zwischen den in Nummer 1 bezeichneten Personen sowie bei einem Rechtsstreit über eine Angelegenheit der in Nummer 2 bezeichneten Art.

(2) Die Vorschrift des § 181 bleibt unberührt.

1 **A. Normzweck.** Um eine Gefährdung der Mündelinteressen durch **Missbrauch der Vertretungsmacht** durch den Vormund zu **verhindern**, wird § 181 für anwendbar erklärt (II) und zusätzlich in weiteren Fällen die Vertretungsmacht des Vormunds, wie bei den Eltern (vgl § 1629 II 1) ausgeschlossen, in denen typischerweise eine Interessenkollision zwischen Vormund und Mündel auftreten kann. Anders als bei § 1796 ist es dabei unerheblich, ob auch im konkreten Fall eine Gefährdung der Mündelinteressen zu befürchten ist (BGHZ 21, 229, 230 f). Bringt das Rechtsgeschäft dem Mündel nur rechtliche Vorteile, so findet die Norm keine Anwendung (BGHZ 59, 236, 240; Staud/*Engler* § 1795 Rz 11 mwN). Eine allgemeine Befreiung des Vormunds von diesem Verbot durch das FamG (BayObLG BtPrax 04, 69) oder durch die Eltern, bzw einen Elternteil, des Mündels, ist nicht möglich; für die Amtsvormundschaft und Amtspflegschaft gelten Ausnahmen (vgl § 56 II 2 SGB VIII). Ist der Vormund nach § 1795 oder § 1796 von der Vertretung des Mündels in bestimmten Angelegenheiten ausgeschlossen, so ist gem § 1909 I 1 für diesen Bereich ein Pfleger zu bestellen.

2 Ein einseitiges Rechtsgeschäft (I Nr 1), wie Anfechtung, Kündigung und Zustimmung, dass vom Vormund unter Verstoß gegen das Vertretungsverbot vorgenommen worden ist, ist nichtig. Nicht hingegen rein verfahrensrechtliche Handlungen, wie zB die Anmeldung zum Handelsregister (BayObLG OLGZ 70, 133 f). Zweiseitige Rechtsgeschäfte (§ 177) sind schwebend unwirksam, so dass sie entweder durch den volljährig gewordenen Mündel oder einen Pfleger (§ 1909) genehmigt werden können (Staud/*Engler* § 1795 Rz 35) Dritten ggü haftet der Vormund nach § 179. Für den Prozess gelten bei fehlender Vertretungsmacht des Vormunds

§§ 56, 89 ZPO und es liegt ein Restitutionsgrund nach § 579 Nr 4 ZPO vor. Die Vorschrift ist bei der Pflegschaft (§ 1915 I) und bei der elterlichen Sorge (§ 1629 II 1) entsprechend anwendbar.

B. Verbot von Insichgeschäften. In den Fällen des § 181 (II) ist eine Vertretung des Mündels durch den Vormund bei allen Geschäften des Vormunds mit dem Mündel selbst (**Insichgeschäft**) und bei Geschäften des Mündels mit einem Dritten, der gleichfalls durch den Vormund vertreten wird (**Doppelvertretung**), ausgeschlossen. Dies gilt zB für Rechtsgeschäfte zwischen Geschwistern, die durch denselben Vormund vertreten werden (Soergel/*Zimmermann* § 1795 Rz 5) oder auch, wenn die gesetzliche Vertretung von zu Erben eingesetzten minderjährigen Kindern mit der Berufung des Vertreters zum Testamentsvollstrecker zusammenfällt (Hamm FamRZ 93, 1122). Bei zusammengesetzten Rechtsgeschäften, die aber als Einheit zu betrachten sind, genügt für eine Vertretungsverbot auch bereits, wenn nur ein Teilgeschäft dem § 181 unterfällt (BGH 50, 5). Erfasst wird auch der Abschluss von Gesellschaftsverträgen (BGH NJW 61, 724; Soergel/*Zimmermann* § 1795 Rz 3). 3

Ausnahmen vom Verbot des Selbstkontrahierens. Geben Vormund und Mündel zwar jeweils für sich Erklärungen ab, die aber nicht wechselbezüglich sind, sondern sich auf einen Dritten beziehen (sog **Parallelgeschäfte**), etwa Veräußerung eines Nachlassgegenstandes durch den vertretungsberechtigten Elternteil und das minderjährige Kind, die zu Miterben berufen sind, an einen Dritten (KGJ 40, 1), so liegt kein Verstoß gegen § 181 vor. Auch Einbenennungserklärung (§ 1618) und Einwilligungserklärung des minderjährigen Kindes können durch den alleinsorgeberechtigten Elternteil erfolgen, ohne dass die Bestellung eines Ergänzungspflegers nötig wäre (OVG Berlin FamRZ 81, 87, 88). Gleiches gilt bei der Adoption durch den Stiefelternteil (BGH NJW 80, 1746; Staud/*Engler* § 1795 Rz 20; aA MüKo/*Schwab* Rz 26, Stuttg FamRZ 79, 1077 mwN). Geschäfte, die ausschließlich der **Erfüllung einer Verbindlichkeit** dienen (§ 181 aE), sind vom Vertretungsverbot ausgenommen. So darf der Vormund zB ihm zustehenden Aufwendungsersatz (§ 1835) ohne Verstoß gegen § 1795 aus dem Mündelvermögen entnehmen (Soergel/*Zimmermann* § 1795 Rz 19). Auch wenn das Geschäft des Vormunds dem Mündel **lediglich einen rechtlichen Vorteil** bringt, findet § 181 keine Anwendung (BayObLG FamRZ 74, 659; Staud/*Engler* § 1795 Rz 11; Palandt/*Diederichsen* § 1795 Rz 11 mwN). Etwa bei Schenkungen des Vormunds oder der Eltern an das Kind, wenn sie für das Kind lediglich vorteilhaft sind (BGH NJW 75, 1885) Ausschlaggebend ist jeweils eine Gesamtbetrachtung des schuldrechtlichen und dinglichen Rechtsgeschäfts (BGH NJW 81, 109, BayObLG FGPrax 04, 123). 4

Das **Verbot des § 181** wird durch die besonderen Ausschlussgründe des Vormundschaftsrechts (I Nr 1) auch auf Rechtsgeschäfte zwischen dem Mündel und dem Ehegatten bzw dem eingetragenen Lebenspartner (nur bei bestehender Ehe oder Lebenspartnerschaft) und Verwandten in gerader Linie (§ 1589) des Vormunds **erweitert**. Eine analoge Anwendung auf Verwandte in der Seitenlinie und Verschwägerte des Vormunds kommt nicht in Betracht (Hamm FamRZ 65, 86). Ggf können diese aber nach § 1796 ausgeschlossen werden. 5

Bei **Rechtsgeschäften** über gesicherte Forderungen des Mündels gegen den Vormund (I Nr 2) wird die Vertretung des Vormunds dann ausgeschlossen, wenn diese Geschäfte die Übertragung oder Belastung einer der genannten Sicherheiten zum Gegenstand haben oder die Verpflichtung des Mündels zu einer solchen Übertragung, Belastung, Aufhebung oder Minderung begründen. Die Vorschrift findet analoge Anwendung auf anderweitig gesicherte Forderungen, wie zB für Grundschulden sowie die Genehmigung einer Schuldübernahme (Soergel/*Zimmermann* § 1795 Rz 14; MüKo/*Schwab* § 1795 Rz 31; aA Staud/*Engler* § 1795 Rz 27, 28). 6

I Nr 3 erstreckt die Vertretungsmacht nach I Nr 1u 2 auch auf **Rechtsstreitigkeiten**. Dies gilt im Zivilprozess und in den Verfahren nach §§ 111, 112 u 113 V Nr 1 FamFG, nicht jedoch in den Verwaltungsverfahren der freiwilligen Gerichtsbarkeit,, wie zB im Erbscheinverfahren (BayObLG NJW 61, 2309). 7

§ 1796 Entziehung der Vertretungsmacht.
(1) Das Familiengericht kann dem Vormund die Vertretung für einzelne Angelegenheiten oder für einen bestimmten Kreis von Angelegenheiten entziehen.
(2) Die Entziehung soll nur erfolgen, wenn das Interesse des Mündels zu dem Interesse des Vormunds oder eines von diesem vertretenen Dritten oder einer der in § 1795 Nr. 1 bezeichneten Personen in erheblichem Gegensatz steht.

A. Normzweck. Ergänzend zu den in § 1795 typisierten Interessenkonflikten ermöglicht die Norm zum Schutz des Mündels vor Beeinträchtigungen seines Wohls in konkreten Fällen einer Interessenkollision, dem Vormund für eine einzelne Angelegenheit oder einen Kreis von Angelegenheiten die Vertretungsmacht zu entziehen. Es ist in diesem Fall soweit notwendig ein Pfleger zu bestellen (§ 1909 I). Der Vormund ist verpflichtet, dem FamG die Notwendigkeit eine Pflegerbestellung mitzuteilen (§ 1909 II). 1

B. Entziehung der Vertretungsmacht. Voraussetzung für die teilweise oder vollständige Entziehung der Vertretungsmacht ist das Vorliegen eines erheblichen Interessengegensatzes (II). Dieser ist immer dann zu befürchten, wenn das eine Interesse nur auf Kosten des anderen durchgesetzt werden kann (KG NJW 66, 1320, 1322) und die Gefahr besteht, dass dadurch das Wohl des Mündels gefährdet würde. Meinungsverschiedenheiten zwischen Vormund und FamG reichen nicht aus (BayObLG JFG 4, 146), gleiches gilt für die 2 bloße Möglichkeit eines Interessenwiderstreits, ohne dass dieser konkret festgestellt wird (Frankf MDR 64, 419; Staud/*Engler* § 1796 Rz 16 mwN).

3 Ein **erheblicher Interessengegensatz** liegt dann vor, wenn das eine Interesse nur auf Kosten des anderen durchgesetzt werden kann und der Vormund eine genügende Wahrung der Interessen des Mündels nicht erwarten lässt (Hamm NJW 86, 389). Dies ist zB angenommen worden, bei Ausschlagung einer dem Mündel angefallenen Erbschaft, wenn der Vormund dann selbst Erbe wird (BayObLG FGPrax 03, 268; Köln FamRZ 01, 430; Zweibr FGPrax 04, 30); der Vormund Testamentsvollstrecker des Nachlasses ist, an dem der Mündel beteiligt ist (Hamm FamRZ 93, 1122); wenn eine zum Alleinerben eingesetzte Person zugleich Vormund eines pflichtteilsberechtigten Mündels ist und das Testament eine Pflichtteilsklausel enthält (BayObLG FGPrax 03, 268); bei Anstaltsunterbringung des Mündels, durch die dem Vormund persönliche Vorteile entstehen (BayObLG OLGZ 11, 64).

4 Die Feststellung eines erheblichen Interessengegensatzes setzt eine konkrete **Interessenabwägung im Einzelfall** voraus, wobei auf den **Zeitpunkt** abzustellen ist, in dem der Vormund tätig wird oder tätig werden müsste (BayObLGZ 82, 86). Der Eingriff nach § 1796 ist nicht erforderlich, wenn der gesetzliche Vertreter in der Lage ist, trotz Interessenkonflikt eine Entscheidung zu treffen, die das Wohl des Vertretenen wahrt (BGH NJW 55, 217; BayObLG FamRZ 99, 737, 738, MüKo/*Wagnitz* § 1796 Rz 5). Gem dem Erforderlichkeitsgrundsatz begrenzt das FamG zudem seinen Eingriff auf die **schonendste Maßnahme**. Falls die Entziehung der Vertretungsmacht für eine einzelne Angelegenheit, eine befristete oder bedingte Entziehung für einen Kreis von Angelegenheiten oder die Entziehung für einen Angelegenheitenkreis ohne Einschränkung nicht ausreichen, um die Gefährdung des Mündelinteresses abzustellen, muss das FamG den Vormund entlassen (§ 1886), bzw die elterliche Sorge gem § 1666 entziehen (Staud/*Engler* § 1796 Rz 4).

5 **C. Verfahren.** Die Entziehung der Vertretungsmacht des Vormunds erfolgt durch Beschl und wird mit seiner Bekanntgabe an den Vormund gem § 15 FamFG wirksam (KGJ 30, 34). Die Bestellung eines Pflegers für den entsprechenden Aufgabenkreis und die Mitteilung an den Vormund steht dem gleich (Hamm FamRZ 74, 31, 33).

§ 1797 Mehrere Vormünder.
(1) ¹Mehrere Vormünder führen die Vormundschaft gemeinschaftlich. ²Bei einer Meinungsverschiedenheit entscheidet das Familiengericht, sofern nicht bei der Bestellung ein anderes bestimmt wird.
(2) ¹Das Familiengericht kann die Führung der Vormundschaft unter mehrere Vormünder nach bestimmten Wirkungskreisen verteilen. ²Innerhalb des ihm überwiesenen Wirkungskreises führt jeder Vormund die Vormundschaft selbständig.
(3) Bestimmungen, die der Vater oder die Mutter für die Entscheidung von Meinungsverschiedenheiten zwischen den von ihnen benannten Vormündern und für die Verteilung der Geschäfte unter diese nach Maßgabe des § 1777 getroffen hat, sind von dem Familiengericht zu befolgen, sofern nicht ihre Befolgung das Interesse des Mündels gefährden würde.

1 **A. Normzweck.** Die Norm regelt die **Amtsführung der Mitvormünder** und unterscheidet in I und III die gemeinschaftliche Vormundschaft von der nach Wirkungskreisen unter mehreren geteilten Vormundschaft. Die Bestellung von Mitvormündern erfolgt nach §§ 1775 und 1791b. Einem nach § 1778 berufenen Vormund darf nur mit seiner Zustimmung ein Mitvormund nach I bestellt werden (§ 1778 IV). Dem nicht Berufenen steht dagegen nur ein Ablehnungsrecht zu (§ 1786 I Nr 7). Fällt bei gemeinschaftlicher Vormundschaft ein Mitvormund weg, so führen der oder die verbliebenen Vormünder, wenn dies nach III bestimmt ist, die Vormundschaft weiter. Ist dies nicht der Fall, oder bei getrennten Wirkungskreisen, muss unverzüglich ein neuer Vormund bestellt werden. Die Vorschrift ist auf Gegenvormund (§ 1792 IV) und Pfleger (§ 1915 I) entsprechend anzuwenden.

2 **B. Gemeinschaftliche Vormundschaft.** Die Mitvormünder führen die Vormundschaft grds gemeinschaftlich (I 1). Da **Gesamtvertretungsmacht** besteht, müssen sie Übereinstimmung erzielen, so dass zB auch eine Prozessvollmacht von sämtlichen Mitvormündern erteilt werden muss (Staud/*Engler* § 1797 Rz 6). Eine stillschweigende Verteilung der Geschäftsführung ist unzulässig (Dresd OLGE 36, 212, 213), doch kann ein Mitvormund von den anderen bevollmächtigt werden. Handelt ein Mitvormund ohne Zustimmung des anderen, so ist er Vertreter ohne Vertretungsmacht und haftet Dritten nach § 179 (Staud/*Engler* § 1797 Rz 10). Bei Erklärungen ggü Dritten oder der Zustellung einer Klage (§ 171 III ZPO) reicht der Zugang bei einem der Mitvormünder. Außerdem steht jedem Vormund ein selbständiges Beschwerderecht zu (§ 59 I FamFG).. Verstößt ein Mitvormund gegen seine Amtspflichten, tritt **gesamtschuldnerische Haftung** mit dem anderen Mitvormund aus § 1833 ein, wenn dieser seine Aufsichtspflichten verletzt hat (Staud/*Engler* § 1797 Rz 9).

3 Bei **Meinungsverschiedenheiten** zwischen den Vormündern entscheidet das FamG (I 2), wenn nicht die *Eltern bei der Benennung* Bestimmungen getroffen haben, bzw das FamG bei der Bestellung der Vormünder oder nachträglich eine Regelung vorgesehen hat. Derartige Regelungen können zB vorsehen, dass Mitvormünder durch Mehrheitsbeschluss entscheiden oder einem in Vermögensangelegenheiten besonders erfahrenen Vormund, bzw einem Dritten, bei Fragen der Vermögensverwaltung der Stichentscheid zukommt. Wenn

das FamG in der Sache entscheidet geschieht dies, indem es der Auffassung eines Mitvormunds beitritt. Dies hat nur Wirkung im Innenverhältnis der Vormünder, ansonsten bleibt es beim Grundsatz der Gesamtvertretung (Staud/*Engler* § 1797 Rz 38). Das Gericht kann auch sämtliche Ansichten verwerfen, nicht jedoch eine eigene Regelung treffen, die nicht an die Entscheidung der Mitvormünder anknüpft (BGH NJW 56, 1148, 1149). Anderes gilt bei pflichtwidriger Amtsführung der Mitvormünder (vgl § 1793 Rn 1).

C. Nach Wirkungskreisen geteilte Vormundschaft (Abs 2). Sie kann **durch das FamG** aber auch **durch Bestimmung von jedem Elternteil** nach § 1777 angeordnet werden. Inhaltlich kann die Trennung umfassend sein, sich aber auch nur auf Teilbereiche beziehen, während die übrige Vormundschaft gemeinschaftlich geführt wird. Ist ein bestimmter Aufgabenkreis an einen Mitvormund übertragen, so nimmt er diesen, selbständig wie ein Einzelvormund wahr (II 2). Jeder Mitvormund ist nur für seinen Wirkungskreis geschäftsführungs- und vertretungsberechtigt, aber auch nur für ihn haftbar (§ 1833 I 1). Sein Beschwerderecht ist insoweit ausschließlich. Eine gegenseitige Aufsichtspflicht besteht nicht, zulässig ist die Bestellung des anderen Mitvormunds zum Gegenvormund für den Bereich, in dem keine gemeinschaftliche Führung der Vormundschaft stattfindet (§ 1792 III). Treten bei nach Wirkungskreisen geteilter Vormundschaft dennoch Meinungsverschiedenheiten zwischen den Mitvormündern auf, etwa über die Abgrenzung bestimmter Zuständigkeitsbereiche, so entscheidet das FamG gem § 1798. 4

Haben Vater oder Mutter nach § 1777 Bestimmungen über die Verteilung der Aufgabenkreise oder die Entscheidung von Meinungsverschiedenheiten getroffen, gehen diese Regelungen des FamG vor, soweit diese Regeln in die Bestellung übernommen worden sind (I 2 aE). Das FamG ist bei der Ausgestaltung der Bestellung an die Bestimmungen der Eltern gebunden, es sei denn, ihre Befolgung gefährdete das Kindeswohl. 5

§ 1798 Meinungsverschiedenheiten. Steht die Sorge für die Person und die Sorge für das Vermögen des Mündels verschiedenen Vormündern zu, so entscheidet bei einer Meinungsverschiedenheit über die Vornahme einer sowohl die Person als das Vermögen des Mündels betreffenden Handlung das Familiengericht.

Die Norm bestimmt, dass bei Meinungsverschiedenheiten zwischen Mitvormündern, von denen einem die Personen- und dem anderen die Vermögenssorge übertragen ist, das FamG bestimmt. Wenn die Angelegenheit beide Bereiche betrifft vgl § 1797 Rn 3. Bei anderweitiger Aufteilung der Wirkungskreise und der Notwendigkeit eines Stichentscheids ist § 1797 I 2 analog anzuwenden (vgl § 1797 Rn 4). Die Vorschrift gilt auch bei der Aufteilung der Wirkungskreise zwischen Vormund und Pfleger oder zwischen mehreren Pflegern (§ 1915 I). Keine Anwendung findet die Vorschrift, wenn die Eltern anderweitige wirksame Anordnungen für die Entscheidung von Streitigkeiten zwischen Mitvormündern getroffen haben (vgl § 1797 Rn 5). 1

§ 1799 Pflichten und Rechte des Gegenvormunds. (1) ¹Der Gegenvormund hat darauf zu achten, dass der Vormund die Vormundschaft pflichtmäßig führt. ²Er hat dem Familiengericht Pflichtwidrigkeiten des Vormunds sowie jeden Fall unverzüglich anzuzeigen, in welchem das Familiengericht zum Einschreiten berufen ist, insbesondere den Tod des Vormunds oder den Eintritt eines anderen Umstands, infolgedessen das Amt des Vormunds endigt oder die Entlassung des Vormunds erforderlich wird.
(2) Der Vormund hat dem Gegenvormund auf Verlangen über die Führung der Vormundschaft Auskunft zu erteilen und die Einsicht der sich auf die Vormundschaft beziehenden Papiere zu gestatten.

A. Amt des Gegenvormunds. Die Norm regelt die Pflichten des nach § 1792 zu bestellenden Gegenvormunds. Da seine Aufgabe nur in der **Überwachung der pflichtgemäßen Amtsführung des Vormunds** liegt, ist er im Gegensatz zu diesem (§ 1793 I) nicht gesetzlicher Vertreter des Mündels, auch nicht im Fall der Verhinderung des Vormunds (BGH NJW 56, 789). Die Amtsführung erfolgt idR ehrenamtlich, er kann ggf aber Ersatz seiner Aufwendungen verlangen. Ausnahmsweise kann auch eine angemessene Vergütung bewilligt werden (§§ 1835 I 2, III u V; 1836 III u IV). Bei seiner Amtsführung untersteht der Gegenvormund der Aufsicht des FamG (§ 1837 II–IV) und haftet dem Mündel bei Verschulden auf Schadensersatz (BGH NJW 56, 789). Beruht sein Beitrag zur Schadensverursachung nur in einer Verletzung der Aufsichtspflicht, so ist im Verhältnis zueinander der Vormund alleine verpflichtet (§ 1833 II 2). 1

B. Verpflichtungen des Gegenvormunds. Der Gegenvormund hat den Vormund in den **Bereichen der Personen- und Vermögenssorge** zu überwachen und muss Pflichtverletzungen dem FamG unverzüglich mitteilen (I 2), damit dieses nach § 1837 oder durch Entlassung des Vormunds (§ 1886) einschreiten kann (BayObLG FamRZ 97, 438). Ob eine Pflichtverletzung des Vormunds vorliegt, bestimmt sich nach dem Mündelinteresse, wobei dem Gegenvormund ein eigener, gerichtlich nicht überprüfbarer, Beurteilungsspielraum zusteht. 2

Zum Zweck der Kontrolle ist der Vormund dem Gegenvormund zur **Auskunftserteilung** und Gewährung der Einsicht in sämtliche relevanten Unterlagen verpflichtet (II). Die Erfüllung dieser Verpflichtung kann ggf durch 3 das FamG durch Zwanggeld erzwungen werden, der sich weigernde Vormund ist notfalls zu entlassen (§§ 1837, 1886), ein eigener klagbarer Anspruch des Gegenvormunds besteht nicht (Staud/*Engler* § 1799 Rz 8).

4 Der Gegenvormund hat die Verpflichtung dem FamG jeden weiteren Fall **anzuzeigen**, in dem sein Eingreifen erforderlich ist (Staud/*Engler* § 1799 Rz 10). Etwa bei Pflichtwidrigkeiten des Vormunds, denen durch Gebote und Verbote des FamG begegnet werden muss (§ 1837 II; ferner §§ 1818, 1846, 1857); bei Verhinderung oder Tod des Vormunds, eines Mitvormunds oder Pflegers (§§ 1886-1888, 1795, 1796, 1894 II iVm §§ 1895, 1909 II, 1915 I). Verweigert das FamG in diesen Fällen den Antrag des Gegenvormunds so steht diesem die Beschwerde zu (§ 59 I FamFG).

5 Daneben hat der Gegenvormund weitere **Mitwirkungspflichten,** so etwa bei der Aufstellung des Anfangsvermögens des Mündels (§ 1802 I 3), bei der Jahresrechnung (§§ 1840, 1842) und bei der Abrechnung bei Beendigung des Amts (§ 1892 I). Bei der Vermögensverwaltung wirkt er durch die Erteilung oder Verweigerung von Genehmigungen mit (vgl §§ 1809 f, 1812 f, 1824, 1832).

6 Bei bestimmten Angelegenheiten ist der **Gegenvormund** vor Erteilung einer Genehmigung (§§ 1826, 1836 II) durch das FamG **zu hören** (Staud/*Engler* § 1799 Rz 14).

§ 1800 Umfang der Personensorge. Das Recht und die Pflicht des Vormunds, für die Person des Mündels zu sorgen, bestimmen sich nach §§ 1631 bis 1633.

1 **A. Normzweck.** Hinsichtlich von Umfang und Ausgestaltung der Personensorge ist der Vormund grds den Eltern gleichgestellt (vgl §§ 1631–1633), unterliegt allerdings öfter als diese sonstigen Einschränkungen, wie etwa der Aufsicht des FamG gem § 1837 und ggf der Überwachung durch einen Gegenvormund (§ 1799).

2 **B. Einzelheiten der Personensorge des Vormunds.** Bei **ungeklärter Vaterschaft** ist er verpflichtet, deren Feststellung zu betreiben (§ 1600d) und (evtl gemeinsam mit dem Jugendamt gem § 1713 I 2) dafür zu sorgen, dass dem Mündel Unterhalt gezahlt wird. Kommt der Vormund selbst für den **Unterhalt** des Mündels auf, ohne dazu gesetzlich verpflichtet zu sein, kann er Aufwendungsersatz nach § 1835 I verlangen (Staud/*Engler* § 1800 Rz 14).

3 Der Vormund kann den **Aufenthalt des Mündels** bestimmen. Dabei ist er nicht verpflichtet, aber berechtigt, den Mündel bei sich aufzunehmen (Staud/*Engler* § 1800 Rz 12). Soweit das Mündelwohl dies gebietet, braucht er auch den Verwandten den Aufenthaltsort des Mündels nicht mitzuteilen (KG OLG 40, 99).

4 Unter den Voraussetzungen des § 1631b kann er mit richterlicher Genehmigung durch das FamG den **Mündel** auch **in einer geschlossenen Anstalt unterbringen** (Soergel/*Zimmermann* § 1800 Rz 17). Für die Unterbringung Volljähriger, die unter Betreuung stehen, gilt § 1906.

5 Das **Verbot Minderjährige zu sterilisieren** nach § 1631c gilt auch für Vormund und Pfleger.

6 Das **Herausgabeverlangen nach § 1632 I** können der Vormund/Amtsvormund beim FamG (Staud/*Engler* Rz 20) auch Eltern ggü durchsetzen, denen die Personensorge entzogen worden ist (KG NJW 70, 1793, 1794).

7 Bei der **Berufsausbildung** bedarf der Vormund, im Gegensatz zu den Eltern (§ 1643), für den Abschluss längerfristiger Lehr-, Dienst- und Arbeitsverträge für den Mündel, der Genehmigung des FamG (§ 1822 Nr 6 u 7). Das FamG kann iR seiner Befugnisse nach §§ 1666 III, 1837 IV in diesem Bereich auch Erklärungen des Vormunds ersetzen und selbst Ausbildungsverträge abschließen oder kündigen (Staud/*Engler* § 1800 Rz 24).

§ 1801 Religiöse Erziehung. (1) Die Sorge für die religiöse Erziehung des Mündels kann dem Einzelvormund von dem Familiengericht entzogen werden, wenn der Vormund nicht dem Bekenntnis angehört, in dem der Mündel zu erziehen ist.
(2) Hat das Jugendamt oder ein Verein als Vormund über die Unterbringung des Mündels zu entscheiden, so ist hierbei auf das religiöse Bekenntnis oder die Weltanschauung des Mündels und seiner Familie Rücksicht zu nehmen.

1 Die **religiöse Erziehung** ist Teil der Personensorge (§§ 1626, 1631). Die Norm soll die religiöse Freiheit des Mündels und eine entspr Erziehung sicherstellen. Bei **Bekenntnisverschiedenheit** zwischen Vormund und Mündel kann dem Vormund partiell das Sorgerecht für die religiöse Erziehung des Mündels entzogen werden, wenn **gewichtige Gründe** vorliegen, die sich nachteilig auf die im Interesse des Mündels gebotene religiöse Erziehung auswirken (BayObLG BayObLGZ 9, 482, 486). Dieser Teilbereich der Sorge ist in diesem Fall auf einen Mitvormund bzw einen Pfleger zu übertragen (KG OLGE 33, 373, 375). Die bloße Religionsverschiedenheit, ggf durch Religionswechsel oder Kirchenaustritt des Vormunds bedingt, reichen jedoch nicht, es muss konkrete Anzeichen dafür geben, dass der Vormund in das Bekenntnis des Mündels steuernd eingreift (Staud/*Engler* § 1800 Rz 7). Je nach Schwere des Eingriffs kommen auch Maßnahmen nach §§ 1666, 1837 IV bzw als *ultima ratio* die Entlassung des Vormunds (§ 1886) in Betracht.

2 Auch der **Vereinsvormund** und das Jugendamt als **Amtsvormund** (§ 1791a–c), haben die Grundsätze der religiösen Erziehung zu beachten (§ 9 Nr 1 SGB VIII). Bei Unterbringung des Mündels nach §§ 33, 34 SGB VIII ist bei der Auswahl der Unterbringungseinrichtung auf das religiöse Bekenntnis des Mündels und seiner Familie Rücksicht zu nehmen (Staud/*Engler* § 1800 Rz 18).

§ 1802 Vermögensverzeichnis. (1) ¹Der Vormund hat das Vermögen, das bei der Anordnung der Vormundschaft vorhanden ist oder später dem Mündel zufällt, zu verzeichnen und das Verzeichnis, nachdem er es mit der Versicherung der Richtigkeit und Vollständigkeit versehen hat, dem Familiengericht einzureichen. ²Ist ein Gegenvormund vorhanden, so hat ihn der Vormund bei der Aufnahme des Verzeichnisses zuzuziehen; das Verzeichnis ist auch von dem Gegenvormund mit der Versicherung der Richtigkeit und Vollständigkeit zu versehen.
(2) Der Vormund kann sich bei der Aufnahme des Verzeichnisses der Hilfe eines Beamten, eines Notars oder eines anderen Sachverständigen bedienen.
(3) Ist das eingereichte Verzeichnis ungenügend, so kann das Familiengericht anordnen, dass das Verzeichnis durch eine zuständige Behörde oder durch einen zuständigen Beamten oder Notar aufgenommen wird.

A. Inventarisierungspflicht. Als Grundlage der Vermögensverwaltung und zu deren effektiver gerichtlicher Kontrolle ordnet die Norm an, dass zu **Beginn der Vormundschaft** durch den Vormund ein **Verzeichnis über das gesamte Vermögen des Mündels** anzulegen ist. Erwirbt der Mündel später neues Vermögen, so ist das Verzeichnis jeweils zu ergänzen. Stichtag für die Erstellung ist der Zeitpunkt der Bestellung des Vormunds (MüKo/*Schwab* § 1802 Rz 2). Das Verzeichnis bildet die Grundlage für die turnusmäßige Rechnungslegung und den Schlussbericht des Vormunds, außerdem für die Beurteilung der Mittellosigkeit und der Vergütung sowie zum Beweis der Ansprüche des Mündels aus § 1890 (vgl Schlesw FGPrax 04, 238). Die Norm gilt für alle Arten von Vormundschaften. Eine Befreiung ist weder durch den Zuwendenden (§ 1803), noch durch das FamG zulässig (RGZ 88, 264, 267) Für die Jugendämter existieren gem § 56 II 3 SGB VIII landesrechtliche Ausnahmen (s. Zusammenstellung bei Staud/*Engler* § 1791b Rz 11). 1

B. Inhalt des Vermögensverzeichnisses. (vgl *Birkenfeld* FamRZ 76, 197 ff; Jurgeleit/*Meier* § 1802 Rz 6). In das Verzeichnis sind grds alle zum Beginn der Vormundschaft vorhandene Vermögensgegenstände aufzunehmen, die zum Mündelvermögen gehören, unabhängig wo sie sich befinden oder wie sie erworben worden sind. Auch Ansprüche auf Renten und wiederkehrende Leistungen gehören dazu, sowie Vermögensbestandteile, die nicht vom Vormund verwaltet werden. Die Vermögensgegenstände sind einzeln aufzuführen, Belege sind nicht erforderlich, können aber zT sehr umfangreiche Einzelaufstellungen ersetzen. So ist etwa der Nachweis für den Wert der Beteiligung an einer Kapitalgesellschaft durch Einreichung von Inventar und Bilanz der Gesellschaft zu führen (Staud/*Engler* § 1802 Rz 16). Auch wenn die Vormundschaft unter mehreren Vormündern nach Sachgebieten geteilt (vgl § 1797 II) ist, obliegt es allen Mitvormündern gemeinsam, über die von ihnen verwalteten Vermögenswerte, ein Verzeichnis zu erstellen (Staud/*Engler* Rz 10; str). Die Vermögensaufstellung muss **alle Aktiva und Passiva** enthalten (vgl Jurgeleit/*Meier* § 1802 Rz 6) und kann soweit erforderlich auch unter Hinzuziehung der in II genannten Personen erstellt werden, wenn dies ohne unverhältnismäßige Kosten möglich ist. Ist ein Gegenvormund bestellt, so hat er die Inventarisierung auf ihre Richtigkeit und Vollständigkeit zu prüfen und dies durch einen entspr Vermerk zu bestätigen (I 2 Hs 2) oder evtl Beanstandungen anzumerken. Auch das FamG, hat das Vermögensverzeichnis zu überprüfen (Jurgeleit/*Meier* § 1802 Rz 2–4). 2

Legt der Vormund ein **unzureichendes Verzeichnis** vor, kann das FamG eine Inventarisierung durch eine Behörde, einen Beamten oder einen Notar (III) anordnen, Zwangsmittel gegen den Vormund einsetzen (§ 1837) oder diesen notfalls auch entlassen (§ 1886). III findet auf das Jugendamt als Amtsvormund keine Anwendung (§ 56 II 1 SGB VIII). 3

Die **Kosten der Aufstellung** des Vermögensverzeichnisses hat der Mündel zu tragen (vgl § 1835 I). Bei der Errichtung eines Inventars nach III kann der Vormund ggf nach § 1833 schadensersatzpflichtig sein. 4

§ 1803 Vermögensverwaltung bei Erbschaft oder Schenkung. (1) Was der Mündel von Todes wegen erwirbt oder was ihm unter Lebenden von einem Dritten unentgeltlich zugewendet wird, hat der Vormund nach den Anordnungen des Erblassers oder des Dritten zu verwalten, wenn die Anordnungen von dem Erblasser durch letztwillige Verfügung, von dem Dritten bei der Zuwendung getroffen worden sind.
(2) Der Vormund darf mit Genehmigung des Familiengerichts von den Anordnungen abweichen, wenn ihre Befolgung das Interesse des Mündels gefährden würde.
(3) ¹Zu einer Abweichung von den Anordnungen, die ein Dritter bei einer Zuwendung unter Lebenden getroffen hat, ist, solange er lebt, seine Zustimmung erforderlich und genügend. ²Die Zustimmung des Dritten kann durch das Familiengericht ersetzt werden, wenn der Dritte zur Abgabe einer Erklärung dauernd außerstande oder sein Aufenthalt dauernd unbekannt ist.

A. Normzweck. Die Norm soll das Interesse desjenigen schützen, der dem Mündel etwas als Erblasser oder zu Lebzeiten unentgeltlich zugewendet hat und eine bestimmte Verwendung des Zugewendeten wünscht (I). Erfasst werden das Zugewendete und seine Surrogate. Die Vorschrift gilt für alle Arten von Vormundschaften. Das Jugendamt als Amtsvormund bedarf nicht der familiengerichtlichen Genehmigung (§ 56 II 2 SGB VIII). 1

2 **B. Vermögensverwaltung.** Vermögen, dass der Mündel durch Verfügung von Todes wegen oder durch entgeltliche Zuwendung erwirbt, muss der Vormund nach Anordnung des Zuwendenden verwalten, wenn eine entspr Anordnung bereits in der Verfügung von Todes wegen oder spätestens bei der Vornahme der Zuwendung getroffen wurde. Spätere oder nicht von dem Zuwendenden oder seinem Vertreter stammende Anordnungen sind unwirksam. Inhalt der Anordnungen können sowohl Befreiungen von Verwaltungsbeschränkungen (§§ 1807 ff, 1814 ff), aber auch weitere Einschränkungen der Befugnisse des Vormunds sein. Hierzu gehören zB die Vorgabe von Anlagearten oder eine Erweiterung der Hinterlegungspflicht, aber auch der gänzliche Ausschluss des Vormunds von der Verwaltung des Zugewendeten. Im letzten Fall muss dem Mündel ein Pfleger bestellt werden (§ 1909 I 2). Der Kreis der durch das FamG genehmigungsbedürftigen Rechtsgeschäfte kann dagegen durch die Anordnung eines Dritten nach § 1803 nicht beschränkt oder erweitert werden (Staud/*Engler* § 1803 Rz 8).

3 **C. Abweichungen von der Anordnung.** Sie sind dann möglich, wenn anderenfalls eine Gefährdung des Mündelinteresses eintreten würde (II). Bei Zuwendungen unter Lebenden, setzt ein Abweichen voraus, dass der Zuwendende zustimmt oder, dass seine Zustimmung ausnahmsweise in den in III 2 genannten Fällen durch das FamG ersetzt werden kann. Etwa, weil der Zuwendende wegen Geisteskrankheit dauernd außerstande ist eine diesbezügliche Erklärung abzugeben oder sein Aufenthalt unbekannt ist, so dass er nicht gefragt werden kann. Ansonsten darf das Gericht erst nach dem Tod des Zuwendenden einer Abweichung des Vormunds von einer Anordnung zustimmen, wenn bei ihrer Befolgung das Mündelinteresse gefährdet würde (Staud/*Engler* § 1800 Rz 15).

4 Weicht der Vormund ohne Zustimmung des Zuwendenden, bzw ohne Genehmigung des FamG, von einer Anordnung zur Vermögensverwaltung ab, so sind seine Handlungen zwar wirksam, er macht sich aber ggf schadensersatzpflichtig (§ 1833) und ist bei mehrfachem unbefugtem Abweichen zu entlassen (§ 1886).

§ 1804 Schenkungen des Vormunds. ¹Der Vormund kann nicht in Vertretung des Mündels Schenkungen machen. ²Ausgenommen sind Schenkungen, durch die einer sittlichen Pflicht oder einer auf den Anstand zu nehmenden Rücksicht entsprochen wird.

1 **A. Schenkungsverbot.** Die **Norm dient** wie § 1641 für die Eltern, dem Schutz des Mündelvermögens vor Weggabe ohne Gegenleistung. Für Betreuer findet sie in modifizierter Form Anwendung, soweit ihnen die Vermögenssorge übertragen ist (BayObLG BtPrax 04, 149, 150).

2 **B. Umfang des Schenkungsverbots.** Verboten sind dem Vormund alle Schenkungen iSd § 516, die er im Namen des Mündels macht (1), mit Ausnahme der Pflicht- und Anstandsschenkungen (2). Neben Handschenkungen und der Abgabe von Schenkungsversprechen fällt auch der Erlass einer Forderung schenkungshalber darunter (Staud/*Engler* § 1804 Rz 2). Nicht erfasst werden sonstige unentgeltliche Zuwendungen (zB Gebrauchsüberlassungen). Auch Ausschlagung einer Erbschaft oder eines Vermächtnisses (vgl § 517) sowie der Verzicht auf Pflichtteilsrechte sind keine Schenkung (BGH NJW 91, 1610). Es ist jedoch eine gerichtliche Genehmigung erforderlich (§ 1822 Nr 2). Auch gemischte Schenkungen fallen mit ihrem Schenkungsanteil unter § 1804 (Staud/*Engler* § 1804 Rz 8; Frankf FamRZ 08, 544). Ferner können uU der Rangrücktritt (Staud/*Engler* § 1804 Rz 4) sowie Schenkungen an den Mündel und Überlassung von Mitteln iSd § 110 (Stuttg FamRZ 69, 39, 40) unter das Schenkungsverbot fallen. Der geschäftsfähige Betreute ist durch § 1804 nicht gehindert, beliebige Schenkungen zu machen, den Betreuer hierzu zu ermächtigen, bzw auch dem Betreuer selbst eine Schenkung zuzuwenden (Schwab, FamRZ 90, 681).

3 Nach § 1804 **verbotene Schenkungen** sind **nichtig** (§ 136, Staud/*Engler* Rz 20; Palandt/*Diederichsen* § 1804 mwN). Dies gilt auch wenn das FamG (Hamm FamRZ 85, 206, 207) oder der volljährig gewordene Mündel sie nachträglich genehmigen würden. Die §§ 177 ff sind nicht anwendbar. Die Umgehung des § 1804 durch Bestellung eines Ergänzungspflegers (Hamm FamRZ 85, 206) oder die Einwilligung zu einer Schenkung des Mündels durch den Vormund/Betreuer (Stuttg FamRZ 69, 39) ist unwirksam. Erfolgt die Schenkung aus dem Mündelvermögen im eigenen Namen des Vormunds, so haftet dieser nach § 1833 und das Geschenkte kann gem §§ 985, 812 bzw 932, 816 I 2 vom Beschenkten herausverlangt werden. Ist der Betreute geschäftsfähig, kann er selbst beliebig Schenkungen machen bzw den Betreuer dazu bevollmächtigen (*Schwab* FamRZ 69, 39).

4 **C. Ausnahmen. Pflicht und Anstandsschenkungen** (vgl § 534) sind Schenkungen, die den Lebensverhältnissen des Mündels entsprechen und unter Berücksichtigung der ganzen Vermögenslage sowie der zwischen Schenker und Beschenktem bestehenden Beziehungen letztlich im Interesse des Mündels selbst liegen (Hamm FamRZ 87, 751, Karlsr FGPrax 00, 145). Dies wird zB bejaht bei Unterstützung naher, aber nicht unterhaltsberechtigter Familienangehöriger (BGH NJW 86, 1926), ferner bei im Interesse des Familienfriedens vorgenommenen *Schenkungen* (Hamm FamRZ 87, 751). Abzustellen ist grds darauf, ob das Unterlassen der Schenkung dem Mündel als Verletzung einer für ihn bestehenden sittlichen Pflicht angerechnet würde (BayObLG Rpfleger 03, 649, 650). Die Zulässigkeit der Schenkung nach § 1804 schließt ihre Genehmigungsbedürftigkeit nach anderen Vorschriften nicht aus (Staud/*Engler* § 1804 Rz 18).

§ 1805 Verwendung für den Vormund. ¹Der Vormund darf Vermögen des Mündels weder für sich noch für den Gegenvormund verwenden. ²Ist das Jugendamt Vormund oder Gegenvormund, so ist die Anlegung von Mündelgeld gemäß § 1807 auch bei der Körperschaft zulässig, bei der das Jugendamt errichtet ist.

A. Normzweck. Die Norm dient dem Schutz des Mündelvermögens und verbietet dessen Verwendung für den Vormund oder den Gegenvormund (1). Nach dem **Trennungsprinzip** sollen die Vermögensmassen des Mündels und von Vormund und Gegenvormund strikt getrennt gehalten werden. Eine Befreiung von § 1805 ist nicht möglich. Die Vorschrift ist auf den Pfleger (§ 1915 I) entspr anzuwenden. Untersagt sind Verwendungen (1) dh jede Art von Nutzung unabhängig von ihrer Form bzw einer evtl Vergütung, so dass die unentgeltliche Nutzung von Sachen des Mündels in gleicher Weise verboten ist, wie die Inanspruchnahme von Mündelgeldern in Form eines verzinslichen Darlehens oder auch nur die Anlage von Mündelgeldern auf einem Konto des Vormunds. Auch die Anlegung von Mündelgeld in einer Personengesellschaft an der Vormund oder Gegenvormund beteiligt sind verstößt gegen § 1805 (Staud/*Engler* § 1805 Rz 9). Schließlich ist die Ausnutzung der Arbeitskraft des Mündels über den Rahmen des § 1619 hinaus unzulässig (Palandt/*Diederichsen* § 1805 Rz 1) Der Abschluss von Dienst- und Arbeitsverträgen zwischen Vormund und Mündel bedarf grds der Einschaltung eines Ergänzungspflegers. 1

B. Rechtsfolge. Bei Verstoß gegen § 1805 ist das Rechtsgeschäft zwar gültig, aber der Vormund bzw Gegenvormund muss verwendetes Geld verzinsen (§ 1834) und bei schuldhaftem Verhalten Schadensersatz leisten. Regelmäßig wird das FamG nach § 1837 II-IV einschreiten, notfalls ist der Vormund zu entlassen (vgl § 1886). Außerdem kann er ggf bei vorsätzlichem Verhalten wegen Untreue (§ 266 StGB) oder veruntreuender Unterschlagung (§ 246 II StGB) belangt werden. 2

C. Ausnahmen. Die Betreuungsbehörde als Vormund oder Gegenvormund, ist bei der Anlage von Mündelgeldern ausdrücklich vom Verbot des § 1804 befreit, wenn sie die Gelder bei der sie tragenden Körperschaft anlegen will (2). Nicht unter das Verbot des § 1805 fällt auch, wenn Rechtsanwälte, die mehrere Vormundschaften, Pflegschaften oder Betreuungen führen, gemeinsame Anderkonten für die laufenden Ausgaben der Betroffenen einrichten (str; so Palandt/*Diederichsen* § 1805 Rz 1 mwN; aA Jürgens/*Klüsener* § 1805 Rz 5 u 6). Zulässig ist ferner die Vermietung einer dem Mündel gehörigen Wohnung an den Vormund zu marktüblichen Preisen durch einen Pfleger (§§ 1795 II, 181, 1909). Gleiches gilt für Verwendungen, die sowohl im Interesse des Mündels wie des Vormund liegen (Staud/*Engler* § 1805 Rz 6; zur Beteiligung des Vormunds am Erwerbsgeschäft des Mündels vgl auch BayObLG OLGZ 18, 53). 3

§ 1806 Anlegung von Mündelgeld. Der Vormund hat das zum Vermögen des Mündels gehörende Geld verzinslich anzulegen, soweit es nicht zur Bestreitung von Ausgaben bereitzuhalten ist.

A. Normzweck. Die Norm dient dem Erhalt des Mündelvermögens durch das Verbot unwirtschaftlicher oder besonders risikoreiche Geldanlagen. Die §§ 1807 ff regeln die Einzelheiten der Geldanlage. Der Vormund ist verpflichtet, dass zum Vermögen des Mündels gehörende **Geld verzinslich anzulegen**. Die Norm gilt für alle Arten von Vormundschaften, ferner für Betreuer und Pfleger (§§ 1908i I 1; 1915 I). Der Vormund kann nach § 1803 oder unter den Voraussetzungen des § 1817 von der **Verpflichtung zur mündelsicheren Anlegung** entbunden werden. Eine Befreiung durch die Eltern nach §§ 1852 ff ist nicht möglich. Beim Jugendamt gelten bei der Anlegung von Mündelgeld die Erleichterungen des § 1805 2. 1

B. Vermögen des Mündels. Anzulegen ist unabhängig von seiner Herkunft **das gesamte Vermögen** des Mündels, dass nicht für die baldige Bestreitung von Ausgaben erforderlich ist, wie etwa für Unterhalt und Ausbildung (BVerwG NJW 91, 1226). Unter Geld iS des § 1806 ist Bargeld, Schecks und Buchgeld, wie zB Forderungen aus einem Girokonto, zu verstehen (Staud/*Engler* § 1806 Rz 5). Unsichere Vermögensanlagen sind nach Lage des Falls oder auf Anweisung des FamG ggf in mündelsichere Anlageformen umzuwandeln (Staud/*Engler* § 1806 Rz 7). Die Vorschrift erstreckt sich dabei nicht nur auf Geld, dass bei Beginn der Vormundschaft vorhanden ist, sondern auch das Geld, das der Mündel später erwirbt, etwa durch Zuwendungen Dritter oder Überschüsse aus laufenden Einkünften und Ersparnisse (Ddorf Rpfleger 80, 471), Nicht erfasst wird Vermögen, dass durch Dritte verwaltet wird (zB Testamentsvollstrecker) oder das den Anteil des Mündels an einer Gesamthand (zB Erbengemeinschaft) bildet (Staud/*Engler* § 1806 Rz 8 u 9). 2

Die Anlegung von Mündelgeld hat **innerhalb angemessener Frist** zu erfolgen, geschieht dies nicht, so macht sich der Vormund ggf bei Verschulden schadensersatzpflichtig (MüKo/*Wagnitz* § 1806 Rz 7; BayObLG BayObLGZ 3, 797. Das FamG hat gem § 1837 I-IV den Vormund bei der ordnungsgemäßen Vermögensanlage zu überwachen (Staud/*Engler* § 1806 Rz 22). 3

Die Anlegung hat **in Form der §§ 1807, 1809 verzinslich** zu erfolgen. Auch wenn Mindestzinssatz gesetzlich nicht vorgeschrieben wird, so wird der Zinssatz für Spargutvhaben mit gesetzlicher Kündigungsfrist als nicht ausreichend angesehen (Bremen Rpfleger 93, 338). Für abweichende Anlageformen (zB Kauf von Edelmetallen und Aktien) ist die Genehmigung des FamG nach § 1811 erforderlich, ob dies auch für den Kauf von 4

Grundstücken gilt ist str, dürfte jedoch unter dem allgemeinen Schutzgedanken des § 1806 für das Mündelvermögen zu bejahen sein (so auch MüKo/*Schwab* § 1806 Rz 8; Staud/*Engler* § 1806 Rz 14 ff mwN).

5 **C. Ausnahmen.** Bei **Geld, das zur Bestreitung von Ausgaben bereit zu halten ist** und das daher nach § 1806 nicht eine mündelsichere Anlage erfordert, hat der Vormund bei der Wahl vorübergehender Anlageformen einen weiten Ermessensspielraum (MüKo/*Schwab* § 1806 Rz 13; Soergel/*Zimmermann* § 1806 Rz 3).

§ 1807 Art der Anlegung.
(1) Die im § 1806 vorgeschriebene Anlegung von Mündelgeld soll nur erfolgen:
1. in Forderungen, für die eine sichere Hypothek an einem inländischen Grundstück besteht, oder in sicheren Grundschulden oder Rentenschulden an inländischen Grundstücken;
2. in verbrieften Forderungen gegen den Bund oder ein Land sowie in Forderungen, die in das Bundesschuldbuch oder Landesschuldbuch eines Landes eingetragen sind;
3. in verbrieften Forderungen, deren Verzinsung vom Bund oder einem Land gewährleistet ist;
4. in Wertpapieren, insbesondere Pfandbriefen, sowie in verbrieften Forderungen jeder Art gegen eine inländische kommunale Körperschaft oder die Kreditanstalt einer solchen Körperschaft, sofern die Wertpapiere oder die Forderungen von der Bundesregierung mit Zustimmung des Bundesrates zur Anlegung von Mündelgeld für geeignet erklärt sind;
5. bei einer inländischen öffentlichen Sparkasse, wenn sie von der zuständigen Behörde des Landes, in welchem sie ihren Sitz hat, zur Anlegung von Mündelgeld für geeignet erklärt ist, oder bei einem anderen Kreditinstitut, das einer für die Anlage ausreichenden Sicherungseinrichtung angehört.

(2) Die Landesgesetze können für die innerhalb ihres Geltungsbereichs belegenen Grundstücke die Grundsätze bestimmen, nach denen die Sicherheit einer Hypothek, einer Grundschuld oder einer Rentenschuld festzustellen ist.

1 **A. Normzweck.** Als **Konkretisierung zu § 1806** enthält die Norm einen abschließenden Katalog mündelsicherer Anlagearten. Andere Anlageformen sind ggf zulässig, bedürfen jedoch in jedem Fall der vorherigen Genehmigung des FamG (§ 1811). Ergänzend zu § 1807 I Nr 5 werden in § 1809 die Anlegung mit Sperrvermerk und in § 1810 die Mitwirkungsrechte von Gegenvormund und Vormundschaftsgericht geregelt.

2 Grds hat der Vormund nach pflichtgemäßem Ermessen die **Anlageart** zu wählen, die für den Erhalt des Mündelvermögens die **größte Sicherheit** bietet. Bei gleicher Sicherheit, ist die Höhe der Rendite für die Auswahl maßgebend. Wählt der Vormund schuldhaft eine unzulässige Anlageart oder verstößt er gegen die Auswahlregeln, so hat dies zwar nicht die Unwirksamkeit des Anlagegeschäfts zur Folge, er macht sich aber ggf nach § 1833 schadensersatzpflichtig. Das FamG muss in diesem Fall durch Weisungen (§ 1837) oder als *ultima ratio* durch Entlassung (§ 1886) des Vormunds eingreifen.

3 **B. Anlagearten.** In den Nr 1–4 wird ein **Katalog von Anlagen** in bestimmten Forderungen und Wertpapieren genannt, die als mündelsicher gelten. Nr 5 nennt die Voraussetzungen für die **Anlegung bei bestimmten Geldinstituten.**

4 **Nr 1:** Forderungen, für die eine sichere Hypothek an einem inländischen Grundstück besteht, sichere Grund- und Rentenschulden an inländischen Grundstücken. Für ausländische Grundstücke gilt § 1811. Dazu gehören auch durch Grundpfandrechte an Wohnungs- oder Teileigentum gesicherte Forderungen (vgl § 13 WEG); Bergwerkseigentum (vgl § 9 I BBergG); auch Grundpfandrechte an Erbbaurechten (§ 18 ErbbauVO); die nach Landesgesetzen dem Grundstück gleich zu behandelnden Berg- und sonstige Abbaurechte sowie Nutzungsrechte; nicht hingegen Schiffshypotheken (§§ 24 ff SchiffsRG). Wie die Sicherheit der Grundpfandrechte festzustellen ist kann landesrechtlich bestimmt werden (vgl Zusammenstellung der landesrechtlichen Regelungen: Staud/*Engler* § 1807 Rz 23; MüKo/*Schwab* § 1807 Rz 15). Als mündelsicher gelten dabei Grundpfandrechte unabhängig von ihrer Rangstellung, wenn sie innerhalb von 3/5–1/2 des Verkehrswerts des Grundstücks liegen. An dieser Marge darf sich der Vormund auch bei Fehlen landesrechtlicher Regelungen orientieren, auf eine Taxierung des Grundstückswert darf er sich hingegen bei besserer eigener Kenntnis nicht verlassen (RG JW 10, 708; 14, 931).

5 **Nr 2:** Verbriefte Forderungen gegen den Bund oder ein Bundesland und Forderungen, die in das Bundesschuldenbuch oder das Schuldenbuch eines Bundeslandes eingetragen sind. Hierzu gehören Schuldverschreibungen, Anleihen, Schatzanweisungen und Darlehen, für die der Bund oder ein Bundesland einen Schuldschein ausgestellt hat. Nach Umwandlung von Bundesbahn und Bundespost in Aktiengesellschaften sind deren Schuldverpflichtungen nur noch hinsichtlich ihrer Altschulden und zwar nach Nr 3 mündelsicher (vgl Palandt/*Diederichsen* § 1807 Rz 5).

6 **Nr 3:** Verbriefte Forderungen, deren Verzinsung vom Bund oder einem Bundesland gewährleistet ist. Entscheidend ist dabei die Sicherung der Zinszahlung, nicht hingegen die Sicherung der Forderung selbst. Die Regelung betrifft alle verbrieften Forderungen gegen Unternehmen, für die der Bund oder ein Land generell die Gewähr übernommen haben, weil die betreffenden Unternehmen öffentliche Aufgaben wahrnehmen oder dem Bund oder dem betreffenden Land gehören (vgl *Sichtermann* Das Recht der Mündelsicherheit, 24).

Nr 4: Wertpapiere aller Art und verbriefte Forderungen jeder Art gegen inländische Körperschaften oder deren Kreditanstalten, die von der Bundesregierung mit Zustimmung des Bundesrats für mündelsicher erklärt worden sind. Dies gilt auch für ausländische Wertpapiere oder als Inhaberpapiere auch Aktien, ferner Investmentanteile (*Vogt* Rpfleger 96, 389) und Pfandbriefe (vgl *Sichtermann* Das Recht der Mündelsicherheit, 29 ff; Staud/*Engler* § 1807 Rz 36–41; Soergel/*Zimmermann* § 1807 Rz 13). 7

Nr 5: Mündelsicher angelegt werden kann Geld bei einer inländischen Sparkasse, die von der zuständigen Landesbehörde für geeignet erklärt worden ist. Dies gilt zzt für alle Sparkassen, sowie für Kreditinstitute, die einer für die Einlage ausreichenden Sicherungseinrichtung angehören (vgl *Sichtermann* Das Recht der Mündelsicherheit, 41 ff; MüKo/*Schwab* § 1807 Rz 13; Staud/*Engler* § 1807 Rz 42 ff). Spezialgesetzlich anerkannt sind außerdem die Deutsche Genossenschaftsbank (BGBl 75 I 3171), die Deutsche Siedlungs- und Landesrentenbank (BGBl 65 I 1001, 80 I 1558), die Kreditanstalt für Wiederaufbau (BGBl 69 I 574), die Landwirtschaftliche Rentenbank (BGBl 63 I 465) und die Lastenausgleichsbank (BGBl 54 I 293). In Zweifelsfällen erteilen die Landeszentralbanken Auskunft. 8

§ 1808 – *weggefallen* –

§ 1809 Anlegung mit Sperrvermerk. Der Vormund soll Mündelgeld nach § 1807 Abs. 1 Nr. 5 nur mit der Bestimmung anlegen, dass zur Erhebung des Geldes die Genehmigung des Gegenvormunds oder des Familiengerichts erforderlich ist.

A. Normzweck. Die **Vorschrift ergänzt § 1807 I Nr 5** und soll verhindern, das der Vormund von einem Konto des Mündels ohne Zustimmung des Gegenvormunds oder des FamG angelegte Mündelgelder abheben kann, was anderenfalls durch § 1813 I Nr 3 ermöglicht würde. Die Vorschrift gilt auch für Zinsen, soweit sie alsbald dem Kapital zugeschlagen werden und für Mündelvermögen, das bereits vor Beginn der Vormundschaft ohne Sperrvermerk angelegt gewesen ist (Soergel/*Zimmermann* § 1809 Rz 3, Staud/*Engler* § 1809 Rz 6). Die Vorschrift bezieht sich nicht auf Mündelgeld, das nicht nach § 1806 verzinslich angelegt zu werden braucht, weil es zur Bestreitung von Ausgaben bereitzuhalten ist (Staud/*Engler* § 1809 Rz 7). Die Eltern können von der Beschränkung des § 1809 eine Befreiung erteilen (§§ 1852 II, 1853), Vereins- und Amtsvormund sind gesetzlich befreit (§ 1857a). 1

B. Sperrvermerk. Der Vormund muss bereits **bei der Kontoeröffnung** zur Anlage von Mündelgeldern durch **Vereinbarung einer Verfügungsbeschränkung** in Form eines Sperrvermerks darauf hinwirken, dass die Bank nur befreiend an den Vormund (oder dem Mündel mit Zustimmung des Vormunds) leisten kann, wenn der Gegenvormund oder das FamG zuvor zugestimmt haben. Die gesonderte Vereinbarung eines Sperrvermerks ist dann überflüssig, wenn bereits die Satzung des Geldinstituts eine pauschale Einschränkung dieses Inhalts für Mündelgelder enthält. In diesen Fällen genügt es, wenn der Vormund die Anlage als Geld des Mündels entspr kennzeichnet. Auch die Aufhebung des Sperrvermerks bedarf der Genehmigung (§ 1812) durch das FamG, wurde das Geld bereits vor Beginn der Vormundschaft angelegt, ist ein Sperrvermerk nachträglich einzutragen (Staud/*Engler* § 1809 Rz 6). 2

Der **Sperrvermerk gilt** entspr seinem Schutzzweck nur für Verfügungen des Vormunds, die Zwangsvollstreckung Dritter in das Mündelvermögen wird dadurch nicht von der Zustimmung des Gegenvormunds oder des FamG abhängig gemacht. 3

Die **Genehmigung zur Abhebung** von Mündelgeld soll von Gegenvormund bzw FamG erst nach Prüfung der Notwendigkeit der Abhebung unter Berücksichtigung der geplanten Verwendung erteilt werden. 4

Trägt das **Kreditinstitut** den vereinbarten Sperrvermerk nicht ein oder handelt es ihm zuwider, wird es durch die Auszahlung nicht befreit (RG JW 12, 353; Staud/*Engler* § 1809 Rz 14). Der **Vormund haftet** dem Mündel nach § 1833, wenn daraus ein Schaden entsteht, dass er Geld ohne Sperrvermerk angelegt oder trotz Sperrvermerks ohne Genehmigung eingezogen hat. Das FamG hat den Vormund bei der Einhaltung des § 1809 zu überwachen. Den Mündelinteressen ist soweit erforderlich durch Weisungen (§ 1837) bzw die Verhängung von Zwangsgeldern gegen den sich pflichtwidrig verhaltenden Vormund Rechnung zu tragen (BayObLG FamRZ 05, 389 f). 5

§ 1810 Mitwirkung von Gegenvormund oder Familiengericht. ¹Der Vormund soll die in den §§ 1806, 1807 vorgeschriebene Anlegung nur mit Genehmigung des Gegenvormunds bewirken; die Genehmigung des Gegenvormunds wird durch die Genehmigung des Familiengerichts ersetzt. ²Ist ein Gegenvormund nicht vorhanden, so soll die Anlegung nur mit Genehmigung des Familiengerichts erfolgen, sofern nicht die Vormundschaft von mehreren Vormündern gemeinschaftlich geführt wird.

A. Normzweck. Für einen möglichst lückenlosen Schutz des Mündelvermögens regelt die Norm die **Mitwirkungsrechte des Gegenvormunds**, des FamG oder des Mitvormunds bei der Anlage des Mündelvermögens nach §§ 1806, 1807. Sie gilt nicht für die Anlage von Vermögen, dass nicht unter § 1806 fällt (vgl § 1806 Rn 5). Die Befreiungsmöglichkeiten entsprechen denen in § 1809 (vgl § 1809 Rn 1). 1

2 **B. Genehmigungserfordernis.** Der Vormund bedarf, auch für eine mündelsichere Anlage gem § 1807, der **Genehmigung des Gegenvormunds** (1) oder **des FamG** (2). Verweigert der Gegenvormund die Zustimmung, kann sie vom FamG ersetzt werden (1 Hs 2). Der Vormund kann sich alternativ auch unmittelbar an das FamG wenden (Soergel/*Zimmermann* § 1810 Rz 3). Sind mehrere Mitvormünder mit dem gleichen Aufgabenkreis bestellt (§ 1797 I), so ist die Zustimmung des Mitvormunds erforderlich, die auch nicht durch eine gerichtliche Genehmigung ersetzt werden kann (2). Können sich mehrere Mitvormünder nicht über eine Anlage einigen, entscheidet das FamG (vgl § 1797 I 2).

3 **FamG, Gegen- oder Mitvormund** haben zu **prüfen**, ob die Anlage einer wirtschaftlichen und sicheren Vermögensverwaltung iSd §§ 1806, 1807 entspricht und einzuschreiten, wenn dies nicht der Fall ist. Ggf ist auch die Möglichkeit einer Gestattung nach § 1811 zu prüfen, die aber nur das FamG erteilen kann, nicht der Gegen- oder der Mitvormund. Die Genehmigung kann formlos erfolgen und ggfls auch nachträglich ggü der Anlagestelle erklärt werden.

4 **C. Rechtsfolge.** Versäumt der Vormund die Einholung der Genehmigung, ist das Anlagegeschäft trotzdem wirksam, da es sich bei § 1810 um eine reine Ordnungsvorschrift handelt, ggf macht sich der Vormund jedoch gem § 1833 schadensersatzpflichtig (Staus/*Engler* § 1810 Rz 4).

§ 1811 Andere Anlegung.
¹Das Familiengericht kann dem Vormund eine andere Anlegung als die in dem § 1807 vorgeschriebene gestatten. ²Die Erlaubnis soll nur verweigert werden, wenn die beabsichtigte Art der Anlegung nach Lage des Falles den Grundsätzen einer wirtschaftlichen Vermögensverwaltung zuwiderlaufen würde.

1 **A. Normzweck.** Die Norm dient dazu im Einzelfall unter Durchbrechung der starren Regel der §§ 1806, 1807 dem Vormund zu ermöglichen, Gelder auch in nicht mündelsicheren Formen anzulegen, soweit dies zur Vermeidung von Nachteilen für das Mündelvermögen erforderlich sein sollte. Genehmigungsbedürftig ist dabei nicht nur die von §§ 1806, 1807 abweichende verzinsliche Anlegung in der Form von Geldforderungen, sondern auch die Beteiligung an Erwerbsgeschäften, der Erwerb von Aktien, Anteilen von Wertpapierfonds (Köln FamRZ 01, 708), Grundbesitz, Gold, Kunstwerken usw. (Soergel/*Zimmermann* § 1811 Rz 2). Wegen ihres Ausnahmecharakters sind allgemeine Genehmigungen nicht zulässig.

2 Auch das Jugendamt braucht als Amtsvormund oder -pfleger für anderweitiges Anlegen eine Gestattung (§ 56 II 2 SGB VIII). Liegt hingegen eine Befreiung nach § 1817 vor, ist diese entbehrlich.

3 **B. Voraussetzungen der Gestattung.** Die Genehmigung darf mit Ausnahme der generellen Befreiung nach § 1817 I nur erteilt werden, wenn die **Umstände des Einzelfalls** eine von § 1807 abweichende Anlage nahe legen und die vom Vormund beabsichtigte Anlage eine **vergleichbare Sicherheit**, wie die in § 1807 genannten Anlagearten bietet, wobei die Gleichwertigkeit konkret anhand der gesamten Umstände festzustellen ist (Staud/*Engler* § 1811 Rz 14 u 22). Zusätzlich muss die vom Vormund gewählte Anlageart den Grundsätzen einer wirtschaftlichen Vermögensverwaltung entsprechen, wobei ein Abweichen von den in § 1807 vorgeschriebenen Anlageformen bei gleicher Sicherheit nicht nur bei einem erheblichen wirtschaftlichen Vorteil in Betracht kommt (Palandt/*Diederichsen* § 1811 Rz 1 mwN; Staud/*Engler* § 1811 Rz 10, Schlesw BtPrax 00, 87; aA Frankf Rpfleger 84, 147, Soergel/*Zimmermann* § 1811 Rz 4). Das Gericht entscheidet nach pflichtgemäßem Ermessen, wobei es alle wirtschaftlichen Vor- und Nachteile, wie zB Rendite, Wertsicherung, Steuern usw, abzuwägen hat (Köln FamRZ 03, 708). Auch wenn die Sicherheit der Anlegung zentrales Beurteilungskriterium ist, braucht doch nicht jedes wirtschaftliches Risiko von dem Mündel ferngehalten zu werden (BGH NJW 87, 1070). Bei größeren Vermögen ist daher auch eine Streuung über verschiedene Anlagearten geboten (Frankf BtPrax 02, 266), wobei für längerfristige Anlagen neben Rentenfonds auch Aktienfonds in Betracht kommen (Köln FamRZ 03, 708; München FamRZ 09, 1860). Zur Genehmigung der Anlage in Investmentfonds vgl *Vogt* Rpfleger 96, 391. Eine Liste als mündelsicher eingestufter Investments wird vom Handelsblatt im Internet veröffentlicht. Bei Zweifeln an der Wirtschaftlichkeit einer Anlage ist ggf ein Sachverständigengutachten eines Bankenverbands oder des Bankenaufsichtsamts einzuholen (Frankf NJW-RR 99, 1236; Schlesw FGPrax 00, 23; Frankf NJW-RR 02, 1660).

4 Auch ohne die erforderliche Gestattung geschlossene Verträge sind wirksam, die §§ 1828–1831 finden keine Anwendung (Staud/*Engler* § 1811 Rz 21). Der Vormund haftet ggf nach § 1833.

§ 1812 Verfügungen über Forderungen und Wertpapiere.
(1) ¹Der Vormund kann über eine Forderung oder über ein anderes Recht, kraft dessen der Mündel eine Leistung verlangen kann, sowie über ein Wertpapier des Mündels nur mit Genehmigung des Gegenvormunds verfügen, sofern nicht nach den §§ 1819 bis 1822 die Genehmigung des Familiengerichts erforderlich ist. ²Das Gleiche gilt von der Eingehung der Verpflichtung zu einer solchen Verfügung.
(2) Die Genehmigung des Gegenvormunds wird durch die Genehmigung des Familiengerichts ersetzt.
(3) Ist ein Gegenvormund nicht vorhanden, so tritt an die Stelle der Genehmigung des Gegenvormunds die Genehmigung des Familiengerichts, sofern nicht die Vormundschaft von mehreren Vormündern gemeinschaftlich geführt wird.

Genehmigungsfreie Geschäfte § 1813

A. Normzweck. Die Norm soll den Mündel vor Veruntreuungen des Vormunds schützen und regelt in 1 Ergänzung zu § 1810 die **Mitwirkung des Gegenvormunds** bzw des **FamG** bei der **Anlage von Mündelvermögen**, bei der **Verfügung über Forderungen, Rechte und Wertpapiere** sowie bei den **zugehörigen Verpflichtungsgeschäften** (Staud/*Engler* § 1812 Rz 1; vgl auch *Wesche* BtPrax 04, 49; München FamRZ 09, 731). Es handelt sich um zwingendes Recht, dass nicht durch Vereinbarungen zwischen Vormund und Schuldner abbedungen werden kann. Der Schuldner wird daher durch eine Leistung ohne die erforderliche Genehmigung nicht befreit (BGH BtPrax 07, 171). Zu beachten ist § 1813, durch den wichtige Fälle aus dem Anwendungsbereich des § 1812 ausgenommen werden.

B. Zustimmung des Gegenvormunds. Sie ist **zu allen Verfügungen erforderlich**, dh allen Geschäften durch 2 die ein Recht übertragen, belastet oder inhaltlich geändert wird, sowie die Verpflichtung dazu. Betroffen sein müssen Forderungen, sonstige Rechte, kraft derer der Mündel eine Leistung verlangen kann, oder Wertpapiere des Mündels. Dies gilt ua für Änderungsverträge, Kündigungen (zB des Wohnungsmietvertrages: Hamm FamRZ 91, 605), Erlassverträge, Verzichte, Abtretung, Aufrechnung (Celle OLGZ 67, 483), Schuldübernahme nach §§ 415, 416 (*Damrau* FamRZ 84, 847) und die Annahme der geschuldeten Leistung, da hier durch die Wirkung des § 362 sonst die Forderung erlöschen würde (Karlsr NJW-RR 99, 230). Ferner auch Einwilligung und Genehmigung der unbefugten Verfügung eines Dritten (BayObLG OLGE 4, 414). Die Vollmachtserteilung an einen Dritten ist nicht genehmigungsbedürftig, während das Geschäft des Bevollmächtigten dem § 1812 unterfällt. Es reicht, dass der Mündel an dem Gegenstand Mitinhaber ist (Staud/*Engler* § 1812 Rz 29). Genehmigungspflichtig ist auch die Annahme von Hypotheken und Grundschuldvaluta, wobei str ist, ob es auch dann, wenn der Mündel Dritten ggü zu einer Verfügung verpflichtet ist, einer entspr Genehmigung bedarf (vgl *Damrau* FamRZ 84, 848).

C. Ausnahmen. Ausgenommen von der Genehmigungspflicht durch den Gegenvormund sind all diejenigen Geschäfte, die ohnehin der Genehmigung des FamG bedürfen (§§ 1819-1821). Ferner wenn das FamG 3 bereits eine Ermächtigung für Geschäfte bestimmter Art (§ 1825) oder eine allgemeine Ermächtigung nach § 1817 I erteilt hat. Auch bei Geschäften die § 1813 unterfallen sowie bei befreiter Vormundschaft (§§ 1852 II, 1853) und bei Amts- und Vereinsvormundschaft (§ 1857a) findet die Norm keine Anwendung. Nach allgemeiner Meinung ist der Anwendungsbereich von § 1812 restriktiv auszulegen, um den Vormund nicht übermäßig in seiner für eine effektive Vermögensverwaltung notwendigen wirtschaftlichen Bewegungsfreiheit zu hindern (vgl Staud/*Engler* § 1812 Rz 31–43; MüKo/*Schwab* § 1812 Rz 14; *Damrau* FamRZ 84, 842).

D. Voraussetzungen für die Genehmigung. Die **Genehmigung des Gegenvormunds** richtet sich nach 4 §§ 1828 – 1832 und ist zu erteilen, wenn der Mündel zur Vornahme des Rechtsgeschäfts verpflichtet ist oder wenn das Geschäft einer wirtschaftlichen Vermögensverwaltung (§ 1811) sowie dem pflichtgemäßen Ermessen des Vormunds entspricht (KG JW 37, 1552). Das FamG kann die Genehmigung ersetzen, wenn der Gegenvormund sie unberechtigterweise verweigert. Ggf ist der Gegenvormund zu entlassen (§ 1886). In den Fällen des III, wenn noch kein Gegenvormund bestellt oder dieser weggefallen ist, entscheidet das FamG unmittelbar. Der Vormund kann sich aber auch unter Übergehung des Gegenvormunds direkt an das FamG wenden (Soergel/*Zimmermann* § 1812 Rz 18). Bei gemeinschaftlicher Vormundschaft genügt es, wenn das FamG gem § 1797 I 2 mit der Sache befasst wird.

§ 1813 Genehmigungsfreie Geschäfte. (1) Der Vormund bedarf nicht der Genehmigung des Gegenvormunds zur Annahme einer geschuldeten Leistung:
1. wenn der Gegenstand der Leistung nicht in Geld oder Wertpapieren besteht,
2. wenn der Anspruch nicht mehr als 3000 € beträgt,
3. wenn Geld zurückgezahlt wird, das der Vormund angelegt hat,
4. wenn der Anspruch zu den Nutzungen des Mündelvermögens gehört,
5. wenn der Anspruch auf Erstattung von Kosten der Kündigung oder der Rechtsverfolgung oder auf sonstige Nebenleistungen gerichtet ist.
(2) ¹Die Befreiung nach Abs. 1 Nr. 2, 3 erstreckt sich nicht auf die Erhebung von Geld, bei dessen Anlegung ein anderes bestimmt worden ist. ²Die Befreiung nach Abs. 1 Nr. 3 gilt auch nicht für die Erhebung von Geld, das nach § 1807 Abs. 1 Nr. 1 bis 4 angelegt ist.

A. Normzweck. Die **Norm ermöglicht** dem Vormund eine flexible Vermögensverwaltung, indem sie 1 bestimmte häufig vorkommende Geschäfte, bei denen entweder eine Bereicherung des Vormunds unwahrscheinlich ist oder deren wirtschaftliche Bedeutung gering ist, aus dem Anwendungsbereich des § 1812 herausnimmt.

B. Genehmigungsfreie Geschäfte. Nicht der Genehmigung des Gegenvormunds bedürfen Leistungen, bei 2 denen der Leistungsgegenstand weder als Schuldinhalt noch bei der tatsächlichen Leistungserbringung in Geld oder Wertpapieren besteht (I Nr 1), wie zB die Annahme von Warenlieferungen oder anderen Sachleistungen. Wandeln sich jedoch diese Forderungen, etwa im Fall des § 280 nachträglich in Geldforderungen um, so wird die Genehmigung des Gegenvormunds für ihre Einziehung notwendig, soweit nicht ein anderer Ausnahmetatbestand des § 1813 greift.

3   Auch die **Geltendmachung von Zahlungsansprüchen** (auch für Ansprüche aus Bankeinlagen) bis zur Gesamthöhe von 3.000 € bedarf nicht der Genehmigung des Gegenvormunds, um dem Vormund im Mündelinteresse ein einfaches Wirtschaften zu ermöglichen (**I Nr 2**). Kosten, Zinsen und Nebenleistungen bleiben bei der Bestimmung dieses Betrages unberücksichtigt. Die Regelung gilt nicht, wenn bei der Anlegung des Geldes etwas anderes bestimmt wurde (II 1). Die Genehmigungsfreiheit hängt dabei nicht von der Höhe der einzelnen Teilleistung ab, sondern die Höhe des gesamten Anspruchs ist entscheidend (Köln FamRZ 07, 1268). Dies hat zur Folge, dass bei Bankguthaben auch Abhebungen unter 3.000 € ohne Genehmigung nicht erfolgen dürfen, da dadurch die gesamte gegen die Bank bestehende Forderung geändert wird (hM Palandt/*Diederichsen* § 1813 Rz 3; Soergel/*Zimmermann* § 1813 Rz 4; Köln Rpfleger 94, 503; Karlsr FamRZ 01, 786; LG Mannheim FamRZ 08; 640; aA LG Saarbrücken FamRZ 92, 1348, MüKo/*Schwab* § 1813 Rz 8, Staud/*Engler* § 1813 Rz 11 für Girokonto). Bei Gesamthandansprüchen ist nur der auf den Mündel entfallende Anteil maßgebend (KG JW 32, 1387). Die genehmigungsfreie Auszahlung auch höherer Beträge ist zulässig, wenn bei der Anlegung etwas anderes bestimmt worden ist (II 1).

4   Auch die Rückzahlung von Geld, das der Vormund angelegt hat (**I Nr 3**), ist genehmigungsfrei, es sei denn, die Genehmigungsfreiheit wurde bei der Anlegung ausgeschlossen (II 1), oder es handelt sich um Anlagen nach § 1807 I Nr 1–4.

5   Nach **I Nr 4** sind auch alle Geschäfte über Nutzungen des Mündelvermögens unabhängig von der Höhe genehmigungsfrei, wobei dies jedoch nur für die Nutzungen iSd § 100, nicht für Surrogate gilt. Dazu gehören zB Hypothekzinsen, Miet und Pachtzahlungen und Rentenzahlungen (so BSG MDR 82, 698; Jürgens/*Klüsener* § 1813 Rz 13; aA MüKo/*Schwab* § 1813 Rz 9) nicht hingegen dem Kapital zugeschlagene Zinsen aus einem Sparguthaben (vgl Staud/*Engler* § 1813 Rz 19–21).

6   Nach I Nr 5 ist schließlich die Annahme von Kostenerstattungen für eine Kündigung (auch Rücktritt), Nebenleistungen, Verzugszinsen, Vertragsstrafen und Schadensersatzleistungen wegen Verzugs (vgl Staud/*Engler* Rz 22–23) genehmigungsfrei.

§ 1814 Hinterlegung von Inhaberpapieren.

¹Der Vormund hat die zu dem Vermögen des Mündels gehörenden Inhaberpapiere nebst den Erneuerungsscheinen bei einer Hinterlegungsstelle oder bei einem der in § 1807 Abs. 1 Nr. 5 genannten Kreditinstitute mit der Bestimmung zu hinterlegen, dass die Herausgabe der Papiere nur mit Genehmigung des Familiengerichts verlangt werden kann. ²Die Hinterlegung von Inhaberpapieren, die nach § 92 zu den verbrauchbaren Sachen gehören, sowie von Zins-, Renten- und Gewinnanteilscheinen ist nicht erforderlich. ³Den Inhaberpapieren stehen Orderpapiere gleich, die mit Blankoindossament versehen sind.

1   S Kommentierung zu § 1816.

§ 1815 Umschreibung und Umwandlung von Inhaberpapieren.

(1) ¹Der Vormund kann die Inhaberpapiere, statt sie nach § 1814 zu hinterlegen, auf den Namen des Mündels mit der Bestimmung umschreiben lassen, dass er über sie nur mit Genehmigung des Familiengerichts verfügen kann. ²Sind die Papiere vom Bund oder einem Land ausgestellt, so kann er sie mit der gleichen Bestimmung in Schuldbuchforderungen gegen den Bund oder das Land umwandeln lassen.
(2) Sind Inhaberpapiere zu hinterlegen, die in Schuldbuchforderungen gegen den Bund oder ein Land umgewandelt werden können, so kann das Familiengericht anordnen, dass sie nach Absatz 1 in Schuldbuchforderungen umgewandelt werden.

1   S Kommentierung zu § 1816.

§ 1816 Sperrung von Buchforderungen.

Gehören Schuldbuchforderungen gegen den Bund oder ein Land bei der Anordnung der Vormundschaft zu dem Vermögen des Mündels oder erwirbt der Mündel später solche Forderungen, so hat der Vormund in das Schuldbuch den Vermerk eintragen zu lassen, dass er über die Forderungen nur mit Genehmigung des Familiengerichts verfügen kann.

1   **A. Normzweck.** Normzweck der §§ 1814–1816 ist der Schutz des Mündels vor den Gefahren der §§ 932, 935 II, der Untreue des Vormunds oder des zufälligen Verlusts der bei diesem selbst verwalteten Papiere. Die Verpflichtung greift nur bei Alleineigentum des Mündels (Miteigentum oder Gesamthandsberechtigung reichen nicht aus). Der Vormund kann alternativ zur Hinterlegung auch entspr §§ 1815, 1816 verfahren. Ausnahmen von den *Verpflichtungen der §§ 1814–1816* gelten für den befreiten Vormund (§ 1853), den Amts- und Vereinsvormund (§ 1857a), bei Anordnung des Vermögenszuwenders (§ 1803) sowie bei Entbindung durch das FamG (§ 1817 I) und bei Umschreibung und Umwandlung der Inhaberpapiere (vgl § 1815).

B. Gegenstand der Hinterlegung. Zu hinterlegen sind Inhaberpapiere iSd § 793, Inhaberaktien (§§ 10, 24 AktG) und auf den Inhaber ausgestellte Grund- und Rentenschuldbriefe einschließlich etwaiger Erneuerungsscheine. Gleichgestellt sind mit Blankoindossament versehene Orderpapiere iSd §§ 363 ff HGB, Art 15–17, 19 ScheckG, Art 13 f, 16, 77 WG. Nicht unter § 1814 fallen qualifizierte Legitimationspapiere (§ 808), weshalb insb Sparbücher nicht hinterlegt zu werden brauchen. Von der Hinterlegungspflicht ausdrücklich ausgenommen sind nach II verbrauchbare Sachen iSd § 92 (etwa Banknoten, Umsatzwechsel und Schecks), sowie Zins-, Renten- und Gewinnanteilsscheine. Die Hinterlegungspflicht kann im Einzelfall durch das Gericht erweitert werden (§ 1818).

C. Ort der Hinterlegung. Die Hinterlegung kann nach Wahl des Vormunds beim Amtsgericht oder Staatsbanken aber auch anderen Banken, die nach § 1807 I Nr 5 zugelassen sind, mit der Abrede erfolgen, dass für die Herausgabe die Genehmigung des FamG notwendig ist. Ein Genehmigungsvorbehalt zugunsten des Gegenvormunds oder eines Mitvormunds genügt nicht. Die Bestimmung kann nachgeholt werden und wird auch Vertragsinhalt, wenn die Hinterlegungsstelle bereits durch Gesetz, Rechtsverordnung oder Satzung dazu verpflichtet ist, erkennbar zum Vermögen des Mündels gehörende hinterlegte Wertpapiere nur mit Genehmigung des FamG herauszugeben (Staud/*Engler* § 1814 Rz 21).

D. Wirkung der Hinterlegung. Mit der Hinterlegung nach § 1814 unterliegt der Vormund einer Verpflichtungs- und Verfügungsbeschränkung, dh, gibt die Hinterlegungsstelle die hinterlegten Papiere ohne die Genehmigung des FamG heraus, wird sie nicht frei und haftet dem Mündel auf Schadensersatz. Verstößt der Vormund gegen seine Pflichten aus § 1814 so hat das FamG nach § 1837 einzugreifen. Notfalls ist der Vormund zu entlassen (§ 1883). Er haftet dem Mündel nach § 1833.

E. Umschreibung von Inhaberpapieren. Um das umständliche Hinterlegungsverfahren zu vermeiden kann der Vormund auch hinterlegungspflichtige Inhaberpapiere in Namenspapiere auf den Namen des Mündels umschreiben lassen, mit der Bestimmung, dass er nicht ohne Genehmigung des FamG darüber verfügen kann (I 1). Der Aussteller ist allerdings idR zu einer Umschreibung nicht verpflichtet (§ 806 2), soweit nicht landesgesetzliche Vorschriften etwas anderes bestimmen (Staud/*Engler* § 1815 Rz 3). Briefrechte gegen den Bund oder ein Land kann der Vormund in Buchforderungen mit einem Sperrvermerk umwandeln lassen (I 2). Eine entspr Umwandlung kann vom FamG auch angeordnet und notfalls mit Zwangsmitteln durchgesetzt werden (II). Die so erreichte Verfügungsbeschränkung verhindert den Gutglaubenserwerb nach § 932, 935 II (zu den Schuldbuchgesetzen des Bundes und der Länder vgl Staud/*Engler* § 1815 Rz 6).

Bereits zu Beginn der Vormundschaft zum Mündelvermögen gehörende oder später erworbene **Buchforderungen** hat der Vormund gem § 1816 unverzüglich mit einem § 1815 entspr Sperrvermerk in das Schuldbuch eintragen zu lassen. Das FamG kann ihn hierzu durch Zwangmittel anhalten, nicht jedoch statt des Vormunds selber handeln (Staud/*Engler* § 1816 Rz 2).

§ 1817 Befreiung.
(1) ¹Das Familiengericht kann den Vormund auf dessen Antrag von den ihm nach den §§ 1806 bis 1816 obliegenden Verpflichtungen entbinden, soweit
1. der Umfang der Vermögensverwaltung dies rechtfertigt und
2. eine Gefährdung des Vermögens nicht zu besorgen ist.

²Die Voraussetzungen der Nummer 1 liegen im Regelfall vor, wenn der Wert des Vermögens ohne Berücksichtigung von Grundbesitz 6000 € nicht übersteigt.
(2) Das Familiengericht kann aus besonderen Gründen den Vormund von den ihm nach den §§ 1814, 1816 obliegenden Verpflichtungen auch dann entbinden, wenn die Voraussetzungen des Absatzes 1 Nr. 1 nicht vorliegen.

A. Normzweck. Wenn es im Mündelinteresse liegt, kann das FamG den Vormund bei geringer Bedeutung der Vermögensverwaltung (I) oder beim Vorliegen besonderer Gründe (II) von den Mündelschutzvorschriften der §§ 1806–1816 entbinden. Nicht befreit werden kann er von der Pflicht zur laufenden Rechnungslegung (§ 1840 II). Die Vorschrift ist auf die Betreuung sinngemäß anzuwenden (§ 1908i I 1).

B. Eine Befreiung nach I setzt einen Antrag des Vormunds/Betreuers voraus. Zusätzlich darf die Vermögensverwaltung nur einen geringen Umfang haben, so dass eine Vermögensgefährdung regelmäßig nicht zu *befürchten ist*. Nach I 2 besteht eine gesetzliche Vermutung, dass immer dann von einem geringen Umfang der Vermögensverwaltung auszugehen ist, wenn der Wert des zu verwaltenden Vermögens 6000 € (ohne Grundbesitz) nicht übersteigt. Maßgebend ist der Aktivwert (ohne Verbindlichkeiten) des beweglichen Vermögens (Hausrat, Kapitalvermögen usw). Renten und wiederkehrende Leistungen sind bei der Wertermittlung nicht zu kapitalisieren. Auch wenn die Wertgrenze überschritten wird, kann ein geringer Umfang der Vermögensverwaltung eine Befreiung von allen oder einzelnen Pflichten aus dem Katalog der §§ 1806–1816 rechtfertigen (vgl Staud/*Engler* § 1819 Rz 18).

Die Befreiung ist nicht zu erteilen, wenn eine Gefährdung des Vermögens zu besorgen ist (I 1 Nr 2). Zu berücksichtigen sind die Art des Vermögens sowie die Person des Betreuers (*Wesche* BtPrax 04, 53).

4 **Eine Befreiung** nach II ist auch möglich, wenn besondere Gründe vorliegen, die eine Gefährdung des Mündelvermögens bei Aufbewahrung der Papiere durch den Vormund ausgeschlossen erscheinen lassen. Dies kann zB bei besonders sicherer Aufbewahrungsmöglichkeit (zB im Safe des Vormunds) oder unverhältnismäßig hohen Kosten der Hinterlegung der Fall sein. Ein besonderer Grund für die Befreiung kann auch in der Person des Vormunds liegen, der sich durch besondere Vertrauenswürdigkeit auszeichnet (Staud/*Engler* § 1819 Rz 26). Nach aA müssen objektive Gründe hinzutreten (RG 80, 252, MüKo/*Wagenitz* § 1819 Rz 12).

5 **C. Verfahren.** Die Befreiung nach § 1817 I kann nur auf Antrag des Vormunds/Betreuers erteilt werden, nach II auch vAw. Sie kann auf einzelne Verpflichtungen oder Vermögensteile beschränkt, befristet oder mit Auflagen versehen sein und ist von Amts wegen wieder aufzuheben oder einzuschränken, wenn ihre Voraussetzungen nicht vorgelegen haben oder später wegfallen.

§ 1818 Anordnung der Hinterlegung.
Das Familiengericht kann aus besonderen Gründen anordnen, dass der Vormund auch solche zu dem Vermögen des Mündels gehörende Wertpapiere, zu deren Hinterlegung er nach § 1814 nicht verpflichtet ist, sowie Kostbarkeiten des Mündels in der in § 1814 bezeichneten Weise zu hinterlegen hat; auf Antrag des Vormunds kann die Hinterlegung von Zins-, Renten- und Gewinnanteilscheinen angeordnet werden, auch wenn ein besonderer Grund nicht vorliegt.

1 **A. Normzweck.** § 1818 gibt dem FamG die Möglichkeit, auch über den Katalog des § 1814 hinaus die Hinterlegung weiterer Gegenstände anzuordnen, wie etwa von Sparbüchern, Hypothekenbriefen und mit Blankoindossament versehenen Orderpapieren sowie für Kostbarkeiten. Ob es sich um Kostbarkeiten handelt (zB Antiquitäten usw) bestimmt sich nach der Verkehrsanschauung. Eine Hinterlegung ist immer dann anzuordnen, wenn dem Mündel durch eine Aufbewahrung der Papiere oder Kostbarkeiten beim Vormund ein Schaden droht. Dabei steht die Abwendung der Gefahr einer nicht sachgerechten Aufbewahrung im Vordergrund, weniger die Vermutung, dass der Vormund sich die Wertgegenstände unrechtmäßig aneignen könnte. Zweifel an der Zuverlässigkeit des Vormunds, die noch unter der Schwelle des § 1886 liegen, genügen jedoch (Staud/*Engler* § 1818 Rz 7). Bei Zins-, Renten- und Gewinnanteilscheinen kann eine Hinterlegung auch ohne Vorliegen eines besonderen Grundes, auf Antrag des Vormunds (Hs 2) angeordnet werden.

2 **B. Wirkung der Hinterlegung.** Eine Herausgabe darf nur mit Genehmigung des FamG erfolgen (§§ 1814–1816 Rn 4). Der Vormund darf über die hinterlegten Papiere/Kostbarkeiten nur iRd § 1819 verfügen. Die Norm gilt auch für den Vereinsvormund und für befreite Vormünder (Staud/*Engler* § 1818 Rz 14–16), nicht hingegen für das Jugendamt als Amtsvormund (§ 56 II 1 SGB VIII).

§ 1819 Genehmigung bei Hinterlegung.
¹Solange die nach § 1814 oder nach § 1818 hinterlegten Wertpapiere oder Kostbarkeiten nicht zurückgenommen sind, bedarf der Vormund zu einer Verfügung über sie und, wenn Hypotheken-, Grundschuld- oder Rentenschuldbriefe hinterlegt sind, zu einer Verfügung über die Hypothekenforderung, die Grundschuld oder die Rentenschuld der Genehmigung des Familiengerichts. ²Das Gleiche gilt von der Eingehung der Verpflichtung zu einer solchen Verfügung.

1 Um einen möglichst lückenlosen Schutz des Mündelvermögens zu erreichen, verbietet die Norm in Ergänzung zu § 1814 Rn 4 auch Verfügungen über die nach §§ 1814, 1818 hinterlegten Wertpapiere oder Kostbarkeiten während des Hinterlegungszeitraums ohne gerichtliche Genehmigung. Auch Verpflichtungen zu derartigen Verfügungen sind genehmigungspflichtig. Der Mündel wird durch Geschäfte des Vormunds, die gegen § 1819 verstoßen, nicht verpflichtet, da der Vormund insoweit in seiner Vertretungsmacht beschränkt ist. Er haftet dem Mündel nach § 179 als Vertreter ohne Vertretungsmacht.

§ 1820 Genehmigung nach Umschreibung und Umwandlung.
(1) Sind Inhaberpapiere nach § 1815 auf den Namen des Mündels umgeschrieben oder in Schuldbuchforderungen umgewandelt, so bedarf der Vormund auch zur Eingehung der Verpflichtung zu einer Verfügung über die sich aus der Umschreibung oder der Umwandlung ergebenden Stammforderungen der Genehmigung des Familiengerichts.
(2) Das Gleiche gilt, wenn bei einer Schuldbuchforderung des Mündels der im § 1816 bezeichnete Vermerk eingetragen ist.

1 Die Norm erweitert die in § 1819 für hinterlegte Wertpapiere und Kostbarkeiten getroffenen Regelungen auf nach § 1815 und § 1816 umgeschriebene Inhaberpapiere bzw mit einem Sperrvermerk versehene Buchforderungen. Zu den Rechtsfolgen vgl § 1819 Rn 1.

§ 1821 Genehmigung für Geschäfte über Grundstücke, Schiffe oder Schiffsbauwerke.
(1) Der Vormund bedarf der Genehmigung des Familiengerichts:
1. zur Verfügung über ein Grundstück oder über ein Recht an einem Grundstück;
2. zur Verfügung über eine Forderung, die auf Übertragung des Eigentums an einem Grundstück oder auf Begründung oder Übertragung eines Rechts an einem Grundstück oder auf Befreiung eines Grundstücks von einem solchen Recht gerichtet ist;
3. zur Verfügung über ein eingetragenes Schiff oder Schiffsbauwerk oder über eine Forderung, die auf Übertragung des Eigentums an einem eingetragenen Schiff oder Schiffsbauwerk gerichtet ist;
4. zur Eingehung einer Verpflichtung zu einer der in den Nummern 1 bis 3 bezeichneten Verfügungen;
5. zu einem Vertrag, der auf den entgeltlichen Erwerb eines Grundstücks, eines eingetragenen Schiffes oder Schiffsbauwerks oder eines Rechts an einem Grundstück gerichtet ist.
(2) Zu den Rechten an einem Grundstück im Sinne dieser Vorschriften gehören nicht Hypotheken, Grundschulden und Rentenschulden.

A. Normzweck. Zum **Schutz des Mündels** wird durch die §§ 1821, 1822 ein Katalog bedeutsamer und riskanter Rechtsgeschäfte an die Genehmigung des FamG gebunden; die Genehmigung des Gegenvormunds genügt nicht (vgl *Brüggemann* FamRZ 90, 5 u 124; *Labuhn ua*, Vormundschaftsgerichtliche Genehmigung, 2. Aufl 95; speziell zu Fällen mit Auslandsbezug s. *Jaspersen* FamRZ 1996, 396, 397; *Rausch* BtPrax 04, 137, 140). Zweck von Nr 1–4 ist Schutz des Mündels vor Beeinträchtigung seines als besonders sicher geltenden Grundvermögens. Nr 5 dient der Kontrolle, wenn der Vormund Mündelgelder, statt sie nach §§ 1806 ff verzinslich anzulegen, für den Erwerb von Grundbesitz verwenden will. Die Abgrenzung zwischen genehmigungsbedürftigen und genehmigungsfreien Geschäften ist aus den Gründen der Rechtssicherheit nur nach formalen Kriterien vorzunehmen (BGH Rpfleger 89, 281, 282). 1

Die **§§ 1821 u 1822 sind nicht abschließend** (vgl auch §§ 112, 1809 ff; 1812 II, III; 1814, 1815; 1819; 1820; 1824). Weitere zwingende Genehmigungserfordernisse in vermögensrechtlichen und persönlichen Angelegenheiten, bei denen es zum größten Teil um die familienrechtliche und erbrechtliche Stellung des Mündels geht, finden sich an verschiedenen Stellen im BGB (zB §§ 1411, 1484, 1491 III, 1492, 1517 II, 1594, 1596, 1600a III, 1631 b, 1639, 1644, 1645, 2275, 2282 ff, 2290 ff, 2347, 2351, 2352) und in der ZPO (zB §§ 607 II 2), aber auch in weiteren Normen, wie etwa in § 3 RKEG (religiöses Bekenntnis), §§ 2 I, 11 NÄG (verwaltungsrechtliche Änderung des Vor- oder Familiennamens), §§ 16 III, 40 VerschG (Todeserklärung), §§ 19 I, 26 IV RuStAG (Entlassung aus der Staatsangehörigkeit u Verzicht auf die deutsche Staatsangehörigkeit) oder § 181 II 2 ZVG (Aufhebung der Gemeinschaft durch Zwangsversteigerung). IRd Betreuung bedürfen der gerichtlichen Genehmigung Erklärungen des Betreuers nach den §§ 1904, 1905 II, 1906 II u IV, 1907 I u III, 1908. Im Interesse der Rechtssicherheit ist eine Erweiterung des Kreises der genehmigungsbedürftigen Geschäfte, über die in den §§ 1821, 1822 (und anderen Bestimmungen) bezeichneten Geschäfte hinaus, durch **analoge Gesetzesanwendung** ausgeschlossen (Staud/*Engler* § 1821 Rz 7). 2

B. Anwendungsbereich. Persönlich gelten die §§ 1821 f für alle Vormünder, einschließlich des Amts- und Vereinsvormunds, mit Modifikationen auch für die Eltern (§ 1643 I). Auf die Betreuung sind sie sinngemäß anzuwenden (§ 1908i I 1), auch wenn der Betreuer den Aufgabenkreis der Vermögenssorge hat (Frankf BtPrax 97, 76). Ausgenommen ist § 1822 Nr 5, an dessen Stelle die spezielle Regelung des § 1907 III tritt. Der geschäftsfähige Betreute kann auch nicht durch eine Bevollmächtigung des Betreuers den Genehmigungsvorbehalt unterlaufen (Köln FamRZ 00, 1525). Für Eltern gelten § 1821 und § 1822 Nr 1, 3, 5, 8–11 entspr (§ 1643 I). 3

Der **sachliche** Geltungsbereich umfasst das Vermögen des Mündels, soweit die Verwaltung des Vormunds reicht. Dies bedeutet, dass die §§ 1820 f nicht für Gegenstände gelten, die der Testamentsvollstreckung unterliegen (Zweibr DNotZ 83, 104; anders bei durch den Erblasser angeordneten Verfügungsbeschränkungen: BGH 56, 275) oder die einer juristischen Person oder Gesellschaft gehören, an der Mündel beteiligt ist. Bei den Gesamthandgemeinschaften ist zu differenzieren. Die Erbengemeinschaft ist nicht rechtsfähig (BGH NJW 02, 3389), so dass die gemeinschaftliche Verfügung über ein Nachlassgrundstück der Genehmigung bedarf, soweit ein Miterbe unter Vormundschaft steht oder betreut wird. Anders bei OHG und KG, die als Träger eigener Rechte insoweit rechtsfähig sind und bei denen daher Verfügungen über ein Gesellschaftsgrundstück keiner gerichtlichen Genehmigung bedürfen (BGH NJW 71, 375 f). Der OHG gleichgestellt ist die BGB-Erwerbsgesellschaft (Schlesw FamRZ 02, 55). Die laufenden Geschäfte einer BGB-Gesellschaft, deren alleiniger Zweck die Verwaltung des Familienvermögens ist, sollen hingegen bei Beteiligung des Mündels, bzw des Betreuten, der Genehmigungspflicht unterfallen (Kobl NJW 03, 1401 mit abl Anm *Wertenbruch* FamRZ 03, 1714). Genehmigungsbedürftig sind idR nicht nur die Verfügungen, sondern auch die Verpflichtung zur Verfügung. Das Genehmigungserfordernis für die Verfügung besteht ferner unabhängig davon, ob eine Verpflichtung zu ihrer Vornahme besteht (BayObLG FamRZ 77, 141). **Prozesshandlungen** sind mit Ausnahme von § 607 II 2 ZPO und § 181 II 2 ZVG nicht genehmigungsbedürftig, auch dann nicht, wenn sie sich auf das materielle Recht auswirken (zB Klageverzicht gem § 306 ZPO). Wird ein Grundstück auf Grund 4 eines rechtskräftigen Urteils umgeschrieben, ist der zusätzliche Nachweis einer gerichtlichen Genehmigung nicht erforderlich (BayObLG MDR 53, 561; *Brüggemann* FamRZ 90, 7; bestr.)

5 **C. Rechtsfolge.** Der **Rechtscharakter der Genehmigungserfordernisse** ist umstr. Nach hM (BGH NJW 86, 2829; BayObLG FamRZ 89, 540) handelt es sich um Ermessensentscheidungen, nach aA, um unbestimmte Rechtsbegriffe (so Soergel/*Zimmermann* § 1828 Rz 8). Folgt man der hM so kommt eine volle gerichtliche Nachprüfung nur in Betracht, wenn das Ermessen des Gerichts auf eine einzige mögliche Entscheidung reduziert ist. So kann die Wertbeständigkeit der Anlage trotz höherer Rendite der Veräußerung eines Grundstücks entgegenstehen (BayObLG FuR 02, 160).

6 **Tragweite der Genehmigung.** Ist eine Genehmigung für das Verpflichtungsgeschäft erteilt, deckt sie auch die Verfügung (BayObLG Rpfleger 85, 235) und umgekehrt. Entscheidend ist im Einzelfall, inwieweit das Vormundschaftsgericht mit dem ihn unterbreiteten Sachverhalt auch die Voraussetzungen für die Genehmigung des anderen Rechtsgeschäfts geprüft hat (Staud/*Engler* § 1821 Rz 25). Die Belastung eines Grundstücks des Betreuten in Ausübung der Belastungsvollmacht bedarf auch dann der Genehmigung, wenn die im Kaufvertrag enthaltene Belastungsvollmacht bereits genehmigt worden ist (Zweibr FamRZ 05, 852).

7 Die Genehmigung ist wesentlicher Bestandteil des vom Vormund vorzunehmenden Rechtsgeschäfts. Handelt er ohne die erforderliche Genehmigung, ist er **Vertreter ohne Vertretungsmacht** und haftet ggf nach § 179. Vgl §§ 1828–1831. Ob das Geschäft vom Vormund oder mit dessen Zustimmung vom Mündel vorgenommen wird, ist dabei unerheblich (LG Mannheim NJW 62, 1112), ferner auch ob der Mündel bereits unbeschränkt geschäftsfähig ist (§§ 112, 113). Nicht genehmigungsbedürftig sind Geschäfte, die der Vormund zwar im Interesse des Mündels, aber im eigenen Namen oder als Bevollmächtigter des Erblassers (Mündel in diesen Fällen als Erbe) eingeht (RG 88, 345, 349 f; 106, 185, 187). Dies gilt auch für Rechtsgeschäfte, die Testamentsvollstrecker, Nachlassverwalter, Insolvenzverwalter, der Vorstand einer juristischen Person, an der Mündel beteiligt ist, oder der Prokurist eines dem Mündel gehörenden Erwerbsgeschäfts iR ihrer Vertretungsmacht vornehmen, auch wenn der Vormund zu solchen Rechtsgeschäften seinerseits der Genehmigung des FamG bedürfte (RG 106, 185, 187; Celle OLGE 67, 487).

8 **D. Genehmigungsbedürftigkeit im Einzelnen. I. Inhalt.** In sachlicher Hinsicht unterfallen der Genehmigungspflicht nach § 1821 nur Geschäfte über Grundstücke und Rechte an Grundstücken, eingetragene Seeschiffe und Schiffsbauwerke, ferner die grundstücksgleichen Rechte Erbbaurecht sowie Wohnungs- und Teileigentum (I). Keine Anwendung findet die Norm bei Hypotheken, Grundschulden und Rentenschulden (II).

9 **II. Verfügungen über das Eigentum.** Genehmigungsbedürftig sind alle Verfügungen über das Eigentum an den in **I Nr 1–3** genannten Gegenständen sowie die Verpflichtung zu einer derartigen Verfügung (**I Nr 4**). Mit- bzw Gesamthandseigentum des Mündels genügen (Köln Rpfleger 96, 446). Genehmigungspflichtig ist auch die Umwandlung einer Gesamthandsgemeinschaft in eine Bruchteilsgemeinschaft (BGH 56, 275, 283). Bloße Beteiligung an einer Gesellschaft, der ein Grundstück, grundstücksgleiches Recht, Schiff oder Schiffsbauwerk gehört, löst die Genehmigungspflicht grds nicht aus (Jürgens/*Klüsener* § 1821 Rz 8, Schlesw FamRZ 02, 55). Ausnahmsweise kann aber auch hier eine Genehmigung erforderlich sein, wenn der Zweck der BGB Gesellschaft, an der Mündel beteiligt ist, nicht auf Erwerb, sondern nur auf die Verwaltung des Vermögens gerichtet ist, auch wenn sein Beitritt zu der Gesellschaft bereits gerichtlich genehmigt war (Kobl NJW 03, 1401). **Verfügungen** sind alle Rechtsgeschäfte, durch die das Eigentum übertragen, belastet oder eine Belastung inhaltlich geändert wird. Hierzu zählt neben Auflassung und Rückauflassung va die Belastung mit Grundpfandrechten, ausgenommen sie erfolgt zur Sicherung einer Restkaufpreisforderung, da in diesem Fall wirtschaftlich betrachtet nur ein schon belastetes Grundstück erworben wird (BayObLG Rpfleger 92, 62, BGH Rpfleger 98, 210). Auch alle Rechtsgeschäfte mit denen ein Erwerb unmittelbar wieder rückgängig gemacht wird, wie zB die Anfechtung, oder der Schein eines Rechtserwerbs beseitigt wird, wie durch die Bewilligung der Grundbuchberichtigung, sind genehmigungspflichtig. Dies gilt nach hM auch für die Bestellung einer Vormerkung, weil durch sie der schuldrechtliche Anspruch auf Eigentumswechsel dinglich gesichert wird (Frankf FamRZ 97, 1342 mwN; str).

10 **III. Verfügungen über Grundstücksrechte.** Auch Verfügungen über Grundstücksrechte (I Nr 1) und die darauf gerichteten Verpflichtungen sind genehmigungsbedürftig. Dies gilt nicht für Hypotheken und Grund- und Rentenschulden (II), für die die Genehmigung des Gegenvormunds nach § 1812 ausreichend ist (Ausnahme § 1819 bei durch das FamG angeordneter Hinterlegung). Genehmigungsbedürftig iSv Nr 1 sind ua Verfügungen über Nießbrauch, Dienstbarkeiten (zB Leibgedinge; BayObLG FamRZ 03, 631), Reallasten und dingliche Vorkaufsrechte, ferner Dauerwohn- und Dauernutzungsrechte (WEG §§ 31 ff).

11 **IV. Verfügungen über Forderungen.** Genehmigungspflichtig sind weiterhin Verfügungen über Forderungen, die auf Übertragung des Eigentums an einem Grundstück, einem eingetragenen Schiff oder Schiffsbauwerk *oder auf Begründung oder Übertragung eines Rechts an einem Grundstück oder auf Befreiung eines Grundstücks von einem solchen Recht gerichtet sind* (**I Nr 2 und 3**) und Verpflichtungen zu diesen Geschäften (**I Nr 4**). Auch hier sind die Ausnahmen des II zu beachten. Genehmigungspflichtig sind nach Nr 2 Verfügungen über jede Art von Forderungen, wie Abtretung, Verzicht, Vertragsaufhebung von Grundstückskauf

oder -Schenkung (Soergel/*Zimmermann* § 1821 Rz 10), sowie über eine den Anspruch auf Eigentumsübertragung sichernde Vormerkung (Frankf FamRZ 97, 1342). Nicht hingegen die Entgegennahme der Auflassung (BayObLG Rpfleger 92, 62) oder die Löschung der Auflassungsvormerkung nach erfolgter Umschreibung (LG Offenburg Rpfleger 72, 401).

V. Entgeltliche Erwerbsgeschäfte. Schließlich unterliegen alle **Verträge**, die auf den **entgeltlichen Erwerb eines Grundstücks**, eines eingetragenen Schiffs oder Schiffsbauwerks oder eines Rechts an einem Grundstück gerichtet sind (**I Nr 5**) der Genehmigungspflicht. Dies gilt für alle Verpflichtungsgeschäfte, die nicht Schenkungen sind, einschließlich der iRe Versteigerung abgeschlossenen. Auf die Höhe der Gegenleistung kommt es nicht an. Auch gemischte Schenkungen und die Schenkung unter Auflage (§ 525) sind genehmigungsbedürftig, wenn die Haftung des Beschenkten nicht auf das unentgeltlich Zugewendete beschränkt bleibt (*Klüsener* Rpfleger 81, 466 f mwN; Soergel/*Zimmermann* § 1821 Rz 15, Köln Rpfleger 96, 446). Entgeltlich ist auch ein Tausch (§ 515). Ferner fällt auch der Erwerb in der Zwangsversteigerung unter I Nr 5. Die Ausnahmen des II gelten auch hier (zu weiteren Beispielen vgl Staud/*Engler* § 1821 Rz 81–92). 12

§ 1822 Genehmigung für sonstige Geschäfte.
Der Vormund bedarf der Genehmigung des Familiengerichts:
1. zu einem Rechtsgeschäft, durch das der Mündel zu einer Verfügung über sein Vermögen im Ganzen oder über eine ihm angefallene Erbschaft oder über seinen künftigen gesetzlichen Erbteil oder seinen künftigen Pflichtteil verpflichtet wird, sowie zu einer Verfügung über den Anteil des Mündels an einer Erbschaft,
2. zur Ausschlagung einer Erbschaft oder eines Vermächtnisses, zum Verzicht auf einen Pflichtteil sowie zu einem Erbteilungsvertrag,
3. zu einem Vertrag, der auf den entgeltlichen Erwerb oder die Veräußerung eines Erwerbsgeschäfts gerichtet ist, sowie zu einem Gesellschaftsvertrag, der zum Betrieb eines Erwerbsgeschäfts eingegangen wird,
4. zu einem Pachtvertrag über ein Landgut oder einen gewerblichen Betrieb,
5. zu einem Miet- oder Pachtvertrag oder einem anderen Vertrag, durch den der Mündel zu wiederkehrenden Leistungen verpflichtet wird, wenn das Vertragsverhältnis länger als ein Jahr nach dem Eintritt der Volljährigkeit des Mündels fortdauern soll,
6. zu einem Lehrvertrag, der für längere Zeit als ein Jahr geschlossen wird,
7. zu einem auf die Eingehung eines Dienst- oder Arbeitsverhältnisses gerichteten Vertrag, wenn der Mündel zu persönlichen Leistungen für längere Zeit als ein Jahr verpflichtet werden soll,
8. zur Aufnahme von Geld auf den Kredit des Mündels,
9. zur Ausstellung einer Schuldverschreibung auf den Inhaber oder zur Eingehung einer Verbindlichkeit aus einem Wechsel oder einem anderen Papiere, das durch Indossament übertragen werden kann,
10. zur Übernahme einer fremden Verbindlichkeit, insbesondere zur Eingehung einer Bürgschaft,
11. zur Erteilung einer Prokura,
12. zu einem Vergleich oder einem Schiedsvertrag, es sei denn, dass der Gegenstand des Streites oder der Ungewissheit in Geld schätzbar ist und den Wert von 3000 € nicht übersteigt oder der Vergleich einem schriftlichen oder protokollierten gerichtlichen Vergleichsvorschlag entspricht,
13. zu einem Rechtsgeschäft, durch das die für eine Forderung des Mündels bestehende Sicherheit aufgehoben oder gemindert oder die Verpflichtung dazu begründet wird.

A. Normzweck. Die Vorschrift **ergänzt § 1821** und enthält weitere Genehmigungsvorbehalte. Vgl zu den allgemeinen Grundsätzen § 1821 Rn 1–12 und den Überblick bei *Klüsner* Rpfleger 90, 321 u 93, 133. 1

B. Einzelne Genehmigungserfordernisse. Nr 1 unterstellt zunächst die **Verpflichtung zur Verfügung über das Vermögen des Mündels im Ganzen** dem Genehmigungsvorbehalt. Anders als bei § 1365 fallen hierunter nur Geschäfte über das Vermögen *en bloc*, wie sich aus der Gleichstellung mit Erbschaften ergibt (Staud/*Engler* § 1822 Rz 2 mwN). Dies sind Geschäfte iSd § 311 aF und solche mit denen eine Gütergemeinschaft vereinbart oder aufgehoben wird (vgl §§ 1411 I 2, 1484 II, 1492 III). Der Wille der Vertragspartner muss sich auf *die Übertragung des Vermögens* beziehen (hM Palandt/*Diederichsen* § 1822 Rz 2). Rechtsgeschäfte über einen Einzelgegenstand, mag er auch wirtschaftlich das gesamte Mündelvermögen darstellen, werden nicht erfasst (Soergel/*Zimmermann* § 1822 Rz 2). 2

Weiter regelt Nr 1 **Verpflichtungen zur Verfügung über eine bereits angefallene Erbschaft**, wie etwa den Erbschaftskauf (§§ 2371 ff), die Verpflichtung zur Nießbrauchbestellung (§ 1089) und die in Erbauseinandersetzungsverträgen oder Auslegungsverträgen (BGH NJW 88, 2726) ggf enthaltenen Verpflichtungen zur Verfügung über den Erbteil (§ 1922). 3

Gleiches gilt für **Verpflichtungsverträge über künftige Erbschaften und Pflichtteile** in sog Erbschaftsverträgen (zur Zulässigkeit vgl § 311b V). Hierzu zählen Erb- und Pflichtteilsverzicht durch Vertrag mit dem Erb- 4

§ 1822

lasser (§§ 2346, 2352), die unter dem Genehmigungsvorbehalt des § 2347 stehen (analog auch die Verpflichtung zu einem Erbverzicht; vgl Palandt/*Edenhofer* § 2347 Rz 1; str).

5 Schließlich sind auch **Verfügungen über den Erbteil** (§ 2033 I), etwa iRd Erbauseinandersetzung durch Übertragung an Miterben, aber auch das formfreie Ausscheiden aus der Erbengemeinschaft gegen Abfindung nach Nr 1 (sog Abschichtung, vgl *Keim* DNotZ 03, 375, 387) genehmigungsbedürftig.

6 **Nr 2** unterstellt **weitere erbschaftsbezogene Rechtsgeschäfte** dem Genehmigungserfordernis: **Ausschlagung einer Erbschaft** (§§ 1942 ff) einschließlich der Anfechtung der Annahme, weil diese als Ausschlagung gilt (§ 1957 I) und die **Ausschlagung eines Vermächtnisses** (§ 2180), nicht hingegen die Annahme der Erbschaft (BayObLG Rpfleger 96, 455). Ob auch die Anfechtung der Annahme eines Vermächtnisses genehmigungsbedürftig ist, ist str, da eine dem § 1957 I entspr Bestimmung fehlt (mit Verweis auf die gleichen wirtschaftlichen Folgen bejahend Staud/*Engler* § 1822 Rz 17; aA Erman/*Holzhauer* § 1822 Rz 4, MüKo/*Schwab* § 1822 Rz 9, Palandt/*Diederichsen* § 1822 Rz 7). Die Ausschlagung eines Erbteils, der einem Betreuten angefallen ist, wird bei nicht überschuldetem Nachlass idR nicht genehmigungsfähig sein, besonders dann, dadurch der Zugriff des Sozialhilfeträgers verhindert wird (Stuttg NJW 01, 3484; Köln FamRZ 08, 1113).

7 Unter **Verzicht auf einen Pflichtteil** ist hier ein Vertrag über den Erlass des bereits angefallenen Pflichtteilsanspruch zu verstehen (§§ 397 I, 2317), der auf den künftigen unterliegt der Genehmigung.

8 **Erbteilungsvertrag** ist jeder Vertrag, durch den Miterben hinsichtlich des gesamten Nachlasses oder eines Teils davon (KG KGJ 42, 49) die Erbengemeinschaft aufheben. Erfasst sind sowohl schuldrechtliche Vereinbarungen als auch die dinglichen Vollzugsgeschäfte (Staud/*Engler* § 1822 Rz 22 u 23). Auch der von den Beschränkungen des § 1812 befreite Vormund/Betreuer (vgl § 1852 II) kann also ohne Genehmigung des FamG nicht an einer Erbteilung mitwirken, selbst wenn nur einzelne Vermögensgegenstände, wie zB ein Wertpapierdepot oder ein Bankguthaben, aufzuteilen sind. Die Genehmigung des FamG ist auch dann erforderlich, wenn der Nachlass nach den **gesetzlichen Regeln** (§§ 2042 II, 749 ff) verteilt wird. Sie ist nur dann zu erteilen, wenn unter Würdigung aller Umstände, die Rechte des Mündels gewahrt sind (str, s. Staud/*Engler* § 1822 Rz 24).

9 Vormund u Betreuer bedürfen für Erhebung der **Teilungsklage** (§ 2042) und idR auch für den Antrag auf **Aufhebung der Gemeinschaft** durch Verkauf eines gemeinschaftlichen Gegenstandes (§§ 2042 II, 753) keiner Genehmigung durch das FamG (vgl Staud/*Engler* § 1822 Rz 29). Gleiches gilt für den Antrag auf **Vermittlung der Erbauseinandersetzung** durch das Nachlassgericht (§§ 363 ff FamFG; Frankf Rpfleger 93, 505). Für einen Antrag auf **Teilungsversteigerung** eines Nachlassgrundstücks ist hingegen die Zustimmung des FamG erforderlich (§ 181 II 2 ZVG). Der Testamentsvollstrecker bedarf zu der von ihm bewirkten Auseinandersetzung unter den Miterben grds keiner Genehmigung durch das FamG (Staud/*Engler* § 1822 Rz 31).

10 **Nr 3:** Zum **entgeltlichen Erwerb eines Erwerbsgeschäfts** (oder eines Teils davon) ist ohne Rücksicht auf den Rechtsgrund des Erwerbs die Genehmigung des FamG erforderlich. Ein **Erwerbsgeschäft** ist jede mit der Absicht der Gewinnerzielung selbständig ausgeübte berufliche Tätigkeit (RGZ 133, 7, 11), wobei der Gegenstand, die bisherige und die zukünftige Rechtsform sowie der Umstand, ob der Mündel es allein oder mit anderen zusammen erwirbt, ohne Bedeutung sind (MüKo/*Schwab* § 1822 Rz 14; *Klüsener*, Rpfleger 90, 321). Erfasst sind Verpflichtungs- und Erfüllungsgeschäft (Soergel/*Zimmermann* § 1822 Rz 11). Auf die Rechtsform des Erwerbsgeschäfts kommt es nicht an. Die Genehmigung ist auch notwendig, wenn der Mündel entgeltlich die Beteiligung an einer Personengesellschaft (OHG, KG, BGB-Erwerbsgesellschaft) erwirbt, an Kapitalgesellschaften nur dann, wenn die Beteiligung über ein bloße Kapitalbeteiligung hinausgeht und wirtschaftlich als Beteiligung an dem von der GmbH betriebenen Erwerbsgeschäft anzusehen ist (BGH 55, 1067; Bremen NJW-RR 98, 376f, Staud/*Engler* § 1822 Rz 45). Zur Problematik bei der GmbH vgl Staud/*Engler* § 1822 Rz 41–44. Entsprechendes gilt für die **Veräußerung** (Soergel/*Zimmermann* § 1822 Rz 19) und nach der hM auch für die Belastung mit einem **Nießbrauch** oder **Pfandrecht** (Staud/*Engler* Rz 48; Palandt/*Diederichsen* § 1822 Rz 12; aA MüKo/*Schwab* § 1822 Rz 19).

11 Nicht genehmigungspflichtig sind der **unentgeltliche Erwerb** des Erwerbsgeschäfts durch Schenkung oder Erbschaft sowie die Fortführung eines ererbten Einzelunternehmens in Erbengemeinschaft (BGH NJW 85, 136). Zur Problematik des nach dem Tode des früheren Inhabers in ungeteilter Erbengemeinschaft (unter Beteiligung des Mündels) fortgeführten Erwerbsgeschäfts s. Staud/*Engler* § 1822 Rz 53–56.

12 Zum **Abschluss eines Gesellschaftsvertrages** (§§ 705 ff), der **zum Betrieb eines Erwerbsgeschäfts** erfolgt, bedarf der Vormund stets der Genehmigung des FamG (BayObLG Rpfleger 89, 455). Dies gilt für die Gründung einer Erwerbsgesellschaft bürgerlichen Rechts, einer offenen Handelsgesellschaft (§ 105 HGB), einer KG, ferner einer KG auf Aktien (§ 278 AktG). Ferner bedürfen auch Verträge mit denen sich der Mündel an der Gründung von Kapitalgesellschaften (GmbH, AG) beteiligt der Genehmigung nach Nr 3 (Staud/*Engler* § 1822 Rz 67). Welcher Art die Gesellschafterstellung des Mündels ist, ist unerheblich. Genehmigungspflichtig ist daher auch die Beteiligung an einer KG als Kommanditist (BGH NJW 55, 1067, BayObLG Rpfleger 77, 60, Staud/*Engler* § 1822 Rz 57, MüKo/*Schwab* § 1822 Rz 21) und die Beteiligung als stiller Gesellschafter (Soergel/*Zimmermann* § 1822 Rz 18). Ob die Beteiligung an einer **stillen Gesellschaft**, wegen fehlenden Schutzbedürfnisses, ausnahmsweise genehmigungsfrei erfolgen kann, wenn der Mündel über seine Kapitaleinlage hinaus nicht am Verlust beteiligt ist und auch an der Führung der Geschäfte nicht mitwirkt, ist str (bejahend BGH

FamRZ 57, 121; Hamm OLGZ 74, 158; Palandt/*Diederichsen* § 1822 Rz 14; Staud/*Engler* § 1822 Rz 64 mwN; aA MüKo/*Schwab* § 1822 Rz 26, Soergel/*Zimmermann* § 1822 Rz 25; *Brüggemann* FamRZ 90, 124, 127). Für Verträge, durch die die neue Gesellschafter aufgenommen oder durch die Bedingungen des Gesellschaftsvertrages über Gewinnverteilung unwesentlich geändert werden, ist nach hM **keine Genehmigung** erforderlich (BGH NJW 61, 724, BGHZ 38, 26, Staud/*Engler* § 1822 Rz 68; aA Soergel/*Zimmermann* § 1822 Rz 26). Anders, wenn es sich um fundamentale Änderungen des Gesellschaftsvertrages handelt (Palandt/*Diederichsen* § 1822 Rz 9 mwN). Beteiligungen des Mündels, die auf andere Weise als durch Vertrag (zB Erbschaft) entstehen, sind nicht genehmigungspflichtig (Palandt/*Diederichsen* § 1822 Rz 10).

Der **Verstoß** gegen die Genehmigungspflicht zum Erwerb eines Erwerbsgeschäfts lässt die Wirksamkeit der späteren Einzelgeschäfte unberührt, die nicht genehmigte Beteiligung an einer Erwerbsgesellschaft führt zu einer faktischen Gesellschaft des Mündels ohne Haftung des Mündels (Staud/*Engler* § 1822 Rz 70). 13

Nr 4 erfasst **Pachtverträge über Landgüter** (vgl §§ 585 ff) oder **gewerbliche Betriebe**, unabhängig ob der Mündel Pächter oder Verpächter ist und unabhängig von der Dauer des Vertrags (Staud/*Engler* § 1822 Rz 73). Nach hM werden auch Praxen von Freiberuflern erfasst (Soergel/*Zimmermann* § 1822 Rz 28). Bei Verpachtung einzelner Gegenstände Genehmigungspflicht nach Nr 5. Bei der Betreuung ggf zusätzlich nach § 1907 III. 14

Nr 5 betrifft **Miet-, Pacht- und andere Verträge**, durch die der Mündel zu wiederkehrenden Leistungen verpflichtet wird, die über das 19. Lebensjahr des Mündels hinaus fortdauern. Hierunter fallen alle Miet- und Pachtverträge, unabhängig davon, welche Stellung der Mündel in ihnen hat, sowie alle sonstigen Verträge, die zur Erbringung wiederkehrender Leistungen verpflichten. Dies können Geld-, Sach- und Dienstleistungen jeder Art sein, wie zB Versicherungsverträge, Bausparverträge, Ratengeschäfte usw (Staud/*Engler* § 1822 Rz 83 mwN). Die Verpflichtung muss rechtsgeschäftlich begründet sein, nur gesetzliche Verpflichtungen (zB Eintritt in einen bestehenden Mietvertrag über §§ 581 II, 566) genügen nicht (BGH NJW 83, 1780). 15

Die Vertragsverhältnisse müssen **über die Vollendung des 19. Lebensjahres des Mündels hinausgehen**. Dies trifft nicht zu, wenn ein für längere Dauer abgeschlossenes Schuldverhältnis auch früher gekündigt werden kann, es sei denn, dass die Kündigung wirtschaftlich dem Mündel nicht zugemutet werden kann (zB wegen eines niedrigen Rückkaufwertes bei vorzeitiger Auflösung von Lebensversicherungen, vgl BGH NJW 58, 1393) oder durch Sozialklauseln wie §§ 556a, 564b entwertet wird (Staud/*Engler* § 1822 Rz 90, aA LG Münster FamRZ 94, 531). Wird ein Vertrag für mehrere Mündel geschlossen, so ist die Dauer der Bindung für jedes einzelne Mündel gesondert zu berechnen (Staud/*Engler* § 1822 Rz 93). 16

Bei **Verstoß gegen das Genehmigungserfordernis** gilt § 139. Der Vertrag ist dann für die genehmigungsfreie Zeit gültig, wenn anzunehmen ist, dass die Parteien einen solchen Vertrag mit gleichem Inhalt auch mit kürzerer Dauer abgeschlossen hätten (Staud/*Engler* § 1822 Rz 95 mwN). 17

Nr 6 und 7 stellen den Abschluss von **Lehr-, Dienst- oder Arbeitsverträge**, wenn sie den Mündel über längere Zeit als ein Jahr binden oder bei unbestimmter Dauer nicht vor Ablauf eines Jahres aufgelöst werden können, unter Genehmigungspflicht. Zur Dauer vgl oben Rn 16. Kündigung und Aufhebung unterliegen der Genehmigungspflicht nicht. Bei Erteilung der Genehmigung hat das FamG nicht nur auf die wirtschaftlichen Interessen abzustellen, sondern auch darauf zu achten, dass das geistige und sittliche Wohl und die Gesundheit des Mündels nicht gefährdet werden (Staud/*Engler* § 1822 Rz 106). Die Norm gilt nicht für das Jugendamt als Amtsvormund oder Pfleger (§ 56 II 2 u 3 SGB VIII). 18

Nr 8 betrifft jede Art der **Kreditaufnahme** auf den Namen des Mündels (RG JW 12, 590). Hierzu zählt hauptsächlich die Darlehensaufnahme (§ 607), aber auch die Inanspruchnahme eines Kontokorrentkredits (zB Girokonto mit Überziehungsmöglichkeit), der Abschluss von Vorverträgen und die Abgabe von Schuldversprechen oder Schuldanerkenntnissen (§§ 780, 781). Nicht dagegen die Umwandlung einer bestehenden Zahlungsverpflichtung in ein Darlehen (Hamm FamRZ 04, 23 mwN; aA MüKo/*Schwab* § 1822 Rz 52); auch nicht ein Abzahlungskauf (BGH WM 72, 698), wohl aber ein drittfinanzierter Teilzahlungskauf (Staud/*Engler* § 1822 Rz 114 mwN). Nach § 1825 kann das FamG dem Vormund zu Rechtsgeschäften, die unter Nr 8 fallen, eine allgemeine Ermächtigung erteilen. 19

Nr 9 erfasst die **Ausstellung von Schuldverschreibungen auf den Inhaber** (§§ 793 ff) und die **Eingehung von Verbindlichkeiten aus Orderpapieren**, wie Wechsel, Scheck, Papiere nach §§ 373 ff HGB. Genehmigungsbedürftig ist auch die Ausstellung eines Inhaberschecks (*Westermann* FamRZ 67, 650; aA Staud/*Engler* § 1822 Rz 122, MüKo/*Schwab* § 1822 Rz 60). Eine allg Ermächtigung nach § 1825 ist möglich. 20

Nr 10 betrifft die **Übernahme fremder Verbindlichkeiten und Bürgschaft**. Die Vorschrift dient dazu, zu verhindern, dass der Vormund zu Lasten des Mündels leichtfertig eine fremde Schuld im Vertrauen auf eine Rückgriffsmöglichkeit gegen den Erstschuldner übernimmt (RGZ 158, 210, 215). Sie ist daher nicht anwendbar, wenn der Mündel von vornherein die Schuld ohne Möglichkeit des Regresses selbst erfüllen muss (BGHZ 60, 385), wie etwa bei der Übernahme von Grundpfandrechten beim Grundstückserwerb (s. aber § 1821 I Nr 5). Eine fremde Schuld iSd § 1822 Nr 10 übernimmt der Mündel auch, wenn er sich gesamtschuldnerisch verpflichtet (Staud/*Engler* § 1822 Rz 131). Die Genehmigungspflicht entfällt auch nicht dadurch, dass sich ein Dritter im Innenverhältnis zum Mündel zur Übernahme der Belastungen verpflichtet (Hamm FamRZ 01, 53). **Genehmigungsbedürftig** sind die Übernahme einer Bürgschaft, die Übernahme 21 fremder Schulden iSd §§ 414 ff, die Verpfändung (RG 63, 76) oder Sicherungsübereignung zur Sicherung fremder Schulden (RG JW 15, 141), der Erwerb von Miteigentumsanteilen bei gesamtschuldnerischer Haftung für den gesamten Kaufpreis (BGHZ 60, 385), der Beitritt zu einer Gesellschaft, sofern der Mündel nach §§ 16 III, 24 GmbHG mit der Haftung für eine fremde Verbindlichkeit belastet wird, für die er bei dem säumigen Gesellschafter Regress nehmen kann (Staud/*Engler* § 1822 Rz 137). Eine allg Ermächtigung gem § 1825 ist möglich.

22 **Nr 11** macht die **Erteilung der Prokura** durch den Vormund von der vorherigen Genehmigung abhängig. Gemeint ist hier ausschließlich die Erteilung einer Prokura iS der §§ 48 ff HGB, nicht die Erteilung sonstiger Vollmachten (Hamm FamRZ 72, 270). Ferner muss der Prokurist Vertreter des Mündels sein, vertritt er nur eine juristische Person, an der der Mündel beteiligt ist (GmbH, AG), ist Nr 11 nicht anzuwenden (Staud/*Engler* § 1822 Rz 146). Ist der Mündel an dem Handelsgeschäft für das Prokura erteilt werden soll beteiligt, bedarf es keiner Genehmigung durch das FamG (KG OLGE 27, 369). Ist die Genehmigung erteilt, kann der Prokurist alle von seiner Vertretungsmacht umfassten weiteren Geschäfte genehmigungsfrei abschließen. Für die Zurücknahme der Prokura ist die Genehmigung des FamG nicht erforderlich (Staud/*Engler* § 1822 Rz 145). Unabhängig von der Eintragung ins Handelsregister, ist die nicht genehmigte Prokura unwirksam (§ 1831).

23 **Nr 12** betrifft den **Abschluss eines Vergleichs** (§ 779 u §§ 794 I Nr 1, 796a ZPO) oder **Schiedsvertrags** (vgl §§ 1025 ff ZPO). Keiner Genehmigung bedarf es, wenn der gerichtliche oder außergerichtliche Vergleich einem schriftlichen oder protokollierten gerichtlichen Vergleichsvorschlag entspricht oder wenn der Gegenstand des Streits oder der Ungewissheit in Geld schätzbar ist und den Wert von 3000 € nicht übersteigt. Die Wertberechnung erfolgt nach § 3 ff ZPO. Enthält ein iÜ genehmigungsfreies Rechtsgeschäft eine Schiedsvereinbarung, so hat das Gericht das Rechtsgeschäft insgesamt am Wohl und an den Interessen des Betreuten zu prüfen (Hamm FamRZ 01, 373).

24 **Nr 13** erfasst die Aufhebung oder **Minderung einer für eine Mündelforderung bestehenden Sicherheit** und die entspr Verpflichtung dazu. Gemeint ist nicht nur die Aufgabe einer ausdrücklich nach §§ 232 ff oder nach §§ 108, 710 ZPO bestellten Sicherheit, sondern jede Preisgabe oder Schwächung eines Rechts, das die Durchsetzbarkeit einer Forderung des Mündels stärkt (Staud/*Engler* § 1822 Rz 163). Voraussetzung ist, dass die Forderung selbst bestehen bleibt. Erfasst sind zB Aufhebung (§ 875) oder Rangrücktritt (§ 880) eines Grundpfandrechts (BayObLG OLGZ 17, 173), die Freigabe eines Bürgen, die Aufhebung eines Pfandrechts (§§ 1253, 1255), der Verzicht auf die Hypothek (KG OLGE 8, 359, 361), Verteilung einer Gesamthypothek auf einzelne Grundstücke (§ 1132 II) usw. Nicht der Genehmigung nach Nr 13 bedarf die Aufhebung einer zur Sicherheit bestellten Hypothek, wenn die zu sichernde Forderung unzweifelhaft wertlos ist (Jürgens/*Klüsener* § 1822 Rz 32) oder die Aufgabe der Sicherung bereits aus anderen Gründen (zB als Schenkung wegen § 1804) unwirksam ist (Staud/*Engler* § 1822 Rz 167). Die Genehmigung darf nur erteilt werden, wenn durch die Aufhebung oder Minderung der Sicherheit die Grundsätze der §§ 1807, 1808 über die Mündelsicherheit nicht verletzt werden, es sei denn, es besteht eine entspr Verpflichtung des Mündels (§ 1169).

§ 1823 Genehmigung bei einem Erwerbsgeschäft des Mündels.
Der Vormund soll nicht ohne Genehmigung des Familiengerichts ein neues Erwerbsgeschäft im Namen des Mündels beginnen oder ein bestehendes Erwerbsgeschäft des Mündels auflösen.

1 Die **Vorschrift ergänzt die zwingenden Genehmigungserfordernisse der §§ 1821 f** um eine Sollvorschrift. Gebunden sind Beginn (vgl für die Eltern § 1645) und Auflösung eines Erwerbsgeschäfts (vgl § 1822 Rn 10) des Mündels. Die Norm hat den Charakter einer Ordnungsvorschrift, dh, die Wirksamkeit von durch den Vormund vorgenommene Geschäften wird von der fehlenden Genehmigung nicht berührt (Staud/*Engler* § 1822 Rz 8). Gegen den ohne Genehmigung handelnden Vormund kommen jedoch Maßregeln des FamG (§§ 1833, 1837, 1886) und eine Schadensersatzhaftung in Betracht. Ergänzt wird § 1823 durch § 112 (volle Geschäftsfähigkeit des Minderjährigen für die beim Betrieb des Erwerbsgeschäfts vorgenommenen Handlungen) und § 1822 Nr 3 (Genehmigungsbedürftigkeit des Erwerbs oder der Veräußerung eines Erwerbsgeschäfts). § 1823 ist auf die Pflegschaft (§ 1915 I) entspr anwendbar.

2 Genehmigt werden muss nur der **Neubeginn oder die Beendigung eines Erwerbsgeschäfts**, nicht aber die Änderung oder die Fortführung eines bereits bestehenden, ererbten, geschenkten oder entgeltlich erworbenen (hier ggf § 1822 Nr 3). Daher auch keine Anwendung der Vorschrift bei der Fortsetzung eines Gesellschaftsverhältnisses nach dem Tode eines Gesellschafters mit dem Mündel, wenn die Weiterführung der Gesellschaft für den Fall des Todes eines Gesellschafters schon in dem ursprünglichen Gesellschaftsvertrag bestimmt war. Anders, wenn nur ein Eintrittsrecht für den minderjährigen Erben des Gesellschafters vereinbart worden ist (Staud/*Engler* § 1823 Rz 6).

§ 1824 *Genehmigung für die Überlassung von Gegenständen an den Mündel.*
Der Vormund kann Gegenstände, zu deren Veräußerung die Genehmigung des Gegenvormunds oder des Familiengerichts erforderlich ist, dem Mündel nicht ohne diese Genehmigung zur Erfüllung eines von diesem geschlossenen Vertrags oder zu freier Verfügung überlassen.

Die **Norm soll die Umgehung der Genehmigungserfordernisse der §§ 1812, 1819 ff verhindern**. Der Vormund könnte sonst dem Minderjährigen jeden beliebigen Gegenstand aushändigen, über den dieser dann wegen § 110 ohne Genehmigung verfügen könnte, während entspr Geschäfte für den Vormund genehmigungspflichtig wären. Dies wird durch § 1824, wie bei den Eltern durch § 1644, verhindert, indem die Norm anordnet, dass für die Überlassung von Gegenständen, zu deren Veräußerung der Vormund der Genehmigung des Gegenvormunds oder des FamG bedarf, an den Mündel ebenfalls die Genehmigung erforderlich ist. Die Vorschrift ist auf die Pflegschaft (§ 1915 I) entspr anwendbar.

§ 1825 Allgemeine Ermächtigung. (1) Das Familiengericht kann dem Vormund zu Rechtsgeschäften, zu denen nach § 1812 die Genehmigung des Gegenvormunds erforderlich ist, sowie zu den in § 1822 Nr. 8 bis 10 bezeichneten Rechtsgeschäften eine allgemeine Ermächtigung erteilen. (2) Die Ermächtigung soll nur erteilt werden, wenn sie zum Zwecke der Vermögensverwaltung, insbesondere zum Betrieb eines Erwerbsgeschäfts, erforderlich ist.

Für Rechtsgeschäfte, die der Genehmigung nach § 1812 oder § 1822 Nr 8–10 bedürfen, kann das FamG dem Vormund eine allg Ermächtigung (I) erteilen und so die Führung der Vormundschaft in Fällen erleichtern, in denen üblicher Weise immer wieder gleiche Geschäfte genehmigungsbedürftig werden und sonst jeweils einzeln genehmigt werden müssten. Für andere Genehmigungserfordernisse gilt die Erleichterung nicht. Sie muss ausdrücklich erteilt werden (Staud/*Engler* § 1825 Rz 7). § 1825 ist auf die Pflegschaft entspr anwendbar.

§ 1825 ist eine **Ausnahmeregelung** und die Ermächtigung soll daher nur erteilt werden, wenn sie zur Vermögensverwaltung und dort va zum Betrieb eines Erwerbsgeschäfts erforderlich ist (II). Wichtiges Kriterium dafür ist die Häufigkeit bestimmter genehmigungspflichtiger Geschäfte. Entspr Ermächtigungen dürfen dabei nicht in erster Linie zur eigenen Arbeitserleichterung des FamG erteilt werden, eine grundlose Ermächtigung kann zur Amtshaftung führen (§ 839). Sie ist beschränkbar auf bestimmte Rechtsgeschäfte, Zeiträume und Geldbeträge (Zur Führung eines Girokontos: Karlsr FamRZ 01, 786 mwN; Köln FamRZ 07, 1268), jedoch nicht über den Gesetzeswortlaut hinaus erweiterbar. Die Ermächtigung sollte in die Bestallungsurkunde aufgenommen werden (§ 290 FamFG) und kann wenn sie nicht mehr erforderlich ist, mit Wirkung *ex nunc* zurückgenommen werden (§ 48 f FamFG).

§ 1826 Anhörung des Gegenvormunds vor Erteilung der Genehmigung. Das Familiengericht soll vor der Entscheidung über die zu einer Handlung des Vormunds erforderliche Genehmigung den Gegenvormund hören, sofern ein solcher vorhanden und die Anhörung tunlich ist.

Die Vorschrift dient der Sachaufklärung und ordnet deshalb für alle Genehmigungen an, dass vor Erteilung der Gegenvormund gehört werden soll, damit dessen Bedenken und Anregungen in den gerichtlichen Entscheidungsprozess einfließen können. Dies gilt auch für die Fälle eines bloß tatsächlichen Handelns des Vormunds (zB § 1823) und auch wenn die Genehmigung des Gegenvormunds durch das Gericht ersetzt werden soll (zB §§ 1810 1 Hs 2, 1812 II). Die Anhörung kann unterbleiben, wenn sie untunlich ist, dh mit zu großem Zeit- oder Geldaufwand verbunden ist. Unterbleibt die Anhörung zu Unrecht, so macht dies die Entscheidung des Gerichts nicht unwirksam, da es sich um eine reine Ordnungsvorschrift handelt. Der Gegenvormund hat ein Beschwerderecht (§ 59 I FamFG).

§ 1827 – *weggefallen* –

§ 1828 Erklärung der Genehmigung. Das Familiengericht kann die Genehmigung zu einem Rechtsgeschäft nur dem Vormund gegenüber erklären.

A. Normzweck. Die **Norm ist zwingendes Recht und** betrifft nur Genehmigungen, von denen die Wirksamkeit eines Rechtsgeschäfts abhängt (§§ 1812, 1819, 1820, 1821, 1822) nicht hingegen solche, die bloße Sollvorschrift sind und deren Ausbleiben die Wirksamkeit des Rechtsgeschäfts nicht beeinflusst (§§ 1810, 1823), ferner nicht die Fällen des § 1811 (RG JW 38, 3167). Ausschließlicher Adressat der Genehmigung ist der Vormund, der unter Berücksichtigung der aktuellen Mündelinteressen selbst zu entscheiden hat, ob er von *der Ermächtigung Gebrauch* machen will. Es ist dabei gleichgültig, ob der Vormund selbst das genehmigungsbedürftige Geschäft vornimmt oder einem Geschäft zustimmen will, das der Mündel vorgenommen hat. Die Genehmigung ist ihrer **Rechtsnatur** nach ein Akt der freiwilligen Gerichtsbarkeit (BayObLG Rpfleger 03, 82; Staud/*Engler* § 1828 Rz 9), eine Anwendung der §§ 116 ff scheidet daher aus, Korrekturen sind nur nach den Vorschriften des FamFG (s. § 48 FamFG) möglich (Staud/*Engler* § 1828 Rz 11). Auch die §§ 182 ff finden keine unmittelbare Anwendung, jedoch ist eine analoge Anwendung des § 184 I u II möglich, so dass die Genehmigung des FamG auf den Zeitpunkt der Vornahme des Rechtsgeschäfts zurückwirkt (Staud/*Engler* § 1828 Rz 10).

2 B. Zeitpunkt. Die gerichtliche Genehmigung zu einem Vertrag kann vor und nach (vgl §§ 1829, 1839) dessen Abschluss erteilt werden, wobei der Zeitpunkt der Einholung im pflichtgemäßen Ermessen des Vormunds steht. Einseitige Rechtsgeschäfte müssen vorweg genehmigt sein (§ 1831). Die vorherige Einholung der Genehmigung setzt voraus, dass der Inhalt des Vertrages bereits im Wesentlichen feststeht (BayObLG Rpfleger 03, 361), wobei Einzelheiten des Vertrages den Parteien überlassen bleiben können (BayObLG FamRZ 83, 92). Ein Vorbescheid darf nicht erteilt werden (hM, Soergel/*Zimmermann* § 1828 Rz 11); eine allgemeine Ermächtigung nur iRd § 1825. Genehmigt werden kann immer nur das Geschäft, das der Vormund/Betreuer vorlegt, das Gericht darf kein eigenes Geschäft an dessen Stelle setzen (Staud/*Engler* § 1828 Rz 40). Bei erteilter Vorgenehmigung wird der Vertrag unmittelbar mit Abschluss wirksam, bei einer Nachgenehmigung erst dann, wenn der Vormund durch Mitteilung an den Dritten davon Gebrauch macht (KG OLGZ 66, 78, 79).

3 C. Genehmigungsvoraussetzungen. I. Inhalt. Das Gericht prüft die **Wirksamkeit des Rechtsgeschäfts** und die Frage, ob das Geschäft dem **Interesse des Mündels** dient. Bei der durch das Gericht zu treffenden Ermessensentscheidung (BGH NJW 98, 2829; aA Karlsr FamRZ 73, 378; nach Staud/*Engler* § 1828 Rz 15 unbestimmter Rechtsbegriff) sind neben der rechtlichen Zulässigkeit auch Zweckmäßigkeitsgesichtspunkte einzubeziehen. Die Genehmigung ist in jedem Fall zu versagen, wenn das in Aussicht genommenen Geschäft gegen die §§ 134, 138 verstößt oder aus anderen Gründen offenbar unwirksam ist (Frankf FGPrax 04, 284 ff), etwa eine Grundstücksübertragung durch den Betreuer nur deshalb erfolgt, um den Zugriff des Sozialhilfeträgers zu verhindern (Frankf FamRZ 05, 60). Bloße Zweifel genügen zur Versagung der Genehmigung nicht. Das Gericht hat in diesen Fällen die Genehmigung zu erteilen und die Beteiligten auf den Prozessweg zu verweisen (Rostock OLGE 33, 368).

4 II. Maßstab für die gerichtliche Prüfung ist das Mündelinteresse im Zeitpunkt der Genehmigung (Hamm Rpfleger 04, 214, 216). Das Gericht hat dabei unter Berücksichtigung der Dispositionsbefugnis des Vormunds (Zweibr FamRZ 01, 1236) eine Gesamtabwägung aller Vorteile und Risiken des zu prüfenden Geschäfts für den Mündel vorzunehmen (BayObLG DNotZ 02, 547; Staud/*Engler* § 1828 Rz 16). Zu berücksichtigen sind neben Aspekten einer wirtschaftlichen Vermögensverwaltung auch persönliche immaterielle Interessen des Mündels (BGH NJW 86, 2829, 2830; BayObLG FamRZ 90, 208; Staud/*Engler* § 1828 Rz 16). Ob ideelle Interessen es rechtfertigen, einen wirtschaftlich nicht vorteilhaften Vertrag zu genehmigen bedarf in jedem Fall sorgfältiger Abwägung, wobei dem Frieden und Zusammenhalt in der Familie besondere Bedeutung zukommt (BayObLG FamRZ 89, 540; Hamm Rpfleger 87, 200; aA MüKo/*Schwab* § 1828 Rz 18). Bei der Betreuung sind für die Erteilung der Genehmigung über das objektiv wirtschaftliche Interesse hinaus, gem § 1901 III vorrangig die eigenen Wünsche des Betreuten zu berücksichtigen (Staud/*Bienwald* § 1901 Rz 26).

5 III. Umfang. Genehmigt werden müssen grds sowohl das **Verpflichtungs- als auch das Verfügungsgeschäft**, wobei regelmäßig jedoch auch die Genehmigung der Verpflichtung anzunehmen ist, wenn nur das Verfügungsgeschäft genehmigt wird und umgekehrt (Soergel/*Zimmermann* § 1828 Rz 13). Ist ein nach § 117 unwirksamer Scheinvertrag genehmigt worden, so bezieht sich die Genehmigung nur auf diesen Vertrag, nicht hingegen auf den wirklich geschlossenen (Staud/*Engler* § 1828 Rz 36). Die Genehmigung kann unter einer aufschiebenden Bedingung erteilt werden (Staud/*Engler* § 1828 Rz 39). Dies gilt dann als Verweigerung der ursprünglich beantragten Genehmigung mit gleichzeitig vorheriger Genehmigung des bedingungsgemäß vorgenommenen Rechtsgeschäfts (BayObLG FamRZ 74, 320, 321). Die Bedingungen müssen sich jedoch iRd zunächst vom Vormund beantragten Rechtsgeschäfts halten, da das FamG den Vormund nur zu überwachen, aber nicht in seine Verwaltung einzugreifen hat (Staud/*Engler* § 1828 Rz 40). Auflagen sind aus dem gleichen Grund nicht zulässig (Staud/*Engler* § 1828 Rz 41).

6 D. Form der Genehmigung. Die Genehmigung kann in jeder **beliebigen Form**, etwa zu Protokoll (§ 15 III FamFG), durch mündliche Bekanntgabe oder selbst stillschweigend (RG 130, 148, Palandt/*Diederichsen* § 1828 Rz 5; aA Soergel/*Zimmermann* § 1828 Rz 18; Staud/*Engler* § 1828 Rz 29) erteilt werden und bedarf insb nicht der für das Rechtsgeschäft selbst vorgeschriebenen Form (Staud/*Engler* § 1828 Rz 29).

7 Adressat der Genehmigung oder ihre Versagung ist der Vormund oder einem von ihm Bevollmächtigter. (BGH NJW 54, 1925). Eine Erklärung ggü einer nicht ermächtigten Person, etwa dem vertragsschließenden Mündel, dem Notar oder dem Geschäftspartner, genügt nicht, selbst dann, wenn der Vormund davon erfährt (BayObLG FamRZ 96, 242). Zulässig ist allerdings die Doppelbevollmächtigung des Notars oder eines seiner Angestellten, die Genehmigung entgegenzunehmen und dem anderen Vertragsteil mitzuteilen, wenn dies nach außen offenkundig gemacht wird und dadurch das Wahlrecht des Vormunds, von der Genehmigung keinen Gebrauch zu machen, nicht eingeschränkt wird (BayObLG FamRZ 98, 1325, 1326, Staud/*Engler* § 1828 Rz 26/ 27 mwN). Die Entgegennahme und Weiterleitung einer Versagung der Genehmigung ist dagegen idR nicht von der Bevollmächtigung des Notars umfasst, da dadurch dem Vertragsgegner die Beschwerdemöglichkeit genommen würde (Staud/*Engler* § 1828 Rz 45 mwN). Für die Amtsvormundschaft vgl §§ 55 II SGB VIII. Auf die Bekanntmachung der Genehmigung kann auch nicht wirksam verzichtet werden, etwa durch Vereinbarung, dass der Eingang der Genehmigung beim Streitgericht oder einem Dritten genügen soll (Soergel/*Zimmermann*

§ 1828 Rz 16). Wirksamer Zugang (§§ 130 ff) der Entscheidung kann auf Ersuchen des FamG auch über ein anderes Gericht (bei Vergleich etwa das Streitgericht) bewirkt werden (BayObLGZ 60, 276).

Kommt das Gericht bei seiner Prüfung zu dem Ergebnis, dass ein bestimmtes Rechtsgeschäft keiner Genehmigung bedarf, erteilt es ein sog **Negativattest** (Staud/*Engler* § 1828 Rz 46). Es steht der Genehmigung nicht gleich, weil zu seiner Erteilung eine Prüfung der Mündelinteressen idR nicht stattgefunden hat (LG Meiningen FamRZ 08, 1375). Stell sich daher zu einem späteren Zeitpunkt heraus, dass das geprüfte Geschäft doch genehmigungsbedürftig war, kann durch das Negativattest die notwendige Genehmigung nicht ersetzt werden (BGH NJW 66, 952). 8

E. Verfahren. Die Erteilung der **Genehmigung erfolgt vAw**, ein förmlicher Antrag ist nicht erforderlich Es besteht keine Pflicht des Vormunds, die Genehmigung einzuholen (BGH DNotZ 67, 320) und sie darf auch nicht gegen seinen Willen erteilt werden (Staud/*Engler* § 1828 Rz 49). Ein Dritter, etwa der andere Vertragsteil, kann die Erteilung einer Genehmigung lediglich anregen, wird dadurch aber nicht zum Verfahrensbeteiligten und hat daher auch keinen Anspruch auf Erteilung eines Bescheids (Staud/*Engler* § 1828 Rz 51). Für das Verfahren gilt der **Amtsermittlungsgrundsatz** (§ 26 FamFG). Anzuhören sind der Mündel, der Gegenvormund und die nahen Angehörigen des Mündels (vgl §§ 1826, 1847, § 159 II, IV FamFG). Formloser Widerruf oder Abänderung der Genehmigung ist bis zu ihrem Wirksamwerden (ggü Vormund gem § 15, 40 II FamFG, dem Dritten ggü nach § 1829) möglich (KG OLGE 40, 20). Danach kommt eine Änderung nur noch bei schweren Verstößen gegen die rechtsstaatlichen Anforderungen in Betracht (BayObLG Rpfleger 91, 457, 458, FamRZ 98, 1325, 1326). Gegen die Versagung der Genehmigung ist der Vormund namens des Mündels beschwerdeberechtigt (BayObLG FuR 02, 160). In Ausnahmefällen ist auch eine Beschwerde des Mündels/Betreuten und ggf dessen Erben gegen die Erteilung der Genehmigung zulässig (Staud/*Engler* § 1828 Rz 56; Hamm FamRZ 04, 1386). Eine Beschwerderecht Dritter (Gegenvormund, Geschäftsgegner) besteht nur dann, wenn eine erteilte Genehmigung unzulässigerweise widerrufen wurde oder wenn das Geschäft von vornherein keiner Genehmigung bedürfte (Hamm FamRZ 84, 1036, 1037; Staud/*Engler* § 1828 Rz 60 mwN). 9

§ 1829 Nachträgliche Genehmigung.

(1) ¹Schließt der Vormund einen Vertrag ohne die erforderliche Genehmigung des Familiengerichts, so hängt die Wirksamkeit des Vertrags von der nachträglichen Genehmigung des Vormundschaftsgerichts ab. ²Die Genehmigung sowie deren Verweigerung wird dem anderen Teil gegenüber erst wirksam, wenn sie ihm durch den Vormund mitgeteilt wird.
(2) Fordert der andere Teil den Vormund zur Mitteilung darüber auf, ob die Genehmigung erteilt sei, so kann die Mitteilung der Genehmigung nur bis zum Ablauf von vier Wochen nach dem Empfang der Aufforderung erfolgen; erfolgt sie nicht, so gilt die Genehmigung als verweigert.
(3) Ist der Mündel volljährig geworden, so tritt seine Genehmigung an die Stelle der Genehmigung des Familiengerichts.

A. Normzweck. In den §§ 1829–1831 werden für den Fall Regelungen getroffen, dass die Genehmigung noch nicht vorliegt, wenn das genehmigungsbedürftige Geschäft vorgenommen wird. Mit einigen spezifischen Abweichungen, die aus der besonderen Schutzbedürftigkeit des Mündels resultieren, entsprechen sie weitgehend den Regeln bei beschränkter Geschäftsfähigkeit (§§ 108 f, 111) und der Vertretung ohne Vertretungsmacht (§§ 177 f, 180). § 1829 I ermöglicht es dem FamG, II dem Vertragsgegner und III dem volljährig gewordenen Mündel, den Zustand der schwebenden Unwirksamkeit zu beenden. 1

B. Rechtsfolge. Fehlt bei Vornahme des Geschäfts durch den Vormund die gerichtliche Genehmigung, so führt dies bei einseitigen Rechtsgeschäften zur Nichtigkeit (§ 1831 S1). Verträge sind bis zur Genehmigung durch das FamG schwebend unwirksam (I 1). Eine bereits erteilte Genehmigung wird erst wirksam, wenn der Vormund von ihr Gebrauch macht. Es handelt sich um zwingendes Recht, das nicht durch Parteivereinbarungen, etwa den Verzicht des Dritten auf Mitteilung der Genehmigung, abgeändert werden kann (Staud/*Engler* Rz 29 mwN, BayObLG FamRZ 89, 1113). Die Mitteilung an den Geschäftsgegner, dass die Genehmigung erteilt ist, ist keine bloße Tatsacheninformation sondern empfangsbedürftige Willenserklärung, wobei der Vormund zum Ausdruck bringen muss, dass er am Vertrag, so wie er geschlossen und vom FamG genehmigt ist, festhält (Staud/*Engler* Rz 19; BayObLG FamRZ 89, 540). Ist die Genehmigung vom FamG verweigert worden, so kann auch die Verweigerung nur vom Vormund wirksam dem Dritten mitgeteilt werden, eine unmittelbare Mitteilung der Versagung durch das *Gericht* ist rechtlich wirkungslos (BayObLG FamRZ 96, 242). Der Dritte kann sich während der Schwebezeit, anders als in den Fällen der §§ 108, 177, regelmäßig nicht durch Widerruf vom Vertrag lösen. Nur ausnahmsweise räumt ihm § 1830 diese Option ein, wenn der Vormund wahrheitswidrig das Vorliegen der Genehmigung behauptet hat. Der Dritte kann jedoch nach § 1892 II den Vormund zur Mitteilung darüber auffordern, ob die Genehmigung erteilt worden ist. Die Aufforderung ist nicht formgebunden, muss aber zumindest erkennen lassen, dass es sich nicht um eine bloße Sachstandsanfrage handelt (Ddorf FGPrax 03, 266). Dem Vormund bleiben dann nach dem Zugang der Aufforderung nur zwei Wochen die Genehmigung dem Dritten mitzuteilen. Ob bereits eine Genehmigung des FamG vorliegt, oder beantragt wurde, ist unerheblich (RGZ 130, 148, 152; Soergel/*Zimmermann* § 1829 Rz 15). Die Berechnung der Frist richtet sich nach §§ 187 2

I, 188 II, eine vertragliche Verlängerung ist nach hM zulässig (Staud/*Engler* Rz 38 f mwN). Lässt der Vormund die Frist ungenutzt verstreichen oder teilt er dem Dritten mit, er werde von der Genehmigung keinen Gebrauch machen, gilt die Genehmigung als verweigert und kann zu einem späteren Zeitpunkt nicht mehr wirksam nachgeholt werden (Staud/*Engler* § 1829 Rz 19).

3 **Die Genehmigung richtet sich nach § 1828.** Die Mitteilung der Genehmigung hat rechtsgeschäftlichen Charakter. Sie kann daher wegen Willensmängeln angefochten werden und ist nur solange widerruflich, bis sie durch Zugang beim Dritten wirksam geworden ist (§ 130 I 2). Die Mitteilung ist nicht formgebunden, sie kann also sowohl schriftlich, mündlich oder auch durch schlüssige Handlungen erfolgen (Staud/*Engler* § 1829 Rz 27).

4 Ist das **Mündel volljährig** geworden, tritt seine Genehmigung an die Stelle der des FamG (III). Das Mündel ist nicht verpflichtet den Vertrag zu genehmigen, auch wenn er selbst, kurz bevor er volljährig wurde, am Zustandekommen des Vertrags beteiligt war (BGH NJW 51, 398; Soergel/*Zimmermann* § 1829 Rz 16). Eine gerichtliche Genehmigung ist wirkungslos, auch wenn sie bereits während der Minderjährigkeit beantragt wurde. Beim Tode des Mündels geht die Entscheidungsbefugnis auf die Erben über (KG OLGE 4, 416).

5 **Verweigert** das FamG die Genehmigung und teilt der Vormund dies dem Dritten mit, so ist das Geschäft endgültig unwirksam. Kein Beschwerderecht des Dritten (München FamRZ 09, 180).

§ 1830 Widerrufsrecht des Geschäftspartners.
Hat der Vormund dem anderen Teil gegenüber der Wahrheit zuwider die Genehmigung des Familiengerichts behauptet, so ist der andere Teil bis zur Mitteilung der nachträglichen Genehmigung des Familiengerichts zum Widerruf berechtigt, es sei denn, dass ihm das Fehlen der Genehmigung bei dem Abschluss des Vertrags bekannt war.

1 Hat der Vormund einen Vertrag ohne die erforderliche gerichtliche Genehmigung geschlossen, so ist dieser schwebend unwirksam (vgl § 1829 Rn 2). Der Vertragspartner ist grds an den Vertrag gebunden und kann diesen Schwebezustand nur nach § 1829 II beenden. Ausnahmsweise steht ihm jedoch ein **Widerrufsrecht** nach § 1830 zu, wenn der Vormund ihm ggü vor oder bei Vertragsschluss (Staud/*Engler* § 1830 Rz 7) wahrheitswidrig die Genehmigung der FamG behauptet hat und der Dritte keine positive Kenntnis davon hatte, dass es tatsächlich an der Genehmigung fehlt (Staud/*Engler* § 1830 Rz 9). Es genügt dabei, wenn der Vormund dabei einen Irrtum seines Geschäftspartners über das Vorliegen der Genehmigung treuwidrig ausnutzt (MüKo/*Schwab* § 1830 Rz 2). Wird die Genehmigung nachträglich erteilt und teilt der Vormund dies dem Geschäftspartner mit, so erlischt das Widerrufsrecht (§ 1829 I). Auch ein Verzicht auf das Widerrufsrecht ist zulässig (Staud/*Engler* § 1830 Rz 11). Die Norm gilt entspr, wenn der beschränkt geschäftsfähige Mündel selbst den Vertrag geschlossen hat. Der Widerruf erfolgt durch einseitige empfangsbedürftige Willenserklärung.

2 **Der Widerruf bewirkt** die Unwirksamkeit des Vertrages. Der Vormund haftet dem Geschäftspartner ggü aus §§ 823, 826; dem Mündel ggü gem § 1833. Ein Anspruch aus § 179 ist ausgeschlossen.

§ 1831 Einseitiges Rechtsgeschäft ohne Genehmigung.
¹Ein einseitiges Rechtsgeschäft, das der Vormund ohne die erforderliche Genehmigung des Familiengerichts vornimmt, ist unwirksam. ²Nimmt der Vormund mit dieser Genehmigung ein solches Rechtsgeschäft einem anderen gegenüber vor, so ist das Rechtsgeschäft unwirksam, wenn der Vormund die Genehmigung nicht vorlegt und der andere das Rechtsgeschäft aus diesem Grunde unverzüglich zurückweist.

1 **A. Inhalt. Einseitige Rechtsgeschäfte** des Vormunds, wie etwa Erteilung einer Prokura nach § 1822 Nr 11, Kündigung eines Mietvertrages, Ausüben eines Vorkaufrechts, Ausschlagen einer Erbschaft, Aufgabeerklärung nach § 875 (KG OLG 44, 81); nicht hingegen Vertragsangebot oder Annahme einer Leistung als Erfüllung, **sind unheilbar nichtig**, wenn sie ohne die erforderliche Genehmigung vorgenommen werden (RG 118, 145). Der Vormund kann das nichtige Geschäft jedoch mit der erforderlichen Genehmigung jederzeit wiederholen, um doch noch seine Wirksamkeit zu erreichen.

2 Kein selbständiges einseitiges Rechtsgeschäft gem § 1831 ist die Zustimmung des Vormunds zu einem durch den Mündel selbst geschlossenen genehmigungspflichtigen Geschäft. In diesen Fällen ist der Vertrag selbst Genehmigungsgegenstand, mit der Folge, dass nicht die §§ 109 I, 1831, sondern die §§ 1829, 1830 gelten.

3 **B. Zeitpunkt der Genehmigung.** Die Genehmigung muss spätestens vorliegen, wenn das Geschäft wirksam werden soll, idR also bei Zugang der entspr Willenserklärung beim Adressaten (vgl § 130). Eine später erteilte Genehmigung entfaltet keine Rückwirkung. Bei amtsempfangsbedürftigen Erklärungen kann von diesen strengen Regelungen abgesehen werden. So genügt es für die Ausschlagung der Erbschaft, dass die erforderliche Genehmigung bis zum Ablauf der Ausschlagungsfrist dem Nachlassgericht nachgewiesen ist (Soergel/*Zimmermann* § 1831 Rz 6).

4 Auch eine danach mitgeteilte Genehmigung kann genügen, wenn der Vormund vor Ablauf der Ausschlagungsfrist den Antrag auf Genehmigung beim FamG gestellt hat, sich die Erteilung aber über das Ende der Frist hinaus verzögert (Staud/*Engler* § 1831 Rz 13–16 mwN; Frankf DNotZ 66, 613). Bis zur Erteilung der Genehmigung ist der Lauf der Ausschlagungsfrist gehemmt (§§ 1944 II 3; BayObLG FamRZ 83, 834, 835). In

keinem Fall darf das FamG die Genehmigung mit Verweis auf eine bereits abgelaufene Erklärungsfrist verweigern, weil diese Prüfung allein dem Prozessgericht obliegt (BayObLG FamRZ 69, 434) Auf Erklärungen ggü Behörden und Gerichten ist § 1831 1 nicht anwendbar, da diese durch Fristsetzung selbst die Ungewissheit über die gerichtliche Genehmigung der ihnen ggü abzugebenden Erklärungen beenden können (Soergel/*Zimmermann* § 1831 Rz 5). Dies gilt etwa für den Eintragungsantrag beim Grundbuchamt mit Rücksicht auf § 18 GBO, ferner für amtsempfangsbedürftige Anträge an Behörden und Gerichte (zB Antrag auf Teilungsversteigerung § 181 II 2 ZVG; s. Staud/*Engler* § 1831 Rz 19), schließlich bei genehmigungsbedürftigen Klagen (vgl § 607 II 2 ZPO), wo der Nachweis der Genehmigung noch bis zur letzten mündlichen Verhandlung und sogar noch in der Revisionsinstanz zulässig sein soll (Staud/*Engler* § 1831 Rz 20; BGH MDR 66, 745).

C. Zurückweisung. Auch bei rechtzeitiger Genehmigung kann das Rechtsgeschäft unwirksam sein, wenn der Vormund die Genehmigung des FamG nicht in schriftlicher Form vorlegt und der Geschäftspartner das Rechtsgeschäft aus diesem Grund unverzüglich (§ 121) zurückweist (§ 1831 2). 2 gilt nur für Privatpersonen als Empfänger (Staud/*Engler* § 1831 Rz 22, MüKo/*Wagenitz* § 1831 Rz 11), nach aA auch für Erklärungen, die einer Behörde ggü abzugeben sind (BayObLG Rpfleger 91, 457, 458 für Aufgabeerklärung ggü Grundbuchamt; Erman/*Holzhauer* § 1831 Rz 9 für Ausschlagungserklärung ggü Nachlassgericht). 5

§ 1832 Genehmigung des Gegenvormunds. Soweit der Vormund zu einem Rechtsgeschäft der Genehmigung des Gegenvormunds bedarf, finden die Vorschriften der §§ 1828 bis 1831 entsprechende Anwendung; abweichend von § 1829 Abs. 2 beträgt die Frist für die Mitteilung der Genehmigung des Gegenvormunds zwei Wochen.

Die Norm ist eine **Rechtsfolgenverweisung** und erstreckt die für die gerichtliche Genehmigung geltenden zwingenden Regelungen der §§ 1828–1831 auch auf die Genehmigung durch den Gegenvormund. Handelt es sich um reine Soll-Genehmigungen, wie im Fall von § 1810, so ist die Vorschrift nicht anwendbar. Die Genehmigung des Gegenvormunds ist dem Vormund ggü zu erklären (§ 1828). 1

§ 1833 Haftung des Vormunds. (1) ¹Der Vormund ist dem Mündel für den aus einer Pflichtverletzung entstehenden Schaden verantwortlich, wenn ihm ein Verschulden zur Last fällt. ²Das Gleiche gilt von dem Gegenvormunde.
(2) ¹Sind für den Schaden mehrere nebeneinander verantwortlich, so haften sie als Gesamtschuldner. ²Ist neben dem Vormunde für den von diesem verursachten Schaden der Gegenvormund oder ein Mitvormund nur wegen Verletzung seiner Aufsichtspflicht verantwortlich, so ist in ihrem Verhältnis zueinander der Vormund allein verpflichtet.

A. Rechtsgrund. Die Norm regelt die Haftung für Schäden, die der Vormund oder der Gegenvormund dem Mündel (I) zufügt. Ihre Rechtsgrundlage wird von der hM auf ein gesetzliches Schuldverhältnis familienrechtlicher Art zurückgeführt, da Vormund und Gegenvormund nicht Beamte iSd § 839 sind, sondern trotz staatlicher Kontrolle ihrer Amtsführung in einem privatrechtlichen Verhältnis zum Mündel stehen (hM BGHZ 17, 108; Staud/*Engler* Rz 5 mwN; MüKo/*Schwab* § 1833 Rz 1 mwN). 1

B. Anwendungsbereich. Die Grundsätze des § 1833 gelten für alle Vormünder. Beim Amtsvormund konkurriert die Haftung aus § 1833 mit der Amtshaftung nach § 839 iVm Art 34 GG, wobei sich der Mündel bei § 1833 ggf besser steht, da hier die längere Verjährungsfrist gilt (30 Jahre) und § 839 III keine Anwendung findet (BGH FamRZ 87, 904). Beim Vereinsvormund haftet der Verein nach § 31 für das Verschulden verfassungsmäßig bestellter Vertreter und des Vorstands, sowie für persönlich zum Vormund bestellte Mitarbeiter (LG Stade FamRZ 08, 2232). Wird die Vormundschaft aufgehoben, weil ihre gesetzlichen Grundlagen nicht vorlagen, auch die bloße Untauglichkeit des Vormunds (§ 1781), schließt eine Haftung nach § 1833 nicht aus (Soergel/*Zimmermann* § 1833 Rz 1. Anders bei der Bestellung eines geschäftsunfähigen Vormunds (§ 1780). § 1833 gilt entspr für die Pflegschaft (§ 1915 I). 2

Ggü Dritten bleibt es bei den allgemeinen Haftungsregeln (Ddorf FGPrax 99, 54; LG Flensburg FamRZ 08, 2232). Eine Haftung des Vormunds aus § 1833 kommt nur ausnahmsweise in Betracht (zB bei Verletzung der Aufsichtspflicht: BGHZ 100, 313 oder bei Inanspruchnahme eines besonderen persönlichen Vertrauens: BGH BtPrax 95, 103, 105), da seine Amtspflichten idR nur ggü dem Mündel bestehen (Frankf FamRZ 87, 519, 520). Aber ggf Haftung des Mündels nach § 278. Die Beweislast für Pflichtverletzung, Schaden, Kausalität und Verschulden trägt das Mündel. 3

C. Voraussetzungen der Haftung. 1. Wirksame Bestellung. Vormund, Mitvormund oder Gegenvormund müssen wirksam bestellt worden sein (s. für den Fall des § 1780 Rn 1; Staud/*Engler* § 1833 Rz 20–22). 4

2. Pflichtverletzung. Der Vormund muss eine Pflichtverletzung begangen haben, sei es durch Verstoß gegen das allgemeine Gebot, die Vormundschaft treu und gewissenhaft zu führen, sei es durch Zuwiderhandlung gegen eine gesetzlich angeordnete Verpflichtung (auch solche aus Sollvorschriften oder gegen eine konkrete AnO des FamG. 5

Bei der Amtsvormundschaft kann eine unzureichende Personalausstattung des Jugendamtes zu einer Haftung der Trägerkörperschaft wegen Organisationsmangels führen (Soergel/*Zimmermann* § 1833 Rz 4 mwN). Als Pflichtverletzungen kommen zB in Betracht (vgl auch weitere Beispiele bei Staud/*Engler* § 1833 Rz 23 ff): *a)* Bei der **Geltendmachung von Unterhaltsansprüchen** zB ein zu niedriger Antrag (*Odersky* FamRZ 72, 621, 622); die Unterlassung bei titulierten Forderungen rechtzeitig die Zwangsvollstreckung zu betreiben (KG DAV 75, 439; Nichtberücksichtigung des Währungsverfalls bei Abfindungen (BGH NJW 57, 138). Unterlassene Bemühung des Amtsvormunds die Passbehörde an der Erteilung eines Passes an einen Unterhaltspflichtigen zu hindern, der sich ins Ausland absetzen will (Nürnbg FamRZ 65, 454). *b)* Bei der **Geltendmachung und Sicherung anderer Ansprüche** zB das Führen aussichtsloser Prozesse (Hambg NJW 60, 1207; Soergel/*Zimmermann* § 1833 mwN); die prüfungslose Hinnahme von Wertgutachten (BGH FamRZ 83, 1220), unterlassene oder verspätete Geltendmachung von Renten oder Sozialhilfeansprüchen des Mündels/Betreuten (Schlesw FamRZ 97, 1427; LG Köln FamRZ 06, 1874); unterlassene Anmeldung zur Krankenversicherung (Brandbg FamRZ 08, 916); verstreichen lassen von Erwerbs oder Gewinnmöglichkeiten des Mündels (BGH FamRZ 05, 358; Celle NJW-RR 99, 10; Kobl NJW-RR 04, 1375; Zweibr BtPRax 04, 246), unterlassene Haftpflichtversicherung bei erhöhtem Haftungsrisiko des Mündels (BGH FamRZ 80, 874). *c)* Soweit der Vormund nach der Art der Geschäfte **einzelne Aufgaben delegieren** darf, haftet er für die Auswahl und die Überwachung der Hilfspersonen (Staud/*Engler* § 133 Rz 40; LG Waldshut-Tiengen FamRZ 08, 916). Eine **Genehmigung** der Handlungen des Vormunds durch das FamG oder den Gegenvormund schließt eine Haftung grds nicht aus, andererseits darf er sich jedoch idR auf Rechtsauskünfte des Gerichts verlassen (BGH FamRZ 83, 1220; Jungeleit/*Meier* § 1833 Rz 31 mwN). Höhere Anforderungen können besonders dann gelten, wenn ein Vormund/Betreuer gerade wegen seines besonderen Fachwissens als Rechtsanwalt in das Amt berufen worden ist (Hamm FamRZ 01, 861, BGH BtPRax 04, 30 f).

6   **3. Schaden.** Dem Mündel muss durch die Pflichtverletzung ein Schaden entstanden sein. Es gelten die §§ 249 ff. Schädigt das Mündel aufgrund einer Pflichtverletzung des Vormunds einen Dritten, so steht ihm ein Freistellungsanspruch gegen den Vormund zu (Palandt/*Diederichsen* § 1833 Rz 9). Ein Mitverschulden des Mündels führt zur Kürzung des Ersatzanspruchs (§ 254).

7   **4. Verschulden.** Die Pflichtverletzung muss schuldhaft erfolgt sein, wobei grds auch für Fahrlässigkeit (§ 276 I) gehaftet wird. Dies gilt auch für den Amtsvormund (Nürnbg FamRZ 65, 454). Bei der Sorgfaltsanforderungen wird aber auch der konkrete Lebenskreis von Vormund und Mündel berücksichtigt (Schlesw FamRZ 97, 1427; BGH FamRZ 03, 1924). Unsicherheit oder das Gefühl der Überforderung, etwa bei der Vermögenssorge oder im Bereich der Prozessführung, wirken hingegen idR nicht schuldentlastend, sondern begründen lediglich die Pflicht sich bei Kundigen fachlichen Rat einzuholen (Jungleit/*Meier* § 1833 Rz 31 mwN; LG Köln FamRZ 06, 1874). Hat der Vormund das Mündel hingegen auf längere Zeit in seinem Haushalt aufgenommen, so haftet er nur für eigenübliche Sorgfalt (§§ 1793 II 2, 1664; Staud/*Engler* § 1833 Rz 13).

8   **D. Mehrere Verantwortliche.** Mehrere Verantwortliche (zB Vormund und Gegenvormund oder Mitvormünder), haften dem Mündel gem §§ 421 ff als **Gesamtschuldner** (II 1). Für den Innenausgleich bestimmt II 2, dass der Vormund allein verpflichtet ist, wenn neben ihm für den Schaden nur ein Gegenvormund oder Mitvormund wegen Verletzung der Aufsichtspflicht verantwortlich ist. Für die Haftung des Vormundschaftsrichters und Rechtspflegers gelten § 839 iVm Art 34 GG. Vgl auch § 841.

§ 1834 Verzinsungspflicht.
Verwendet der Vormund Geld des Mündels für sich, so hat er es von der Zeit der Verwendung an zu verzinsen.

1   **Die Norm ergänzt § 1805**, der anordnet, dass der Vormund das Vermögen des Mündels von seinem eigenen streng getrennt zu halten hat. Verstößt der Vormund gegen diesen Grundsatz und nutzt Gelder des Mündels für eigene Zwecke bzw zahlt sie auf eigene Konten ein, so hat er die Gelder, ohne Rücksicht auf ein Verschulden oder die Entstehung eines Schadens, nach § 246 zum gesetzlichen Zinssatz von 4% zu verzinsen. Ein Anspruch auf einen höheren Zinsschaden kann sich ggf aus § 1833 ergeben. Die Vorschrift findet entspr Anwendung auf die Pflegschaft (§ 1915 I).

§ 1835 Aufwendungsersatz.
(1) ¹Macht der Vormund zum Zwecke der Führung der Vormundschaft Aufwendungen, so kann er nach den für den Auftrag geltenden Vorschriften der §§ 669, 670 von dem Mündel Vorschuss oder Ersatz verlangen; für den Ersatz von Fahrtkosten gilt die in § 5 des Justizvergütungs- und –entschädigungsgesetzes für Sachverständige getroffene Regelung entsprechend. ²Das gleiche Recht steht dem Gegenvormund zu. ³Ersatzansprüche erlöschen, wenn sie nicht binnen 15 Monaten nach ihrer Entstehung gerichtlich geltend gemacht werden; die Geltendmachung des Anspruchs beim Familiengericht gilt dabei auch als Geltendmachung gegenüber dem Mündel.
(1a) ¹Das Familiengericht kann eine von Absatz 1 Satz 3 abweichende Frist von mindestens zwei Monaten bestimmen. ²In der Fristbestimmung ist über die Folgen der Versäumung der Frist zu belehren. ³Die Frist kann auf Antrag vom Familiengericht verlängert werden. ⁴Der Anspruch erlischt, soweit er nicht innerhalb der Frist beziffert wird.

(2) ¹Aufwendungen sind auch die Kosten einer angemessenen Versicherung gegen Schäden, die dem Mündel durch den Vormund oder Gegenvormund zugefügt werden können oder die dem Vormund oder Gegenvormund dadurch entstehen können, dass er einem Dritten zum Ersatz eines durch die Führung der Vormundschaft verursachten Schadens verpflichtet ist; dies gilt nicht für die Kosten der Haftpflichtversicherung des Halters eines Kraftfahrzeugs. ²Satz 1 ist nicht anzuwenden, wenn der Vormund oder Gegenvormund eine Vergütung nach § 1836 Abs. 1 Satz 2 in Verbindung mit dem Vormünder- und Betreuervergütungsgesetz erhält.
(3) Als Aufwendungen gelten auch solche Dienste des Vormunds oder des Gegenvormunds, die zu seinem Gewerbe oder seinem Beruf gehören.
(4) ¹Ist der Mündel mittellos, so kann der Vormund Vorschuss und Ersatz aus der Staatskasse verlangen. ²Absatz 1 Satz 3 und Absatz 1a gelten entsprechend.
(5) ¹Das Jugendamt oder ein Verein kann als Vormund oder Gegenvormund für Aufwendungen keinen Vorschuss und Ersatz nur insoweit verlangen, als das einzusetzende Einkommen und Vermögen des Mündels ausreicht. ²Allgemeine Verwaltungskosten einschließlich der Kosten nach Absatz 2 werden nicht ersetzt.

A. Überblick. Die §§ 1835–1836e enthalten die Vorschriften über die finanziellen Ansprüche des Vormunds 1 und sind in weiten Bereichen durch das **2. Betreuungsrechtsänderungsgesetz** mit Wirkung zum 1.7.05 neu geregelt worden. Sie entfalten direkte Geltung für Vormund und Gegenvormund, finden aber kraft Verweisung auch Anwendung im Bereich der Beistandschaft (§ 1716), der Betreuung (§§ 1908i, 1908e, 1908h) sowie der Pflegschaft (§ 1915 I). Die zuvor im BGB und im Berufsvormündervergütungsgesetz verstreuten Regelungen, sind nun im Vormünder und Betreuervergütungsgesetz zusammengefasst (VBVG, Anh zu § 1836; Lit: *Dodegge* NJW 05, 1898 ff; *Zimmermann* FPR 02, 431 ff, FamRZ 05, 950; *Deinert* BtPrax Spezial 05, 13). Da Vormundschaft, Betreuung und Pflegschaft aus ihrer historischen Entwicklung heraus ihrem Grundsatz nach als **unentgeltlich** zu führende Ehrenämter ausgestaltet sind (vgl §§ 1836 I 1, 1908i I 1, 1915 I 1), kann grds nur der **Ersatz von Aufwendungen** verlangt werden (§ 1835). Eine **Vergütung** kommt nur ausnahmsweise bei berufsmäßig geführter Vormundschaft iSd § 1836 I 2 oder soweit der Umfang oder die besondere Schwierigkeit der vormundschaftlichen Geschäfte dies rechtfertigen in Betracht (§ 1836 II) und bedarf der ausdrücklichen gerichtlichen Bewilligung. Insb Berufsbetreuer haben einen Anspruch auf eine angemessene Vergütung ihrer Betreuertätigkeit (BVerfG NJW 80, 2179). Vergütung und Aufwendungsersatz können uU nebeneinander verlangt werden. Aus Gründen der Vereinfachung kann stattdessen auch eine pauschalierte Aufwandsentschädigung (§ 1835a) abgerechnet werden. Erhält ein **Berufsbetreuer** eine Vergütung nach §§ 4, 5 VBVG, so sind damit auch Ansprüche auf Ersatz von Aufwendungen abgegolten (§ 4 II VBVG), so dass ein Anspruch nach § 1835 nicht in Betracht kommt (vgl Jurgeleit/*Maier* § 1835 Rz 8).
Anspruchsgegner ist zunächst das Mündel/der Betreute (Staud/*Engler* § 1835 Rz 39). Bei **Mittellosigkeit** 2 (§ 1836c und d) besteht ein Anspruch gegen die Staatskasse (§§ 1835 IV, 1836a ff). Zu Vergütung und Aufwendungsersatz für Betreuungsvereine und Behördenbetreuer vgl §§ 7 u 8 VBVG; zum Erlöschen des Vergütungsanspruchs u Abrechnungszeitraum §§ 2 u 9 VBVG.
Erbenhaftung. Stirbt der Mündel/Betreute, haften für sämtliche noch nicht bezahlten Betreuungskosten 3 (Aufwendungsersatz, Aufwandsentschädigung, Vergütung) grds die Erben ohne dass diese sich auf die Mittellosigkeit des Mündels/Betreuten berufen können (Hamm FamRZ 04, 1065). Ob auch Tätigkeiten nach dem Tod von Mündel, Betreuten oder Pflegling noch aufwendungsersatz- bzw vergütungsfähig sind, hängt davon ab, ob Vormund, Betreuer oder Pfleger berechtigt oder sogar verpflichtet sind (vgl §§ 1698a, b; 1893 I; 1908i I 1; 1915 I 1), bestimmte Angelegenheiten des Verstorbenen weiter zu erledigen (vgl *Deinert* FamRZ 02, 374).
Vergütung und Aufwendungsersatz, gehören zwar beide zu den ggf ersatzfähigen Kosten der Betreuung, 4 müssen jedoch begrifflich auseinander gehalten werden. Ist die **Vergütung** als Entgelt für die Führung der Vormundschaft/Betreuung vorgesehen, um den Vormund/Betreuer für die im Interesse des Mündels/Betreuten aufgewendete Mühe und Zeitversäumnis zu entschädigen, sollen über den **Aufwendungsersatz** die für den Mündel/Betreuten verauslagten Geldbeträge und sonstigen geldwerten Leistungen gesondert ersetzt werden. Der Anspruch auf Vergütung und Aufwendungsersatz setzt dabei grds voraus, dass die abzurechnende Tätigkeit in die dem Vormund/Betreuer **übertragenen Aufgabenkreise** fällt und er die Tätigkeit aus seiner Sicht nach den Umständen des Einzelfalls für erforderlich halten dürfte (Soergel/*Zimmermann* § 1835 Rz 10 mwN). Während es für die Vergütung (§ 1836 iVm dem VBVG) und bei der Aufwandsentschädigung (§ 1835a) Pauschalierungen gibt, hat der Vormund/Betreuer den Aufwendungsersatz konkret abzurechnen (Jena FamRZ 01, 1243). Eine Kumulation zwischen pauschaler Aufwandsentschädigung und konkret abgerechnetem Auslagenersatz scheidet aus (LG Koblenz FamRZ 01, 1324). Für **pflichtwidriges Handeln** kann weder Vergütung noch Aufwendungsersatz verlangt werden (BayObLG NJW-RR 05, 156 f; Hamm FamRZ 07, 1185). **Zeitlicher Rahmen:** Für Zeitaufwand vor seiner wirksamen Bestellung kann der Vormund/Betreuer keinen Ersatz verlangen (LG Hildesheim FamRZ 05, 655), endet das Amt durch den Tod des Betreuten, so ist der Zeitaufwand für die Erstellung des Schlussberichts, die Vermögensaufstellung usw zu vergüten (Frankf

FGPrax 05, 208f). Endet die Bestellung zum vorläufigen Betreuer und wird dieselbe Person später erneut zum vorläufigen Betreuer bestellt, kann für die Zwischenzeit, in der sie nicht zum Betreuer bestellt gewesen ist, weder Vergütung noch Aufwendungsersatz abgerechnet werden (Braunschw FamRZ 06, 290).

5 **B. Aufwendungsersatz und Vergütung des Verfahrenspflegers (§ 277 FamFG).** Während der Berufspfleger neben dem Ersatz seiner Aufwendungen eine Vergütung erhält, die sich nach § 1836 I richtet, kann der ehrenamtliche **Verfahrenspfleger** nur den Ersatz seiner Aufwendungen nach § 1835 I u II geltend machen (§ 277 I FamFG). Die Berufsmäßigkeit der Ausübung der Verfahrenspflegschaft kann anlässlich der Bestellung zum Verfahrenspfleger festgestellt werden, sich aber auch bereits daraus ergeben, dass es sich bei der zu bestellten Person um einen Berufsbetreuer handelt. Die Vergütung wird gem §§ 277 II 2 FamFG in entspr Anwendung der §§ 1–3 I u II VBVG berechnet. Die für die Führung der Verfahrenspflegschaft abrechenbare Zeit bemisst sich nach der Aufgabenstellung der Verfahrenspflegschaft (BVerfG FamRZ 04, 1267) und ist nach den Umständen des jeweiligen Falls zu bestimmen. Sie muss vom Verfahrenspfleger konkret nachgewiesen werden, wozu die Mitteilung der zur Überprüfung der Abrechnung erforderlichen Tatsachen gehört (Brandbg FamRZ 04, 1982, Oldbg FamRZ 05, 391 mwN). Auch ein **Rechtsanwalt** erhält **als Verfahrenspfleger** keinen höheren Stundensatz als im VBVG (zzt Höchststundensatz von 44 €) vorgesehen (BayObLG FamRZ 05, 828), kann aber gem § 1835 III dann nach RVG abrechnen, soweit sich auch ein Nichtjurist als Verfahrenspfleger eines Anwalts bedienen würde (München FamRZ 06, 577; Abrechnung der Tätigkeit eines anwaltlichen Berufsbetreuers in einem staatsanwaltlichen Ermittlungsverfahren: Hamm FamRZ 06, 576 mwN); oder er ausdrücklich als „Rechtsanwalt" zum Verfahrenspfleger bestellt worden ist. Sind dem Anwalt bereits bei seiner Bestellung vom Gericht bestimmte Tatsachen mitgeteilt worden, die eine Abrechnung der Verfahrenspflegschaft nach RVG rechtfertigen würden, so darf er darauf vertrauen (BayObLG FamRZ 02, 121). Ist der für die Verfahrenspflegschaft notwendige Zeitaufwand vorhersehbar und der Ausschöpfung dieses Zeitbudgets sichergestellt, so kann das Gericht dem Verfahrenspfleger auch im Wege der **Pauschalierung** (§ 277 III FamFG) statt Aufwendungsersatz und Vergütung einen festen Geldbetrag zuzüglich Umsatzsteuer zubilligen (für die Bemessung gelten die Stundensätze gem § 3 I VBVG zuzüglich einer Aufwandspauschale von 3 € pro veranschlagter Stunde). **Behörde und Verein** als Verfahrenspfleger erhalten keinen Aufwendungsersatz (§ 277 I 3 FamFG) und Verein und Jugendamt als solche auch keine Vergütung (§ 277 II 1 FamFG iVm § 1836 III). Den Mitarbeitern von Betreuungsvereinen stehen jedoch eigene Ansprüche zu, die dem Verein zugute kommen (§ 277 IV 1 u 2 FamFG iVm § 7 III VBVG). Das Gewerbe- und Berufsprivileg des § 1835 III gilt für den Vereinsbetreuer nicht (§ 277 IV 2 FamFG), eine Feststellung der Berufsmäßigkeit unterbleibt (§ 277 IV 3 FamFG iVm § 7 I 1 VBVG), auch der Ersatz allgemeiner Verwaltungskosten entfällt (§ 277 IV 2 FamFG iVm § 1835 V 2). Nach § 277 IV 3 FamFG erhält die Betreuungsbehörde für bedienstete Verfahrenspfleger weder Aufwendungsersatz noch Vergütung.

6 **C. Geltendmachung der Ansprüche.** Der **Aufwendungsersatzanspruch ist in erster Linie gegen den Mündel geltend zu machen** (I) und Vormund und Betreuer können soweit sie die Vermögenssorge haben, den geschuldeten Betrag selbst aus dem Vermögen des Betroffenen entnehmen (Jürgens/*Jürgens* § 1835 Rz 16). Bei **Mittellosigkeit des Mündels** (§§ 1836c, 1836d) ist der Anspruch gegen die Staatskasse zu richten (IV). Dies gilt nicht für Amts- und Vereinsvormund (V 1). Für die Frage der Mittellosigkeit gilt der Amtsermittlungsgrundsatz (vgl Kommentierung zu § 136c). Nichtstreitige Leistungen (zB Aufwandsentschädigung nach § 1835a) werden ohne gerichtliche Festsetzung im Verwaltungswege durch die Landesjustizkassen ausgezahlt. Darüber hinaus können die Ansprüche auf Aufwendungsersatz und Vergütung auf Antrag des Vormunds/Betreuers oder auf Veranlassung des Gerichts durch gerichtliche Festsetzung geltend gemacht werden. Der Antrag darf dabei nicht nur eine Gesamtsumme angeben, sondern muss nachvollziehbare Angaben über Zeitaufwand sowie Art und Umfang der Aufwendungen enthalten (Frankf FamRZ 02, 193 f). Zu den Antragsfristen vgl Rn 13.

7 **D. Ersatzfähige Aufwendungen. Voraussetzung für einen Anspruch nach § 1835** ist **zunächst,** dass der Vormund zum Zwecke der Führung der Vormundschaft **Aufwendungen getätigt** hat. In Betracht kommen hier in erster Linie bare **Auslagen und die Eingehung von Verbindlichkeiten**, wie etwa für Telefon (soweit notwendig auch Handygebühren), Porto, Rechtsberatungskosten, Abschriften, Fotokopien nach Erforderlichkeit (*Bienwald* FamRZ 01, 114; Schlesw BTPrax 02, 221 mwN) und alle sonstigen vom Vormund/Betreuer für den Mündel in Anspruch genommenen Tätigkeiten und gezahlten Entgelte (etwa Rechtsverfolgungskosten, nicht jedoch für einen Rechtsstreit gegen den Betreuten; vgl Jürgens/*Klüsener* § 1834 Rz 12), soweit diese nicht bereits im Rahmen von Stundenpauschalen mit berücksichtigt sind (Jurgeleit/*Maier* § 1835 Rz 17). Fahrtkosten (I Hs 2) für Besuche beim Betreuten und die Erledigung von betreuungsbezogenen Aufgaben können nach Maßgabe der Regelung für Sachverständige (§ 5 JVEG) in Höhe einer Kilometerpauschale von 0,30 € zuzüglich Parkgebühren erstattet werden. Bei der Benutzung öffentlicher Verkehrsmittel sind die tatsächlichen Aufwendungen zu erstatten (Jurgeleit/*Maier* § 1835 Rz 22). Soweit der Betreuer Hilfstätigkeiten zulässigerweise an Dritte delegiert (vgl *Bienwald* BtPrax 03, 158) können die Kosten, soweit sie notwendig und angemessen sind, als Aufwendungen ersetzt verlangt werden (Bremen BtPrax 00, 88; Celle FamRZ 02, 1221), wobei jedoch zunächst immer zu prüfen sein wird, ob die Einschaltung einer Hilfskraft im konkreten

Fall notwendig gewesen ist (vgl Jurgeleit/*Maier* § 1835 Rz 41). Werden originär eigene Aufgaben an Dritte delegiert, zB bei Übertragung der eigenen Aufgaben durch eine Berufsbetreuerin an ihren Ehemann kommt Aufwendungsersatz nicht in Betracht (Frankf FGPrax 04, 29). Einem umsatzsteuerpflichtigen Betreuer ist zudem die auf die Auslagen entfallende **Umsatzsteuer/Mehrwertsteuer** zu erstatten (Hamm NJW-RR 00, 522; Ddorf FamRZ 02, 638).

Erbringt der Vormund/Betreuer (oder auch ein Ergänzungspfleger; NJW-RR 04, 1664) im Rahmen seines **8** übertragenen Wirkungskreises **Dienste, die zu seinem Beruf oder Gewerbe gehören** (III), etwa indem ein zum Vormund bestellter Rechtsanwalt einen Prozess für den Mündel führt (BayObLG FGPrax 02, 68: Geltendmachung von Unterhaltsansprüchen; 02, 381 Führung eines Asylverfahrens, Schlesw FamRZ 08, 187 Führung einer Strafverteidigung), so kann er für solche Dienste wahlweise Aufwendungsersatz verlangen oder eine Vergütung nach § 1836 berechnen (vgl Jurgeleit/*Maier* § 1835 Rz 47–52; BGH FamRZ 07, 381: Anwaltsbetreuer als Prozessbevollmächtigter). Entsprechendes gilt für andere Berufe (zB den Arzt der die dem Mündel erbrachte Behandlung nach der GOÄ abrechnen kann, Steuerberater usw). Ist der Betreuer aber gerade wegen besonderer Fähigkeiten bestellt worden (zB Beherrschung der Gebärdensprache bei gehörlosem Betreuten; Köln FamRZ 08, 921) oder handelt es sich um Dienst, die von jedermann erbracht werden können, so sind diese auch bei besonderer Eignung des Vormunds idR mit der Vergütung nach § 1836 iVm § 3 VBVG bereits abgegolten (Damrau/*Zimmermann* § 1835 Rz 41). Dies gilt auch, wenn es sich zwar um eine berufstypische Aufgabe handelt (zB Rechtanwalt verfasst als Betreuer für den Betroffenen ein Mahnschreiben in einer Angelegenheit ohne tatsächliche oder rechtliche Schwierigkeiten; zur Erledigung der konkreten Aufgabe aber keine Professionalität erforderlich ist (Köln FamRZ 01, 1643). Grds wird immer dann eine Abrechnung nach der jeweiligen berufsspezifischen Gebührenordnung möglich sein, wenn davon auszugehen ist, dass ein Vormund/Betreuer ohne die einschlägigen Fachkenntnisse im konkreten Fall einen entspr Fachmann hinzuziehen würde (MüKo/*Schwab* § 1835 Rz 34, Jürgens/*Jürgens* § 1835 Rz 10; BayObLG NJW 02, 1660 mwN).

Erstattungsfähig sind für den ehrenamtlich tätigen Vormund/Betreuer auch die **Kosten für eine angemes-** **9** **sene Haftpflichtversicherung** für Schädigung des Mündels oder eines Dritten (II 1). Kostenvorteile von Sammelversicherungen der Länder für alle automatisch dort versicherten ehrenamtlichen Vormünder/ Betreuer müssen genutzt werden (Jurgeleit/*Maier* § 1835 Rz 45; BGH BtPrax 04, 30). Keine ersatzfähigen Aufwendungen iSd Norm sind Kosten für eine Versicherung gegen Eigenschäden des Vormunds, da diese allein in seinem Interesse liegt (MüKo/*Schwab* § 1835 Rz 30; aA *Seitz* BtPrax 00, 30). Gleiches gilt für die Kosten einer Kraftfahrzeug Haftpflichtversicherung (II Hs 2), einschließlich der Kaskoversicherung, da diese über die Fahrtkosten abgerechnet werden, sowie die Haftpflichtversicherung für Berufsvormünder/-Betreuer, die bereits mit der Vergütung nach § 1836 II abgegolten ist (Jürgens/*Jürgens* § 1835 Rz 8).

Nicht als Aufwendungen ersatzfähig ist abgesehen vom Ersatz für Berufsdienste (vgl Rn 8) grds der Wert **10** der für die Führung der Vormundschaft aufgewendeten Arbeitszeit. Dies ist umstr für Verdienstausfall wegen Wahrnehmung von Betreuungsaufgaben (dagegen: MüKo/*Schwab* § 1835 Rz 15; dafür: *Seitz* BtPrax 92, 85; mit Einschränkungen: Jürgens/*Klüsener* § 1834 Rz 10). Kosten für die Ausbildung des Vormunds (einschl Supervision) und Schäden, die er bei seiner Tätigkeit erleidet, sind keine ersatzfähigen Aufwendungen (Jurgeleit/*Maier* § 1835 Rz 21u 31, Frankf FamRZ 04, 1751). Hilfsarbeiten, die von angestellten Bürokräften iRd rechtlichen Betreuung erledigt wurden, können nach der bis zum 30.6.05 geltenden Rechtslage unter engen Voraussetzungen erstattungsfähig sein (BGH FamRZ 06, 111). Nach V 2 sind die allgemeinen Verwaltungskosten, bei der Amts- oder Vereinsvormundschaft nicht zu ersetzen.

Weiterhin müssen die **Aufwendungen erforderlich** gewesen sein. Der Vormund/Betreuer kann nur die **11** Aufwendungen Ersatz verlangen, die sich als notwendige Folge der Übernahme der Vormundschaft/Betreuung oder gerichtlichen AnO ergeben, bzw die der Vormund/Betreuer den Umständen nach für die Führung der Betreuung **in dem ihm übertragenen Aufgabenkreis** für **erforderlich** halten dürfte, auch wenn sich dies nachträglich als Fehlbeurteilung herausstellen sollte (BayObLG 98, 146, Schlesw FamRZ 08, 187). Der Maßstab sind die Lebensverhältnisse des Mündels/Betreuten und dessen objektive Bedürfnisse (MüKo/*Schwab* § 1835 Rz 17; BayObLG BtPrax 03, 130). Mögliche PKH Ansprüche oder anderweitig aus der Staatskasse zu erstattende Aufwendungen sind bei der Prüfung der Erforderlichkeit durch den Vormund/Betreuer zu berücksichtigen (Frankf FuR 04, 35). Eine Versicherung nach II ist dann nicht angemessen, wenn bereits eine gesetzliche oder anderweitige Versicherung besteht, die das Risiko abdeckt. Will der Betreuer außerhalb des ihm übertragenen Aufgabenkreises zB den Betreuten entgeltlich tatsächlich pflegen, muss er hierzu mit dem Betreuten einen Vertrag schließen (wegen § 181 ist zuvor jedoch die Bestellung eines Verhinderungsbetreuers notwendig). Obliegt ihm die Vermögenssorge, kann er den zur Erfüllung seiner Entgeltforderung erforderlichen Betrag dem Vermögen des Betreuten entnehmen (Jurgeleit/*Maier* § 1835 Rz 49).

Zu ersetzen sind die **Aufwendungen zuzüglich einer Verzinsung** in Höhe des Basiszinssatzes seit der Auf- **12** wendung (§§ 670, 256, 246). Der Vormund kann einen **Vorschuss** verlangen (§ 669). Ist er Verbindlichkeiten eingegangen und sind diese noch nicht fällig, kann er **Sicherheitsleistung** verlangen, nach Fälligkeit **Befreiung von der Verbindlichkeit** (§ 257).

13 E. Fristen. Für die Geltendmachung des Anspruchs besteht eine **Ausschlussfrist von 15 Monaten**. Dieser Frist unterliegen auch der Anspruch auf Aufwandsersatz (Schlesw FGPrax 03, 127) und wegen Aufwendungen beruflicher Dienste (BayObLG FPR 03, 177; Frankf FPR 04, 35; LG Münster FamRZ 08, 1659). Die Frist wird ab Entstehen des Anspruchs und nicht erst ab Beendigung des Amtes des Vormunds/Betreuers gerechnet. Sie wird nur gewahrt, wenn der Antrag durch das FamG hinreichend überprüfbar ist (München FamRZ 06, 891). Die Geltendmachung ggü dem FamG im Fall der Mittellosigkeit gilt auch ggü dem Mündel (LG Mönchengladbach FamRZ 07, 1357). Die Geltendmachung erfolgt durch Einreichung eines bezifferten Erstattungantrags (vgl Rn 6). Die Ausschlussfrist kann vom FamG auf Antrag unter Belehrung der Versäumung der neuen Frist (Schlesw FamRZ 06, 890) auch **verkürzt oder verlängert** werden (Ia). Die bis auf 2 Monate verkürzbare Frist kann auch wiederum verlängert werden (Ia 3). Der Anspruch des Vormunds erlischt, wenn er nicht innerhalb der Frist geltend gemacht wird (Ia 4). Bei Wahrung der Ausschlussfrist verjährt der Ersatzanspruch in 3 Jahren (§§ 195, 196), wobei die Verjährung allerdings gehemmt ist (§ 207 I 2 Nr 3–5). Das FamG handelt nicht pflichtwidrig, wenn es den Vormund/Betreuer nicht ausdrücklich auf einen drohenden Anspruchsverfall wegen baldigem Fristablauf hinweist, lediglich bei Bestimmung einer abw Frist nach Ia muss es über die Folgen der Fristversäumnis belehren (Dresd FamRZ 04, 137).

§ 1835a Aufwandsentschädigung.

(1) ¹Zur Abgeltung seines Anspruchs auf Aufwendungsersatz kann der Vormund als Aufwandsentschädigung für jede Vormundschaft, für die ihm keine Vergütung zusteht, einen Geldbetrag verlangen, der für ein Jahr dem Neunzehnfachen dessen entspricht, was einem Zeugen als Höchstbetrag der Entschädigung für eine Stunde versäumter Arbeitszeit (§ 22 des Justizvergütungs- und -entschädigungsgesetzes) gewährt werden kann (Aufwandsentschädigung). ²Hat der Vormund für solche Aufwendungen bereits Vorschuss oder Ersatz erhalten, so verringert sich die Aufwandsentschädigung entsprechend.
(2) Die Aufwandsentschädigung ist jährlich zu zahlen, erstmals ein Jahr nach Bestellung des Vormunds.
(3) Ist der Mündel mittellos, so kann der Vormund die Aufwandsentschädigung aus der Staatskasse verlangen; Unterhaltsansprüche des Mündels gegen den Vormund sind insoweit bei der Bestimmung des Einkommens nach § 1836c Nr. 1 nicht zu berücksichtigen.
(4) Der Anspruch auf Aufwandsentschädigung erlischt, wenn er nicht binnen drei Monaten nach Ablauf des Jahres, in dem der Anspruch entsteht, geltend gemacht wird; die Geltendmachung des Anspruchs beim Familiengericht gilt auch als Geltendmachung gegenüber dem Mündel.
(5) Dem Jugendamt oder einem Verein kann keine Aufwandsentschädigung gewährt werden.

1 A. Pauschale Aufwandsentschädigung. Die **Norm soll die** Stellung des **ehrenamtlichen Vormunds/Betreuers** stärken, indem sie ihm ein Wahlrecht einräumt, sich entweder die ihm entstehenden einzelnen Aufwendungen erstatten zu lassen oder deren Ersatz über eine pauschale Aufwandsentschädigung abzurechnen und sich so die Verzeichnung und die Sammlung von Belegen zu ersparen. Eine Kumulierung von Aufwandsentschädigung und Einzelabrechnung ist ausgeschlossen (Jürgens/*Jürgens* § 1836a Rz 2). Werden mehrere Vormundschaften/Betreuungen geführt, so kann der Vormund/Betreuer für jede Vormundschaft/Betreuung, für die ihm keine Vergütung zusteht, die pauschale Aufwandsentschädigung verlangen (Staud/*Engler* § 1835a Rz 9, Soergel/*Zimmermann* § 1835a Rz 5). Für die Geltendmachung seines Anspruchs ist es unschädlich, wenn er neben den ehrenamtlichen Vormundschaften noch eine oder mehrere weitere führt, für die er eine Vergütung erhält (Staud/*Engler* § 1835a Rz 10) Sind mehrere Betreuer für einen Betroffenen bestellt, so steht jedem von ihnen die ungekürzte Pauschale zu (BayObLG BtPrax 02, 36; Frankf FGPrax 02, 115). Ist für einen vorübergehenden Zeitraum ein Ergänzungsbetreuer (§ 1899) bestellt, so kann er nur für den Zeitraum seiner Tätigkeit eine Aufwandsentschädigung geltend machen (Köln BtPrax 04, 77). Verwandtschaft mit dem Betreuten steht der Geltendmachung der Aufwandsentschädigung nicht entgegen (BGH FamRZ 96, 1545). Jugendamt und Verein können keine Aufwandsentschädigung verlangen (V). Auch Berufsvormund/-Betreuer können grds nicht pauschaliert über § 1835a abrechnen (Thüringen FGPrax 01, 158), selbst dann nicht, wenn einzelne Vormundschaften/Betreuungen unentgeltlich geführt werden (Soergel/*Zimmermann* Rz 2; Jurgeleit/*Maier* § 1835a Rz 6; aA MüKo/*Wagenitz* § 1835a Rz 3).

2 B. Höhe. I bestimmt die pauschale **Aufwandsentschädigung** für ein Jahr als das 19-fache des Höchstbetrages der Zeugenentschädigung nach § 22 JVEG, also (19 × 17,– €=) **323 € pro Jahr**. Da es sich um einen Festbetrag handelt, kommt es auf den Umfang und den Grad der Schwierigkeit der Tätigkeit des Vormunds/Betreuers im Einzelfall nicht an. Ein Nachweis konkret entstandener Kosten ist nicht erforderlich (Jürgens/*Jürgens* § 1835a Rz 1). Dauert die Vormundschaft/Betreuung weniger als ein Jahr, so ist der Betrag zu quoteln (Köln BtPrax 04, 77). Sind Gegenvormund/Gegenbetreuer bestellt, so fällt die Pauschale doppelt an (BayObLG BtPrax 02, 36). Führt der Vormund/Betreuer mehrere ehrenamtliche Vormundschaften/Betreuungen, *so steht ihm die pauschale Aufwandsentschädigung mehrfach zu* (Staud/*Engler* § 1835 Rz 9).

3 C. Fälligkeit. Die **Entschädigungspauschale** wird jährlich nachträglich gezahlt (II), also erstmals 1 Jahr nach Bestellung des Vormunds/Betreuers. Der Berechnungszeitraum bemisst sich also nicht nach dem Kalender-

oder Rechnungsjahr, sondern bestimmt sich nach dem Zeitpunkt der Bestellung (Staud/*Engler* § 1835a Rz 19/20, Celle FamRZ 02, 1591). **Vorschuss** ist nur für einzelne Aufwendungen möglich. Hat der Vormund/Betreuer bereits für Bagatellaufwendungen nach § 1835 Vorschuss oder Ersatz erhalten, werden diese auf die Pauschalaufwandentschädigung angerechnet (I 2).

D. Schuldner. Der Anspruch richtet sich grds gegen den Mündel, bei dessen Mittellosigkeit gegen die Staatskasse (III Hs 1). Die Mittellosigkeit bestimmt sich nach §§ 1836c, 1836d. Unterhaltsansprüche des Mündels/Betreuten gegen den Vormund/Betreuer sind dabei iRd § 1836c Nr 1 nicht als Einkommen des Mündels anzurechnen (III Hs 2). Auch ein Rückgriff der Staatskasse nach Forderungsübergang gem § 1836e auf den unterhaltspflichtigen Betreuer kommt nicht in Betracht (Jurgeleit/*Maier* § 1835 Rz 16). 4

E. Fristen. Der Anspruch auf Aufwandsentschädigung erlischt nach IV, wenn er nicht binnen drei Monaten nach Ablauf des Jahres, in dem er entsteht, also jeweils bis zum 31.3. des Folgejahres, geltend gemacht wird (Celle FamRZ 02, 1591, Frankf BtPrax 04, 243). Bei der Versäumung der Frist kommt es auf ein Verschulden des Vormunds/Betreuers nicht an (LG Koblenz FamRZ 03, 1970). Es handelt sich hier um eine Ausschlussfrist, so dass nur in Ausnahmefällen eine Wiedereinsetzung in den vorigen Stand in Betracht kommt, etwa wenn der Vormund/Betreuer an der rechtzeitigen Geltendmachung durch fehlerhafte Auskünfte des Gerichts gehindert wurde (Frankf BtPrax 01, 257). Eine Verpflichtung des Gerichts, den Vormund/Betreuer auf die rechtzeitige Geltendmachung seines Anspruchs auf Aufwandsentschädigung aufmerksam zu machen, besteht jedoch nicht (LG Koblenz FamRZ 06, 970). Die Geltendmachung ggü dem FamG gilt auch als Geltendmachung ggü dem Mündel. 5

§ 1836 Vergütung des Vormunds. (1) ¹Die Vormundschaft wird unentgeltlich geführt. ²Sie wird ausnahmsweise entgeltlich geführt, wenn das Gericht bei der Bestellung des Vormunds feststellt, dass der Vormund die Vormundschaft berufsmäßig führt. ³Das Nähere regelt das Vormünder- und Betreuervergütungsgesetz.
(2) Trifft das Gericht keine Feststellung nach Absatz 1 Satz 2, so kann es dem Vormund und aus besonderen Gründen auch dem Gegenvormund gleichwohl eine angemessene Vergütung bewilligen, soweit der Umfang oder die Schwierigkeit der vormundschaftlichen Geschäfte dies rechtfertigen; dies gilt nicht, wenn der Mündel mittellos ist.
(3) Dem Jugendamt oder einem Verein kann keine Vergütung bewilligt werden.

A. Normzweck. Die Norm regelt die Frage der Vergütung des Vormunds und Betreuers. Bestimmend ist zunächst der **Grundsatz der Unentgeltlichkeit der Vormundschaft** (I 1), der aus der Konzeption von Vormundschaft und Betreuung als staatsbürgerliches Ehrenamt resultiert. Nach II soll der ehrenamtliche Vormund/Betreuer daher nur in Ausnahmefällen, nämlich wenn der Pflegebefohlene nicht mittellos ist (II 1 Hs 2) und einer besonderen Beanspruchung durch die Führung des Amtes gegeben ist (II 1 Hs 1), eine Vergütung erhalten. Von diesem Grundsatz weicht der Gesetzgeber jedoch dann ab (I 2), wenn Vormund und Betreuer ihr Amt berufsmäßig führen. Denn es wäre unter diesen Voraussetzungen unbillig den Vormund/Betreuer ohne Vergütung zu lassen; da sie sonst ihren Lebensunterhalt nicht bestreiten könnten. Die Festsetzung einer Vergütung zugunsten des **Jugendamts** oder eines **Vereins**, die im Rahmen ihrer Amtstätigkeit bzw satzungsmäßigen Aufgabenerfüllung eine Vormundschaft oder Betreuung übernehmen (§§ 1791a–c) ist nach III ausgeschlossen. Etwas anderes gilt bei der Bestellung eines **Vereinsbetreuers**, für dessen Tätigkeit der Verein Vergütung verlangen kann (§ 7 VBVG). Entsprechendes gilt für den **Behördenbetreuer** für den das Jugendamt als Betreuungsbehörde eine Ermessensvergütung nach II verlangen kann, soweit eine Inanspruchnahme des Betreuten nach § 1836c zulässig ist. Für die Verfahrenspfleger gelten nur die I und III (§ 277 II FamFG). 1

B. Vergütung von Berufsvormund und Berufsbetreuer (Abs 1 S 2). Voraussetzung des Vergütungsanspruchs ist die Feststellung der Berufsmäßigkeit bei der Bestellung von Vormund und Betreuer. Für die Voraussetzungen verweist I 3 auf das VBVG, das in § 1 I dem FamG in Form von Regelbeispielen bestimmte Definitionskriterien für die Feststellung der Berufsmäßigkeit vorgibt. Sind diese erfüllt, so ist in jedem Fall eine Vergütung entspr den Regeln der §§ 3 ff VBVG zu gewähren. Die AnO einer Vergütung ist in diesem Fall zwingend (§ 1 II VBVG), wobei es keine Rolle spielt, ob die Vergütung vom Mündel/Betreuten selbst oder bei Mittellosigkeit aus der Staatskasse zu zahlen ist (vgl § 1 II 2 VBVG). Auch der Einwand mangelhafter Amtsführung ändert grds die Festsetzung der Vergütung des Betreuers nicht (Schlesw FamRZ 06, 647). Für die Einzelheiten der Feststellung der Berufsvormundschaft vgl Kommentar zum VBVG Anh zu § 1836 Rn 2. 2

C. Ermessensvergütung nicht berufsmäßig tätiger Vormünder/Betreuer (Abs 2 Hs 1). Kann die Berufsmäßigkeit nicht festgestellt werden, kommt die Festsetzung einer Vergütung für Vormund und Betreuer, in besonderen Fällen auch für Gegenvormund und Gegenbetreuer, nur in Betracht, wenn die Bedeutung oder die Schwierigkeit der von ihnen wahrgenommenen Angelegenheiten, die Bewilligung einer Vergütung recht- 3 fertigt. Bewilligung und Bemessung der Vergütung liegen im pflichtgemäßen Ermessen des FamG (BayObLG FamRZ 04, 1139). Der Vergütungsanspruch gegen den Mündel oder Betreuten entsteht erst mit Wirksamwerden des entspr Bewilligungsbeschlusses (§ 40 I FamFG).

4   **D. Umfang und Schwierigkeit der übertragenen Aufgaben.** Für die Bewilligung sind alternativ **Umfang oder Schwierigkeit** der vormundschaftlichen bzw der Betreuungsgeschäfte maßgeblich. Hat die Tätigkeiten hinsichtlich Umfang und Schwierigkeit ein Maß erreicht, bei dem vom Vormund/Betreuer billigerweise eine unentgeltliche Wahrnehmung nicht (mehr) verlangt werden kann, kommt eine Vergütung nach II in Betracht (Jürgens/*Jürgens* § 1836 Rz 8). Umfang und Schwierigkeiten müssen daher über das hinausgehen, was üblicherweise von einem Einzelvormund/Einzelbetreuer ohne Vergütung verlangt werden kann (MüKo/ *Wagenitz* Rz 62 ff, 71, Staud/*Engler* § 1836 Rz 15; aA Soergel/*Zimmermann* § 1836 Rz 31). Allein ein großes Vermögen des Mündels/Betreuten ist dabei kein entscheidendes Kriterium (BayObLGZ 30, 152), kann jedoch im Einzelfall Indiz für eine besonders schwierige Vermögensverwaltung sein (Staud/*Engler* § 1836 Rz 16; Ddorf BtPrax 00, 219) und insoweit für eine Vergütung nach II sprechen. Auch eine mangelhafte Amtsführung steht einem Vergütungsanspruch nicht entgegen (hM BayOblG FamRZ 92, 106; aA zumindest bei schweren Mängeln Staud/*Engler* § 1836 Rz 24–29). Für den **Umfang** der Geschäfte kommt es in erster Linie auf den dafür benötigten Zeitaufwand an (Jungeleit/*Maier* § 1836 Rz 13), wobei ein wöchentlicher Zeitaufwand von 2 Stunden oder besonders schwierige Verhältnisse des Mündels oder Betreuten, die ein größeres Engagement des Vormunds/Betreuers erfordern, bereits eine Vergütung rechtfertigen (Palandt/*Diederichsen* § 1836 Rz 8). Daneben können aber auch besonderer Pflichteifer des Vormunds ggf verbunden mit einer besonders erfolgreichen Tätigkeit für den Mündel, die Bewilligung einer Vergütung rechtfertigen (Hambg OLGE 33, 2). Besondere **Schwierigkeiten**, die das generell Zumutbare übersteigen, können zB darin liegen, dass der Vormund/Betreuer iRd zu führenden Geschäfte gegen eine behördliche Entscheidung vorzugehen hat (BayObLG NJWE-FER 01, 313) oder in seiner Tätigkeit aus bestimmten Gründen (zB schwierige Vermögensverwaltung) einem großen Haftungsrisiko ausgesetzt ist (Ddorf BtPrax 00, 219). Entscheidend ist jeweils die Gesamtschau aller maßgeblichen Umstände (Staud/*Engler* § 1836 Rz 19).

5   **E. Mittellosigkeit des Mündels (Abs 2 aE).** Eine Vergütung scheidet aus, wenn der Mündel zum Zeitpunkt der Vergütungsfestsetzung (Soergel/*Zimmermann* Rz 46; LG Hannover FamRZ 08, 817) mittellos ist (§§ 1836c–d), dh ein Vergütungsanspruch gegen die Staatskasse aus II kommt nicht in Betracht. Dem Gegenvormund/Gegenbetreuer kann nur aus besonderen Gründen eine Vergütung bewilligt werden. Seine Aufgaben sind grds weniger aufwändig als die des Vormunds, weil er nur Kontrollaufgaben hat. Eine Vergütung wird deshalb nur in Ausnahmefällen in Betracht zu ziehen sein (str vgl Staud/*Engler* § 1836 Rz 39–40 mwN; Jurgeleit/*Maier* § 1836 Rz 22).

6   **F. Höhe der Vergütung.** Die Höhe der Vergütung muss angemessen sein und wird vom Gericht nach pflichtgemäßen Ermessen unter Berücksichtigung aller Umstände des Einzelfalls festgesetzt (BayObLG FamRZ 04, 1138 ff). Die in den §§ 3, 4, 5 VBVG für Berufsbetreuer vorgegebenen Stundensätze finden bei der Berechnung keine direkte Anwendung. § 3 VBVG kann jedoch zur Bestimmung des Höchstwertes herangezogen werden (BayObLG aaO; Frankf FamRZ 08, 2153; Jurgeleit/*Maier* § 1836 Rz 17). Unterhalb dieses Höchstwertes ist die konkrete Höhe der Vergütung insb nach der mit der Führung des Amtes verbundenen Verantwortung, dem geleisteten Zeitaufwand und der Schwierigkeit der Aufgabe zu bemessen (Palandt/*Diederichsen* § 1836 mwN). Für den **Zeitaufwand** kommt es darauf an, was der Vormund für erforderlich halten durfte (BayObLG FamRZ 96, 1169). Hat er aus Verkennung des Erforderlichen oder wegen eigener Unfähigkeit mehr Stunden benötigt, als danach erforderlich waren, kommt für die überschießende Zeit eine Vergütung nicht in Betracht. Die für den Berufsbetreuer genannten Werte bilden insoweit die Untergrenze für die Höhe des Stundensatzes (BayObLG FamRZ 95, 692, 694). IÜ ist der Stundensatz an der Tätigkeit einer Person mit einer für die Tätigkeit erforderlichen Berufsausbildung zu vergleichen (BayObLG FamRZ 96, 1171). Im Ergebnis kann die Vergütung an die Höhe der Vergütung eines Berufsbetreuers nach VBVG heranreichen (BayObLG FamRZ 04, 1138) u diese uU auch übersteigen (Karlsr FamRZ 07, 1270). Mehrwertsteuer ist zusätzlich zu berücksichtigen, wen der Vormund/Betreuer eine solche zu entrichten hat (Köln FamRZ 95, 233). Vormund und Betreuer kann statt einer Zeitvergütung auch ein Pauschalbetrag aus dem Vermögen des Mündels/Betreuers gewährt werden (Jürgens/*Jürgens* § 1836 Rz 9). Die Vergütung kann als Einmalbetrag bei Beendigung des Amtes oder als monatliche Zahlung erfolgen (Soergel/*Zimmermann* § 1836 R 40 mwN). Eine Verzinsung der bewilligten Vergütung erfolgt nicht (Rostock FamRZ 07, 1690).

7   **G. Einwendungen und Gegenansprüche.** Die Festsetzung der Vergütung kann vom Gericht jederzeit für die Zukunft geändert werden. Auch die gesamte Entziehung der Vergütung ist möglich, wobei eine fehlerhafte Bestellung des Vormunds oder eine zu lange aufrecht erhaltene Betreuung einem Vergütungsanspruch nicht entgegenstehen (BayOblG NJWE-FER 97, 154). Eine Entziehung kommt dagegen als Sanktion für ein rechtswidriges oder nicht mit dem FamG abgestimmtes Verhalten des Vormunds in Betracht (etwa bei Untreue; BayOblG FamRZ 92, 106 oder bei vergleichbaren schwerwiegenden Mängeln der Amtsführung: Soergel/*Zimmermann* § 1836 Rz 29; Staud/*Engler* § 1836 Rz 29; BayOblGZ 51, 346, 351).

Anhang zu § 1836
Gesetz über die Vergütung von Vormündern und Betreuern

Das VBVG ist am 1.7.05 in Kraft getreten (BGBl I 1073). Es regelt die Modalitäten des Vergütungsanspruchs der Berufsvormünder und Berufsbetreuer. Die Voraussetzungen für die Feststellung der Berufsmäßigkeit der Führung der Vormundschaft finden sich in § 1 I VBVG, die Frist zur Geltendmachung der Vergütungsansprüche in § 2 VBVG, der Anspruch auf Abschlagszahlungen ergibt sich aus § 3 IV VBVG. Die Vergütung von Vormündern, die keine Berufsvormünder sind, richtet sich nach § 1836 II. Für die Vergütung von Betreuern, die sich wegen der Verweisung in § 1908i ebenfalls nach § 1836 bestimmt, finden sich weitere Regelungen in §§ 4 ff VBVG. § 3 gilt auch für diejenigen Verfahrenspfleger, die keinen festen Geldbetrag nach § 277 III FamFG erhalten sowie für sonstige Pfleger (§ 1915 I), wenn der Pflegling mittellos ist. Dem Vormund obliegt es nachzuweisen, wieviel Zeit er für die Führung seiner Amtsgeschäfte aufgewendet hat und dass dieser Zeitaufwand auch erforderlich war (§ 3 I 1 u 2 VBVG). Anhand der konkret anzuerkennenden Zeiten und unter Anwendung einer gestuften gesetzlichen Stundenpauschale errechnet sich dann seine Vergütung. Die Stufen der Stundenpauschale richten sich nach der beruflichen Qualifikation des Vormunds. Im Unterschied zum Vormund ist beim Berufsbetreuer nicht nur der Stundensatz pauschaliert (§ 4 I 2 VBVG), sondern nach § 5 VBVG auch der Stundenansatz (vgl zur aktuellen Rspr *Zimmermann* FamRZ 08, 1307 ff). Der Vergütungsanspruch ist weder dem Grunde noch der Höhe nach Vereinbarungen zwischen Betreuer u Betreuten zugänglich (LG Saarbrücken FamRZ 09, 1091).

Gesetz über die Vergütung von Vormündern und Betreuern
(Vormünder- und Betreuervergütungsgesetz – VBVG)

vom 24.1.2005 (BGBl I 1073), zuletzt geändert durch G vom 17.12.2008 (BGBl I 2586)

Abschnitt 1 Allgemeines

§ 1 Feststellung der Berufsmäßigkeit und Vergütungsbewilligung. (1) ¹Das Vormundschaftsgericht hat die Feststellung der Berufsmäßigkeit gemäß § 1836 Abs. 1 Satz 2 des Bürgerlichen Gesetzbuchs zu treffen, wenn dem Vormund in einem solchen Umfang Vormundschaften übertragen sind, dass er sie nur im Rahmen seiner Berufsausübung führen kann, oder wenn zu erwarten ist, dass dem Vormund in absehbarer Zeit Vormundschaften in diesem Umfang übertragen sein werden. ²Berufsmäßigkeit liegt im Regelfall vor, wenn
1. der Vormund mehr als zehn Vormundschaften führt oder
2. die für die Führung der Vormundschaft erforderliche Zeit voraussichtlich 20 Wochenstunden nicht unterschreitet.

(2) ¹Trifft das Vormundschaftsgericht die Feststellung nach Absatz 1 Satz 1, so hat es dem Vormund oder dem Gegenvormund eine Vergütung zu bewilligen. ²Ist der Mündel mittellos im Sinne des § 1836d des Bürgerlichen Gesetzbuchs, so kann der Vormund die nach Satz 1 zu bewilligende Vergütung aus der Staatskasse verlangen.

S Kommentierung im Anschluss an § 11 VBVG.

§ 2 Erlöschen der Ansprüche. Der Vergütungsanspruch erlischt, wenn er nicht binnen 15 Monaten nach seiner Entstehung beim Vormundschaftsgericht geltend gemacht wird; die Geltendmachung des Anspruchs gegenüber dem Vormundschaftsgericht gilt dabei auch als Geltendmachung gegenüber dem Mündel. § 1835 Abs. 1a des Bürgerlichen Gesetzbuchs gilt entsprechend.

S Kommentierung im Anschluss an § 11 VBVG.

Abschnitt 2 Vergütung des Vormunds

§ 3 Stundensatz des Vormunds. (1) ¹Die dem Vormund nach § 1 Abs. 2 zu bewilligende Vergütung beträgt für jede Stunde der für die Führung der Vormundschaft aufgewandten und erforderlichen Zeit 19,50 €. ²Verfügt der Vormund über besondere Kenntnisse, die für die Führung der Vormundschaft nutzbar sind, so erhöht sich der Stundensatz
1. auf 25 €, wenn diese Kenntnisse durch eine abgeschlossene Lehre oder eine vergleichbare Ausbildung erworben sind;
2. auf 33,50 €, wenn diese Kenntnisse durch eine abgeschlossene Ausbildung an einer Hochschule oder durch eine vergleichbare abgeschlossene Ausbildung erworben sind.

³Eine auf die Vergütung anfallende Umsatzsteuer wird, soweit sie nicht nach § 19 Abs. 1 des Umsatzsteuergesetzes unerhoben bleibt, zusätzlich ersetzt.
(2) ¹Bestellt das Vormundschaftsgericht einen Vormund, der über besondere Kenntnisse verfügt, die für die Führung der Vormundschaft allgemein nutzbar und durch eine Ausbildung im Sinne des Absatzes 1 Satz 2 erworben sind, so wird vermutet, dass diese Kenntnisse auch für die Führung der dem Vormund übertragenen Vormundschaft nutzbar sind. ²Dies gilt nicht, wenn das Vormundschaftsgericht aus besonderen Gründen bei der Bestellung des Vormunds etwas anderes bestimmt.
(3) ¹Soweit die besondere Schwierigkeit der vormundschaftlichen Geschäfte dies ausnahmsweise rechtfertigt, kann das Vormundschaftsgericht einen höheren als den in Absatz 1 vorgesehenen Stundensatz der Vergütung bewilligen. ²Dies gilt nicht, wenn der Mündel mittellos ist.
(4) Der Vormund kann Abschlagszahlungen verlangen.

1   S Kommentierung im Anschluss an § 11 VBVG.

Abschnitt 3   Sondervorschriften für Betreuer

§ 4 Stundensatz und Aufwendungsersatz des Betreuers.
(1) ¹Die dem Betreuer nach § 1 Abs. 2 zu bewilligende Vergütung beträgt für jede nach § 5 anzusetzende Stunde 27 €. ²Verfügt der Betreuer über besondere Kenntnisse, die für die Führung der Betreuung nutzbar sind, so erhöht sich der Stundensatz
1. auf 33,50 €, wenn diese Kenntnisse durch eine abgeschlossene Lehre oder durch eine vergleichbare abgeschlossene Ausbildung erworben sind;
2. auf 44 Euro, wenn diese Kenntnisse durch eine abgeschlossene Ausbildung an einer Hochschule oder durch eine vergleichbare abgeschlossene Ausbildung erworben sind.

(2) ¹Die Stundensätze nach Absatz 1 gelten auch Ansprüche auf Ersatz anlässlich der Betreuung entstandener Aufwendungen sowie anfallende Umsatzsteuer ab. ²Die gesonderte Geltendmachung von Aufwendungen im Sinne des § 1835 Abs. 3 des Bürgerlichen Gesetzbuchs bleibt unberührt.
(3) § 3 Abs. 2 gilt entsprechend. § 1 Abs. 1 Satz 2 Nr. 2 findet keine Anwendung.

1   S Kommentierung im Anschluss an § 11 VBVG.

§ 5 Stundensatz des Betreuers.
(1) ¹Der dem Betreuer zu vergütende Zeitaufwand ist
1. in den ersten drei Monaten der Betreuung mit fünfeinhalb,
2. im vierten bis sechsten Monat mit viereinhalb,
3. im siebten bis zwölften Monat mit vier,
4. danach mit zweieinhalb Stunden im Monat anzusetzen.

²Hat der Betreute seinen gewöhnlichen Aufenthalt nicht in einem Heim, beträgt der Stundensatz
1. in den ersten drei Monaten der Betreuung achteinhalb,
2. im vierten bis sechsten Monat sieben,
3. im siebten bis zwölften Monat sechs,
4. danach viereinhalb Stunden im Monat.

(2) ¹Ist der Betreute mittellos, beträgt der Stundensatz
1. in den ersten drei Monaten der Betreuung viereinhalb,
2. im vierten bis sechsten Monat dreieinhalb,
3. im siebten bis zwölften Monat drei,
4. danach zwei Stunden im Monat.

²Hat der Betreute seinen gewöhnlichen Aufenthalt nicht in einem Heim, beträgt der Stundensatz
1. in den ersten drei Monaten der Betreuung sieben,
2. im vierten bis sechsten Monat fünfeinhalb,
3. im siebten bis zwölften Monat fünf,
4. danach dreieinhalb Stunden im Monat.

(3) ¹Heime im Sinne dieser Vorschrift sind Einrichtungen, die dem Zweck dienen, Volljährige aufzunehmen, ihnen Wohnraum zu überlassen sowie tatsächliche Betreuung und Verpflegung zur Verfügung zu stellen oder vorzuhalten, und die in ihrem Bestand von Wechsel und Zahl der Bewohner unabhängig sind und entgeltlich betrieben werden. ²§ 1 Abs. 2 des Heimgesetzes gilt entsprechend.
(4) ¹Für die Berechnung der Monate nach den Absätzen 1 und 2 gelten § 187 Abs. 1 und § 188 Abs. 2 erste Alternative des Bürgerlichen Gesetzbuchs entsprechend. ²Ändern sich Umstände, die sich auf die Vergütung auswirken, vor Ablauf eines vollen Monats, so ist der Stundensatz zeitanteilig nach Tagen zu berechnen; § 187 Abs. 1 und § 188 Abs. 1 des Bürgerlichen Gesetzbuchs gelten entsprechend. ³Die sich dabei ergebenden Stundensätze sind auf volle Zehntel aufzurunden.

(5) ¹Findet ein Wechsel von einem beruflichen zu einem ehrenamtlichen Betreuer statt, sind dem beruflichen Betreuer der Monat, in dem der Wechsel fällt, und der Folgemonat mit dem vollen Zeitaufwand nach den Absätzen 1 und 2 zu vergüten. ²Dies gilt auch dann, wenn zunächst neben dem beruflichen Betreuer ein ehrenamtlicher Betreuer bestellt war und dieser die Betreuung allein fortführt. ³Absatz 4 Satz 2 und 3 ist nicht anwendbar.

S Kommentierung im Anschluss an § 11 VBVG.

§ 6 Sonderfälle der Betreuung.
¹In den Fällen des § 1899 Abs. 2 und 4 des Bürgerlichen Gesetzbuchs erhält der Betreuer eine Vergütung nach § 1 Abs. 2 in Verbindung mit § 3; für seine Aufwendungen kann er Vorschuss und Ersatz nach § 1835 des Bürgerlichen Gesetzbuchs mit Ausnahme der Aufwendungen im Sinne von § 1835 Abs. 2 des Bürgerlichen Gesetzbuchs beanspruchen. ²Ist im Falle des § 1899 Abs. 4 des Bürgerlichen Gesetzbuchs die Verhinderung tatsächlicher Art, sind die Vergütung und der Aufwendungsersatz nach § 4 in Verbindung mit § 5 zu bewilligen und nach Tagen zu teilen; § 5 Abs. 4 Satz 3 sowie § 187 Abs. 1 und § 188 Abs. 1 des Bürgerlichen Gesetzbuchs gelten entsprechend.

S Kommentierung im Anschluss an § 11 VBVG.

§ 7 Vergütung und Aufwendungsersatz für Betreuungsvereine.
(1) ¹Ist ein Vereinsbetreuer bestellt, so ist dem Verein eine Vergütung und Aufwendungsersatz nach § 1 Abs. 2 in Verbindung mit den §§ 4 und 5 zu bewilligen. ²§ 1 Abs. 1 sowie § 1835 Abs. 3 des Bürgerlichen Gesetzbuchs finden keine Anwendung.
(2) ¹§ 6 gilt entsprechend; der Verein kann im Fall von § 6 Satz 1 Vorschuss und Ersatz der Aufwendungen nach § 1835 Abs. 1, 1a und 4 des Bürgerlichen Gesetzbuchs verlangen. ²§ 1835 Abs. 5 Satz 2 des Bürgerlichen Gesetzbuchs gilt entsprechend.
(3) Der Vereinsbetreuer selbst kann keine Vergütung und keinen Aufwendungsersatz nach diesem Gesetz oder nach den §§ 1835 bis 1836 des Bürgerlichen Gesetzbuchs geltend machen.

S Kommentierung im Anschluss an § 11 VBVG.

§ 8 Vergütung und Aufwendungsersatz für Behördenbetreuer.
(1) ¹Ist ein Behördenbetreuer bestellt, so kann der zuständigen Behörde eine Vergütung nach § 1836 Abs. 2 des Bürgerlichen Gesetzbuchs bewilligt werden, soweit der Umfang oder die Schwierigkeit der Betreuungsgeschäfte dies rechtfertigen. ²Dies gilt nur, soweit eine Inanspruchnahme des Betreuten nach § 1836c des Bürgerlichen Gesetzbuchs zulässig ist.
(2) Unabhängig von den Voraussetzungen nach Absatz 1 Satz 1 kann die Betreuungsbehörde Aufwendungsersatz nach § 1835 Abs. 1 Satz 1 und 2 in Verbindung mit Abs. 5 Satz 2 des Bürgerlichen Gesetzbuchs verlangen, soweit eine Inanspruchnahme des Betreuten nach § 1836c des Bürgerlichen Gesetzbuchs zulässig ist.
(3) Für den Behördenbetreuer selbst gilt § 7 Abs. 3 entsprechend.
(4) § 2 ist nicht anwendbar.

S Kommentierung im Anschluss an § 11 VBVG.

§ 9 Abrechnungszeitraum für Betreuungsvergütung.
¹Die Vergütung kann nach Ablauf von jeweils drei Monaten für diesen Zeitraum geltend gemacht werden. ²Dies gilt nicht für die Geltendmachung von Vergütung und Aufwendungsersatz in den fällen des § 6.

S Kommentierung im Anschluss an § 11 VBVG.

§ 10 Mitteilung an die Betreuungsbehörde.
(1) Wer Betreuungen entgeltlich führt, hat der Betreuungsbehörde, in deren Bezirk er seinen Sitz oder Wohnsitz hat, kalenderjährlich mitzuteilen
1. die Zahl der von ihm im Kalenderjahr geführten Betreuungen aufgeschlüsselt nach Betreuten in einem Heim und außerhalb eines Heims und
2. den von ihm für die Führung von Betreuungen im Kalenderjahr erhaltenen Geldbetrag.
(2) ¹Die Mitteilung erfolgt jeweils bis spätestens 31. März für den Schluss des vorangegangenen Kalenderjahrs. ²Die Betreuungsbehörde kann verlangen, dass der Betreuer die Richtigkeit der Mitteilung an Eides Statt versichert.
(3) Die Betreuungsbehörde ist berechtigt und auf Verlangen des Vormundschaftsgerichts verpflichtet, dem Vormundschaftsgericht diese Mitteilung zu übermitteln.

S Kommentierung im Anschluss an § 11 VBVG.

Anhang zu § 1836

Abschnitt 4 Schlussvorschriften

§ 11 Umschulung und Fortbildung von Berufsvormündern. (1) ¹Durch Landesrecht kann bestimmt werden, dass es einer abgeschlossenen Lehre im Sinne des § 3 Abs. 1 Satz 2 Nr. 1 und § 4 Abs. 1 Satz 2 Nr. 1 gleichsteht, wenn der Vormund oder Betreuer besondere Kenntnisse im Sinne dieser Vorschrift durch eine dem Abschluss einer Lehre vergleichbare Prüfung vor einer staatlichen oder staatlich anerkannten Stelle nachgewiesen hat. ²Zu einer solchen Prüfung darf nur zugelassen werden, wer
1. mindestens drei Jahre lang Vormundschaften oder Betreuungen berufsmäßig geführt und
2. an einer Umschulung oder Fortbildung teilgenommen hat, die besondere Kenntnisse im Sinne des § 3 Abs. 1 Satz 2 und § 4 Abs. 1 Satz 2 vermittelt, welche nach Art und Umfang den durch eine abgeschlossene Lehre vermittelten vergleichbar sind.

(2) ¹Durch Landesrecht kann bestimmt werden, dass es einer abgeschlossenen Ausbildung an einer Hochschule im Sinne des § 3 Abs. 1 Satz 2 Nr. 2 und § 4 Abs. 1 Satz 2 Nr. 2 gleichsteht, wenn der Vormund oder Betreuer Kenntnisse im Sinne dieser Vorschrift durch eine Prüfung vor einer staatlichen oder staatlich anerkannten Stelle nachgewiesen hat. ²Zu einer solchen Prüfung darf nur zugelassen werden, wer
1. mindestens fünf Jahre lang Vormundschaften oder Betreuungen berufsmäßig geführt und
2. an einer Umschulung oder Fortbildung teilgenommen hat, die besondere Kenntnisse im Sinne des § 3 Abs. 1 Satz 2 und § 4 Abs. 1 Satz 2 vermittelt, welche nach Art und Umfang den durch eine abgeschlossene Ausbildung an einer Hochschule vermittelten vergleichbar sind.

(3) ¹Das Landesrecht kann weitergehende Zulassungsvoraussetzungen aufstellen. ²Es regelt das Nähere über die an eine Umschulung oder Fortbildung im Sinne des Absatzes 1 Satz 2 Nr. 2, Absatzes 2 Satz 2 Nr. 2 zu stellenden Anforderungen, über Art und Umfang der zu erbringenden Prüfungsleistungen, über das Prüfungsverfahren und über die Zuständigkeiten. ³Das Landesrecht kann auch bestimmen, dass eine in einem anderen Land abgelegte Prüfung im Sinne dieser Vorschrift anerkannt wird.

1 **Inhalt und Anwendungsbereich der Norm.** Durch das Vormünder- und Betreuervergütungsgesetz werden die bislang in § 1836 I 3, 4 u II BGB, dem Berufsvormündervergütungsgesetz sowie weiteren Vorschriften des BGB enthaltenen Regeln zur Vergütung von Berufsvormündern und Berufsbetreuern zusammengeführt. Der erste Abschn gilt für Vormünder und Betreuer, der zweite für Vormünder, der dritte enthält Sonderregeln für Betreuer.

2 Die Regeln des Vormünder- und Betreuervergütungsgesetzes gelten **nur** für **Berufsbetreuer** und **Berufsvormünder sowie modifiziert für die beruflich tätigen Verfahrenspfleger** (vgl § 277 FamFG). Wer zu diesem Personenkreis gehört, richtet sich nach § 1 I VBVG. Eine Berufsvormundschaft/Berufsbetreuung liegt danach vor, wenn die durch die Vormundschaft verursachte Arbeitsbelastung einen Umfang erreicht, wie er normalerweise nur bei einer Erwerbstätigkeit anfällt. Maßgeblich ist eine Gesamtbetrachtung des für die Aktivitäten des Vormunds erforderlichen Zeitaufwands. Das der Vormund neben den Vormundschaften noch einen anderen Beruf ausübt, schadet nicht. Als Regelbeispiele nennt § 1 I Nr 1 u 2 VBVG, dass der Vormund mehr als 10 Vormundschaften führt oder dass für die Führung der Vormundschaften voraussichtlich mehr als 20 Stunden in der Woche erforderlich sind. Ausreichend ist aber auch, wenn zu erwarten ist, dass dem Vormund in absehbarer Zeit Vormundschaften in diesem Umfang übertragen sein werden (Jurgleit/*Maier* § 1 VBVG Rz 7). Auch eine beabsichtigte künftige Verwendung als Berufsbetreuer kann daher ausreichend sein (Jürgens/*Jürgens* § 1 VBVG Rz 7). Da es an einem normierten Zulassungsverfahren für den Beruf des Vormunds/Betreuers fehlt, macht das Gesetz die Qualifikation von einer entspr Feststellung der Berufmäßigkeit der Amtsführung abhängig. Für die **Berufsmäßigkeit** stellt das Gesetz in § 1 I 2 VBVG zwei Vermutungen auf: Sie liegt im Regelfall vor, wenn der Vormund/Betreuer entweder **mehr als zehn Vormundschaften bzw Betreuungen führt** (Nr 1) oder wenn die für die **Führung der Vormundschaft erforderliche Zeit voraussichtlich 20 Wochenstunden nicht unterschreitet** (Nr 2). Beide Merkmale brauchen nicht kumulativ vorzuliegen sondern können alternativ zu einer Begründung der Berufsmäßigkeit führen. Für den Berufsbetreuer gelten die Voraussetzungen der Nr 2 gem § 4 III 2 VBVG nicht. Liegen die Voraussetzungen der Regelvermutung des § 1 I VBVG vor, ist ohne weitere Prüfungen die Berufsmäßigkeit festzustellen. Da es sich jedoch bei § 1 I Nr 1 u 2 nur um Regelbeispiele handelt können ggf auch andere Kriterien zur Feststellung der Berufsmäßigkeit ausreichen. Entscheidend ist eine Gesamtschau der vom Vormund vorgenommenen Tätigkeiten (Zweibr FamRZ 00, 556) So kann zB eine für den konkreten Fall relevante besondere berufliche Qualifikation des Vormunds/Betreuers ausreichen, auch wenn er bisher nur wenige Betreuungen führt (BayObLG BtPrax 99, 30; Brandbg FamRZ 03, 935). Besonders wenn es darum geht Personen mit besonderen Qualifikationen (etwa Rechtsanwälte oder Steuerberater) zum Vormund oder Betreuer zu gewinnen, weil im Zusammenhang mit der Vermögensverwaltung schwierige steuerliche und juristische Fragen zu bewältigen sind (BayObLG FamRZ 98, 187; Frankf FamRZ 01, 790, 791; Karlsr NJWE-FER 01, 312). Andererseits kann aus der Bestellung eines Vereinsvormunds nicht schon darauf geschlossen werden, dass dieser die Vormundschaft/Betreuung berufsmäßig führt (Oldbg FamRZ 98, 186). Berufsvormund kann eine Person auch neben einem anderen Beruf sein (BayObLG FamRZ 96, 371; 97, 1305). Werden ein **Verein oder eine Behörde** zum

Betreuer bestellt, kann die Feststellung der Berufsmäßigkeit unterbleiben, da beide gem § 1836 III keine Vergütung erhalten. Wird hingegen ein **Vereinsmitarbeiter zum Betreuer bestellt**, so wird die berufsmäßige Führung des Amtes unterstellt und die zu gewährende Vergütung richtet sich ohne Rückgriff auf § 1 VBVG nach § 7 I 1, II VBVG. Für Behördenbetreuer kann ausnahmsweise nach § 8 I VBVG iVm § 1836 II eine Vergütung gewährt werden.

Liegt die Berufsmäßigkeit vor, dann muss eine Vergütung bewilligt werden. Der **Feststellungsbeschluss** mit dem die berufsmäßige Führung der Vormundschaft/Betreuung festgesetzt wird ist für die Rechtsstellung und den Vergütungsanspruch von Vormund und Betreuer konstitutiv, dh es ist für die laufende Betreuung für den Fall, das sich der Tätigkeitsumfang abw von dem nach § 1 VBVG prognostizierten entwickeln sollte, weder eine rückwirkende Aufhebung (BayObLG BtPrax 00, 34) bzw Feststellung (BayObLG FamRZ 01, 867), noch eine Aufhebung für die Zukunft zulässig (Frankf FamRZ 05, 239). Die Feststellung der Berufsmäßigkeit der Pflegschaft ist nachholbar (Naumb FamRZ 09, 370). Bestimmte Formerfordernisse für den Feststellungsbeschluss bestehen nicht (Brandbg FamRZ 04, 1403), eine nur konkludente Feststellung (Hamm FamRZ 04, 1324) genügt jedoch nicht, im Zweifelsfall gelten die allgemeinen Regeln zu Berichtigung oder Auslegung (Hamm FamRZ 08 1115). Ob sich der Anspruch gegen den Mündel/Betreuten (bzw dessen Erben) oder gegen die Staatskasse richtet, hängt davon ab, ob der Mündel bzw Betreute mittellos ist oder nicht. Hat er selbst ausreichende Mittel, ist er der Schuldner des Anspruchs (§ 1836), ist er mittellos (vgl §§ 1836c, d), richtet sich der Anspruch gegen die Staatskasse (§ 1 II VBVG).Der Anspruch des Verfahrenspflegers richtet sich unabhängig davon gem § 277 V 1 FamFG immer gegen die Staatskasse. Wird die Feststellung der Berufsmäßigkeit verweigert ist die **Beschwerde** des Betroffenen statthaft (BGH FamRZ 06, 111), gegen die Feststellung besteht weder ein Beschwerderecht der Staatskasse (Frankf FGPrax 04, 122), der Betreuungsbehörde (Hamm BtPrax 00, 265 mwN) noch des ehemaligen Betreuers (Köln FamRZ 08, 1117).

Der Anspruch auf Vergütung erlischt nach § 2 VBVG, wenn er nicht binnen 15 Monaten nach seiner Entstehung beim FamG geltend gemacht wird; grds ist der Zeitpunkt (Tag) des Entstehens des Anspruchs auch für den Beginn der Ausschlussfrist maßgeblich (BayObLG FamRZ 03, 325; LG Mönchengladbach FamRZ 07, 1357; LG Münster FamRZ 08, 187; Frankf FamRZ 08, 304; aA München FamRZ 08, 1285; KG FamRZ 09, 456). Der Anspruch auf pauschale Vergütung nach § 9 I VBVG entsteht gem §§ 4, 5 VBVG jeweils nach Ablauf von 3 Monaten, so das die Frist von 15 Monaten nach § 2 VBVG erst ab dem Zeitpunkt des Entstehens zu laufen beginnt (Dresd FamRZ 08, 1285; LG Göttingen BtPrax 07, 255; Köln FamRZ 09, 1009; aA Ddorf FamRZ 08, 1284). Der Anspruch muss grds immer ggü dem FamG geltend gemacht werden (anders als bei Ansprüchen aus §§ 1835, 1835a). Die Geltendmachung des Anspruchs ggü dem FamG gilt dabei auch als Geltendmachung ggü dem Mündel (für Behördenbetreuung unanwendbar, § 8 IV VBVG). Das FamG kann unter Belehrung über die Folgen der Fristversäumnis (Jurgeleit/*Maier* § 2 VBVG Rz 7) eine abw Frist von bis zu 2 Monate bestimmen. Grds besteht ansonsten keine Pflicht des FamG, den Betreuer auf den üblichen Fristablauf nach § 2 VBVG hinzuweisen (Frankf FamRZ 08, 304). Durch Untreue oder Unterschlagung kann der Vergütungsanspruch verwirkt werden (Hamm FamRZ 08, 92).

§ 3 VBVG regelt die **Vergütung des Berufsvormunds.** Die Regelungen gelten für alle Vergütungssätze und nicht nur die bei Mittellosigkeit des Mündels. Anknüpfungspunkt für die Berechnung der Vergütung ist zunächst der für die Führung der Vormundschaft aufgewendete Zeitaufwand. Abrechenbar sind dabei alle Tätigkeiten die der Vormund (entspr Verfahrenspfleger; BayObLG FamRZ 05, 391; Köln FamRZ 09, 728) in dem ihm übertragenen Aufgabenkreis erbringt, soweit er sie im konkreten Fall für erforderlich halten durfte (BayObLG FamRZ 02, 638). Dabei werden alle Stunden gleich berücksichtigt, ohne dass es auf die Schwierigkeit der einzelnen Tätigkeiten ankommt. Die so ermittelten Stunden sind dann in einem zweiten Schritt mit einem dreifach gestaffelten festen Stundensatz zu multiplizieren (1. Stufe: 19,50 €; 2. Stufe: 25,00 €; 3. Stufe 33,50 €). Die Staffelung bestimmt sich nach der beruflichen Qualifikation des Vormunds. Der Basisstundensatz beträgt 19,50 €. Verfügt der Vormund über besondere Kenntnisse, die für die Führung der Vormundschaft nutzbar sind und hat er diese Kenntnisse durch eine abgeschlossene Lehre oder eine vergleichbare Ausbildung oder eine Nachqualifikation (§ 11 VBVG) erworben, so erhöht sich der Stundensatz auf 25 €. Sind diese Kenntnisse durch eine abgeschlossene Ausbildung an einer Hochschule oder durch eine vergleichbare abgeschlossene Ausbildung oder durch das Durchlaufen einer entspr Nachqualifikation erworben worden, so beträgt der Stundensatz 33,50 €.

Nutzbarkeitsvermutung § 3 Abs 2 VBVG. Ist ein Vormund bestellt, der über besondere Kenntnisse verfügt, die für die Führung der Vormundschaft allg nutzbar und durch eine Ausbildung iSv § 3 I 2 VBVG erworben sind, so wird vermutet, dass diese Kenntnisse auch für die Führung der dem Vormund übertragenen Vormundschaft nutzbar sind. Ihm ist in diesem Fall der sich aus I ergebende Stundensatz zu bewilligen. Dies gilt nicht, wenn das FamG aus besonderen Gründen bei der Bestellung des Vormunds etwas anderes bestimmt hat, etwa weil seine Kenntnisse für den ihm übertragenen Aufgabenkreis ausnahmsweise nicht nutzbar sind (BGH BtPrax 03, 264).

Erhöhter Stundensatz. Bei Besonderer Schwierigkeit der vormundschaftlichen Geschäfte können die Stundensätze ausnahmsweise erhöht werden (§ 3 III 1 VBVG). Die besonderen Schwierigkeiten können sich dabei aus der Person des Mündels, aus den zu erledigenden Aufgaben oder aus sonstigen Umständen ergeben (Jürgens/*Jürgens* § 3 VBVG Rz 14). Die Erhöhung ist ausgeschlossen, wenn der Mündel mittellos ist (§ 1836d) und die Vergütung des Vormunds aus der Staatskasse gezahlt werden muss (III 2). Im Betreuungsrecht gilt entspr nur für Betreuungen nach § 6 VBVG (München FamRZ 07, 675).

8 **Abgeltungsumfang.** Die Vergütung ist lediglich Entgelt für die Führung der Vormundschaft und umfasst weder den Ersatz von Aufwendungen noch die Umsatzsteuer. Hat der anwaltliche Berufsbetreuer für die iRd rechtlichen Betreuung angefallenen Büroarbeiten, seine fest angestellten Bürokräfte beauftragt, so sind die angefallenen Kosten mit seiner Vergütung abgegolten (BGH FamRZ 06, 111, 113). Eine auf die Vergütung entfallende **Umsatzsteuer** wird zusätzlich ersetzt, sofern sie tatsächlich erhoben wird.

9 **Abschlagszahlungen.** Der Vormünder, Sterilisations- und Verhinderungsbetreuer können für bereits verdiente Beträge aus der Staatskasse oder vom nicht mittellosen Betreuten (§ 168 FamFG) Abschlagszahlungen verlangen (IV). Eine Beantragung in vierteljährlichen Abständen wird als angemessen angesehen (Jurgeleit/ *Maier* § 3 VBVG Rz 12). Der Vergütungsanspruch ist nicht zu verzinsen (Celle FamRZ 02, 1431).

10 Die **Vergütung des Berufsbetreuers** (auch des berufsmäßig tätigen Kontroll- u Gegenbetreuers: Köln FamRZ 07, 937; 08, 2064) richtet sich grds nach **§ 4 ff VBVG**. Die Vorschrift normiert für Berufsbetreuer jeweils höhere Stundensätze der Vergütung als nach § 3 VBVG. Die Stundensätze sind pauschaliert und decken die Vergütung und den Aufwendungsersatz (BVerfG FamRZ 07, 622; Köln BtPrax 07, 255; Schlesw FamRZ 09, 1180) einschließlich der darauf entfallenden Umsatzsteuer des Berufsbetreuers ab (§ 4 II 1 VBVG, ausgenommen sind nur Aufwendungen wegen besonderer beruflicher Tätigkeit nach § 1835 III BGB, zur Abrechnung durch den anwaltlichen Berufsbetreuer Köln FamRZ 09, 1707, 1708; München FamRZ 09, 1708; LG Mainz FamRZ 09, 21). Unterlag der Betreuer während des Abrechnungszeitraums nicht der Umsatzsteuerpflicht, ist der Umsatzsteueranteil aus dem Pauschalsatz herauszurechnen (Karls FamRZ 07, 2008 f; aA München FamRZ 06, 1152, Stuttg FamRZ 07, 1271). Anders als in § 3 VBVG ist für den Berufsbetreuer zusätzlich auch der Stundenansatz pauschaliert (s. § 5 VBVG). Eine individuelle Feststellung der für die Führung der Vormundschaft aufgewendeten Stunden und deren Erforderlichkeit erübrigt insoweit (München FamRZ 07, 1188). Eine Erhöhung des Stundensatzes bei besonderer Schwierigkeit der betreuungsrechtlichen Geschäfte vermögender Betreuten ggü, wie für den Berufsvormund nicht vorgesehen (München FamRZ 07, 675; 08, 1560). Zu Sonderfällen der Vergütung s. § 6 ff VBVG.

11 Auch für **Berufsbetreuer** gelten **nach beruflicher Qualifikation dreifach gestaffelte Stundensätze**: Nach § 5 **VBVG** beträgt der Basisstundensatz 27,– €. Diesen Stundensatz erhalten alle Berufsbetreuer ohne, bzw ohne abgeschlossene Ausbildung, oder auch mit einer abgeschlossenen Ausbildung, wenn diese für die Betreuung nicht nutzbar ist. Die Nutzbarkeit wurde zB angenommen bei einer Ausbildung zur Arzthelferin (Dresden FamRZ 00, 551), zur Hauswirtschafterin (BayObLG FamRZ 02, 1657) oder zur Kinderkrankenpflegerin (Dresd FamRZ 00, 52); verneint wurde sie hingegen bei Ausbildungen zum Altenpfleger (Dresd FamRZ 00, 551: soweit nicht Gesundheitssorge übertragen werden soll), zum Optiker (BayObLG FamRZ 00, 124), zum Agraringenieur (Naumbg FamRZ 08, 818) oder zum Industriemechaniker (BayObLG BtPrax 01, 656). Der Basisstundensatz erhöht sich nach § 5 I 2 VBVG auf 33,50 € wenn der Berufsbetreuer über besondere Kenntnisse verfügt, die für die Führung der Betreuung nutzbar und durch eine Lehre oder eine vergleichbare abgeschlossene Ausbildung erworben sind. Die Vergleichbarkeit, setzt voraus, dass die Ausbildung insb hinsichtlich Dauer und Inhalten einer Lehre gleichkommt. Dies wird nur bei einer staatlich reglementierten, anerkannten, Ausbildung und Prüfung anzunehmen sein (BayObLG FamRZ 01, 187). In einer dritten Stufe erhöht sich der Stundensatz auf 44 €, wenn die Kenntnisse durch eine abgeschlossene Ausbildung an einer Hochschule (auch Fachhochschulen: Hamm BtPrax 02, 125; nicht hingegen Fachschulen oder Fachakademien: BayObLG FamRZ 05, 932; LG Heilbronn FamRZ 07, 766; München FamRZ 08, 818; Frankf FamRZ 09, 457) oder durch eine vergleichbare abgeschlossene Ausbildung (zB Auslandsstudium: BayObLG FamRZ 04, 1232; Frankf FamRZ 08, 1659) erworben sind. Gleichwertigkeit mit einer Hochschulausbildung ist nur bei einer Ausbildung anzunehmen, die zumindest einen formalen Abschluss aufweist und eine Mindeststudiendauer von 3 Jahren nicht wesentlich unterschreitet (Hamm BtPrax 02, 125, BayObLG FamRZ 02, 1309). Die Gewährung der erhöhten Vergütungsstufen ist dabei nicht auf bestimmte Berufe beschränkt (zB Jurist, Diplompsychologe, usw), für die Betreuung nutzbare Kenntnisse können auch durch andere Berufs- bzw Studienabschlüsse vermittelt werden, wie zB als Heilpädagoge (Zweibr Rpfleger 04, 488), Theologe (BayObLG FamRZ 04) und Lehrer (BayObLG FamRZ 01, 306). Die Vermutung des § 3 II VBVG für die Nutzbarkeit der Ausbildung gilt entspr (§ 4 II 1 VBVG). Für die Betreuung nützliche Berufserfahrungen können eine abgeschlossene Berufsausbildung nicht ersetzen (Schlesw BtPrax 01, 86), aber es kann gem § 11 VBVG (Umschulung/Fortbildung) eine höhere Vergütungsstufe erreicht werden.

12 Welche **Stundenzahl** ein Betreuer gem **§ 5 VBVG** in Ansatz bringen darf hängt davon ab, wie lange die Betreuung schon besteht, ob der Betreute in einem Heim oder zu Hause lebt (vgl *Deinert* FamRZ 05, 958; LG Regensburg FamRZ 06, 1062) und ob der Betreute bemittelt oder mittellos ist (vgl Übersicht bei Jürgens/ *Jürgens* § 5 VBVG Rz 5; Tabellen zu den ergebenden Jahresvergütungen bei *Deinert* BtPrax Spezial 05, 16; Jurgeleit/*Maier* § 5 VBVG Rz 22–27). Für Altfälle sind auch die Zeiträume der Betreuung vor Inkrafttreten des VBVG in vollem Umfang zu berücksichtigen (LG Gießen FamRZ 06, 359). Maßgebend für die Anwendung des pauschalen Stundensatzes nach § 5 I u II VBVG ist die erstmalige Bestellung eines Betreuers, auch

bei einem späteren Wechsel von einem ehrenamtlichen zu einem Berufsbetreuer (München FamRZ 06, 647, Schlesw FamRZ 06, 649, Hamm FamRZ 06, 1066, Brandbg FamRZ 08, 1562; aA *Deinert* BtPrax Spezial 05, 13, 15; Zweibr FamRZ 06, 1060; Stuttg FamRZ 07, 1271). Nach einer betreuungslosen Zwischenzeit ist idR von einer Erstbetreuung auszugehen (Frankf FamRZ 09, 1708). IE gilt:

- Lebt der **bemittelte Betreute in einem Heim** (Definition: § 5 III VBVG; zum Heimbegriff: Celle FamRZ 09, 1518; gilt im Einzelfall auch für „Betreutes Wohnen": München FamRZ 06, 1229; Stuttg FGPrax 07, 174; aA Schlesw FamRZ 06, 1229; Dresden FamRZ 07, 499; grds bei Unterbringung in Pflegefamilie: Oldbg FamRZ 06, 1710; nur ausnahmsweise: BGH FamRZ 08, 778; Stuttg FamRZ 08, 443, 444: nur bei Kontrolle der Pflegefamilie durch einen Heimträger; in Hospiz: Köln FamRZ 07, 1044; in psychiatrischem Krankenhaus: München FamRZ 07, 83 u Strafhaft: Rostock FamRZ 07, 1916; jedoch nicht für Untersuchungshaft: München FamRZ 07, 1913), kann der Betreuer für die ersten drei Monaten der Betreuung seinen pauschalen Zeitaufwand mit fünfeinhalb, im vierten bis sechsten Monat mit viereinhalb, im siebten bis zwölften Monat mit vier und danach fortlaufend mit zweieinhalb Stunden im Monat abrechnen (§ 5 I 1 VBVG). Lebt der **bemittelte Betreute** hingegen **zu Hause**, so können für die ersten drei Monate der Betreuung achteinhalb, für den vierten bis sechsten Monat sieben, im siebten bis zwölften Monat sechs und danach fortlaufend viereinhalb Stunden im Monat den Betreuungsaufwand angesetzt werden (§ 5 I 2 VBVG).
- Lebt der **mittellose Betreute in einem Heim** (s. §§ 1836c, 1836d), können in den ersten drei Monaten der Betreuung sieben, im vierten bis sechsten Monat fünfeinhalb, im siebten bis zwölften Monat fünf und danach dreieinhalb Stunden im Monat abgerechnet werden (§ 5 II 2 VBVG). Lebt der **mittellose Betreute zu Hause**, kann ein höherer Stundenansatz für die Betreuung angesetzt werden, von achteinhalb Stunden für die ersten drei Monate, von sieben Stunden im vierten bis sechsten Monat, von sechs Stunden im siebten bis zwölften Monat und danach von viereinhalb Stunden monatlich (§ 5 II 1 VBVG).

Die **konkrete monatliche Betreuervergütung** ergibt sich durch Multiplikation des nach § 4 VBVG ermittelten individuellen Stundensatzes mit dem jeweiligen pauschalen Zeitansatz nach § 5 VBVG (vgl aktuelle Vergütungstabellen bei Jurgeleit/*Maier* § 5 VBVG Rz 22–27). Für die Berechnung der Monate gelten §§ 187 I, 188 II, 1. Fall BGB entspr (§ 5 IV 1 VBVG), dh es ist eine **tagesgenaue Abrechnung** vorzunehmen (*Dodegge* NJW 05, 1898; Brandbg FamRZ 07, 2109; aA München FamRZ 09, 453). Bei Veränderung vergütungsrelevanter Umstände vor Ablauf eines vollen Monats (zB Einzug im Heim, Eintritt der Mittellosigkeit), ist der Stundensatz zeitanteilig nach Tagen zu berechnen (vgl *Dodegge* NJW 05, 1899; *Deinert* FamRZ 05, 958; Frankf FamRZ 08, 1888). §§ 187 I, 188 I BGB gelten entspr (§ 5 IV 2 VBVG). Die sich dabei ergebenden Stundensätze sind auf volle Zehntel aufzurunden (§ 5 IV 3 VBVG). Bei einem **Wechsel von einem beruflichen zu einem ehrenamtlichen Betreuer** (§ 5 V VBVG), kann der ausscheidende Berufsbetreuer statt der tagesgenauen zeitanteiligen Vergütung die volle Monatspauschale für den laufenden und für den Folgemonat beanspruchen (vgl *Deinert* BtPrax Spezial 05, 15; aA Jurgeleit/*Maier* § 6 VBVG Rz 13). Ist zunächst eine vorläufige Betreuung eingerichtet, die später verlängert wird bzw in eine endgültige Betreuung übergeht, so ist für die Berechnung der Abrechnungsmonate nach § 5 VBVG der Zeitpunkt der (vorläufigen) Erstbestellung ausschlaggebend (Jurgeleit/Maier § 6 VBVG Rz 17). Entlässt das Gericht einen ehrenamtlichen Betreuer wegen fehlender Eignung (§ 1908b) und bestellt als Nachfolger einen berufsmäßig tätigen Betreuer, so ist die Zeit der ehrenamtlichen Betreuung bei der Vergütungsabrechnung nach § 5 VBVG einzubeziehen (hM: *Zimmermann* FamRZ 09, 1309 mwN; Frankf FamRZ 07, 1272; Karlsr FamRZ 07, 1272; aA Zweibr FamRZ 06, 1060). Wie in Fällen unterbrochener Betreuung (Vakanzfälle) zu verfahren ist, ist str (vgl *Zimmermann* FamRZ 08, 1308 mwN). Der Zeitraum, für den der Betreuer Pauschalvergütung beanspruchen kann, endet grds mit dem **Tod des Betreuten** (Köln FGPrax 06, 163; München FamRZ 06, 1787), evtl aber Anspruch auf konkrete bzw pauschale Abrechnung für den Zeitraum der Notgeschäftsführung (München FamRZ 06, 1787).

Zwei Sonderfälle der rechtlichen Betreuung, der **Sterilisationsbetreuer** (§ 1899 II) und **Verhinderungsbetreuer** (§ 1899 IV, nur rechtliche Verhinderung) werden von der Pauschalierung der Vergütung und des Aufwendungsersatzes nach den §§ 4, 5 VBVG ausgenommen Für diese gilt nicht § 4, sondern sie können nur gem § 1 II iVm § 3 VBVG nach der tatsächlich aufgewendeten und erforderlichen Zeit abrechnen (Celle FamRZ 08, 1213). Es bestehen keine festen Stundengrenzen, und dem Betreuer steht ein zusätzlicher Aufwendungsersatz nach § 1835 BGB zu. Nicht ersatzfähig sind berufsbezogenen Aufwendungen nach § 1835 II BGB. Wird die Bestellung eines Verhinderungsbetreuers wegen tatsächlicher Verhinderung des Betreuers (zB längere Erkrankung) notwendig, so erhält dieser für den Zeitraum seiner Tätigkeit an Stelle des Betreuers anteilig die diesem zustehende Inklusivvergütung (§ 6 2 iVm §§ 4, 5 **VBVG**).

Vergütung und Aufwendungsersatz für Betreuungsvereine sind in § 7 **VBVG** geregelt. Die Norm entspricht § 1908e BGB aF. Betreuungsvereine, die gem § 1836 III, wenn sie selbst zum Betreuer bestellt werden, keinen Anspruch auf Vergütung haben, können über § 7 VBVG für ihre Mitarbeiter, die zu Einzelbetreuern bestellt werden, einen Vergütungsanspruch geltend machen, der im Wesentlichen dem des Berufsbetreuers entspricht (I 2). Der Vereinsmitarbeiter kann hingegen weder Vergütung noch Aufwendungsersatz verlangen (III). Die durch den Verein geltend zu machende Vergütung richtet sich grds nach §§ 4, 5 VBVG. Die Geltendmachung von Aufwendungen nach § 1835 II BGB ist jedoch ausgeschlossen (Jürgens/*Jürgens* § 1835 BGB, Rz 20 f).

Sofern ein Betreuungsverein als Sterilisations- oder Verhinderungsbetreuer bestellt ist, kommt § 6 VBVG zur Anwendung. Nach § 7 II 2 VBVG sind aber auch in diesem Fall bei den Aufwendungen allgemeine Verwaltungskosten nicht zu ersetzen (Jürgens/*Winterstein* § 7 VBVG Rz 9–10).

16 Die **Vergütung und der Aufwendungsersatz für Behördenbetreuer** ergeben sich aus **§ 8 VBVG** und entsprechen den Regelungen des aufgehobenen § 1908h. Die Norm gilt für Betreuungen die durch Mitarbeiter der Behörde geführt werden (§ 1897 II 2), auf Betreuungen, für die die Behörde als solche bestellt wird, ist sie nicht anwendbar. Ist ein Behördenbetreuer bestellt, kann der Behörde eine angemessene Vergütung nach § 1836 II BGB bewilligt werden, soweit der Betreute iSd § 1836c bemittelt ist und unter der Voraussetzung, dass Schwierigkeit oder Umfang dies ausnahmsweise rechtfertigen. Die Höhe der Vergütung richtet sich nicht nach §§ 3–5 VBVG, sondern steht im Ermessen des FamG. Wurde in der Praxis früher häufig ein Prozentsatz des Betreutenvermögens bewilligt, hat sich jetzt eine an Zeitaufwand und Stundensatz orientierte Bemessung durchgesetzt (Jürgens/*Winterstein* § 8 VBVG, Rz 3). Nach II kann die Betreuungsbehörde vom bemittelten Betreuten neben der Vergütung den Ersatz für Aufwendungen nach § 1835 I 1, 2 BGB verlangen. Ein Anspruch auf Vorschuss (vgl Jurgeleit/*Maier* § 8 VBVG Rz 12 oder eine pauschale Aufwandsentschädigung nach § 1835a ist dagegen ausgeschlossen (§ 1908i iVm § 1835a V BGB). Der Behördenbetreuer selbst kann weder Vergütung noch Aufwendungsersatz verlangen, er hat lediglich den Gehaltsanspruch gegen die Behörde (§ 8 III VBVG iVm § 7 III VBVG). Für die Geltendmachung der Vergütung- und Aufwendungsersatzansprüche bestehen keine Ausschlussfristen (IV), es gelten aber die allgemeinen Verjährungsregelungen der §§ 194 ff.

17 **Abrechnungszeitraum.** Die Abrechnungen der Betreuer können für nach §§ 4, 5 VBVG entstandene Vergütungsansprüche dreimonatlich erfolgen, dh erstmals nach Ablauf von drei Monaten nach Bestellung als Betreuer (**§ 9 VBVG**) und danach alle weiteren drei Monate. Es ist auf den Zeitpunkt der gerichtlichen Entscheidung über den Vergütungsanspruch abzustellen (LG Wuppertal FamRZ 07, 1272). Wurde der Betreuer vor dem 1.7.05 bestellt, ist auf diesen Stichtag abzustellen (München FamRZ 08, 1563).

18 **Mitteilungspflichten.** Nach **§ 10 I VBVG** unterliegen Betreuer, die Betreuungen für Geld führen bestimmten Mitteilungspflichten über vergütungsrelevante Tatsachen, wie zB der Zahl der von ihm im Kalenderjahr geführten Betreuungen und die Höhe des dafür erhaltenen Geldbetrags. Nicht der Mitteilungspflicht unterliegen berufsmäßig geführte Vormundschaften oder Pflegschaften für Minderjährige sowie Verfahrenspflegschaften. Die Mitteilung hat schriftlich bis zum 31.3. eines Jahres für das Vorjahr bei der örtlichen Betreuungsbehörde zu erfolgen. Die Betreuungsbehörde kann verlangen, dass der Betreuer die Richtigkeit seiner Angaben an Eides statt versichert (II 2). Die Behörde ist befugt die Mitteilungen an das FamG zu übermitteln (III).

19 **Umschulung und Fortbildung** von Berufsvormündern. **§ 11 VBVG** eröffnet Betreuern, die wegen fehlender formaler Bildungsabschlüsse, in eine niedrigere Vergütungsstufe nach § 4 I VBVG eingestuft sind, die Nachqualifikation für den Aufstieg in eine höhere Vergütungsstufe (Jürgens/*Winterstein* § 11 VBVG Rz 1–7).

§§ 1836a, 1836b – weggefallen –

§ 1836c Einzusetzende Mittel des Mündels.
Der Mündel hat einzusetzen:
1. nach Maßgabe des § 87 des Zwölften Buches Sozialgesetzbuch sein Einkommen, soweit es zusammen mit dem Einkommen seines nicht getrennt lebenden Ehegatten oder Lebenspartners die nach den §§ 82, 85 Abs. 1 und § 86 des Zwölften Buches Sozialgesetzbuch maßgebende Einkommensgrenze für die Hilfe nach dem Fünften bis Neunten Kapitel des Zwölften Buches Sozialgesetzbuch übersteigt. Wird im Einzelfall der Einsatz eines Teils des Einkommens zur Deckung eines bestimmten Bedarfs im Rahmen der Hilfe nach dem Fünften bis Neunten Kapitel des Zwölften Buches Sozialgesetzbuch zugemutet oder verlangt, darf dieser Teil des Einkommens bei der Prüfung, inwieweit der Einsatz des Einkommens zur Deckung der Kosten der Vormundschaft einzusetzen ist, nicht mehr berücksichtigt werden. Als Einkommen gelten auch Unterhaltsansprüche sowie die wegen Entziehung einer solchen Forderung zu entrichtenden Renten;
2. sein Vermögen nach Maßgabe des § 90 des Zwölften Buches Sozialgesetzbuch.

1 S Kommentierung zu § 1836e.

§ 1836d Mittellosigkeit des Mündels.
Der Mündel gilt als mittellos, wenn er den Aufwendungsersatz oder die Vergütung aus seinem einzusetzenden Einkommen oder Vermögen
1. nicht oder nur zum Teil oder nur in Raten oder
2. nur im Wege gerichtlicher Geltendmachung von Unterhaltsansprüchen
aufbringen kann.

1 S Kommentierung zu § 1836e.

§ 1836e Gesetzlicher Forderungsübergang.

(1) ¹Soweit die Staatskasse den Vormund oder Gegenvormund befriedigt, gehen Ansprüche des Vormunds oder Gegenvormunds gegen den Mündel auf die Staatskasse über. ²Der übergegangene Anspruch erlischt in zehn Jahren vom Ablauf des Jahres an, in dem die Staatskasse die Aufwendungen oder die Vergütung bezahlt hat. ³Nach dem Tode des Mündels haftet sein Erbe nur mit dem Wert des im Zeitpunkt des Erbfalls vorhandenen Nachlasses; § 102 Abs. 3 und 4 des Zwölften Buches Sozialgesetzbuch gilt entsprechend, § 1836c findet auf den Erben keine Anwendung.

(2) Soweit Ansprüche gemäß § 1836c Nr. 1 Satz 2 einzusetzen sind, findet zugunsten der Staatskasse § 850b der Zivilprozessordnung keine Anwendung.

Normzweck. §§ 1836c–1836e bestimmen, inwieweit der Mündel die Kosten der Vormundschaft zu tragen hat und in welchem Umfang dem Staat bei Vorleistung ein Regressanspruch ggü dem Mündel (bzw seine Erben) zusteht. 1

Ein **Anspruch des Vormunds/Betreuers gegen die Staatskasse** setzt voraus, dass die Voraussetzungen des § 1836 vorliegen und der Mündel mittellos ist. **Mittellosigkeit** iSd Normen liegt dann vor, wenn der Mündel den Aufwendungsersatz oder die Vergütung aus seinem nach § 1836d Nr 1 u Nr 2 einzusetzenden Einkommen oder Vermögen nicht oder nur zT oder nur in Raten oder nur im Wege gerichtlicher Geltendmachung von Unterhaltsansprüchen aufbringen kann. Maßgeblicher Zeitpunkt für die Feststellung der Mittellosigkeit ist grds der Zeitpunkt der Entscheidung der letzten Tatsacheninstanz (München FamRZ 07, 1188; Hambg FamRZ 08, 91; Hamm FamRZ 09, 1007), hat der Betreuer die bewilligte Vergütung bereits aus dem Vermögen des Betreuten entnommen, so ist auf den Zeitpunkt der Entnahme abzustellen (LG Koblenz FamRZ 06, 891). 2

In welchem Umfang der Mündel/Betreute sein **Vermögen und Einkommen einsetzen** muss und welche Einkommens- und Vermögensbestandteile anrechnungsfrei bleiben, ergibt sich aus § 1836c. Das Vermögen muss dann nicht verwertet werden, wenn dies für den Betreuten eine besondere Härte darstellt, insb eine angemessene Lebensführung oder die Aufrechterhaltung einer angemessenen Alterendsicherung wesentlich erschweren würde (BayObLG FamZ 02, 416; LG Koblenz FamRZ 06, 647). Im Ergebnis wird dem Mündel/Betreuten etwa eine Eigenbelastung in der gleichen Höhe zugemutet, wie jedem, der nach den Maßstäben der Sozialhilfe nach §§ 82, 85 I, 86 und 87 SGB XII Hilfe in besonderen Lebenslagen erhält (Deinert FamRZ 99, 1190; BayObLG FamRZ 96, 436 f). 3

Als **Einkommen** sind gem § 82 I SGB XII grds alle Einkünfte in Geld oder Geldeswert, also Arbeitseinkommen, Renten, Miet- u Zinseinkommen einschließlich Unterhalt und Unterhaltsrenten (§ 1836c Nr 1 3) einzusetzen, einschließlich solcher schuldrechtlichen und erbrechtlichen Ansprüche, die in absehbarer Zeit realisiert werden können (Frankf BtPrax 01, 167). Nicht dazu rechnen die Leistungen nach dem SGB XII, die Grundrente, nach dem Bundesversorgungsgesetz und die Renten und Beihilfen nach dem Bundesentschädigungsgesetz. Schmerzensgeld wird weder als Rente beim Einkommen noch als Kapitalleistung beim Vermögen berücksichtigt (Frankf FamRZ 08, 2152). Auch Leistungen der Pflegeversicherung sind kein Einkommen (Jürgens BtPrax 00, 71; BayObLG FamRZ 02, 418). Dass so festgestellte Einkommen wird nicht vollständig, sondern nur iRd Einkommensgrenzen nach § 85 SGB XII berücksichtigt, dh es werden weitere Abzugsposten in Form eines Grundbetrags, ggf eines Familienzuschlags und der Kosten der Unterkunft (im angemessenem Umfang) berücksichtigt. Schließlich ist der Einsatz des die Einkommensgrenze übersteigenden Anteils des Einkommens für Betreuungskosten nach § 87 SGB XII nur im angemessenen Umfang zumutbar (Jürgens/Marschner § 1836c Rz 11; Jurgeleit/Maier § 1836c Rz 7 ff). 4

Wenn die Prüfung der Frage, ob und in welcher Höhe der Mündel/Betreute sein Einkommen für die Kosten der Vormundschaft/Betreuung einzusetzen hat, mit erheblichen Schwierigkeit und großen Zeitaufwand verbunden ist und der Aufwand außer Verhältnis zur Höhe des aus der Staatskasse zu begleichenden Anspruch steht, kann das Gericht gem § 56g II 3 im Wege der **Ermessensfestsetzung** ohne weitere Prüfung den Anspruch festsetzen (Staud/*Bienwald* § 1836d Rz 5; LG Koblenz FamRZ 07, 1769). 5

Für die **Berücksichtigung des Vermögens** kommt es auf die **Schongrenze** für die Hilfe in besonderen Lebenslagen an, die sich für nach dem 1.5.05 auf die Staatskasse übergegangene Ansprüche nach § 90 SGB XII bestimmt (BGH NJW 02, 366; Brandbg FamRZ 07, 854; Köln FamRZ 07, 1043; Zweibr FamRZ 06, 65: Sterbegeldversicherung über 3.000 € ist nicht unangemessen und daher dem Schonvermögen zuzurechnen; vgl auch Schlesw FamRZ 07, 1188; München FamRZ 07, 1189; zu einer angemessen Alterssicherung: München FamRZ 09, 1092). Zu berücksichtigen ist nach § 90 I SGB XII iÜ das gesamte verwertbare Vermögen (München FamRZ 06, 730), also dass verfügbare Aktivvermögen, Verbindlichkeiten bleiben nach den sozialhilferechtlichen Grundsätzen außer Betracht, selbst wenn sie tituliert oder durch öffentlichen Leistungsbescheid festgesetzt sind (BayObLG BtPrax 04, 71; LG Detmold FamRZ 09, 544). Neben dem Schonvermögen braucht auch Vermögen dessen Verwertung für den Mündel/Betreuten oder seine unterhaltsberechtigten Angehörigen eine besondere Härte (§ 90 III SGB XII) bedeuten würde, nicht eingesetzt zu werden (BayObLG FamRZ 04, 566; Oldbg FamRZ 96, 953; LG Aachen FamRZ 09, 1094; vgl auch Staud/*Bienwald* § 1836c Rz 18 ff mwN). Ein Geldbetrag der zur baldigen Beschaffung eines Hausgrund- 6 stücks bestimmt ist, bleibt nur bei konkreten Nachweis der Bau- oder Erwerbsabsicht gem § 90 II Nr 3 SGB XII anrechnungsfrei (Hamm FamRZ 06, 506).

7 Schließlich stellt § 1836c Nr 1 2 klar, dass der **Einsatz gleicher Einkommensteile** nicht einmal bei der Berechnung von Hilfe in besonderen Lebenslagen und andererseits bei der Frage nach der Vergütung des Vormunds in Betracht kommt, sondern dass wegen der Subsidiarität der Sozialhilfe (§ 2 I SGB XII) zunächst auf die Sozialhilfe angerechnet werden muss und das angerechnete Einkommen dann bei der Berechnung nach § 1836c unberücksichtigt bleibt. Der Vormund/Betreuer kann also, auch wenn das tatsächliche Einkommen des Mündels die im Einzelfall maßgebende Einkommensgrenze übersteigt und zur Zahlung der Vergütung des Vormunds ausreichen würde, die Vergütung aus der Staatskasse verlangen, wenn dem Mündel der Einsatz dieses Mehreinkommens bereits iRd SGB XII zugemutet wird (Staud/*Engler* § 1836c Rz 5).

8 **Gesetzlicher Forderungsübergang** (§ 1836e I, II). Ist der Mündel/Betreute iSd § 1836c mittellos, so tritt gem § 1836d die Staatskasse für die Vergütung und den Aufwendungsersatz des Vormunds/Betreuers ein. Ist die Staatskasse eingetreten und hat den Vormund/Betreuer befriedigt, so bestimmt § 1836e I 1 eine Legalzession. Der Mündel bekommt die staatliche Vergütung oder Auslagenerstattung nur dann endgültig als Zuschuss, wenn er nicht binnen einer **Frist von zehn Jahren** seit dem Ablauf des Jahres, in dem die Zahlungen an den Vormund geleistet wurden, wieder so leistungsfähig wird, dass er die gezahlten Beträge erstatten kann (§ 1836e I 2). Der Regress setzt die in § 1836c bestimmte Leistungsfähigkeit des Mündels/Betreuten voraus (Frankf BtPrax 03, 85), sämtliche Einreden und Einwendungen die bereits ggü der Forderung des Vormunds/Betreuers bestanden, können auch hier geltend gemacht werden (Jurgeleit/*Maier* § 1836e Rz 8/9). Der Regress ist aber nicht zwingend. § 168 II 3 FamFG erlaubt dem Gericht vielmehr in Fällen, in denen ein Regress aussichtslos erscheint, von der Geltendmachung abzusehen (BayObLG FamRZ 02, 418; LG Duisburg FamRZ 06, 507) oder die Festsetzung des Regressanspruchs auf einen möglichen Anspruch aus § 528 zu beschränken (Hamm FamRZ 03, 1873; Zuständigkeit des örtlich zuständigen FamG/BtG; Köln FamRZ 09, 1248).Der beim Gericht gestellte Antrag auf Festsetzung einer Vergütung aus dem Vermögen des Betroffenen wahrt auch die Ausschlussfrist des § 2 1 VBVG für einen späteren Antrag auf Festsetzung gg die Staatskasse (Hamm FamRZ 07, 854).

9 **Erbenhaftung** (§ 1836e I 3). Auf diesem Wege wird der Rückgriff auch auf zunächst geschontes Vermögen des Mündels/Betreuten eröffnet, wenn dieses zB durch den Tod des Mündels/Betreuten, kein Schonvermögen mehr ist (vgl dazu Jürgens/*Marschner* § 1836c Rz 12-15). Für solche Nachlassverbindlichkeiten gelten die in § 1836c genannten Schonungen nicht (Soergel/*Zimmermann* § 1836e Rz 20). Nach § 1836e I 3 wird die Nachlasshaftung allerdings auf das im Zeitpunkt des Todes des Mündels vorhandene Vermögen begrenzt (Zweibr RPfleger 04, 488). Liegt der Wert des Nachlasses unter dem doppelten Grundbetrag nach § 85 SGB XII, dh ist der Nachlass weniger wert als 15.340 € und handelt es sich bei dem Erben um den Ehegatten des verstorbenen Mündels/Betreuten bzw einen Verwandten, der bis zu seinem Tode mit ihm in häuslicher Gemeinschaft gelebt und ihn gepflegt hat, so kommt ein Erbenregress nicht in Betracht. Gleiches gilt, wenn die Inanspruchnahme nach den Umständen des Einzelfalls, eine besondere Härte bedeuten würde. Dem Regress steht dabei nicht entgegen, dass dem Betreuten Sozialhilfe gewährt worden ist (BayObLG FamRZ 05, 1590). Die Erbenhaftung gilt in analoger Anwendung auch, wenn der Erbe nach dem Tode des Betreuten unmittelbar auf die noch nicht festgesetzte Betreuervergütung und auf Auslagenersatz in Anspruch genommen werden soll (Frankf NJW 04, 373; Thüringen FamRZ 06, 645). Bei Tod des Betreuten im Regressverfahren, wird das Verfahren gegen die Rechtsnachfolger vAw fortgesetzt (Stuttg FamRZ 07, 1912).

Untertitel 3   Untertitel 3 Fürsorge und Aufsicht des Familiengerichts

§ 1837 Beratung und Aufsicht.
(1) ¹Das Familiengericht berät die Vormünder. ²Es wirkt dabei mit, sie in ihre Aufgaben einzuführen.
(2) ¹Das Familiengericht hat über die gesamte Tätigkeit des Vormunds und des Gegenvormunds die Aufsicht zu führen und gegen Pflichtwidrigkeiten durch geeignete Gebote und Verbote einzuschreiten. ²Es kann dem Vormund und dem Gegenvormund aufgeben, eine Versicherung gegen Schäden, die sie dem Mündel zufügen können, einzugehen.
(3) ¹Das Familiengericht kann den Vormund und den Gegenvormund zur Befolgung seiner Anordnungen durch Festsetzung von Zwangsgeld anhalten. ²Gegen das Jugendamt oder einen Verein wird kein Zwangsgeld festgesetzt.
(4) §§ 1666, 1666a und 1696 gelten entsprechend.

1 Die **Vorschrift regelt** das Verhältnis zwischen Vormund und FamG. Sie gilt entspr für den Gegenvormund, Betreuer, Beistand und Pfleger. Der **Grundsatz der Selbständigkeit** des Vormunds/Betreuers bei der Führung seiner ihm übertragenen Aufgaben erfährt in § 1837 im Interesse der staatlichen Kontrolle und Aufsicht verschiedene Einschränkungen. Dem FamG kommen dabei Beratungs- (I) und Überwachungsaufgaben (II–IV) zu, es hat jedoch (mit Ausnahme des § 1846) keine eigene Handlungsbefugnisse (BayObLG BtPrax 04, 69;

Karlsr Rpfleger 05, 535), auch dann nicht, wenn der Vormund damit einverstanden ist, bzw dies sogar ausdrücklich wünscht (Karlsr NJW-RR 05, 1313; BayObLGZ 50, 440).

Das FamG berät und unterstützt den Vormund (I 1). Zu seinen Aufgaben gehört es den Vormund in seine 2 Aufgaben einzuführen, wozu idR sein Verpflichtung und die Übergabe der Bestallungsurkunde gehören wird (§§ 1789, 1791; für den Betreuer § 289 FamFG). Es muss dem Vormund zu Beginn seiner Vormundschaft über seine Aufgaben unterrichten, sofern der Vormund nicht schon über ausreichende Erfahrung verfügt. Im Verlauf der Vormundschaft wird es dann in erster Linie Aufgabe des Jugendamtes und der Betreuungsbehörde sein, die Beratung und Unterstützung von Vormund und Betreuer (einschließlich geeigneter Fortbildungsmaßnahmen) sicherzustellen (§§ 53 II, 3 II 2 SGB VIII). Dem Gericht obliegt es, den Vormund, der über keine Rechtskenntnisse verfügt, darauf aufmerksam zu machen, wenn es seine Maßnahmen für rechtswidrig oder unzweckmäßig hält oder wenn es meint, dass der Vormund bestimmte Maßnahmen vornehmen muss oder soll, an die er noch nicht selbst gedacht hat (BayObLG FamRZ 99, 1460). Mündel oder Betreuter besitzen keinen Rechtsanspruch auf Beratung oder bindende Weisungen durch das FamG (Karlsr FamRZ 06, 507). Die rechtliche Vertretung u Beratung gehören zum Aufgabenkreis von Vormund/Betreuer, andererseits ist das FamG nicht daran gehindert, Mündel und Betreuten mit Rat und Tat beizustehen, solange es sich nicht in die Amtsführung des Vormunds/Betreuers einmischt (Jurgeleit/*Meier* § 1837 Rz 4).

Die **Aufsichtspflicht** des FamG nach § 1837 erstreckt sich auf die gesamte Tätigkeit des Vormunds/Betreuers 3 in den Bereichen der Personen- und Vermögenssorge für die ihm anvertrauten Personen (*Dodegge* FPR 04, 664, 670; BayOLGE 42, 115). Der Aufsicht unterworfen sind dabei grds alle Arten von Vormündern und Betreuern, mit Ausnahme des Verfahrenspflegers (LG Osnabrück, BtPrax 93, 93, 95). Unterschiede gibt es lediglich hinsichtlich des Maßes der Kontrolle (vgl für den befreiten Vormund § 1857a). Das Gericht hat dabei zu **überwachen**, dass der Vormund/Betreuer dem **Gebot zu einer treuen und gewissenhaften Amtsführung** (BayObLG FamRZ 92, 108) nachkommt, dh die gesetzlichen Vorschriften über die Führung der Vormundschaft einhält, nicht gegen gerichtliche AnO verstößt, die persönlichen und wirtschaftlichen Interessen des Mündels/Betreuten nicht vernachlässigt und den ihm zustehenden Ermessensspielraum nicht überschreitet (Jurgeleit/*Meier* § 1837 Rz 8). Um seiner Aufsichtspflicht nachzukommen kann das Gericht vom Vormund über die regelmäßigen Berichtspflichten (§ 1840) hinaus, jederzeit Auskunft über die Angelegenheiten des Mündels verlangen (§ 1839). Zusätzlich ist es an der Führung der Vormundschaft/Betreuung auch direkt durch die **Genehmigungenerfordernisse** nach §§ 1809 ff und die Rechnungslegungspflichten des Vormunds/Betreuers nach §§ 1840 ff beteiligt. Einen kontrollfreien Raum gibt es nicht, die Aufsicht beginnt mit der Bestellung des Vormunds und endet mit seiner Entlassung bzw dem Ende der Vormundschaft. Zwangsmaßnahmen gegen den Vormund nach II sind daher idR ausgeschlossen, sobald er entlassen ist (Staud/*Engler* § 1837 Rz 36). Ausnahme davon ist die Festsetzung von Zwangsgeld zur Durchsetzung seiner Verpflichtung zur Legung einer Schlussrechnung (§ 1892 I) und der Rückgabe der Bestallungsurkunde (§ 1893 II).

Pflichtwidrigkeiten sind Verstöße gegen konkrete sich aus dem Gesetz oder einer AnO des FamG ergebende 4 Handlungspflichten bzw eine Verletzung der Pflicht zu treuer und gewissenhafter Führung der Vormundschaft oder Betreuung (BayObLG FamRZ 00, 565). Es ist dabei unerheblich ob AnO vom FamG aus Rechtsgründen oder nur aus Zweckmäßigkeitserwägungen getroffen worden waren. Es ist auch nicht ausschlaggebend, ob die Pflichtwidrigkeit die Interessen des Mündels bereits gefährdet (Soergel/*Zimmermann* § 1837 Rz 12). Keine Pflichtwidrigkeit liegt in der Nichtbefolgung einer vom FamG unzulässigerweise erteilten bindenden AnO (BGHZ 17, 108, 116). Ob das Gericht einschreiten muss, richtet sich in erster Linie nach dem Wohl des Mündels/Betreuten, wobei das Gericht aber zu berücksichtigen hat, dass der Vormund ein eigenes Erziehungsrecht ausübt (anders beim Betreuer, vgl § 1908i). Bloße Meinungsverschiedenheiten über die Zeckmäßigkeit einer Entscheidung des Vormunds rechtfertigen daher einen Eingriff nicht, wenn dieser sich nicht über eine bereits bestehende bindende Weisung hinweggesetzt hat (BayObLG BtPrax 04, 69). Verschulden des Vormunds ist nicht erforderlich (Staud/*Engler* § 1837 Rz 20).

Bsp für Pflichtwidrigkeiten (vgl auch MüKo/*Schwab* § 1837 Rz 23): Verhängung einer Kontaktsperre ohne 5 entspr Aufgabenkreis (München FamRZ 08, 1030), Verstöße gegen die Verpflichtung zur mündelsicheren Anlage von Geld (Frankf Rpfleger 83, 151), Nichtausführung einer gerichtlichen AnO zur Trennung von Vormund und Mündelvermögen (KG OLGE 37, 249, Oldbg Rpfleger 79, 101), die AnO, bisher vom Vormund unterlassene gebotene medizinische Behandlungen einzuleiten (*Colmar* Recht 05, 1767). Pflichtwidrig handelt auch der Betreuer, der dem Betreuten entgegen dessen Wünschen und Möglichkeiten einen sparsamen Lebenszuschnitt aufnötigt (BayObLG FamRZ 91, 481).

Liegt eine Pflichtwidrigkeit des Vormunds/Betreuers vor, so löst dies die Engriffsbefugnis des FamG aus, 6 unabhängig davon, ob bereits ein Schaden eingetreten ist oder eine konkrete Gefährdung besteht. Unter strikter Berücksichtigung des Verhältnismäßigkeitsgrundsatzes wird das Gericht die erforderlichen **Maßnahmen** treffen, die geeignet sind, die Gefährdung der Interessen des Mündels/Betreuten zu verhindern. In Betracht kommen Mahnungen und Weisungen an den Vormund/Betreuer, wenn dies zum Wohl des Mündels geboten ist: So kann es Vormund und Gegenvormund den Abschluss einer Haftpflichtversicherung zur Deckung von Schäden aufgeben, die sie dem Mündel bei der Ausübung ihrer Tätigkeit möglicherweise zufügen (II 2). Auch AnO in Form von Geboten oder Verboten sind möglich, um den Vormund/Betreuer dazu zu bringen, pflichtwidriges Verhalten einzustellen. Präventiven Weisungen sind nur berechtigt, wenn die auf Tatsachen begründete Besorgnis besteht, der Betreuer werde pflichtwidrig handeln (Karlsr FamRZ 06, 507). Unzulässig ist es dagegen, dass das FamG selbst an Stelle des Vormunds handelt, es kann jedoch nach IV iVm § 1666 III rechtsgeschäftliche Erklärungen und rechtfertigende Einwilligungen ersetzen (Staud/*Engler* § 1837 Rz 47). Zur Durchsetzung seiner Ge- und Verbote kann das Gericht nach III 1, § 35 FamFG bei Nichtbefolgung ein Zwangsgeld gegen den Vormund/Betreuer festsetzen. Das gilt nicht ggü dem Behörden- und dem Vereinsvormund (III 2).

7

§ 1838 – *weggefallen* –

§ 1839 Auskunftspflicht des Vormunds. Der Vormund sowie der Gegenvormund hat dem Familiengericht auf Verlangen jederzeit über die Führung der Vormundschaft und über die persönlichen Verhältnisse des Mündels Auskunft zu erteilen.

1 Die Vorschrift ordnet in Ergänzung zu § 1840 (Pflicht zur jährlichen Berichterstattung) eine **allgemeine Auskunftspflicht** des Vormunds ggü dem FamG an, um diesem seine Tätigkeit im Interesse des Mündels zu erleichtern. Der Norm kommt besonders bei befreiten Vormundschaften/Betreuungen eine wichtige Bedeutung zu, da sie auch in diesen Fällen dem FamG die Möglichkeit eröffnet, die Amtsführung des Vormunds/Betreuers regelmäßig zu überprüfen (Jürgens/*Klüsener* § 1839 Rz 6). Der Vormund ist verpflichtet, über seine gesamte Tätigkeit Auskunft zu erteilen und auf Verlangen des FamG auch die sich auf die Vormundschaft beziehende Papiere vorzulegen (KG OLGE 8, 269, 270). Die Auskunft kann persönliche Angelegenheiten des Mündels betreffen sowie wirtschaftliche Umstände, die in der Rechnungslegung nicht aufgeführt zu werden brauchen. Das Gericht kann jederzeit Auskunft verlangen, es kann auch über den § 1840 hinaus vom Vormund periodische Berichte anfordern (Jurgeleit/*Meier* § 1839 Rz 2). Die Auskunftserteilung ist an keine bestimmte Form gebunden, der Vormund kann sie schriftlich oder mündlich erteilen, sich dabei auch eines Vertreters bedienen, solange erkennbar ist, dass die Auskunft vom Vormund selbst erteilt ist (Staud/*Engler* § 1839 Rz 4). Die Auskunftspflicht gilt ohne Befreiungsmöglichkeit auch für Gegenvormund, Vereins- und Amtsvormund (Staud/*Engler* § 1839 Rz 6) sowie den Betreuer (§ 1908i I 1). Solange die Vormundschaft besteht, kann die Auskunftspflicht nach § 1837 III durchgesetzt werden (Hamm Rpfleger 66, 17). Bei Erfolglosigkeit kann der Vormund/Betreuer entlassen werden (s. §§ 1886, 1895, 1908b).

§ 1840 Bericht und Rechnungslegung. (1) Der Vormund hat über die persönlichen Verhältnisse des Mündels dem Familiengericht mindestens einmal jährlich zu berichten.
(2) Der Vormund hat über seine Vermögensverwaltung dem Familiengericht Rechnung zu legen.
(3) ¹Die Rechnung ist jährlich zu legen. ²Das Rechnungsjahr wird von dem Familiengericht bestimmt.
(4) Ist die Verwaltung von geringem Umfang, so kann das Familiengericht, nachdem die Rechnung für das erste Jahr gelegt worden ist, anordnen, dass die Rechnung für längere, höchstens dreijährige Zeitabschnitte zu legen ist.

1 **Die Norm dient** der Erleichterung der Kontrolle des Vormunds und bestimmt, dass dieser nicht nur nach Beendigung seines Amtes über die Verwaltung des Mündelvermögens Rechnung abzulegen hat (s. §§ 1890 ff), sondern das er dem FamG in periodischen Abständen (mindestens einmal jährlich) unaufgefordert über die persönlichen Angelegenheiten des Mündels (I) und über seine Vermögensverwaltung **Auskunft** zu erteilen bzw **Rechnung zu legen** (II–IV) hat. Eine Befreiung, auch durch den geschäftsfähigen Betreuten, ist nicht möglich (München Rpfleger 06, 73).

2 Der Inhalts und die Form des **Berichts über die persönlichen Angelegenheiten** des Mündels sind gesetzlich nicht vorgeschrieben. Der Bericht muss jedoch Mindestinformationen enthalten, die das Gericht in die Lage versetzen, zu prüfen, ob ein Einschreiten im Aufsichtswege (§ 1837) geboten ist (Staud/*Engler* § 1840 Rz 4). Ein Anfangs- und ein Abschlussbericht werden nicht verlangt (Jurgeleit/*Meier* § 1840 Rz 6).

3 Die **Pflicht zur jährlichen Rechnungslegung** trifft jeden Vormund (Ausnahme: befreiter Vormund nach §§ 1854, 1855, 1857a). Besteht die Vormundschaft für mehrere Mündel (zB Geschwister), braucht die Rechnungslegung nur dann getrennt zu erfolgen, wenn das Vermögen jedem Mündel allein zusteht (Soergel/*Zimmermann* § 1840 Rz 1). Mehrere Mitvormünder legen gemeinschaftlich Rechnung, wenn ihnen die ungetrennte Verwaltung obliegt. Zur Mitwirkung des Gegenvormunds vgl § 1842. Ist die Vormundschaft nach bestimmten Wirkungskreisen aufgeteilt, muss jeder Vormund für seinen Bereich gesondert Rechnung legen (Staud/*Engler* § 1840 Rz 12). Bei Vermögenslosigkeit des Mündels besteht keine Rechnungslegungspflicht (Staud/*Engler* § 1840 Rz 22). Nach Beendigung der Vormundschaft nur Rechenschaftspflicht gem § 1890 (LG Saarbrücken FamRZ 09, 1350).

4 Die **Rechnungslegung** erstreckt auf das gesamte Mündelvermögen, das der Vormund zu verwalten hat, einschließlich der Bestandteile, deren Verwaltung er auf einen Dritten übertragen hat oder die sich im Besitz

eines Nießbrauchers oder Pfandgläubigers befinden (Staud/*Engler* § 1840 Rz 15, Jurgeleit/*Meier* § 1840 Rz 8: zB bei Nachlass, der der Testamentsvollstreckung unterliegt). Inhalt und Art der Rechnungslegung ergibt sich aus § 1841. Die Abgabe der Erklärung kann vom FamG nach § 1837 III mit Zwangsgeld durchgesetzt werden. Kommt der Vormund/Betreuer trotz mehrerer Aufforderungen sowie einer Fristsetzung mit Entlassungsandrohung seiner Berichts- und Rechnungslegungspflicht nicht nach, kann darin ein wichtiger Grund für seine Entlassung liegen (Schlesw FamRZ 06, 577). Der Mündel/Betreute selbst hat aus § 1840 keinen einklagbaren Anspruch auf Rechnungslegung (Staud/*Engler* Rz 25, Ddorf FamRZ 00, 1536). Der Vormund haftet dem Mündel nach § 1833 für Schäden, die aus einer fehlerhaften Rechnungslegung resultieren.

Die Rechnungslegung hat idR **jährlich** zu dem vom FamG zu bestimmenden Termin zu erfolgen (III). Hat die Vermögensverwaltung einen geringeren Umfang kann das Gericht die Abrechnungsperiode, nachdem die erste Rechnung gelegt worden ist, auf bis zu 3 Jahren verlängern (IV). Bei befreiter Vormundschaft gilt § 1854 II. 5

§ 1841 Inhalt der Rechnungslegung. (1) Die Rechnung soll eine geordnete Zusammenstellung der Einnahmen und Ausgaben enthalten, über den Ab- und Zugang des Vermögens Auskunft geben und, soweit Belege erteilt zu werden pflegen, mit Belegen versehen sein.
(2) ¹Wird ein Erwerbsgeschäft mit kaufmännischer Buchführung betrieben, so genügt als Rechnung ein aus den Büchern gezogener Jahresabschluss. ²Das Familiengericht kann jedoch die Vorlegung der Bücher und sonstigen Belegen verlangen.

Als Ordnungsvorschrift und *lex specialis* zu § 259 I bestimmt § 1841, wie die vom Vormund nach § 1840 jährlich vorzulegende Rechnung zu erteilen ist (*Birkenfeld* FamRZ 76, 197). Die **Rechnung** soll eine **geordnete Zusammenstellung der Einnahmen und Ausgaben** enthalten, die über den Ab- und Zugang des Vermögens im Rechnungsjahr Auskunft gibt und es so dem FamG ermöglicht, seinen Aufsichtspflichten aus §§ 1843 I; 1837 III nachzukommen. Dies setzt eine schriftliche klare Darstellung der Einnahmen und Ausgaben voraus (BGH NJW 82, 573, 574). Die erste nach AnO der Vormundschaft zu legende Rechnung hat an das Vermögensverzeichnis nach § 1802, jede folgende Rechnung an den Abschluss der vorhergehenden Rechnung anzuknüpfen. Soweit Belege erteilt zu werden pflegen, hat sie der Vormund beizufügen. Die bloße Vorlage von Unterlagen und Belegen (Köln NJW-RR 89, 568, 569) oder eines Kassenbuchs (BayObLG FamRZ 93, 237), wenn dieses nicht alle Einnahmen und Ausgaben verzeichnet, genügt nicht. Gehört zum Mündelvermögen ein Erwerbsgeschäft mit kaufmännischer Buchführung, genügt nach II 1 ein Jahresabschluss iSd §§ 242 ff HGB. Das FamG kann die Vorlage der Handelsbücher und sonstiger Belege verlangen, wenn ihm die Informationen aus dem Jahresabschluss nicht ausreichen oder unklar sind (Staud/*Engler* § 1841 Rz 10). 1

§ 1842 Mitwirkung des Gegenvormunds. ¹Ist ein Gegenvormund vorhanden oder zu bestellen, so hat ihm der Vormund die Rechnung unter Nachweisung des Vermögensbestandes vorzulegen. ²Der Gegenvormund hat die Rechnung mit den Bemerkungen zu versehen, zu denen die Prüfung ihm Anlass gibt.

Ist ein **Gegenvormund** vorhanden (vgl § 1792 II), muss er an der dem Vormund obliegenden **periodischen Rechnungslegung** beteiligt werden, damit er seine **Überwachungsfunktion** wahrnehmen kann. Der Vormund hat ihm die Rechnung nach §§ 1840, 1841 bevor er sie beim Gericht einreicht vorzulegen und einen Nachweis über den aktuell vorhandenen Vermögensbestand zu führen (1). Der Gegenvormund hat die Rechnung rechnerisch und sachlich zu prüfen und ggf mit den notwendigen Bemerkungen zu kommentieren (2). Zu Bemerken sind zB Unklarheiten über den Verbleib bestimmter Vermögensgegenstände oder wenn der Vormund hinsichtlich einzelner Wertpapiere seiner Verpflichtung aus § 1814 nicht nachgekommen ist. Benötigt der Gegenvormund zur Prüfung der Rechnung weitere Auskünfte, so hat der Vormund ihm diese zu erteilen und ihm ggf Einsicht in die Unterlagen zu gewähren (§ 1799 II). Verletzt der Gegenvormund seine Pflicht zur sorgfältigen Prüfung der vom Vormund aufgestellten Rechnung, so haftet er dem Mündel nach Maßgabe des § 1833. Zur Prüfung der Vermögensübersicht bei befreiter Vormundschaft und zur Mitwirkung des Gegenvormunds bei der Schlussabrechnung vgl §§ 1854 III, 1891 I, 1892 III. 1

§ 1843 Prüfung durch das Familiengericht. (1) Das Familiengericht hat die Rechnung rechnungsmäßig und sachlich zu prüfen und, soweit erforderlich, ihre Berichtigung und Ergänzung herbeizuführen.
(2) Ansprüche, die zwischen dem Vormund und dem Mündel streitig bleiben, können schon vor der Beendigung des Vormundschaftsverhältnisses im Rechtsweg geltend gemacht werden.

Die Norm regelt die **rechnungsmäßige und sachliche Prüfung** der vom Vormund erstellten Rechnung **durch das FamG** (I). Das Gericht prüft neben der Übereinstimmung der Rechnungsposten mit den Belegen auch, ob der Vormund die gesetzlichen Bestimmungen eingehalten hat, dh die erforderlichen Genehmigungen eingeholt und das Vermögen des Mündels in der vorgeschriebenen Weise angelegt hat. Wenn nötig kann 1 sich das Gericht weitere Auskünfte einholen und sich vom Vormund den Vermögensbestand durch geeignete Urkunden nachweisen lassen (§ 1839). Auch die Beiziehung einer sachverständigen Hilfsperson ist zulässig (Staud/*Engler* § 1843 Rz 6). Für das Fehlverhalten zugezogener Hilfspersonen kommen Amtshaftungsansprüche nur für den Fall eines Überwachungs- oder Auswahlverschulden in Betracht (Palandt/*Thomas* § 839 Rz 150). Gibt die Prüfung der Rechnung zu Bedenken Anlass, kann das Gericht den Vormund nach § 1837 dazu anhalten, die Rechnung zu berichtigen, bzw zu vervollständigen. Wegen der grds selbständigen Führung der Vormundschaft durch den Vormund ist das Gericht dagegen nicht befugt, die Rechnung selbst zu berichtigen oder zu ergänzen (Zweibr Rpfleger 80, 103). Auch wenn die Rechnung nach Prüfung nicht beanstandet wird, ist der Mündel nicht gehindert, den Vormund ggf auf Schadensersatz in Anspruch zu nehmen (Staud/ *Engler* § 1843 Rz 9). Bei mangelhafter Prüfung der Rechnung durch das Gericht haftet der Staat gem § 839, Art 34 GG.

2 Über **streitig bleibende Ansprüche zwischen Mündel und Vormund** entscheidet nicht das FamG, sondern nur das Prozessgericht und dies auch schon während der Vormundschaft (Karlsr FamRZ 04, 1601). Dem Mündel muss dann nach § 1909 I ein Pfleger bestellt werden (MüKo/*Schwab* § 1843 Rz 2 mwN). Die Verjährung der Ansprüche ist während der Dauer des Vormundschaftsverhältnisses gehemmt.

§§ 1844, 1845 – *weggefallen* –

§ 1846 Einstweilige Maßregeln des Familiengerichts. Ist ein Vormund noch nicht bestellt oder ist der Vormund an der Erfüllung seiner Pflichten verhindert, so hat das Vormundschaftsgericht die im Interesse des Betroffenen erforderlichen Maßregeln zu treffen.

1 § 1846 ist eine Ausnahme der Verteilung der Funktionen zwischen Vormund und FamG und soll die Schutzlücke schließen, die sich daraus ergeben kann, dass das **FamG** grds nur die Arbeit des Vormunds überwacht und durch Genehmigungen bzw deren Verweigerung unterstützt. § 1846 ermöglicht es dem Gericht, zur Verhinderung rechtlicher Nachteile für den Mündel, zeitlich begrenzt und einzelfallbezogen, **unaufschiebbare Maßnahmen selbst zu treffen**, solange ein Vormund noch nicht bestellt ist oder an der Erfüllung seiner Pflicht verhindert ist. Wegen ihres Ausnahmecharakters ist die Norm eng auszulegen (Staud/*Engler* § 1846 Rz 1, BayObLG FamRZ 90, 1154; Frankf FamRZ 07, 673).

2 **Voraussetzung** für das selbständige Eingreifen des Gerichts ist, dass es an einem Vormund fehlt, sei es, weil er noch nicht bestellt ist, oder der bereits bestellte Vormund, an der Erfüllung seiner Pflichten (im ganzen oder nur in einzelnen Bereichen) verhindert ist. Ob die Verhinderung nur kurzfristig ist oder länger andauert, ist dabei unerheblich. Auch ob sie tatsächlicher (zB Krankheit) oder rechtlicher Natur (zB Interessenkollision) ist. Verhinderung bedeutet jedoch, dass der Vormund die Angelegenheiten des Mündels nicht besorgen kann. Weigert sich der Vormund lediglich iSd Gerichts zu handeln (Ddorf FamRZ 95, 637; Staud/*Engler* Rz 5) oder liegt ein pflichtwidriges Versäumnis des einsatzfähigen Vormunds vor (MüKo/*Schwab* Rz 3), genügt dies für ein Eingreifen des Gerichts gem § 1846 nicht. Dann ist aber zu prüfen, ob nicht der Vormund zu entlassen und ein neuer, geeigneterer Vormund zu bestellen ist.

3 Weitere Voraussetzung ist das **Vorliegen eines dringenden Falls**, dh das ein Aufschub der Maßnahme einen Nachteil für den Mündel/Betreuten zur Folge haben würde (BGH FamRZ 02, 744, 746). Die bloße Möglichkeit einer Gefahr genügt nicht, sondern es müssen konkrete Anhaltspunkte gegeben sein. Ob eine derartige Situation gegeben ist, entscheidet das FamG nach pflichtgemäßen Ermessen (allgM).

4 Auch welche **Maßregeln im Interesse des Mündels erforderliche** sind, liegt im Ermessen des Gerichts. Regelmäßig wird die Bestellung eines Pflegers nach § 1909 I, III genügen. Bei dringendem Handlungsbedarf kann und muss das FamG aber auch selbst handeln, um Gefährdungen von dem Mündel/Betreuten abzuwenden, etwa durch AnO von Maßnahmen der Körperpflege: BayObLG NJW-RR 02, 1446; Ausspruch einer Kündigung (Tübingen DNotZ 52, 484, 487) oder die Einwilligung in eine dringende Operation oder Bluttransfusion (AG Nettetal FamRZ 96, 1104). Bei der Unterbringung eines Betreuten ist § 1906 zu beachten. Das Gericht kann selbst eine vorläufige Unterbringung gem § 1846 nur dann anordnen, wenn kein Betreuer mit dem Aufgabenkreis Gesundheitsfürsorge und Aufenthaltsbestimmung bestellt oder dieser verhindert ist (BGH FamRZ 02, 744, 745) und der Unterbringungsantrag auch nach § 1906 genehmigungsfähig wäre (Zweibr BtPrax 03, 80). In jedem Fall muss das Gericht zunächst entspr Auskünfte einholen (Frankf FamRZ 07, 673) u bei AnO der Unterbringung sicherstellen, dass dem Betroffenen innerhalb weniger Tage ein Betreuer oder zumindest ein vorläufiger Betreuer zu Seite gestellt wird, sonst ist die AnO der Unterbringung unzulässig (BGH BtPrax 02, 162, 02, 744, BayObLG FamRZ 03, 1322; München FamRZ 08, 917). Treffen Maßregeln des Gerichts mit widersprechenden des Vormunds zusammen, so ist entscheidend, ob die Voraussetzungen des § 1846 vorlagen. Ist dies der Fall, so ist die Maßnahme des Vormunds wirkungslos.

5 **Verfahren.** Ist eine Vormundschaft/Betreuung noch nicht angeordnet oder soll eine Unterbringung angeordnet werden (Jürgens/*Klüsener* § 1846 Rz 10/11) entscheidet über vorläufige Maßnahmen nach § 1846 der Richter. In allen anderen Fällen, ist der Rechtspfleger zuständig (§ 3 Nr 2a RPflG).

§ 1847 Anhörung der Angehörigen.
(1) ¹Das Familiengericht soll in wichtigen Angelegenheiten Verwandte oder Verschwägerte des Mündels hören, wenn dies ohne erhebliche Verzögerung und ohne unverhältnismäßige Kosten geschehen kann. ²§ 1779 Abs. 3 Satz 2 gilt entsprechend.
(2) – weggefallen –

Anhörung. Durch die Norm soll der Familie des Mündels über § 1779 II 1 hinaus zumindest in **wichtigen Angelegenheiten** ein gewisser Einfluss auf die Führung der Vormundschaft gesichert werden. Auf sonstige Dritte, wie nichteheliche Lebensgefährten, bezieht sich das Anhörungsrecht nicht. Die Anhörung soll allerdings nur in wichtigen Angelegenheiten des Mündels stattfinden. Das sind in erster Linie die die Person betreffenden Genehmigungserfordernisse, zB die Befreiung vom Erfordernis der Ehemündigkeit § 1303 oder die Adoption (KG OLGE 40, 99, 101). Hierher gehören aber auch vermögensrechtliche und berufliche Angelegenheiten, wie die Genehmigung des Verkaufs eines Grundstücks (BayObLG OLGZ 13, 429) oder der Aufnahme oder Untersagung eines selbständigen Erwerbsgeschäfts (§ 1823). Die Anhörung unterbleibt, wenn sie entweder zu einer erheblichen Verzögerung oder zu unverhältnismäßigen Kosten führt. Die Verwandten und Verschwägerten haben aus § 1847 auch kein erzwingbares Recht, vom FamG gehört zu werden (hM Staud/*Engler* § 1847 Rz 16, MüKo/*Wagenitz* § 1847 Rz 1). Die Anhörung kann sowohl auf Antrag von Vormund oder Gegenvormund als auch von vAw durchgeführt werden. **Auslagenersatz.** Die Verwandten und Schwäger können von dem Mündel Ersatz ihrer erforderlichen Auslagen verlangen. Der Betrag der Auslagen wird von dem FamG festgesetzt (2, § 1779 III 2).

§ 1848 – weggefallen –

Untertitel 4   Mitwirkung des Jugendamts

§§ 1849, 1850 – weggefallen –

§ 1851 Mitteilungspflichten.
(1) Das Familiengericht hat dem Jugendamt die Anordnung der Vormundschaft unter Bezeichnung des Vormunds und des Gegenvormunds sowie einen Wechsel in der Person und die Beendigung der Vormundschaft mitzuteilen.
(2) Wird der gewöhnliche Aufenthalt eines Mündels in den Bezirk eines anderen Jugendamts verlegt, so hat der Vormund dem Jugendamt des bisherigen gewöhnlichen Aufenthalts und dieses dem Jugendamt des neuen gewöhnlichen Aufenthalts die Verlegung mitzuteilen.
(3) Ist ein Verein Vormund, so sind die Absätze 1 und 2 nicht anzuwenden.

Die Norm stellt mehrere **Mitteilungspflichten** auf, um dem Jugendamt die ihm gem §§ 53 II–IV SGB VIII obliegenden Aufgaben der Beratung und Überwachungsaufgaben zu erleichtern. Das FamG hat das Jugendamt zu diesem Zweck über die AnO und das Ende von Vormundschaft und Gegenvormundschaft sowie über die Personen, die diese Ämter ausüben, zu informieren. Insb ist ein Wechsel des Vormunds oder Gegenvormunds mitzuteilen (I). Der Vormund muss dem Jugendamt den Wechsel des gewöhnlichen Aufenthalts des Mündels, bei nicht nur kurzfristiger Aufenthaltsveränderung (Soergel/*Zimmermann* § 1851 Rz 2), in den Zuständigkeitsbereich eines anderen Jugendamts, anzeigen (II). Die Informationspflichten nach I u II entfallen bei einer Vereinsvormundschaft (III). Für Betreuungen ist die Vorschrift nicht anwendbar.

Untertitel 5   Befreite Vormundschaft

§ 1852 Befreiung durch den Vater.
(1) Der Vater kann, wenn er einen Vormund benennt, die Bestellung eines Gegenvormunds ausschließen.
(2) ¹Der Vater kann anordnen, dass der von ihm benannte Vormund bei der Anlegung von Geld den in den §§ 1809, 1810 bestimmten Beschränkungen nicht unterliegen und zu den im § 1812 bezeichneten Rechtsgeschäften der Genehmigung des Gegenvormunds oder des Familiengerichts nicht bedürfen soll. ²Diese Anordnungen sind als getroffen anzusehen, wenn der Vater die Bestellung eines Gegenvormunds ausgeschlossen hat.

S Kommentierung zu § 1855.

§ 1853 Befreiung von Hinterlegung und Sperrung.
Der Vater kann den von ihm benannten Vormund von der Verpflichtung entbinden, Inhaber- oder Orderpapiere zu hinterlegen und den in § 1816 bezeichneten Vermerk in das Bundesschuldbuch oder das Schuldbuch eines Landes eintragen zu lassen.

S Kommentierung zu § 1855.

§ 1854 Befreiung von der Rechnungslegungspflicht.
(1) Der Vater kann den von ihm benannten Vormund von der Verpflichtung entbinden, während der Dauer seines Amtes Rechnung zu legen.
(2) ¹Der Vormund hat in einem solchen Falle nach dem Ablauf von je zwei Jahren eine Übersicht über den Bestand des seiner Verwaltung unterliegenden Vermögens dem Familiengericht einzureichen. ²Das Familiengericht kann anordnen, dass die Übersicht in längeren, höchstens fünfjährigen Zwischenräumen einzureichen ist.
(3) ¹Ist ein Gegenvormund vorhanden oder zu bestellen, so hat ihm der Vormund die Übersicht unter Nachweisung des Vermögensbestands vorzulegen. ²Der Gegenvormund hat die Übersicht mit den Bemerkungen zu versehen, zu denen die Prüfung ihm Anlass gibt.

1 S Kommentierung zu § 1855.

§ 1855 Befreiung durch die Mutter.
Benennt die Mutter einen Vormund, so kann sie die gleichen Anordnungen treffen wie nach den §§ 1852 bis 1854 der Vater.

1 Um dem von den Eltern als Vertrauensperson ausgewählten Vormund die Vermögensverwaltung zu erleichtern, gestattet der Gesetzgeber den Eltern und den ihnen gleichgestellten Personen in den §§ 1852–1854 den von ihnen benannten **Vormund von bestimmten Verpflichtungen und Einschränkungen zu befreien**. Die Befreiungen können entweder einzeln oder in ihrer Gesamtheit angeordnet werden. Die in den §§ 1852 II, 1853 und 1854 aufgezählten Befreiungen werden durch letztwillige Verfügung angeordnet und gelten nach § 1857a auch ohne AnO für das Jugendamt und einen als Vormund bestellten Verein unmittelbar kraft Gesetzes.

2 **Voraussetzung** der Befreiung ist, dass der Vormund vom Vater (bei § 1855 der Mutter) benannt wurde und das beide benennungsberechtigt waren (vgl §§ 1776, 1777). Für einen Nachfolger des von den Eltern benannten Vormunds, einen Pfleger, der bei Verhinderung an seiner Stelle handelt, und einen Mitvormund, für den die Voraussetzungen nicht in seiner Person vorliegen, gilt die Befreiung nicht. Widerspricht die AnO des Vaters derjenigen der Mutter, so gelten die AnO des letztversterbenden Elternteils (§ 1856 2).

3 Die **Befreiung** wird durch Erklärung des Vaters (§ 1852) oder der Mutter (§§ 1852, 1855) erteilt. Die Eltern können sie bereits mit der Benennung des Vormunds verbinden, sie kann aber auch später noch nachgeholt werden. Auf die Auslegung der Befreiungserklärung finden die allgemeinen Regeln über die Auslegung von letztwilligen Verfügungen Anwendung (Staud/*Engler* § 1852–1857a Rz 10). Im Zweifel ist anzunehmen, dass sich von den Eltern angeordnete Befreiungen auf die in den §§ 1852–1854 normierten Befreiungsmöglichkeiten beziehen. Wird eine Gegenvormundschaft ausgeschlossen, so ist im Zweifel anzunehmen, dass der Vormund auch denen in § 1852 II 1 genannten Beschränkungen nicht unterliegen soll (§ 1852 II 2).

4 Die **Befreiungen können umfassend** sein, sich aber auch nur auf einzelne der in den §§ 1852–1855 genannten Befreiungsmöglichkeiten beziehen. Wird die Bestellung eines Gegenvormunds ausgeschlossen (§ 1852 I), so kann dies dadurch geschehen, dass der Vormund von einzelnen der in § 1852 genannten Genehmigungserfordernisse befreit wird. Er braucht in diesem Fall nur für die in die Befreiung einbezogenen Geschäfte keine Genehmigung des Gegenvormunds. Möglich ist aber auch eine umfassende Befreiung. Mit der umfassenden **Befreiung von der Gegenvormundschaft**, wird der Vormund zugleich von den in §§ 1809, 1810 und 1812 enthaltenen Einschränkungen befreit (§ 1852 II 2). Erfolgt trotz Befreiung eine Bestellung eines Gegenvormunds, so ist diese nicht ungültig, aber durch den Vormund auf dem Beschwerdeweg anfechtbar.

5 Nach § 1852 II 1 kann der Vormund bei einer Reihe von **Geschäften der Vermögensverwaltung** vom Erfordernis der Genehmigung des Gegenvormunds oder FamG befreit werden. Hierzu gehören die Beschränkungen des § 1809 (Anlage von Mündelgeld nach § 1807 I Nr 5 oder nach § 1808), des § 1810 (Anlegung von Geld nach §§ 1806–1808) und des § 1812 (Verfügung über Forderungen und Wertpapiere).

6 Nach § 1853 kann der Vormund zusätzlich (vollständig oder teilweise) von den **Pflichten zur Hinterlegung von Inhaber- und Orderpapieren** (§ 1814) und der **Eintragung der Sperrvermerks** nach § 1816 befreit werden.

7 Die Eltern können den Vormund auch nach §§ 1854, 1855 von bestimmten Mitteilungspflichten, wie zB seiner **Verpflichtung zur jährlichen Rechnungslegung** gem § 1840 II–IV, entbinden. Dagegen ist die Befreiung vom regelmäßigen Bericht über die persönlichen Verhältnisse des Mündels (§ 1840 I) nicht möglich. Auch eine Befreiung von der Pflicht zur Errichtung eines Vermögensverzeichnisses (§ 1802) und der Erstellung einer Schlussrechnung (§ 1890) ist ausgeschlossen. Ist der Vormund durch die Eltern wirksam von seiner Verpflichtung nach § 1840 II–IV befreit worden, bleibt er nach § 1854 II verpflichtet, dem FamG unaufgefordert in Zeiträumen von je zwei Jahren über den Bestand des seiner Verwaltung unterliegenden Vermögens Rechnung zu legen (§ 1854 II 1). Die Rechnungslegungsfrist kann nach § 1854 II 2 bis auf fünf Jahre verlängert werden. Bei der Rechnungslegung kann der Vormund auf frühere Verzeichnisse und auf das nach § 1802 eingereichte Verzeichnis Bezug nehmen. Insgesamt sind an die Vermögensübersicht des befreiten Vormunds inhaltlich geringeren Anforderungen als an die Rechnungslegung nach § 1840 II zu stellen (Soergel/*Zimmer-*

mann § 1854 Rz 2). Das FamG kann jederzeit Auskunft verlangen, wenn es das für erforderlich hält. Ist ein Gegenvormund vorhanden, so bleibt dieser zur weiteren Wahrnehmung seiner Kontrollfunktion verpflichtet (§ 1854 III). Zu diesem Zweck ist ihm die Vermögensübersicht unter Nachweisung des Vermögensstandes zur Prüfung auf ihre Vollständigkeit und Richtigkeit vorzulegen (§ 1854 III 2). Soweit erforderlich kann der Gegenvormund auch weitere Auskünfte verlangen (§ 1799 II).

Der **Katalog der möglichen Befreiungen in den §§ 1852–1854 ist abschließend**, andere Befreiungen sind rechtlich nicht zulässig und daher ohne Wirkung. Das gilt va für die Befreiung von der Verpflichtung zum regelmäßigen Bericht über die persönlichen Verhältnisse des Mündels (§ 1840 I) sowie für die Verpflichtung zur Aufstellung und Einreichung eines Vermögensverzeichnisses (§ 1802), ferner für die Verpflichtungen im Zusammenhang mit der Anlage von Mündelgeld, soweit sie nicht von § 1852 II erfasst werden. Auch von den Genehmigungserfordernissen nach §§ 1821 f (Kassel OLGZ 14, 265), von der Aufsicht durch das FamG (§ 1837) und von der Schlussrechnung am Ende der Vormundschaft (§ 1890) ist eine wirksame Befreiung nicht möglich (Soergel/*Zimmermann* Vor § 1852 Rz 2). 8

§ 1856 Voraussetzungen der Befreiung.
¹Auf die nach den §§ 1852 bis 1855 zulässigen Anordnungen ist die Vorschrift des § 1777 anzuwenden. ²Haben die Eltern denselben Vormund benannt, aber einander widersprechende Anordnungen getroffen, so gelten die Anordnungen des zuletzt verstorbenen Elternteils.

Die Befreiungen nach §§ 1852–1855 müssen, um wirksam zu sein, in der **Form einer letztwilligen Verfügung** getroffen werden (1, § 1777 I). Für die Befreiung gelten dieselben Voraussetzungen, wie für die Benennung des Vormunds (§ 1777). Sie setzt voraus, dass dem Befreienden im Zeitpunkt seines Todes die Vermögens- und Personensorge zusteht, bzw zugestanden hätte, wenn das Kind noch vor dem Tod geboren worden wäre (1, § 1777 I, II). Werden von den Elternteilen unterschiedliche Befreiungen angeordnet, so gilt ebenso wie bei §§ 1776, 1782 das vom Längerlebenden Angeordnete (2, § 1776 II). 1

§ 1857 Aufhebung der Befreiung durch das Familiengericht.
Die Anordnungen des Vaters oder der Mutter können von dem Familiengericht außer Kraft gesetzt werden, wenn ihre Befolgung das Interesse des Mündels gefährden würde.

Das FamG kann, die nach §§ 1852–1855 durch die Eltern getroffenen Anordnungen **ganz oder teilweise außer Kraft zu setzen**, wenn ihre Befolgung den Mündelinteressen zuwiderlaufen würde. Die Aufhebung muss erfolgen, wenn zum Zeitpunkt der Entscheidung die Vermögensinteressen des Mündels erheblich gefährdet sind (Staud/*Engler* §§ 1852–1857a Rz 32). Nach Wegfall der Interessengefährdung ist die Befreiung wieder in Kraft zu setzen. Die Aufhebung entfaltet keine Rückwirkung und gibt dem Vormund auch kein Recht, nach § 1889 seine Entlassung zu verlangen. Vor der Entscheidung sind regelmäßig die Verwandten und Verschwägerten des Mündels zu hören (§ 1847). Der Vormund ist beschwerdebefugt (§ 59 I FamFG). 1

§ 1857a Befreiung des Jugendamts und des Vereins.
Dem Jugendamt und einem Verein als Vormund stehen die nach § 1852 Abs. 2, §§ 1853, 1854 zulässigen Befreiungen zu.

Für die **Vereins- und Amtsvormundschaft** gelten die in §§ 1852 II–1854 zugelassenen **Befreiungen kraft Gesetzes**. Sie können nicht durch das FamG nach § 1857 außer Kraft gesetzt werden. Die Befreiung von der Gegenvormundschaft ist wegen des fehlenden Verweises auf § 1852 I in die Befreiung nicht einbezogen. Bedeutung hat das nur für die Vereinsvormundschaft, denn die Gegenvormundschaft kommt bei der Amtsvormundschaft nicht in Betracht (vgl § 1792 I 2). Weitere Befreiungen des Jugendamts ergeben sich aus §§ 56 II u III SGB VIII. Nach § 1908i II 2 gilt § 1857a auch für nahe **Angehörige des Betreuten**, wie Vater, Mutter, Ehegatten und Abkömmlinge sowie für den Behörden- und Vereinsbetreuer. 1

§§ 1858–1881 – *weggefallen* –

Untertitel 6   Beendigung der Vormundschaft

§ 1882 Wegfall der Voraussetzungen.
Die Vormundschaft endigt mit dem Wegfall der in § 1773 für die Begründung der Vormundschaft bestimmten Voraussetzungen.

Unter **Beendigung der Vormundschaft** iSd Terminologie des BGB ist einerseits die Beendigung der Vormundschaft insgesamt (§§ 1882–1884), zum anderen das Ende des Amts des Vormunds (§§ 1886–1889) zu verstehen. In den §§ 1890–1894 werden die Folgen der Beendigung des Amts des Vormunds geregelt. 1

2 **Beendigungsgründe.** Wichtigster Fall für das Ende der Vormundschaft ist § 1882, der bestimmt, dass die Vormundschaft bei **Wegfall der Voraussetzungen für die Bestellung** eines Vormunds (§ 1773) automatisch kraft Gesetzes endet. Das trifft zu, wenn der Minderjährige volljährig wird, denn die Vormundschaft darf nur über Minderjährige angeordnet werden. Liegen zu diesem Zeitpunkt die Voraussetzungen einer Betreuung vor, so muss diese neu angeordnet werden (§ 1896), dies kann ggf auch bereits vorsorglich ab dem 17. Lebensjahr des Betroffenen geschehen (§ 1908a). Die Vormundschaft endet auch ohne die Notwendigkeit der Aufhebung durch das FamG beim **Tod des Mündels** (KGJ 51, 47, 49), anderes gilt bei Verschollenheit oder Todeserklärung (§ 1884). Auch der **Eintritt oder der Wiedereintritt der elterliche Sorge** (zB Annahme als Kind § 1754; Beendigung des Ruhens der elterlichen Sorge §§ 1674, 1680), bzw die Rückgewinnung des Vertretungsrechts (zB Aufhebung einer Sorgerechtsentziehung nach § 1666), führen automatisch zur Beendigung der Vormundschaft.

3 **Die Vormundschaft endet nicht** bei Heirat des Mündels, Auswanderung und Entlassung aus der Staatsbürgerschaft (Staud/*Engler* § 1882 Rz 20–23), da auch über Ausländer eine Vormundschaft bestehen kann (vgl Art 24 EGBGB). Auch wenn die Vormundschaft beendet ist, können noch Nachwirkungen bestehen (vgl §§ 1836, 1890 ff). Die Feststellung der Beendigung der Vormundschaft ist vAw zu treffen.

§ 1883 – weggefallen –

§ 1884 Verschollenheit und Todeserklärung des Mündels. (1) ¹Ist der Mündel verschollen, so endigt die Vormundschaft erst mit der Aufhebung durch das Familiengericht. ²Das Familiengericht hat die Vormundschaft aufzuheben, wenn ihm der Tod des Mündels bekannt wird.
(2) Wird der Mündel für tot erklärt oder wird seine Todeszeit nach den Vorschriften des Verschollenheitsgesetzes festgestellt, so endigt die Vormundschaft mit der Rechtskraft des Beschlusses über die Todeserklärung oder die Feststellung der Todeszeit.

1 Bei **Verschollenheit** (vgl § 1 VerschG) des Mündels endet die Vormundschaft anders als in den Fällen des § 1882 nicht im Zeitpunkt des Todes des Mündels, sondern erst mit der Aufhebung durch das FamG (I). Bei der Ermittlung der Wahrscheinlichkeit des Todes des Mündels gilt der Amtsermittlungsgrundsatz (§ 26 FamFG). Nur wenn während der Verschollenheit einer der sonstigen Beendigungsgründe iSd § 1882 eintritt (zB die Volljährigkeit des Mündels), erübrigt sich eine zusätzliche Aufhebung der Vormundschaft nach § 1884 (Palandt/*Diederichsen* Rz 1; aA Soergel/*Zimmermann* § 1884 Rz 2, Nürnbg NM 57, 1317). Ggf hat aber eine Pflegerbestellung nach § 1911 zu erfolgen.

2 Bei **Todeserklärung** oder gerichtlicher Feststellung der Todeszeit (§§ 2 ff, 39 ff VerschG) endet die Vormundschaft nicht bereits mit dem festgestellten Todeszeitpunkt, sondern erst mit der Rechtskraft des Beschlusses, durch den die Todeserklärung ausgesprochen bzw der Todeszeitpunkt festgestellt wird (II). Lebt der Mündel noch, bleibt es bei späterer Aufhebung der Todeserklärung bei der Aufhebung der Vormundschaft und es muss ggf eine neue Vormundschaft angeordnet werden (Staud/*Engler* § 1884 Rz 11).

§ 1885 – weggefallen –

§ 1886 Entlassung des Einzelvormunds. Das Familiengericht hat den Einzelvormund zu entlassen, wenn die Fortführung des Amts, insbesondere wegen pflichtwidrigen Verhaltens des Vormunds, das Interesse des Mündels gefährden würde oder wenn in der Person des Vormunds einer der in § 1781 bestimmten Gründe vorliegt.

1 Während die §§ 1882 und 1884 die Gründe für die Beendigung der Vormundschaft als solcher aufzählen, regeln die §§ 1886-1889 die **Entlassung der Person des Vormunds aus seinem Amt.** Sie erfolgt entweder auf seinen Antrag (§ 1889) oder wird vAw veranlasst (§§ 1886, 1888). Auf die Amts- und Vereinsvormundschaft ist § 1886 nicht anwendbar; für sie gilt § 1887 (BayObLG FamRZ 94, 991). Da die Entlassung nur die äußerste Maßnahme ist, muss im Fall des § 1796, 1909 immer zunächst geprüft werden, ob nicht die Bestellung eines Pflegers für einzelne oder einen Kreis von Angelegenheiten in Betracht kommt (BayObLG Rpfleger 83, 108, 109). Liegen die Voraussetzungen des § 1886 vor, so hat die Entlassung vAw zu erfolgen. Unterbleibt sie, kann dies ggf zu Amtshaftungsansprüchen führen.

2 **Entlassungsgründe:** Der Vormund ist zu entlassen, wenn die Fortführung des Amtes zu einer objektiven **Gefährdung der Interessen des Mündels** führen würde (BayObLG FamRZ 04, 1817, DAVorm 88, 286, 288). Ein Schaden braucht noch nicht eingetreten zu sein, es genügt, dass die Schädigung des Mündels möglich und mit gewisser Wahrscheinlichkeit zu erwarten ist (BayObLG FamRZ 88, 874). Eine Prognose reicht, selbst wenn sich bei einer expost-Betrachtung herausstellt, dass der Schaden sich doch nicht realisieren konnte. Ein Verschulden des Vormunds ist nicht vorausgesetzt (BayObLG FamRZ 90, 205, 206; Staud/*Engler* § 1886 Rz 10). In Betracht kommen in erster Linie Pflichtverstöße des Vormunds, wie zB die Untauglichkeit für eine schwierige Vermögensverwaltung (BayObLG NJWE-FER 00, 11), Unterlassung der Rechnungslegung (Hamm

Rpfleger 66, 17), falsche Abrechnung und Verwendung von Mündelgeldern für sich selbst (Ddorf FamRZ 81, 98), erhebliche Interessengegensätze oder eine Vertretungsverbot iSv § 1795 (BayObLG MDR 59, 48), es genügt aber auch jede anderweitige Gefährdung von Mündelinteressen (KG JW 35, 546), wie etwa eine tief greifende Entfremdung zwischen Vormund und Mündel (BayObLG OLGZ 18, 206), eine lang andauernde Erkrankung oder Verhinderung des Vormunds (BayObLG OLGZ 17, 151) oder eine Verwahrlosung des Mündels (BayObLG OLGR 03, 361 f). Zu weiteren Beispielsfällen vgl Staud/*Engler* § 1886 Rz 13–15. Stellt das Gericht die Gefährdung des Mündelinteresses fest, so ist der Vormund zu entlassen, soweit nicht nach dem Grundsatz der Verhältnismäßigkeit andere Mittel oder mildere Eingriffe (zB Gebote/Verbote iRd Aufsicht durch das FamG) zur Verfügung stehen, um die Gefährdung der Interessen des Mündels abzuwehren (Staud/ *Engler* § 1886 Rz 11; BayObLG BtPrax 96, 67, 68). Betrifft die Gefährdung gerade ein einzelnes Geschäft, so wird es zB regelmäßig genügen, dem Vormund die Vertretung in dieser Angelegenheit zu entziehen und einen Pfleger zu bestellen.

Der Vormund ist auch zu entlassen, wenn in seiner Person einer der **Untauglichkeitsgründe nach § 1781** vorliegt. 3

Weitere Entlassungsgründe sind: §§ 1782, 1788 II Nr 2, 1790, 1888. Schließlich kann eine Entlassung erfolgen, wenn eine fehlerhafte Auswahlentscheidung nach § 1779 II korrigiert werden soll (BayObLG FamRZ 91, 1353) oder nach erfolgreicher Beschwerde des zuvor entlassenen Vormunds (BayObLG Rpfleger 88, 259). 4

Verfahren. Die AnO der Entlassung wird mit ihrer Bekanntmachung wirksam (§ 40 FamFG). Im Verfahren sind bestimmte Anhörungsrechte des Vormunds, der Angehörigen (§ 1847) sowie des Pflegebefohlenen zu beachten. Gegen die Entlassung sowie gegen die Ablehnung der Entlassung ist die Beschwerde statthaft (§§ 59, 60 FamFG; auch Elternteil dem das Sorgerecht entzogen ist: KG FamRZ 08, 2306) Die Aufhebung der Entlassung auf Beschwerde hin entfaltet Rückwirkung (§ 48 FamFG), es bedarf keiner neuen Bestellung des Vormunds. Ein zwischenzeitlich bestellter neuer Vormund ist zu entlassen (Bay ObLG OLGZ 90, 79, 80; Soergel/*Zimmermann* § 1886 Rz 10). 5

§ 1887 Entlassung des Jugendamts oder Vereins.

(1) Das Familiengericht hat das Jugendamt oder den Verein als Vormund zu entlassen und einen anderen Vormund zu bestellen, wenn dies dem Wohl des Mündels dient und eine andere als Vormund geeignete Person vorhanden ist.

(2) ¹Die Entscheidung ergeht von Amts wegen oder auf Antrag. ²Zum Antrag ist berechtigt der Mündel, der das 14. Lebensjahr vollendet hat, sowie jeder, der ein berechtigtes Interesse des Mündels geltend macht. ³Das Jugendamt oder der Verein sollen den Antrag stellen, sobald sie erfahren, dass die Voraussetzungen des Absatzes 1 vorliegen.

(3) Das Familiengericht soll vor seiner Entscheidung auch das Jugendamt oder den Verein hören.

Die Vorschrift regelt die **Entlassung des Amts- oder Vereinsvormunds** im Interesse des Mündels, während § 1889 die Entlassung auf Antrag im Interesse des Jugendamts bzw des Vereins betrifft. Die Mitglieder oder Mitarbeiter des Vereins, denen dieser sich bei der Führung der Vormundschaft bedient, können nicht entlassen werden. Bei Pflichtwidrigkeiten sind nur Maßnahmen gegen den Verein selbst nach § 1837 möglich. § 1887 gilt auch im Pflegschaftsrecht (§ 1915 I), nicht dagegen im Betreuungsrecht (§ 1908b V). 1

Voraussetzung der Entlassung ist das Vorhandensein einer anderen zur Führung der Vormundschaft geeigneten Person, wobei diese nicht geeigneter als das Jugendamt bzw der Verein zu sein braucht. Die gleiche Eignung genügt. Es gelten insoweit für die Auswahl die §§ 1779 ff. 2

Die **Entlassung des Jugendamts oder des Vereins** muss weiterhin dem **Wohl des Mündels dienen**, wobei dieser Grundsatz im Einzelfall Einschränkungen unterliegen kann. Es gilt jedoch der Grundsatz der Subsidiarität der Amts- und Vereinsvormundschaft, so das Jugendamt oder Verein zu entlassen sind, **wenn eine als Vormund geeignete Person vorhanden ist** (Staud/*Engler* § 1887 Rz 4–6). Obwohl es anders als im Betreuungsrecht keinen absoluten Vorrang der Einzelbetreuung gibt, wird grds der individuellen Erziehung der Vorrang ggü der Amtsvormundschaft einzuräumen sein (KG NJWE-FER 94, 211). Die Entlassung hat außerdem auf Antrag des Jugendamtes zu erfolgen, wenn sich der gewöhnliche Aufenthalt des Mündels dahingehend ändert, das nunmehr das Jugendamt eines anderen Bezirks zuständig ist (§ 87c III SGB VIII). 3

Das Verfahren ist vAw einzuleiten, wenn das Gericht von einer anderen geeigneten Person Kenntnis erlangt, sonst auf Antrag. Den Antrag können der mindestens 14 Jahre alte Mündel, der Verein oder das Jugendamt (s. § 56 IV SGB VIII: jährliche Prüfungspflicht ob Entlassung angezeigt ist, wenn dies zutrifft besteht Antragspflicht gem II 3) und jeder Dritte stellen, der ein berechtigtes Interesse des Mündels geltend macht (II 2). Dies ist gegeben, wenn jemand wegen seiner persönlichen Beziehungen zum Mündel ein nachvollziehbares Interesse an dessen Wohlergehen hat (Hamm FamRZ 87, 1196). 4

§ 1888 Entlassung von Beamten und Religionsdienern.

Ist ein Beamter oder ein Religionsdiener zum Vormund bestellt, so hat ihn das Familiengericht zu entlassen, wenn die Erlaubnis, die nach den Landesgesetzen zur Übernahme der Vormundschaft oder zur Fortführung der vor dem Eintritt in das Amts- oder Dienstverhältnis übernommenen Vormundschaft erforderlich ist, versagt oder zurückgenommen wird oder wenn die nach den Landesgesetzen zulässige Untersagung der Fortführung der Vormundschaft erfolgt.

1 Die **Vorschrift ergänzt** § 1784. Bei Rücknahme der Erlaubnis erfolgt die Entlassung des Vormunds vAw; ein Antrag ist nicht erforderlich. Die Vorschrift ist bei Amts- und Vereinvormundschaft unanwendbar. Eine entspr Anwendung auf die Pflegschaft (§ 1915 I) und die Betreuung (§ 1908i) ist möglich.

§ 1889 Entlassung auf eigenen Antrag.
(1) Das Familiengericht hat den Einzelvormund auf seinen Antrag zu entlassen, wenn ein wichtiger Grund vorliegt; ein wichtiger Grund ist insbesondere der Eintritt eines Umstandes, der den Vormund nach § 1786 Abs. 1 Nr. 2 bis 7 berechtigen würde, die Übernahme der Vormundschaft abzulehnen.
(2) ¹Das Familiengericht hat das Jugendamt oder den Verein als Vormund auf seinen Antrag zu entlassen, wenn eine andere als Vormund geeignete Person vorhanden ist und das Wohl des Mündels dieser Maßnahme nicht entgegensteht. ²Ein Verein ist auf seinen Antrag ferner zu entlassen, wenn ein wichtiger Grund vorliegt.

1 Die Norm ergänzt die §§ 1886 f und behandelt die **Entlassung von Einzelvormund (I) und Amts- und Vereinsvormund (II)**. Die Entlassung erfolgt auf Antrag und im Interesse des Vormunds. Das FamG muss dem Antrag immer dann entsprechen, wenn nach der Bestellung eine Situation eintritt, die den Vormund bereits nach § 1786 I Nr 2–5 u Nr 7 zur Ablehnung berechtigt hätte. Darüber hinaus hat der Vormund einen Anspruch auf Entlassung, wenn ein anderer wichtiger Grund (unbestimmter Rechtsbegriff) vorliegt. Entscheidend ist die Abwägung der Interesse des die Entlassung beantragenden Vormunds, gegen das Interesse des Mündels an der Weiterführung der Vormundschaft (BayObLG OLGZ 58, 306). Das Gericht hat bei der Abwägung zwar auf das Wohl des Mündels zu achten, in erster Linie aber die Interessen des Vormunds zu berücksichtigen (Staud/*Engler* § 1889 Rz 3). Auch das Vorliegen des § 1786 Nr 1 oder Nr 8 kann ein wichtiger Grund zur Entlassung des Vormunds sein, insoweit ist jedoch eine konkrete Abwägung vorzunehmen. Bei Ablehnung seines Antrags ist der Vormund beschwerdeberechtigt (§ 59 FamFG).

2 **Jugendamt und Verein** sind **auf ihren Antrag hin und in ihrem Interesse zu entlassen**, wenn eine als Vormund geeignete Person zur Verfügung steht und das Mündelinteresse nicht entgegensteht (II 1). Ein entgegenstehendes Mündelinteresse kann sich zB, trotz Wechsel der örtlichen Jugendamtszuständigkeit, aus einer besonders engen Bindung des Mündels zu dem die Vormundschaft führenden Jugendamtsmitarbeiter ergeben (Staud/*Engler* § 1889 Rz 15). Ein wichtiger Grund für die **Entlassung des Vereinsvormunds** liegt zB bei einer deutlichen Verringerung des Mitgliederbestandes oder der Einkünfte des Vereins (Staud/*Engler* § 1889 Rz 16) vor. Bei Ablehnung des Antrags besteht Beschwerdebefugnis von Jugendamt und Verein (§ 59 II, III FamFG).

§ 1890 Vermögensherausgabe und Rechnungslegung.
¹Der Vormund hat nach der Beendigung seines Amts dem Mündel das verwaltete Vermögen herauszugeben und über die Verwaltung Rechenschaft abzulegen. ²Soweit er dem Familiengericht Rechnung gelegt hat, genügt die Bezugnahme auf diese Rechnung.

1 Ist das Amt des Vormunds beendet, trifft diesen die **Pflicht, das Vermögen des Mündels herauszugeben** und über seine Verwaltung eine **Schlussrechnung zu legen**. Dies gilt auch für den nach §§ 1854, 1855, 1857a befreiten Vormund (Ddorf FamRZ 96, 374; MüKo/*Schwab* § 1890 Rz 13, *Wesche* Rpfleger 86, 44 f), sowie das Jugendamt als Amtsvormund und auch für den Vereinsvormund. Beide Ansprüche sind privatrechtlicher Natur und können vom Mündel oder seinem Rechtsnachfolger auf dem Zivilrechtsweg durchgesetzt werden (KG FamRZ 69, 446). Zwangsmittel des FamG nach § 1837 III gegen den Vormund sind daher unzulässig (hM Palandt/*Diederichsen* § 1890 Rz 1; aA Frankf MDR 61, 57). Bei der Rechnungslegung wirken der Gegenvormund (§ 1891) und das FamG (§ 1892) mit. § 1890 findet entspr Anwendung, wenn die Vermögensverwaltung zT oder vollständig an einen Mitvormund (§ 1797 II) oder Pfleger (§ 1909) übertragen ist.

2 Der **Herausgabeanspruch** umfasst das ganze Vermögen des Mündels, soweit der Vormund es in Besitz hat. Er hat unmittelbar nach Beendigung seines Amts den Besitz an sämtlichen zum Mündelvermögen gehörigen Sachen an den geschäftsfähig gewordenen Mündel, dessen Rechtsnachfolger oder den neuen gesetzlichen Vertreter zu übertragen. Urkunden über Forderungen, hinterlegte Werte usw hat er gegen Quittung herauszugeben (§ 368). Dem Vormund steht für seine Ersatzansprüche (§§ 1835 ff), die er gegen den Mündel hat, ggf nach Maßgabe des § 273 ein Zurückbehaltungsrecht zu (Staud/*Engler* § 1890 Rz 13). Sperrvermerke nach §§ 1809, 1815, 1816 braucht der Vormund nicht löschen zu lassen.

3 Zusätzlich muss der Vormund ein Bestandsverzeichnis in Form einer **Schlussrechnung**, ggf verbunden mit einer eidesstattlichen Versicherung zur Vollständigkeit der verzeichneten Einnahmen und Ausgaben, vorlegen. Für die Rechnungslegung gelten §§ 259 ff und § 1841. Sie muss die gesamte Zeit der Vermögensverwal-

tung erfassen. Ihre Aufstellung kann notfalls durch das FamG erzwungen werden (Stuttg Rpfleger 01, 130). Wurde zuvor bereits nach §§ 1840 f Rechnung gelegt, kann darauf Bezug genommen werden (Kiel OLGE 36, 221). Weitere Erleichterungen sind bei der weitgehenden Abwicklung der Vermögensverwaltung über Bankkonten möglich, wo idR eine Regel eine geordnete Zusammenstellung von Belegen und Kontoauszügen genügt (Ddorf FamRZ 96, 374). Der volljährig gewordene Mündel oder seine Erben können auf die Rechnungslegung verzichten (§ 397), der Vermögenszuwender kann hinsichtlich des von ihm dem Mündel zugewendeten Vermögens davon befreien. Die Rechnungslegungspflichten gelten auch für den Amts- und Vereinsvormund (Frankf Rpfleger 80, 18). Kommt der Vormund seiner Verpflichtung zur Rechnungslegung nicht nach oder hält der Mündel die Rechnung für unrichtig, so entscheidet das Prozessgericht (Schlesw FamRZ 06, 574).

§ 1891 Mitwirkung des Gegenvormunds.
(1) ¹Ist ein Gegenvormund vorhanden, so hat ihm der Vormund die Rechnung vorzulegen. ²Der Gegenvormund hat die Rechnung mit den Bemerkungen zu versehen, zu denen die Prüfung ihm Anlass gibt.
(2) Der Gegenvormund hat über die Führung der Gegenvormundschaft und, soweit er dazu imstande ist, über das von dem Vormunde verwaltete Vermögen auf Verlangen Auskunft zu erteilen.

Dem Gegenvormund obliegt die **Prüfung der vom Vormund erstellten Schlussrechnung**. Er hat sie mit den Bemerkungen zu versehen, die aufgrund seiner Überprüfung notwendig sind. Dies entspricht weitgehend seinen Pflichten aus § 1842. Der Vormund braucht ihm jedoch, anders als nach § 1842, nicht den Vermögensbestand nachzuweisen (Staud/*Engler* § 1891 Rz 1). II räumt dem Mündel und dem FamG einen **Auskunftsanspruch gegen den Gegenvormund** ein. Dieser hat über die Erfüllung der ihm gem § 1799 I obliegenden Pflichten und soweit er darüber Kenntnisse hat, dass vom Vormund verwaltete Vermögen, Auskunft zu erteilen. Die Bestellung eines Gegenvormunds eigens zur Prüfung der Schlussrechnung ist nicht notwendig (Staud/*Engler* § 1891 Rz 2). Die Norm findet über § 1908i I auch im Betreuungsrecht Anwendung.

§ 1892 Rechnungsprüfung und -anerkennung.
(1) Der Vormund hat die Rechnung, nachdem er sie dem Gegenvormund vorgelegt hat, dem Familiengericht einzureichen.
(2) ¹Das Familiengericht hat die Rechnung rechnungsmäßig und sachlich zu prüfen und deren Abnahme durch Verhandlung mit den Beteiligten unter Zuziehung des Gegenvormunds zu vermitteln. ²Soweit die Rechnung als richtig anerkannt wird, hat das Familiengericht das Anerkenntnis zu beurkunden.

Die Norm regelt die **Aufsichtsbefugnis des FamG nach dem Ende der Vormundschaft**. Der Umfang der rechnungsmäßigen und sachlichen Prüfung der Schlussrechnung entspricht § 1843 für die Prüfung der laufenden Rechnungen. § 1892 gilt auch für den befreiten Vormund (§§ 1854 f), ferner für die Amts- und Vereinsvormundschaft (§ 1857a). Die Befreiung bezieht sich nur auf die laufende Rechnungslegung (Soergel/*Zimmermann* § 1893 Rz 8). Entspr Anwendung auch für Pfleger (§ 1915) und Betreuer (§ 1908i).
Der Vormund hat die **Rechnung dem FamG einzureichen**, nachdem er sie zuvor (soweit vorhanden) dem Gegenvormund zur Prüfung vorgelegt hat (I). Die Einreichung einer formal (nicht unbedingt auch sachlich) ordnungsgemäßen Schlussrechnung kann vom FamG durch Verhängung eines Zwangsgelds nach § 1837 II erzwungen werden (BayObLG BtPrax 01, 39; nicht ggü Amts- oder Vereinsvormund, vgl § 1837 II 2). Die Pflicht entfällt, wenn kein Mündelvermögen zu verwalten war, der Vormund bereits mit dem Mündel abgerechnet hat oder der Mündel auf die Schlussrechnung verzichtet hat (RGZ 115, 368). Für die Prüfung der Rechnung durch das Gericht gilt § 1843 entspr. Das Gericht muss bei unvollständiger oder erkennbar unrichtiger Rechnungslegung auf Ergänzungen und Berichtigungen hinwirken, kann diese jedoch nicht mit Zwangsmitteln durchsetzen (BayObLG NJWE-FER 97, 227; Jürgens/*Klusener* § 1892 Rz 3 mwN). Nach II 1 hat das FamG die Abnahme, der von ihm geprüften Rechnung, zu vermitteln. Dies erfolgt im Regelfall durch Verhandlung mit den Beteiligten, also in erster Linie dem Mündel, dem Vormund (ggf auch ein inzwischen neu bestellter Vormund) und dem Gegenvormund. Wird die Entlastung erteilt, beurkundet das Gericht das Anerkenntnis (II 2). Erfolgt das Anerkenntnis durch einen neu bestellten Vormund, muss es durch das FamG genehmigt werden (§ 1812). Bleiben Ansprüche zwischen Mündel und Vormund ganz oder teilweise streitig, so ist der ordentliche Rechtsweg gegeben.

§ 1893 Fortführung der Geschäfte nach Beendigung der Vormundschaft, Rückgabe von Urkunden.
(1) Im Falle der Beendigung der Vormundschaft oder des vormundschaftlichen Amts finden die Vorschriften der §§ 1698a, 1698b entsprechende Anwendung.
(2) ¹Der Vormund hat nach Beendigung seines Amts die Bestallung dem Familiengericht zurückzugeben. ²In den Fällen der §§ 1791a, 1791b ist der Beschluss des Familiengerichts, im Falle des § 1791c die Bescheinigung über den Eintritt der Vormundschaft zurückzugeben.

§ 1894

1. **Normzweck.** Um den Mündel und Dritte vor den Folgen einer **Beendigung der Vormundschaft zur Unzeit** zu bewahren, ordnet die Norm in I an, dass der Vormund für bestimmte Fälle auch nach Beendigung seines Amtes gem §§ 1893 I, 1698a die Befugnis bzw sogar die Pflicht zur Fortführung der vormundschaftlichen Geschäfte hat (I). Die Vorschriften gelten auch für den Gegenvormund, Betreuer und Pfleger (§§ 1895, 1908i I 1, 1915). Werden die Geschäfte fortgeführt, so kann der Vormund nach den allgemeinen Vorschriften gem §§ 1835 ff. Auslagenersatz und Vergütung verlangen. Er haftet nach § 1833. II bestimmt zur Verhütung von Missbräuchen im Rechtsverkehr, dass der Vormund nach der Beendigung seines Amtes alle Papiere herauszugeben hat, die bei Eintritt der Vormundschaft bzw der Bestellung des Vormunds erteilt worden sind.

2. **Amtsfortführung.** Solange der Vormund die Beendigung der Vormundschaft weder kennt noch kennen muss (I, § 1698a), bleibt er auch nach Beendigung der Vormundschaft berechtigt, **Geschäfte für und gegen den Mündel** vorzunehmen. Auch Genehmigungen durch das FamG können noch wirksam erteilt werden (Staud/*Engler* § 1893 Rz 6; aA BayObLGZ 64, 350). Der gute Glaube eines Dritten an die Wirksamkeit der fortdauernden Vertretungsbefugnis des redlichen Vormunds wird dann nicht geschützt, wenn ihm bei Geschäftsvornahme das Ende der Vormundschaft bekannt oder fahrlässig nicht bekannt war (BayObLGZ 64, 350). Die Vertretungsmacht des Vormunds endet stets mit Kenntnis oder fahrlässiger Unkenntnis. Nimmt er danach noch Rechtsgeschäfte vor, so handelt er als Vertreter ohne Vertretungsmacht. Ab diesem Zeitpunkt wird auch der redliche Dritte nicht mehr geschützt. Ihm stehen dann nur Ansprüche gegen den Vormund zu (§ 179). Die Beweislast für Kenntnis, bzw fahrlässige Unkenntnis, trägt derjenige, der sich darauf beruft.

3. **Stirbt der Mündel**, hat der Vormund nach I iVm § 1698b die Pflicht zur Fortführung der Geschäfte, soweit mit deren Aufschub Gefahr verbunden ist. Bei Unterlassen ggf Haftung nach § 1833.

4. **Nach Beendigung** der Vormundschaft muss der Vormund (bzw bei dessen Tod seine Erben) die **Bestallung**, der Vereins- oder Amtsvormund die schriftliche Verfügung nach §§ 1791a II, 1791b II, der gesetzliche Amtsvormund die Bescheinigung über den Eintritt der Vormundschaft (§ 1791c III) **zurückgeben**. Das FamG kann die Rückgabe der in II genannten Urkunden ggf mit den Mittel des § 1837 II u III erzwingen, gegen die Erben des Vormunds kann nur mit einer Herausgabeklage vorgegangen werden.

§ 1894 Anzeige bei Tod des Vormunds.

(1) Den Tod des Vormunds hat dessen Erbe dem Familiengericht unverzüglich anzuzeigen.
(2) Den Tod des Gegenvormunds oder eines Mitvormunds hat der Vormund unverzüglich anzuzeigen.

1. Die Norm bestimmt **Anzeigepflichten** beim Tod des Vormunds (I), des Gegenvormunds und des Mitvormunds (II), damit das Gericht im Interesse des Mündels schnell die erforderlichen Maßnahmen, also insb die Bestellung eines neuen Vormunds oder Gegenvormunds veranlassen kann. Die Pflicht zur Mitteilung obliegt beim Tod des Vormunds seine Erben (I) und dem Gegenvormund (§ 1799 I 2). Verstirbt der Gegenvormund oder ein Mitvormund ist der Vormund mitteilungspflichtig (II). Die Mitteilung hat unverzüglich (§ 121) zu erfolgen, geschieht dies nicht, so haften der Vormund und der Gegenvormund dem Mündel für daraus entstehende Schäden nach § 1833, der Erbe des Vormunds nach den allgemeinen Regeln.

§ 1895 Amtsende des Gegenvormunds.

Die Vorschriften der §§ 1886 bis 1889, 1893, 1894 finden auf den Gegenvormund entsprechende Anwendung.

1. Die Norm regelt die Entlassung des Gegenvormunds durch Verweis auf die für den Vormund geltenden **Vorschriften über die Beendigung des Amtes** einschließlich der entspr Anzeigepflichten. Über die in § 1895 genannten Fälle hinaus endet das Amt des Gegenvormunds auch mit dem Ende der Vormundschaft (§§ 1882–1884). Die Gegenvormundschaft kann außerdem durch das FamG aufgehoben werden, wenn ihre Voraussetzungen nachträglich entfallen (§ 1792 II). Der Gegenvormund hat dem FamG den Tod des Vormunds anzuzeigen (§ 1799 I 2). Der Tod des Gegenvormunds ist von dessen Erben (§ 1894 I) und vom Vormund (§ 1894 II) anzuzeigen. Die Vorschrift ist auf die Pflegschaft (§ 1915) und die Betreuung (§ 1908i I 1) sinngemäß anzuwenden.

Titel 2   Rechtliche Betreuung

§ 1896 Voraussetzungen.

(1) ¹Kann ein Volljähriger auf Grund einer psychischen Krankheit oder einer körperlichen, geistigen oder seelischen Behinderung seine Angelegenheiten ganz oder teilweise nicht besorgen, so bestellt das Betreuungsgericht auf seinen Antrag oder von Amts wegen für ihn einen Betreuer. ²Den Antrag kann auch ein Geschäftsunfähiger stellen. ³Soweit der Volljährige auf Grund einer *körperlichen Behinderung* seine Angelegenheiten nicht besorgen kann, darf der Betreuer nur auf Antrag des Volljährigen bestellt werden, es sei denn, dass dieser seinen Willen nicht kundtun kann.
(1a) Gegen den freien Willen des Volljährigen darf ein Betreuer nicht bestellt werden.

(2) ¹Ein Betreuer darf nur für Aufgabenkreise bestellt werden, in denen die Betreuung erforderlich ist. ²Die Betreuung ist nicht erforderlich, soweit die Angelegenheiten des Volljährigen durch einen Bevollmächtigten, der nicht zu den in § 1897 Abs. 3 bezeichneten Personen gehört, oder durch andere Hilfen, bei denen kein gesetzlicher Vertreter bestellt wird, ebenso gut wie durch einen Betreuer besorgt werden können.
(3) Als Aufgabenkreis kann auch die Geltendmachung von Rechten des Betreuten gegenüber seinem Bevollmächtigten bestimmt werden.
(4) Die Entscheidung über den Fernmeldeverkehr des Betreuten und über die Entgegennahme, das Öffnen und das Anhalten seiner Post werden vom Aufgabenkreis des Betreuers nur dann erfasst, wenn das Gericht dies ausdrücklich angeordnet hat.

A. Überblick. Das Betreuungsgesetz vom 12.9.90 hat seit 1.1.92 die Rechtsinstitute der Entmündigung, der Vormundschaft über Volljährige und der Gebrechlichkeitspflegschaft in einem einheitlichen Rechtsinstitut der Betreuung zusammengefasst. Die Betreuung umfasst nunmehr die Vormundschaft oder Pflegschaft über Volljährige, die wegen eines Gebrechens, Alters oder einer Krankheit ihre Angelegenheiten nicht (mehr) besorgen können. Ihre Anordnung führt nicht automatisch zur beschränkten Geschäftsfähigkeit des Betroffenen und damit seiner Beschränkung im Rechtsverkehr, soweit dies nicht zusätzlich in Form eines Einwilligungsvorbehalts (§ 1903) angeordnet wird, um ihn vor einer Selbstschädigung zu bewahren. Der Betreuer ist gesetzlicher Vertreter des Betreuten, der seine Geschäftsfähigkeit aber nicht verliert. Mit Wirkung zum 1.7.05 ist das Betreuungsrecht durch das 2. BtÄndG mit Schwerpunkt im Bereich des Vergütungsrechts (vgl § 1836 u neues Vormünder- und Betreuervergütungsgesetz VBVG) erneut grundlegend umgestaltet worden (vgl *Dodegge* NJW 05, 1896, 2660; *Zimmermann* FamRZ 05, 950; *Deinert* FamRZ 05, 954; *Sonnenfeld* FamRZ 05, 762, 941; 06, 353; 07, 783; 08, 1803; 09, 1027; *Dodegge* NJW 09, 2727). 1

Bestimmend ist für das Betreuungsrecht der **Grundsatz der Erforderlichkeit**, dh, dass dem Betreuer, anders als bei der Vormundschaft, die sich grds auf die gesamte Personen- und Vermögenssorge richtet, nur Aufgaben in dem Umfang zugewiesen werden dürfen, in dem auch tatsächlich Hilfe erforderlich ist (§ 1896 II). Für die Anordnung der Betreuung ist nicht die Geschäftsunfähigkeit des Betroffenen Anknüpfungspunkt, sondern dass dieser krankheitsbedingt außer Stande ist, eigene Angelegenheiten ganz oder teilweise zu besorgen. 2

Durch die Einführung der Betreuung sollte auch das **Selbstbestimmungsrecht des Betroffenen soweit wie möglich erhalten werden.** An verschiedenen Stellen ist deswegen ausdrücklich bestimmt, dass der Betreuer auf die Wünsche des Betreuten Rücksicht zu nehmen hat (§§ 1897 IV, 1901 III, 1908b III) und der Betreute seine Wünsche und Vorstellungen in Bezug auf den gewünschten Betreuer auch in einer sog **Betreuungsverfügung** vor Eintritt des Betreuungsfalls festlegen kann (§§ 1901 II 2, 1901a). Zusätzlich kann der Betroffene in Form einer **Patientenverfügung** vorab in die Einleitung, bzw den Abbruch, evtl in Zukunft notwendig werdender medizinischer Maßnahmen einwilligen oder seine Einwilligung definitiv verweigern. Nicht nur der behandelnde Arzt sondern auch der Betreuer ist grds an solche Erklärungen gebunden (str vgl *Roth* JZ 04, 494). Weil nicht erforderlich, ist eine Betreuung ganz ausgeschlossen, wenn der Betroffene durch die Erteilung von Vollmachten (sog **Vorsorgevollmachten,** vgl Rn 19) genügend Vorsorge für die Wahrnehmung seiner Angelegenheiten auch im Fall einer Betreuungsbedürftigkeit getroffen hat (§ 1896 II, evtl aber **Vollmachtsüberwachungsbetreuung**). 3

Die Position des **Betreuten als Grundrechtsträger** wird zusätzlich durch Genehmigungserfordernisse bei Eingriffen in die körperliche Integrität (§§ 1904 f), die Bewegungsfreiheit (§ 1906) und den Post und Fernmeldeverkehr (§ 1896 IV) weitergehend abgesichert. 4

Schließlich wird durch den **Grundsatz der Einzelbetreuung** (§ 1897 I) anders als im Vormundschaftsrecht, das persönliche Element im Betreuungsrecht stärker betont. Ansonsten gelten auch im Bereich der rechtlichen Betreuung weitgehend die **Regelungen der Vormundschaft** (vgl § 1908i), soweit nicht durch die besonderen Strukturen Abweichungen geboten sind. 5

Internationalprivatrechtlich: s. Vorbem Vor §§ 1773 bis 1921 Rn 6. 6

Das **Verfahren zur Bestellung eines Betreuers** ist heute ein **Einheitsverfahren**, in dem zugleich über die Person des Betreuers entschieden wird. 7

B. Voraussetzungen der Betreuerbestellung. § 1896 regelt die **Voraussetzungen,** unter denen einem Volljährigen ein Betreuer bestellt werden kann und bildet die materiell-rechtliche Grundlage für den konkreten **Zuschnitt des Aufgabenkreises** des Betreuers (I u II). Außerdem enthält die Norm Sonderregeln für zwei **spezielle Aufgabenkreise,** die **Vollmachtsüberwachungsbetreuung (III)** sowie die **Post- und Fernmeldekontrolle (IV).** Sie gilt nicht nur für die Bestellung des Betreuers, sondern auch, wenn die Betreuung verlängert (Zweibr BtPrax 02, 87) oder der Aufgabenkreis eines Betreuers nach § 1908d III erweitert werden soll (BayObLG FamRZ 98, 922); ferner ist sie bei der Bestellung eines vorläufigen Betreuers (BayObLG FamRZ 99, 1611) zu beachten. Ein späterer Wegfall der Voraussetzungen führt zur Aufhebung der Betreuung oder zur Einschränkung des Aufgabenkreises des Betreuers (§ 1908d iVm § 1896). Die Auswahl des Betreuers wird in den §§ 1897, 1900 geregelt. Eine **Betreuerbestellung gegen den freien Willen des Betroffenen (Ia)** ist nicht statthaft. 8

9   Grds kann ein Betreuer nur **für einen Volljährigen** bestellt werden (I). Für Minderjährige kommt nur die Bestellung eines Vormunds (§§ 1773 ff), eines Pflegers (§§ 1909 ff) oder eines Beistands (§§ 1712 ff) in Betracht. Nur ausnahmsweise kann die Betreuung auch für Minderjährige vorsorglich für den Zeitpunkt des Eintritts der Volljährigkeit (§ 1908 2) angeordnet werden, wenn diese bereits das 17. Lebensjahr vollendet haben und zu erwarten ist, dass sie beim Eintritt der Volljährigkeit betreuungsbedürftig sind (§ 1908a).

10 Weitere Voraussetzung ist die **Betreuungsbedürftigkeit**, dh dass der Betroffene unter einer **psychischen Krankheit oder einer körperlichen, geistigen oder seelischen Behinderung** leiden muss und aus diesem Grunde seine Angelegenheiten ganz oder teilweise nicht besorgen kann (I 1), Der **medizinische Befund** ist grds durch ein **Sachverständigengutachten** festzustellen (§ 280 ff FamFG), wovon nur in Ausnahmefällen (zB schon vorhandenes Gutachten der Pflegeversicherung (vgl zu den weiteren Voraussetzungen Staud/*Bienwald* § 1896 Rz 42) Abstand genommen werden darf (§ 68b Ia). Hat der Sachverständige ohne Untersuchung des Betroffenen allein aufgrund seines Eindrucks und von Drittinformationen nur einen dringenden Verdacht einer psychischen Erkrankung festgestellt, so rechtfertigt dies noch nicht die Anordnung einer Betreuung (Köln FamRZ 06, 505). Grds entbindet auch ein *lege artis* erstelltes Sachverständigengutachten, dass eine Aufrechterhaltung der Betreuung mit umfassendem Aufgabenkreis empfiehlt, das Gericht nicht von der Beachtung des Erforderlichkeitsgrundsatzes (München FamRZ 06, 575). Wird die Besorgung eigener Angelegenheiten und das Tätigwerden im Rechtsverkehr für den Betroffenen durch **andere Benachteiligungen** erschwert, wie zB soziale Probleme, schwierige familiäre oder wirtschaftliche Verhältnisse oder Sprachprobleme bei Ausländern, so genügt dies für die Anordnung der Betreuung nicht. Auch Alkoholsucht ohne Folgeerkrankungen ist für sich kein Grund für eine Betreuerbestellung (BayObLG FamRZ 01, 1403). Auch nicht jedes von gesellschaftlichen Normen abweichende Verhalten kann als psychische Krankheit, geistige oder seelische Behinderung iSd § 1896 I 1 gelten (BayObLG FamRZ 02, 494).

11 **Psychische Krankheiten** sind zB körperlich nicht begründbare (**endogene**) **Psychosen** (zB Schizophrenien), oder körperlich begründbare (**exogene**) **Psychosen**, dh seelische Störungen als Folge von Hirnerkrankungen (zB Alzheimersche Krankheit, Arteriosklerose, Epilepsie, Hirntumore usw) oder Verletzungen des Hirns. **Suchtkrankheiten**, wie Alkohol-, Medikamente- und Drogenabhängigkeiten allein, sind keine psychischen Krankheiten iSd § 1896 I 1, die die Anordnung einer Betreuung rechtfertigen würden (AG Garmisch-Partenkirchen FamRZ 09, 148), können aber zu einer psychischen Erkrankung in Form von hirnorganischen Veränderungen oder psychischen Defekten geführt haben (BayObLG BtPrax 93, 208, 209, FamRZ 01, 1403, 1404). Bei **Neurosen** und **Psychopathien** handelt es sich nur um eine betreuungsrechtlich relevante Krankheit, wenn schwerste Auffälligkeiten und Störungen vorliegen (Jürgens/*Jürgens* § 1896 Rz 4; AG Obernburg, FamRZ 09, 1515). Zur Feststellung ob bereits der Grad einer psychischen Erkrankung erreicht ist, ist in jedem Fall eine fachpsychiatrische Konkretisierung erforderlich (vgl zur Abgrenzung einer Paranoia von gesunder Hartnäckigkeit: BayObLG FamRZ 94, 720; die Feststellung lediglich von „Altersstarrsinn" genügt nicht: BayObLG FamRZ 01, 1558).

12 **Seelische Behinderungen** sind bleibende – jedenfalls lang andauernde – psychische Beeinträchtigungen aufgrund einer psychischen Krankheit (zB geistiger Altersabbau: BayObLG FamRZ 02, 494). Senile Verlangsamungen bei sonstiger Bewusstseinsklarheit genügen idR nicht (BayObLG FamRZ 01, 1244).

13 **Geistige Behinderungen** sind angeborene oder frühzeitig durch Erkrankung oder Unfall erworbene Intelligenzdefekte (zB Down-Syndrom, Schwachsinn) verschiedener Schweregrade (BayObLG FamRZ 94, 318). Ggf auch Analphabetismus (*Bienwald* FamRZ 03, 186).

14 Als **körperliche Behinderungen** iSd § 1896 I gelten all diejenigen Beeinträchtigungen, die die Fähigkeit des Betroffenen, seine Angelegenheiten selbst zu besorgen oder deren Erledigung zu organisieren, auf Dauer erheblich beeinträchtigen (Jurgeleit/*Jurgeleit* § 1896 Rz 111), zB dauerhafte Funktionsstörungen am Stütz- und Bewegungsapparat (zB Verluste von Gliedmaßen, Lähmungen), Funktionsstörungen der inneren Organe (zB Kreislauferkrankungen) oder der Sinnesorgane (zB Blindheit). Nur selten wird alleine eine körperliche Behinderung die Anordnung eine Betreuung rechtfertigen, weil sie den Betroffenen nicht notwendigerweise an der Regelung seiner rechtlichen Angelegenheiten hindern muss, bzw hier die Möglichkeit einer Vollmachtserteilung idR ausreicht (Köln FamRZ 96, 249). Bei der Notwendigkeit tatsächlicher Hilfe, können und müssen vorrangig soziale Dienste in Anspruch genommen werden (vgl Rn 19). Nur in besonders gelagerten Fällen (zB Totallähmung oder Mehrfachbehinderung) kommt auch eine Betreuung in Betracht (I 3), jedoch nur auf Antrag des Betroffenen (*Coester* Jura 91, 4).

15 **Betreuungsbedürftigkeit**. Aufgrund des Krankheitsbildes muss der Betroffene unfähig sein, seine eigenen Angelegenheiten ganz oder teilweise zu besorgen (KG FamRZ 05, 1776). In Betracht kommen alle denkbaren **Angelegenheiten aus den Bereichen der Vermögens- und Personensorge** (Hamm Rpfleger 98, 89 ff), unabhängig davon, ob es sich bei ihnen um Rechtsgeschäfte, geschäftsähnliche Handlungen (vgl § 1904 zur Einwilligung in ärztliche Behandlung) oder Realakte (zB Nahrungsaufnahme) handelt (Staud/*Bienwald* Rz 48). Um *eigene Angelegenheit* des Betroffenen handelt es sich nur bei solchen, die in seinem Interesse, bezogen auf seine gegenwärtige Lebenssituation, erledigt werden müssen (Jürgens/*Jürgens* § 1886 Rz 9), dh die Anordnung einer Betreuung zu Erledigung von Angelegenheiten, die der Betroffene aufgrund Vertrages oder als gesetzlicher Vertreter für Dritte zu besorgen hat, scheidet aus. Gleiches gilt für höchstpersönliche Angelegen-

heiten (s. Rn 20). Weiterhin muss ein **ursächliche Zusammenhang** zwischen **Krankheit/Behinderung** und der **Unfähigkeit zur Besorgung der eigenen Angelegenheiten** bestehen, dh die Unfähigkeit zur Besorgung der eigenen Angelegenheiten muss darauf beruhen, dass der Betroffene aufgrund seiner Krankheit oder Behinderung nicht dazu in der Lage ist, seinen Willen frei zu bestimmen (München FamRZ 06, 575). Fehlt es daran, etwa weil sich im konkreten Fall auch ein nicht behinderter Dritter zur Besorgung der Angelegenheit sachkundiger Hilfe bedienen würde (zB Einschaltung eines Rechtsanwalts), darf noch nicht einmal auf Antrag des Betroffenen eine Betreuung angeordnet werden (Zweibr BtPrax 04, 64).

Die **Anordnung der Betreuung gegen den Willen des Betroffenen** (Ia) ist *ultima ratio* und daher nur in engen Grenzen zulässig, wenn der Betroffene aufgrund seiner Krankheit oder Behinderung seinen Willen nicht frei bestimmen kann (Köln FamRZ 06, 889; Hamm FamRZ 09, 1436) und aus diesem Grunde zB die Notwendigkeit einer ärztlich gebotenen Behandlung nicht erkennt (Staud/*Bienwald* § 1896 Rz 72 mwN, BayObLG FamRZ 02, 703; Brandbg FamRZ 09, 152). Die tatrichterliche Feststellung, dass der Betroffene seinen Willen nicht frei bestimmen kann, setzt zwingend die zuvorige Einholung einer sachverständigen Äußerung zu dieser Frage voraus (Köln FamRZ 06, 889; München FamRZ 06, 440). Dies gilt auch für die Entscheidung über die Verlängerung einer Betreuung (Frankf FamRZ 06, 1629). Eine **Betreuerbestellung im Interesse eines Dritten** ist nur ausnahmsweise zulässig, etwa wenn dem Dritten ohne die Anordnung der Betreuung (zB bei Geschäftsunfähigkeit des Betreuten), eine Wahrnehmung seiner Rechte (zB Kündigung des Arbeitsverhältnisses, eines Mietverhältnisses oder der Führung eines Prozesses) unmöglich gemacht würde (Staud/*Bienwald* § 1896 Rz 70 ff; BayObLG BtPrax 96, 106 mwN) oder der Betroffene vor berechtigten Reaktionen des Dritten geschützt werden soll (München FamRZ 08, 1476). **16**

Betreuungsbedarf. Hier gelten die Grundsätze der **Konkretisierung** und der **Subsidiarität**. Dies bedeutet, dass nur für diejenigen Aufgabenbereiche ein Betreuer bestellt werden darf, in denen die Betreuung erforderlich ist (II) und diese Aufgaben nicht anderweitig, etwa durch einen Vorsorgebevollmächtigten, erledigt werden können (Jürgens/*Jürgens* § 1896 Rz 19). **17**

Konkretisierung. Ob eine Betreuung erforderlich ist richtet sich somit in erster Linie danach, welche Defizite sich für den Betroffenen aus seinem Krankheitsbild in einem bestimmten Aufgabenkreis ergeben würden, wenn die Anordnung der Betreuung unterbliebe. Zusätzlich muss in dem betreffenden Aufgabenkreis ein aktueller Handlungsbedarf bestehen (Jurgeleit/*Jurgeleit* § 1896 Rz 118, Schlesw FamRZ 05, 1776; München BtPrax 06, 30). Auch wenn der Betreute seine sämtlichen Angelegenheiten nicht zu besorgen vermag, kann nur für die Bereiche ein Betreuer bestellt werden, in denen das aktuelle Fürsorgebedürfnis besteht (Jürgens/*Jürgens*, § 1896 Rz 22 mwN). Die Erforderlichkeit der Betreuung muss daher für jeden Aufgabenkreis gesondert und nachprüfbar festgestellt werden (BayObLG FamRZ 99, 1612). Eine reine „Vorratsbetreuung" für die Erledigung von in der Zukunft möglicherweise notwendig werdenden Angelegenheiten ist nicht zulässig (Köln FamRZ 00, 908). Anderes kann bei schubförmig verlaufenden Krankheitsbildern gelten, wenn zwar akut kein Handlungsbedarf vorliegt, dieser aber konkret abzusehen ist und bei seinem Eintritt sofortiges Handeln erforderlich ist (BayObLG FamRZ 03, 1043). Grds darf der Aufgabenkreis des Betreuers nicht weiter sein, als die Krankheit oder die Behinderung des Betroffenen es verlangt. Es ist daher auch möglich, dass ein Betreuer nur für ein einzelnes Geschäft bestellt wird. Kann mit einer Betreuerbestellung für einen bestimmten Aufgabenbereich angestrebte Zweck von vornherein nicht erreicht werden (BayObLGZ 94 FamRZ 94, 209, 211 f), so hat sie zu unterbleiben. So scheidet zB die Bestellung eines Betreuers mit dem Aufgabenkreis Gesundheitsfürsorge aus, wenn der Betroffene gesund ist (BayObLG FamRZ 95, 1085) oder der Betroffene von vornherein jede Zusammenarbeit mit dem in Aussicht genommenen Betreuer verweigert (BayObLGZ 94, 209, 211), oder im Bereich der Vermögensfürsorge, wenn kein Vermögen vorhanden ist (BayObLG FamRZ 95, 1085), bzw wenn vorhandene Defizite im Bereich der Vermögenssorge (zB eine mäßige Verschuldung) ihre Ursache ganz überwiegend nur in tatsächlichen Gegebenheiten, wie etwa einem nur bescheidenem Einkommen, haben (Köln FamRZ 06, 288). **18**

Subsidiarität. Gem § 1896 II darf in die Grundrechte des Betroffenen durch die Bestellung eines Betreuers nur dann eingegriffen werden, wenn die Angelegenheiten des Volljährigen nicht durch einen Bevollmächtigten oder durch andere Hilfen in gleicher Weise wie durch einen Betreuer besorgt werden können. Dies kann der Fall sein, wenn der Betroffene aufgrund seiner Krankheit/Behinderung aktuell nicht mehr zur Erteilung einer Vollmacht in der Lage ist, wenn auch zu keinem früheren Zeitpunkt eine wirksame noch fortwirkende Bevollmächtigung erteilt worden ist oder der Betroffene einen Bevollmächtigten nicht mehr ausreichend überwachen könnte (LG Berlin FamRZ 07, 931). Zu denken ist hier besonders an die sog **Vorsorgevollmacht** (s. § 1901a Rn 2), die in Form einer Generalvollmacht im Stadium noch bestehender Geschäftsfähigkeit (LG Neuruppin FamRZ 07, 932) an eine Person des Vertrauens vorsorglich erteilt werden kann, um für den Fall späterer Betreuungsbedürftigkeit die Bestellung eines Betreuers zu vermeiden (vgl zur Bedeutung der Vorsorgevollmacht Klie/*Bauer* FuR 04, 671; *Bienwald* BtPrax 02, 227, 244). Wird der Vollmachtgeber später geschäftsunfähig, dann berührt das grds die weitere Wirksamkeit der Vollmacht nicht (*Cypionka* NJW 92, 207). Auch durch den Tod des Vollmachtgebers erlischt die Vollmacht nur, wenn dies ausdrücklich vereinbart ist, oder sich im Wege der Auslegung ergibt (Jurgeleit/*Jurgeleit* § 1896 Rz 38). Um sicherzustellen, dass eine Vorsorgevollmacht auch aufgefunden wird, kann der Vollmachtgeber die Vorsorgevollmacht auch nach **19**

§§ 78a–c BNotO in ein von der Bundesnotarkammer geführtes zentrales Vorsorgeregister eintragen lassen (Muster einer Vorsorgevollmacht bei Jurgeleit/*Jurgeleit* § 1896 Anh 1). Ist eine wirksame Vorsorgevollmacht erteilt und auch nicht später widerrufen worden (Schlesw FGPrax 06, 217; Brandbg FamRZ 08, 303), so ist die Bestellung eines Betreuers daneben nur möglich, wenn die erteilte Vollmacht den Anforderungen an eine Vorsorgevollmacht nicht genügt, der Bevollmächtigte die Vollmacht missbraucht oder die Angelegenheiten des Betroffenen durch den Bevollmächtigten nicht ebenso gut besorgt werden können (zu den Kriterien für die Qualitätskontrolle des Bevollmächtigten vgl Brandbg FamRZ 05, 1859; Schlesw FGPrax 06, 73; zum Rechtsschutz gegen die Anordnung der Kontrollbetreuung: BVerfG FamRZ 08, 2260). Darüber hinaus kann bei konkreten Anhaltspunkten dafür, dass der Bevollmächtigte die Vollmacht nicht zum Wohl des Betroffenen verwendet (Köln OLGR 05, 373; München FamRZ 07, 582; KG BtPrax 06, 117; Schlesw FamRZ 08, 1376) ein Betreuer zur Kontrolle des Bevollmächtigten (sog **Vorsorgeüberwachungsbetreuer**) bestellt werden (III). Die Bestellung eines Vorsorgevollmachtbetreuers ist nicht ausreichend, soweit der Bevollmächtigte von vornherein jede Zusammenarbeit mit diesem ablehnt (KG Rechtspfl 07, 139). Nach dem Grundsatz der Subsidiarität wird gleichfalls kein gesetzlicher Vertreter benötigt, soweit **nur Hilfen tatsächlicher Art** (zB Hilfe bei der Strukturierung des Tagesablaufs, Überwachung der regelmäßigen Medikamenteneinnahme usw) erforderlich sind (Jurgeleit/*Jurgeleit* § 1896 Rz 96/97 mwN), bzw der Betroffene bereits durch Familienangehörige, Nachbarn u Bekannte ausreichende Unterstützung erfährt (LG Essen FamRZ 08, 183). Angebote der Wohlfahrtsverbände oder der kommunalen Sozialarbeit sind vorrangig in Anspruch zu nehmen (Oldbg FamRZ 04, 1320). Ein unter Verstoß gegen das Subsidiaritätsprinzip bestellter Betreuer ist zu entlassen, bzw sein Aufgabenkreis ist entspr zu beschränken (KG FamRZ 06, 505).

20 **Einzelne Aufgabenkreise.** In der Praxis der Vormundschaftsgerichte haben sich verschiedene typische Aufgabenfelder herausgebildet (s. Jürgens/*Jürgens* § 1896 Rz 23 ff). Der Umfang kann von der Bestellung für die Erledigung einer einzigen Aufgabe (zB Abschluss eines bestimmten Vertrages) bis zur Übertragung der gesamten Personen- und Vermögenssorge (Totalbetreuung) variieren. Einzelne Aufgabenfelder sind zB die „Vermögenssorge", die „Gesundheitssorge", die „Aufenthaltsbestimmung", „Wohnungsangelegenheiten", die „Vertretung vor Behörden und Gerichten" (KG FamRZ 08, 919), die Regelung des Umgangs (München FamRZ 08, 1030) usw. Die Anordnung der Totalbetreuung ist nur zulässig, wenn tatsächlich in sämtlichen Bereichen eine Betreuung erforderlich ist und der aktuelle Handlungsbedarf konkret dargelegt werden kann (Jurgeleit/*Jurgeleit* § 1996 Rz 141, BayObLG FamRZ 02, 1225). Werden einem Betreuer mehrere Aufgabenbereiche übertragen, ändert dies an der einheitlichen Betreuung nichts. Der Aufgabenkreis des Betreuers ist vom BtG im Beschl zur Betreuerbestellung ausdrücklich festzulegen (§ 286 I Nr 1 FamFG). Grds kann der Betreuer nur für Aufgabenkreise bestellt werden, in denen eine Vertretung möglich ist. Eine Betreuung ist daher in höchstpersönlichen Angelegenheiten und in spezialgesetzlich geregelten Fällen ausgeschlossen. So kann etwa die „Ausübung der elterlichen Sorge" nicht Gegenstand einer Betreuerbestellung sein (BayObLG FamRZ 05, 236). Dies gilt auch für die Eheschließung (§ 1311 1), für die Einwilligung in die Adoption eines Kindes (§ 1750 III 1), die Errichtung letztwilliger Verfügungen (§§ 1937, 1941 I, 2064, 2274), die Errichtung einer Patientenverfügung (vgl Rn 22). Auch bei einem Kirchenaustritt, einem Religionswechsel und einer Einwilligung in eine Organspende findet keine Vertretung statt (Palandt/*Diederichsen* § 1896 Rz 23) Eine Betreuerbestellung für den Aufgabenkreises „Schwangerschaftsabbruch" ist zulässig (Frankf FamRZ 09, 368).

21 **Aufenthaltsbestimmung** (vgl *Sonnenfeld* FamRZ 95, 393). Dieser Aufgabenkreis erlaubt es dem Betreuer den Aufenthaltsort des Betreuten zu bestimmen, also ggf auch einen Wechsel des Aufenthaltsortes zu veranlassen. Hat der Betreuer für diesen Aufgabenkreis Kenntnis davon, dass der Betreute zur Verwahrlosung neigt, gehört auch die Überprüfung der Wohnverhältnisse zur Vermeidung von Vermüllung und Gesundheitsgefahren zu seinen Aufgaben (BayObLG BPrax 05, 76). Die Übertragung setzt voraus, dass der Betreute die seinen Aufenthalt betreffenden Entscheidungen nicht mehr selbst treffen kann, wobei es wie bei der Gesundheitsfürsorge (Rn 22) nur auf den natürlichen Willen des Betroffenen ankommt (*Bienwald* Betreuungsrecht, Rz 215). Der Betreuer mit diesem Aufgabenkreis kann zB für den Betroffenen den bisherigen Wohnsitz aufheben und einen neuen begründen (BayObLG FamRZ 92, 1222, 02, 348) oder eine unsichere häusliche Pflege auf eine Pflege im Heim umstellen (BayObLG FamRZ 92, 108). Ob auch die Unterbringung in einem offenen Alten-/Pflegeheim, wie die zwangsweise Unterbringung in einer geschlossenen Anstalt, zusätzlich der Genehmigung des BtG (§ 1906) unterliegt, ist bstr (Soergel/*Zimmermann* Rz 54; Palandt/*Diederichsen* Rz 20 mwN). Von Dritten darf der Betreuer die Herausgabe des Betroffenen verlangen (§§ 1908i I 1, 1632 I, III).

22 **Gesundheitsfürsorge, Einwilligung in ärztliche Maßnahmen.** Im Bereich der Heilbehandlung darf ein Betreuer nur bestellt werden, wenn der Betroffene selbst einwilligungsunfähig ist, dh wenn ihm unabhängig von seiner Geschäftsfähigkeit auch die natürliche Einsichts-, Urteils- und Steuerungsfähigkeit fehlt, die Art, Bedeutung und Tragweite der jeweiligen ärztlichen Maßnahme (auch nach ärztlicher Aufklärung) zu erfassen *und entspr seiner Einsicht zu handeln.* Da die Einwilligungsfähigkeit bei einfachen Erkrankungen gegeben sein kann, während sie gleichzeitig bei komplexeren Krankheitsbildern fehlt, kann die Betreuung auch auf die Einwilligung zu einzelnen ärztlichen Maßnahmen oder auf bestimmte Krankheiten beschränkt werden (BayObLG FamRZ 94, 1059; FamRZ 03, 1043: Beschränkung der Gesundheitsfürsorge auf nervenärztliche

Behandlung). Der Betreuer darf iRs Tätigkeit Krankenberichte und Pflegeunterlagen einsehen (*Stalinski* BtPrax 01, 54) und auch die erforderlichen Arzt- und Krankenhausverträge abzuschließen. Muss der Betreute die Behandlung selbst bezahlen, ist ggf der Aufgabenkreis „Vermögenssorge" zusätzlich zu übertragen (Soergel/*Zimmermann* Rz 56). Dagegen ist er nicht befugt für den Betreuten eine Patientenverfügung zu errichten oder in eine Organspende einzuwilligen (*Bienwald* FamRZ 04, 835). Die Betreuung kann auch nicht insoweit erweitert werden, da es sich um höchstpersönliche Rechtsgeschäfte und Rechtshandlungen handelt, deren Übertragung auf den Betreuer unzulässig ist (vgl Palandt/*Diederichsen* Rz 23 mwN).

Post- und Fernmeldekontrolle. Auch die Entscheidung über den Fernmeldeverkehr des Betreuten und über 23 die Entgegennahme, das Öffnen und das Anhalten seiner Post kann an einen Betreuer übertragen werden, allerdings wegen des damit verbundenen Grundrechtseingriffs (Art 10 GG), nur unter strikter Beachtung der Grundsätze von Erforderlichkeit und Verhältnismäßigkeit (MüKo/*Schwab* § 1896 Rz 246, BayObLG FamRZ 01, 871). Die Übertragung dieses Aufgabenkreises kommt nur in Betracht, wenn der Betreuer seine Betreuungsaufgabe sonst nicht erfüllen könnte und dadurch wesentliche Rechtsgüter des Betreuten erheblich gefährdet oder beeinträchtigt würden (BayObLG FamRZ 02, 1225, 1226). Dies kann zB dann der Fall sein, wenn ohne die Kontrolle des Postverkehrs wichtige Briefe an den Betreuten (Rechnungen, Mahnungen, Gerichtspost usw), nicht oder nicht rechtzeitig zur Kenntnis des Betreuers gelangen würden (Jürgens/*Jürgens* § 1896 Rz 35). Voraussetzung ist außerdem immer (auch im Fall der Totalbetreuung) – eine ausdrückliche gerichtliche Anordnung (IV).

Einwilligung zur Sterilisation (vgl § 1905). Es ist stets ein besonderer Betreuer zu bestellen (§ 1899 II). Die 24 Kombination mit anderen Aufgaben ist nicht zulässig. Er ist zur Wahrnehmung aller mit der Sterilisation zusammenhängenden Aufgaben berechtigt.

Vermögensbetreuung. Zur Vermögenssorge gehört va die Aufgabe, das Vermögen des Betreuten zu verwal- 25 ten. Je nach Lage des Falles kann sie nur für einzelne besonders wichtige Geschäfte oder für das gesamte Vermögen (zB bei Verschwendungssucht) des Betroffenen angeordnet werden (BayObLG Rpfleger 01, 234). Denkbar ist auch, dass die Betreuung nur für Geschäfte ab einer bestimmten Obergrenze oder beschränkt auf einzelne Vermögensbestandteile (zB Mietshaus oder Wertpapierdepot) eingerichtet wird. Auch wenn kein Vermögen oder keine Einkünfte vorhanden sind, kann ausnahmsweise ein Betreuer für die Vermögenssorge bestellt werden, wenn ansonsten weitere Verschuldung droht (BayObLG BtPrax 01, 37). Inhaltlich kann sich die Vermögensbetreuung auf unterschiedliche Einzelaufgaben beziehen, wie zB auf die Beantragung einer Rente, die Verwaltung von Rente und Sozialhilfe (Köln FamRZ 93, 850), die Schuldenregulierung (BayObLG FamRZ 01, 935; 01, 1245), die Betreibung der Zwangsvollstreckung (LG Lüneburg FamRZ 08, 1030) oder die Regelung von Steuerangelegenheiten (*Lipp/Sauer* BtPrax 04, 83). Der Betreuer hat die Pflicht, Bereicherungsansprüche gegen Dritte auch dann geltend zu machen, wenn diese schon vor der Betreuerbestellung von dem geschäftsunfähigen Betreuten Vermögenswerte erhalten haben (München FamRZ 06, 62). Für die Geltendmachung von Unterhalt muss der eigenständige Aufgabenkreis „Unterhaltsbestimmung" zusätzlich übertragen werden (Zweibr FamRZ 00, 1325). Das Öffnen von Briefen an den Betreuten mit Rechnungen und Kontoauszügen erfordert zusätzlich die Übertragung des Aufgabenkreises „Postkontrolle" nach IV.

Vollmachtsbetreuung (III). Hat der Betreute einen Bevollmächtigten wirksam bestellt, kann ihn aber nun 26 wegen seiner Krankheit oder Behinderung nicht mehr überwachen, so kann wegen des Eingriffs in die Grundrechte des Betreuten aus Art 2 I iV mit Art 1 I GG nur aufgrund besonderer Umstände des Einzelfalls für diese Kontrollaufgabe ein spezieller Betreuer bestellt werden (BVerfG FamRZ 08, 2260; Köln BtPrax 05, 236; LG Kleve FamRZ 08, 303). Auch für die **Bestellung eines Vorsorgeüberwachungsbetreuers** gilt der Grundsatz der Erforderlichkeit (Schlesw FamRZ 06, 645), dh die Kontrollbetreuung ist ggf auf einzelne Aufgaben zu beschränken (München FamRZ 09, 1437). Eine Bestellung scheidet daher idR aus, wenn bereits Umfang und Schwierigkeit der zu besorgenden Geschäfte keine Überwachung erfordern, oder wenn die Voraussetzungen des § 1896 I u II 1 zwar erfüllt sind, aber keine Anhaltspunkte dafür vorliegen, dass der Bevollmächtigte Handlungen gegen den Willen des Betroffenen vornehmen könnte (BayObLG FamRZ 94, 1550; LG München FamRZ 07, 2008 f; Soergel/*Zimmermann* § 1896 Rz 91). In Ausnahmefällen kann etwas anderes gelten, zB wenn eine wirksame Vorsorgevollmacht wegen innerfamiliärer Streitigkeiten nicht anerkannt wird und der Bevollmächtigte es ablehnt, von ihr Gebrauch zu machen (Staud/*Bienwald* § 1896 Rz 116, BayObLG FamRZ 04, 1403). Eine Bestellung darf grds erst erfolgen, wenn ein konkretes Bedürfnis festgestellt wird (Schlesw FamRZ 06, 645). Der ernsthafte Versuch des Widerrufs einer früher erteilten wirksamen *Vorsorgevollmacht durch eine inzwischen geschäftsunfähige Person* kann Anlass sein, vAw eine Kontrollbetreuung einzurichten (Köln BtPrax 05, 236). Allein der Umstand einer umfangreichen und schwierigen Vermögensverwaltung, kann die Bestellung eines Kontrollbetreuers nicht rechtfertigen (str, vgl Jurgeleit/*Jurgeleit* § 1896 Rz 159/160 mwN); auch bloße Zweifel an der Geschäftsfähigkeit des Vollmachtgebers zur Zeit der Bevollmächtigung genügen nicht (Köln FamRZ 09, 1517). Der Vollmachtsbetreuer kann Auskunft und Rechenschaft verlangen, ggf die Vollmacht auch widerrufen (KG FamRZ 07, 1041). Er unterliegt dabei der gerichtlichen Kontrolle iRd § 1837.

Wohnung. Dieser Aufgabenkreis berechtigt zur Kündigung der Wohnung und zur Wohnungsauflösung 27 (§ 1907). Bei Verwahrlosung und Vermüllung wird auch die Säuberung und Entmüllung der Wohnung des

Betreuten mit umfasst (BayObLG FamRZ 02, 348). Mit besonderer Ermächtigung (wegen Art 13 II) ist auch die gewaltsames Öffnen der Wohnung zwecks Renovierung und Entrümpelung zulässig (*Abram* FamRZ 04, 11; Frankf DAV 96, 79; aA *Bauer* BtPrax 96, 55; Schlesw FamRZ 08, 918). Grds ist auch in diesem Bereich der Aufgabenkreis auf den tatsächlichen Handlungsbedarf zu beschränken (BayObLG Rpfleger 01, 234).

28 **C. Verfahren.** Sachlich **zuständig** für die Anordnung einer Betreuung ist das BtG und dort mit Ausnahme der Anordnung der Vollmachtsbetreuung der Richter (§ 3 Nr 2a, § 14 Nr 4 RPflG). Der Betroffene ist unabhängig von seiner Geschäftsfähigkeit verfahrensfähig (§§ 275, 316) u kann auch ohne Einschränkungen eine Verfahrensvollmacht erteilen (Schlesw FamRZ 07, 1126; aA Saarbr FGPrax 99, 106). Soweit erforderlich ist ihm ein **Verfahrenspfleger** zu bestellen (§ 276 FamFG). Die Betreuung kann **auf Antrag** oder vAw (I 1) angeordnet werden. Liegt beim Betroffenen nur eine Körperbehinderung vor und kann er iÜ seinen Willen kundtun, ist sein Antrag erforderlich (I 3). § 1896 I a regelt ausdrücklich, dass in diesen Fällen gegen den freien Willen des Betroffenen ein Betreuer nicht bestellt werden darf (vgl BayObLG FamRZ 05, 63 mwN). Für den Antrag ist keine Geschäftsfähigkeit erforderlich (I 2). Für das Verfahren gilt der **Amtsermittlungsgrundsatz** (§ 26 FamFG). Für die Feststellung der medizinischen Voraussetzungen für die Anordnung einer Betreuung ist ein **Sachverständigengutachten** einzuholen, die stereotype Wiedergabe pauschaler Wertungen ohne den konkreten Bezug zum Betroffenen reicht nicht (München FamRZ 06, 440; KG FamRZ 07, 81). Der Betroffene ist soweit möglich (beachte aber §§ 34 II, 278 IV FamFG) **persönlich anzuhören**, damit sich das Gericht einen unmittelbaren Eindruck von seinem Zustand verschaffen kann (§ 278 I FamFG). Dies gilt auch, wenn das Gericht von der Bestellung eines Betreuers absehen will soweit der Betroffene selbst die Bestellung des Betreuers angeregt hat (Zweibr FamRZ 09, 1180). Ggf ist die Bestellung eines Verfahrenspflegers (§ 276 FamFG) erforderlich (München Rpfleger 06, 16), ohne dass dies die persönliche Anhörung entbehrlich machen würde (Frankf FamRZ 08, 1477). Das Gutachten zur Betreuungsbedürftigkeit ist ihm grds vollständig, schriftlich und rechtzeitig vor seiner Anhörung mitzuteilen (München FamRZ 06, 440). Ggf (auf Antrag des Betroffenen) grds sind auch dem Betroffenen nahe stehende Personen anzuhören (vgl § 279 III FamFG). Die Betreuung ist nach dem **Prinzip der Rehabilitation** nur solange erforderlich, wie der Betrofffene für die konkreten Aufgabenfelder der Hilfe eines Betreuers bedarf (vgl §§ 1901 V, 1908d I). Sie darf deshalb jeweils nur **befristet** für die Zeitspanne angeordnet werden, in der voraussichtlich eine Betreuungsnotwendigkeit besteht (BayObLG BtPrax 95, 68, 69 f). Bei Entscheidung über die Verlängerung einer Betreuung gelten für die Auswahl des Betreuers dieselben Vorschriften, wie bei der Neubestellung (Schlesw FamRZ 06, 288). Die Höchstdauer beträgt 7 Jahre (§ 294 III FamFG). Danach sind die Voraussetzung für eine weitere Anordnung erneut zu prüfen (§ 295 I FamFG). Eine erneute Begutachtung ist dabei bei unverändertem Zustand des Betreuten nicht erforderlich§ 295 I 2 FamFG). Die **Entscheidung** über die Anordnung der Betreuung wird grds mit ihrer Bekanntgabe an den Betreuer **wirksam** (§ 287 I FamFG); Ausnahme Betreuungen gem § 1908a). Gegen die Bestellung eines Betreuers vAw sind der Betroffene selbst, sein Ehegatte (nicht der Lebensgefährte, Karlsr FamRZ 08, 184), sein Lebenspartner oder andere Personen, die mit dem Betroffenen in gerader Linie verwandt oder verschwägert oder in der Seitenlinie bis zum dritten Grad verwandt sind (vgl § 303 II FamFG) **beschwerdeberechtigt**. Der Betroffene ist auch beschwerdeberechtigt, wenn die Betreuung auf seinen Antrag hin eingerichtet worden ist, dies gilt auch für seine priviligierten Angehörigen (München FamRZ 08, 1659; Köln FamRZ 08, 2063). Ein Beschwerderecht sonstiger Dritter nur bei Verletzung eigener Rechte.

§ 1897 Bestellung einer natürlichen Person.

(1) Zum Betreuer bestellt das Betreuungsgericht eine natürliche Person, die geeignet ist, in dem gerichtlich bestimmten Aufgabenkreis die Angelegenheiten des Betreuten rechtlich zu besorgen und ihn in dem hierfür erforderlichen Umfang persönlich zu betreuen.
(2) ¹Der Mitarbeiter eines nach § 1908f anerkannten Betreuungsvereins, der dort ausschließlich oder teilweise als Betreuer tätig ist (Vereinsbetreuer), darf nur mit Einwilligung des Vereins bestellt werden. ²Entsprechendes gilt für den Mitarbeiter einer in Betreuungsangelegenheiten zuständigen Behörde, der dort ausschließlich oder teilweise als Betreuer tätig ist (Behördenbetreuer).
(3) Wer zu einer Anstalt, einem Heim oder einer sonstigen Einrichtung, in welcher der Volljährige untergebracht ist oder wohnt, in einem Abhängigkeitsverhältnis oder in einer anderen engen Beziehung steht, darf nicht zum Betreuer bestellt werden.
(4) ¹Schlägt der Volljährige eine Person vor, die zum Betreuer bestellt werden kann, so ist diesem Vorschlag zu entsprechen, wenn es dem Wohl des Volljährigen nicht zuwiderläuft. ²Schlägt er vor, eine bestimmte Person nicht zu bestellen, so soll hierauf Rücksicht genommen werden. ³Die Sätze 1 und 2 gelten auch für Vorschläge, die der Volljährige vor dem Betreuungsverfahren gemacht hat, es sei denn, dass er an diesen Vorschlägen erkennbar nicht festhalten will.
(5) Schlägt der Volljährige niemanden vor, der zum Betreuer bestellt werden kann, so ist bei der Auswahl des Betreuers auf die verwandtschaftlichen und sonstigen persönlichen Bindungen des Volljährigen, insbesondere auf die Bindungen zu Eltern, zu Kindern, zum Ehegatten und zum Lebenspartner, sowie auf die Gefahr von Interessenkonflikten Rücksicht zu nehmen.

(6) ¹Wer Betreuungen im Rahmen seiner Berufsausübung führt, soll nur dann zum Betreuer bestellt werden, wenn keine andere geeignete Person zur Verfügung steht, die zur ehrenamtlichen Führung der Betreuung bereit ist. ²Werden dem Betreuer Umstände bekannt, aus denen sich ergibt, dass der Volljährige durch eine oder mehrere andere geeignete Personen außerhalb einer Berufsausübung betreut werden kann, so hat er dies dem Gericht mitzuteilen.
(7) ¹Wird eine Person unter den Voraussetzungen des Absatzes 6 Satz 1 erstmals in dem Bezirk des Betreuungsgerichts zum Betreuer bestellt, soll das Gericht zuvor die zuständige Behörde zur Eignung des ausgewählten Betreuers und zu den nach § 1 Abs. 1 Satz 1 zweite Alternative des Vormünder- und Betreuervergütungsgesetzes zu treffenden Feststellungen anhören. ²Die zuständige Behörde soll die Person auffordern, ein Führungszeugnis und eine Auskunft aus dem Schuldnerverzeichnis vorzulegen.
(8) Wird eine Person unter den Voraussetzungen des Absatzes 6 Satz 1 bestellt, hat sie sich über Zahl und Umfang der von ihr berufsmäßig geführten Betreuungen zu erklären.

Die Norm **stellt Grundsätze dazu auf, wer zum Betreuer bestellt werden soll** (I, 2, 4–7) und **welche Personen von diesem Amt ausgeschlossen sind** (III). Für Vereins- und Behördenbetreuung enthält § 1900 Ergänzungen. Es gilt der Vorrang der Einzelbetreuung durch eine natürliche Person. Entscheidend für die Auswahl des Betreuers ist seine Eignung zur Betreuung (I), daneben sind aber auch die Wünsche des Betroffenen zu berücksichtigen, soweit das nicht seinem Wohl widerspricht (IV; vgl dazu auch § 1901a); sowie die verwandtschaftlichen und sonstigen Bindungen des Betroffenen (V). Schließlich soll ein Berufsbetreuer nur dann bestellt werden, wenn kein ehrenamtlicher Betreuer zur Verfügung steht (VI). Dem BtG obliegt für den konkreten Fall die Gewichtung der einzelnen Kriterien (BayObLG FamRZ 04, 1600). Die Norm findet entspr Anwendung bei der Bestellung eines Gegenbetreuers (§ 1899) und auch bei der Verlängerung einer Betreuung (Zweibr BtPrax 02, 87). 1

Der **Grundsatz der Einzelbetreuung** schließt nicht aus, dass für einen Betroffenen auch mehrere Betreuer bestellt werden können (§ 1899). Der Vorrang der Einzelbetreuung ist auch dann gewahrt, wenn Mitarbeiter von Betreuungsvereinen und Behörden persönlich als Einzelbetreuer bestellt werden (II). Wenn dies nicht möglich ist oder eine Betreuung durch eine einzelne natürliche Person nicht sinnvoll ist, so kann auch der Verein als solcher und subsidiär dazu die Betreuungsbehörde bestellt werden (§ 1900 I 1, IV 1), was im Einzelfall jedoch näher begründet werden muss (BayObLG FamRZ 94, 1203). Die Bestellung mehrerer Betreuer soll nur erfolgen, wenn die Angelegenheiten des Betreuten dann besser besorgt werden können (§ 1899 I). 2

Entscheidend für die **Auswahl des Betreuers** ist die **Eignung** der als Betreuer vorgesehenen Person. Die Beurteilung der Eignung und die Auswahl zwischen mehreren geeigneten Personen liegen im Ermessen des BtG und ist eine Gesamtabwägung der für und gegen die Bestellung einer bestimmten Person sprechenden Gesichtspunkte (KG FamRZ 06, 889; 09, 910). Für die **Beurteilung der Eignung** (unbestimmter Rechtsbegriff) ist es ausschlaggebend, ob der Betreuer in der Lage ist, die Angelegenheiten des Betreuten, in dem ihm übertragenen Wirkungskreis zu besorgen (*Bienwald* FamRZ 00, 1314). Absolut **ungeeignet** sind in jedem Fall wegen der Notwendigkeit der gesetzlichen Vertretung (§ 1902) des Betreuten geschäftsunfähige Personen. Gleiches soll nach hM (Palandt/*Diederichsen* § 1897 Rz 5; aA für bestimmte Fallkonstellationen Jurgeleit/*Jurgeleit* § 1897 Rz 6) für beschränkt geschäftsfähige Minderjährige und Personen, die selbst unter Betreuung stehen (§ 1781), gelten. Auch die in III aufgezählten Personengruppen dürfen nicht zum Betreuer bestellt werden. Über die in III aufgezählten typischen Abhängigkeitsverhältnisse hinaus muss entspr gelten, wenn der Ehegatte des in Aussicht genommenen Betreuers in einem derartigen Verhältnis steht (Ddorf FamRZ 94, 1416). Da das Gesetzt in III an eine abstrakte Gefahr anknüpft, besteht für das BtG insoweit kein Ermessensspielraum (BayObLG FamRZ 02, 702) soweit nicht vorrangige Grundrechtspositionen betroffen sind (BVerfG FamRZ 06, 1785). Ungeeignet sind idR ferner Personen, die aufgrund der räumlichen Entfernung (Hambg BtPrax 94, 138) oder wegen Zeitmangel und Arbeitsüberlastung (BayObLG BtPrax 03, 270) den erforderlichen persönlichen Kontakt zum Betroffenen nicht oder nicht oft genug herstellen können, wobei die Einzelfallbeurteilung ausschlaggebend ist (Köln FamRZ 95, 1235). Auch Personen bei denen **Interessenkonflikte** zum Betroffenen bestehen, sollen nicht zum Betreuer bestellt werden. Wobei nahe Verwandte, als potentielle Erben des Betreuten, nicht von vornherein als Betreuer ungeeignet seien müssen (Jürgens/*Jürgens* § 1897 Rz 13; München FamRZ 08, 1115). Auch die ablehnende Haltung eines Angehörigen zu lebensverlängernden Maßnahmen führt nicht notwendig zu dessen Ungeeignetheit als Betreuer (Frankf BtPrax 07, 91). Der Interessenkonflikt muss anhand konkreter Tatsachen festgestellt werden und so schwer sein, dass das Wohl des Betroffenen erheblich gefährdet ist (OLG Schlesw FamRZ 05, 1860; München FamRZ 08, 1115). Lediglich geringe mögliche Interessenkonflikte zwischen Betreuer und Betreuten indizieren idR noch nicht dessen Ungeeignetheit und dürfen keine Grund sein, die vom Betroffenen als Betreuer gewünschte Person zu übergehen (KG FamRZ 95, 1442). 3

Einem **Vorschlag des Betroffenen** (BayObLG FamRZ 04, 976) muss entsprochen werden, wenn die Bestellung der vorgeschlagenen Person seinem Wohl nicht widerspricht (IV 1) und diese auch nicht zum nach III zwingend ausgeschlossenen Personenkreis gehört (Jürgens/*Jürgens* § 1897 Rz 14; Hamm NJW 06, 3436). Auch Wünsche eines Geschäftsunfähigen sind zu berücksichtigen und grds bindend, soweit sie auf einer ernsthaften und 4 auf Dauer angelegten eigenständigen Willensbildung beruhen (BayObLG FamRZ 05, 548; vgl zu Betreuungsverfügungen § 1901a) und nicht dem Wohl des Betreuten zuwiderlaufen (Zweibr FamRZ 05, 833), Nonverbale, Freude signalisierende Reaktionen, des nicht anderweitig zur Kommunikation fähigen Betreuten, genügen für einen maßgeblichen Vorschlag iSd § 1897 V jedoch idR nicht (Köln FamRZ 05, 1860). Ein früher geäußerter Vorschlag kann unter den gleichen Bedingungen abgeändert werden (BayObLG FamRZ 93, 1110). Nur wenn die vorgeschlagene Person ungeeignet ist, dh nicht die Gewähr dafür bietet, das Amt zum Wohl des Betreuten zu führen (BayObLG FamRZ 05, 832, 833) oder wenn der Vorgeschlagene zB wegen nachhaltigen Spannungen mit anderen Familienmitgliedern, die den Betreuten versorgen, sein Amt sehr wahrscheinlich nur ineffizient wird ausüben können (BayObLG FamRZ 04, 976, 977), darf der Vorschlag übergangen werden. Nicht ausreichend ist, dass möglicherweise noch eine geeignetere Person zur Verfügung stünde (Köln FamRZ 99, 811). Wenn der Betroffen keinen Betreuer vorschlägt, sondern nur bestimmte Personen ausschließt, (IV 2), ist das Gericht an den Wunsch zwar nicht gebunden, aber die so ausgeschlossene Person kann deswegen als Betreuer ungeeignet sein, weil vorauszusehen ist, dass der Betroffene die Kooperation mit ihr verweigern wird (BayObLG FamRZ 02, 1362; Palandt/*Diederichsen* § 1897 Rz 21; Jürgens/*Jürgens* § 1897 Rz 16).

5 Einzelbetreuung durch **Vereins- und Behördenbetreuer**. Die Bestellung hat iRd §§ 1900, 1908f zu erfolgen. Es handelt sich hierbei im Gegensatz zur Bestellung eines Betreuungsvereins oder der Behörde gem § 1900 I, IV um echte Einzelbetreuung iSd I (BayObLG FamRZ 99, 52). In seiner Amtsführung untersteht der Vereins- und Behördenbetreuer in erster Linie dem BtG und nicht seiner Anstellungskörperschaft (Staud/*Bienwald* § 1897 Rz 37).

6 Vorrangig ist die Bestellung von nicht berufsmäßigen Betreuern (VI). Nur wenn sich kein geeigneter ehrenamtlicher Betreuer finden, oder eine möglichst effektive Wahrnehmung der Betreuung dies gebietet (BayObLG FamRZ 02, 768, München FamRZ 06, 506), darf ein **Berufsbetreuer** bestellt werden (§ 1836 I). Die Notwendigkeit ist in den Gründen der Entscheidung darzulegen (BayObLG FamRZ 99, 1612). Auch der Vorschlag des Betroffenen nach IV 1 beseitigt den Vorrang der ehrenamtlichen Betreuung nicht (KG FamRZ 07, 81), es kann aber ggf von dem Rangverhältnis abgewichen werden, wenn ein bemittelter Betreuter, der die Kostenlast der Betreuung selbst zu tragen hat, dies wünscht (Palandt/*Diederichsen* § 1897 Rz 23; Jena NJW-RR 01, 796). Wird ein Berufsbetreuer bestellt, so hat er dem BtG Zahl und Umfang der von ihm berufsmäßig geführten Betreuungen mitzuteilen (VIII). Eine Fallobergrenze ist nicht vorgesehen (*Jurgeleit* FGPrax 05, 141). Erlangt der Berufsbetreuer während der Betreuung Kenntnis über potentielle ehrenamtliche Betreuer, muss er dem BtG Mitteilung machen (VI 2). Das Gericht hat dann einen möglichen Betreuerwechsel zu prüfen (§ 1908b I 2). Vor der erstmaligen Bestellung eines Berufsbetreuers soll das Gericht die Betreuungsbehörde, in deren Bezirk der Betreuer tätig werden will zu seiner Eignung und Qualifikation anhören (VII). Unterbleibt die Anhörung, berührt dies die Wirksamkeit der Bestellung nicht. Einen Anspruch von der Behörde als Betreuer vorgeschlagen zu werden, gibt es nicht (Ddorf FamRZ 98, 700; vgl *Dodegge* FS Bienwald 2006, 69).

7 Voraussetzung für die Bestellung ist außerdem, dass die als **Betreuer** ausgewählte Person sich **mit der Übernahme der Betreuung einverstanden erklärt** (§ 1898 II). Bei der Bestellung eines Vereins- oder Behördenbetreuers ist die Einwilligung des Vereins bzw der Behörde in die Bestellung erforderlich (II).

8 Liegt kein Vorschlag des Betreuten vor oder kann dieser nicht berücksichtigt werden, so hat das **Gericht** bei der Bestellung des Betreuers ein **Auswahlermessen** (KG BtPrax 06, 192). Bei der vorzunehmenden Interessenabwägung wird es neben den möglichen Ausschlussgründen verwandtschaftliche und sonstige persönlichen Bindungen des Volljährigen va zu den Eltern, Kindern und zum Ehegatten bzw Lebenspartner, zu berücksichtigen haben (V). Die in V genannten Personen genießen bei der Auswahl des Betreuers zwar nicht automatisch Vorrang, sind bei gleicher Eignung aber idR zu bevorzugen, wenn nicht gerade aus ihrem Näheverhältnis zum Betreuten, schwere Interessengegensätze (BayObLG NJWE-FER 00, 259) oder persönliche Spannungen resultieren, die gegen eine Betreuerbestellung sprechen (BayObLG FamRZ 04, 1991). Auch das Interesse des Betroffenen an der Kontinuität eines bereits bestehenden Betreuungsverhältnisses ist zu berücksichtigen (München BtPrax 06, 34).

9 **Verfahren**. Für die **Auswahl** des Betreuers ist idR der Richter zuständig (§ 14 I Nr 4 RPflG), wenn der Landesgesetzgeber nach § 19 I Nr 1 RPflG nichts anderes bestimmt hat. Der Betreute ist soweit möglich, vor der Bestellung anzuhören (BayObLG BtPrax 95, 105). **Beschwerdebefugnis**: Die Gerichtsentscheidung ist eine **Einheitsentscheidung**, bei der Auswahl und Bestellung des Betreuers gemeinsam erfolgen, dennoch kann die Auswahl des Betreuers gesondert oder auch mit einer gegen die Bestellung des Betreuers insgesamt gerichteten Beschwerde gem §§ 59, 303 FamFG angefochten werden (KG BtPrax 95, 106; Karlsr BtPrax 94, 214). Ob ein Beschwerderecht naher Angehöriger (V) gegen ihre Nichtberücksichtigung bei der Betreuerbestellung besteht ist umstr (vgl Jürgens/*Kemper* § 1897 Rz 23; Staud/*Bienwald* § 1897 Rz 47).

§ 1898 Übernahmepflicht.
(1) Der vom Betreuungsgericht Ausgewählte ist verpflichtet, die *Betreuung zu übernehmen*, wenn er zur Betreuung geeignet ist und ihm die Übernahme unter Berücksichtigung seiner familiären, beruflichen und sonstigen Verhältnisse zugemutet werden kann.
(2) Der Ausgewählte darf erst dann zum Betreuer bestellt werden, wenn er sich zur Übernahme der **Betreuung bereit erklärt hat.**

Die Vorschrift begründet für die vom BtG ausgewählte Person die **sanktionslose Rechtspflicht** (vgl Palandt/ *Diederichsen* § 1898 Rz 1 mwN) zur Übernahme der Betreuung, soweit sie für dieses Amt **geeignet** ist (§§ 1897, 1900) und ihr die Übernahme des Amtes auch unter Berücksichtigung ihrer persönlichen Verhältnisse **zugemutet** werden kann (I). Die für die Vormundschaft in § 1786 normierten Ablehnungsgründe (familiärer, beruflicher oder sonstiger Art, vgl § 1786 Rn 2) haben zwar keine direkte Geltung für die Betreuung, können aber dennoch für die Auslegung von I herangezogen werden (Jürgens/*Kemper* § 1899 Rz 2, Jurgeleit/*Jurgeleit* § 1898 Rz 3).

Der Ausgewählte darf erst zum Betreuer bestellt werden, wenn er sich **zur Übernahme der Betreuung bereit erklärt** hat (II). Dies gilt auch für den Vereinsbetreuer, dessen persönliche Zustimmung neben der des Vereins nach § 1897 II vorliegen muss (BayObLG FamRZ 94, 1061, 1062). Die Erzwingung der Übernahme durch die Festsetzung von Zwangsgeldern ist im Betreuungsrecht im Gegensatz zur Vormundschaft nicht möglich. Es kommen allerdings Schadensersatzansprüche des Fürsorgebedürftigen nach §§ 1908i iVm 1781 I in Betracht. Sollen mehrere Betreuer bestellt werden, ist die Zustimmung jedes einzelnen Betreuers erforderlich. Bei späterem Widerruf der Zustimmung ist der Betreuer zu entlassen (§ 1908b).

§ 1899 Mehrere Betreuer.
(1) ¹Das Betreuungsgericht kann mehrere Betreuer bestellen, wenn die Angelegenheiten des Betreuten hierdurch besser besorgt werden können. ²In diesem Falle bestimmt es, welcher Betreuer mit welchem Aufgabenkreis betraut wird. ³Mehrere Betreuer, die eine Vergütung erhalten, werden außer in den in den Absätzen 2 und 4 sowie § 1908i Abs. 1 Satz 1 in Verbindung mit § 1792 geregelten Fällen nicht bestellt.
(2) Für die Entscheidung über die Einwilligung in eine Sterilisation des Betreuten ist stets ein besonderer Betreuer zu bestellen.
(3) Soweit mehrere Betreuer mit demselben Aufgabenkreis betraut werden, können sie die Angelegenheiten des Betreuten nur gemeinsam besorgen, es sei denn, dass das Gericht etwas anderes bestimmt hat oder mit dem Aufschub Gefahr verbunden ist.
(4) Das Gericht kann mehrere Betreuer auch in der Weise bestellen, dass der eine die Angelegenheiten des Betreuten nur zu besorgen hat, soweit der andere verhindert ist.

Die Norm regelt die Voraussetzungen der **Bestellung mehrerer Betreuer** und deren Verhältnis zueinander. Wegen des Grundsatzes der Einzelbetreuung (§ 1897 I) hat sie Ausnahmecharakter, so dass das Vorhandensein eines geeigneten Betreuers für alle bestehenden Aufgabenkreise einen wichtigen Grund für die Entlassung der für verschiedene Aufgabenkreise bestellten Mitbetreuer darstellen kann (München FamRZ 06, 506; 07, 853). In erster Linie zur Kostendämpfung bestimmt I 3 außerdem, das grds nicht mehrere Betreuer bestellt werden können, welche eine Vergütung erhalten. Ausgenommen bleiben lediglich der Sterilisationsbetreuer (II), der Ergänzungsbetreuer (IV) und der Gegenbetreuer (§ 1908i iVm § 1792).

Die Anordnung der **Mitbetreuung** (I) ist nach den Umständen des Einzelfalls grds nur zulässig, soweit dadurch die Angelegenheiten des Betreuten besser besorgt werden können (BayObLG FamRZ 03, 1967). Sie kann mit geteiltem oder gemeinsamem Aufgabenkreis (III) erfolgen. Dies wird zB bei Eltern eines volljährig gewordenen behinderten Kindes anerkannt (Jürgens/*Jürgens* § 1899 Rz 3), wobei das Gericht jedoch nicht verpflichtet ist, beide Eltern zu Betreuern zu bestellen (Schlesw FamRZ 05, 1278). Mehrere Betreuer können auch bei großer Entfernung (BayObLG NJWE-FER 00, 259) oder wenn ein Betreuer nicht über genug Sachkenntnis für alle zu regelnde Aufgabenkreise verfügt (BayObLG FamRZ 97, 114) bestellt werden (vgl zu weiteren Bsp Jurgeleit/*Jurgeleit* § 1899 Rz 5 ff). Bei **Meinungsverschiedenheiten** zwischen mehreren Betreuern entscheidet das BtG bei getrennten Aufgabenkreis nach §§ 1908i I 1, 1798, bei demselben Aufgabenkreis nach §§ 1908i, 1797 I 2.

Die Bestellung eines **Verhinderungsbetreuers** (IV) als Ergänzungsbetreuer ist nur möglich, wenn der Hauptbetreuer nach seiner Bestellung an der Erledigung bestimmter Aufgaben aus tatsächlichen oder rechtlichen Gründen verhindert ist (BayObLG FamRZ 04, 906, Schlesw FGPrax 04, 213). Sie gilt nur für den Umfang der Verhinderung des Betreuers (*Bienwald* FamRZ 04, 1750). Die rein abstrakte Möglichkeit einer Verhinderung genügt nicht (BayObLG FamRZ 04, 1993), Unsicherheiten über die Wirksamkeit eines Rechtsgeschäftes stehen der Bestellung eines Ergänzungsbetreuers aber nicht entgegen (Stuttg FamRZ 05, 62).

Ein **Sterilisationsbetreuung** (II) ist für die Einwilligung in eine Sterilisation (§ 1905) stets erforderlich, auch wenn bereits eine personensorgerechtliche Betreuung besteht. In den Aufgabenkreis des Sterilisationsbetreuers fallen alle mit der Entscheidung zusammenhängenden Tätigkeiten, wie zB auch der Abschluss des Arztvertrages (Palandt/*Diederichsen* § 1899 Rz 8).

Gegenbetreuung. Diese Möglichkeit ist zwar nicht in § 1899 erwähnt, ergibt sich aber aus der Verweisung in § 1908i auf §§ 1792, 1799. Der Gegenbetreuer hat lediglich Kontroll- und Überwachungsaufgaben (BayObLG BtPrax 04, 197; aA Frankf FamRZ 09, 247).

§ 1900 Betreuung durch Verein oder Behörde. (1) Kann der Volljährige durch eine oder mehrere natürliche Personen nicht hinreichend betreut werden, so bestellt das Betreuungsgericht einen anerkannten Betreuungsverein zum Betreuer. Die Bestellung bedarf der Einwilligung des Vereins.
(2) ¹Der Verein überträgt die Wahrnehmung der Betreuung einzelnen Personen. ²Vorschlägen des Volljährigen hat er hierbei zu entsprechen, soweit nicht wichtige Gründe entgegenstehen. ³Der Verein teilt dem Gericht alsbald mit, wem er die Wahrnehmung der Betreuung übertragen hat.
(3) Werden dem Verein Umstände bekannt, aus denen sich ergibt, dass der Volljährige durch eine oder mehrere natürliche Personen hinreichend betreut werden kann, so hat er dies dem Gericht mitzuteilen.
(4) Kann der Volljährige durch eine oder mehrere natürliche Personen oder durch einen Verein nicht hinreichend betreut werden, so bestellt das Gericht die zuständige Behörde zum Betreuer. Die Absätze 2 und 3 gelten entsprechend.
(5) Vereinen oder Behörden darf die Entscheidung über die Einwilligung in eine Sterilisation des Betreuten nicht übertragen werden.

1 **A. Betreuung durch eine juristische Person.** Kann der Betroffene durch eine (oder mehrere) natürliche Personen nicht hinreichend betreut werden, so hat das Gericht vorrangig einen anerkannten Betreuungsverein (§ 1908f), subsidiär die zuständige Betreuungsbehörde, zum Betreuer zu bestellen (idR am gewöhnlichen Aufenthaltsort des Betroffenen: Hambg BtPrax 94, 138).

2 **B. Vereinsbetreuung.** Der Verein darf nur zum Betreuer bestellt werden, wenn die Betreuung des Betroffenen durch natürliche Personen nicht hinreichend wahrgenommen werden kann, sei es dass keine geeignete natürliche Person gefunden werden kann, die bereit und in der Lage wäre, die Betreuung zu übernehmen oder weil für den konkreten Fall die Betreuung des Betroffenen durch eine oder mehrere Personen nicht sinnvoll ist (I). Möglich ist dies zB, wenn so zunächst herausgefunden werden soll welcher Vereinsmitarbeiter die Betreuung übernehmen soll oder wenn der Betreute wegen seines Krankheitsbildes unfähig ist, eine Vertrauensbeziehung zu Einzelpersonen aufzubauen (Jürgens/*Jürgens* § 1900 Rz 2). Nur ein nach § 1908f anerkannter Betreuungsverein kann zum Betreuer bestellt werden. Für die Einwilligung in eine Sterilisation (V) ist die Bestellung eines Vereins oder der Behörde als Betreuer ausgeschlossen, da hier dem Vorhandensein eines Einzelbetreuers als Ansprechpartner für den Betreuten eine besondere Bedeutung zukommt (vgl § 1899 Rn 4). Der Betreuungsverein muss sich außerdem zur Übernahme der Betreuung bereit erklären (I 2). Die Einwilligung ist an keine bestimmte Form gebunden (Soergel/*Zimmermann* § 1900 Rz 6). Verweigert er die Bestellung, muss entweder ein anderer Betreuungsverein gesucht werden, oder es ist die zuständige Betreuungsbehörde zu bestellen (Staud/*Bienwald* § 1900 Rz 26). Zur Durchführung der Betreuung überträgt der Verein die Wahrnehmung intern auf einzelne Mitarbeiter (II). Die Auswahl der einzelnen Personen obliegt den satzungsgemäß zuständigen Organen des Vereins (MüKo/*Schwab* § 1900 Rz 6). Stehen keine wichtigen Gründe entgegen, hat der Verein Vorschlägen des Betreuten dazu, wer innerhalb des Vereins die Betreuungsaufgaben wahrnehmen soll, zu folgen (II 2). Die konkret ausgewählte Person ist dem Gericht alsbald nach Übertragung der Betreuung (II 2) zu benennen. Sie ist kein Vereinsbetreuer iSd § 1897 II.

3 **C. Behördenbetreuung (Abs 4).** Nur ausnahmsweise, wenn der Betroffene weder durch eine natürliche Person, noch durch einen anerkannten Betreuungsverein hinreichend betreut werden kann, ist die Bestellung der zuständigen Behörde als Betreuer zulässig (Hambg BtPrax 94, 138). Dies ist auch jeweils bei Verlängerung der Betreuung erneut zu prüfen (Staud/*Bienwald* § 1900 Rz 26). Da es sich hier um einen Auffangtatbestand handelt, der für den Fall eines quantitativen oder qualitativen Mangels an anderen Betreuern gedacht ist (BayObLG FamRZ 93, 1248), um sicherzustellen, dass in jedem Fall eine qualifizierte Betreuung gewährleistet ist, ist eine Zustimmung der Behörde zur Übernahme der Betreuung nicht erforderlich (MüKo/*Schwab* § 1900 Rz 10; Jürgens/*Jürgens* § 1900 Rz 7; BayObLG FamRZ 01, 316). Die Behörde kann auch zum vorläufigen Betreuer bestellt werden, wenn wegen Eilbedürftigkeit nicht festgestellt werden kann, ob eine natürliche Person oder ein Betreuungsverein die Betreuung übernehmen können (Jürgens/*Jürgens* § 1900 Rz 7; BayObLG FamRZ 01, 316). Als Sterilisationsbetreuer darf die Betreuungsbehörde nicht bestellt werden (V). Die Behörde überträgt die Betreuung intern idR auf einzelne (oder soweit erforderlich auch auf mehrere) ihrer Bediensteten (Staud/*Bienwald* § 1900 Rz 31) unter möglichst weitgehender Berücksichtigung der Wünsche des Betreuten. Auf die Behördenbetreuung finden die II und III entspr Anwendung. Die Durchführung der Betreuung durch die Behörde richtet sich nach dem Betreuungsbehördengesetz (BtBG) und den dazu ergangenen landesrechtlichen Ausführungsgesetzen (Soergel/*Zimmermann* § 1900 Rz 17; *Deinert* DAV 89, 1019). Betreuungsbehörde und Betreuungsverein erhalten keine Vergütung (§§ 1908i I 1, 1836 IV) und keine pauschale Aufwandsentschädigung (§§ 1908i I 1, 1835a V). Aufwendungsersatz kann ggf im eingeschränkten Umfang geltend gemacht werden (§§ 1908i, 1835 V).

4 **D. Beendigung.** Die Vereins- oder Behördenbetreuung ist zu beenden, wenn eine geeignete natürliche Person gefunden wird, die die Betreuung übernehmen kann (§ 1908b V), bzw statt der Behörde ein Betreuungsverein zur Verfügung steht. Betreuungsverein und Betreuungsbehörde sind verpflichtet die Möglichkeit der Einzelbetreuung dem Gericht mitzuteilen (III 2). Der Verein ist außerdem auf seinen Antrag zu entlassen,

wenn nach seiner Bestellung Umstände eingetreten sind, die ihm eine Weiterführung der Betreuung unzumutbar machen, etwa durch Ausscheiden von mit der Betreuung betrauten und nicht anderweitig ersetzbaren Mitarbeitern (Staud/*Bienwald* § 1900 Rz 21).

§ 1901 Umfang der Betreuung, Pflichten des Betreuers.

(1) Die Betreuung umfasst alle Tätigkeiten, die erforderlich sind, um die Angelegenheiten des Betreuten nach Maßgabe der folgenden Vorschriften rechtlich zu besorgen.
(2) ¹Der Betreuer hat die Angelegenheiten des Betreuten so zu besorgen, wie es dessen Wohl entspricht. ²Zum Wohl des Betreuten gehört auch die Möglichkeit, im Rahmen seiner Fähigkeiten sein Leben nach seinen eigenen Wünschen und Vorstellungen zu gestalten.
(3) ¹Der Betreuer hat Wünschen des Betreuten zu entsprechen, soweit dies dessen Wohl nicht zuwiderläuft und dem Betreuer zuzumuten ist. ²Dies gilt auch für Wünsche, die der Betreute vor der Bestellung des Betreuers geäußert hat, es sei denn, dass er an diesen Wünschen erkennbar nicht festhalten will. ³Ehe der Betreuer wichtige Angelegenheiten erledigt, bespricht er sie mit dem Betreuten, sofern dies dessen Wohl nicht zuwiderläuft.
(4) ¹Innerhalb seines Aufgabenkreises hat der Betreuer dazu beizutragen, dass Möglichkeiten genutzt werden, die Krankheit oder Behinderung des Betreuten zu beseitigen, zu bessern, ihre Verschlimmerung zu verhüten oder ihre Folgen zu mildern. ²Wird die Betreuung berufsmäßig geführt, hat der Betreuer in geeigneten Fällen auf Anordnung des Gerichts zu Beginn der Betreuung einen Betreuungsplan zu erstellen. ³In dem Betreuungsplan sind die Ziele der Betreuung und die zu ihrer Erreichung zu ergreifenden Maßnahmen darzustellen.
(5) ¹Werden dem Betreuer Umstände bekannt, die eine Aufhebung der Betreuung ermöglichen, so hat er dies dem Betreuungsgericht mitzuteilen. ²Gleiches gilt für Umstände, die eine Einschränkung des Aufgabenkreises ermöglichen oder dessen Erweiterung, die Bestellung eines weiteren Betreuers oder die Anordnung eines Einwilligungsvorbehalts (§ 1903) erfordern.

Die Vorschrift regelt die **Pflichten des Betreuers,** bei der Ausübung seines Amtes. Ihre Einhaltung ist vom BtG zu kontrollieren und durchzusetzen (§§ 1908i I 1, 1837), Verstöße können ggf zur Entlassung des Betreuers führen (vgl § 1908b). Die in II 1 und II 2 genannten Pflichten erzeugen jedoch keine Außenwirkung, so dass der Betreuer in seiner Vertretungsmacht nicht beschränkt wird (BGH FamRZ 08, 404). Daneben kann ggf eine Garantiepflicht zur Verhinderung von Straftaten des Betreuten bestehen (Celle FamRZ 08, 1026). 1

Die Betreuung umfasst alle Tätigkeiten, die zur **Besorgung rechtlicher Angelegenheiten** in den bei der Bestellung übertragenen Aufgabenkreisen erforderlich sind (zu den Aufgabenkreisen vgl § 1896 Rn 20ff), um die Geschäfte des Betreuten zu erledigen (I). Die darüber hinausgehende persönliche Zuwendung des Betreuers, wie zB persönliche Gespräche, Besuche zu Geburtstagen uä sind zwar wünschenswert, aber nicht Gegenstand der Betreuung. Sie können daher auch nicht vergütet werden. Gleiches gilt für die Begleitung des Betreuten zu Arztbesuchen (BayObLG FamRZ 03, 477), die Erledigung von Einkäufen oder die Hilfe bei der Pflege, da für alle diese Tätigkeiten die Vergütung von anderen Kostenträgern zu erbringen ist (Krankenkasse, Sozialhilfe, Pflegeversicherung). Der Betreuer ist nur für die Organisation der entspr Maßnahmen verantwortlich (Jurgeleit/*Deusing* § 1901 Rz 21). Ausnahmsweise kann der Betreuer aber auch für bestimmte nichtvergütungsfähige Tätigkeiten über §§ 670, 1835 III Aufwendungsersatz geltend machen, zumindest dann, wenn der Zeitaufwand für die Organisation von anderen Hilfsdiensten für den Betreuer höher wäre, als diese Tätigkeiten gleich selbst auszuführen (Jürgens/*Jürgens* § 1901 Rz 3, BayObLG FamRZ 98, 1050). 2

Bei der **Erledigung seiner Aufgaben** hat sich der Betreuer am **Wohl des Betreuten** zu orientieren (II 1). Es handelt sich hier um einen unbestimmten Rechtsbegriff, der nicht rein objektiv zu verstehen ist, sondern subjektiv konkret die Berücksichtigung der Wünsche und Bedürfnisse des Betreuten in Bezug auf seine Lebensgestaltung erfordert (zB hinsichtlich seines Aufenthaltsortes: Köln NJW-RR 97, 451; zur Erklärung des Kirchenaustritts des Betreuten durch den Betreuer vgl *Deinert* FamRZ 06, 243 ff; vgl mw Bsp: *Epple* BtPrax 93, 156). Dem Betroffenen muss soweit wie möglich, sein bisheriger Lebenszuschnitt erhalten bleiben (BayObLG FamRZ 92, 106). So darf der Betreuer nicht etwa im Interesse des künftigen Erben (Ddorf FamRZ 99, 1166) oder der Gläubiger des Betreuten (Jurgeleit/*Deusing* § 1901 Rz 34) den Lebenszuschnitt des Betroffenen auf ein bescheideneres Maß zurückführen, um Geld zu sparen. 3

Der Wille des Betreuten hat begrenzten Vorrang. Soweit es dem **Wohl des Betreuten nicht zuwiderläuft** und die Erfüllung seiner Wünsche für den Betreuer auch **zumutbar** ist, sind diese für den Betreuer verbindlich (III). Er hat die aktuellen Wünsche des Betreuten auch unabhängig von dessen Geschäftsfähigkeit und der Form ihrer Kundgabe zu beachten, vorausgesetzt, dass sie sich auf erforderliche Tätigkeiten iRd rechtlichen Betreuung richten und außerdem in den ihm übertragenen Aufgabenbereich fallen (Jurgeleit/*Deusing* § 1901 Rz 36). Sind diese Voraussetzungen nicht gegeben, so sind Wünsche des Betreuten für den Betreuer nur dann verbindlich, wenn der Betreute geschäftsfähig ist und der Wunsch daher als Auftrag und Bevollmächtigung des Betreuers zur Vornahme bestimmter Geschäfte ausgelegt werden kann. Wann der Betreute die Wünsche geäußert hat, ist für die Bindungswirkung unerheblich (II 2). Auch bereits vor Anordnung der 4

Betreuung, zB in Form einer Betreuungsverfügung (vgl § 1901a), geäußerte Wünsche sind verbindlich, es sei denn, dass der Betroffene an diesen Wünschen erkennbar nicht festhalten will (Jurgeleit/*Deusing* § 1901 Rz 45). Außerdem hat der Betreuer idR alle wichtigen Angelegenheiten der Betreuung (wie zB risikoreiche ärztliche Maßnahmen, Auflösung der Wohnung, Telfon und Postkontrolle usw) mit dem Betreuten vorab zu besprechen, um dessen Meinung zu den beabsichtigten Maßnahmen in Erfahrung zu bringen (III 3). Was wichtige Angelegenheiten sind, richtet sich nach den konkreten Lebensverhältnissen des Betroffenen (Jürgens/*Jürgens* § 1901 Rz 13 mwN). Ganz allgemein werden die Angelegenheiten, in denen eine besondere vormundschaftliche Erlaubnis für das Handeln des Betreuers erforderlich ist (vgl §§ 1821, 1822, 1896 IV, 1904-1907), grds dazu zu rechnen sein.

5 **Nicht berücksichtigen darf der Betreuer solche Wünsche**, die entweder zwingendem Recht widersprechen, oder aus anderen Gründen offensichtlich dem Wohl des Betreuten zuwiderlaufen. Dies gilt besonders, wenn sich die Wünsche des Betreuten nur bei Gefahr einer schweren Selbstschädigung umsetzen ließen, also wenn etwa dadurch das Leben, die Gesundheit oder Persönlichkeitsrechte des Betreuten gefährdet würden (BGH FamRZ 09, 1656). Hat die Berücksichtigung des Wunsches des Betreuten hingegen lediglich eine begrenzte Vermögenseinbuße zur Folge und wird das Geld nicht zur Bestreitung des täglichen Lebens benötigt, so ist dem Wunsch zu entsprechen (Schlesw BtPrax 01, 211). Wünsche, deren Erfüllung dem Betreuer nicht zugemutet werden können, wie zB überzogene Anforderungen an die Häufigkeit und die Dauer des Betreuungsaufwandes (Soergel/*Zimmermann* § 1901 Rz 12), sind unbeachtlich.

6 Auf den übertragenen Aufgabenkreis beschränkt (Staud/*Bienwald* § 1901 Rz 31, Palandt/*Diederichsen* Rz 9), ist der Betreuer außerdem verpflichtet dazu beizutragen, dass Möglichkeiten zur **Rehabilitation** des Betreuten genutzt werden (IV). Hierzu hat sich zB der für die Gesundheitsfürsorge bestellte Betreuer, der Hilfe von Ärzten, Psychiatern, Therapeuten und anderen Fachleuten zu bedienen, während etwa ein Vermögensbetreuer, sich lediglich um die finanzielle Sicherung der Rehabilitationsmaßnahmen zu kümmern hätte.

7 **Mitteilungspflichten (V).** Unabhängig vom jeweiligen Aufgabenkreis ist jeder Betreuer dazu verpflichtet, dem Gericht alle ihm bekannt werdenden Umstände mitzuteilen, die eine Veränderung der Betreuungsanordnung erforderlich machen. Die Mitteilungspflicht bezieht sich nur auf Umstände, die dem Betreuer in der Wahrnehmung seines Aufgabenkreises bekannt geworden sind, ihn trifft keine allgemeine Ermittlungspflicht.

8 **Betreuungsplan (IV 2 u 3).** Mit dieser durch das 2. BtÄndG neu eingefügten Bestimmung, werden nunmehr (ausschließlich) Berufsbetreuer dazu verpflichtet, am Anfang der Betreuung einen Betreuungsplan zu erstellen, wenn das Gericht dies anordnet. Die genaue Ausgestaltung des Betreuungsplans ist nicht vorgegeben und wird sich daher an dem zugewiesenen Aufgabenkreis und der Komplexität der einzelnen Betreuung zu orientieren haben (Jürgens/*Jürgens* § 1901 Rz 17, Jurgeleit/*Deusing* § 1901 Rz 105/106). Kommt es während der Betreuungen zu Problemen, die eine Abänderung der im Betreuungsplan vorgesehenen Ziele und Maßnahmen erfordern, so ist der Plan anzupassen und das Gericht zu benachrichtigen. Dem Gericht obliegt die Prüfung und Bewertung des Plans, es ist jedoch nicht berechtigt eigene Zweckmäßigkeitserwägungen an die Stelle derjenigen des Betreuers zu setzen (Jurgeleit/*Deusing* § 1901 Rz 108).

§ 1901a Patientenverfügung.

(1) ¹Hat ein einwilligungsfähiger Volljähriger für den Fall seiner Einwilligungsunfähigkeit schriftlich festgelegt, ob er in bestimmte, zum Zeitpunkt der Festlegung noch nicht unmittelbar bevorstehende Untersuchungen seines Gesundheitszustandes, Heilbehandlungen oder ärztliche Eingriffe einwilligt oder sie untersagt (Patientenverfügung), prüft der Betreuer, ob diese Festlegungen auf die aktuelle Lebens- und Behandlungssituation zutreffen. ²Ist dies der Fall, hat der Betreuer dem Willen des Betreuten Ausdruck und Geltung zu verschaffen. ³Eine Patientenverfügung kann jederzeit formlos widerrufen werden.

(2) ¹Liegt keine Patientenverfügung vor oder treffen die Festlegungen einer Patientenverfügung nicht auf die aktuelle Lebens- und Behandlungssituation zu, hat der Betreuer die Behandlungswünsche oder den mutmaßlichen Willen des Betreuten festzustellen und auf dieser Grundlage zu entscheiden, ob er in eine ärztliche Maßnahme nach Absatz 1 einwilligt oder sie untersagt. ²Der mutmaßliche Wille ist aufgrund konkreter Anhaltspunkte zu ermitteln. ³Zu berücksichtigen sind insbesondere früherer mündliche oder schriftliche Äußerungen, ethische oder religiöse Überzeugungen und sonstige persönliche Wertvorstellungen des Betreuten.

(3) Die Absätze 1 und 2 gelten unabhängig von Art und Stadium einer Erkrankung des Betreuten.

(4) ¹Niemand kann zur Errichtung einer Patientenverfügung verpflichtet werden. ²Die Errichtung oder Vorlage einer Patientenverfügung darf nicht zur Bedingung eines Vertragsschlusses gemacht werden.

(5) Die Absätze 1 bis 3 gelten für Bevollmächtigte entsprechend.

1 **I. Vorbemerkung.** Mit dem 3. Gesetz zur Änderung des Betreuungsrechts v. 29.7.09, BGBl I 2286 ist das *Rechtsinstitut der Patientenverfügung* in das bürgerliche Recht eingeführt worden. Damit wird das Recht eines entscheidungsfähigen Patienten anerkannt, sein Selbstbestimmungsrecht nicht nur aktuell, sondern auch durch eine in die Zukunft wirkende vorausschauende Verfügung auszuüben. Mit den Regelungen zur Patientenverfügung wird klargestellt, dass für die medizinische Behandlung eines Menschen, wie in jeder

Lebensphase, auch am Lebensende gilt, dass der Patient entscheidet, ob er ärztliche Hilfe in Anspruch nehmen will (*Brosey* BtPrax 09, 175; *Hoffmann* BtPrax 09, 7).

II. Patientenverfügung. Als Patientenverfügung (I) werden schriftliche Willensbekundungen eines einwilligungsunfähigen Volljährigen mit Entscheidungen über die Einwilligung oder Nichteinwilligung in noch nicht unmittelbar bevorstehende Untersuchungen seines Gesundheitszustandes, Heilbehandlungen oder ärztliche Eingriffe für den Fall der späteren Einwilligungsunfähigkeit bezeichnet (BTDrs 16/8442). Der in einer Patientenverfügung zum Ausdruck kommende Patientenwille ist bindend, wenn der Verfasser Festlegungen gerade für diejenige Lebens- u Behandlungssituation getroffen hat, die nun zu entscheiden ist, der Wille nicht auf ein Verhalten gerichtet ist, das einem Verbot unterliegt (etwa die aktive Sterbehilfe), der Wille in der Behandlungssituation noch aktuell ist und keine Anhaltspunkte dafür vorliegen, dass die Patientenverfügung durch äußeren Druck oder aufgrund eines Irrtums zustande gekommen ist (BTDrs 16/8442). Die Patientenverfügung bedarf zu ihrer Wirksamkeit der Schriftform (I 1). Weitere formelle Voraussetzungen, wie etwa eine verbindliche ärztliche Beratung vor Abfassung der Patientenverfügung, die Angabe von Zeit u Ort der Abfassung oder eine regelmäßige Aktualisierung, sieht § 1901a nicht vor (BTDrs 16/8442; 16/13314). Nach II 1 ist der Betreuer an Behandlungswünsche des Betreuten gebunden. Dies gilt auch für den mutmaßlichen Behandlungswillen in den Fällen, in denen ein konkreter situationsbezogener Patientenwille feststellbar ist, der etwa wegen fehlender Schriftform (I 1) keine unmittelbare Bindungswirkung ggü dem Arzt entfaltet (BTDrs 16/8442). Nach III ist die Patientenverfügung auch unabhängig von Art der Krankheit und vom Krankheitsstadium verbindlich (BTDrs 16/8442; vgl auch BGH NJW 05, 2385) Nach IV 1 ist zum Schutz der Patientenverfügungsfreiheit jeder Zwang zur Abfassung einer Patientenverfügung unzulässig. Darüber hinaus gilt ein Kopplungsverbot (IV 2), dh die Errichtung oder Vorlage einer Patientenverfügung darf nicht zur Bedingung eines Vertragsschlusses (§ 158) gemacht werden (BTDrs 16/8442). Für Bevollmächtigte (V) gelten die I–III entsprechend (BTDrs 16/8442).

§ 1901b Gespräch zur Feststellung des Patientenwillens. **(1)** ¹**Der behandelnde Arzt prüft, welche ärztlichen Maßnahmen im Hinblick auf den Gesamtzustand und die Prognose des Patienten indiziert ist.** ²**Er und der Betreuer erörtern diese Maßnahme unter Berücksichtigung des Patientenwillens als Grundlage für die nach § 1901a zu treffende Entscheidung.**
(2) Bei der Feststellung des Patientenwillens nach § 1901a Absatz 1 oder der Behandlungswünsche oder des mutmaßlichen Willens nach § 1901a Absatz 2 soll nahen Angehörigen und sonstigen Vertrauenspersonen des Betreuten Gelegenheit zur Äußerung gegeben werden, sofern dies ohne erhebliche Verzögerung möglich ist.
(3) Die Absätze 1 und 2 gelten für Bevollmächtigte entsprechend.

Mit § 1901b wird der dialogische Prozess zwischen dem behandelnden Arzt, dem Betreuer und ggf weiteren Personen im Gesetz verankert. I befasst sich mit den Aufgaben von Arzt und Betreuer im Fall einer Einwilligungsunfähigkeit des Patienten. II bezieht sich auf die Feststellung des Patientenwillens nach § 1901a I u II. In III wird eine entsprechende Anwendung der I u II für Bevollmächtigte vorgesehen (BTDrs 16/13314).

§ 1901c Schriftliche Betreuungswünsche, Vorsorgevollmacht. ¹**Wer ein Schriftstück besitzt, in dem jemand für den Fall seiner Betreuung Vorschläge zur Auswahl des Betreuers oder Wünsche zur Wahrnehmung der Betreuung geäußert hat, hat es unverzüglich an das Betreuungsgericht abzuliefern, nachdem er von der Einleitung eines Verfahrens über die Bestellung eines Betreuers Kenntnis erlangt hat.** ²**Ebenso hat der Besitzer das Betreuungsgericht über Schriftstücke, in denen der Betroffene eine andere Person mit der Wahrnehmung seiner Angelegenheiten bevollmächtigt hat, zu unterrichten.** ³**Das Betreuungsgericht kann die Vorlage einer Abschrift verlangen.**

Die **Ablieferungspflicht** für schriftliche **Betreuungsverfügungen (1)** soll sicherstellen, dass das BtG rechtzeitig von den Wünschen des Betroffenen Kenntnis erlangt. Abzuliefern sind alle Schriftstücke, in denen eine Person Regelungen für den Fall der Betreuung getroffen hat, als sie noch nicht gehindert war ihren Willen frei zu bestimmen (sog Betreuungsverfügungen). Es ist dabei gleichgültig ob die diesbezüglichen Regelungen sich auf die Person des zu bestellenden Betreuers (vgl § 1897 IV), auf bestimmte Aufgabenbereiche, allgemein die Führung der Betreuung oder Wünsche über die Lebensgestaltung während der Betreuung, beziehen (Jürgens/*Jürgens* § 1901a Rz 2 ff). Für die Betreuungsverfügung besteht **kein Formzwang** (Jurgeleit/*Deusing* § 1901a Rz 10). Abzuliefern sind auch **Patientenverfügungen (§ 1901a)**, soweit sie mit einer Betreuungsverfügung verbunden sind (Jurgeleit/*Deusing* § 1901a Rz 7). Die Ablieferungspflicht bezieht sich dabei nicht nur auf die vom Betroffenen ausdrücklich als solche bezeichneten Betreuungsverfügungen, sondern auch auf alle sonstigen Schriftstücke, in denen der Betroffene Wünsche für den Fall einer Betreuung geäußert hat (zB Briefe an Verwandte). Wer Eigentümer oder Besitzer der Schriftstücke ist, ist für die Ablieferungspflicht unerheblich (Jürgens/*Jürgens* § 1901a Rz 16).

2 **Zeitpunkt der Ablieferungspflicht.** Wer ein derartiges Schriftstück in seinem Besitz hat, ist verpflichtet, dieses unverzüglich mit Kenntnis von der Einleitung eines Betreuungsverfahrens an das zuständige BtG abzuliefern (Soergel/*Zimmermann* § 1901a Rz 2). Vor Einleitung des Betreuungsverfahrens besteht auch bei Kenntnis der Betreuungsbedürftigkeit des Betroffen noch keine Ablieferungspflicht (KG FamRZ 95, 1295). Die Ablieferungspflicht endet erst mit dem Ende der Betreuung, so dass sie auch noch bei nachträglicher Kenntniserlangung während bereits bestehender Betreuung entstehen kann (Jürgens/*Jürgens* § 1901a Rz 18).

3 **Vorsorgevollmachten (2 u 3).** Der Begriff der Vorsorgevollmacht ist im Gesetz nicht definiert. Üblicherweise wird heute dann eine Vollmacht als „Vorsorgevollmacht" bezeichnet, wenn in ihr zwischen Vollmachtgeber und Bevollmächtigten vereinbart ist, dass von ihr nur bei Handlungs- und Entscheidungsunfähigkeit des Vollmachtgebers infolge Unfall, Krankheit oder Alter Gebrauch gemacht werden soll. Für das Handeln des Bevollmächtigten gelten die §§ 164 ff. Da eine einmal erteilte Vollmacht auch durch den Eintritt der Geschäftsunfähigkeit des Vollmachtgebers nicht erlischt, ginge eine solche Vorsorgevollmacht der Bestellung eines Betreuers vor (vgl § 1896 Rn 19). Anders als bei Betreuungsverfügungen (1) wird hier für den Fall der Betreuung aber nicht die Ablieferung der Vollmachtsurkunde selbst, sondern nur die Vorlage einer Abschrift, verlangt. Der Inhaber der Vollmacht kann so das Original weiter im Rechtsverkehr zur notwendigen Legitimation benutzen. Bei notariell beurkundeten Vollmachten hat das Original bei den Notariatsakten zu verbleiben. Da dies auch für notariell beurkundete Betreuungsverfügungen (1) gilt, ist auch bei diesen entspr 2 u 3 zu verfahren (Jurgeleit/*Deusing* § 1901a Rz 11). Vorsorgevollmachten können außerdem in einem bei der Bundesnotarkammer geführten **Zentralregister** registriert werden, um sicherzustellen, dass sie auch gefunden werden, wenn eine Betreuung angeordnet werden soll (vgl Jürgens/*Jürgens* § 1901a Rz 21).

§ 1902 Vertretung des Betreuten. In seinem Aufgabenkreis vertritt der Betreuer den Betreuten gerichtlich und außergerichtlich.

1 Der **Betreuer** ist iRd ihm übertragenen Aufgabenkreises **gesetzlicher Vertreter des Betreuten** (s.a. § 1896 II 2). Die Vertretungsmacht des Betreuers gilt für die gerichtliche und auch die außergerichtliche Vertretung. Eine Betreuung ohne Vertretungsmacht ist nicht möglich (Staud/*Bienwald* § 1902 Rz 14).

2 Der **Umfang der Vertretungsbefugnis** wird in erster Linie durch den Aufgabenkreis des Betreuers bestimmt und reicht nur soweit, wie er ihrer bedarf, um die ihm übertragenen Aufgaben zu erfüllen (KG FamRZ 07, 1041; München FamRZ 08, 1030). Für das Außenverhältnis ausschlaggebend ist dabei ausschließlich der im Bestellungsbeschluss nach § 286 I Nr 1 FamFG bezeichnete Aufgabenkreis (Jurgeleit/*Deusing* § 1902 Rz 35; Hamm FamRZ 07, 1841 f). IÜ gelten die allgemeinen Regeln der Stellvertretung §§ 164 ff, so dass der Betreuer innerhalb der Grenzen der Vertretungsmacht Erklärungen für den Betreuten abgeben und an diesen gerichtete Willenserklärungen empfangen kann. Außerdem kann er für den Betroffenen Klagen erheben, und gegen ihn gerichtete Klagen können gem § 171 I ZPO nur ihm wirksam zugestellt werden (*Deinert* BtPrax 01, 66).

3 Ist der **Betreute** trotz seiner Behinderung oder Krankheit **geschäftsfähig**, so konkurriert die Vertretungsbefugnis des Betreuers mit der fortbestehenden rechtsgeschäftlichen Handlungsfähigkeit des Betreuten (Staud/*Bienwald* § 1902 Rz 11). Diese **Doppelzuständigkeit** kann bei einander widersprechenden Rechtsgeschäften von Betreuer und Betreuten, soweit kein Einwilligungsvorbehalt (§ 1903) angeordnet ist, zu Schwierigkeiten führen. Bei widersprüchlichen Rechtsgeschäften durch den Betreuer einerseits und den Betreuten andererseits gilt folgendes: Bei Rechtsgeschäften, deren Rechtswirkungen mit einander kollidieren kommt das Prioritätsprinzip zur Anwendung, so dass im Außenverhältnis die zeitlich erste Erklärung Vorrang genießt (MüKo/*Schwab* § 1902 Rz 43). Davon unabhängig hat im Innenverhältnis idR der Wille des Betreuten Vorrang (§ 1901 II), so dass sich der Betreuer uU nach §§ 1833, 1908i I 1 (ggf auch § 823) schadensersatzpflichtig macht (Hamm FamRZ 01, 861). Sind die verschiedenen Rechtsgeschäfte lediglich wirtschaftlich unsinnig, so ändert dies an ihrer Wirksamkeit nichts und es verbleibt nur die Möglichkeit der Rückabwicklung (zB durch Widerruf, Rücktritt oder Anfechtung) nach den allgemeinen Vorschriften (Jürgens/*Jürgens* § 1902 Rz 4). Weiß der Geschäftsgegner, dass der Betreuer den Willen des Betreuten übergeht, so kann das Rechtsgeschäft nach den Regeln über den Missbrauch der Vertretungsmacht unwirksam sein (*Schwab* FamRZ 92, 493, 503). Soweit der Betroffene **geschäftsunfähig** ist (§§ 104 Nr 2; 105 I) oder für ihn ein Einwilligungsvorbehalt (§ 1903) vorgesehen ist, kann nur für ihn im Rechtsverkehr ausschließlich der Betreuer handeln.

4 **Grenzen der Vetretungsmacht.** Die Vertretungsmacht des Betreuers erstreckt sich unabhängig davon, ob der Betreute geschäftsfähig ist oder nicht, nur auf rechtsgeschäftliches Handeln und gilt daher grds nicht für höchstpersönliche Geschäfte des Betreuten (zB Eheschließung § 1311 I; Testamente und Erbverträge §§ 2064, 2274; vgl Jürgens/*Jürgens* § 1902 Rz 7 ff). Bei der Einwilligung in ärztliche Maßnahmen schließt bereits eine natürliche Einsichts- und Steuerungsfähigkeit beim Betreuten, die wirksame Abgabe einer entspr. Erklärung *durch den Betreuer* aus (Jurgeleit/*Deusing* § 1902 Rz 22). Die allgemeinen Vertretungsverbote des Stellvertretungsrechts (§ 181) finden Anwendung. Ggf ist in diesen Fällen die Bestellung eines zweiten Betreuers erforderlich. Auch Schenkungen aus dem Vermögen des Betreuten kann der Betreuer nur iRd § 1908i II iVm § 1804 machen (zu weiteren Beschränkungen vgl Soergel/*Zimmermann* § 1902 Rz 5 ff).

Genehmigungserfordernisse. Außerdem bedarf der Betreuer für eine Reihe von Rechtsgeschäften zum 5
Schutz des Betreuten einer Genehmigung durch das BtG. Genehmigungspflichtig ist zB die Einwilligung in
ärztliche Untersuchungen oder Heilmaßnahmen (§ 1904), die Einwilligung in eine Sterilisation (§ 1905), die
Unterbringung oder eine unterbringungsähnliche Maßnahme (§ 1906), die Kündigung der Wohnung des
Betreuten (§ 1907) und die Gewährung von Ausstattung (§ 1908). Zusätzlich gelten verschiedene Genehmigungserfordernisse, die für den Vormund speziell im Bereich der Vermögensverwaltung angeordnet sind,
über die Verweisung des § 1908i auch für den Betreuer (§§ 1809 ff, 1821, 1822). Eine Befreiung von diesen
Beschränkungen, auch durch den geschäftsfähigen Betreuten, ist nicht möglich.

Beendigung. Mit der Entlassung des Betreuers (§ 1908b), der teilweisen oder vollständigen Aufhebung der 6
Betreuung (§ 1908d), der Einschränkung des Aufgabenkreises oder dem Tod des Betreuten endet idR auch
die Vertretungsmacht des Betreuers. Nur in Ausnahmefällen kommt auch über diesen Zeitpunkt iRd **Notgeschäftsführungsbefugnis** (§§ 1908i I, 1893 I, 1698b) ein Fortbestehen der Vollmacht in Betracht. IÜ steht es
dem Gericht frei, den Umfang der Betreuungsmacht durch eine Interpretation des Bestellungsbeschlusses zu
erweitern oder einzuengen (Soergel/*Zimmermann* § 1902 Rz 4). Solange die Notgeschäftsführung erforderlich
ist, hat der Betreuer auch Vertretungsmacht (Staud/*Bienwald* § 1908i Rz 65 ff). Wird die Betreuung aufgehoben, so ist dies für die Wirksamkeit der durch den Betreuer als gesetzlichen Vertreter bereits getätigten
Rechtsgeschäfte ohne Belang (BayObLG FamRZ 01, 255).

Bei **Überschreiten der Vertretungsmacht** hängt die Wirksamkeit von der Genehmigung des Vertretenen ab 7
(§ 177), die jedoch nur durch den geschäftsfähigen Betreuten erfolgen kann. Wird der Vertrag nicht genehmigt, so haftet der Betreuer dem Geschäftspartner nach § 179 I; ggf auch aus §§ 280, 311 III, wenn er eigenes
wirtschaftliches Interesse am Zustandekommen des Geschäfts hat oder besonderes Vertrauen in Anspruch
nimmt (Jurgeleit/*Deusing* § 1902 Rz 46; BGH NJW 95, 1213).

§ 1903 Einwilligungsvorbehalt.

(1) ¹Soweit dies zur Abwendung einer erheblichen Gefahr für
die Person oder das Vermögen des Betreuten erforderlich ist, ordnet das Betreuungsgericht an, dass der
Betreute zu einer Willenserklärung, die den Aufgabenkreis des Betreuers betrifft, dessen Einwilligung
bedarf (Einwilligungsvorbehalt). ²Die §§ 108 bis 113, 131 Abs. 2 und § 210 gelten entsprechend.
(2) Ein Einwilligungsvorbehalt kann sich nicht erstrecken auf Willenserklärungen, die auf Eingehung
einer Ehe oder Begründung einer Lebenspartnerschaft gerichtet sind, auf Verfügungen von Todes wegen
und auf Willenserklärungen, zu denen ein beschränkt Geschäftsfähiger nach den Vorschriften des Buches
vier und fünf nicht der Zustimmung seines gesetzlichen Vertreters bedarf.
(3) ¹Ist ein Einwilligungsvorbehalt angeordnet, so bedarf der Betreute dennoch nicht der Einwilligung
seines Betreuers, wenn die Willenserklärung dem Betreuten lediglich einen rechtlichen Vorteil bringt.
²Soweit das Gericht nichts anderes anordnet, gilt dies auch, wenn die Willenserklärung eine geringfügige
Angelegenheit des täglichen Lebens betrifft.
(4) § 1901 Abs. 5 gilt entsprechend.

A. Reglungszweck. Da die Bestellung eines Betreuers keinen Einfluss auf die Geschäftsfähigkeit des Betreuten hat, kann dieser auch in denjenigen Angelegenheiten, für die die Betreuung eingerichtet worden ist, weiterhin selbständig rechtlich wirksame Willenserklärungen abgeben (vgl *Jurgeleit* RPfleger 95, 282). Will er 1
sich später auf seine Geschäftsunfähigkeit (§ 104 Nr 2) mit der Folge der Unwirksamkeit der Willenserklärung berufen (§ 105), trägt er hierfür die Beweislast. Um die daraus resultierenden Gefahren für die Person
oder das Vermögen des Betreuten zu vermeiden, kann das Gericht einen **Einwilligungsvorbehalt** anordnen,
mit der Wirkung, dass der Betreute zu einer Willenserklärung, die den Aufgabenkreis des Betreuers betrifft,
dessen Einwilligung bedarf. Der Gesetzgeber trägt so dem Prinzip der **Subsidiarität des staatlichen Eingriffs**
in die Rechtsstellung des Betroffenen Rechnung, weil er durch die Möglichkeit partieller Beschränkungen,
den Betreuten bei der Teilnahme am Rechtsverkehr nur im unbedingt erforderlichen Umfang einschränkt,
ohne seine Geschäftsfähigkeit vollständig zu beseitigen. Die Erforderlichkeit eines Einwilligungsvorbehalts ist
außerdem für jeden Aufgabenkreis (ggf auch einzelne Geschäfte) zu begründen (BayObLG NJW-RR 03, 871).
Durch den Einwilligungsvorbehalt erlangt der Betroffene, sofern er nicht bereits zuvor geschäftsunfähig
gewesen ist, in etwa die Stellung eines beschränkt Geschäftsfähigen. Für Geschäfte des täglichen Lebens bleibt
er auch dann geschäftsfähig, wenn diese rechtlich nachteilig sind (III 2).

B. Voraussetzung für die Anordnung eines Einwilligungsvorbehalts. Der **Einwilligungsvorbehalt** ist 2
streng **akzessorisch zur Betreuung** und setzt daher zwingend voraus, dass für den fraglichen Aufgabenkreis
bereits eine Betreuung angeordnet ist oder zumindest gleichzeitig angeordnet wird (KG FamRZ 08, 1114).
Zudem kann er sich nur auf Willenserklärungen im **Aufgabenkreis des Betreuers** beziehen, nicht hingegen
auf tatsächliche Handlungen, wie zB die Einwilligung in einen ärztlichen Eingriff oder die Aufenthaltsbestimmung (Hamm FamRZ 95, 433). Der Einwilligungsvorbehalt kann auch nur auf Teilbereiche aus dem Aufgabenkreis des Betreuers beschränkt werden (Palandt/*Diederichsen* § 1903 Rz 8).
Außerdem muss der Einwilligungsvorbehalt zur **Abwehr einer erheblichen Gefahr für die Person oder** 3
das Vermögen des Betreuten erforderlich sein (I 1). Gefahren ausschließlich für Dritte (zB Verschwendung

des Familienvermögens), rechtfertigen einen Einwilligungsvorbehalt nicht (Soergel/*Zimmermann* Rz 4; *Schwab* FamRZ 92, 492, 505). Ob der Betroffene geschäftsfähig ist, oder nicht, ist für die Anordnung nicht entscheidend (BayObLG FamRZ 97, 902; FamRZ 98, 454). Ob ein Einwilligungsvorbehalt in diesen Fällen erforderlich ist, oder nicht, obliegt alleine der Beurteilung des Tatrichters (BayObLG FamRZ 00, 567). In Fällen absoluter Geschäftsunfähigkeit, in denen aus dem Krankheitsbild beim Betroffenen von vornherein keine Teilnahme am Rechtsverkehr zu erwarten ist, wird sich jedoch idR die Anordnung des Einwilligungsvorbehalts erübrigen.

4 Es muss sich um eine **erhebliche Gefahr** handeln, der durch die Anordnung des Einwilligungsvorbehalts begegnet werden soll, dh größere Schädigung der Person des Betreuten, bzw von dessen Vermögen müssen mit hinreichender Sicherheit zu besorgen sein (zB hohe Verschuldung: BayObLG FamRZ 00, 1327; beträchtliche Vermögensschäden durch unsinnige Prozessführung: Schlesw FamRZ 05, 1196; KG FamRZ 07, 1127; KG FamRZ 08, 1114). Nur die Gefahr geringfügiger Vermögensschäden oder die nur entfernte Gefahr, dass der Betroffene sich selbst schädigen wird, reichen nicht aus (Palandt/*Diederichsen* § 1903 Rz 6).

5 Der Eigentumsvorbehalt muss **erforderlich** sein, die für die Person oder das Vermögen des Betreuten drohende Gefahr abzuwenden. Zum Zeitpunkt der Entscheidung müssen konkrete Anhaltspunkte für die Realisierung der potentiellen Gefahr bestehen, dass eine dem Vermögen drohende Gefahr nur nicht ausgeschlossen werden kann, genügt nicht (BayObLG FamRZ 05, 549). Das Verhältnismäßigkeitsprinzip ist bei der Anordnung streng zu beachten, so dass ein Totalvorbehalt grds unzulässig ist. Grds ist der Eigentumsvorbehalt nur soweit zu erstrecken, wie dies zur Abwehr der konkreten Gefahr notwendig ist (BayObLG FamRZ 98, 454; Brandbg FamRZ 07, 1127). Seine Reichweite muss so genau wie möglich beschrieben werden und auch in den Anordnungsgründen muss jeder einzelne Aufgabenkreis des Einwilligungsvorbehalts konkret und nachprüfbar dargelegt werden (BayObLG FamRZ 03, 476). Möglich ist zB die Beschränkung auf Geschäfte, die einen bestimmten Gegenstandswert übersteigen (BayObLG BtPrax 94, 30: über 500,- DM monatlich) oder die gegenständlich und ggf auch zeitlich begrenzt werden, wie zB auf die Verwaltung und Sanierung eines bestimmten Hauses (Staud/*Bienwald* § 1903 Rz 11; BayObLG FamRZ 95, 1517). Da der Einwilligungsvorbehalt nur für rechtsgeschäftliche Willenserklärungen des Betreuten angeordnet werden kann, kommt er dort nicht in Betracht, wo nur die Gefahr der Selbstschädigung des Betroffenen durch rein tatsächliche Handlungen besteht (Hamm BtPrax 95, 70, BayObLG FamRZ 93, 852).

6 Für bestimmte, **höchstpersönliche Angelegenheiten** ist die Anordnung eines **Einwilligungsvorbehalts** grds **ausgeschlossen** (II). Dies gilt für Willenserklärungen, die auf Eingehung einer Ehe oder die Begründung einer Lebenspartnerschaft (§ 1 LPartG) gerichtet sind und Verfügungen von Todeswegen (Testamente und Erbverträge). Außerdem für Willenserklärungen, zu denen ein beschränkt Geschäftsfähiger nach den Vorschriften des Vierten und Fünften Buches nicht die Zustimmung seines gesetzlichen Vertreters bedarf. Hierzu zählen folgende weitere Fälle aus dem Familien- und Erbrecht: §§ 1355 II 1, 1516 II 2, 1596 I 1, 1597 III 3, 1600a II 3, 1747 II iVm 1750 III 2, 1760 III 2, 1760 V 2, 1762 I, 2229 II, 2271 I 1, 2282 I 2, 2290 II 2, 2296 I 1 und 2347 II 1. Gleichfalls ausgeschlossen ist ein Einwilligungsvorbehalt für die Wahl des religiösen Bekenntnisses (*Fritsche* StAZ 93, 82). Auch für die Ausübung der elterlichen Sorge ggü Kindern des Betreuten kann ein Einwilligungsvorbehalt nicht angeordnet werden.

7 **C. Wirkungen des Einwilligungsvorbehalts.** Der Betreute bedarf zu einer Willenserklärung, die vom Einwilligungsvorbehalt umfasst wird, der **Einwilligung des Betreuers**, also der vorherigen Zustimmung (§ 183 1). Ohne die erforderliche Zustimmung vorgenommene einseitige Rechtsgeschäfte sind unwirksam (§ 111). Willenserklärungen die ggü dem Betreuten abgegebene werden, werden erst mit Zugang beim Betreuer wirksam (§ 131 II). Zugunsten des Betroffenen gilt § 210. Bei Verträgen hängt die Wirksamkeit von der Genehmigung des Betreuers ab (§ 108 I). Der Vertragspartner kann bis zur Erteilung der Genehmigung seine auf den Vertragsschluss gerichtete Erklärung widerrufen. Um den Schwebezustand zu beenden, kann er den Betreuer zur Genehmigung des Vertrages auffordern. Hat er dies getan, so sind alle ggf ggü dem Betreuten erklärte Genehmigungen oder Genehmigungsverweigerungen unwirksam, und die Genehmigung kann nur noch ggü dem Dritten erteilt werden. Geschieht dies nicht innerhalb von zwei Wochen nach der Aufforderung, gilt sie als verweigert (§ 108 II).

8 **D. Einwilligungsfreie Willenserklärungen.** Nach III 1 bedarf der Betroffenen, auch wenn ein Einwilligungsvorbehalt angeordnet ist, für alle **Geschäfte, die ihm lediglich einen rechtlichen Vorteil bringen** (vgl § 107), nicht der Zustimmung seines Betreuers.

9 Gleiches gilt nach III 2, für alle **Geschäfte die nur eine geringfügige Angelegenheit des täglichen Lebens betreffen** und für die nicht ausnahmsweise auch ein Einwilligungsvorbehalt angeordnet ist. Welche Art von Geschäften idS zustimmungsfrei sind, ist nicht generell zu bestimmen, sondern bemisst sich nach den wirtschaftlichen Verhältnissen des Betroffenen. Regelmäßig gehören hierher die alltäglichen Bargeschäfte, etwa *der Erwerb von Lebensmitteln*, Kleidung und Genussmitteln. In jedem Fall bildet der persönliche Bedarf unter Berücksichtigung der Vermögensverhältnisse die Grenze der Angelegenheiten des täglichen Lebens (Jürgens/*Jürgens* § 1903 Rz 24; aA MüKo/*Schwab* Rz 48). Das BtG kann aber **auch für zustimmungsfreie Geschäfte einen Einwilligungsvorbehalt anordnen**, wenn dies zum Wohl des Betroffenen erforderlich ist

Genehmigung des Betreuungsgerichts bei ärztlichen Maßnahmen § 1904

(zB Anordnung eines Einwilligungsvorbehalts auch für den Kauf auch kleiner Alkoholmengen bei Alkoholabhängigkeit des Betroffenen (vgl Soergel/*Zimmermann* § 1903 Rz 32).

E. Betreuungsgerichtliche Genehmigung. Soweit der Betreuer selbst für eine Willenserklärung in Vertretung des Betreuten der Einwilligung des BtG bedarf (§ 1902 Rn 5), gilt dies auch für die Zustimmung zu einer entspr Willenserklärung des Betreuten. 10

F. Mitteilungspflichten. IV verweist auf § 1901 V und erweitert so die dem Betreuer dort auferlegten allgemeinen Mitteilungspflichten auf solche Umstände, die sowohl eine Einschränkung bzw den Wegfall oder auch die Erweiterung des Einwilligungsvorbehalts rechtfertigen. 11

G. Verfahren. Die **Anordnung** des Einwilligungsvorbehalts erfolgt **vAw**; der Betroffene ist vor der Anordnung grds persönlich anzuhören (§ 278 I 1 FamFG), außerdem ist ein Gutachten über die Notwendigkeit und den Umfang des Einwilligungsvorbehalts einzuholen (§ 280 I 1 FamFG). Ggf ist, soweit für die Wahrnehmung der Interessen des Betroffenen erforderlich, ein Verfahrenspfleger zu bestellen (§ 276 FamFG). Der Einwilligungsvorbehalt ist so genau und eng wie möglich zu fassen, in den Anordnungsbeschluss und in die Bestallungsurkunde aufzunehmen (§§ 286 II, 290 2 Nr4 FamFG), sowie zu befristen (§ 286 III FamFG). Sobald er nicht mehr erforderlich ist, ist er aufzuheben (§ 1908d I, IV). 12

§ 1904 Genehmigung des Betreuungsgerichts bei ärztlichen Maßnahmen.
(1) ¹Die Einwilligung des Betreuers in eine Untersuchung des Gesundheitszustands, eine Heilbehandlung oder einen ärztlichen Eingriff bedarf der Genehmigung des Betreuungsgerichts, wenn die begründete Gefahr besteht, dass der Betreute auf Grund der Maßnahme stirbt oder einen schweren und länger dauernden gesundheitlichen Schaden erleidet. ²Ohne die Genehmigung darf die Maßnahme nur durchgeführt werden, wenn mit dem Aufschub Gefahr verbunden ist.
(2) Die Nichteinwilligung oder der Widerruf der Einwilligung des Betreuers in eine Untersuchung des Gesundheitszustands, eine Heilbehandlung oder einen ärztlichen Eingriff bedarf der Genehmigung des Betreuungsgerichts, wenn die Maßnahme medizinisch angezeigt ist und die begründete Gefahr besteht, dass der Betreute auf Grund des Unterbleibens oder des Abbruchs der Maßnahme stirbt oder einen schweren und länger dauernden gesundheitlichen Schaden erleidet.
(3) Die Genehmigung nach den Absätzen 1 und 2 ist zu erteilen, wenn die Einwilligung, die Nichteinwilligung oder der Widerruf der Einwilligung dem Willen des Betreuten entspricht.
(4) Eine Genehmigung nach Absatz 1 und 2 ist nicht erforderlich, wenn zwischen Betreuer und behandelndem Arzt Einvernehmen darüber besteht, dass die Erteilung, die Nichterteilung oder der Widerruf der Einwilligung dem nach § 1901a festgestellten Willen des Betreuten entspricht.
(5) ¹Die Absätze 1 bis 4 gelten auch für einen Bevollmächtigten. ²Er kann in eine der in Absatz 1 Satz 1 oder Absatz 2 genannten Maßnahmen nur einwilligen, nicht einwilligen oder die Einwilligung widerrufen, wenn die Vollmacht diese Maßnahmen ausdrücklich umfasst und schriftlich erteilt ist.

A. Normzweck. Die Norm dient dem **Schutz des Betroffenen vor medizinischen Behandlungen**, die mit einer **besonderen Gefahr für sein Leben** verbunden sind, oder durch die er zumindest einen länger dauernden gesundheitlichen Schaden erleiden kann. Da jeder ärztliche Eingriff rechtstechnisch eine Körperverletzung darstellt, ist er grds nur gerechtfertigt, wenn eine Einwilligung des Patienten vorliegt. Wer selbst noch einwilligungsfähig ist, entscheidet selbst, auch wenn ein Betreuer bestellt ist. Für diese Entscheidung kommt es nur darauf an, das der Betroffene die natürliche Fähigkeit besitzt, die Bedeutung und die Gefahr der konkret zur Entscheidung stehenden Behandlung zu erkennen (Hamm BtPrax 97, 162, 163), Geschäftsfähigkeit ist nicht erforderlich. Fehlt es an der natürlichen Einsichtsfähigkeit des Betreuten und liegt auch keine wirksame vorab erteilte Einwilligung des Betreuten in Form einer Patientenverfügung vor, so kann der Betreuer entscheiden (BGH NJW 03, 1588, 1589). Nur dann kommt ein Genehmigungserfordernis nach § 1904 in Betracht, wenn es sich zusätzlich um eine besonders gefährliche medizinische Behandlung handelt. Wird der Arzt ohne die Einwilligung tätig, kann unabhängig vom Behandlungserfolg eine Straftat (§ 223) und eine unerlaubte Handlung vorliegen (§ 823). 1

B. Voraussetzung für die Anwendung des § 1904. Zunächst muss ein Betreuer/Bevollmächtigter handeln, dem der **Aufgabenkreis der ärztlichen Behandlung oder Heilbehandlung** (ggf mit Beschränkung auf einen bestimmten ärztlichen Bereich) übertragen wurde. Beim Bevollmächtigten müssen die in I 1 genannten Maßnahmen ausdrücklich von der schriftlich erteilten Vollmacht umfasst werden (V). Ggf kann es auch zu der Genehmigung einer Behandlung gegen den Willen des Betreuten kommen. Allerdings wird diese Möglichkeit dadurch eingeschränkt, dass auch in Bezug auf medizinische Maßnahmen, der auch sonst das Betreuungsrecht bestimmende **Grundsatz des Vorrangs des Willens des Betroffenen**, zu beachten ist (§ 1901 II 1). Der Betreuer hat dabei auch den mutmaßlichen Willen des Betreuten zu berücksichtigen. Dies gilt auch, wenn der Betreute einen der Sache nach gebotenen, medizinischen Eingriff ablehnt (Staud/*Bienwald* § 1904 Rz 23). Der Betreuer darf in diesem Fall nur vom Willen des Betroffenen **abweichen**, wenn das **Wohl des Betreuten** 2 dies verlangt oder die **Befolgung seines Willens für ihn unzumutbar** ist. Hat der Betroffene seinen Willen in einer Patientenverfügung oder Vorsorgevollmacht niedergelegt (vgl § 1901a Rn 1), so bindet diese den Betreuer/Bevollmächtigten (*Roth* JZ 04, 494) u das BtG (GStA Nürnberg FamRZ 08, 1029). Zur grds **Bindungswirkung einer Patientenverfügung** für Ärzte, Angehörige und Betreuer vgl nunmehr § 1901a.

3 Zu den durch das BtG zu genehmigenden **ärztlichen Maßnahmen** zählen die Untersuchung des Gesundheitszustandes, Heilbehandlungen und ärztliche Eingriffe (I 1). Diese Aufzählung umfasst alle denkbaren medizinischen Maßnahmen mit Ausnahme der Organspende, die nicht genehmigungsfähig ist (*Deinert* BtPrax 98, 60).
Eine **zwangsweise Durchsetzung des genehmigten Eingriffs** gegen den Willen des Betreuten, ist außerhalb einer geschlossenen Unterbringung unzulässig (BGH FamRZ 01, 149).

4 **Voraussetzung der Genehmigungspflicht** nach I ist, die begründete Gefahr, dass der Betreute auf Grund von ärztlichen Maßnahmen stirbt oder einen schweren und länger dauernden gesundheitlichen Schaden erleidet. Eine begründete Gefahr ist dabei nur bei einer konkreten und nahe liegenden Möglichkeit des Schadenseintritts gegeben. Eine überwiegende Wahrscheinlichkeit ist nicht erforderlich (vgl den Vorschlag von *Wiesbach* ua BtPrax 97, 48: begründet Gefahr erst ab 20%iger Wahrscheinlichkeit). Nicht ausschließbare Risiken oder seltene Nebenwirkungen lösen noch keine Genehmigungspflicht aus (LG Berlin FamRZ 93, 599; *Dose* FamRZ 93, 1032 mwN). Die Schwere der Gesundheitsbeschädigung kann in Anlehnung an § 224 StGB bestimmt werden, ohne dass die dortige Aufzählung abschließend sei ist (*Jürgens/Marschner* § 1904 Rz 5; aA Palandt/*Diederichsen* Rz 10). Entscheidend ist das Maß der Beeinträchtigung der alltäglichen Lebensführung auf Grund der Behandlung ggü einem gesunden Menschen (*Jürgens/Marschner* § 1904 Rz 5). Als länger ist ein gesundheitlicher Schaden nach der amtlichen Begründung (BTDrs 11/4528, 141) idR einzustufen, wenn er mindestens 1 Jahr dauert, bei besonders schweren Schäden kommen auch kürzere Zeiträume in Betracht (Staud/*Bienwald* § 1904 Rz 45; LG Hamburg FamRZ 94, 1204: für Elektrokrampfbehandlung 6 Monate). Als **genehmigungsbedürftige Untersuchungen** gelten zB die Leberblindpunktion (MüKo/*Schwab* § 1904 Rz 14) und die Herzkatheterisierung (BVerfGE 16, 194). Bei den operativen Maßnahmen werden ua als genehmigungsbedürftig eingestuft: Herzoperationen, Transplantationen und neurochirurgische Operationen (MüKo/*Schwab* § 1904 Rz 14). Zu den nichtoperativen Behandlungsmethoden, die einer Genehmigung bedürfen, zählen zB Chemotherapie und Strahlenbehandlung (MüKo/*Schwab* § 1904 Rz 14). **Nicht genehmigungspflichtig** ist die im Bereich der psychiatrischen Behandlungsmaßnahmen angewendete Elektrokrampftherapie (Bundesärztekammer, DtÄrzteBl 03, A 504; aA Jürgens/*Marschner* § 1904 Rz 8 mwN), auch nicht die Ernährungssonde durch die Bauchdecke PEG (*Schreiber* BtPrax 03, 148).

5 **Genehmigungskriterien**. Maßstab für die Beurteilung ist das **Wohl des Betreuten**. Es müssen unter dem Maßstab der Verhältnismäßigkeit die mit der medizinischen Maßnahme verbundenen Risiken gegen die daraus erwachsenden Chancen auf eine Verbesserung seines Gesundheitszustands abgewogen werden (Hamm FGPrax 97, 64; LG Darmstadt FamRZ 09, 543). Behandlungen die keine Besserung versprechen sind abzulehnen. Das Leben und die Vermeidung einer Leidensverstärkung haben im Zweifel Vorrang (LG Berlin FamRZ 93, 599).

6 **Absehen von der Genehmigungspflicht**. Auf die Einholung einer Genehmigung durch das BtG darf verzichtet werden, wenn mit dem Aufschub wahrscheinlich Gefahr für Leib und Leben des Betroffenen verbunden wäre (I 2). Die Genehmigung braucht nicht nachgeholt zu werden (*Jürgens/Marschner* § 1904 Rz 12). Eine ggf notwendige Einwilligung des Betreuers in die Durchführung der ärztlichen Maßnahme bleibt erforderlich.
II regelt die gerichtliche Genehmigungspflicht von Entscheidungen des Betreuers, wenn dieser in bestimmte medizinisch angezeigte Maßnahmen entspr dem mutmaßlichen Willen des Betreuten nicht einwilligen oder eine früher erteilte Einwilligung widerrufen will. Soweit ein dringendes Bedürfnis für ein unverzügliches Einschreiten des Gerichts besteht, können auch vorläufige Entscheidungen nach den allgemeinen Grundsätzen ergehen.
Nach III hat das BtG die Entscheidung des Betreuers dahingehend zu überprüfen, ob diese Entscheidung tatsächlich dem zu ermittelnden individuellen mutmaßlichen Patientenwillen entspricht (vgl § 1901a II). Trifft dies zu, hat das BtG die Genehmigung zu erteilen.
Nach IV bedarf die Entscheidung des Betreuers keiner Genehmigung, wenn Arzt und Betreuer keinen Zweifel daran haben, dass die Entscheidung über die Einwilligung, die Nichteinwilligung oder den Widerruf der Einwilligung dem Patientenwillen entspricht. Nur bei unterschiedlichen Auffassungen oder bei Zweifeln des behandelnden Arztes und des Betreuers über den Behandlungswillen des Betreuten, ist eine Einschaltung des BtG erforderlich (Entscheidet sich der Betreuer hingegen in Übereinstimmung mit den behandelnden Ärzten gegen die Fortsetzung lebenserhaltender Maßnahmen beim Betreuten, so bedarf dies keiner Genehmigung durch das BtG (BGH FamRZ 05, 1860). Dies gilt auch für die Einwilligung des Betreuers in eine Maßnahme nach § 1904 I. Eine Genehmigung der Beendigung lebenserhaltender Maßnahmen durch das BtG ist bei *einem einwilligungsunfähige* Betroffenen dann möglich, wenn er zuvor einen entspr Willen, zB auch in einer nicht den Formerfordernissen des § 1901a I entspr Patientenverfügung geäußert hat. Ist dies nicht der Fall, so kommt es auf die Ermittlung des mutmaßlichen Willens des Betroffenen an, wobei im Zweifel die Genehmigung zu versagen und „für das weitere Leben zu entscheiden ist" (LG Kleve FamRZ 09, 1349). Es ist

dagegen nicht erforderlich, dass der Tod ansonsten bereits unmittelbar bevorsteht (Karlsr FamRZ 04, 1319). Nach V gelten die Regelungen der I–4 für den Bevollmächtigten unter der Voraussetzung, das seine Vollmacht schriftlich erteilt worden ist und die in den I u II genannten Entscheidungen ausdrücklich umfasst werden.

C. Verfahren. Für das Genehmigungsverfahren gilt § 298 FamFG. Der Betroffene ist persönlich anzuhören u es ist ein Sachverständigengutachten einzuholen (LG Saarbrücken FamRZ 09, 1350). Bei **Fehlen oder Verhinderung des Betreuers** ist je nach Eilbedürftigkeit ein vorläufiger Betreuer (bzw Ergänzungspfleger) zu bestellen (§ 300 FamFG). Notfalls kann das Gericht auch selbst die Einwilligung erteilen (§§ 1908i I 1, 1846). Handelt es sich um eine Behandlung gegen oder ohne den Willen des Betroffenen, ist ein Verfahrenspfleger zu bestellen (§ 276 FamFG). Das gilt auch zwingend, im Verfahren über die Zustimmung zu einer Entscheidung des Betreuers gegen lebenserhaltende- oder verlängernde Maßnahmen (Karlsr FamRZ 04, 1319). Es ist das Rechtsmittel der Beschwerde gegeben (§ 58, 303 ff FamFG). Die Beschwerde ist unzulässig, wenn sie in einem Zeitpunkt erhoben wird, nachdem aus medizinischer Sicht die zu genehmigende Maßnahme nicht mehr erforderlich war und diese auch nicht durchgeführt worden ist (Hamm FamRZ 06, 288).   7

§ 1905 Sterilisation. (1) ¹Besteht der ärztliche Eingriff in einer Sterilisation des Betreuten, in die dieser nicht einwilligen kann, so kann der Betreuer nur einwilligen, wenn
1. die Sterilisation dem Willen des Betreuten nicht widerspricht,
2. der Betreute auf Dauer einwilligungsunfähig bleiben wird,
3. anzunehmen ist, dass es ohne die Sterilisation zu einer Schwangerschaft kommen würde,
4. infolge dieser Schwangerschaft eine Gefahr für das Leben oder die Gefahr einer schwerwiegenden Beeinträchtigung des körperlichen oder seelischen Gesundheitszustands der Schwangeren zu erwarten wäre, die nicht auf zumutbare Weise abgewendet werden könnte, und
5. die Schwangerschaft nicht durch andere zumutbare Mittel verhindert werden kann.
²Als schwerwiegende Gefahr für den seelischen Gesundheitszustand der Schwangeren gilt auch die Gefahr eines schweren und nachhaltigen Leides, das ihr drohen würde, weil betreuungsgerichtliche Maßnahmen, die mit ihrer Trennung vom Kind verbunden wären (§§ 1666, 1666a), gegen sie ergriffen werden müssten.
(2) ¹Die Einwilligung bedarf der Genehmigung des Betreuungsgerichts. ²Die Sterilisation darf erst zwei Wochen nach Wirksamkeit der Genehmigung durchgeführt werden. ³Bei der Sterilisation ist stets der Methode der Vorzug zu geben, die eine Refertilisierung zulässt.

A. § 1905 ist lex specialis zu § 1904. Die Sonderregelung der gerichtlichen Genehmigung von Sterilisationen erklärt sich aus der besonderen Schwere des Eingriffs, der nicht zuletzt aus verfassungsrechtlichen Gründen engere Voraussetzungen, als die Einwilligung in die von § 1904 umfassten übrigen ärztlichen Eingriffe, sowie zusätzliche strenge Verfahrensgarantien erfordert (*Pieroth* FamRZ 90, 117; *Schwab* FamRZ 90, 686). So ist für Einwilligung in eine Sterilisation immer ein besonderer Betreuer zu bestellen (§ 1899 II). Die Aufgabe muss auch von einer natürlichen Person wahrgenommen werden (§ 1900 V). Die Einwilligung des Betreuers in die Sterilisation ist an das Vorliegen bestimmter Gründe gebunden, deren Vorliegen vom BtG geprüft und genehmigt werden muss (II 1). Die Vorschrift betrifft nur Volljährige, bei Minderjährigen ist ein derartiger Eingriff verboten (§ 1631c).   1

Unter **Sterilisation** versteht man die gezielte dauerhafte Unfruchtbarmachung von Frauen bzw Männern durch einen ärztlichen Eingriff (BayObLG BtPrax 97, 158, 159). Ist die Unfruchtbarkeit lediglich die Folge einer anderweitig indizierten ärztlichen Maßnahme, fällt dies nicht unter § 1905 aber evtl unter die Genehmigungspflicht des § 1904. Ob die Möglichkeit einer Refertilisierung besteht ist unbeachtlich. Auch wenn der Betroffene bereits einen Betreuer hat, ist für den Aufgabenkreis „Einwilligung zur Sterilisation" nach § 1899 II ein zusätzlicher Sterilisationsbetreuer zu bestellen (Soergel/*Zimmermann* § 1905 Rz 9).   2

B. Voraussetzungen für die Einwilligung des Betreuers. Die Norm nennt in I fünf Voraussetzungen für die Einwilligung in die Sterilisation, die kumulativ vorliegen müssen: **Nr 1 Verbot der Zwangssterilisation**: Die Sterilisation darf dem natürlichen Willen des Betreuten nicht widersprechen (I 1 Nr 1). Dabei reicht jede durch Gestik, Gefühlsäußerungen oder ähnliches zum Ausdruck gebrachte Ablehnung des Eingriffs im Zeitpunkt der Vornahme der Sterilisation, auf Geschäfts- oder Einsichtsfähigkeit kommt es dagegen nicht an (MüKo/*Schwab* § 1905 Rz 17). Unerheblich sind auch Interessen der Allgemeinheit oder Dritter (Soergel/*Zimmermann* § 1905 Rz 8). Die Willensäußerung des Betreuten muss sich aber gezielt gegen die Sterilisation richten und nicht nur Ausdruck einer allgemeinen Angst vor Ärzten oder Spritzen sein (Hamm BtPrax 02, 168, 170). **Nr 2 Einwilligungsunfähigkeit:** Der Betroffene muss dauernd einwilligungsunfähig sein (Hamm BtPrax 00, 168, 169). Nur vorübergehender Einwilligungsunfähigkeit genügt nicht (Jürgens/*Jürgens* § 1905 Rz 6). **Nr 3 Gefahr einer Schwangerschaft**: Es muss aufgrund konkreter Umstände anzunehmen sein, dass es ohne die Sterilisation zu einer Schwangerschaft kommen wird. Sterilisation wegen der abstrakten Möglichkeit des Geschlechtsverkehrs mit ungewollten Folgen genügt nicht (Hamm BtPrax 00, 168). Bloße Erfah-   3 rungswerte, dass es bei Personen einer bestimmten Altersgruppe wegen ihrer sexuellen Aktivität vermehrt zu Schwangerschaften kommen kann (BayObLG NJW 02, 149) oder dass die Unterbringung von Betreuten in gemischten Wohngruppen ein erhöhtes Schwangerschaftsrisiko zur Folge haben kann (BayObLG BtPrax 97, 158) genügen nicht. Die Vorschrift gilt für Personen beiderlei Geschlechts (Schwangerschaft einer unter Betreuung stehenden Frau oder bei der Partnerin eines unter Betreuung stehenden Mannes, s. Staud/Bienwald § 1905 Rz 39). **Nr 4 Gefahr für Leben oder Gesundheit:** Aus der konkret zu erwartenden Schwangerschaft muss eine Gefahr für das Leben oder eine schwerwiegenden Beeinträchtigung des körperlichen und seelischen Gesundheitszustandes der Schwangeren zu erwarten sein. Die Gefahr kann körperliche oder psychische Ursachen haben. In Betracht kommen zB Herz- Kreislaufschäden bei der Frau, die bereits die Geburt selbst zu einer Gefahr machen, aber auch die Veranlagung zu schweren Depressionen, die sich nach der Geburt verstärken und bis hin zur Selbstmordgefahr führen können (Soergel/*Zimmerman* § 1905 Rz 25–27). Als schwerwiegenden Gefahr für den seelischen Gesundheitszustand der Schwangeren soll unter Verweis auf (§§ 1666, 1666a) auch das nachhaltige Leid gelten, dass ihr durch eine später notwendig werdende Trennung vom Kind drohen würde (vgl Hamm BtPrax 00, 168; krit dazu: Jürgens/*Jürgens* § 1905 Rz 12). **Nr 5 Verhinderung der Schwangerschaft:** Darüber hinaus dürfen die Gefahren nicht auf zumutbare Weise (etwa durch medikamentöse Behandlung einer Depression oder den Einsatz empfängnisverhütender Mittel) abgewendet werden können (Jürgens/*Jürgens* § 1905 Rz 14). Ein Schwangerschaftsabbruch kommt dabei nicht als zumutbare Alternative in Betracht (MüKo/*Schwab* § 1905 Rz 26; BayObLG BtPrax 01, 204).

4 **C. Genehmigung und Verfahren.** Sind die Voraussetzungen des I nicht erfüllt, muss das BtG die Genehmigung versagen. Das Sterilisationsverfahren unterliegt dem Richtervorbehalt (§ 14 I Nr 4 RPflG). Dem Betroffenen ist in diesem Verfahren zwingend ein Verfahrenspfleger zu bestellen, sofern er nicht durch einen Rechtsanwalt oder einen anderen geeigneten Verfahrensbevollmächtigten vertreten wird (§ 297 V FamFG). Außerdem sind zwei Sachverständigengutachten einzuholen, die sich auf medizinische, psychologische, soziale, sonderpädagogische und sexualpädagogische Aspekte erstrecken sollen (Jurgeleit/*Meier* § 1904 Rz 2). Ggf hat eine doppelter Anhörung (*Hoffmann* BtPrax 00, 237) zu erfolgen. Personengleichheit zwischen Sachverständigen und die Sterilisation ausführenden Arzt ist unzulässig (§ 297 VI FamFG). Zwischen dem Wirksamwerden der Genehmigung und der Vornahme der Sterilisation muss eine **Wartezeit von wenigstens 2 Wochen** liegen (II 2), damit noch vor der Sterilisation eine Beschwerde gegen die Erteilung der Genehmigung durch das BtG eingelegt werden kann. Erst danach kann der Betreuer wirksam einwilligen. Eine nachträgliche Einholung der Genehmigung ist nicht möglich (Ddorf FamRZ 96, 375, 376).

§ 1906 Genehmigung des Betreuungsgerichts bei der Unterbringung.

(1) Eine Unterbringung des Betreuten durch den Betreuer, die mit Freiheitsentziehung verbunden ist, ist nur zulässig, solange sie zum Wohl des Betreuten erforderlich ist, weil
1. auf Grund einer psychischen Krankheit oder geistigen oder seelischen Behinderung des Betreuten die Gefahr besteht, dass er sich selbst tötet oder erheblichen gesundheitlichen Schaden zufügt, oder
2. eine Untersuchung des Gesundheitszustands, eine Heilbehandlung oder ein ärztlicher Eingriff notwendig ist, ohne die Unterbringung des Betreuten nicht durchgeführt werden kann und der Betreute auf Grund einer psychischen Krankheit oder geistigen oder seelischen Behinderung die Notwendigkeit der Unterbringung nicht erkennen oder nicht nach dieser Einsicht handeln kann.

(2) ¹Die Unterbringung ist nur mit Genehmigung des Betreuungsgerichts zulässig. ²Ohne die Genehmigung ist die Unterbringung nur zulässig, wenn mit dem Aufschub Gefahr verbunden ist; die Genehmigung ist unverzüglich nachzuholen.

(3) ¹Der Betreuer hat die Unterbringung zu beenden, wenn ihre Voraussetzungen wegfallen. ²Er hat die Beendigung der Unterbringung dem Betreuungsgericht anzuzeigen.

(4) Die Absätze 1 bis 3 gelten entsprechend, wenn dem Betreuten, der sich in einer Anstalt, einem Heim oder einer sonstigen Einrichtung aufhält, ohne untergebracht zu sein, durch mechanische Vorrichtungen, Medikamente oder auf andere Weise über einen längeren Zeitraum oder regelmäßig die Freiheit entzogen werden soll.

(5) ¹Die Unterbringung durch einen Bevollmächtigten und die Einwilligung eines Bevollmächtigten in Maßnahmen nach Absatz 4 setzt voraus, dass die Vollmacht schriftlich erteilt ist und die in den Absätzen 1 und 4 genannten Maßnahmen ausdrücklich umfasst. ²Im Übrigen gelten die Absätze 1 bis 4 entsprechend.

1 **A. Vorbemerkung.** Die **Norm** regelt die rechtlichen **Voraussetzungen der zivilrechtlichen Unterbringung** sowohl in der Form der freiheitsentziehenden Unterbringung (I–III), als auch für freiheitsentziehende Maßnahmen, die nicht mit einer Unterbringung verbunden sind (IV). **Das Verfahren ist zweistufig.** Das BtG ist nur für die Genehmigung der Unterbringung bzw der unterbringungsähnlichen Maßnahme zuständig, es ordnet sie nicht selbst an. Dies bleibt vielmehr dem Betreuer überlassen. Dieser entscheidet auch, wo sie konkret durchzuführen ist, denn die Genehmigung bezieht sich nur auf die Art der Maßnahme, nicht auf eine bestimmte Einrichtung (BayObLG FamRZ 95, 1296). **Keine Geltung** hat § 1906 für **öffentlich-rechtliche**

Unterbringungen, deren Voraussetzungen sich ausschließlich nach den Unterbringungsgesetzen der Länder richten (vgl Übersicht zu den landesrechtlichen PsychKG/Unterbringungsgesetzen bei Soergel/*Zimmermann* § 1906 Rz 6; München FamRZ 09, 1350). Dies gilt auch für weitere Spezialbereiche freiheitsentziehender Maßnahmen, die im Freiheitsentziehungsgesetz des Bundes geregelt sind (Freiheitsentziehung zwecks Abschiebung und zur Verhinderung der Verbreitung gefährlicher Krankheiten). Das Verfahren für beide Unterbringungsformen ist in § 312 ff FamFG geregelt. Zur strafrechtlichen Unterbringung vgl §§ 63, 64 StGB. Im Zweifel stellt die zivilrechtliche Unterbringung ggü der öffentlich-rechtlichen Unterbringung das mildere Mittel dar (BayObLG FamRZ 01, 657; aA Jürgens/*Marschner* § 1906 Rz 48). **Analogien zu § 1906** sind nur in engen Grenzen zulässig, so dass zB die Genehmigung der zwangsweisen Unterbringung in einer offenen Alten- und Pflegeeinrichtung ausscheidet (Hamm FamRZ 03, 255). § 1906 gilt **ausschließlich für Volljährige**. Die Zulässigkeit entspr ggü Minderjährigen richtet sich nach § 1631b (für unterbringungsähnliche Maßnahmen bei Minderjährigen aber ggf § 1906 IV analog; vgl *Dodegge* FamRZ 93, 1348). Kann der Betroffene nicht selbst in die freiheitsentziehende Unterbringung oder Maßnahme einwilligen, so ist die Genehmigung des BtG zwingend notwendig. Für die **Einwilligung** ist die **Geschäftsfähigkeit nicht erforderlich**, sondern der Betroffene muss nur in der Lage sein, einen natürlichen Fortbewegungswillen zu bilden und danach zu entscheiden, diesen aufzugeben (Jürgens/*Marschner* § 1906 Rz 6; krit dazu *Kemper* FuR 96, 248, 259). Eine rein fiktive Einwilligung genügt nicht (BayObLG FamRZ 96, 1375, 1776) Die Einwilligung des Betroffenen in die Freiheitsentziehung ist jederzeit frei widerruflich. Grds gilt, dass die Unterbringung gegen den Willen oder bei Willenslosigkeit des Betroffenen nicht ohne **vorherige Bestellung eines Betreuers** erfolgen kann. Das Gericht muss durch geeignete Maßnahmen sicherstellen, dass dem Betroffenen unverzüglich ein Betreuer oder ein vorläufiger Betreuer bestellt wird. Besteht bereits eine Betreuung, so muss der Betreuer für die Einwilligung in die Unterbringung einen ausreichenden Aufgabenkreis haben (zB „Aufenthaltsbestimmungsrecht"), der allgemeine Aufgabenkreis „Gesundheitssorge" reicht nicht aus (BayObLG FamRZ 94, 1416, 1417; Hamm FamRZ 01, 861, 862). Ggf ist der Aufgabenkreis entspr zu erweitern. Ohne solche Maßnahmen ist die Unterbringung rechtswidrig und muss unverzüglich aufgehoben werden (BGH FamRZ 02, 744; BayObLG FamRZ 03, 783; München FamRZ 06, 62; München FamRZ 08, 917). Die Unterbringung nach § 1906 I kann auch mit dem Ziel einer Zwangsmedikation des Betroffenen angeordnet werden (Schlesw FamRZ 02, 984; München FamRZ 05, 1196; Thüringen FamRZ 06, 576; aA Celle FamRZ 06, 443; Bremen FamRZ 06, 730); allerdings nur soweit die Freiheitsentziehung auch als solche notwendig ist (BGH FamRZ 08, 866); iÜ richtet sich die Reichweite der Zulässigkeit medizinischer Zwangsbehandlungen alleine nach § 1904 u § 1905.

V 1 dehnt das Genehmigungserfordernis auch auf die **Einwilligung eines Bevollmächtigten** in Unterbringung und unterbringungsähnliche Maßnahmen (V 1) aus. Seine Bevollmächtigung muss in Schriftform erfolgen und sich ausdrücklich auf die in I und IV genannten Maßnahmen erstrecken. Dies gilt auch für vor dem 1.1.99 erteilte Vollmachten (Zweibr FamRZ 03, 113, 114). Eine Generalvollmacht genügt nicht (zur Formulierung einer Unterbringungsvollmacht *Bühler* BWNotZ 99, 275). Für die Zustimmung des BtG gelten keine Besonderheiten ggü der Zustimmung zu einer Maßnahme eines Betreuers. 2

B. Freiheitsentziehende Unterbringung. Eine **freiheitsentziehende Unterbringung** iSd I liegt vor, wenn der Betroffene gegen seinen Willen oder im Zustand der Willenslosigkeit in einem geschlossenen Krankenhaus oder einer anderen geschlossenen Einrichtung (Anstalt, Heim) für eine gewisse Dauer festgehalten wird, während der er ständiger Kontrolle und der Beschränkung einer Kontaktaufnahme zu anderen Personen außerhalb des abgegrenzten Bereichs unterliegt (BGH FamRZ 01, 149 mwN). Nur die zwangsweise Verbringung des Betroffenen in ein offenes Alten- oder Pflegeheim (*Sonnenfeld* FamRZ 95, 393; str, zT § 1906 analoge: LG Bremen BtPrax 94, 102), bzw die zwangsweise Vorführung zu einer ambulanten Behandlung oder Untersuchung (Soergel/*Zimmermann* § 1906 Rz 24), lösen noch keine Genehmigungspflicht nach § 1906 aus. Wenn der Betroffene keinen natürlichen Willen mehr entwickeln oder (ggf mit der Hilfe Dritter) durchsetzen kann, ist eine Freiheitsentziehung nicht möglich (Soergel/*Zimmermann* § 1906 Rz 18). 3

Die Unterbringung muss **zum Wohl des Betreuten erforderlich** sein und kommt nur in **zwei Fällen** in Betracht: 1. Nach Nr 1 kann sie angeordnet werden, um der **Gefahr einer erheblichen gesundheitlichen Selbstgefährdung oder der Selbsttötung des Betroffenen** zu begegnen Die Ursache der Selbstgefährdung muss in einer psychischen Krankheit oder einer geistigen oder seelischen Behinderung des Betroffenen liegen (zB Weglaufen eines dementen Heimbewohners: München FamRZ 06, 63; geschlossene Unterbringung eines Alkohol- und Medikamentenabhängigen: BayObLG FamRZ 06, 288), da sich nur für diesen Fall das staatliche Eingreifen rechtfertigen lässt (München FamRZ 06, 445). Die Gefahr von nur geringfügigen Körperschäden oder nur der Gefährdung Dritter genügt nicht. Bei „Gemeingefährlichkeit" des Betroffenen, kann zum Schutz Dritter nur eine öffentlich-rechtliche Unterbringung nach PsychKG veranlasst werden (Hamm BtPrax 01, 40, 41), wenn nicht auch die Gefahr besteht, dass sich der Betroffene bei seinen Aktionen selbst schwer verletzt (München BtPrax 06, 105). Die Erforderlichkeit der Unterbringung entfällt, wenn andere Hilfen (zB Überwachung) ausreichen, um ihren Zweck zu erreichen. Bei exzessiven Suchterkrankungen kann aber bereits das Fehlen gezielter Therapiemöglichkeiten für eine Unterbringung ausreichen (BayObLG FamRZ 04, 1135). Bei Suizidgefahr ist es entscheidend, ob diese konkret droht, oder nur latent vorhanden ist. 4

5 2. Nach Nr 2 ist die Anordnung der Unterbringung auch zulässig, um **ärztliche Untersuchungen und Behandlungen iSv § 1904 zu ermöglichen**, deren Notwendigkeit der Betroffenen auf Grund seiner Behinderung oder psychischen Erkrankung nicht erkennen kann (*Meyer* BtPrax 02, 252; Karlsr FamRZ 08, 1211; aA Celle FamRZ 06, 443). Dabei ist die wohl eine erhebliche Gesundheitsgefahr erforderlich, die durch die Untersuchung bestätigt werden soll und zu deren Beseitigung die Behandlung notwendig ist. An der Notwendigkeit fehlt es bei Bagatellerkrankungen oder wenn auch die stationäre Unterbringung keine Besserung der konkreten Erkrankung verspricht (KG FamRZ 05, 17; Köln FamRZ 06, 1874; Naumb FamRZ 08, 2060). Weder jede zweckmäßige Untersuchung, noch die Behandlung von Bagatellbeschwerden, rechtfertigen die Anordnung der Unterbringung (MüKo/*Schwab* § 1906 Rz 14), die einen weitgehenden Grundrechtseingriff darstellt (BVerfG BtPrax 97, 196; Schlesw FamRZ 08, 1376). Schließlich muss die Weigerung des Betroffenen sich der notwendigen Untersuchung oder Behandlung zu entziehen, ihre Ursache in einer psychischen Krankheit oder einer geistigen oder seelischen Behinderung haben, die seine Einsichts- und Steuerungsfähigkeit beeinträchtigt (BayObLG FamRZ 99, 1306, 1307). Lehnt er die Heilbehandlung aus anderen Gründen ab (zB wegen der Kosten), ist die Anordnung einer Unterbringung daher ausgeschlossen (Bremen FamRZ 06, 730). Eine Unterbringung zur Erzwingung der Krankheits- und Behandlungseinsicht ist ausgeschlossen (*Jürgens*/*Marschner* § 1906 Rz 19). Gleiches gilt, wenn die Unterbringung von vornherein keinen Erfolg verspricht, wie zB bei einer Alkoholentwöhnungsbehandlung, die auf die freiwillige Mitarbeit des Betroffenen angewiesen ist (Schlesw FamRZ 98, 1328). Auch wenn für bestimmte, nach § 1904 genehmigungspflichtige Behandlungsmethoden, die Genehmigung wegen fehlender Heilungs- bzw Besserungsmöglichkeit zu versagen ist, ist eine Unterbringung nach Nr 2 unzulässig (*Jürgens*/*Marschner* § 1906 Rz 20 mwN). Ist ein Anordnungsgrund nach Nr 2 nicht gegeben, so wird (bei Vorliegen der Voraussetzungen) eine Anordnung nach Nr 1 nicht ausgeschlossen. Die Genehmigung der Unterbringung nach Nr 1 und Nr 2 ist aufzuheben, wenn der Betroffene sich ernstlich bereit erklärt, freiwillig in der Einrichtung zu verbleiben und sich der erforderlichen Therapie zu unterziehen (München FamRZ 05, 1590; BayObLG FamRZ 05, 238).

6 **Unterbringungsähnliche Maßnahmen**: 1. Hierunter ist jede **gezielte Behinderung des Betreuten in seinem Wunsch, den bisherigen Aufenthaltsort zu verlassen**, zu verstehen, die vom Betroffenen nicht mit eigenen Kräften überwunden werden kann (zB das Ruhigstellen von Bewohnern von Alten- und Pflegeheimen durch Festbinden am Bett, Fixiertsein an Rollstühlen; einschließen im Zimmer usw; vgl München FamRZ 06, 441 mwN; Karlsr FamRZ 09, 640). Wegen der gleichartigen Wirkung gehört auch jede medikamentöse Behandlung hierher, durch die der Betroffene zielgerichtet in der Bewegungsfreiheit beschränkt wird (*Jürgens*/*Marschner* § 1906 Rz 39; Hamm FGPrax 97, 64 f). Genehmigungsfrei sind dagegen Maßnahmen, die den Betroffenen nur tatsächlich am Verlassen des Aufenthaltsorts hindern, wie zB elektronische Melder oder eine Nachtwache am Bett (AG Meißen FamRZ 07, 1911; aA LG Ulm FamRZ 09, 544). Voraussetzung ist außerdem ein zumindest natürlicher Wille sich Fortzubewegen beim Betroffenen und die Fähigkeit diesen Willen, evtl auch mit Hilfsmitteln (zB Rollstuhl), umzusetzen (Hamm FamRZ 93, 1490, 1491).

7 2. **Genehmigungsfähig sind unterbringungsähnliche Maßnahmen** grds nur, wenn der Betroffene bereits unter Betreuung steht. Eine Ausnahme von diesem Grundsatz ergibt sich, wenn durch den Betroffenen ein Bevollmächtigter nach V bestellt ist. IV ist entgegen dem Wortlaut auch anwendbar auf Betreute, die bereits untergebracht sind (*Jürgens*/*Marschner* § 1906 Rz 31 mwN; aA *Soergel*/*Zimmermann* § 1906 Rz 72). Er gilt auch für Minderjährige (§ 1631b), nicht hingegen für in der Familie lebende Betreute (BayObLG BtPrax 03, 37; *Holzhauer* FuR 92, 252). Die Genehmigung von Maßnahmen gegen nicht unter Betreuung stehende Volljährige ist ausgeschlossen (*Soergel*/*Zimmermann* § 1906 Rz 71).

8 Weiterhin ist erforderlich, dass sich der Betroffene in einer **Anstalt**, einem **Heim** (zB Krankenhäuser Alten- und Pflegeheime usw), oder einer **sonstigen Einrichtung** (ggf auch die eigene Wohnung, wenn sie durch fremde Pflegekräfte abgeschlossen wird: Hambg FamRZ 95, 1019) aufhält. Ist für den Betroffenen bereits eine Unterbringung nach I angeordnet, so müssen von der Anordnung nicht gedeckte zusätzliche Maßnahmen gegen den Untergebrachten (zB Fixieren, Verabreichung von ruhigstellenden Medikamenten) nach IV genehmigt werden (Ddorf FamRZ 95, 118, BayObLG FamRZ 94, 721, 722, Frankf FamRZ 07, 673).

9 Durch die **Maßnahme** muss der Betroffene gegen seinen Willen an der Ausübung seiner Bewegungsfreiheit gehindert werden (Ausstattung mit einem Personenortungs-Chip genügt zB nicht: Brandbg FamRZ 06, 1481). Dies wird nur anzunehmen sein, wenn der Betreute überhaupt seinen Aufenthaltsort verlassen will, wobei natürlicher Handlungswille ausreichend ist. Erforderlich ist allerdings, dass der Betroffene überhaupt noch zur willkürlichen Fortbewegung in der Lage ist (Hamm FamRZ 93, 1490).

10 Auch muss die unterbringungsähnliche **Maßnahme** entweder über einen **längeren Zeitraum** oder **regelmäßig** erfolgen. Welche Dauer für die Annahme eines längeren Zeitraums zu fordern ist, ist str (vgl *Soergel*/*Zimmermann* § 1906 Rz 75 mwN). Ggf ist die zu fordernde Dauer unter Anknüpfung an den Schweregrad der einzelnen Maßnahme zu differenzieren (*Jurgeleit*/*Meyer* § 1906 Rz 48). IRe Therapie nur vorübergehend *vorgenommene Freiheitseinschränkungen* (zB Bettgitter für einen akut Fieberkranken) genügen nicht (*Palandt*/*Diederichsen* § 1906 Rz 21). Regelmäßigkeit liegt vor, wenn die Freiheitsbeschränkungen entweder stets zur selben Zeit (Abschließen des Zimmers jeweils zur selben Uhrzeit) oder aus regelmäßig wiederkehrendem Anlass (zB Einsperren und Fesseln, wenn der Betroffene die Nachtruhe stört), erfolgen.

Schließlich erfordert auch eine unterbringungsähnliche Maßnahme nach IV ein **Vorliegen der in I genannten Gründe** für die Anordnung freiheitsbeschränkender Maßnahmen. Maßstab ist das Wohl des Betreuten. Der Verhältnismäßigkeitsgrundsatz ist streng zu beachten (München FamR 06, 441; Karlsr FamRZ 08, 1211). Konkrete Tatsachen, aus denen sich Art und Umfang sowie die Wahrscheinlichkeit der gesundheitlichen Selbstschädigung ergeben, müssen in der gerichtlichen Anordnung genannt werden (München FamRZ 06, 445; Brandbg FamRZ 07, 1768). 11

Entfallen die Voraussetzungen (§ 330 FamFG), ist die Genehmigung der Unterbringung, bzw der unterbringungsähnlichen Maßnahme, auch gegen den Willen des Betreuers/Bevollmächtigten, aufzuheben. Ist der Betreute vom Betreuer aus der freiheitsbeschränkenden Unterbringung bereits entlassen worden, ist gleichwohl die Genehmigung aufzuheben, um so zu verhindern, dass Betreuer oder Bevollmächtigter von derselben Genehmigung noch einmal Gebrauch machen können (BayObLG BtPrax 95, 144). Vgl auch III 2. 12

Das Gericht kann **vorläufige Maßnahmen** ergreifen, wenn Eile geboten ist und den Betroffenen nach §§ 1908i I 1, 1846 selbst unterbringen. Die Genehmigung kann auch zunächst in Form einer einstweiligen Anordnung (§ 331 FamFG) erteilen werden (Bremen FamRZ 07, 1127, Brandbg FamRZ 07, 2107 f). Ist bereits ein Betreuer/Bevollmächtigter vorhanden, so kann er die Unterbringung oder eine unterbringungsähnliche Maßnahme ohne vorherige Genehmigung des Gerichts nur dann veranlassen, wenn mit dem Aufschub Gefahr verbunden ist (I 2). Die erforderliche Genehmigung hat er in diesem Fall unverzüglich nachträglich einzuholen. 13

C. Verfahren. Nach § 313 I Nr 1 FamFG ist das **Gericht zuständig**, bei dem eine Betreuung anhängig ist, deren Aufgabenkreis die Unterbringung des Betroffenen umfasst. Auch eine vorläufige Unterbringung des Betroffenen in einer in einem anderen Gerichtsbezirk gelegenen Einrichtung ändert daran nichts (s. §§ 313 I Nr 2-4, II, III, IV, 314 FamFG). Wegen des Schwere des Eingriffs in Grundrechte des Betroffenen sind sein **Anhörungsrechte** besonders zu beachten (vgl § 319 FamFG; Köln FamRZ 09, 814). Der Betroffene kann auf sein Anhörungsrecht nicht wirksam verzichten, das Gericht nur in Ausnahmefällen von ihr absehen (München FamRZ 06, 729; Rostock FamRZ 07, 1767). Auch die zuständige Behörde (§ 320 FamFG) soll im Unterbringungsverfahren angehört werden (Ddorf FamRZ 95, 118). Zur Notwendigkeit der Unterbringung muss ein Sachverständigengutachten eingeholt werden (§ 321 I FamFG; zu den Anforderungen an entspr Gutachten vgl Staud/*Bienwald* § 1906 Rz 82 ff; KG FamRZ 07, 1042; Celle FamRZ 07, 2107; Naumbg FamRZ 08, 2060; Hamm FamRZ 09, 811), nur ausnahmsweise kann davon abgesehen werden (Rostock FamRZ 07, 1767). In der Genehmigung einer Unterbringung nach Nr 2 ist die vom Betreuten zu duldende Behandlung so präzise wie möglich anzugeben (Karlsr FamRZ 07, 2107). Wird über die Höchstfrist der geschlossenen Unterbringung von idR einem bzw zwei Jahren (§ 329 I FamFG) hinaus, eine weitere Unterbringung genehmigt, ist dies gesondert zu begründen (München FamRZ 06, 362). 14

§ 1907 Genehmigung des Betreuungsgerichts bei der Aufgabe der Mietwohnung.

(1) ¹Zur Kündigung eines Mietverhältnisses über Wohnraum, den der Betreute gemietet hat, bedarf der Betreuer der Genehmigung des Betreuungsgerichts. ²Gleiches gilt für eine Willenserklärung, die auf die Aufhebung eines solchen Mietverhältnisses gerichtet ist.

(2) ¹Treten andere Umstände ein, auf Grund derer die Beendigung des Mietverhältnisses in Betracht kommt, so hat der Betreuer dies dem Betreuungsgericht unverzüglich mitzuteilen, wenn sein Aufgabenkreis das Mietverhältnis oder die Aufenthaltsbestimmung umfasst. ²Will der Betreuer Wohnraum des Betreuten auf andere Weise als durch Kündigung oder Aufhebung eines Mietverhältnisses aufgeben, so hat er dies gleichfalls unverzüglich mitzuteilen.

(3) Zu einem Miet- oder Pachtvertrag oder zu einem anderen Vertrag, durch den der Betreute zu wiederkehrenden Leistungen verpflichtet wird, bedarf der Betreuer der Genehmigung des Betreuungsgerichts, wenn das Vertragsverhältnis länger als vier Jahre dauern oder vom Betreuer Wohnraum vermietet werden soll.

A. Wohnungsauflösung. Zweck der Norm ist es, durch gerichtliche Genehmigungserfordernisse sowie von Mitteilungspflichten, dem **Betreuten seine Wohnung als Lebensmittelpunkt solange wie möglich zu erhalten** (vgl *Bobenhausen* Rpfleger 94, 13; *Renner* BtPrax 99, 96). Der Betreute soll nicht durch Kündigung und Auflösung seiner Wohnung durch den Betreuer gezwungen werden können, den Rest seines Lebens ggf in einem Heim verbringen zu müssen. Die Vorschrift erweitert die Schutzvorschriften der §§ 1812, 1821 I Nr 1 u IV iVm § 1908i, indem nicht nur die Veräußerung, sondern auch die Weitervermietung der im Eigentum des Betreuten stehenden Wohnung (III), sowie die Kündigung einer gemieteten Wohnung (I), von der Genehmigung des BtG abhängig gemacht werden. Ergänzend verpflichtet II den Betreuer, dessen Aufgabenkreis das Mietverhältnis oder die Aufenthaltsbestimmung umfasst, das Gericht über alle anderen Umstände zu informieren, die zu einer Beendigung des Mietverhältnisses führen können. 1

B. Anwendungsbereich. Die Vorschrift setzt zunächst voraus, dass die **Regelung von Miet und Wohnungsangelegenheiten von dem Aufgabenkreis des Betreuers umfasst** wird, weil er nur dann den Betroffenen 2 kraft Gesetzes vertreten kann (§ 1902). Ist ihm die gesamte Personensorge übertragen, so ist er auch zur Kündigung der Wohnung des Betreuten berechtigt, hat er nur die Vermögenssorge, werden davon „Wohnungsangelegenheiten" iSd § 1907 idR nicht umfasst. Ist dem Betreuer lediglich das Aufenthaltsbestimmungsrecht übertragen, so ist nach dem Einzelfall zu entscheiden, ob darin auch das Recht zur Wohnungsauflösung enthalten sein soll (Jürgens/*Marschner* § 1907 Rz 2). Keiner Genehmigung zur Wohnungskündigung oder Weitervermietung bedarf es, wenn keine Betreuung besteht und nur ein vom Betroffenen vorsorglich bestellter Vertreter handelt. Gleiches gilt, wenn der Betreute einen für einen anderen Aufgabenkreis bestellten Betreuer zusätzlich mit der Kündigung der Wohnung bevollmächtigt hat (Staud/*Bienwald* § 1907 Rz 16/17; MüKo/*Schwab* § 1907 Rz 4).

3 Genehmigungspflichtig ist jede rechtsgeschäftliche Aufgabe oder Veränderung des Mietverhältnisses, dh wenn der Betreuer als gesetzlicher Vertreter des Betreuten die **Mietwohnung des Betreuten kündigt** (I 1) oder das Mietverhältnis durch **Abschluss eines Aufhebungsvertrages** beendet (I 2). Es ist nicht erforderlich, dass der Betroffene den Mietvertrag selbst abgeschlossen hat oder dass er die Wohnung zum Zeitpunkt der Kündigung tatsächlich bewohnt. Die Genehmigungspflicht entfällt aber, wenn eine Wohnung von vornherein nicht den eigenen Wohnzwecken des Betreuten dient (MüKo/*Schwab* § 1907 Rz 4; LG Münster MDR 94, 276). Auch die Vermietung von Wohnraum des Betroffenen und der Abschluss eines länger als vier Jahre laufenden Miet-, Pacht- oder anderen Vertrags (auch bei unbefristeter Vermietung von Wohnraum: LG Wuppertal FamRZ 07, 1269), durch den sich der Betroffene zur Erbringung wiederkehrender Leistungen verpflichtet (III), ist genehmigungspflichtig (LG Wuppertal FamRZ 07, 1269) Zu den anderen Verträgen zählen zB Leasingverträge oder Kontoverträge mit der Bank (Soergel/*Zimmermann* § 1907 Rz 15), ggf auch Heimverträge, soweit sie nicht bereits I unterfallen, da es sich zumindest teilweise um Mietverträge über Wohnraum handelt (so Jürgens/*Marschner* § 1907 Rz 5; Staud/*Bienwald* § 1907 Rz 14, aA LG Münster BtPrax 01, 81). Nicht ausreichend ist hingegen jede bloße unentgeltliche Mitbenutzung von Wohnraum (Staud/*Bienwald* § 1907 Rz 24).

4 Das Gericht hat die **Genehmigung zu erteilen**, wenn das Handeln des Betreuers dem Wohl (§ 1901 II 1) des Betroffenen entspricht. Dies ist idR dann der Fall, wenn eine Rückkehr des Betroffenen in die eigene Wohnung auf Dauer ausgeschlossen ist (Frankf FamRZ 06, 1875). Dabei ist jedoch auf die Wünsche des Betreuten Rücksicht zu nehmen (§ 1901 III 1). Ist ein Umzug ins Heim Ziel des Wohnungswechsels, so kann für die Beibehaltung der Wohnung eine enge Bindung des Betreuten an seine häusliche Umgebung sprechen (BayObLG BtPrax 04, 69), bei einem vorübergehenden Krankenhaus- oder Pflegeheimaufenthalt auch der Umstand, dass noch nicht abzusehen ist, ob eine Rückkehr in die eigene Wohnung ausgeschlossen ist (Jürgens/*Marschner* § 1907 Rz 6). Für die Erteilung der Genehmigung kann eine für den Lebenszuschnitt des Betreuten völlig überzogene Größe der Wohnung sprechen, insb dann, wenn dadurch seine finanzielle Leistungskraft überfordert wird (Palandt/*Diederichsen* § 1907 Rz 5; Oldbg Rpfleger 03, 65).

5 Zusätzlich hat der Betreuer dem BtG alle anderen Umstände anzuzeigen (**Anzeigepflicht**, II), die zu einer Beendigung des Mietverhältnisses führen können. Dies werden va Kündigungen und Räumungsklagen durch den Vermieter sein, in Betracht kommt aber auch eine faktische Wohnungsaufgabe durch den Betreuer, etwa durch Veräußerung des Hausrats oder die Beendigung des Bezugs von Gas, Strom und Wasser (Staud/*Bienwald* § 1907 Rz 35). Das BtG erhält so die Möglichkeit, gegen den sich pflichtwidrig verhaltenden Betreuer ggf nach § 1908i I 1 iVm § 1837 vorzugehen, zB durch Aufforderung zur Verteidigung gegen Kündigung und Räumungsklage oder zur Unterlassung der weiteren Veräußerung von Hausrat des Betreuten (Jürgens/*Marschner* § 1907 Rz 4).

§ 1908 Genehmigung des Betreuungsgerichts bei der Ausstattung. Der Betreuer kann eine Ausstattung aus dem Vermögen des Betreuten nur mit Genehmigung des Betreuungsgerichts versprechen oder gewähren.

1 Das **gerichtliche Genehmigungserfordernis** des § 1908 soll den Betreuten in einem speziellen Fall der Vermögenssorge vor Minderung seines Vermögens durch das Versprechen unangemessen hoher Ausstattung durch den Betreuer schützen. Zum Begriff der **Ausstattung** vgl § 1624. Anwendung findet die Norm va bei Hof- oder Geschäftsübergaben im Wege vorweggenommener Erbfolge. Vgl zum Begriff der Ausstattung zunächst § 1624 Rn 1 ff. Eine Ausstattung iSd § 1624 liegt nur vor, solange die Zuwendung an die Kinder nicht das den Vermögensverhältnissen der Eltern entspr Maß übersteigt. Anderenfalls handelt es sich um eine Schenkung, für die § 1908i II iVm § 1804 gilt. Ist das Ausstattungsversprechen vormundschaftsgerichtlich genehmigt, so bedarf die Erfüllung keiner weiteren Genehmigung. Die Genehmigung ist zu erteilen, wenn die Voraussetzungen des § 1624 vorliegen, das Maß der Ausstattung die Lebensverhältnisse des Betreuten nicht übersteigt und die Weggabe des Vermögens seinem Wohl entspricht (Soergel/*Zimmermann* § 1908 Rz 10).

§ 1908a Vorsorgliche Betreuerbestellung und Anordnung des Einwilligungsvorbehalts für Minderjährige.
¹Maßnahmen nach den §§ 1896, 1903 können auch für einen Minderjährigen, der das 17. Lebensjahr vollendet hat, getroffen werden, wenn anzunehmen ist, dass sie bei Eintritt der Volljährigkeit erforderlich werden. ²Die Maßnahmen werden erst mit dem Eintritt der Volljährigkeit wirksam.

Die Norm ermöglicht die **vorsorgliche Anordnung** einer **Betreuung** und eines **Einwilligungsvorbehalts** für einen über 17-jährigen Minderjährigen, wenn zu erwarten ist, dass er bei Eintritt der Volljährigkeit betreuungsbedürftig sein wird. Auf diese Weise soll insb bei Menschen mit geistiger Behinderung vermieden werden, dass nach Eintritt der Volljährigkeit mit dem Ende der elterlichen Sorge Unterbrechungen der Fürsorge entstehen, in denen sie ohne den Schutz eines gesetzlichen Vertreters sind (Jürgens/*Mertens* § 1908a Rz 1). Ein unzulässiger Eingriff in die Elternrechte liegt nicht vor, da die Anordnung erst mit Volljährigkeit der Betroffenen wirksam wird (2). Der vorsorglich bestellte Betreuer hat (soweit nicht die Eltern selbst zum Betreuer bestellt sind) vor diesem Zeitpunkt keine Befugnisse, insb steht ihm mit dem Minderjährigen kein Umgangsrecht zu. Die Bestellung des Betreuers richtet sich nach §§ 1896, 1903. Sie erfolgt vAw oder auf Antrag. Den Antrag kann nur der Minderjährige selbst stellen. 1

§ 1908b Entlassung des Betreuers.
(1) ¹Das Betreuungsgericht hat den Betreuer zu entlassen, wenn seine Eignung, die Angelegenheiten des Betreuten zu besorgen, nicht mehr gewährleistet ist oder ein anderer wichtiger Grund für die Entlassung vorliegt. ²Ein wichtiger Grund liegt auch vor, wenn der Betreuer eine erforderliche Abrechnung vorsätzlich falsch erteilt hat. ³Das Gericht soll den nach § 1897 Abs. 6 bestellten Betreuer entlassen, wenn der Betreute durch eine oder mehrere andere Personen außerhalb einer Berufsausübung betreut werden kann.
(2) Der Betreuer kann seine Entlassung verlangen, wenn nach seiner Bestellung Umstände eintreten, auf Grund derer ihm die Betreuung nicht mehr zugemutet werden kann.
(3) Das Gericht kann den Betreuer entlassen, wenn der Betreute eine gleich geeignete Person, die zur Übernahme bereit ist, als neuen Betreuer vorschlägt.
(4) ¹Der Vereinsbetreuer ist auch zu entlassen, wenn der Verein dies beantragt. ²Ist die Entlassung nicht zum Wohl des Betreuten erforderlich, so kann das Betreuungsgericht stattdessen mit Einverständnis des Betreuers aussprechen, dass dieser die Betreuung künftig als Privatperson weiterführt. ³Die Sätze 1 und 2 gelten für den Behördenbetreuer entsprechend.
(5) Der Verein oder die Behörde ist zu entlassen, sobald der Betreute durch eine oder mehrere natürliche Personen hinreichend betreut werden kann.

Die **Norm regelt die Entlassung bzw Teilentlassung des Betreuers** bei Fortbestehen des Betreuungsbedarfs (vgl *Bienwald* FF 03, 202). Daher ist nach der Entlassung ein neuer Betreuer zu bestellen (§ 1908c). Fehlt es an einem weiteren Betreuungsbedarf, ist § 1908d einschlägig. Die Entlassungsanregung kann dabei vom Betreuer selbst, vom Betreuten, von Dritten (zB Angehörigen) oder von der Staatskasse (Bezirksrevisor) ausgehen. 1

Der Betreuer **ist zwingend zu entlassen**, wenn er für die weitere Wahrnehmung des Amts **ungeeignet** ist oder ein anderer **wichtiger Grund** für die Entlassung vorliegt (I). Es genügt jeder Grund, der den Betreuer iSv § 1897 bereits zur Bestellung ungeeignet gemacht hätte, wie zB eine ungenügende oder sogar interessenwidrige Wahrnehmung des ihm übertragenen Aufgabenkreises (BayObLG FamRZ 05, 931; KG FamRZ 09, 641). Auch Überforderung im Zusammenhang mit der Vermögensverwaltung (München FamRZ 05, 1927) oder in wichtigen Fragen der Personensorge kann eine Entlassung erforderlich machen. Eine konkrete Schädigung ist (bei einer nicht vollständig abstrakten Gefahrenlage) nicht notwendig (BayObLG BtPrax 02, 218; Naumbg FamRZ 08, 90), andererseits stellen geringfügige Fehler bei der Vermögensanlage und Kontoführung noch keinen Entlassungsgrund dar (Rostock FamRZ 05, 1588). Ist zB wegen Abrechnungsfehlern bereits ein Strafverfahren anhängig, braucht dessen Ausgang nicht erst abgewartet zu werden (BayObLG FamRZ 05, 931), sondern bereits gravierende Störungen des Vertrauensverhältnisses können für die Entlassung genügen (BayObLG FamRZ 05, 751). Auch bereits eine unüberwindliche Abneigung des Betreuten gegen den Betreuer kann die Entlassung gebieten, bloße Spannungen sind jedoch nicht ausreichend (BayObLG BtPrax 04, 240). **Kein Entlassungsgrund** ist die Ablehnung der Fortsetzung oder Einleitung lebenserhaltender Maßnahmen unter Berufung auf den Willen des Betroffenen (BGH FamRZ 03, 748; München FamRZ 07, 1128). **Andere wichtige Gründe** (I Alt 2), die eine Entlassung gebieten, liegen vor, wenn der Betreuer ggü der Staatskasse falsch abgerechnet hat (I 2) oder trotz Fehlens der Voraussetzungen des § 1899 I mehrere Betreuer bestellt worden sind (Jurgeleit/*Deusing* § 1908b Rz 54; Köln FamRZ 07, 765). Auch Pflichtwidrigkeiten ggü dem BtG, wie zB die wiederholt verspätete Abgabe eines Vermögensverzeichnisses, unzureichende Rechnungslegung oder der Verstoß gegen Berichtspflichten können uU eine Entlassung rechtfertigen (Jurgeleit/*Deusing* § 1908b Rz 23 ff mwN; Schlesw FGPrax 06, 74; LG Kleve FamRZ 08, 640). Auch wenn ein erheblich besser geeigneter Verwandter bereit ist, die Betreuung dauerhaft zu übernehmen muss der Betreuer entlassen werden (Bay- 2

ObLG FamRZ 00, 1457). Bei **Vorliegen** eines der **Entlassungsgründe** handelt das Gericht von Amts wegen, wobei der Grundsatz der Verhältnismäßigkeit zu beachten ist, dh gleich geeignete Maßnahmen nach § 1837 gehen einer Entlassung des Betreuers vor (BayObLG BtPrax 04, 153; Frankf FamRZ 09, 1245). Der Entzug eines Teilbereichs der Betreuung kann ausreichend sein (Brandbg FamRZ 07, 1356). Auf einen entgegenstehenden Willen des Betroffenen, der die Weiterführung der Betreuung durch einen bestimmten Betreuer wünscht, kommt es nicht an (Jurgeleit/*Deusing* § 1908b Rz 34).

3 Ein **Berufsbetreuer** soll entlassen werden, wenn der Betreute durch eine oder mehrere andere Personen betreut werden kann, die die Betreuung auch ehrenamtlich führen würden (III 3). Die Entlassung steht im Ermessen des Gerichts und kann unterbleiben, wenn sie dem Wohl des Betroffenen widerspricht (BayObLG FamRZ 05, 1777; Hamm FamRZ 08, 2309). Ein Berufsbetreuer kann auch nach § 1908b entlassen werden, etwa weil er die Voraussetzungen für die Berufsmäßigkeit nach § 1 I Nr 1 oder Nr 2 VBVG nicht mehr erfüllt, um ihn dann als ehrenamtlichen Betreuer zu bestellen (Frankf FGPrax 04, 287).

4 **Verein oder Behörde** müssen wegen des Vorrangs der Einzelbetreuung (§§ 1897, 1900 I u IV) entlassen werden, wenn die Betreuung auch durch eine gleich gut geeignete natürliche Person geführt werden kann (V). Zu den entspr Anzeigepflichten vgl § 1900 III, IV 2. **Vereins- und Behördenbetreuer** sind auf entspr Antrag ihres Vereins oder ihrer Behörde zu entlassen (IV 1 u 3). Das Gericht ist an den Antrag gebunden, da ja bereits die Bestellung der Dispositionsbefugnis des Vereins/der Behörde unterlegen hat (§ 1897 II).

5 Der **Betreuer** kann seine **Entlassung verlangen**, wenn ihm die Weiterführung der Betreuung wegen nachträglich eingetretener Umstände unzumutbar ist (II). Wer diese Umstände zu vertreten hat oder ob sie die Eignung des Betreuers zur Führung der Betreuung beeinträchtigen, ist dabei unerheblich. Grds gilt, dass alle Gründe, die nach § 1898 I zur Ablehnung der Übernahme der Betreuung berechtigt hätten, wenn sie erst während der Betreuung eintreten, auch den Wunsch auf Entlassung rechtfertigen können. Darüber hinaus können zB eine erhebliche Entfremdung zwischen Betreuer und Betroffenen, erhebliche Belastungen des Betreuers durch eigene vorrangige Verpflichtungen (zB Pflegebedürftigkeit bei Ehefrau oder nahen Verwandten) oder ein Wohnsitzwechsel (Hambg BtPrax 94, 138), eine nachträgliche Unzumutbarkeit der Fortführung des Amtes begründen (Jurgeleit/*Deusing* § 1908b Rz 88). Es ist jeweils eine konkrete Abwägung der Interessen des Betreuers an seiner Entlassung und dem Interesse des Betreuten an der Weiterführung der Betreuung durch diesen Betreuer erforderlich (BayObLG BtPrax 01, 206). Wird der Wunsch auf Entlassung mit der Bewilligung einer unzureichenden Vergütung begründet, kommt es auf den Einzelfall an (Schlesw BtPrax 97, 241; BayObLG FamRZ 02, 195). Es kann auch nur eine Teilentlassung (zB beschränkt auf einen Aufgabenkreis) beantragt werden (BayObLG BtPrax 02, 271). Das Gericht hat kein Ermessen und muss den Betreuer bei Vorliegen des wichtigen Grundes entlassen.

6 Auch der **Betreute** kann bei Vorschlag einer gleich geeigneten Person, die bereit ist die Betreuung zu übernehmen, die **Entlassung des Betreuers beantragen** (III). Geschäftsfähigkeit des Betreuten ist für den Antrag nicht erforderlich (Schlesw FamRZ 06, 289): Der neue Betreuer muss nicht bereits im Antrag genannt werden (München FamRZ 07, 2108). Es liegt im Ermessen des Gerichts, ob es dem Antrag des Betreuten folgt. Bei der Entscheidung über den Betreuerwechsel kommt es zwar vornehmlich auf den Wunsch des Betreuten an (BayObLG FamRZ 05, 654), entscheidend ist aber, dass der Betreuerwechsel nicht das Wohl des Betreuten gefährdet (Jürgens/*Mertens* § 1908b Rz 10). Das Gericht hat daher die Entlassung des bisherigen Betreuers abzulehnen, wenn zu befürchten ist, dass dieser nicht den Interessen des Betroffenen entspricht (BayObLG FamRZ 94, 1353) oder wenn der Wunsch des Betroffenen auf die Beeinflussung durch die gewünschte Person, bzw Dritte, zurückgeht (BayObLG BtPrax 05, 35). Gleiches gilt, wenn der Betreuerwechsel im Zeitpunkt der gerichtlichen Entscheidung (zB kurz vor Überprüfung der Verlängerung der Betreuung) unzweckmäßig ist (BayObLG FamRZ 05, 654). Ein wichtiger Grund für die Entlassung kann aber vorliegen, wenn das Vertrauensverhältnis zwischen dem Betroffenen und seinem Betreuer gestört ist (BayObLG FamRZ 05, 751).

7 **Verfahren.** Bevor das Gericht einen Betreuer entlässt, muss es idR zunächst seine Aufsichts- und Weisungsrechte nach §§ 1837, 1908i 1 1 nutzen, wobei nicht sämtlich mögliche Aufsichtsmaßnahmen ausgeschöpft zu werden brauchen (BayObLG BtPrax 04, 153). Bei Gefahr im Verzug ist eine einstweilige Anordnung möglich (§ 300 II FamFG). Für die **Anhörungspflichten** gilt § 296 I FamFG. Kann der Betreute seinen Willen nicht kundtun, ist ein Verfahrenspfleger zu bestellen (Brandbg FamRZ 07, 1688; KG FamRZ 09, 641). Wird der Betreuer gegen seinen Willen entlassen, kann er sich hiergegen mit der Beschwerde wenden (Rostock FamRZ 07, 235). Die **Beschwerdeberechtigung** von Betreuer und Betreuten ergibt sich gem § 59 I FamFG. Ein Beschwerderecht Dritter, etwa naher Angehöriger, scheidet aus (BGH FamRZ 98, 1186), auch wenn sie selbst zum Betreuer bestellt werden wollen (Jurgeleit/*Deusing* § 1908b Rz 162 ff; München FamRZ 09, 1351).

§ 1908c Bestellung eines neuen Betreuers.
Stirbt der Betreuer oder wird er entlassen, so ist ein neuer Betreuer zu bestellen.

1 *Da die Betreuung* nicht mit dem Tod oder der Entlassung des Betreuers endet, ist in diesen Fällen, bei weiter bestehendem Betreuungsbedarf, unverzüglich ein **neuer Betreuer** (ggf als vorläufiger Betreuer) zu bestellen. Die Auswahl richtet sich nach §§ 1897, 1900. In Eilfällen ist die Neubestellung auch durch einstweilige Anordnung möglich (§ 300 I FamFG).

§ 1908d Aufhebung oder Änderung von Betreuung und Einwilligungsvorbehalt.
(1) ¹Die Betreuung ist aufzuheben, wenn ihre Voraussetzungen wegfallen. ²Fallen diese Voraussetzungen nur für einen Teil der Aufgaben des Betreuers weg, so ist dessen Aufgabenkreis einzuschränken.
(2) ¹Ist der Betreuer auf Antrag des Betreuten bestellt, so ist die Betreuung auf dessen Antrag aufzuheben, es sei denn, dass eine Betreuung von Amts wegen erforderlich ist. ²Den Antrag kann auch ein Geschäftsunfähiger stellen. ³Die Sätze 1 und 2 gelten für die Einschränkung des Aufgabenkreises entsprechend.
(3) ¹Der Aufgabenkreis des Betreuers ist zu erweitern, wenn dies erforderlich wird. ²Die Vorschriften über die Bestellung des Betreuers gelten hierfür entsprechend.
(4) Für den Einwilligungsvorbehalt gelten die Absätze 1 und 3 entsprechend.

Im Gegensatz zur Vormundschaft (vgl § 1892) **enden Betreuung und Einwilligungsvorbehalt** aus Gründen der Rechtssicherheit grds **nicht automatisch**, sondern ihre Aufhebung oder Änderung muss durch gerichtliche Anordnung erfolgen. Lediglich der Tod des Betreuten führt in Durchbrechung dieses Grundsatzes ohne weiteres zum Ende von Betreuung und Einwilligungsvorbehalt, wobei jedoch in diesem Fall bestimmte Notgeschäftsführungsrechte (vgl §§ 1908i; 1893) weiter bestehen können (vgl *Paßmann* BtPrax 94, 202; *Vogt* BtPrax 96, 52; *Stockert* BtPrax 96, 203). § 1908d gibt zudem dem BtG die **Möglichkeit, die Anordnung einer Betreuung, bzw eines Einwilligungsvorbehalts, unter Beachtung des Erforderlichkeitsgrundsatzes an geänderte Verhältnisse anzupassen.** Es kann dabei die Betreuung und den Einwilligungsvorbehalt bei Wegfall der Voraussetzungen (§§ 1896, 1903) vollständig aufheben oder auch nur auf bestimmte Aufgabenkreise und Geschäfte beschränken (I). Soweit notwendig, können Betreuung und Einwilligungsvorbehalt aber auch nach den allgemeinen Regeln der §§ 1896, 1903 entspr erweitert werden (III). Soll nur der Betreuer entlassen werden, so ist § 1908b einschlägig. 1

Entspr dem **Erforderlichkeitsgrundsatz** ist die Betreuung, bzw der Einwilligungsvorbehalt, aufzuheben, wenn die Voraussetzungen (endgültig, nicht nur vorübergehend BayObLG FamRZ 94, 319) wegfallen, die zu ihrer Anordnung geführt hatten (I, 3). Dies kommt bei einem Einwilligungsvorbehalt zB dann in Betracht, wenn der Betroffenen seit Jahren nicht mehr selbständig am Rechtsverkehr teilgenommen hat und dessen Krankheitsbild dies auch für die Zukunft nicht erwarten läst (Zweibr FGPrax 99, 107). Dies gilt auch, wenn sich herausstellt, dass die Anordnungsvoraussetzungen nie vorlagen (Jurgeleit/*Deusing* § 1908d Rz 7). Fällt nur ein Teil der Aufgaben weg, ist der Aufgabenkreis des Betreuers entspr zu beschränken (BayObLG Rpfleger 01, 234). 2

Ist die Betreuung auf Antrag des Betroffenen eingerichtet worden, ist sie grds aufzuheben, wenn der Betroffene es beantragt. Dies hat nach I zwingend zu geschehen, wenn der Betroffene allein unter einer körperlichen Behinderung leidet, da sein Antrag in diesem Fall Anordnungsvoraussetzung ist, so dass bei seiner Rücknahme die Aufhebung erfolgen muss (Jurgeleit/*Deusing* § 1908d Rz 19). Ist eine psychische Erkrankung oder eine geistige oder seelische Behinderung des Betroffenen Grund für die Einrichtung der Betreuung, kommt bei fortbestehender Betreuungsbedürftigkeit auch eine Anordnung vAw in Betracht, so dass das Gericht die Betreuung nach II 1 nur aufheben darf, wenn die Weiterführung nicht erforderlich ist (Hamm NJWE-FER 01, 326). Den Antrag auf **Aufhebung** der Betreuung kann auch ein Geschäftsunfähiger stellen (II 2). Für das Verfahren gilt der Grundsatz der Amtsermittlung (München FamRZ 06, 730). 3

Eine **Einschränkung des Aufgabenbereichs des Betreuers, bzw des Einwilligungsvorbehalts,** setzt voraus, dass zwar weiterhin Betreuungsbedürftigkeit besteht, aber nicht mehr in dem bisherigen Umfang (Köln FamRZ 00, 908). I u III finden entspr Anwendung (IV). II kommt nicht in Betracht, da der Einwilligungsvorbehalt nur vAw angeordnet werden kann. 4

Eine **Erweiterung des Aufgabenkreises des Betreuers, bzw des Einwilligungsvorbehalts,** richtet sich nach den für die Erstanordnung geltenden Vorschriften (§§ 1896, 1903; § 293 FamFG). 5

Gegen die Aufhebung der Betreuung steht dem Betreuer kein Beschwerderecht zu (München FamRZ 06, 577). Bei Entlassung gegen seinen Willen bei fortbestehender Betreuung ist die **sofortige Beschwerde** gegeben (KG BtPrax 06, 3). 6

§ 1908e – *aufgehoben* –

§ 1908f Anerkennung als Betreuungsverein.
(1) Ein rechtsfähiger Verein kann als Betreuungsverein anerkannt werden, wenn er gewährleistet, dass er
1. eine ausreichende Zahl geeigneter Mitarbeiter hat und diese beaufsichtigen, weiterbilden und gegen Schäden, die diese anderen im Rahmen ihrer Tätigkeit zufügen können, angemessen versichern wird,
2. sich planmäßig um die Gewinnung ehrenamtlicher Betreuer bemüht, diese in ihre Aufgaben einführt, fortbildet und sie sowie Bevollmächtigte berät,
2a. planmäßig über Vorsorgevollmachten und Betreuungsverfügungen informiert,
3. einen Erfahrungsaustausch zwischen den Mitarbeitern ermöglicht.

(2) ¹Die Anerkennung gilt für das jeweilige Land; sie kann auf einzelne Landesteile beschränkt werden. ²Sie ist widerruflich und kann unter Auflagen erteilt werden.
(3) ¹Das Nähere regelt das Landesrecht. ²Es kann auch weitere Voraussetzungen für die Anerkennung vorsehen.
(4) Die anerkannten Betreuungsvereine können im Einzelfall Personen bei der Errichtung einer Vorsorgevollmacht beraten.

1 Die Norm stellt zur **Sicherung bestimmter Qualitätsstandards** für die Anerkennung eines Vereins als Betreuungsverein Mindestvoraussetzungen auf (vgl Jürgens/*Winterstein* § 1908f Rz 1 ff). Über III 2 wird zusätzlich die Aufstellung weiterer Voraussetzungen durch das Landesrecht zugelassen. Vgl den Überblick zu den landesrechtlichen Regelungen bei *Dodegge* NJW 92, 1936; 94, 2383; 95, 2389. Die Anerkennung ist Voraussetzung für die wirksame Bestellung des Vereins als Betreuer oder seiner Mitarbeiter als Vereinsbetreuer (§ 1897 II). Sie ist jederzeit widerruflich, kann unter Auflagen erteilt werden und gilt grds nur für das Bundesland, wo sie ausgesprochen wurde (II). Zur Vergütung vgl § 1835 sowie § 7 VBVG.

2 **Anerkennungsvoraussetzung** ist, dass der Verein rechtsfähig ist. Er darf nicht nur ehrenamtliche Helfer haben, sondern muss auch über professionelle Mitarbeiter verfügen (I 1). Die Beratung von Bevollmächtigten muss zu seinen satzungsgemäßen Aufgaben gehören (I Nr 2). IRd nach I Nr 3 geforderten Erfahrungsaustausches zwischen den Mitarbeitern werden die Betreuer von ihrer Schweigepflicht über die persönlichen Angelegenheiten der Betreuten entbunden. Will der Verein Personen bei der Errichtung von Versorgungsvollmachten beraten (IV), so ist dies kein Verstoß gegen das Rechtsberatungsgesetz.

§ 1908g Behördenbetreuer.
(1) Gegen einen Behördenbetreuer wird kein Zwangsgeld nach § 1837 Abs. 3 Satz 1 festgesetzt.
(2) Der Behördenbetreuer kann Geld des Betreuten gemäß § 1807 auch bei der Körperschaft anlegen, bei der er tätig ist.

1 Wenn eine **Behörde** als Betreuer bestellt ist, darf bei Pflichtwidrigkeiten gegen sie (anders als ggü sonstigen Betreuern) nach § 1837 III **kein Zwangsgeld** festgesetzt werden, weil dies mit ihrer Stellung nicht zu vereinbaren wäre. § 1908g I erstreckt dieses Verbot auf den Behördenbetreuer iSv § 1897 II 2, weil auch dieser die Betreuung in Wahrnehmung eines öffentlichen Amtes führt. II gestattet dem Behördenbetreuer (§ 1897 II 2) die Anlage des Geldes des Betroffenen auch bei der Körperschaft, bei der er beschäftigt ist.

§ 1908h – *aufgehoben* –

§ 1908i Entsprechend anwendbare Vorschriften.
(1) ¹Im Übrigen sind auf die Betreuung § 1632 Abs. 1 bis 3, §§ 1784, 1787 Abs. 1, § 1791a Abs. 3 Satz 1 zweiter Halbsatz und Satz 2, §§ 1792, 1795 bis 1797 Abs. 1 Satz 2, §§ 1798, 1799, 1802, 1803, 1805, bis 1821, 1822 Nr. 1 bis 4, 6 bis 13, §§ 1823 bis 1826, 1828 bis 1836, 1836c bis 1836e, 1837 Abs. 1 bis 3, §§ 1839 bis 1843, 1846, 1857a, 1888, 1890 bis 1895 sinngemäß anzuwenden. ²Durch Landesrecht kann bestimmt werden, dass Vorschriften, welche die Aufsicht des Betreuungsgerichts in vermögensrechtlicher Hinsicht sowie beim Abschluss von Lehr- und Arbeitsverträgen betreffen, gegenüber der zuständigen Behörde außer Anwendung bleiben.
(2) ¹§ 1804 ist sinngemäß anzuwenden, jedoch kann der Betreuer in Vertretung des Betreuten Gelegenheitsgeschenke auch dann machen, wenn dies dem Wunsch des Betreuten entspricht und nach seinen Lebensverhältnissen üblich ist. ²§ 1857a ist auf die Betreuung durch den Vater, die Mutter, den Ehegatten, den Lebenspartner oder einen Abkömmling des Betreuten sowie auf den Vereinsbetreuer und den Behördenbetreuer sinngemäß anzuwenden, soweit das Betreuungsgericht nichts anderes anordnet.

1 Die **Norm** enthält umfangreiche **Einzelverweisungen auf das Kindschafts-** (§ 1632) **und Vormundschaftsrecht**. Eine Pauschalverweisung, wie bei der Pflegschaft (§ 1915), ist wegen der eigenständigen Ausgestaltung der Betreuung ausgeschlossen. Deshalb ist der Weg der Einzelverweisung gewählt worden. Der Katalog der Verweisungen ist unvollständig und schließt die entspr Anwendung weiterer Vorschriften nicht aus (Jürgens/*Klüsener* § 1908i Rz 4 u 8 mit Übersicht der Verweisungen, s.a. Jurgeleit/*Meier* § 1908i Rz 2).

2 Bei der **Bestellung des Betreuers** sind einige Besonderheiten zu beachten. So kann ein Beamter oder Religionsdiener nur bestellt werden, wenn er die nach Landesrecht dazu erforderliche Erlaubnis hat (§ 1784); die Nichtbeachtung der Vorschrift hat zwar auf die Wirksamkeit der Bestellung keinen Einfluss, der Betreuer ist jedoch gem § 1888 zu entlassen. Wird die Betreuung durch einen Mitarbeiter eines Betreuungsvereins geführt, ist zum Schutz des Betreuten § 1791a III 1 Hs 2 zu beachten.

3 Für die Frage der **konkreten Anwendbarkeit der Verweisnormen** des I ist der **jeweilige Aufgabenkreis des Betreuers** entscheidend. Im Bereich der Personensorge gilt, dass der Betreuer die Herausgabe des Betreuten von Dritten nur dann verlangen und seinen Umgang bestimmen kann (§ 1631 I–III), soweit sich der Aufgabenkreis des Betreuers auf die Aufenthaltsbestimmung erstreckt. Im Verhältnis zum Betreuten steht dem

Betreuer, anders als dem Vormund ggü dem Mündel, kein Erziehungsrecht zu. Nur der für Vermögensangelegenheiten zuständige Betreuer muss ein Vermögensverzeichnis errichten und dem BtG einreichen (§ 1802). Ist das eingereichte Verzeichnis unzureichend gilt § 1802 III. Vermögen hat der Betreuer (wie ein Vormund) gem §§ 1805–1819 anzulegen. Der Behördenbetreuer kann jedoch Geld des Betreuten auch bei der Körperschaft anlegen, bei der er tätig ist (§ 1908g II).

Gerichtliche Genehmigungserfordernisse für den Vormund gelten auch für den Betreuer (§§ 1819–1825). **4** Auch die Erteilung der Genehmigung erfolgt in der gleichen Weise, wie bei beim Vormund. Dritten stehen in beiden Fällen die Rechte gem §§ 1825–1831 zu. Auch § 1804 gilt entspr, allerdings mit der Maßgabe, dass der Betreuer (anders als der Vormund) in Vertretung des Betreuten Gelegenheitsgeschenke auch dann machen kann, wenn das dem Wunsch des Betreuten entspricht und nach seinen Lebensverhältnissen üblich ist (II 1). Sind die Eltern des Betreuten, sein Ehegatte, Lebenspartner oder einer seiner Abkömmlinge zum Betreuer bestellt, oder hat er einen Vereins- oder Behördenbetreuer, handelt es sich um befreite Betreuer. Sie genießen kraft Gesetzes alle **Befreiungen**, die nach § 1857a auch dem Jugendamt oder einem Verein als Vormund zustehen würden (II 2). Dies sind gem § 1857a die Befreiung nach § 1852 II (Befreiung von §§ 1809, 1810, 1812, vgl §§ 1852–1855), die nach § 1853 und die nach § 1854. Das BtG kann diese Befreiungen (anders als beim Vormund) im Interesse des Betreuten einschränken oder ganz aufheben.

Die **Haftung des Betreuers** ggü dem Betreuten für schuldhafte Pflichtverletzung (§ 1833) entspricht der Haf- **5** tung des Vormunds. Ein Betreuungsverein haftet für das Verschulden des die Betreuung durchführenden Mitarbeiters nach § 31, § 1791a III 2. Lehnt der Betreuer schuldhaft die Übernahme der Betreuung grundlos ab, ist er nach § 1787 I zum Ersatz des daraus resultierenden Schadens verpflichtet.

Sind **mehrere Betreuer** bestellt, führen sie die Betreuung grds gemeinschaftlich (§ 1797). Die Vertretungsver- **6** bote denen der Vormund unterliegt, gelten auch für den Betreuer (§ 1795). Wenn dies zum Wohl des Betreuten notwendig ist, kann ihm für einzelne oder einen bestimmten Kreis von Angelegenheiten die Vertretungsmacht entzogen werden (§ 1796).

Vergütung und Aufwendungsersatz entsprechen den für den Vormund geltenden Regeln (§§ 1833–1836e, **7** §§ 7, 8 VBVG).

Der Betreuer unterliegt im gleichen Umfang der **Aufsicht des Vormundschaftsgerichts**, wie der Vormund. **8** Ihm obliegen dieselben Berichts- und Rechnungslegungspflichten (§§ 1837ff). Das § 1837 IV nicht in die Verweisung aufgenommen worden ist, hat seinen Grund nur darin, dass bei Volljährigen die §§ 1666ff, 1696 keinen Anwendungsbereich haben. Durch Landesrecht können für Betreuungsbehörden weitere Befreiungen von der gerichtlichen Aufsicht in vermögensrechtlicher Hinsicht, sowie den Abschluss von Lehr- und Arbeitsverträgen betreffend, bestimmt werden (I 2). Vgl dazu die Übersicht zu den landesgesetzlichen Regelungen bei Soergel/*Zimmermann* § 1908i Rz 16.

Für die **Amtsbeendigung** gelten die für den Vormund maßgeblichen Regeln: Tod des Betreuten (§ 1908d); **9** Rechnungslegung, Vermögensherausgabe, Anzeigepflichten (§§ 1892–1894) und Notgeschäftsführungsbefugnis (§ 1893).

§ 1908k – *aufgehoben* –

Titel 3 Pflegschaft

§ 1909 Ergänzungspflegschaft. (1) ¹Wer unter elterlicher Sorge oder unter Vormundschaft steht, erhält für Angelegenheiten, an deren Besorgung die Eltern oder der Vormund verhindert sind, einen Pfleger. ²Er erhält insbesondere einen Pfleger zur Verwaltung des Vermögens, das er von Todes wegen erwirbt oder das ihm unter Lebenden unentgeltlich zugewendet wird, wenn der Erblasser durch letztwillige Verfügung, der Zuwendende bei der Zuwendung bestimmt hat, dass die Eltern oder der Vormund das Vermögen nicht verwalten sollen.
(2) Wird eine Pflegschaft erforderlich, so haben die Eltern oder der Vormund dies dem Familiengericht unverzüglich anzuzeigen.
(3) Die Pflegschaft ist auch dann anzuordnen, wenn die Voraussetzungen für die Anordnung einer Vormundschaft vorliegen, ein Vormund aber noch nicht bestellt ist.

Die Pflegschaft weist zahlreiche Parallelen zu Vormundschaft (§§ 1773 ff), Betreuung (§§ 1896 ff) und Bei- **1** standschaft (§§ 1712 ff) auf, da auch sie als eine **gerichtlich angeordnete Fürsorgetätigkeit für Personen** (Ausn § 1914) vorgesehen ist, die ihre Angelegenheiten nicht selbst wahrnehmen können. Im Gegensatz zur Vormundschaft ist die Pflegschaft jedoch nicht als umfassendes Sorgeverhältnis ausgestaltet, sondern dient nur der Besorgung bestimmter Angelegenheiten. Eine Ausnahme in Form einer Totalpflegschaft bildet § 1909 III. Praktische Bedeutung hat besonders die Ergänzungspflegschaft (§ 1909), die soweit notwendig, den Ersatz eines Teils der elterlichen oder vormundschaftlichen Sorge erlaubt.

2 Die Pflegschaft wird **abschließend** in den §§ 1909 ff geregelt. Ergänzt werden diese Normen durch die Sonderregelung für die Beistandschaft (§§ 1712 ff) und die Nachlasspflegschaft (§§ 1960, 1961). Eine **analoge Anwendung** der Pflegschaftsregeln auf andere Fälle eines konkreten Schutzbedürfnisses ist **nicht möglich**. Soweit in anderen Normen außerhalb des BGB aber Pflegschaften oder ähnliche Fürsorgemaßnahmen angeordnet sind (zB § 16 VwVfG, § 207 BauGB, §§ 290 ff, 433 StPO), können ggf die Regeln über die Führung der Pflegschaft entspr Anwendung finden, soweit das mit dem Zweck der anordnenden Normen vereinbar ist (Soergel/*Zimmermann* Vor § 1909 Rz 8).

3 Die **Anordnung** der Pflegschaft beschränkt die vorhandene Geschäftsfähigkeit des Pfleglings nicht. Der Pfleger hat lediglich iRd ihm mit der gesetzlichen Anordnung zugewiesenen Aufgabenkreises die gesetzliche Vertretung des Pfleglings. Die Pflegschaft endet grds mit ihrer Aufhebung (§§ 1919, 1921 I u II), ausnahmsweise kraft Gesetzes (§§ 1918, 1921 III). Sind Vormundschaft und Pflegschaft gleichzeitig angeordnet, geht die Pflegschaft vor (§ 1794).

4 **Verfahren**: Die Vorschriften über die Vormundschaft sind entspr anzuwenden. Die Pflegschaft bedarf stets einer ausdrücklichen Anordnung (§§ 1915 I, 1774), die grds vAw zu erfolgen hat; es gilt der Amtsermittlungsgrundsatz (§ 26 FamFG). Für die Bestellung und Beaufsichtigung des Pflegers ist idR das FamG (nicht zB in Verfahren nach § 96 GBO; 342 I Nr 2 FamFG) zuständig, soweit die Pflegschaft einen Minderjährigen oder die Leibesfrucht betrifft (§ 151 Nr 5 FamFG). Die übrigen Pflegschaftssachen sind den Betreuungsgerichten zugewiesen (§ 340 Nr 1 FamFG)..

5 **Internationales Privatrecht**: s. Art 24 I EGBGB.

6 Nach § 1909 kann nach Vorliegen der übrigen Voraussetzungen nur derjenige einen Pfleger erhalten, der unter elterlicher Sorge (ggf auch eines alleinsorgeberechtigten Elternteils: BayObLG FamRZ 89, 1342, 1343) oder Vormundschaft steht. Für Volljährige findet die Vorschrift keine Anwendung. Die Pflegschaft kann für die Erledigung einzelner Rechtshandlungen oder für eine rechtliche Vertretung von unbestimmter Dauer angeordnet werden (zur Abgrenzung: BayObLG Rpfleger 81, 302). Der Pfleger tritt iRd Bestellung an Stelle der Eltern und des Vormunds und verdrängt in diesem Bereich die elterliche Sorge (§ 1630 I) und die Vormundschaft (§ 1794).

7 **Voraussetzungen der Pflegerbestellung**: Nur im Fall der **Verhinderung** des Trägers der elterlichen Sorge oder des Vormunds kommt die Bestellung eines Pflegers in Betracht. Bei Verhinderung des Gegenvormunds kann kein Pfleger bestellt werden, bei Verhinderung eines von mehreren Mitvormündern, kommt es auf die Verteilung der Aufgabenkreise an (vgl Soergel/*Zimmermann* § 1909 Rz 2). Bei der Verhinderung kann es sich sowohl um eine rechtliche als auch eine tatsächliche handeln (zB §§ 1629 II, 1639 I, 1795, 1796, 1801), für eine bestimmte Aufgabe oder einen Aufgabenkreis aus den Bereichen der Personen- oder Vermögenssorge (vgl Soergel/*Zimmermann* § 1909 Rz 4–6). Worauf die Verhinderung beruht (zB Krankheit, Abwesenheit, Strafhaft, mangelnde Sachkunde oder das Vorliegen gesetzlicher Vertretungsverbote), ist unerheblich. Beispielsfälle: Ergänzungspflegschaft zur Sicherstellung des Schulbesuchs eines Kindes nach Sorgerechtsentzug (AG Saarbrücken FamRZ 03, 1859), Ehelichkeitsanfechtung (Köln FamRZ 99, 871), Geltendmachung von Unterhaltsansprüchen, bei Verhinderung des sorgeberechtigten Elternteils (Stuttg OLGR 05, 588). Abschluss eines Mietvertrages zwischen minderjährigem Kind als Vermieter und einem Elternteil (BFH NJW 93, 1415); Einbringung eines Grundstücks in eine BGB-Gesellschaft, der mehrere minderjährige Kinder beitreten (Zweibr FamRZ 00, 117). Bloße Interessengegensätze genügen für die Bestellung eines Ergänzungspflegers dagegen nicht (BGH NJW 75, 345, 346 mwN). Zu weiteren Beispielen vgl Staud/*Bienwald* § 1909 Rz 13 ff.

8 Die Anordnung der Pflegschaft setzt außerdem voraus, dass die zu besorgenden Angelegenheiten ohne Pfleger nicht wirksam erledigt werden können (**Fürsorgebedürfnis**). Eine vorsorgliche Pflegerbestellung ohne konkreten Entscheidungsbedarf ist unzulässig (MüKo/*Schwab* § 1909 Rz 33). Fehlt es bereits an einem Interessenkonflikt (BGHZ 65, 93, 101) oder ist bei Minderjährigen nur ein Elternteil an der gesetzlichen Vertretung verhindert, so besteht kein Fürsorgebedürfnis, wenn der andere Elternteil in der Lage ist, die elterliche Sorge auszuüben, bzw das FamG die erforderliche Maßnahmen treffen kann (zB §§ 1667, 1693, 1846), bzw der Minderjährige selbst handlungsfähig ist (zB §§ 112, 113). Zweifel daran, ob der Pfleger das Rechtsgeschäft wirksam vornehmen kann (Köln FamRZ 02, 1655) lassen das Fürsorgebedürfnis nicht entfallen. Bei offensichtlich aussichtsloser oder mutwilliger Prozessführung, kann jedoch die Bestellung eines Pflegers abgelehnt werden (Stuttg FamRZ 05, 62; MüKo/*Schwab* § 1909 Rz 59 mwN).

9 Die **Ersatzpflegschaft** (III) kann angeordnet werden, wenn die Voraussetzungen für die Anordnung der Vormundschaft vorliegen (§§ 1773, 1886), jedoch noch kein Vormund bestellt ist, aber schon ein dringendes Bedürfnis für die Vertretung des Mündels besteht. Für den zu bestimmenden Wirkungskreis des Pflegers ist der Umfang der zu treffenden Maßnahmen entscheidend, notfalls muss er ebenso umfassend sein, wie der des Vormunds (Totalpflegschaft).

10 Bei der **Zuwendungspflegschaft** (I 2) handelt es sich um einen besonderen Fall rechtlicher Verhinderung *beim Vermögenserwerb* des Mündels von Todeswegen oder durch unentgeltliche Zuwendung durch einen Dritten, wenn damit im Zusammenhang, beide Eltern oder der Vormund, von der Vermögensverwaltung ausgeschlossen werden (§§ 1638, 1803).

Eltern, bzw der Vormund, haben dem Gericht unverzüglich (ohne schuldhaftes Zögern § 121) anzuzeigen, 11
wenn sie von der Notwendigkeit einer Pflegerbestellung Kenntnis erlangen (**Anzeigepflicht**, II). Entspr Mitteilungspflichten ordnet § 1799 I für den Gegenvormund, § 1915 I für den Pfleger, §§ 1716, 1915 für den Beistand und § 1850 für das Jugendamt an.

Für das **Verfahren** vgl § 1909 Rn 4. Sind die Eltern kraft Gesetzes von der Vertretung ausgeschlossen, ist für 12
die Anordnung der Ergänzungspflegschaft und die Auswahl des Ergänzungspflegers sachlich allein das Familiengericht zuständig (Zweibr FGPrax 99, 179; Hamm FamRZ 01, 717; aA Karlsr FamRZ 00, 568; Jena FamRZ 03, 1311 ff mwN; vgl zum Streitstand Staud/*Bienwald* § 1909 Rz 38). Gegen die Anordnung bzw die Aufhebung der Pflegschaft ist die Beschwerde der Eltern (bzw des Vormunds), sowie des mindestens 14 Jahre alten Kindes (§§ 59, 60 FamFG) statthaft.

§ 1910 – *weggefallen* –

§ 1911 Abwesenheitspflegschaft.
(1) ¹Ein abwesender Volljähriger, dessen Aufenthalt unbekannt ist, erhält für seine Vermögensangelegenheiten, soweit sie der Fürsorge bedürfen, einen Abwesenheitspfleger. ²Ein solcher Pfleger ist ihm insbesondere auch dann zu bestellen, wenn er durch Erteilung eines Auftrags oder einer Vollmacht Fürsorge getroffen hat, aber Umstände eingetreten sind, die zum Widerruf des Auftrags oder der Vollmacht Anlass geben.
(2) Das Gleiche gilt von einem Abwesenden, dessen Aufenthalt bekannt, der aber an der Rückkehr und der Besorgung seiner Vermögensangelegenheiten verhindert ist.

Die **Norm dient dazu**, für einen Abwesenden, ob bekannten oder unbekannten Aufenthalts, zur Regelung 1
vermögensrechtlicher Angelegenheiten, einen Pfleger zu bestellen, wenn der Abwesende keine ausreichende Vorsorge getroffen hat. Sie verdrängt § 1909. Sonderregeln bestehen in § 364 I FamFG (Nachlassteilung), § 373 FamFG (Auseinandersetzung des Gesamtguts), für das Städtebaurecht in § 207 BauGB sowie im Strafprozess (§§ 292 I, 443 III StPO). Eine Pflegschaft nach § 1911 kann ausschließlich für Volljährige angeordnet werden.

Voraussetzung für die Anordnung ist zunächst die **Abwesenheit des Betroffenen**. Es ist dabei unerheblich, 2
ob sein **Aufenthaltsort unbekannt** ist (I 2) oder ob sein **Verbleib bekannt** ist (II). Abwesenheit liegt vor, wenn der Betroffene an seinem Wohnort, bzw seinem gewöhnlichen Aufenthaltsort, nicht zu erreichen ist. Die erforderliche Dauer ist nach Lage des Einzelfalls vom FamG unter Berücksichtigung der Bedeutung der Angelegenheit zu ermitteln. Unbekannt ist der Aufenthalt, wenn er trotz Nachforschungen vom Gericht nicht zu ermitteln ist (RG 98, 264). Verschollenheit iSd § 1 VerschG ist nicht erforderlich, die Anordnung der Pflegschaft aber unzulässig, wenn der Abwesende für tot erklärt wurde. Dann kommt nur noch Nachlasspflegschaft gem § 1961 in Betracht (vgl *Arnold* NJW 49, 250). Ist der Verbleib bekannt, ist für die Verhinderung entscheidend, ob der Betroffene den Ort erreichen kann, an dem die Vermögensangelegenheit zu besorgen ist (RG 98, 263).

Die Abwesenheitspflegschaft darf ausschließlich zur **Wahrung der Vermögensinteressen** des Betroffenen 3
angeordnet werden. Eine gleichwohl zum Zwecke der Wahrnehmung persönlicher Angelegenheiten erfolgte Bestellung, ist nichtig (Kobl FamRZ 74, 207).

Weitere Anordnungsvoraussetzung ist, dass ein **Fürsorgebedürfnis** beim Betroffenen besteht (Zweibr FamRZ 4
87, 523). Die Anordnung im alleinigen Interesse eines Dritten ist unzulässig, ein zusätzliches Interesse Dritter an der Anordnung schadet nicht (Köln FamRZ 96, 694; Palandt/*Diederichsen* § 1911 Rz 6; aA, das auch Nur Drittinteresse ausreichend ist: MüKo/*Schwab* § 1911 Rz 14 ff; Staud/*Bienwald* § 1911 Rz 10 ff). Ob ein Bedürfnis vorliegt, ist aus der Sicht des Betroffenen zu beurteilen (Zweibr FamRZ 03, 258). Es fehlt regelmäßig, bei ausreichender gesetzlicher Vertretung des Abwesenden (Eltern, Vormund, Betreuer) oder wenn er selbst durch die Bestellung eines Vertreters Vorsorge getroffen hat. Etwas anderes gilt, wenn der Pfleger gerade für den Widerruf der Vertretungsvollmacht benötigt wird (I 2). Auch wenn sich der Abwesende bewusst um die Angelegenheit nicht kümmern will, darf ihm kein Pfleger aufgenötigt werden (Staud/*Bienwald* § 1911 Rz 5).

Der **Zuschnitt des Aufgabenkreises** für den Pfleger richtet sich nach dem Fürsorgebedürfnis und der voraus- 5
sichtlichen Dauer der Abwesenheit und kann sowohl die Vermögenserhaltung als auch dessen Verwaltung umfassen. Im Bereich der ihm zugewiesenen Aufgaben ist der Pfleger gesetzlicher Vertreter des Abwesenden. Sein Vertretungsrecht besteht dabei grds nur in Vermögensangelegenheiten, mit Ausnahme des Rechtes, die Todeserklärung des Abwesenden zu beantragen (§ 16 II b, III VerschG; BHZ 18, 393; Ddorf FamRZ 98, 109). Die Pflegschaft endet kraft Gesetzes (§§ 1918 III, 1921 III) oder durch Aufhebung (§§ 1919, 1921 I u II).

§ 1912 Pflegschaft für eine Leibesfrucht.
(1) Eine Leibesfrucht erhält zur Wahrung ihrer künftigen Rechte, soweit diese einer Fürsorge bedürfen, einen Pfleger.
(2) Die Fürsorge steht jedoch den Eltern insoweit zu, als ihnen die elterliche Sorge zustünde, wenn das Kind bereits geboren wäre.

§ 1913

1. Die **Norm dient dem Schutz** künftiger Rechte eines erzeugten, aber noch nicht geborenen Menschen. Sie ist nur auf die **Leibesfrucht** anwendbar und kommt zB für die Entscheidung über den Schwangerschaftsabbruch nicht in Betracht (*Vennemann* FamRZ 87, 1068). IRd Aufgaben des Beistands (§ 1712 Nr 1u 2) darf sie nicht angeordnet werden. In seinem Aufgabenkreis ist der Pfleger gesetzlicher Vertreter der Leibesfrucht.
2. Es muss eine **Schwangerschaft** vorliegen. Vorher ist nur Pflegerbestellung nach § 1913 möglich.
3. Es muss ein **Fürsorgebedürfnis** zugunsten der Leibesfrucht bestehen. Dies kann fehlen, wenn für die in Betracht kommenden Rechte, etwa die Rechte aus einer Erbschaft, schon anderweitig Vorsorge getroffen ist (zB Testamentsvollstreckung § 2222; Nachlasspflegschaft § 1960 II). Auch ein alleiniges Interesse Dritter (vgl § 1911 Rn 4) an einer Pflegerbestellung reicht nicht. Nach II entfällt das Fürsorgebedürfnis auch, falls das Kind, wenn es bereits geboren wäre, unter der Sorge seiner Eltern (bzw mindestens eines Elternteils) stehen würde.
4. Die **Pflegschaft endet** kraft Gesetzes mit der Geburt des Kindes (§ 1918 II) oder bei Erledigung der einzelnen Angelegenheiten (§ 1918 III), sonst durch Aufhebung, für den Fall, dass die Voraussetzungen nicht mehr vorliegen (zB Tod der Schwangeren oder der Leibesfrucht) oder nie bestanden haben (zB Scheinschwangerschaft).
5. Die **Zuständigkeit** für die Anordnung und Führung der Pflegschaft richtet sich bei Deutschen nach §§ 151 ff, 99, 152 FamFG, bei Ausländern nach § 152 FamFG iVm Art 24 III EG. **Beschwerderecht** gegen die Anordnung der Pflegschaft besteht nur für den fürsorgeberechtigten Elternteil (II), gegen die Ablehnung der Pflegschaft ist jeder rechtlich Interessierte beschwerdeberechtigt (§ 59 FamFG).

§ 1913 Pflegschaft für unbekannte Beteiligte. ¹Ist unbekannt oder ungewiss, wer bei einer Angelegenheit der Beteiligte ist, so kann dem Beteiligten für diese Angelegenheit, soweit eine Fürsorge erforderlich ist, ein Pfleger bestellt werden. ²Insbesondere kann einem Nacherben, der noch nicht gezeugt ist oder dessen Persönlichkeit erst durch ein künftiges Ereignis bestimmt wird, für die Zeit bis zum Eintritt der Nacherbfolge ein Pfleger bestellt werden.

1. Auch bei dieser Form der Pflegschaft handelt es sich um eine **Personalpflegschaft**, die dazu dient, das Fürsorgebedürfnis zu befriedigen, das entstehen kann, wenn ungewiss ist, wer an einer bestimmten Angelegenheit beteiligt ist. Anwendbar ist die Norm auch auf einen noch nicht Erzeugten und auf juristische Personen; nicht hingegen bei eigentümerlosen Grundstücken (str, vgl Soergel/*Zimmermann* § 1913 Rz 2 mwN). Sondernormen, wie zB § 207 BauGB oder § 17 SachenRBerG (Brandbg OLG-NL 96, 277) verdrängen § 1913.
2. Die Pflegschaft kann nur für **unbekannte oder ungewisse Beteiligte** bestellt werden (1). Es genügt dabei auch wenn über die Berechtigung gestritten wird (Ddorf Rpfleger 76, 358). Häufigster Anwendungsfall ist das in 2 genannte Regelbeispiel der Nacherbschaft, weil diese an den Eintritt eines zukünftigen ungewissen Ereignisses geknüpft ist (vgl §§ 2101, 2104, 2105 I, 2106 II, 2139). In Betracht kommen aber zB auch Unklarheiten über die Verwendung des Vereinsvermögens bei Wegfall sämtlicher Mitglieder (Köln NJW-RR 99, 336).
3. Die Unkenntnis des bzw die Ungewissheit über den Beteiligten muss zu einem **gegenwärtigen Fürsorgebedürfnis** führen. Es liegt vor, wenn das Geschäft für den Unbekannten vorteilhaft ist und nicht ausschließlich im Interesse eines Dritten liegt. Es fehlt, wenn bereits anderweitig Vorsorge getroffen ist (zB §§ 1960 I, 2216 oder bei Fundsachen § 967).
4. Die **Auswahl** des Pflegers richtet sich nach §§ 1915 I, 1779 II. Der **Pfleger** kann iRs Aufgabenkreises als **gesetzlicher Vertreter des Pfleglings** von sämtlichen Rechten in dem Umfang Gebrauch machen, wie der unbekannte bzw ungewisse Beteiligte das selbst könnte (Hamm NJW 74, 505). Für die Nacherbenpflegschaft (2) sind das zB die Rechte aus §§ 2114, 2116-2118, 2120-2123, 2127 ff, 2142); aber auch der Antrag auf Löschung des Nacherbenvermerks im Grundbuch (Hamm FamRZ 97, 1368). Ihm obliegt es auch nach Möglichkeit die Beteiligten zu ermitteln (KG JW 38, 2401).
5. Die **Pflegschaft endet** automatisch mit Erledigung der übertragenen Angelegenheiten (§ 1918 III), sonst durch Aufhebung (§ 1919), weil der Anordnungsgrund entfallen ist.
6. Für die **Beschwerdeberechtigung** gegen die Androhung der Anordnung vgl § 59 FamFG, va der Beteiligte selbst und der Testamentsvollstrecker (KG OLGZ 73, 106). Gegen die Ablehnung der Anordnung jeder Dritte, der ein rechtliches Interesse hat (§ 59 FamFG).

§ 1914 Pflegschaft für gesammeltes Vermögen. Ist durch öffentliche Sammlung Vermögen für einen vorübergehenden Zweck zusammengebracht worden, so kann zum Zwecke der Verwaltung und Verwendung des Vermögens ein Pfleger bestellt werden, wenn die zu der Verwaltung und Verwendung berufenen Personen weggefallen sind.

1. § 1914 regelt die Sachpflegschaft **für ein Sammelvermögen**, dh eine Vermögensmasse ohne eigene Rechtspersönlichkeit, um für den Fall des Wegfalls der Verfügungsberechtigten, eine dem Sammlungszweck entspr Verwendung des angesammelten Vermögens sicherzustellen. Zwar besteht grds am Sammelvermögen, bis es seiner Bestimmung zugeführt ist, zunächst Miteigentum der Spender. Die Verwaltung und die Verfügungsge-

walt über das Gesammelte ist jedoch treuhänderisch den Veranstaltern der Sammlung übertragen, bei deren Wegfall daher ein Fürsorgebedürfnis entsteht.

Eine **Pflegerbestellung** ist nur für eine Vermögensmasse möglich, die durch öffentliche Sammlung für einen vorübergehenden Zweck zusammengebracht wurde. Es muss nicht aus Geld bestehen, sondern kann sich auch aus Sachspenden zusammensetzen. Öffentlich ist eine Sammlung, wenn eine unbestimmte Anzahl von Personen die Möglichkeit zu einer Spende erhält (Staud/*Bienwald* § 1914 Rz 5). Die Sammlung muss außerdem einem nur vorübergehenden Zweck dienen, bei auf Dauer angelegter Zweckverfolgung (zB Stipendienvergabe) scheidet eine Pflegerbestellung daher aus (MüKo/*Schwab* § 1914 Rz 4). Die Verfügungsgewalt über das Sammelgut muss ausschließlich den Veranstaltern der Sammlung zustehen (BGH MDR 73, 742).

Fallen die für das Sammelvermögen verwaltungs- und verfügungsbefugten Personen, aus welchem Grund auch immer, weg (zB durch Tod oder Ausscheiden aus dem Sammlungskreis; bloße Unfähigkeit zur Vermögensverwaltung genügt nicht), kann die **Pflegschaft angeordnet** werden (MüKo/*Schwab* § 1914 Rz 12).

Dem **Pfleger** ist nicht gesetzlicher Vertreter der Spender, sondern ihm obliegt die Verwaltung und Verwendung des gesammelten Vermögens. Er kann die bereits versprochenen, aber noch nicht bezahlten Beträge einziehen und hat im Prozess die Stellung einer Partei kraft Amtes (BGH MDR 73, 742). Eine Bestellung zur Fortsetzung der Sammlung ist nicht möglich (Palandt/*Diederichsen* § 1914 Rz 3). Die Beendigung der Pflegschaft richtet sich nach §§ 1918 III, 1919. Die Festsetzung der Vergütung erfolgt gegen das Sammelvermögen (LG Kobl FamRZ 07, 238).

Verfahren. Beschwerdeberechtigung gem § 59 FamFG.

§ 1915 Anwendung des Vormundschaftsrechts.
(1) ¹Auf die Pflegschaft finden die für die Vormundschaft geltenden Vorschriften entsprechende Anwendung, soweit sich nicht aus dem Gesetz ein anderes ergibt. ²Abweichend von § 3 Abs. 1 bis 3 des Vormünder- und Betreuervergütungsgesetzes bestimmt sich die Höhe einer nach § 1836 Abs. 1 zu bewilligenden Vergütung nach den für die Führung der Pflegschaftsgeschäfte nutzbaren Fachkenntnissen des Pflegers sowie nach dem Umfang und der Schwierigkeit der Pflegschaftsgeschäfte, sofern der Pflegling nicht mittellos ist. ³An die Stelle des Familiengerichts tritt das Betreuungsgericht; dies gilt nicht bei der Pflegschaft für Minderjährige oder für eine Leibesfrucht.
(2) Die Bestellung eines Gegenvormunds ist nicht erforderlich.
(3) § 1793 Abs. 2 findet auf die Pflegschaft für Volljährige keine Anwendung.

Nach I 1 sind **auf die Pflegschaft** grds die **für die Vormundschaft geltenden Regeln anzuwenden**. Das gilt nicht nur für die in den §§ 1909 ff geregelten Pflegschaften, sondern auch an anderer Stelle im BGB (zB Nachlasspflegschaft, Beistandschaft, Ergänzungspflegschaft) oder auch in anderen Gesetzen (zB Verfahrenspflegschaft) geregelte Pflegschaftsverhältnisse (vgl Soergel/*Zimmermann* § 1915 Rz 5 ff; für den Umgangspfleger: Brandbg FamRZ 08, 1478). Nach II ist die Bestellung eines Gegenvormunds regelmäßig nicht erforderlich (II). Sie bleibt aber gleichwohl mit Ausnahme von § 1917 zulässig.

Im Einzelnen gelten insb entspr: Bestellung (§ 1789), Führung (§§ 1793 ff), Aufsicht (§§ 1837 ff), gerichtliche Genehmigungserfordernisse (§§ 1819 ff), Haftung (§ 1833), Aufwendungsersatz u Vergütung (1835, 1835a, 1836), Ablehnungsrecht (§ 1786), Ausschluss der Vertretungsmacht (§ 1795), Auswahl (§ 1779), Mehrheit von Pflegern (§§ 1775, 1797), Entlassung (§§ 1886, 1889). Die Pflegschaft endet grds durch Aufhebung (§§ 1919, 1921 I, II) oder in den Fällen der §§ 1918, 1921 III automatisch. Die Bedeutung der Verweisung in I beschränkt sich für diesen Bereich auf die Verpflichtung des Pflegers zur Rechnungslegung (§§ 1840, 1841, 1890).

Aufwendungsersatz und Vergütung (*Zimmermann* FamRZ 05, 953). Die Pflegschaft ist grds unentgeltlich zu führen. Ehrenamtliche Pfleger können aber ggf gem §§ 1835, 1835a Aufwendungsersatz und Aufwandsentschädigung erhalten (I 1). Berufspfleger können hingegen auch eine Vergütung beanspruchen, die bei Mittellosigkeit des Pfleglings aus der Staatskasse zu zahlen ist. Ihre Höhe bemisst sich nach den für die Führung der Pflegschaftsgeschäfte notwendigen Fachkenntnissen des Pflegers sowie nach dem Umfang und der Schwierigkeit der Pflegschaftsgeschäfte. Das Gericht kann zur Festsetzung der Vergütung die Sätze des § 3 VBVG entspr heranziehen, muss es aber nicht. Bei Mittellosigkeit des Pfleglings bleibt es dagegen, bei den nach § 3 VBVG bestimmten Sätzen (I 2). Wird der Mitarbeiter eines Vereins in dieser Eigenschaft zum Pfleger bestellt, so steht dem Verein für die Tätigkeit seines Mitarbeiters ein Vergütungsanspruch zu (BGH FamRZ 07, 900).

§ 1916 Berufung als Ergänzungspfleger.
Für die nach § 1909 anzuordnende Pflegschaft gelten die Vorschriften über die Berufung zur Vormundschaft nicht.

Die **Norm soll** bei der Auswahl des Ergänzungspflegers (§ 1909) **Interessenkollisionen verhindern** und erklärt darum die Vorschriften über die Auswahl des Vormunds für nicht anwendbar. Es würde dem Zweck der Ergänzungspflegschaft widersprechen, wenn nach den Auswahlregeln der Vormundschaft, vorrangig Personen zum Pfleger bestellt werden müssten, bei denen wegen einem vergleichbaren Näheverhältnis zum Fürsorgebedürftigen, ähnliche Interessenkonflikte bestehen können, wie bei dem ausgeschlossenen gesetzlichen Vertreter selbst. Maßgebend ist allein das Interesse des Pflegebefohlenen (Soergel/*Zimmermann* § 1916 Rz 1; MüKo/*Schwab* § 1916 Rz 3 mwN). Andererseits ist auch die Bestellung naher Verwandter des Pfleglings möglich, wenn sichergestellt ist, dass in ihrer Person kein Interessenkonflikt vorliegt. Im Zweifel ist jedoch der Vermeidung von Interessenkonflikten der Vorrang vor den Wünschen des Pfleglings und persönlichen Bindungen zu geben (Schlesw FamRZ 03, 117).

§ 1917 Ernennung des Ergänzungspflegers durch Erblasser und Dritte.
(1) Wird die Anordnung einer Pflegschaft nach § 1909 Abs. 1 Satz 2 erforderlich, so ist als Pfleger berufen, wer durch letztwillige Verfügung oder bei der Zuwendung benannt worden ist; die Vorschrift des § 1778 ist entsprechend anzuwenden.
(2) ¹Für den benannten Pfleger können durch letztwillige Verfügung oder bei der Zuwendung die in den §§ 1852 bis 1854 bezeichneten Befreiungen angeordnet werden. ²Das Familiengericht kann die Anordnungen außer Kraft setzen, wenn sie das Interesse des Pfleglings gefährden.
(3) ¹Zu einer Abweichung von den Anordnungen des Zuwendenden ist, solange er lebt, seine Zustimmung erforderlich und genügend. ²Ist er zur Abgabe einer Erklärung dauernd außerstande oder ist sein Aufenthalt dauernd unbekannt, so kann das Familiengericht die Zustimmung ersetzen.

1 Die Norm gilt nur für die **Zuwendungspflegschaft** (§ 1909 I 2) und ergänzt die §§ 1638, 1803. Der Zuwendende kann sich selbst oder einen Dritten als Pfleger benennen oder auch bestimmte Personen von der Pflegschaft ausschließen (MüKo/*Schwab* § 1917 Rz 4). Dies muss in einer wirksamen letztwilligen Verfügung oder bei der Zuwendung (nicht danach) geschehen (I). Der Benannte ist zum Pfleger zu bestellen. Er darf nur übergangen werden, wenn in seiner Person einer der Gründe des § 1778 vorliegt. Für die Annahme einer Gefährdung des Wohls des Mündels iSd § 1778 kann ein nicht unerheblicher Interessenwiderstreit genügen (BayObLG FamRZ 97, 1289), insb wenn er sich durch wiederholte Missachtung von Vermögensinteressen des Pfleglings bereits in der Vergangenheit gezeigt hat (BayObLG DNotZ 98, 491). Der Zuwendende kann den zu bestellenden Pfleger auch von den in §§ 1852–1854 genannten Einschränkungen befreien (II 1). Bedeutet die Befreiung für das Wohl des Pfleglings eine Gefahr, hat das FamG sie außer Kraft zu setzen (II 2). Abweichen von den Anordnungen des Zuwendenden in Bezug auf die Befreiungen ist zu seinen Lebzeiten an seine Zustimmung gebunden. Bei der Auswahl des Pflegers besteht keine Bindung an die Zustimmung des Zuwendenden (Soergel/*Zimmermann* § 1917 Rz 4).

§ 1918 Ende der Pflegschaft kraft Gesetzes.
(1) Die Pflegschaft für eine unter elterlicher Sorge oder unter Vormundschaft stehende Person endigt mit der Beendigung der elterlichen Sorge oder der Vormundschaft.
(2) Die Pflegschaft für eine Leibesfrucht endigt mit der Geburt des Kindes.
(3) Die Pflegschaft zur Besorgung einer einzelnen Angelegenheit endigt mit deren Erledigung.

1 Für die **Beendigung der Pflegschaft** gelten die **Regeln des Vormundschaftsrechts** entspr (§§ 1886, 1888, 1889, 1915 I 1), eine ggf weiterhin erforderliche Ergänzungspflegschaft muss erneut angeordnet werden. Die hier genannten Gründe führen alle zum automatischen Erlöschen der Pflegschaft. Gleiches gilt mit Ausnahme von § 1921 II beim Tod des Pfleglings. IÜ endet die Pflegschaft erst dann, wenn sie vom FamG aufgehoben wird (§§ 1919, 1921 I, II).

2 Die Ergänzungspflegschaft (§ 1909) endet wie die gesetzliche Vertretung mit der Volljährigkeit des Pfleglings (I). Die Pflegschaft für eine Leibesfrucht (§ 1912) endet mit der Geburt des Kindes (II). Eine auf eine einzelne Angelegenheit beschränkte Pflegschaft endet mit deren Besorgung (III), zB wenn der Pfleger zur Führung eines Prozesses bestellt war und das Verfahren beendet ist (BayObLG FamRZ 88, 321). Fehlt es für den Aufgabenbereich der Pflegschaft lediglich an einem aktuellen Handlungsbedarf, ist die Besorgung noch nicht endgültig und es kommt nur eine Beendigung nach § 1919 in Betracht.

§ 1919 Aufhebung der Pflegschaft bei Wegfall des Grundes.
Die Pflegschaft ist aufzuheben, wenn der Grund für die Anordnung der Pflegschaft weggefallen ist.

1 Die **Pflegschaft ist nach § 1919 aufzuheben**, wenn entweder ihr **Anordnungsgrund entfallen** ist oder **kein weiteres Fürsorgebedürfnis** mehr besteht. Dies gilt auch, wenn sich später herausstellt, dass es bereits bei Anordnung der Pflegschaft an einem zureichenden Anordnungsgrund gefehlt hat. § 1919 betrifft dabei nur *die Beendigung der Pflegschaft* und nicht die Frage der Entlassung des sich pflichtwidrig verhaltenden Pflegers selbst (vgl §§ 1915, 1886). Die **Aufhebung** erfolgt **durch Beschl** des FamG. Mit Wirksamkeit des Aufhebungsbeschlusses endet die Pflegschaft unabhängig davon, ob der Anordnungsgrund tatsächlich weggefallen ist. Besteht er fort, so muss zusätzlich zur Aufhebung des Aufhebungsbeschlusses die Pflegschaft neu ange-

ordnet und der Pfleger neu bestellt werden (BayObLG FamRZ 88, 423, 424). **Verfahren.** Bei Verweigerung der Aufhebung der Pflegschaft ist der Pfleger nach § 59 FamFG beschwerdebefugt, Dritte nach Maßgabe des § 59 FamFG. Auch der Pfleger hat ein eigenes Beschwerderecht (BGH NJW 53, 1666).

§ 1920 – *weggefallen* –

§ 1921 Aufhebung der Abwesenheitspflegschaft.
(1) Die Pflegschaft für einen Abwesenden ist aufzuheben, wenn der Abwesende an der Besorgung seiner Vermögensangelegenheiten nicht mehr verhindert ist.
(2) ¹Stirbt der Abwesende, so endigt die Pflegschaft erst mit der Aufhebung durch das Betreuungsgericht. ²Das Betreuungsgericht hat die Pflegschaft aufzuheben, wenn ihm der Tod des Abwesenden bekannt wird.
(3) Wird der Abwesende für tot erklärt oder wird seine Todeszeit nach den Vorschriften des Verschollenheitsgesetzes festgestellt, so endigt die Pflegschaft mit der Rechtskraft des Beschlusses über die Todeserklärung oder die Feststellung der Todeszeit.

Die Norm regelt die **Beendigung der Abwesenheitspflegschaft** bei Wegfall des Anordnungsgrundes, bzw Tod des Abwesenden. Entfällt das Pflegschaftsbedürfnisse (I) oder verstirbt der Abwesende (II), ist die Pflegschaft aufzuheben, bei einer Todeserklärung des Abwesenden endet sie, unabhängig vom Todeszeitpunkt, automatisch mit der Rechtskraft der Entscheidung darüber (§§ 23, 29, 40 VerschG). Geschäfte die der Pfleger zwischen Todeszeitpunkt des Abwesenden und Rechtskraft des Feststellungsbeschlusses vorgenommen hat, sind wirksam und binden die Erben des Abwesenden (MüKo/*Schwab* § 1921 Rz 1). Automatisch erlischt die Pflegschaft außerdem im Fall des § 1918 III. 1

Buch 5 Erbrecht

Abschnitt 1 Erbfolge

§ 1922 Gesamtrechtsnachfolge. (1) Mit dem Tode einer Person (Erbfall) geht deren Vermögen (Erbschaft) als Ganzes auf eine oder mehrere andere Personen (Erben) über.
(2) Auf den Anteil eines Miterben (Erbteil) finden die sich auf die Erbschaft beziehenden Vorschriften Anwendung.

1 **A. Allgemeines.** Mit dem Tod des Erblassers geht dessen Vermögen (Aktiva und Passiva) unmittelbar, dh ohne zeitlichen Zwischenerwerb zwischen Erbfall und Erbschaftserwerb, und von selbst kraft Gesetzes auf den/die Erben über. Dies gilt sowohl bei gesetzlicher als auch bei gewillkürter Erbfolge, die nebeneinander möglich sind, § 2088. Sie werden unabhängig von der Kenntnis des Erbfalls Gesamtrechtsnachfolger des Verstorbenen und treten in dessen Rechtsposition ein. Dadurch soll der Nachlass im Interesse der Erben, Nachlassgläubiger und der Allgemeinheit zunächst als Einheit erhalten bleiben (MüKo/*Leipold* § 1922 Rz 1).

2 **B. Gesamtrechtsnachfolge. I. Erbfall.** Der Erbfall tritt mit dem **Tod** des Erblassers ein. Maßgebend ist der Hirntod (hM BayObLG NJW-RR 99, 1309), dh wenn alle Funktionen von Großhirn, Kleinhirn und Hirnstamm vollständig und irreversibel ausgefallen sind (Frankf NJW 97, 3099 mwN), dauerhaft keine Gehirnkurven mehr geschrieben werden und eine Reanimation ausgeschlossen ist (Köln NJW-RR 92, 1480). Eine genaue Feststellung des Todeszeitpunkts ist nur dann erforderlich, wenn geringe Zeitdifferenzen über die Erbfolge entscheiden. Bei einem Verschollenen wird widerlegbar vermutet, dass der Tod zu dem im Beschl genannten Zeitpunkt eingetreten ist, §§ 9 I, 44 II VerschG. Wird die Todeserklärung später wieder aufgehoben, kann der fälschlich für tot Erklärte sein Vermögen nach § 2031 zurückverlangen.

3 Nach § 11 VerschG ist von einem gleichzeitigen **Todeszeitpunkt** auszugehen, wenn die Sterbezeiten mehrerer Personen in einem gemeinsamen Zeitraum liegen (BayObLG NJW-RR 99, 1309; aA Hamm NJW-RR 96, 70). Der genaue Todeszeitpunkt ist bedeutsam, wenn in dem für den Tod maßgebenden Zeitpunkt weitere Personen verstorben sind, die als Erben in Betracht kommen, wie insb bei Ehegatten, die zB aufgrund eines Flugzeugabsturzes versterben. Haben sie diese Fallkonstellation testamentarisch nicht geregelt, wird jeder Ehegatte von seinen gesetzlichen Erben beerbt, da eine gegenseitige Erbeinsetzung gegenstandslos geworden ist (RGZ 149, 200).

4 Zu Lebzeiten des Erblassers haben die als künftige Erben Berufenen nur eine tatsächliche Erbaussicht auf das Vermögen des Erblassers, dh eine rechtlich begründete Erwartung oder bloße Hoffnung auf das Erbrecht, aber keine gesicherte Rechtsposition iS eines Anwartschaftsrechts (Soergel/*Stein* Einl Rz 2). Etwas anderes gilt für die Rechtsstellung des Nacherben nach dem Tod des Erblassers und die des Schlusserben eines Berliner Testaments nach dem Tod des erstverstorbenen Ehegatten (BGHZ 37, 319). Die **Erbanwärterstellung** gewährt keinen Anspruch gegen den Erblasser oder eine rechtliche Befugnis iS einer Rechtsmacht und begründet auch keine vermögensrechtlichen, übertragbaren oder vererblichen Rechtspositionen (BGHZ 23, 259), weshalb sie weder ge- noch verpfändet (BGHZ 12, 118) werden können und, mangels Vermögenswert iSv § 2 VermG, auch nicht der Zwangsvollstreckung unterliegt (BVerwG NJW 94, 470; aA BGH NJW 62, 1910).

5 Eine Vormerkung (BGHZ 12, 115) zur Sicherung der Aussicht auf den künftigen Nachlass ist nicht möglich; ebensowenig eine einstweilige Verfügung oder ein Arrest (Celle MDR 54, 547).

6 In gleicher Weise unzulässig ist die **Feststellungsklage** des Erbanwärters über sein künftiges Erbrecht zu Lebzeiten des Erblassers, da es an einem Rechtsverhältnis iSd § 256 ZPO (RGZ 169, 98) mangelt, auch wenn sich die Aussicht auf das Erbe häufig realisiert. Entspr gilt für alle Klagen, durch die nur einzelne Voraussetzungen des künftigen erbrechtlichen Erwerbs festgestellt werden sollen, wie zB die Klage auf Feststellung, dass sich ein bestimmter Gegenstand noch im Vermögen des künftigen Erblassers befindet (Karlsr FamRZ 89, 1351) oder auf Feststellung der Gültigkeit des Testaments eines noch Lebenden (BGH NJW 62, 1913).

7 Die gerichtliche Feststellung der Testierfähigkeit des noch lebenden Erblassers ist nicht möglich (BayObLG NJW-RR 96, 457), weshalb auch ein Gutachten im selbständigen Beweisverfahren nicht eingeholt werden kann (Frankf NJW-RR 97, 581).

8 Dagegen ist die Feststellungsklage dann zulässig, wenn die Vertragsparteien bei berechtigtem Anlass die Gültigkeit des Erbvertrages feststellen lassen (Ddorf FamRZ 95, 58).

9 **II. Erbe.** Erbe ist, wer kraft Gesetzes zum gesetzlichen Erben berufen ist oder wen der Erblasser durch Verfügung von Todes wegen zum Erben eingesetzt hat. Er erhält seine Rechtsstellung mit dem Tod des Erblassers und wird mit der Annahme der Erbschaft endgültiger Erbe. Schlägt er die Erbschaft aus, wird die Erbeinsetzung wirksam angefochten oder wird er nach § 2344 für erbunwürdig erklärt, verliert der Erbe rückwirkend zum Eintritt des Erbfalls seine Rechtsstellung (Damrau/*Tanck* § 1922 Rz 4). Nach der Annahme ist ein Verzicht in Form der Ausschlagung oder der Verlust wegen Verstoßes gegen § 242 (BGH NJW 67, 1126) nicht mehr möglich. Der Verlust der Erbenstellung ist nur noch durch ein Erbunwürdigkeitsurteil möglich.

Mehrere Erben werden als Erbengemeinschaft Träger der Rechte und Pflichten. Der Übergang vollzieht sich kraft Gesetzes, ohne dass es eines Übertragungsaktes, wie zB einer Auflassung oder Eintragung im Grundbuch, bedarf. Der Erbe hat aber einen Anspruch auf Berichtigung des durch den Erbfall unrichtig gewordenen Grundbuchs.

Im Rahmen der gesetzlichen Erbfolge gilt der Grundsatz der **Verwandtenerbfolge**: Verwandte, die mit dem Erblasser einen näheren Verwandten gemeinsam haben, schließen diejenigen Verwandten von der Erbfolge aus, die lediglich durch entferntere Stammeseltern mit dem Erblasser verbunden sind (Damrau/*Tanck* § 1922 Rz 6). Neben das Verwandtenerbrecht tritt das gesetzliche Ehegattenerbrecht, wonach der Ehegatte im Wege eines Sondererbrechts erbt. Die gesetzliche Erbfolge tritt ein, wenn es an einer wirksamen Verfügung von Todes wegen fehlt oder der eingesetzte Erbe vor dem Erbfall infolge Tod, Ausschlagung, Erbverzicht oder Erbunwürdigkeit, weggefallen ist.

Stirbt eine Partei, führt dies im **Zivilprozess** grds nicht zur Beendigung des Prozesses, sondern nach § 239 ZPO zu einer Unterbrechung des Verfahrens, bis es durch den Erben aufgenommen wird. Mit dem Tod des Erblassers endet auch das **Prozesskostenhilfebewilligungsverfahren**, da es ausschließlich auf die persönlichen Verhältnisse des Erblassers ankommt (Hamm MDR 77, 409). Ein **Strafverfahren** ist durch förmlichen Beschl einzustellen (BGH NJW 99, 3644). Das Strafantragsrecht geht nicht auf die Erben über, sondern steht nach § 77 StGB den nahen Angehörigen zu.

Das betreffende Schuldverhältnis erlischt ohne Zutun, wenn es infolge des Erbfalls zu einer Vereinigung von Recht und Verbindlichkeit oder von Forderung und Schuld/Belastung in der Person des Erben kommt (Palandt/*Edenhofer* § 1922 Rz 6). Allerdings tritt bei der Erbengemeinschaft eine Vereinigung vor der Auseinandersetzung nicht ein. Die erloschenen Rechtsverhältnisse bleiben, bestehen. Entspr gilt, wenn Rechte Dritter, wie des Nießbrauchers oder Pfandgläubigers, betroffen sind (Hamm Rpfleger 73, 315). IÜ geht das erloschene Rechtsverhältnis auch bei einem nach § 93 SGB XII auf den Sozialhilfeträger übergeleiteten Anspruch des Erblassers gegen den Erben wegen Verarmung des Schenkers nicht unter (im einzelnen FA-ErbR/*Tschichoflos* Kap XI).

III. Gesamtrechtsnachfolge. Die **Gesamtrechtsnachfolge** tritt kraft Gesetzes durch einen einheitlichen Rechtsakt hinsichtlich des gesamten Nachlasses ein. Im Zweifel ist von einer Vererblichkeit der Vermögenswerte auszugehen (Staud/*Marotzke* § 1922 Rz 115), was durch Auslegung der die Erbfolge regelnden Vorschriften zu ermitteln ist (BGHZ 70, 227). Handelt es sich um ein höchstpersönliches Recht oder ist der Übertragung des Rechts kraft Gesetzes ausgeschlossen, scheidet die Vererblichkeit des Rechts aus. Der Erblasser ist nicht berechtigt, eine Nachlassaufteilung in einer Verfügung von Todes wegen vorzunehmen und zwar in unterschiedliche Vermögensmassen bzw Einzelgüter (BayObLG FamRZ 04, 1606). Der Übergang als Ganzes erfasst auch die Nachlassverbindlichkeiten.

Das Gesetz sieht in einigen Fällen – als Ausnahme von Prinzip der Gesamtrechtsnachfolge – vor, dass einzelne Vermögenswerte oder Rechte des Erblassers im Wege der Sondererbfolge auf den Erben übergehen. Dadurch entstehen zwei rechtlich selbständige Vermögensmassen, wobei jeder Nachlassteil als eigenständiger Nachlass zu behandeln ist (BGHZ 24, 352). Zu diesen Ausnahmen gehören:

1. Mietvertrag. Von der Sondererbfolge, bei welcher der Rechtsnachfolger zum Erben und der vererbte Gegenstand zum Nachlass gehört, ist die Rechtsnachfolge in einzelne Rechte des Erblassers zu unterscheiden: Nach §§ 563 ff treten, unabhängig von der Erbfolge, der Ehegatte/Lebenspartner, der Familienangehörige oder der Lebensgefährte in das Mietverhältnis ein, wenn sie mit dem Mieter in einer Wohnung lebten (MüKo/*Leipold* § 1922 Rz 108). Diese Sondererbnachfolge außerhalb des Erbrechts dient der Erhaltung des bisherigen Lebensmittelpunkts. Lehnen die Eintrittsberechtigten fristgerecht den Eintritt in das Mietverhältnis ab, gilt der Eintritt nach § 563 III als nicht erfolgt. Die Ablehnung aller Berechtigten führt gem § 564 zur Fortsetzung des Mietverhältnisses mit dem Erben (iE FAKomm-ErbR/*Tschichoflos* §§ 563 ff).

2. Höferecht. Nach § 4 HöfeO fällt der Hof im Wege der Sondererbfolge aufgrund eines Testaments oder Erbvertrags unmittelbar in das Eigentum eines Miterben als Hoferbe (Soergel/*Stein* § 1922 Rz 80). Die in den jeweiligen Bundesländern bestehenden Höfeordnungen sehen eine sog **Nachlassspaltung** vor, dh Hof und hoffreies Vermögen werden als gesonderte Vermögensmassen vererbt, so dass das Hofesvermögen durch Sondererbfolge nach der HöfeO übertragen wird, das höfefreie Vermögen nach den erbrechtlichen Vorschriften des BGB (Damrau/*Tanck* § 1922 Rz 86).

In Erbfällen seit dem 1.4.98 sind die nichtehelichen Kinder auch bei der gesetzlichen Hoferbfolge den ehelichen Kindern gleichgestellt, so dass sie, die bislang auf einen Erbersatzanspruch verwiesen waren, zum Hoferben berufen werden können.

Dagegen ist die Betriebszuweisung nach GrdstVG bzw nach den landesrechtlichen Höfeordnungen lediglich eine besondere Form der Erbauseinandersetzung, führt aber ebenfalls zu einer Bevorzugung des Hoferben und zu einer Benachteiligung der anderen Miterben (Palandt/*Edenhofer* § 1922 Rz 10).

3. Grundstücke der ehemaligen DDR. Bezüglich der Grundstücke in der DDR eines zwischen dem 1.7.76 und dem 3.10.90 verstorbenen Bürgers tritt Nachlassspaltung ein, wonach sich Eigentum und andere Rechte an der Immobilie weiterhin nach dem Recht der DDR bestimmen, Art 3 III EGBGB.

21 **4. Personengesellschaften.** Der in der Praxis wichtigste Fall ist die Sondererbfolge in den Gesellschaftsanteil des persönlich haftenden Gesellschafters einer Personengesellschaft (GbR, OHG, KG). Nach der Rspr geht der Gesellschaftsanteil als gesonderte Vermögensmasse im Wege der gewillkürten oder gesetzlichen Erbfolge auf den/die Gesellschaftererben (BGH NJW 99, 571) und unmittelbar in sein Privatvermögen über. Wird die Gesellschaft aufgelöst, erfolgt die Vererbung nach allg Grundsätzen (BGH NJW 85, 3314).

22 **IV. Erbschaft.** Erbschaft ist das Vermögen des Erblassers, welches als Nachlass bezeichnet wird und zunächst keinen Bezug zum Erben hat. Sie ist die Gesamtheit der Rechtsverhältnisse des Erblassers einschl der nicht vermögensrechtlichen Rechtsbeziehungen und der Verbindlichkeiten des Erblassers. Mit dem Tod des Erblassers gehen alle vererblichen Rechte und Verbindlichkeiten (hM BGHZ 104, 369) auf den Erben über.

23 Vererblich sind alle persönlichen, nicht aber höchstpersönlichen, und dinglichen Vermögensrechte einschl der Rechte und Verbindlichkeiten aus unerlaubten Handlungen (Palandt/*Edenhofer* § 1922 Rz 12) sowie öffentlich-rechtliche Ansprüche (BVerwG NJW 87, 3212). Auf einen Erbteil finden grds die Vorschriften über die Erbschaft Anwendung, II.

24 **1. Güterrecht.** Wird die **Zugewinngemeinschaft** durch den Tod eines Ehegatten beendet, hat der überlebende Ehegatte einen Anspruch auf Zugewinnausgleich, § 1371 I, II. Die Erben haben keinen Ausgleichsanspruch, auch wenn der Erblasser diese Forderung bereits im Scheidungsverfahren rechtshängig gemacht hatte, er aber vor der Scheidung verstorben ist (BGH NJW 95, 1832). Nach § 1378 III 1 ist die Zugewinnausgleichsforderung zusammen mit dem Auskunftsanspruch nach § 1379 I, II und dem Ergänzungsanspruch nach § 1390 I 1 nur dann vererblich, wenn sie vor dem Tod des Ausgleichsberechtigten entstanden ist. Entspr gilt auch für die Lebenspartnerschaft, §§ 15, 6 II 4 LPartG mit § 1978.

25 Nach § 1482 2 wird der verstorbene Ehegatte bei **Gütergemeinschaft** nach den allgemeinen Vorschriften beerbt. Sein Anteil am Gesamtgut gehört gem § 1482 1 als solcher zum Nachlass, wobei die einzelnen Gegenstände des Gesamtguts bis zur Auseinandersetzung keine Nachlassgegenstände sind (BGH NJW 64, 768). Bei fortgesetzter Gütergemeinschaft wird der verstorbene Ehegatte ebenfalls nach den allgemeinen Vorschriften beerbt; sein Anteil am Gesamtgut gehört gem § 1490 2 nicht zum Nachlass, vielmehr treten die Abkömmlinge an seine Stelle. Stirbt ein anteilsberechtigter Abkömmling, gehört sein Anteil am Gesamtgut nach § 1490 1 nicht zu seinem Nachlass.

26 **2. Personengesellschaften.** Der Tod eines persönlich haftenden Gesellschafters führt nach § 727 I zur Auflösung der Gesellschaft, sofern sich nichts anderes aus dem Gesellschaftsvertrag ergibt. Daher hat der Tod des Gesellschafters nicht schon kraft Gesetzes die Vererblichkeit seines Anteils zur Folge, sondern kann nur durch Vereinbarung der Gesellschaft in Form einer sog **erbrechtlichen Nachfolgeklausel** herbeigeführt werden. Fehlt es an dieser Regelung, wird die Gesellschaft, sofern es sich um eine GbR handelt, nach § 727 aufgelöst und liquidiert. Der Erbe wird zum Gesellschafter einer Liquidationsgesellschaft (BGH NJW 82, 170). Bei der OHG, KG und Partnerschaftsgesellschaft hat der Tod des persönlich haftenden Gesellschafters sein Ausscheiden zur Folge. Die Gesellschaft wird nicht aufgelöst, sondern mit den übrigen Gesellschaftern fortgeführt. Der Anteil am Gesellschaftsvermögen wächst den anderen Gesellschaftern nach § 738 I zu, wobei der Abfindungsanspruch in den Nachlass des Erblassers fällt, sofern der Gesellschaftervertrag keine abw Regelung vorsieht. Die Höhe des Abfindungsanspruchs, der sich gegen die anderen Gesellschafter richtet, §§ 738–740, kann im Gesellschaftsvertrag festgelegt oder gänzlich ausgeschlossen werden (BGHZ 22, 187). Stirbt der Kommanditist, wird die Gesellschaft nach § 177 HGB mit den Erben fortgesetzt.

27 Im Gesellschaftsvertrag könnte statt einer Vererbung auch ein **Eintrittsrecht** zugunsten eines oder aller Erben des verstorbenen Gesellschafters vereinbart werden (BGH DNotZ 67, 387), wobei das Eintrittsrecht keine unmittelbare erbrechtliche Nachfolge bewirkt (BGH NJW-RR 87, 989). In diesem Fall wird die Gesellschaft unter den übrigen Gesellschaftern fortgesetzt. Der Erbe hat aber das Recht, durch Rechtsgeschäft unter Lebenden in die Gesellschaft einzutreten. Macht er von seinem Eintrittsrecht keinen Gebrauch, kann er seinen Abfindungsanspruch nach § 738 geltend machen. Wird der Abfindungsanspruch nicht ausgeschlossen, befindet er sich im Nachlass. Sind mehrere Erben vorhanden, steht dem Eintrittsberechtigten der Abfindungsanspruch grds nur in Höhe seiner Erbquote zu, sofern dieser nicht im Wege eines Vorausvermächtnisses zugewendet wurde (Damrau/*Tanck* § 1922 Rz 82). Ein minderjähriger Erbe benötigt zur Geltendmachung des Abfindungsanspruchs der gerichtlichen Genehmigung, §§ 1643, 1822 Nr 3.

28 Dagegen kann der Anteil des persönlich haftenden Gesellschafters nur aufgrund einer entspr Vereinbarung mit den Gesellschaftern im Gesellschaftsvertrag vererbt werden, § 736, § 139 I HGB (MüKo/*Leipold* § 1922 Rz 55; aA *Marotzke* AcP 184, 541). Gesellschafter wird nur, wer auch zum gesetzlichen oder testamentarischen Erben bestimmt worden ist. Bei der Partnerschaftsgesellschaft sind die berufsrechtlichen Voraussetzungen zu beachten. Durch eine **qualifizierte Nachfolgeklausel** (*Reimann* ZEV 02, 487) kann bestimmt werden, dass von mehreren Erben nur einer den Anteil des Erblassers erhält, der dann auf ihn im Ganzen übergeht (BGH NJW 99, 571). Erlangt der Miterbe nur einen Teil des Gesellschaftsanteils, wächst der andere Teil den verbleibenden Gesellschaftern an; insoweit entstehen Abfindungsansprüche gegen die Gesellschaft, die in den Nachlass fallen und der Erbengemeinschaft zur gesamten Hand zustehen. Erlangt nur ein Miterbe den gesamten Gesellschaftsanteil, ist die Sonderrechtsnachfolge als unmittelbare Vollnachfolge in der Weise zu

verstehen, dass der Gesellschaftsanteil mit dem Erbfall auf diesen Miterben übergeht (BGHZ 68, 225). Im Gesellschaftsvertrag kann zwar ein Ausgleichsanspruch ausgeschlossen werden: Erbrechtlich ist dieser Ausschluss wegen des Pflichtteilsrechts nicht bindend (BGHZ 22, 186). Soll ein Testamentsvollstrecker nach dem Willen des Erblassers den Nachfolgererben bestimmen, muss dies im Gesellschaftsvertrag vereinbart worden sein bzw müssen die übrigen Gesellschafter zustimmen (BGH NJW-RR 86, 28).

Der Übergang des vererblich gestellten Gesellschaftsanteils erfolgt im Wege der **Singularsukzession**, dh er vollzieht sich unmittelbar und bedarf weder der Aufnahme durch die Gesellschaft noch der Erklärung der Erben (Frankf NJW 83, 1806), so dass auch ein minderjähriger Erbe keine vormundschaftsgerichtliche Genehmigung nach § 1822 Nr 3 bzw 10 benötigt (BGHZ 55, 267). Jeder Miterbe erhält einen seinem Erbteil entspr Gesellschaftsanteil (BGH JR 83, 502). 29

Diese gesonderte erbrechtliche Behandlung ist endgültig und wird auch nachträglich nicht wieder aufgehoben (BGH NJW 84, 2104). Nachlassverwaltung und -insolvenz sowie die Testamentsvollstreckung erfassen nur den Anspruch auf Gewinn und Auseinandersetzungsguthaben, die zum übrigen Nachlass gehören, nicht aber den Gesellschaftsanteil als solchen, der trotz seiner Abspaltung von den übrigen Vermögenswerten zum Nachlass gehört (BGH NJW 85, 2104). 30

Auch der Kommanditanteil ist nach § 177 HGB grds vererblich, soweit der Gesellschaftsvertrag nichts anderes bestimmt. Die Miterben werden jeweils mit ihrem Anteil am Nachlass, nicht aber gesamthänderisch, Kommanditist (BGH NJW 83, 2376). Ohne vertragliche Regelung wird beim Tod des beschränkt haftenden Kommanditisten die Gesellschaft mit den Erben fortgesetzt, wobei der Kommanditanteil auf die Miterben als Einzelne im Wege der Sondererbfolge übergeht (*Ulmer* NJW 90, 73). Ist der Erbfall erst nach der Gesellschaftsauflösung eingetreten, kann der Erbe die Haftung auf die Einlageverpflichtung des Erblassers beschränken (BGH NJW 95, 3314). 31

3. Handelsgeschäft. Nach § 22 HGB kann auch ein Handelsgeschäft vererbt werden. Es fällt als wirtschaftliche Einheit in das Gesamthandsvermögen der Erbengemeinschaft. Die Firma ist nur mit dem Unternehmen zusammen übertragbar und vererblich, §§ 21 ff HGB. Die Kaufmannseigenschaft ist nicht übertragbar, § 1 II HGB, sie muss in der Person des Inhabers vorliegen, § 1 II HGB (Dittmann/Reimann/Bengel/*Reimann* A Rz 36). Nach § 52 III HGB erlischt die Prokura nicht, sofern nicht der Prokurist Erbe wird (BGH NJW 59, 2114). Das Unternehmen, das auf einen minderjährigen Erben übergeht, kann durch den gesetzlichen Vertreter fortgeführt werden, ohne dass es einer vormundschaftsgerichtlichen Genehmigung nach §§ 1643, 1822 Nr 3 bedarf (BGHZ 92, 259). 32

Auch ein vom Erblasser betriebenes Erwerbsgeschäft, wie zB ein Handwerksbetrieb, gehört zum Nachlass (BGH NJW 51, 229), soweit eine Übertragung nach der Art des Unternehmens und eine Fortführung durch oder Übertragung auf Dritte möglich ist (MüKo/*Leipold* § 1922 Rz 41). Dagegen sind nicht vererbbar öffentlich-rechtliche Gewerbeberechtigungen (Palandt/*Edenhofer* § 1922 Rz 14), sowie die berufliche Tätigkeit, wenn sie mit der Person des Inhabers so eng verknüpft ist, dass eine Fortsetzung des Berufs unter Wahrung der wirtschaftlichen Identität nicht möglich erscheint (BGH LM § 1922 Nr 7). 33

4. Stille Gesellschaft. Die Gesellschaft wird nach § 234 II HGB durch den Tod eines stillen Gesellschafters nicht aufgelöst, vielmehr wird der Anteil vererblich und geht auf den Erben über (BGH WM 62, 1084). Mehrere Erben bilden eine Erbengemeinschaft und folgen als Gesamthänder in die Rechtsstellung des Erblassers (RGZ 126, 386). Abweichende Vereinbarungen im Gesellschaftsvertrag sind zulässig (Schlegelberger/*K. Schmidt* HGB § 234 Rz 5), wie zB Auflösung der Gesellschaft oder Fortführung nur mit einzelnen Erben oder Familienangehörigen (BGH WM 62, 1084). 34

5. GmbH. Die Anteile einer GmbH sind nach § 15 GmbHG vererblich, wobei die Miterben ihren Anteil gesamthänderisch erlangen, § 2032 (BGHZ 92, 386). Ein satzungsmäßiger Ausschluss der Anteilsvererbung ist nicht möglich (Soergel/*Stein* § 1922 Rz 76 mwN). Zulässig ist aber die Vereinbarung einer sog Einziehungsklausel im Gesellschaftsvertrag, wonach der Anteil des verstorbenen Gesellschafters von den übrigen Gesellschaften eingezogen oder auf Dritte übertragen werden kann (BGH NJW-RR 96, 1377). 35

6. Aktiengesellschaft. Nach hM sind Aktien frei vererblich und werden von den Miterben gesamthänderisch gehalten. Die Satzung kann die Vererblichkeit der Anteile nicht ausschließen (Damrau/*Tanck* § 1922 Rz 50). Auch das Aktienbezugsrecht ist idR vererblich (RGZ 65, 21). 36

7. Genossenschaft. Bei einer eingetragenen Genossenschaft geht die Mitgliedschaft auf den/die Erben über, sofern die Fortsetzung der Mitgliedschaft durch den Erben eines Genossen im Statut zugelassen ist (Frankf RPfleger 77, 316). Ansonsten ist die Mitgliedschaft grds unvererblich. Der verstorbene Genosse gilt erst mit dem Schluss des Geschäftsjahres, in dem er gestorben ist, als ausgeschieden, § 77 I GenG. 37

8. Urheberrechte. Nach § 28 I UrhG sind Urheberrechte vererblich (*Klingelhoffer* ZEV 99, 421), wobei nicht nur der vermögens-, sondern auch der persönlichkeitsrechtliche Bestandteil auf den/die Erben übergehen. Darüber hinaus sind auch vererblich die Schutzrechte nach § 34 VerlagsG, das Patent, § 15 1 PatG, das Geschmacks-, § 3 1 GeschmMG, und Gebrauchsmuster, § 22 1 GebrM, sowie die geschützte Marke, § 27 I 38

MarkenG; nach II geht sie im Zweifel mit dem Betrieb/Betriebsteil auf den Rechtsnachfolger über (MüKo/*Leipold* § 1922 Rz 80). Im Online-Bereich ist bzgl der Website des Erblassers die Inhaberschaft und damit das Nutzungsrecht an der Domain vererblich (Palandt/*Edenhofer* § 1922 Rz 34).

39 **9. Vollmacht.** Die vom Erblasser erteilte Vollmacht erlischt nicht mit seinem Tod, sondern entfaltet Wirkung ggü den Erben (Zweibr DNotZ 83, 104). Für den Einsatz einer Vollmacht nach dem Tod des Vollmachtgebers kann die Vorlage eines ärztlichen Attests erforderlich sein (Kobl ZFE 08, 159; 199). Der Bevollmächtigte vertritt, beschränkt auf den Nachlass, die Interessen der Erben. Diese können, jeder für sich, die Vollmacht jederzeit widerrufen (BGHZ 87, 19). Hat nur ein Erbe widerrufen, erlischt die Vollmacht iÜ nicht. Sie kann auch nur auf den Todesfall erteilt werden. Mit der Vollmachtserteilung legt der Erblasser dem Bevollmächtigten die Pflicht auf, den Erben uU für die Zeit vor dem Erbfall Auskunft zu erteilen und Rechnung zu legen (BGH MDR 08, 1161), sofern der Erblasser nicht bereits in der Vollmachtsurkunde bestimmt, dass der Bevollmächtigte nur ihm ggü Rechenschaft schulde.

40 Im Zweifel erlischt die Vollmacht mit dem Tod des Bevollmächtigten, §§ 673, 675 (Soergel/*Stein* § 1922 Rz 49).

41 **10. Dingliche Rechte.** Vererblich sind nicht nur die dinglichen Rechte wie Eigentum und Erbbaurecht (§ 1 I ErbbauVO) und die an ihnen bestehenden dinglichen Belastungen in Form der beschränkt dinglichen Rechte, sondern auch der Besitz, und zwar unabhängig von der Kenntnis des Erben vom Anfall der Erbschaft. (BGH BB 53, 903), die sachenrechtlichen Anwartschaften, Aneignungsrechte und die Erwerbsaussicht des Finders (Staud/*Marotzke* § 1922 Rz 239 f). Nicht vererblich sind dagegen die beschränkte persönliche Dienstbarkeit nach § 1090 II (BGHZ 22, 220), der Nießbrauch nach § 1061 und das dingliche Vorkaufsrecht, §§ 473, 1098 I. Die Vererblichkeit eines Dauerwohn- und Dauernutzungsrechts kann, ebenso wie das Erbbaurecht, nicht abbedungen werden. Ein Ausschluss der Vererblichkeit dinglicher Rechte, auflösend bedingt durch den Tod des Berechtigten, ist nicht möglich (BGHZ 52, 269).

42 **11. Bankverhältnis.** Es gehen auch alle Rechte des Erblassers aus den mit der Bank abgeschlossenen Verträgen über Giro- und Sparkonten, Depots ua auf den Erben über (BGH ErbR 09, 257; NJW 00, 1258). Mit Fortführung des ererbten Kontos für den eigenen Zahlungsverkehr tritt der Erbe in die persönliche Rechtsbeziehung zur Bank (BGH NJW 00, 754). Die aus der Geschäftsverbindung zwischen Erblasser und Bank resultierenden Ansprüche, wie insb der Auskunftsanspruch, gehen auf den Erben über (BGHZ 107, 104). Dabei handelt es sich gem § 2039 um einen Anspruch des Nachlasses, so dass jeder Miterbe ohne Zustimmung der übrigen Miterben Auskunft von der Bank einholen kann.

43 Bei sog **Oder-Konten**, dh Konten, die auf den Namen des Erblassers und eines anderen lauten und beide einzeln im Verhältnis zur Bank berechtigt sind, wird Gesamtgläubigerschaft nach §§ 428, 430 angenommen, so dass den Erben im Ergebnis die Hälfte des Guthabens zusteht (Celle FamRZ 82, 63). Bei **Und-Konten** erbt der Gesamtrechtsnachfolger den Anteil an der gemeinschaftlichen Einlage. Bei sog **Anderkonten** eines Notars oder Anwalts geht nach dessen Tod entspr der AGB der Banken das Guthaben kraft Vertrags zugunsten Dritter auf den von der Landesjustizverwaltung bestellten Abwickler bzw Notariatsverweser, nicht aber auf den Erben über (Damrau/*Tanck* § 1922, 38).

44 Darüber hinaus wirkt auch der unwiderrufliche Treuhandvertrag zugunsten Dritter mit der Bank weiter (BGH WM 76, 1130).

45 **12. Sonstige vermögensrechtliche Beziehung.** Ansprüche oder Verpflichtungen aus Schuldverhältnissen des Erblassers sind grds vererblich und gehen auf den Nachlass über (Damrau/*Tanck* § 1922 Rz 54). Zu nennen sind neben den Haupt- und Nebenpflichten auch die vorvertraglichen Pflichten (Oldbg VersR 98, 220), sowie Anwartschaftsrechte und Rechtsbeziehungen, die noch im Werden begriffen sind (BGH NJW 91, 2558). Vererblich sind auch nicht höchstpersönlich Gestaltungsrechte, wie der Rücktritt, das Recht auf Wandelung und Minderung, das Anfechtungs- und Kündigungsrecht (BGH NJW 51, 308), das Widerrufsrecht bei Verbraucherverträgen, das Recht zur Annahme eines Vertragsangebots und das zeitlich beschränkte persönliche Vorkaufsrecht (Stuttg BWNotZ 74, 85). Schadensansprüche, gleich aus welchem Rechtsgrund, sind ebenso vererblich wie Schmerzensgeldansprüche nach § 253 II. Seit 1990 sind sie unabhängig davon vererblich, ob sie anerkannt oder rechtshängig geworden sind oder ob sie der Erblasser geltend machen wollte (BGH NJW 95, 783). Verstarb der Erblasser kurz nach dem Unfall, ohne das Bewusstsein wiedererlangt zu haben, besteht kein Anspruch aus übergegangenem Recht (KG NZV 02, 38; aA Karlsr OLGR 97, 20). Des weiteren werden vererbt der Ausgleichsanspruch des Handelsvertreters nach § 89b HGB (BGHZ 24, 214), der Honoraranspruch des Steuerberaters, der arbeitsrechtlich vereinbarte Abfindungsanspruch, wenn der Arbeitnehmer vor dem im Abfindungsvergleich festgelegten Auflösungszeitpunkt stirbt (BAG ZEV 04, 248), sofern es sich nur um eine Gegenleistung des Arbeitgebers für die Einwilligung des Erblassers in die Beendigung des Arbeitsverhältnisses handelt; sollte die in Raten zu zahlende Abfindung dagegen vorrangig der Einkommenssicherung des Erblassers bis zum Eintritt ins Rentenalter dienen, ist die Abfindung nicht vererblich (LAG Düsseldorf, ZFE 07, 359) sowie der Anspruch des Patienten auf Einsicht in die Krankenunterlagen (BGH NJW 83, 328), sofern die Einsichtnahme aus einer Einwilligung des Erblassers (ausdrücklich oder konkludent) gerechtfertigt werden kann, um die Schweigepflicht des Arztes nicht zu verletzten (BGH NJW 83, 2627).

Hinsichtlich der Besteuerung tritt der Erbe grds auch in die Rechtsstellung des Erblassers ein, so dass er **46** berechtigt ist, das Wahlrecht nach § 26 EStG auszuüben (BFH NJW 64, 615). Die Erben haften ebenso wie der Testamentsvollstrecker, der Nachlassverwalter und der Nachlasspfleger für die vom Erblasser nicht versteuerten Einkünfte, wobei aber der Erwerb von Todes wegen nicht der Einkommenssteuer unterliegt; dies gilt nicht, wenn beim Erben, Vermächtnisnehmer oder Pflichtteilsberechtigten aus dem Erwerb Einkünfte anfallen, die dann von ihm persönlich zu versteuern sind.

V. Sonderfälle. 1. Körper des Erblassers. Der Körper des Erblassers einschl künstlicher Körperteile wird **47** nach hM als Sache angesehen, die aber dem Rechtsverkehr entzogen und dem Totensorgerecht unterstellt ist (RGSt 64, 313; LG Mainz MedR 84, 199). Er unterfällt nicht dem Nachlass; entspr gilt für die Asche. Dagegen gehören künstliche Hilfsmittel wie Brillen, Hörgeräte, Krücken und abnehmbare Prothesen zum Nachlass (MüKo/*Leipold* § 1922 Rz 89). Allerdings können der Erblasser zu seinen Lebzeiten oder die Angehörigen im Wege der Totenfürsorge darüber Bestimmungen treffen (*Maier* Der Verkauf von Körperorganen, 1991). Wird die Leiche in befugter Weise zu medizinischen oder sonstigen wissenschaftlichen Zwecken verwendet, ist sie im Rechtsverkehr wie eine Sache anzusehen. Widmet der Erblasser seinen Körper zur Verwendung in der Anatomie oder zu Transplantationen, bedarf die Erklärung keiner besonderen Form (bestr), sofern der Wille des Verstorbenen eindeutig ermittelt werden kann (Soergel/*Stein* § 1922 Rz 20), da der Erblasser berechtigt ist, über den Tod hinaus Verfügungen über seinen Körper zu treffen (München NJW 76, 1805). Eine gesetzliche Regelung hat die Organentnahme aus dem Körper eines Toten und die Übertragung auf andere Menschen durch das Transplantationsgesetz vom 5.11.97 erfahren. (Näher hierzu *Deutsch* NJW 98, 777). Nicht vererblich sind dagegen die mit der Leiche fest verbundenen künstlichen Körperteile wie Zahngold, **48** eingepflanzter Herzschrittmacher und künstliche innere Organe (LG Mainz MedR 84, 199), weil sie zur Leiche gehören und während dieser Verbindung das Schicksal der Leiche teilen. Eine Trennung vom Leichnam ist zulässig, wenn der Verstorbene die Einwilligung hierzu erklärt hat. Sein Widerspruch gegen die Entnahme ist stets beachtlich. Ansonsten haben die Totensorgeberechtigten über die Entnahme derartiger Gegenstände zu entscheiden (Erman/*Schlüter* § 1922 Rz 61). Werden künstliche Körperteile abgetrennt, ist der Vermögenswert Teil des Nachlasses. Allerdings haben die Erben ein ausschließliches Aneignungsrecht, dessen Ausübung der Zustimmung der zur Totenfürsorge verpflichteten Angehörigen bedarf (Palandt/*Edenhofer* § 1922 Rz 38; aA *Kallmann* FamRZ 69, 578; LG Mainz MedR 84, 199 lässt offen, ob das Aneignungsrecht den nächsten Angehörigen oder den Erben mit Zustimmung der nächsten Angehörigen zusteht).

Der vom Erblasser gespendete Samen gehört ebenfalls nicht zum Nachlass, er kann unter den vom Spender **49** getroffenen Bestimmungen verwendet werden (Soergel/*Stein* § 1922 Rz 21).

2. Unvererbliche Rechte. Hierzu gehören zunächst die höchstpersönlichen Rechte des Erblassers (Hamm **50** Rpfleger 79, 17). Mit dem Tod des Menschen erlischt auch sein allg Persönlichkeitsrecht (MüKo/*Leipold* § 1922 Rz 84). Entspr gilt für das Recht am Körper, am Namen und auf die Ehre (AnwK-BGB/*Kroiß* § 1922 Rz 15). Allerdings ist ein postmortaler Persönlichkeitsschutz gegen Verunglimpfung des Erblassers anerkannt (BVerfGE 30, 194) mit der Folge, dass zivilrechtliche Unterlassungs- und Widerrufsansprüche (BGH JZ 90, 37), nicht aber Ansprüche auf Geldentschädigung (BGH NJW 74, 1371; aA München GRUR-RR 02, 341) bestehen. Auch der Gegendarstellungsanspruch ist, da nicht vermögensrechtlich, ein nichtvererblicher, höchstpersönlicher Anspruch (KG ZFE 08, 37). Neben den ideellen Interessen des Erblassers gehören auch vermögenswerte Interessen zum Persönlichkeitsrecht und sind vererblich (BGHZ 143, 214), weil nur auf diese Weise die kommerzielle Nutzung von Namen, Bild und sonstigen Persönlichkeitsmerkmalen des Erblassers vor Nichtberechtigten geschützt werden kann (BGH MDR 00, 1147). Darüber hinaus wirken auch das Recht am eigenen Bild und das Namensrecht (BGHZ 107, 384) über den Tod hinaus. Auch der Anspruch des Erblassers auf Einsicht in die Patientenunterlagen kann auf den Erben übergehen, da das Einsichtsrecht des Patienten nicht in vollem Umfang ein höchstpersönlicher Anspruch ist, sondern auch eine vermögensrechtliche Komponente enthält; eine mutmaßliche Einwilligung des verstorbenen Patienten zur Einsichtnahme, die der Verfolgung von möglichen Behandlungsfehlern dient, ist idR anzunehmen und der Arzt muss die Verweigerung der Einsichtnahme nachvollziehbar begründen, ohne die Geheimhaltung unterlaufen zu müssen (München ErbR 2009, 67). IÜ erlöschen mit dem Tod des Berechtigten die an seine Person gebundenen Rechte wie zB beschränkte persönliche Dienstbarkeiten, § 1090 II, der Nießbrauch § 1061 (LG Traunstein NJW 62, 2207), Mitgliedschaft in einem rechtsfähigen Verein § 38 1, Unterhaltsansprüche von Verwandten mit Ausnahme der bereits zu Lebzeiten des Erblassers fälligen und rückständigen Unterhaltsansprüche, für die der Nachlass haftet, die Familienrechte wie elterliche Sorge, Pflegschaft, Betreuung und Verlöbnis. Nicht vererblich ist auch die Verwaltungsbefugnis privater Amtsträger wie Nachlasspfleger, -verwalter, Insolvenzverwalter und Testamentsvollstrecker (MüKo/*Leipold* § 1922 Rz 40). Vererblich sind dagegen die aus der Amtsführung erwachsenen Ansprüche und Verbindlichkeiten.

3. Versicherungen. Bei Lebensversicherungen hat der Erblasser idR einen Bezugsberechtigten durch Rechts- **51** geschäft unter Lebenden bestimmt (BGHZ 13, 226). Dann sind die Ansprüche aus der Lebensversicherung nicht Nachlassbestandteil (BGHZ 130, 377). Hat der Erblasser einen Bezugsberechtigten nicht benannt oder lehnt dieser den Erwerb ab, fällt der Anspruch aus seiner Lebensversicherung in den Nachlass und zwar auch dann, wenn er der Absicherung eines Darlehensanspruches der Bank dient und an diese abgetreten ist (BGH NJW 96, 2230). Durch die Bestimmung eines Bezugsberechtigten (LG München I FamRZ 05, 134) wird, da es sich um einen echten Vertrag zugunsten Dritter handelt, die Versicherung zur Leistung an den Bezugsberechtigten verpflichtet. Ist bei einer Kapitallebensversicherung ein Bezugsberechtigter nicht benannt, fällt die Versicherungsnummer nicht in den Nachlass, wenn Zahlung an „die Erben" vereinbart ist. IdF erhalten die Erben, wobei die testamentarisch bestimmten Erben idR nicht erfasst sind (Köln FamRZ 05, 552), die Lebensversicherung als Bezugsberechtigte außerhalb des sonstigen Nachlasses (Schlesw ZEV 95, 115). Nach § 160 IV VVG kann der Staat, wenn er gesetzlicher Erbe wird, nicht Bezugsberechtigter sein. IÜ können die Parteien vereinbaren, dass der Erblasser die Bezugsberechtigung dem Bezugsberechtigten ggü nur wirksam widerrufen kann, wenn ihm der Erblasser den Widerruf anzeigt (BGH DNotZ 94, 377). Ist ein minderjähriges Kind bezugsberechtigt, ist str, ob der Erblasser den anderen Elternteil von der Vermögensverwaltung der Versicherungssumme nach § 1638 ausschließen kann (Naumbg WM 04, 830: nein; *Muscheler* WM 04, 1009: ja). Wurde der überlebende Ehegatte als Bezugsberechtigter eingesetzt und die Ehe vor dem Erbfall geschieden, findet nach hM § 2077 keine entspr Anwendung (BGH NJW 87, 3131). War die Ehe bzw deren Fortbestand Grundlage für die Zuwendung, steht dem Erben ein Rückforderungsanspruch ggü dem Berechtigten zu, wenn das zugrundeliegende Valutaverhältnis auf Grund des Wegfalls der Geschäftsgrundlage entfallen ist (BGH 128, 125). Die Bezugsberechtigung entfällt, wenn der Erblasser vom Bezugsberechtigten getötet wurde, die Versicherungsleistung fällt in den Nachlass (Hamm NJW-RR 87, 1170). Verstirbt der Bezugsberechtigte vor dem Erblasser, steht das Recht auf Leistung im Zweifel wieder dem Versprechensempfänger zu und fällt in dessen Nachlass, sofern kein Ersatzberechtigter benannt wurde (BGH NJW 93, 2171).

52 Ist bei der Alters- und Hinterbliebenenversorgung die Bezugsberechtigung des Ehepartners als „unwiderruflich" bezeichnet, ist damit der zum Zeitpunkt des Versicherungsfalls mit dem Erblasser Verheiratete gemeint (BGH NJW 81, 984). Um die Versicherungssumme behalten zu dürfen, bedarf es eines Rechtsverhältnisses zwischen Erblasser und Ehegatte wie zB eine Schenkung, eine unbenannte Zuwendung (BGHZ 84, 361) oder ein Unterhaltsanspruch (BGHZ 74, 38). Mit dem Scheitern der Ehe fällt die Rechtsgrundlage für dieses Rechtsverhältnis weg (BGH FamRZ 87, 806).

53 Eine Hausratsversicherung geht als Sachversicherung mit dem Tod des Versicherungsnehmers auf dessen Erben über, wenn der Erbe Träger des versicherten Risikos ist (BGH NJW-RR 93, 1048). Nach dem Tod des Versicherungsnehmers besteht der Versicherungsschutz in dessen bisheriger Wohnung nach § 15 Nr 6 VHB 92 für einen Zeitraum von 2 Monaten fort, auch wenn diese von keinem der Erben als Wohnung genutzt wird. Die Erben treten gem § 1922 in den Versicherungsvertrag ein und sind gesamthänderisch Versicherungsnehmer und Prämienschuldner (BGH VersR 93, 740).

54 Dient die Versicherung dagegen der Absicherung persönlicher Risiken des Erblassers, wie zB die Berufshaftpflichtversicherung eines Rechtsanwalts, geht das Versicherungsverhältnis wegen § 68 VVG nicht über (*Damrau/Tanck* § 1922 Rz 65).

55 **4. Öffentlich-rechtliche Rechte und Pflichten.** Öffentlich-rechtliche Ansprüche gehören zum Vermögen des Erblassers und sind grds vererblich, sofern dies nicht durch besondere Rechtsnormen oder durch das Wesen des Anspruchs ausgeschlossen ist, mit der Folge, dass Sozialleistungen grds vererblich sind (OVG Schleswig FamRZ 2009, 1865). IÜ richtet sich deren Vererblichkeit nach dem Zweck der jeweiligen öffentlich-rechtlichen Vorschrift (BVerwGE 16, 68). Fehlt eine solche, kann der Rechtsgedanke des § 1922 entspr angewendet werden (BGH NJW 78, 2091). **Öffentlich-rechtliche Genehmigungen und Erlaubnisse**, die auf die Person des Erblassers abstellen, wie zB § 19 GüKG, § 19 PBefG, § 46 GewG, § 10 GastG, § 4 HandWO, § 15 FahrlehrerG, sind unvererblich. Die Berechtigung geht nur dann auf einen privilegierten Erben über, wenn er die vom Gesetz geforderten Voraussetzungen erfüllt (*Damrau/Tanck* § 1922 Rz 97). Die Weiterführung des Gewerbes für eine Übergangszeit ist teilw in den Gesetzen zugelassen. Das **Beamtenverhältnis** ist unvererblich, es erlischt nach § 21 BRRG mit dem Tod, ebenso die Vergütungsansprüche (RGZ 93, 110) mit Ausnahme der rückständigen und auf den Sterbemonat des Beamten angefallenen Bezüge, § 17 BeamtVG. Die in § 18 BeamtVG geregelte Hinterbliebenenversorgung (Sterbegeld, Witwengeld) steht nicht dem Erben, sondern den privilegierten Personen zu (BVerwG FamRZ 66, 234). Entspr erwerben der Ehegatte, die Kinder und Eltern nach § 56 I SGB I im Wege der Sondererbfolge die beim Tod des Berechtigten bestehenden fälligen Ansprüche auf laufende Geldleistungen gegen den Leistungsträger, wenn sie mit dem Berechtigten zum Zeitpunkt des Todes in einem gemeinsamen Haushalt gelebt hatten oder im wesentlichen von ihm unterhalten wurden (*Erman/Schlüter* § 1922 Rz 57). Hierzu gehören auch Ansprüche aus Versichertenrenten nach § 102 VI SGB VI und Ansprüche auf Nachzahlung des Wohngeldes (BVerwGE 20, 123). Dagegen ist zB der Rückforderungsanspruch des verarmten Schenkers iRd Erstattung von **Sozialhilfe** vererblich (BGH NJW 95, 2287), weshalb der Anspruch auch nach dessen Tod noch auf den Sozialhilfeträger übergeleitet werden kann. Auch die Rückzahlungsverpflichtung des Erblassers wegen überzahlten **Pflegegeldes** geht auf den Erben über (BVerwG NJW 02, 1892).

56 Soweit es sich nicht um höchstpersönliche Rechte und Pflichten, sondern um Verhaltenspflichten handelt, die im Wege der Ersatzvornahme erzwungen werden können, ist von einer Rechtsnachfolge in **Polizei- und Ordnungspflichten** auszugehen (*Ossenbühl* NJW 68, 1992). Im **Strafverfahren** führt der Tod des Beschuldigten

zur Einstellung des Verfahrens durch förmlichen Beschl (BGH NJW 99, 2644). IÜ ist das Recht des Verletzten, das Klageerzwingungsverfahren nach § 172 II StPO zu betreiben, nicht vererblich (hM Stuttg NJW 86, 3153), wohl aber geht das Strafantragsrecht auf die Angehörigen über (§ 77 StGB). Der Tod einer Prozesspartei führt grds nicht zur Beendigung des Prozesses, sondern zu einer Unterbrechung nach § 239 ZPO bis zur Aufnahme durch die Erben. Allerdings erlischt die PKH-Bewilligung rückwirkend als höchstpersönliche Berechtigung des Erblassers (Hamm MDR 77, 409).

Forderungen aus dem Steuerrecht einschl Verbindlichkeiten wie die Lasten, Säumnis- und Verspätungszuschläge oder die Hinterziehungszinsen gehen grds auf den bzw die Erben über (BFH NJW 00, 238). **Restitutionsansprüche** aufgrund rechtswidrigen Verlusts von Vermögenswerten durch staatliche Maßnahmen der DDR gehen auf den Rechtsnachfolger des Betroffenen über, wenn er den Stichtag 29.9.90 nicht mehr erlebte, wobei der Anspruch unmittelbar und originär in dessen Person entstand und mit dessen Tod in dessen Nachlass fällt (BGHZ 131, 22; str). Darüber hinaus treffen die Erben Erstattungspflichten des Erblassers auf Grund eines öffentlich-rechtlichen Erstattungsanspruchs (BGHZ 72, 56); auch die Pflicht zur Zahlung von Erschließungsbeiträgen geht auf die Rechtsnachfolger über (OVG Bremen NVwZ 85, 917). Dies gilt nicht für Zwangsgelder, auch wenn sie bereits gegen den Erblasser festgesetzt sind. Sie können diesen ggü auch nicht neu festgesetzt werden (OVG Münster NJW 80, 415). 57

§ 1923 Erbfähigkeit.
(1) Erbe kann nur werden, wer zur Zeit des Erbfalls lebt.
(2) Wer zur Zeit des Erbfalls noch nicht lebte, aber bereits gezeugt war, gilt als vor dem Erbfall geboren.

A. Allgemeines. Erbfähigkeit ist die Fähigkeit, das Vermögen des Erblassers gem § 1922 im Wege der erbrechtlichen Gesamtrechtsnachfolge (MüKo/*Leipold* § 1923 Rz 2) zu erlangen. Erbe kann nur werden, wer im Zeitpunkt des Erbfalls lebt. Die Erbfähigkeit ergibt sich aus der allgemeinen Rechtsfähigkeit; daher endet sie mit dem Tod. Ausgeschlossen sind demnach diejenigen, die vor dem Erblasser gestorben sind und nach dem Erbfall geboren werden. Eine Ausnahme gilt für den nasciturus, der zwar vor dem Erbfall gezeugt, aber erst nach dem Erbfall lebend geboren wird. Der Nachlass fällt ihm erst mit der Geburt an. 1

Die an der Beurkundung einer Verfügung von Todes wegen mitwirkenden Notare, Dolmetscher und zugezogenen Vertrauenspersonen sind für die Zuwendungen, die durch die beurkundete Verfügung erfolgen soll, relativ erbunwürdig, §§ 7, 16 III, 24 II mit 27 BeurkG (Palandt/*Edenhofer* § 1923 Rz 1). Dies gilt in entspr Anwendung des § 27 BeurkG auch bei Nottestamenten vor dem Bürgermeister, § 2249 I 3, 4 oder für das Drei-Zeugen-Testament des § 2250 I (Erman/*Schlüter* § 1923 Rz 6). 2

IÜ sind Zuwendungen von Heimbewohnern an Beschäftigte oder Träger dieses Heimes wegen Verstoßes gegen das gesetzliches Verbot in § 14 HeimG unwirksam (BGH NJW 90, 1603). Der beurkundende Notar hat, zur Vermeidung einer Amtspflichtverletzung, auf die Unwirksamkeit einer solchen Verfügung hinzuweisen (München ZEV 96, 145). 3

Die Beschränkungen des HeimG gelten **nicht** für Heime, die sich außerhalb Deutschlands befinden (Oldbg FamRZ 99, 1313), mangels Heimeigenschaft nicht für Betreuungen innerhalb der Familie (BayObLG NJW-RR 98, 729) und für die Pflege in der eigenen Wohnung, wenn der Erblasser Mitarbeiter eines ambulanten Pflegedienstes zu Testamentserben einsetzt (Ddorf NJW 01, 1504). Auf das Verhältnis zwischen Betreuer und Betreutem ist § 14 HeimG nicht entspr anwendbar (BayObLG NJW 98, 2369). 4

B. Erbfähigkeit natürlicher Personen. Der Erbe ist erbfähig, wenn er den Erblasser überlebt, wenn auch nur um eine Sekunde. Nach § 1942 I ist ihm der Nachlass angefallen und mit dem Ausschlagungsrecht auf den Erbes-Erben übergegangen, § 1952 I (MüKo/*Leipold* § 1923 Rz 6). Im Falle des gleichzeitigen Versterbens mit dem Erblasser fehlt es an der Erbenstellung, seine Berufung zum Erben wird unwirksam. Der Nachlass geht auf den Nächstberufenen über (Palandt/*Edenhofer* § 1923 Rz 2). Entspr gilt bei einem vor dem 1.4.98 wirksam zustande gekommenen vorzeitigen Erbausgleich, der Ausschlagung, dem Erbverzicht und der Erbunwürdigkeit. 5

Auch der Verschollene ist, sofern er den Erbfall erlebt hat, erbfähig. Für ihn gilt die widerlegbare Lebensvermutung nach § 10 VerschG (RGZ 60, 198), die mit dem in § 9 III, IV VerschG genannten Zeitpunkt endet. Die Lebensvermutung wird nicht durch eine Todesvermutung ersetzt; vielmehr tritt der allgemeine Zustand der Ungewissheit über Leben und Tod ein (BayObLG FamRZ 92, 1206). Entspr gilt nach § 9 I VerschG, wenn der Verschollene für einen vor dem Erbfall liegenden Zeitpunkt für tot erklärt wird. Noch nicht abschl geklärt ist, ob ein Fall des gleichzeitigen Versterbens iSd § 11 VerschG vorliegt, wenn mehrere Personen zu unterschiedlichen Zeiten versterben, der genaue Todeszeitpunkt aber nicht bewiesen werden kann. 6

C. Beweislast für die Erbfähigkeit. Das Nachlassgericht hat, wenn es auf den genauen Todeszeitpunkt beim Tod mehrerer Personen ankommt, diesen vAw zu ermitteln, § 2358. Daher ist weder die Feststellung eines Überlappens noch der Annahme des gleichzeitigen Versterbens ausreichend (Hamm NJW-RR 96, 70). 7

Die Beweislast für das Überleben trifft denjenigen, der hieraus Rechte herleitet (Hamm NJW-RR 96, 70). Ist der Beweis nicht möglich, wer länger gelebt hat, gilt die Vermutung des gleichzeitigen Versterbens nach § 11 VerschG. Danach hat keiner der verstorbenen Personen die andere beerbt. Diese Vermutung ist auch nicht 8 dadurch ausgeschlossen, dass der Todeszeitpunkt standesamtlich beurkundet wurde (BayObLG NJW-RR 99, 1309). Steht nur der Todeszeitpunkt einer Person fest und kann die Todeszeit bei einem anderen Beteiligten nicht festgestellt werden, gilt die Vermutung des § 11 VerschG nicht (MüKo/*Leipold* § 1923 Rz 12).

9 Durch eine Todeserklärung gilt nach § 9 I 1 VerschG die widerlegbare Vermutung des Versterbens zu dem Zeitpunkt, der im Beschl festgestellt wurde (DGE/*Führer* § 1923 Rz 4).

10 **D. Erbfähigkeit des Gezeugten.** § 1923 II verlegt den Zeitpunkt der Erbfähigkeit vor: Ein Kind, das vor dem Erbfall gezeugt, aber noch nicht geboren war, gilt bereits zu diesem Zeitpunkt als Erbe, wenn es danach lebend zur Welt kommt. Die gesetzliche Fiktion ist auch dann anzuwenden, wenn der Kreislauf einer während der Schwangerschaft verstorbenen Mutter künstlich aufrechterhalten wird (Palandt/*Edenhofer* § 1923 Rz 6). Nicht erforderlich ist, dass das Kind lebensfähig ist (LSG Niedersachsen NJW 87, 2328), da der Nachlass mit der Geburt anfällt.

11 Kommt es zu einer Fehl- oder Todgeburt oder stirbt der nasciturus mit der Mutter, ist die Erbfähigkeit des Kindes nie eingetreten.

12 Bei einer In-vitro-Fertilisation außerhalb des Mutterleibs ist die Erbfähigkeit des später lebend geborenen Kindes zu bejahen, wenn die künstliche Befruchtung vor dem Erbfall, die Implantation aber erst nach dem Erbfall erfolgt ist (MüKo/*Leipold* § 1923 Rz 16 mwN).

13 Ein nach dem Erbfall gezeugtes Kind kann zwar nicht als Erbe, wohl aber als Nacherbe, § 2101 I, oder Vermächtnisnehmer, § 2162 II, eingesetzt sein.

14 Während des Schwebezustandes zwischen Erbfall und Geburt nehmen die sorgeberechtigten Eltern die künftigen Rechte des nasciturus nach § 1912 II wahr; sie können zwar die Erbschaft noch nicht annehmen, wohl aber ausschlagen (Oldbg NJW-RR 94, 651; aA LG Berlin Rpfleger 90, 362). Eine vormundschaftsgerichtliche Genehmigung ist nicht erforderlich (LG Osnabrück Rpfleger 93, 342). Ggf kann auch ein Pfleger bestellt werden, dessen Amt mit der Geburt des Kindes endet, § 1918 II. Da bereits eine gesicherte Erbaussicht und damit ein berechtigtes Feststellungsinteresse besteht, kann während der Schwebezeit Klage auf Feststellung der Erbberechtigung des nasciturus erhoben werden (Staud/*Otte* § 1923 Rz 19).

15 **E. Beweislast für die Erbfähigkeit des Gezeugten.** Die Beweislast dafür, dass die Zeugung im Zeitpunkt des Erbfalls bereits erfolgt war, trifft das Kind. Das Gericht hat die Zeugung aufgrund freier Beweiswürdigung, zB durch ein Abstammungsgutachten, festzustellen (DGE/*Führer* § 1923 Rz 6).

16 **F. Erbfähigkeit juristischer Personen.** Juristische Personen des privaten und öffentlichen Rechts sind kraft ihrer Rechtsfähigkeit erbfähig, sofern sie im Zeitpunkt des Erbfalls bestehen. Im Zweifel sind sie als Nacherben eingesetzt (Palandt/*Edenhofer* § 1923 Rz 7). Stiftungen gelten dagegen als vor dem Tod des Stifters entstanden, auch wenn die Genehmigung erst nach dem Tod erteilt wird (*Turner* ZEV 95, 206).

17 **G. Erbfähigkeit nicht rechtsfähiger Personenvereinigungen.** Nicht rechtsfähige Personenvereinigungen, wie zB die OHG oder KG, gelten als erbfähig, wenn sie einer juristischen Person stark angenähert sind (Palandt/*Edenhofer* § 1923 Rz 7), weil sie im Rechtsverkehr als Einheit auftreten und Rechte und Pflichten erwerben können, §§ 124 I, 161 II HGB. Entspr gilt auch für den nicht rechtsfähigen Verein (MüKo/*Leipold* § 1923 Rz 32). Seit einer Entscheidung des BGH (BGHZ 146, 341), wonach die GbR in weiten Teilen einer OHG gleichgestellt ist, gilt nun auch sie als rechts- und damit erbfähig.

§ 1924 Gesetzliche Erben erster Ordnung. (1) Gesetzliche Erben der ersten Ordnung sind die Abkömmlinge des Erblassers.
(2) Ein zur Zeit des Erbfalls lebender Abkömmling schließt die durch ihn mit dem Erblasser verwandten Abkömmlinge von der Erbfolge aus.
(3) An die Stelle eines zur Zeit des Erbfalls nicht mehr lebenden Abkömmlings treten die durch ihn mit dem Erblasser verwandten Abkömmlinge (Erbfolge nach Stämmen).
(4) Kinder erben zu gleichen Teilen.

1 **A. Allgemeines.** Gesetzliche Erbfolge tritt ein, wenn der Erblasser keine oder keine wirksame Verfügung von Todes wegen errichtet hat. Ausgangspunkt sind die gemeinsamen Stammeltern. Die Abkömmlinge des Erblassers sind gesetzliche Erben erster Ordnung. Das Ordnungsprinzip wird durch das Repräsentationsprinzip ergänzt: Der nähere Abkömmling des Erblassers schließt seine eigenen Abkömmlinge von der Erbfolge aus.

2 **B. Abkömmlinge des Erblassers.** Erben der ersten Ordnung sind die Personen, die in absteigender gerader Linie vom Erblasser abstammen, dh Kinder, Enkel, Urenkel. Maßgebend ist nur die nach § 1589 rechtlich anerkannte, nicht schon die biologische Verwandtschaft (BGH NJW 89, 2197). Auch bei der künstlichen Befruchtung beurteilt sich die Abstammung nach dem Familienrecht (*Mansees* FamRZ 86, 756).

3 Seit der Familienrechtsreform im Jahr 1998 ist die sprachliche Unterscheidung zwischen ehelichen und nichtehelichen Kindern aufgehoben; entscheidend ist allein, ob die Eltern des Kindes miteinander verheiratet sind (Krug/*Zwißler* Kap 1 Rz 42). Mutter ist nach § 1591 die Frau, die das Kind geboren hat, Vater ist der Mann, der entweder zum Zeitpunkt der Geburt mit der Mutter des Kindes verheiratet war, die Vaterschaft anerkannt hat oder dessen Vaterschaft nach § 1600d gerichtlich festgestellt ist, § 1592.

Ein von der Ehefrau eines vermissten Mannes nachgeborenes Kind gilt nach §§ 1591, 1592 als ehelich, wenn 4
es innerhalb von 302 Tagen nach dem Todeszeitpunkt, den der rechtskräftige Beschl über die Todeserklärung
feststellt und der in der Sterbeurkunde angegeben ist oder den eine gerichtliche Entscheidung im Verfahren
bei Feststellung der Todeszeit nach den §§ 39, 44 VerschG feststellt, geboren wurde.

Die Erbberechtigung bestimmt sich nach den zum Zeitpunkt des Erbfalls geltenden familienrechtlichen Vor- 5
schriften (Palandt/*Edenhofer* § 1924 Rz 7).

C. Nichteheliches Kind. Nichteheliche Kinder sind nach ihrer Mutter schon immer voll erbberechtigt. Das 6
Erbrecht des Vater entfällt mit der Beseitigung der Vaterschaftsfeststellung durch ein erfolgreiches Wiederaufnahmeverfahren gegen das rechtskräftige Feststellungsurteil, §§ 578 ff ZPO, 248 V 1 FamFG bzw durch
rechtskräftigen Gestaltungsausspruch des Familiengerichts nach Anfechtung der Anerkennung, §§ 1600 ff,
1600e, 111 FamFG. Ist die Beseitigung der Vaterschaftsfeststellung erst nach dem Erbfall erfolgreich, war das
Kind Scheinerbe, so dass den Erben Ansprüche nach §§ 2018 ff zustehen (Palandt/*Edenhofer* § 1924 Rz 9).

I. Erbfall vor dem 1.7.70. Das nichteheliche Kind galt bis zum Inkrafttreten des NEhelG mit seinem Vater 7
oder seinen väterlichen Vorfahren als nicht verwandt und konnte daher nicht dessen gesetzlicher Erbe sein.
Nach der Übergangsregelung des Art 12 § 10 NEhelG wird auf den Zeitpunkt des jeweiligen Erbfalls abgestellt, so dass das nichteheliche Kind zu diesem Zeitpunkt noch dessen lebende Eltern beerben konnte, falls
dessen Vater vor dem 1.7.70 verstorben war.

Die frühere Rechtsstellung der vor dem 1.7.49 geborenen nichtehelichen Kinder blieb trotz der Gleichstellung 8
erhalten. Sie sind nach Art 12 § 10 II NEhelG kraft Gesetzes nicht erbberechtigt nach ihrem Vater (*Haibach/
Haibach* Rz 252). Dies gilt nicht, wenn der Vater vor dem 3.10.90 verstorben ist und seinen gewöhnlichen
Aufenthalt in der DDR hatte. Nach Art 235, 1 I EGBGB ist das Kind in diesen Fällen erbberechtigt wie ein
eheliches Kind. Nach dem alten Recht der DDR gab es ein Erbrecht für das nichteheliche Kind. Ist der Erblasser nach dem 3.10.90 verstorben, so gelten nach Art 235 § 1 II EGBGB in Ansehung des nichtehelichen
Kindes, das vor dem 3.10.90 geboren wurde, die für die erbrechtlichen Verhältnisse eines nichtehelichen Kindes
geltenden Vorschriften. Diese Regelung findet auch auf die vor dem 1.7.49 geborenen nichtehelichen Kinder,
denen nach dem Recht der DDR die volle Erbberechtigung zustand, Anwendung (BTDrs 13/4183 13). Dabei
kommt es hinsichtlich des Anknüpfungspunktes auf den gewöhnlichen Aufenthalt des Vaters zum Zeitpunkt
des Beitritts an. Diese Regelungen stellen weder einen Verstoß gegen das GG noch gegen die EMRK dar
(BVerfG DNotZ 04, 441; Palandt/*Edenhofer* § 1924 Rz 8). Anderer Auffassung ist der EuGHMR: Danach verstößt Art 12 § 10 II 1 NEhelG gegen das Diskriminierungsverbot des Art 14 iVm Art 8 EMRK (FamRZ 09,
1293 = ErbR 09, 351), weil der Rechtsstatus nichtehelich geborener Kinder demjenigen ehelicher Kinder
gleich geworden ist und die praktischen und verfahrensmäßigen Schwierigkeiten beim Nachweis der Vaterschaft seit dem Gebrauch des DNA-Tests nicht mehr bestehen.

Nach § 10a NEhelG können der Vater und ein vor dem 1.7.49 geborenes nichteheliches Kind einen sog 9
Erbrechtsgleichstellungsvertrag schließen, wodurch das Kind das volle gesetzliche Erbrecht erhält. Ist eine
der Vertragsparteien verheiratet, bedarf es der Einwilligung seines Ehegatten, § 10a III NEhelG. Ggf ist
auch die Zustimmung des Betreuers nach § 1903 und die Genehmigung des Vormundschaftsgerichts einzuholen (*Rauscher* ZEV 98, 41). Die Vereinbarung muss, ebenso wie die Zustimmungserklärung, notariell
beurkundet werden.

II. Erbfall nach dem 1.7.70 und vor dem 1.4.98. Nach Art 227 I Nr 1 EGBGB sind auf Erbfälle vor dem 10
1.4.98 die beim Erbfall geltenden Vorschriften anzuwenden. Bei Erbfällen seit dem 1.7.70 hatten die nichtehelichen Kinder neben ehelichen Kindern und dem Ehegatten nur einen Erbersatzanspruch nach § 1934a, dh
einen Geldanspruch in Höhe des Wertes des gesetzlichen Erbteils. Waren sie vor dem 1.7.49 geboren, galt das
nicht, es sei denn, der Vater hatte am 2.10.90 seinen gewöhnlichen Aufenthalt in der DDR. Die nichtehelichen Kinder waren auch dann von der gesetzlichen Erbfolge ausgeschlossen, wenn sie den vorzeitigen Erbausgleich nach § 1934c erhalten hatten.

Das nichteheliche Kind konnte die Stellung eines gesetzlichen Erben durch die nachträgliche Eheschlie- 11
ßung der Eltern (vgl. BVerfG FamRZ 09, 492) oder die Ehelicherklärung erlangen. Nur bei dieser Statusänderung durch der Ehelichkeitserklärung wurde das Kind noch nach dem Tod des Vaters dessen gesetzlicher
Erbe.

III. Erbfall nach dem 1.4.98. Mit dem Erbrechtsgleichstellungsgesetz vom 16.12.97 (BGBl I, 2968) wurden 12
die nichtehelichen Kinder den ehelichen Kindern erbrechtlich vollumfänglich gleichgestellt (*Böhm* NJW 98,
1043). Für frühere Erbfälle und Fälle, in denen über den Erbausgleich eine wirksame, dh notariell beurkundete Vereinbarung getroffen oder der Erbausgleich durch rechtskräftiges Urt zuerkannt wurde, gelten nach
wie vor die Sonderregeln der §§ 1934a ff aF fort (Art 227 EGBGB).

IV. Sonderregelung für das Beitrittsgebiet. Hatte der Vater von vor dem 3.10.90 geborenen Kindern seinen 13
gewöhnlichen Aufenthalt am 2.10.90 in der DDR, kommt das Erbrecht der DDR zur Anwendung, das keine
Unterscheidung zwischen ehelichen und nichtehelichen Abkömmlingen kannte (DGE/*Führer* § 1924 Rz 7).

14 **D. Annahme als Kind.** Durch das Adoptionsgesetz vom 1.1.77 erfolgte eine Gleichstellung der adoptierten mit den ehelichen leiblichen Kindern. Danach erlangt das adoptierte Kind die Stellung eines ehelichen und erbt neben diesen zu gleichen Teilen.

15 Die durch ein Gericht oder eine Behörde im Ausland vollzogene Adoption kann seit 1.3.02 in einem förmlichen Verfahren mit allg Wirkung anerkannt werden (Palandt/*Edenhofer* § 1924 Rz 11). Durch die dadurch bedingte Umwandlung der ausländischen Adoption in eine Volladoption führt für das Kind zu einer gesetzlichen Erberstellung. Fehlt es an einem förmlichen Verfahren, bedarf es der formlosen Anerkennung nach § 109 I FamFG, so dass sich das gesetzliche Erbrecht des Kindes aus einem Ineinandergreifen des Erbstatuts und des Adoptionsstatuts ergibt (Ddorf FamRZ 98, 1627 im Anschluss an BGH NJW 89, 2197).

16 Wegen der häufig schwächeren Wirkung der Adoption in vielen ausländischen Staaten kann § 1924 nicht ohne weiteres auf jedes nach ausländischem Recht adoptierte Kind angewendet werden. Das ausländische Adoptionsstatut muss daher eine entspr starke Wirkung der Adoption vorsehen wie das deutsche Recht oder zumindest ein umfassendes Erbrecht des angenommenen Kindes kennen (*Heiderhoff* FamRZ 02, 1682).

17 **I. Adoption vor dem 1.1.77.** Nach Art 12 AdoptG gilt für Adoptionen vor dem 1.1.77 das frühere Recht: Danach wurde die Verwandtschaft des angenommenen Kindes zu den natürlichen Eltern und Verwandten nicht aufgehoben: Das adoptierte Kind behielt sein volles Erbrecht ggü seinen Blutsverwandten (Damrau/*Tanck* § 1924 Rz 10) und erhielt zusätzlich ein Erbrecht nach dem Annehmenden, sofern dies im Adoptionsvertrag nicht ausgeschlossen wurde. Es war aber nicht gesetzlicher Erbe nach den Eltern oder Großeltern des Annehmenden, so dass sich die Adoption nicht auf die Verwandten des Annehmenden erstreckte. Der Annehmende selbst erhielt ggü dem Adoptivkind kein Erbrecht.

18 Eine Volljährigen-Adoption war nur ausnahmsweise möglich; der Ausschluss des Erbrechts ggü dem Annehmenden im Adoptionsvertrag hat nach wie vor Bestand (Damrau/*Tanck* § 1924 Rz 10).

19 **II. Adoption nach dem 1.1.77.** Bei Adoptionen nach dem 1.1.77 wird zwischen Minderjährigen- und Volljährigenadoption unterschieden.

20 **1. Minderjährigenadoption.** Auf die Adoption eines Minderjährigen finden die Vorschriften des neuen Rechts Anwendung, das von einer sog **Volladoption** ausgeht. Danach wird das minderjährige Kind Erbe erster Ordnung nach dem Annehmenden und sein Verwandtschaftsverhältnis zu seiner natürlichen Familie wird aufgelöst. Es kann nicht mehr gesetzlicher Erbe seiner leiblichen Eltern werden. Da das minderjährige adoptierte Kind in die Familie des Annehmenden vollständig eingegliedert wird, erlangt es ggü den Verwandten, dh Eltern, Großeltern ua, nach § 1754 ein volles Erbrecht. Ausnahmen bestehen allerdings bei der Verwandten-, Verschwägerten- und Stiefkindadoption der §§ 1755 II, 1756 I, II.

21 Bei der **Stiefkindadoption**, bei der ein nichteheliches Kind eines verheirateten Elternteils von dessen Ehegatten angenommen wird, ist bis 1.7.98 ein gesetzliches Erbrecht nach diesem Elternteil und dessen Vorfahren nicht erloschen. Gem § 1755 II aF ist das Verwandtschaftsverhältnis nur zu dem anderen Elternteil außerhalb der Ehe beendet (Palandt/*Edenhofer* § 1924 Rz 18). Zwischenzeitlich findet § 1755 II auf alle Stiefkinder Anwendung, so dass es beim Erbrecht nach dem Blutsverwandten des adoptierten Kindes verbleibt (Damrau/*Tanck* § 1924 Rz 12).

22 In den Fällen der **Halbwaisenadoption**, in denen ein Ehegatte bis 1.7.98 nach der Eheschließung mit einer Witwe/einem Witwer ein aus der Vorehe stammendes Kind annahm, bleibt das Verwandtschaftsverhältnis nach § 1750 II aF zu den Verwandten seines verstorbenen Elternteils erhalten. Seit dem Kindschaftsreformgesetz gilt dies auch bei der Adoption eines nichtehelichen Kindes des Ehegatten, sofern der Verstorbene Inhaber der elterlichen Sorge war (Damrau/*Tanck* § 1924 Rz 13). Damit steht dem angenommenen Halbwaisenkind ein gesetzliches Erbrecht nicht nur nach seinen leiblichen Eltern und deren Vorfahren, sondern auch nach dem Annehmenden und dessen Vorfahren zu (näher hierzu: *Schmitt-Kammler* FamRZ 78, 570).

23 Bei der **Verwandtenadoption**, dh der Annahme durch Verwandte/Verschwägerte zweiten (Tante/Onkel) oder dritten Grades, erlöschen die Verwandtschaftsverhältnisse des Kindes nur zu seinen Eltern. Die Verwandtschaft zu den Großeltern und damit auch zu seinen Geschwistern, bleibt erhalten. Danach kann das Kind somit gesetzlicher Erbe erster Ordnung nach seinen zwei leiblichen Großelternpaaren und nach dem durch die Adoption vermittelten Großelternpaar werden (Palandt/*Edenhofer* § 1924 Rz 12).

24 Bis 1.7.98 war es möglich, das eigene nichteheliche Kind zu adoptieren, um ihm den Status eines ehelichen Kindes des Annehmenden zu geben, § 1741 III aF.

25 **2. Volljährigenadoption.** Für die Volljährigenadoption gilt für die bis 31.12.77 eingetretenen Erbfälle altes Recht. IÜ geht das Verwandtschaftsverhältnis zu den Blutsverwandten nach § 1770 II nicht unter. Ggü den Verwandten des Annehmenden entsteht kein Erbrecht. Auf Antrag kann das Vormundschaftsgericht der Volljährigenadoption die Regeln der Volladoption eines Minderjährigen zusprechen, § 1772.

26 **III. Aufhebung der Adoption.** Die Aufhebung der Adoption ist nur für die Zukunft möglich, §§ 1759, 1764 I 1. Daher bleiben die bereits eingetretenen Rechtswirkungen bestehen. Mit rechtskräftigem Aufhebungsbeschluss des Vormundschaftsgerichts entfallen sowohl bei der Minderjährigen- als auch bei der Volljährigenadoption alle erbrechtlichen Beziehungen zwischen dem Kind und den Adoptiveltern; die erbrechtli-

chen Beziehungen zu den leiblichen Eltern und deren Verwandten leben wieder auf, § 1764 II, III. Haben Ehegatten ein Kind angenommen, kann nach § 1763 II das Annahmeverhältnis nur zu einem Ehegatten aufgehoben werden. Die erbrechtlichen Beziehungen zum anderen Ehegatten bleiben bestehen, ohne dass das Verwandtschaftsverhältnis zur leiblichen Familie gem § 1764 V wiederauflebt.

Ob ein im Ausland annulliertes ausländisches Adoptionsdekret im Inland erbrechtliche Auswirkungen hat, hängt von der Anerkennung der Aufhebungsentscheidung ab (Ddorf FamRZ 96, 699). 27

E. Nicht natürlich gezeugte Kinder. Die **homologe Insemination** (Übertragung männlichen Spermas auf das Fortpflanzungsorgan der Frau) und die **homologe In-Vitro-Fertilisation** (Befruchtung einer Eizelle im Reagenzglas) werden, wenn sie unter Ehepartnern erfolgen, einer natürlichen Zeugung gleichgestellt; erbrechtliche Besonderheiten bestehen nicht (*Kirchmeier* FamRZ 98, 1281). 28

Bei Kindern, die aufgrund einer künstlichen Befruchtung geboren wurden, besteht eine unwiderlegbare und unanfechtbare Mutterschaftsvermutung zugunsten der gebärenden Frau (Jauernig/*Stürner* § 1924 Rz 4): Im Fall der **künstlichen Fertilisation**, bei der die Eizelle einer anderen Frau mit dem Samen des Ehemannes befruchtet und der Wunschmutter eingesetzt wird, gilt die das Kind austragende Frau als Mutter iSd § 1591. Entspr gilt, wenn eine Eizelle der Wunschmutter befruchtet und einer anderen Frau zur Austragung eingepflanzt wird; auch hier ist die das Kind Gebärende Mutter iSd § 1591 (Soergel/*Stein* § 1924 Rz 31). 29

Das durch eine **heterologe Insemination** (Samenspende) gezeugte und während einer Ehe geborene Kind gilt als Kind des Ehemannes, solange die Vaterschaft nicht angefochten und festgestellt ist, dass er nicht der leibliche Vater des Kindes ist (BaRoth/*Hahn* Vor § 1591 Rz 21). Ein Verzicht des Ehemannes auf sein Recht, die Ehelichkeit des während der Ehe geborenen Kindes anzufechten, ist auch bei Zustimmung zur heterologen Insemination unwirksam (AnwK-BGB/*Kroiß* § 1924 Rz 19). Zu beachten ist, dass bei dieser Fortpflanzungsart ein Vater-Kind-Verhältnis zwischen Spender und gezeugtem Kind besteht (Soergel/*Stein* § 1924 Rz 39), und zwar unabhängig von den Schwierigkeiten bei der Durchsetzung von erbrechtlichen Ansprüchen gegen den anonym bleibenden Samenspender (*Quantius* FamRZ 98, 1145). Dieser muss auch noch nach Jahren mit vermögensrechtlichen Ansprüchen gegen sich rechnen (BGH DNotZ 96, 778). 30

F. Rangfolge nach Liniensystem (Abs 2). Sind mehrere Verwandte der gleichen Ordnung, dh mehrere Abkömmlinge des Erblassers, vorhanden, ist zu unterscheiden zwischen Abkömmlingen derselben Linie, wie Kinder, Enkel, Urenkel und Abkömmlingen verschiedener Linien, wie Geschwister, Neffen, Cousinen. 31

Auf die Abkömmlinge derselben Linie wird das Linearsystem angewendet, wonach jeder beim Erbfall lebende und zur Erbfolge gelangende Abkömmling Repräsentant seiner Linie ist und alle durch ihn mit dem Erblasser verwandten Abkömmlinge von der Erbfolge ausschließt, II. 32

Sind bei Eintritt des Erbfalls mehrere Abkömmlinge unterschiedlicher Ordnungen vorhanden, schließt das Kind des Erblassers seine eigenen Abkömmlinge nach II von der Erbfolge aus, da nach dem Repräsentationsprinzip der mit dem Erblasser am nächsten Verwandte zum Erben berufen ist und somit seinen Stamm vertritt. 33

G. Erbfolge nach Stämmen (Abs 3). Die Erbfolge nach Stämmen tritt ein, wenn ein Abkömmling vor dem Erbfall des Erblassers verstorben ist. An seine Stelle treten seine Abkömmlinge. Der Wegfallende wird durch seinen Nachkommen ersetzt, sofern nicht ein Erbverzicht vorliegt, der nach § 2349 auch diese ausschließt. Die Ersetzung des Repräsentanten einer Linie setzt sich bis zur dritten Ordnung fort. Ab der zweiten Ordnung erfolgt eine Teilung nach väterlicher und mütterlicher Linie. 34

Diese Regelung findet dann Anwendung, wenn der zum Erben berufene Abkömmling vor dem Erbfall weggefallen ist. In Betracht kommt die Enterbung, die Ausschlagung, der Erbverzicht oder die Erbunwürdigkeit. Durch einen vor dem 1.4.98 wirksam vereinbarten vorzeitigen Erbverzicht entfällt nicht nur das Erbrecht des nichtehelichen Kindes, sondern auch das Erbrecht der Nachkommen, §§ 1934c, e aF (Damrau/*Tanck* § 1924 Rz 3). Auch die Annahme eines minderjährigen Abkömmlings des Erblassers als Kind eines Dritten hat nach dem Grundsatz der Volladoption den Wegfall des ganzen Stammes zur Folge (Palandt/*Edenhofer* § 1924 Rz 12). Darüber hinaus ist III auch auf den Wegfall des ganzen Stammes infolge der Vermutung des gleichzeitigen Versterbens gem § 11 VerschG analog anwendbar (Naumbg NJW-RR 03, 1014). 35

Die Nachrückenden erben aus eigenem Recht (RGZ 61, 16) den Erbteil des Weggefallenen zusammen und zu gleichen Teilen und zwar auch dann, wenn sie nicht Erben des Weggefallenen geworden sind. Die Teilung erfolgt nach Stämmen, unabhängig von der Anzahl der Mitglieder je Stamm und innerhalb des Stammes nach der Anzahl der Unterstämme. Nach § 1927 kann die Zugehörigkeit zu mehreren Stämmen zu einer mehrfachen Berücksichtigung führen. 36

H. Verteilung des Erbes (Abs 4). Zwischen den Kindern des Erblassers kommt es zu einer Erbteilung nach Köpfen. Sie sind gleich nahe Erben. Jedes Kind des Erblassers erhält, auch innerhalb der Stämme, dieselbe Erbquote. IÜ berechnen sich die Erbquoten der nichtehelichen Kinder und der Erbersatzanspruch der Abkömmlinge in den Fällen, in denen der Erblasser vor dem 1.4.98 stirbt, nach IV. 37

§ 1925 Gesetzliche Erben zweiter Ordnung. (1) Gesetzliche Erben der zweiten Ordnung sind die Eltern des Erblassers und deren Abkömmlinge.
(2) Leben zur Zeit des Erbfalls die Eltern, so erben sie allein und zu gleichen Teilen.
(3) ¹Lebt zur Zeit des Erbfalls der Vater oder die Mutter nicht mehr, so treten an die Stelle des Verstorbenen dessen Abkömmlinge nach den für die Beerbung in der ersten Ordnung geltenden Vorschriften. ²Sind Abkömmlinge nicht vorhanden, so erbt der überlebende Teil allein.
(4) In den Fällen des § 1756 sind das angenommene Kind und die Abkömmlinge der leiblichen Eltern oder des anderen Elternteils des Kindes im Verhältnis zueinander nicht Erben der zweiten Ordnung.

1 **A. Allgemeines.** Die Erbfolge der 2. Ordnung setzt voraus, dass beim Erbfall keine Angehörigen der 1. Ordnung vorhanden sind oder diese durch Ausschlagung, Enterbung, Erbunwürdigkeit oder Erbverzicht rückwirkend auf den Erbfall weggefallen sind. Gesetzliche Erben der 2. Ordnung sind die Eltern des Erblassers und deren Abkömmlinge, wobei die Eltern ihre Abkömmlinge, dh die Geschwister des Erblassers, ausschließen. Begründet wird dies mit der Finanzierung einer Ausbildung oder durch Zuwendungen, wodurch die Schaffung eigenen Vermögens ermöglicht wird.

2 IÜ gilt das **Linienprinzip**, wonach die eine Hälfte des Erbes an die mütterliche, die andere Hälfte an die väterliche Seite fällt.

3 Nach §§ 1931 I, II, 1371 I erhält der überlebende Ehegatte, wenn er mit Verwandten der 2. Ordnung zusammentrifft und im gesetzlichen Güterstand gelebt hat, ¾ der Erbschaft, ansonsten ½ nach § 1931 I.

4 **B. Erbrecht der Eltern.** Hat der Erblasser keine Abkömmlinge, sind oder gelten diese als vorverstorben, so sind die gesetzlichen Erben 2. Ordnung berufen. Leben beim Erbfall beide Eltern, so fällt die Erbschaft wieder in ihren Schoß (sog **Schoßfall**; Erman/*Schlüter* § 1925 Rz 2). Erben der 2. Ordnung sind die Eltern des Erblassers, seine Geschwister, dh die voll- und halbbürtigen Geschwister des Erblassers, seine Neffen und Nichten sowie deren Abkömmlinge. Die Eltern erben, sofern sie den Erbfall erleben, allein und zu gleichen Teilen, und zwar unabhängig davon, ob ihre Ehe noch besteht.

5 Der Vater eines nichtehelichen Kindes, das seit dem 1.7.49 geboren und dessen Erbfall seit dem 1.7.70 eingetreten ist, erbt als Erbe 2. Ordnung (MüKo/*Leipold* § 1925 Rz 3).

6 **C. Vorversterben eines Elternteils.** Nach § 1925 III treten an die Stelle des verstorbenen Elternteils dessen ehelichen und nichtehelichen Abkömmlinge, wobei die näher Verwandten die entfernteren von der Erbfolge ausschließen. Für die Beerbung gelten die Regelungen in § 1924 II–IV. Ist ein Abkömmling des vorverstorbenen Elternteils nicht vorhanden, fällt der gesamte Nachlass an den anderen Elternteil.

7 **D. Vorversterben beider Elternteile.** Leben zum Zeitpunkt des Erbfalls beide Elternteile nicht mehr, erben deren Abkömmlinge allein. Zu unterscheiden ist zwischen gemeinsamen und einseitigen Abkömmlingen, wobei die einseitigen Abkömmlinge nur die Hälfte des Elternteils erben, die mit dem Erblasser verwandt waren. Wird der Erblasser durch seine Geschwister beerbt, ist auch der nichteheliche Halbbruder des Erblassers Erbe (BayObLG FamRZ 96, 1113).

8 Der überlebende Ehegatte des Erblassers tritt nicht an die Stelle eines vorverstorbenen Elternteils (Bochum Rpfleger 1989, 509).

9 **E. Adoption. I. Adoption eines Minderjährigen.** Durch die Adoption eines Minderjährigen endet das Verwandtschaftsverhältnis zu den leiblichen Eltern, § 1755. Daher sind sowohl die leiblichen Eltern als auch deren Abkömmlinge von der gesetzlichen Erbfolge ausgeschlossen. Es erben nur die Adoptiveltern und deren Abkömmlinge, wenn der Erbfall nach dem 31.12.76 liegt, weil das adoptierte Kind nach § 1754 die Stellung eines gemeinschaftlichen Kindes der Ehegatten erlangt.

10 **II. Adoption eines Volljährigen.** Bei der Volljährigenadoption sind sowohl die leiblichen als auch die Adoptiveltern Erben 2. Ordnung. Sind die Adoptiveltern vorverstorben, treten deren Abkömmlinge nicht an ihre Stelle, da sich die Wirkungen einer Volljährigenadoption nach § 1770 I nicht auf deren Verwandte erstrecken.

11 Sind dagegen die leiblichen Eltern vorverstorben, werden sie durch ihre Abkömmlinge repräsentiert, so dass sie an die Stelle der Eltern treten (Zweibr Rpfleger 97, 24). Im Falle des Vorversterbens der leiblichen Eltern ohne Abkömmlinge erben die Adoptiveltern alleine (Staud/*Werner* § 1925 Rz 18). Umstr ist jedoch die Quote bei der Adoption durch eine Einzelperson (neben den leiblichen Eltern zu: Soergel/*Stein* § 1925 Rz 6; aA ½ neben den leiblichen Eltern: MüKo/*Leipold* § 1925 Rz 8).

12 Verstirbt der angenommene Volljährige ohne eigene Abkömmlinge, gehören nicht nur die leiblichen, sondern auch die Adoptiveltern zu den gesetzlichen Erben 2. Ordnung (MüKo/*Leipold* § 1925 Rz 8).

13 **III. Verwandtenadoption.** Nach § 1756 erlischt das Verwandtschaftsverhältnis zu den leiblichen Eltern, *wenn der Annehmende und das Kind im 2. oder 3. Grad miteinander verwandt sind*, wohingegen das Verwandtschaftsverhältnis zu den leiblichen Geschwistern fortbesteht, das nun über die gemeinsamen Großeltern vermittelt wird (Erman/*Schlüter* § 1925 Rz 12). § 1925 IV stellt klar, dass auch die leiblichen Geschwister des angenommenen Kindes Erben 3. Ordnung sind (BTDrs 7/5087 17). In den Fällen des

§ 1756 können die leiblichen Geschwister gesetzliche Erben der 3. Ordnung sein, wenn in der 2. Ordnung weder Adoptiveltern noch -geschwister vorhanden sind (BTDrs 7/5087 17).
Bei der Stiefkindadoption erlischt das Verwandtschaftsverhältnis im Verhältnis zu den Verwandten des anderen Elternteils nicht, wenn dieser die elterliche Sorge innehatte und verstorben ist, § 1756 II. IV gilt entspr, § 1756 II (Erman/*Schlüter* § 1925 Rz 13). 14
Allerdings kann das angenommene Kind seine leiblichen Eltern beerben, wenn diese keine anderen Abkömmlinge als Erben hinterlassen und die vorrangig berufenen Großeltern und der Annehmende weggefallen sind (*Dieckmann* FamRZ 79, 389 mwN). 15
Bei der Volladoption scheiden die leiblichen Eltern als gesetzliche Erben des Adoptivkindes aus; sie sind als nicht mehr lebend iSd § 1925 II, III und nicht mehr vorhanden iSd § 1930 anzusehen (Erman/*Schlüter* § 1925 Rz 11), da das leibliche Kind bei einer Volladoption weder von seinen leiblichen Eltern beerbt werden noch sie beerben soll (BTDrs 7/3061 44). 16

§ 1926 Gesetzliche Erben dritter Ordnung.
(1) Gesetzliche Erben der dritten Ordnung sind die Großeltern des Erblassers und deren Abkömmlinge.
(2) Leben zur Zeit des Erbfalls die Großeltern, so erben sie allein und zu gleichen Teilen.
(3) ¹Lebt zur Zeit des Erbfalls von einem Großelternpaar der Großvater oder die Großmutter nicht mehr, so treten an die Stelle des Verstorbenen dessen Abkömmlinge. ²Sind Abkömmlinge nicht vorhanden, so fällt der Anteil des Verstorbenen dem anderen Teil des Großelternpaars und, wenn dieser nicht mehr lebt, dessen Abkömmlingen zu.
(4) Lebt zur Zeit des Erbfalls ein Großelternpaar nicht mehr und sind Abkömmlinge der Verstorbenen nicht vorhanden, so erben die anderen Großeltern oder ihre Abkömmlinge allein.
(5) Soweit Abkömmlinge an die Stelle ihrer Eltern oder ihrer Voreltern treten, finden die für die Beerbung in der ersten Ordnung geltenden Vorschriften Anwendung.

A. Allgemeines. Die Erbfolge dieser Ordnung setzt voraus, dass beim Erbfall keine Angehörigen einer niedrigeren Ordnung vorhanden oder durch Ausschlagung, Enterbung, Erbunwürdigkeit oder Erbverzicht weggefallen sind. Halbbürtige Geschwister des Erblassers oder Halbneffen gehen daher den Großeltern vor (Erman/*Schlüter* § 1926 Rz 1). Für die Erben der 3. Ordnung gelten die gleichen Grundsätze wie für die Erben 2. Ordnung. Bei Wegfall eines Großelternpaares treten ihre Abkömmlinge in die Erbfolge ein. 1
Das Erbrecht der Abkömmlinge der 3. Ordnung wird durch das gesetzliche Erbrecht des überlebenden Ehegatten ausgeschaltet. Neben Großeltern erhält der Ehegatte die Hälfte des Nachlasses und von der anderen Hälfte darüber hinaus die Erbteile, die auf die Abkömmlinge weggefallener Großeltern entfallen würden, wenn der Ehegatte nicht vorhanden wäre, § 1931 I. Sind Großeltern nicht mehr vorhanden, erbt der überlebende Ehegatte als Alleinerbe den gesamten Nachlass (Soergel/*Stein* § 1926 Rz 3). 2
Im Wesentlichen gilt dies auch für den eingetragenen Lebenspartner des Erblassers nach § 10 I, II LPartG. Allerdings wurde die Regelung des § 1931 I 2 nicht übernommen, so dass der Lebenspartner die Abkömmlinge verstorbener Großeltern nicht immer ausschließt: Nach III kommen neben ihm und noch lebenden Großeltern die Abkömmlinge zum Zuge, werden aber vom Lebenspartner verdrängt, wenn kein einziger Großelternteil mehr lebt (Palandt/*Edenhofer* § 1926 Rz 3). 3

B. Erbrecht der Großeltern. Die Großeltern mütterlicher- und väterlicherseits erben jeweils zur Hälfte, wenn sie zum Zeitpunkt des Erbfalls leben, sog **Schoßfall** (Erman/*Schlüter* § 1926 Rz 2). Sie werden auch zu Erben eines nichtehelichen Kindes, wenn es nach dem 1.7.49 geboren und nach dem 1.7.70 verstorben ist. Bei Erbfällen vor dem 1.7.70 haben die Großeltern väterlicherseits mangels Verwandtschaftsverhältnis kein Erbrecht (DGE/*Führer* § 1926 Rz 2). 4
Erben 3. Ordnung sind die Großeltern, Onkel, Tanten, Vettern und Cousinen und deren Abkömmlinge. 5
Auch in der 3. Ordnung gilt das **Parentelsystem**. Allerdings werden die Großeltern väterlicherseits von den Großeltern mütterlicherseits so getrennt, dass die beiden Stämme jedes Großelternpaares zu einer Einheit zusammengefasst werden. 6

C. Erbrecht bei Vorversterben der Großeltern. Die Großelternpaare sind jeweils als Einheit zu sehen. Ist ein Großelternteil vorverstorben, treten an seine Stelle seine Abkömmlinge, wobei die Beerbung nach Stämmen erfolgt. Hinterlässt der verstorbene Großelternteil keine Abkömmlinge, fällt sein Erbteil dem noch lebenden Großelternteil zu. Ist auch er vor dem Erbfall verstorben, erben dessen Abkömmlinge. 7
Das andere Großelternpaar erbt erst dann den Erbteil des einen Großelternpaares, wenn dieses wegfällt und keine Abkömmlinge hinterlässt, § 1926 IV. 8

D. Adoption. I. Adoption eines Minderjährigen. Nach § 1755 I wird das minderjährig adoptierte Kind nur von den Eltern der Annehmenden und deren Abkömmlingen beerbt. Den leiblichen Großeltern und deren Abkömmlingen steht kein gesetzliches Erbrecht zu (Erman/*Schlüter* § 1926 Rz 4). 9

10 **II. Adoption eines Volljährigen.** Bei der Adoption eines Volljährigen sind die leiblichen Großeltern und deren Abkömmlinge nach § 1770 I Erben 3. Ordnung (Staud/*Werner* § 1926 Rz 9).

11 **III. Verwandtenadoption.** Die Adoption eines Verwandten berührt die Verwandtschaft zu den bisherigen Großeltern nicht. Vielmehr hat das adoptierte Kind nunmehr drei Großelternpaare, die mit ihren Abkömmlingen zu Erben der 3. Ordnung gehören. Die leiblichen Geschwister sind als Abkömmlinge der leiblichen Großeltern ebenfalls Erben 3. Ordnung, falls die Großeltern die Erbschaft nicht annehmen (*Dittmann* Rpfleger 78, 277). Allerdings werden die Adoptivgroßeltern beim Erbfall nicht doppelt bedacht, da weder eine mehrfache Verwandtschaft noch eine Zugehörigkeit zu mehreren Stämmen vorliegt (MüKo/*Leipold* § 1926 Rz 8 mwN; aA Soergel/*Stein* § 1926 Rz 6).

12 Entspr gilt für die Annahme durch Geschwister sowie nach § 1756 II bei der Stiefkindadoption (Palandt/*Edenhofer* § 1926 Rz 6).

§ 1927 Mehrere Erbteile bei mehrfacher Verwandtschaft.
¹Wer in der ersten, der zweiten oder der dritten Ordnung verschiedenen Stämmen angehört, erhält den in jedem dieser Stämme ihm zufallenden Anteil. ²Jeder Anteil gilt als besonderer Erbteil.

1 **A. Allgemeines.** Nur bei Angehörigen der ersten drei Ordnungen führt wegen § 1928 III die mehrfache Verwandtschaft mit dem Erblasser innerhalb derselben Ordnung zu einer mehrfachen Beteiligung am Nachlass (Palandt/*Edenhofer* § 1927 Rz 1).

2 **B. Mehrfache Verwandtschaft.** Ein Verwandter kann mehreren Stämmen angehören, wenn er aus einer Ehe zwischen Verwandten stammt oder von einem Verwandten adoptiert wurde, sofern seine bisherigen Verwandtschaftsverhältnisse durch die Adoption unberührt geblieben sind, wie zB bei § 1770 II oder § 1756 I.

3 **C. Eigenständigkeit der Erbteile.** Da jeder Erbteil getrennt behandelt wird, kann jeder Anteil gesondert ausgeschlagen, § 1951 I, und Ausgleichspflichten auf den Anteil beschränkt werden, §§ 2051, 2056. Nach § 2007 haftet jeder Anteil gesondert für die Nachlassverbindlichkeiten; Vermächtnisse und Auflage beziehen sich nur auf den belasteten Anteil, §§ 2161, 2187, 2095 (Staud/*Werner* § 1927 Rz 8); entsprechendes gilt in Bezug auf die Ausgleichungspflicht nach §§ 2050 ff und die Berechnung des Pflichtteils (Damrau/*Tanck* § 1927 Rz 4). Daher kann jeder Miterbe gesondert über den jeweiligen Anteil verfügen, § 2033.

§ 1928 Gesetzliche Erben vierter Ordnung.
(1) Gesetzliche Erben der vierten Ordnung sind die Urgroßeltern des Erblassers und deren Abkömmlinge.
(2) Leben zur Zeit des Erbfalls Urgroßeltern, so erben sie allein; mehrere erben zu gleichen Teilen, ohne Unterschied, ob sie derselben Linie oder verschiedenen Linien angehören.
(3) Leben zur Zeit des Erbfalls Urgroßeltern nicht mehr, so erbt von ihren Abkömmlingen derjenige, welcher mit dem Erblasser dem Grade nach am nächsten verwandt ist; mehrere gleich nahe Verwandte erben zu gleichen Teilen.

1 **A. Allgemeines.** In der 4. Ordnung wechselt das Liniensystem in das Gradualsystem: Es erbt der jeweils am nächsten mit dem Erblasser Verwandte. Dadurch wird eine Zersplitterung des Nachlasses vermieden und die Ermittlung der Erben erleichtert. Der Ehegatte/eingetragene Lebenspartner des Erblassers verdrängt nach § 1931 II/§ 10 II LPartG die Erben der 4. Ordnung vollständig. Eine Mehrfachverwandtschaft bleibt unberücksichtigt, § 1927 (Damrau/*Tanck* § 1928 Rz 2).

2 **B. Erbrecht der Urgroßeltern.** Erben der 4. Ordnung sind die Urgroßeltern und deren Abkömmlinge. Lebt zum Zeitpunkt des Erbfalls noch ein Urgroßelternteil (sog **unbedingter Schoßfall**), schließt er die Abkömmlinge der anderen Urgroßeltern aus, § 1928 II Hs 1. Die Urgroßeltern erben nach § 1928 II zu gleichen Teilen, unabhängig davon, ob sie derselben Linie oder verschiedenen Linien angehören.

3 **C. Erbrecht der Abkömmlinge.** Sind die Urgroßeltern vor dem Erbfall verstorben, erben die mit dem Erblasser am nächsten Verwandten, § 1928 III Hs 1. Nach § 1589 3 bestimmt sich der Verwandtschaftsgrad nach der Anzahl der sie vermittelnden Geburten. Gleich nah verwandte Abkömmlinge, dh auch halbbürtige Abkömmlinge, erben zu gleichen Teilen, § 1928 III Hs 2.

§ 1929 Fernere Ordnungen.
(1) Gesetzliche Erben der fünften Ordnung und der ferneren Ordnungen sind die entfernteren Voreltern des Erblassers und deren Abkömmlinge.
(2) Die Vorschrift des § 1928 Abs. 2, 3 findet entsprechende Anwendung.

1 **A. Allgemeines.** Die Norm dokumentiert das unbegrenzte Verwandtenerbrecht. Wegen des Nachweises der Verwandtschaft fernerer Ordnungen ist uU ein Erbenermittlungsverfahren zur Feststellung der Erben nach §§ 1964 f durchzuführen. Nachweisschwierigkeiten und Unkenntnis kommen dem Staat zugute, § 1936.

B. Erbrecht der Voreltern. Das Gradualsystem gilt, wie das Erbrecht nach Kopfteilen bei gradgleichen Verwandten, auch für fernere Ordnungen. Gleichnahe Verwandte der gleichen Ordnung erben zu gleichen Teilen. Leben keine Voreltern mehr, erben die mit dem Erblasser am nächsten Verwandten (DGE/*Führer* § 1929 Rz 2). Der überlebende Ehegatte/eingetragene Lebenspartner verdrängt die Erben ab der 4. Ordnung, § 1931 II, § 10 II LPartG. 2, 3

§ 1930 Rangfolge der Ordnungen.
Ein Verwandter ist nicht zur Erbfolge berufen, solange ein Verwandter einer vorhergehenden Ordnung vorhanden ist.

A. Allgemeines. Nach dem Ordnungsprinzip schließt ein Angehöriger einer niedrigeren Ordnung einen Angehörigen einer höheren Ordnung von der Erbfolge aus. Dh ein einziger, auch halbbürtiger Verwandter einer früheren Ordnung, hindert das Erbrecht jedes Angehörigen einer späteren Ordnung. 1

B. Verwandte nachfolgender Ordnungen. Verwandte nachfolgender Ordnungen sind nur dann zur Erbfolge berufen, wenn kein Angehöriger einer vorhergehenden Ordnung vorhanden ist, er also vor dem Erbfall tatsächlich verstorben ist oder als vorverstorben gilt, so zB im Falle des vorzeitigen Erbausgleichs, § 1934d aF, der Enterbung, § 1938, der Ausschlagung, § 1953 II, der Erbunwürdigkeit, § 2344 II oder des Erbverzichts, § 2346 I 2. Der entferntere Verwandte ist vom Erbfall an zum Erben berufen, auch wenn er den Wegfall nicht mehr erlebt hat. Der Erstberufene ist, wenn er nach dem Erbfall stirbt, Erbe geworden und kann den Nachlass auf seine Erben übertragen, §§ 1922, 1942. 2

C. Rangfolge bei nichtehelichen Kindern vor dem 1.4.98. Auch der nichteheliche Abkömmling schloss als rangwahrend die nachrangigen Verwandten von der Erbfolge aus. Dies galt auch dann, wenn das vor dem 1.4.98 verstorbene nichteheliche Kind neben seinem Ehegatten noch den Vater und dessen Eltern hinterlassen hat: Der überlebende Ehegatte wurde Alleinerbe nach § 1931 I 1, weil der nur erbersatzberechtigte Vater wegen des Ordnungsprinzips als in der 2. Ordnung Erbender die Großeltern als Erben einer nachrangigen Ordnung (3. Ordnung) ausschloss (Palandt/*Edenhofer* § 1930 Rz 1). 3

§ 1931 Gesetzliches Erbrecht des Ehegatten.
(1) ¹Der überlebende Ehegatte des Erblassers ist neben Verwandten der ersten Ordnung zu einem Viertel, neben Verwandten der zweiten Ordnung oder neben Großeltern zur Hälfte der Erbschaft als gesetzlicher Erbe berufen. ²Treffen mit Großeltern Abkömmlinge von Großeltern zusammen, so erhält der Ehegatte auch von der anderen Hälfte den Anteil, der nach § 1926 den Abkömmlingen zufallen würde.
(2) Sind weder Verwandte der ersten oder der zweiten Ordnung noch Großeltern vorhanden, so erhält der überlebende Ehegatte die ganze Erbschaft.
(3) Die Vorschrift des § 1371 bleibt unberührt.
(4) Bestand beim Erbfall Gütertrennung und sind als gesetzliche Erben neben dem überlebenden Ehegatten ein oder zwei Kinder des Erblassers berufen, so erben der überlebende Ehegatte und jedes Kind zu gleichen Teilen; § 1924 Abs. 3 gilt auch in diesem Falle.

A. Allgemeines. Der überlebende Ehegatte ist neben den Verwandten gesetzlicher Erbe und besitzt ein eigenes Erbrecht, ohne in eine bestehende Ordnung einbezogen zu sein. Die Höhe der Beteiligung am Nachlass bestimmt sich nach dem Güterstand (*Lange/Kuchinke* § 12 I 1). Im Verhältnis zu nahen Verwandten ist der Ehegatte gleichberechtigt, zu den weiter entfernten Verwandten hat er eine Vorrangstellung. 1

Das Erbrecht des Ehegatten entspricht dem Wesen der ehelichen Lebensgemeinschaft und soll seine wirtschaftliche Existenz entspr dem Lebenszuschnitt der Eheleute während der Ehezeit sichern (MüKo/*Leipold* § 1931 Rz 1). Der Voraus ermöglicht ihm die Fortführung des Haushalts, wie er vor dem Erbfall bestand. Im Fall der Enterbung verbleibt ihm über das Pflichtteilsrecht eine Mindestbeteiligung am Nachlass, der ansonsten an die Verwandten geht, da ein Eintrittsrecht beim Wegfall eines Ehegatten nicht vorgesehen ist. 2

Nach § 10 LPartG ist auch der eingetragene Lebenspartner erbberechtigt (*Schwab* FamRZ 01, 385), sofern die Lebenspartnerschaft beim Erbfall nicht durch rechtskräftiges Urt des Familiengerichts aufgehoben war, § 15 LPartG. Dagegen besitzt der Partner einer nichtehelichen Lebensgemeinschaft kein gesetzliches Erbrecht (Frankf NJW 82, 1885), und zwar auch nicht nach jahrelangen Pflegeleistungen (Berlin FamRZ 79, 503). Eine gesetzliche Regelung wurde bislang nicht getroffen. 3

B. Voraussetzungen des Ehegattenerbrechts. I. Bestehende Ehe. Das Ehegattenerbrecht setzt eine bestehende, wirksame Ehe voraus. Daran fehlt es, wenn die Ehe nicht wirksam geschlossen, aufgehoben oder geschieden wurde. 4

1. Nichtehe. Die nach § 1310 genannte Zivilehe setzt die Eheschließung vor dem Standesbeamten voraus, bei dem die Eheschließenden erklären, die Ehe miteinander eingehen zu wollen. Fehlt es hieran und kann der Mangel auch nicht nach § 1310 III geheilt werden, liegt eine **Nichtehe** vor. Nach § 8 KonsularG können deutsche Staatsangehörige im Ausland vor einem deutschen Konsularbeamten wirksam die Ehe schließen. Bei 5 einer **Doppelehe** hinterlässt der Erblasser zwei Ehegatten, wenn weder die Aufhebung der zweiten Ehe erfolgte noch der Aufhebungsantrag vor dem Erbfall gestellt wurde (MüKo/*Leipold* § 1931 Rz 11). Beide sind gesetzliche Erben und erhalten den Ehegattenerbteil gemeinsam (KG OLGZ 77, 386).

6 **2. Aufhebung der Ehe.** Die Ehe kann nach § 1313 durch ein gerichtliches Urt aufgehoben werden, wenn einer der in § 1314 genannten Eheaufhebungsgründe vorliegt. Hierzu zählen: mangelnde Ehefähigkeit, Doppelehe, Willensmängel (Karlsr NJW-RR 00, 737) und eine Scheinehe (*Otte* JuS 00, 148). Ist offenkundig, dass einer der Gründe § 1314 II vorliegen, darf der Standesbeamte die Eheschließung nicht vornehmen. Dies gilt insb für den Fall, dass sich die Ehegatten darüber einig sind, dass sie keine Pflichten gem § 1353 I begründen wollen (*Wolf* FamRZ 98, 1477). Bei einem derartigen Verstoß muss die Verwaltungsbehörde im Nachhinein nach § 1316 die Ehe aufheben (*Otte* JuS 00, 148).

7 **3. Ehescheidung.** Die rechtskräftige Ehescheidung führt zum Verlust des Ehegattenerbrechts (Abele/*Klinger* NJW-Spezial 05, 157). Nach § 1933 entfällt das Ehegattenerbrecht schon vor Abschluss des Scheidungsverfahrens, wenn bereits ein rechtshängiger Scheidungsantrag vorlag oder der Erblasser dem Scheidungsantrag des anderen schon vor dem Familiengericht zugestimmt hatte. IÜ kann der Erblasser der Scheidung bereits vor Rechtshängigkeit, wie zB im Prozesskostenhilfeprüfungsverfahren, zustimmen, auch wenn die erbrechtlichen und prozessualen Wirkungen dieser Erklärung erst später eintreten (Zweibr NJW 95, 601).

8 Einem eigenen Scheidungsantrag steht die Erklärung, man schließe sich dem Scheidungsantrag der anderen Partei an, gleich (Zweibr NJW 95, 601). IÜ kann auch ein nicht wirksam gewordener eigener Scheidungsantrag als Minus die Zustimmungserklärung enthalten (AnwK-BGB/*Kroiß* § 1931 Rz 5).

9 Der verschollene und für tot erklärte Ehegatte wird hinsichtlich seines gesetzlichen Erbrechts so behandelt, als wäre die Ehe rechtskräftig geschieden. Geht der überlebende Ehegatte eine neue Ehe ein, wird die frühere Ehe mit Schließung der neuen Ehe aufgelöst; ein gesetzliches Ehegattenerbrecht für den früheren Ehegatten besteht nicht mehr (DGE/*Hausmann* § 1931 Rz 7).

10 Die Beweislast dafür, dass im Zeitpunkt des Erbfalls die Scheidungsvoraussetzungen vorgelegen haben, trägt derjenige, der sich auf den Wegfall des Ehegattenerbrechts beruft (BGH NJW 95, 1982).

11 **II. Überleben.** Der Ehegatte ist nur dann gesetzlicher Erbe, wenn er den Erbfall des Erblassers erlebt. Sterben die Ehegatten gleichzeitig oder wird dies nach § 11 VerschG vermutet, entsteht kein Ehegattenerbrecht und kein Zugewinnanspruch (BGH NJW 78, 1855). Derjenige, der sich auf das Überleben eines Ehegatten beruft, trägt hierfür die Beweislast (Staud/*Werner* § 1931 Rz 15).

12 **III. Allgemeine Ausschlussgründe.** Eine Erbberechtigung des überlebenden Ehegatten entfällt, wenn er enterbt wurde, auf sein Erbrecht verzichtet hat oder durch Urt für erbunwürdig erklärt wurde.

13 **C. Ausschluss des Ehegattenerbrechts.** Durch die Aufhebung der Ehe mit dem Erblassers geht das gesetzliche Erbrecht einschl des Pflichtteilsrechts und das Recht auf den Voraus unter (Abele/*Klinger* NJW-Spezial 05, 157), weil das Bestehen der Ehe gesetzl Voraussetzung der §§ 1931, 2303, 1932 ist.

14 Die Ehe kann nur durch ein rechtskräftiges Aufhebungsurteil aufgrund eines Antrags eines dazu Berechtigten nach § 1316 mit Wirkung ex nunc aufgelöst werden. Der überlebende Ehegatte behält, auch bei einer aufhebbaren Ehe, sein gesetzliches Erbrecht, wenn der Antrag bis zum Eintritt des Erbfalls nicht gestellt wurde. Wusste der Ehegatte bereits bei Eheschließung, dass seine Ehe wegen Geschäftsunfähigkeit, Doppelehe, Verwandtschaft, Formverstoß oder Geistesstörung aufgehoben werden kann, ist das gesetzliche Ehegattenerbrecht nach § 1318 V versagt, da er nicht besser gestellt sein soll, als er stünde, wenn noch zu Lebzeiten des Erblassers der Aufhebungsantrag gestellt worden wäre (Palandt/*Edenhofer* § 1931 Rz 3).

15 § 1931 kann, wegen seiner Verknüpfung mit dem ehelichen Güterrecht und der sich daraus ergebenden Notwendigkeit des förmlichen Bestehens einer Ehe, auf die nichteheliche Lebensgemeinschaft nicht entspr angewendet werden (Saarbr NJW 79, 2050).

16 **D. Höhe des Ehegattenerbteils.** Der Erbanteil des Ehegatten beträgt bei bestehender Ehe mindestens ein Viertel. Die genaue Höhe ist nicht nur abhängig von der Nähe konkurrierender Verwandter des Erblassers, sondern auch vom Güterstand der Ehegatten zum Zeitpunkt des Todes (Celle FamRZ 03, 560).

17 **I. Verhältnis zu den Verwandten.** Neben Verwandten der **ersten Ordnung** erbt der Ehegatte ¼, I 1. Dieses Viertel erhöht sich im gesetzlichen Güterstand auf ½. In Erbfällen mit nichtehelichen Kindern vor dem 1.4.98 wurde die Witwe Alleinerbin, hatte aber die Erbersatzansprüche dieser Kinder nach § 1934a aF zu erfüllen.

18 Neben Verwandten der **zweiten Ordnung** erbt der Ehegatte die Hälfte des Nachlasses. Bei bestehender Zugewinngemeinschaft erhöht sich der gesetzliche Erbteil um ¼ auf ¾. Dies gilt auch dann, wenn beide Eltern des Erblassers bereits verstorben sind und nur ein Elternteil Abkömmlinge als Erben 2. Ordnung hinterlässt (BGH NJW 03, 1796), da ein Eintrittsrecht des Ehegatten in den Erbteil des weggefallenen Elternteils nicht möglich ist. Vor dem 1.4.98 war der nichteheliche Vater neben dem Ehegatten seines verstorbenen Kindes beschränkt auf den Erbersatzanspruch nach § 1934a III aF.

Neben Verwandten der **dritten Ordnung** erhält der Ehegatte ebenfalls die Hälfte, erhöht um ein Viertel bei **19** Zugewinngemeinschaft. Die Großeltern erben, wenn noch beide Paare leben, jeweils $1/_8$, bei Zugewinngemeinschaft jeweils $1/_{16}$. Ist ein Großelternteil vorverstorben, leben aber dessen Abkömmlinge noch, erhielten diese nach § 1926 III 1 das freigewordene Achtel. Nach I 2 fällt es aber dem Ehegatten zu. Verstirbt ein Großelternpaar ohne Abkömmlinge zu hinterlassen, erben nach § 1926 IV die anderen Großeltern alleine (MüKo/*Leipold* § 1931 Rz 24). Leben keine Großeltern mehr, erbt der Ehegatte nach II alleine, da andere Verwandte der dritten Ordnung nicht mehr zum Zuge kommen. Der Ehegatte geht nur dem Abkömmling der Großeltern, nicht aber den Großeltern selbst vor. In Erbfällen vor dem 1.4.98 waren die väterlichen Großeltern eines nichtehelichen Kindes ebenfalls auf einen Erbersatzanspruch beschränkt. Beim Wegfall einzelner Großeltern kommt es darauf an, wem ihr Anteil zufallen würde. Wären dagegen nach § 1926 III, IV an ihrer Stelle ihre Abkömmlinge berufen, werden diese vom Ehegatten verdrängt, II.

II. Verhältnis zum Güterstand. Der Güterstand hat maßgeblich Einfluss auf die quotenmäßige Beteiligung **20** des Ehegatten am Nachlass. Im gesetzlichen Güterstand erhöht sich der Zugewinn nach III erbrechtlich pauschal um ¼; bei der Gütertrennung wird durch IV gewährleistet, dass der überlebende Elternteil keinen geringeren Erbteil erhält als ein Kind des Erblassers. Die Gütergemeinschaft ist der einzige Güterstand, bei dem sich der Erbteil des Ehegatten ausschl nach I u II bestimmt.

1. Zugewinngemeinschaft. Lebten die Ehegatten im Güterstand der Zugewinngemeinschaft und wird die Ehe **21** durch den Tod eines Ehegatten aufgelöst, erfolgt erbrechtlich ein pauschalierter Zugewinnausgleich, und zwar unabhängig davon, ob der überlebende Ehegatte tatsächlich in der Ehe einen Zugewinn erwirtschaftet hat. Im Falle der gesetzlichen Erbfolge wird der Erbteil des Ehegatten um ein Viertel erhöht; er erhält daher neben Kindern ½ und neben Eltern und Großeltern ¾. Da es sich hierbei um einen einheitlichen Erbteil handelt, kann er das zusätzliche Viertel nach § 1950 nicht ausschlagen. Die Testierfreiheit des Erblassers ist durch § 1931 III iVm § 1371 I nicht eingeschränkt, da der Erblasser die Erhöhung des Erbteils durch eine Verfügung von Todes wegen verhindern kann. Dann wird der überlebende Ehegatte gewillkürter Erbe, der, wenn er die Erbschaft ausschlägt, neben dem Zugewinnausgleich nach § 1371 II auch den kleinen Pflichtteil, § 1371 III, verlangen kann (Soergel/*Stein* § 1931 Rz 27). Str ist, wie die Berechnung des Ehegattenerbteils vorzunehmen ist, wenn Abkömmlinge neben den Großeltern **22** vorhanden sind, deren Erbteil der überlebende Ehegatte verdrängt: Entweder ist bei der Berechnung des Ehegattenerbteils von der um ein Viertel erhöhten Hälfte des § 1931 I 1 auszugehen oder der Ehegatte bekäme ohne Berücksichtigung des § 1371 nach § 1931 I 2 bereits ¾ der Erbschaft bekäme, die ihn nach der Erhöhung durch den pauschalierten Zugewinnausgleich zum Alleinerben macht. Da der Gesetzgeber keinen vollständigen Ausschluss der Verwandten wollte, sollen ihnen stets Restanteile von mindestens $1/_{16}$ verbleiben (MüKo/*Leipold* § 1931 Rz 29). Daher wird den Großeltern und deren Abkömmlingen zunächst ¼ zugemessen und sodann die auf die Abkömmlinge entfallenden Anteile dem Ehegatten zugeschlagen (Soergel/*Stein* § 1931 Rz 23 mwN). So bekommt der Ehegatte neben einem Großelternpaar und einem Abkömmling des Paares, $3/_4 + 1/_8 = 7/_8$ des Nachlasses und die Großeltern je $1/_{16}$ (*v Olshausen* FamRZ 81, 633).
Der Normenwiderspruch zwischen deutschem Güterrecht und ausländischem Erbrecht bei einem ausländi- **23** schen Erblasser ist so zu lösen, dass für den Zugewinnausgleich stets das Güterrechtsstatut maßgebend ist, wohingegen die Erbquote nach dem Erbstatut zu bestimmen ist (Palandt/*Edenhofer* § 1931 Rz 9). Wird der Erblasser gem Art 25 EGBGB nach ausländischem Erbstatut beerbt und ist diesem der erbrechtliche Ausgleich fremd, ist str, ob in diesem Fall nur ein Ausgleich nach § 1371 II möglich ist (so Stuttgart FGPrax 05, 168) oder die Erbquote durch Anpassung auszugleichen ist (LG Mosbach ZEV 98, 489).

2. Gütertrennung. Der durch das NEhelG eingeführte IV stellt den Ehegatten besser und verhindert, dass **24** sein Erbteil geringer ist als der eines Kindes des Erblassers. Die unentgeltliche Mitarbeit des Ehegatten zum Vermögenserwerb des Erblassers wird honoriert und ein Ausgleich dafür geschaffen, dass nach § 2057a nur den Abkömmlingen ein Ausgleichsanspruch bei besonderen Leistungen zusteht (BTDrs v/4179 5).
Der überlebende Ehegatte erbt neben einem Kind die Hälfte und neben zwei Kindern, sofern die Kinder, **25** gleich, ob eheliche, nichteheliche oder angenommene Kinder, als gesetzliche Erben berufen sind ein Drittel. Ist ein Kind vorverstorben, treten dessen Abkömmlinge an seine Stelle, die aufgrund der Verweisung auf § 1924 III zusammen und zu gleichen Teilen dessen Nachlassanteil erben (MüKo/*Leipold* § 1931 Rz 35).
Greift IV nicht ein, weil die Ehegatten mehr als zwei Kinder hatten, bestimmt sich der Ehegattenerbteil auch **26** bei Gütertrennung nach I und 2 mit der Folge, dass der Ehegatte auf jeden Fall ¼ des Nachlasses erhält.
Mangels einer dem § 1371 IV entsprechenden Regelung haben einseitige Abkömmlinge des Erblassers keinen **27** Ausbildungsanspruch gegen den überlebenden Ehegatten (*Braga* FamRZ 72, 105). Gegen eine analoge Anwendung des § 1371 IV spricht in erster Linie die hohe Erbquote (MüKo/*Leipold* § 1931 Rz 36).

3. Gütergemeinschaft. Lebten die Ehegatten zur Zeit des Erbfalls in Gütergemeinschaft, finden nur I und 2 **28** des § 1931 Anwendung. Zum Nachlass gehört nicht nur das Sondergut, § 1417, sondern auch das Vorbehaltsgut des § 1418 sowie der Gesamthandsanteil des Erblassers am Gesamtgut, § 1482 1. Unabhängig von seiner Beteiligung am Nachlass des Erblassers steht dem überlebenden Ehegatten schon nach den güterrechtlichen Regeln als Gesamthänder die Hälfte des Gesamthandsgutes zu, §§ 1416, 1419 (Erman/*Schlüter* § 1931 Rz 45).

§ 1932 Voraus des Ehegatten. (1) ¹Ist der überlebende Ehegatte neben Verwandten der zweiten Ordnung oder neben Großeltern gesetzlicher Erbe, so gebühren ihm außer dem Erbteil die zum ehelichen Haushalt gehörenden Gegenstände, soweit sie nicht Zubehör eines Grundstücks sind, und die Hochzeitsgeschenke als Voraus. ²Ist der überlebende Ehegatte neben Verwandten der ersten Ordnung gesetzlicher Erbe, so gebühren ihm diese Gegenstände, soweit er sie zur Führung eines angemessenen Haushalts benötigt.
(2) Auf den Voraus sind die für Vermächtnisse geltenden Vorschriften anzuwenden.

1 **A. Allgemeines.** Nach dem Willen des Gesetzgebers soll der überlebende Ehegatte diejenigen Gegenstände behalten dürfen, die bislang den äußeren Rahmen der ehelichen Lebensgemeinschaft gebildet haben (*Eigel* MittRhNotK 83, 1). Allerdings kann der Erblasser seinem Ehegatten, anders als den Pflichtteil, den Voraus entziehen (Palandt/*Edenhofer* § 1932 Rz 2). Der Anspruch des Voraus ist nach § 2345 anfechtbar (Erman/*Schlüter* § 1932 Rz 15). Die Durchsetzung des Voraus erfolgt nicht vor dem Nachlassgericht, sondern vor dem Prozessgericht (Damrau/*Tanck* § 1932 Rz 25).

2 In diesem Zusammenhang steht auch ein Eintrittsrecht zugunsten des Überlebenden hinsichtlich der gemieteten Ehewohnung nach §§ 563 ff.

3 Nach § 10 I 2 LPartG hat der eingetragene Lebenspartner einen Anspruch auf den Voraus (*Kerscher/Tanck/Krug* § 35 Rz 85 ff), der aber nur dann realisiert werden kann, wenn der überlebende Partner gesetzlicher Erbe wird. Dies ergibt sich nicht nur aus dem Wortlaut der Vorschrift „zusätzlich zum gesetzlichen Erbrecht", sondern auch aus der Gesetzesbegründung (BTDrs 14/3751 40).

4 **B. Der Voraus.** Der überlebende Ehegatte erhält, unabhängig vom Güterstand, zusätzlich zu seinem gesetzlichen Erbteil den sog Voraus, sofern er mit dem Erblasser einen gemeinsamen Haushalt geführt hat (Dresd SeuffA 77, 148), um dem Berechtigten die Fortsetzung des Haushalts mit dem bisherigen Hausrat zu ermöglichen (Erman/*Schlüter* § 1932 Rz 2).

5 **C. Rechtsnatur.** Der Voraus ist ein gesetzliches Vorausvermächtnis, das dem überlebenden Ehegatten ein Forderungsrecht ggü der Erbengemeinschaft auf Übertragung des Eigentums an den zum Voraus gehörenden Gegenständen einräumt, § 2174, das durch besonderes Leistungsvollzugsgeschäft unter Lebenden zu erfüllen ist (Erman/*Schlüter* § 1932 Rz 14). Hinsichtlich der Eigentumsübertragung gelten die allgemeinen sachenrechtlichen Vorschriften, wonach das Eigentum durch Einigung und Übergabe übertragen wird. Befinden sich die Gegenstände bereits im Besitz des Anspruchsberechtigten, ist die Übergabe entbehrlich.

6 Der Anspruch aus § 1932 ist als Nachlassverbindlichkeit iSd § 1967 II zu behandeln und nach § 2046 vorab zu befriedigen, es sei denn, der Nachlass ist unzureichend oder das Nachlassinsolvenzverfahren ist eröffnet: Dann ist der Anspruch erst nach den sonstigen Verbindlichkeiten zu erfüllen, §§ 1991 IV, 327 I Nr 2 InsO.

7 **D. Voraussetzungen.** Der Anspruch auf den Voraus besteht nur bei endgültiger gesetzlicher Erbfolge; ein testamentarischer Erbe hat keinen Anspruch auf den Voraus (BGH NJW 83, 2874). Entspr gilt, wenn der überlebende Ehegatte nach den §§ 1933, 1938 von der gesetzlichen Erbfolge ausgeschlossen ist, er auf sein Erbrecht verzichtet hat, § 2346 (DGE/*Hausmann* § 1932 Rz 2), im Falle der Erbunwürdigkeit und der Ausschlagung der Erbschaft (AnwK-BGB/*Kroiß* § 1932 Rz 3), wenn die Ehe rechtskräftig geschieden oder aufgehoben ist (Erman/*Schlüter* § 1932 Rz 5). Der Voraus steht dem Ehegatten nicht zu neben Abkömmlingen von Großeltern und Verwandten entfernterer Ordnungen, da er in diesem Fall nach § 1931 II die gesamte Erbschaft erhält (Erman/*Schlüter* § 1932 Rz 8).

8 Dem überlebenden Ehegatten ist es verwehrt, die Erbschaft auszuschlagen, den Voraus aber anzunehmen. Umgekehrt kann es die Erbschaft annehmen und den Voraus ausschlagen (Palandt/*Edenhofer* § 1932 Rz 2).

9 Umstritten ist, ob der Ehegatte Anspruch auf den Voraus hat, wenn der Erblasser letztwillig verfügt und seine gesetzlichen Erben, also auch den Ehegatten, bedacht hat. Insoweit ist zunächst entspr der Auslegungsregel des § 2066 zu prüfen, ob der Erblasser seinen Ehegatten im Testament berücksichtigt hat (Soergel/*Stein* § 1932 Rz 3; aA Staud/*Werner* § 1932 Rz 11). Ist dies zu bejahen, hat der Ehegatte aufgrund seiner Stellung als testamentarischer Erbe keinen Anspruch auf den Voraus (DGE/*Hausmann* § 1932 Rz 2). Zweifelhaft ist auch, ob der Ehegatte den gewillkürt erlangten Erbteil nach § 1948 ausschlagen kann, um dadurch den gesetzlichen Erbteil nebst Voraus zu erlangen (so Erman/*Schlüter* § 1932 Rz 7).

10 **E. Umfang.** Der Umfang des Voraus bestimmt sich danach, zu welcher Ordnung die mit dem Ehegatten zur gesetzlichen Erbfolge Berufenen gehören: Neben Verwandten der zweiten Ordnung und Großeltern des Erblassers gebührt dem Ehegatten der gesamte Voraus, dh sämtliche zum Haushalt gehörenden Gegenstände einschl der Hochzeitsgeschenke, § 1932 I 1. Eingeschränkt ist der Voraus nach § 1932 I 2 dann, wenn der Ehegatte neben Abkömmlingen der ersten Ordnung zur Erbfolge berufen ist, weil er dann nur Anspruch auf die *Haushaltsgegenstände* hat, soweit sie zur angemessenen Haushaltsführung erforderlich sind, wobei für die Beurteilung der Erforderlichkeit der Zeitpunkt des Erbfalls maßgebend ist (*Ripfel* BWNotZ 65, 268). Dies gilt unabhängig davon, ob der überlebende Ehegatte bereits über eine ausreichende Anzahl dieser Gegenstände verfügt oder ob ihm die Beschaffung aus eigenen Mitteln zugemutet werden kann (Soergel/*Stein* § 1932 Rz 9

aA; RGRK/*Steffen* § 1932 Rz 8). Zu berücksichtigten ist neben einer Reduzierung des Haushalts wegen geringeren Bedarfs (MüKo/*Leipold* § 1932 Rz 14) auch die bisherige Lebenshaltung; sinkt sie mit dem Tod des Erblassers für die ganze Familie, so ist dies mit einzubeziehen (Erman/*Schlüter* § 1932 Rz 12).

Darüber hinaus ist der Voraus davon abhängig, ob die Ehegatten zuletzt einen gemeinsamen Haushalt geführt haben. Lebten die Ehegatten getrennt, ist str, ob die noch verbliebenen Gegenstände des früheren Haushalts gefordert werden können. Wird dies bejaht, können die Gegenstände gem § 2169 III mit § 1932 II als Surrogat gefordert werden (DGE/*Hausmann* § 1932 Rz 4; aA Soergel/*Stein* § 1932 Rz 5). 11

Haushaltsgegenstände sind diejenigen Sachen und Rechte, die dem Erblasser gehören und dem gemeinsamen Haushalt gedient haben (Palandt/*Edenhofer* § 1932 Rz 4), mithin also auch Rechte aus Abzahlungsgeschäften für Möbel, Wäsche, Schadensersatzansprüche aus der Zerstörung von Haushaltsgegenständen, kostbare Teppiche, Gemälde, übliche Büchereien und solche allgemein belehrenden Inhalts, nicht aber, was den besonderen beruflichen, wissenschaftlichen, künstlerischen Interessen und dem persönlichen Gebrauch des einzelnen Ehegatten diente, wie Schmuck und Kleider (Erman/*Schlüter* § 1932 Rz 10). 12

Hinsichtlich der Hochzeitsgeschenke, die im Zweifel Eigentum beider Ehegatten sind, hat der überlebende Ehegatte Anspruch auf die ideelle Eigentumshälfte (*Bamberger/Roth/Müller-Christmann* § 1932 Rz 9). 13

F. Berechnung des Pflichtteils. Die zum Voraus gehörenden Nachlassgegenstände sind zum Aktivvermögen des Nachlasses hinzuzurechnen (RGRK/*Steffen* § 2311 Rz 11). 14

Umgekehrt ist bei der Berechnung des Pflichtteilsanspruchs eines Abkömmlings und der Eltern des Erblassers der Wert der zum Voraus gehörenden Gegenstände vom Nachlass in Abzug zu bringen, wenn der überlebende Ehegatte gesetzlicher Erbe geworden ist (BGH NJW 83, 2874). 15

§ 1933 Ausschluss des Ehegattenerbrechts. ¹Das Erbrecht des überlebenden Ehegatten sowie das Recht auf den Voraus ist ausgeschlossen, wenn zur Zeit des Todes des Erblassers die Voraussetzungen für die Scheidung der Ehe gegeben waren und der Erblasser die Scheidung beantragt oder ihr zugestimmt hatte. ²Das Gleiche gilt, wenn der Erblasser berechtigt war, die Aufhebung der Ehe zu beantragen, und den Antrag gestellt hatte. ³In diesen Fällen ist der Ehegatte nach Maßgabe der §§ 1569 bis 1586b unterhaltsberechtigt.

A. Allgemeines. Das gesetzliche Ehegattenerbrecht ist ausgeschlossen, wenn in einem rechtshängigen Scheidungsverfahren wegen des Todes eines Ehegatten kein Urt ergehen kann. Insoweit wird der begründete Ehescheidungsantrag der rechtskräftigen Eheauflösung durch Richterspruch gleichgesetzt (Soergel/*Stein* § 1933 Rz 3). 1

B. Erbrechtsausschluss. Der Überlebende soll, wenn die Ehe zerrüttet ist, die Scheidungsvoraussetzungen vorliegen und der Erblasser die Ehescheidung beantragt, nicht durch den Ehegattenerbteil begünstigt werden. 2

Hatte dagegen der überlebende Ehegatte den Scheidungsantrag gestellt und liegt der Zeitpunkt des Todes des Erblassers vor der Beendigung des Ehescheidungsverfahrens, bleibt das Ehegattenerbrecht des überlebenden Ehegatten unverändert bestehen (DGE/*Hausmann* § 1933 Rz 1). Der Scheidungsunwillige kann das gesetzliche Erbrecht seines die Ehescheidung betreibenden Ehegatten nur durch eine Verfügung von Todes wegen verhindern und ihm unter den Voraussetzungen des § 2335 den Pflichtteil entziehen (*Reimann* ZEV 95, 329). Allerdings werden hiergegen Bedenken aus Art 3 u 6 GG erhoben, die bisher weder vom BGH noch vom BVerfG geklärt wurden (*Bengel* ZEV 94, 360). 3

Wollen beide Ehegatten nicht mehr an der Ehe festhalten, entfällt auch die Rechtfertigung ihrer Erbberechtigung, da insoweit die Ehescheidung sicher voraussehbar ist (Frankf OLGZ 90, 215). Lagen die Scheidungsvoraussetzungen vor, erbt der überlebende Ehegatte nicht. Insoweit bestehen keine verfassungsrechtlichen Bedenken gegen den gegenseitigen Erbrechtsausschluss (BVerfG FamRZ 95, 536; *Zopf* ZEV 95, 309). 4

C. Formelle Voraussetzungen. Der Erblasser muss vor dem Tod die Ehescheidung bzw -aufhebung beantragt haben, dh die Klage- bzw Antragschrift muss dem Erblasser vor seinem Tod zugestellt sein (hM BGH NJW 95, 51; aA Soergel/*Stein* § 1933 Rz 4). Die außergerichtliche Erklärung des Erblassers, er werde dem Ehescheidungsantrag nicht entgegentreten, reicht ebenso wenig (Zweibr FamRZ 90, 59) wie das bloße Einreichen der Klage-/Antragschrift bei Gericht, wodurch das Verfahren anhängig wird. Wesentliche, aber heilbare Mängel der Klage schaden nicht (KG HRR 42, Nr 478). Unschädlich ist auch, wenn ein örtlich unzuständiges Familiengericht angerufen wurde, weil der Wille zur Beendigung der Ehe auch in diesem Fall hinreichend zum Ausdruck gekommen ist (Staud/*Werner* § 1933 Rz 5). 5

Aufgrund der Zweifel an der Zweckmäßigkeit der Vorschrift ist sie eng auszulegen (BGH NJW 90, 2382). 6

Die gleichen Rechtswirkungen treten ein, wenn der überlebende Ehegatte den Antrag gestellt und der Erblasser der beabsichtigten Beendigung der Ehe zugestimmt hat. Die Zustimmung ist Prozesshandlung und muss im Verfahren durch einen Anwalt des Antragsgegners oder durch ihn selbst erklärt werden, indem er sie zu Protokoll der Geschäftsstelle oder in der mündlichen Verhandlung zur Niederschrift des Gerichts erklärt (BayObLG FamRZ 96, 66). Die Zustimmungserklärung kann auch iRd Prozesskostenhilfeverfahrens vor Rechtshängigkeit eines Scheidungsantrags erklärt werden; sie wird aber erst mit der Zustellung des Schei- 7 dungsantrags beim anderen Ehegatten wirksam (Zweibr NJW 95, 601). Die Abgabe der Erklärung im Schriftsatz des bevollmächtigten Anwalts genügt den formalen Anordnungen (Frankf NJW-RR 90, 136). Nicht erforderlich ist, dass der Ausdruck „Zustimmung" verwendet wird (Köln ZEV 03, 326); diese kann vielmehr durch Auslegung der abgegebenen Erklärung festzustellen sein (Saarbr FamRZ 92, 109). Der **Widerruf** ist bis zum Schluss der mündlichen Verhandlung möglich und lässt die Wirkung entfallen (Palandt/*Edenhofer* § 1933 Rz 4).

8   Das Nichtbetreiben einer Ehescheidungsklage über einen Zeitraum von 26 Jahren ist wie eine Klagerücknahme zu behandeln (Ddorf FamRZ 91, 1107), führt aber als solches nicht zur Beseitigung der Rechtshängigkeit (BGH NJW-RR 93, 898).

9   In Bezug auf die Rechtshängigkeit gelten die allgemeinen prozessualen Regeln, wobei aber eine analoge Anwendung des § 167 ZPO ausscheidet, dh eine Rückwirkung auf den Zeitpunkt der Einreichung des Ehescheidungsantrags bei Gericht kommt nicht in Betracht (BayObLG FamRZ 90, 666; BGHZ 111, 329). Infolgedessen genügt es für den Ausschluss des Ehegattenerbrechts nicht, wenn die Zustellung des Ehescheidungsantrags des überlebenden Ehegatten „alsbald" nach dem Tod des Erblassers erfolgt, weil es bei der aufgrund der Zustellung des Ehescheidungsantrags eintretenden Rechtshängigkeit weder um eine Fristwahrung zur Erhaltung eines Rechts noch um die Verjährungsunterbrechung geht (BayObLG NJW-RR 90, 517).

10 Mit der Rücknahme des Ehescheidungsantrags oder der Aufhebungsklage entfallen die Rechtswirkungen des § 1933 (BGH FamRZ 74, 649 f). Dies gilt nicht, wenn im Zeitpunkt des Todes des Erblassers noch kein rechtskräftiges Urt vorliegt, weil der Erblasser zB ein Rechtsmittel eingelegt hat. Ob dies auch gilt, wenn der Erblasser nur aufgrund seines Ablebens kein Rechtsmittel mehr einlegen konnte, ist umstr. Teilweise wird dieser Fall gleichbehandelt, als habe er noch Rechtsmittel eingelegt (MüKo/*Leipold* § 1933 Rz 9).

11 **D. Materielle Voraussetzungen.** Die Rechtswirkungen des § 1933 treten nur ein, wenn die Ehe auf Antrag des Erblassers geschieden bzw aufgehoben worden wäre, wäre nicht zwischenzeitlich sein Tod eingetreten (Staud/*Werner* § 1933 Rz 10). Infolgedessen müssen die allgemeinen Voraussetzungen für eine Eheaufhebung, §§ 1313 ff bzw eine Ehescheidung, §§ 1565 ff, bezogen auf den Zeitpunkt des Erbfalls, vorliegen (Frankf FamRZ 02, 1511), dh die Ehe muss gescheitert sein, § 1565 I oder ihr Scheitern unwiderleglich vermutet werden, § 1566, das Trennungsjahr abgelaufen sein, § 1565 II, und es dürfen die Voraussetzungen der Härteklausel des § 1568 nicht vorliegen (Erman/*Schlüter* § 1933 Rz 3). Lebten die Eheleute im Zeitpunkt des Todes noch kein Jahr getrennt, ist entscheidend, ob dem Erblasser zumutbar war, das Trennungsjahr abzuwarten. Dies ist zu verneinen, wenn der andere Ehegatte seinen eigenen Scheidungsantrag in Kenntnis einer tödlichen Erkrankung zurückgenommen hat (Kobl FamRZ 07, 590 = ZFE 07, 357). Das Scheitern der Ehe kann nicht festgestellt werden, wenn bei beiden Ehegatten die Bereitschaft zu einem Versöhnungsversuch besteht (BGH NJW 95, 1082). Leben die Ehegatten getrennt, kommt es darauf an, ob sie die eheliche Lebensgemeinschaft ablehnen (BayObLG Rpfleger 87, 358). Kann ein Scheitern der Ehe festgestellt werden, unterbleibt aber wegen der gleichzeitig im Verbund zu entscheidenden Folgesachen der Scheidungsausspruch, kommt es nicht darauf an, dass die Trennung noch keine 3 Jahre dauerte (LG Freiburg NJW-RR 05, 448). Voraussetzung für die Feststellung des Scheiterns der Ehe ist trotz Ablauf der Jahresfrist, dass eine Wiederherstellung der ehelichen Lebensgemeinschaft nicht erwartet werden kann (BGH ErbR 08, 371). Der dauerhafte Verlust des Bewusstseins bei zB im Wachkoma liegenden Ehegatten kann nicht ohne weiteres mit dem Trennungszeitpunkt gleichgesetzt werden, solange keine Anhaltspunkte beim Betroffenen vorliegen, dass er an der Ehe nicht mehr festhalten will (Frankf NJW 02, 3033; nach BGH NJW 89, 1988 ist aber das völlige Fehlen des Bewusstseins, in einer Ehe zu leben, dem Trennungswillen gleichzusetzen; allerdings komme es bei einer schweren geistigen Beeinträchtigung, die das Fortbestehen der ehelichen Gesinnung nicht ausschließt, nicht auf die Geschäftsfähigkeit, sondern auf den natürlichen Willen des Betroffenen an). Haben zur Zeit des Erbfalls die Scheidungsvoraussetzungen nicht vollständig vorliegen, verbleibt dem anderen Ehegatten sein Erbrecht (BGH NJW-Spezial 08, 679).

12 Im Falle einer einvernehmlichen Scheidung müssen zudem die Voraussetzungen des § 630 I Nr 2 ZPO vorliegen (Schlesw NJW 93, 1082). Beim Aufhebungsantrag ist mindestens das Vorliegen einer der Aufhebungsgründe des § 1314 erforderlich (Erman/*Schlüter* § 1933 Rz 3).

13 Somit ist das Scheitern der Ehe zum Zeitpunkt des Erbfalls entspr den subjektiven Vorstellungen der Ehegatten hinsichtlich ihrer konkreten Lebensgemeinschaft festzustellen (BGH NJW 95, 108).

14 Im Erbscheinsverfahren sind die Voraussetzungen des § 1933 vom Nachlassgericht vAw zu prüfen (BayObLG FamRZ 83, 96) bzw von den Erben im streitigen Verfahren, welches keine Ehesache ist, vor dem Prozessgericht geltend zu machen, wobei an den Nachweis des Scheiterns der Ehe hohe Anforderungen zu stellen sind (Palandt/*Edenhofer* § 1933 Rz 7, aA MüKo/*Leipold* § 1933 Rz 8).

15 Die **Beweislast** für das Vorliegen der Tatbestandsvoraussetzungen trägt derjenige, der den Fortfall des Ehegatten-Erbrechts bzw des Voraus behauptet (BGHZ 99, 304). IdR sind das die das Ehegattenerbrecht bestreitenden Verwandten. *Sie haben nicht nur darzulegen und ggf zu beweisen, dass der Erblasser die Scheidung beantragt oder ihr in der erforderlichen Form zugestimmt hat, sondern auch, dass die materiell-rechtlichen Bedingungen der Begründetheit des Scheidungsantrages/der Aufhebungsklage vorlagen, dh dass im Zeitpunkt des Erbfalls keine Versöhnungsbereitschaft der Ehegatten bestand (BGH NJW 95 1082). Problematisch

kann der Nachweis des Scheiterns der Ehe sein, wenn es nicht gelingt, die Tatsachen der Vermutungsregel des § 1566 zu belegen (BayObLG Rpfleger 87, 358). Hat nur der Verstorbene die Scheidung begehrt und der überlebende Ehegatte ihr nicht zugestimmt, sind an den Beweis der Zerrüttung strenge Anforderungen zu stellen (Baumgärtel/*Strieder* § 1933 Rz 1; aA MüKo/*Leipold* § 1933 Rz 8). Dagegen hat der Ehegatte das Eingreifen der Härteklausel des § 1568 zu beweisen (Staud/*Werner* § 1933 Rz 16).

E. Rechtsfolgen. Liegen die Voraussetzungen des § 1933 vor, hat der überlebende Ehegatte sein aus § 1931 **16** resultierendes gesetzliches Erbrecht ebenso verloren wie sein Recht auf den Voraus. Entspr gilt nach § 6 II Nr 2 HöfeO für die gesetzliche Hoferbfolge (Erman/*Schlüter* § 1933 Rz 5). Im übrigen entfällt sein Pflichtteilsrecht, weil er infolge der fiktiven rechtskräftigen Scheidung nicht mehr von der gesetzlichen Erbfolge ausgeschlossen werden konnte, § 2303 II 1. Lebten die Ehegatten im gesetzlichen Güterstand entfällt der erbrechtliche Ausgleich gem § 1931 III iVm § 1371 I mit der Folge, dass der überlebende Ehegatte nur noch auf die güterrechtliche Lösung verwiesen werden kann (BGHZ 46, 343). Maßgebender Zeitpunkt ist der Zeitpunkt der Rechtshängigkeit des Scheidungs- bzw Eheaufhebungsantrags (BGHZ 99, 304).
Den Erben steht ggü dem güterrechtlichen Ausgleichsanspruch des überlebenden Ehegatten nur bei grober **17** Unbilligkeit gem § 1381 das Recht zur Erfüllungsverweigerung zu. Nach der Maßgabe der §§ 1569–1586b verbleibt dem Ehegatten ein Unterhaltsanspruch (*Dieckmann* NJW 80, 2777; aA *Grziwotz* FamRZ 91, 1258), um diesen bei der Beendigung der Ehe durch den Tod des anderen nicht schlechter zu stellen, als er bei einer rechtskräftigen Scheidung stünde. Der Unterhaltsanspruch ist der Höhe nach begrenzt durch den güterstandsunabhängigen: Hatte der überlebende Ehegatte auf den Pflichtteil verzichtet oder wurde er ihm entzogen, entfällt sein Unterhaltsanspruch. Liegt dagegen nur ein Verzicht auf den Erb- nicht aber auch auf den Pflichtteil vor, ist anzunehmen, dass der Pflichtteilsvorbehalt auch zur Erhaltung des „fiktiven" Pflichtteils iSd § 1586b I 3 führt mit der Folge, dass der Unterhaltsanspruch in den Grenzen des § 1586b II besteht (Soergel/*Stein* § 1933 Rz 13; vgl. hierzu auch LG Ravensburg FamRZ 08, 1289 = ZEV 08, 598).
Bei rechtskräftiger Scheidung/Eheaufhebung entfallen sowohl das Ehegattenerbrecht als auch der Voraus, da **18** die Voraussetzungen des §§ 1931, 1932 nicht mehr vorliegen. § 1933 ist unanwendbar. Wurde die abweisende Entscheidung nicht rechtskräftig und starb der Erblasser, bevor er ein ihm zustehendes Rechtsmittel einlegen konnte (Frankf FamRZ 81, 192), wirkt die Antragstellung/Klageerhebung prozessrechtlich fort (Soergel/*Stein* § 1933 Rz 5; aA Staud/*Werner* § 1933 Rz 6).
Der Erblasser kann die Rechtsfolgen des § 1933 durch Verfügung von Todes wegen abwenden. Hatte er aber **19** den Ehegatten als Erben eingesetzt und ist die Verfügung wegen §§ 2077 I, III, 2268 I, 2279 unwirksam, bleibt dem überlebenden Ehegatten eine Beteiligung iRd nunmehr eintretenden gesetzlichen Ehegattenerbrechts versagt (Soergel/*Stein* § 1933 Rz 14).
Diese zwischen den Ehegatten getroffenen erbrechtlichen Dispositionen wirken sich auf das Mietverhältnis **20** und das Eintrittsrecht des überlebenden Ehegatten an der Ehewohnung, §§ 563 f, nicht aus.
Da die Ehe zum Zeitpunkt des Erbfalls noch nicht aufgelöst war, stehen dem überlebenden Ehegatten in **21** jedem Fall Ansprüche aus dem Versorgungsausgleich zu (Palandt/*Edenhofer* § 1933 Rz 9).

F. Eingetragene Lebenspartnerschaft. Entspr gilt nach § 10 III 1 Nr 1 LPartG, wenn zur Zeit des Todes des **22** Erblassers die Voraussetzungen für die Aufhebung der **Lebenspartnerschaft** nach § 15 II Nr 1 oder 2 LPartG vorlagen und der Erblasser die Aufhebung beantragt oder ihr zugestimmt hatte oder der Erblasser einen begründeten Antrag nach § 15 II Nr 3 LPartG wegen unzumutbarer Härte gestellt hatte (Damrau/*Seiler* § 1933 Rz 24). In den Fällen des § 10 I Nr 1 LPartG muss die in § 15 II LPartG bestimmte Frist von 12 bzw 36 Monaten abgelaufen sein (*Mayer* ZEV 01, 169). Hat nur der Erblasser die Aufhebung der eingetragenen Lebenspartnerschaft beantragt, führt dies nur zum einseitigen Ausschluss des Erbrechts mit der Folge, dass der Antragsteller den anderen Lebenspartner weiterhin beerbt (Damrau/*Seiler* § 1933 Rz 24).
Die Lebenspartner können ihre Anträge auf Aufhebung der Lebenspartnerschaft nach § 15 III LPartG bis zur **23** Aufhebung widerrufen. Dann bleibt das Erbrecht bestehen (Damrau/*Seiler* § 1933 Rz 25).
Die Aufhebung der Lebenspartnerschaft führt zum Ausschluss des gesetzlichen Erbrechts des überlebenden **24** Partners und des Voraus gem § 10 III 1 LPartG. Allerdings hat er Anspruch auf nachpartnerschaftlichen Unterhalt, § 16 LPartG, der sich gegen die Erben richtet.

§ 1934 Erbrecht des verwandten Ehegatten. ¹Gehört der überlebende Ehegatte zu den erbberechtigten Verwandten, so erbt er zugleich als Verwandter. ²Der Erbteil, der ihm auf Grund der Verwandtschaft zufällt, gilt als besonderer Erbteil.

A. Allgemeines. § 1934 ist das Pendant zu § 1927. Der Anwendungsbereich der Norm ist wegen § 1307 **1** gering. Ein Zusammentreffen von Ehegattenerbrecht und Verwandtenerbrecht nach der ersten Ordnung ist ausgeschlossen. Ab der dritten Ordnung verhindert § 1931 ein Verwandtenerbrecht von Abkömmlingen der Voreltern (Soergel/*Stein* § 1934 Rz 1).

B. Das mehrfache Erbrecht. Die Vorschrift gelangt erst zur Anwendung, wenn der überlebende Ehegatte mit **2** dem Erblasser in zweiter Ordnung verwandt war (MüKo/*Leipold* § 1934 Rz 1), dh wenn die Nichte mit dem

Onkel/Großonkel bzw der Neffe mit der Tante/Großtante (Damrau/*Seiler* § 1934 Rz 2) oder Cousin und Cousine verheiratet war. War der Erblasser die Nichte/der Neffe des Ehepartners, scheidet ein mehrfaches Erbrecht aus, da der überlebende Ehegatte (Onkel/Tante) ein Abkömmling der Großeltern des Erblassers ist und somit § 1931 I 2 zur Anwendung gelangt.

3 Eine analoge Anwendung auf die eingetragene Lebenspartner sieht das LPartG nicht vor, wird aber befürwortet (*Leipold* ZEV 01, 218).

4 **C. Auswirkungen.** Das mehrfache Erbrecht führt zu einem von § 1933 getrennt zu behandelnden Verwandten-Erbteil nach § 1925, der gesondert ausgeschlagen werden kann (AnwK-BGB/*Kroiß* § 1934 Rz 2). Der Ausschlagung des Ehegattenerbrechts steht die Geltendmachung des güterrechtlichen Zugewinnausgleichs nicht entgegen, § 1951, da § 1371 III nur die Ausschlagung des Ehegattenerbrechts betrifft.

§ 1935 Folgen der Erbteilserhöhung.
Fällt ein gesetzlicher Erbe vor oder nach dem Erbfall weg und erhöht sich infolgedessen der Erbteil eines anderen gesetzlichen Erben, so gilt der Teil, um welchen sich der Erbteil erhöht, in Ansehung der Vermächtnisse und Auflagen, mit denen dieser Erbe oder der wegfallende Erbe beschwert ist, sowie in Ansehung der Ausgleichungspflicht als besonderer Erbteil.

1 **A. Allgemeines.** Bei der gesetzlichen Erbfolge entspricht die Erbteilserhöhung der Anwachsung bei der gewillkürten Erbfolge nach § 2094 (AnwK-BGB/*Kroiß* § 1935 Rz 1).

2 Der angefallene Erbteil gilt grds als Einheit, da von § 1935 nur die Fälle erfasst sind, in denen der erhöhte Teil als besonderer Erbteil zu werten ist (AnwK-BGB/*Kroiß* § 1935 Rz 4). Bedeutsam ist dies va bei der Annahme und der Ausschlagung der Erbschaft sowie bei der Haftung für Nachlassverbindlichkeiten.

3 **B. Voraussetzungen der Erbteilserhöhung.** Voraussetzung der Erbteilserhöhung ist der Wegfall eines gesetzlichen Erben vor (MüKo/*Leipold* § 1935 Rz 2) oder nach dem Erbfall und der Erhöhung bei anderen, die bereits aus eigenem Recht zu gesetzlichen Erben berufen sind und nicht erst durch den Wegfall Erben werden (Palandt/*Edenhofer* § 1935 Rz 1).

4 Vor dem Erbfall kann der Erbanwärter durch Vorversterben, § 1923 I, Eheauflösung, § 1933, Enterbung, § 1938, oder Erbverzicht, § 2346, wegfallen.

5 Nach dem Erbfall kann der gesetzliche Erbe durch Totgeburt des Gezeugten, § 1923 II, Ausschlagung, § 1953, oder Erbunwürdigkeitserklärung, § 2344, wegfallen.

6 **C. Folgen der Erbteilserhöhung.** Die Erhöhung des Erbteils wird nur bzgl der Belastungen durch Vermächtnis, Auflagen und Ausgleichspflichten als eigener Erbteil angesehen, sofern der Erblasser damit nur den weggefallenen oder nur den verbliebenen gesetzlichen Erben beschwert hat (Jauernig/*Stürner* § 1935 Rz 1). Der Erbe muss nicht nach § 1992 vorgehen, wenn der beschwerte Erbteil durch diese Belastung überschuldet ist (Palandt/*Edenhofer* § 1935 Rz 3). Fällt der ausgleichspflichtige Abkömmling weg, erstreckt sich die Ausgleichspflicht auch auf eine an seine Stelle tretenden Abkömmling, § 2051. War dieser Abkömmling bereits erbberechtigt, greift § 1935 ein. Im Hinblick auf die Ausgleichspflicht werden die Erbteile gesondert behandelt (Damrau/*Gottwald* § 1935 Rz 8). Die Vorschrift findet keine Anwendung, wenn der weggefallene Erbe an der Ausgleichung weder aktiv noch passiv beteiligt war.

7 Hinsichtlich der Rechtsfolgen wird auf § 2095 verwiesen.

§ 1936 Gesetzliches Erbrecht des Fiskus.
(1) ¹Ist zur Zeit des Erbfalls kein Verwandter, Ehegatte oder Lebenspartner des Erblassers vorhanden, erbt das Land, in dem der Erblasser zur Zeit des Erbfalls seinen letzten Wohnsitz oder, wenn ein solcher nicht feststellbar ist, seinen gewöhnlichen Aufenthalt hatte. ² Im Übrigen erbt der Bund.

1 **A. Allgemeines.** Der Staat erbt nur bei einem Feststellungsbeschluss des Nachlassgerichts nach § 1964.

2 Es gelten die allgemeinen Regeln des privaten Erbrechts (*Kipp/Coing* § 6 I 2). Sein Erbrecht erfasst nicht nur die inländischen, sondern auch etwaige im Ausland befindliche Vermögenswerte des Erblassers, soweit nicht Art 3 III EGBGB eingreift (Palandt/*Edenhofer* § 1936 Rz 1). Bezugsrechte aus einer Kapitallebensversicherung gehen nicht auf den Fiskus über, § 160 III VVG (Soergel/*Stein* § 1936 Rz 7).

3 **B. Zweck der Regelung.** Es gilt der Vorrang des Verwandten-/Ehegattenerbrechts vor dem Erbrecht des Fiskus.

4 **C. Staatserbrecht.** Der Fiskus kann nur gesetzlicher Erbe eines deutschen Staatsangehörigen werden, unabhängig vom letzteren Wohnsitz des Erblassers. Besitzt der Erblasser neben der deutschen auch eine ausländische Staatsangehörigkeit, so geht nach Art 5 I 2 EGBGB die deutsche Rechtsstellung vor. In den Fällen der §§ 2088, 2094 I, III kann der Staat Miterbe werden, nicht aber gesetzlicher Nacherbe, § 2104 2 (Damrau/*Seiler* § 1936 Rz 4).

5 Der Staat kann weder ausschlagen noch auf sein Erbrecht verzichten, §§ 1942 II, 2346; er ist nach § 1938 von der Erbfolge ausgeschlossen, wenn ein anderer Erbe eingesetzt wird. Ihm steht der Erbschaftsanspruch nach §§ 2018 ff zu (AnwK-BGB/*Kroiß* § 1936 Rz 5).

Erbberechtigt ist dasjenige Bundesland, in dem der Erblasser zur Zeit seines Todes seine Niederlassung hatte, wobei Niederlassung weiter zu verstehen ist als der Wohnsitz (Palandt/*Edenhofer* § 1936 Rz 5). Fehlt es hieran, ist nach II der Bundesfiskus Erbe (MüKo/*Leipold* § 1936 Rz 12).   **6**

Der Fiskus haftet als gesetzlicher Erbe nicht von vornherein nur beschränkt, wenngleich er durch die Regelungen des § 2011 privilegiert und als verurteilter Erbe des Schuldners die Beschränkung der Erbenhaftung nach § 780 II ZPO geltend machen kann, ohne dass es des Vorbehalts im Urt bedürfte (Soergel/*Stein* § 1936 Rz 8). Er ist aber dennoch den Nachlassgläubigern zur Auskunft über den Bestand des Nachlasses verpflichtet. Bei pflichtwidriger Verwaltung des Nachlasses haftet der Fiskus mit seinem sonstigen Vermögen, §§ 1978–1980 (*Michalski* Rz 194).   **7**

Ausländische Staatsangehörige werden nach ihrem Heimatrecht beerbt, Art 25 EGBGB. Die Anerkennung des Staatserbrechts eines ausländischen Staates im Inland ist davon abhängig, ob das ausländische Erbrecht des Fiskus als privates Erbrecht ausgestaltet ist (Palandt/*Edenhofer* § 1936 Rz 3). Zeigt sich, dass es sich um einen öffentlich-rechtlichen Aneignungsanspruch handelt, scheidet die Geltendmachung eines derartigen Rechts außerhalb des betreffenden Staatsgebietes aus (KG OLGZ 85, 280).   **8**

Nach Art 138 EGBGB kann statt des Fiskus auch eine öffentlich-rechtliche Körperschaft erben. Art 139 EGBGB erfasst Fälle, in denen der Erblasser vom Fiskus oder einer sonstigen juristischen Person des öffentlichen Rechts Pflege- oder Unterstützungsleistungen erhalten hat (DGE/*Hausmann* § 1936 Rz 3).   **9**

§ 1937 Erbeinsetzung durch letztwillige Verfügung.
Der Erblasser kann durch einseitige Verfügung von Todes wegen (Testament, letztwillige Verfügung) den Erben bestimmen.

A. Allgemeines. Zwar ist der Grundsatz der Testierfreiheit im G nicht geregelt. Die §§ 1937–1941 enthalten wichtige, aber nicht abschließende (RGZ 170, 380) Verfügungen, die der Erblasser in einem Testament treffen kann. Daraus folgt letztlich die Verankerung der Testierfreiheit. Diese Vorschriften betreffen teilweise die Form, teilweise den Inhalt des Rechtsgeschäfts, mit welchem der Erblasser das Schicksal seines Vermögens nach dem Tod regeln kann. In Betracht kommen weitere Regelungen wie Auseinandersetzungs-/Teilungsanordnungen, Entziehung und Beschränkung des Pflichtteils, Ernennung eines Testamentsvollstreckers, Schiedsklauseln (Staud/*Otte* Vor § 1937 Rz 6 ff), die Änderung der Bezugsberechtigung einer Lebensversicherung (Erman/*Schlüter* § 1937 Rz 1), den Widerruf einer Schenkung (RGZ 170, 380), familienrechtliche Anordnungen wie insb die Benennung eines Vormunds sowie güterrechtliche Anordnungen. Darüber hinaus können mit der letztwilligen Verfügung auch rein äußerliche Rechtsgeschäfte, wie eine Bevollmächtigung, verbunden sein, deren Gültigkeitsvoraussetzungen sich dann aber nicht nach erbrechtlichen Regelungen bestimmen (Köln NJW 50, 702).   **1**

§ 1937 beinhaltet den Vorrang der gewillkürten Erbfolge. Diese Vorschrift ist im Zusammenhang mit der Möglichkeit der Enterbung nach § 1938 und der vertraglichen Erbeinsetzung nach § 1941 zu sehen. Die gesetzliche Erbfolge kommt nur zur Anwendung, wenn der Erblasser keine letztwillige Verfügung von Todes wegen getroffen hat.   **2**

B. Zulässiger Inhalt letztwilliger Verfügungen. Eine der zentralen Regelungen, die der Erblasser in einem Testament trifft, ist die Einsetzung einer oder mehrerer Personen zum Erben. Die **Erbeinsetzung** beinhaltet nicht nur die Einsetzung zum Vollerben, sondern auch die Anordnung der Vor- und Nacherbfolge und die Ersatzerbenregelung für den Fall, dass eine zum Erben bestimmte Person aus irgendeinem Grund nicht zur Erbfolge gelangt ist. Mehrfache Erbeinsetzungen derselben Person unter jeweils unterschiedlichen Voraussetzungen oder Bedingungen ist möglich (BayObLG NJW-RR 97, 72).   **3**

Darüber hinaus ist der Erblasser berechtigt, einen Verwandten oder den Ehegatten/Lebenspartner durch Testament von der Erbfolge **auszuschließen**.   **4**

Die vom Erblasser bedachte Person muss individualisierbar sein (Damrau/*Seiler* § 1937 Rz 12). Für die Erbenfeststellung kann es ausreichen, wenn der Erblasser zwei Personen alternativ zum Erben einsetzt (A oder B sollen Erben sein), sofern die Auslegung ergibt, dass die zuletzt genannte Person Ersatzerbe sein soll (BayObLG NJW 99, 1119). Darüber hinaus muss sich die Person des Erben allein aufgrund der in der letztwilligen Verfügung enthaltenen Willensäußerung des Erblassers ergeben (BayObLG FamRZ 81, 402).   **5**

Neben einer Erbeinsetzung kann der Erblasser den Erben oder einen Dritten durch Zuwendung eines **Vermächtnisses** begünstigen oder mit einer **Auflage** beschweren.   **6**

Auch kann er den **Voraus**, der dem Ehegatten nach § 1932 als gesetzlichem Erben zusteht, durch letztwillige Verfügung entziehen; entspr gilt für den sog Dreißigsten iSd § 1969 (MüKo/*Leipold* § 1937 Rz 14).   **7**

Der Erblasser kann in einer **Teilungsanordnung** bestimmen, welcher Erbe welche Gegenstände erhalten soll, § 2048; nach § 2044 kann er auch ein Auseinandersetzungsverbot verfügen, Testamentsvollstreckung anordnen und den Testamentsvollstrecker iRd Nachlassauseinandersetzung entspr anweisen.   **8**

IÜ kann der Erblasser unter den Voraussetzungen der §§ 2333 ff den **Pflichtteil** entziehen oder das Pflichtteilsrecht beschränken.   **9**

Nach § 2253 kann der Erblasser die oder einzelne testamentarische Verfügungen jederzeit **widerrufen**. Hat er die Erbeinsetzung, das Vermächtnis oder die Auflage vertragsmäßig verfügt, bedarf es zur Aufhebung der   **10**

Zustimmung des anderen Vertragspartners gem § 2291 durch Testament. Bei einem Erbvertrag ist die Aufhebung durch die Errichtung eines gemeinschaftlichen Testaments möglich, § 2292 (Damrau/*Seiler* § 1937 Rz 20). Entspr gilt auch für die Lebenspartner einer eingetragenen Lebenspartnerschaft. Der Überlebende kann, wenn eine der vertragsschließenden Parteien verstorben ist, nach § 2297 vom Erbvertrag durch Errichtung eines Testaments zurücktreten.

11 Neben den erbrechtlichen Verfügungen kann der Erblasser in seinem Testament auch **familienrechtliche Anordnungen** treffen, wie zB einen Vormund für das minderjährige Kind benennen, eine bestimmte Person als Vormund ausschließen, § 1782 oder Regelungen aufstellen, wenn mehrere Vormünder tätig sind, § 1797 III. Nach § 1856 können die Eltern den Vormund von bestimmten Beschränkungen befreien.

12 Der Erblasser hat, wenn er einen Minderjährigen zum Erben beruft, nach § 1638 die Möglichkeit, dessen Eltern von der Verwaltung des Nachlassvermögens auszuschließen (Karlsr NJW-RR 04, 370) und diese bei gleichzeitiger Anordnung der Testamentsvollstreckung, dem Testamentsvollstrecker zu übertragen oder den Eltern Verwaltungsanordnungen zu erteilen und Vorgaben für das zu erstellende Vermögensverzeichnis zu machen, § 1640 II Nr 2.

13 Bei Gütergemeinschaft hat jeder Ehegatte nach § 1509 für den Fall, dass die Ehe durch den Tod eines Ehegatten aufgelöst wird, die Möglichkeit, durch eine letztwillige Verfügung die **Fortsetzung der Gütergemeinschaft** oder die ehegemeinschaftlichen Abkömmlinge von der fortgesetzten Gütergemeinschaft auszuschließen (Damrau/*Seiler* § 1937 Rz 24). IÜ kann der Erblasser, wenn der Erbe oder Vermächtnisnehmer in Gütergemeinschaft lebt, bestimmen, dass die Zuwendung von Todes wegen Vorbehaltsgut sein soll, § 1418 II Nr 2.

14 Der Erblasser kann in einem Testament Personen von der ihm ggü obliegenden **Verschwiegenheitspflicht** entbinden wie zB den behandelnden Arzt von der Schweigepflicht. Eine in einer letztwilligen Verfügung enthaltene postmortale Vollmacht, die es möglich macht, den Zeitraum zwischen Erbfall und Erteilung des Erbscheins zu überbrücken, wird erst mit dem Zugang beim Adressaten wirksam.

15 Zur Entscheidung über Streitigkeiten aus dem Testament, wie zB über dessen Auslegung, kann der Erblasser nach § 1066 ZPO ein **Schiedsgericht** anordnen (RGZ 100, 76).

16 Schließlich können auch Rechtsgeschäfte unter Lebenden in ein Testament aufgenommen werden; sie müssen dann die sonstigen Wirksamkeitsvoraussetzungen, wie Formvorschriften, erfüllen. Bei **empfangsbedürftigen Willenserklärungen** kann der Zugang auch noch nach dem Tod des Erblassers erfolgen. Ausreichend ist die Kenntnisnahme bei Testamentseröffnung oder dessen Benachrichtigung durch das Nachlassgericht, wenn der Erklärungsempfänger nicht anwesend war (Damrau/*Seiler* § 1937 Rz 36). Mit der Aufnahme in das Testament gilt die Erklärung als abgegeben, weshalb der Erblasser eine postmortale Vollmacht in einem Testament erteilen kann (Köln Rpfleger 92, 299). Auch der Widerruf einer Schenkung im Testament ist möglich (RGZ 170, 383). Der Erblasser kann auch eine **nichtempfangsbedürftige Willenserklärung** in einem Testament wirksam abgeben, wobei aber der Formerfordernisse bzw der Sinn und Zweck bestimmter Vorschriften nicht entgegenstehen dürfen (MüKo/*Leipold* § 1937 Rz 32). So ist es dem Erblasser nicht möglich, eine Erklärung dahingehend in einem notariellen Testament abzugeben, er anerkenne die Vaterschaft, unterstelle aber das Bekanntwerden dieser Erklärung der Testamentseröffnung (Damrau/*Seiler* § 1937 Rz 37). Vielmehr muss die Erklärung notariell abgegeben werden und sofort nach Errichtung der Urkunde sind beglaubigte Abschriften der Anerkennungsurkunde sowohl an den Standesbeamten als auch an die Mutter und das Kind zu übersenden (Soergel/*Stein* § 1937 Rz 7). Hierzu ist der Notar auch dann verpflichtet, wenn die Erklärung zunächst geheim bleiben sollte (Hamm FamRZ 85, 1078).

17 Ein Widerruf der Bezugsberechtigung einer Lebensversicherung ist durch eine letztwillige Verfügung nicht möglich, wenn Voraussetzung ist, dass sie dem Versicherer nach dessen Bedingungen schriftlich anzuzeigen ist (BGH DNotZ 94, 377).

18 **C. Verfügung von Todes wegen.** Verfügung von Todes wegen ist der Oberbegriff für Testament und Erbvertrag (BGH DRiZ 71, 26). Das Testament muss auf den Tod getroffen und mit dessen Eintritt wirksam werden (Palandt/*Edenhofer* § 1937 Rz 2). Dabei ist der Begriff der Verfügung nicht gleichzusetzen mit der Verfügung als Rechtsgeschäft unter Lebenden (RGZ 111, 247). Gemeint sind vielmehr die Gesamtheit aller oder einzelner Anordnungen für den Todesfall.

19 **I. Einzeltestament.** Das Testament ist eine einseitige, nicht empfangsbedürftige Willenserklärung des Erblassers. Auf den Inhalt der Verfügung kommt es für den Begriff des Testaments nicht an, da § 1937 den Begriff „Testament" mit dem der „letztwilligen Verfügung" gleichsetzt (Damrau/*Seiler* § 1937 Rz 5). Mit der Bezeichnung „letztwillige Verfügung" ist nicht nur die einzelne Anordnung, sondern auch das gesamte Testament gemeint (MüKo/*Leipold* § 1937 Rz 6).

20 Da es sich um letztwillige Verfügungen handeln muss, kommt es auf den letzten Willen an, sofern er in der *erforderlichen Form* erklärt wurde; iÜ kann der Erblasser die Verfügung bis zu seinem Tode jederzeit frei widerrufen (MüKo/*Leipold* § 1937 Rz 7). Daher erwirbt der potentielle Erbe zu Lebzeiten des Erblassers weder ein Erbrecht noch ein Anwartschaftsrecht; er hat lediglich eine tatsächliche Aussicht auf Erlangung eines Vermögenswertes, die in keiner Weise rechtlich geschützt ist.

II. Gemeinschaftliches Testament. Zur Gruppe der Testamente gehört auch das gemeinschaftliche Testament von Ehegatten nach § 2265 und der eingetragenen Lebenspartner nach § 10 IV LPartG. Sie stellen eine Zwischenform zwischen einem Einzeltestament und einem Erbvertrag dar. Es enthält neben einseitigen Verfügungen beider Ehegatten auch wechselbezügliche Verfügungen, die nach dem Tod des Erstversterbenden vom Längerlebenden nicht mehr frei widerrufen werden können, § 2271 II. 21

III. Erbvertrag. Der Erbvertrag mit seinen vertragsmäßig bindenden Verfügungen gehört nicht zu den letztwilligen Verfügungen (BGH DRiZ 71, 26). Er kann aber auch einseitige Verfügungen enthalten, die wie testamentarische Verfügung zu behandeln sind; sie stehen dann den letztwilligen Verfügungen gleich. 22

D. Nichtigkeit. Wirksam ist eine Verfügung von Todes wegen, wenn der testierfähige Erblasser sie höchstpersönlich und formgerecht errichtet hat und sie sich weder inhaltlich von Anfang an als nichtig erweist noch nachträglich nichtig wird (Köln Rpfleger 81, 57). In gleicher Weise nichtig ist ein Testament, wenn es „vollkommen unbestimmte, widersinnige, rechtlich und tatsächlich unmögliche Bestimmungen und Bedingungen enthält" (Palandt/*Edenhofer* § 1937 Rz 17). 23

Ein Verstoß gegen zwingende Vorschriften führt zur Nichtigkeit, wenn die Voraussetzungen für die Errichtung des Testaments und die erforderliche Form nicht eingehalten werden. In diesen Zusammenhang gehört auch das zum Schutz von Heimbewohnern in § 14 HeimG enthaltene Testierverbot, welches keinen verfassungsrechtlichen Bedenken begegnet (BVerfG NJW 98, 2964). Eine Missachtung dieses Verbots führt zur Nichtigkeit der testamentarischen Zuwendung. 24

Eine Verfügung von Todes wegen ist nur in besonders schwerwiegenden Ausnahmefällen sittenwidrig und damit nichtig. Die Annahme der Sittenwidrigkeit stellt einen massiven Eingriff in die verfassungsrechtlich garantierte Erbrechtsgarantie des Art 14 GG dar (BGH NJW 99, 566; stRspr). Zu den verschiedenen Fallgestaltungen der Sittenwidrigkeit vgl § 138. 25

Eine auf einem fehlerhaften Verhalten eines Beraters beruhende letztwillige Verfügung ist wirksam; sie begründet, wenn sie zum Nachteil eines anderen errichtet worden ist, einen Schadenersatzanspruch gegen den Berater (BayObLG FamRZ 85, 1082). Ein Mitverschulden des Erblassers führt nach § 242 zum Anschluss auch eines Schadenersatzanspruchs Dritter (BGH JR 98, 155). 26

E. Erbeinsetzung. Der Erblasser kann durch ein wirksames Testament einen oder mehrere Personen zu seinen Erben berufen. Dadurch wird die gesetzliche Erbfolge verdrängt, ohne dass es eines ausdrücklichen Ausschlusses bedarf. Erfolgte die Erbeinsetzung nur auf einen Bruchteil, verbleibt es iÜ bei der gesetzlichen Erbfolge. Hat der Erblasser in seinem Testament Personen bestimmt, die zum Kreis seiner gesetzlichen Erben gehören, werden diese ungeachtet dessen Testamentserben. Eine Erbeinsetzung liegt dann nicht vor, wenn der Erblasser die Todesfolgen offenbar nicht umfassend regeln wollte; hier kann es sich allenfalls um ein Vermächtnis handeln (KG ErbR 2009, 259). 27

Ob es sich bei dem Hinweis des Erblassers in der letztwilligen Verfügung auf die gesetzliche Erbfolge um eine Erbeinsetzung handelt oder ob sie nur deklaratorische Bedeutung hat, ist Auslegungsfrage (MüKo/*Leipold* § 1937 Rz 42). § 2066 kann insoweit nicht zur Beantwortung herangezogen werden, da hier nur der Personenkreis und die Erbteile für den Fall geklärt werden, dass die gesetzlichen Erben ohne nähere Bestimmung eingesetzt werden (Damrau/*Seiler* § 1937 Rz 40). Eine Erbeinsetzung liegt dann vor, wenn sich der Erblasser das Ergebnis der gesetzlichen Erbfolge („der Nachlass soll unter den gesetzlichen Erben verteilt werden") zu eigen macht (BayObLGZ 64, 94). Formuliert der Erblasser „bzgl des übrigen Nachlasses verbleibt es bei den gesetzlichen Bestimmungen", ist nicht von einer Erbeinsetzung auszugehen (Frankf FamRZ 97, 1572). Entspr gilt bei der Zuwendung des Pflichtteils (Damrau/*Seiler* § 1937 Rz 40). 28

Nach § 1922 gilt das Prinzip der **Gesamtrechtsnachfolge**, wonach die Erbeinsetzung auf bestimmte Gegenstände, ohne dass der Bedachte Gesamtrechtsnachfolger wird, grds unzulässig ist (*Otte* NJW 87, 3164). Ausnahmen bilden die Fälle der Sonderrechtsnachfolge, wie zB das Höferecht, die Vererbung von Gesellschaftsanteilen einer OHG oder KG, der Übergang von Wohnraummietverhältnissen auf den Ehegatten/Lebenspartner oder der Übergang von Ansprüchen aus dem Lebensversicherungsvertrag auf den Bezugsberechtigten (MüKo/*Leipold* § 1937 Rz 36). 29

Das Erbrecht kennt aber bei einem **Vermächtnis** die Zuwendung einzelner Vermögensgegenstände, ohne dass es zu einer Gesamtrechtsnachfolge kommt. Das Vermächtnis gewährt dem Bedachten nur einen schuldrechtlichen Anspruch gegen den Erben auf Übertragung des vermachten Gegenstandes. Es ist Auslegungsfrage, ob es sich um eine Erbeinsetzung oder eine Vermächtnisanordnung handelt (MüKo/*Leipold* § 1937 Rz 43). 30

Gegenstand der letztwilligen Verfügung kann nur der eigene Nachlass, bei der Gütergemeinschaft das Gesamtgut, sein. 31

Aufgrund der Testierfreiheit kann der Erblasser den/die Erben frei bestimmen, ohne diese Entscheidung begründen zu müssen. Die Erbeinsetzung ist unzulässig, wenn sie gegen die guten Sitten oder gegen ein bindend gewordenes gemeinschaftliches Testament oder einen Erbvertrag verstößt (Damrau/*Seiler* § 1937 Rz 44). IÜ ist der Erblasser auch durch das Pflichtteilsrecht in seiner Testierfreiheit nicht eingeschränkt, da es dem Pflichtteilsberechtigten nur einen schuldrechtlichen Geldanspruch gegen den Erben gewährt. 32

33 **F. Rechtsgeschäfte unter Lebenden.** Der Erblasser kann auch durch Rechtsgeschäft unter Lebenden über seinen Nachlass verfügen, so dass die Wirkung mit dem Tod des Erblasser eintritt, § 2301.

34 **G. Unwirksamkeit der Erbeinsetzung.** Die Erbeinsetzung kann wegen Erbunwürdigkeit angefochten werden oder wegen Verstoßes gegen die guten Sitten nach § 138 nichtig sein. Letztwillige Verfügungen, die mit einem geheimen Vorbehalt, zum Schein oder nicht ernstlich getroffen werden, sind nichtig (*Schlüter* Rz 222 ff; umstr). Für die Sittenwidrigkeit von „Behindertentestamenten" vgl VG Ba-Wü FamRZ 94, 789; dagegen: BGH ZEV 94, 35; iE FA-ErbR/*Tschichoflos* Kap 11.

§ 1938 Enterbung ohne Erbeinsetzung. Der Erblasser kann durch Testament einen Verwandten, den Ehegatten oder den Lebenspartner von der gesetzlichen Erbfolge ausschließen, ohne einen Erben einzusetzen.

1 **A. Allgemeines.** Die Möglichkeit, die gesetzlichen Erben durch ein negatives Testament (BayObLGE 74, 440) von der Erbfolge auszuschließen, ohne andere Personen am Nachlass zu beteiligen, folgt aus der Testierfreiheit (Soergel/*Stein* § 1938 Rz 1).

2 **B. Negativtestament (Mot V 9).** Der Erblasser kann die in § 1938 genannten Personen von der Erbfolge ausschließen, ohne gleichzeitig einen Erben einzusetzen. Ohne Einsetzung eines Erben kann der Fiskus nicht ausgeschlossen werden.

3 **C. Enterbung.** Der Ausschluss von der Erbfolge kann durch Testament oder eine einseitige Verfügung im Erbvertrag, §§ 2278 II, 2299, erfolgen. Die Verbindung des Ausschlusses mit einer Bedingung oder Beschränkung auf einen Teil des Nachlasses ist möglich (Palandt/*Edenhofer* § 1938 Rz 2).

4 Der Erblasser muss keinen Grund für die Enterbung angeben; nennt er ihn und ist die Begründung falsch, kann dies den Ausgeschlossenen berechtigen, die letztwillige Verfügung anzufechten (BGH NJW 65, 584). Die Enterbung ist ausdrücklich oder in Form eines „stillschweigenden Ausschlusses" möglich (München FamRZ 01, 940). Die bloße Zuwendung des Pflichtteils an den Ehegatten oder an Verwandte stellt eine Enterbung dar (RGZ 61, 15). Dies gilt nicht, wenn der Nachlass durch Vermächtnisse erschöpft ist, da die Vermächtnisse ausgeschlagen werden können (BayObLG MDR 79, 847).

5 Die Enterbung eines Verwandten der ersten bis dritten Ordnung führt nicht zum Ausschluss des gesamten Stammes (BGH FamRZ 59, 149), vielmehr treten an die Stelle des Ausgeschlossenen seine Abkömmlinge (DGE/*Hausmann* § 1938 Rz 2).

6 **D. Rechtsfolgen.** Zwar ist nirgends die Rechtsfolge einer Enterbung geregelt; der Vorschrift ist aber zu entnehmen, dass die gesetzliche Erbfolge eingreifen soll und der Ausgeschlossene als vorverstorben gilt. Enterbt der Erblasser eine in § 2303 genannte Person, kann diese den Pflichtteil verlangen. Für einen stillschweigenden Ausschluss aller Abkömmlinge bedarf es konkreter Anhaltspunkte (BayObLG FamRZ 89, 1006).

7 UU kann in der Enterbung auch die Entziehung der Verwaltungsbefugnis des § 1632 der an die Abkömmlinge fallenden Erbschaft liegen (BayOLGZ 64, 263).

8 Mit der Enterbung verliert der Ehegatte unabhängig vom Güterstand das Recht auf den Voraus.

9 Zwar kann eine Pflichtteilsentziehung nur unter den Voraussetzungen der §§ 2333 ff erfolgen; aber auch eine unwirksame Pflichtteilsentziehung bringt zum Ausdruck, dass der Betroffene von der Erbfolge ausgeschlossen sein soll. Dies gilt auch bei anderen Unwirksamkeitsgründen oder wenn es an einer Pflichtteilsberechtigung fehlt (BayObLG NJW-RR 96, 967).

§ 1939 Vermächtnis. Der Erblasser kann durch Testament einem anderen, ohne ihn als Erben einzusetzen, einen Vermögensvorteil zuwenden (Vermächtnis).

1 **A. Allgemeines.** Der Erblasser kann einer oder mehreren Personen (natürliche, juristische und ungeborene) einen Vermögensvorteil/-gegenstand zuwenden, ohne ihr/ihnen die Stellung eines Erben einzuräumen. Gem § 2178 kann auch eine noch nicht gezeugte Person zum Vermächtnisnehmer bestimmt werden (Damrau/*Seiler* § 1939 Rz 14).

2 Das Vermächtnis kann nur durch eine Verfügung von Todes wegen zugewendet werden. Eine Ausnahme gilt in den Fällen eines gesetzlichen Vermächtnisses wie zB beim Voraus, § 1932, und beim Dreißigsten, § 1969; die Vermächtnisregeln finden zumindest entsprechende Anwendung.

3 **B. Inhalt des Vermächtnisses.** Die Zuwendung eines Vermögenswertes gibt dem Bedachten nur einen schuldrechtlichen Anspruch auf Erfüllung des Vermächtnisses gegen den Beschwerten, § 2147, da der vermachte Gegenstand nicht dinglich übergeht, sog Damnationslegat. Zugewendet werden kann jeder Vermögensvorteil, dh auch nur mittelbare Begünstigungen des Vermögens (Hamm FamRZ 94, 1210) ohne dass eine Bereicherung oder Vermehrung des Vermögens eintritt (Erman/*Schlüter* § 1939 Rz 4); die Zuwendung muss nicht unentgeltlich sein (BayObLG OLGE 32, 59).

Der Anspruch auf Erfüllung des Vermächtnisses entsteht erst mit dem Erbfall (Naumbg ZFE 07, 200); davor 4
hat er weder einen Anspruch noch eine rechtlich gesicherte Anwartschaft (RGRK/*Kregel* § 1939 Rz 3), auch
wenn es in einem Erbvertrag enthalten ist (BGHZ 12, 115).

Das Vermächtnis muss hinsichtlich der Person des Vermächtnisnehmers und des Zugedachten hinreichend 5
bestimmt oder bestimmbar sein (BGH NJW 81, 1562).

Mit einem Vermächtnis kann der Erbe, aber auch der Vermächtnisnehmer, beschwert werden. IÜ kann der 6
Erblasser auch dem Erben ein Vermächtnis zuwenden (sog Vorausvermächtnis, § 2150). Da das Vermächtnis
der Höhe nach nicht beschränkt ist, kann der Erblasser den gesamten Nachlass durch Vermächtnisse aufzehren, so dass der Erbe nur eine „leere Erbenstellung" erhält.

Wird der Bedachte vom Erblasser mit einer Auflage oder einem Untervermächtnis bis zur vollen Höhe des 7
Zugewendeten belastet oder stellt das Vermächtnis nur Treugut dar, wird das Vermächtnis nicht unwirksam
(RG HRR 28 Nr 1698). Die Einzelheiten sind unter §§ 2147 ff geregelt (s. dort).

C. Auslegung. Nach § 2084 ist der Wille des Erblassers zu ermitteln, ob der Bedachte Erbe oder Vermächt- 8
nisnehmer sein soll (MüKo/*Leipold* § 1939 Rz 3). Eine Zuwendung an „Mutter Teresa für ihr Hilfswerk" ist
anliegen- und nicht personenbezogen zu verstehen (Palandt/*Edenhofer* § 1939 Rz 3).

§ 1940 Auflage. Der Erblasser kann durch Testament den Erben oder einen Vermächtnisnehmer zu einer Leistung verpflichten, ohne einem anderen ein Recht auf die Leistung zuzuwenden (Auflage).

A. Allgemeines. Mit einer Auflage kann der Erblasser das Verhalten des Bedachten steuern und bestimmte 1
Ziele über den Tod hinaus fördern.

B. Begriff. § 1940 enthält eine Legaldefinition der Auflage. Sie ist keine Zuwendung, sondern die durch eine 2
Verfügung von Todes wegen erfolgende Auferlegung einer erzwingbaren Verpflichtung, ohne dass eine
bestimmte Person daraus Rechte herleiten könnte (MüKo/*Leipold* § 1940 Rz 2). Auch der durch die Auflage
Begünstigte hat weder einen Anspruch auf die Leistung noch auf Schadensersatz statt der Leistung nach § 281
(RG WarnRspr 1937 Nr. 133). Nur die in § 2194 genannten Personen und Behörden können die Vollziehung
verlangen. Im Einzelnen s. §§ 2192–2196.

C. Inhalt der Auflage. Inhalt einer Auflage kann jedes Tun oder Unterlassen jeglicher Art sein, das Gegen- 3
stand eines Schuldverhältnisses sein kann (Kobl NJW-RR 86, 1039), ohne dass die Leistung einen Vermögenswert haben muss. Gegenstand einer Auflage kann die Grabpflege, die Pflege eines Tieres, die kostenlose
Eröffnung einer Ausstellung, die Verpflichtung von Miterben, eine Gesellschaft zur Fortführung des Unternehmens des Erblassers zu gründen (BGH MDR 2009, 1044) oder fortzuführen (RGZ 171, 358) bzw als Erbe
persönlich haftender Gesellschafter einer bestehenden OHG zu werden oder zu bleiben (BGH MDR 2009,
1044); insoweit kann eine auflösende Bedingung derart mit einer Auflage verknüpft werden, dass die Verwirkungsklausel ihren speziellen Gehalt bekommt. Nichts anderes gilt für die Anordnung/das Verbot, ein
Grundstück zu veräußern (BGH FamRZ 85, 278) oder zu verändern.

§ 1941 Erbvertrag. (1) Der Erblasser kann durch Vertrag einen Erben einsetzen sowie Vermächtnisse und Auflagen anordnen (Erbvertrag).
(2) Als Erbe (Vertragserbe) oder als Vermächtnisnehmer kann sowohl der andere Vertragsschließende als ein Dritter bedacht werden.

A. Allgemeines. Beim Erbvertrag handelt es sich um einen Vertrag mit Doppelnatur: einerseits ist er Verfü- 1
gung von Todes wegen, andererseits Vertrag, für den iÜ neben den §§ 2274–2300a (insoweit wird auf die
Kommentierung dort verwiesen) auch die allgemeinen Vorschriften zur Geschäftsfähigkeit, §§ 104 ff, gelten.

B. Erbvertrag. Inhaltlich muss der Erbvertrag mindestens eine vertragsmäßige Verfügung enthalten. Die 2
Erbeinsetzung und die Vermächtnis- oder Auflagenanordnung sind bereits vertraglich bindend, weil sie im
Erbvertrag stehen (BGH NJW 61, 120). Maßgebend ist der erklärte Wille des Erblassers. Hat der Vertragspartner der Verfügenden ein Interesse an der Verfügung, ist von der Vertragsmäßigkeit auszugehen; fehlt es
hieran, spricht dies für die Einseitigkeit und damit Widerruflichkeit der Verfügung (Erman/*Schlüter* § 1941
Rz 2). Die vertraglich bindenden Verfügungen können nur ausnahmsweise im gegenseitigen Einvernehmen
oder durch Rücktritt aufgehoben werden. Die einseitigen Verfügungen sind frei widerruflich (RGZ 116, 322).

Im Erbvertrag können beide Vertragspartner oder nur einer von ihnen über ihren jeweiligen Nachlass letztwillig 3
verfügen. Dabei kann der andere Vertragsschließende oder ein Dritter bedacht werden, II (BayObLG Rpfleger
82, 13). Da der Erbvertrag kein Vertrag zugunsten Dritter ist, hat der Dritte hieraus auch kein Forderungsrecht,
vielmehr vollzieht sich der Erwerb kraft Gesetzes mit dem Tod des Erblassers (BGHZ 12, 115).

Die Bezeichnung des Vertrages ist irrelevant: So kann zB in einem als Ehevertrag bezeichneten Vertrag eine 4
Verfügung von Todes wegen enthalten sein (LG München I FamRZ 78, 364) oder in einem Erbvertrag ein
Rechtsgeschäft unter Lebenden (BGH FamRZ 98, 908).

5 Nach § 2276 I 1 ist der Vertrag bei gleichzeitiger Anwesenheit von Erblasser und Erbe vor dem Notar zu schließen.

6 **C. Abgrenzung.** Der Erbverzicht ist, auch wenn er mit einem solchen verbunden werden kann, kein Erbvertrag, ebenso wenig der Vertrag über den Nachlass eines noch lebenden Dritten nach § 311b IV (*Wiedemann* NJW 68, 769), der nichtige Vertrag über die Errichtung oder Aufhebung einer Verfügung von Todes wegen nach § 2302 (Staud/*Otte* § 1941 Rz 8) oder der vertragliche Aufschub der Erfüllung eines Anspruchs bis zum Tod des Erblassers (Hambg MDR 50, 616). Entspr gilt für die Fälle der vorweggenommenen Erbfolge (BGH NJW 91, 1345).

Abschnitt 2 Rechtliche Stellung des Erben

Titel 1 Annahme und Ausschlagung der Erbschaft, Fürsorge des Nachlassgerichts

§ 1942 Anfall und Ausschlagung der Erbschaft. (1) Die Erbschaft geht auf den berufenen Erben unbeschadet des Rechts über, sie auszuschlagen (Anfall der Erbschaft).
(2) Der Fiskus kann die ihm als gesetzlichem Erben angefallene Erbschaft nicht ausschlagen.

1 **A. Allgemeines.** § 1942 enthält, zusammen mit § 1922, den Grundsatz des Vonselbsterwerbs der Erbschaft, dh die Erbschaft fällt im Zeitpunkt des Todes des Erblassers ohne Wissen und Wollen des Erben kraft Gesetzes an, ohne dass es hierfür der Geschäftsfähigkeit bedarf (Staud/*Otte* § 1942 Rz 5). Der Anwalt hat den Erben darüber aufzuklären (LG Köln NJW 81, 351), dass er sich der so angefallenen Erbschaft durch Ausschlagung wieder entledigen kann.

2 Das Recht zur Ausschlagung der Erbschaft kann als höchstpersönliches, nicht übertragbare Gestaltungsrecht nicht gepfändet werden (LG Hildesheim FamRZ 2009, 1440).

3 **B. Anfall der Erbschaft.** IdR fallen Erbfall und Anfall der Erbschaft zeitlich zusammen. Dies gilt auch im Fall des § 1923 II (MüKo/*Leipold* § 1942 Rz 9). Der Anfall kann nicht von einer besonderen Annahmeerklärung abhängig gemacht werden, § 1947; dies wäre nur ein unbeachtlicher Zusatz, wodurch sich an der Vollerbenstellung nichts ändern würde (Erman/*Schlüter* § 1942 Rz 2 a. F.; aA Staud/*Otte* § 1942, Rz 5 – er geht von der Nacherbfolge aus). Allerdings kann der Erblasser, abw vom Gesetz, eine Zeit für die Annahme der Erbschaft vorschreiben.

4 Im Falle der Ausschlagung oder Erbunfähigkeit gilt der Anfall als nicht erfolgt und nach §§ 1953 II, 2344 II als mit dem Erbfall an den Nächstberufenen übergegangen; dieser muss nur den Erbfall, nicht auch den Anfall erleben (Palandt/*Edenhofer* § 1942 Rz 1).

5 Beim Vermächtnis, das keinen Einfluss auf die Erbfolge hat, erfolgt der Anfall regelmäßig, aber nicht zwingend mit dem Erbfall (Ausnahme: §§ 2177–2179), wohingegen die Nacherbschaft erst mit Eintritt des Nacherbfalls nach § 2139 anfällt.

6 Hat der Erblasser eine Stiftung durch Erbeinsetzung errichtet, kann der Stiftungsvorstand nicht ausschlagen (RGRK/*Johannsen* § 1942 Rz 4).

7 **C. Vorläufiger Erbschaftserwerb.** Wegen des bis zur Annahme der Erbschaft bestehenden Schwebezustandes und der Ausschlagungsmöglichkeit ist der Erbschaftserwerb zunächst nur ein vorläufiger. Nach Ablauf der Ausschlagungsfrist oder durch die ausdrückliche Annahmeerklärung wird der Erwerb vollendet. Während der sechswöchigen Überlegungszeit ist der Erbe durch §§ 207, 1958, 1995 II; §§ 239 V, 778 ZPO geschützt.

8 Der endgültige Erbe muss sich im Insolvenzverfahren die ggf anfechtbaren Rechtshandlungen des vorläufigen Erben anrechnen lassen (BGH NJW 69, 1349).

9 **D. Fiskus.** Der Fiskus hat als letzter gesetzlicher Zwangserbe kein Ausschlagungsrecht, da verhindert werden soll, dass ein herrenloser Nachlass entsteht. Im Gegenzug wird er durch die §§ 1966, 2011 und § 780 II ZPO bevorzugt. Dagegen kann er als gewillkürter Erbe die Erbschaft ausschlagen (MüKo/*Leipold* § 1942 Rz 12).

10 **E. Ausschlagungsrecht.** Erhält der Erbe öffentliche Leistungen, wie zB **Sozialhilfe**, wird das Ausschlagungsrecht nicht auf den Sozialhilfeträger übergeleitet (hM; BGH FamRZ 2005, 448 = ZEV 2005, 117; aA *van de Loo* NJW 90, 2852). IÜ ist die Ausschlagung einer werthaltigen Erbschaft durch den sozialhilfebedürftigen Erben nicht sittenwidrig iSd § 138 I (hM *Ivo* FamRZ 03, 6 ff; aA OLG Hamm FamRZ 09, 2036, sofern die Ausschlagung nicht durch ein überwiegendes Interesse des Erben motiviert ist; Stuttg ZEV 02, 367).

11 Bezieht der Erbe **ALG II**, handelt es sich um eine Leistung, die von der Bedürftigkeit abhängt. Ungeachtet dessen ist auch in diesem Fall die Ausschlagung einer (werthaltigen) Erbschaft nicht sittenwidrig (AnwKBGB/*Ivo* § 1942 Rz 21). Nach Ansicht des BSG besteht die Bedürftigkeit aber bei grob fahrlässiger oder gar vorsätzlicher Aufgabe eines Vermögenswertes bzw Einkommensquelle (SozR 4100 § 138 Nr 22).

§ 1943 Annahme und Ausschlagung der Erbschaft.
Der Erbe kann die Erbschaft nicht mehr ausschlagen, wenn er sie angenommen hat oder wenn die für die Ausschlagung vorgeschriebene Frist verstrichen ist; mit dem Ablauf der Frist gilt die Erbschaft als angenommen.

A. Allgemeines. Die Vorschrift regelt den Zeitpunkt des Erbschaftserwerbs. Die endgültige Erbenstellung tritt durch die Annahme der Erbschaft bzw durch Ablauf der Ausschlagungsfrist ein, ohne dass die Ausschlagung erklärt worden wäre. Die Annahme bewirkt den Verlust des Ausschlagungsrechts. 1

B. Annahme. Zur Annahme der Erbschaft bedarf es der vollen Geschäftsfähigkeit Die fehlende Kenntnis vom Ausschlagungsrecht berechtigt bei der ausdrücklichen Annahmeerklärung nicht zur Anfechtung. 2

Die Annahme ist eine gestaltende, nicht empfangsbedürftige Willenserklärung (Soergel/*Stein* § 1943 Rz 2 mwN), die ausdrücklich oder konkludent erfolgen kann (Staud/*Otte* § 1943 Rz 2) oder vom G fingiert wird. IdR wird sie ggü einem Beteiligten, wie zB dem Nachlassgläubiger, -schuldner, Miterben, Vermächtnisnehmer oder dem Nachlassgericht erklärt (MüKo/*Leipold* § 1943 Rz 3) und sollte die aktuell bekannten Nachlassaktiva und –passiva möglichst genau wiedergeben (Ddorf BeckRS 08, 20634). 3

Nach § 1946 kann die Annahme, die zu ihrer Wirksamkeit keiner Form bedarf (*Brox* Rz 301), nicht vor dem Anfall der Erbschaft erfolgen. 4

Ist dem Erben die Annahme der Erbschaft beamten- oder tarifrechtlich verboten und nimmt er die Erbschaft dennoch an, entfaltet diese Erklärung erbrechtliche Wirksamkeit, da das Verbot nur dienstrechtlich wirkt (Soergel/*Stein* § 1943 Rz 7). 5

I. Konkludente Annahme. Voraussetzung ist eine nach außen erkennbare Handlung des Erben, der zu entnehmen ist, dass er sich zur endgültigen Übernahme der Erbschaft entschlossen hat (Erman/*Schlüter* § 1943 Rz 3). Nimmt der Erbe derartige Handlungen vor, ist ein innerer auf die Annahme gerichteter Wille zunächst nicht entscheidend (MüKo/*Leipold* § 1943 Rz 4). Ein fehlender Annahmewille kann nur nach den Regeln einer irrtumsbedingten Anfechtung geltend gemacht werden. 6

In folgenden Fällen ist von einer Annahme auszugehen: Aufnahme des ruhenden Prozesses oder Einlassung auf diesen (BGH NJW 89, 2885), Geltendmachung des Erbschaftsanspruchs (Staud/*Otte* § 1943 Rz 10) und der Verkauf (BayObLG Recht 06, Nr 2515), Stellung eines Erbscheinsantrags (BGH RdL 68, 97), Verfügung über einen einzelnen Nachlassgegenstand (BayObLGZ 83, 153; sofern es sich nicht nur um bloße Fürsorge- oder Verwaltungsmaßnahmen handelt), das Angebot eines Nachlassgrundstücks über einen Makler (Oldbg FamRZ 95, 594), Antrag auf Erlass eines Gläubigeraufgebots (Erman/*Schlüter* § 1943 Rz 3; anders: Mot V 644) sowie der Grundbuchberichtigungsantrag zur Eintragung der eigenen Person (Lange/*Kuchinke* § 8 II). 7

Eine Annahme liegt noch **nicht** vor in der Errichtung eines Nachlassverzeichnisses (RGRK/*Johannsen* § 1943 Rz 8), in der Erhebung einer Auskunftsklage gegen den Testamentsvollstrecker (BayObLG NJW-RR 05, 232), in der Kontensperrung (Celle OLGZ 65, 30). Die Verfügung über einzelne Nachlassgegenstände durch den vorläufigen Erben in der irrigen Annahme, er sei bereits vor dem Erbfall Eigentümer gewesen, stellt keine Erbschaftsannahme dar (BayObLGZ 4, 60; aA MüKo/*Leipold* § 1943 Rz 4). Allerdings hat der vorläufige Erbe auch während der Überlegungsfrist Maßnahmen der Fürsorge für den Nachlass zu treffen, ohne dass darin eine Annahme liegen würde (Celle OLGZ 65, 30). Hierzu gehören insb die Erklärungen über den Nachlass ggü dem Nachlassgericht (Köln OLGZ 80, 235) sowie der Antrag auf Testamentseröffnung (Celle OLGZ 65, 30), auf Nachlassverwaltung oder Nachlassinsolvenz (Lange/*Kuchinke* § 8 II 3; aA *v Lüblow* Bd II 677). Auch die Bezahlung der Beerdigungskosten (MüKo/*Leipold* § 1943 Rz 5) oder die anfängliche Fortführung eines Handelsgeschäfts unter der bisherigen Firma bzw die Eintragung des Erben im Handelsregister, (KGJ 38 A 50, 51) stellen keine Annahme dar. Dies gilt auch, wenn der Erbe als Testamentsvollstrecker den Besitz am Nachlass ergreift und den Haushalt auflöst (Hambg SeuffA 62 Nr 2). 8

II. Vertretung. Der Erbe kann sich bei der Annahme nach den allg Vorschriften vertreten lassen, wobei die Vollmacht keiner Form bedarf (Soergel/*Stein* § 1943 Rz 6 mwN). Für beschränkt Geschäftsfähige und Geschäftsunfähige können ihre gesetzlichen Vertreter die Annahme, im Gegensatz zur Ausschlagung, ohne familiengerichtliche Genehmigung erklären (Kobl FamRZ 08, 1031). Handeln die Eltern als gesetzliche Vertreter, bedarf es der Erklärung beider Elternteile. Allerdings kann der beschränkt Geschäftsfähige mit Einwilligung seines gesetzlichen Vertreters die Erbschaft annehmen; die Annahme ist aber als ein einseitiges Rechtsgeschäft nicht genehmigungsfähig, § 111 (Damrau/*Mastoff* § 1943 Rz 8). Für die Leibesfrucht kann bereits vor der Geburt des Erben die Erbschaft angenommen werden, (MüKo/*Leipold* § 1943 Rz 7; aA: Palandt/*Edenhofer* § 1943 Rz 4). Nach hM ist auch die Ausschlagung möglich. 9

Dem Rechtsgedanken des § 181 folgend kommen als annahmeberechtigte Stellvertreter **nicht** in Betracht: Testamentsvollstrecker, Nachlasspfleger und Nachlassverwalter, der Sozialhilfeträger und der Pfandgläubiger (Staud/*Otte* § 1943 Rz 13). Dagegen sind annahmeberechtigt der Betreuer, §§ 1986, 1902, der Ergänzungspfleger nach § 1909 und der Abwesenheitspfleger gem § 1911 (Soergel/*Stein* § 1949 Rz 6). 10

Bei Ehegatten ist nur derjenige zur Annahme berechtigt, dem die Erbschaft anfiel; dies gilt auch bei Gütergemeinschaft, wenn der Nachlass ins Gesamtgut fällt, unabhängig wer das Gesamtgut verwaltet §§ 1432 II, 1455 Nr 1 (MüKo/*Leipold* § 1943 Rz 7). 11

12 Nach § 83 InsO ist nur der Schuldner zur Annahme einer vor Eröffnung des Insolvenzverfahrens angefallenen Erbschaft berechtigt.

13 **III. Annahmefiktion.** Die Annahmeerklärung wird überwiegend, ebenso wie das Annahmeverhalten, als nicht empfangsbedürftige Willenserklärung (BayObLGZ 83, 153) qualifiziert. Nach § 1943 gilt auch das ungenutzte Verstreichen lassen der Ausschlagungsfrist als schlüssiges Annahmeverhalten und damit als anfechtbare Willenserklärung, die keinen bestimmten Adressaten benötigt (MüKo/*Leipold* § 1943 Rz 10). Geschäftsfähigkeit des Erben ist erforderlich (BayOLG NJW 03, 216). Hat der Erbe einen gesetzlichen Vertreter, muss dieser Kenntnis vom Erbanfall und vom Berufungsgrund haben (Staud/*Otte* § 1943 Rz 11; aA Soergel/*Stein* § 1943 Rz 8). Im Falle der Geschäftsunfähigkeit bieten die §§ 1944 II 3, 1956 einen hinreichenden Schutz (Damrau/*Mastoff* § 1943 Rz 10).

14 **C. Beweislast.** Die Beweislast für die Annahmeerklärung bzw den Ablauf der Ausschlagungsfrist trifft grds die Nachlassgläubiger, wegen des Vonselbsterwerbs nicht den Erben (Baumgärtel/*Streider* § 1943 Rz 1), sofern nicht ein Fall des § 2357 bzw § 991 III ZPO vorliegt (Baumgärtel/*Streider* § 1943 Rz 2). Bei der fingierten Annahmeerklärung (Rn 13) erstreckt sich die Darlegungs- u Beweislast auch auf die zugrundeliegenden Umstände hinsichtlich des Fristbeginns, wie Zeitpunkt der Kenntniserlangung des Erben vom Anfall und Berufungsgrund (RGRK/*Johannsen* § 1943 Rz 15). Dagegen muss der vermeintliche Erbe seine Ausschlagung nachweisen (Ddorf MDR 78, 142).

§ 1944 Ausschlagungsfrist.
(1) Die Ausschlagung kann nur binnen sechs Wochen erfolgen. (2) ¹Die Frist beginnt mit dem Zeitpunkt, in welchem der Erbe von dem Anfall und dem Grunde der Berufung Kenntnis erlangt. ²Ist der Erbe durch Verfügung von Todes wegen berufen, beginnt die Frist nicht vor Bekanntgabe der Verfügung von Todes wegen durch das Nachlassgericht. ³Auf den Lauf der Frist finden die für die Verjährung geltenden Vorschriften der §§ 206, 210 entsprechende Anwendung. (3) Die Frist beträgt sechs Monate, wenn der Erblasser seinen letzten Wohnsitz nur im Ausland gehabt hat oder wenn sich der Erbe bei dem Beginn der Frist im Ausland aufhält.

1 **A. Allgemeines.** Die Ausschlagungsfrist soll es dem vorläufigen Erben ermöglichen, sich über die Nachlassverhältnisse zu unterrichten und über die Ausschlagung zu entscheiden. Die Bestimmung bewirkt damit die Beendigung der vorläufigen Rechtsstellung dieses Erben.

2 Andererseits soll die gesetzliche Befristung des Ausschlagungsrechts insb den Nachlassgläubigern und den Nächstberufenen schnell Klarheit über die Rechtslage verschaffen (Erman/*Schlüter* § 1944 Rz 1). Läuft die Frist ab, ohne dass die Ausschlagung erklärt wird, treten die Folgen des § 1943 Hs 2 ein.

3 Beim Bestehen einer Erbengemeinschaft sind der Fristbeginn, die Länge der Frist und die Fristberechnung für jeden Miterben gesondert festzustellen (Soergel/*Stein* § 1944 Rz 3). Die Frist kann auch dann unterschiedlich sein, wenn der Erbe zu mehreren gesondert ausschlagbaren Erbteilen berufen ist.

4 **B. Ausschlagungsfrist.** Sie beträgt 6 Wochen, um den ungewissen Schwebezustand zu beenden. Hatte der Erblasser seinen Wohnsitz im Ausland oder hielt sich der Erbe bei Fristbeginn im Ausland auf, verlängert sich die Frist auf 6 Monate. Für die Kenntnis des gesetzlichen Vertreters ist dessen Aufenthalt maßgebend (Palandt/*Edenhofer* § 1944 Rz 1). Der Sterbeort des Erblassers ist unerheblich, selbst wenn er im Inland liegt; entscheidend ist der räumliche Schwerpunkt seiner Lebensverhältnisse (Soergel/*Stein* § 1944 Rz 4).

5 **C. Fristbeginn.** Die Frist beginnt in dem Zeitpunkt, in dem der Erbe zuverlässige Kenntnis vom Anfall der Erbschaft und von seinem Berufungsgrund erlangt hat; bei Miterben läuft die Frist für jeden Erben gesondert (Soergel/*Stein* § 1944 Rz 3). Die Kenntnis setzt das zuverlässige Erfahren der maßgeblichen Umstände voraus, aufgrund dessen ein Handeln erwartet werden kann, wenn dem Erben die tatsächlichen und rechtlichen Umstände in so zuverlässiger Weise bekannt geworden sind, dass von ihm vernünftigerweise erwartet werden kann, zu überlegen, ob er die Erbschaft annehmen oder ausschlagen will (Zweibr NJW-RR 06, 1594). Bei einem rechtlich Unkundigen kann uU auch das Fehlen eines Aktivnachlasses oder die Annahme, ein solcher fehle, die Kenntnis vom Anfall der Erbschaft ausschließen (BayObLG NJW-RR 94, 202). Dabei kommt es auf die Erkenntnisquelle nicht an, wenngleich unüberprüfbare, private Mitteilungen idR nicht ausreichen (BayObLG NJW-RR 94, 202). Die zuverlässige Kenntnis vom Berufungsgrund fehlt, wenn der durch eine auslegungsbedürftige letztwillige Verfügung berufene Miterbe mit vertretbaren Gründen annimmt, er sei Alleinerbe kraft Gesetzes geworden (München FamRZ 08, 445). Ein Tatsachen- und/oder Rechtsirrtum ist beachtlich; in gleicher Weise schließt ein Irrtum über die Art oder Wirksamkeit der Berufung, der nicht „von vornherein von der Hand" zu weisen ist, die positive Kenntnis vom Berufungsgrund aus (BGH ZErb 00, 232).

6 *Kennen müssen* oder grob fahrlässige Unkenntnis steht der Kenntnis nicht gleich; sie verhindert aber den Fristbeginn (Brandbg FamRZ 68, 1619). Entspr gilt bei Unfähigkeit zur Kenntnisnahme auf Grund körperlichen und/oder geistigen Verfalls (Soergel/*Stein* § 1944 Rz 12).

Der pflichtteilsberechtigte Erbe, dessen Erbteil durch Anordnungen iSd § 2306 beschwert ist, muss nicht nur 7
die Beschwerungen und Beschränkungen kennen, § 2306 I 2 Hs 2, sondern auch die in II vorausgesetzten Tatsachen und muss wissen, dass der hinterlassene Erbteil größer ist als die Hälfte des gesetzlichen Erbteils (BayObLG FamRZ 98, 642). IRd § 1371 muss nicht nur die Pflichtteilsquote, sondern auch ein etwaiger Zugewinnausgleich ermittelt werden (*Jülicher/Klinger* NJW-Spezial 08, 647).

Der Erbe hat **Kenntnis vom Anfall**, wenn er die den Anfall begründenden Tatsachen, wie Tod/Todeserklä- 8
rung des Erblassers, die verwandtschaftlichen oder ehelichen Verhältnisse und den Wegfall bevorrechtigter Verwandter kennt (DGE/*Hanhörster/Dospil* § 1944 Rz 5). Geht der Erbe irrtümlich davon aus, dass die ursprünglich angenommene Berufung zum gesetzlichen Erben durch eine Verfügung von Todes wegen beseitigt wurde, fehlt es an der Kenntnis (Hamm NJW 69, 1355). Dies gilt auch, wenn ein nichtiges Testament, das den Erben von der Erbfolge ausschließt, irrtümlich für wirksam erachtet wird (AnwK-BGB/*Ivo* § 1944 Rz 10).

Der Erbe hat **Kenntnis vom Berufungsgrund**, wenn der Erbe weiß, weshalb ihm die Erbschaft angefallen ist und 9
ob er sie als gesetzlicher oder als gewillkürter Erbe erhält (Staud/*Otte* § 1944 Rz 9). Der Fristbeginn ist ausgeschlossen, wenn dem Erben die Mitteilung des Nachlassgerichts über Abfall und Berufungsgrund zwar zugegangen ist, er sie aber nicht gelesen hat (BayObLGZ 68, 68) oder sie auf Grund körperlicher/geistiger Beeinträchtigung nicht verstanden hat (BayObLG NJW 53, 1431). Private Mitteilungen, die der Erbe nicht überprüfen kann, genügen nicht (BayObLG NJW-RR 94, 202). Bei **gesetzlicher Erbfolge** ist neben der Kenntnis des die Erbberechtigung begründenden Familienverhältnisses, wie Ehe und Verwandtschaft, auch die Kenntnis vom Fehlen einer letztwilligen Verfügung, die das gesetzliche Erbrecht ausschließt, erforderlich (BGH NJW-RR 00, 1530).

Bei **gewillkürter Erbfolge** muss der Erbe davon Kenntnis erlangt haben, dass er durch Verfügung von Todes 10
wegen zum Erben berufen ist; die genaue Kenntnis des ganzen Inhalts der ihn berufenden Verfügung ist nicht erforderlich. Unerheblich ist insb, ob er sie für ein Testament oder einen Erbvertrag hält. Existieren mehrere Verfügungen des Erblassers mit unterschiedlichen Inhalten, sollte der Erbe Kenntnis von dem bestimmten, ihn berufenden Testament haben (MüKo/*Leipold* § 1944 Rz 4). In diesem Fall beginnt die Frist niemals vor der gerichtlichen Verkündung der Verfügung (München NJW-RR 06, 1668); die Eröffnung reicht hierfür nicht aus, wenn der Erbe weder geladen noch anwesend war (BayObLG NJW-RR 05, 232), da es Zweck der Verkündung ist, den Beteiligten, insb dem Testamentserben, den Inhalt des Testaments amtlich kundzumachen (BGH NJW 91, 169).

Nach § 1944 II 2 beginnt die Frist erst mit deren Verkündung, dh der Eröffnung des Testaments durch das 11
Nachlassgericht, § 2260. Beim Minderjährigen kommt es auf die Person des gesetzl Vertreters an (*Gottwald* ZEV 06, 293). Ein Verlesen ist nicht erforderlich, wenn die Verfügung auf Verlangen der Anwesenden zur Einsichtnahme vorgelegt wird oder kein Beteiligter erschienen ist. Im letzten Fall beginnt die Frist mit der Mitteilung über die Verkündung an diesen (BGHZ 112, 229). Hatte der Erbe bereits vor der Verkündung Kenntnis über den Anfall der Erbschaft, wird die Frist mit der Verkündung in Gang gesetzt.

Eine Eröffnung im Rechtssinne liegt nicht vor, wenn bei einem gemeinschaftlichen Testament nach dem Erstver- 12
sterbenden untrennbare Verfügungen des Überlebenden mitverkündet werden (Palandt/*Edenhofer* § 1944 Rz 5).

Wurde die Urkunde zerstört oder ist sie verloren gegangen und konnte dadurch keine Verkündung erfolgen, 13
beginnt die Frist mit der Kenntnis des Erben von den notwendigen Tatsachen, aus denen sich ergibt, dass keine Verkündung durchgeführt werden kann (MüKo/*Leipold* § 1944 Rz 17). Kann die Urkunde nach § 46 BeurkG wiederhergestellt werden, beginnt die Frist nicht vor Eröffnung der wiederhergestellten Urkunde (Wuppertal JMBl NRW 48, 173).

D. Maßgebliche Person. Bei der Frage der Kenntnis kommt es auf die Person des Erben an. Ist der Erbe minder- 14
jährig bzw geschäftsunfähig, ist die Kenntnis des gesetzlichen Vertreters (Kobl FamRZ 08, 1031), also beider Eltern oder des Betreuers gem § 1902 entscheidend (LG Freiburg BWNotZ 93, 44; aA Soergel/*Stein* § 1944 Rz 12, wonach die Kenntnis eines Vertreters ausreichen soll). Hat der voll geschäftsfähige Erbe einen Betreuer oder Bevollmächtigten, setzt sowohl die Kenntnis des Vertreters als auch die Kenntnis des Erben die Frist in Kauf (KG JW 1935, 3641), wobei die früher ablaufende Frist entscheidet. Weil § 166 nur die Rechtsfolgen einer Willenserklärung betrifft, nicht aber deren Unterlassung, findet die Vorschrift hier keine Anwendung (MüKo/*Leipold* § 1944 Rz 14).

Die Frist beginnt für den Nacherben mit Kenntnis vom Eintritts des Nacherbfalls und des Berufungsgrundes 15
(RG LZ 25, 1071), er kann aber gem § 2142 I bereits mit Eintritt des Erbfalls die Ausschlagung erklären (RGZ 59, 341). Wird der Erbe erst nach dem Tod des Erblassers geboren, beginnt die Ausschlagungsfrist nicht vor dessen Geburt und Kenntnis des gesetzlichen Vertreters (Erman/*Schlüter* § 1944 Rz 6 mwN). In gleicher Weise kann auch der Ersatzerbe schon vor dem Erbfall ausschlagen; will er ausschlagen, dann muss er es in jedem Fall nach dem Ersatzerbfall tun (AnwK-BGB/*Ivo* § 1944 Rz 5).

Ist eine juristische Person Erbe und bedarf sie zum Erwerb des Nachlasses einer Genehmigung, beginnt die 16
Frist erst mit Kenntnis von deren Erteilung (Soergel/*Stein* § 1944 Rz 17 mwN).

E. Fristablauf. Die Frist berechnet sich nach §§ 187 I, 188, 193 (*Sarres* ZFE 06, 344). Eine Fristverlängerung 17
oder -verkürzung der gesetzlichen Frist durch das Nachlassgericht ist unzulässig. Allerdings kann der Erblasser durch Bestimmung eines bestimmten Annahmezeitraums Einfluss auf die Frist nehmen, sie dadurch verkürzen oder verlängern (Stuttg OLGZ 74, 67; aA MüKo/*Leipold* § 1944 Rz 19, wonach der Erblasser nicht in

der Lage ist, die Ausschlagungsfrist zu verändern). Hat der Erblasser eine längere Frist bestimmt, ist der Erbe nur unter einer aufschiebenden Bedingung zum Erben eingesetzt (RGRK/*Johannsen* § 1944 Rz 7).

18 Für den Ablauf der Ausschlagungsfrist verweist § 1944 III auf die allgemeinen Verjährungsvorschriften der §§ 206, 210 und stellt damit klar, dass nicht alle Verjährungsvorschriften der §§ 203 ff Anwendung finden. Da § 1944 III zwingendes Recht ist, kann der Erblasser in seiner Verfügung von Todes wegen nicht über die Anwendung der Verjährungsvorschriften disponieren (Damrau/*Masloff* § 1944 Rz 10).

19 Nach § 206 iVm § 209 wird derjenige Zeitraum nicht in die laufende Ausschlagungsfrist eingerechnet, in dem der vorläufige Erbe aufgrund höherer Gewalt an der Ausschlagungserklärung gehindert war. Dabei müssen die Hinderungsgründe bereits vor dem Ende der Ausschlagungsfrist eingesetzt haben. Dadurch verlängert sich im Ergebnis die Ausschlagungsfrist um den Zeitraum der höheren Gewalt (BGH ZErb 00, 232).

20 Höhere Gewalt sind all die Ereignisse, die auch bei äußerster, billigerweise zu erwartenden Sorgfalt nicht vorausgesehen und verhindert werden konnten (Damrau/*Masloff* § 1944 Rz 13). Hierzu gehört neben dem Stillstand der Rechtspflege (Palandt/*Edenhofer* § 1944 Rz 7) auch die Zeit bis zur Entscheidung über die Anregung des nicht sachkundigen Betreuers beim Vormundschaftsgericht, einen anderen Betreuer zu bestellen (BayObLG FamRZ 98, 642) sowie die unvermeidbare Verzögerung bei ordnungsgemäß und rechtzeitig beantragter Entscheidung des Vormundschafts- oder Familiengericht nach §§ 1643 II, 1822 Nr 2, 1908i, 1915 (BayObLG FamRZ 83, 834; aA RGZ 118, 145), weil bei deren Verzögerung über den Fristablauf hinaus eine Anfechtung wegen Fristversäumnis mangels Irrtums nicht möglich ist (hM Frankf FamRZ 66, 259). Mit Zugang des Genehmigungsbeschlusses fällt die Hemmung des Fristablaufs weg (Frankf 66, 259).

21 Nach § 210 I 1, 2 analog endet bei geschäftsunfähigen oder beschränkt geschäftsfähigen Erben, die einen gesetzlichen Vertreter haben, das Ausschlagungsrecht nicht vor Ablauf der Ausschlagungsfrist nach dem Zeitpunkt, in dem der Erbe unbeschränkt geschäftsfähig oder der Mangel der Vertretung behoben wird, wobei das Fehlen des gesetzlichen Vertreters innerhalb der Ausschlagungsfrist vorgelegen haben muss (Damrau/*Maßloff* § 1944 Rz 14). Das gilt auch dann, wenn der gesetzliche Vertreter für einen kürzeren Zeitraum als den der Ausschlagungsfrist fehlte (Palandt/*Heinrichs* § 210 Rz 4). Die Frist eines gesetzlichen Vertreters beträgt auch bei de **Ablaufhemmung für nicht voll Geschäftsfähige** nur 6 Wochen, § 210 I 2. Dies gilt nicht, wenn ein Fall des III vorliegt. § 210 II ist nicht anwendbar (Staud/*Otte* § 1944 Rz 27).

22 Fällt der gesetzliche Vertreter, nachdem er Kenntnis erlangt hat, dh nach Fristbeginn durch Tod, Abberufung oä weg, beginnt eine neue Frist für den Nachfolger. Nicht erforderlich ist eine erneute Kenntniserlangung der in II 1 u 2 erforderlichen Umstände (Soergel/*Stein* § 1944 Rz 20). Stirbt der Erbe, so läuft die schon in Lauf befindliche Frist gegen seine Erben weiter, § 1952 II (Damrau/*Masloff* § 1944 Rz 14).

23 **F. Beweislast.** Für die Wirksamkeit der Ausschlagung trägt derjenige, der sich darauf beruft, die Beweislast, dh er hat die Existenz, den Zeitpunkt und die Formwirksamkeit der Ausschlagung nachzuweisen, darüber hinaus auch den Beginn und den Ablauf der Frist. Die Beweislast erstreckt sich nicht auf die Rechtzeitigkeit der Ausschlagung, da die Fristversäumnis eine rechtsvernichtende Einwendung darstellt, die vom Gegner zu beweisen ist (BGH NJW-RR 00, 1530; aA Erman/*Schlüter* § 1944 Rz 10).

24 Dagegen trifft die Beweislast den Erben, wenn er sich auf die längere Ausschlagungsfrist des III beruft oder dartut, es habe ein den Fristbeginn ausschließender Irrtum vorgelegen (Baumgärtel/*Schmitz* § 1944 Rz 4). Entspr gilt für eine Hemmung des Fristablaufs gem II 3, §§ 206, 210 (BGH NJW-RR 00, 1530).

25 Demnach trägt derjenige, der den Verlust des Ausschlagungsrechts, insb das Verstreichen der Ausschlagungsfrist behauptet, die Beweislast für den Wegfall des Ausschlagungsrechts (Erman/*Schlüter* § 1944 Rz 10 mwN). Dabei müssen die objektiven und subjektiven Voraussetzungen, einschl etwaiger Irrtümer oder Hemmungsgründe dargelegt und bewiesen werden (Soergel/*Stein* § 1944 Rz 22).

26 Zur Wahrung der Ausschlagungsfrist ist für den Nachweis der Genehmigung des Vormundschafts- oder Familiengerichts lediglich auf den wirksamen Zugang der Ausschlagungserklärung beim Nachlassgericht und die Beantragung der dortigen Genehmigung abzustellen (Damrau/*Masloff* § 1944 Rz 19).

§ 1945 Form der Ausschlagung.
(1) Die Ausschlagung erfolgt durch Erklärung gegenüber dem Nachlassgericht; die Erklärung ist zur Niederschrift des Nachlassgerichts oder in öffentlich beglaubigter Form abzugeben.
(2) Die Niederschrift des Nachlassgerichts wird nach den Vorschriften des Beurkundungsgesetzes errichtet.
(3) ¹Ein Bevollmächtigter bedarf einer öffentlich beglaubigten Vollmacht. ²Die Vollmacht muss der Erklärung beigefügt oder innerhalb der Ausschlagungsfrist nachgebracht werden.

1 **A. Allgemeines.** Der Erbe kann den ohne sein Zutun kraft Gesetzes eingetretenen Erbanfall durch Ausschlagung beseitigeen, so dass der Anfall als nicht erfolgt gilt, § 1953 I. Wegen dieser statusrechtlichen Wirkung ist die Ausschlagungserklärung im Interesse der Rechtssicherheit formalisiert (Mot V 502).

2 **B. Ausschlagungserklärung.** Die Ausschlagungserklärung ist eine einseitige, form- und fristgebundene, amtsempfangsbedürftige Willenserklärung. Maßgebend ist der für die Nachlassbeteiligten erkennbare Sinn der Erklärung (BayObLG FamRZ 2003, 121). Sie wird erst wirksam, wenn sie dem Nachlassgericht zugeht, wobei sie unwirksam wird, wenn vorher oder gleichzeitig ein Widerruf bei Gericht eingeht.

C. Inhalt der Erklärung. In der Ausschlagungserklärung muss der Erklärende zu erkennen geben, dass er 3
nicht Erbe sein will, er die Erbschaft also nicht annehmen will. Es genügt, wenn sich die Bedeutung aus dem
Erklärten ergibt; die Begriffe „Ausschlagung" oder „ausschlagen" sind hierfür nicht notwendig (Soergel/*Stein*
§ 1945 Rz 4). Der Wille ist ggf durch Auslegung zu ermitteln, wobei widersprüchliche, dunkle und unklare
Aussagen ungeeignet sind, die Wirkungen des § 1953 I herbeizuführen (BayObLGZ 77, 168).
Bei der Auslegung einer nicht eindeutigen Erklärung ist auf das allg Verständnis abzustellen; Umstände, die 4
außerhalb der Erklärung liegen, sind nicht zu berücksichtigen, da sie idR den Nachlassbeteiligten nicht
zugänglich sind (Brandbg FamRZ 97, 1023; aA MüKo/*Leipold* § 1945 Rz 3). Da es sich bei der Ausschlagung
um das Gegenstück der Annahme handelt, muss die Erklärung, die Erbschaft nicht annehmen zu wollen,
genügen (Palandt/*Edenhofer* § 1945 Rz 1).
Str ist, ob zur Wirksamkeit der Ausschlagungserklärung die Kenntnis des Erben über den Anfall der Erb- 5
schaft notwendig ist (BayObLGZ 20, 322; aA Soergel/*Stein* § 1945 Rz 4).
Eine Ausschlagung ist, wenn keine weiteren Umstände die Erklärung begleiten, **nicht** anzunehmen, wenn der 6
Erbe lediglich erklärt, er verzichtet auf die Herausgabe des Nachlasses und erkläre sich wegen aller Erbansprüche an den Ehegatten des Verstorbenen für befriedigt (KG OLG 30, 167). Bei mehrfacher Ausschlagung
ist die zweite Rechtshandlung zunächst unbeachtlich; sie kann aber, wenn sich herausstellt, dass die erste
unwirksam war, Wirksamkeit erlangen (Palandt/*Edenhofer* § 1945 Rz 1).

D. Ausschlagungsberechtigter. Ausschlagungsberechtigt ist ausschließlich der geschäftsfähige Erbe, der sich 7
aber eines Vertreters bedienen kann. Das Recht zur höchstpersönlichen Entscheidung über eine Ausschlagung
verbleibt dem Erben auch im Insolvenzfall und geht nicht auf den Insolvenzverwalter über (*Ivo* ZErb 03,
250). Die Ausschlagung ist nicht wegen Sittenwidrigkeit nichtig, wenn der Ausschlagende Sozialhilfeempfänger ist, da auch bei Bedürftigkeit kein Zwang zur Annahme einer Erbschaft besteht (LG Aachen FamRZ 05,
1506). Allerdings hält das OLG Stuttgart (NJW 01, 3484) die Erbausschlagung eines Erben zu Lasten des
Sozialhilfeträgers für sittenwidrig und hat daher die Genehmigung zur Ausschlagung eines Betreuers gegen
eine Abfindung verweigert, wenn dadurch der Zugriff des Sozialhilfeträgers auf das ererbte Vermögen verhindert werden sollte (näher hierzu FA ErbR/*Tschichoflos*, Kap 11).
Der **beschränkt Geschäftsfähige** kann nur mit Einwilligung des gesetzlichen Vertreters ausschlagen. Eine 8
nachträgliche Zustimmung ist nach § 111 nicht möglich. Dies gilt auch für das Nachreichen einer schriftlichen Einwilligung (Damrau/*Maßloff* § 1945 Rz 8). Nach § 130 II analog wird die Ausschlagungserklärung
wirksam, wenn sie vor Volljährigkeit des Ausschlagungsberechtigten abgege-
ben wird, dem Nachlassgericht aber erst danach zugeht (Karlsr FamRZ 65, 573).
Für den **Geschäftsunfähigen** kann nur der gesetzliche Vertreter, bei mehreren alle zusammen, die Erbschaft 9
ausschlagen (BayObLGZ 77, 163), auch wenn der Erblasser einen von ihnen nach § 1638 von der Vermögenssorge ausgeschlossen hat (Karlsr FamRZ 65, 573). Die Ausschlagung nur eines Elternteils ist bei gemeinsamer
elterlicher Sorge unwirksam; eine formlose Zustimmung des anderen Elternteils zur Ausschlagung genügt
nicht dem Wirksamkeitserfordernis (MüKo/*Leipold* § 1945 Rz 12). IFd Bevollmächtigung des anderen Elternteils ist III zu beachten. Können sich die sorgeberechtigten Eltern nicht einigen, kommt eine gerichtliche
Übertragung der Entscheidungsbefugnis nach § 1628 in Betracht; erfolgte die Ausschlagung auf der Grundlage einer im einstweiligen Anordnungsverfahren übertragenen Entscheidungsbefugnis und wird diese im
Hauptsacheverfahren aufgehoben, bleibt die Ausschlagung wirksam (Hamm NJW 02, 2477).
Wird durch die Ausschlagung des Kindes nun der Elternteil zum Erben berufen, ist er nicht deshalb kraft 10
Gesetzes von der Vertretung ausgeschlossen, weil § 181 bei der Ausschlagung weder direkt noch seinem
Schutzzweck nach anwendbar und ein Fall der §§ 1629 II, 1795 nicht gegeben ist (BayObLG RPfleger 83,
482). Allerdings bedürfen die Eltern für die Ausschlagung grds der familiengerichtlichen Genehmigung, es sei
denn, das Kind wurde deshalb Erbe, weil ein Elternteil sein eigenes Erbrecht ausgeschlagen hat (Naumbg
FamRZ 07, 1047). Nach § 1822 Nr 2 bedarf auch die Ausschlagung des Vormunds oder Pflegers der Genehmigung des Familiengerichts (*Ivo* ZEV 02, 309).
Vormund, Betreuer und Pfleger bedürfen zur Ausschlagung der familiengerichtlichen Genehmigung, ohne 11
die ihre Erklärung unwirksam ist, §§ 1643 III, 1831. Die Genehmigung ist nach § 1828 zusammen mit dem
Nachweis der zu ihrer Wirksamkeit erforderlichen Bekanntmachung an den gesetzlichen Vertreter innerhalb
der Ausschlagungsfrist dem Nachlassgericht vorzulegen (Soergel/*Stein* § 1945 Rz 6). Wird die Genehmigung
vor Ablauf der Ausschlagungsfrist beantragt, wird der Fristablauf bis zu ihrer Genehmigungserteilung
gehemmt. Die Verzögerung bei der Genehmigungserteilung ist trotz fristgemäßer Einreichung als ein Fall der
höheren Gewalt zu werten (Hamm FamRZ 94, 522). Das Familiengericht hat bei der Entscheidung über die
Genehmigung nicht zu prüfen, ob die Ausschlagung wirksam erklärt ist bzw noch erklärt werden kann (Bay-
ObLGZ 69, 14).
Eheleute bedürfen, gleich in welchem Güterstand sie leben, nicht der Zustimmung des anderen Ehegatten. 12
Dies gilt auch bei Gütergemeinschaft, wenn das Gesamtgut vom anderen Ehegatten verwaltet wird, § 1432.
Bei gemeinschaftlicher Verwaltung können die Eheleute gemeinschaftlich nach § 1450 oder nur der Erbende
nach § 1455 Nr 1 ausschlagen (Palandt/*Edenhofer* § 1945 Rz 5).

13 Nachlasspfleger, -verwalter und Testamentsvollstrecker sind nicht ausschlagungsberechtigt (MüKo/*Leipold* § 1945 Rz 12).

14 Der gewillkürte Stellvertreter muss mit der Erklärung die öffentlich beglaubigte Vollmacht zur Ausschlagung vorlegen oder innerhalb der Ausschlagungsfrist nachreichen, III. Eine Vollmachtserteilung zur Niederschrift des Nachlassgerichts ist nicht möglich (*Winkler* RPfleger 71, 344). Nach Auffassung des OLG Zweibrücken kann das Ausschlagungsrecht nicht durch einen Bevollmächtigten ausgeübt werden, da es zwar vererbbar, nicht aber übertragbar sei und deshalb nicht auf der Grundlage einer Vollmacht ausgeübt werden kann (FamRZ 08, 646 = ZEV 08, 194 = NJW-RR 2008, 239).

15 **E. Ausschlagungsgegner.** Die Ausschlagungserklärung ist ggü dem Nachlassgericht abzugeben; eine Erklärung auf andere Weise ist unzulässig (Staud/*Otte* § 1945 Rz 13). Dies gilt nicht für die Ausschlagung von Vermächtnissen; sie kann formlos ggü dem Beschwerten erfolgen (Staud/*Otte* § 1945 Rz 30). Das Nachlassgericht nimmt die Erklärung entgegen, auch wenn es sie für unwirksam oder verspätet erachtet und teilt die Ausschlagung den Nächstberufenen nach § 1953 III mit. Es entscheidet erst im Erbscheinsverfahren über die Wirksamkeit der Ausschlagung, und zwar auch dann, wenn das Landesrecht ihm die Erbenermittlung vAw vorschreibt (BayObLGZ 1985, 244).

16 Nach § 23a II Nr 2 GVG ist das Amtsgericht Nachlassgericht; in Baden-Württemberg haben die staatlichen Notariate nach §§ 1, 36, 38 LFGG die Aufgabe des Nachlassgerichts übernommen. Gem § 11 HöfeO hat die Ausschlagung des Hofes ggü dem Landwirtschaftsgericht zu erfolgen, in dessen Bezirk der Hof liegt. Zuständig ist das Amtsgericht des letzten Wohnsitzes oder Aufenthalts des Erblassers, § 152 FamFG.

17 Fristwahrend ist auch die Abgabe der Erklärung ggü einem vom Nachlassgericht im Wege der Rechtshilfe ersuchten anderen Amtsgericht (BayObLGZ 52, 291). Entspr gilt, wenn ein unzuständiges Gericht die bei ihm eingegangene Erklärung innerhalb der Ausschlagungsfrist an das zuständige Nachlassgericht weiterleitet (MüKo/*Leipold* § 1945 Rz 8). Gibt es die Erklärung an den Ausschlagenden zurück, ist sie nach hM (*Jansen* FGG § 7 Rz 4) unwirksam. Eine Wiederholung ist, wenn sie in wirksamer Form vor Fristablauf erfolgt, möglich (Palandt/*Edenhofer* § 1945 Rz 8). Eine im Vordringen befindliche überwiegende Meinung spricht sich dafür aus, dass die Frist als gewahrt gilt, wenn das Erstgericht die Ausschlagungserklärung an das zuständige Gericht weiterleitet, auch wenn sie dort erst nach Fristablauf eintritt (KKW/*Zimmermann* § 7 FGG Rz 6).

18 Eine beim unzuständigen Gericht eingereichte Erklärung ist gem § 2 III FamFG analog fristwahrend und wirksam, wenn sich dieses Gericht als zuständig betätigt hatte oder ohne seine örtliche und/oder sachliche Unzuständigkeit festzustellen und die Erklärung weder weiterzuleiten noch zurückzugeben, die Ausschlagungserklärung als Nachlassgericht entgegengenommen hat (BGH NJW 62, 491; RGZ 71, 380). Insoweit darf der Erklärende auf die Zuständigkeitsprüfung des Gerichts vertrauen (Staud/*Otte* § 1945 Rz 17).

19 Auf Verlangen des Ausschlagenden hat das Nachlassgericht eine Bestätigung über den Eingang der öffentlich beglaubigten Erklärung oder über die erfolgte Beurkundung durch Niederschrift auszustellen (AnwK-BGB/*Ivo* § 1945 Rz 18), es darf sich aber nicht über die Wirksamkeit der Ausschlagung äußern (Erman/*Schlüter* § 1945 Rz 9).

20 **F. Form der Ausschlagung.** Die Ausschlagungserklärung muss ggü dem Nachlassgericht entweder zur Niederschrift des Nachlassgerichts (zuständig ist der Rechtspfleger nach § 3 Nr 1 f RPflG; *Winkler* BeurkG § 57 Rz 6) oder in öffentlich beglaubigter Form abgegeben werden (Zweibr BeckRS 07, 19150). Es genügt weder ein Anwaltschriftsatz (LG München I FamRZ 00, 1328) noch die amtliche Beglaubigung durch eine Verwaltungsbehörde (AnwK-BGB/*Ivo* § 1946 Rz 7) oder per Telefax (Zweibr BeckRS 07, 19150). Die Ausschlagung des Jugendamtes als Amtsvormund in Form einer öffentlichen Urkunde gem § 415 ZPO bedarf nicht der öffentlichen Beglaubigung, weil die Erklärung den Erfordernissen einer öffentlichen Urkunde iSd § 421 ZPO entspricht (BGHZ 45, 362).

21 Die Ausschlagung in einem notariellen Testament oder Erbvertrag ist zwar formgültig, wahrt aber regelmäßig nicht die Ausschlagungsfrist des § 1944, selbst wenn sich die Verfügung von Todes wegen beim für die Entgegennahme der Ausschlagungserklärung zuständigen Nachlassgericht in amtlicher Verwahrung befindet (AnwK-BGB/*Ivo* § 1945 Rz 6). Gibt der Bevollmächtigte die Erklärung mit öffentlich beglaubigter Vollmacht ab, ist diese stets wirksam (MüKo/*Leipold* § 1945 Rz 11). Befinden sich die Erben im Ausland, genügt für eine im Ausland abgegebene Ausschlagungserklärung gem Art 11 EGBGB die Einhaltung der nach Ortsrecht vorgeschriebenen Form (Staud/*Dörner* Art 25 EGBGB Rz 112). Da sich die Empfangszuständigkeit nach dem Erbstatut des Art 25 richtet, bedarf es noch des Zugangs bei dem nach deutschem Recht zuständigen Nachlassgericht (Staud/*Dörner* Art 25 EGBGB Rz 113).

22 Formfehler bei der Niederschrift können innerhalb der Ausschlagungsfrist behoben werden, III 2.

23 **G. Gebühren.** Die Gebühren für die Beglaubigung bestimmen sich nach § 45 KostO. Danach fällt ¼ der vollen Gebühr, höchstens aber 130 Euro an (DGE/*Hanhörster/Dospil* § 1945 Rz 3).

24 Für die Entgegennahme der Ausschlagungserklärung gilt § 112 I Nr 2 KostO, soweit nicht § 115 KostO eingreift (Ddorf MDR 91, 999), wonach ebenfalls ¼ der vollen Gebühr erhoben wird. Erklären mehrere Erben gleichzeitig ggü dem Nachlassgericht die Ausschlagung, wird die Gebühr nur einmal erhoben (DGE/*Hanhörster/Dospil* § 1945 Rz 3).

Der Wert bestimmt sich nach der ausgeschlagenen Erbschaft, der durch Abzug der Nachlassverbindlichkeiten 25
zu ermitteln ist. Im Falle der Überschuldung des Nachlasses fällt nur die Mindestgebühr an.
Der Ausschlagende hat die Kosten der Ausschlagung zu tragen. 26

H. Ausschlagungspflicht. Eine gesetzliche Pflicht zur Ausschlagung einer Erbschaft besteht nicht, sie kann 27
auch nicht aus § 14 I, V HeimG oder anderen gesetzlichen oder tariflichen Bestimmungen hergeleitet werden
(str; AnwK-BGB/*Ivo* § 1945 Rz 19).
Da die Teilausschlagung einer Erbschaft unwirksam ist, kann der Erbe sie nur insgesamt annehmen oder aus- 28
schlagen. Entscheidet er sich für die Ausschlagung, fällt die Erbschaft dem Nächstberufenen an. Will er dafür
eine Gegenleistung erhalten, kommt eine vertragliche Vereinbarung über die Ausschlagung gegen Abfindung
in Betracht. **Nach** dem Erbfall fällt die Vereinbarung nicht mehr unter § 311b III, IV und bedarf als solcher
keiner besonderen Form (RG HRR 1929 Nr 292).
Vor dem Erbfall ist eine Ausschlagungsvereinbarung unter potentiellen Erben gem § 311b IV 2 nichtig 29
(Staud/*Wufka* § 312 Rz 4). Sie ist nur zulässig als sog Erbschaftsvertrag unter den engen Voraussetzungen des
§ 311b V, wobei die Begrenzung des Vertragsgegenstandes auf den gesetzlichen Erbteil wegen der möglichen
Änderung der Erbquote nach Vertragsschluss häufig Probleme bereitet (*Gothe* MittRhNotK 98, 193).
Ob eine Ausschlagungsverpflichtung zwischen Erblasser und dem künftigen Erben zulässig ist, ist str (MüKo/ 30
Musielak § 2302 Rz 4; aA Soergel/*Wolf* § 2302 Rz 3).

§ 1946 Zeitpunkt für Annahme oder Ausschlagung. Der Erbe kann die Erbschaft annehmen oder ausschlagen, sobald der Erbfall eingetreten ist.

A. Allgemeines. Die Annahme/Ausschlagung kann erst ab dem Erbfall erfolgen; der Ablauf der Ausschla- 1
gungsfrist muss nicht abgewartet werden (AnwK-BGB/*Ivo* § 1946 Rz 3, 1). Da § 1946 die Erklärung vom Eintritt des Erbfalls abhängig macht, können die Eltern die Annahme/Ausschlagung für den nasciturus erklären
(Stuttg Rpfleger 93, 157).
B. Vor dem Erbfall. Eine vor dem Erbfall abgegebene Annahme-/Ausschlagungserklärung ist wirkungslos 2
(Staud/*Otte* § 1946 Rz 2). Ansonsten kann zu diesem Zeitpunkt nur ein Erbverzicht oder ein Vertrag nach
§ 311b V geschlossen werden (DGE/*Hanhörster/Dospil* § 1946 Rz 1).
Gem § 2142 kann der Nacherbe vor Eintritt der Nacherbfolge die Erbschaft ausschlagen (RGZ 80, 377); der 3
Schlusserbe erst nach dem Tod des Letztversterbenden (BGH NJW 98, 543; aA Ddorf FamRZ 96, 1567).
C. Nach dem Erbfall. Der Erbe kann die Erbschaft annehmen oder ausschlagen, gleich, ob er sichere und 4
hinreichende Kenntnis vom Anfall und Berufungsgrund hat (Staud/*Otte* § 1946 Rz 3). Die Erbschaft muss
dem Erben nicht bereits angefallen sein; er kann als Nachberufener die Erbschaft noch vor der Ausschlagung durch den vorigen Erben für den Fall, dass ihm die Erbschaft anfällt, annehmen oder ausschlagen
(DGE/*Hanhörster/Dospil* § 1946 Rz 1). Gleiches gilt für den Ersatzerben und bei aufschiebend bedingter
Erbeinsetzung.
D. Ausnahmen. Nach § 2306 I 2 kann der Pflichtteilsberechtigte den Erbteil bereits dann ausschlagen, wenn 5
er noch keine Kenntnis von den Beschwerungen oder Beschränkungen hatte (Erman/*Schlüter* § 1946 Rz 2).
Die Vorschrift ist nicht anwendbar beim zeitlichen Auseinanderfallen von Erbfall und Erbschaftsanfall.

§ 1947 Bedingung und Zeitbestimmung. Die Annahme und die Ausschlagung können nicht unter einer Bedingung oder einer Zeitbestimmung erfolgen.

A. Allgemeines. Die Bedingungs-/Befristungsfeindlichkeit dient der Rechtssicherheit, da der Schwebezustand 1
zwischen Anfall und Annahme der Erbschaft bzw. Verstreichen der Ausschlagungsfrist eindeutig beendet werden soll. Vorsicht ist geboten bei der bedingten Erbausschlagung, weil die Rechtsprechung der Obergerichte
uneinheitlich ist und eine Entscheidung des BGH noch nicht vorliegt. Die Lit vertritt überwiegend die
Ansicht, dass Gegenwartsbedingungen keinen Schwebezustand wie bei § 158 entstehen lassen, weil das Vorliegen des jeweiligen Umstandes für den Erklärenden zwar subjektiv unsicher sei, objektiv aber bereits feststehe
(mwN *Specks* ZEV 07, 356).

B. Bedingungsfeindlichkeit. Unzulässig sind nur die echten rechtsgeschäftlichen Bedingungen oder Zeitbe- 2
stimmungen, die die Wirksamkeit einer Erklärung von einem zukünftigen ungewissen Ereignis abhängig
machen; sie führen zur Unwirksamkeit, wie zB „falls der Nachlass nicht überschuldet ist" (MüKo/*Leipold*
§ 1947 Rz 2) oder „falls die Erbschaftssteuer erlassen wird" (*Klinger/Roth* NJW-Spezial 07, 439). Unschädlich
sind dagegen Rechtsbedingungen, die nur die gesetzlichen Voraussetzungen betreffen, zB wird die Annahme
nur für den Fall erklärt, dass ein zuerst Berufener die Erbschaft ausschlägt (BayObLG RPfleger 82, 69). Wird
die Erbschaft aus einem bestimmten Berufungsgrund angenommen/ausgeschlagen, liegt darin eine zulässige
Rechtsbedingung (Staud/*Otte* § 1947 Rz 3).

3 **C. Sonderfälle.** Die Ausschlagung zugunsten eines Dritten ist als echte Bedingung unwirksam, wenn der Bestand der Erklärung davon abhängig sein soll, dass ein Dritter anstelle des Ausschlagenden Erbe wird und der Erklärende mit einem anderen möglichen Erfolg nicht einverstanden ist (BayObLG Rpfleger 82, 69).

4 Ist der gewollte Erwerb des Dritten nur das Motiv der Ausschlagung, ohne dass davon die Wirksamkeit der Erklärung abhängen soll, liegt keine Bedingung vor (BayObLG Rpfleger 82, 69). Das Gewollte ist durch Auslegung zu ermitteln (Hamm ZEV 98, 225).

5 Die Ausschlagung unter dem Vorbehalt des Pflichtteils wird überwiegend für zulässig gehalten (MüKo/*Leipold* § 1950 Rz 5). Die Rechtsprechung hält es für möglich, dass auf einen mit einer Ausschlagungserklärung verbundenen Pflichtteilsvorbehalt § 1947 nicht anzuwenden ist (BayObLG DNotZ 05, 631). Derzeit zeichnet sich, va bei der Anfechtung einer Erbschaftsannahme wegen irrtümlicher Verkennung der Wirkungsweisen des § 2306 I, eine anfechtungsfreundliche Position des BGH ab (BGH NJW 06, 3353).

6 Die unwirksame Ausschlagungserklärung kann ggf als Annahme, ihm die Erbschaft zu veräußern, bewertet werden, wenn der Begünstigte das Entgelt für die Ausschlagung versprochen hat (KG DNotZ 74, 597), unabhängig von einer Bezahlung. IdR wird die notarielle Beurkundung fehlen (Staud/*Otte* § 1947 Rz 8).

§ 1948 Mehrere Berufungsgründe.
(1) Wer durch Verfügung von Todes wegen als Erbe berufen ist, kann, wenn er ohne die Verfügung als gesetzlicher Erbe berufen sein würde, die Erbschaft als eingesetzter Erbe ausschlagen und als gesetzlicher Erbe annehmen.
(2) Wer durch Testament und durch Erbvertrag als Erbe berufen ist, kann die Erbschaft aus dem einen Berufungsgrund annehmen und aus dem anderen ausschlagen.

1 **A. Allgemeines.** Der aus mehreren Berufungsgründen zum Allein- oder Miterbe Berufene kann die Erbschaft nach I getrennt annehmen oder ausschlagen. Entspr gilt nach II für die gleichzeitige Berufung durch Testament und Erbvertrag. § 1948 ist anwendbar, wenn der Erblasser die gesetzliche Erbfolge im Falle einer Ausschlagung nicht ausgeschlossen hat. Für den rechtsunkundigen Erben birgt die Vorschrift das Risiko in sich, durch die Ausschlagung der gewillkürt angefallenen Erbschaft auch die gesetzliche Erbschaft zu verlieren, wenn die Voraussetzungen des § 1948 entgegen des Anscheins nicht vorliegen (MüKo/*Leipold* § 1948 Rz 2).

2 **B. Voraussetzungen.** Durch die Ausschlagung muss noch Raum sein für die gesetzliche Erbfolge. Ist die gesetzliche Erbfolge durch erschöpfende testamentarische Bestimmungen in vollem Umfang ausgeschlossen und sehen die §§ 2069, 2102 für den Fall der Ausschlagung eine andere Erbfolge vor (BayObLGZ 77, 163), wächst der ausgeschlagene Erbteil den gesetzlichen Erben nach § 2094 an oder fällt er dem Ersatz- oder Nacherben zu, ist § 1948 nicht anwendbar (Frankf Rpfleger 69, 386).

3 Wird die gewillkürte Erbeinsetzung ausgeschlagen, läuft ab Kenntnis des Berufungsgrundes für die Berufung als gesetzlicher Erbe eine neue Ausschlagungsfrist (Mot V 508). Bei Kenntnis der Berufung als gesetzlicher Erbe muss der Ausschlagende wegen § 1949 II die Ausschlagung auf die Berufung als gewillkürter Erbe beschränken, weil er nur dadurch seine gesetzliche Erbfolge wahrt (AnwK-BGB/*Ivo* § 1942 Rz 9).

4 Aufgrund des Wortlauts der Vorschrift kommt eine Ausschlagung als gesetzlicher und Annahme als eingesetzter Erbe nicht in Betracht.

5 **C. Testament/Erbvertrag.** II meint Fälle, in denen die Verfügung von Todes wegen besondere Beschränkungen oder Belastungen, wie zB Vermächtnisse oder Nacherbeinsetzungen, enthält. Sind sie nur im Erbvertrag enthalten, bleiben sie im Zweifel auch bei der Ausschlagung erbvertraglicher Erbeinsetzung erhalten, wenn nicht bereits das Testament durch den Erbvertrag aufgehoben wurde, §§ 2161, 2192. Enthält ein späteres Testament, im Gegensatz zum Erbvertrag, die Belastungen nicht, deutet dies auf einen entgegenstehenden Willen hin (RGRK/*Johannsen* § 1948 Rz 11).

6 § 1948 II meint nicht die Berufung aufgrund von zwei Testamenten/Erbverträgen; hier besteht kein Wahlrecht (KG OLGE 42, 127).

7 **D. Kosten.** Die mit der Ausschlagung erfolgte Erbschaftsannahme ist nach § 112 III KostO gebührenfrei.

§ 1949 Irrtum über den Berufungsgrund.
(1) Die Annahme gilt als nicht erfolgt, wenn der Erbe über den Berufungsgrund im Irrtum war.
(2) Die Ausschlagung erstreckt sich im Zweifel auf alle Berufungsgründe, die dem Erben zur Zeit der Erklärung bekannt sind.

1 **A. Allgemeines.** Der Irrtum über den Beweggrund führt, ohne dass es einer Anfechtung bedarf, kraft Gesetzes zur Nichtigkeit der Annahme. § 122 gilt nicht. Kommt es dem Erben auf den Grund seiner Erbenstellung nicht an, ist I nicht anwendbar, da die Berufung auf einen Irrtum mangels Irrtums rechtsmissbräuchlich wäre (Lange/*Kuchinke* § 8 VII 1d; nach *Pohl* AcP 177, 52 fehlt es an der Kausalität). Gilt die Erbschaft nur als angenommen, weil die Ausschlagungsfrist abgelaufen ist findet § 1949 keine Anwendung.

B. Nichtige Annahme. I. Berufungsgrund. Es ist der konkrete Tatbestand, der zur Berufung als Erbe 2
geführt hat (Staud/*Otte* § 1944 Rz 8), wie zB eine Verfügung von Todes wegen oder ein zugrunde liegendes
Verwandtschaftsverhältnis. Eine Gleichsetzung der richtigen Kenntnis vom Berufungsgrund mit der Kenntnis
vom Grund der Berufung nach § 1944 II scheidet aus (Erman/*Schlüter* § 1949 Rz 1; aA MüKo/*Leipold* § 1949,
Rz 4). Erforderlich sind solche Tatsachen, die die Identität des Tatbestandes in Frage stellen, weshalb der Irrtum über das Datum der Verfügung nicht genügt (Erman/*Schlüter* § 1949 Rz 1).

II. Irrtum über den Berufungsgrund. Der Irrtum kann auf unterschiedlichen Umständen basieren: Erbe 3
geht zu Unrecht von der Erbenstellung kraft Gesetzes aus, obgleich er durch Verfügung von Todes wegen
berufen ist; der Erbe irrt auch, wenn er sich als gesetzlicher Erbe aufgrund eines anderen gesetzlichen Tatbestandes (Verwandtschaft statt Ehe) für berufen hält (RGRK/*Johannsen* § 1949 Rz 2) oder er sich durch Testament eingesetzt glaubt, wohingegen seiner Erbeinsetzung ein Erbvertrag zugrunde liegt (Staud/*Otte* § 1949
Rz 6). Danach macht jeder Irrtum, auch ein Rechtsirrtum, die Annahme unwirksam (BGH NJW 97, 392)
und zwar unabhängig davon, ob der Irrtum entschuldbar ist oder nicht (AnwK-BGB/*Ivo* § 1949 Rz 4).

C. Wirkung des Irrtums. Ein Irrtum im Beweggrund führt zur Unwirksamkeit der Ausschlagung (Soergel/ 4
Stein § 1949 Rz 1). Die Ausschlagung erstreckt sich, wenn mehrere Berufungsgründe vorliegen, nach II auf
die den Erben bekannten Berufungsgründe. Die dem Erben nicht bekannten, aber tatsächlich vorliegenden
Berufungsgründe werden im Zweifel nicht erfasst. Nach Maßgabe des § 1948 kann die Ausschlagung auf
einen bestimmten Berufungsgrund beschränkt werden (AnwK-BGB/*Ivo* § 1949 Rz 7), sofern dem Ausschlagenden alle Berufungsgründe bekannt sind.

D. Auslegungsregel des Abs 2. Die Vorschrift dient der Rechtssicherheit iRd Nachlassabwicklung und erfasst 5
auch solche Berufungsgründe, durch die die Erbschaft dem Erben sofort und unmittelbar anfallen würde
(MüKo/*Leipold* § 194 f Rz 9; aA Soergel/*Stein* § 1948 Rz 8). II ist nicht anwendbar, wenn der Anfall der Erbschaft an den Ausschlagenden erst durch ein künftiges Ereignis erfolgt (KG JW 35, 2652).

§ 1950 Teilannahme; Teilausschlagung. ¹Die Annahme und die Ausschlagung können nicht auf einen Teil der Erbschaft beschränkt werden. ²Die Annahme oder Ausschlagung eines Teils ist unwirksam.

A. Allgemeines. Wegen der Gesamtrechtsnachfolge in § 1922 und der Unteilbarkeit der Erbschaft kann die 1
Erbquote durch Teilannahme/-ausschlagung nicht willkürlich beeinflusst werden. Dieses Beschränkungsverbot gilt nicht nur für einen ideellen Bruchteil, sondern auch für einen realen Nachlassgegenstand (*Lange/
Kuchinke* § 8 VI 1a). Falls einem Erben mehrere Erbteile anfallen, gilt § 1950 nicht (Staud/*Otte* § 1950 Rz 2).
IÜ besteht nach § 1952 III die Möglichkeit, die Ausschlagung zu beschränken (näher dort).
Nach § 11 HöfeO ist eine gegenständliche Ausschlagung möglich in der Weise: Der Hoferbe kann den Hof 2
ausschlagen und die übrige Erbschaft annehmen, nicht aber umgekehrt (Soergel/*Stein* § 1950 Rz 3).

B. Unwirksamkeit. Die Annahme bzw Ausschlagung nur eines Teils der Erbschaft ist, sofern nicht § 1951 3
eingreift, nach 2 unwirksam. Weder der Allein- noch der Miterbe können die Erbschaft oder den Erbteil in
rechtlich nicht vorhandene Bruchteile aufteilen (AnwK-BGB/*Ivo* § 1950 Rz 2). Hat der Erbe die Erbschaft nur
zT angenommen und keine Ausschlagung erklärt, ist davon auszugehen, dass er die Erbschaft als Ganzes
angenommen hat (DGE/*Hanhörster/Dospil* § 1950 Rz 1). Entspricht diese Lösung nicht seinem Willen, so
kann er anfechten (*Lange/Kuchinke* § 8 VI 1a).
Befindet sich im Nachlass ein Gesellschaftsanteil, kann die erbrechtliche Nachfolge in eine Personengesell- 4
schaft nur einheitlich angenommen oder ausgeschlagen werden (MüKo/*Leipold* § 1950 Rz 10).
Schlägt der Erbe unter dem Vorbehalt des Pflichtteils aus, ist von einer uneingeschränkten Ausschlagung auszugehen, auch wenn der pflichtteilsberechtigte Erbe nur zu einem geringen Erbteil eingesetzt wurde; er kann 5
aber den Pflichtteilsrestanspruch geltend machen, der unabhängig ist von einer Ausschlagung (DGE/*Hanhörster/Dospil* § 1950 Rz 1). Eine uneingeschränkte Ausschlagung liegt wohl vor, wenn die Erklärung nur der
Klarstellung dient, er ergebe trotz der Aufgabe seines Erbrechts noch Ansprüche. Fraglich ist, ob die Existenz
des Pflichtteilsanspruchs unbeachtliches Motiv oder Bedingung war mit der Folge des § 1947 (Soergel/*Stein*
§ 1950 Rz 1). *Frohn* (Rpfleger 82, 56) geht von einer zulässigen Gegenwartsbedingung aus, wonach die Wirksamkeit der Ausschlagung von der Entstehung des Pflichtteilsanspruchs abhängt.
§ 1950 erfasst weder die gesonderte Annahme/Ausschlagung eines rechtlich selbständigen Nachlassteils bei 6
der Nachlassspaltung noch die Ausschlagung eines Vorausvermächtnisses mit der Annahme der Erbschaft
und umgekehrt (AnwK-BGB/*Ivo* § 1950 Rz 6).

C. Rechtsfolge. Ist die Teilnahme/-ausschlagung unwirksam, fällt mit Ablauf der Ausschlagsfrist die ganze 7
Erbschaft an (Ermann/*Schüter* § 1950 Rz 3). Da der um den pauschalisierten Zugewinnausgleich gem § 1371
I erhöhte gesetzliche Erbteil des Ehegatten bei Zugewinngemeinschaft ein einheitliches Erbteil ist, kann dieser
nur als ganzes angenommen oder ausgeschlagen werden (KG NJW-RR 91, 330).
Eine besondere Rechtslage ergibt sich aufgrund des § 1371 III, der eine abw erbrechtliche Regelung darstellt, 8
wonach der ausschlagende Ehegatte den Zugewinnausgleich und den Pflichtteil verlangen kann (RGZ 93, 9).

9 Die Vorschrift ist nach § 2180 III auch auf Vermächtnisse und nach § 1934b II 1 auf Erbersatzansprüche in Erbfällen vor dem 1.4.98 anwendbar (Soergel/*Stein* § 1950 Rz 4).

§ 1951 Mehrere Erbteile. (1) Wer zu mehreren Erbteilen berufen ist, kann, wenn die Berufung auf verschiedenen Gründen beruht, den einen Erbteil annehmen und den anderen ausschlagen.
(2) ¹Beruht die Berufung auf demselben Grund, so gilt die Annahme oder Ausschlagung des einen Erbteils auch für den anderen, selbst wenn der andere erst später anfällt. ²Die Berufung beruht auf demselben Grund auch dann, wenn sie in verschiedenen Testamenten oder vertragsmäßig in verschiedenen zwischen denselben Personen geschlossenen Erbverträgen angeordnet ist.
(3) Setzt der Erblasser einen Erben auf mehrere Erbteile ein, so kann er ihm durch Verfügung von Todes wegen gestatten, den einen Erbteil anzunehmen und den anderen auszuschlagen.

1 **A. Allgemeines.** § 1951 statuiert die Teilbarkeit mehrerer Erbteile und erweitert damit das Wahlrecht des § 1948. Bei einem einheitlichen Berufungsgrund ist die Annahme/Ausschlagung nur einheitlich möglich, § 1950 2 (vgl § 1950 Rn 3 ff). Die Berufung aus mehreren Gründen auf nur einen Erbteil ist in § 1948 geregelt.

2 **B. Voraussetzungen. I. Mehrere Erbteile.** Die getrennte Annahme/Ausschlagung der Erbteile ist nur möglich, wenn die Berufung auf verschiedenen Berufungsgründen beruht oder der Erblasser die getrennte Annahme/Ausschlagung gestattet hat.

3 Berufungsgrund ist der konkrete, für die Rechtsstellung des als Allein- oder Miterben Berufenen maßgebliche Tatbestand, aus dem sich die Berufung zum Erben ergibt; bei gewillkürter Erbfolge die bestimmte Verfügung von Todes wegen, im Falle der gesetzlichen Erbfolge der gesamte Sachverhalt, aus dem das Gesetz das Erbrecht dieses Erben erwachsen lässt, wie zB Ehe, Verwandtschaftsverhältnis (Soergel/*Stein* § 1951 Rz 4).

4 Bei der Erbteilserhöhung nach § 1935 oder der Anwachsung nach § 2094 liegt keine Mehrheit von Erbteilen vor.

5 **II. Mehrere Berufungsgründe.** Mehrere Berufungsgründe, die auch verschiedenartig sein können, erfüllen den Tatbestand des § 1951: Die Annahme bzw Ausschlagung kann beschränkt werden. In Betracht kommen folgende Fallgestaltungen: Nebeneinander von gesetzlicher und gewillkürter Berufung, bei der Zugehörigkeit zu verschiedenen Stämmen nach § 1927 oder wenn der Ehegatte als Verwandter nach § 1934 berufen ist (Mot V 506 f), bei der gewillkürten Berufung, wenn ein Erbteil aus Testament, ein anderer aus Erbvertrag anfällt (AnwK-BGB/*Ivo* § 1951 Rz 5) oder aus mehreren Erbverträgen, die der Erblasser mit verschiedenen Personen geschlossen hat (Damrau/*Mostoff* § 1951 Rz 3).

6 In diesen Fällen kann sich der Erbe ebenso wie der Nacherbe entscheiden, welchen Erbteil er annehmen und welchen er ggf ausschlagen will. Erfolgt die Ausschlagung ohne Bezugnahme auf einen konkreten Erbteil oder erklärt er ohne Beschränkung die Annahme, erfasst die Erklärung im Zweifel und in analoger Anwendung des § 1949 II alle bereits angefallenen Erbteile, von deren Anfall und Berufungsgrund der Erbe Kenntnis hat (RGRK/*Johannsen* § 1951 Rz 9).

7 Nach § 11 1 HöfeO kann der Hoferbe den Anfall des in § 4 1 HöfeO bezeichneten Hofes ausschlagen, ohne die übrige Erbschaft zu verlieren.

8 **III. Derselbe Berufungsgrund.** Nach II liegt derselbe Berufungsgrund vor, wenn der Anfall aus einem oder mehreren Testamenten/Erbverträgen mit derselben Person erfolgt. Die Erbeinsetzung zu mehreren Erbteilen aus einer einzigen Verfügung von Todes wegen ist möglich, wenn der Erblasser zu Lebzeiten mehrere Erbteile gebildet hat (Staud/*Otte* § 1951 Rz 2). Die Einheit ergibt sich aus der zu vermutenden einheitlichen Willensrichtung des Erblassers (Staud/*Otte* § 1951 Rz 11): Der Erbe kann, auch wenn der eine Erbteil erst später anfällt, die verschiedenen Erbteile nur einheitlich annehmen/ausschlagen. Daher stellt dasselbe Testament nur einen Berufungsgrund dar (KG HRR 1929 Nr 25), auch wenn darin dieselbe Person Miterbe und Nacherbe eines anderen Miterben wird (LG Berlin FamRZ 03, 1134) oder die Nacherbeinsetzung unter verschiedenen Voraussetzungen (Wiederverheiratung, Bestehen einer Prüfung u dergleichen) erfolgt ist (KG JFG 6, 138).

9 Beschränkt der Erbe seine Erklärung auf einen Erbteil, ist sie nach § 1950 2 analog unwirksam (hM).

10 Setzt der Erblasser eine Person für einen Erbteil zum Erben ein, für einen anderen zum Ersatzerben, hindert die beim Anfall des ersten Erbteils noch bestehende Ungewissheit über den Eintritt der Ersatzerbfolge nach II 1 die allgemeine Wirkung der Annahme/Ausschlagung nicht, dh die Mehrheit von Erbteilen kann nur, sofern sie auf demselben Berufungsgrund beruht, einheitlich ausgeschlagen oder angenommen werden.

11 **C. Gestattung.** Der Erblasser kann nach § 1951 III in einer Verfügung von Todes wegen mehrere Erbteile bilden und deren getrennte Annahme oder Ausschlagung gestatten (Damrau/*Mostoff* § 1951 Rz 6). So, wenn der Erblasser mehrere Erbteile gebildet hat, ohne ausdrücklich die getrennte Annahme/Ausschlagung zu gestatten (Lange/*Kuchinke* § 8 VI 3e), zB wenn der Erblasser den Bedachten teilweise zum Erben, teilweise zum Nacherben eingesetzt hat (LG Berlin FamRZ 03, 1134) und falls dieser nicht Nacherbe wird, einen Ersatznacherben bestimmt hat (Staud/*Otte* § 1951 Rz 2).

12 Nach hM ist es zulässig, wenn der Erblasser den Nachlass in Bruchteile aufteilt, um eine gesonderte Annahme/Ausschlagung zu ermöglichen (MüKo/*Leipold* § 1951 Rz 7 mwN).

Der Erblasser kann dem Bedachten den gleichen Erbteil mit unterschiedlicher Ausgestaltung, dh Beschwerung, zuwenden und die gesonderte Annahme oder Ausschlagung gestatten (BayObLG FamRZ 97, 188). 13

Nach § 1951 III sind Teilannahme und -ausschlagung davon abhängig, dass der Erbe zu mehreren Erbteilen berufen ist, weshalb die Gestattung durch den Erblasser, dh ohne dass mehrere Erbteile gebildet wurden, nicht ausreichend ist (Soergel/*Stein* § 1951 Rz 7). Hier wird die Einsetzung zu mehreren Erbteilen regelmäßig durch ergänzende Auslegung zu ermitteln sein (Mot V, 506). 14

§ 1952 Vererblichkeit des Ausschlagungsrechts. (1) Das Recht des Erben, die Erbschaft auszuschlagen, ist vererblich.
(2) Stirbt der Erbe vor dem Ablauf der Ausschlagungsfrist, so endigt die Frist nicht vor dem Ablauf der für die Erbschaft des Erben vorgeschriebenen Ausschlagungsfrist.
(3) Von mehreren Erben des Erben kann jeder den seinem Erbteil entsprechenden Teil der Erbschaft ausschlagen.

A. Allgemeines. Das Ausschlagungsrecht ist ein unselbständiges, an die Erbenstellung gebundenes Gestaltungsrecht, das dem Erben persönlich zusteht und durch Rechtsgeschäft nicht übertragen werden kann (Zweibr FamRZ 08, 646 = ZFE 08, 120). Es ist aber vererblich, wenn zum Zeitpunkt des Erbfalls die Erbschaft weder angenommen noch die Ausschlagungsfrist abgelaufen war (MüKo/*Leipold* § 1952 Rz 2). Nach § 2180 III gilt diese Regelung auch für Vermächtnisse. 1

B. Übergang des Ausschlagungsrechts. Mit dem Tod des Ausschlagungsberechtigten geht das Ausschlagungsrecht als Bestandteil seines Nachlasses (Zweitnachlass) auf den/die gesetzlichen oder gewillkürten Erben über (BGH NJW 65, 2295). Mit dem Ausschlagungsrecht erlangt der Erbeserbe das Recht zur Annahme der Erbschaft. Er kann die Erbschaft nach dem verstorbenen Erben ausschlagen, wodurch er die Erbeserbenstellung rückwirkend verliert. Hatte die Ausschlagungsfrist für den Erben schon begonnen, läuft sie für den Erbeserben weiter, auch wenn er vom Anfall der ersten Erbschaft keine Kenntnis hat. 2

Die Ausschlagungsfrist läuft für den ersten Erbfall erst mit der für den zweiten ab. Dadurch behält der zweite Erbe die volle Überlegungsfrist. Da die erste Erbschaft Bestandteil der zweiten ist, ist auch das Ausschlagungsrecht Bestandteil der angefallenen Erbschaft. Daher kann der Erbeserbe die Erbschaft des Erben annehmen, die Erbschaft des Erblassers aber ausschlagen; er kann auch beide annehmen oder beide ausschlagen (str; Erman/*Schlüter* § 1952 Rz 2; aA: AnwK-BGB/*Ivo* § 1952 Rz 2). Nicht möglich ist es, die entferntere Erbschaft anzunehmen und die nähere auszuschlagen, weil die entferntere Erbschaft nur als Bestandteil der näheren dem Erbeserbe angefallen ist. In der Annahme der ersten Erbschaft liegt regelmäßig zugleich die Annahme der zweiten (v *Lübtow* JZ 69, 502; aA Soergel/*Stein* § 1952 Rz 2), da der Wille erkennbar ist, ein zum Zweitnachlass gehörendes Recht dauerhaft behalten zu wollen. Schlägt er den Zweitnachlass aus, verliert die Annahme des ersten Nachlasses ihre Grundlage (MüKo/*Leipold* § 1952 Rz 6). 3

Schlägt der Erbeserbe die Erbschaft des Erblassers aus, fällt sie demjenigen an, der berufen gewesen wäre, wenn der unmittelbare Erbe selbst die Erbschaft ausgeschlagen hätte (BayObLG NJW 53, 1431). 4

Starb der Erbe vor Fristbeginn, fängt die Frist für den Erbeserben erst mit seiner Kenntnis von Anfall und Berufungsgrund zu laufen an, § 1944 II 1; sie endet nicht vor Ablauf der für die Erbschaft des Erben bestehenden Ausschlagungsfrist des II, da andernfalls für die Erbschaft des Erblassers die gedachte Annahme nach § 1943 eintreten könnte (Palandt/*Edenhofer* § 1952 Rz 1). Kannte der Erbe einzelne, aber nicht alle erforderlichen Tatsachen, so können diese dem Erbeserben nicht zugerechnet werden (Erman/*Schlüter* § 1952 Rz 3). 5

C. Erbeserbe als Vorerbe. Der Vorerbe kann, wenn der vor Ablauf der Ausschlagungsfrist verstorbene Erbe Vor- und Nacherbfolge angeordnet hat, die Erbschaft mit Wirkung gegen den Nacherben ausschlagen, vorbehaltlich seiner späteren Verantwortlichkeit aus §§ 2130, 2131 (Soergel/*Stein* § 1952 Rz 3). 6

IÜ können auch die gesetzlichen Erben eines Vorerben, denen die Nacherbschaft nicht zufällt, solange die Ausschlagungsfrist noch läuft, den Anfall der Vorerbschaft an ihren Rechtsvorgänger nach Eintritt des Nacherbfalls ausschlagen (BGH NJW 65, 2295). Lebte die zum Vorerben eingesetzte Witwe des Erblassers mit ihm in Zugewinngemeinschaft, fallen der Anspruch auf den kleinen Pflichtteil und den Zugewinnausgleich beim Tod der Witwe den gesetzlichen Erben zu, wenn diese ausschlagen (BGH NJW 65, 2295). 7

D. Mehrheit von Erbeserben (Abs 3). Jeder Erbeserbe kann, wenn mehrere Erben vorhanden sind, selbständig für sich seinen *Teil der Erbschaft* ausschlagen (RGZ 162, 397). § 1952 III durchbricht dadurch nicht nur die Regel der Nichtigkeit der Teilausschlagung nach § 1950, sondern auch das Gesamthandsprinzip (MüKo/*Leipold* § 1951 Rz 11). Schlägt bei mehreren Erbeserben einer die Erbschaft aus, kommt dieser Anteil den Miterbeserben durch eine Art Anwachsung zugute (hM Soergel/*Stein* § 1952 Rz 5; aA Staud/*Otte* § 1952 Rz 8a). Insoweit gelten die Regeln der Anwachsung und Erhöhung nach § 2094 I 2 analog. Nimmt auch nur ein Erbeserbe den Erstnachlass an, ist der Erblasser zunächst vom Ersterben beerbt wurden. Dieser Erstnachlass ist dann auf den annehmenden Erbeserben übergegangen (MüKo/*Leipold* § 1952 Rz 15). 8

Im Falle der Vererbung des Ausschlagungsrechts gilt der Anfall an den Erblasser des Ausschlagenden als nicht erfolgt, wenn der Erbe tatsächlich ausschlägt (v *Lübtow* JZ 69, 503). 9

10 IÜ ist die Anfechtung der Annahme, der Ausschlagung und der Versäumung der Ausschlagungsfrist nach §§ 1954, 1956 möglich (Palandt/*Edenhofer* § 1952 Rz 3).

11 **E. Ausschlagungsfrist.** Die Ausschlagungsfrist für den Erbeserben endet nicht vor Ablauf der Ausschlagungsfrist für die dem Erbeserben unmittelbar anfallende Erbschaft. Befindet er sich im Ausland, gilt die Sechsmonatsfrist, auch wenn für die erste Erbschaft nur die Sechswochenfrist gilt (Staud/*Otte* § 1951 Rz 5).

12 **F. Zugewinnausgleich.** Ist der Erbeserbe Alleinerbe seines Ehegatten und schlägt er aus, hat er nach der güterrechtlichen Lösung Anspruch auf den kleinen Pflichtteil und den Zugewinnausgleich, §§ 1371 III, 2303 II. Ist der ausschlagende Ehegatte Miterbeserbe, ist nach hM nur die erbrechtliche Lösung möglich; ein kleiner Pflichtteil steht ihm nicht zu (MüKo/*Leipold* § 1952 Rz 14; aA Palandt/*Edenhofer* § 1952 Rz 4 mwN).

13 **G. Kosten.** Schlägt der Erbeserbe beide Erbschaften aus, wird der Wert beider Erbschaften zusammengerechnet und die Gebühr nach dem zusammengerechneten Wert nur einmal erhoben, § 112 II 3 KostO.

§ 1953 Wirkung der Ausschlagung.
(1) Wird die Erbschaft ausgeschlagen, so gilt der Anfall an den Ausschlagenden als nicht erfolgt.
(2) Die Erbschaft fällt demjenigen an, welcher berufen sein würde, wenn der Ausschlagende zur Zeit des Erbfalls nicht gelebt hätte; der Anfall gilt als mit dem Erbfall erfolgt.
(3) ¹Das Nachlassgericht soll die Ausschlagung demjenigen mitteilen, welchem die Erbschaft infolge der Ausschlagung angefallen ist. ²Es hat die Einsicht der Erklärung jedem zu gestatten, der ein rechtliches Interesse glaubhaft macht.

1 **A. Allgemeines.** § 1953 soll verhindern, dass der Nachlass auch nur für kurze Zeit herrenlos ist. Der endgültige Erbe ist Rechtsnachfolger des Erblassers, nicht aber des vorläufigen Erben (BGH NJW 89, 2885).

2 **B. Rückwirkung.** Wird die Erbschaft vor ihrem Anfall wirksam ausgeschlagen, erfolgt kein Anfall. Bei einer Ausschlagung nach dem Erbfall gilt der Anfall als nicht erfolgt, I, dh sie wirkt auf den Erbfall zurück. Der Ausschlagende ist von Anfang an nicht Erbe geworden. Der Nächstberufene gilt, ebenfalls rückwirkend, vom Erbfall an als Erbe. Er muss den Erbfall erlebt haben; nicht aber die Ausschlagung (RGZ 61, 14).

3 Auch für den vorläufigen Erben entsteht mit dem Tod die Verpflichtung zur Zahlung der Erbschaftssteuer, die allerdings mit der Ausschlagung rückwirkend entfällt (Soergel/*Stein* § 1993 Rz 7). Nach § 3 II Nr 4 iVm § 9 I Nr 1 ErbStG unterliegt eine dem vorläufigen Erben gewährte Entschädigung oder Abfindung für die Ausschlagung ebenfalls der Erbschaftssteuer (Damrau/*Masloff* § 1953 Rz 12).

4 **C. Rechtsstellung des Ausschlagenden.** Da der Ausschlagende nie Gesamtrechtsnachfolger geworden ist, stand ihm der Nachlass zu keinem Zeitpunkt zu. Er hat, abgesehen von §§ 2305, 2306 I 2 u 1371 III, keinen Pflichtteilsanspruch. Nach § 2180 III sind die Regelungen des § 1953 I, II auf Vermächtnisse entspr anwendbar (DGE/*Hanhörster/Dospil* § 1953 Rz 1). Beschwerungen wie Vermächtnisse und Auflagen bleiben nach §§ 2161, 2192 im Zweifel bestehen, da die Ausschlagung nicht den Verlust letztwilliger Vorteile bewirkt (Staud/*Otte* § 1953 Rz 9). Sofern er das ihm zugewendete Vorausvermächtnis nicht mit ausgeschlagen hat oder es nicht unter der Bedingung der Erbschaftsannahme gewährt wurde, verbleibt es dem Ausschlagenden.

5 Der Ausschlagende hat **ggü dem wirklichen Erben** Auskunfts- (§§ 1959 I, 681, 666, 2027 II) und Herausgabepflichten (§§ 1953 mit 1959 I, 667, 681). Ein Erbschaftsanspruch nach §§ 2018 ff besteht nicht (*Lange*/*Kuchinke* § 40 II 2), ein gegen den vorläufigen Erben ergangenes Urt entfaltet den wirklichen Erben ggü keine Bindungswirkung (BGHZ 106, 359). Ob und inwieweit Rechtshandlungen des vorläufigen Erben bei Eröffnung des Nachlassinsolvenzverfahrens wegen Gläubigerbegünstigung nach § 131 InsO angefochten werden können, hängt von der Absicht des vorläufigen Erben ab (BGH NJW 69, 1349).

6 Ggü Dritten verfügte der vorläufige Erbe infolge der Rückwirkung als Nichtberechtigter, sofern es sich nicht um Geschäfte iSd § 1959 II, III handelte. Zwar ist auch der Besitz nach § 857 beim Erbfall auf den wirklichen Erben übergegangen, doch kann dies an der tatsächlichen Sachherrschaft des vorläufigen Erben über die Nachlassgegenstände nichts ändern. Die Besitzentziehung gilt als gesetzlich gestattet, so dass keine verbotene Eigenmacht iSd § 858 vorliegt (Staud/*Otte* § 1953 Rz 4) und die Sachen dem wirklichen Erben auch nicht abhanden gekommen sind, § 935 (BGH NJW 39, 1349). Ein gutgläubiger Erwerb ist nach den §§ 892, 893, 932 vom vorläufigen Erben möglich; nach den §§ 2366, 2367 nur, wenn die Annahme angefochten wird, da im Erbscheinsantrag die Annahmeerklärung liegt.

7 **D. Anfall an den Nächstberufenen (Abs 2).** Die Person des Nächstberufenen bestimmt sich, da der Ausschlagende als vor dem Erbfall verstorben gilt, nach den Vorschriften der gewillkürten oder gesetzlichen Erbfolge. Bei **gesetzlicher** Erbfolge führt die Ausschlagung durch einen Abkömmling gem § 1924 III zur Berufung seiner Abkömmlinge. Schlägt ein Eltern- oder Großelternteil aus, treten an dessen Stelle seine Abkömmlinge, § 1925 III, § 1926 III (AnwK-BGB/*Ivo* § 1953 Rz 6). Hat der Ausschlagende keine Abkömmlinge, erhöht sich nach § 1924 IV der jeweilige Erbteil der anderen Erstberufenen. Sind keine Abkömmlinge derselben Ordnung vorhanden, geht das Erbrecht an die nächsthöhere Ordnung (MüKo/*Leipold* § 1953 Rz 9). Die Ausschlagung des

Ehegatten/eingetragenen Lebenspartners führt zur Erhöhung der Erbteile der berufenen Verwandten, ggf erst zu ihrer Berufung, § 1931 II, § 10 II LPartG. Bei einer Erbteilserhöhung ist § 1935 anwendbar. Schlagen alle Verwandten und der Ehegatte/Lebenspartner aus, fällt der Nachlass an den Fiskus, der nicht ausschlagen kann, § 1942 II.

Bei **gewillkürter** Erbfolge hat die Ausschlagung die Berufung des Ersatzerben zur Folge (RGZ 142, 171); **8** diese kann sich bei Abkömmlingen auch aus § 2069 ergeben (MüKo/*Leipold* § 1953 Rz 10). Ist ein Ersatzerbe nicht berufen, löst die Ausschlagung des eingesetzten Alleinerben die gesetzliche Erbfolge aus; sie macht aber den Erbvertrag nicht unwirksam (Ddorf FamRZ 07, 1359); bei Miterben tritt Anwachsung ein, § 2094. Wächst der Erbteil nicht an, geht der so freigewordene Erbteil nach § 2088 an die gesetzlichen Erben. Gem § 2142 II führt die Ausschlagung des Nacherben zur Vollerbenstellung des Vorerben, sofern kein Ersatzerbe bestimmt ist (AnwK-BGB/*Ivo* § 1953 Rz 8).

In jedem Fall ist der nächstberufene Erbe bis zum Ablauf der Ausschlagungsfrist nur vorläufiger Erbe, wobei **9** die Ausschlagungsfrist frühestens zum Zeitpunkt der Ausschlagung beginnt, weil er erst zu diesem Zeitpunkt Kenntnis vom Anfall der Erbschaft erlangt haben kann (DGE/*Hanhörster/Dospil* § 1953 Rz 3).

E. Mitteilungspflicht (Abs 3). Durch die Mitteilung wird die Ausschlagungsfrist des Nächstberufenen in **10** Gang gesetzt, falls dieser nicht schon zuvor vom Anfall und dem Berufungsgrund Kenntnis erlangt hat (Soergel/*Stein* § 1944 Rz 7). Daher hat das Nachlassgericht den Nächstberufenen vAw zu ermitteln (MüKo/*Leipold* § 1953 Rz 13). Hierfür entstehen gem § 105 KostO keine Gebühren (Soergel/*Stein* § 1953 Rz 6). Ist diese Person unbekannt, hat das Nachlassgericht oder das nach § 74 FGG (§ 344 IV FamFG) zuständige Gericht die nach §§ 1966, 1965 notwendigen Maßnahmen zu treffen (Soergel/*Stein* § 1953 Rz 6).

Die Einsicht in die Ausschlagungserklärung besteht insb für die Nächstberufenen und den Nachlassgläubiger **11** nur, wenn er ein rechtliches, nicht nur berechtigtes, Interesse glaubhaft macht. Die Einsicht muss rechtlich bedeutsame Folgen für das Rechtsverhältnis haben können. (Erman/*Schlüter* § 1953 Rz 6). Sind andere Interessen geltend gemacht worden, wird damit nur die Befugnis des Nachlassgerichts begründet, die Einsicht zu gestatten (BGHZ 4, 323; aA MüKo/*Leipold* § 1953 Rz 15). Gegen die Verweigerung der Einsicht ist die Beschwerde gem § 19 FGG (§ 58 FamFG) statthaft (AnwK-BGB/*Ivo* § 1953 Rz 15).

§ 1954 Anfechtungsfrist.

(1) Ist die Annahme oder die Ausschlagung anfechtbar, so kann die Anfechtung nur binnen sechs Wochen erfolgen.
(2) ¹Die Frist beginnt im Falle der Anfechtbarkeit wegen Drohung mit dem Zeitpunkt, in welchem die Zwangslage aufhört, in den übrigen Fällen mit dem Zeitpunkt, in welchem der Anfechtungsberechtigte von dem Anfechtungsgrund Kenntnis erlangt. ²Auf den Lauf der Frist finden die für die Verjährung geltenden Vorschriften der §§ 206, 210, 211 entsprechende Anwendung.
(3) Die Frist beträgt sechs Monate, wenn der Erblasser seinen letzten Wohnsitz nur im Ausland gehabt hat oder wenn sich der Erbe bei dem Beginn der Frist im Ausland aufhält.
(4) Die Anfechtung ist ausgeschlossen, wenn seit der Annahme oder der Ausschlagung 30 Jahre verstrichen sind.

A. Allgemeines. Bei der Erbschaftsannahme handelt es sich, ebenso wie bei der Ausschlagung der Erbschaft, **1** um Willenserklärungen, für die im Grundsatz die allgemeinen Bestimmungen der §§ 119 ff gelten. Worauf die Anfechtung gestützt werden kann, richtet sich allein nach § 119. Danach kann die Ausschlagung der Erbschaft nicht deshalb angefochten werden, weil das mit ihr erstrebte Ziel wegen der Unwirksamkeit der Erklärung eines der Miterben nicht erreicht wird (OLG München, FamRZ 09, 2119 = ErbR 09, 357). Der Irrtum darüber nämlich, wem der Erbteil infolge einer Ausschlagung anfällt, ist ein Irrtum über mittelbare Rechtsfolgen, der nicht zur Anfechtung berechtigt (OLG Schleswig ZEV 05, 526). Die Sonderregeln der §§ 1954 ff betreffen nur Teilbereiche der Anfechtung von Annahme- oder Ausschlagungserklärungen wie Frist, Form und Wirkung der Anfechtung, ändern oder erweitern aber die Anfechtungsgründe nicht (BayObLG ZEV 98, 431 f). Nach § 1957 beseitigt, und insoweit geht die Vorschrift über § 142 I hinaus, die Anfechtung nicht nur die angefochtene Erklärung, sondern wird zugleich als Annahme bzw Ausschlagung gewertet (AnwK-BGB/*Ivo* § 1954 Rz 1). Der Irrtum über den Berufungsgrund führt nach Maßgabe des § 1949 zur Nichtigkeit der Annahme oder Ausschlagung, ohne dass es einer Anfechtung bedarf.

B. Anfechtbarkeit. I. Erklärungsirrtum. Ein Irrtum über die Erklärungshandlung setzt voraus, dass der **2** Erklärende eine Erklärung dieses Inhalts nicht abgeben wollte, also bereits der äußere Erklärungstatbestand nicht seinem Willen entspricht, wie zB beim Verschreiben oder Versprechen. Ein solcher Fall liegt vor, wenn der Erbe an das Nachlassgericht schreibt, er nehme die Erbschaft an oder schlage sie aus, vergisst hierbei aber das Wort „nicht" (*Kraiß* BWNotZ 92, 31) oder wenn der Erbeserbe bei der Ausschlagung gem § 1952 die Erbschaften verwechselt (Soergel/*Stein* § 1954 Rz 2).

II. Inhaltsirrtum. Ein Irrtum über den Erklärungsinhalt liegt vor, wenn der äußere Tatbestand der Erklä- **3** rung zwar dem Willen des Erklärenden entspricht, er sich aber über die Bedeutung und Tragweite dieser Erklärung irrt, dh der Erklärende zwar weiß, was er sagt, aber nicht weiß, was er damit sagt (Palandt/*Hein-*

richs § 119 Rz 11). Ein solcher Irrtum liegt nicht vor, wenn der Annehmende die Annahme ausdrücklich erklärt und er über die Möglichkeit, die Erbschaft ausschlagen zu können, geirrt hat (Palandt/*Edenhofer* § 1954 Rz 2). Die fehlende Kenntnis vom Ausschlagungsrecht stellt einen unbeachtlichen Rechtsirrtum dar, weil trotz der Unkenntnis ein wirklicher und erklärter Wille vorlag, der auf die Annahme der Erbschaft gerichtet war (BayObLG NJW-RR 95, 904).

4 Ein Inhaltsirrtum liegt danach vor, wenn der Ausschlagende irrig davon ausgegangen ist, dass seine Erklärung zum unmittelbaren Übergang seines Erbteils auf einen Miterben führe (KG JW 38, 858) oder der Testamentserbe annimmt, durch die Ausschlagung werde er gesetzlicher Erbe und die testamentarischen Anordnungen entfielen (Ddorf ZEV 98, 429).

5 Dieser Grundsatz gilt nicht bei der Annahme durch schlüssiges Verhalten, wenn der Erbe weder weiß, dass er mit seiner auf etwas anderes als die Annahme gerichteten ausdrücklichen Erklärung auch das Recht zur Ausschlagung verliert, noch diese Rechtsfolge will (BayObLG FamRZ 96, 59).

6 Bedeutsam kann auch ein **Irrtum über die Rechtsfolgen** der Erklärung sein, wobei die Abgrenzung zum unbeachtlichen Motivirrtum noch nicht abschließend geklärt ist (*Malitz/Benninghoven* ZEV 98, 415). Von einem beachtlichen Inhaltsirrtum ist auszugehen, wenn das Rechtsgeschäft nicht die unmittelbar erstrebten, sondern davon wesentlich abw Rechtsfolgen erzeugt (stRspr; BGHZ 134, 152), wenn der Alleinerbe bei der Annahme zB davon ausging, er könne seinen Pflichtteil auch ohne Ausschlagung geltend machen (Ddorf FamRZ 01, 946), ihm die Möglichkeit einer Ausschlagung völlig unbekannt war und er daher nicht wusste, dass er durch sein Nichtstun zugleich die Erbschaft angenommen hat (BayObLG FamRZ 83, 1061), ihm also insoweit der Annahmewille fehlte (Soergel/*Stein* § 1954 Rz 2).

7 Dagegen handelt es sich um einen **unbedeutenden Motivirrtum**, wenn das Rechtsgeschäft außer der erstrebten Wirkung nicht erkannte und damit nicht gewollte Nebenwirkungen hat (BGH NJW 97, 653), der Erbe nicht weiß, dass seine Ausschlagung über die erstrebte Wirkung auch weitere, uU nicht gewollte weil nicht gekannte Nebenwirkungen hat (Staud/*Otte* § 1954 Rz 6) oder **die Unkenntnis über die rechtlichen Folgen der Erbschaftsannahme wie zB der Verlust des Pflichtteilsrechts** (BayObLG FamRZ 99, 117; aA Ddorf FamRZ 01, 946). Die Rechtsfrage wurde gem § 28 II FGG vom BGH vorgelegt (Hamm FamRZ 06, 578) und vom BGH iS des OLG Hamm entschieden, wonach man die unmittelbaren und wesentlichen Rechtsfolgen einer ausdrücklich erklärten Erbschaftsannahme nicht generell darauf beschränken könne, dass der Erklärende die sich aus der letztwilligen Verfügung ergebende Rechtsstellung des Erben einnehmen will. Vielmehr gehöre zu den unmittelbaren und wesentlichen Wirkungen einer Annahmeerklärung auch der Verlust des Wahlrechts nach § 2306 I 2 (BGH NJW 06, 3353 = ZEV 06, 498 = MDR 07, 157 = ErbR 07, 24). Ein unbeachtlicher Motivirrtum ist auch der Irrtum über die durch die Anfechtung vom Gesetz nächstberufene Person (hM, Ddorf ZEV 97, 268).

8 **III. Eigenschaftsirrtum.** Auch der Irrtum über die Eigenschaft einer Erbschaft oder eines Erbteils kann die Anfechtung der Annahme/Ausschlagung rechtfertigen (MüKo/*Leipold* § 1954 Rz 7), wobei nur objektiv erhebliche und ursächliche Fehlvorstellungen über verkehrswesentliche Eigenschaften des Nachlasses, der hier als „Sache" iSd § 119 II angesehen wird, die Anfechtung begründen. Daran fehlt es, wenn die irrtümlich angenommene oder unbekannte Eigenschaft im Verhältnis zum Gesamtnachlass nicht oder nur unerheblich ins Gewicht fällt (*Lange/Kuchinke* § 8 VII 2 e).

9 **Verkehrswesentliche Eigenschaften** sind alle wertbildenden Faktoren wie Größe, Lage und Belastungen, nicht aber der Wert oder Marktpreis selbst (OLG Stuttgart FamRZ 09, 1182). Hierzu gehören die Höhe des Erbteil iSd quotenmäßigen Beteiligung (Hamm NJW 66, 1080), die Berufung eines weiteren Miterben (BGH NJW 97, 392), das Vorliegen von Teilungsanordnungen (MüKo/*Leipold* § 1954 Rz 9), das Bestehen von Beschränkungen und Beschwerungen des Erben durch Testamentsvollstreckung, Nacherbfolge (BayObLG ZEV 96, 425), Vermächtnisse (BGH NJW 89, 2885) und Auflagen, und zwar unabhängig von den Voraussetzungen des § 2308 (hM; *Kraiß* BWNotZ 92, 31; aA Erman/*Schlüter* § 1954 Rz 3), die Belastung des Nachlasses mit wesentlichen, in ihrem rechtlichen Bestand ungeklärte Verbindlichkeiten, wenn der Irrtum ein Vermächtnis betrifft, welches den Pflichtteil des Erben gefährdet (BGH NJW 89, 2885), der Irrtum über die Zusammensetzung des Nachlasses, dh die Zugehörigkeit bestimmter Rechte oder Vermögenswerte oder Verbindlichkeiten zum Nachlass, kann zur Anfechtung berechtigten, wenn er zur Vorstellung einer tatsächlich nicht bestehenden Überschuldung führte (KG ZEV 04, 283 = FamRZ 04, 1900) sowie die Überschuldung des Nachlasses (Ddorf ZEV 00, 64), wobei zu unterscheiden ist, ob der Irrtum auf einer falschen Vorstellung über die Zusammensetzung des Nachlasses, der einen relevanten Irrtum nach § 119 II darstellt (BayObLG NJW 03, 216) oder einer fehlerhaften Bewertung der einzelnen Nachlassgegenstände beruht. Beachtlich ist daher der Irrtum des Erben über die Zugehörigkeit einzelner Aktiva und Passiva zum Nachlass, wie zB die irrige Annahme, er habe bereits einen wesentlichen Nachlassbestandteil durch lebzeitige Übertragung erhalten (BayObLG ZEV 98, 430) oder der Irrtum über das Vorhandensein einer Nachlassverbindlichkeit (BayObLG FamRZ 99, 1172).

10 Ist die Ausschlagung unabhängig von Grund und Höhe der Erbschaft oder des Nachlasswertes erfolgt, berechtigt dieser Umstand nicht zur Anfechtung (Ddorf ZEV 05, 255).

Dagegen handelt es sich nur um einen **unbeachtlichen Motivirrtum,** wenn die von Anfang an bekannten 11
Vermögensgegenstände und Verbindlichkeiten nachträglich lediglich anders bewertet wurden, zB als Bauland
statt Ackerland (BayObLG FamRZ 96, 59), der Erbe über die Höhe der von ihm zu entrichtenden Erbschaftssteuer
irrt (Erman/*Schlüter* § 1954 Rz 3), die Ausschlagung wegen Überschuldung erfolgt (AnwK-BGB/*Ivo*
§ 1954 Rz 12), ein Nachlassgläubiger eine Ausschluss- oder Verjährungsfrist verstreichen lässt (BayObLG
NJW 03, 216), der Erbe bei der Ausschlagung ein in der ehemaligen DDR belegendes Grundstück für
wertlos hielt und dieses Grundstück dann infolge der politischen Entwicklung eine erhebliche Wertsteigerung
erfahren hat (Ddorf ZEV 95, 32) oder die Überschuldung erst nach der Ausschlagung durch Schulderlass
oder Verjährung einer Nachlassverbindlichkeit wegfällt (LG Berlin NJW 75, 2104). Unbeachtlich sind auch
der Irrtum über eine tatsächlich nicht bestehende Nachlassüberschuldung (OLG Düsseldorf, MDR 09, 392 =
FamRZ 09, 153 = ErbR 09, 58), der Irrtum über die fehlende Bereitschaft des Erblassers zur Steuerzahlung
(Zweibr FGPrax 96, 113), der Irrtum über weitere gesetzliche Folgen einer Erklärung („Ich schlage die Erbschaft
nach x aus") (Schlesw ZErb 05, 329), sowie der Irrtum über die Zahlung des Entgelts für die Ausschlagung
bzw die Wirksamkeit des Entgeltversprechens (Palandt/*Edenhofer* § 1954 Rz 3).
Ein Irrtum im Beweggrund ist auch die Unkenntnis über die rechtlichen Folgen der Annahme einer Erbschaft, 12
wie zB der Verlust des Pflichtteilsrechts (BayObLG FamRZ 96, 59; aA Ddorf ZEV 01, 109) und das
Nichtwissen der pflichtteils- und güterrechtlichen Folgen der Ausschlagung (Hamm NJW 81, 2585; aA Soergel/*Stein*
§ 1954 Rz 2, der von einem unbeachtlichen Motivirrtum ausgeht).

IV. Weitere Anfechtungsgründe. Weitere Anfechtungsgründe sind die falsche Übermittlung nach § 120, die 13
arglistige Täuschung und die widerrechtliche Drohung gem § 123 (AnwK-BGB/*Ivo* § 1954 Rz 16).

C. Anfechtungsberechtigung. Anfechtungsberechtigt sind diejenigen, die auch die Annahme oder die Ausschlagung 14
erklären können, dh die Erben. Nicht anfechtungsberechtigt sind Gläubiger (RGZ 54, 289), der
Testamentsvollstrecker, Nachlassverwalter, der Nachlassinsolvenzverwalter, § 83 InsO und der Nachlasspfleger
(Staud/*Otte* § 1954 Rz 16).
Die Anfechtung der Ausschlagung kann auch ein gesetzlicher Vertreter erklären, wenn das Familien- bzw 15
Vormundschaftsgericht der Ausschlagung zugestimmt hat. Die Zustimmung begründet aber keine Pflicht zur
Ausschlagung (Damrau/*Masloff* § 1954 Rz 12).
Wegen § 1957 I bedarf der gesetzliche Vertreter für die Anfechtung der Annahmeerklärung einer Genehmigung 16
des Familien- oder Vormundschaftsgerichts in den Fällen, in denen auch die Ausschlagung genehmigungspflichtig
wäre (Soergel/*Stein* § 1954 Rz 9).
Bei Stellvertretern ist nach § 166 hinsichtlich der Anfechtungsgründe auf den Wissenshorizont des Vertreters 17
abzustellen (Jauernig/*Stürner* § 1965 Rz 1). Ein minderjähriges Kind kann auch nach Eintritt der Volljährigkeit
anfechten, wenn in der Person des gesetzlichen Vertreters ein Anfechtungsgrund vorlag (Karlsr NJW-RR
95, 1349). Mangels Vertretungsmacht kann dies nicht mehr der frühere gesetzliche Vertreter (Staud/*Schilken*
§ 166 Rz 18). Bei rechtsgeschäftlicher Stellvertretung kann neben dem Vertretenen (Soergel/*Stein* § 1954 Rz 9)
auch der Vertreter, soweit er hierzu bevollmächtigt ist (Staud/*Schilken* § 166 Rz 18), anfechten.
Nach Maßgabe des § 1952 ist auch der Erbeserbe zur Anfechtung berechtigt (MüKo/*Leipold* § 1954 Rz 14). 18

D. Anfechtungsfrist. Nach § 1954 bestimmen sich die Anfechtungsfrist und der Beginn der Anfechtungsfrist 19
abw von den allgemeinen Vorschriften der §§ 121, 124 (Jauernig/*Stürner* § 1954 Rz 4).
Die Anfechtungsfrist beträgt grds 6 Wochen, § 1954 I, bei Auslandsbezug, dh wenn entweder der Erblasser 20
seinen letzten Wohnsitz im Ausland hatte oder sich der Erbe bei Fristbeginn im Ausland aufhält, 6 Monate,
§ 1954 III. Die Frist beginnt im Falle einer Anfechtung wegen Drohung mit dem Wegfall der Zwangslage, II,
iÜ mit Kenntnis des Anfechtungsgrundes, wobei positive Kenntnis erforderlich ist. Der Anfechtungsberechtigte
muss die das Anfechtungsrecht begründenden Tatsachen kennen und erkennen, dass seine Erklärung
eine andere Bedeutung und Wirkung hatte, als er ihr beilegen wollte, wobei die Gewissheit, der Anfechtungsgrund
werde erfolgreich sein, nicht erforderlich ist (BayObLG ZEV 98, 430). Auf die Kenntnis des Bevollmächtigten
kommt es nur an, wenn die Vollmacht auch die Regelung der Erbschaftsangelegenheiten umfasst
(KG FGPrax 04, 126).
Fahrlässiges Nichtwissen reicht nicht aus; entspr gilt bei bloßen Verdachtsgründen (BGH WM 1973, 750). 21
Nicht erforderlich ist, dass der Erbe, wenn er den Anfechtungsgrund kennt, auch sein Anfechtungsrecht kennen
muss (Hamm FamRZ 85, 1185). Wurde die Erbschaft durch Versäumen der Ausschlagungsfrist angenommen,
beginnt die Anfechtungsfrist bereits mit Kenntnis der Annahmewirkung und nicht erst mit Kenntnis
der Anfechtungsmöglichkeit (BayObLG NJW-RR 93, 780).
Auf den Lauf der Anfechtungsfrist finden die Verjährungsvorschriften der §§ 206, 210, 211 entspr Anwendung, 22
dh für die §§ 206, 210 wird auf § 1944 Bezug genommen. Nach § 211 analog endet das Anfechtungsrecht
nicht vor Ablauf der Anfechtungsfrist nach dem Zeitpunkt, in dem die Erbschaft von dem Erben angenommen
wird, wobei grds auf den Zeitpunkt nach § 1943 abzustellen ist. Dies gilt auch dann, wenn die
Anfechtung von einem Vertreter oder gegen einen Vertreter geltend gemacht werden kann. Bei mehreren
Erben ist die Annahme sämtlicher Erben erforderlich. Nichts anderes gilt im Falle der Eröffnung des Nachlassinsolvenzverfahrens,
da der Insolvenzverwalter nach § 83 I 1 InsO ebenso wenig zur Anfechtung berech-

tigt ist wie zur Annahme oder Ausschlagung. Nachlassverwalter, Nachlasspfleger oder Testamentsvollstrecker sind keine zur Anfechtung befugten Vertreter iSd § 211 1 Alt 3 (MüKo/*Leipold* § 1954 Rz 16).

23 Stirbt der Erbe innerhalb der für ihn laufenden Anfechtungsfrist, ohne dass er die Anfechtung erklärt hat, geht das Anfechtungsrecht als Bestandteil seines Nachlasses (= Zweitnachlass) auf seinen Erben, dh den Erberserben, über, der, da die Anfechtungsfrist nicht vor Ablauf von 6 Wochen bzw 6 Monaten nach Erbschaftsannahme endet, die Anfechtung des vorherigen Erben noch innerhalb der für ihn geltenden Anfechtungsfrist für das zweite Erbe erklären kann (Damrau/*Masloff* § 1954 Rz 10).

24 Nach § 1954 IV ist das Anfechtungsrecht ausgeschlossen, wenn seit der Annahme oder Ausschlagung der Erbschaft 30 Jahre verstrichen sind.

25 **E. Sonderregelungen. I. Anfechtung der Anfechtung.** Nach hM ist die Anfechtung der Anfechtung nach den allgemeinen Vorschriften des Anfechtungsrechts der §§ 119 ff, 121, 124, 142 möglich (BayObLG MDR 80, 492), wobei sich die Form und Frist der Anfechtung aus den §§ 1954 f ergibt (*Lange/Kuchinke* § 8 VII 2 j). Im Hinblick auf die erbrechtliche Wirkung der Anfechtung ist diese Auffassung zum Schutz der Gläubiger und aus Gründen der Rechtssicherheit überzeugend. Allerdings sollte in der Praxis versucht werden, möglichst beiden Form- und Fristanforderungen zu genügen (Damrau/*Masloff* § 1954 Rz 14).

26 Die wirksame Anfechtung der Anfechtungserklärung führt zu ihrer rückwirkenden Nichtigkeit und stellt die ursprüngliche Rechtslage vor der ersten Anfechtung wieder her (AnwK-BGB/*Pohl/Hartl* § 1954 Rz 22).

27 **II. Konkurrenzen.** Neben der Anfechtung nach §§ 1954 ff ist ein Widerruf nicht möglich (Soergel/*Stein* § 1954 Rz 1). IÜ ist auch für die Anwendung der Grundsätze über die Störung der Geschäftsgrundlage auf die Annahme- oder Ausschlagungserklärung kein Raum (Soergel/*Stein* § 1954 Rz 5 mwN). Bei einem Irrtum über den Berufungsgrund ist § 1949 zu beachten.

28 **F. Verfahrensfragen. I. Beweislast.** Nach den allgemeinen Beweislastregeln hat derjenige, der sich auf die Folgen der Anfechtung beruft, den Anfechtungsgrund, die Anfechtungserklärung und den Anfechtungszeitpunkt darzulegen und zu beweisen. Die Überschreitung oder Versäumung der Anfechtungsfrist, und damit den Ausschluss der Anfechtungsfrist sowie den Zeitpunkt der Kenntnisnahme des Anfechtungsgrund durch den Anfechtungsberechtigten bzw den Wegfall der Zwangslage, hat, da es sich um eine rechtsvernichtende Einwendung handelt, derjenige zu beweisen, der die Unwirksamkeit der Anfechtung geltend macht (hM; Staud/*Otte* § 1954 Rz 18; aA RGRK/*Johannsen* § 1954 Rz 15).

29 **II. Verfahren vor dem Nachlassgericht.** Das Nachlassgericht prüft nur, ob die vorgetragenen Anfechtungsgründe beachtlich sind. Der Anfechtende kann innerhalb der Anfechtungsfrist weitere Anfechtungsgründe vortragen (Soergel/*Stein* § 1954 Rz 8).

30 Die Kosten ergeben sich aus §§ 38 III, 112 I Nr 2 KostO.

§ 1955 Form der Anfechtung.
¹Die Anfechtung der Annahme oder der Ausschlagung erfolgt durch Erklärung gegenüber dem Nachlassgericht. ²Für die Erklärung gelten die Vorschriften des § 1945.

1 **A. Allgemeines.** Die Anfechtung ist eine empfangsbedürftige und bedingungsfeindliche Willenserklärung. Sie entfaltet, anders als die Anfechtung nach § 142, Wirkung ggü allen Beteiligten. Dadurch kann das Gericht erforderliche Sicherungsmaßnahmen für den Nachlass treffen (AnwK-BGB/*Ivo* § 1955 Rz 1).

2 Bei Zweifeln an der örtlichen Zuständigkeit ist die Ausschlagung ggü allen in Betracht kommenden Gerichten zu erklären (BGH NJW 84, 971). Aus Beweisgründen sollte der Erklärende eine Bestätigung verlangen.

3 **B. Anfechtungserklärung.** Die Anfechtungserklärung kann nur in öffentlich beglaubigter Form oder zur Niederschrift des Nachlassgerichts abgegeben werden, § 1945Dies gilt auch für die Anfechtung der Erklärung zur Anfechtung einer Erbschaftsannahme; sie unterliegt den Formerfordernissen der §§ 1945, 1955 BGB (OLG Hamm ErbR 09, 229). Der Bevollmächtigte benötigt eine Vollmacht in öffentlich beglaubigter Form, die innerhalb der Anfechtungsfrist nachzureichen ist. Entspr gilt für die Anfechtung der Annahme, da sie gem § 1957 I als Ausschlagung gilt (*Brox* Rz 303) und für die Ausschlagung, wenn sie der vormundschaftsgerichtlichen Genehmigung bedarf. Ist die Genehmigung für die Ausschlagung erteilt, genügt sie auch für die Anfechtung der Annahme (BayObLGZ 83, 9).

4 Ein bestimmter Inhalt ist nicht vorgesehen; aus der Erklärung muss aber hervorgehen, dass eine Willenserklärung wegen eines Willensmangels angefochten wird (Staud/*Otte* § 1955 Rz 3). Ggf ist ihr Inhalt durch Auslegung zu ermitteln (BayObLG FamRZ 96, 59).

5 Der Anfechtungsgrund kann bereits bei Abgabe der Erklärung angegeben werden. Das Nachlassgericht überprüft im Erbscheinsverfahren vAw nur die angegebenen Gründe (BayObLG FamRZ 94, 848). Nachgeschobene neue Gründe sind neue Anfechtungserklärungen, für die eigene Fristen gelten (BGH NJW 66, 39).

6 **C. Unwiderruflichkeit.** Die Anfechtung der Annahme/Ausschlagung ist unwiderruflich. Bei einem Irrtum ist die Erklärung unverzüglich anzufechten (BayObLG 80, 23). Die Anfechtung der Erklärung zur Anfechtung einer Erbschaftsannahme ist möglich; sie bedarf der Form des § 1945 BGB (OLG Hamm MDR 09, 867).

§ 1956 Anfechtung der Fristversäumung. Die Versäumung der Ausschlagungsfrist kann in gleicher Weise wie die Annahme angefochten werden.

A. Allgemeines. Das Recht, bei Fristversäumnis die Ausschlagung anzufechten, besteht aus Billigkeitsgründen (Staud/*Otte* § 1956 Rz 1) und ist wie die Anfechtung der erklärten Annahme möglich. 1

B. Anfechtbarkeit. Wegen der Gleichbehandlung desjenigen, dessen Annahme durch Fristablauf fingiert wird mit demjenigen, der die Erbschaft tatsächlich angenommen hat, muss auch letzterem ein Anfechtungsrecht zustehen. Anfechtungsberechtigt ist derjenige, der über die objektive Bedeutung seines Verhaltens im Irrtum war und nicht wusste, dass sein Schweigen als Annahme gilt (Palandt/*Edenhofer* § 1956 Rz 2). Entspr gilt beim Irrtum über die Länge der Ausschlagungsfrist, der Formbedürftigkeit der Ausschlagung (BayObLG FamRZ 94, 589) und der irrigen Annahme, die Erbschaft wirksam ausgeschlagen zu haben (RGZ 143, 419). Hätte der Irrende bei Kenntnis der Konsequenzen des Fristablaufs die Erbschaft ausgeschlagen, kann er anfechten. Gegen leichtfertige oder böswillige Anfechtungserklärungen helfen die §§ 119 I, 122. 2
Mangels Ursächlichkeit kann die Anfechtung nicht mit einem Irrtum über den Nachlassbestand begründet werden (KG NJW 69, 191). 3
Eine Anfechtung der Anfechtung wegen Versäumung der Anfechtungsfrist ist mangels Analogiefähigkeit der speziellen Vorschrift des § 1956 abzulehnen (MüKo/*Leipold* § 1956 Rz 9). 4

C. Frist, Form, Wirkung. Die Anfechtung der Fristversäumung muss innerhalb von 6 Wochen ggü dem Nachlassgericht erfolgen (DGE/*Hanhörster/Dospil* § 1956 Rz 2). Die Frist beginnt in dem Zeitpunkt, in dem der Anfechtungsberechtigte gesicherte Kenntnis vom Ablauf der Ausschlagungsfrist und ihrer rechtlichen Wirkungen (Hamm FamRZ 85, 1185) erlangt hat. 5
Eine für die Ausschlagung eingeholte vormundschaftsgerichtliche Genehmigung deckt auch die Anfechtung der Ausschlagung wegen Fristversäumung (Erman/*Schüter* § 1956 Rz 3). 6

§ 1957 Wirkung der Anfechtung. (1) Die Anfechtung der Annahme gilt als Ausschlagung, die Anfechtung der Ausschlagung gilt als Annahme.
(2) ¹Das Nachlassgericht soll die Anfechtung der Ausschlagung demjenigen mitteilen, welchem die Erbschaft infolge der Ausschlagung angefallen war. ²Die Vorschrift des § 1953 Abs. 3 Satz 2 findet Anwendung.

A. Allgemeines. § 1957 enthält als gesetzliche Fiktion eine abw Regelung zu § 142 I und verhindert das Entstehen der durch die Anfechtung bedingten vorläufigen Erbenstellung. 1

B. Unwiderlegliche Vermutung. Die Vorschrift beinhaltet die unwiderlegbare Vermutung, dass mit der angefochtenen Annahme die Ausschlagung und mit der angefochtenen Ausschlagung die Annahme der Erbschaft erfolgt ist (DGE/*Hanhörster/Dospil* § 1957 Rz 1). Ist für die Ausschlagung eine vormundschaftsgerichtliche Genehmigung erforderlich, ist sie auch für die Anfechtung der Annahme einzuholen (BayObLGZ 83, 13 f). Entspr gilt für die Anfechtung der Annahme der Nacherbschaft durch den Nacherben vor Eintritt des Nacherbfalls (BayObLGZ 62, 239). Die Wirkung des § 1957 tritt auch bei der Anfechtung des Fristversäumnisses nach § 1956 ein (LG Berlin NJW 91, 1238). 2

C. Mitteilungspflicht des Nachlassgerichts. Das Nachlassgericht hat nach § 1953 III die Anfechtung der Annahme an den nächstberufenen Erben und der Anfechtung der Ausschlagung mitzuteilen. § 1953 III 2 gilt entspr: Jeder, der ein rechtliches Interesse geltend macht, kann Einsicht in die Ausschlagungserklärung verlangen (AnwK-BGB/*Ivo* § 1957 Rz 6). 3

D. Rechtsfolgen. Der Anfechtende ist zum Ersatz des **Vertrauensschadens** (§ 122) verpflichtet. Hierzu gehören ua die Prozesskosten eines Rechtsstreits, den der Nachlassgläubiger gegen den Erben nach Annahme der Erbschaft angestrengt hat, oder vergebliche Vollstreckungskosten (Erman/*Schlüter* § 1954 Rz 9). 4
Ficht der Erbe seine Ausschlagung an, kann er gegen den Erbschaftsbesitzer nach § 2018 vorgehen (Staud/*Otte* § 1957 Rz 4; aA Soergel/*Stein* § 1957 Rz 2). 5

§ 1958 Gerichtliche Geltendmachung von Ansprüchen gegen den Erben. Vor der Annahme der Erbschaft kann ein Anspruch, der sich gegen den Nachlass richtet, nicht gegen den Erben gerichtlich geltend gemacht werden.

A. Allgemeines. Vor der Entscheidung, die Erbschaft anzunehmen, soll der vorläufige Erbe nicht gezwungen werden können, einen gegen den Nachlass gerichteten Prozess zu führen. Vom Anfall bis zur Entscheidung über die Annahme der Erbschaft bleibt das Eigenvermögen des Erben vor dem Zugriff der Nachlassgläubiger geschützt (DGE/*Hanhörster/Dospil* § 1958 Rz 1). Während dieser Zeit fehlt ihm die passive Prozessführungsbefugnis (Soergel/*Stein* § 1958 Rz 2 mN; hM; aA RGZ 60, 179), worauf das Gericht vAw zu achten hat. Nach § 239 V ZPO ist der vorläufige Erbe weder berechtigt noch verpflichtet, einen durch den Tod des Erblassers unterbrochenen Rechtsstreit fortzusetzen. Klagt ein Nachlassgläubiger gegen den Erben, ist die Erbschaftsan- 1 nahme eine vAw zu berücksichtigende Prozessvoraussetzung, die der Kläger schlüssig behaupten muss (Palandt/*Edenhofer* § 1958 Rz 1). Ist sie nicht feststellbar, wird die Klage als unzulässig abgewiesen.

2 Darüber hinaus schützt § 1958 vor durch eine Ausschlagung überflüssig werdende Gerichtsverfahren (AnwK-BGB/*Ivo* § 1958 Rz 1). Wer nicht Erbe wird, weil er ausschlägt oder die Annahme angefochten hat, muss nicht durch das Verfahrensrecht geschützt werden. Daher sind die gegen ihn gerichteten Klagen, solange er noch die Freiheit zur Entscheidung über die Annahme der Erbschaft hat, unbegründet mit der Folge, dass der Nachlassgläubiger die Kosten trägt, wenn der beklagte Erbe nach Klagezustellung die Erbschaft wirksam ausschlägt (LG Bonn, BeckRS 09, 24111).

3 § 1958 gilt nur für Passivprozesse des vorläufigen Erben. Nach der Erbschaftsannahme sind die §§ 2014 f, 1967 ff zu prüfen, da der Erbe auch dann noch durch aufschiebende Einreden geschützt ist.

4 **B. Gerichtliche Geltendmachung vor der Annahme.** Die Vorschrift erfasst alle Nachlassverbindlichkeiten iSd § 1967. Für die Nachlasserbenschulden gilt dies nur, soweit die Haftung gem Vereinbarung auf den Nachlass beschränkt wurde. Der vorläufige Erbe haftet für die Nachlasserbenschulden ohnehin ohne Rücksicht auf eine evtl spätere Ausschlagung mit seinem Eigenvermögen (AnwK-BGB/*Ivo* § 1958 Rz 3). Insoweit verbietet § 1958 die gerichtliche Geltendmachung eines solchen Anspruchs vor der Erbschaftsannahme nicht (MüKo/*Leipold* § 1958 Rz 2).

5 Wegen des Ziels der Freistellung des vorläufigen Erben von der Prozessführung erstreckt sich der Ausschluss nicht nur auf Ansprüche, sondern lässt die gerichtliche Geltendmachung von Rechten ggü dem Nachlass schlechthin nicht zu (MüKo/*Leipold* § 1958 Rz 3 f). IÜ gilt § 1958 auch für Verfahren der freiwilligen Gerichtsbarkeit (Staud/*Marotzke* § 1958 Rz 11).

6 Vor Erbschaftsannahme ist die Zwangsvollstreckung wegen Eigenverbindlichkeiten nur in das Vermögen des Erben, wegen Nachlassverbindlichkeiten nur in den Nachlass zulässig, §§ 778, 779 ZPO (LG Dortmund NJW 73, 374), § 928 ZPO (*Brox* Rz 315). Auch eine Sicherung des Anspruchs durch Arrest oder einstweilige Verfügung ist gegen den Erben nicht zulässig (RGZ 60, 179). Dagegen sind einstweilige Maßnahmen zum Schutz absoluter Rechte nicht ausgeschlossen (Staud/*Marotzke* § 1958 Rz 4).

7 Hat die Zwangsvollstreckung gegen den Erblasser bereits zu dessen Lebzeiten begonnen, wird das Zwangsvollstreckungsverfahren nach § 779 I ZPO fortgesetzt. Gegen unzulässige Zwangsvollstreckungsmaßnahmen kann sich der vorläufige Erbe nach §§ 766, 771 ZPO wehren (Damrau/*Masloff* § 1958 Rz 5).

8 Eine Umschreibung eines Vollstreckungstitels wegen einer Nachlassverbindlichkeit ist gegen den Erben genauso wenig möglich wie das Erwirken eines derartigen Titels (Soergel/*Stein* § 1958 Rz 6). Wird dennoch die Klausel erteilt, kann der vorläufige Erbe nach § 732 ZPO oder nach § 768 ZPO vorgehen (*Brox* Rz 306).

9 Die Führung von Aktivprozessen, die Einlassung auf Passivprozesse oder die Aufnahme eines laufenden Verfahrens gelten als Annahme der Erbschaft (AnwK-BGB/*Ivo* § 1943 Rz 12).

10 Macht der Nachlassgläubiger einen Anspruch gegen den Erben gerichtlich geltend, hat er die Annahme der Erbschaft durch den vorläufigen Erben darzulegen und ggf zu beweisen (Baumgärtel/*Schmitz* § 1958 Rz 1).

11 **C. Ausnahmen.** § 1958 findet keine Anwendung bei Nachlasspflegschaft, § 1960 III, Nachlassverwaltung, § 1984 I 3 und bei Testamentsvollstreckung, § 2213 II.

12 Will der Gläubiger bereits vor Annahme der Erbschaft gegen den Erben vorgehen, muss er nach § 1961 die Nachlasspflegschaft beantragen. Allerdings ist die Nachlasspflegschaft nicht geeignet, Verfügungen des vorläufigen Erben nach § 1959 zu verhindern. Str ist, ob er die Nachlassverwaltung beantragen kann; hierzu wird es aber vor der Erbschaftsannahme regelmäßig nicht kommen (Palandt/*Edenhofer* § 1958 Rz 3).

13 Nach § 316 InsO ist die Einleitung des Nachlassinsolvenzverfahrens vor Annahme der Erbschaft zulässig.

14 **D. Außergerichtliche Geltendmachung.** § 1958 beschränkt nicht die außergerichtliche Geltendmachung von Ansprüchen oder Rechtsgeschäften ggü dem vorläufigen Erben und ist auch im Falle der Ausschlagung dem endgültigen Erben ggü wirksam, § 1959 III. Dies gilt va für die Mahnung, Kündigung, Anfechtung, Genehmigung, die Aufrechnung, den Rücktritt und das Zurückbehaltungsrecht. Dessen ungeachtet gerät der Erbe erst mit der Annahme der Erbschaft in Verzug (RGZ 79, 201), ohne dass eine erneute Mahnung erforderlich wäre (Soergel/*Stein* § 1958 Rz 4). Befand sich schon der Erblasser im Schuldnerverzug, wird dieser vom Erbfall nicht berührt, sondern bleibt bestehen (AnwK-BGB/*Ivo* § 1958 Rz 9).

15 § 1959 III gilt nur dann, wenn sich eine Forderung gegen den Nachlass richtet und die andere zum Nachlass gehört (Staud/*Marotzke*, § 1958 Rz 6) Die Aufrechnung gegen eine zum Eigenvermögen des vorläufigen Erben gehörende Forderung ist in ihrer Wirkung davon abhängig, dass der Erbe nicht ausschlägt (Erman/*Schlüter* § 1958 Rz 21).

§ 1959 Geschäftsführung vor der Ausschlagung. (1) Besorgt der Erbe vor der Ausschlagung erbschaftliche Geschäfte, so ist er demjenigen gegenüber, welcher Erbe wird, wie ein Geschäftsführer ohne Auftrag berechtigt und verpflichtet.
(2) Verfügt der Erbe vor der Ausschlagung über einen Nachlassgegenstand, so wird die Wirksamkeit der Verfügung durch die Ausschlagung nicht berührt, wenn die Verfügung nicht ohne Nachteil für den Nachlass verschoben werden konnte.

(3) Ein Rechtsgeschäft, das gegenüber dem Erben als solchem vorgenommen werden muss, bleibt, wenn es vor der Ausschlagung dem Ausschlagenden gegenüber vorgenommen wird, auch nach der Ausschlagung wirksam.

A. Allgemeines. Vor Annahme der Erbschaft ist der Erbe weder zur Nachlassverwaltung noch zur Beantragung der Nachlassinsolvenz verpflichtet. Sofern durch die Ausschlagung ein Sicherungsbedürfnis entsteht, hat das Nachlassgericht vAw nach § 1960 tätig zu werden. Wird der vorläufige Erbe ohne Annahmewille tätig und schlägt er später wirksam aus oder ficht er an, haftet er dem endgültigen Erben ggü nach den Grundsätzen der Geschäftsführung ohne Auftrag, §§ 1959, 677 ff. Gemeint sind nur Geschäfte vor der Ausschlagung, nicht aber solche vor der Annahme/Anfechtung der Ausschlagung. Besonderheiten gelten in letzterem Fall auch für den wirklichen Erbe im Nachlassinsolvenzverfahren oder bei der Nachlassverwaltung, § 1978 I 2; III. 1

War der Ausschlagende nicht zum Erben berufen, ist § 1959 nicht anwendbar; vielmehr greifen die §§ 2018 ff ein (Staud/*Marotzke* § 1959 Rz 2). 2

B. Geschäftsführung ohne Auftrag. Der vorläufige Erbe hat die Interessen des endgültigen Erben, des Testamentsvollstreckers oder des Nachlasspflegers zu wahren und dessen wirklichen oder mutmaßlichen Willen zu berücksichtigen (Damrau/*Boecken* § 1959 Rz 3). Bei schuldhafter Pflichtverletzung haftet der vorläufige dem endgültigen Erben, wobei dieser Anspruch zum Nachlass gehört (Celle MDR 70, 1012). IÜ haftet der Ausschlagende dem Erben nach §§ 681 2, 667 auf Herausgabe des Erlangten. 3

Geschäfte des Ausschlagenden, wie die Bestattung, und die ihm daraus erwachsenen Erstattungsansprüche sind, ebenso wie Aufwendungsersatzansprüche, Nachlassverbindlichkeiten (Erman/*Schlüter* § 1959 Rz 3); sie bleiben wirksam; für sie hat der endgültige Erbe einzustehen; im Nachlassinsolvenzverfahren sind sie Masseschulden nach § 324 I Nr 6 InsO. 4

C. Unaufschiebbare Verfügungen. Nach II bleiben unaufschiebbare Verfügungen trotz späterer Ausschlagung wirksam. Inwieweit eine Verfügung ohne Nachteil für den Nachlass aufgeschoben werden kann, bestimmt sich nach objektiven und wirtschaftlichen Gesichtspunkten (MüKo/*Leipold* § 1959 Rz 6). Die Vorschrift erfasst nur Verfügungen, nicht auch schuldrechtliche Verpflichtungsgeschäfte (hM, so Erman/*Schlüter* § 1959 Rz 5; aA *Bertzel* AcP 158, 107). Verfügung ist jedes Rechtsgeschäft, durch das unmittelbar auf ein zum Nachlass gehörendes Recht eingewirkt wird, wie zB Annahme von Zahlungen zwecks Erfüllung einer Nachlassforderung, Begleichung der Beerdigungskosten aus Nachlassmitteln (LAG Berlin MDR 85, 169), Verkauf verderblicher Waren ua (Jauernig/*Stürner* § 1959 Rz 2), aber auch die Ausübung eines Gestaltungsrechts wie Kündigung oder Anfechtung sowie die Erfüllung einer fälligen Nachlassverbindlichkeit durch den vorläufigen Erben (Erman/*Schlüter* § 1959 Rz 6). Die erforderliche Dringlichkeit ist insb dann zu bejahen, wenn andernfalls Annahmeverzug eintreten würde oder die Vermögensverhältnisse des Schuldners einen späteren Ausfall des endgültigen Erben befürchten lassen (AnwK-BGB/*Ivo* § 1959 Rz 9). 5

Nicht erfasst werden die Verfügungen über fremde, nicht zum Nachlass gehörende Gegenstände (Erman/*Schlüter* § 1959 Rz 4) und die Prozessführung, da sie eine Verwaltungshandlung ist. Danach begründet die **aktive Prozessführung** des vorläufigen Erben keine Rechtskraft ggü dem endgültigen Erben (RGRK/*Johannsen* § 1959 Rz 2). Der Kläger kann in der Klage die Leistung an sich verlangen, worin die schlüssige Annahme der Erbschaft liegt, oder an den endgültigen Erben oder auf Hinterlegung zu seinen Gunsten (str; BaRoth/*Seidl* § 1959 Rz 16; aA MüKo/*Leipold* § 1959 Rz 11). 6

Aufschiebbare Verfügungen sind grds unwirksam, können aber vom endgültigen Erben nach § 185 II genehmigt (Staud/*Marotzke* § 1959 Rz 13 ff) oder durch gutgläubigen Erwerb nach §§ 932 ff wirksam werden (*Lüke* JuS 78, 254). 7

D. Einseitige Rechtsgeschäfte. Einseitige, empfangsbedürftige Rechtsgeschäfte iSd III, die ggü dem vorläufigen Erben vorzunehmen sind, bleiben auch ggü dem endgültigen Erben wirksam. Auf deren Dringlichkeit kommt es nicht an. Zu nennen sind insb Kündigungs-, Anfechtungs- und Rücktrittserklärungen sowie Genehmigungen und die Annahme von Vertragsangeboten des Erblassers (Staud/*Marotzke* § 1959 Rz 20). Sie sind auch dann ggü dem vorläufigen Erben vorzunehmen, wenn das Insolvenzverfahren über sein Vermögen eröffnet ist, da der Nachlass erst nach der Erbschaftsannahme zur Insolvenzmasse gehört (Celle OLGE 30, 207). Auf das Nachlassinsolvenzverfahren finden die I u II keine Anwendung (Palandt/*Edenhofer* § 1959 Rz 4). 8

§ 1960 Sicherung des Nachlasses; Nachlasspfleger. (1) ¹Bis zur Annahme der Erbschaft hat das Nachlassgericht für die Sicherung des Nachlasses zu sorgen, soweit ein Bedürfnis besteht. ²Das Gleiche gilt, wenn der Erbe unbekannt oder wenn ungewiss ist, ob er die Erbschaft angenommen hat.
(2) Das Nachlassgericht kann insbesondere die Anlegung von Siegeln, die Hinterlegung von Geld, Wertpapieren und Kostbarkeiten sowie die Aufnahme eines Nachlassverzeichnisses anordnen und für denjenigen, welcher Erbe wird, einen Pfleger (Nachlasspfleger) bestellen.
(3) Die Vorschrift des § 1958 findet auf den Nachlasspfleger keine Anwendung.

1 **A. Allgemeines.** Nach dem Erbfall ist der Erbe als Gesamtrechtsnachfolger des Erblassers für alle sich aus der Erbschaft ergebenden Angelegenheiten zuständig. Grds greift daher der Staat in die privaten Nachlassangelegenheiten des Erben nicht ein. Bestehen von Seiten des Nachlassgerichts keine Zweifel an der Existenz der Erben, ihrer Identität, Erbberechtigung und Erbschaftsannahme, werden keine staatlichen Fürsorgemaßnahmen ergriffen (Ddorf FamRZ 95, 895). Dies gilt selbst dann, wenn an sich wegen der Zerstrittenheit der vorhandenen Erben ein Bedürfnis bestehen würde (Zweibr Rpfleger 86, 433).

2 Die Anordnung der Nachlasssicherung ist nur hinsichtlich eines Erbteils zulässig, für den die Voraussetzungen des § 1960 vorliegen (*Tidow* RPfleger 91, 400).

3 **B. Nachlasssicherung.** Es besteht, von landesrechtlichen Ausnahmen in Baden-Württemberg, § 41 LFGG, und Bayern, § 37 BayAGGVG, abgesehen, keine Pflicht des Nachlassgerichts, bei einem Erbfall tätig zu werden, die Erben zu ermitteln oder um deren Annahme nachzusuchen (Staud/*Marotzke* § 1960 Rz 2). Ist unbekannt, wer Erbe geworden ist oder ist die Erbschaft noch nicht angenommen, **kann** das Nachlassgericht Sicherungsmaßnahmen ergreifen. Dagegen ist das Nachlassgericht zur Sicherung des Nachlasses verpflichtet, wenn der Erbe unbekannt **und** ein Sicherungsbedürfnis besteht. Es hat die Voraussetzungen vAw zu prüfen und festzustellen (KG OLGZ 7, 132), und zwar unabhängig davon, ob umfangreiche und zeitraubende Ermittlungen anstehen (BayObLG NJW-RR 99, 157). Ob die Ermittlung des Erben möglich sein wird, hat der Nachlasspfleger zu entscheiden (Staud/*Marotzke* § 1960 Rz 9).

4 Mit dem Wegfall zumindest einer Voraussetzung für die Nachlasssicherung sind die getroffenen Maßnahmen unverzüglich aufzuheben (MüKo/*Leipold* § 1960 Rz 27); bis zur Aufhebung ist die angeordnete Pflegschaft wirksam (BGHZ 49, 1). Eine schuldhafte Amtspflichtverletzung bei der Beauftragung und Beaufsichtigung des Nachlasspflegers führt zur Staatshaftung ggü dem Erben gem § 839, Art 34 GG (*Tidow* Rpfleger 91, 400).

5 **I. Unbekannter Erbe.** Ein Erbe ist aus Sicht des Nachlassgerichts unbekannt iSd § 1960, wenn nicht mit zumindest hoher Wahrscheinlichkeit feststeht, wer Erbe ist (KG NJW-RR 99, 157), aber auch dann, wenn der Erbe ausgeschlagen hat (MüKo/*Leipold* § 1960 Rz 8). Entspr gilt, wenn zwar mehrere Erben in Betracht kommen, aber ungewiss ist, wer von ihnen der richtige Erbe ist (Ddorf JR 49, 254), wie zB bei Ungewissheit über die Gültigkeit eines Testaments (BayObLG FamRZ 1996, 308), wenn die Geburt eines weiteren Erben erwartet wird, bei einer Erbunwürdigkeitsklage (Staud/*Marotzke* § 1960 Rz 8), eine noch zu errichtende Stiftung als Erbe berufen ist oder bei Zweifel an der Verwandtschaft einer Person (Stuttg NJW 75, 880). Besteht danach ein Sicherungsbedürfnis, muss das Nachlassgericht geeignete Maßnahmen treffen.

6 Steht für das Nachlassgericht aufgrund klarer tatsächlicher Verhältnisse mit hoher Wahrscheinlichkeit fest, wer Erbe geworden ist (KG NJW-RR 99, 157), ohne dass letzte Gewissheit erforderlich ist, ist der Erbe als bekannt anzusehen. Ein erteilter Erbschein enthält die Vermutung für das Bekanntsein des Erben (BayObLG FamRZ 03, 561); allerdings kann die Einziehung des Erbscheins zur Unbekanntheit des Erben führen (BayObLGZ 62, 307), weshalb uU die Anordnung einer Nachlasspflegschaft vor der Einziehung erforderlich sein kann (BayObLG FamRZ 04, 1067).

7 Ist der zum Erben Berufene verschollen, besteht aber für ihn eine Lebendvermutung nach § 10 VerschG, ist ihm ein Abwesenheitspfleger zu bestellen; dies gilt auch dann, wenn zwar die Person des Erben bekannt, nur ihr Aufenthalt unbekannt ist (BGH NJW 52, 818).

8 Die Ungewissheit der Annahme einer Erbschaft steht der Ungewissheit über die Person des Erben gleich und liegt vor, wenn der bekannte Erbe gem I 1 die Erbschaft noch nicht angenommen hat oder gem I 2 seine Annahme ungewiss ist.

9 **II. Sicherungsbedürfnis.** Voraussetzung ist das Bedürfnis zu einer gerichtlichen Fürsorge, dh dass ohne das Eingreifen des Nachlassgerichts der Bestand des Nachlasses gefährdet wäre (Karlsr FamRZ 04, 222), wobei das Nachlassgericht nach pflichtgemäßem Ermessen über das Ob und die Art der Fürsorgemaßnahme entscheidet (FA-ErbR/*Tschichoflos* Kap 5, B Rz 113). Maßgebend ist das Interesse des endgültigen Erben am staatlichen Einschreiten (Köln NJW-RR 89, 454). Grundlage der Ermessensentscheidung ist die Kenntnis des Nachlassgerichts zum Zeitpunkt seiner Entscheidung (KG Rpfleger 82, 184).

10 An einem Sicherungsbedürfnis fehlt es idR, wenn die erforderliche Sicherung auf einfachere Weise erlangt werden kann, wie etwa durch eine einstweilige Verfügung nach § 938 ZPO oder der Ehegatte, Abkömmlinge, vertrauenswürdige Miterben (Staud/*Marotzke* § 1960 Rz 15) oder ein Testamentsvollstrecker vorhanden sind. Ein Sicherungsbedürfnis besteht nicht, wenn die Nachlassangelegenheiten von einem Bevollmächtigten ordnungsgemäß erledigt werden (KG ZEV 99, 395); kommt er dagegen seinen Pflichten nicht nach, hat das Nachlassgericht geeignete Maßnahmen einzuleiten.

11 **C. Nachlassgericht.** Nach § 1962 ist in erster Linie das Nachlassgericht zuständig; daneben aber nach § 74 2 FGG (§ 356 II FamFG) jedes Amtsgericht, in dessen Bezirk ein Fürsorgebedürfnis auftritt. Ob und inwieweit sich Fürsorgemaßnahmen auf im Ausland befindliches Vermögen eines Deutschen erstrecken können, beurteilt sich danach, ob eine Nachlassspaltung eingetreten ist (BayObLGZ 82, 284).

12 Zur Sicherung des sich im Inland befindlichen Nachlasses ist, auch bei einem ausländischen Erblasser, das deutsche Gericht zuständig (BGH FamRZ 68, 26). Ob die Voraussetzungen hierfür vorliegen und welche

Maßnahme angeordnet wird, beurteilt sich nach deutschem Recht, auch wenn das maßgebliche ausländische Erbrecht eine Nachlasspflegschaft oder derartige Maßnahmen nicht kennt (BGHZ 49, 1).

D. Sicherungsmaßnahmen. I. Anlegen von Siegeln. Das Anlegen von Siegeln kommt in Betracht bei der Versiegelung der Wohnung des Erblassers, wenn sich Nachlassgegenstände an verschiedenen Orten befinden und eine Inbesitznahme infolge der räumlichen Entfernung nicht schnell genug möglich ist (*Scherer/Benninghoven* § 49 Rz 12). 13

Der Rechtspfleger beim Nachlassgericht ist für die Anordnung der Siegelung zuständig. Sie kann vAw oder auf Antrag erfolgen und wird entweder vom Rechtspfleger selbst vorgenommen oder auf Organe übertragen (Krug/Rudolf/*Kroiß* § 6 II 1). Bei Bedarf kann sie, wenn die Siegelung behindert wird, aufgrund einer Anordnung des Nachlassgerichts mit Gewaltmitteln nach § 33 FGG erzwungen werden (Krug/Tanck/*Kerscher* § 11 Rz 27). Wenn zur Durchführung der Sicherungsmaßnahme Räume Dritter betreten werden müssen und sie den Zutritt verweigern, ist eine richterliche Entscheidung erforderlich, es sei denn, Gefahr ist im Verzug (Damrau/*Boecken* § 1960 Rz 24). 14

Der Anspruch auf Siegelung entfällt, wenn der Erbe bekannt ist und den Nachlass in Besitz hat. Gegen die Aufhebung der Siegelung steht dem Erben kein Beschwerderecht zu (Krug/Rudolf/*Kroiß* § 6 II 1). 15

II. Hinterlegung. Wurden bei der Siegelung Geld, Wertpapiere oder andere Kostbarkeiten gefunden, kommt eine Hinterlegung nach der HinterlegungsO iVm § 30 RPflG in Betracht. Der die Siegelung durchführende Beamte hat diese Gegenstände sofort zu verzeichnen und in die amtliche Verwahrung zu bringen. 16

III. Nachlassverzeichnis. Das Nachlassgericht kann auch die Erstellung eines Nachlassverzeichnisses anordnen (Staud/*Marotzke* § 1961 Rz 1), das bei der Fortführung eines Betriebes die Aktiva und Passiva zum Stichtag feststellt (BayObLGZ 14, 524), weil bis zur Feststellung des wirklichen Erben Veränderungen des Nachlasses unvermeidbar sind. Dieses Verzeichnis darf nicht verwechselt werden mit dem Nachlassverzeichnis nach §§ 2314 I 1, 260 bzw §§ 1993 ff., da es lediglich der Nachlasssicherung dient, wofür eine Aufstellung über die im Nachlass vorhandenen Aktiva genügt (MüKo/*Leipold* § 1960 Rz 24), was aber die Aufnahme von vorhandenen Nachlassverbindlichkeiten nicht ausschließt. Die Einsicht in das Verzeichnis ist jedem zu gestatten, der ein rechtliches Interesse glaubhaft macht (MüKo/*Leipold* § 1960 Rz 24). 17

IV. Kontensperrung. Zur Sicherung des Nachlasses kann das Nachlassgericht eine Kontensperrung veranlassen (KG Rpfleger 82, 184), um das Risiko des Missbrauchs von transmortalen Vollmachten zu begrenzen und einen unkontrollierten Geldabfluss zu vermeiden. Dabei hat es insb Rechte Dritter zu berücksichtigen, wenn diese nach dem Erbfall Rechte am Nachlassvermögen erworben haben (KG RPfleger 82, 184). Allerdings kann das Gericht den Beteiligten einen bestimmten Geldbetrag überlassen, welcher der Fortführung des Geschäftsbetriebs, des Haushalts oder der Erfüllung dringender Nachlassverbindlichkeiten wie zB Beerdigungskosten dient, und die Überlassung mit der Auflage verbinden, später mit den Erben abzurechnen. 18

V. Nachlasspfleger. Die Nachlasspflegschaft ist die praktisch bedeutsamste Maßnahme iRd Nachlassfürsorge. So kann der Vermieter, wenn der Mieter verstirbt, zur Abwicklung des Mietverhältnisses einen Antrag auf Nachlasspflegschaft ohne Zahlung eines Kostenvorschusses stellen, wenn er noch Forderungen an den Nachlass hat (LG Köln BeckRS 08, 25167). Das Nachlassgericht legt, wenn ein Sicherungsbedürfnis besteht, den Wirkungskreis des Pflegers nach den jeweiligen Bedürfnissen des Einzelfalls fest. Zu den Aufgaben des Vertreters (= Personenpflegers, BGH NJW 83, 226) gehört neben der Sicherung und Erhaltung des Nachlasses auch die Verwaltung, ggf auch die Versilberung des Nachlasses und die Erbenermittlung (KG NJW 71, 565). Eine nur vorläufige Nachlasspflegschaft darf das Nachlassgericht nicht anordnen (*Zimmermann* Rz 181). 19

Bei der Nachlasspflegschaft handelt es sich rechtlich um einen speziellen Fall der Pflegschaft für unbekannte Beteiligte nach § 1913 (Staud/*Marotzke* § 1960 Rz 25) mit der Folge, dass die Vorschriften über die Vormundschaft gem § 1915 I Anwendung finden, soweit sich aus den nachfolgenden Vorschriften nichts anderes ergibt. 20

1. Bestellung eines Nachlasspflegers. Die Bestellung des Nachlasspflegers erfolgt durch das Nachlassgericht, sie ist ein mitwirkungsbedürftiger, rechtsbegründender Hoheitsakt (MüKo/*Wagenitz* § 1789 Rz 2), wodurch der Ausgewählte zu treuer und gewissenhafter Führung der Nachlasspflegschaft verpflichtet wird. Der Nachlasspfleger erhält eine Bestallungsurkunde nach Maßgabe der ihm übertragenen Aufgabenkreises, selbst wenn der Aufgabenbereich in der Bestallung anders wiedergegeben ist (KGJ 41, 38). Das Nachlassgericht kann nach § 1797 mehrere Pfleger bestellen und sie mit unterschiedlichen Wirkungskreisen betrauen (Oldbg FGPrax 98, 108). Lagen die Voraussetzungen für die Anordnung der Nachlasspflegschaft nicht vor, ist die Bestellung des Nachlasspflegers dennoch wirksam (BGHZ 49, 1); die Anordnung kann aber aufgehoben werden. 21

Die Auswahl nimmt das Nachlassgericht nach pflichtgemäßem Ermessen vor. Ein Benennungsrecht existiert nicht. Maßgebend ist allein die Eignung des Nachpflegers (MüKo/*Leipold* § 1960 Rz 36). Bedenken an der Eignung bestehen bei der Bestellung eines Nachlassgläubigers (BayObLG FamRZ 93, 241). IÜ dürfen keine in den §§ 1780–1784 genannten Gründe entgegenstehen. Die Auswahlentscheidung des Nachlassgerichts ist in vollem Umfang gerichtlich nachprüfbar (BGH NJW-RR 92, 967). Gegen die Entscheidung ist die Beschwerde statthaft, wobei nur der Erbenanwärter (LG Heidelberg NJW 55, 469) und der ausgewählte Pfle- 22 ger (BayObLG NJW-RR 92, 967), nicht aber der Testamentvollstrecker (KG Berlin OLGE 40, 133) beschwerdeberechtigt sind. Nach § 1795 ist der Ausgewählte zur Übernahme des Amtes verpflichtet, soweit keine Gründe des § 1786 entgegenstehen.

23 Der Nachlasspfleger wird mit der Bestellung zum gesetzlichen Vertreter des/der Erben (BGH NJW 83, 226). Sein Wirkungskreis umfasst allg die Sicherung, Verwaltung und Erhaltung des Nachlasses sowie die Ermittlung der unbekannten Erben (Köln FamRZ 67, 58). Durch die Anordnung der Nachlasspflegschaft verliert der Erbe weder seine Fähigkeit, Verpflichtungen einzugehen noch seine Verfügungsbefugnis (Damrau/*Boeckes* § 1960 Rz 49). Bei widersprechenden Verfügungen gilt die zeitlich frühere.

24 Die Vertretungsmacht des Nachlasspflegers erfasst, wenn das Nachlassgericht den Wirkungskreis nicht eingeschränkt hat, alle Nachlassangelegenheiten. Allerdings kann die Verwaltungsbefugnis des Pflegers nicht weiter gehen als die des von ihm vertretenen Erben (MüKo/*Leipold* § 1960 Rz 40). § 181 ist zu beachten. Eine Ausn gilt für die Rechtsgeschäfte, die einer gerichtlichen Genehmigung bedürfen.

25 Das Nachlassgericht bedient sich des Nachlasspflegers in Erfüllung seiner staatlichen Fürsorgepflicht (BGH NJW 83, 226), beaufsichtigt ihn nach §§ 1915, 1837, schreitet gegen Pflichtwidrigkeiten ein und setzt seine Anordnung ggf mit Ordnungsmitteln durch (LG RPfleger 84, 467). Bleiben die Maßnahmen erfolglos oder reichen sie nicht aus, kommt, wenn die Fortführung des Amtes die Interessen der vertretenen Erben objektiv gefährden würden, auch die Entlassung des Nachlasspflegers in Betracht (BayObLG RPfleger 84, 252). Ungeachtet dessen handelt der Pfleger eigenverantwortlich und führt sein Amt selbständig aus. Er unterliegt grds keinen Weisungen (BayObLG NJW-RR 97, 326), soweit es sich nicht um Rechtsgeschäfte handelt, die der Genehmigung des Nachlassgerichts bedürfen, wie zB §§ 1812, 1821, 1822 (Frankf 74, 473). Die Beurteilung der Zweckmäßigkeit einer Verwaltungsmaßnahme steht nicht dem Nachlassgericht, sondern ausschl dem Nachlasspfleger zu (KG OLGE 32, 48).

26 **2. Aufgaben des Nachlasspflegers.** Der Wirkungskreis des Nachlasspflegers wird im Anordnungsbeschluss des Nachlassgerichts festgelegt. Er kann sich auf einzelne Aufgaben beschränken (KG NJW 65, 1719). Die iRd Erhaltung und Sicherung vorzunehmenden Maßnahmen bestimmen sich weitgehend nach der Zweckmäßigkeit; eine vollständige gesetzliche Regelung ist kaum möglich (Mot V 549).

27 Zu Beginn seiner Tätigkeit hat der Nachlasspfleger dem Nachlassgericht ein Nachlassverzeichnis einzureichen, §§ 1960, 1915, 1820, 1839. Auf Verlangen hat er dem Nachlassgericht Auskunft zu erteilen und jährlich über seine vermögensrechtliche Tätigkeit Rechnung zu legen und zu berichten, §§ 1915, 1840. Dem Nachlasspfleger obliegt auch die Ermittlung des unbekannten Erben (Karlsr FamRZ 07, 2109), hierzu darf er sich auch eines gewerblichen Erbenermittlers (Genealoge) bedienen, sofern dies pflichtgemäß ist und nicht eine vollständige Übertragung seiner Aufgaben darstellt (Schlesw FG Prax 05, 129). Allerdings muss er den Erbenermittler verpflichten, ihm das Ergebnis der Ermittlungen bekannt zugeben (LG Berlin FamRZ 00, 1125). Für die Tätigkeit erhält der Ermittler eine erfolgsabhängige Vergütung von 10–30% am Reinnachlass (Celle ZEV 99, 449). Zur Sicherung und Verwaltung des Nachlasses gehört in erster Linie die Erhaltung und Verwaltung des Nachlasses sowie die Wahrnehmung der Vermögensinteressen des noch unbekannten Erben. Der mit der umfassenden Verwaltungsaufgaben betraute Nachlasspfleger hat den Nachlass zu sichern und in Besitz zu nehmen (BGH NJW 81, 2299). Er ist gesetzlicher Vertreter der unbekannten Erben (BGH NJW 83, 226) und kann von jedem, der kein Recht zum Besitz an den einzelnen Nachlassgegenständen nachweist, die Herausgabe verlangen (Karlsr ZFE 07, 438). Daher hat der Nachlasspfleger auch gegen den Erbanwärter einen Anspruch auf Herausgabe von Nachlassgegenständen unmittelbar aus § 1960, solange das Erbrecht noch nicht rechtskräftig festgestellt ist (Hamm ErbR 06, 56). Nicht erforderlich für den Herausgabeanspruch ist ein Sicherungsbedürfnis oder -interesse. Der Nachlasspfleger hat den Nachlass an die Erben herauszugeben, wenn er die Entziehung erlangter Nachlassgegenstände nicht beweisen kann (Brandbg ErbR 07, 198), mit Genehmigung des Nachlassgerichts gehandelt oder gegen seine Pflichten verstoßen hat (Brandbg ErbR 08, 260) und nach Beendigung seines Amtes (Brandbg ZFE 07, 478). Er kann für den Erben ein Inventar nach § 1993 errichten, wobei ihm eine Inventarfrist nicht gesetzt werden kann, § 2012 I 1. Darüber hinaus ist der Nachlasspfleger berechtigt, das Gläubigeraufgebot gem §§ 1970 ff, das Nachlassinsolvenzverfahren nach § 317 I InsO (BGH BeckRS 07, 13222) und die Zwangsversteigerung eines Grundstücks gem § 175 ZVG zu beantragen. Er kann aber, weil er in den §§ 1980, 1982, 2062 nicht als Antragsberechtigter benannt ist, nicht die Nachlassverwaltung beantragen (BayObLGZ 76, 167). Schließlich kann er als gesetzlicher Vertreter des Erben den Antrag auf eine Todeserklärung für einen verschollenen Erben stellen (Köln FamRZ 67, 58).

28 Nach § 2012 I 2 ist der Nachlasspfleger den Nachlassgläubigern ggü verpflichtet, **Auskunft** über den Bestand des Nachlasses zu erteilen. Auf die Beschränkung der Erbenhaftung kann er nicht verzichten, § 2012 3, wohl aber die aufschiebenden Einreden der §§ 2014, 2015 geltend machen (MüKo/*Leipold* § 1960 Rz 49). Er ist berechtigt, Verbindlichkeiten zu begründen, für welche die Erben unbeschränkt, aber beschränkbar haften (Damrau/*Boeckes* § 1960 Rz 62), und über Nachlassgegenstände zu verfügen. Steuerschulden muss der *Nachlasspfleger* gem § 34 I AO tilgen, weil er ansonsten persönlich haftbar gemacht werden kann, § 69 AO. Daher kann er auch für die Dauer der Nachlasspflegschaft auf die Einrede der Verjährung verzichten (BayObLG FamRZ 97, 314). Die Befriedigung der Forderungen der Nachlassgläubiger ist nicht die eigentliche Aufgabe des Nachlasspflegers (OLGR Schleswig 98, 358). Allerdings hat er im Inte-

resse der Erben eindeutige Nachlassverbindlichkeiten zu begleichen, wenn er auf diese Weise Schäden und/oder unnötige Prozesse und Kosten vermeiden kann (BayObLG FamRZ 97, 314).

Die Nachlasspflegschaft umfasst aber nicht die Geltendmachung **höchstpersönlicher Rechte** des Erben; daher ist der Nachlasspfleger nicht ermächtigt, die Erbschaft anzunehmen oder auszuschlagen, einen Erbschein zu beantragen (BayObLG FamRZ 91, 230), oder ein Vermächtnis/eine Auflage anzufechten (Erman/*M. Schmidt* § 2080 Rz 4). Dagegen ist es ihm gestattet, zum Nachlass gehörende Pflichtteilsansprüche geltend zu machen (*Primozic* NJW 00, 74). Nicht zu seinen Aufgaben gehört die Durchführung und Überwachung der Erbauseinandersetzung, selbst wenn er von den ermittelten Erben hiermit beauftragt wird (RGZ 154, 110). IRd Verwaltung eines Miterbenanteils ist es dem Nachlasspfleger gestattet, den unbekannten Erben bei der von anderer Seite betriebenen Auseinandersetzung zu vertreten (BGH bei *Johannsen* WM 72, 914). Eine Veräußerung des Erbteils ist ihm ebenso untersagt (LG Aachen RPfleger 91, 314) wie die Schenkung oder der Vollzug einer formnichtigen Schenkung des Erblassers (RGZ 78 279). 29

Zum Aufgabengebiet des Nachlasspflegers gehört auch die **Prozessführung** hinsichtlich aller den Nachlass betreffenden Rechtsstreitigkeiten. Er ist aktiv (BGHZ 130, 377) und nach § 1960 III auch passiv zur Prozessführung befugt (Köln NJW-RR 97, 1091). Partei eines derartigen Prozesses ist der endgültige Erbe. Ihm kann Prozesskostenhilfe bewilligt werden, wenn die Kosten des Rechtsstreits nicht aus dem Nachlass gedeckt werden können (BVerfG NJW-RR 98, 1081). Wird die Nachlasspflegschaft während eines laufenden Prozesses aufgehoben, wird er von dem Erben fortgesetzt (AnwK-BGB/*Krug* § 1960 Rz 49). Ein wegen des Todes des Erblassers nach §§ 239, 246 ZPO unterbrochener Prozess endet mit der Anzeige der Pflegerbestellung, §§ 243, 246 II, 241 (BGH NJW 95, 2171). Der Nachlasspfleger vertritt den Erben auch bei der Zwangsvollstreckung gegen diesen und ist zur Abgabe der Versicherung an Eides statt hinsichtlich des Nachlasses verpflichtet (LG Düsseldorf JurBüro 84, 1425). Ein auf den Nachlasspfleger lautendes Urt ist, damit der Erbe daraus vollstrecken kann, nach § 750 I ZPO auf ihn zu konkretisieren. 30

Der Nachlasspfleger ist weder berechtigt, einen Prozess über das Erbrecht zu führen noch den Erben im Erbscheinsverfahrens zu vertreten (Celle JR 50, 58). Schließlich kann der Erbe gegen den Pfleger Feststellungsklage erheben, wenn der Pfleger das Erbrecht dieses Erben bestreitet (BGH NJW 83, 226). 31

3. Haftung des Nachlasspflegers. Der Nachlasspfleger ist **dem Erben** nach §§ 1915, 1833 verantwortlich (Hamm FamRZ 95, 696) und haftet ihm auf Grund des gesetzlichen Schuldverhältnisses für jede Verletzung seiner Pflichten, §§ 1915 I, 1833, 276. 32

Der Nachlasspfleger haftet **den Nachlassgläubigern** nur bei Verletzung der Auskunftspflicht nach § 2012 I 2 und nach dem Recht der unerlaubten Handlung, wobei der von ihm gesetzlich vertretene Erbe ein Verschulden des Pflegers nach § 278 zu vertreten hat (MüKo/*Leipold* § 1960 Rz 60). Allerdings kann er seine Haftung auf den Nachlass beschränken, da die Ansprüche, die aus den Maßnahmen des Nachlasspflegers entstanden sind, Nachlassverbindlichkeiten darstellen (Erman/*Schlüter* § 1967 Rz 9). 33

4. Vergütung des Nachlasspflegers. Gem §§ 1836 I 1, 1915 I ist die Nachlasspflegschaft grds unentgeltlich zu führen (KG Berlin MDR 60, 673). Der Nachlasspfleger hat Anspruch auf Vergütung nur, wenn das Nachlassgericht bei seiner Bestellung feststellt, dass die Pflegschaft berufsmäßig geführt wird (*Zimmermann* ZEV 99, 329). Für den Fall einer berufsmäßigen Führung hat das Nachlassgericht dem Nachlasspfleger nach pflichtgemäßem Ermessen eine Vergütung zu bewilligen, deren Höhe sich nach § 1836 II 2–4 richtet. Der ehrenamtlich tätige Pfleger erhält nach § 1835a nur eine Aufwandsentschädigung von 323 € pro Jahr. Der Vergütungsanspruch entsteht mit jeder im Vertrauen auf die erfolgte Bestellung entfaltete einzelne Tätigkeit, somit tageweise (BayObLG NJW-RR 03, 438). Der Anspruch erlischt, wenn er nicht binnen 15 Monate nach Entstehung beim Nachlassgericht geltend gemacht wird, § 1836 II 4, wobei das Nachlassgericht auf Antrag des Nachlasspflegers eine abw Frist bestimmen kann. 34

a) Höhe. Die Höhe der Vergütung bestimmt sich seit 1.7.05 nach dem 2. BtÄndG und somit bei dürftigem Nachlass nach den Regeln des Vormunds (Dresd ZFE 07, 438; allerdings zieht das Gericht bei der Vergütung des Nachlasspflegers die Stundensätze des § 1 I BVormVG als Orientierung heran, die die Mindestvergütung auch bei vermögendem Nachlass aufzeigen) und gilt für alle Tätigkeiten nach dem 30.6.05, wonach für die Vergütungshöhe gem § 1836 II 2 folgende Kriterien maßgebend sind: Nutzbare Fachkenntnisse des Pflegers, Umfang und Schwierigkeit der Geschäfte. Die Vergütung wird regelmäßig nach Zeitaufwand und Stundensatz abgerechnet (BayObLG ZEV 00, 410). Für die Frage, ob der Zeitaufwand für eine bestimmte Tätigkeit des Nachlasspflegers zu vergüten ist, kommt es auf seine Sicht an, ob er die Tätigkeit zur Erfüllung seiner Aufgaben für erforderlich halten durfte (KG ZFE 07, 477). Im Einzelfall kann sich, im Hinblick auf die Schwierigkeit, die Höhe des Stundensatzes mit dem Satz des § 3 I VBVG decken, wonach ein Rechtsanwalt eine Vergütung von 33,50 € pro Stunde erhält. Wurde ein Rechtsanwalt gerade wegen seiner Rechtskenntnisse zum Nachlasspfleger bestellt, kann eine höhere als die gesetzlich vorgesehene Mindestvergütung verlangt werden (hier: 103,00 €; LG Wuppertal FamRZ 05, 932). 35

Bei einem mittellosen Nachlass erhält der Nachlasspfleger eine dem Vormund entspr Vergütung, § 1836 I 3 (Dresd ZFE 07, 438), dh je nach Ausbildung gestaffelt 19,50 €, 25 € oder 33,50 € zzgl Umsatzsteuer, § 3 I, III 2 VBVG. Auf die Kriterien des § 1836 II 2 kommt es idR nicht an, sondern nur auf die Ausbildung des Nach- 36 lasspflegers. Eine bereits durch Aufwendungsersatz abgegoltene Tätigkeit wie zB die des RA für einen von ihm geführten Prozess kann nicht nochmals berücksichtigt werden (Frankf FamRZ 98, 497).

37 Die festgesetzte Vergütung ist vom Erben zu leisten. Er haftet für die Schuld, da sie als Erbfallschuld eine Nachlassverbindlichkeit darstellt (Frankf Rpfleger 93, 284). Ist der Nachlass mittellos, hat die Staatskasse gem § 1836a für die Vergütung des Pflegers anstelle des Erben einzustehen. Maßgebend für die Frage der Mittellosigkeit ist der Aktivnachlass. Ist die Vergütung durch den Nachlass nicht gedeckt, ist dieser mittellos (BayObLG ZEV 00, 410). Ein nach § 90 SGB XII anerkanntes Schonvermögen wird bei der Bestimmung des Aktivnachlasses nicht berücksichtigt (BayObLG NJW-RR 03, 1305).

38 Das Nachlassgericht setzt die Vergütung auf Antrag, für den die Ausschlussfrist des § 1836 II 4 von 15 Monaten gilt (Zweibr ZFE 07, 319), oder nach §§ 168 FamFG vAw durch Beschl nach den Regeln des § 1836b fest, der erst mit seiner Unanfechtbarkeit rechtskräftig wird. Dabei kann das Gericht die Vergütung einmalig oder für bestimmte Zeitabschnitte bewilligen (BayObLG FamRZ 94, 266); bis zur Beendigung hat der Nachlasspfleger nach § 1836 II 3 einen Anspruch auf Abschlagszahlungen (*Zimmermann* ZEV 99, 329). Der Feststellungsbeschluss, der zu begründen ist (LG Berlin FamRZ 08, 1481), stellt einen Vollstreckungstitel dar, § 168 FamFG. Das Nachlassgericht setzt die Vergütung nach seinem Ermessen fest. Es hat dabei weder die Angemessenheit noch die Zweckmäßigkeit der erbrachten Tätigkeit zu bewerten (Zweibr FamRZ 08, 818), aber alle Umstände des Einzelfalls zu berücksichtigen (Ddorf Rpfleger 98, 203), sich Kenntnis von den vergütungsrelevanten Umständen des Einzelfalls zu verschaffen, den Zeitaufwand des Pflegers zu überprüfen und den im Einzelfall zutreffenden Stundensatz zu ermitteln und den Erben zu hören. Der Pfleger darf die festgesetzte Vergütung dem von ihm verwalteten Barvermögen entnehmen, wobei eine Verzinsung nur unter den Voraussetzungen der §§ 288, 291 verlangt werden kann (BayObLG Rpfleger 04, 422). Über evtl Ersatzansprüche der Erben gegen den Pfleger gem §§ 1915, 1833 entscheidet das Prozessgericht. Allerdings können vorsätzliche Schädigungen des Nachlasses zu einer Minderung oder einem Ausschluss des Vergütungsanspruchs führen (Köln FamRZ 91, 483).

39 Vergütungsvereinbarungen mit dem Erben hindern das gerichtliche Festsetzungsverfahren nicht, da der Pfleger infolge der Kontrollfunktion des Nachlassgerichts auf § 1836 verwiesen ist (MüKo/*Schwab* § 1836 Rz 17).

40 Gegen die Festsetzung der Vergütung ist die **sofortige Beschwerde** statthaft, wenn der Beschwerdewert 150 € übersteigt oder das Rechtsmittel wegen grds Bedeutung zugelassen wird, § 569 V, VIII ZPO. Folgenden Personen steht ein Beschwerderecht zu: Erbe, Erbanwärter, Pflichtteilsberechtigte (Köln Rpfleger 99, 397), der Erbschaftskäufer (Hambg OLGE 21, 297), Nachlassgläubiger, wenn die Vergütung seine Befriedigung beeinträchtigt (Köln Pfleger 99, 397), der Nachlasspfleger selbst, wobei das Verbot der Schlechterstellung gilt (KG FamRZ 86, 1016), Testamentsvollstrecker (Köln Rpfleger 99, 397) und die Staatskasse als Schuldner.

41 **b) Aufwendungsersatz.** Der Nachlasspfleger hat, neben seiner Vergütung, einen Anspruch nach § 1835 I auf Ersatz seiner Aufwendungen (Firsching/*Graf* Rz 4; 673). Danach sind ihm seine Auslagen, die Bürounkosten einschl vom Pfleger zu zahlender Umsatzsteuer (Frankf FGPrax 00, 111), die Aufwendungen solcher Dienste des Nachlasspflegers, die zu seinem Beruf oder Gewerbe gehören, § 1835 III (Damrau/*Boecken* § 1960 Rz 80), sowie die Kosten für den von ihm beauftragten Erbensucher zu erstatten, die er dem von ihm verwalteten Bargeldvermögen entnehmen darf (LG Kassel AnwBl 71, 179). Darüber hinaus sind auch die Prozessgebühren, die einem Rechtsanwalt als Nachlasspfleger anfallen, als besondere Aufwendungen ersatzfähig (MüKo/*Leipold* § 1960 Rz 75). Sind Aufwendungen bereits bei der Bemessung der Vergütung berücksichtigt worden, scheidet ein Aufwendungsersatzanspruch aus (BayObLGZ 83, 96). Das Nachlassgericht kann den Aufwendungsersatz nicht feststellen, sondern nur bei der Prüfung der angesetzten Beträge vermitteln (KG OLGE 18, 308). Im Streitfall hat das Prozessgericht zu entscheiden (Köln ZEV 94, 316). Hat der Pfleger als Rechtsanwalt einen Rechtsstreit geführt, kann er sich seine Kosten nicht nach § 11 RVG gegen die unbekannten Erben festsetzen lassen, sondern muss die Gebühren bei den Erben geltend machen (KG FamRZ 93, 460). Ist der Nachlass mittellos, kann die zu bewilligende Vergütung gem § 1836a aus der Staatskasse verlangt werden; hierfür ist das Nachlassgericht zuständig (§ 175 II FamFG). Erhält der Pfleger keine Vergütung nach § 1836 II oder III, kann er eine pauschalierte Aufwandsentschädigung nach § 1835a zur Abgeltung geringfügiger Aufwendungen verlangen, die notfalls aus der Staatskasse zu zahlen ist, § 1835a III.

42 **5. Entlassung.** Nach § 1781 ist der Nachlasspfleger bei Vorliegen eines Untauglichkeitsgrundes zu entlassen. IÜ ist die Entlassung gegen seinen Willen nur gem §§ 1915, 1886 möglich.

43 Die Entlassung kommt nur als letztes Mittel in Betracht, wenn weniger einschneidende Maßnahmen des aufsichtsführenden Nachlassgerichts erfolglos geblieben sind oder im konkreten Fall objektiv nicht ausreichen (BayObLG Rpfleger 83, 253). Sie ist denkbar bei unzuverlässiger Ausführung des Pflegers (AG Starnberg FamRZ 83, 1280) oder bei Gefährdung der Erbeninteressen auf Grund pflichtwidrigen Verhaltens, aber auch dann, wenn die Bestellung nach § 1790 unter dem Vorbehalt der Entlassung bei Eintritt/Nichteintritt eines *bestimmten* Ereignisses erfolgte (Damrau/*Boecken* § 1960 Rz 85). Dem Pfleger ist zuvor rechtliches Gehör zu gewähren; die Entlassungsverfügung ist ihm gem § 15 FamFG zuzustellen. Gegen diese Entscheidung ist die Beschwerde statthaft (Oldbg FGPrax 98, 108). Wird die Entlassung aufgehoben, ist eine Neubestellung nicht erforderlich, vielmehr ist er rückwirkend im Amt verblieben (KG OLGZ 71, 198).

6. Aufhebung und Abwicklung. Die Nachlasspflegschaft endet durch einen Aufhebungsbeschluss des Nach- 44
lassgerichts, wenn der Anordnungsgrund weggefallen ist (Köln ZEV 97, 508) gem § 1919 dh, sobald die
Erben ermittelt sind, sie die Erbschaft angenommen haben bzw der Erbschein erteilt ist. Der Nachlassrichter
haftet den Erben für eine verschuldete verspätete Aufhebung (BayObLG FamRZ 02, 197). Der Beschl wird
nach § 40 I FamFG mit der Bekanntmachung an den Nachlasspfleger wirksam. Eine Teilaufhebung ist zuläs-
sig (KG RJA 7, 29). Die vom Nachlasspfleger vorgelegte Schlussrechnung ist vor der Aufhebung zu prüfen
(KG OLGE 14, 267). Die Nachlasspflegschaft wird durch die Anordnung einer Nachlassverwaltung oder
Eröffnung eines Nachlassinsolvenzverfahrens nicht zwingend aufgehoben, allerdings besteht neben einer
Nachlassverwaltung idR kein Sicherungsbedürfnis mehr (Firsching/*Graf* Rz 4; 663). Entspr gilt, wenn der
Nachlass erschöpft ist.

Mit der Aufhebung der Nachlasspflegschaft endet die Stellung des Nachlasspflegers als gesetzlicher Vertreter 45
der Erben. Daher hat er dem Erben das Nachlassvermögen herauszugeben und über die Verwaltung Rechenschaft abzulegen, § 1890 (RG Warn 15 Nr 264). Das Nachlassgericht ist nicht mehr zuständig, weshalb es dem
Pfleger keine Anweisungen erteilen kann (KG FamRZ 69, 446). Ihm steht aber ein Zurückbehaltungsrecht
bzgl der bewilligten Vergütung an den Nachlassgegenständen zu, soweit nicht vorrangige Sicherungsrechte
anderer Nachlassgläubiger bestehen (Palandt/*Edenhofer* § 1960 Rz 25).

Dem Nachlassgericht ggü hat der Pfleger die Schlussrechnung einzureichen und die Bestallungsurkunde 46
zurückzugeben, wozu er durch Ordnungsmittel gezwungen werden kann (KG OLGE 32, 49).

7. Beschwerderecht. Gegen die Aufhebung der Nachlasspflegschaft steht dem Nachlasspfleger kein Beschwer- 47
derecht zu, auch nicht gegen die Anordnung des LG, die Aufhebung durchzuführen (BayObLGZ 61, 277).

Gegen die Anordnung der Nachlasspflegschaft ist die Beschwerde der Erbprätendenten statthaft (Köln 48
FamRZ 89, 547), ebenso die des Nachlasspflegers, wenn er geltend macht, ohne gesetzlichen Grund zur
Wahrnehmung fremder Angelegenheiten herangezogen worden zu sein (Frankf FamRZ 94, 265) sowie die
des Testamentsvollstreckers (KG Berlin OLGZ 73, 106). Nicht beschwerdeberechtigt sind dagegen die Nach-
und Ersatzerben, solange der Nach- oder Ersatzerbfall noch nicht eingetreten ist (BayObLGZ 1905, 398),
sowie der Nachlassinsolvenzverwalter (BayObLGZ 95, 398).

Gegen die Ablehnung der Anordnung der Nachlasspflegschaft kann die Beschwerde von demjenigen eingelegt wer- 49
den, der ein rechtliches Interesse an der Verfügung geltend macht, wie zB der Nachlassgläubiger (Hamm RPfleger
87, 416), der potenzielle Erbe (Karlsr FamRZ 04, 222), der Nachlassinsolvenzverwalter (KG 38 A 116) und das
Kind des Erblassers, welches nach dessen Tod die Vaterschaftsfeststellung betreibt (BayObLG FamRZ 98, 839).

VI. Andere Sicherungsmaßnahmen. Die Aufzählung in § 1960 II ist nicht abschließend, im Bedarfsfall sind 50
andere Sicherungsmaßnahmen möglich, wie zB bei verderblichen Waren der freihändige Verkauf, wobei der
Erlös dem Nachlass zufällt. In Betracht kommt auch die Bestellung eines Wächters bei besonders vermögendem Nachlass, die Verhängung einer Postsperre, die Eintragung einer Vormerkung im Grundbuch (DGE/
Hanhörster/Dospil § 1960 Rz 15) oder die Anordnung, eidesstattliche Versicherungen der Erbanwärter einzuholen (Celle FamRZ 59, 33).

E. Kosten. Nach § 104 I KostO erhebt das Nachlassgericht für die Kosten der **Nachlasssicherung** eine volle 51
Gebühr, deren Höhe sich nach dem zu sichernden Nachlasswert richtet, wobei Nachlassverbindlichkeiten
unberücksichtigt bleiben, § 18 I, III KostO. Bestellt ein Nachlassgläubiger zur weiteren Zwangsvollstreckung
einen Nachlasspfleger, ist ebenfalls der Wert des gesamten zu sichernden Nachlasses maßgebend, da die
Nachlasspflegschaft den gesamten Nachlass erfasst.

Ordnet das Gericht eine Siegelung oder die Aufnahme eines Vermögensverzeichnisses an, fällt eine weitere 52
halbe Gebühr aus dem Wert der verzeichneten Gegenstände an, § 104 II iVm § 52 KostO. Kostenschuldner ist
nach § 6 KostO der Erbe; allerdings können die Kosten aus dem Nachlass beigetrieben werden.

Ordnet das Nachlassgericht die Nachlasspflegschaft an, entsteht gem § 106 KostO eine volle Gebühr, und 53
zwar auch dann, wenn mehrere Nachlasspfleger gemeinsam für denselben Wirkungskreis bestimmt wurden
(DGE/*Hanhörster/Dospil* § 1960 Rz 17).

Eine nach § 104 KostO erhobene Gebühr wird auf eine nach § 106 KostO entstehende Gebühr angerechnet, 54
§ 106 II KostO. Dies gilt nicht, wenn nach der Nachlasspflegschaft die Nachlassverwaltung angeordnet wurde.
Dann entsteht die Gebühr in vollem Umfang neu, da zwei verschiedene Anordnungszwecke vorliegen.

Wurde der Antrag auf Anordnung der Nachlasspflegschaft abgelehnt, entsteht nach § 106 III KostO eine ¼ 55
Gebühr. Kostenschuldner ist der Antragsteller.

§ 1961 Nachlasspflegschaft auf Antrag.
Das Nachlassgericht hat in den Fällen des § 1960
Abs. 1 einen Nachlasspfleger zu bestellen, wenn die Bestellung zum Zwecke der gerichtlichen Geltendma-
chung eines Anspruchs, der sich gegen den Nachlass richtet, von dem Berechtigten beantragt wird.

A. Allgemeines. § 1961 regelt die Klagepflegschaft: Ist der Erbe unbekannt, können die Nachlassgläubiger die 1
Bestellung eines Nachlasspflegers beantragen, um einen durch den Tod des Erblassers unterbrochenen Prozess fortzusetzen oder die Zwangsvollstreckung zu betreiben.

2 Die Anordnung einer Nachlasspflegschaft in Form einer Erbteilpflegschaft ist dann möglich, wenn nur ein Teil der Erben bekannt ist (DGE/*Hanhörster/Dospil* § 1961 Rz 1).

3 Gegen die Antragsablehnung steht dem antragstellenden Gläubiger das Recht zur Beschwerde nach § 58 FamFG zu (Hamm Rpfleger 87, 416).

4 **B. Antragstellung.** Antragsberechtigt ist der Nachlassgläubiger, der beabsichtigt, einen Anspruch gegen den Nachlass gerichtlich durchzusetzen (Damrau/*Boecken* § 1961 Rz 9) und jeder, der berechtigt ist, eine Forderung des Nachlassgläubigers geltend zu machen (Soergel/*Stein* § 1961 Rz 1).

5 Der Antrag bedarf keiner Form, er kann aber schriftlich oder zu Protokoll der Geschäftsstelle des zuständigen Nachlassgerichts oder eines beliebigen Amtsgerichts gestellt werden (Staud/*Marotzke* § 1961 Rz 5). Er muss Angaben zur Inhaberschaft ggü dem Nachlass enthalten (KG OLGE 3, 251). Einer Glaubhaftmachung bedarf es nicht (Staud/*Marotzke* § 1961 Rz 7), er kann bei offensichtlicher Mutwilligkeit oder Unbegründetheit abgelehnt werden (MüKo/*Leipold* § 1961 Rz 8). Er ist abzulehnen, wenn Testamentsvollstreckung besteht.

6 **C. Voraussetzungen.** Ein Erbe ist **bekannt**, wenn der Erbschein erteilt ist oder die Gläubiger die zur sachgemäßen Rechtsverfolgung erforderlichen Tatsachen kennen (LG Oldenburg Rpfleger 82, 105). Dabei hat das Nachlassgericht insb die Situation des Nachlassgläubigers zu berücksichtigen, der ohne aufwendige Nachforschungen seine Rechte unmittelbar gegen den Erben geltend machen kann (KG NJW-RR 99, 157).

7 Der Erbe ist **unbekannt**, wenn von mehreren bekannten Personen, die die Erbschaft angenommen haben, über das Erbrecht gestritten wird (LG Verden MDR 51, 34) oder die Wirksamkeit der Ausschlagung bzw die Anordnung einer Ersatzerbschaft nicht ohne Ermittlungen festzustellen ist (LG Oldenburg Rpfleger 82, 105).

8 Sofern die Voraussetzungen vorliegen, ist die Bestellung eines Nachlasspflegers zwingend.

9 Der Gläubiger muss die gerichtliche Geltendmachung nicht sofort bezwecken (MüKo/*Leipold* § 1961 Rz 6); es reicht das Vorliegen eines Rechtsschutzinteresses (BayObLG FamRZ 03, 562).

10 **D. Aufgabe des Nachlasspflegers.** Die Vertretungsbefugnis des Nachlasspflegers erstreckt sich, sofern keine Beschränkung des Wirkungskreises vorgenommen wurde, auch auf die Nachlasssicherung iSd § 1960 (Hamm Rpfleger 87, 416) und erfasst auch den inländischen Nachlass eines Ausländers (Hamm JMBl NJW 62, 209).

11 Das Amt des Nachlasspflegers endet mit der Aufhebung der Pflegschaft (RGZ 154, 110). War der Wirkungskreis auf bestimmte Angelegenheiten beschränkt, endet das Amt mit der Erledigung dieser Aufgabe, § 1918 III (BayObLG FamRZ 88, 321).

12 Ist bei einer Vollstreckungshandlung die Zuziehung des Schuldners erforderlich, hat das Vollstreckungsgericht auf Antrag einen einstweiligen besonderen Vertreter des Erben zu bestellen, sofern weder die Nachlasspflegschaft angeordnet noch ein Testamentsvollstrecker bestimmt ist (LG Oldenburg Rpfleger 82, 105).

13 **E. Kosten.** Für die Kosten der Nachlasspflegschaft einschl der Vergütung des Pflegers, die eine Nachlassverbindlichkeit darstellen, haften die Erben (§ 6 1 KostO); ein Vorschuss auf die Kosten kann vom Gläubiger nicht verlangt werden (LG Oldenburg Rpfleger 89, 460).

§ 1962 Zuständigkeit des Nachlassgerichts.
Für die Nachlasspflegschaft tritt an die Stelle des Familiengerichts oder Betreuungsgerichts das Nachlassgericht.

1 **A. Allgemeines.** Auf die Nachlasspflegschaft finden die Vorschriften der §§ 1909 ff entspr Anwendung. Das Nachlassgericht hat das Finanzamt gem § 12 ErbStDV von der Einleitung des Verfahrens zu unterrichten (DGE/*Hanhörster/Dospil* § 1962 Rz 1).

2 **B. Zuständigkeit.** Die örtliche Zuständigkeit des Nachlassgerichts (in Baden-Württemberg üben die staatlichen Notariate die Aufgaben des Nachlassgerichts aus, Art 147 EGBGB, §§ 1 II, 38, 40 ff LFGG) ergibt sich aus §§ 343, 344, 356 II FamFG (BGHZ 49, 1 zur internationalen Zuständigkeit).

3 Da die Nachlasspflegschaft eine Pflegschaft iSd §§ 1909 ff darstellt, ist aufgrund der Zuständigkeitszuweisung in § 1962 das Nachlassgericht sachlich zuständig. Darüber hinaus ist auch jedes Amtsgericht, in dessen Bezirk ein Fürsorgebedürfnis besteht, sachlich zuständig. Gem § 356 II FamFG verständigt es dann das örtlich zuständige Nachlassgericht.

4 Funktionell zuständig ist der Rechtspfleger, § 3 Nr 2c RPflG, sofern es sich nicht um einen ausländischen Nachlass handelt, für den der Richter zuständig ist, §§ 16 I Nr 1, 14 I Nr 4 RPflG.

5 Befinden sich überwiegend Grundstücke außerhalb des örtlich zuständigen Amtsgerichtsbezirks im Nachlass, kann angeregt werden, die Nachlasspflegschaft an das Gericht der Belegenheit der Grundstücke abzugeben, sofern dieses Nachlassgericht zur Übernahme bereit ist, § 4 FamFG (Staud/*Marotzke* § 1962 Rz 2).

6 Wird statt des zuständigen Nachlassgerichts das Betreuungsgericht tätig, fehlt es an der Wirksamkeit des Rechtsgeschäft (MüKo/*Leipold* § 1962 Rz 3; aA: Zweibr FGPrax 99, 221). Gem § 131 III KostO ist über die Beschwerden gebührenfrei zu entscheiden (BayObLG Rpfleger 81, 327).

7 **C. Aufgaben des Nachlassgerichts.** Das Nachlassgericht ist für die Anordnung der Pflegschaft, die Auswahl, Bestellung, Beaufsichtigung und Festsetzung der Vergütung des Nachlasspflegers sowie ihre Aufhebung

zuständig, §§ 1915, 1789, 1791, 1836, 1837 (BGH DNotZ 67, 320). Es erteilt auch die Genehmigungen nach §§ 1821 f und wird nur bei tatsächlicher oder rechtlicher Verhinderung des Pflegers gem § 1846 selbst tätig. IÜ hat das Nachlassgericht die Rechnungslegung entgegenzunehmen und zu prüfen (Frankf NJW 63, 2278).
Um eine pflichtgemäße, der Sicherung und Erhaltung des Nachlasses dienende Verwaltung sicherzustellen, hat das Nachlassgericht bei Pflichtwidrigkeiten im Rahmen seiner Aufsicht durch geeignete Ge- und Verbote sowie ggf durch Festsetzung von Zwangsmitteln nach § 1837 einzugreifen (Palandt/*Edenhofer* § 1962 Rz 3). Werden die Interessen des Erben durch den Pfleger gefährdet, ist er zu entlassen, § 1886. 8

Aus der Pflicht des Nachlassgerichts, im Bedarfsfall für die Sicherung und Erhaltung des Nachlasses zu sorgen, resultiert die Pflicht zur Betreuung fremder Vermögensinteressen, wobei sich das Gericht stets von den Interessen der endgültigen Erben leiten lassen muss (BGH DRiZ 66, 395). 9

Verletzt der Rechtspfleger vorsätzlich seine Pflichten, kann er sich wegen seiner Vermögensbetreuungspflicht nach § 266 StGB in beiden Tatbestandsvarianten und wegen Rechtsbeugung strafbar machen, da seine Tätigkeit als richterliche iSv § 336 StGB zu werten ist (BGH NJW 88, 2809). 10

§ 1963 Unterhalt der werdenden Mutter eines Erben. ¹Ist zur Zeit des Erbfalls die Geburt eines Erben zu erwarten, so kann die Mutter, falls sie außerstande ist, sich selbst zu unterhalten, bis zur Entbindung angemessenen Unterhalt aus dem Nachlass oder, wenn noch andere Personen als Erben berufen sind, aus dem Erbteile des Kindes verlangen. ²Bei der Bemessung des Erbteils ist anzunehmen, dass nur ein Kind geboren wird.

A. Allgemeines. § 1963 ergänzt § 1923 II (BayObLG Rpfleger 81, 327). Vor dem Hintergrund, dass das Erbrecht auch der Sicherstellung der Versorgung naher Familienangehöriger dient, ist die Begründung eines Unterhaltsanspruchs der werdenden Mutter zulasten des Nachlasses bei zu erwartender Alleinerbschaft des nasciturus oder aus seinem noch hypothetischen Erbteil folgerichtig (AnwK-BGB/*Krug* § 1963 Rz 1). Der an die Mutter gezahlte Unterhalt ist mit dem Erbteil des Kindes zu verrechnen (Staud/*Marotzke* § 1963 Rz 10). Der Erblasser kann den Anspruch weder beschränken noch ausschließen. Allerdings ist der Anspruch nach § 1963 ggü Ansprüchen auf Sozialleistungen, wie zB Sozialhilfe, vorrangig (Damrau/*Boecken* § 1963 Rz 29). 1

B. Anspruchsvoraussetzungen. I. Unterhaltsgläubiger. Nur die Mutter des Kindes ist Gläubigerin des Unterhaltsanspruchs, unabhängig davon, ob sie mit dem Kindsvater verheiratet war oder nicht, denn nach dem Erbrechtsgleichstellungsgesetz vom 1.4.98 ist auch das nichteheliche Kind in vollem Umfang gesetzlicher Erbe nach seinem biologischen Vater. 2

Der Anspruch ist eine Nachlassverbindlichkeit iSv § 1967 II (Damrau/*Boecken* § 1963 Rz 28) und nach Insolvenzeröffnung wird aus der einfachen Insolvenzforderung eine Masseverbindlichkeit, § 100 InsO. Die Dreimonatseinrede des § 2014 kann ggü dem Unterhaltsanspruch des § 1963 nicht geltend gemacht werden (MüKo/*Siegmann* § 2014 Rz 3). 3

II. Berufungsgrund des nasciturus. Entscheidend ist, ob der nasciturus zum Erben bestimmt wurde und ob er Erbe wäre, wenn er im Zeitpunkt des Erbfalls bereits leben würde (AnwK-BGB/*Krug* § 1963 Rz 3). Gleichgültig ist, welcher Erbenordnung er angehören wird. Für die Ersatzerbenstellung genügt es, wenn der Ersatzerbfall vor der Geburt eintritt. Bei Bestehen eines Pflichtteilsanspruchs ist § 1963 analog anwendbar (Staud/*Marotzke* § 1963 Rz 4; aA MüKo/*Leipold* § 1963 Rz 3). Die Stellung als Vermächtnisnehmer ist nicht ausreichend (DGE/*Hanhörster/Dospil* § 1963 Rz 1). 4

Da die Unterhaltsansprüche aufgrund der Erwartung der Geburt geschuldet werden, können die erbrachten Unterhaltszahlungen nicht zurückgefordert werden, wenn das Kind nicht lebend geboren oder nach der Geburt gestorben ist (Staud/*Marotzke* § 1963 Rz 12). 5

III. Nachweis der Vaterschaft. Er ergibt sich aus der Vermutung des § 1592 Nr 1 für das eheliche Kind; für das nichteheliche Kind kann das Vaterschaftsanerkenntnis bereits vor der Geburt abgegeben werden; dann ist § 1592 Nr 2 erfüllt. Ansonsten genügt für § 1600d II die Glaubhaftmachung dieser Voraussetzungen (Soergel/*Stein* § 1963 Rz 2). 6

IV. Inhalt des Anspruchs. Anspruchsvoraussetzung ist die Schwangerschaft, die Erbberechtigung des werdenden Kindes und die Bedürftigkeit der Mutter nach § 1602. Sie ist bedürftig, wenn sie ihren Unterhalt weder aus Einkünften noch aus Arbeitseinkommen oder Vermögen bestreiten kann. Kann sie den Dreißigsten nach § 1969 geltend machen, ist sie für diese Zeit mit § 1963 ausgeschlossen (MüKo/*Leipold* § 1963 Rz 5). 7

Geschuldet ist der angemessene Unterhalt bis zur Entbindung, der sich an der Lebensstellung der Mutter orientiert. Daher sind die Grundsätze des § 1615l anwendbar, wonach Ersatz der allgemeinen Lebenshaltungskosten, ärztliche Heilbehandlung einschl Entbindung und sonstige gesundheitliche Maßnahmen verlangt werden können. Der Unterhalt ist monatlich im Voraus in Rentenform zu bezahlen, § 1612 I. Dabei wird der volle Unterhaltsbetrag auch dann geschuldet, wenn die Mutter im Laufe des Monats verstirbt, § 1612 III. 8

Gehört das Kind einem anderen Familienstamm an und ist es daher mit dem Erblasser nicht verwandt, besteht ein Rückerstattungsanspruch. Nimmt die Anspruchstellerin irrig an, sie sei schwanger, schließt § 814 9 den Bereicherungsanspruch nach § 812 I aus (Erman/*Schlüter* § 1963 Rz 8). Wusste die Unterhaltsgläubigerin, dass sie nicht schwanger ist, trifft sie die verschärfte Haftung nach §§ 819, 823, 826 iVm § 263 StGB.

10 **C. Prozessuales.** Da § 1963 in § 621 ZPO nicht genannt ist, gelten die allgemeinen Zuständigkeitsregeln der §§ 12 ff ZPO. Dies gilt auch für den einstweiligen Rechtsschutz; Für den Unterhaltsanspruch dürfte die Regelungsverfügung nach § 940 ZPO statthaft sein, wenn die anspruchsbegründenden Tatsachen, dh diejenigen, die die Vaterschaft des Erblassers begründen, glaubhaft gemacht werden können, §§ 936, 920 II, 294 ZPO.

11 Der Anspruch auf Unterhaltsrente ist nach § 850b I Nr 2 ZPO unpfändbar. Eine gegen ihn gerichtete Aufrechnung, § 394, ist ebenso wenig möglich wie die Geltendmachung eines Zurückbehaltungsrecht nach § 273, auch wenn nur unregelmäßige Zahlungen zu erbringen sind (RGZ 152, 71).

§ 1964 Erbvermutung für den Fiskus durch Feststellung.
(1) Wird der Erbe nicht innerhalb einer den Umständen entsprechenden Frist ermittelt, so hat das Nachlassgericht festzustellen, dass ein anderer Erbe als der Fiskus nicht vorhanden ist.
(2) Die Feststellung begründet die Vermutung, dass der Fiskus gesetzlicher Erbe sei.

1 **A. Allgemeines.** Das Verfahren nach §§ 1964–1966 wird nur bei gesetzlicher Erbfolge vAw eingeleitet, wenn der Fiskus als gesetzlicher Erbe in Betracht kommt (*Frohn* Rpfleger 86, 37). Das Nachlassgericht oder den bestellten Nachlasspfleger trifft die Ermittlungspflicht; Intensität und Umfang stehen im Ermessen des Gerichts (Firsching/*Graf* Nachlassrecht Rz 4 53). Vor der Feststellung muss eine öffentliche Aufforderung zur Anmeldung von Erbrechten nach § 1965 erfolgen.

2 Bei berechtigtem Interesse kann nach § 78 FGG Akteneinsicht beantragt werden.

3 Str ist, ob das Staatserbrecht festgestellt werden muss, wenn der Nachlass überschuldet oder ein solcher nicht vorhanden ist (so LG Düsseldorf Rpfleger 81, 358; aA Staud/*Marotzke* § 1964 Rz 8).

4 **B. Feststellungsbeschluss.** Grundlage des Erbrechts des Fiskus ist der Feststellungsbeschluss (BayObLG JW 35, 2518); er ersetzt den nach § 35 GBO erforderlichen Erbschein nicht (BayObLG MDR 87, 762).

5 Zuständig ist der Rechtspfleger.

6 Die Gebühr ergibt sich aus § 110 KostO, für die der Fiskus haftet.

7 Gegen die Feststellung des Staatserbrechts ist die Beschwerde zulässig. Beschwerdeberechtigt sind neben dem Fiskus und andere Erbprätendenten, auch wenn sie ausdrücklich von der gesetzlichen Erbfolge ausgeschlossen wurden (BayObLG FamRZ 86, 728). Gegen die Ablehnung des Staates als gesetzlichen Erben steht den Nachlassgläubigern die Beschwerdemöglichkeit zu (BayObLGZ 57, 360). Da andere Erben kein Beschwerderecht besitzen, kann der angeblich übergangene Erbe nach § 1965 II Klage gegen den Staat erheben oder einen Erbschein beantragen (KG Rpfleger 70, 340).

8 Nach Erlass des Beschlusses ist die Nachlasspflegschaft aufzuheben und der Nachlass an den Staat herauszugeben (Erman/*Schlüter* § 1964 Rz 4).

9 **C. Vermutung.** II begründet eine widerlegbare Vermutung (Staud/*Marotzke* § 1964 Rz 14). Der Feststellungsbeschluss kann vAw jederzeit aufgehoben werden; denn er entbehrt der Rechtsscheinswirkung eines Erbscheins im Verhältnis zu Dritten. Er steht weder dem Fortgang des Erbscheinsverfahren noch der Einlegung von Rechtsmitteln entgegen (BayObLGE 83, 204). Der Fiskus kann, wird die Feststellung abgelehnt, den Klageweg beschreiten (Palandt/*Edenhofer* § 1964, Rz 2) und nach der Feststellung den für die Grundbucheintragung notwendigen Erbschein beantragen (BayObLG MDR 87, 762).

§ 1965 Öffentliche Aufforderung zur Anmeldung der Erbrechte.
(1) ¹Der Feststellung hat eine öffentliche Aufforderung zur Anmeldung der Erbrechte unter Bestimmung einer Anmeldungsfrist vorauszugehen; die Art der Bekanntmachung und die Dauer der Anmeldungsfrist bestimmen sich nach den für das Aufgebotsverfahren geltenden Vorschriften. ²Die Aufforderung darf unterbleiben, wenn die Kosten dem Bestand des Nachlasses gegenüber unverhältnismäßig groß sind.
(2) ¹Ein Erbrecht bleibt unberücksichtigt, wenn nicht dem Nachlassgericht binnen drei Monaten nach dem Ablauf der Anmeldungsfrist nachgewiesen wird, dass das Erbrecht besteht oder dass es gegen den Fiskus im Wege der Klage geltend gemacht ist. ²Ist eine öffentliche Aufforderung nicht ergangen, so beginnt die dreimonatige Frist mit der gerichtlichen Aufforderung, das Erbrecht oder die Erhebung der Klage nachzuweisen.

1 **A. Allgemeines.** Aufgrund dieser Vorschrift können die in § 1964 genannten Feststellungen getroffen werden (KG FamRZ 97, 969).

2 **B. Öffentliche Aufforderung.** Die öffentliche Aufforderung, die die Erbenermittlung ermöglicht (KG ZEV 97, 118) und dem nach § 1964 vorgesehenen Feststellungsbeschluss vorausgehen muss, darf erst nach Ablauf der Frist des § 1964 I erfolgen (*Frohn* Rpfleger 86, 37). Sind bis zum Feststellungsbeschluss keine Anmeldungen erfolgt, ist die Dreimonatsfrist des II nicht abzuwarten (KG OLGE 18, 322).

Der erbende Fiskus haftet nicht für die Auslagen des Erbenaufgebots gem § 12 KostO. 3

Nach Art 138 EGBGB findet die Vorschrift auch auf juristische Personen des öffentlichen Rechts Anwendung. 4

C. Verfahren. Das Verfahren regelt sich nach den Vorschriften des FGG (Palandt/*Edenhofer* § 1965 Rz 2), dh 5
das Nachlassgericht hat vAw zu ermitteln (Erman/*Schlüter* § 1965 Rz 1). Die Bekanntmachung durch Anheftung an die Gerichtstafel und Veröffentlichung im Bundesanzeiger sowie die mindestens sechswöchige Frist bestimmen sich nach Maßgabe der §§ 435–437 FamFG. Eine Veröffentlichung in anderen Blättern steht im Ermessen des Gerichts. Die Frist beginnt an dem Tag der ersten Ankündigung im Bundesanzeiger, § 437 FamFG. Daran schließt sich eine **dreimonatige Wartefrist** an, die mit Ablauf der Anmeldefrist des § 1965 I 1 (Damrau/*Boecken* § 1965 Rz 10) beginnt und innerhalb der der Erbanwärter sein Erbrecht nachweisen oder Klage (positive Feststellungsklage) gegen den Fiskus erheben kann (MüKo/*Leipold* § 1965 Rz 5). Erfolgt innerhalb der Anmeldefrist keine Anmeldung, kann von der Einhaltung der Wartezeit abgesehen (DGE/*Hanhörster/Dospil* § 1965 Rz 2) und der Feststellungsbeschluss erlassen werden.

Das Nachlassgericht entscheidet über das angemeldete Erbrecht; wird das Recht nicht nachgewiesen, bleibt es 6
unberücksichtigt, erlischt aber nicht (Palandt/*Edenhofer* § 1965 Rz 2). Ist die Klageerhebung nachgewiesen oder hat der Fiskus die negative Feststellungsklage erhoben (Soergel/*Stein* § 1965 Rz 2), darf kein Feststellungsbeschluss ergehen (RGZ 8, 243) hat.

Ein vor dem Prozessgericht erstrittenes rechtskräftiges Urt zwischen Erbprätendenten und Staat bindet das 7
Nachlassgericht iRd Rechtskraftwirkung. Im Verhältnis der Prozessparteien ist es auch für das Feststellungsverfahren maßgebend (BayObLGZ 69, 184).

Entstehen durch die öffentliche Aufforderung im Verhältnis zum Bestand des Nachlasses unverhältnismäßig 8
hohe Kosten oder ist eine die Kosten deckende Nachlassmasse nicht vorhanden, kann das Nachlassgericht nach seinem Ermessen von der öffentlichen Aufforderung absehen (DGE/*Hanhörster/Dospil* § 1965 Rz 3). Meldet ein Erbanwärter in dem Verfahren, in dem von der öffentlichen Aufforderung abgesehen wurde, sein Erbrecht an, ist er nach § 1965 II 2 aufzufordern, sein Erbrecht oder die Erhebung der Feststellungsklage innerhalb einer Wartefrist von 3 Monaten nachzuweisen (DGE/*Hanhörster/Dospil* § 1965 Rz 3). Das Nachlassgericht ist nicht verpflichtet, vAw tätig zu werden, es steht vielmehr in seinem Ermessen, wann es ein Erbrecht für festgestellt erachtet (Staud/*Marotzke* § 1965 Rz 9). Hält es den angebotenen Beweis nicht für ausreichend, sollte es den Erbprätendenten auf die klageweise Geltendmachung nach § 1965 II hinweisen.

§ 1966 Rechtsstellung des Fiskus vor Feststellung. Von dem Fiskus als gesetzlichem Erben und gegen den Fiskus als gesetzlichen Erben kann ein Recht erst geltend gemacht werden, nachdem von dem Nachlassgericht festgestellt worden ist, dass ein anderer Erbe nicht vorhanden ist.

A. Allgemeines. Die Vorschrift gewährt dem Fiskus außerprozessual ein Leistungsverweigerungsrecht (Soergel/*Stein* § 1966 Rz 1). 1

Bevor der Staat den Nachlass im Wege der gesetzlichen Erbfolge an sich ziehen kann, muss sein Erbrecht 2
nach §§ 1964, 1965 festgestellt werden (Dresd VIZ 00, 55). Bis dahin ist er gegen Inanspruchnahme geschützt (Damrau/*Boecken* § 1966 Rz 1). Forderungen können erst nach dem erfolgten Feststellungsbeschluss gerichtlich und außergerichtlich geltend gemacht werden (MüKo/*Leipold* § 1966 Rz 1).

Bei gewillkürter Erbfolge gelten die allgemeinen Vorschriften der §§ 1942 I, 1958, 2014: Der Fiskus erlangt 3
sofort sein Erbrecht (Erman/*Schlüter* § 1966 Rz 1).

Dieses Verfahren gilt auch beim Anfall von Verein- oder Stiftungsvermögen, §§ 46, 88 (Staud/*Weick* § 46 Rz 4). 4

B. Prozessuales. Die Prozessführungsbefugnis des Fiskus ist auch ggü den Personen zu verneinen (Staud/ 5
Marotzke § 1966 Rz 3), gegen die er ein rechtskräftiges, sein Erbrecht feststellendes Urt erstritten hat (Soergel/ *Stein* § 1966 Rz 1), weil das Nachlassgericht nicht daran gehindert ist, den Feststellungsbeschluss wegen ermittelter Verwandter zu unterlassen.

Die vor Erlass des Feststellungsbeschlusses gegen den Fiskus erhobene Klage ist nach § 1958 analog als 6
unwirksam anzusehen (AnwK-BGB/*Krug* § 1966 Rz 12).

C. Hinweise. Wegen der meist langen Verfahrensdauer des Feststellungsverfahrens nach § 1964 sollte die 7
Bestellung eines Nachlasspflegers gem § 1961 beantragt werden (DGE/*Hanhörster/Dospil* § 1966 Rz 2).

Titel 2 Haftung des Erben für die Nachlassverbindlichkeiten

Untertitel 1 Nachlassverbindlichkeiten

§ 1967 Erbenhaftung, Nachlassverbindlichkeiten. (1) Der Erbe haftet für die Nachlassverbindlichkeiten.

(2) Zu den Nachlassverbindlichkeiten gehören außer den vom Erblasser herrührenden Schulden die den Erben als solchen treffenden Verbindlichkeiten, insbesondere die Verbindlichkeiten aus Pflichtteilsrechten, Vermächtnissen und Auflagen.

1 **A. Allgemeines.** Da der Erbe nach § 1922 in die Rechtsstellung des Erblassers eintritt, haftet er auch für die Nachlassverbindlichkeiten, zu denen nicht nur die Erblasserschulden, sondern auch die Verbindlichkeiten gehören, die erst mit dem Erbfall entstanden sind. Der Erbe hat die Möglichkeit, die Haftung für die Nachlassverbindlichkeiten auf das ererbte Vermögen zu beschränken, so dass der Nachlass vom Eigenvermögen des Erben getrennt zu behandeln ist.

2 Keine Nachlassverbindlichkeiten sind Einkommenssteuerforderungen, die aufgrund von Einkünften des Erben aus dem Nachlassvermögen entstanden sind (BGH ZEV 98, 441), die von einem mit Testamentsvollstreckung beschwerten Erben begründeten Verbindlichkeiten (KG FamRZ 09, 2122) sowie Geldstrafen des Erblassers, da gem § 459c III StPO nicht in den Nachlass des Verurteilten vollstreckt werden darf; entspr gilt auch für Geldbußen nach § 101 OWiG (DGE/*Hanhörster/Dospil* § 1967 Rz 3). Der Nachlass haftet nach § 465 III StPO nicht für die Verfahrenskosten, wenn der Verurteilte vor Rechtskraft des Urt stirbt (*Kleinknecht/Meyer* § 465 StPO Rz 12).

3 Für Nachlassforderungen aus schuldhafter Nachlassverwaltung haftet der Erbe ohne Beschränkung.

4 Wird der Erbe wegen einer Nachlassverbindlichkeit in Anspruch genommen, ist dafür zu sorgen, dass der Vorbehalt der beschränkten Erbenhaftung in den Urteilstenor aufgenommen wird (BGH NJW 92, 2694).

5 **B. Erblasserschulden.** Erblasserschulden sind Verbindlichkeiten, die der Erblasser noch zu Lebzeiten begründet hat, die vererblich sind; höchstpersönliche Verbindlichkeiten wie die Unterhaltspflicht ggü Verwandten nach § 1615l I erlöschen mit dem Tod des Erblassers (FA-ErbR/*Tschichoflos* Kap 5 G Rz 738). Dabei ist es unerheblich, ob sie auf vertraglicher, außervertraglicher oder gesetzlicher Grundlage beruhen und wann die Folgen eintreten (Palandt/*Edenhofer* § 1967 Rz 2). In diesem Fall kann sich der Erbe durch Herbeiführen der Haftungsbeschränkung seiner Haftung mit dem Eigenvermögen entziehen.

6 Zu den Erblasserschulden gehören insb: Betreuerkosten einschl der Betreuervergütung (München FamRZ 06, 508); Steuerschulden (BFH BB 93, 717); Bürgschaftsforderung (BGH WM 76, 808); Prozesskosten (AnwK-BGB/*Krug* § 1967 Rz 61); vor dem 1.4.98 wirksam vereinbarter Erbausgleich (DGE/*Hanhörster/Dospil* § 1967 Rz 2); Unterhaltspflichten ggü dem geschiedenen Ehegatten (FA-ErbR/*Tschichoflos* Kap 5 G Rz 739); Anspruch auf öffentlich-rechtlichen Versorgungsausgleich (MüKo/*Siegmann* § 1967 Rz 7); Zugewinnausgleichsforderung nach § 1371 (BFH FamRZ 08, 2109 = ErbR 08, 25); Forderungen des überlebenden Ehegatten aus einer Innengesellschaft (FA-ErbR/*Tschichoflos* Kap 5 G Rz 740); Abgabe einer Willenserklärung und Auskunftserteilung (BGH NJW 88, 2729); Eintragungsbewilligung des Erblassers (BGHZ 48, 351); Verpflichtung des Erben zur Rückzahlung überzahlten Ruhegehalts eines Beamten (BVerwG MDR 71, 748); Schulden wegen unzulässiger Entnahmen aus Gesellschaftsvermögen (BGH LM § 115 HGB Nr 3) und Wohngeldschulden, wenn die Eigentumswohnung der Befriedigung der Nachlassgläubiger zugeführt wird (BayObLG FamRZ 00, 909). Erblasserschulden liegen auch in Bezug auf die als Einzelforderungen im Kontokorrent durch Saldoanerkenntnis erloschenen Verbindlichkeiten des Erblassers vor (BGH WM 64, 881).

7 Für Regressansprüche der Staatskasse wegen der von ihr bezahlten Betreuerkosten haftet der Erbe mit dem Wert des Nachlasses zur Zeit des Erbfalls abzgl des dem Erben zustehenden Schonbetrages (LG Koblenz, FamRZ 09, 1710). Dies gilt auch bei der Festsetzung unmittelbar gegen den Erben (Frankf NJW 04, 373).

8 Aus einer nichtehelichen Lebensgemeinschaft erwachsen grds keine Erblasserschulden (BFH NJW 89, 1696), sofern die Partner keine derartigen Ansprüche, wie zB Unterhalts- oder Versorgungsansprüche vertraglich vereinbart haben (Damrau/*Gottwald* § 1967 Rz 9).

9 **C. Erbfallschulden.** Erbfallschulden sind solche, die aus dem Erbfall und in der Person des Erben entstehen. Hierzu gehören insb: Pflichtteils- und -ergänzungsansprüche (BGHZ 80, 206); Vermächtnisansprüche aus gewillkürtem und gesetzlichem Vermächtnis (Voraus, § 1932; Dreißigster, § 1969; BayObLGZ 82, 20), Vorausvermächtnis nach § 2150 (RGZ 93, 196); Auflagen (FA-ErbR/*Tschichoflos* Kap 5 G Rz 743); vor dem 1.4.98 entstandene Erbersatzansprüche nach § 1934a aF; Beerdigungskosten (OVG Münster NJW 98, 2154); Unterhaltsanspruch der werdenden Mutter, die von dem Erben erwartet, § 1963; Erbschaftsteuer (BFH BB 93, 717, Naumbg FamRZ 07, 1047 = ZFE 07, 200; aA Hamm OLGZ 90, 393 mwN); Altenteilsrente (BGHZ 8, 213); Miete für die Wohnung des Erblassers bis zum Ablauf der 3-monatigen Kündigungsfrist (Ddorf FamRZ 02, 1658); Nachlasssicherungskosten (FA-ErbR/*Tschichoflos* Kap 5 G Rz 744); Kosten der Todeserklärung, §§ 34 II, 40 VerschG (DGE/*Hanhörster/Dospil* § 1967 Rz 3); Vergütung des Nachlasspflegers und Testamentsvollstreckers sowie Verbindlichkeiten aus deren wirksamen Rechtshandlungen (RGZ 60, 30).

10 **D. Nachlasserbenschulden.** Bei Nachlasserbenschulden handelt es sich um Verbindlichkeiten, die durch Rechtshandlungen des Erben anlässlich eines Erbfalls iRd ordnungsgemäßer Nachlassverwaltung entstehen. Dies sind grds Eigenschulden des Erben, für die sowohl der Nachlass als auch das Eigenvermögen den Erben haftet (BGHZ 32, 60), weshalb der Nachlassgläubiger zwei Haftungsgrundlagen hat (Soergel/*Stein* § 1967 Rz 8 mwN), auf die er zugreifen kann. Dann haften im Außenverhältnis Nachlass- und Eigenvermögen

"gesamtschuldnerisch" (Erman/*Schlüter* § 1967 Rz 9 mwN). Im Innenverhältnis besteht ein Ersatzanspruch des Erben ggü dem Nachlass (AnwK-BGB/*Krug* § 1967 Rz 57).

Eine Nachlassverbindlichkeit liegt vor, wenn die Verbindlichkeit bei der Verwaltung des Nachlasses eingegangen wird, wobei es nicht darauf ankommt, dass die Verbindlichkeit für den Nachlass übernommen wurde oder die Beziehung zum Nachlass dem Geschäftsgegner erkennbar war (BGH WM 73, 362). Handelt es sich dabei um Geschäfte, die ein Miterbe in Fortführung eines zum Nachlass gehörenden Unternehmens abschließt, können die Grundsätze über die Haftung aus Anscheinsvollmacht anwendbar sein (BGH LM § 2032 Nr 2). In gleicher Weise gehören hierzu auch die vom Vorerben aus ordnungsgemäßer Verwaltung des Nachlasses begründeten Forderungen Dritter (BGHZ 32, 60).

Nimmt der Erbe einen dem Erblasser von einer Bank eingeräumten Kredit weiter in Anspruch, handelt es sich nicht nur um eine Erblasserschuld, sondern auch um eine Nachlasserbenschuld (*Brox* Rz 655). Zu den Nachlasserbenschulden gehört auch der Rückerstattungsanspruch wegen unberechtigt nach dem Tod des Erblassers gezahlter Rentenleistungen (BGH NJW 78, 1385; aA AG Kassel NJW-RR 92, 585). Da es sich um einen bereicherungsrechtlichen Anspruch handelt, sind die **Zivilgerichte** zuständig (BSGE 32, 145). Nachlasserbenschulden unterfallen dem erweiterten Gerichtsstand der Erbschaft nach § 28 ZPO, und zwar auch dann, wenn ein Miterbe Nachlassgläubiger ist (Schlesw MDR 07, 1200). Die vom Erben begründeten Schulden aus einer ordnungsgemäßen Verwaltung des Nachlasses sind für den Nacherben Nachlassverbindlichkeiten; dabei kommt es nicht darauf an, dass der Erbe den Bezug zum Nachlass ggü dem Partner des Rechtsgeschäfts hat erkennen lassen (BGH NJW 63, 345).

E. Erbenschulden. Dabei handelt es sich um Forderungen, die bereits vor oder nach dem Erbfall in der Person des Erben entstanden sind und jene, die er nach dem Erbfall begründet hat, ohne dass es sich dabei um Nachlassverbindlichkeiten handelt (Soergel/*Stein* § 1967 Rz 17). Zwar haftet den Gläubigern bei der Erbenschuld grds auch der Nachlass. Kann der Erbe aber eine erbrechtliche Haftungsbeschränkung herbeiführen, genießen die Nachlassgläubiger Vorrang vor den Eigengläubigern. Im Nachlassinsolvenzverfahren sind die Eigengläubiger nicht beteiligt; eine Zwangsvollstreckung während des Verfahrens ist ausgeschlossen (Erman/*Schlüter* § 1967 Rz 8).

Keine Nachlassverbindlichkeiten sind die Forderungen aus eigenen unerlaubten Handlungen des Erben sowie Verbindlichkeiten, die den Gläubigern aus der schuldhaften Erbenverwaltung des Nachlasses erwächst, §§ 1978, 1980 (RGZ 92, 343; Soergel/*Stein* § 1967 Rz 17). Die Eigengläubiger eines Miterben können auf einzelne Nachlassgegenstände nicht zugreifen; ihnen bleibt nur die Pfändung des Miterbenanteils als solchem (Soergel/*Stein* § 1967 Rz 18).

F. Sozialhilfe. IRd Nachlassverbindlichkeiten nimmt die Sozialhilfe eine Vorrangstellung ein, da der Sozialhilfeträger für die in den letzten 10 Jahren vor dem Erbfall erfolgten Leistungen von den Erben gem § 102 SGB XII Ersatz verlangen kann, sofern diese rechtmäßig gewährt wurde (BayVGH FamRZ 04, 488). Daneben haften auch die Erben des vorverstorbenen Ehegatten (BVerwG NJW 03, 3792). Die Erbenhaftung ist in diesem Fall auf den Wert des Nachlasses im Zeitpunkt des Erbfalls beschränkt, § 102 II SGB XII.

Der sozialrechtlich relevante Nachlass ergibt sich aus den Aktiva abzgl der Nachlassverbindlichkeiten in Form der Erblasserschulden einschl der Beerdigungskosten (OVG Münster NJW 02, 695) und eines dem Erben nach § 102 III Nr 1 SGB XII zugebilligten Freibetrags in Höhe des zweifachen Grundbetrages nach § 85 I SGB XII (Ddorf NJW-RR 04, 1660).

Hat der Erblasser die Sozialhilfeleistungen sozialwidrig erlangt, geht die aus der Rückforderung gem § 103 SGB XII stammende Verbindlichkeit als Erblasserschulden auf den Erben über, der mit dem Nachlass haftet (AG Düren DAV 80, 730). Darüber hinaus ist der Sozialhilferegress wegen einer Schenkung nicht schon deshalb ausgeschlossen, weil der Anspruch nicht übertragbar oder unpfändbar ist, sofern er nur übergeleitet worden ist (iE *Krauß* ZEV 01, 417).

G. Abweichende Vereinbarungen. Grds ist eine Vereinbarung des Erben mit dem Gläubiger dahingehend möglich, dass die Verbindlichkeit nur ggü dem Nachlass oder dem Eigenvermögen bestehen soll (BGH WM 68, 798). Will der Erbe die Beschränkung auf den Nachlass, genügt, wenn er zum Ausdruck bringt, dass er nur für den Nachlass handelt und der Gläubiger sich darauf einlässt (RGZ 146, 346).

H. Besonderheiten. Für Forderungen des Erben gegen den Erblasser haftet der Nachlass, §§ 1976, 1991 I, II, 1978 III. Führt der Erbe des Inhabers eines einzelkaufmännischen Unternehmen das Geschäft nicht fort oder stellt er es gem § 27 HGB ein, haftet er für die bis zum Erbfall entstandenen Schulden unbeschränkt, aber beschränkbar (AnwK-BGB/*Krug* § 1967 Rz 78). Im Falle der Fortführung nach § 22 HGB haftet er unbeschränkt auch mit seinem Privatvermögen (§§ 27, 25 HGB).

Die Haftung des Alleinerben eines GmbH-Gesellschafters für die Nachlassverbindlichkeiten ggü der GmbH bestimmt sich nach den Vorschriften des BGB (Palandt/*Edenhofer* § 1967 Rz 11).

Beerbt der einzige Kommanditist in zweigliedrigen KG den einzigen Komplementär, wird die Gesellschaft aufgelöst und beendet, wodurch der erbende Kommanditist Alleininhaber eines einzelkaufmännischen Unternehmens wird (BGHZ 65, 79). Seine Haftung ergibt sich, wenn er das Handelsgeschäft fortführt, aus § 27 HGB, nicht mehr aus § 130 HGB (BGH DB 81, 2165).

22 Der Erbe eines Gesellschafters einer OHG oder des Komplementärs einer KG haftet im Falle der Fortsetzung für alle vor und nach dem Erbfall entstandenen Gesellschaftsschulden persönlich und unbeschränkbar, für die alten gem § 130 HGB, für die neuen nach § 128 HBG (BGH NJW 82, 45; aA *Liebisch* ZHR 116, 128). Der Erbe eines Kommanditisten einer KG haftet für die **alten** Geschäftsschulden mit seinem Kommanditanteil, mit dem Nachlass und seinem Eigenvermögen bis zur Höhe der rückständigen Haftsumme (Hambg NJW-RR 94, 809; aA Staud/*Marotzke* § 1967 Rz 69). Für die **neuen** Geschäftsschulden hat der Erbe mit dem ererbten Kommanditanteil und bis zur Höhe der Haftsumme persönlich mit seinem ganzen Vermögen einzustehen (Erman/*Schlüter* § 1967 Rz 15).

§ 1968 Beerdigungskosten. Der Erbe trägt die Kosten der Beerdigung des Erblassers.

1 **A. Allgemeines.** Beerdigungskosten sind Nachlasserbenschulden iSd § 1967. Nach § 324 I Nr 4 InsO handelt es sich um Masseschulden in einem Insolvenzverfahren (Staud/*Marotzke* § 1968 Rz 18).

2 **B. Anspruchsberechtigte.** Anspruchsberechtigt ist derjenige, der die Beerdigung vorgenommen und deren Kosten getragen hat. Wurden die Kosten von einem Bestattungsberechtigten, der aber nicht Erbe geworden ist, getragen, so steht ihm gegen den/die Erben ein Anspruch auf Ersatz dieser Kosten zu (BaRoth/*Lohmann* § 1968 Rz 1). IÜ kann eine andere Person, der das Recht zur Totenfürsorge nicht zusteht, den Anspruch nach § 1968 nicht geltend machen. Ggf bestehen Ansprüche aus GoA (*Widmann* FamRZ 88, 351), § 812, § 844 I oder § 2022 II (BGHZ 61, 238). UU kann es eine Kostenerstattungspflicht nach öffentlichem Recht geben, die an die Bestattungsberechtigung anschließt, dh der Ehegatte, volljährige Kinder des Erblassers, Eltern, Großeltern, Geschwister und Einzelkinder (OVG Lüneburg FamRZ 04, 458). Auf die Erberstellung kommt es dabei nicht an (VG Karlsruhe NJW 02, 3481), weshalb auch der Ausschlagende bestattungspflichtig ist. Sind die Kosten vom Erben nicht zu erlangen, haften, wenn der Unterhaltsberechtigte verstorben ist, nach § 1615 II die Unterhaltspflichtigen (LG Dortmund NJW-RR 96, 775). Nicht anspruchsberechtigt ist, wer, wie zB das Beerdigungsinstitut, sich aufgrund eines Vertrages verpflichtet, die Bestattung vorzunehmen (Soergel/*Stein* § 1968 Rz 3; aA Staud/*Marotzke* § 1968 Rz 13). Ihm haftet der Vertragspartner.

3 Da der Nacherbe nicht Erbe des Vorerben ist, kann der Nacherbe nicht für die Kosten der Beerdigung eines Vorerben in Anspruch genommen werden (Celle HRR 41, Nr 127).

4 **C. Weitere Zahlungsverpflichtete.** Neben dem Erben kommen uU auch vertraglich haftende Dritte oder infolge Ersatzpflicht bei Tötung Verpflichtete in Betracht (*Zimmermann* ZEV 97, 440). So hat der Sozialhilfeträger die erforderlichen Bestattungskosten zu tragen, soweit dem verpflichteten Erbe (BVerwG NJW 98, 1329) nach seinen Verhältnissen die Tragung der Beerdigungskosten nicht zugemutet werden kann (OVG Münster NJW 98, 2154). Eine Unterrichtungspflicht des Sozialhilfeträgers vor der Bestattung besteht nicht (BVerwG FamRZ 97, 1472). Örtlich zuständig ist die Behörde, die bis zum Tod die Sozialhilfe gewährt hat, ansonsten die Behörde, in deren Bezirk der Sterbeort liegt (DGE/*Hanhörster/Dospil* § 1968 Rz 2).

5 Wer nur aus sittlichem Anstand, ohne eine Rechtspflicht, die Bestattung übernimmt, ist nicht bestattungspflichtig; er muss vielmehr öffentlich-rechtlich zur Bestattung verpflichtet sein und ihn muss die Kostenlast „rechtlich notwendig" treffen (BVerwG NJW 03, 3146).

6 **D. Beerdigungskosten.** Die notwendigen und angemessenen Kosten der Beerdigung oder Feuerbestattung (RGZ 154, 270) haben grds die Erben zu tragen (OLG Saarbrücken OLGReport Saarbrücken 02, 228). Die Notwendigkeit und Angemessenheit der Beerdigungskosten bestimmen sich nach der Lebensstellung des Erblassers, nicht der Hinterbliebenen und schließen, unter Berücksichtigung der Leistungsfähigkeit des Nachlasses und des Erben, alles ein, was herkömmlicherweise zu einer würdigen Bestattung gehört. Allerdings beschränkt sich die Kostentragungspflicht des Erben auf die Kosten der Beerdigung des Erblassers selbst; daher sind nicht alle Kosten, die dem Totenfürsorgeberechtigten entstehen, zu ersetzen, sondern nur die Kosten, die der Beerdigung des Verstorbenen selbst zuzurechnen sind, dh nicht die Kosten für ein Doppelgrab oder einen Grabstein für ein Doppelgrab (OLG Saarbrücken MDR 09, 1341).

7 Zu den Beerdigungskosten gehören: die Bestattung als solche (RGZ 139, 394), dh das Grab (Ddorf NJW-RR 95, 1151), die Kosten des Bestatters, der Todesanzeigen (Hamm DAR 56, 217), Danksagungen in Presse u per Post (AnwK-BGB/*Krug* § 1968 Rz 5) und der Verdienstausfall (RGZ 139, 394; aA Soergel/*Stein* § 1968 Rz 5); der Grabstein (RGZ 139, 393) und die Erstanlage der Grabstätte mit Erstbepflanzung (Oldbg FamRZ 1992, 987), nicht jedoch für ein Doppelgrab (Celle r+s 97, 160); die Kosten für die Trauerkleidung (BGH NJW 60, 910; aA MüKo/*Siegmann* § 1968 Rz 4); die Kosten einer üblichen kirchlichen und bürgerlichen Feier (AG Grimma NJW-RR 97, 1027) und die Kosten für eine Sterbeurkunde (LG Hambg VersR 79, 64). IÜ sollen die Erben auch die Kosten für eine Umbettung tragen, wenn entspr Gründe vorliegen (BGH FamRZ 78, 15).

8 Die Grabpflegekosten sind keine Beerdigungskosten iSd § 1968, da die spätere Grabpflege nur eine sittliche, nicht aber eine rechtliche Pflicht darstellt (BGHZ 61, 238). Der Erblasser kann diese Pflicht im Wege einer Auflage auf die Erben übertragen, die dann eine Nachlassverbindlichkeit darstellt (DGE/*Hanhörster/Dospil* § 1968 Rz 4). Entsprechendes gilt, wenn der Erblasser bereits einen Grabpflegevertrag geschlossen hat. IÜ kann in einem Pflegevertrag für die gesamte Ruhezeit der Grabstätte ein Ausschluss des Kündigungsrechts

mit bindender Wirkung für die Erben liegen (Karlsr Justiz 90, 356). Der Vertrag kann aber sittenwidrig sein, wenn die einmalig zu leistende Vorauszahlung unangemessen hoch ist (LG München I NJW-RR 89, 197). Auch die Kosten für die Anreise der Angehörigen zur Beerdigung sind nicht erstattungsfähig (BGHZ 32, 72), es sei denn, dass das öffentliche Recht den Angehörigen zur Teilnahme an der Beerdigung verpflichtet (Karlsr MDR 70, 48). Finanzielle Verluste, welche die nächsten Angehörigen dadurch erleiden, dass sie psychisch nicht in der Lage sind, eine gebuchte Urlaubsreise anzutreten und deshalb ihr hierfür entrichtetes Entgelt zumindest teilweise entfällt, sind keine Beerdigungskosten (BGH NJW 89, 2317).

Durch Nachlassverwaltung, -insolvenz und die Einreden nach §§ 1990 f kann der Erbe sein Eigenvermögen von dieser Nachlassverbindlichkeit freihalten (*Ahrens* ErbR 07, 146).

§ 1969 Dreißigster. (1) ¹Der Erbe ist verpflichtet, Familienangehörigen des Erblassers, die zur Zeit des Todes des Erblassers zu dessen Hausstand gehören und von ihm Unterhalt bezogen haben, in den ersten 30 Tagen nach dem Eintritt des Erbfalls in demselben Umfang, wie der Erblasser es getan hat, Unterhalt zu gewähren und die Benutzung der Wohnung und der Haushaltsgegenstände zu gestatten. ²Der Erblasser kann durch letztwillige Verfügung eine abweichende Anordnung treffen.
(2) Die Vorschriften über Vermächtnisse finden entsprechende Anwendung.

A. Allgemeines. Der Dreißigste soll es dem Berechtigten ermöglichen, seine Lebensführung in der Haus- und Familiengemeinschaft des Erblassers ohne Überstürzung umzustellen (Erman/*Schlüter* § 1969 Rz 1), weshalb es uU geboten sein kann, von der nur unmittelbar nach dem Tod möglichen Kündigung des Mietverhältnisses abzusehen (Staud/*Marotzke* § 1969 Rz 10). Bei diesem Anspruch handelt es sich um ein vermächtnisähnliches Forderungsrecht gegen den Erben (Damrau/*Gottwald* § 1969 Rz 6), welches so zu gewähren ist, wie der Erblasser tatsächlich Unterhalt und Benutzung von Wohnung und Haushaltsgegenständen gewährt hat (Soergel/*Stein* § 1969 Rz 4).

B. Anspruchsberechtigter. Anspruchsberechtigt sind die Familienangehörigen des Erblassers, die zum Hausstand iSd § 1619 gehörten, dh mit ihm in häuslicher Gemeinschaft lebten und, ungeachtet einer entspr Verpflichtung, von ihm Unterhalt bezogen haben (Damrau/*Gottwald* § 1969 Rz 2). Zum Kreis der Antragsberechtigten zählen daher neben dem Ehegatten auch der eingetragene Lebenspartner (§ 11 I LPartG), der mit dem Erblasser zusammenlebende nichteheliche Lebenspartner (str; so: Ddorf NJW 83, 1566; aA *Steinert* NJW 86, 686) Verwandte und Verschwägerte gleich welchen Grades und die Pflegekinder (BaRoth/*Lohmann* § 1969 Rz 2), nicht aber Hausangestellte (*Müller/Freienfels* JuS 67, 127), Hauslehrer, Erzieherinnen (Erman/*Schlüter* § 1969 Rz 2) und der in Scheidung lebende Ehegatte (str; Staud/*Marotzke* § 1969 Rz 5; aA Soergel/*Stein* § 1969 Rz 2).

C. Anspruchsinhalt. Der Unterhalt ist im bisherigen Umfang zu gewähren (BaRoth/*Lohmann* § 1969 Rz 4). Durch eine Haushaltsauflösung vor Ablauf der Frist entsteht der Anspruch in Geld. Er ist weder übertragbar noch pfändbar (§§ 399, 400) und unterliegt damit dem Aufrechnungsverbot des § 394 und dem Ausschluss des Zurückbehaltungsrechts nach § 273 (Damrau/*Gottwald* § 1969 Rz 6). Der Erbe kann aber die Haftung beschränken, wobei der Anspruch vom Aufgebot nicht betroffen wird, § 1972 (Palandt/*Edenhofer* § 1969 Rz 2).

Einstweilige Verfügungen sind grds zulässig; wird der Anspruch vor Annahme der Erbschaft erhoben, ist wegen der §§ 1958, 1960 III die Bestellung eines Nachlasspflegers erforderlich (Soergel/*Stein* § 1969 Rz 3).

Der Erblasser kann den Anspruch auf den Dreißigsten durch eine letztwillige Verfügung ausschließen, herabsetzen oder erhöhen, dann handelt es sich um ein reines Vermächtnis (Palandt/*Edenhofer* § 1969 Rz 1).

Ein Verzicht ist, da ein Vermächtnis auch ausgeschlagen werden kann, nach dem Erbfall möglich (Staud/*Marotzke* § 1969 Rz 14).

Untertitel 2   Aufgebot der Nachlassgläubiger

§ 1970 Anmeldung der Forderungen. Die Nachlassgläubiger können im Wege des Aufgebotsverfahrens zur Anmeldung ihrer Forderungen aufgefordert werden.

A. Allgemeines. Für das Aufgebotsverfahren gelten die §§ 433–441; 454–463 FamFG. Es ist nicht geeignet, die Haftungsbeschränkung herbeizuführen (Palandt/*Edenhofer* § 1970 Rz 2), es dient deren Vorbereitung.

B. Aufgebot. Das Aufgebot soll dem Erben Aufschluss über den Stand des Nachlasses und die Höhe der Nachlassverbindlichkeiten geben, um über die Nachlassverwaltung/das Nachlassinsolvenzverfahren zu entscheiden, ein ordnungsgemäßes Inventar zu errichten und ihn gegen unbekannte Nachlassgläubiger zu sichern. Dem Erben, Nachlasspfleger, -verwalter und Testamentsvollstrecker soll es Unterlagen verschaffen, um die Masse an die Gläubiger verteilen zu können (MüKo/*Siegmann* § 1970 Rz 1).

3 Bis zur Beendigung des Aufgebotsverfahrens verlängert sich die Dreimonatsfrist des § 2014 ZPO nach Maßgabe des § 2015, so dass der Erbe nicht in Verzug gerät und den Vorbehalt der beschränkten Erbenhaftung im Prozess geltend machen kann.

4 Der Ausschließungsbeschluss gewährt dem Erben die Ausschlusseinrede des § 1973 zur Haftungsbeschränkung (Erman/*Schlüter* § 1970 Rz 3).

5 **C. Nachlassgläubiger.** Das Aufgebot betrifft alle Nachlassgläubiger mit und ohne Titel, sofern ihnen zu Beginn der Aufgebotsfrist eine Nachlassforderung zustand. Der antragstellende Erbe, der selbst Inhaber einer Nachlassforderung ist, muss sie nur anmelden, wenn das Aufgebot vom Nachlassverwalter oder Testamentsvollstrecker beantragt ist oder einem anderen Miterben zustatten kommt§ 460 I 1 FamFG.

6 Vom Aufgebot nicht betroffen werden die Eigengläubiger des Erben (RGZ 92, 344),der in §§ 1971, 1972 genannte Personenkreis (MüKo/*Siegmann* § 1970 Rz 7) und die Forderungen gegen den Nachlass, die erst nach dem Ausschlussurteil oder durch Rechtshandlungen des Nachlasspflegers oder Testamentsvollstreckers nach Erlass des Aufgebots entstanden sind (Staud/*Marotzke* § 1970 Rz 19 f – bestr; aA Soergel/*Stein* § 1970 Rz 4 mN, wonach die Veröffentlichung maßgebend ist).

7 **D. Aufgebotsverfahren.** Nach § 23 Nr 2h ZPO ist das Amtsgericht (allg Zivilabteilung) sachlich zuständig (*Harder* ZEV 02, 90). Die örtliche Zuständigkeit bestimmt sich nach dem letzten Wohnsitz des Erblassers entspr § 344 I FamFG. Funktionell zuständig ist nach § 20 Nr 2 RPflG der Rechtspfleger. Allerdings wird der Ausschließungsbeschluss vom Richter erlassen, §§ 437 FamFG

8 **I. Antragsberechtigung.** Nach § 455 I FamFG ist jeder Erbe (Vor-/Ersatz-/Nach- und Miterbe), nachdem er die Erbschaft angenommen hat und nicht bereits unbeschränkbar haftet, berechtigt, den Antrag zu stellen, § 2013 I; darüber hinaus der Nachlasspfleger, -verwalter, der Testamentsvollstrecker nach der Annahme der Erbschaft, § 455 II, III FamFG, und der Erbschaftskäufer. Str ist, ob auch der Nachlassverwalter und der Testamentsvollstrecker nach Eintritt der unbeschränkbaren Haftung des Erben noch antragsberechtigt sind (so Staud/*Marotzke* § 1970 Rz 7; aA Soergel/*Stein* § 1970 Rz 1).

9 Der Verlust des Rechts zur Haftungsbeschränkung während des Aufgebotsverfahrens führt beim Erben zum Verlust seines Antragsrechts (Erman/*Schlüter* § 1970 Rz 2).

10 Gehört der Nachlass zum Gesamtgut einer Gütergemeinschaft, findet § 462 FamFG Anwendung.

11 **II. Ausschlussfrist.** Nach § 2015 I muss der Aufgebotsantrag binnen Jahresfrist seit Annahme der Erbschaft gestellt werden; das Antragsrecht als solches ist nicht befristet (MüKo/*Siegmann* § 1970 Rz 2). Der Verdacht unbekannter Nachlassverbindlichkeiten zwingt zur unverzüglichen Antragstellung nach §§ 1980 II, 1975 II 2, um Schadensersatzansprüche zu vermeiden.

12 **III. Verzeichnis.** Nach § 456 FamFG ist dem Antrag ein Verzeichnis der Nachlassgläubiger beizufügen. Unterbleibt schuldhaft die Aufnahme eines bekannten Gläubigers, macht sich der Erbe schadensersatzpflichtig und kann sich ihm ggü nicht mehr auf die Einrede des § 1973 berufen (Lange/*Kuchinke* § 48 IV 4d).

13 **IV. Verfahren.** Neben der Aufforderung an alle Gläubiger, ihre Ansprüche und Rechte bis spätestens im Aufgebotstermin anzumelden, enthält das Aufgebot die Androhung der Zurücksetzung sowie die Bestimmung eines Termins. Das Aufgebot muss öffentlich bekannt gemacht werden, § 435 I FamFG und soll den bekannten Nachlassgläubigern nach § 458 II FamFG vAw zugestellt werden (Damrau/*Gottwald* § 1970 Rz 7). Die Aufgebotsfrist beträgt mindestens 6 Wochen seit dem ersten Einrücken im Bundesanzeiger und soll maximal 6 Monate betragen (DGE/*Hanhörster/Dospil* § 1970 Rz 2).

14 Ist das Nachlassinsolvenzverfahren eröffnet, ist der Aufgebotsantrag mangels Rechtsschutzbedürfnis zurückzuweisen; die begonnene Zwangsversteigerung bleibt nach § 178 II ZVG hiervon unberührt.

15 Verliert der Erbe während des Verfahrens das Beschränkungsrecht (MüKo/*Siegmann* § 1970 Rz 12) oder versäumt er den Aufgebotstermin, § 2015 II, ist das Aufgebotsverfahren einzustellen.

16 **V. Kosten.** Die Kosten des Aufgebotsverfahrens sind nach § 324 I Nr 4 InsO Nachlassverbindlichkeiten bzw Masseschulden im Nachlassinsolvenzverfahren, und gem § 22 I GKG vom Antragsteller zu tragen.

§ 1971 Nicht betroffene Gläubiger.

¹Pfandgläubiger und Gläubiger, die im Insolvenzverfahren den Pfandgläubigern gleichstehen, sowie Gläubiger, die bei der Zwangsvollstreckung in das unbewegliche Vermögen ein Recht auf Befriedigung aus diesem Vermögen haben, werden, soweit es sich um die Befriedigung aus den ihnen haftenden Gegenständen handelt, durch das Aufgebot nicht betroffen. ²Das Gleiche gilt von Gläubigern, deren Ansprüche durch eine Vormerkung gesichert sind oder denen im Insolvenzverfahren ein Aussonderungsrecht zusteht, in Ansehung des Gegenstands ihres Rechts.

1 **A. Allgemeines.** Dinglich gesicherte bzw ihnen gleichgestellte Gläubiger werden durch den Ausschluss im Aufgebotsverfahren des § 1973 nicht betroffen; sie brauchen ihre Forderungen nicht anzumelden, da ihre Ansprüche nur einen bestimmten Nachlassgegenstand betreffen (Palandt/*Edenhofer* § 1971 Rz 1). Entscheidend ist, dass sie die bevorrechtigte Stellung vor dem Ausschließungsbeschluss innehatten (DGE/*Hanhörster/Dospil* § 1971 Rz 1).

§ 1971 erfasst nicht: Pfandgläubiger nach §§ 1204, 1273; Gläubiger mit vormerkungsgesicherten Ansprüchen und Gläubiger, die ein Zurückbehaltungsrecht wegen Verwendungen auf eine Sache haben (Damrau/*Gottwald* § 1971 Rz 2), Absonderungs- und Aussonderungsberechtigte sowie die öffentlichen Kassen bzgl der wegen Abgaben beschlagnahmten Gegenstände (RGZ 64, 248) und die Realberechtigten in der Zwangsversteigerung nach § 10 ZVG (Erman/*Schlüter* § 1971 Rz 1). 2

B. Wirkungen. Die dinglich gesicherten Gläubiger müssen ihre Ansprüche zur Rechtswahrung nicht im Aufgebotsverfahren anmelden, soweit sich die bevorrechtigte Stellung auf die mit dem Sicherungsrecht belasteten Gegenstände bezieht (DGE/*Hanhörster*/*Dospil* § 1971Rz 2); ansonsten hat eine Anmeldung zu erfolgen. 3

Der Erbe hat während des Aufgebotsverfahrens kein Leistungsverweigerungsrecht nach §§ 2014, 2015 ggü den bevorrechtigten Nachlassgläubigern. Dies gilt nicht in den Fällen des § 2016 II. 4

Hat der Nachlassgläubiger für seine persönliche Forderung ein Befriedigungsrecht aus einem Nachlassgrundstück, wird § 1971 durch § 175 ZVG ergänzt, da die Zwangsversteigerung darüber entscheidet, in welchem Umfang sich der Gläubiger aus dem Grundstück bzw aus der persönlichen Haftung des Erben befriedigen kann (AnwK-BGB/*Krug* § 1971 Rz 11). 5

§ 1972 Nicht betroffene Rechte. **Pflichtteilsrechte, Vermächtnisse und Auflagen werden durch das Aufgebot nicht betroffen, unbeschadet der Vorschrift des § 2060 Nr. 1.**

Vom Aufgebotsverfahren sind Pflichtteilsrechte, Vermächtnisse (auch Voraus und Dreißigster) und Auflagen ebenso wenig betroffen wie die bis zum 1.4.98 entstandenen Erbersatzansprüche, § 1934b (Erman/*Schlüter* § 1972 Rz 1), weil davon auszugehen ist, dass die Verbindlichkeiten den Nachlassgläubigern durch die Eröffnung der Verfügung von Todes wegen bekannt sind (Prot V 774). Sie sind den anderen, auch ausgeschlossenen Nachlassgläubigern ggü, zurückgesetzt, § 1973 I 2. Werden erst nach der Erfüllung der Pflichtteile, Vermächtnisse und Auflagen ausgeschlossene Gläubiger bekannt, steht diesen bzw dem Nachlassinsolvenzverwalter nach § 322 InsO ein Anfechtungsrecht zu (AnwK-BGB/*Krug* § 1972 Rz 6). 1

Eine Mithaftung des Miterben kann nach § 2060 Nr 1 nur durch die Anmeldung der Ansprüche verhindert werden (Palandt/*Edenhofer* § 1972 Rz 1). Unterbleibt die Anmeldung, kann zwar nicht die Einrede nach § 1973, wohl aber die Versäumungseinrede aus § 1974 erhoben werden, wenn er sich erst 5 Jahren nach dem Erbfall meldet, § 1974 III (Soergel/*Stein* § 1972 Rz 3). Diese Ansprüche sind erst nach den übrigen Nachlassverbindlichkeiten zu erfüllen, vgl §§ 1973 I 2, 1991 IV; 322, 327 f InsO. 2

Um sich alle Rechte vorzubehalten, sollten die Pflichtteilsberechtigten, Vermächtnisnehmer und Auflagenbegünstigten ihre Rechte im Aufgebotsverfahren anmelden (AnwK-BGB/*Krug* § 1972 Rz 5). 3

§ 1973 Ausschluss von Nachlassgläubigern. (1) ¹Der Erbe kann die Befriedigung eines im Aufgebotsverfahren ausgeschlossenen Nachlassgläubigers insoweit verweigern, als der Nachlass durch die Befriedigung der nicht ausgeschlossenen Gläubiger erschöpft wird. ²Der Erbe hat jedoch den ausgeschlossenen Gläubiger vor den Verbindlichkeiten aus Pflichtteilsrechten, Vermächtnissen und Auflagen zu befriedigen, es sei denn, dass der Gläubiger seine Forderung erst nach der Berichtigung dieser Verbindlichkeiten geltend macht.
(2) ¹Einen Überschuss hat der Erbe zum Zwecke der Befriedigung des Gläubigers im Wege der Zwangsvollstreckung nach den Vorschriften über die Herausgabe einer ungerechtfertigten Bereicherung herauszugeben. ²Er kann die Herausgabe der noch vorhandenen Nachlassgegenstände durch Zahlung des Wertes abwenden. ³Die rechtskräftige Verurteilung des Erben zur Befriedigung eines ausgeschlossenen Gläubigers wirkt einem anderen Gläubiger gegenüber wie die Befriedigung.

A. Allgemeines. Für Forderungen, die die Gläubiger ordnungsgemäß im Aufgebotsverfahren angemeldet haben, haftet der Erbe nach allgemeinen Regeln. Sie werden vorrangig befriedigt. Gläubiger, die sich im Aufgebotsverfahren nach § 1970 nicht angemeldet haben, werden zurückgesetzt (DGE/*Hanhörster*/*Dospil* § 1973 Rz 1), wodurch es zu einer außerordentlichen Haftungsbeschränkung für den Erben kommt mit der Folge, dass er den ausgeschlossenen Nachlassgläubigern nur auf den Nachlassüberschuss haftet, dh die Gläubiger werden nur aus den Mitteln des Nachlasses befriedigt. 1

B. Erschöpfungseinrede. Hat der Erbe alle Forderungen erfüllt, kann er sich, wenn ein ausgeschlossener Nachlassgläubiger seine Forderung geltend macht, auf die Erschöpfung des Nachlasses berufen (AnwK-BGB/*Krug* § 1973 Rz 4). Die Haftung muss nicht auf den Nachlass im Wege der Nachlassverwaltung bzw -insolvenz beschränkt werden. Allerdings kann auch der ausgeschlossene Gläubiger nach § 317 I InsO das Nachlassinsolvenzverfahren beantragen. Hat es der Erbe schuldhaft unterlassen, einen ihm bekannten, nunmehr ausgeschlossenen Gläubiger in das dem Aufgebotsantrag beizufügende Verzeichnis aufzunehmen, haftet er wegen positiver Vertragsverletzung für den hieraus entstehenden Schaden (Hambg OLGE 18, 324). 2

Nach Erlass des Ausschlussurteils kann der Erbe mit dem Nachlass nach Belieben verfahren, dh er kann ihn, da er den zurückgesetzten Gläubigern ggü nur nach Bereicherungsrecht haftet, auch durch Luxusreisen auf- 3 zehren (*Lange/Kuchinke* § 49 IX). Erhält er aber Kenntnis von der Forderung eines zurückgesetzten Gläubigers, tritt die verschärfte Haftung des § 819 I ein.

4 Die Ansprüche der ausgeschlossenen Gläubiger sind aber vorrangig vor den am Nachlass beteiligten Gläubigern, dh den Pflichtteilsberechtigten, Vermächtnisnehmern, Auflagenbegünstigten und Erbersatzberechtigten, zu erfüllen, sofern deren Forderung nicht erst nach der Berichtigung geltend gemacht wurde (DGE/*Hanhörster/Dospil* § 1973 Rz 1). Da eine Reihenfolge nicht einzuhalten ist, kann der Erbe diese Gläubiger befriedigen, wie sie sich melden.

5 **C. Überschusshaftung.** Ein evtl Überschuss errechnet sich nach Bereicherungsgrundsätzen, §§ 818, 819. Maßgebend ist der Aktivbestand des Nachlasses, dem neben den Nutzungen auch die Surrogate, die als Ersatz für die Zerstörung, Beschädigung oder den Verlust des Nachlassgegenstandes erlangt wurden (AnwK-BGB/*Krug* § 1973 Rz 11), die beim Erbfall erloschenen Verbindlichkeiten und Lasten des Erben ggü dem Erblasser (hM Staud/*Marotzke* § 1973 Rz 15 f) hinzuzurechnen sind. Umgekehrt sind die beim Erbfall auf gleiche Weise erloschenen Forderungen und Rechte des Erben sowie die – auch erfüllten – Forderungen der nicht ausgeschlossenen und vom Aufgebot nicht betroffenen Gläubiger mit Ausn der noch nicht befriedigten Ansprüche aus § 1972, die aus dem Nachlass bereits befriedigten Forderungen anderer ausgeschlossener Gläubiger mit der Maßgabe des II 3 sowie alle Aufwendungen des Erben, die er mit seinem Eigenvermögen für den Nachlass gemacht hat, abzusetzen (hM vgl Lange/*Kuchinke* § 49 IX 1 Fn 237; einschr Soergel/*Stein* § 1973 Rz 5).

6 Der Umfang der Haftung ist festgelegt durch den Zeitpunkt der Verkündung des Ausschlussurteils bzw den Zeitpunkt der letzten mündlichen Verhandlung (MüKo/*Siegmann* § 1973 Rz 5); auf den Zeitpunkt der Geltendmachung der Forderung kommt es nur in I 2 an (Palandt/*Edenhofer* § 1973 Rz 2).

7 **D. Wirkung der Ausschließung.** Der Ausschluss führt nicht zum Erlöschen der ausgeschlossenen Forderung; sie ist nur einredebehaftet, dh der Gläubiger kann mit ihr gegen eine Nachlassforderung aufrechnen; § 390 steht nicht entgegen; ebenso kann der Erbe auf die Erschöpfungseinrede auch die Einrede des § 322 stützen (MüKo/*Siegmann* § 1973 Rz 2).

8 Im Prozess muss der Erbe die Erschöpfung nachweisen; gelingt ihm der Nachweis, führt dies zur Klageabweisung als zZt unzulässig (BGH NJW 54, 635).

9 Die Wirkung der Erschöpfungseinrede besteht va darin, dass der Erbe die ausgeschlossenen Gläubiger nur nachrangig aus dem Nachlass befriedigen muss; werden ausgeschlossene Forderungen vor der Berichtigung von Pflichtteilsrechten, Vermächtnissen und Auflagen geltend gemacht, genießen sie gem I 2 Vorrang vor diesen. Der Anspruch des Gläubigers beschränkt sich, sofern ein Überschuss vorhanden ist, auf die im Nachlass noch vorhandenen Gegenstände bzw deren Ersatz (RGZ 83, 330), wobei der Erbe die Zwangsvollstreckung in diese Gegenstände dulden muss (MüKo/*Siegmann* § 1973 Rz 6). Allerdings kann der Gläubiger vom Erben zuvor ein Bestandsverzeichnis, ggf die eV nach §§ 260, 261 bzgl der Richtigkeit des Verzeichnisses verlangen (RGRK/*Johannsen* § 1973 Rz 2a).

10 **E. Abwendungsbefugnis.** Nach § 1973 II 3 kann der Erbe die Herausgabe und damit die Zwangsvollstreckung in die noch vorhandenen Nachlassgegenstände durch Zahlung ihres Wertes abwenden. Er kann die zur Befriedigung seiner eigenen Ersatzansprüche erforderlichen Gegenstände zurückbehalten; es sind nicht Nachlassüberschuss (RGRK/*Kregel* § 1973 Rz 22). Maßgebender Zeitpunkt zur Ermittlung des Schätzwertes für den Wertersatz ist die Ausübung des Wahlrechts durch den Erben (Staud/*Marotzke* § 1973 Rz 26).

11 **F. Prozessuales.** Der Erbe kann auf die Erschöpfungseinrede verzichten (Damrau/*Gottwald* § 1973 Rz 14). Sie geht durch Versäumung des Vorbehalts nach § 780 I ZPO verloren (RGZ 59, 305), falls er nicht durch Urteilsergänzung nach § 321 ZPO oder durch ein Rechtsmittel, wobei dies in der Revisionsinstanz nur noch ausnahmsweise möglich ist (BGH NJW 62, 1250), nachgeholt wird. Es genügt der allgemeine Vorbehalt nach §§ 305, 780 I ZPO, auch wenn er nur in den Gründen steht (OLGE 7, 134). IÜ ist der Vorbehalt auch bei der Klage auf Erteilung einer Vollstreckungsklausel nach § 731 ZPO notwendig, nicht aber bei der Klauselumstellung des § 727 ZPO, da § 781 ZPO Anwendung findet (Zöller/*Stöber* § 780 ZPO Rz 9).

12 Wurde die Klage nicht bereits mit Erheben der Erschöpfungseinrede abgewiesen, muss der Erbe in der Zwangsvollstreckung mittels Vollstreckungsabwehrklage nach §§ 785, 767 ZPO die beschränkte Haftung, § 781 ZPO, einwenden, die aber dann versagt wird, wenn der Erbe vorbehaltlos verurteilt wurde. Hat der Erbe unter dem Druck der Zwangsvollstreckung gezahlt, kann er nach §§ 813, 814 die Rückzahlung des Geleisteten verlangen (RGZ 64, 244).

13 § 1973 II 1 verpflichtet zwar den Erben zur Herausgabe zum Zwecke der Zwangsvollstreckung, nicht aber zur Eigentumsübertragung auf den ausgeschlossenen Gläubiger, sondern nur zur Duldung der Zwangsvollstreckung in noch etwa vorhandene Nachlassgegenstände (MüKo/*Siegmann* § 1973 Rz 6).

14 **G. Besonderheiten.** Der Ausgeschlossene kann im Nachlassverwaltungs- und Nachlassinsolvenzverfahren nur dann auf Duldung der Zwangsvollstreckung klagen, wenn nach dem Teilungsplan feststeht, dass nach der Befriedigung der nicht ausgeschlossenen Gläubiger ein Überschuss verbleibt (RGZ 61, 221).

§ 1974 Verschweigungseinrede. (1) ¹Ein Nachlassgläubiger, der seine Forderung später als fünf Jahre nach dem Erbfall dem Erben gegenüber geltend macht, steht einem ausgeschlossenen Gläubiger gleich, es sei denn, dass die Forderung dem Erben vor dem Ablauf der fünf Jahre bekannt geworden oder im Aufgebotsverfahren angemeldet worden ist. ²Wird der Erblasser für tot erklärt oder wird seine Todeszeit nach den Vorschriften des Verschollenheitsgesetzes festgestellt, so beginnt die Frist nicht vor dem Eintritt der Rechtskraft des Beschlusses über die Todeserklärung oder die Feststellung der Todeszeit.
(2) Die dem Erben nach § 1973 Abs. 1 Satz 2 obliegende Verpflichtung tritt im Verhältnis von Verbindlichkeiten aus Pflichtteilsrechten, Vermächtnissen und Auflagen zueinander nur insoweit ein, als der Gläubiger im Falle des Nachlassinsolvenzverfahrens im Range vorgehen würde.
(3) Soweit ein Gläubiger nach § 1971 von dem Aufgebot nicht betroffen wird, finden die Vorschriften des Absatzes 1 auf ihn keine Anwendung.

A. Allgemeines. § 1974 schützt den Erben vor sehr später Inanspruchnahme eines Gläubigers (Prot V 795) und gilt nach § 2144 auch für den Nacherben (DGE/*Hanhörster/Dospil* § 1974 Rz 2). Verliert der Erbe vor Ablauf der Frist sein Haftungsbeschränkungsrecht nach § 2013 I, kann er die Verschweigungseinrede nicht mehr geltend machen. 1

B. Norminhalt. Die Gläubiger, die erst 5 Jahre (Ausschlussfrist, Staud/*Marotzke* § 1974 Rz 3) nach dem Erbfall ihre Forderungen geltend machen, werden wie ausgeschlossene Gläubiger iSd § 1973 behandelt. Macht der Gläubiger seinen Anspruch innerhalb der Frist nicht geltend, liegt ein Fall der Säumnis vor (DGE/*Hanhörster/Dospil* § 1974 Rz 1). 2
Bedeutung hat die Norm auch dann, wenn ein Aufgebotsverfahren bereits stattgefunden hat, und zwar ggü den Neugläubigern, deren Ansprüche erst nach dem Ausschlussurteil bzw nach Fristablauf entstanden sind (str: Palandt/*Edenhofer* § 1974 Rz 1, aA Soergel/*Stein* § 1974 Rz 3) und den vom Verfahren nicht betroffenen nachlassbeteiligten Gläubigern des § 1972, da es nicht darauf ankommt, ob die Forderung geltend gemacht werden konnte oder nicht. 3
Die fünfjährige Ausschlussfrist beginnt am Tag nach dem Erbfall (Staud/*Marotzke* § 1974 Rz 3); bei der Todeserklärung ist es der erste Tag der Rechtskraft des Feststellungsbeschlusses, §§ 39 ff VerschG. 4
Die Verschweigungseinrede kann nicht geltend gemacht werden ggü den Gläubigern, die im Aufgebotsverfahren ihre Forderung angemeldet haben, die vom Aufgebotsverfahren gem § 1971 nicht betroffen sind und deren Forderung dem Erben vor Fristablauf bekannt wurde (DGE/*Hanhörster/Dospil* § 1974 Rz 1). 5
II bestimmt durch Verweis auf § 1973 I 2 die Reihenfolge der Befriedigung. 6

C. Wirkungen der Säumnis. Die Erbenhaftung wird auf die Bereicherung des Nachlasses beschränkt (Erman/*Schlüter* § 1974 Rz 3). Wurde der Nachlass bereits geteilt, gilt § 2060 Nr 2. Bei Verlust des Haftungsbeschränkungsrechts entfällt die Wirkung der Säumnis, § 2013 I 1 (Erman/*Schlüter* § 1974 Rz 3). Nach § 327 I InsO sind Verbindlichkeiten ggü Pflichtteilsberechtigten vor den Verbindlichkeiten aus den vom Erblasser angeordneten Vermächtnissen zu erfüllen, wobei die Verschweigungseinrede an dieser Rangordnung grds nichts ändert, § 327 III 2 InsO (Damrau/*Gottwald* § 1974 Rz 8). 7

Untertitel 3 Beschränkung der Haftung des Erben

§ 1975 Nachlassverwaltung; Nachlassinsolvenz. Die Haftung des Erben für die Nachlassverbindlichkeiten beschränkt sich auf den Nachlass, wenn eine Nachlasspflegschaft zum Zwecke der Befriedigung der Nachlassgläubiger (Nachlassverwaltung) angeordnet oder das Nachlassinsolvenzverfahren eröffnet ist.

A. Allgemeines. Durch die Nachlassverwaltung kann der Erbe, ebenso wie durch das Nachlassinsolvenzverfahren, seine Haftung für die Nachlassverbindlichkeiten auf den Nachlass beschränken. Dies führt mit der Anordnung der Nachlassverwaltung bzw mit der Eröffnung des Nachlassinsolvenzverfahrens zu einer rückwirkenden Trennung von Nachlass- und Eigenvermögen des Erben auf den Zeitpunkt des Erbfalls mit der Folge, dass der Erbe nicht mehr auf Leistung verklagt werden kann (RG JW 13, 752), wohl aber auf Feststellung und künftige Leistung. Allerdings sollte sich der Erbe bei einem zuvor erfolgten Prozess den Vorbehalt des § 780 ZPO in den Urteilstenor aufnehmen lassen, um sich danach auf die zwischenzeitlich eingetretene Haftungsbeschränkung berufen zu können (RGZ 59, 301). 1
Die Nachlassverwaltung sollte immer dann gewählt werden, wenn der Nachlass unübersichtlich, aber ausreichend Nachlassmasse vorhanden ist. 2
Sowohl bei der Nachlassverwaltung als auch bei der Nachlassinsolvenz wird dem Erben die Verwaltung des Nachlasses entzogen und einem amtlich bestellten Verwalter übertragen, § 1984 I bzw § 80 InsO. 3
Nach § 784 I ZPO kann der so beschränkt haftende Erbe verlangen, dass die Zwangsvollstreckung, die zugunsten eines Nachlassgläubigers in sein Eigenvermögen erfolgt ist, aufgehoben wird. Umgekehrt darf auch 4

kein Eigengläubiger, der nicht zugleich Nachlassgläubiger ist, in den Nachlass vollstrecken, § 1984 II. Der Nachlassverwalter kann verlangen, dass die Zwangsvollstreckung in den Nachlass aufgehoben wird, § 784 II ZPO. Im Nachlassinsolvenzverfahren gilt ein allgemeines Vollstreckungsverbot.

5   Die Haftungsbeschränkung bleibt auch nach Beendigung der Nachlassverwaltung bzw Aufhebung des Nachlassinsolvenzverfahrens bestehen (hM; BGH NJW 54, 635). Ungeachtet dessen können die Gläubiger ihre Ansprüche ggü dem Erben geltend machen; er haftet ihnen aber gem § 1973 nur wie einem ausgeschlossenen Gläubiger. Wurde das Nachlassinsolvenzverfahren mangels Masse abgewiesen, tritt keine Haftungsbeschränkung ein (DGE/*Hanhörster/Dospil* § 1975 Rz 4). In diesem Fall kann der Erbe, der nach § 215 II InsO die Verfügungsbefugnis über die Masse zurückerhält, die Dürftigkeitseinrede nach §§ 1990, 1991 erheben.

6   Das Recht zur Haftungsbeschränkung kann nicht nur durch Verzicht, sondern auch durch Eintritt der unbeschränkten Haftung allgemein oder ggü einzelnen Gläubigern verloren gehen. IdR scheidet dann die Nachlassverwaltung aus. Der Erbe hat aber das Recht, die Eröffnung des Nachlassinsolvenzverfahrens zu beantragen, um so sein Vermögen vor dem Zugriff der Nachlassgläubiger zu schützen. Die Testamentsvollstreckung ist ohne Einfluss auf den Eintritt der Haftungsbeschränkung.

7   **B. Nachlassverwaltung.** Nach § 1975 ist die Nachlassverwaltung eine Nachlasspflegschaft zum Zwecke der Befriedigung der Nachlassgläubiger. Auf die Nachlassverwaltung als einer Art der Nachlasspflegschaft (Staud/*Marotzke* § 1975 Rz 11) finden, soweit der besondere Zweck der Nachlassverwaltung dem nicht entgegensteht (RGZ 135, 305), die Vorschriften der Pflegschaft Anwendung und somit auch die Vorschriften der Vormundschaft, § 1915 I (RGZ 72, 260). Mit der Eröffnung des Nachlassinsolvenzverfahrens endet nach § 1988 I die Nachlassverwaltung. Auch der Aufhebungsbeschluss des Nachlassgerichts führt zu deren Beendigung. Der Erbe verliert mit der Anordnung der Nachlassverwaltung die Verwaltungs- und Verfügungsbefugnis über den Nachlass, § 1984 I. Im Einverständnis mit den Gläubigern kann der Erbe als deren Beauftragter den Nachlass auch ohne Nachlassverwalter abwickeln (Palandt/*Edenhofer* § 1975 Rz 2).

8   Die Nachlassverwaltung über einen Erbteil ist unzulässig; sie ist auch nach der Nachlassteilung nicht mehr möglich, § 2062. Das Vorhandensein eines Nachlasspflegers steht der Anordnung der Nachlassverwaltung nicht entgegen (BayObLGZ 76, 167). Stellt sich während der Nachlassverwaltung heraus, dass der Nachlass überschuldet ist, geht das Verfahren regelmäßig in das Nachlassinsolvenzverfahren über. Im Einverständnis aller Nachlassgläubiger kann der Nachlassverwalter zur Abwendung der wertvernichtenden Nachlassinsolvenz bestellt werden (Staud/*Marotzke* § 1975 Rz 12).

9   Der Nachlassverwalter hat die Nachlassgläubiger zu befriedigen. Er ist aber nicht gesetzlicher Vertreter, sondern Amtstreuhänder mit einer gesetzlichen Verfügungs-, Erwerbs- Verpflichtungs- und Prozessführungsermächtigung (hM; *Jauernig* ZPO § 38 V 4 mwN). Er verfügt im eigenen Namen über die Nachlassgegenstände als Partei kraft Amtes mit Wirkung für und gegen den Erben, der stets als Träger des Sondervermögens Nachlass berechtigt und verpflichtet wird (RGZ 151, 57). Daher wird auch nur der Erbe als Eigentümer eines Nachlassgrundstücks ins Grundbuch eingetragen (BGH DNotZ 61, 485).

10 Für die Anordnung der Nachlassverwaltung ist das Nachlassgericht zuständig, § 1962. Antragsberechtigt ist neben dem Erben auch der Nachlassgläubiger unter den Voraussetzungen des § 1981 II. Das Antragsrecht und die Anordnung der Nachlassverwaltung ist in § 1981 geregelt, die Rechtsstellung des Nachlassverwalters in den §§ 1984–1987. Die Nachlassverwaltung endet entweder durch die Aufhebung des Nachlassgerichts oder durch die Eröffnung des Nachlassinsolvenzverfahrens.

11 Die Kosten der Nachlassverwaltung stellen Nachlassverbindlichkeiten dar, § 6 KostO.

12 **C. Nachlassinsolvenz.** Das Nachlassinsolvenzverfahren wird über den Nachlass als ganzes geführt; das Verfahren über einen Erbteil ist unzulässig § 316 III InsO. Zur Insolvenzmasse gehört der Nachlass sowie die noch nicht nach §§ 1976, 1977 erloschenen Rechtsverhältnisse, die Ersatzansprüche gegen den Erben nach §§ 1978, 1979 und die Anfechtungsansprüche gegen den Erben wegen vorzeitiger Erfüllung von Pflichtteils-, Vermächtnis- und Auflagenansprüchen, § 322 InsO. IÜ gelten die Vorschriften der §§ 315–331 InsO. Eröffnungsgrund ist die Zahlungsunfähigkeit bzw Überschuldung. Bei einem Antrag des Erben, Testamentsvollstreckers, Nachlasspflegers oder -verwalters genügt auch die drohende Zahlungsunfähigkeit, § 320 2 InsO.

13 Nach § 316 InsO steht weder die unbeschränkte Erbenhaftung noch die bereits erfolgte Nachlassteilung, die Nichtannahme oder der ausstehende Ablauf der Ausschlagungsfrist entgegen.

14 Gegenstand des Nachlassinsolvenzverfahrens können nur Nachlassverbindlichkeiten sein, 325 InsO. Gemeinschuldner ist der Erbe, der zugleich auch Nachlassgläubiger sein kann. Hat der Erbe die Erbschaft verkauft, tritt nach § 330 I InsO der Käufer an seine Stelle. Insolvenzgläubiger sind sämtliche Nachlassgläubiger. Die Nachlassverbindlichkeiten sind, wie beim Regelinsolvenzverfahren, zur Tabelle anzumelden, §§ 174 ff InsO: Zwangsvollstreckungsmaßnahmen nach dem Erbfall begründen nach § 321 InsO kein Recht zur abgesonderten Befriedigung (Damrau/*Gottwald* § 1975 Rz 9).

15 *Pflichtteilsansprüche*, Vermächtnisse und Auflagen sind nachrangig, § 327 InsO; werden sie vor Eröffnung des Nachlassinsolvenzverfahrens erfüllt, ist ihre Erfüllung nach § 322 InsO anfechtbar.

16 Das Amtsgericht ist als Insolvenzgericht am letzten Wohnsitz des Erblassers ausschl zuständig, sofern der Erblasser den Mittelpunkt seiner selbständigen wirtschaftlichen Tätigkeit nicht an einem anderen Ort hatte,

§ 315 InsO. Nicht zuständig ist das Nachlassgericht (Köln ZEV 00, 240). Nach § 317 InsO sind neben dem Erben auch der Miterbe bei Glaubhaftmachung des Eröffnungsgrundes, der Testamentsvollstrecker, Nachlassverwalter, -pfleger sowie jeder Nachlassgläubiger antragsberechtigt. Letzterer kann den Antrag nur innerhalb von 2 Jahren ab Annahme der Erbschaft stellen, § 319 InsO, danach ist er unzulässig. UU ist auch der Ehegatte des Erben bei bestehender Gütergemeinschaft berechtigt, den Eröffnungsantrag zu stellen, § 318 InsO. In entsprechender Anwendung dieser Vorschrift dürfte dies auch für die Lebenspartner einer eingetragenen Lebenspartnerschaft gelten (str, so: Staud/*Marotzke* § 1975 Rz 34 mwN).

§ 1976 Wirkung auf durch Vereinigung erloschene Rechtsverhältnisse.
Ist die Nachlassverwaltung angeordnet oder das Nachlassinsolvenzverfahren eröffnet, so gelten die infolge des Erbfalls durch Vereinigung von Recht und Verbindlichkeit oder von Recht und Belastung erloschenen Rechtsverhältnisse als nicht erloschen.

A. Allgemeines. Durch die Nachlassverwaltung bzw Insolvenz kommt es zur endgültigen Trennung von 1
Nachlass und Eigenvermögen des Erben. Die Nachlassabsonderung führt zum Verlust der Verwaltungs- und Verfügungsbefugnis über die Nachlassgegenstände, § 1984 I 1, §§ 22 I 1, 80 I InsO, mit der Folge, dass die materielle Berechtigung des Erben am Nachlass als von Anfang an nicht bestanden gilt.

IÜ ist es für die Anwendung dieser Vorschrift unerheblich, ob der Erbe bei Anordnung eines der beiden 2
förmlichen Nachlassverfahren die Haftungsbeschränkungsmöglichkeit bereits verloren hatte oder nicht (AnwK-BGB/*Krug* § 1976 Rz 2). Da der Erbe Rechtsinhaber ist, kann er im Prozess als gewillkürter, vom Nachlassverwalter ermächtigter Prozessstandschafter auftreten (BGH NJW 63, 297).

§ 1976 findet in folgenden Fällen keine Anwendung: bei dinglichen Rechten nach § 889, beim Nießbrauch 3
nach §§ 1063, 1068 und beim Pfandrecht, §§ 1256, 1273 (AnwK-BGB/*Krug* § 1976 Rz 3). Von der Rspr wurden Fälle entwickelt, bei denen weder Konfusion noch Konsolidation eintritt, wie bei der Erbengemeinschaft (BGH NJW 57, 1916), bei der Testamentsvollstreckung (BGHZ 48, 214), beim Quotenvermächtnis (BGH WM 1978, 377) und im Pflichtteilsrecht (BGH NJW 87, 1260).

B. Nachlassabsonderung. Die Nachlassabsonderung hat zur Folge, dass Forderungen, die durch Konfusion 4
(= Vereinigung von Recht und Verbindlichkeit) oder Rechte, die durch Konsolidation (Vereinigung von Recht und Belastung) untergegangen sind, im Verhältnis Erbe-Nachlass-Nachlassgläubiger als vom Erbfall an fortbestanden behandelt werden (DGE/*Hanhörster/Dospil* § 1976 Rz 1). Daher stehen sowohl die Konfusion als auch die Konsolidation unter der auflösenden Bedingung der Nachlassabsonderung, wobei diese Rechtsfolge automatisch eintritt (Staud/*Marotzke* § 1976 Rz 1).

Konfusion und Konsolidation treten mit dem Erbfall in einer Person ein, wenn der Erblasser von **einem** 5
Erben beerbt wird. Dies gilt nicht, wenn Verwaltungsvollstreckung angeordnet ist, da schon im Zeitpunkt des Erbfalls keine Vereinigung von Forderung und Schuld stattfand (BGHZ 48, 214).

Akzessorische Nebenrechte der erloschenen Forderung, wie Pfandrecht oder Bürgschaft, sind als fortlaufend 6
zu betrachten (Soergel/*Stein* § 1976 Rz 1). Ein Pfandrecht drängt ein nachrückendes Pfandrecht durch die Absonderung nicht wieder zurück; nach § 1256 II geht das Pfandrecht mit der Forderung unter, und zwar unabhängig von einem rechtlichen Interesse des Erben an seinem Fortbestand.

Die Auflassungsvormerkung, die bereits erloschen war, als der Grundstückskäufer den Verkäufer beerbte, gilt 7
als bestehend (BGH NJW 81, 1577). Eine gelöschte Hypothek des Erben am Grundstück des Erblassers muss im Rang dem zwischenzeitlich von ihm als Grundstückeigentümer einem Dritten bestellten Grundpfandrecht nachgehen (Dresd RJA 16, 148); aus der Eigentümergrundschuld wird eine Fremdgrundschuld.

Auch kann die Nachlassabsonderung die Anwachsung des Gesellschaftsanteils des Erblassers beim Erbfall auf 8
die übrigen Gesellschafter nicht verhindern, sofern sie kraft Gesellschaftsvertrag und nicht kraft Erbrecht eintritt (RGZ 136, 97). Der erloschene Anspruch auf Leistung eines Abfindungsguthabens aus diesem gesellschaftsrechtlichen Vorgang lebt wieder auf (BGH NJW 91, 844).

Da die Erbschaftssteuer nach § 10 III ErbStG an die beim Erben eingetretene Bereicherung anknüpft, gelten 9
die Rechte und Belastungen, die infolge des Erbfalls entstanden sind, selbst dann nicht als erloschen, wenn die Voraussetzungen des § 1976 nicht vorliegen (BGH NJW 87, 1260).

C. Wirkung. Da die Rechte des Erben gegen den Nachlass nach § 1976 wiederaufleben, kann er diese For- 10
derungen als Nachlassgläubiger gegen den Nachlass- bzw Insolvenzverwalter geltend machen (BGHZ 48, 214). Die vor Verfahrenseröffnung getätigten Verfügungen des Erben über Nachlassgegenstände bleiben wirksam (DGE/*Hanhörster/Dospil* § 1976 Rz 3). Hat dagegen der Erblasser über Gegenstände verfügt, die den Erben gehören, bleibt diese Verfügung auch nach Eintritt des Erbfalls unwirksam (MüKo/*Siegmann* § 1976 Rz 10). Konvaleszenz (§ 185 II) tritt solange nicht ein, bis die Haftungsbeschränkungsmöglichkeiten für den Erben nicht mehr bestehen (BGH NJW 97, 3370). Bei unbeschränkter Haftung beseitigt auch die spätere Eröffnung das Nachlassinsolvenzverfahrens die eingetretene Konvaleszenz nicht mehr (MüKo/*Siegmann* § 1976 Rz 10).

11 Waren Erbe und Erblasser Miteigentümer eines Grundstücks, kann nach § 1976 nur in die dem Erblasser gehörende Eigentumshälfte vollstreckt werden. Gegen die Zwangsvollstreckung in das gesamte Grundstück kann nach § 784 I ZPO vorgegangen werden (Staud/*Marotzke* § 1976 Rz 8).
12 Bei der Berechnung der Höhe des Pflichtteilsanspruchs gelten Rechtsverhältnisse, die in Folge des Erbgangs durch Vereinigung von Forderung und Verbindlichkeit erloschen sind, entsprechend den §§ 1976, 2143, 2377 BGB als nicht erloschen (Schlesw ErbR 07, 35).

§ 1977 Wirkung auf eine Aufrechnung.

(1) Hat ein Nachlassgläubiger vor der Anordnung der Nachlassverwaltung oder vor der Eröffnung des Nachlassinsolvenzverfahrens seine Forderung gegen eine nicht zum Nachlass gehörende Forderung des Erben ohne dessen Zustimmung aufgerechnet, so ist nach der Anordnung der Nachlassverwaltung oder der Eröffnung des Nachlassinsolvenzverfahrens die Aufrechnung als nicht erfolgt anzusehen.
(2) Das Gleiche gilt, wenn ein Gläubiger, der nicht Nachlassgläubiger ist, die ihm gegen den Erben zustehende Forderung gegen eine zum Nachlass gehörende Forderung aufgerechnet hat.

1 **A. Allgemeines.** § 1977 steht, ebenso wie § 1976, in engem Zusammenhang mit der Absonderung des Nachlasses vom Eigenvermögen des Erben (BaRoth/*Lohmann* § 1977 Rz 1).
2 Die Aufrechnung eines Nachlassgläubigers gegen eine dem Erben persönlich gegen ihn zustehende Forderung führt grds zum Erlöschen beider Forderungen. Aufgrund der Stellung des Erben als persönlicher Schuldner aller Nachlassverbindlichkeiten stehen die Ansprüche der Nachlassgläubiger im Gegenseitigkeitsverhältnis, und zwar auch zu den Eigenforderungen des Erben, weshalb eine Aufrechnung nach §§ 387 ff möglich ist (DGE/*Hanhörster/Dospil* § 1977 Rz 1).
3 **B. Aufrechnung nach Abs 1.** Erklärt der Nachlassgläubiger nach dem Erbfall gegen eine Eigenforderung des Erben ohne dessen Zustimmung die Aufrechnung, wird sie bei Anordnung der Nachlassverwaltung bzw Eröffnung des Nachlassinsolvenzverfahrens kraft Gesetzes ex tunc wirkungslos. Die nach § 398 erloschenen Forderung einschl ihrer Nebenrechte, wie Bürgschaft- und Pfandrechte, leben wieder auf (Staud/*Marotzke* § 1977 Rz 5). Als Konsequenz der rückwirkend eingetretenen Vermögenstrennung schützt § 1977 I den Erben vor dem Verlust der unbeschränkbaren Haftung, weil er nicht hinnehmen muss, dass Nachlassschulden auf seine Kosten getilgt werden (MüKo/*Siegmann* § 1977 Rz 2). Hat der Erbe die Möglichkeit der Haftungsbeschränkung verloren, ist ihm auch die Berufung auf die Unwirksamkeit der Aufrechnung versagt (AnwK-BGB/*Krug* § 1977 Rz 3).
4 Dagegen bleibt die Aufrechnung des **Nachlassgläubigers** wirksam, wenn der Erbe ausdrücklich oder durch schlüssiges Verhalten zugestimmt hat. Die **Zustimmung** ist als Verfügung über sein Eigenvermögen und gleichzeitig als Verzicht auf die Haftungsbeschränkung ggü diesen Gläubigern zu bewerten (Palandt/*Edenhofer* § 1977 Rz 2). Dies gilt insb dann, wenn der Erbe selbst die Aufrechnung ggü dem Nachlassgläubiger erklärt hat (Staud/*Marotzke* § 1977 Rz 5). In diesem Fall erwirbt der Erbe nach § 1979 einen Ersatzanspruch bzw einen Bereicherungsanspruch gegen den Nachlass, den er auch im Nachlassinsolvenzverfahren geltend machen kann (MüKo/*Siegmann* § 1977 Rz 2).
5 Zur Geltendmachung der gegen den Nachlass gerichteten Forderung ist nur noch der Nachlassverwalter bzw -insolvenzverwalter passiv legitimiert, §§ 1984 I 3, 80, 86 InsO (AnwK-BGB/*Krug* § 1977 Rz 6). Daher entfaltet eine dennoch erklärte Aufrechnung gegen eine Eigenforderung des Erben keine Wirkung (RG LZ 1933, 521). Umgekehrt kann sich auch der Erbe nicht mehr durch Aufrechnung mit einer Nachlassforderung von einer Eigenschuld befreien, §§ 1975, 1984 I 1, wohl aber noch eine Nachlassforderung durch Aufrechnung gegen den Nachlassgläubiger mit einer ihm zur Seite stehenden Eigenforderung tilgen (str; so Soergel/*Stein* § 1977 Rz 2, 7 mN; aA Erman/*Schlüter* § 1977 Rz 2). Dadurch steht dem Erben ein Bereicherungsanspruch gegen die Masse zu. Rechnet der Erbe mit einer Eigenforderung auf, erwirbt er gegen den Nachlass bzw die Insolvenzmasse einen bereicherungsrechtlichen Aufwendungsersatzanspruch, §§ 683, 684, 1978 III (MüKo/*Siegmann* § 1977 Rz 3).
6 IÜ gelten die §§ 94–97 InsO weiter, da der Nachlassgläubiger nicht schlechter gestellt sein kann als in der Nachlassinsolvenz (Staud/*Marotzke* § 1977 Rz 13).

7 **C. Aufrechnung durch Eigengläubiger.** Auch die Aufrechnung eines Eigengläubigers des Erben gegen eine Nachlassforderung, die vor der Nachlasssonderung erklärt wird, ist als nicht erfolgt anzusehen (Damrau/*Gottwald* § 1977 Rz 8). Die ohne Zustimmung des Erben erfolgte Aufrechnung verliert mit der Nachlassabsonderung ihre Wirkung, wodurch Vollstreckungsmaßnahmen der Eigengläubiger in den Nachlass nach §§ 784 II, 785 ZPO beseitigt werden können (Staud/*Lehmann* § 1977 Rz 3).
8 Str ist, ob die Zustimmung des Erben zur erklärten Aufrechnung bei II ihre Wirkung behält (so Soergel/*Stein* § 1977 Rz 5). Wird dies bejaht, behält die Aufrechnung, als Verfügung über das Eigenvermögen der Erben, *ihre* Wirkung. Die Zustimmung zur Aufrechnung durch den Nachlassgläubiger ist auch hier als ein Verzicht des Erben auf die Haftungsbeschränkung ggü diesem Gläubiger zu sehen (MüKo/*Siegmann* § 1977 Rz 2). Allerdings erwirbt der Erbe einen Ersatz- bzw Bereicherungsanspruch gegen den Nachlass.

D. Unbeschränkte Haftung. Die Wirkung des § 1977 tritt nur ein, wenn die Aufrechnung nach dem Erbfall und vor der Anordnung der Nachlassverwaltung/Eröffnung des Nachlassinsolvenzverfahrens erklärt wird. Da das Interesse der Nachlassgläubiger darauf gerichtet ist, dass die Aufrechnung rückwirkend ihre Wirksamkeit verliert, wenn die Vermögensabsonderung eintritt, führt dazu, dass § 2013 I auf § 1977 II nicht anwendbar ist (überwiegende Auffassung: Staud/*Marotzke* § 1977 Rz 8).

Dagegen soll nach § 2013 II § 1977 wieder anwendbar sein, wenn der Erbe nur einzelnen Nachlassgläubigern ggü unbeschränkt haftet. Auf diese Weise wird eine Minderung des Nachlassbestandes vermieden.

Aus der Nichterwähnung des § 1975 in § 2013 II könnte der Erbe die bereits verlorene Haftungsbeschränkungsmöglichkeit wiedererlangen, wenn auch idR die Aufrechnung die Nachlasssonderung unwirksam machen würde. Daher kann der auf diese Weise begünstigte Gläubiger die Erbenforderung ungeachtet des I durch Aufrechnung auch nach Verfahrensanordnung zum Erlöschen bringen (Erman/*Schlüter* § 1977 Rz 4).

E. Verjährung. Durch § 1977, der die Aufrechnung als nicht erfolgt bewertet, leben die durch Aufrechnung erloschenen Forderungen wieder auf. Würde für eine oder beide Forderungen während der Zeit zwischen Aufrechnungserklärung und amtlicher Vermögenssonderung die Verjährungsfrist ablaufen, könnte die Forderung nicht mehr durchgesetzt werden, sofern sich die Beteiligten auf die Einrede der Verjährung berufen (Damrau/*Gottwald* § 1977 Rz 10). Kraft Gesetzes ist die Aufrechnung nach § 1977 auflösend bedingt. Diesen Sonderfall hat der Gesetzgeber bei den Verjährungsvorschriften nicht berücksichtigt, weshalb die Ansicht vertreten wird, dass § 205 analog anzuwenden und für die Zeit zwischen Aufrechnungserklärung und Eintritt der Vermögenssonderung eine Hemmung der Verjährung anzunehmen ist (Staud/*Marotzke* § 1977 Rz 14).

§ 1978 Verantwortlichkeit des Erben für bisherige Verwaltung, Aufwendungsersatz.

(1) ¹Ist die Nachlassverwaltung angeordnet oder das Nachlassinsolvenzverfahren eröffnet, so ist der Erbe den Nachlassgläubigern für die bisherige Verwaltung des Nachlasses so verantwortlich, wie wenn er von der Annahme der Erbschaft an die Verwaltung für sie als Beauftragter zu führen gehabt hätte. ²Auf die vor der Annahme der Erbschaft von dem Erben besorgten erbschaftlichen Geschäfte finden die Vorschriften über die Geschäftsführung ohne Auftrag entsprechende Anwendung.
(2) Die den Nachlassgläubigern nach Absatz 1 zustehenden Ansprüche gelten als zum Nachlass gehörend.
(3) Aufwendungen sind dem Erben aus dem Nachlass zu ersetzen, soweit er nach den Vorschriften über den Auftrag oder über die Geschäftsführung ohne Auftrag Ersatz verlangen könnte.

A. Allgemeines. Der Erbe haftet unterschiedlich: Hat er die Erbschaft noch nicht angenommen, hat er als Geschäftsführer ohne Auftrag einzustehen, und wenn er sie angenommen hat, als Beauftragter. Die Ansprüche der Nachlassgläubiger aus § 1978 richten sich gegen das Eigenvermögen des Erben, und zwar unabhängig davon, ob eine beschränkte Erbenhaftung besteht (DGE/*Hanhörster/Dospil* § 1978 Rz 1). Hat der Erbe vor der Nachlassabsonderung Nachlassverbindlichkeiten erfüllt, haben die Nachlassgläubiger diese Tilgung als für Rechnung des Nachlasses gegen sich gelten zu lassen, sofern er davon ausgehen durfte, dass der Nachlass für alle Gläubiger ausreichen wird, § 1979.

Da es sich nicht um erbrechtliche Ansprüche handelt, gelten die §§ 195, 199 (*Löhnig* ZEV 04, 267).

B. Erbenhaftung für die Verwaltung. Haftet der Erbe mit dem Nachlass infolge Nachlassverwaltung/-insolvenz beschränkt, muss der Nachlass den Gläubigern möglichst ungeschmälert erhalten bleiben. Daher ist ihnen der Erbe für seine Verwaltungsmaßnahmen verantwortlich. Er hat Auskunft zu erteilen, ein Verzeichnis aufzustellen, Rechenschaft, ggf die eidesstattliche Versicherung abzulegen und Nachlassgelder, die er zu persönlichen Zwecken entnommen hat, herauszugeben bzw zu ersetzen (BGH ZFE 08, 278), und zwar unabhängig davon, ob es sich um den Zeitraum vor oder nach Annahme der Erbschaft handelt (Soergel/*Stein* § 1978 Rz 3). Aus dem Nachlass entnommenes Geld ist nach § 668 zu verzinsen (MüKo/*Siegmann* § 1978 Rz 9). IÜ ist zu unterscheiden zwischen der Zeit vor und nach der Annahme der Erbschaft.

Haftet der Erbe bereits unbeschränkbar, bedarf es der Zuweisung von Ersatzansprüchen zum Nachlass gem II nicht mehr (RGZ 92, 343). Der Erbe hat dem Dritten für die Verletzung vom Erblasser begründeten Rechten nach § 1978, sondern auch persönlich einzustehen (RGZ 92, 343). Schlägt er den Nachlass aus, weil der Mietzins weggefallen ist, haftet er dafür den Nachlassgläubigern.

I. Vor Erbschaftsannahme. Der Erbe ist vor Annahme der Erbschaft nicht verpflichtet, hinsichtlich des Nachlasses tätig zu werden, da er zur GoA nicht gezwungen ist (Palandt/*Edenhofer* § 1978 Rz 2). Im Falle seines Tätigwerdens gelten die §§ 677–684, 259, 260 analog (Celle MDR 70, 1012). Ausreichend ist, wenn er sein Verhalten nach sachlichen Erwägungen und dem objektiven Interesse ausrichtet (*Brox* Rz 650). In jedem Fall ist er verpflichtet, Vollstreckungsmaßnahmen eines Eigengläubigers in den Nachlass abzuwehren (Damrau/*Gottwald* § 1978 Rz 3). Handelt der Erbe den Interessen der Nachlassgläubiger zuwider, haftet er persönlich (MüKo/*Siegmann* § 1978 Rz 3). Bei Handlungen zur Abwendung einer für den Nachlass drohenden und dringenden Gefahr hat der Erbe nach §§ 1978, 680 nur Vorsatz und grobe Fahrlässigkeit zu vertreten (DGE/*Hanhörster/Dospil* § 1978 Rz 2). Der Aufwendungsersatz richtet sich gem III nach den §§ 683, 684.

6 **II. Nach Erbschaftsannahme.** Von der Erbschaftsannahme bis zur Absonderung des Nachlasses haftet der Erbe für die ordnungsgemäße Verwaltung und Erhaltung des Nachlasses wie ein Beauftragter der Nachlassgläubiger (MüKo/*Siegmann* § 1978 Rz 4). Neben der Rechenschaftslegung hat er den Nachlass nebst Nutzungen und Ersatzansprüchen einschl der Surrogate, die zufällig in den Nachlass gelangt sind (BGHZ 46, 221) an den Nachlass-/Insolvenzverwalter herauszugeben, §§ 1984, 667.

7 Der Erbe macht sich schadensersatzpflichtig, wenn er trotz Kenntnis oder fahrlässiger Unkenntnis der Überschuldung des Nachlasses weder das Aufgebotsverfahren noch die Eröffnung des Nachlassinsolvenzverfahrens beantragt, § 1980. Darüber hinaus hat der Erbe die Pflicht, die Einreden der §§ 2014, 2015 zu erheben (MüKo/*Siegmann* § 1978 Rz 10).

8 Im Hinblick auf die durch § 1975 bewirkte Nachlassabsonderung gelten die zum Nachlass gehörenden Geschäfte, wie zB die Bestellung einer Hypothek am Nachlassgrundstück, wirtschaftlich als für Rechnung des Nachlasses abgeschlossen (RGZ 134, 259). Ob dies mit Willen für den Nachlass geschehen ist, steht damit nicht fest. Gegenstände, die der Erbe mit Mitteln des Nachlasses in Form eines Rechtsgeschäfts angeschafft hat, gehören mangels Anordnung einer dinglichen Surrogation nicht zum Nachlass (BGH NJW-RR 89, 1226). Eine Analogie ist nicht möglich. Hat der Erbe auf Rechnung des Nachlasses für sich selbst erworben, kann lediglich Wertersatz wegen schuldhafter Verletzung seiner Verwalterpflichten, nicht aber die Herausgabe des beschafften Gegenstandes verlangt werden (BGH NWJ-RR 89, 1226). Nach hM kann der Erbe mit Willen für den Nachlass erwerben, was zur Folge hat, dass der durch das Rechtsgeschäft erworbene Gegenstand Nachlassbestandteil wird (MüKo/*Siegmann* § 1978 Rz 6 mwN).

9 Der Erbe haftet für den Nachlasspfleger und den Testamentsvollstrecker (RGZ 144, 399, aber RGZ 159, 337) nur mit dem Nachlass (Staud/*Marotzke* § 1978 Rz 13), für andere gesetzliche Vertreter und Erfüllungsgehilfen nach § 278. Darüber hinaus hat der Erbe für verbrauchte oder auf eigene Rechnung veräußerte Nachlassgegenstände Ersatz zu leisten. Lediglich die Ersatzforderung gehört nach II zum Nachlass.

10 **C. Nachlasszugehörigkeit.** Die den Nachlassgläubigern zustehenden Herausgabe- und Ersatzansprüche gegen den Erben werden kraft Gesetzes dem Nachlass zugeordnet und richten sich auch bei beschränkter Haftung gegen den Erben persönlich, der sie gem I aus seinem Eigenvermögen zu befriedigen hat (BGH NJW 92, 2694). Daher können die Ansprüche während der Nachlassverwaltung nur vom Verwalter im Interesse aller Nachlassgläubiger geltend gemacht werden (MüKo/*Siegmann* § 1978 Rz 10).

11 Überall dort, wo es auf die Feststellung des Nachlasswertes ankommt, ist auch die Zugehörigkeit der Herausgabe- und Ersatzansprüche zum Nachlass von Bedeutung, wie zB bei §§ 1982, 1988, 1990 oder §§ 26, 207 InsO (Damrau/*Gottwald* § 1978 Rz 9).

12 **D. Aufwendungsersatz.** Diese Ansprüche sind ggü dem Nachlassverwalter/-insolvenzverwalter geltend zu machen. Der Anspruch steht nur dem Erben zu, der die Aufwendungen hatte (Braunschw OLGE 24, 64).

13 § 323 InsO versagt dem Erben im Nachlassinsolvenzverfahren die Geltendmachung des Zurückbehaltungsrechts, um die beschleunigte Verfahrensabwicklung nicht zu behindern. Folglich kann auch im Verfahren der Nachlassverwaltung kein Zurückbehaltungsrecht geltend gemacht werden (Soergel/*Stein* § 1978 Rz 9 mwN).

14 IÜ ist der Erbe grds nicht berechtigt, für seine Geschäftsführung und Verwaltung ein Honorar zu beanspruchen, da ihm aus § 1978 kein Vergütungsanspruch zusteht (BGHZ 122, 297).

§ 1979 Berichtigung von Nachlassverbindlichkeiten.
Die Berichtigung einer Nachlassverbindlichkeit durch den Erben müssen die Nachlassgläubiger als für Rechnung des Nachlasses erfolgt gelten lassen, wenn der Erbe den Umständen nach annehmen durfte, dass der Nachlass zur Berichtigung aller Nachlassverbindlichkeiten ausreiche.

1 **A. Allgemeines.** Darf der Erbe davon ausgehen, dass der Nachlass zur Befriedigung aller Verbindlichkeiten ausreicht, kann er die Nachlassgläubiger, und zwar auch minderjährige (*Lange/Kuchinke* § 49 VIII 4a), nach seinem Belieben befriedigen. Ggü Nachlassgläubigern, die sich erst später beim Erben melden, macht er sich wegen der vorherigen Befriedigung anderer Nachlassgläubiger nicht schadensersatzpflichtig.

2 Nach § 2013 I 1 gilt § 1979 nicht, wenn der Erbe im Zeitpunkt der Nachlassabsonderung unbeschränkt haftet. Haftet er nur einzelne Gläubiger ggü unbeschränkbar, ist § 1979 anwendbar, § 2013 II.

3 § 1979 gilt nach § 1985 II auch für den Nachlassverwalter und in den Fällen, in denen der Erbe die Unzulänglichkeitseinrede nach den §§ 1991, 1990, 1992 erhebt (Soergel/*Stein* § 1979 Rz 5).

4 **B. Nachlassverbindlichkeiten.** Vor Berichtigung von Nachlassverbindlichkeiten hat der Erbe sorgfältig zu prüfen, ob der Nachlass überschuldet ist (BGH NJW 85, 140). Zu diesem Zweck hat er den Nachlass zu sichten, Unterlagen durchzuarbeiten, Rücksprache zu halten und auf dieser Grundlage eine Bewertung des aktiven und passiven Nachlasses vorzunehmen (Palandt/*Edenhofer* § 1979 Rz 2). Fahrlässige Unkenntnis steht der Kenntnis von der Überschuldung gleich (Soergel/*Stein* § 1979 Rz 2). Auf das objektive Ausreichen des Nachlasses für die Erfüllung sämtlicher Verbindlichkeiten kommt es nicht an, sondern auf die begründete Überzeugung des Erben (Soergel/*Stein* § 1979 Rz 2).

Er ist aber nicht verpflichtet, bei der Tilgung den konkreten Interessen der Gläubiger zu entsprechen (Staud/ *Marotzke* § 1979 Rz 4). 5

Weil der Erbe zur Feststellung des Aktiv- und Passivbestandes des Nachlasses die ihm zur Verfügung stehenden Mittel auszuschöpfen hat, muss er bei unbekannten Nachlassverbindlichkeiten das Aufgebotsverfahren beantragen, § 1980 II (DGE/*Hanhörster/Dospil* § 1979 Rz 1) oder sich der Inventarerrichtung bedienen (Soergel/*Stein* § 1979 Rz 2). Er hat sich das Wissen eines Testamentsvollstreckers über die Überschuldung des Nachlasses nicht zurechnen zu lassen (Staud/*Marotzke* § 1979 Rz 4). 6

C. Rechtsfolgen. Liegen die Voraussetzungen des § 1979 vor, dh durfte der Erbe von der Zulänglichkeit des Nachlasses ausgehen, sind die rechtlichen Wirkungen der Berichtigung von Nachlassverbindlichkeiten davon abhängig, ob der Erbe hierzu berechtigt war: Hat der Erbe berechtigt **aus dem Nachlass geleistet**, müssen die Nachlassgläubiger dies gegen sich gelten lassen. Der Nachlass bleibt reduziert und es droht auch keine Ersatzforderung nach § 1978. 7

Nach § 1978 III hat der Erbe, wenn er aus seinem **Eigenvermögen** Nachlassverbindlichkeiten tilgt, Anspruch auf Aufwendungsersatz in der Höhe, in der er Gläubiger befriedigt hat (MüKo/*Siegmann* § 1979 Rz 4). Diesen Anspruch kann der Erbe gegen den Nachlassverwalter geltend machen. 8

Hatte der Erbe Kenntnis oder fahrlässige Unkenntnis von der Unzulänglichkeit des Nachlasses, ist der Erbe ersatzpflichtig (Erman/*Schlüter* § 1979 Rz 4). Im Nachlassinsolvenzverfahren tritt der Erbe gem § 326 II InsO an die Stelle des befriedigten Gläubigers, wenn er den von ihm aufgewendeten Betrag an den Nachlass zurückbezahlt hat (Staud/*Marotzke* § 1979 Rz 14; Ddorf ZEV 00, 236). Insoweit erlangt er auch die Stellung eines absonderungsberechtigten Insolvenzgläubigers (RGZ 55, 158). 9

Allerdings bleibt die Erfüllungswirkung der Leistung erhalten; Herausgabe- und Bereicherungsansprüche der übrigen Nachlassgläubiger bestehen nicht (RG JW 08, 487). 10

Da es sich bei der Frage der Ersatzpflicht des Erben um eine Eigenverbindlichkeit handelt, muss diese Frage im Prozess geklärt werden, wobei die Regelungen der §§ 780 ff ZPO keine Anwendung finden (Staud/*Marotzke* § 1979 Rz 9). 11

D. Anfechtung. Eine unter Verletzung von § 1979 erfolgte Befriedigung einer Nachlassverbindlichkeit ist zwar wirksam (RG Warn 08 Nr 650), kann aber nur vom Nachlassverwalter bzw Insolvenzverwalter ggü dem Befriedigten nach §§ 130 ff, 322 InsO angefochten werden (MüKo/*Siegmann* § 1979 Rz 7). IÜ ist ein Rückgriff des Übergangenen ggü dem Befriedigenden nicht möglich. 12

§ 1980 Antrag auf Eröffnung des Nachlassinsolvenzverfahrens.

(1) ¹Hat der Erbe von der Zahlungsunfähigkeit oder der Überschuldung des Nachlasses Kenntnis erlangt, so hat er unverzüglich die Eröffnung des Nachlassinsolvenzverfahrens zu beantragen. ²Verletzt er diese Pflicht, so ist er den Gläubigern für den daraus entstehenden Schaden verantwortlich. ³Bei der Bemessung der Zulänglichkeit des Nachlasses bleiben die Verbindlichkeiten aus Vermächtnissen und Auflagen außer Betracht.

(2) ¹Der Kenntnis der Zahlungsunfähigkeit oder der Überschuldung steht die auf Fahrlässigkeit beruhende Unkenntnis gleich. ²Als Fahrlässigkeit gilt es insbesondere, wenn der Erbe das Aufgebot der Nachlassgläubiger nicht beantragt, obwohl er Grund hat, das Vorhandensein unbekannter Nachlassverbindlichkeiten anzunehmen; das Aufgebot ist nicht erforderlich, wenn die Kosten des Verfahrens dem Bestand des Nachlasses gegenüber unverhältnismäßig groß sind.

A. Allgemeines. Zuständig ist das Insolvenzgericht, dh das Amtsgericht, in dessen Bezirk ein LG seinen Sitz hat. Die örtliche Zuständigkeit ist § 315 InsO zu entnehmen und richtet sich nach dem letzten allgemeinen Gerichtsstand des Erblassers. Da es sich nicht um erbrechtliche Ansprüche handelt, bestimmt sich die Verjährung der Ansprüche nach §§ 195, 199 (*Löhnig* ZEV 04, 267). 1

B. Antragspflicht. Der endgültige Erbe ist verpflichtet, unverzüglich das Nachlassinsolvenzverfahren zu beantragen, sobald er Kenntnis von der Zahlungsunfähigkeit oder einer Überschuldung des Nachlasses hat, wobei die auf Fahrlässigkeit beruhende Unkenntnis gem II der Kenntnis in I gleichsteht. Nur auf diese Weise kann er Schadensersatzansprüche der Nachlassgläubiger vermeiden. 2

Die Antragspflicht besteht auch dann, wenn der Erbe zwar die Erbschaft angenommen hat, die Erberstellung aber von Dritten bezweifelt wird. 3

Nachlasspfleger und Testamentsvollstrecker sind nicht zur Antragstellung verpflichtet, aber nach § 317 I InsO berechtigt, bei erkennbarer Zahlungsunfähigkeit oder Überschuldung den Insolvenzantrag zu stellen. IÜ wird der Testamentsvollstrecker von seinen Rechten aus § 2215 Gebrauch machen (MüKo/*Siegmann* § 1981 Rz 12). 4

Die Antragspflicht des Erben entfällt, wenn er den Nachlassgläubigern ggü nach § 2013 I 1 für die Nachlassverbindlichkeiten bereits unbeschränkt haftet. Dagegen bleibt es bei der Antragspflicht, wenn er nach § 2013 II nur einzelnen Gläubigern ggü unbeschränkt haftet. Entspr gilt, wenn ein inländischer Gerichtsstand für die Eröffnung des Nachlassinsolvenzverfahrens nicht besteht (Erman/*Schlüter* § 1980 Rz 2), wenn der Nachlass auf Grund von Vermächtnissen und Auflagen unzulänglich ist, § 1980 I 3 oder wenn die Überschuldung nur auf Forderungen ausgeschlossener und ihnen gleichgestellter Gläubiger beruht (BaRoth/*Lohmann* § 1980 5

Rz 2; aA Staud/*Marotzke* § 1980 Rz 3). Schließlich entfällt die Antragspflicht, wenn diese dem Erben durch Vereinbarung mit den Nachlassgläubigern erlassen wird (München ZEV 98, 100). Sie endet, wenn Nachlassverwaltung angeordnet wird, weil nunmehr dem Verwalter diese Pflicht obliegt, § 1985 II 2 (MüKo/*Siegmann* § 1980 Rz 11). Das Recht des Erben, den Antrag auf Eröffnung des Nachlassinsolvenzverfahrens zu stellen, bleibt davon unberührt. Dies gilt auch im Fall der drohenden Zahlungsunfähigkeit, wenngleich eine Pflicht zur Antragstellung nicht besteht.

6 Hatte der Erbe schon vor der Anordnung der Nachlassverwaltung Kenntnis oder hatte er den Verwalter nur schuldhaft mangelhaft unterrichtet, haftet er.

7 Neben dem Erben ist auch der Nachlassverwalter, ein anderer Nachlasspfleger, der verwaltende Testamentsvollstrecker und jeder Nachlassgläubiger, dh auch der Ersatzerbberechtigte, Vermächtnisnehmer und Vollziehungsberechtigte einer Auflage (*Lange/Kuchinke* § 49 IV 3 Fn 118) nach § 317 InsO **antragsberechtigt**. IRd Vor- und Nacherbfolge ist der jeweilige Vor- bzw Nacherbe während seiner Erbzeit (*Lange/Kuchinke* § 49 IV 3 Rz 116), bei mehreren Erben jeder für sich, wobei es der Glaubhaftmachung bedarf, § 317 II InsO antragsberechtigt. Das Insolvenzgericht hat die übrigen Miterben vor Eröffnung des Insolvenzverfahrens anzuhören. Die Ausschlagung führt zum Verlust des Antragsrechts (Kobl Rpfleger 89, 510).

8 Gehört der Nachlass zum Gesamtgut einer Gütergemeinschaft, ist nicht nur der erbende Ehegatte, sondern auch der andere Ehegatte antragsberechtigt, wobei die Zustimmung des anderen Ehegatten nicht erforderlich ist. Der Eröffnungsgrund ist glaubhaft zu machen und der andere Ehegatte anzuhören, § 318 II InsO.

9 Die Nachlassgläubiger können den Antrag nur innerhalb einer Frist von 2 Jahren ab Annahme der Erbschaft stellen, § 319 InsO. Ein rechtliches Interesse an der Eröffnung, dem Bestehen einer Forderung und dem Vorliegen eines Eröffnungsgrundes ist nachzuweisen, § 14 I InsO (DGE/*Hanhörster/Dospil* § 1980 Rz 3).

10 **C. Objektive Voraussetzungen (Abs 1 S 1).** Objektive Voraussetzung ist die Zahlungsunfähigkeit des Erben oder die Überschuldung des Nachlasses. Zahlungsunfähigkeit liegt vor, wenn der Erbe seine fälligen Zahlungspflichten nicht erfüllen kann und ist bei Einstellung der Zahlung anzunehmen, § 17 II InsO. Von einer Überschuldung ist nach § 19 II InsO auszugehen, wenn sich bei einer Gegenüberstellung der Aktiva und Passiva ergibt, dass die Verbindlichkeiten den Wert der Nachlassgegenstände übersteigen. Den Aktiva sind neben den Ersatzansprüchen gegen den Erben nach § 1978 II auch die wiederauflebenden Rechte nach §§ 1976, 1977 hinzuzurechnen (MüKo/*Siegmann* § 1980 Rz 6). Zu den Verbindlichkeiten gehören grds auch die Vermächtnisse und Auflagen, sofern sie nicht den Grund für die Überschuldung bilden, I 3. In diesem Fall entfällt die Antragspflicht (Staud/*Marotzke* § 1980 Rz 2). IdR kann der Erbe nach § 1992 vorgehen. Dies gilt auch, wenn die Überschuldung nur auf ausgeschlossenen oder diesen gleichgestellten Ansprüchen nach §§ 1973, 1974 beruht; sie hätten gem § 327 III InsO auch im Insolvenzverfahren nichts erhalten, so dass das Unterlassen des Antrags keinen Schaden verursacht (Soergel/*Stein* § 1980 Rz 2). Beruht die Überschuldung auf Pflichtteilsansprüchen, löst dies die Antragspflicht aus, § 327 II InsO (MüKo/*Siegmann* § 1980 Rz 6).

11 Der Insolvenzgrund der drohenden Zahlungsunfähigkeit ist iRd § 1980 nicht zu berücksichtigen, da der Erbe noch die Möglichkeit haben soll, die Sanierung des zum Nachlass gehörenden Unternehmens ohne Gefahr von Schadensersatzansprüchen zu versuchen (Erman/*Schlüter* § 1980 Rz 3).

12 Verletzt der Erbe seine Pflicht zur Antragstellung ggü den Nachlassgläubigern, ist er ihnen zum Ersatz des daraus entstandenen Schadens verpflichtet. Miterben haften als Gesamtschuldner nach §§ 823 II 2, 840 I, 421 ff, da § 1980 ein Schutzgesetz iSd § 823 II ist (Staud/*Marotzke* § 1980 Rz 16). Die Ersatzpflicht des Erben beinhaltet die Herstellung des Zustandes, der bestehen würde, wenn der zum Ersatz verpflichtende Umstand nicht eingetreten wäre (BGH NJW 85, 140).

13 **I. Subjektive Voraussetzungen.** Der Erbe muss Kenntnis oder in Folge Fahrlässigkeit nicht erkannt haben, dass ein Insolvenzgrund vorliegt. Kenntnis der Zahlungsunfähigkeit liegt vor, wenn der Erbe weiß, dass die nötigen Zahlungsmittel fehlen und er daher dauerhaft außerstande sein wird, die wesentlichen fälligen Forderungen zu erfüllen (MüKo (InsO)/*Siegmann* § 320 Rz 2). Sie ergibt sich aus den Tatsachen, die ihm die Überzeugung vom Vorliegen der Überschuldung aufzwingen. Fahrlässige Unkenntnis liegt vor, wenn der Erbe Grund hatte anzunehmen, es seien unbekannte Nachlassverbindlichkeiten vorhanden, die ihn zwingen, das Aufgebotsverfahren zu beantragen, § 1980 II 2 Hs 1 (Damrau/*Gottwald* § 1980 Rz 6).

14 Wenn die Kosten des Aufgebotsverfahrens unverhältnismäßig sind, entfällt zwar das Verschulden, es entbindet den Erben aber nicht von der Pflicht, sich auf andere Weise über eine evtl Überschuldung zu informieren. In Betracht kommt insb die Errichtung eines Inventars, das Privataufgebot nach § 2061 oder die Prüfung sämtlicher im Nachlass befindlicher Unterlagen. Daher darf er den Nachlass nicht ohne nähere Prüfung zur Befriedigung der Nachlassgläubiger verwenden (Staud/*Marotzke* § 1980 Rz 11).

15 Dem Erben ist aber weder die Kenntnis des Nachlasspflegers (BGH FamRZ 05, 446), noch die des Testamentsvollstreckers (RGZ 159, 337) über § 278 zuzurechnen.

16 **II. Höhe.** Der Umfang des Schadens, welcher durch die schuldhaft verzögerte Antragstellung entstanden ist, besteht in der Differenz zwischen dem tatsächlich erhaltenen Betrag und dem, was der Nachlassgläubiger bei rechtzeitiger Antragstellung erhalten hätte (Erman/*Schlüter* § 1980 Rz 5). Er kann darin bestehen, dass einzelne Nachlassgläubiger bereits in den Nachlass vollstreckt haben oder dass ihnen unnötige Prozesskosten

entstanden sind (Palandt/*Edenhofer* § 1980 Rz 4). Die Geltendmachung des zur Masse gehörenden Anspruchs nach § 328 II InsO erfolgt im Insolvenzverfahren durch den Insolvenzverwalter.
Der Erbe haftet für eigene Maßnahmen bereits nach § 1978. 17

§ 1981 Anordnung der Nachlassverwaltung.
(1) Die Nachlassverwaltung ist von dem Nachlassgericht anzuordnen, wenn der Erbe die Anordnung beantragt.
(2) ¹Auf Antrag eines Nachlassgläubigers ist die Nachlassverwaltung anzuordnen, wenn Grund zu der Annahme besteht, dass die Befriedigung der Nachlassgläubiger aus dem Nachlass durch das Verhalten oder die Vermögenslage des Erben gefährdet wird. ²Der Antrag kann nicht mehr gestellt werden, wenn seit der Annahme der Erbschaft zwei Jahre verstrichen sind.
(3) Die Vorschrift des § 1785 findet keine Anwendung.

A. Allgemeines. Die Nachlassverwaltung wird nur auf Antrag der Beteiligten vom Rechtspfleger beim 1 zuständigen Nachlassgericht angeordnet. Sie wird nach § 15 FamFG erst mit der Bekanntmachung an den Erben wirksam. Bei unbekannten Erben ist ein Nachlasspfleger zu bestellen, dem ggü die Anordnung bekannt zu machen ist (BayObLGZ 76, 167).
Die Anordnung der Nachlassverwaltung kann nach § 1982 abgelehnt werden, wenn keine kostendeckende 2 Masse vorhanden ist.
Nach § 12 ErbStDVO muss die Nachlassverwaltung der Finanzbehörde mitgeteilt werden. Die Gebühren rich- 3 ten sich nach § 106 KostO, für die nur die Erben haften, § 6 KostO.

B. Nachlassverwaltung. I. Antragsrecht der Erben. Das Nachlassgericht ordnet die Nachlassverwaltung auf 4 **Antrag des Erben**, der nicht allg unbeschränkt nach §§ 1981 I, 2013 I 1 Hs 2 haftet, an, sofern kein Fall des § 1982 vorliegt. Insoweit dient die Nachlassverwaltung der Abwehr einer Vollstreckung in das Eigenvermögen des Erben, uU auch der Abwendung des Nachlassinsolvenzverfahrens (Palandt/*Edenhofer* § 1981 Rz 2). Der Erbe muss seine Erbenstellung nachvollziehbar nachweisen, was durch Vorlage des Erbscheins oder der letztwilligen Verfügung geschieht (BaRoth/*Lohmann* § 1981 Rz 7).
Der Erbe kann sein Antragsrecht zeitlich unbegrenzt ausüben (RG DR 39, 381 – Verwirkung); es besteht 5 bereits vor Annahme der Erbschaft (KG KGJ 31 A 73), wobei in dem Antrag regelmäßig keine Annahme liegt (Soergel/*Stein* § 1981 Rz 3; aA MüKo/*Siegmann* § 1981 Rz 2), jedoch nicht mehr, wenn das Nachlassinsolvenzverfahren eröffnet wurde, § 1988 I. Durch das Insolvenzverfahren über das Eigenvermögen des Erben wird das Recht, die Nachlassverwaltung zu beantragen, nicht beeinträchtigt (LG Aachen NJW 60, 46).
Antragsberechtigt ist auch der Nacherbe nach § 2144 I, über den Wortlaut des § 1981 hinaus der Erbeserbe 6 (OLG Jena, BeckRS 08, 23969), der verwaltende Testamentsvollstrecker (LG Halle JW 33, 2531) und der Erbschaftskäufer, § 2383. Nicht antragsberechtigt ist der Nachlasspfleger, da er weder für die Haftungsbeschränkung noch die Gläubigerbefriedigung zu sorgen hat (BayObLG FamRZ 77, 487; str; aA *Jansen* § 76 Rz 8).
Der Ehegatte des Erben hat kein Antragsrecht. Eine Ausn gilt bei Gütergemeinschaft, wenn die Erbschaft zum 7 Gesamtgut gehört: Der nicht erbende Ehegatte ist selbständig antragsberechtigt (Soergel/*Stein* § 1981 Rz 4).
Ist die Anordnung der Nachlassverwaltung zugestellt und damit wirksam geworden, kann der Antrag nicht 8 mehr zurückgenommen werden (KG DNotZ 41, 11).
Im Falle einer zu Unrecht vAw, auf Antrag eines Nichtberechtigten oder trotz fehlender internationaler 9 Zuständigkeit (BayObLGZ 76, 151) angeordneten Nachlassverwaltung, ist sie aufzuheben, es sei denn, ein Antragsberechtigter stellt noch den Antrag bzw kann ihn noch stellen. Wurde die Nachlassverwaltung von einem Nachlassgläubiger beantragt, scheidet eine Aufhebung vAw aus (LG Mannheim MDR 60, 505). Da die Verwaltung im Interesse der Gläubiger liegt, unterliegt der Antrag des Erben auf Anordnung der Nachlassverwaltung nicht der Gläubigeranfechtung nach § 3 I Nr 1 AnfG (RG LZ 07, 841).

II. Antragsrecht der Nachlassgläubiger. Die Nachlassverwaltung kann auch auf **Antrag des Nachlassgläu-** 10 **bigers** angeordnet werden, wenn durch das Verhalten oder die Vermögenslage des Erben Grund zur Annahme besteht, dass die Befriedigung der Nachlassgläubiger aus dem Nachlass gefährdet ist. Dabei genügt es, wenn nur ein Miterbe die Voraussetzungen erfüllt, wie zB leichtfertiges Verschleudern des Nachlasses, voreilige Befriedigung einzelner Nachlassgläubiger (DGE/*Hanhörster/Dospil* § 1981 Rz 1), Gleichgültigkeit (BayObLG FamRZ 02, 252) oder Verwahrlosung (MüKo/*Siegmann* § 1981 Rz 6). Das Verhalten des verwaltenden Testamentsvollstreckers ist dem Erben zuzurechnen, wenn er es schuldhaft unterlassen hat, *Maßnahmen zum Schutz der Nachlassgläubiger* zu ergreifen (MüKo/*Siegmann* § 1981 Rz 6; aA Staud/*Marotzke* § 1981 Rz 22). Die schlechte Vermögenslage des Erben hat insoweit Auswirkungen, als die Gefahr besteht, dass Eigengläubiger auf den Nachlass zugreifen (Staud/*Marotzke* § 1981 Rz 22). Durch eine entspr Sicherheitsleistung kann die Gefährdung beseitigt werden, wobei das bloße Anbieten der Sicherheit nicht ausreicht (KG OLG 12, 357).
Antragsberechtigt sind darüber hinaus auch der ausgeschlossene und säumige Nachlassgläubiger gem 11 §§ 1973, 1974 innerhalb von 2 Jahren seit Annahme der Erbschaft (Staud/*Marotzke* § 1981 Rz 3), der Vermächtnisnehmer, der Miterbengläubiger (KG OLGE 30, 175 Rz 1) bis zur Teilung nach § 2062 und der

Pflichtteilsberechtigte gem §§ 2303, 2304 (Palandt/*Edenhofer* § 1981 Rz 3). Die Nachlassgläubiger sind auch dann antragsberechtigt, wenn der Erbe unbeschränkt haftet (Damrau/*Gottwald* § 1981 Rz 7).

12 Nach § 2062 können mehrere Erben die Nachlassverwaltung nur gemeinschaftlich und nur solange beantragen, als der Nachlass noch nicht geteilt ist. Die Anordnung der Nachlassverwaltung über einen Erbteil ist unzulässig (Staud/*Marotzke* § 1975 Rz 13); sie steht weder die Testamentsvollstreckung (KG OLGE 18, 316) noch eine angeordnete Nachlasspflegschaft entgegen (BayObLGZ 1976, 167).

13 Der antragstellende Nachlassgläubiger muss glaubhaft machen, dass sein Anspruch besteht und gefährdet ist; da der Amtsermittlungsgrundsatz des § 26 FamFG eingeschränkt ist, hat er auch die Beweismittel zu bezeichnen (BayObLG JZ 54, 234). Im Allgemeinen reicht die schlüssige Darlegung einer Forderung nicht (KG FamRZ 05, 837).

14 IÜ kann der Erbe auch bei bestehender Nachlassverwaltung eine Nachlassforderung einklagen, wenn er vom Nachlassverwalter zur Prozessführung ermächtigt ist und ein eigenes rechtsschutzwürdiges Interesse an der Prozessführung im eigenen Namen hat, dh wenn er Träger des materiellen Rechts ist (BGHZ 38, 281).

15 **C. Nachlassverwalter.** Der Nachlassverwalter wird vom Rechtspfleger nach pflichtgemäßem Ermessen eingesetzt. Geeignet ist hierzu jede Person, wenn es sich um einen unbedingt unbefangenen Dritten handelt (Planck/*Flad* Anm 4b). Wegen der Gefahr eines Interessenkonflikts kann ein Erbe nicht zum Nachlassverwalter bestellt werden (Staud/*Marotzke* § 1981 Rz 29). Dagegen ist der verwaltende Testamentsvollstrecker sowie der Zwangsverwalter eines zum Nachlass gehörenden Grundstücks eine geeignete Person iSd § 1981 (BaRoth/*Lohmann* § 1981 Rz 7). Auch ein Nachlassgläubiger kommt in Betracht, wobei aber auch hier die Gefahr eines Interessenkonflikts besteht.

16 Eine Pflicht zur Übernahme des Verwalteramtes besteht nicht, da III die Vorschrift des § 1785 ausschließt, weil die Tätigkeit nicht unmittelbar im öffentlichen Interesse erfolgt (Soergel/*Stein* § 1981 Rz 14).

17 **D. Rechtsmittel.** Gegen die **Anordnung** der Nachlassverwaltung steht nach § 359 FamFG dem Erben, jedem Miterben und dem Testamentsvollstrecker die sofortige Beschwerde zu und kann nur darauf gestützt werden, dass zur Zeit der Anordnung die erforderlichen Voraussetzungen des § 1981 II nicht vorgelegen haben (BayOLGZ 66, 75). Gründe, die erst nach der Anordnung eingetreten sind, können bei der Anfechtung nicht berücksichtigt werden. Die Beschwerde gegen die vom Erben beantragte Anordnung der Nachlassverwaltung ist nicht zugelassen, § 359 FamFG (MüKo/*Siegmann* § 1981 Rz 9). Gegen die Zurückweisung seines Antrags steht dem Erben nach § 59 FamFG die einfache Beschwerde zu.

18 Nach § 58 FamFG ist die einfache Beschwerde gegen die Ablehnung des Antrags zulässig, wobei mehrere Erben handeln können. Dagegen ist, wenn die Aufhebung der Nachlassverwaltung wegen Erreichen des Zwecks abgelehnt wurde, jeder Miterbe einzeln beschwerdeberechtigt (Frankf JZ 53, 53). Wird die Nachlassverwaltung aufgehoben, kann hiergegen nur der Antragsteller und der rechtlich Interessierte Beschwerde einlegen. Mangels rechtlichen Interesses ist der Nachlassverwalter nicht beschwerdeberechtigt (RGZ 151, 62).

§ 1982 Ablehnung der Anordnung der Nachlassverwaltung mangels Masse.

Die Anordnung der Nachlassverwaltung kann abgelehnt werden, wenn eine den Kosten entsprechende Masse nicht vorhanden ist.

1 **A. Kosten der Nachlassverwaltung.** Nach §§ 1983, 1987; 106, 136 ff KostO umfassen die Kosten neben den Gerichtsgebühren, berechnet aus dem Bruttowert des Nachlasses, auch die Gebühren und Auslagen, die bei der Nachlassverwaltung selbst entstehen, wie zB die Auslagen für die Bekanntmachungen und die Vergütung des Nachlassverwalters, § 1987.

2 **B. Kostendeckende Masse.** Ob eine kostendeckende Masse vorhanden ist, bestimmt das Nachlassgericht nach eigenem Ermessen. Die ggf von einem Sachverständigen zu schätzende Masse (MüKo/*Siegmann* § 1982 Rz 1) entspricht nicht den Kosten, wenn diese nicht gedeckt sind. Zur Masse gehören auch die Ersatzansprüche gegen den Erben gem §§ 1978 ff (Staud/*Marotzke* § 1982 Rz 1).

3 **C. Ablehnung der Anordnung.** Die Nachlassverwaltung kann abgelehnt werden, wenn die zu erwartenden Kosten mit Sicherheit die vorhandene Masse übersteigen (DGE/*Hanhörster/Dospil* § 1982 Rz 3). Allerdings kann ein geringfügiger Überschuss unberücksichtigt bleiben (KG OLG 11, 227). Entspr gilt, wenn ein Großteil der Masse durch die Kosten verbraucht wird (MüKo/*Siegmann* § 1982 Rz 1). Der Antragsteller kann die Ablehnung der Nachlassverwaltung durch Zahlung eines Vorschusses abwenden, § 107 KostO analog.

4 Stellt sich erst nach der Anordnung heraus, dass die Masse zur Kostendeckung nicht ausreicht, kann die Nachlassverwaltung nachträglich aufgehoben werden, § 1988 II, sofern nicht ein entspr Vorschuss einbezahlt wird, § 204 I 2 KostO analog (Staud/*Marotzke* § 1982 Rz 5).

5 Die Unzulänglichkeit der Masse führt zur Dürftigkeitseinrede, §§ 1990–1992. Weitere Nachweise sind nicht erforderlich (BGH NJW-RR 89, 1227). Das Prozessgericht ist an die Ablehnung der Nachlassverwaltung gebunden und hat von der Dürftigkeit des Nachlasses auszugehen (BaRoth/*Lohmann* § 1982 Rz 2).

Gegen den Zurückweisungsbeschluss steht dem Antragsteller die einfache Beschwerde nach § 58 FamFG zu. 6
Wurde die Anordnung abgelehnt, weil der antragstellende Erbe den angeforderten Gerichtskostenvorschuss
nicht einbezahlt hat, fehlt es an seiner Beschwer (AnwK-BGB/*Krug* § 1982 Rz 10). Wurde seinem Antrag auf
Anordnung der Nachlassverwaltung stattgegeben, ist die Beschwerde unzulässig, § 359 FamFG. Hat das Nachlassgericht auf Antrag eines Nachlassgläubigers die Nachlassverwaltung gem § 1981 II angeordnet, ist die
sofortige Beschwerde jedes Miterben und des verwaltenden Testamentsvollstreckers statthaft, § 359 II FamFG.

§ 1983 Bekanntmachung. Das Nachlassgericht hat die Anordnung der Nachlassverwaltung durch das für seine Bekanntmachungen bestimmte Blatt zu veröffentlichen.

A. Bekanntmachung. Die im Beschlusswege ergehende Anordnung wird gem § 40 I FamFG mit der 1
Bekanntmachung des Anordnungsbeschlusses an den/die Erben bzw den Testamentsvollstrecker oder Nachlasspfleger wirksam (Staud/*Marotzke* § 1983 Rz 2). Die Verfahrensanordnung ist ebenso wenig Wirksamkeitsvoraussetzung wie eine bestimmte Wortwahl (Palandt/*Edenhofer* § 1983 Rz 1). Die Bekanntmachung muss
sämtlichen Nachlasserben zugestellt werden (Soergel/*Stein* § 1981 Rz 1; aA Staud/*Marotzke* § 1984 Rz 2).
Für die Bekanntmachung reicht die nähere Bezeichnung des Nachlasses, Name und letzter Wohnsitz des Erb- 2
lassers, die Daten des Nachlassverwalters und die Tatsache der Anordnung der Nachlassverwaltung; die
Namen der Erben sind nicht erforderlich (MüKo/*Siegmann* § 1983 Rz 1). Eine einmalige Veröffentlichung
genügt. Sie erfolgt idR in einer überregionalen, aber örtlich gebundenen Tageszeitung (Damrau/*Gottwald*
§ 1983 Rz 2). Der Veröffentlichung im Bundesanzeiger bedarf es nicht (DGE/*Hanhörster/Dospil* § 1983 Rz 2).

B. Veröffentlichungspflicht. Sie dient dem Schutz der Nachlassgläubiger, um zu verhindern, dass der 3
Schuldner noch nach dem Wirksamwerden der Anordnung der Nachlassverwaltung befreiend an die Erben
leisten kann und dadurch die Nachlassgläubiger beeinträchtigt.

C. Eintragung. Der Nachlassverwalter hat, da die Eintragung der Verfügungsbeschränkung des Erben hin- 4
sichtlich des Nachlassgrundstückes nicht vAw erfolgt, diese zu bewirken (Palandt/*Edenhofer* § 1983 Rz 2). Das
Nachlassgericht kann das Eintragungsersuchen mangels gesetzlicher Ermächtigung nicht stellen. Es kann aber
nach §§ 1915, 1837 den Nachlassverwalter zur Herbeiführung der Eintragung anhalten. Wurde dem Ersuchen
dennoch stattgegeben, ist das Grundbuch nicht unrichtig; ein Amtswiderspruch nach § 53 GBO scheidet aus
(MüKo/*Siegmann* § 1983 Rz 2). Im Grundbuch ist nur die Tatsache der Anordnung der Nachlassverwaltung,
nicht aber die Person des Nachlassverwalters einzutragen (BGH DNotZ 61, 485). Damit wirkt die Verfügungsbeschränkung des Erben nach § 1984 auch ggü gutgläubigen Erwerbern (Erman/*Schlüter* § 1983 Rz 2).

§ 1984 Wirkung der Anordnung. (1) ¹Mit der Anordnung der Nachlassverwaltung verliert der Erbe die Befugnis, den Nachlass zu verwalten und über ihn zu verfügen. ²Die Vorschriften der §§ 81 und 82 der Insolvenzordnung finden entsprechende Anwendung. ³Ein Anspruch, der sich gegen den Nachlass richtet, kann nur gegen den Nachlassverwalter geltend gemacht werden.
(2) Zwangsvollstreckungen und Arreste in den Nachlass zugunsten eines Gläubigers, der nicht Nachlassgläubiger ist, sind ausgeschlossen.

A. Allgemeines. Die Vorschrift regelt die Wirkung der Anordnung nicht abschließend; sie wird vielmehr 1
ergänzt durch die §§ 1975–1977, 2000 und die §§ 241, 246, 784 ZPO (Damrau/*Gottwald* § 1984 Rz 1). Geregelt sind die unmittelbaren Folgen hinsichtlich der Rechtsstellung des Erben im Anschluss an die insolvenzrechtlichen Bestimmungen, wonach der Erbe auch die Aktiv- und Passivlegitimation im Prozess zugunsten
des Nachlassverwalters verliert. Allerdings kann der Miterbe nach § 2033 noch über seinen Anteil am Nachlass verfügen (Soergel/*Stein* § 1984 Rz 3), da dies weder die Stellung des Verwalters noch die Rechte der Gläubiger tangiert (Palandt/*Edenhofer* § 1984 Rz 1).
Dem Erben bleibt das Recht erhalten, ein Inventar zu errichten und das Gläubigeraufgebot zu beantragen 2
(Soergel/*Stein* § 1984 Rz 10). Der Einkommensteuerbescheid, auch wegen der Einkünfte aus Erträgen des
Nachlassvermögens, ist an den Erben zu richten und ihm bekannt zu geben (BFH FamRZ 92, 178 mwN).

B. Zeitpunkt der Anordnung. Mit der Bekanntmachung des Beschlusses ggü dem Erben wird die Anord- 3
nung der Nachlassverwaltung wirksam § 40 I FamFG. Die Veröffentlichung nach § 1983 ist insoweit ohne
Bedeutung.

C. Verlust des Verwaltungs- und Verfügungsrechts. Nach § 1984 I 1 verliert der Erbe mit Anordnung der 4
Nachlassverwaltung die Verwaltungs- und Verfügungsbefugnis kraft Gesetzes. Hierunter fallen insb die Mög-
lichkeit der rechtsgeschäftlichen Rechtsübertragung, -änderung, -begründung oder -belastung sowie die
Rechtsaufgabe (Soergel/*Stein* § 1984 Rz 3). Bei fehlender Kenntnis des Erben von der Anordnung ist er den
Nachlassgläubigern ggü geschützt, §§ 1978 I, 674.
Durch die Anordnung der Nachlassverwaltung erlischt die transmortale Vollmacht des Erblassers (Staud/ 5
Marotzke § 1984 Rz 4).

6 Ein Grundbuchantrag des Erben, der über den bloßen Berichtigungsantrag hinausgeht, ist, sofern er nach der Anordnung beim Grundbuchamt eingeht, zurückzuweisen (Palandt/*Edenhofer* § 1984 Rz 2).

7 § 1984 erfasst auch den Testamentsvollstrecker, dessen Befugnisse ruhen, soweit das Verwaltungs- und Verfügungsrecht des Nachlassverwalters reicht (MüKo/*Siegmann* § 1984 Rz 2).

8 Die Wirkung der Handlungen Dritter ggü beurteilt sich nach den §§ 81, 82 InsO: Rechtshandlungen, die nach der Anordnung der Nachlassverwaltung vorgenommen wurden, sind den Nachlassgläubigern ggü unwirksam, was von jedermann geltend gemacht werden kann (BGH NJW 67, 568). Allerdings wird der gute Glaube an die Verfügungsbefugnis gem §§ 892, 893 analog geschützt.

9 Aus dem Umkehrschluss zu § 81 I 2 InsO ergibt sich, dass die §§ 932, 1032, 1207 mit 135 II, 136 auf den gutgläubigen Erwerb beweglicher Sachen keine Anwendung finden (MüKo/*Siegmann* § 1984 Rz 2). Dagegen ist ein gutgläubiger Erwerb beweglicher Sachen möglich, wenn der Erwerber die Zugehörigkeit der Sache zum Nachlass ohne grobe Fahrlässigkeit nicht kannte (hM, Palandt/*Edenhofer* § 1984 Rz 3; aA Staud/*Marotzke* § 1984 Rz 15). Ein gutgläubiger Zweiterwerb durch den Erwerber wird vom Verfügungsverbot nicht berührt.

10 **D. Prozessuale Auswirkungen der Nachlassverwaltung.** Mit Wirksamwerden der Nachlassverwaltungsanordnung verliert der Erbe auch die aktive und passive Prozessführungsbefugnis (Ermann/*Schlieter* § 1984 Rz 4), um dadurch die Befriedigung der Nachlassgläubiger zu erreichen, § 80 InsO analog. Als gesetzlicher Prozessstandschafter ist ausschließlich der Nachlassverwalter berechtigt, die zum Nachlass gehörenden Ansprüche gerichtlich geltend zu machen (Damrau/*Gottwald* § 1984 Rz 12). Daher ist die Klage des Erben gegen einen Nachlassgläubiger ebenso als unzulässig abzuweisen wie die Klage eines Nachlassgläubigers gegen den Erben (BaRoth/*Lohmann* § 1984 Rz 6), sofern der Erbe nicht bereits unbeschränkbar haftet.

11 Nach Anordnung der Nachlassverwaltung kann eine Nachlassforderung nur gegen den Verwalter prozessual geltend gemacht werden; die Nachlassabsonderung schützt den Erben vor einer Haftung mit seinem Eigenvermögen und der persönlichen Einbeziehung in einen Nachlassrechtsstreit schützen (OLG Celle, MDR 09, 989).

12 Durch die Nachlassverwaltung wird ein bereits anhängiger Rechtsstreit unterbrochen bzw ausgesetzt, wenn ein Prozessbevollmächtigter bestellt war, §§ 241, 246 ZPO. Die Fortsetzung des Verfahrens erfolgt nur durch den Nachlassverwalter. Allerdings kann der Erbe ermächtigt werden, den Aktivprozess im eigenen Namen, aber für den Nachlass, dh in gewillkürter Prozessstandschaft zu führen (BGH NJW 63, 297). Als Partei kraft Amtes ist der Nachlassverwalter nur hinsichtlich der vermögensrechtlichen Prozesse des Nachlasses einschl der finanzgerichtlichen Streitigkeiten (BFH NJW 77, 1472) prozessführungsbefugt. Der Nachlassverwalter kann auch nichtvermögensrechtliche Streitigkeiten fortsetzen, wenn sich die Hauptsache durch den Tod des Erblassers zwar erledigt, aber noch über die Kosten zu entscheiden ist.

13 **E. Auswirkungen auf Zwangsvollstreckungsmaßnahmen.** Die von den Nachlassgläubigern eingeleiteten Vollstreckungsmaßnahmen und Arreste in den Nachlass bleiben nach II auch nach der angeordneten Nachlassverwaltung wirksam und zulässig. Eine Titelumschreibung nach § 727 ZPO ist, da die Zwangsvollstreckung fortgesetzt wird, nicht erforderlich (Erman/*Schlüter* § 1984 Rz 5). Liegt ein Titel gegen die Erben vor und betreibt ein Nachlassgläubiger die Vollstreckung, ist eine vollstreckbare Ausfertigung gegen den Nachlassverwalter erforderlich (BaRoth/*Lohmann* § 1984 Rz 7), der gem § 727 entspr umzuschreiben ist.

14 Nach Anordnung der Nachlassverwaltung können Eigengläubiger des Erben nicht mehr in den Nachlass vollstrecken, § 1984 II, auch wenn er unbeschränkt haftet. Gegen Vollstreckungsmaßnahmen der Eigengläubiger kann der Erbe Vollstreckungsabwehrklage gem §§ 767, 780, 781, 784 I, 785 ZPO erheben, wenn er den Haftungsvorbehalt im Urt festgeschrieben hat (Staud/*Marotzke* § 1984 Rz 20).

15 Allerdings können die Eigengläubiger den künftigen Anspruch des Erben auf Herausgabe des Überschusses gegen den Nachlassverwalter pfänden (Staud/*Marotzke* § 1984 Rz 30).

16 **F. Insolvenzverfahren.** Ist die Insolvenzmasse durch eine Gegenleistung für die unwirksame Verfügung des Erben bereichert, ist sie nach § 81 I 3 InsO im Insolvenzverfahren aus der Masse zurückzugewähren. Wurden vom Erben am Tag der Eröffnung des Insolvenzverfahrens Rechtshandlungen vorgenommen, wird nach § 81 III InsO vermutet, dass sie nach der Anordnung (MüKo/*Siegmann* § 1984 Rz 5) vorgenommen wurden. Wird eine Leistung an den Erben erbracht, so wirkt sie in analoger Anwendung des § 82 InsO schuldbefreiend, wenn sie in Unkenntnis der Nachlassverwaltung erfolgte.

§ 1985 Pflichten und Haftung des Nachlassverwalters.

(1) Der Nachlassverwalter hat den Nachlass zu verwalten und die Nachlassverbindlichkeiten aus dem Nachlass zu berichtigen.
(2) ¹Der Nachlassverwalter ist für die Verwaltung des Nachlasses auch den Nachlassgläubigern verantwortlich. ²Die Vorschriften des § 1978 Abs. 2 und der §§ 1979, 1980 finden entsprechende Anwendung.

1 **A. Allgemeines.** Die Vorschrift regelt die Aufgaben und die Verantwortlichkeit des Nachlassverwalters und beschränkt sich darauf, die wichtigsten Aufgaben, wie die Verwaltung des Nachlasses und die Berichtigung der Nachlassverbindlichkeiten, zu benennen. Ergänzt wird § 1985 durch zahlreiche weitere Bestimmungen wie § 2012, § 455 FamFG u § 317 InsO.

Die Nachlassverwaltung ist ein Instrument der Haftungsbeschränkung und dient in erster Linie der Werterhaltung des Nachlasses und der Erfüllung der Nachlassverbindlichkeiten (AnwK-BGB/*Krug* § 1985 Rz 1). 2
Der Nachlassverwalter ist ein amtlich bestelltes Organ mit eigener Parteistellung (RGZ 135, 307), die der Stellung des Insolvenzverwalters gleicht (BGHZ 38, 281). Mit der Anordnung der Verwaltung verliert der Erbe die Verwaltungs- und Verfügungsbefugnisse über den Nachlass; sie gehen auf den Nachlassverwalter über. Der Erbe bleibt aber Inhaber des Nachlasses, wenngleich der Verwalter im Rahmen seines Aufgabengebietes allein aktiv und passiv prozessführungsbefugt ist. Die Kostentragungspflicht ist keine persönliche Schuld des Nachlassverwalters, sondern eine Nachlassverbindlichkeit (Damrau/*Gottwald* § 1985 Rz 2). 3

B. Rechtsstellung des Nachlassverwalters. Da die Nachlassverwaltung der Wahrnehmung der Interessen aller Beteiligten dient, vertritt der Nachlassverwalter nicht einseitig die Interessen der Erben oder der Nachlassgläubiger; er ist auch nicht gesetzlicher Vertreter des Nachlasses/der Erben/der Nachlassgläubiger (hM, BayObLGZ 76, 171), sondern amtlich bestellt mit der Aufgabe, eine fremde Vermögensmasse zu verwalten (DGE/*Hanhörster/Dospil* § 1985 Rz 1). 4
Daher hat der Nachlassverwalter sein Amt eigenverantwortlich und unabhängig zu führen. Er ist bei reinen Zweckmäßigkeitsüberlegungen nicht an die Weisungen des Gerichts gebunden (BGHZ 49, 1). Nur indirekt unterliegt er nach § 1915 dem Vormundschaftsrecht und untersteht somit der Aufsicht des Nachlassgerichts, das zuständig ist auch für die Erteilung der Genehmigungen in den Fällen der §§ 1821, 1822, 1828–1831, auch bei volljährigen Erben (MüKo/*Siegmann* § 1985 Rz 2). 5
Da der Nachlassverwalter keine materielle Rechtsposition innehat, kann er bzgl des Nachlassvermögens nicht als Berechtigter im Grundbuch eingetragen werden (Hamm MDR 88, 865). 6
Nach § 1839 ist der Nachlassverwalter dem Gericht ggü zur jederzeitigen Auskunftserteilung und zur Rechnungslegung über seine Amtsführung verpflichtet (MüKo/*Siegmann* Rz 2). Erklären sich Erben und Gläubiger mit den ihnen vorgelegten Unterlagen einverstanden, ist die Überprüfung der Gewinn- u Verlustrechnung durch das Nachlassgericht gem § 1841 II 2 unzulässig (Frankf NJW 63, 2278). 7
Er ist befugt, den Nachlass zu verwalten und über die Nachlassgegenstände zu verfügen (*Lange/Kuchinke* § 49 III 5 mwN). Für die Zeit der Nachlassverwaltung ruht das Verwaltungsrecht des Testamentsvollstreckers und lebt nach Beendigung der Nachlassverwaltung wieder auf. 8
Bei einer Gefährdung der Interessen der Erben oder der Nachlassgläubiger kann der Nachlassverwalter entlassen werden, sofern kein milderes Mittel zum Erfolg führt (Damrau/*Gottwald* § 1985 Rz 14). UU kann auch ein Gegenverwalter bestellt werden, § 1792 (Erman/*Schlüter* § 1985 Rz 1). Gleichgültig ist, ob den Nachlassverwalter ein Verschulden trifft, die Gefährdung auf der persönlichen Ungeeignetheit des Verwalters oder eines pflichtwidrigen Verhaltens beruht (Staud/*Marotzke* § 1985 Rz 36; aA LG Detmold RPfleger 89, 241). Von einer Interessengefährdung ist bei der beharrlichen, lang andauernden Unterlassung der Vorlage des Nachlassverzeichnisses oder bei Gleichgültigkeit ggü der Pflicht zur jährlichen Rechnungslegung gem § 1840 auszugehen (BayObLG RPfleger 88, 264). 9
Str ist, ob nur der Erbe oder auch der Nachlassgläubiger den Antrag auf Entlassung des Nachlassverwalters stellen kann (nur die Erben: Frankf FamRZ 98; aA Karlsr NJW-RR 89, 1095). 10

C. Gegenstand der Nachlassverwaltung. Der Nachlassverwaltung unterliegen alle vermögensrechtlichen Bestandteile des Nachlasses einschl der nach dem Erbfall entstandenen Ansprüche (MüKo/*Siegmann* § 1985 Rz 5), nicht aber die persönlichen Rechtsbeziehungen des Erblassers (BayObLG FamRZ 91, 485). 11
Auch das unpfändbare Vermögen gem § 36 InsO, § 811 ZPO wird nicht von der Nachlassverwaltung erfasst, wobei sich die Unpfändbarkeit aus der Person des Erben bestimmt (MüKo/*Siegmann* § 1985 Rz 4). Der Nachlassverwaltung unterliegt auch nicht ein im Wege der Sondererbfolge übergegangener Gesellschaftsanteil an einer Personengesellschaft, soweit es um die Mitgliedsrechte geht (BGH NJW 84, 2104). Daher kann er auch nicht über ein der Gesellschaft gehörendes Grundstück verfügen (BayObLG FamRZ 91, 485) und ein Grundbuchberichtigungsverfahren einleiten (Hamm OLGZ 93, 147). Der Nachlassverwalter ist in diesen Fällen darauf beschränkt, den Anspruch des Gesellschaftererben auf den Gewinnanteil und das Abfindungsguthaben geltend zu machen und das Recht auszuüben, das Handelsgeschäft mit Aktiva u Passiva zu übernehmen, ohne es zuvor zu liquidieren (BGH WM 94, 382). 12
Dagegen kann der Verwalter, wenn es sich um eine Kapitalgesellschaft handelt, das ererbte Mitgliedschaftsrecht unabhängig vom Inhalt der Satzung wahrnehmen (Palandt/*Edenhofer* § 1985 Rz 4). 13
Verliert der Erbe infolge Verschuldens eines Dritten einen zum Nachlass gehörenden Gegenstand, und *erwirbt der Erbe* stattdessen einen Ersatzanspruch gegen den Dritten, so fällt dieser auf Grund des Surrogationsgrundsatzes in den Nachlass (BGHZ 46, 221). 14

D. Pflichten des Verwalters. Der Nachlassverwalter hat alsbald den Nachlass in Besitz zu nehmen. Verweigert der Erbe dessen Herausgabe, muss der Verwalter klagen (Stuttg BWNotZ 78, 164), weil der Anordnungsbeschluss des Nachlassgerichts nach noch hM keinen Vollstreckungstitel iSd § 794 I Nr 3 ZPO darstellt (MüKo/*Siegmann* § 1985 Rz 3; aA Erman/*Schlüter* § 1985 Rz 2). Ein Zurückbehaltungsrecht steht den Erben wegen ihrer Ersatzansprüche aus der Nachlassverwaltung nach § 1978, 1979 ggü dem Herausgabeverlangen nicht zu (Erman/*Schlüter* § 1985 Rz 2). 15

16 Bei der Verwaltung und Berichtigung der Verbindlichkeiten hat er die Wünsche der Erben und der Nachlassgläubiger, soweit möglich, zu berücksichtigen (Erman/*Schlüter* § 1985 Rz 4). An Weisungen der Erben ist er aber nicht gebunden (Damrau/*Gottwald* § 1985 Rz 11). Eine vom Erblasser erteilte Generalvollmacht kann er widerrufen (KG NJW 71, 566), ebenso die einem Anwalt vom Erblasser erteilte Vollmacht (Frankf BB 78, 1442).

17 Der Erbe ist dem Verwalter verzeichnis- und eidespflichtig gem § 260; der Verwalter ist den Nachlassgläubigern auskunftspflichtig; außerdem hat er dem Nachlassgericht ein Verzeichnis einzureichen.

18 **E. Berichtigung der Nachlassverbindlichkeiten.** Sie ist Hauptaufgabe des Nachlassverwalters. Ggf muss er erst die Nachlassgläubiger durch ein Aufgebot nach §§ 1970 ff ermitteln (BGH FamRZ 84, 1004). Nach § 1802 hat er das von den Erben vorzulegende Nachlassverzeichnis beim Nachlassgericht einzureichen. Die Gläubiger haben, da dem Nachlassverwalter keine Inventarfrist gesetzt werden kann, gegen ihn einen Auskunftsanspruch über den Bestand des Nachlasses; § 2012 I 2, II (AnwK-BGB/*Krug* § 1989 Rz 17).

19 Der Nachlassverwalter kann Nachlassgegenstände wirksam veräußern, neue Nachlassschulden begründen, wenn es zur Befriedigung der Gläubiger erforderlich ist. Er ist auch befugt, ohne Zustimmung der Nacherben, ein Nachlassgrundstück zu veräußern, um Verbindlichkeiten zu tilgen (Braunschw OLGZ 88, 392). Unter den Voraussetzungen des § 1980 hat er Insolvenzantrag zu stellen (Erman/*Schlüter* § 1985 Rz 4), auch wenn mit der Ablehnung der Eröffnung des Verfahrens mangels Masse zu rechnen ist (DGE/*Hanhörster/ Dospil* § 1985 Rz 3). Schließt er stattdessen noch Rechtsgeschäfte mit Nachlassgläubigern ab, ist ihm die notwendige nachlassgerichtliche Genehmigung zu versagen (Stuttg Justiz 84, 301). Eine Antragspflicht besteht nicht, wenn die Überschuldung auf ausgeschlossenen Forderungen beruht (Palandt/*Edenhofer* § 1985 Rz 7).

20 Bei dürftigem Nachlass hat er die Aufhebung der Nachlassverwaltung zu beantragen, § 1988 II (Stuttg Justiz 84, 301). Die Dürftigkeitseinrede des § 1990 und die Überschwerungseinrede des § 1992 kann er nicht erheben, sie stehen nur dem Erben selbst zu (AnwK-BGB/*Krug* § 1985 Rz 18).

21 Bei der Erfüllung der Nachlassverbindlichkeiten ist der Verwalter an § 1979 gebunden. Er hat sowohl die Interessen des Erben als auch die der Nachlassgläubiger zu berücksichtigen, wobei er aber an Weisungen des Erben nicht gebunden ist (Damrau/*Gottwald* § 1985 Rz 11). Daher bleibt ihm die Einschätzung, ob die aktiven Nachlassmittel für alle Nachlassverbindlichkeiten ausreichen, überlassen; er muss entspr Sorgfalt walten lassen (AnwK-BGB/*Krug* § 1985 Rz 14). Aus diesem Grunde darf er, bevor er nicht den gesamten Nachlass schriftlich erfasst hat, keine Nachlassverbindlichkeiten erfüllen (BGH NJW 85, 140). Zahlungen an Nachlassgläubiger sind ihm erst nach einer sorgfältigen Prüfung, ob der Nachlass zur Berichtigung aller Verbindlichkeiten ausreicht, gestattet, wozu er zunächst den Nachlass zu sichten, die erforderliche Informationen über die Aktiva und Passiva einzuholen und die Unterlagen zu prüfen hat (Soergel/*Stein* § 1985 Rz 10).

22 Die Forderungen einzelner Gläubiger dürfen nur erfüllt werden, wenn der Nachlass voraussichtlich zur Begleichung aller Verbindlichkeiten ausreicht; ansonsten hat er sich den Nachlassgläubigern ggü auf die §§ 2014, 2015 zu berufen (DGE/*Hanhörster/Dospil* § 1985 Rz 3).

23 **F. Weitere Aufgaben.** Ist ausreichend Masse vorhanden, kann der Nachlassverwalter den Erben einen notdürftigen Unterhalt gewähren, wobei allerdings die Genehmigung des Nachlassgerichts einzuholen ist (DGE/ *Hanhörster/Dospil* § 1985 Rz 4).

24 Nicht zu den Aufgaben eines Nachlassverwalters gehört die Errichtung eines Inventars, da dieses Recht weiterhin den Erben zusteht (Staud/*Marotzke* § 1985 Rz 37) sowie die Auseinandersetzung des Nachlasses und dessen Verteilung unter die Miterben (RGZ 72, 260).

25 **G. Haftung des Nachlassverwalters.** Der Nachlassverwalter haftet dem **Erben** auf Grund des mit der Ernennung entstehenden gesetzlichen Schuldverhältnisses (RGZ 150, 190) für die Erfüllung seiner Aufgaben gem §§ 1915, 1833 (BGH NJW 85, 140). Eine Haftungsbeschränkung kann sich aus einer abw Vereinbarung mit dem Erben ergeben (DGE/*Hanhörster/Dospil* § 1985 Rz 5). UU verstößt es gegen den Grundsatz von Treu und Glauben, wenn der Erbe den Nachlassverwalter für jeden Schaden zur Verantwortung zieht, und zwar insb dann, wenn der Verwalter zur Erhaltung des Nachlasses über seine gesetzliche Verpflichtung hinausgehende Anstrengungen unternommen hat, weil andernfalls der Erbe einen bedeutend größeren Schaden erlitten hätte (MüKo/*Siegmann* § 1985 Rz 10).

26 Den Nachlassgläubigern ggü haftet er auf Grund des bestehenden gesetzlichen Schuldverhältnisses (Frankf ZEV 98, 263) gem II unmittelbar wie ein Beauftragter, sofern er seine Pflicht zur ordnungsgemäßen Verwaltung schuldhaft verletzt und den Gläubiger dadurch ein Schaden entstanden ist (BGH FamRZ 84, 1004).

27 In beiden Fällen haftet der Nachlassverwalter nur mit seinem Eigenvermögen, wenngleich die Ansprüche der Gläubiger entspr § 1978 II dem Nachlass zugeordnet werden (Erman/*Schlüter* § 1985 Rz 5).

28 Verstößt der Verwalter gegen § 1979, kommt ein Ersatzanspruch nur dann in Betracht, wenn und soweit andere vor- oder gleichrangige Gläubiger weniger erhalten, als sie bei Unterbleiben vorzeitiger Zahlungen erlangt hätten (BGH FamRZ 84, 1004).

§ 1986 Herausgabe des Nachlasses. (1) **Der Nachlassverwalter darf den Nachlass dem Erben erst ausantworten, wenn die bekannten Nachlassverbindlichkeiten berichtigt sind.**

(2) ¹Ist die Berichtigung einer Verbindlichkeit zur Zeit nicht ausführbar oder ist eine Verbindlichkeit streitig, so darf die Ausantwortung des Nachlasses nur erfolgen, wenn dem Gläubiger Sicherheit geleistet wird. ²Für eine bedingte Forderung ist Sicherheitsleistung nicht erforderlich, wenn die Möglichkeit des Eintritts der Bedingung eine so entfernte ist, dass die Forderung einen gegenwärtigen Vermögenswert nicht hat.

A. Allgemeines. Durch die Verpflichtung des Nachlassverwalters in I werden die Gläubiger vor einer verfrühten Herausgabe des Nachlassrestes an den Erben geschützt. Der Verstoß führt zur Schadensersatzpflicht des Verwalters, § 1985 II (MüKo/*Siegmann* § 1986 Rz 1).

B. Herausgabe. Die Ausantwortung des Nachlassrestes erfolgt auch ohne formelle Aufhebung der Nachlassverwaltung nach Berichtigung der bekannten Nachlassverbindlichkeiten, wozu auch die Erbschaftssteuer gehört (MüKo/*Siegmann* § 1986 Rz 2). Die Herausgabepflicht umfasst alles, was der Nachlassverwalter aus der Verwaltung des Nachlasses erlangt hat einschl der von ihm angelegten Akten (KG NJW 71, 566). Der Erbe kann wegen der erhalten gebliebenen Haftungsbeschränkung die Nachlassgläubiger gem § 1990 I analog auf den evtl vorhandenen Nachlass verweisen (BGH NJW 54, 635) oder die beschränkte Erbenhaftung durch Bestimmung einer Inventarfrist herbeiführen. Dem Nachlassverwalter ist zu empfehlen, sich gegen unbekannte Gläubiger durch Aufgebot nach §§ 1970 ff zu sichern (Palandt/*Edenhofer* § 1986 Rz 1). Bevor er den Nachlassrest an den Berechtigten auszahlt, ist das Ergebnis des Aufgebotsverfahrens abzuwarten.
Die Nachlassverwaltung ist, erst durch die gerichtliche Aufhebung beendet. Daher ist ein nach der Ausantwortung und vor dem gerichtlichen Aufhebungsbeschluss geltend gemachter Anspruch eines Nachlassgläubigers zu befriedigen (DGE/*Hanhörster/Dospil* § 1986 Rz 3) weshalb der Erbe seinen Nachlassrest an den Nachlassverwalter zurückzugeben hat. Dem Nachlassverwalter steht kein Zurückbehaltungsrecht wegen der vorgenommenen Verwendungen, § 1835, oder wegen seiner Vergütungsansprüche, § 1887, zu, da für diese Ansprüche § 1986 I oder II gilt (Soergel/*Stein* § 1986 Rz 6; BayObLGZ 25, 454 bzw der Vergütung).

C. Sicherheitsleistung. Die Sicherheitsleistung bestimmt sich nach den §§ 232 ff. Bei Streit/Unsicherheit über den Bestand der Verbindlichkeiten kann nach §§ 372 ff hinterlegt werden (DGE/*Hanhörster/Dospil* § 1986 Rz 4).

§ 1987 Vergütung des Nachlassverwalters.
Der Nachlassverwalter kann für die Führung seines Amtes eine angemessene Vergütung verlangen.

A. Allgemeines. Für die Festsetzung der Vergütung ist das Nachlassgericht zuständig. Über materiell-rechtliche Einwendungen gegen den Vergütungsanspruch, wie zB Verzicht auf Vergütung oder anderweitige Vereinbarung, entscheidet das Prozessgericht (Palandt/*Edenhofer* § 1987 Rz 2). Eine Abschlagszahlung kann der Nachlassverwalter nur verlangen, sofern seine Vergütung noch nicht abschließend berechnet und geltend gemacht werden kann (Zweibr FamRZ 07, 1191).

B. Festsetzung der Vergütung. Wegen der Gleichstellung mit dem Testamentsvollstrecker und Insolvenzverwalter und dem Umstand, dass sie zur Übernahme des Amtes nicht verpflichtet sind und ihr Handeln dem Wohl des Erben dienen muss, erhalten berufsmäßige und ehrenamtliche Nachlassverwalter eine Vergütung (DGE/*Hanhörster/Dospil* § 1987 Rz 1). Eine Vergütung ist dann nicht zu entrichten, wenn der Nachlassverwalter nicht tätig geworden ist (RGZ 154, 117). Die Gebühr für die Tätigkeit als Insolvenzverwalter wird auf die Gebühr des Nachlassverwalters nicht angerechnet (München DFG 36, 215).
Das Nachlassgericht setzt im Verfahren nach § 61 FamFG die Vergütung durch Beschl fest, wodurch ein Vollstreckungstitel entsteht (BayObLGE 00, 8). Gegen den Festsetzungsbeschluss ist, sofern der Beschwerdewert 150 € übersteigt oder bei entspr Zulassung durch das Nachlassgericht, die sofortige Beschwerde statthaft (BayObLG NJW-RR 01, 870). Andernfalls kann die befristete Erinnerung nach § 11 II RPflG eingelegt werden. Beschwerdeberechtigt sind der Nachlassverwalter, der Erbe, der Testamentsvollstrecker und der Nachlassgläubiger, sofern die Vergütung ihre Befriedigung beeinträchtigt (AnwK-BGB/*Krug* § 1987 Rz 1). Nach § 1985 ist die Aufrechnung mit Ersatzansprüchen des Erben möglich (MüKo/*Siegmann* § 1987 Rz 4).

C. Höhe der Vergütung. Hinsichtlich der Angemessenheit der Vergütung verweist § 1915 auf § 1836, wonach der Nachlassverwalter nach Zeitaufwand zu vergüten ist. Die Höhe des Stundensatzes richtet sich nach der Schwierigkeit des Einzelfalls und dem Beruf des Verwalters (Palandt/*Edenhofer* § 1987 Rz 2), da seit 1.1.99 nach § 1836 II nutzbare Fachkenntnisse sowie Umfang und Schwierigkeit der Geschäfte bei der Vergütung zu berücksichtigen sind. Für Verwaltungen, die vor dem 1.1.99 angeordnet wurden, gelten die alten Grundsätze (BayObLG FamRZ 91, 861).
Eine Änderung der festgesetzten Vergütung ist nach Aufhebung der Nachlassverwaltung nicht möglich (KG JFG 14, 42).

D. Aufwendungsersatz. Neben der Vergütung kann der Nachlassverwalter Ersatz seiner Aufwendungen verlangen, §§ 1915, 1835, wie zB Bürokosten des Verwalters (BayObLG Rpfleger 85, 402) in den Fällen, in denen er aufgrund seiner beruflichen Tätigkeit ein Büro vorhalten muss. Die Benutzung des Büros kann bei der Vergütungsbemessung in die Billigkeitserwägung einbezogen werden (BayObLG Rpfleger 85, 402).

7 Im Streit mit den Erben über den Aufwendungsersatzanspruch entscheidet das Prozessgericht, wobei die Anforderungen nicht vom Nachlassgericht festzusetzen ist. Dadurch wird die Festsetzung einer Pauschalvergütung für Aufwendungen und Vergütung ausgeschlossen (Zweibr Rpfleger 80, 103; aA: Soergel/*Stein*, der eine Vergütung nach Prozentsätzen des Vermögens befürwortet).

§ 1988 Ende und Aufhebung der Nachlassverwaltung. (1) Die Nachlassverwaltung endigt mit der Eröffnung des Nachlassinsolvenzverfahrens.
(2) Die Nachlassverwaltung kann aufgehoben werden, wenn sich ergibt, dass eine den Kosten entsprechende Masse nicht vorhanden ist.

1 **A. Allgemeines.** Die Nachlassverwaltung ist keine Pflegschaft iSd § 1918 III, sie endet mit der Aufhebung durch das Nachlassgericht oder kraft Gesetzes mit der Eröffnung des Nachlassinsolvenzverfahrens (RGZ 72, 263).

2 **B. Eröffnung des Insolvenzverfahrens.** Mit Eröffnung des Insolvenzverfahrens geht die Verwaltungs- und Verfügungsbefugnis des Nachlassverwalters auf den Nachlassinsolvenzverwalter über (MüKo/*Siegmann* § 1988 Rz 1). Rechtshandlungen des bisherigen Verwalters sind dann unwirksam, §§ 81, 82 InsO.

3 **C. Aufhebung durch das Nachlassgericht.** Neben mangelnder Masse führt auch die Zweckerreichung, dh wenn alle bekannten Nachlassverbindlichkeiten berichtigt bzw sichergestellt sind (BayObLGZ 76, 167) zur Aufhebung der Nachlassverwaltung. Vor Zweckerreichung kann die Aufhebung der Nachlassverwaltung weder vom Erben noch von den Nachlassgläubigern erzwungen werden (KGJ 42, 94). Selbst die Rücknahme des Antrags auf Nachlassverwaltung durch den Erben oder sein Tod reicht nicht als Aufhebungsgrund (DGE/*Hanhörster/Dospil* § 1988 Rz 2).

4 Die Aufhebung der Nachlassverwaltung erfolgt durch das Nachlassgericht in Form eines formellen Beschlusses (Damrau/*Gottwald* § 1988 Rz 1).

5 Der Aufhebungsantrag des Miterben stellt nur eine Anregung an das Gericht dar. Durch eine ablehnende Entscheidung ist der Antragsteller beschwerdeberechtigt (Frankf JZ 53, 53). Gegen den Aufhebungsbeschluss ist die einfache Beschwerde nach § 58 FamFG statthaft; antragsberechtigt ist neben dem Erben auch jeder Nachlassgläubiger, nicht aber der Nachlassverwalter (RGZ 151, 57).

6 Die Nachlassverwaltung ist aufzuheben, wenn der die Nachlassverwaltung beantragende Erbe die Erbschaft ausschlägt und der Nachberufene die Aufhebung der Nachlassverwaltung betreibt (Staud/*Marotzke* § 1988 Rz 12) oder wenn Nacherbfolge eintritt, da die Nacherbenhaftung besonders beschränkt werden muss (RGRK/*Kregel* § 1988 Rz 5).

7 IÜ führt weder der Tod noch die Entlassung des Nachlassverwalters zur Beendigung der Nachlassverwaltung; diese bleibt hiervon unberührt. Besteht kein Aufhebungsgrund, ist unverzüglich ein neuer Nachlassverwalter zu bestellen (DGE/*Hanhörster/Dospil* § 1988 Rz 4).

8 **D. Rechtsfolgen der Aufhebung.** Mit Bekanntmachung des Aufhebungsbeschlusses an den Nachlassverwalter wird die Aufhebung wirksam, § 40 I FamFG. Der Nachlassverwalter hat nun die Schlussrechnung zu erstellen, § 1890, und den Nachlassrest herauszugeben, § 1986. Wird der Aufhebungsbeschluss durch das Beschwerdegericht aufgehoben und erneut Nachlassverwaltung angeordnet, ist der bisherige Nachlassverwalter wieder zu verpflichten, §§ 1791, 1915 (Palandt/*Edenhofer* § 1988 Rz 3).

9 Allerdings steht dem Nachlassverwalter wegen seiner Ansprüche auf Aufwendungsersatz und Vergütung das Zurückbehaltungsrecht nach § 273 zu (Staud/*Marotzke* § 1988 Rz 20).

10 Mit der Aufhebung der Nachlassverwaltung können die Erben bzw der Verwalter die Löschung der Vermerke über die Nachlassverwaltung im Grundbuch beantragen (DGE/*Hanhörster/Dospil* § 1988 Rz 4).

§ 1989 Erschöpfungseinrede des Erben. Ist das Nachlassinsolvenzverfahren durch Verteilung der Masse oder durch einen Insolvenzplan beendet, so findet auf die Haftung des Erben die Vorschrift des § 1973 entsprechende Anwendung.

1 **A. Allgemeines.** Nach § 1989 wird die Erbenhaftung beschränkt, wenn das Nachlassinsolvenzverfahren durch Verteilung der Masse, §§ 196, 200 InsO, oder durch einen Insolvenzplan, §§ 217 ff InsO, beendet wurde (MüKo/*Siegmann* § 1989 Rz 1). Auch eine danach erfolgende Inventarerrichtung führt zu keinem anderen Ergebnis, da im Insolvenzverfahren bereits ein Inventar errichtet wurde, § 2000 3.

2 § 1989 findet keine Anwendung, wenn der Erbe bereits nach § 2013 I 1 unbeschränkbar haftet oder das Insolvenzverfahren auf andere Weise, wie zB durch eine Nachlassverwaltung, beendet wird (Soergel/*Stein* § 1989 Rz 1). Dies gilt auch für die Aufhebung des Eröffnungsbeschlusses nach § 34 InsO, da das Verfahren als nicht eröffnet gilt und eine Haftungsbeschränkung nicht möglich ist. Gem § 34 III InsO bleiben die Rechtshandlungen, die vom Insolvenzverwalter in der Zwischenzeit vorgenommen wurden, bestehen (FK-InsO § 34 Rz 41a). Die Vorschrift gilt nicht für einen Gläubiger nach § 1971, der von einem Aufgebot nicht betroffen ist (Staud/*Marotzke* § 1989 Rz 5).

Bei der Einstellung des Insolvenzverfahrens ist zwischen der Einstellung mit Zustimmung der Gläubiger nach § 213 InsO und der Einstellung mangels Masse nach § 207 InsO zu unterscheiden. Im ersten Fall werden die Auswirkungen des § 1975 aufgrund des Einverständnisses zwischen Gläubiger und Schuldner wieder aufgehoben; im zweiten Fall richtet sich die Erbenhaftung nach § 1990 (DGE/*Hanhörster/Dospil* § 1989 Rz 1).

B. Beendigung durch Verteilung der Masse. Nach § 201 I InsO können die Gläubiger ihre restlichen Forderungen nach Verteilung der Masse grds unbeschränkt gegen den Erben geltend machen. Dem wirkt § 1989 entgegen, indem er den noch nicht unbeschränkt haftenden Erben nur mit einem etwaigen Nachlassüberschuss, nicht aber mit seinem sonstigen Vermögen einstehen lässt (Soergel/*Stein* § 1989 Rz 2). Werden nach dem Vollzug der Schlussverteilung Nachlassgegenstände aufgefunden, muss der Insolvenzverwalter eine **Nachtragsverteilung** gem §§ 203, 205 InsO vornehmen (DGE/*Hanhörster/Dospil* § 1989 Rz 2). Der Zugriff außerhalb des Insolvenzverfahrens ist den Gläubigern nicht möglich (Soergel/*Stein* § 1989 Rz 2), wodurch die Erbenhaftung weiter eingeschränkt wird.

C. Beendigung durch Aufhebungsbeschluss. Hier tritt eine endgültige Haftungsbeschränkung ein, wobei der Insolvenzplan, dessen Inhalt ggf durch Auslegung zu ermitteln ist, entscheidendes Indiz ist. Der Insolvenzplan sieht häufig vor, dass der Erbe für die festgestellten Forderungen auch mit seinem Eigenvermögen haftet (Staud/*Marotzke* § 1989 Rz 15). Enthält der Plan hierzu keine Angaben, kann nicht unterstellt werden, dass der Erbe mit seinem Eigenvermögen haftet (Staud/*Marotzke* § 1989 Rz 15; aA MüKo/*Siegmann* § 1989 Rz 6). Da der Insolvenzverwalter die Rechte der Aussonderungsberechtigten und der Massegläubiger nach § 258 InsO bereits vor der Aufhebung berücksichtigen muss, kann der Insolvenzplan in diese Rechte nicht eingreifen (MüKo/*Siegmann* § 1989 Rz 7).

D. Prozessuales. Liegen die Voraussetzungen des § 1989 vor, ist im Rechtsstreit des Erben mit den Nachlassgläubigern die eingetretene Haftungsbeschränkung im Urt festzustellen; dadurch wird die Zwangsvollstreckung auf den Nachlass beschränkt (Soergel/*Stein* § 1989 Rz 6).
Vollstreckt ein Gläubiger nach § 201 II aus dem Tabellenauszug in das Eigenvermögen des Erben, kann dieser, auch ohne Vorbehalt nach § 780 ZPO, Klage nach §§ 781, 785, 767 ZPO erheben, weil die Tabelle nur einen Titel zur Vollstreckung in den Nachlass enthält (MüKo/*Siegmann* § 1989 Rz 7).

§ 1990 Dürftigkeitseinrede des Erben. (1) ¹Ist die Anordnung der Nachlassverwaltung oder die Eröffnung des Nachlassinsolvenzverfahrens wegen Mangels einer den Kosten entsprechenden Masse nicht tunlich oder wird aus diesem Grunde die Nachlassverwaltung aufgehoben oder das Insolvenzverfahren eingestellt, so kann der Erbe die Befriedigung eines Nachlassgläubigers insoweit verweigern, als der Nachlass nicht ausreicht. ²Der Erbe ist in diesem Falle verpflichtet, den Nachlass zum Zwecke der Befriedigung des Gläubigers im Wege der Zwangsvollstreckung herauszugeben.
(2) Das Recht des Erben wird nicht dadurch ausgeschlossen, dass der Gläubiger nach dem Eintritt des Erbfalls im Wege der Zwangsvollstreckung oder der Arrestvollziehung ein Pfandrecht oder eine Hypothek oder im Wege der einstweiligen Verfügung eine Vormerkung erlangt hat.

A. Allgemeines. Nach § 1990 kann der Erbe durch Erheben der Einrede seine Haftung auf den Nachlass beschränken, wenn der Nachlass zur Erfüllung der Verbindlichkeiten und zur Deckung der Kosten für die amtliche Nachlassverwaltung oder Nachlassinsolvenzverfahren nicht ausreichen, §§ 1988 II, 207 InsO. Der zunächst unbeschränkt haftende Erbe muss die Verfahrenskosten nicht vorschießen, um die Haftungsbeschränkung herbeizuführen, § 26 I 2 InsO, hat er sein Haftungsbeschränkungsrecht noch nicht verloren, § 2013 I 1.
Die Einrede wird wie folgt unterteilt: Mit der **Dürftigkeitseinrede** (Soergel/*Stein* § 1990 Rz 2) kann der Erbe, wenn der Nachlass zwar unzureichend, aber nicht überschuldet ist, den Zugriff der Nachlassgläubiger auf das Eigenvermögen des Erben abwehren (hM; Palandt/*Edenhofer* § 1990 Rz 1; aA Staud/*Marotzke* § 1990 Rz 2, 3). Die **Unzulänglichkeitseinrede** wird erhoben, wenn der dürftige Nachlass darüber hinaus auch überschuldet ist und somit eine vollständige Befriedigung aus dem Nachlass nicht möglich ist, wobei sich dies erst nach der Herausgabe des Nachlasses (I 2) in der Zwangsvollstreckung ergibt (MüKo/*Siegmann* § 1990 Rz 11). Die Nachlassgläubiger sind dann auf den Nachlassrest verwiesen (Soergel/*Stein* § 1990 Rz 2). Sind im Nachlass keinerlei Aktiva (mehr) vorhanden und bestehen auch keine Ersatzforderungen gegen den Erben nach §§ 1978, 1979, 1991 I, ist die Erschöpfungseinrede zu erheben. Liegen diese Voraussetzungen vor, wird schon die Klage des Nachlassgläubigers mangels Haftungsmasse abgewiesen (Damrau/*Gottwald* § 1990 Rz 4).
Der Erbe kann ggü bestimmten nachlassbeteiligten Gläubigern auch die Überschwerungseinrede des § 1992 erheben (s. § 1992 Rn 4 ff DGE/*Hanhörster/Dospil* § 1990 Rz 1).
Für die Haftungsbeschränkung ist die Berufung auf § 1990 nicht erforderlich; es reicht aus, dass der Erbe unter dem Vorbehalt des § 780 ZPO verurteilt wurde (BGH NJW 93, 850).

B. Unzulänglichkeit des Nachlasses. Der Nachlass ist unzulänglich, wenn eine die Kosten der Nachlassverwaltung bzw des Nachlassinsolvenzverfahrens deckende Masse fehlt und deshalb die Anordnung der Nachlassverwaltung oder die Eröffnung des Nachlassinsolvenzverfahrens nicht tunlich ist, § 1982, § 26 I InsO. Die

Überschuldung des Nachlasses kann aber gegeben sein (*Lange/Kuchinke* § 49 VIII). Der Nachweis der Dürftigkeit ist vom Erben zu führen (MüKo/*Siegmann* § 1990 Rz 3). Er ist geführt, wenn eine ablehnende Entscheidung der Verfahrensanträge gem § 1982, § 26 InsO vorliegt; er kann aber auch durch Inventarerrichtung, § 2009, durch Auskunftserteilung und Abgabe der eidesstattlichen Versicherung gem § 260 (KG WM 03, 1996) oder der Nachlass aus nur einem Gegenstand besteht, der nicht oder nicht sinnvoll verwertet werden kann (BGHZ 85, 274), geführt werden. Wird das Verfahren mangels Masse aufgehoben oder eingestellt, ist für das Prozessgericht, welches über die Einrede zu entscheiden hat, bindend festgestellt, dass es an einer zureichenden Masse fehlt (allg Meinung, Staud/*Marotzke* § 1990 Rz 6). Nach Ansicht des BGH kommt den Ablehnungsbeschlüssen die gleiche Bindungswirkung zu (BGH NJW-RR 89, 1226; aA Lange/*Kuchinke* § 49 VIII 1b).

6 Für die Beurteilung der Dürftigkeit kommt es auf den Zeitpunkt der Entscheidung über die Einrede an (BGH NJW 83, 1485; aA Staud/*Marotzke* § 1990 Rz 7: Erhebung der Einrede; Soergel/*Stein* § 1990 Rz 5: Zeitpunkt der Geltendmachung des Anspruchs durch die Gläubiger), nach allgemeiner Meinung nicht auf den Zeitpunkt des Erbfalls, wodurch sich ggü verschiedener Gläubiger unterschiedliche Zeitpunkte für das Bestehen der Dürftigkeit ergeben können (MüKo/*Siegmann* § 1990 Rz 4). Der Nachlass muss nicht bereits im Zeitpunkt des Erbfalls dürftig gewesen sein. Die Einrede ist vom Gericht auch dann zu beachten, wenn sie zunächst unbegründet war, infolge nachträglicher Veränderungen aber begründet wurde (Ddorf ZEV 96, 466).

7 Ist der Nachlass durch Maßnahmen des Erben (unsachgemäße Verwaltung, verspätete Stellung des Insolvenzantrags) dürftig geworden, können Ersatzansprüche der Gläubiger bestehen, die nach §§ 1991, 1978, 1979 dem Nachlass hinzuzurechnen sind, so dass die Dürftigkeit uU entfällt, § 1978 II (BGH NJW 89, 1070). Dagegen sind Aufwendungsersatzansprüche des Erben nach § 1978 III vom Nachlass abzusetzen, sofern diese nicht bereits aus dem Nachlass befriedigt wurden (Palandt/*Edenhofer* § 1990 Rz 3).

8 **C. Einredeberechtigte.** Der Erbe kann die Einrede allen Nachlassgläubigern ggü erheben, denen er nicht unbeschränkbar haftet (Soergel/*Stein* § 1990 Rz 6) und zwar unabhängig von der Art der Forderung und unbeschadet der Einrede aus den §§ 1973, 1974 ggü den Ausgeschlossenen (Soergel/*Stein* § 1990 Rz 13). Die Einrede steht ihm auch ggü dem Pflichtteilsergänzungsanspruch nach § 2325 (BGH ZEV 00, 274) und ggü öffentlich-rechtlichen Erstattungsansprüchen nach dem LAG (BVerwGE 15, 234) zu. Die Berufung auf die Dürftigkeit des Nachlasses ist auch dann noch möglich, wenn der Nachlassgläubiger nach dem Erbfall bereits ein Pfandrecht oder eine Sicherungshypothek erlangt hat (MüKo/*Siegmann* § 1990 Rz 6).

9 Die Einrede ist dispositiv, so dass der Erbe auf sie verzichten kann (DGE/*Hanhörster/Dospil* § 1990 Rz 2). Allerdings ist allein in der Tatsache, dass der Erbe die Beschränkungsmöglichkeit nicht unverzüglich realisiert, noch keine Verzichtserklärung enthalten, weshalb der Einwand der Unzulässigkeit verspäteter Rechtsausübung nicht greift (Celle Nds Rpfleger 62, 232).

10 Einredeberechtigt ist neben dem Erben auch der gesetzliche und der rechtsgeschäftlich bestellte Vertreter des Erben, der Gesamtgutsverwalter hinsichtlich des dem nichtverwaltenden Ehegatten anfallenden Nachlasses gem § 1432 (Lange/*Kuchinke* § 49 VIII 8b), der Nachlasspfleger, der Testamentsvollstrecker und der Insolvenzverwalter im Gesamtinsolvenzverfahren des Erben, § 331 InsO (MüKo/*Siegmann* § 1990 Rz 10). IÜ kann sich auch der Sozialversicherungsträger auf die Einrede berufen, wenn sie dem Erben des Unfallgeschädigten ggü der Ausgleichsforderung des Schädigers zusteht und der Schadensersatzanspruch auf den Träger der Sozialversicherung übergegangen ist (BGH NJW 61, 1966).

11 Da die Nachlassverwaltung mangels kostendeckender Masse aufgehoben werden kann, steht dem Nachlassverwalter die Erhebung der Einrede nicht zu, § 1988 II (DGE/*Hanhörster/Dospil* § 1990 Rz 2 Fn 16).

12 **D. Dingliche Sicherung (Abs 1).** Vollstreckt ein Nachlassgläubiger in das nicht zum Nachlass gehörende Vermögen des Erben, kann sich dieser im Falle des I gem §§ 784, 785, 767 ZPO dagegen wehren. Betroffen sind die Nachlassgläubiger, die die angeführten Sicherungsrechte der §§ 804, 866, 885 ZPO nach dem Erbfall an den Nachlassgegenständen erworben haben. Liegen die Voraussetzungen vor, kann er nach §§ 785, 767 ZPO gegen die Vollstreckung in sein Eigenvermögen vorgehen und die bereits getroffenen Vollstreckungsmaßnahmen aufheben lassen, § 784 II ZPO (Soergel/*Stein* § 1990 Rz 12). Die durch die Zwangsvollstreckung erwirkte dingliche Sicherung hat aber grds Bestand (DGE/*Hanhörster/Dospil* § 1990 Rz 2). Der Erbe kann deren Aufhebung verlangen, wenn sie ihn an der Einhaltung der Rangfolge des § 1991 IV oder an der Geltendmachung seiner Ersatzforderung, § 1978 III, hindert (Palandt/*Edenhofer* § 1990 Rz 6).

13 Auch die Eigengläubiger sind berechtigt, in den Nachlass zu vollstrecken. Gesetzlich nicht geregelt ist, ob der Erbe im Falle des § 1990 der Vollstreckung eines Eigengläubigers in den Nachlass widersprechen darf. Eine Meinung zieht aus dem Schweigen des Gesetzes den Schluss, dass eine Analogie nicht in Betracht komme (MüKo/*Siegmann* § 1990 Rz 7), eine andere Auffassung meint, dass im Falle der Befriedigung der Eigengläubiger des Erben aus dem Nachlass der Erbe auf Kosten des Nachlasses ungerechtfertigt bereichert sei (Staud/*Marotzke* § 1990 Rz 28), weshalb eine Analogie ausscheide. Eine weitere Meinung betrachtet den Erben im Falle des § 1990 als „Verwalter des dürftigen Nachlasses", der wie der Nachlassverwalter nach § 784 II ZPO vorgehen können muss (Erman/*Schlüter* § 1990 Rz 9). Bei Vollstreckungsmaßnahmen in das Eigenvermögen des Erben kann er in analoger Anwendung des § 784 ZPO die Aufhebung dieser Maßnahmen verlangen (Palandt/*Edenhofer* § 1990 Rz 6).

Dagegen werden die Nachlasserbengläubiger, denen der Erbe auch persönlich haftet, nicht von § 1990 betroffen (Soergel/*Stein* § 1990 Rz 9). Der Erbe kann wegen Forderungen, die erst in seiner Person entstanden sind, die Einrede nicht erheben (Köln NJW 52, 1145).

E. Rechtsfolgen. Die Berufung des Erben auf die Dürftigkeit oder Unzulänglichkeit hat nach § 1990 I 2 zur Folge, dass der Erbe den Nachlass zum Zwecke der Befriedigung der Gläubiger im Wege der Zwangsvollstreckung herauszugeben hat. Der Erbe muss die Zwangsvollstreckung in den noch vorhandenen Nachlass dulden und ihn auf Verlangen des Gläubigers bezeichnen (MüKo/*Siegmann* § 1990 Rz 13). Von der Herausgabepflicht sind auch solche Nachlassgegenstände erfasst, die nach § 811 ZPO unpfändbar sind (Soergel/*Stein* § 1990 Rz 9). Der Erbe kann diese Folge nicht durch Zahlung des Wertes des Nachlassgegenstandes abwenden, da § 1973 in § 1990 nicht genannt ist.

Die Einrede berührt nicht die Nachlassverbindlichkeit als solche, sondern führt zu einer Beschränkung der Erbenhaftung (Damrau/*Gottwald* § 1990 Rz 32). Sie hat den Zweck, den Zugriff der Nachlassgläubiger auf das Eigenvermögen des Erben abzuwehren, hat aber keine Absonderung des Nachlasses vom Eigenvermögen des Erben zur Folge, sondern führt lediglich zu einer Trennung im Verhältnis zwischen Erben und jeweiligem Nachlassgläubiger (Palandt/*Edenhofer* § 1990 Rz 9). Der Erbe verwaltet den Nachlass selbst und erfüllt die Nachlassverbindlichkeiten. Dabei gehen die Gläubiger mit einem rechtskräftigen Titel den anderen im Rang vor, § 1991 III (BGHZ 122, 197) und für Verbindlichkeiten aus Pflichtteilen, Vermächtnisses und Auflagen gilt die Reihenfolge, die auch im Nachlassinsolvenzverfahren nach § 327 I Nr 1 InsO zu beachten ist (AnwK-BGB/*Krug* § 1990 Rz 27). Daher ist der Erbe, wenn er die Einrede erhebt, den Nachlassgläubigern ggü für seine Verwaltung verantwortlich. Hat er sich wegen schuldhafter Pflichtverletzung schadensersatzpflichtig gemacht, vergrößert der zum Nachlass gehörende Ersatzanspruch den unzureichenden Nachlass (vgl Rn 7).

Liegen die Voraussetzungen des § 1990 vor, kann der Erbe den Nachlass auch freiwillig herausgeben oder sich zur Vermeidung von Prozesskosten der sofortigen Zwangsvollstreckung nach § 794 I Nr 5 ZPO unterwerfen (RGZ 137, 50). Allerdings führt die freiwillige Freigabe des Nachlasses zur Vollstreckung, nicht zu einer Schuldbefreiung. Bei seinen Handlungen unterliegt der Erbe insoweit der Verwalterhaftung nach § 1991 I, weshalb stets die Gefahr besteht, dass ihm von den Nachlassgläubigern vorgehalten wird, er habe einen Gegenstand unter Wert an den anderen Nachlassgläubiger herausgegeben. Davor kann sich der Erbe nur durch Vollstreckungsvereinbarungen mit den Gläubigern, entweder einzeln oder mit allen zusammen, absichern, in dem er vereinbart, dass die ihm übergebenen Gegenstände im Wege der öffentlichen Versteigerung verwertet und der Überschuss an den Nachlass ausgekehrt wird (BaRoth/*Lohmann* § 1990 Rz 12).

F. Aufrechnung. Um zu vermeiden, dass die Beschränkbarkeit der Haftung nach § 1990 umgangen wird, ist es den Nachlassgläubigern nicht möglich, gegen eine Eigenforderung des Erben aufzurechnen (BGH FamRZ 62, 60). Dagegen ist es zulässig, gegen eine Nachlassforderung aufzurechnen, da die haftungsbeschränkende Einrede nicht unter § 390 1 fällt und auch im Nachlassinsolvenzverfahren gem § 94 InsO die Aufrechnung möglich ist, wenn im Zeitpunkt der Eröffnung des Insolvenzverfahrens die Aufrechnungslage bestanden hatte (Staud/*Marotzke* § 1990 Rz 42).

Da der Eigengläubiger auch in den Nachlass vollstrecken kann, ist ihm die Aufrechnung gegen eine Nachlassforderung erlaubt (hM Staud/*Marotzke* § 1990 Rz 28 u 43).

G. Zwangsvollstreckung. Die Haftungsbeschränkung bleibt in der Zwangsvollstreckung unberücksichtigt, solange der Erbe keine Einwendungen erhebt. Einwendungen wie die Dürftigkeitseinrede, die sich auf die Haftungsbeschränkung bezieht, kann er im Wege der Vollstreckungsgegenklage nur erheben, wenn er einen entspr Vorbehalt im Urt erwirkt hat, §§ 780 I, 781, 785, 767 ZPO (Soergel/*Stein* § 1990 Rz 11). Die Entscheidung über die sachliche Berechtigung der Einrede aus § 1990 fällt erst iRd Klage aus § 767 ZPO (RGZ 162, 298). Der Gläubiger kann aber im Wege der Widerklage die Herausgabe der Nachlassgegenstände, ein Verzeichnis des ursprünglichen und derzeitigen Nachlassbestandes, Auskunft über die Gründe der Veränderung des Nachlasses einschl einer eidesstattlichen Versicherung über die Vollständigkeit des Verzeichnisses verlangen (Hambg OLGE 14, 282). Der Erbe ist, nachdem er die Einwendungen nach § 781 ZPO erhoben hat, nicht mehr verpflichtet, sein Eigenvermögen offenzulegen (Rostock OLGE 36, 228); hierzu ist er auch im Falle der Abgabe einer eidesstattlichen Versicherung nicht gezwungen (Soergel/*Stein* § 1990 Rz 11).

§ 1991 Folgen der Dürftigkeitseinrede.

(1) Macht der Erbe von dem ihm nach § 1990 zustehenden Recht Gebrauch, so finden auf seine Verantwortlichkeit und den Ersatz seiner Aufwendungen die Vorschriften der §§ 1978, 1979 Anwendung.
(2) Die infolge des Erbfalls durch Vereinigung von Recht und Verbindlichkeit oder von Recht und Belastung erloschenen Rechtsverhältnisse gelten im Verhältnis zwischen dem Gläubiger und dem Erben als nicht erloschen.
(3) Die rechtskräftige Verurteilung des Erben zur Befriedigung eines Gläubigers wirkt einem anderen Gläubiger gegenüber wie die Befriedigung.
(4) Die Verbindlichkeiten aus Pflichtteilsrechten, Vermächtnissen und Auflagen hat der Erbe so zu berichtigen, wie sie im Falle des Insolvenzverfahrens zur Berichtigung kommen würden.

1 **A. Verwalterhaftung des Erben (Abs 1).** Nach § 1991 haftet der Erbe, wenn der dürftige Nachlass durch seine schlechte Verwaltung weiter geschmälert wird, denjenigen Nachlassgläubigern, denen ggü er die Haftungsbeschränkung nach § 1990 geltend gemacht hat, verschuldensunabhängig (BGH FamRZ 92, 1409). Der Erbe ist, unter Anwendung der §§ 1978, 1979, so verantwortlich, als hätte er seit der Erbschaftsannahme als Beauftragter der Nachlassgläubiger die Verwaltung des Nachlasses zu führen gehabt, §§ 682 ff, 1978 I 1. Für die Zeit bis zur Annahme der Erbschaft haftet er gem § 1978 I 2 wie ein Geschäftsführer ohne Auftrag. Ansprüche hieraus gebühren dem Nachlass, § 1978 II; insoweit haftet der Erbe mit seinem Eigenvermögen (Soergel/*Stein* § 1991 Rz 2). Bis zur Herausgabe an die Gläubiger bleibt der Nachlass in der Hand des Erben.

2 Obgleich § 1991 I die Vorschrift des § 1980 nicht erwähnt, ist auch diese Bestimmung anzuwenden, so dass der Erbe den Gläubigern ersatzpflichtig ist, wenn er seiner Pflicht, den Insolvenzantrag zu stellen, schuldhaft nicht nachkommt, obwohl der Nachlass überschuldet ist; dies gilt auch dann, wenn noch soviel Masse vorhanden ist, um die Insolvenzkosten zu decken (MüKo/*Siegmann* § 1991 Rz 4). Befriedigt er weitere Nachlassgläubiger, sind die nicht befriedigten Gläubiger so zu stellen, wie sie stünden, wenn das Nachlassinsolvenzverfahren rechtzeitig beantragt worden wäre (Palandt/*Edenhofer* § 1991 Rz 1).

3 Hat der Erbe einen Gläubiger in Unkenntnis der Unzulänglichkeit des Nachlasses befriedigt, steht ihm nach §§ 813, 814 ein Bereicherungsanspruch zu, soweit er sie nach den §§ 1990 I, 1991 IV hätte verweigern dürfen (Stuttg NJW-RR 89, 1283).

4 Der Erbe kann aber, sofern er Aufwendungen gemacht hat, diese Ansprüche nach § 1978 III von den Ersatzansprüchen des Nachlassgläubigers abziehen und nur die Differenz an den Gläubiger zahlen (BGHZ 66, 217).

5 **B. Berechnung des Nachlassbestandes.** Die gegen den Erben gerichteten Ansprüche in I gelten ebenso als zum Nachlass gehörig wie der Ersatz für verbrauchte Gegenstände oder anfechtbar veräußerte (LG Köln ZIP 81, 1385). Jeder Nachlassgläubiger kann, wenn ihm die Dürftigkeitsrede entgegengehalten wird, verlangen, dass ihm der Erbe das aus der Verwalterhaftung Geschuldete zur Befriedigung seiner Forderung zur Verfügung stellt und kann sogleich in das Vermögen des Erben vollstrecken (BGH NJW-RR 89, 1226). Diesen Anspruch kann der Nachlassgläubiger durch Klage gegen den Erben oder mittels Arglisteinrede gegen die Vollstreckungsgegenklage des Erben, auf dessen Eigenvermögen zugegriffen wurde, geltend machen (BGH FamRZ 92, 1409). Fordert der Erbe Aufwendungsersatz, kann er diesen vom Ersatzanspruch des Gläubigers absetzen; eine Verrechnung gegen die Gläubigerforderung ist nicht möglich (MüKo/*Siegmann* § 1991 Rz 2).

6 Darüber hinaus ist zu beachten, dass nach II die infolge des Erbfalls durch Konfusion und Konsolidation im Verhältnis zwischen Gläubigern und Erben erloschenen Rechtsverhältnisse als nicht erloschen gelten (Soergel/*Stein* § 1991 Rz 5). Allerdings entfaltet sich die Wirkung nur im Verhältnis zu den jeweiligen Gläubigern, nicht aber zu seinen Eigengläubigern, so dass sie den Anspruch nicht pfänden können (BGH NJW 91, 844). Die als nicht erloschen geltenden Ansprüche des Nachlasses gegen den Erben sind für die Nachlassgläubiger pfändbar (MüKo/*Siegmann* § 1991 Rz 5). Eine Verrechnung gegen die Gläubigerforderung ist auch hier nicht möglich; er darf aber den Nachlass solange behalten, bis seine eigenen Ansprüche befriedigt sind. § 181 gestattet ihm, den erforderlichen Betrag aus dem Nachlass zu entnehmen (RGZ 82, 278).

7 Der Erbe kann gem § 1979 alle Nachlassgläubiger nach seinem Belieben befriedigen, solange er ohne Verschulden davon ausgehen kann, dass der Nachlass hierzu ausreicht (MüKo/*Siegmann* § 1991 Rz 7).

8 Der Erbe kann die Aufrechnung eines Nachlassgläubigers mit einer ihm gegen den Nachlass zustehenden Forderung gegen seine Eigenforderungen unter Geltendmachung der beschränkten Haftung zurückweisen, weil sich sonst die Nachlassgläubiger aus dem Eigenvermögen des Erben befriedigen könnten (BGHZ 35, 317). Dagegen kann er sich bei der Aufrechnung seiner Eigengläubiger gegen eine zum Nachlass gehörende Forderung nicht auf die Dürftigkeit berufen (MüKo/*Siegmann* § 1991 Rz 6). Die Nachlassgläubiger können aber trotz Dürftigkeit des Nachlasses gegen Nachlassforderungen aufrechnen, da sie nicht schlechter stehen können als im Nachlassinsolvenzverfahren, §§ 94, 95 InsO (hM RGZ 42, 138).

9 **C. Reihenfolge der Gläubigerbefriedigung.** Der Erbe muss sich bei der Gläubigerbefriedigung grds an keine, auch nicht an die Rangfolge im Insolvenzverfahren halten, es sei denn, dass der Nachlass nicht zur Befriedigung aller Gläubiger ausreicht (MüKo/*Siegmann* § 1991 Rz 7). Ein Verstoß gegen § 1980 macht ihn zwar ersatzpflichtig, nimmt ihm aber nicht die Einrede des § 1990. Ausgeschlossene und diesen gleichgestellte Gläubiger sind hinter den anderen zurückzustellen; sie sind aber noch vor den nachlassbeteiligten Gläubigern des IV zu befriedigen, § 327 I Nr 1, 2 InsO (Staud/*Marotzke* § 1991 Rz 7). Grds kann der Erbe deren Befriedigung im Wege der Zwangsvollstreckung vornehmen lassen (Damrau/*Gottwald* § 1991 Rz 11). Von diesem Grundsatz macht das G zwei Ausnahmen:

10 Die sog **Urteilsgläubiger**, dh Gläubiger, die gegen den Erben ein rechtskräftiges Urt erstritten haben, gehen nach III den noch nicht befriedigten Gläubigern vor. Nach hM ist der Erbe sogar verpflichtet, den Urteilsgläubiger vor der übrigen Gläubigern zu befriedigen bzw Vollstreckung anderer Gläubiger abzuwehren (BGHZ 122, 197), er kann sich bereits ab Rechtskraft dieser Entscheidung auf Erschöpfung berufen (BGH NJW-RR 89, 1226) und die Befriedigung der späteren Gläubiger verweigern. IÜ kann der Erbe die Herausgabe des Nachlasses auch insoweit verweigern, als ihm selbst Ansprüche gegen den Nachlass zustehen und er den Nachlass zur Befriedigung dieser Ansprüche benötigt (BGH NJW 83, 120).

Forderungen aus Pflichtteilsrechten, auch Ergänzungsansprüche (BGHZ 85, 270), Vermächtnisse und Auflagen sind vom Erben so zu berichtigen, wie sie nach § 327 InsO im Nachlassinsolvenzverfahren zu berichtigen wären (MüKo/*Siegmann* § 1991 Rz 9).

Hat der Erbe die Dürftigkeit herbeigeführt, ist er aufgrund seiner Verwalterhaftung verpflichtet, dem Nachlass aus seinem Eigenvermögen so viel zu ersetzen, dass alle sich später meldenden Gläubiger mit dem Anteil befriedigt werden können, den sie im Insolvenzverfahren erhalten hätten (BGH FamRZ 92, 1409). Verstöße gegen die Reihenfolge des IV führen nach Maßgabe der §§ 1978 I, 1979 zur Haftung des Erben ggü den anderen berechtigten Gläubigern (Damrau/*Gottwald* § 1991 Rz 15). Den bevorzugten Gläubiger trifft keine Haftung, da er nur das erhalten hat, was er beanspruchen kann.

Schließlich kann dem Erben auch ein Bereicherungsanspruch nach §§ 813, 814 gegen einen Gläubiger zustehen, wenn dieser in Unkenntnis der Unzulänglichkeit des Nachlasses befriedigt wurde, sofern dessen Forderung bei Erhebung der Einrede nicht berücksichtigt worden wäre (Soergel/*Stein* § 1991 Rz 8).

§ 1992 Überschuldung durch Vermächtnisse und Auflagen.
¹Beruht die Überschuldung des Nachlasses auf Vermächtnissen und Auflagen, so ist der Erbe, auch wenn die Voraussetzungen des § 1990 nicht vorliegen, berechtigt, die Berichtigung dieser Verbindlichkeiten nach den Vorschriften der §§ 1990, 1991 zu bewirken. ²Er kann die Herausgabe der noch vorhandenen Nachlassgegenstände durch Zahlung des Wertes abwenden.

A. Allgemeines. Die Vorschrift ist eine Sonderregelung (MüKo/*Siegmann* § 1992 Rz 1) und ermöglicht dem Erben die Herbeiführung der Haftungsbeschränkung nach den §§ 1990, 1991, auch, wenn eine die Kosten des Insolvenzverfahrens deckende Masse existiert (MüKo/*Siegmann* § 1992 Rz 1). Der Erbe darf sein Recht zur Haftungsbeschränkung nach § 2013 noch nicht ggü sämtlichen Gläubigern verloren haben. § 1992 beseitigt nicht die Möglichkeit, nach § 317 InsO Insolvenzantrag zu stellen (Staud/*Marotzke* § 1992 Rz 1). Nicht erfasst werden Pflichtteilsrechte, da sie einen aktiven Nachlassbestand zum Zeitpunkt des Erbfalls voraussetzen (Staud/*Marotzke* § 1992 Rz 6). IÜ gilt die Vorschrift analog für das Untervermächtnis gem § 2187 III.

B. Überschwerung. Der Erbe haftet den Vermächtnisnehmern und Auflagenberechtigten ggü nicht, solange der Nachlass zu ihrer Befriedigung nicht ausreicht. Ist der Nachlass auch ohne Vermächtnisse und Auflagen überschuldet, ist § 1992 nicht anwendbar (München ZEV 98, 100; str). Haftet der Erbe nicht bereits allgemein unbeschränkbar und reicht der Nachlass zur Befriedigung dieser letztrangigen Gläubiger nicht aus, trifft den Erben keine Haftung.

C. Einredeberechtigte. Das Recht, die Überschwerungseinrede zu erheben, steht neben dem Erben auch dem Testamentsvollstrecker, Nachlassverwalter, Nachlasspfleger (Staud/*Marotzke* § 1992 Rz 15) sowie dem Erbteilserwerber und dem Hauptvermächtnisnehmer zu, wenn er mit einem Untervermächtnis/-auflage überschwert wurde (AnwK-BGB/*Krug* § 1992 Rz 8).

D. Rechtsfolgen. Die Rechtsfolgen der erhobenen Einrede ergeben sich aus den §§ 1990, 1991, wobei im Gegensatz zu § 1990 ein sog **Abfindungsrecht** besteht, wonach die Herausgabe der noch vorhandenen Nachlassgegenstände durch Zahlung des Wertes abgewendet werden kann (DGE/*Hanhörster/Dospil* § 1992 Rz 1). Maßgebend ist der Verkehrswert im Zeitpunkt der Erhebung der Einrede (Soergel/*Stein* § 1992 Rz 4). Liegen die Voraussetzungen des § 1990 vor, kann der Erbe die Vermächtnisse und Auflagen nach §§ 1990, 1991 berichtigen; dies gilt auch, wenn die Voraussetzungen des § 1990 nicht vorliegen (BaRoth/*Lohmann* § 1992 Rz 6). Die im Nachlassinsolvenzverfahren vorgesehene Reihenfolge ist einzuhalten, § 1991 IV mit § 329 InsO. Der Urteilsgläubiger genießt insoweit keine Sonderstellung (Staud/*Marotzke* § 1992 Rz 6).

Darüber hinaus gewährt ihm 2 im Falle eines Urteils auf Duldung der Zwangsvollstreckung in einen bestimmten Nachlassgegenstand das Recht, die Zwangsvollstreckung durch Zahlung des Gegenstandswertes abzuwenden (BaRoth/*Lohmann* § 1992 Rz 6). Wurde ein bestimmter Gegenstand vermacht, verwandelt sich der Vermächtnisanspruch durch das Erheben der Einrede in einen gekürzten Geldanspruch (Damrau/*Gottwald* § 1992 Rz 10). Allerdings kann der Vermächtnisnehmer gegen Einzahlung eines den Kürzungsbetrag entspr Geldbetrages in den Nachlass den Gegenstand in Natur verlangen (BGH NJW 64, 2298). Dies gilt auch bei einem Verschaffungsvermächtnis nach § 2170 (Soergel/*Stein* § 1992 Rz 4). Beim Erlass einer Schuld gehört die Forderung anteilig zum Nachlass, soweit sie zur Deckung vorrangiger/gleichrangiger Gläubiger erforderlich ist (Palandt/*Edenhofer* § 1992 Rz 3).

Obgleich es sich bei § 1992 nicht um Erblasserschulden handelt, muss der Erbe im Prozess den Vorbehalt der §§ 780, 781 ZPO erklären (BGH NJW 64, 2298). Das Prozessgericht kann, wird die Einrede erhoben den Haftungsumfang sachlich aufklären und sodann entscheiden oder sich mit dem Vorbehalt der Haftungsbeschränkung im Urt begnügen und die sachliche Prüfung dem Vollstreckungsgericht überlassen (BGH NJW 64, 2298).

E. Aufrechnung. Gegen eine eigene Forderung des Erben kann nicht mit einem Vermächtnisanspruch aufgerechnet werden, wohl aber gegen eine Nachlassforderung gem §§ 94 ff InsO analog (Palandt/*Edenhofer* § 1992 Rz 4), ohne dass § 390 entgegensteht (Soergel/*Stein* § 1992 Rz 6). Die Aufrechnungsmöglichkeit besteht nicht, wenn der Nachlass von Anfang an überschuldet war (MüKo/*Siegmann* § 1992 Rz 8). Reicht dadurch der Nachlass zur Befriedigung der übrigen Nachlassgläubiger nicht, muss der Erbe die Unzulänglichkeitseinrede nach § 1990 erheben oder bei ausreichender Masse, Nachlassinsolvenz beantragen (Soergel/*Stein* § 1992 Rz 6).

Untertitel 4   Inventarerrichtung, unbeschränkte Haftung des Erben

§ 1993 Inventarerrichtung. Der Erbe ist berechtigt, ein Verzeichnis des Nachlasses (Inventar) bei dem Nachlassgericht einzureichen (Inventarerrichtung).

1   **A. Allgemeines.** Der Begriff des Inventars ist in § 1993 legal definiert. Es wird bei dem nach § 23 a II GVG zuständigen Nachlassgericht (= Amtsgericht) am Wohnsitz/Aufenthalt des Erblassers zum Zeitpunkt des Erbfalls eingereicht. Zur Aufnahme des Inventars kann der Erbe nach § 2002 eine zuständige Behörde oder einen zuständigen Beamten/Notar zuziehen oder beim örtlich zuständigen Nachlassgericht beantragen, dass das Inventar aufgenommen wird, § 2003. Liegt dem Nachlassgericht bereits ein den §§ 2002, 2003 entsprechendes Inventar vor, kann der Erbe gem § 2004 hierauf Bezug nehmen. Nach § 2215 muss der Testamentsvollstrecker dem Erben bei der Errichtung, insb bei der Wertermittlung, helfen (Erman/*Schlüter* § 1993 Rz 1).

2   Die Vermögensverzeichnisse des § 260, der §§ 2121, 2215 und des § 2314 sind keine Inventare iSd Vorschrift (Hamm MDR 76, 667).

3   Vom Nachlassgericht kann der Erbe eine Empfangsbestätigung, der Nachlassgläubiger nach § 2010, § 13 FamFG eine Abschrift des Inventars verlangen (RGZ 129, 243).

4   **B. Inventar. I. Antragsberechtigung.** Nur der Erbe, bei mehreren Erben jeder für sich, ist berechtigt, nicht aber verpflichtet, und zwar auch nicht auf einen dahingehenden Antrag eines Gläubigers, der Vor- und Nacherbe jeder im Zeitraum seiner Erbschaft, ein Inventar zu errichten (Staud/*Marotzke* § 1993 Rz 14). Durch die Inventarerrichtung kann der Erbe den Fortfall der Haftungsbeschränkungsmöglichkeit als Folge einer Inventarversäumung zwar ausschließen, er verliert aber die Einrede des § 2014 (Soergel/*Stein* § 1993 Rz 1). Auch der Vorbehalt des § 780 I ZPO wird nicht entbehrlich (RG Recht 1914 Nr 1606).

5   Jeder Ehegatte bzw Lebenspartner kann ohne Mitwirkung des anderen ein Inventar über eine ihm selbst angefallene Erbschaft errichten (Damrau/*Gottwald* § 1993 Rz 4). Neben dem in Gütergemeinschaft lebenden und erbenden, nicht verwaltenden Ehegatten, § 1432 II, kann auch der nicht erbende, aber verwaltende Ehegatte nach §§ 2008 I 3, 1455 Nr 3 (MüKo/*Siegmann* § 1993 Rz 4) und ein Bevollmächtigter (Staud/*Marotzke* § 1993 Rz 15) ein Inventar aufnehmen und einreichen. Das Einreichen eines verschlossenen Inventars ist möglich (Palandt/*Edenhofer* § 1993 Rz 1); das Gericht muss aber zur Eröffnung für befugt erklärt werden. Das Inventar des Testamentsvollstreckers oder Nachlassverwalters (Staud/*Marotzke* § 2012 Rz 9) wird erst durch die Anerkennung des Erben zum Inventar im Rechtssinn und iSd Vorschrift.

6   **II. Inhalt.** Der Inhalt des Inventars ist in § 2001 festgelegt. Eine Frist für die Errichtung ist nicht zu beachten (Damrau/*Gottwald* § 1993 Rz 6). Es wird weder durch die Nachlassverwaltung (KGJ 42, 94) noch durch das -insolvenzverfahren ausgeschlossen.

7   **III. Kosten.** Die Kosten für die Inventarerrichtung sind Nachlassverbindlichkeiten, §§ 6, 52, 114 Nr 1 KostO, und zwar Nachlasserbenschulden (Soergel/*Stein* § 1967 Rz 11); im Nachlassinsolvenzverfahren sind sie Masseschulden, § 324 I Nr 4 InsO. Die Bewilligung von Prozesskostenhilfe wegen Unzulänglichkeit des Nachlasses ist nicht möglich (KGJ 42, 99).

§ 1994 Inventarfrist. (1) ¹Das Nachlassgericht hat dem Erben auf Antrag eines Nachlassgläubigers zur Errichtung des Inventars eine Frist (Inventarfrist) zu bestimmen. ²Nach dem Ablauf der Frist haftet der Erbe für die Nachlassverbindlichkeiten unbeschränkt, wenn nicht vorher das Inventar errichtet wird. (2) ¹Der Antragsteller hat seine Forderung glaubhaft zu machen. ²Auf die Wirksamkeit der Fristbestimmung ist es ohne Einfluss, wenn die Forderung nicht besteht.

1   **A. Allgemeines.** § 1994 dient den Nachlassgläubigern zur Verschaffung von Informationen über den Bestand des Nachlasses im Zeitpunkt des Erbfalls. Diesem Recht entspricht aber keine im Wege der Zwangsvollstreckung durchsetzbare Pflicht, die ggf zu Schadensersatzansprüchen führt (RGZ 129, 239). Der Erbe hat, wenn er diese Obliegenheit verletzt, Rechtsnachteile in Form einer nicht mehr beschränkbaren Haftung zu befürchten (Soergel/*Stein* § 1994 Rz 1). Diese Folge tritt nicht nur ein, wenn der Erbe das Inventar nicht rechtzeitig errichtet, sondern auch bei absichtlich falschen Angaben, die zur Unrichtigkeit des Inventars führen, wenn er die Auskunft verweigert, § 2003 II, oder vorsätzlich verzögert, § 2005 I 2. Eine Fristbestimmung ist auch dann *möglich, wenn die Eröffnung* des Nachlassinsolvenzverfahrens oder die Anordnung der Nachlassverwaltung mangels Masse abgelehnt worden war (Stuttg FamRZ 95, 57).

Ein verspätet eingereichtes Inventar kann die Folgen der Fristversäumnis nicht mehr abwenden. Die Entscheidung über die Wirkung des Fristablaufs trifft das Prozessgericht (KG RJA 8, 185). **2**

Die Wirkungen des I 2 erstrecken sich weder auf den Mit-, noch auf den Nacherben. Eine Haftungsbeschränkung nach §§ 1973, 1974 ist nicht mehr möglich (Damrau/*Gottwald* § 1994 Rz 15). Der Erbe kann nur noch das Nachlassinsolvenzverfahren, nicht aber die -verwaltung beantragen, § 2013 I 1 (MüKo/*Siegmann* § 1994 Rz 11). **3**

B. Voraussetzungen. I. Verfahren. Die Inventarfrist ist eine richterliche Frist (Erman/*Schlüter* § 1994 Rz 1), die nur auf Antrag eines Nachlassgläubigers bestimmt wird. Die Fristbestimmung ist nicht dadurch ausgeschlossen, dass der Erbe zuvor Antrag auf amtliche Inventaraufnahme gestellt hat (München FamRZ 08, 2310). Seine Glaubhaftmachung erstreckt sich darauf, dass er Nachlassgläubiger ist (KG FamRZ 05, 837) und sich seine Forderung gegen den Nachlass richtet. Des Weiteren muss er behaupten, dass der Antragsgegner Erbe geworden ist, da das Nachlassgericht die Feststellungen vAw zu prüfen hat (LG Krefeld MDR 70, 766). **4**

Zwar ist die Erbschaftsannahme keine Voraussetzung, § 1995 II, wenngleich die Frist erst im Zeitpunkt der Erbschaftsannahme beginnt (Soergel/*Stein* § 1994 Rz 2). Schlägt der Erbe die Erbschaft aus, darf die gesetzte Frist wegen § 48 I iVm § 360 II FamFG nicht mehr aufgehoben werden, da sie ipso jure unwirksam wird (BayObLG NJW-RR 93, 780). **5**

Jeder Nachlassgläubiger, und zwar unabhängig von einem evtl bestehenden Auskunftsanspruch des nachlassbeteiligten Gläubigers (Vermächtnisnehmer, die in § 2194 Genannten, Pflichtteilsberechtigte und Erbersatzanspruchsberechtigte sowie derjenige, der den Anspruch dieser Gläubiger gepfändet hat), ist berechtigt, beim Nachlassgericht eine Inventarfrist für den Erben zu beantragen (BayObLGZ 8, 261). Nicht antragsberechtigt ist der nach § 1973 ausgeschlossene Gläubiger, der ihm nach § 1974 Gleichgestellte (hM Staud/*Marotzke* § 1994 Rz 8; aA Soergel/*Stein* § 1994 Rz 3 mwN) sowie der Miterbe nach § 2063 II, auch wenn er zugleich Nachlassgläubiger ist, weil er schon als Erbe nach § 1993 das Inventar errichten kann (KG Rpfleger 1979, 136; aA MüKo/*Siegmann* § 1994 Rz 3). **6**

Der Antrag kann schriftlich, zu Protokoll der Geschäftsstelle des Nachlassgerichts (§ 25 FamFG) (Damrau/ *Gottwald* § 1994 Rz 2) oder durch einen Bevollmächtigten, der eine Vollmachtsurkunde nicht vorlegen muss, erklärt werden (RGRK/*Johannsen* § 1993 Rz 5). **7**

II. Kosten. Die Kosten ergeben sich aus § 114 Nr 1 KostO und treffen nur den Antragsteller. **8**

III. Fristbestimmung. Die Frist wird ohne Rücksicht auf einen aktiven oder werthaltigen Nachlass bestimmt (Staud/*Marotzke* § 1994 Rz 19). Sie kann bereits vor der Erbschaftsannahme gesetzt werden und soll mindestens einen, höchstens drei Monate betragen (Damrau/*Gottwald* § 1994 Rz 9). Verstirbt der Erbe vor Ablauf der Frist, endet sie nicht vor Ablauf der für die Erbschaft vorgeschriebenen Ausschlagungsfrist, § 1998. **9**

Eine Fristsetzung ist nicht möglich gegen den Fiskus, § 2011, Nachlasspfleger oder Nachlassverwalter, § 2011 und ist unzulässig in den Fällen des § 2000 2, 3 (Erman/*Schlüter* § 1994 Rz 5). **10**

Die Fristbestimmung erfolgt durch Beschl des Rechtspflegers beim Nachlassgericht gem § 3 Nr 2c RPflegG. Der Erbe ist anzuhören (BayObLG NJW-RR 92, 1159). Die Frist kann verlängert, § 1995 und nach § 1996 neu festgesetzt, aber nicht mehr vAw zurückgenommen werden (Staud/*Marotzke* § 1994 Rz 27). Dies gilt sogar in dem Fall, dass der Antragsgegner kein Erbe ist oder der Erbe später die Erbschaft ausschlägt, § 48 I FamFG (MüKo/*Siegmann* § 1994 Rz 8). **11**

C. Rechtsmittel. Der Erbe kann gegen die Fristbestimmung und die Ablehnung der Fristverlängerung oder Neugewährung sofortige Beschwerde einlegen, §§ 360, 63 FamFG, mit der er zB geltend machen kann, dass das Inventar bereits eingereicht ist (Hamm NJW 62, 53). Dabei beginnt die Beschwerdefrist für alle Nachlassgläubiger mit dem Zeitpunkt, in dem der Beschl dem Antragsteller bekannt gemacht wurde, für den Erben im Zeitpunkt der Zustellung (Soergel/*Stein* § 1994 Rz 11). **12**

Die sofortige Beschwerde ist in gleicher Weise für den Nachlassgläubiger statthaft, sofern er sich gegen die Festsetzung einer zu langen Frist (Staud/*Marotzke* § 1994 Rz 26), einer Fristverlängerung oder der Neugewährung einer Inventarfrist wendet. **13**

Gegen die Ablehnung der Entgegennahme des Inventars kann der Erbe, gegen die Ablehnung der Fristbestimmung der Nachlassgläubiger die unbefristete Beschwerde erheben (BayObLG NJW-RR 92, 1159). **14**

§ 1995 Dauer der Frist.

(1) ¹Die Inventarfrist soll mindestens einen Monat, höchstens drei Monate betragen. ²Sie beginnt mit der Zustellung des Beschlusses, durch den die Frist bestimmt wird.
(2) Wird die Frist vor der Annahme der Erbschaft bestimmt, so beginnt sie erst mit der Annahme der Erbschaft.
(3) Auf Antrag des Erben kann das Nachlassgericht die Frist nach seinem Ermessen verlängern.

A. Allgemeines. § 1995 ergänzt als Sollvorschrift § 1994. Auf Antrag eines Gläubigers ist iRd § 2005 II eine Neubestimmung der Frist möglich (AnwK-BGB/*Odersky* § 1995 Rz 1). Dem Nachlasspfleger kann bei unbekanntem Erbe keine Inventarfrist gesetzt werden, § 2012. **1**

2 Bevor das Nachlassgericht die gesetzliche Mindestfrist anordnet, hat es den Erben anzuhören. Eine Verkürzung der festgesetzten Frist ist auch auf Antrag eines Gläubigers ausgeschlossen (Soergel/*Stein* § 1995 Rz 4).

3 **B. Fristbeginn.** Die Inventarfrist beginnt gem § 15 FamFG mit der Zustellung des Beschlusses an die Erben, wobei die Frist für jeden Erben gesondert läuft (*Klautern* DAV 73, 625). Erfolgte die Annahme der Erbschaft vor der Fristbestimmung, beginnt die Inventarfrist erst mit Bestimmung der Frist. Schlägt der Erbe aus, wird die bereits gesetzte Frist kraft Gesetzes unwirksam (Soergel/*Stein* § 1995 Rz 1); (AG Oldenburg Rpfleger 90, 21).

4 Der Verstoß gegen I führt nicht nur Unwirksamkeit (Palandt/*Edenhofer* § 1995 Rz 1). Bei Unklarheiten ist der Beschl auszulegen (BayObLG FamRZ 92, 1326).

5 **C. Fristverlängerung.** Das Nachlassgericht kann auf begründeten, vor Fristablauf gestellten und bei Gericht eingegangenen (BayObLG FamRZ 92, 1326) Antrag des Erben die Frist nach seinem Ermessen (*Lange/Kuchinke* VI § 48 5 c) verlängern, ohne an den Antrag oder die Höchstfrist des I gebunden zu sein (KG Rpfleger 85, 193). War der Antrag rechtzeitig und nach den Umständen gerechtfertigt, verhindert er die in § 1994 I 2 genannten gesetzlichen Folgen einer Fristversäumung (Ddorf Rpfleger 97, 216).

6 Gegen die Entscheidung des Nachlassgerichts kann der Erbe und der Nachlassgläubiger (BayObLG FamRZ 92, 1326) erheben sofortige Beschwerde nach § 360 I FamFG (Staud/*Marotzke* § 1995 Rz 1) zu. Der Erbe hat als Antragsteller die Kosten, die durch den Verlängerungsantrag entstehen, zu tragen (Soergel/*Stein* § 1995 Rz 3).

§ 1996 Bestimmung einer neuen Frist.
(1) War der Erbe ohne sein Verschulden verhindert, das Inventar rechtzeitig zu errichten, die nach den Umständen gerechtfertigte Verlängerung der Inventarfrist zu beantragen oder die in Absatz 2 bestimmte Frist von zwei Wochen einzuhalten, so hat ihm auf seinen Antrag das Nachlassgericht eine neue Inventarfrist zu bestimmen.
(2) Der Antrag muss binnen zwei Wochen nach der Beseitigung des Hindernisses und spätestens vor dem Ablauf eines Jahres nach dem Ende der zuerst bestimmten Frist gestellt werden.
(3) Vor der Entscheidung soll der Nachlassgläubiger, auf dessen Antrag die erste Frist bestimmt worden ist, wenn tunlich gehört werden.

1 **A. Allgemeines.** Bezweckt ist der Schutz des Erben gegen eine unverschuldete Versäumung der Inventarfrist.

2 **B. Neue Inventarfrist.** Dem Erben wird, wenn er die ihm gesetzte Inventarfrist oder die Frist zur Beantragung einer gerechtfertigten Verlängerung der Frist versäumt, eine neue Inventarfrist gesetzt (RGZ 54, 151), um die Fristversäumung zu heilen.

3 Die neue Fristbestimmung setzt die schuldlose Versäumung der Frist voraus (Palandt/*Edenhofer* § 1996 Rz 1), sofern die erste Frist wirksam bestimmt war (BayObLGZ 93, 88). Eine nochmalige Wiedereinsetzung auf rechtzeitigen Antrag hin ist bei erneuter Fristversäumnis zulässig (Staud/*Marotzke* § 1996 Rz 7). Das Verschulden seines gesetzlichen Vertreters oder Generalbevollmächtigten wird dem Erben nach § 171 ZPO zugerechnet (Erman/*Schlüter* § 1996 Rz 2).

4 Befindet sich ein Dritter im Besitz des Nachlasses/eines Teils davon und erteilt er keine Auskunft, liegt darin kein Wiedereinsetzungsgrund; der Erbe muss gegen den Besitzer gerichtlich vorgehen oder Verlängerung der Inventarfrist nach § 1995 III beantragen (Soergel/*Stein* § 1996 Rz 1).

5 **C. Verfahren.** Nach II muss der Antrag auf Gewährung einer neuen Frist innerhalb von zwei Wochen vor Fristablauf gestellt werden. Erneute schuldlose Fristversäumnis berechtigt zum wiederholten Antrag auf Fristsetzung; wegen Art 103 GG ist rechtliches Gehör zu gewähren (Palandt/*Edenhofer* § 1996 Rz 2).

6 Gegen die Entscheidung ist die sofortige Beschwerde für die Erben und Gläubiger statthaft, §§ 360 II, III FamFG (BayObLG NJW-RR 93, 780). Die formell rechtskräftige Entscheidung des Nachlassgerichts ist für das Prozessgericht bindend (MüKo/*Siegmann* § 1996 Rz 4), wenngleich letzteres über die Wirkung des Fristablaufs zu entscheiden hat (KGJ 34 A 94).

§ 1997 Hemmung des Fristablaufs.
Auf den Lauf der Inventarfrist und der im § 1996 Abs. 2 bestimmten Frist von zwei Wochen finden die für die Verjährung geltenden Vorschriften des § 210 entsprechende Anwendung.

1 **A. Allgemeines.** Die Vorschrift gilt für § 1995 III und § 1996 I und ergänzt beide Normen. Sie erfasst sämtliche Inventarfristen, dh neben der ursprünglich gesetzten auch die nach § 1995 III verlängerten und die gem § 1996 I, 2005 II neu bestimmten Fristen (MüKo/*Siegmann* § 1997 Rz 1).

2 **B. Hemmung.** In den Fällen des § 206 und 210 ist der Fristablauf gehemmt. Lagen diese Umstände bereits vor dem Beschl des Nachlassgerichts vor, kann die Inventarfrist nicht wirksam ablaufen, da die Zustellung gem § 1995 I 2 nur an den gesetzlichen Vertreter erfolgen darf, § 15 FamFG.

3 Fehlende Kenntnis des inzwischen geschäftsfähig gewordenen Erben bzw des neuen gesetzlichen Vertreters hindert den Fristablauf nicht. (Palandt/*Edenhofer* § 1944 Rz 9); ggf wird eine neue Inventarfrist nach § 1996 I 2 gesetzt. Der Erbe ist vor schuldhafter Fristversäumnis durch den gesetzlichen Vertreter nicht geschützt.

Wird die Frist des § 1996 II versäumt, tritt keine Hemmung nach §§ 206, 210 ein; eine Wiedereinsetzung in 4
den vorigen Stand scheidet aus (hM; Palandt/*Edenhofer* § 1997 Rz 1).

§ 1998 Tod des Erben vor Fristablauf.
Stirbt der Erbe vor dem Ablauf der Inventarfrist oder der in § 1996 Abs. 2 bestimmten Frist von zwei Wochen, so endigt die Frist nicht vor dem Ablauf der für die Erbschaft des Erben vorgeschriebenen Ausschlagungsfrist.

A. Allgemeines. § 1998 ergänzt die §§ 1996, 1995, indem § 1952 II auf die Frist zur Inventarerrichtung über- 1
tragen wird (MüKo/*Siegmann* § 1998 Rz 1).

B. Norminhalt. Der Erbeserbe soll sich über die ihm zugefallene Erbschaft informieren können und nach 2
der sechswöchigen Ausschlagungsfrist über die Annahme/Haftungsbeschränkung entscheiden. Daher enden die genannten Fristen nicht vor Ablauf der Ausschlagungsfrist; sofern die Voraussetzungen der §§ 1995 III, 1996 I vorliegen, kann der Erbeserbe, unabhängig von der tatsächlichen Kenntnis der Fristsetzung oder bereits erfolgten Annahme der Erbschaft durch den Erben, sowohl eine Fristverlängerung als auch eine neue Frist beantragen (MüKo/*Siegmann* § 1998 Rz 3).

Die Pflicht zur Inventarerrichtung geht auf alle Erben einzeln über (AnwK-BGB/*Odersky* § 1998 Rz 2). Das 3
Inventar eines Erbeserben kommt gem § 2063 I auch den anderen zugute. Wegen § 1944 II und III können die Inventarfristen zu unterschiedlichen Zeitpunkten enden.

§ 1999 Mitteilung an das Gericht.
¹Steht der Erbe unter elterlicher Sorge oder unter Vormundschaft, so soll das Nachlassgericht dem Familiengericht von der Bestimmung der Inventarfrist Mitteilung machen. ²Fällt die Nachlassangelegenheit in den Aufgabenkreis eines Betreuers des Erben, tritt an die Stelle des Familiengerichts das Betreuungsgericht.

A. Allgemeines. § 1999 ist Ordnungsvorschrift, deren Nichtbeachtung keinen Einfluss auf Beginn und Lauf 1
der Frist hat (Palandt/*Edenhofer* § 1999 Rz 1). Die Inventarfrist wird durch die unterbliebene Mitteilung weder unwirksam noch verlängert.

B. Schutzzweck. Die Vorschrift dient dem Schutz des Erben vor der Versäumung der Inventarfrist durch den 2
jeweiligen gesetzlichen Vertreter, indem das Nachlassgericht verpflichtet wird, das Vormundschaftsgericht über die Bestimmung einer Inventarfrist zu informieren. Das Vormundschaftsgericht hat dann vAw auf die Einhaltung der Frist zu achten (MüKo/*Siegmann* § 1999 Rz 1), indem es den gesetzlichen Vertreter zur Errichtung des Inventars anhält.

Dies gilt nach § 1915 auch, wenn für den Erben ein Pfleger bestellt ist (Staud/*Marotzke* § 1999 Rz 1). 3

Die Mitteilung hat unverzüglich zu erfolgen und neben der Dauer der Frist auch das Datum der Zustellung 4
des Beschlusses bzw seines Erlasses zu enthalten (Soergel/*Stein* § 1999 Rz 1).

§ 2000 Unwirksamkeit der Fristbestimmung.
¹Die Bestimmung einer Inventarfrist wird unwirksam, wenn eine Nachlassverwaltung angeordnet oder das Nachlassinsolvenzverfahren eröffnet wird. ²Während der Dauer der Nachlassverwaltung oder des Nachlassinsolvenzverfahrens kann eine Inventarfrist nicht bestimmt werden. ³Ist das Nachlassinsolvenzverfahren durch Verteilung der Masse oder durch einen Insolvenzplan beendet, so bedarf es zur Abwendung der unbeschränkten Haftung der Inventarerrichtung nicht.

A. Allgemeines. Da sowohl Nachlassverwaltung als auch das Nachlassinsolvenzverfahren eine ordnungsge- 1
mäße Aufnahme des Nachlasses und die Befriedigung der Gläubiger sichern, ist die Inventaraufnahme überflüssig. Die Anordnung/Eröffnung des Verfahrens zur Inventaraufnahme und die Fristsetzung werden unwirksam (Erman/*Schlüter* § 2000 Rz 1). Endet das Verfahren durch Einstellung mangels Masse (Stuttg FamRZ 95, 57) oder ist die Nachlassverwaltung ordnungsgemäß durchgeführt, ist eine neue Frist auf Antrag des Erben möglich; bei Fristversäumnis haftet er unbeschränkt (Erman/*Schlüter* § 2000 Rz 1). IÜ kann sich der Erbe nach § 2004 auf das Inventar des Nachlassverwalters beziehen.

B. Rechtsfolgen der Fristbestimmung. Nach 1 wird die Fristbestimmung kraft Gesetzes im Zeitpunkt der 2
Anordnung der Nachlassverwaltung bzw Eröffnung des Nachlassinsolvenzverfahrens unwirksam, sofern die Frist noch läuft. Fristversäumnis führt zum endgültigen Verlust des Haftungsbeschränkungsrechts, und zwar auch dann, wenn die Eröffnung der Nachlassinsolvenz mangels Masse abgelehnt worden ist, wenngleich die Dürftigkeitseinrede die Haftung wiederum beschränken kann (OLG Rostock ErbR 09, 99). Unwirksam ist auch die während der Dauer der Nachlassverwaltung/des -insolvenzverfahrens angeordnete Inventarfrist. Ist das Nachlassinsolvenzverfahren durch Verteilung der Masse oder durch einen Insolvenzplan beendet, braucht der Erbe kein Inventar zu errichten; er haftet dauerhaft beschränkt, §§ 1989, 1973 (MüKo/*Siegmann* § 2000 Rz 4).

3 **C. Rechtsmittel.** Zur Wahrung seiner Rechte steht dem Erben die sofortige Beschwerde nach § 360 FamFG sowohl im Fall des 1 als auch im Fall des 2 zu (Staud/*Marotzke* § 2000 Rz 4).

§ 2001 Inhalt des Inventars.
(1) In dem Inventar sollen die bei dem Eintritt des Erbfalls vorhandenen Nachlassgegenstände und die Nachlassverbindlichkeiten vollständig angegeben werden.
(2) Das Inventar soll außerdem eine Beschreibung der Nachlassgegenstände, soweit eine solche zur Bestimmung des Wertes erforderlich ist, und die Angabe des Wertes enthalten.

1 **A. Allgemeines.** § 2001 ist Ordnungsvorschrift, deren Nichtbeachtung weder zur Nichtigkeit des Inventars noch zum Verlust bestehender Haftungsbeschränkungen führt. Ein Nachlassverzeichnis ohne amtliche Mitwirkung ist kein Inventar im Rechtssinn. Daher gewährleistet die Beteiligung der Institutionen nach §§ 2002, 2003 weitgehend die Einhaltung der Vorschrift (Soergel/*Stein* § 2001 Rz 1).

2 **B. Inhalt.** In das Nachlassverzeichnis sind sämtliche zum Zeitpunkt des Erbfalls vorhandenen Nachlassgegenstände (Staud/*Marotzke* § 2001 Rz 1), zu denen auch die Anteile an Personengesellschaften gehören und zwar unabhängig davon, ob sie frei vererblich sind oder im Wege der Sonderrechtsnachfolge übergehen (Soergel/*Stein* § 2001 Rz 2) sowie alle Nachlassverbindlichkeiten aufzunehmen. Maßgebend ist der Zeitpunkt der Inventarerrichtung (BGHZ 32, 60), so dass auch die nach dem Erbfall entstandenen Forderungen, wie zB die Beerdigungskosten, zu berücksichtigen sind. Sie müssen einzeln und hinreichend identifizierbar angegeben werden (Soergel/*Stein* § 2001 Rz 2). Dies gilt auch für die Rechte, Schulden und Lasten, die durch Aufrechnung nach § 1977 I, Konfusion oder Konsolidation erloschen sind (Staud/*Marotzke* § 2001 Rz 2, 3).

3 Bei II reicht eine nur pauschalierte Zusammenfassung nicht aus.

4 § 2001 gilt auch für das Inventar eines Mit- und Nacherben, das den gesamten Nachlass umfassen muss (Palandt/*Edenhofer* § 2001 Rz 1 aE). Das Inventar des Nacherbe hat alles zu enthalten, was er aus der Erbschaft erlangt hat, einschließlich Ansprüche nach § 2144.

5 Der Erbe hat das von ihm erstellte Inventar zu unterzeichnen (RGZ 77, 247).

§ 2002 Aufnahme des Inventars durch den Erben.
Der Erbe muss zu der Aufnahme des Inventars eine zuständige Behörde oder einen zuständigen Beamten oder Notar zuziehen.

1 **A. Allgemeines.** Ein nur vom Erben aufgenommenes Inventar ist wirkungslos (MüKo/*Siegmann* § 2002 Rz 1), da nur die amtliche Mitwirkung sicherstellen kann, dass das Inventar eine brauchbare Grundlage zur Beurteilung des Nachlassbestandes darstellt (Staud/*Marotzke* § 2002 Rz 1).

2 **B. Amtliche Mitwirkung.** Bei der Aufnahme eines Inventars durch den Erben bedarf es der Mitwirkung eines Notars oder einer Behörde bzw eines Beamten in Form der Beistandleistung und der Belehrung, wobei die Prüfung der Vollständigkeit und sachlichen Richtigkeit der Angaben des Erben nicht der amtlichen Mitwirkung unterliegt (Staud/*Marotzke* § 2002 Rz 2). Allerdings kann die Amtsperson/der Notar die von den Erklärungen des Erben abw Vorstellungen in das Inventar aufnehmen bzw das Nachlassgericht hierüber informieren (Soergel/*Stein* § 2002 Rz 4).

3 Der Erbe hat das Inventar zu unterschreiben (RGZ 77, 246), womit er die Verantwortung für die inhaltliche Richtigkeit und Vollständigkeit des Inventars und die Einreichung beim Nachlassgericht übernimmt (DGE/*Hanhörster/Dospil* § 2002 Rz 1). Die Unterschrift des Notars bzw der Amtsperson ist daher nicht erforderlich; sie macht das Inventar aber nicht unwirksam (Staud/*Marotzke* § 2002 Rz 2 aE).

4 Die örtliche und sachliche **Zuständigkeit** bestimmt das Landesrecht, wobei der Notar nach den § 20 I, IV BNotO, § 61 Nr 2 BeurkG in allen Bundesländern sachlich zuständig ist. In Baden-Württemberg (§ 41 V LFGG) und Bayern (§ 8 AGGVG) ist der Notar ausschließlich zuständig. Das Inventar ist bei sachlicher Unzuständigkeit unwirksam (Damrau/*Gottwald* § 2002 Rz 3; aA: Nach Soergel/*Stein* § 2002 Rz 3 ist die Zuständigkeit gegeben, wenn die Behörde die eigene Zuständigkeit bejaht). Die örtliche Unzuständigkeit ist unschädlich (Staud/*Marotzke* § 2002 Rz 3).

5 Die **Form** des Inventars ergibt sich aus §§ 36, 37 BeurkG. Landesrechtliche Bestimmungen sind nur Ordnungsvorschriften (Soergel/*Stein* § 2002 Rz 4). Die Gebühr nach § 52 KostO ist Nachlassverbindlichkeit.

6 **C. Inventareinreichung.** Die Inventarfrist ist erst mit der Einreichung des unterschriebenen Verzeichnisses beim Nachlassgericht gewahrt, § 1993 (MüKo/*Siegmann* § 2002 Rz 4). Bei Verzögerung infolge der amtlichen Mitwirkung ist die Inventarfrist nach §§ 1995 III zu verlängern (MüKo/*Siegmann* § 2002 Rz 4). IÜ kann auch der Antrag auf amtliche Inventaraufnahme nach § 2003 gestellt werden.

7 Ein Amtshaftungsanspruch wegen Versäumung der Inventarfrist infolge schuldhafter Verzögerung der Mitwirkung bei der Inventarerrichtung kommt nur dem Erben, nicht aber den Nachlassgläubigern zugute (Soergel/*Stein* § 2002 Rz 4).

§ 2003 Amtliche Aufnahme des Inventars.
(1) ¹Auf Antrag des Erben hat das Nachlassgericht entweder das Inventar selbst aufzunehmen oder die Aufnahme einer zuständigen Behörde oder einem zuständigen Beamten oder Notar zu übertragen. ²Durch die Stellung des Antrags wird die Inventarfrist gewahrt.

(2) Der Erbe ist verpflichtet, die zur Aufnahme des Inventars erforderliche Auskunft zu erteilen.
(3) Das Inventar ist von der Behörde, dem Beamten oder dem Notar bei dem Nachlassgericht einzureichen.

A. Allgemeines. Der Erbe kann die Aufnahme des Inventars auch dem Nachlassgericht überlassen. 1

B. Inventarerrichtung durch Dritte. Der Antrag muss an das Nachlassgericht gerichtet sein, da die Übertragung der Aufnahme Aufgabe des Nachlassgerichts ist (RGZ 77, 246). 2
Antragsberechtigt ist nur der Erbe, nach § 2003 auch ein einzelner Miterbe, selbst wenn er nicht im Besitz des Nachlasses ist (Soergel/*Stein* § 2003 Rz 1). Nicht antragsbefugt sind die Nachlassgläubiger (MüKo/*Siegmann* § 2003 Rz 2), wie Pflichtteils- oder Auflagenberechtigter und Vermächtnisnehmer (Karlsr OLGE 35, 361). 3
Die Antragstellung eines Miterben für alle wahrt die Inventarfrist, § 2063 I (DGE/*Hanhörster/Dospil* § 2003 Rz 1). 4
Zuständig ist das Nachlassgericht nach §§ 344 I FamFG. Überträgt das Gericht die Inventaraufnahme auf eine Behörde, bestimmt sich deren Zuständigkeit gem Art 147 EGBGB nach Landesrecht (Soergel/*Stein* § 2003 Rz 3). Das örtlich zuständige Nachlassgericht kann ein auswärtiges Gericht oder auswärtige Behörde im Wege des Rechtshilfeersuchens mit der Aufnahme beauftragen (RGZ 106, 288). Das Handeln einer offensichtlich sachlich unzuständigen Behörde führt nur zur Unwirksamkeit des Inventars (Staud/*Marotzke* § 2002 Rz 3). 5
Zur Form des Inventars enthält das BGB keine Vorschriften. Da die Verantwortung für die Errichtung des Inventars beim Gericht bzw der Behörde liegt, muss der Erbe nicht unterschreiten (Soergel/*Stein* § 2003 Rz 4). 6
Die Mitwirkungspflicht des Erben erschöpft sich in der bloßen Auskunft, II. Ein Verstoß führt zur unbeschränkten Haftung nach § 2005 I 2 (KG OLGE 14, 293). 7
Nach III hat die aufnehmende Stelle das Inventar beim Nachlassgericht einzureichen, womit das Inventar iSd § 1993 errichtet ist (Staud/*Marotzke* § 2003 Rz 2, 10). 8
Die Kosten der Inventarerrichtung nach § 52 KostO sind Nachlassverbindlichkeiten (DGE/*Hanhörster/Dospil* § 2003 Rz 1). 9

§ 2004 Bezugnahme auf ein vorhandenes Inventar.
Befindet sich bei dem Nachlassgericht schon ein den Vorschriften der §§ 2002, 2003 entsprechendes Inventar, so genügt es, wenn der Erbe vor dem Ablauf der Inventarfrist dem Nachlassgerichte gegenüber erklärt, dass das Inventar als von ihm eingereicht gelten soll.

A. Allgemeines. Bei der Bezugnahme des Erben auf ein beim Nachlassgericht befindliches Inventar handelt es sich um eine weitere Art der Inventaraufnahme (AnwK-BGB/*Odensky* § 2004 Rz 1). In den Anwendungsbereich der Vorschrift fallen auch Inventare, die vom Nachlass-/-insolvenzverwalter, Testamentsvollstrecker, einem auftragslosen Geschäftsführer, nicht ausgewiesenen Bevollmächtigten, ausschlagenden Erben, Erbschaftsbesitzer oder vom Nachlassgericht selbst aufgenommen wurden (BaRoth/*Lohmann* § 2004 Rz 1). 1

B. Bezugnahme. Die Bezugnahme setzt voraus, dass das Inventar dem Erben noch nicht zugerechnet wird (DGE/*Hanhörster/Dospil* § 2004 Rz 1) und es den Anforderungen der §§ 2002, 2003 entspricht (KG OLG 14, 295). Sie ist frist-, nicht aber formgebunden (MüKo/*Siegmann* § 2003 Rz 2); sie kann daher durch einen Bevollmächtigten erfolgen, der seine Vollmacht nachreichen kann. Ist dem Erben bereits eine Inventarfrist gesetzt, kann die Vollmacht nur innerhalb dieser Frist beigebracht werden (Soergel/*Stein* § 2004 Rz 3). 2
Der Erbe kann bei Kenntnis der Unrichtigkeit Inventaruntreue begehen, indem er auf ein fremdes Inventar Bezug nimmt, (Palandt/*Edenhofer* § 2004 Rz 1). § 2005 II gilt analog bei fehlender Kenntnis der Unrichtigkeit (Staud/*Marotzke* § 2004 Rz 9). 3

C. Ausschluss. Ist das Inventar von einem gesetzlichen/gewillkürten Vertreter des Erben errichtet worden oder kommt dessen Inventar dem Erben zugute, §§ 2008, 2063, 2144, 2383, findet § 2004 keine Anwendung, da das Inventar bereits als das des Erben gilt (Palandt/*Edenhofer* § 2004 Rz 2). Befindet sich infolge unrichtiger Sachbehandlung bereits ein Nachlassverzeichnis des Erben beim Nachlassgerichts, kann sich der Erbe gem § 2314 I 3 hierauf nicht beziehen (Hamm NJW 62, 53). 4

§ 2005 Unbeschränkte Haftung des Erben bei Unrichtigkeit des Inventars. (1)
¹Führt der Erbe absichtlich eine erhebliche Unvollständigkeit der im Inventar enthaltenen Angabe der Nachlassgegenstände herbei oder bewirkt er in der Absicht, die Nachlassgläubiger zu benachteiligen, die Aufnahme einer nicht bestehenden Nachlassverbindlichkeit, so haftet er für die Nachlassverbindlichkeiten unbeschränkt. ²Das Gleiche gilt, wenn er im Falle des § 2003 die Erteilung der Auskunft verweigert oder absichtlich in erheblichem Maße verzögert.
(2) Ist die Angabe der Nachlassgegenstände unvollständig, ohne dass ein Fall des Absatzes 1 vorliegt, so kann dem Erben zur Ergänzung eine neue Inventarfrist bestimmt werden.

A. Allgemeines. Liegen die Tatbestandsvoraussetzungen vor, haftet der Erbe allen Nachlassgläubigern ggü unbeschränkbar. Dies gilt bei einem Miterben nur hinsichtlich seines ideellen Erbteils entspr Teils einer jeden 1

§ 2006

Nachlassverbindlichkeit (Staud/*Marotzke* § 2005 Rz 2). Daher kann grds jeder Nachlassgläubiger vollstreckungsrechtlich auf das sonstige Vermögen des Erben zugreifen.

2 Der Erbe haftet nach § 278 für die unrichtigen Angaben seines gesetzlichen Vertreters oder seines Bevollmächtigten (Ermann/*Schlüter* § 2005 Rz 5).

3 Bei § 2005 liegt die Verfehlung des Erben in der Täuschung der Behörden (Palandt/*Edenhofer* § 2005 Rz 2).

4 **B. Tatbestandsvarianten. I. 1. Alt.** Eine Inventaruntreue kommt beim freiwilligen Inventar ebenso wie beim Inventar auf Antrag eines Nachlassgläubigers in Betracht, wenn das Inventar absichtlich unvollständige Angaben über die Nachlassgegenstände enthält (Rostock OLGE 30, 189), wobei dies nicht für die Wertangaben nach § 2001 II und die Beschreibungen gilt (Staud/*Marotzke* § 2005 Rz 4), da § 2001 II nur eine Ordnungsvorschrift darstellt. Die Berichtigung eines absichtlich falschen oder unrichtigen Inventars ausgeschlossen, sobald es beim Nachlassgericht eingereicht wurde (Palandt/*Edenhofer* § 2005 Rz 4). Das absichtliche Handeln setzt voraus, dass der Erbe mit der Unvollständigkeit einen bestimmten Zweck verfolgt. Dabei genügt die Absicht, die Nachlassgläubiger zu schädigen (Staud/*Marotzke* § 2005 Rz 4) oder die Steuerbehörde über den tatsächlichen Umfang des Nachlasses zu täuschen (DGE/*Hanhörster/Dospil* § 2005 Rz 2). Nicht erforderlich ist ein Benachteiligungsvorsatz bei der Angabe der Aktiven. Dagegen muss die Aufnahme einer nicht bestehenden Nachlassverbindlichkeit in der Absicht erfolgt sein, die Nachlassgläubiger zu benachteiligen (RGRK/*Kregel* § 2005 Rz 5). Hier liegt gleichzeitig der Straftatbestand des § 283 I Nr 4 StGB vor. Für die Absicht genügt es, dass der Erbe bei seinem Handeln weiß, er werde mit aller Wahrscheinlichkeit die Gläubiger benachteiligen (Erman/*Schlüter* § 2005 Rz 2).

5 Die Untreue bei einem Inventar, welches nur dem Erben zustatten kommt, führt zwar nicht zu seiner unbeschränkten Haftung, wahrt aber auch nicht die Inventarfrist (Staud/*Marotzke* § 2005 Rz 11).

6 **II. 2. Alt.** Erforderlich ist ein Handeln des Erben in der Absicht, die Nachlassgläubiger zu benachteiligen, wie zB die Aufnahme einer nicht bestehenden Nachlassverbindlichkeit verfolgen, um zB die Überschuldung des Nachlasses vorzuspiegeln. Dagegen ist das Weglassen tatsächlich bestehender Verbindlichkeiten unschädlich, weil der Gläubiger hierdurch nicht auf seine Rechte verzichtet (AnwK-BGB/*Odersky* § 2005 Rz 6).

7 **C. Verletzung der Auskunftspflicht.** Inventaruntreue liegt auch vor, wenn der Erbe seine Auskunftspflicht nach § 2003 II verletzt. Voraussetzung dafür ist, dass die dem Erben gesetzte Inventarfrist bereits zu laufen begonnen hat (Staud/*Marotzke* § 2005 Rz 7). Der Erbe soll sich nicht der fristwahrenden Folge bedienen können, um eine korrekte Bestandsaufnahme zu vereiteln (DGE/*Hanhörster/Dospil* § 2005 Rz 3). Diese Rechtsfolge tritt nicht ein bei der freiwilligen Inventarerrichtung, bei unerheblicher Unvollständigkeit oder wenn die Absicht im Fall des § 2003 fehlt.

8 Bei Ehegatten kommt es auf die Auskunft des erbenden Teils an. Im Fall des § 2008 kommt die Auskunft des das Gesamtgut (mit-)verwaltenden Ehegatten dem anderen zugute (Palandt/*Edenhofer* § 2005 Rz 3).

9 **D. Neue Inventarfrist.** Das Nachlassgericht kann, wenn kein Fall des I vorliegt, eine neue Inventarfrist bestimmen, um das Inventar zu ergänzen. Die Frist zur Ergänzung des Inventars kann nach § 1994 nur auf Antrag eines Nachlassgläubigers (hM; Staud/*Marotzke* § 2005 Rz 14) oder des Erben (MüKo/*Siegmann* § 2005 Rz 5) bestimmt werden. Für die neue Frist gelten, sofern im G nichts anderes bestimmt ist, die §§ 1995–2000 (MüKo/*Siegmann* § 2005 Rz 4).

10 Die Ablehnung der neuen Inventurfrist berechtigt zur sofortigen Beschwerde nach §§ 360 II, 63 FamFG, § 11 RPflG.

§ 2006 Eidesstattliche Versicherung.

(1) Der Erbe hat auf Verlangen eines Nachlassgläubigers zu Protokoll des Nachlassgerichts an Eides Statt zu versichern, dass er nach bestem Wissen die Nachlassgegenstände so vollständig angegeben habe, als er dazu imstande sei.
(2) Der Erbe kann vor der Abgabe der eidesstattlichen Versicherung das Inventar vervollständigen.
(3) [1]Verweigert der Erbe die Abgabe der eidesstattlichen Versicherung, so haftet er dem Gläubiger, der den Antrag gestellt hat, unbeschränkt. [2]Das Gleiche gilt, wenn er weder in dem Termin noch in einem auf Antrag des Gläubigers bestimmten neuen Termin erscheint, es sei denn, dass ein Grund vorliegt, durch den das Nichterscheinen in diesem Termin genügend entschuldigt wird.
(4) Eine wiederholte Abgabe der eidesstattlichen Versicherung kann derselbe Gläubiger oder ein anderer Gläubiger nur verlangen, wenn Grund zu der Annahme besteht, dass dem Erben nach der Abgabe der eidesstattlichen Versicherung weitere Nachlassgegenstände bekannt geworden sind.

1 **A. Allgemeines.** Da trotz der §§ 2002, 2003 keine Gewähr für die Richtigkeit und Vollständigkeit des vom Erben errichteten Inventars besteht und die allgemeine Auskunftspflicht der §§ 1978, 666, 681, 259, 260 nur im Klagewege vor dem Prozessgericht durchzusetzen ist (Erman/*Schlüter* § 2006 Rz 2), haben die Nachlassgläubiger im Verfahren der freiwilligen Gerichtsbarkeit das Recht, die eidesstattliche Versicherung zu verlangen. Gibt der Erbe die eV ab, verstärkt sich die Vermutung des § 2009, dass keine weiteren Nachlassgegenstände vorhanden sind. IÜ kann der Erbe dadurch die Haftung auf den Nachlass beschränken.

B. Voraussetzungen. Hat der Erbe ein Inventar (freiwillig oder nach Fristsetzung, § 1994) in einer der Formen der §§ 2002–2004 errichtet, ist er auf Verlangen eines Nachlassgläubigers zur Abgabe der eV verpflichtet (AnwK-BGB/*Odersky* § 2006 Rz 4). Dies gilt auch dann, wenn dem Erben nur das Inventar eines anderen zugute kommt (hM Staud/*Marotzke* § 2006 Rz 3, aA Erman/*Schlüter* § 2006 Rz 3). Diese Verpflichtung trifft weder den Ehegatten des Erben im Güterstand der Gütergemeinschaft noch den Nachlasspfleger oder -insolvenzverwalter (Staud/*Marotzke* § 2006 Rz 8). Ist Nachlassverwaltung angeordnet oder das Nachlassinsolvenzverfahren eröffnet, ist der Erbe wegen § 2000 nicht verpflichtet, dem Gläubigerverlangen zu entsprechen (RGRK/*Johannsen* § 2006 Rz 3).

Weigert sich der Erbe, die eV abzugeben, ist sie nicht erzwingbar (RGZ 129, 239). Die Weigerung kann zu Protokoll des Nachlassgerichts oder schriftlich erklärt werden. Durch die Verweigerung verliert der Erbe ggü dem antragstellenden Nachlassgläubiger sein Recht zur Haftungsbeschränkung bzgl der im Antrag bezeichneten Forderung (hM Staud/*Marotzke* § 2006 Rz 17; aA Soergel/*Stein* § 2006 Rz 6).

Im Nachlassinsolvenzverfahren kann das Insolvenzgericht dem Erben nach § 153 II InsO auf Antrag des Insolvenzverwalters aufgeben, die Vervollständigung der Vermögensverzeichnisses eidesstattlich zu versichern; die Weigerung führt aber nicht zum Verlust des Haftungsbeschränkungsrechts (Damrau/*Gottwald* § 2006 Rz 4).

Jeder Nachlassgläubiger, die ausgeschlossenen Gläubiger nach §§ 1973, 1974 sowie der Pflichtteilsberechtigte (LG Krefeld MDR 70, 766), der einen Antrag auf Bestimmung einer Inventarfrist hätte stellen können, kann die Abgabe der eV beantragen. Der Gläubiger kann sich mit seinem Verlangen auch an den Erben wenden (MüKo/*Siegmann* § 2006 Rz 2; aA Staud/*Marotzke* § 2006 Rz 6) und hat, wie im Fall des § 1994, seine Forderung glaubhaft zu machen; ein vollstreckbarer Titel ist nicht erforderlich.

C. Verfahren der Abgabe der eV. Die Abgabe der eV erfolgt ggü dem nach § 3 Nr 2c RPflG zuständigen Rechtspfleger zu Protokoll des Nachlassgerichts. Nach §§ 1 II, 38 LFGG ist in Baden-Württemberg das Notariat zuständig: im württembergischen Landesteil erfolgt die Abnahme durch den Bezirksnotar, im badischen Landesteil durch den Rechtspfleger, § 35 I, III RPflG. Der Termin wird auf Antrag des Nachlassgläubigers oder des Erben bestimmt (MüKo/*Siegmann* § 2006 Rz 4).

Der Rechtspfleger hat auf Bedenken gegen die Richtigkeit des Inventars hinzuweisen, auch wenn diese vom Nachlassgläubiger erst im Termin geäußert werden; der Erbe soll gem II das Recht haben, das Inventar zu überprüfen und zu ergänzen (Hamm FamRZ 95, 698).

Die eV erfasst nur die Vollständigkeit der angegebenen Nachlassaktiva zum Zeitpunkt des Erbfalls; sie erstreckt sich nicht auf die Verbindlichkeiten und durch deren Umfang, die nähere Beschreibung und die Wertangabe, § 2001 I (AnwK-BGB/*Odersky* § 2006 Rz 9). Der Erbe muss, bezogen auf seinen Wissensstand, eine aktuelle Auskunft eidesstattlich versichern (AnwK-BGB/*Odersky* § 2006 Rz 10). Soweit nicht ein Fall des IV vorliegt, ist der Erbe vor einer weiteren eV geschützt.

Im Prozess ist der Gegenbeweis ohne Einschränkung zulässig. Die Entscheidung des Nachlassgerichts, ob die eV als verweigert oder das Nichterscheinen entschuldigt ist, bindet das Prozessgericht (str für eine Bindung: Ermann/*Schlüter* § 2006 Rz 6; aA Hamm FamRZ 95, 698).

Das Verfahren zur Abgabe der eV richtet sich nach § 361 FamFG iVm §§ 478–480, 483 ZPO analog (Hamm RPfleger 95, 161). Gem § 361 FamFG sind beide Teile zum Termin zu laden, wobei die Anwesenheit des Gläubigers nicht erforderlich ist (DGE/*Hanhörster/Dospil* § 2006 Rz 3). Über den Verlauf des Termins ist ein Protokoll anzufertigen, in welches nach § 3573 FamFG Einsicht gewährt werden kann (Soergel/*Stein* § 2006 Rz 5). Gegen die Ablehnung der Terminsbestimmung oder die Abnahme der eV findet die einfache Beschwerde statt, nicht aber gegen die Terminsbestimmung oder die Ladung bzw Vertagung (Hamm RPfleger 95, 161).

Die Kosten, die sich aus § 124 KostO ergeben, hat der Antragsteller zu tragen.

D. Verweigerung/Unentschuldigtes Nichterscheinen. Nach hM hat das unentschuldigte Nichterscheinen in dem vom Gläubiger beantragten zweiten Termin oder die Verweigerung nach III 1 ggü dem Antragsteller bzgl der im Antrag bezeichneten Forderung eine relativ unbeschränkbare Haftung, § 2013 II, zur Folge (BaRoth/*Lohmann* § 2006 Rz 11; aA Soergel/*Stein* § 2006 Rz 6). Dies gilt nicht, wenn die unbeschränkte Haftung bereits wegen Inventaruntreue oder wegen Inventarversäumnis eingetreten ist. Hierüber entscheidet nicht das Nachlass-, sondern das Prozessgericht (Hamm FGPrax 1995, 69).

Verweigert der Erbe ggü einem Gläubiger die Abgabe der eV, können andere Gläubiger ihrerseits die Abgabe der eV verlangen (Prot V 758).

Die vorsätzlich wahrheitswidrige Abgabe der eV steht der Verweigerung gleich (Staud/*Marotzke* § 2006 Rz 16); darüber hinaus macht sich der Erbe nach § 156 StGB strafbar.

§ 2007 Haftung bei mehreren Erbteilen.
¹Ist ein Erbe zu mehreren Erbteilen berufen, so bestimmt sich seine Haftung für die Nachlassverbindlichkeiten in Ansehung eines jeden der Erbteile so, wie wenn die Erbteile verschiedenen Erben gehörten. ²In den Fällen der Anwachsung und des § 1935 gilt dies nur dann, wenn die Erbteile verschieden beschwert sind.

1 **A. Allgemeines.** Im Fall der Berufung zu mehreren Erbteilen soll der Erbe für die Nachlassverbindlichkeiten so haften, als wären die Erbteile verschiedenen Erben angefallen, wohingegen dies bei der Anwachsung nur gelten soll, wenn die Erbteile verschieden beschwert sind.
2 Die praktische Bedeutung der Vorschrift ist gering.
3 **B. Mehrere Erbteile.** Beim Hinzuerwerb eines weiteren selbständigen Erbteils kann der Erbe nach 1 die Haftung, auch wenn er iü unbeschränkt haftet, für diesen Erbteil beschränken (DGE/*Hanhörster/Dospil* § 2007 Rz 2). Bei **mehreren Erben** haftet der Miterbe, dem mehrere Erbteile angefallen sind, vor der Nachlassteilung nach § 2059 I 2 mit seinem Privatvermögen nur für die Nachlassverbindlichkeiten, die der Quote des Erbteils entsprechen, mit der er bereits unbeschränkt haftet (DGE/*Hanhörster/Dospil* § 2007 Rz 2). Bis zur Teilung hat er das Leistungsverweigerungsrecht des § 2059 I. Beim **Alleinerben**, der mehrere Erbteile erhält scheidet eine Nachlassteilung aus. Die hM wendet § 2059 I 2 analog an (Soergel/*Stein* § 2007 Rz 2; aA Staud/*Marotzke* § 2007 Rz 2: In der Analogie liege ein Verstoß gegen den Sinn und Zweck des § 2059, da beim Alleinerben eine gesamthänderische Bindung gerade nicht vorliege). Hat der Erbe die Erbteile zum Zeitpunkt der unbeschränkten Haftung endgültig erworben, greift § 2007 nicht (Staud/*Marotzke* § 2007 Rz 13). Die dem Erben gesetzte Inventarfrist erstreckt sich nach § 1994 auf den gesamten Nachlass.
4 IdR sind die Voraussetzungen für die Haftungsbeschränkung für alle Erbteile gleich; uU kann für jeden Erben eine besondere Inventarfrist laufen, wenn der Erbe nach § 1951 I die Erbteile verschieden annehmen konnte und angenommen hat (Erman/*Schlüter* § 2007 Rz 1).
5 **C. Anwachsung.** Wird der Erbanteil durch **Anwachsung** vergrößert, erweitert sich auch die Haftung auf den Zuerwerb, sofern er nicht unterschiedlich beschwert ist (Palandt/*Edenhofer* § 2007 Rz 2). Die Selbständigkeit der Erbteile bleibt nur hinsichtlich Vermächtnissen und Auflagen erhalten, da das Gesetz grds von einer Einheit des vergrößerten Erbteils ausgeht (Soergel/*Stein* § 2007 Rz 3). Ggü den sonstigen Nachlassgläubigern ist von einem einheitlichen Erbteil auszugehen (MüKo/*Siegmann* § 2007 Rz 3).

§ 2008 Inventar für eine zum Gesamtgut gehörende Erbschaft.

(1) ¹Ist ein in Gütergemeinschaft lebender Ehegatte Erbe und gehört die Erbschaft zum Gesamtgut, so ist die Bestimmung der Inventarfrist nur wirksam, wenn sie auch dem anderen Ehegatten gegenüber erfolgt, sofern dieser das Gesamtgut allein oder mit seinem Ehegatten gemeinschaftlich verwaltet. ²Solange die Frist diesem gegenüber nicht verstrichen ist, endet sie auch nicht dem Ehegatten gegenüber, der Erbe ist. ³Die Errichtung des Inventars durch den anderen Ehegatten kommt dem Ehegatten, der Erbe ist, zustatten.
(2) Die Vorschriften des Absatzes 1 gelten auch nach der Beendigung der Gütergemeinschaft.

1 **A. Allgemeines.** Unter den Voraussetzungen des § 2008 haftet auch der nichterbende Ehegatte für die Nachlassverbindlichkeiten, und zwar persönlich als Gesamtschuldner, §§ 1437, 1439 (Soergel/*Stein* § 2008 Rz 2).
2 **B. Regelungszweck.** Die Vorschrift soll verhindern, dass dem das Gesamtgut (mit-)verwaltende Ehegatten die ihm möglichen Haftungsbeschränkungsmittel dadurch verloren gehen, dass der erbende Ehegatte eine allein ihm bestimmte Inventarfrist versäumt oder eine sonstige Inventarverfehlung nach §§ 2005 I, 2006 III begeht (Staud/*Marotzke* § 2008 Rz 11, 24 ff). Durch § 2008 hat der nicht erbende Ehegatte kein selbständiges Inventarrecht.
3 **C. Fristbeginn.** Die Inventarfrist muss, auch wenn dies nicht beantragt ist, in gleicher Weise dem nichterbenden aber das Gesamtgut (mit-)verwaltenden Ehegatten, gesetzt werden (Palandt/*Edenhofer* § 2008 Rz 1). Im Falle der Alleinverwaltung ist nur ihm die Frist zu setzen.
4 Die Frist beginnt nach § 1995 I 2 mit der Zustellung; sie läuft für jeden Ehegatten gesondert, so dass sie auch dem Erben ggü nicht endet, solange sie dem Ehegatten des Erben ggü nicht verstrichen ist, § 2008 I 2.
5 Haben die Ehegatten erst nach dem Anfall der Erbschaft geheiratet oder Gütergemeinschaft vereinbart, muss dem nichterbenden Ehegatten, gleichgültig, ob allein- oder mitverwaltend, nachträglich eine Inventarfrist gesetzt werden. Daher kann er sowohl eine Fristverlängerung als auch die Bestimmung einer neuen Inventarfrist beantragen bzw Beschwerde gegen den Fristsetzungsbeschluss einlegen. Auf den Zeitpunkt, wann der Nachlass Gesamtgut geworden ist, kommt es nicht an (DGE/*Hanhörster/Dospil* § 2008 Rz 3).
6 War die Inventarfrist bereits in diesem Zeitpunkt abgelaufen, tritt der nicht erbende Ehegatte in die entstandene Haftungssituation ein, läuft die Frist noch, ist ihm nachträglich eine Inventarfrist zu setzen (RGRK/ *Johannsen* § 2008 Rz 6; aA Staud/*Marotzke* § 2008 Rz 18).
7 **D. Verfahren.** Der Fristsetzungsbeschluss ist beiden Ehegatten vAw zuzustellen. Eines Antrages bedarf es nicht, weil das Nachlassgericht den Güterstand vAw zu beachten, ggf zu ermitteln hat (Soergel/*Stein* § 2008 Rz 4).
8 Das Inventar kann von beiden Ehegatten getrennt oder gemeinsam errichtet werden. Der erbende Ehegatte *haftet für die Nachlassverbindlichkeiten* unbeschränkt erst ab dem Zeitpunkt, in dem auch der allein- oder mitverwaltende Ehegatte die Inventarfrist versäumt hat, § 2008 I 3. Durch ein richtiges und rechtzeitig eingereichtes Inventar kann jeder Ehegatte die Inventarversäumnis des Partners bzw dessen Inventaruntreue und damit die unbeschränkte Haftung beider Ehegatten abwenden (AnwK-BGB/*Odensky* § 2008 Rz 11). Der Ehe-

gatte eines bereits unbeschränkt haftenden Erben kann dem Erben das verwirkte Haftungsbeschränkungsrecht durch die Errichtung eines Inventars, welches auch dem Erben zustatten kommt, verschaffen, um sich selbst darauf zu berufen (DGE/*Hanhörster/Dospil* § 2008 Rz 3; aA Soergel/*Stein* § 2008 Rz 8), sofern es um das Gesamtgut geht und damit eine persönliche Haftung des Ehegatten des Erben in Betracht kommt.

Nach § 2008 II haftet der Ehegatte auch nach Beendigung des Güterstandes bis zur Auseinandersetzung des Gesamtgutes, § 1472 (Staud/*Marotzke* § 2008 Rz 3 ff). Bei der Beendigung der Gütergemeinschaft durch Tod des nichterbenden (mit-)verwaltenden Ehegatten läuft die begonnene Inventarfrist gegen den Erben weiter; war sie noch nicht bestimmt, muss sie ggü dem Erben festgesetzt werden (Soergel/*Stein* § 2008 Rz 8). Abkömmlinge, welche die Gütergemeinschaft **fortsetzen**, ist keine Frist zu setzen, da sie nach § 1489 III nicht persönlich haften. 9

Die Pflicht zur Abgabe der eidesstattlichen Versicherung nach § 2006 trifft nicht nur den erbenden Ehegatten, sondern auch seinen (mit-)verwaltenden Ehegatten. Daher müssen beide Ehegatten zum Termin geladen werden (RGRK/*Johannsen* § 2008 Rz 13; aA Erman/*Schlüter* § 2008 Rz 5), wobei die eV des einen dem anderen zustatten kommt. 10

E. Möglichkeiten der Haftungsbeschränkung. Der Ehegatte des Erben kann die Haftungsbeschränkung in erster Linie durch die haftungsbeschränkenden Einreden der §§ 1973, 1974, 1989, 1990–1992, 2014, 2015 herbeiführen. Ein Verzicht auf das Beschränkungsrecht ist nur mit Zustimmung des anderen, das Gesamtgut (mit-)verwaltenden Ehegatten wirksam. Hat der Erbe den Vorbehalt des § 780 ZPO versäumt, kann sein Ehegatte diesen in das gegen ihn ergehende Duldungsurteil aufnehmen lassen (Erman/*Schlüter* § 2008 Rz 6). 11

Gehört der Nachlass weder zum Sonder- noch zum Vorbehaltsgut, kann er die Haftung durch das Aufgebot der Nachlassgläubiger gem § 462 FamFG, das Nachlassinsolvenzverfahren nach § 318 InsO oder durch die Anordnung der Nachlassverwaltung herbeiführen. 12

§ 2009 Wirkung der Inventarerrichtung.
Ist das Inventar rechtzeitig errichtet worden, so wird im Verhältnis zwischen dem Erben und den Nachlassgläubigern vermutet, dass zur Zeit des Erbfalls weitere Nachlassgegenstände als die angegebenen nicht vorhanden gewesen seien.

A. Vermutung. Die Vermutung bezieht sich nur auf die Zeit des Erbfalls und ist insoweit eingeschränkt, als sie nur ggü den Nachlassgläubigern gilt (Palandt/*Edenhofer* § 2009 Rz 1). Sie erfasst nur die Aktiva des Nachlasses, nicht aber die Angaben über deren Wert. Es wird angenommen, dass nicht im Inventar aufgeführte Gegenstände auch nicht zum Nachlass gehören, was insb bei der Klage nach § 785 ZPO von Bedeutung ist (DGE/*Hanhörster/Dospil* § 2009 Rz 3). Die Vermutung hat lediglich negativen Inhalt und bedeutet nicht, dass die im Inventar aufgeführten Gegenstände tatsächlich zum Nachlass gehören. 1

Nicht erfasst werden persönliche Gläubiger der Erben (ganz hM; aA *Wendt* AcP 86, 395), Erbschaftsbesitzer, Nacherben, Erbschaftskäufer und Testamentsvollstrecker; ggü den Miterben gilt sie nur, soweit sie Nachlassgläubiger sind (Erman/*Schlüter* § 2009 Rz 2). Das Inventar unterliegt bei Rechtsstreitigkeiten zwischen diesen Personen der freien Beweiswürdigung des § 286 ZPO (DGE/*Hanhörstser/Dospil* § 2009 Rz 3). 2

B. Voraussetzungen. Das Inventar muss unter Beachtung der §§ 2002, 2003 vor Ablauf der Frist des § 1994 I oder freiwillig (§ 1993) errichtet werden. Im Falle einer Inventaruntreue gilt es als nicht errichtet (Prot 5, 756). Fehlen Beschreibungen und Wertangaben des § 2021, wird das Inventar nicht unwirksam (MüKo/*Siegmann* § 2009 Rz 2). Bei Unvollständigkeit des Nachlassverzeichnisses nach § 2005 II wird die Vermutung, dass weitere Nachlassgegenstände nicht vorhanden sind, nicht entkräftet (AnwK-BGB/*Odensky* § 2009 Rz 2). Bei vorsätzlicher Unvollständigkeit haftet der Erbe unbeschränkbar (DGE/*Hanhörstser/Dospil* § 2009 Rz 1). 3

C. Wirkung der Vermutung. Durch die Vermutung wird dem Erben nicht nur der Nachweis ordentlicher Verwaltung (§ 1978) ggü den Nachlassgläubigern erleichtert und gesichert (Erman/*Schlüter* § 2009 Rz 1), sondern auch der Umfang der Herausgabepflicht des Nachlasses in den Fällen der §§ 1973, 1974, 1990, 1992 bis zum Beweis des Gegenteils begrenzt und der Beweis der Nichtzugehörigkeit des Vollstreckungsgegenstandes zum Nachlass erleichtert (Palandt/*Edenhofer* § 2009 Rz 3). Nach § 292 ZPO kann der Gläubiger den Gegenbeweis mit allen zulässigen Mitteln gegen die Vermutung als bloße Tatsachenvermutung führen (BayObLGZ 8, 127). Die Bekräftigung des Inventars durch eine eidesstattliche Versicherung des Erben nach § 2006 ist möglich, aber nicht erforderlich, weil dadurch der Nachweis der Unvollständigkeit nicht ausgeschlossen wird (Damrau/*Gottwald* § 2009 Rz 2). 4

§ 2010 Einsicht des Inventars.
Das Nachlassgericht hat die Einsicht des Inventars jedem zu gestatten, der ein rechtliches Interesse glaubhaft macht.

A. Allgemeines. Erfolgt die Glaubhaftmachung, besteht Anspruch auf Einsicht, der vom Nachlassgericht zwingend zu erfüllen ist. Die an einem Erbfall Beteiligten und sonstigen Betroffenen erlangen Kenntnis vom Bestand des Nachlasses, wodurch das weitere Verfahren erleichtert wird. 1

2 **B. Einsichtsberechtigte.** Einsichtsberechtigt sind die Miterben, der Testamentsvollstrecker, der Nachlassverwalter, die Nachlassgläubiger und die Steuerbehörde (Palandt/*Edenhofer* § 2010 Rz 1).

3 **C. Rechtliches Interesse.** § 2010 verlangt für die Einsicht in das Inventar ein rechtliches Interesse, das ein bestehendes Recht ggü dem Erben (MüKo/*Siegmann* § 2010 Rz 1) erfordert.

4 **D. Einsichts- und Abschriftsrechte.** Nicht erfasst ist der Anspruch auf Erteilung einer Abschrift des Inventars. Nach pflichtgemäßem Ermessen **kann** der funktionell zuständige Rechtspfleger (§ 3 Nr 2c RPflG) iRd § 13 FamFG eine Abschrift erteilen oder bei nur berechtigtem Interesse die Einsicht gewähren (MüKo/*Siegmann* § 2010 Rz 2). Ist das Interesse durch eine eidesstattliche Versicherung glaubhaft gemacht (§ 31 FamFG) und stehen keine gleich- oder höherrangigen öffentlichen oder privaten Belange des Erben oder Dritter entgegen, hat er dem Antrag zu entsprechen (iE KKW/*Kahl* § 34 FGG Rz 12 ff).

5 Gegen den Beschl des Rechtspflegers ist die einfache unbefristete Beschwerde nach § 58 FamFG statthaft.

6 **E. Verschlossenes Inventar.** Die Übergabe eines verschlossenen/versiegelten Inventars stellt wegen des Einsichtsrechts und der bei Einreichen des Inventars anfallenden Gebühren, die sich nach dem Wert des Nachlasses richten, keine wirksame Inventarerrichtung dar (AnwK-BGB/*Odensky* § 2010 Rz 4; aA RGRK/*Johannsen* § 2010 Rz 2), selbst wenn bei der Eröffnung die Einsicht gestattet wird (Erman/*Schlüter* § 2010 Rz 1).

§ 2011 Keine Inventarfrist für den Fiskus als Erben.

¹Dem Fiskus als gesetzlichem Erben kann eine Inventarfrist nicht bestimmt werden. ²Der Fiskus ist den Nachlassgläubigern gegenüber verpflichtet, über den Bestand des Nachlasses Auskunft zu erteilen.

1 **A. Allgemeines.** Die Norm ist nicht anwendbar, wenn der Fiskus gewillkürt zum Erben berufen ist (Soergel/*Stein* § 2011 Rz 3).

2 **B. Ausschluss der Inventarfrist.** Dem Fiskus kann, wenn er gesetzlicher Erbe geworden ist, ebenso wenig eine Inventarfrist gesetzt werden wie den Körperschaften, Anstalten und Stiftungen des öffentlichen Rechts, Art 138 EGBGB (Palandt/*Edenhofer* § 2011 Rz 1); sie wäre kraft Gesetzes unwirksam. Dadurch wird der Staat vor einer endgültigen, unbeschränkten Haftung nach § 1994 I 2 geschützt. Es bedarf daher auch keines Vorbehalts der beschränkten Erbenhaftung im Urt (§ 780 II ZPO) (Damrau/*Gottwald* § 2011 Rz 2). Zur endgültigen Haftungsbeschränkung muss sich auch der Fiskus der Einreden nach §§ 1990, 1992 bzw der Nachlassverwaltung oder -insolvenz bedienen, auch wenn die §§ 2005, 2006 nicht gelten (Staud/*Marotzke* § 2011 Rz 4). Die Haftung beschränkt sich daher, auch bei Überschuldung, faktisch nur auf den Nachlass (Palandt/*Edenhofer* § 2011 Rz 1).

3 Für ein freiwillig errichtetes Inventar gelten die allgemeinen Vorschriften.

4 **C. Auskunftspflicht.** Die Pflicht zur Auskunftserteilung tritt erst mit der Feststellung des Nachlassgerichts nach § 1964 ein. Eine Verletzung der Aufklärungspflicht führt nicht zum Verlust des Rechts zur Haftungsbeschränkungsrechts (Staud/*Marotzke* § 2011 Rz 6). Der Fiskus ist vor dem Prozessgericht zu verklagen; die Auskunft bezieht sich nur auf den gegenwärtigen Bestand des Nachlasses und umfasst sowohl die Erstellung eines Nachlassverzeichnisses als auch die Abgabe einer eidesstattlichen Versicherung, § 260. Aus den §§ 1978, 1991, 666 können sich für den Fiskus weitergehende Rechenschaftspflichten ergeben (AnwK-BGB/*Odersky* § 2011 Rz 4).

§ 2012 Keine Inventarfrist für den Nachlasspfleger und Nachlassverwalter.

(1) ¹Einem nach den §§ 1960, 1961 bestellten Nachlasspfleger kann eine Inventarfrist nicht bestimmt werden. ²Der Nachlasspfleger ist den Nachlassgläubigern gegenüber verpflichtet, über den Bestand des Nachlasses Auskunft zu erteilen. ³Der Nachlasspfleger kann nicht auf die Beschränkung der Haftung des Erben verzichten. (2) Diese Vorschriften gelten auch für den Nachlassverwalter.

1 **A. Allgemeines.** Durch die Nachlassverwaltung und die -pflegschaft ist dem Erben die Herrschaft über den Nachlass entzogen, so dass er vor den Folgen von Säumnis oder Verzichtserklärung des Nachlassverwalters bzw -pflegers zu schützen ist, indem er sein Recht zur Haftungsbeschränkung nicht verliert. Die Nachlassgläubiger sind durch die dem Verwalter bzw Pfleger obliegende Pflicht, ein ordnungsgemäßes Verzeichnis der Masse zu erstellen, hinreichend geschützt.

2 **B. Keine Inventarfrist.** Die Vorschrift privilegiert den Nachlasspfleger ebenso wie den -verwalter und den Fiskus in § 2011: Ihnen kann keine Inventarfrist bestimmt werden. Im Falle des Verstoßes ist die Frist kraft Gesetzes unwirksam. Dies führt auch nicht zu einer unbeschränkten Haftung nach § 1994 I 2.

3 Ein Verzicht auf die Haftungsbeschränkung ist nicht möglich, I 3. Ein Schuldanerkenntnis oder die vertragliche Novation eines bestehenden Schuldverhältnisses beinhalten im Zweifel keinen Verzicht (Soergel/*Stein* § 2012 Rz 1).

C. Auskunftsanspruch. Der einklagbare Auskunftsanspruch erstreckt sich auf den gegenwärtigen Bestand des Nachlasses und kann nach § 260 die Pflicht zur Abgabe der eidesstattlichen Versicherung zur Folge haben (KG KGJ 28, 27), die gem §§ 888, 889 ZPO zwangsweise erlangt werden kann (Frankf WM 77, 184 mwN). Die Verweigerung der eV führt nicht zu den Konsequenzen in § 2006 III (Soergel/*Stein* § 2012 Rz 2). 4
Nach §§ 1915 I, 1802 muss der Nachlasspfleger und -verwalter ein Nachlassverzeichnis bei Gericht einreichen, in das jeder, der ein berechtigtes Interesse nachweist, gem § 13 FamFG Einsicht nehmen kann. 5
Verletzen der Nachlasspfleger oder -verwalter ihre Auskunftspflicht, haften sie den Nachlassgläubigern gem § 1985 II unmittelbar. Der Erbe hat hierfür nicht, auch nicht über § 278, einzustehen (Damrau/*Gottwald* § 2012 Rz 4). Er ist aber daneben nach § 2314 I zur Auskunft verpflichtet (Celle JZ 60, 375). Eine Inventarfrist kann ihm während der haftungsbeschränkenden Verfahren nicht gesetzt werden (Soergel/*Stein* § 2012 Rz 3). 6

§ 2013 Folgen der unbeschränkten Haftung des Erben. (1) ¹Haftet der Erbe für die Nachlassverbindlichkeiten unbeschränkt, so finden die Vorschriften der §§ 1973 bis 1975, 1977 bis 1980, 1989 bis 1992 keine Anwendung; der Erbe ist nicht berechtigt, die Anordnung einer Nachlassverwaltung zu beantragen. ²Auf eine nach § 1973 oder nach § 1974 eingetretene Beschränkung der Haftung kann sich der Erbe jedoch berufen, wenn später der Fall des § 1994 Abs. 1 Satz 2 oder des § 2005 Abs. 1 eintritt.
(2) Die Vorschriften der §§ 1977 bis 1980 und das Recht des Erben, die Anordnung einer Nachlassverwaltung zu beantragen, werden nicht dadurch ausgeschlossen, dass der Erbe einzelnen Nachlassgläubigern gegenüber unbeschränkt haftet.

A. Allgemeines. Unbeschränkte Haftung iSd § 2013 I liegt vor, wenn der Erbe ggü allen Nachlassgläubigern sowohl mit dem Nachlass- als auch mit seinem Eigenvermögen haftet. Sie tritt ein bei Versäumung der Inventarfrist nach § 1994 I 2, bei vorsätzlicher Unvollständigkeit des Inventars gem § 2005 I und bei Verzicht des Erben durch entspr Haftungsvereinbarung; dies gilt nicht für den Nachlasspfleger, der gem § 2012 I 3 auf die Haftungsbeschränkung des Erben nicht verzichten darf. 1
II lässt dagegen die unbeschränkte Haftung des Erben nur ggü einzelnen Nachlassgläubigern zu; ggü den anderen Nachlassgläubigern kann er seine Haftung grds noch auf den Nachlass beschränken. 2
§ 2013 stellt die Folgen einer kraft Gesetzes entstandenen Verwirkung dar (Palandt/*Edenhofer* § 2013 Rz 1). Die Beweislast für den Eintritt der unbeschränkten Erbenhaftung trägt der Nachlassgläubiger (MüKo/*Siegmann* § 2013 Rz 5). 3

B. Folgen der unbeschränkten Haftung. Durch Eintritt der unbeschränkten Haftung verliert der Erbe die Möglichkeit, das Gläubigeraufgebotsverfahren nach § 455 FamFG einzuleiten, die Ausschließungs- und Verschweigungseinrede der §§ 1973, 1974 und die Erschöpfungs- und Überlastungseinrede nach §§ 1989–1992 sowie die aufschiebende Einrede nach § 2016 zu erheben. Auch die §§ 1978–1980 gelten nicht mehr, da der Erbe ohnehin mit seinem ganzen Vermögen haftet (Palandt/*Edenhofer* § 2013 Rz 2). 4
Nach Eintritt der unbeschränkten Haftung ggü allen Nachlassgläubigern sind die §§ 2014, 2015 nicht mehr anwendbar, da die Haftungsbeschränkung nicht mehr möglich ist (Erman/*Schlüter* § 2013 Rz 2). 5
Nachlassverwaltung und Nachlassinsolvenz können die persönliche Inanspruchnahme des Erben nicht verhindern; sie führen aber zu einer Trennung von Nachlass und Eigenvermögen des Erben, damit die Nachlassgläubiger vorrangig aus dem Nachlass befriedigt werden können (Erman/*Schlüter* § 2013 Rz 2). Die Möglichkeit der Aufrechnung bleibt erhalten (DGE/*Hanhörster/Dospil* § 2013 Rz 2). 6
Nach §§ 316 I, 317 InsO kann der Erbe noch das Nachlassinsolvenzverfahren beantragen, dagegen kann die Nachlassverwaltung nur noch auf Antrag eines Gläubigers angeordnet werden (§§ 1981, 2013 I 1 Hs 2) (AnwK-BGB/*Odersky* § 2013 Rz 4). 7

C. Unbeschränkte Haftung ggü einzelnen Nachlassgläubigern. Die unbeschränkte Haftung des Erben entsteht, wenn er sich weigert, die eV gem § 2006 III abzugeben, er den Vorbehalt des § 780 I ZPO verliert (DGE/*Hanhörster/Dospil* § 2013 Rz 4) oder verzichtet. Der Erbe kann aber sein Beschränkungsrecht den übrigen Nachlassgläubigern ggü nach §§ 1977 II, 1978–1980 geltend machen, das Aufgebot beantragen und die Einreden aus §§ 1973, 1974, 1989, 1990–1992 erheben (Staud/*Marotzke* § 2013 Rz 9). 8

Untertitel 5 Aufschiebende Einreden

§ 2014 Dreimonatseinrede. Der Erbe ist berechtigt, die Berichtigung einer Nachlassverbindlichkeit bis zum Ablauf der ersten drei Monate nach der Annahme der Erbschaft, jedoch nicht über die Errichtung des Inventars hinaus, zu verweigern.

A. Allgemeines. Mit Erheben der Dreimonatseinrede hat der Erbe die Erbschaft angenommen (Soergel/*Stein* § 2014 Rz 6; aA Staud/*Marotzke* § 2014 Rz 15). Bis zur Annahme kann ein Nachlassgläubiger gegen einen Erben nicht gerichtlich vorgehen; eine Klage wäre unzulässig, § 1958 (AnwK-BGB/*Krug* § 2014 Rz 1). 1

2 **B. Voraussetzungen der Einrede.** Dem Erben wird eine zeitlich begrenzte Schonfrist gewährt, die mit der Annahme, dh spätestens nach Ablauf der Ausschlagungsfrist, beginnt, während sich der Erbe über den Umfang der Erbschaft informieren und das Nachlassverzeichnis vorbereiten und von den drängenden Nachlassgläubigern verschont bleiben soll (Palandt/*Edenhofer* § 2014 Rz 1). Sie endet spätestens mit Ablauf von drei Monaten, wenn nicht zuvor das Inventar errichtet wurde (Damrau/*Gottwald* § 2014 Rz 3). Der Erbe verliert die Einrede durch den Verlust des Beschränkungsrechts nach § 2016 I, indem er die Inventarfrist versäumt, Inventaruntreue vor Errichtung begeht, durch Verzicht auf das Beschränkungsrecht oder Nichterwirken des Vorbehalt nach §§ 305 I, 780 I ZPO (Erman/*Schlüter* § 2014 Rz 3).

3 Die Einrede steht dem Nachlasspfleger, Nachlassverwalter, verwaltenden Testamentsvollstrecker und dem gesamtgutsverwaltenden Ehegatten bei der Gütergemeinschaft zu (AnwK-BGB/*Krug* § 2014 Rz 4).

4 Die Einrede wird nicht gewährt ggü den sofort zu befriedigenden Ansprüchen aus § 1963 und § 1969, wohl aber ggü dem Erbersatzanspruch in Erbfällen vor dem 1.4.98, Art 225 I Nr 1 EGBGB. § 1489 II gilt entspr.

5 **C. Voraussetzungen.** § 2014 setzt voraus, dass der Erbe nicht bereits nach § 2016 I unbeschränkt haftet und er die Einrede nur gegen den Anspruch des Nachlassgläubigers erhebt. Einschränkungen können sich aus § 2016 II ergeben, wenn die Gläubiger über Sicherungen verfügen. Kennt der Erbe sämtliche Nachlassgläubiger und reicht der Nachlass offensichtlich für deren Forderungen aus, so kann die Erhebung der Dreimonatseinrede treuwidrig sein (Soergel/*Stein* § 2014 Rz 2).

6 **D. Wirkung der Einrede.** Die Einrede hat keine materiell-rechtliche Wirkung, weshalb der Verzug des Erben mit all seinen Folgen (Verzugszinsen, Schadensersatz und Vertragsstrafen) nicht ausgeschlossen ist (str, Staud/*Marotzke* § 2014 Rz 8 mwN); sie ist nur im Prozess und in der Vollstreckung von Bedeutung (RGZ 79, 201). IÜ kann der Gläubiger auch die Rechte aus § 326 geltend machen.

7 Eine Klage auf Leistung oder eine Verurteilung hierzu kann die Einrede ebenso wenig verhindern wie den Beginn der Zwangsvollstreckung, die nur auf vorläufige Maßnahmen beschränkt ist (§§ 782, 783, 785 ZPO), keinesfalls aber zu seiner Befriedigung führen darf (Damrau/*Gottwald* § 2014 Rz 6). Sie wird nur mit dem Ziel des Vorbehalts nach §§ 305 I, 780 I ZPO erhoben.

8 Durch die Einrede wird weder die Aufrechnung der Nachlassgläubiger gegen eine Nachlassforderung (MüKo/*Siegmann* § 2014 Rz 7) noch die Ausübung des Zurückbehaltungsrechts gehindert. Sie führt auch nicht zur Hemmung der Verjährung (§ 205; Staud/*Marotzke* § 2014 Rz 10).

§ 2015 Einrede des Aufgebotsverfahrens.

(1) Hat der Erbe den Antrag auf Einleitung des Aufgebotsverfahrens der Nachlassgläubiger innerhalb eines Jahres nach der Annahme der Erbschaft gestellt und ist der Antrag zugelassen, so ist der Erbe berechtigt, die Berichtigung einer Nachlassverbindlichkeit bis zur Beendigung des Aufgebotsverfahrens zu verweigern.

(2) Wird der Ausschließungsbeschluss erlassen oder der Antrag auf Erlass des Ausschließungsbeschlusses zurückgewiesen, so ist das Aufgebotsverfahren erst dann als beendigt anzusehen, wenn der Ausschließungsbeschluss rechtskräftig ist.

1 **A. Zweck der Einrede.** Die aufschiebende Einrede dient der gleichmäßigen Befriedigung der Nachlassgläubiger und dem Schutz unbekannter Gläubiger vor einer Vorwegbefriedigung einzelner vordrängender Gläubiger (Palandt/*Edenhofer* § 2015 Rz 1). Der Erbe kann die Vorabbefriedigung einzelner Gläubiger verweigern, sofern er nach § 434 FamFG innerhalb eines Jahres nach der Erbschaftsannahme den Antrag auf Erlass des Aufgebots der Nachlassgläubiger stellt (Damrau/*Gottwald* § 2015 Rz 2). Die Zulassung muss nicht innerhalb der Jahresfrist erfolgen (str, MüKo/*Siegmann* § 2015 Rz 2; aA Palandt/*Edenhofer* § 2015 Rz 1).

2 **B. Regelungsinhalt.** Der antragstellende Erbe hat für seinen Aufgebotsantrag, zu dem er nach § 1980 II verpflichtet ist, die Frist des I zu beachten. Soweit die Miterben noch nicht unbeschränkt haften, kommt der Antrag eines Miterben allen anderen zustatten. Antragsberechtigt sind auch der verwaltungsbefugte Testamentsvollstrecker, der Nachlasspfleger und -verwalter.

3 Das Aufgebotsverfahren kann durch Erlass eines Ausschließungsbeschlusses, Zurückweisungsbeschlusses, Antragsrücknahme, Einstellung des Verfahrens und durch Eröffnung des Nachlassinsolvenzverfahrens gem § 457 II FamFG beendet werden (AnwK-BGB/*Krug* § 2015 Rz 7).

4 **C. Gleichgestellte Fälle.** Die Gleichstellung der in II genannten Fälle dient der Vermeidung von Verschleppung und letztlich der Beschleunigung des Aufgebotsverfahrens (MüKo/*Siegmann* § 2015 Rz 3), weshalb die Sechsmonatsfrist auf zwei Wochen verkürzt wurde (Erman/*Schlüter* § 2015 Rz 2). Daher ist das Verfahren als beendet anzusehen, wenn der ausgebliebene Erbe nicht innerhalb von 2 Wochen den Antrag auf Anberaumung eines neuen Termins gestellt oder in diesem nicht erschienen ist (RGRK/*Johannsen* § 2015 Rz 2, 3). Hat er bereits vor dem ersten oder zweiten Termin den Erlass eines Ausschlussurteils schriftlich oder zu Protokoll beantragt, verliert er die Einrede nicht (MüKo/*Siegmann* § 2015 Rz 4).

5 Nach Erlass des Aufgebots kann der Erbe die Einrede bis zur Verfahrensbeendigung erheben (DGE/*Hanhörster*/*Dospil* § 2015 Rz 2).

D. Hinweise. Die Geltendmachung der Einrede im Prozess führt zu einem Vorbehaltsurteil nach § 305 ZPO und einer Klage nach § 782 ZPO in der Zwangsvollstreckung. Daher sollte der beklagte Erbe nicht nur den Antrag nach § 305 ZPO, sondern auch nach § 780 ZPO stellen, damit der Vorbehalt gem § 2015 in den Urteilstenor aufgenommen wird (AnwK-BGB/*Krug* § 2015 Rz 10). Zu beachten ist, dass das Ende der Schonfrist nicht nach dem Kalender bestimmt werden kann, sondern nur allgemein die Beendigung des Aufgebotsverfahrens (BaRoth/*Lohmann* § 2015 Rz 5).

§ 2016 Ausschluss der Einreden bei unbeschränkter Erbenhaftung.
(1) Die Vorschriften der §§ 2014, 2015 finden keine Anwendung, wenn der Erbe unbeschränkt haftet.
(2) Das Gleiche gilt, soweit ein Gläubiger nach § 1971 von dem Aufgebot der Nachlassgläubiger nicht betroffen wird, mit der Maßgabe, dass ein erst nach dem Eintritt des Erbfalls im Wege der Zwangsvollstreckung oder der Arrestvollziehung erlangtes Recht sowie eine erst nach diesem Zeitpunkt im Wege der einstweiligen Verfügung erlangte Vormerkung außer Betracht bleibt.

A. Ausschluss (Abs 1). Die Einreden der §§ 2014, 2015 sind ausgeschlossen, da sie die Haftungsbeschränkung weder vorbereiten noch sichern können (Damrau/*Gottwald* § 2016 Rz 2). Unerheblich ist, aus welchem Grund (Fristversäumnis nach § 1994 I, Inventaruntreue, § 2005 I, Verzicht auf das Haftungsbeschränkungsrecht, Verweigerung der eidesstattlichen Versicherung nach § 2006 III oder fehlender Vorbehalt nach § 780 ZPO) die unbeschränkte Erbenhaftung eintritt. Allerdings können der Nachlassverwalter und der verwaltende Testamentsvollstrecker noch das Aufgebot beantragen (hM Staud/*Marotzke* § 2016 Rz 2; aA Soergel/*Stein* § 2016 Rz 1) und die Aufgebotseinrede nach § 2015 geltend machen (Staud/*Marotzke* § 2016 Rz 2).

B. Dinglich berechtigte Nachlassgläubiger (Abs 3). Die Einreden wirken nicht ggü dinglich Berechtigten oder Pfandgläubigern, soweit sie sich auf die Geltendmachung dieser dinglichen Ansprüche beschränken (DGE/*Hanhörster/Dospil* § 2016 Rz 2). Entspr gilt für Gläubiger, die im Wege der Zwangsvollstreckung bzw Arrestvollstreckung **vor** dem Erbfall ein dingliches Recht an Nachlassgegenständen erlangt haben. Einem Erwerb **nach** dem Erbfall stehen die aufschiebenden Einreden des Erben nach § 1990 und § 321 InsO entgegen. Für die Geltendmachung sind die §§ 782, 783, 785 ZPO zu beachten (Palandt/*Edenhofer* § 2016 Rz 2). Das gleiche gilt für die nach dem Erbfall im Wege der einstweiligen Verfügung erlangte Vormerkung (DGE/*Hanhörster/Dospil* § 2016 Rz 2). Hinsichtlich einer vom Erben nach § 885 bewilligten Vormerkung bleibt die Einrede ausgeschlossen (MüKo/*Siegmann* § 2016 Rz 2).

§ 2017 Fristbeginn bei Nachlasspflegschaft.
Wird vor der Annahme der Erbschaft zur Verwaltung des Nachlasses ein Nachlasspfleger bestellt, so beginnen die in § 2014 und in § 2015 Abs. 1 bestimmten Fristen mit der Bestellung.

A. Allgemeines. Der mit der gesamten Nachlassverwaltung betraute Nachlasspfleger kann die Dreimonatseinrede des § 2014 und die Einrede des Aufgebotsverfahrens nach § 2015 erheben (Palandt/*Edenhofer* § 2017 Rz 1). Bei unbeschränkter Erbenhaftung sind weder dem Nachlassverwalter noch dem Testamentsvollstrecker die Dreimonatseinreden möglich (Soergel/*Stein* § 2017 Rz 5).

B. Fristbeginn. Die Fristen zur Erhebung der Einreden nach §§ 2014, 2015 beginnen mit der Bekanntmachung des Beschlusses an den Nachlasspfleger, § 40 I FamFG. Entspr gilt für den vor der Erbschaftsannahme eingesetzten **Nachlassverwalter** (Soergel/*Stein* § 2017 Rz 1). Dieser ist zwar auch Nachlasspfleger (vgl Wortlaut des § 1975), aber nicht gesetzlicher Vertreter, sondern nur Partei kraft Amtes (RGZ 135, 307). Für den **Testamentsvollstrecker** (MüKo/*Siegmann* § 2017 Rz 3) beginnt die Frist entweder bereits mit der Bestellung eines verwaltenden Nachlasspflegers oder mit der Erbschaftsannahme (Staud/*Marotzke* § 2017 Rz 2, 4). Er muss sich dann auf die Dreimonatseinrede berufen, wenn zuvor Ansprüche gegen ihn geltend gemacht werden. IÜ laufen die begonnenen Fristen weiter, wenn die Nachlasspflegschaft wegen der Annahme der Erbschaft nach § 1919 aufgehoben wird (Palandt/*Edenhofer* § 2017 Rz 2), weil der verwaltende Nachlasspfleger gesetzlicher Vertreter des Erben ist (Erman/*Schlüter* § 2017 Rz 1).

Fehlt dem Nachlasspfleger die Verwaltungsbefugnis, gilt nicht § 2017; maßgebend ist die Annahme der Erbschaft durch den Erben. Der Nachlassgläubiger muss bis zur vollständigen Befriedigung warten, als hätte er den Antrag nach § 1961 nicht gestellt (Soergel/*Stein* § 2017 Rz 3). Er kann aber in der Zwischenzeit Sicherungsmaßnahmen ergreifen.

Titel 3 Erbschaftsanspruch

§ 2018 Herausgabepflicht des Erbschaftsbesitzers.
Der Erbe kann von jedem, der auf Grund eines ihm in Wirklichkeit nicht zustehenden Erbrechts etwas aus der Erbschaft erlangt hat (Erbschaftsbesitzer), die Herausgabe des Erlangten verlangen.

§ 2018

1 A. Allgemeines. Der Gesamtanspruch des § 2018 begünstigt den Erben, indem er wegen seines Anspruchsumfangs den Gesamtwert des Nachlasses sichert, schützt aber zugleich den gutgläubigen Erbschaftsbesitzer, indem ihm die Verwendungsersatzregelung des § 2022 großzügigen Verwendungsersatz und ein erweitertes Zurückbehaltungsrecht einräumt (Soergel/*Dieckmann* § 2018 Rz 3).

2 B. Anspruchsberechtigte. Anspruchsberechtigt ist der wahre Erbe, aber auch der Miterbe vor der Auseinandersetzung, der zunächst die Leistung wegen der gesamthänderischen Bindung nur an alle Miterben verlangen kann, ebenso die Hinterlegung oder die Abteilung an einen Verwahrer (RG LZ 14, 576), der Vorerbe bis zum Eintritt des Nacherbfalls und der Nacherbe im Anschluss, § 2139.

3 Zum Kreis der Anspruchsberechtigten gehört auch der Erbteilserwerber nach § 2033 I, der Pfändungsgläubiger eines Erbteils (RG Warn 1911 Nr 139), der Erbschaftskäufer nach Abtretung durch den Verkäufer gem § 2374 (Soergel/*Dieckmann* § 2018 Rz 1) sowie der verwaltende Testamentsvollstrecker, §§ 2211 f, der Nachlassverwalter, § 1984 und der Insolvenzverwalter nach § 80 InsO (Damrau/*Schmalenbach* § 2018 Rz 5).

4 § 2018 ist auf den Nachlasspfleger nicht anwendbar, da er auf Grund seines Rechts zum Besitz und zur Verwaltung des Nachlasses nach § 1960 von jedem, der Nachlassgegenstände im Besitz hat, deren Herausgabe verlangen kann, und zwar auch vom wahren Erben, solange dessen Erbrecht noch nicht rechtskräftig festgestellt ist (str BGH NJW 83, 226; aA: Staud/*Gursky* § 2018 Rz 3). Darüber hinaus wendet der BGH den Herausgabeanspruch des Nachlasspflegers analog auch auf die Surrogate nach § 2019 an (BGH NJW 83, 226).

5 C. Anspruchsgegner. Anspruchsgegner ist, wer aus der Erbschaft etwas aufgrund eines ihm in Wirklichkeit nicht zustehenden Erbrechts erlangt hat. Dabei haften mehrere Erbschaftsbesitzer als Gesamtschuldner (Oldbg FamRZ 98, 1468). Gleichgestellt ist einem Erbschaftsbesitzer nach § 2030 derjenige, der die Erbschaft durch Vertrag vom Erbschaftsbesitzer erwirbt (AnwK-BGB/*Fleindl* § 2018 Rz 15) und derjenige, der Nachlassgegenstände zunächst ohne Erbrechtsanmaßung aus dem Nachlass erlangt hat und erst später für sich als Erbe in Anspruch nimmt (BGH FamRZ 85, 1019).

6 Der Erbe des Erbschaftsbesitzers ist selbst Erbschaftsbesitzer und daher, wenn er Erbschaftsgegenstände im Besitz hat, dem Erben ggü zur Herausgabe verpflichtet (str; so BGH FamRZ 85, 1019; einschränkend: MüKo/*Helms* § 2018 Rz 23). Erbschaftsbesitzer ist auch, wer die Stellung eines Vorerben behauptet (Bremen OLGR 02, 187, vgl Rz 9) sowie der Miterbe, der sich als Alleinerbe berufen fühlt oder einen höheren als den ihm tatsächlich zu stehenden Erbteil beansprucht (Jauering/*Stürmer* § 2018 Rz 3, vgl Rn 8) und wer als Erbe Gegenstände verteidigt, die er bereits zu Lebzeiten des Erblassers aus dessen Vermögen (RGZ 81, 293) oder nach dem Erbfall zunächst ohne Erbrechtsanmaßung erlangt hat (RGRK/*Kregel* § 2018 Rz 6).

7 I. Kein Erbschaftsbesitzer ist, wer zwar Erbschaftsgegenstände besitzt, aber zu keiner Zeit ein Erbrecht in Anspruch genommen hat (MüKo/*Helms* § 2018 Rz 18). Der Anspruch aus § 2018 besteht somit nicht ggü demjenigen, der etwas aus der Erbschaft erlangt hat, ohne sich auf einen Titel oder ein sonstiges Recht zu berufen, wie zB der Dieb (Damrau/*Schmalenbach* § 2018 Rz 20). In diesen Fällen stehen dem Erben die Besitzschutzansprüche der §§ 857 ff, der Anspruch aus dem früheren Besitz nach § 1007 und der Auskunftsanspruch nach § 2027 zur Verfügung (Palandt/*Edenhofer* § 2018 Rz 6). Erbschaftsbesitzer ist demnach nicht, wer seinen Besitz mit einem Einzelerwerb rechtfertigt, wie zB mit einer Übereignung auf Grund eines Rechtsgeschäfts mit dem Erblasser zu dessen Lebzeiten (Hambg OLGZ 42, 132), mit einer Schenkung von Todes wegen (Kiel Recht 1906 Nr 480) oder mit der Erfüllung eines Vermächtnisses (Erman/*Schlüter* § 2018 Rz 2). Kein Erbschaftsbesitzer ist der Nachlassverwalter, -insolvenzverwalter, Testamentvollstrecker und Nachlasspfleger, da sie kraft Gesetzes besitzen und sich somit kein Erbrecht anmaßen (Staud/*Gursky* § 2018 Rz 12).

8 Der Miterbe wird, auch wenn er einen Nachlassgegenstand allein in Besitz hat, nicht dadurch zum Erbschaftsbesitzer, dass die übrigen Miterben ihre Befugnis zum Mitgebrauch nicht fordern (MüKo/*Helms* § 2018 Rz 19). Er wird zum Erbschaftsbesitzer, wenn er sich die Stellung eines Alleinerben anmaßt und die Berechtigung der anderen verneint (BGH FamRZ 04, 537). Nimmt er dagegen, den Nachlass in Besitz, fehlt es am subj Element der Anmaßung eines Erbrechts (KG OLG 7, 137).

9 Der Vorerbe wird im Verhältnis zum Nacherben nicht zum Erbschaftsbesitzer, wenn er den Eintritt der Nacherbfolge zu Unrecht bestreitet; iÜ gilt für ihn die weitergehende Haftung des § 2130, die als speziellere Regelung dem allg Herausgabeanspruch vorgeht (hM, Staud/*Gursky* § 2018 Rz 14). Insoweit scheidet auch eine analoge Anwendung aus (BGH NJW 83, 2874). Wird allerdings die Vorerbenstellung durch Testamentsanfechtung rückwirkend aufgehoben, ist der Vorerbe vom Erbfall an Erbschaftsbesitzer, ohne sich des Erbrecht als Vorerbe zu berühmen (BGH FamRZ 85, 1019).

10 Auch der vorläufige Erbe ist kein Erbschaftsbesitzer, wenn er ausgeschlagen hat, und zwar auch dann nicht, wenn er die Ausschlagung zu Unrecht bestreitet (Soergel/*Dieckmann* § 2018 Rz 6); gegen ihn besteht nur der Anspruch aus GoA gem § 1959.

11 Der Nachlasspfleger, -verwalter, -insolvenzverwalter und der verwaltende Testamentsvollstrecker besitzen *kraft Amtes* und sind als gesetzlicher Prozessstandschafter zur Erhebung des Erbschaftsanspruchs berechtigt (*Brox* Rz 574).

II. Der gut- oder bösgläubige Besitzer muss aufgrund eines **angemaßten Erbrechts** etwas aus der Erbschaft 12
erlangt haben, was ihm in Wirklichkeit nicht oder bei Miterben (RGZ 81, 293) nicht in diesem Umfang
zusteht (*Brox* Rz 575). Der Erbschaftsbesitzer kann sich dem Herausgabeanspruch nicht dadurch entziehen,
dass er sich nun keines Erbrechts mehr berühmt (BGH FamRZ 85, 693). Er soll sich nicht durch den Wechsel
seiner Stellung dem Herausgabeanspruch bzgl der Ersatzgegenstände nach § 2019 entziehen können (Soergel/
Dieckmann § 2018 Rz 5).

Allerdings wird der besitzende, vermeintliche Erbe durch rückwirkenden Wegfall einer zunächst angenom- 13
menen Erbenstellung infolge Anfechtung, §§ 2078, 2979 oder durch Erbunwürdigkeitserklärung nach § 2344
zum Erbschaftsbesitzer (*Lange/Kuchinke* § 42 Fn 39). Unerheblich ist, ob er sich noch seines Erbrechts
berühmt (BGH NJW 85, 3068).

Erbschaftsbesitzer ist auch der Nachlassschuldner, der dem wahren Erben die Erfüllung des Herausgabean- 14
spruchs verweigert mit der Behauptung, selbst Erbe zu sein (Staud/*Gursky* § 2018 Rz 17).

D. Herausgabeanspruch. Der Anspruch auf Herausgabe erstreckt sich sowohl auf die unmittelbar aus dem 15
Nachlass erlangten Gegenstände sowie die Surrogate, § 2019 und die Nutzungen nach § 2020. Er stellt einen
Gesamtanspruch dar, weil er sämtliche auf die erlangten Gegenstände gerichteten Einzelansprüche zusammenfasst (*Brox* Rz 596). Daneben kann der Erbe, als Rechtsnachfolger des Erblassers, seine Rechte auch
durch Einzelansprüche aus Eigentum, unerlaubter Handlung oder Vertrag geltend machen. Das Erlangte ist
als Ganzes herauszugeben (MüKo/*Helms* § 2018 Rz 25).

Der Anspruch ist übertragbar, pfändbar und vererblich. Er unterliegt der 30jährigen Verjährungsfrist des 16
§ 197 I Nr 2. Sie beginnt für den gesamten Erbschaftsanspruch, sobald der Erbschaftsbesitzer erstmals etwas
aus dem Nachlass erlangt, § 198.

Ein Zurückbehaltungsrecht wegen eines ihm zustehenden Pflichtteils- oder Vermächtnisanspruches des Erb- 17
schaftsbesitzers gegen das Herausgabeverlangen besteht nicht (Ddorf FamRZ 92, 600), weil der Erbe den
Nachlass mit Hilfe des Herausgabeanspruchs regeln und etwaige Pflichtteilsansprüche und Vermächtnisse
erfüllen soll (Soergel/*Dieckmann* § 2018 Rz 13; einschr *Dütz* NJW 67, 1105). Anders kann es sein, wenn das
Zurückhaltungsrecht eine wirtschaftlich sinnvolle Nachlassabwicklung nicht hindert.

E. Aus dem Nachlass erlangt. Für den Erwerb genügt die Erlangung des mittelbaren Besitzes (RGZ 81, 293) 18
einzelner Nachlassgegenstände oder des gesamten Nachlasses (*Lange/Kuchinke* § 40 II 5). Blankoschecks, die
der Erblasser dem eingesetzten Erben übergeben hat mit der Maßgabe, die Schecks nach dem Erbfall auszufüllen und einzulösen, sind herauszugeben, wenn das Testament nichtig ist (MüKo/*Helms* § 2018 Rz 22). Die
durch Einlösung erlangte Schecksumme ist nicht unmittelbar erlangt iSd § 2018 (KG NJW 70, 329), sondern
Surrogat (Erman/*Schlüter* § 2018 Rz 3).

Erlangt ist jeder Vermögensvorteil, der aus dem Nachlass stammt oder mit Mitteln der Erbschaft erworben 19
wurde, und zwar unabhängig davon, ob die Sachen im Eigentum des Erblassers standen oder er an ihnen nur den
unmittelbaren oder mittelbaren (RGZ 81, 293) Besitz infolge Miete, Pacht, Darlehen oder Verwahrung hatte
(Soergel/*Dieckmann* § 2018 Rz 4). Darüber hinaus sind es Erbschaftsgegenstände, Forderungen und Rechte,
§ 2025, und alles, was der Erbschaftsbesitzer durch Rechtsgeschäft mit Mitteln der Erbschaft erlangt hat, § 2019,
was aufgrund einer Nachlassforderung an ihn geleistet wurde und die durch Aufrechnung gegen eine Nachlassforderung erlangte Schuldbefreiung (RGRK/*Kregel* § 2018 Rz 8). Auch eine zu Unrecht auf Grund eines unrichtigen Erbscheins erlangte Bucheigentümerposition ist ein aus dem Nachlass erlangter Vorteil (BGH FamRZ 04,
537). Als erlangt gilt auch, was bereits vor dem Erbfall erlangt und aufgrund der Erbanmaßung einbehalten
wurde, wie zB die Verweigerung der Rückzahlung eines vom Erblasser gewährten Darlehen oder die Verweigerung der Rückgabe von dem Erblasser gehörenden Sachen, die der Erbschaftsbesitzer ohne Einverständnis des
Erblassers an sich brachte (KG OLGZ 74, 17). War der Erblasser einverstanden, greift nicht der Erbschaftsanspruch, sondern uU der Pflichtteilsergänzungsanspruch nach § 2325 ein (Palandt/*Edenhofer* § 2018 Rz 9).

F. Beweislast. Der Kläger muss sein Erbrecht, dh den Tod des Erblassers und den Berufungsgrund nachwei- 20
sen (RGZ 92, 68). Dies kann er durch Vorlage einer formgerechten letztwilligen Verfügung (Erman/*Schlüter*
§ 2018 Rz 6) oder durch einen Erbschein nach § 2365 (RGZ 92, 68), dessen Vermutung der Beklagte aber
widerlegen kann (AnwK-BGB/*Fleindl* § 2018 Rz 25). Die Vorlage der Urkunde ist nicht erforderlich (MüKo/
Helms § 2018 Rz 34). Darüber hinaus hat er den Erbschaftsbesitz zu beweisen, dh dass der herausverlangte
Gegenstand zum Nachlass gehört (Oldbg WM 98, 2239).

Demgegenüber hat der Beklagte den Beweis zu führen, dass der Besitz der Sache oder die Bereicherung weg- 21
gefallen ist (BGH NJW 85, 3068).

Die Eigentumsvermutung des § 1006 gilt auch iRd Erbschaftsanspruchs (AnwK-BGB/*Fleindl* § 2018 Rz 28). 22

G. Erbschaftsklage. Der Erbe muss, trotz des Gesamtanspruchs, im Klageantrag, wegen § 253 II Nr 2 ZPO 23
und einer eventuellen Vollstreckung, die herausverlangten Nachlassgegenstände einzeln bezeichnen (MüKo/
Helms § 2018 Rz 28), kann sie aber nach Rechtshängigkeit ergänzen. Dabei handelt es sich um eine nach
§ 264 Nr 2 ZPO zulässige Klageerweiterung (*Brox* Rz 598). Auskunftsanspruch und die Klage aus dem Erbschaftsanspruch können in einer Stufenklage nach § 254 ZPO verbunden und sowohl im allg Gerichtsstand

nach §§ 12, 13 ZPO als auch im besonderen Gerichtsstand des § 27 I ZPO (Nürnbg OLGZ 1981, 115) erhoben werden. § 27 ZPO gilt nicht für die Einzelansprüche (Stein/Jonas/*Schlumann* ZPO § 27 Rz 8).

24 Eine Feststellungsklage, deren Antrag auf Herausgabe all dessen gerichtet ist, was der beklagte Erbschaftsbesitzer erlangt hat, ist wegen Fehlens des Feststellungsinteresses unzulässig (MüKo/*Helms* § 2018 Rz 29; aA Staud/*Gursky* vor § 2018 Rz 25).

25 Der Erbschaftsbesitzer kann auch gegen den Gesamtanspruch Einzeleinreden erheben, mit denen er nur das Recht auf einzelne Gegenstände behauptet (Ddorf FamRZ 92, 600; aA Staud/*Gursky* § 2018 Rz 29).

26 Nach §§ 323, 325 ZPO wirkt die **Rechtskraft** des Urt nur zwischen den Parteien und erfasst nur die im Klageantrag bezeichneten Gegenstände (MüKo/*Helms* § 2018 Rz 30). Aus diesem Grunde wird mit der Herausgabeklage zweckmäßigerweise die Klage auf Feststellung des Erbrechts und auf Auskunft verbunden (Nürnbg OLGZ 81, 115). Verlangt der Kläger dann weitere, über das Verzeichnis des Beklagten hinausgehend, Gegenstände heraus, ist zwar nicht deren Zugehörigkeit zur Erbschaft festgestellt, wohl aber zumindest das Erbrecht (Palandt/*Edenhofer* § 2018 Rz 3).

27 Davon zu unterscheiden ist die Klage auf Feststellung des Erbrechts, bei der Streitgegenstand ausschließlich das Erbrecht ist. Allerdings können beide Klagen miteinander verbunden werden (Zöller/*Vollkommer* § 27 ZPO Rz 5), was insb wegen der Rechtskraftwirkung des § 322 ZPO von Vorteil ist.

28 Die Besonderheit der Erbschaftsklage zeigt sich ua darin, dass die Klage schon dann abzuweisen ist, wenn dem Kläger der Beweis seines Erbrechts nicht gelingt.

29 Eine einstweilige Verfügung auf Herausgabe der Erbschaftsgegenstände in Form einer Leistungsverfügung kommt nur dann in Betracht, wenn der Erbe die Sachen zur Erzielung seines Lebensunterhalts oder zur Vermeidung/Beseitigung einer Notlage benötigt (Köln VersR 97, 467). Dagegen ist eine Sicherungsverfügung immer dann möglich, wenn die Substanz der Nachlassgegenstände durch die Nutzung eines Dritten, wie zB das Wohnrecht, nachhaltig beeinträchtigt oder erheblich verschlechtert wird (Ddorf MDR 95, 635).

§ 2019 Unmittelbare Ersetzung.
(1) Als aus der Erbschaft erlangt gilt auch, was der Erbschaftsbesitzer durch Rechtsgeschäft mit Mitteln der Erbschaft erwirbt.
(2) Die Zugehörigkeit einer in solcher Weise erworbenen Forderung zur Erbschaft hat der Schuldner erst dann gegen sich gelten zu lassen, wenn er von der Zugehörigkeit Kenntnis erlangt; die Vorschriften der §§ 406 bis 408 finden entsprechende Anwendung.

1 **A. Allgemeines.** § 2019 gewährt keinen eigenständigen Anspruch, sondern ergänzt lediglich § 2018.

2 **B. Grundsatz der Surrogation.** Nach § 2019 I erstreckt sich die Herausgabepflicht auf die Gegenstände, die der Erbschaftsbesitzer mit Mitteln der Erbschaft rechtsgeschäftlich erworben hat. Das von ihm Erworbene geht, ohne Durchgangserwerb beim Erbschaftsbesitzer (Staud/*Marotzke* § 2019 Rz 4), unmittelbar dinglich auf den Erben über (sog dingliche Surrogation, Lange/*Kuchinke* § 40 II 5b). Die unmittelbare Ersetzung hat den Erhalt des Nachlasses als Ganzes zur Folge und kommt daher nach hM dem Erben zugute (BGHZ 109, 214). Treten im Laufe der wirtschaftlichen Entwicklung des Nachlasses Veränderungen im konkreten Bestand auf, wird kraft Gesetzes und ohne Rücksicht auf den Willen der Beteiligten und ohne weiteren Übertragungsakt ein Wertausgleich herbeigeführt (Soergel/*Dieckmann* § 2019 Rz 1 mwN). Darüber hinaus dient das Surrogationsprinzip auch dem Schutz der Nachlassgläubiger (BGHZ 109, 214), denen das Sondervermögen Nachlass als besondere Haftungsmasse erhalten bleibt (AnwK-BGB/*Fleindl* § 2019 Rz 3).

3 Die Surrogation ist ausgeschlossen bei nicht übertragbaren oder höchstpersönlichen Rechten (MüKo/*Helms* § 2019 Rz 6) wie zB Nießbrauch oder beschränkte persönliche Dienstbarkeit. Ein Zwischenerwerb findet bei Kreditgeschäften statt, bei denen der Erbschaftsbesitzer seine Leistung aus dem Nachlass erst nach dem Empfang der Gegenleistung erbringt (MüKo/*Helms* § 2019 Rz 14; str; aA Soergel/*Dieckmann* § 2019 Rz 1).

4 **C. Voraussetzungen.** Im Nachlass muss sich ein Ersatzgegenstand befinden, der rechtsgeschäftlich erworben wurde; auf den Zweck des Rechtsgeschäft kommt es dabei nicht an. Unter Beachtung des Schutzzwecks der Norm gehört auch ein im Wege der Zwangsversteigerung mit Nachlassmitteln erworbener Gegenstand zum Nachlass (hM Staud/*Gursky* § 2019 Rz 18 mwN; aA RGZ 136, 353). Dabei muss die Verfügung des Erbschaftsbesitzers über die Nachlassmittel wirksam sein bzw durch Genehmigung des Erben wirksam werden (MüKo/*Helms* § 2019 Rz 10; aA Erman/*Schlüter* § 2019 Rz 1). Der Erwerb ist auch dann rechtsgeschäftlich, wenn der Besitzer Erbschaftsmittel weggegeben hat. Als Erbschaftsmittel kommen alle Nachlassmittel wie Geld, Forderungen, bewegliche und unbewegliche Sachen sowie sonstige Rechte, wie zB der Besitz (Erman/*Schlüter* § 2019 Rz 4; aA Staud/*Gursky* § 2019 Rz 10), in Betracht (Lange/*Kuchinke* § 41, III 2c). Zu den Mitteln der Erbschaft zählt nicht, was der Erbschaftsbesitzer nach Bereicherungsrecht, § 2021, oder als Schadensersatz (§§ 2023–2025) schuldet (Erman/*Schlüter* § 2019 Rz 4).

5 Eine unwirksame Verfügung des Erbschaftsbesitzers hat zur Folge, dass der Erbe nicht nebeneinander den *Nachlassgegenstand* vom Dritten und das Ersatzgut vom Besitzer herausverlangen kann. Verlangt der Erbe das Ersatzgut, liegt darin die Genehmigung der unwirksamen Verfügung nach § 185, bedingt durch die tatsächliche Herausgabe des Nachlassgegenstandes (str, so Erman/*Schlüter* § 2019 Rz 1).

Nicht erforderlich ist, dass der Ersatzgegenstand und der aus dem Nachlass hingegebene Gegenstand gleichwertig sind (Soergel/*Dieckmann* § 2019 Rz 2). **6**

Beim Erwerb mit Eigen- und Nachlassmitteln entsteht Miteigentum zwischen dem Erben und dem Erbschaftsbesitzer nach § 1008 (MüKo/*Helms* § 2019 Rz 8 mwN). **7**

§ 2019 regelt nicht die gesetzliche Surrogation; sie besteht neben der rechtsgeschäftlichen des § 2019. Der Erbe erwirbt alles, was der Erbschaftsbesitzer infolge Zerstörung, Beeinträchtigung oder Entziehung eines zur Erbschaft gehörenden Gegenstandes erwirbt, kraft gesetzlicher Surrogation aufgrund seiner Stellung als Eigentümer/Inhaber der zum Nachlass gehörenden Sachen und Rechte (MüKo/*Helms* § 2019 Rz 4). **8**

Der Erwerb eines Ersatzgegenstandes durch die Hingabe eines Ersatzgegenstandes, sog **Kettensurrogation**, ist möglich (MüKo/*Helms* § 2019 Rz 3). **9**

D. Rechtsfolgen. Das vom Erbschaftsbesitzer erworbene Recht entsteht unmittelbar in der Person des Erben (Staud/*Gursky* § 2019 Rz 4). Dabei erwirbt der Erbe nur dieses Recht. Besaß der Erblasser nur ein Anwartschaftsrecht an der vom Erbschaftsbesitzer weggegebenen Sache, erwirbt auch der Erbe nur das Anwartschaftsrecht, sofern nicht, durch Eintritt weiterer Umstände, das Anwartschaftsrecht bereits zum Vollrecht erstarkt ist. Der Erlös aus dem Verkauf eines Erbschaftsgegenstandes, aus der Einziehung einer Nachlassforderung oder der Gegenstand aus dem Erwerb mit Mitteln des Nachlasses (BGHZ 109, 214) wird, unabhängig vom Willen des Erben, des Erbschaftsbesitzers oder eines Dritten, von selbst Bestandteil des Nachlasses und unterliegt damit der Herausgabepflicht des § 2018 und im Insolvenzverfahren des Erbschaftsbesitzers der Aussonderung, § 47 InsO (Palandt/*Edenhofer* § 2019 Rz 4). Das Eigentum steht unmittelbar den Erben zur gesamten Hand zu. Ist der Erbschaftsbesitzer im Grundbuch eingetragen, hat der Erbe einen Berichtigungsanspruch nach § 894, § 22 GBO (Damrau/*Schmalenbach* § 2019 Rz 15). **10**

Die Surrogation tritt nicht ein, wenn der erlangte Vorteil im Vermögen des Erbschaftsbesitzers vollständig aufgeht, weil er zB Eigenverbindlichkeiten mit Mitteln des Nachlasses beglichen hat (Staud/*Gursky* § 2019 Rz 7) oder beim Erwerb eines höchstpersönlichen Rechts, wie zB dem Nießbrauch (MüKo/*Helms* § 2019 Rz 6; aA Soergel/*Dieckmann* § 2019 Rz 7) oder der beschränkten persönlichen Dienstbarkeit, sowie bei Rechten, die Bestandteil eines dem Erbschaftsbesitzer gehörigen Grundstücks sind, § 96 (DGE/*Lenz* § 2019 Rz 4). In diesen Fällen erfolgt nur Wertersatz nach Bereicherungsgrundsätzen, § 2021 (MüKo/*Helms* § 2019 Rz 6). **11**

E. Schutz des gutgläubigen Schuldners. Die Verfügungen des Erbschaftsbesitzers über Nachlassmittel sind Verfügungen eines Nichtberechtigten, so dass gutgläubige Dritte nach den §§ 892, 932–936, 1032, 1207, 1244, 2366, 2376 Eigentum am Erbschaftsgegenstand erwerben können (Soergel/*Dieckmann* § 2019 Rz 8). Unabhängig davon scheidet ein gutgläubiger Erwerb an beweglichen Sachen aus, soweit der Besitz nach § 857 auf den Erben übergegangen ist und die Sache daher als abhanden gekommen gilt, § 935. Lag bei der Veräußerung ein Erbschein des Erbschaftsbesitzers vor, findet § 935 wegen §§ 2366, 2367 keine Anwendung (Damrau/*Schmalenbach* § 2019 Rz 13). **12**

§ 2019 II gewährt bei Forderungen einen weitergehenden Schutz, wenn der Erbschaftsbesitzer im eigenen Namen durch Rechtsgeschäft mit Mitteln der Erbschaft verfügt. Hier ist der Schuldner über die §§ 406–408 geschützt. So kann er mit einer ihm gegen den Erbschaftsbesitzer zustehenden Forderung ggü dem Erben nach § 406 aufrechnen (MüKo/*Helms* § 2019 Rz 17). **13**

Nach § 407 befreien die Leistungen des Schuldners an den Besitzer nur, wenn er sie vor Kenntnis der Zugehörigkeit zum Nachlass erbracht hat (Damrau/*Schmalenbach* § 2019 Rz 14). Wegen das Schuldnerschutzes in § 2019 II findet § 405 keine Anwendung (RGRK/*Kregel* § 2019 Rz 4). **14**

§ 2020 Nutzungen und Früchte. Der Erbschaftsbesitzer hat dem Erben die gezogenen Nutzungen herauszugeben; die Verpflichtung zur Herausgabe erstreckt sich auch auf Früchte, an denen er das Eigentum erworben hat.

A. Nutzungen. Nach § 100 gehören zu den Nutzungen neben den Sach- und Rechtsfrüchten auch die Gebrauchsvorteile. Der Erbe erlangt an den unmittelbaren Sachfrüchten Eigentum, das ihm gegen den Erbschaftsbesitzer einen dinglichen Herausgabeanspruch gewährt, der in der Insolvenz des Erbschaftsbesitzers zur Aussonderung, § 47 InsO, und in der Zwangsvollstreckung zur Drittwiderspruchsklage nach § 771 ZPO berechtigt (MüKo/*Helms* § 2020 Rz 3). Hat der gutgläubige Erbschaftsbesitzer die Nutzungen nicht gezogen, haftet er hierfür nicht. Bei Bösgläubigkeit und Rechtshängigkeit trifft ihn eine verschärfte Haftung, §§ 2023 II, 2024, 987 II. Insoweit entspricht die Rechtslage dem Eigentümer-Besitzer-Verhältnis. **1**

B. Früchte. Der Erbschaftsbesitzer muss die vorhandenen Früchte herausgeben. Rechtsgrundlage ist entweder der besondere schuldrechtliche Anspruch nach Hs 2 bei gutgläubigem Erwerb, § 955, oder, sofern der Erbe wegen der Bösgläubigkeit des Besitzers Eigentümer geworden ist, aufgrund des dinglichen Anspruchs § 953. IÜ, insb auch bei aus der Nachlasssache gezogenen Gebrauchsvorteilen, haftet der Besitzer nach bereicherungsrechtlichen Grundsätzen für deren Nichtvorhandensein, § 2021, 818 II. Bei ersparten Aufwendungen hat der Erbe Anspruch auf Wertersatz für diese Aufwendungen (MüKo/*Helms* § 2020 Rz 5). **2**

3 Dagegen unterliegen die mittelbaren Sach- und Rechtsfrüchte, wie zB der Miet- oder Pachtzins für das Nachlassgrundstück, Darlehenszinsen für ein vom Erblasser gewährtes Darlehen, der Surrogation des § 2019, die dem Erben zustehen (Soergel/*Dieckmann* § 2020 Rz 2). Im Interesse der Erben und Nachlassgläubiger soll der Nachlass in seinem Bestand erhalten bleiben (BGHZ 109, 214).

4 Hat der Erbschaftsbesitzer Nutzungen von Sachen gezogen, die zwar tatsächlich, nicht aber rechtlich zum Nachlass gehört haben, weil der Erblasser kein Nutzungsrecht besaß, sind diese dennoch an den Erben herauszugeben (Staud/*Gursky* § 2020 Rz 11), der dem Eigentümer im Wege der Eingriffskondition des § 812 die Weiterleitung der Nutzung schuldet (Damrau/*Schmalenbach* § 2020 Rz 7).

5 Der Anspruch verjährt nach 30 Jahren (BGH FamRZ 04, 537).

§ 2021 Herausgabepflicht nach Bereicherungsgrundsätzen.
Soweit der Erbschaftsbesitzer zur Herausgabe außerstande ist, bestimmt sich seine Verpflichtung nach den Vorschriften über die Herausgabe einer ungerechtfertigten Bereicherung.

1 **A. Allgemeines.** Die Vorschrift schützt als bloße Rechtsfolgenverweisung (RGZ 139, 17) den unverklagten gutgläubigen Erbschaftsbesitzer im Falle der Unmöglichkeit, indem seine Herausgabepflicht dem Umfang nach auf eine Haftung nach Bereicherungsgrundsätzen beschränkt ist (DGE/*Lenz* § 2021 Rz 1). Der dingliche Herausgabeanspruch wandelt sich in einen schuldrechtlichen Wertersatzanspruch nach Bereicherungsgrundsätzen (Damrau/*Schmalenbach* § 2021 Rz 6), welcher der 30jährigen Verjährungsfrist des Erbschaftsanspruchs, § 197 I 1 Nr 2, unterliegt.

2 Nach Maßgabe der §§ 2023–2025 verschärft sich die Haftung des Erbschaftsbesitzers, so dass die beschränkte Herausgabepflicht des § 2021 ausscheidet (AnwK-BGB/*Fleindl* § 2021 Rz 3).

3 **B. Voraussetzungen.** § 2021 setzt voraus, dass der Erbschaftsbesitzer die Herausgabe des Nachlassgegenstandes/dessen Surrogats/Nutzungen und Früchte in Natur nicht möglich ist. Worauf die Unmöglichkeit beruht, ist unerheblich (Palandt/*Edenhofer* § 2021 Rz 2). Hat der Erbschaftsbesitzer nur Gebrauchsvorteile, wie zB mietfreies Wohnen in der Wohnung des Erblassers (Palandt/*Edenhofer* § 2021 Rz 2), oder ein höchstpersönliches Recht erworben, ist die Herausgabe unmöglich (DGE/*Lenz* § 2021 Rz 2). Entspr gilt, wenn das Erlangte im Eigenvermögen des Besitzers aufgeht (MüKo/*Helms* § 2021 Rz 2). Ist der Herausgabeanspruch auf Geld gerichtet, so kann sich der Erbschaftsbesitzer auf den Bereicherungswegfall des § 818 III berufen, § 279 findet keine Anwendung (RG Recht 20 Nr 417).

4 **C. Bereicherungsgrundsätze.** Der Erbschaftsbesitzer hat bei Unmöglichkeit der Herausgabe Wertersatz nach § 818 II zu leisten. Beim gutgläubigen unverklagten Besitzer kann der Wertersatz unter den Voraussetzungen des § 818 III entfallen. Hat er im Vertrauen darauf, den Nachlass behalten zu dürfen, diesen geschont und Eigenmittel für seine Lebenshaltung eingesetzt, kann er sich dennoch auf § 818 III berufen (RGRK/*Kregel* § 2021 Rz 5). Sind die Nachlassgegenstände, Surrogate und Früchte vorhanden, gilt § 2022 I (Soergel/*Dieckmann* § 2021 Rz 4).

5 Verwendungen des Erbschaftsbesitzers auf den Nachlass mindern seine Bereicherung (RGRK/*Kregel* § 2021 Rz 5), sofern es sich nicht um Aufwendungen handelte, um in den Besitz des Nachlasses zu gelangen, wie zB Erbscheins- und Prozesskosten (Soergel/*Dieckmann* § 2021 Rz 5). Unentgeltliche Zuwendungen des Erbschaftsbesitzers an einen Dritten führen zu einer Haftung des Erwerbers nach § 822 und einer Haftung des Dritten nach § 816 I 2 (Soergel/*Dieckmann* § 2021 Rz 3).

§ 2022 Ersatz von Verwendungen und Aufwendungen.
(1) ¹Der Erbschaftsbesitzer ist zur Herausgabe der zur Erbschaft gehörenden Sachen nur gegen Ersatz aller Verwendungen verpflichtet, soweit nicht die Verwendungen durch Anrechnung auf die nach § 2021 herauszugebende Bereicherung gedeckt werden. ²Die für den Eigentumsanspruch geltenden Vorschriften der §§ 1000 bis 1003 finden Anwendung.
(2) Zu den Verwendungen gehören auch die Aufwendungen, die der Erbschaftsbesitzer zur Bestreitung von Lasten der Erbschaft oder zur Berichtigung von Nachlassverbindlichkeiten macht.
(3) Soweit der Erbe für Aufwendungen, die nicht auf einzelne Sachen gemacht worden sind, insbesondere für die im Absatz 2 bezeichneten Aufwendungen, nach den allgemeinen Vorschriften in weiterem Umfang Ersatz zu leisten hat, bleibt der Anspruch des Erbschaftsbesitzers unberührt.

1 **A. Allgemeines.** § 2022 stellt den gutgläubigen, noch nicht verklagten Erbschaftsbesitzer hinsichtlich seiner Verwendungen besser als den Besitzer ggü dem Eigentümer nach §§ 985 ff, da er nach §§ 1000–1003 Ersatz aller Verwendungen, gleichgültig, ob sie nützlich oder überflüssig waren oder auf einen anderen als den konkret herausverlangten Nachlassgegenstand gemacht wurden (BGH FamRZ 04, 537), beanspruchen kann, soweit sie nicht bereits durch Anrechnung auf die Bereicherung, die nach § 2021 herauszugeben ist, angerechnet werden muss (MüKo/*Helms* § 2022 Rz 1).

2 Durch III bleiben dem Erbschaftsbesitzer weitere Ansprüche, wie insb Bereicherungsansprüche, erhalten.

Darüber hinaus findet die Vorschrift auch auf die schuldrechtlichen Herausgabeansprüche bzgl der Früchte, an denen der Besitzer nach § 2020 Eigentum erworben hat, Anwendung (*Brox* Rz 585). 3

B. Verwendungen. Verwendungen sind freiwillige Ausgaben des Erbschaftsbesitzers, die dieser aus eigenen, nicht aus Nachlassmitteln, im Interesse des herauszugebenden Nachlasses, gemacht hat (Ddorf FamRZ 92, 600), sowie die Kosten für die Gewinnung der Früchte, die der Besitzer nach § 2022 herauszugeben hat. Hinzukommen nach II auch die Aufwendungen, die zur Bestreitung von Kosten der Erbschaft oder zur Tilgung von Nachlassverbindlichkeiten aus Eigenmitteln dienen, wie zB die für den Erben gezahlte Erbschaftssteuer (Staud/*Gursky* § 2022 Rz 5). Die eigene Arbeitsleistung des Erbschaftsbesitzer kann nur dann beansprucht werden, wenn er dadurch einen Verdienstausfall erlitten hat (KG OLGZ 74, 17). Die Verwendungen müssen vor Rechtshängigkeit, § 2023 II, und bei Gutgläubigkeit des Erbschaftsbesitzers vorgenommen worden sein (Erman/*Schlüter* § 2022 Rz 1). 4

Von § 2022 nicht erfasst werden die Aufwendungen, die der Erbschaftsbesitzer im Vertrauen auf die Beständigkeit des Erbanfalls vorgenommen hat oder Leistungen aus Eigenmitteln auf nur vermeintliche Nachlassverbindlichkeiten. Sie können allenfalls als Minderung des Bereicherungsanspruchs nach § 2021 Berücksichtigung finden (DGE/*Lenz* § 2022 Rz 3). 5

C. Geltendmachung. Auf den Verwendungsersatzanspruch finden gem I 2 die §§ 1000–1003 Anwendung. Danach ist der Erbschaftsbesitzer für folgende Rechte darlegungs- und beweispflichtig: 6

I. Zurückbehaltungsrecht, §§ 1000, 273, 274. Dem Erbschaftsbesitzer steht an allen herauszugebenden Sachen wegen seiner Aufwendungen ein Zurückbehaltungsrecht zu. Soweit die Anrechnung nach I 1 erfolgt, ist das Zurückbehaltungsrecht ausgeschlossen. 7

Ist der Erbschaftsbesitzer zugleich Vermächtnisnehmer oder Pflichtberechtigter, hat er ein Zurückbehaltungsrecht nur hinsichtlich der Verwendungen (BGHZ 120, 96; *Dutz* NJW 67, 1105 f). 8

Hat der Erbschaftsbesitzer eine zu seinen Gunsten lautende unrichtige Eintragung im Grundbuch erlangt, findet § 2022 auf den Grundbuchberichtigungsanspruch des Erben entsprechende Anwendung, so dass der Erbschaftsbesitzer die Zustimmung zur Berichtigung des Grundbuchs solange verweigern kann, bis ihm die Verwendungen auf das Grundstück ersetzt wurden (Staud/*Gursky* § 2022 Rz 2). Der Erbe kann sich nur durch die Eintragung eines Widerspruchs sichern. 9

II. Klage auf Verwendungsersatz, § 1001. Der Besitzer kann innerhalb der Ausschlussfrist des § 1002 (ein Monat bei beweglichen Sachen und 6 Monate bei Grundstücken, beginnend mit der Herausgabe der Sache oder dem letzten Nachlassgegenstand, wenn die Verwendung auf den Nachlass als Ganzen erfolgte) den Verwendungsersatzanspruch nach § 1001 1 gerichtlich geltend machen. Allerdings muss der Erbe die Verwendungen genehmigt oder die Sache vom Erbschaftsbesitzer oder in sonstiger Weise wiedererlangt haben (MüKo/*Helms* § 2022 Rz 11). 10

Hat der Erbschaftsbesitzer Verwendungen auf die ganze Erbschaft gemacht, muss der Erbe die ganze Erbschaft, ihre Surrogate oder ihre Ersatzwerte erhalten haben (hM Erman/*Schlüter* § 2022 Rz 4); vom Ersatzanspruch kann er sich nach § 1000 2 nur durch Rückgabe aller wiedererlangten Erbschaftsgegenstände befreien. 11

III. Pfandähnliches Befriedigungsrecht, § 1003. Der Erbschaftsbesitzer hat ein pfandähnliches Befriedigungsrecht an allen in seinem Besitz befindlichen Erbschaftssachen und ein Wegnahmerecht gem §§ 997, 258 analog (hM *Brox* Rz 586). 12

D. Weitere Ansprüche. Der Erbschaftsbesitzer kann nach § 2022 III, nur bereicherungsrechtliche Ansprüche wegen solcher Verwendungen, die nicht einzelne Sachen betreffen, geltend machen. Ansprüche aus GoA scheiden mangels Fremdgeschäftsführungswillen aus (MüKo/*Helms* § 2022 Rz 14). 13

Der Ersatzanspruch des Besitzers ist nach der Herausgabe der Erbschaft ebenso beschränkt wie ggü der Eigentümerklage nach §§ 1001 ff. Ihm steht ein Vergütungsanspruch nur bei Wiedererlangung der Sache durch den Erben oder Genehmigung der Verwendung zu (Palandt/*Edenhofer* § 2022 Rz 7). 14

§ 2023 Haftung bei Rechtshängigkeit, Nutzungen und Verwendungen.

(1) Hat der Erbschaftsbesitzer zur Erbschaft gehörende Sachen herauszugeben, so bestimmt sich von dem Eintritt der Rechtshängigkeit an der Anspruch des Erben auf Schadensersatz wegen Verschlechterung, Untergangs oder einer aus einem anderen Grund eintretenden Unmöglichkeit der Herausgabe nach den Vorschriften, die für das Verhältnis zwischen dem Eigentümer und dem Besitzer von dem Eintritt der Rechtshängigkeit des Eigentumsanspruchs an gelten.

(2) Das Gleiche gilt von dem Anspruch des Erben auf Herausgabe oder Vergütung von Nutzungen und von dem Anspruch des Erbschaftsbesitzers auf Ersatz von Verwendungen.

A. Allgemeines. Die Vorschrift ist auf den dinglichen Herausgabeanspruch des Erben gegen den Erbschaftsbesitzer wegen der Nachlassgegenstände und deren Surrogate, sowie auf den Herausgabe-/Vergütungsanspruch von Nutzungen (DGE/*Lenz* § 2023 Rz 1) und den Ersatzanspruch des Erbschaftsbesitzers hinsichtlich seiner Verwendungen anwendbar. 1

2 **B. Voraussetzungen.** Die Haftung des Erbschaftsbesitzers verschärft sich ab Eintritt der Rechtshängigkeit, § 261 ZPO, weil er damit rechnen muss, nicht der wahre Erbe zu sein. Zugleich hat er die Nachlassgegenstände zu verwalten (Damrau/*Schmalenbach* § 2023 Rz 1). Veräußert der Besitzer die Sachen, gehen sie unter oder verschlechtern sich, hat er Schadensersatz zu leisten und für Verschulden und wegen schuldhaft nicht gezogener Nutzungen einzustehen. Dem Umkehrschluss des § 2024 3 wird entnommen, dass die Haftung des gutgläubigen verklagten Erbschaftsbesitzers durch Verzug nicht verschärft wird (Staud/*Gursky* § 2023 Rz 3).
3 Durch Klagerücknahme, Vergleich oder Urt endet die Rechtshängigkeit.
4 **C. Bereicherungsanspruch.** Für den Bereicherungsanspruch des Erben nach § 2021 ergeben sich die Rechtsfolgen aus § 818 IV und damit aus den allg Vorschriften der §§ 291, 292, 288 I 2, III, 289 1. Str ist, ob sich der Besitzer mit Eintritt der Rechtshängigkeit noch auf den Wegfall oder die Minderung der Bereicherung berufen kann (so MüKo/*Helms* § 2021 Rz 8, aA Soergel/*Dieckmann* § 2023 Rz 2 mN). Hat der Erbschaftsbesitzer den Wegfall der Bereicherung nicht zu vertreten, soll er nicht nach §§ 292, 989 haften (RG JW 18, 133).
5 Der Anspruch, und zwar sowohl der dingliche als auch der schuldrechtliche Teil, unterliegt der einheitlichen Verjährung des § 197 I Nr 2 (BGH FamRZ 04, 537).
6 **D. Notwendige Verwendungen.** Ab Rechtshängigkeit sind nur die notwendigen Verwendungen nach den Grundsätzen der GoA zu ersetzen, §§ 994 II, 996, dh wenn sie dem tatsächlichen oder mutmaßlichen Willen des Erben entsprochen haben, von ihm genehmigt wurden oder ihn noch bereichern, §§ 683, 684. Ob die notwendigen Verwendungen auf die herauszugebende Sache, auf andere Nachlassgegenstände oder den gesamten Nachlass gemacht wurden, ist unerheblich (MüKo/*Helms* § 2023 Rz 6; aA Palandt/*Edenhofer* § 2023 Rz 3).
7 Besteht die Verwendung in der Bezahlung von Nachlassschulden, kann der Erbschaftsbesitzer nur dann Ersatz verlangen, wenn die Verwaltung des Nachlasses unter Beachtung der §§ 1978–1980, 1991 erfolgt ist (MüKo/*Helms* § 2023 Rz 7).

§ 2024 Haftung bei Kenntnis.
¹Ist der Erbschaftsbesitzer bei dem Beginn des Erbschaftsbesitzes nicht in gutem Glauben, so haftet er so, wie wenn der Anspruch des Erben zu dieser Zeit rechtshängig geworden wäre. ²Erfährt der Erbschaftsbesitzer später, dass er nicht Erbe ist, so haftet er in gleicher Weise von der Erlangung der Kenntnis an. ³Eine weitergehende Haftung wegen Verzugs bleibt unberührt.

1 **A. Allgemeines.** Die Haftungsverschärfung gilt für den schuldrechtlichen, den dinglichen Anspruch (Erman/*Schlüter* § 2024 Rz 1) sowie den Bereicherungsanspruch des § 2021 (Soergel/*Dieckmann* § 2024 Rz 1).
2 **B. Bösgläubigkeit.** Der Erbschaftsbesitzer ist bösgläubig, wenn er bei Beginn des Erbschaftsbesitzes positiv weiß oder grob fahrlässig nicht weiß, dass er nicht Erbe ist (MüKo/*Helms* § 2024 Rz 2). Erfährt der Erbschaftsbesitzer nach Begründung des Erbschaftsbesitzes, dass er nicht Erbe ist, wird er nachträglich bösgläubig. Grobe Fahrlässigkeit reicht hier nicht (RGZ 56, 317).
3 **C. Haftung.** Nach § 2023 haftet der bösgläubige Erbschaftsbesitzer ggü den Herausgabe- und Bereicherungsansprüchen des Erben wie ein gutgläubiger Besitzer nach Eintritt der Rechtshängigkeit. Dem minderjährigen Erbschaftsbesitzer schadet die Bösgläubigkeit seines gesetzlichen Vertreters (Damrau/*Schmalenbach* § 2024 Rz 5). Befindet sich der Erbschaftsbesitzer in Verzug, § 286, verschärft sich die Haftung; ebenso bei der zufälligen Unmöglichkeit der Herausgabe nach §§ 280 I, III, 283, 287. Die Gutgläubigkeit hinsichtlich seines Besitzrechts an einem Gegenstand lässt die Haftung für diesen Gegenstand entfallen, weil sich der Besitzer ggü des Gesamtanspruchs mit Einzeleinwendungen verteidigen kann (Staud/*Gursky* § 2024 Rz 3; aA Palandt/*Edenhofer* § 2024 Rz 2, der die Haftung gänzlich entfallen lässt).
4 Der Erbe hat neben dem Verzug auch die Bösgläubigkeit zu beweisen.
5 Der Anspruch verjährt gem § 197 I Nr 2 nach 30 Jahren.
6 **D. Verzug.** Die Haftung des bösgläubigen Erbschaftsbesitzers richtet sich, wenn er in Verzug gesetzt wurde, auch nach den §§ 284 ff und erstreckt sich auf die Haftung für den Zufall. Da die Vorschrift auf den gutgläubigen Erbschaftsbesitzer keine Anwendung findet, schadet dem Erbschaftsbesitzer ein leicht fahrlässiger Irrtum über seine Erbberechtigung nicht (AnwK-BGB/*Fleindl* § 2024 Rz 4).

§ 2025 Haftung bei unerlaubter Handlung.
¹Hat der Erbschaftsbesitzer einen Erbschaftsgegenstand durch eine Straftat oder eine zur Erbschaft gehörende Sache durch verbotene Eigenmacht erlangt, so haftet er nach den Vorschriften über den Schadensersatz wegen unerlaubten Handlungen. ²Ein gutgläubiger Erbschaftsbesitzer haftet jedoch wegen verbotener Eigenmacht nach diesen Vorschriften nur, wenn der Erbe den Besitz der Sache bereits tatsächlich ergriffen hatte.

1 **A. Allgemeines.** § 2025 stellt eine Rechtsgrundverweisung auf das Deliktsrecht dar, so dass der Anspruch nach 3 Jahren gem §§ 195, 199 verjährt (Staud/*Gursky* § 2025 Rz 3). IRd Vorschrift bleibt der Ersetzungsgrundsatz des § 2019 anwendbar. UU fehlt es an einem Schaden des Erben (Erman/*Schlüter* § 2025 Rz 1).

B. Deliktische Haftung. Neben einzelnen Nachlassgegenstände kann auch die gesamte Erbschaft durch eine Straftat wie Urkundenfälschung, Abgabe einer falschen eidesstattlichen Versicherung im Erbscheinsverfahren, Betrug, Erpressung oder Diebstahl erlangt sein (MüKo/*Helms* § 2025 Rz 3), nicht aber durch Unterschlagung von Nachlasssachen (Erman/*Schlüter* § 2025 Rz 3). IdR ist der Erbschaftsbesitzer bösgläubig iSd § 2024. Geht der Straftäter gutgläubig von seinem Erbrecht aus, schützt ihn das nicht (Soergel/*Dieckmann* § 2025 Rz 2). Nimmt der Erbanwärter einen Nachlassgegenstand an sich, begeht er verbotene Eigenmacht. Dh die Vorschrift wendet sich gegen die tatsächlich ausgeübte Sachherrschaft des Erben, wobei mittelbarer Besitz ausreicht (Staud/*Gursky* § 2025 Rz 6). Haftungsvoraussetzung ist ein doppeltes Verschulden: Der Erbschaftsbesitzer muss dem Erben schuldhaft dessen tatsächlich begründete Sachherrschaft entziehen (MüKo/*Helms* § 2025 Rz 4) und schuldhaft iSd § 823 I hinsichtlich seines fehlenden eigenen Erbrechts gehandelt haben (MüKo/*Helms* § 2025 Rz 4), wobei Fahrlässigkeit genügt (Palandt/*Edenhofer* § 2025 Rz 2).

C. Rechtsfolgen. Die Haftungsverschärfung wirkt sich immer nur für den konkreten Gegenstand aus, den der Erbschaftsbesitzer im Wege einer Straftat/verbotener Eigenmacht erlangt hat (Staud/*Gursky* § 2025 Rz 4). Darüber hinaus ist der Erbanwärter durch die deliktische Haftung nicht nur mit dem Zufallsrisiko des § 848, sondern auch mit der Beschränkung seiner Verwendungsersatzansprüche nach §§ 950, 994–996 auf die nützlichen und notwendigen Verwendungen belastet (AnwK-BGB/*Fleindl* § 2025 Rz 1).

§ 2026 Keine Berufung auf Ersitzung. Der Erbschaftsbesitzer kann sich dem Erben gegenüber, solange nicht der Erbschaftsanspruch verjährt ist, nicht auf die Ersitzung einer Sache berufen, die er als zur Erbschaft gehörend im Besitz hat.

A. Allgemeines. § 2026 verhindert, dass die lange Verjährungsfrist des Erbschaftsanspruchs von 30 Jahren durch die 10jährige Ersitzungsfrist unterlaufen wird (MüKo/*Helms* § 2026 Rz 1). Eine Ersitzung der Erbschaft als Ganzes gibt es nicht (Palandt/*Edenhofer* § 2026 Rz 2).

B. Herausgabe. Dem Erben ggü ist der Erbschaftsbesitzer trotz erlangten Eigentums schuldrechtlich zur Herausgabe verpflichtet; Dritten ggü kann er sich auf Ersitzung berufen (str; so: MüKo/*Frank* § 2026 Rz 7; aA Soergel/*Dieckmann* § 2026 Rz 3, wonach der Eigentumserwerb relativ unwirksam ist). Die zugunsten des gutgläubigen Erbschaftsbesitzers verstrichene Ersitzungszeit kommt nach § 944 dem Erben zugute (*Brox* Rz 595). Bei **Grundstücken** und Grundstücksrechten ist § 2026 ebenfalls anwendbar. Die Buchersitzung nach § 900 tritt nur im Ausnahmefall vor Ablauf der Verjährungsfrist ein, wenn die Verjährungsfrist durch ein Anerkenntnis des Erbschaftsbesitzers nach § 212 I Nr 1 neu zu laufen beginnt, da das Anerkenntnis die Ersitzungsfrist nicht unterbricht (Soergel/*Dieckmann* § 2026 Rz 1).

C. Verjährung. Der Erbschaftsanspruch verjährt einheitlich nach § 197 I Nr 2 nach 30 Jahren. Dies gilt auch beim Erbschaftsanspruch eines Miterben gegen einen anderen (Erman/*Schlüter* § 2026 Rz 2). Erfasst werden auch solche Gegenstände, die der Besitzer erst später erlangt (MüKo/*Helms* § 2026 Rz 1 mwN). Dabei **beginnt** die Verjährungsfrist einheitlich in dem Augenblick, in dem der Erbschaftsbesitzer erstmals etwas aus der Erbschaft erlangt hat und er sich als Erbe geriert (hM, BGH FamRZ 04, 537). Verliert der Erbe durch Anfechtung oder Erbunwürdigkeitserklärung seine Berechtigung, beginnt nach § 200 1 die Verjährung mit Entstehen des Anspruchs (Damrau/*Schmalenbach* § 2026 Rz 4).
Nach Ablauf der Verjährungsfrist steht dem Erbschaftsbesitzer ggü dem Erben die Einrede der Verjährung zu. Die Verjährung wird nur hinsichtlich der in der Klageschrift bezeichneten Gegenstände gehemmt (Damrau/*Schmalenbach* § 2026 Rz 5); anders bei der Stufenklage. Wird der Erbschaftsbesitz aufgrund eines Erbschaftskaufs auf einen Rechtsnachfolger übertragen, kommt diesem die bereits verstrichene Verjährungsfrist sowohl bei dinglichen als auch bei schuldrechtlichen Ansprüchen zugute (Erman/*Schlüter* § 2026 Rz 1).

§ 2027 Auskunftspflicht des Erbschaftsbesitzers. (1) Der Erbschaftsbesitzer ist verpflichtet, dem Erben über den Bestand der Erbschaft und über den Verbleib der Erbschaftsgegenstände Auskunft zu erteilen.
(2) Die gleiche Verpflichtung hat, wer, ohne Erbschaftsbesitzer zu sein, eine Sache aus dem Nachlass in Besitz nimmt, bevor der Erbe den Besitz tatsächlich ergriffen hat.

A. Allgemeines. Der Auskunftsanspruch gehört zum Nachlass und ist vererblich (Nürnbg OLGZ 81, 115). Auf einen Nichterben kann er nicht übertragen werden (Karlsr FamRZ 67, 692), der Berechtigte kann aber auf ihn verzichten. Neben dem Anspruch aus § 2027 kann der Erbe auch nach § 260 Auskunft verlangen. Hinsichtlich der Verjährung gilt § 197 I Nr 2.

B. Auskunftspflicht. Die Auskunftspflicht des Erbschaftsbesitzers soll es dem Erben ermöglichen, sich über den Umfang des Nachlasses zu informieren und den Erbschaftsanspruch durchzusetzen. Daher erstreckt sich die Auskunftspflicht nicht auf den Wert des Nachlasses, die Schulden (RGZ 71, 360) oder die lebzeitigen Schenkungen (BGHZ 61, 182).

3 Auskunft kann auch von den anderen Miterben verlangt werden (Karlsr MDR 72, 424); dies gilt nicht, wenn der Miterbe als Vertreter der Erbengesamtheit vom Nachlass Besitz ergriffen hat (MüKo/*Helms* § 2018 Rz 21 mwN). In Betracht kommt dann aber die Auskunftspflicht nach §§ 666, 681 (Staud/*Gursky* § 2027 Rz 5).

4 Die Auskunft erstreckt sich auf den Bestand der Erbschaft einschl aller Surrogate iSv § 2019, der Nutzungen nach § 2020 und auf den Verbleib der nicht mehr vorhandenen oder nicht auffindbaren Gegenstände. Darüber hinaus hat der Erbschaftsbesitzer Auskunft zu erteilen über die Gegenstände, die er als Voraus (Kiel SeuffA 66, 141) oder als Vorausvermächtnis erhalten hat (KG OLGE 5, 231) und die beim Tod des Erblassers nur in dessen Besitz gestanden haben (BGH LM Nr 1 zu § 260). Der Erbe kann eine schriftliche Aufstellung in Form eines übersichtlichen Bestandsverzeichnisses verlangen, die im Ergebnis zur Rechenschaftslegung über die Verwaltung nach § 259 führt (Braunschw OLGZ 26, 296) und die den Auskunftspflichtigen zur Vorlage von Belegen verpflichtet (MüKo/*Helms* § 2027 Rz 7; aA Staud/*Gursky* § 2027 Rz 8). Eine Auskunft nach § 260 I erfordert eine eigene, schriftlich verkörperte Erklärung des Schuldners, die jedoch nicht die gesetzlichen Schriftform des § 126 erfüllen muss und durch einen Boten an den Gläubiger übermittelt werden darf (BGH BeckRS 08, 01830). UU können auch mehrere Teilverzeichnisse eine ausreichende Auskunft darstellen (BGH NJW 62, 1499). Die Anforderungen für die Auskunft nach § 2027 bleiben aber hinter denen des Inventars zurück (Palandt/*Edenhofer* § 2027 Rz 1).

5 Die Auskunftspflicht des Erbschaftsbesitzers geht mit seinem Tod auf seine Erben über, die sich die fehlende eigene Kenntnis in zumutbarer Weise beschaffen müssen; daneben kann aus I eine eigene Auskunftspflicht des Erben bestehen (BGH NJW 85, 3068).

6 Der Erblasser kann die Auskunftspflicht nicht erlassen.

7 **C. Auskunftspflicht nach Abs 2.** Hat ein Dritter, ohne Erbschaftsbesitzer zu sein, Sachen aus dem Nachlass in Besitz genommen, bevor sie der Erbe in Besitz nehmen konnte, ist er auskunftspflichtig (Damrau/*Schmalenbach* § 2027 Rz 10). Entspr gilt für denjenigen, der aufgrund eines Rechts zum Besitz die Sache eigenmächtig an sich genommen hat (Braunschw OLGrspr 24, 70 f) oder nur die Möglichkeit einer tatsächlichen Verfügung über den Nachlass erlangt hat, wie zB der Vermieter, der die Wohnungsschlüssel an sich genommen hat. Dabei kommt es auf die Kenntnis des Besitzers von seinem Eingriff in den Nachlass nicht an. Hat der Besitzer in der Meinung, es handele sich um sein eigenes Erbrecht, die Sache in Besitz genommen, ist er als Erbschaftsbesitzer nur nach I auskunftspflichtig (DGE/*Lenz* § 2027 Rz 4).

8 Wer den Besitz schon vor dem Erbfall vom Erblasser erlangt hat, ist ebenso wenig auskunftspflichtig (Kiel OLGE 40, 108), wie derjenige, der nach dem Tod des Erblassers eine Sache in Besitz nimmt, die der Erblasser schon zu seinen Lebzeiten einem Dritten übergeben hatte (BGH LM Nr 1 zu § 1412).

9 Keine Pflicht zur Auskunft nach II besteht für den verwaltenden Testamentsvollstrecker, den Nachlassverwalter, den Nachlasspfleger und den Nachlassinsolvenzverwalter, da sie bereits aufgrund von Sondervorschriften Rechenschaft ablegen müssen (RGZ 81, 30).

10 Der Umfang der Auskunftspflicht nach II entspricht dem des I (DGE/*Lenz* § 2027 Rz 5).

11 **D. Auskunftsberechtigte.** Zu ihnen zählen der Erbe, der Vorerbe, der Nacherbe erst nach Eintritt des Nacherbfalls, der Nachlasspfleger, Nachlassverwalter, der verwaltende Testamentsvollstrecker und der Gläubiger, der den Erbschaftsanspruch gepfändet hat (MüKo/*Helms* § 2027 Rz 3). Nach §§ 2039 I, 2027 kann jeder Miterbe verlangen, dass allen Miterben gemeinschaftlich Auskunft erteilt wird.

12 **E. Prozessuales.** Die örtliche Zuständigkeit für die Auskunftsklage ergibt sich aus § 27 ZPO (Nürnbg OLGZ 81, 115, str). Sie macht aber nur im Wege der Stufenklage den Erbschaftsanspruch rechtshängig (RGZ 115, 29), wenn zugleich die genaue Kennzeichnung und die Herausgabe der Erbschaftsgegenstände verfolgt wird. Daher beginnt auch die Verjährung nicht von neuem zu laufen.

13 Die Vollstreckung des Auskunftsurteils richtet sich nach § 888 ZPO. Ob eine nach Verurteilung des Erbschaftsbesitzers erteilte Auskunft den Anforderungen entspricht, ist im Zwangsvollstreckungsverfahren zu klären (MüKo/*Helms* § 2027 Rz 8). Der Einwand des Erbschaftsbesitzers, er habe die Auskunft bereits vollständig erteilt, ist im Wege der Vollstreckungsabwehrklage nach § 767 ZPO geltend zu machen (Krug/Rudolf/*Kroiß* Erbrecht, 603). Eine Fristsetzung ist beim Antrag auf Festsetzung eines Zwangsmittels gem § 888 ZPO nicht erforderlich (Brandbg ZErb 04, 104).

14 Besteht der Verdacht, dass das Verzeichnis nicht mit der erforderlichen Sorgfalt erstellt wurde, hat der Erbschaftsbesitzer eidesstattlich zu versichern, dass er die Auskunft nach bestem Wissen so vollständig wie möglich erteilt hat (Staud/*Gursky* § 2027 Rz 15). Maßgeblich ist das Gesamtverhalten des Auskunftspflichtigen. Kann die mangelhafte Auskunft auch auf unverschuldeter Unkenntnis oder entschuldbarem Irrtum beruhen, ist eine Verurteilung zur Abgabe einer eidesstattlichen Versicherung nicht möglich (BGHZ 98, 137).

15 Die eV kann nach § 410 Nr 1 FamFG freiwillig vor dem Rechtspfleger des FG-Gerichts abgegeben werden; nach einer Verurteilung ist allerdings das Vollstreckungsgericht gem § 889 ZPO zuständig.

16 Die Auskunft kann nur durch eine eV vervollständigt werden; durch eine Klage kann die Vervollständigung nicht erzwungen werden (Erman/*Schlüter* § 2027 Rz 1). Wurde aber ein selbständiger Vermögensteil vollständig ausgelassen und liegt daher kein Nachlassverzeichnis vor, bedarf es einer erneuten Klage (RGZ 84, 41). Ansonsten bleibt dem Auskunftsberechtigten nur der Weg über die Klage auf Abgabe der eidesstattlichen Versicherung (MüKo/*Helms* § 2027 Rz 8).

§ 2028 Auskunftspflicht des Hausgenossen. (1) Wer sich zur Zeit des Erbfalls mit dem Erblasser in häuslicher Gemeinschaft befunden hat, ist verpflichtet, dem Erben auf Verlangen Auskünfte darüber zu erteilen, welche erbschaftlichen Geschäfte er geführt hat und was ihm über den Verbleib der Erbschaftsgegenstände bekannt ist.
(2) Besteht Grund zu der Annahme, dass die Auskunft nicht mit der erforderlichen Sorgfalt erteilt worden ist, so hat der Verpflichtete auf Verlangen des Erben zu Protokoll an Eides Statt zu versichern, dass er seine Angaben nach bestem Wissen so vollständig gemacht habe, als er dazu imstande sei.
(3) Die Vorschriften des § 259 Abs. 3 und des § 261 finden Anwendung.

A. Allgemeines. Hintergrund der Auskunftspflicht nach § 2028 ist, dass der Hausgenosse auf Grund der häuslichen Gemeinschaft mit dem Erblasser Kenntnisse hat, über die der Erbe regelmäßig nicht verfügt. Daher ist die Vorschrift weit auszulegen (RGZ 80, 285). 1

B. Auskunftspflicht. Auskunftspflichtig ist jeder, der sich zur Zeit des Erbfalls Kenntnis vom Verbleib der Erbschaftsgegenstände verschaffen und auf den Nachlass einwirken konnte (BGH LM § 2028 Nr 1). Daher kann, wenn die Voraussetzungen vorliegen, auch ein Miterbe Hausgenosse sein (RGZ 81, 30), wobei aber weder Verwandtschaft noch Familienzugehörigkeit erforderlich ist. Aus diesem Grunde können auch Besucher, die längere Zeit beim Erblasser lebten (RGZ 80, 285), sein Lebensgefährte (LG Berlin FamRZ 79, 503), das Haus- oder Pflegepersonal und der Zimmernachbar (Erman/*Schlüter* § 2028 Rz 2) unter den Anwendungsbereich des § 2028 fallen. Entspr gilt für einen Mieter, der das möblierte Haus des Erblassers angemietet und ihm ein Zimmer als Untermieter überlassen und seine Versorgung und Verpflegung übernommen hat (BGH LM § 2028 Nr 1). Die häusliche Gemeinschaft wird nicht durch einen Krankenhausaufenthalt kurz vor dem Tod des Erblasser aufgehoben (RGLZ 22, 197 f). 2

Der Miterbe, auch der Minderjährige (Erman/*Schlüter* § 2028 Rz 2), ist zur Auskunft verpflichtet (BGH LM § 2028 Nr 1). Ungeachtet dessen kann auch eine allg Auskunftspflicht der Miterben untereinander bestehen (Braunschw OLGE 26, 296). 3

Der Erwerber einzelner Nachlassgegenstände gehört nicht zu den Auskunftspflichtigen (Berlin JR 56, 300). 4

Der Auskunftsanspruch wird nach § 888 ZPO vollstreckt (vgl § 2027 Rn 12). 5

C. Auskunft. Die Auskunft nach § 2028 erstreckt sich auf die von ihm geführten erbschaftlichen Geschäfte und die Kenntnis vom Verbleib der Erbschaftsgegenstände (Soergel/*Dieckmann* § 2028 Rz 3). Insoweit findet auch § 681 Anwendung (vgl *Sarres* ZEV 98, 422). Der Auskunftspflichtige hat keine Nachforschungen über den Verbleib der Erbschaftsgegenstände anzustellen; es ist ausreichend, wenn er sein Wissen offenbart (MüKo/*Helms* § 2028 Rz 6). 6

Die Auskunftspflicht erstreckt sich auf alle zum Nachlass gehörenden Gegenstände, und zwar auch solche, die vor dem Tod des Erblassers beiseite geschafft (RGZ 81, 293), nicht aber die, die vor seinem Tod verschenkt wurden (BGH NJW 55, 1354). 7

Auskunftsberechtigt ist der Erbe, jeder Miterbe nach § 2039 und jede andere Person, die zur Verwaltung des Nachlasses berechtigt ist (Erman/*Schlüter* § 2028 Rz 3). 8

Nach bestrittener Meinung ist derjenige, der bereits nach § 2027 Auskunft erteilt hat, auch zur Auskunft nach § 2028 verpflichtet (MüKo/*Helms* § 2028 Rz 5; aA: Soergel/*Dieckmann* § 2028 Rz 2). 9

Noch ungeklärt ist, ob der Gerichtsstand des § 27 ZPO gegeben ist. 10

D. Eidesstattliche Versicherung. Die Abgabe der eV setzt voraus, dass die Auskunft erteilt wurde (BGH DB 64, 1443; RG LZ 22, 196 f) und erstreckt sich nur auf die Vollständigkeit der Angaben, nicht aber auf den Bestand des Nachlasses. Dabei besteht die Pflicht zur Abgabe einer eV nicht schon bei objektiver Unvollständigkeit der Angaben, sondern erst dann, wenn Grund zur Annahme besteht, die erteilte Auskunft sei nicht mit der gebotenen Sorgfalt erfolgt (BGH BB 64, 1148). Bei geringfügigem Nachlass (Staud/*Gursky* § 2028 Rz 16) entfällt nach § 2028 III mit 259 III die Pflicht zur Abgabe der eV (Soergel/*Dieckmann* § 2028 Rz 5). 11

Das Gericht der freiwilligen Gerichtsbarkeit hat, wenn der Hausgenosse zur Abgabe der eV bereit ist, nicht mehr zu prüfen, ob Grund zur Annahme einer unsorgfältigen Auskunft besteht (MüKo/*Helms* § 2028 Rz 9). Seine Tätigkeit beschränkt sich nur auf die Einhaltung der Formalien für die Abgabe der eV, wie zB die Ladung der Beteiligten zum Termin und die Entgegennahme der Erklärung zu Protokoll. 12

Voraussetzung ist, dass der Erbe die Abgabe der eV verlangt oder zumindest damit einverstanden ist, wobei in der Klage auf Abgabe der eV das Einverständnis zu sehen ist (BayObLG 53, 135). 13

Verweigert der Pflichtige die Abgabe, entscheidet das Prozessgericht, ob der Erbe Gründe dargelegt und ggf bewiesen hat, die die Annahme rechtfertigen, dass die Auskunft aus mangelnder Sorgfalt unvollständig oder unrichtig erteilt ist (BGH DB 64, 1443). 14

§ 2029 Haftung bei Einzelansprüchen des Erben. Die Haftung des Erbschaftsbesitzers bestimmt sich auch gegenüber den Ansprüchen, die dem Erben in Ansehung der einzelnen Erbschaftsgegenstände zustehen, nach den Vorschriften über den Erbschaftsanspruch.

1 A. Allgemeines. Die Vorschrift gilt für alle Normen, die Art und Umfang der Leistungspflicht des Erbschaftsbesitzers regeln, gleichgültig, ob sie vor- oder nachteilig für ihn sind (DGE/*Lenz* § 2029 Rz 2). Sie stellt klar, dass die Erhebung der Einzelklagen nicht ungünstiger ist als die Gesamtklage. Neben den Vorteilen des Erbschaftsanspruchs hat er auch dessen Nachteile zu tragen, vgl Rn 3.

2 B. Einzelansprüche. Der Erbe kann als Inhaber des Nachlasses die dinglichen und schuldrechtlichen Einzelansprüche auf Herausgabe der Nachlassgegenstände, auf Herausgabe der Bereicherung oder auf Schadensersatz gegen den Erbschaftsbesitzer geltend machen (MüKo/*Helms* § 2029 Rz 1) oder den Gesamtanspruch.

3 Auf die Einzelansprüche sind die Vorschriften über die Herausgabe der Surrogate, Nutzungen und der Bereicherung (§§ 2019–2021, 2024) ebenso anwendbar wie über den Verwendungsersatz nach § 2022, die Wirkung der Rechtshängigkeit, § 2023, die Voraussetzungen und Wirkungen der Bösgläubigkeit gem § 2024, die Verjährung und den Ausschluss des Ersatzeinwandes nach § 2026 (Staud/*Gursky* § 2029 Rz 5).

4 Str ist, inwieweit die Vorschriften über die Erbschaftsbesitz zugunsten des Erbschaftsbesitzers auch dann anzuwenden sind, wenn der Erbe Besitzschutzansprüche nach §§ 861, 862 geltend macht (Staud/*Gursky* § 2029 Rz 6). Nach hM kann sich der gutgläubige Erbschaftsbesitzer ggü den Besitzansprüchen des Erben trotz § 863 auf ein Zurückbehaltungsrecht wegen der von ihm vorgenommenen Verwendungen berufen, wenn er die Nachlasssache vor der Besitzergreifung durch den Erben erlangt hat (MüKo/*Helms* § 2029 Rz 3).

5 Der Anspruch verjährt nach § 197 I Nr 2 in 30 Jahren. Der Grundbuchberichtigungsanspruch nach § 894 verjährt ggü dem Erbschaftsbesitzer nicht (Palandt/*Edenhofer* § 2029 Rz 1).

6 C. Prozessuales. Der Gerichtsstand des § 27 ZPO gilt nicht für Einzelklagen (Nürnbg OLGZ 81, 115).

7 Das Gericht hat die §§ 2018 ff vAw zu beachten, wenn unstr oder erwiesen ist, dass der Beklagte Erbschaftsbesitzer ist und entsprechend haftet (MüKo/*Helms* § 2029 Rz 2).

§ 2030 Rechtsstellung des Erbschaftserwerbers.
Wer die Erbschaft durch Vertrag von einem Erbschaftsbesitzer erwirbt, steht im Verhältnis zu dem Erben einem Erbschaftsbesitzer gleich.

1 A. Allgemeines. Der Erbschaftserwerber steht im Verhältnis zum Erben dem Erbschaftsbesitzer gleich. Der Erbe kann nicht nur die Einzelklagen erheben, sondern die Erbschaft als Ganzes herausverlangen. Eines formgültigen Verpflichtungsgeschäfts bedarf es nicht (MüKo/*Helms* § 2030 Rz 4; aA Staud/*Gursky* § 2030 Rz 2).

2 Es kann im Gerichtsstand des § 27 ZPO geklagt werden (hM; Staud/*Gursky* § 2030 Rz 11).

3 § 2030 erfasst die Fälle, in denen der Erwerber aufgrund eines auf die Veräußerung des Nachlasses als Ganzes gerichtetes Verpflichtungsgeschäft mit dem Erbschaftsbesitzer Nachlassgegenstände aufgrund einzelner Verfügungsgeschäfte erlangt (MüKo/*Helms* § 2030 Rz 2) und die, in denen der Besitzer dem Erwerber einen Erbteil übertragen hat oder sich zur Übertragung eines solchen verpflichtet und der Erwerber zumindest an einem Nachlassgegenstand Mitbesitz erlangt hat (Soergel/*Dieckmann* § 2030 Rz 1). Nicht erfasst ist der Verkauf wesentlicher Nachlassgegenstände, wenn dem Erwerber nicht auch die Sorge für die Nachlassabwicklung anvertraut wird (Staud/*Gursky* § 2030 Rz 2), er somit die Erbschaft nicht erlangt hat.

4 B. Haftung des Erwerbers. Der Erbe kann von dem Erwerber nicht nur das unmittelbar Erlangte, sondern auch die Surrogate nach § 2019 herausverlangen (AnwK-BGB/*Fleindl* § 2030 Rz 4). Mit der tatsächlichen Übertragung der Erbschaft haftet der Erwerber wie der Erbschaftsbesitzer und kann sich nicht auf einen gutgläubigen Erwerb iSd §§ 892, 932–936, 2366, 2367 berufen (Staud/*Gursky* § 2030 Rz 3).

5 Der Erbe kann entweder nach §§ 2018, 2030 gegen den Erbschaftserwerber oder nach §§ 2018, 2019 gegen den Erbschaftsbesitzer vorgehen. Erhält er vom Erwerber den gesamten Nachlass zurück, kann er nicht zusätzlich vom Erbschaftsbesitzer den Erlös herausverlangen (Soergel/*Dieckmann* § 2030 Rz 4). Verlangt der Erbe vom Erbschaftsbesitzer den Veräußerungserlös heraus, ist er verpflichtet, die Genehmigung der Verfügung des Erbschaftsbesitzers Zug um Zug gegen die Herausgabe der Ersatzgegenstände oder der Bereicherung zu erteilen (Staud/*Gursky* § 2030 Rz 6 ff). Hat der Erbschaftsbesitzer den Herausgabeanspruch nur teilweise erfüllt, soll sich der Erbe wegen des Anspruchsrestes an den Erwerber halten können (str, so Soergel/*Dieckmann* § 2030 Rz 5; aA Staud/*Gursky* § 2030 Rz 8).

6 Die Herausgabepflicht erstreckt sich auf das Erlangte, die Ersatzgegenstände, Nutzungen und Bereicherung, wobei den Erwerber die §§ 2024, 2025 nur dann treffen, wenn deren Voraussetzungen in seiner Person vorliegen (Erman/*Schlüter* § 2030 Rz 2). Im Gegenzug kann der Erwerber vom Erben die Verwendungen verlangen, die er und der Besitzer gemacht haben (Staud/*Gursky* § 2030 Rz 5).

7 Die Haftung des Erwerbers scheidet aus, wenn der Erwerber nur einzelne Nachlassgegenstände erlangt hat; hier ist auch ein gutgläubiger Erwerb möglich (Palandt/*Edenhofer* § 2030 Rz 2).

8 § 2030 gilt auch für den Erwerb einer Erbschaft aufgrund eines Vermächtnisses des Erbschaftsbesitzers (hM; Erman/*Schlüter* § 2030 Rz 5).

9 *Schließlich* kommt dem Erwerber die Ersitzungszeit des Erbschaftsbesitzers nach §§ 942, 198 ebenso zugute, wie die bereits gegen den Erbschaftsbesitzer abgelaufene Verjährungsfrist (DGE/*Lenz* § 2030 Rz 2).

§ 2031 Herausgabeanspruch des für tot Erklärten. (1) ¹Überlebt eine Person, die für tot erklärt oder deren Todeszeit nach den Vorschriften des Verschollenheitsgesetzes festgestellt ist, den Zeitpunkt, der als Zeitpunkt ihres Todes gilt, so kann sie die Herausgabe ihres Vermögens nach den für den Erbschaftsanspruch geltenden Vorschriften verlangen. ²Solange sie noch lebt, wird die Verjährung ihres Anspruchs nicht vor dem Ablauf eines Jahres nach dem Zeitpunkt vollendet, in welchem sie von der Todeserklärung oder der Feststellung der Todeszeit Kenntnis erlangt.
(2) Das Gleiche gilt, wenn der Tod einer Person ohne Todeserklärung oder Feststellung der Todeszeit mit Unrecht angenommen worden ist.

A. Allgemeines. Der Gesetzgeber hat dem Überlebenden, um sein Vermögen wiederzuerlangen, einen Gesamtanspruch entspr § 2018 zur Verfügung gestellt (DGE/*Lenz* § 2031 Rz 1). Der Gerichtsstand des § 27 ZPO steht ihm nicht zur Verfügung (Staud/*Gursky* § 2031 Rz 8). 1

B. Anspruchsbefugnis. Anspruchsbefugt ist der für Tod Erklärte oder der, dessen Todeszeit festgestellt worden ist, aber die Zeit, die als Zeitpunkt seines Todes gilt, überlebt hat. 2

C. Todeszeitpunkt. Nach §§ 23, 44 VerschG wird die Todeserklärung und der Todeszeitpunkt durch Beschl festgestellt. Ohne ihn fehlt es an einem Todeszeitpunkt, weshalb für II (Personenverwechslung, Scheintod, Aufhebung der Todeserklärung/der Todeszeitfeststellung oder falsche Sterbeurkunde, § 30 VerschG) ausreicht, wenn der Totgeglaubte lebt. Ist die Annahme des Todes falsch, kann der Anspruch von einem Abwesenheitspfleger geltend gemacht werden (Staud/*Gursky* § 2031 Rz 3; Palandt/*Edenhofer* § 2031 Rz 1). 3

D. Anspruchsgegner. Anspruchsgegner ist der vermeintliche Erbe bzw dessen Gesamtrechtsnachfolger, der das Vermögen oder Teile des Vermögens von dem Scheinerblasser erlangt hat (Soergel/*Dieckmann* § 2031 Rz 4). § 2031 gilt analog für denjenigen, der sich selbst als Verschollenen ausgegeben hat und dadurch das Vermögen erlangt hat (Erman/*Schlüter* § 2031 Rz 1). Bei sonstigen Eingriffen in das Vermögen des Totgeglaubten stehen ihm nur die Einzelansprüche zur Verfügung (MüKo/*Helms* § 2031 Rz 6). 4

E. Rechtsfolge. Auf den Gesamtanspruch sind die Vorschriften über den Erbschaftsanspruch entspr anwendbar (MüKo/*Helms* § 2031 Rz 7). 5
Stirbt der Scheinerblasser tatsächlich, geht sein Herausgabeanspruch, der vererblich ist, auf seine Erben über und wird ein wirklicher Erbschaftsanspruch (Palandt/*Edenhofer* § 2031 Rz 1). 6
Nach I 2 ist der Ablauf der 30jährigen Verjährungsfrist beim Gesamtanspruch gehemmt. Dies gilt aber nicht zugunsten der Erben des scheinbar Verstorbenen (Soergel/*Dieckmann* § 2031 Rz 9). 7
Der Dritte, der von einem vermeintlichen Erben des Scheinerblassers erwirbt, wird nach § 2370 geschützt (Erman/*Schlüter* § 2031 Rz 6). 8

Titel 4   Mehrheit von Erben

Untertitel 1   Rechtsverhältnis der Erben untereinander

§ 2032 Erbengemeinschaft. (1) Hinterlässt der Erblasser mehrere Erben, so wird der Nachlass gemeinschaftliches Vermögen der Erben.
(2) Bis zur Auseinandersetzung gelten die Vorschriften der §§ 2033 bis 2041.

A. Allgemeines. Durch den Tod des Erblassers entsteht kraft Gesetzes eine Gesamthandsgemeinschaft, deren ausschließlicher Zweck die Abwicklung des Nachlasses ist. Sie kann weder vertraglich begründet noch nach Auseinandersetzung wiederhergestellt werden (Palandt/*Edenhofer* Einf v § 2032 Rz 1). Die Rechtsfortbildung, die bei der GbR zur Rechtsfähigkeit geführt hat, lässt sich nach Ansicht des BGH nicht auf die auf Auseinandersetzung gerichtete Erbengemeinschaft übertragen (NJW 02, 3389). Daher ist die Erbengemeinschaft weder rechts- noch parteifähig (BGH NJW 06, 3715 = ZEV 07, 30 = ErbR 07, 23). 1
Die Miterben sind, von einigen gesetzlichen Ausn abgesehen, zu gemeinschaftlichem Handeln verpflichtet, §§ 2038–2040. Ausnahmen sind die Verfügungsbefugnis hinsichtlich des Erbanteils nach § 2033 I und der Anspruch auf jederzeitige Auseinandersetzung, § 2042 I. 2
Stirbt ein Miterbe vor der Erbauseinandersetzung, kann er aufgrund einer Verfügung von Todes wegen oder aufgrund Gesetzes von mehreren Personen beerbt werden. Sein Anteil am Sondervermögen der Erbengemeinschaft geht auf diese Erben über, die ihrerseits eine gesamthänderische Unterbeteiligung bilden. Diese Erben können nur über den ideellen Bruchteil des ererbten Nachlasses, nicht aber über den Anteil am Nachlass des ersten Erblassers verfügen (Palandt/*Edenhofer* Einf v § 2032 Rz 3). 3
Der beschränkte Vollstreckungsschutz bietet, wenn sich Grundstücke im Nachlass befinden, eine relative Sicherheit gegen zu massive Auseinandersetzungsverlangen, wodurch eine Einigung zwischen den Miterben 4

erreicht werden soll, § 180 II ZVG. Ist ein landwirtschaftlicher Betrieb Gegenstand des Nachlasses, besteht nach §§ 13–17 GrdstVG die Möglichkeit, den Betrieb einem der Miterben gerichtlich zuzuweisen.

5 **B. Gesamthandsgemeinschaft.** Die Erbschaft geht nach dem Grundsatz der Universalsukzession des § 1922 I mit dem Erbfall als Ganzes auf die Miterben über, mit der Folge, dass der Nachlass den Miterben gemeinschaftlich zur gesamten Hand zusteht. Sie bilden, unabhängig von ihrem Willen, eine Erbengemeinschaft, die zwar keine eigene Rechtspersönlichkeit besitzt, aber nach § 70 Nr 2 SGG am sozialgerichtlichen Verfahren beteiligt werden kann (BSozG NJW 58, 1560). Aus der fehlenden Parteifähigkeit folgt, dass die Erbengemeinschaft als solche nicht verklagt werden kann, weshalb der Kläger vor Klageerhebung zunächst alle Miterben ermitteln muss. Das Urt kann nicht gegen die Erbengemeinschaft gerichtet werden. Die Vollstreckungsorgane haben bei einem Titel nach § 747 ZPO vorab zu prüfen, ob darin alle Miterben genannt sind.

6 Mangels Rechtsfähigkeit ist die Erbengemeinschaft weder grundbuch- noch sonst registerfähig (*Demharter* § 19 GBO Rz 108).

7 Jeder Miterbe ist am Nachlass beteiligt und kann die Auseinandersetzung der Erbengemeinschaft beanspruchen; eine unmittelbare dingliche Berechtigung an den einzelnen Nachlassgegenständen ist damit nicht verbunden, selbst wenn der Nachlass nur noch aus einem Gegenstand besteht (BGH NJW 01, 2396).

8 Mitglieder einer Erbengemeinschaft können neben rechts- und erbfähigen natürlichen Personen auch rechtsfähige Personenvereinigungen sein einschl der GbR mit Gesamthandsvermögen (AnwK-BGB/*Ann* § 2032 Rz 11). Für nichteheliche Kinder, die ihre Väter bis 1.4.98 nicht beerben konnten, ist die Übergangsregelung in Art 227 EGBGB zu beachten.

9 Das Gemeinschaftsverhältnis besteht nur zwischen den unmittelbar eintretenden Miterben, nicht aber bereits mit dem Ersatz- oder Nacherben. Sie werden erst Mitglieder der Erbengemeinschaft, wenn der Ersatz- oder Nacherbfall eintritt (BayObLGZ 28, 117). Mehrere Nacherben bilden mit Eintritt des Nacherbfalls eine Erbengemeinschaft nach dem ursprünglichen Erblasser. Miterben sind die Personen, die als wirkliche Erben in die Erbfolge eintreten.

10 Die Miterben haften nach § 840 I gesamtschuldnerisch für die von allen Miterben gemeinschaftlich verursachten deliktischen Schäden. Diese werden, wenn ein Miterbe beim Handeln für die Erbengemeinschaft einen Schaden verursacht, gem § 31 analog der Erbengemeinschaft zugerechnet (Soergel/*Wolf* § 2038 Rz 1 mwN; aA Staud/*Werner* § 2032 Rz 5 mwN).

11 Die Erbengemeinschaft ist beendet, wenn der letzte Nachlassgegenstand verteilt oder der vorletzte Miterbe ausgeschieden ist. Eine Wiederbelebung ist nur möglich, wenn ihre Beendigung nicht dauerhaft wirksam war, weil Willenserklärungen angefochten wurden oder ein Rücktritt erfolgt ist (BGH DNotZ 55, 406).

12 **C. Gemeinschaftliches Vermögen.** Die Miterben sind bis zur Nachlassteilung in gesamthänderischer Verbundenheit am Nachlass berechtigt, wobei der einzelne Miterbe aber kein Bruchteilseigentum an einzelnen Nachlassgegenständen hält. Er ist nur als Mitglied der Erbengemeinschaft am Nachlass berechtigt. Daher bleiben beim einzelnen Miterben dessen persönliches Vermögen und sein in der Erbengemeinschaft gebundener Nachlassteil bis zum Abschluss der Nachlassauseinandersetzung grds getrennt (BGHZ 138, 8).

13 Der einzelne Miterbe kann nur über seinen Nachlassanteil, nicht aber über Anteile an einzelnen Nachlassgegenständen verfügen, § 2033 I. Die Teilhabe an einer ungeteilten Erbengemeinschaft und der damit verbundene Anspruch auf Erbauseinandersetzung stellen einen Vermögenswert dar, so dass ein Elternteil iRd Elternunterhalts nicht bedürftig ist (BGH ZFE 06, 319).

14 Die durch den Tod des Erblassers erforderliche **Berichtigung des Grundbuchs** wird in der Weise vollzogen, dass gleichzeitig alle Miterben unter Angabe des Gemeinschaftsverhältnisses, § 47 GBO, eingetragen werden. Evtl entstandene Untergemeinschaften nach verstorbenen Miterben sind mit ihrer Zusammensetzung einzutragen (BayObLGZ 90, 188).

15 **D. Besondere Nachlassgegenstände.** Den Miterben steht der Anteil, den sie am Sondervermögen Nachlass haben, auch an den einzelnen Nachlassgegenständen zu; er ist aber kein beschränktes Teilrecht an einem Nachlassgegenstand (DGE/*Wrede* 2032 Rz 4), über den der einzelne frei verfügen kann. Verfügt er über einen Nachlassgegenstand, handelt er als Nichtberechtigter iSv § 185. Eine Verfügung über seinen Anteil an einem Nachlassgegenstand ist unwirksam (RGZ 88, 21).

16 Sachenrechtlich gehören die Nachlassgegenstände jedem einzelnen Miterben in vollem Umfang, aber beschränkt durch die Rechte der übrigen Mitglieder der Erbengemeinschaft (DGE/*Wrede* § 2032 Rz 5).

17 **I. Personengesellschaftsanteile. 1. GbR.** Nach § 727 I bewirkt der Tod eines GbR-Gesellschafters die Auflösung der Gesellschaft. Sieht aber der Gesellschaftsvertrag die Vererblichkeit der Mitgliedschaft vor, wird sie im Wege der Sondererbfolge unmittelbar und geteilt an die einzelnen Erben übertragen, ohne dass es eines weiteren Aktes bedarf (BGH NJW 81, 749). Ungeachtet dessen gehören die so aufgeteilten Gesellschaftsanteile zum Nachlass (BGH NJW 86, 2431). Seit 1.1.99 ist die Vollendung des 18. Lebensjahres bei minderjährigen *Erben* nach § 723 I 2 Nr 2 ein wichtiger Grund für eine Kündigung.

18 **2. OHG und KG.** Nach § 131 III Nr 1 HGB wird eine OHG durch den Tod eines Gesellschafters nicht aufgelöst, sondern mit den verbleibenden Gesellschaftern fortgesetzt. Der bis zum Erbfall einheitlich bestehende

Gesellschaftsanteil zerfällt. Jeder Miterbe erhält im Wege der Sondererbfolge eine selbständige Gesellschafterstellung und einen gesonderten Gesellschaftsanteil (*H. P. Westermann* JuS 79, 766). Dieser Anteil wird mit dinglicher Wirkung unter den Miterben entspr ihren Erbquoten aufgeteilt; jeder Miterbe erhält einen seinem Erbteil entspr Gesellschaftsanteil und damit eine unmittelbare Gesellschafterstellung (Palandt/*Edenhofer* § 2032 Rz 8). Entspr gilt auch bei der Vererbung eines Kommanditanteils: Jeder Miterbe wird mit dem Anteil, der seinem Erbteil entspricht, Kommanditist.

Lebt nur noch ein Gesellschafter und wird die Gesellschaft auch nicht mit einem/mehreren Erben fortgesetzt, **19** ist die OHG beendet und es entsteht ein einzelkaufmännisches Unternehmen. Für die KG gilt nach § 161 II HGB entspr, wenn der Komplementär verstirbt.

Enthält der Gesellschaftsvertrag eine Nachfolgeklausel, geht bei einer **einfachen Nachfolgeklausel** der OHG- **20** Anteil im Erbfall durch Singularsukzession direkt auf alle Erben über (BGHZ 101, 123). Durch eine **qualifizierte Nachfolgeklausel** kann ein ungeteilter Gesellschaftsanteil auf einen zuvor bestimmten Miterben übergeleitet werden (AnwK-BGB/*Ann* § 2032 Rz 24).

Der Erbe eines Komplementärs kann nach § 139 I HGB verlangen, dass ihm die Stellung eines Kommanditis- **21** ten eingeräumt wird. Nach § 177 HGB tritt der Erbe in die Rechtsstellung des Kommanditisten ein. Eine Änderung der Kommanditistenstellung ist nicht möglich.

II. Einzelkaufmännisches Unternehmen. Befindet sich ein einzelkaufmännisches Unternehmen im Nach- **22** lass, geht das vererbliche Handelsgeschäft nach § 22 I HGB auf die Miterben als Rechtsträger in gesamthänderischer Verbundenheit über. Die Miterben können das Handelsgeschäft als Kaufleute fortführen, obwohl es ihnen an der eigenen Rechtspersönlichkeit fehlt (RGZ 132, 138). Dies gilt für ein gewerbliches Unternehmen, das erst durch die Eintragung nach § 2 HGB zum Handelsgewerbe wurde (KG JW 38, 3117). Es kann nach hM in ungeteilter Erbengemeinschaft als werbendes Unternehmen zeitlich unbegrenzt fortgeführt werden (BGH 85, 136; KG FamPrax 99, 27). Solange noch zwei Miterben verbleiben, steht der Fortführung auch das Ausscheiden einzelner Miterben nicht entgegen (KG JW 39, 565). Wird das Unternehmen nur durch einen oder einzelne Miterben fortgeführt, haften die Übrigen nach § 27 I HGB nur, wenn sie zumindest konkludent zur Geschäftsführung für alle Vollmacht erteilt haben (BGH NJW 60, 959). Dagegen ist in der Übernahme des Geschäfts durch einen Miterben mit Zustimmung der übrigen eine Teilauseinandersetzung mit Zuweisung des Geschäfts an den Miterben zu sehen (Staud/*Werner* § 2032 Rz 20).

Die Erbengemeinschaft kann in ihrer gesamthänderischen Verbundenheit als Kaufmann im Handelsregister **23** eingetragen werden (KG KJG 15, 6). Unter ihrer Firma kann sie Rechte erwerben und Verbindlichkeiten eingehen, klagen und verklagt werden, muss nach § 31 I Alt 2 HGB die Unternehmensträgerschaft im Handelsregister eintragen lassen und, wenn sie eine neue Firma wählt, diese durch einen Zusatz anpassen, aus dem sich die Unternehmensträgerschaft ergibt, § 19 II HGB (AnwK-BGB/*Ann* § 2032 Rz 18). Die Miterben können das Geschäft auch unter der alten Firma mit oder ohne Nachfolgezusatz fortführen, nicht aber mit einem bereits bestehenden Inhabervermerk (Hamm RPfleger 86, 18). Sie haften gem §§ 27 I, 25 I HGB für die bereits entstandenen Geschäftsschulden auch mit ihren Privatvermögen (KG JFG 5, 209).

Im Innenverhältnis können die Rechtssätze der OHG auf ihre Rechtsbeziehungen untereinander angewendet **24** werden (BGHZ 17, 299). Da die Unternehmensfortführung der Gemeinschaftsverwaltung nach § 2038 unterliegt, muss die Entscheidung einstimmig von allen Miterben getroffen werden, ohne dass es der Zustimmung des Erblassers iSv § 22 I letzter Hs HGB bedarf (AnwK-BGB/*Ann* § 2032 Rz 19). Hat allerdings der Erblasser die Firmenfortführung unter Lebenden oder letztwillig untersagt, ist sie nicht zulässig.

Wird der Prokurist ein Miterbe, erlischt seine Prokura (BGH NJW 59, 2114); iÜ kann ein Miterbe nicht zum **25** Prokuristen bestellt werden (KG JW 39, 565).

Die Beteiligung einer Erbengemeinschaft an einer OHG oder KG ist nicht möglich (BGHZ 22, 192). **26**

Die Miterben haften für die aus dem Betrieb eines einzelkaufmännischen Unternehmens stammenden Ver- **27** bindlichkeiten nicht nur erbrechtlich nach den §§ 2058, 2059, sondern auch handelsrechtlich, wobei eine Beschränkung nach § 2059 I nicht möglich ist (allg Ansicht, GK-HGB/*Hüffer* § 27 Rz 37). Eine Beschränkung der Haftung auf den Nachlass kann nur durch Vereinbarung mit dem Vertragspartner erreicht werden (Frankf BB 75, 1319). Für von den Miterben begründeten **Neuschulden** haften die Miterben nach allgemeinen Vorschriften persönlich und unbeschränkt mit ihren ganzen Vermögen, § 128 HGB (KG JW 37, 2599). Entspr gilt für die Altschulden (vgl Rn 23). Die unbeschränkte Haftung kann nur nach § 27 II HGB vermieden werden, indem sie innerhalb der Dreimonatsfrist des § 27 II HGB ihre Geschäftstätigkeit einstellen, dh keine nach außen gerichtete unternehmerische Tätigkeit mit Gewinnerzielungsabsicht mehr entfalten, so bei Veräußerung, Vermietung, Verpachtung oder Stilllegung (MüKo/*Lieb* § 27 HGB Rz 52; aA RGZ 56, 196). Dies gilt nicht bei Abwicklungstätigkeiten. Teilstilllegungen müssen den „wesentlichen Teil" des Unternehmens einschließen (AnwK-BGB/*Ann* § 2032 Rz 21).

Besteht die Erbengemeinschaft aus minderjährigen Kindern und ihren Eltern, haften auch die Kinder als Mit- **28** inhaber für die Verbindlichkeiten, die ihre Eltern als ihre gesetzlichen Vertreter unter der Firma des fortgeführten Unternehmens eingegangen sind (Palandt/*Edenhofer* § 2032 Rz 6). Allerdings können die Kinder auf Grund des Minderjährigenhaftungsbeschränkungsgesetzes vom 25.8.98 nach Eintritt ihrer Volljährigkeit ihre Haftung nach §§ 1629a, 1793 II für Verbindlichkeiten, die während ihrer Minderjährigkeit aufgrund des

Erwerbs von Todes wegen entstanden sind, auf den Bestand ihres Vermögens zu diesem Zeitpunkt beschränken (*Bittner* FamRZ 00, 325). Verlangt der nunmehr Volljährige nicht innerhalb von 3 Monaten die Auseinandersetzung, wird nach § 1629a IV vermutet, dass die Verbindlichkeiten erst nach Vollendung seines 18. Lebensjahres entstanden sind (MüKo/*Heldrich* § 2032 Rz 44). Da es sich lediglich um eine Vermutung handelt, kann der Volljährige mit geeigneten Beweisen das Gegenteil nachweisen (Damrau/*Rißmann* § 2032 Rz 6). Beruft sich der volljährig gewordene Miterbe innerhalb der Frist auf die Haftungsbeschränkung, gelten nach § 1629a I die §§ 1990, 1991 über die Beschränkung der Erbenhaftung entsprechend.

29 Werden nachlasszugehörige Unternehmen über die Auseinandersetzung hinaus fortgeführt, ist dies nur in den Gesellschaftsformen des Handelsrechts möglich (AnwK-BGB/*Ann* § 2032 Rz 22).

30 Die Umwandlung eines Handelsgeschäfts in eine Handelsgesellschaft erfordert eine Teilauseinandersetzung und eine Sachgründung (*K. Schmidt* NJW 85, 2785). Zur Fortführung des Unternehmens als OHG ist der Abschluss eines auch konkludenten Gesellschaftsvertrages und die Übertragung der Unternehmensgüter auf die Personengesellschaft erforderlich (BGHZ 92, 259). Maßgebend ist hierbei der Wille sämtlicher Miterben, das Handelsgeschäft nur als Gesellschaft fortzuführen (MüKo/*Heldrich* § 2032 Rz 45). Allerdings ergibt sich der Wille nicht schon aus der Dauer der Fortführung, der Aufnahme eines Firmenzusatzes, der Annahme einer neuen Firma oder dem Verstreichenlassen der Frist des § 27 II HGB (BGHZ 92, 259). Ohne Gesellschaftsvertrag bleibt die Erbengemeinschaft Träger des Unternehmens.

31 **III. Kapitalgesellschaftsanteile. 1. GmbH-Anteile.** Nach § 15 I GmbHG ist auch der Gesellschaftsanteil einer GmbH vererblich und kann gem § 18 GmbG in ihrer gesamthänderischen Verbundenheit (*Däubler* § 4 I 18) auf die Mitglieder einer Erbengemeinschaft übergehen. Sind nur einige Miterben nach dem Gesellschaftsvertrag nachfolgeberechtigt, kann der vererbte Gesellschaftsanteil im Wege der Erbauseinandersetzung auf diese Miterben übertragen werden (BGH NJW 85, 2592). Die GmbH-Anteilsrechte können von den Miterben nur gemeinschaftlich ausgeübt werden (BGH NJW 68, 743); dies gilt insb für das Stimmrecht. Auch Erklärungen ggü der Gesellschaft können nur gemeinsam abgegeben werden; insoweit ist § 2038 I 2 nicht anwendbar, § 18 I GmbHG (*Däubler* 20 f).

32 Da der GmbH-Anteil nicht durch Singularsukzession übertragen wird, gibt es bei der GmbH keine echte „Nachfolge" in Anteile mit der Folge, dass eine vollzugsbedürftige Verpflichtung aller Miterben zur Übertragung des der Erbengemeinschaft zugefallenen Anteils in der Auseinandersetzung auf einen bestimmten Miterben nur durch eine satzungsmäßige Nachfolgeklausel geschaffen werden kann (AnwK-BGB/*Ann* § 2032 Rz 27). Die Übertragung eines GmbH-Anteils einer Erbengemeinschaft auf eine OHG bedarf der notariell beurkundeten Übertragung selbst dann, wenn die Gesellschafter identisch sind (Karlsr NJW-RR 95, 1189).

33 **2. Aktien.** Nach § 8 V AktG sind Aktien vererblich, in der Auseinandersetzung aber nicht teilbar. Die Vererblichkeit des Aktienrechts kann nicht ausgeschlossen werden. Allerdings kann die Satzung der AG das Recht vorbehalten, die betroffenen Aktien beim Erbfall an bestimmte Personen oder beim Eintritt des Erbfalls einzuziehen, § 237 AktG. Die Eintragung des Rechtsübergangs von Namensaktien im Aktienbuch ist nach §§ 67, 68 AktG nicht erforderlich. Die Aktien gehen mit dem Erbfall auf die Erben als Gesamthandsgemeinschaft über (MüKo/*Heldrich* § 2033 Rz 68). Die sich aus den Aktien ergebenden Rechte müssen einheitlich ausgeübt werden, § 69 I AktG. Für den Fall, dass Miterben erben, sollte zur Sicherung der Handlungs- und Beschlussfähigkeit der AG eine Vertreterklausel in die Statuten aufgenommen werden, die in einem solchen Fall die Bestellung eines Vertreters vorsieht (AnwK-BGB/*Ann* § 2032 Rz 28).

34 **E. Rechtsübertragungen.** Zur Begründung von Alleineigentum oder zur Umwandlung von Gesamthands- in Bruchteilseigentum bedarf es besonderer Übertragungsakte: Die Übertragung eines Nachlassgrundstücks bedarf zu ihrer Wirksamkeit eines notariell beurkundeten schuldrechtlichen Übertragungsvertrages nach § 311b I, der Auflassung und der Eintragung (BGH NJW 56, 1433). Einer rechtsgeschäftlichen Eigentumsübertragung bedarf es ua bei der Übereignung des gesamten Nachlasses einer Erbengemeinschaft auf eine personengleichen OHG (KG JFG 21, 168), da es sich um zwei verschiedene Sondervermögen mit unterschiedlichem rechtlichen Schicksal handelt und eine identitätswahrende Umwandlung der Erbengemeinschaft in eine Personengesellschaft nicht möglich ist (MüKo/*Heldrich*). Entspr gilt auch für die KG (RGZ 117, 257). Einzelne dingliche Veräußerungsakte wie Auflassung und Eintragung ist dann entbehrlich, wenn alle Miterben ihre Erbteile nach § 2033 I auf einen einzigen Erben (Erman/*Schlüter* § 2032 Rz 3) oder eine von ihnen gebildete GbR (KG DR 44, 45) übertragen.

35 Bei minderjährigen Erben bedürfen schuldrechtliche Vereinbarungen, soweit sie sich auf die Umwandlung/Veräußerung von Gesamthandseigentum und Grundstücke betreffen sind, der vormundschafts- bzw familiengerichtlichen Genehmigung, §§ 1643 I, 1821 Nr 1 u 4 (RGRK/*Kregel* § 2032 Rz 5). Mehrere minderjährige Erben benötigen wegen § 181 je einen gesonderten Pfleger (BGH NJW 56, 1433).

36 **F. Haftung der Erbengemeinschaft.** Der Nachlass ist den Miterben als Sondervermögen bis zur Auseinandersetzung zu erhalten. Alles, was dem Nachlass zufließt, wird Teil des Sondervermögens. In gleicher Weise gilt das Gesamthandsprinzip für Nachlassverbindlichkeiten: Die Miterben haften als Gesamtschuldner, § 2058.

Aus dem Gesamthandsprinzip ergibt sich, dass alle Miterben entweder als notwendige Streitgenossen oder als 37
einzelne Mitglieder der Erbengemeinschaft klagen können. Im letztgenannten Fall sind die klagenden Miterben nur einfache Streitgenossen. Nach § 2058 kann jeder Erbe einzeln als Gesamtschuldner verklagt werden,
wobei mehrere Miterben nur einfache Streitgenossen iSd § 60 ZPO sind. Richtet sich dagegen die Gesamthandsklage nach § 2059 II gegen alle Erben, so sind sie notwendige Streitgenossen iSd § 62 ZPO, gegen die
nur einheitlich entschieden werden kann.

I. Bis zur Nachlassteilung. Bis zur Nachlassteilung kann jedes Mitglied der Erbengemeinschaft seine Haftung auf seinen Anteil am Nachlass beschränken, § 2059 I 1. 38

Die Nachlassgläubiger können gegen die Miterben nach § 2058 die Gesamtschuldnerklage erheben oder von 39
ihnen gem § 2059 II die Befriedigung aus dem ungeteilten Nachlass verlangen.

Soll bei der Nachlassauseinandersetzung ein GmbH-Anteil aufgeteilt werden, ist § 17 GmbHG zu beachten. 40

II. Nach der Teilung. Ist der Nachlass geteilt, steht den Gläubigern die Klagemöglichkeit nach § 2059 II nicht 41
mehr zur Verfügung. Sie können nur noch nach § 2058 vorgehen. In gleicher Weise eingeschränkt sind auch
die Miterben, die ihre Haftung nur noch nach §§ 2060 ff beschränken können. Daneben steht ihnen auch die
Haftungsbeschränkung des Alleinerben zur Verfügung.

Wird das Miterbenrecht eines Dritten von den Mitgliedern der Erbengemeinschaft bestritten, kann der Dritte 42
gegen die Erbengemeinschaft die Klage nach § 2018 erheben, die nur auf das Ziel der Einräumung von Mitbesitz gerichtet ist. Die Klage nach § 2018 ist ausgeschlossen, wenn ein Miterbe einen zu hohen Erbteil am
Nachlass fordert. In diesem Fall kommt nur die Erbenfeststellungsklage in Betracht. Mehrere Erben, die
zuviel beanspruchen, sind keine notwendigen Streitgenossen, weil die Erbenstellung und der Erbteil nicht
einheitlich aus der Natur der Sache heraus festgestellt werden können (DGE/*Wrede* § 2032 Rz 6).

Wird in das Gesamthandsvermögen vollstreckt, ist hierzu ein Titel gegen alle Miterben erforderlich, § 2040 43
iVm § 747 ZPO. Bei der Zwangsvollstreckung gegen einen Miterben können nur die Rechte dieses Mitglieds
der Erbengemeinschaft zusammen mit dem Anspruch auf Auseinandersetzung der Erbengemeinschaft
gepfändet werden. Hat sich der Erbe im Prozess seine Haftungsbeschränkung vorbehalten, verhindert dies die
Zwangsvollstreckung in sein Eigenvermögen.

§ 2033 Verfügungsrecht des Miterben. (1) ¹Jeder Miterbe kann über seinen Anteil an dem Nachlass verfügen. ²Der Vertrag, durch den ein Miterbe über seinen Anteil verfügt, bedarf der notariellen Beurkundung.
(2) Über seinen Anteil an den einzelnen Nachlassgegenständen kann ein Miterbe nicht verfügen.

A. Allgemeines. Nach § 2033 I kann, da die Erbengemeinschaft auf Auslösung gerichtet ist, jeder Miterbe 1
über seinen Nachlassanteil verfügen. Die Vorschrift will primär einen Ausgleich zwischen den Sicherungsinteressen der Nachlassgläubiger und den Liquiditätsinteressen der Miterben: Den Nachlassgläubigern soll der
Nachlass gesamthänderisch gebunden bleiben, den Miterben soll aber auch keine Totalsistierung des Nachlasses bis zur Befriedigung der Nachlassverbindlichkeiten zugemutet werden (AnwK-BGB/*Ann* § 2033 Rz 1).

Abgesehen von Verträgen nach § 312 II ist es nicht möglich, über einen künftigen Erbteil zu verfügen, da ein 2
verfügungsfähiges Recht an einem Erbteil erst durch den Erbfall entsteht (DGE/*Wrede* § 2033 Rz 2).

B. Verfügungsgegenstand. Verfügungsgegenstand ist nur der jeweilige Anteil des Erben am Nachlass, dh die 3
jedem Miterben zustehende ideelle Quotalberechtigung am Nachlass im Ganzen (AnwK-BGB/*Ann* § 2033
Rz 2) solange sich noch ein Nachlassgegenstand im Gesamthandsbesitz der Erbengemeinschaft befindet.

Nach § 2033 I kann der Miterbe zwar über einen Bruchteil seines Nachlassanteils verfügen (BGH NJW 63, 4
1610 f), aus Gründen des Gläubigerschutzes aber nicht über das Auseinandersetzungsguthaben eines Nachlasses (hM, RGZ 60, 126; aA *Sigler* MDR 64, 372), da dieser Anspruch auch hinsichtlich der Haftung an die
Stelle des Erbteils tritt (Staud/*Werner* § 2033 Rz 12), so dass die Möglichkeit einer isolierten Übertragung den
Erbteil aushöhlen würde (MüKo/*Heldrich* § 2033 Rz 10).

Gegenstand der Verfügung kann darüber hinaus auch der Anteil eines Miterben an der Beteiligung des Erb- 5
lassers an einer Gesellschaft oder einer Erbengemeinschaft sein (DGE/*Wrede* § 2033 Rz 3), wenngleich nach
II eine Verfügung über Anteile an einzelnen Nachlassgegenständen nicht möglich ist. Allerdings sind Teilauseinandersetzungen aller Miterben denkbar mit dem Ziel, einzelne Nachlassgegenstände aus dem Nachlass
auszusondern, über die dann nach allgemeinen sachenrechtlichen Regeln verfügt werden kann.

Dagegen ist die vom BGH zugelassene Abschichtung (BGH MittBayNot 98, 188), bei der ein Miterbe gegen 6
Abfindung einverständlich mit der Erbengemeinschaft dadurch ausscheidet, dass er seine Mitgliedschaftsrechte einschl seines Rechts auf das Auseinandersetzungsguthabens aufgibt und sein Nachlassanteil den verbleibenden Miterben kraft Gesetzes zuwächst, keine Anteilsverfügung.

Die Erbengemeinschaft ist aufgelöst, wenn sich durch die Übertragung alle Anteile am Nachlass in der Person 7
eines Miterben vereinigen. Der Eigentümer des gesamten Nachlasses kann in diesem Fall nur noch einzelne
Erbschaftsgegenstände übertragen.

8 **C. Verfügender.** Verfügungsberechtigt sind bei einer bestehenden Erbengemeinschaft der Miterbe, nach § 2037 auch sein Rechtsnachfolger sowie diejenigen, die bedingt oder befristet als Miterben eingesetzt sind, somit auch die Vorerben unbeschadet der Nacherbfolge. Nach § 2018 II kann der Nacherbe über die Anwartschaft nach § 2033 I analog verfügen.

9 In den Grenzen der §§ 2113–2115 kann der Vorerbe vor Anfall des Erbteils beim Mitnacherben in der Form des § 2033 I über den Nachlass verfügen, der Nacherbe nur über das ihm zustehende Anwartschaftsrecht (AnwK-BGB/*Ann* § 2033 Rz 8). Nach Eintritt des Nacherbfalls ist nur noch der Mitnacherbe nach § 2033 I verfügungsberechtigt. Dies gilt nicht für den alleinerbenden Nacherben; er kann aber nach allgemeinen sachenrechtlichen Vorschriften über einzelne Nachlassgegenstände verfügen.

10 Eine vor Anfall der Erbschaft getroffene Verfügung iSd § 2033 I ist nach § 311b IV, V nichtig (AnwK-BGB/*Ann* § 2033 Rz 9).

11 **D. Verfügungsgeschäft.** Eine Verfügung iSd § 2033 I ist jedes Rechtsgeschäft, das den Bestand des Rechts am Nachlass ändert: die dingliche Aufhebung, Belastung, Inhaltsänderung oder Übertragung eines Nachlassanteils. Aufgrund des Abstraktionsgrundsatzes ist diese Verfügung getrennt vom zugrunde liegenden Verpflichtungsgeschäft (Palandt/*Edenhofer* § 2033 Rz 8). Da Miterben gegen Abfindung einvernehmlich aus der Erbengemeinschaft ausscheiden können, ist in dem entsprechenden Aufgeben der Mitgliedschaftsrechte an der Erbengemeinschaft nur eine Gestaltungsmöglichkeit der vom Gesetz formfrei zugelassenen vertraglichen Erbauseinandersetzung, zu sehen (OLG Rostock ErbR 09, 322).

12 **I. Übertragung.** Die Übertragung des Nachlassanteils nach § 2033 I führt zur Gesamtrechtsnachfolge in die Rechtsstellung des Veräußerers, wobei nicht einzelne Nachlassgegenstände übertragen werden, sondern der Anteil am Nachlass als Ganzes. Befindet sich ein Grundstück im Nachlass, welches übertragen wurde, wird das Grundbuch durch die Übertragung unrichtig; der Erwerber ist nach §§ 894 iVm 22 GBO als Gesamthänder der ungeteilten Erbengemeinschaft eingetragen, ohne dass es einer Auflassung bedarf. Bei der Bruchteilsübertragung ist der neue Gesamthänder zusätzlich zum alten einzutragen. Eine Übertragung des Nachlassanteils kann auch zur Sicherung erfolgen (AnwK-BGB/*Ann* § 2033 Rz 11).

13 **II. Verpfändung.** Der Nachlassanteil wird, da er ein Recht, nicht aber eine Forderung betrifft, nach §§ 1274 I, 2033 I verpfändet, wobei eine Anzeige nach § 1280 nicht erforderlich ist; sie sollte aber erfolgen, da nur die mitgeteilte Verpfändung die Rechte der übrigen Miterben beschränkt. Auch die Verpfändung erfasst nur den Nachlassanteil, nicht aber die einzelnen Nachlassgegenstände.

14 **III. Nießbrauchsbestellung.** Nach §§ 1069 I, 2033 I kann der Nießbrauch sowohl am Nachlassanteil als auch an einem Anteilsbruchteil bestellt werden, wobei es sich, anders als beim Nießbrauch am Gesamtnachlass, der Sachnießbrauch nach § 1089 ist, um Rechtsnießbrauch handelt. § 1071 gewährt einen Mindestschutz gegen Anteilsentwertungen durch beeinträchtigende Verfügungen (RGZ 90, 236).

15 **E. Form.** Die der Verfügung zugrunde liegenden Rechtsgeschäfte sind an sich formfrei, wobei aber die besonderen Formvorschriften, insb zum Erbteilskauf, § 2371, zu beachten sind. Dagegen bedarf das Verfügungsgeschäft nach § 2033 I 2 stets der notariellen Beurkundung. Diese zwingende Form gilt auch für Vollmachten zum Erbteilserwerb oder zur Veräußerung des Erbteils.

16 Eine Ausn gilt nur, wenn die Übertragung im gerichtlichen Erbteilungsverfahren nach § 366 FamFG erfolgt oder ein gepfändeter Erbteil im Wege der Zwangsvollstreckung durch Zuschlag auf den Erwerber übergeht (DGE/*Wrede* § 2033 Rz 4).

17 Ist nicht nur die Verfügung, sondern auch das Grundgeschäft formbedürftig, heilt die nach § 2033 I 2 formwirksame Anteilsübertragung die Formnichtigkeit des zugrunde liegenden Kaufvertrages nicht, wenn dieser entgegen § 2371 nicht notariell beurkundet worden ist (stRspr: RGZ 129, 123).

18 Die zur Übertragung einzelner Nachlassgegenstände erforderliche Form des § 311b I muss, da die Verfügung nach § 2033 I nur den Nachlassanteil erfasst, nicht gewahrt werden. Ebenso wenig müssen Genehmigungs- und Zustimmungserfordernisse eingehalten werden. Nach § 2 II Nr 2 GrdstVG gilt dies nicht für Nachlässe, die im Wesentlichen aus einem Betrieb der Land- oder Forstwirtschaft bestehen. Hier ist eine Genehmigung ebenso einzuholen, wie bei minderjährigen Erben nach §§ 1634, 1822 Nr 1 (BayObLG 80, 294) oder bei Ehegatten gem § 1365 (BGHZ 35, 135; AnwK-BGB/*Ann* § 2033 Rz 17).

19 Die Nichtbeachtung der notariellen Form hat nicht zwangsläufig die Unwirksamkeit der Anteilsübertragung zur Folge, vielmehr kann darin ein formlos gültiger Auseinandersetzungsvertrag (RG JW 32, 1354) oder eine wirksame schuldrechtliche Verpflichtung (RGRK/*Kregel* § 2033 Rz 13) gesehen werden. Obgleich die schuldrechtliche Verpflichtung, wie Verpfändung, Veräußerung und Nießbrauchsbestellung formfrei erfolgen können, sollte dennoch die notarielle Form beachtet werden, zumal die Frage der Heilung der mangelnden Form nach § 311b I 2 kontrovers diskutiert wird. Bei Schenkungen ist die Rechtslage im Hinblick auf § 518 II eindeutig, *die Heilung wird allgemein anerkannt*.

20 **F. Rechtsfolgen.** Durch die Erbteilsübertragung tritt der Erwerber nur in die vermögensrechtliche Stellung des Veräußerers ein mit der Folge, dass er Gesamthänder wird (RGZ 83, 30). Er wird aber dadurch nicht Mit-

erbe der Erbengemeinschaft (BGH NJW 93, 726). Auf ihn gehen nur die Rechte und Pflichten zur Verwaltung und Auseinandersetzung des Nachlasses über (DGE/*Wrede* § 2033 Rz 5).

I. Rechtsstellung des Veräußerers. Der Veräußerer bleibt Erbe, dem auch nach der Verfügung unveräußerliche Befugnisreste verbleiben. Daher fallen ihm beim Erbteilskauf nach § 2373 im Zweifel Nacherbschaften, Anwachsungen und Vorausvermächtnisse an, die nach Kaufvertragsabschluss erfolgen. Allerdings ist § 2373 nur eine Auslegungsregel, die ihrem Wortlaut nach nur den Erbteilskauf, nicht aber den Kauf eines Nachlassanteils erfasst, weshalb eine analoge Anwendung dieser Vorschrift zu erwägen ist. Er haftet weiterhin, und zwar neben dem Erbteilskäufer für die Nachlassverbindlichkeiten und kann noch nach § 2344 für erbunwürdig erklärt werden (Palandt/*Edenhofer* § 2033 Rz 7). 21

Er bleibt weiterhin Inhaber von Pflichtteils- und Pflichtteilsergänzungsansprüche (*Lange/Kuchinke* § 42 II 3). 22

Ein bereits erteilter Erbschein ist durch die Veräußerung nicht unrichtig geworden. Erfolgte die Veräußerung des Erbteils vor Ausstellung des Erbscheins, so ist dennoch der veräußernde Miterbe und nicht der Erwerber darin zu benennen (RGZ 64, 173). 23

Erbrechtliche Gestaltungserklärungen wie die Erbschaftsannahme nach § 1943, die Ausschlagung oder auch die Anfechtung nach § 1954 kann nur der Miterbe abgeben. Er allein ist nach § 2227 berechtigt, die Entlassung des Testamentsvollstreckers zu beantragen (KG KJZ 29, 1347). 24

Hat der Miterbe über seinen Nachlassanteil verfügt, kann er weder die Auseinandersetzung nach § 2042 verlangen noch sein Miterbenvorkaufsrecht nach § 2034 ausüben (BGH NJW 93, 726). 25

II. Rechtsstellung des Erwerbers. Der Erwerber tritt in die vermögensrechtliche Stellung des veräußernden Miterben, wird aber mangels Rechtsbeziehung zum Erblasser nicht Miterbe (BGH NJW 60, 291). Er wird Inhaber aller Verwaltungs-, Benutzungs- und Fruchtziehungsrechte und ist richtiger Adressat einer Inventarfrist (Erman/*Schlüter* § 2033 Rz 5). Ein vom Anteilsveräußerer errichtetes Nachlassinventar wirkt nach § 2383 II zugunsten des Erwerbers. Darüber hinaus trägt er alle Beschränkungen und Beschwerungen des Nachlassanteils wie Auflagen, Ausgleichungs- und Pflichtteilsansprüche, Pfandrechte, Teilungsanordnungen, Testamentsvollstreckung und Nacherbenrechte (BGH NJW 60, 291). 26

Neben dem Veräußerer kann auch der Erwerber Nachlassverwaltung und -insolvenz beantragen (Erman/*Schlüter* § 2033 Rz 5). Im Insolvenzverfahren tritt der Erwerber nach § 330 I InsO an die Stelle des Erben. Der Anteilserwerber hat gegen den Miterben einen auf Eintragung seiner Mitberechtigung gerichteten Grundbuchberichtigungsbewilligungsanspruch nach § 891 (RGZ 90, 232). 27

Die von der Erbengemeinschaft getroffenen Regelungen zur Verwaltung und Nutzung des Nachlasses wirken nach §§ 2038 II 1 iVm 746 auch gegen den Erwerber (Damrau/*Rissmann* § 2033 Rz 11). 28

Der Erbteilserwerber erlangt den Mitbesitz am Nachlass nicht über § 857, sondern nur durch die Einräumung des Besitzes nach § 854 II bzw § 870, wobei die Besitzübertragung bereits in der Anteilsübertragung liegen kann (BaRoth/*Lohmann* § 2033 Rz 9). 29

Durch die Übertragung eines Miterbenanteils an die übrigen Miterben entsteht keine Bruchteilsgemeinschaft am Erbteil, sofern nicht abw Anhaltspunkte, wie zB die Angabe der Bruchteile, vorhanden sind; vielmehr wächst der übertragene Erbteil den in Gesamthandsgemeinschaft stehenden Erwerbern zur gesamten Hand an (BayObLG NJW 81, 830). 30

III. Rechtsstellung des Pfandgläubigers. Der Pfandgläubiger ist nach §§ 1273 II, 1258 nur am Nachlassanteil berechtigt, nicht aber an einzelnen Nachlassgegenständen. Das Pfandrecht sollte zum Schutz des Pfandgläubigers im Grundbuch eingetragen werden (RGZ 90, 232). Es umfasst die Befugnis zur Ausübung aller nicht höchstpersönlicher Rechte des verpfändenden Miterben wie Verwaltung, Verfügung, Mitwirkung bei der Auseinandersetzung, die er zusammen mit dem Miterben verlangen kann (BGH NJW 69, 1347) und den Überschuss, §§ 2047 I, 1258 III (AnwK-BGB/*Ann* § 2033 Rz 22). 31

Der Pfandgläubiger muss zwar die Befriedigung der Nachlassgläubiger aus den Nachlassgegenständen dulden, haftet aber nicht für die Nachlassverbindlichkeiten (RGZ 60, 126). Daher kann der Pfandgläubiger der Zwangsvollstreckung nicht nach § 771 ZPO widersprechen; er wird nur vorrangig aus dem Erlös befriedigt. 32

Das Pfandrecht am Nachlassanteil setzt sich nach der Auseinandersetzung entgegen dem Wortlaut des § 1258 III durch Surrogation an allen Nachlassgegenständen fort, die der Miterbe in der Teilung erhalten hat (BGH NJW 69, 1347; aA RGZ 84, 395). 33

IV. Rechtsstellung des Nießbrauchers. Nach §§ 1068 II, 1066 ist auch der Nießbraucher nur am Nachlassanteil als einem Rechtsnießbrauch berechtigt. Zum Schutz des Nießbrauchers sollte, als Verfügungsbeschränkung der Miterben, der Nießbrauch im Grundbuch eingetragen werden (RGZ 90, 232). Der Nießbraucher hat das Recht zur Ausübung aller Verwaltungs- und Nutzungsrechte, die dem verpflichteten Miterben zustehen (Staud/*Werner* § 2033 Rz 28). Auch er muss die Befriedigung der Nachlassgläubiger aus den Nachlassgegenständen dulden, haftet aber selbst nicht für die Nachlassverbindlichkeiten. 34

Der Nießbrauch wird durch Auseinandersetzung und Teilung beendet. Allerdings bedarf es hierzu der Zustimmung des Nießbrauchers gem § 1071 I 1 (BayObLG NJW 59, 1780). 35

36 G. Verfügungsverbot. Vom Verfügungsverbot des II werden auch Verfügungen aller Miterben einer Erbengemeinschaft über Anteile an Nachlassgegenständen erfasst. Nach § 2040 können die Miterben nur über einen Nachlassgegenstand insgesamt verfügen.

37 Liegt ein gem § 2033 II unwirksamer Vertrag vor, ist zu prüfen, ob eine Umdeutung zum gewünschten Erfolg führen kann, was möglich ist, wenn der Nachlass nur noch aus einem Gegenstand besteht, weil darin eine Verfügung über den Erbteil selbst gesehen werden kann (Damrau/Rißmann § 2033 Rz 14). Voraussetzung dafür ist aber, dass der Erwerber weiß, dass es sich dabei um den ganzen oder nahezu ganzen Erbteil handelt; zumindest muss er aber die Verhältnisse kennen, aus denen sich dies ergibt (BGH FamRZ 65, 267). Insoweit wendet der BGH die zu § 419 aF entwickelten Grundsätze entspr an.

§ 2034 Vorkaufsrecht gegenüber dem Verkäufer.
(1) Verkauft ein Miterbe seinen Anteil an einen Dritten, so sind die übrigen Miterben zum Vorkauf berechtigt.
(2) ¹Die Frist für die Ausübung des Vorkaufsrechts beträgt zwei Monate. ²Das Vorkaufsrecht ist vererblich.

1 A. Allgemeines. Das Vorkaufsrecht soll es den Miterben ermöglichen, unerwünschte familienfremde Dritte von der Erbengemeinschaft fernzuhalten (BGH NJW 82, 330). Es ist aber nicht möglich, das Miterbenvorkaufsrecht ins Grundbuch eintragen zu lassen, und zwar auch dann nicht, wenn der Nachlass aus einem Grundstück besteht (BayObLGZ 52, 231), da es sich nicht auf das Nachlassgrundstück, sondern auf den Anteil an der Gesamthandsgemeinschaft bezieht (Staud/Werner § 2033 Rz 3). Die Wirkung wird dadurch verstärkt, dass es einen gutgläubigen lastenfreien Erwerb von Erbteilen nicht gibt, da das Vorkaufsrecht kraft Gesetzes ggü Dritten wirkt (BayObLGZ 52, 231). Dadurch wird verhindert, dass das Vorkaufsrecht durch Veräußerung des Anteils an Dritte untergehen kann (Erman/Schlüter § 2034 Rz 1).

2 Das noch nicht ausgeübte Vorkaufsrecht ist allein weder übertragbar, § 473 (KG OLGE 9, 387), noch pfändbar, § 851 ZPO, aber nach II zusammen mit dem Gesamthandsanteil vererblich (BGH NJW 66, 2207).

3 Haben die Miterben Gesamthandseigentum an einem Grundstück in Miteigentum umgewandelt, haben die Miteigentümer kein Vorkaufsrecht an den anderen Anteilen (Hamm RdL 53, 52 Nr 3).

4 Die allgemeinen Vorschriften der §§ 504 ff finden nur insoweit Anwendung, als die §§ 2034–2037 keine speziellere Regelung vorsehen.

5 B. Entstehung. Das Vorkaufsrecht entsteht nur bei gültigem, dh formwirksamem Verkauf des Erbteils durch einen Miterben, den Erben oder Erbeserben eines Miterben (BGH NJW 69, 92) an Dritte (BGH ZEV 01, 116), nicht aber an einen anderen Miterben (stRspr BGH ZEV 02, 67), und zwar unabhängig davon, ob dieser Dritte einen weiteren Erbteil hinzu erwirbt (BGH NJW 71, 1264). Der Vertrag bedarf der notariellen Beurkundung nach § 2371 (BGH DNotZ 60, 551).

6 Andere Austauschverträge, wie Sicherungsübereignung (BGH NJW 57, 1515), Schenkung oder Zwangsversteigerung (BGH JR 77, 282) lösen das Vorkaufsrecht nicht aus (Soergel/Wolf § 2034 Rz 2).

7 Das gesetzliche Vorkaufsrecht entfällt, wenn ein Miterbe seinen Anteil an einen anderen Miterben verkauft (BGH NJW 93, 726), die Erben eines Miterben ihre Anteile an dessen Nachlass nicht durch einheitliches Rechtsgeschäft, sondern durch selbständigen Vertrag an Dritte verkaufen (BGH RhNK 70, 535) oder die Erben eines anderen Miterben ihre Anteile an dessen Nachlass veräußern und der Nachlass nicht nur aus dem Erbteil des beerbten Miterben des von ihm beerbten Erblassers besteht (BGH NJW 75, 445). Ein Miterbe erlangt auch dann kein Vorkaufsrecht, wenn er, bevor seine Vorkaufserklärung dem anderen veräußernden Miterben zugeht, diesen Anteil seinerseits schon an einen Dritten weiterveräußert hat (BGH FamRZ 90, 1110). Nach hM entsteht auch durch die Weiterveräußerung des Erbteils durch den Erwerber kein Vorkaufsrecht. IÜ entfällt der Schutzzweck des § 2034, wenn der letzte verbliebene Erbteil an den Erwerber der anderen Erbteile verkauft wird (BGHZ 86, 379).

8 Das Vorkaufsrecht besteht auch nicht bei Schenkungen (BGH 57, 1162), gemischter Schenkung (RGZ 101, 99), Verpfändung, Sicherungsabtretung (BGH NJW 57, 1515), Hingabe an Zahlungs Statt (Hambg OLGZ 14, 285), Tausch (BGH NJW 64, 540), beim Verkauf im Wege der Zwangsvollstreckung oder durch den Insolvenzverwalter (BGH NJW 77, 37). Es besteht auch dann nicht, wenn ein Erbe die Versteigerung des Nachlasses betreibt (BGH NJW 72, 1199).

9 Das Vorkaufsrecht erlischt, wenn der Erbteil an den veräußernden oder einen anderen Miterben übertragen wird (RGZ 170, 203).

10 Die öffentlich-rechtliche Veräußerung eines Nachlassanteils im Umlegungsverfahren erfüllt, wenn er nur aus einem Grundstück besteht, die Voraussetzungen des § 2034 nicht (Clasen DVBl 56, 821).

11 Die vorkaufsberechtigten Miterben können den Erbteil nur zum vereinbarten Preis erwerben, den auch der Richter nicht auf einen angemessenen herabsetzen kann (Erman/Schlüter § 2034 Rz 2).

12 C. Vorkaufsberechtigung. Nach §§ 2034 I, 472 sind sämtliche Miterben als Gesamthänder vorkaufsberechtigt (BGH NJW 82, 330). Nicht dazu gehört der Miterbe, der seinen Anteil bereits veräußert hat (BGH NJW 02, 820) oder sich bereits bindend verpflichtet hat, seinen Erbteil zu veräußern (Rostock MDR 99, 941). Die bloße Absicht, den Erbteil später zu veräußern, schadet nicht.

§ 472 2 ist im Hinblick auf den Zweck des § 2034, das Eindringen Familienfremder in die Erbengemeinschaft **13** zu verhindern, nicht anzuwenden, wenn ein Erbteil an den zur gesetzlichen Erbfolge berufenen Abkömmling eines Miterben verkauft wird und dieser der Ausübung des Vorkaufsrechts durch einen anderen Miterben widerspricht (BGH MDR 71, 377).

Nicht zum Kreis der Vorkaufsberechtigten gehört der Dritte, der bereits zu einem früheren Zeitpunkt den **14** Erbteil eines anderen Miterben vollständig erworben hat (BGH NJW 83, 2142) sowie der durch Übertragung seines Anteils vollständig aus der Erbengemeinschaft ausgeschiedene Miterbe, der zwar noch Erbe im Rechtssinn geblieben ist (BGHZ 86, 379), aber keines Schutzes vor dem Eindringen Dritter in die Erbengemeinschaft bedarf (BGHZ 121, 47).

Nicht vorkaufsberechtigt sind Erbteilserwerber, da sie den Gesamthändern nur aus freiem Entschluss angehö- **15** ren und das Vorkaufsrecht weder allein noch zusammen mit dem Anteil übertragbar ist (BGH NJW 82, 2142).

D. Ausübung des Vorkaufsrechts. Die Ausübung des Vorkaufsrechts erfolgt durch formlose, aber eindeutige **16** Erklärung ggü dem Verkäufer oder nach § 2035 ggü jedem Käufer (Soergel/*Wolf* § 2034 Rz 11). Dabei stellt die Erklärung, erst noch die Bedingungen des Erwerbs aushandeln zu wollen, keine wirksame Ausübung des Vorkaufsrechts dar (BGH DB 63, 828). Nach § 472 müssen die ausübungsbereiten Miterben ihr Vorkaufsrecht einheitlich ausüben (BGH WM 79, 1066), allerdings nicht gleichzeitig (RGZ 158, 57). Fehlt es an einer Einigung dieser Miterben, scheidet eine gemeinschaftliche Ausübung aus. Daher hindern sich die Berechtigten gegenseitig am Vorkauf, wenn jeder das Recht für sich alleine ausübt (RGZ 158, 57).

Einzelne Miterben sind berechtigt, das Vorkaufsrecht für sich allein auszuüben, wenn es entweder für die **17** anderen nicht mehr besteht oder die anderen Berechtigten keinen Gebrauch davon machen wollen (MüKo/ *Heldrich* § 2034 Rz 27); unter der ausdrücklichen oder stillschweigenden Bedingung, dass die übrigen ihr Recht nicht geltend machen wollen, ist die alleinige Ausübung ebenso möglich wie dann, wenn das Rechtsgeschäft genehmigt wird (BGH NJW 82, 330).

Gehört ein Grundstück zum Nachlass, benötigt der gesetzliche Vertreter (Eltern, Vormund, Betreuer, Pfleger) **18** zur Ausübung des Vorkaufsrechts der vormundschaftsgerichtlichen Genehmigung, §§ 1821 I Nr 5, 1643, 1908i, 1915, da es unerheblich ist, wie der Erwerb erfolgt (Schlesw Schl HA 56, 252).

Ob und wie der Vorkaufsberechtigte seine aus der Ausübung ergebenden Pflichten erfüllen kann, hat auf die **19** Wirksamkeit der Vorkaufserklärung keinen Einfluss (BGH NJW 72, 202). Vielmehr ist die Ausübung ausgeschlossen, wenn er die Erfüllung ablehnt (BGH WM 62, 722).

Ist der berechtigte Miterbe nur zu einem geringen Anteil am Nachlass beteiligt und hat der Käufer nahezu **20** alle Erbteile der übrigen Miterben erworben, ist die Ausübung des Vorkaufsrecht nicht deswegen unzulässig (Soergel/*Wolf* § 2034 Rz 11), und zwar auch dann nicht, wenn dem Käufer die Anteile nur mit Rücksicht auf seine persönliche Beziehung zum Erblasser verkauft wurden (BGH NJW 72, 202).

E. Wirkung. Die vorkaufsberechtigten Miterben erhalten mit der Ausübung des Vorkaufsrechts einen **21** schuldrechtlichen Anspruch auf Übertragung des Erbteils iSv § 2033 I 1, der aber nicht hinsichtlich einzelner Nachlassgegenstände geltend gemacht werden kann (BGH LM § 2034 Nr 1). Vor Ausübung des Vorkaufsrecht erwirbt der Dritte den Erbteil nur mit der Einschränkung, dass das Vorkaufsrecht auch ggü ihm ausgeübt werden kann, § 2035, danach zusammen mit der bereits dem Verkäufer ggü bestehenden Verpflichtung zur Übertragung (BGH DNotZ 02, 297).

Durch die Ausübung des Vorkaufsrecht ggü dem Käufer kommt der Kaufvertrag nicht mit ihm zustande. Er **22** ist vielmehr aufgrund des gesetzlichen Schuldverhältnisses (Hambg MDR 61, 851) verpflichtet, den erhaltenen Erbteil auf den Miterben zu übertragen. Als Gegenleistung erhält er von den vorkaufsausübenden Miterben den Kaufpreis nebst sonstigen, durch den Kaufvertrag und etwaiger Genehmigungen entstandenen Kosten erstattet, § 464 II. IÜ tragen die Miterben als Gesamtschuldner (Staud/*Werner* § 2034 Rz 20) auch die Kosten für die Ausübung des Vorkaufsrechts (Köln DNotZ 59, 263).

Üben mehrere das Vorkaufsrecht aus, steht ihnen dieser Anspruch in gesamthänderischer Verbundenheit zu. **23** Der Anspruch auf Übertragung des Erbanteils an alle Berechtigten kann von diesen gemeinsam oder von einem Miterben gem §§ 432, 2039 analog durchgesetzt werden (*Bartholomyczik* FS Nipperday 169, 171). Dagegen besteht ein Anspruch auf Übertragung einzelner Nachlassgegenstände nicht (BGH LM § 2034 Nr 1).

Der Anspruch des Vorkaufsberechtigten kann, auch wenn zum Nachlass ein Grundstück gehört, nicht durch **24** eine Vormerkung gesichert werden, in Betracht kommt aber ein Veräußerungsverbot hinsichtlich des Erbteils nach § 938 ZPO (Stuttg BWNotZ 76, 150).

Erfüllt der Vorkaufsberechtigte seine Verpflichtungen nicht, finden die Vorschriften über gegenseitige Ver- **25** träge Anwendung. Kommt er mit der Zahlung des Kaufpreises in Verzug, kann sich der Verkäufer von der Übertragung unter den Voraussetzungen des § 323 vom Vertrag lösen (BGH NJW 54, 1883).

Die das Vorkaufsrecht ausübenden Miterben werden erst mit der Übertragung des Erbteils Eigentümer; im **26** Falle der Übertragung des Anteils mit dinglicher Wirkung in der Form es § 2033 I wächst er den ausübenden Miterben im Verhältnis ihrer Erbteile entspr §§ 1935, 2094 zu (*Brox* Rz 485).

27 **F. Ausübungsfrist.** Die Frist von **zwei Monaten** zur Ausübung des Vorkaufsrechts beginnt gem II mit dem Zugang der Mitteilung über den Abschluss des wirksamen Kaufvertrags, nicht erst mit der Benachrichtigung von der Übertragung gem § 2033 I (Soergel/*Wolf* § 2034 Rz 13).

28 Nach § 469 ist der Verpflichtete zur unverzüglichen Benachrichtigung der übrigen vorkaufsberechtigten Miterben verpflichtet (BGH NJW 02, 820). Die Benachrichtigung nach § 469 I bedarf keiner bestimmten Form, sie kann sogar mündlich (*Johannsen* WM 70, 747) oder auch durch einen Beauftragten (Soergel/*Wolf* § 2034 Rz 14) erfolgen, sie muss aber geeignet sein, beim Vorkaufsberechtigten den Eindruck zu erwecken, es handele sich um eine rechtlich bedeutsame Erklärung (RG WarnR 1930 Nr 8). Bei einer mündlichen Mitteilung sind an den Nachweis der ordnungsgemäßen Benachrichtigung strenge Anforderungen zu stellen (Soergel/*Wolf* § 2034 Rz 14): Solange den vorkaufsberechtigten Miterben der Kaufpreis nicht richtig mitgeteilt ist, gilt die Benachrichtigung als nicht erfolgt (RG JW 24, 1247). Darüber hinaus sind auch die sonstigen Vertragsbedingungen, insb Vertragsergänzungen und -änderungen, die für die Entschließung des Vorkaufsberechtigten von Bedeutung sind, richtig und vollständig mitzuteilen (Köln DNotZ 59, 263). Bedarf es zur Veräußerung des Erbteils einer Genehmigung, gehört zur Benachrichtigung auch die Mitteilung der rechtskräftigen Genehmigung (BGH WM 79, 1066), weil ansonsten die Frist nicht zu laufen beginnt.

29 Die Kenntniserlangung von Seiten Dritter ist nicht ausreichend, vielmehr muss die Mitteilung jedem vorkaufsberechtigten Miterben durch den Verkäufer oder Käufer bzw deren Beauftragten gemacht werden (BGH WM 79, 1066). Für die bei Vertragsschluss Anwesenden beginnt am Beurkundungstag die Frist zu laufen (Köln DNotZ 59, 263), wenn der Kaufvertrag wirksam ist, dh insb die erforderlichen Genehmigungen vorliegen (Soergel/*Wolf* § 2034 Rz 13).

30 Die Frist zur Ausübung des Vorkaufsrechts läuft, auch wenn der Erbteil weiterveräußert wird, nur einmal (Soergel/*Wolf* § 2034 Rz 13).

31 **G. Erlöschen.** Durch die Ausübung des Vorkaufsrecht durch die Berechtigten, ist es verbraucht. Das Vorkaufsrecht erlischt ferner gem § 2034 I 1 nach Ablauf der Frist von zwei Monaten sowie durch formlosen vertraglichen Verzicht sämtlicher Beteiligter (MüKo/*Heldrich* § 2034 Rz 42) auch schon vor der Mitteilung nach § 469 (RG JW 24, 1247). Ist das Recht durch Verzicht erloschen, lebt es bei Weiterveräußerung nicht wieder auf (RGZ 170, 203). Da die Frist eine Ausschlussfrist darstellt (*Damrau/Rissmann* § 2034 Rz 17), ist eine Hemmung nicht möglich. Das Vorkaufsrecht geht unter, wenn der Erbanteil so veräußert wird, dass die Ausübung des Vorkaufsrechts ausgeschlossen ist, wie zB bei § 466 (Soergel/*Wolf* § 2034 Rz 15) oder wenn der Erbteil auf den veräußernden Miterben zurückübertragen wird.

32 Das Vorkaufsrecht besteht nach der Auseinandersetzung der Miterben am Miteigentumsanteil eines Miterben nicht mehr (Hamm RdL 53, 52).

33 Durch die Rückabwicklung des Kaufvertrags mit einem Dritten wird das entstandene Vorkaufsrecht nicht beseitigt (Stuttg BWNotZ 76, 150).

34 **H. Vererblichkeit.** Nach II 2 ist das Vorkaufsrecht, abw zu § 514, zusammen mit dem Miterbenanteil, vererblich (Staud/*Werner* § 2034 Rz 11). Es kann aber nicht belastet, gepfändet oder unter Lebenden übertragen werden (KG KGJ 28 A 204).

35 Das Vorkaufsrecht gehört im Falle der Insolvenz eines Miterben nicht in die Insolvenzmasse und steht daher dem Insolvenzverwalter nicht zu (KG OLG 9, 388). Es geht auch nicht zusammen mit der Erbteilsübertragung auf den Erwerber über (Soergel/*Wolf* § 2034 Rz 16). Einzelne Miterben können es, solange das Vorkaufsrecht anderen Miterben zusteht, unter der ausdrücklich oder schlüssig erklärten Bedingung geltend machen, dass die übrigen es nicht ausüben (Jena HRR 32, 451).

§ 2035 Vorkaufsrecht gegenüber dem Käufer.
(1) ¹Ist der verkaufte Anteil auf den Käufer übertragen, so können die Miterben das ihnen nach § 2034 dem Verkäufer gegenüber zustehende Vorkaufsrecht dem Käufer gegenüber ausüben. ²Dem Verkäufer gegenüber erlischt das Vorkaufsrecht mit der Übertragung des Anteils.
(2) Der Verkäufer hat die Miterben von der Übertragung unverzüglich zu benachrichtigen.

1 **A. Allgemeines.** Die Vorschrift erweitert den Schutz des Vorkaufsberechtigten, der das Vorkaufsrecht auch dann noch ausüben kann, wenn der Erbteilskauf innerhalb der Ausübungsfrist des § 2034 II 1 bereits vollzogen ist (DGE/*Wrede* § 2035 Rz 1).

2 **B. Voraussetzungen.** Das Vorkaufsrecht kann durch formlose Erklärung erfolgen (BGH BB 67, 1104). Sie muss, ebenso wie die übrigen Voraussetzungen für die Ausübung des Vorkaufsrechts, innerhalb der Frist des § 2034 II 1 vorliegen. Bis zur Übertragung des verkauften Anteils ist es nach § 505 ggü dem Miterben auszuüben; nach der dinglichen Übertragung kann die Erklärung nur ggü dem Käufer abgegeben werden (KG ZEV 1995, 296). Der Veräußerer ist nicht mehr zuständig.

3 **C. Wirkungen.** Durch die Erklärung, das Vorkaufsrecht auszuüben, entsteht ein gesetzliches Schuldverhältnis: Der Vertrag ist zwischen Käufer und Vorkaufsberechtigtem zu den Bedingungen des Ausgangsvertrages

zustande gekommen. Mehrere Miterben erwerben den Anteil als Gesamthänder, der sich entspr des Verhältnisses ihrer Nachlassanteile nach Anwachsungs- bzw Erhöhungsgrundsätzen teilt (BayObLGE 1980, 328). Für den Kaufpreis haften mehrere Vorkaufsberechtigte als Verpflichtungsgemeinschaft gem § 427 analog (Erman/*Schlüter* § 2035 Rz 4).

Der Käufer hat nach hM kein Rücktrittsrecht, wenn sich der Vorkaufsberechtigte in Verzug befindet, da die 4 §§ 325, 326 mangels Leistungsaustausches iRd gesetzlichen Schuldverhältnisses entfallen (DGE/*Wrede* § 2035 Rz 5). Die Miterben sind dem Käufer ggü zur Erstattung des Kaufpreises und der im Zusammenhang mit dem Erwerb entstandenen Aufwendungen, wie zB Notarkosten, verpflichtet (BGH WM 79, 1066).

Hat der Käufer seine Pflichten aus dem Austauschvertrag erfüllt, hat er ggü dem Vorkaufsberechtigten nach 5 hM ein Zurückbehaltungsrecht nach §§ 273/320 bzw 1100. Er kann daher Zug um Zug Erstattung seiner Aufwendungen gegen die Übertragung des von ihm erworbenen Erbteils fordern (DGE/*Wrede* § 2035 Rz 4).

Veräußert der Erwerber den Anteil weiter, obgleich zumindest ein Miterbe das Vorkaufsrecht ausgeübt hat, 6 muss der zweite Käufer aufgrund der Drittwirkung des § 2035 die ggü dem Verkäufer abgegebene Erklärung gegen sich gelten lassen. Mit der Erklärung, das Vorkaufsrecht auszuüben, ist der Anspruch auf Übertragung bereits entstanden (DGE/*Wrede* § 2035 Rz 6).

Überträgt der verkaufende Miterbe unter Missachtung des ihm ggü ausgeübten Vorkaufsrechts den Anteil 7 mit dinglicher Wirkung auf den Käufer, so steht dem vorkaufsberechtigten Miterben gem § 2035 I 1 analog ein Rückübereignungsanspruch hinsichtlich des Erbteils gegen den Erwerber zu (BGH ZEV 02, 67).

D. Benachrichtigungspflicht. Die Pflicht zur Benachrichtigung ergibt sich für den Käufer aus dem Gesetz. 8 Die gleiche Pflicht trifft den weiterveräußernden Verkäufer. Er hat den Miterben nicht nur den Inhalt des Kaufvertrages, sondern auch die Übertragung unverzüglich anzuzeigen (Palandt/*Edenhofer* § 2035 Rz 2). Die Miterben können bis zur Übertragungsanzeige das Vorkaufsrecht gem § 407 I wirksam ausüben (RGRK/*Kregel* § 2035 Rz 4). Das pflichtwidrige Unterlassen der Benachrichtigung hindert nicht die Ausübung des Vorkaufsrechts. Unabhängig von § 2035 II läuft aber die Frist des § 2034 II.

§ 2036 Haftung des Erbteilkäufers.
¹Mit der Übertragung des Anteils auf die Miterben wird der Käufer von der Haftung für die Nachlassverbindlichkeiten frei. ²Seine Haftung bleibt jedoch bestehen, soweit er den Nachlassgläubigern nach den §§ 1978 bis 1980 verantwortlich ist; die Vorschriften der §§ 1990, 1991 finden entsprechende Anwendung.

A. Normzweck. Die grds unausschließbare Haftung für die Nachlassverbindlichkeiten des Erbschaftskäufers 1 entfällt nur, wenn er den Anteil an den/die vorkaufsberechtigten Erben abgeben muss. Für die vom Käufer während seiner Mitgliedschaft in der Erbengemeinschaft begründeten Eigenverbindlichkeiten haftet er weiter (AnwK-BGB/*Ann* § 2036 Rz 5).

B. Haftungsbefreiung. Die Haftungsfreistellung in 1 erfolgt im Zeitpunkt der Übertragung, nicht bei Aus- 2 übung des Vorkaufsrechts (DGE/*Wrede* § 2036 Rz 2). Dies gilt auch dann, wenn er das Recht zur Haftungsbeschränkung bereits verloren hat (Planck/*Ebbecke* § 2036 Anm 1). Hinsichtlich des durch das Vorkaufsrecht hinzu erworbenen Erbteils trifft die Miterben die unbeschränkte Haftung (Staud/*Werner* § 2036 Rz 3).

Es verbleibt aber nach 2 bei der Haftung für mangelhafte Verwaltungshandlungen gem §§ 1978–1980. Sie 3 umfasst auch das Privatvermögen (DGE/*Wrede* § 2036 Rz 2), sofern der Haftende den Nachlass in Besitz genommen hat. Nach allg Meinung bedeutet der Verweis auf §§ 1990, 1991 nur, dass der Erwerber nach den §§ 1978 ff auch dann den Nachlassgläubigern haftet, wenn wegen der Bedürftigkeit des Nachlasses weder die Nachlassverwaltung noch die Nachlassinsolvenz beantragt wird (MüKo/*Heldrich* § 2036 Rz 5 mwN).

IÜ ist nur der Nachlass- bzw Insolvenzverwalter anspruchsberechtigt. Der Aufwendungsersatz richtet sich 4 nach § 1978 III.

C. Ansprüche der Miterben. Beim Erbteilskaufs durch einen Miterben haftet der Käufer den vorkaufsbe- 5 rechtigten Miterben nach §§ 1922 I, 2382, der Erwerber nach §§ 2042 II, 756.

§ 2037 Weiterveräußerung des Erbteils.
Überträgt der Käufer den Anteil auf einen anderen, so finden die Vorschriften der §§ 2033, 2035, 2036 entsprechende Anwendung.

A. Allgemeines. § 2037 regelt die Ausübung des Vorkaufsrechts bei weiteren Übertragungen nach dem ersten 1 Verkauf.

B. Weiterveräußerung. Durch die Anteilsübertragung auf den Dritten entsteht kein neues Vorkaufsrecht 2 (BGH NJW 71, 1265). Vielmehr greift das nach § 2034 entstandene Vorkaufsrecht in jedes weitere (dingliche) Übertragungsgeschäft ein (DGE/*Wrede* § 2037 Rz 1), und zwar unabhängig davon, auf welchem Rechtsgrund es beruht. Die Frist zur Ausübung des Vorkaufsrechts läuft nur einmal seit der ersten Anzeige (*Brox* Rz 484).

Jeder Übertragungsvorgang löst die Pflicht zur Benachrichtigung der Mitglieder der Erbengemeinschaft von 3 der Übertragung nach § 2035 II aus. Nach § 2036 tritt Haftungsbefreiung ein. Die Weiterveräußerung an einen „anderen" meint die Übertragung auf einen Dritten, der nicht Miterbe ist (RGZ 170, 203). Bei Rückkehr des Anteils zu den Miterben erlischt das Vorkaufsrecht (Erman/*Schlüter* § 2037 Rz 1).

4 Der Letzterwerber hat den Anteil zurückzuübertragen, wenn der Erwerber nach Ausübung des Vorkaufsrechts wirksam verfügt hat (BGH ZEV 02, 67).

§ 2038 Gemeinschaftliche Verwaltung des Nachlasses.
(1) ¹Die Verwaltung des Nachlasses steht den Erben gemeinschaftlich zu. ²Jeder Miterbe ist den anderen gegenüber verpflichtet, zu Maßregeln mitzuwirken, die zur ordnungsmäßigen Verwaltung erforderlich sind; die zur Erhaltung notwendigen Maßregeln kann jeder Miterbe ohne Mitwirkung der anderen treffen.
(2) ¹Die Vorschriften der §§ 743, 745, 746, 748 finden Anwendung. ²Die Teilung der Früchte erfolgt erst bei der Auseinandersetzung. ³Ist die Auseinandersetzung auf längere Zeit als ein Jahr ausgeschlossen, so kann jeder Miterbe am Schluss jedes Jahres die Teilung des Reinertrages verlangen.

1 **A. Allgemeines.** Die Vorschrift regelt die gemeinschaftliche Verwaltung des Erbes im Innenverhältnis, die gerichtet sind auf Erhaltung und Vermehrung des Nachlassvermögens (BGH FamRZ 1965, 267) und trifft Bestimmungen zu den Mitwirkungspflichten. Da die Verwaltungsmaßnahmen stets einstimmig beschlossen werden müssen, ist die Verwaltung sehr schwerfällig.

2 **B. Verwaltungsbefugnis.** Die Erbengemeinschaft verwaltet bis zur Auseinandersetzung den Nachlass gemeinschaftlich und ist als solche dessen handlungsfähiges Organ. Hierzu gehört auch das Erfordernis gemeinschaftlicher Verfügungen nach § 2040 (MüKo/*Heldrich* § 2038 Rz 1). Trotz des Grundsatzes der gemeinschaftlichen Verwaltung ist die **einstimmige Entscheidung** nur bei außerordentlichen Verwaltungsmaßnahmen erforderlich. Über Maßnahmen der laufenden Verwaltung, dh solcher, die der Beschaffenheit des Gegenstandes und dem Interesse der Erben nach billigem Ermessen entsprechen (AnwK/*Ann* § 2038 Rz 19), entscheiden die Miterben gem §§ 2038 II 1, 745 nur mit Stimmenmehrheit, wobei sich das Gewicht der einzelnen Stimme nach der Höhe der jeweiligen Erbquote bemisst (sog **ordnungsgemäße Verwaltung**). Insoweit kann auch die Verfügung über einen Nachlassgegenstand eine zustimmungspflichtige Maßnahme ordnungsgemäßer Verwaltung sein (BGH ZEV 2006, 24), für die eine Mitwirkungsverpflichtung der Miterben besteht, I 2 Hs 1. Der Verkauf einzelner Eigentumswohnungen aus dem ungeteilten Nachlass zur Tilgung persönlicher Schulden eines Miterben ist regelmäßig eine wesentliche Veränderung des Gesamtnachlasses, so dass eine Schadensersatz begründende Zustimmungspflicht der anderen Miterben im Rahmen ordnungsgemäßer Nachlassverwaltung nicht besteht (München ErbR 08, 300). Notwendige Erhaltungsmaßnahmen kann jeder Miterbe allein treffen, § 2038 I 2 Hs 2, sofern die Maßnahme dringlich ist, dh die Entscheidung keinen Aufschub bis zur Zustimmung der Miterben duldet (BGHZ 6, 76). Darüber hinaus wird dem einzelnen Miterben ein Notverwaltungsrecht eingeräumt (*Bertzel* NJW 62, 2280). Für **dringliche Maßnahmen** hat jeder Miterbe iRs Notverwaltungsrecht die alleinige Entscheidungskompetenz (Palandt/*Edenhofer* § 2038 Rz 1).

3 Fehlen die Voraussetzungen für die Rechtmäßigkeit einer der drei Verwaltungsarten, ist sie nach innen und außen unwirksam (MüKo/*Heldrich* § 2038 Rz 8).

4 **C. Ausnahmen.** Steht die Verwaltung dem Testamentsvollstrecker, Nachlassverwalter oder Insolvenzverwalter zu, entfällt das Verwaltungsrecht der Miterben ebenso, wie dann, wenn das Verwaltungsrecht eines Miterben durch Pfändung dem Pfändungsgläubiger überwiesen wurde. Der Testamentsvollstrecker ist an den nur für Miterben geltenden § 2038 nicht gebunden (BGH Rpfleger 86, 434).

5 Der Erblasser kann in seiner Verfügung von Todes wegen einzelnen Miterben Verwaltungsrechte einräumen, welche aber aus wichtigem Grund auch wieder entzogen werden können (BGH NJW 52, 1252).

6 Die Miterben können durch Mehrheitsbeschluss gem §§ 2038 II, 745 I (BGH NJW 71, 1265) einverständlich (BGH WM 68, 1172) oder stillschweigend (*Brox* Rz 489) eine vom G abw Verwaltungsregelung beschließen, ohne dass die Minderheit bei mangelhafter Verwaltung Schadensersatzansprüche stellen kann (RGRK/*Kregel* § 2038 Rz 8).

7 Eine derartige Verwaltungsvereinbarung kann jeder Miterben aus wichtigem Grund kündigen (BGH NJW 61, 1299). Auch der einem Miterben von den übrigen erteilte Verwaltungsauftrag ist jederzeit widerruflich und kündbar, § 671 (*Johannsen* WM 71, 573). IÜ kann eine Änderung dann verlangt werden, wenn sich die tatsächlichen Verhältnisse erheblich verändert haben und eine Änderung gerechtfertigt erscheint (KG NJW 61, 733).

8 Ein Miterbe kann die Zustimmung der übrigen Miterben zur Verwaltung des Nachlasses durch einen Fremdverwalter klageweise nur dann erzwingen, wenn die Miterben zur ordnungsgemäßen Verwaltung nicht bereit oder nicht in der Lage sind (BGH NJW 83, 2142).

9 **D. Verwaltung.** Die Miterben können Art und Inhalt der Verwaltung frei bestimmen, wobei hierunter nicht nur Rechtshandlungen fallen, sondern auch Verpflichtungs- und Verfügungsgeschäfte, für die § 2038 Mitwirkungsrechte und -pflichten enthält. Die Verwaltung umfasst alle „rechtlichen und tatsächlichen Maßnahmen, die der Verwaltung, Sicherung, Erhaltung, Vermehrung, Nutzungsgewinnung, Verwertung von Nachlassgegenständen und der Schuldentilgung dienen" (iE s. MüKo/*Heldrich* § 2038 Rz 16f), wobei aber der Erlass von Nachlassforderungen nicht zur Nachlassverwaltung gehört (DGE/*Wrede* § 2038 Rz 2). § 2038 unterscheidet nicht danach, ob

eine Maßnahme lediglich im Innenverhältnis oder auch außerhalb der Erbengemeinschaft wirkt; Verwaltung umfasst daher sowohl die interne Beschlussfassung als auch Maßnahmen im Außenverhältnis, wie zB Rechtsgeschäfte mit Dritten (Damrau/*Rißmann* § 2038 Rz 6). Zur Verwaltung gehören neben den ordnungsgemäßen auch die nicht ordnungsgemäßen Maßnahmen. Verwaltungsmaßnahmen können auch Verfügungen sein (*Presser* JW 33, 145). Hierfür ist Einstimmigkeit erforderlich (Soergel/*Wolf* § 2038 Rz 5). Für Verfügungen, die zugleich Verwaltungshandlungen sind, gelten aber die besonderen Grundsätze der Verwaltung. Die Notverwaltung und die Mehrheitsverwaltung stellen Ausnahmen von § 2040 dar und erlauben Verfügungsgeschäfte nach § 2038 ohne Beachtung des Einstimmigkeitserfordernisses in § 2040 (BGH NJW 89, 3694; aA: BGH NJW 71, 1265). Daher ist eine mehrheitlich getragene, zur ordnungsgemäßen Verwaltung gehörende Verfügung, auch im Außenverhältnis auf Grund entspr Vertretungsmacht wirksam, ohne dass alle Miterben zustimmen müssen (*Presser* JW 33, 145; aA Staud/*Werner* § 2038 Rz 7). Ansonsten müsste ein sich widersetzender Miterbe wegen jeder Verfügung, die zur ordnungsgemäßen Verwaltung gehört, auf Zustimmung verklagt werden.

Die Bestimmung der Ruhestätte des Erblassers (RGZ 00, 171), eine Obduktion und Exhumierung der Leiche **10** des Erblassers (LG Detmold NJW 58, 265), der Widerruf einer von den Miterben erteilten Vollmacht (BGH NJW 59, 2114) gehören ebenso wenig zu den Verwaltungshandlungen wie Maßnahmen der Auseinandersetzung (Ddorf NJWE-FER 97, 87) oder der Ausübung des Vorkaufsrechts (RGZ 158, 57).

E. Verwaltungsarten. I. Notgeschäftsführung. Jeder Miterbe ist berechtigt und verpflichtet, notwendige **11** Erhaltungsmaßnahmen ohne Mitwirkung der anderen, aber unter Einsatz seines eigenen Vermögens zu treffen (BGH JZ 53, 706), sofern die Mehrheit nicht bereits einen einschlägigen Beschl gefasst hat (*Presser* JW 33, 145). Eine Maßnahme ist **notwendig**, wenn sie der ordnungsgemäßen Verwaltung des gesamten Nachlasses dient und bei Nichtvornahme dem Nachlass oder einzelnen Gegenständen ein Schaden entsteht (Staud/*Werner* § 2038 Rz 27) oder ernstlich droht. In Betracht kommt auch eine Verfügung (insoweit verdrängt § 2038 den § 2040, *Löhnig* ErbR 07, 50) oder die Erhebung einer Klage, wenn nur durch sie ein dem Nachlass gehörendes Recht erhalten werden kann (BGHZ 94, 117). Die jeweiligen Maßnahmen, durch die erhebliche Verpflichtungen für den Nachlass oder die anderen Miterben begründet werden, müssen so dringlich sein, dass die Zustimmung der anderen Miterben nicht mehr eingeholt werden kann (BGH NJW 52, 1252).

Art und Umfang der Maßnahme ist zur Zeit der Handlung vom Standpunkt eines vernünftigen, wirtschaft- **12** lich Denkenden zu beurteilen und zu entscheiden (BGHZ 6, 76); umfangreiche Instandsetzungsarbeiten an einem Haus (BGH NJW 52, 1252), die Klage auf Rechnungslegung (Hamm BB 76, 671) und der Wiederaufbau eines zerstörten Hauses (BGH BB 54, 913) sind nicht vom Notgeschäftsführungsrecht umfasst.

Das Alleinverwaltungsrecht gilt nicht nur im Innenverhältnis zwischen den Miterben, sondern bedeutet auch **13** eine gesetzliche Vertretungsmacht ggü Dritten (BGH NJW 58, 2061). Insoweit kann er im Namen des Nachlasses handeln und die Gesamthänder hinsichtlich des Gesamthandsvermögens verpflichten. Zur Vermeidung einer Haftung mit dem Eigenvermögen muss der handelnde Miterbe entweder im Namen der Erbengemeinschaft agieren oder die Haftung auf den Nachlass beschränken (MüKo/*Heldrich* § 2038 Rz 61). Handelt der Notgeschäftsführer nicht im Namen der Erbengemeinschaft, wird er persönlich berechtigt und verpflichtet, hat aber im Innenverhältnis einen Freistellungs- bzw Aufwendungsersatzanspruch gegen die Gemeinschaft, der sich, da er als gesetzlich ermächtigt gilt, aus dem Auftragsrecht, §§ 669, 670 (*Ebenroth* Rz 757) oder gem §§ 2038 II 1, 748 (BGH NJW 03, 3268) ergibt. Hat er dagegen sein Notverwaltungsrecht überschritten, kommt ein Aufwendungsersatzanspruch nach GoA in Betracht (BGH NJW 87, 3001). War sein eigenmächtiges Vorgehen unberechtigt, hat er der Erbengemeinschaft den Nachteil zu ersetzen, der ihr bei pflichtgemäßem Handeln erspart geblieben wäre (*Wernecke* AcP 193, 240).

II. Mehrheitsverwaltung. Hierunter fallen die Maßnahmen der laufenden Verwaltung in Bezug auf den **14** Nachlass als Gesamtvermögen, dh alle Maßnahmen, die der Beschaffenheit des Gegenstandes und dem Interesse aller Miterben nach billigem Ermessen entsprechen (Palandt/*Edenhofer* § 2038 Rz 6), nicht aber wesentliche Veränderungen (BGH ZEV 06, 24). Daher dürfen einzelne Gegenstände veräußert, verarbeitet oder umgestaltet werden, solange die Leistungsfähigkeit des Nachlasses erhalten bleibt (MüKo/*Heldrich* § 2038 Rz 30). Maßstab ist, wie sich eine vernünftige, wirtschaftlich denkende Person in der gegebenen Lage verhalten würde (BGH FamRZ 65, 267). Im Rahmen ordnungsgemäßer Verwaltung ist nur ein Mehrheitsbeschluss erforderlich, der dann auch die Rechtsnachfolger gem § 746 bindet.

1. Mitwirkungspflicht. Die Miterben sind einander verpflichtet, bei den für eine ordnungsgemäße Verwal- **15** tung erforderlichen Maßnahmen mitzuwirken, I 2 Hs 1 (MüKo/*Heldrich* § 2038 Rz 41). Hierzu gehören grds auch Verfügungen über einzelne Nachlassgegenstände (BGH ZEV 2006, 24). Die Zustimmung kann im Klagewege erzwungen werden (BGHZ 6, 76); der Klageantrag ist auf Einwilligung zu einer bestimmten Verwaltungs- und Anordnungsregelung zu richten (MüKo/*Schmidt* § 744, 745 Rz 32 mwN). Das Gericht prüft, ob die bisherige Regelung billigem Ermessen widerspricht und die Neuregelung diesen Anforderungen genügt (MüKo/*Schmidt* §§ 744, 745 Rz 32).

Ferner besteht eine Pflicht zur Mitwirkung bei der Errichtung eines Nachlassverzeichnisses gem § 1993, da **16** die Verwaltung des Sondervermögens erst mit der gesicherten Bestandsermittlung beginnt (Karlsr MDR 72, 424; aA RGZ 81, 30).

17 Verletzt ein Miterbe seine aus dem gesetzlichen Schuldverhältnis zwischen den Miterben resultierende Mitwirkungspflicht oder seine Pflicht, gegen schädigendes Verhalten anderer Mitglieder der Erbengemeinschaft einzuschreiten (MüKo/*Heldrich* § 2038 Rz 45), macht er sich nach den allg Regeln der §§ 280 I iVm 276, 278 schadensersatzpflichtig (BGH ZEV 2006, 24); für einen Erfüllungsgehilfen haftet er nach § 278 (*Keßler* DRiZ 66, 395). Da die Mitwirkungspflicht nur unter den Miterben besteht, kann ein Dritter weder die Mitwirkung von Miterben verlangen noch denjenigen, der nicht mitwirkt, wegen Pflichtverletzung auf Schadensersatz in Anspruch nehmen (BGH NJW 58, 2061).

18 **2. Abstimmung.** Stimmberechtigt ist neben den Miterben, die auch dann mitstimmen dürfen, wenn sie unter Berücksichtigung ihrer Ausgleichungspflicht nichts mehr erhalten, auch der Erbteilserwerber, wobei die Stimmenmehrheit nach der Größe der Erbteile zu berechnen ist, § 745 I 2 (BayObLGZ 63, 324) für minderjährige, abwesende oder sonst an der Stimmabgabe verhinderte Erben bedarf es keines Pflegers, Vertreters oä, wenn auch ohne diese Erben eine Mehrheit zustande kommt (Staud/*Werner* § 2038 Rz 33).

19 Das Stimmrecht ist wegen Interessenwiderstreits ausgeschlossen in eigenen Angelegenheiten (Nürnbg ZErb 01, 148) wie zB bei der Einziehung einer Forderung, deren Schuldner der Miterbe ist (BGH NJW 71, 1265) oder bei Ansprüche gem § 666 gegen einen Miterben oder einer Entscheidung über die Entnahme von Aktiven zum Zwecke der Begleichung einer Forderung des Miterben (BGH WM 73, 360), es sei denn, dass die Nachlassverwaltung einem Miterben übertragen werden soll (*Nipperdey* AcP 143, 315). Hinsichtlich der Festsetzung seiner Vergütung steht ihm jedoch kein Stimmrecht zu (Soergel/*Woy* § 2038 Rz 17).

20 Stellt sich heraus, dass die beschlossene Maßnahme ungeeignet war, kann jeder Miterbe von den anderen die zur Störungsbeseitigung erforderlichen Handlungen verlangen (Palandt/*Edenhofer* § 2038 Rz 10).

21 Nach II entscheiden die Miterben durch Stimmenmehrheit, sofern Einstimmigkeit nicht erreicht werden kann. Folgende Fallgestaltungen sind denkbar: Übertragung der Verwaltung auf einen oder einzelne Miterben oder einen Dritten (BGH DRiZ 66, 396); die Benutzungsregelung von Nachlassgegenständen (BGH WM 68, 1172); die Vertretung des Nachlasses durch einen Miterben (Palandt/*Edenhofer* § 2038 Rz 9).

22 **3. Außenwirkung.** Ein wirksamer Mehrheitsbeschluss, der eine Verpflichtung begründet (Hamm BB 69, 514) kann Außenwirkung haben mit der Folge, dass die Mehrheit oder einzelne Beauftragte Vertretungsmacht haben, auch für die anderen Miterben zu handeln, so dass ein Miterbe eine Nachlassverbindlichkeit begründen kann. Die Lasten des Gesamthandsvermögens und einzelner Nachlassgegenstände sowie die Verwaltungs- und Erhaltungskosten, aber auch die Auslagen für die gemeinsame Benutzung von Nachlassgegenständen tragen die Miterben im Innenverhältnis nach dem Verhältnis ihrer Erbquoten ab Entstehen, II 1 iVm § 748 (MüKo/*Heldrich* § 2038 Rz 66). Die Verpflichtung beschränkt sich auf die im Nachlass vorhandenen Mittel; eine Vorschusspflicht unter Einsatz privater Mittel besteht nicht (hM MüKo/*Heldrich* § 2038 Rz 6; aA *Brox* Rz 501).

23 **4. Beispiele für eine ordnungsgemäße Verwaltung.** Rechtsstreitigkeiten, einschl der Prozessführung (Hamm BB 76, 671), Berichtigung von Nachlassverbindlichkeiten nach § 2046, sofern sie nicht von einem Konto getilgt werden, das den gesamten Nachlass bildet, dafür aber nicht ausreicht und der Nachlass dadurch überschuldet wird (Celle FamRZ 03, 1224); Mitwirkung bei der Eigentumsübertragung (Saarbr ZFE 07, 439); Benutzungsregelung von Nachlassgegenständen durch einzelne Miterben oder Dritte (BGH WM 68, 1172); Einziehung von Miet-, Pacht- und anderen Nachlassforderungen (BGH NJW 67, 440); Abschluss von Miet- und Pachtverträgen (BGH NJW 71, 1265), Reparaturen und Instandhaltungsmaßnahmen, soweit sie aus Nachlassmitteln beglichen werden können (KG OLGE 30, 184); gemeinschaftliche Kündigung eines Miet- oder Pachtvertrages (BGH NJW 52, 111), (str), da es sich um eine Verfügung über das Mietverhältnis handelt (Palandt/*Edenhofer* § 2038 Rz 6), Widerspruch gegen die Verlängerung eines Mietverhältnisses (KG KGR 02, 102), der Erlass von Forderungen (Damrau/*Rißmann* § 2038 Rz 15); Baumaßnahmen auf einem Grundstück (Ddorf MDR 47, 289), Erhebung einer Klage zur Abwehr der Vollstreckung in ein gepfändetes Nachlassgrundstück (Colmar ElsLothZ 15, 178), die Vollmachtserteilung (*Wolf* AcP 181, 481) und der Abschluss eines Vergleichs über Forderungen für und gegen den Nachlass (BGH NJW 67, 440).

24 **5. Auskunftspflicht.** Eine allgemeine über die aus konkreten Einzelvorschriften hinausgehende Auskunftspflicht allein aufgrund der Gemeinschaft wird abgelehnt (BGH NJW-RR 89, 450; aA Karlsr FamRZ 73, 215). Die Auskunftspflicht besteht nicht über Umstände im Hinblick auf die Testierfähigkeit des Erblassers (BGH JR 90, 16) oder lebzeitige Zuwendungen (*Sarres/Afraz* ZEV 95, 433), da sich die erbrechtliche Auskunftspflicht stets nur auf den Bestand und Verbleib des Nachlasses erstreckt. Allerdings kann sich der Miterbe als Gesamthänder jederzeit selbst Kenntnis über den Bestand und den Wert des Nachlasses verschaffen und dazu ggf über §§ 2027, 2028 die Mitwirkung der übrigen Miterben verlangen (BGH NJW 73, 1876). Darüber hinaus ist aus dem unter den Miterben bestehenden Rechtsverhältnis iVm § 242 ein Auskunftsanspruch immer dann abzuleiten, wenn der Anspruchsteller ohne eigenes Verschulden dringend darauf angewiesen ist und der Auskunftspflichtige die Auskunft ohne große Mühe geben kann (BGH NJW 86, 1755).

25 Die Auskunftspflicht besteht nach §§ 666, 681 aber dann, wenn ein Miterbe die Verwaltung allein geführt hat (MüKo/*Heldrich* § 2038 Rz 47).

III. Außerordentliche Verwaltung. Alle Maßnahmen, die nicht unter die Notgeschäftsführung oder die laufende Verwaltung fallen, bedürfen der Übereinstimmung aller Miterben, wobei aber eine Mitwirkungspflicht nicht besteht (Palandt/*Edenhofer* § 2038 Rz 5). Sie müssen im Außenverhältnis zwingend einheitlich auftreten. Nach § 182 ist der Miterbe mit Zustimmung der anderen Miterben handlungsfähig. IÜ finden auch die §§ 177 ff Anwendung. Dulden die übrigen Miterben die Vornahme von Verwaltungshandlungen eines Miterben, ist grds von einer stillschweigenden Bevollmächtigung auszugehen (BGH NJW 59, 2114). 26

F. Früchte. Die Früchte von Nachlassgegenständen fallen in das Gesamthandsvermögen und gebühren den Miterben entspr dem Verhältnis ihrer Erbteile mit § 748. Nach § 2038 II 2 soll die Teilung der Früchte grds erst bei der Auseinandersetzung der Erbengemeinschaft erfolgen, da das Gesamthandsvermögen zunächst noch vermehrt werden soll (DGE/*Wrede* § 2038 Rz 16). Daher können auch keine Abschlagszahlungen verlangt werden, weil erst bei der Auseinandersetzung feststeht, was dem einzelnen Miterben unter Berücksichtigung seiner Ausgleichspflicht tatsächlich zusteht (Hambg MDR 65, 665). Eine von der gesetzlichen Regelung abw frühere Verteilung kann nur durch eine Vereinbarung aller Miterben, nicht aber durch Mehrheitsbeschluss, angeordnet werden (RGZ 81, 241). 27

Ausnahmsweise kann ein Anspruch auf Teilung des Reinertrages bestehen, wenn die Auseinandersetzung länger als ein Jahr ausgeschlossen ist (Hambg MDR 65, 655). Erfolgt die Befriedigung eines Miterben durch Vorschüsse auf sein Auseinandersetzungsguthaben, stehen ihm die Früchte nur nach seiner tatsächlichen Beteiligung am Nachlassvermögen zu, wobei nach fiktiven Auseinandersetzungsguthaben verteilt werden soll (Hambg MDR 65, 107; aA Langel/*Kuchioke* § 43 II 6a Fn 68, wonach diese Vorgehensweise gegen II 1 mit § 743 verstößt und wegen der unklaren Beteiligungsverhältnisse unpraktikabel sei). 28

§ 2039 Nachlassforderungen.
¹Gehört ein Anspruch zum Nachlass, so kann der Verpflichtete nur an alle Erben gemeinschaftlich leisten und jeder Miterbe nur die Leistungen an alle Erben fordern. ²Jeder Miterbe kann verlangen, dass der Verpflichtete die zu leistende Sache für alle Erben hinterlegt oder, wenn sie sich nicht zur Hinterlegung eignet, an einen gerichtlich zu bestellenden Verwahrer abliefert.

A. Allgemeines. § 2039 ergänzt die Konstruktion der Erbengemeinschaft als Gesamthandsgemeinschaft, indem der verpflichtete Dritte nur an alle Erben gemeinsam, dh an die noch ungeteilte Erbengemeinschaft, leisten kann (BGH FamRZ 07, 392); die Erfüllungswirkung tritt bei einer Leistung an nur einen Miterben nicht ein (BGH NJW 01, 2396). In entspr Weise können die berechtigten Miterben die Leistung nur an alle Mitglieder der Erbengemeinschaft verlangen. Ausgenommen ist der Testamentsvollstrecker nach § 2212. 1

Die Vorschrift kann auf andere Gesamthandsgemeinschaften analog angewendet werden, wie zB für die Gütergemeinschaft (RGZ 158, 40), sofern das Zustimmungsverfahren wegen Gefahr im Verzug nicht eingehalten werden kann und mangels Abwesenheit oder Krankheit ein Notverwaltungsrecht gem § 1429 nicht gegeben ist. Dagegen ist § 2039 auf Gesellschaften nur bei Vorliegen besonderer Gründe analog anwendbar (BGHZ 39, 14). 2

B. Nachlassansprüche. Erfasst werden alle schuldrechtlichen, dinglichen (BGH NJW 54, 1523), erbrechtlichen und öffentlich-rechtlichen Nachlassansprüche, nicht aber die Ausübung von Gestaltungsrechten, wie Testamentsanfechtung, der Anspruch auf Übertragung von Gesellschaftsanteilen oder der Anspruch gegen den Testamentsvollstrecker auf ordnungsgemäße Verwaltung. 3

Nach §§ 994 ff muss die Leistung allen ggü angeboten werden, es genügt aber, wenn an ein zur Entgegennahme bevollmächtigtes Mitglied der Erbengemeinschaft bzw deren Verwalter geleistet wird. Nach dem G ist jeder Miterbe für sich und unabhängig von den anderen berechtigt, die geschuldete Leistung an alle zu fordern, um drohende Nachteile von der Erbgemeinschaft abzuwenden, die durch Nachlässigkeit einzelner ihrer Mitglieder drohen (MüKo/*Heldrich* § 2039 Rz 15). 4

Zu den Nachlassansprüchen gehören insb der Erbschaftsanspruch nach §§ 2018 ff (*Olzen* JuS 89, 374), der Unterlassungsanspruch nach § 1004 (RG GROR 36, 971), der Freistellungsanspruch (RGZ 158, 40), der Anspruch auf Auseinandersetzung und Antrag auf Teilungsversteigerung nach § 181 ZVG, und zwar auch dann, wenn die Gemeinschaft zwischen der Miterbengemeinschaft und einem Dritten besteht (RGZ 136, 358), der Anspruch auf Hinterlegung nach § 432 I 2, auch wenn die Erbengemeinschaft nur Teilhaber der *Geldforderung* ist (BGH NJW 83, 2020), der Anspruch auf Rechnungslegung gegen den Testamentsvollstrecker (BGH NJW 65, 396) sowie der Anspruch auf Berichtigung des Grundbuchs (BGH NJW 54, 1523). 5

Erfasst werden auch Ersatzforderungen aufgrund von § 2041 (*Wieser* FS Lange 70, 325), der Schadensersatzanspruch wegen Nicht-/Schlechterfüllung der zum Nachlass gehörenden Kaufpreisforderung (OLG VersR 75, 1113) bzw, sofern dieser gegen den Schuldner nicht durchsetzbar ist, der Schadensersatzanspruch gegen den Notar wegen schuldhafter Amtspflichtverletzung bei der Beurkundung des Rechtsgeschäfts (BGH NJW 87, 316). 6

Weitere Fälle sind: der Anspruch auf das bei der GoA Erlangte, sobald die Erbengemeinschaft die Geschäftsführung genehmigt hat (RG SeuffA 81 Nr 95), der Antrag auf Aufnahme eines durch den Tod des Erblassers unterbrochenen Wiederaufnahmeverfahrens, wenn das angefochtene Urt einen Nachlassanspruch abgewiesen 7 hatte (BGH NJW 54, 1523), der Antrag auf Bestimmung einer Inventarfrist gegen die Erben des Schuldners (Soergel/*Wolf* § 2039 Rz 7; aA KG OLGZ 35, 360), der Anspruch auf Rechnungslegung gegen den Testamentvollstrecker (BGH NJW 65, 396) sowie die Auskunft gegen den Steuerberater bzgl der Steuererklärung des Erblassers (Kobl DB 91, 1669) und schließlich auch die öffentlich-rechtlichen Ansprüche wie die Geltendmachung des Witwerrentenanspruchs des verstorbenen Vaters (BVerfGE 17, 86), der Anspruch auf Hinterbliebenenrente (LSG Celle NJW 68, 1743), der Kostenerstattungsanspruch aus dem vom Vater und später von den Erben für den Vater geführten Rechtsstreit (LSozG Celle NJW 68, 1743) oder der Erlass von Säumniszuschlägen (BFH FamRZ 89, 975).

8   Die Verjährung beginnt bei Ansprüchen der Erbengemeinschaft aus Delikt nach § 199 I Nr 2 ab Kenntnis bzw grob fahrlässiger Unkenntnis des Erblassers vom Schadenseintritt und der Person des Ersatzpflichtigen, wenn diese Voraussetzungen in der Person jedes Miterben vorliegen, § 432 II analog (Celle 64, 869).

9   **Gestaltungsrechte** sind, da sie die Rechtsfolgen unmittelbar herbeiführen, keine Ansprüche (BGH NJW 51, 308). Daher fallen nicht unter § 2039 die Anfechtungs-, Minderungs-, Rücktritts- und Widerrufserklärung (BGH NJW 89, 2694), die Ausübung von Wahl-, Vorkaufs- und Wiederkaufsrechten (BGHZ 14, 251), die Erhebung der Nichtigkeitsklage oder die Nachfristsetzung (BGH NJW 00, 506). Auch die Kündigung einer Forderung kann, da sie eine Verfügung enthält, nur gemeinschaftlich erfolgen (RGZ 65, 5).

10 Die Vorschrift ist, wenn sich die Anfechtungsklage gegen einen belastenden oder die Erbengemeinschaft verpflichtenden Verwaltungsakt richtet, nicht entsprechend anwendbar, da sie mit dem Ziel einer materiellen Rechtsgestaltung erhoben wurde (MüKo/*Heldrich* § 2039 Rz 35). Hier können die Miterben nur gemeinsam in notwendiger Streitgenossenschaft klagen (BVerwG NJW 56, 1295).

11 Da Mahnungen keine Gestaltungsrechte sind, fallen sie unter den Anwendungsbereich des § 2039 (AnwK-BGB/*Ann* § 2039 Rz 5). Die Ausübung der Gestaltungsrechte ist Teil der Nachlassverwaltung und folgt deren Regeln, §§ 2038, 2040 (AnwK-BGB/*Ann* § 2039 Rz 5).

12 Der einzelne Erbe kann nicht die Leistung an ihn verlangen, auch wenn es von dem geltend gemachten Anspruch nur den Teil betrifft, der seiner Quote am Nachlass entspricht (MüKo/*Heldrich* § 2039 Rz 15). Ist er von den Miterben zur Entgegennahme der Leistung ermächtigt, kann er sie an sich verlangen (BGH NJW-RR 05, 955) oder wenn damit in Höhe seiner Erbteilsquote eine vorweggenommene Teilauseinandersetzung verbunden wird (BGH MDR 63, 578). Sind die Miterben zur Annahme nicht bereit, muss er die Hinterlegung für alle erwirken; iÜ kann jeder Miterbe fordern, dass die Hinterlegung oder bei Ungeeignetheit die Ablieferung an einen vom Amtsgericht bestellten Verwahrer erfolgt (MüKo/*Heldrich* § 2039 Rz 15).

13 Verweigert nur ein Miterbe die Annahme, tritt Annahmeverzug bei allen Miterben ein, weshalb der Schuldner nicht zu erfüllen braucht.

14 Jeder Miterbe kann einen Schuldner der Erbengemeinschaft durch **Mahnung** in Verzug setzen, wobei Schuldnerverzug nur eintritt, wenn alle Miterben zur Entgegennahme bereit sind. Sie entfaltet aber Gesamtwirkung, dh sie wirkt nicht nur für und gegen den handelnden Miterben (hM, MüKo/*Heldrich* § 2039 Rz 18 mwN).

15 Daher müssen auch die Maßnahmen, die ein Miterbe zur Hemmung oder zum Neubeginn der Verjährung ergreift, Gesamtwirkung entfalten (MüKo/*Heldrich* § 2039 Rz 20; aA RGRK/*Kregel* § 2039 Rz 12): Die ordnungsgemäße Klageerhebung eines Miterben hemmt nach § 204 I Nr 1 die Verjährung mit Wirkung für alle Mitglieder der Erbengemeinschaft (Staud/*Werner* § 2038 Rz 26; aA RGRK/*Kregel* § 2039 Rz 12). Jeder Erbe ist berechtigt, ggf verpflichtet, einen durch den Tod des Erblassers unterbrochenen Prozess aufnehmen (BGH NJW 84, 2829). Er kann etwaige Prozessführungsmängel durch Genehmigung heilen (BGH NJW 57, 906).

16 Sofern der Erblasser nicht bereits zu seinen Lebzeiten die Aufrechnung erklärt hat, kann die Aufrechnungserklärung nur von allen Miterben gemeinsam abgegeben werden (DGE/*Wrede* § 2039 Rz 2).

17 Unter den Voraussetzungen des § 2039 kann jeder Miterbe alle zur Realisierung eines Anspruchs der Erbengemeinschaft geeignet erscheinenden Maßnahmen ergreifen, dh er kann als gesetzlicher Prozessstandschafter auf Leistung an alle Miterben und auf zukünftige Leistung klagen (AnwK-BGB/*Ann* § 2039 Rz 11).

18 Es besteht aber keine notwendige Streitgenossenschaft.

19 **C. Durchsetzung.** Der einzelne Miterbe kann den Schuldner eines fälligen Anspruchs mahnen und ihn dadurch, mit Wirkung für alle, in Verzug setzen (hM MüKo/*Heldrich* § 2039 Rz 18 mwN), den Anspruch durch Leistungs- oder Feststellungsklage gerichtlich geltend machen (Frankf FamRZ 08, 1978: Antrag eines Miterben auf Vollstreckbarerklärung eines Schiedsspruchs) und zur Sicherung einen Arrest oder eine einstweilige Verfügung erwirken (Lange/*Kuchinke* § 43 III 4c). Schließlich kann jeder Miterbe nur aus dem Urt, das auf die Gesamthandsklage aller Miterben hin ergangen ist, die Zwangsvollstreckung betreiben (KG NJW 57, 1154). In diesem Zusammenhang ist er prozessführungsbefugt für eine Vollstreckungsgegenklage gem § 767 ZPO gegen die Zwangsvollstreckung in ein Nachlassgrundstück, wenn damit ein zum Nachlass gehörender Anspruch durchgesetzt werden soll (BGH FamRZ 06, 941 = ZFE 06, 280 = ErbR 06, 90).

20 Der Miterbe klagt stets im eigenen Namen und auf Leistung an alle Miterben (AnwK-BGB/*Ann* § 2039 Rz 13). Beantragt er hierfür Prozesskostenhilfe, so dürfen bei der Prüfung seiner persönlichen Verhältnisse die Vermögensverhältnisse der anderen Miterben grds nicht berücksichtigt werden (OLG Saarbrücken ErbR 09, 293; ebenso OLG Zweibrücken ErbR 09, 381). Die Erbengemeinschaft als solche ist nicht parteifähig (BGH NJW 06, 3715 = ZEV 07, 30), dh auch in dem von allen Miterben als Gemeinschaft geführten Prozess

sind deshalb die einzelnen Miterben selbst Partei mit der Folge, dass sie einzeln den materiell-rechtlichen und prozessualen Einwendungen ausgesetzt sind oder diese geltend machen können (BGH NJW 89, 2133). Klagen also alle Erben, sind sie notwendige Streitgenossen, deren Gesamthandsklage nur einheitlich entschieden werden kann (hM NJW 57, 906). Das Urt schafft Rechtskraft für und gegen die anderen Miterben (RGZ 93, 127). IÜ entfaltet das Urt Rechtskraft nur zwischen dem klagenden Miterben und dem Prozessgegner, nicht aber ggü den anderen Erben (BGH NJW 89, 2133).

Die Klage des einen Miterben hemmt nach § 204 I Nr 1 die Verjährung auch für die übrigen Miterben (MüKo/*Heldrich* § 2039 Rz 20 mwN, str, vgl Rn 15). 21

Klagt der Miterbe gegen den Willen der anderen Miterben eine Nachlassforderung ein, kann der in Anspruch Genommene Rechtsmissbrauch einwenden mit der Folge, dass die Klage als unzulässig abgewiesen werden muss (DGE/*Wrede* § 2039 Rz 3). 22

§ 2039 gilt nicht nur für Leistungsklagen, sondern auch für Feststellungsklagen, wenn sie sich auf einen Anspruch der Erbengemeinschaft beziehen, auf Widerklagen und Rechtsmittel sowie für Aufnahme- und Nichtigkeitsklagen. Darüber hinaus findet sie Anwendung auf Beschwerden, Verfahren der freiwilligen Gerichtsbarkeit bei schon bestehenden Ansprüchen, auf Zwangsvollstreckungsmaßnahmen, die die Einziehung von Nachlassforderungen betreffen sowie auf Sicherungsmaßnahmen im einstweiligen Rechtsschutz und den Antrag auf Insolvenzeröffnung (DGE/*Wrede* § 2039 Rz 3). Bei Widersprüchen und Anfechtungsklagen gegen Verwaltungsakte gilt die Vorschrift aber nur eingeschränkt (vgl Rn 9). 23

D. Streitwert. Der Streitwert für die Klage eines Miterben gegen einen anderen richtet sich nach der Höhe des geltend gemachten Anspruchs der Erbengemeinschaft, von dem der Betrag abzuziehen ist, der dem Miterbenanteil des Beklagten entspricht (BGH NJW 67, 443). Bei Herausgabe- und Zahlungsklagen nach § 2039 sind die klagenden Miterben aber am Streitgegenstand gemeinschaftlich beteiligt (Schlesw SchlHA 93, 155). 24

E. Kosten. Die gerichtlichen und außergerichtlichen Kosten trägt der klagende Miterbe. Über § 670 können die übrigen Mitglieder der Erbengemeinschaft zum Ausgleich verpflichtet sein. 25

F. Ansprüche der Miterbengemeinschaft. Die Vorschrift erfasst alle Ansprüche der Erbengemeinschaft gegen eines ihrer Mitglieder. Allerdings kann der in Anspruch genommene Erbe dieser Forderung, liegen die Voraussetzungen des § 273 I vor, das sich aus der Nachlassauseinandersetzung ergebende Zurückbehaltungsrecht entgegenhalten. Ist die eingeforderte Verbindlichkeit wesentlich niedriger als der Miterbenanteil des betroffenen Miterben, ist der Einwand des Rechtsmissbrauchs in Erwägung zu ziehen (DGE/*Wrede* § 2039 Rz 6). 26

Darüber hinaus kann der einzelne Miterbe, ohne bis zur Auseinandersetzung warten zu müssen, Ansprüche gegen Miterbenschuldner im eigenen Namen geltend machen, und zwar auch dann, wenn der Schuldner seine Schuld in der Auseinandersetzung ausgleichen könnte (Erman/*Schlüter* § 2039 Rz 5). Da die Forderung der Erbengemeinschaft auch nicht teilw durch Vereinigung von Gläubigerrecht und Schuld in einer Person erloschen ist, kann die Klage auch nicht teilweise abgewiesen werden, wenngleich der Miterbenschuldner im Einzelfall den Einwand der unzulässigen Rechtsausübung erheben kann, wenn zB schon vorauszusehen ist, dass er mit Sicherheit seine Schulden durch seinen Erbteil decken kann (BGH WM 71, 653). 27

IÜ kann der Miterbenschuldner dem Testamentsvollstrecker ggü, der eine Nachlassforderung gegen ihn geltend macht, nicht einwenden, er verstoße gegen die Grundsätze der ordnungsgemäßen Verwaltung, da der Grundsatz von Treu und Glauben es dem einzelnen Miterben nicht verwehrt, Ansprüche der Erbengemeinschaft nach § 2039 zu verfolgen, obwohl er selbst ggü der Erbengemeinschaft in der Schuld steht (Erman/*Schlüter* § 2039 Rz 5). Dies gilt in besonderer Weise, wenn es sich um Forderungen anderer Art handelt (BGH WM 71, 653). Der Miterbenschuldner kann mangels Gegenseitigkeit nicht mit einem Gegenanspruch gegen den klagenden Miterben aufrechnen, wohl aber mit einem Anspruch gegen die Erbengemeinschaft, wobei die Aufrechnungserklärung ggü allen Miterben abgegeben werden muss (Erman/*Schlüter* § 2040 Rz 4). 28

§ 2040 Verfügung über Nachlassgegenstände, Aufrechnung.

(1) Die Erben können über einen Nachlassgegenstand nur gemeinschaftlich verfügen.
(2) Gegen eine zum Nachlasse gehörende Forderung kann der Schuldner nicht eine ihm gegen einen einzelnen Miterben zustehende Forderung aufrechnen.

A. Allgemeines. Diese Vorschrift ist Ausfluss des die Erbengemeinschaft beherrschenden Gesamthandsprinzips und ist nicht nur von Nacherben, sondern auch von Erbteilserwerbern zu beachten. Auf die Erlangung des Erbteils kommt es dabei nicht an. 1

B. Verfügungsbefugnis. Da die Miterben nur gemeinsam über einen Nachlassgegenstand verfügen können, kann jeder einzelne die Verfügung verhindern, auch wenn es sich um eine ordnungsgemäße Verwaltungsmaßnahme iSd § 2038 handelt, die durch einen Mehrheitsbeschluss gedeckt ist (DGE/*Wrede* § 2040 Rz 2). 2

Die Erbengemeinschaft muss sich nur dann mit Gegenforderungen Dritter beschäftigen, wenn sie sich gegen alle Mitglieder der Erbengemeinschaft richten. 3

4 **C. Nachlassgegenstand.** § 2040 betrifft nur einzelne Nachlassgegenstände (Sachen oder Rechte), nicht aber den Gesamtnachlass.

5 Schwierigkeiten kann es geben, wenn es sich um eine Verjährung im Rahmen ordnungsgemäßer Verwaltung handelt: Im Innenverhältnis genügt ein Mehrheitsbeschluss, im Außenverhältnis bedarf es aber zur Wirksamkeit der Mitwirkung aller Erben. Verweigert ein Miterbe seine Mitwirkung, kann er hierauf verklagt werden, § 2038 I 2 iVm § 894 ZPO (DGE/*Wrede* § 2040 Rz 3).

6 **D. Verfügungen.** Verfügungen sind Rechtsgeschäfte, die bestehende Rechte aufheben, belasten und/oder inhaltlich verändern. Hierzu gehören insb die Kündigung einer Forderung und ihre Einziehung (Ddorf NJWE-FER 97, 87); die Kündigung eines Pachtvertrages (BGH ZEV 2006, 358); der Rücktritt (RGZ 151, 304); die Anfechtung nach § 119 (BGH NWJ 51, 308 (LS); RGZ 107, 238); die Anerkennung und der Verzicht auf ein Recht (RG JR 25, Nr 1345); der Erlass einer Schuld (RG HRR 1929 Nr 1831); die Abtretung; das Anerkenntnis und die Aufrechnung (BGH NJW 63, 244); die Ermächtigung eines Dritten zur Vornahme einer Verfügung (RGZ 67, 27); der Widerruf eines Auftrags (RG SeuffA 79 Nr 221); die Annahme einer Leistung als Erfüllung (Staud/*Werner* § 2040 Rz 9); die Zustimmung einer Erbengemeinschaft als Grundstückseigentümerin zur Veräußerung des Erbbaurechts (Hamm MDR 67, 127); die Zustimmung zur Grundbuchberichtigung (RGZ 93, 292); die Löschungsbewilligung einer Reallast (BayObLGZ 1988, 229); Sicherungsübereignung (*Weimar* MDR 73, 290) die Erhebung einer Mietaufhebungsklage (AG Hannover ZMR 66, 152) und die Klage auf geräumte Herausgabe einer Wohnung (LG Köln MDR 72, 520). Der Mitwirkung des Miterben, der zugleich Schuldner einer Forderung ist, bedarf es nicht (BayObLGZ 6, 327).

7 **Keine Verfügung** idS ist die Ausschlagung einer zum Nachlass gehörenden Erbschaft, weil hierzu jeder Miterbe für seinen Teil befugt ist, § 1952 III (Soergel/*Wolf* § 2040 Rz 4), der Widerruf erteilter Vollmachten des Erblassers, da das Widerrufsrecht kein Nachlassgegenstand ist (Kipp/*Coing* § 114 V 2); die Vollmachtserteilung über einen Nachlassgegenstand (*Wolf* AcP 81, 480, aA BGHZ 30, 391); die Rücknahme des Eintragungsantrags des Erblassers vor Eintritt der Bindungswirkung nach § 873 II (Ddorf NJW 56, 876) oder das Anerkenntnis einer Nachlassverbindlichkeit, da es sich um die Bestätigung/Begründung einer Verbindlichkeit handelt, die unter § 2038 fällt (DGE/*Wrede* § 2040 Rz 4) sowie der Antrag, ein Aufgebotsverfahren nach § 927 ZPO einzuleiten (Bambg NJW 66, 1413).

8 Die Verfügungen über einzelne Nachlassgegenstände können die Miterben nur gemeinschaftlich treffen, sofern es sich nicht nur um Verfügungen eines einzelnen Miterben handelt, die der Erhaltung des Nachlasses dienen, § 2038 I 2 Hs 2. Insoweit ergänzt § 2040 I die Bestimmung des § 2033 II; er findet aber auch auf den Erbteilserwerber Anwendung, der nur wie der veräußernde Miterbe verfügen kann (RGZ 112, 129).

9 **E. Gemeinschaftlichkeit.** Gemeinschaftlichkeit bedeutet, dass jedes Verfügungsgeschäft rechtsgeschäftlich geäußerten Willen eines jeden Miterben als gesamthänderische Maßnahme getragen sein muss (MüKo/*Heldrich* § 2040 Rz 14). Wegen § 2033 II ist eine Aufteilung der Verfügung über einen Nachlassgegenstand in eine rechtlich koordinierte Verfügung jedes Miterben über seinen Anteil am Gegenstand nicht möglich (BGH NJW 94, 1470). Nicht erforderlich ist, dass stets alle Miterben gleichzeitig und in einem einheitlichen Rechtsakt handeln, es ist ausreichend, wenn die Einzelerklärungen der Miterben zeitlich aufeinanderfolgen und sich zu einer einheitlichen Verfügung ergänzen (BGH NJW 04, 787). Nach hM ist auch die Stellvertretung (BayObLGZ 57, 229) und das Handeln für einen anderen mit dessen Einwilligung/Genehmigung möglich (BGH NJW 04, 737; Staud/*Werner* § 2040 Rz 14). Allerdings müssen die Verfügungserklärungen der einzelnen Mitglieder auf ihre Wirksamkeit hin überprüft werden, insb ob eine familien- oder vormundschaftsgerichtliche Genehmigung einzuholen ist (DGE/*Wrede* § 2040 Rz 5). Die allein sorgeberechtigte Mutter kann, wenn sie und ihr minderjähriges Kind Miterben sind, ihr Kind bei dem nach §§ 1821, 1828 genehmigungsbedürftigen Verkauf eines Nachlassgrundstückes vertreten. Die Mitwirkung eines Ergänzungspflegers ist nicht erforderlich, da ein Interessenkonflikt nicht besteht, wenn Vertreter und Vertretener auf derselben Seite des Rechtsgeschäfts stehen (Jena NJW 95, 3126). Erfolgt der Verkauf in Erfüllung einer Nachlassverbindlichkeit, ist auch der Betreuer nicht von der Vertretung nach §§ 1908i, 1795 ausgeschlossen (BayObLG FamRZ 01, 51).

10 Die vom einzelnen Miterben getroffene Verfügung wird mit der Ermächtigung der übrigen Miterben, für die hinsichtlich Form und Adressat die allg Bestimmungen gelten (dazu RGZ 129, 284) oder deren Genehmigung (BGH NJW 56, 178) wirksam. Die Verfügungserklärung darf nicht widerruflich sein und muss ggf bestehende Formvorschriften beachten (Lange/*Kuchinke* § 43 IV 2). Die Verfügung ist unwirksam, wenn der Miterbe seine oder die Erklärung des Erblassers zulässigerweise widerruft (Ddorf NJW 56, 876).

11 Ein einseitiges Verfügungsgeschäft eines Miterben bedarf nach § 182 III der vorherigen Zustimmung der anderen Miterben (RGZ 146, 314). Eine nachträgliche Genehmigung ist wirkungslos.

12 Will ein Dritter ggü der Erbengemeinschaft eine Verfügung vornehmen, müssen sämtliche Miterben am Verfügungsgeschäft beteiligt werden. Die Kündigung hat stets allen Miterben ggü zu erklären (RG Recht 24 Nr 631). Entspr gilt für Aufrechnung, Rücktritt, Anfechtung und die Ausübung eines Wieder- oder Vorkaufsrechts (MüKo/*Heldrich* § 2040 Rz 17). Daher ist eine Klage, die auf eine Verfügung über einen Nachlassgegenstand gerichtet ist, nur gegen solche Miterben zu erheben, die noch keine wirksame Verfügungserklärung abgegeben haben, deren Verfügungsbereitschaft zw ist oder gänzlich fehlt (BGH WM 78, 1327). Diese

Grundsätze gelten auch für den Antrag auf Zustimmungsersetzung nach § 7 ErbbauVO (Hamm OLGZ 66, 574) oder für die Rücknahme eines rechtswidrigen, ggü dem Erblasser begünstigenden Verwaltungsaktes: Er ist ggü allen Miterben auszusprechen und ihnen bekannt zu geben (OVG München NJW 85, 2439).

Die Zwangsvollstreckung in einen einzelnen Nachlassgegenstand erfordert nach § 747 ZPO ein Urt gegen sämtliche Mitglieder der Erbengemeinschaft vorliegt (MüKo/*Heldrich* § 2040 Rz 19). **13**

§ 2040 ist schließlich auch dann anwendbar, wenn die Erbengemeinschaft ggü einem Miterben verfügen will; in diesem Fall hat er die Stellung eines außenstehenden Dritten. Entspr gilt, wenn ein Miterbe eine Verfügung ggü der Erbengemeinschaft treffen will. Es ist nicht erforderlich, dass der Miterbe eine Erklärung in seiner Eigenschaft als Mitglied der Erbengemeinschaft abgibt oder empfängt (BGH DNotZ 55, 406). **14**

F. Aufrechnung. Der Nachlassschuldner kann nach II gegen eine Nachlassforderung nicht mit der Forderung gegen einen einzelnen Miterben aufrechnen. Die Aufrechnungserklärung wird auch durch die Zustimmung dieses Miterben nicht wirksam, da ansonsten der Forderungswert für den Nachlass verloren ginge (Soergel/*Wolf* § 2040 Rz 15). Die Aufrechnung mit einer zum Nachlass gehörenden Forderung kann nach I nur von den Miterben gemeinschaftlich erklärt werden (BGHZ 38, 122). Die Aufrechnung des Nachlassschuldners mit einer Forderung, für die alle Miterben gesamtschuldnerisch haften, ist zulässig, auch wenn es sich nicht um eine Nachlassverbindlichkeit handelt (Erman/*Schlüter* § 2040 Rz 5). **15**

Darüber hinaus ist dem Nachlassschuldner die Ausübung des Zurückbehaltungsrechts wegen einer gegen einen Miterben zustehenden Forderung mangels Gegenseitigkeit nicht erlaubt (BGH RdL 60, 100). **16**

Auch der Besitzer kann sich ggü dem von allen Miterben erhobenen Eigentumsanspruch nicht auf sein Besitzrecht berufen, wenn es ihm nur ggü einem Miterben zusteht (München MDR 57, 103). **17**

Allerdings kann ein mit der Gesamthandsklage in Anspruch genommener Miterbe die Befriedigung des Gläubigers verweigern, solange sich der Gläubiger durch Aufrechnung gegen eine fällige Forderung der Erbengemeinschaft befriedigen kann, § 770 II analog (BGHZ 38, 122). **18**

§ 2041 Unmittelbare Ersetzung.
¹Was auf Grund eines zum Nachlass gehörenden Rechts oder als Ersatz für die Zerstörung, Beschädigung oder Entziehung eines Nachlassgegenstandes oder durch ein Rechtsgeschäft erworben wird, das sich auf den Nachlass bezieht, gehört zum Nachlass. ²Auf eine durch ein solches Rechtsgeschäft erworbene Forderung findet die Vorschrift des § 2019 Abs. 2 Anwendung.

A. Allgemeines. Ziel ist es, die wirtschaftliche Einheit und der Wert des Nachlassvermögens als Gesamthandsvermögen für die Miterben und die Nachlassgläubiger zu erhalten bleiben (BGH NJW 87, 434). § 2041 gilt nicht, wenn über den Nachlass Nachlassverwaltung, -pflegschaft oder das -insolvenzverfahren eröffnet ist, weil den Berechtigten mit diesen Verfahren ausreichend Schutz gewährt wird (DGE/*Wrede* § 2041 Rz 2). **1**

B. Surrogationserwerb. Die kraft dinglicher Surrogation erworbenen Gegenstände einschließlich der Doppel- oder Kettensurrogaten (BGH ZEV 00, 62) gehören zum Nachlass und stehen den Miterben zur gesamten Hand zu, wobei sich der Surrogationserwerb unmittelbar mit Wirkung für die Erbengemeinschaft vollzieht (Lange/*Kuchinke* § 41 I 1). Ein etwa entgegenstehender Wille des Testamentsvollstreckers ist unbeachtlich (Hamm NJW 01, 275). **2**

C. Rechtsgeschäftlicher Erwerb. § 2041 regelt nur den Erwerb durch Mitglieder der Erbengemeinschaft und enthält drei Arten der Surrogation. **3**

I. Rechtssurrogation. Zu ihr gehört alles, was aufgrund eines zum Nachlass gehörenden Rechts, eines schuldrechtlichen oder dinglichen Anspruchs erworben wird (Erman/*Schlüter* § 2041 Rz 2). Der Erwerb erfolgt aufgrund von Ansprüchen, die bereits beim Erbfall begründet waren (MüKo/*Heldrich* § 2041 Rz 7). **4**

II. Ersatzsurrogation. Gegenstand dieser Surrogationsart ist alles, was für die Zerstörung, Beschädigung oder Entziehung von Nachlassgegenständen kraft Gesetzes erworben wird (Erman/*Schlüter* § 2041 Rz 3), wie zB Schadensersatz- und Bereicherungsansprüche oder Ansprüche gegen eine Sachversicherung bei Eintritt des Versicherungsfalls oder Schadensersatzansprüche gegen einen Notar wegen einer Nachlassschädigung infolge einer Amtspflichtverletzung (BGH NJW 87, 435). **5**

III. Beziehungssurrogation. Sie erfordert neben dem subjektiven Willen, für den Nachlass zu erwerben (RGZ 117, 257; aA MüKo/*Heldrich* § 2041 Rz 25), ein objektives Element, nämlich einen inneren Zusammenhang zwischen Nachlass und Erwerb (KG DR 1944, 190). Ein Austauschgeschäft muss nicht vorliegen (BGH NJW 90, 514). **6**

Die objektive Beziehung zum Nachlass reicht aus, wenn das Rechtsgeschäft mit Mitteln des Nachlasses vorgenommen wird, sog **Mittelsurrogation**. Ein evtl entgegenstehender Wille ist unerheblich (München NJW 56, 1880); sofern der Miterbe mit Einverständnis der anderen Miterben den Gegenstand zu Alleineigentum erworben hat (BGH NJW 68, 1824). Dabei sind Vermögensgegenstände aller Art zu berücksichtigen, und zwar unabhängig davon, ob sie aus dem Nachlass stammen oder in den Nachlass fallen. **7**

Kommt aber als Miterbe ein Erbschaftsbesitzer in Betracht, ist nach § 2019 zu entscheiden, ob der Erwerb mit Mitteln der Erbschaft bewirkt wurde. **8**

9 Erwirbt der Erbe **mit fremden Mitteln**, bedarf es eines subjektiven Willens, für den Nachlass zu erwerben (*Wolf* JuS 75, 714; aA MüKo/*Heldrich* § 2041 Rz 25). Daneben muss auch ein objektiver Zusammenhang dahingehend bestehen, dass das Geschäft der Erhaltung und Verwaltung des Nachlasses dient; aber auch Gründe der wirtschaftlichen Zweckmäßigkeit können den inneren Zusammenhang begründen (Soergel/*Wolf* § 2041 Rz 11).

10 **D. Gutgläubiger Erwerb.** Die Bestimmungen der §§ 932 ff über den gutgläubigen Erwerb vom Nichtberechtigten gelten auch beim Surrogationserwerb (Palandt/*Edenhofer* § 2041 Rz 4). Ist der das Rechtsgeschäft tätigende Miterbe, bösgläubig, ist ein gutgläubiger Erwerb durch die Erbengemeinschaft nicht möglich (Damrau/*Rißmann* § 2041 Rz 10).

11 **E. Verkehrsschutz.** 2 bestimmt zum Schutz Dritter, dass sie die durch Surrogation erworbene Forderung als zum Nachlass gehörend erst dann gelten lassen müssen, wenn sie davon Kenntnis haben, § 2019 II.

§ 2042 Auseinandersetzung.
(1) **Jeder Miterbe kann jederzeit die Auseinandersetzung verlangen, soweit sich nicht aus den §§ 2043 bis 2045 ein anderes ergibt.**
(2) **Die Vorschriften des § 749 Abs. 2, 3 und der §§ 750 bis 758 finden Anwendung.**

1 **A. Allgemeines.** Die Erbengemeinschaft entsteht unabhängig vom Willen der Miterben und ohne ihr Zutun und ist insoweit eine Zwangs- und Zufallsgemeinschaft. Daher kann jeder Miterbe gem § 2042 I 1 jederzeit die Auseinandersetzung verlangen (*Harder/Kroppenberg* Rz 612).

2 **B. Auseinandersetzungsanspruch.** Nach § 2042 I Hs 1 hat jeder Miterbe einen Anspruch auf Durchführung der Erbauseinandersetzung, wobei die Art der Auseinandersetzung durch die Miterben vereinbart und entgegen § 723 II auch zur Unzeit verlangt werden kann, wobei aber das Gebot der Rücksichtnahme auf die Interessen der übrigen Miterben zu berücksichtigen ist. Die maßgebliche Art der Auseinandersetzung lässt sich mangels Vereinbarung aus etwaigen Auseinandersetzungsanordnungen des Erblassers, § 2048, aus Vereinbarungen der Miterben über einzelne Punkte oder aus gesetzlichen Auseinandersetzungsregeln, § 2042 iVm §§ 752 ff, §§ 2046 ff entnehmen (BGHZ 21, 229). Nach § 2046 I sind die Nachlassverbindlichkeiten zu tilgen und der Rest im Verhältnis der Erbteile zu teilen, § 2047, nachdem er, soweit erforderlich, versilbert wurde.

3 Ist eine Teilungsanordnung des Erblassers nach § 2048 vorhanden, hat diese, ebenso wie die Vereinbarung der Miterben, nur schuldrechtliche Wirkung, ersetzt aber den Teilungsplan (OLG Frankfurt NJW 1977, 253), nicht aber die dingliche Teilung und hat Vorrang vor den gesetzlichen Auseinandersetzungsregeln (BGH NJW 02, 2712). Jeder Miterbe hat Anspruch auf Einhaltung dieser Anordnung (BGH NJW 81, 1837). Die Teilungsanordnung berechtigt nicht ohne Weiteres, sondern nur bei Vorliegen besonderer Gründe dazu, eine Teilauseinandersetzung zu verlangen und diese unmittelbar gerichtlich durchzusetzen; vielmehr bleibt die Teilauseinandersetzung auch in diesem Fall die Ausnahme (OLG Rostock ErbR 09, 320).Als besonderer Grund hat die Rechtsprechung angesehen, dass ein Miterbe einen Teil des Nachlasses begehrt, der ihm bei endgültiger Auseinandersetzung ohnehin zufallen würde, wie zB der Gewinn eines von einem Miterben fortgeführten und zum Nachlass gehörenden Betriebes (BGH MDR 1963, 578). Ausreichend ist auch, wenn kein Streit mehr darüber besteht, dass dem Miterben der herausverlangte Anteil auch zustehen wird (BGH NJW 1963, 1611 = MDR 1963, 832).

4 Der Anspruch aus § 2042 I Hs 1 ist zumindest auf Mitwirkung der übrigen Miterben bei der Auseinandersetzung des Nachlasses gerichtet (*Eberl-Borges* 187). Nach hM beinhaltet die Vorschrift auch einen Anspruch auf Abschluss bestimmter Erbauseinandersetzungsvereinbarungen gegen die Miterben (KG NJW 61, 733).

5 Die Mitwirkungspflicht betrifft alle Maßnahmen, die zur Auseinandersetzung erforderlich sind, wie zB die Mitwirkung bei der Tilgung von Nachlassverbindlichkeiten durch Zustimmung zur Auszahlung aus dem Nachlass (AnwK-BGB/*Eberl-Borges* § 2042 Rz 3).

6 Bei der Pfändung eines Miterbenanteils geht die Forderung des Gläubigers, wenn ein anderer Erbe die Zwangsversteigerung durch Schuldentilgung abwendet, gem § 269 III analog auf den leistenden Miterben über.

7 **Anspruchsberechtigt** ist zunächst jeder Miterbe, aber auch der Erbteilserwerber (KG OLG 14, 154), der Insolvenzverwalter eines in Insolvenz geratenen Miterben, § 35 InsO mit § 859 II ZPO, § 84 InsO, der verwaltende Testamentsvollstrecker (RGZ 61, 355) und der Teilnachlasspfleger für einzelne unbekannte Erben, wobei der Miterbe bzw Erbteilserwerber und der Nießbraucher nur gemeinschaftlich berechtigt sind, den Anspruch geltend zu machen. Entspr gilt beim Pfandrecht am Erbteil, wobei der Pfandgläubiger nach Pfandreife die Auseinandersetzung alleine verlangen kann (BGH NJW 69, 1347).

8 Der Auseinandersetzungsanspruch ist an die Stellung als Miterbe gebunden und kann nicht abgetreten werden. Allerdings ist eine gewillkürte Prozessstandschaft möglich (BGH FamRZ 65, 267).

9 **C. Anspruch auf Teilauseinandersetzung.** Mangels anderweitiger Vereinbarungen der Miterben hat jeder von ihnen Anspruch auf Erbauseinandersetzung gem den Erblasseranordnungen bzw der im G bestimmten Art und Weise. Da die §§ 2046 ff, 2042 II iVm 752 ff eine alle Miterben und den gesamten Nachlass, mit Ausn von § 2047 II, erfassende Auseinandersetzung vorsehen, hat jeder Miterbe Anspruch auf eine vollständige

Auseinandersetzung des Nachlasses. Eine Teilauseinandersetzung ist daher grds nicht möglich (BGH NJW 85, 51), es sei denn, der Erblasser hat sie vorgesehen, die Erben haben sich auf eine Teilauseinandersetzung geeinigt oder es liegen besondere Gründe vor, die eine Teilauseinandersetzung auch gegen den Willen eines Miterben rechtfertigen, sofern Nachlassverbindlichkeiten nicht mehr bestehen (Köln NJW-RR 96, 1352) und berechtigte Belange der Erbengemeinschaft oder einzelner Miterben nicht beeinträchtigt werden (BGH FamRZ 84, 688).

Sind alle Nachlassverbindlichkeiten getilgt, kann jeder Miterbe nach §§ 2047 I, 2042 II mit 752–754 die Teilung jedes Nachlassgegenstandes verlangen, wodurch **gegenständliche Teilauseinandersetzungen** möglich sind, ohne dass gleichzeitig die Teilung aller übrigen Nachlassgegenstände betrieben werden müsste (*Eberl-Borges* 201). Dagegen muss, wenn noch Nachlassverbindlichkeiten vorhanden sind, neben dem Vorliegen eines sachlichen Grundes eine Beeinträchtigung der Interessen der übrigen Miterben ausgeschlossen sein (BGH NJW 63, 1610). Die Interessen der Miterben sind beeinträchtigt, wenn nach der Teilauseinandersetzung nur ein Nachlassrest verbleibt, der die noch bestehenden Nachlassverbindlichkeiten nicht decken würde (*Petzold* 100). Eine gegenständliche Teilauseinandersetzung kommt also nur in Betracht, wenn sich die Miterben über die Auseinandersetzung einzelner Nachlassgegenstände uneinig sind (MüKo/*Heldrich* § 2042 Rz 19). 10

Es besteht aber kein Anspruch auf eine persönliche Teilauseinandersetzung, diese kann nur einvernehmlich vereinbart werden (BGH NJW 85, 51) und darf berechtigte Belange anderer Nachlassbeteiligter nicht betreffen. Will der Miterbe aus der Erbengemeinschaft ausscheiden, hat er die Möglichkeit, seinen Erbteil gem § 2033 auf die anderen zu übertragen (BGHZ 86, 379), im Wege der Abschichtung, indem der austrittswillige Miterbe vertraglich seine Mitgliedschaftsrechte gegen Abfindung an die Erbengemeinschaft aufgibt und dadurch einvernehmlich aus der Erbengemeinschaft ausscheidet (BGH NJW 98, 1557) oder zu veräußern. Dadurch wächst der Anteil des Ausscheidenden den verbleibenden Miterben nach dem Verhältnis ihrer bisherigen Anteile an, wodurch aber der Fortbestand der Gesamthand unter den verbleibenden Miterben erhalten bleibt (BGH ZEV 05, 22). Verbleibt nur noch ein Miterbe, wird die Erbengemeinschaft beendet. 11

D. Jederzeitige Auseinandersetzung, Ausschluss der Auseinandersetzung. Nach § 2042 I Hs 1 kann die Auseinandersetzung jederzeit verlangt werden. Der Anspruch entsteht mit dem Erbfall. Seine Geltendmachung ist an keine Voraussetzungen gebunden. § 242 ist zu beachten (LG Düsseldorf FamRZ 55, 303). 12

Allerdings verweist § 2042 I Hs 2 auf Fallgestaltungen, in denen die Auseinandersetzung vorübergehend ausgeschlossen ist, wie zB bei noch unbestimmten Erbteilen, weil die Geburt eines Miterbe zu erwarten ist, § 2043, bei der Ausschlussanordnung des Erblassers nach § 2044 oder dem Verlangen des Miterben, die Auseinandersetzung bis zur Beendigung eines Gläubigeraufgebots aufzuschieben, § 2045. 13

Darüber hinaus können die Miterben die Auseinandersetzung **durch formfreie Vereinbarung** vorübergehend oder auf Dauer ausschließen, §§ 2042 II mit 749 II, III, 750, 751. Dadurch ändert sich aber nicht der Rechtscharakter der Erbengemeinschaft, dh sie wird dadurch nicht zu einer Personengesellschaft. Gem § 84 InsO entfaltet die Vereinbarung im Insolvenzverfahren keine Wirkung, da sie nur schuldrechtlich wirkt. Die Miterben können die Auseinandersetzung nur hinsichtlich einzelner Nachlassgegenstände (BGH WM 68, 1172) oder nur eine bestimmte Art der Aufhebung wie zB den Verkauf durch Zwangsversteigerung, ausschließen (RG WarnR 38, Nr 70), wobei aber das Recht zur Kündigung aus einem wichtigen Grund in jedem Fall erhalten bleibt, § 749 II (BGH WM 68, 1172). 14

E. Durchführung. Die Auseinandersetzung kann auf verschiedene Weise durchgeführt werden: 15

I. Auseinandersetzungsvereinbarung. Obliegt die Auseinandersetzung nicht einem Testamentsvollstrecker, führen die Miterben die Auseinandersetzung durch vertragliche Aufhebung der unter ihnen bestehenden Gemeinschaft durch (Muster s. *Krause* ZFE 07, 182 ff). Dieser Auseinandersetzungsvertrag bedarf als solcher keiner Form (BGH FamRZ 70, 376); er ist nur dann formbedürftig, wenn er Absprachen enthält, die aus anderen Gründen der Form bedürfen (KG FamRZ 63, 468), wie zB wenn ein Grundstück zum Nachlass gehört, § 311b I (RGZ 118, 244), bei der Abtretung von GmbH-Geschäftsanteilen oder wenn Erbteile übertragen werden, § 2033 I 2 (Lange/*Kuchinke* § 44 III 2c). Ein wegen Formmangels nichtiger Erbteilsverkauf unter Miterben kann uU in einen gültigen Auseinandersetzungsvertrag umgedeutet werden (RGZ 129, 122). 16

Der schuldrechtliche Auseinandersetzungsvertrag unterliegt den allg Vorschriften über Nichtigkeit, Rücktritt und Anfechtung, sodass der Vertrag nach den §§ 119 ff anfechtbar ist (BGH LM § 326 (A) Nr 2). 17

Die Auseinandersetzung kann auch in mehreren Verträgen erfolgen, sofern die Verträge in einem gewollten Zusammenhang stehen, so dass sich die Auseinandersetzung als Ganzes auf sämtliche Miterben erstreckt (KG HRR 34 Nr 1458). 18

1. Inhalt. Da es keine gesetzlichen Regelungen gibt, kommt es auf die Vereinbarungen der Miterben an, die aber, sofern solche vorhanden sind, die Anordnungen des Erblassers zu berücksichtigen haben, da die Teilungsanordnungen des Erblassers jedem Miterben einen Anspruch auf deren Einhaltung geben (BGH NJW 02, 2712). Begrenzt wird die Gestaltungsfreiheit durch die §§ 134, 138 und 242 (*Krause* ZFE 07, 182). Die Auseinandersetzung kann in der Weise erfolgen, dass der Nachlass einem oder mehreren Miterben zugewiesen wird, so dass die übrigen Miterben eine Abfindung erhalten: Die Erbteilübertragung rich- 19 tet sich nach § 2033 I und bedarf der notariellen Beurkundung (BGH NJW 98, 1557). Die Abfindung kann aus dem Nachlass (*Damrau* ZEV 96, 361) oder aus dem Privatvermögen eines oder der übrigen Miterben (*Maidl* MittBayNot 60, 53) erbracht werden. Die Übertragung eines Teils des Erbteils auf die übrigen Miterben ist möglich (*Damrau* ZEV 96, 361). Übernimmt ein Miterbe den einzig vorhandenen Nachlassgegenstand durch einen Miterben gegen Abfindung der anderen, kann darin ein Kaufvertrag gesehen werden (BGH DNotZ 55, 406).

20 Soll die Auseinandersetzung zwischen mehreren **minderjährigen Kindern** abw von den gesetzlichen Auseinandersetzungsregeln vertraglich geregelt werden, bedarf jedes Kind zur Vermeidung von Interessenkollisionen einen besonderen gesetzlichen Vertreter (BGH NJW 68, 936). Die gesetzliche Vertretung mehrerer Kinder durch einen gesetzlichen Vertreter ist ausreichend, wenn die Auseinandersetzung vollständig unter Beachtung der gesetzlichen Regeln erfolgt, weil die Auseinandersetzung dann nur der Erfüllung der Verbindlichkeiten dient (BGH NJW 56, 1433). Bei einer nur rechnerischen Auseinandersetzung ohne Interessengegensatz reicht nur ein Vertreter aus (BGH NJW 72, 2262; aA RGZ 93, 334). Gem § 1822 Nr 2 bedarf des Auseinandersetzungsvertrag auch der vormundschaftsgerichtliche Genehmigung (KG FamRZ 63, 467). Eine Erweiterung der Vertretungsmacht des gesetzlichen Vertreters durch das Vormundschaftsgericht in Form der Gestattung nach § 181 ist nicht möglich (RGZ 71, 162). Enthält der Vertrag eines der in § 1643 I genannten Geschäfte, bedürfen die Eltern der familiengerichtlichen Genehmigung (BGH FamRZ 61, 216). In den Fällen der § 363 FamFG ist statt des Familiengerichts das Nachlassgericht zuständig; nach § 16 I Nr 8 RPflG entscheidet der Richter; er muss die Genehmigung durch einen beschwerdefähigen Vorbescheid ankündigen, andernfalls ist die Beschwerde gegeben (BVerfG NJW 00, 1709).

21 Besteht die Erbengemeinschaft zwischen **Eltern und Kindern** und soll das Gesamthandseigentum an einem Grundstück in Bruchteilseigentum umgewandelt werden, kann auch bei einem unentgeltlichen Erwerb eines Nachlassgrundstücks durch das Kind ein unerlaubtes Selbstkontrahieren vorliegen, sofern nicht die Ausnahmen aus § 181 vorliegen (BGHZ 21, 229, aA LG Köln DNotZ 51, 229), weshalb jeder Minderjährige durch einen besonderen Pfleger vertreten werden muss.

22 Bei der Zugewinngemeinschaft bedarf der erbende **Ehegatte** nicht der Zustimmung des anderen zur Auseinandersetzung, es sei denn, der Erbteil macht sein ganzes Vermögen aus und dieser bzw die Nachlassgegenstände werden auf einen Miterben übertragen, § 1365 (BGH NJW 61, 1301). Dies gilt nicht, wenn die Miterben die Realteilung vereinbaren (München MDR 70, 928). Hat der andere Ehegatte einen Zugewinnausgleichsanspruch, kann er beim Familiengericht gem § 1383 zur Vermeidung grober Unbilligkeit verlangen, dass ihm bestimmte Nachlassgegenstände des verstorbenen Ehegatten unter Anrechnung auf seine Ausgleichsforderung übertragen werden (MüKo/*Heldrich* § 2042 Rz 78).

23 Bei der Gütertrennung ist weder die Zustimmung des anderen Ehegatten noch ein gemeinschaftliches Handeln der Ehegatten erforderlich.

24 Bei der Gütergemeinschaft ist eine Zustimmung bzgl des Vorbehalts- und Sondergutes nicht erforderlich. Gehört der Erbteil zum Gesamtgut, kann nur der verwaltende Ehegatte den Vertrag abschließen, § 1422 (MüKo/*Heldrich* § 2042 Rz 39); bei gemeinschaftlicher Verwaltung kann der Auseinandersetzungsvertrag nur von beiden Ehegatten gemeinsam beschlossen werden, §§ 1450 ff.

25 **2. Vollziehung.** Der schuldrechtliche Vertrag bedarf der Ausführung in der für das jeweils notwendige Geschäft vorgeschriebenen Form, weil erst mit dem Vollzug die anteilsmäßige Übertragung der einzelnen Nachlassgegenstände aus dem gesamthänderisch gebundenen Nachlassvermögen in das Privatvermögen der einzelnen Miterben erfolgt (MüKo/*Heldrich* § 2042 Rz 42), weshalb es bei einem Grundstück der Auflassung bedarf (BGH NJW 56, 1433). Bei land- und forstwirtschaftlichen Grundstücken unterliegt die Auflassung der Genehmigungspflicht nach § 2 GrdstVG (Schlesw SchlHA 65, 143).

26 Ein zum Nachlass gehörendes **Urheberrecht** kann im Wege der Erbauseinandersetzung auf einen Miterben übertragen werden, so dass ihm sämtliche Befugnisse, die dem Urheber in den §§ 28–30 UrhG eingeräumt sind, zustehen (*Fromm* NJW 66, 1244).

27 Die Aufteilung eines GmbH-Anteils in mehrere Teilgeschäftsanteile bedarf nach § 17 I GmbHG der Genehmigung der Gesellschaft, sofern das Genehmigungserfordernis nicht bereits im Gesellschaftsvertrag ausgeschlossen wurde, § 17 III GmbHG (*Haegele* BWNotZ 76, 53). Aktien sind nach § 8 V AktG unteilbar; Inhaber- und Namensaktien sind frei übertragbar (s. § 2032 Rn 33).

28 **II. Teilung durch den Testamentsvollstrecker.** Ist ein Testamentsvollstrecker über alle Erben eingesetzt, hat er, sofern nichts anderes bestimmt ist, die Auseinandersetzung zu bewirken, §§ 2204, 2208. Die Miterben können sich nicht durch eine Vereinbarung auseinandersetzen, sondern haben nur die Möglichkeit, die Auseinandersetzung vom Testamentsvollstrecker zu verlangen (Kipp/*Coing* § 118 V 1). An Weisungen der Miterben ist der Testamentsvollstrecker nicht gebunden und auf ihre Zustimmung nicht angewiesen (RGZ 108, 289), er kann sich aber mit Zustimmung aller Erben über ein Auseinandersetzungsverbot (BGH NJW 71, 2264) oder eine Teilungsanordnung des Erblassers hinwegsetzen (BGH NJW 84, 2464). Ansonsten ist er an die Anordnungen des Erblassers gebunden (MüKo/*Heldirch* § 2042 Rz 29) und hat die gesetzlichen Auslegungsregeln zu beachten (Karlsr NJW-RR 94, 905). Er hat die Miterben vor der Ausführung des Plans zu

hören, § 2204 II. Infolge seiner Verfügungsmacht kann er auch den dinglichen Vollzug bewirken (BayObLGZ 67, 230), die Einwilligung und Abnahme notfalls gerichtlich erzwingen (RG Recht 17, Nr 1442).

III. Amtliche Vermittlung. Das Nachlassgericht vermittelt nach § 363 FamFG nur auf Antrag, dem alle Miterben zustimmen müssen, zwischen Miterben, wenn der Nachlass teilungsreif ist, kein berechtigter Testamentsvollstrecker vorhanden ist und nur die Auseinandersetzung zu betreiben ist, dh keine streitigen Rechtsfragen bestehen (Ddorf NJW-RR 03, 5). Jeder Erbe kann das Verfahren durch einen Widerspruch zum Scheitern bringen; die Vermittlung kann nicht fortgeführt werden (DGE/*Wrede* § 2042 Rz 15). 29

IV. Erbteilungsklage. Bei fehlender Einigung der Miterben kann die Auseinandersetzung eines teilungsreifen Nachlasses (Karlsr NJW 74, 956) durch Erbteilungsklage klageweise erzwungen werden, indem die notwendigen Zustimmungen der Miterben durch Urt ersetzt werden. Reagiert der Miterbe trotz Klageandrohung nicht auf die Vorschläge der Miterben zur Auseinandersetzung der Erbengemeinschaft, so kann er im nachfolgenden Auseinandersetzungsprozess nicht mehr kostenbefreiend anerkennen, und zwar selbst dann nicht, wenn ihm kein konkreter Auseinandersetzungsvorschlag unterbreitet worden ist (OLG Koblenz ErbR 09, 220). Das Vermittlungsverfahren nach § 363 I, II FamFG muss nicht versucht worden sein (Soergel/*Wolf* § 2042 Rz 20). Sind noch umfangreiche Vorfragen zu klären und ist dies nur in einem anderen Verfahren möglich, wie zB ein Auskunftsanspruch, ist die Klage zZt unbegründet (Stuttg BWNotZ 76, 89; LG Münster NJOZ 04, 257). Der die Klage erhebende Miterbe muss mit der Klageschrift einen detaillierten Teilungsplan vorlegen, der das Ergebnis der vorzunehmenden Auseinandersetzung zutr wiedergeben (OLG Thüringen FamRZ 09, 458) und den Nachlass erschöpfend behandeln muss, wobei die Klage auf Zustimmung zu einer bestimmten Auseinandersetzung und damit auf Abschluss eines konkreten schuldrechtlichen Auseinandersetzungsvertrages zu richten ist, der grds den gesamten Nachlass umfassen (DGE/*Wrede* § 2042 Rz 16) und inhaltlich so gestaltet sein muss, dass er vollumfänglich annahmefähig ist (Ddorf FamRZ 00, 1049). Ggf muss der Kläger weitere Anträge für die erstrebte Auseinandersetzungsart stellen (Staud/*Werner* § 2042 Rz 39 mwN). Liegt eine (wirksame) Teilungsanordnung des Erblassers vor, ist diese bei der Auseinandersetzung zu berücksichtigen (OLG Thüringen FamRZ 09, 458). Unklarheiten bei Aktiv- und Passivposten gehen zulasten des beweispflichtigen Erbauseinandersetzungsklägers (AG Neuruppin ZFE 08, 279). Evtl erforderliche Genehmigungen, wie zB nach § 1821 Nr 1, 3, sind vor der Entscheidung beizubringen (KG NJW 61, 733). Das Gericht kann den Teilungsplan nicht selbständig abändern, sondern hat auf eine sachgemäße Antragstellung, insb durch Stellen von Hilfsanträgen, hinzuwirken (OLG Thüringen FamRZ 09, 458). Bei erfolglos gebliebenem Hinweis ist die Auseinandersetzungsklage abzuweisen. Widersprechen nur einzelne Miterben der vorgeschlagenen Auseinandersetzung, sind auch nur sie zu verklagen (RGRK/*Kregel* § 2042 Rz 23 mwN). 30 31

Mit der Klage kann auch der Antrag auf dinglichen Vollzug des schuldrechtlichen Teilungsplans, wie zB der Zustimmung zur Auflassung (MüKo/*Heldrich* § 2042 Rz 68), verbunden werden, wenn sich ein Miterbe weigert, bei den erforderlichen Teilungshandlungen mitzuwirken. Mit der Klage auf Zustimmung kann der dingliche Vollzug des Auseinandersetzungsvertrags beantragt werden (MüKo/*Heldrich* § 2042 Rz 68). 32

Besteht nur hinsichtlich einzelner Punkte Streit, kann eine darauf gerichtete vorbereitende Feststellungsklage nach § 256 ZPO erhoben werden (BGH NJW-RR 90, 1220). 33

Befindet sich der Barüberschuss des Nachlasses in der Hand eines Miterben, können die übrigen Miterben, ohne Vorlage eines Teilungsplans, unmittelbar auf Zahlung klagen (Celle ZEV 02, 363); die übrigen Miterben können in einem solchen Fall sogar Zahlung der jeweils ihnen gebührenden Teilsummen vom Miterbenschuldner verlangen (BGH FamRZ 89, 273). 34

F. Aufhebung der Gemeinschaft (Abs 2). Die Erbengemeinschaft kann nicht nur durch Vereinbarung, sondern durch Zeitablauf, Tod eines Miterben, Pfändung eines Nachlassanteils eines Miterben, Insolvenz eines Miterben oder durch Aufhebung nach § 749 II beendet werden (Palandt/*Edenhofer* § 2042 Rz 17). 35

Nach § 2042 II finden auf die Erbauseinandersetzung die Vorschriften über die Aufhebung einer Gemeinschaft ergänzend Anwendung. So ist der nach §§ 2042 II, 758 unverjährbare Erbauseinandersetzungsanspruch nicht mehr durchsetzbar, wenn ein Miterbe im Besitz der Erbschaft und der Erbschaftsanspruch gegen ihn nach 30 Jahren verjährt ist (Thüringer OLG FamRZ 08, 642 = ErbR 08, 30). 36

I. Nachlassteilung, § 2042 II iVm §§ 752–754. 1. Naturalteilung. Nach § 2042 II mit § 752 1 werden die in der Teilungsmasse befindlichen Gegenstände in Natur geteilt, wenn sie sich ohne Verminderung des Wertes in gleichartige, den Anteilen der Miterben entspr Teile zerlegen lassen. Voraussetzung ist, dass sie sowohl rechtlich als auch wirtschaftlich teilbar sind (*Exner* 135). Teilbar sind danach Geld und andere vertretbare Sachen, wenn sie in ausreichender Stückzahl vorhanden sind; Wertpapiere, wenn eine Stückelung möglich ist (RGZ 91, 416); Geldforderungen (BGHZ 52, 99) und auf andere Leistungen gerichtete Forderungen, wenn die Leistung selbst teilbar ist (*Exner* 135). 37

Die Teile werden, nachdem die in der Teilungsmasse befindlichen Gegenstände zerlegt wurden, den Berechtigten zugeordnet. Nach § 752 2 erfolgt die Teilung durch das Los. Die Zuteilung wird durch Verfügungsgeschäft, dh durch Einigung und Übergabe, Auflassung und Eintragung oder Abtretung, bewirkt. 38

39 **2. Teilung durch Verkauf.** Ist eine Teilung in Natur ausgeschlossen, wird der Gegenstand verkauft und der Erlös unter den Erben verteilt, §§ 2042 II mit 753 I 1, wobei der Verkauf beweglicher Sachen nach den Regeln des Pfandverkaufs, der Verkauf unbeweglicher Sachen durch Zwangsversteigerung nach den Regeln des ZVG erfolgt (MüKo/*Schmidt* § 753 Rz 15).

40 Forderungen werden nach § 754 eingezogen und die Leistung nach §§ 752, 753 verwertet. Ist eine Einziehung nicht möglich, wird die Forderung nach §§ 753 I 1, 754 verkauft und der Erlös nach § 753 I 1 unter den Erben verteilt. Abw Vereinbarungen der Erben bzw Teilungsanordnungen des Erblasser sind vorrangig zu berücksichtigen.

41 **II. Berichtigung von Forderungen, § 2042 II iVm § 756.** Ein Miterbe, der gegen einen anderen Miterben eine Forderung hat, die sich auf die Erbengemeinschaft gründet, kann nach § 2042 II iVm § 756 bei der Auseinandersetzung die Berichtigung seiner Forderung aus dem auf den Schuldner entfallenden Teil des Auseinandersetzungsguthabens verlangen. Zu diesen Ansprüchen gehören insb: Aufwendungsersatzanspruch aufgrund von Verwaltungsmaßnahmen, Forderungen des Erblassers, die ihm schon vor dem Erbfall gegen den Miterben zustanden und mit dem Erbfall auf die Erbengemeinschaft übergegangen sind (RGZ 78, 273). Die Tilgung erfolgt durch Auszahlung an den Gläubigermiterben unter Anrechnung auf das Auseinandersetzungsguthaben des haftenden Miterben (AnwK-BGB/*Eberl-Borges* § 2042 Rz 15). Zu beachten ist, dass dieses Vorrecht des Gläubigers im Insolvenzverfahren nach § 84 I 2 InsO zur abgesonderten Befriedigung berechtigt.

42 **III. Haftung für Sach- und Rechtsmängel und bei Pflichtverletzungen, § 2042 II iVm § 757.** Schließlich haftet jeder Miterbe nach §§ 2042 II iVm 757 für Sach- und Rechtsmängel an den bei der Auseinandersetzung übertragenen Gegenständen wie ein Verkäufer; die §§ 437 ff finden Anwendung (Soergel/*Wolf* § 2042 Rz 43). Weist nur einer von mehreren auf einen Miterben übertragenen Gegenstände einen Sachmangel auf, kann der Miterbe von der Erbauseinandersetzungsvereinbarung nicht insgesamt zurücktreten (AnwK-BGB/*Eberl-Borges* § 2042 Rz 16). Da sich eine Auseinandersetzungsvereinbarung nicht in Teilstücke zerlegen lässt, scheidet ein Teilrücktritt aus (*Eberl-Borges* 384, 394).

43 Bei Leistungsstörungen im Zusammenhang mit der Übertragung von Nachlassgegenständen, wie Unmöglichkeit, Verzug und Schlechtleistung, gelten die allgemeinen Vorschriften der §§ 280 ff, 323 ff (*Eberl-Borges* 362). Nach §§ 346 ff bzw 812 ff kann es zur Rückabwicklung der Auseinandersetzungsmaßnahmen kommen, sofern die Erbengemeinschaft nicht bereits infolge der Auseinandersetzung erloschen ist. Str ist, ob die Rückgewähransprüche gem § 2041 im Wege der dinglichen Surrogation wieder in den Nachlass fallen (Soergel/*Wolf* § 2042 Rz 43) oder ob die Auseinandersetzung auf der Grundlage eines neuen Auseinandersetzungsplans durchzuführen ist (*Eberl-Borges* 406 ff).

44 **G. Nach der Auseinandersetzung.** Nach der Auseinandersetzung haftet jeder Erbe auch mit seinem Eigenvermögen. Ist die Erbengemeinschaft beendet, kann sie weder durch Vertrag geändert (Ddorf Rpfleger 52, 244) noch durch Rücktritt vom Auseinandersetzungsvertrag oder Erbteilübertragung nach erfolgter Auseinandersetzung (RGZ 134, 296) wiederaufleben (Staud/*Werner* § 2042 Rz 64). Allerdings können alle oder einige Miterben im Wege der Teilungsauseinandersetzung des ausgeschiedenen Nachlassgegenstandes eine andere Gesamterbengemeinschaft begründen (KG DNotz 52, 84). Die Beteiligten können eine vergleichbare Wirkung auch durch Gründung einer GbR herbeiführen.

45 **H. Landwirtschaftliche Betriebszuweisung.** Das Zuweisungsverfahren nach §§ 13–17, 33 GrdstVG ist eine besondere Regelung zur Auseinandersetzung und lex speziales zu II, da es der Erhaltung lebensfähiger landwirtschaftlicher Betriebe dient (näher hierzu Palandt/*Edenhofer* § 2042 Rz 20).

§ 2043 Aufschub der Auseinandersetzung.

(1) Soweit die Erbteile wegen der zu erwartenden Geburt eines Miterben noch unbestimmt sind, ist die Auseinandersetzung bis zur Hebung der Unbestimmtheit ausgeschlossen.
(2) Das Gleiche gilt, soweit die Erbteile deshalb noch unbestimmt sind, weil die Entscheidung über einen Antrag auf Annahme als Kind, über die Aufhebung des Annahmeverhältnisses oder über die Anerkennung einer vom Erblasser errichteten Stiftung als rechtsfähig noch aussteht.

1 **A. Allgemeines.** § 2043 enthält neben §§ 2044, 2045 eine Ausn vom Grundsatz des § 2042, der die jederzeitige Auseinandersetzung zulässt (Soergel/*Wolf* § 2043 Rz 2). Er dient der Sicherung des Erbteils des nasciturus sowie der Erbteile der in II genannten Personen solange, als Erbteile noch unbestimmt sind.

2 **B. Unbestimmtheit.** Unbestimmtheit iSd § 2043 liegt vor, wenn eine aus dem aufgezählten Personenkreis Erbe werden kann und sie sich nur auf Erbteile bezieht. Der Miterbe muss im Zeitpunkt des Erbfalls bereits gezeugt sein (Palandt/*Edenhofer* § 2043 Rz 1).

3 *Betrifft die Ungewissheit nur einen Stamm*, kann hinsichtlich der anderen Stämme die Auseinandersetzung verlangt und durchgeführt werden (*Johannsen* WM 70, 738). Die Auseinandersetzung des Erbteils des betroffenen Erbenstammes ist somit bis zur Beseitigung der Ungewissheit aufgeschoben (DGE/*Wrede* § 2043 Rz 2).

Eine vom Erblasser errichtete Stiftung wird mit ihrer Anerkennung rechtsfähig. Gleichzeitig wird über ihre Erbfähigkeit entschieden (AnwK-BGB/*Eberl-Borges* § 2043 Rz 6).

C. Aufschubgründe. Die Vorschrift nennt abschließend die Aufschubgründe. Eine analoge Anwendung auf vergleichbare Unbestimmtheiten ist nicht möglich. UU kann die Bestellung eines Pflegers oder die Erhebung der Arglisteinrede gegen den Auseinandersetzungsanspruch weiterhelfen (DGE/*Wrede* § 2043 Rz 3).

D. Auseinandersetzung. § 2043 enthält kein Auseinanderersetzungsverbot, sondern schränkt das Recht der Miterben ein, die Auseinandersetzung jederzeit zu verlangen (AnwK-BGB/*Eberl-Borges* § 2043 Rz 8). Eine trotz Aufschubgründen durchgeführte Auseinandersetzung ist nicht nichtig (DGE/*Wrede* § 2043 Rz 4), sondern berechtigt zur Aufhebung der Auseinandersetzungsvereinbarung. Wird der erwartete Erbe in der Auseinandersetzungsvereinbarung berücksichtigt, ist sie schwebend unwirksam, so dass er an sie nicht gebunden ist, sie aber genehmigen kann (DGE/*Wrede* § 2043 Rz 4). Die Vereinbarung einer einvernehmlichen Auseinandersetzung ist möglich.

Wird die gesetzliche Erbfolge durch die Entscheidung über die Annahme als Kind oder die Aufhebung des Annahmeverhältnisses beeinflusst, ist die Auseinandersetzung nach II bis zur Entscheidung über die Annahme oder Aufhebung des Annahmeverhältnisses ausgeschlossen (Erman/*Schlüter* § 2043 Rz 3).

Entsprechendes gilt, solange eine für den Erwerb von Todes wegen erforderliche Genehmigung (Art 86 EGBGB) fehlt (RGZ 75, 408).

§ 2044 Ausschluss der Auseinandersetzung.
(1) ¹Der Erblasser kann durch letztwillige Verfügung die Auseinandersetzung in Ansehung des Nachlasses oder einzelner Nachlassgegenstände ausschließen oder von der Einhaltung einer Kündigungsfrist abhängig machen. ²Die Vorschriften des § 749 Abs. 2, 3, der §§ 750, 751 und des § 1010 Abs. 1 finden entsprechende Anwendung.
(2) ¹Die Verfügung wird unwirksam, wenn 30 Jahre seit dem Eintritt des Erbfalls verstrichen sind. ²Der Erblasser kann jedoch anordnen, dass die Verfügung bis zum Eintritt eines bestimmten Ereignisses in der Person eines Miterben oder, falls er eine Nacherbfolge oder ein Vermächtnis anordnet, bis zum Eintritt der Nacherbfolge oder bis zum Anfall des Vermächtnisses gelten soll. ³Ist der Miterbe, in dessen Person das Ereignis eintreten soll, eine juristische Person, so bewendet es bei der dreißigjährigen Frist.

A. Allgemeines. § 2044 ist eine Ausn zu § 2042. Sie hat ihren Ursprung in der Testierfreiheit des Erblassers und dient der Erhaltung des Familienbesitzes. Das Teilungsverbot des Erblassers kann sich nicht nur auf den gesamten Nachlass beziehen, sondern auf einzelne Gegenstände beschränken oder die Auseinandersetzung durch Bestimmung von Kündigungs- und anderen Fristen hinauszögern. Auch anderweitige Erschwernisse für eine Auseinandersetzung sind möglich, sofern sie ein weniger an dem völligen Ausschluss darstellen (Soergel/*Wolf* § 2044 Rz 2). Die Teilung kann auch nur einzelnen Erbstämmen oder für einzelne Miterben untersagt werden. Der Ausschluss der Auseinandersetzung bis zur Wiederverheiratung des überlebenden Ehegatten, der bis zu diesem Zeitpunkt zum Testamentsvollstrecker bestellt ist, wird nur im Interesse des Überlebenden angeordnet, der die Auseinandersetzung bereits vorher vornehmen darf (Stuttg HEZ 2, 115).

Derartige Anordnungen sind auch bei gesetzlicher Erbfolge möglich (BayObLGZ 67, 1936).

Nach II 1 wird die Anordnung des Erblassers 30 Jahre nach dem Erbfall unwirksam. Hat der Erblasser das Verbot an ein bestimmtes Ereignis in der Person eines Mit- oder Nacherben bzw eines Vermächtnisnehmers geknüpft, das nach dem Tod des Erblassers liegt, gilt es bis zum Eintritt dieses Ereignisses (AnwK-BGB/*Eberl-Borges* § 2044 Rz 11). Die Anordnung des Auseinandersetzungsausschlusses ist im Verhältnis zu dem als Miterben berufenen Pflichtteilsberechtigten nach § 2306 ebenso unwirksam, wie ggü der Insolvenzmasse eines Miterben gem § 84 II 2 InsO oder einem Pfandgläubiger mit einem endgültig vollstreckbaren Titel, §§ 751 2, 2044 I 2 (Soergel/*Wolf* § 2044 Rz 3). Dies entspricht §§ 2109, 2162, 2163, 2210 (Palandt/*Edenhofer* § 2044 Rz 1). IÜ gewährt auch das Pfändungspfandrecht am Erbanteil eines Miterben dessen Gläubigern keinen Anspruch auf Nachlassauseinandersetzung durch Versteigerung des Grundstücks (BGH ErbR 09, 281).

Die Anordnung der Ausschließung der Auseinandersetzung kann der Erblasser durch Verfügung von Todes wegen in Form eines Vermächtnisses oder einer Aufl mit vertraglicher Bindung anordnen (BayObLG NJW 66, 1136). Liegt ein wichtiger Grund zur Auseinandersetzung vor, kann sie nicht ausgeschlossen werden, weil in § 2042 II auf § 749 II u III verwiesen wird (*Adam* FamRZ 07, 68).

B. Auflage. Die Ausschließung ist durch eine Auflage angeordnet, wenn der Erblasser die Auseinandersetzung auch gegen den übereinstimmenden Willen der Erben, verbieten wollte. Ihr Vollzug bestimmt sich nach § 2094.

Aus der Aufl erlangt der einzelne Miterbe keinen eigenen Unterlassungsanspruch ggü den anderen Erben (DGE/*Wrede* § 2044 Rz 2). Er kann, ebenso wie die in § 2194 aufgeführten Personen, lediglich den Vollzug der Auflage verlangen. Nach § 2040 I sind aber die dinglichen Verfügungen des Erben wirksam, und zwar auch bei einem gemeinschaftlichen Verstoß gegen den Erblasserwillen. Dies gilt selbst dann, wenn ein Testamentsvollstrecker eingesetzt und ihm gem § 2208 die Verfügungsbefugnis für die Auseinandersetzung entzogen ist (MüKo/*Heldrich* § 2044 Rz 9). Der Testamentsvollstrecker hat das Verbot des Erblassers als Verwaltungsanordnung nach § 2216 II 1 zu beachten. Er ist an die Anordnung gebunden; er kann sich aber mit Zustimmung der Miterben, Vermächtnisnehmer oder Auflagenbegünstigten darüber hinwegsetzen (MüKo/*Heldrich* § 2044 Rz 7; aA Zweibr DNotZ 01, 400).

7 **C. Vermächtnis.** Die Ausschließung in Form eines Vermächtnisses liegt vor, wenn Miterben gegen den Willen anderer oder eines bestimmten anderen die Auseinandersetzung nicht betreiben dürfen (hM; MüKo/*Heldrich* § 2044 Rz 13; aA *Bengel* ZEV 95, 178). Der Berechtigte kann von demjenigen, der die Auseinandersetzung betreibt, die Unterlassung verlangen (RGRK/*Kregel* § 2044 Rz 2).

8 **D. Wirkung der Ausschließung.** Allein die Anordnung der Ausschließung wirkt für und gegen alle Sonderrechtsnachfolger, die ihre Rechte aus § 2033 herleiten; sie wirkt dagegen nicht für und gegen die Pfändungsgläubiger, § 751 2 (DGE/*Wrede* § 2044 Rz 4).

9 Die Regelung des § 1010 zur Sonderrechtnachfolge ist iRd § 2044 nur eingeschränkt anwendbar, und zwar dann, wenn die Anordnungen des Erblassers die Umwandlung der Erbengemeinschaft in eine Bruchteilsgemeinschaft zulassen, deren Teilung aber vom Erblasser ausgeschlossen ist (KG JW 35, 3121).

10 **E. Art der Anordnung.** Die Anordnung, durch welche der Erblasser die Auseinandersetzung einschränkt oder ausschließt, muss durch Testament oder Erbvertrag verfügt sein; die Miterben können sie aber auch vereinbaren (BGH WM 68, 1172).

11 **F. Wirkung der Anordnung.** Die Beschränkungen können alle oder nur einzelne Erben, den gesamten oder einen Teil des Nachlasses erfassen, wobei die Verfügungen nach § 2044 nur schuldrechtliche Wirkung entfalten mit der Folge, dass sich die Erben einvernehmlich darüber hinwegsetzen können (BGHZ 56, 275).

12 Entspr gilt auch bei angeordneter Testamentsvollstreckung, da sich der Testamentsvollstrecker mit Zustimmung aller Erben über die Verfügungen des Erblassers hinwegsetzen (§ 2204 I) und einzelne Nachlassgegenstände mit dinglicher Wirkung freigeben kann, ohne Schadenersatzansprüche wegen Pflichtverletzung befürchten zu müssen.

13 Hält sich auch nur ein Miterbe an die Verfügungen des Erblassers, sind Auseinandersetzungsverträge unter Missachtung der Verfügungen unwirksam.

14 Mangels dinglicher Wirkung der Anordnungen des Erblassers ist eine Eintragung im Grundbuch nicht möglich. Sie begründen lediglich eine schuldrechtliche Unterlassungsverpflichtung iSd § 137 II (BGHZ 56, 275). Wegen des Vorrangs des § 137 I vor § 2208 kann der Erblasser weder dem Erben noch dem Testamentsvollstrecker diese Verfügungsmacht letztwillig entziehen, weil seine Verfügungsbefugnis nicht mit dinglicher Wirkung beschränkt wird (Soergel/*Wolf* § 2044 Rz 4; aA BGH NJW 84, 2464).

15 Der Erblasser kann die Auseinandersetzung zwar untersagen, letztlich aber nur durch eine bedingte Erbeinsetzung verhindern, da der Erbe nur solange Erbe bleibt, als der Nachlass nicht auseinandergesetzt ist.

16 **G. Auseinandersetzung trotz Ausschluss.** Das Nachlassgericht hat das Teilungsverbot als Auflage zu beachten. Bei einer Auseinandersetzung entgegen des Verbots des Erblassers darf es daher nicht vermittelnd tätig werden, sondern hat das Verfahren nach §§ 363 ff FamFG abzulehnen. Der Miterbe, welcher sich an das Auseinandersetzungsverbot des Erblassers halten will, kann einer Auseinandersetzungsvollstreckung mit einer Drittwiderspruchsklage begegnen (BGH FamRZ 85, 178).

17 **H. Grenzen der Ausschließung.** Die Ausschließung unterliegt sachlichen und zeitlichen Grenzen: Nach § 749 II kann die Ausschließung bei Eintritt eines wichtigen Grundes wirkungslos werden mit der Folge der Nichtigkeit. Ob ein wichtiger Grund vorliegt, bestimmt sich nach den Umständen des Einzelfalls (Hambg MDR 61, 610), durch sinngemäße Anwendung der Regelung in § 626 I und wird vom um Vermittlung der Auseinandersetzung angegangenen Nachlassgericht, sonst vom Prozessgericht, bei angeordneter Testamentsvollstreckung vom Testamentsvollstrecker (LG Düsseldorf FamRZ 55, 303), entschieden.

18 Ist die Auseinandersetzung zeitlich ausgeschlossen, tritt sie mit dem Tod eines Miterben außer Kraft, § 750 analog; es ist von einer neuen Situation auszugehen.

19 Die zeitlichen Grenzen ergeben sich aus § 2044 II, wonach der Ausschluss mit Ablauf von 30 Jahren nach dem Erbfall seine Wirksamkeit verliert. Nach 3 gilt dies zwingend für juristische Personen; bei natürlichen Personen können sich längere Zeiträume ergeben, wenn an ein bestimmtes Ereignis angeknüpft wird, wie zB Erreichen eines bestimmten Alters, Heirat oder Eintritt des Nacherbfalls. Im letzten Fall kann die Auseinandersetzung bis zum Eintritt der Nacherbfolge aufgeschoben sein, § 2139 (Erman/*Schlüter* § 2044 Rz 10).

§ 2045 Aufschub der Auseinandersetzung.

¹Jeder Miterbe kann verlangen, dass die Auseinandersetzung bis zur Beendigung des nach § 1970 zulässigen Aufgebotsverfahrens oder bis zum Ablauf der in § 2061 bestimmten Anmeldungsfrist aufgeschoben wird. ²Ist der Antrag auf Einleitung des Aufgebotsverfahrens noch nicht gestellt oder die öffentliche Aufforderung nach § 2061 noch nicht erlassen, so kann der Aufschub nur verlangt werden, wenn unverzüglich der Antrag gestellt oder die Aufforderung erlassen wird.

A. Allgemeines. Jeder Miterbe kann die aufschiebende **Einrede** gegen den geltend gemachten Auseinandersetzungsanspruch erheben, um den Miterben vor der Nachlassteilung zu ermöglichen, die Nachlassgläubiger iRd Aufgebots festzustellen und ggü säumigen Gläubigern die Haftung nach der Teilung auf den ihrem Erbteil entsprechenden Teil der einzelnen Nachlassverbindlichkeit zu beschränken, §§ 2060 Nr 1, 2061 I 2 (Erman/*Schlüter* § 2045 Rz 1). Der Erblasser kann die Bestimmung zwar nicht ausschließen, der Erbe kann aber auf die Geltendmachung verzichten. 1

B. Aufschub. Auch der unbeschränkt haftende Miterbe kann Aufschub der Auseinandersetzung verlangen und sich der Gläubiger nicht rechtzeitig meldet, da er nach §§ 2060 Nr 1, 2061 nur anteilig für die Nachlassverbindlichkeiten haftet. Der Aufschub dauert bis zum Ablauf sämtlicher Rechtsmittelfristen bzw bis sämtliche Rechtsmittel dieses Verfahrens erschöpft sind (DGE/*Wrede* § 2045 Rz 2). Bei bereits beantragter Auseinandersetzung kann der Aufschub nur durch eine unverzügliche Antragstellung bzw den Erlass der Aufforderung erreicht werden. 2

§ 2015 III gilt entspr für die Beendigung des Aufgebotsverfahrens (Palandt/*Edenhofer* § 2045 Rz 1). 3

C. Prozessuales. Eine Auseinandersetzungsklage wird durch die Einrede nach § 148 ZPO analog nur ausgesetzt (RGRK/*Kregel* § 2045 Rz 3), nicht aber unbegründet. 4

Wegen der Kostentragungspflicht bei bereits erhobener Auseinandersetzungsklage ist von der Einrede abzuraten und, solange Nachlassverbindlichkeiten bestehen, auf eine schnelle Entscheidung zu drängen, da dann der Klage der Einwand des nicht teilungsreifen Nachlasses entgegengehalten werden kann, was zur Prozessniederlage des Klägers führt (Damrau/*Rißmann* § 2045 Rz 9). 5

§ 2046 Berichtigung der Nachlassverbindlichkeiten.

(1) ¹Aus dem Nachlass sind zunächst die Nachlassverbindlichkeiten zu berichtigen. ²Ist eine Nachlassverbindlichkeit noch nicht fällig oder ist sie streitig, so ist das zur Berichtigung Erforderliche zurückzubehalten.

(2) Fällt eine Nachlassverbindlichkeit nur einigen Miterben zur Last, so können diese die Berichtigung nur aus dem verlangen, was ihnen bei der Auseinandersetzung zukommt.

(3) Zur Berichtigung ist der Nachlass, soweit erforderlich, in Geld umzusetzen.

A. Allgemeines. Die Vorschrift gilt nur für das Innenverhältnis zwischen den Miterben (MüKo/*Heldrich* § 2046 Rz 3) und regelt, wie Nachlassverbindlichkeiten zu begleichen sind. Sie ergänzt somit die Regelung in § 2045. Die Rechte der Nachlassgläubiger ergeben sich aus den §§ 2058 ff mit den Möglichkeiten des vorläufigen Rechtsschutzes (DGE/*Wrede* § 2046 Rz 2). 1

B. Berichtigung der Verbindlichkeiten vor Teilung. § 2046 berechtigt jeden Miterben, vor der Auseinandersetzung die Begleichung der Nachlassverbindlichkeiten zu verlangen, weil die Miterben den Gläubigerzugriff auf ihr Eigenvermögen nach § 2059 nur bis zur Teilung verhindern können (RGZ 95, 325). 2

Da § 2046 I dispositiv ist, können die Miterben, ebenso wie der Erblasser nach § 2048 (BGH LM § 138 (Col) Nr 2) abw vom Gesetz eine vollumfängliche oder teilw Auseinandersetzung aller oder einzelner Schulden vor der Tilgung vereinbaren (MüKo/*Heldrich* § 2046 Rz 3). Der Testamentsvollstrecker ist an die Vorgaben in § 2046 gebunden (BGHZ 57, 84). IÜ können auch die Erben mit den Nachlassgläubigern jederzeit abw Vereinbarungen in Form eines Erlasses, einer Schuldübernahme ua treffen (DGE/*Wrede* § 2046 Rz 2). 3

Auch das Nachlassgericht ist an § 2046 gebunden, wenn nicht alle Miterben anderslautende Anträge gestellt haben (Staud/*Werner* § 2046 Rz 3). 4

C. Nachlassverbindlichkeiten. Zu den Nachlassverbindlichkeiten iSd § 1967 gehören auch nicht einklagbare und rein moralische Verpflichtungen (KG Scuff 60 Nr 181). Ist eine Forderung bestritten, wie zB bei einem Streit der Miterben um eine Ausgleichungspflicht nach §§ 2050 ff, ist das zur Tilgung erforderliche bis zur Klärung zurückzubehalten, I 2. Die Hinterlegung zur Sicherung der Forderung kann nicht verlangt werden (MüKo/*Heldrich* § 2046 Rz 10). Der Erbe hat hierauf aber keinen einklagbaren Anspruch (Damrau/*Rißmann* § 2046 Rz 2). I 2 gilt entspr bei Regressansprüchen der Erbengemeinschaft gegen einzelne Miterben (Celle FamRZ 03, 1224). 5

Haben nur einige Miterben die Nachlassverbindlichkeit zu erfüllen, weil es sich zB um ein ihnen auferlegtes Vermächtnis oder eine sie beschwerende Auflage handelt, kann der betroffene Miterbe die Begleichung dieser Verbindlichkeit vor der Teilung verlangen, I. Nach II ist die Berichtigung der Forderung nur aus dem Teil vorzunehmen, der diesem Miterben bei der Ausgleichung zukommt. 6

D. Nachlassverwertung. Die Verwertung nach III erfolgt durch Veräußerung nach §§ 753 ff oder Forderungseinzug. IÜ gilt Naturalteilung, § 752. 7

Die Auswahl der zu verwertenden Nachlassgegenstände ist keine Verwaltungsmaßnahme und kann gem § 2038 II nicht durch Mehrheitsbeschluss erfolgen. Sie muss von allen Miterben gemeinschaftlich vorgenommen werden (MüKo/*Heldrich* § 2046 Rz 14). Widerspricht ein Miterbe, ist er ggf auf Zustimmung zu verklagen (Staud/*Werner* § 2046 Rz 17). IÜ folgt die Wertung den Vorschriften der §§ 753, 754. 8

9   **E. Durchsetzung der Ansprüche.** Die gerichtliche Durchsetzung der Ansprüche des Miterbengläubigers erfolgt entweder im Wege der Gesamthandsklage gegen alle übrigen Miterben oder durch Klage gegen diejenigen, die den Anspruch bestreiten (DGE/*Wrede* § 2046 Rz 6).

10 Nur der belastete Miterbe kann den Anspruch aus § 2046 II geltend machen, wobei nicht ausgeschlossen ist, dass die Tilgung der Nachlassverbindlichkeiten vor der Teilung erfolgt. Da II nur das regelt, was dem einzelnen Miterben zusteht, ist die Tilgung dem Teil zu entnehmen, der dem betreffenden Miterben bei der Auseinandersetzung zusteht.

11 **F. Miterben als Nachlassgläubiger.** Ist der Miterbe zugleich Nachlassgläubiger, kann er, wie jeder andere Nachlassgläubiger, Berichtigung seiner Forderung vor der Nachlassauseinandersetzung verlangen (BGH NJW 53, 501). Hat der Erblasser keine andere Regelung vorgesehen, gilt dies auch für die Vorwegbefriedigung bei einem Vorausvermächtnis (KG OLGZ 77, 461). Im Einzelfall kann es nach § 242 geboten sein, den Miterbengläubiger wegen Fehlens liquider Mittel (RGZ 93, 197) auf die Befriedigung seiner Forderung bis zur Auseinandersetzung warten zu lassen. Allerdings ist er im Hinblick auf seine Miterbenstellung gehalten, nach Möglichkeit im Wege der Gesamthandsklage vorzugehen (Erman/*Schlüter* § 2046 Rz 2).

12 Besteht die Erbengemeinschaft nur aus zwei Erben und macht ein Miterbe eine Nachlassforderung geltend, kann er Befriedigung nur insoweit verlangen, als der andere Erbe geworden ist und soweit das Verlangen auf Vorwegbefriedigung nicht gegen Treu und Glauben verstößt (BGH NJW 53, 501).

§ 2047 Verteilung des Überschusses.

(1) Der nach der Berichtigung der Nachlassverbindlichkeiten verbleibende Überschuss gebührt den Erben nach dem Verhältnisse der Erbteile.
(2) Schriftstücke, die sich auf die persönlichen Verhältnisse des Erblassers, auf dessen Familie oder auf den ganzen Nachlass beziehen, bleiben gemeinschaftlich.

1   **A. Allgemeines.** Die Vorschrift gewährt jedem Miterben einen seinem Erbanteil entspr, nicht übertrag- und pfändbaren (RGZ 60, 131) schuldrechtlichen Anspruch auf Auszahlung des Überschusses gegen die übrigen Miterben (Soergel/*Wolf* § 2047 Rz 4).

2   **B. Überschuss.** Überschuss ist die aktive Teilungsmasse, die nach Hinzurechnung der ausgleichspflichtigen Zuwendungen des § 2055 I 2 und nach Abzug der Verbindlichkeiten vom Nachlass als gesamthänderisch gebundenes Sondervermögen der Erbengemeinschaft verbleibt (MüKo/*Heldrich* § 2047 Rz 3).

3   **C. Teilung.** Verteilung ist der nach Bewertung der Nachlassgegenstände erfolgende Vollzug der Auseinandersetzung unter Berücksichtigung der Erbquoten nach §§ 752–754, der Teilungsanordnungen des Erblassers bzw der Vereinbarungen der Erbengemeinschaft zur Nachlassteilung (DGE/*Wrede* § 2047 Rz 2), wobei sich die Teilungsquoten durch eine Ausgleichung nach §§ 2050 ff ggü den Erbquoten verschieben können (BGH NJW 86, 931).

4   **D. Schriftstücke.** Hinsichtlich der Schriftstücke des Erblassers haben die Erben keinen Auseinandersetzungsanspruch, II. Sie bleiben Gesamthandseigentum (anders Prot II, 887), bis die Erben die Umwandlung in Bruchteilseigentum vereinbaren (Palandt/*Edenhofer* § 2047 Rz 3).

5   Die Erben können eine vom Gesetz abw Vereinbarung treffen (DGE/*Wrede* § 2047 Rz 3). Kommt eine Einigung nicht zustande, verbleiben die Schriftstücke im Gesamthandseigentum, sind nach §§ 2038, 745 zu verwalten und können von den Erben benutzt werden. Enthalten die Schriftstücke zB schriftstellerische Lebenserinnerungen und besitzen sie dadurch einen nachhaltigen Wert, gilt dies entspr (Erman/*Schlüter* § 2047 Rz 3).

6   Familienbilder oder andere Familienerinnerungsstücke werden hiervon nicht erfasst (Staud/*Werner* § 2047 Rz 5).

7   Hat der Erblasser letztwillig verfügt und Dritte zu Erben bestimmt, ohne eine Regelung zu den Schriftstücken zu treffen, ist von einer Zuweisung der Schriftstücke an die Familie auszugehen (DGE/*Wrede* § 2047 Rz 3).

§ 2048 Teilungsanordnungen des Erblassers.

[1]**Der Erblasser kann durch letztwillige Verfügung Anordnungen für die Auseinandersetzung treffen.** [2]**Er kann insbesondere anordnen, dass die Auseinandersetzung nach dem billigen Ermessen eines Dritten erfolgen soll.** [3]**Die von dem Dritten auf Grund der Anordnung getroffene Bestimmung ist für die Erben nicht verbindlich, wenn sie offenbar unbillig ist; die Bestimmung erfolgt in diesem Falle durch Urteil.**

1   **A. Allgemeines.** § 2048 erlaubt es dem Erblasser, die Nachlassauseinandersetzung zu regeln. Er bildet damit das Gegenstück zu § 2044, der dem Erblasser die Möglichkeit einräumt, anzuordnen, dass der Nachlass nicht oder nur unter erschwerten Bedingungen auseinandergesetzt werden darf (DGE/*Wrede* § 2048 Rz 1).

2   **B. Auseinandersetzungsanordnungen.** Mit einer Teilungsanordnung verschiebt der Erblasser nicht die von *ihm gewünschte Erbfolge* (BGH NJW 85, 51), sondern bestimmt die Anrechnung des Wertes der zugewiesenen Gegenstände auf den Erbteil. Ist deren Wert höher als die Quote, ist er zur Zahlung des Mehrwertes an die übrigen Miterben verpflichtet (BGH ZEV 96, 71).

Die Teilungsanordnung kann nicht nur die Auseinandersetzung des Nachlasses, sondern auch seine Verwaltung betreffen. Der Erblasser kann zB einzelne Gegenstände einem Miterben zuweisen oder seinen Nachlass vollständig auf alle Miterben aufteilen, so dass diese die Anordnungen nur noch vollziehen müssen, eine Auseinandersetzung aufgrund einer anderslautenden Vereinbarung aber nicht mehr stattfinden kann (Palandt/*Edenhofer* § 2048 Rz 2). 3

Die Anordnung kann auch die Art der Verwaltung (Ausübung durch einen Miterben) betreffen (str, so Staud/*Werner* § 2048 Rz 4; iE Damrau/*Rißmann* § 2048 Rz 9), die Aufteilung der Nachlassverbindlichkeiten im Innenverhältnis regeln (BGH LM § 138 Nr 2) oder Bestimmungen über die Ausgleichung einer Schuld gem § 2050 treffen (AnwK-BGB/*Eberl-Borges* § 2048 Rz 2). 4

Erhält jeder der beiden Erben nach der Teilungsanordnung eines der beiden im Nachlass befindlichen Grundstücke, liegt eine Erbeinsetzung zu gleichen Teilen vor (BayObLG FamRZ 85, 312). 5

Anordnungen nach § 2048 können nur durch eine Verfügung von Todes wegen getroffen werden, § 2099; es einer Erbeinsetzung (DGE/*Wrede* § 2048 Rz 3) nicht bedarf. Im Falle der Verbindung mit einem Vermächtnis oder einer Auflage erfolgt dies im Erbvertrag nach § 2278 I und im Ehegattentestament nach § 2270. 6

Mündliche oder maschinenschriftliche Anordnungen sind wegen Formverstoßes nichtig. Sie entfalten allenfalls moralische Wirkung und können, wenn sie von den Erben anerkannt werden, entspr umgesetzt werden. 7

C. Wirkung. Die Teilungsanordnung wirkt im Verhältnis der Erben zueinander nur schuldrechtlich. Sie bewirkt keine dingliche Zuordnung (BGH NJW 02, 2712). Verbunden mit ihr ist lediglich der Anspruch auf eine entspr Auseinandersetzung (BGH NJW 81, 1837). Sie begründet auch keine Sondererbfolge an einzelnen Nachlassgegenständen (KG OLGZ 67, 358). Daher bleibt der Wert der Beteiligung der einzelnen Miterben am Nachlass ebenso unberührt wie die Höhe der Erbteile (BGH NJW 85, 51). Die dingliche Aufteilung erfolgt iRd Auseinandersetzung, bei der die Miterben zur Verteilung des Nachlasses nach den Anordnungen des Erblassers, dh zur Übertragung der zugewiesenen Gegenstände an den jeweiligen Miterben verpflichtet sind (*Brox* Rz 524). Die allgemein geltenden Formvorschriften sind zu beachten. Eine Änderung der Rechtsstellung des Miterben als Gesamthänder ist damit ebenso wenig verbunden, wie Verfügungsbeschränkungen (Soergel/*Wolf* § 2048 Rz 2). 8

An die Teilungsanordnung des Erblassers ist der Testamentsvollstrecker, anders als bei davon abw Miterbenvereinbarungen, gebunden, §§ 2203, 2204 (*v Lübbe* II S 835). Handelt es sich dagegen um eine Verwaltungsanordnung, ist § 2216 II zu beachten. 9

Grds hat jeder Miterbe Anspruch auf Einhaltung des vom Erblasser angeordneten Teilungsmodus; im gegenseitigen Einvernehmen ist es den Miterben aber möglich, eine von der Teilungsanordnung abw Aufteilung vorzunehmen, sofern es sich bei der Teilungsanordnung nicht zugleich um eine Auflage handelt (BGHZ 40, 115). Im Fall des § 2306 gilt die Anordnung als nicht getroffen, wenn durch sie ein pflichtteilsberechtigter Miterbe beeinträchtigt wird. 10

Die Teilungsanordnung wird nicht wirksam, wenn eine Auseinandersetzung nicht durchgeführt wird, weil den Miterben nach erfolgter Berichtigung der Nachlassverbindlichkeiten kein Nachlass verbleibt, der verteilt werden könnte (Palandt/*Edenhofer* § 2048 Rz 4). 11

D. Abgrenzung zu anderen Gestaltungsformen. I. Teilungsanordnung und Erbeinsetzung. Teilungsanordnungen regeln nur, welche Gegenstände einem Miterben aus dem Nachlass zukommen sollen, ohne ihn wertmäßig zu begünstigen; sie haben die Wirkung, dass ein Miterbe mehr oder weniger als seinen Erbteil erhält (RG DR 42, 977). Der Wert des zugewiesenen Gegenstandes wird auf den Erbteil des Miterben angerechnet (Soergel/*Wolf* § 2048 Rz 2). Übersteigt der Wert des Gegenstandes wertmäßig seinen Erbteil, muss er den Überschuss den anderen ggü ausgleichen (Soergel/*Wolf* § 2048 Rz 6). 12

II. Teilungsanordnung und Aufl. Will der Erblasser erreichen, dass sich die Miterben nicht über seine Anordnung hinwegsetzen, liegt eine Aufl zulasten aller Miterben vor (AnwK-BGB/*Eberl-Borges* § 2048 Rz 9). Die Aufl setzt keine Zuwendung voraus, gewährt aber dem Begünstigten auch keinen unmittelbaren Anspruch auf die Leistung, § 1940. Allerdings ist nach § 2194 jeder Miterbe verpflichtet, die Ausführung der Erblasseranordnung von den anderen Miterben zu verlangen. Da die Aufl ebenfalls nur schuldrechtliche Wirkung entfaltet, können die Miterben auch in diesem Fall abw Vereinbarungen treffen (BGHZ 40, 115). 13

III. Teilungsanordnung und Vorausvermächtnis. Die Abgrenzung der Teilungsanordnung vom Vorausvermächtnis kann schwierig sein, insb deshalb, weil eine Verfügung des Erblassers zugleich Teilungsanordnung und Vermächtnis sein kann (BGHZ 36, 115). 14

Bei der **Teilungsanordnung** wird der dem Miterben zugewendete Nachlassgegenstand wertmäßig vollumfänglich auf den Erbteil angerechnet. Sie beschränkt sich auf die bloße Abwicklung der Nachlassauseinandersetzung, führt aber zu keiner Begünstigung eines Miterben (Erman/*Schlüter* § 2048 Rz 4). Dies gilt insb dann, wenn ein Miterbe ein Grundstück gegen Zahlung eines bestimmten Ausgleichsbetrages an den anderen Miterben aus dem Nachlass erhalten soll (LG Karlsruhe FamRZ 06, 447). Ein **Vorausvermächtnis** liegt dagegen vor, wenn dem Miterben ein wertmäßiger Vorteil ggü den anderen Miterben verschafft werden soll. Davon ist auszugehen, wenn dessen Wert bei der Verteilung des übrigen Nachlasses nicht berücksichtigt wird, 15 der Miterbe vielmehr so gestellt werden soll, als sei der Gegenstand einem Dritten zugewendet worden (BGHZ 36, 115). Er erhält also den im Wege des Vorausvermächtnisses zugewendeten Vermögenswert zusätzlich zu seinem Erbteil, ohne dass dieser auszugleichen wäre.

16 Für die Abgrenzung sind Begünstigungswille und Vermögensvorteil wesentlich, wobei die vom Erblasser gewollte wertmäßige Verteilung des Nachlasses der wichtigste Gesichtspunkt ist, weil es darauf ankommt, ob der Erblasser einen Miterben vermögensmäßig begünstigen wollte (BGH NJW 98, 682).

17 Der Wille des Erblassers ist, wenn er sich nicht eindeutig aus der Verfügung von Todes wegen ergibt, durch Auslegung zu ermitteln (BGH FamRZ 90, 1114). Die Festsetzung einer Ausgleichspflicht bedarf keiner ausdrücklichen oder konkludenten Bestimmung, beim Schweigen der letztwilligen Verfügung wird stets eine Ausgleichspflicht vermutet (BGH FamRZ 90, 396; LG Nürnberg-Fürth NJWE-FER 00, 261). Ist dem Erblasser der objektive Vermögensvorteil nicht bekannt bzw nicht bewusst, ist ergänzende Auslegung geboten (Soergel/*Wolf* § 2048 Rz 8). Führt auch sie nicht zu einer zusätzlichen Zuwendung des Mehrwertes, ist von einer Teilungsanordnung auszugehen, da sie grds nicht wertverschiebend ist (BGH FamRZ 85, 51).

18 Die Abgrenzung (*Muscheler* ErbR 08, 105 ff) erlangt in vielerlei Hinsicht Bedeutung: Das Vorausvermächtnis kann ausgeschlagen werden, die Teilungsanordnung nicht. Darüber hinaus hat der Vermächtnisnehmer mit seiner Forderung einen besseren Rang (AnwK-BGB/*Eberl-Borges* § 2048 Rz 13). Dagegen gehört der durch die Teilungsanordnung zugewiesene Gegenstand bei beschränkter Erbenhaftung zum haftenden Nachlass (BayObLGZ 74, 312), nicht dagegen der im Wege des Vorausvermächtnis zugewendete Gegenstand. Der Vermächtnisnehmer kann bereits vor der endgültigen Nachlassteilung die Übereignung des Vermächtnisgegenstandes mittels Gesamthandsklage (§ 2059 II) an sich verlangen (Saarbr NJW-RR 07, 1657).

19 IÜ kann eine Teilungsanordnung im Erbvertrag bzw Ehegattentestament vom Überlebenden jederzeit nach §§ 2270 III, 2278 II einseitig widerrufen werden, während der Vermächtnisnehmer bereits vor dem Erbfall den Schutz der §§ 2287, 2288 genießt. Darüber hinaus fällt es unter die Bindungswirkung der §§ 2270, 2271, 2289–2291.

20 **E. Verteilung durch Dritten.** Nach § 2048 2 kann der Erblasser die Auseinandersetzung in das billige Ermessen eines Dritten stellen, wobei Dritter auch ein Miterbe (RGZ 110, 274) oder der Testamentsvollstrecker sein kann. Er hat den Auseinandersetzungsplan aufzustellen; an die gesetzlichen Auslegungsregeln ist er dabei nicht gebunden. Die Teilungsquoten kann er aber nicht beliebig festlegen. Sieht der Auseinandersetzungsplan die Teilung vor der Schuldentilgung vor, ist der Plan offensichtlich unbillig (AnwK-BGB/*Eberl-Borges* § 2048 Rz 15).

21 Der Plan, eine einseitige, empfangsbedürftige Willenserklärung, wird durch Erklärung des Dritten, die ggü allen Miterben abzugeben ist (*Eberl-Borges* 116 f) für die Miterben verbindlich (MüKo/*Gottwald* § 315 Rz 21). Die Erklärung hat keine Form- oder Genehmigungserfordernisse zu beachten. Zwischen den Miterben entfaltet der Auseinandersetzungsplan schuldrechtliche Wirkung mit der Folge, dass sie einander verpflichtet sind, die Auseinandersetzung entspr dem Plan durchzuführen (Staud/*Werner* § 2048 Rz 14).

22 Die Verbindlichkeit des Plans entfällt für die Miterben, wenn er offenbar unbillig ist. Eine Bestimmung ist offenbar unbillig, wenn sie sachlicher Gründe entbehrt und deren Sachwidrigkeit für jeden auf dem betreffenden Gebiet Sachkundigen erkennbar ist (Rostock OLGR 36, 242).

23 Da § 2048 keine entspr Befugnis vorsieht, kann der Dritte den Auseinandersetzungsplan nicht selbst vollziehen. Die Vollziehung obliegt vielmehr den Miterben (RGZ 110, 270). Sind sich die Miterben einig, können sie die Auseinandersetzung in anderer Weise unter Missachtung des Auseinandersetzungsplans des Dritten durchführen (*Kretschmar* SächsArchiv 08, 153). Dies gilt auch bei einem durch Urt festgelegten Auseinandersetzungsplan (AnwK-BGB/*Eberl-Borges* § 2048 Rz 18).

24 **F. Übernahmerecht.** Der Erblasser kann in seiner Verfügung von Todes wegen anordnen, dass ein Miterbe frei darüber entscheiden kann, ob er einen Nachlassgegenstand übernehmen will. Der Erblasser kann entweder den Wert selbst vorgeben oder bestimmen, wie der anzurechnende Übernahmerest zu ermitteln und die Ausgleichung vorzunehmen ist. Dabei kann das Übernahmerecht auch nur gegen Wertausgleich eingeräumt werden (*Johannsen* WM 77, 276). Erst die Ausübung dieses Gestaltungsrechts lässt bei der Auseinandersetzung den Anspruch auf Übertragung des zugewiesenen Gegenstandes entstehen (Palandt/*Edenhofer* § 2048 Rz 8). Insoweit ist eine Teilauseinandersetzung möglich (LG Stuttgart ZEV 02, 237). Die Zuwendung eines Mehrwertes stellt ein Vorausvermächtnis dar (BGHZ 82, 274). Allerdings kann auch bei objektiv gleichwertigem Übernahmepreis ein Vermächtnis vorliegen (BGHZ 36, 115).

25 Denkbar ist auch die Anordnung einer Übernahmepflicht (*Benk* RhNK 79, 61).

26 **G. Wertermittlung.** Für die Bewertung des zugewiesenen Gegenstandes ist grds der objektive Verkehrswert zu dem Zeitpunkt maßgebend, zu dem die Durchführung der Teilungsanordnung verlangt werden kann (Soergel/*Wolf* § 2048 Rz 13). Eine Ausn gilt nach § 2049 für Landgüter. Die Bewertung eines Unternehmens *erfolgt nach der Mittelwertmethode*, wonach Substanz- und Ertragswert addiert werden und die Summe halbiert wird; der „good will" eines Unternehmens ist im Ertragswert enthalten (BGH NJW 82, 575 zu § 2311).

H. Prozessuales. Ein Rechtsschutzbedürfnis für eine Klage besteht nur, solange ein Erbe den Teilungsplan 27
für offensichtlich unbillig hält. Die Klage ist gegen den Widersprechenden zu richten mit dem Ziel, dass das
Gericht einen Teilungsplan aufstellt, wobei auch das Gericht nicht an die gesetzlichen Teilungsregeln gebunden ist. Das Gestaltungsurteil hat für den Erben aber nur schuldrechtliche Wirkung, die des dinglichen Vollzugs bedarf (DGE/*Wrede* § 2048 Rz 8).

I. Steuerliche Behandlung. Da die Teilungsanordnungen nur schuldrechtlich, nicht aber dinglich wirken, ist 28
die auf einer Teilungsanordnung beruhende Erbauseinandersetzung erbschaftssteuerfrei (BFHE 71, 266). Enthält die Teilungsanordnung zusammen mit einem Vorausvermächtnis den Anspruch auf einen bestimmten
Gegenstand, ist für die Bemessung der Erbschaftssteuer nur der Gegenstand, nicht aber die Erbquote maßgebend. Entspr wird verfahren, wenn, ohne dass ein Vorausvermächtnis vorliegt, die Teilungsanordnung dem
Miterben einen bestimmten Gegenstand zuweist (BFH BStBl II 1977, 640).
Durch die Teilungsanordnung wird lediglich die Art und Weise der Erbauseinandersetzung durch den Erblasser festgelegt mit der Folge, dass einkommensteuerrechtlich zunächst sämtliche Nachlassgegenstände auf die 29
Erbengemeinschaft übergehen. Die darauf beruhende Erbauseinandersetzung wird nach den allgemeinen
steuerlichen Grundsätzen zur Erbauseinandersetzung behandelt (AnwK-BGB/*Pohl/Hartl* § 2048 Anh Rz 1).

§ 2049 Übernahme eines Landgutes.
(1) Hat der Erblasser angeordnet, dass einer der Miterben das Recht haben soll, ein zum Nachlass gehörendes Landgut zu übernehmen, so ist im Zweifel anzunehmen, dass das Landgut zu dem Ertragswert angesetzt werden soll.
(2) Der Ertragswert bestimmt sich nach dem Reinertrag, den das Landgut nach seiner bisherigen wirtschaftlichen Bestimmung bei ordnungsmäßiger Bewirtschaftung nachhaltig gewähren kann.

A. Allgemeines. § 2049 ist eine reine Auslegungsregel für den Fall, dass der Wille des Erblassers nicht feststellbar ist. Sie soll die Zerschlagung landwirtschaftlichen Grundbesitzes verhindern. 1
Ist der Verkehrswert niedriger als der Ertragswert, ist die Norm nicht anwendbar. Sie gilt aber bei Übergabeverträgen im Wege der vorweggenommenen Erbfolge (BGH NJW 64, 1223), wenn das Landgut einem Miterben in der Erbauseinandersetzungsvereinbarung zugewiesen wird, sofern die Anwendung der Vorschrift nicht 2
vereinbart worden ist (AnwK-BGB/*Eberl-Borges* § 2049 Rz 1), und bei der Berechnung des Erbersatzanspruchs nach § 1934b.

B. Landgut. Landgut ist die wirtschaftliche Einheit, die zum selbständigen und dauernden, auch nebenberuflichen Betrieb geeignet ist, sowie die dazugehörenden land- und forstwirtschaftlichen Grundstücke, die 3
Hofstelle einschl Wohn- und Wirtschaftsgebäude und das Zubehör iSd § 98 Nr 2 (BGH NJW 64, 1414) bzw
der gütergemeinschaftliche Anteil eines Erblassers an einem Landgut, das eine bestimmte Größe hat und für
den Inhaber eine selbständige Nahrungsquelle darstellt, ohne dass eine sog Ackernahrung vorliegen muss
und zu einem erheblichen Teil zum Lebensunterhalt des Inhabers beiträgt, auch wenn der Inhaber zusätzlich
auf andere Einkommensquellen zurückgreifen muss (BGH NJW-RR 92, 770). Maßgeblich sind die Verhältnisse zum Zeitpunkt des Erbfalls (BGH NJW-RR 92, 770). Daher kann ein Landgut auch eine Nebenerwerbsstelle sein, sofern ein leistungsfähiger Betrieb zur Zeit des Erbfalls in der Hand einer vom Gesetz begünstigten Person bestand (OLG München FamRZ 09, 1439).

C. Ertragswert. Der Ertragswert ist ein bestimmtes Vielfaches des Reinertrages, der sich wegen der Besonderheiten des Einzelfalls nach betriebswirtschaftlichen Jahresabschlüssen (Ddorf FamRZ 86, 168) und nach 4
den steuerrechtlichen Vorschriften bestimmt, wobei auch landesrechtliche Besonderheiten zu beachten sind,
Art 137 EGBGB, BStBl 1993 I 62 (MüKo/*Heldrich* § 2049 Rz 9). Der Reinertrag ist der Überschuss des Rohertrages über den Aufwand (MüKo/*Heldrich* § 2049 Rz 10: näher *Müller-Feldhammer* ZEV 95, 161). Er beträgt
in Baden-Württemberg (Art 48 II AGBGB) und Bayern (Art 68 AGBGB) den 18-fachen Betrag des jährlichen
Reinertrages, wohingegen es sich in Hessen (§ 30 AGBGB) und Rheinland-Pfalz (§ 24 AGBGB) um den 25-fachen Betrag handelt.

D. Übernahme. Wird das Landgut nicht nach den Sondervorschriften der landesrechtlichen Anerbengesetze, 5
sondern nach erbrechtlichen Grundsätzen des BGB an eine Erbengemeinschaft vererbt, so kann der Erblasser
einem Miterben das Recht einräumen, das Landgut allein zu übernehmen. Dann ist das Landgut bei der Auseinandersetzung nach I nur mit dem ggü dem Verkehrswert geringeren Ertragswert anzusetzen (BVerfG NJW
85, 1329). Ein Verstoß gegen Art 3 GG ist darin nicht zu sehen (BVerfGE 67, 348). Eine entspr Privilegierung
des übernehmenden Miterben gilt nach § 2312 für die Pflichtteilsberechnung und nach § 1379 IV für die
Berechnung des Anfangs- und Endvermögens bei der Zugewinngemeinschaft (BVerfG NJW 85, 1329).
Bei der Übernahme nur eines Bruchteils des Eigentums an einem Landgut ist im Zweifel davon auszugehen, 6
dass der Bruchteil zum Verkehrswert angesetzt werden soll (BGH NJW 73, 995). Dann gilt § 2049 nicht.

§ 2050 Ausgleichungspflicht für Abkömmlinge als gesetzliche Erben.
(1) Abkömmlinge, die als gesetzliche Erben zur Erbfolge gelangen, sind verpflichtet, dasjenige, was sie von dem Erb-

lasser bei dessen Lebzeiten als Ausstattung erhalten haben, bei der Auseinandersetzung untereinander zur Ausgleichung zu bringen, soweit nicht der Erblasser bei der Zuwendung ein anderes angeordnet hat.
(2) Zuschüsse, die zu dem Zwecke gegeben worden sind, als Einkünfte verwendet zu werden, sowie Aufwendungen für die Vorbildung zu einem Beruf sind insoweit zur Ausgleichung zu bringen, als sie das den Vermögensverhältnissen des Erblassers entsprechende Maß überstiegen haben.
(3) Andere Zuwendungen unter Lebenden sind zur Ausgleichung zu bringen, wenn der Erblasser bei der Zuwendung die Ausgleichung angeordnet hat.

1   **A. Allgemeines.** § 2050 ordnet die Ausgleichspflicht für Abkömmlinge an, die bereits zu Lebzeiten des Erblassers bestimmte Zuwendungen erhalten haben und der Erblasser bei der Zuwendung eine Ausgleichung bzw Anrechnung von Vorempfängen bestimmt hat (*Reimann* FamRZ 07, 1597). IÜ erfolgt die Ausgleichung gem § 2055 nur rechnerisch und nur bei Vorhandensein eines zu verteilenden Nachlasses.

2   Die Ausgleichspflicht stellt weder ein Vermächtnis zugunsten der übrigen Miterben noch eine Verbindlichkeit ggü dem Nachlass dar (MüKo/*Heldrich* § 2050 Rz 17). Sie ist vielmehr Teil der Berechnungsmethode zur Bestimmung der Zuteilungsansprüche nach § 2047 I (*Eberl-Borges* 236) und begründet die Pflicht zur Einhaltung der Ausgleichungsregeln bei der Nachlassauseinandersetzung.

3   **B. Abkömmlinge.** Nach § 2050 I sind nur die Abkömmlinge zur Ausgleichung verpflichtet. Sie kommt auch nur den Abkömmlingen zugute, wenn sie als gesetzliche Erben zur Erbfolge berufen sind. Der Erblasser kann aber auch bei gewillkürter Erbfolge unter den Miterben eine Ausgleichung anordnen (Soergel/*Wolf* § 2050 Rz 9). Andere Verwandte und der Ehegatte sind von der Ausgleichung nicht betroffen. Allerdings kann der Erblasser durch Teilungsanordnung und Vorausvermächtnis anderweitig verfügen.

4   Die Ausgleichung betrifft den Erbteilserwerber und den Pfandgläubiger am Nachlass (Soergel/*Wolf* § 2050 Rz 5 f).

5   **C. Zuwendungen.** Zuwendungen sind freiwillige Vermögensopfer des Erblassers, die er zu seinen Lebzeiten aus seinem Vermögen in das Vermögen des Abkömmlings überträgt. Dadurch mindert sich nicht nur der künftige Nachlass, sondern auch das den Miterben zur Verfügung stehende Auseinandersetzungsguthaben (Soergel/*Wolf* § 2050 Rz 9).

6   Ist die Zuwendung entgeltlich erfolgt, hat sie der Abkömmling dann auszugleichen, wenn der Wert der Zuwendung den Wert des Entgelts übersteigt (RGZ 73, 372). Die Zuwendung erfordert kein Rechtsgeschäft, sondern kann durch jedes Vermögensopfer begründet werden. Eine Zuwendung liegt daher sowohl in der Übertragung von Rechten als auch in der Nutzungsüberlassung (MüKo/*Heldrich* § 2050 Rz 8) oder der Einräumung schuldrechtlicher Ansprüche (BGHZ 44, 91).

7   Keine Zuwendungen sind Leistungen, die einer gesetzlichen Pflicht genügen, da es an der Freiwilligkeit des Vermögensopfers fehlt; dies gilt vorrangig für die gesetzliche Unterhaltspflicht (MüKo/*Heldrich* § 2050 Rz 30; aA Staud/*Werner* § 2050 Rz 17, 31). Auch solche Zuwendungen, die zurückzugewähren sind, begründen mangels endgültigen Vermögensopfers, keine Ausgleichungspflicht (Soergel/*Wolf* § 2050 Rz 10).

8   **I. Ausstattung.** § 2050 I knüpft an den in § 1624 I legaldefinierten Begriff der Ausstattung an und erweitert seinen Anwendungsbereich insoweit, als er auch Zuwendungen an weiter entferntere Abkömmlinge, dh Enkel und Urenkel erfasst. Die Zuwendungen erfolgen in erster Linie zur Verheiratung oder Begründung einer selbständigen Lebensstellung des Abkömmlings (BGHZ 44, 91), dh um Einrichtungen für Wohnungen, Büros oder Praxen (*Ann* 287). Zum Ausstattungsbegriff des § 1624 I gehören auch Aufwendungen für die Berufsausbildung. Sie werden aber über § 2050 II ausgeglichen.

9   Die Aussteuer ist eine Unterart der Ausstattung (BGH NJW 54, 348). Eine Pflicht zur Ausgleichung besteht nicht, wenn die Aussteuer anstelle der Ausbildung gegeben wurde, weil sie dann als Auswirkung der gesetzlichen Unterhaltspflicht der Eltern nach §§ 1601 ff anzusehen ist; dagegen sind die Leistungen, die neben der Berufsausbildung gewährt werden oder deren regelmäßige Kosten übersteigen, auszugleichen (BGH NJW 82, 575). Hat also die Tochter keine Berufsausbildung erhalten, ist die Aussteuer nicht ausgleichspflichtig.

10 Die Ausgleichungsanordnung ist gerechtfertigt, weil es dem Erblasser nicht um die Bevorzugung eines Abkömmlings geht, sondern um ihm eine selbständige Lebensstellung zu ermöglichen oder erleichtern. Die Gewährung einer Ausstattung ändert im Hinblick auf die Ausgleichungspflicht an dem vermuteten Willen des Erblassers, alle Abkömmlinge vermögensmäßig gleichzustellen, nichts (Soergel/*Wolf* § 2050 Rz 12).

11 Abzugrenzen ist die Ausstattung von der Schenkung. Wer verlangt, dass eine einem anderen Abkömmling gewährte Ausstattung auszugleichen ist, hat zu beweisen, dass es sich um eine Ausstattung und nicht um eine gewöhnliche Schenkung gehandelt hat (RG Recht 1912 Nr 445).

12 **II. Zuschüsse zu Einkunftszwecken (Abs 2).** Ausgleichspflichtig sind Zuschüsse, die der Erblasser zum Zwecke gewährt, sie als Einkünfte zu verwenden. Sie sind Beiträge des Erblassers zum Einkommen des Abkömmlings, die der Deckung des laufenden Bedarfs dienen, wobei es sich um wiederkehrende Leistungen handeln muss, die regelmäßig und über eine gewisse Dauer gewährt werden; damit scheiden Einmalzahlungen aus (RGRK/*Kregel* § 2050 Rz 9). Allerdings kann es wohl keinen Unterschied machen, ob der Unterhaltszuschuss in einem Betrag oder in Raten gezahlt wird (*Ann* 288), sofern es sich um eine Summe handelt, die den Unter-

halt für einen nicht ganz unerheblichen Zeitraum sichert. Ausgleichspflichtig ist aber nur das Übermaß an Zuschüssen. Aus § 1610 I ist zu folgern, dass alle Leistungen, die der Erfüllung der gesetzlichen Unterhaltspflichten nach §§ 1601 ff entsprechen, nicht übermäßig und damit nicht auszugleichen sind.

III. Aufwendungen zur Berufsausbildung (Abs 2). Vom Anwendungsbereich dieser Norm ist nicht der Besuch allgemeinbildender Schulen erfasst, sondern nur solcher Einrichtungen, die einen berufsqualifizierenden Abschluss vermitteln, wie Universitäten, Fachhochschulen und berufliche Bildungseinrichtungen (BaRoth/*Lohmann* § 2050 Rz 9) und damit um Studien-, Promotions- und Fachschulkosten (Palandt/*Edenhofer* § 2050 Rz 10). Die Ausbildung ist beendet, wenn der Abkömmling die vorgesehene Prüfung ablegt und damit die Befähigung für den Beruf nachgewiesen hat (RG WarnR 13 Nr 237). Das Erlernen eines neuen Berufs steht der erneuten Anwendung des II nicht entgegen (RGZ 114, 54). 13

Erfasst werden nur solche Aufwendungen, die nicht in Erfüllung einer gesetzlichen Unterhaltspflicht gemacht werden, sondern darüber hinausgehen. Insoweit ist eine Abgrenzung zu § 1610 II vorzunehmen. 14

IV. Sonstige Zuwendungen (Abs 3). § 2050 III bezieht sich auf die Zuwendungen, die zu dem oder zu einem anderen Zweck gemacht wurden oder in den I u II nicht genannt sind, sofern es sich, wie alle Zuwendungen des § 2050, um solche unter Lebenden handelt (AnwK-BGB/*Eberl-Borges* § 2050 Rz 14). In Betracht kommen insb Geschenke, die Begleichung einer Schuld oder einmalige Zuschüsse hierzu. 15

D. Umfang der Ausgleichung (Abs 1 u 2). Der Abkömmling hat die Zuschüsse und Aufwendungen zur Berufsausbildung nach § 2050 II nur insoweit auszugleichen, als die Zuwendung das den Vermögensverhältnissen des Erblassers entspr Maß übersteigt. Fehlt es hiervon, besteht keine Ausgleichungspflicht, und zwar auch dann nicht, wenn es sich um eine Ausstattung gehandelt hat (RGZ 79, 267). Abzustellen ist also auf die Vermögensverhältnisse des Erblassers zum Zeitpunkt der Zuwendung (MüKo/*Heldrich* § 2050 Rz 26). Zu berücksichtigen ist, dass ein Übermaß nicht schon deshalb vorliegt, weil Aufwendungen, die dem Abkömmling zum Zwecke der Vorbildung zu einem Beruf gewährt worden sind, höher sind als die für die anderen Abkömmlinge zum selben Zweck gemachten Aufwendungen (MüKo/*Heldrich* § 2050 Rz 26). 16

Da § 2050 I eine derartige Einschränkung nicht vorsieht, sind Ausstattungen voll auszugleichen. Zuwendungen nach II, die ebenfalls dem Ausstattungsbegriff des I unterfallen, unterliegen der spezielleren Ausgleichungsregel des II mit der Folge, dass nur das Übermaß auszugleichen ist (AnwK-BGB/*Eberl-Borges* § 2050 Rz 16), was der begabungsgerechten Förderung von Kindern dient (*Ann* 287). Die ausdrückliche Anordnung der hälftigen Teilung aller noch vorhandener Vermögenswerte stellt ein Indiz für eine anderweitige, rechnerisch nur ungefähre hälftige Teilung des Nachlasses dar (Frankf ZFE 08, 359). 17

E. Ausgleichung der Zuwendungen des Abs 3. Nach § 2050 III sind sonstige Zuwendungen, wenn der Erblasser dies, vor oder bei der Zuwendung angeordnet hat, auszugleichen. Die Anordnung kann sich auch durch Auslegung der Verfügung des Erblassers ergeben. Maßgebend ist, dass der Empfänger die Anordnung erkennen und die Zuwendung allein wegen der Ausgleichspflicht ablehnen kann (BGH NJW 82, 575). 18

Erfolgte die Zuwendung ohne Ausgleichungsanordnung, kann der Erblasser die Anordnung nicht durch einseitiges Rechtsgeschäft unter Lebenden nachholen (MüKo/*Heldrich* § 2050 Rz 31). Denkbar ist aber die vertragliche Begründung eines Ausgleichungsanspruchs zugunsten der übrigen Miterben in Form eines Vertrages zugunsten Dritter nach § 328 (Staud/*Werner* § 2050 Rz 33). Darüber hinaus kann der Erblasser die Ausgleichung durch eine letztwillige Verfügung nachträglich anordnen, indem er sie als Vermächtnis zugunsten der anderen Miterben anordnet (AnwK-BGB/*Eberl-Borges* § 2050 Rz 18). Der Pflichtteil eines Abkömmlings kann dadurch aber nicht verkürzt werden (BGH NJW 82, 575). 19

Ansonsten kommen, wenn eine Ausgleichung nicht angeordnet wird, Pflichtteilsergänzungsansprüche nach §§ 2325, 2329 in Betracht. 20

Eine vom Erblasser angeordnete Ausgleichungspflicht nach § 2050 III kann er durch eine letztwillige Verfügung nachträglich wieder aufheben (*Mayer* ZEV 96, 441). 21

F. Abdingbarkeit. § 2050 enthält eine Vermutungsregelung. Infolgedessen kann er sie abbedingen, indem er eine Ausgleichung ausschließt, sie nur unter bestimmten Voraussetzungen vorsieht oder er einen niedrigeren als den tatsächlichen Wert als Ausgleichungsbetrag festsetzt, was auch für die Anordnungen des II gilt (Soergel/*Wolf* § 2050 Rz 22). 22

Die Anordnung der Ausgleichung kann in allen Fällen nur vor oder bei der Zuwendung erfolgen, nicht aber durch ein späteres Rechtsgeschäft unter Lebenden (KG OLGE 21, 318). Ein nachträglicher Ausschluss ist dagegen durch eine letztwillige Verfügung oder durch einen Erbvertrag (RGZ 90, 419) in Form einer Teilungsanordnung und einem Vorausvermächtnis zugunsten des Zuwendungsempfängers möglich. Er kann auch eine gesetzlich nicht vorgesehene Ausgleichung anordnen (BGH NJW-RR 92, 771). 23

Eine Einschränkung seiner Anordnungsfreiheit enthält § 2316 III, soweit das Pflichtteilsrecht betroffen ist. Bei einer Bindung des Erblassers durch gemeinschaftliches Testament oder Erbvertrag ist der Ausschluss zwar nach dem Grundgedanken des § 2286 möglich; an die Stelle der ausgeschlossenen Ausgleichung kann aber der Anspruch nach § 2287 treten (Soergel/*Wolf* § 2050 Rz 22). 24

25 Da die Auseinandersetzungsregeln der §§ 2050 ff auch für die Miterben abdingbar sind, können sie eine Ausgleichungspflicht durch Vertrag begründen, ausschließen oder abändern (*Eberl-Borges* S 98).

26 **G. Prozessuales. I. Beweislast.** Die Beweislast für die Ausgleichungspflicht trifft denjenigen, der die Ausgleichung beansprucht. Den Ausschluss der Ausgleichspflicht hat derjenige zu beweisen, der sich auf ihn beruft (MüKo/*Heldrich* § 2050 Rz 39). In den Fällen des § 2050 III muss aber zunächst die Anordnung des Erblassers feststehen (Soergel/*Wolf* § 2050 Rz 24).

27 **II. Prozessrecht.** Streitigkeiten im Zusammenhang mit der Ausgleichung werden häufig mit der Feststellungsklage entschieden, weil meist die Leistungsklage ausscheidet. So zB dann, wenn auf Feststellung geklagt wird, dass ein anderer Miterbe infolge der Ausgleichungspflicht nichts mehr aus dem Nachlass zu erhalten hat (AnwK-BGB/*Eberl-Borges* § 2050 Rz 25). Die Feststellungsklage ist auch dann zulässig, wenn festgestellt werden soll, dass ein bestimmter Gegenstand mit einem bestimmten Betrag auszugleichen ist (BGH NJW-RR 92, 771). Sie kommt auch als Stufenklage in Betracht mit dem Antrag auf Auskunftserteilung, Abgabe der eidesstattlichen Versicherung und Feststellung der Ausgleichspflicht (BayObLG OLGE 37, 253).

28 Dagegen ist die Klage auf Feststellung der Ausgleichungspflicht unter künftigen Nacherben mangels Feststellungsinteresse unzulässig, da die Ausgleichungspflicht erst mit Eintritt des Nacherbfalls entstehen kann (Karlsr NJW-RR 90, 137).

29 IÜ enthält § 12 IX HöfeO eine besondere Ausgleichungsvorschrift, die entgegen § 2056 eine Zahlungs- und Herausgabepflicht vorsieht (Soergel/*Wolf* § 2050 Rz 26).

§ 2051 Ausgleichungspflicht bei Wegfall eines Abkömmlings.
(1) Fällt ein Abkömmling, der als Erbe zur Ausgleichung verpflichtet sein würde, vor oder nach dem Erbfall weg, so ist wegen der ihm gemachten Zuwendungen der an seine Stelle tretende Abkömmling zur Ausgleichung verpflichtet.
(2) Hat der Erblasser für den wegfallenden Abkömmling einen Ersatzerben eingesetzt, so ist im Zweifel anzunehmen, dass dieser nicht mehr erhalten soll, als der Abkömmling unter Berücksichtigung der Ausgleichungspflicht erhalten würde.

1 **A. Allgemeines.** Die Vorschrift regelt die Ausgleichspflicht des „nachrückenden" Erben, der wie der weggefallene Erbe ausgleichspflichtig ist, obgleich er keine Zuwendung erhalten hat. Dadurch soll verhindert werden, dass die ausgleichsberechtigten Miterben durch den Wegfall eines Abkömmlings einen Nachteil erleiden und dass der Ausgleichspflichtige seinen Stamm durch Erbausschlagung von der Ausgleichspflicht befreien kann (MüKo/*Heldrich* § 2051 Rz 1).

2 **B. Wegfall.** Der Wegfall eines Erben kann durch Vorversterben, § 1923 I, Enterbung, § 1938, Ausschlagung, § 1953, Erbunwürdigkeit, § 2344, Erbverzicht, §§ 2346, 2349 und Unwirksamkeit der Erbeinsetzung nach § 27 BeurkG erfolgen. Die Erbeinsetzung unter Umgehung des Ausgleichspflichtigen ist kein Wegfall iSd Vorschrift, so dass § 2051 nicht gilt (Palandt/*Edenhofer* § 2051 Rz 1) und ihn keine Ausgleichspflicht trifft.

3 **C. Ausgleichspflichtiger.** Ausgleichspflichtig ist der durch den Wegfall nachrückende Abkömmling des Erblassers, unabhängig davon, ob der Nachrückende Erbe des Weggefallenen ist; dadurch können auch Seitenverwandte des Weggefallenen ausgleichspflichtig werden. Die Ausgleichspflicht entsteht mit der Annahme der Erbschaft und trifft die Erben entspr dem Verhältnis ihrer Erbteile. Stirbt der Ausgleichspflichtige nach Erbschaftsannahme, geht die mit dem Erbteil verbundene Ausgleichspflicht im Wege der Gesamtrechtsnachfolge auf seine Erben über, § 1922 I. Der entferntere Abkömmling kann aber durch ein bedingtes Vorausvermächtnis von der Ausgleichung befreit werden (Soergel/*Wolf* § 2051 Rz 4).

4 **D. Ersatzerbe.** Der Ersatzerbe eines weggefallenen Abkömmlings soll nicht mehr erhalten, als der ursprüngliche Erbe unter Berücksichtigung der Ausgleichungspflicht erhalten würde (MüKo/*Heldrich* § 2052 Rz 6). Ist der Ersatzerbe iSd § 2096 Abkömmling, trifft ihn die Ausgleichspflicht über § 2052 I, ist er kein Abkömmling, dann über § 2052 II und erbt er unmittelbar, so gilt § 2053 (Soergel/*Wolf* § 2051 Rz 5).

5 **E. Höchstgrenze.** Die Höchstgrenze dessen, was der Ersatzerbe erhalten soll, entspricht dem, was der weggefallene Abkömmling unter Berücksichtigung seiner Ausgleichungspflicht erhalten hätte.

6 **F. Erblasserwille.** Da § 2051 II eine Auslegungsregel darstellt, ist zunächst der Erblasserwille zu ermitteln. Der Ersatzerbe trägt die Beweislast für ein Abweichen von der Regel (DGE/*Wrede* § 2051 Rz 6).

§ 2052 Ausgleichungspflicht für Abkömmlinge als gewillkürte Erben.
Hat der Erblasser die Abkömmlinge auf dasjenige als Erben eingesetzt, was sie als gesetzliche Erben erhalten würden, oder hat er ihre Erbteile so bestimmt, dass sie zueinander in demselben Verhältnisse stehen wie die *gesetzlichen Erbteile*, so ist im Zweifel anzunehmen, dass die Abkömmlinge nach den §§ 2050, 2051 zur Ausgleichung verpflichtet sein sollen.

A. Allgemeines. Die in dieser Auslegungsregel (Karlsr OLGE 26, 305) enthaltene Ausgleichungspflicht findet auf Testamentserben nur Anwendung, wenn die Abkömmlinge genau den gesetzlichen Erbteil erhalten (RGZ 149, 133) oder ihre Erbteile in demselben Verhältnis wie die gesetzliche Quote zueinander bestimmt sind (AnwK-BGB/*Eberl-Borges* § 2052 Rz 3), aber hinsichtlich einer Ausgleichspflicht nichts geregelt ist und die Erben Miterben sind.

§ 2052 gilt bei der Ersatz- oder Nacherbeinsetzung ebenso (Palandt/*Edenhofer* § 2052 Rz 1) wie beim Erbersatzanspruch des § 1934b und bei besonderen Leistungen nach § 2057a analog; bei fortgesetzter Gütergemeinschaft: § 1503 II.

B. Tatbestand. Führt diese Erbfolge oder die Anwachsung nach § 2095 zu einer Erbteilserhöhung, gelten beide Erbteile als jeweils gesonderte Erbteile (Staud/*Werner* § 2052 Rz 5). Die Zuwendung eines **Vorausvermächtnisses**, einer Auflage oder sonstige Anordnungen an einen Miterben führt nicht zwingend zu einem Ausschluss der Ausgleichungspflicht hinsichtlich des Nachlassrestes (RGZ 90, 419). UU ist dadurch die Ausgleichungspflicht der anderen Miterben ausgeschlossen (Palandt/*Edenhofer* § 2052 Rz 1). In jedem Fall ist aber der in der letztwilligen Verfügung enthaltene Erblasserwille zu ermitteln (Erman/*Schlüter* § 2052 Rz 2). Wurden die Erbteile nur für einen Teil der Abkömmlinge nach dem Verhältnis der gesetzlichen Erbteile bestimmt, findet die Ausgleichung hinsichtlich dieses Teils statt (RGZ 90, 419).

Ist der Zuwendungsempfänger des erstverstorbenen Ehegatten nur Schlusserbe des Längerlebenden, gilt bei einem **Berliner Testament** auch der erstverstorbene Ehegatte als Erblasser iSd § 2052 (hM KG OLGZ 74, 257; aA BGH NJW 83, 2875 für das Pflichtteilsrecht), so dass die Abkömmlinge beim Tod des Längerlebenden die Zuwendung des Erstverstorbenen auszugleichen haben (BGH NJW 82, 43).

Beweispflichtig ist derjenige, der behauptet, nicht ausgleichspflichtig zu sein. Macht ein Ausgleichsberechtigter bei anderen, nicht unter § 2052 fallenden Erbeinsetzungen Ausgleichsansprüche geltend, muss er eine entspr Anordnung auf der Grundlage einer letztwilligen Verfügung nachweisen oder die Verfügung nach § 2078 vernichten, um sein Ausgleichsrecht nach § 2050 geltend zu machen (Erman/*Schlüter* § 2052 Rz 4).

C. Rechtsfolge. Die Ausgleichung findet nur unter den auf den gesetzlichen Erbteil eingesetzten Abkömmlingen statt. (Staud/*Werner* § 2052 Rz 2).

§ 2053 Zuwendung an entfernteren oder angenommenen Abkömmling.

(1) Eine Zuwendung, die ein entfernterer Abkömmling vor dem Wegfall des ihn von der Erbfolge ausschließenden näheren Abkömmlings oder ein an die Stelle eines Abkömmlings als Ersatzerbe tretender Abkömmling von dem Erblasser erhalten hat, ist nicht zur Ausgleichung zu bringen, es sei denn, dass der Erblasser bei der Zuwendung die Ausgleichung angeordnet hat.
(2) Das Gleiche gilt, wenn ein Abkömmling, bevor er die rechtliche Stellung eines solchen erlangt hatte, eine Zuwendung von dem Erblasser erhalten hat.

A. Allgemeines. Die Vorschrift regelt den mutmaßlichen Erblasserwillen. Soll der tatsächliche Erblasserwillen berücksichtigt werden, ist dieser bei der Zuwendung oder später ausdrücklich zu äußern oder zu dokumentieren (DGE/*Wrede* § 2053 Rz 2).

B. Ausgleichspflichtige Zuwendung. Erhält der entferntere Abkömmling vor Wegfall des ihn von der Erbfolge ausschließenden Abkömmlings eine Zuwendung, ist sie nach § 2053 I Alt 1 nicht ausgleichspflichtig, wenn der nähere Abkömmling im Zeitpunkt des Erbfalls wegfällt oder bereits weggefallen ist. Im Falle der Enterbung gelten die §§ 2050 ff.

Erhält der als Ersatzerbe eingesetzte Abkömmling vor Wegfall des ihn von der Erbfolge ausschließenden Abkömmlings eine Zuwendung, ist sie nach § 2053 I Alt 2 nicht ausgleichspflichtig. Es kann daher nicht vermutet werden, dass es sich um eine Vorleistung des Erblassers auf den zu erwartenden Erbteil handelt. Die Zuwendung ist nur ausgleichspflichtig, wenn der Erblasser dies mit ihr angeordnet hat.

Nicht gesetzlich geregelt ist der Fall, dass sich der Erblasser über das Näheverhältnis des Abkömmlings geirrt hat. Entscheidend ist hier die Vorstellung des Erblassers (AnwK-BGB/*Eberl-Borges* § 2053 Rz 3; aA MüKo/*Heldrich* § 2053 Rz 4, wonach die tatsächliche Lage maßgebend sein soll). § 2053 gilt auch dann, wenn der Zuwendungsempfänger tatsächlich der nächste Abkömmling war, weil der nähere weggefallen ist und der Erblasser hiervon keine Kenntnis hatte. Er gilt nicht, wenn der Erblasser den entfernteren Abkömmling bei der Zuwendung für den nächsten hielt (Erman/*Schlüter* § 2053 Rz 1) oder die Zuwendung an den entfernteren Abkömmling zu einer Zeit erfolgt ist, zu der der nähere Abkömmling bereits durch eine Verfügung von Todes wegen von der Erbfolge ausgeschlossen war (RGZ 149, 129).

Der Erblassers kann uU auch den näheren zum Erben gewordenen Abkömmling mit einer Ausgleichspflicht für die Zuwendungen an den entfernteren belasten (Erman/*Schlüter* § 2053 Rz 1).

C. Gleichgestellte, Abs 1. Die Zuwendung in gleichgestellten Fällen, die sich seit 1.7.98 nur noch auf die Legitimation durch Adoption beziehen, muss vor der Legitimation erfolgen (MüKo/*Heldrich* § 2053 Rz 5).

§ 2054 Zuwendung aus dem Gesamtgut.
(1) ¹Eine Zuwendung, die aus dem Gesamtgut der Gütergemeinschaft erfolgt, gilt als von jedem der Ehegatten zur Hälfte gemacht. ²Die Zuwendung gilt jedoch, wenn sie an einen Abkömmling erfolgt, der nur von einem der Ehegatten abstammt, oder wenn einer der Ehegatten wegen der Zuwendung zu dem Gesamtgut Ersatz zu leisten hat, als von diesem Ehegatten gemacht.
(2) Diese Vorschriften sind auf eine Zuwendung aus dem Gesamtgut der fortgesetzten Gütergemeinschaft entsprechend anzuwenden.

1   **A. Allgemeines.** Die Vorschrift bestimmt den Leistenden bei Zuwendungen aus dem Gesamthandsvermögen einer Gütergemeinschaft, (AnwK-BGB/*Eberl-Borges* § 2054 Rz 1) und gilt auch für den Pflichtteilsergänzungsanspruch des § 2331.

2   **B. Ausgleichung.** Grundsätzlich gilt jeder Ehegatte als hälftiger Zuwender, gleichgültig, wer das Gesamtgut verwaltet (Staud/*Werner* § 2054 Rz 2). Die Ausgleichung ist daher je zur Hälfte bei der Nachlassteilung jedes Ehegatten durchzuführen (Soergel/*Wolf* § 2054 Rz 3). Soweit er als Zuwender gilt, kann jeder Ehegatte die Ausgleichung anordnen oder erlassen (Palandt/*Edenhofer* § 2054 Rz 1).

3   Verwaltet nur ein Ehegatte das Vermögen, gilt die gesetzliche Fiktion des § 2094 I 1, er ist Zuwender. Wendet ein Ehegatte nur einem von ihm abstammenden Abkömmling etwas zu, ist er Zuwender, wenn die Zuwendung die Verhältnisse des Gesamtgutes übersteigt, wenn er das Gesamtgut schädigen will oder ohne Zustimmung des anderen Ehegatten handelt (DGE/*Wrede* § 2054 Rz 2).

4   Die Ausgleichung muss grds beim Tod jedes Ehegatten und jeweils in Höhe der Hälfte der Zuwendung (MüKo/*Heldrich* § 2054 Rz 1) erfolgen, sofern sie nicht bis zur Beendigung der fortgesetzten Gütergemeinschaft hinausgeschoben ist, §§ 1483, 1497 (RGRK/*Kregel* § 2054 Rz 3). Abweichende Anordnungen der Ehegatten sind möglich. (Erman/*Schlüter* § 2054 Rz 2). Fehlt es an einem hinreichenden Gesamthandsanteil und scheitert daher die Ausgleichung beim Nachlass eines Ehegatten, ist eine entspr höhere Ausgleichung beim Nachlass des anderen vorzunehmen (Staud/*Werner* § 2054 Rz 9; aA Soergel/*Wolf* § 2054 Rz 3, der die Vorschrift des § 2056 für anwendbar hält).

5   **C. Ausnahmen.** Ausgleichungen finden nur ggü einem Elternteil statt, wenn der Abkömmling die Zuwendung nur von einem der Ehegatten erhalten hat oder wegen der Zuwendung Ersatz zum Gesamtgut leisten muss (Palandt/*Edenhofer* § 2054 Rz 2). Letzteres ist nur bei Ausstattungen nach §§ 1444, 1466 gegeben. Eine Ersatzpflicht tritt in den Fällen der §§ 1435 iVm 1423–1425, 1445 ein (AnwK-BGB/*Eberl-Borges* § 2054 Rz 7). I 2 ist insoweit einschränkend auszulegen, dh die Zuwendungen aus dem Gesamtgut sind erst nach Beendigung der fortgesetzten Gütergemeinschaft auszugleichen (RGZ 94, 262).

§ 2055 Durchführung der Ausgleichung.
(1) ¹Bei der Auseinandersetzung wird jedem Miterben der Wert der Zuwendung, die er zur Ausgleichung zu bringen hat, auf seinen Erbteil angerechnet. ²Der Wert der sämtlichen Zuwendungen, die zur Ausgleichung zu bringen sind, wird dem Nachlass hinzugerechnet, soweit dieser den Miterben zukommt, unter denen die Ausgleichung stattfindet.
(2) Der Wert bestimmt sich nach der Zeit, zu der die Zuwendung erfolgt ist.

1   **A. Allgemeines.** Die Vorschrift regelt zusammen mit § 2056 die Durchführung der Ausgleichung nach den §§ 2050 ff, für die im Falle der streitigen Ausgleichung der Gerichtsstand der Erbschaft nach § 27 ZPO gegeben ist (BGH NJW 92, 364). Grundlage dieser Vorschriften ist die Vermutung, dass der Erblasser dem Abkömmling die Zuwendung endgültig zukommen lassen wollte (Damrau/*Schmalenbach* § 2055 Rz 1), die beteiligten Abkömmlinge nach dem Vollzug des Ausgleichs wirtschaftlich gleichgestellt sein sollen (MüKo/*Heldrich* § 2055 Rz 1) und die Fiktion, dass die Gegenstände, wie sie vom Erblasser lebzeitig zugewendet wurden, noch im Nachlass vorhanden sind und zur Verteilung anstehen (BGH NJW 75, 1831).

2   **B. Durchführung der Ausgleichung.** Die Ausgleichung wird nur rechnerisch nach der dispositiven Vorschrift des § 2047 unter den beteiligten Abkömmlingen vorgenommen. Daher verschafft sie keinen Zahlungsanspruch, sondern bewirkt nur eine Verschiebung der Teilungsquote nach § 2047 I (BGH NJW 86, 931). Zum Wert des bereinigten Nachlasses wird rein rechnerisch der Wert der auszugleichenden Zuwendungen hinzugerechnet. Daraus ergeben sich von den Erbquoten abw Teilungsquoten, die stets und nicht nur bei der Verteilung von Geld zu beachten sind (BGH NJW 86, 931). IÜ sind auch untergegangene Zuwendungen ausgleichspflichtig (Staud/*Werner* § 2055 Rz 10).

3   Im Innenverhältnis kann der ausgleichspflichtige Miterbe verlangen, dass vor der Teilung zunächst die Nachlassverbindlichkeiten beglichen werden, § 2046 I (MüKo/*Heldrich* § 2055 Rz 10). Wird er von einem Nachlassgläubiger aus seiner gesamtschuldnerischen Haftung nach Maßgabe seiner Erbquote in Anspruch genommen, kann er von den übrigen Miterben Freistellung bzw Ersatz verlangen (Soergel/*Wolf* § 2055 Rz 2).

4   Wurde die Auseinandersetzung vollständig durchgeführt und ist die Ausgleichung unterblieben, besteht ein Bereicherungsanspruch nach § 812, sofern § 814 nicht entgegensteht (RGRK/*Kregel* § 2055 Rz 21). Hat nur eine Teilauseinandersetzung stattgefunden, verschieben sich die Teilungsquoten erneut, wenn die Aufteilung des Restes nachgeholt wird (BGH FamRZ 92, 665).

Eine dem Miterben entspr Stellung im Hinblick auf die Ausgleichungspflicht erlangt der Erbteilserwerber nach § 2033, der Gläubiger des Miterben, der dessen Anteil gepfändet hat und der Nachlassgläubiger, der bereits vor der Auseinandersetzung die Zwangsvollstreckung in den Erbteil des Miterben eingeleitet hat (Palandt/*Edenhofer* § 2055 Rz 1).

Die Ausgleichung wird in folgenden Schritten durchgeführt: Zunächst werden vom Gesamtnachlass nach § 2046 I alle Nachlassverbindlichkeiten in Abzug gebracht. Aus dem verbleibenden Wert werden die Erbteile des Ehegatten und der nicht an der Ausgleichung beteiligten Miterben berechnet und zuvor abgesondert. Zu dem sich so ergebenden bereinigten Nachlass werden, nachdem die auszugleichenden Zuwendungen bewertet wurden, die Zuwendungen zum bereinigten Nachlasswert hinzugerechnet (§ 2055 I 2). In einem letzten Schritt werden die Auseinandersetzungsguthaben der ausgleichspflichtigen Miterben errechnet und der Wert der empfangenen Zuwendung abgezogen.

Bsp: Neben der Ehefrau F erben die beiden Kinder A und B je zu gleichen Teilen. A hat 2100 und B 700 auszugleichen. Der Nachlass beträgt nach Abzug der Verbindlichkeiten 9000. F erhält davon 3000. Der noch verbleibende Netto-Nachlass von 6000 wird nun um die ausgleichspflichtigen Zuwendungen (2100 + 700) rechnerisch auf 8800 erhöht. Davon erhält A 4400–2100 = 2300 und B 4400–700 = 3700.

Bei der Zugewinngemeinschaft erbt F ½, die Kinder jeweils ¼. Vom Nachlass erhält F vorab 4500. Der Netto-Nachlass der Abkömmlinge erhöht sich rechnerisch um 2800 auf 7300. Davon erhält A 3650–2100 = 1550, B 3650–700 = 2950.

C. Früchte. Die Früchte, die bereits vor der Auseinandersetzung der Quote verteilt wurden, auch wenn sich unter Berücksichtigung der Ausgleichspflicht herausstellt, dass der Bezug übermäßig war, sind nachträglich auszugleichen (DGE/*Wrede* § 2055 Rz 3).

D. Erbteile. Gehen verschiedene Erbteile im Wege eines nachfolgenden Erbgangs auf einen Dritten über, bleiben sie nach § 1927 rechtlich getrennte Erbteile. Entspr gilt auch bei der Anwachsung von Erbteilen nach § 2095 und der Erbteilserhöhung nach § 1935. Die Erbteile sind auch dann getrennt zu behandeln, wenn sie sich in der Person eines Miterben vereinigen, der nicht nur Miterbe, sondern zugleich Nacherbe eines anderen Miterben ist (DGE/*Wrede* § 2055 Rz 4).

E. Nachlassgläubiger. Hinsichtlich der Ausgleichung kommt es bei den Nachlassgläubigern darauf an, zu welchem Zeitpunkt sie ihre Forderung geltend machen: Die Geltendmachung vor der Auseinandersetzung führt zur Haftung aller Erben für die Nachlassverbindlichkeit gem §§ 2058 f entspr den Erbteilen, nicht aber entspr ihrer Ausgleichsquote.

F. Haftung nach Ausgleichung. Die gesamtschuldnerische Haftung besteht auch nach der Auseinandersetzung fort. Die einzelnen Miterben können bei Vorliegen der Voraussetzungen die Haftung auf die Ausgleichsquote, dh auf das, was sie tatsächlich aus dem Nachlass erhalten haben, beschränken. Da der Miterbe die ausgleichspflichtige Zuwendung nicht von Todes wegen erworben hat, zählt sie auch nicht zum Haftungsvermögen.

G. Wertermittlung. Die Bewertung des Nachlasses erfolgt zum Zeitpunkt des Erbfalls (BGHZ 96, 174), die Zuwendung dagegen gem II zu dem ihrer Vornahme.

Mangels gesetzlicher Vorgaben wird der Wert durch eine freie Schätzung ermittelt: Zugewendete Forderungen sind mit dem Verkaufs-, nicht aber mit dem Nennwert anzugeben. Mit Hilfe eines Sachverständigengutachtens kann der Geldbetrag festgestellt werden, der im Zuwendungszeitpunkt für einen bestimmten Gegenstand aufzuwenden war (DGE/*Wrede* § 2055 Rz 7). Dabei bleiben die aus dem Zugewendeten gezogenen Früchte oder eingetretenen Wertveränderungen außer Ansatz. IÜ ist eine spätere Veränderung des Geldmaßstabes durch Entwertung oder Umstellung, etwa auf Euro, zu berücksichtigen (DGE/*Wrede* § 2055 Rz 7).

H. Kaufkraftschwund. Zur Ermittlung gerechter Ergebnisse ist die Entwicklung des aktuellen Lebenshaltungsindexes nach den amtlichen Umrechnungsformeln zu berücksichtigen und so der Wert der in der Vergangenheit liegenden Zuwendung auf das Niveau des Tag des Erbfalls umzurechnen (BGH NJW-RR 89, 259). Der Kaufkraftwert zur Zeit des Erbfalls (KE) wird ermittelt durch die Multiplikation des Kaufkraftwertes im Zeitpunkt der Zuwendung (KZ) mit dem Lebenshaltungsindex des statistischen Bundesamtes im Jahr des Erbfalls (IndE) und durch die Indexzahl im Jahr der Zuwendung (IndZ) dividiert: $KE = KZ \times IndE : IndZ$.

Der Erblasser kann bei der Zuwendung den anzurechnenden Wert formlos bindend festlegen (Hamm MDR 66, 330); uU kann sich eine solche Anordnung aus den Umständen des Falles ergeben (*Werner* DNotZ 78, 66). Die Anordnung des Erblassers hat Vorrang vor anderen Wertbestimmungen (Soergel/*Wolf* § 2055 Rz 6).

Die Erben können, soweit sie an der Ausgleichung beteiligt sind, von der dispositiven Norm des § 2055 abweichen und einvernehmlich die Ausgleichung auf andere Art und Weise vornehmen. IÜ kann auch der Erblasser eine andere Art der Ausgleichung bestimmen, sofern er dadurch die Pflichtteilsberechtigten nicht benachteiligt.

I. Prozessuales. Die Beweislast für einen höheren Wert der Zuwendung als den angesetzten, trägt derjenige, der sich auf den höheren Wert beruft.

19 Eine Klage, gerichtet auf die Feststellung, dass der Miterbe aufgrund der Höhe seiner Vorempfänge aus dem Nachlass nichts mehr zu bekommen hat, ist zulässig.
20 Streitwert ist der Betrag, der anzurechnen bzw zusätzlich anzurechnen ist.

§ 2056 Mehrempfang.
¹Hat ein Miterbe durch die Zuwendung mehr erhalten, als ihm bei der Auseinandersetzung zukommen würde, so ist er zur Herauszahlung des Mehrbetrages nicht verpflichtet. ²Der Nachlass wird in einem solchen Falle unter den übrigen Erben in der Weise geteilt, dass der Wert der Zuwendung und der Erbteil des Miterben außer Ansatz bleiben.

1 **A. Allgemeines.** § 2056 ergänzt § 2055, wonach der Miterbe, dem mehr zugewendet wurde, diesen Mehrbetrag endgültig behalten soll (MüKo/*Heldrich* § 2056 Rz 1), sofern die Zuwendung höher oder gleich ist als der ihm gebührende Erbteil. UU erhält der Vorempfänger keine weitere Leistung (DGE/*Wrede* § 2056 Rz 1).

2 **B. Schutz des Vorempfängers.** Mangels Herausgabepflicht ist der Miterbe auch vor Ansprüchen Pflichtteilsberechtigter einschließlich des Anspruchs aus § 2325 bei sonstigen Zuwendungen geschützt, da der Vorempfang dem Nachlass nicht zugerechnet wird (RGZ 77, 282).

3 Der Erblasser kann den Vorempfänger durch eine Verfügung von Todes wegen nicht wirksam zur Rückgabe bzw Rückzahlung verpflichten (DGE/*Wrede* § 2056 Rz 1). Er kann nur die Ausgleichung abw von den §§ 2050 ff regeln (Celle OLGZ 32, 52).

4 **C. Verfahren der Ausgleichung.** Der Nachlass wird verteilt, als wäre der ausgleichspflichtige Miterbe nicht vorhanden (Erman/*Schlüter* § 2056 Rz 2). Der Erbteil des Vorempfängers wird also nicht mitgerechnet. Maßgebend ist nicht die Höhe der Erbquote, sondern die Relation der restlichen Erbteile zueinander (Soergel/*Wolf* § 2056 Rz 4), deren Verhältnis zueinander wie bisher sein muss (Palandt/*Edenhofer* § 2056 Rz 2).

5 Besteht der Nachlass aus 10.000 € und erben A $^1/_2$, B und C je $^1/_4$, beträgt die erhöhte Teilungsmasse bei einem Vorempfang von 6.000 € durch C insgesamt 16.000 €. Davon würden auf C 4.000 € entfallen. Da er bereits 6.000 € erhalten hat, fällt er heraus. A und B teilen sich den Nachlass von 10.000 € im Verhältnis $^2/_3$ zu $^1/_3$ (BGH NJW 65, 1526).

6 Bei §§ 1935, 1927 und 2066 erhöht sich die Ausgleichspflicht für jeden ausgleichspflichtigen Erbteil.

§ 2057 Auskunftspflicht.
¹Jeder Miterbe ist verpflichtet, den übrigen Erben auf Verlangen Auskunft über die Zuwendungen zu erteilen, die er nach den §§ 2050 bis 2053 zur Ausgleichung zu bringen hat. ²Die Vorschriften der §§ 260, 261 über die Verpflichtung zur Abgabe der eidesstattlichen Versicherung finden entsprechende Anwendung.

1 **A. Allgemeines.** Das Auskunftsrecht dient der Sicherung der Ausgleichungspflicht. Eine weitere allgemeine Auskunftspflicht unter den Miterben über den Nachlass existiert nicht (KG DR 40, 1775). Es verjährt gem § 197 I Nr 2 nach 30 Jahren (*Sarres* ZEV 02, 96).

2 **B. Auskunftsrecht.** Den Auskunftsanspruch kann jeder Miterbe gegen jeden anderen Miterben geltend machen (Stuttg BWNotZ 76, 89). Er ist ein Individualrecht aus der Miterbengemeinschaft. Wegen der Ausgleichungspflicht des § 2316 I hat auch der pflichtteilsberechtigte Nichterbe ein Auskunftsrecht (Zweibr FamRZ 87, 1197). Das gleiche Recht steht dem mit der Auseinandersetzung beauftragten Testamentsvollstrecker nach § 2204, dem Nachlassverwalter und dem Nachlassinsolvenzverwalter bei Nachweis eines besonderen Interesses (RGRK/*Kregel* § 2057 Rz 3) zu.

3 **C. Auskunftspflicht.** Auskunftspflichtig ist jeder Miterbe sowie der pflichtteilsberechtigte Nichterbe (Nürnbg NJW 57, 1482).

4 Die Auskunft erstreckt sich, neben den ausgleichspflichtigen Zuwendungen der §§ 2050 ff, auch auf die möglicherweise nach § 2050 ausgleichspflichtigen, soweit der Miterbe sie persönlich erhalten hat (Palandt/*Edenhofer* § 2057 Rz 2) einschl des Zeitpunkts der Zuwendung, eventueller Auflagen des Zuwendenden (DGE/*Wrede* § 2057 Rz 2), den Wert des Erhaltenen und die zu seiner Berechnung vorhandenen Anhaltspunkte, soweit dies bekannt ist (BayObLG OLG 40, 149).

5 Die Entscheidung über die Zugehörigkeit einer Zuwendung zum Kreis der ausgleichspflichtigen steht nicht im Belieben des Auskunftspflichtigen; das Vorhandensein von Zuwendungen muss nicht zuvor festgestellt sein (Palandt/*Edenhofer* § 2057 Rz 2).

6 **D. Verfahren der Auskunftserteilung.** Bei Bereitschaft des Pflichtigen zur Abgabe der eV, die vom Rechtspfleger nach § 3 Nr 1 b RPflG beim Amtsgericht an dessen Wohnsitz abgenommen wird, bestimmt sich das Verfahren nach § 413 FamFG. Im Streitfall entscheidet das Prozessgericht.

7 *Die Auskunftserteilung ist formfrei.* Ist allerdings der Vorempfang ein „Inbegriff von Gegenständen", ist § 2060 I zu beachten. Daher ist eine mündliche Auskunftserteilung ausreichend. Die eV ist nur dann zu leisten, wenn Grund zur Annahme besteht, dass die Auskunft nicht mit der erforderlichen Sorgfalt erteilt ist (MüKo/*Heldrich* § 2057 Rz 7).

Der Auskunftsanspruch ist einklagbar, wenn der Miterbe die Auskunft verweigert. Der Kläger hat nur nach- 8
zuweisen, dass beide Parteien Mitglieder einer Erbengemeinschaft mit evtl vorzunehmenden Ausgleichungen
nach § 2050 sind (DGE/*Wrede* § 2057 Rz 5). Der Streitwert einer Auskunftsklage bemisst sich nach dem Interesse des Klägers an der begehrten Hilfestellung (Soergel/*Wolf* § 2057 Rz 7).
Bei der vertraglichen Verpflichtung des Miterben zur Abgabe der eV entfällt die Prüfung des Gerichts, ob die 9
gesetzlichen Voraussetzungen vorliegen (Hambg HansGZ 40, 98).
Die Kosten hat der Antragsteller zu tragen, wobei sich die Gebühr nach § 124 KostO bestimmt. 10

§ 2057a Ausgleichungspflicht bei besonderen Leistungen eines Abkömmlings. (1) ¹Ein
Abkömmling, der durch Mitarbeit im Haushalt, Beruf oder Geschäft des Erblassers während längerer Zeit,
durch erhebliche Geldleistungen oder in anderer Weise in besonderem Maße dazu beigetragen hat, dass das
Vermögen des Erblassers erhalten oder vermehrt wurde, kann bei der Auseinandersetzung eine Ausgleichung
unter den Abkömmlingen verlangen, die mit ihm als gesetzliche Erben zur Erbfolge gelangen; § 2052 gilt entsprechend. ²Dies gilt auch für einen Abkömmling, der den Erblasser während längerer Zeit gepflegt hat.
(2) ¹Eine Ausgleichung kann nicht verlangt werden, wenn für die Leistungen ein angemessenes Entgelt
gewährt oder vereinbart worden ist oder soweit dem Abkömmling wegen seiner Leistungen ein Anspruch
aus anderem Rechtsgrund zusteht. ²Der Ausgleichungspflicht steht es nicht entgegen, wenn die Leistungen nach den §§ 1619, 1620 erbracht worden sind.
(3) Die Ausgleichung ist so zu bemessen, wie es mit Rücksicht auf die Dauer und den Umfang der Leistungen und auf den Wert des Nachlasses der Billigkeit entspricht.
(4) ¹Bei der Auseinandersetzung wird der Ausgleichungsbetrag dem Erbteil des ausgleichungsberechtigten Miterben hinzugerechnet. ²Sämtliche Ausgleichungsbeträge werden vom Werte des Nachlasses abgezogen, soweit dieser den Miterben zukommt, unter denen die Ausgleichung stattfindet.

A. Allgemeines. § 2057a ist subsidiär, findet aber auch auf die Leistungen des Hoferben Anwendung; eine 1
Ausgleichung entfällt, wenn für Leistungen ein angemessenes Entgelt gewährt, wirksam vereinbart oder aus
einem anderen Rechtsgrund zusteht (Erman/*Schlüter* § 2057a Rz 2).

B. Ausgleichsgegenstand. Auszugleichen sind nach § 2057a nur die besonderen Leistungen eines Abköm- 2
mlings an den Erblasser, wodurch dessen Schlechterstellung bei der Auseinandersetzung verhindert werden soll
(*Brox* Rz 538). Daher sollen besondere Leistungen einzelner Abkömmlinge, die sie zu Lebzeiten des Erblassers unentgeltlich oder gegen unangemessen geringes Entgelt zur Vermehrung des Vermögens des Erblassers
erbracht haben, bei der Verteilung des Nachlasses ausgeglichen werden (BTDrs V/4176, 6 zu Nr 83a). IÜ
wirkt sich die Ausgleichung auf die Größe des Pflichtteils aus, da sie gem § 2316 I 1 bei der Pflichtteilsberechnung zu berücksichtigen ist (*Schramm* BW NotZ 70, 9).
Der Ehegatte ist an dieser Ausgleichung nicht beteiligt, da sie nur zwischen den dazu Berechtigten und Ver- 3
pflichteten stattfindet, nicht aber unter sämtlichen Miterben (Palandt/*Edenhofer* § 2057a Rz 1).

C. Ausschluss des Ausgleichungsrechts (Abs 2). Durch eine Verfügung von Todes wegen kann der Erblasser 4
die gesetzliche Regelung im Wege des Vermächtnisses zugunsten der übrigen Abkömmlinge ausschließen,
einschränken oder auf andere Weise abändern (MüKo/*Heldrich* § 2057a Rz 3 mwN).
Nach II 1 steht dem Abkömmling kein Ausgleichungsrecht zu, wenn ihm für die erbrachten Leistungen iRe 5
Dienst- oder Arbeitsverhältnisses mit dem Erblasser in dessen Geschäft und aus dessen Vermögen ein angemessenes Entgelt zusteht oder ein solches vereinbart worden ist (AnwK-BGB/*Eberl-Borges* § 2057a Rz 14).
Dabei muss die Mitarbeit eine längere Zeit dauern. Maßgebend ist auch die Art und der Wert der Leistung,
wobei ein zusammenhängender Zeitraum nicht erforderlich ist (MüKo/*Heldrich* § 2057a Rz 18). Wenn das
vereinbarte Entgelt wegen der verwandtschaftlichen Beziehung deutlich unter dem Wert der Leistung lag,
kommt ein Ausgleich nur hinsichtlich des unentgeltlich geleisteten Teils in Betracht (Erman/*Schlüter* § 2057a
Rz 5). Ein Ausgleich findet ferner nicht statt, wenn ein Entgelt zwar vereinbart, nicht aber entrichtet wurde,
weil der zunächst gegen den Erblasser gerichtete vertragliche Anspruch nach dem Tod des
Erblassers als Nachlassverbindlichkeit fortbesteht (MüKo/*Heldrich* § 2057a Rz 30) oder, sofern es sich um
eine Geldleistung handelt, ein Anspruch auf Rückzahlung gem der zugrunde liegenden Vereinbarung besteht
(Palandt/*Edenhofer* § 2057a Rz 2).
Ein Ausgleichungsanspruch entfällt auch dann, wenn dem Abkömmling aus einem anderen Rechtsgrund ein 6
solches Recht zusteht, wie zB aus GoA oder ungerechtfertigter Bereicherung (Lange/*Kuchinkea* § 15 III 5b).
Hat der Abkömmling für seine Leistung ein unangemessen geringes Entgelt erhalten oder kann der Nachweis 7
eines entgeltlichen Dienstvertrages nicht erbracht werden, kann er eine Ausgleichung verlangen.

D. Ausgleichsbeteiligte. Ausgleichspflichtig sind nur die Abkömmlinge des Erblassers, sofern sie gesetzliche 8
Erben sind oder die durch Verfügung von Todes wegen nach Maßgabe von § 2052 eingesetzt wurden (MüKo/
Heldrich § 2057a Rz 14). Zum Kreis der Ausgleichspflichtigen gehört auch der Erbteilserwerber bzw der Pfändungsgläubiger, sofern der Veräußerer eine Pflicht zur Ausgleichung getroffen hat, sowie der Erbe eines ausgleichspflichtigen Miterben (Damrau/*Bothe* § 2057a Rz 8). Nicht ausgleichspflichtig sind Ehegatten und Per-

sonen, die neben den Abkömmlingen Erben werden (Soergel/*Wolf* § 2057 Rz 11). Der Erblasser kann sie durch eine Verfügung von Todes wegen in die Ausgleichspflicht einbeziehen (MüKo/*Heldrich* § 2057a Rz 15).

9 Ausgleichsberechtigt ist neben dem Erben, der Leistungen iSd I erbracht hat, auch der Erbe eines ausgleichsberechtigten Miterben, da das Recht und die Pflicht vererblich sind, sowie der Erbteilskäufer, soweit es auch der veräußernde Miterbe war, aber auch der Ersatzerbe in den Fällen des § 2051 II. Darüber hinaus ist auch der nach Wegfall eines ausgleichsberechtigten Abkömmlings an dessen Stelle tretender Abkömmling/Ersatzerbe gem § 2051 analog für die Leistungen des Wegfallenden berechtigt, die Ausgleichung zu verlangen (hM; RGRK/*Kreger* § 2057a Rz 3).

10 **E. Ausgleichspflichtige Leistungen.** Gegenstand der Ausgleichung sind nur die als Sonderleistungen bezeichneten Leistungen eines Abkömmlings, die in besonderem Maße der Erhaltung oder Vermehrung des Erblasservermögens gedient haben (Oldbg FamRZ 99, 1466). Im Ergebnis müssen sie den gesamten aktiven Vermögensbestand positiv beeinflusst haben (Staud/*Werner* § 2057a Rz 8), wie durch Erfüllung von Verbindlichkeiten des Erblassers oder Aufwendungen zur Schonung des aktiven Erblasservermögens (Soergel/*Wolf* § 2057a Rz 8). Diese Leistungen müssen nicht unerheblich gewesen und in jedem Fall über die bloßen Unterhaltspflichten hinausgegangen sein (Palandt/*Edenhofer* 2057a Rz 4). Dabei ist die Vermehrung des Aktivvermögens der Erhaltung des wirtschaftlichen Werts gleichgestellt. Folgende Leistungen sind im G genannt:

11 **I. Mitarbeit im Haushalt, Geschäft oder Beruf des Erblassers.** Es gelten die zu § 1619 entwickelten Grundsätze über Dienstleistungen des dem elterlichen Hausstand angehörenden Kindes im Hauswesen und Geschäft der Eltern (BGH NJW 72, 429). Darüber hinaus ist auch die Mitarbeit der Familie des Kindes oder anderer Hilfskräfte im Auftrag des Kindes zu berücksichtigen (Soergel/*Wolf* § 2057a Rz 4 mwN).

12 Zum Haushalt des Erblassers gehören alle mit dem Hauswesen zusammenhängenden Angelegenheiten, die sich auf die gemeinsame Lebensführung oder Wohnung beziehen, wie Sauberhalten der Wohnung, Waschen, Kochen, aber auch die Vornahme von Reparaturen oder der Abschluss von Rechtsgeschäften beim täglichen Einkauf (Soergel/*Lange* § 1356 Rz 7). Geschäft ist jeder Geschäftsbetrieb, dh nicht nur landwirtschaftliche oder kleingewerbliche Betriebe, sondern auch eine Gesellschaft, an der der Erblasser beteiligt ist und eine sonstige Mitinhaberschaft an einem Unternehmen (MüKo/*Heldrich* § 2057a Rz 17). Beruf des Erblassers ist jede selbständige oder unselbständige berufliche Tätigkeit (*Weimar* MDR 73, 23), wobei eine Mitarbeit genügt, die in einem weiteren Zusammenhang mit der Berufungsausübung steht, wie zB Fahrten zur Arbeitsstätte (Staud/*Werner* § 2057a Rz 11) und Transport- oder Schreibarbeiten (Soergel/*Wolf* § 2057a Rz 4).

13 Die Mitarbeit setzt nicht die Arbeit im Beruf selbst voraus; sie muss aber dazu beitragen, den Anteil zu sichern oder seinen Wert zu vergrößern (*Weimar* MDR 73, 23) und sich über eine längere Zeit erstrecken, dh von mehrjähriger Dauer sein, wobei eine Mindestzeitdauer ebenso wenig erforderlich ist wie ein zusammenhängender Zeitraum (Soergel/*Wolf* § 2057a Rz 4). Allerdings wird nur die gelegentliche Aushilfe nicht erfasst (*Odersky* NichtehelG Bem II 2 b). Bei wertvollen Diensten höherer Art genügt ein kürzerer Zeitraum als bei einfachen Diensten. Sie muss unentgeltlich gewesen sein, II 1; bei teilweiser Unentgeltlichkeit hat der Abkömmling einen Ausgleichungsanspruch nur für den unentgeltlichen Teil der erbrachten Leistung (Erman/*Schlüter* § 2057a Rz 5).

14 **II. Geldleistungen.** Die Geldleistungen sind einer Mitarbeit in Haushalt, Beruf oder Geschäft des Erblassers gleichgestellt, wobei sie nach einem objektiven, allgemein gültigen Maßstab festzulegen sind. Die Erheblichkeit der Geldleistung bestimmt sich nach den Vermögensverhältnissen des Erblassers (MüKo/*Heldrich* § 2057a Rz 22; aA Palandt/*Edenhofer* § 2057a Rz 8 – objektiver allg gültiger Maßstab). Sie muss ein gewisses Ausmaß erreichen, die den Vermögensstand des Erblassers beeinflussen konnte (BaRoth/*Lohmann* § 2057a Rz 6). Die sonstigen Leistungen wie zB die Bezahlung von Schulden, erhebliche Investitionen in den Betrieb (Weimar MDR 73, 24), unentgeltliche Überlassung von Sachen (Erman/*Schlüter* § 2057a Rz 7), Übernahme von Bürgschaften (*Damrau* FamRZ 69, 579) oder die Verrichtung von Tätigkeiten anstelle des Erblassers (Staud/*Werner* § 2057a Rz 16) sowie freiwillige Unterhaltsleistungen, durch die das Vermögen des Erblassers geschont wird (Staud/*Werner* §2057a Rz 15) stehen den Geldleistungen gleich (Soergel/*Wolf* § 2057a Rz 6).

15 **III. Leistungen anderer Art, insbes Pflegeleistungen.** Nach I 2 hat der Abkömmling einen Ausgleichsanspruch, wenn er den pflegebedürftigen Erblasser über einen längeren Zeitraum gepflegt hat. Nach der Neuregelung iRd Erbrechtsreform im Gesetz zur Änderung des Erb- und Verjährungsrechts ist es nicht mehr erforderlich, dass der Abkömmling dafür auf ein berufliches Einkommen verzichtet hat. Darüber hinaus muss die Pflegeleistung eine gewisse Intensität erreicht haben (Soergel/*Wolf* § 2057a Rz 7). Die Pflegeleistung muss dem Erblasser in Person erbracht werden, wobei die Pflege anderer eine Leistung sonstiger Art darstellt, wenn der Erblasser dadurch Aufwendungen erspart (Staud/*Werner* § 2057a Rz 18). Nicht erforderlich ist, dass der Abkömmling die Pflege allein durchgeführt hat. Einer Ausgleichung steht nicht entgegen, dass er sich zur Unterstützung bezahlter Hilfskräfte bedient hat (BGH NJW 93, 1197).

16 **IV. Ausschluss der Ausgleichung, Abs 2.** Hat der Abkömmling für seine Leistungen bereits einen Gegenwert aus dem Vermögen des Erblassers erhalten, ist nach II 1 Var 1 eine Ausgleichung ausgeschlossen. Es genügt, wenn auf Grund eines Dienst- oder Arbeitsverhältnisses eine Gegenleistung vereinbart wurde (Var 2), wobei

das Entgelt dem Wert der erbrachten Leistung angemessen sein muss. Dies ist zweifelsohne bei der üblichen Vergütung nach § 612 II gegeben, nicht aber, wenn ein geringfügiges Taschengeld gewährt wurde (Soergel/*Wolf* § 2057a Rz 13). Bei einem auf Grund der verwandtschaftlichen Beziehung deutlich unter dem Wert vereinbarten Entgelt findet eine Ausgleichung für den unentgeltlichen Teil statt (Erman/*Schlüter* § 2057a Rz 5). Steht dem Abkömmling ein Ausgleich auf Grund eines anderen Rechtsgrunds (Var 3) zu, findet eine Ausgleichung nicht statt. In Betracht kommen Bereicherungsansprüche nach §§ 812 ff und GoA, §§ 677 ff, (Lange/*Kuchinke* § 15 III 5b). Dagegen entfällt der Ausgleichsanspruch dann nicht, wenn die Leistung in Erfüllung der gesetzlichen Dienstleistungspflicht des hausangehörigen Kindes nach § 1619 (BGH NJW 93, 1197) oder durch Bestreiten von Aufwendungen/Überlassung von Vermögen iSd § 1620 erbracht worden sind (AnwK-BGB/*Eberl-Borges* 2057a Rz 16). Hier entfällt zwar ein Ersatzanspruch unter Lebenden, nicht aber ein Ausgleichsrecht (Soergel/*Wolf* § 2057a Rz 12).

F. Höhe der Ausgleichung (Abs 3). Das Ausgleichsverfahren vollzieht sich in mehreren Schritten: Bei der Betragsermittlung sind neben Dauer und Umfang der Leistungen des Abkömmlings, der tägliche Aufwand für die Mitarbeit im Haushalt, Beruf oder Geschäft des Erblassers, die Höhe des geleisteten Geldbetrages, die Dauer der Pflegetätigkeit und die damit verbundene Einkommenseinbuße sowie der Wert für den Reinnachlass zum Zeitpunkt des Erbfalls zu berücksichtigen (MüKo/*Heldrich* § 2057a Rz 34). Bemessungsgrundlage ist der Wert des Nachlasses nach Abzug der Nachlassverbindlichkeiten (Palandt/*Edenhofer* § 2057a Rz 12). Daher darf der Ausgleichsbetrag nicht den ganzen Nachlass aufzehren, und zwar auch dann nicht, wenn nur die Leistung des Abkömmlings dazu beitrug, dass das Erblasservermögen erhalten blieb (RGRM/*Kregel* § 2057a Rz 9; aA Soergel/*Wolf* § 2057a Rz 17). 17

Die so vorgenommene Ausgleichung muss, unter Beachtung dieser Umstände, der Billigkeit entsprechen. Die Billigkeitsklausel ermöglicht den Verzicht auf ohnehin nicht mögliche Nachrechnung aller Einzelheiten (*Damrau* FamRZ 69, 581). Es ist eine Gesamtwürdigung vorzunehmen, wobei aber versucht werden muss, dem berechtigten Betrag so nah wie möglich zu kommen (Soergel/*Wolf* § 2057a Rz 17). 18

G. Durchführung der Ausgleichung (Abs 4). Die Ausgleichung erfolgt iRd Auseinandersetzung nur rechnerisch, dh nachdem die Nachlassschulden vom Nachlass beglichen wurden, werden vom verbleibenden Reinnachlass die Anteile der Miterben, die nicht an der Ausgleichung beteiligt sind, in Abzug gebracht. Von dem so ermittelten Nettonachlass wird der Wert der auszugleichenden Leistungen abgezogen, § 2057a IV 2 und dann die Auseinandersetzungsguthaben der an der Ausgleichung beteiligten Miterben errechnet. Dazu werden von diesem Wert die Erbteile anhand der relativen Erbquoten berechnet. Schließlich ist dem Erbteil des Ausgleichsberechtigten der Ausgleichsbetrag, dh der Wert der erbrachten Leistungen, hinzuzurechnen. 19

Berechnungsbsp: Der Reinnachlass beträgt 24.000. Miterben sind die Witwe W zu ½ und die Kinder A und B zu je ¼. Der Ausgleichsbetrag von 2.000 steht B zu. W erhält vorab 12.000. Vom verbleibenden Nachlass wird der Ausgleichsbetrag von 2.000 abgezogen. Von dem so verbleibenden rechnerischen Nachlass von 10.000 erhalten A und B je 5.000. Dem Erbteil des B wird der Ausgleichsbetrag von 2.000 zugerechnet, so dass sein Anteil am Nachlass des Erblassers 7.000 beträgt. 20

H. Prozessuales. Die Ausgleichspflicht kann bei Errechnung eines bestimmten Betrages als Leistungsklage erhoben werden, wobei der Gerichtsstand der Erbschaft nach § 27 ZPO gegeben ist (BGH NJW 92, 364). Möglich ist auch ein unbezifferter Antrag, wonach der Wert der Leistungen durch einen Feststellungsantrag zu klären ist (BGH NJW-RR 90, 1220), mit dem die Höhe der Ausgleichung in das Ermessen des Gerichts gestellt wird. Der Ausgleichsbetrag wird im Streitfall vom Prozessgericht festgesetzt. Die **Beweislast** für die ausgleichspflichtigen Leistungen trägt der die Ausgleichung begehrende Abkömmling, für die Gewährung oder Vereinbarung eines angemessenen Entgelts hat der Gegner den Beweis zu führen (*Petersen* ZEV 00, 432). 21

Untertitel 2   Rechtsverhältnis zwischen den Erben und den Nachlassgläubigern

§ 2058 Gesamtschuldnerische Haftung. Die Erben haften für die gemeinschaftlichen Nachlassverbindlichkeiten als Gesamtschuldner.

A. Allgemeines. Die §§ 1967–2017 regeln, anders als die §§ 2058 ff, die nur die Rechtsbeziehungen zwischen den Miterben und den Nachlassgläubiger erfassen, allgemein die Haftung des Erben. Sie werden vollstreckungsrechtlich durch die §§ 780–785 ZPO ergänzt. Darüber hinaus enthalten die §§ 2058–2063 Besonderheiten zur Haftung für Nachlassverbindlichkeiten, die sich aus dem gesamthänderisch gebundenen Nachlassvermögen ergeben (MüKo/*Heldrich* § 2058 Rz 2). Für den einzelnen Miterben ist zu klären, ob er für eine gemeinschaftliche Nachlassschuld anteilig nach seiner Erbquote oder gesamtschuldnerisch, beschränkt auf den Nachlass oder unbeschränkt auch mit seinem Eigenvermögen haftet (AnwK-BGB/*Kiele* § 2058 Rz 4). 1

B. Haftung im Außenverhältnis. Neben der gesamtschuldnerischen Haftung der Erbengemeinschaft, § 2059, besteht im Außenverhältnis grds auch die persönliche gesamtschuldnerische Haftung der Miterben. Die Ein- 2 zelhaftung beginnt mit dem Erbfall, gilt aber nach der Teilung fort (OLG Oldenburg ErbR 09, 294), wobei die in den §§ 2060, 2061 enthaltenen Ausnahmen für die Zeit nach der Teilung zu berücksichtigen sind.

3 Die gesamtschuldnerische Haftung besteht nur für die gemeinschaftlichen Nachlassverbindlichkeiten, für die alle Miterben haften (Damrau/*Syrbe* § 2058 Rz 9). Dies gilt sogar dann, wenn der in Anspruch genommene Miterbe, bedingt durch die Ausgleichungspflicht wegen erlangter Vorempfänge, nichts mehr aus dem Nachlass erlangt (MüKo/*Heldrich* § 2058 Rz 20). Dabei steht es dem Nachlassgläubiger frei, die Gesamthandsklage nach § 2059 II gegen die Erbengemeinschaft oder die Gesamtschuldklage nach §§ 2058, 421 gegen beliebige Miterben zu erheben (Staud/*Marotzke* § 2058 Rz 52 f). Die gesamtschuldnerische Haftung umfasst neben dem Erbteil auch das Eigenvermögen der Miterben, so dass der Nachlassgläubiger auch in diese Vermögensmasse vollstrecken kann. Hierzu bedarf es eines Titels gegen alle Miterben, § 747 ZPO (RGZ 71, 371).

4 Vermächtnisse bzw Auflagen, die nur einzelnen Miterben auferlegt wurden oder Verbindlichkeiten von Miterben ggü einem pflichtteilsberechtigten Miterben, dessen Pflichtteil zu ergänzen ist, §§ 2305, 2326, sind keine gemeinschaftlichen Verbindlichkeiten, für die alle Miterben aufzukommen haben (RGRK/*Kregel* § 2058 Rz 2). Die mehreren belasteten Miterben haften in analoger Anwendung des § 2058 als Gesamtschuldner, aber beschränkt nach § 1992, sofern es sich um denselben Verpflichtungsgrund (dieselbe Aufl) handelt (Staud/*Marotzke* § 2058 Rz 26). Für Nachlassverbindlichkeiten gelten, sofern sie nicht die Haftung des ganzen Nachlasses voraussetzen, die §§ 2059 analog (MüKo/*Heldrich* § 2058 Rz 18). Allerdings ist der Zugriff der Nachlassgläubiger auf die Pfändung des Erbteils beschränkt, wenn der Miterbe die Rechte aus § 2059 I 1 geltend macht. Einen Anspruch nach § 2059 II auf Befriedigung aus dem ungeteilten Nachlass hat der Gläubiger nicht, wenn er von den übrigen Erben die Berichtigung der Verbindlichkeiten aus dem Überschuss verlangt (Staud/*Marotzke* § 2058 Rz 33).

5 Für die Erbschaftssteuer haftet jeder Miterbe zunächst persönlich auch mit seinem Eigenvermögen in Höhe der auf ihn entfallenden Erbschaftssteuerlast, § 15 I ErbStG. Daneben steht auch der Nachlass insgesamt für die Steuerschuld jedes Miterben ein und jeder Miterbe haftet als Gesamtschuldner für die Steuer des am Erbfall Beteiligten, soweit er aus der Erbschaft etwas erlangt hat, wobei die gesamtschuldnerische Haftung auf den Wert des Erlangten beschränkt ist, § 15 III ErbStG (Soergel/*Wolf* § 2058 Rz 18). Bei Steuerschulden des Erblassers handelt es sich um Nachlassverbindlichkeiten, für die Miterben als Gesamtschuldner haften.

6 **C. Haftung im Innenverhältnis.** Die Nachlassverbindlichkeiten sind gem § 2046 vor der Teilung zu tilgen. Im Innenverhältnis der Miterben untereinander regelt sich der Ausgleich nach dem Verhältnis der Erbteile nur anteilig (BayObLGZ 70, 132). Erfolgt die Befriedigung (freiwillig oder im Wege der Zwangsvollstreckung) durch einen Miterben aus seinem Eigenvermögen, kann er von den übrigen Miterben Ausgleichung nach § 426 im Verhältnis der Erbteile, aber unter Berücksichtigung der Ausgleichsrechte und -pflichten unter Miterben nach §§ 2050 ff verlangen (Erman/*Schlüter* § 2058 Rz 2). Die Durchführung der Ausgleichung erfolgt nach dem Betrag, den der jeweilige Miterbe aus dem Nachlass erhalten hat, nicht nach den Erbquoten. Die gesamtschuldnerische Haftung der Miterben für eine nicht schon vorab getilgte Nachlassverbindlichkeit bleibt auch nach der Teilung bestehen (OLG Oldenburg ErbR 09, 359). Der Anspruch auf Durchführung des Gesamtschuldnerausgleichs zwischen den Miterben wegen der Begleichung von Nachlassverbindlichkeiten verjährt in 30 Jahren (OLG Oldenburg FamRZ 09, 1944 = ErbR 09, 390).

7 Allerdings kann der Miterbe **bis zur Teilung** des Nachlasses und unter Hinweis auf § 2059 I 1 die Berichtigung aus seinem Vermögen verweigern, indem er in dem gegen ihn gerichteten Prozess eine entspr Einrede erhebt (Damrau/*Syrbe* § 2058 Rz 11). Hat ein Miterbe **nach der Teilung** eine Nachlassverbindlichkeit getilgt, richtet sich der Erstattungsanspruch nach den §§ 2038 II, 748 (DGE/*Wrede* § 2058 Rz 9).

8 **D. Gesamtschuldklage.** Der Gläubiger hat bis zur Teilung die Wahl, die Gesamtschuldklage gegen die einzelnen Miterben zu erheben, um gegen sie persönlich vollstrecken zu können, oder mit der Gesamthandklage die Erbengemeinschaft zu verklagen, wenn er nur auf den Nachlass zugreifen will (BGH NJW 63, 1611). Wegen § 2059 I 1 hat die unterschiedliche Vollstreckungsmöglichkeit nur geringe praktische Bedeutung (BGH NJW-RR 88, 710). Verklagt der Nachlassgläubiger mehrere Miterben wegen derselben Schuld als Gesamtschuldner, sind sie wegen § 425 II keine notwendigen Streitgenossen iSd § 62 ZPO (BGH JZ 64, 722).

9 Da nach § 2040 nur eine gemeinschaftliche Verfügung über den Nachlass möglich ist, kann jeder Miterbe von den anderen die Mitwirkung verlangen oder von jedem anderen Miterben auf die erforderliche Mitwirkungshandlung verklagt werden (AnwK-BGB/*Kick* § 2058 Rz 27). Darüber hinaus ist es möglich, gegen einen einzelnen Miterben die Herbeiführung der Auflassung zu beantragen (BGH NJW 63, 1611). Zulässig ist auch eine Feststellungsklage eines Miterben bzw gegen einen Miterben über das Bestehen einer Nachlassverbindlichkeit, wobei dieses Urt nur Rechtskraft zwischen den Parteien entfaltet (RG Warn 1908 Nr 487).

10 Soll in den ungeteilten Nachlass vollstreckt werden, ist nach § 747 ZPO ein Urt gegen alle Miterben erforderlich (RGZ 68, 221), wobei getrennte Titel gegen die verschiedenen Miterben genügen (BayObLGZ 31, 164). Die Zwangsvollstreckung aus dem gegen einen Miterben erlangten Titel ist nur in den Erbteil dieses Miterben, nicht aber in den Nachlass oder einzelne Nachlassgegenstände statthaft (RGZ 68, 221).

11 Verklagt der Gläubiger die Miterben mit der **Gesamthandklage** gemeinschaftlich, sind sie notwendige Streitgenossen nach § 62 ZPO (RG JW 31, 3541).

Der **miterbende Gläubiger** kann bereits vor der Teilung sowohl die Gesamtschuld- als auch die Gesamthandsklage gegen die übrigen, aber auch gegen einzelne andere Miterben erheben (BGH NJW-RR 88, 710), wobei er aber bei der Gesamtschuldklage den Anteil, der seinem Erbteil entspricht, zu seiner eigenen Befriedigung, abzusetzen hat (Ddorf MDR 70, 766), sofern er nicht ausdrücklich nur die Zahlung des ihm gebührenden Betrages „aus dem Nachlass" verlangt (BGH NJW-RR 88, 710). 12

Der miterbende Gläubiger kann nach der Teilung jeden der Miterben als Gesamtschuldner auf den vollen Betrag unter Abzug des auf seinen eigenen Bruchteil entfallenden Betrages in Anspruch nehmen (RGZ 150, 344). 13

Nach §§ 27, 28 ZPO ist der Gerichtsstand der Erbschaft gegeben (BayObLG NJW-RR 04, 944). Er ist auch nach der Nachlassteilung für Vermächtnisse, Auflagen und Pflichtteilsrechte unbeschränkt und solange begründet, als die Miterben als Gesamtschuldner haften (Soergel/*Wolf* § 2058 Rz 13). 14

Der **Streitwert** bemisst sich nach dem vollen Betrag der streitigen Verbindlichkeit (KG NW 35, 1579). 15

E. Haftungsbeschränkungen. Jeder Miterbe kann seine Haftung auf den Nachlass beschränken, wobei die §§ 2058 ff für den Miterben einige Abweichungen von den allgemeinen Grundsätzen enthalten: Nach § 2062 können die Miterben nur gemeinschaftlich bis zur Teilung die **Nachlassverwaltung** beantragen. Mit dem Eintritt der unbeschränkten Haftung nach § 2013 I bei nur einem Miterben scheidet die Nachlassverwaltung als Mittel der Haftungsbeschränkung aus. Dagegen kann das **Nachlassinsolvenzverfahren** von jedem Miterben selbständig beantragt werden, wenn er den Eröffnungsgrund glaubhaft macht, § 317 II InsO. 16

Die Errichtung eines Inventars gibt nach § 2063 die Möglichkeit, die Haftungsbeschränkung für die noch nicht unbeschränkt haftenden Miterben herbeizuführen. 17

Handelt der Miterbe iRd Nachlassverwaltung erkennbar für den Nachlass, wird die Erbengemeinschaft nur mit dem Nachlass verpflichtet, ohne dass es auf das sonstige Vermögen der Miterben ankommt (BGH BB 68, 769). Eine Haftungsbeschränkung gilt als vereinbart (*Brox* Rz 504). 18

F. Sonderfälle. Die Haftung der Miterben für die bisherigen Gesellschaftsschulden richtet sich bei der Vererbung des Anteils eines persönlich haftenden OHG-Gesellschafters nach den §§ 128, 130 HGB. Eine Haftungsbeschränkung auf den Nachlass können die Erben über § 139 IV HGB herbeiführen. Dagegen haften alle Erben für Ansprüche der Gesellschaft gegen den Erblasser auf Rückzahlung von Entnahmen, auch wenn der Gesellschaftsanteil nur auf einen von ihnen übergegangen ist (Staud/*Marotzke* § 2058 Rz 39). 19

Nach § 15 I HöfeO haftet auch der Hoferbe als Gesamtschuldner, selbst wenn er am übrigen Nachlass als Miterbe nicht beteiligt ist. Soweit der außer dem Hof vorhandene Nachlass ausreicht, sind die Nachlassverbindlichkeiten hieraus zu berichtigen, § 15 II HöfeO (Soergel/*Wolf* § 2058 Rz 17). 20

§ 16 II GrdstVG enthält bei der gerichtlichen Zuweisung eines landwirtschaftlichen Betriebes an einen Miterben eine Sonderregelung für die Berichtigung von Nachlassverbindlichkeiten, sofern sie zur Zeit des Erwerbs der zugewiesenen Gegenstände noch bestehen (Palandt/*Edenhofer* § 2058 Rz 5). 21

§ 2059 Haftung bis zur Teilung.

(1) ¹Bis zur Teilung des Nachlasses kann jeder Miterbe die Berichtigung der Nachlassverbindlichkeiten aus dem Vermögen, das er außer seinem Anteil an dem Nachlass hat, verweigern. ²Haftet er für eine Nachlassverbindlichkeit unbeschränkt, so steht ihm dieses Recht in Ansehung des seinem Erbteil entsprechenden Teils der Verbindlichkeit nicht zu.
(2) Das Recht der Nachlassgläubiger, die Befriedigung aus dem ungeteilten Nachlass von sämtlichen Miterben zu verlangen, bleibt unberührt.

A. Allgemeines. § 2059 ergänzt § 2058 hinsichtlich der Masse, mit der die Miterben den Nachlassgläubigern haften. Sie ist die Folge davon, dass der Nachlass Sondervermögen der Miterbengemeinschaft wird, sich mit deren Eigenvermögen durch den Erbfall also nicht vermischt (DGE/*Wrede* § 2059 Rz 1). 1

B. Besonderes Verweigerungsrecht. Der Gläubiger kann sich bis zur Teilung des Nachlasses entweder an den ungeteilten Nachlass halten oder von jedem einzelnen der als Gesamtschuldner haftenden Miterben Erfüllung verlangen, II. Nach I 1 hat der Miterbe von der Annahme der Erbschaft bis zur Teilung des Nachlasses an ein besonderes Verweigerungsrecht. Dieses Recht steht selbständig neben den allg Möglichkeiten der Haftungsbeschränkung. Es kann daher geltend gemacht werden, ohne dass der Nachlass dürftig ist oder die Nachlassverwaltung angeordnet wurde. 2

Da der Nachlass als gesamthänderisches Sondervermögen der Erbengemeinschaft noch vom Eigenvermögen des einzelnen Miterben getrennt ist, bedarf es einer amtlichen Absonderung des Nachlasses nicht (Palandt/*Edenhofer* § 2059 Rz 1). 3

Haftet der Miterbe unbeschränkbar auch mit seinem Eigenvermögen, folgt aus I 2 eine anteilige Haftung. Sie schützt ihn vor dem Zugriff der Gläubiger auf sein gesamtes Eigenvermögen, indem er nur auf einen seinem ideellen Erbteil entspr Teil der Schuld zurückgreifen kann, ohne allerdings die Befriedigung aus dem Nachlass verhindern zu können (*Klautern* DAV 73, 625). Hinsichtlich des Restes kann sich der für die gesamte Forderung haftende Gesamtschuldner auf I 1 berufen, wozu er den Vorbehalt des § 780 ZPO im Urt braucht. Es genügt der allg Vorbehalt, der im Tenor entspr einzuschränken ist (Palandt/*Edenhofer* § 2059 Rz 1). 4

5 **C. Prozessuales.** Das besondere Weigerungsrecht in I wird, da es sich um eine Einrede handelt, nicht im Urt ausgesprochen, sondern muss nach § 780 ZPO vorbehalten werden. Eine Verurteilung des Miterben als Gesamtschuldner ist möglich (RGZ 71, 371), wenngleich die Einrede den Verzugseintritt nicht verhindern kann (München OLGE 30, 203). Da es erst in der Zwangsvollstreckung darauf ankommt, den Zugriff der Gläubiger nach §§ 781, 785, 767 ZPO in das Privatvermögen des Miterben abzuwehren, ist es dem Erben nach I möglich, den allg Vorbehalt geltend zu machen, sofern der Nachlass noch nicht geteilt ist. Insoweit trifft ihn hierfür die Beweislast.

6 Die Zwangsvollstreckung in den Anteil am ungeteilten Nachlass ist stets zulässig und erfolgt durch Pfändung des Erbteils gem § 859 ZPO.

7 **D. Teilung.** Der Nachlass ist geteilt, wenn das Vermögen, als Summe der Gesamthandsrechte, aufgeteilt ist. Hierfür reicht es nicht, dass nur einzelne Nachlassgegenstände verteilt sind; auf den Wert kommt es dabei nicht an (RGZ 89, 403). Nicht erforderlich ist, dass die Erbengemeinschaft an keinem Nachlassgegenstand mehr besteht. Die Mitwirkung der Erbengemeinschaft an der Aufstellung des Teilungsplans ist keine Teilung. Sie ist vollzogen, wenn der gesamte Nachlass verteilt ist.

8 Im Zeitpunkt der Teilung entfällt der Schutz des § 2059 I 2. Der Miterbe haftet mit seinem Eigenvermögen, sofern nicht die §§ 2060, 2061 eingreifen (Soergel/*Wolf* § 2059 Rz 1, aA Staud/*Marotzke* 2059 Rz 6 ff).

9 Der Zeitpunkt der Teilung bestimmt sich nach dem objektiven Gesamtbild: Die Teilung ist vollzogen, wenn sich im Nachlass keine für die Berichtigung der Nachlassverbindlichkeiten ausreichenden Gegenstände mehr befinden, weil bereits ein erheblicher Teil der Nachlassgegenstände aus der Gesamthand in das Eigenvermögen der Miterben überführt wurde (Soergel/*Wolf* § 2059 Rz 2). Die Gläubiger sind auf den zum Nachlass gehörenden Rückgewähranspruch verwiesen, soweit die Gegenstände erforderlich sind, um die Nachlassverbindlichkeiten zu befriedigen (RGZ 89, 403).

10 Maßgebend für die Teilung ist nicht die verteilte Masse, sondern der in gesamthänderischer Bindung verbleibende Rest (AnwK-BGB/*Kick* § 2059 Rz 7). Eine Teilung liegt auch dann vor, wenn die Miterben sämtliche Nachlassgegenstände verschenkt haben (*Dauner-Lieb* 427) oder ein Miterbe im Wege der Ausgleichung den gesamten Nachlass erhält (RGRK/*Kregel* § 2059 Rz 7).

11 Der Nachlass gilt als geteilt, wenn er nur für einzelne Nachlassgegenstände fortgesetzt wird, wie zB ein Mietobjekt oder ein Gewerbebetrieb (DGE/*Wrede* § 2059 Rz 5). Gehört zum Nachlass der Anteil an einer Personengesellschaft und soll die Gesellschaft nach dem Gesellschaftsvertrag mit den Erben fortgesetzt werden, geht der Anteil des Erblassers auf die Miterben je im Anteilsverhältnis ihrer Erbquoten über, die Teilung erfolgt kraft Gesetzes (DGE/*Wrede* § 2059 Rz 5).

12 Die Teilung ist nicht erfolgt, wenn der Miterbe sämtliche Anteile der übrigen Miterben gegen Entgelt erworben hat, welches aber nicht aus dem Nachlass entnommen wurde; insoweit entfällt das Verweigerungsrecht des I 1 (RGRK/*Kregel* § 2059 Rz 7).

13 Zweifelhaft ist, ob die fortgesetzte Erbengemeinschaft aus dem Anwendungsbereich des § 2059 I auszuschließen ist (Palandt/*Edenhofer* § 2059 Rz 3).

14 **E. Gesamthandsklage (Abs 2).** Diese Klage muss, da sie sich gegen die Erbengemeinschaft als solche richtet, gegen alle Miterben erhoben werden; insoweit sind sie notwendige Streitgenossen iSd § 62 ZPO (BGH LM § 62 ZPO Nr 2). Im Falle des Einverständnisses einzelner Miterben hinsichtlich der Befriedigung aus dem Nachlass, ist die Klage auf Einwilligung nur gegen die Widersprechenden zulässig (RG JW 29, 585).

15 Bis zur Teilung hat der Nachlassgläubiger die Wahl zwischen der Gesamthandklage und der Gesamtschuldklage gegen die einzelnen Miterben, die aber bei der Klage auf Grundbuchberichtigung nicht gegeben ist (Naumbg NJW-RR 98, 308). Letztere dient dem unbeschränkten Recht auf Befriedigung aus dem ungeteilten Nachlass, wozu es eines gegen alle Miterben ergangenen Urt nach § 747 ZPO bedarf. Getrennte Titel sind ausreichend (Palandt/*Edenhofer* § 2059 Rz 4). Zu beachten ist, dass der Vorbehalt der beschränkten Erbenhaftung die Verurteilung nicht hindert (RGZ 71, 371).

16 Welche der beiden Klagen erhoben wurde, ist durch Auslegung zu ermitteln (BGH NJW-RR 88, 710). Der Übergang von der Gesamtschuld- zur Gesamthandklage fällt unter § 264 Nr 2 ZPO und stellt keine Klageänderung dar (RGZ 93, 198). Der Vorbehalt der Haftungsbeschränkung steht dem Miterben auch ggü der Gesamthandklage zu (Palandt/*Edenhofer* § 2059 Rz 4). Ist der Miterbe zugleich Gläubiger, kann er nur mit der auch ihm zustehenden Gesamthandklage vorgehen, wobei er diese nur gegen die übrigen Miterben zu richten braucht (RG Warn 35 Nr 125). Aufgrund der Gesamthandklage kann der Miterbe Bezahlung seiner vollen Forderung verlangen, ohne einen Abzug in Höhe seiner Erbquote vornehmen zu müssen (BGH NJW-RR 88, 710). Zur Zwangsvollstreckung in den ungeteilten Nachlass genügt in diesem Fall ein Titel gegen die übrigen Erben und, sofern bereits ein Vollstreckungstitel gegen den Erblasser vorliegt, die Umschreibung der Vollstreckungsklausel nach § 727 ZPO gegen die übrigen Erben (Hamm DRiZ 36 Nr 274).

§ 2060 Haftung nach der Teilung.
Nach der Teilung des Nachlasses haftet jeder Miterbe nur für den seinem Erbteil entsprechenden Teil einer Nachlassverbindlichkeit:

1. wenn der Gläubiger im Aufgebotsverfahren ausgeschlossen ist; das Aufgebot erstreckt sich insoweit auch auf die in § 1972 bezeichneten Gläubiger sowie auf die Gläubiger, denen der Miterbe unbeschränkt haftet;
2. wenn der Gläubiger seine Forderung später als fünf Jahre nach dem in § 1974 Abs. 1 bestimmten Zeitpunkt geltend macht, es sei denn, dass die Forderung vor dem Ablauf der fünf Jahre dem Miterben bekannt geworden oder im Aufgebotsverfahren angemeldet worden ist; die Vorschrift findet keine Anwendung, soweit der Gläubiger nach § 1971 von dem Aufgebote nicht betroffen wird;
3. wenn das Nachlassinsolvenzverfahren eröffnet und durch Verteilung der Masse oder durch einen Insolvenzplan beendigt worden ist.

A. Allgemeines. Grds haftet jeder Erbe auch nach der Nachlassteilung gesamtschuldnerisch und unbeschränkt mit seinem Eigenvermögen einschl seines Anteils am Nachlass (BGH NJW 98, 682). Nach § 2060 haftet der einzelne Miterbe für eine Nachlassverbindlichkeit nur mit dem Betrag, der dem Wert seines Anteils am Nachlass entspricht, sog **ideeller Erbteil** (DGE/*Wrede* § 2060 Rz 1). Im Innenverhältnis kann es wegen Ausgleichspflichten zu einer Verschiebung und damit zu einer Berücksichtigung des realen Erwerbs aus der Erbschaft kommen (Palandt/*Edenhofer* § 2060 Rz 1). Ist § 2060 erfüllt, wird aus der Gesamtschuld eine Teilschuld, wobei die dinglichen Ansprüche der Nachlassgläubiger nicht erfasst werden. 1

B. Haftungsumfang. Der Umfang seiner Haftung richtet sich beim Miterben nach der Höhe seines Anteils am geteilten Nachlass. Dies kann dazu führen, dass der Nachlassgläubiger keine volle Befriedigung erlangen kann. So kann zB der Miterbe beschränkt haften, wegen ausgleichspflichtige Vorempfänge aber nichts aus dem Nachlass erhalten haben mit der Folge, dass eine Haftung ggü dem Nachlassgläubigern ausscheidet. Die übrigen Miterben haften ihm nur entspr ihrer Quote, was zu einem teilweisen Ausfall der Forderung beim Gläubiger führt, obwohl ausreichend Masse vorhanden ist (RGRK/*Kregel* § 2060 Rz 2). Diese Folge kann nur dadurch vermieden werden, dass der Nachlassgläubiger seinen Anspruch rechtzeitig geltend macht. 2

C. Haftung bei Erbteilserwerb. Der übernehmende Miterbe haftet bei Erbteilserwerben durch Miterben für die seinem Erbteil entspr Teilschuld; für die übernommenen Erbteile haftet er nach §§ 2382, 2385 aber nur anteilig je übernommenem Erbteil nach § 2060. Entspr gilt für den Erbteilserwerb durch Dritte. 3

Bei unteilbarer Nachlassschuld muss der Nachlassgläubiger analog der insolvenzrechtlichen Bestimmungen den Geldwert seiner Forderung geltend machen oder seine Forderung auf Schadensersatz umstellen. 4

D. Nr 1. Eine Haftungsbeschränkung der Miterben kann durch das Aufgebotsverfahren nach §§ 1970 ff nur dann eintreten, wenn es **vor** der Teilung eingeleitet wird. Allerdings darf die Teilung erst nach Abschluss des Aufgebotsverfahrens erfolgen (MüKo/*Heldrich* § 2060 Rz 8, str). 5

Das Ausschlussurteil kommt allen Miterben zugute, auch wenn es nur von einem Miterben erwirkt wurde, § 460 FamFG. Auf deren Kenntnis von der Forderung kommt es nicht an. Wird das Aufgebotsverfahren durch einen bereits unbeschränkt haftenden Miterben eingeleitet, führt derr Ausschließungsbeschluss zwar nicht zu einer beschränkten Haftung iSd § 2013, wohl aber wegen § 2060 Ziff 1 zur Teilschuld (DGE/*Wrede* § 2060 Rz 4). IÜ wirkt das Urt auch ggü dem in § 1972 genannten Personenkreis mit der Einschränkung, dass die Haftungsmasse nicht verändert wird. 6

Im Aufgebotsverfahren muss als besonders nachteilige Folge aufgeführt werden, dass bei nicht fristgerechter Anmeldung der Forderung eine Teilschuld entsteht. 7

E. Nr 2. Macht der Nachlassgläubiger seine Forderung erst 5 Jahre nach dem Tod des Erblassers geltend, wird seine Forderung zur Teilschuld, wobei die Frist mit der Feststellung des Todeszeitpunkts, ggf mit Rechtskraft des Beschlusses über die Todeserklärung, beginnt. Vor Ablauf der Fünfjahresfrist gibt es grds keine Verwirkung der Ansprüche eines Nachlassgläubigers nach § 242 (BGH WM 82, 101). Der Rechtsirrtum über den Bestand einer Forderung ist einer verspäteten Geltendmachung gleichzustellen (KG NJW 67, 1137). 8

Die Forderung kann durch eine außergerichtliche Mahnung geltend gemacht werden. Sie gilt als erfolgt, wenn sie im privaten oder gerichtlichen Aufgebotsverfahren angemeldet wurde (DGE/*Wrede* § 2060 Rz 5). 9

Die Frage der Kenntnisnahme ist für jeden Miterben gesondert zu prüfen. Daher kann ein Miterbe gesamtschuldnerisch, ein anderer dagegen teilschuldnerisch haften. Allerdings hat der gesamtschuldnerisch Haftende einen Ausgleichsanspruch im Innenverhältnis. 10

IÜ werden auch hier die Gläubiger einer dinglichen Forderung über § 1971 privilegiert. 11

F. Nr 3. Zur Entstehung einer Teilschuld muss das Insolvenzverfahren vor der Teilung eröffnet werden. Eine Teilschuld entsteht dann durch Aufhebung infolge Verteilung der Masse, § 200 InsO, oder durch rechtskräftigen Insolvenzplan, § 258 InsO. Sie kann nicht eintreten, wenn das Verfahren auf andere Weise endet, wie zB im Falle einer Einstellung des Verfahrens nach §§ 207, 213 InsO. Wird das Verfahren erst nach der Teilung eröffnet, findet § 2060 Ziff 3 keine Anwendung. IÜ ist § 1980 zu beachten. 12

G. Prozessuales. § 2060 ist vAw zu beachten, sobald der Tatsachenvortrag in den Rechtsstreit eingeführt wird. Der verklagte Erbe ist in den Fällen der §§ 2060, 2061 nur anteilig zu verurteilen, wobei es des Vorbe- 13 halts nach § 780 ZPO nicht bedarf, weil der Einwand des Miterben aus § 2060 nur auf die Beschränkung der Schuld, nicht aber auf eine Haftungsbeschränkung gerichtet ist (Erman/*Schlüter* § 2060 Rz 3). Will der Miterbe aber seine Haftung für die Teilschuld auf Gegenstände beschränken, die er im Wege der Nachlassteilung erhalten hat, muss der Vorbehalt aus § 780 ZPO geltend gemacht werden (DGE/*Wrede* § 2060 Rz 7).

14 Wird aus der Gesamtschuld nach der letzten mündlichen Verhandlung eine Teilschuld, kann nur mit der Vollstreckungsgegenklage nach § 767 ZPO vorgegangen werden. Die hypothekarische Sicherung der ursprünglichen Schuld bleibt auch nach Entstehen einer Teilschuld erhalten (DGE/*Wrede* § 2060 Rz 7).

§ 2061 Aufgebot der Nachlassgläubiger.

(1) ¹Jeder Miterbe kann die Nachlassgläubiger öffentlich auffordern, ihre Forderungen binnen sechs Monaten bei ihm oder bei dem Nachlassgericht anzumelden. ²Ist die Aufforderung erfolgt, so haftet nach der Teilung jeder Miterbe nur für den seinem Erbteil entsprechenden Teil einer Forderung, soweit nicht vor dem Ablauf der Frist die Anmeldung erfolgt oder die Forderung ihm zur Zeit der Teilung bekannt ist.
(2) ¹Die Aufforderung ist durch den Bundesanzeiger und durch das für die Bekanntmachungen des Nachlassgerichts bestimmte Blatt zu veröffentlichen. ²Die Frist beginnt mit der letzten Einrückung. ³Die Kosten fallen dem Erben zur Last, der die Aufforderung erlässt.

1 **A. Allgemeines.** Beim Privataufgebot der Miterben handelt es sich um einen auf Kosten des veranlassenden Miterben erfolgender privater Gläubigeraufruf (Palandt/*Edenhofer* § 2061 Rz 1). der auch dem bereits unbeschränkbar Haftenden zusteht. Es begrenzt die Haftung auf das Verhältnis ihrer Erbteile (Erman/*Schlüter* § 2061 Rz 1).

2 **B. Aufgebotsverfahren.** Die Aufforderung zur Anmeldung der Forderung erfolgt durch Veröffentlichung im BAnz und in der für die amtlichen Mitteilungen des Nachlassgerichts bestimmten Zeitung, II 1. Für die Durchführung der Veröffentlichung ist das Nachlassgericht zuständig (*Harder* ZEV 02, 90). Eine Form für die Forderungsanmeldung ist nicht vorgeschrieben; sie muss entweder ggü dem Aufgeforderten oder dem zuständigen Nachlassgericht erfolgen; die Anmeldung bei einem sonstigen Miterben reicht nicht aus (Soergel/*Wolf* § 2061 Rz 3). Hierfür entsteht eine Gebühr nach § 112 I Nr 3 KostO.

3 Die Frist des § 2061 ist eine gesetzliche Ausschlussfrist (RGZ 128, 47).

4 Die Haftung eines Miterben wird für verspätet angemeldete Forderungen im Verhältnis ihrer Erbteile zueinander anteilig begrenzt (Palandt/*Edenhofer* § 2061 Rz 1).

5 Bei einer ordnungsgemäß angemeldeten Forderung haften die Miterben gem § 2058 gesamtschuldnerisch. Entspr gilt bei Kenntnis von der Schuld vor der Teilung, I 2. Hat nur ein Miterbe Kenntnis von der Schuld, so haftet er gesamtschuldnerisch, die übrigen Miterben entspr ihres Anteils (Palandt/*Edenhofer* § 2061 Rz 1). Die Beweislast für die Kenntnis der Miterben trägt der Gläubiger.

6 **C. Teilhaftung.** Die Teilhaftung tritt erst nach Ablauf der den Gläubigern gesetzten Frist und nach der Nachlassteilung ein (Palandt/*Edenhofer* § 2061 Rz 2). Bei einer Teilung vor Fristablauf tritt die Teilhaftung erst mit Fristablauf ein, sofern die Aufforderung vor der Teilung erlassen wurde (str; Soergel/*Wolf* § 2061 Rz 2; aA RGRK/*Kregel* § 2061 Rz 2).

7 **D. Wirkungen.** Das Privataufgebot wirkt für alle Miterben und nach § 1972 auch gegen die nachlassbeteiligten Gläubiger (MüKo/*Heldrich* § 2061 Rz 6; str). Gegen die dinglich Berechtigten entfaltet es kein Wirkung.

8 **E. Kosten.** Die Kosten fallen dem Erben, der das Aufgebot erlässt, zur Last. Dabei handelt es sich nach hM um reine Eigenverbindlichkeiten (MüKo/*Heldrich* § 2061 Rz 7). Da die Wirkung des Aufgebots allen Miterben zugute kommt, sollte dem kostentragenden Miterben nach § 683 ein Erstattungsanspruch zugebilligt werden (Staud/*Marotzke* § 2061 Rz 6).

§ 2062 Antrag auf Nachlassverwaltung.

Die Anordnung einer Nachlassverwaltung kann von den Erben nur gemeinschaftlich beantragt werden; sie ist ausgeschlossen, wenn der Nachlass geteilt ist.

1 **A. Allgemeines.** Die Vorschrift steht im Zusammenhang mit der Erbengemeinschaft. Die Anordnung der Nachlassverwaltung über einen Erbteil ist nicht möglich (MüKo/*Heldrich* § 2062 Rz 14); allerdings kommt die Pfändung des Erbteils in Betracht, § 2059 I, § 859 II ZPO (Staud/*Marotzke* § 2062 Rz 6).

2 **B. Antragsberechtigung.** Bis zur Entscheidung des Gerichts über den Antrag auf Nachlassverwaltung muss die Antragsberechtigung bei allen Miterben vorliegen. Durch die Antragsrücknahme oder den Verlust des Antragsrechts bei einem Miterben nach § 2013 I 1 ist der gesamte Antrag wirkungslos (hM; DGE/*Wrede* § 2062 Rz 3). Ist der Miterbe auch Nachlassgläubiger, kann er den Antrag nach § 1981 II stellen (KGJ 44, 72); *die Mitwirkung der übrigen Miterben ist nicht erforderlich.*

3 **C. Gemeinschaftlicher Antrag.** Im Gegensatz zur Nachlassinsolvenz (Soergel/*Wolf* § 2062 Rz 2) ist ein gemeinschaftlicher Antrag aller Miterben erforderlich. Wegen der durch die Anordnung der Nachlassverwal-

tung bedingten fehlenden Verwaltungsbefugnis der Miterben ist es nicht möglich, die Antragstellung durch einen Mehrheitsbeschluss zu erzwingen (MüKo/*Heldrich* § 2062 Rz 3).

Allerdings haften die Miterben bis zur Teilung nur mit dem Nachlass. Sie können die Auseinandersetzung bis zur Ermittlung der Nachlassgläubiger verhindern. Dadurch sind sie hinreichend geschützt. Darüber hinaus kann jeder Miterbe das Aufgebotsverfahren einleiten und auf die Inventarerrichtung hinwirken. 4

D. Verfahrensrechtliches. Die Anordnung der Nachlassverwaltung ist nach § 76 I FGG (§ 359 FamFG) unanfechtbar. Sie kann im Falle des Verstoßes gegen § 2062 mit der Beschwerde angefochten werden. Die Beschwerde, die von allen Miterben gemeinschaftlich eingelegt werden muss, ist auch möglich, wenn der Antrag auf Anordnung der Nachlassverwaltung zurückgewiesen wurde. Ist der Zweck der Nachlassverwaltung erreicht, kann jeder Miterbe die Aufhebung der Nachlassverwaltung beantragen, da es sich nur um eine Anregung zu einer Maßnahme handelt, die das Nachlassgericht vAw zu veranlassen hat (Palandt/*Edenhofer* § 2062 Rz 1). Gegen die Ablehnung dieses Antrags ist jeder Miterbe für sich beschwerdeberechtigt (Frankf JZ 53, 53). Der bloße Vermächtnisnehmer ist nicht beschwerdeberechtigt (BayObLGZ 9, 339). 5

E. Nachlassteilung. Nach der Nachlassteilung ist der Antrag auf Anordnung der Nachlassverwaltung weder durch die Miterben noch durch die Nachlassgläubiger zulässig (DGE/*Wrede* § 2062 Rz 6). Er ist zulässig, wenn die Miterbengemeinschaft nicht durch Teilung aufgehoben wurde oder sie sich durch eine nicht rechtsgeschäftliche Übertragung alle Erbteile in der Hand eines Miterben vereinigt (RGRK/*Kegel* § 2062 Rz 2). 6

§ 2063 Errichtung eines Inventars, Haftungsbeschränkung.
(1) Die Errichtung des Inventars durch einen Miterben kommt auch den übrigen Erben zustatten, soweit nicht ihre Haftung für die Nachlassverbindlichkeiten unbeschränkt ist.
(2) Ein Miterbe kann sich den übrigen Erben gegenüber auf die Beschränkung seiner Haftung auch dann berufen, wenn er den anderen Nachlassgläubigern gegenüber unbeschränkt haftet.

A. Allgemeines. Die Vorschrift ergänzt die §§ 1993–2013 für die Erbengemeinschaft. 1

B. Inventarerrichtung (Abs 1). Erstreckt sich die Inventarerrichtung eines Miterben nicht nur auf seinen Erbteil, sind die Nachlassgläubiger hinreichend geschützt (Palandt/*Edenhofer* § 2063 Rz 1). Sofern noch keine unbeschränkte Haftung eingetreten ist, kommt dem Miterben die Inventarerrichtung eines einzigen zustatten. Die Erklärung nach § 2004 ist daher nicht erforderlich (Palandt/*Edenhofer* § 2063 Rz 1). Die eidesstattliche Versicherung nach §§ 2006, 260 II kommt für sie nicht in Betracht (RGZ 129, 246). 2

Nach der Aufforderung zur Inventarerrichtung setzt das Nachlassgericht jedem einzelnen Miterben eine Frist zur Errichtung, wodurch die Fristen uU unterschiedlich zu laufen beginnen (LG Kaiserslautern DAVorm 73, 625 f). IÜ kann sich ein säumiger Miterbe nicht darauf berufen, dass ein anderer Miterbe das Inventar fristgem und ordentlich errichtet hat (DGE/*Wrede* § 2063 Rz 3) mit der Folge, dass die Miterben nicht für Fehler, wie Inventaruntreue oder Versäumung der Inventarfrist, die ein anderer bei der Errichtung begeht, haften. Haben die Miterben den gleichen Notar mit der Inventarerrichtung beauftragt haben, ist das Inventar allen Miterben zuzurechnen (RGZ 129, 246). 3

C. Miterbe (Abs 2). Als Nachlassgläubiger kann sich der Miterbe selbst Aufschluss über den Nachlassbestand zu verschaffen; daher entfalten Inventarverfehlungen unter den Miterben keine Wirkung (Palandt/*Edenhofer* § 2063 Rz 2). Seine Stellung ggü den Miterbennachlassgläubigern ergibt sich aus den §§ 2060 ff. Die übrigen Miterben haften ihm ggü nie unbeschränkbar, II. Unklar ist, ob der Miterbe als Gläubiger oder als Erbe zu behandeln ist (*Buchholz* JR 90, 45). Um den Miterbengläubigern nicht mit seinem Eigenvermögen zu haften, muss er sich das Beschränkungsrecht nach § 780 ZPO vorbehalten und in der Zwangsvollstreckung geltend machen (Palandt/*Edenhofer* § 2063 Rz 2). 4

Wegen § 2063 II findet § 185 II (Erblasser verfügt als Nichtberechtigter) keine Anwendung (RGZ 110, 94), wenn neben dem Erwerber auch der Berechtigte zum Kreis seiner Erben gehört. Entsprechendes gilt bei unentgeltlichen Verfügung eines Vorerben zugunsten einzelner Nacherben, wenn der Vorerbe von den Nacherben beerbt wird (BGH LM § 2113 Nr 1). 5

Abschnitt 3 Testament

Vorbemerkungen vor §§ 2064 ff

A. Auf Testamente anwendbare Vorschriften. Das Testament ist ein einseitiges Rechtsgeschäft, das aus einer nicht empfangsbedürftigen Willenserklärung besteht. Soweit sich nicht im fünften Buch des BGB Spezialregelungen finden, sind deshalb die Normen aus dem Allgemeinen Teil des BGB anwendbar. 1

2 **I. §§ 104–113: Testierwille, Testierfähigkeit.** Der Testierwille stellt die erbrechtliche Form des rechtsgeschäftlichen Erklärungsbewusstseins oder Erklärungswillens dar. Er zielt also, anders als der konkrete Geschäftswille, lediglich auf die Herbeiführung von Rechtsfolgen durch Verfügung von Todes wegen überhaupt. Ob ein derartiger Wille des Erblassers bei Abfassung eines Schriftstücks vorliegt oder ob es sich bei einem aufgefundenen Schriftstück nur um eine Vorüberlegung, Ankündigung oder einen Entwurf des Erblassers handelt, ist im Wege der Auslegung, § 133, zu ermitteln. Dabei spricht keine Vermutung für das Vorliegen des Testierwillens.

3 Die Vorschriften zur Geschäftsfähigkeit werden durch § 2229, der die Testierfähigkeit regelt, vollständig verdrängt. Bei der Auslegung des Begriffs „Testierfähigkeit" kann das Vorhandensein einzelner rudimentär vorhandener intellektueller Fähigkeiten zurücktreten ggü der als vorrangig anzusehenden Befähigung des Erblassers, sich über die für und gegen die sittliche Berechtigung einer letztwilligen Verfügung sprechenden Gründe ein klares Urt zu bilden und nach diesem Urt frei von Einflüssen interessierter Dritter zu handeln (BayObLG NJW-RR 05, 1025).

4 **II. §§ 116–124; 142–144: Willensmängel.** §§ 116–118 sind auf Testamente nur beschränkt anwendbar. § 116 (RGZ 104, 320, 322; BayObLG FamRZ 77, 347; Frankf FamRZ 93, 858, 860; aA *Lange/Kuchinke* § 35 I 1 b) und § 118 können angewendet werden. Eine Schadensersatzpflicht des Erblassers aus § 122 wird jedoch nicht ausgelöst (MüKo/*Leipold* vor § 2064 Rz 2). Ein Einverständnis mit dem Erklärungsempfänger iSd § 117 ist hingegen mangels Erklärungsempfänger nicht denkbar.

5 §§ 2078 ff enthalten Sonderregelungen zur Anfechtung von Testamenten. §§ 2078, 2079 regeln anstelle der §§ 119, 120, 123 besondere Anfechtungsgründe, § 2082 verdrängt die Regelungen der §§ 121, 124 zur Anfechtungsfrist. § 122 ist nicht anwendbar, § 2078 III.

6 Die Wirkung der Anfechtung ergibt sich aus § 142. Bezüglich des Anfechtungsadressaten verdrängt § 2081 in seinem Anwendungsbereich § 143. Der Erblasser kann die anfechtbare Verfügung bestätigen, § 144 I, mit der Folge, dass den nach § 2080 Anfechtungsberechtigten kein Anfechtungsrecht zusteht.

7 **III. §§ 125–129: Form.** Besondere, die §§ 126 ff verdrängende Formvorschriften finden sich in §§ 2231 ff. Für die Folgen des Formverstoßes gilt § 125 1.

8 **IV. §§ 130–132: Wirksamwerden; Bindung.** Als nicht empfangsbedürftige Willenserklärung wird das Testament bereits mit Errichtung wirksam und ist frei widerruflich, § 2253. Die § 130 ff gelten nicht. Das Vertrauen der Bedachten auf den Fortbestand des Testaments wird auch nicht geschützt. Wird eine Bindung des Erblassers angestrebt, so ist ein Erbvertrag zu schließen oder – soweit der Anwendungsbereich eröffnet ist – ein gemeinschaftliches Testament mit wechselbezüglichen Verfügungen zu errichten.

9 **V. §§ 133–141.** § 133 gilt auch für die Auslegung von Testamenten (dazu § 2084 Rn 5 ff). Mängel der vom Erblasser getroffenen Anordnungen werden durch besondere Vorschriften beseitigt, die Auswirkungen von Unklarheiten oder Lücken im Testament beschränken, §§ 2066–2073, 2084–2086.

10 Eine letztwillige Verfügung kann nach §§ 134, 138 nichtig sein. Wichtigstes Verbotsgesetz ist § 14 HeimG. Diese Norm untersagt es dem Träger eines Alten- oder Pflegeheims, sich von Heimbewohnern zusätzliche Leistungen über das geschuldete Entgelt hinaus versprechen oder gewähren zu lassen, und erfasst auch letztwillige Verfügungen zugunsten des Heimträgers, die diesem zu Lebzeiten bekannt werden (BayObLG NJW-RR 99, 1454; KG ZEV 98, 1542). Dasselbe gilt für Leiter, Beschäftigte und sonstige Mitarbeiter des Heims. Zur Sittenwidrigkeit unten Rn 16.

11 Mangels Vorliegen einer Verfügung iSd §§ 135–137 können diese Normen nicht angewendet werden. § 139 wird durch § 2085 verdrängt. Letztwillige Verfügungen können umgedeutet werden, § 140. Eine Bestätigung iSd § 141 ist möglich.

12 **VI. §§ 145–157: Besondere Vorschriften über Verträge.** Auf das Testament als einseitiges Rechtsgeschäft können §§ 145 ff nicht angewendet werden.

13 **VII. §§ 158–163: Bedingung und Befristung.** Aus §§ 2074, 2075 ergibt sich die Möglichkeit bedingter oder befristeter letztwilliger Verfügungen, so dass §§ 158 ff grds angewendet werden können.

14 **VIII. §§ 164–181: Stellvertretung.** Die Stellvertretungsregeln sind wegen der Höchstpersönlichkeit der Testamentserrichtung, §§ 2064, 2065, nicht anwendbar.

15 **IX. §§ 182–185: Genehmigung.** Das Testament als höchstpersönliches Rechtsgeschäft bedarf keiner Genehmigung durch Dritte.

16 **B. Nichtigkeit letztwilliger Verfügungen wegen Verstoß gegen die guten Sitten. I. Allgemeines.** Erbrechtliche Verfügungen können gegen die guten Sitten verstoßen. Folge ist die Nichtigkeit der Verfügung, § 138 I (insb zur Sittenwidrigkeit von Bedingungen vgl §§ 2074, 2075 Rn 6 ff), soweit die Sittenwidrigkeit reicht. Angesichts der in Art 14 GG geschützten Testierfreiheit ist bei der Bejahung der Sittenwidrigkeit Zurückhaltung geboten. Voraussetzung ist das Vorliegen objektiv sittenwidriger Tatsachen, die (anders als das Sittenwidrigkeitsurteil selbst) dem Erblasser evident waren.

Für die Ermittlung der Sittenwidrigkeit ist – wie bei anderen Rechtsgeschäften – grds auf den Zeitpunkt der Vornahme des Rechtsgeschäfts, also der Errichtung des Testaments, abzustellen (BGHZ 20, 71). Es wird jedoch zu Recht darauf hingewiesen, dass eine Verfügung, die bei Eintritt des Erbfalls aufgrund eines Wandels der Anschauungen nicht mehr als sittenwidrig anzusehen ist, nach den zur Zeit des Erbfalls herrschenden Kriterien zu behandeln ist (Hamm FamRZ 79, 1074; Erman/*Schmidt* vor § 2064 Rz 13; *Lange/Kuchinke* § 34 IV 5; krit Staud/*Otte* vor § 2064 Rz 182). 17

II. Fallgruppen. 1. Belohnung sittenwidrigen Verhaltens. Die bislang herrschende Auffassung hielt eine Zuwendung für sittenwidrig, wenn sie den ausschl Zweck hatte, Geschlechtsverkehr zu entlohnen oder durch die Aussicht auf den künftigen Erwerb zum Geschlechtsverkehr zu motivieren („Geliebtentestament", vgl BGHZ 53, 369; Soergel/*Stein* § 1937 Rz 28). IdR liegt Sittenwidrigkeit schon deshalb nicht vor, weil die Motivation des Erblassers nicht ausschl im sexuellen Bereich liegt (BayObLG FamRZ 02, 915). Inzwischen hat das ProstG vom 20.12.01 dieser Auffassung den Boden entzogen. Wenn § 1 1 dieses Gesetzes die Vereinbarung eines Entgelts für sexuelle Kontakte für rechtsverbindlich erklärt, kann eine solche Vereinbarung nicht gleichzeitig wegen Sittenwidrigkeit für nichtig gehalten werden. Gleiches gilt für ein von Todes wegen zugewendetes Entgelt für sexuelle Kontakte (Staud/*Otte* vor § 2064 Rz 150; *Armbrüster* NJW 02, 2764), vgl aber unten Rn 20. 18

2. Verletzung familiärer Solidaritätspflichten. Ehegatten tragen füreinander Verantwortung, § 1353 I 2, Eltern und Kinder sind einander Beistand und Rücksicht schuldig, § 1618a. Diese Verpflichtungen gelten auch im Bereich der Errichtung letztwilliger Verfügungen. Grds ist der Erblasser allerdings bereits durch das die Testierfreiheit beschränkende Pflichtteilsrecht, §§ 2303 ff, zu familiärer Solidarität gezwungen und kann ansonsten nach Belieben testieren (*Grziwotz* ZEV 94, 269). Allerdings verstößt in Ausnahmefällen eine Verfügung von Todes wegen gegen die guten Sitten, wenn sie den Ehegatten oder ein Kind zugunsten nichtpflichtteilsberechtigter Personen übergeht und dies trotz des Pflichtteilsanspruches zur Folge hat, dass der Übergangene bedürftig iSd Unterhaltsrechts bleibt oder wird (BGH NJW 84, 2150f; BayObLG FamRZ 02, 915). Eine Ungleichbehandlung von Angehörigen, also eine Übergehung eines Angehörigen zugunsten eines anderen Angehörigen verstößt nicht gegen § 138 (vgl BVerfG NJW 00, 2495). 19

Der BGH hat die Voraussetzungen des § 138 I darüber hinaus auch bei „kränkender Zurücksetzung naher Angehöriger" hinter fernstehende Personen, etwa Geliebte oder Freunde, bejaht (BGH NJW 84, 2150). Es kann jedoch angesichts der Pflichtteilsansprüche nur die krasse Zurücksetzung in Gestalt der völligen Enterbung als Anknüpfungspunkt für die Sittenwidrigkeit in Betracht kommen. § 138 würde missverstanden, wenn man aus der Vorschrift einen weitergehenden Schutz bloßer Empfindlichkeiten herleiten wollte (BayObLG FamRZ 92, 226; Staud/*Otte* vor § 2064 Rz 168). 20

3. Testierfreiheit und Sozialleistungen. Als sittenwidrig wurde es zT auch angesehen, wenn ein Erblasser, zu dessen pflichtteilsberechtigten Angehörigen ein Empfänger von Sozialhilfe zählt, Zuwendungen an diese Person so gestaltet, dass diese nicht dem Zugriff des Sozialhilfeträgers ausgesetzt sind („Behindertentestament", LG Konstanz FamRZ 92, 360; LG Flensburg NJW 93, 1866; krit Staud/*Otte* vor § 2064 Rz 174; *Damrau* ZEV 98, 1). Der BGH hat jedoch die Sittenwidrigkeit von Behindertentestamenten verneint. Eine Verfügung von Todes wegen, mit der Eltern ein behindertes, auf Kosten der Sozialhilfe untergebrachtes Kind nur als Vorerben auf einen den Pflichtteil kaum übersteigenden Erbteil einsetzen, bei seinem Tod ein anderes Kind als Nacherben berufen und dieses zum Vollerben auch des übrigen Nachlasses bestimmen, verstößt nach Auffassung der BGH nicht gegen § 138 I, auch soweit dadurch der Träger der Sozialhilfe keinen Kostenersatz erlangt (BGH NJW 94, 248; NJW 90, 2055). Zu Gestaltungsfragen *Ruby* ZEV 06, 66; *Mayer* ZErb 99, 60 und 00, 16. Genauso dürfte auch bei der Erbeinsetzung von Personen zu verfahren sein, die aus anderen Gründen Sozialleistungen beziehen („Hartz IV-Testament"). 21

22

Titel 1 Allgemeine Vorschriften

§ 2064 Persönliche Errichtung. Der Erblasser kann ein Testament nur persönlich errichten.

Die persönliche Errichtung eines Testaments ist in § 2064 zwingend vorgeschrieben, um die freie Willensentschließung des Erblassers zu sichern. Die Vorschrift schließt die rechtsgeschäftliche (BayObLG FamRZ 90, 441) wie gesetzliche (vgl auch §§ 1903, 2229) Vertretung des Erblassers aus, sei es im Willen, sei es in der Erklärung (BGH NJW 55, 100). Das von einem Vertreter errichtete Testament ist nichtig (formelle Höchstpersönlichkeit). Es wird auch nicht durch nachträgliche Genehmigung des Erblassers wirksam. Davon Abzugrenzen ist die bloße Beratung durch einen Notar oder Rechtsanwalt bei Letztentscheidung durch den Erblasser. 1

Auch der Widerruf eines Testaments durch Testament, §§ 2254, 2258, unterliegt dem Gebot der formellen Höchstpersönlichkeit. Die Rückgabe eines Testaments nach § 2256 muss an den Erblasser persönlich erfolgen. Jedoch kann der Erblasser, der sich zum Widerruf eines Testaments entschlossen hat, einen Dritten mit der Vernichtung des Schriftstücks beauftragen, vgl § 2255. 2

3 Vorschriften, die persönliches Handeln des Erblassers anordnen, finden sich darüber hinaus für den Abschluss von Erbverträgen, § 2274, und Erbverzichtsverträgen, § 2374 II, für die Bestätigung eines anfechtbaren Erbvertrages, § 2284 1, die Aufhebung eines Erbvertrags, § 2290 I, und den Rücktritt vom Erbvertrag, § 2296 I 1.

§ 2065 Bestimmung durch Dritte.
(1) Der Erblasser kann eine letztwillige Verfügung nicht in der Weise treffen, dass ein anderer zu bestimmen hat, ob sie gelten oder nicht gelten soll.
(2) Der Erblasser kann die Bestimmung der Person, die eine Zuwendung erhalten soll, sowie die Bestimmung des Gegenstands der Zuwendung nicht einem anderen überlassen.

1 **A. Allgemeines.** Der Erblasser muss Geltung und Inhalt sämtlicher letztwilliger Verfügungen selbst festlegen, also seinen Willen vollständig und abschließend selbst bilden und diesen wirksam in einem Testament niederlegen (materielle Höchstpersönlichkeit). Der Erblasser darf deshalb die Entscheidung, ob und wann eine Verfügung gelten soll, wer Zuwendungsempfänger ist und welchen Gegenstand dieser erhalten soll, nicht einem Dritten überlassen.

2 Vor Anwendung des § 2065 ist zunächst der Wille des Erblassers durch Auslegung zu ermitteln (vgl etwa BayObLG NJW 88, 2742). Erst wenn der Inhalt hiernach unklar bleibt oder ein Dritter zur Entscheidung über Geltung, Empfänger oder Gegenstand berufen ist, stellt sich die Frage nach der Vereinbarkeit mit dem Selbstbestimmungsgebot (BayObLG FamRZ 02, 200).

3 Verfügungen, die gegen § 2065 verstoßen, sind nichtig (BayObLG FamRZ 00, 1392, 1394). In Betracht kommt jedoch eine Umdeutung der unwirksamen Erbeinsetzung etwa in ein wirksames Vermächtnis oder eine wirksame Auflage, § 140 (BGH WM 87, 564, vgl auch § 2084 Rn 18).

4 **B. Geltung einer letztwilligen Verfügung. I. Unzulässige Anordnungen.** § 2065 I verbietet es, die Geltung des Testaments insgesamt oder einer einzelnen darin enthaltenen letztwilligen Verfügung vom Willen eines Dritten abhängig zu machen. Der Erblasser kann deshalb seine Verfügungen weder an die Zustimmung eines Dritten knüpfen noch einen Dritten ermächtigen, sie zu widerrufen oder abzuändern (RGZ 79, 32) oder unter mehreren Verfügungen auszuwählen. So kann zB dem überlebenden Ehegatten in einem Ehegattentestament oder Erbvertrag nicht das Recht eingeräumt werden, Zuwendungen seitens des verstorbenen Ehegatten zu ändern oder aufzuheben, „wenn das Verhalten der im Testament bedachten Personen dem Überlebenden berechtigten Anlass zu Beschwerden gibt" (BGH NJW 51, 959). Auch die Bestimmung in einem Testament, in der sich der Erblasser im Anschluss an die Berufung seiner Ehefrau als Vorerbin darauf beschränkt, lediglich den Personenkreis zu benennen, aus dem die von ihm dazu ermächtigte Ehefrau den Nacherben noch bestimmen soll, ist unwirksam (Hamm MDR 07, 663).

5 **II. Zulässige Anordnungen.** Wohl aber kann der Erblasser bestimmen, dass für Streitigkeiten über Wirksamkeit oder Inhalt des Testaments ein Schiedsrichter zuständig ist, vgl § 1066 ZPO, der jedoch nicht anstelle des Erblassers, sondern anstelle der staatlichen Zivilgerichtsbarkeit handelt; dieses Amt kann auch der Testamentsvollstrecker wahrnehmen (RGZ 100, 76), soweit er dabei nicht Richter in eigener Sache wird, vgl § 41 ZPO (BGHZ 41, 23).

6 Das Verbot, die Entscheidung über die Geltung einem anderen zu überantworten, § 2065 I, verbietet nicht aufschiebend oder auflösend bedingte Verfügungen, vgl §§ 2074, 2075. Zur Entscheidung über den Eintritt der Bedingung kann der Erblasser einen Schiedsgutachter einsetzen. Die Bedingung muss jedoch ausreichend bestimmt formuliert sein. Eine Potestativbedingung ist nur dann zulässig, wenn für den Erblasser das Ereignis, nicht aber dessen Abhängigkeit vom Willen eines Dritten im Vordergrund steht, weil ansonsten die Bedingung auf eine Vertretung im Willen hinausliefe (BGH NJW 55, 100; BayObLG NJW 93, 138; KG ZEV 98, 260). Es sind deshalb Potestativbedingungen zulässig, bei denen der Erblasser seinen Willen vollständig gebildet hat und in seine Überlegungen das mögliche, wenn auch willensabhängige künftige Ereignis einbezogen hat (Stuttg FGPrax 05, 221). Eine unzulässige Vertretung im Willen soll insb dann vorliegen, wenn zwar das Ereignis bestimmt ist, sein Eintritt aber von jeder beliebigen Person herbeigeführt werden kann (Grabpflege, Einäscherung, Beistand, vgl BayObLG FamRZ 91, 610; FamRZ 92, 987; Frankf FamRZ 92, 226; KG ZEV 98, 260; aA *Wagner* ZEV 48, 255; Staud/*Otte* § 2065 Rz 15). Es muss das Ereignis allein genommen für den Entschluss des Erblassers und seine Vorstellungen Bedeutung haben, nicht lediglich der darin zum Ausdruck kommende Wille des Dritten als solcher, weil ansonsten die Potestativbedingung auf eine wegen § 2065 unzulässige Vertretung im Willen hinausliefe (Stuttg FGPrax 05, 221, 222).

7 Zulässig ist die Anordnung, dass die Wirksamkeit der Verfügung davon abhängen soll, ob der Bedachte den Pflichtteil fordert, die Erbschaft ausschlägt, heiratet, oder eine bestimmte Ausbildung abschließt. Ebenfalls zulässig ist die Einsetzung von Nacherben unter der Bedingung, dass der Vorerbe keine (BGH NJW 81, 2051) oder eine ganz bestimmte (BGHZ 59, 220, 222) Verfügung über seinen eigenen Nachlass (Stuttg FGPrax 05, 220, 222; nicht jedoch über den Nachlass der Erblassers) trifft (Staud/*Otte* § 2065 Rz 20; aA MüKo/*Leipold* § 2065 Rz 10: Auch hier greift der Vorerbe unzulässig auf die Erbfolge nach dem Erblasser zu). Errichtet der Vorerbe eine bedingungswidrige Verfügung, so entfällt die Nacherbeneinsetzung und er wird damit rückwirkend Vollerbe.

C. Zuwendungsempfänger und Zuwendungsgegenstand. § 2065 II gebietet es dem Erblasser, bei Erbeinsetzungen Zuwendungsempfänger und -gegenstand selbst zu bestimmen, also so zu benennen, dass eine Bestimmung nach objektiven Kriterien möglich ist (BayObLG FamRZ 00, 1392). Der Erblasser darf dabei keinem Dritten eine Entscheidungsbefugnis einräumen (BayObLG FamRZ 91, 610). 8

Bei anderen Verfügungen als Erbeinsetzungen gelten jedoch Abweichungen vom Gebot materieller Höchstpersönlichkeit: Beim Vermächtnis darf der Erblasser die Auswahl zwischen mehreren von ihm bestimmten Vermächtnisnehmern, §§ 2151, 2152, oder Vermächtnisgegenständen, §§ 2153–2156, einem Dritten überlassen, §§ 2151, 2152, nicht jedoch dem Bedachten selbst (BGH NJW 91, 1885). Bei der Auflage genügt die Zweckbestimmung durch den Erblasser, der Kreis der Begünstigten kann offen bleiben, § 2193 I; für den Auflagengegenstand gelten über § 2192 die §§ 2153 bis 2156. Die Auseinandersetzung kann durch Bestimmung in das Ermessen eines Dritten gestellt werden, soweit die gerichtliche Nachprüfbarkeit nicht ausgeschlossen wird, § 2048 2. Schließlich kann zwar nicht die Anordnung der Testamentsvollstreckung, wohl aber die Ernennung des Amtsinhabers einem Dritten übertragen werden, §§ 2198–2200. 9

Eine Verfügung, mit der ein Erblasser die Auswahl des Erben oder des Erbteils einem von ihm selbst bestimmten Dritten überlässt, ist dann mit § 2065 II vereinbar, wenn er dabei die Auswahlkriterien und den Dritten (BGH NJW 65, 2201) genau bestimmt hat. Die Auswahlkriterien müssen so gefasst sein, dass dem Dritten kein Entscheidungs- oder Ermessensspielraum mehr zusteht (BGH NJW 55, 100: nur Bezeichnung, keine Bestimmung; BayObLG NJW 99, 1119; NJW-RR 00, 1174). Unzulässig ist also etwa die Erbeinsetzung des „am besten geeigneten Sohnes" (vgl BGH NJW 65, 2201); „einer sozialen Einrichtung" (vgl BayObLG FamRZ 01, 317) oder „zehn vom Leiter des Waisenhauses auszuwählender Kinder" (BayObLG NJW-RR 98, 727, 729). Ist ein solcher Spielraum erforderlich, etwa bei der Gestaltung einer Unternehmens- oder Betriebsnachfolge, sollte ein Auswahlvermächtnis, § 2151, angeordnet werden, weil auch § 2073 keine alternative Erbeinsetzung zulässt (*Mayer* ZEV 95, 248). Zulässig ist die Einsetzung der gesetzlichen, nicht jedoch der gewillkürten Erben eines Dritten (Soergel/*Loritz* § 2065 Rz 14). 10

Wurde der überlebende Ehegatte zum Vorerben eingesetzt, so ist eine Verfügung, nach der es dem überlebenden Ehegatten gestattet ist, den Nacherben aus einem vorgegebenen Personenkreis frei auszuwählen, unwirksam (Hamm ZEV 95, 376; Soergel/*Loritz* § 2065 Rz 20; aA noch Oldbg RPfleger 66, 47). Unzulässig ist es auch, dem zum Vorerben eingesetzten Ehegatten die Möglichkeit zu verleihen, die Erbquoten der Nacherben zu verändern (Hamm DNotZ 67, 315; Frankf DNotZ 01, 143; aA BGHZ 59, 220; *Mayer* ZEV 00, 1, 7). 11

D. Benennungsverfahren. Das Verfahren der Benennung des Bedachten oder des zugewendeten Gegenstandes richtet sich mangels abweichender Anordnung durch den Erblasser nach § 2198 analog (MüKo/*Leipold* § 2065 Rz 19). Das Nachlassgericht kann dem Berechtigten auf Antrag eines Beteiligten eine angemessene Frist setzen, nach deren Ablauf das Benennungsrecht auf das Gericht gem § 319 I 2 analog übergeht. Die Benennung durch den Dritten unterliegt in analoger Anwendung des § 319 I 2 der gerichtlichen Überprüfung nur, wenn sie grob unbillig ist (BaRoth/*Litzenburger* § 2065 Rz 18). 12

Vorbemerkungen vor §§ 2066 ff

§§ 2066 ff enthalten Regeln, die nur in Zweifelsfällen anwendbar sind, also dann, wenn die Auslegung der letztwilligen Verfügung (dazu § 2084 Rn 5 ff) zu keinem eindeutigen Ergebnis führt (vgl BGH NJW 81, 2744), weil der Erblasser unklare Bezeichnungen wählt (gesetzliche Erben, Verwandte, Kinder, Arme, etc). §§ 2066 ff gelten unmittelbar nur für die Erbeinsetzung, können jedoch auf Vermächtnis und Auflage analog angewendet werden (MüKo/*Leipold* § 2066 Rz 7). 1

Die §§ 2066 ff führen auf prozessualer Ebene dazu, dass derjenige darlegungs- und beweispflichtig ist bzw die Feststellungslast trägt, der einen abweichenden Willen des Erblassers behauptet. 2

§ 2066 Gesetzliche Erben des Erblassers.
¹Hat der Erblasser seine gesetzlichen Erben ohne nähere Bestimmung bedacht, so sind diejenigen, welche zur Zeit des Erbfalls seine gesetzlichen Erben sein würden, nach dem Verhältnis ihrer gesetzlichen Erbteile bedacht. ²Ist die Zuwendung unter einer aufschiebenden Bedingung oder unter Bestimmung eines Anfangstermins gemacht und tritt die Bedingung oder der Termin erst nach dem Erbfall ein, so sind im Zweifel diejenigen als bedacht anzusehen, welche die gesetzlichen Erben sein würden, wenn der Erblasser zur Zeit des Eintritts der Bedingung oder des Termins gestorben wäre.

§ 2066 1 greift, wenn der Erblasser wörtlich oder in einer bedeutungsgleichen Formulierung seine „gesetzlichen Erben" einsetzt, nicht hingegen, wenn er die Erben nach Gruppen („Kinder", „Enkel") oder Namen bezeichnet, denn insoweit gilt § 2091. Die Regel des § 2066 1 hilft über eine fehlende (und auch im Wege der Auslegung nicht zu ermittelnde) Festlegung der Anteilshöhe und/oder ein Fehlen des für die Ermittlung der gesetzlichen Erben maßgeblichen Zeitpunkts hinweg (RGZ 70, 391). Sie kann auf die Einsetzung der gesetzlichen Erben eines Dritten analog angewendet werden (vgl Zweibr NJW-RR 90, 1161). Hinsichtlich des Verhältnisses zu § 2096 Rn 3. 1

2 Gilt § 2066 1, so werden alle gesetzlichen Erben, die im Zeitpunkt des Erbfalls vorhanden sind, nach Maßgabe der zur Zeit des Erbfalls gültigen Erbrechts bedacht, soweit kein abweichender Wille des Erblassers erkennbar ist (Frankf FamRZ 95, 1087). Dazu gehören insb auch Ehegatten, eingetragene Lebenspartner, außereheliche Kinder (im Verhältnis zum Vater nur nach Anerkennung oder Vaterschaftsfeststellung, § 1592 Nr 2 und 3), Adoptivkinder und Adoptiveltern (Stuttg FamRZ 73, 278). Abweichende Vorstellungen des Erblassers über den Kreis seiner gesetzlichen Erben berechtigen nach Maßgabe der §§ 2078, 2281 zur Anfechtung der letztwilligen Verfügung (BGH NJW 81, 1736).

3 § 2066 2 gilt für Erbeinsetzungen, die nicht mit dem Erbfall, sondern erst zu einem späteren Zeitpunkt wirksam werden. Fehlt es an einem Erblasserwillen, so ist der Kreis der gesetzlichen Erben in der Weise zu ermitteln, als wäre der Erblasser erst zum Zeitpunkt des Wirksamkeitseintritts gestorben. Das ist insb bei Einsetzung der gesetzlichen Erben als Nacherben von Bedeutung (BayObLG NJW-RR 91, 1096). Die Regelung begünstigt also in der Schwebezeit geborene gesetzliche Erben.

§ 2067 Verwandte des Erblassers.
¹Hat der Erblasser seine Verwandten oder seine nächsten Verwandten ohne nähere Bestimmung bedacht, so sind im Zweifel diejenigen Verwandten, welche zur Zeit des Erbfalls seine gesetzlichen Erben sein würden, als nach dem Verhältnis ihrer gesetzlichen Erbteile bedacht anzusehen. ²Die Vorschrift des § 2066 Satz 2 findet Anwendung.

1 § 2067 1 greift, wenn der Erblasser wörtlich oder in einer bedeutungsgleichen Formulierung seine „Verwandten" oder seine „nächsten Verwandten" iSd § 1589 bedacht hat, nicht hingegen, wenn er die Erben nach Gruppen („Kinder", „Enkel") oder Namen bezeichnet, denn insoweit gilt § 2091. Die Regel des § 2067 1 kann auch auf Teile des Nachlasses angewendet werden, wenn neben den Verwandten noch andere Personen, etwa der Ehegatte, bedacht sind; dann gilt sie in Ansehung des den Verwandten zugedachten Anteils (BayObLG FamRZ 01, 1561, 1563). Hat der Erblasser seine Verwandten iSd § 1589 bedacht, so hilft § 2067 1 über eine fehlende Bestimmung der Höhe der Anteile und/oder das Fehlen des für die Ermittlung der Verwandten maßgebenden Zeitpunkts (BayObLG NJW 92, 322) hinweg. Die Regel kann auch auf eine Einsetzung der Verwandten eines Dritten analog angewendet werden (MüKo/*Leipold* § 2067 Rz 5).

2 Folge einer Anwendung des § 2067 1 ist, dass alle gesetzlichen Erben des Erblassers, die im Zeitpunkt des Erbfalls oder des Eintritts der Bedingung/des Termins, § 2067 2, vorhanden sind, nach Maßgabe der zu diesem Zeitpunkt bestehenden Gesetzeslage bedacht sind. Das ist insb bei Einsetzung der Verwandten als Nacherben von Bedeutung (BayObLG FamRZ 01, 1561, 1563). Zu den Verwandten gehören auch außereheliche Kinder (im Verhältnis zum Vater nur nach Anerkennung oder Vaterschaftsfeststellung, § 1592 Nr 2 und 3), Adoptivkinder und Adoptiveltern, nicht aber der Ehegatte oder eingetragene Lebenspartner. Abweichenden Vorstellungen des Erblassers über den Kreis seiner Verwandten berechtigen nach Maßgabe der §§ 2078, 2281 zur Anfechtung der letztwilligen Verfügung.

§ 2068 Kinder des Erblassers.
Hat der Erblasser seine Kinder ohne nähere Bestimmung bedacht und ist ein Kind vor der Errichtung des Testaments mit Hinterlassung von Abkömmlingen gestorben, so ist im Zweifel anzunehmen, dass die Abkömmlinge insoweit bedacht sind, als sie bei der gesetzlichen Erbfolge an die Stelle des Kindes treten würden.

1 § 2068 greift, wenn der Erblasser wörtlich oder in einer bedeutungsgleichen Formulierung seine „Kinder" iSd § 1924 IV, dh seine sämtlichen leiblichen, also ehelichen und außerehelichen (im Verhältnis zum Vater nur nach Anerkennung oder Vaterschaftsfeststellung, § 1592 Nr 2 und 3) Kinder und Adoptivkinder (BayObLG FamRZ 85, 426) bedacht hat (BayObLG NJW 74, 954) und eines der Kinder bereits vor Errichtung der letztwilligen Verfügung gestorben ist. Dabei schadet es nicht, wenn einzelne Kinder ausdrücklich ausgenommen oder nur bestimmte Kinder („A und B", „meine Söhne") benannt werden (MüKo/*Leipold* § 2068 Rz 4). Bei Tod des Kindes nach Errichtung gilt hingegen § 2069, bei Erbverzicht des Kindes gilt § 2349.

2 Die Regel kann auf die Einsetzung der Kinder eines Dritten analog angewendet werden, weil sie sich nicht auf die Erbenstellung der Abkömmlinge überhaupt, sondern lediglich auf deren Erbquote bezieht und die Situation deshalb mit der Erbeinsetzung eigener Kinder vergleichbar ist (MüKo/*Leipold* § 2068 Rz 5; aA KG FamRZ 91, 486, 489).

3 § 2068 hilft über eine fehlende Bestimmung der Höhe der Anteile hinweg. Infolge der Anwendung des § 2068 treten die Abkömmlinge eines vorverstorbenen Kindes nach § 1924 II-IV an dessen Stelle (vgl BGHZ 33, 60, 63). Maßgeblich ist immer der Zeitpunkt des Erbfalls, denn § 2066 2 gilt mangels Verweisung in § 2068 nicht. Stirbt das Kind ohne Hinterlassung von Abkömmlingen, so gilt § 2094.

§ 2069 Abkömmlinge des Erblassers.
Hat der Erblasser einen seiner Abkömmlinge bedacht und fällt dieser nach der Errichtung des Testaments weg, so ist im Zweifel anzunehmen, dass dessen Abkömmlinge insoweit bedacht sind, als sie bei der gesetzlichen Erbfolge an dessen Stelle treten würden.

A. Anwendungsbereich. I. Testamente. § 2069 greift bei Wegfall eines (auch des einzigen, BayObLGZ 71, 1 386) Abkömmlings, § 1589, nicht nur durch Tod, sondern auch aus rechtlichen Gründen nach Errichtung der Verfügung (bei Tod vor Errichtung: § 2068) zB durch Ausschlagung (RGZ 95, 97, vgl aber Rn 5), Erbunwürdigkeit (Frankf ZEV 95, 457) oder bei auflösender Bedingung (MüKo/*Leipold* § 2069 Rz 16), nicht jedoch bei Erbverzicht gegen Abfindung, weil der Stamm des Verzichtenden ansonsten sachwidrig begünstigt würde (BGH NJW 74, 43; Köln FamRZ 90, 99, Hamm ZEV 09, 566). Zu den Abkömmlingen gehören auch außereheliche Kinder (BayObLG NJOZ 04, 3827), im Verhältnis zum Vater nur nach Anerkennung oder Vaterschaftsfeststellung, § 1592 Nr 2 und 3, und Adoptivkinder (BayObLG FamRZ 85, 426), nicht aber Pflege- oder Stiefkinder. § 2069 hilft, wenn sich im Wege der Auslegung nicht ermitteln lässt, wie der Erblasser beim Tod eines bedachten Abkömmlings verfahren wissen wollte.

II. Ehegattentestamente, Erbverträge. Bei einem gemeinschaftlichen Testament/Ehegattenerbvertrag in der 2 Variante des Berliner Testaments kann § 2069 analog auf allein mit dem zuerst verstorbenen Ehegatten verwandte Schlusserben/Vermächtnisnehmer angewendet werden (BayObLG FamRZ 91, 234; Frankf FamRZ 99, 772). Haben die Ehegatten einen Abkömmling des zuerst Verstorbenen für den zweiten Erbfall bedacht, so treten bei dessen Wegfall seine Abkömmlinge an dessen Stelle (München DNotZ 06, 68). § 2069 ist auch dann analog anwendbar, wenn es sich bei der bedachten und weggefallenen Person um eine dem Erblasser nahe stehende Person handelt, die nicht Abkömmling ist, etwa Ehegatten oder Lebensgefährten (vgl BayObLG FamRZ 88, 986; FamRZ 00, 58; FamRZ 01, 516; NJW 97, 517), nicht aber Geschwister (BayObLG FamRZ 04, 569).
Bei einer wechselbezüglichen Schlusserbeneinsetzung in einem gemeinschaftlichen Testament gilt § 2069 3 insoweit nicht, als eine Bindung des überlebenden Ehepartners nach § 2270 II zugunsten der Abkömmlinge des weggefallenen Abkömmlings ausgeschlossen ist; beide Auslegungsregeln können also nicht kumuliert werden (BGH NJW 02, 1126; BayObLG ZEV 04, 244; aA *Leipold* JZ 2002, 895, 896).

III. Verhältnis zu § 2108 II 1. Stirbt ein als Nacherbe eingesetzter Abkömmling nach dem Erblasser und vor 4 Eintritt des Nacherbfalls, so verdrängt § 2108 II 1 die Auslegungsregel des § 2069 (BGH NJW 63, 1150). Verlangt der ausschlagende Erbe seinen Pflichtteil, so kann § 2069 nicht angewendet werden, weil ansonsten der Stamm des Ausschlagenden ungerechtfertigt begünstigt würde (BGH NJW 60, 1899; BayObLG NJW-RR 00, 1361; aA MüKo/*Leipold* § 2069 Rz 13: Verhinderung der Doppelbelastung durch § 2320), weil dieser Stamm über seinen dem/den Ersatzerben zugute kommenden Erbteil hinaus noch einen Pflichtteilsanspruch erhielte.

B. Rechtsfolge. Infolge der Anwendung des § 2069 treten die Abkömmlinge des weggefallenen Abkömmlings 5 nach § 1924 II–IV an dessen Stelle. Maßgeblich ist der Zeitpunkt des Erbfalls. Steht eine Zuwendung unter einer aufschiebenden Bedingung oder Terminbestimmung, so ist, trotzdem es an einer entspr Verweisung fehlt, nach § 2066 2 zu verfahren (BGH NJW 58, 22; NJW 02, 1126: Zeitpunkt des *Schlusserbfalls*; *Otte* ZEV 02, 151). Beim Berliner Testament kommt es auf den Schlusserbfall an (BaRoth/*Litzenburger* § 2069 Rz 13).

C. Analoge Anwendung. § 2069 kann jedenfalls auch dann angewendet werden, wenn der Erblasser selbst 6 die Ersatzberufung der Abkömmlinge seines Abkömmlings angeordnet hat, ohne dabei jedoch die Quoten festzulegen. Die Norm kann analog angewendet werden, wenn der Bedachte zwar in Wahrheit vor der Errichtung gestorben ist, der Erblasser jedoch bei der Errichtung glaubte, dass er noch lebe (RGZ 149, 134).
Fallen andere Erben weg, die nicht Abkömmlinge sind, so kann idR § 2069 nicht in der Weise analog ange- 7 wendet werden, dass dessen Abkömmlinge an seine Stelle treten. Die Sachverhalte sind nämlich nicht ohne weiteres vergleichbar (BayObLG FamRZ 87, 1086; FamRZ 91, 865; FamRZ 97, 641; Soergel/*Loritz* § 2069 Rz 32). Jedoch kann sich das Nachrücken der Abkömmlinge aus einer ergänzenden Auslegung des Testaments (dazu § 2084 Rn 5 ff) ergeben (BayObLG FamRZ 00, 58; Karlsr FamRZ 93, 363; krit *Perkams* ZEV 05, 510). Es muss sich also aufgrund des Testaments ermitteln lassen, dass der Erblasser den ursprünglich Bedachten als „Kopf" seines Stammes eingesetzt hat.

§ 2070 Abkömmlinge eines Dritten.
Hat der Erblasser die Abkömmlinge eines Dritten ohne nähere Bestimmung bedacht, so ist im Zweifel anzunehmen, dass diejenigen Abkömmlinge nicht bedacht sind, welche zur Zeit des Erbfalls oder, wenn die Zuwendung unter einer aufschiebenden Bedingung oder unter Bestimmung eines Anfangstermins gemacht ist und die Bedingung oder der Termin erst nach dem Erbfall eintritt, zur Zeit des Eintritts der Bedingung oder des Termins noch nicht gezeugt sind.

§ 2070 greift, wenn der Erblasser wörtlich oder in einer bedeutungsgleichen Formulierung „Abkömmling(e)" 1 eines Dritten (also einer Person, die nicht Abkömmling des Erblassers ist, Köln NJW-RR 92, 1031) bedacht hat. Infolge der Anwendung des § 2070 werden die zur Zeit des Erbfalls oder Eintritts einer aufschiebenden Bedingung oder Termins erzeugten, aber noch nicht geborenen Abkömmlinge des Dritten entgegen §§ 1923, 2101 I, 2106 II 1 von der Zuwendung ausgeschlossen. § 2070 regelt nur den Personenkreis, nicht die Erbquoten der Abkömmlinge des Dritten, die sich im Zweifel nach der fiktiven gesetzlichen Erbfolge nach dem Dritten bemessen (MüKo/*Leipold* § 2070 Rz 7; Staud/*Otte* § 2070 Rz 2).

§ 2071 Personengruppe. Hat der Erblasser ohne nähere Bestimmung eine Klasse von Personen oder Personen bedacht, die zu ihm in einem Dienst- oder Geschäftsverhältnisse stehen, so ist im Zweifel anzunehmen, dass diejenigen bedacht sind, welche zur Zeit des Erbfalls der bezeichneten Klasse angehören oder in dem bezeichneten Verhältnis stehen.

1 Hat der Erblasser Personen nur mit einer Gruppenbezeichnung („Meine Angestellten", „Meine Fußballmannschaft") zu Erben eingesetzt, mit einem Vermächtnis bedacht oder durch eine Auflage begünstigt, so ist zu klären, ob die Gruppenbezeichnung im Lichte des Selbstbestimmungsgrundsatzes aus § 2065 ausreichend bestimmt gefasst ist. Liegt diese Voraussetzung vor, so hilft § 2071 über eine fehlende Angabe des Zeitpunkts der Gruppenzugehörigkeit hinweg, indem sie den Erbfall als maßgeblichen Zeitpunkt festlegt. Das gilt mangels Verweisung auf § 2066 2 auch bei aufschiebend bedingten oder befristeten Verfügungen. Für die Erbquoten gilt § 2091.

2 IRd Auslegung ist zu prüfen, ob bei Einsetzung einer rechtlich organisierten Personengruppe die rechtsfähige Einheit (zB Verein) selbst oder die Mitglieder persönlich bedacht werden sollen.

§ 2072 Die Armen. Hat der Erblasser die Armen ohne nähere Bestimmung bedacht, so ist im Zweifel anzunehmen, dass die öffentliche Armenkasse der Gemeinde, in deren Bezirk er seinen letzten Wohnsitz gehabt hat, unter der Auflage bedacht ist, das Zugewendete unter Arme zu verteilen.

1 § 2072 fasst eine Erbeinsetzung, die wörtlich oder in einer bedeutungsgleichen Formulierung (Hamm OLGZ 84, 323, 324) zugunsten der „Armen" verfügt wird, mangels anderer Anhaltspunkte im Willen des Erblassers als eine Erb- oder Vermächtniseinsetzung des Trägers der Sozialhilfe am letzten Wohnsitz, § 7, des Erblassers, §§ 9, 96 I 1 BSHG (Hamm MDR 84, 940), auf, die mit der Auflage verbunden ist, das Geld unter Arme am letzten Wohnsitz des Erblassers nach Maßgabe des § 2193 zu verteilen. Bei einem Wohnsitzwechsel etwa aus Pflegegründen nicht allzu lange Zeit vor dem Tod des Erblassers wird die Auslegung ergeben, dass ein über lange Jahre zuvor bestehender Wohnsitz maßgeblich sein soll.

2 Die Regel gilt analog, wenn der Erblasser nicht alle Armen, sondern nur einen bestimmten Kreis grds bedürftiger Menschen bedacht hat, etwa „die Behinderten" oder „die Obdachlosen" (KG NJW-RR 93, 76; BayObLG NJW-RR 98, 340; NJW-RR 00, 1174). Weitere Analogien scheitern daran, dass § 2072 eine Vorschrift ist, die lediglich ausnahmsweise sozial nützlichen Verfügungen, die gem § 2065 unwirksam wären, zur Geltung verhelfen soll.

§ 2073 Mehrdeutige Bezeichnung. Hat der Erblasser den Bedachten in einer Weise bezeichnet, die auf mehrere Personen paßt, und lässt sich nicht ermitteln, wer von ihnen bedacht werden sollte, so gelten sie als zu gleichen Teilen bedacht.

1 § 2073 erfasst Erbeinsetzungen, bei denen die vom Erblasser gewählte und nach dem Maßstab des § 2065 ausreichend bestimmte Bezeichnung des Begünstigten auf mehrere Personen passt, ohne dass abschließend (BayObLG NJW-RR 90, 1417) geklärt werden kann, wer davon gemeint ist. Für diesen Fall regelt § 2073, dass alle, die als Empfänger einer objektiv mehrdeutigen Bezeichnung in Betracht kommen, zu gleichen Teilen erben oder Vermächtnisgegenstand/Auflagenbegünstigung zu gleichen Teilen erhalten (Celle FamRZ 03, 787: „Tierschutzverein in Celle" = Erbeinsetzung beider Vereine in Celle zu je $1/2$).

§ 2074 Aufschiebende Bedingung. Hat der Erblasser eine letztwillige Zuwendung unter einer aufschiebenden Bedingung gemacht, so ist im Zweifel anzunehmen, dass die Zuwendung nur gelten soll, wenn der Bedachte den Eintritt der Bedingung erlebt.

1 S. Kommentierung zu § 2075.

§ 2075 Auflösende Bedingung. Hat der Erblasser eine letztwillige Zuwendung unter der Bedingung gemacht, dass der Bedachte während eines Zeitraums von unbestimmter Dauer etwas unterlässt oder fortgesetzt tut, so ist, wenn das Unterlassen oder das Tun lediglich in der Willkür des Bedachten liegt, im Zweifel anzunehmen, dass die Zuwendung von der auflösenden Bedingung abhängig sein soll, dass der Bedachte die Handlung vornimmt oder das Tun unterlässt.

1 **A. Allgemeines. I. Aufschiebende und auflösende Bedingungen.** Jede Verfügung von Todes wegen kann insgesamt oder hinsichtlich einzelner Verfügungen unter eine aufschiebende, § 2074, oder auflösende, § 2075, Bedingung, §§ 158 ff, oder Rechtsbedingung gestellt werden (zu Potestativbedingungen § 2065 Rn 6). Es ist durch Auslegung nach dem Gestaltungszielen des Erblassers zu ermitteln, ob eine auflösende oder eine aufschiebende Bedingung gewollt ist (vgl BayObLG ZEV 04, 461). Die Bedingung muss hinreichend bestimmt sein, wobei die Rspr hier großzügig verfährt (Dresd NJW-RR 99, 1165: „Wer das Testament anficht" = alle

Handlungen, die dazu geeignet sind, das Testament zu Fall zu bringen). Auch eine Befristung, § 163, einer letztwilligen Verfügung ist zulässig, etwa in der Form, dass der Bedachte die Zuwendung erst mit Erreichen eines bestimmten Lebensalters erhält. Eine auflösende Bedingung kann so mit einer Auflage verknüpft werden, dass die Verwirkungsklausel durch diese Auflage ihren speziellen Gehalt bekommt, etwa die Auflage, persönlich haftender Gesellschafter im vererbten Unternehmen zu sein, damit dieses in der Familie bleibt, und auf diese Weise die Vollziehung der Auflage erzwungen wird (BGH ZEV 09, 459 m Anm *Kroppenberg*).

II. Abgrenzung von Motiven. Es ist sorgfältig zu ermitteln, ob der Erblasser lediglich ein Motiv für seine Verfügung mitteilen wollte (das iRd Anfechtung nach § 2078 bedeutsam sein kann) oder tatsächlich den Willen hatte, die Verfügung unter eine Wirksamkeitsbedingung zu stellen (BayObLG FamRZ 83, 1226; FamRZ 93, 1494; NJW-RR 96, 1351). Letzteres wird dann der Fall sein, wenn der Erblasser den Bedachten zu einem bestimmten Tun oder Unterlassen bewegen möchte. Davon ist idR etwa bei Pflichtteilsstrafklauseln in Ehegattentestamenten (zu deren Wirkung zuletzt BayObLG DNotZ 04, 804) oder Bauverpflichtungen (BayObLG FamRZ 04, 1752) auszugehen. Trotzdem ist auch hier sorgfältig zu prüfen, ob der Erblasser die Zuwendung tatsächlich von diesem Handeln abhängig machen wollte. Sieht der Erblasser keine Regelungen für den Fall des Ausbleibens der aufschiebenden oder des Eintritts der auflösenden Bedingung vor, so werden die gesetzlichen Erben begünstigt. Soweit eine Erbeinsetzung bedingt ist, ordnet der Erblasser damit Vor- und Nacherbschaft an.

III. Bedeutung der §§ 2074, 2075. § 2074 hilft bei aufschiebenden bedingten (nicht: befristeten) Zuwendungen über eine fehlende Anordnung des Erblassers für den Fall, dass der Bedachte vor dem Eintritt der Bedingung gestorben ist, hinweg. Für diesen Fall ist die Zuwendung insgesamt unwirksam.

Hat der Erblasser eine Zuwendung dadurch bedingt, dass der Bedachte fortgesetzt etwas tut (Potestativbedingung, BayObLG FamRZ 99, 59) oder unterlässt, so hilft § 2075 über die fehlende Anordnung der Wirkungsweise der Bedingung hinweg und ordnet eine auflösende Bedingung an. Das Handeln des Bedachten ist also nicht Voraussetzung für den Erwerb, sondern für das Behalten der Zuwendung (BayObLG FamRZ 99, 59: Ordentliche Bewirtschaftung eines Hofes). Unter § 2075 fallen auch Verwirkungsklauseln bei Geltendmachung des Pflichtteils oder Wiederverheiratungsklauseln (BayObLG FamRZ 90, 1158; FamRZ 95, 1447). § 2075 kann auf vergleichbare Fälle analog angewendet werden, etwa bei der Bedingung, dass der Bedachte mit seinem Ehegatten in Gütertrennung lebt (KG FamRZ 68, 334, eigentlich fehlt es hier an einem fortgesetzten Tun oder Unterlassen) oder dass der Erbe einen Dritten pflegt (BayObLG FamRZ 93, 1494, hier ist zusätzlich die Mitwirkung des Dritten erforderlich).

IV. Rechtsfolgen. Der unter aufschiebender Bedingung eingesetzte Erbe ist Nacherbe, § 2105. Bereits mit Erbfall erwirbt er ein nicht vererbliches Anwartschaftsrecht, § 2108 II 2. Ein aufschiebend bedingtes Vermächtnis fällt erst mit Bedingungseintritt an, § 2177.

B. Sittenwidrigkeit von Bedingungen. Insb Bedingungen, die den Bedachten zu einem bestimmten Tun oder Unterlassen bewegen sollen, sind an § 138 I zu messen. Dabei ist grds auf den Zeitpunkt der Errichtung der Verfügung abzustellen; bei einem Wertewandel kann auch angezeigt sein, auf den Zeitpunkt des Erbfalls abzustellen, um den Verfügungen des Erblassers zur Wirksamkeit zu verhelfen.

Eine Bedingung ist dann sittenwidrig, wenn sie unerträglich in das Selbstbestimmungsrecht des Bedachten eingreift, was nur dann der Fall sein kann, wenn die Zuwendung so erheblich ist, dass sie dazu geeignet erscheint, die Willensentschließung des Bedachten zu beeinflussen, indem sie unzumutbaren Druck ausübt (BVerfG ZEV 04, 241). Nicht sittenwidrig sind Bedingungen, die geeignet und bestimmt sind, Verantwortung und Gewinnberechtigung bei ererbten Unternehmen miteinander zu verbinden (München ZEV 07, 582 m krit Anm *Kroppenberg*), den Bestand des Nachlasses beim Bedachten zu erhalten oder vor dem Zugriff Dritter zu schützen: Vereinbarung der Gütertrennung, Ausschluss des Zugewinnausgleichs, Wiederverheiratungsklauseln in Ehegattentestamenten, die bei erneuter Heirat des überlebenden Ehegatten den Abkömmlingen sofort ihren Erbteil zukommen lassen und den Ehegatten auf seinen gesetzlichen Erbteil beschränken, Verfügung über den Nachlass auf bestimmte Weise, Abschluss einer bestimmten Ausbildung, Drogenentzug, Pflichtteilsverlangen oder -erhalt eines Kindes bereits nach dem Tode des ersten Elternteils (Verwirkungsklausel im Ehegattentestament, BGH FamRZ 91, 796; BayObLG ZEV 95, 19; Zweibr FamRZ 99, 468). Eine sog Pflichtteilsstrafklausel erfasst regelmäßig jedes Verhalten eines nach dem Tod des zweiten Ehegatten als *Schlusserben* eingesetzten, das iwS als Verlangen des Pflichtteils nach dem Tode des ersten Ehegatten ausgelegt werden kann, also etwa auch die Stundung des Pflichtteils als verzinsliches Darlehen (München FGPrax 06, 123) oder das Geltendmachen eines nicht mehr bestehenden Pflichtteilsanspruchs (München ZEV 08, 341), und lässt die insoweit auflösend bedingte Schlusserbeneinsetzung entfallen; bei einem Berliner Testament kann hier der Eintritt der auflösenden Bedingung auch nach dem Tod des längstlebenden Ehegatten, nach Annahme der Schlusserbschaft und nach Verjährung des Pflichtteilsanspruchs nach dem Erstversterbenen herbeigeführt werden (BGH ZEV 06, 501).

Sittenwidrig sind Bedingungen, die eine Zuwendung von Entscheidungen des Bedachten abhängig machen, die in keinem sachlichen Zusammenhang zum Zuwendungsgegenstand oder dessen Erhaltung stehen und in die persönliche Selbstbestimmung eingreifen (Ddorf NJW 88, 2615): Heirat eines bestimmten Ehepartners, Ehescheidung, Wechsel der Konfession, Parteizugehörigkeit, Eintritt in den Priesterstand, Wahl eines Berufs ohne Zusammenhang zur Zuwendung (BaRoth/*Litzenburger* § 2074 Rz 7), Entzug auch des gesetzlichen Erbteils bei Wiederverheiratung.

9 Die Sittenwidrigkeit einer Bedingung führt zur Nichtigkeit der bedingten Verfügung insgesamt, da es nicht Sache des Erbrechts ist, die sittenwidrige Gesinnung des Erblassers zu bestrafen und dem bedingt Bedachten die Zuwendung zukommen zu lassen (MüKo/*Leipold* § 2074 Rz 17; Ermann/*Schmidt* § 2074 Rz 2; BaRoth/*Litzenburger* § 2075 Rz 8; aA Staud/*Otte* § 2074 Rz 67; Soergel/*Loritz* § 2074 Rz 32 ff, die jedenfalls bei auflösenden Bedingungen §§ 139 oder 2085 anwenden wollen). Etwas anderes gilt nur dann, wenn die Auslegung ergibt, dass der Erblasser dem Bedachten lieber eine unbedingte Zuwendung als überhaupt keine Zuwendung machen wollte, was nicht selten der Fall sein wird. Eine Umdeutung, § 140, der unwirksamen bedingten in eine wirksame unbedingte Verfügung kommt hingegen nicht in Betracht, weil der Erblasser gerade nicht unbedingt verfügen wollte.

10 **C. Erbschein.** Im Erbschein ist die im Wege einer auflösenden Bedingung angeordnete Nacherbfolge unter Nennung der Bedingung anzugeben, § 2363.

§ 2076 Bedingung zum Vorteil eines Dritten.
Bezweckt die Bedingung, unter der eine letztwillige Zuwendung gemacht ist, den Vorteil eines Dritten, so gilt sie im Zweifel als eingetreten, wenn der Dritte die zum Eintritt der Bedingung erforderliche Mitwirkung verweigert.

1 § 2076 ergänzt § 162. Die Norm greift, wenn eine aufschiebende Bedingung, die an eine Zuwendung geknüpft ist, für einen Dritten einen beliebigen, nicht notwendig vermögenswerten (MüKo/*Leipold* § 2076 Rz 2) Vorteil bewirken soll und die Bedingung allein (BayObLG FamRZ 86, 606) deshalb nicht eintritt, weil der Dritte die erforderliche Mitwirkung verweigert. Hier hilft § 2076 über eine fehlende Erblasseranordnung für diesen Fall hinweg und ordnet Bedingungseintritt an. § 2076 kann analog auf auflösende Bedingungen angewendet werden, die bei Verweigerung der Mitwirkung nicht eintreten (vgl LG Rostock FamRZ 04, 1324, 1326), nicht hingegen auf Vermächtnisse oder Auflagen zugunsten Dritter.

§ 2077 Unwirksamkeit letztwilliger Verfügungen bei Auflösung der Ehe oder Verlobung.
(1) ¹Eine letztwillige Verfügung, durch die der Erblasser seinen Ehegatten bedacht hat, ist unwirksam, wenn die Ehe vor dem Tode des Erblassers aufgelöst worden ist. ²Der Auflösung der Ehe steht es gleich, wenn zur Zeit des Todes des Erblassers die Voraussetzungen für die Scheidung der Ehe gegeben waren und der Erblasser die Scheidung beantragt oder ihr zugestimmt hatte. ³Das Gleiche gilt, wenn der Erblasser zur Zeit seines Todes berechtigt war, die Aufhebung der Ehe zu beantragen, und den Antrag gestellt hatte.
(2) Eine letztwillige Verfügung, durch die der Erblasser seinen Verlobten bedacht hat, ist unwirksam, wenn das Verlöbnis vor dem Tode des Erblassers aufgelöst worden ist.
(3) Die Verfügung ist nicht unwirksam, wenn anzunehmen ist, dass der Erblasser sie auch für einen solchen Fall getroffen haben würde.

1 Für die Auflösung einer Ehe, eingetragenen Lebenspartnerschaft oder eines Verlöbnisses anders als durch Tod enthält § 2077 I, II, auf den § 10 V LPartG verweist, die **widerlegliche**, § 2077 III, Vermutung der **Unwirksamkeit einer letztwilligen Verfügung** zugunsten des Ehepartners, eingetragenen Lebenspartners oder Verlobten (eingehend *Löhnig* GS Konuralp 2009), wobei sich die Widerlegung auch aus der hypothetischen Auslegung der letztwilligen Verfügung ergeben kann (München ZEV 08, 290). Diese Vermutung beruht auf der Annahme eines regelmäßig in diese Richtung gehenden Erblasserwillens. §§ 2268, 2279, 2299, § 10 IV LPartG erweitern den Anwendungsbereich der Vermutung auf Ehegattentestamente, Lebenspartnerschaftstestamente und Erbverträge. Sind die Voraussetzungen des § 2077 I, II erfüllt, so trägt derjenige die **Feststellungs- und Beweislast** für einen Weitergeltungswillen des Erblassers, der sich auf die Weitergeltung einer letztwilligen Verfügung beruft (BGH NJW 04, 3113; BayObLG FamRZ 93, 362).

2 Die Unwirksamkeitsvermutung gilt nach § 2077 I 1, wenn die Ehe (oder Lebenspartnerschaft, § 10 V LPartG) des Erblassers durch **rechtskräftige Scheidung** oder **rechtskräftige Aufhebung** von einem deutschen Gericht aufgelöst wurde. Gleiches gilt für rechtskräftige ausländische Entscheidungen, die die Eheauflösung aussprechen, wenn sie im Inland anzuerkennen sind.

3 Nach § 2077 I 2 gilt die Vermutung auch, wenn der Erblasser **während eines rechtshängigen Ehescheidungsverfahrens** (oder Lebenspartnerschaftsaufhebungsverfahrens, § 10 V LPartG) gestorben ist, er die Scheidung beantragt oder ihr zugestimmt hat und die materiellen Voraussetzungen für die Scheidung zum Zeitpunkt des Erbfalls vorlagen. Nach § 2077 I 3 gilt gleiches für das Eheaufhebungsverfahren. § 2077 I 2, 3 sind inhaltsgleich mit § 1933 1 u 2, s. deshalb näher bei § 1933 Rn 5–15.

§ 2077 II erweitert die Unwirksamkeitsvermutung auf Fälle, in denen ein **Verlöbnis**, § 1297, vor dem Tod des 4
Erblassers aufgelöst worden ist, nicht hingegen auf faktische Lebensgemeinschaften (Celle FamRZ 04, 310;
BayObLGR 02, 50). Waren der Erblasser und die bedachte Person im Zeitpunkt der Testamentserrichtung
verlobt und haben danach geheiratet, findet I Anwendung (BayObLG 93, 362).
Eine **analoge Anwendung** auf den Fall, dass der Erblasser ein **Schwiegerkind zum Erben** eingesetzt hat und 5
danach dessen Ehe mit dem Kind des Erblassers aufgelöst wird, **lehnt der BGH** (ZEV 03, 284 m abl Anm *Leipold*) zu Unrecht **ab**, weil keine allgemeine Lebenserfahrung dahingehend vorliege, dass der Erblasser seine
Verfügung mit der Ehe zwischen Kind und Schwiegerkind stehen und fallen sehen wolle. Ob ein hypothetischer Wille zur Weitergeltung der Zuwendung bei Auflösung der Ehe mit dem eigenen Kind anzunehmen ist,
lasse sich nur aufgrund individueller Auslegung klären. Der **Unterschied** liegt in der Beweislast: Müsste bei
einer analogen Anwendung des § 2077 das Schwiegerkind die Vermutung des § 2077 I widerlegen, müssen auf
Grundlage der BGH-Auffassung die anderen Erben oder Erbanwärter beweisen, dass die Verfügung zugunsten des Schwiegerkinds auflösend auf die Scheidung bedingt sein sollte.

Vorbemerkungen vor §§ 2078 ff

A. Allgemeines. Die Anfechtungsregeln der §§ 119 ff dienen dazu, die Willensfreiheit des Erklärenden wie- 1
derherzustellen, der eine wirksame Willenserklärung zum Schutz des Erklärungsempfängers nur unter
bestimmten Voraussetzungen durch Anfechtung vernichten kann, § 142 I. Der Erblasser hingegen kann seine
letztwillige Verfügung als einseitige, nicht empfangsbedürftige Willenserklärung jederzeit widerrufen, § 2253,
bedarf also keines Anfechtungsrechts. §§ 2078 ff dienen deshalb allein dazu, Dritten, vgl § 2080, die Beseitigung einer auf einem Willensmangels des Erblassers beruhenden letztwilligen Verfügung nach Eintritt des
Erbfalls zu ermöglichen.
Etwas anderes gilt für wechselbezügliche und somit bindenden Verfügungen iSd § 2270 und erbvertragliche 2
Verfügungen. Hier steht dem Erblasser ein eigenes Anfechtungsrecht zu, § 2281. Dritte, § 2080, leiten ihr
Anfechtungsrecht insoweit vom Anfechtungsrecht des Erblassers her, als sie nach Eintritt des Erbfalls nur
anfechtungsberechtigt sind, wenn der Erblasser im Zeitpunkt seines Todes noch anfechtungsberechtigt war,
§ 2285. Unterschiede bestehen wiederum im Verhältnis zur Anfechtung von Willenserklärungen unter Lebenden, denn trotz vertraglicher oder quasivertraglicher, § 2270, Bindung kann der Erblasser seine Anfechtung
auf einen beliebigen Motivirrtum stützen, §§ 2281 I, 2078 II (MüKo/*Leipold* § 2078 Rz 8; krit Soergel/*Loritz*
§ 2078 Rz 2, der sich – aus verständlichen Gründen! – jedoch gegen den klaren Gesetzeswortlaut stellt).
Die Anfechtung dient der Vernichtung des irrtumsbehafteten Erblasserwillens, der zuvor durch Auslegung zu 3
ermitteln ist (BGH NJW 78, 264; BayObLG NJW-RR 02, 367). Die Anfechtung greift also nur dann, wenn
dem Erblasserwillen nicht durch Anwendung der erbrechtlichen Auslegungsmittel (vgl § 2084 Rn 5 ff) zur
Geltung verholfen werden kann (BayObLG NJW-RR 02, 367, 369). Gegenstand der Anfechtung ist nicht das
gesamte Testament/Ehegattentestament/Erbvertrag, sondern nur jeweils eine einzelne Verfügung (BGH NJW
85, 2025). Anfectbar sind auch Akte nach §§ 2253 ff, etwa die Rücknahme aus amtlicher Verwahrung (BayObLG ZEV 05, 480; München ZEV 05, 482).
Folge der wirksamen Anfechtung ist ausschl die absolute Nichtigkeit der betroffenen Einzelverfügung, 4
§ 142 I, so dass mangels Anordnung des Erblassers für diesen Fall insoweit die gesetzliche Erbfolge eintritt.
Das gilt insb auch für die Anfechtung nach § 2079, so dass hier idR das gesamte Testament nichtig ist (BayObLGZ 80, 42, 49; Frankf NJW-RR 95; Brandbg FamRZ 98, 59; aA Köln NJW 56, 1522; MüKo/*Leipold*
§ 2079 Rz 19; *Jung* AcP 194, 77 ff: Nichtigkeit der Verfügung nur insoweit, als erforderlich um dem Übergangenen den gesetzlichen Erbteil einzuräumen). Etwas anderes gilt nur für einzelne Verfügungen, für die
Vermutung des § 2079 2 widerlegt worden ist („soweit", Frankf FamRZ 95, 1522; Brandbg FamRZ 98, 59, 62;
Ddorf FamRZ 99, 122; BayObLG FGPrax 04, 130). Zu den Auswirkungen der erfolgreichen Anfechtung auf
die nicht betroffenen Teile einer letztwilligen Verfügung vgl § 2085.

B. Anwendbare Normen. §§ 2078, 2079 regeln anstelle der §§ 119, 120, 123 besondere Anfechtungsgründe. 5
§§ 2080, 2281 I, 2285 regeln die im Allgemeinen Teil nicht gesondert regelungsbedürftige Anfechtungsberechtigung. §§ 2082, 2283 verdrängen die Regelungen der §§ 121, 124 zur Anfechtungsfrist. § 122 ist nicht anwendbar,
§ 2078 III. Die Wirkung der Anfechtung ergibt sich hingegen aus § 142. Bzgl des Anfechtungsadressaten verdrängen §§ 2081, 2281 II in ihrem Anwendungsbereich den § 143. Der Erblasser kann die anfechtbare Verfügung
bestätigen, § 144 I, mit der Folge, dass den nach § 2080 Anfechtungsberechtigten kein Anfechtungsrecht zusteht.

C. Andere Unwirksamkeitsgründe. Bevor die Anfechtung einer letztwilligen Verfügung in Betracht gezogen 6
wird, sollte zunächst überprüft werden, ob nicht andere Unwirksamkeitsgründe vorliegen. Es ist zu prüfen, ob der
Erblasser testierfähig war, § 2229, ob er die Verfügung höchstpersönlich errichtet hat, §§ 2064, 2065, und ob er
dabei Testierwillen (vor § 2064 Rn 2) hatte. Denkbar ist auch, dass eine Verfügung gegen ein gesetzliches Verbot
oder gegen die guten Sitten (vor § 2064 Rn 16 ff) verstößt. Auch ist zu prüfen, ob eine Verfügung vorhergehende
vertragsmäßige oder wechselbezügliche Verfügungen beeinträchtigt und deshalb insoweit unwirksam ist. Schließlich können infolge einer Ehekrise Verfügungen unwirksam geworden sein, §§ 2077, 2268, 2279, 2298.

§ 2078 Anfechtung wegen Irrtums oder Drohung. (1) Eine letztwillige Verfügung kann angefochten werden, soweit der Erblasser über den Inhalt seiner Erklärung im Irrtum war war oder eine Erklärung dieses Inhalts überhaupt nicht abgeben wollte und anzunehmen ist, dass er die Erklärung bei Kenntnis der Sachlage nicht abgegeben haben würde.
(2) Das Gleiche gilt, soweit der Erblasser zu der Verfügung durch die irrige Annahme oder Erwartung des Eintritts oder Nichteintritts eines Umstands oder widerrechtlich durch Drohung bestimmt worden ist.
(3) Die Vorschrift des § 122 findet keine Anwendung.

1 S. Kommentierung zu § 2079.

§ 2079 Anfechtung wegen Übergehung eines Pflichtteilsberechtigten. [1]Eine letztwillige Verfügung kann angefochten werden, wenn der Erblasser einen zur Zeit des Erbfalls vorhandenen Pflichtteilsberechtigten übergangen hat, dessen Vorhandensein ihm bei der Errichtung der Verfügung nicht bekannt war oder der erst nach der Errichtung geboren oder pflichtteilsberechtigt geworden ist. [2]Die Anfechtung ist ausgeschlossen, soweit anzunehmen ist, dass der Erblasser auch bei Kenntnis der Sachlage die Verfügung getroffen haben würde.

1 **A. Inhaltsirrtum, § 2078 I 1.** Ein Inhaltsirrtum liegt (wie in § 119 I Alt 1) vor, wenn Erblasser bei Errichtung der Verfügung unzutreffende Vorstellungen über die Bedeutung seiner abgegebenen Erklärung hatte, also etwa nicht wusste, was die Anordnung eines Vermächtnisses oder der Nacherbfolge bedeutet (vgl BayObLG NJW-RR 97, 1925), welche Personen von der Einsetzung der „gesetzlichen Erben" erfasst sind (Hamm FamRZ 67, 697) oder welche Folgen die Rücknahme eines Testaments aus amtlicher Verwahrung hat (BayObLG ZEV 05, 480, 481). Die Unkenntnis besserer rechtlicher Gestaltsmöglichkeiten zur Verfolgung des auch ansonsten erreichten Gestaltungsziels begründet hingegen keinen Inhaltsirrtum (BayObLG DNotZ 7 06, 528). Der Inhaltsirrtum berechtigt zur Anfechtung, wenn der Erblasser (nicht: ein verständiger Dritter) die Verfügung bei Kenntnis der Sachlage nicht errichtet hätte.

2 **B. Erklärungsirrtum, § 2078 I Alt 2.** Ein Erklärungsirrtum liegt (wie in § 119 I Alt 2) vor, wenn der Erblasser eine Verfügung mit diesem Inhalt überhaupt nicht errichten wollte, sich also etwa verschrieben hat. Er berechtigt zur Anfechtung, wenn der Erblasser (nicht: ein verständiger Dritter) die Verfügung bei Kenntnis der Sachlage nicht errichtet hätte.

3 **C. Motivirrtum und enttäuschte Zukunftserwartung, § 2078 II Alt 1.** Anders als im allgemeinen Anfechtungsrecht berechtigt im Erbrecht auch ein Motivirrtum, also jegliche irrige Vorstellung über vergangene oder gegenwärtige Tatsachen, oder eine enttäuschte Zukunftserwartung zur Anfechtung, soweit Irrtum oder Erwartung bereits bei Errichtung der Verfügung bestanden (BGHZ 42, 327, 332; München NJW-RR 89, 1410; BayObLG FamRZ 03, 708: Kriminelle Vergangenheit des Bedachten; Köln NJOZ 04, 3836: Entwicklung der wirtschaftlichen und persönlichen Verhältnisse eines enterbten Kindes). Eine zur Anfechtung berechtigende Enttäuschung einer Erwartung kann auch nach dem Erbfall noch eintreten (Frankf FamRZ 93, 613); die Grenze wird durch die Anfechtungsfrist, § 2082, gezogen. Das Motiv oder die Erwartungen des Erblassers müssen sich nicht aus dem Testament ergeben, sondern können aus beliebigen Anhaltspunkten ermittelt werden (BGH NJW 65, 584; zu den Anforderungen an den Nachweis BayObLG NJOZ 03, 3267).

4 Hatte der Erblasser erhebliche Zweifel am Eintritt oder Ausbleiben bestimmter Tatsachen oder Rechtswirkungen, so hat er das entspr Risiko bewusst in Kauf genommen und eine Anfechtung ist ausgeschlossen (BaRoth/Litzenburger § 2078 Rz 6); gleiches gilt, wenn er selbst durch Regelungen Vorsorge getroffen hat (BayObLG FamRZ 01, 873).

5 Hingegen berechtigen auch solche Vorstellungen und Erwartungen zur Anfechtung, die dem Erblasser bei Errichtung der Verfügung zwar nicht bewusst waren, die er ihr aber als selbstverständlich zugrunde gelegt hat (BGH FamRZ 83, 898; BGH NJW-RR 87, 1412), etwa den positiven Verlauf seiner Ehe (BayObLG FamRZ 90, 322; BayObLG ZEV 04, 152) oder den Fortbestand einer freundschaftlichen Beziehung (BayObLG FamRZ 02, 915) oder eines langjährigen Zwistes (BayObLG NJW-RR 02, 367). Bei einem völligen Fehlen einer Vorstellung oder Erwartung kommt hingegen keine Anfechtung in Betracht (BGH WM 71, 1153).

6 Irrtum oder enttäuschte Erwartung berechtigen zur Anfechtung, wenn sicher erscheint, dass der Erblasser (nicht: ein verständiger Dritter) die Verfügung bei Kenntnis der Sachlage nicht errichtet hätte (BGH NJW-RR 87, 1412; BayObLG NJW-RR 02, 367, 369; FamRZ 03, 1787, 1788).

7 **D. Drohung, § 2078 II Alt 2.** Eine Drohung liegt (wie in § 123 I) vor, wenn der Erblasser durch eine beliebige Person rechtswidrig unter Ankündigung eines künftigen Übels, auf dessen Eintritt oder Ausbleiben sich der Drohende Einfluss zuschreibt, zu einer Verfügung veranlasst worden ist. Die Rechtswidrigkeit kann sich aus dem angewandten Mittel, dem verfolgten Zweck oder der Beziehung zwischen Mittel und Zweck ergeben (BGH FamRZ 96, 605), etwa der Drohung mit dem Einstellen von Hilfeleistungen. Die in § 123 I ebenfalls enthaltene Anfechtung wegen arglistiger Täuschung musste nicht gesondert angeordnet werden, weil hier die Anfechtung wegen Motivirrtums greift.

E. Übergehung oder Hinzukommen eines Pflichtteilsberechtigten, § 2079. Ein im Zeitpunkt des Erbfalls **8**
Pflichtteilsberechtigter, §§ 2303, 1923 II, wird dann übergangen, wenn er in der angefochtenen Verfügung
überhaupt vom Erblasser nicht erwähnt, also weder enterbt (Hambg FamRZ 90, 910), noch als Erbe eingesetzt, noch mit einem Vermächtnis bedacht worden ist (BayObLG ZEV 94, 106; Karlsr ZEV 95, 454). Eine
hinter dem gesetzlichen Erbteil zurückbleibende Zuwendung berechtigt hingegen nicht zur Anfechtung nach
§ 2079 (RGZ 50, 238; BayObLG ZEV 94, 106; BaRoth/*Litzenburger* § 2079 Rz 3; aA MüKo/*Leipold* § 2079
Rz 6; *Graf* ZEV 94, 109 für Fälle, in denen die Zuwendung nicht im Hinblick auf die Stellung als Pflichtteilsberechtigter angeordnet worden ist), weil das Anfechtungsrecht nicht der Sicherung der wirtschaftlichen Interessen der Pflichtteilsberechtigten dient.

Ein Anfechtungsrecht besteht, wenn der Erblasser außerdem zur Zeit der Errichtung der Verfügung weder **9**
vom Vorhandensein dieses Pflichtteilsberechtigten, noch von dessen Pflichtteilsberechtigung wusste, also etwa
einen Pflichtteilsberechtigten irrig für verstorben hielt oder über die die Pflichtteilsberechtigung vermittelnden Verwandtschaftsbeziehung zu einer Person irrte. Die falsche Angabe des Familienstands allein begründet
noch keinen Irrtum über das Bestehen einer Ehe (München NJW-RR 08, 1112).

Die Verfügung ist auch dann anfechtbar, wenn ein im Zeitpunkt des Erbfalls Pflichtteilsberechtigter erst nach **10**
der Errichtung der Verfügung hinzukommt, weil er später geboren oder, etwa durch Heirat mit dem Erblasser, Adoption oder Gesetzesänderung, pflichtteilsberechtigt wird. Das gilt allerdings nicht, wenn der Pflichtteilsberechtigte bereits in einer Verfügung, die vor Eintritt der Pflichtteilsberechtigung, errichtet wurde,
bedacht worden ist (RGZ 148, 218, 223; Celle NJW 69, 101; BayOblGZ 93, 389; aA MüKo/*Leipold* § 2079
Rz 6: Das soll nicht gelten, wenn diese Person nicht im Hinblick auf die zukünftige Pflichtteilsberechtigung,
sondern unabhängig davon bedacht wurde). Auch ist die Anfechtung ausgeschlossen, wenn (va bei Ehegattentestamenten oder Erbverträgen) eine pflichtteilsberechtigende Beziehung zur Schaffung eines Anfechtungsrechts hergestellt werden soll (BGH FamRZ 70, 79, 82).

Eine Anfechtung scheidet jedoch aus, wenn der Erblasser (nicht: ein vernünftiger Dritter) die Verfügung auch **11**
dann getroffen hätte, wenn er im Zeitpunkt der Errichtung der Verfügung (BGH NJW 81, 1735) von der
Pflichtteilsberechtigung gewusst hätte, § 2079 2. Die Kausalität zwischen der Unkenntnis der Pflichtteilsberechtigung und der Verfügung wird also, anders als in anderen Fällen des Motivirrtums oder der irrigen
Zukunftserwartung, § 2078 II, kraft Gesetzes widerleglich vermutet, so dass insoweit eine Beweislastumkehr
eintritt (BayObLG NJW-RR 01, 725) und derjenige, der sich gegen die Anfechtbarkeit wendet, nachweisen
muss, dass der Erblasser auch in Kenntnis des Pflichtteilsberechtigten nicht anders testiert hätte (Ddorf
FamRZ 99, 1024; Hambg FamRZ 90, 910).

Die Vermutung ist etwa dann widerlegt, wenn der Erblasser bei Errichtung der Verfügung bereits eine Heirat **12**
plante und trotzdem den zukünftigen Ehegatten nicht bedacht hat (BayObLG FamRZ 92, 988), nicht aber
bereits allein dann, wenn der Erblasser seine Verfügung trotz Kenntniserlangung über die Pflichtteilsberechtigung nicht geändert hat (Hambg FamRZ 990, 910); es muss vielmehr feststehen, dass dies im Hinblick auf
den Übergangenen bewusst geschehen ist (BayObLGZ 71, 147, 152). Die Vermutung wird auch nicht allein
dadurch widerlegt, dass der Erblasser sein Testament nicht ändert, nachdem er von der Existenz eines weiteren Pflichtteilsberechtigten erfahren hat (MüKo/*Leipold* § 2079 Rz 14; aA Frankf FamRZ 95, 1522).

§ 2080 Anfechtungsberechtigte. (1) Zur Anfechtung ist derjenige berechtigt, welchem die Aufhebung der letztwilligen Verfügung unmittelbar zustatten kommen würde.
(2) Bezieht sich in den Fällen des § 2078 der Irrtum nur auf eine bestimmte Person und ist diese anfechtungsberechtigt oder würde sie anfechtungsberechtigt sein, wenn sie zur Zeit des Erbfalls gelebt hätte, so
ist ein anderer zur Anfechtung nicht berechtigt.
(3) Im Falle des § 2079 steht das Anfechtungsrecht nur dem Pflichtteilsberechtigten zu.

A. Grundsatz. Das Anfechtungsrecht entsteht mit dem Erbfall. Anfechtungsberechtigt ist, wer durch die **1**
Nichtigkeit der angefochtenen Verfügung unmittelbar einen rechtlichen Vorteil erlangt. Der Vorteil kann in
einer Begünstigung (zB Erbschaft, Vermächtnis, Gestaltungsrecht etwa nach § 2341, BGH NJW 91, 169,
Befugnis zur Verfügung über den Nachlass oder Verwaltung des Nachlasses) oder im Wegfall eine Beschwer
(zB Vermächtnis, Auflage, Testamentsvollstreckung), liegen. Eine entspr Behauptung allein genügt nicht
(BGH NJW 85, 2025), es ist deshalb zur Begründung des Anfechtungsrechts die Rechtslage, die sich nach
wirksamer Anfechtung ergäbe, mit der gegenwärtigen Rechtslage zu vergleichen. Zur Anfechtungsberechtigung des Erblassers selbst iRv Erbverträgen und Ehegattentestamenten s. § 2281.

Unmittelbar wird der Vorteil nur erlangt, wenn nicht das Dazwischentreten weiterer Umstände erforderlich **2**
ist und also nur eine verbesserte Erwerbsaussicht erstrebt wird. Hängt jedoch der Eintritt der Begünstigung
von einem Umstand ab, der rechtlich Rückwirkung auf den Erbfall hat (zB Ausschlagung, Anfechtung, Erbunwürdigkeitserklärung), so fehlt es nicht an der Unmittelbarkeit, wenn die Ausschlagung erklärt wird, die
Anfechtung Erfolg hat oder die Erbunwürdigkeitserklärung ergeht (BaRoth/*Litzenburger* § 2080 Rz 3).

Eine Erbeinsetzung kann hiernach ggf von Ersatzerben, § 2096, Miterben, § 2094, oder von durch die gewill- **3**
kürte Erbfolge ausgeschlossenen gesetzlichen Erben angefochten werden, die Vorerbschaft darüber hinaus

vom Nacherben, der auch die Befreiung des Vorerben, § 2136, anfechten kann. Vermächtnis und Auflage als solche kann der jeweils Beschwerte anfechten. Darüber hinaus sind Ersatz- oder Mitvermächtnisnehmer anfechtungsberechtigt. Auseinandersetzungsverbot, § 2044, oder Teilungsanordnung, § 2048, können die damit belasteten Erben anfechten. Enterbung und Pflichtteilsentziehung können die jeweils Betroffenen anfechten. Akte nach §§ 2253 ff könne die in der widerrufenen Verfügung Begünstigten, denen diese Begünstigung entzogen worden ist, anfechten. Die Anordnung der Testamentsvollstreckung können die Erben anfechten.

4   Das Anfechtungsrecht ist vererblich (Ddorf FamRZ 99, 1461, 1463). Es kann als unselbständiges Gestaltungsrecht nicht isoliert übertragen werden, §§ 851 ZPO, 413. Als höchstpersönliches Recht geht es auch nicht auf den Erbschaftskäufer über (Staud/*Otte* § 2080 Rz 14; Soergel/*Loritz* § 2080 Rz 20; aA MüKo/*Leipold* § 2080 Rz 10). Es ist unpfändbar, §§ 851 I, 857 I ZPO, und gehört nicht zur Insolvenzmasse. Wohl aber können Gläubiger auf die Rechtspositionen zugreifen, die der Anfechtungsberechtigte infolge der Anfechtung erhalten hat oder erhalten wird.

5   **B. Beschränkungen.** Im Fall der Anfechtung wegen Irrtums oder enttäuschter Erwartung nach § 2078 schließt § 2080 II das Anfechtungsrecht anderer aus, wenn die betroffene Person selbst gem § 2080 I anfechtungsberechtigt ist oder vor dem Erbfall stirbt (bei Versterben nach dem Erblasser geht das Anfechtungsrecht dagegen auf die Erben des Anfechtungsberechtigten über), oder die Verfügung bestehen lassen möchte (BayObLG NJW-RR 02, 727: Dritte sollen hier keinen Vorteil ziehen können).

6   Das Recht, eine Verfügung nach § 2079 anzufechten, steht ausschl dem übergangenen oder später hinzugekommenen Pflichtteilsberechtigten selbst zu, § 2080 III; etwas anderes gilt jedoch bei Ehegattentestamenten und Erbverträgen, § 2281. Stirbt der Pflichtteilsberechtigte vor dem Erblasser, so entfällt der Anfechtungsgrund. Bei Versterben nach dem Erblasser geht das Anfechtungsrecht auf die Erben des übergangenen oder später hinzugekommenen Pflichtteilsberechtigten über (MüKo/*Leipold* § 2080 Rz 3).

7   Zur Beschränkung des Anfechtungsrechts iRv Erbverträgen und Ehegattentestamenten s. § 2285.

8   Hat der Erblasser zu Lebzeiten von der Anfechtbarkeit seiner Verfügung Kenntnis erlangt, so kann er die Verfügung bestätigen, § 144 I, und auf diese Weise das Anfechtungsrecht der nach § 2080 anfechtungsberechtigten Personen ausschließen (Soergel/*Loritz* § 2080 Rz 23; Staud/*Otte* § 2080 Rz 22). Dagegen verfängt nicht die Behauptung, der Erblasser habe kein Anfechtungsrecht und könne deshalb die anfechtbare Verfügung nicht bestätigen, sondern müsse eine neue, willensmängelfreie Verfügung (BayObLG RPfleger 75, 242) oder eine Erklärung, die alte Verfügung solle trotz Willensmangels gelten (Hamm FamRZ 94, 1062, 1065) formgerecht errichten.

§ 2081 Anfechtungserklärung.

(1) Die Anfechtung einer letztwilligen Verfügung, durch die ein Erbe eingesetzt, ein gesetzlicher Erbe von der Erbfolge ausgeschlossen, ein Testamentsvollstrecker ernannt oder eine Verfügung solcher Art aufgehoben wird, erfolgt durch Erklärung gegenüber dem Nachlassgericht.
(2) ¹Das Nachlassgericht soll die Anfechtungserklärung demjenigen mitteilen, welchem die angefochtene Verfügung unmittelbar zustatten kommt. ²Es hat die Einsicht der Erklärung jedem zu gestatten, der ein rechtliches Interesse glaubhaft macht.
(3) Die Vorschrift des Absatzes 1 gilt auch für die Anfechtung einer letztwilligen Verfügung, durch die ein Recht für einen anderen nicht begründet wird, insbesondere für die Anfechtung einer Auflage.

1   **A. Anfechtungsgegner.** Die Anfechtung letztwilliger Verfügungen iSd § 2081 I ist (schriftlich oder zu Protokoll der Geschäftsstelle, § 11 FGG) ggü dem zuständigen Nachlassgericht, § 73 FGG, zu erklären (amtsempfangsbedürftige Willenserklärung, § 130 III). Das gilt auch, wenn sich die Nachlass-Sache bereits in der Beschwerdeinstanz befindet (BayObLG FamRZ 92, 226).

2   Die Anfechtungserklärung muss keinen bestimmten Wortlaut haben. Sie muss jedoch erkennen lassen, welche Verfügung angefochten wird (BayObLG FamRZ 92, 226), nicht hingegen, aus welchem Grund (BayObLG FamRZ 89, 1346, 1348; München ZEV 05, 482, 483; aA MüKo/*Leipold* § 2081 Rz 16; Staud/*Otte* § 2081 Rz 11: Zugrunde liegender Lebenssachverhalt in groben Zügen). Das Gericht teilt die Erklärung ggf den durch die angefochtene Verfügung unmittelbar Begünstigten mit, § 2081 II 1. Zur Anfechtung durch den Erblasser selbst iRv Erbverträgen und Ehegattentestamenten s. § 2282.

3   Vermächtnisse und Teilungsanordnungen werden nicht von § 2081 erfasst und müssen deshalb gem § 143 IV 1 durch formlose, empfangsbedürftige Willenserklärung ggü demjenigen angefochten werden, der durch die angefochtene Verfügung unmittelbar einen rechtlichen Vorteil erlangt. Die Anfechtung eines Vermächtnisses hat folglich ggü dem Vermächtnisnehmer und die einer Teilungsanordnung ggü dem daraus Berechtigten zu erfolgen. Wird der Widerruf derartiger Verfügungen angefochten, so ist Adressat der Erklärung bei einem *Vermächtnis der damit Beschwerte* und bei einer Teilungsanordnung die Erbengemeinschaft (BaRoth/*Litzenburger* § 2081 Rz 6; aA MüKo/*Leipold* § 2081 Rz 7: Für Teilungsanordnungen gilt § 2080 III). Für die Anfechtung einer Befreiung des Vorerben soll hingegen § 2081 I gelten (BayObLG FamRZ 90, 1159; aA Staud/*Otte* § 2081 Rz 2).

§ 2081 III erfasst Verfügungen, für die sich ein Anfechtungsgegner weder aus § 2080 I, noch aus § 143 ermitteln lässt, weil sie keine Rechte begründen, also etwa Pflichtteilsbeschränkungen und -entziehungen, §§ 2336, 2338.

B. Hinweise. Es ist darauf zu achten, dass jede einzelne Verfügung getrennt angefochten werden muss und deshalb hinsichtlich jeder Verfügung gesondert der zutreffende Adressat zu ermitteln ist. In den genannten Zweifelsfällen bietet es sich an, zur Sicherheit sowohl ggü dem Nachlassgericht als auch ggü dem Begünstigten die Anfechtung zu erklären. Gleiches gilt, wenn nicht sicher ist, ob eine Verfügung des Erblassers als Erbeinsetzung oder Vermächtnis anzusehen ist.

Bei Anfechtung durch den Rechtsanwalt ist zu beachten, dass der Erklärung eine Originalvollmacht beizufügen ist. Andernfalls ist die Erklärung als einseitige empfangsbedürftige Willenserklärung bei sofortiger Rüge des Fehlens der Vollmacht unwirksam, § 174, und wahrt nicht die Anfechtungsfrist.

§ 2082 Anfechtungsfrist.
(1) Die Anfechtung kann nur binnen Jahresfrist erfolgen.
(2) ¹Die Frist beginnt mit dem Zeitpunkt, in welchem der Anfechtungsberechtigte von dem Anfechtungsgrund Kenntnis erlangt. ²Auf den Lauf der Frist finden die für die Verjährung geltenden Vorschriften der §§ 206, 210, 211 entsprechende Anwendung.
(3) Die Anfechtung ist ausgeschlossen, wenn seit dem Erbfall 30 Jahre verstrichen sind.

A. Fristen des § 2082 I und III. Die Ausschlussfrist für die Anfechtung letztwilliger Verfügungen beträgt ein Jahr, § 2082 I. Sie beginnt mit Kenntnis vom Anfechtungsgrund, §§ 2078, 2079, seitens des Anfechtungsberechtigten (Ereignisfrist, § 187 I), nicht jedoch vor dem Tod des Erblassers (vgl Brandbg FamRZ 98, 59, 60). Nach Fristablauf kann die Einrede des § 2083 erhoben werden. § 2082 III sieht eine dreißigjährige Höchstfrist vor, die mit dem Erbfall beginnt (Ereignisfrist, § 187 I). Zur Anfechtung durch den Erblasser selbst iRv Erbverträgen und Ehegattentestamenten s. § 2283.

B. Auslösendes Ereignis. I. Kenntnis. Kenntnis des Anfechtungsgrundes setzt die Kenntnis des Erbfalls, des Vorliegens einer letztwilligen Verfügung, des Willensmangels nach §§ 2078, 2079 und der infolgedessen eintretenden Benachteiligung, die zur Anfechtungsberechtigung führt, § 2080 I, voraus (Staud/*Otte* § 2082 Rz 3). Diese Kenntnis muss so sicher sein, dass ein vernünftiger Mensch in der Lage ist, daraus einen Entschluss zumindest zur Einholung von Rechtsrat abzuleiten (MüKo/*Leipold* § 2082 Rz 4), sie muss also nicht völlig zweifelsfrei sein (BayObLG NJW-RR 98, 797; München ZEV 05, 482); ein Kennenmüssen reicht jedoch nicht aus. Der Fristbeginn verliert seine Wirkung, wenn der Anfechtungsgrund – etwa das Scheitern einer Ehe – nach Kenntnis wieder wegfällt (BayObLG FamRZ 83, 1275).

II. Irrtum. Ein Irrtum über die rechtlichen Schlussfolgerungen aus diesen Tatsachen beeinflusst den Fristbeginn grds nicht (unbeachtlicher Rechtsirrtum, BGH NJW 70, 279; BayObLGZ 75, 6, 10; BayObLG NJW-RR 90, 846). Etwas anderes soll jedoch bei einem Irrtum gelten, der verhindert, dass der Berechtigte bestimmte Tatsachen zur Kenntnis nimmt, weil er etwa glaubt, die anfechtbare Verfügung sei bereits angefochten oder widerrufen (Hamm OLGZ 71, 312) oder aus Rechtsgründen unwirksam (Hamm NJW 94, 522; *Rosenmeier* ZEV 95, 124, 129). Bereits eine erstinstanzliche Gerichtsentscheidung, die bestimmte Rechtswertungen vornimmt, schließt einen beachtlichen Irrtum aus (BayObLG NJW-RR 98, 797; Frankf FamRZ 02, 352).

C. Hemmung. Unter den Voraussetzungen der §§ 206, 210, 211 wird der Fristlauf gehemmt nach § 2081 I, nicht jedoch nach § 2082 III gehemmt. Die Darlegungs- bzw Feststellungslast für den Ablauf der von Amts wegen zu beachtenden Ausschlussfrist trägt der Anfechtungsgegner (BayObLG FamRZ 95, 1024).

§ 2083 Anfechtbarkeitseinrede.
Ist eine letztwillige Verfügung, durch die eine Verpflichtung zu einer Leistung begründet wird, anfechtbar, so kann der Beschwerte die Leistung verweigern, auch wenn die Anfechtung nach § 2082 ausgeschlossen ist.

Nach Ablauf der Frist des § 2082 hat der mit einem Vermächtnis oder einer Auflage Beschwerte ein Leistungsverweigerungsrecht aus § 2083, soweit er in offener Frist anfechten hätte können, §§ 2078–2080. Es handelt sich um eine Einrede, die nur berücksichtigt werden kann, wenn sich der Beschwerte darauf beruft, und die zur Abweisung einer Leistungsklage als unbegründet führt.

Bei Leistung in Unkenntnis der Einrede kann der Beschwerte das Geleistete zurückfordern, § 813 I 1, nicht jedoch bei Leistung in Kenntnis der Einrede, § 814.

§ 2084 Auslegung zugunsten der Wirksamkeit.
Lässt der Inhalt einer letztwilligen Verfügung verschiedene Auslegungen zu, so ist im Zweifel diejenige Auslegung vorzuziehen, bei welcher die Verfügung Erfolg haben kann.

1 **A. Allgemeines. I. Ziel der Auslegung.** Ziel der Auslegung ist allein die Ermittlung des Erblasserwillens nach dem Verständnis des Erblassers selbst, § 133. Lediglich bei wechselseitigen Verfügungen in Ehegattentestamenten und Erbverträgen kommt es auf den Verständnishorizont eines verständigen Dritten an, § 157. Erst in einem zweiten Schritt ist zu prüfen, ob der ermittelte Wille formgerecht Ausdruck gefunden hat. Liefert die Auslegung kein eindeutiges Ergebnis, so ist diejenige Auslegung vorzuziehen, bei der die Verfügung Erfolg haben kann, § 2084. Für die Auslegung kommt es stets allein auf den Zeitpunkt der Errichtung der letztwilligen Verfügung an (BGHZ 31, 13).

2 Im Prozess ist die Auslegung der Verfügung Aufgabe des Tatrichters, das Revisionsgericht kann das Auslegungsergebnis nur danach überprüfen, ob es auf logischen oder methodologischen Fehlern beruht (BGH NJW 93, 2168, 2170; BayObLG NJW-RR 02, 366). Das ist nicht schon dann der Fall, wenn auch eine andere Auslegung denkbar ist.

3 **II. Auslegungsvertrag.** Um zeitintensive Streitigkeiten über die Auslegung zu verhindern und die oft erheblichen Verfahrenskosten zu sparen, können die Bedachten einen Auslegungsvertrag schließen, der eine bestimmte Auslegung – allerdings ohne Bindungswirkung für die staatliche Gerichtsbarkeit – festschreibt. Er hat zur Folge, dass sich die Parteien auf schuldrechtlicher Ebene verpflichten, die im Vertrag vereinbarte Rechtslage zu schaffen (BGH NJW 86, 1812), und vertragswidrigen Ansprüchen im Prozess die Einrede der unzulässigen Rechtsausübung entgegenhalten können (Soergel/*Loritz* § 2084 Rz 32).

4 Es handelt sich dabei um einen atypischen Vertrag (BGH NJW 86, 1812), der jedoch oftmals den Charakter eines Vergleichs, § 779, tragen wird. Soweit eine Erbanteilsübertragung, § 2033, vereinbart wird um der Vereinbarung auch dingliche Wirkung zu verleihen, fällt ein solcher Vertrag unter § 2385 I und bedarf der notariellen Beurkundung, § 2371. Eine notarielle Beurkundung ist auch dann erforderlich, wenn infolge des Auslegungsvertrages die Verpflichtung entsteht, etwa ein Grundstück, § 311b I, oder einen GmbH-Anteil, § 15 II GmbHG, zu übertragen.

5 **B. Ermittlung des Willens. I. Wortlautanalyse. 1. Einseitige Verfügungen.** Bei einseitigen Verfügungen als nicht empfangsbedürftigen Willenserklärungen ist als Auslegungsmaßstab allein der Verständnishorizont des Erblassers maßgeblich, § 133; keine Bedeutung hat der Horizont des von der Verfügung Betroffenen. Der Wortlaut stellt dabei keine Auslegungsgrenze dar (BGH NJW 83, 672; FamRZ 02, 26; BayObLG FamRZ 03, 326). So ist etwa bei scheinbar eindeutigen Formulierungen ein von der Norm abweichender Sprachgebrauch des Erblassers oder generell am Wohnort des Erblassers zu berücksichtigen (zB Bezeichnung der Ehefrau als „Mutter") und es kommt nicht darauf an, wie die Verfügung von einem Dritten zu verstehen ist, sondern allein darauf, was der Erblasser ausdrücken wollte (BGH NJW 81, 1736, FamRZ 87, 475; BayObLG FamRZ 97, 251). Das gilt insb bei der Verwendung von juristischen Fachbegriffen durch Laien; so kann die Verwendung des Begriffes „vermachen" durchaus eine Erbeinsetzung kennzeichnen, eine „Nacherbeneinsetzung nach dem Tode des länger lebenden Ehegatten" eine Schlusserbeneinsetzung (Hamm FamRZ 96, 312), die Zuwendung des „Nießbrauchs am Nachlass" eine nicht befreite Vorerbschaft (BayObLG FamRZ 81, 403). Außerdem ist auf den Zweck der Anordnung zu sehen (Karlsr ZEV 04, 26; BGH ZEV 05, 117: Unwirksamkeit einer Pflichtteilsstrafklausel im Behindertentestament, wenn der Sozialhilfeträger den Pflichtteil verlangt).

6 Eine wichtige Auslegungshilfe ist der Textzusammenhang, innerhalb dessen sich eine letztwillige Verfügung befindet. So kann die Zusammenschau verschiedener Anordnungen des Erblassers als einheitlicher Regelungsplan des Erblassers oder die Mitteilung von Motiven für eine Anordnung Rückschlüsse auf deren Inhalt zulassen.

7 Lediglich bei einer von einem Notar beurkundeten Verfügung ist zu vermuten, dass der Notar den Erblasserwillen in eindeutiger und normkonformer Sprache niedergelegt hat (BayObLG FamRZ 96, 1037), es sei denn, es bestehen Anhaltspunkte dafür, dass der Notar die Gestaltungsziele des Erblassers nicht zutr verstanden hat (Hamm FamRZ 94, 188).

8 Eine Ausnahme gilt bei Verfügungen, die sich insofern an den Begünstigten richten, als sie ihn zu einem bestimmten Verhalten veranlassen wollen, also insb bei Bedingungen oder Auflagen. Der Erblasser kann jemanden nämlich nur dann zu einem Verhalten veranlassen, wenn dieser seine Anordnung verstehen kann (Staud/*Otte* vor § 2064 Rz 24).

9 **2. Wechselbezügliche oder vertragsmäßige Verfügungen.** Bei vertragsmäßigen Verfügungen ist Auslegungsmaßstab zwar zunächst ebenfalls der Verständnishorizont des Erblassers, § 133. Der hiernach ermittelte Erblasserwille kann jedoch nur insoweit berücksichtigt werden, als dieser aus der Sicht des Ehe- oder Vertragspartners bei Anwendung der verkehrsüblichen Sorgfalt erkennbar war (BGH NJW 84, 781), § 157, denn dem Vertragsschluss liegen empfangsbedürftige Willenserklärungen zugrunde. Haben die Beteiligten übereinstimmend etwas anderes unter einem beurkundeten Begriff verstanden, so ist das Gewollte, nicht das Beurkundete maßgebend (falsa demonstratio).

10 Wechselbezügliche Verfügungen sind hingegen keine empfangsbedürftigen Willenserklärungen, sondern aufeinander bezogene, parallel laufende nicht empfangsbedürftige Erklärungen. Zu prüfen ist deshalb nach dem Maßstab des § 133, ob eine Willensübereinstimmung der beiden Erblasser gegeben war oder nicht (BGH NJW 91, 169; FamRZ 93, 318). Fehlt es an dieser Übereinstimmung so ist zu prüfen, wie der jeweils

andere Ehegatte die Verfügung verstehen durfte, denn er musste sich auf den Inhalt dieser Verfügung verlassen und einstellen (BGH FamRZ 93, 318). Ggf kommt eine Umdeutung (Rn 18) des Ehegattentestaments in zwei Einzeltestamente in Betracht (*Kanzleiter* ZEV 96, 306).

II. Umstände außerhalb der Urkunde. Bei der Auslegung letztwilliger Verfügungen sind über den Wortlaut hinaus auch außerhalb der Urkunde liegende Umstände einzubeziehen (BGH NJW 85, 1554; FamRZ 87, 475), die einen Schluss auf den Willen des Erblassers bei Errichtung der Verfügung (BayObLG NJW-RR 89, 326) zulassen. Zu beachten sind frühere Testamente oder Einzelverfügungen, auch wenn sie unwirksam sind (BayObLG FamRZ 04, 1141 mit krit Anm *Leipold*; Brandbg FamRZ 04, 981), jegliche Schriftstücke, soweit die Urheberschaft des Erblassers gesichert ist, mündliche Äußerungen des Erblassers (BayObLG FamRZ 88, 1098), Eigenheiten oder Lebenszuschnitt des Erblassers und allg Erfahrungssätze (BGH NJW 83, 672). Ein bei Testamentserrichtung noch nicht vorhandener, erst später gebildeter Erblasserwille ist jedoch für die Auslegung unbeachtlich (BGHZ 31, 13; FamRZ 62, 256). Beachtenswert sein können Umstände, die nach Errichtung der Verfügung liegen, jedoch dann, wenn sie nicht Ausdruck einer späteren Willensänderung des Erblassers sind, sondern Rückschlüsse auf den Willen des Erblassers bei Errichtung seiner Verfügung zulassen (BayObLG FamRZ 93, 1250).

Erschüttern diese Umstände einen scheinbar klaren Wortlaut der Verfügung, so sind an den Beweis dieser Umstände hohe Anforderungen zu stellen (BayObLGZ 96, 204, 218).

III. Ergänzende Auslegung. Regelungslücken in letztwilligen Verfügungen können durch ergänzende Auslegung geschlossen werden, wenn feststeht, dass es sich, gemessen an den Vorstellungen des Erblassers (oder der Ehe-/Vertragspartner bei zweiseitigen Verfügungen, KG OLGZ 66, 506; BGH FamRZ 83, 380), um eine planwidrige, ungewollte (BayObLG FamRZ 00, 119) Lücke handelt. Eine derartige Lücke kann bereits bei Errichtung der Verfügung vorhanden sein (BGH NJW 78, 152; BayObLG NJW-RR 97, 1438), weil der Erblasser die Verhältnisse zur Zeit der Errichtung seiner Verfügung unzutreffend beurteilt hat oder einer Verfügung – etwa eine Bedingung – unwirksam ist (Stuttg FGPrax 05, 221); die Auslegung kann aber nur dann helfen, wenn die Verfügung nicht bereits nach § 2065 unwirksam ist.

Eine Lücke kann aber auch durch tatsächliche oder rechtliche Änderungen nach Errichtung der Verfügung entstehen, die der Erblasser nicht bedacht hat (BayObLG FamRZ 97, 509), insb wenn der Erblasser auf ihren Eintritt keinen Einfluss hat, auch nach Eintritt des Erbfalls (BGH NJW 63, 1150; BayObLG BayObLGZ 88, 165; aA MüKo/*Leipold* § 2084 Rz 59). So kann sich, etwa durch Veränderung des ehelichen Güterrechts oder den Beitritt der neuen Bundesländer, die Rechtslage verändert haben (dazu Frankf FamRZ 93, 857; Köln FamRZ 94, 591; BayObLG ZEV 94, 47). Eine Bedingung kann unerfüllbar werden, § 275 (Bambg NJW-RR 2008, 1325). Die Geldentwertung kann dazu führen, dass der mit einem Geldvermächtnis erstrebte Zweck nicht mehr erreicht wird (RGZ 108, 83). Ein erheblicher Vermögenszuwachs oder Vermögensverlust beim Erblasser, eine Wertveränderung einzelner Gegenstände oder eine erhebliche Veränderung der Vermögensstruktur des Erblassers nach Errichtung der Verfügung kann den Regelungsplan des Erblassers durchkreuzen. Allein das Fortbestehenlassen einer Lücke trotz Kenntniserlangung von dieser Lücke nach Errichtung der Verfügung spricht noch nicht für eine gewollte Lücke (MüKo/*Leipold* § 2084 Rz 49).

Die Lückenschließung geschieht durch Ermittlung des hypothetischen Erblasserwillens (bzw des gemeinsamen Willens der Ehe-/Vertragspartner) zur Zeit der Errichtung der Verfügung. Dabei ist der tatsächliche Wille des Erblassers „zu Ende zu denken", es ist also zu erforschen, was der Erblasser geregelt hätte, wenn er von der ergänzungsbedürftigen Lücke gewusst hätte (BayObLG FamRZ 91, 865). Abzustellen ist allein auf den Zeitpunkt der Errichtung der Verfügung (BayObLG FamRZ 00, 1394). Der hypothetische Erblasserwille kann nur in dem Umfang berücksichtigt werden, in dem er seine Grundlage in dem vom Erblasser tatsächlich geäußerten Willen hat (RGZ 99, 82, 86; BGHZ 22, 357, 360; FamRZ 83, 380, 383). Auf die Frage, was nach objektiven Umständen geboten gewesen wäre, kommt es nicht an.

Die ergänzende Auslegung ist darauf beschränkt, eine getroffene Verfügung zu verändern oder weiterzuentwickeln, sie kann nicht ganz neue Verfügungen erzeugen, auch wenn ein entspr Anhaltspunkt im Willen des Erblassers vorhanden ist. Das wäre etwa dann der Fall, wenn der Erblasser eine Person nur deshalb zum Erben einsetzt, weil diese ihm das Leben gerettet habe, in Wahrheit aber eine andere Person der Lebensretter war (vgl MüKo/*Leipold* § 2084 Rz 85). Dann kann die Verfügung zugunsten des vermeintlichen Retters im Wege der Auslegung nicht beseitigt und eine inhaltsgleiche Verfügung zugunsten des tatsächlichen Retters *begründet werden*, sondern es bedarf der Anfechtung wegen Motivirrtums nach § 2078.

IV. § 2084. Die Auslegungsregel des § 2084 greift, wenn zwar der vom Erblasser angestrebte wirtschaftliche Erfolg feststeht, nicht aber der vom Erblasser gewählte rechtliche Weg. § 2084 ordnet für diesen Fall an, dass die rechtlich zulässige der unzulässigen Gestaltungsmöglichkeit vorzuziehen ist; das gilt auch, wenn zweifelhaft ist, ob der Erblasser eine Verfügung unter Lebenden oder von Todes wegen angestrebt hat (BGH NJW 84, 46; 88, 2731). Bei mehreren zulässigen Gestaltungsmöglichkeiten ist diejenige zu wählen, die dem Zuwendungsempfänger die wenigsten Umstände verursacht (BaRoth/*Litzenburger* § 2084 Rz 15). § 2084 hilft hingegen nicht über Mängel in der Wirksamkeit der letztwilligen Verfügung als solcher hinweg (vgl BayObLG FamRZ 83, 836), etwa das Fehlen des Testierwillens (BGH FamRZ 85, 693).

18 Ist die Verfügung hingegen inhaltlich eindeutig, aber unzulässig, hilft § 140 (BGH NJW 94, 1785, 1787), soweit die unwirksame Verfügung Bestandteile eines anderen, wirksamen Rechtsgeschäfts enthält, das den angestrebten Erfolg bewirkt. Ein mangels Geschäftsfähigkeit des anderen Teils nichtiger Erbvertrag kann so in ein Testament umgedeutet werden (BayObLG NJW-RR 96, 7), ein formunwirksames Testament in ein formwirksames Rechtsgeschäft unter Lebenden (BGH NJW 78, 423). Einer gegen § 2065 verstoßenden Verfügung kann allerdings weder über § 2084 noch über § 140 zur Wirksamkeit verholfen werden.

19 **V. Gesetzliche Auslegungsregeln.** Die gesetzlichen Auslegungsregeln („im Zweifel") greifen nur, wenn die erörterten Auslegungsmethoden nicht zur zweifelsfreien Feststellung eines Erblasserwillens führen. So ist etwa bei der Abgrenzung von Erbeinsetzung und Vermächtnis (§ 2087 Rn 2 ff) zunächst der Wille des Erblassers zu ermitteln, bevor auf die Regel des § 2087 zurückgegriffen werden kann. Die Zweifelsregeln können jedenfalls dann nicht angewendet werden, wenn der Erblasser ihre Folgen tatsächlich ausgeschlossen hat oder hätte (hypothetischer Wille).

20 **C. Einhaltung der erbrechtlichen Formerfordernisse.** Ist der Erblasserwille im Wege der Auslegung festgestellt, so ist in einem zweiten Schritt zu prüfen, ob er formgerecht erklärt wurde, also in der Urkunde wenigstens angedeutet ist (BGH NJW 81, 1737; 85, 1554; FamRZ 02, 26, 27: Hinreichende Stütze). Die „Andeutungstheorie" verbindet die weitgehende Respektierung des Erblasserwillens mit dem Respektieren des Formerfordernisses. Die Berücksichtigung eines im Testament nicht einmal angedeuteten Willens würde hingegen Geltung eines nicht formgerecht erklärten Willens bedeuten (Staud/*Otte* vor § 2064 Rz 38). Es geht dabei nicht nur um das Ernstnehmen der gesetzlichen Form, sondern va um den Schutz des Erblasserwillens vor verfälschenden Behauptungen (BGHZ 80, 246, 251). Damit können weder unterlassene noch irrig angeordnete letztwillige Verfügungen im Wege der Auslegung erzeugt oder korrigiert werden. Auch bei der Prüfung der „Andeutung" ist zu jedoch beachten, dass diese Andeutung nicht nach objektiven Gesichtspunkten, sondern nach der Sichtweise und dem Sprachgebrauch des Erblassers vorhanden sein muss.

21 Bei einer falsa demonstratio kann nicht mehr von einer formgerechten Andeutung des Willens in der Urkunde gesprochen werden. Die Rspr sieht sich in diesen Fällen jedoch nicht an die ansonsten durch die erbrechtlichen Formerfordernisse gezogenen Grenzen gebunden (BGH NJW 83, 1610). Bei einseitigen Verfügungen ergibt sich dies schon daraus, dass nach zutreffender Auffassung ohnehin das begriffliche Verständnis und der Sprachgebrauch des Erblassers maßgeblich sind (Rn 5).

22 Ein im Wege ergänzender Auslegung zur Lückenschließung ermittelter Wille kann notwendig nicht formgerecht angedeutet sein, weil es andernfalls an einer ausfüllungsbedürftigen Lücke fehlen würde, wohl aber muss sich für die beim Weiterdenken zugrunde gelegte Willensrichtung des Erblassers eine Andeutung finden (Köln FamRZ 90, 438; BayObLG FamRZ 00, 119; BayObLG NJW-RR 02, 367, 370).

§ 2085 Teilweise Unwirksamkeit.
Die Unwirksamkeit einer von mehreren in einem Testament enthaltenen Verfügungen hat die Unwirksamkeit der übrigen Verfügungen nur zur Folge, wenn anzunehmen ist, dass der Erblasser diese ohne die unwirksame Verfügung nicht getroffen haben würde.

1 § 2085 kehrt die Regel des § 139 um und gilt für jegliche einseitige letztwillige Verfügung (RGZ 116, 148; Hamm FamRZ 72, 660; Stuttg FamRZ 04, 407, 409); für wechselbezügliche Verfügungen gilt § 2270, für vertragsmäßige Verfügungen § 2298. Enthält eine Verfügung von Todes wegen mehrere wirksame Einzelverfügungen, so bleiben bei Unwirksamkeit einer oder mehrerer (BayObLG FamRZ 04, 312) Verfügungen aus beliebigem Grund (etwa Formunwirksamkeit, BayObLG FamRZ 86, 726 und NJW-RR 05, 1026; Anfechtung, BGH NJW 85, 2025; Ausschneiden einzelner Verfügungen, Hamm NJW-RR 08, 21) die übrigen Verfügungen wirksam, soweit nicht ein abweichender Wille der Erblassers im Zeitpunkt der Errichtung der letztwilligen Verfügung feststeht. Die Darlegungs- bzw Feststellungslast trägt der Beteiligte, der die Nichtigkeit der letztwilligen Verfügung insgesamt erreichen will.

2 Betrifft die Unwirksamkeit nicht die ganze Einzelverfügung, sondern nur einen Teil einer inhaltlich teilbaren Einzelverfügung, so gilt für den Rest der Einzelverfügung ebenfalls § 2085, der dem Erblasserwillen möglichst weitreichende Geltung verschaffen will (BaRoth/*Litzenburger* § 2085 Rz 3). Nicht teilbar ist etwa eine Erbeinsetzung mit Wiederverheiratungsklausel in dem Sinn, dass bei Wegfall der Klausel eine unbedingte Erbeinsetzung anzunehmen wäre (BayObLG FGPrax 04, 38).

§ 2086 Ergänzungsvorbehalt.
Ist einer letztwilligen Verfügung der Vorbehalt einer Ergänzung beigefügt, die Ergänzung aber unterblieben, so ist die Verfügung wirksam, sofern nicht anzunehmen ist, dass die Wirksamkeit von der Ergänzung abhängig sein sollte.

1 § 2086 kehrt die Regel des § 154 I um und gilt für jegliche letztwillige Verfügung. § 2086 geht davon aus, dass der Erblasser trotz Ergänzungsvorbehalts deren endgültige Geltung wollte, wenn nicht ein abweichender Wille des Erblassers feststeht. Ein derartiger Vorbehalt kann sich ausdrücklich aus dem Wortlaut, aber

auch aus anderen Umständen, etwa Lücken im Text, ergeben. Voraussetzung ist jedoch immer, dass trotz fehlender Ergänzung eine sinnhafte Regelung vorliegt.
Wer die Nichtgeltung der Verfügung behauptet, trägt die Darlegungs- bzw Feststellungslast. 2

Titel 2 Erbeinsetzung

Vorbemerkung vor §§ 2087 ff

§§ 2087 ff stellen Regeln auf, die nur bei unklaren oder unvollständigen Verfügungen des Erblassers greifen. 1
Vorrangig ist deshalb die Auslegung der letztwilligen Verfügung, vgl § 2084 Rn 5 ff. Das bedeutet, dass denjenigen, der einen von den §§ 2087 ff abweichenden Willen des Erblassers behauptet, die Darlegungs- bzw Feststellungslast trifft.

§ 2087 Zuwendung des Vermögens, eines Bruchteils oder einzelner Gegenstände.
(1) Hat der Erblasser sein Vermögen oder einen Bruchteil seines Vermögens dem Bedachten zugewendet, so ist die Verfügung als Erbeinsetzung anzusehen, auch wenn der Bedachte nicht als Erbe bezeichnet ist.
(2) Sind dem Bedachten nur einzelne Gegenstände zugewendet, so ist im Zweifel nicht anzunehmen, dass er Erbe sein soll, auch wenn er als Erbe bezeichnet ist.

A. Allgemeines. Das BGB gestattet grds nicht die Erbfolge bzgl einzelner Gegenstände (vgl § 1922). Deshalb 1
sind letztwillige Vermögenszuwendungen nur als Erbeinsetzung (dingliche Beteiligung am Nachlass) oder Vermächtnis (schuldrechtlicher Anspruch gegen den/die Erben etc) möglich. Die Auslegungsregel des § 2087 ordnet unabhängig von der Wortwahl des Erblassers die Zuwendung des Vermögens oder eines Vermögensbruchteils als Erbeinsetzung, die Zuwendung von einzelnen Gegenständen als Vermächtnis ein, wenn die Auslegung (§ 2084 Rn 5 ff) keine eindeutige Zuordnung zu einer der beiden Kategorien ergibt. Zur Vermeidung von Streitigkeiten unter den Bedachten empfiehlt sich ein Auslegungsvertrag (dazu § 2084 Rn 2).

B. Unterscheidung von Erbeinsetzung und Vermächtnis. Die Bezeichnung des Bedachten als „Erben" oder 2
der Zuwendung als „Erbschaft" ist keine notwendige Voraussetzung für die Erbeinsetzung, § 2087 I. Umgekehrt führt die wörtliche oder bedeutungsgleiche Verwendung dieser Bezeichnung nicht notwendig zu einer Erbeinsetzung, § 2087 II. Gleiches gilt für die wörtliche oder bedeutungsgleiche Bezeichnung einer Zuwendung als „Vermächtnis". Die Zuordnung zu der einen oder anderen Zuwendungsform erfordert vielmehr jeweils das Hinzukommen weiterer Gesichtspunkte.

I. Erbeinsetzung. Der Erblasser kann die Absicht, einem Erben sein Vermögen oder einen Teil hiervon im 3
Wege der Gesamtrechtsnachfolge zuzuwenden, auf vielfältige Weise ausdrücken. Ob er in dieser Weise über sein Vermögen verfügen wollte, ist allein aus der Sicht des Erblassers zu beurteilen. Maßgeblich sind dabei die Vorstellungen des Erblassers bei Errichtung der Verfügung. Daher wird eine Erbeinsetzung nicht durch einen nach der Errichtung eingetretenen Vermögenserwerb berührt (vgl aber § 2078: Motivirrtum).
Es ist also ein Vergleich der vom Erblasser verfolgten wirtschaftlichen Zwecke mit den Rechtswirkungen einer 4
Erbeinsetzung und eines Vermächtnisses durchzuführen. Wollte der Erblasser sein Vermögen mehr oder weniger umfassend auf eine oder mehrere Personen übergehen lassen, die eine starke Stellung erhalten (BayObLG FamRZ 01, 1174), die Nachlassabwicklung übernehmen (BayObLGZ 86, 604) und wirtschaftlich an die Stelle des Erblassers treten sollen, also auch die Nachlassverbindlichkeiten tragen sollen (BayObLG FamRZ 86, 604), so spricht dies für eine Erbeinsetzung (BayObLG FamRZ 65, 460). Unerheblich ist es jedoch, ob dem Erben nach Begleichung der Nachlassverbindlichkeiten und Erfüllung der Vermächtnisse und Auflagen überhaupt ein wirtschaftlich nennenswerter Vermögensvorteil verbleibt (BayObLG FamRZ 03, 119).
Auch eine Verfügung über einen einzelnen Vermögensgegenstand, der nahezu das gesamte Erblasservermö- 5
gen, vgl § 1365, im Zeitpunkt der Errichtung der Verfügung ausmacht, wird idR als Erbeinsetzung anzusehen sein (BayObLG FamRZ 97, 1177: Immobilie, die den wesentlichen Nachlasswert bildet; BayObLG FamRZ 98, 76; RPfleger 00, 817; FamRZ 03, 119; zu einem Gegenbeispiel BayObLG FamRZ 04, 567). Schließlich wird man auch bei einer (nahezu) erschöpfenden Vermögensverteilung auf mehrere Erben nicht nach Bruchteilen, sondern nach einzelnen Vermögensgruppen oder Gegenständen von einer Erbeinsetzung, ggf verbunden mit einer Teilungsanordnung, § 2048, oder Vorausvermächtnissen, § 2150, ausgehen können (BGHZ 120, 96, 98; BayObLG FamRZ 04, 312; München ZEV 07, 383). Die Bruchteile bestimmen sich dann idR nach den Wertverhältnissen zur Zeit der Errichtung der Verfügung (BGH LM § 2084 Nr 12), wenn es dem Erblasser nicht gerade auf die Zuwendung der Gegenstände als solcher ankam.
Wird hingegen nicht das gesamte Vermögen nach Gegenständen oder Vermögensgruppen verteilt, kann nicht 6
ohne weiteres von einer erschöpfenden Einsetzung nach Bruchteilen ausgegangen werden. Es kommt auch eine Erbeinsetzung iSd § 2088 oder eine Kombination aus Erbeinsetzung/en und Vermächtnissen (BayObLG NJW-RR 95, 1096) in Betracht.

7 **II. Vermächtnis.** Kam es dem Erblasser darauf an, dass der Bedachte einen bestimmten Gegenstand ungeschmälert durch etwaige Nachlassverbindlichkeiten erhält, so spricht dies für die Annahme eines Vermächtnisses, vgl § 2087 II. Das gilt allerdings nicht, wenn dieser Gegenstand fast den gesamten Nachlasswert ausmacht (Rn 5) oder es sich wenigstens um den Hauptnachlassgegenstand handelt und ansonsten kein Erbe berufen ist, weil idR davon auszugehen ist, dass der Erblasser zumindest einen Erben berufen möchte (BayObLG FamRZ 95, 246; NJW-RR 02, 873; 02, 1232). Wird nur eine Verfügung über einen geringen Nachlassteil getroffen, so wird man von einem Vermächtnis bei Geltung der gesetzlichen Erbfolge ausgehen können (BayObLG FamRZ 90, 1156).

8 Von einem Vermächtnis ist auch bei der Aussetzung von festen Geldbeträgen auszugehen, soweit sie nicht im Wesentlichen den Nachlass ausmachen (BayObLG FamRZ 97, 1177; NJW-RR 02, 873). Darüber hinaus kann ein Vermächtnis sich freilich auf jede beliebige Leistung, auf Sachgesamtheiten oder Werte richten. Soweit der Erblasser den Bedachten nicht als Erben einsetzen, ihm aber – anders als einem Auflagenbegünstigten – einen eigenen Anspruch einräumen wollte, liegt ein Vermächtnis vor.

§ 2088 Einsetzung auf Bruchteile.
(1) Hat der Erblasser nur einen Erben eingesetzt und die Einsetzung auf einen Bruchteil der Erbschaft beschränkt, so tritt in Ansehung des übrigen Teiles die gesetzliche Erbfolge ein.
(2) Das Gleiche gilt, wenn der Erblasser mehrere Erben unter Beschränkung eines jeden auf einen Bruchteil eingesetzt hat und die Bruchteile das Ganze nicht erschöpfen.

1 § 2088 trifft den Fall, dass der Erblasser eine Person oder mehrere Personen wörtlich oder durch bedeutungsgleiche Formulierung als Erben zu Bruchteilen, die in der Summe nicht 100% erreichen, eingesetzt hat, was durch Auslegung zu ermitteln ist (BayObLG FamRZ 03, 1783). Das ist auch dann der Fall, wenn die Summe deshalb 100% unterschreitet, weil die Erbeinsetzung eines oder mehrerer Erben von Anfang an unwirksam ist (etwa wegen Sittenwidrigkeit, BGH NJW 69, 1343) oder widerrufen wurde (BGH NJW 69, 1343, 1346). Eine Erbeinsetzung nach Quoten in Form einer Erbeinsetzung nach Gegenständen oder Vermögensgruppen (§ 2087 Rn 5) ist jedoch dann nicht gegeben, wenn bewusst bestimmte Vermögensgegenstände, etwa Schwarzgeldkonten, nicht erwähnt werden (BayObLG FamRZ 03, 1779, 1781).

2 Hat der Erblasser hingegen die Bruchteile nur teilweise bestimmt, so gilt § 2092 (BayObLG FamRZ 84, 825). Wenn feststeht, dass der Erblasser andere als die eingesetzten Personen von der Erbfolge ausschließen wollte, so gilt § 2089, der eine Erhöhung der Bruchteile anordnet. Bei späterem Wegfall eines Erben durch Tod gilt § 2094.

3 Infolge der Anwendung des § 2088 tritt bzgl des nicht verteilten Bruchteils die gesetzliche Erbfolge ein. Ist eine der auf einen Bruchteil eingesetzten Erben zugleich gesetzlicher Erbe, so ist sorgfältig zu ermitteln, ob der Erblasser ihn durch die Bruchteilseinsetzung nicht darüber hinaus von der gem § 2088 eintretenden gesetzlichen Erbfolge ausschließen wollte (BayObLGZ 65, 166, 177), so dass sich sein Erbteil nicht um den gesetzlichen Erbteil am Rest erhöht.

§ 2089 Erhöhung der Bruchteile.
Sollen die eingesetzten Erben nach dem Willen des Erblassers die alleinigen Erben sein, so tritt, wenn jeder von ihnen auf einen Bruchteil der Erbschaft eingesetzt ist und die Bruchteile das Ganze nicht erschöpfen, eine verhältnismäßige Erhöhung der Bruchteile ein.

1 § 2089 trifft den Fall, dass der Erblasser eine Person oder mehrere Personen wörtlich oder durch bedeutungsgleiche Formulierung als Erben zu Bruchteilen, die in der Summe nicht 100% erreichen, eingesetzt hat, etwa weil er sich verrechnet hat. Steht dabei fest, dass der Erblasser andere als die eingesetzten Personen von der Erbfolge ausschließen wollte, so ordnet § 2089 eine Erhöhung der Bruchteile diese Erben an. Diese vollzieht sich im Verhältnis der vom Erblasser bestimmten Erbteile zueinander.

2 Ist also A zu ½ und B zu ¼ eingesetzt, so verteilt sich das restliche ¼ nicht gleichmäßig, sondern im Verhältnis 2:1 auf A und B. Von dem restlichen ¼ (= $^3/_{12}$) erhält also A $^2/_{12}$ und B $^1/_{12}$, so dass A insgesamt ½ (= $^6/_{12}$) + $^2/_{12}$ = $^8/_{12}$ (= $^2/_3$) erhält, B ¼ (= $^3/_{12}$) + $^1/_{12}$ = $^4/_{12}$ (= $^1/_3$).

3 Wollte der Erblasser andere Personen nicht von der Erbfolge ausschließen, so gilt § 2088 und es tritt bzgl des Rests die gesetzliche Erbfolge ein. Hat der Erblasser die Bruchteile nur teilweise bestimmt, so gilt insoweit § 2092.

§ 2090 Minderung der Bruchteile.
Ist jeder der eingesetzten Erben auf einen Bruchteil der Erbschaft eingesetzt und übersteigen die Bruchteile das Ganze, so tritt eine verhältnismäßige Minderung der Bruchteile ein.

1 § 2090 trifft den Fall, dass der Erblasser in einer letztwilligen Verfügung mehrere Personen wörtlich oder durch bedeutungsgleiche Formulierung sämtlich als Erben zu Bruchteilen, die in der Summe 100% übersteigen, eingesetzt hat. Das kann etwa durch einen Rechenfehler des Erblassers geschehen. Infolge der Anwendung des § 2090 tritt eine Minderung der Bruchteile ein. Diese vollzieht sich im Verhältnis der vom Erblasser bestimmten Erbteile zueinander.

Ist also A zu $\frac{1}{4}$, B zu $\frac{2}{4}$ und C zu $\frac{3}{4}$ eingesetzt, so dass der Erblasser insgesamt $\frac{6}{4}$ verteilt hat, so geschieht die Minderung um $\frac{2}{4}$ nicht gleichmäßig, sondern im Verhältnis 1:2:3. Die überzähligen $\frac{2}{4}$ (= $\frac{6}{12}$) sind also in der Weise abzuziehen, dass A $\frac{1}{12}$, B $\frac{2}{12}$ und C $\frac{3}{12}$ abgeben muss. A erhält dann $\frac{1}{4}$ (= $\frac{3}{12}$) – $\frac{1}{12}$ = $\frac{2}{12}$ (= $\frac{1}{6}$), B erhält $\frac{2}{4}$ (= $\frac{6}{12}$) – $\frac{2}{12}$ = $\frac{4}{12}$ (= $\frac{2}{6}$ = $\frac{1}{3}$) und C erhält $\frac{3}{4}$ (= $\frac{9}{12}$) – $\frac{3}{12}$ = $\frac{6}{12}$ (= $\frac{3}{6}$ = $\frac{1}{2}$). **2**

Ergibt sich die 100% übersteigende Summe aus einer Zusammenschau von zu verschiedenen Zeiten errichteten Verfügungen, so ist durch Auslegung zu ermitteln, ob in der Überschreitung der 100% nicht ein teilweiser Widerruf der früheren Verfügung zu sehen ist, § 2258, soweit die 100% überschritten werden (BaRoth/*Litzenburger* § 2090 Rz 2). Hat der Erblasser die Bruchteile nur teilweise bestimmt, so gilt insoweit § 2092. **3**

§ 2091 Unbestimmte Bruchteile.
Sind mehrere Erben eingesetzt, ohne dass die Erbteile bestimmt sind, so sind sie zu gleichen Teilen eingesetzt, soweit sich nicht aus den §§ 2066 bis 2069 ein anderes ergibt.

§ 2091 trifft den Fall, dass mehrere Personen zu Erben eingesetzt sind. Die Norm hilft über eine fehlende Bestimmung der Bruchteile hinweg, indem sie Erbeinsetzung dieser Erben zu gleichen Teilen anordnet, soweit sich nicht aus §§ 2066–2069 etwas anderes ergibt (BayObLG FamRZ 86, 610: Vorrang auch bei analoger Anwendung). **1**

Erwähnt der Erblasser nur die Personen, die seine gesetzlichen Erben sind („Meine Frau und meine Kinder"), dann wird idR davon auszugehen sein, dass auch die im Wege der Anwendung der gesetzlichen Erbfolge ermittelten Quoten gelten. **2**

§ 2092 Teilweise Einsetzung auf Bruchteile.
(1) Sind von mehreren Erben die einen auf Bruchteile, die anderen ohne Bruchteile eingesetzt, so erhalten die letzteren den freigebliebenen Teil der Erbschaft.
(2) Erschöpfen die bestimmten Bruchteile die Erbschaft, so tritt eine verhältnismäßige Minderung der Bruchteile in der Weise ein, dass jeder der ohne Bruchteile eingesetzten Erben so viel erhält wie der mit dem geringsten Bruchteil bedachte Erbe.

§ 2092 I trifft den Fall, dass der Erblasser mehrere Erben einsetzt, jedoch nur bei einem Teil von ihnen die Bruchteile bestimmt, die in ihrer Summe unter 100% bleiben. Infolge der Anwendung des § 2092 erhalten die Erben, deren Bruchteile offen geblieben sind, den verbleibenden Bruchteil und zwar mangels abweichenden Erblasserwillens zu gleichen Teilen, § 2091. **1**

Sind also A zu $\frac{1}{2}$, B zu $\frac{1}{4}$ und außerdem noch C und D zu Erben eingesetzt, so verteilt sich das verbliebene $\frac{1}{4}$ zu gleichen Teilen auf C und D, so dass jeder von ihnen $\frac{1}{8}$ erhält. **2**

§ 2092 II trifft den Fall, dass der Erblasser mehrere Erben einsetzt, jedoch nur bei einem Teil von ihnen die Bruchteile bestimmt, die – insb infolge eines Rechenfehlers – in ihrer Summe 100% übersteigen, und ein Teilwiderruf (§ 2090 Rn 1) oder eine bloße Einsetzung zu Ersatzerben (Staud/*Otte* § 2092 Rz 3) ausscheidet. Infolge der Anwendung der Auslegungsregel des § 2092 II erhält jeder Erbe ohne Bruchteilsangabe den gleichen Bruchteil wie derjenige mit dem geringsten festgelegten Bruchteil. Anschließend sind die Bruchteile gem § 2090 zu mindern. **3**

Sind also A zu $\frac{1}{2}$ (= $\frac{6}{12}$), B zu $\frac{1}{3}$ (= $\frac{4}{12}$), C zu $\frac{1}{4}$ (= $\frac{3}{12}$) und außerdem noch D zu Erben eingesetzt, so erhält D den geringsten Bruchteil, also $\frac{1}{4}$ (= $\frac{3}{12}$). Weil damit die Summe von 100% um $\frac{4}{12}$ (= $\frac{1}{3}$) überschritten wird, sind anschließend die Bruchteile nach § 2090 im Verhältnis 6:4:3:3 zu mindern (vgl § 2090 Rn 2). **4**

§ 2093 Gemeinschaftlicher Erbteil.
Sind einige von mehreren Erben auf einen und denselben Bruchteil der Erbschaft eingesetzt (gemeinschaftlicher Erbteil), so finden in Ansehung des gemeinschaftlichen Erbteils die Vorschriften der §§ 2089 bis 2092 entsprechende Anwendung.

§ 2093 erklärt die §§ 2089–2092 auch für den Fall anwendbar, dass mehrere Erben auf einen gemeinsamen Erbteil, also etwa gemeinsam auf 50%, eingesetzt sind, was durch Auslegung zu ermitteln ist (BayObLG FamRZ 00, 120). Für die Anwendung des § 2093 soll es nicht genügen, dass der Erblasser die Erbeinsetzung mehrerer Personen in einem Satz, unter einem gemeinsamen Oberbegriff oder unter einem einheitlichen Bruchteil äußerlich zusammengefasst hat („Eheleute" allein genügt nicht, BayObLG ZEV 99, 355). Hinzutreten muss eine aus Erblassersicht sachliche Rechtfertigung für die Anwendung der §§ 2089–2092, aber auch der §§ 2094 I und II, 2098 II innerhalb dieser Gruppe, die sich aus einer persönlichen oder sachlichen Beziehung der Gruppenangehörigen zueinander ergibt (BaRoth/*Litzenburger* § 2093 Rz 1). Der Erblasser muss also hinsichtlich einzelner Erben eine im Vergleich zu den anderen Erben engere Gemeinschaft schaffen wollen. **1**

§ 2094 Anwachsung.
(1) ¹Sind mehrere Erben in der Weise eingesetzt, dass sie die gesetzliche Erbfolge ausschließen, und fällt einer der Erben vor oder nach dem Eintritt des Erbfalls weg, so wächst des-

sen Erbteil den übrigen Erben nach dem Verhältnis ihrer Erbteile an. [2]Sind einige der Erben auf einen gemeinschaftlichen Erbteil eingesetzt, so tritt die Anwachsung zunächst unter ihnen ein.
(2) Ist durch die Erbeinsetzung nur über einen Teil der Erbschaft verfügt und findet in Ansehung des übrigen Teiles die gesetzliche Erbfolge statt, so tritt die Anwachsung unter den eingesetzten Erben nur ein, soweit sie auf einen gemeinschaftlichen Erbteil eingesetzt sind.
(3) Der Erblasser kann die Anwachsung ausschließen.

1 § 2094 I trifft den Fall, dass der Erblasser durch seine Verfügung von Todes wegen die gesetzliche Erbfolge vollständig ausgeschlossen hat und einer der gewillkürten Erben aus jeglichem tatsächlichen oder rechtlichen Grund anfänglich oder später wegfällt. Für diesen Fall geht § 2094 davon aus, dass der Erblasser diese abschließende Regelung auch bei Wegfall eines Erben aufrecht erhalten will. § 2094 gilt deshalb nicht bei Widerruf der Erbeinsetzung, weil damit der Erblasser seinen Gesamtregelungsplan aufgegeben hat (BayObLG FamRZ 93, 736), wohl aber bei unwirksamer Einsetzung eines Erben (Damrau/*Stehlin* § 2094 Rz 5).

2 Infolge der Anwendung dieser Regel wächst den übrigen gewillkürten Erben der Erbteil des weggefallenen Erben im Verhältnis der vom Erblasser bestimmten Erbteile zueinander zu. Gleiches gilt bei Anordnung gewillkürter Erbfolge für einen Bruchteil der Erbschaft, § 2094 II. Es entsteht damit nicht ein zweiter Erbteil in der Hand des Erben, sondern es bleibt vielmehr bei einem einheitlichen Erbteil bei jedem Erben, soweit nicht die Ausnahmevorschriften der §§ 2007, 2095, 2110 und 2373 1 greifen.

3 Ist also A zu $\frac{1}{2}$ (= $\frac{2}{4}$), B zu $\frac{1}{4}$ und C zu $\frac{1}{4}$ eingesetzt und fällt C weg, so ist das freiwerdende $\frac{1}{4}$ nicht gleichmäßig, sondern im Verhältnis 2:1 auf A und B zu verteilen. Von dem $\frac{1}{4}$ (= $\frac{3}{12}$) erhält also A $\frac{2}{12}$ und B $\frac{1}{12}$, so dass A insgesamt einen Erbteil von $\frac{1}{2}$ (= $\frac{6}{12}$) + $\frac{2}{2}$ = $\frac{8}{12}$ (= $\frac{2}{3}$) erhält und B einen Erbteil von $\frac{1}{4}$ (= $\frac{3}{12}$) + $\frac{1}{12}$ = $\frac{4}{12}$ (= $\frac{1}{3}$).

4 § 2094 III ordnet deklaratorisch an, dass der Erblasser die Anwachsung für einzelne Erben oder insgesamt ausschließen kann. Ein Ausschluss ergibt sich allerdings noch nicht aus der Erbeinsetzung auf einen Bruchteil allein (KG FamRZ 77, 344), sondern nur dann, wenn feststeht, dass ein Erbe keinesfalls mehr erhalten soll. Eine Ersatzerbenberufung, die sich auch aus der Auslegungsregel des § 2069 ergeben kann (BayObLG FamRZ 91, 614), schließt die Anwachsung aus, § 2099.

§ 2095 Angewachsener Erbteil.

Der durch Anwachsung einem Erben anfallende Erbteil gilt in Ansehung der Vermächtnisse und Auflagen, mit denen dieser Erbe oder der wegfallende Erbe beschwert ist, sowie in Ansehung der Ausgleichungspflicht als besonderer Erbteil.

1 Grds führt die Anwachsung nach § 2094 nicht zu zwei selbständigen Erbteilen, sondern bewirkt lediglich eine Bruchteilserhöhung. § 2095 bestimmt, dass diese Einheitlichkeit nicht in Ansehung der Beschwerung des Zuwachses mit Vermächtnissen oder Auflagen und der Ausgleichungspflicht nach § 2052 gilt. Vielmehr werden für diesen Fall zwei Erbteile als selbständige Haftungsmassen fingiert mit der Folge, dass der Erbe sich für jeden Erbteil auf §§ 1991 IV, 1992 berufen kann. Andernfalls hätte eine Beschwerung des Zuwachses über dessen Wert hinaus auch eine Minderung des ursprünglichen Erbteils zur Folge und die Anwachsung wäre nachteilig. Umgekehrt muss der Erbe auch den angewachsenen Teil nicht einsetzen, wenn sein ursprünglicher Erbteil über dessen Wert hinaus mit Vermächtnissen und/oder Auflagen beschwert ist.

2 Die Fiktion zweier Erbteile führt darüber hinaus dazu, dass die Ausgleichungspflicht des § 2052, beim Wegfall eines Ausgleichungspflichtigen nicht auf den ursprünglichen Erbteil des Erben, dessen Erbteil durch Anwachsung erhöht wird, übergreifen kann und umgekehrt, §§ 2095, 2056.

§ 2096 Ersatzerbe.

Der Erblasser kann für den Fall, dass ein Erbe vor oder nach dem Eintritt des Erbfalls wegfällt, einen anderen als Erben einsetzen (Ersatzerbe).

1 **A. Regelungsgehalt.** § 2096 stellt klar, dass der Erblasser durch Verfügung von Todes bestimmen kann (und sollte!), dass beim Wegfall eines gesetzlichen oder gewillkürten Erben aus jeglichem tatsächlichen oder rechtlichen Grund vor oder nach dem Erbfall ein oder mehrere andere Erben an dessen Stelle treten sollen (zu Problemen der Doppelbegünstigung eines Stammes bei Ausschlagung § 2069 Rn 5).

2 Auf diese Weise kann der Erblasser die Anwachsung, vgl § 2099, und den Eintritt der gesetzlichen Erbfolge ausschließen. Für den Eintritt des Ersatzerbfalls kommt es auf den Zeitpunkt des Erbfalls an, § 2074 gilt nicht. Es kann auch eine mehrstufige Ersatzerbfolge angeordnet oder eine Beschränkung auf einzelne Wegfallgründe vorgenommen werden. Der Ersatzerbe tritt unmittelbar die Gesamtrechtsnachfolge des Erblassers an und hat im Zweifel die gleichen Verpflichtungen zu erfüllen wie der Erbe, vgl §§ 2051, 2161, 2192. Zur Abgrenzung von Ersatz- und Nacherbfolge § 2102.

3 **B. Verhältnis zu § 2069.** Unklar ist das Verhältnis von § 2096 zu § 2069, also die Frage, ob ein ausdrücklich eingesetzter Ersatzerbe zurücktreten muss, wenn ein eingesetzter Abkömmling des Erblassers wegfällt (Vorrang des § 2069, Staud/*Otte* § 2069 Rz 20) oder nicht (Vorrang des § 2096, Soergel/*Loritz* § 2096 Rz 3) oder ob je nach Einzelfall zu entscheiden ist (so wohl BayObLG NJW-RR 94, 460). Die willensgestützte Einsetzung

von Ersatzerben sollte nach zutreffender Auffassung der Zweifelsregelung des § 2069 vorgehen. Aufgrund der Unsicherheit empfiehlt sich eine ausdrückliche Regelung im Testament.

C. Rechtsstellung des Ersatzerben. Vor Eintritt des Erbfalls und Wegfall des Erstberufenen erwirbt der Ersatzerbe keine Rechtsposition (BGHZ 40, 115). Mit Eintritt des Erbfalls aber vor Wegfall des Erstberufenen etwa durch Ausschlagung erwirbt der Ersatzerbe ein Anwartschaftsrecht, das seinerseits vererblich ist (BayObLGZ 60, 407, 410). Er kann die Erbschaft bereits für den Fall des Wegfalls des Erstberufenen annehmen oder ausschlagen und das Testament mit dem Ziel der Beseitigung des Erbrechts des Erstberufenen anfechten. Sobald der Erstberufene wegfällt, wird der Ersatzerbe rückwirkend mit Eintritt des Erbfalls Erbe des Erblassers. 4

§ 2097 Auslegungsregel bei Ersatzerben.
Ist jemand für den Fall, dass der zunächst berufene Erbe nicht Erbe sein kann, oder für den Fall, dass er nicht Erbe sein will, als Ersatzerbe eingesetzt, so ist im Zweifel anzunehmen, dass er für beide Fälle eingesetzt ist.

§ 2097 korrigiert die sprachliche Ungenauigkeit des Erblassers, der nicht zwischen „wollen" und „können" zu unterscheiden vermochte. Die Regel ist deshalb unanwendbar, wenn der Erblasser die Formulierung bewusst gewählt hat (BayObLG FamRZ 89, 666). Das wird insb dann der Fall sein, wenn der Erbe ausschlägt, dadurch einen Pflichtteil erhält und der Ersatzerbe seinem Stamm angehört, denn andernfalls würde dieser Stamm ggü den anderen Stämmen begünstigt (Zweibr OLGZ 84, 3; vgl auch § 2069 Rn 5). Folge der Anwendung des § 2097 ist, dass die Ersatzerbeneinsetzung für beide Fälle gilt. 1

§ 2098 Wechselseitige Einsetzung als Ersatzerben.
(1) Sind die Erben gegenseitig oder sind für einen von ihnen die übrigen als Ersatzerben eingesetzt, so ist im Zweifel anzunehmen, dass sie nach dem Verhältnis ihrer Erbteile als Ersatzerben eingesetzt sind.
(2) Sind die Erben gegenseitig als Ersatzerben eingesetzt, so gehen Erben, die auf einen gemeinschaftlichen Erbteil eingesetzt sind, im Zweifel als Ersatzerben für diesen Erbteil den anderen vor.

§ 2098 trifft den Fall, dass der Erblasser mehrere Ersatzerben nebeneinander eingesetzt hat, ohne jedoch die Bruchteile zu bestimmen. Dieser Fall wird eigentlich von § 2091 erfasst, § 2098 macht jedoch eine Ausnahme für den Fall, dass zu Ersatzerben ausschl sämtliche Miterben des weggefallenen Erben bestimmt sind. Dann treten die Miterben nicht zu gleichen Teilen, sondern im Verhältnis ihrer Bruchteile an die Stelle des weggefallenen Erben, § 2098 I. 1

Sind A zu $\tfrac{1}{2}$, B zu $\tfrac{1}{4}$, C zu $\tfrac{1}{4}$ als Erben und A, B und C gegenseitig zu Ersatzerben eingesetzt, dann wird bei Wegfall des C das frei werdende $\tfrac{1}{4}$ (= $\tfrac{3}{12}$) nicht zu gleichen Teilen, sondern im Verhältnis 2:1 auf A und B verteilt. Der Erbteil des A beträgt dann $\tfrac{1}{2}$ (= $\tfrac{6}{12}$) + $\tfrac{2}{12}$ = $\tfrac{8}{12}$ (= $\tfrac{2}{3}$), der Erbteil des B $\tfrac{1}{4}$ (= $\tfrac{3}{12}$) + $\tfrac{1}{12}$ = $\tfrac{4}{12}$ (= $\tfrac{1}{3}$). 2

Sind mehrere Erben auf einen gemeinschaftlichen Erbteil, § 2093, eingesetzt, so gilt im Verhältnis der Erben aus dieser Erbengruppe dasselbe, wenn einer von ihnen wegfällt und alle Erben des gemeinschaftlichen Erbteils vom Erblasser gegenseitig zu Ersatzerben eingesetzt sind, § 2098 II. Es entstehen, anders als bei Anwachsung, § 2094, zwei selbständige Erbteile. 3

§ 2099 Ersatzerbe und Anwachsung.
Das Recht des Ersatzerben geht dem Anwachsungsrecht vor.

§ 2099 regelt den Vorrang der Ersatzerbeneinsetzung (vgl BayObLG FamRZ 92, 355; ZEV 04, 463 zur Auslegung) vor der Anwachsung, § 2094, die nur bei Wegfall sämtlicher Ersatzerben, § 2096, und außerhalb des Anwendungsbereichs von § 2069 greift. Bei der Auslegung einer letztwilligen Verfügung ist deshalb stets vorrangig zu prüfen, ob Ersatzerben bestimmt sind (München ZEV 07, 383). 1

Titel 3 Einsetzung eines Nacherben

§ 2100 Nacherbe.
Der Erblasser kann einen Erben in der Weise einsetzen, dass dieser erst Erbe wird, nachdem zunächst ein anderer Erbe geworden ist (Nacherbe).

Inhaltsübersicht	Rn		Rn
A. Allgemeines	1–11	III. Motive	21–23
I. Grundsätze	1–4	IV. Behindertentestament	24
II. Verhältnis zwischen Vor- und Nacherben	5–11	V. Nachteile	25, 26
B. Anordnung der Vor- und Nacherbschaft	12–26	C. Gestaltungsmöglichkeiten für Erblasser und Dritte	27–42
I. Verfügung vTw	12	I. Person des Vorerben	27
II. Auslegung	13–20	II. Person des Nacherben	28

		Rn			Rn
III.	Staffelung	29	E.	Rechtsstellung des Vorerben	46–48
IV.	Bruchteile	30	F.	Rechtsstellung des Nacherben vor dem Nacherbfall	49–59
V.	Mehrere Vor- und Nacherben	31, 32	I.	Anwartschaftsrecht	49, 50
VI.	Nacherbfall	33	II.	Sicherung des Anwartschaftsrechts	51, 52
VII.	Bedingungen und Befristungen	34–38	III.	Übertragbarkeit des Anwartschaftsrechts	53–58
1.	Vorerbschaft	34	IV.	Testamentsvollstreckung für den Nacherben	59
2.	Nacherbschaft	35–38	G.	Sondervermögen	60–65
VIII	Einflussnahme durch den Vorerben	39–41	I.	Vor dem Nacherbfall	61–64
IX.	Bestimmungen durch Dritte	42	II.	Eintritt des Nacherbfalls	65
D.	Anfall und Ausschlagung	43–45			
I.	Vorerbe	43, 44			
II.	Nacherbe	45			

1 **A. Allgemeines. I. Grundsätze.** Vorerbe und Nacherbe sind nacheinander Erben desselben Erblassers und Träger der auf dessen Nachlass bezogenen Rechte und Pflichten. Mit dem Nacherbfall hört der Vorerbe auf, Erbe zu sein, und fällt die Erbschaft dem Nacherben an (§ 2139).

2 Der Nacherbe ist Gesamtrechtsnachfolger (§ 1922) des Erblassers. Die Erbschaft fällt dem Nacherben automatisch ohne Übertragungsakt des Vorerben an. In Einzelgegenstände des Nachlasses gibt es keine Nacherbfolge; möglich ist die Anordnung eines Nachvermächtnisses (§ 2191).

3 Der Nacherbe ist als solcher nicht Gesamtrechtsnachfolger des Vorerben. Erbe des Vorerben ist vielmehr, wen dieser einsetzt oder wen das Gesetz zu seinem Erben beruft; natürlich kann er gleichwohl mit dem Nacherben identisch sein. Beide Vermögensmassen sind aber zu trennen; der Nachlass des Erblassers gehört nicht zum Nachlass des Vorerben. Vor- und Nacherbe bilden mithin auch keine Erbengemeinschaft miteinander.

4 Die Vorerbschaft ist auflösend bedingte, meist, da der Nacherbfall grds mit dem Tod des Vorerben eintritt, auflösend befristete Erbeinsetzung. Die Nacherbschaft ist aufschiebend bedingte, meist aufschiebend befristete Erbeinsetzung. Der Vorerbe ist vorläufiger Erbe, Erbe auf Zeit; der Nacherbe ist endgültiger Erbe.

5 **II. Verhältnis zwischen Vor- und Nacherben.** Die Aufeinanderfolge zweier Erben führt zu Regelungsbedarf. Zwischen Vor- und Nacherben besteht ein gesetzliches Schuldverhältnis.

6 Den Vorerben trifft eine Verwaltungspflicht, die im G nicht ausdrücklich ausgesprochen ist, aber allg aus § 2130 I hergeleitet wird. Dem steht ein Verwaltungsrecht ggü, das sich aus §§ 2128, 2129 erschließt. Haftungsmaßstab: § 2131 (Sorgfalt wie in eigenen Angelegenheiten, § 277).

7 Den Vorerben treffen Verfügungsbeschränkungen gem §§ 2112 ff. Der Erblasser kann den Vorerben hiervon weitgehend befreien (§§ 2136, 2137; befreite Vorerbschaft). Erfordert die ordnungsgemäße Verwaltung eine Verfügung, die der Vorerbe hiernach nicht mit Wirkung gegen den Nacherben vornehmen kann, so hat er gegen diesen einen Anspruch auf Zustimmung (§ 2120). Zum Schutz des gutgläubigen Vorerben besteht dessen Verfügungsbefugnis fort, solange er unverschuldet keine Kenntnis vom Eintritt des Nacherbfalls hat (§ 2140 1).

8 Vor dem Nacherbfall hat der Nacherbe gegen den Vorerben Anspruch auf ein Verzeichnis der Nachlassgegenstände (§ 2121 I 1), auf Feststellung ihres Zustandes (§ 2121 I 2) und, wenn Grund zu der Annahme besteht, dass der Vorerbe durch seine Verwaltung die Rechte des Nacherben erheblich verletzt, auch auf Auskunft über den Bestand der Erbschaft (§ 2127); für Inhaberpapiere vgl §§ 2116, 2117 und für Schuldbuchforderungen § 2118. Begründet das Verhalten des Vorerben oder seine ungünstige Vermögenslage die Besorgnis einer erheblichen Verletzung der Rechte des Nacherben, so kann dieser Sicherheit (§ 2128 I), notfalls die Einsetzung eines gerichtlich bestellten Verwalters (§§ 2128 II; 2129) verlangen.

9 Nach dem Nacherbfall hat der Nacherbe gegen den Vorerben va den Anspruch auf Herausgabe der Erbschaft (§ 2130), bei befreiter Vorerbschaft nur der noch vorhandenen Nachlassgegenstände (§ 2138 I). Er hat ferner Anspruch auf Rechenschaft (§ 2130 II), bei Verletzung der Verwaltungspflichten des Vorerben auch auf Schadensersatz (§ 2130 I); Haftungsmaßstab: § 2131.

10 Die Verteilung der Lasten des Nachlasses im Verhältnis zwischen Vor- und Nacherben regeln §§ 2124–2126, die Verteilung der Nutzungen §§ 2132–2135. Die Vorschriften gehen von dem Gedanken aus, dass dem Vorerben für die Zeit der Vorerbschaft die gewöhnlichen Nutzungen gebühren, er aber im Nacherbfall den Stamm des Vermögens an den Nacherben herauszugeben hat.

11 Die §§ 2144 und 2145 grenzen die Haftung zwischen Vor- und Nacherben ab. § 2143 ordnet an, dass eine evtl in der Person des Vorerben eingetretene Konfusion oder Konsolidation mit dem Nacherbfall endet, in dem die erloschenen Rechtsverhältnisse wieder aufleben.

12 **B. Anordnung der Vor- und Nacherbschaft. I. Verfügung vTw.** Eine solche ist grds notwendig. Ausnahmen enthalten die §§ 2104 und 2105. Sie dienen der Vervollständigung unvollständiger Verfügungen vTw. § 2104 ordnet Nacherbschaft an und bestimmt den Nacherben für den Fall, dass der Erblasser nur verfügt hat,

Erbe solle nur bis zu einem bestimmten Zeitpunkt oder Ereignis Erbe sein (sog konstruktive Nacherbfolge). § 2105 macht den eingesetzten Erben, der die Erbschaft erst mit einem bestimmten Zeitpunkt oder Ereignis erhalten soll oder beim Erbfall noch nicht gezeugt ist, zum Nacherben, und bestimmt die Vorerben (sog konstruktive Vorerbschaft).

II. Auslegung. Vielfach wird sich die Anordnung der Vor- und Nacherbschaft erst aus einer Auslegung der Verfügung vTw ergeben. Entscheidend dabei ist, ob der Erblasser wollte, dass die Erbschaft zweimal anfällt. 13

Das sog Berliner Testament enthält im Zweifel keine solche Anordnung. Vielmehr wird im Zweifel der zuletzt versterbende Ehegatte Vollerbe des zuerst Verstorbenen, und der Dritte wird als Vollerbe des zuletzt verstorbenen Ehegatten „Schlusserbe" (§ 2269 I). Diese Auslegungsregel kann auch dann greifen, wenn der Dritte ausdrücklich als Nacherbe bezeichnet ist (BGH NJW 83, 277). Die Einsetzung eines „Alleinerben" schließt die Annahme einer Vorerbschaft nicht aus; dagegen ist der Ausdruck „Vollerbe" für die Auslegung regelmäßig verbindlich (Staudinger/*Avenarius* § 2100 Rz 24). 14

Wiederverheiratungsklauseln, denen zufolge der zum Erben eingesetzte überlebende Ehegatte im Fall seiner Wiederheirat sein Erbrecht verlieren und den Nachlass an Dritte (meist die gemeinsamen Kinder) herausgeben soll, führen nach BGHZ 96, 198, 202 ff zu einer eigenartigen Kombination: Der überlebende Ehegatte ist zugleich als auflösend bedingter Vollerbe und als aufschiebend bedingter Vorerbe anzusehen, wobei die Bedingung und der Nacherbfall in der Wiederheirat liegen; in diesem Fall sind die Dritten Nacherben. Verstirbt der überlebende Ehegatte, ohne sich wiederverheiratet zu haben, so tritt die Bedingung nicht ein; er ist Vollerbe geblieben und wird seinerseits nach allg Regeln beerbt. Die aufschiebende Bedingung führt freilich dazu, dass der überlebende Ehegatte den Verfügungsbeschränkungen der §§ 2113 ff unterliegt, wobei seine Verfügungen wirksam bleiben, wenn er Vollerbe geblieben ist – ein Ergebnis, das die Ehegatten mit der bloßen Anordnung von Vor- und Nacherbschaft nicht erreichen können, jedenfalls soweit keine Befreiung nach § 2136 möglich ist. Offen bleibt, ob der überlebende Ehegatte dabei auch ohne ausdrückliche Anordnung durch den Erblasser als gem § 2136 befreit anzusehen ist. Neuerdings werden Bedenken gegen die Wiederverheiratung als auflösende Bedingung erhoben (s.u. Rn 36). 15

Bei zeitlich begrenzter Zuwendung der Verwaltung und Nutznießung am Nachlass (Nießbrauchsvermächtnis) ist die Abgrenzung von der Vor- und Nacherbschaft schwierig (dazu *Avenarius* in: Handbuch des Erbrechts, 2008, 1034). Die Rechtsprechung hat mehrfach eine Vorerbschaft angenommen, wenn dem Nießbraucher die freie Verfügung über den Nachlass zugewendet war (BayObLG NJW 60, 1765) oder wenn er zugleich dinglicher Vermögensinhaber und Herr des Nachlasses sein sollte, ohne sich erst beim Erben um die Einräumung eines Nießbrauchs bemühen zu müssen (BGH LM Nr 2 zu § 2100). Die günstigere steuerliche Behandlung (s.u. Rn 26) kann dagegen für ein Nießbrauchsvermächtnis sprechen (BayObLG NJW 60, 1765). 16

Jede aufschiebend bedingte Erbeinsetzung führt zur Vor- und Nacherbschaft, wenn die Bedingung beim Erbfall noch nicht eingetreten ist (MüKo/*Grunsky* § 2100 Rz 7a). Auch der unter einer auflösenden Bedingung eingesetzte Erbe hat die Stellung eines Vorerben (BayObLG ZErb 05, 53, 55). 17

Ein Testiergebot an den Erben (Gebot, eine bestimmte Person als seinen Erben einzusetzen) wird vielfach als Anordnung der Vor- und Nacherbschaft anzusehen sein. In einem Testierverbot ggü dem Erben liegt vielfach die Einsetzung seiner gesetzlichen Erben als Nacherben. Verbietet der Erblasser dem Erben, den Nachlass an andere als die von ihm genannten Personen weiter zu vererben, so kann darin deren Einsetzung als Nacherben liegen (BayObLGZ 58, 226 und BayObLG FamRZ 86, 608). 18

Auch die vom Erblasser letztwillig geäußerte Erwartung, der Erbe werde seinen Nachlass einem bestimmten Dritten zukommen lassen, kann als dessen Einsetzung zum Nacherben ausgelegt werden (BGH IV ZR 17/50 vom 11.10.51), nicht dagegen eine nur moralisch gemeinte Verpflichtung (Hamm DNotZ 63, 559). 19

Die Berufung zum Ersatzerben (§ 2096) enthält dagegen im Zweifel nicht die Berufung zum Nacherben und damit auch nicht die Anordnung der Vor- und Nacherbschaft. Das folgt aus § 2102. Die fehlende Rechtskunde des Erblassers kann jedoch zu einem anderen Ergebnis führen (BGH LM Nr 1 zu § 2100). 20

III. Motive. Die Motive für die letztwillige Anordnung von Vor- und Nacherbschaft sind vielfältig. Sie lassen sich indessen alle auf zwei kennzeichnende Umstände dieser Rechtsfigur zurückführen: 21

Dies ist zum einen die zeitliche Aufeinanderfolge zweier Erben. Sie kann den Erblasser motivieren, wenn er 22
- den Nacherben auf eine gewisse Zeit vom Nachlass fern halten will, weil er ihn für noch unvernünftig oder nicht hinreichend ausgebildet oder unfähig (Gewerbebetrieb) hält oder weil er ihm erst zu einem bestimmten *Zeitpunkt* (Heirat) etwas zuwenden will, oder
- den Nachlass möglichst lange als Einheit in der Familie erhalten will (nach Art der früheren Fideikommisse) oder
- den Anfall der Erbschaft bei bestimmten gesetzlichen oder gewillkürten Erben seines Erben (Vorerben) ausschließen will oder
- Pflichtteilsansprüche naher Verwandter reduzieren will oder
- wenn eine noch nicht gezeugte Person oder eine beim Erbfall noch nicht entstandene juristische Person Erbe werden soll, denn sie kann nur als Nacherbe eingesetzt werden (§ 2101), nicht als Erbe (§ 1923).

23 Zum anderen ist die nießbraucherähnliche Rechtsposition des Vorerben charakteristisch, die ihm zwar die Nutzungen des Nachlasses sichert, grds aber nicht dessen Substanz zukommen lässt. Hierauf kann der Erblasser Wert legen, wenn er
- den Unterhalt des Vorerben (insb des überlebenden Ehegatten) sichern will,
- den Zugriff von Gläubigern des Vorerben auf die Substanz des Nachlasses verhindern will, und zwar im Interesse des Nacherben (s.u. Rn 63), aber auch im Interesse des Vorerben, insb beim sog Behindertentestament den Zugriff der Sozialhilfeträger (dazu Rn 24).

24 **IV. Behindertentestament.** Dem sog Behindertentestament liegt eine eigenartige Kombination aus Vorerbschaft und Testamentsvollstreckung zugrunde. Dort wird ein behinderter Abkömmling des Erblassers zum befreiten Vorerben eingesetzt, und zwar wegen § 2106 I mit einer Erbquote, die seine Pflichtteilsquote übersteigt (Soergel/*Harder/Wegmann* § 2100 Rz 24). Die Vorerbschaft sichert dem Behinderten die Nutzungen des Nachlasses; dem Testamentsvollstrecker wird auferlegt, sie ihm zukommen zu lassen (§ 2216). Die Substanz des Nachlasses ist durch die Testamentsvollstreckung dem Zugriff der Eigengläubiger des Vorerben, insb der Sozialhilfeträger, entzogen (§ 2214), auch ohne dass der Vorerbe nach allg Vorschriften (s.u. Rn 63) die Sonderung der Vermögensmassen herbeiführen müsste; dem Testamentsvollstrecker kann auferlegt werden, die Substanz des Nachlasses dem Vorerben insoweit zur Verfügung zu stellen, als sie Schonvermögen iSd § 88 BSHG darstellt. Testamentsvollstrecker ist vielfach der Nacherbe; vielfach fungiert er auch als Betreuer des behinderten Vorerben. Diese Konstruktion ist in der Rechtsprechung anerkannt und nicht sittenwidrig (BGH NJW 90, 2055; BGHZ 123, 368). Sie eignet sich grds auch, wenn hoch verschuldete Personen (Soergel/*Harder/Wegmann* § 2100 Rz 23; *Engelmann* MDR 99, 968; *Limmer* ZEV 04, 133, 137 ff.; *Hartmann* ZNotP 05, 82), Langzeitarbeitslose oder sonstige Bedürftige (*Litzenburger* ZEV 09, 278) zu Erben eingesetzt werden sollen.

25 **V. Nachteile.** Sie liegen zivilrechtlich darin, dass die §§ 2100 ff unübersichtlich und schwer zu handhaben sind. Die Verfügungsbefugnisse des Vorerben sind nicht immer klar. Der Nacherbe wird vielfach die Befürchtung hegen, der Vorerbe verwende den Nachlass für sich, was besonders im Unternehmensbereich zu Spannungen führen kann.

26 Steuerliche Nachteile entstehen, weil das ErbStG das Institut nach wie vor nicht anerkennt, sondern den Vorerben als Vollerben (§ 6 I ErbStG) und den Erwerb des Nacherben als vom Vorerben stammend (§ 6 II 1 ErbStG) ansieht. Folglich wird sowohl der Anfall beim Vorerben als auch der beim Nacherben besteuert.

27 **C. Gestaltungsmöglichkeiten für Erblasser und Dritte: I. Person des Vorerben.** Der Erblasser bestimmt die Person des Vorerben. Er kann auch einen Ersatzvorerben berufen (§ 2096). Verstirbt der Vorerbe vor dem Erblasser und ist kein Ersatzvorerbe berufen, so tritt im Zweifel der Nacherbe als Vollerbe ein (§ 2102); zur Nacherbschaft kommt es dann nicht.

28 **II. Person des Nacherben.** Der Erblasser bestimmt die Person des Nacherben. Der Erblasser kann auch einen Ersatznacherben berufen (§ 2096). Dieser hat eine schwache Rechtsposition; die Rspr erkennt aber deren Übertragbarkeit und damit auch deren Qualifikation als Anwartschaftsrecht an (BayObLGZ 60, 410; Frankf DNotZ 70, 691). Die Kontroll-, Sicherungs- und Auskunftsrechte des Nacherben stehen ihm jedoch nicht zu (RGZ 145, 316). Seine Zustimmung zu Verfügungen des Vorerben ist nicht erforderlich (RGZ aaO; BGHZ 40, 115, 119; BayObLG DNotZ 93, 404 und NJW-RR 05, 956).

29 **III. Staffelung.** Der Erblasser kann eine mehrfach gestaffelte Nacherbschaft anordnen. Er darf damit zwar die Grenzen des § 2109 nicht überschreiten, doch enden diese vielfach nicht bei 30 Jahren. Eine gestaffelte Nacherbfolge kann etwa angenommen werden, wenn der Erblasser seine beiden Kinder als Vorerben und seine Enkel als Nacherben berufen und weiter bestimmt hat, dass beim Tod eines Kindes dessen Erbteil auf das andere Kind und die Enkel übergehen soll (BayObLG ZEV 96, 473). Die Zahl der Nacherbfälle ist grds unbeschränkt. Im Verhältnis zum Vorerben haben alle die Stellung des Nacherben; demgemäß müssen bei zustimmungsbedürftigen Verfügungen des Vorerben alle Nacherben mitwirken. Im Verhältnis zu den folgenden Nacherben hat der vorrangige Nacherbe von dem ihn betreffenden Nacherbfall an die Stellung eines Vorerben (BayObLG NJW-RR 90, 199).

30 **IV. Bruchteile.** Der Erblasser kann Vor- und Nacherbschaft auch für einen Bruchteil des Nachlasses anordnen. Ist dieser Vorerbe mit dem für den Rest eingesetzten Vollerben identisch, so ist fraglich, wie die Auseinandersetzung zu geschehen hat; eine Teilungsanordnung ist zu empfehlen. Die Zuwendung eines Teils der Erbschaft an den Vorerben zum Verbleib bei ihm lässt sich auch durch ein Vorausvermächtnis (§ 2150) erreichen; darauf erstreckt sich nämlich das Recht des Nacherben im Zweifel nicht (§ 2110 II).

31 **V. Mehrere Vor- und Nacherben.** Es können mehrere Erben als Vorerben eingesetzt sein. Sie bilden eine Erbengemeinschaft als Mitvorerben. Diese kann nach allg Regeln auseinandergesetzt werden. Die Mitwirkung der Nacherben ist nur erforderlich, soweit Verfügungen gem §§ 2113, 2114 getroffen werden müssen (Hamm ZEV 95, 336; RGZ 75, 366), und auch dort nicht, soweit Teilungsanordnungen des Erblassers reichen (Hamm aaO). IÜ sind die Nacherben aus § 2120 verpflichtet, die Zustimmung zu erteilen.

Es können auch mehrere Erben als Nacherben eingesetzt sein. Sie bilden jedoch erst vom Nacherbfall an eine Erbengemeinschaft (BGH NJW 93, 1582). Vorher können sie deren Bildung auch nicht vereinbaren (KG ZEV 99, 28, 29), diesen Erfolg aber erreichen, indem sie sämtliche Erbanteile der Vorerben erwerben. 32

VI. Nacherbfall. Dies ist der Zeitpunkt, in dem der Vorerbe aufhört, Erbe zu sein, und die Erbschaft dem Nacherben anfällt (§ 2139). Ihn bestimmt der Erblasser. Häufig ist es der Tod des Vorerben oder die Geburt des Nacherben. In Betracht kommen auch weitere Ereignisse im Leben des Vorerben (Wiederheirat) oder des Nacherben (bestimmtes Lebensalter, Heirat, Abschluss einer Ausbildung, Ablegung einer Prüfung) oder schlicht ein bestimmter Kalendertag. Der Erblasser ist dabei aber in keiner Weise beschränkt. Möglich ist es etwa auch, den Nacherbfall mit der Nichterfüllung einer Pflicht (Bauverpflichtung, die innerhalb bestimmter Frist zu erfüllen ist, BayObLG ZEV 05, 27) oder mit dem Verstoß gegen ein Unterlassungsgebot (BayObLG ZEV 01, 189) eintreten zu lassen. Das Ereignis kann bis zur Grenze des § 162 auch vom freien Willen des Voroder des Nacherben abhängen. Unerheblich ist auch, welche Wahrscheinlichkeit für den Eintritt des Nacherbfalls besteht. Hat der Erblasser einen Nacherben eingesetzt, ohne den Nacherbfall zu definieren, so ist dies der Tod des Vorerben (§ 2106). 33

VII. Bedingungen und Befristungen. 1. Vorerbschaft. Der Vorerbe kann unter einer aufschiebenden Bedingung eingesetzt werden, etwa der, dass er beim Erbfall verheiratet ist oder eine bestimmte Ausbildung abgeschlossen hat. Ist die Bedingung nicht erfüllt, so tritt der Ersatzvorerbe ein. Hat der Erblasser einen solchen nicht bestimmt, so soll der Nacherbe schon beim Erbfall Vollerbe werden. 34

2. Nacherbschaft. Neben dem Eintritt des Nacherbfalls kann die Nacherbschaft an weitere aufschiebende Bedingungen geknüpft werden. Auch hier sind Beispiele etwa die Heirat des Nacherben oder der Abschluss einer Ausbildung. Treten diese Ereignisse erst nach dem Nacherbfall ein und besteht dieser im Tod des Vorerben, so müssen dessen gesetzliche Erben als weitere Vorerben angesehen werden; es tritt dann eine gestaffelte Vor- und Nacherbschaft ein. 35

Als auflösende Bedingung für die Nacherbschaft ist bisher insb die (Wieder-)Heirat des Vorerben oder des Nacherben in Betracht gezogen worden. Indessen kann sich hier ein Konflikt zwischen der Testierfreiheit (Art 14 I 1 GG, BVerfGE 91, 346, 358 und 99, 341, 350) und der Eheschließungsfreiheit (Art 6 I GG) ergeben, der bei nicht hinnehmbarem wirtschaftlichem Druck auf den Nacherben zugunsten des letzteren zu lösen sein kann (BVerfG NJW 04, 2008 gegen BGHZ 140, 118). Sie betrifft alle Wiederverheiratungsklauseln, auch diejenigen zu Lasten der Vorerben (s.o. Rn 15), ferner solche, in denen dem Erben für den Fall der Wiederverheiratung Geldvermächtnisse auferlegt werden. Wesentliche Gesichtspunkte sind die wirtschaftliche Bedeutung des Rechtsverlustes, der dem Vor- oder Nacherben droht, bzw. die Höhe des ihm auferlegten Vermächtnisses, womöglich auch die Motive des Erblassers. 36

Die Nacherbschaft kann auch für den Fall angeordnet werden, dass der Vorerbe vor einem bestimmten Zeitpunkt verstirbt; erlebt er diesen, so ist er Vollerbe. In einem Ehegattentestament kann die Vor- und Nacherbschaft auch unter der auflösenden Bedingung verfügt werden, dass der überlebende Ehegatte nicht anderweit testiert (BGHZ 2, 35, 36). 37

Aufschiebende Bedingungen, deren Eintritt oder Nichteintritt sich erst beim Tode des Vorerben oder des Nacherben erweist („wenn er nicht mehr trinkt"), müssen in auflösende Bedingungen umgedeutet werden (§ 2075). 38

VIII. Einflussnahme durch den Vorerben. Der Erblasser kann die Nacherbschaft von der aufschiebenden Bedingung abhängig machen, dass der Vorerbe nicht anders testiert (BGHZ 59, 220, dazu *J. Mayer* ZEV 96, 104 mit Formulierungsbeispielen; für den länger lebenden Ehegatten beim gemeinschaftlichen Testament BayObLG DNotZ 92, 521). Auch eine auflösende Bedingung dieses Inhalts ist zulässig (*Avenarius* in: Handbuch des Erbrechts, 2008, 1040 Rz 43). Der Vorerbe kann dadurch die Nacherbschaft insgesamt beseitigen (Oldbg NJW-RR 91, 646). Eine Verletzung des § 2065 II liegt darin nicht, da nicht unmittelbar ein fremder Wille entscheidet, sondern sich die vom Erblasser für die Nacherbschaft gesetzte Bedingung auswirkt (RGZ 159, 299). 39

Der Vorerbe kann in solchen Fällen mittelbar auch über die Person des Nacherben entscheiden (BGHZ 59, 220; RGZ 95, 278), etwa in dem er einem von mehreren eingesetzten Nacherben die Nacherbschaft entzieht (BGHZ 59, 220) oder aus mehreren vom Erblasser vorgesehenen Personen einen Nacherben auswählt (BGH LM Nr 2 zu § 2065; RGZ 159, 299) oder die Nacherbschaft unter den als Nacherben eingesetzten Abkömmlingen anders verteilt (BGHZ 59, 220). Im Fall der Auswahl verlangt neuere Rechtsprechung (Hamm MDR 07, 663, 664) so genaue Hinweise in der Verfügung vTw, dass jede hinreichend sachkundige Person den Nacherben bestimmen kann, ohne dass deren Ermessen bestimmend oder auch nur mitbestimmend ist. 40

Mittelbar kann der Vorerbe die Person des Nacherben auch beeinflussen, wenn der Erblasser diejenigen Personen zu Nacherben eingesetzt hat, die der Vorerbe zu seinen eigenen Erben beruft. Die Zulässigkeit dieser Klausel ist aber wegen § 2065 II äußerst umstr (dafür Stuttg BWNotZ 98, 47; dagegen Frankf DNotZ 01, 143 m Anm *Kanzleiter* = ZEV 01, 316 m abl Anm *Otte*). 41

42 **IX. Bestimmungen durch Dritte.** Die Anordnung der Vor- und Nacherbschaft und die Bestimmung der Person des Nacherben kann der Erblasser keinem Dritten überlassen; das folgt nach einheilliger Auffassung aus § 2065 II. Dasselbe gilt für den Zeitpunkt des Nacherbfalls (BGHZ 15, 199).

43 **D. Anfall und Ausschlagung. I. Vorerbe.** Die Anordnung der Nacherbschaft enthält zu Lasten eines pflichtteilsberechtigten Vorerben eine Beschränkung iSv § 2306. Sie gilt deshalb als nicht angeordnet, wenn der ihm hinterlassene Erbteil die Hälfte des gesetzlichen Erbteils nicht übersteigt (§ 2306 I Hs 1). Ist er größer, so kann der Vorerbe ausschlagen und den Pflichtteil verlangen; die Ausschlagungsfrist beginnt erst, wenn der Vorerbe von der Anordnung der Nacherbschaft Kenntnis erlangt (§ 2306 I Hs 2).

44 Die Ausschlagung des Vorerben aus diesem oder anderen Gründen führt zum Anfall beim Ersatzvorerben, falls ein solcher eingesetzt ist (§ 2096). Ist ein solcher nicht eingesetzt, so fällt der Nachlass je nach Auslegung entweder dem gesetzlichen Erben des Vorerben als Vorerbe zu (§ 2105 I analog) oder er fällt schon mit dem Erbfall dem Nacherben an (§ 2102 I). Ähnliche Probleme stellen sich auch bei Wegfall des Vor- oder des Nacherben aus anderen Gründen, etwa bei vorzeitigem Tod, beschränkter Testamentsanfechtung, Erbverzicht oder Erbunwürdigkeit.

45 **II. Nacherbe.** Auch der Nacherbe hat das allg Ausschlagungsrecht; es ist auf den Nacherbfall bezogen. § 2142 I gibt ihm aber ein besonderes Ausschlagungsrecht, das er ausüben kann, sobald der Erbfall eingetreten ist. Zu den Rechtsfolgen jeder Ausschlagung s. § 2142 Rn 5 und 6.

46 **E. Rechtsstellung des Vorerben.** Der Vorerbe ist als Erbe auf Zeit grds Träger aller zum Nachlass gehörenden Rechte und Pflichten. Im Interesse des Nacherben darf er ihn aber grds nur nutzen, nicht auch darüber verfügen. Er ist für ihn ein Sondervermögen, wofür ihn Verwaltungspflichten treffen, denen jedoch auch ein Recht zur Verwaltung gegenübersteht. Zwischen Vor- und Nacherben besteht ein gesetzliches Schuldverhältnis, das in §§ 2111 ff näher geregelt ist.

47 Der Erblasser kann die Rechtsstellung des Vorerben verbessern, in dem er ihn von bestimmten Bindungen befreit (§ 2136), insb seine Verfügungsmacht erweitert. Er kann ihm aber auch mit schuldrechtlicher Wirkung zusätzliche Verwaltungspflichten auferlegen, insb in dem er Vermächtnisse oder Auflagen zugunsten eines Dritten anordnet. Diese können etwa dahin gehen, dass er die Nutzungen des Nachlasses ganz oder teilweise dem Nacherben oder einem Dritten zu überlassen hat.

48 Der Erblasser kann Testamentsvollstreckung für den Vorerben anordnen, und zwar auch für den befreiten Vorerben (Bremen ZEV 05, 26, 27). Sie verhindert die Zwangsvollstreckung von Eigengläubigern des Vorerben in den Nachlass (§ 2214) und endet mit der Erfüllung der Aufgaben des Testamentsvollstreckers (§§ 2203, 2204), bei Verwaltungsvollstreckung (§ 2209) mit dem Nacherbfall. Für den Testamentsvollstrecker gelten dieselben Verfügungsbeschränkungen wie für den Vorerben selbst (MüKo/*Zimmermann* § 2222 Rz 11; *Kummer* FS Brandner 96, 762 f; aA Erman/*Schmidt* § 2222 Rz 5). Keine Verfügungsbeschränkungen nach §§ 2113 ff gelten für den Testamentsvollstrecker, der zugleich für Vor- und Nacherben eingesetzt ist (BayObLG MittBayNotK 91, 122) oder der mit dem Nacherben identisch ist.

49 **F. Rechtsstellung des Nacherben vor dem Nacherbfall. I. Anwartschaftsrecht.** Vor dem Erbfall hat der Nacherbe wie jeder Erbe keine Rechte, insb auch kein Anwartschaftsrecht und auch keine sonstige gesicherte Rechtsposition (BGH NJW 96, 1062, 1063; RGZ 49, 372), sondern allenfalls eine rein tatsächliche Erwerbsaussicht. Eine Feststellungsklage mit Bezug auf sein künftiges Nacherbenrecht wäre unzulässig, weil es an einem gegenwärtigen Rechtsverhältnis fehlt (BGHZ 37, 137). Ein Vertrag über sein Nacherbenrecht wäre nichtig (§ 311b IV; BGHZ 37, 319 für das Anwartschaftsrecht des Schlusserben beim Berliner Testament).

50 Mit dem Erbfall erwirbt der Nacherbe ein Anwartschaftsrecht (BGHZ 87, 367, 369). Es handelt sich um eine unentziehbare und unbeschränkbare Rechtsstellung und um einen gegenwärtigen Vermögenswert in der Hand des Nacherben (BGH aaO). Es wirkt absolut und ist deliktisch geschützt.

51 **II. Sicherung des Anwartschaftsrechts.** Zu den Sicherungs-, Auskunfts- und Kontrollrechten des Nacherben s.o. Rn 8. Ob der Nacherbe gegen den Vorerben eine Feststellungsklage bezüglich seines Nacherbenrechts erheben kann, ist umstr (Staud/*Avenarius* § 2100 Rz 91). Dasselbe gilt für eine Klage gegen den Vorerben auf Feststellung, dass eine von diesem getroffene Verfügung dem Nacherben ggü unwirksam ist (Staud/*Avenarius* § 2113 Rz 42).

52 Keine Rechte stehen dem Nacherben in diesem Stadium gegen Dritte zu. Er kann also weder den Erbschaftsanspruch (§ 2018) erheben noch die Auskunftsrechte aus §§ 2027, 2028 geltend machen.

53 **III. Übertragbarkeit des Anwartschaftsrechts.** Sie ist grds gegeben; der Erblasser kann sie jedoch ausschließen (hM im Anschl an RGZ 170, 163, 168). Der Nacherbe erklärt mit der Veräußerung oder Verpfändung der Nacherbschaft deren Annahme. Einzelne Befugnisse des Nacherben, etwa der Herausgabeanspruch aus § 2130, sind vor dem Nacherbfall nicht übertragbar.

54 Für Verfügungs- und Verpflichtungsgeschäfte zur Abtretung des Anwartschaftsrechts gelten die §§ 2033, 2371, 2385 (notarielle Beurkundung). Mitnacherben steht ein Vorkaufsrecht zu. Sind keine Mitnacherben vorhanden oder üben sie ihr Vorkaufsrecht nicht aus, so ist analog § 2034 auch der Vorerbe zum Vorkauf berechtigt.

Der Erwerber des Anwartschaftsrechts erhält die volle Rechtsstellung des Nacherben, also alle Sicherungs-, Kontroll- und Auskunftsrechte vor dem Nacherbfall. Mit dem Nacherbfall erwirbt er den Nachlass unmittelbar vom Erblasser. Die Zustimmung eines Ersatznacherben ist zur Veräußerung des Anwartschaftsrechts nicht erforderlich (BayObLG NJW 70, 1794, 1795).

Sonderheiten gelten für die Übertragung des Anwartschaftsrechts auf den Vorerben (Staud/*Avenarius* § 2100 Rz 85). Er wird dadurch grds Vollerbe; das Anwartschaftsrecht geht durch Konsolidation unter (BGH ZEV 95, 453), so dass es auch nicht weiter übertragen werden kann (RG Recht 23 Nr 1248). Ausnahmsweise erlischt das Anwartschaftsrecht jedoch nicht, nämlich dann, wenn dies die Rücksichtnahme auf Rechte Dritter gebietet (BGH ZEV 95, 453, bestritten; nach dieser Entscheidung dann nicht, wenn es nur zur Sicherung übertragen ist; ähnl nach BGH ZEV 95, 378, wenn Erstattungsansprüche des Sozialhilfeträgers ggü dem Erblasser = Schenker in Betracht kommen und er vom Beschenkten beerbt wird). § 311b IV hindert nach dem Tod des Erblassers einen Vertrag zwischen Vor- und Nacherben über den Nachlass nicht mehr. 55

Das Anwartschaftsrecht kann verpfändet werden. Auch insoweit ist notarielle Beurkundung erforderlich (§§ 1274 I 1, 2033, 2371, 2385). Die Verpfändung kann im Grundbuch eingetragen werden. 56

Das Anwartschaftsrecht ist vererblich. Dies ist in § 2108 II ausdrücklich vorgesehen, aber mit der Maßgabe, dass der Erblasser die Vererblichkeit ausschließen kann. Der Fall tritt insb dann ein, wenn der Nacherbe vor dem Nacherbfall verstirbt und kein Ersatznacherbe eingesetzt ist. 57

Das Anwartschaftsrecht kann nach § 857 ZPO gepfändet werden. Sind Mitnacherben vorhanden, so muss der Pfändungsbeschluss auch ihnen zugestellt werden. Dagegen ist eine Zustellung an den Vorerben nach hM nicht erforderlich; er wird nicht als Drittschuldner angesehen, weil der Nacherbe nicht sein Erbe ist. 58

IV. Testamentsvollstreckung für den Nacherben. Dem Nacherben kann ein Testamentsvollstrecker mit der Maßgabe ernannt werden, dass er nur bis zum Nacherbfall dessen Rechte ausübt und dessen Pflichten erfüllt; dies dient idR einer wirksamen Beaufsichtigung des Vorerben und ist in § 2222 geregelt. Der Testamentsvollstrecker kann dem Nacherben aber auch für die Zeit ab dem Nacherbfall ernannt werden; Besonderheiten ergeben sich dabei nicht. Natürlich kann er auch für die Zeit vor und nach dem Nacherbfall ernannt werden. 59

G. Sondervermögen. Die Nacherbschaft wird in den Händen des Vorerben als Sondervermögen behandelt, worüber er nur beschränkt verfügen kann, nämlich in den Grenzen der §§ 2112 bis 2119. § 2111 sieht eine dingliche Surrogation vor. 60

I. Vor dem Nacherbfall. Der **Vorerbe** ist insb ggü den Nachlassgläubigern Träger aller auf diese Vermögensmasse bezogenen Rechte und Pflichten. Verbindlichkeiten, die er in Verwaltung des Nachlasses eingeht, sind regelmäßig Eigenverbindlichkeiten des Vorerben; sie können aber zugleich Nachlassverbindlichkeiten sein, wenn er sie vom Standpunkt eines sorgfältigen Verwalters fremden Vermögens in ordnungsgemäßer Verwaltung des Nachlasses eingegangen ist (BGH NJW 90, 1237, 1238). Vorerbe und Eigengläubiger können indessen vereinbaren, dass nur das Eigenvermögen des Vorerben haften solle (RG JW 38, 2822). 61

Nachlassgläubiger können grds auch auf das Eigenvermögen des Vorerben zugreifen (§ 1967). Diese Möglichkeit kann der Vorerbe nach §§ 1975 ff ausschließen (Beschränkung der Vorerbenhaftung). Wird Nachlassverwaltung angeordnet oder das Nachlassinsolvenzverfahren eröffnet, so kann der Vorerbe die Aufhebung aller Vollstreckungsmaßnahmen verlangen, die zugunsten von Nachlassgläubigern bereits in sein Eigenvermögen vorgenommen worden sind (§ 784 I ZPO); es handelt sich um eine besondere Art der Vollstreckungsabwehrklage (§§ 785, 767 ZPO). Beginnt die Zwangsvollstreckung in sein Eigenvermögen erst nach Anordnung der Nachlassverwaltung oder nach Eröffnung des Nachlassinsolvenzverfahrens, so kann der Vorerbe diese Haftungsbeschränkung nur geltend machen, wenn sie ihm im Urt vorbehalten ist (§ 780 I ZPO). 62

Andererseits können auf den Nachlass grds auch die **Eigengläubiger** des Vorerben zugreifen. Auch dem kann der Vorerbe entgehen, in dem er nach allg Vorschriften (§§ 1975 ff) eine Nachlasssonderung herbeiführt. Mit Anordnung der Nachlassverwaltung werden Zwangsvollstreckungen und Arreste in den Nachlass zugunsten von Eigengläubigern des Vorerben unzulässig (§ 1984 II); wo solche doch vorgenommen worden sind, kann der Nachlassverwalter nach § 784 II ZPO deren Aufhebung verlangen. Unabhängig hiervon kann der Nacherbe gem § 773 2 ZPO solchen Vollstreckungsmaßnahmen der Eigengläubiger widersprechen, die im Nacherbfall gem § 2115 ihm ggü unwirksam wären. Dieses Recht hat der Nacherbe indessen nicht gegen die Zwangsvollstreckung wegen Nachlassverbindlichkeiten und solcher Ansprüche, die vom Vorerben in ordnungsgemäßer Verwaltung des Nachlasses oder mit Einwilligung des Nacherben begründet worden sind (BGHZ 110, 176, 181). 63

Gläubiger des Nacherben können logischerweise vor dem Nacherbfall nicht auf den Nachlass, sondern nur auf die Anwartschaft des Nacherben zugreifen. 64

II. Eintritt des Nacherbfalls. Träger der auf den Nachlass bezogenen Rechte und Pflichten ist nunmehr der Nacherbe. Auf ihn können die Nachlassgläubiger und die Eigengläubiger des Nacherben zugreifen, nicht mehr aber die Eigengläubiger des Vorerben. Wie der Vorerbe kann der Nacherbe den Zugriff der Nachlassgläubiger auf sein Eigenvermögen und den Zugriff seiner Eigengläubiger auf den Nachlass mit Hilfe von Nachlassverwaltung oder Nachlassinsolvenz verhindern. 65

§ 2101 Noch nicht gezeugter Nacherbe.

(1) ¹Ist eine zur Zeit des Erbfalls noch nicht gezeugte Person als Erbe eingesetzt, so ist im Zweifel anzunehmen, dass sie als Nacherbe eingesetzt ist. ²Entspricht es nicht dem Willen des Erblassers, dass der Eingesetzte Nacherbe werden soll, so ist die Einsetzung unwirksam.

(2) Das Gleiche gilt von der Einsetzung einer juristischen Person, die erst nach dem Erbfall zur Entstehung gelangt; die Vorschrift des § 84 bleibt unberührt.

1 **A. Auslegungsregel.** Nach § 1923 kann Erbe nur werden, wer beim Erbfall lebt oder schon gezeugt ist. Analog § 2108 I muss der Nacherbe beim Erbfall noch nicht existieren, wohl aber beim Nacherbfall leben oder schon gezeugt sein.

2 Daraus ergibt sich die Regel des § 2101 I für den Fall, dass eine Person als Erbe eingesetzt ist, die beim Erbfall noch nicht lebt und auch noch nicht gezeugt ist. Sie geht dahin, dass diese Person als Nacherbe eingesetzt ist (§ 2101 I 1).

3 **B. Widerlegung.** Die Regel ist widerlegt, wenn der Erblasser den noch nicht Erzeugten nur als sofortigen Erben, keinesfalls aber als Nacherben einsetzen wollte. Der bloße Nachweis, dass der Erblasser ihn als Erben einsetzen wollte, genügt nicht.

4 Ist die Regel widerlegt, so ist die Erbeinsetzung unwirksam gem §§ 2101 I 2, 1923. Die Beweislast liegt bei demjenigen, der sich auf die Unwirksamkeit beruft und daraus Rechte herleiten will.

5 **C. Rechtsfolgen.** Greift die Auslegungsregel, so sind Vorerben die gesetzlichen Erben (§ 2105 II); indessen kann der Erblasser auch hiervon abw testieren. Gem § 2106 II tritt der Nacherbfall mit der Geburt des Nacherben ein. Dem Nacherben kann ein Pfleger bestellt werden (§ 1913). Der Schwebezustand endet mit der Geburt des Nacherben oder wenn feststeht, dass mit einer solchen nicht mehr zu rechnen ist, oder nach 30 Jahren (§ 2109).

6 **D. Anwendungsfälle.** Als praktisch häufigsten Anwendungsfall nimmt die Literatur die Erbeinsetzung der Kinder eines nahen Angehörigen des Erblassers an, jedoch auch nur unter der weiteren Voraussetzung, dass entgegen der Auslegungsregel des § 2070 auch die beim Erbfall noch nicht gezeugten Abkömmlinge eingesetzt werden sollten. Die schon lebenden und die schon gezeugten Abkömmlinge sind dann Vorerben. Ist mit der Geburt mehrerer Abkömmlinge zu rechnen, so tritt eine gestaffelte Nacherbfolge (s. § 2100 Rn 29) ein.

7 **E. Analogien. I. Abs 1.** Die Vorschrift gilt entspr, wenn der Nacherbfall durch ein anderes Ereignis als die Geburt des Nacherben definiert, dieser aber bis dahin nicht gezeugt ist. Auch hier handelt es sich um eine gestaffelte Nacherbschaft.

8 Die Vorschrift gilt ferner entspr, wenn eine beim Erbfall noch nicht gezeugte Person als Ersatzerbe eingesetzt ist; § 2102 steht nicht entgegen.

9 **II. Abs 2 Hs 1.** Danach gilt I entspr, wenn eine juristische Person zum Erben eingesetzt ist, aber erst nach dem Erbfall entsteht, dh die Rechtsfähigkeit erlangt. Der Nacherbfall tritt mit Erlangung der Rechtsfähigkeit ein.

10 Eine andere Regelung gilt für eine vom Erblasser begründete Stiftung (§ 2101 II Hs 2 iVm § 84). § 84 fingiert ihre Entstehung und damit auch ihre Erbfähigkeit schon für den Erbfall (s. § 84 Rn 1). Eine Vor- und Nacherbschaft besteht insoweit nicht. Rechtstechnisch muss die Zeit vom Erbfall bis zur Anerkennung der Stiftung durch eine Nachlasspflegschaft überbrückt werden.

§ 2102 Nacherbe und Ersatzerbe.

(1) Die Einsetzung als Nacherbe enthält im Zweifel auch die Einsetzung als Ersatzerbe.

(2) Ist zweifelhaft, ob jemand als Ersatzerbe oder als Nacherbe eingesetzt ist, so gilt er als Ersatzerbe.

1 **A. Abs 1.** Der Nacherbe ist im Zweifel auch Ersatzerbe.

2 **I. Auslegungsregel.** Sie greift ein, wenn der Vorerbe den Erblasser nicht überlebt hat oder aus einem anderen Grund wegfällt (Ausschlagung usw). Sie setzt voraus, dass der als Nacherbe Eingesetzte schon lebt oder gezeugt ist. Ansonsten kann er gem § 1923 nicht Ersatzerbe werden, bleibt aber als Nacherbe berufen (s. § 2101 Rn 1).

3 Sie greift auch ein, wenn sich Ehegatten in einem gemeinschaftlichen Testament gegenseitig als Vorerben und einen oder mehrere Dritte, etwa ihre Abkömmlinge, als Nacherben einsetzen ohne ausdrücklich zu bestimmen, wer Erbe des zuletzt versterbenden Ehegatten sein soll (BGH FamRZ 87, 475, 476), was oft übersehen wird. Der Dritte ist nicht nur Nacherbe des zunächst verstorbenen Ehegatten, sondern kann auch Vollerbe des länger lebenden Ehegatten sein, nämlich als Ersatzerbe für den zunächst verstorbenen Ehegatten (BGH ZEV 99, 26). Gleichwohl bleibt in jedem Fall zu prüfen, ob die Auslegungsregel des § 2102 I widerlegt ist, ebenso, ob diese Testamentsklausel wechselbezüglich ist.

II. Hintergrund. Vielfach ordnet der Erblasser Vor- und Nacherbschaft an, um den Rechtserwerb des Nacherben mit Rücksicht auf den Vorerben hinauszuschieben; ist aber der Vorerbe weggefallen, so gibt es dafür keinen Grund mehr. 4

III. Widerlegung. Sie verlangt die Feststellung eines Erblasserwillens, wonach der Nacherbe nur als Nacherbe berufen sein soll. Dies wird häufig der Fall sein, wenn die Vor- und Nacherbschaft nicht mit Rücksicht auf die Person des Vorerben, sondern auf die des Nacherben angeordnet ist, insb wenn der Nacherbfall mit einem bestimmten Ereignis in der Person des Nacherben (Lebensalter, Heirat, Prüfung) eintritt. 5

Die Beweislast für die Widerlegung der Auslegungsregel trägt, wer Rechte daraus herleitet, dass der Nacherbe nicht auch zum Ersatzerben eingesetzt ist. Ist die Auslegungsregel widerlegt, so treten die gesetzlichen Erben des Erblassers als Vorerben ein (§ 2105 I). 6

IV. Keine Umkehrbarkeit. Der Ersatzerbe ist im Zweifel nicht auch Nacherbe (§ 2102 II). Indessen bleibt die Möglichkeit offen, dass der Erblasser laienhaft von dem einen Institut gesprochen, aber das andere gemeint hat (s. Rn 10). 7

B. Abs 2. Ist zweifelhaft, ob jemand als Ersatzerbe oder als Nacherbe eingesetzt ist, so gilt er als Ersatzerbe. 8
Die Bestimmung ist auch anzuwenden, wenn Abkömmlinge des Erblassers in dieser Weise eingesetzt sind 9
(OGH MDR 49, 482, 483). Auch sie setzt voraus, dass der Bedachte bereits lebt oder gezeugt ist.
Sie greift ein, wenn kein anderer Wille des Erblassers feststeht. Zu bedenken ist jedoch, dass die Begriffe 10
„Nacherbe" und „Ersatzerbe" dem Rechtslaien oft nicht vertraut sind (BGH LM Nr 1 zu § 2100). Entscheidend ist allemal die Auffassung des Erblassers, die sich auch mit der des Notars nicht zu decken braucht (BGH aaO), obwohl idR vom Rechtsbegriff ausgegangen werden darf, wenn ein Rechtskundiger bei der Abfassung des Testaments mitgewirkt hat (RGZ 160, 109).

§ 2103 Anordnung der Herausgabe der Erbschaft.
Hat der Erblasser angeordnet, dass der Erbe mit dem Eintritt eines bestimmten Zeitpunkts oder Ereignisses die Erbschaft einem anderen herausgeben soll, so ist anzunehmen, dass der andere als Nacherbe eingesetzt ist.

A. Auslegungsregel. Es handelt sich um eine Regel, die eine Herausgabepflicht des Erben als Einsetzung des 1
Empfängers zum Nacherben deutet. Dahinter steht die Erfahrung, dass der Rechtslaie oftmals mit der
„Herausgabe" der Erbschaft meint, der andere solle Erbe werden (MüKo/*Grunsky* § 2103 Rz 1).

B. Widerlegung. Die Regel ist widerlegt, wenn ein anderer Wille des Erblassers feststeht. Er kann dahin 2
gehen, die Erbschaft dem Dritten nur zur zeitweiligen Nutzung zu überlassen oder aber ihn zum Testamentsvollstrecker zu ernennen. Er kann sich auch ausschließlich darauf richten, den Erben von den Beschränkungen zu befreien, von denen auch ein Vorerbe nicht befreit werden kann.

C. Anwendungsfälle. Anwendungsfälle sind auch die Verfügung, den Nachlass ab einem bestimmten Zeitpunkt 3
mit einem Dritten zu teilen, die Verpflichtung, in bestimmter Weise zu testieren oder nicht zu testieren (s.a.
§ 2100 Rn 39), oder den Überrest zu einem bestimmten Zeitpunkt an einen Dritten herauszugeben (dann
befreite Vorerbschaft gem §§ 2137, 2138; RGZ 152, 190). Die entspr Verfügung hinsichtlich einzelner Nachlassgegenstände reicht nicht aus; insoweit kommt die Auslegung als Vermächtnis in Betracht.

Die Bestimmung des Zeitpunkts und des Empfängers darf nicht einem Dritten überlassen werden (s. § 2100 4
Rn 42). Die Umdeutung in ein Vermächtnis, bei dem der Bedachte durch einen Dritten bestimmt werden
kann (§ 2151 I), scheidet aus, wenn es sich um den gesamten Nachlass handelt.

§ 2104 Gesetzliche Erben als Nacherben.
¹Hat der Erblasser angeordnet, dass der Erbe nur bis zu dem Eintritt eines bestimmten Zeitpunkts oder Ereignisses Erbe sein soll, ohne zu bestimmen, wer alsdann die Erbschaft erhalten soll, so ist anzunehmen, dass als Nacherben diejenigen eingesetzt sind, welche die gesetzlichen Erben des Erblassers sein würden, wenn er zur Zeit des Eintritts des Zeitpunkts oder des Ereignisses gestorben wäre. ²Der Fiskus gehört nicht zu den gesetzlichen Erben im Sinne dieser Vorschrift.

A. Auslegungsregel. Es handelt sich um eine Auslegungsregel (BGH NJW 86, 1812) für den Fall der unvoll- 1
ständigen Verfügung des Erblassers, der den Nacherben nicht bestimmt hat. Die Regel beruht auf der Vermutung, dass die Einsetzung der fiktiven gesetzlichen Erben dem Willen des Erblassers entspricht.

B. Anwendungsbereich. I. Gewollte Vor- und Nacherbschaft. Es muss zunächst feststehen, dass sich aus 2
der befristeten Berufung des (Vor-)Erben der Wille des Erblassers zur Anordnung einer Vor- und Nacherbschaft ergibt.

II. Unbestimmtheit des Nacherben. Alsdann darf der Erblasser den Nacherben nicht bestimmt haben. Die- 3
ser darf sich auch nicht durch Auslegung der letztwilligen Verfügung ergeben.

4 Demgemäß ist die Regel unanwendbar, wenn der Nacherbe durch Merkmale gekennzeichnet und hiernach bestimmt oder zumindest bestimmbar ist. Sie ist ebenfalls unanwendbar, wenn der Erblasser seine gesetzlichen Erben zu Nacherben berufen hat; dann ist freilich Auslegungsfrage, ob die gesetzlichen Erben beim Erbfall oder die fiktiven gesetzlichen Erben beim Nacherbfall gemeint sind (BayObLGZ 66, 227, 232; nach Soergel/*Harder/Wegmann* § 2104 Rz 3 im Zweifel letzteres). Die Regel ist auch unanwendbar, wenn die Auslegungsregel des § 2269 I widerlegt ist und Ehegatten die beiderseitigen Kinder zu Nacherben eingesetzt haben; Nacherben des zuerst versterbenden Ehegatten sind dann seine fiktiven gesetzlichen Erben zum Zeitpunkt des Todes des länger lebenden Ehegatten. Die Regel ist auch unanwendbar, wenn der Erblasser den Nacherben bestimmt hat und nur die Bestimmung hinfällig ist oder (zB durch Vorversterben des Nacherben oder durch Anfechtung) hinfällig wird (BGH NJW 86, 1812). Steht aber fest, dass der Erbe den Nachlass auf jeden Fall nur bis zu einem bestimmten Zeitpunkt oder bis zum Eintritt eines bestimmten Ereignisses behalten soll, so gilt § 2104 entspr (RG JW 07, 259; KG DNotZ 33, 286).

5 Umstr ist die Anwendbarkeit der Regel, wenn der Erblasser die Bestimmung des Nacherben (in unzulässiger Weise, s. § 2100 Rn 27 und 39 f) dem Vorerben überlassen hat (dafür Hamm ZEV 95, 376; dagegen Frankf DNotZ 01, 143 m Anm *Kanzleiter*, der von dieser Klausel abrät).

6 **III. Kombination mit § 2106.** Die Auslegungsregeln der §§ 2104, 2106 können miteinander kombiniert werden, wenn der Erblasser auch den Nacherbfall nicht bestimmt hat (BayObLGZ 66, 227); Nacherben sind dann seine fiktiven gesetzlichen Erben beim Tod des Vorerben (BayObLG FamRZ 96, 1577). Der Vorerbe muss allerdings bestimmt sein.

7 **C. Rechtsfolgen.** Zu Nacherben berufen sind die Personen, die die gesetzlichen Erben des Erblassers wären, wenn er erst zum Zeitpunkt des Nacherbfalls verstorben wäre (fiktive gesetzliche Erben). Wer dazu gehört, sagt im Zweifel § 2066 2. Es können dies ganz andere Personen sein als seine gesetzlichen Erben beim Erbfall. Ist die Abweichung zu groß, so kann die Auslegung ergeben, dass der Vorerbe als Vollerbe eingesetzt ist.

8 Bis zum Nacherbfall sind die Nacherben unbekannt. Für sie kann Pflegschaft angeordnet (§ 1913) oder ein Testamentsvollstrecker eingesetzt (§ 2222) werden. Die als Nacherben in Betracht kommenden fiktiven gesetzlichen Erben haben bis zum Nacherbfall kein Anwartschaftsrecht (BayObLGZ 66, 227, 229).

9 **D. Fiskus.** Die Auslegungsregel gilt grds nicht zugunsten des Fiskus als Nacherben (§ 2104 2). Es ist umstritten, ob die Erbschaft dann dem Vorerben als Vollerben verbleibt (MüKo/*Grunsky* § 2104 Rz 6) oder dessen gesetzlichen Erben anfällt (RGRK/*Johannsen* § 2104 Rz 11). Die Auslegung der Verfügung vTw kann aber auch ergeben, dass der Erblasser auch den Fiskus als Nacherben einsetzen wollte (MüKo/*Grunsky* aaO).

§ 2105 Gesetzliche Erben als Vorerben.

(1) Hat der Erblasser angeordnet, dass der eingesetzte Erbe die Erbschaft erst mit dem Eintritt eines bestimmten Zeitpunkts oder Ereignisses erhalten soll, ohne zu bestimmen, wer bis dahin Erbe sein soll, so sind die gesetzlichen Erben des Erblassers die Vorerben (2) Das Gleiche gilt, wenn die Persönlichkeit des Erben durch ein erst nach dem Erbfall eintretendes Ereignis bestimmt werden soll oder wenn die Einsetzung einer zur Zeit des Erbfalls noch nicht gezeugten Person oder einer zu dieser Zeit noch nicht entstandenen juristischen Person als Erbe nach § 2101 als Nacherbeinsetzung anzusehen ist.

1 **A. Auslegungsregeln.** Es handelt sich um zwei weitere Regeln zur Ergänzung einer unvollständigen letztwilligen Verfügung, ein Gegenstück zu § 2104. Sie benennen den Vorerben, wo der Erblasser dies unterlassen hat, und vermeiden damit herrenlose (ruhende) Erbschaften. In beiden Fällen werden die gesetzlichen Erben zu Vorerben berufen, und zwar die gesetzlichen Erben des Erblassers zum Zeitpunkt des Erbfalls.

2 **B. Anwendungsbereich.** I trifft den Fall, dass der eingesetzte Erbe die Erbschaft erst mit einem bestimmten Zeitpunkt erhalten soll, insb dass er unter einer aufschiebenden Bedingung eingesetzt ist (§ 2074; s. § 2100 Rn 38).

3 II trifft den Fall, dass der eingesetzte Erbe die Erbschaft beim Tode des Erblassers noch nicht erhalten kann. Dies tritt ein, wenn der eingesetzte Erbe beim Erbfall noch objektiv unbestimmt ist (zB Ehegatte eines Abkömmlings), nicht aber, wenn er zwar schon objektiv bestimmt und vorhanden, aber nur noch nicht identifiziert ist. Unter II fällt auch die Erbeinsetzung einer beim Erbfall noch nicht gezeugten Person oder einer noch nicht existierenden juristischen Person, nicht aber einer vom Erblasser selbst begründeten Stiftung (s. § 2101 Rn 10).

4 Kein Fall des § 2105 liegt vor, wenn der Erblasser den Zeitpunkt oder den Eintritt der Bedingung für den Nacherbfall noch erlebt. Vielmehr werden dann die Nacherben mit dem Erbfall Vollerben.

5 **C. Widerlegung.** Die Auslegungsregeln greifen nicht, wenn die Auslegung ergibt, dass der Erblasser bestimmte gesetzliche Erben keinesfalls einsetzen, sondern gleich den Nacherbfall eintreten lassen wollte, oder dass er die Anordnung der Nacherbschaft insgesamt entfallen lassen wollte.

6 Ist die Person des Vorerben unbekannt, weil der eingesetzte Vorerbe nachträglich enterbt worden ist, verzichtet hat, für erbunwürdig erklärt worden ist, ausgeschlagen hat, von einem Dritten unwirksam bestimmt worden ist oder vor dem Erbfall verstorben ist, ohne dass in diesen Fällen ein Ersatzvorerbe berufen ist, so ist

durch Auslegung zu ermitteln, was geschehen soll. Die Auslegung kann ergeben, dass die gesetzlichen Erben zu Vorerben berufen sein sollen, dass alsbald der Nacherbe Vollerbe werden soll oder dass die Vor- und Nacherbschaft insgesamt wegfällt (so dass die gesetzlichen Erben alsbald Vollerben werden). Für eine Vorerbschaft der gesetzlichen Erben kann es dabei sprechen, wenn die Anordnung der Vor- und Nacherbschaft bezweckt, die Nacherben auf Zeit vom Nachlass auszuschließen. Ging es dem Erblasser dagegen um die Sicherung des Unterhalts für den Vorerben, so liegt nahe, den Nachlass alsbald dem Nacherben anfallen zu lassen.

D. Fiskus. Vorerbe kann auch der Fiskus sein; eine Parallele zu § 2104 II gibt es nicht. Wird er das jedoch wider Erwarten des Erblassers, so kommt eine Auslegung in Betracht, wonach die Nacherben schon beim Erbfall Vollerben werden. 7

§ 2106 Eintritt der Nacherbfolge.
(1) Hat der Erblasser einen Nacherben eingesetzt, ohne den Zeitpunkt oder das Ereignis zu bestimmen, mit dem die Nacherbfolge eintreten soll, so fällt die Erbschaft dem Nacherben mit dem Tode des Vorerben an.
(2) ¹Ist die Einsetzung einer noch nicht gezeugten Person als Erbe nach § 2101 Abs. 1 als Nacherbeinsetzung anzusehen, so fällt die Erbschaft dem Nacherben mit dessen Geburt an. ²Im Falle des § 2101 Abs. 2 tritt der Anfall mit der Entstehung der juristischen Person ein.

A. Anwendungsbereich. Auch hier wird eine unvollständige letztwillige Verfügung ergänzt. Der Erblasser hat nicht bestimmt, wann der Nacherbfall eintreten soll. 1

Er kann diese Bestimmung nicht einem Dritten überlassen (s. § 2100 Rn 42). Tut er es doch, so muss die Auslegung ergeben, ob nach § 2106 I zu verfahren oder die Anordnung der Vor- und Nacherbschaft überhaupt unwirksam ist. 2

Der Erblasser kann Vor- und Nacherbschaft anordnen und den Nacherben unter zusätzlichen Bedingungen einsetzen, die ihrerseits den Eintritt des Nacherbfalls nicht definieren (mehrfach bedingte Nacherbschaft, s. § 2100 Rn 35). Auch in diesem Fall greift § 2106, wenn der Nacherbfall als solcher nicht durch Auslegung zu ermitteln ist. 3

§ 2106 ist neben § 2104 anwendbar, wenn auch die Person des Nacherben nicht aus der letztwilligen Verfügung zu ermitteln ist (s. § 2104 Rn 8), nicht aber neben § 2105 II. 4

B. Abs 1. I enthält eine Auslegungsregel. Danach ist Nacherbfall der Tod des Vorerben. Dies entspricht dem mutmaßlichen Erblasserwillen jedenfalls dann, wenn die Vorerbschaft die Versorgung des Vorerben bezweckt. Stirbt der Vorerbe vor dem Erbfall, so treten etwa bestimmte Ersatzvorerben, ansonsten die gesetzlichen Erben des Vorerben als Vorerben ein. 5

C. Abs 2. II enthält eine Ergänzung zu § 2101. Ist eine noch nicht gezeugte Person als Erbe eingesetzt und nach dieser Vorschrift als zum Nacherben eingesetzt anzusehen, so fällt ihr die Erbschaft mit ihrer Geburt an. Der noch nicht entstandenen juristischen Person, die nach § 2101 II als zum Nacherben eingesetzt anzusehen ist, fällt die Nacherbschaft mit ihrer Entstehung an. 6

Anders ist es, wenn diese Personen von vornherein ausdrücklich als Nacherben eingesetzt sind. Dann gilt § 2106 I. In der Zwischenzeit nach dem Tod des Vorerben treten dessen Erben als Vorerben ein. 7

§ 2107 Kinderloser Vorerbe.
Hat der Erblasser einem Abkömmling, der zur Zeit der Errichtung der letztwilligen Verfügung keinen Abkömmling hat oder von dem der Erblasser zu dieser Zeit nicht weiß, dass er einen Abkömmling hat, für die Zeit nach dessen Tode einen Nacherben bestimmt, so ist anzunehmen, dass der Nacherbe nur für den Fall eingesetzt ist, dass der Abkömmling ohne Nachkommenschaft stirbt.

A. Anwendungsbereich. Die Vorschrift greift ein, wenn der zum Vorerben eingesetzte Abkömmling des Erblassers bei Errichtung der letztwilligen Verfügung seinerseits keine Abkömmlinge hat oder der Erblasser dies irrig annimmt. Hat der Erblasser gewusst, dass der zum Vorerben eingesetzte Abkömmling seinerseits Abkömmlinge hat, so zeigt die Anordnung der Vor- und Nacherbschaft hingegen, dass der Nachlass nicht an diese gelangen soll. 1

Die Vorschrift setzt weiterhin voraus, dass der Nacherbfall (ausdrücklich oder kraft Auslegung oder gem § 2106 I) mit dem Tod des Vorerben eintreten soll. Sie greift also nicht ein, wenn der Nacherbfall durch einen bestimmten Zeitpunkt oder den Eintritt eines anderen Ereignisses definiert ist (§ 2105) oder wenn eine noch nicht gezeugte Person oder eine noch nicht entstandene juristische Person zum Nacherben eingesetzt ist (§ 2106 II). 2

Abkömmlinge des Vorerben sind auch nicht eheliche (§ 1589 1), ferner Adoptivkinder, wobei die Adoption bis zur Grenze des § 162 II auch nach dem Erbfall stattgefunden haben kann. 3

Die Abkömmlinge des Vorerben müssen bei dessen Tod noch leben. Andererseits tritt mit ihrer bloßen Geburt noch kein Rechtsverlust für den eingesetzten Nacherben ein. 4

5 **B. Hintergrund.** Die Vorschrift beruht auf der Überlegung, dass der Erblasser üblicherweise entferntere Abkömmlinge nicht hinter völlig Familienfremde zurücksetzen möchte. Es handelt sich um die unwissentliche Übergehung dieser Abkömmlinge. Dabei wird der Irrtum des Erblassers unterstellt. Eine Anfechtung durch den Vorerben ist nicht erforderlich. Dies kann dann anders sein, wenn der Erblasser auch ohne den Irrtum nicht iSd § 2107 testiert hätte.

6 **C. Rechtsfolge.** Greift die Auslegungsregel, so besteht die Rechtsfolge in der Umdeutung der vom Erblasser verfügten unbedingten Einsetzung des Nacherben in eine auflösend bedingte. Tritt die Bedingung ein, stirbt also der Vorerbe unter Hinterlassung von Abkömmlingen, so entfällt die Nacherbschaft. Der Vorerbe wird rückwirkend zum Vollerben und gibt den Nachlass an seine Erben weiter, die insoweit wiederum Vollerben, nicht etwa Nacherben, sind. Sie müssen nicht identisch mit den Abkömmlingen sein, deren Existenz zur Anwendung des § 2107 geführt hat (BGH NJW 80, 1276, 1277). Verfügungen, zu denen der Vorerbe der Zustimmung des Nacherben bedurft hätte, bleiben wirksam.

7 **D. Widerlegung.** Eine Auslegung zugunsten des Fortbestandes der Nacherbschaft und der eingesetzten Nacherben kommt in Betracht, wenn
– die Abkömmlinge des Vorerben die Erbschaft ausschlagen, für erbunwürdig erklärt werden oder einen Erbverzicht erklären, oder
– die eingesetzten Nacherben dem Erblasser näher stehen als die Abkömmlinge des Vorerben (BGH NJW 80, 1276; 81, 2743) oder
– überhaupt, wenn der Erblasser mit der Anordnung der Vor- und Nacherbschaft einen Zweck verfolgt hat, der ihm wichtiger war als die Abkömmlinge seines Abkömmlings zu bedenken; die Geltung dieser Auslegungsregel ist aber nicht allein dadurch ausgeschlossen, dass andere Abkömmlinge des Erblassers zu Nacherben eingesetzt sind.

8 Natürlich ist die Anwendung des § 2107 ausgeschlossen, wenn der Erblasser die Nacherbschaft ausdrücklich für den Fall angeordnet hat, dass der Vorerbe noch Abkömmlinge bekommt und diese ihn überleben (BayObLG NJW-RR 91, 1094, 1095). Sie kann auch ausgeschlossen sein, wenn der zum Vorerben eingesetzte Abkömmling den in Betracht kommenden Abkömmling adoptiert hat (BayObLGZ 84, 246, 249). Hat der Erblasser nach Errichtung der letztwilligen Verfügung Kenntnis davon erlangt, dass der zum Vorerben eingesetzte Abkömmling seinerseits Abkömmlinge hat, und gleichwohl längere Zeit seine Verfügung nicht geändert, so ist dies allenfalls ein Indiz, aber kein zwingender Umstand gegen die Anwendung des § 2107.

9 Die Beweislast für einen ausdrücklich oder mutmaßlich von § 2107 abw Erblasserwillen liegt bei dem Nacherben, der trotz Existenz des Abkömmlings seinerseits Nacherbe bleiben will.

§ 2108 Erbfähigkeit; Vererblichkeit des Nacherbrechts.
(1) Die Vorschrift des § 1923 findet auf die Nacherbfolge entsprechende Anwendung.
(2) ¹Stirbt der eingesetzte Nacherbe vor dem Eintritt des Falles der Nacherbfolge, aber nach dem Eintritt des Erbfalls, so geht sein Recht auf seine Erben über, sofern nicht ein anderer Wille des Erblassers anzunehmen ist. ²Ist der Nacherbe unter einer aufschiebenden Bedingung eingesetzt, so bewendet es bei der Vorschrift des § 2074.

1 **A. Abs 1: Fähigkeit, Nacherbe zu werden.** I ordnet die analoge Anwendung des § 1923 auf den Nacherbfall an. Dies ist so zu verstehen, dass der Nacherbe nicht beim Erbfall, wohl aber beim Nacherbfall zumindest gezeugt sein und alsdann lebend geboren werden muss (s.a. § 2101 I).

2 Ist der Nacherbe beim Nacherbfall noch nicht gezeugt, so tritt gestaffelte Nacherbschaft ein (analog § 2101 I); der erste Nacherbe ist im Zweifel gem § 2104 zu bestimmen. Ist der Nacherbe schon vor dem Erbfall verstorben (und ein Ersatznacherbe weder eingesetzt noch nach § 2069 berufen, BGHZ 33, 60, 61), so entfällt die Nacherbschaft, und der Vorerbe erwirbt den Nachlass beim Erbfall als Vollerbe.

3 **B. Abs 2: Vererblichkeit des Anwartschaftsrechts des Nacherben.** II regelt den Fall, dass der Nacherbe nach dem Erbfall, aber vor dem Nacherbfall verstirbt. Nach II 1 geht sein Recht alsdann auf seine Erben über, soweit kein anderer Wille des Erblassers anzunehmen ist. Dasselbe gilt, wenn der Nacherbe gleichzeitig mit dem Nacherbfall verstorben ist. Vererblich ist auch das Recht des späteren Nacherben bei gestaffelter Nacherbschaft.

4 **I. Anwendungsbereich.** Die Auslegungsregel greift nicht im Fall des § 2104, also wenn der Erblasser den Nacherben nicht bestimmt hat.

5 **II. Bestimmungen des Erblassers.** Der Erblasser kann die Vererblichkeit, nicht aber die Veräußerlichkeit des Nacherbenrechts ausschließen (arg § 137). Er kann die Vererblichkeit auch auf bestimmte Erben des Nacherben beschränken (BGH NJW 63, 1150), etwa auf dessen Ehegatten oder Abkömmlinge; es sind zahlreiche Fälle denkbar, in denen der Erblasser das Vermögen in der Familie halten und Familienfremde ausschließen wollte. Ebenso kann er die Vererblichkeit zeitlich begrenzen. Dies alles kann ausdrücklich geschehen oder sich durch Auslegung der Verfügung vTw ergeben.

IdR hat die Einsetzung eines Ersatznacherben diese Folge, aber „nicht ohne weiteres" (RGZ 142, 171, 174 **6** und 169, 38, 40). Zwar kann die Einsetzung eines Ersatznacherben auch neben der Vererblichkeit des Nacherbenrechts ihren Sinn behalten, etwa wenn der eingesetzte Nacherbe nicht durch vorzeitigen Tod wegfällt, sondern wegen Ausschlagung, Erbunwürdigkeit, Erbverzichts oder Anfechtung der ihn betreffenden letztwilligen Verfügung, doch sind diese Fälle so selten, dass sie der Erblasser regelmäßig nicht in den Blick nimmt und sie in diesem Rahmen nicht zu einer anderen Beurteilung der Nacherbeneinsetzung führen können.

III. Widerlegung. Die Beweislast für die Unvererblichkeit liegt bei demjenigen, der sie bzw einen entspr Wil- **7** len des Erblassers behauptet (Karlsr ZEV 09, 34). Ergibt sich, dass der Erblasser die Vererblichkeit des Nacherbenrechts ausgeschlossen hat, so muss weiter im Wege der Auslegung ermittelt werden, ob damit die Vor- und Nacherbschaft insgesamt wegfallen (Vorerbe als Vollerbe) oder Ersatznacherbfolge eintreten oder evtl ein weiterer Nacherbe analog § 2102 I als Ersatznacherbe berufen sein soll.

IV. Weitere aufschiebende Bedingung. Der Nacherbe kann unter einer zusätzlichen aufschiebenden Bedin- **8** gung eingesetzt sein, die nicht mit derjenigen identisch ist, die der Nacherbschaft begriffsnotwendig innewohnt (s. § 2100 Rn 35 und § 2106 Rn 3). Löst diese Bedingung den Nacherbfall noch nicht aus, sondern soll dieser erst später eintreten, so gilt § 2108 II 1; das Nacherbenrecht ist vererblich (RGRK/*Johannsen* § 2108 Rz 16). Tritt diese Bedingung aber zu Lebzeiten dessen, der zum Nacherben berufen ist, nicht mehr ein, so gilt § 2108 II 2; dann ist die Nacherbschaft nach § 2074 im Zweifel nicht vererblich (RGRK/*Johannsen* § 2108 Rz 17). Gleichwohl soll der Nacherbe über sein Anwartschaftsrecht unter Lebenden für den Fall des Eintritts der Bedingung verfügen können.
Bei gestaffelter Nacherbfolge gilt § 2108 II nur für den letzten Nacherben. **9**

V. Juristische Personen. § 2108 II gilt nicht analog für juristische Personen, die vor dem Nacherbfall erlö- **10** schen. In diesem Fall tritt Ersatznacherbfolge ein, falls ein Ersatznacherbe berufen ist. Fehlt ein solcher, so entfällt die Vor- und Nacherbschaft, und der Nachlass verbleibt dem Vorerben als Vollerben.

§ 2109 Unwirksamwerden der Nacherbschaft.
(1) ¹Die Einsetzung eines Nacherben wird mit dem Ablauf von 30 Jahren nach dem Erbfall unwirksam, wenn nicht vorher der Fall der Nacherbfolge eingetreten ist. ²Sie bleibt auch nach dieser Zeit wirksam:
1. wenn die Nacherbfolge für den Fall angeordnet ist, dass in der Person des Vorerben oder des Nacherben ein bestimmtes Ereignis eintritt, und derjenige, in dessen Person das Ereignis eintreten soll, zur Zeit des Erbfalls lebt,
2. wenn dem Vorerben oder einem Nacherben für den Fall, dass ihm ein Bruder oder eine Schwester geboren wird, der Bruder oder die Schwester als Nacherbe bestimmt ist.

(2) Ist der Vorerbe oder der Nacherbe, in dessen Person das Ereignis eintreten soll, eine juristische Person, so bewendet es bei der dreißigjährigen Frist.

A. Begrenzung der Vor- und Nacherbschaft. Die Vorschrift beschränkt die Wirksamkeit der Nacherbenein- **1** setzung grds auf 30 Jahre nach dem Erbfall.
Sie dient der Vermeidung von fideikommissähnlichen Strukturen. Sie gilt auch bei gestaffelter Nacherbschaft; **2** insoweit ist die Einsetzung der späteren Nacherben in ihrer Wirksamkeit beschränkt.
Bei Ablauf der 30 Jahre verbleibt der Nachlass dem Vorerben als Vollerben, bei gestaffelter Nacherbfolge **3** demjenigen, der gerade bei Fristablauf Vorerbe ist. Die Auslegung kann indessen ergeben, dass bei Ablauf der 30 Jahre die letzte angeordnete Nacherbschaft eintreten soll, so wenn der Erblasser den Nachlass jedenfalls dem letzten Nacherben zuwenden und dessen Erwerb nur so weit wie möglich hinausschieben wollte.
Die 30 Jahre können jedoch beliebig lange überschritten werden, wenn eine der beiden folgenden Ausnah- **4** men greift. Es kann dann also während der ganzen restlichen Lebensdauer des Vor- bzw des Nacherben der Nacherbfall eintreten.

B. Erste Ausnahme. Sie hängt von zwei Voraussetzungen ab: **5**

I. Art des Ereignisses. Zum einen muss der Nacherbfall in einem Ereignis bestehen, das in der Person des **6** jeweils in Betracht kommenden Vor- oder Nacherben eintritt. Das Ereignis wird herkömmlich als Tun, Unterlassen oder Dulden definiert. Insb gehören dazu aber auch familiäre Ereignisse wie Geburt, Tod oder Heirat. Am häufigsten handelt es sich um den Tod des Vorerben. Auch reine Potestativbedingungen, deren Eintritt nur vom Willen des Vor- oder des Nacherben abhängt, reichen aus. Umstr ist, welche Nähe zum Vor- oder Nacherben Ereignisse haben müssen, die außerhalb der Familie eintreten.

II. Existenz des Nacherben. Zum anderen muss der betreffende Vor- oder Nacherbe zur Zeit des Erbfalls **7** schon leben oder jedenfalls (§ 1923 II) schon gezeugt sein. Ist Nacherbe ein Kind des Vorerben, so wird dieses auch dann Nacherbe, wenn es erst später als 30 Jahre nach dem Erbfall gezeugt wird, denn seine Zeugung ist ein Ereignis in der Person des Vorerben.

8 **C. Zweite Ausnahme.** Sie tritt ein, wenn Nacherbe ein Geschwister des Vor- oder des Nacherben sein soll. In Betracht kommen auch Halbgeschwister, ebenso Adoptivgeschwister, außer sie wären erst als Volljährige adoptiert worden (arg § 1770 I 1). Damit kann der Erblasser seinen Nachlass einer ganzen Generation zukommen lassen.

9 **D. Beweislast.** Die Beweislast für eine der Ausnahmen trägt, wer sich auf die Wirksamkeit der Nacherbeneinsetzung beruft.

10 **E. Rückausnahme.** Eine solche besteht nach § 2109 II für juristische Personen. Sind sie zu Nacherben eingesetzt, so kann sich die Frist von 30 Jahren nicht verlängern.

§ 2110 Umfang des Nacherbrechts.
(1) Das Recht des Nacherben erstreckt sich im Zweifel auf einen Erbteil, der dem Vorerben infolge des Wegfalls eines Miterben anfällt.
(2) Das Recht des Nacherben erstreckt sich im Zweifel nicht auf ein dem Vorerben zugewendetes Vorausvermächtnis.

1 **A. Auslegungsregel.** Die Vorschrift definiert den Umfang des Nacherbenrechts in zwei Zweifelsfällen. Sie beruht auf dem Grundgedanken, dass der Erblasser dem Nacherben im Zweifel all das zuwenden will, was der Vorerbe von ihm erlangt hat. Das Gegenteil muss beweisen, wer Rechte daraus herleitet.

2 **B. Abs 1: Wegfall eines Mitvorerben.** Im Zweifel umfasst das Nacherbenrecht auch den Erbteil, der dem Vorerben deshalb anfällt, weil ein Miterbe (Mitvorerbe) wegfällt (§ 2110 I). Dies kann eintreten nach Erhöhung des gesetzlichen Erbteils gem § 1935, Anwachsung (§ 2094) oder Berufung des Vorerben zum Ersatzerben eines Mitvorerben (§ 2096). Weitere Beispiele sind Ausschlagung (§ 1953), Erbunwürdigkeitserklärung (§ 2344), Nichterleben einer aufschiebenden Bedingung (§ 2074) oder Anfechtung (§ 2078) mit Bezug auf einen Miterben. Wegen der Rückwirkung dieser Akte spielt es insoweit keine Rolle, ob der Miterbe vor oder nach dem Nacherbfall weggefallen ist.

3 Ist die Auslegungsregel widerlegt, so wird der betreffende Teil des Nachlasses freies Vermögen des Vorerben.

4 **C. Abs 2: Vorausvermächtnis.** Im Zweifel erstreckt sich das Nacherbenrecht nicht auf ein Vorausvermächtnis zugunsten des Vorerben (§ 2110 II). Die Vorschrift gilt auch für den Voraus (§ 1932) als gesetzliches Vorausvermächtnis.

5 Der Erblasser kann freilich das Gegenteil anordnen. Die Auslegung der Verfügung vTw kann das ergeben, wenn er nur den Vorerben im Verhältnis zu Mitvorerben begünstigen, nicht aber den Nacherben benachteiligen wollte.

6 Ansonsten ist auch ein Nachvermächtnis möglich (§ 2191). Nachvermächtnisnehmer oder Ersatzvermächtnisnehmer kann auch der Nacherbe sein.

§ 2111 Unmittelbare Ersetzung.
(1) ¹Zur Erbschaft gehört, was der Vorerbe auf Grund eines zur Erbschaft gehörenden Rechts oder als Ersatz für die Zerstörung, Beschädigung oder Entziehung eines Erbschaftsgegenstandes oder durch Rechtsgeschäft mit Mitteln der Erbschaft erwirbt, sofern nicht der Erwerb ihm als Nutzung gebührt. ²Die Zugehörigkeit einer durch Rechtsgeschäft erworbenen Forderung zur Erbschaft hat der Schuldner erst dann gegen sich gelten zu lassen, wenn er von der Zugehörigkeit Kenntnis erlangt; die Vorschriften der §§ 406 bis 408 finden entsprechende Anwendung.
(2) Zur Erbschaft gehört auch, was der Vorerbe dem Inventar eines erbschaftlichen Grundstücks einverleibt.

1 **A. Grundsatz.** § 2111 ordnet für verschiedene Fälle die dingliche Surrogation an. Nach ihrem Grundgedanken werden bestimmte Gegenstände automatisch Bestandteil des Nachlasses. Sie gehen mit auf den Nacherben über und werden von seinem Herausgabeanspruch aus § 2130 erfasst. Die Beweislast für die Umstände, die die Surrogation begründen, liegt beim Nacherben (BGH NJW 83, 2874).

2 Dahinter steht das Ziel, die Substanz des Nachlasses für den Nacherben zu erhalten (BGHZ 109, 214, 217). Er soll nicht auf schuldrechtliche Ersatzansprüche verwiesen werden.

3 **B. Weitere Rechtsfolgen.** Entscheidend für die weitere Behandlung iRd Vor- und Nacherbschaft ist nicht der Charakter des weggegebenen Gegenstandes, sondern der des Surrogates (MüKo/*Grunsky* § 2111 Rz 5). So etwa gilt für den Erlös aus einem verkauften Grundstück nicht § 2113 I; vielmehr ist er nach § 2119 anzulegen (BGH NJW 93, 3199), falls der Vorerbe nicht hiervon wiederum gem § 2136 befreit ist.

4 Sehr str ist, ob die Surrogation auch zugunsten von Nachlassgläubigern wirkt oder nur den Nacherben begünstigen will (so wohl BGHZ 81, 8, 12).

5 IÜ unterliegt die Surrogation nicht der Disposition der Beteiligten. Der Erblasser kann den Vorerben nicht generell von der Surrogation befreien. Auch ein Dritter kann bei seiner Zuwendung nicht bestimmen, dass Surrogation eintreten soll, wo sie nach dem Gesetz nicht eintritt, erst recht nicht umgekehrt. Der Vorerbe kann nicht von sich aus Gegenstände seines freien Vermögens mit dinglicher Wirkung dem Nachlass zuweisen (BGHZ 40, 115, 125); immerhin kann der Nacherbe einer Verfügung des Vorerben mit der Wirkung zustimmen, dass die Surrogation ausgeschlossen wird.

C. Anwendungsbereich. Es handelt sich um eine Ausnahmevorschrift, die keiner ausdehnenden Auslegung 6
zugänglich ist (BGH NJW 93, 3199).
Allerdings erfasst sie auch den Erwerb nicht übertragbarer Rechtspositionen; dies zeigt sich etwa dann, wenn 7
der Vorerbe einen nicht übertragbaren Gesellschaftsanteil mit Nachlassmitteln erwirbt (BGHZ 109, 214,
217 ff) oder wenn er aus Nachlassmitteln eine Gegenleistung dafür erbringt, dass ihm ein Nießbrauch bestellt
wird. Sie erfasst auch Girokonten, die dem Nachlass zugehören, doch ist dann für jede einzelne Position zu
klären, ob sie aus dem Nachlass oder aus freiem Vermögen des Vorerben herrührt (BGHZ 131, 60).
Keine Surrogation besteht bezüglich Nutzungen, die der Vorerbe ordnungsgemäß gezogen hat. Sie fallen in sein 8
freies Vermögen. Dies ergibt sich aus § 2111 I 1 Hs 2 (BGHZ 78, 177, 188; 81, 8, 12; BGH NJW 83, 2874).

D. Erster Fall der Surrogation: Erwerb aufgrund eines zur Erbschaft gehörenden Rechts. Gemeint ist ein 9
nicht rechtsgeschäftlicher Erwerb, etwa nach §§ 946 ff, 984, 937 ff (Ersitzung aufgrund eines zum Nachlass
gehörenden Besitzes, § 857) sowie § 1952 (Annahme einer dem Erblasser angefallenen Erbschaft durch den
Vorerben).
Dieser Fall ist nicht gegeben, wenn der nicht rechtsgeschäftliche Erwerb durch ein Rechtsgeschäft des Vorer- 10
ben ausgelöst oder vermittelt worden ist, etwa die Umwandlung der Fremd- in eine Eigentümerhypothek
(§§ 1163, 1177) durch Tilgung der gesicherten Forderung. Dagegen liegt Fall 3 (s. Rn 12 ff) vor, wenn der
Vorerbe diese Tilgung aus Nachlassmitteln bewirkt hat.

E. Zweiter Fall der Surrogation: Ersatz für Zerstörung, Beschädigung oder Entzug eines Nachlassgegen- 11
standes. Ob ein solcher Ersatz vorliegt, ist wirtschaftlich zu entscheiden, nicht formalrechtlich. Hierher zählen
etwa auch der an den Vorerben ausgekehrte Überschuss aus der Zwangsversteigerung eines Nachlassgrundstücks (BGH NJW 93, 3198), Leistungen aus dem Lastenausgleich für Vermögenswerte, die der Erblasser verloren hat (BGHZ 44, 336 und BGH WM 72, 802, 803), Ansprüche aus unerlaubter Handlung im weitesten Sinne
(auch Ansprüche auf Versicherungsleistungen oder Enteignungsentschädigung), Bereicherungsansprüche
wegen des Verlustes von Nachlassgegenständen (va aus § 951) und Restitutionsansprüche nach dem Vermögensgesetz. Nicht hierzu zählen Aufwendungsersatzansprüche.

F. Dritter Fall der Surrogation: Erwerb durch Rechtsgeschäft mit Mitteln der Erbschaft. I. Wirtschaftli- 12
che Betrachtung. Auch hier entscheiden wirtschaftliche Gesichtspunkte. Deshalb gehört hierher auch die
Ersteigerung, wenn und soweit dazu Mittel aus der Vorerbschaft verwendet werden.

II. Mittel der Erbschaft. Mit Mitteln der Erbschaft hat der Erwerb stattgefunden, wenn ihr der Gegenwert 13
entnommen worden ist. Auch hier ist eine wirtschaftliche Betrachtungsweise angezeigt (BGHZ 40, 115). Es
kommt mithin nicht darauf an, ob es die Geld- oder die andere Leistung ist, die aus dem Nachlass stammt.
Surrogation tritt etwa auch ein, wenn der Vorerbe die auf einem Nachlassgrundstück ruhende Hypothek mit
Nachlassmitteln ablöst (BGHZ 40, 115, 122).
Es genügt, dass der Nachlass mittelbar für den Gegenwert aufkommt. Kauft etwa der Vorerbe ein Grundstück 14
mit Hilfe eines Bankkredits, den er später mit Nachlassmitteln ablöst, so fällt das Grundstück kraft Surrogation in den Nachlass (BGHZ 110, 176, 178). Auch gehören zum Nachlass kraft Surrogation die Gegenstände,
die dem Vorerben bei Auseinandersetzung der Erbengemeinschaft unter den Vorerben zugeteilt werden
(BGHZ 40, 115, 123; 52, 269; BGH NJW-RR 01, 217; BayObLG MittBayNotK 05, 239, 240).
Wird ein Gegenstand teilweise mit Mitteln des Nachlasses erworben, so fällt der Erwerb mit dem entspr Anteil 15
in die Nacherbschaft (RGZ 89, 53 und 90, 97). Nach BGH NJW 77, 1631 gilt dies auch für den Fall, dass der
Vorerbe aus eigenen Mitteln ein Grundstück kauft und es unter Verwendung von Nachlassmitteln bebaut.

G. Vierter Fall der Surrogation: Inventar eines Grundstücks, das zum Nachlass gehört. Hier ordnet 16
§ 2111 II die Surrogation der Inventargegenstände an. Die Vorschrift setzt voraus, dass der Vorerbe den
Inventargegenstand aus eigenen Mitteln beschafft hat; sonst liegt schon Fall 3 (s. Rn 12 ff) vor. Sie greift auch
dann, wenn es sich nicht um Ersatzstücke für andere Inventarbestandteile handelt, und geht damit über den
gewöhnlichen Rahmen einer Surrogation hinaus.

H. Schutz des guten Glaubens für Schuldner surrogierter Forderungen. Nach § 2111 I 2 muss der Schuld- 17
ner die Zugehörigkeit einer durch Rechtsgeschäft erworbenen Forderung zum Nachlass erst dann gegen sich
gelten lassen, wenn er davon (positive) Kenntnis erlangt. Für die Kenntnis vom Nacherbfall gilt dagegen
§ 2140 2; danach schadet es dem Schuldner schon, wenn er dessen Eintritt fahrlässig ausschließt.

§ 2112 Verfügungsrecht des Vorerben. Der Vorerbe kann über die zur Erbschaft gehörenden Gegenstände verfügen, soweit sich nicht aus den Vorschriften der §§ 2113 bis 2115 ein anderes ergibt.

A. Grundregel. I. Verfügungsbefugnis. Der Vorerbe darf grds über den Nachlass verfügen, der der Nach- 1
erbschaft unterliegt. Gemeint sind alle Verfügungen iSd § 185, also alle Rechtsgeschäfte, durch die ein Recht
übertragen, belastet, inhaltlich verändert oder aufgehoben wird. Seine Verfügungsbefugnis endet grds mit
dem Nacherbfall, dauert aber unter den Voraussetzungen des § 2140 weiter fort.

2 Der Vorerbe muss aber die dinglichen Beschränkungen hinnehmen, die sich im Interesse des Nacherben aus den §§ 2113–2115 ergeben. Sie wirken absolut, also jedem Dritten ggü; nicht etwa handelt es sich um relative Veräußerungsverbote iSv § 135. Sie können von jedermann geltend gemacht werden (BGHZ 52, 269, 279). Befreiungen sind in großem Umfang möglich (§ 2136), aber auch rein schuldrechtlich wirkende (im Ergebnis über die §§ 2113–2115 hinausreichende) Beschränkungen (s. § 2136 Rn 3).

3 Die Unwirksamkeit einer Verfügung, die sich aus den §§ 2113–2115 ergibt, ist zeitlich auf den Eintritt des Nacherbfalls hinaus geschoben (BGHZ 52, 269, 270); es handelt sich also um eine aufschiebend bedingte Unwirksamkeit. Bis dahin ist die Verfügung grds wirksam. Die Unwirksamkeit tritt alsdann automatisch ein, ohne besonderes Zutun des Nacherben. Rechte, die nicht unter einer auflösenden Bedingung stehen können, können von vornherein nicht ohne Zustimmung des Nacherben wirksam begründet oder übertragen werden (BGHZ 52, 269 zum Erbbaurecht an einem Nachlassgrundstück). Andererseits bleibt die Verfügung grds wirksam, wenn und soweit sie den Nacherben nicht beeinträchtigt, er zugestimmt hat oder ihre Wirkung von vornherein bis zum Eintritt des Nacherbfalls begrenzt ist, wie etwa die Einräumung eines Nießbrauchs bis dahin. Die Verfügung bleibt auch wirksam, wenn der Nacherbfall nicht eintritt.

4 **II. Ordnungsgemäße Verwaltung des Nachlasses.** Von der Wirksamkeit der Verfügung und der Verfügungsfreiheit des Vorerben ist die Frage zu trennen, ob die Verfügung der ordnungsgemäßen Verwaltung des Nachlasses entspricht. Tut sie dies nicht, so wird sie zwar in den Grenzen der §§ 2113–2115, 2136 wirksam, doch ist der Vorerbe dem Nacherben schadensersatzpflichtig aus §§ 2130, 2131. Der Nacherbe kann gegen den Vorerben aus dem gesetzlichen Schuldverhältnis zwischen ihnen auch einen Rechtsanspruch auf Unterlassung der Verfügung haben (sog schuldrechtliche Beschränkung der Verfügungsmacht).

5 **III. Verpflichtungsgeschäfte.** Die schuldrechtlichen Verpflichtungsgeschäfte, die der Verfügung zugrunde liegen, sind und bleiben grds wirksam. Sie verpflichten jedenfalls den Vorerben, zumindest zum Ersatz des Schadens ggü dem Vertragspartner. Vor der Schuldrechtsmodernisierung handelte es sich um einen Fall der Haftung für Rechtsmängel (BGH NJW 00, 3496). Sie verpflichten aber auch den Nacherben, wenn der Vorerbe sie iRe ordnungsgemäßen Verwaltung des Nachlasses abgeschlossen hat (§ 2130), und begründen insoweit auch eine Nachlassverbindlichkeit.

6 **IV. Gegenleistung.** Die Gegenleistung für die Verfügung fällt idR als dingliches Surrogat in den Nachlass (s. § 2111 Rn 12 ff).

7 **B. Sonderfälle. I. Handelsrecht.** Zur Fortführung eines einzelkaufmännischen Unternehmens vgl FAKomm-ErbR/*Kummer* Rz 9.

8 **II. Verfügungen über das Sondervermögen im Ganzen.** Der Vorerbe kann sich ohne Zustimmung des Nacherben verpflichten, die Vorerbschaft im Ganzen zu veräußern (§§ 2371, 2385). Die erforderlichen einzelnen Erfüllungsgeschäfte sind jedoch iRd §§ 2113–2115, 2136 zustimmungspflichtig. Demgegenüber kann ein Mitvorerbe seinen Erbteil ohne weiteres auch ohne Zustimmung des Nacherben veräußern (BayObLG DNotZ 83, 320, 325).

9 **III. Urteilsverfügungen.** Dies sind solche, bei denen die Willenserklärung des Vorerben als abgegeben gilt, weil er hierzu rechtskräftig verurteilt worden ist (§§ 894, 895 ZPO). Sie stehen sonstigen, freiwilligen Verfügungen gleich. Die Verurteilung des Vorerben zur Abgabe solcher Willenserklärungen ist deshalb nur dann zulässig, wenn er die Verfügung auch nach §§ 2113–2115, 2136 mit Wirkung gegen den Nacherben vornehmen kann oder ihre Wirkung auf die Zeit der Vorerbschaft beschränkt ist oder wenn der Nacherbe dem Rechtsgeschäft zugestimmt hat.

10 **C. Vollmachten.** Eine Vollmacht des Erblassers zugunsten des Vorerben erlischt mit dem Erbfall (MüKo/*Grunsky* § 2112 Rz 8). Es dürfte auch nicht möglich sein, dem Vorerben Vollmacht für den Nacherben für die Zeit bis zum Nacherbfall zu erteilen (*Keim* DNotZ 08, 175, 181); insoweit kommt nur eine Testamentsvollstreckung für den Nacherben in Betracht (§ 2222).

11 Eine (postmortale) Vollmacht des Erblassers an Dritte besteht fort, solange sie nicht vom Vorerben (bis zum Nacherbfall) oder vom Nacherben (danach) widerrufen wird und soweit das zugrunde liegende Rechtsgeschäft ebenfalls fortbesteht. Sie berechtigt vor dem Nacherbfall nur zur Vertretung des Vorerben und befreit nicht von der Pflicht, bei zustimmungspflichtigen Verfügungen die Zustimmung des Nacherben einzuholen (aA *Keim* DNotZ 08, 175, 177 ff). Nach dem Nacherbfall berechtigt sie zur Vertretung des Nacherben. Unwiderruflich kann diese Vollmacht nicht erteilt werden; entspr Beschränkungen können nur mit Hilfe der Testamentsvollstreckung herbeigeführt werden (§ 2211 I; Staud/*Avenarius* § 2112 Rz 30).

12 Eine Vollmacht des Vorerben an Dritte befreit ebenfalls nicht von den Zustimmungspflichten aus §§ 2113–2115, 2136. Sie endet grds mit dem Nacherbfall, es sei denn, es läge ihr ein Rechtsverhältnis zugrunde, das – namentlich aufgrund der Zustimmung des Nacherben – auch ihm ggü wirksam ist.

§ 2113 Verfügungen über Grundstücke, Schiffe und Schiffsbauwerke; Schenkungen.

(1) Die Verfügung des Vorerben über ein zur Erbschaft gehörendes Grundstück oder Recht an einem Grundstück oder über ein zur Erbschaft gehörendes eingetragenes Schiff oder Schiffsbauwerk ist im Falle des Eintritts der Nacherbfolge insoweit unwirksam, als sie das Recht des Nacherben vereiteln oder beeinträchtigen würde.
(2) ¹Das Gleiche gilt von der Verfügung über einen Erbschaftsgegenstand, die unentgeltlich oder zum Zwecke der Erfüllung eines von dem Vorerben erteilten Schenkungsversprechens erfolgt. ²Ausgenommen sind Schenkungen, durch die einer sittlichen Pflicht oder einer auf den Anstand zu nehmenden Rücksicht entsprochen wird.
(3) Die Vorschriften zugunsten derjenigen, welche Rechte von einem Nichtberechtigten herleiten, finden entsprechende Anwendung.

Inhaltsübersicht

	Rn		Rn
A. Grundsatz	1–3	I. Geltungsbereich	15–17
B. Rechtswirkungen	4	II. Unentgeltlichkeit	18–23
C. Grundstücke und Rechte an Grundstücken	5–14	III. Entgelte an den Vorerben	24
I. Definition	5, 6	IV. Unwirksamkeit	25
II. Verfügung	7	V. Fälle wirksamer Verfügung	26–28
III. Unwirksamkeit	8, 9	VI. Teilweise Unentgeltlichkeit	29, 30
IV. Fälle wirksamer Verfügung	10–12	VII. Geltendmachung der Unwirksamkeit	31
V. Geltendmachung der Unwirksamkeit	13, 14	E. Auskunftsanspruch	32
D. Unentgeltliche Verfügungen	15–31	F. Schutz des guten Glaubens	33–36

A. Grundsatz. Der Vorerbe darf nicht über ein Grundstück oder ein Recht an einem Grundstück verfügen (I), ebenso wenig über irgendeinen Nachlassgegenstand unentgeltlich (II). Dies gilt auch, wenn das Verfügungsobjekt als Surrogat gem § 2111 in den Nachlass gelangt ist. **1**
Eine ausdehnende Auslegung auf andere Fälle kommt nicht in Betracht, mag die Verfügung auch gravierende wirtschaftliche Konsequenzen für den Nacherben haben. Eigenmächtige Verfügungen des Vorerben, die auch von § 2130 nicht gedeckt sind, geben dem Nacherben die Rechte aus §§ 2127–2129. **2**
Die beiden Absätze enthalten zwei selbständig nebeneinander stehende Ausnahmen vom Grundsatz des § 2112. Der Erblasser kann den Vorerben vom ersten, nicht vom zweiten Verbot befreien (§ 2136), somit auch nicht vom Verbot unentgeltlicher Verfügungen über Grundstücke und Rechte an Grundstücken (RGZ 133, 263, 267). **3**

B. Rechtswirkungen. Die Unwirksamkeit der Verfügungen tritt erst mit dem Nacherbfall ein und wirkt nicht zurück. Kommt es nicht zum Nacherbfall, so bleiben die Verfügungen wirksam (s. § 2112 Rn 3). **4**

C. Grundstücke und Rechte an Grundstücken. I. Definition. Als Grundstücke gelten auch grundstücksgleiche Rechte (Erbbaurecht). Als Rechte an Grundstücken kommen Nießbrauch und beschränkte persönliche Dienstbarkeit, da unvererblich, hier nicht in Betracht. **5**
§ 2113 I betrifft hingegen nicht Verfügungen über Grundstücke und Rechte an Grundstücken, die zunächst zum Vermögen einer Gesamthand (Gesamtgut der Gütergemeinschaft, Personengesellschaft, Miterbengemeinschaft) gehören, von welcher wiederum nur ein Anteil in die Vorerbschaft fällt (BGH NJW 58, 708; 76, 893; 78, 698; ZEV 07, 323), ebenso wenig Anteile an einer Gesamthand, zu der ein Grundstück gehört (MüKo/*Grunsky* § 2113 Rz 5). Das aus einem Grundstück bestehende Vermögen einer Gesellschaft bürgerlichen Rechts, an der neben anderen Gesellschaftern nicht befreite Vorerben beteiligt sind, kann auch gegen den Willen der Nacherben auseinandergesetzt werden (Hambg NJW-RR 94, 1231). Die Nacherben sind jedoch insoweit nicht schutzlos. Bei nicht befreiter Vorerbschaft kann sich der Vorerbe durch die Veräußerung, wenn sie keiner ordnungsgemäßen Verwaltung des Nachlasses entspricht, nach §§ 2130, 2131 schadensersatzpflichtig machen; bei befreiter Vorerbschaft können Ansprüche aus § 2138 II bestehen (*Johannsen* in Anm zu BGH LM Nr 1 zu § 2138 = NJW 58, 708). **6**

II. Verfügung. Zum Begriff der Verfügung s. zunächst § 2112 Rn 1. Keine Verfügung liegt in der Eigentumsübertragung durch Teilungsversteigerung (BayObLGZ 65, 212, 216). Für die Kündigung und Einziehung von Hypotheken und Grundschulden gilt § 2114. Vermietung und Verpachtung (§ 2135) sind keine Verfügungen. Eine Verfügung liegt dagegen in der Bestellung einer Baulast (VG Schleswig DNotZ 86, 95) und in der Revalutierung einer Grundschuld auf einem Nachlassgrundstück (MüKo/*Grunsky* § 2113 Rz 7). Sie liegt ferner in der Löschungsbewilligung für beschränkte dingliche Rechte, die zum Nachlass gehören, außer wenn das zu löschende Recht letztrangig eingetragen ist (Soergel/*Harder/Wegmann* § 2113 Rz 13); umstr ist, ob eine Ausnahme auch dann gilt, wenn bereits der Erblasser eine Löschungsvormerkung bewilligt hat (Soergel/*Harder/Wegmann* § 2113 Rz 14). **7**

8 **III. Unwirksamkeit.** Die Verfügung ist nur insoweit unwirksam, als sie das Nacherbenrecht vereiteln oder beeinträchtigen kann (dann aber auch allen Dritten ggü, s. § 2112 Rn 2). Dies ist unter rein rechtlichen, nicht unter wirtschaftlichen Gesichtspunkten zu entscheiden (Staud/*Avenarius* § 2113 Rz 22 und 51). Unwirksam sind deshalb auch ein – selbst vorteilhafter – Grundstückstausch und die Bewilligung einer Vormerkung; will der Nacherbe von einer vorteilhaften Verfügung profitieren, so kann er sie genehmigen.

9 Veräußerungen und Belastungen von Nachlassgrundstücken sind regelmäßig nachteilig. Eine Ausnahme gilt, wenn der Erblasser schon den verpflichtenden Vertrag geschlossen hat.

10 **IV. Fälle wirksamer Verfügung.** Der Erblasser kann den Vorerben befreien, soweit er nicht unentgeltlich verfügt (§ 2136 BGB). IÜ gilt:

11 Die Verfügung wird durch Zustimmung des Nacherben wirksam. Er muss gem § 2124 zustimmen, wenn die Verfügung einer ordnungsgemäßen Verwaltung des Nachlasses iSd § 2130 entspricht. Dies ist etwa der Fall, wenn mit der Verfügung ein Vermächtnis erfüllt wird (Ddorf DNotZ 03, 637; BayObLG DNotZ 01, 808).

12 Analogien zu § 185 II sind zulässig (BayObLG DNotZ 98, 138 und 1998, 206, 207). Danach wird die Verfügung des Vorerben auch wirksam, wenn dieser das Grundstück zu freiem Eigentum erwirbt (1 Fall 2 aaO), jedoch abw von § 184 I nur für die Zukunft (RGZ 110, 94), oder wenn er das Nacherbenrecht erwirbt (Staud/*Avenarius* § 2113 Rz 19) oder wenn der Nacherbe unbeschränkbar (BayObLG DNotZ 98, 138) haftender Alleinerbe (BGH LM Nr 1 zu § 2113) des Vorerben wird (§ 185 II 1 Fall 3, auch hier nur für die Zukunft).

13 **V. Geltendmachung der Unwirksamkeit.** Eine Feststellungsklage des Nacherben ist schon vor dem Nacherbfall zulässig (BGHZ 52, 269). Ebenso kann der Vorerbe auf Feststellung der Wirksamkeit seiner Verfügung klagen (BGHZ 7, 276). Wert- und Schadensersatzansprüche gegen den Vorerben (§§ 2130, 2134) kann der Nacherbe erst nach dem Nacherbfall erheben; vorher hat er jedoch schon die Rechte aus §§ 2127–2129.

14 Nach dem Nacherbfall hat der Nacherbe gegen den Dritten, falls dieser nicht gutgläubig erworben hat (s. Rn 33 ff), einen Anspruch auf Herausgabe (Grundbuchberichtigung, §§ 894, 985). Der Dritte hat ein Zurückbehaltungsrecht wegen des an den Vorerben geleisteten Entgelts (BGH NJW 85, 382). Der Anspruch des Dritten auf Ersatz seiner Verwendungen richtet sich für die Zeit vor dem Nacherbfall nach §§ 2124–2126, später nach §§ 994 ff (BGH NJW 85, 382, 384).

15 **D. Unentgeltliche Verfügungen. I. Geltungsbereich.** Diese Verfügungsbeschränkung für den Vorerben betrifft Nachlassgegenstände aller Art, insb auch Grundstücke und Rechte daran (s. Rn 3), nicht aber Nutzungen. Über letztere kann der Vorerbe grds frei verfügen. Nicht betroffen ist die Erfüllung von Schenkungsversprechen des Erblassers.

16 Auch ein befreiter Vorerbe unterliegt ihr (vgl § 2136); er kann also über ein Grundstück zwar entgeltlich verfügen, nicht aber unentgeltlich. Der Erblasser kann den Vorerben auch nicht ad hoc in der letztwilligen Verfügung befreien (RGZ 133, 267), nicht einmal den ansonsten befreiten Vorerben. Keine Befreiung bewirkt insb auch eine Testamentsklausel, wonach der Vorerbe (im konkreten Fall die Ehefrau) über den gesamten Nachlass frei nach seinem Willen verfügen solle können (BGHZ 7, 275). Ein Ausweg kann in einem Vorausvermächtnis zugunsten des Vorerben bestehen.

17 Die Unwirksamkeit der unentgeltlichen Verfügung tritt erst mit dem Nacherbfall ein und nur insoweit, als das Recht des Nacherben beeinträchtigt ist. Das schuldrechtliche Grundgeschäft des Vorerben, das zur unentgeltlichen Verfügung verpflichtet, bleibt stets wirksam (BGHZ 98, 130; s. § 2112 Rn 5).

18 **II. Unentgeltlichkeit.** Diese ist – anders als nach I die Verfügung über ein Grundstück (s. Rn 8) – nach wirtschaftlichen Gesichtspunkten zu beurteilen (Soergel/*Harder/Wegmann* § 2113 Rz 18 und 19; Staud/*Avenarius* § 2113 Rz 22).

19 Anders als bei §§ 516 ff ist auch unerheblich, ob sich die Parteien über die Unentgeltlichkeit des Rechtsgeschäfts geeinigt haben (BGH NJW 91, 842); die Vorschrift betrifft auch nicht nur Schenkungen. Für die Frage, ob die Gegenleistung ausreicht, entscheiden die Verhältnisse bei Vornahme des Rechtsgeschäfts (BayObLGZ 57, 285); unerheblich ist, wann die Gegenleistung zu erbringen ist.

20 Unentgeltlich ist eine Verfügung dann, wenn sie ein bestimmtes objektives und ein bestimmtes subjektives Moment aufweist. Ersteres besteht darin, dass für das vom Vorerben Weggegebene keine objektiv gleichwertige Gegenleistung in den Nachlass fließt. Das subjektive Moment ist wiederum in zwei Fällen gegeben. Der Vorerbe muss entweder wissen, dass der Weggabe keine gleichwertige Gegenleistung an den Nachlass gegenübersteht, oder er muss bei ordnungsgemäßer Verwaltung des Nachlasses (§ 2130) unter Berücksichtigung seiner künftigen Pflicht, die Erbschaft dem Nacherben herauszugeben, das Fehlen oder die Unzulänglichkeit der Gegenleistung erkennen (BGH NJW 84, 366; Staud/*Avenarius* § 2112 Rz 62). Nicht berufen kann sich der Vorerbe auf einen Irrtum darüber, dass überhaupt eine Gegenleistung erbracht worden ist (RGZ 105, 246).

21 Unentgeltlich sind auch unbenannte Zuwendungen unter Ehegatten (MüKo/*Grunsky* § 2113 Rz 25). Keine unentgeltliche Leistung ist die Anerkennung oder Erfüllung einer verjährten Pflichtteilsforderung (BGH NJW 73, 1690); evtl besteht aber eine Ersatzpflicht des Vorerben aus § 2130.

22 Die Aufgabe einer Eigentümergrundschuld stellt regelmäßig eine unentgeltliche Verfügung dar, außer sie war letztrangig (Soergel/*Harder/Wegmann* § 2113 BGB Rz 25). Keine (teilweise) unentgeltliche Verfügung liegt in

der Veräußerung eines Grundstücks gegen Einräumung oder unter Zurückbehaltung eines Nießbrauchs; dieser stellt kein Entgelt dar, sondern nur ein Minus hinsichtlich der Gegenleistung (Braunschw FamRZ 95, 443, 445). Als Gegenleistungen zu berücksichtigen sind nur solche, die in den Nachlass fließen, so dass Surrogation gem 23 § 2111 eintritt (BGHZ 7, 274, 277), etwa auch die Beteiligung an einer Personengesellschaft gegen Einbringung eines Nachlassgrundstücks (*Everts* ZErb 09, 255). Unentgeltlichkeit liegt mithin grds vor, wenn die Gegenleistung in das Eigenvermögen des nicht befreiten Vorerben fließt (BGHZ 69, 47) oder in das Eigenvermögen eines von mehreren Nacherben (RGZ 125, 246: Belastung eines Nachlassgrundstücks zur Sicherung eines Darlehens, das nur einem von ihnen gewährt ist) oder in das Vermögen eines Dritten (etwa bei Absicherung der Darlehensschuld eines Dritten durch ein Grundpfandrecht auf dem Nachlassgrundstück, Staud/*Avenarius* § 2113 Rz 78). Unentgeltlich sind auch rechtsgrundlose Verfügungen (RGZ 105, 246 u 163, 348, 357).

III. Entgelte an den Vorerben. Soweit ein Rechtserwerb des Vorerben trotz § 2111 überhaupt in Betracht 24 kommen kann (s. Rn 23), kann die Unentgeltlichkeit ausgeschlossen sein, wenn ihm die Gegenleistung zur Sicherung seines Lebensunterhalts dienen soll (BGH LM Nr 2 zu § 2136), so bei Veräußerung eines Nachlassgrundstücks gegen Gewährung eines Altenteils oder einer Leibrente.

IV. Unwirksamkeit. Die unentgeltliche Verfügung wird beim Nacherbfall nur insoweit unwirksam, als sie 25 das Recht des Nacherben vereiteln oder beeinträchtigen würde (BGHZ 7, 274, 279). Neben der Unentgeltlichkeit muss also die Beeinträchtigung des Nacherbenrechts selbständig geprüft werden (Staud/*Avenarius* § 2113 Rz 67). Dies geschieht nach rein objektiven Gesichtspunkten (BGHZ 7, 274, 279) und nach den beim Nacherbfall bestehenden Verhältnissen (RGZ 159, 393; BGHZ 7, 274, 279). Eine solche Beeinträchtigung wird etwa nicht angenommen, wenn eine praktisch unverkäufliche Sache, die nur Kosten verursacht, unentgeltlich weggegeben wird (BGH NJW 99, 2037). Sie fehlt auch, wenn das Entgelt zwar nicht in den Nachlass gelangt, aber die Nachteile für den Vorerben anderweit ausgeglichen werden (BGHZ 7, 274, 279), etwa auch durch Befreiung des Nachlasses von Verbindlichkeiten des Erblassers (BGH NJW 84, 366). Sie fehlt schließlich, soweit es dem Vorerben gestattet ist, die Gegenleistung für sich zu verwenden, etwa aufgrund einer Befreiung von § 2134 (BGHZ 69, 47 m Anm *Peters* NJW 77, 2075; auch BGH NJW 84, 366, 367).

V. Fälle wirksamer Verfügung. Wirksam ist die Verfügung bei sog Pflichtschenkungen (§ 2113 II 2). Die sitt- 26 liche Pflicht muss dabei aber gerade auch die Entnahme des verschenkten Gegenstandes aus dem gebundenen Nachlass decken, nicht nur die Schenkung als solche. Hierzu kann die Anerkennung eines verjährten Pflichtteilsanspruchs gehören.

Die Verfügung wird ferner endgültig wirksam, wenn der Nacherbfall gar nicht eintritt. 27
IÜ wird die Verfügung durch Zustimmung des Nacherben wirksam, nach neuerer Auffassung (*Keim* ZEV 07, 28 470, 474) auch durch die des Nacherben-Testamentsvollstreckers (§ 2222). Dabei dürften Zustimmungspflichten aus § 2120 selten sein. Allerdings kann der Erblasser den Nacherben durch Vermächtnis mit der Zustimmungspflicht für bestimmte unentgeltliche Verfügungen des Vorerben beschweren; umstr ist, ob dies generell für alle Verfügungen möglich ist (Staud/*Avenarius* § 2113 Rz 56).

VI. Teilweise Unentgeltlichkeit. Bei teilweiser Unentgeltlichkeit wird die Verfügung in vollem Umfang 29 unwirksam (BGHZ 5, 173, 182; BGH NJW 85, 382 entgegen einer vom RG zeitweise vertretenen Auffassung). Der auf Herausgabe in Anspruch genommene Dritte hat jedoch ein Zurückbehaltungsrecht wegen der (unzulänglichen) Gegenleistung (BGH NJW 85, 382; s.a. Rn 14), welches zur Rückabwicklung Zug um Zug führt (BGH NJW 85, 382).

Eine Heilung durch Nachzahlung des an der Gegenleistung fehlenden Betrages ist nicht möglich (Staud/*Ave-* 30 *narius* § 2113 Rz 66).

VII. Geltendmachung der Unwirksamkeit. Zur Geltendmachung der Unwirksamkeit s. zunächst oben 31 Rn 13 und 14. Im Fall der Unentgeltlichkeit besteht auch gegen den gutgläubigen Erwerber ein Herausgabeanspruch, nämlich aus § 816 I 2 (MüKo/*Grunsky* § 2113 Rz 32). Gegen den Vorerben kommt zusätzlich ein Schadensersatzanspruch aus § 2128 II Fall 1 in Betracht. Für die gemischte Schenkung wird vertreten, dass der Nacherbe vom Dritten nur den Wertausgleich verlangen kann (Staud/*Avenarius* § 2113 Rz 103; Erman/*Schmidt* § 2113 Rz 21).

E. Auskunftsanspruch. § 2130 II gewährt dem Nacherben einen Auskunftsanspruch gegen den Vorerben 32 hinsichtlich der Verfügungen aus § 2113. Nach dem Tod des Vorerben sind dessen Erben auskunftspflichtig, vielfach aber nicht auskunftsfähig. Der BGH gibt deshalb hilfsweise einen Auskunftsanspruch gegen den Empfänger der unentgeltlichen Leistung (BGHZ 58, 237).

F. Schutz des guten Glaubens. Der gute Glaube des Dritten, den § 2113 III schützt, muss sich darauf bezie- 33 hen, dass der erworbene Gegenstand nicht zum Nachlass gehört. Bei I, nicht aber bei II, kann er sich auch darauf beziehen, dass der Vorerbe nach § 2136 befreit ist (MüKo/*Grunsky* § 2113 Rz 39). In beiderlei Hinsicht schadet bei beweglichen Sachen bereits grobe Fahrlässigkeit (§ 932 II), bei Immobilien nur positive Kenntnis (§ 892 I). Nicht geschützt wird der gute Glaube des Erwerbers daran, dass die Verfügung des Vorerben entgeltlich ist (MüKo/*Grunsky* § 2113 Rz 32).

34 Weitergehender Gutglaubensschutz für den Erwerber besteht, wenn dem Vorerben ein Erbschein erteilt ist, der die Nacherbfolge nicht erwähnt (§§ 2366, 2363). Insoweit ist gutgläubiger Erwerb sogar an Forderungen und sonstigen Rechten möglich (s. § 2366 Rn 2). Dem Erwerber schadet stets nur die positive Kenntnis von der Anordnung der Nacherbschaft (§ 2366).

35 Die Eintragung des Nacherbenvermerks im Grundbuch (§ 51 GBO) schließt den guten Glauben des Erwerbers aus. Bei unentgeltlicher Verfügung besteht trotz guten Glaubens des Erwerbers ein Herausgabeanspruch des Nacherben gegen ihn aus § 816 I 2 (s. Rn 31).

36 Verfügt der Vorerbe über einen Gegenstand, der gar nicht zum Nachlass gehört, so gelten die allg Vorschriften (§§ 892, 932 usw); ebenso, wenn jemand über einen Nachlassgegenstand verfügt, der gar nicht Vorerbe ist.

§ 2114 Verfügungen über Hypothekenforderungen, Grund- und Rentenschulden.
¹Gehört zur Erbschaft eine Hypothekenforderung, eine Grundschuld, eine Rentenschuld oder eine Schiffshypothekenforderung, so steht die Kündigung und die Einziehung dem Vorerben zu. ²Der Vorerbe kann jedoch nur verlangen, dass das Kapital an ihn nach Beibringung der Einwilligung des Nacherben gezahlt oder dass es für ihn und den Nacherben hinterlegt wird. ³Auf andere Verfügungen über die Hypothekenforderung, die Grundschuld, die Rentenschuld oder die Schiffshypothekenforderung findet die Vorschrift des § 2113 Anwendung.

1 Die Vorschrift erlaubt dem Vorerben ohne Zustimmung des Nacherben bestimmte Verfügungen über bestimmte dingliche Rechte und die dadurch gesicherten Forderungen. Sie bezieht sich auf Hypotheken, Grundschulden, Rentenschulden, Schiffshypotheken und Registerpfandrechte an Luftfahrzeugen (letztere nach § 98 II LuftfzRG), die zum Nachlass gehören, und die hierdurch gesicherten Forderungen unabhängig davon, ob der persönliche Schuldner mit dem Eigentümer des Grundstücks bzw der sonstigen Sicherheit identisch ist.

2 Dem Vorerben ist die Kündigung gestattet, doch nur unter dem Vorbehalt der ordnungsgemäßen Verwaltung (§ 2130). Umgekehrt ist die Kündigung durch den Eigentümer bzw Schuldner an den Vorerben zu richten.

3 Das Kapital kann an den Vorerben hingegen nur mit Zustimmung des Nacherben bezahlt werden; ansonsten ist es für den Nacherben zu hinterlegen. Der Vorerbe kann die Forderung gerichtlich und außergerichtlich geltend machen, auch im Wege der Zwangsversteigerung (RGZ 136, 353, 358), bis auf die Empfangnahme des Erlöses (Staud/*Avenarius* § 2114 Rz 7). Zinsen kann der Vorerbe dagegen in Empfang nehmen, da sie ihm ohnehin gebühren.

4 Die Vorschrift gilt nicht für andere Verfügungen über die genannten Rechte und die dadurch gesicherten Forderungen, etwa die Aufrechnung, Abtretung, Verpfändung oder Löschungsbewilligung; hierfür gilt § 2113. Ein negatives Schuldanerkenntnis des Vorerben ist analog § 2114 sogleich unwirksam.

§ 2115 Zwangsvollstreckungsverfügungen gegen Vorerben.
¹Eine Verfügung über einen Erbschaftsgegenstand, die im Wege der Zwangsvollstreckung oder der Arrestvollziehung oder durch den Insolvenzverwalter erfolgt, ist im Falle des Eintritts der Nacherbfolge insoweit unwirksam, als sie das Recht des Nacherben vereiteln oder beeinträchtigen würde. ²Die Verfügung ist unbeschränkt wirksam, wenn der Anspruch eines Nachlassgläubigers oder ein an einem Erbschaftsgegenstand bestehendes Recht geltend gemacht wird, das im Falle des Eintritts der Nacherbfolge dem Nacherben gegenüber wirksam ist.

1 **A. Geltungsbereich.** Die Vorschrift betrifft Verfügungen im Wege der Zwangsvollstreckung, des Arrestvollzugs und des Vollzugs der seltenen einstweiligen Verfügungen auf Geldleistung, ferner Verfügungen durch den Insolvenz- und den Nachlassverwalter.

2 Die Vorschrift betrifft nicht die Zwangsvollstreckung zur Abgabe einer Willenserklärung (§§ 894 ff ZPO; MüKo/*Grunsky* § 2115 Rz 6); diese stellt vielmehr in der Sache eine rechtsgeschäftliche Verfügung des Vorerben dar und unterfällt den §§ 2112, 2113 (sog Urteilsverfügung, s. § 2112 Rn 9). Sie betrifft auch nicht die Zwangsvollstreckung zur Herausgabe von Sachen (§§ 883 ff ZPO) und nicht die Teilungsversteigerung (MüKo/*Grunsky* § 2115 Rz 6).

3 Dagegen ist sie anwendbar auf die Zwangsvollstreckung aus Vermieterpfandrechten (Staud/*Avenarius* § 2115 Rz 7, bestritten). Unzulässig ist analog § 394 auch die Aufrechnung durch Nachlassschuldner mit Forderungen gegen den Vorerben persönlich (RGZ 80, 1, 7; Staud/*Avenarius* § 2115 Rz 4).

4 **B. Rechtswirkungen.** Die Vollstreckungsmaßnahmen sind im Nacherbfall grds unwirksam, soweit sie das Nacherbenrecht vereiteln oder beeinträchtigen würden. Sie sind auch unwirksam, soweit der Vorerbe befreit ist; eine Befreiung von § 2115 ist nicht möglich. Sie sind auch unwirksam, soweit der Vorerbe ohne Zustimmung des Nacherben verfügen könnte (MüKo/*Grunsky* § 2115 Rz 2), da sonst die Rechte wirkungslos wären, die dem Nacherben in den §§ 2130 f eingeräumt sind.

Die Zwangsvollstreckung als solche ist jedoch zunächst zulässig, soweit sie zur Sicherung des Gläubigers führt, also zur Begründung des Pfändungspfandrechts, zur Eintragung der Sicherungshypothek aus § 866 ZPO, zu bloßer Beschlagnahme des Grundstücks gem § 20 ZVG und zur Zwangsverwaltung als solcher; auch die Beschlagnahmewirkung in der Insolvenz gem § 80 InsO tritt ein (Staud/*Avenarius* § 2115 Rz 2). Überhaupt bleiben bloße Sicherungsmaßnahmen zulässig. Unwirksam ist nur die Verwertung, insb die Überweisung oder Veräußerung.

C. Schutz des Nacherben. Der Nacherbe ist vor dem Nacherbfall in der Einzelzwangsvollstreckung durch das Verwertungsverbot in § 773 ZPO geschützt. Zudem kommt die Einstellung des Zwangsvollstreckungsverfahrens in Betracht, bis Klarheit über die Zulässigkeit des Gläubigerzugriffs herrscht, insb also darüber, ob der Nacherbfall überhaupt eintritt (Staud/*Avenarius* § 2115 Rz 16, 18).

In der Insolvenz des Vorerben, in der der Nachlass zur Masse gehört, hat der Nacherbe vor dem Nacherbfall noch kein Aussonderungsrecht. Indessen muss sich die Verwaltungstätigkeit des Insolvenzverwalters auf die Nutzungen beschränken, die dem Vorerben gebühren und mithin seinen Eigengläubigern zugute kommen (Staud/*Avenarius* § 2115 Rz 21). Nach Eintritt des Nacherbfalls kann der Nacherbe die Aufhebung der Zwangsvollstreckungsmaßnahmen verlangen (MüKo/*Grunsky* § 2115 Rz 10 arg § 47 InsO).

D. Zulässige Vollstreckungsmaßnahmen. Nicht beschränkt ist die Zwangsvollstreckung wegen der dem Vorerben gebührenden Nutzungen.

Nicht beschränkt sind ferner die Zwangsvollstreckung und der Insolvenzbeschlag zur Durchsetzung von Rechten, die auch der Nacherbe gegen sich gelten lassen muss. Dies sind zum einen die Ansprüche der Nachlassgläubiger. Deshalb sind auch Verfügungen des Insolvenzverwalters zur Befriedigung von Nachlassgläubigern wirksam; ein Duldungstitel gegen den Nacherben ist nicht erforderlich. Dies betrifft zum anderen die Geltendmachung von Rechten an Nachlassgegenständen, die im Nacherbfall auch dem Nacherben ggü wirken, die also entweder der Erblasser oder der Vorerbe nach § 2113 wirksam begründet hat (RGZ 133, 263).

§ 2116 Hinterlegung von Wertpapieren.
(1) ¹Der Vorerbe hat auf Verlangen des Nacherben die zur Erbschaft gehörenden Inhaberpapiere nebst den Erneuerungsscheinen bei einer Hinterlegungsstelle oder bei der Reichsbank, bei der Deutschen Zentralgenossenschaftskasse oder bei der Deutschen Girozentrale (Deutschen Kommunalbank) mit der Bestimmung zu hinterlegen, dass die Herausgabe nur mit Zustimmung des Nacherben verlangt werden kann. ²Die Hinterlegung von Inhaberpapieren, die nach § 92 zu den verbrauchbaren Sachen gehören, sowie von Zins-, Renten- oder Gewinnanteilscheinen kann nicht verlangt werden. ³Den Inhaberpapieren stehen Orderpapiere gleich, die mit Blankoindossament versehen sind.
(2) Über die hinterlegten Papiere kann der Vorerbe nur mit Zustimmung des Nacherben verfügen.

§ 2117 Umschreibung; Umwandlung.
¹Der Vorerbe kann die Inhaberpapiere, statt sie nach § 2116 zu hinterlegen, auf seinen Namen mit der Bestimmung umschreiben lassen, dass er über sie nur mit Zustimmung des Nacherben verfügen kann. ²Sind die Papiere vom Bund oder von einem Land ausgestellt, so kann er sie mit der gleichen Bestimmung in Buchforderungen gegen den Bund oder das Land umwandeln lassen.

Die Vorschriften statuieren für bestimmte Wertpapiere eine Hinterlegungspflicht (nicht: Herausgabepflicht) des Vorerben im Sinne einer schuldrechtlichen Bindung. Sie tritt nur auf Verlangen des Nacherben ein.

Verfügungen des Vorerben über hinterlegte Wertpapiere ohne Zustimmung des Nacherben sind von Anfang an unwirksam, nicht nur im Nacherbfall bei Beeinträchtigung der Nacherbenrechte (Staud/*Avenarius* § 2116 Rz 10). Befreiung nach § 2136 ist möglich.

Zu hinterlegen ist bei der Hinterlegungsstelle nach der HO oder einer der in § 2116 I genannten Banken. Zum aktuellen Stand: Staud/*Avenarius* § 2116 Rz 6.

Bei Inhaberpapieren kann der Vorerbe stattdessen nach § 2117 die Umschreibung auf seinen Namen, bei Forderungen gegen Bund und Länder (sowie Kommunen: Soergel/*Harder/Wegmann* § 2117 Rz 3) die Umwandlung in Schuldbuchforderungen jeweils mit der Maßgabe vornehmen lassen, dass er darüber nur mit Zustimmung des Nacherben verfügen kann.

§ 2118 Sperrvermerk im Schuldbuch.
Gehören zu der Erbschaft Buchforderungen gegen den Bund oder ein Land, so ist der Vorerbe auf Verlangen des Nacherben verpflichtet, in das Schuldbuch den Vermerk eintragen zu lassen, dass er über die Forderungen nur mit Zustimmung des Nacherben verfügen kann.

Die Vorschrift betrifft Forderungen, die bereits Schuldbuchforderungen sind. Bei ihnen kann der Nacherbe die Eintragung eines Vermerks verlangen, wonach der Vorerbe nur mit seiner Zustimmung verfügungsberechtigt ist.

§ 2119 Anlegung von Geld.
Geld, das nach den Regeln einer ordnungsmäßigen Wirtschaft dauernd anzulegen ist, darf der Vorerbe nur nach den für die Anlegung von Mündelgeld geltenden Vorschriften anlegen.

1 **A. Anlegungspflicht „dem Grunde nach".** Ob Geld dauernd anzulegen ist, entscheidet sich nach den Regeln einer ordnungsgemäßen Wirtschaft. Was zu den Regeln einer ordnungsgemäßen Wirtschaft gehört, ist objektiv und aus den Verhältnissen des Nachlasses, nicht des Vorerben, zu beurteilen (RGZ 73, 4, 6).

2 In Betracht kommen insb Gelder, die der Vorerbe weder zur Verwaltung des Nachlasses noch evtl zur Fortführung eines dem Nachlass zugehörigen Unternehmens einschl erforderlicher Investitionen benötigt. Nicht maßgebend sind die eigenen Gepflogenheiten des Vorerben (Ausn v § 2131, vgl RGZ 73, 4, 7). Andererseits besteht nicht wie in § 1806 (iVm §§ 1897, 1915) die strikte Pflicht, Geld dauernd anzulegen, soweit es nicht zu Bestreitung von Ausgaben bereitzuhalten ist.

3 **B. Art der Anlage.** Wenn danach Geld dauernd anzulegen ist, muss dies mündelsicher geschehen. Welche Anlagen danach in Betracht kommen, sagen § 1807 und das nach Art 212 EGBGB aufrechterhaltene Landesrecht. Fraglich ist, ob auch § 1809 gilt, also beim Sparbuch der Vorerbe zur zusätzlichen Sicherung des Nacherben einen Sperrvermerk („Mündelgeld") mit der Folge muss eintragen lassen, dass die Sparkasse nicht mit befreiender Wirkung leistet, wenn sie ohne Zustimmung des Nacherben auszahlt (vgl RGZ 85, 416, 422; dafür MüKo/*Grunsky* § 2119 Rz 4; dagegen Staud/*Avenarius* § 2119 Rz 6 je mwN).

4 **C. Anwendungsbereich.** Die Vorschrift bezieht sich auf die Gelder, die sich beim Erbfall im Nachlass befinden, und auf solche, die während der Vorerbschaft durch Surrogation (§ 2111) in den Nachlass gelangen. Der Erblasser kann nach § 2136 befreien.

§ 2120 Einwilligungspflicht des Nacherben.
¹Ist zur ordnungsmäßigen Verwaltung, insbesondere zur Berichtigung von Nachlassverbindlichkeiten, eine Verfügung erforderlich, die der Vorerbe nicht mit Wirkung gegen den Nacherben vornehmen kann, so ist der Nacherbe dem Vorerben gegenüber verpflichtet, seine Einwilligung zu der Verfügung zu erteilen. ²Die Einwilligung ist auf Verlangen in öffentlich beglaubigter Form zu erklären. ³Die Kosten der Beglaubigung fallen dem Vorerben zur Last.

1 **A. Inhalt.** Die Vorschrift gibt dem Vorerben einen Rechtsanspruch gegen den Nacherben auf Erteilung der Zustimmung bei Verfügungen, die der ordnungsgemäßen Verwaltung des Nachlasses dienen. Er betrifft die Fälle, in denen der Vorerbe wegen der Beschränkungen aus §§ 2112 ff die Verfügung nicht ohne Zustimmung des Nacherben vornehmen kann. Der hauptsächliche Anwendungsfall ist die Veräußerung von Nachlassgegenständen zwecks Erfüllung von Nachlassverbindlichkeiten. Die Vorschrift gilt entspr für die Eingehung von Nachlassverbindlichkeiten, so dass der Nacherbe sie als solche mit den Rechtsfolgen ua aus § 2144 anerkennen muss (RGZ 90, 96).

2 Der Anspruch besteht auch dann, wenn die Zustimmungsbedürftigkeit der Verfügung zweifelhaft ist, der Vorerbe oder der Dritte aber ein berechtigtes Interesse an ihrer Absicherung haben. Er besteht weiterhin im Beschleunigungsinteresse, wenn das Grundbuchamt vom befreiten Vorerben bei entgeltlicher Veräußerung von Grundstücken, die an sich nicht zustimmungsbedürftig ist, einen nur schwierig zu führenden Nachweis der Entgeltlichkeit verlangt (Karlsr ZEV 94, 45 m Anm *Kummer*).

3 **B. Ordnungsgemäße Verwaltung des Nachlasses.** Diese ist aus der Sicht eines sorgfältigen Verwalters objektiv zu beurteilen (BGH WM 73, 361, 362), und zwar bezogen auf die objektiven Verhältnisse des konkreten Nachlasses unter wirtschaftlichen Kriterien unabhängig von der persönlichen Situation des konkreten Vorerben (Soergel/*Harder/Wegmann* § 2120 Rz 4). IdR wird das Interesse des Nacherben an der Erhaltung und Erlangung der Substanz des Nachlasses im Vordergrund stehen (BGH NJW 93, 1583), evtl auch ideelle Aspekte (MüKo/*Grunsky* § 2120 Rz 6). Stets ordnungsgemäß ist kraft Gesetzes (§ 2120 1) die Erfüllung von Nachlassverbindlichkeiten, also solcher aus lebzeitigen Verpflichtungen des Erblassers und letztwilligen Anordnungen.

4 Die Aufnahme von Kredit zur Verwendung für den Nachlass entspricht idR nicht der ordnungsgemäßen Verwaltung, wenn er aus der Substanz des Nachlasses getilgt werden muss (BGHZ 110, 175, 180). Dasselbe gilt, wenn er zwar in den Nachlass verwendet werden soll, der Vorerbe dabei jedoch einen unangemessenen Aufwand treibt oder keine Vorkehrungen (Treuhänder, BGH NJW 93, 1583) gegen eine Verwendung der Darlehensvaluta in sein Privatvermögen trifft (BGHZ 110, 175, 180/181).

5 Zu Verfügungen, die der ordnungsmäßigen Verwaltung des Nachlasses widersprechen, kann der Vorerbe die Zustimmung des Nacherben nicht verlangen, auch nicht der befreite Vorerbe (RGZ 148, 391); § 2120 erweitert die Verfügungsbefugnis des Vorerben nicht. Nicht ordnungsgemäß sind idR unentgeltliche Verfügungen, ferner solche, die eine Benachteiligung des Nacherben bezwecken (RGZ 70, 132; vgl § 2138). Fraglich ist, ob die Zustimmung des Nacherben den Vorerben von der Sorgfalt entbindet, die er nach § 2120 schuldet (dagegen Soergel/*Harder/Wegmann* § 2120 Rz 1; MüKo/*Grunsky* § 2120 Rz 2; dafür RGZ 148, 391).

C. Rechtsstellung des Dritten. Die Verpflichtung zur Zustimmung besteht grds nur ggü dem Vorerben, nicht ggü dem Dritten, zu dessen Gunsten der Vorerbe verfügt. Der Vorerbe kann dem Dritten aber den Anspruch abtreten (Soergel/*Harder/Wegmann* § 2120 Rz 10). Der Dritte kann dem Herausgabeanspruch des Nacherben dessen Zustimmungspflicht aus § 2120 entgegenhalten. 6

D. In Betracht kommende Nacherben. Mehrere Nacherben, auch im Staffelverhältnis, müssen alle zustimmen (Soergel/*Harder/Wegmann* § 2120 Rz 9), Ersatznacherben hingegen nicht. Für unbekannte Nacherben ist ein Pfleger zu bestellen, der evtl seinerseits zur Zustimmung die Genehmigung des Vormundschaftsgerichts benötigt (§ 1821 iVm § 1915 I). Im Fall des § 2222 muss der Testamentsvollstrecker zustimmen. 7

E. Beweislast. Die Beweislast für die Anspruchsvoraussetzungen liegt grds beim Vorerben. Er muss also insb die Ordnungsmäßigkeit der Verfügung beweisen. 8

F. Form. Auf Verlangen des Vorerben muss der Nacherbe die Zustimmung in öffentlich beglaubigter Form erteilen (§ 2120 II). Verpflichtet sich der Nacherbe rechtsgeschäftlich, die Zustimmung zur Verfügung über ein Grundstück zu erteilen, so bedarf die Verpflichtungserklärung der notariellen Beurkundung analog § 311b I (BGH MDR 72, 496). 9

§ 2121 Verzeichnis der Erbschaftsgegenstände.
(1) ¹Der Vorerbe hat dem Nacherben auf Verlangen ein Verzeichnis der zur Erbschaft gehörenden Gegenstände mitzuteilen. ²Das Verzeichnis ist mit der Angabe des Tages der Aufnahme zu versehen und von dem Vorerben zu unterzeichnen; der Vorerbe hat auf Verlangen die Unterzeichnung öffentlich beglaubigen zu lassen.
(2) Der Nacherbe kann verlangen, dass er bei der Aufnahme des Verzeichnisses zugezogen wird.
(3) Der Vorerbe ist berechtigt und auf Verlangen des Nacherben verpflichtet, das Verzeichnis durch die zuständige Behörde oder durch einen zuständigen Beamten oder Notar aufnehmen zu lassen.
(4) Die Kosten der Aufnahme und der Beglaubigung fallen der Erbschaft zur Last.

A. Verlangen des Nacherben. Der Nacherbe kann das Nachlassverzeichnis nur während der Vorerbschaft verlangen (RGZ 98, 25). Beim Nacherbfall gilt § 2130 II. Das Verlangen nach dem Verzeichnis bedarf keiner Begründung. Der Erblasser kann nicht nach § 2136 befreien. 1

Das Verlangen kann auch von einem Nacherben allein für alle Nacherben gestellt werden (BGHZ 127, 360, 365; RGZ 98, 26). Ersatznacherben können das Verzeichnis nicht verlangen, bevor nicht der zunächst berufene Nacherbe weggefallen ist (RGZ 145, 316). Im Fall des § 2222 stellt der Testamentsvollstrecker das Verlangen (BGHZ 127, 360, 365). 2

B. Inhalt. Zu verzeichnen sind die Aktiva, die in die Nacherbschaft fallen (Staud/*Avenarius* § 2121 Rz 4), nicht auch die Verbindlichkeiten (arg § 2121 I 1). Gehört ein Betrieb zum Nachlass, so kann keine Bilanz gefordert werden (Staud/*Avenarius* aaO). Auch Beschreibungen und Wertangaben kann der Nacherbe nicht verlangen. Das Verzeichnis ist nach den Verhältnissen bei seiner Aufstellung, nicht beim Erbfall zu erstellen (BGHZ 127, 360, 365; RGZ 164, 208 arg § 2121 III), insb also unter Berücksichtigung der bis dahin eingetretenen Surrogation (§ 2111). 3

Der Vorerbe muss es nur einmal aufstellen (BGHZ 127, 360, 366). Es besteht auch kein Anspruch auf Auskunft über den späteren Verbleib der Gegenstände, die im Verzeichnis aufgeführt sind (BGHZ 127, 360, 365). Jedoch wird vertreten (Staud/*Avenarius* § 2121 Rz 1), dass bei langjähriger Vorerbschaft mit vielen Surrogationsfällen ein Anspruch auf Fortschreibung des Verzeichnisses besteht. 4

C. Rechtswirkungen. Das Verzeichnis begründet den einfachen Beweis, dass die aufgeführten Gegenstände zum Zeitpunkt der Errichtung des Verzeichnisses Nachlassgegenstände waren. Der Gegenbeweis dahin, dass ein aufgeführter Gegenstand nicht zum Nachlass gehört, ist jederzeit möglich, und zwar auch dann, wenn das Verzeichnis in öffentlicher Urkunde gem § 2121 III aufgenommen ist (zu den Anforderungen an ein notarielles Nachlassverzeichnis *Zimmer* ZEV 08, 365). Das Verzeichnis entfaltet nicht die Vermutung der Vollständigkeit (Staud/*Avenarius* § 2121 Rz 6). Die eidesstattliche Versicherung der Richtigkeit des Verzeichnisses kann nicht verlangt werden. 5

§ 2122 Feststellung des Zustands der Erbschaft.
¹Der Vorerbe kann den Zustand der zur Erbschaft gehörenden Sachen auf seine Kosten durch Sachverständige feststellen lassen. ²Das gleiche Recht steht dem Nacherben zu.

A. Anspruchsberechtigung. Vor- und Nacherbe können den Zustand des Nachlasses jeweils auf eigene Kosten durch Sachverständige feststellen lassen. Sinn und Zweck ist auch hier die Schaffung eines Beweismittels (Soergel/*Harder/Wegmann* § 2122 Rz 1). Eine Begründung für das Verlangen ist nicht erforderlich. Der Erblasser kann den Vorerben nicht gem § 2136 befreien. 1

2 **B. Zeitpunkt.** Der Nacherbe hat das Recht nur während der Vorerbschaft (RGZ 98, 26). Es ergänzt § 2121, wonach nur ein Verzeichnis ohne nähere Angaben über die Nachlassgegenstände gefordert werden kann (s. § 2121 Rn 3).

3 Der Anspruch kann bis zur Grenze der §§ 226, 242 wiederholt geltend gemacht werden (Staud/*Avenarius* § 2122 Rz 1). Dies anders als bei § 2121 (s. § 2121 Rn 4) deshalb, weil dem Nacherben aus dem Zustand des Nachlasses ein Anspruch auf Sicherheitsleistung erwachsen kann (§ 2128).

4 **C. Inhalt.** Festzustellen ist der Zustand einzelner oder aller Nachlassgegenstände, nicht ihr Wert. Nachlassgegenstände sind diejenigen, die derzeit unter Berücksichtigung der Surrogation zum Nachlass gehören.

§ 2123 Wirtschaftsplan.

(1) ¹Gehört ein Wald zur Erbschaft, so kann sowohl der Vorerbe als der Nacherbe verlangen, dass das Maß der Nutzung und die Art der wirtschaftlichen Behandlung durch einen Wirtschaftsplan festgestellt werden. ²Tritt eine erhebliche Änderung der Umstände ein, so kann jeder Teil eine entsprechende Änderung des Wirtschaftsplans verlangen. ³Die Kosten fallen der Erbschaft zur Last.
(2) Das Gleiche gilt, wenn ein Bergwerk oder eine andere auf Gewinnung von Bodenbestandteilen gerichtete Anlage zur Erbschaft gehört.

1 Mit dem Wirtschaftsplan sollen Streitigkeiten über das Ausmaß der Nutzung, also über die Regeln ordnungsgemäßer Bewirtschaftung vermieden werden, die bei solchen Betrieben besonders nahe liegen. Auf andere Betriebe im Nachlass ist die Bestimmung aber nicht anzuwenden. Befreiung nach § 2136 ist möglich.

2 Den Plan stellen Vor- und Nacherbe gemeinsam auf. Im Streitfall geht die Klage auf Zustimmung des Beklagten zu einem vom Kläger aufgestellten Plan. Einzelheiten des Plans richten sich nach § 1038. Ist er schon nach öffentlichem Recht erforderlich, so kann er auch geeignet sein, den Anspruch aus §§ 2123, 1038 zu erfüllen.

3 Der Plan regelt verbindlich den Inhalt der ordnungsgemäßen Verwaltung iSv § 2130. Ist der Vorerbe nach § 2136 von den Verpflichtungen aus §§ 2123 und 2130 befreit, so kann mit der Verletzung des Wirtschaftsplans gleichwohl eine Benachteiligungsabsicht iSv § 2138 II verbunden sein (Staud/*Avenarius* § 2123 Rz 2). Jede Partei kann eine Änderung des Plans verlangen, wenn sich die maßgeblichen Verhältnisse erheblich gewandelt haben (§ 1038 I 2).

§ 2124 Erhaltungskosten.

(1) Der Vorerbe trägt dem Nacherben gegenüber die gewöhnlichen Erhaltungskosten.
(2) ¹Andere Aufwendungen, die der Vorerbe zum Zwecke der Erhaltung von Erbschaftsgegenständen den Umständen nach für erforderlich halten darf, kann er aus der Erbschaft bestreiten. ²Bestreitet er sie aus seinem Vermögen, so ist der Nacherbe im Falle des Eintritts der Nacherbfolge zum Ersatz verpflichtet.

§ 2125 Verwendungen; Wegnahmerecht.

(1) Macht der Vorerbe Verwendungen auf die Erbschaft, die nicht unter die Vorschrift des § 2124 fallen, so ist der Nacherbe im Falle des Eintritts der Nacherbfolge nach den Vorschriften über die Geschäftsführung ohne Auftrag zum Ersatz verpflichtet.
(2) Der Vorerbe ist berechtigt, eine Einrichtung, mit der er eine zur Erbschaft gehörende Sache versehen hat, wegzunehmen.

§ 2126 Außerordentliche Lasten.

¹Der Vorerbe hat im Verhältnis zu dem Nacherben nicht die außerordentlichen Lasten zu tragen, die als auf den Stammwert der Erbschaftsgegenstände gelegt anzusehen sind. ²Auf diese Lasten findet die Vorschrift des § 2124 Abs. 2 Anwendung.

1 **A. Allgemeines.** Die Vorschriften regeln den Ersatz von Verwendungen des Vorerben auf den Nachlass im Innenverhältnis zum Nacherben. Sie unterscheiden zwischen
- gewöhnlichen Erhaltungskosten; sie trägt der Vorerbe (§ 2124 I);
- anderen Aufwendungen, die der Vorerbe zwecks Erhaltung von Nachlassgegenständen für erforderlich halten durfte; sie trägt der Nachlass; hat der Vorerbe sie aus seinem eigenen Vermögen bestritten, so hat er beim Nacherbfall einen Erstattungsanspruch gegen den Nachlass (§ 2124 II);
- Aufwendungen für außerordentliche Lasten, die als auf den Stammwert des Nachlassgegenstandes gelegt anzusehen sind; für sie gilt dasselbe (§ 2126);
- allen anderen Verwendungen; sie trägt zunächst der Vorerbe, doch hat er im Nacherbfall einen Ersatzanspruch gegen den Nacherben nach den Vorschriften über die Geschäftsführung ohne Auftrag (§ 2125 I).

2 Befreiung des Vorerben ist nicht möglich (§ 2136). Der Erblasser kann ihm aber ein entspr Vermächtnis zuwenden oder ihn von der Ersatzpflicht aus §§ 2130, 2134 befreien.

3 Im Außenverhältnis zu den Nachlassgläubigern ist bis zum Nacherbfall der Vorerbe verpflichtet. Danach haftet er weiter iRv § 2145.

4 In jedem Fall trägt der Vorerbe die Kosten der Fruchtziehung (§ 102; BGH NJW-RR 86, 1069 und ZEV 04, 425, 426).

B. Gewöhnliche Erhaltungskosten. Diese trägt der Vorerbe gem § 2124 I. Es sind die Kosten, die nach den rechtlichen und wirtschaftlichen Umständen des Nachlasses regelmäßig aufgewendet werden müssen, um ihn in seinen Beständen rechtlich und tatsächlich zu erhalten (BGH NJW 93, 3198). Im Einzelnen handelt es sich um
– Aufwendungen für die Erhaltung der einzelnen Nachlassgegenstände in ihrem Bestand einschließlich Ausbesserungen und Erneuerungen (§ 1041, auch §§ 582 und 601); in Zweifelsfällen kann Indiz für die Abgrenzung sein, ob sie aus den Nutzungen eines Jahres bestritten werden können (Staud/*Avenarius* § 2124 Rz 4);
– wiederkehrende privatrechtliche Leistungen und öffentliche Abgaben auf den Nachlassgegenstand, etwa Grund- und Kfz-Steuer, Zinsen für Nachlassverbindlichkeiten (auch Grundschuld- und Hypothekenzinsen, BGH ZEV 04, 425, 426), übliche Versicherungsprämien (RGRK/*Johannsen* § 2124 Rz 1).

Bei Betrieben werden vielfach die laufenden Ausgaben für Personal, ja sogar für Rohstoffe (Düngemittel: BGH WM 73, 361) und Produktionsmittel dazu gerechnet. Es kann aber nicht richtig sein, dass der Vorerbe all dies aus seinem Eigenvermögen bestreiten muss, die betrieblichen Erlöse aber in den Nachlass fließen. Richtigerweise mindern betriebliche Aufwendungen den Gewinn, der dem Vorerben als Nutzung gebührt (MüKo/*Grunsky* § 2124 Rz 3; BaRoth/*Litzenburger* § 2124 Rz 3); wirtschaftet der Vorerbe mit Verlusten, so ist er iRv § 2120 ersatzpflichtig (MüKo/*Grunsky* aaO).

C. Andere Erhaltungskosten. Andere als die gewöhnlichen Erhaltungskosten gehen letztlich zu Lasten des Nachlasses, wenn der Vorerbe sie den Umständen nach für erforderlich halten durfte (§ 2124 II). Sie führen idR zu einem Wertzuwachs, der später auch dem Nacherben zugute kommt.

Es handelt sich um Aufwendungen mit langfristig Wert steigernder Wirkung (BGH NJW 93, 3198 f), etwa für die außergewöhnliche Ausbesserung und Erneuerung von Nachlassgegenständen (§§ 1042, 1043), insb für Rationalisierung und Modernisierung (Einbau einer modernen Heizung: BGHZ 52, 234, 236 und BGH NJW 93, 3198 f; Isolierverglasung des ganzen Hauses: BGH NJW 93, 3198 f) oder für den Wiederaufbau eines zerstörten Hauses (Soergel/*Harder/Wegmann* § 2124 Rz 5).

Ob der Vorerbe die Aufwendungen für erforderlich halten durfte, beurteilt sich nach dessen gutgläubig ausgeübtem Ermessen (§ 670; MüKo/*Grunsky* § 2124 Rz 6). Er ist nicht von vornherein an größeren Maßnahmen nur deshalb gehindert, weil der Nacherbfall kurz bevorsteht (Staud/*Avenarius* § 2124 Rz 16). Nicht entscheidend ist (anders als unten bei Rn 16), ob die Aufwendungen dem wirklichen oder mutmaßlichen Willen des Erblassers entspr.

Der Vorerbe kann die Aufwendungen aus dem Stamm der Nacherbschaft bestreiten, also dafür einen Nachlassgegenstand veräußern; dem muss der Nacherbe unter den Voraussetzungen des § 2120 zustimmen. Erst recht kann er die Mittel schon vor dem Nacherbfall dem Nachlass entnehmen, wenn dies im Rahmen ordnungsgemäßer Verwaltung ohne Veräußerung von Nachlassgegenständen möglich ist.

Hat der Vorerbe die Kosten aus seinem eigenen Vermögen bestritten (auch aus den ihm gebührenden Nutzungen der Vorerbschaft), so hat er einen Ersatzanspruch gegen den Nachlass. Dieser entsteht aber erst mit dem Nacherbfall und ist auch erst von da an verzinslich; er ist Nachlassverbindlichkeit. Er hängt nicht davon ab, ob der Nacherbe den Nachlassgegenstand, für den die Verwendungen vorgenommen worden sind, auch tatsächlich erlangt. Nimmt allerdings der Vorerbe zur Finanzierung solcher Maßnahmen einen Kredit auf, den er aus eigenen Mitteln verzinst und tilgt, so soll er hierfür keinen Ersatzanspruch gegen den Nachlass haben (da ihm bis zum Nacherbfall auch die erhöhten Nutzungen aus dem Objekt verbleiben, BGH NJW 93, 3199 = ZEV 94, 116; dazu *Voit* ZEV 94, 138).

D. Außerordentliche Lasten. Außerordentliche Lasten, die als auf den Stammwert des Nachlassgegenstandes gelegt anzusehen sind, fallen im Innenverhältnis dem Nacherben zur Last (§ 2126). Sie sind idR einmalig und entspringen einem besonderen Ereignis (BGH NJW 56, 1070). Ihre Höhe ist allerdings kein Indiz für die Einordnung. IdR treffen sie den Eigentümer, Rechtsinhaber oder Besitzer als solchen (BGH NJW 80, 2465).

Hierzu gehören zum einen die sämtlichen Verbindlichkeiten des Erblassers und die meisten Erbfallschulden, ferner die Pflichtteilsansprüche. Zum anderen gehören hierher öffentliche und private Lasten, etwa die Tilgungsbeträge für Hypotheken und Grundschulden, die bereits der Erblasser bestellt hatte, unabhängig von ihrer Höhe und Dauer (BGH ZEV 04, 425, 427), ferner Anliegerbeiträge, Vermögensteuer, Erbschaftsteuer, Einkommensteuer in den Fällen der §§ 16 EStG (BGH NJW 80, 2465) und 17 EStG (BGH MDR 68, 566). Insoweit hat der Vorerbe beim Nacherbfall einen Aufwendungsersatzanspruch gegen den Nacherben. Der *Erblasser* kann den Vorerben aber durch Vermächtnis zugunsten des Nacherben verpflichten, das Kapital von Grundpfandrechten aus den Nutzungen zu tilgen, die an sich dem Vorerben gebühren.

E. Sonstige Aufwendungen. Für sonstige Aufwendungen gilt das Recht der Geschäftsführung ohne Auftrag (§ 2125 I). In Betracht kommen Ausgaben, die
– zwar im Interesse des Nachlasses liegen, aber über den Erhaltungszweck hinausgehen, also für verändernde und erweiternde Maßnahmen (Erhöhung des Kapitals bei einem zum Nachlass gehörenden Unternehmen, Erweiterung einer gewerblichen Anlage, Vergrößerung eines Hauses), oder
– zwar ebenfalls dem Erhaltungszweck dienen, aber vom Vorerben nicht für erforderlich gehalten werden durften, insb unzweckmäßige Maßnahmen und Luxusaufwendungen.

16　§ 2125 enthält eine Rechtsgrundverweisung auf die §§ 677 ff. Danach entsteht dem Vorerben mit dem Nacherbfall ein Erstattungsanspruch gegen den Nacherben, wenn
– die Verwendung dem wirklichen oder mutmaßlichen Willen des Nacherben entspricht (§§ 683, 670), ohne dass der Vorerbe sie für erforderlich halten durfte (denn dann liegt ein Fall des § 2124 II vor),
– die Verwendung der Erfüllung einer Pflicht diente, die im öffentlichen Interesse lag (§ 679), oder
– der Nacherbe die Verwendungen genehmigt (§ 684 2), wozu er nach § 2120 verpflichtet sein kann.
Liegt keiner dieser drei Fälle vor, so hat der Vorerbe nur einen Bereicherungsanspruch gegen den Nacherben (§ 685 1). Dem Nachlass entnehmen darf er den aufgewendeten Betrag keinesfalls.

§ 2127 Auskunftsrecht des Nacherben. Der Nacherbe ist berechtigt, von dem Vorerben Auskunft über den Bestand der Erbschaft zu verlangen, wenn Grund zu der Annahme besteht, dass der Vorerbe durch seine Verwaltung die Rechte des Nacherben erheblich verletzt.

1　**A. Auskunftsanspruch.** Er ergänzt die Informationsrechte des Nacherben aus §§ 2121 und 2122, erleichtert die Ausübung seines Rechts aus § 2128 und gewährt vorbeugenden Schutz vor wirtschaftlicher Verschlechterung des Nachlasses. Das Recht kann von jedem einzelnen Nacherben zur Erteilung der Auskunft an alle ausgeübt werden, auch vom Nachlasspfleger oder vom Testamentsvollstrecker des § 2222, nicht vom Ersatznacherben (s. § 2121 Rn 2). Es kann auch wiederholt ausgeübt werden, wenn sich neue Gründe ergeben haben (Soergel/*Harder*/*Wegmann* § 2127 Rz 5). Befreiung nach § 2136 ist möglich.

2　**B. Voraussetzungen.** Voraussetzung ist ein Grund für die Annahme, dass der Vorerbe durch seine Verwaltung die Rechte des Nacherben erheblich verletzt, nämlich die auf Herausgabe des Nachlasses in der von § 2130 vorausgesetzten Beschaffenheit. Die Besorgnis wird sich idR aus der Art der Verwaltung ergeben. Sie kann sich auch auf einzelne wesentliche Nachlassgegenstände beziehen. Sie wird etwa angenommen bei eigenmächtigen Verfügungen, die unter § 2113 fallen (RGZ 149, 65, 68), Verletzung der Pflichten aus § 2116 oder 2119 (Staud/*Avenarius* § 2127 Rz 7) oder Unvollständigkeit eines gem § 2121 vorgelegten Nachlassverzeichnisses (Soergel/*Harder*/*Wegmann* § 2127 Rz 3). Die schlechte Vermögenslage des Vorerben als solche genügt nicht (Staud/*Avenarius* § 2127 Rz 6; anders § 2128 I). Ein böswilliges Verhalten des Vorerben braucht aber nicht vorzuliegen. Erheblich ist eine Rechtsverletzung, wenn zu befürchten ist, dass sie sich auf nicht unerhebliche Nachlassbestandteile bezieht.

3　**C. Inhalt.** Die Auskunft bezieht sich auf den gegenwärtigen Bestand des Nachlasses einschl der Surrogate. Nach deren Verbleib kann nicht gefragt werden (MüKo/*Grunsky* § 2127 Rz 4), erst recht nicht nach Schenkungen des Erblassers (Celle ZEV 06, 361). Hat der Vorerbe schon ein Verzeichnis nach § 2121 errichtet, so schuldet er Auskunft nur über die eingetretenen Veränderungen.

4　**D. Zeitpunkt.** Der Vorerbe schuldet diese Auskunft nur bis zum Nacherbfall (RGZ 98, 60). Danach gelten §§ 2130 II, 260.

5　**E. Eidesstattliche Versicherung.** Der Anspruch besteht bei Grund zur Annahme, dass die Auskunft nicht mit der erforderlichen Sorgfalt erteilt ist (Staud/*Avenarius* § 2127 Rz 9).

§ 2128 Sicherheitsleistung. (1) Wird durch das Verhalten des Vorerben oder durch seine ungünstige Vermögenslage die Besorgnis einer erheblichen Verletzung der Rechte des Nacherben begründet, so kann der Nacherbe Sicherheitsleistung verlangen.
(2) Die für die Verpflichtung des Nießbrauchers zur Sicherheitsleistung geltende Vorschrift des § 1052 findet entsprechende Anwendung.

§ 2129 Wirkung einer Entziehung der Verwaltung. (1) Wird dem Vorerben die Verwaltung nach der Vorschrift des § 1052 entzogen, so verliert er das Recht, über Erbschaftsgegenstände zu verfügen.
(2) ¹Die Vorschriften zugunsten derjenigen, welche Rechte von einem Nichtberechtigten herleiten, finden entsprechende Anwendung. ²Für die zur Erbschaft gehörenden Forderungen ist die Entziehung der Verwaltung dem Schuldner gegenüber erst wirksam, wenn er von der getroffenen Anordnung Kenntnis erlangt oder wenn ihm eine Mitteilung von der Anordnung zugestellt wird. ³Das Gleiche gilt von der Aufhebung der Entziehung.

1　**A. Grundsatz.** Die Vorschriften enthalten weitere Sicherungsrechte zugunsten des Nacherben. Er kann vom Vorerben Sicherheit verlangen (§ 2128 I) und, wenn diese unterbleibt, ihm die Verwaltungs- und Verfügungsbefugnis entziehen lassen (§ 2128 II iVm § 1052); dies löst die Rechtsfolgen des § 2129 aus. Das Verlangen kann auch von einem Nacherben für alle gestellt werden; s. § 2121 Rn 2. Befreiung nach § 2136 ist möglich.

2　**B. Voraussetzungen.** Voraussetzung ist entweder ein Verhalten des Vorerben, das die Besorgnis einer erheblichen Verletzung der Nacherbenrechte begründet. Dieses Verhalten braucht nicht pflichtwidrig zu sein

Herausgabepflicht nach dem Eintritt der Nacherbfolge, Rechenschaftspflicht § 2130

(Staud/*Avenarius* § 2128 Rz 1; aA MüKo/*Grunsky* § 2128 Rz 1), erst recht nicht schuldhaft oder gar arglistig. Es muss nur objektiv die Besorgnis einer erheblichen Verletzung der Nacherbenrechte rechtfertigen. In Betracht kommt die unordentliche Verwaltung des Nachlasses (s. §§ 2127 Rn 2), aber auch die des eigenen freien Vermögens des Vorerben (Soergel/*Harder/Wegmann* § 2128 Rz 2).

Voraussetzung ist alternativ eine ungünstige Vermögenslage des Vorerben, die die Besorgnis einer erheblichen 3
Verletzung der Nacherbenrechte begründet. Wann diese ungünstige Vermögenslage eingetreten ist, ist unerheblich. Die Besorgnis kann sich insb aus drohendem Zugriff der Eigengläubiger des Vorerben auf den Nachlass ergeben, unabhängig davon, ob dieser nach § 2115 unwirksam wäre.

C. Sicherheitsleistung. Für die Art und Weise gelten §§ 232 ff. Die Höhe wird vom Gericht festgesetzt; maß- 4
gebend sind der Nachlasswert (RGRK/*Johannsen* § 2128 Rz 7) und das Ausmaß der Gefährdung (Staud/*Avenarius* § 2128 Rz 8). Sinnvollerweise muss der Vorerbe die Sicherheit aus seinem eigenen Vermögen leisten. Die Hinterlegung von Nachlassgegenständen, insb Wertpapieren, gem § 232 reicht jedoch, wenn gerade diese gefährdet sind (Staud/*Avenarius* § 2128 Rz 9).

D. Entzug der Verwaltung. Nach fruchtloser Fristsetzung (schon im Urt, § 255 II ZPO) kann dem Vorerben 5
die Verwaltung des Nachlasses entzogen werden (§§ 2128 II, 1052). Der Entzug ist vom Vollstreckungsgericht auszusprechen. Damit verliert der Vorerbe das allg Verwaltungsrecht und die Verfügungsbefugnis (§ 2129 I) über den Nachlass. Beides geht auf einen vom Vollstreckungsgericht zu bestellenden Verwalter über; für die Verwaltung gelten §§ 146 ff ZVG analog (s. § 1052 Rn 2).

Vorab kann der Nacherbe durch Arrest oder einstweilige Verfügung vorläufige Sicherungsmaßnahmen erwir- 6
ken, die bis zum vorläufigen Entzug des Verwaltungsrechts und der Verfügungsbefugnis des Vorerben gehen können (Soergel/*Harder/Wegmann* § 2128 Rz 5).

E. Rechtsfolgen. Der Vorerbe ist verpflichtet, den Nachlass dem Verwalter herauszugeben. Der Beschl über 7
den Entzug des Verwaltungsrechts ist insoweit ein Vollstreckungstitel zugunsten des Verwalters gegen den Vorerben. Der Vorerbe behält aber den Anspruch auf die Nutzungen. Der Verwalter übt das Verfügungsrecht aus und hat dabei (nur) die Befugnisse des Vorerben. Zustimmungsvorbehalte des Nacherben bleiben also bestehen.

§ 2129 II schützt den guten Glauben des Dritten, der vom Vorerben in Unkenntnis des Verlustes von dessen 8
Verfügungsmacht einen Gegenstand aus dem Nachlass erworben hat. Bei beweglichen Sachen darf die Unkenntnis nicht auf grober Fahrlässigkeit beruhen (§ 932 II). Im Grundbuch kann – und muss auf Antrag des Nacherben – der Entzug der Verfügungsbefugnis eingetragen werden, was den gutgläubigen Erwerb verhindert; bei Grundstücken schadet dem Erwerber ansonsten nur die positive Kenntnis vom Verlust der Verfügungsmacht (§ 892 I). Ungenügend wäre ein Vertrauen des Dritten auf einen Erbschein zugunsten des Vorerben, da dieser den Entzug der Verfügungsbefugnis nicht ausweist. Die Rechtsstellung des Schuldners einer zum Nachlass gehörenden Forderung regelt § 2129 II 2 weniger günstig als die §§ 406 ff, da ihm nicht erst die positive Kenntnis vom Verlust der Verfügungsmacht des Vorerben schadet, sondern schon die Zustellung einer entspr Mitteilung, die er nicht zur Kenntnis genommen zu haben braucht.

§ 2130 Herausgabepflicht nach dem Eintritt der Nacherbfolge, Rechenschaftspflicht.

(1) ¹Der Vorerbe ist nach dem Eintritt der Nacherbfolge verpflichtet, dem Nacherben die Erbschaft in dem Zustand herauszugeben, der sich bei einer bis zur Herausgabe fortgesetzten ordnungsgemäßen Verwaltung ergibt. ²Auf die Herausgabe eines landwirtschaftlichen Grundstücks findet die Vorschrift des § 596a, auf die Herausgabe eines Landguts finden die Vorschriften der §§ 596a, 596b entsprechende Anwendung.

(2) Der Vorerbe hat auf Verlangen Rechenschaft abzulegen.

A. Allgemeines. Die Vorschrift regelt die Rechtsfolgen aus dem Eintritt des Nacherbfalls. Sie berücksichtigt, 1
dass der Nacherbe nicht etwa der Rechtsnachfolger des Vorerben ist, sondern ihn nur in der Herrschaft über den Nachlass ablöst.

B. Herausgabeanspruch. I. Rechtsnatur. Es handelt sich um einen schuldrechtlichen Anspruch, der erst mit 2
dem Nacherbfall entsteht (zur Vorwegnahme des Nacherbfalls durch den Vorerben *Reimann* DNotZ 07, 579). Er ist auf Herausgabe gerichtet, nicht auf Übereignung, demgemäß bei Grundstücken auf Grundbuchberichtigung (§ 894).

II. Anspruchsgegner. Der Anspruch richtet sich gegen den Vorerben. Ist der Nacherbfall durch den Tod des 3
Vorerben eingetreten, so richtet er sich gegen dessen persönliche Erben (RGZ 163, 51, 53). Er richtet sich nicht gegen Dritte. Ansprüche gegen Dritte können aber namentlich aus § 2018 bestehen.

III. Umfang. Herauszugeben ist der Nachlass, so wie er beim Eintritt des Nacherbfalls aufgrund eingetrete- 4
ner Surrogation (§ 2111) und der tatsächlichen Verwaltungstätigkeit des Vorerben vorhanden ist. Herauszugeben wäre er allerdings darüber hinaus so, wie er aufgrund ordnungsgemäßer Verwaltungstätigkeit des Vor-

erben vorhanden sein müsste. Besteht hier eine Differenz zum Nachteil des Nacherben, so gibt ihm das Gesetz einen Ersatzanspruch (§ 2134).

5 **IV. Erfüllung.** Der Vorerbe hat ein Zurückbehaltungsrecht wegen Ersatzansprüchen gegen den Nacherben. Dies gilt insb für Verwendungen nach §§ 2125 (s. §§ 2124–2126 Rn 16), bei landwirtschaftlichen Grundstücken und Betrieben für die Feldbestellungskosten (§ 2130 I 2 iVm § 596a II).

6 **C. Ordnungsgemäße Verwaltung durch den Vorerben. I. Inhalt.** Diese Pflicht wird aus § 2130 I erschlossen, ebenso die Schadensersatzpflicht bei Verletzung. Letztere tritt erst mit dem Nacherbfall ein. Die Einflussnahme des Nacherben auf den Vorerben während der Vorerbschaft beschränkt sich auf die §§ 2116 ff, 2123 und 2127–2129.

7 **II. Objektiver Maßstab.** Objektiver Maßstab für die Beurteilung der Ordnungsmäßigkeit der Verwaltung des Vorerben ist die Erhaltung des Nachlasses in seiner Wertsubstanz. Dies bedeutet wegen § 2111 nicht die Erhaltung der konkreten Nachlassgegenstände. Andererseits soll der Nacherbe beim Nacherbfall nicht nur „ein Bündel von Ersatzansprüchen" vorfinden. Eine Pflicht zur Mehrung des Nachlasses hat die Rspr beim Vorerben bislang nicht angenommen. Befindet sich ein Unternehmen im Nachlass, so schuldet der Vorerbe eine unternehmerische Leistung (Einzeln bei Staud/*Avenarius* § 2130 Rz 9 f).

8 Vielfach wird unter Bezugnahme auf BGH WM 73, 361 formuliert, die Einhaltung der Verwaltungspflicht durch den Vorerben sei nicht im Hinblick auf einzelne Verwaltungshandlungen, sondern nur unter Berücksichtigung des gesamten Verwaltungsergebnisses zu prüfen (RGRK/*Johannsen*, § 2130 Rz 2; Soergel/*Harder/Wegmann* § 2130 Rz 1). Dies bedeutet aber keineswegs, dass generell Nachteile aus einzelnen Verwaltungshandlungen mit Vorteilen aus anderen saldiert werden dürften, etwa auch dann, wenn sie ganz verschiedene Nachlassgegenstände betreffen. Dies hat auch der BGH aaO nicht angenommen. Er hat im Gegenteil ausgesprochen, dass es bei der Frage, ob ein ordnungsgemäßes Verwaltungshandeln vorliegt, in erster Linie auf die einzelnen Maßnahmen ankommt. Allerdings können diese verständig und zweckmäßig sein, auch wenn die Verwaltung des Nachlasses im Ganzen nicht ordnungsgemäß geführt wird; ebenso kann aber auch eine insgesamt betriebene Misswirtschaft einer Einzelmaßnahme, gegen die sonst nichts einzuwenden wäre, die Ordnungsmäßigkeit nehmen.

9 **III. Subjektiver Maßstab.** Es gelten die §§ 2131, 277.

10 **D. Rechenschaft.** Den Vorerben trifft beim Nacherbfall die Rechenschaftspflicht aus § 259 (geordnete Zusammenstellung der Einnahmen und Ausgaben) und die Auskunftspflicht aus § 260 (Bestandsverzeichnis). In beiden Fällen ist er zur eidesstattlichen Versicherung verpflichtet. Von der Rechenschaftspflicht sind die Einnahmen ausgenommen, die dem Vorerben als Nutzungen zustehen, und ebenso die Ausgaben, die gew Erhaltungskosten iSd § 2124 I darstellen. Das Bestandsverzeichnis aus § 260 kann auf das Verzeichnis gem § 2121 und die Auskunft gem § 2127 Bezug nehmen, soweit diese erteilt sind (MüKo/*Grunsky* § 2130 Rz 8).

11 Auch diese Ansprüche richten sich, wenn der Nacherbfall mit dem Tod des Vorerben eingetreten ist, gegen dessen persönliche Erben. Wegen der daraus resultierenden erheblichen Schwierigkeiten gibt BGHZ 58, 237 dem Nacherben unter bestimmten Voraussetzungen auch einen Auskunftsanspruch gegen den Dritten, der einen Nachlassgegenstand unentgeltlich erworben hat (§ 2113 II).

12 **E. Befreiung.** § 2136 nennt auch § 2130 als eine der Vorschriften, von deren Einhaltung der Erblasser den Vorerben befreien kann. Ist das geschehen, so bedeutet das freilich nicht, dass der Vorerbe beim Nacherbfall überhaupt nichts herauszugeben hätte. Vielmehr besteht die Herausgabepflicht noch im Umfang des § 2138 I. Er muss also die noch vorhandenen Nachlassgegenstände herausgeben. Ebenso ist er nicht völlig von der Schadensersatzpflicht ggü dem Nacherben befreit. Vielmehr schuldet er nach § 2138 II Schadensersatz insoweit, als er entgegen § 2113 II, also unentgeltlich, über einen Nachlassgegenstand verfügt hat, und weiter insoweit, als er die Erbschaft in der Absicht vermindert hat, den Nacherben zu benachteiligen.

§ 2131 Umfang der Sorgfaltspflicht.
Der Vorerbe hat dem Nacherben gegenüber in Ansehung der Verwaltung nur für diejenige Sorgfalt einzustehen, welche er in eigenen Angelegenheiten anzuwenden pflegt.

1 **A. Allgemeiner Sorgfaltsmaßstab.** Für die ordnungsgemäße Verwaltung des Nachlasses im Allgemeinen haftet der Vorerbe nach § 277. Von der Haftung für grobe Fahrlässigkeit ist er dadurch also keinesfalls befreit. Die Beweislast dafür, dass er in eigenen Angelegenheiten eine geringere als die im Verkehr erforderliche Sorgfalt anwendet, liegt beim Vorerben.

2 **B. Sorgfaltsmaßstab in besonderen Fällen.** Für die Erfüllung konkreter Einzelpflichten haftet der Vorerbe indessen nach dem Maßstab des § 276. Dies betrifft die in §§ 2116 bis 2119, 2123 und 2133 vorgesehenen Maßnahmen, ferner die Haftung des Vorerben dafür, dass er Nachlassgegenstände für sich verwendet (§ 2134).

Nach § 2138 II haftet auch der befreite Vorerbe dem Nacherben auf Schadensersatz, wenn er entgegen 3
§ 2113 II über einen Nachlassgegenstand verfügt hat. Daraus ergibt sich für den Vorerben ua die Pflicht zu
prüfen, ob der Verfügung über den Nachlassgegenstand eine ausreichende Gegenleistung gegenübersteht
(s. § 2113 Rn 23). Auch diese Pflicht des Vorerben wird als besondere gesetzliche Pflicht angesehen, für deren
Erfüllung er nach § 276 und nicht nach § 277 haftet (Staud/*Avenarius* § 2131 Rz 3).

C. Befreiung. Der Erblasser kann den Vorerben nach § 2136 von der Vorschrift des § 2131 befreien. Befreit 4
er ohne weiteres, so haftet der Vorerbe nicht einmal mehr für grobe Fahrlässigkeit, sondern nur für Vorsatz
(§ 276 III). Der Erblasser kann den Vorerben aber etwa auch in der Weise befreien, dass er nur für Vorsatz
und grobe Fahrlässigkeit haftet. Nicht befreien kann der Erblasser den Vorerben nach § 2138 II von der Haftung für die unentgeltliche Verfügung über Nachlassgegenstände und für die arglistige Verminderung des
Nachlasses zum Nachteil des Nacherben.

D. Verschärfung. Der Erblasser kann auch eine strengere Haftung des Vorerben anordnen. Die Beweislast 5
dafür liegt beim Nacherben.

§ 2132 Keine Haftung für gewöhnliche Abnutzung. Veränderungen oder Verschlechterungen von Erbschaftssachen, die durch ordnungsmäßige Benutzung herbeigeführt werden, hat der Vorerbe nicht zu vertreten.

Der Vorerbe haftet (auch angesichts des § 2130) nicht für die gew Abnutzung von Nachlassgegenständen. 1
Wegen § 2131 ist eine Nutzung, die den sonstigen Gepflogenheiten des Vorerben entspricht, als gewöhnlich
anzusehen.
Die Beweislast dafür, dass die Veränderung oder Verschlechterung des Nachlassgegenstandes aus einer sol- 2
chen gew Abnutzung herrührt, und für seine Nutzungsgewohnheiten liegt beim Vorerben.
Befreiung ist möglich, auch wenn die Vorschrift in § 2136 nicht erwähnt ist, denn sie ist zusammen mit 3
§ 2130 zu lesen. Die Befreiung bezieht sich auf den Zustand der Nachlassgegenstände schlechthin und
bewirkt, dass der Vorerbe nur bei Benachteiligungsabsicht haftet (§ 2138 II).

§ 2133 Ordnungswidrige oder übermäßige Fruchtziehung. Zieht der Vorerbe Früchte den Regeln einer ordnungsmäßigen Wirtschaft zuwider oder zieht er Früchte deshalb im Übermaß, weil dies infolge eines besonderen Ereignisses notwendig geworden ist, so gebührt ihm der Wert der Früchte nur insoweit, als durch den ordnungswidrigen oder den übermäßigen Fruchtbezug die ihm gebührenden Nutzungen beeinträchtigt werden und nicht der Wert der Früchte nach den Regeln einer ordnungsmäßigen Wirtschaft zur Wiederherstellung der Sache zu verwenden ist.

A. Grundsatz. Früchte, die bei ordnungsgemäßer Verwaltung anfallen, gebühren nach ihrer Substanz und 1
ihrem Wert dem Vorerben. Dies ist im Gesetz nicht ausdrücklich angeordnet, ergibt sich aber aus § 2111. An
Früchten, die aus nicht ordnungsgemäßer Verwaltung oder im Übermaß anfallen, erwirbt der Vorerbe zwar
ebenfalls Eigentum (§ 953). Ihr Wert gebührt aber grds dem Nacherben.
Nicht ordnungsgemäßer Fruchtbezug beruht auf dem Willen des Vorerben (Raubbau an einem Wald). Über- 2
mäßiger Fruchtbezug beruht nicht auf dem Willen, jedenfalls nicht auf dem Verschulden des Vorerben
(Windbruch in einem Wald).

B. Wertzuweisungen. Der Wert solcher Früchte gebührt dem Vorerben nur ausnahmsweise. 3
Er gebührt ihm insoweit, als durch solchen Fruchtbezug die ihm eigentlich gebührenden Nutzungen beein- 4
trächtigt werden, dh, soweit er selbst einen Ausfall bei den Nutzungen erleidet. Das bedeutet, dass jedes
Ereignis, das zum Bezug solcher Früchte geführt hat, in seinen Gesamtauswirkungen betrachtet werden
muss, nicht etwa beschränkt auf ein Kalender- oder Wirtschaftsjahr (Kompensation, Soergel/*Harder/Wegmann* § 2133 Rz 2 und MüKo/*Grunsky* § 2133 Rz 1). Der Wert der Früchte verbleibt dem Vorerben, soweit er
dieselben Früchte in späteren Jahren gezogen hätte und aufgrund desselben Ereignisses nicht ziehen kann.
Der Wert solcher Früchte gebührt dem Vorerben aber auch insoweit nicht, als er nach den Regeln einer ord- 5
nungsgemäßen Wirtschaft zur Wiederherstellung der Sache zu verwenden ist (Erlös aus Windbruch zur Wiederaufforstung). Der Vorerbe muss also trotz seiner Verluste (mindestens) diesen Wert in die Wiederherstellung der früheren Ertragsfähigkeit der Sache investieren.

C. Wertersatzanspruch. In obigen Grenzen begründet § 2133 einen Wertersatzanspruch des Nacherben, der 6
freilich erst vom Nacherbfall an geltend gemacht werden kann. Zu ersetzen ist der objektive Wert der
Früchte. Daneben kann ein Schadensersatzanspruch des Nacherben aus §§ 2130, 2131 bestehen.

D. Befreiung. Der Erblasser kann den Vorerben bis zur Grenze des § 2138 II befreien (§ 2136). Die Befreiung 7
bedeutet praktisch, dass der Vorerbe den Wert solcher Früchte unabhängig davon behalten darf, weshalb sie
angefallen sind, sofern er sie nicht zur Schädigung des Nacherben im Übermaß gezogen hat.

§ 2134 Eigennützige Verwendung.
¹Hat der Vorerbe einen Erbschaftsgegenstand für sich verwendet, so ist er nach dem Eintritt der Nacherbfolge dem Nacherben gegenüber zum Ersatz des Wertes verpflichtet. ²Eine weitergehende Haftung wegen Verschuldens bleibt unberührt.

1 Die Vorschrift statuiert eine Ersatzpflicht des nicht befreiten Vorerben für den Fall, dass er Nachlassgegenstände für sich selbst verwendet hat. Sie gehört zu den Konsequenzen aus § 2130 und setzt mithin voraus, dass dem Vorerben deshalb die Herausgabe an den Nacherben unmöglich ist. Demgemäß greift sie nicht, wenn und soweit ein hinreichend werthaltiges Surrogat in den Nachlass gelangt ist (BGHZ 40, 115, 124). Auf Nutzungen bezieht sich nicht (s. § 2111 Rn 8 u § 2133 Rn 1). Der Erblasser kann nach § 2136 befreien.

2 Der Vorerbe schuldet Wertersatz. Der zu ersetzende Wert ist der zum Zeitpunkt der Verwendung, da sich danach auch der Wert eines Surrogates hätte richten müssen (MüKo/*Grunsky* § 2134 Rz 4). Der Anspruch entsteht gleichwohl erst beim Nacherbfall. Er besteht unabhängig vom Verschulden des Vorerben. Bei Verschulden besteht zusätzlich (§ 2134 II) ein Schadensersatzanspruch aus §§ 2130, 2131, etwa bei Verlust von Wertsteigerungen und negativen Auswirkungen auf weitere Nachlassgegenstände (Soergel/*Harder/Wegmann* § 2134 Rz 4).

3 Ist die Verfügung nach § 2113 unwirksam, so kann der Nacherbe wählen, ob er dies geltend machen oder die Verfügung genehmigen und Wertersatz nach § 2134 verlangen will.

§ 2135 Miet- und Pachtverhältnis bei der Nacherbfolge.
Hat der Vorerbe ein zur Erbschaft gehörendes Grundstück oder eingetragenes Schiff vermietet oder verpachtet, so findet, wenn das Miet- oder Pachtverhältnis bei dem Eintritt der Nacherbfolge noch besteht, die Vorschrift des § 1056 entsprechende Anwendung.

1 **A. Anwendungsbereich.** Die Vorschrift regelt das Schicksal von Miet- und Pachtverhältnissen über Grundstücke (insb auch Wohnraum) und eingetragene Schiffe (künftig nur noch: Mietverhältnisse über Grundstücke), die der Vorerbe als Vermieter begründet hat, im Nacherbfall. Sie verweist auf § 1056, der wieder auf zahlreiche Bestimmungen des Mietrechts weiter verweist.

2 Die Vorschrift gilt nur für Mietverträge, die der Vorerbe abgeschlossen hat. An Mietverträge, die noch der Erblasser abgeschlossen hat, ist der Nacherbe ohnehin als dessen Rechtsnachfolger gebunden (§§ 1922, 1967).

3 Bei beweglichen Sachen bindet der Mietvertrag des Vorerben den Nacherben nicht (wohl aber wiederum der des Erblassers); vielmehr endet er mit dem Nacherbfall. Der Nacherbe kann also die bewegliche Sache vom Mieter herausverlangen. Diesem können Ersatzansprüche wegen Nichterfüllung des Vertrages gegen den Vorerben zustehen. Nach altem Schuldrecht handelt es sich um einen Rechtsmangel, der für den Vorerben freilich regelmäßig vorauszusehen war.

4 **B. Rechtsfolgen.** Mit dem Nacherbfall tritt der Nacherbe anstelle des Vorerben in das Mietverhältnis ein. Der Vorerbe bleibt dem Mieter aber als selbstschuldnerischer Bürge haftbar (§ 566 II 1), solange der Mieter nicht durch eine Mitteilung von Nacherbfall Kenntnis erlangt hat (§ 566 II 2). Hat der Mieter von Wohnraum dem Vorerben eine Sicherheit geleistet, so tritt der Nacherbe auch in die Sicherungsabrede ein; indessen bleibt der Vorerbe zur Rückgewähr der Sicherheit verpflichtet, wenn der Mieter sie beim Ende des Mietverhältnisses nicht vom Nacherben erlangen kann (§ 566a).

5 Der Nacherbe kann grds das Mietverhältnis mit gesetzlicher Frist kündigen (§ 1056 II 1). Er braucht dabei jedoch nicht auf den ersten zulässigen Termin zu kündigen, sondern kann dies während der gesamten Laufzeit des Mietvertrages tun (s. § 1056 Rn 10). Der Mieter kann den Nacherben unter Bestimmung einer angemessenen Frist zur Erklärung darüber auffordern, ob er von seinem Kündigungsrecht Gebrauch macht (§ 1056 III 1); dann kann der Nacherbe die Kündigung nur innerhalb dieser Frist erklären (§ 1056 III 2). Der Nacherbe kann nicht kündigen, wenn er dem Vorerben ggü dem Vertragsabschluss zugestimmt hat (wozu er nach § 2120 verpflichtet sein kann) oder wenn der Abschluss eines unkündbaren Mietvertrages über den Zeitpunkt des Nacherbfalls hinaus einer ordnungsgemäßen Verwaltung des Nachlasses entsprochen hat (MüKo/*Grunsky* § 2135 Rz 3). Auf Kündigungsschutzbestimmungen kann sich der Mieter auch ggü dem Nacherben berufen (Staud/*Avenarius* § 2135 Rz 11; s. § 1056 Rn 11).

6 **C. Arbeitsverhältnisse.** Nach MüKo/*Grunsky* (§ 2135 Rz 5) tritt der Nacherbe analog § 2135 auch in Arbeitsverhältnisse ein, die der Vorerbe für einen zum Nachlass gehörenden Betrieb eingegangen ist (in die noch vom Erblasser begründeten ohnehin).

§ 2136 Befreiung des Vorerben.
Der Erblasser kann den Vorerben von den Beschränkungen und Verpflichtungen des § 2113 Abs. 1 und der §§ 2114, 2116 bis 2119, 2123, 2127 bis 2131, 2133, 2134 befreien.

1 **A. Bestimmungen des Erblassers.** Der Erblasser kann den Vorerben von den dort genannten Beschränkungen befreien, diese Befreiung aber auch modifizieren.

Der Erblasser kann den Vorerben auch nur von einigen, nicht aber von allen oben genannten Beschränkungen und Verpflichtungen befreien; im Zweifel ist der Vorerbe aber, wenn er denn befreit ist, insgesamt befreit (Staud/*Avenarius* § 2136 Rz 14). Er kann ihn auch nur bzgl einzelner Nachlassgegenstände, bzgl einzelner Verfügungen oder ggü einzelnen von mehreren Nacherben befreien. Er kann auch nur einzelne von mehreren Vorerben befreien; die Befreiung von Ersatzvorerben und der Erben des Vorerben ist besonders festzustellen. Er kann eine Befreiung unter einer Bedingung oder Befristung anordnen, etwa für den Fall der Not des Vorerben (aufschiebende Bedingung, J. *Mayer* ZEV 00, 1, 3; BayObLG FamRZ 84, 1272) oder falls ein Abkömmling den Pflichtteil verlangt (Karlsr FamRZ 09, 1356).

Der Erblasser kann dem Vorerben über die §§ 2111 ff hinaus durch Vermächtnisse und Auflagen weitere schuldrechtliche Verpflichtungen auferlegen, bei deren Verletzung er dem Nacherben gem §§ 2130, 2131 ersatzpflichtig wird. Die Beschränkungen können auch die Nutznießung durch den Vorerben betreffen.

B. Unmöglichkeit der Befreiung. Im Gegenschluss aus § 2136 ergibt sich, dass der Erblasser den Vorerben nicht befreien kann von
- § 2111 (Rechtsfolgen der dinglichen Surrogation),
- § 2113 II (Unwirksamkeit unentgeltlicher Verfügungen über Nachlassgegenstände aller Art einschließlich der Grundstücke, in der Praxis besonders wichtig),
- § 2115 (Unwirksamkeit von Verfügungen im Wege der Zwangsvollstreckung, des Arrestes, der einstweiligen Verfügung und durch den Insolvenzverwalter),
- § 2121 (Inventarpflicht),
- § 2122 2 (Pflicht, die Feststellung des Nachlasszustandes zu dulden),
- §§ 2124 bis 2126 (Ausschluss der Erstattung bestimmter Aufwendungen des Vorerben durch den Nacherben) und
- § 2138 II (Arglisthaftung bei Verfügungen zwecks Benachteiligung des Nacherben).

Der Erblasser kann aber weitgehend dasselbe erreichen, in dem er dem Nacherben Vermächtnisse zugunsten des Vorerben auferlegt. Er kann ihn dergestalt etwa verpflichten, bestimmte Verfügungen des Vorerben zu genehmigen oder deren Wirksamkeit anzuerkennen (für unentgeltliche Verfügungen: Ddorf ZEV 00, 29 m Anm *Wübben*; weitere Gestaltungsmöglichkeiten bei J. *Mayer* ZEV 00, 1, 4) oder entgegen § 2124 I auch die gewöhnlichen Erhaltungskosten für den Nachlass zu übernehmen.

Eine generelle Befreiung des Vorerben von allen Beschränkungen ist nicht möglich. Dies gilt auch dann, wenn der Erblasser seine Ehefrau mit der Maßgabe als Vorerbin eingesetzt hat, dass sie über seinen gesamten Nachlass frei nach ihrem Willen solle verfügen können (BGHZ 7, 274, 276). Indessen ist in solchen Fällen eine Auslegung dahin zu erwägen, dass sie als Vollerbin eingesetzt und dem „Nacherben" nur ein Vermächtnis auf den Überrest zugewendet ist.

C. Auslegung. Vielfach wird erst der Auslegung einer Verfügung vTw zu entnehmen sein, ob und inwieweit der Vorerbe befreit sein soll. Insoweit liegt eine Befreiung näher, wenn der Wille des Erblassers primär auf die Rechtsnachfolge durch den Vorerben oder die Gewährleistung seines sicheren Auskommens auch aus dem Stamm des Nachlasses gerichtet war. Dagegen liegt eine Beschränkung der Verfügungsmacht näher, wenn es dem Erblasser primär um die Bewahrung der Vermögenswerte für den Nacherben ging. Es ist auch denkbar, dass der Erblasser die Vorstellung hatte, „Vorerbe" sei bereits der befreite Vorerbe. Rechtsprechung und Literatur haben differenzierte Regeln entwickelt. Vor deren schematischer Anwendung ist indessen zu warnen. Im einzelnen:

„Alleinerbe" oder „Universalerbe" besagen nichts für oder gegen die Befreiung (BGH FamRZ 70, 192; Karlsr ZEV 06, 315; aA Ddorf FamRZ 98, 389 m krit Anm *Avenarius*). Dasselbe gilt, wenn die Vorerbschaft nur für einen Teil des Nachlasses angeordnet ist (BayObLG NJW 58, 1863).

Für eine Befreiung kann es dagegen sprechen, wenn
- sich Ehegatten gegenseitig zu Vorerben eingesetzt haben und kinderlos geblieben sind (so Staud/*Avenarius* § 2136 Rz 20; aA BGH FamRZ 70, 192, 193),
- der Nacherbe unter aufschiebender Bedingung, insb durch Wiederverheiratungsklauseln, eingesetzt ist (Staud/*Avenarius* § 2136 Rz 22 und 23),
- die Einsetzung des Nacherben durch die Existenz von Abkömmlingen des Vorerben auflösend bedingt ist (BayObLG FamRZ 81, 403) oder
- Vorerbe eine dem Erblasser nahe stehende Person (insb der Ehegatte) ist, Nacherbe aber ein entfernter Verwandter, und der Vorerbe wesentlich zum Vermögenserwerb des Erblassers beigetragen hat (BayObLGZ 60, 432, 437; Hamm NJW-RR 97, 453).

§ 2137 Auslegungsregel für die Befreiung. (1) Hat der Erblasser den Nacherben auf dasjenige eingesetzt, was von der Erbschaft bei dem Eintritt der Nacherbfolge übrig sein wird, so gilt die Befreiung von allen in § 2136 bezeichneten Beschränkungen und Verpflichtungen als angeordnet.
(2) Das Gleiche ist im Zweifel anzunehmen, wenn der Erblasser bestimmt hat, dass der Vorerbe zur freien Verfügung über die Erbschaft berechtigt sein soll.

1 Nach dieser Vorschrift ist der Vorerbe in zwei praktisch wichtigen Fällen von allen Beschränkungen befreit, von denen er nach § 2136 befreit werden kann.
2 Er ist dergestalt befreit, wenn der Nacherbe auf den Überrest eingesetzt ist (§ 2137 I). Vorab ist hier aber zu prüfen, ob überhaupt eine Vor- und Nacherbschaft gewollt ist. Es kommt nämlich auch die Auslegung in Betracht, dass der „Vorerbe" als Vollerbe eingesetzt und dem „Nacherben" ein Vermächtnis in Gestalt des Überrestes zugewendet ist.
3 Nach § 2137 II ist Befreiung anzunehmen, wenn der Erblasser angeordnet hat, dass der Vorerbe zur freien Verfügung über die Erbschaft berechtigt sein soll. Die Auslegung der letztwilligen Verfügung kann indessen etwas anderes ergeben, zB dass der Vorerbe nur von den Verfügungsbeschränkungen aus §§ 2113 I und 2114 befreit sein soll. Sie kann auch ergeben, dass der „Vorerbe" ein wirklich freies Verfügungsrecht haben sollte; dann ist er als Vollerbe und der „Nacherbe" als Vermächtnisnehmer anzusehen.

§ 2138 Beschränkte Herausgabepflicht. (1) ¹Die Herausgabepflicht des Vorerben beschränkt sich in den Fällen des § 2137 auf die bei ihm noch vorhandenen Erbschaftsgegenstände. ²Für Verwendungen auf Gegenstände, die er infolge dieser Beschränkung nicht herauszugeben hat, kann er nicht Ersatz verlangen.
(2) Hat der Vorerbe der Vorschrift des § 2113 Abs. 2 zuwider über einen Erbschaftsgegenstand verfügt oder hat er die Erbschaft in der Absicht, den Nacherben zu benachteiligen, vermindert, so ist er dem Nacherben zum Schadensersatz verpflichtet.

1 **A. Inhalt.** Die Vorschrift regelt die Rechtsfolgen aus der Befreiung des Vorerben von seiner Herausgabe- und Schadensersatzpflicht. Sie ist nicht nur in den Fällen des § 2137 anzuwenden, sondern immer dann, wenn der Erblasser den Vorerben ausdrücklich oder schlüssig nach § 2136 befreit hat.
2 **B. Rechtsfolgen.** Die Herausgabepflicht des Vorerben (Rechtsgrundlage: § 2130 I 1) beschränkt sich auf den Überrest (§ 2138 I). Dies sind die beim Nacherbfall tatsächlich in der Hand des Vorerben noch vorhandenen Nachlassbestandteile einschließlich noch vorhandener Surrogate, beides in dem Zustand, in dem sie sich beim Nacherbfall befinden. Die Beweislast für die Eigenschaft als Surrogat liegt beim Nacherben.
3 Ist der Vorerbe nur von einzelnen Beschränkungen und Verpflichtungen befreit, so kommt es darauf an, ob die Summe der Befreiungen so gewichtig ist, dass sie zur Beschränkung der Herausgabepflicht auf den Überrest führen kann. In jedem Fall muss der Vorerbe, damit er sich darauf berufen kann, von § 2134 befreit sein (Soergel/*Harder/Wegmann* § 2138 Rz 4).
4 Für die Gegenstände, für die den Vorerben aufgrund der Befreiung keine Herausgabepflicht trifft, kann er auch keinerlei Verwendungsersatz beanspruchen (§ 2138 I 2). Er behält diese Ansprüche (§§ 2124–2126) jedoch für Gegenstände, die er herausgeben muss, und für solche, die er aus anderen Gründen nicht herausgeben kann, etwa wegen zufälligen Untergangs.
5 **C. Auswirkungen auf die Schadensersatzpflicht des Vorerben.** Der vollständig befreite Vorerbe ist nur in zwei Fällen schadensersatzpflichtig (§ 2138 II):
6 Er bleibt schadensersatzpflichtig für Verfügungen, die er entgegen § 2113 II vorgenommen hat, also unentgeltliche Verfügungen über Nachlassgegenstände einschließlich solcher, für die kein hinreichendes Entgelt in den Nachlass gelangt ist. Eine Benachteiligungsabsicht des Vorerben wird insoweit nicht verlangt. Der Verschuldensmaßstab ist der des § 276 I, nicht der der §§ 2131, 277 (s. § 2131 Rn 3).
7 Der Vorerbe schuldet außerdem Schadensersatz, soweit er die Erbschaft in der Absicht vermindert hat, den Nacherben zu benachteiligen. Gemeint ist seine Kenntnis von der schädigenden Wirkung seines Handelns (Vorsatz). Er fehlt, wenn sich der Vorerbe der wirtschaftlichen Tragweite des Rechtsgeschäfts nicht bewusst gewesen ist (BGHZ 26, 378, 383). Die Grenze ist beim befreiten Vorerben nur schwer zu ziehen, wo es um die Verwendung von Nachlassgegenständen für eigene Zwecke geht. Die Lit (Staud/*Avenarius* § 2138 Rz 16) will dies bei verschwenderischer Lebensführung auf Kosten des Nachlasses annehmen, ferner bei einer Entschuldung des Vorerben mit Nachlassmitteln und allg dann, wenn die Absicht einer Wertverschiebung erkennbar ist.
8 Der Anspruch richtet sich auf Schadensersatz, nicht auf bloßen Wertersatz. Inbegriffen sind deshalb etwa auch die Kosten der Wiederbeschaffung eines weggegebenen Nachlassgegenstandes. Für die Bewertung dieses Nachlassgegenstandes entscheidet der Zeitpunkt der Ersatzleistung, nicht der der Verminderung des Nachlasses. Der Ersatzanspruch entsteht erst mit dem Nacherbfall, doch ist schon zuvor Feststellungsklage möglich (Staud/*Avenarius* § 2138 Rz 19).

§ 2139 Wirkung des Eintritts der Nacherbfolge. Mit dem Eintritt des Falles der Nacherbfolge hört der Vorerbe auf, Erbe zu sein, und fällt die Erbschaft dem Nacherben an.

1 **A. Grundregel.** Die Norm spricht die Wirkung aus, die der Eintritt des Nacherbfalls mit sich bringt: der Nachlass fällt dem Nacherben an. Der Nacherbe wird damit Erbe des Erblassers im Sinne einer Gesamt-

rechtsnachfolge (§ 1922). Der Erwerb wird aber nicht auf den Tod des Erblassers zurück bezogen. Der Nacherbe wird auch nicht Erbe des Vorerben. Rechtsnachfolger des Vorerben sind dessen eigene Erben. Die Erbschaft fällt dem Nacherben kraft Gesetzes und ohne irgendwelche Übertragungsakte an.

B. Einzelheiten. Der Nacherbe kann noch nach der allg Regel des § 1942 ausschlagen, falls er die Erbschaft 2 noch nicht angenommen hat (etwa durch Veräußerung oder Verpfändung seines Anwartschaftsrechts). Die Ausschlagungsfrist beginnt mit seiner Kenntnis vom Anfall der Nacherbschaft und vom Grund seiner Berufung zum Nacherben (§ 1944 II 1). Sie beginnt also niemals vor dem Nacherbfall. Dieses allgemeine Ausschlagungsrecht besteht neben dem besonderen aus § 2142.

Den Zeitpunkt des Nacherbfalls bestimmt ausschließlich der Erblasser (s. § 2100 Rn 33 und 42). Häufig ist 3 es der Tod des Vorerben. Hat der Erblasser keine Bestimmung getroffen, so gilt § 2106.

Allerdings kann der Nacherbfall durch Übertragung des Nachlasses vom Vorerben auf den Nacherben vorweggenommen werden (dazu *Reimann* DNotZ 07, 579; KG Betr 98, 2591 besagt nichts Gegenteiliges). Umgekehrt kann der Nacherbe sein Anwartschaftsrecht auf den Vorerben übertragen, was diesen zum Vollerben macht, wenn auch vorbehaltlich der Ansprüche etwaiger Ersatznacherben (BayObLG NJW 70, 1794, 1795; *Hartmann* ZEV 09, 107, 108). Vor- und Nacherbe können auch zumindest einzelne Nachlassgegenstände aus dem gem § 2112 ff gebundenen Nachlass in das freie Vermögen des Vorerben überführen (BayObLG NJW-RR 05, 956, und zwar ohne Zustimmung der Ersatznacherben (*Hartmann* ZEV 09, 107, 109, 113).

C. Rechtsbehalt des Vorerben. Persönliche Rechtsbeziehungen des Vorerben verbleiben bei diesem. Löst 5 sein Tod den Nacherbfall aus, so gehen sie auf seine eigenen Erben über.

Die Rechtsstellung des Vorerben als Vorerben wirkt weiter gem § 2140 (Fortbestand der Verfügungsbefugnis 6 bis zur Kenntnis vom Nacherbfall), § 2142 II (Verbleib der Erbschaft beim Vorerben, wenn der Nacherbe ausschlägt) und § 2145 (Haftung für Nachlassverbindlichkeiten).

D. Grundbuch und Erbschein. Der Nacherbfall nötigt zur Berichtigung des Grundbuchs. IdR geschieht sie 7 auf Betreiben des Nacherben. Der dem Vorerben erteilte Erbschein ist unrichtig geworden und einzuziehen (§ 2361). Der Nacherbe kann vom Vorerben verlangen, dass er den ihm erteilten Erbschein dem Nachlassgericht herausgibt.

§ 2140 Verfügungen des Vorerben nach Eintritt der Nacherbfolge.
¹Der Vorerbe ist auch nach dem Eintritt des Falles der Nacherbfolge zur Verfügung über Nachlassgegenstände in dem gleichen Umfang wie vorher berechtigt, bis er von dem Eintritt Kenntnis erlangt oder ihn kennen muss. ²Ein Dritter kann sich auf diese Berechtigung nicht berufen, wenn er bei der Vornahme eines Rechtsgeschäfts den Eintritt kennt oder kennen muss.

A. Fortbestehendes Verfügungsrecht des Vorerben. Die Vorschrift gibt dem Vorerben ein Verfügungsrecht 1 über den Nachlass auch nach dem Eintritt der Nacherbfolge. Er bleibt in gleicher Weise wie bis dahin verfügungsbefugt, also mit allen Beschränkungen und evtl bestehenden Befreiungen.

Voraussetzung ist, dass er den Eintritt des Nacherbfalls weder kennt noch kennen muss (§ 122 II, so dass 2 schon einfache Fahrlässigkeit schadet). Unerheblich ist die Kenntnis oder Unkenntnis von der Person des Nacherben und von der Tatsache, dass der Erblasser Nacherbfolge angeordnet hat.

B. Umfang. Die Vorschrift deckt Verfügungen aller Art, auch solche über Forderungen und andere Rechte, 3 und gilt analog für den Abschluss schuldrechtlicher Verträge. Insoweit dauert auch die Verantwortung des Vorerben für die Verwaltung des Nachlasses fort. Die Verpflichtung aus solchen Verträgen trifft den Vorerben, doch ist der Nacherbe zu dessen Befreiung verpflichtet, wenn das Rechtsgeschäft der ordnungsgemäßen Verwaltung des Nachlasses entspricht.

C. Schutz des guten Glaubens. Der Erwerber kann sich auf die Verfügungsmacht des Vorerben nicht berufen, wenn er seinerseits bei Vornahme des Rechtsgeschäfts den Eintritt des Nacherbfalls kennt oder kennen muss (§ 2140 2). Auch hier kommt es nur auf die Kenntnis vom Eintritt des Nacherbfalls an. Auch hier schadet schon leichte Fahrlässigkeit. Auch diese Vorschrift bezieht den Erwerb von Forderungen oder sonstigen Rechten ein. Der böse Glaube des Erwerbers schadet aber nur diesem und macht den Erwerb unwirksam. Er schadet nicht dem gutgläubigen Vorerben, soweit es um dessen Verantwortung ggü dem Nacherben geht (Staud/*Avenarius* § 2140 Rz 9).

Für den Schutz des Schuldners bei Forderungen und sonstigen Rechten gelten die §§ 406 bis 408 analog, doch 5 schadet ihm nach dem Rechtsgedanken des § 2140 2 auch schon leicht fahrlässige Unkenntnis vom Eintritt des Nacherbfalls (KG ZEV 03, 110).

D. Informationsrecht des Erwerbers. Der Erwerber kann sich unterrichten, in dem er beim Nachlassgericht 6 feststellt, ob der Nacherbfall angezeigt worden ist (§ 2146 II).

E. Beweislast. Die Beweislast ist umstr. Nach Soergel/*Harder/Wegmann* (§ 2140 Rz 2) hat, wer sich auf die 7 Unwirksamkeit eines Rechtserwerbs vom Vorerben beruft, die Kenntnis oder fahrlässige Unkenntnis des Vorerben oder des Dritten zu beweisen. Nach Staud/*Avenarius* (§ 2140 Rz 3) muss hingegen der Vorerbe, der sich ggü dem Nacherben auf die Wirksamkeit seiner Verfügung beruft, seinen guten Glauben beweisen.

§ 2141 Unterhalt der werdenden Mutter eines Nacherben. Ist bei dem Eintritt des Falles der Nacherbfolge die Geburt eines Nacherben zu erwarten, so finden auf den Unterhaltsanspruch der Mutter die Vorschriften des § 1963 entsprechende Anwendung.

1 Ist der Nacherbe bei Eintritt des Nacherbfalls schon gezeugt, aber noch nicht geboren, so gilt er gem §§ 2108, 1923 als vor dem Nacherbfall geboren. Für diesen Fall gibt § 2141 seiner werdenden Mutter den Unterhaltsanspruch des § 1963. Es handelt sich um eine Rechtsgrundverweisung. Die übrigen Tatbestandsmerkmale des § 1963 müssen also gegeben sein. Insb muss die Mutter außerstande sein, sich selbst zu unterhalten. Der Anspruch richtet sich gegen den Vorerben, wenn der Nacherbfall mit der Geburt des Kindes eintritt (MüKo/*Grunsky* § 2141 Rz 2), ansonsten gegen den Nachlass, der vom Pfleger für den Nacherben vertreten wird.

§ 2142 Ausschlagung der Nacherbschaft. (1) Der Nacherbe kann die Erbschaft ausschlagen, sobald der Erbfall eingetreten ist.
(2) Schlägt der Nacherbe die Erbschaft aus, so verbleibt sie dem Vorerben, soweit nicht der Erblasser ein anderes bestimmt hat.

1 **A. Ausschlagung der Erbschaft durch den Nacherben.** Die Vorschrift regelt diese dahin, dass sie schon zwischen Erbfall und Nacherbfall möglich ist. Dies gilt auch dann, wenn der Nacherbe nur unter einer weiteren Bedingung oder Befristung eingesetzt ist.

2 Vernünftigerweise kann der Nacherbe die Erbschaft auch schon zwischen Erbfall und Nacherbfall annehmen (§ 1946), auch konkludent. In der Veräußerung oder Verpfändung seines Anwartschaftsrechts liegt idR die Annahme. In der Wahrnehmung der Nacherbenrechte aus §§ 2116 ff, 2127, 2120 liegt sie idR nicht (RGZ 80, 385). Pfändung und Insolvenz beschränken das Annahme- und Ausschlagungsrecht des Nacherben nicht (vgl § 83 I 1 InsO; BGH NJW 97, 2384). Es unterliegt auch nicht der Testamentsvollstreckung, nicht einmal im Fall des § 2222.

3 Stirbt der Nacherbe nach dem Nacherbfall, so gehen Annahme- und Ausschlagungsrecht auf seine Erben über (§ 1952).

4 **B. Zeitpunkt.** Sonderheiten gelten für jede Ausschlagung, wenn der Nacherbe nach dem Erblasser pflichtteilsberechtigt ist und nach § 2306 II iVm I Hs 2 zwecks Erlangung des Pflichtteils ausschlagen will. In diesem Fall kann die Ausschlagungsfrist noch später beginnen. Es ist nämlich zwischen der Kenntnis des Nacherben vom Anfall der Nacherbschaft und seiner Kenntnis von der Beschränkung seiner Erbeinsetzung (durch die Rechte des Vorerben) zu unterscheiden; im Fall des § 2306 entscheidet der spätere der beiden Zeitpunkte (BayObLG NJW 67, 446, 447). Andererseits kann der Nacherbe zur Ausschlagung schon weit früher genötigt sein, weil die Verjährung der Pflichtteilsansprüche droht; hierfür läuft nach § 2332 I eine Frist von drei Jahren ab Kenntnis vom Erbfall (nicht: vom Nacherbfall).

5 **C. Rechtsfolgen.** Schlägt der Nacherbe aus, so wird die Nacherbfolge insoweit hinfällig. Es tritt Anwachsung bei den anderen Mitnacherben (§ 2094), Anfall beim Ersatznacherben (§ 2096) oder Ersatzberufung der Abkömmlinge des Nacherben (§ 2069) ein. Liegt keiner dieser Fälle vor, so verbleibt der Nachlass dem Vorerben als Vollerben (§ 2142 II).

6 Dies alles ist der Modifikation durch die Verfügung vTw zugänglich. So kann deren Auslegung ergeben, dass der Nachlass keinesfalls dem Vorerben anfallen soll, seine Beschränkung durch die Nacherbschaft vielmehr „absolut gewollt" ist; dann treten die gesetzlichen Erben des Nacherben ein. Schlägt ein als Nacherbe berufener Abkömmling aus, um den Pflichtteil zu erlangen, so stellt es idR eine vom Erblasser ungewollte Bevorzugung des Stammes dieses Abkömmlings dar, nunmehr neben der Zahlung des Pflichtteils an ihn auch noch seine Abkömmlinge gem § 2069 als zu Nacherben berufen anzusehen (BGHZ 33, 60, 64). Sie sind deshalb im Zweifel von der Erbfolge ausgeschlossen (München ZErb 06, 383).

§ 2143 Wiederaufleben erloschener Rechtsverhältnisse. Tritt die Nacherbfolge ein, so gelten die infolge des Erbfalls durch Vereinigung von Recht und Verbindlichkeit oder von Recht und Belastung erloschenen Rechtsverhältnisse als nicht erloschen.

1 Obwohl man den Nachlass, der der Nacherbschaft unterliegt, in der Hand des Vorerben wegen dessen Bindungen ggü dem Nacherben als Sondervermögen anzusehen hat (s. § 2100 Rn 63), geht der Gesetzgeber davon aus, dass sich mit Nachlass und Eigenvermögen bei ihm Forderung und Schuld in einer Hand vereinigen (Konfusion), ebenso dingliches Recht und Belastung (Konsolidation), und die Rechtsverhältnisse damit erlöschen. Eine Ausnahme davon gilt nur, wenn Testamentsvollstreckung zur Verwaltung des Nachlasses angeordnet ist (BGHZ 48, 214). Die Vorschrift ordnet jedoch an, dass diese Rechtsverhältnisse bei Eintritt der Nacherb-

folge nicht als erloschen gelten. Sie leben wieder auf, und zwar automatisch ohne rechtsgeschäftliche Wiederbegründung, freilich nicht mit Rückwirkung (Soergel/*Harder/Wegmann* § 2143 Rz 2). Auch Sicherungsrechte leben wieder auf; auch ihr Rang bestimmt sich folgerichtig nach dem Zeitpunkt des Wiederauflebens, nicht der erstmaligen Begründung (MüKo/*Grunsky* § 2143 Rz 2; aA Staud/*Avenarius* § 2143 Rz 5).

Schon während der Vorerbschaft ist eine Feststellungsklage des Nacherben gegen den Vorerben dahin möglich, dass ihm die durch Konfusion erloschene Forderung bei Eintritt des Nacherbfalls wieder zusteht (BGH LM Nr 1 zu § 2100). 2

§ 2144 Haftung des Nacherben für Nachlassverbindlichkeiten.
(1) Die Vorschriften über die Beschränkung der Haftung des Erben für die Nachlassverbindlichkeiten gelten auch für den Nacherben; an die Stelle des Nachlasses tritt dasjenige, was der Nacherbe aus der Erbschaft erlangt, mit Einschluss der ihm gegen den Vorerben als solchen zustehenden Ansprüche.
(2) Das von dem Vorerben errichtete Inventar kommt auch dem Nacherben zustatten.
(3) Der Nacherbe kann sich dem Vorerben gegenüber auf die Beschränkung seiner Haftung auch dann berufen, wenn er den übrigen Nachlassgläubigern gegenüber unbeschränkt haftet.

Der Nacherbe haftet für die Nachlassverbindlichkeiten. Er haftet hierfür ab dem Nacherbfall und löst den bis 1 dahin haftenden Vorerben ab. Dies gilt auch dann, wenn der Nacherbe die Nacherbschaft schon früher angenommen hat. Die Nachlassverbindlichkeiten gehen auf ihn in dem Zustand über, in dem sie sich beim Nacherbfall befinden; so etwa kommt eine dem Vorerben bewilligte Stundung auch dem Nacherben zugute. Nachlassverbindlichkeiten sind auch solche, die der Vorerbe iRd ordnungsgemäßen Verwaltung des Nachlasses eingegangen ist; diese muss der Nacherbe gegen sich gelten lassen (BGHZ 32, 60, 64; WM 73, 361), doch haftet daneben der Vorerbe persönlich (Gesamtschuldverhältnis: Staud/*Avenarius* § 2144 Rz 13).

Der Nacherbe haftet mit seinem Eigenvermögen und dem Nachlass. Dies ist gem § 2144 I 2 der nach § 2130 2 vom Vorerben herauszugebende Nachlass, nicht der beim Erbfall vorhandene Nachlass. Die Haftungsbeschränkung auf den Nachlass kann der Nacherbe nach allg Vorschriften herbeiführen. Er hat die Einreden aus §§ 1990, 2014, 2015. Ein Inventar des Vorerben kommt ihm zugute (§ 2144 II).

§ 2145 Haftung des Vorerben für Nachlassverbindlichkeiten.
(1) ¹Der Vorerbe haftet nach dem Eintritt der Nacherbfolge für die Nachlassverbindlichkeiten noch insoweit, als der Nacherbe nicht haftet. ²Die Haftung bleibt auch für diejenigen Nachlassverbindlichkeiten bestehen, welche im Verhältnis zwischen dem Vorerben und dem Nacherben dem Vorerben zur Last fallen.
(2) ¹Der Vorerbe kann nach dem Eintritt der Nacherbfolge die Berichtigung der Nachlassverbindlichkeiten, sofern nicht seine Haftung unbeschränkt ist, insoweit verweigern, als dasjenige nicht ausreicht, was ihm von der Erbschaft gebührt. ²Die Vorschriften der §§ 1990, 1991 finden entsprechende Anwendung.

A. Grundsatz. Der Vorerbe haftet für Nachlassverbindlichkeiten (s. § 2144 Rn 2) nach dem Nacherbfall grds 1 nicht mehr. Der Eintritt des Nacherbfalls begründet die Klage aus § 767 ZPO (MüKo/*Grunsky* und Staud/ *Avenarius*, jew § 2145 Rz 1).

B. Ausnahmen. Ausnahmsweise haftet er doch in vier Fällen. Der erste Fall ist der, dass er bereits unbe- 2 schränkbar haftet (arg § 2145 II 1). Die übrigen Fälle ergeben sich unmittelbar aus § 2145 I.

I. Subsidiäre Haftung. Der Vorerbe haftet für Nachlassverbindlichkeiten, soweit der Nacherbe nicht haftet 3 (§ 2145 I 1). Gemeint ist, dass der Nacherbe aufgrund haftungsbeschränkender Maßnahmen nicht mit seinem Eigenvermögen haftet und der Nachlass nicht ausreicht. Deshalb haftet der Vorerbe nicht, wenn der Nacherbe zwar unbeschränkt haftet, bei ihm aber nichts zu holen ist.

Für solche Nachlassverbindlichkeiten haftet der Vorerbe grds nur mit demjenigen, was er aus dem Nachlass 4 erlangt hat. Hierzu gehören insb Nutzungen, beim befreiten Vorerben auch dasjenige, was er aus der Erbschaft für sich verwendet hat (§§ 2124, 2136). Zur Haftungsbeschränkung gibt ihm § 2145 II (nur) die Einreden der §§ 1990, 1991, womit er sich freilich auch der Ersatzpflicht aus § 1978 aussetzt. Im Prozess des Nachlassgläubigers muss der Vorerbe entweder beweisen, dass er aus der Erbschaft nichts mehr hat, oder sich diese Haftungsbeschränkung gem § 780 ZPO vorbehalten lassen.

II. Haftung neben dem Nacherben. Der Vorerbe haftet weiter für solche Nachlassverbindlichkeiten, die ihm 5 im Innenverhältnis zum Nacherben zur Last fallen (§ 2145 I 2). Im Interesse einer Verkürzung des Rechtsweges für die Nachlassgläubiger sind beide hier Gesamtschuldner. Hierunter fallen insb gem §§ 2124 ff gewöhnliche Erhaltungskosten, Lasten und Zinsen. Auch hier gilt § 2145 II (s.o. Rn 4).

III. Eigene Verbindlichkeiten. Für Eigenverbindlichkeiten haftet der Vorerbe ohne Rücksicht auf den Nach- 6 erbfall weiter. Sie fallen nicht unter § 2145. Dazu gehören etwa Verbindlichkeiten aus nicht ordnungsgemäßer Verwaltung des Nachlasses, auch seine Verbindlichkeiten ggü dem Nacherben aus §§ 2130, 2134, ferner solche aus Vermächtnissen und Auflagen, die den Vorerben persönlich beschweren.

§ 2146 Anzeigepflicht des Vorerben gegenüber Nachlassgläubigern. (1) ¹Der Vorerbe ist den Nachlassgläubigern gegenüber verpflichtet, den Eintritt der Nacherbfolge unverzüglich dem Nachlassgericht anzuzeigen. ²Die Anzeige des Vorerben wird durch die Anzeige des Nacherben ersetzt. (2) Das Nachlassgericht hat die Einsicht der Anzeige jedem zu gestatten, der ein rechtliches Interesse glaubhaft macht.

1   Der Nacherbfall ist unverzüglich (§ 121 I) dem Nachlassgericht (nicht den Nachlassgläubigern) anzuzeigen. Die Anzeigepflicht trifft den Vorerben, im Falle seines Todes seine Erben. Die Verletzung der Anzeigepflicht kann Schadensersatzansprüche von Nachlassgläubigern auslösen. Die Vorschrift dient ihrem Interesse, denn häufig erfahren sie nicht rechtzeitig vom Nacherbfall.

Titel 4   Vermächtnis
Vorbemerkungen vor §§ 2147 ff

1   In den §§ 2147 ff regelt das Gesetz sehr ausf das schon in § 1939 als möglicher Inhalt einer letztwilligen Verfügung genannte Vermächtnis. Die wichtigste Vorschrift ist § 2174, wonach der Begünstigte nicht unmittelbar mit dem Erbfall den Vermächtnisgegenstand erhält. Vielmehr hat sich der Gesetzgeber für einen rein **schuldrechtlichen Charakter** des Vermächtnisses entschieden. Daher nimmt der **Vermächtnisnehmer** im allg (Ausnahme: Vorausvermächtnis zugunsten des Vorerben) an der Gesamtrechtsnachfolge gem § 1922 nicht teil und ist im Erbschein nicht anzugeben.

2   Die meisten Vorschriften des Abschnitts dienen der Hilfe bei **Unklarheiten über den Erblasserwillen.** Insgesamt gehen die gesetzlichen Regeln sehr ins Einzelne und spiegeln darin die Jahrtausende alte Erfahrung mit dem Recht der Legate wider. Kautelarjuristisch besonders bedeutsam ist § 2151, der das Prinzip der „materiellen Höchstpersönlichkeit" der letztwilligen Verfügungen (§ 2065 II) auflockert und dadurch sehr flexible Lösungen ermöglicht. Aber auch sonst ist das Vermächtnis wegen des Fehlens einer dinglichen Wirkung besonders vielfältig zur Gestaltung einsetzbar (zB als Universalvermächtnis, als Recht zur Übernahme eines Unternehmens oder Unternehmensanteils, als Schulderlassvermächtnis oder als einseitige Aufhebung der Anrechnungspflicht von Abkömmlingen nach § 2050).

3   Der Abschnitt zum Vermächtnis enthält zuerst Vorschriften über die Verpflichtung (in der gesetzlichen Terminologie: Beschwerung, §§ 2147 f) und die Berechtigung (§§ 2149–2159), anschließend über die (Un)Wirksamkeit (§§ 2160–2163) sowie Inhalt und Umfang der Vermächtnisverpflichtung (§§ 2164–2173). Nach der Anspruchsgrundlage (§ 2174) stellt das Gesetz die Fiktion des Fortbestehens erloschener Forderungen und Rechte auf (§ 2175), regelt den Anfall des Vermächtnisses (§§ 2176–2179), dessen Annahme und Ausschlagung (§ 2180), Fälligkeit (§ 2181), schuldrechtliche Sekundär- und Nebenansprüche (§§ 2182–2185), die Beschwerung des Vermächtnisnehmers selbst (§§ 2186–2189) und schließlich Ersatz- und Nachvermächtnis (§§ 2190 f).

§ 2147 Beschwerter. ¹Mit einem Vermächtnis kann der Erbe oder ein Vermächtnisnehmer beschwert werden. ²Soweit nicht der Erblasser ein anderes bestimmt hat, ist der Erbe beschwert.

1   Das Gesetz nennt in § 2147 denjenigen, der den Vermächtnisanspruch (§ 2174) erfüllen muss, mit dem Vermächtnis beschwert. Das Vermächtnis selbst wird bereits **in § 1939** als testamentarischer Vermögensvorteil **definiert.** Regelungsgegenstand des § 2147 ist die Bestimmung des Beschwerten, wer also Anspruchsgegner des Vermächtnisnehmers ist und wer etwa innerhalb einer Erbengemeinschaft oder unter Erben und (anderen) Vermächtnisnehmern das Vermächtnis letztlich zu tragen hat.

2   Als Beschwerte kommen **Erben** und **Vermächtnisnehmer** in Betracht (1). Hat der Erblasser keine Bestimmung darüber getroffen (was aber zur Vermeidung von Streit dringend zu empfehlen ist), trägt der Erbe die Vermächtnislast (2). Zu den Erben gehören auch Ersatzerbe und Nacherbe, beide jedoch erst von Beginn ihrer vollen Erbenstellung an (BayObLG NJW 67, 446). Dies gilt auch für die als Vorausvermächtnis zugunsten des Vorerben anzusehende Verpflichtung des Nacherben, unentgeltlichen Verfügungen des Vorerben zuzustimmen (Staud/*Otte* Rz 3 mN). Als Erbe ist ferner der Hoferbe nach der HöfeO zu betrachten, dem der Hof bereits zu Lebzeiten des Erblassers übergeben worden ist (BGHZ 37, 192; NJW-RR 86, 164). Für andere Verträge zur Vorwegnahme der Erbfolge gilt das nicht, ebenso wenig für Schenkungen und sonstige Verträge auf den Todesfall, es sei denn auf den Beschenkten ist nach § 2301 I das Recht der Verfügungen von Todes wegen und somit Vermächtnisrecht anzuwenden (für Anwendung des Vermächtnisrechts auch auf das Valutaverhältnis von Verträgen zugunsten Dritter nach §§ 328, 331 ua Lange/*Kuchinke* § 29 III 1a; Soergel/*Wolf* Rz 15). Nicht beschwert werden kann auch, wer nur mittelbar etwas aus dem Nachlass erhält wie Testamentsvollstrecker und Pflichtteilsberechtigte. Der ausdrücklich genannte beschwerte Vermächtnisnehmer ist die einzige Ausnahme hiervon. Vermächtnisnehmer ist aber auch, wer ein gesetzliches Vermächtnis (§§ 1932, 1969) erhält.

§ 2148 Mehrere Beschwerte. Sind mehrere Erben oder mehrere Vermächtnisnehmer mit demselben Vermächtnis beschwert, so sind im Zweifel die Erben nach dem Verhältnis der Erbteile, die Vermächtnisnehmer nach dem Verhältnis des Wertes der Vermächtnisse beschwert.

Die Vorschrift enthält eine Auslegungsregel für den Fall, dass der Erblasser mehrere Erben oder Vermächtnisnehmer beschwert hat, ohne eine Regelung dafür zu treffen, wer zu welchem Teil die Last des Vermächtnisses tragen soll. Demnach bestehen jedenfalls **im Innenverhältnis** der Beschwerten Ausgleichsansprüche, und zwar unter Erben nach den Erbquoten, unter Vermächtnisnehmern nach dem Verhältnis der Werte ihrer eigenen Vermächtnisse. Letzteres wird man auch dann annehmen müssen, wenn Vermächtnisnehmer und Erbe(n) gemeinsam beschwert sind. Dazu ist dann der Erbteil in einen Geldwert umzurechnen. 1

Str ist, ob § 2148 auch für das **Außenverhältnis** zwischen dem Berechtigten und den mehreren Verpflichteten gilt. Teilweise wird vertreten, dass bei Beschwerung der (Haupt-)Vermächtnisnehmer oder nur eines Teils der Erben eine teilbare Vermächtnisleistung zu Teilschuld führe, § 420 (Überblick über den Meinungsstand bei Staud/*Otte* Rz 3 f). Die Zuwendung eines Vermächtnisses durch den Erblasser soll jedoch idR – vergleichbar der gemeinsamen Schuldbegründung durch die Schuldner selbst, § 427 – den Begünstigten nicht in die Verlegenheit zum „Klinkenputzen" bringen. Die Verpflichtungen sind gleichartig, stehen auf derselben Stufe und haben einen gemeinsamen Verpflichtungsgrund. Daher liegt generell entgegen § 2148 **Gesamtschuld** vor, wenn nicht der Erblasser mehrere gleichartige Einzelvermächtnisse angeordnet hat. 2

§ 2149 Vermächtnis an die gesetzlichen Erben. ¹Hat der Erblasser bestimmt, dass dem eingesetzten Erben ein Erbschaftsgegenstand nicht zufallen soll, so gilt der Gegenstand als den gesetzlichen Erben vermacht. ²Der Fiskus gehört nicht zu den gesetzlichen Erben im Sinne dieser Vorschrift.

Die Vorschrift, die nach dem spärlichen Rechtsprechungsmaterial zu schließen kaum praktische Bedeutung hat, dient der Lückenfüllung des Testaments, wenn der Erblasser nur zum Ausdruck gebracht hat, dass der oder die eingesetzten Erben einen bestimmten Gegenstand **nicht behalten** sollen. Dann soll dieser offenbar jemand anderem zufallen, und entspr der „Reservestellung" der gesetzlichen Erben im Erbrecht gelten sie dann – nicht unbedingt wirklichkeitsnah – als bedacht. Ist gesetzlicher Erbe, weil kein Verwandter ermittelt werden kann, der Fiskus, verbleibt der Gegenstand nach 2 entgegen der Anordnung des Erblassers dem eingesetzten Erben. 1

§ 2150 Vorausvermächtnis. Das einem Erben zugewendete Vermächtnis (Vorausvermächtnis) gilt als Vermächtnis auch insoweit, als der Erbe selbst beschwert ist.

Die Vorschrift stellt klar, dass **auch Erben Vermächtnisnehmer** sein können. Sie sind dann zugleich (als Erben) Inhaber der Nachlassgegenstände und schuldrechtlich zu einer Leistung gegen die Erben einschließlich des Begünstigten selbst berechtigt. Andere schuldrechtliche Ansprüche der einzelnen Erben entstehen aus Teilungsanordnungen nach § 2048. Im Gegensatz dazu erhält der Erbe bei Vorliegen des § 2150 über seine Teilungsquote hinaus idR einen Vorteil aus dem Nachlass. Der Unterschied zwischen beiden Berechtigungen ist wichtig va, weil nur Vermächtnisse der Bindungswirkung nach §§ 2270 III, 2278 II zugänglich sind und weil Vermächtnisse zu erfüllen sind, ehe die Teilung gem der Anordnung nach § 2048 vorgenommen werden kann. Dies gilt auch bei Überschuldung des Nachlasses, § 1991 IV. Vermächtnis und Erbschaft können unabhängig voneinander ausgeschlagen werden. Diese Selbständigkeit besteht auch beim Vermächtnis für den Alleinerben. Eine Dauertestamentsvollstreckung nach § 2209 gilt für den Vermächtnisgegenstand nur bei besonderer Anordnung (AnwK/*Mayer* Rz 4). Weitere Unterschiede bestehen im Pflichtteilsrecht (§ 2306 für Teilungsanordnung, § 2307 für Vermächtnis). 1

Kautelarjuristisch besonders beliebt ist das **Vorerbenvorausvermächtnis** (vgl insb *J. Mayer* ZEV 00, 1). Nach § 2110 II fällt ein solches Vermächtnis im Zweifel unbeschränkt dem Vorerben zu, so dass er insb nicht den Verfügungsbeschränkungen der §§ 2113 ff unterliegt und auch von Todes wegen frei über den Gegenstand verfügen kann. Ein solches Vermächtnis kann von der Postestativbedingung abhängig gemacht werden, dass der Vorerbe Nachlassgegenstände Angehörigen eines bestimmten Personenkreises zuwendet, also dem alleinigen Zweck einer Erweiterung der Verfügungsbefugnis über § 2136 hinaus dienen. Möglich ist ferner ein solches Vermächtnis in Gestalt einer gegenständlich beschränkten Nacherbschaft: Der Nacherbe soll nur bestimmte Gegenstände aus dem Nachlass erhalten; alles Übrige ist dann dem Vorerben als Vermächtnis zugewendet. Steht das Vermächtnis dem einzigen Vorerben zu, wird dieser unmittelbar („dinglich") und somit ohne die Entstehung eines Anspruchs aus § 2174 Inhaber des Rechts (BGHZ 32, 60). Eine Umgehung des gesetzlichen „Prinzips", kein Vindikationslegat zuzulassen, liegt darin nicht (etwas abw Begründung bei Staud/*Otte* Rz 4 a). Im Erbschein ist zu vermerken, für welche Gegenstände die Nacherbfolge demnach nicht gilt. Bezieht sich das Vermächtnis auf ein Grundstück, ist im Grundbuch kein Nacherbenvermerk einzutragen (München DNotZ 42, 385). 2

3 Das Vermächtnis zugunsten eines **Miterben** wirkt sich nach § 2147 2 so aus, dass der Erbteil des Begünstigten von dem Nachlass berechnet wird, der nach Abzug des Vermächtnisses bleibt. Möglich ist aber eine Anordnung des Erblassers, dass nur die anderen Erben durch das Vermächtnis beschwert sind; dann wird der Vermächtnisnehmer doppelt begünstigt: Er erhält das Vermächtnis und zusätzlich den ungekürzten Erbteil, der sich aus dem Nachlass einschließlich des Vermächtnisgegenstandes ergibt.

4 Die praktisch wichtigste Frage zu § 2150 ist die **Abgrenzung** zwischen Vorausvermächtnis und **Teilungsanordnung**. Die zusätzliche **Begünstigung** des Miterben durch das Vermächtnis ist Rechtsfolge, nicht Voraussetzung der Abgrenzung. Die Begünstigung durch einen Vermögensvorteil führt aber dann zum Vorliegen eines Vermächtnisses, wenn der Erblasser sie **in seinen Willen aufgenommen** hat (BGHZ 36, 115; BGH NJW 85, 51; NJW-RR 90, 1220; NJW 98, 682). Ein Vermögensvorteil mit Begünstigungswillen wird von der Rspr schon darin gesehen, dass dem Erben ein Gestaltungsrecht, insb ein Übernahmerecht, eingeräumt wird (BGHZ 36, 115, 117 f). Rechtlich ist ein solches Entscheidungsrecht gewiss ein Vorteil ggü der Gebundenheit aus einer Teilungsanordnung. Ob aber auch ein wirtschaftlicher Wert darin zu sehen ist, hängt von den Zukunftserwartungen ab, die mit dem übernommenen Gegenstand, insb einem Unternehmen, verbunden sind. Teilweise verzichtet die Rspr aber auch ganz auf einen Vermögensvorteil des Bedachten und stellt auf den Willen des Erblassers ab, dem Bedachten etwas unabhängig von seiner Erbenstellung zukommen zu lassen (BGH ZEV 95, 144). Dem ist für den Fall zu folgen, das hierauf gerichteter Erblasserwille fest steht. Andernfalls kann auf das Kriterium des zusätzlichen Vermögensvorteils für den Erben nicht verzichtet werden. Ein solcher Vorteil liegt allerdings auch dann vor, wenn der Bedachte zum vollen Wertausgleich aus seinem sonstigen Vermögen verpflichtet ist oder sich das Vermächtnis nur teilweise auf sein Erbe anrechnen lassen muss. Konsequent zum hier eingenommenen Standpunkt ist allein die Annahme eines Vorausvermächtnisses am ganzen Gegenstand in beiden Fällen. Anrechnung oder Wertausgleich erfolgen erst in einer späteren Phase der Nachlassregulierung als Vollzug eines Untervermächtnisses zugunsten der anderen Erben (AnwK/*Mayer* Rz 13 gegen die hM, ua BGH NJW 85, 51; FamRZ 87, 475, die eine Kombination von Vermächtnis und Teilungsanordnung für möglich hält, jedoch zu Unrecht, Staud/*Otte* Rz 9).

§ 2151 Bestimmungsrecht des Beschwerten oder eines Dritten bei mehreren Bedachten.
(1) Der Erblasser kann mehrere mit einem Vermächtnis in der Weise bedenken, dass der Beschwerte oder ein Dritter zu bestimmen hat, wer von den mehreren das Vermächtnis erhalten soll.
(2) Die Bestimmung des Beschwerten erfolgt durch Erklärung gegenüber demjenigen, welcher das Vermächtnis erhalten soll; die Bestimmung des Dritten erfolgt durch Erklärung gegenüber dem Beschwerten.
(3) ¹Kann der Beschwerte oder der Dritte die Bestimmung nicht treffen, so sind die Bedachten Gesamtgläubiger. ²Das Gleiche gilt, wenn das Nachlassgericht dem Beschwerten oder dem Dritten auf Antrag eines der Beteiligten eine Frist zur Abgabe der Erklärung bestimmt hat und die Frist verstrichen ist, sofern nicht vorher die Erklärung erfolgt. ³Der Bedachte, der das Vermächtnis erhält, ist im Zweifel nicht zur Teilung verpflichtet.

1 Im Gegensatz zu § 2065 II für die Erbeinsetzung lässt § 2151 für das Vermächtnis in weitem Umfang die **Bestimmung** des Begünstigten **durch einen Dritten** zu. Dies ist von grundlegender Bedeutung va für das „vorzeitige" (richtiger: frühzeitige) **Unternehmertestament**. Wenn ein Unternehmer (noch) keine erwachsenen Kinder hat, die als Nachfolger in Frage kommen, zur Sicherung der Nachfolge eine testamentarische Regelung aber unerlässlich ist, muss ein Weg gefunden werden, aus einem relativ weit gezogenen Kreis den oder die Nachfolger von einer Vertrauensperson auswählen zu lassen. Dies kann durch die Bedenkung mit einem Vermächtnis für den- oder diejenigen geschehen, die erst vom Beschwerten oder einem Dritten bestimmt werden (gegen eine Überschätzung der Tauglichkeit einer Drittbestimmung mit guten Gründen aber AnwK/*Mayer* Rz 21). Hinsichtlich Umfang und Art des Vermächtnisses enthält § 2151 keine Beschränkung. Daher kann es das Vermögen des Erblassers weitgehend oder – als Universalvermächtnis – sogar ganz umfassen (hM Staud/*Otte* Rz 2 mN). Der unklare Gesichtspunkt einer angeblichen Umgehung des § 2065 II (insb *Sudhoff* DB 66, 1720) steht nicht entgegen, da § 2065 II (auch) die Sicherheit der dinglichen Zuordnung des Nachlasses gewährleisten will, die bei § 2151 überhaupt nicht fraglich ist.

2 Der nach § 2151 Bestimmungsberechtigte ist in seiner Entscheidung über die Person des Vermächtnisnehmers nicht völlig frei. Der Erblasser muss vorgeben, „**wer von mehreren**" das Vermächtnis erhalten soll. Zusätzliche Beschränkungen enthält das Gesetz allerdings nicht. Zu den Begünstigten können daher sowohl der Erbe (vgl § 2150), als auch der Auswahlberechtigte selbst (zB ein Testamentsvollstrecker) gehören. Ist der Kreis der zur Auswahl tauglichen Personen auch mit Hilfe der Auslegungsregeln nicht genau zu bestimmen, hat der Erblasser aber einen Zweck der Zuwendung angegeben, bleibt die Umdeutung in eine Auflage möglich (ebenso im Ergebnis, wohl sogar ohne Umdeutung, RGZ 96, 15, 19 f; Staud/*Otte* Rz 3). Bis zur Ausübung oder zum definitiven Ausbleiben der Auswahlentscheidung sind alle, die die Kriterien des Erblassers erfüllen, gem der Auffangregel des III aufschiebend (nach AnwK/*Mayer* Nr 7: auflösend) bedingt berechtigt.

3 Die Auswahlentscheidung erfolgt nach II durch formlose **empfangsbedürftige Willenserklärung**, bei Ausübung durch den Beschwerten ggü dem Ausgewählten, bei Ausübung durch Dritte ggü dem Beschwerten.

Schlägt der Ausgewählte aus, hat der Bestimmungsberechtigte eine neue Entscheidung zu treffen. Auf die Erklärung sind §§ 119 ff, 138 anwendbar, § 119 II wegen Irrtums über eine Eigenschaft des Ausgewählten aber nach seinem Sinne nicht (unzulässige Korrektur der Auswahl „bei Nichtbewährung", Staud/*Otte* § 2065 Rz 43). Die Auswahl kann nicht durch die Billigkeitsentscheidung des Gerichts ersetzt werden (Umkehrschluss aus § 2156 2). Gerichtlich überprüfbar sind aber die persönlichen Voraussetzungen des Bestimmungsberechtigten und die Einhaltung der Auswahlkriterien, die der Erblasser angegeben hat. Denkbar ist freilich auch, dass der Erblasser trotz der Angabe solcher Richtlinien überhaupt keine gerichtliche Überprüfung will. Der historische Gesetzgeber betrachtete dies sogar – unter noch teilweise anderen rechtskulturellen Voraussetzungen – als Regel (Prot V, 28).

Nach III **erlischt** das Bestimmungsrecht, wenn der Berechtigte die Bestimmung nicht mehr treffen kann (1) oder eine ihm vom Nachlassgericht gesetzte Frist ungenutzt verstrichen ist (2). Dann sind alle, die dem vom Erblasser bezeichneten Personenkreis angehören, Gesamtgläubiger, jedoch nach 3 mit dem Recht des ersten Zugriffs für denjenigen, der das Vermächtnis tatsächlich erhält: Er kann es behalten.

4

§ 2152 Wahlweise Bedachte.
Hat der Erblasser mehrere mit einem Vermächtnis in der Weise bedacht, dass nur der eine oder der andere das Vermächtnis erhalten soll, so ist anzunehmen, dass der Beschwerte bestimmen soll, wer von ihnen das Vermächtnis erhält.

Die Vorschrift enthält mit der alternativen Benennung der Begünstigten einen Sonderfall des § 2151, ohne dass ein Bestimmungsberechtigter benannt ist. Dann hat der Beschwerte das Auswahlrecht nach § 2151.

1

§ 2153 Bestimmung der Anteile.
(1) ¹Der Erblasser kann mehrere mit einem Vermächtnis in der Weise bedenken, dass der Beschwerte oder ein Dritter zu bestimmen hat, was jeder von dem vermachten Gegenstand erhalten soll. ²Die Bestimmung erfolgt nach § 2151 Abs. 2.
(2) ¹Kann der Beschwerte oder der Dritte die Bestimmung nicht treffen, so sind die Bedachten zu gleichen Teilen berechtigt. ²Die Vorschrift des § 2151 Abs. 3 Satz 2 findet entsprechende Anwendung.

Die Vorschrift sieht in entspr Weise wie § 2151 für den Sonderfall der Anteilsbestimmung das Bestimmungsrecht des Beschwerten oder eines Dritten über das Vermächtnis vor. Dies kann mit einem Bestimmungsrecht nach § 2151 kombiniert werden (RGZ 96, 15, 17), so dass aus einem größeren Personenkreis mehrere einzelne ausgewählt und ihnen dann bestimmte Anteile (real oder ideal) zugeteilt werden können. Abw von § 2151 III sieht § 2153 II 1 beim Ausbleiben der Bestimmung nicht Gesamtgläubigerschaft vor, sondern Aufteilung auf alle Bedachten. Letzteres gilt auch dann ausschl, wenn der Erblasser § 2153 mit § 2151 kombiniert hat (Staud/*Otte* Rz 3 mN).

1

§ 2154 Wahlvermächtnis.
(1) ¹Der Erblasser kann ein Vermächtnis in der Art anordnen, dass der Bedachte von mehreren Gegenständen nur den einen oder den anderen erhalten soll. ²Ist in einem solchen Falle die Wahl einem Dritten übertragen, so erfolgt sie durch Erklärung gegenüber dem Beschwerten.
(2) ¹Kann der Dritte die Wahl nicht treffen, so geht das Wahlrecht auf den Beschwerten über. ²Die Vorschrift des § 2151 Abs. 3 Satz 2 findet entsprechende Anwendung.

Die Vorschrift regelt einen Sonderfall der Wahlschuld iSd §§ 262 ff, die für das Wahlvermächtnis anzuwenden sind, soweit § 2154 nichts Spezielles vorsieht. Daher ergibt sich aus § 262, dass die Wahl des Vermächtnisgegenstandes dem Beschwerten zusteht, wenn nicht der Erblasser das Auswahlrecht gem § 263 dem Bedachten oder gem § 2154 I 2 einem Dritten übertragen hat. Kann letzterer die Wahl nicht vornehmen, fällt das Wahlrecht nach II wie nach der allg Regelung an den Beschwerten. § 2154 kann auch in den Fällen der §§ 2155, 2170 vorliegen. – Fraglich ist, ob § 2154 anzuwenden ist, wenn der Erblasser nur einen bestimmten Gegenstand dem Bedachten zuwenden wollte, die Bezeichnung aber auf mehrere Gegenstände des Nachlasses zutrifft (dafür Soergel/*Wolf* Rz 2). Hierauf passt jedoch die Regelung des beschränkten Gattungsvermächtnisses nach § 2155 (Staud/*Otte* Rz 10).

1

§ 2155 Gattungsvermächtnis.
(1) Hat der Erblasser die vermachte Sache nur der Gattung nach bestimmt, so ist eine den Verhältnissen des Bedachten entsprechende Sache zu leisten.
(2) Ist die Bestimmung der Sache dem Bedachten oder einem Dritten übertragen, so finden die nach § 2154 für die Wahl des Dritten geltenden Vorschriften Anwendung.
(3) Entspricht die von dem Bedachten oder dem Dritten getroffene Bestimmung den Verhältnissen des Bedachten offenbar nicht, so hat der Beschwerte so zu leisten, wie wenn der Erblasser über die Bestimmung der Sache keine Anordnung getroffen hätte.

1 § 2155 ist eine **Spezialvorschrift zu** § 243. Die Bestimmung des Vermächtnisgegenstandes „der Gattung nach" erfolgt durch den Erblasser. Ist dessen Wille nicht eindeutig zu ermitteln, kann sich die Gattungsschuld aus der Verkehrsauffassung ergeben. Anders als beim Vermächtnis nach § 2154 sind nicht schon die in Frage kommenden Gegenstände selbst konkret festgelegt, sondern nur deren Eigenschaft(en). Dabei geht das Gesetz – wie § 243 – von einer Sachschuld aus. Für die gesetzlich nicht geregelten sonstigen Gegenstände wie Rechte und Dienstleistungen hat aber Entspr zu gelten (Bremen ZEV 01, 401; Staud/*Schiemann* § 243 Rz 44 ff). Andererseits passt § 2155 auf Geldvermächtnisse nicht. Eine Sonderregelung dafür ist auch überflüssig. Die Besonderheit des § 2155 ggü § 243 liegt va darin, dass nicht Sachen von mittlerer Art und Güte zu leisten sind, sondern – der typischerweise persönlichen Prägung des Vermächtnisrechts gemäß – Sachen (und sonstige Gegenstände), die den Verhältnissen des Bedachten entsprechen. Um dieses Merkmal erfüllen zu können, ist uU die Mitwirkung des Vermächtnisnehmers auch dann erforderlich, wenn ihm nicht gem II Alt 1 die Bestimmung der Sache überlassen worden ist. Der Erblasser kann freilich – und dies wird meistens seinem Willen entspr (zurückhaltend aber Staud/*Otte* Rz 5) – die Gattung, aus der zu leisten ist, auf den Nachlass beschränken (zB „10 Flaschen aus meinem Weinkeller"). Dann steht die Anordnung einem Wahlvermächtnis sehr nahe. § 2155 sollte aber wegen des für den Vermächtnisnehmer günstigeren und individuelleren Maßstabes im Zweifel den Vorrang haben.

2 Hat der Erblasser selbst noch einen der Vermächtnisanordnung entspr Gegenstand auf den Bedachten übertragen, ist § 2169 I mangels „bestimmten Gegenstandes" nicht anzuwenden, so dass das Vermächtnis **wirksam** bleibt. Auch wenn der Erblasser bei der Zuwendung unter Lebenden die Vermächtnisanordnung vergessen hatte, kann der Bedachte das Vermachte nochmals fordern. Ggü der Annahme einer „stillschweigenden" auflösenden Bedingung der Anordnung oder eines Schuldbefreiungszwecks iSd § 267 bei der vorzeitigen Leistung ist große Vorsicht geboten.

3 Nach § 243 II hat das Recht zur Bestimmung des Leistungsgegenstandes der Beschwerte. Entspricht ein Angebot nicht den Verhältnissen des Bedachten, kann dieser nicht auf eine von ihm selbst oder dem Gericht zu bestimmende Sache klagen. Er ist auf die **Zwangsvollstreckung** nach § 884 ZPO oder den Übergang zum Schadensersatz statt der Leistung nach § 893 ZPO verwiesen (zum Ausnahmefall, dass infolge des Bestimmungsmaßstabs nur **eine** erfüllungsgeeignete Sache übrig geblieben ist, Staud/*Otte* Rz 8). – Zur Verweisung in II auf § 2154 vgl dort. III bringt die allg Regel wieder zur Anwendung, dass der Beschwerte die Leistungsbestimmung vorzunehmen hat, jedoch nach dem Maßstab des I, nicht nach § 243 I.

§ 2156 Zweckvermächtnis. ¹Der Erblasser kann bei der Anordnung eines Vermächtnisses, dessen Zweck er bestimmt hat, die Bestimmung der Leistung dem billigen Ermessen des Beschwerten oder eines Dritten überlassen. ²Auf ein solches Vermächtnis finden die Vorschriften der §§ 315 bis 319 entsprechende Anwendung.

1 Abw von § 2065 II kann der Erblasser die Bestimmung des Vermächtnisgegenstandes dem Beschwerten oder einem Dritten überlassen, wenn er selbst den Zweck und dessen Verbindlichkeit (das „Ob") festgelegt hat (zB die Kosten eines Studiums) sowie die Person des Bedachten. Über diese Beschränkung hilft jedoch § 2151 oder § 2152 hinweg. Mit diesen Vorschriften kann § 2156 **kombiniert** werden. Hiervon wird beim Berliner Testament mit der Zwecksetzung Gebrauch gemacht, die erbschaftssteuerlichen Freibeträge bestmöglich auszunutzen (dazu AnwK/*Mayer* 2152 Rz 23, sog **Supervermächtnis**). Immer muss aber der Zweck selbst vom Erblasser hinreichend bestimmt worden sein. Ein „Geldbetrag für die Behindertenwerkstatt" genügt nicht, weil dies überhaupt nur die Person des Bedachten bezeichnet, aber keinen konkreten Zweck (vgl BayObLG NJW-RR 99, 946).

2 Liegt der Zweck fest, erfolgt die Auswahl des Mittels zu seiner Verwirklichung **nach billigem Ermessen**, also nicht nach freiem Belieben. Dafür gelten nach 2 §§ 315–319 entsprechend, also auch die Ersetzung einer unbilligen Bestimmung durch Urt (§§ 315 III 2, 319). Die Verweisung ist etwas missverständlich, weil nach § 315 I auch der Gläubiger das Bestimmungsrecht hat; der Bedachte in 1 aber gerade nicht genannt ist. § 2156 hat als speziellere Vorschrift insoweit den Vorrang (im Ergebnis ebenso BGH NJW 91, 85 und die hM; aA Soergel/*Wolf* Rz 4; Erman/*Schmidt* Rz 1).

§ 2157 Gemeinschaftliches Vermächtnis. Ist mehreren derselbe Gegenstand vermacht, so finden die Vorschriften der §§ 2089 bis 2093 entsprechende Anwendung.

1 Hat der Erblasser einen Gegenstand mehreren vermacht und überhaupt keine oder eine nicht unmittelbar praktisch umsetzbare Anordnung über die Anteile der Bedachten getroffen, liegt ein gemeinschaftliches Vermächtnis zu gleichen Teilen (§§ 2091, 2093) vor oder zu gleichen Teilen derjenigen, die ohne Anteilsangabe bedacht sind (§ 2092), oder zu proportional erhöhten (§ 2089) oder geminderten (§ 2090) Anteilen. Die Berechtigten sind nicht Gesamtgläubiger, sondern bei Teilbarkeit **Teilgläubiger** nach § 420 (str), bei Unteilbarkeit Mitgläubiger nach § 432.

§ 2158 Anwachsung. (1) ¹Ist mehreren derselbe Gegenstand vermacht, so wächst, wenn einer von ihnen vor oder nach dem Erbfall wegfällt, dessen Anteil den übrigen Bedachten nach dem Verhältnis ihrer Anteile an. ²Dies gilt auch dann, wenn der Erblasser die Anteile der Bedachten bestimmt hat. ³Sind einige der Bedachten zu demselben Anteil berufen, so tritt die Anwachsung zunächst unter ihnen ein.
(2) Der Erblasser kann die Anwachsung ausschließen.

Die allg erbrechtliche Anwachsungsvorschrift § 2094 gilt nur für Erben. § 2158 bestimmt für Vermächtnisnehmer beim gemeinschaftlichen Vermächtnis der Sache nach dasselbe, wenn der Erblasser nichts anderes bestimmt (II), was insb durch ein **Ersatzvermächtnis** geschehen kann und sollte. Unterschiede zur Regelung bei Erbfolge ergeben sich jedoch hinsichtlich der Voraussetzung des Wegfalls eines Berechtigten. Neben Zuwendungsverzicht (§ 2352), Vorversterben (§ 2160), Ausschlagung (§§ 2180 III, 1953 I), Anfechtung (§ 2078) und Nichterleben des Eintritts einer aufschiebenden Bedingung oder einer Befristung kommt auch der **Wegfall einer auflösenden Bedingung** oder eines Endtermins in Betracht, weil dadurch die Universalsukzession nicht berührt wird und deshalb ohne Rückwirkung auf den Erbfall oder (wenigstens konstruktive) Nacherbfolge eine Veränderung der Rechtsstellung möglich ist (Staud/*Otte* Rz 4). Der angewachsene Anteil ist (abgesehen von § 2159) **nicht selbständig**, sondern teilt das Schicksal des ursprünglichen Anteils. 1

§ 2159 Selbständigkeit der Anwachsung. Der durch Anwachsung einem Vermächtnisnehmer anfallende Anteil gilt in Ansehung der Vermächtnisse und Auflagen, mit denen dieser oder der wegfallende Vermächtnisnehmer beschwert ist, als besonderes Vermächtnis.

Abw von der allg Unselbständigkeit des angewachsenen Anteils bestimmt § 2159 für Untervermächtnisse und Auflagen eine – fiktive – Selbständigkeit mit der Folge, dass es für das Leistungsverweigerungsrecht nach § 2187 nur auf den jeweils beschwerten (ursprünglichen) Anteil ankommt. 1

§ 2160 Vorversterben des Bedachten. Ein Vermächtnis ist unwirksam, wenn der Bedachte zur Zeit des Erbfalls nicht mehr lebt.

Entgegen der für Erben geltenden Auslegungsregel in § 2069 gibt es bei Vermächtnissen **keine Vermutung für eine Ersatzberufung**. Die in § 2160 vorgesehene Unwirksamkeit erfasst nach § 2161 1 aber nicht etwaige Untervermächtnisse oder Auflagen. Bei einem gemeinschaftlichen Vermächtnis wird § 2160 von § 2158 verdrängt. Für bedachte juristische Personen, die vor dem Erbfall erloschen sind, gilt § 2160 entsprechend, wobei eine Ersatzberufung zur Erreichung des mit dem Vermächtnis verfolgten Zwecks im Wege der ergänzenden Auslegung zuvor in Betracht kommt (Staud/*Otte* Rz 4). 1

§ 2161 Wegfall des Beschwerten. ¹Ein Vermächtnis bleibt, sofern nicht ein anderer Wille des Erblassers anzunehmen ist, wirksam, wenn der Beschwerte nicht Erbe oder Vermächtnisnehmer wird. ²Beschwert ist in diesem Falle derjenige, welchem der Wegfall des zunächst Beschwerten unmittelbar zustatten kommt.

Im Gegensatz zum Wegfall des Bedachten (vgl § 2160) führt der Wegfall des Beschwerten als Erbe oder Vermächtnisnehmer nach § 2161 im Zweifel nicht zur Unwirksamkeit des Vermächtnisses. Als Konsequenz sieht 2 vor, dass der durch den Wegfall Begünstigte das Vermächtnis zu erfüllen hat. Hierfür gilt aber beim Untervermächtnis die Haftungsbeschränkung des § 2187 II. 1

§ 2162 Dreißigjährige Frist für aufgeschobenes Vermächtnis. (1) Ein Vermächtnis, das unter einer aufschiebenden Bedingung oder unter Bestimmung eines Anfangstermins angeordnet ist, wird mit dem Ablauf von 30 Jahren nach dem Erbfall unwirksam, wenn nicht vorher die Bedingung oder der Termin eingetreten ist.
(2) Ist der Bedachte zur Zeit des Erbfalls noch nicht gezeugt oder wird seine Persönlichkeit durch ein erst nach dem Erbfall eintretendes Ereignis bestimmt, so wird das Vermächtnis mit dem Ablauf von 30 Jahren nach dem Erbfall unwirksam, wenn nicht vorher der Bedachte gezeugt oder das Ereignis eingetreten ist, durch das seine Persönlichkeit bestimmt wird.

Die Vorschrift, zu der § 2163 eine wichtige Ausnahme enthält, sieht für das Vermächtnis wie §§ 2044 II (Teilungsverbot), 2109 I (Nacherbfolge) und 2210 (Dauertestamentsvollstreckung) eine Dreißig-Jahresfrist vor. Eine aufschiebende Bedingung oder ein Anfangstermin muss spätestens vor Ablauf dieser Frist eingetreten sein. Dies gilt nach II Alt 2 auch für den Fall, dass der Eintritt der Bedingung erst die Person des Begünstigten festlegt (zB „wer als Erster heiratet"). Ist das Vermächtnis (einschließlich Unter-, Ersatz- oder Nachvermächtnis) innerhalb dreißig Jahren **wirksam** geworden, kann seine **Erfüllung** noch **später** verlangt 1 werden. Dann unterliegt der Anspruch aber der Verjährung. Die Frist für den Anfall des Vermächtnisses kann sich nach II um die Empfängniszeit eines noch nicht geborenen Vermächtnisnehmers verlängern.

§ 2163 Ausnahmen von der dreißigjährigen Frist. Das Vermächtnis bleibt in den Fällen des § 2162 auch nach dem Ablauf von 30 Jahren wirksam:
1. wenn es für den Fall angeordnet ist, dass in der Person des Beschwerten oder des Bedachten ein bestimmtes Ereignis eintritt, und derjenige, in dessen Person das Ereignis eintreten soll, zur Zeit des Erbfalls lebt;
2. wenn ein Erbe, ein Nacherbe oder ein Vermächtnisnehmer für den Fall, dass ihm ein Bruder oder eine Schwester geboren wird, mit einem Vermächtnis zugunsten des Bruders oder der Schwester beschwert ist.
(2) Ist der Beschwerte oder der Bedachte, in dessen Person das Ereignis eintreten soll, eine juristische Person, so bewendet es bei der dreißigjährigen Frist.

1 Die Vorschrift, die fast wörtlich § 2109 I 2 entspricht, enthält in I Nr 1 die ggü § 2162 praktisch **wichtigere Regel**. Da zu den Ereignissen in der Person des Beschwerten auch dessen Tod gehören kann, ermöglicht I Nr 1 eine faktische Beschwerung von dessen Erben. Ist das Ereignis der Tod eines Vermächtnisnehmers, dem zB der Nießbrauch vermacht war, gilt I Nr 1 aber nicht, weil dieser wegen des Erlöschens des Nießbrauchs (§ 1061 1) nicht beschwert sein kann (vgl BGH NJW-RR 92, 643; FamRZ 92, 800). „In der Person" betreffen den Beschwerten oder den Bedachten auch Ereignisse, die nicht seine Person selbst, sondern seine Vermögensstellung betreffen, zB die Insolvenz (BGH NJW 69, 1112), hingegen keine „allg Vorgänge" (AnwK/*Mayer* Rz 2 mwN Fn 6).

§ 2164 Erstreckung auf Zubehör und Ersatzansprüche. (1) Das Vermächtnis einer Sache erstreckt sich im Zweifel auf das zur Zeit des Erbfalls vorhandene Zubehör.
(2) Hat der Erblasser wegen einer nach der Anordnung des Vermächtnisses erfolgten Beschädigung der Sache einen Anspruch auf Ersatz der Minderung des Wertes, so erstreckt sich im Zweifel das Vermächtnis auf diesen Anspruch.

1 Wie §§ 311c, 926 erstreckt die Vorschrift das Vermächtnis **im Zweifel** auf das Zubehör, und zwar nicht nur, wenn die Hauptsache ein Grundstück ist. Maßgeblicher Zeitpunkt ist der Erbfall, also weder Testamentserrichtung noch (zB bei einer Bedingung) Anfall (hM). Was bei ordnungsgemäßer Wirtschaft nach dem Erbfall ausgetauscht worden ist, muss aber nach dem Sinn der vom Erblasser gewollten Begünstigung in das Vermächtnis einbezogen werden. War der Erblasser nicht Eigentümer des Zubehörs, kann nach dem (mutmaßlichen) Willen des Erblassers ein Besitzvermächtnis nach § 2169 II oder ein Verschaffungsvermächtnis nach § 2170 vorliegen. Was Zubehör ist, bestimmen **§§ 97, 98**. Bestandteile sind in § 2164 nicht erwähnt, weil die Erstreckung darauf selbstverständlich ist (Staud/*Otte* Rz 5). Darüber hinaus wird der nach § 2164 **maßgebliche Zeitpunkt** (der Erbfall) mit Recht auf vermachte Inbegriffe von Sachen und Rechten analog angewendet. Und der für die Einbeziehung von Zubehör maßgebliche Gedanke passt ebenso auf Gegenstände, die mit dem vermachten (Haupt)Gegenstand in engem wirtschaftlichen Zusammenhang stehen, ohne Zubehör zu sein (Beispiel bei Planck/*Flad* Anm 4: Notweg über nicht vermachtes Nachbargrundstück des Erblassers ohne Entschädigung).

2 Im Sinne einer Art schuldrechtlicher Surrogation hat der Erblasser im Zweifel ihm zustehende **Ersatzansprüche** wegen Sachbeschädigungen mitvermacht. Dieser Inhalt des II ist unabhängig vom Rechtsgrund des Ersatzanspruchs. Wegen des Stufenverhältnisses ggü der Minderung wird man den Nacherfüllungsanspruch nach § 437 den Ersatzansprüchen gleichstellen müssen (Palandt/*Edenhofer* Rz 3; Staud/*Otte* Rz 9). Kein Ersatzanspruch ist hingegen der Rückgewähranspruch nach Rücktritt (aA MüKo/*Schlichting* Rz 5). Bei Zerstörung gilt § 2169 III, bei Veränderungen iSd §§ 946 ff uU § 2172 II. Nach dem Erbfall richten sich Ersatzansprüche nach § 285.

§ 2165 Belastungen. (1) ¹Ist ein zur Erbschaft gehörender Gegenstand vermacht, so kann der Vermächtnisnehmer im Zweifel nicht die Beseitigung der Rechte verlangen, mit denen der Gegenstand belastet ist. ²Steht dem Erblasser ein Anspruch auf die Beseitigung zu, so erstreckt sich im Zweifel das Vermächtnis auf diesen Anspruch.
(2) Ruht auf einem vermachten Grundstück eine Hypothek, Grundschuld oder Rentenschuld, die dem Erblasser selbst zusteht, so ist aus den Umständen zu entnehmen, ob die Hypothek, Grundschuld oder Rentenschuld als mitvermacht zu gelten hat.

1 §§ 2165–2168a enthalten Regeln für den Fall, dass der vermachte Gegenstand belastet ist. Mangels näherer Bestimmung durch den Erblasser soll die **Belastung** bei Erfüllung des Vermächtnisanspruchs **bestehen bleiben** (I), in dem besonderen Fall des § 1108 wohl auch die persönliche Haftung (AnwK/*Mayer* Fn 9). Bei Bestehen einer Reallast ist eine ausdrückliche testamentarische Regelung daher dringend anzuraten. Keine

Belastung ist die Sicherungsübereignung. Wird ein zur Sicherheit übereigneter Gegenstand vermacht, sind aber §§ 2169 f anzuwenden, so dass der Beschwerte verpflichtet sein kann, die Sicherheit abzulösen. Hatte schon der Erblasser einen Rückgewähranspruch auf das Sicherungseigentum, wird man ihn genauso wie den Anspruch auf Beseitigung einer Belastung nach I 2 als mit vermacht ansehen können. Dies gilt auch, wenn der Beseitigungsanspruch erst mit dem Erbfall entsteht, wie bei Fälligkeit einer Risikolebensversicherung, die zur Sicherung des Kredits abgeschlossen war (BGH WM 80, 310). Ein Wille des Erblassers, dem Vermächtnisnehmer den Beseitigungsanspruch zu verschaffen, kann sich iÜ ebenso aus den Umständen ergeben (BGH NJW 98, 682) wie der Wille, ein Eigentümerpfandrecht auf ihn übergehen zu lassen (II).

§ 2166 Belastung mit einer Hypothek.
(1) ¹Ist ein vermachtes Grundstück, das zur Erbschaft gehört, mit einer Hypothek für eine Schuld des Erblassers oder für eine Schuld belastet, zu deren Berichtigung der Erblasser dem Schuldner gegenüber verpflichtet ist, so ist der Vermächtnisnehmer im Zweifel dem Erben gegenüber zur rechtzeitigen Befriedigung des Gläubigers insoweit verpflichtet, als die Schuld durch den Wert des Grundstücks gedeckt wird. ²Der Wert bestimmt sich nach der Zeit, zu welcher das Eigentum auf den Vermächtnisnehmer übergeht; er wird unter Abzug der Belastungen berechnet, die der Hypothek im Range vorgehen.
(2) Ist dem Erblasser gegenüber ein Dritter zur Berichtigung der Schuld verpflichtet, so besteht die Verpflichtung des Vermächtnisnehmers im Zweifel nur insoweit, als der Erbe die Berichtigung nicht von dem Dritten erlangen kann.
(3) Auf eine Hypothek der in § 1190 bezeichneten Art finden diese Vorschriften keine Anwendung.

Da nach § 2165 I die Belastungen auf einem vermachten Grundstück im Zweifel bestehen bleiben, muss der Vermächtnisnehmer sie wirtschaftlich endgültig tragen und ggf ablösen. Daraus zieht § 2166 I 1 die Konsequenz, indem er dem Vermächtnisnehmer, der die persönliche Schuld, für die die Sicherheit besteht, zurückzahlt, den **Regress** ggü dem Erben und Rechtsnachfolger des Erblassers als persönlichen Schuldner aus § 1143 **abschneidet**. Dies passt sinngemäß auch auf die Sicherungsgrundschuld (BGH NJW 63, 1612), es sei denn es handelt sich um die Sicherheit für einen Kontokorrentkredit (BGHZ 37, 233, 246). Denn dann ist das gesicherte Darlehen wie bei der Höchstbetragshypothek (III) iA nicht für die Bebauung des Grundstücks aufgenommen worden, so dass auch die „Gegenleistung" eines entspr Grundstückswertes dem Vermächtnisnehmer nicht zugute kommt.

Der Anspruch aus I 1 ist in zweifacher Hinsicht **subsidiär**: wirtschaftlich durch die Beschränkung auf den Grundstückswert, und zwar zu dem Zeitpunkt, in dem er dem Vermächtnisnehmer wirklich zugute kommt (I 2), rechtlich-konstruktiv durch den Nachrang des Vermächtnisnehmers ggü Drittverpflichteten (II).

§ 2167 Belastung mit einer Gesamthypothek.
¹Sind neben dem vermachten Grundstück andere zur Erbschaft gehörende Grundstücke mit der Hypothek belastet, so beschränkt sich die in § 2166 bestimmte Verpflichtung des Vermächtnisnehmers im Zweifel auf den Teil der Schuld, der dem Verhältnis des Wertes des vermachten Grundstücks zu dem Werte der sämtlichen Grundstücke entspricht. ²Der Wert wird nach § 2166 Abs. 1 Satz 2 berechnet.

Die Vorschrift erstreckt die in § 2166 I 2, II niedergelegte Subsidiarität auf den Fall der Gesamthypothek: Die Verpflichtung des Vermächtnisnehmers ggü dem Erben aus § 2166 I 1 beschränkt sich auf den Teil, der dem Wert des vermachten Grundstücks im Verhältnis zu allen haftenden Grundstücken entspricht (zur Berechnungsformel AnwK/*Mayer* Rz 4).

§ 2168 Belastung mit einer Gesamtgrundschuld.
(1) ¹Besteht an mehreren zur Erbschaft gehörenden Grundstücken eine Gesamtgrundschuld oder eine Gesamtrentenschuld und ist eines dieser Grundstücke vermacht, so ist der Vermächtnisnehmer im Zweifel dem Erben gegenüber zur Befriedigung des Gläubigers in Höhe des Teils der Grundschuld oder der Rentenschuld verpflichtet, der dem Verhältnis des Wertes des vermachten Grundstücks zu dem Wert der sämtlichen Grundstücke entspricht. ²Der Wert wird nach § 2166 Abs. 1 Satz 2 berechnet.
(2) Ist neben dem vermachten Grundstück ein nicht zur Erbschaft gehörendes Grundstück mit einer *Gesamtgrundschuld* oder einer *Gesamtrentenschuld* belastet, so finden, wenn der Erblasser zur Zeit des Erbfalls gegenüber dem Eigentümer des anderen Grundstücks oder einem Rechtsvorgänger des Eigentümers zur Befriedigung des Gläubigers verpflichtet ist, die Vorschriften des § 2166 Abs. 1 und des § 2167 entsprechende Anwendung.

Nach I gilt für die Gesamtgrundschuld dasselbe wie für die Gesamthypothek nach § 2167 (vgl Erläuterungen dort). II erweitert § 2166 I 1 (Verpflichtung ggü dem Erben zur Erfüllung der persönlichen Schuld des Erblassers) auf den Fall, dass der Erblasser nur überhaupt (zB nach § 415 III) zur Befriedigung des Gläubigers verpflichtet war, um ein gar nicht zum Nachlass gehörendes mitbelastetes Grundstück frei zu machen. Über den Wortlaut hinaus passt dies für Verpflichtungen nicht nur ggü dem Eigentümer des belasteten Grundstücks sondern auch ggü dem persönlichen Schuldner (AnwK/*Mayer* Rz 3).

§ 2168a Anwendung auf Schiffe, Schiffsbauwerke und Schiffshypotheken.
§ 2165 Abs. 2, §§ 2166, 2167 gelten sinngemäß für eingetragene Schiffe und Schiffsbauwerke und für Schiffshypotheken.

1 Ist Gegenstand des Vermächtnisses ein Schiff(santeil), gelten die Vorschriften über die Hypothek (nicht: über die Grundschuld) beim Vermächtnis auch für Schiffshypotheken. Dasselbe gilt nach § 98 II LuftfzRG für das Registerpfand an Luftfahrzeugen.

§ 2169 Vermächtnis fremder Gegenstände.
(1) Das Vermächtnis eines bestimmten Gegenstands ist unwirksam, soweit der Gegenstand zur Zeit des Erbfalls nicht zur Erbschaft gehört, es sei denn, dass der Gegenstand dem Bedachten auch für den Fall zugewendet sein soll, dass er nicht zur Erbschaft gehört.
(2) Hat der Erblasser nur den Besitz der vermachten Sache, so gilt im Zweifel der Besitz als vermacht, es sei denn, dass er dem Bedachten keinen rechtlichen Vorteil gewährt.
(3) Steht dem Erblasser ein Anspruch auf Leistung des vermachten Gegenstands oder, falls der Gegenstand nach der Anordnung des Vermächtnisses untergegangen oder dem Erblasser entzogen worden ist, ein Anspruch auf Ersatz des Wertes zu, so gilt im Zweifel der Anspruch als vermacht.
(4) Zur Erbschaft gehört im Sinne des Absatzes 1 ein Gegenstand nicht, wenn der Erblasser zu dessen Veräußerung verpflichtet ist.

1 Nicht immer befindet sich der vermachte Gegenstand bei dem Erbfall (noch) im Vermögen des Erblassers oder im Nachlass. Dafür treffen §§ 2169 f, 2173 und 2175 Sonderregeln. Die einfachste und allg Regel enthält § 2169 I: Wenn der Erblasser (ausdrücklich oder bei entspr Auslegung seiner Verfügung) keine andere Anordnung getroffen hat, ist das Vermächtnis eines Gegenstandes, der **nicht Nachlassbestandteil** wird, unwirksam. Dies wird vom Gesetz nur für das Vermächtnis eines „bestimmten" Gegenstandes ausgesprochen, also für ein **Stückvermächtnis**. Nach der typischen Interessenlage hat aber dasselbe zu gelten, wenn der Erblasser eine beschränkte Gattungsschuld des Beschwerten begründen wollte, zB über „20 Flaschen aus meinem Weinkeller". Ist der Vorrat beim Erbfall schon erschöpft, trifft den Beschwerten keine Verschaffungspflicht. Anderes gilt, wenn der Erblasser ein Verschaffungsvermächtnis („es sei denn" nach I, genauer § 2170) zuwenden wollte.

2 II–IV geben genauer an, wann ein Gegenstand (nicht) zur Erbschaft gehört: Hatte der Erblasser an der vermachten Sache nur den Besitz, gilt wenigstens dieser als vermacht; ist der Vermächtnisnehmer aber zB verpflichtet, die Sache alsbald dem Eigentümer herauszugeben, ist das Vermächtnis unwirksam (II). Hatte der Erblasser (nur) einen Anspruch auf den vermachten Gegenstand oder wenigstens auf Ersatz seines Wertes (nicht aber: auf eine Gegenleistung dafür, BGHZ 22, 357), gilt der Anspruch anstelle des Gegenstandes selbst als vermacht (III). Umgekehrt bleibt es bei Unwirksamkeit trotz (formaler) Nachlasszugehörigkeit, wenn der Erblasser zur Veräußerung des Gegenstandes verpflichtet war (IV).

§ 2170 Verschaffungsvermächtnis.
(1) Ist das Vermächtnis eines Gegenstands, der zur Zeit des Erbfalls nicht zur Erbschaft gehört, nach § 2169 Abs. 1 wirksam, so hat der Beschwerte den Gegenstand dem Bedachten zu verschaffen.
(2) ¹Ist der Beschwerte zur Verschaffung außerstande, so hat er den Wert zu entrichten. ²Ist die Verschaffung nur mit unverhältnismäßigen Aufwendungen möglich, so kann sich der Beschwerte durch Entrichtung des Wertes befreien.

1 Die Vorschrift regelt den Fall, dass der Erblasser entgegen der Vermutung nach § 2169 I ein Vermächtnis über einen Gegenstand angeordnet hat, der zur Zeit des Erbfalls **nicht zum Nachlass** gehört. Dann ist der Beschwerte nicht einfach zur Übertragung des Gegenstandes an den Bedachten verpflichtet (wozu er gar nicht in der Lage ist, wenn er nicht selbst Inhaber ist), sondern dazu, das Objekt **zu verschaffen** (daher „Verschaffungsvermächtnis"). Da der Beschwerte, va wenn er den Vermächtnisgegenstand nicht mit Mitteln des Nachlasses beschaffen kann, durch ein solches Vermächtnis erheblich belastet wird, sind an die Annahme eines Vermächtnisses dieses Typs hohe Anforderungen zu stellen. Die Rspr trägt dem Rechnung durch das Erfordernis einer „besonderen Intensität des Verpflichtungswillens" beim Erblasser (BGH FamRZ 84, 41; Oldbg FamRZ 99, 532). Liegt hiernach ein Vermächtnis gem § 2170 vor, entspricht die Pflicht des Beschwerten *derjenigen eines Verkäufers* (Eigentumsübertragung, Rechtsverschaffung), allerdings außer bei einem Gattungsvermächtnis (§ 2183) ohne Gewährleistung wegen Sachmängeln. Die Rechtsmängelhaftung richtet sich hingegen nach § 2182 II u III.

Für die Verschaffung selbst ist danach zu unterscheiden, wem der Gegenstand gehört: Gehört er bereits **dem Vermächtnisnehmer**, ist das Vermächtnis selbst gegenstandslos (AnwK/*Mayer* Rz 8), es sei denn der Wille des Erblassers ist erkennbar darauf gerichtet, dem Bedachten trotzdem den Wert oder den Beschaffungsaufwand zukommen zu lassen. Gehört der Gegenstand **dem Beschwerten**, bietet die Erfüllung keine Probleme. Allerdings ist § 2059 I zu beachten, wenn der Beschwerte Miterbe ist. Für die Vollstreckung gelten §§ 894, 897 ZPO (dazu genauer Staud/*Otte* Rz 16). Am kompliziertesten ist die Lage, wenn der Gegenstand **einem Dritten** gehört (wobei Dritter auch eine Gesamthandsgemeinschaft ist, deren Mitglied der Beschwerte selbst ist, vgl OLG Saarbr NJOZ 06, 3877). Von diesem kann der Bedachte nichts verlangen. Vielmehr muss er den Beschwerten darauf verklagen, die Bereitschaft des Dritten zur Übertragung an sich herbeizuführen. Die Vollstreckung erfolgt dann nach § 887 ZPO (dazu – einschließlich der Ermächtigung durch das Prozessgericht an den Bedachten und Vorauszahlung der Kosten durch den Beschwerten – Staud/*Otte* Rz 13, 14).

II enthält eine Sonderregelung zur Störung des Leistungsprogramms eines Verschaffungsvermächtnisses, die den Schuldner teilweise ggü dem Allgemeinen Schuldrecht privilegiert: Im Falle des **Unvermögens** bleibt er nicht – wie nach der allg Regelung des § 276 I 1 für das Beschaffungsrisiko – zur Primärleistung oder zu Schadensersatz statt der Leistung nach §§ 281 ff verpflichtet, sondern schuldet Wertersatz. Die Möglichkeit, Wertersatz zu leisten, (Ersetzungsbefugnis) steht dem Schuldner als Privileg ggü der strengeren allg Opfergrenze nach § 275 II auch bei **unverhältnismäßigen Aufwendungen** für die Beschaffung zu. Hat der Beschwerte ein nachträglich eintretendes Unvermögen wegen Verschuldens oder Verzugs zu vertreten, gelten ebenso die allg Vorschriften wie bei nachträglicher objektiver Unmöglichkeit. Durch die Herbeiführung einer Haftungsbeschränkung kann sich der Beschwerte von der Verpflichtung aus I nicht befreien (Staud/*Otte* Rz 9). Durch Erhebung der **Einrede des § 1992** kann er aber erreichen, dass er die Verpflichtung aus I nur gegen Bezahlung der Differenz zwischen dem Wert des Vermächtnisses und dem Nachlasswert zu erfüllen braucht (BGH NJW 64, 2298). Sowohl die Voraussetzungen für den Übergang zum Anspruch aus II, als auch die Berechnung des Wertes bieten Anlass für Streit. Der Erblasser selbst sollte daher durch Festsetzung eines Endtermins für die Verschaffung und eines Wertes vorsorgen (AnwK/*Mayer* Rz 10).

§ 2171 Unmöglichkeit, gesetzliches Verbot.
(1) Ein Vermächtnis, das auf eine zur Zeit des Erbfalls für jedermann unmögliche Leistung gerichtet ist oder gegen ein zu dieser Zeit bestehendes gesetzliches Verbot verstößt, ist unwirksam.
(2) Die Unmöglichkeit der Leistung steht der Gültigkeit des Vermächtnisses nicht entgegen, wenn die Unmöglichkeit behoben werden kann und das Vermächtnis für den Fall zugewendet ist, dass die Leistung möglich wird.
(3) Wird ein Vermächtnis, das auf eine unmögliche Leistung gerichtet ist, unter einer anderen aufschiebenden Bedingung oder unter Bestimmung eines Anfangstermins zugewendet, so ist das Vermächtnis gültig, wenn die Unmöglichkeit vor dem Eintritt der Bedingung oder des Termins behoben wird.

Die Vorschrift ist eine Spezialregelung zu § 311a. Anders als dort für den Vertrag vorgesehen, ist die Vermächtnisanordnung bei anfänglicher objektiver Unmöglichkeit **unwirksam**. Dasselbe gilt für ein zur Zeit des Erbfalls gesetzwidriges Vermächtnis. Schon nach dem Recht vor der Schuldrechtsmodernisierung war die praktische Bedeutung der Vorschrift gering. Daran wird sich nach der Neufassung (gültig seit 1.1.02) kaum etwas ändern. ISd favor testamenti ermöglichen II u III die Gültigkeit des Vermächtnisses trotz anfänglicher Unmöglichkeit: II von Anfang an, wenn die Unmöglichkeit vorübergehender Art ist und der Erblasser das Vermächtnis unter der Bedingung der Möglichkeit angeordnet hat; III auch ohne darauf gerichteten Erblasserwillen bei einem Vermächtnis unter einer anderen Bedingung als derjenigen des II, wenn die Unmöglichkeit vor Bedingungseintritt behoben wird. Nicht in der Vorschrift genannt ist das sittenwidrige Vermächtnis. Die hM stellt zT gerade wegen § 2171 I bei der Beurteilung auf den Zeitpunkt des Erbfalls ab (Soergel/*Wolf* Rz 8 mwN; unentschieden BGHZ 140, 118, 120). § 138 I hat jedoch keine Straffunktion ggü dem Erblasser, sondern will nur verhindern, dass sittenwidrige Rechtsgeschäfte den Schutz der Rechtsordnung genießen. Sieht man das Rechtsgeschäft zum Zeitpunkt der richterlichen Entscheidung nicht mehr als sittenwidrig an, hat diese Beurteilung deshalb den Vorrang (AnwK/*Mayer* Rz 9 m Fn 21).

Ist die Vermächtnisanordnung selbst von einer behördlichen **Genehmigung** abhängig (wie nach § 16 II HöfeO) und wird die Genehmigung versagt, liegt ein Fall des I vor. Bedarf – wie meist – nur die Erfüllung einer Genehmigung (zB nach §§ 1643, 1821 f) und wird diese verweigert, tritt nachträgliche Unmöglichkeit ein (Staud/*Otte* Rz 4 mwN) mit der Folge der §§ 275, 280, 283. Die anfängliche subjektive Unmöglichkeit (Unvermögen) ist hingegen von §§ 2169, 2170 erfasst.

§ 2172 Verbindung, Vermischung, Vermengung der vermachten Sache.
(1) Die Leistung einer vermachten Sache gilt auch dann als unmöglich, wenn die Sache mit einer anderen Sache in solcher Weise verbunden, vermischt oder vermengt worden ist, dass nach den §§ 946 bis 948 das Eigentum an der anderen Sache sich auf sie erstreckt oder Miteigentum eingetreten ist, oder wenn

sie in solcher Weise verarbeitet oder umgebildet worden ist, dass nach § 950 derjenige, welcher die neue Sache hergestellt hat, Eigentümer geworden ist.
(2) ¹Ist die Verbindung, Vermischung oder Vermengung durch einen anderen als den Erblasser erfolgt und hat der Erblasser dadurch Miteigentum erworben, so gilt im Zweifel das Miteigentum als vermacht; steht dem Erblasser ein Recht zur Wegnahme der verbundenen Sache zu, so gilt im Zweifel dieses Recht als vermacht. ²Im Falle der Verarbeitung oder Umbildung durch einen anderen als den Erblasser bewendet es bei der Vorschrift des § 2169 Abs. 3.

1 Die Vorschrift, die wie § 2171 geringe praktische Bedeutung hat, enthält eine Auslegungsregel für den Fall der **sachenrechtlichen Änderung** des Vermächtnisgegenstandes bis zum Erbfall nach §§ 946 ff (einschließlich der in der Überschrift nicht genannten Verarbeitung, I aE, II 2). Der Erblasser kann von sich aus Ersatzregeln für diesen Fall treffen. Unterlässt er dies, ist das Vermächtnis nach I iVm § 2171 unwirksam. Hat der Erblasser aufgrund der Veränderung Miteigentum oder einen Wegnahmeanspruch erworben oder steht ihm wegen der Verarbeitung ein Wertersatzanspruch nach § 951 zu, bleibt das Vermächtnis wirksam und bezieht sich nach II auf das Surrogat.

§ 2173 Forderungsvermächtnis.
¹Hat der Erblasser eine ihm zustehende Forderung vermacht, so ist, wenn vor dem Erbfall die Leistung erfolgt und der geleistete Gegenstand noch in der Erbschaft vorhanden ist, im Zweifel anzunehmen, dass dem Bedachten dieser Gegenstand zugewendet sein soll. ²War die Forderung auf die Zahlung einer Geldsumme gerichtet, so gilt im Zweifel die entsprechende Geldsumme als vermacht, auch wenn sich eine solche in der Erbschaft nicht vorfindet.

1 Die Vorschrift gibt eine **Auslegungsregel** für den Fall, dass eine vermachte Forderung vor dem Erbfall erfüllt worden ist. Dann wird der ursprüngliche Vermächtnisgegenstand durch den im Nachlass vorhandenen Erfüllungsgegenstand surrogiert. Analog anwendbar ist dies, wenn eine Geldforderung durch Aufrechnung erloschen ist. Denn auch in einem solchen Fall befindet sich der Wert noch im Nachlass. Entspr gilt, wenn die vermachte Forderung nicht erloschen ist, sondern mit der Leistung an den Erblasser auf den Leistenden (zB den Bürgen nach § 774 I) übergegangen ist (Staud/*Otte* Rz 4). Genauso ist beim Forderungsverkauf zu verfahren (aaO Rz 7).

2 Von der Vorschrift nicht erfasst wird das **Befreiungsvermächtnis**. Hat der Bedachte vor dem Anfall des Vermächtnisses die Forderung noch nicht erfüllt, kann er von den Erben nach § 2174 den Abschluss eines Erlassvertrages (§ 397) verlangen. Hat der Bedachte schon geleistet, kann er entspr dem Sinn des § 2173 die Leistung nach dem Erbfall zurück verlangen (Staud/*Otte* Rz 11). Beim **Schuldvermächtnis**, das von § 2173 nicht erfasst wird, vermacht der Erblasser dem Gläubiger den ohnehin geschuldeten Gegenstand und verschafft dem Gläubiger als Vermächtnisnehmer dadurch die zusätzliche und oft einfacher zu realisierende Anspruchsbegründung aus § 2174. Erhält erst **der Erbe** die Leistung auf die vermachte Forderung, gilt dafür § 285, bei Verschulden des Erben auch §§ 280, 283 (AnwK/*Mayer* Rz 5 mwN).

§ 2174 Vermächtnisanspruch.
Durch das Vermächtnis wird für den Bedachten das Recht begründet, von dem Beschwerten die Leistung des vermachten Gegenstands zu fordern.

1 Die Vorschrift enthält die **Anspruchsgrundlage** für den Vermächtnisnehmer und somit zugleich die Aussage, dass nach geltendem Recht das Damnations- und nicht das Vindikationslegat gilt (vor § 2147 Rz 1). Dem schuldrechtlichen Charakter des Vermächtnisanspruchs entspr sind auf ihn die Vorschriften des Allgemeinen Schuldrechts anwendbar, soweit sich aus den §§ 2147 ff oder allg erbrechtlichen Erwägungen nichts anderes ergibt. Den Gläubiger (Vermächtnisnehmer) bezeichnet das Gesetz als Bedachten, den Schuldner als Beschwerten (vgl § 2147 und Erläuterung dazu). Der Anspruch wird fällig mit dem Erbfall oder nach §§ 2181, 2186, jedoch nicht vor dem Anfall des Vermächtnisses nach §§ 2176 ff. Die **Erfüllung** erfolgt nach den allgemeinen Regeln, also etwa durch Eigentumsübertragung nach §§ 873, 925 oder 929 ff oder durch Übertragung der Forderung oder des Rechts nach §§ 398, 413, beim Vermächtnis eines Universalnießbrauchs durch Bestellung des Nießbrauchs an allen einzelnen Nachlassgegenständen. Soweit der Gesellschaftsvertrag es zulässt, können auch die Gesellschaftsanteile einer Personengesellschaft Gegenstand eines Vermächtnisses sein. Dann ist der Anteil auf den Vermächtnisnehmer zu übertragen (BGH NJW 83, 2376). Wie andere schuldrechtliche Ansprüche ist der Vermächtnisanspruch durch Nebenleistungen, Nebenpflichten und Schutzpflichten zu ergänzen. Ein Geldvermächtnis ist ab Verzug oder Rechtshängigkeit zu verzinsen, soweit die Zinsen nicht ohnehin nach § 2184 1 als Früchte (vom Anfall an) mit vermacht sind. Kein Raum ist hingegen für § 313. Stattdessen ist eine grundlegende Veränderung der Verhältnisse durch ergänzende Auslegung oder Anfechtung nach § 2078 II zu erfassen (BGH NJW 93, 850). Der Vermächtnisanspruch selbst kann idR nach § 398 **abgetreten** werden. Hiergegen kann der Erblasser kein dinglich wirkendes Abtretungsverbot nach § 399, Alt 2 vorsehen, wohl aber eine auflösende Bedingung (AnwK/*Mayer* Rz 7 mwN).

Leistungsstörungen werden teils von den Sondervorschriften des Vermächtnisrechts, teils vom Allgemeinen 2
Schuldrecht erfasst. Hinsichtlich der Sach- oder Rechtsmängel ist zu unterscheiden: Für das Gattungsvermächtnis ist die Haftung in §§ 2182 f geregelt, für das Stückvermächtnis hinsichtlich Rechtsmängeln in §§ 2165–2168a. Eine Haftung für Sachmängel beim Stückvermächtnis besteht nicht. Hat der Beschwerte eine schuldhafte Pflichtverletzung begangen, kommen Ansprüche aus §§ 280–281, 283–288 in Betracht. Hinzu kommen die Spezialvorschriften §§ 2169–2173. Für das Gattungsvermächtnis ist die Haftungsverschärfung durch § 276 I 1 Hs 2 zu beachten.

Einen **Auskunftsanspruch** des Vermächtnisnehmers wollte das RG (RGZ 129, 239) noch nicht allg anerken- 3
nen, eröffnete aber die Möglichkeit, dass der Erblasser (uU auch nur hypothetisch) einen Auskunftsanspruch „mitvermacht" habe. Man wird einen solchen Anspruch heute aber auch ohne entspr Erblasserwillen aus § 242 nach den Umständen des Einzelfalles selbst herleiten und dann sogar, wenn nötig, bis zu einem Anspruch auf Rechnungslegung gegen den Beschwerten steigern können (BGH NJW-RR 91, 707; Jauernig/*Stürner* Rz 5).

Eine **Sicherung** des Vermächtnisanspruchs ist gesetzlich nicht vorgesehen. Allerdings kann der Erblasser 4
zusätzlich auch eine Sicherheit vermachen, die dann aber gleichfalls erst ab Anfall des Vermächtnisses beansprucht werden kann (BGH NJW 01, 2883). Der Erblasser kann freilich durch Rechtsgeschäfte unter Lebenden Vorsorge für den Vermächtnisnehmer treffen. So kann er ihm eine unwiderrufliche Vollmacht auf den Todesfall zur Erfüllung des Vermächtnisses an sich selbst erteilen. Bei Grundstücken kann sich der Erblasser durch Rechtsgeschäft unter Lebenden verpflichten, keine Verfügung vorzunehmen und bei Verstoß hiergegen das Grundstück unmittelbar an den Vermächtnisnehmer zu übertragen. Dieser Übereignungsanspruch kann, auch wenn er unter einer Bedingung steht, nach § 883 I durch Vormerkung gesichert werden (AnwK/*Mayer* Rz 33).

Für die **Verjährung** des Anspruchs gilt nach Wegfall des § 197 I Nr 2 aF zum 01.01.10 generell § 195 mit der 5
Sondervorschrift des § 199 IIIa (ohne Kenntnis des Vermächtnisnehmers 30 Jahre).

Ist der Erbe beschwert, handelt es sich bei § 2174 um eine **Nachlassverbindlichkeit**, für die der Erbe bis 6
zur Erschöpfung des Nachlasses (BGH NJW 93, 850) und mit seinem Eigenvermögen haftet, wenn er nicht seine Haftung nach §§ 1990 ff beschränkt. In Betracht kommt bei Überschuldung des Nachlasses durch Vermächtnisse und Auflagen die Abwendung der Herausgabe durch Zahlung des Wertes nach § 1992 2. Daraus ist umgekehrt für den Vermächtnisnehmer die Befugnis zu entnehmen, Herausgabe des Vermächtnisses gegen eine Ausgleichszahlung zur Vermeidung der Überschuldung des Nachlasses zu verlangen (BGH NJW 64, 2298).

§ 2175 Wiederaufleben erloschener Rechtsverhältnisse.
Hat der Erblasser eine ihm gegen den Erben zustehende Forderung oder hat er ein Recht vermacht, mit dem eine Sache oder ein Recht des Erben belastet ist, so gelten die infolge des Erbfalls durch Vereinigung von Recht und Verbindlichkeit oder von Recht und Belastung erloschenen Rechtsverhältnisse in Ansehung des Vermächtnisses als nicht erloschen.

Die Vorschrift überwindet eine konstruktive Schwäche, die sich aus dem schuldrechtlichen Charakter des 1
Vermächtnisses nach § 2174 ergibt: Da die Vermächtnisgegenstände aus dem Nachlass des Erben an den Vermächtnisnehmer übertragen werden müssen, können sie nach allg Grundsätzen zuvor durch **Konfusion** oder **Konsolidation** erloschen sein. Dies verhindert die Fiktion des § 2175. Die Vorschrift passt aber nicht, wenn schon nach den für das fragliche Recht geltenden Vorschriften die Konsolidation ausgeschlossen ist, zB § 889 bei Grundstücken. Dann ist das Vermächtnis ohne weiteres erfüllbar. Erlischt das Recht hingegen mit dem Tod des Erblassers mangels Vererblichkeit (zB nach § 1059), ist das Vermächtnis wegen rechtlicher Unmöglichkeit unwirksam, § 2169 (Soergel/*Wolf* Rz 3).

§ 2176 Anfall des Vermächtnisses.
Die Forderung des Vermächtnisnehmers kommt, unbeschadet des Rechts, das Vermächtnis auszuschlagen, zur Entstehung (Anfall des Vermächtnisses) mit dem Erbfall.

Der Anspruch des Vermächtnisnehmers nach § 2174 **entsteht** vorbehaltlich der §§ 2177–2179 nach § 2176 1
sogleich mit dem Erbfall. Stirbt der Bedachte vor dem Erbfall, ist das Vermächtnis nach § 2160 überhaupt unwirksam. Bis zum Erbfall hat der Vermächtnisnehmer auch bei einem Erbvertrag oder einem bindend gewordenen gemeinschaftlichen Testament noch keinerlei rechtliche Position. Von der Entstehung des Anspruchs ist die **Fälligkeit** zu unterscheiden. Für sie gilt zunächst eine besondere Anordnung des Erblassers, sodann § 2181 und schließlich als Auffangregel § 271 I. Der Vermächtnisnehmer ist jedoch selbst bei Anwendung des § 271 an der sofortigen Erhebung des Anspruchs bei Beschwerung des Erben uU nach § 1958 (bis zur Erbschaftsannahme) und nach § 2014 (Dreimonatseinrede) gehindert. Ob der Erblasser im Einzelfall die Entstehung des Anspruchs durch Bedingung oder Befristung (§ 2177) oder dessen Fälligkeit auf einen späteren Zeitpunkt verschieben wollte, muss im Wege der Auslegung ermittelt werden. Der entstandene, aber noch

nicht fällige Vermächtnisanspruch kann zB abgetreten werden (Soergel/*Wolf* Rz 3). Ab Anfall sind dem Vermächtnis nach § 2184 auch die Früchte des Vermächtnisgegenstandes zuzuschlagen. Wertschwankungen bis zur Erfüllung sind im allg unbeachtlich (vgl BGH NJW-RR 92, 643), während ein Quotenvermächtnis notwendigerweise von der Wertermittlung des Nachlasses insgesamt abhängt.

§ 2177 Anfall bei einer Bedingung oder Befristung.
Ist das Vermächtnis unter einer aufschiebenden Bedingung oder unter Bestimmung eines Anfangstermins angeordnet und tritt die Bedingung oder der Termin erst nach dem Erbfall ein, so erfolgt der Anfall des Vermächtnisses mit dem Eintritt der Bedingung oder des Termins.

1 Abw von § 2176, aber übereinstimmend mit den allg Regeln für Bedingungen und Befristungen (§§ 158 I, 163) lässt die Vorschrift aufschiebend bedingte oder befristete Vermächtnisse **erst vom Eintritt der Bedingung** oder vom Ablauf der aufschiebenden Frist **an** entstehen. Zwischen Erbfall und Vermächtnisanfall hat der Vermächtnisnehmer allerdings, wie § 2179 klarstellt, schon eine rechtlich gesicherte Position nach §§ 160, 162. Sie kann übertragen und in sie kann vollstreckt werden (RG JW 29, 586). Besonders verbreitet sind Vermächtnisse nach § 2177 zur Absicherung eines Berliner Testaments ("Jastrowsche Klausel", vgl AnwK/*Mayer* Rz 10 m Fn 23). Nach § 2074 muss der Bedachte im Zweifel den Bedingungseintritt erleben. Andernfalls ist das Vermächtnis unwirksam. Ist der Vermächtnisnehmer ein Abkömmling des Erblassers, ist allerdings auch die Auslegungsregel des § 2069 für dessen Abkömmlinge (also typischerweise die Enkel des Erblassers) einschlägig und hat dann Vorrang vor § 2074 (BGH NJW 58, 22; AnwK/*Mayer* Rz 8). Unwirksam wird das Vermächtnis ferner nach § 2162, wenn nicht ein Fall des § 2163 vorliegt.

2 § 2074 gilt für das **befristete** Vermächtnis nicht, so dass die Anwartschaft des Vermächtnisnehmers im Zweifel auf dessen Erben übergeht. Im Einzelfall kann die Auslegung allerdings ergeben, dass der Erblasser das Vermächtnis gar nicht befristen, sondern nur dessen Fälligkeit hinausschieben wollte. Dann gilt für den Anfall wieder § 2176 mit der Folge des § 2184 für Zwischenfrüchte und der Unanwendbarkeit der §§ 2162, 2163. Diese Unterscheidung muss auch beim Vermächtnis wiederkehrender Leistungen beachtet werden: Üblicherweise ist das Stammrecht sofort mit dem Erbfall angefallen, auch wenn die Einzelleistungen uU erst nach mehr als dreißig Jahren fällig werden (Staud/*Otte* Rz 6).

3 Nicht von § 2177 erfasst sind Vermächtnisse unter einer auflösenden Bedingung oder einem Endtermin. Beides führt zu keiner dinglichen Rechtsänderung. Ist für diesen Fall ein anderer bedacht, liegt ein **Nachvermächtnis** nach § 2191 vor. Andernfalls hat der Beschwerte einen Rückgewähranspruch nach § 812 I 2 Alt 1 wegen Wegfalls des Rechtsgrundes. Diesen Anspruch kann der Erblasser von den Schwächen des Bereicherungsrechts (insb § 818 III) entlasten, indem er dem Beschwerten den Vermächtnisgegenstand wiederum als **Rückvermächtnis** vermacht.

§ 2178 Anfall bei einem noch nicht erzeugten oder bestimmten Bedachten.
Ist der Bedachte zur Zeit des Erbfalls noch nicht gezeugt oder wird seine Persönlichkeit durch ein erst nach dem Erbfall eintretendes Ereignis bestimmt, so erfolgt der Anfall des Vermächtnisses im ersteren Falle mit der Geburt, im letzteren Falle mit dem Eintritt des Ereignisses.

1 Anders als der Erbe nach § 1923 muss der Vermächtnisnehmer nach § 2178 beim Erbfall nicht einmal gezeugt sein. In den Grenzen der §§ 2162, 2163 fällt das Vermächtnis dann mit der Geburt des Bedachten an. Entsprechendes gilt nach § 2178, wenn die Person des Vermächtnisnehmers erst nach dem Erbfall durch ein bestimmtes Ereignis (wie die erste Heirat eines der Neffen) bestimmt wird. Nicht dazu zählt die Bestimmung des Vermächtnisnehmers nach §§ 2151, 2152 (Staud/*Otte* Rz 3). Hingegen ist § 2178 (unmittelbar oder entspr) anwendbar auf eine noch nicht entstandene juristische Person als Vermächtnisnehmer (Staud/*Otte* Rz 4). Für Stiftungen von Todes wegen trifft freilich § 84 eine besondere Regelung durch die Fiktion der rückwirkenden Entstehung.

§ 2179 Schwebezeit.
Für die Zeit zwischen dem Erbfall und dem Anfall des Vermächtnisses finden in den Fällen der §§ 2177, 2178 die Vorschriften Anwendung, die für den Fall gelten, dass eine Leistung unter einer aufschiebenden Bedingung geschuldet wird.

1 Die Vorschrift begründet durch die Anwendbarkeit des Bedingungsrechts eine **Anwartschaft** für den Bedachten, die in gewissem Umfang rechtlich geschützt wird. So kann sich der Vermächtnisnehmer bereits durch Arrest oder einstweilige Verfügung nach §§ 916 II, 936 ZPO sichern. Auch die Bestellung einer Hypothek ist möglich (RGZ 65, 277, 283 f). Für den Vermächtnisanspruch auf ein Grundstück oder Grundstücksrecht *kann der Bedachte eine Vormerkung* nach § 883 I 2 eintragen lassen (AnwK/*Mayer* Rz 16 mwN). IÜ ist die Rechtsstellung des Vermächtnisnehmers nach §§ 2177, 2178 in den Grenzen der §§ 137 I, 138, 276 III vom Erblasser gestaltbar und auch gestaltungsbedürftig (AnwK/*Mayer* Rz 22 mwN).

Den Schutz des Bedachten bewirken aus dem Bedingungsrecht **§§ 160 und 162**: Der Beschwerte haftet nach § 160 I, wenn er während der Schwebezeit den Vermächtnisanspruch schuldhaft vereitelt oder beeinträchtigt, auf Schadensersatz. Darin ist eine Verwaltungs- und Erhaltungspflicht während dieser Zeit enthalten (AnwK/*Mayer* Rz 5 mit Fn 6). Verhindert der Beschwerte wider Treu und Glauben den Bedingungseintritt, fingiert § 162 den Bedingungseintritt. Nicht anzuwenden ist hingegen § 161, weil der Vermächtnisnehmer nach § 2174 nur einen Anspruch erwirbt und nicht den Gegenstand des Anspruchs, auf den allein sich Zwischenverfügungen des Beschwerten beziehen könnten (aaO Rz 8 mwN). 2

§ 2180 Annahme und Ausschlagung. (1) Der Vermächtnisnehmer kann das Vermächtnis nicht mehr ausschlagen, wenn er es angenommen hat.
(2) ¹Die Annahme sowie die Ausschlagung des Vermächtnisses erfolgt durch Erklärung gegenüber dem Beschwerten. ²Die Erklärung kann erst nach dem Eintritt des Erbfalls abgegeben werden; sie ist unwirksam, wenn sie unter einer Bedingung oder einer Zeitbestimmung abgegeben wird.
(3) Die für die Annahme und die Ausschlagung einer Erbschaft geltenden Vorschriften des § 1950, des § 1952 Abs. 1, 3 und des § 1953 Abs. 1, 2 finden entsprechende Anwendung.

Obwohl das Vermächtnis (nur) einen Anspruch des Bedachten begründet, sieht die Vorschrift auch dafür eine Annahme und Ausschlagung vor. Dies entspricht dem auch der Konstruktion eines Schenkungsvertrages zugrunde liegenden Prinzip, dass sich **niemand ohne sein Einverständnis** etwas zuwenden lassen muss. Wie bei der Erbschaft ist nach I die Ausschlagung ausgeschlossen, wenn die Annahme erfolgt ist. IÜ aber gilt nach §§ 2176 ff auch für das Vermächtnis das Anfallsprinzip, so dass es zur Verwirklichung des Anspruchs aus § 2174 der Annahme nicht bedarf. Wird der Anspruch erhoben, liegt darin freilich typischerweise eine konkludente Annahme. Denn die Annahmeerklärung ist formfrei, muss aber dem Beschwerten nach §§ 130–132 zugehen und darf nach II 2 Hs 2 keine Bedingung oder Befristung enthalten. Vor dem Erbfall können weder Annahme noch Ausschlagung erklärt werden (II 2 Hs 1). Möglich ist aber anstelle der Ausschlagung ein notarieller Zuwendungsverzichtsvertrag mit dem Erblasser nach §§ 2352, 2348. Da II 2 allein auf den Erbfall abstellt, braucht der Anfall nach § 2177 oder der Nachvermächtnisfall nach § 2191 (dazu BGH NJW 01, 520) noch nicht eingetreten zu sein. Eine Frist ist allg weder für die Annahme noch für die Ausschlagung vorgesehen. Der beschwerte Erbe kann dem Vermächtnisnehmer, der zugleich pflichtteilsberechtigt ist, aber nach § 2307 II eine Erklärungsfrist setzen, mit deren Ablauf die Wirkung der Ausschlagung eintritt. Auch der Erblasser kann eine Annahmefrist bestimmen. Deren Ablauf ist dann eine auflösende Bedingung des Vermächtnisses. 1

Soweit die Anwartschaft auf das Vermächtnis oder der Vermächtnisanspruch selbst vererblich ist, wird auch das Ausschlagungsrecht **vererbt**, III iVm § 1952. Das Ausschlagungsrecht des überlebenden Ehegatten nach § 1371 III (das auch für das Vermächtnis gilt) kann jedoch nur vom Ehegatten selbst ausgeübt werden. Zur Ausschlagung von Minderjährigen oder für sie ist die Genehmigung des Familiengerichts nach §§ 1643 II, 1822 Nr 2 erforderlich, beim Betreuten nach §§ 1908i I 1, 1822 Nr 2. Die Erklärung von Ausschlagung oder Annahme ist **unwiderruflich**, jedoch anfechtbar nach den allgemeinen Vorschriften, für den pflichtteilsberechtigten Vermächtnisnehmer zusätzlich nach § 2308. 2

Die Ausschlagung hat die **Wirkung**, dass der Anfall als nicht erfolgt gilt, III iVm § 1953. Dann verbleibt der Vermächtnisgegenstand entweder dem Beschwerten oder wächst – beim gemeinschaftlichen Vermächtnis – den anderen Vermächtnisnehmern an (§ 2158). Hat der Erblasser einen Ersatzvermächtnisnehmer bestimmt oder ist das Testament iSd § 2069 auszulegen, fällt das Vermächtnis der Ersatzperson an. Die Verweisung auf § 1953 II ist dann so zu verstehen, dass der ersatzweise Berufene nach dem Zeitpunkt des Erbfalls, bei §§ 2177, 2178 nach dem Zeitpunkt des späteren Anfalls zu bestimmen ist (AnwK/*Mayer* Rz 10 mwN). Nicht diese Wirkungen hat ein Erlassvertrag mit dem Beschwerten nach § 397. Er kommt ausschließlich dem Beschwerten zugute. 3

§ 2181 Fälligkeit bei Beliebigkeit. Ist die Zeit der Erfüllung eines Vermächtnisses dem freien Belieben des Beschwerten überlassen, so wird die Leistung im Zweifel mit dem Tode des Beschwerten fällig.

Für die Fälligkeit des Vermächtnisanspruchs, die vom Anfall nach §§ 2176 ff verschieden sein kann, gibt die Vorschrift eine Auslegungsregel, falls der Erblasser die Erfüllungszeit ins Belieben des Beschwerten gestellt hat (was nur äußerst selten vorkommen dürfte). Dann soll der Beschwerte den Vermächtnisgegenstand bis zu seinem eigenen Tode behalten dürfen (aber nicht müssen, § 271 II). 1

§ 2182 Gewährleistung für Rechtsmängel. (1) ¹Ist eine nur der Gattung nach bestimmte Sache vermacht, so hat der Beschwerte die gleichen Verpflichtungen wie ein Verkäufer nach den Vorschriften des § 433 Abs. 1 Satz 1, der §§ 436, 452 und 453. ²Er hat die Sache dem Vermächtnisnehmer frei von Rechtsmängeln im Sinne des § 435 zu verschaffen. ³§ 444 findet entsprechende Anwendung.

§ 2183 Gewährleistung für Sachmängel

(2) Dasselbe gilt im Zweifel, wenn ein bestimmter nicht zur Erbschaft gehörender Gegenstand vermacht ist, unbeschadet der sich aus dem § 2170 ergebenden Beschränkung der Haftung.
(3) Ist ein Grundstück Gegenstand des Vermächtnisses, so haftet der Beschwerte im Zweifel nicht für die Freiheit des Grundstücks von Grunddienstbarkeiten, beschränkten persönlichen Dienstbarkeiten und Reallasten.

1 Die Vorschrift sieht für Rechtsmängel am Vermächtnisgegenstand beim **Gattungs-** (§ 2155) oder **Verschaffungsvermächtnis** (§ 2170) dieselben Rechte wie für einen Käufer solcher Gegenstände vor, beim Verschaffungsvermächtnis allerdings nur als Auslegungsregel, wobei der ausdrücklich genannte § 2170 II ohnehin einen besonderen Surrogatsanspruch mit einer Beschränkung der Haftung auf den Wert (statt Schadensersatz) vorsieht. Ferner enthält III für nach §§ 2155 oder 2170 vermachte **Grundstücke** eine Einschränkung der Rechtsmängelhaftung: Im Zweifel wird für das Bestehen der genannten Dienstbarkeiten nicht gehaftet, sehr wohl aber für andere Belastungen im Gegensatz zur Auslegungsregel für das Stückvermächtnis in § 2165.

2 Praktisch bedeutet die **Verweisung ins Kaufrecht** va, dass der Vermächtnisnehmer nach §§ 437 Nr 1, 439 I Beseitigung des Rechtsmangels oder Leistung eines Ersatzgegenstandes ohne Rechtsmängel verlangen kann (Staud/*Otte* Rz 5; zur Gegenauffassung AnwK/*Mayer* Rz 7 mwN), nicht hingegen Rücktritt oder Minderung, da diese Rechte an ein Gegenseitigkeitsverhältnis anknüpfen. Rechtsmängelfrei erwirbt der Vermächtnisnehmer allerdings auch dann, wenn er gutgläubig ist, bleibt dann aber vielfach dem Anspruch des ursprünglichen Berechtigten nach § 816 I 2 ausgesetzt (Palandt/*Edenhofer* Rz 1).

§ 2183 Gewährleistung für Sachmängel.
¹Ist eine nur der Gattung nach bestimmte Sache vermacht, so kann der Vermächtnisnehmer, wenn die geleistete Sache mangelhaft ist, verlangen, dass ihm anstelle der mangelhaften Sache eine mangelfreie geliefert wird. ²Hat der Beschwerte einen Sachmangel arglistig verschwiegen, so kann der Vermächtnisnehmer anstelle der Lieferung einer mangelfreien Sache Schadensersatz statt der Leistung verlangen, ohne dass er eine Frist zur Nacherfüllung setzen muss. ³Auf diese Ansprüche finden die für die Sachmängelhaftung beim Kauf einer Sache geltenden Vorschriften entsprechende Anwendung.

1 Die Vorschrift enthält wie § 2182 I für Rechtsmängel keine allg Sachmängelgewährleistung sondern nur eine Haftungsgrundlage für ein **Gattungsvermächtnis**. Für das Stück- und Verschaffungsvermächtnis ist Gewährleistung wegen Sachmängeln nicht vorgesehen. Der Anspruch auf Lieferung einer mangelfreien Ersatzsache nach 1 entspricht dem Nachlieferungsanspruch des Käufers nach § 439 I. Obwohl in 3 auf das Kaufrecht verwiesen wird, ist ein Nachbesserungsanspruch des Bedachten statt des Ersatzlieferungsanspruchs in 1 nicht vorgesehen. Ein vernünftiger Grund dafür ist nicht ersichtlich, so dass diese Alternative des § 439 I und dann auch zugunsten des Beschwerten § 439 III in Berichtigung des 1 angewendet werden sollten (AnwK/*Mayer* Rz 5 mwN).

2 Der seit 01.01.10 zutr so bezeichnete **Schadensersatz statt der Leistung** greift anders als nach §§ 280 I 2 iVm 276 nicht bei jedem Verschulden ein, sondern ausdrücklich bei arglistigem Verschweigen, dem die arglistige Vorspiegelung der Mangelfreiheit gleichzustellen ist.

§ 2184 Früchte; Nutzungen.
¹Ist ein bestimmter zur Erbschaft gehörender Gegenstand vermacht, so hat der Beschwerte dem Vermächtnisnehmer auch die seit dem Anfall des Vermächtnisses gezogenen Früchte sowie das sonst auf Grund des vermachten Rechts Erlangte herauszugeben. ²Für Nutzungen, die nicht zu den Früchten gehören, hat der Beschwerte nicht Ersatz zu leisten.

1 Die Vorschrift regelt für das **Stückvermächtnis** die Verteilung der Nutzungen zwischen Vermächtnisnehmer und Beschwertem in der (zuweilen erheblichen) Zeit zwischen Anfall (§§ 2176 ff) und Erfüllung des Anspruchs aus § 2174, wenn der Erblasser keine Anordnung darüber getroffen hat. Beim Gattungsvermächtnis kommen entspr Herausgabeansprüche wie nach § 2184 erst von Verzug oder Rechtshängigkeit an in Betracht. Hingegen passt der Grundgedanke der Vorschrift für das Verschaffungsvermächtnis vom Zeitpunkt der Besitzergreifung durch den Beschwerten an, beim Wahlvermächtnis von der Ausübung des Wahlrechts an, falls der Gegenstand zur Erbschaft gehört (AnwK/*Mayer* Rz 3 mwN). Ebenso ist für die Ausübung eines vermachten Übernahmerechts zu entscheiden (BGH BWNotZ 62, 259). Eine entspr Anwendung auf die Teilungsanordnung (*Flume* DB 90, 2390 f) ist abzulehnen, weil sie den Unterschied zwischen Vorausvermächtnis und Teilungsanordnung ohne Grund verwischt (Staud/*Otte* Rz 9).

2 Die Vorschrift gewährt dem Vermächtnisnehmer einen Anspruch auf die **Früchte** und deren Surrogate (zB aufgrund des § 951), nach 2 jedoch ausdrücklich **nicht** auf die **Gebrauchsvorteile**. Anderes gilt auch hierfür ab Verzug oder Rechtshängigkeit. Von da an ist ferner Ersatz wegen eines Unterlassens der Fruchtziehung zu leisten. Für die Art der Fruchtziehung ist § 101 zu beachten. Die Zurechnung der Einkünfte aus einem vermachten Betrieb nach § 2184 hat für den Vermächtnisnehmer va nachteilige Steuerfolgen (AnwK/*Mayer* Rz 12 mwN).

§ 2185 Ersatz von Verwendungen und Aufwendungen. Ist eine bestimmte zur Erbschaft gehörende Sache vermacht, so kann der Beschwerte für die nach dem Erbfall auf die Sache gemachten Verwendungen sowie für Aufwendungen, die er nach dem Erbfall zur Bestreitung von Lasten der Sache gemacht hat, Ersatz nach den Vorschriften verlangen, die für das Verhältnis zwischen dem Besitzer und dem Eigentümer gelten.

Die Vorschrift verweist für das **Stückvermächtnis** hinsichtlich der Zeit zwischen **Erbfall** und Erfüllung des Vermächtnisanspruchs zugunsten des Beschwerten wegen seiner Verwendungen und Aufwendungen auf §§ 994–1003, 256–258. Sinngemäß ist dies auf das Verschaffungsvermächtnis ab Besitzerlangung durch den Beschwerten anzuwenden sowie auf das Wahlvermächtnis ab Ausübung des Wahlrechts, wenn der Gegenstand zum Nachlass gehört. Die Vorschrift (und nicht §§ 2124 ff) ist ferner auf das Verhältnis zwischen **Vorvermächtnisnehmer** und Nachvermächtnisnehmer nach § 2191 anzuwenden (BGHZ 114, 16, 19). IÜ sind Aufwendungen, Lasten, notwendige und nicht notwendige Verwendungen bei § 2185 im selben Sinne zu verstehen wie bei §§ 994 ff (vgl die Erläuterungen dazu).

Entscheidend kommt es für den Umfang der Ersatzpflicht des (letzten) Vermächtnisnehmers hiernach darauf an, ob der **Beschwerte** oder der Vorvermächtnisnehmer **bösgläubig** war. Dies ist der Fall, wenn der Beschwerte weiß oder grob fahrlässig nicht weiß, dass der Anfall erfolgt oder mit Sicherheit zu erwarten ist (BGHZ 114, 16, 28). Ist der Anfall von einer aufschiebenden Bedingung abhängig, kann und darf der Beschwerte damit rechnen, dass die Bedingung ausfällt und der Vermögensgegenstand ihm verbleibt. Bösgläubig ist er erst von den Zeitpunkt an, an dem er weiß oder grob fahrlässig nicht weiß, dass die Bedingung eintreten wird (Staud/*Otte* Rz 2).

§ 2186 Fälligkeit eines Untervermächtnisses oder einer Auflage. Ist ein Vermächtnisnehmer mit einem Vermächtnis oder einer Auflage beschwert, so ist er zur Erfüllung erst dann verpflichtet, wenn er die Erfüllung des ihm zugewendeten Vermächtnisses zu verlangen berechtigt ist.

Die Vorschrift regelt zugunsten des (Haupt-)Vermächtnisnehmers zwingend die Fälligkeit von Untervermächtnissen und Auflagen, wenn das Untervermächtnis angefallen oder die Voraussetzungen für die Vollziehung einer Auflage gegeben sind, der **Vermächtnisgegenstand** dem (Haupt-)Vermächtnisnehmer aber trotz Anfalls seines Vermächtnisses **noch gar nicht zur Verfügung** steht. Dafür kommen in Frage: der Aufschub der Fälligkeit durch Anordnung des Erblassers, Fehlen der Annahme durch den Erben (§ 1958) und dessen Verweigerung der Leistung an den Hauptvermächtnisnehmer (nach Staud/*Otte* Rz 4 auch schon die Möglichkeit der Einrede), zB nach §§ 1990, 1992, 2014 f. Annahme oder Ausschlagung des Hauptvermächtnisses sind hingegen für die Fälligkeit des Untervermächtnisses ohne Belang. Nach der Interessenlage muss die Vorschrift auch dann gelten, wenn der Begünstigte nach § 1932 oder § 1969 mit Vermächtnissen oder Auflagen belastet ist.

§ 2187 Haftung des Hauptvermächtnisnehmers. (1) Ein Vermächtnisnehmer, der mit einem Vermächtnis oder einer Auflage beschwert ist, kann die Erfüllung auch nach der Annahme des ihm zugewendeten Vermächtnisses insoweit verweigern, als dasjenige, was er aus dem Vermächtnis erhält, zur Erfüllung nicht ausreicht.
(2) Tritt nach § 2161 ein anderer an die Stelle des beschwerten Vermächtnisnehmers, so haftet er nicht weiter, als der Vermächtnisnehmer haften würde.
(3) Die für die Haftung des Erben geltende Vorschrift des § 1992 findet entsprechende Anwendung.

Die Vorschrift betrifft über die bloße Hinausschiebung der Fälligkeit nach § 2186 hinaus eine echte **Haftungsbeschränkung des Vermächtnisnehmers**. Diese folgt zT denselben Prinzipien wie die Haftungsbeschränkung des Erben, bedurfte aber einer besonderen Vorschrift, weil die Beschwerung des Vermächtnisnehmers nach § 1967 II keine Nachlassverbindlichkeit begründet. Nach I hat der (Haupt-)Vermächtnisnehmer ein Leistungsverweigerungsrecht, das prozessual zunächst zur Verurteilung unter **Vorbehalt** nach § 780 ZPO führt und dann ggü der Vollstreckung in sein Vermögen außerhalb des Vermächtnisgegenstandes nach §§ 767, 785 ZPO geltend gemacht werden kann. Materiell ist die Haftung auf das „Erhaltene" (Erlangte) beim Vermächtnisnehmer beschränkt. Nach II gilt dies auch für einen Ersatzvermächtnisnehmer. Durchgeführt wird die Haftungsbeschränkung mit der modifizierten **„Überschwerungseinrede"** nach § 1992, wobei es in der „entspr" Anwendung nach III allein auf die Belastung durch Untervermächtnis und/oder Auflage ankommt.

§ 2188 Kürzung der Beschwerungen. Wird die einem Vermächtnisnehmer gebührende Leistung auf Grund der Beschränkung der Haftung des Erben, wegen eines Pflichtteilsanspruchs oder in Gemäßheit des § 2187 gekürzt, so kann der Vermächtnisnehmer, sofern nicht ein anderer Wille des Erblassers anzunehmen ist, die ihm auferlegten Beschwerungen verhältnismäßig kürzen.

§ 2189

1 Die Vorschrift gibt dem Vermächtnisnehmer, der selbst zur Erfüllung von Vermächtnissen oder Auflagen verpflichtet ist, eine **Einrede**, wenn er selbst weniger erhält, als sich aus dem „Buchstaben" der letztwilligen Verfügung ergibt. An die Stelle der ursprünglichen Verpflichtung tritt dann eine pro rata-Haftung. Ist Gegenstand der Beschwerung ein unteilbarer Gegenstand, lässt sich dies nur so verwirklichen, dass der Verpflichtete die Erfüllung verweigern kann, bis ihm vom Berechtigten Wertersatz in Höhe des „überschießenden" Wertes angeboten wird (Staud/*Otte* Rz 3). Die **Anwendungsfälle** sind im Wortlaut selbst angegeben: Haftungsbeschränkung infolge unzulänglicher Masse bei Nachlassinsolvenz, Einrede nach § 1992, pflichtteilsbedingte Kürzung nach §§ 2318 oder 2322 und schließlich die Kürzung eines beschwerenden Untervermächtnisses nach § 2187.

§ 2189 Anordnung eines Vorrangs. Der Erblasser kann für den Fall, dass die dem Erben oder einem Vermächtnisnehmer auferlegten Vermächtnisse und Auflagen auf Grund der Beschränkung der Haftung des Erben, wegen eines Pflichtteilsanspruchs oder in Gemäßheit der §§ 2187, 2188 gekürzt werden, durch Verfügung von Todes wegen anordnen, dass ein Vermächtnis oder eine Auflage den Vorrang vor den übrigen Beschwerungen haben soll.

1 Ist der Erbe oder Vermächtnisnehmer durch mehrere Vermächtnisse und Auflagen beschwert und müssen diese, um alle aus dem Nachlass oder dem (Haupt-)Vermächtnis zu befriedigen, gekürzt werden (neben § 2188 auch § 327 I Nr 2 InsO iVm § 1991 IV), kann der Erblasser nach § 2189 stattdessen von vornherein eine Rangfolge festlegen. Sinngemäß gilt dies auch, wenn der Erbe oder Vermächtnisnehmer unter der Bedingung eingesetzt ist, an Dritte Leistungen zu erbringen, für diese Zuwendung (Palandt/*Edenhofer* Rz 1 mwN).

§ 2190 Ersatzvermächtnisnehmer. Hat der Erblasser für den Fall, dass der zunächst Bedachte das Vermächtnis nicht erwirbt, den Gegenstand des Vermächtnisses einem anderen zugewendet, so finden die für die Einsetzung eines Ersatzerben geltenden Vorschriften der §§ 2097 bis 2099 entsprechende Anwendung.

1 Entsprechend zur Einsetzung eines Ersatzerben (§ 2096) kann der Erblasser auch für den Fall des Wegfalls des Vermächtnisnehmers einen Ersatzvermächtnisnehmer bestimmen. Dieser wird unmittelbar **Vermächtnisnehmer**, wenn der zunächst Bedachte zB durch Tod vor dem Anfall oder der Ausschlagung des Vermächtnisses überhaupt nicht erwirbt. Für den Ersatzberufenen gilt dann § 2178; dieser muss seinerseits aber den Anfall erleben (§ 2160).

§ 2191 Nachvermächtnisnehmer. (1) Hat der Erblasser den vermachten Gegenstand von einem nach dem Anfall des Vermächtnisses eintretenden bestimmten Zeitpunkt oder Ereignis an einem Dritten zugewendet, so gilt der erste Vermächtnisnehmer als beschwert.
(2) Auf das Vermächtnis finden die für die Einsetzung eines Nacherben geltenden Vorschriften des § 2102, des § 2106 Abs. 1, des § 2107 und des § 2110 Abs. 1 entsprechende Anwendung.

1 Ähnl wie der Erblasser mit Vor- und Nacherbschaft mehrere Erben hintereinander einsetzen kann, sieht die Vorschrift die Möglichkeit mehrerer Vermächtnisnehmer in zeitlicher Folge vor, wobei dies auch der mit dem (ersten) Vermächtnis Beschwerte sein kann (**Rückvermächtnis**). In der kautelarjuristischen Lit findet § 2191 derzeit große Beachtung (vgl *Hartmann* ZEV 07, 458), jedoch mit zweifelhaftem Recht: Aus der anderen Ausgestaltung des Vermächtnisses ggü der Erbenstellung ergeben sich wichtige Unterschiede des Nachvermächtnisses zur Nacherbschaft. Insb fällt der Vermächtnisgegenstand dem Nachvermächtnisnehmer nicht unmittelbar zu. Vielmehr erwirbt er mit dem Anfall einen **Anspruch** gegen den Vorvermächtnisnehmer oder dessen Erben auf Erfüllung des Nachvermächtnisses. Das Nachvermächtnis ist somit ein **Untervermächtnis** des Vorvermächtnisses, das **aufschiebend bedingt** ist durch das Ereignis, das die Berechtigung des Vorvermächtnisnehmers beendet. Daher kann der Nachvermächtnisnehmer nach Anfall des Vorvermächtnisses und vor Bedingungseintritt die Eintragung einer Vormerkung verlangen, wenn ein Grundstück oder Grundstücksrecht Gegenstand des Nachvermächtnisses ist und der Vorvermächtnisnehmer bereits als Rechtsinhaber eingetragen ist (AnwK/*Mayer* Rz 17 m Fn 50). Aufgrund des § 2179 genießt der Nachvermächtnisnehmer den Schutz eines Anwartschaftsberechtigten. Die Vererblichkeit dieser Anwartschaft richtet sich allerdings nicht nach der Erbfolgebestimmung für den Nachvermächtnisnehmer sondern für den (ersten) Erblasser mit den Vermutungen der §§ 2069 (vorrangig) und 2074 (vgl § 2177 Rn 1).

2 Anders als ein sonstiges Untervermächtnis bezieht sich das Nachvermächtnis notwendigerweise auf **denselben** („**den** vermachten") **Gegenstand** wie das Vorvermächtnis. Dies kann allerdings auch ein „Überrest" *(dazu ausf AnwK/Mayer Rz 21)* oder ein sonstiger Teil dessen sein, was der beschwerte Vorvermächtnisnehmer erhalten hatte (Staud/*Otte* Rz 2). Teil-Identität genügt insb, wenn Gegenstand des Hauptvermächtnisses ein Sachinbegriff ist. Dann kann sich das Nachvermächtnis auch auf Ersatzstücke für ursprüngliche Bestandteile des Vermächtnisgegenstandes beziehen. Abw von § 2159 erstreckt sich das Nachvermächtnis gem II iVm § 2110 I auf das, was der Vorvermächtnisnehmer durch Anwachsung erworben hat, ferner auf ein etwaiges Ersatzvermächtnis (Staud/*Otte* aaO).

Die Vorschriften über **Vor- und Nacherbschaft** sind abgesehen von den in II ausdrücklich genannten auf **3** Vor- und Nachvermächtnis **nicht anwendbar** (BGHZ 114, 16, 18 f). Der Vorvermächtnisnehmer ist daher unbeschränkt verfügungsbefugt. Allerdings ist er aus dem gesetzlichen Schuldverhältnis zum Nachvermächtnisnehmer zu einer ordnungsgemäßen Verwaltung verpflichtet (BGHZ aaO 21). Kommt er dieser Anforderung schuldhaft nicht nach, muss er Schadensersatz leisten. Die nach II anwendbaren Vorschriften dienen nur der Auslegung unklarer oder unvollständiger Testamentsbestimmungen: im Zweifel für Ersatz- statt Nachvermächtnis (§ 2102 II) oder für die Kumulierung beider Anordnungen (§ 2102 I), für den Tod des Vorvermächtnisnehmers als Nachvermächtnisfall (§ 2106 I) und für den Vorrang der Abkömmlinge vor dem Nachvermächtnisnehmer (§ 2107). Will der Erblasser den Vorvermächtnisnehmer stärker binden, kann er diesen durch eine Testamentsvollstreckung belasten (AnwK/*Mayer* Rz 24 mwN). Der reine Vermächtnisvollstrecker für den Vorvermächtnisnehmer kann allerdings nicht ohne weiteres den Anspruch des Nachvermächtnisnehmers erfüllen (vgl BGH NJW 01, 520 und dazu AnwK/*Mayer* Rz 25 mwN). – Zur Verteilung von Nutzungen sowie von Verwendungen und Lasten vgl §§ 2184, 2185 und Erläuterungen dazu.

Titel 5 Auflage

§ 2192 Anzuwendende Vorschriften. Auf eine Auflage finden die für letztwillige Zuwendungen geltenden Vorschriften der §§ 2065, 2147, 2148, 2154 bis 2156, 2161, 2171, 2181 entsprechende Anwendung.

I. Bedeutung der Auflage. Der Auflage widmet das BGB nur die wenigen Vorschriften §§ 2192–2196 sowie **1** die allg Begriffsbestimmung in § 1940. Ihre **praktische Bedeutung** ist erheblich größer, als diese geringe Regelungsdichte vermuten lässt. Insb ermöglicht die Auflage eine weit reichende Flexibilität der Gestaltung, was beispielhaft in folgenden Fällen deutlich wird:

Verfügt der Erblasser zugunsten eines Vereins oder einer anderen juristischen Person und beschwert den **2** Bedachten mit einem bestimmten **Stiftungszweck**, ist er hierbei an die sonst im Erbrecht geltenden zeitlichen Grenzen (zB §§ 2162 f für das Vermächtnis) nicht gebunden, muss aber nicht den immer noch umständlichen und aufwendigen Weg der Gründung einer rechtsfähigen Stiftung einschlagen. Sichert der Erblasser (was zu empfehlen ist) die Erfüllung der Auflage durch die Bestimmung eines besonderen Vollzugsberechtigten (vgl § 2194), kann die **Verjährung** des Vollzugsanspruchs dadurch vermieden werden, dass der Erblasser auf Dauer wiederholte Leistungen für den Stiftungszweck festlegt und jeweils einzeln fällig stellt (zu all diesem insb AnwK/*Mayer* vor §§ 2192 ff Rz 21 f). Ferner kann eine Zweckbestimmung der geschilderten Art recht allg gefasst und die Konkretisierung gem § 2193 einem Dritten überlassen werden. Auf diesem Wege kann auch die Unwirksamkeit von Zuwendungen aufgrund des § 14 I, V HeimG vermieden werden (BayObLG NJW 00, 1959).

Da die Auflage im Gegensatz zum Vermächtnis dem Begünstigten keinen Anspruch verschafft und daher dessen Rechtsfähigkeit nicht erfordert, können durch sie die **Haustiere** des Erblassers über dessen Tod hinaus **3** **versorgt** werden. In ähnlicher Weise kann eine nicht rechtsfähige Personenvereinigung wie ein (noch) nicht rechtsfähiger Verein oder der private „Club" oder der Musikkreis oder die Fakultät einer Universität bedacht werden. Wird nicht eine Person oder Institution mit der Auflage beschwert, die zB nach ihrer ideellen Ausrichtung selbst ein hinlängliches Interesse am Vollzug der Auflage hat (wie der Tierschutzverein an der Versorgung der Haustiere), ist zur Sicherung der Anordnung eine **Testamentsvollstreckung** sinnvoll, die sich nach § 2208 hierauf beschränken kann.

Eine wichtige Funktion erfüllt die Auflage bei der Sicherung der **Unternehmensnachfolge**, wenn der Erblasser für die Leitung des Unternehmens oder die Verwaltung des Anteils als persönlich haftenden Gesellschafter einen Testamentsvollstrecker oder eine andere Vertrauensperson als **Bevollmächtigten** einsetzen **4** will. Die hierfür erforderliche **Vollmacht der Erben** (vgl vor § 2197 Rn 4) kann nur über eine Auflage erreicht werden. Hier wie in anderen Fällen ist die Verbindung mit einer **auflösenden Bedingung** zu erwägen, um die Erfüllung der Auflage wenigstens indirekt erzwingen zu können. Gleichsam die umgekehrte Konstruktion lässt sich für eine **Vollmacht über den Tod hinaus** – auch außerhalb von Unternehmensproblemen, zB zur Vollendung von Schenkungen – in Gestalt eines Widerrufsverbots einsetzen. Ferner kann Gegenstand einer Auflage an die Erben sein, das Unternehmen des Erblassers zB in eine bestimmte Gesellschaftsform zu überführen.

Allerdings ist die Auflage **kein „Allheilmittel"** zur Erreichung sonst erbrechtlich nicht umsetzbarer Ziele des **5** Erblassers. So muss auch die Auflage den Rahmen der §§ 134, 138 wahren und darf dem Beschwerten nicht ein Verhalten auferlegen, über das er von Rechts wegen allein zu entscheiden hat (zB Eheschließungs- und Ehevertragsfreiheit). Ferner stößt die Auflage an praktische Grenzen, wenn mit ihr etwa – was häufig sinnvoll ist – persönlichkeitsrechtliche Vorstellungen und Wünsche des Erblassers (Trauerfeier, Bestattungsart, Organspende uä) verwirklicht werden sollen: Entscheidungen darüber müssen längst getroffen worden sein, wenn das Testament eröffnet wird (AnwK/*Mayer* vor §§ 2192 ff Rz 9). Auch von dem Versuch, erbschaftssteuerliche Vorteile bei einem gemeinschaftlichen Testament durch „Freibetragsauflagen" ggü den Abkömmlingen zu erlangen, ist eher abzuraten (aaO Rn 25).

6 **II. Auf die Auflage anwendbare Vorschriften.** § 2192 verweist auf den Grundsatz der **Höchstpersönlichkeit** und einige Vorschriften des **Vermächtnisrechts.** Dabei wird die Relevanz des § 2065 stark eingeschränkt dadurch, dass sowohl nach § 2193 die Person des Begünstigten als auch durch die Verweisung auf § 2156 der genaue Gegenstand der Auflage von einem Dritten bestimmt werden kann. Die Verweisung auf §§ 2147, 2148 betrifft den oder die Beschwerten (Erbe, Vermächtnisnehmer oder mehrere von ihnen), §§ 2154, 2155 Entsprechungen zur Wahl- und Gattungsschuld, die restlichen Vorschriften Auslegungsregeln für die Fälle, dass der Beschwerte wegfällt (§ 2161), die Auflage zur Zeit des Erbfalls objektiv unmöglich oder gesetzwidrig ist (§ 2171) oder die Fälligkeit vom Belieben des Beschwerten abhängt (§ 2181). Auf die übrigen Vorschriften des Vermächtnisrechts hat der Gesetzgeber va deshalb **nicht verwiesen**, weil durch die Auflage niemand förmlich berechtigt wird und zwischen Begünstigtem und Beschwertem keine Anspruchsbeziehung besteht. Daran scheitert va die Möglichkeit der Annahme oder Ausschlagung (§ 2180, aA aber MüKo/*Musielak* § 2271 Rz 21) sowie ein Anspruch des Beschwerten auf Verwendungsersatz (§ 2185, aA aber AnwK/*Mayer* Rz 15 mwN). Freilich kann der Erblasser im Testament die Auflage weitergehend in die Nähe eines Vermächtnisses rücken (vgl BGH FamRZ 85, 278 für eine Verschaffungsauflage).

7 Obwohl der Auflagenbegünstigte keinen Anspruch auf die Zuwendung hat, gibt die Auflage ihm einen Behaltensgrund, also über die bloß reflexartige primäre Besserstellung als Folge davon dennoch dauerhafte Vorteile. Deshalb ist es wertungsmäßig sehr problematisch, dass einzelne Vorschriften nicht ausdrücklich anwendbar sind, die einen Ausgleich unter verschiedenen Vorteilen vorsehen wie § 2307 hinsichtlich der Anrechnung auf den Pflichtteil und § 1371 II hinsichtlich des güterrechtlichen Zugewinnausgleichs. Man sollte daher auf die empfangene Auflage diese Vorschriften analog anwenden (aA die hM zu § 2307, Palandt/*Edenhofer* § 2307 Rz 1; Staud/*Haas* § 2307 Rz 4; vgl zu § 1371 aber Staud/*Thiele* § 1371 Rz 57 mwN). ISd „sichersten Weges" ist freilich von der Auflage bei allen Gestaltungen überhaupt abzuraten, die eine Reduzierung der erwähnten Ansprüche zum Ziel haben.

§ 2193 Bestimmung des Begünstigten, Vollziehungsfrist.

(1) Der Erblasser kann bei der Anordnung einer Auflage, deren Zweck er bestimmt hat, die Bestimmung der Person, an welche die Leistung erfolgen soll, dem Beschwerten oder einem Dritten überlassen.
(2) Steht die Bestimmung dem Beschwerten zu, so kann ihm, wenn er zur Vollziehung der Auflage rechtskräftig verurteilt ist, von dem Kläger eine angemessene Frist zur Vollziehung bestimmt werden; nach dem Ablauf der Frist ist der Kläger berechtigt, die Bestimmung zu treffen, wenn nicht die Vollziehung rechtzeitig erfolgt.
(3) [1]Steht die Bestimmung einem Dritten zu, so erfolgt sie durch Erklärung gegenüber dem Beschwerten. [2]Kann der Dritte die Bestimmung nicht treffen, so geht das Bestimmungsrecht auf den Beschwerten über. [3]Die Vorschrift des § 2151 Abs 3 Satz 2 findet entsprechende Anwendung; zu den Beteiligten im Sinne dieser Vorschrift gehören der Beschwerte und diejenigen, welche die Vollziehung der Auflage zu verlangen berechtigt sind.

1 Die Vorschrift ermöglicht dem Erblasser, abw von § 2065 die **Bestimmung des Begünstigten** aus einer Auflage anderen zu überlassen. Nach §§ 2192, 2156 kann dies mit einer näheren Bestimmung des Zweckes selbst durch eine andere Person kombiniert werden (§ 2192 Rn 6). Dabei genügt es sogar, dass sich der Zweck durch Auslegung der Verfügung von Todes wegen ermitteln lässt (BGHZ 121, 357 zur Übertragung eines Grundstücks an „eine gemeinnützige Organisation"). Soll der Bestimmungsberechtigte zulässigerweise die Auswahl nach freiem Belieben treffen, unterliegt die Entscheidung der gerichtlichen Kontrolle, ob der vom Erblasser vorgegebene Zweck offensichtlich verfehlt oder ob sie arglistig getroffen worden ist (BGHZ 121, 357, 361).

2 Durch II u III der Vorschrift wird gesichert, dass bei der Übertragung des Bestimmungsrechts jedenfalls eine Entscheidung getroffen wird. Daher kann nach II der **Vollzugsberechtigte** (vgl § 2194) die Entscheidung an sich ziehen. Dafür muss er aus § 2194 klagen und nach § 255 II ZPO damit den Antrag verbinden, dem Beschwerten im Urt eine Frist für die Ausübung des Bestimmungsrechts zu setzen. Unterlässt der Kläger diesen Antrag, kann er nach Rechtskraft des Urteils selbst die Frist setzen. Nach fruchtlosem Fristablauf geht das Bestimmungsrecht auch hier auf den Vollzugsberechtigten über. Nach III geht das Bestimmungsrecht unter den dort genannten Voraussetzungen auf den Beschwerten über, so dass anschließend dann wieder II angewendet werden kann.

§ 2194 Anspruch auf Vollziehung.

[1]Die Vollziehung einer Auflage können der Erbe, der Miterbe und derjenige verlangen, welchem der Wegfall des mit der Auflage zunächst Beschwerten unmittelbar zustatten kommen würde. [2]Liegt die Vollziehung im öffentlichen Interesse, so kann auch die zuständige Behörde die Vollziehung verlangen.

Im Unterschied zu § 2174 hat der aus einer Auflage Begünstigte gerade **keinen Anspruch auf die Leistung**. 1
Der Erblasser will bei der Anordnung einer Auflage aber nicht, dass diese gänzlich unverbindlich bleibt und
überhaupt nicht durchgesetzt wird. Deshalb sieht § 2194 einen Vollziehungsanspruch vor, der aber ein
Anspruch zur **Leistung an Dritte** ähnl § 335 ist. Nach der Festlegung in § 1940, dass der Begünstigte aus der
Auflage kein Recht auf die Leistung haben soll, wäre eine Vollzugsberechtigung des Begünstigten selbst ein
Widerspruch in sich (aA Staud/*Otte* Rz 9 mwN; Karlsr NJW-RR 00, 1307). Entgegen einer verbreiteten
Ansicht (Palandt/*Edenhofer* Rz 1) ist das Vollziehungsrecht auch genauso wenig vererblich wie übertragbar.
Allerdings kann dem Erben eines Vollzugsberechtigten nach 1 ein selbständiger Vollziehungsanspruch zustehen. Soweit der Erblasser einen Vollzugsberechtigten auswählt, kann er auch ohne ausdrückliche Gesetzesbe-
stimmung einen anderen ersatzweise für den Fall benennen, dass der zuerst Vorgesehene wegfällt. Nahe liegt
die Betrauung eines Testamentsvollstreckers mit der Gewährleistung des Vollzugs. Richtigerweise ergibt sich
diese Befugnis schon aus den Aufgaben des Testamentsvollstreckers im allg (§§ 2203, 2208 II, 2223). Allerdings gehört der Vollziehungsanspruch nicht zu den Rechten, die nur vom Testamentsvollstrecker geltend
gemacht werden können (§ 2212). Daher bleibt das Recht der anderen, in § 2194 genannten Personen, den
Vollzug zu verlangen, neben dem Recht des Testamentsvollstreckers bestehen (AnwK/*Mayer* Rz 7 mwN
Fn 14). Welche Behörde nach 2 für das Vollziehungsrecht bei Bestehen eines öffentlichen Interesses zuständig
ist, richtet sich nach Landesrecht (Übersicht bei Staud/*Otte* Rz 11).

§ 2195 Verhältnis von Auflage und Zuwendung. Die Unwirksamkeit einer Auflage hat die
Unwirksamkeit der unter der Auflage gemachten Zuwendung nur zur Folge, wenn anzunehmen ist, dass
der Erblasser die Zuwendung nicht ohne die Auflage gemacht haben würde.

Die Vorschrift bringt für die Auflage noch einmal zum Ausdruck, was sich aus § 2085 ohnehin ergibt. 1
Unwirksamkeit der Auflage ist allerdings nach § 2084 nur anzunehmen, wenn das Ziel der Auflage nach dem
(mutmaßlichen) Willen des Erblassers auch durch eine andere Art der Vollziehung nicht erreicht werden
kann (BGHZ 42, 327, 329 f). Unwirksamkeit von Auflage und beschwerter Zuwendung ist hingegen anzunehmen, wenn die Auflage (zB durch Unmöglichkeit iSd § 275) nicht mehr erfüllt werden kann oder muss und
die Zuwendung ausschließlich zu dem Zweck erfolgt war, die Auflage zu erfüllen.

§ 2196 Unmöglichkeit der Vollziehung. (1) Wird die Vollziehung einer Auflage infolge eines
von dem Beschwerten zu vertretenden Umstands unmöglich, so kann derjenige, welchem der Wegfall des
zunächst Beschwerten unmittelbar zustatten kommen würde, die Herausgabe der Zuwendung nach den
Vorschriften über die Herausgabe einer ungerechtfertigten Bereicherung insoweit fordern, als die
Zuwendung zur Vollziehung der Auflage hätte verwendet werden müssen.
(2) Das Gleiche gilt, wenn der Beschwerte zur Vollziehung einer Auflage, die nicht durch einen Dritten
vollzogen werden kann, rechtskräftig verurteilt ist und die zulässigen Zwangsmittel erfolglos gegen ihn
angewendet worden sind.

Wird die Erfüllung der Auflage nach § 275 unmöglich und bleibt die **Anordnung** der Zuwendung nach 1
§ 2195 dennoch **wirksam**, ist zu unterscheiden: Hat der Beschwerte die Unmöglichkeit nicht zu vertreten,
kann er die Zuwendung behalten. Hat er die Unmöglichkeit nach §§ 276 ff zu vertreten, muss er dasjenige,
was er für die Erfüllung der Auflage gebraucht hätte, herausgeben, aber nicht an den (ursprünglichen) Aufla-
gebegünstigten, sondern an den erbrechtlich nach dem Beschwerten als nächster Berechtigten. Der Anspruch
besteht idR nur, wenn der Beschwerte um den Wert noch bereichert oder unredlich iSd §§ 818 IV, 819 I ist.
In II ist dasselbe vorgesehen, wenn sich der Beschwerte dadurch bereichern würde, dass er den allein von ihm
zu verwirklichenden Vollzug trotz rechtskräftiger Verurteilung und Zwangsmitteln unterlässt. Der Erblasser
kann jedoch hinsichtlich beider Absätze abweichende Anordnungen treffen (AnwK/*Mayer* Rz 8 mwN).

Titel 6 Testamentsvollstrecker

Vorbemerkungen vor §§ 2197 ff

I. Grundlagen der Regelungen. Um den Willen des Erblassers nach seinem Tode auch ggü den Erben mög- 1
lichst sicher zur Geltung zu bringen, aber auch, um eine Instanz zur neutralen, von den Erben unabhängigen
Verwaltung und Teilung des Nachlasses zu haben, sieht das BGB die Möglichkeit vor, dass der Erblasser **Testamentsvollstreckung** bestimmt. Entgegen dem Wortsinn ist nicht die Ausführung des Testaments für die
Aufgaben des Testamentsvollstreckers besonders kennzeichnend; vielmehr macht es seine Stellung aus, dass
sie **auf Testament beruht**. Zur Erfüllung seiner Funktionen hat das Gesetz den Testamentsvollstrecker mit
außerordentlich **weitreichenden Befugnissen** unter teilweisem Ausschluss der Erben ausgestattet. Allgemein
lässt sich die Stellung des Testamentsvollstreckers am besten als **Treuhandschaft** für den Erblasser ausdrü-

cken. Freilich wird er nicht Inhaber des Nachlasses, der auch bei Testamentsvollstreckung nach § 1922 unmittelbar auf die Erben übergeht. Für den Nachlass ist der Testamentsvollstrecker dann jedoch der maßgebliche, im eigenen Namen handelnde **Amtsträger**, vergleichbar einem Insolvenzverwalter.

2 Die ausführliche **gesetzliche Regelung** betrifft zunächst die Bestimmung des Testamentsvollstreckers und die Annahme des Amtes (§§ 2197–2202), ergänzt in § 2210 durch die Regelung der Höchstdauer. §§ 2203–2209 enthalten Vorschriften über Aufgaben und Befugnisse des Vollstreckers, §§ 2211–2214 Beschränkungen der Erben und ihrer Gläubiger zugunsten der Testamentsvollstreckerbefugnisse, §§ 2215–2221 die zT zwingenden (§ 2220) Grundlagen des Innenverhältnisses zwischen Erben und Testamentsvollstrecker, §§ 2222–2224 Sonderfälle beschränkter und gemeinschaftlicher Testamentsvollstreckung, §§ 2225–2227 das Ende des Testamentsvollstreckeramtes und § 2228 schließlich ein Akteneinsichtsrecht. Außerhalb des Abschnitts über die Testamentsvollstreckung wird diese vom BGB in §§ 83, 2306, 2338, 2364, 2368 u 2376 erwähnt.

3 **II. Gestaltungsalternativen und -ergänzungen.** Statt der Testamentsvollstreckung oder neben ihr kann der Erblasser seinen Willen auch durch die Erteilung einer **Vollmacht über den Tod hinaus** verwirklichen. Nach hM wird eine solche Vollmacht durch die Testamentsvollstreckung nicht berührt (BGH NJW 62, 860; Staud/*Schilken* § 168 Rz 32 mwN); **aA** Staud/*Reimann* vor § 2197 Rz 68). Dies entspricht der Privatautonomie des Erblassers. Freilich ist die Vollmacht widerruflich, § 168 2. Eine unwiderrufliche Vollmacht würde die Formvorschriften für das Testament und somit auch für die Testamentsvollstreckung zunichte machen. Sie ist daher unzulässig (vgl Palandt/*Edenhofer* vor § 2197 Rz 20; für Zulässigkeit aber Staud/*Schilken* § 168 Rz 35 mwN). Zum **Widerruf** berechtigt ist idR der **Erbe**. Deshalb ist vorgeschlagen worden, den Erben durch Verwirkungsklauseln (vgl §§ 2074, 2075 Rn 4, 7) oder eine Auflage im Testament des Erblassers am Widerruf zu hindern (AnwK/*Weidlich* vor § 2197 Rz 11 mwN). Eine solche Gestaltung greift jedoch zu sehr in die Rechtsstellung der Erben ein: Der Bevollmächtigte ist als Vertreter der Erben in der Lage, diese persönlich – auch außerhalb des Nachlasses – wenigstens nach Rechtsscheingrundsätzen zu verpflichten. In der Behinderung des Widerrufs kann daher eine unzulässige Knebelung nach § 138 I liegen (vgl AnwK/*Weidlich* § 2205 Rz 36 – Umkehrschluss aus § 2206 – mwN Fn 105, auch zur Gegenansicht). Möglich ist die Vollmachtserteilung an den **Testamentsvollstrecker selbst**. Dann kann er nach hM entgegen § 2205 3 und in Widerspruch zu dem Grundgedanken, dass der Erblasser mindestens den Rahmen für etwaige Vermächtnisse selbst festlegen muss, unentgeltliche Verfügungen treffen (bedenklich), va aber sogleich mit dem Erbfall und vor Annahme des Testamentsvollstreckeramtes nach § 2202 II für den Nachlass tätig werden.

4 Eine **Vollmachtslösung** wird ferner diskutiert für die **Fortführung eines Unternehmens** durch den Testamentsvollstrecker (zur Verwaltung von Gesellschaftsanteilen § 2205 Rn 10–13). Erteilen müssten die Vollmacht in einem solchen Fall die Erben, damit der Testamentsvollstrecker sie als Inhaber des Unternehmens persönlich verpflichten kann. Man hält dies für nötig, weil die Rspr – allerdings schon vor Jahrzehnten (grundlegend RGZ 132, 138, zuletzt BGHZ 24, 106) – eine Fortführung des Unternehmens durch den Testamentsvollstrecker kraft seiner Amtsbefugnisse mangels Haftung mit seinem Privatvermögen für unzulässig hielt. Dies kann, nachdem der Gesetzgeber selbst die Einmann-GmbH und -AG anerkannt hat, kaum noch überzeugen (idS zuletzt AnwK/*Weidlich* § 2205 Rz 33 mwN Fn 99). Jedenfalls muss der Erbe die Vollmacht aber freiwillig erteilen und kann dazu nicht rechtswirksam vom Erblasser angehalten werden (vgl Rn 3).

5 Unbedenklich ist eine **Treuhandlösung** zur Unternehmensfortführung durch den Testamentsvollstrecker. Üblich ist die Vollrechtstreuhand, bei der alle zum Unternehmen gehörenden Gegenstände auf den Testamentsvollstrecker übertragen werden. Sie hat für diesen freilich den Nachteil seiner persönlichen Haftung. Er kann dafür nur schuldrechtlich Befreiung von den Erben verlangen (BaRoth/*Mayer* § 2205 Rz 29). Die Haftung wegen Altschulden, zu denen für die Erben nach Ende der Testamentsvollstreckung auch die vom Testamentsvollstrecker begründeten Schulden gehören, können Testamentsvollstrecker und Erben nach §§ 25, 27 HGB beschränken (AnwK/*Weidlich* § 2205 Rz 38 mwN).

6 **III. Publizität.** Der Testamentsvollstrecker erhält auf Antrag vom Nachlassgericht gem § 2368 I ein **Testamentsvollstreckerzeugnis**, das nach § 2368 III die entspr Publizitätswirkungen hat wie der Erbschein nach §§ 2366, 2367 (vgl die Erläuterungen dazu). Auf einem Erbschein ist die Testamentsvollstreckung zu vermerken, weil sie die Verfügungsbefugnis des Erben ausschließt (§ 2211). Ein Testamentsvollstreckervermerk ist nach § 52 GBO für das **Grundbuch** vorgesehen. Erkennt man die Befugnis des Testamentsvollstreckers zur Unternehmensfortführung an (vgl oben Rn 4 aE), sollte ein entspr Vermerk auch im Handelsregister erfolgen.

7 **IV. Der Testamentsvollstrecker im Steuerrecht.** Im Umfang der Verwaltung durch den Testamentsvollstrecker hat dieser nach § 34 III AO die steuerlichen Pflichten zu erfüllen und haftet dafür nach §§ 69, 34 AO mit den Erben gesamtschuldnerisch. Im Einzelnen ist zu unterscheiden: Für Steuern, die noch **beim Erblasser** entstanden sind, muss der Testamentsvollstrecker die nötigen Steuererklärungen abgeben und die Nebenpflichten aus dem Steuerschuldverhältnis erfüllen. Rechtsbehelfe können jedoch nur die Erben einlegen. Die **Erbschaftssteuererklärung** ist ebenfalls vom Testamentsvollstrecker abzugeben (§ 31 V ErbStG), uU aber beschränkt auf den Gegenstand, für den Testamentsvollstreckung besteht (dazu genauer AnwK/*Weidlich* vor § 2197 Rz 26). Die Zuständigkeit für Rechtsbehelfe liegt auch hier wieder bei den Erben. Andere Steuern, die **nach dem Erbfall** entstehen (zB für Erträge aus dem Nachlass), sind von den Erben zu entrichten und darü-

ber die Erklärungen von ihnen abzugeben. Anderes gilt, wenn der Testamentsvollstrecker (nach bisheriger Praxis: als Vertreter oder Treuhänder, oben Rn 4 f) ein **Unternehmen** fortführt. Dann ist er für die betrieblichen Steuern (GewSt, USt) erklärungspflichtig (genauer *Wälzholz/Vassel-Knauf* in: J. Mayer ua, Testamentsvollstreckung, 2205, Rz 1195 ff).

§ 2197 Ernennung des Testamentsvollstreckers. (1) Der Erblasser kann durch Testament einen oder mehrere Testamentsvollstrecker ernennen.
(2) Der Erblasser kann für den Fall, dass der ernannte Testamentsvollstrecker vor oder nach der Annahme des Amts wegfällt, einen anderen Testamentsvollstrecker ernennen.

Die Vorschrift regelt die Voraussetzungen für eine wirksame Testamentsvollstreckung. Diese muss nach I idR durch den Erblasser (zu den Ausnahmen hinsichtlich der Person, aber nicht der Testamentsvollstreckung überhaupt §§ 2198–2200) und immer **durch Testament** (oder Erbvertrag, allerdings nicht als „vertragsmäßige" Verfügung, § 2278 II) begründet sein. Wie bei anderen Testamentsinhalten ist nach II eine Ersatzanordnung möglich für den Fall, dass der zunächst bestimmte Vollstrecker wegfällt. Nach § 2199 II kann auch der Vollstrecker selbst vom Erblasser zur Benennung seines Nachfolgers ermächtigt werden. Der Erblasser kann nach I ferner mehrere Testamentsvollstrecker einsetzen. Dann gilt § 2224. Möglich ist aber nach § 2199 I auch, dass der Erblasser den Testamentsvollstrecker ermächtigt, seinerseits einen oder mehrere Mitvollstrecker zu ernennen. 1

Für die Einsetzung der Testamentsvollstreckung gelten die allg **Testamentsvorschriften**, insb über Form, Auslegung und Bedingungen. Daraus folgt ua, dass die Testamentsvollstreckung nicht als solche bezeichnet sein muss (BayObLG NJW 82, 59). Erfolgt die Anordnung in einem Erbvertrag oder einem gemeinschaftlichen Testament, ist sie nach §§ 2270 III, 2278 II wie eine einfache testamentarische Anordnung frei widerruflich nach §§ 2253 ff. Umgekehrt kann freilich die nachträgliche Anordnung der Testamentsvollstreckung für einen Vertragserben oder wechselbezüglich eingesetzten Schlusserben eine Beschränkung sein, die der Vertragserblasser oder überlebende Ehegatte ohne entspr Vorbehalt nicht vornehmen kann. 2

Als **zu benennende Person** weist der Gesetzeswortlaut nur auf den „Testamentsvollstrecker", nicht auf irgendwelche persönlichen Merkmale hin. Daher können außer (voll geschäftsfähigen, § 2201) natürlichen auch juristische Personen Testamentsvollstrecker sein, konsequenterweise dann auch andere parteifähige Organisationen wie die BGB-Gesellschaft und der nichtrechtsfähige Verein (str, vgl AnwK/*Weidlich* Fn 37 zu Rz 10), nicht jedoch öffentliche Amtsträger als solche oder Behörden (wohl aber, wenn die Person des Notars oder Behördenleiters als Privatrechtssubjekt gemeint ist). Widersprüchlich wäre es, einen Alleinerben zum Testamentsvollstrecker einzusetzen, weil der Testamentsvollstrecker die Befugnisse des Erben einschränkt. Dies ist anders, wenn der Alleinerbe nicht Testamentsvollstrecker für sich selbst sondern Vermächtnisvollstrecker ist, § 2223. Nicht vereinbar sind auch Testamentsvollstreckung und alleinige Vorerbenstellung, weil nicht dieselbe Person nach §§ 2112 ff in der Verfügung über den Nachlass beschränkt, nach §§ 2205 ff aber unbeschränkt verfügungsbefugt sein kann. Zulässig ist hingegen die Bestimmung des (alleinigen) Nacherben zum Testamentsvollstrecker (BGH NJW 90, 2055). Möglich ist auch die Bestimmung des Alleinerben zum Mitvollstrecker nach § 2224 (RGZ 163, 57); dann hat er sogar stärkeren Anteil an der Nachlassverwaltung, als wenn er einer einfachen Testamentsvollstreckung (durch einen anderen) unterworfen wäre. 3

Nach § 5 II Nr 1 RDG ist die geschäftsmäßige Übernahme von Testamentsvollstreckungen durch Banken und Sparkassen, Steuerberater und Wirtschaftsprüfer auch dann erlaubt, wenn die Testamentsvollstreckung mit Rechtsdienstleistungen verbunden ist. Das Gesetz sieht ausdrücklich vor, dass Rechtsdienstleistungen im Zusammenhang mit einer Testamentsvollstreckung stets als erlaubte Nebenleistungen gelten sollen. 4

Handelt jemand als (vermeintlicher) Testamentsvollstrecker, obwohl die Testamentsvollstreckung **nicht rechtswirksam besteht**, ist zu differenzieren: Ist das zunächst wirksam begründete Amt später (zB durch Eintritt einer auflösenden Bedingung) weggefallen und verkennt der Testamentsvollstrecker dies unverschuldet, gilt die Testamentsvollstreckung zu seinen Gunsten als fortbestehend (BGHZ 69, 235). Konsequenterweise haftet er dann auch den Erben nach § 2219. Ist die Testamentsvollstreckung hingegen mit Wirkung ex tunc unwirksam (geworden) und widersprechen die Erben ihr, haftet der Testamentsvollstrecker Dritten als Vertreter ohne Vertretungsmacht und den Erben nach § 2219 analog. 5

§ 2198 Bestimmung des Testamentsvollstreckers durch einen Dritten. (1) ¹Der Erblasser kann die Bestimmung der Person des Testamentsvollstreckers einem Dritten überlassen. ²Die Bestimmung erfolgt durch Erklärung gegenüber dem Nachlassgericht; die Erklärung ist in öffentlich beglaubigter Form abzugeben.
(2) Das Bestimmungsrecht des Dritten erlischt mit dem Ablauf einer ihm auf Antrag eines der Beteiligten von dem Nachlassgerichte bestimmten Frist.

Anders als nach § 2065 für die Bestimmung des Erben ermöglicht § 2198 für die **Benennung** des Testamentsvollstreckers (nicht: die Anordnung der Testamentsvollstreckung überhaupt) eine „Delegation" vom Erblasser 1 auf **Dritte**, um so insb ungewissen künftigen Anforderungen gerecht werden zu können. Bestimmungsbefugt kann jeder sein, der geschäftsfähig ist, auch eine juristische Person und auch ein Erbe, nicht aber der Notar, der die letztwillige Verfügung beurkundet, wegen § 7 BeurkG (AnwK/*Weidlich* Rz 2 mwN). In der Auswahl des Testamentsvollstreckers ist der Dritte an die vom Erblasser angegebenen Kriterien gebunden, sonst völlig frei einschließlich der Möglichkeit, sich selbst zu benennen. Auch mehrere Testamentsvollstrecker neben- oder hintereinander können bestellt werden. Eine Haftung des Dritten kommt nur nach § 826 in Betracht. Ist der Testamentsvollstrecker unbefristet bestimmt, kann er nur noch nach § 2227 entlassen werden.

2 Die Ausübung des Bestimmungsrechts durch den Dritten ist **amtsempfangsbedürftig** und **formgebunden**, I 2. Dass die Erklärung ggü dem nach § 343 FamFG örtlich zuständigen Nachlassgericht abzugeben ist, entspricht der Regelung für andere erbrechtliche Gestaltungserklärungen wie die Anfechtung (§ 2081 I) oder die Ausschlagung (§ 1945 I). Nach dem Zugang ist die Erklärung unwiderruflich. Die öffentliche Beglaubigung nach § 129 ist gerade für die dem Nachlassgericht ggü abzugebende Erklärung vorgesehen. Dennoch lässt man die Ablieferung öffentlicher Urkunden (zB eines notariellen Testaments) beim Nachlassgericht genügen. Hat der Erblasser eine öffentliche Beurkundung der Erklärung vorgeschrieben, genügt die Beglaubigung für die Sicherheit der Erklärung (Erman/*Schmidt* Rz 3). Für ausreichend gehalten hat zB das OLG Stuttgart (NJW-RR 86, 7) die Erklärung durch den Präsidenten eines OLG als Behördenleiter mit der Befugnis, öffentliche Urkunden zu errichten (Bedenken zu diesen und ähnlichen Fällen bei AnwK/*Weidlich* Rz 5).

3 Zur Klärung einer Ungewissheit über den Testamentsvollstrecker gibt II den Beteiligten das Recht, beim Nachlassgericht eine **Fristsetzung** zur Ausübung der Befugnis nach I zu bestimmen. Beteiligt ist nach § 345 III FamFG nur noch der Erbe, hingegen nicht mehr zB ein Vermächtnisnehmer oder Pflichtteilsberechtigter, noch weniger ein weiterer Nachlassgläubiger (anders noch BGHZ 35, 296). Eine schon vom Erblasser gesetzte Frist kann vom Nachlassgericht verkürzt oder verlängert werden (einschränkend AnwK/*Weidlich* Rz 7 mit Fn 21). Übt der Dritte innerhalb der Frist das Bestimmungsrecht nicht aus oder weigert er sich, die Bestimmung vorzunehmen, erlischt das Bestimmungsrecht. Der Dritte kann nicht zur Ausübung des Bestimmungsrechts gezwungen werden. Allenfalls indirekter Druck ist denkbar durch eine Verbindung mit Zuwendungen für den Bestimmungsberechtigten selbst, etwa unter der aufschiebenden Bedingung der Testamentsvollstreckerbestimmung (AnwK/*Weidlich* Rz 11).

§ 2199 Ernennung eines Mitvollstreckers oder Nachfolgers.
(1) Der Erblasser kann den Testamentsvollstrecker ermächtigen, einen oder mehrere Mitvollstrecker zu ernennen.
(2) Der Erblasser kann den Testamentsvollstrecker ermächtigen, einen Nachfolger zu ernennen.
(3) Die Ernennung erfolgt nach § 2198 Abs. 1 Satz 2.

1 Der Erblasser kann den Testamentsvollstrecker testamentarisch ermächtigen, seinerseits **weitere Vollstrecker** (als Mitvollstrecker nach § 2224) oder einen **Nachfolger** beim Ende der eigenen Vollstreckertätigkeit zu bestimmen. Der Testamentsvollstrecker hat es hiermit zugleich in der Hand, ob überhaupt weitere Vollstrecker bestimmt werden. Da der Gebrauch der Ermächtigung Teil der Vollstreckertätigkeit ist (und auch nur solange besteht, wie das Vollstreckeramt andauert), haftet der Testamentsvollstrecker – anders als der Dritte nach § 2198 – den Erben für eine sorgfältige Auswahl nach § 2219. Für das Unterlassen einer Vollstreckerbestimmung soll nach manchen (AnwK/*Weidlich* Rz 4 m Fn 13) etwas anderes gelten. Bei der Pflichtverletzung nach § 2219 wird aber auch sonst nicht zwischen „falschem" Tun und Unterlassen unterschieden. Soll der Testamentsvollstrecker die Befugnis erst nach Ende seiner Amtszeit haben, liegt ein Fall des § 2198 vor. Steht das Recht nach § 2199 mehreren Vollstreckern zu, muss sich aus der Ermächtigung durch den Erblasser (uU im Wege der Auslegung) ergeben, ob diese durch Mehrheitsbeschluss oder einstimmig ausgeübt werden soll (Staud/*Reimann* Rz 4).

2 Aus der Verweisung in III ergibt sich, dass dem neu bestimmten Vollstrecker das Amt nicht vom Bestimmenden übertragen, sondern als neues Amt verliehen wird. Bei Einräumung der Befugnis nach I an den alleinigen Vorerben besteht nicht das konstruktive Hindernis, dass der Vorerbe ohne einen Mitvollstrecker gar nicht Testamentsvollstrecker sein könnte (so aber Zweibr ZEV 01, 27). Denn die Befugnis soll gerade die Bedenken gegen die alleinige Testamentsvollstreckerstellung des Vorerben überwinden. Die Bestimmung nach II kann der Bestimmende nach entspr Willen des Erblassers auf einen engen Wirkungskreis begrenzen.

§ 2200 Ernennung durch das Nachlassgericht.
(1) Hat der Erblasser in dem Testament das Nachlassgericht ersucht, einen Testamentsvollstrecker zu ernennen, so kann das Nachlassgericht die Ernennung vornehmen.
(2) Das Nachlassgericht soll vor der Ernennung die Beteiligten hören, wenn es ohne erhebliche Verzögerung und ohne unverhältnismäßige Kosten geschehen kann.

1 So wie der Erblasser nach § 2198 einen Dritten und nach § 2199 den Testamentsvollstrecker zur Benennung von (weiteren) Testamentsvollstreckern ermächtigen kann, steht ihm nach § 2200 auch die Möglichkeit offen, das Nachlassgericht (dh den Richter nach § 16 I Nr 2 RPflG) um die Bestimmung eines Testamentsvollstreckers zu

ersuchen. Das Gesetz verlangt für das Ersuchen die Erklärung **im Testament** (oder Erbvertrag, der einem Testament gleich steht, vgl § 2278 II). Dies wird von der Rspr jedoch weit verstanden, so dass sich das Ersuchen auch durch eine (ergänzende) Auslegung begründen lässt, ohne dafür eine Andeutung im Testamentswortlaut zu haben (vgl nur Zweibr FamRZ 06, 891; aA BaRoth/*Mayer* Rz 2). Deshalb genügt zB die Anordnung von Testamentsvollstreckung ohne Nennung eines Vollstreckers (AnwK/*Weidlich* Rz 3 mwN). Ist der vom Erblasser oder einem Dritten benannte Vollstrecker weg gefallen, hängt es von dem Zweck der Testamentsvollstreckung, den der Erblasser erkennbar erreichen wollte, ab, ob das Nachlassgericht als ersucht gelten soll, einen neuen Testamentsvollstrecker zu ernennen (BayObLG FamRZ 87, 98; ZEV 97, 338; NJW-RR 03, 224).

Da das Nachlassgericht bei Vorliegen eines Ersuchens einen Testamentsvollstrecker ernennen **kann**, geht die hM von einem **Ermessen** des Nachlassgerichts aus (BGHZ 41, 23; Palandt/*Edenhofer* Rz 4; Staud/*Reimann* Rz 10 mwN). Allerdings hat das Nachlassgericht die Auswahl pflichtgemäß zu treffen. Dazu gehört, vom Erblasser vorgenommene Einschränkungen des Personenkreises zu beachten (BayObLG ZEV 95, 22). Auch ungeeignete Personen darf das Gericht nicht ernennen (Staud/*Reimann* Rz 11 mwN). Eine ermessensfehlerhafte Ernennung ist freilich wirksam. Entsteht den Erben daraus Schaden, haftet der Staat nach § 839, Art 34 GG. 2

Vor der Entscheidung soll das Nachlassgericht, muss aber nicht nach II die Beteiligten **anhören**. Ohne die Anhörung ist die Ernennung daher dennoch wirksam. Der Kreis der Beteiligten entspricht dem des § 2198. Die Entscheidung selbst ist an keine Form gebunden, kann daher auch konkludent, zB durch Erteilung des Testamentsvollstreckerzeugnisses an den „Ernannten" erfolgen (AnwK/*Weidlich* Rz 9). Ist die Ernennung erfolgt, kann sie mit Rechtsmitteln angefochten werden. Daher ist sie den Beteiligten als möglichen Beschwerdeberechtigten bekannt zu geben. Das Rechtsmittel ist die Beschwerde nach §§ 58 ff FamFG. Die Rechtshandlungen des Testamentsvollstreckers bleiben aber auch bei erfolgreichem Rechtsmittel wirksam (§ 47 FamFG). 3

§ 2201 Unwirksamkeit der Ernennung. Die Ernennung des Testamentsvollstreckers ist unwirksam, wenn er zu der Zeit, zu welcher er das Amt anzutreten hat, geschäftsunfähig oder in der Geschäftsfähigkeit beschränkt ist oder nach § 1896 zur Besorgung seiner Vermögensangelegenheiten einen Betreuer erhalten hat.

Abw von § 165 setzt die Ausübung des Testamentsvollstreckeramtes **volle Geschäftsfähigkeit** bei Amtsantritt voraus (zur später eintretenden Beschränkung der Geschäftsfähigkeit vgl § 2225). Andere Beschränkungsgründe kennt das BGB nicht. Deshalb kann zB der insolvent gewordene Testamentsvollstrecker das Amt ausüben (Palandt/*Edenhofer* Rz 2). Freilich bleibt die Möglichkeit, dass der Erbe Entlassungsantrag beim Nachlassgericht nach § 2227 stellt oder die Anordnung der Testamentsvollstreckung nach § 2078 II anficht. Wird der Testamentsvollstrecker später (wieder) geschäftsfähig, bleibt es bei der Unwirksamkeit. Zur ergänzenden Testamentsauslegung in einem solchen Fall vgl § 2200 Rn 1. Möglich ist auch die Benennung des Testamentsvollstreckers unter der (uU „stillschweigenden") aufschiebenden Bedingung des Eintritts voller Geschäftsfähigkeit (AnwK/*Weidlich* § 2200 Rz 2). 1

Der **Zeitpunkt** des Amtsantritts, für den § 2201 gilt, ist nach § 2202 I die Annahme ggü dem Nachlassgericht. Da § 2201 darauf abstellt, dass der Testamentsvollstrecker sein Amt „anzutreten hat", geht die hM zutr von dem (früheren) Zeitpunkt aus, zu dem der Testamentsvollstrecker von seiner Einsetzung erfährt und sich deshalb über die Annahme schlüssig werden muss (AnwK/*Weidlich* Rz 4 mwN). 2

§ 2202 Annahme und Ablehnung des Amts. (1) Das Amt des Testamentsvollstreckers beginnt mit dem Zeitpunkt, in welchem der Ernannte das Amt annimmt.
(2) ¹Die Annahme sowie die Ablehnung des Amts erfolgt durch Erklärung gegenüber dem Nachlassgericht. ²Die Erklärung kann erst nach dem Eintritt des Erbfalls abgegeben werden; sie ist unwirksam, wenn sie unter einer Bedingung oder einer Zeitbestimmung abgegeben wird.
(3) Das Nachlassgericht kann dem Ernannten auf Antrag eines der Beteiligten eine Frist zur Erklärung über die Annahme bestimmen. Mit dem Ablauf der Frist gilt das Amt als abgelehnt, wenn nicht die Annahme vorher erklärt wird.

Voraussetzung für die Tätigkeit als Testamentsvollstrecker ist die **Annahme** des Amtes durch die nach §§ 2197–2201 wirksam benannte Person. Die Annahme erfolgt nach II durch formfreie, aber unbedingte, unwiderrufliche und endgültige Erklärung ggü dem Nachlassgericht nach dem Erbfall (bei Testamentsvollstreckung für den Nacherben nach dem Nacherbfall). Schon wegen § 2228 ist allerdings die Protokollierung einer mündlichen Erklärung geboten. Erst mit Wirksamkeit der Annahmeerklärung beginnen die Rechte und Pflichten aus dem Amt. Schon vorher gelten jedoch die Beschränkungen der Erben nach §§ 2211, 2214. Zur Gewährleistung bruchloser Handlungsfähigkeit für den Nachlass ist entweder der benannte Testamentsvollstrecker vom Erblasser zusätzlich mit einer Vollmacht zu versehen (Vor § 2197 Rn 3), oder es muss vom Nachlassgericht (nach *Damrau* ZEV 96, 81, 83 von Vormundschaftsgericht) ein Pfleger gem § 1960 analog bestellt werden (BaRoth/*Mayer* § 2197 Rz 35 mwN). Obwohl der Testamentsvollstrecker nach §§ 2218 I, 664 I 1 idR sein Amt – abgesehen von den Fällen der Mitvollstreckung nach §§ 2199, 2224 – höchstpersönlich 1

§ 2203

ausüben muss, schließt II Stellvertretung bei der Annahmeerklärung nicht aus (KG OLGE 10, 451). Der zur Zeit der Erklärung noch nicht voll Geschäftsfähige (vgl § 2201 Rn 1 aE) kann daher mit Einwilligung der gesetzlichen Vertreter nach § 107 oder unmittelbar durch die gesetzlichen Vertreter handeln.

2 Eine **Verpflichtung** des Benannten zur Annahme kann durch Verfügung von Todes wegen nicht begründet werden. Zulässig ist eine zu Lebzeiten des Erblassers übernommene vertragliche Verpflichtung (aA BaRoth/ J. Mayer Rz 11 mwN). Auch dann bleibt dem Testamentsvollstrecker das unentziehbare Kündigungsrecht aus § 2226. Deshalb ist es nur konsequent, dass er die Annahme von vornherein verweigern kann (aA RGZ 139, 41). Allerdings kann er sich durch die Ablehnung des Amtes wegen Vertragsverletzung schadensersatzpflichtig machen (Staud/*Reimann* Rz 25).

3 Vom (späteren) Testamentsvollstrecker **vor Annahme** des Amtes vorgenommene Rechtsgeschäfte sind unwirksam. Einseitige Rechtsgeschäfte bleiben es auch danach (§ 180 1 analog), müssen daher erneut vorgenommen werden. Andere Rechtsgeschäfte kann der Testamentsvollstrecker nach §§ 177, 184 analog genehmigen. Dies gilt nach § 185 II 1 Alt 1 auch für Verfügungen (aA Staud/*Reimann* Rz 32: Wirksamwerden nach § 185 II 1 Alt 2).

4 Im Interesse der Beteiligten kann das Nachlassgericht (Rechtspfleger nach § 3 Nr 2c RPflG) auf Antrag eines von ihnen nach III die Unsicherheit vor der Wirksamkeit der Testamentsvollstreckung bis zur Annahme durch den Testamentsvollstrecker mit einer **Fristsetzung** ggü dem Vollstrecker beenden. Die Frist läuft ab Bekanntgabe an den Ernannten. Nach Fristablauf und unterlassener Annahme gilt die Ernennung als abgelehnt. Der Ernannte hat gegen die Fristsetzung die sofortige Beschwerde (§ 355 I FamFG), der Antragsteller gegen die Ablehnung einer Fristsetzung die einfache Beschwerde (§ 58 ff FamFG). Setzt das Nachlassgericht von sich aus dem Ernannten eine Frist, tritt die Wirkung des 2 nicht ein (AnwK/*Weidlich* Rz 12 mwN).

§ 2203 Aufgabe des Testamentsvollstreckers. Der Testamentsvollstrecker hat die letztwilligen Verfügungen des Erblassers zur Ausführung zu bringen.

1 Die in § 2203 geregelte **Abwicklungs- und Auseinandersetzungsvollstreckung** (zu letzterer genauer § 2204) ist der Regelfall der Testamentsvollstreckung. Die Verwaltungs- oder Dauervollstreckung nach § 2209 sowie die Nacherben- und Vermächtnisvollstreckung nach §§ 2222, 2223 sind demgegenüber Ausnahmen, die deshalb nur bei hinreichenden Indizien für einen entspr Willen des Erblassers anzunehmen sind. Als Regel geht das Gesetz ferner von einer Generalvollstreckung aus, so dass der gesamte Nachlass der Testamentsvollstreckung unterliegt. Maßgeblich sind jedoch immer die letztwilligen Verfügungen des Erblassers, so dass die Befugnisse des Testamentsvollstreckers durch den Erblasser festgelegt werden können. Über die – ohnehin sehr weit reichenden – gesetzlich umschriebenen Aufgaben hinaus kann der Erblasser den Testamentsvollstrecker allerdings nicht ermächtigen (zB über das gesamte Nachlass oder die Miterbenanteile zu verfügen oder die Erbschaft anzunehmen oder auszuschlagen, vgl AnwK/*Weidlich* Rz 6 mwN). Möglich bleibt, den Testamentsvollstrecker zugleich zum Schiedsrichter (§ 1066 ZPO) oder Schiedsgutachter zu bestimmen (BaRoth/*Mayer* Rz 4), nur nicht zum Richter in eigener Sache (BGHZ 41, 23, 25 f). Beschränkungen des Testamentsvollstreckers sind in § 2208 beispielhaft genannt (s. Erläuterungen dort).

2 Wichtigste Voraussetzung für die meisten Vollstreckertätigkeiten ist die **Verwaltungsbefugnis** nach § 2205 I, die dem Vollstrecker auch bei der Abwicklungsvollstreckung idR zusteht. Für die Erfüllung von Vermächtnissen und für die Ausführung der Auseinandersetzung unter den Miterben ist die **Verfügungsbefugnis** über die Nachlassgegenstände nach § 2205 2 besonders wichtig. Ziel der Testamentsvollstreckung nach § 2203 ist die Liquidation des Nachlasses. Sie besteht idR aus der Erfüllung der Nachlassverbindlichkeiten einschließlich der Pflichtteilsansprüche sowie der Vermächtnisse und anschließend der Herausgabe oder Verwertung mit Erlösauskehrung an die Erben.

3 Zu diesem Zweck muss der Testamentsvollstrecker zunächst die Testamentseröffnung nach §§ 2259 ff herbeiführen und – falls nötig – einen Erbschein oder ein Testamentsvollstreckerzeugnis beantragen. Er muss die letztwillige Verfügung des Erblassers auslegen (BaRoth/*Mayer* Rz 8) und kann bei Streit darüber – wie auch der Erbe – **Feststellungsklage** nach § 256 ZPO erheben. Die Testamentsvollstreckung erfolgt für den wahren Erben. Ist die Ausführung der letztwilligen Verfügung davon abhängig, wer dieser Erbe ist, kann (und muss uU) der Testamentsvollstrecker dessen Feststellung durch Klage betreiben (vgl BGH WM 87, 564). IÜ aber hat der Testamentsvollstrecker auch prozessual nicht das Dispositionsrecht über die Erbenstellung selbst (oben Rn 1). Deshalb kann er idR das Testament nicht anfechten oder die Einrede nach § 2083 erheben, es sei denn, der Anfechtungsgrund bezieht sich unmittelbar auf die Rechtsstellung des Vollstreckers (BGH NJW 62, 1058).

4 Im Einzelnen ergeben sich Rechte und Pflichten des Abwicklungs- und Auseinandersetzungsvollstreckers aus §§ 2205–2207, 2212, 2215–2218. Verletzt der Vollstrecker seine Pflichten, haftet er den Erben und Vermächtnisnehmern für den daraus entstehenden Schaden nach § 2219. Hiergegen kann sich der Testamentsvollstrecker nur dadurch sichern, dass er die Betroffenen umfassend informiert und auf dieser Grundlage ihre **Zustimmung** einholt (AnwK/*Weidlich* § 2219 Rz 17 mwN). Auf demselben Wege kann er sich sogar über die testamentarischen Anordnungen des Erblassers entgegen § 2216 II 1 hinwegsetzen. Außerhalb einer letztwilli-

gen Verfügung geäußerte Wünsche, Bitten und Hoffnungen des Erblassers sind ohnehin unverbindlich (BayObLG NJW 76, 1692), können aber durch Vereinbarung des Vollstreckers mit den Betroffenen zur Geltung gebracht werden. Im übrigen ist der Testamentsvollstrecker gerade **unabhängig** ggü den Erben und braucht sie im allg nicht einmal ständig anzuhören und zu informieren (vgl aber § 2204 II).
Die in § 2210 vorgesehene 30-Jahresfrist gilt nur für die Verwaltungsvollstreckung nach § 2209. Die Vollstreckung nach § 2203 besteht hingegen **ohne zeitliche Grenze**, endet aber mit der Erfüllung der Abwicklungsaufgaben gleichsam von selbst (vgl BGHZ 21, 23, 25). 5

§ 2204 Auseinandersetzung unter Miterben. (1) Der Testamentsvollstrecker hat, wenn mehrere Erben vorhanden sind, die Auseinandersetzung unter ihnen nach Maßgabe der §§ 2042 bis 2056 zu bewirken.
(2) Der Testamentsvollstrecker hat die Erben über den Auseinandersetzungsplan vor der Ausführung zu hören.

Die Vorschrift ordnet als **gesetzliche Aufgabe** des Testamentsvollstreckers die **Auseinandersetzung** unter Miterben an, die sonst in Ermangelung einer Teilungsanordnung des Erblassers nach § 2048 durch Vereinbarung unter den Miterben oder Leistungsklage (so die hM) auf Zustimmung zu einem Auseinandersetzungsplan herbeigeführt werden muss. Allerdings kann der Erblasser nach § 2048 2 einen Dritten zur Auseinandersetzung nach billigem Ermessen ermächtigen, ohne ihn zum Testamentsvollstrecker zu bestimmen. Der Erblasser kann dem Testamentsvollstrecker die Befugnisse aus § 2204 nach §§ 2208 I 1, 2209 I 1 vorenthalten. 1

Wie sich aus II ergibt, ist der Testamentsvollstrecker gehalten, einen **Auseinandersetzungsplan** aufzustellen. 2
Dazu soll er die Erben anhören. Dieser Obliegenheit nachzukommen, empfiehlt sich für den Vollstrecker schon deshalb, um einer Ersatzpflicht nach § 2219 vorzubeugen. Ohne Anhörung ist der Plan allerdings dennoch wirksam. Deshalb hindert ein Widerspruch der Erben nicht die Ausführung des Plans. Die Erben müssen vielmehr zu dessen Beseitigung klagen (auf Feststellung seiner Unwirksamkeit oder auf Zustimmung zu einem alternativen Plan, vgl Karlsr NJW-RR 94, 905). Der Plan hat nur schuldrechtliche Wirkung. Zu seiner Wirksamkeit hat der Testamentsvollstrecker ihn durch formfreies, einseitiges Rechtsgeschäft ggü den Erben festzustellen. Zur Entgegennahme ist für unbekannte Erben nach § 1913, in Fällen familienrechtlicher Kollisionen (§ 181) nach § 1909 ein Pfleger zu bestellen.

Der **Inhalt des Plans** muss zunächst die Vorgaben des Erblassers, insb dessen Teilungsanordnung nach § 2048 3
1 oder (partielle) Teilungsverbote nach § 2044 I 1 beachten. Sodann richtet sich die Auseinandersetzung nach den gesetzlichen Bestimmungen, wobei für eine etwaige Ausgleichung unter Abkömmlingen außer den in I erwähnten §§ 2050–2056 ebenso § 2057a und – als Grundlage eines Auskunftsanspruchs des Testamentsvollstreckers selbst – § 2057 (Staud/*Reimann* Rz 26 mwN auch zur Gegenansicht) anzuwenden sind. Vor einer Verteilung hat der Testamentsvollstrecker die Nachlassverbindlichkeiten (außer der Vergütung nach § 2221) zu erfüllen und dafür, soweit erforderlich, Nachlassgegenstände zu liquidieren (§ 2046). Sodann ist der übrige Nachlass nach §§ 749–758 zu teilen. Nach § 2205 2 kann der Vollstrecker hierfür Nachlassgegenstände veräußern, auch Grundstücke ohne Teilungsversteigerung nach § 753.

Anstelle des Auseinandersetzungsplans kann ein **Auseinandersetzungsvertrag** zwischen dem Testamentsvollstrecker und allen Erben (einschließlich etwaiger Nacherben) treten. Darin können die Vertragsparteien vom Willen des Erblassers und von den gesetzlichen Verteilungsvorschriften abweichen (BGHZ 40, 115, 118; 56, 275, 278 ff). Zu beachten sind für einen solchen Vertrag – im Gegensatz zum einseitigen Plan des Testamentsvollstreckers – etwaige Form- und Verfahrensvorschriften wie §§ 311b I oder 1629 II, 181 mit dem Erfordernis der Ergänzungspflegschaft (BaRoth/*Mayer* Rz 19). Möglich ist auch eine Vereinbarung der Erben mit der Wirkung eines Teilungsverbotes (§ 2044). Da der Erblasser mit der Einsetzung eines Testamentsvollstreckers ua Vorsorge für Streitigkeiten zwischen den Erben treffen will und solche Streitigkeiten bei der aufgeschobenen genauso wie bei der sofortigen Auseinandersetzung möglich sind, sollte die Testamentsvollstreckung bei einer solchen Vereinbarung für den Fall der späteren Auseinandersetzung fortbestehen (aA AnwK/*Weidlich* Rz 24 mwN). 4

Zum **Vollzug** des Auseinandersetzungsplans oder der entspr Vereinbarung ist der Testamentsvollstrecker nach 5
§ 2205 2 aE befugt, einzelne Gegenstände einzelnen Erben unter deren Mitwirkung in der gesetzlich vorgesehenen Form (zB §§ 873, 925 bei Grundstücken) zu übertragen. Dann geht der Gegenstand aus der Gesamthand der Erbengemeinschaft in Einzelinhaberschaft über. Sind dafür Ausgleichszahlungen fällig, sind diese in den Nachlass zu erbringen. Übersteigt der Wert des übertragenen Gegenstandes den Erbteil des Empfängers und wird keine Ausgleichszahlung vereinbart, ist die Übertragung nach § 2205 3 als unentgeltliche Verfügung unwirksam (BGH NJW 63, 1613).

§ 2205 Verwaltung des Nachlasses, Verfügungsbefugnis. ¹Der Testamentsvollstrecker hat den Nachlass zu verwalten. ²Er ist insbesondere berechtigt, den Nachlass in Besitz zu nehmen und über die Nachlassgegenstände zu verfügen. ³Zu unentgeltlichen Verfügungen ist er nur berechtigt, soweit sie einer sittlichen Pflicht oder einer auf den Anstand zu nehmenden Rücksicht entsprechen.

§ 2205

1 **I. Verwaltungs- und Verfügungsbefugnis im Allg.** Die Vorschrift enthält den **Kern der Vollstreckerbefugnisse**, insb den Nachlass zu verwalten und über Nachlassgegenstände zu verfügen. Diese Verfügungsbefugnis wird flankiert von § 2211, wonach die Erben über Nachlassgegenstände nicht verfügen können, so dass die Verfügungsrecht dem Testamentsvollstrecker ausschließlich zugewiesen ist. Zusätzlich ist der Testamentsvollstrecker berechtigt, die Nachlassgegenstände in Besitz zu nehmen. Dies dient der Verwaltungsfunktion. Folgerichtig muss der Testamentsvollstrecker solche Nachlassgegenstände, die er für die Verwaltung des Nachlasses nicht benötigt, nach § 2217 I an den oder die Erben auf deren Verlangen herausgeben. IÜ aber muss der Erbe, der nach § 857 mit dem Erbfall den Besitz erwirbt, dem Testamentsvollstrecker den unmittelbaren Besitz nach § 2205 2 überlassen. Nach § 2041 (bei Miterben unmittelbar, beim Alleinerben analog) erstreckt sich die Verwaltung auch auf **Ersatzgegenstände**, die mit Mitteln der Erbschaft erworben werden (BGH NJW 68, 1824; Hamm ZEV 01, 275).

2 **Der Verwaltung** des Testamentsvollstreckers **unterliegt** idR der gesamte Nachlass, soweit sich die Testamentsvollstreckung auf ihn bezieht. Dazu gehören ua Urheberrechte gem entspr letztwilliger Verfügung nach § 28 II UrhG (vgl *Klingelhöffer* ZEV 99, 421), Ausgleichsansprüche eines Handelsvertreters nach § 89b HGB (AnwK/*Weidlich* Rz 4 mwN), das Recht die Todeserklärung eines Beteiligten nach § 16 IIc VerschG zu beantragen (Staud/*Reimann* Rz 27), das Kündigungsrecht nach §§ 564, 580 (RGZ 74, 35) und sogar der Schadensersatzanspruch nach § 2219 gegen einen früheren Testamentsvollstrecker (RGZ 138, 132). Versicherungen sind vom Testamentsvollstrecker zu kündigen, wenn das versicherte Interesse mit dem Tode des Erblassers weggefallen ist (zB private Kranken- und persönliche Haftpflichtversicherung, dazu genauer Staud/*Reimann* Rz 22). Andere Sachversicherungen (zB Gebäudeversicherung) sind als Versicherung für fremde Rechnung vom Testamentsvollstrecker fortzuführen. Lebens- und Unfallversicherungen fallen hingegen idR unmittelbar dem Bezugsberechtigten zu und gehören nach hM nicht zum Nachlass. **Ausgenommen** vom Verwaltungsrecht des Testamentsvollstreckers sind persönliche Rechte, zu denen zB das Recht des Schenkungswiderrufs gehört (AnwK/*Weidlich* Rz 3). Beim fortwirkenden Persönlichkeitsrecht ist hingegen zu unterscheiden: Die vermögenswerten Bestandteile sind vom Testamentsvollstrecker zu verwalten (vgl BGHZ 143, 214), der auf der Würde des Menschen beruhende Kern des Persönlichkeitsrechts nicht.

3 Das **Verfügungsrecht** des Testamentsvollstreckers ist – abgesehen von 3 – gesetzlich unbeschränkt. Allerdings kann der Erblasser nach § 2208 I 1 Verfügungsbeschränkungen anordnen, nicht aber einen völligen Ausschluss des Verfügungsrechts. Außerdem sind die allg bei Geschäften mit Wirkung für andere geltenden Grenzen zu beachten: Auch für den Testamentsvollstrecker gilt § 181 (analog), obwohl er nicht Vertreter, sondern Inhaber eines Amtes ist (BGHZ 30, 67). Hiervon kann der Erblasser den Testamentsvollstrecker jedoch testamentarisch (ausdrücklich oder nach Auslegung) befreien, soweit solche Geschäfte nach §§ 2216, 2220 iRd ordnungsgemäßen Verwaltung bleiben (BGH aaO).

4 **II. Unentgeltliche Verfügung. Unentgeltliche** Verfügungen des Testamentsvollstreckers sind ohne Befreiungsmöglichkeit durch den Erblasser (arg § 2207 2) nach 3 idR **unwirksam** (zur Schenkungsvollmacht vgl vor § 2197 Rn 3). Dies gilt auch für gemischte (teils entgeltliche, teils unentgeltliche) Verfügungen, und zwar insgesamt. Die wohl immer noch hM stellt rechtsgrundlose Verfügungen den unentgeltlichen gleich (AnwK/*Weidlich* Rz 14 mwN Fn 38), jedoch kaum mit Recht: Für die vergleichbaren Konstellationen der §§ 816 I 2, 988 hat man die Gleichstellung aus Gründen des Empfängerschutzes aufgegeben. Diese Gründe gelten bei § 2205 3 genauso. Der Gegenstand der Verfügung wird dann durch den Bereicherungsanspruch surrogiert. Ob überhaupt Unentgeltlichkeit vorliegt, ist zunächst objektiv nach den Wertverhältnissen zu entscheiden, ohne dass es auf die Erkennbarkeit für den Geschäftspartner ankommt. Sodann ist zu prüfen, ob der Testamentsvollstrecker die (uU teilweise) Unentgeltlichkeit kannte oder hätte erkennen müssen (BGH NJW 63, 1613; 91, 842). Verkauft der Testamentsvollstrecker zB zu einem für den Erwerber sehr günstigen Preis, um schnell zu einer Auseinandersetzung zu gelangen, liegt darin eine Ermessensentscheidung, die das Geschäft aus der maßgeblichen Sicht des Testamentsvollstreckers noch als (voll) entgeltlich erscheinen lässt. Str ist, ob es als unentgeltliche Verfügung zu beurteilen ist, wenn der Testamentsvollstrecker eine Vorleistung ohne ausreichende Sicherheit auf einen entgeltlichen Schuldvertrag erbringt. Die Annahme der Unentgeltlichkeit (insb Hamm Rpfleger 71, 147 zu § 2113 II) verwischt aber unzulässig den Charakter eines Schuldvertrages mit der Frage einer Pflichtverletzung nach § 2219. Gerade im Hinblick auf eine etwaige Ersatzpflicht sollte der Testamentsvollstrecker freilich Rechtsgeschäfte mit ungesicherten Vorleistungen aus dem Nachlass vermeiden.

5 Ausgenommen von der Unwirksamkeitsfolge sind **Pflicht- und Anstandsschenkungen**. Hierfür gelten dieselben Kriterien wie bei § 534. Typische Pflichtschenkungen sind Unterstützungsleistungen an nicht unterhaltsberechtigte nahe Angehörige (BGH NJW 00, 3488), Anstandsschenkungen die üblichen Gelegenheitsgeschenke (zB Weihnachtsgeschenk an die langjährige Putzhilfe des Erblassers).

6 Besondere praktische Probleme bereitet der Nachweis der Entgeltlichkeit ggü dem **Grundbuchamt**. Der grundbuchrechtlich vorgesehene Weg über Erklärungen nach § 29 GBO ist dafür nicht geeignet. Deshalb muss es idR genügen, wenn der Testamentsvollstrecker formlos den rechtsgeschäftlichen Zusammenhang und die Motive der Verfügung darlegt (BGHZ 57, 84, 95). Erst wenn das Grundbuchamt Anhaltspunkte für die Unrichtigkeit der Angaben hat, ist der Vollzug abzulehnen oder (bei gleichzeitiger Zwischenverfügung) auszusetzen. Dieselben Grundsätze gelten auch für In-sich-Geschäfte des Testamentsvollstreckers (vgl oben Rn 3), während für Einwilligungen, zB der Erben, die Form des § 29 GBO einzuhalten ist.

Sinn der Unwirksamkeitsfolge ist es, den Nachlass für die Erben möglichst ungeschmälert zu erhalten. Deshalb können diese durch **Zustimmung** zur Verfügung deren Wirksamkeit herbeiführen (BGHZ 57, 84, 92). Die Rspr verlangt obendrein die Zustimmung der Vermächtnisnehmer (aaO 94), was aber wegen deren generell fehlender Verfügungsbefugnis zu weit geht (AnwK/*Weidlich* Rz 21 mwN). Nicht möglich ist die Zustimmung durch Minderjährige: Ihnen selbst fehlt die Zuständigkeit dafür nach § 107, den gesetzlichen Vertretern nach §§ 1641, 1804. 7

III. Testamentsvollstreckung an Einzelunternehmen und Gesellschaftsanteilen. Unzulässig ist nach der immer noch hM die **Fortführung eines Unternehmens** durch den Testamentsvollstrecker (RGZ 132, 138; BGHZ 12, 100; 24, 106; BaRoth/*Mayer* Rz 27 mwN). Die Gründe dafür sind heute nicht mehr stichhaltig (grundl *Muscheler* Die Haftungsordnung der Testamentsvollstreckung, 1994, 285 ff). Die Kautelarjurisprudenz muss jedoch nach dem Gebot des „sichersten Weges" weiterhin von der hM ausgehen, so dass eine Fortführung des Unternehmens durch den Testamentsvollstrecker der **Ersatzlösungen** nach Vertretungs- oder Treuhandrecht bedarf (vor § 2197 Rn 4 f). Wegen der mit diesen Gestaltungen verbundenen Probleme (Schwierigkeiten bei Erzwingung der Vollmachtserteilung durch die Erben, Unzumutbarkeit und teilw sogar berufsrechtliche Unzulässigkeit treuhänderischer Unternehmensführung durch den Vollstrecker) erscheint es demgegenüber vorzugswürdig, dass der Erblasser selbst das Unternehmen noch umstrukturiert, etwa durch Gründung einer GmbH, deren Geschäfte der Testamentsvollstrecker ohne weiteres führen kann (AnwK/*Weidlich* Rz 44 mwN). 8

Möglich bleiben ferner „kleinere" Lösungen, die freilich in der Praxis noch nicht hinlänglich erprobt sind: Bei der **Weisungsgeberlösung** geht die Unternehmensführung unmittelbar auf die oder die Erben über; der Testamentsvollstrecker erhält vom Erblasser aber nach § 2208 II das Recht zu Weisungen ggü den Erben (vgl BaRoth/*Mayer* Rz 33 mwN). Eine **„beaufsichtigende Testamentsvollstreckung"**, kombiniert mit der Testamentsvollstreckung an den einzelnen Wirtschaftsgütern des Unternehmens, soll dazu führen, dass der Erbe einerseits das Unternehmen iSd Testamentsvollstreckers und somit letztlich des Erblassers weiter führt, seine Eigengläubiger nach § 2214 aber von der Zwangsvollstreckung in das Betriebsvermögen ausgeschlossen bleiben (Staud/*Reimann* Rz 104). Ggü all diesen Umwegen ist die „echte" Testamentsvollstreckerlösung für die Zukunft bei weitem vorzuziehen (*Schiemann* FS Medicus, 99, 513 ff). 9

Für die Testamentsvollstreckung an **Gesellschaftsanteilen** ist zu unterscheiden: Weitgehend unproblematisch ist die Testamentsvollstreckung bei Anteilen an **Kapitalgesellschaften** und anderen juristischen Personen (Genossenschaften, Vereinen). Eine Verwaltungsvollstreckung am GmbH-Anteil ist möglich, kann aber durch die Satzung der Gesellschaft ausgeschlossen werden. Zu beachten ist, dass der Testamentsvollstrecker nur den Nachlass, nicht die Erben persönlich verpflichten kann. Daher kann der Testamentsvollstrecker zB an Kapitalerhöhungen nicht mitwirken, die vom Erben aus dessen Eigenvermögen zu erfüllen wären. Auch andere neue Leistungspflichten, ganz grundlegende Satzungsänderungen und Eingriffe in mitgliedschaftliche Sonderrechte oder unentziehbare Mitgliedsrechte sind als Teil des „Kernbereichs" der Mitgliedschaft zu betrachten, über den der Testamentsvollstrecker nur mit Zustimmung des Gesellschaftererben disponieren kann (AnwK/*Weidlich* Rz 71). Stimmrecht und Bezugsrecht in der AG übt der Testamentsvollstrecker aus. Soweit die Fortsetzung der Mitgliedsrechte nach dem Tode des Mitglieds in Verein und Genossenschaft möglich ist, können auch diese Rechte mindestens, soweit sie nicht höchstpersönlich auszuüben sind, vom Testamentsvollstrecker für den Nachlass wahrgenommen werden (BaRoth/*Mayer* Rz 55; enger zB Palandt/*Edenhofer* Rz 26). 10

Besondere Probleme bereitet die Testamentsvollstreckung für Beteiligungen an **Personengesellschaften**. Wird die Gesellschaft nach dem Tod des Gesellschafters in eine Liquidationsgesellschaft überführt, was bei OHG und KG vertraglich vorgesehen werden kann und für die Gesellschaft bürgerlichen Rechts nach § 727 I der gesetzliche Regelfall ist, kann sich die Testamentsvollstreckung ohne weiteres auf den zum Nachlass gehörenden Gesellschaftsanteil beziehen (AnwK/*Weidlich* Rz 67 mwN). Wird allerdings die Liquidationsgesellschaft in eine werbende Gesellschaft zurückverwandelt, ist dies eine Grundlagenentscheidung, die als Teil des „Kernbereichs" nur vom Testamentsvollstrecker und allen Erben gemeinsam getroffen werden kann. 11

In der **Kommanditgesellschaft** wird die Testamentsvollstreckung an Kommanditanteilen heute allg zugelassen, wenn die übrigen Gesellschafter (meist im Gesellschaftsvertrag) in die Anordnung einer Testamentsvollstreckung für den Gesellschaftsanteil eingewilligt haben oder diese genehmigen (BGHZ 68, 225, 241; 108, 187, 191). Diese Zustimmung ist erforderlich, weil die KG als Personengesellschaft ihrem Typus nach auf das persönlich-individuelle Zusammenwirken der Gesellschafter angelegt ist. In einer Publikums-Kommanditgesellschaft mit vielen Kommanditisten, die nur eine Kapitalanlage, keine persönliche Mitwirkung an der Geschäftstätigkeit im Auge haben, kann man die Zustimmung daher als „stillschweigend" erteilt (*Ulmer* NJW 90, 73, 75 f) oder von vornherein als überflüssig ansehen. Aber auch wenn dementsprechend eine Testamentsvollstreckung besteht, gilt für sie wiederum (vgl oben Rn 10) die „Kernbereichslehre", so dass der Testamentsvollstrecker zB nicht bei einer Einlagenerhöhung mitwirken kann, die der Gesellschafter aus seinem eigenen Vermögen erfüllen müsste (BGHZ 108, 187, 198). Soweit sich hieraus eine Verdoppelung der Gesell- 12 schafterrechte (für den Erben selbst und für den Testamentsvollstrecker) ergibt, ist dies wegen der Zustimmung der anderen Gesellschafter hinzunehmen (AnwK/*Weidlich* Rz 55 mwN).

13 Für die Stellung als **persönlich haftender Gesellschafter** einer KG oder OHG sowie als Gesellschafter einer Gesellschaft bürgerlichen Rechts unterscheidet die Rspr zwischen der **„Außen- und Innenseite"** der Beteiligung: Die Testamentsvollstreckung beschränkt sich auf die „Außenseite", während die „Innenseite" von Anfang an dem Gesellschaftererben selbst zugeordnet ist (BGHZ 98, 48, 57 und für die Gesellschaft bürgerlichen Rechts BGH ZEV 96, 110). Zur „Außenseite" gehören Auseinandersetzungs- und Abfindungsansprüche, laufende Gewinnansprüche (allerdings nur solange und soweit, wie sie nicht durch die eigene Mitarbeit des Gesellschaftererben selbst entstanden sind) und der Gesellschaftsanteil als Vermögensrecht, über den infolgedessen der Erbe nicht verfügen und in den die Privatgläubiger des Erben nicht vollstrecken können. Will man die Aufspaltung der Gesellschafterstellung zwischen Erbe und Testamentsvollstrecker vermeiden, können nach gängiger Praxis auch für den persönlich haftenden Gesellschafter die für das Einzelunternehmen entwickelten **Ersatzlösungen** mit Zustimmung der anderen Gesellschafter verwendet werden (Vollmachts-, Treuhand- und Weisungsgeberlösung, oben Rn 8 und vor §§ 2197 ff Rn 4 f). Dies ist zu billigen, weil nur die volle persönliche Haftung des Erben oder des Testamentsvollstreckers die Gleichheit der Chancen und Risiken unter den persönlich haftenden Gesellschaftern wahrt, die dem Gesellschaftstyp mit persönlich Haftenden das Gepräge gibt. Für die Übergangszeit des § 139 HGB bis zur Entscheidung der Erben über die Haftungsfolgen ihrer Gesellschaftsbeteiligung kann man freilich eine „reine" Vollstreckerlösung ohne Beschränkung auf die „Außenseite" hinnehmen, so dass für die Schulden allein der Nachlass nach § 2206 haftet. Alle erwähnten Beschränkungen der Testamentsvollstreckung gelten auch für die EWIV und die Freiberufler-GmbH sowie die im Partnerschaftsvertrag vererblich gestellte Freiberufler-Partnerschaft (Staud/*Reimann* Rz 138 f, 142 mwN). Unbeschränkt zulässig ist die Vollstreckung hingegen an der Beteiligung eines stillen Gesellschafters. Wesentlich erweitern kann der Erblasser die Befugnisse des Testamentsvollstreckers iÜ, wenn er ihm zugleich das Nießbrauchsvermächtnis am Unternehmen oder am Gesellschaftsanteil aussetzt. Ein solcher **Dispositionsnießbrauch** kommt aber nur in Betracht, wenn der Erblasser ein besonderes Interesse an der Zuwendung der Erträge hat, was zB zur Versorgung des überlebenden Ehegatten sinnvoll sein kann.

§ 2206 Eingehung von Verbindlichkeiten.
(1) ¹Der Testamentsvollstrecker ist berechtigt, Verbindlichkeiten für den Nachlass einzugehen, soweit die Eingehung zur ordnungsmäßigen Verwaltung erforderlich ist. ²Die Verbindlichkeit zu einer Verfügung über einen Nachlassgegenstand kann der Testamentsvollstrecker für den Nachlass auch dann eingehen, wenn er zu der Verfügung berechtigt ist.
(2) Der Erbe ist verpflichtet, zur Eingehung solcher Verbindlichkeiten seine Einwilligung zu erteilen, unbeschadet des Rechts, die Beschränkung seiner Haftung für die Nachlassverbindlichkeiten geltend zu machen.

1 Die Vorschrift enthält in I die Konsequenz aus der Verwaltungsbefugnis nach § 2205 1: So wie der Testamentsvollstrecker nach § 2205 2 über die Nachlassgegenstände verfügen kann, hat er nach § 2206 I 2 das Recht, sich zu einer solchen Verfügung zu **verpflichten**. Ferner kann er den Nachlass iRd ordnungsgemäßen Verwaltung nach I 1 selbständig verpflichten, wobei die **Haftung** auf den Nachlass **beschränkt** ist. Über den Wortlaut hinaus gilt im Rechtsverkehr eine **Vermutung**, dass die vom Testamentsvollstrecker eingegangene Verpflichtung einer ordnungsgemäßen Verwaltung entspricht (RGZ 130, 131, 134; BGH NJW 83, 40). Nur wenn der Geschäftspartner weiß oder infolge grober Fahrlässigkeit verkennt, dass die Verpflichtung nicht der ordnungsgemäßen Verwaltung entspricht, wird er nicht durch die Vermutung geschützt. Wie weit daneben noch Raum bleibt für eine Eigenhaftung des Testamentsvollstreckers analog § 179 (Staud/*Reimann* Rz 20 mwN), ist fraglich.

2 Das Recht des Testamentsvollstreckers, nach II die Einwilligung der Erben in sein Verwaltungshandeln zu verlangen, hat keine Bedeutung für die Wirksamkeit der Verpflichtungen und Verfügungen. Die Einwilligung schützt den Testamentsvollstrecker nur vor der Haftung aus **§ 2219**. Sie kann freilich evidente Mängel der Verwaltungsbefugnis nicht heilen (aA BaRoth/*Mayer* Rz 12 mwN). Der Erblasser kann aber nach § 2207 von vornherein die Verpflichtungsbefugnis des Testamentsvollstreckers bis zur Grenze der Verpflichtung zu Schenkungen nach § 2205 3 erweitern. Das Recht, vom Erben die Einwilligung zu verlangen, besteht auch in diesen Fällen nur für Geschäfte iRd ordnungsgemäßen Verwaltung (BaRoth/*Mayer* § 2207 Rz 6).

§ 2207 Erweiterte Verpflichtungsbefugnis.
¹Der Erblasser kann anordnen, dass der Testamentsvollstrecker in der Eingehung von Verbindlichkeiten für den Nachlass nicht beschränkt sein soll. ²Der Testamentsvollstrecker ist auch in einem solchen Falle zu einem Schenkungsversprechen nur nach Maßgabe des § 2205 Satz 3 berechtigt.

1 Die Vorschrift bezeichnet die **äußerste Grenze**, bis zu der der Erblasser in einer letztwilligen Verfügung den Testamentsvollstrecker **zu Verpflichtungen ermächtigen** kann. Mit der Dauervollstreckung ist die weitgehende Ermächtigung nach § 2209 2 im Zweifel erteilt. Zum Schutze des Rechtsverkehrs ist die Ermächtigung

im Testamentsvollstreckerzeugnis anzugeben (§ 2368 I 2). Der wichtigste Anwendungsfall außer § 2209 ist wohl der Auftrag an den Testamentsvollstrecker, ein Verschaffungsvermächtnis (§§ 2169, 2170) zu erfüllen (Staud/*Reimann* Rz 2).

§ 2208 Beschränkung der Rechte des Testamentsvollstreckers, Ausführung durch den Erben. (1) ¹Der Testamentsvollstrecker hat die in den §§ 2203 bis 2206 bestimmten Rechte nicht, soweit anzunehmen ist, dass sie ihm nach dem Willen des Erblassers nicht zustehen sollen. ²Unterliegen der Verwaltung des Testamentsvollstreckers nur einzelne Nachlassgegenstände, so stehen ihm die in § 2205 Satz 2 bestimmten Befugnisse nur in Ansehung dieser Gegenstände zu.
(2) Hat der Testamentsvollstrecker Verfügungen des Erblassers nicht selbst zur Ausführung zu bringen, so kann er die Ausführung von dem Erben verlangen, sofern nicht ein anderer Wille des Erblassers anzunehmen ist.

Abw vom gesetzlichen Modell der §§ 2203 ff kann der Erblasser den Testamentsvollstrecker nach § 2208 mit der **bloßen Aufsicht** über die Erben betrauen, ihm insb **keine Verfügungsbefugnis** einräumen, oder die Testamentsvollstreckung auf **einzelne Gegenstände** (I 2) oder einzelne Erbteile beschränken. Die Beschränkungen sind nach § 2368 I 2 im Testamentsvollstreckerzeugnis anzugeben. Weitere Fälle beschränkter Testamentsvollstreckung enthalten §§ 2222, 2223. 1

Auch bei beschränkter Testamentsvollstreckung kann der Testamentsvollstrecker zu **Verpflichtungsgeschäften** nach § 2206 ermächtigt sein. So ist es erforderlich, dass zur Verwaltung eines Mietshauses, für die Testamentsvollstreckung angeordnet ist, Mietverträge oder Verträge mit Handwerkern abgeschlossen werden. Für die so begründeten Verbindlichkeiten haftet dann nach § 2206 I 1 der ganze Nachlass. Ist dem Testamentsvollstrecker die **Verfügungsbefugnis** nach § 2205 2 entzogen, kann dadurch nicht eine überhaupt nicht verfügungsfähige res extra commercium begründet werden (BGHZ 40, 115, 118; 56, 275, 278). Vielmehr muss dann der Erbe entgegen § 2211 verfügungsbefugt sein. Der Erblasser kann aber für Verfügungen des Erben die Zustimmung des Testamentsvollstreckers vorschreiben. 2

II gibt dem Testamentsvollstrecker anstelle seines eigenen Verfügungsrechts einen **Anspruch** gegen die Erben **auf Ausführung** der letztwilligen Verfügungen des Erblassers. Der Vollstrecker wird dadurch Inhaber eines **Aufsichtsrechts** über die Erben. Eine solche beaufsichtigende Testamentsvollstreckung wird auch für Gesellschaftsanteile vorgeschlagen, wenn die Mitgesellschafter des Erblassers der Testamentsvollstreckung nicht zugestimmt haben (Staud/*Reimann* § 2205 Rz 121). Mindestens bei noch nicht voll geschäftsfähigen Gesellschaftererben ist diese Lösung aber unzureichend. 3

§ 2209 Dauervollstreckung. ¹Der Erblasser kann einem Testamentsvollstrecker die Verwaltung des Nachlasses übertragen, ohne ihm andere Aufgaben als die Verwaltung zuzuweisen; er kann auch anordnen, dass der Testamentsvollstrecker die Verwaltung nach der Erledigung der ihm sonst zugewiesenen Aufgaben fortzuführen hat. ²Im Zweifel ist anzunehmen, dass einem solchen Testamentsvollstrecker die in § 2207 bezeichnete Ermächtigung erteilt ist.

Im Gegensatz zum Leitbild der „Abwicklungsvollstreckung" nach § 2203 regelt § 2209 die „**Verwaltungsvollstreckung**". Das Verwaltungsrecht am Nachlass steht dem Testamentsvollstrecker bereits nach § 2205 1 zu. Dieses Recht kann nach § 2209 verselbständigt werden. Aber auch bei reiner Verwaltungsvollstreckung können die Erben nach § 2211 nicht über Nachlassgegenstände verfügen und die Gläubiger der Erben können nach § 2214 nicht in diese vollstrecken. Daher kann der Verwaltungstestamentsvollstrecker iRd ordnungsgemäßen Verwaltung über die Nachlassgegenstände verfügen. Im Zweifel hat er ferner nach 2 die erweiterte Verpflichtungsbefugnis zu Lasten des Nachlasses nach § 2207. Gerade der Verwaltungsvollstrecker hat somit weitreichende Macht über den Nachlass unter Ausschluss der Erben. Die Erben können sich dem idR nur durch die Ausschlagung nach § 2306 I 2 entziehen. Eine „Knebelung" des Erben nach § 138 I liegt gerade wegen dieser Ausschlagungsmöglichkeit nicht vor (vgl AnwK/*Weidlich* Rz 19 mwN). 1

Da der Erblasser die eigenen Rechte des Erben durch die Anordnung einer Testamentsvollstreckung nach § 2209 im allg bewusst einschränken will, steht dem Erben im Zweifel das Recht auf die Überlassung von Nachlassgegenständen nach § 2217 nicht zu. Auch **Erträge** braucht der Testamentsvollstrecker nicht auszuschütten, sondern kann sie thesaurieren (BGH FamRZ 86, 900; 88, 279). Der Testamentsvollstrecker überschreitet allerdings den ihm in § 2216 I gezogenen Rahmen einer ordnungsgemäßen Verwaltung, wenn er den Erben nicht die Mittel zur Begleichung der durch den Erbfall entstandenen Steuerschulden sowie für den eigenen Unterhalt und die Erfüllung gesetzlicher Unterhaltspflichten überlässt (RG Recht 22 Nr 615). 2

Nach 1 Hs 2 kann die Verwaltungsvollstreckung **dauerhaft** zusätzlich zur Erfüllung von Abwicklungsaufgaben und über deren Erledigung hinaus angeordnet werden. Die erweiterte Verpflichtungsbefugnis soll dann von Anfang an bestehen (Staud/*Reimann* Rz 4). Zur zeitlichen Grenze der Verwaltungsvollstreckung s. § 2210 und die Erläuterungen dazu. 3

§ 2210 Dreißigjährige Frist für die Dauervollstreckung.
¹Eine nach § 2209 getroffene Anordnung wird unwirksam, wenn seit dem Erbfall 30 Jahre verstrichen sind. ²Der Erblasser kann jedoch anordnen, dass die Verwaltung bis zum Tode des Erben oder des Testamentsvollstreckers oder bis zum Eintritt eines anderen Ereignisses in der Person des einen oder des anderen fortdauern soll. ³Die Vorschrift des § 2163 Abs. 2 findet entsprechende Anwendung.

1 Die **Dauervollstreckung** endet nach § 2210 – entspr. §§ 2044 II, 2109, 2162 – **30 Jahre** nach dem Erbfall. Für die Beschwerung natürlicher Personen (für juristische Personen bleibt es nach 3 bei der 30jährigen Höchstdauer) kann die Frist darüber hinaus bis zum Tode oder zu einem anderen Ereignis (zB das Erreichen eines bestimmten Alters) des Testamentsvollstreckers oder des Erben verlängert werden. Im Zusammenhang mit der Befugnis des Testamentsvollstreckers nach § 2199 II zur Ernennung eines Nachfolgers wie auch durch die Ernennung eines weiteren Testamentsvollstreckers nach § 2198 I vor Ablauf der 30 Jahre ist es nach der Rspr des BGH (NJW 08, 1157) möglich, das Ende der Testamentsvollstreckung erst auf den Tod des allerletzten Testamentsvollstreckers weit mehr als 30 Jahre nach dem Erbfall festzulegen. Für die Nacherbfolge hat der Gesetzgeber in § 2109 I 2 Nr 1 das entspr. Problem dadurch entschieden, dass er zusätzlich verlangt, der Letztberufene müsse beim Erbfall bereits gelebt haben. Dies soll für die Testamentsvollstreckung gerade nicht gelten (aA Voraufl). Von vornherein eine längere Frist von 70 Jahren gilt nach §§ 28 II 2, 64 UrhG für das Urheberrecht.

2 Für den **Abwicklungsvollstrecker** und andere Vollstrecker mit Aufgaben außerhalb des § 2209 (zB Überwachung des Vollzugs einer Auflage) gilt § 2210 nicht. ZB bei Ausschöpfung der 30-Jahresfrist nach § 2044 II kann die Vollstreckertätigkeit daher länger als 30 Jahre nach dem Erbfall dauern oder sogar erst später beginnen.

§ 2211 Verfügungsbeschränkung des Erben.
(1) Über einen der Verwaltung des Testamentsvollstreckers unterliegenden Nachlassgegenstand kann der Erbe nicht verfügen.
(2) Die Vorschriften zugunsten derjenigen, welche Rechte von einem Nichtberechtigten herleiten, finden entsprechende Anwendung.

1 § 2211 ist die zentrale Vorschrift für die Konstituierung des Nachlasses unter Testamentsvollstreckung als **Sondervermögen**. Als Kehrseite der Verfügungsbefugnis des Testamentsvollstreckers nach § 2205 2 schließt die Vorschrift die **Verfügungsbefugnis** des Erben aus. Ergänzt wird die Vorschrift durch § 2214, wonach auch die Gläubiger der Erben keinen Zugriff auf den Nachlass haben. Die Verfügungsbeschränkung des Erben reicht aber nur soweit wie die Testamentsvollstreckung: Bezieht sich diese gem § 2208 auf Teile oder einzelne Gegenstände des Nachlasses nicht, ist hierüber der Erbe verfügungsbefugt. Andererseits beginnt die Absonderung des Nachlasses und somit die Beschränkung der Erben sogleich mit dem Erbfall, also schon vor Annahme des Amtes durch den Testamentsvollstrecker nach § 2202 (BGHZ 48, 214, 220). Von der Verfügungsbeschränkung nicht erfasst wird der Erbteil selbst, über den der Erbe auch bei Bestehen der Testamentsvollstreckung (die dann ggü dem Erwerber sogar bei dessen gutem Glauben fortdauert) nach § 2033 verfügen kann. Soweit der Erbe nicht verfügungsberechtigt ist, hat auch der Insolvenzverwalter über das Vermögen des Erben keinen Zugriff auf die Nachlassgegenstände (Staud/*Reimann* Rz 2).

2 **Verfügungen des Erben** entgegen § 2211 sind schwebend unwirksam (RGZ 87, 432, 433 f), können aber vom Testamentsvollstrecker oder nach Ende der Testamentsvollstreckung (auch durch Überlassung des Gegenstandes nach § 2217 I) vom Erben selbst gem § 185 II 1 genehmigt werden. An Verpflichtungsgeschäften ist der Erbe hingegen nicht gehindert; er kann sie jedoch nicht aus dem Nachlass erfüllen, und die Gläubiger aus solchen Geschäften können nicht mit Forderungen gegen den Nachlass aufrechnen (BGHZ 25, 275, 286 f).

3 Nach II können Erwerber vom Erben **kraft guten Glaubens** entgegen der Verfügungsbeschränkung des I Eigentümer der Sache oder Inhaber des Rechts werden nach §§ 892 f, 932 ff, 1032, 1207, 1244, 2364 ff. Dies kommt in Betracht, wenn im Grundbuch (§ 52 GBO) oder im Erbschein kein Testamentsvollstreckervermerk eingetragen worden ist oder der Erwerber die Zugehörigkeit zum Nachlass nicht kennt (AnwK/*Weidlich* Rz 11). Ein redlicher Erwerb von Forderungen ist – wie auch sonst – ausgeschlossen. Entspr anwendbar ist aber § 407 auf Leistungen an den Erben statt an den Testamentsvollstrecker. Bei **Verfügungen des Testamentsvollstreckers** ohne Verfügungsbefugnis über den Gegenstand (vgl Rn 1) gilt II nicht. Möglich bleibt aber ein redlicher Erwerb, wenn der Erwerber den Testamentsvollstrecker für den Eigentümer oder Inhaber hält.

§ 2212 Gerichtliche Geltendmachung von der Testamentsvollstreckung unterliegenden Rechten.
Ein der Verwaltung des Testamentsvollstreckers unterliegendes Recht kann nur von dem Testamentsvollstrecker gerichtlich geltend gemacht werden.

1 § 2212 ist Spezialvorschrift zum **Verwaltungsrecht** des Testamentsvollstreckers nach § 2205 1. Die Begründung des Prozessrechtsverhältnisses durch den Testamentsvollstrecker hat zugleich die Wirkungen der §§ 2206, 2207 1. § 2212 wird ergänzt durch § 327 ZPO. Entspr seiner allg Stellung ist der Testamentsvollstrecker Partei kraft Amtes (nicht Vertreter, BGHZ 51, 209, 214) iSd § 116 I Nr 1 ZPO. Hierbei ergeben sich

allerdings für einzelne Prozesshandlungen wie Anerkenntnis und (Teil-)Verzicht wegen ihres auch materiellrechtlichen Charakters Einschränkungen insb aus § 2205 3. Unterliegt der Testamentsvollstrecker im Prozess, hat für die Kosten der Nachlass nach § 2206 1 aufzukommen, nicht der Testamentsvollstrecker persönlich (Staud/*Reimann* Rz 4 mwN). Hat der Aktivnachlass einen zu geringen Umfang, kann der Testamentsvollstrecker Prozesskostenhilfe beantragen. Zu unterscheiden von der Prozessführung für den Nachlass sind Klagen, die den Testamentsvollstrecker persönlich betreffen, wie etwa eine (negative) Feststellungsklage wegen seiner Haftung aus § 2219 oder die Klage auf Vergütung nach § 2221.

§ 2212 betrifft die Prozesse, die der Testamentsvollstrecker als Kläger führt. Prozesse **gegen „den Nachlass"** 2 betrifft § 2213. Diese Vorschrift gilt auch, wenn der Testamentsvollstrecker gegen einen Dritten eine negative Feststellungsklage erhebt (BGHZ 104, 1, 4). Amtieren mehrere Vollstrecker, sind sie im Prozess Streitgenossen nach § 62 ZPO (RGZ 98, 173, 174), es sei denn der klagende Vollstrecker hat eine Alleinbefugnis nach § 2224 II. Ist die Verfügungsbefugnis des Testamentsvollstreckers nach § 2208 beschränkt und kann er insoweit nur gemeinsam mit einem oder mehreren Erben handeln, ist er prozessual auch mit diesen notwendiger Streitgenosse nach § 62 ZPO. Nach § 2208 kann der Erblasser dem Testamentsvollstrecker die Prozessführungsbefugnis nach § 2212 ganz entziehen. Dann ist **der Erbe** klageberechtigt. Dasselbe gilt für Ansprüche (insb nach § 2219) des Nachlasses gegen den Testamentsvollstrecker (BGH ZEV 02, 499). Das bloße Unterlassen der Prozessführung durch den Testamentsvollstrecker begründet aber keine eigene Befugnis des Erben. Eine Ausnahme von der Prozessführungsbefugnis für die Testamentsvollstreckung zur Vollziehung einer Auflage ist nicht vorgesehen. Deshalb ist der Testamentsvollstrecker auch insoweit prozessführungsbefugt (aA Palandt/*Edenhofer* Rz 1). Da das Urt im Prozess nach §§ 2212, 2213 für und gegen die Erben Rechtskraftwirkung hat (§ 327 ZPO), können die Erben dem vom Testamentsvollstrecker geführten Prozess als **Nebenintervenienten** nach § 69 ZPO beitreten. Bestreitet ein Erbe die Zuständigkeit des Vollstreckers für den Prozess (zB weil er gar nicht wirksam Vollstrecker geworden sei), kann er auch als **Hauptintervenient** nach § 69 ZPO beitreten. Umgekehrt kann der Testamentsvollstrecker zB wegen der Gefahr des Schadensersatzes aus § 2219 den Erben den Streit verkünden (§§ 72 ff ZPO).

Folge der Prozessführungsbefugnis des Testamentsvollstreckers ist, dass nur er einen vom Erblasser begonne- 3 nen Prozess nach § 239, 241, 243 ZPO **aufnehmen** kann (BGHZ 104, 1, 3). Beim Ende des Testamentsvollstreckeramtes während des Prozesses kann ein neuer Testamentsvollstrecker nach §§ 241, 246 ZPO den Prozess fortführen, bei Ende der Testamentsvollstreckung insgesamt der Erbe nach §§ 239, 246 ZPO (BGH NJW 64, 2301). Ferner kann der Erbe nach Ende der Testamentsvollstreckung nach §§ 728, 727 ZPO eine vollstreckbare Ausfertigung des vom Testamentsvollstrecker erstrittenen Urteils verlangen.

§ 2213 Gerichtliche Geltendmachung von Ansprüchen gegen den Nachlass.
(1) ¹Ein Anspruch, der sich gegen den Nachlass richtet, kann sowohl gegen den Erben als gegen den Testamentsvollstrecker gerichtlich geltend gemacht werden. ²Steht dem Testamentsvollstrecker nicht die Verwaltung des Nachlasses zu, so ist die Geltendmachung nur gegen den Erben zulässig. ³Ein Pflichtteilsanspruch kann, auch wenn dem Testamentsvollstrecker die Verwaltung des Nachlasses zusteht, nur gegen den Erben geltend gemacht werden.
(2) Die Vorschrift des § 1958 findet auf den Testamentsvollstrecker keine Anwendung.
(3) Ein Nachlassgläubiger, der seinen Anspruch gegen den Erben geltend macht, kann den Anspruch auch gegen den Testamentsvollstrecker dahin geltend machen, dass dieser die Zwangsvollstreckung in die seiner Verwaltung unterliegenden Nachlassgegenstände dulde.

Im Umfang der Verwaltungsbefugnis (§§ 2205 1, 2208) und der aktiven Prozessführungsbefugnis nach § 2212 1 kann der Testamentsvollstrecker nach § 2213 konsequenterweise idR auch **verklagt** werden. § 2213 ermöglicht den Gläubigern **zusätzlich** die Klage gegen die Erben, da nach §§ 1967, 2058 f die Erben persönlich mit ihrem sonstigen Vermögen den Gläubigern haften (können). Will der Gläubiger sowohl in das Eigenvermögen des Erben als auch in den Nachlass vollstrecken, muss er **Erbe und Testamentsvollstrecker** gemeinsam verklagen. Dies gilt auch dann, wenn der Testamentsvollstrecker zugleich selbst Erbe ist. Der Erbe kann allerdings uU den Vorbehalt der auf den Nachlass beschränkten Haftung nach §§ 780, 781 ZPO geltend machen, und bei der Klage gegen den Testamentsvollstrecker trägt der Gläubiger das Risiko etwaiger Beschränkungen der Testamentsvollstreckung. Liegt eine solche Beschränkung vor, ist nach I 2 nur der Erbe passiv prozessführungsbefugt. In Hinblick auf solche Fälle empfiehlt sich die Verknüpfung der Klage gegen den Erben mit derjenigen nach III gegen den Testamentsvollstrecker auf Duldung der Zwangsvollstreckung in die von ihm verwalteten Gegenstände. Dann kann bei Erfolg der Klage in die Gegenstände nach § 748 II ZPO vollstreckt werden. Dasselbe Modell der Verknüpfung von Leistungsklage gegen den Erben und Duldungstitel gegen den Testamentsvollstrecker ist für Pflichtteilsansprüche nach I 3 iVm § 748 III ZPO vorgesehen. Dingliche Ansprüche wegen Sachen, die der Testamentsvollstrecker in Besitz hat (vgl § 2205 2), können überhaupt nur durch Herausgabesprüche gegen die Erben nach I 2 und Duldungstitel gegen den Testamentsvollstrecker nach III (analog) verwirklicht werden (vgl Staud/*Reimann* Rz 14 mwN). In anderen Fällen, in denen der Testamentsvollstrecker überhaupt keine Verwaltungsbefugnis hat, kann gegen ihn hingegen nicht einmal auf Duldung geklagt werden.

2 Obwohl der Erbe demnach immer und in erster Linie verklagt werden kann, sind seine **Verteidigungsmöglichkeiten** begrenzt: Aufrechnungen mit Nachlassforderungen sind ihm wegen §§ 2211, 2212 ebenso verwehrt wie die Geltendmachung von (anderen) Einwendungen und Einreden oder die Erhebung der Widerklage wegen Forderungen und Rechten, die zum Nachlass gehören. Allerdings kann in das Eigenvermögen des Erben nach § 778 I ZPO **nicht vor der Annahme** der Erbschaft vollstreckt werden. Deshalb kann gegen den Erben nach § 1958 vorher auch nicht geklagt werden.

3 Obwohl der Testamentsvollstrecker auf Erfüllung von **Pflichtteilsansprüchen** demnach nicht allein verklagt werden kann (oder Rn 1), ist ihm die Möglichkeit einzuräumen, bei unstr bestehendem Pflichtteilsrecht die Auskunfts- und Leistungsansprüche nach §§ 2314, 2303 zu erfüllen. In Fällen, in denen nur der Testamentsvollstrecker die nötigen Informationen hat, ist er dazu und zur Auskunftserteilung ggü dem Erben nach § 2216 I sogar verpflichtet (Staud/*Reimann* Rz 19). Hingegen kann er den Pflichtteilsanspruch gegen den Willen des Erben nicht anerkennen (BGHZ 51, 125).

4 Das Urt gegen den Testamentsvollstrecker aufgrund § 2213 **wirkt** auch für und gegen den **Erben**, § 327 II ZPO. Das Urt gegen den Erben wirkt im Falle des Unterliegens nur gegen diesen selbst, bei Obsiegen hingegen auch für den Testamentsvollstrecker, weil er ja einen Teil des Vermögens des Erben verwaltet, der nach der rechtskräftigen Feststellung gerade nicht haften soll (*Stein/Jonas/Roth* § 327 ZPO Rz 8).

5 Für Ansprüche gegen den **Testamentsvollstrecker persönlich**, zB der Erben nach § 2219 (BGH NJW-RR 88, 386) oder Dritter nach § 311 III (weitere Fälle bei AnwK/*Weidlich* Rz 19 mwN), gilt § 2213 nicht. Für solche „Privatklagen" (zur Abgrenzung AnwK/*Weidlich* Rz 17, 18 mwN) ist allein der Testamentsvollstrecker zuständig.

§ 2214 Gläubiger des Erben.
Gläubiger des Erben, die nicht zu den Nachlassgläubigern gehören, können sich nicht an die der Verwaltung des Testamentsvollstreckers unterliegenden Nachlassgegenstände halten.

1 Die Vorschrift **schützt** den Nachlass als Sondervermögen in Konsequenz des Prinzips, das schon in § 2111 niedergelegt ist, **vor den Eigengläubigern** der Erben. Dadurch kann der Erblasser mit der Anordnung von Testamentsvollstreckung den Nachlass auf lange Dauer (vgl § 2210) und wirksamer als durch ein Auseinandersetzungsverbot nach § 2044 zusammenhalten. Selbst der Nachlass, der in die Insolvenzmasse des Alleinerben fällt, bleibt ein Sondervermögen, in das bis zur Beendigung der Testamentsvollstreckung nur die Nachlassgläubiger vollstrecken können (BGH NJW 06, 2698). Möglich bleibt den Gläubigern des Erben die Vollstreckung in dessen Erbrecht oder Erbteil selbst (§ 859 II ZPO). Wer auf die Nachlassbeteiligung eines Erben zugreifen will, der unter Testamentsvollstreckung steht, hat aber nicht die Auskunfts- und Verwaltungsrechte nach §§ 2027, 2028, 2038, 2057 (BGH NJW-RR 05, 369 für den Sozialhilfeträger). Betreibt ein Erbengläubiger die Zwangsvollstreckung in den Nachlass, ist diese unzulässig und dem Testamentsvollstrecker steht die Erinnerung nach § 766 ZPO zu (Staud/*Reimann* Rz 4). Die Insolvenz des Alleinerben lässt entgegen § 2214 den Nachlass unter Testamentsvollstreckung in die Insolvenzmasse fallen (BGH (NJW 06, 2698). Hatte der Erblasser zB eine Sache des Erben in Besitz, kann der Erbe ebenso wie die Gläubiger dingliche Ansprüche gegen den Erblasser unmittelbar in den Nachlass vollstrecken.

2 Besondere Probleme ergeben sich bei langer Dauer der Testamentsvollstreckung hinsichtlich der anfallenden **Erträge**. Soweit der Testamentsvollstrecker aufgrund einer Anordnung nach § 2216 II 1 oder auch einer ergänzenden Auslegung des Testaments Erträge an die Erben ausschüttet, sind sie dem Zugriff der Eigengläubiger ausgesetzt. Aber selbst bei Thesaurierung der Erträge können die Gläubiger insoweit nicht an der Zwangsvollstreckung gehindert werden, als die angesammelten Erträge wegen ihres Umfanges über den Nachlass „hinausgewachsen" sind (BGH DNotZ 87, 116). Dogmatisch ist dies als partielle Beendigung der Testamentsvollstreckung einzuordnen (Staud/*Reimann* Rz 6). Die Abgrenzung zwischen „normalen" Erträgen und übermäßiger Thesaurierung ist nach betriebswirtschaftlichen Kriterien und Usancen vorzunehmen.

§ 2215 Nachlassverzeichnis.
(1) Der Testamentsvollstrecker hat dem Erben unverzüglich nach der Annahme des Amts ein Verzeichnis der seiner Verwaltung unterliegenden Nachlassgegenstände und der bekannten Nachlassverbindlichkeiten mitzuteilen und ihm die zur Aufnahme des Inventars sonst erforderliche Beihilfe zu leisten.
(2) Das Verzeichnis ist mit der Angabe des Tages der Aufnahme zu versehen und von dem Testamentsvollstrecker zu unterzeichnen; der Testamentsvollstrecker hat auf Verlangen die Unterzeichnung öffentlich beglaubigen zu lassen.
(3) Der Erbe kann verlangen, dass er bei der Aufnahme des Verzeichnisses zugezogen wird.
(4) Der Testamentsvollstrecker ist berechtigt und auf Verlangen des Erben verpflichtet, das Verzeichnis durch die zuständige Behörde oder durch einen zuständigen Beamten oder Notar aufnehmen zu lassen.
(5) Die Kosten der Aufnahme und der Beglaubigung fallen dem Nachlass zur Last.

Die Pflicht zur Erstellung eines **Nachlassverzeichnisses** (einschl aller Passiva), von der der Erblasser den Testamentsvollstrecker nicht befreien kann (§ 2220), ist die Grundlage für die ganze weitere Tätigkeit des Testamentsvollstreckers. Dieses Verzeichnis hat der Testamentsvollstrecker den Erben nach I unaufgefordert und unverzüglich mitzuteilen. Das Verzeichnis ist nicht identisch mit einem Inventar nach §§ 1993 ff, dessen Errichtung auch bei Bestehen einer Testamentsvollstreckung Sache der Erben ist. Die Angaben des § 2001 II (Beschreibung, Wertangaben) muss das Verzeichnis nach § 2215 nicht enthalten. Der Testamentsvollstrecker ist aber zu Ergänzungen des Verzeichnisses um solche Angaben nach I verpflichtet, wenn der Erbe ein Inventar errichten möchte. Zweckmäßig ist es, den Erben hinzuzuziehen (III) und die Aufnahme des Verzeichnisses durch einen Notar oder das Amtsgericht (als die regelmäßig außerdem „zuständige" Behörde) nach IV zu veranlassen, wenn die Notwendigkeit der Inventarerrichtung in Betracht kommt. Dann kann das Verzeichnis nach § 2004 das Inventar ersetzen. Auf Verlangen jedes Erben ist der Testamentsvollstrecker zur Einhaltung dieses Weges auf Kosten des Nachlasses (V) verpflichtet. Sonst ergibt sich aus II die einfache Schriftform für das Verzeichnis. Verzichtet der Erbe zunächst auf ein Verzeichnis, kann er das Verlangen dennoch später nachholen (Köln NJW-RR 05, 94). Ist der Testamentsvollstrecker zugleich gesetzlicher Vertreter des oder eines Erben, sollte er iSd sichersten Weges einen Pfleger zur Erstellung des Verzeichnisses hinzuziehen.

§ 2216 Ordnungsmäßige Verwaltung des Nachlasses, Befolgung von Anordnungen.
(1) Der Testamentsvollstrecker ist zur ordnungsmäßigen Verwaltung des Nachlasses verpflichtet. (2) ¹Anordnungen, die der Erblasser für die Verwaltung durch letztwillige Verfügung getroffen hat, sind von dem Testamentsvollstrecker zu befolgen. ²Sie können jedoch auf Antrag des Testamentsvollstreckers oder eines anderen Beteiligten von dem Nachlassgericht außer Kraft gesetzt werden, wenn ihre Befolgung den Nachlass erheblich gefährden würde. ³Das Gericht soll vor der Entscheidung, soweit tunlich, die Beteiligten hören.

I. Die Pflicht des Testamentsvollstreckers zur ordnungsgemäßen Verwaltung. Der vielfach sehr weitgehenden „Herrschaft" des Testamentsvollstreckers über den Nachlass, insb gem § 2205, entspricht die Pflicht nach § 2216 I, die Verwaltung „ordnungsgemäß" zu führen. Hiervon kann der Erblasser den Testamentsvollstrecker nicht befreien (§ 2220), und die Erben (BGHZ 25, 275, 280) sowie konsequenterweise auch die Vermächtnisnehmer, denen ggü die Verpflichtung besteht, können deren Erfüllung, soweit dies mit einem konkreten Antrag möglich ist, im Klagewege **erzwingen**. Wichtiger noch als die unmittelbare Klagbarkeit ist die Schadensersatzsanktion nach **§ 2219**. Außerdem ist der Verstoß gegen die Ordnungsgemäßheit der Verwaltung ein Grund, den Testamentsvollstrecker nach **§ 2227** zu entlassen. Verfügungen über Nachlassgegenstände, die den Grundsätzen ordnungsgemäßer Verwaltung widersprechen, sind aber idR gültig. Nur soweit der Empfänger den Missbrauch der Amtsmacht erkannt hat oder hätte erkennen müssen, ist die Verfügung unwirksam (Staud/*Reimann* Rz 17 mwN).

Der Standard einer „ordnungsgemäßen Verwaltung" ist recht unbestimmt und lässt daher dem Testamentsvollstrecker ein beträchtliches **Ermessen** (vgl BGH NJW 87, 1070). Das Leitbild der Testamentsvollstreckertätigkeit hat sich mit den allg wirtschaftlich-ethischen Vorstellungen **gewandelt**. Während zur Zeit des Inkrafttretens des BGB noch eher der „gute Hausvater" und allenfalls die „kaufmännische Vorsicht" die Ziele der Verwaltung bestimmten, steht heute der „dynamische Kaufmann" im Blickpunkt (BayObLG ZEV 98, 348). Dies rückt den modernen Testamentsvollstrecker in die Nähe eines Managers oder doch eines professionellen Vermögensverwalters. Jedenfalls muss der Testamentsvollstrecker umsichtig Risiken und Chancen kalkulieren und dementsprechend handeln (BGH ZEV 95, 110). Steht nach der Struktur des Nachlasses dessen Verwaltung unternehmerischer Tätigkeit nahe, ist für den Testamentsvollstrecker die Anwendung der „business judgement rule" erwägenswert. Steht die reine Vermögensverwaltung im Vordergrund, ist der Testamentsvollstrecker durchaus zur Eingehung eines kalkulierbaren Risikos berechtigt und verpflichtet, um eine angemessene Rendite zu erzielen (AnwK/*Weidlich* Rz 3 mwN). Zu berücksichtigen hat er iÜ die Inflationsanfälligkeit, Kosten und Steuern, Liquidierbarkeit und Marktfähigkeit der Anlage im Vergleich zu alternativen Anlagemöglichkeiten (*Schmitz* ZErb 03, 3 ff). Besondere persönliche Qualifikationen des Testamentsvollstreckers erhöhen die Anforderungen an den einzuhaltenden Standard (BaRoth/*Mayer* Rz 7 mwN).

Zur Erfüllung seiner Verwaltungsaufgaben **im Einzelnen** hat der Testamentsvollstrecker zunächst den genauen Inhalt der letztwilligen Verfügung und seiner eigenen Aufgabenbestimmung – wenn nötig, durch Auslegung – zu ermitteln. Sodann hat er den Nachlassbestand festzustellen (vgl § 2215) und zu sichern. Dazu muss er uU Forderungen einklagen, darf aber – insb als Rechtsanwalt – keine überflüssigen oder erkennbar aussichtslosen Prozesse führen. Va bei Dauervollstreckung muss er den Vermögensbestand laufend überprüfen und – soweit erforderlich – für Umschichtungen sorgen, um eine befriedigende Verzinsung zu erreichen. Spekulative Anlagen in gewissem Umfang hat der BGH (NJW 87, 1070) ausdrücklich gebilligt. Die erzielten Erträge können iRd kaufmännisch Vertretbaren thesauriert werden, müssen aber an die Erben ausgeschüttet werden, wenn diese sie zur Bestreitung eines angemessenen Unterhalts für sich selbst und ihrer Familienangehörigen sowie zur Begleichung von Steuerschulden benötigen (BaRoth/*Mayer* Rz 15 mwN). Besonders wichtig ist die richtige Verkaufsstrategie bei der Veräußerung von Nachlassgegenständen, um die Nachlassverbindlichkeiten erfüllen und die Erbengemeinschaft auseinandersetzen zu können. So muss der Testamentsvollstrecker sich um eine günstige Verwertung von Nachlassgrundstücken – etwa durch freihändigen Verkauf – bemühen und darf nicht den bequemen Weg der Teilungsversteigerung wählen, die typischerweise erheblich weniger als den Verkehrswert erbringt (BGH NJW-RR 01, 1369).

4 **II. Verwaltungsanordnungen des Erblassers.** Der Erblasser kann dem Testamentsvollstrecker Anordnungen für die Verwaltung bis zur Grenze des § 138 I (zB bei Knebelung der Erben) geben. Sie müssen **in einer Verfügung von Todes wegen** enthalten oder ihr durch Auslegung zu entnehmen sein. Einen nicht formgerecht geäußerten Willen des Erblassers kann der Testamentsvollstrecker allenfalls aufgrund besonderer Abmachung mit den Erben zur Geltung bringen. Solche Vereinbarungen schließen Schadensersatzansprüche der Erben nach § 2219 oder den Antrag nach § 2227 aus. In der Verfügung von Todes wegen geäußerte **Wünsche** sind keine Anordnungen, es sei denn der Erblasser pflegte auch sonst Anordnungen als bloße Wünsche zu formulieren. Verbreitet sind bestimmte Verfahrensanordnungen, insb Zustimmungsrechte der Erben zu Verwaltungsmaßnahmen (Demokratieklauseln, dazu Staud/*Reimann* Rz 24). Neben Verwaltungsanordnungen kommen auch Auseinandersetzungsanordnungen nach § 2048 in Betracht, die ebenfalls für den Testamentsvollstrecker bindend sind. Will der Erblasser den Testamentsvollstrecker nicht nur mit solch schuldrechtlichen Mitteln steuern, muss er die Verwaltungsbefugnis nach § 2208 beschränken.

5 Die Verwaltungsanordnungen können mit Hilfe der **ergänzenden Auslegung** an veränderte Verhältnisse angepasst werden (Staud/*Reimann* Rz 26). Fehlen dafür ausreichende Anhaltspunkte und muss der Testamentsvollstrecker befürchten, durch die Befolgung der Anordnung den Bestand des Nachlasses oder die wirtschaftliche Existenz von Erben (Staud/*Reimann* Rz 28 mwN) zu gefährden oder den Zweck der Testamentsvollstreckung selbst zu vereiteln (weil in diesem Falle Anordnung der Testamentsvollstreckung und Verwaltungsanordnung perplex wären, nach § 2084 die Testamentsvollstreckung aber aufrecht zu erhalten ist), dann können der Testamentsvollstrecker oder andere Beteiligte (Erben, Vermächtnisnehmer) nach II 2 den **Antrag auf Aufhebung** beim Nachlassgericht stellen. Soweit der Testamentsvollstrecker die Verwaltung nur sinnvoll führen kann, wenn der Antrag gestellt wird, ist er zur Antragstellung verpflichtet (Palandt/*Edenhofer* Rz 5; teilweise aA Staud/*Reimann* Rz 35 mwN). Im Verfahren müssen – in berichtigender Interpretation von II 3 gem Art 103 I GG – die Beteiligten gehört werden. Gegen die Entscheidung ist die Beschwerde nach §§ 58 ff FamFG möglich, bei mehreren Testamentsvollstreckern durch jeden selbständig nach § 355 III FamFG. Die Ablehnung des Antrags kann nur vom Antragsteller angegriffen werden, § 59 II FamFG.

§ 2217 Überlassung von Nachlassgegenständen.

(1) ¹Der Testamentsvollstrecker hat Nachlassgegenstände, deren er zur Erfüllung seiner Obliegenheiten offenbar nicht bedarf, dem Erben auf Verlangen zur freien Verfügung zu überlassen. ²Mit der Überlassung erlischt sein Recht zur Verwaltung der Gegenstände.

(2) Wegen Nachlassverbindlichkeiten, die nicht auf einem Vermächtnis oder einer Auflage beruhen, sowie wegen bedingter und betagter Vermächtnisse oder Auflagen kann der Testamentsvollstrecker die Überlassung der Gegenstände nicht verweigern, wenn der Erbe für die Berichtigung der Verbindlichkeiten oder für die Vollziehung der Vermächtnisse oder Auflagen Sicherheit leistet.

1 Mit der Anordnung der Testamentsvollstreckung wird der Erblasser vielfach die Erben nicht gänzlich vom Nachlass ausschließen wollen. Eine Verpflichtung zur Ausschüttung von **Erträgen** ergibt sich im allg schon aus § 2216 I. IÜ kann nach § 2217 I der Erbe die Herausgabe von Nachlassgegenständen unter den dort genannten Voraussetzungen verlangen, wenn der Erblasser nichts Gegenteiliges angeordnet hat (vgl § 2220). Weitergehend sieht die hM (BGHZ 56, 275, 284; Staud/*Reimann* Rz 10 mwN) die Freigabe an die Erben grds als ausgeschlossen an, wenn **Dauervollstreckung** angeordnet ist. Auch insofern kommt es jedoch auf den Zweck an, den der Erblasser mit der Vollstreckung verfolgt: Wenn sich die Anordnung auf den ganzen Nachlass bezieht (der Erblasser also von § 2208 keinen Gebrauch gemacht hat), der Zweck aber zB die Erhaltung des Grundbesitzes ist, kann den Erben nach Begleichung aller Nachlassverbindlichkeiten einschließlich der ErbSt sehr wohl der Anspruch aus § 2217 I hinsichtlich des Mobiliar- und Wertpapiervermögens zustehen.

2 Das Verlangen gem § 2217 I muss **von allen Erben** geltend gemacht werden. Erbe und Testamentsvollstrecker gemeinsam können sich, soweit § 2216 I nicht entgegen steht, auch über § 2217 hinaus auf eine Teil-Auseinandersetzung einigen. Besteht der Freigabeanspruch, können die Erben gegen den Testamentsvollstrecker klagen. Dabei ist str, ob es sich um eine **Amtsklage** oder eine persönliche Klage (so OGHZ 2, 45, 48) handelt. Da der Anspruch aus dem Nachlass zu erfüllen ist, dürfte die Amtsklage der richtige Weg sein (AnwK/*Weidlich* § 2213 Rz 18 mwN). Ein **Zurückbehaltungsrecht** wegen des Anspruchs aus § 2221 will die überwiegende Meinung (vgl nur Palandt/*Edenhofer* Rz 9 mwN) dem Testamentsvollstrecker nicht erlauben, jedoch zu Unrecht, soweit die Verwirklichung dieses Anspruchs aus dem Nachlass sonst gefährdet wäre. Freilich kann der Erbe das Zurückbehaltungsrecht durch Sicherheitsleistung nach II abwenden.

3 Die Erfüllung des Freigabeverlangens erfolgt durch **einseitiges Rechtsgeschäft** des Erblassers ggü dem Erben (AnwK/*Weidlich* Rz 9 mwN, auch zur Gegenansicht). Dies kann zB konkludent durch Überlassung eines Handelsgeschäfts an die Erben zur Führung im eigenen Namen geschehen (BGHZ 12, 100, 104). Lagen die

Freigabevoraussetzungen nicht vor, tritt die Wirkung des I 2 (Erlöschen der Verwaltungs-, Verfügungs- und Prozessführungsbefugnis) dennoch ein. Der Testamentsvollstrecker hat jedoch für den Nachlass einen Herausgabeanspruch nach § 812 I 1 Alt 1 (außer bei § 814). Will der Erblasser sicher gehen, dass sich Erben und Testamentsvollstrecker nicht durch freiwillige Überlassung von Nachlassgegenständen über seinen Willen hinwegsetzen, muss er Straf- und Verwirkungsklauseln ggü Testamentsvollstrecker und Erben verwenden. Ein für diesen Fall eingesetzter neuer Testamentsvollstrecker braucht sich bei seinem Herausgabeverlangen nicht das Wissen seines Vorgängers nach § 814 zurechnen zu lassen (AnwK/*Weidlich* Rz 19 mwN).

Die nach II mögliche Freigabe **gegen Sicherheitsleistung** an den Testamentsvollstrecker oder den betroffenen Nachlassgläubiger ist ausdrücklich ausgeschlossen ua bei Vermächtnissen, weil der Testamentsvollstrecker dieser Gegenstände zur Erfüllung des Vermächtnisanspruchs bedarf. Dies gilt aber ua nicht bei bedingten Vermächtnissen, weil sie bis zum Eintritt der Bedingung oder von diesem Zeitpunkt an dem Testamentsvollstrecker zu seiner Verwaltung überlassen sind. Nach diesem Sinn der Vorschrift ist eine Unterausnahme zu machen, wenn nach Eintritt der **auflösenden Bedingung** der Gegenstand an einen Dritten (Nachvermächtnisnehmer) fallen soll: Dann kann auch gegen Sicherheitsleistung keine Freigabe verlangt werden (Staud/*Reimann* Rz 23). 4

§ 2218 Rechtsverhältnis zum Erben; Rechnungslegung. (1) Auf das Rechtsverhältnis zwischen dem Testamentsvollstrecker und dem Erben finden die für den Auftrag geltenden Vorschriften der §§ 664, 666 bis 668, 670, des § 673 Satz 2 und des § 674 entsprechende Anwendung.
(2) Bei einer länger dauernden Verwaltung kann der Erbe jährlich Rechnungslegung verlangen.

Die Vorschrift dient der Ausgestaltung des **gesetzlichen Schuldverhältnisses** zwischen Erben und Testamentsvollstrecker. Da dieser nicht vom Erben beauftragt ist und der Erblasser als Vertragspartner nicht (mehr) in Frage kommt, bestimmt die Vorschrift, dass die meisten Auftragsregelungen entspr anzuwenden sind, ergänzt durch § 671 II u III, auf die in § 2226 verwiesen wird. Die Verpflichtungen des Testamentsvollstreckers aus § 2218 sind zwingend nach § 2220, während der Erblasser zB den Aufwendungsersatzanspruch nach § 670 als ein Recht des Testamentsvollstreckers ausschließen kann. Auch durch Vertrag zwischen Erben und Testamentsvollstrecker können die Auftragsverpflichtungen begrenzt oder erweitert werden, wenn dadurch nicht das Testamentsvollstreckeramt ausgehöhlt wird (BGHZ 30, 67, 73). Im Verhältnis zu Vermächtnisnehmern bleibt es bei der allg Verpflichtung aus § 2216 mit der Schadensersatzfolge des § 2219 bei deren Verletzung. Allerdings kann ein besonderer Auskunftsanspruch (auch sinngemäß) mit vermacht sein (BGH WM 64, 950). Nicht ausdrücklich von § 2218 erfasst wird ferner das Verhältnis eines Testamentsvollstreckers zu seinem Nachfolger im Amt. Darauf ist die Vorschrift jedoch analog anzuwenden, weil der neue Testamentsvollstrecker gleichsam die Rechtsstellung des Erben selbst verwaltet (BGH NJW 72, 1660). 1

Im Einzelnen bedeutet die Anwendung der erwähnten Auftragsvorschriften: Eine **Übertragung** seiner Tätigkeit auf Dritte ist dem Testamentsvollstrecker nach § 664 I verwehrt, vgl aber § 2199 II. Freilich kann der Testamentsvollstrecker Gehilfen mit der Zurechnungsfolge der §§ 664 I 3, 278 heranziehen. Selbständige Vertragspartner wie Steuerberater oder Rechtsanwälte muss der Testamentsvollstrecker nur sorgfältig auswählen (AnwK/*Weidlich* Rz 5 mwN), es sei denn der Erblasser hat ihm die Selbstausführung auferlegt. Die Erteilung von Vollmachten bis hin zu einer Generalvollmacht wird man dem Testamentsvollstrecker gestatten müssen, da er die Vollmacht widerrufen kann und dadurch die Letztentscheidungsbefugnis behält (AnwK/*Weidlich* Rz 6). Auch der Erbe kann seinen Ausführungsanspruch ggü dem Testamentsvollstrecker nicht insgesamt übertragen (§ 664 II), wohl aber zB den Freigabeanspruch aus § 2217. 2

Erhebliche Bedeutung hat ferner die **Auskunfts-, Benachrichtigungs- und Rechenschaftspflicht** nach § 666. Die Rechnungslegungspflicht ist nach § 2218 II für eine länger dauernde Testamentsvollstreckung jährlich zu erfüllen. Für die Rechnungslegung und die Auskünfte gelten §§ 259, 260, so dass bei Zweifeln an der Seriosität und Vollständigkeit die eidesstattliche Versicherung des Testamentsvollstreckers verlangt werden kann. Zur Rechenschaft gehört die Vorlage von Belegen (BGHZ 39, 87, 94 f). Oberster Gesichtspunkt ist die Herstellung größtmöglicher Transparenz für die Erben. Unter anderem deshalb hat der Testamentsvollstrecker gegen die Ansprüche aus § 666 auch kein Zurückbehaltungsrecht wegen seines Anspruchs aus § 2221 (BGHZ 107, 200). Ein Anspruch des Testamentsvollstreckers auf Entlastung ist gesetzlich nicht vorgesehen und daher zu verneinen (Staud/*Reimann* Rz 21 mwN, auch zur Gegenansicht, vgl zuletzt *Voss* ZEV 07, 363). Die Kosten der Informationen trägt der Nachlass. Die Klage der Erben (auch einzelner Miterben nach § 2039) richtet sich gegen den *Testamentsvollstrecker* als Amtsinhaber (str, vgl AnwK/*Weidlich* Rz 28). Für die Verjährung gilt § 195 (so schon vor Aufhebung des § 197 I Nr 2 Karlsr ZEV 06, 317). 3

Nach §§ 667, 668 hat der Testamentsvollstrecker alles, was er durch die Testamentsvollstreckung erlangt hat, **herauszugeben** und Gelder, die er erlaubterweise für sich selbst verwendet hat, nach § 246 zu **verzinsen**. Der **Aufwendungsersatz** nach § 670 steht dem Testamentsvollstrecker **neben** seiner Vergütung nach § 2221 zu. Erforderlicher Aufwand iSd § 670 ist auch die Prämie für eine Haftpflichtversicherung des Testamentsvollstreckers wegen § 2219 (Soergel/*Damrau* Rz 13 str). Nach dem Tode des Testamentsvollstreckers hat dessen Erbe die Anzeigepflicht nach § 673. Der Testamentsvollstrecker seinerseits wird nach § 674 im guten Glauben an den Fortbestand der Testamentsvollstreckung geschützt. 4

§ 2219 Haftung des Testamentsvollstreckers. (1) Verletzt der Testamentsvollstrecker die ihm obliegenden Verpflichtungen, so ist er, wenn ihm ein Verschulden zur Last fällt, für den daraus entstehenden Schaden dem Erben und, soweit ein Vermächtnis zu vollziehen ist, auch dem Vermächtnisnehmer verantwortlich.
(2) Mehrere Testamentsvollstrecker, denen ein Verschulden zur Last fällt, haften als Gesamtschuldner.

1 Verletzt der Testamentsvollstrecker seine Pflichten, insb die Pflicht aus § 2216 I zu ordnungsgemäßer Verwaltung, können die Erben und die Vermächtnisnehmer nach § 2219 **Ersatz** der daraus entstandenen **Schäden** verlangen. Weitere Pflichten sind in §§ 2203–2209, 2215, 2217 f, 2226 iVm 671 II u III niedergelegt. Nach Einführung der §§ 241 II, 280 I zum 1.1.02 ist die Vorschrift weitgehend überflüssig. Durch den Wegfall des § 197 I Nr 2 aF zum 01.01.10 entspricht auch die Verjährungsfrist regelmäßig derjenigen für § 280 I (überholt daher BGH NJW 07, 2174). Bei fehlender Kenntnis des Erben vom Erbfall oder von der Verfügung von Todes wegen gilt aber die Höchstfrist des § 199 IIIa.

2 Für das **Verschulden** gilt der Maßstab des § 276. Besondere Qualifikationen des Testamentsvollstreckers (zB als Rechtsanwalt) sind zu berücksichtigen, da der Erblasser den Vollstrecker im Zweifel wegen dieser Qualifikation ausgewählt hat. Für Gehilfen haftet der Testamentsvollstrecker nach §§ 664 I 3, 278. Der Erbe darf allerdings nicht tatenlos zusehen, wenn der Testamentsvollstrecker erkennbar seine Pflichten verletzt, und muss zB Klage gegen den Testamentsvollstrecker auf Vornahme einer ordnungsgemäßen Verwaltungsmaßnahme erheben. Sonst ist sein Anspruch wegen Mitverschuldens nach § 254 zu kürzen (RGZ 138, 132, 137).

3 Durch **Vereinbarungen** mit dem Erben (und ggf den Vermächtnisnehmern) über einzelne Verfügungen und durch die Zustimmung zu Verpflichtungen nach § 2206 II kann der Testamentsvollstrecker die Haftung vermeiden. Für den Erblasser gilt hingegen § 2220. Der Anspruch richtet sich gegen den **Testamentsvollstrecker persönlich** und führt zur Zwangsvollstreckung in dessen eigenes Vermögen. Klagebefugt sind die Erben oder Vermächtnisnehmer selbst. Ist allerdings ein Nachfolger als Testamentsvollstrecker im Amt, gilt für den zum Nachlass gehörenden Ersatzanspruch der Erben (nicht: des Vermächtnisnehmers) wieder § 2212 (BGH ZEV 02, 499). **Dritte** haben Schadensersatzansprüche gegen den Testamentsvollstrecker uU nach § 311 III. Die Erben haften für das Verschulden des Testamentsvollstreckers ggü Dritten im rechtsgeschäftlichen Bereich nach § 278 (analog), aus unerlaubter Handlung hingegen überhaupt nicht (Palandt/*Edenhofer* Rz 5; für die Anwendung von § 31 aber BaRoth/*Mayer* Rz 20 mwN).

§ 2220 Zwingendes Recht. Der Erblasser kann den Testamentsvollstrecker nicht von den ihm nach den §§ 2215, 2216, 2218, 2219 obliegenden Verpflichtungen befreien.

1 Zum **Schutz des Erben** ist der Erblasser nach der Vorschrift gehindert, den Testamentsvollstrecker zum Nachteil der Erben von den aufgeführten Pflichten freizustellen. Durch Vereinbarung zwischen Testamentsvollstrecker und Erben kann hingegen die Haftung gemildert oder ausgeschlossen werden. Weitere zwingende Schutzvorschriften sind §§ 2205 3 u 2207 2 (Verbot unentgeltlicher Geschäfte). Nach seinem Sinn kann auch § 2227 – ähnl dem Kündigungsrecht aus wichtigem Grund bei Dauerschuldverhältnissen – nicht abbedungen werden (RGZ 133, 128, 135).

§ 2221 Vergütung des Testamentsvollstreckers. Der Testamentsvollstrecker kann für die Führung seines Amts eine angemessene Vergütung verlangen, sofern nicht der Erblasser ein anderes bestimmt hat.

1 Das Gesetz geht davon aus, dass der Testamentsvollstrecker regelmäßig eine **Vergütung** für seine Tätigkeit verlangen kann, bietet aber außer dem sehr vagen Hinweis auf die Angemessenheit keine konkreten Grundlagen für die **Höhe**. Kautelarjuristisch vordringlich ist daher, den **Erblasser**, der eine Testamentsvollstreckung anordnen möchte, zu einer Vergütungsregelung zu veranlassen. Der Erblasser kann die Vergütung auch ausdrücklich ausschließen, was aber angesichts der Bedeutung der Tätigkeit kaum zumutbar ist und für die Einsetzung „professioneller" Testamentsvollstrecker (zB Rechtsanwälte, Banken) von vornherein nicht in Frage kommt. Möglich ist allerdings, dass der Erblasser den Testamentsvollstrecker selbst (wenig empfehlenswert) oder einen Dritten testamentarisch damit betraut, die Vergütung festzulegen. Dann gelten §§ 315 ff. Eine ungewöhnlich hohe Vergütung wird steuerrechtlich als Vermächtnis gewertet und unterliegt daher der ErbSt (AnwK/*Weidlich* Rz 41 mwN). Sie ist daher zu vermeiden.

2 Fehlt eine Anordnung durch den Erblasser, ist die angemessene Höhe zu schätzen (neueste Darstellung: *J. Mayer* in: Mayer/Bonefeld/Wälzholz/Weidlich, Testamentsvollstreckung, 2. Aufl 05, 253–300). Orientieren kann man sich an **Tabellen**. Besonders verbreitet sind diejenigen von Möhring und Klingelhöffer (*Möhring/Beisswingert/Klingelhöffer* Vermögensverwaltung in Vormundschafts- und Nachlasssachen, 8. Aufl 99, 224 ff; *Klingelhöffer* Vermögensverwaltung in Nachlasssachen 03, § 2221 Rz 323; abgedruckt ua auch in AnwK/*Weidlich* Rz 10) sowie die auf der über 75 Jahre alten „Rheinischen Tabelle" aufbauenden des Deutschen Notarvereins (ZEV 00, 181). Die Tabellen orientieren sich für die **Abwicklungsvollstreckung** am Nachlasswert (gebil-

ligt von BGH ZEV 05, 22). Nicht sachgerecht erscheint demgegenüber eine Zeitvergütung (dafür aber *Zimmermann* ZEV 01, 334, 338). Die Sätze schwanken bei durchweg degressiver Festlegung für höhere Nachlasswerte zwischen 10% und 1% des Nachlasses; in der Tabelle des Notarvereins beginnen sie bei 4% und erreichen bei 5 Millionen Euro 1,5%. Zu diesen Sätzen wird die MwSt teilweise hinzugerechnet, während die Rspr (BGHZ 46, 268, 276) einen zusätzlichen Ausweis der USt nicht anerkennt.

Die Tabellen können jedoch nur einen **Anhalt** bieten. Bei ungewöhnlich schwierigen Abwicklungen sind Zuschläge, bei sehr einfachen Abschläge angebracht (Überblick bei AnwK/*Weidlich* Rz 16–19). Teilweise sind solche Abweichungen schon im Tabellenwerk aufgeführt (DNotV-Richtlinien ZEV 00, 181 ff). 3

Entsprechendes gilt für die **Dauervollstreckung**, für die allerdings auch eine Orientierung am Jahresertrag, insb bei „kaufmännisch-dynamischen" Aufgaben und Mitwirkung an unternehmerischer Tätigkeit (vgl § 2216 Rn 2) sinnvoll sein kann. Die DNotV-Richtlinien enthalten einen Satz von bis ½% des Nachlassbruttowertes im Jahr oder 2 bis 4% des Jahresertrages. 4

Der Vergütungsanspruch besteht **neben** dem **Aufwendungsersatz** nach §§ 2218, 670. Die Vergütung wird regelmäßig in einer Summe nach Beendigung der Testamentsvollstreckung und Erfüllung der Rechnungslegungspflicht **fällig**, bei Dauervollstreckung jeweils nach Ende eines Jahres. Der Anspruch **verjährt** nunmehr (seit 01.01.10) nach § 195. Zuständig ist das **Prozessgericht**, nicht das Nachlassgericht (BGH WM 72, 101). Erforderlich ist nach § 253 II Nr 2 ZPO ein bezifferter Klageantrag (RG JW 37, 3184; für einen Leistungsantrag mit bloßer Größenangabe Erman/*Schmidt* Rz 5). 5

§ 2222 Nacherbenvollstrecker. Der Erblasser kann einen Testamentsvollstrecker auch zu dem Zwecke ernennen, dass dieser bis zu dem Eintritt einer angeordneten Nacherbfolge die Rechte des Nacherben ausübt und dessen Pflichten erfüllt.

Die Vorschrift regelt ausschließlich den sog Nacherbenvollstrecker. Daneben oder stattdessen kann der Erblasser Testamentsvollstreckung für den Vorerben und den Nacherben nach Anfall der Nacherbschaft mit allen Rechten und Pflichten des § 2203 ff anordnen. Die Sonderregel des § 2222 soll es dem Testamentsvollstrecker – ähnl einer „beaufsichtigenden Testamentsvollstreckung" nach § 2208 – ermöglichen, **anstelle des Nacherben** während des Bestehens der Vorerbschaft dessen Mitwirkungsrechte und -pflichten bei Verfügungen des Vorerben wahrzunehmen. Im Einzelnen handelt es sich um die Rechte des Nacherben nach §§ 2116–2123, 2127 f und § 773 ZPO und die Pflichten nach §§ 2120, 2123 (BGHZ 127, 360). Wann nach dem Willen des Erblassers Testamentsvollstreckung nach § 2222, wann hingegen „normale" Testamentsvollstreckung vorliegen soll, ist durch Auslegung zu ermitteln. § 2222 liegt besonders nahe, wenn der Nacherbe noch nicht geboren ist oder seine Person noch von einem künftigen ungewissen Ereignis abhängt oder er minderjährig ist oder unter Betreuung steht. Tauglich zum Vollstrecker nach § 2222 ist einer von mehreren Nacherben (Staud/*Reimann* Rz 17), kaum aber einer der Vorerben (BaRoth/*Mayer* Rz 5 gegen BayObLG ZEV 95, 23). Der Testamentsvollstrecker kann auch zugleich für den Vorerben und nach § 2222 für den Nacherben bestellt werden (BGHZ 127, 360, 362 f). 1

§ 2223 Vermächtnisvollstrecker. Der Erblasser kann einen Testamentsvollstrecker auch zu dem Zwecke ernennen, dass dieser für die Ausführung der einem Vermächtnisnehmer auferlegten Beschwerungen sorgt.

Nach §§ 2197, 2203 umfasst die Einsetzung des Testamentsvollstreckers und dessen Tätigkeit auch die Ausführung von Vermächtnissen. Darüber hinaus kann der Testamenentsvollstrecker mit der Dauervollstreckung am Vermächtnisgegenstand betraut werden. Für all dies ergeben sich **keine Besonderheiten** hinsichtlich des Vermächtnisvollstreckers ggü dem Testamentsvollstrecker im allg. Weitergehend sieht § 2223 vor, dass es Aufgabe des Testamentsvollstreckers sein kann, Unter- und Nachvermächtnisse auszuführen sowie Auflagen, mit denen ein Vermächtnisnehmer beschwert ist, zu vollziehen. Hierfür gelten jedenfalls §§ 2203, 2205 f, 2208 II, 2209–2213, 2216, 2219 entspr. Die Vergütung nach § 2221 kann der Testamentsvollstrecker vom Vermächtnisnehmer verlangen, nicht aus dem Nachlass im allg (hM Staud/*Reimann* Rz 18 mwN). 1

§ 2224 Mehrere Testamentsvollstrecker. (1) ¹Mehrere Testamentsvollstrecker führen das Amt **gemeinschaftlich; bei einer Meinungsverschiedenheit entscheidet das Nachlassgericht.** ²Fällt einer von ihnen weg, so führen die übrigen das Amt allein. ³Der Erblasser kann abweichende Anordnungen treffen. (2) Jeder Testamentsvollstrecker ist berechtigt, ohne Zustimmung der anderen Testamentsvollstrecker diejenigen Maßregeln zu treffen, welche zur Erhaltung eines der gemeinschaftlichen Verwaltung unterliegenden Nachlassgegenstands notwendig sind.

Bei der Übertragung des Testamentsvollstreckeramtes an mehrere Personen nach §§ 2197–2000 sieht § 2224 I 1 als Regelfall **Gesamtvertretung** durch alle vor. Ausnahmsweise kann nach II jeder Testamentsvollstrecker **allein** die notwendigen **Erhaltungsmaßnahmen** vornehmen (zB dringende Reparaturarbeiten, Kla- 1 geerhebung zur Hemmung der Verjährung). IÜ kann der Erblasser durch Anordnung nach I 3 Abweichendes anordnen, zB Mehrheitsentscheide mit Vertretungsbefugnis der Mehrheit (BaRoth/*Mayer* Rz 11 mwN) oder Nebenvollstreckungen für bestimmte Wirkungskreise mit jeweils alleiniger Vertretungsbefugnis (AnwK/*Weidlich* Rz 17 mwN). Die Vollstrecker selbst können ihre Aufgaben nur mit Wirkung nach Innen aufteilen. Nach Außen und insb gem § 2219 II ggü den Erben haften sie als Gesamtschuldner.

2 Nach I 1 Hs 2 entscheidet das Nachlassgericht über **Meinungsverschiedenheiten** unter den Testamentsvollstreckern in Fragen der zweck- und ordnungsgemäßen sachlichen Amtsführung (BGHZ 20, 264, 266). Auch insoweit hat nach I 3 der Erblasser die Möglichkeit einer (uU konkludent, zB durch Bestimmung des Mehrheitsprinzips) abweichenden Anordnung, insb die Zuweisung der Entscheidung an ein Schiedsgericht (Staud/*Reimann* Rz 6). Vom Streit über die Zweckmäßigkeit zu unterscheiden sind streitige Rechtsfragen (zB Testamentsauslegung oder die Frage von Gesamt- oder Einzelzuständigkeit). Für ihre Entscheidung ist das Prozessgericht zuständig. Dies soll nach BGHZ 20, 264, 269 auch für solche rechtlichen Vorfragen gelten, von denen eine beantragte Entscheidung des Nachlassgerichts abhängt. Dies würde aber in vielen Fällen zu einem unnötigen Verfahrensaufwand bis hin zur Lahmlegung des Nachlassgerichts führen. Deshalb muss das Nachlassgericht (durch den ohnehin zuständigen Richter, § 16 I Nr 4 RpflG) über rechtliche Vorfragen inzident entscheiden können (BaRoth/*Mayer* Rz 6 mwN).

3 Voraussetzung des Verfahrens beim Nachlassgericht ist ein **Antrag**, zu dem alle Beteiligten bis hin zu Pflichtteilsberechtigten befugt sind (AnwK/*Weidlich* Rz 7 mwN und jetzt § 345 III 2, 3 FamFG). Nur über diesen Antrag ist zu entscheiden. Das Nachlassgericht kann nicht selbst eine Lösung entwickeln. Es kann aber auf Antrag rechtsgeschäftliche Erklärungen ersetzen, §§ 355 III, 40 III FamFG. Der Antragsteller kann nach §§ 59, 355 III FamFG Beschwerde einlegen.

4 Für den Fall des **Ausscheidens** oder der Nicht-Annahme eines Testamentsvollstreckers kann der Erblasser nach I 3 Nachfolgeregelungen gem §§ 2197 ff treffen. Fehlen sie, reduziert sich nach I 2 der Kreis der Vollstrecker. Dasselbe gilt, wenn der einzelne Vollstrecker an der Ausübung des Amtes im Einzelfall, zB nach § 181, gehindert ist (RGZ 98, 173, 174 f).

§ 2225 Erlöschen des Amts des Testamentsvollstreckers. Das Amt des Testamentsvollstreckers erlischt, wenn er stirbt oder wenn ein Fall eintritt, in welchem die Ernennung nach § 2201 unwirksam sein würde.

1 Die Vorschrift regelt für die Testamentsvollstreckung den Erlöschensgrund des Todes oder des Wegfalls unbeschränkter Geschäftsfähigkeit des Testamentsvollstreckers, falls keine Ersatzbenennung nach §§ 2197 II, 2199 II vorliegt. Weitere Beendigungsgründe ergeben sich aus §§ 2226 f sowie dem Fristablauf (§ 2210) und (als Regelfall) der Erledigung der Testamentsvollstrecker-Aufgaben. Dem Tod der natürlichen Person steht der Verlust der Rechtsfähigkeit einer juristischen Person gleich (AnwK/*Weidlich* Rz 9). Beim **Tod** ist der Erbe des Testamentsvollstreckers nach §§ 2218, 673 2 zur vorläufigen Weiterführung des Amtes verpflichtet. IÜ gehen Verfügungs-, Verwaltungs- und Prozessführungsbefugnis auf die Erben über. Sie können Herausgabe des Nachlasses verlangen (§§ 2218, 667). Ein Testamentsvollstreckerzeugnis wird nach § 2368 III 2 kraftlos. Ist die Testamentsvollstreckung insgesamt beendet, muss ein Erbschein mit Testamentsvollstreckervermerk eingezogen werden (§ 2361) und das Grundbuch berichtigt werden (§§ 84 ff GBO). Prozesse werden unterbrochen (§§ 241, 246 ZPO).

2 Ist eine Grundstücksverfügung des Testamentsvollstreckers beim Ende seines Amtes noch nicht wirksam, soll § 878 nach hM nicht gelten. Dies widerspricht jedoch dem Schutzzweck des § 878 (AnwK/*Weidlich* Rz 12 mwN).

§ 2226 Kündigung durch den Testamentsvollstrecker. ¹Der Testamentsvollstrecker kann das Amt jederzeit kündigen. ²Die Kündigung erfolgt durch Erklärung gegenüber dem Nachlassgericht. ³Die Vorschrift des § 671 Abs. 2, 3 findet entsprechende Anwendung.

1 Der Testamentsvollstrecker darf nach § 2226 wie ein Beauftragter **jederzeit kündigen**, jedoch nach 3, § 671 II nicht zur Unzeit. Kündigung zur Unzeit begründet (nur) eine Schadensersatzpflicht des Kündigenden nach § 671 II 2. Erklären muss der Testamentsvollstrecker die Kündigung zwar ggü dem Nachlassgericht, jedoch weder in bestimmter Form noch auch nur ausdrücklich (wenn also zB der Testamentsvollstrecker bei der Anhörung im Verfahren nach § 2227 sagt, mit dem Nachlass wolle er sowieso nichts mehr zu tun haben). Die Erklärung ist unwiderruflich, aber ggü dem Nachlassgericht anfechtbar, freilich uU mit der Folge einer Schadensersatzpflicht nach §§ 2219, 671 II.

2 Auf das Kündigungsrecht kann der Testamentsvollstrecker **vertraglich** ggü dem Erblasser oder den Erben verzichten. Dann bleibt ihm aber die Kündigung aus wichtigem Grund nach § 671 II möglich. Auch eine vertragliche Verpflichtung zur Amtsniederlegung ist möglich und erzwingbar (BGHZ 25, 275, 281), es sei denn die Vereinbarung macht die vom Erblasser gewünschte unabhängige Amtsführung des Testamentsvollstreckers völlig zunichte, zB bei einer Verpflichtung zur Niederlegung auf bloßes Verlangen zu beliebiger Zeit.

§ 2227 Entlassung des Testamentsvollstreckers. (1) Das Nachlassgericht kann den Testamentsvollstrecker auf Antrag eines der Beteiligten entlassen, wenn ein wichtiger Grund vorliegt; ein solcher Grund ist insbesondere grobe Pflichtverletzung oder Unfähigkeit zur ordnungsmäßigen Geschäftsführung.
(2) Der Testamentsvollstrecker soll vor der Entlassung, wenn tunlich, gehört werden.

Bei Vorliegen eines **wichtigen Grundes** können die Beteiligten (außer den Erben und Erbteilerwerbern auch Vermächtnisnehmer, Pflichtteilsberechtigte, die Berechtigten aus dem Vollzug einer Auflage und ein Mitvollstrecker, Staud/*Reimann* Rz 22 und § 2198 Rz 21 ff mwN, nach München ZEV 06, 31 aber nicht der Miterbe, dessen Anteil nicht der Testamentsvollstreckung unterliegt) nicht dem Testamentsvollstrecker kündigen sondern nur einen Entlassungsantrag (nicht den Antrag auf Aufhebung der Testamentsvollstreckung überhaupt) beim Nachlassgericht stellen. Das Verfahren vor dem Nachlassgericht kann durch Vereinbarung zwischen Testamentsvollstrecker und Erben (nicht: durch Anordnung des Erblassers) einem Schiedsgericht übertragen werden. Als wichtiger Grund wird nur beispielhaft die grobe Pflichtverletzung des Testamentsvollstreckers und dessen Unfähigkeit zur ordnungsgemäßen Geschäftsführung genannt. 1

Eine **Pflichtverletzung** kommt nur bei **Verschulden** des Testamentsvollstreckers in Betracht. Schon leichtes Verschulden genügt, wenn die Pflichtverletzung sehr erheblich ist. Allerdings hat der Testamentsvollstrecker für seine Maßnahmen ein weitreichendes Ermessen, insb bei unternehmerischen Entscheidungen (vgl § 2216 Rn 2). Eine erhebliche Pflichtverletzung liegt aber zB vor bei völliger Untätigkeit (BayObLG ZEV 99, 226), Nichterfüllung eines Vermächtnisses (BayObLG FamRZ 01, 124), unterlassener Mitteilung oder zu später Aufstellung eines Nachlassverzeichnisses mit Gefährdung der Interessen der Beteiligten (BayObLG FamRZ 02, 989), Nichteinhaltung von Zusagen an die Erben (BayObLG FamRZ 00, 193), Bevorzugung eigener Interessen vor denjenigen der Erben (BayObLG ZEV 00, 315) oder grober Ungleichbehandlung der Erben (BGHZ 25, 275, 284). 2

Unfähigkeit zur ordnungsgemäßen Geschäftsführung ist auch ohne Verschulden ein Entlassungsgrund. Sie ist nicht nur im Sinne mangelnder Qualifikation für die Vollstreckertätigkeiten zu verstehen, sondern kann auch bei Krankheit oder längerer Abwesenheit vorliegen (BayObLG FamRZ 91, 615). Insolvenz des Testamentsvollstreckers ist ein weiteres Beispiel dieser Unfähigkeit (Staud/*Reimann* Rz 8 mwN). 3

Als weitere **Fallgruppen** eines wichtigen Grundes werden genannt: Umstände, die den Erblasser mutmaßlich dazu veranlasst hätten, den Testamentsvollstrecker nicht zu benennen oder seine Einsetzung zu widerrufen (Hamm ZEV 01, 278; AnwK/*Weidlich* Rz 11 mwN); Zerwürfnisse bis hin zu offener Feindschaft zwischen Testamentsvollstrecker und Erben oder anders begründetes tiefgreifendes Misstrauen in die unparteiische Amtsführung (BayObLG FamRZ 04, 740), obwohl das Amt des Testamentsvollstreckers grds nicht auf einem Vertrauensverhältnis zwischen Testamentsvollstrecker und Erben beruht (AmwK/*Weidlich* Rz 12 mwN); ein Interessengegensatz solchen Ausmaßes zwischen Erben und Testamentsvollstrecker, dass ein erfolgreiches Wirken des Testamentsvollstreckers überhaupt ausgeschlossen scheint oder eine dringende Gefahr droht, dass er die Interessen des Erben grob missachtet (vgl BayObLG ZEV 02, 155). Gerade im letzten Fall ist eine besonders sorgfältige Abwägung angebracht, um nicht den natürlichen Interessengegensatz zwischen Testamentsvollstrecker und Erben in die Nähe des Entlassungsgrundes zu rücken (AnwK/*Weidlich* Rz 4 mwN). 4

Die Entscheidung, die vom Richter nach pflichtgemäßem Ermessen gefällt wird (§ 16 I Nr 5 RpflG), kann nur entweder die Entlassung des Testamentsvollstreckers oder die Ablehnung des Antrages zum Inhalt haben. „Zwischenlösungen" sind nicht vorgesehen (AnwK/*Weidlich* Rz 16 mwN). Die Anhörung des Testamentsvollstreckers nach II ist wegen Art 103 I GG zwingend. Rechtsmittel ist für den Testamentsvollstrecker, der nach § 345 IV Nr 2 FamFG Beteiligter ist, nach §§ 58, 59 I FamFG, für den Antragsteller nach §§ 58, 59 II FamFG die Beschwerde. Die Entscheidung des Nachlassgerichts ist dem Testamentsvollstrecker und dem Antragsteller nach §§ 69 III, 41 I 1 FamFG bekannt zu geben. Eine Wiedereinsetzung des Testamentsvollstreckers nach rechtskräftiger Entlassung ist nicht möglich, aber eine neue Ernennung nach §§ 2198–2000. 5

§ 2228 Akteneinsicht. Das Nachlassgericht hat die Einsicht der nach § 2198 Abs. 1 Satz 2, § 2199 Abs. 3, § 2202 Abs. 2, § 2226 Satz 2 abgegebenen Erklärungen jedem zu gestatten, der ein rechtliches Interesse glaubhaft macht.

Das Recht zur Akteneinsicht wegen der in der Vorschrift genannten Erklärungen des Testamentsvollstreckers oder zu seiner Benennung setzt ein **rechtliches**, nicht nur wirtschaftliches **Interesse** voraus, das nach § 31 FamFG glaubhaft zu machen ist. 1

Titel 7 Errichtung und Aufhebung eines Testaments

Vorbemerkungen vor §§ 2229 ff

1 **A. Grundsatz der Formstrenge.** Testamente und Erbverträge können nur in den gesetzlich vorgeschriebenen Formen errichtet werden. Nach der Rechtsnatur der jeweiligen Verfügung richtet sich, welche Formen jeweils zur Verfügung stehen. Die Formstrenge soll es ermöglichen, die Echtheit des Testaments sicherzustellen und den Willen des Erblassers nach dessen Tod zu ermitteln.

2 **B. Sonderbestimmungen.** Das **Konsulartestament** ist durch besondere Bestimmungen geregelt. Die im Ausland von Konsularbeamten (§§ 18–20, 24 KonsG) beurkundeten Testamente stehen den von einem inländischen Notar erstellten Urkunden gleich (§ 10 II KonsG). Der Testierende soll Deutscher (Art 116 GG) sein (§ 11 I KonsG). Für das Verfahren vgl Staud/*Baumann* Vorbem Rz 44–54.

3 Ein spezifisches **Militärtestament** kennt das geltende deutsche Recht (anders als ausländische Rechte; vgl Lange/*Kuchinke* § 22 II 2) nicht. Bundeswehrsoldaten können (auch im Auslandseinsatz; vgl Art 26 EGBGB) nach den allg Regeln testieren, Marineangehörige ggf gem § 2251. Zeitlich unbeschränkt gelten aber die ordentlichen Wehrmachtstestamente fort (vgl Staud/*Baumann* Vorbem Rz 38–41).

4 **C. Kollisionsrecht.** Bei Fällen mit Auslandsbezug wird das anzuwendende Erbrecht nach dem Haager Testamentsabk v 5.10.61 (BGBl II 65, 1144) bestimmt. Es verdrängt für alle nach dem 31.12.65 errichteten letztwilligen Verfügungen die Kollisionsvorschriften des EGBGB (BGH NJW 95, 58). Die Regelungen des Abkommens sind im Wesentlichen identisch in Art 26 EGBGB eingegangen.

5 Eine in der DDR erfolgte Testamentserrichtung wird nach dem damals dort geltenden Recht beurteilt (Art 235 § 2 EGBGB). Für Testamente, die zwischen dem 1.1.76 und dem 2.10.90 errichtet wurden, finden insoweit die Vorschriften des DDR-ZGB Anwendung, für ältere Testamente die des fortgeltenden TestG (vgl Staud/*Baumann* Vorbem Rz 34 u 55–108).

6 Das kanonische Recht verweist auf die *sollemnitates iuris civilis* (CodJC c 1299 § 2). Die Testierfähigkeit von Angehörigen geistlicher Orden nach kanonischem Recht beschränkt CodJC c 668, was für das staatliche Recht überwiegend als unbeachtlich angesehen wird (MüKo/*Hagena* Rz 1; aA wegen Art 140 GG iVm Art 137 III WRV Soergel/*Mayer* Rz 6).

§ 2229 Testierfähigkeit Minderjähriger, Testierunfähigkeit.
(1) Ein Minderjähriger kann ein Testament erst errichten, wenn er das 16. Lebensjahr vollendet hat.
(2) Der Minderjährige bedarf zur Errichtung eines Testaments nicht der Zustimmung seines gesetzlichen Vertreters.
(3) – *weggefallen* –
(4) Wer wegen krankhafter Störung der Geistestätigkeit, wegen Geistesschwäche oder wegen Bewusstseinsstörung nicht in der Lage ist, die Bedeutung einer von ihm abgegebenen Willenserklärung einzusehen und nach dieser Einsicht zu handeln, kann ein Testament nicht errichten.

1 **A. Allgemeines.** Die Testierfähigkeit ist ein selbständig geregelter Unterfall der Geschäftsfähigkeit (§§ 104 ff). Nur wer testierfähig ist, kann ein Testament wirksam errichten, ändern oder widerrufen. Die Testierfähigkeit muss beim Errichtungsakt bis zu dessen Ende gegeben sein (BGHZ 30, 294); sie soll vom Notar geprüft werden (§§ 11, 28 BeurkG). Wird der Erblasser später testierunfähig, wird die Gültigkeit des Testaments dadurch nicht berührt.

2 **B. Tatbestandsvoraussetzungen. I. Vollendung des 16. Lebensjahrs.** Testierfähigkeit erfordert gem I die Vollendung des 16. Lebensjahrs. Unter dieser Voraussetzung kann auch der Minderjährige testieren; er benötigt dazu nicht die Zustimmung seines gesetzlichen Vertreters (II). Er kann allerdings nur ein öffentliches Testament (§ 2231 Nr 1) errichten und auch dies nicht durch Übergabe einer verschlossenen Schrift (§ 2233 I). Ein eigenhändiges Testament kann er nicht errichten (§ 2247 IV). Minderjährige unter 16 Jahren können weder selbst noch durch einen gesetzlichen Vertreter testieren (§ 2064).

3 **II. Geistige Fähigkeiten.** Testierfähig ist nur, wer selbstbestimmt handeln und eigenverantwortliche Entscheidungen treffen kann. Unter welchen Voraussetzungen diese Fähigkeit fehlt, hat der Gesetzgeber in IV aufgrund von Art 14 I 2 GG konkretisiert (vgl BVerfG NJW 99, 1853). Aufgrund von IV entscheidet sich, ob die Testierfähigkeit jeweils vorliegt oder uneingeschränkt fehlt. Dies gilt auch, soweit sich **Geistesstörungen** nur in einzelnen Lebensbereichen auswirkten (BayObLGZ 91, 59). Es gibt weder eine je nach Schwierigkeit des Testaments abgestufte (relative) Testierfähigkeit (BGHZ 30, 117; München FGPrax 07, 274) noch eine *solche, die sich (wie bei der Geschäftsfähigkeit) auf einen bestimmten Bereich von Angelegenheiten bezieht*.

4 Die Frage, ob jeweils die Voraussetzungen der Testierfähigkeit gegeben sind, ist im Wesentlichen tatsächlicher Natur. Um testierfähig zu sein, muss der Erblasser Inhalt und Tragweite seiner letztwilligen Verfügungen verstehen können. Insb muss er in der Lage sein, sich ein Urt zu bilden über die Auswirkungen seiner Verfügun-

gen auf die persönlichen und wirtschaftlichen Verhältnisse der Betroffenen sowie über die Gründe, die für und gegen ihre sittliche Berechtigung sprechen, und entspr selbständig, also unabhängig von den Einflüssen Dritter zu handeln (allgM; vgl BGHZ 30, 294; Frankf NJW-RR 98, 870; Soergel/*Mayer* Rz 10). Dass er kraft eigenen Entschlusses Anregungen eines Dritten aufnimmt oder dessen Forderungen und Erwartungen berücksichtigt, steht nicht entgegen (BayObLG FamRZ 90, 318).

1. Testierunfähigkeit. Testierunfähig ist derjenige, dessen Erwägungen und Willensentschlüsse nicht mehr auf einer dem allg Verkehrsverständnis entspr Würdigung der Lebensverhältnisse beruhen, sondern durch krankhafte Vorstellungen oder Empfindungen derart beeinflusst werden, dass sie nicht mehr frei sind, sondern von diesen Einwirkungen beherrscht werden (BayObLG FamRZ 04, 1822 f; vgl *Kloster-Harz* ZAP 05, 843). 5

Eine geistige Erkrankung des Erblassers steht der Gültigkeit seines Testaments aber nicht entgegen, wenn dieses von der Erkrankung nicht beeinflusst ist (BayObLG NJW-RR 02, 1088; FamRZ 02, 1066). Eine nur einzelne Lebensbereiche betreffende geistige Störung muss gerade den Bereich der für die Testamentserrichtung maßgebenden geistigen Fähigkeit berühren (BayObLGZ 91, 59). Dabei kann ein nur bezüglich bestimmter Personen bestehender paranoider Verfolgungswahn auch dann testierunfähig machen, wenn der Erblasser iÜ imstande ist, Inhalt und Auswirkungen seines Testaments zu erfassen (BayObLG FamRZ 00, 701). Die Testierfähigkeit ist grds nicht ausgeschlossen bei Psychopathie oder Rauschgiftsucht (BayObLGZ 91, 64 f; FamRZ 96, 1109), querulatorischer Veranlagung oder abnormem Persönlichkeitsbild (BayObLG FamRZ 92, 724). Chronischer Missbrauch von Alkohol oder Medikamenten bewirkt Testierunfähigkeit erst, wenn der dadurch bedingte Persönlichkeitsabbau den Grad einer Geisteskrankheit erreicht hat (BayObLG FamRZ 03, 125; 712). Bei **Altersdemenz** oder Cerebralsklerose kommt es auf das Gesamtverhalten und das Gesamtbild der Persönlichkeit zZt der Testamentserrichtung an (BayObLG FamRZ 96, 566; 97, 1511; Ddorf FamRZ 98, 1064). 6

2. Lichte Intervalle. In lichten Intervallen errichtete Verfügungen sind wirksam. Auch Bewusstseinsstörungen führen nicht ohne weiteres zur Testierunfähigkeit, wenn noch Einsichtsfähigkeit nach IV vorliegt. 7

3. Behinderte. Bei geistiger Behinderung kann IV eingreifen. Körperlich Behinderten sind je nach Art der Behinderung einzelne Testamentsformen vorenthalten. Solche Einschränkungen enthalten §§ 2247 IV, 2233 II für Erblasser, die Geschriebenes nicht lesen können. 8

4. Betreuung. Allein aus der Betreuungsbedürftigkeit des Erblassers (§ 1896 I 1) zZt der Testamentserrichtung kann nicht auf Testierunfähigkeit geschlossen werden. Auch für den Betreuten wird vielmehr Testierfähigkeit vermutet, wie dies schon für die mit Einwilligung des Erblassers erfolgte Anordnung einer Gebrechlichkeitspflegschaft (§ 1910 aF) galt. Anzuwenden ist daher die allgemeine Regel des IV. Zum Nachweis kann aber ggf auf ein im Betreuungsverfahren eingeholtes Gutachten zurückgegriffen werden (*Hahn* FamRZ 91, 27). Ein vor dem 31.12.91 Entmündigter, der später routinegemäß unter Betreuung gestellt wurde, den nach Begutachtung auf Vermögenssorge beschränkt wurde, kann testierfähig sein (Hamm FamRZ 04, 659). Das Testament eines Entmündigten war dagegen unwirksam und bleibt dies weiterhin (vgl *Hahn* FamRZ 91, 29). 9

C. Rechtsfolge. Das von einem Testierunfähigen errichtete Testament ist unwirksam. Es wird auch bei einem späteren Eintritt der Testierfähigkeit nicht wirksam (Kipp/*Coing* § 17 II 4), sondern muss formgerecht neu errichtet werden (§ 141 I). Zur Bestätigung eines im Zustand der Testierunfähigkeit errichteten Testaments bedarf es der erneuten Unterzeichnung. Praktische Hinweise für den Fall der **Demenz** gibt *Zimmer* NJW 07, 1713. 10

D. Beweisfragen. Der Erblasser ist bis zum Beweis des Gegenteils als testierfähig anzusehen. Dies gilt auch, wenn Betreuung (§ 1896) bestand (Frankf FamRZ 96, 635) oder früher Gebrechlichkeitspflegschaft (§ 1910 aF; BayObLG FamRZ 88, 1099). Der Ausnahmefall der Testierunfähigkeit muss für das Gericht ggf feststehen. Eine mathematische, jede Möglichkeit des Gegenteils ausschließende Gewissheit ist aber nicht erforderlich (BayObLG FGPrax 04, 293). 11

Hat das Nachlassgericht im **Erbscheinverfahren** aufgrund konkreter Umstände und dargelegter Auffälligkeiten Zweifel, dann sind dieselben vor Erteilung (oder Einziehung) vAw (§ 2358) zu klären. Der dazu erforderliche Umfang der Ermittlungen richtet sich nach dem Einzelfall (Köln NJW-RR 91, 1412; 94, 396), doch ist sorgfältige Untersuchung geboten (Frankf NJW-RR 98, 870). Dabei sind die konkreten auffälligen Verhaltensweisen des Erblassers zu ermitteln, der medizinische Befund zu klären und anschließend Rückschlüsse auf die Testierfähigkeit zu ziehen (Hamm OLGZ 89, 273; Frankf NJW-RR 96, 1159). Weitere Zweifel an der Testierfähigkeit sind regelmäßig durch ein Gutachten eines psychiatrischen oder neurologischen Sachverständigen aufgrund der ermittelten Tatsachen zu klären (allgM, zB BGH FamRZ 84, 1003). Stellt sich eine geistige Erkrankung heraus, muss der Sachverständige deren Auswirkungen auf Einsichts- und Willensbildungsfähigkeit des Erblassers prüfen (BayObLG FamRZ 02, 1066). Er muss sein Gutachten auf Antrag mündlich erläutern (Hamm OLGZ 92, 409). Vom Gericht ist es auf seinen sachlichen Gehalt, seine logische Schlüssigkeit sowie darauf zu überprüfen, ob es von dem für erwiesen erachteten Sachverhalt ausgeht und eine überzeugende Begründung liefert, die sich am richtigen Begriff der Testierunfähigkeit orientiert (BayObLGZ 82, 314; FamRZ 02, 1066). An das Gutachten ist das Gericht nicht gebunden (BGH NJW 61, 2061). Nach dem 12

Grundsatz freier Beweiswürdigung kann es vielmehr davon nach eingehender Auseinandersetzung abweichen (BayObLG Rpfleger 85, 239) oder ein Obergutachten einholen (BGHZ 53, 258 f; BayObLGZ 82, 315).

13 Wer die Testierunfähigkeit behauptet, trägt insoweit die Beweislast (BGH FamRZ 58, 127). Der Anscheinsbeweis ist uU möglich (Frankf NJW-RR 98, 870). Dies gilt zB, wenn feststeht, dass der Erblasser erwiesenermaßen vor und nach der Testamentserrichtung testierunfähig war (Karlsr OLGZ 82, 280; Köln NJW-RR 91, 1412) und das Gericht nicht von wechselnden Zuständen des Erblassers, sondern von anhaltender Testierunfähigkeit überzeugt ist (BayObLG FamRZ 99, 820). Die ernsthafte Möglichkeit eines **lichten Intervalls** reicht demgegenüber zur Erschütterung des ersten Anscheins aus; sie hat darzulegen und ggf zu beweisen, wer Rechte aus dem Testament herleitet (Karlsr aaO; BayObLG ZEV 94, 303 m Anm *Jerschke*). Wer sich im FG-Verfahren auf die Unwirksamkeit des Testaments beruft, trägt die Feststellungslast, wenn trotz Ausschöpfung aller Aufklärungsmöglichkeiten unbehebbare Zweifel bleiben (KG NJW 01, 903). Ist der Testierzeitpunkt ungewiss, steht aber fest, dass der Erblasser für einen Teil des in Frage kommenden Zeitraums testierfähig war, dann spricht der erste Anschein dafür, dass der Erblasser im Zustand der Testierunfähigkeit verfügte; die Feststellungslast trifft hier den, der sich auf die Gültigkeit des Testaments beruft (BayObLG NJW-RR 96, 1160).

14 **E. Rechtsvergleich.** Die Altersgrenze des I ist nach dem Vorbild von Art 903 fr CC festgelegt. In Österreich (§ 569 ABGB) und Spanien (Art 663 span CC) ist bereits testierfähig, wer 14 Jahre alt, in der Türkei, wer 15 Jahre alt ist (Art 502 türk ZGB). Viele europäische Rechtsordnungen (zB Italien, Niederlande, England, Schweiz) setzen ein Alter von 18 Jahren voraus (vgl Lange/*Kuchinke* § 18 II 2 Fn 12), ebenso § 370 I 2 iVm § 49 DDR-ZGB (für den Anwendungsbereich vgl Vor §§ 2229 ff Rn 5).

§ 2230 – *weggefallen* –

§ 2231 Ordentliche Testamente. Ein Testament kann in ordentlicher Form errichtet werden
1. zur Niederschrift eines Notars,
2. durch eine vom Erblasser nach § 2247 abgegebene Erklärung.

1 Das Formerfordernis soll bewirken, dass der wirkliche Wille des Erblassers zur Geltung kommt. Dieser wird nämlich genötigt, seinen letzten Willen gewissenhaft zu entwickeln und seine Verfügungen von Todes wegen klar zu formulieren. Vielfach ermöglicht die Form auch, ein Testament vom bloßen Entwurf zu unterscheiden. Sie hilft ferner, die Echtheit der Verfügung zu sichern. Im Wesentlichen sollen die verschiedenen Zwecke der Form bewirken, dass der Erblasser überlegte Verfügungen trifft und Streitigkeiten über den Testamentsinhalt möglichst vermieden werden (BGHZ 80, 251). Bei Testamentserrichtung im Ausland bestimmt Art 26 EGBGB über die anwendbaren Formvorschriften.

2 Die Vorschrift nennt die beiden Formen des ordentlichen Testaments: Das öffentliche Testament (§§ 2231 Nr 1, 2232, 2233; §§ 27–35 mit §§ 1, 11, 13, 16, 17, 18, 22–26 BeurkG) zur Niederschrift eines Notars ermöglicht rechtskundige Beratung des Erblassers (§§ 17; 30 BeurkG) und wird immer in besondere amtliche Verwahrung genommen (§ 34 BeurkG; §§ 344, 346 FamFG). Im Grundbuchverkehr ersetzt es den Erbschein (§ 35 GBO). Das eigenhändige Testament (§§ 2247, 2267) erfordert keine Mitwirkung einer Urkundsperson und ist kostengünstiger.

3 Außerordentliche Testamente sind das Bürgermeistertestament (§§ 2249, 2250 I), das Dreizeugentestament (§§ 2250 I u III) sowie das Seetestament (§§ 2251, 2250 III). Eine Sonderform ist das Konsulartestament (s.o. Vor §§ 2229 ff Rn 2).

§ 2232 Öffentliches Testament. ¹Zur Niederschrift eines Notars wird ein Testament errichtet, indem der Erblasser dem Notar seinen letzten Willen erklärt oder ihm eine Schrift mit der Erklärung übergibt, dass die Schrift seinen letzten Willen enthalte. ²Der Erblasser kann die Schrift offen oder verschlossen übergeben; sie braucht nicht von ihm geschrieben zu sein.

1 **A. Allgemeines.** Das öffentliche Testament wird grds nur noch bei einem Notar errichtet (§ 2231 Nr 1; § 20 BNotO); Sonderfälle bilden das Konsulartestament (s.o. Vorbem vor § 2229 Rn 2) und das Bürgermeistertestament (§ 2249). Die Gültigkeit wird nicht dadurch berührt, dass der Notar außerhalb seines Amtsbezirks beurkundet hat (§ 11 III BNotO; § 2 BeurkG).

2 **B. Tatbestand. I. Erklärung ggü dem Notar.** Das öffentliche Testament kann durch Erklärung ggü dem Notar zur Niederschrift errichtet werden. Die Erklärung muss nicht auf Deutsch abgegeben werden; es genügt, dass der Notar die verwendete Sprache versteht. Auch eine mündliche Abgabe der Erklärung ist seit dem 1.8.02 nicht mehr erforderlich (OLGVertrÄndG v 23.7.02, BGBl I 2850; für die frühere Rechtslage vgl Staud/*Baumann* Rz 5–12); für das Dreizeugentestament vgl allerdings § 2250. Es genügt jede Äußerung des letzten Willens, also auch jede nonverbale Verständigungsmöglichkeit mit einer testierfähigen Person. Behinderte können also – ebenso wie Nichtbehinderte – Erklärungen durch schlüssige **Gebärden**, Zeichen oder nicht allg verständliche Laute abgeben und sich insoweit geeigneter Kommunikationshilfen wie etwa eines

Gebärdendolmetschers bedienen. Ein sprachbehinderter und schreibunfähiger Erblasser kann seine Erklärungen also auch durch Gebärden als Antwort auf Fragen des Notars abgeben. Erforderlich ist jedenfalls, dass der letzte Wille mit der erforderlichen Bestimmtheit zum Ausdruck kommt.

II. Übergabe einer Schrift. Möglich ist auch die Errichtung durch Übergabe einer Schrift. Dies setzt voraus, dass die Schrift mit Willen des Erblassers in die Hände des Notars gelangt. Der Erblasser muss dabei erklären, dass sie seinen letzten Willen enthalte. Die Schrift kann offen oder geschlossen übergeben werden (2), beim minderjährigen Testator allerdings nur offen (§ 2233 I). Der Erblasser muss die Schrift weder selbst verfasst noch niedergeschrieben haben. So kann es sich zB um einen vom Notar vorbereiteten Entwurf handeln (vgl RGZ 150, 191; KG DNotZ 60, 487 f). Die Form der übergebenen Schrift ist gleichgültig; möglich ist also Maschinen- oder Handschrift, Blindenschrift oder Kurzschrift. Der Text kann auch in einer Fremdsprache oder in fremden Schriftzeichen abgefasst sein. Datum, Ortsangabe und Unterschrift sind nicht erforderlich. Kenntnis des Erblassers vom Inhalt der Schrift wird überwiegend nicht vorausgesetzt (Soergel/*Mayer* Rz 17; vgl RGZ 76, 94), ist jedoch richtigerweise zu verlangen (vgl Palandt/*Edenhofer* Rz 3), weil andernfalls kaum von einer Erklärung des letzten Willens gesprochen werden kann. Bei der offen übergebenen Schrift soll der Notar vom Inhalt Kenntnis nehmen, wenn er die verwendete Sprache hinreichend versteht (§ 30 4 BeurkG). In diesem Fall umfasst die Prüfungs- und Belehrungspflicht (§ 17 BeurkG) auch den Inhalt der Schrift.

III. Verfahren. 1. Allgemeines. Die Testamentserrichtung besteht stets aus der vom Notar zu führenden Verhandlung, der Niederschrift, ihrer Verlesung, dem Genehmigen und Unterschreiben durch den Erblasser sowie dem Abschluss durch Unterschrift des Notars und sonst mitwirkender Personen. Der Notar hat Identität und Testierfähigkeit des Erblassers zu prüfen (§§ 10, 11, 28 BeurkG), dessen wahren Willen zu erforschen, den Sachverhalt zu klären, über die rechtliche Tragweite des Geschäfts zu belehren und die Erklärungen des Erblassers eindeutig wiederzugeben (§ 17 BeurkG). Wenn die Unterschrift des Testators nicht die handschriftlichen Aufzeichnungen des Notars abdeckt, sondern als Blankounterschrift geleistet und erst später mit der Reinschrift verbunden wird, ist das Testament formungültig (Hamm FamRZ 01, 383, dazu *Grziwotz* MDR 02, 558 f). Formungültigkeit (§ 125) liegt auch vor, wenn die eingesetzte Person in der Niederschrift nicht wenigstens andeutungsweise genannt oder sonst zu bestimmen ist (BGHZ 80, 251). Ein Versagen des Notars hilft über den Formmangel nicht hinweg (BGH NJW 81, 1901).

Spezielle Regelungen für Verfügungen von Todes wegen enthalten §§ 27–35 BeurkG. Absolute Ausschließungsgründe bestehen nach §§ 6, 7 u 27 BeurkG. Danach ist eine Beurkundung ganz oder teilweise unwirksam, wenn an ihr der Notar, sein Ehegatte, Lebenspartner (§ 1 LPartG) oder bestimmte Angehörige beteiligt sind oder die Verfügung von Todes wegen ihnen einen rechtlichen Vorteil verschafft. Mitwirkungsverbote ergeben sich für den Notar aus den relativen Ausschließungsgründen in § 3 BeurkG. Bei Verstoß ist die Verfügung aber wirksam, sofern nicht gleichzeitig §§ 6 oder 7 BeurkG eingreifen. Verschließung sowie die besondere amtliche Verwahrung regeln § 34 BeurkG und §§ 344, 346 FamFG. Wegen der Kosten s. §§ 46 u 141 KostO.

2. Niederschrift. Die Niederschrift muss die Erklärung des Erblassers enthalten (§ 9 I 1 Nr 2 BeurkG). Sie muss in Gegenwart des Notars vorgelesen, genehmigt und eigenhändig unterschrieben werden (§ 13 I BeurkG). Leserlichkeit der Unterschrift ist kein zwingendes Erfordernis; es muss aber grds wenigstens mit dem Familiennamen unterzeichnet werden (BGH DNotZ 03, 269). Bei Verwendung eines Vor- oder Künstlernamens muss unter Berücksichtigung der Verkehrssitte feststehen, dass der Erblasser durch den verwendeten Namen (etwa aufgrund öffentlicher Bekanntheit) zweifelsfrei identifiziert ist und die Unterschrift ernst meinte (KG FGPrax 96, 113). Kann der Erblasser nicht schreiben, dann ist ein Schreibzeuge oder ein zweiter Notar zuzuziehen (§ 25 BeurkG). Der Zeuge muss im Bewusstsein seiner Mitwirkung und Verantwortung an dem Beurkundungsvorgang teilnehmen (BayObLGZ 84, 141), beim Verlesen und bei der Genehmigung anwesend sein und die Niederschrift unterschreiben.

Nach § 13 III BeurkG ist die Unterschrift des Notars auf der Niederschrift erforderlich; hilfsweise genügt die Unterschrift auf dem verschlossenen Umschlag (§ 35 BeurkG), in den die Niederschrift zu nehmen ist (§ 34 BeurkG). Bei Übergabe einer Schrift durch den Erblasser soll diese der Niederschrift beigefügt werden; verlesen zu werden braucht die Schrift nicht (§ 30 5 BeurkG). Die Niederschrift muss die Feststellung enthalten, dass die Schrift übergeben worden ist (§ 30 1 BeurkG); andernfalls ist die Beurkundung unwirksam. Es soll auch vermerkt werden, ob die Schrift offen oder verschlossen übergeben worden ist (§ 30 3 BeurkG).

Der Erblasser genehmigt die Niederschrift (§ 13 I BeurkG), indem er nach vollständiger Verlesung (bei Hörbehindertem nach Durchsicht) sein Einverständnis mit Worten erklärt (RGZ 161, 381). Hat der schreibunfähige Erblasser seinen letzten Willen mündlich erklärt, kann die Genehmigung der Niederschrift auch durch Kopfnicken zum Ausdruck bringen. Die Genehmigung kann mit dem Vorgang der mündlichen Erklärung des letzten Willens sogar zusammenfallen, wenn ein vorher gefertigter Entwurf benutzt und dem Erblasser vorgelesen wird (RGZ 161, 380 f; BayObLG NJW-RR 00, 456).

IV. Beweisfragen. Die über die Errichtung des Testaments aufgenommene notarielle Urkunde ist öffentliche Urkunde (§ 415 ZPO). Sie erbringt vollen Beweis über die Identität der erklärenden Person sowie der Urkundsperson, den Ort, die Zeit und die wiedergegebenen Umstände des Beurkundungsvorgangs. Die

Beweiskraft erstreckt sich ferner darauf, dass die beurkundeten Erklärungen tatsächlich mit dem wiedergegebenen Inhalt vollständig abgegeben wurden, nicht aber auf dessen Richtigkeit (Soergel/*Mayer* § 2231 Rz 4). Die Beweiskraft kommt der Urkunde auch im FG-Verfahren (BayObLG NJW-RR 00, 456; vgl Frankf NJW-RR 90, 717) für die beurkundete Testamentserrichtung zu. Zur Widerlegung muss die Unrichtigkeit nachgewiesen werden. Bei Zweifeln ist nicht etwa freie Beweiswürdigung zulässig (BayObLG NJW-RR 00, 456).

10 **C. Rechtsvergleich.** Während die meisten kontinentaleuropäischen Rechtsordnungen das öffentliche (notarielle) Testament kennen, ist es in England und Irland unbekannt. Dort müssen allerdings bei privaten Testamenten regelmäßig Zeugen mitwirken (vgl Lange/*Kuchinke* § 16 III 3).

§ 2233 Sonderfälle. (1) Ist der Erblasser minderjährig, so kann er das Testament nur durch eine Erklärung gegenüber dem Notar oder durch Übergabe einer offenen Schrift errichten.
(2) Ist der Erblasser nach seinen Angaben oder nach der Überzeugung des Notars nicht im Stande, Geschriebenes zu lesen, so kann er das Testament nur durch eine Erklärung gegenüber dem Notar errichten.

1 **A. Minderjährige.** Testierfähige Minderjährige (§ 2229 I, II) sind auf das öffentliche Testament beschränkt (§§ 2231 Nr 1; 2247 IV). I soll gewährleisten, dass sie nur nach Beratung durch einen Notar testieren. Aus diesem Grunde können sie auch das öffentliche Testament nur durch Erklärung ggü dem Notar oder durch Übergabe einer offenen Schrift errichten (§ 2232). Die Vorschrift ist zwingend; bei Verstoß ist das Testament nichtig (§ 125). Eine Heilung mit Eintritt der Volljährigkeit ist mit Rücksicht auf den Zweck des I ausgeschlossen (Soergel/*Mayer* Rz 2).

2 **B. Leseunfähige Personen.** Wer Geschriebenes nicht zu lesen vermag, kann gem II nur ein öffentliches Testament (§ 2231 Nr 1) errichten, und zwar lediglich durch Erklärung ggü dem Notar (§§ 2232 1; 2247 IV). Von anderen Testamentsformen sind leseunfähige ausgeschlossen, weil diese voraussetzen, dass der Testator Geschriebenes kontrollieren kann (vgl RGZ 76, 94; BayObLG NJW-RR 97, 1438). Ein Verstoß führt zur Nichtigkeit des Testaments. Die Beschränkung betrifft **Sehbehinderte**, sofern sie zum Zeitpunkt der Testamentserrichtung völlig erblindet (BayObLG FamRZ 00, 322) oder hochgradig schwachsichtig sind (MüKo/*Hagena* Rz 11 mwN). Erfasst sind auch Personen, die Geschriebenes zwar sehen, aber inhaltlich nicht verstehen können, also neben Analphabeten auch solche, die wegen einer Störung im Gehirn das Gelesene nicht umsetzen können (BayObLG NJW-RR 97, 1438).

3 Sehbehinderte, die der Blindenschrift kundig sind, sind mit Hilfe ihres Tastsinns „im Stande, Geschriebenes zu lesen". Sie können daher außer einer Erklärung ggü einem Notar auch öffentlich durch Übergabe eines in Braille-Schrift gehaltenen Textes testieren (Soergel/*Mayer* Rz 3). Ein privatschriftliches Testament können sie dagegen nicht errichten (s.u. § 2247 Rn 2 u 4).

4 II findet zwingend Anwendung, wenn entweder der Erblasser angibt, dass er leseunfähig sei, oder wenn der Notar hiervon überzeugt ist. Dies gilt auch, wenn die Überzeugung des Notars auf einem Irrtum beruht (vgl Hamm NJW 02, 3410; FamRZ 00, 704). Ob der Testator angab, leseunfähig zu sein, oder ob der Notar hiervon überzeugt war, soll in die Niederschrift aufgenommen werden. Die Feststellung kann nicht durch spätere Ermittlungen des Gerichts ersetzt werden; möglich ist nur ggf der Beweis, dass der Notar die beurkundete Überzeugung in Wahrheit nicht hatte (Hamm FamRZ 00, 704).

5 **C. Anders behinderte Erblasser.** Sprechunfähige können sich, da § 2232 keine mündliche Erklärung mehr erfordert (s.o. § 2232 Rn 2), auf andere Weise ausdrücken und dadurch auch durch Erklärung ggü dem Notar testieren. Wer sich überhaupt nicht verständlich machen kann, also auch nicht mittels einer nach § 24 BeurkG zugezogenen Person, kann kein Testament errichten. Taube können ein öffentliches Testament jeder Art errichten. Zum Verfahren bei Hör-, Seh- und Sprachbehinderten vgl §§ 22–26 BeurkG.

§§ 2234 bis 2246 – *weggefallen* –

§ 2247 Eigenhändiges Testament. (1) Der Erblasser kann ein Testament durch eine eigenhändig geschriebene und unterschriebene Erklärung errichten.
(2) Der Erblasser soll in der Erklärung angeben, zu welcher Zeit (Tag, Monat und Jahr) und an welchem Orte er sie niedergeschrieben hat.
(3) ¹Die Unterschrift soll den Vornamen und den Familiennamen des Erblassers enthalten. ²Unterschreibt der Erblasser in anderer Weise und reicht diese Unterzeichnung zur Feststellung der Urheberschaft des Erblassers und der Ernstlichkeit seiner Erklärung aus, so steht eine solche Unterzeichnung der Gültigkeit des Testaments nicht entgegen.
(4) Wer minderjährig ist oder Geschriebenes nicht zu lesen vermag, kann ein Testament nicht nach obigen Vorschriften errichten.
(5) ¹Enthält ein nach Absatz 1 errichtetes Testament keine Angabe über die Zeit der Errichtung und ergeben sich hieraus Zweifel über seine Gültigkeit, so ist das Testament nur dann als gültig anzusehen, wenn

sich die notwendigen Feststellungen über die Zeit der Errichtung anderweit treffen lassen. ²Dasselbe gilt entsprechend für ein Testament, das keine Angabe über den Ort der Errichtung enthält.

A. Allgemeines. Das eigenhändige Testament setzt voraus, dass der Erblasser den Text mit eigener Hand niederschreibt und unterschreibt (I). Die Formvorschriften bestehen zwingend und können durch den *favor testamenti* (§ 2084) nicht gemildert werden; bei einem Verstoß liegt kein wirksames eigenhändiges Testament vor (§ 125). Die Form ist gewahrt, wenn zum Todeszeitpunkt eine eigenhändig geschriebene Erklärung des Erblassers existiert, wobei sich die Unterschrift auf die gesamten Verfügungen beziehen muss. Der Ausdruck „Testament" oä muss nicht verwendet werden. Ebensowenig ist eine Einheitlichkeit des Errichtungsakts (*unitas actus*) erforderlich (BayObLG FamRZ 99, 1392; vgl BGH NJW 74, 1083). Der Gültigkeit steht also nicht entgegen, dass der Erblasser die einzelnen Verfügungen zu unterschiedlichen Zeitpunkten abgefasst hat, sofern er sie nur am Ende in ihrer Gesamtheit als seine letztwillige Verfügung wollte (hM, vgl Karlsr NJW-RR 03, 653). Auch kann die Unterschrift deutlich später als die Niederschrift erfolgen (BayObLGZ 84, 194; FamRZ 99, 1392). IÜ ist die Sprache, wenn der Erblasser sie beherrscht, ebenso gleichgültig (Zweibr FamRZ 92, 609) wie die Schriftart (etwa **Kurzschrift**), sofern die Individualisierung nicht objektiv ausgeschlossen ist. Die äußere Form des Textes ist gleichgültig; es kommt also nicht darauf an, ob die Erklärung etwa mit Tinte auf Büttenpapier geschrieben wird oder mit Bleistift an die Wand (AG München bei Staud/*Firsching* [12. Aufl 1983], Rz 33). Bei ungewöhnlicher Form ist aber besonders krit zu prüfen, ob das Testament auf einem ernsthaften **Testierwillen** beruht, also nicht lediglich Entwurf oder Scherz ist (BayObLG ZEV 00, 365 m Anm *Kroppenberg*: Testament im Notizbuch; BayObLG Rpfleger 77, 438). 1

Von der Errichtung eines eigenhändigen Testaments ausgeschlossen (IV) sind Minderjährige (§ 2) und Leseunfähige (§ 2233 I, II). 2

Das eigenhändige Testament wird auf Verlangen des Erblassers von jedem Amtsgericht amtlich verwahrt (§ 2248 u § 344 I 2 FamFG). Aus der Verwahrung kann es der Erblasser jederzeit wieder zurücknehmen; dies hat auf die Gültigkeit des Testaments keinen Einfluss (§ 2256 II, III). 3

B. Eigenhändig geschriebene Erklärung. I. Eigenhändige Niederschrift. Das Erfordernis der eigenhändig geschriebenen Erklärung soll dazu dienen, dass die Echtheit des Testaments mit Hilfe der jeweils charakteristischen Handschrift geprüft werden kann. Der Erblasser muss deshalb den gesamten Testamentswortlaut selbst mit der Hand niedergeschrieben haben. Behinderte können entspr mittels Prothese, Mund, Fuß oä schreiben. Ein Erblasser, der die Schriftzüge nicht mehr aktiv herstellen kann, ist nicht mehr schreibfähig (BGH NJW 81, 1901). Mechanische Schrift (etwa Schreibmaschine) ist nicht eigenhändig (BGHZ 47, 70). Gleiches gilt für eine Fotokopie (Karlsr NJW-RR 03, 654), mit deren Hilfe lediglich ggf bei Verlust der Urkunde Errichtung und Inhalt des Testaments bewiesen werden können (vgl § 2356). Ein Testament in Blindenschrift ist kein eigenhändiges, weil auch bei manuell gefertigter Punktschrift die Individualisierung nicht möglich ist (*Schulze* DNotZ 55, 629; *Werner* DNotZ 72, 8); ein Blinder muss daher notariell testieren (s.o. § 2233 Rn 2). Ein teils eigenhändig, teils maschinenschriftlich errichtetes Testament ist grds hinsichtlich des eigenhändigen Teils gültig, wenn er als selbständige Verfügung einen abgeschlossenen Sinn ergibt (§ 2085; Zweibr NJW-RR 03, 872; BayObLG NJW-RR 05, 1025). 4

Eine mittels Kohlepapiers gefertigte Durchschrift eines eigenhändigen Testaments ist formgerecht und kann gültiges Testament sein, wenn sie auf ernstlichem Testierwillen beruht und nicht nur Entwurf oder bloße Abschrift ist (BGHZ 47, 68; KG FamRZ 95, 897), sondern Testamentsurschrift. Es genügt nicht, dass der Erblasser die von einem Dritten vorgegebenen Schriftzüge lediglich durchpaust (BGHZ 47, 71). Die Feststellungslast dafür, dass der Erblasser eine Urschrift herstellen wollte, trägt ggf derjenige, der sich auf das Schriftstück beruft (BayObLG Rpfleger 81, 282). 5

Wirkt ein Dritter bei der Niederschrift des (körperlich geschwächten) Erblassers mit, so ist Eigenhändigkeit nur dann gegeben, wenn der Erblasser die Schriftzüge selbständig formt. Unter dieser Voraussetzung ist es unschädlich, wenn der Dritte etwa Arm oder Hand des Erblassers stützt (vgl BGHZ 47, 68; Hamm NJW-RR 02, 222). Bildet der Dritte die Schriftzüge dagegen selbst, indem er dem Erblasser die Hand führt, so erfolgt die Niederschrift nicht eigenhändig (BGH NJW 81, 1900). Ebenso gelten Abschnitte des Textes, die von der Hand des Dritten herrühren, oder Ergänzungen desselben als nicht geschrieben. Sie führen nicht etwa zur Ungültigkeit des gesamten Testaments, wenn sich nicht ergibt, dass der Erblasser die übrigen Verfügungen nicht ohne die unwirksamen Abschnitte getroffen hätte (BayObLG FamRZ 86, 727). Durch Dritte hergestellte Niederschriften sind auch dann unwirksam, wenn sie nach Weisung des Erblassers angefertigt sind und dessen Unterschrift tragen (Hamm NJW-RR 02, 222; vgl BayObLG FamRZ 90, 442). 6

Unwirksam sind Verfügungen, die nicht zumindest für einen Sachverständigen lesbar sind (BayObLG Rpfleger 01, 181). Dies gilt auch dann, wenn das Gewollte durch außerhalb der Urkunde liegende Umstände ermittelt werden kann (Hamm FamRZ 92, 356; KG FGPrax 98, 111). Hat der Erblasser eine Geheimschrift benutzt, zu deren Entzifferung auf einen außerhalb der Urkunde dokumentierten Schlüssel zurückgegriffen werden muss, ist sein Wille objektiv erkennbar schriftlich niedergelegt und damit formwirksam erklärt (*Musielak* FamRZ 92, 358). Späteres Unlesbarwerden eines anfänglich lesbaren Textes führt nicht zur Nichtigkeit der Verfügungen; hier muss das Erklärte ggf ermittelt und bewiesen werden. 7

8 II. Bezugnahme auf andere Schriftstücke. Der Erblasser kann im Rahmen seines Testaments wegen des Inhalts seiner Verfügungen auf andere Schriftstücke Bezug nehmen. Unproblematisch ist dies möglich, wenn es sich bei dem in Bezug genommenen Schriftstück um eine wirksame letztwillige Verfügung des Erblassers selbst handelt. Dafür genügt, wenn es sich um ein formgültiges gemeinschaftliches Testament des Erblassers mit seinem Ehegatten handelt, das von diesem niedergeschrieben wurde (Hamm NJW-RR 91, 1352; Frankf NJW-RR 02, 7). Ist die Haupterklärung des anderen Ehegatten mangels dessen Unterschrift ungültig, dann ist die bloße Beitrittserklärung auch nichtig und keine zulässige Bezugnahme (BayObLGZ 68, 311). Im Falle eines notariellen Testaments genügt es, wenn ein unterschriebener Vermerk auf dessen Abschrift (BGH NJW 66, 201) oder sogar auf einem Entwurf des Notars (Hamm FamRZ 00, 985) gesetzt wird.

9 Ohne Rücksicht auf die Form des in Bezug genommenen Schriftstücks ist die Verweisung wirksam, sofern sie nur zur näheren Erläuterung der Verfügungen dient (zB Verzeichnisse). Es handelt sich dann nämlich nur um eine Hilfe bei der Auslegung des bereits formgültig erklärten Willens (BGH Rpfleger 80, 377; BayObLGZ 79, 218 f). Sind also in einem Testament die „in beigefügter Liste aufgeführten Verwandten" als Schlusserben eingesetzt, dann kann die Liste zu deren Bestimmung herangezogen werden, auch wenn sie in Maschinenschrift gehalten ist (Hamm NJW 03, 2391). Nimmt der Erblasser dagegen wegen des Testamentsinhalts auf ein anderes, nicht formgerechtes Schriftstück Bezug (*testamentum mysticum*), ohne das seine Verfügungen nicht verständlich sind, dann ist insoweit Unwirksamkeit die Folge (Mot V, 294; Soergel/*Mayer* Rz 33); sie erfasst uU gem §§ 2085, 139 das gesamte Testament, kann aber bei der Erbeneinsetzung oder die Zuwendung von Vermächtnissen auf die Verweisung beschränkt (BGH Rpfleger 80, 377; BayObLGZ 79, 218 f). Die Bezugnahme auf andere Schriftstücke ist zu unterscheiden von der Heranziehung außertestamentarischer Umstände bei der Testamentsauslegung.

10 C. Eigenhändige Unterschrift. Gem III ist erforderlich, dass der Erblasser eigenhändig unterschreibt. Er soll mit Vor- und Familiennamen unterschreiben, allerdings genügt auch die Unterzeichnung in anderer Weise, wenn Identität und Ernstlichkeit feststehen. Damit es sich um „Schrift" handelt, müssen Buchstaben erkennbar sein. Die Unterschrift muss nicht insgesamt leserlich sein, aber als individueller Schriftzug auf die Identität des Testators schließen lassen (vgl BGH Rpfleger 64, 211; 76, 127 m Anm *Vollkommer*; vgl *Krapp* JurBüro 77, 11). Handzeichen (§ 126 I), bloße Schnörkel oder drei Kreuze genügen daher nicht (RGZ 134, 310). Durch die Unterschrift soll Rechtssicherheit im Hinblick auf die Identifikation des Erblassers, sein Bekenntnis zum Inhalt, die Echtheit des Testaments sowie den Abschluss der Verfügung gewährleistet werden; außerdem soll der Erblasser zum überlegten Handeln angehalten werden. Unterzeichnung nur mit dem Vornamen (RGZ 134, 310), nur mit dem Nachnamen oder sogar nur mit der Familienbezeichnung (amtl Begr zum TestG DJ 38, 1257: „Euer Vater"; vgl Naumbg FamRZ 03, 407; BayObLG FamRZ 03, 1779) kann ausreichen; ebenso die Verwendung eines Kose- oder Künstlernamens. Hier wird allerdings sorgfältig zu prüfen sein, ob es sich bereits um eine endgültige Verfügung und nicht vielmehr um einen Entwurf oder eine Ankündigung handelt (besonders beim Brieftestament; BayObLGZ 63, 58; Schlesw ZErb 09, 240). Die Unterzeichnung mit einer Abkürzung, etwa mit den **Namensinitialen**, wird teilweise für ausreichend gehalten, sofern die Urheberschaft des Erblassers (III 2) und das Nichtvorliegen eines bloßen Entwurfs feststellbar ist. Dies soll insb gelten, wenn der Erblasser unter der Abkürzung bekannt war und sich ihrer stets bedient hat (vgl Celle NJW 77, 1690; Soergel/*Mayer* Rz 22). Nach richtiger Ansicht ist dies abzulehnen (RGRK/*Kregel* Rz 17; Staud/*Baumann* Rz 86; vgl auch BGH DB 67, 1628; amtl Begr z TestG DJ 38, 1257). Die vom Gesetz verfolgten Zwecke der Unterschrift, insb Übereilungsschutz, Fälschungsschutz und Beweis von Aussteller und Ernstlichkeit, werden von Initialen oä nämlich nicht hinreichend verwirklicht.

11 I. Abschluss der Verfügungen. Die Unterschrift muss grds am Ende des Urkundstextes stehen. Sie soll ihn vor Zusätzen sichern, indem sie ihn räumlich abschließt (BayObLG FamRZ 04, 1142); der Namenszug am Beginn des Textes („Oberschrift") genügt daher nicht (BGHZ 113, 48 m Anm *Köhler* JZ 91, 408; vgl aber Celle NJW 96, 2938). Nachfolgende Zeit- bzw Ortsangabe ist aber unschädlich. Bei einem mehrseitigen Text genügt die Unterschrift auf dem letzten Blatt, sofern sicher feststeht, dass die Blätter zusammengehören (BayObLG FamRZ 91, 370; Soergel/*Mayer* Rz 25). Daran fehlt es etwa im Falle eines Ringbuchs mit Öffnungsmechanik (Hamm NJW 83, 689). Eine feste Verbindung der Blätter ist aber nicht in jedem Fall erforderlich; die Zusammengehörigkeit der Blätter kann auch durch fortlaufenden Text oder Seitenzählung gewährleistet sein (LG München I FamRZ 04, 1905).

12 Vom Erblasser selbst geschriebene Anlagen bedürfen nur dann keiner besonderen Unterschrift, wenn der Wille, sie zum Bestandteil des Testaments zu machen, erkennbar ist. Die Unterzeichnung am Rand kann nur dann genügen, wenn für sie auf der betreffenden Seite unter dem Text kein Raum mehr war und sich deshalb die daneben gesetzte Unterschrift als räumlicher Abschluss darstellt (BayObLGZ 81, 85; FamRZ 86, 728 f; Hamm FamRZ 86, 728; Köln FGPrax 00, 116; vgl BGH NJW 92, 829). Entspr muss für eine Unterschrift auf der Rückseite der vollgeschriebenen Testamentsurkunde gelten.

13 Die Selbstbezeichnung des Erblassers am Anfang des Testaments (zB: „Ich, NN, bestimme als meinen letzten Willen ...") ersetzt nach hM nicht die Unterschrift (vgl BayObLG FamRZ 88, 1211; Hamm FamRZ 02, 642). Sie bildet nämlich nicht Fortsetzung und Abschluss der Verfügung. Gleiches gilt, wenn sich die Erklärung ihrem äußeren Anschein nach (etwa durch Schlussworte: „Dies ist mein letzter Wille" oder „persönlich"; BayObLGZ 79, 204) als abgeschlossen darstellt, sofern diese abgeschlossene Erklärung nicht unterschrieben ist (Braunschw MDR 55, 292). Eine Selbstbezeichnung am Schluss des Textes kann allerdings die gesonderte Unterschrift ersetzen, wenn der Erblasser gerade durch die Namensnennung „unterschreiben" und die Erklärung abschließen wollte (vgl BayObLGZ 68, 311; Ddorf JMBl NRW 54, 116; *Haegele* JurBüro 68, 343 f).

II. Unterschrift auf Umschlag. Ist die Testamentsurkunde nicht unterschrieben, kann es ggf ausreichen, wenn sie in einem Umschlag verwahrt ist, der seinerseits eine Unterschrift trägt. Dabei muss allerdings zwischen Testament und Umschlag ein so enger Zusammenhang bestehen, dass der Umschlag als gewissermaßen letztes Blatt der Testamentsurkunde die Unterschrift trägt und diese so nach dem Willen des Erblassers und nach der Verkehrsauffassung die äußere Fortsetzung und den Abschluss der Erklärung bildet (Celle NJW 96, 2938; BayObLG FamRZ 88, 1211; Hamm OLGZ 86, 292). Dies muss jeweils für den Einzelfall beurteilt werden. Für Formwirksamkeit spricht, wenn sich die Testamentsurkunde in einem verschlossenen Umschlag befindet, der mit einer den Inhalt bezeichnenden Aufschrift und der Unterschrift des Erblassers versehen ist. Ist der Umschlag dagegen unverschlossen, dürfte die Abschlussfunktion wegen der zu losen, jederzeit aufhebbaren Verbindung zwischen Umschlag und Text regelmäßig nicht gewahrt sein (Hamm OLGZ 86, 292; ausnahmsweise bejahend BayObLG Rpfleger 86, 294). Die Unterschrift auf dem Umschlag ist auch dann nicht äußere Fortsetzung und Abschluss der Erklärung, wenn sie sich lediglich als Absendervermerk oder als Kennzeichnung des Inhalts oder als Schutzmaßnahme gegen fremde Einsicht erweist (BayObLG NJW-RR 02, 1520).   14

D. Zeit- und Ortsangabe. Gem II sollen Zeit und Ort der Errichtung im Testament angegeben werden. Unterbleiben die Angaben, so ist das Testament gleichwohl grds gültig (V; vgl BayObLG FamRZ 05, 657). Die Angaben unterliegen nicht den Formerfordernissen des I. Jedenfalls empfiehlt sich die Angabe von Zeit und Ort, weil dies Beweisschwierigkeiten und ggf der Ungültigkeit vorbeugt. So ermöglicht die Zeitangabe die Feststellung, in welcher Reihenfolge mehrere Testamente errichtet wurden (vgl § 2258) und ob ein Testament im Falle zeitweiliger Testierunfähigkeit wirksam ist.   15

An die Angabe von Zeit und Ort durch den Testator knüpft eine tatsächliche Vermutung für ihre Richtigkeit an (BayObLG FamRZ 91, 237; 01, 1329; München 28.7.09, AZ 31 Wx 28/09). Wenn die Vermutung hinsichtlich der Zeitangabe widerlegt wird, bleibt das Testament grds wirksam, jedoch findet V entspr Anwendung (BayObLG FamRZ 94, 594). Ist für die Frage der Gültigkeit der Zeitpunkt entscheidend, fehlen aber Zeitangaben oder sind diese mehrdeutig, dann trifft denjenigen die Beweislast, der Rechte aus der Gültigkeit herleitet (entspr V 1; BayObLG NJW-RR 03, 299; FGPrax 04, 243). Bei Beweisfälligkeit ist das Testament als ungültig anzusehen. Gleiches gilt, wenn ein datiertes einem undatierten Testament widerspricht (V 1; § 2258 I).   16

E. Nachträge. Der Erblasser kann den Text seines Testaments jederzeit ergänzen. Dabei können Schreibfehler und offensichtliche Versehen stets ohne gesonderte Unterschrift berichtigt werden. IÜ bedürfen die Ergänzungen jeweils der Form des § 2247, müssen also grds entweder vom Erblasser gesondert unterschrieben sein oder sich in den übrigen Urkundstext einfügen und zur Zeit des Erbfalls nach der am Schluss stehenden Unterschrift nach dem Willen des Erblassers gedeckt sein. Das ist nicht der Fall, wenn der Erblasser auf die formgültige Testamentsurkunde einen Nachtrag *unter* die Unterschrift gesetzt hat, ohne diesen eigens zu unterschreiben. Etwas anderes kann nur gelten, wenn der Zusammenhang zwischen dem Zusatz und dem über der Unterschrift stehenden Text so unmittelbar ist, dass dieser erst durch den Zusatz Sinn bekommt, zB wenn das Testament ohne den Nachtrag lückenhaft, unvollständig oder nicht durchführbar wäre und der wirkliche Wille des Erblassers nur im Zusammenhang beider Erklärungen hervorgeht (BayObLG FamRZ 04, 1142 m Anm *Leipold*). Gleiches kann gelten, wenn die Ergänzung nach dem festgestellten Willen des Testators von der ursprünglichen Unterschrift gedeckt sein soll und das räumliche Erscheinungsbild der Testamentsurkunde dem nicht entgegensteht (BGH NJW 74, 1083 f; Frankf NJW-RR 95, 711). Dies ist etwa dann der Fall, wenn bei einem vollgeschriebenen Blatt die Deckung zweifelhaft ist (Köln FamRZ 94, 330). Die gesonderte Unterschrift ist auch entbehrlich, wenn der Nachtrag eine der Unterschrift voranstehende Verfügung nur klarstellt oder bekräftigt (BayObLG FamRZ 91, 964).   17

Die gesonderte Unterzeichnung eines Nachtrags ist stets erforderlich, wenn der von der Unterschrift abgedeckte Testamentstext bereits vor dem Nachtrag widerrufen worden war (BayObLGZ 92, 186 f; FamRZ 95, 246), wenn der Nachtrag neue, selbständige Verfügungen enthält oder die ursprünglich eindeutige Erbeneinsetzung durch eine andere ersetzt (BayObLG FamRZ 86, 836). Ist der Nachtrag eigens unterschrieben, kann die Einfügung in den ursprünglichen Text oder in eine Ergänzung Widerruf oder Einschränkung (§§ 2255, 2258) sein. Für die Änderung einer Testamentskopie vgl München NJW-RR 06, 11.   18

Auf einem gesonderten Blatt abgefasste Nachträge muss der Erblasser eigens unterzeichnen, da es an einem räumlichen Zusammenhang mit dem bereits vorhandenen Testament fehlt und sie daher den Charakter einer neuen letztwilligen Anordnung haben (BGH NJW 74, 1084; Hamm NJW 83, 689; BayObLG FamRZ 84, 1269; vgl für ein Vermächtnis auf einem Grundbuchauszug Naumbg FamRZ 03, 407). Eine inhaltliche Anknüpfung allein hilft über das Formerfordernis nicht hinweg (vgl abw *Stumpf* FamRZ 92, 1131). Streichungen im Text des Testaments kann der Erblasser jederzeit vornehmen. Zu beachten ist jedoch, dass diese den Beweiswert der Urkunde beeinträchtigen können (§ 419 ZPO) und ggf als Widerruf anzusehen sind (§ 2255).   19

20 **F. Testierwille.** Der Erblasser muss seine Verfügungen mit ernstlichem Testierwillen getroffen haben. Es genügt das Bewusstsein, dass die Urkunde als Testament aufgefasst werden könne. Bei einem formgerecht abgefassten und inhaltlich vollständigen Testament ist das idR nicht zweifelhaft (KG OLGZ 91, 148), weil die Form der Eigenhändigkeit ua gerade dazu dienen soll, Vorüberlegungen und Entwürfe von der maßgebenden Verfügung zu unterscheiden sowie eine erhöhte Sicherheit vor Verfälschungen des Erblasserwillens zu gewährleisten (BGHZ 80, 246, vgl *Grundmann* AcP 187, 429). Im Zweifelsfall ist eine Prüfung geboten, ob es sich bei der Urkunde nur um einen Entwurf oder eine Ankündigung eines Testaments handelt. Unter Berücksichtigung aller erheblichen, auch außerhalb der Urkunde liegenden Umstände sowie der Lebenserfahrung ist zu ermitteln, ob der Erblasser über sein Vermögen verbindlich von Todes wegen verfügen wollte, oder zumindest wusste, dass das Schriftstück als Testament angesehen werden könne (BayObLG FamRZ 05, 657; NJW-RR 89, 1092). Steht dies außer Zweifel, dann kann etwa in einem eigenhändig verfassten und unterschriebenen Brief ein formgültiges Testament enthalten sein (BayObLG FamRZ 01, 944; 03, 1786; Brandbg FamRZ 98, 985). Die Prüfung ist insb veranlasst, wenn die Verfügungen auf einer ungewöhnlichen Unterlage (vgl o Rn 1 u BayObLG FamRZ 92, 226; 1207: gebrauchter Briefumschlag) geschrieben wurden oder die Urkunde an einem ungewöhnlichem Ort (zB in einem Scheckheft) verwahrt wurde (BayObLG FamRZ 92, 1207). Ob die Urkunde die Überschrift „Testament" oä trägt, ist unerheblich (BayObLG FamRZ 05, 657).

21 Mehrere „Testamente", die der Erblasser am selben Tag mit verschiedenem oder widersprüchlichem Inhalt gefertigt hat, sind nicht bloß aufgrund Einhaltung der Form als endgültige letztwillige Verfügungen zu betrachten (BayObLG FamRZ 89, 1124). Umgekehrt kann ein als „Entwurf" bezeichneter Text formgültig sein (BayObLGZ 70, 179). In einer Vollmacht ist idR kein Testament zu sehen (vgl BayObLG FamRZ 00, 1539 für die bloße Bankvollmacht). Zu prüfen ist allerdings, ob es sich nur um eine falsche Bezeichnung handelt.

22 Der Testierwille muss während der Niederschrift nicht durchgehend vorhanden gewesen sein. So kann der Erblasser auch auf ein Schriftstück zurückgreifen, das er als früheres Testament oder zu anderen Zwecken niedergeschrieben hat, und dasselbe durch eigenhändige Ergänzung zu seinem nunmehr gewollten Testament vollenden (BayObLGZ 84, 197; Zweibr FamRZ 98, 581).

23 **G. Beweisfragen.** Ist unsicher, ob den Erklärungen Testierwille zugrunde lag, ist die *favor-testamenti*-Regel des § 2084 nicht anwendbar. Gibt daher etwa die ungewöhnliche Form, in der die Erklärung verkörpert ist (vgl Rn 1 u 20), Anlass zu Zweifeln, dann richten sich an den Nachweis des Testierwillens strenge Anforderungen (KG FamRZ 04, 737; BayObLG FamRZ 01, 945; Brandbg FamRZ 98, 986). Lassen sich die Zweifel nicht beseitigen, dann trägt derjenige die Feststellungslast, der Rechte aus dem Schriftstück herleitet (KG OLGZ 91, 148).

24 Die Feststellungslast für den erbrechtlichen Charakter einer Erklärung trägt derjenige, der aus ihr ein Erbrecht für sich herleitet (Hamm OLGZ 66, 498). Entspr gilt hinsichtlich der Feststellungslast für Echtheit und Eigenhändigkeit der Urkunde (BayObLG FamRZ 85, 837; Köln NJW-RR 04, 1015).

25 Die Echtheit der Unterschrift ist ein Indiz für die Eigenhändigkeit der letztwilligen Erklärung, jedoch kein Beweis. Da die Erklärung nicht nur abgegeben worden sein, sondern gleichzeitig eine bestimmte Form gewahrt haben muss, sind die §§ 416 und 440 II ZPO nicht anwendbar (Hamm OLGZ 93, 141).

26 Im Erbscheinverfahren prüft das Nachlassgericht die Gültigkeit des Testaments vAw (§ 2358; § 26 FamFG). Es prüft etwaige Auffälligkeiten idR selbständig. Die Einholung eines Gutachtens zur Echtheit eines eigenhändigen Testaments vAw ist nur in Zweifelsfällen geboten (BayObLG FamRZ 98, 644). Zweifeln des Gutachters geht das Gericht gem § 26 FamFG nach (vgl BayObLG Rpfleger 88, 67). Zur Beweiswürdigung bei einander widersprechenden Schriftgutachten vgl BayObLG FamRZ 05, 1014 u 1015.

27 **H. Rechtsvergleich.** Soweit europäische Rechtsordnungen ein privates Testament kennen, ist meistens die Eigenhändigkeit vorgeschrieben (zB Art 970 fr CC, § 578 ABGB; in Österreich kann ein auch maschinengeschriebenes Testament vor drei Zeugen errichtet werden; § 579 ABGB. In England müssen bei der Errichtung eines privaten Testaments grds Zeugen mitwirken (sec 9 Wills Act 1837; sec 17 Administration of Justice Act 1982); eigenhändige Niederschrift ist nicht erforderlich. Das schottische Recht verzichtet seit dem Requirements of Writing Act 1995 auf Eigenhändigkeit und Zeugen.

§ 2248 Verwahrung des eigenhändigen Testaments.

Ein nach § 2247 errichtetes Testament ist auf Verlangen des Erblassers in besondere amtliche Verwahrung zu nehmen.

1 Der Erblasser kann das eigenhändige Testament in besondere amtliche Verwahrung geben, damit es beim Erbfall aufgefunden wird und vor Unterdrückung, Fälschung, Beschädigung und Abhandenkommen sicher ist. Dies dient dem Interesse des Erblassers an der Sicherung und Geheimhaltung seines Testaments sowie *dem öffentlichen Interesse.* Durch die besondere amtliche Verwahrung wird das eigenhändige Testament nicht zur öffentlichen Urkunde (vgl MüKo/*Hagena* Rz 19). Örtlich zuständig ist jedes Gericht (§ 344 I Nr 3 FamFG), sachlich zuständig das Amtsgericht (§ 23a I Nr 2 iVm II Nr 2 GVG), außer in Baden-Württemberg, wo die Notariate zuständig sind (§§ 1 I u II, 38, 46 III LFGG). Der Erblasser kann aber verlangen, dass ein

anderes Amtsgericht das Testament verwahren möge, sofern dies nicht missbräuchlich geschieht. Dabei ist das zuständige AG nicht zur Entgegennahme des Testaments verpflichtet, wenn von vornherein nur die zügige Weitergabe an ein anderes AG begehrt wird (Brandbg ZEV 08, 288). Wird ein Testament beim örtlich unzuständigen Gericht hinterlegt, findet gleichwohl die besondere amtliche Verwahrung statt; das Testament wird dann an das zuständige Gericht weitergeleitet.

Der Erblasser kann die Rückgabe jederzeit verlangen (§ 2256 II); bei gemeinschaftlichem Testament (§ 2265) müssen beide Erblasser das Rückgabeverlangen äußern (§ 2272). Die Rückgabe löst keine Widerrufswirkungen aus (§ 2256 III), weil die besondere amtliche Verwahrung das Testament nicht zum öffentlichen macht (vgl Rn 1). Das Verfahren bei der Annahme von Testamenten zur besonderen amtlichen Verwahrung sowie bei der Herausgabe regelt § 346 FamFG.   **2**

§ 2249 Nottestament vor dem Bürgermeister.

(1) ¹Ist zu besorgen, dass der Erblasser früher sterben werde, als die Errichtung eines Testaments vor einem Notar möglich ist, so kann er das Testament zur Niederschrift des Bürgermeisters der Gemeinde, in der er sich aufhält, errichten. ²Der Bürgermeister muss zu der Beurkundung zwei Zeugen zuziehen. ³Als Zeuge kann nicht zugezogen werden, wer in dem zu beurkundenden Testament bedacht oder zum Testamentsvollstrecker ernannt wird; die Vorschriften der §§ 7 und 27 des Beurkundungsgesetzes gelten entsprechend. ⁴Für die Errichtung gelten die Vorschriften der §§ 2232, 2233 sowie die Vorschriften der §§ 2, 4, 5 Abs. 1, §§ 6 bis 10, 11 Abs. 1 Satz 2, Abs. 2, § 13 Abs. 1, 3, §§ 16, 17, 23, 24, 26 Abs. 1 Nr. 3, 4, Abs. 2, §§ 27, 28, 30, 32, 34, 35 des Beurkundungsgesetzes; der Bürgermeister tritt an die Stelle des Notars. ⁵Die Niederschrift muss auch von den Zeugen unterschrieben werden. ⁶Vermag der Erblasser nach seinen Angaben oder nach der Überzeugung des Bürgermeisters seinen Namen nicht zu schreiben, so wird die Unterschrift des Erblassers durch die Feststellung dieser Angabe oder Überzeugung in der Niederschrift ersetzt.

(2) ¹Die Besorgnis, dass die Errichtung eines Testaments vor einem Notar nicht mehr möglich sein werde, soll in der Niederschrift festgestellt werden. ²Der Gültigkeit des Testaments steht nicht entgegen, dass die Besorgnis nicht begründet war.

(3) ¹Der Bürgermeister soll den Erblasser darauf hinweisen, dass das Testament seine Gültigkeit verliert, wenn der Erblasser den Ablauf der in § 2252 Abs. 1, 2 vorgesehenen Frist überlebt. ²Er soll in der Niederschrift feststellen, dass dieser Hinweis gegeben ist.

(4) – weggefallen –

(5) ¹Das Testament kann auch vor demjenigen errichtet werden, der nach den gesetzlichen Vorschriften zur Vertretung des Bürgermeisters befugt ist. ²Der Vertreter soll in der Niederschrift angeben, worauf sich seine Vertretungsbefugnis stützt.

(6) Sind bei Abfassung der Niederschrift über die Errichtung des in den vorstehenden Absätzen vorgesehenen Testaments Formfehler unterlaufen, ist aber dennoch mit Sicherheit anzunehmen, dass das Testament eine zuverlässige Wiedergabe der Erklärung des Erblassers enthält, so steht der Formverstoß der Wirksamkeit der Beurkundung nicht entgegen.

A. Allgemeines. In bestimmten Notfällen kann ein Testament vor dem Bürgermeister als Urkundsperson errichtet werden. Dieses Testament steht einem öffentlichen gleich, hat aber nur zeitlich beschränkte Gültigkeit (§ 2252). Ehegatten und eingetragene Lebenspartner können sich dieser Testamentsform ggf bedienen, um ein gemeinschaftliches Testament zu errichten (§§ 2265, 2266; § 10 IV LPartG). Einen Noterbvertrag kennt das BGB nicht (vgl § 2276).   **1**

B. Tatbestand. I. Voraussetzungen. I erfordert die Besorgnis, dass der Erblasser versterben werde, bevor ihm möglich ist, vor einem Notar zu testieren. Gleiches gilt, wenn der Eintritt einer bis zum Tod fortdauernden Testierunfähigkeit des Erblassers zu besorgen ist (BGHZ 3, 377). Die Vorschrift findet auch Anwendung, wenn ein Notar zwar erreichbar ist, aber an der Testamentserrichtung nicht mitwirken will (Soergel/*Mayer* Rz 4). Der Bürgermeister selbst muss die Besorgnis hegen; auf die Vorstellung des Erblassers oder der Zeugen kommt es nicht an. Ob die Besorgnis des Bürgermeisters berechtigt ist, ist dagegen unerheblich (II). Ausnahmsweise ist das Nottestament auch dann gültig, wenn zwar der Bürgermeister nicht von der Notlage ausging, dieselbe aber tatsächlich gegeben war (RGZ 171, 29). Nach § 2250 I kann ein Bürgermeistertestament auch errichtet werden, wenn der Erblasser infolge Abgesperrtseins nicht oder nur unter erheblichen Schwierigkeiten vor einem Notar testieren kann. Hier kann auch die Form des Dreizeugentestaments (§ 2250) gewählt werden.   **2**

II. Mitwirkende Personen. Urkundsperson ist der Bürgermeister des Aufenthaltsorts bzw dessen gesetzlich bestimmter Vertreter (V). Beurkundung außerhalb des Amtsbezirks (Gemeindegebiets) ist unschädlich (I 4 iVm § 2 BeurkG). Der Bürgermeister muss anwesend sein und den letzten Willen des Erblassers selbst entgegennehmen. Daneben sind zwei Zeugen zur Beurkundung hinzuzuziehen (I 2). Wer im Testament bedacht oder zum Testamentsvollstrecker ernannt wird, kann nicht Zeuge sein (I 3); ein Verstoß macht das Testament allerdings nicht in vollem Umfang unwirksam (§§ 7 u 27 BeurkG). IÜ ergeben sich Mitwirkungsverbote aus § 26 BeurkG.   **3**

4 III. Testamentserrichtung. 1. Mitwirkung. Während der Errichtung des Testaments müssen der Bürgermeister und die beiden Zeugen anwesend sein (BGHZ 37, 87; 54, 93). Als erstes muss der Erblasser seinen letzten Willen erklären, und zwar mündlich oder durch anderweitige Verständigung. Die Erklärung wird in eine Niederschrift aufgenommen. Möglich ist auch die Übergabe einer (offenen oder verschlossenen) Schrift mit der Erklärung, dass sie seinen letzten Willen enthalte (I 4; § 2232). **Minderjährige** können nur durch Übergabe einer offenen Schrift testieren, **Lesensunfähige** auf diesem Wege gar nicht (§ 2233). Der Bürgermeister muss eine Niederschrift über die Testamentserrichtung fertigen. Sie muss in Anwesenheit aller Mitwirkenden dem Erblasser vorgelesen und anschließend von diesem genehmigt werden. Die genehmigte Niederschrift ist schließlich von Erblasser, Bürgermeister und beiden Zeugen zu unterschreiben. Kann der Erblasser nach seinen Angaben oder nach der Überzeugung des Bürgermeisters seinen Namen nicht schreiben, ersetzt die entspr Feststellung seine Unterschrift (I 6).

5 2. Niederschrift. Die Niederschrift verkörpert den erklärten Willen des Erblassers und ist daher Voraussetzung für die Wirksamkeit des Testaments. Für die vollständige Errichtung des Testaments zu Lebzeiten ist erforderlich, dass die Niederschrift beim Tod des Erblassers bereits fertiggestellt ist (BayObLG NJW-RR 96, 712). Für sie gelten Vorschriften des BeurkG (s.u. Rn 6), bei denen bei Nichteinhaltung zwischen ggf unschädlichen Formfehlern (VI) und unverzichtbaren Mindestanforderungen zu unterscheiden ist. Bei der Unterscheidung zwischen beiden Kategorien ist unnötige Formstrenge zu vermeiden (BGHZ 37, 88). Es genügt, wenn sich aus der Urkunde die rechtserheblichen Umstände und Erklärungen ergeben, falls deren Wahrnehmung durch alle mitwirkenden Personen erfolgte und durch ihre Unterschrift bezeugt ist (BGH 37, 88). Der ordnungsgemäßen Niederschrift kommt die Beweiskraft einer öffentlichen Urkunde zu (§ 415 ZPO).

6 3. Einzelne Verfahrensvorschriften. Mit der Maßgabe, dass der Bürgermeister an die Stelle des Notars tritt, gelten gem I 4 folgende Vorschriften des BeurkG: § 5 I (Errichtung der Urkunde in deutscher Sprache), §§ 8 u 9 (Niederschrift und deren Inhalt), § 10 (Feststellung der Person des Erblassers), § 11 I 2 u II (Feststellungen über Zweifel an seiner Geschäftsfähigkeit), § 13 I u III (Vorlesen, Genehmigen, Unterschreiben der Niederschrift), § 16 (Übersetzung der Niederschrift bei unzureichenden Deutschkenntnissen des Erblassers), § 17 (Prüfungs- und Belehrungspflicht des Bürgermeisters), § 23 (Vorlage der Niederschrift zur Durchsicht an hörbehinderten Erblasser), § 24 (Zuziehung einer verständigungsfähigen Person bei hör- und sprachbehindertem Erblasser, mit dem eine schriftliche Verständigung nicht möglich ist), § 28 (Feststellung der Geschäftsfähigkeit des Erblassers), § 30 (Übergabe einer Schrift), § 32 (Anfügung einer Übersetzung bei Sprachunkundigkeit des Erblassers), § 35 (Niederschrift ohne Unterschrift des Bürgermeisters).

7 Die Niederschrift ist vom Bürgermeister nach Testamentserrichtung in einen Umschlag zu nehmen, der mit dem Amtssiegel zu verschließen, zu beschriften und zu unterschreiben ist. Anschließend ist das Testament unverzüglich in die besondere amtliche Verwahrung des örtlich zuständigen Amtsgerichts zu geben (I 4; § 34 BeurkG; § 344 I Nr 2 FamFG).

8 4. Rechtsfolgen von Mängeln. Formverstöße sind unschädlich, wenn sie nur bei Abfassung der Niederschrift unterlaufen sind, also nur deren Inhalt betreffen und nicht den Errichtungsakt als solchen. Die Bestimmung nimmt Rücksicht darauf, dass beim Bürgermeistertestament Formfehler typischerweise leichter auftreten dürften (Kipp/*Coing* § 29 I 5). Sie setzt immerhin voraus, dass das Testament eine zuverlässige Wiedergabe der Erklärung des Erblassers enthält (VI); letzteres muss derjenige beweisen, der sich auf die Wirksamkeit des Testaments beruft (BGH LM Nr 1 zu § 416 ZPO). In der Frage, wann ein ggf unschädlicher Formverstoß vorliegt, ist unnötige Formstrenge zu vermeiden (BGHZ 37, 88; BayObLGZ 70, 56), sofern die jeweilige Voraussetzung nur nicht den materiellrechtlichen Erfordernissen zuzurechnen ist.

9 Die Wirksamkeit des Testaments wird zB dadurch nicht berührt, dass die Besorgnis der **Todesgefahr** (BayObLGZ 79, 238) oder der Schreibunfähigkeit des Erblassers (MüKo/*Hagena* Rz 32) nicht festgestellt wurde. Unschädlich sind ebenso fehlende Angaben über Zeit und Ort sowie die ungenaue Bezeichnung der Mitwirkenden. Auch die fehlende Unterschrift der Zeugen auf einem vom Erblasser genehmigten und unterschriebenen Testament steht der Wirksamkeit nicht entgegen, weil diese auch noch nach dem Tod des Erblassers ohne Beteiligung anderer Mitwirkender nachgeholt werden kann (KG NJW 47/48, 191; Lange/*Kuchinke* § 21 IV 1b).

10 Werden dagegen wesentliche Erfordernisse des Errichtungsakts missachtet, dann ist das Nottestament unheilbar nichtig. So liegt es zB, wenn die Niederschrift nicht oder erst nach Ableben des Erblassers erstellt oder von niemandem unterschrieben worden ist. Gleiches gilt, wenn ihre Verlesung oder Genehmigung durch den Erblasser unterbleibt (BGHZ 115, 174), wenn weniger als zwei Zeugen hinzugezogen wurden, wenn dieselben ausgeschlossen waren oder nicht durchgehend anwesend waren (BayObLG Rpfleger 77, 439), wenn der Bürgermeister oder der schreibfähige Erblasser nicht unterschrieben hat (KG JFG 21, 296; Staud/*Baumann* Rz 41 u 49) oder schließlich, wenn der Bürgermeister mit dem Erblasser verheiratet oder in gerader Linie verwandt ist (I 4 mit § 6 BeurkG).

11 5. Haftung. Für schuldhafte Pflichtverletzungen des Bürgermeisters haftet die Gemeinde (Art 34 GG, § 839; Nürnberg OLGZ 65, 158). Ist das Testament infolge der Pflichtverletzung nichtig und verlangt der eingesetzte Erbe deswegen Schadensersatz, kann ein Selbstverschulden des Erblassers oder seines Beraters nicht eingewendet werden (BGH NJW 56, 260).

§ 2250 Nottestament vor drei Zeugen. (1) Wer sich an einem Orte aufhält, der infolge außerordentlicher Umstände dergestalt abgesperrt ist, dass die Errichtung eines Testaments vor einem Notar nicht möglich oder erheblich erschwert ist, kann das Testament in der durch § 2249 bestimmten Form oder durch mündliche Erklärung vor drei Zeugen errichten.
(2) Wer sich in so naher Todesgefahr befindet, dass voraussichtlich auch die Errichtung eines Testaments nach § 2249 nicht mehr möglich ist, kann das Testament durch mündliche Erklärung vor drei Zeugen errichten.
(3) ¹Wird das Testament durch mündliche Erklärung vor drei Zeugen errichtet, so muss hierüber eine Niederschrift aufgenommen werden. ²Auf die Zeugen sind die Vorschriften des § 6 Abs. 1 Nr. 1 bis 3, der §§ 7, 26 Abs. 2 Nr. 2 bis 5 und des § 27 des Beurkundungsgesetzes; auf die Niederschrift sind die Vorschriften der §§ 8 bis 10, 11 Abs. 1 Satz 2, Abs. 2, § 13 Abs. 1, 3 Satz 1, §§ 23, 28 des Beurkundungsgesetzes sowie die Vorschriften des § 2249 Abs. 1 Satz 5, 6, Abs. 2, 6 entsprechend anzuwenden. ³Die Niederschrift kann außer in der deutschen auch in einer anderen Sprache aufgenommen werden. ⁴Der Erblasser und die Zeugen müssen der Sprache der Niederschrift hinreichend kundig sein; dies soll in der Niederschrift festgestellt werden, wenn sie in einer anderen als der deutschen Sprache aufgenommen wird.

A. Allgemeines. Das Dreizeugentestament setzt eine der genannten **Notlagen** voraus. Es kann nur durch mündliche Erklärung errichtet werden und hat beschränkte Gültigkeitsdauer (§ 2252). Auch ein gemeinschaftliches Nottestament ist möglich (§ 2266). Im Falle der Absperrung (I) kann wahlweise vor dem Bürgermeister (§ 2249) oder vor drei Zeugen testiert werden.

B. Tatbestand. I. Absperrung oder Todesgefahr. Die Absperrung muss auf außergewöhnliche Umstände (zB Flut- oder Schneekatastrophe) zurückgehen. Ist der Erblasser durch ein lediglich psychisches Hindernis an der Errichtung eines eigenhändigen Testaments gehindert, ist I nicht anwendbar (vgl KG Rpfleger 68, 392). II setzt nahe Todesgefahr voraus, ohne dass es auf den Grund derselben oder den Ort ankäme, an dem sich der Erblasser befindet (vgl BayObLGZ 90, 297). Sie ist gegeben, wenn der Erblasser tatsächlich zwei Tage später verstirbt (LG München I FamRZ 00, 855). Der Gefahr nahenden Todes steht die des Eintritts fortdauernder Testierunfähigkeit gleich (BGHZ 3, 377).
Wenn die Voraussetzungen des Nottestaments bei Testamentserrichtung objektiv vorliegen, kommt es auf die Einschätzung der Lage durch die Zeugen nicht an (BGHZ 3, 380; LG Freiburg ZEV 03, 371 m Anm *Dümig*). Gingen umgekehrt die Zeugen von der nahen Todesgefahr aus, während diese in Wahrheit nicht bestand, ist das Nottestament ebenso wirksam, sofern die Vorstellung der Zeugen auf konkreten Anhaltspunkten beruhte (München ZEV 09, 468). Ob der Testator selbst von der Gefahr überzeugt war, ist unerheblich (BGHZ 3, 378).

II. Zeugen. Die Zeugen übernehmen die Beurkundungsfunktion, da eine amtliche Urkundsperson fehlt. Sie müssen während der Erklärung des Erblassers, des Verlesens der Niederschrift sowie ihrer Genehmigung und Unterzeichnung durch den Erblasser anwesend sein; nur während der Anfertigung der Niederschrift ist dies nicht erforderlich. Wenn auch nur einer der Zeugen bei einem dieser Teilakte fehlt, ist das Nottestament unheilbar nichtig (BGHZ 54, 93). Gleiches gilt im Fall eines anderweitigen Verstoßes gegen die zwingenden Erfordernisse des Errichtungsakts. Jeder Zeuge muss von Anfang an zur Mitwirkung bereit sein (BGH FamRZ 71, 162).
Als Zeugen ausgeschlossen sind gem III 2 iVm § 6 I Nr 1-2a BeurkG der Testator selbst sowie sein Ehegatte bzw Lebenspartner; diese können allerdings mittestieren (§ 2266). Ausgeschlossen sind ferner die Verwandten des Testators in gerader Linie (§ 6 I Nr 3 BeurkG). Untereinander dürfen die Zeugen aber verwandt oder verschwägert sein. Die Mitwirkung eines durch § 6 I Nr 1-3 BeurkG ausgeschlossenen Zeugen führt zur Unwirksamkeit der Beurkundung. Wirken allerdings außer dem ausgeschlossenen Zeugen noch drei rechtlich geeignete mit, ist seine Beteiligung unschädlich (BGHZ 115, 176). Minderjährige, Geisteskranke und -schwache, Taube, Stumme, Blinde und Schreibunfähige sollen nicht als Zeugen herangezogen werden (§ 26 II Nr 2–5 BeurkG); die Mitwirkung eines geistesschwachen Zeugen bewirkt jedoch keine Unwirksamkeit (Hamm OLGZ 92, 32).
Wird in dem Testament dem Ehegatten oder einem nahen Angehörigen iSv § 7 Nr 3 BeurkG eines Zeugen ein rechtlicher Vorteil verschafft oder wird er selbst bedacht oder als Testamentsvollstrecker ernannt, so bewirkt dieser Verstoß gegen die zwingenden Vorschriften von § 7, 27 BeurkG zwar nicht die Unwirksamkeit des gesamten Testaments, wohl aber die der betreffenden Einzelverfügung oder Zuwendung. Es handelt sich nicht nur um einen heilbaren Formmangel (BayObLG NJW-RR 96, 9).

III. Verfahren. 1. Mündliche Erklärung. Zunächst muss der Erblasser vor den drei Zeugen mündlich seinen letzten Willen erklären. Die Übergabe einer Schrift genügt nicht. Sprechunfähige sind also (im Unterschied zu § 2232) vom Dreizeugentestament ausgeschlossen. Bloße Zeichen oder **Gebärden** reichen als Ausdrucksmittel allein nicht aus, sofern der Erblasser seine sprachliche Erklärung nicht nur zu einzelnen Punkten durch Zeichen oder Gebärden ergänzt (BGH NJW 62, 1150; BayObLGZ 68, 272).

8 **2. Niederschrift.** Anschließend muss eine Niederschrift über den letzten Willen des Erblassers angefertigt werden. Verstirbt der Erblasser, bevor die Niederschrift vorgelesen, genehmigt und unterschrieben worden ist, ist das Testament unwirksam (Hamm JMBl NRW 62, 212; Köln JMBl NRW 74, 221; BayObLGZ 79, 236 ff). Kurzschrift ist zulässig (BayObLGZ 79, 239). Die Abfassung in einer anderen Sprache als der deutschen ist nur zulässig, wenn der Erblasser und alle Zeugen die Fremdsprache hinreichend verstehen (III 3 u 4); andernfalls ist das Testament nichtig. Über den letzten Willen hinaus umfasst die Niederschrift gem III 2 Angaben über Erblasser und Zeugen sowie Tag und Ort der Errichtung (§§ 9 u 10 BeurkG). Ferner sollen Feststellungen getroffen werden über die Testierfähigkeit des Erblassers (§ 11 I 2 BeurkG), ggf die Schwere seiner Erkrankung, die nahe Todesgefahr oder drohende Testierunfähigkeit, die Absperrung (I) sowie ggf über eine Schreibunfähigkeit des Erblassers.

9 **3. Verlesung.** Die Urkunde muss dem Erblasser anschließend in Anwesenheit aller Zeugen vorgelesen werden (§ 13 I BeurkG). Lautes Diktat bei der Niederschrift genügt nicht (BayObLGZ 79, 236). Einem gehörlosen Erblasser ist die Niederschrift ersatzweise zur Durchsicht vorzulegen (§ 23 BeurkG).

10 **4. Genehmigung.** Der Erblasser muss die ihm vorgelesene Niederschrift vor allen Zeugen genehmigen. Er bekundet damit, dass sein letzter Wille richtig niedergeschrieben wurde. Es genügt, wenn der Erblasser den Text durch Kopfnicken „Punkt für Punkt" genehmigt (BayObLGZ 90, 296). Abschließend ist die Niederschrift von Erblasser und Zeugen zu unterschreiben; bei Schreibunfähigkeit des Erblassers ersetzt die entsprechende Feststellung seine Unterschrift (III 2; §§ 8 u 13 I BeurkG; § 2249 I 5 u 6). Unterschreibt der Erblasser nach seiner Genehmigung ein anderes, vom vorgelesenen abgeschriebenes Schriftstück, ist das Testament unwirksam (BGHZ 115, 174).

11 **5. Rechtsfolgen von Formverstößen.** Formverstöße beim Errichtungsakt machen das Nottestament unwirksam. Dies gilt nicht, wenn sie nur bei Abfassung der Niederschrift unterlaufen (III 2 iVm § 2249 VI). Fehlen also zB die erforderlichen Feststellungen (s.o.) oder die Angabe von Tag, Ort oder Beteiligten, so ist dies unschädlich. Gleiches gilt, wenn Zeugen die vom Erblasser unterschriebene Urkunde im Eingangsteil statt am Ende unterzeichnet haben (BayObLGZ 90, 292) oder gar nicht (KG NJW 66, 1662; Köln Rpfleger 94, 66; aM BayObLGZ 79, 240).

12 **6. Einzelne Fragen.** Die Verwahrung des Nottestaments (§§ 344, 346 FamFG) ist entspr § 2248 zulässig. Das Nottestament ist Privaturkunde und unterliegt freier richterlicher Würdigung (BGH LM Nr 1 zu § 416 ZPO).

§ 2251 Nottestament auf See. Wer sich während einer Seereise an Bord eines deutschen Schiffes außerhalb eines inländischen Hafens befindet, kann ein Testament durch mündliche Erklärung vor drei Zeugen nach § 2250 Abs. 3 errichten.

1 Das Seetestament durch mündliche Erklärung vor drei Zeugen wird nach § 2250 III errichtet. Seine Wirksamkeit ist zeitlich beschränkt (§ 2252). Der Erblasser muss sich auf einer Seereise befinden, sei es als Besatzungsmitglied oder Passagier; eine Notlage ist nicht erforderlich. Das Seetestament steht auch Ausländern offen. „Seereise" ist auch die Einsatzfahrt eines Kriegsschiffes, die Fahrt in Küstengewässern sowie der Aufenthalt in einem ausländischen Hafen, solange der Erblasser an Bord ist. Ausgeschlossen sind kurze Sport- und Vergnügungs- oder Fischereifahrten. Das Schiff muss sich außerhalb eines inländischen Hafens befinden, andernfalls kommen nur die sonstigen Testamentsformen in Betracht (bei Quarantäne vgl besonders § 2250 I).

2 Es muss sich um ein deutsches Schiff handeln; dies beurteilt sich nach dem FlaggenrechtsG vom 8.2.51 (BGBl 79). Auf die Eintragung im Schiffsregister kommt es nicht an. Erfasst sind alle Schiffsarten, also See- wie Binnenschiffe, ebenso Boote. Eine Anwendung der Vorschrift auf Flugzeuge wird von der hM richtigerweise abgelehnt (Palandt/*Edenhofer* Rz 2; aM RGRK/*Kregel* Rz 4); für das ursprünglich verwendete Wort „Fahrzeug" wurde im TestG bewusst der speziellere Ausdruck „Schiff" gewählt (Staud/*Baumann* Rz 1).

§ 2252 Gültigkeitsdauer der Nottestamente. (1) Ein nach § 2249, § 2250 oder § 2251 errichtetes Testament gilt als nicht errichtet, wenn seit der Errichtung drei Monate verstrichen sind und der Erblasser noch lebt.
(2) Beginn und Lauf der Frist sind gehemmt, solange der Erblasser außerstande ist, ein Testament vor einem Notar zu errichten.
(3) Tritt im Falle des § 2251 der Erblasser vor dem Ablauf der Frist eine neue Seereise an, so wird die Frist mit der Wirkung unterbrochen, dass nach Beendigung der neuen Reise die volle Frist von neuem zu laufen beginnt.
(4) *Wird der Erblasser nach dem Ablauf der Frist für tot erklärt oder wird seine Todeszeit nach den Vorschriften des Verschollenheitsgesetzes festgestellt, so behält das Testament seine Kraft, wenn die Frist zu der Zeit, zu welcher der Erblasser nach den vorhandenen Nachrichten noch gelebt hat, noch nicht verstrichen war.*

Die Wirksamkeit eines Nottestaments ist zeitlich beschränkt. Gem I wird ein Nottestament mit Rücksicht auf seinen nur vorläufigen Charakter in drei Monaten nach Errichtung unwirksam, wenn der Erblasser dann noch lebt und zur Errichtung eines Testaments vor einem Notar in der Lage ist. Die Unwirksamkeit tritt rückwirkend ein; das unwirksam gewordene Nottestament behält auch nicht die Wirkung eines Widerrufs (§§ 2254, 2258). Erfüllt das Nottestament ausnahmsweise die Voraussetzungen eines eigenhändigen Testaments (§ 2247), dann bleibt es auch nach Fristablauf wirksam, kann aber uU angefochten werden, wenn der Erblasser nur ein zeitlich begrenzt gültiges Nottestament errichten wollte (MüKo/*Hagena* Rz 8; vgl RGZ 104, 322).

Beginn und Lauf der Frist sind gehemmt bei fortdauernder oder wiedereinsetzender Absperrung, sonstiger Unmöglichkeit, einen Notar zu erreichen oder durch Testierunfähigkeit (II). Die Beweislast trifft denjenigen, der sich auf die fortdauernde Wirksamkeit des Testaments beruft. Wer sich auf die Unwirksamkeit des Testaments infolge Fristablaufs beruft, muss ggf beweisen, dass der Erblasser die Frist überlebte. Für Seetestamente gem § 2251 ermöglicht die Sonderregelung des III eine Unterbrechung der Frist. Zum Fristablauf an Feiertagen vgl *Gottwald* ZEV 06, 296.

Bei **Todeserklärung** des Erblassers nach Fristablauf erklärt IV den gem §§ 9 I und 44 VerschG vermuteten Todeszeitpunkt für unmaßgeblich für die Gültigkeit des Testaments. Auch wenn aus dem vermuteten Todestag zu schließen wäre, dass der Erblasser nach Fristablauf noch lebte, soll das Testament in Kraft bleiben, wenn die Frist zu dem spätesten Zeitpunkt noch nicht abgelaufen war, an dem der Erblasser den vorhandenen Nachrichten zufolge noch am Leben war (Staud/*Baumann* Rz 9).

§ 2253 Widerruf eines Testaments. Der Erblasser kann ein Testament sowie eine einzelne in einem Testament enthaltene Verfügung jederzeit widerrufen.

Aus der Testierfreiheit ergibt sich nicht nur die Befugnis, ein Testament zu errichten, sondern grds auch die, dasselbe jederzeit ganz oder teilweise zu widerrufen. Soweit er widerruft, verhindert der Erblasser den Eintritt der Wirkungen des Testaments bei seinem Tode. Der Testator ist in der Ausübung des Widerrufsrechts frei: Er kann sich dazu weder wirksam vertraglich verpflichten (vgl BGH FamRZ 60, 30) noch darauf verzichten (§ 2302). Der Widerruf ist eine letztwillige Verfügung. Er setzt daher Testierfähigkeit (§ 2229) voraus und ist gem § 2078 anfechtbar (BaRoth/*Litzenburger* Rz 3).

Bei bindenden wechselbezüglichen Verfügungen iR gemeinschaftlicher Testamente ist das Widerrufsrecht eingeschränkt (§ 2271). Der Inhalt des widerrufenen Testaments kann uU bei der Auslegung eines späteren, gültigen Testaments herangezogen werden. Zu den Grenzen der Berücksichtigung vgl Oldbg NdsRpflg 68, 281.

Das Gesetz stellt vier Widerrufsformen zur Verfügung: Der Widerruf kann erfolgen durch ein reines Widerrufstestament (§ 2254), durch Vernichtung oder entspr Veränderung der Testamentsurkunde (§ 2255), durch Rücknahme eines öffentlichen Testaments aus der besonderen amtlichen Verwahrung (§ 2256) oder schließlich durch Errichtung eines neuen Testaments mit widersprechendem Inhalt (§ 2258). Weitere Widerrufsmöglichkeiten sind nicht vorgesehen. Der Widerruf macht die widerrufenen Verfügungen sofort unwirksam; sie können wieder aufleben, wenn der Widerruf seinerseits widerrufen wird (§ 2257).

§ 2254 Widerruf durch Testament. Der Widerruf erfolgt durch Testament.

Die Vorschrift betrifft den Widerruf letztwilliger Verfügungen durch ein später errichtetes Testament. Dieses braucht nur den Willen des Erblassers zum Ausdruck zu bringen, ein früheres Testament zu widerrufen, kann darüber hinaus aber auch weitere Verfügungen enthalten. Der Widerruf kann sich auf das gesamte frühere Testament oder auf einzelne Bestimmungen daraus beziehen. Zulässig ist auch ein bedingter Widerruf, wenn etwa das Verhalten des Erben durch eine Verwirkungsklausel gesteuert werden soll.

Der Widerruf durch Testament muss eine der gesetzlich vorgesehenen Formen wahren, jedoch nicht notwendig die des zu widerrufenden Testaments (vgl Köln OLGZ 68, 325). Insofern sind die verschiedenen Testamentsformen einander gleichwertig. Erfolgt der Widerruf durch Nottestament, kann die Wirkung zeitlich beschränkt sein (§ 2252).

Der Widerruf gem § 2254 muss nicht ausdrücklich erklärt sein (Staud/*Baumann* Rz 12). Es genügt, wenn er sich im Wege der Auslegung oder Umdeutung aus einem ganz oder teilweise widersprechenden späteren Testament nach § 2258 entnehmen lässt (BayObLGZ 65, 91; 56, 385; Hamm MDR 71, 137). Ist ein Widerrufsvermerk als „**Nachtrag**" oder zeitlich später auf die Rückseite des Testaments gesetzt, muss seine Reichweite entspr durch Auslegung ermittelt werden (BayObLG FamRZ 90, 319). In einem etwa auf Testamentsurkunde oder Hinterlegungsschein angebrachten Vermerk „Testament ungültig" oä kann jedenfalls nur ein wirksamer Widerruf liegen, wenn der Vermerk seinerseits den Erfordernissen des § 2247 entspricht, also eigenhändig geschrieben und unterschrieben ist (LG München I FamRZ 98, 1624; MüKo/*Hagena* Rz 8). In einem Prozessvergleich kann der Widerruf nicht erklärt werden (BGH FamRZ 60, 30). Ein ungültiges Widerrufstestament hat keine Wirkung.

4 Auch das Widerrufstestament kann nach §§ 2254–2256, 2258 widerrufen werden; die Rechtsfolge ergibt sich aus § 2257. Es unterliegt auch der Anfechtung gem §§ 2078 ff.
5 Für den Widerruf wechselbezüglicher Verfügungen im gemeinschaftlichen Testament von Ehegatten bestehen Sonderregelungen in §§ 2271 u 2296 (vgl BGH NJW 87, 902).

§ 2255 Widerruf durch Vernichtung oder Veränderungen.
¹Ein Testament kann auch dadurch widerrufen werden, dass der Erblasser in der Absicht, es aufzuheben, die Testamentsurkunde vernichtet oder an ihr Veränderungen vornimmt, durch die der Wille, eine schriftliche Willenserklärung aufzuheben, ausgedrückt zu werden pflegt. ²Hat der Erblasser die Testamentsurkunde vernichtet oder in der bezeichneten Weise verändert, so wird vermutet, dass er die Aufhebung des Testaments beabsichtigt habe.

1 **A. Allgemeines.** Der Widerruf kann durch Einwirkung auf die Testamentsurkunde selbst erfolgen, sofern der Erblasser dies unternimmt, um das Testament ganz oder teilweise unwirksam zu machen (BGH NJW 59, 2113). Da der Widerruf letztwillige Verfügung ist, muss der Erblasser testierfähig sein (§ 2229); vernichtet der nach Testamentserrichtung testierunfähig gewordene Erblasser die Urkunde, dann bleibt das Testament wirksam, sofern der Inhalt noch ermittelt und ggf bewiesen werden kann.

2 **B. Tatbestand. I. Objektive Voraussetzungen.** Der Erblasser persönlich muss die Urschrift der Urkunde vernichtet oder verändert haben. Dafür genügt es, wenn er sich eines Dritten bedient, der ohne eigenen Entscheidungsspielraum im Auftrag und mit Willen des Erblassers zu dessen Lebzeiten die Urkunde vernichtet (BayObLG FamRZ 92, 1351; Hamm NJW-RR 02, 223; Soergel/*Mayer* Rz 11). Wird nach dem Erbfall die Testamentsurkunde verändert aufgefunden, folgt daraus keine gesetzliche Vermutung dafür, dass der Erblasser selbst die Veränderung vorgenommen habe.

3 Die Veränderung muss an der Testamentsurkunde vorgenommen werden. Ein amtlich verwahrtes Testament wird daher nicht durch Veränderung einer Abschrift desselben widerrufen, sofern die Veränderung nicht ihrerseits die formellen Voraussetzungen eines Testaments erfüllt (Frankf NJW 50, 607). Entspr gilt, wenn von mehreren Urkunden nur eine vernichtet oder verändert wird; hinsichtlich der intakt bleibenden Urkunden ist 1 nicht erfüllt und auch die Vermutung des 2 gilt nicht. In der Vernichtung eines Testaments liegt nicht zwangsläufig ein Widerruf anderer, im Wesentlichen gleich lautender Testamente (BayObLG NJW-RR 90, 1481).

4 Die Widerrufshandlung besteht in der Vernichtung oder Veränderung der Urkunde. Der Erblasser kann die Urkunde etwa durch- bzw einreißen (BayObLGZ 83, 206; NJW-RR 96, 1094), zerknüllen (BayObLGZ 80, 97) oder den Text durchstreichen. „Verändert" wird die Urkunde auch durch einen Entwertungsvermerk (zB „ungültig"). Selbst wenn dieser nicht eigens unterschrieben ist, kann darin der Widerruf des gesamten Testaments oder einzelner in Bezug genommener Verfügungen liegen, wenn sich in ihm ein **Widerrufswille** manifestiert (vgl KG NJW 57, 1364). Ein solcher Vermerk auf dem Umschlag des Testaments genügt nicht, selbst wenn dieser verschlossen ist (BayObLG 63, 33; differenzierend Soergel/*Mayer* Rz 8). Auf diese Weise kann ein Widerruf nur unter den Voraussetzungen des § 2254 erfolgen. Auch Öffnen oder Beschädigen des Umschlags genügen nicht (BGH NJW 59, 2114). Ein durch Streichung des Textes widerrufenes Testament kann uU zur Auslegung eines späteren, unvollständigen Testaments herangezogen werden, wenn der Erblasser dieses gemeinsam mit dem widerrufenen Testament in einem verschlossenen Umschlag aufbewahrt hat (BayObLG FGPrax 05, 26). Zum Widerruf durch Streichung in einer Testamentskopie vgl München NJW-RR 06, 11.

5 Ein teilweiser Widerruf des Testaments ist möglich (§ 2253), indem zB einzelne Verfügungen gestrichen oder von der Urkunde abgeschnitten werden (Hamm FGPrax 08, 32; BayObLG FamRZ 03, 1783). Durch den Widerruf einzelner Verfügungen kann sich allerdings auch der Inhalt der anderen verändern, so zB wenn das Testament nun lückenhaft oder auslegungsbedürftig wird (BayObLG FamRZ 91, 1115). Wird zB von mehreren, auf bestimmte Quoten eingesetzten Miterben einer gestrichen, dann ist zu prüfen, ob sich gem §§ 2088, 2089 die Erbquoten der anderen Miterben verändern (BayObLG NJW-RR 03, 151). Entspr gilt, wenn der Erblasser die infolge Teilwiderrufs entstehende Lücke durch eine positive letztwillige Verfügung ausfüllen wollte, die aber wegen Formverstoßes unwirksam ist (vgl Soergel/*Mayer* Rz 9 mwN).

6 **II. Aufhebungsabsicht des Erblassers.** Ein Widerruf ist nur anzunehmen, wenn nach den Umständen des Falles und freier Beweiswürdigung kein Zweifel über den Aufhebungswillen des Erblassers besteht (KG FamRZ 95, 897 mwN). Vermutet wird die Aufhebungsabsicht nur, wenn der Erblasser die Vernichtung oder Veränderung der Urkunde selbst vorgenommen hat. Hierfür spricht der erste Anschein, wenn sich die Urkunde bis zuletzt im Gewahrsam des Erblassers befand (BayObLGZ 83, 208). Wurden die Veränderungen nicht an der Originalurkunde, sondern nur an einer Durchschrift des Testaments vorgenommen, wird die Aufhebungsabsicht nicht vermutet (KG Rpfleger 95, 417). Gleiches gilt, wenn der Erblasser bei der Vernichtung irrig von der Aufhebung durch ein anderes Testament ausgegangen ist (Hamm NJW-RR 02, 223; Staud/*Baumann* Rz 20).

Dienten Teilstreichungen nur der Vorbereitung eines inhaltsgleichen neuen Testaments, dann kann die Vermutung als widerlegt angesehen werden (BayObLG NJW-RR 97, 1303; vgl RGZ 71, 300; 111, 265). Die Übergabe des zerrissenen Testaments an einen Dritten, der die Stücke wieder zusammensetzt, widerlegt die Vermutung nicht (BayObLG NJW-RR 90, 1481).

Kann die Testamentsurkunde nach dem Tod des Erblassers nicht aufgefunden werden, ohne dass sie mit Willen und Zutun des Erblassers vernichtet worden wäre, dann ist die Wirksamkeit des Testaments nicht berührt (BayObLG FamRZ 05, 139). Eine Vermutung, dass der Erblasser die Urkunde in Widerrufsabsicht vernichtet habe, gilt nicht (BayObLG FamRZ 93, 117; Zweibr FamRZ 01, 1315; KG OLGZ 75, 356). Form und Inhalt des verschwundenen Testaments können vielmehr mit allen zulässigen Mitteln bewiesen werden (KG FamRZ 07, 1197); beweisbelastet ist derjenige, der aus dem unauffindbaren Testament eine für ihn günstige Rechtsfolge herleitet (Zweibr NJW-RR 87, 1158). An den Beweis des Inhalts sind strenge Anforderungen zu stellen (BayObLG FamRZ 05, 139).

C. Einzelfragen. I. Vernichtung durch einen Dritten. Die Vernichtung der Urkunde durch einen eigenmächtig handelnden Dritten hat auf die Wirksamkeit des Testaments ebensowenig Einfluss wie die Unauffindbarkeit (BayObLG NJW-RR 92, 654; 1358; FamRZ 96, 1306). Steht die ordnungsmäßige Errichtung fest, dann kann der Testamentsinhalt ggf mit allen zulässigen Beweismitteln (zB einer Durchschrift) bewiesen werden (Kipp/*Coing* § 31 II 2). Die Beweislast trägt, wer sich auf einen bestimmten Inhalt beruft (BayObLG Rpfleger 80, 60; 85, 194; FamRZ 86, 1045); hat der Verfahrensgegner die Urkunde vernichtet, finden ggf die Grundsätze der Beweisvereitelung Anwendung. Ein Widerruf liegt nicht bereits darin, dass der Erblasser den vermeintlichen Untergang des Testamentsurkunde (BGH LM Nr 1 zu § 1960) oder die eigenmächtige Vernichtung durch einen Dritten formlos billigt (BGH NJW-RR 90, 516). Er muss vielmehr stets selbst nach §§ 2254, 2258 widerrufen.

II. Gemeinschaftliches Testament. Beim gemeinschaftlichen Testament kann jeder Teil seine einseitigen Verfügungen nach § 2255 widerrufen. Auf wechselbezügliche Verfügungen ist § 2255 dagegen unanwendbar, wenn der andere Teil nicht vorher eingewilligt hat (vgl BayObLG MDR 81, 933). Eine nachträgliche Genehmigung reicht nicht aus (BaRoth/*Litzenburger* Rz 12). Ist dem Längstlebenden ein Widerrufsrecht eingeräumt, so kann dies nur mittels Testaments ausgeübt werden (Stuttg OLGZ 86, 264; Hamm FamRZ 96, 825).

§ 2256 Widerruf durch Rücknahme des Testaments aus der amtlichen Verwahrung.

(1) ¹Ein vor einem Notar oder nach § 2249 errichtetes Testament gilt als widerrufen, wenn die in amtliche Verwahrung genommene Urkunde dem Erblasser zurückgegeben wird. ²Die zurückgebende Stelle soll den Erblasser über die in Satz 1 vorgesehene Folge der Rückgabe belehren, dies auf der Urkunde vermerken und aktenkundig machen, dass beides geschehen ist.
(2) ¹Der Erblasser kann die Rückgabe jederzeit verlangen. ²Das Testament darf nur an den Erblasser persönlich zurückgegeben werden.
(3) Die Vorschriften des Absatzes 2 gelten auch für ein nach § 2248 hinterlegtes Testament; die Rückgabe ist auf die Wirksamkeit des Testaments ohne Einfluss.

A. Allgemeines. Notarielle Testamente sollen bis zur Eröffnung ununterbrochen in der besonderen amtlichen Verwahrung verbleiben, damit sie vor Fälschungen geschützt sind. Gleichzeitig soll der Erblasser verhindern können, dass ein verwahrtes, inhaltlich überholtes Testament gegen seinen Willen verkündet wird. Die Vorschrift trägt beiden Zielen Rechnung, indem sie an die Rückgabe des Testaments die **Widerrufsfiktion** knüpft. Betroffen sind auch öffentliche Testamente, die vor dem 1.1.70 bei einem Richter errichtet wurden (§ 68 III BeurkG).

B. Rücknahme des öffentlichen Testaments. I. Rückgabe an den Erblasser. Der Erblasser kann jederzeit die Rückgabe verlangen (II 1). Sie ist Rechtsgeschäft unter Lebenden und nach hM gleichzeitig (wegen der Widerrufswirkung) Verfügung von Todes wegen (BGHZ 23, 211; BayObLGZ 73, 36; BayObLG NJW-RR 05, 957; aM Soergel/*Mayer* Rz 7; *Merle* AcP 171, 492, 508). Daher wird Testierfähigkeit vorausgesetzt. Gem § 2078 anfechten können die nach § 2080 Berechtigten, nicht dagegen der Erblasser (BayObLGZ 60, 494). Der Irrtum gem § 2078 muss sich auf die Rücknahme beziehen (BayObLG FamRZ 90, 1405).

Der Widerruf ist nur wirksam, wenn das Testament an den (testierfähigen) Erblasser persönlich zurückgegeben wird (II 2). Der Erblasser ist dabei über die Wirkung der Rückgabe zu belehren (I 2). Keinen Widerruf bewirkt die Rückgabe an einen bevollmächtigten Vertreter (hM, vgl BGH NJW 59, 2113; Saarbrücken NJW-RR 92, 586). Stellvertretung ist ausgeschlossen, weil die Rücknahme Verfügung von Todes wegen ist, und weil gewährleistet sein soll, dass der Erblasser die Rückgabe noch im Moment der Herausgabe will (BGH aaO).

Keine Rückgabe iSd I liegt in der unverlangten Aushändigung an den Erblasser oder in der bloßen Gewährung der Einsichtnahme bei Gericht, auch wenn das Testament dabei versehentlich zurückgegeben wird. Wenn der Erblasser das Testament heimlich oder gewaltsam wieder an sich bringt, sollte dies aufgrund des Normzwecks als Widerruf iSd I gelten (Staud/*Baumann* Rz 15).

5 **II. Widerrufswirkung.** Die Widerrufswirkung der Rücknahme tritt wegen der gesetzlichen Fiktion der Widerrufsabsicht unabhängig vom Willen des Erblassers ein (BayObLG FGPrax 05, 72). Sie gilt nur für die Rückgabe eines öffentlichen Testaments aus der besonderen amtlichen Verwahrung, nicht dagegen für die Rückgabe aus einfacher Verwahrung. Ein öffentliches Testament, das zugleich der Form des § 2247 entspricht, fällt nach hM (Erman/*M. Schmidt* Rz 5; Kipp/*Coing* § 31 II 3 Fn 18) nicht unter III, sondern ist mit der Rücknahme aufgehoben (differenzierend Staud/*Baumann* Rz 18 f). Auf Erbverträge, die nur Verfügungen von Todes wegen enthalten, ist § 2256 I entspr anwendbar (§ 2300 II). Der Widerruf kann nicht seinerseits widerrufen werden, etwa durch neuerliche besondere amtliche Verwahrung des zurückgegebenen Testaments oder spätere letztwillige Verfügung.

6 **C. Rückgabe anderer Testamente.** Ein eigenhändiges Testament kann aus der besonderen amtlichen Verwahrung zurückverlangt werden (III). Ein in analoger Anwendung des § 2248 hinterlegtes Dreizeugentestament (§§ 2250, 2251) kann ebenfalls analog zu § 2256 III wieder herausverlangt werden. Die Rückgabe hat in beiden Fällen keinen Einfluss auf die Wirksamkeit.

§ 2257 Widerruf des Widerrufs.
Wird der durch Testament erfolgte Widerruf einer letztwilligen Verfügung widerrufen, so ist im Zweifel die Verfügung wirksam, wie wenn sie nicht widerrufen worden wäre.

1 Der Widerruf eines Testaments kann seinerseits widerrufen werden, wenn er durch Testament erfolgt war (§ 2254), und zwar entweder ganz oder auch nur teilweise. Der Widerruf des Widerrufs ist letztwillige Verfügung und setzt daher Testierfähigkeit voraus. Er muss sich nach den in §§ 2254–2256, 2258 vorgesehenen Formen richten und kann gem §§ 2078 ff angefochten werden.

2 Nach der Auslegungsregel des § 2257 wird die Wirkung des früheren Widerrufs rückwirkend beseitigt (s.a. § 2258 II). Das ursprüngliche Testament tritt wieder so in Kraft, als sei es niemals widerrufen worden. Dies folgt aus einer Vermutung, die allerdings widerlegbar ist (BayObLG FamRZ 05, 559). Lässt sich ein entgegenstehender Wille des Erblassers feststellen, dann bleibt das frühere Testament widerrufen (Köln FamRZ 06, 731); es tritt dann die gesetzliche Erbfolge ein, sofern nicht in dem zweiten Widerruf eine neue Verfügung getroffen wurde (Soergel/*Mayer* Rz 7).

3 Wird der zweite Widerruf widerrufen, tritt die Wirkung des § 2257 hinsichtlich des ersten Widerrufs ein, so dass dieser wieder wirksam wird und das ursprüngliche Testament aufhebt.

4 War das Testament auf andere Weise widerrufen worden, also durch Vernichtung oder Veränderung der Urkunde in Widerrufsabsicht (§ 2255) oder Rücknahme aus besonderer amtlicher Verwahrung (§ 2256), so kommt ein Widerruf des Widerrufs nicht in Betracht. Ein in Widerrufsabsicht zerrissenes Testament wird also nicht allein dadurch wieder wirksam, dass es zusammengeklebt wird. Das betroffene Testament bleibt ungültig und muss ggf von neuem errichtet werden. Dafür kann es allerdings genügen, dass der Testator die wieder zusammengeklebte Urkunde in einen Umschlag steckt, diesen verschließt, darauf schreibt „Mein Testament" und dies unterzeichnet (Ddorf JZ 51, 309; Staud/*Baumann* Rz 7; aM Erman/*M. Schmidt* Rz 1).

§ 2258 Widerruf durch ein späteres Testament.
(1) Durch die Errichtung eines Testaments wird ein früheres Testament insoweit aufgehoben, als das spätere Testament mit dem früheren in Widerspruch steht.
(2) Wird das spätere Testament widerrufen, so ist im Zweifel das frühere Testament in gleicher Weise wirksam, wie wenn es nicht aufgehoben worden wäre.

1 **A. Allgemeines.** Ein später errichtetes Testament hebt das frühere insoweit auf, als es diesem widerspricht; iÜ gelten die Bestimmungen des früheren Testaments weiter (vgl Staud/*Baumann* Rz 14). Die Aufhebung erfolgt ggf kraft Gesetzes. Ein entspr Wille des Erblassers ist ebenso wenig erforderlich wie seine Kenntnis von der früheren Verfügung.

2 Der Erblasser soll jeweils den Errichtungszeitpunkt angeben (§ 2247 II), damit bei mehreren Testamenten die chronologische Aufeinanderfolge festgestellt werden kann. IÜ ist bei Ungewissheit über den Errichtungszeitpunkt jedes Beweismittel zur Klärung zulässig. Ist eine Klärung nicht möglich, gelten mehrere Testamente mit gleichem Datum als gleichzeitig errichtet (BaRoth/*Litzenburger* Rz 4). Dann ist I nicht anwendbar. Beide Testamente heben einander vielmehr, soweit sie sich inhaltlich widersprechen, auf (BayObLG FamRZ 05, 482; KG OLGZ 91, 147); soweit sie gleich lauten, gelten sie nebeneinander (BayObLG FamRZ 00, 1538). Gleiches gilt für mehrere undatierte Testamente. Ist ein Testament datiert, das andere undatiert, gilt im Zweifel das undatierte als das ältere (vgl § 2247 V). Bei gleich lautenden, aber nacheinander errichteten Testamenten bleibt grds (vgl aber Rn 3) auch das frühere wirksam. Das Erbrecht beruht dann auf jedem der Testamente (BayObLG FamRZ 89, 442).

3 **B. Regelungsgehalt. I. Inhaltlicher Widerspruch.** Ein Widerspruch (I) besteht grds dann, wenn mehrere letztwillige Verfügungen sachlich miteinander unvereinbar sind (BGH NJW 85, 969; vgl aber Rn 4). Dies ist im Wege des inhaltlichen Vergleichs beider Testamente zu ermitteln, der dafür zunächst durch **Testaments-**

auslegung (§§ 133, 2084) festzustellen ist. Ein Widerspruch kann sich auch dadurch ergeben, dass in einem späteren Testament eine frühere Verfügung weggelassen ist (Köln NJW-RR 92, 1419; BayObLGZ 91, 13). Bestimmt der Erblasser den zunächst zum Alleinerben Eingesetzten nachträglich zum Testamentsvollstrecker, so liegt darin ohne weiteres kein Widerruf (BayObLG FGPrax 05, 126).

Über das Bestehen eines Widerspruchs entscheidet letztlich der Erblasserwille. Daher kann sogar bei sachlicher Vereinbarkeit mehrerer Verfügungen ein Widerspruch vorliegen, wenn nämlich nach dem Willen des Erblassers allein die spätere Verfügung gelten soll. Dies kommt insb in Betracht, wenn der Erblasser mit dem späteren Testament die Erbfolge abschließend und umfassend regeln wollte, sei es insgesamt oder auch nur für einen bestimmten Teilbereich (BGH NJW 81, 2746; 85, 969; BayObLG NJW-RR 04, 1524). Dass der Erblasser an seine frühere Verfügung noch gedacht hat, ist nicht erforderlich (BayObLG FamRZ 89, 442). 4

II. Rechtsfolge. 1. Aufhebung. Die spätere Verfügung hebt die frühere nur insoweit auf, als ein Widerspruch besteht. So widerspricht die alleinige Erbeinsetzung des Ehegatten in einem notariellen Testament als bloße Wiederholung nicht einer früheren Erbeinsetzung durch privatschriftliches Testament, auch wenn nun noch Regelungen für den Fall des gleichzeitigen Versterbens oder des Längerlebens des Erblassers getroffen werden (BayObLG aaO). Die alleinige Erbeinsetzung eines Abkömmlings muss hinsichtlich seiner Berufung nicht einem früheren Erbvertrag widersprechen, in dem er auch eingesetzt war, wenngleich neben anderen (BayObLG Rpfleger 87, 60). 5

2. Unwirksamkeit und Unwirksamwerden des Widerrufs. Die Aufhebung wird nur durch ein Testament bewirkt, das zunächst gültig errichtet wird (KG DNotZ 56, 564). Bleibt das Testament dann aus tatsächlichen Gründen wirkungslos (BayObLG NJW-RR 96, 967), so bleibt es bei der Aufhebung der früheren Verfügungen (BaRoth/*Litzenburger* Rz 7). Dies ist etwa der Fall bei Tod oder Ausschlagung des Bedachten sowie bei Bedingungsausfall oder Verlust (KG JW 35, 3122). Wird das Testament dagegen rückwirkend unwirksam, etwa infolge Anfechtung oder Fristablaufs eines Nottestaments (§ 2252), so entfällt die Aufhebungswirkung. Auch der Widerruf des späteren Testaments beseitigt die Aufhebungswirkung (II) und stellt das frühere Testament wieder her. Allerdings ist II nur Auslegungsregel („im Zweifel"). Das frühere Testament wird daher nicht wiederhergestellt, wenn der Erblasser dies trotz des Widerrufs nicht will, also an der Aufhebung des früheren Testaments festhält (Hamm Rpfleger 83, 401). Will der Erblasser das frühere Testament nur teilweise wiederherstellen, bedarf es entspr neuer Verfügungen (*Klunzinger* DNotZ 74, 286 ff). Die Wirkungen eines Widerrufs gem § 2255 oder § 2256 können nicht aufgehoben werden. 6

§§ 2258a, 2258b – *weggefallen* –

§ 2259 Ablieferungspflicht. (1) Wer ein Testament, das nicht in besondere amtliche Verwahrung gebracht ist, im Besitz hat, ist verpflichtet, es unverzüglich, nachdem er von dem Tode des Erblassers Kenntnis erlangt hat, an das Nachlassgericht abzuliefern.
(2) ¹Befindet sich ein Testament bei einer anderen Behörde als einem Gericht in amtlicher Verwahrung, so ist es nach dem Tode des Erblassers an das Nachlassgericht abzuliefern. ²Das Nachlassgericht hat, wenn es von dem Testament Kenntnis erlangt, die Ablieferung zu veranlassen.

Die Ablieferungspflicht bezieht sich auf alle Urkunden, die nach Form oder Inhalt Testament sein können, also auch auf Schriftstücke mit zweifelhafter Testamentsqualität (BayObLG Rpfleger 84, 19). Es kommt nicht darauf an, ob sie offen oder verschlossen sind. Auch ungültig errichtete oder widerrufene Testamente müssen abgeliefert werden. Die Vorschrift gilt für einseitige Testamente ebenso wie für gemeinschaftliche. Nach BayObLG FamRZ 88, 659 soll sich die Ablieferungspflicht nicht auf eine Mehrzahl unbestimmter Schriftstücke beziehen, unter denen sich ein Testament befinden könnte (zust Staud/*Baumann* Rz 8); es ist allerdings zu beachten, dass die Möglichkeiten des Gerichts zu Ermittlungen gem § 26 FamFG nicht von vornherein beschnitten werden dürfen. Von der Ablieferungspflicht erfasst ist jeweils die Urschrift, und wenn es mehrere gibt, alle. Ist die Urschrift verloren, müssen jedenfalls beglaubigte Abschriften abgeliefert werden (Staud/*Baumann* Rz 9). Für einfache Kopien muss dies ausnahmsweise gelten, wenn sie zum Beweis des Inhalts einer nicht mehr vorhandenen Urschrift geeignet sind (MüKo/*Hagena* Rz 13). Die Verletzung der Ablieferungspflicht kann zu Schadensersatzansprüchen (§ 823; vgl Brandbg ZEV 08, 287), Erbunwürdigkeit (§ 2339 I Nr 4) sowie Strafbarkeit (§ 274 I Nr 1 StGB) führen. 1

Das Nachlassgericht kann die Ablieferung auf Antrag oder vAw verfügen oder betreiben (§ 35 FamFG; vgl BayObLG aaO). Teilweise wird vertreten, die „Beteiligten" könnten auf Herausgabe an das Nachlassgericht klagen (Soergel/*Mayer* Rz 14 mwN); dagegen ist einzuwenden, dass es für ein solches Verfahren schon an der Anspruchsqualität der Norm, jedenfalls aber am Rechtsschutzinteresse fehlt (Jauernig/*Stürner* Rz 2). 2

Ablieferungspflichtiger ist der unmittelbare Besitzer (vgl § 857) der Urkunde (BayObLG aaO), auch ggf der Mitbesitzer bzw die verwahrende Behörde (II). Darunter fällt auch der Notar; soweit jedoch in BaWü das Notariat selbst für die Eröffnung zuständig ist, besteht keine Ablieferungspflicht. 3

4 Die Eröffnung des Testaments durch das Nachlassgericht oder ein anderes Gericht, bei dem sich das Testament ggf in amtlicher Verwahrung befindet, erfolgt gem §§ 348-351 u 357 FamFG.

§§ 2260 bis 2262 – *weggefallen* –

§ 2263 Nichtigkeit eines Eröffnungsverbots. Eine Anordnung des Erblassers, durch die er verbietet, das Testament alsbald nach seinem Tode zu eröffnen, ist nichtig.

1 Ebenso wenig wie die Eröffnung des Testaments kann der Erblasser die Ablieferung, Benachrichtigung, Einsichtnahme sowie die Öffnung der Erblasserwohnung und ihrer Behältnisse wirksam verbieten. Dies gilt auch, wenn das Verbot nur für eine begrenzte Zeit gelten soll (MüKo/*Hagena* Rz 3). Die Vorschrift soll verhindern, dass der Erblasser einer zügigen Klärung der Erbfolge rechtliche Hindernisse bereitet.

2 Enthält das Testament derartige nichtige Bestimmungen, ist es iÜ im Zweifel wirksam (§ 2085). Hat der Erblasser allerdings jede Eröffnung des Testaments untersagt, kommt entweder ein Mangel der Ernstlichkeit (§ 118) oder ggf Nichtigkeit wegen Widerrufs (§§ 2253 ff) in Betracht (ebenso Soergel/*Mayer* Rz 3; Staud/*Baumann* Rz 4). Für die Auslegung können auch Umstände außerhalb des Testaments herangezogen werden (Erman/*M. Schmidt* Rz 1).

§§ 2263a bis 2264 – *weggefallen* –

Titel 8   Gemeinschaftliches Testament

§ 2265 Errichtung durch Ehegatten. Ein gemeinschaftliches Testament kann nur von Ehegatten errichtet werden.

1 **A. Allgemeines.** Das gemeinschaftliche Testament ermöglicht Ehegatten, ihrem typischerweise besonderen Bedürfnis nach gemeinsamer Bestimmung der Erbfolge Rechnung zu tragen. Im Unterschied zum Erbvertrag (§ 2276) kann das gemeinschaftliche Testament privatschriftlich errichtet werden, wobei § 2267 sogar ein **Formprivileg** vorsieht.

2 **B. Tatbestand. I. Ehepartner.** Ein gemeinschaftliches Testament kann nur von Partnern einer gültigen Ehe errichtet werden. Nichtverheiratete können nicht wirksam gemeinschaftlich testieren (vgl aber unten Rn 5); eine nachträgliche Eheschließung bewirkt nach zutreffender Ansicht keine Heilung (*Kanzleiter* FamRZ 01, 1198). Ausgeschlossen vom gemeinschaftlichen Testament sind insb auch Verlobte oder Partner einer nichtehelichen Lebensgemeinschaft (BVerfG NJW 89, 1986; *Diederichsen* NJW 83, 1020). Wollen sie eine dem gemeinschaftlichen Testament ähnliche Bindungswirkung erreichen, müssen sie einen Erbvertrag schließen.

3 **II. Testamentserrichtung.** Das gemeinschaftliche Testament von Ehegatten setzt voraus, dass dieselben ihre jeweiligen letztwilligen Verfügungen aufgrund gemeinsamen Entschlusses in einem Errichtungszusammenhang treffen. Es braucht sich nicht um eine einheitliche Urkunde zu handeln; entscheidend ist vielmehr der Wille beider Ehegatten, gemeinschaftlich ein Testament zu errichten. Dieser Wille ist nicht rechtsgeschäftlicher, sondern tatsächlicher Natur (Soergel/*Wolf* Rz 2). Mit Rücksicht auf die zur Auslegung überwiegend vertretene Andeutungstheorie (Soergel/*Wolf* vor § 2265 Rz 7 mwN) ist richtigerweise zu fordern, dass der Wille in irgendeiner Weise in der Testamentsurkunde Niederschlag gefunden hat (BGHZ 9, 115; BayObLG FamRZ 95, 1448; München ZEV 08, 485).

4 **C. Umdeutung.** Häufig versuchen Geschwister, Verlobte oder Partner einer nichtehelichen Lebensgemeinschaft aus Unkenntnis der Rechtslage gemeinsam zu testieren. Sofern die Voraussetzungen eines oder zweier Einzeltestamente erfüllt sind, kommt Umdeutung (§ 140) in Betracht (Ddorf FamRZ 97, 518; BayObLG Rpfleger 01, 426; *v Proff* ZErb 08, 254). Einseitige Verfügungen sind dann gültig (BGH NJW-RR 87, 1410; BayObLG FamRZ 93, 1370; LG Bonn NJW-RR 04, 10). Auch bei wechselbezüglichen Verfügungen kommt Umdeutung grds in Betracht (KG NJW 72, 2136; Frankf MDR 76, 667; FamRZ 79, 347; aM Hamm Rpfleger 96, 458; zum Ganzen *Kanzleiter* DNotZ 73, 133), sofern der einzelne Verfügende bei Kenntnis der Unwirksamkeit des gemeinschaftlichen Testaments eine gleichlautende einseitige letztwillige Verfügung getroffen hätte (vgl Staud/*Kanzleiter* Rz 11 f). Soweit der überlebende Teil gebunden sein sollte, ist eine Umdeutung ausgeschlossen, weil dieses Ergebnis durch Einzeltestamente nicht erreichbar ist (Jauernig/*Stürner* Rz 1).

5 **D. Einzelfragen.** Gem § 10 IV LPartG finden die §§ 2266-2272 für eingetragene Lebenspartner entspr Anwendung.

6 Vielen ausländischen Rechtsordnungen ist das gemeinschaftliche Testament unbekannt. In romanischen Kodifikationen ist es idR ausgeschlossen (vgl Art 589 ital CC; Art 968 fr CC), in Österreich zwar möglich, allerdings ohne Formerleichterung und grds ohne Bindungswirkung (§ 1248 ABGB). In Dänemark und

Schweden können nicht nur Ehegatten, sondern auch andere einander nahe stehende Personen ein gemeinschaftliches Testament errichten. Vgl *Edenfeld* ZEV 01, 461; *Lehmann* ZEV 07, 193. Bei einem nach dem DDR-ZGB zu beurteilenden Testament sind die Verfügungen der Ehegatten jeweils isoliert zu prüfen; eine Regelung entspr § 2270 gibt es nicht (Naumbg FamRZ 07, 1132).

§ 2266 Gemeinschaftliches Nottestament. Ein gemeinschaftliches Testament kann nach den §§ 2249, 2250 auch dann errichtet werden, wenn die dort vorgesehenen Voraussetzungen nur bei einem der Ehegatten vorliegen.

Ehegatten können auch dann ein gemeinschaftliches Nottestament gem § 2249 oder § 2250 errichten, wenn die dort bezeichneten Voraussetzungen nur bei einem Teil gegeben sind. Die Ehegatten müssen die Regelung nicht in Anspruch nehmen. Sowohl wenn sich nur ein Teil in einer tatbestandsmäßigen Lage befindet als auch wenn dies für beide zutrifft – so regelmäßig beim Absperrungstestament (§ 2250 I) sowie beim Seetestament (§ 2251) –, kann ein gemeinschaftliches Testament auch dadurch errichtet werden, dass ein Ehegatte seine Erklärungen in der Form und unter den Voraussetzungen der §§ 2250 I oder 2251 abgibt, der andere in ordentlicher Form (RGRK/*Johannsen* Rz 2). 1

Überleben beide Ehegatten die Frist des § 2252 I u II, dann gilt das Testament als nicht errichtet. Solange aber auch nur einer an der Errichtung eines ordentlichen öffentlichen Testaments gehindert ist, ist der Fristenlauf gehemmt (MüKo/*Musielak* Rz 5). Stirbt ein Ehegatte vor Fristablauf, bleibt das Testament dauerhaft wirksam; dies gilt also auch beim Tod des in der Notlage befindlichen Teils. Die wechselbezüglichen Verfügungen des überlebenden Ehegatten sind gem § 2271 bindend. Nach hM (so Soergel/*Wolf* Rz 3; MüKo/*Musielak* Rz 4) bleiben auch seine einseitigen Verfügungen wirksam (aM Staud/*Kanzleiter* Rz 5). 2

§ 2267 Gemeinschaftliches eigenhändiges Testament. ¹Zur Errichtung eines gemeinschaftlichen Testaments nach § 2247 genügt es, wenn einer der Ehegatten das Testament in der dort vorgeschriebenen Form errichtet und der andere Ehegatte die gemeinschaftliche Erklärung eigenhändig mitunterzeichnet. ²Der mitunterzeichnende Ehegatte soll hierbei angeben, zu welcher Zeit (Tag, Monat und Jahr) und an welchem Orte er seine Unterschrift beigefügt hat.

A. Allgemeines. Errichten Ehegatten ein eigenhändiges gemeinschaftliches Testament, dann gewährt ihnen das Gesetz ein **Formprivileg**, das die Gültigkeit der Verfügungen unter erleichterten Voraussetzungen ermöglicht. Das Formprivileg kann gleichzeitig Schwierigkeiten bei der Auslegung nach dem Willen desjenigen Ehegatten mit sich bringen, der den Text nicht selbst niedergeschrieben hat. Außerdem besteht die Gefahr, dass ein Ehegatte den anderen bei der Abfassung des Testaments übervorteilt (vgl Lange/*Kuchinke* § 24 I 1 b). 1

B. Tatbestand. I. Objektive Merkmale. Die Formerleichterung besteht insoweit, als nur ein Ehegatte die Verfügungen beider niederschreiben muss, die dann beide unterzeichnen (vgl Hamm OLGZ 72, 143). Der Mitunterzeichnende kann auch zu einem späteren Zeitpunkt unterzeichnen, aber nicht mehr nach dem Tod seines Ehegatten. Eine besondere Beitrittserklärung ist nicht nötig; steht die Beziehung zur Haupterklärung fest, kann sie sich auch auf einem unterzeichneten besonderen Blatt befinden (BayObLGZ 93, 243). Auf die Reihenfolge der Unterschriften kommt es nicht an (Staud/*Kanzleiter* Rz 15 mwN). Beide Unterschriften müssen so angebracht sein, dass sie den gesamten Text der Verfügungen abschließen. Entspr müssen Nachträge zum Ursprungstext durch die ursprüngliche Unterschrift beider Ehegatten gedeckt sein. Es genügt dann, wenn der eine Ehegatte sie mit Billigung des anderen beifügt. Deckt die ursprüngliche Unterschrift die Nachträge nicht, dann müssen beide Ehegatten sie gesondert unterschreiben (RGRK/*Johannsen* Rz 14). 2

Leistet ein Ehegatte eine **Blankounterschrift**, bevor der andere den Text der Verfügungen darüber setzt, ist § 2267 nicht erfüllt. Entspricht indessen die Testamentsurkunde nach ihrem äußerlichen Bild einem formgerechten gemeinschaftlichen Testament, dann folgt daraus eine tatsächliche Vermutung, dass die gesetzlich vorgeschriebene Reihenfolge eingehalten wurde (Hamm OLGZ 93, 146). 3

Ehegatten müssen die Formerleichterung des 1 bei der Errichtung eines gemeinschaftlichen Testaments nicht in Anspruch nehmen. Legt jeder seine jeweils eigenen Verfügungen eigenhändig nieder und unterschreiben jeweils beide, dann ergibt sich daraus der Errichtungszusammenhang. IÜ genügt nicht, dass Ehegatten am selben Tag und Ort zwei Urkunden errichten, die im Wesentlichen gleich lauten (stRspr; vgl BGHZ 9, 113). Unterschreibt also jeder nur seine eigenen Verfügungen, dann muss sich, soll es sich um ein gemeinschaftliches Testament handeln, der Errichtungszusammenhang anderweitig ergeben. Dies ist zB dann der Fall, wenn jeder Ehegatte seine Verfügungen am selben Tag auf demselben Bogen niedergeschrieben hat und deren Text bis auf den Namen der jeweils eingesetzten Erben wörtlich übereinstimmt (Zweibr FGPrax 00, 244). 4

II. Verfügungswille des Mitunterzeichnenden. Der Mitunterzeichnende muss die Erklärungen als eigene letztwillige Verfügungen gewollt haben. Dies kann idR angenommen werden, wenn die Verfügungen in Wir-Form gehalten sind und auf gemeinsame Interessen beider Teile Rücksicht nehmen. Die Auslegung kann aber auch ergeben, dass der Mitunterzeichnende mit seiner Unterschrift lediglich zum Ausdruck bringen wollte, 5 dass er die Verfügungen des anderen Ehegatten zur Kenntnis nehme und billige (vgl BayObLGZ 59, 207). Sind verschiedene plausible Erklärungen für die Mitunterzeichnung denkbar, dann muss sich das Nachlassgericht für die nach Wortlaut und Umständen näher liegende Deutung entscheiden (BayObLG FGPrax 04, 34).

6 **III. Zeit- und Ortsangabe.** Der Mitunterzeichnende soll Zeit und Ort seiner Unterschriftsleistung angeben (2). Dadurch sollen ggf die Rechtsfolgen von § 2247 V vermieden werden; iÜ ist das Fehlen der Angaben unschädlich.

7 **IV. Umdeutung.** Ist die von einem Ehegatten handschriftlich verfasste und unterschriebene gemeinschaftliche Erklärung vom anderen nicht unterschrieben worden, dann ist sie als gemeinschaftliches Testament formunwirksam. Das Schriftstück kann aber uU als eigenhändiges Testament des Verfassers gem § 2247 aufrechterhalten werden, wenn dieser seine Erklärung vollständig abgegeben hat und wollte, dass seine Verfügung ggf auch unabhängig von dem Beitritt des anderen gelten sollte. Bei dieser Ermittlung ist § 2084 unanwendbar (BayObLG FamRZ 92, 355). Waren wechselbezügliche Verfügungen (§ 2270 I) oder die Einsetzung eines Schlusserben (§ 2269) gewollt, kommt eine Umdeutung regelmäßig nicht in Betracht (BGH NJW-RR 87, 1410; BayObLG NJW-RR 00, 1534; Frankf FGPrax 98, 145).

§ 2268 Wirkung der Ehenichtigkeit oder -auflösung.
(1) Ein gemeinschaftliches Testament ist in den Fällen des § 2077 seinem ganzen Inhalt nach unwirksam.
(2) Wird die Ehe vor dem Tode eines der Ehegatten aufgelöst oder liegen die Voraussetzungen des § 2077 Abs. 1 Satz 2 oder 3 vor, so bleiben die Verfügungen insoweit wirksam, als anzunehmen ist, dass sie auch für diesen Fall getroffen sein würden.

1 Grundlage für das gemeinschaftliche Testament ist insofern die Ehe, als die Ehepartner bei der Errichtung eines gemeinschaftlichen Testaments in aller Regel vom Bestand ihrer Ehe bis zum Tode ausgehen. Wird die Ehe nun vor dem Tod eines der Ehegatten aufgelöst oder für nichtig erklärt, dann beeinträchtigt dies die Wirksamkeit des Testaments. Nach der Lebenserfahrung ist nämlich anzunehmen, dass sie nicht gemeinschaftlich testiert hätten, wenn sie das Scheitern ihrer Ehe vorausgesehen hätten, und dass sie die Fortgeltung des Testaments nach Auflösung ihrer Ehe idR nicht wollen. Dies gilt entgegen dem Wortlaut des § 2077 unabhängig davon, ob das Testament überhaupt Verfügungen zugunsten der Ehegatten enthält (MüKo/*Musielak* Rz 5). Die Regel des I, nach der die volle Unwirksamkeit eintritt, betrifft nur die nichtige Ehe. Wird die Ehe nämlich geschieden oder erweist sie sich als scheidbar oder aufhebbar, besteht uU Raum für den Beweis, dass der Testierwille gleichwohl fortbesteht (II).

2 Schließen die geschiedenen Ehegatten erneut die Ehe, dann wird das gemeinschaftliche Testament nicht schon allein dadurch wieder wirksam (KG FamRZ 68, 218; BayObLG NJW 96, 133). AM Jauernig/*Stürner* Rz 1, nach dem das Testament in diesem Fall wirksam geblieben sein soll. Das BayObLG aaO leitet dasselbe Ergebnis aus dem hypothetischen Willen der Ehegatten her, dass das Testament ununterbrochen habe weiter gelten sollen. Dazu müsste sich allerdings für den Zeitpunkt der Testamentserrichtung ein dahingehender hypothetischer Wille erkennen lassen, dass das Testament bei einer späteren **Scheidung** fortgelten solle.

3 Der Wille, dass die Verfügungen trotz Auflösung der Ehe fortgelten sollen, wird sich bei einseitigen Verfügungen eher feststellen lassen als bei gegenseitigen (vgl Hamm NJW-RR 92, 331). Bei wechselbezüglichen Verfügungen kann sich der Aufrechterhaltungswille uU aus der Person des Bedachten ergeben, wenn nämlich zB gemeinschaftliche Abkömmlinge bedacht sind (BayObLG NJW-RR 93, 1158). Liegt dieser Wille vor, dann soll die Bindungswirkung der Verfügungen (§§ 2270, 2271) nach BGHZ 160, 37 über den Bestand der Ehe hinaus wirken, weil es an einer gesetzlichen Einschränkung der Bindungswirkung fehle (zust *Musielak* LMK 04, 208 sowie i Erg *Keim* ZEV 04, 425; *Waldner* BGH-Report 04, 1422; *Schlitt* ZEV 05, 98; *Müller* Rpfleger 05, 493). Die Vorinstanz (KG FamRB 04, 16) war mit *Muscheler* (DNotZ 94, 741-744, zust *Kanzleiter* ZEV 05, 181) davon ausgegangen, dass die Bindungswirkung wechselbezüglicher Verfügungen mit der Ehe notwendig endete. Vorzugswürdig erscheint es, auch im Falle, dass die Fortgeltung der Verfügungen gewollt ist, gesondert zu prüfen, ob dies auch für die Wechselbezüglichkeit gilt (vgl LG München I ZEV 08, 537m zust Anm *Hägele*), so dass uU ein Widerruf durch neue Verfügung möglich ist. Die Verfügungen sollten allerdings jedenfalls dann einseitig unaufhebbar bleiben, wenn die Ehegatten es so gewollt haben (vgl BayObLG NJW 96, 134). Dafür spricht nämlich, dass die Wechselbezüglichkeit von Anfang an vom Willen der Parteien abhängt (vgl § 2270 II; Lange/*Kuchinke* § 24 I 6).

§ 2269 Gegenseitige Einsetzung.
(1) Haben die Ehegatten in einem gemeinschaftlichen Testament, durch das sie sich gegenseitig als Erben einsetzen, bestimmt, dass nach dem Tode des Überlebenden der beiderseitige Nachlass an einen Dritten fallen soll, so ist im Zweifel anzunehmen, dass der Dritte für den gesamten Nachlass als Erbe des zuletzt versterbenden Ehegatten eingesetzt ist.
(2) *Haben die Ehegatten in einem solchen Testament ein Vermächtnis angeordnet, das nach dem Tode des Überlebenden erfüllt werden soll, so ist im Zweifel anzunehmen, dass das Vermächtnis dem Bedachten erst mit dem Tode des Überlebenden anfallen soll.*

A. Allgemeines. Im gemeinschaftlichen Testament verfügen Ehegatten oftmals, dass der Nachlass des Erst- 1
versterbenden zunächst an den überlebenden Teil und dann an einen Dritten, etwa ein Kind, fallen soll.
Zweifelhaft kann dabei sein, welches Regelungsmodell die Erblasser wollten: So kann der überlebende Ehegatte als Vorerbe und der Dritte als Nacherbe (§ 2100) eingesetzt sein, so dass der Dritte als Erbe des Zweit-
und Nacherbe des Erstverstorbenen zwei getrennte Nachlässe erhält (sog Trennungslösung). Auch ist möglich, dass der überlebende Ehegatte Vollerbe werden und das vereinigte Vermögen beider Ehegatten später an
den Dritten als Schlusserben gehen soll (sog Einheitslösung; vgl BayObLG NJW-RR 91, 968). Schließlich
kommt auch in Betracht, dass der Dritte den Erstverstorbenden sogleich beerben, der überlebende Ehegatte
aber ein Nießbrauchsvermächtnis am Nachlass bekommen soll.

B. Voll- und Schlusserbeneinsetzung. I. Auslegungsregel des Abs 1. I enthält eine Auslegungsregel 2
(BGH WM 73, 41; BayObLG NJW-RR 92, 201). Sie gibt der Vollerbeneinsetzung des überlebenden Ehegatten
den Vorzug; der Dritte ist Schlusserbe (sog Berliner Testament). Die Regel gründet sich auf den Erfahrungssatz, dass Ehegatten ihr Vermögen im Zweifel über den Tod hinaus als Einheit erhalten wollen (Prot V, 406;
RGZ 113, 240; BayObLGZ 66, 417; FamRZ 96, 1503; Ddorf FamRZ 96, 1568).

1. Voraussetzungen der Auslegungsregel. Die Ehegatten müssen einander gegenseitig zu Erben eingesetzt 3
haben. Dies muss nicht wechselbezüglich gem § 2270 erfolgt sein. Ist ein Dritter als Miterbe eingesetzt, findet
§ 2269 keine Anwendung; die Ehegatten wollen dann offenbar nicht, wie § 2269 es voraussetzt (s. Rn 2), ihr
Vermögen als Einheit erhalten.
Ist die Erbeinsetzung des Dritten nicht ausdrücklich verfügt, kann sie sich ggf im Wege der Auslegung erge- 4
ben. Sollen aufgrund einer Strafklausel beiderseits pflichtteilsberechtigte Abkömmlinge vom letztverstorben-
den Ehegatten nur den Pflichtteil bekommen, falls sie ihn vom Erstversterbenden verlangen (Jastrowsche o
Pflichtteilsstrafklausel), dann kommt die Einsetzung dieser Abkömmlinge als Schlusserben in Betracht
(BayObLGZ 59, 203; 60, 219; Frankf FGPrax 01, 246; Saarb NJW-RR 94, 844 gegen 92, 841), ist allerdings
nicht zwingend (Karlsr FamRZ 06, 1303; Hamm FamRZ 04, 2000; Celle MDR 03, 814; restriktiv *Fischer* ZEV
05, 189). Gleiches gilt, wenn die Abkömmlinge nach fortgesetzter Gütergemeinschaft (§ 1483) den Nachlass
teilen sollen (BayObLGZ 86, 246).
Die Regel findet nur Anwendung, wenn Zweifel am Erblasserwillen bestehen, die sich auch durch Ausle- 5
gung nicht klären lassen (BGHZ 22, 366; BayObLG NJW-RR 92, 201; Ddorf FamRZ 96, 1568). Auf einen
entgegenstehenden Willen kann uU die verwendete Terminologie hindeuten. Dies kommt etwa in Betracht,
wenn im öffentlichen Testament die Ausdrücke „Vorerbe" sowie „Nacherbe" verwendet werden (vgl Staud/
Avenarius § 2100 Rz 16). Wenn die Eheleute einander allerdings im eigenhändigen Testament zu „Vorerben" eingesetzt haben, während beiderseitige Verwandte oder Abkömmlinge „Nacherben" sein sollen, kann
gleichwohl zweifelhaft sein, ob Nacherbschaft gewollt ist (BGH NJW 83, 278 m Anm *Stürner* JZ 83, 149;
Ddorf aaO m Anm *Leipold*; s. aber BayObLG NJW-RR 92, 201). Ist ein Ehegatte vermögenslos, dann
spricht dies nicht zwingend dafür, dass er im Falle seines Überlebens durch Nacherbeneinsetzung
beschränkt sein soll (BGH NJW 83, 278; BayObLG NJW 66, 1223), falls nicht der Wille des vermögenden
Teils ersichtlich ist, den Überlebenden in der Verfügungsbefugnis zu beschränken (*Stürner* JZ 83, 149). Hat
ein Ehegatte im Hinblick auf ein ihm allein gehörendes Grundstück Anordnungen für den zweiten Erbfall
getroffen, dann kann Nacherbeneinsetzung gewollt sein (BayObLG FamRZ 96, 1503). Wenden Ehegatten
bei Gütergemeinschaft den Abkömmlingen Gegenstände aus dem Gesamtgut zu, ist kein Fall des § 2269
gegeben (BayObLG FamRZ 88, 542).
Die Erbeinsetzung für den Fall gleichzeitigen Versterbens beider Ehegatten („**Katastrophenklausel**") ist der 6
Auslegung zugänglich (vgl *Keim* ZEV 05, 11). Die Regelung muss also nicht auf den Fall des Versterbens im
selben Augenblick beschränkt sein, sondern gilt uU auch für den Fall, dass die Ehegatten innerhalb eines kürzeren Zeitraums (Ddorf FamRZ 04, 1754) nacheinander sterben und der zunächst Überlebende nach dem
Tod des Erstverstorbenden praktisch keine Möglichkeit mehr hat, ein Testament zu errichten (BayObLG ZEV
04, 201 m Anm *Kasper*). Unter diesen Voraussetzungen liegt kein Fall des § 2269 vor. Für die Auslegung von
Verfügungen, die sinngemäß den Fall des Versterbens in engem Zusammenhang voraussetzen, vgl Stuttg
FamRZ 94, 852; BayObLGZ 79, 432; Rpfleger 83, 402: „nach unserem Ableben"; Frankf FGPrax 98, 110:
„Sollten wir zugleich versterben"; KG FamRZ 06, 511; BayObLG FGPrax 00, 70; 150; sehr weit gehend nun
München 30.7.08, AZ 31 Wx 29/08.

2. Rechtsstellung des Schlusserben. Der Schlusserbe erwirbt nach dem ersten Erbfall eine Anwartschaft 7
auf den Erwerb (BGH 6.5.54, AZ IV ZR 217/53). Es handelt sich lediglich um eine rechtlich begründete
Aussicht, kein Anwartschaftsrecht, das durch § 823 II geschützt wäre (Staud/*Kanzleiter* Rz 14). Ihm steht
im Falle einer Anfechtung des Testaments durch den überlebenden Ehegatten oder einer Verfügung desselben entgegen § 2271 II die Feststellungsklage zur Verfügung (vgl BGHZ 37, 333; MüKo/*Musielak* Rz 39).
Er kann aber nicht gem § 311b IV u V über die Anwartschaft verfügen (vgl BGHZ 37, 323 zu § 312 aF).
Die Anwartschaft ist nicht vererblich; unter den Voraussetzungen des § 2069 treten allerdings die
Abkömmlinge des Schlusserben ein. Stammt der ausgefallene Schlusserbe nur vom erstverstorbenen Ehe-
gatten ab (BGH NJW-RR 01, 1154), kann die Auslegung ergeben, dass die Abkömmlinge eingesetzt sind.

Ausschlagen kann der Schlusserbe erst nach dem zweiten Erbfall, weil er nur den letztversterbenden Ehegatten beerbt (BGH NJW 98, 543; aM die Vorinstanz Ddorf FamRZ 96, 1569 m krit Anm *Leipold*).

8 Ist der Schlusserbe pflichtteilsberechtigt, so kann er bereits nach dem ersten Erbfall seinen Pflichtteil verlangen; § 2306 I 2 findet keine Anwendung. Um den überlebenden Ehegatten vor dem Pflichtteilsverlangen zu schützen, kann in das Testament eine Klausel aufgenommen werden, die den Schlusserben, falls er seinen Pflichtteil fordert, auch nach dem Letztversterbenden auf den Pflichtteil beschränkt (s.o. Rn 4; vgl Zweibr FamRZ 99, 469). Der Bedingungseintritt kann auch nach dem Tod des Letztversterbenden, nach Annahme der Schlusserbschaft und nach Verjährung des Pflichtteilsanspruchs nach dem Erstverstorbenen herbeigeführt werden (BGH ZEV 06, 501). Stundet der Schlusserbe dem überlebenden Elternteil die Zahlung des Pflichtteils hochverzinslich und durch Grundschuld gesichert, kann darin ein Verlangen des Pflichtteils iSd Strafklausel liegen (München FGPrax 06, 123). Bei der Berechnung beider Pflichtteilsansprüche wird das Vermögen des erstversterbenden Ehegatten allerdings zweimal zugrundegelegt. Ein Ausgleich zugunsten der übrigen Abkömmlinge kann bewirkt werden, indem diesen ggf ein bis zum Schlusserbfall gestundetes Vermächtnis am ersten Nachlass ausgesetzt wird. Die infolge Verstoßes gegen eine Pflichtteilsstrafklausel weggefallene Schlusserbeneinsetzung kann nicht durch Zurückzahlung des Pflichtteils wiederhergestellt werden, weil die durch den Eintritt der Bedingung ausgelöste Rechtswirkung nicht wieder beseitigt werden kann (BayObLG ZEV 04, 204 m krit Anm *Ivo*).

9 **II. Einzelne Fragen. 1. Wiederverheiratungsklausel.** Ist für den Fall der **Wiederverheiratung** des überlebenden Teils verfügt, dass der Nachlass an die Abkömmlinge fallen soll, dann ist bedingte Nacherbschaft angeordnet (RGZ 156, 181; BGH NJW 83, 278). Der Ehegatte ist nach Rspr (BGHZ 96, 204) und hM (Staud/*Avenarius* § 2100 Rz 33 mwN; aM MüKo/*Musielak* Rz 54) auflösend bedingter Vollerbe und aufschiebend bedingter Vorerbe. Hier ist regelmäßig Befreiung gem § 2136 gewollt (BGH FamRZ 61, 276; Staud/*Avenarius* § 2136 Rz 22). Obgleich der Überlebende vorläufig Vollerbe ist, kann er über den Nachlass nicht frei verfügen, weil ihn bei Eintritt der Bedingung rückwirkend diejenigen Verfügungsbeschränkungen treffen, von denen er nicht befreit werden kann (BGHZ 96, 203). Die **Bindungswirkung** des Überlebenden an seine letztwilligen Verfügungen entfällt bei Wiederverheiratung, weil die Wechselbezüglichkeit (§ 2270) nicht mehr gegeben ist (offengelassen bei BGH FamRZ 85, 1124 mwN). Die Erbeinsetzung der gemeinsamen Abkömmlinge wird im Zweifel auch ohne Widerruf gegenstandslos sein und der gesetzlichen Erbfolge weichen (BayObLG NJW-RR 02, 367; Hamm FamRZ 95, 251).

10 Wird den Abkömmlingen für den Fall der Wiederverheiratung ein Vermächtnis – uU in Höhe der gesetzlichen Erbteile – zugewendet, bleibt die Vollerbenstellung des überlebenden Ehegatten unberührt. Im Zweifel erhält der Überlebende auch bei dieser Gestaltung die volle Testierfreiheit zurück (Köln FamRZ 76, 552).

11 **2. Erbschaftsteuerliche Gesichtspunkte.** Die gegenseitige Einsetzung zum Alleinerben führt ggf dazu, dass Erbschaftsteuerfreibeträge nicht voll ausgenutzt werden können. Nachteilig kann sich auch auswirken, dass das Vermögen des Erstverstorbenen nach seinem Eingang in das Vermögen des Letztverstorbenen beim Erwerb durch den Schlusserben ein zweites Mal versteuert werden muss; vgl aber § 15 III ErbStG (Jauernig/*Stürner* Rz 9).

12 **III. Zeitpunkt des Vermächtnisanfalls.** Gem II soll ein Vermächtnis, das erst nach dem Tod des längerlebenden Ehegatten erfüllt werden soll, im Zweifel erst zu diesem Zeitpunkt anfallen. Diese Auslegungsregel gilt, wenn kein entgegenstehender Erblasserwille feststeht (BGH NJW 83, 278 m Anm *Stürner* JZ 83, 149), und richtet sich gegen die Annahme einer bloßen Stundung der Vermächtnisforderung (vgl RGZ 95, 14). Gem § 2160 muss der Legatar also den Tod des längerlebenden Ehegatten erleben.

§ 2270 Wechselbezügliche Verfügungen.

(1) Haben die Ehegatten in einem gemeinschaftlichen Testamente Verfügungen getroffen, von denen anzunehmen ist, dass die Verfügung des einen nicht ohne die Verfügung des anderen getroffen sein würde, so hat die Nichtigkeit oder der Widerruf der einen Verfügung die Unwirksamkeit der anderen zur Folge.
(2) Ein solches Verhältnis der Verfügungen zueinander ist im Zweifel anzunehmen, wenn sich die Ehegatten gegenseitig bedenken oder wenn dem einen Ehegatten von dem anderen eine Zuwendung gemacht und für den Fall des Überlebens des Bedachten eine Verfügung zugunsten einer Person getroffen wird, die mit dem anderen Ehegatten verwandt ist oder ihm sonst nahe steht.
(3) Auf andere Verfügungen als Erbeinsetzungen, Vermächtnisse oder Auflagen findet die Vorschrift des Absatzes 1 keine Anwendung.

1 **A. Begriff.** Letztwillige Verfügungen im gemeinschaftlichen Testament der Ehegatten sind gem I wechselbezüglich, wenn ein „Zusammenhang des Motivs" besteht (Prot V, 451; RGRK/*Johannsen* Rz 1) und eine Verfügung *mit der anderen "stehen und fallen"* soll (RGZ 116, 149; sog testamentum correspectivum). Davon zu unterscheiden ist der Fall, dass sich die Ehegatten zwar gegenseitig oder mit Rücksicht auf den jeweils anderen einen Dritten bedenken, ohne allerdings die Wechselbezüglichkeit zu wollen (sog *testamentum reciprocum*). Die Wechselbezüglichkeit kann stillschweigend angeordnet sein (BayObLG FamRZ 93, 367). Ob sie jeweils gewollt ist, muss die Auslegung der Verfügungen ergeben, wobei dies für jede einzelne Verfügung des Testaments gesondert zu prüfen ist (BGH NJW-RR 87, 1410; BayObLG FamRZ 99, 1539; Frankf FGPrax 97, 189), ggf sogar für Teile davon. Dass Verfügungen in der Wir-Form gehalten sind, genügt i Zw nicht (München 10.12.08, AZ 20 U 2303/08). Es kommt auch zunächst nicht darauf an, ob sich die Ehegatten wechselseitig bedenken (BayObLG NJW-RR 91, 1289) oder mit einem eingesetzten Dritten verwandt oder verschwägert sind (BayObLG NJW-RR 92, 1224); dies fällt erst für die Auslegungsregel des II ins Gewicht. Die Auslegung setzt regelmäßig eine Klärung des genauen Inhalts der Verfügung voraus (LM Nr 2). Die Ehegatten können frei darüber bestimmen, ob und in welchem Maße ihre Verfügungen wechselbezüglich sein sollen (BGHZ 30, 266). Sie können daher auch eine bloß einseitige Abhängigkeit einer Verfügung vorsehen. Die Wechselbezüglichkeit kann ggf auch durch Ergänzung eines früheren Erbvertrags oder gemeinschaftlichen Testaments hergestellt werden (BayObLGZ 87, 27; BayObLG FamRZ 99, 1540; DNotZ 94, 794 m Anm *Musielak*).

B. Auslegungsregel. I. Wechselbezügliche Verfügungen. Die Auslegungsregel des II greift ein, wenn zweifelhaft bleibt, ob Wechselbezüglichkeit oder Unabhängigkeit gewollt ist (BGH NJW-RR 87, 1411; Hamm FamRZ 07, 680; BayObLG FamRZ 97, 1242; Hamm NJWE-FER 01, 157). Um die Zweifel zu beseitigen, können zunächst nach den Grundsätzen der Andeutungstheorie außerhalb der Urkunde liegende Umstände berücksichtigt werden. Dazu gehören ggf Vermögenslosigkeit eines Teils (BayObLG FamRZ 84, 1155 bei Schlusserbeneinsetzung, einschr Hamm NJW-RR 95, 777, wenn Vermögen gemeinsam erarbeitet wurde; ähnl BayObLG FamRZ 95, 253; Brandbg FamRZ 99, 1543), Zuwendungen während der Ehe, Dankesschuld, Äußerungen des überlebenden Ehegatten (BayObLG Rpfleger 82, 286). Soll der überlebende Ehegatte die freie Verfügungsbefugnis über seinen Nachlass behalten, so kann dies gegen die Wechselbezüglichkeit sprechen (BGH FamRZ 56, 84; BayObLGZ 87, 28), muss es aber nicht (BGH NJW 87, 901). Denn uU legen Ehegatten, die einander für die Zeit nach dem Tod des einen von ihnen freie Hand lassen wollen, für die Zeit vorher Wert darauf, von einer Testamentsänderung des anderen unterrichtet zu werden (§ 2271 I; vgl BGH NJW 64, 2056; Stuttg NJW-RR 86, 632). 2

Die Auslegungsregel lässt Wechselbezüglichkeit annehmen, wenn der Inhalt des Testaments entweder in wechselseitiger Begünstigung der Ehegatten besteht (Erbeinsetzung, Vermächtnis, Auflage) oder in der Berücksichtigung eines Verwandten oder Nahestehenden des vorversterbenden Ehegatten als Schlusserbe nach dem überlebenden Teil. 3

Sind Verwandte beider Ehegatten als Schlusserben eingesetzt, besteht Wechselbezüglichkeit zwischen den Erbeinsetzungen der Ehegatten selbst und zwischen der Erbeinsetzung des Überlebenden einerseits und der Erbeinsetzung der Verwandten des Erstverstorbenen andererseits (Stuttg NJW-RR 92, 516; BayObLG NJW-RR 92, 1224; FamRZ 97, 1241). Die Erbeinsetzung der Verwandten des Überlebenden ist dagegen nicht ohne weiteres von der Wechselbezüglichkeit erfasst (LM Nr 2; BayObLG FamRZ 84, 1155; 85, 1289; Frankf FGPrax 97, 189); der Überlebende kann daher insoweit im Zweifel neu verfügen (Brandbg FamRZ 99, 1543). Die Erbeinsetzung gemeinsamer Kinder erfolgt regelmäßig wechselbezüglich (Hamm Rpfleger 02, 151, abw BayObLG ZEV 96, 189, krit dazu *Leipold* JZ 98, 709). Dies gilt besonders, wenn die jeweilige Verfügung mit einer **Wiederverheiratungsklausel** (BGH NJW 02, 1126) oder mit einem beiderseitigen Erb- und Pflichtteilsverzicht der Ehegatten einhergeht (Hamm Rpfleger 01, 72). Auch Adoptivkinder sind Verwandte (KG FamRZ 83, 98). Ob Schwägerschaft oder bewährte Freundschaft die Eigenschaft als „nahestehende" Person begründet, ist jeweils im Einzelfall zu entscheiden; dabei ist Zurückhaltung geboten (München MittBayNot 08, 229; BayObLG FamRZ 91, 1234; KG FamRZ 93, 1252; *Kobl* ZErb 07, 282). Bei Zuwendungen an juristische Personen kann die Auslegungsregel des II nicht angewendet werden; die Wechselbezüglichkeit kann nur ggf durch Auslegung ermittelt werden (Staud/*Kanzleiter* Rz 31). Bestimmen Eheleute mit gemeinsamen Abkömmlingen für jeden Fall gesetzliche Erbfolge, so kann darin eine wechselseitige Verfügung gesehen werden (vgl Stuttg FamRZ 77, 274). Auch eine **Pflichtteilsstrafklausel** ggü den gemeinschaftlichen Kindern der Ehegatten kann uU auf eine bindende Schlusserbeneinsetzung hindeuten. 4

Tritt an die Stelle des in einem gemeinschaftlichen Testament durch wechselbezügliche Verfügung eingesetzten Schlusserben nach dessen Tod ein Ersatzerbe, dann ist dessen Einsetzung nach § 2270 II nur als wechselbezüglich anzusehen, wenn sich dem gemeinschaftlichen Testament zumindest durch ergänzende Auslegung der Wille der Testierenden zu dessen Berufung entnehmen lässt. Beruht die Berufung des Ersatzerben dagegen ausschl auf der Auslegungsregel des § 2069, dann greift § 2270 II nicht ein, weil dieser eine *Verfügung* zugunsten einer verwandten oder sonst nahe stehenden erson voraussetzt (BGHZ 149, 368; BayObLG ZEV 04, 245 m Anm *Keim*). Entsprechendes gilt, wenn die Ersatzerbfolge durch Verzicht (§ 2352) ausgelöst wird (München FGPrax 07, 88). Zur Frage der Übertragbarkeit dieser Rspr auf Fälle des § 2102 I vgl Hamm FGPrax 05, 76. 5

II. Arten der wechselbezüglichen Verfügung. Wechselbezüglich können nur Erbeinsetzung, Vermächtnis und Auflage sein (III). Nicht möglich ist dies b anderen Verfügungen wie etwa Erbverzicht (BGHZ 30, 265), Pflichtteilsentziehung, Teilungsanordnung (BGZ 82, 277; BayObLG FamRZ 88, 661), Testamentsvollstreckerernennung (KG OLGZ 77, 391; Hamm ZE01, 272) und Enterbung (BayObLG NJW-RR 92, 1356). Hier können die Ehegatten allenfalls durch Formierung geeigneter Bedingungen ein vergleichbares Ergebnis bewirken. IÜ kommt hier ggf die Anfechtbark gem § 2078 II in Betracht. 6

7 **III. Wirkung der Wechselbezüglichkeit.** Wird eine der wechselbezüglichen Verfügungen widerrufen oder (zB infolge Anfechtung) nichtig, dann wird auch die korrespondierende Verfügung unwirksam. Ein Widerruf kann zB in der Aufhebung einer wechselbezüglichen Verfügung nach Erbausschlagung (§ 2271 II 1) liegen (BGH 24.9.08, AZ IV ZR 26/08). Nicht wechselbezügliche Verfügungen können dann gem § 2085 gleichfalls unwirksam sein. Fällt der durch wechselbezügliche Verfügung Begünstigte weg, so gilt nicht ohne Weiteres I. Vorrang hat hier die Ermittlung des Erblasserwillens nach Maßgabe der gesetzlichen Auslegungsregeln. Insoweit soll nach BGH NJW 02, 1127 § 2069 keine uneingeschränkte Geltung zukommen (hierzu *Leipold* JZ 02, 895; abw noch BGH NJW 83, 278 m Anm *Stürner* JZ 83, 149).

§ 2271 Widerruf wechselbezüglicher Verfügungen.
(1) ¹Der Widerruf einer Verfügung, die mit einer Verfügung des anderen Ehegatten in dem in § 2270 bezeichneten Verhältnis steht, erfolgt bei Lebzeiten der Ehegatten nach der für den Rücktritt von einem Erbvertrag geltenden Vorschrift des § 2296. ²Durch eine neue Verfügung von Todes wegen kann ein Ehegatte bei Lebzeiten des anderen seine Verfügung nicht einseitig aufheben.
(2) ¹Das Recht zum Widerruf erlischt mit dem Tode des anderen Ehegatten; der Überlebende kann jedoch seine Verfügung aufheben, wenn er das ihm Zugewendete ausschlägt. ²Auch nach der Annahme der Zuwendung ist der Überlebende zur Aufhebung nach Maßgabe des § 2294 und des § 2336 berechtigt.
(3) Ist ein pflichtteilsberechtigter Abkömmling der Ehegatten oder eines der Ehegatten bedacht, so findet die Vorschrift des § 2289 Abs. 2 entsprechende Anwendung.

1 **A. Allgemeines.** Die Vorschrift regelt die Bindung der Ehegatten an die im gemeinschaftlichen Testament getroffenen wechselbezüglichen Verfügungen. Dies geschieht zum einen, indem für den Widerruf zu Lebzeiten beider die Form des Rücktritts vom Erbvertrag vorgeschrieben ist, sodass der andere vom Widerruf erfährt, zum andern dadurch, dass nach dem Tode des Erstversterbenden der Überlebende kaum noch Möglichkeiten hat, seine Verfügungen aufzuheben.

2 **B. Rechtslage zu Lebzeiten beider Ehegatten. I. Form.** Die gemeinsame Aufhebung der wechselbezüglichen Verfügungen ist möglich durch ein gemeinschaftliches Widerrufstestament (§ 2254), ein widersprechendes Testament (§ 2258; BayObLG FamRZ 97, 1245), durch Erbvertrag (§ 2289 I 1), durch Rücknahme aus der Verwahrung (§ 2272) sowie durch gemeinschaftliche Vernichtung oder Veränderung (§ 2255). Es genügt nicht, dass nur ein Ehegatte ein neues einseitiges Testament errichtet und der andere formlos zustimmt (KG JW 37, 477). Erfolgt der Widerruf in getrennten Urkunden, muss die Gemeinschaftlichkeit zumindest nach Maßgabe der Andeutungstheorie zu ermitteln sein; Übereinstimmung von Zeit und Ort der Errichtung sowie von Wortlaut und Papier soll insoweit nicht genügen (Braunschw ZEV 07, 178 m krit Anm *Sticherling*). Sofern das Testament nur Auflagen und Vermächtnisse enthält, ist nach hM auch die (hier eher umständliche) Aufhebung entspr § 2291 möglich (Staud/*Kanzleiter* Rz 2 u 7).

3 Der Widerruf durch nur einen Ehegatten ist möglich, muss aber notariell beurkundet werden (§ 2296 II 2). Dem anderen Ehegatten muss die Urschrift oder Ausfertigung der Widerrufserklärung zugehen, nicht lediglich eine beglaubigte Abschrift (BGHZ 31, 7; 36, 203; NJW 81, 2300). Es genügt, wenn der Zugang nach dem Tode des Erklärenden erfolgt (§ 130 II). Wird der Widerruf dagegen auf Weisung des Widerrufenden erst nach seinem Tode dem überlebenden Ehegatten übermittelt, dann ist er unwirksam (BGHZ 9, 235; *A. Roth* NJW 92, 791), weil dies den Zweck von I vereitelte. Es genügt auch nicht, dass zu Lebzeiten die beglaubigte Abschrift und erst nach dem Tode die Ausfertigung zugestellt wird (BGHZ 48, 379); anderes gilt nur, wenn die Ausfertigung zu Lebzeiten des Empfängers auf den Weg gebracht worden war (Hamm NJW-RR 91, 1481). Zu Besonderheiten im Fall der Geschäftsunfähigkeit des Widerrufsgegners vgl *Zimmer* ZEV 07, 159 u *Vollmer* ZErb 07, 235.

4 **II. Einzelfragen.** Einseitige Änderungen durch letztwillige Verfügung sind möglich, soweit nur einseitige Verfügungen betroffen sind oder der überlebende Ehegatte ggü der wechselbezüglichen Verfügung des gemeinschaftlichen Testaments begünstigt wird (BGHZ 30, 266).

5 Die Anfechtung des Testaments ist wegen der Widerrufsmöglichkeit ausgeschlossen. Der Widerruf selbst ist aber nach § 2078 anfechtbar. Ein Widerruf des Widerrufs ist dagegen unzulässig, § 2257 findet keine Anwendung (Staud/*Kanzleiter* Rz 26).

6 Verfügungen unter Lebenden bleiben jedem Ehegatten grds uneingeschränkt möglich. Im Falle der Entwertung testamentarischer Verfügungen auf diesem Wege schützt den anderen Teil das Widerrufsrecht (I 1). § 2287 ist unanwendbar (BGHZ 87, 23; aM Soergel/*Wolf* Rz 46). Eine Mitteilungspflicht in Form des § 2296 besteht nicht.

7 **C. Rechtslage nach dem Tode eines Ehegatten. I. Bindungswirkung.** Der Überlebende ist an letztwilligen Verfügungen gehindert, die wechselbezügliche Zuwendungen den Dritten schmälern. Dazu gehört die neu angeordnete *Belastung des Schlusserben* mit einem Vermächtnis (BGH FamRZ 69, 208) oder einer Testamentsvollstreckung (KG OLGZ 77, 392; Köln FamRZ 90, 103). Der Unwirksamkeit der schmälernden Verfügung steht weder sittliche Pflicht entgegen (BGH NJW 78,23) noch die Zustimmung des bedachten Dritten (LM Nr 7; vgl Hamm OLGZ 82, 272).

II. Befreiung von der Bindungswirkung. Der überlebende Ehegatte wird von der Bindungswirkung frei, 8
wenn er selbst das Zugewandte ausschlägt. Der gesetzliche Erbteil muss grds nur dann mit ausgeschlagen
werden (vgl § 1948 I), wenn sich die Bindungswirkung nach dem Willen der Eheleute gerade auf die Zuwendung des gesetzlichen Erbteils beziehen sollte; Gleiches gilt, wenn gesetzlicher und testamentarischer Erbteil
denselben Umfang haben (KG OLGZ 91, 10; aM *Tiedtke* FamRZ 91, 1259). Nach der Ausschlagung kann der
Überlebende seine Verfügungen aufheben und ggf neu testieren (§§ 2253 ff). Das Recht zur Ausschlagung der
Erbschaft ist zwar vererblich (§ 1952 I), doch wird eine den Überlebenden bindende Schlusserbeneinsetzung
nicht dadurch hinfällig und ein späteres widersprechendes Testament des Überlebenden nicht dadurch wirksam, dass nach dem Tode des zuletzt verstorbenen Ehegatten die von diesem in dem jüngeren Testament
Bedachten als seine Erben die ihm von Erstverstorbenen hinterlassene Erbschaft ausschlagen (Zweibr NJW-
RR 05, 8). Durch Rechtsgeschäft kann das Ausschlagungsrecht nicht übertragen werden (Staud/*Otte* § 1942
Rz 14). Während nach Zweibr NJW-RR 08, 240 eine Ausübung des Ausschlagungsrechts durch einen Dritten
aufgrund Vollmacht nicht möglich sein soll, verweist *Keim* ZErb 08, 260 richtigerweise auf § 1945 III. Er will
den Ausschluss auf den Fall beschränken, dass die Ausschlagung einer gem II unwirksamen späteren Verfügung des Überlebenden nachträglich zur Wirksamkeit verhelfen soll, weil § 2065 I hier eine höchstpersönliche Erklärung fordere (str, vgl *Ch. Schmidt* ZNotP 08, 301).

Der Überlebende ist von der Bindungswirkung auch frei, soweit er durch Freistellungsklausel zur ganz oder 9
teilweise freien Verfügung ermächtigt ist (BGHZ 2, 37; Schlesw ZEV 97, 333 m Anm *Lübbert*). Der Widerruf
kann dann durch Testament erfolgen (Stuttg NJW-RR 86, 632; §§ 2254, 2297; kein bloßer Ungültigkeitsvermerk); er ist auch schlüssig möglich (Köln NJW-RR 92, 1419). Der Widerruf nach Freistellung kann ohne
Angabe eines Grundes erfolgen; § 2336 II ist unanwendbar (Köln aaO). Ob der Überlebende freigestellt sein
soll, ist durch Auslegung zu ermitteln. Dabei kann sich zB aufgrund ergänzender Auslegung die freie Verfügungsbefugnis über nach dem Tode des Erstverstorbenen hinzugewonnenes Vermögen ergeben (Zweibr
NJW-RR 92, 588). Strenge Maßstäbe sind anzulegen im Hinblick auf die Befugnis zur Abänderung der Berufung Dritter (BayObLG FamRZ 91, 1488), besonders gemeinsamer Kinder (Hamm Rpfleger 02, 151). Ist dem
Überlebenden die freie Verfügung über den Nachlass des Erstverstorbenen eingeräumt, dann bezieht sich
dies uU nur auf Verfügungen zu Lebzeiten (BayObLG FamRZ 85, 210).

Befreiung von der Bindungswirkung findet gem II 2 statt, wenn die Voraussetzungen der Pflichtteilsentzie- 10
hung vorliegen (§§ 2294, 2336). Entspr gilt gem III bei Pflichtteilsbeschränkung ggü Abkömmlingen in guter
Absicht (§§ 2289 II, 2338). Die Regelung soll bei Überschuldung des Abkömmlings ermöglichen, dass das
Zugewandte in der Familie bleibt. Jeder Ehegatte kann die entspr Anordnungen treffen, auch wenn es sich
um den Abkömmling des anderen handelt (MüKo/*Musielak* Rz 30).

Freie Verfügungsbefugnis des Überlebenden besteht auch, soweit die bindende Verfügung gegenstandslos 11
geworden ist. Dies kommt etwa in Betracht bei Wegfall durch Tod (Frankf NJW-RR 95, 266), Erbunwürdigkeit, Erbverzicht (Köln FamRZ 83, 838 m Anm *Brems* aaO 1278; BayObLG FamRZ 01, 320). In den Fällen
der §§ 2069, 2094 bleibt es bei der Bindungswirkung (Hamm OLGZ 82, 276).

III. Verfügungen unter Lebenden. Der überlebende Ehegatte ist durch II nicht gehindert, Verfügungen 12
unter Lebenden vorzunehmen; diese sind grds wirksam (BGHZ 59, 346). §§ 2286-2288 gelten entspr (BGHZ
82, 277; 59, 348; 26, 279; Schlesw ZEV 97, 334 m Anm *Lübbert*). Der überlebende Ehegatte kann insb durch
Rechtsgeschäfte zu Lebzeiten die Verfügungen des Testaments vorwegnehmen (BGHZ 82, 278). Nichtigkeit
kann sich ggf aus § 138 I ergeben (BGHZ 59, 351).

IV. Anfechtung. Der überlebende Ehegatte kann seine eigenen wechselbezüglichen Verfügungen anfechten. 13
Entspr anwendbar sind die §§ 2281-2285 mit §§ 2078, 2079 (BGHZ 37, 333; FamRZ 70, 80). Die Anfechtungserklärung bedarf der Form des § 2282 III. Die Frist des § 2283 beginnt nicht vor dem Tod des Erstversterbenden. Der Schlusserbe kann gegen die Anfechtungswirkung **Feststellungsklage** erheben. Verfügungen
des Erstverstorbenen kann der Überlebende nach §§ 2078, 2080-2082 anfechten. Rechtsfolge ist grds die
Unwirksamkeit der wechselbezüglichen Verfügungen (§ 2270 I); allerdings kann uU ein hypothetischer Erblasserwille die Fortgeltung begründen (Hamm NJW 72, 1089). Wird die Anfechtung aufgrund Irrtums über
die Bindungswirkung wechselbezüglicher Verfügungen geltend gemacht, so sind an den Nachweis strenge
Anforderungen zu stellen (BayObLG FamRZ 04, 1997; BayObLG 02, 135).

Verfügungen des Erstverstorbenen können gem § 2078 ff auch durch Dritte, etwa adoptierte Kinder, ange- 14
fochten werden (BGH FamRZ 70, 80). Da der Erstverstorbene kein Anfechtungsrecht hatte, kommt § 2285
auch nicht entspr zur Anwendung (Soergel/*Wolf* Rz 38; aM LG Karlsruhe NJW 58, 714). Die Anfechtung
kann aber ausgeschlossen sein, wenn der Erstverstorbene trotz Kenntnis des Anfechtungsgrundes nicht
widerrufen hat. Verfügungen des zunächst überlebenden Ehegatten können Dritte erst nach dessen Tode
anfechten (KG FamRZ 68, 219). Dies kommt etwa für die Anfechtung durch den pflichtteilsberechtigten
neuen Ehegatten des Überlebenden in Betracht. Für wechselbezügliche Verfügungen des Überlebenden gilt
aber § 2285 entspr, wenn das Selbstanfechtungsrecht des Erblassers verloren gegangen war (Hamm OLGZ 71,
313; BayObLG NJW-RR 89, 588); anders bei einseitigen Verfügungen (BGH FamRZ 56, 84). Die Wirkung
der Anfechtung richtet sich nach §§ 2085, 2270 I.

§ 2272 Rücknahme aus amtlicher Verwahrung. Ein gemeinschaftliches Testament kann nach § 2256 nur von beiden Ehegatten zurückgenommen werden.

1 Ehegatten können ein gemeinschaftliches Testament gem § 2256 nur persönlich und gleichzeitig zurücknehmen. Dies schützt vor einseitigen rechtswirksamen Handlungen eines Ehegatten. Das Recht zur Einsichtnahme in das Testament steht aber jeden Ehegatten auch allein zu (KG JFG 4, 161). Ist ein Ehegatte verstorben, kann der andere das Testament nicht mehr aus der amtlicher Verwahrung zurücknehmen (MüKo/*Musielak* Rz 3).

2 Auch nach Scheidung der Ehe und dem daraus folgenden Unwirksamwerden des gemeinschaftlichen Testaments nach § 2268 I kann die Rücknahme eines öffentlichen Testaments mit dem Ziel des Widerrufs (§ 2256 I 1) geboten sein, weil andernfalls uU die Möglichkeit des Beweises fortbestehenden Testierwillens besteht (§ 2268 II).

§ 2273 – *weggefallen* –

Abschnitt 4 Erbvertrag

Vorbemerkungen vor §§ 2274 ff

1 **A. Begriff.** „Erbvertrag" nennt das G teils die vertragsmäßige Verfügung (§§ 2281 ff, 2293 ff), teils das Vertragswerk als solches (§§ 2274 ff, 2298, MüKo/*Musielak* Vor 2274 Rz 5). Der Erbvertrag hat eine Doppelnatur. Er ist eine **Verfügung vTw**. Wenigstens ein Vertragspartner muss durch ihn als Erblasser einen Erben einsetzen oder ein Vermächtnis oder eine Aufl (Erbeinsetzungs-, Vermächtnis- bzw Auflagenvertrag; vgl *Schumann* § 1941 Rz 89 ff) anordnen (§§ 1941 I, 2278). Er ist zugleich ein **abstrakter Vertrag** (BGH NJW 58, 498). Der Verfügende ist an seine vertragsmäßige Verfügung vTw dem anderen Vertragschließenden bereits zu Lebzeiten – anders als bei einseitigen Verfügungen (vgl §§ 2253 ff) – grds unwiderruflich gebunden. Der Erbvertrag als Verfügung vTw bindet erbrechtlich. Vertragsmäßige Verfügungen beeinträchtigende spätere Verfügungen vTw des Erblassers sind grds unwirksam (§ 2289 I 2), es sei denn, sie sind zulässig vorbehalten (§ 2289 Rn 6 f). Schuldrechtliche Pflichten des Vertragserblassers zu Lebzeiten begründet der Erbvertrag im Gegensatz zu Rechtsgeschäften unter Lebenden nicht (BGH NJW 54, 633). Der bedachte Zuwendungsempfänger hat vor dem Tod des Erblassers lediglich eine nicht vererbbare oder übertragbare (BGH NJW 62, 1910, 1911), nicht verpfändbare oder pfändbare (Oldbg OLGE 6, 176, 178 f), nicht vormerkungsfähige (BGH NJW 54, 633; Ddorf FamRZ 03, 1230) oder durch Arrest oder eV sicherbare (str, MüKo/*Musielak* § 2286 Rz 6), bei Insolvenz nicht zur Insolvenzmasse des Bedachten gehörende tatsächliche Erwerbsaussicht, kein rechtlich gesichertes Anwartschaftsrecht (BGH NJW 54, 633). Seine Rechtsstellung ist nicht durch §§ 823 I, 823 II iVm §§ 2287, 2288 oder durch § 826 (BGH NJW 89, 2389) geschützt (MüKo/*Musielak* § 2286 Rz 5). Der Zuwendungsempfänger ist nicht verpflichtet, die Erbschaft oder das Vermächtnis anzunehmen. Rechtswirkungen des Erbvertrags treten erst mit dem Todesfall des Vertragserblassers ein (Kobl ZEV 97, 255).

2 Der Erbvertrag ist **einseitig**, wenn nur eine Vertragspartei als Erblasser vertragsmäßig vTw verfügt und die andere Partei lediglich eine korrespondierende vertragliche Erklärung abgibt und ggf einseitige Verfügungen trifft oder sich unter Lebenden verpflichtet. Er ist **zweiseitig** (oder „gemeinschaftlich"), wenn beide Parteien als Erblasser vertragsmäßige Verfügungen vTw treffen (§ 2278 I). Hier hat die Nichtigkeit einer der Verfügungen regelmäßig die Unwirksamkeit des ganzen Vertrags zur Folge (§ 2298 I). Bedenken sich die Vertragspartner jeweils mit vertragsmäßigen Verfügungen, ist er **gegenseitig** (oder „reziprok"). In einem **mehrseitigen** Erbvertrag treffen mehr als zwei Personen vertragsmäßige Verfügungen (RGZ 67, 65). Im Zweifel bindet sich hier jeder vertragsmäßig Verfügende ggü allen anderen Vertragschließenden (R/B/M/*Mayer* vor §§ 2274 ff Rz 36). Der Vertrag kann dann nur von allen Vertragschließenden gemeinsam aufgehoben werden (§ 2290 I 2). Missverständlich wird vom **entgeltlichen** Erbvertrag gesprochen, wenn beim Abschluss eines Erbvertrags mit ihm (ggf in einer Urkunde) verbunden der andere Vertragspartner durch Rechtsgeschäft unter Lebenden für die vom Vertragserblasser vorgenommene Verfügung eine Gegenleistung (zB Versorgungsleistungen; vgl auch § 2295) verspricht. Wegen der abstrakten Rechtsnatur des Erbvertrags steht diese Verpflichtung mit der vertragsmäßigen Verfügung des Erblassers nicht in einem synallagmatischen Verhältnis iSd §§ 320 ff (BayObLGZ 88, 22, 25). Es kann auch nicht schuldrechtlich vereinbart werden (vgl § 2302; BayObLG NJW-RR 98, 729, 730; aA *Stürzebecher* NJW 88, 2717). Möglich ist die Verknüpfung mit einer Bedingung (§ 158, BayObLG Rpfleger 77, 208; Hamm DNotZ 77, 751, 754; KG FamRZ 05, 1573).

3 **B. Zuwendungsempfänger.** Zuwendungsempfänger (auch Vor-, Nach- oder Ersatzerbe) kann jeder Vertragspartner (nicht nur Ehegatten oder Verlobte), auch ausschließlich ein Dritter sein (§ 1941 II; RGRK/*Kregel* § 2278 Rz 2). Dann wird missverständlich vom „Erbvertrag zugunsten Dritter" gesprochen, obwohl kein Vertrag iSd § 328 vorliegt (BGH NJW 62, 1910, 1912; *Schumann* § 1941 Rz 14, 36; Staud/*Kanzleiter* Einl zu

§§ 2274 Rz 22). Der Vertragserblasser verpflichtet sich dem Dritten nicht schuldrechtlich. Dessen Zustimmung zur Aufhebung des Vertrags ist nicht erforderlich (BGH NJW 54, 633).

C. Beseitigung. Die vertragsmäßige Bindung des Erbvertrags wird beseitigt durch Anfechtung (§§ 2281 ff), Aufhebung (§§ 2290 ff) oder gesetzlichen Rücktritt (§§ 2293 ff). Sie wird **gegenstandslos** infolge Vorversterbens, Ausschlagung (§§ 2279 I iVm §§ 1942 ff), Erbunwürdigkeit (§§ 2339 ff) oder Erbverzichts (§§ 2346 ff) des Zuwendungsempfängers (*Schumann* § 1941 Rz 72 ff). 4

D. Abgrenzung. Zum Erbverzicht vgl §§ 2346 ff. Der Hofübergabevertrag nach der HöfeO ist ein Rechtsgeschäft unter Lebenden. Er wirkt zugleich wie eine Verfügung vTw (§§ 7 I, 17 HöfeO), da mit Übergabe des Hofes an den (ggf nach § 6 I Nr 1, 2 HöfeO formlos bestimmten) hoferbenberechtigten Abkömmling zugunsten der anderen Abkömmlinge hinsichtlich des Hofes der Erbfall als eingetreten gilt; § 2289 I 2 ist zu beachten (BGH NJW 76, 1635; MüKo/*Musielak* Vor § 2274 Rz 12). **Kein** Erbvertrag ist ein Vertrag unter Lebenden, bei dem sofort schuldrechtliche Verpflichtungen und nicht erst mit dem Tod des Erblassers Wirkungen entstehen, die Erfüllung aber erst nach dem Tod eines der Vertragspartner erfolgen soll (BGH NJW 98, 2136, 2138; Kobl ZEV 97, 255), sowie eine Schenkung vTw (§ 2301). Bei einem Vertrag zugunsten Dritter auf den Todesfall (§§ 328, 331), zB Lebensversicherungen, handelt es sich idR um ein Geschäft unter Lebenden, bei dem der Leistungsanspruch nicht in den Nachlass fällt (§ 2311 Rn 5; AnwK/*Kornexl* Vor §§ 2274–2302 Rz 24). Ein (nur schuldrechtlich wirkender [RGZ 169, 99]) Vertrag über den Nachlass eines nochlebenden Dritten oder über den Pflichtteil oder ein Vermächtnis aus dessen Nachlass („Erbschaftsvertrag") ist nichtig, wenn er nicht unter den künftigen gesetzlichen Erben über den gesetzlichen Erbteil oder den Pflichtteil eines von ihnen geschlossen wird (§ 311b IV, V; BGH NJW 62, 1910, 1911). 5

Vom **gemeinschaftlichen Testament** (§ 2265; § 10 IV LPartG) unterscheidet sich der Erbvertrag va durch seine weitergehende, sofortige Bindungswirkung, die Möglichkeit, auch Dritte einzubinden sowie dass ein Testator genügt, und durch den für den Erbvertrag durch §§ 2287, 2288 geregelten Schutz vor Missbrauch. Der Erbvertrag bietet **Kostenvorteile**, wenn zugleich ein Ehe- oder Lebenspartnerschaftsvertrag beurkundet wird (§ 46 III KostO: nur eine Gebühr berechnet nach dem höchsten Geschäftswert), oder Fälle des § 38 II Nr 6 KostO vorliegen. Nach **§ 35 I 2 Hs 1 GBO** kann der Nachweis der Erbfolge statt durch Erbschein durch den Erbvertrag mit der Niederschrift über die Eröffnung der Verfügung erbracht werden. 6

E. Wirtschaftliche Bedeutung. Der Erbvertrag ermöglicht den Schutz einer in Aussicht gestellten Erbeinsetzung, eines Vermächtnisses oder einer Auflage, indem durch die vertragliche Bindung die Testier- und Widerrufsfreiheit des Erblassers bzgl seiner vertragsmäßigen Verfügungen beschränkt wird. Vertrauen auf erbrechtliche Verfügungen des Erblassers, zB auf die Einsetzung zum Vertragserben zu Lebzeiten für gewährte Versorgung, kann so geschützt werden (MüKo/*Musielak* Vor § 2274 Rz 1; zum „Verpfründungsvertrag" aaO Rn 20; s.a. § 2295). Der Erblasser kann aber weiterhin über sein Vermögen durch Rechtsgeschäft unter Lebenden verfügen (§ 2286). Familienrechtliche Akte bleiben ihm, auch wenn sie Einfluss auf spätere Rechte des Zuwendungsempfängers haben, möglich (§ 2286 Rn 2). Nach dem Erbfall kann bei den Vertragserben beeinträchtigenden Schenkungen ggf der Beschenkte (§ 2287) und bei Beeinträchtigungen des Vermächtnisnehmers der Erbe (§ 2288) in Anspruch genommen werden. Der Erblasser kann sich über den Erbvertrag hinaus schuldrechtlich verpflichten, über einen vermachten Gegenstand auch nicht unter Lebenden zu verfügen („Verfügungsunterlassungsvertrag"; s. dazu § 2286 Rn 1). 7

F. Nichtigkeit. Neben Formmängeln (§ 2276) können insb Verstöße gegen ein gesetzliches Verbot (§ 134) oder die guten Sitten (§ 138 I) zur Nichtigkeit führen. Für § 138 reicht nicht, dass ein Vertragspartner eigennützig eine ihm günstige Lage ausnutzt (BGHZ 50, 70 ff) oder einen wirtschaftlich erheblich größeren Vorteil durch den Vertrag erlangt (Staud/*Kanzleiter* Einl zu §§ 2274 ff Rz 31). Ein Verstoß iSv § 138 liegt zB vor, wenn der Erbvertrag auf sittlich zu missbilligende Weise zu Stande gekommen ist, einseitig außergewöhnliche Vorteile gewährt oder eine herbeigeführte psychische Zwangslage (BGHZ aaO) oder die Unerfahrenheit des Erblassers ausgenutzt wurde. Zu Ebenbürtigkeitsklauseln, die gegen das Grundrecht auf Eheschließungsfreiheit verstoßen, s. BVerfG NJW 04, 2008 ff m Anm *Gaier* ZEV 06, 2 ff. 8

G. Auslegung. Erbvertragliche Erklärungen sind der Auslegung zugänglich. Einseitige Verfügungen, die als frei widerrufbar keinen Vertrauensschutz genießen, werden wie testamentarische nach §§ 2066 ff, 2084, 2087 ff ausgelegt (vgl § 2299 II 1; BayObLG FamRZ 04, 59; *Brox/Walker* ErbR Rz 221). Für vertragsmäßige Verfügungen kommt es auf den erklärten übereinstimmenden Willen der Vertragsparteien und ihr übereinstimmendes Verständnis des Vertragswortlauts bei Vertragserrichtung an (BGH FamRZ 73, 189; NJW 84, 721; Zweibr FamRZ 98, 1540, 1542; AnwK/*Kornexl* Vor §§ 2274–2302 Rz 41 f; nach Entgeltlichkeit differenzierend *Brox/Walker* ErbR Rz 223 f). Für die Frage, ob eine vertragsmäßige Verfügung vorliegt (Hamm FGPrax 05, 30 f), und die Auslegung ihres Inhalts ist § 157 zu beachten (BGH NJW 89, 2885; BayObLG FamRZ 97, 123; 04, 59; Ddorf ZEV 07, 275; *Schumann* § 1941 Rz 130 ff). Für die Auslegung können auch außerhalb der Urkunde liegende Umstände herangezogen werden. Das Formerfordernis verlangt aber, dass der so gewonnene Wille in der Urkunde selbst angedeutet ist (hM, BGH NJW 81, 1737; ZEV 02, 20; MüKo/*Musielak* Vor § 2274 Rz 33; *Leipold* ErbR Rz 364). Sprachlich mehrdeutige Erklärungen, deren Inhalt nicht mehr aufgeklärt 9 werden kann, sind nach dem mutmaßlichen Erblasserwillen auszulegen (BGH NJW 93, 256). Für bestimmte Erbverträge zwischen Ehegatten oder Lebenspartnern gilt über § 2280 die Auslegungsregel des § 2269 entspr. Sollen Rechte und Pflichten von Vertragspartnern schon zu Lebzeiten bestehen, wenn auch erst mit Tod eines von ihnen wirksam werden, kann ein als Erbvertrag bezeichneter Vertrag als Rechtsgeschäft unter Lebenden auszulegen sein (BGH FamRZ 98, 908). Das Formerfordernis (§ 2276) setzt einer ergänzenden Auslegung, für die es auf den Willen beider Vertragsparteien ankommt, Grenzen (vgl § 2084 Rn 20). Um Auslegungsprobleme zu vermeiden, sollte im Erbvertrag klar gestellt werden, ob Verfügungen vertragsmäßig oder einseitig sind, ob Letztere fortbestehen sollen, wenn der Erbvertrag beseitigt wird (vgl § 2299), und wie weit ggf ein Änderungsvorbehalt (§ 2289 Rn 6 f) reicht (FA-ErbR/*Krause* Kap 2 Rz 179, 189).

10 **H. Umdeutung.** Werden keine vertragsmäßigen, sondern nur einseitige Verfügungen getroffen, ist eine Umdeutung (§ 140) in eine Schenkung (§ 2301) oder ein einseitiges, bei Eheleuten oder Lebenspartnern in ein gemeinschaftliches Testament (s. § 2265; § 10 IV LPartG) denkbar, soweit die dafür geltenden Erfordernisse erfüllt sind (AnwK/*Kornexl* Vor §§ 2274–2302 Rz 32 f; BaRoth/*Litzenburger* § 2278 Rz 1, § 2299 Rz 1; R/B/M/*Mayer* vor §§ 2274 ff Rz 19; aA RGRK/*Kregel* § 2299 Rz 2). Die Umdeutung eines notariell beurkundeten gemeinschaftlichen Testaments in einen Erbvertrag kann in Betracht kommen, wenn zB es nicht von Ehe- oder Lebenspartnern errichtet wurde (Staud/*Kanzleiter* Einl zu §§ 2274 ff Rz 12). Nach § 2278 II unzulässige vertragsmäßige Verfügungen können als einseitige aufrechterhalten werden (OLGE 10, 313; 11, 256). Ggf kann ein unwirksamer Erbvertrag in einen (schuldrechtlichen) Vertrag nach § 311b V (RG JR 27 Nr 1403), eine nach § 311b II nichtige Verpflichtung zur Übertragung künftigen Vermögens (BGH NJW 53, 182) oder ein nach § 2302 nichtiger Vertrag (Hamm FamRZ 97, 581; Staud/*Kanzleiter* Einl zu §§ 2274 ff Rz 16) oder Vergleich (Stuttg NJW 89, 2700) in einen Erbvertrag umgedeutet werden.

11 **I. Steuerrecht.** Die erbvertragliche Zuwendung ist steuerpflichtig (§ 3 Nr I 1 ErbStG). Die Steuer entsteht mit dem Tod des Erblassers (§ 9 I Nr 1 ErbStG). Der Begünstigte kann vom Erwerb abzugsfähige Nachlassverbindlichkeiten, insb Kosten, die ihm unmittelbar im Zusammenhang mit der Abwicklung, Regelung oder Verteilung des Nachlasses oder mit der Erlangung des Erwerbs entstehen (§ 10 V Nr 3 ErbStG), abziehen. Gegenleistungen an den Erblasser zu dessen Lebzeiten sind also abzugsfähig (BFH DB 84, 331; 85, 580). Dazu gehören nicht Dienstleistungen im persönlichen Bereich, zB Pflegekosten, es sei denn, der Begünstigte war vertraglich zu ihnen verpflichtet. Wird ein Ehegattenerbvertrag wie ein Berliner Testament ausgestaltet (§§ 2280, 2269), werden ggf Freibeträge (vgl §§ 16, 17 ErbStG) verschenkt und die Bemessungsgrundlage erhöht; § 15 III ErbStG 1997 ist zu beachten (BFH DStR 08, 2472 m Anm *Götz* ZEV 09, 49). Zum Ausgleichsanspruch nach § 2287 bei beeinträchtigender Schenkung s. § 3 II Nr 7 ErbStG.

12 **J. Ausland.** Erbvertragliche Beschränkungen der Testierfreiheit sind in vielen Rechtsordnungen nicht oder nur zT zugelassen. Das DDR-ZGB hatte das Institut des Erbvertrags abgeschafft, Erbverträge aber nicht verboten. Für vor dem 1.1.76 errichtete Erbverträge s. § 8 II EGZGB (dazu FAKomm-Erb Art 235 § 1 EGBGB Rz 31, 40, 42). Für Verfügungen vTw, die zwischen dem 1.1.76 und dem 3.10.93 errichtet worden sind, gilt im Geltungsbereich des DDR-ZGB DDR-Erbrecht (FAKomm-Erb Art 235 § 2 EGBGB Rz 1 ff).

13 **K. Prozessuales.** Der Erbvertrag begründet rechtliche Beziehungen zum Vertragspartner sowie zum ggf davon verschiedenen Dritten (BGH NJW 62, 1913). Bei Vorliegen schutzwürdigen rechtlichen Interesses an alsbaldiger Feststellung des Bestehens oder Nichtbestehens der rechtlichen Bindung und Bezug der Klage auf ein gegenwärtiges Rechtsverhältnis ist **Feststellungsklage** (§ 256 ZPO) zulässig (BGH aaO; Ddorf FamRZ 95, 58).

§ 2274 Persönlicher Abschluss. Der Erblasser kann einen Erbvertrag nur persönlich schließen.

1 Nur der **Erblasser** persönlich kann die für den Erbvertrag wesentliche vertragsmäßige Verfügung vTw schließen, bestätigen (§ 2284 1) oder aufheben (§ 2290 II 1). Nur er selbst kann zurücktreten (§ 2296 I 1). Das gilt auch bei einem gerichtlichen (Anwalts)Vergleich (Ddorf NJW 07, 1290). Für einseitige Verfügungen ergibt sich das Erfordernis der Höchstpersönlichkeit aus § 2299 II 1, 2064. Stellvertretung im Willen oder in der Erklärung ist ausgeschlossen. Es soll gesichert sein, dass durch den Erblasser selbst die Erbfolge bestimmt und sein Wille nicht verfälscht worden ist (BGH NJW 55, 100). Das gilt grds auch für den Erbverzicht (§ 2347 II Hs 1) und für die Anfechtung (§ 2282 I). Der EV bzgl betreuter Erblasser erstreckt sich nicht auf Verfügungen vTw (§ 1903 II). Ein Verstoß gegen § 2274 führt zur Nichtigkeit.

2 Der **Vertragspartner** kann durch gesetzliche oder bevollmächtigte Vertreter handeln, wenn er nicht selbst vertragsmäßige Verfügungen vTw trifft (*Schumann* Rz 4).

§ 2275 Voraussetzungen. (1) Einen Erbvertrag kann als Erblasser nur schließen, wer unbeschränkt geschäftsfähig ist.
(2) ¹Ein Ehegatte kann als Erblasser mit seinem Ehegatten einen Erbvertrag schließen, auch wenn er in der Geschäftsfähigkeit beschränkt ist. ²Er bedarf in diesem Falle der Zustimmung seines gesetzlichen Vertreters; ist der gesetzliche Vertreter ein Vormund, so ist auch die Genehmigung des Familiengerichts erforderlich.

(3) Die Vorschriften des Absatzes 2 gelten entsprechend für Verlobte, auch im Sinne des Lebenspartnerschaftsgesetzes.

A. Geschäftsfähigkeit. Erbverträge **geschäftsunfähiger** (§ 104) und mit Ausn der II, 3 **beschränkt geschäftsfähiger** (§ 106) Erblasser sind nichtig (**I;** § 105); anderes gilt bei Betreuten (§ 1903 II). Wird der Erblasser nachträglich voll geschäftsfähig, tritt weder Heilung ein noch kann er sie durch Genehmigung bewirken (Mot V, 346; Damrau/*Krüger* Rz 2). Ggf ist Umdeutung in ein Testament, welches Testierfähigkeit (§§ 2229, 2230, 2233 I, 2247 IV) voraussetzt, möglich (BayObLG FamRZ 82, 1138; NJW-RR 96, 7; Vor § 2274 Rn 10). **Beweisen** (idR durch Sachverständigengutachten) muss Geschäftsunfähigkeit des Erblassers bei Vertragsabschluss, wer sich darauf beruft. 1

Erbverträge eines in der Geschäftsfähigkeit beschränkten **Ehegatten** oder **Verlobten** mit seinem Gatten bzw Verlobten (§ 1297; § 1 IV 1 LPartG) sind möglich (**II 1, III;** zum Ehevertrag vgl § 1411). Sie bedürfen der Zustimmung des gesetzlichen Vertreters (§§ 108 f, 182 ff); im Fall des **II 2 Hs 2** auch des **Familiengerichts**. Genehmigung, auch des unbeschränkt geschäftsfähig gewordenen Minderjährigen (§ 108 III), ist bis zum Tod (vgl BGH NJW 78, 1159) des anderen verfügenden Vertragserben denkbar (§ 184 I). Der Notar muss über die Genehmigungsbedürftigkeit und schwebende Unwirksamkeit belehren (vgl §§ 17 II, 18, 28 BeurkG) und soll außer bei Gefahr in Verzug bei Zweifeln bzgl der erforderlichen Geschäftsfähigkeit die Beurkundung ablehnen (§ 11 I BeurkG; aA R/B/M/*Mayer* Rz 10: wegen Genehmigungsfähigkeit kein Ablehnungsrecht). 2

Für einen Vertragspartner, der nicht vertraglich verfügt, gelten die allg Vorschriften (§§ 104 ff). Die bloße Annahme der erbvertraglichen Verfügung unterfällt als neutrales Geschäft § 107; s.a. § 1903 III 1. 3

Auf **nichteheliche Lebensgemeinschaften** finden II, 3 keine analoge Anwendung. 4

B. Einseitige Verfügungen. Wegen §§ 2299 II 1 ist es dem minderjährigen, nicht testierfähigen (vgl § 2229) Verlobten **nicht** möglich, im Erbvertrag **einseitige Verfügungen** zu treffen (Erman/*Schmidt* § 2299 Rz 2; RGRK/*Kregel* § 2299 Rz 2; Soergel/*Wolf* § 2299 Rz 4; aA AnwK/*Kornexl* Rz 17; R/B/M/*Mayer* Rz 10). 5

§ 2276 Form.
(1) ¹Ein Erbvertrag kann nur zur Niederschrift eines Notars bei gleichzeitiger Anwesenheit beider Teile geschlossen werden. ²Die Vorschriften der § 2231 Nr. 1 und der §§ 2232, 2233 sind anzuwenden; was nach diesen Vorschriften für den Erblasser gilt, gilt für jeden der Vertragschließenden. (2) Für einen Erbvertrag zwischen Ehegatten oder zwischen Verlobten, der mit einem Ehevertrag in derselben Urkunde verbunden wird, genügt die für den Ehevertrag vorgeschriebene Form.

A. Zweck. Die Pflicht zur Mitwirkung des Notars (im Ausland: Konsularbeamte, §§ 2, 10, 11 I KonsularG) auch in Notlagen soll Beweisbarkeit (BGH FamRZ 81, 651 f), Vollständigkeit und Authentizität der Erklärung sowie sachkundige Aufklärung und Warnung des Verfügenden sicherstellen. 1

B. Form. Im Inland kann der Erbvertrag nur zur Niederschrift eines **Notars** (§ 2231 Nr 1) bei gleichzeitiger Anwesenheit der Vertragspartner wie ein öffentliches Testament in der in §§ 2232, 2233 geregelten Weise errichtet werden. § 2233 gilt für einen nicht verfügenden Vertragspartner nur, wenn seine Voraussetzungen bei ihm vorliegen. Nur Erblasser müssen persönlich anwesend sein (§ 2274). Formwirksam ist auch der Vergleich im Prozess (§ 127a) oder FamFG-Verfahren, wobei das Protokoll die Feststellung enthalten muss, dass die Parteien ihn persönlich geschlossen haben (Ddorf NJW 07, 1290, 1292). Besteht Anwaltszwang, muss auch der Anwalt die erforderliche Erklärung abgeben (BGH NJW 54, 1886, 1887). Die Form der Erklärung (§ 2232: Erklärung ggü Notar; Einreichung einer Schrift) braucht nicht identisch zu sein. Das **Beurkundungsverfahren** regelt das BeurkG (vgl §§ 2–5, 6–13, 16–18, 22–26, 27–35 BeurkG). 2

C. Verbindung. Für die **Verbindung** des Erbvertrags mit einem Ehevertrag (§ 1408) nach **II** reicht Niederschrift in derselben Urkunde aus. Dann genügt für den Erbvertrag die Form des Ehevertrags (§ 1410). Die §§ 2274, 2275 und auch § 2231 Nr 1, 2232 f (str) bleiben unberührt. Für das Verfahren gelten §§ 2–5, 6–13a, 16–18, 22–26 BeurkG; nicht die Sondervorschriften der §§ 28–35 BeurkG. Der Erbvertrag kann auch mit anderen Verträgen verbunden werden, zB Rentenversprechen, Erbverzicht (§ 2348); zum Verpfründungsvertrag s. § 2295. Dieser andere Vertrag muss nur seiner Formpflicht genügen. 3

Ist einer der verbundenen Verträge **unwirksam** (§ 125), ist mangels notwendiger rechtlicher Einheit iSv § 139 der andere Vertrag nur auch unwirksam, wenn die Verträge nach dem Parteiwillen ein einheitliches Geschäft sind (BGHZ 50, 63, 72; Stuttg FamRZ 87, 1037; einschr BaRoth/*Lintzenburger* Rz 11). Wird ein Ehevertrag wegen Auflösung des Verlöbnisses unwirksam, wird es auch der Erbvertrag, wenn nichts anderes bestimmt ist (§§ 2279 II iVm § 2077; s.a. § 10 V LPartG). Durch den Tod eines Verlobten wird er nicht unwirksam. Für **Rücktritt** vom Erbvertrag gelten §§ 2294 f, nicht § 139. Zur Aufhebung s. § 2290. 4

§ 2277 – *weggefallen* –

§ 2278 Zulässige vertragsmäßige Verfügungen.
(1) In einem Erbvertrag kann jeder der Vertragschließenden vertragsmäßige Verfügungen von Todes wegen treffen.

(2) Andere Verfügungen als Erbeinsetzungen, Vermächtnisse und Auflagen können vertragsmäßig nicht getroffen werden.

1 **A. Vertragsmäßige Verfügung von Todes wegen.** Der Erbvertrag setzt **mindestens eine** vertragsmäßige Verfügung vTw voraus (Vor § 2274 Rn 1; zum Vorbehalt § 2289 Rn 6 ff). Sie kann nur eine Erbeinsetzung (§§ 2087 ff), ein Vermächtnis (§§ 2147 ff) oder eine Auflage (§§ 2192 ff), nicht eine Teilungsanordnungen (§ 2048; hM) sein (§§ 1941 I, 2278 II). Ob eine solche Verfügung einseitig oder vertragsmäßig, dh durch gegenseitige Bindung die freie Widerruflichkeit ausgeschlossen (Vor § 2274 Rn 1) ist, ist mangels ausdrücklichen Wortlauts der Erklärung ggf im Wege der Auslegung (§§ 137, 157; dazu Vor § 2274 Rn 9) nach dem Willen der Parteien zu ermitteln (BayObLG FamRZ 94, 190, 191; 98, 1262; München FGPrax 08, 254, 255; Saarbr NJW-RR 94, 844, 846). Auf Vertragscharakter deutet hin, wenn die Verfügung eine Zuwendung an den Vertragspartner darstellt (BGH NJW 58, 498; 89, 2885), zB sich Ehegatten gegenseitig zu Erben einsetzen, oder der Begünstigte in dem Vertrag zugleich einen Erbverzicht erklärt (BGH NJW 89, 2885). Bei Verfügungen zugunsten Dritter gilt als Indiz, ob der Vertragspartner ein bekanntes Interesse an der Bindung des Erblassers hat (BGH NJW 89, 2885; BayObLG FamRZ 04, 59), insb ob der Begünstigte in einem besonderen Näheverhältnis zum Vertragspartner steht (BGH NJW 61, 120; BayObLG FamRZ 97, 911). Der Wille zur vertraglichen Bindung liegt nahe, setzten Ehegatten gemeinsame Kinder zu Erben ein (BGH WM 70, 482, 483; Saarbr aaO; Zweibr FamRZ 05, 1021). **Beweisen** muss die Vertragsmäßigkeit der Verfügung, wer sich darauf (und folglich die Unwirksamkeit der Aufhebung oder Abänderung der Verfügung) beruft.

2 **B. Einseitige Verfügungen von Todes wegen.** Andere als die zulässigen erbvertraglichen Verfügungen (II), zB eine Enterbung nach § 1938 (München DNotZ 06, 132, 133), kann jeder der Vertragschließenden einseitig treffen, soweit sie durch Testament getroffen werden können (§ 2299 I). Sie haben an der vertraglichen Bindung nicht teil, da für sie das Gleiche gilt, als wenn sie durch Testament getroffen worden wären (§ 2299 II 1); sie sind wie Testamente frei widerrufbar (§ 2299 I, II). Zur Umdeutung bei einem Verstoß gegen II s. Vor § 2274 Rn 10; zu mit dem Erbvertrag verbundenen Vereinbarungen unter Lebenden § 2276 Rn 3. Ein im Erbvertrag enthaltenes **Stiftungsgeschäft** iSv § 83 1 kann an der Bindungswirkung teilhaben.

§ 2279 Vertragsmäßige Zuwendungen und Auflagen; Anwendung von § 2077.

(1) Auf vertragsmäßige Zuwendungen und Auflagen finden die für letztwillige Zuwendungen und Auflagen geltenden Vorschriften entsprechende Anwendung.
(2) Die Vorschrift des § 2077 gilt für einen Erbvertrag zwischen Ehegatten, Lebenspartnern oder Verlobten (auch im Sinne des Lebenspartnerschaftsgesetzes) auch insoweit, als ein Dritter bedacht ist.

1 **A. Anwendbare Vorschriften (Abs 1).** Während für einseitige Verfügungen Testamentsrecht gilt (§ 2299 II 1), gelten für vertragsmäßige Verfügungen (§§ 1941, 2278 II) die Testamentsvorschriften bzgl Anfall und Erwerb und der Auflageverpflichtung, Inhalt, Bestimmtheit, Auslegung (s. aber Vor § 2274 Rn 9) entspr (§§ 1923, 1937–1959, 2064–2077, 2084, 2086–2193), soweit nicht für den Erbvertrag nach §§ 2274 ff oder seinem Wesen Abweichendes folgt (so § 2298 zu § 2085; vgl *Schumann* Rz 3). Auch wenn der Bedachte als annehmender Teil mitwirkt, gelten die §§ 1942 ff, 2180 zur Annahme und Ausschlagung entspr (Palandt/*Edenhofer* Rz 1). **Nicht** anwendbar sind die §§ 2265–2268.

2 **B. Geltung des § 2077 (Abs 2).** Bei einseitigen Verfügungen ist § 2077 über § 2299 II 1 anwendbar. Vertragsmäßige Verfügungen des Erblassers zugunsten seines Ehegatten, Verlobten oder Lebenspartners (§ 10 V LPartG; zum Versprechenden vgl § 1 III LPartG) in einem Erbvertrag werden gem **I** iVm § 2077 I, II im Zweifel (§ 2077 III) unwirksam, wenn es zur Scheidung bzw Auflösung kommt. Bei vertragsmäßigen wechselseitigen Verfügungen folgt die Unwirksamkeit aller Verfügungen, auch der zugunsten Dritter, aus § 2298 I (aA Staud/*Kanzleiter* § 2298 Rz 7, 10). Bei einem einseitigen Erbvertrag werden vertragsmäßige Verfügungen des Vorversterbenden zugunsten Dritter im Zweifel gem **II** iVm § 2077 unwirksam. Anderes gilt, wollte der Erblasser bei Vertragsschluss die Verfügung in bindender Form auch für den Fall der Scheidung treffen (München NJW-RR 08, 1037). Zur **Beweislast** s. § 2077 Rn 1.

3 Nach hM gilt die Regel des § 2077 I 2, 3 nur, wenn während des Verfahrens der Verfügende vorverstirbt, der berechtigt den Antrag auf Scheidung oder Aufhebung (vgl §§ 1313, 1564 BGB, § 15 LPartG) gestellt hatte (BayObLG FamRZ 90, 322), nach aA auch beim Antrag des Überlebenden (MüKo/*Musielak* § 2279 Rz 7).

§ 2280 Anwendung von § 2269.

Haben Ehegatten oder Lebenspartner in einem Erbvertrag, durch den sie sich gegenseitig als Erben einsetzen, bestimmt, dass nach dem Tode des Überlebenden der beiderseitige Nachlass an einen Dritten fallen soll, oder ein Vermächtnis angeordnet, das nach dem Tode des Überlebenden zu erfüllen ist, so findet die Vorschrift des § 2269 entsprechende Anwendung.

1 **A. Einheitslösung.** § 2269 sieht für Ehegatten, die sich in einem gemeinschaftlichen Testament gegenseitig zu Erben einsetzen, **im Zweifel** die sog Einheitslösung (vgl § 2269 Rn 1 ff) vor. Diese findet wegen vergleichbarer

Interessenlage entspr Anwendung für Ehegatten und Lebenspartner iSv § 1 I LPartG, die sich **durch Erbvertrag gegenseitig** zu Erben einsetzen: Im Zweifel setzen die Ehegatten bzw Lebenspartner sich gegenseitig zum Vollerben und den Dritten zum Ersatzerben ein. Nach dem Tod des Erstverstorbenen bleibt das Vermögen als Einheit in der Hand des Überlebenden. Der Erbvertrag hindert den überlebenden Ehegatten nicht, über das gemeinsame Vermögen durch Rechtsgeschäft unter Lebenden zu verfügen (§ 2286). Nach dessen Tod erhält der Dritte dieses gemeinschaftliche Vermögen als Schlusserbe. In Erbverträgen angeordnete Vermächtnisse fallen dem Dritten erst mit dem Tod des Überlebenden an, vgl § 2269 II.

B. Vertragschließende. § 2280 setzt voraus, dass sich **Ehegatten** oder **Lebenspartner** iSv § 1 I LPartG gegenseitig als Erben einsetzen. Für andere Vertragschließende kann die Auslegungsregel des § 2280 Anwendung finden, wenn zwischen ihnen das spezifische besondere Vertrauensverhältnis besteht, welches zwischen Ehegatten bzw Lebenspartnern angenommen werden kann (BGH NJW-RR 98, 577, 578; Köln FamRZ 74, 387; aA Damrau/*Krüger* Rz 2). 2

C. Dritter. Dritter ist, wer durch die Ehegatten bzw Lebenspartner durch deren **vertragsmäßige Verfügungen** als Erbe des Überlebenden eingesetzt ist. Unschädlich ist, dass er als zusätzlicher Vertragschließender an dem Vertrag mitwirkt, zB als Abkömmling der Ehegatten auf seinen Pflichtteil nach dem Tod des erstversterbenden Ehegatten verzichtet (MüKo/*Musielak* Rz 7). Die Einsetzung eines Dritten kann sich, wenn sie nicht ausdrücklich getroffen ist, durch Auslegung ergeben (Bremen ZEV 94, 365); zB des **Abkömmlings** als Schlusserben aus Pflichtteils- und Wiederverheiratungsklauseln (§ 2269 Rn 9; Frankf ZEV 02, 109, 110; Saarbr NJW-RR 94, 844, 845; s. aber Celle OLGR 03, 123). Ihre Einbeziehung als Schlusserbe kann als Verzicht (§§ 2346, 2348) auf den Pflichtteil nach dem Tod des erstversterbenden Elternteils auszulegen sein (BGH NJW 57, 422, 423). Der Dritte kann gegen den überlebenden Gatten auf Feststellung seiner Erbeinsetzung klagen (str, BGH NJW 62, 1910). Zur Steuer s. § 15 III 1 ErbStG (dazu BFH DStR 08, 2472). 3

D. Wiederverheiratung. Heiratet der überlebende Ehegatte bzw Lebenspartner wieder, kann er den Erbvertrag anfechten (vgl §§ 2281, 2285, 2079). Ficht er nicht an, erhält der neue Ehegatte bzw Lebenspartner beim Tod des Überlebenden den Pflichtteil aus dem gesamten Nachlass, wenn nicht Wiederverheiratungsklauseln (§ 2075 Rn 7) entgegenstehen. Bei Zugewinngemeinschaft geht der Anspruch auf den kleinen Pflichtteil zuzüglich des Ausgleichs des Zugewinns aus der neuen Ehe (§ 1371 II). Ein Wahlrecht mit dem großen Pflichtteil besteht nicht (hM, § 2303 Rn 10). Wiederverheiratungsklauseln gewähren dem Überlebenden idR ein Rücktrittsrecht. 4

§ 2281 Anfechtung durch den Erblasser.

(1) Der Erbvertrag kann auf Grund der §§ 2078, 2079 auch von dem Erblasser angefochten werden; zur Anfechtung auf Grund des § 2079 ist erforderlich, dass der Pflichtteilsberechtigte zur Zeit der Anfechtung vorhanden ist.
(2) ¹Soll nach dem Tode des anderen Vertragschließenden eine zugunsten eines Dritten getroffene Verfügung von dem Erblasser angefochten werden, so ist die Anfechtung dem Nachlassgericht gegenüber zu erklären. ²Das Nachlassgericht soll die Erklärung dem Dritten mitteilen.

A. Zweck/Anfechtungsrecht. Einseitige Verfügungen und Testamente können vom Erblasser widerrufen werden (§§ 2299 II 1, 2253 ff). Für den Widerruf wechselseitiger Verfügungen in einem gemeinschaftlichen Testament zu Lebzeiten der Ehegatten verweist § 2271 I auf den Rücktritt vom Erbvertrag (§ 2296); nach dem Tod eines Ehegatten gelten die §§ 2281–2285 analog (RGZ 87, 95; BGH NJW 62, 1913). Bzgl **vertragsmäßiger** Verfügungen in einem **Erbvertrag** kann der **Erblasser** seine Testierfreiheit durch Anfechtung **seiner** Verfügung wieder erlangen, indem § 2281 ihm das Anfechtungsrecht einräumt, welches bei Testamenten wegen ihrer Widerruflichkeit nur Dritten (vgl § 2080) zuzuerkennen war. Der **Vertragsgegner** kann seine Willenserklärung vor und nach dem Erbfall nach §§ 119, 123 anfechten, insoweit er nicht vertragsmäßig verfügt hat. Als Nächstberufener iSv § 2080 kann er nach §§ 2078 ff die Erklärung des verfügenden Erblassers anfechten. **Ausgeschlossen** ist eine Anfechtung, soweit der Erblasser ihre Voraussetzungen rechtsmissbräuchlich herbeigeführt oder auf das Recht nach §§ 2078 I, 2079 2 erbvertraglich verzichtet hat (BGH NJW 83, 2247, 2249; BayObLG FamRZ 00, 1331, 1332). Zum Anfechtungsrecht **Dritter** s. § 2285. 1

B. Anfechtungsgründe. § 2281 verweist auf §§ 2078, 2079. Zur Anfechtung wegen **Erklärungs**- oder **Inhaltsirrtums** und **Drohung** s. § 2079 Rn 1 f, 7. Anders als bei Rechtsgeschäften unter Lebenden ist der **Motivirrtum** ein Grund, die vertragsmäßige Verfügung als Verfügung vTw anzufechten (§ 2078 II Alt 1). Daher kann der Verfügende, dessen Erwartung sich nicht erfüllt hat, anfechten. Maßgeblich ist seine wirkliche reale, nicht nur hypothetische Vorstellung und Erwartung (BGH NJW-RR 87, 1412, 1413). Unbewusste Umstände, die dem Verfügenden so selbstverständlich sind, dass er sie jederzeit in sein Bewusstsein holen kann, genügen (München ZEV 07, 530, 531). Ein **Irrtum** kann darin liegen, dass der Erblasser die Bindungswirkung (Vor § 2274 Rn 1) nicht kannte (Hamm OLGZ 66, 497; Frankf ZEV 97, 422), über den erbvertraglichen Ausschluss des Anfechtungsrechts (BayObLG NJW-RR 97, 1030), über eine bestimmte Art der Unterhaltsgewährung oder Betreuung (BGH NJW 52, 419; FamRZ 73, 539), die Erfüllung einer vereinbarten Gegenleistung 2

(Hamm DNotZ 77, 756), in der Erwartung des Abbaus persönlicher Unstimmigkeiten mit der Vertragspartei (BGH WM 73, 974), oder über den Fortbestand einer Ehe (Hamm OLGR 05, 205 f) oder unter besonderen Umständen über ihren einträchtigen Fortgang (BayObLG FamRZ 83, 1275; 90, 322; 98, 1625; 00, 1053, 1054) irrte. Beruht der Irrtum auf arglistiger Täuschung, kommt es anders als bei § 123 II nicht darauf an, ob der Vertragspartner oder ein Dritter sie verübte.

3 **C. Pflichtteilsberechtigter.** Für die Anfechtung wegen **Übergehens** eines Pflichtteilsberechtigten (§ **2079**; s. dort Rn 8) verlangt § 2281 I Hs 2, dass dieser **zur Zeit der Anfechtung** lebt (BGH NJW 70, 279), und weicht insoweit von § 2079, der auf den Erbfall abstellt, ab. Damit kann der Erblasser den neu hinzutretenden Pflichtteilsberechtigten bei der Verteilung seines Nachlasses berücksichtigen und der Gefahr, dass dieser nach § 2079 anficht, begegnen (BGH aaO). Dass der Erblasser das Hinzutreten selbst veranlasst hat (zB durch Wiederverheiratung oder Zeugung eines Kindes), ist in den Grenzen der §§ 138, 226 unerheblich.

4 Die **Entziehung** des Pflichtteils kann als einseitige Verfügung frei widerrufen werden. Eine vertragsmäßig getroffene Verfügung, die der Erblasser im Zusammenhang mit der Entziehung getroffen hat, kann uU wegen Motivirrtums (§§ 2078 II, 2281 I) angefochten werden, wenn der Entziehungsgrund nachträglich wegfällt (vgl §§ 2336 IV, 2333 Nr 5).

5 Die **Verzeihung** (§ 2337) berechtigt dagegen nicht zur Anfechtung. Ansonsten stünde der Bestand des Erbvertrags im Belieben des Erblassers (Prot V, 412 f; Staud/*Kanzleiter* Rz 17; aA R/B/M/*Mayer* Rz 18; MüKo/*Musielak* Rz 14). Der Erblasser kann sich den Rücktritt für den Fall der Verzeihung vorbehalten.

6 **D. Kausalität.** § 2078 II setzt voraus, dass der Erblasser durch den Motivirrtum oder die widerrechtliche Drohung zu seiner Verfügung bestimmt worden ist. Er müsste sie bei Kenntnis der Sachlage unterlassen haben (München ZEV 09, 345, 347).

7 **E. Anfechtungsgegner.** Zu Lebzeiten des Vertragspartners ist ihm in der Form des § 2282 III (BayObLG NJW 64, 205) ggü anzufechten (§ 143 II; BayObLG NJW-RR 99, 86). § 2281 II gilt insoweit nicht. Bei mehrseitigen Erbverträgen (Vor § 2274 Rn 2) müssen wechselseitige vertragsmäßige Verfügungen ggü allen Vertragspartnern angefochten werden, die sie berühren (str, Palandt/*Edenhofer* Rz 7). Nach II 1 ist die Anfechtung bzgl zugunsten Dritter getroffener Verfügungen nach dem Tod des Vertragspartners ggü dem Nachlassgericht zu erklären. Das ist das Amtsgericht des letzten Wohnsitzes des verstorbenen Vertragspartners (§ 343 I FamFG), in BaWü das örtlich zuständige Notariat.

8 **F. Wirkung der Anfechtung.** Die *ex tunc*-Nichtigkeit (§ 142 I) der eigenen Erklärung durch form- und fristgemäße (§§ 2282, 2283) Anfechtung bewirkt im Zweifel (§ 2298 III) die Unwirksamkeit der vertragsmäßigen Verfügung des Anderen nach § 2298 I; auch bei Anfechtung nach § 2079 (hM; BayObLG FamRZ 05, 140). Ficht der Pflichtteilsberechtigte nach dem Tod des Erblassers an, ist § 2079 2 zu beachten. Für einseitige Verfügungen gilt § 2085. Die Nichtigkeit des Erbvertrags kann nach § 139 zur Unwirksamkeit weiterer Rechtsgeschäfte führen. Ficht nur der Vertragsgegner an, kommt Umdeutung (§ 140) in ein Testament des Erblassers in Betracht.

9 **G. Schadensersatz.** Der Erbvertrag begründet keine Anwartschaft (Vor § 2274 Rn 1). Bei Anfechtung durch den Erblasser bleibt daher Ersatz des Vertrauensschadens ausgeschlossen, als dass er sich auf den Inhalt des Erbvertrags bezieht. Relevant sind va Beurkundungskosten. Insoweit haftet der Erblasser nach § 122, da der Haftungsausschluss des § 2078 III nur für Dritte gilt, die nicht für die Anfechtung aufgrund Irrtums des Erblassers haften sollen (Erman/*Schmidt* Rz 7; Palandt/*Edenhofer* Rz 10; Soergel/*Wolf* Rz 6; *Mankowski* ZEV 98, 46, 49). Nach aA (München NJW 97, 2331; AnwK/*Kornexl* Rz 64; R/B/M/*Mayer* Rz 50; MüKo/*Musielak* Rz 21) haftet der Anfechtende ggf wegen Verschuldens bei Vertragsverhandlungen.

10 **H. Prozessuales.** Die Wirksamkeit bzw Unwirksamkeit des Erbvertrags kann noch zu Lebzeiten des Erblassers mittels **Feststellungsklage** geltend gemacht werden (Vor § 2274 Rn 13). Die **Beweislast** für den Anfechtungsgrund (BGH NJW 63, 246, 248), Zugang und bei § 2078 für die Ursächlichkeit des Irrtums für die Verfügung (BayObLG FamRZ 90, 211) hat, wer sich darauf beruft. Die Rspr stellt strenge Anforderungen (BayObLG NJW-RR 06, 372, 375; München ZEV 07, 530, 531). Bei § 2079 vermutet 2 die Ursächlichkeit. Zum Fristablauf s. § 2283 Rn 3.

§ 2282 Vertretung, Form der Anfechtung.

(1) ¹Die Anfechtung kann nicht durch einen Vertreter des Erblassers erfolgen. ²Ist der Erblasser in der Geschäftsfähigkeit beschränkt, so bedarf er zur Anfechtung nicht der Zustimmung seines gesetzlichen Vertreters.
(2) Für einen geschäftsunfähigen Erblasser kann sein gesetzlicher Vertreter den Erbvertrag anfechten; steht der Erblasser unter elterlicher Sorge oder Vormundschaft, ist die Genehmigung des Familiengerichts erforderlich, ist der gesetzliche Vertreter ein Betreuer, die des Betreuungsgerichts.
(3) Die Anfechtungserklärung bedarf der notariellen Beurkundung.

Der Erblasser, auch der in der Geschäftsfähigkeit beschränkte, muss **persönlich** handeln und die Anfechtung 1
erklären (**I**). Der Gedanke des § 107 gilt nicht. Bei Betreuung (§ 1896) unterfällt die Anfechtung nicht dem
Betreuungsvorbehalt (§ 1903 II). Für **Geschäftsunfähige** (§ 104) verlangt **II** für die Anfechtung durch den
gesetzlichen Vertreter, dem die Vermögensverwaltung zusteht, die Genehmigung des Familien- bzw Betreuungsgerichts. Das Recht zur Selbstanfechtung ist nicht vererblich.
Der **Form**zwang (**III**) umfasst nur die Anfechtungserklärung des Erblassers bzw seines Vertreters nach II ggü 2
dem Vertragsgegner oder Nachlassgericht (§ 2281 II), nicht die anderer Personen (BayObLG FamRZ 83, 1275,
1277). Sie muss in Urschrift oder in Ausfertigung zugehen (§ 130). Eine beglaubigte Abschrift genügt nicht
(BGH NJW 60, 33; 81, 2299; 95, 2217; aA Soergel/*Wolf* Rz 4). Zur Geltung beim gemeinschaftlichen Testament s. § 2271 Rn 3.

§ 2283 Anfechtungsfrist. (1) Die Anfechtung durch den Erblasser kann nur binnen Jahresfrist erfolgen.
(2) ¹Die Frist beginnt im Falle der Anfechtbarkeit wegen Drohung mit dem Zeitpunkt, in welchem die Zwangslage aufhört, in den übrigen Fällen mit dem Zeitpunkt, in welchem der Erblasser von dem Anfechtungsgrund Kenntnis erlangt. ²Auf den Lauf der Frist finden die für die Verjährung geltenden Vorschriften der §§ 206, 210 entsprechende Anwendung.
(3) Hat im Falle des § 2282 Abs. 2 der gesetzliche Vertreter den Erbvertrag nicht rechtzeitig angefochten, so kann nach dem Wegfall der Geschäftsunfähigkeit der Erblasser selbst den Erbvertrag in gleicher Weise anfechten, wie wenn er ohne gesetzlichen Vertreter gewesen wäre.

A. Anfechtungsfrist. Der **Erblasser** kann nur innerhalb der **einjährigen** Ausschlussfrist (**I**), der Vertrags- 1
partner seine Annahmeerklärung gem §§ 119, 123 innerhalb der Frist der §§ 121, 124 anfechten. Für Anfechtungsberechtigte gem § 2080 gilt § 2082. Eine Fristversäumung ist **vAw** zu beachten. **Berechnung**: §§ 187 ff.

B. Fristbeginn (Abs 2). Die Frist beginnt bei Anfechtung des Erblassers wegen Drohung (§ 2078 II Alt 2) mit 2
Beendigung der Zwangslage (§ 124 Rn 4), ansonsten ab Kenntnis vom Anfechtungsgrund. Kenntnis meint, dass der Erblasser über alle wesentlichen Tatsachen informiert ist, um die Sachlage richtig beurteilen zu können (Frankf FamRZ 98, 194, 195). Eine bestimmte Überzeugung des Erblassers als innere Tatsache wird idR auf äußeren Vorfällen aufbauen (BGH WM 73, 974, 975). Ein Rechtsirrtum ist nur beachtlich, wenn er die Unkenntnis einer die Anfechtung begründenden Tatsache zur Folge hat (BayObLG NJW-RR 97, 1027). Demnach beginnt die Frist nicht, glaubt der Erblasser irrtümlich, der Erbvertrag sei unwirksam, zB bereits angefochten worden (BayObLG FamRZ 92, 1102). Der Irrtum ist unbeachtlich, wird über die rechtliche Beurteilung eines Anfechtungstatbestandes selbst (BGH NJW 70, 279) oder über die rechtlichen Voraussetzungen des Anfechtungsrechts geirrt. Für die **Hemmung** gelten §§ 206, 210 entspr (**II 2**).
Der Anfechtungsgegner hat den Ausschluss des Anfechtungsrechts durch Fristablauf als rechtsvernichtende 3
Tatsache zu **beweisen** (hM; BayObLG FamRZ 95, 1024, 1025; 01, 1254; Ddorf FamRZ 07, 1272, 1275). Der Erblasser muss entspr Behauptungen aber substantiiert bestreiten. Sonst gilt § 138 III ZPO.

§ 2284 Bestätigung. ¹Die Bestätigung eines anfechtbaren Erbvertrags kann nur durch den Erblasser persönlich erfolgen. ²Ist der Erblasser in der Geschäftsfähigkeit beschränkt, so ist die Bestätigung ausgeschlossen.

A. Bestätigung. Die Bestätigung ist eine einseitige, nicht empfangsbedürftige, formlose Erklärung (§ 144 II; 1
BayObLG NJW 54, 1039; aA R/B/M/*Mayer* Rz 9), auf das Anfechtungsrecht zu verzichten. Sie ermöglicht es dem Erblasser zu verhindern, dass nach seinem Tode wegen des Anfechtungsgrundes angefochten wird (vgl § 144 I; s. dort Rn 1, 4). Nur die ihm bekannten Anfechtungsgründe werden von seiner Bestätigung erfasst. **Beweisen** muss die Bestätigung, wer die Anfechtung für unwirksam hält.

B. Berechtigter. Vertragsmäßige Verfügungen kann zu seinen Lebzeiten **nur der Erblasser selbst** bestätigen. 2
Einseitige Verfügungen kann er widerrufen, nicht anfechten, also nicht bestätigen. Grds kann nur der voll geschäftsfähige Erblasser bestätigen. **2** ist aber entspr § 2275 II, III einzuschränken. Der Schutz des beschränkt Geschäftsfähigen vor den Folgen einer Bestätigung sollte nicht weiter reichen als vor den Folgen des Abschlusses des Erbvertrags (MüKo/*Musielak* Rz 6; Soergel/*Wolf* Rz 3; aA Palandt/*Edenhofer* Rz 1).

§ 2285 Anfechtung durch Dritte. Die in § 2080 bezeichneten Personen können den Erbvertrag auf Grund der §§ 2078, 2079 nicht mehr anfechten, wenn das Anfechtungsrecht des Erblassers zur Zeit des Erbfalls erloschen ist.

A. Anfechtungsrecht Dritter. Dritte, denen die Aufhebung unmittelbar zustatten kommt (2279 I, 2080 I), 1
können den Erbvertrag gem §§ 2078, 2079 nach dem Tod des Erblassers in der Frist des § 2082 aufgrund **eigenen** Rechts anfechten. Die Anfechtung der Erbeinsetzung oder von Auflagen ist ggü dem Nachlassgericht

§ 2286 Verfügungen unter Lebenden

zu erklären (§ 2081 I, III), die Anfechtung von Vermächtnissen ggü dem Bedachten (RGZ 143, 350, 353). Die Erklärung ist nicht an eine Form gebunden. Auf wechselbezügliche gemeinschaftliche Testamente (§ 2270) ist § 2285 entspr anwendbar (KG FamRZ 68, 219), gilt aber **nicht** für einseitige Verfügungen des Erblassers, die widerrufen werden können, oder für einseitige Verfügungen Dritter, die unmittelbar nach §§ 2078 ff anfechtbar sind. **Frist:** § 2082.

2 **B. Ausschluss des Rechts.** Das Anfechtungsrecht der Nächstberufenen ist nach § 2285 von dem des Erblassers **abhängig**. Bestätigt dieser in Kenntnis des Anfechtungsgrundes seine vertragsmäßige Verfügung (§ 2284), lässt er die Anfechtungsfrist verstreichen (§ 2283) oder verzichtet er vertraglich auf sein Anfechtungsrecht, entsteht das eigene Anfechtungsrecht Dritter nicht. Sie können insoweit nicht anfechten. Auch die Anfechtbarkeitseinrede des § 2083 besteht dann nicht (BGH NJW 89, 2885).

3 **C. Prozessuales.** Der Dritte ist nicht durch § 2285 gehindert, seine Anfechtung ganz oder zT auf Gründe zu stützen, die der Erblasser erfolglos vorgetragen hat, so dass gegen diesen rechtskräftig festgestellt wurde, dass sein geltend gemachtes Anfechtungsrecht nicht besteht. Durch das Urt erlischt dieses Recht nicht materiellrechtlich (BGH NJW 52, 419). Die Rechtskraft des Urt wirkt nicht gegen den Dritten gem § 325 ZPO, da dieser ein eigenes Recht geltend macht. Eine entspr Anwendung des § 2285 scheidet aus, da die Anfechtung durch den Dritten im Einklang mit der Handlung des Erblassers steht (AK/*Finger* Rz 5; Erman/*Schmidt* Rz 2; R/B/M/*Mayer* Rz 7; MüKo/*Musielak* Rz 6; aA Palandt/*Edenhofer* Rz 2; RGRK/*Kregel* Rz 4).

4 Die **Beweislast** dafür, dass das Anfechtungsrecht des Erblassers beim Erbfall erloschen war, trägt, wer behauptet, das Recht nach § 2285 sei nicht entstanden (Stuttg FamRZ 82, 1137, 1138). Der Anfechtungsgegner hat Fristablauf oder Bestätigung bzgl des Rechts des Dritten zu beweisen (BayObLG ZEV 95, 105, 106; Ddorf NJW-RR 07, 947, 958; BaumgLP/*Schmitz* Rz 1; aA MüKo/*Musielak* Rz 8).

§ 2286 Verfügungen unter Lebenden. Durch den Erbvertrag wird das Recht des Erblassers, über sein Vermögen durch Rechtsgeschäft unter Lebenden zu verfügen, nicht beschränkt.

1 **A. Verfügungsmöglichkeiten.** Durch den Erbvertrag hat der Erblasser sich nur in seiner Testierfreiheit, nicht in seiner Möglichkeit, über sein Vermögen ganz oder teilw durch **Rechtsgeschäft unter Lebenden** zu verfügen, beschränkt (Vor § 2284 Rn 1, 7). Auch kann er sich wirksam verpflichten. Er kann sich – grds formfrei – schuldrechtlich verpflichten, solche Verfügungen zu unterlassen („Verfügungsunterlassungsvertrag", vgl § 137; s.a. BGH NJW 54, 633, 634; 59, 2252, 2253; Köln ZEV 96, 23, 24). Dieser Vertrag, den beweisen muss, wer sich darauf beruft (vgl BGH NJW 63, 1602, 1603), kann wie auch andere ergänzende Vereinbarungen unter Lebenden mit dem Erbvertrag in derselben Urkunde verbunden werden (§ 34 II Hs 2 BeurkG; zum Ehevertrag § 2276 II). Er kann nach dem Willen der Parteien mit dem Erbvertrag ein einheitliches Rechtsgeschäft iSd § 139 darstellen (BGHZ 50, 72), muss dann aber die Form des § 2276 erfüllen (BGH NJW 62, 249, 250; weitergehend Staud/*Kanzleiter* Rz 16). Die Verpflichtung, lebzeitig Verfügungen zu unterlassen, kann nicht durch Vormerkung (vgl § 883; Ddorf FamRZ 03, 1230), aber durch Vertragsstrafen und Bürgschaften gesichert werden. Pflichtwidrigkeiten können dann Schadensersatzansprüche begründen, die eine Nachlassverbindlichkeit sind (BGH FamRZ 67, 470). Der Unterlassungsanspruch kann zu Lebzeiten des Erblassers Gegenstand einer eV sein (BGH DNotZ 62, 497).

2 Neben Rechtsgeschäften unter Lebenden kann der Erblasser durch **tatsächliche Handlungen** sowie durch **familienrechtliche Akte**, zB Eheschließung, Adoption oder Vaterschaftsanerkenntnis, auf sein Vermögen einwirken.

3 Auf wechselseitige Verfügungen in einem **gemeinschaftlichen Testament** ist § 2286 entspr anwendbar.

4 **B. Grenzen.** §§ 2287, 2288 wirken missbräuchlichen Verfügungen entgegen. Solche sind grds wirksam, auch wenn Beeinträchtigungsabsicht vorlag und sie unentgeltlich erfolgten. Es entstehen dann aber Ersatzansprüche gegen den Begünstigten. Nur unter ganz besonderen Umständen gelten §§ 138, 826 (Köln ZEV 96, 23, 24): Hohe Geldzuwendungen können wegen des verfolgten Zwecks und der Art und Weise des Vorgehens sittenwidrig sein (BGH NJW 89, 2389). Auch kann § 138 durch eine Schenkung, die bewusst einem Verfügungsunterlassungsvertrag zuwider läuft, erfüllt sein (BGH NJW 91, 1952). Die ältere Rspr erwog eine Nichtigkeit gem § 134 wegen Aushöhlung des Erbvertrags (BGH NJW 68, 2052, 2053 f), s. aber § 2287 Rn 8.

§ 2287 Den Vertragserben beeinträchtigende Schenkungen. (1) Hat der Erblasser in der Absicht, den Vertragserben zu beeinträchtigen, eine Schenkung gemacht, so kann der Vertragserbe, nachdem ihm die Erbschaft angefallen ist, von dem Beschenkten die Herausgabe des Geschenks nach den Vorschriften über die Herausgabe einer ungerechtfertigten Bereicherung fordern.
(2) Die Verjährungsfrist des Anspruchs beginnt mit dem Erbfall.

1 **A. Zweck/Anwendungsbereich.** Die Norm dient dem Schutz des Vertragserben, da dem Erblasser Rechtsgeschäfte unter Lebenden möglich bleiben (§ 2286) und er sein Vermögen beliebig mindern kann. Als Sonderregelung für Schenkungen regelt § 2287 diesen Fall abschließend. § 826 ist insoweit ausgeschlossen (BGH NJW 89, 2389). Für **rechtsgrundlose** Zuwendungen wird die Anwendung des § 2287 neben den

§§ 812 ff erwogen (MüKo/*Musielak* Rz 7). Beim pflichtteilsberechtigten Vertragserben kommt ein Anspruch nach § 2329 gegen den Beschenkten in Betracht. Zu § 138 vgl § 2286 Rn 4; BGH NJW 81, 1952. Der Anspruch aus § 2287 gehört nicht zum Nachlass, dh er muss von jedem Miterben in Höhe seiner Quote geltend gemacht werden. Im Erbvertrag kann der Anspruch uneingeschränkt **ausgeschlossen** werden (Köln ZEV 03, 76; München ZEV 05, 61, 63). Der Vertragserbe kann auf den Herausgabeanspruch **verzichten** (OHGE 2, 169) oder, entspr dem Erbverzicht in notarieller Form (§ 2348; vgl BGH NJW 89, 2618; aA RGZ 134, 325), in Schenkungen des Erblassers **einwilligen**.

Bei **gemeinschaftlichen Testamenten** ist § 2287 (auch § 2288) auf bindend gewordene wechselbezügliche Verfügungen entspr anwendbar (BGH NJW 82, 43), nicht jedoch, wenn der Ehegatte des Schenkers zur Zeit der Schenkung noch lebte, weil dann die wechselseitige Verfügung des Erblassers noch nicht bindend geworden war (BGH NJW 83, 1487; krit *v Dickhuth-Harrach* FamRZ 05, 322, 324 ff mwN). 2

B. Anspruchsberechtigter. Berechtigt ist der einzelne Vertragserbe. Er erwirbt den Anspruch mit **Anfall der Erbschaft**, mithin mit dem Tod des Erblassers (§§ 1922 I, 1942 I). Bei Ausschlagung der Erbschaft entfällt der Anspruch aus § 2287 rückwirkend (vgl § 1953). Ein vertraglicher Miterbe kann den nicht in die gesamthänderische Bindung fallenden Anspruch bei Teilbarkeit (sonst: § 432) des Gegenstandes nur zu einem seiner Erbquote entspr Bruchteil, nicht insgesamt geltend machen (§§ 741 ff, 420; vgl BGH NJW 89, 2389, 2391). 3

C. Anspruchsgegner. Der Anspruch richtet sich grds nur gegen den Beschenkten. Gegen den Erblasser bestehen grds keine Ansprüche (Vor § 2274 Rn 1). Ein Anspruch aus §§ 812 I 2, 818 f ist denkbar, zB, macht der Vertragserbe Aufwendungen auf ein Grundstück des Erblassers, das dieser vertragswidrig an Dritte veräußert. 4

D. Schenkung. Sie ist iSd §§ **516** ff zu verstehen (BGH NJW 82, 43; FamRZ 07, 1649). Trotz Beeinträchtigungsabsicht ist sie wirksam (BGH NJW 73, 240, 242). Sie muss nach dem Abschluss des Erbvertrags erfolgt sein. Sonst wäre kein Vertragserbe beeinträchtigt (Rn 7). Ob eine Schenkung vorliegt, beurteilt sich nach dem Zeitpunkt der Vornahme des Rechtsgeschäfts (BGH FamRZ 64, 431). Sie wird bei einem auffallenden Missverhältnis zwischen Leistung und Gegenleistung vermutet (BGH NJW 72, 1709 f; 82, 43; 92, 558). Die Zuwendung kann stammen aus dem Vermögensstamm und auch aus -erträgen oder Einkommen, doch ist hier Missbrauch (Rn 8) eher zu verneinen. **Keine** Schenkung, sondern Leihe ist die Einräumung eines unentgeltlichen schuldrechtlichen Wohnrechts (BGH FamRZ 07, 1649; aA *Mayer* ZEV 08, 192). 5

§ 2287 unterfallen auch die Schenkung unter Auflage und die **gemischte Schenkung** (BGH NJW 73, 240, 241), verschleierte Schenkung (BGH FamRZ 61, 72, 73), bei der die Gegenleistung nur vorgespiegelt wird, Ausstattungsschenkung (§ 1624 I), vollzogene (sonst: § 2289 I) Schenkung auf den Todesfall (§ 2301 II), Schenkungsversprechen § 518; Celle MDR 48, 142, 144; Soergel/*Wolf* Rz 4; aA MüKo/*Musielak* Rz 3), und unbenannte Zuwendungen an Ehegatten (hM BGH NJW 92, 564; NJW-RR 96, 133; FamRZ 07, 1649). Diese sind entgeltlich, wenn sie unterhaltsrechtlich geschuldet sind oder ihnen konkrete Gegenleistungen gegenüberstehen (BGH NJW 92, 564). Erfasst ist auch die Schenkung unter Nießbrauchsvorbehalt, da dieser keine Gegenleistung ist (BGH NJW 84, 121, 122). Der Wert von Renten als Gegenleistung wird nach § 14 I BewG (iVm vom BNF veröffentlichten Vervielfältigern), für Vereinbarungen bis zum 1.1.09 nach den Tabellen der Anl 9 zu § 14 aF BewG bestimmt (vgl BGH NJW-RR 89, 259). Die Übernahme einer Pflicht zur Hege und Pflege kann Unentgeltlichkeit ausschließen (Ddorf DNotZ 96, 652; Schlesw SchlHA 05, 373, 374). 6

E. Objektive Beeinträchtigung. Die Schenkung muss den Vertragserben objektiv beeinträchtigen, dh seinen potenziellen Anspruch aus dem Erbvertrag schmälern, indem sie den Nachlass vermindert. Nur insoweit die erbvertragliche Bindung reicht, will § 2287 den Vertragserben vor beeinträchtigenden Schenkungen schützen (BGH NJW 82, 43). Daran fehlt es, wenn die bindende Verfügung vTw zZ der Schenkung durch Anfechtung beseitigt werden kann (BGH ZEV 06, 505), ein Änderungsvorbehalt (§ 2289 Rn 6; Frankf ZEV 09, 393, 394 f) bzgl des Gegenstandes bestand (BGH WM 86, 1221), Nachlassverbindlichkeiten existierten, die einen verschenkten Gegenstand aufgezehrt hätten (BGH NJW 89, 2389, 2391), oder wenn der Vertragserbe durch die Schenkung einen gleichwertigen Ausgleichungsanspruch erlangt, zB gegen Miterben (§§ 2050, 2052), und der Ausgleich aus dem auseinander gesetzten Nachlass erfüllt werden kann (BGH FamRZ 89, 175). Insoweit ein Pflichtteilsanspruch in Höhe des Geschenks besteht und durch es gedeckt wird, besteht keine Beeinträchtigung (BGH NJW 84, 121), wegen der Möglichkeit der Aufhebung des Erbverzichts selbst dann nicht, wenn auf den Pflichtteil verzichtet wurde (hM BGH NJW 80, 2307; LG Aachen FamRZ 96, 61, 62). Der Anspruch aus § 2287 *geht dann nur auf das*, was *den Pflichtteil übersteigt* (BGH NJW 84, 121; Karlsr ZEV 00, 108). Die unentgeltliche Vereinbarung der Aufhebung eines Pflichtteilsverzichts ist keine Beeinträchtigung; im Einzelfall greift ggf § 242 (*Kanzleiter* DNotZ 09, 86, 90 f; aA *Mayer* ZEV 05, 176, 177). 7

F. Beeinträchtigungsabsicht. Diese subjektive Voraussetzung verlangt, dass der Erblasser dem Vertragserben den Vorteil aus der Erbeinsetzung ganz oder teilw entziehen will. Insoweit ist die vom G in § 2287 missbilligte Beeinträchtigung von dem Willen, in nach § 2286 zulässiger Weise zu verfügen, abzugrenzen (BGH NJW 92, 564, 565). Nicht entscheidend ist, ob die Beeinträchtigung das Hauptmotiv der Schenkung ist (Kobl NJW-RR 05, 883 f; aA noch BGH NJW 59, 2252, 2253). Es kommt iRe Interessenabwägung auf das objektive Kriterium eines lebzeitigen **Eigeninteresses** des Erblassers an der Schenkung an (BGH NJW 73, 240, 241 f; 76, 749, 751; 8

80, 2307; 84, 121). Liegt es vor, fehlt es an einem **Missbrauch** der verbleibenden Verfügungsbefugnis und der missbilligten Beeinträchtigungsabsicht (BGH NJW 82, 43; 92, 564, 566; Kobl NJW-RR 05, 883), so zB, wenn die Schenkung bei objektiver Betrachtung (BGH ZEV 05, 478, 480) trotz erbvertraglicher Bindung auch vom Vertragserben anzuerkennen und seine aus der Schenkung folgende Benachteiligung hinzunehmen ist (BGH NJW 80, 2307; 82, 1100). Erforderlich ist eine sittliche Verpflichtung ggü dem Beschenkten, zB eine von diesem oder ihm nahe stehenden Personen erbrachte besondere Leistung, Opfer oder Vermögenszusage (Köln FamRZ 92, 607; München ZEV 05, 61, 62). Das Eigeninteresse besteht, wenn die Schenkung der Altersversorgung des Erblassers (BGH NJW 76, 749; 80, 2307; 92, 2630; ZEV 96, 25; Köln ZEV 00, 106, 108; 317), wenn hier nicht Entgeltlichkeit gegeben ist, der Sicherung seiner Pflege und Versorgung (BGH NJW 76, 749; 82, 1100) bzw der seines Sohnes (BGH FamRZ 86, 980), oder der Bindung seiner (jüngeren) Ehefrau an ihn zur Pflege im Alter (BGH NJW 92, 2630, 2631) dient. Zu billigen sind Schenkungen an Pflichtteilsberechtigte, die auf ihr Erbrecht verzichtet hatten, soweit Verzichtsaufhebung nach § 2351 möglich gewesen wäre (BGH NJW 80, 2307; Rn 7). Bei einer Zweitehe sind übliche Schenkungen an den neuen Ehepartner anzuerkennen. Eine **Grenze** besteht, macht die Schenkung den Großteil des Nachlasses aus und ficht der Erblasser den Erbvertrag nicht nach §§ 2281, 2079 an (Kobl OLGZ 91, 235).

9 Bei unbenannten Zuwendungen unter Ehegatten genügt für § 2287 objektive Unentgeltlichkeit. Auf die Absicht kommt es hier nicht an (BGH NJW 92, 564; ZEV 96, 25). Anstands- und Pflichtschenkungen (§§ 534, 1624) **ermangelt** es des Eigeninteresses, wenn sie im Verhältnis zur wirtschaftlichen Lage des Schenkers jedes vernünftige Maß überschreiten (vgl BGH NJW 76, 749 ff; WM 80, 1366). **Kein** Eigeninteresse besteht, bezweckt die Schenkung lediglich eine Korrektur des Erbvertrags (BGH NJW 84, 121), zB wenn der Erblasser nach Vertragsschluss lediglich seine Vorstellungen ändert und einer anderen Person durch die Schenkung sein Vermögen zukommen lassen will (BGH NJW 80, 2307), auch, wenn er zu dem Beschenkten nunmehr enge persönliche Beziehungen entwickelt hat (Köln FamRZ 92, 607; Celle FamRZ 06, 1876), oder er die Gegenleistung des Vertragserben nicht mehr wünscht (Kobl NJW-RR 05, 883) oder durch die Schenkung eine Gleichbehandlung der Erben bezweckt (BGH ZEV 05, 478, 479; 06, 312; Celle FamRZ 03, 1971; vgl auch BGH NJW 80, 2307). Schwere Verfehlungen des Vertragserben begründen idR kein Eigeninteresse (Damrau/*Krüger* Rz 10; aA LG Gießen MDR 81, 582; München ZEV 05, 61, 62; Palandt/*Edenhofer* Rz 7); ggf ist dann nach § 2078 anzufechten oder nach § 2294 zurückzutreten (Kobl OLGZ 91, 235, 237).

10 **G. Herausgabe des Geschenks.** Die Herausgabe des Geschenks erfolgt aufgrund der Rechtsfolgenverweisung (RGZ 139, 22) nach Bereicherungsrecht (§§ 818–822). Der Herausgabeanspruch ist ein eigener Anspruch des Vertragserben bzw Schlusserben. Er entsteht mit dem Anfall der Erbschaft (Rn 3) und kann nicht in die Auseinandersetzung einbezogen werden (BGH FamRZ 92, 655). Er geht grds auf Herausgabe des Geschenks (§ 818 I), bei Unmöglichkeit auf Wertersatz (818 II), also bei noch nicht erfüllten Schenkungsversprechen auf Befreiung, bei teilweiser Unentgeltlichkeit auf Herausgabe des Geschenks gegen Erstattung der Gegenleistung, wenn der unentgeltliche Teil überwiegt (BGH FamRZ 61, 73; 64, 429), sonst auf die Wertdifferenz (BGH NJW 59, 1363; FamRZ 61, 73). Über die durch die Schenkung bewirkte Beeinträchtigung kann er seinem Umfang nach nicht hinausgehen. Der Beschenkte, der nicht verschärft haftet, kann sich auf den Wegfall der Bereicherung berufen (§ 818 III; vgl Prot V, 390–393). Verschärft ist die Haftung bei Kenntnis (§ 819) des Beschenkten, dh wenn er Tatsachen kennt, aus denen nach der Lebenserfahrung auf Bereicherungsabsicht zu schließen ist, oder bei Rechtshängigkeit (vgl § 818 IV iVm §§ 261, 253 ZPO). Über entspr Anwendung des § 822 ist ein Dritter ggf zur Herausgabe verpflichtet, da sein Interesse weniger schutzwürdig erscheint als das des Vertragserben (MüKo/*Musielak* Rz 21; aA Staud/*Kanzleiter* Rz 23). Ein Pflichtteilsberechtigter als Beschenkter kann Zahlung des Pflichtteils Zug um Zug gegen Herausgabe des Geschenks verlangen (BGH NJW 84, 121).

11 **H. Auskunft.** Behauptet der Vertragserbe schlüssig und substantiiert, nicht zur Ausforschung, die Voraussetzungen des § 2287, kann er vom Beschenkten nach Treu und Glauben (§ 242) Auskunft über den Umfang der Schenkung verlangen, soweit er auf sie angewiesen ist und sie den Beschenkten nicht unbillig belastet (BGH NJW 73, 1876; 86, 1755). Auskunft über mögliche Gegenansprüche des Beschenkten kann er nicht verlangen (Zweibr FamRZ 05, 379).

12 **I. Nachlassgläubiger.** Der Anspruch aus § 2287 ist ein eigener des Vertragserben, der ihn originär erwirbt. Der Anspruch gehört nicht zum Nachlass (BGH NJW 89, 2389, 2391). Er kann nicht vom Testamentsvollstrecker kraft Amtes geltend gemacht werden (BGH NJW 80, 2461). Vom beschränkt (§§ 1945 ff) haftenden Vertragserben können Nachlassgläubiger nicht die Befriedigung aus dem Rückforderungsanspruch oder dem zurückgeforderten Geschenk verlangen; es gehört beim Erbfall nicht mehr zum haftenden Vermögen des Erblassers. Ihnen bleiben nur, die Schenkung nach §§ 129 ff InsO, §§ 3 ff AnfG anzufechten. Stehen Nachlassverbindlichkeiten offen, die ohne Aufzehrung des Geschenks nicht erfüllt werden könnten, fehlt es schon an *einer* objektiven Beeinträchtigung (Rn 7).

13 **J. Verjährung (Abs 2).** Ab dem 1.1.10 beginnt die dreijährige Verjährungsfrist (§ 195) mit dem Erbfall (Rn 3; nicht: ab Ende des Jahres) zu laufen. Den Übergang regelt Art 229 EGBGB. Auch konkurrierende Ansprüche, zB aus § 826, verjähren nach den Fristen der §§ 195, 199. Der Fristbeginn ist ggf unterschiedlich.

K. Prozessuales/Steuer. Die **Beweislast** für die Voraussetzungen des § 2287, insb die Unentgeltlichkeit der Zuwendung (Rn 5) und die Beeinträchtigungsabsicht, trägt der Vertragserbe (BGH NJW 76, 249; 80, 2307; 82, 43). Behauptet er, der Erblasser habe bei Schenkung kein Eigeninteresse gehabt, muss der Beschenkte schlüssig Tatsachen für das Eigeninteresse darlegen (BGH NJW 86, 1755; Köln ZEV 00, 106, 107), die der Vertragserbe dann zu widerlegen hat (Köln FamRZ 92, 607). Indiziert eine Urkunde des Erblassers den Schenkungscharakter einer Zuwendung, kann das zu einer Beweislast des Empfängers führen (Kobl FamRZ 05, 1280, 1281 f). Die Darlegungspflicht des Vertragserben steigt, je substantiierter die Behauptungen des Beschenkten sind. Wie der Anspruch des Vertragserben aus Erbvertrag (Vor § 2274 Rn 1) kann auch der potenzielle künftige Herausgabeanspruch nicht nach erfolgter Schenkung noch zu Lebzeiten des Erblassers durch Arrest oder einstweilige Verfügung gesichert werden (Celle OLGR 03, 123; Kobl MDR 87, 935 f). Kann dem Vertragserben sein Erbrecht nicht mehr einseitig entzogen werden, ist bei Vorliegen der allg Voraussetzungen Klage auf **Feststellung** (§ 256 ZPO) des Bestehens eines Herausgabeanspruchs gegen den Beschenkten zulässig (Kobl aaO; München FamRZ 96, 253 [in „seltenen Ausnahmefällen"]; *Hohmann* ZEV 94, 133, 135 f; aA Schlesw OLGR 03, 89; Erman/*Schmidt* Rz 6; MüKo/*Musielak* Rz 20; Staud/*Kanzleiter* Rz 18). 14

Das vom Vertragserben gem § 2287 vom Beschenkten Erlangte ist gem § 3 II Nr 7 ErbStG **erbschaftsteuerpflichtig** (BFH BStBl II 00, 587). Wird der Herausgabeanspruch auf ein Grundstück durch ein anderes Grundstück erfüllt, so ist der Verkehrswert anzusetzen (FG München EFG 07, 370). 15

§ 2288 Beeinträchtigung des Vermächtnisnehmers.

(1) Hat der Erblasser den Gegenstand eines vertragsmäßig angeordneten Vermächtnisses in der Absicht, den Bedachten zu beeinträchtigen, zerstört, beiseite geschafft oder beschädigt, so tritt, soweit der Erbe dadurch außerstande gesetzt ist, die Leistung zu bewirken, an die Stelle des Gegenstands der Wert.

(2) ¹Hat der Erblasser den Gegenstand in der Absicht, den Bedachten zu beeinträchtigen, veräußert oder belastet, so ist der Erbe verpflichtet, dem Bedachten den Gegenstand zu verschaffen oder die Belastung zu beseitigen; auf diese Verpflichtung findet die Vorschrift des § 2170 Abs. 2 entsprechende Anwendung. ²Ist die Veräußerung oder die Belastung schenkweise erfolgt, so steht dem Bedachten, soweit er Ersatz nicht von dem Erben erlangen kann, der in § 2287 bestimmte Anspruch gegen den Beschenkten zu.

A. Zweck. **I** schützt den vertraglich bindend bedachten Vermächtnisnehmer vor tatsächlichen Beeinträchtigungen des Erblassers, indem er gegen den Erben Verschaffungs- bzw Wertersatzansprüche gewährt: Ein Vermächtnis, das kein Verschaffungsvermächtnis (§ 2170) ist, wird wegen I nicht unwirksam, wenn der vermachte Gegenstand aus dem Nachlass ausscheidet (s. § 2169 I, s.a. §§ 2265, 2171). Die erbvertragliche Bindung wird nicht beseitigt (Prot V, 404); zum Wertersatz beim Forderungsvermächtnis vgl § 2173. **II** schützt vor Beeinträchtigungen durch grds wirksame (BGH NJW 58, 547) Veräußerungen und Belastungen des vermachten Gegenstandes. Bei schenkweiser Veräußerung oder Belastung kommt nachrangig ein Herausgabeanspruch gegen den Beschenkten gem §§ 2288 II 2, 2287 in Betracht. § 2288 kann im Erbvertrag ausgeschlossen werden. Dieses ist ggf durch Auslegung festzustellen (Köln ZEV 03, 76). 1

Auf **gemeinschaftliche Testamente** ist § 2288 entspr anwendbar. 2

B. Vertragsmäßig angeordnetes Vermächtnis. Das Vermächtnis berechtigt den vertragsmäßig wirksam Bedachten, vom Erben die Leistung des vermachten Gegenstandes zu fordern (§ 2174). Diese Forderung fällt ihm mit dem Erbfall (§§ 1922 I), dem Tod des Erblassers, an (§ 2177). § 2288 ist nicht auf Stückvermächtnisse beschränkt, sondern erfasst auch Geld- oder Verschaffungsvermächtnisse (BGH NJW 90, 2063). 3

C. Beeinträchtigungshandlungen. Neben den vom G in **I** genannten tatsächlichen Handlungen, die das Vermögen des Erblassers mindern, sind auch Verbrauch, Verarbeitung, Verbindung oder Vermischung durch Handlungen des Erblassers eingeschlossen (BGH NJW 94, 317). Zur ordnungsgemäßen Verwaltung oder zum Erhalt des Gegenstandes ist er aber nicht verpflichtet (BGH aaO). In der Lit wird eine Beschädigung durch Unterlassen für möglich erachtet (MüKo/*Musielak* Rz 2; *Siegmann* ZEV 94, 38, 39; aA AnwK/*Seiler* Rz 10). **II** erfasst die entgeltliche oder schenkweise Veräußerung oder Belastung des Gegenstandes (Kobl FamRZ 05, 1280, 1281). Verpflichtet sich der Erblasser in Beeinträchtigungsabsicht zur Veräußerung des Gegenstandes, bleibt das Vermächtnis entgegen § 2169 IV wirksam (BGH NJW 59, 2252, 2253 f). 4

D. Beeinträchtigungsabsicht. Vgl § 2287 Rn 8 f. Sie wird vermutet, verfügt der Erblasser in dem Bewusstsein, dem Vermächtnis die Grundlage zu nehmen (BGH NJW 84, 731, 732). Lebzeitiges Eigeninteresse des Erblassers kann § 2288 aber entgegenstehen (BGH aaO; BGH NJW-RR 98, 577, 578). Es liegt vor, wenn es sich gerade auf Veräußerung des vermachten Gegenstandes richtet und der anerkennenswerte Zweck nicht anders erreichbar ist (BGH NJW 84, 731). 5

E. Rechtsfolge. Der Anspruch geht gegen den Erben bzw die Erbengemeinschaft (BGH NJW 58, 547), und zwar auf Wiederherstellung oder -beschaffung (**I**), ist sie unmöglich, auf Ersatz des Verkehrswerts bei Vermächtnisanfall (§ 2176). Nach **II** ist dem Vermächtnisnehmer unabhängig davon, ob er beschwert ist, der Gegenstand zu verschaffen oder die Belastung zu beseitigen. Ist dies unmöglich, ist Wertersatz (§ 2170 II 1) 6 zu leisten. Bei schenkweiser Verfügung oder Belastung steht dem Bedachten nach II 2 subsidiär gegen den Beschenkten über § 2287 I ein Herausgabeanspruch nach §§ 818–822 zu (vgl BGH NJW 90, 2063).

§ 2289 Wirkung des Erbvertrags auf letztwillige Verfügungen; Anwendung von § 2338.

(1) ¹Durch den Erbvertrag wird eine frühere letztwillige Verfügung des Erblassers aufgehoben, soweit sie das Recht des vertragsmäßig Bedachten beeinträchtigen würde. ²In dem gleichen Umfang ist eine spätere Verfügung von Todes wegen unwirksam, unbeschadet der Vorschrift des § 2297.
(2) Ist der Bedachte ein pflichtteilsberechtigter Abkömmling des Erblassers, so kann der Erblasser durch eine spätere letztwillige Verfügung die nach § 2338 zulässigen Anordnungen treffen.

1 **A. Zweck.** I 1 schützt den Vertragspartner in Parallele zu § 2258 I davor, dass seine Rechte durch frühere letztwillige Verfügungen des Erblassers ausgehöhlt werden. I 2 ist Ausdruck der erbvertraglichen Bindung (BGH NJW 58, 498; Köln NJW-RR 94, 651, 652), die spätere, beeinträchtigende Verfügungen vTw der vertragsmäßigen Verfügung vTw ausschließt. Der Erbvertrag verschafft dem Bedachten zwar nur eine tatsächliche Erwerbsaussicht. Der Erblasser kann weiterhin über Nachlassgegenstände verfügen (§ 2286; vgl BGH NJW 68, 2052, 2053). Insb vollzogene Schenkungen vTw fallen nicht unter § 2289 (§ 2287 Rn 4 f). Auch familienrechtliche Geschäfte wie die Eingehung einer Ehe bleiben möglich (§ 2286 Rn 2). Der Erblasser hat aber durch den Erbvertrag seine Testierfreiheit iRd getroffenen **vertraglichen** Verfügungen vTw beschränkt (Vor § 2274 Rn 1). II 2 ermöglicht bei pflichtteilsberechtigten Abkömmlingen im Interesse der Familie Beschränkungen in guter Absicht gem § 2338 (Rn 12).

2 **B. Erbvertrag.** Die Wirkung des § 2289 setzt eine **vertragliche** Verfügung (§ 2278 Rn 1) – für einseitige gelten §§ 2258, 2299 – in einem **wirksamen** Erbvertrag voraus. Sie tritt nicht ein, wird der Erbvertrag mit Wirkung *ex tunc* angefochten (§§ 2281 ff). Wird er aufgehoben (§§ 2290 ff) oder durch Rücktritt beseitigt (§§ 2293), wird eine nach § 2289 I 1 durch den Erbvertrag aufgehobene letztwillige Verfügung entspr §§ 2257, 2258 II iVm § 2279 I wieder wirksam, es sei denn, sie ist im Erbvertrag widerrufen worden (§§ 2253 ff iVm § 2299 II; BGH NJW 04, 3558, 3559). Ist im Einzelfall nicht ein anderer Wille des Erblassers festzustellen, wird auch seine letztwillige Verfügung wieder wirksam, wenn der Erbvertrag, der sie aufhob, danach gegenstandslos wird, zB durch Vorversterben des Bedachten, Ausschlagung oder Verzicht (KG JFG 5, 181, 183; Zweibr FamRZ 99, 1545; Jauernig/*Stürner* Rz 4; Palandt/*Edenhofer* Rz 4, 6; *Schlüter* ErbR Rz 274; aA BaRoth/*Litzenburger* Rz 3; *Keim* ZEV 99, 413, 414 f; *Kummer* ZEV 99, 440 f).

3 **C. Wirkung.** Die **vertragliche** Verfügung hebt eine **frühere** letztwillige Verfügung des Erblassers auf, soweit diese das Recht des Bedachten beeinträchtigt, also seine aufgrund der bindenden vertragsmäßigen Verfügung mit dem Erbfall erlangte Rechtsstellung mindert, beschränkt, belastet oder gegenstandslos macht (Hamm OLGZ 74, 378). Im Ergebnis macht es keinen Unterschied, wenn dabei statt auf eine rechtliche (R/B/M/*Mayer* Rz 16; MüKo/*Musielak* Rz 10; Staud/*Kanzleiter* Rz 7) auf eine wirtschaftliche Sicht (Palandt/*Edenhofer* Rz 2; Soergel/*Wolf* Rz 3) abgestellt wird. Ein Widerspruch zwischen der vertraglichen und einer anderen Verfügung bedeutet immer eine Beeinträchtigung (Palandt/*Edenhofer* Rz 2). Im Unterschied zu § 2258 I kann eine vorausgehende Verfügung auch beeinträchtigen, wenn sie dem Erbvertrag nicht widerspricht (BGH NJW 58, 498; MüKo/*Musielak* Rz 11). Eine Beeinträchtigung liegt zB vor, ordnete der Erblasser zuvor Vermächtnisse, Auflagen (*Lange/Kuchinke* § 25 VI 2c Fn 209), Testamentsvollstreckung (BGH NJW 62, 912; München ZEV 08, 340, 341), wertverschiebende Teilungsanordnungen (BGH NJW 62, 912; Braunschw ZEV 96, 69, 70) oder Einsetzung eines Schiedsrichters (str; Hamm NJW-RR 91, 455, 456) an. **Nicht** beeinträchtigt die bloße Auswechselung der Person des Testamentsvollstreckers (Ddorf FamRZ 95, 123), wenn nicht ausnahmsweise im Einzelfall wegen der konkreten Personen der Wechsel eine messbare Schlechterstellung des Bedachten bedeutet (KG ZEV 10, 40, 42).

4 § 2289 I 1 wirkt **nicht** auf Verfügungen, die der Erblasser nicht einseitig aufheben kann. Die Wirkung tritt nicht ein, wenn die frühere, zeitlich vor dem Erbvertrag getroffene Verfügung ein wechselbezügliches gemeinschaftliches Testament (vgl § 2271) oder ein Erbvertrag ist. Dann bewirkt diese Verfügung die Unwirksamkeit des zeitlich nachfolgenden Erbvertrags (§§ 2271, 2289 I 2; Rn 5), soweit die Beeinträchtigung reicht. Das gilt nicht, wollten die Vertragspartner mit dem späteren Erbvertrag die frühere Verfügung ersetzen, also aufheben (§ 2290). Wollten sie sie aufrechterhalten und kommt dieses im Erbvertrag zum Ausdruck, ist die spätere erbvertragliche Verfügung insoweit eingeschränkt. Auch wenn in der Erbvertragsurkunde zugleich einseitig Anordnungen getroffen werden (§ 2299), die die vertragsmäßigen Verfügungen einschränken, sind diese von vornherein eingeschränkt, da sie der andere Vertragspartner kennt und ggf widersprochen hätte (Ddorf FamRZ 95, 123; MüKo/*Musielak* Rz 5). Die erbvertragliche Bindungswirkung entfällt insoweit ein wirksamer Zuwendungsverzicht vorliegt (§ 2352; München Rpfleger 05, 668).

5 *Zeitlich* **nachfolgende**, beeinträchtigende (Rn 3) Verfügungen vTw (Testament oder Erbvertrag) sind nach I 2 unwirksam, wenn sie nicht vorbehalten sind (Rn 6 ff). Das Zeitverhältnis wird sich aus dem Datum der Errichtung (vgl § 9 II BeurkG) ergeben. Verfügungen vTw, die die Rechtsstellung des Bedachten verbessern, bleiben möglich. Ein Hofübergabevertrag steht hinsichtlich der Auswahl des Hofnachfolgers einer Verfügung vTw (vgl §§ 7 I 1, 17

HöfeO) gleich (Celle RdL 05, 78, 79; Schlesw SchlHA 05, 373, 374). Die Hofeigenschaft kann aber durch eine Erklärung nach § 1 IV HöfeO beseitigt und so die Unwirksamkeitsfolge des I 2 vermieden werden (aaO).

D. Änderungsvorbehalt. I. Gestaltungsmöglichkeiten. Durch Vorbehalt kann der Erblasser dem Umfang der bindenden Wirkung seiner vertragsmäßigen Verfügung Grenzen setzen und sich teilweise seine Freiheit, abw einseitig zu testieren, bewahren (BGH NJW 82, 441; Stuttg ZEV 03, 79; zur Gestaltung *Keim* ZEV 05, 365 ff; NJW 09, 818 f). Der Gesetzgeber (Mot V, 332) hat vertragsmäßigen Vorbehalten grds keine Schranken gesetzt und so einem praktischen Bedürfnis entsprochen (R/B/M/*Mayer* § 2278 Rz 14 f). 6

II. Grenzen. Ein Vorbehalt, der dem Erblasser die Beseitigung sämtlicher vertragsmäßigen Verfügungen eröffnet, widerspricht als Totalvorbehalt dem Wesen des Erbvertrags, der ohne Bindungswirkung (Vor § 2274 Rn 1) inhaltslos wäre. Der Erbvertrag muss iRe ganzheitlichen Betrachtung wenigstens eine den Erblasser bindende Verfügung iSv § 2278 II enthalten (BGH NJW 82, 441, 442; BayObLG FamRZ 97, 1430; Stuttg FamRZ 04, 407; aA *v Lübtow* I, 426 f). Diese Bindungswirkung unterscheidet ihn vom Testament. Daher ist ein Änderungsvorbehalt nur zulässig, wenn seine Ausübung nur unter genau bestimmten Voraussetzungen möglich oder inhaltlich beschränkt ist, so dass Willkür des Erblassers ausgeschlossen und er insoweit in seiner Testierfreiheit beschnitten ist (München ZEV 07, 33 m Anm *Musielak* aaO 245; FGPrax 08, 254, 256; R/B/M/*Mayer* § 2278 Rz 26). Die weitergehende Einschränkung, eine vorbehaltslose, bindende Anordnung müsse zum Inhalt einer vertragsmäßigen Verfügung iSv § 2278 II gemacht werden können (MüKo/*Musielak* § 2278 Rz 18, 20), hat die Rspr nicht aufgenommen. Neben Abgrenzungsproblemen im Einzelfall (R/B/M/*Mayer* § 2278 Rz 25; *Herlitz* MittRhNotK 96, 153, 157) wird eingewandt, § 2278 II bestimme nur die Art möglicher Verfügungen, nicht ihren Umfang (*Mayer* DNotZ 90, 755, 765 Fn 62). § 2065 steht einem Änderungsvorbehalts zu Gunsten des Längstlebenden nicht entgegen, da dieser nicht Dritter ist. Soll die Bindungswirkung vermieden werden, bietet sich ein Rücktrittsvorbehalt (§ 2293) an (s. Rn 8). 7

Der Totalvorbehalt, der die erbvertragliche Bindung unzulässig einschränkt, lasse nach Einigen die erbvertragliche Bindung bestehen und könne in einen Rücktrittsvorbehalt **umgedeutet** werden (BayObLG FamRZ 89, 1353, 1354; *Lange/Kuchinke* § 25 IV 4). Dann wäre § 2296 zu beachten. Es wird aber idR eine falsch bezeichnete einseitige, testamentarische Verfügung iSv § 2299 vorliegen (R/B/M/*Mayer* § 2278 Rz 34; DErbK/ *Burandt* § 2278 Rz 11). Für einen sonstigen Änderungsvorbehalt richtet sich nach §§ 2085 iVm 2279 I, ob die Verfügung, auf die er sich bezieht, wirksam bleibt. Bei nichtigen vertragsmäßigen Verfügungen ist § 2298 zu beachten (MüKo/*Musielak* § 2278 Rz 24). 8

III. Form. Der Vorbehalt bedarf der Form des Erbvertrags (§ 2276), da er die vereinbarte Bindung der Verfügung vTw bestimmt (BGH NJW 58, 498, 499; Köln NJW-RR 94, 661, 663; Hamm FamRZ 96, 636, 637). Ausnahmsweise kann die Auslegung (§§ 133, 157) des Erbvertrags einen stillschweigend vereinbarten Vorbehalt ergeben (BGH NJW 58, 498, 499; 89, 2618; BayObLGZ 99, 46, 52 f), wenn dieser im Wortlaut des Vertrags angedeutet ist (BayObLG FamRZ 95, 889; Hamm FamRZ 96, 636, 637). Die Ausübung ist formlos möglich (BayObLG aaO; s.a. *Keim* ZEV 05, 365, 369). 9

IV. Einzelfälle. Vorbehalten kann werden bei einem Ehegattenvertrag in Form des Berliner Testaments (vgl § 2280) die Änderung der Schlusserbeneinsetzung, wenn die gegenseitige Einsetzung der Ehegatten unbedingt ist (BGH WM 86, 1221 f; BayObLG FamRZ 00, 1252, 1253), ansonsten, dass ein überlebender Ehegatte das Vermögen zwischen gemeinsamen Kindern, auch unter Änderung der Erbquote, umverteilen kann (BayObLG FamRZ 89, 666; 92, 724; 96, 898; Kobl FamRZ 97, 1247), soweit er nicht einen Erben mit der Quote null bedenkt (Ddorf ZEV 07, 275), dass ein Erblasser zu einer bestimmten Quote noch weitere Erben berufen (BGH NJW 58, 498 f), dass er trotz Einsetzung einer Person als Erbe über einzelne Gegenstände durch Anordnung von Vermächtnissen verfügen darf (Ddorf OLGZ 66, 68, 70), soweit die Erbeinsetzung dadurch nicht ausgehöhlt wird (vgl Stuttg FamRZ 04, 407), dass er Testamentsvollstreckung anordnen (Stuttg OLGZ 79, 49, 51) oder beim Eintritt genau bestimmter, gerichtlich nachprüfbarer sachlicher Voraussetzungen Änderungen vornehmen kann (Kobl DNotZ 98, 218, 219), dass der Überlebende den bindend eingesetzten Schlusserben mit einem Wohnungs- oder Nießbrauchsvermächtnis zugunsten eines neuen Ehegatten belasten (R/B/M/*Mayer* § 2278 Rz 32) oder bestimmte Personen nicht bedenken darf (BGH WM 86, 1222; R/B/M/*Mayer* aaO; aA MüKo/*Musielak* § 2278 Rz 18). 10

E. Einverständnis des Vertragspartners. Das Einverständnis des anderen Vertragschließenden schließt nur dann die Unwirksamkeitsfolge des § 2289 I 2 aus, wenn erbrechtliche Formen eingehalten wurden, also die der Vertragsaufhebung (§§ 2290 IV, 2276; BayObLGZ 74, 401, 404). Die formlose Zustimmung eines Bedachten, der nicht Vertragspartner ist, ändert daran nichts (BGH NJW 89, 2618; Köln NJW-RR 94, 651, 652; *Ivo* ZEV 03, 58). Bei Ehegatten reicht die Form des gemeinschaftlichen Testaments (§ 2292), bei Vermächtnissen die einseitige notariell beurkundete Erklärung (§ 2291 II). Vor dem Erbfall kann ein Erbverzicht (§ 2348) erklärt werden oder der Bedachte mit dem Erblasser einen Zuwendungsverzichtsvertrag (§ 2352) schließen. Eine unwirksame Zustimmung kann nach dem Erbfall eine Teilausschlagung darstellen, wenn sie die Form der §§ 1944 f erfüllt (Soergel/*Wolf* Rz 14), oder in Ausnahmefällen gegen den Bedachten die Einrede der Arglist begründen (BGH NJW 89, 2618 f). Ansonsten kann der Bedachte ausschlagen (§§ 1944 ff, 2180). 11

12 F. Gesetzlicher Vorbehalt (Abs 2). II behält dem Erblasser die Möglichkeit vor, spätere beeinträchtigende letztwillige Verfügungen, die Anordnungen nach § 2338 enthalten, zu treffen. Dazu muss der Bedachte ein pflichtteilsberechtigter Abkömmling und sein späterer Erwerb wegen Verschwendung oder Überschuldung erheblich gefährdet (§ 2338 I) sein. Der Familie soll in guter Absicht das Vermögen erhalten werden können. Möglicher Gegenstand der Anordnung ist die ganze vertragsmäßige Zuwendung, nicht nur der Pflichtteilsanspruch. Zustimmung oder Wissen des Vertragspartners sind nicht nötig. Das Einverständnis des bedachten Abkömmlings wird quasi unwiderleglich unterstellt (KGJ 48, 144, 150). Ein vorheriger Verzicht des Erblassers auf das Recht aus § 2289 II ist wegen Sittenwidrigkeit nichtig (Damrau/*Krüger* Rz 5). Seine einseitige Verpflichtung, § 2289 II nicht anzuwenden, verstößt gegen § 2302.

§ 2290 Aufhebung durch Vertrag.
(1) ¹Ein Erbvertrag sowie eine einzelne vertragsmäßige Verfügung kann durch Vertrag von den Personen aufgehoben werden, die den Erbvertrag geschlossen haben. ²Nach dem Tode einer dieser Personen kann die Aufhebung nicht mehr erfolgen.
(2) ¹Der Erblasser kann den Vertrag nur persönlich schließen. ²Ist er in der Geschäftsfähigkeit beschränkt, so bedarf er nicht der Zustimmung seines gesetzlichen Vertreters.
(3) ¹Steht der andere Teil unter Vormundschaft, so ist die Genehmigung des Familiengerichts erforderlich. ²Das Gleiche gilt, wenn er unter elterlicher Sorge steht, es sei denn, dass der Vertrag unter Ehegatten oder unter Verlobten, auch im Sinne des Lebenspartnerschaftsgesetzes, geschlossen wird. ³Wird die Aufhebung vom Aufgabenkreis eines Betreuers erfasst, ist die Genehmigung des Betreuungsgerichts erforderlich.
(4) Der Vertrag bedarf der in § 2276 für den Erbvertrag vorgeschriebenen Form.

1 A. Aufhebungsvertrag. Der Erbvertrag oder einzelne vertragsmäßige Verfügungen (§ 2278 II) können wie grds jeder Vertrag durch Vertrag als *actus contrarius* aufgehoben (oder abgeändert oder ergänzt) werden. Für einseitige Verfügungen vgl § 2299 I, II 2. Eine vertragsmäßige Verfügung, durch die ein Vermächtnis oder eine Auflage angeordnet ist, kann der Erblasser durch Testament aufheben (§ 2291 I 1). Ehegatten können einen Erbvertrag durch gemeinschaftliches Testament aufheben (§ 2292). Ansonsten kann ein neuer, abw Erbvertrag der Parteien eine Aufhebung des älteren entspr § 2258 (BGH NJW 87, 901; BayObLG FamRZ 94, 190; 02, 1434) oder § 2290 (*Kipp/Coing* § 39 I 1) bedeuten. Zur Aufhebung durch Rücknahme aus der amtlichen Verwahrung s. § 2300 II iVm § 2256. Einen Zuwendungsverzicht (§ 2352) kann der Erblasser nur mit dem bedachten Dritten, nicht mit dem (bloßen) Vertragspartner vereinbaren, da hier § 2290 mit strengeren Formerfordernissen gilt. Er kann nicht auf das Recht aus § 2290 verzichten (§ 2302).

2 Der Aufhebungsvertrag kann **seinerseits** durch Vertrag aufgehoben werden. Dadurch werden die aufgehobenen erbvertraglichen Verfügungen wieder in Kraft gesetzt (Staud/*Kanzleiter* Rz 19). Daher gelten die §§ 2274–2276, nicht § 2290 (RGRK/*Kregel* Rz 10). Für die **Anfechtung** des Aufhebungsvertrags durch den Erblasser gelten die §§ 2078, 2281 ff als Regeln über Verfügung vTw (BaRoth/*Litzenburger* Rz 8; Erman/*Schmidt* Rz 5; Palandt/*Edenhofer* Rz 4; aA Soergel/*Wolf* Rz 10), die allg Anfechtungsregeln der §§ 119 ff, 142 ff nur, soweit die erbrechtlichen Normen Lücken lassen (MüKo/*Musielak* Rz 9). Die Anfechtung durch den nicht vTw Verfügenden richtet sich nach §§ 119 ff. Mit wirksamer Anfechtung ist der Erbvertrag wieder hergestellt (§§ 2257, 2279 I).

3 B. Vertragschließende. Nach dem Tod einer Partei ist Aufhebung nicht mehr möglich. Nur die Personen, die den Erbvertrag als höchstpersönliches Geschäft geschlossen haben, können ihn aufheben (I 2). Der **Erblasser**, auch der beschränkt geschäftsfähige, muss den Aufhebungsvertrag persönlich schließen (II, vgl § 2274 Rn 1). Weder bedarf er der Zustimmung des gesetzlichen Vertreters noch der Einwilligung des Gerichts bzw des Betreuers bei Betreuung mit Anordnung des EV (vgl § 1903 II). Der Erblasser, der durch den Erbvertrag von einer Verbindlichkeit befreit wird, soll insoweit nicht von seinem gesetzlichen Vertreter abhängig sein. Wird der Erblasser nach Abschluss des Erbvertrags geschäftsunfähig, kann dieser nicht mehr aufgehoben werden. Der **andere Vertragspartner**, der nicht auch selbst als Erblasser Verfügungen vTw trifft, kann sich vertreten lassen. Als beschränkt Geschäftsfähiger bedarf er wegen der Bedeutung des Aufhebungsvertrags der Zustimmung seines gesetzlichen Vertreters (§§ 107, 108), nach III 1, 2 zudem der Genehmigung des FamG bzw nach III 3 des BetreuungsG, wenn die Aufhebung zum Aufgabenkreis des Betreuers gehört (§§ 1896 II, 1903 I). III 2 schränkt das Erfordernis dieser Genehmigung ein, wenn die Vertragspartner unter elterlicher Sorge stehen und der Vertrag unter Ehegatten oder Verlobten (bzw Lebenspartnern oder Versprechenden, § 1 I, IV 1 LPartG) geschlossen wird. Bei mehrseitigen Erbverträgen müssen alle Vertragspartner, ggü denen er bindend ist, mitwirken. Der Bedachte, der nicht Vertragspartner ist, muss nicht zustimmen, da er nur eine tatsächliche Erwerbsaussicht hat (Vor §§ 2274 ff Rn 1, 3).

4 C. Form. Der Aufhebungsvertrag bedarf der Form des Erbvertrags (**IV iVm § 2276**). Die Form gilt auch für *Abänderungsverträge*, die ein älteres Recht eines vertragsmäßig Bedachten beeinträchtigen (*Keller* ZEV 04, 94). Formlose Zustimmung genügt nicht (BGH NJW 89, 2618). Wenn der Bedachte die Aufhebung arglistig verhindert, wird sie als vereinbart angenommen (RGZ 134, 325). Der Vertrag kann mit einer neuen Verfügung vTw oder einem Ehevertrag (§ 2276 II) verbunden werden. § 2277 und § 34 BeurkG gelten nicht.

D. Wirkung. Umfasst der Aufhebungsvertrag den ganzen Erbvertrag, treten mit ihm auch in ihm aufgenommene einseitige Verfügungen außer Kraft, sofern nicht ein anderer Wille des Erblassers anzunehmen ist (§ 2299 III). Die Aufhebung kann auch nur einzelne vertragsmäßige Verfügungen erfassen. Auch kann sie nur ihre Bindung beseitigen. Dann bleiben die ursprünglich vertragsmäßigen Verfügungen als einseitige bestehen. Die Urschrift des aufgehobenen Erbvertrags verwahrt der Notar und liefert sie beim Erbfall beim Nachlassgericht ab (§ 34 III 2 BeurkG; Ausn: § 45 II BeurkG). Anders als der zurückgenommene Erbvertrag (§ 2300 II) wird der aufgehobene eröffnet (§ 2300 Rn 3).

§ 2291 Aufhebung durch Testament.
(1) ¹Eine vertragsmäßige Verfügung, durch die ein Vermächtnis oder eine Auflage angeordnet ist, kann von dem Erblasser durch Testament aufgehoben werden. ²Zur Wirksamkeit der Aufhebung ist die Zustimmung des anderen Vertragschließenden erforderlich; die Vorschrift des § 2290 Abs. 3 findet Anwendung.
(2) Die Zustimmungserklärung bedarf der notariellen Beurkundung; die Zustimmung ist unwiderruflich.

A. Zweck. Für Vermächtnisse und Auflagen, nicht für Erbeinsetzungen, als vertragsmäßige Verfügungen vTw (§ 2278 II) eröffnet I einen einfacheren und kostengünstigeren Weg zur Aufhebung als § 2290. Das Aufhebungstestament des Erblassers kann in jeder für Testamente zulässigen Form errichtet werden, also zB eigenhändig (§ 2247). Der Vertragspartner muss nicht anwesend sein. Er wird durch I 2 geschützt. Seine erforderliche Mitwirkung spricht für den Vertragscharakter des Aufhebungstestaments (AnwK/*Seiler* Rz 2; *Keller* ZEV 04, 93, 94; aA MüKo/*Musielak* Rz 2).

B. Gegenstand. Gegenstand der Aufhebung durch Testament sind die genannten vertragsmäßigen Verfügungen (*Schumann* Rz 3); einseitige können ohne Zustimmung widerrufen werden (§§ 2299 II, 2253 I).

C. Zustimmung (Abs 1 S 2). Die Zustimmungserklärung ist eine einseitige, empfangsbedürftige Willenserklärung. Nach dem Tod des Erblassers kann sie nicht mehr erteilt werden (Hamm NJW 74, 1774, 1775). Das Zustimmungsrecht ist nicht vererblich. Vertretung des anderen ist möglich; § 2290 III ist zu beachten. Die Zustimmung kann analog §§ 182 ff vor Errichtung des Aufhebungstestaments oder nachfolgend erteilt werden. Ist sie im Erbvertrag bzgl aller vertragsmäßigen Verfügungen erteilt, fehlt es an der dem Erbvertrag wesentlichen Bindung. Dann liegt eine einseitige Verfügung vor (§ 2278 Rn 1).
Die **Form** (II) dient Beweiszwecken und gewährleistet die Information der Parteien (vgl § 17 BeurkG).

D. Widerruf. Der Erblasser kann bis zur Zustimmung des anderen die testamentarische Aufhebung nach §§ 2253 ff widerrufen (§ 2279 I iVm §§ 2257, 2258 II). Die vertragsmäßige Verfügung bleibt dann wirksam. Nach Zustimmung kann die Aufhebung mit Zustimmung des anderen Vertragspartners widerrufen werden (Palandt/*Edenhofer* Rz 3; aA MüKo/*Musielak* Rz 6); es gilt die Form des II. Die vertragsmäßige Verfügung wird dann wieder wirksam.

§ 2292 Aufhebung durch gemeinschaftliches Testament.
Ein zwischen Ehegatten oder Lebenspartnern geschlossener Erbvertrag kann auch durch ein gemeinschaftliches Testament der Ehegatten oder Lebenspartner aufgehoben werden; die Vorschriften des § 2290 Abs. 3 finden Anwendung.

A. Erbvertrag. Er muss bei Aufhebung (nur) zwischen den Ehegatten oder Lebenspartnern (§ 1 I LPartG) bestehen. Ist er einseitig oder wollen die Parteien nur die vertragsmäßigen Verfügungen eines Teils aufheben, muss der andere nur zustimmen.

B. Gemeinschaftliches Testament. Statt durch Aufhebungsvertrag (§ 2290) oder -verfügung mit Zustimmung (§ 2291 I) können die Parteien des Erbvertrags, die zum Aufhebungszeitpunkt Ehegatten (§ 2265) oder Lebenspartner (§§ 1, 10 IV LPartG) sind (BayObLG FamRZ 96, 566), den zwischen ihnen geschlossenen Erbvertrag durch gemeinschaftliches Testament aufheben. Es kann in jeder dafür zulässigen **Form** errichtet werden, also zB durch nicht Minderjährige (§ 2247 IV) eigenhändig (§ 2267). Einzeltestamente genügen nach hM mangels Errichtungszusammenhangs nicht (BayObLGZ 20, A 117, 118). Ehegatten oder Lebenspartner, die ihre vertragsmäßige Verfügung aufheben, müssen testierfähig sein (vgl § 2229). Verfügen sie nicht vTw, ist wegen der Verweisung auf § 2290 III bei beschränkt Geschäftsfähigen oder Betreuten Zustimmung des gesetzlichen Vertreters und ggf Genehmigung des FamGs erforderlich (R/B/M/*Mayer* Rz 10, 12). Nachträgliche Genehmigung des Ehegatten nach erlangter Geschäftsfähigkeit ist analog § 108 III möglich, solange der andere Ehegatte lebt und nicht widerrufen hat (MüKo/*Musielak* Rz 4). Ein eigenhändiges Testament minderjähriger Erblasser kann wegen § 2247 IV nicht durch Genehmigung wirksam werden (R/B/M/*Mayer* Rz 8 f).

C. Wirkung. Durch gemeinschaftliches Testament können der Erbvertrag insgesamt oder nur einzelne Verfügungen iSv § 2278 II (BayObLGZ 60, 192, 195 f) aufgehoben, geändert oder auch neue Verfügungen (BayObLG FamRZ 03, 1509, 1510) getroffen werden. Der übereinstimmende Wille kann ggf durch Auslegung festgestellt werden (BayObLG FamRZ 96, 566). Das gemeinschaftliche Testament kann den Erbvertrag auch zu einer einheitlichen Gesamterbregelung ergänzen (BGH NJW 87, 901; BayObLG FamRZ 03, 1509, 1510) oder zu ihm in ein wechselbezügliches Abhängigkeitsverhältnis treten (BayObLG FamRZ 85, 839, 841). Der Erbvertrag ist dann nur insoweit aufgehoben, als dass das spätere gemeinschaftliche Testament ihm widerspricht (BayObLGZ 87, 23).

4 **D. Beseitigung.** Die durch das gemeinschaftliche Testament aufgehobene vertragsmäßige Verfügung des Erbvertrags kann durch einseitigen Widerruf des Testaments nicht wieder in Kraft gesetzt werden (hM; R/B/M/*Mayer* Rz 17).

§ 2293 Rücktritt bei Vorbehalt.
Der Erblasser kann von dem Erbvertrag zurücktreten, wenn er sich den Rücktritt im Vertrag vorbehalten hat.

1 **A. Zweck.** Entspr historischen Vorbildern erlaubt das BGB dem Erblasser, sich den Rücktritt vom Erbvertrag vorzubehalten. Der Vorbehalt macht den Erbvertrag nicht zu einem Testament. Ähnliche Wirkungen können durch eine auflösende Bedingung (§ 158 II) erreicht werden (FA-ErbR/*Krause* Kap 2 Rz 199 ff).

2 **B. Vertraglicher Rücktrittsvorbehalt.** Im Vertrag muss der Rücktritt vorbehalten sein. Die Parteien können ihn aber auch in einem Nachvertrag vereinbaren. Enthält dieser nur einen Rücktrittsvorbehalt, gilt § 2290 II, nicht § 2275 I (MüKo/*Musielak* Rz 4). Das Rücktrittsrecht aus § 2293 kann mit anderen Worten bezeichnet werden („widerrufen", „aufheben"). Der Vorbehalt, abw letztwillige Verfügungen errichten zu können, wird idR einen Änderungsvorbehalt (§ 2289 Rn 6), nicht den Vorbehalt, vom ganzen Vertrag zurückzutreten, meinen (BayObLG FamRZ 89, 1353, 1354). Eine Wiederverheiratungsklausel in einem Ehegattenerbvertrag enthält idR einen (stillschweigenden) Rücktrittsvorbehalt des Überlebenden.

3 **C. Rücktrittsvorbehalt.** Er ist ein höchstpersönliches (§ 2296 I), nicht vererbliches Recht. Es erlischt mit dem Tod des Berechtigten (§§ 2065, 2279 I). Auch beim Tod des anderen Vertragspartners erlischt es im Zweifel beim gegenseitigen Erbvertrag bei Nichtausschlagung (§ 2298 II 2, III). Beim einseitigen Erbvertrag berührt der Tod nur die Form der Ausübung (§ 2297). Der Vorbehalt kann sich auf den ganzen Erbvertrag oder auf einzelne vertragsmäßige Verfügungen beziehen und auf bestimmte Fälle bezogen, bedingt oder befristet ausgestaltet sein (FA-ErbR/*Krause* Kap 2 Rz 195).

4 **D. Ausübung.** Der Rücktritt wird durch einseitige Erklärung ausgeübt. Die Form des § 2296 II oder § 2297 muss erfüllt werden. Der Erblasser kann den Rücktrittsvorbehalt nach seinem Ermessen und auch nur teilweise, aber nicht bedingt ausüben. Die Ausübung bedarf nicht der Zustimmung des anderen Vertragschließenden. Dieser kann ausschlagen. Ihm kann schuldrechtlich ein Rücktrittsrecht, zB bzgl seiner Verpflichtung zur Unterhaltsleistung (vgl § 2295), eingeräumt werden. Dieses richtet sich nach §§ 346 ff (RGRK/*Kregel* Rz 2). Für den Erblasser gelten die §§ 346 ff grds nicht.

5 **E. Einschränkungen.** Bei Rücktritt des Erblassers wegen nicht ordnungsgemäßer Pflichterfüllung kann nach Treu und Glauben eine vorherige Abmahnung erforderlich sein (Hamm DNotZ 99, 142 f), zB wenn der Vertragserbe den Erblasser nicht pflichtgemäß pflegt (BGH MDR 67, 993; Ddorf FamRZ 95, 58). Duldet der Erblasser (stillschweigend) das pflichtwidrige Verhalten und tritt nicht zurück, wird der Rücktritt unzulässig (Oldbg NdsRpfl 55, 191). Bei eindeutigen Pflichtwidrigkeiten ist keine Abmahnung nötig (BGH NJW 81, 2299).

6 **F. Wirkung.** Die vertragsmäßigen Verfügungen, auf die sich der **vorbehaltene** Rücktritt bezieht, werden mit Ausübung unwirksam. Andere im Vertrag enthaltene vertragsmäßige Verfügungen bleiben im Zweifel wirksam (§ 2279 I iVm § 2085). Werden alle vertragsmäßigen Verfügungen aufgehoben, gilt für die einseitigen § 2299 III. Vertragsmäßige Verfügungen vTw des Vertragspartners werden im Zweifel nach § 2298 II 1 aufgehoben. Tritt der Erblasser nur von einzelnen Verfügungen vTw zurück, gilt für vertragsmäßige und einseitige Verfügungen des Partners §§ 2085, 2279. Die Wirksamkeit mit dem Erbvertrag rechtlich zu einer Einheit verbundener Verträge nach Rücktritt richtet sich nach § 139; zur Weitergeltung eines verbundenen Ehevertrags (§ 2276 II) s. BGH NJW 59, 625. Rücktrittsrecht und -ausübung hat zu **beweisen**, wer sich auf den Rücktritt beruft.

§ 2294 Rücktritt bei Verfehlungen des Bedachten.
Der Erblasser kann von einer vertragsmäßigen Verfügung zurücktreten, wenn sich der Bedachte einer Verfehlung schuldig macht, die den Erblasser zur Entziehung des Pflichtteils berechtigt oder, falls der Bedachte nicht zu den Pflichtteilsberechtigten gehört, zu der Entziehung berechtigen würde, wenn der Bedachte ein Abkömmling des Erblassers wäre.

1 **A. Zweck.** Ist dem Erblasser eine Bindung an den Erbvertrag nicht mehr zumutbar und eine Belohnung des Bedachten unverdient, ermöglich ihm das G einen Rücktritt von einzelnen vertragsmäßigen Verfügungen zu Lebzeiten des anderen Vertragschließenden; nach dessen Tod gilt § 2297 mit Verweis in 2 auf § 2336 II–IV.

B. Verfehlung des Bedachten. Es muss eine Verfehlung iSd Pflichtteilsrechts des Bedachten sein, also als **2**
Abkömmling des Erblassers oder ein ihm nach § 2294 Gleichgestellter eine Verfehlung nach § 2333, als
Elternteil nach § 2334 oder als Ehegatte nach § 2335. Verfehlungen des bloß Annehmenden reichen nicht. Sie
müssen nach Abschluss des Erbvertrags begangen worden sein; wegen früherer kommt Anfechtung nach
§ 2281 iVm § 2078 in Betracht. Ein demnach unbegründeter Rücktritt kann in eine Anfechtung umzudeuten
(§ 140) sein (Palandt/*Edenhofer* Rz 1). Das Rücktrittsrecht entfällt, wenn **vor** Rücktrittserklärung Besserung
eingetreten ist (§ 2336 IV) oder der Erblasser verziehen (§ 2337 1) hat (MüKo/*Musielak* Rz 3). Es besteht nur
ggü demjenigen, der die Verfehlung begangen hat.

C. Ausübung. Nur der Erblasser persönlich (vgl § 2296), nicht seine Erben oder der Vertragspartner können **3**
zurücktreten. Das gesetzliche Rücktrittsrecht erlischt nicht mit dem Tod des Vertragspartners.

D. Form. §§ 2296, 2297 müssen beachtet werden. Die Angabe des Rücktrittsgrundes ist mangels Verweises **4**
auf § 2336 II unnötig.

E. Wirkung. Die erfasste vertragsmäßige Verfügung wird unwirksam. Der Rücktritt ist grds unwiderruflich. **5**

F. Prozessuales. Die Wirksamkeit des Rücktritts kann mit Feststellungsklage geltend gemacht werden (str, **6**
BGH FamRZ 85, 919; zur Widerklage Ddorf FamRZ 95, 58; einschr München FamRZ 96, 253). Die Darlegungs- und Beweislast für die Gründe der Pflichtteilsentziehung, zB ein Verbrechen oder schweres vorsätzliches Vergehen iSv § 2333 Nr 3, trägt der widerrufende Erblasser, die Feststellungslast für Rechtfertigungs-
oder Entschuldigungsgründe trägt zu Lebzeiten der Bedachte (BGH NJW 52, 700; 81, 745; FamRZ 85, 919).

§ 2295 Rücktritt bei Aufhebung der Gegenverpflichtung. Der Erblasser kann von einer vertragsmäßigen Verfügung zurücktreten, wenn die Verfügung mit Rücksicht auf eine rechtsgeschäftliche Verpflichtung des Bedachten, dem Erblasser für dessen Lebenszeit wiederkehrende Leistungen zu entrichten, insbesondere Unterhalt zu gewähren, getroffen ist und die Verpflichtung vor dem Tode des Erblassers aufgehoben wird.

A. Zweck. Das Gesetz räumt dem Erblasser, der sich im Zusammenhang mit seiner vertragsmäßigen Verfü- **1**
gung (§ 2278 II) eine rechtsgeschäftliche Verpflichtungen, zB Unterhaltsleistungen, versprechen ließ, ein
Rücktrittsrecht ein. Da zwischen den Zuwendungen kein Verhältnis von Leistung und Gegenleistung besteht,
sind die §§ 320 ff nicht anwendbar (Vor § 2274 Rn 2). Der Erblasser kann bei Nichterfüllung nicht nach den
§§ 323, 324 zurücktreten. § 2295 gibt ihm deshalb ein gesetzliches Rücktrittsrecht, wenn zu seinen Lebzeiten
die Verpflichtung des Bedachten aufgehoben wird.

B. Rechtsgeschäftliche Verpflichtung. Der Bedachte muss sich durch Rechtsgeschäft zu wiederkehrenden **2**
Leistungen, die bis zum Tod des Erblassers fortlaufen, verpflichtet haben (s. zB § 759). Nicht erforderlich
ist, dass dieses in einer mit dem Erbvertrag verbundenen Urkunde geschieht (vgl § 34 II BeurkG) oder dass
die Verträge eine rechtliche Einheit bilden (MüKo/*Musielak* Rz 2). Ist das aber der Fall, bedarf das Verpflichtungsgeschäft der Form des § 2276 I (hM). Ist der Bestand oder die Erfüllung der rechtsgeschäftlichen Verpflichtung des Bedachten (ggf stillschweigend, vgl Hamm DNotZ 77, 751) Bedingung (dazu Vor
§ 2274 Rn 2) für die Geltung des Erbvertrags, ist dieser nach § 158 II unwirksam, wenn die rechtsgeschäftliche Verpflichtung entfällt (BayObLG Rpfleger 76, 290). **Zusammenhang.** Die vertragsmäßige Verfügung
muss mit Rücksicht auf die rechtsgeschäftliche Verpflichtung getroffen sein (Hambg MDR 50, 615). Die
Vertragsteile müssen sich über die Zweckgebundenheit der erbvertraglichen Zuwendung und der rechtsgeschäftlichen Verpflichtung des Vertragspartners einig sein (München ZEV 09, 345, 346).

C. Lebzeitige Aufhebung der Gegenverpflichtung. Die Aufhebung der Verpflichtung oder ihr Wegfall muss **3**
zu **Lebzeiten** des Erblassers erfolgen. Der Rechtsgrund ist gleichgültig. Er kann im Rücktritt (KG FamRZ 05,
1573), Bedingungseintritt (§ 158 II), in Kündigung (Karlsr FamRZ 97, 1180), nachträglicher Unmöglichkeit
(§ 275) oder vertraglicher Vereinbarung mit dem Erblasser (MüKo/*Musielak* Rz 4) liegen. Auch wenn die Verpflichtung, ggf rückwirkend durch Anfechtung (§ 142 I), nichtig ist, ist § 2295 direkt oder analog anwendbar
(R/B/M/*Mayer* Rz 10; Palandt/*Edenhofer* Rz 2). Nach aA sei dann die vertragsmäßige Verfügung des Erblassers idR gem § 139 unwirksam (BGHZ 50, 63, 72; Erman/*Schmidt* Rz 5; MüKo/*Musielak* Rz 6).

D. Ausschluss. Bei **Nicht-, Schlechterfüllung oder Verzug** gelten **nicht** § 2295 oder § 326 (München ZEV **4**
09, 345, 346 f). Soweit kein Bedingungszusammenhang (BayObLG Rpfleger 76, 290; Vor § 2274 Rn 2) oder
ein einheitliches Geschäft iSv § 139 (vgl Hambg MDR 50, 615) besteht, kommt Anfechtung (§ 2078 II iVm
§ 2281) in Betracht (hM, Karlsr NJW-RR 97, 708, 709; Palandt/*Edenhofer* Rz 4). Manche halten bei Unzumutbarkeit eine Kündigung des Verpflichtungsgeschäfts durch den Erblassers gem § 314 für möglich, so dass
ein Rücktrittsrecht iSv § 2295 bestehe (R/B/M/*Mayer* Rz 14), oder gewähren bei entspr Verknüpfung einen
Anspruch auf Einwilligung in die Aufhebung des Erbvertrags nach § 812 I 2 Alt 2 (Staud/*Kanzleiter* Rz 8).

5 E. Ausübung des Rücktrittsrechts. Ausüben kann das Rücktrittsrecht nur der Erblasser. Die Form der §§ 2296, 2297 ist zu beachten. Ein formnichtiges Angebot, den Erbvertrag aufzuheben, kann in eine Rücktrittserklärung umzudeuten (§ 140) sein (Hamm DNotZ 77, 752).

6 F. Wirkung. Der Rücktritt ist bzgl der mit der Verpflichtung zusammenhängenden vertragsmäßigen Verfügungen möglich. Die Wirksamkeit weiterer vertragsmäßiger Verfügungen richtet sich nach §§ 2279 I, 2085, beim zweiseitigen Erbvertrag gilt **nicht** § 2298 II 1 (s. dort Rn 4). Der Bedachte kann von ihm erbrachte Leistungen vom Erblasser nach § 812 I 2 Alt 2 zurückfordern, insoweit die zugrunde liegende rechtsgeschäftliche Verpflichtung aufgehoben wird. Bei gesetzlicher Erbfolge kann ggf § 2057a greifen.

§ 2296 Vertretung, Form des Rücktritts.
(1) ¹Der Rücktritt kann nicht durch einen Vertreter erfolgen. ²Ist der Erblasser in der Geschäftsfähigkeit beschränkt, so bedarf er nicht der Zustimmung seines gesetzlichen Vertreters.
(2) ¹Der Rücktritt erfolgt durch Erklärung gegenüber dem anderen Vertragschließenden. ²Die Erklärung bedarf der notariellen Beurkundung.

1 A. Zweck. § 2296 regelt den Rücktritt vom Erbvertrag (§§ 2293–2295) zu Lebzeiten des anderen Vertragschließenden. Nach dessen Tod ist § 2297 einschlägig. Das Formerfordernis (**II 1**) dient Schutz- und Beweiszwecken. Das Rücktrittsrecht ist ein höchstpersönliches des Erblassers und nicht vererbbar. Vertretung im Willen oder der Erklärung ist ausgeschlossen (**I 1**). Ist der Erblasser beschränkt geschäftsfähig, bedarf er nicht der Zustimmung seines gesetzlichen Vertreters (**I 2**). Ist er geschäftsunfähig, ist Rücktritt ausgeschlossen (BayObLG FamRZ 96, 969); ggf kommt dann Anfechtung in Betracht. Bei Betreuung (§ 1896) unterliegt der Rücktritt nicht dem EV (§ 1903 II). Der Rücktritt ist grds unwiderruflich und bedingungsfeindlich (Stuttg DNotZ 79, 107, 109).

2 B. Rücktrittserklärung (Abs 2). Die Rücktrittserklärung (II 1) ist eine einseitige, empfangsbedürftige Willenserklärung. Sie kann sich durch Auslegung einer notariellen Erklärung ergeben (BGH FamRZ 85, 919). Sie muss jedem der anderen Vertragspartner zugehen (§ 349; BGH aaO) und notariell beurkundet sein (**II 2**); Protokollierung im Prozess genügt (§ 127a). Zustellung durch den GV (§§ 191 ff ZPO) nach § 132 ist nicht erforderlich, kann aber dem Beweis dienen. § 170 I 2 ZPO gilt nicht. Eine beglaubigte Abschrift genügt nicht (hM BGH NJW 60, 33; 95, 2217; Zweibr ZEV 05, 483). Eine abw Form kann nicht vereinbart werden (Hamm DNotZ 99, 142, 145). Ist der andere Vertragschließende abwesend (§ 130), muss die Erklärung ihm oder seinem gesetzlichen Vertreter (§ 131) in Urschrift oder Ausfertigung der notariellen Urkunde zugehen (FA-ErbR/*Krause* Kap 2 Rz 219). Bei unbekanntem Aufenthalt greift § 132 II 1 (KG FamRZ 06, 1563). Ein abw Testament ist mangels Zugangs kein Rücktritt. Der Zugang der Rücktrittserklärung darf nicht geplant und bewusst für einen Zeitpunkt nach dem Tod des Erblassers veranlasst werden (BGHZ 9, 233, 235; Celle NJW 64, 53, 54). § 130 II ist aber grds anwendbar (BGH NJW 89, 2885). Eine zeitliche Grenze besteht, wenn der andere Vertragschließende nicht mehr mit einem Rücktritt rechnen muss (BGH NJW 68, 496; Hamm FamRZ 91, 1486). Nach dem Tod des Vertragserben kann eine unwirksame Rücktrittserklärung nicht geheilt werden (Ddorf FamRZ 66, 48). Dann kommt ein Aufhebungstestament nach § 2297 in Betracht. **Kosten** der Beurkundung: § 46 II KostO; für die Bewirkung der Zustellung gilt § 30 I KostO (Hamm ZEV 09, 573).

3 C. Wirkung. Vertragsmäßige Verfügungen des Zurücktretenden werden unwirksam, soweit der Rücktritt reicht. Einseitige Verfügungen treten nach § 2299 III (s. dort Rn 3) im Zweifel außer Kraft. Vertragsmäßige Verfügungen des anderen Vertragschließenden werden nur bei vorbehaltenem Rücktritt unwirksam, § 2298 II 1, III. Bei der Ausübung eines gesetzlichen Rücktrittsrechts (§§ 2294, 2295) gelten für seine vertragsmäßigen Verfügungen §§ 2279, 2085.

§ 2297 Rücktritt durch Testament.
¹Soweit der Erblasser zum Rücktritt berechtigt ist, kann er nach dem Tode des anderen Vertragschließenden die vertragsmäßige Verfügung durch Testament aufheben. ²In den Fällen des § 2294 findet die Vorschrift des § 2336 Abs. 2 und 3 entsprechende Anwendung.

1 A. Zweck. Der Rücktrittsberechtigte kann beim einseitigen Erbvertrag auch nach dem Tod des anderen Vertragschließenden zurücktreten (1; zum gegenseitigen Erbvertrag s. § 2298 II 2, 3), doch ändert sich die Form: An die Stelle des § 2296 tritt die Aufhebung durch Testament nach § 2297. Die entspr Anwendung des § 2336 II–III in Fällen des § 2294 dient der Angabe und dem Beweis des Rücktrittsgrundes (BGH NJW 52, 700). Die für Erbfälle bis zum 1.1.10 geltende Fassung verwies auch auf § 2336 IV aF.

2 B. Rücktrittsberechtigung. Der Erblasser muss bei Errichtung des Testaments testierfähig und zum Rücktritt berechtigt sein (§§ 2293–2295). Unerheblich ist, ob der Rücktrittsgrund schon zu Lebzeiten des anderen Vertragschließenden entstand. Der Vertragspartner muss tot sein. Gibt es mehrere, setzt § 2297 voraus, dass sie alle nicht mehr leben; sonst gilt § 2296 II (*Reithmann* DNotZ 57, 527, 530). Verzeihung vor Rücktritt beseitigt das Recht zur Aufhebung (*Schumann* Rz 5).

C. Ausübung/Widerruf. Die Aufhebung kann ausdrücklich, aber auch dadurch erfolgen, dass der Erblasser neue widersprechende Verfügungen trifft (Soergel/*Wolf* Rz 2) oder Regelungen in einem neuen Testament bewusst nicht mit aufnimmt (Köln FamRZ 93, 242). Der Rücktritt nach § 2297 ist wie jedes Testament **widerruflich**. Mit Widerruf treten aufgehobene Verfügungen wieder in Kraft.   3

D. Verfehlung des Bedachten (§ 2294). In Fällen des § 2294 findet § 2336 II–III entspr Anwendung (§ 2297 2). Der Grund der Entziehung muss bei Errichtung des Testaments bestehen und darin angegeben werden; er ist ggf vom Erblasser zu beweisen. Eine spätere Verzeihung macht die Entziehung nicht unwirksam (§ 2336 IV), da § 2297 nicht auch auf § 2337 verweist (hM). Hier kommt eine neue Zuwendung durch Verfügung vTw oder ein Widerruf des Aufhebungstestaments (Rn 3) in Betracht.   4

§ 2298 Gegenseitiger Erbvertrag.
(1) Sind in einem Erbvertrag von beiden Teilen vertragsmäßige Verfügungen getroffen, so hat die Nichtigkeit einer dieser Verfügungen die Unwirksamkeit des ganzen Vertrags zur Folge.
(2) ¹Ist in einem solchen Vertrag der Rücktritt vorbehalten, so wird durch den Rücktritt eines der Vertragschließenden der ganze Vertrag aufgehoben. ²Das Rücktrittsrecht erlischt mit dem Tode des anderen Vertragschließenden. ³Der Überlebende kann jedoch, wenn er das ihm durch den Vertrag Zugewendete ausschlägt, seine Verfügung durch Testament aufheben.
(3) Die Vorschriften des Absatzes 1 und des Absatzes 2 Sätze 1 und 2 finden keine Anwendung, wenn ein anderer Wille der Vertragschließenden anzunehmen ist.

A. Zweck. Die Norm berücksichtigt, dass bei einem zwei- oder mehrseitigen Erbvertrag (Vor § 2274 Rn 2) idR (III) der Bestand des Erbvertrags davon abhängig sein soll, dass sämtliche enthaltenen vertragsmäßigen Verfügungen wirksam sind. § 2298 findet auch Anwendung, wenn die Vertragsparteien sich nicht gegenseitig, sondern einen Dritten bedenken.   1

B. Nichtigkeit. Eine vertragsmäßige Verfügung im zweiseitigen Erbvertrag muss für **I** nichtig sein. Die Nichtigkeit kann anfänglich bestehen, zB wegen Geschäftsunfähigkeit, Formmangels, Sittenwidrigkeit (§ 138), oder rückwirkend eintreten, zB durch Anfechtung (§ 142). Gleichzustellen ist anfängliche Unwirksamkeit gem § 2289 I 2, **nicht** aber, wenn eine vertragsmäßige Verfügung nur gegenstandslos wird, zB beim vorzeitigen Tod des Bedachten (§§ 1923 I, 2160), Ausschlagung (§§ 1944 ff, 2180 III), Erb- oder Vermächtnisunwürdigkeit (§§ 2339 ff) oder Zuwendungsverzicht (§ 2352). Die Wirksamkeit der übrigen Verfügungen des Erblassers beurteilt sich dann nach §§ 2085, 2279, nicht nach § 2298 I (hM BayObLG NJW-RR 03, 293, 295).   2

C. Vertragsunwirksamkeit. Die Nichtigkeit iSv **I** bewirkt, dass, wenn nach III kein anderer Wille anzunehmen ist, alle vertragsmäßigen Verfügungen beider Teile unwirksam sind. Die Wirkung auf einseitige Verfügungen richtet sich nach § 2085. Ist der gesamte Erbvertrag nichtig, sind auch sie unwirksam. Ggf ist Umdeutung in ein Testament möglich (§ 140).   3

D. Rücktritt (Abs 2). Die Ausübung eines vorbehaltenen Rücktrittsrechts (§ 2293) bewirkt im Zweifel (III) die Aufhebung des **ganzen** Erbvertrags (II 1). Für die gesetzlichen Rücktrittsrechte (§§ 2294, 2295) gilt die Auslegungsregel des § 2085 (R/B/M/*Mayer* Rz 14; MüKo/*Musielak* Rz 4; aA Erman/*Schmidt* § 2294 Rz 3). Ist der Vorbehalt auf einzelne Verfügungen beschränkt, ist durch diese Eingrenzung nahe gelegt, dass die anderen Verfügungen bei Ausübung wirksam bleiben sollen (III; Damrau/*Krüger* Rz 3; *Schumann* Rz 5); zT wird mit idR gleichem Ergebnis § 2085 angewandt. Für einseitige Verfügungen gilt § 2299 III.   4

Mit dem **Tod des anderen Vertragschließenden** erlischt das vorbehaltene Rücktrittsrecht (II 2), wenn die Parteien nichts anderes wollten (III; Rn 7; BayObLG FamRZ 94, 196). Die erbvertragliche Anordnung des Verstorbenen ist wirksam geworden und kann durch Aufhebung des Vertrags nicht beseitigt werden. Da die vertraglichen Verfügungen idR von einander abhängig sein sollen, erlischt mit dem Tod des anderen Vertragspartners auch das Rücktrittsrecht des Überlebenden (s. Abs 3). Das gilt auch, wenn sich der Vorbehalt nur auf einzelne vertragsmäßige Verfügungen bezieht (MüKo/*Musielak* Rz 5, aA B/R/D/*Mayer* Rz 18).   5

E. Ausschlagung des Zugewendeten (Abs 2 S 3). Die Ausschlagung des durch den Erbvertrag Zugewendeten eröffnet dem bedachten Überlebenden die Möglichkeit, seine Verfügung durch Aufhebungstestament (§ 2297) oder neue, abw Verfügung (§ 2258) aufzuheben. Dazu muss sein Rücktritt vorbehalten sein und er alles „durch den Vertrag Zugewendete" ausschlagen, nicht auch Zuwendungen in einseitigen Verfügungen (R/B/M/*Mayer* Rz 21). Eine Ausschlagung scheidet aus, wenn dem Überlebenden nichts zugewandt wurde und nur ein bedachter Dritter ausschlägt. Dessen Ausschlagung ist bedeutungslos, egal, ob er mit dem überlebenden Vertragspartner oder allein bedacht ist (MüKo/*Musielak* Rz 6; aA Soergel/*Wolf* Rz 5).   6

F. Parteiwille. Die Wirkung, dass der Erbvertrag nach I unwirksam oder nach II 1 aufgehoben wird und das Rücktrittsrecht erlischt, tritt nur ein, wenn kein anderer Wille der Vertragschließenden anzunehmen ist (III; München DNotZ 06, 132, 133). Diese Auslegungsregel gilt auch für II 3 (Erman/*Schmidt* Rz 1; MüKo/*Musie-*   7 *lak* Rz 7). Die **Darlegungs-** und **Beweislast** für einen abw Parteiwillen trägt, wer sich darauf beruft (BayObLG FamRZ 94, 196; 95, 1449; Hamm ZEV 94, 367).

§ 2299 Einseitige Verfügungen.
(1) Jeder der Vertragschließenden kann in dem Erbvertrag einseitig jede Verfügung treffen, die durch Testament getroffen werden kann.
(2) ¹Für eine Verfügung dieser Art gilt das Gleiche, wie wenn sie durch Testament getroffen worden wäre. ²Die Verfügung kann auch in einem Vertrag aufgehoben werden, durch den eine vertragsmäßige Verfügung aufgehoben wird.
(3) Wird der Erbvertrag durch Ausübung des Rücktrittsrechts oder durch Vertrag aufgehoben, so tritt die Verfügung außer Kraft, sofern nicht ein anderer Wille des Erblassers anzunehmen ist.

1 A. Regelungsgehalt. § 2299 gilt nur für einseitige Verfügungen. **I** stellt klar, dass jeder Vertragschließende in einem wirksamen Erbvertrag auch einseitige testamentarische Verfügungen treffen kann. Der Erbvertrag dient umfassender erbrechtlicher Planung. Also sollen ergänzend zu §§ 2278, 1941 auch einseitige Verfügungen möglich sein. Für sie gilt Testamentsrecht (**II 1**). An der Bindungswirkung (Vor § 2274 Rn 1) haben sie nicht teil, die Erleichterungen des § 2275 II, III gelten für sie nicht (Erman/*Schmidt* Rz 2; Soergel/*Wolf* Rz 4; Palandt/*Edenhofer* Rz 1; aA R/B/M/*Mayer* Rz 11; MüKo/*Musielak* Rz 4). Einseitige Verfügungen sind zB die Enterbung (§ 1938), Pflichtteilsentziehung (§ 2336) oder -beschränkung in guter Absicht (§ 2338), Widerruf und Aufhebung letztwilliger Verfügungen nach §§ 2254, 2258, Testaments- (§ 2197 ff) oder Teilungsanordnung (§ 2048). Die Abgrenzung der Verfügungen, die auch vertragsmäßig getroffen werden können (vgl § 2278 II), zu einseitigen Verfügungen erfolgt im Zweifel durch Auslegung (§ 2278 Rn 1).

2 B. Aufhebungsvertrag. Aufhebung (II 2) der einseitigen Verfügung ist auch durch Rücknahme aus der amtlichen oder notariellen Verwahrung (§ 2300 II 3) und durch Aufhebungsvertrag, der auch mindestens eine erbvertragsmäßige Verfügung aufheben muss, nach § 2290 möglich (*Schumann* Rz 11). Ferner können einseitige Erklärungen im Erbvertrag wie ein Testament nach §§ 2253, 2254, 2258 widerrufen werden.

3 C. Wirkung der Aufhebung des Erbvertrags (Abs 3). Aufhebung durch Rücktritt (§§ 2293 ff) vom gesamten Erbvertrag oder durch Vertrag von allen vertragsmäßigen Verfügungen (§ 2290) bewirkt, dass auch die einseitigen Verfügungen des Erblassers, nicht auch die des anderen Teils (AnwK/*Seiler* Rz 9), außer Kraft treten, wenn sein **Wille** nicht entgegensteht. Gleiches gilt bei Aufhebung der vertragsmäßigen Verfügungen durch gemeinschaftliches Testament (§ 2292). Wird nur eine von mehreren vertragsmäßigen Verfügungen aufgehoben, richtet sich die Wirksamkeit der einseitigen nach §§ 2085, 2279.

4 D. Prozessuales. Die Feststellungs- und Beweislast für einen abw Erblasserwillen trägt, wer sich darauf beruft.

§ 2300 Anwendung der §§ 2259 und 2263; Rücknahme aus der amtlichen oder notariellen Verwahrung.
(1) Die §§ 2259 und 2263 sind auf den Erbvertrag entsprechend anzuwenden.
(2) ¹Ein Erbvertrag, der nur Verfügungen von Todes wegen enthält, kann aus der amtlichen oder notariellen Verwahrung zurückgenommen und den Vertragsschließenden zurückgegeben werden. ²Die Rückgabe kann nur an alle Vertragsschließenden gemeinschaftlich erfolgen; die Vorschrift des § 2290 Abs. 1 Satz 2, Abs. 2 und 3 findet Anwendung. ³Wird ein Erbvertrag nach den Sätzen 1 und 2 zurückgenommen, gilt § 2256 Abs. 1 entsprechend.

1 A. Amtliche Verwahrung. Nach § 344 III iVm I 1 Nr 1 bzw I 2 FamFG ist für die besondere öffentliche Verwahrung eines notariellen Erbvertrags das Nachlassgericht (§ 23a I Nr 2, II Nr 2 GVG, BaWü: Notariat), in dessen Bezirk der Notar seinen Sitz hat oder (vorrangig) welches der Erblasser bestimmt, zuständig. Der Notar soll dieses veranlassen (§ 34 II iVm I 4 BeurkG). Gem § 346 I FamFG ordnet der Richter (bzw RPfl) die Annahme zur Verwahrung (sowie ggf die Herausgabe) des Erbvertrags an. Er und der Urkundsbeamte bewirken diese durch Bestätigung auf der Annahmeanordnung gemeinschaftlich und verwahren den Erbvertrag. Nach § 346 III FamFG erhält bei einem Erbvertrag jeder Vertragschließende über die Inverwahrnahme einen eigenen (nicht zwingend unterschriebenen und gesiegelten) Hinterlegungsschein. Der Notar erhält eine Empfangsbestätigung. Auf Wunsch erhalten die Vertragschließenden eine beglaubigte Abschrift (§ 20 I 3, 5 DONot) des dem Amtsgericht abgelieferten Erbvertrags. Ist Ablieferung ausgeschlossen (Rn 2), bleibt die Urkunde beim Notar (§ 34 III 1 BeurkG), der dieses idR verzeichnet (§ 9 I DONot). Nach Eintritt des Erbfalls wird die Urkunde (Urschrift) unverzüglich von jedem Besitzer, der Kenntnis vom Tod des Erblassers erlangt hat, dem Nachlassgericht übergeben (§§ 34 III 2 BeurkG; §§ 2259, 2300 BGB; §§ 20 III, IV, 9 III DONot). Das gilt auch für unwirksame oder aufgehobene Erbverträge (LG Aachen MDR 88, 506; R/B/M/*Mayer* Rz 6). Es existieren bundeseinheitliche **Anordnungen** über die **Benachrichtigung in Nachlasssachen** (vgl JMBl NRW 05, 265), die gewährleisten sollen, dass Stellen, bei denen sich ua Erbverträge in amtlicher Verwahrung befinden, rechtzeitig vom Eintritt des Erbfalls benachrichtigt werden (s. dort insb Nr 1.2, 1.4., 2.1, 2.2 u 3.2). Die Rechtsgrundlage gibt nun **§ 347 FamFG**. Zur Zuständigkeit s. § 3 Nr 2c RPflG, zur Delegationsmöglichkeit § 36b I 1 Nr 1 2 RPflG.

In der **Urkundensammlung** des Notars bleibt der Erbvertrag verwahrt, wenn die besondere amtliche Verwahrung durch alle Vertragschließenden ausgeschlossen wird (§ 34 III 1 BeurkG; dann Ersparnis ¼ der Hinterlegungsgebühr, § 101 KostO). Ist der Erbvertrag mit anderen Verträgen verbunden, wird der Ausschluss vermutet (§ 34 II Hs 2 BeurkG), da idR ggü dem Geheimhaltungsinteresse das Interesse an Benutzung überwiegt (Palandt/*Edenhofer* § 2274 Rz 12). Der Ausschluss der besonderen amtlichen Verwahrung kann durch jeden Beteiligten (§ 7 FamFG) allein widerrufen werden. Bleibt der Erbvertrag in der Verwahrung des Notars (§ 34 II, III BeurkG; §§ 9, 18 I, IV DONot) oder enthält eine andere Urkunde Erklärungen, nach deren Inhalt die Erbfolge geändert wird (zB Aufhebungsverträge, Rücktritts- und Anfechtungserklärungen, Erbverzichtsverträge, Eheverträge mit erbrechtlichen Auswirkungen), hat er das Standesamt oder die Hauptkartei für Testamente zu benachrichtigen (§ 34a I BeurkG; § 20 II 1 DONot). Spätestens nach 30 Jahren ab Verwahrungsbeginn hat er (kostenfrei) zu ermitteln, ob der Erblasser noch lebt (§ 351 FamFG). Nach Eintritt des Erbfalls liefert er die Urschrift des Erbvertrag zur Eröffnung beim Nachlassgericht ab (§ 2259), in dessen einfacher Verwahrung dieser verbleibt (§ 34a II 1BeurkG).

B. Eröffnung und Bekanntgabe. Für die ggf bei nach § 26 FamFG ermittelte sicherer Kenntnis vom Tode eines Vertragsteils erfolgende Eröffnung (s. § 2263; Kosten: ½ Gebühr, § 102 KostO) und Bekanntgabe des Erbvertrags an alle durch die Verfügung des Verstorbenen unmittelbar rechtlich betroffenen Beteiligten gelten die §§ 348, 349 FamFG; § 2300 I aF ist in § 349 II und IV FamFG aufgegangen. Demnach ist jeder Erbvertrag (alle vorhandenen Urschriften; sonst ggf beglaubigte Abschrift), auch ein aufgehobener (hM RGZ 150, 315, 320; BayObLG FamRZ 90, 215), zu eröffnen (MüKo/*Musielak* Rz 3) und alle, auch gegenstandslos gewordene, Verfügungen bekannt zu geben (BGH NJW 84, 2098). Das Eröffnungsverbot eines Erblassers wäre unwirksam (I iVm § 2263). Zuständig ist das örtlich zuständige Nachlassgericht oder das Gericht, welches den Erbvertrag in amtlicher Verwahrung hatte (§ 344 VI FamFG). Das Recht zur Einsichtnahme in den eröffneten Erbvertrag derer, die ein berechtigtes rechtliches Interesse glaubhaft machen, folgt aus § 357 I FamFG. Verfügungen des überlebenden Vertragspartners sind jedoch, soweit sie sich trennen lassen, weder bekannt zu geben noch sonst zur Kenntnis zu bringen (§ 349 I, IV FamFG); Verfügungen vTw des Längstlebenden sollen nicht vor seinem Tode bekannt werden. Sie sind nicht mit vorzulesen bzw bei Vorlage zur Durchsicht (§ 348 II 3 FamFG) abzudecken. Ist eine solche Trennung nicht möglich, stellt ihre tatsächliche Kenntnisgabe keine Eröffnung dar. Ist nichts anderes bestimmt, hat gem § 51 BeurK jeder Gesamtrechtsnachfolger eines Vertragsteils das Recht auf eine Abschrift, auch wenn der andere noch lebende Vertragsteil dem widerspricht und der Erbvertrag nur von diesem eine letztwillige Verfügung enthält (Karlsr ZEV 07, 591 f). Befand sich der Erbvertrag vor Eröffnung in besonderer amtlicher Verwahrung und enthält er Anordnungen auf den Erbfall nach dem Längstlebenden, ist von den Verfügungen des Verstorbenen eine beglaubigte Ablichtung zu fertigen, die offen zu den Nachlassakten genommen wird. Den Erbvertrag hat das für den ersten Erbfall zuständige Nachlassgericht wieder in die besondere amtliche Verwahrung zurückzunehmen (§§ 349 II 2, IV, 344 II FamFG). War der Erbvertrag in notarieller Verwahrung, bleibt er nach Eröffnung in der gewöhnlich amtlichen Verwahrung, dh bei den Akten des Nachlassgerichts (MüKo/*Musielak* Rz 5). Der Längstlebende kann besondere amtliche Verwahrung beantragen.

C. Rücknahme. II bezweckt, die Rechtslage beim Erbvertrag der beim gemeinschaftlichen Testament anzugleichen (vgl § 2272). Die Rücknahme aus der besonderen amtlichen oder notariellen Verwahrung ermöglicht es dem Erblasser zu verhindern, dass seinen Erben der Inhalt des aufgehobenen Erbvertrags bekannt wird. Voraussetzung ist, dass der Erbvertrag **nur Verfügungen vTw** enthält (§ 2300 II 1). Zusätzliche Rechtsgeschäfte unter Lebenden, zB ein Ehevertrag, Erbverzichtsvertrag, Verpfründungsvertrag oder Verfügungsunterlassungsvertrag, schließen Rückgabe an die Vertragschließenden aus. Wird der Erbvertrag gleichwohl zurückgegeben, bleibt er wirksam (*Keim* ZEV 03, 55). Die Vertragschließenden können Rückgabe in die Verwahrung des Notars verlangen, wenn der Erbvertrag nicht nur Verfügungen vTw enthält. S.a. § 2277.

D. Wirkung. Mit Rückgabe nach § 2300 II 1, 2 gelten die vertragsmäßigen oder einseitigen Verfügungen als aufgehoben (§§ 2300 II 3, 2256 I). Die Rückgabe setzt bei mehreren Vertragschließenden voraus, dass diese Rückgabe bei gleichzeitigem Erscheinen gegen Vorlage der Hinterlegungsscheine (§ 346 III FamFG) verlangen (*Keim* ZEV 03, 55, 56) und die Rückgabe an **alle** Vertragschließenden, jeweils höchstpersönlich (MüKo/*Musielak* Rz 7), gemeinschaftlich erfolgt (**II 2 Hs 1**). Nach dem Tod eines Vertragschließenden kann Rückgabe nicht mehr verlangt werden (§ 2290 I 2). Die Rücknahme kann generell nicht widerrufen bzw ihre Wirkung durch erneute Hinterlegung beseitigt werden. Ein früherer Erbvertrag wird im Zweifel wieder wirksam, ältere zunächst widerrufene Verfügungen leben wieder auf, wenn der Wille des Erblassers nicht entgegen steht (R/B/M/*Mayer* Rz 38).

E. Sonstiges. Zum Erfordernis einer Genehmigung des FamGs s. § 2290 III; zur Pflicht, zu belehren, dies auf der Urkunde festzuhalten und aktenkundig zu machen s. § 2256 I 2. Funktionell zuständig ist für die Rückgabe der Rechtspfleger (§ 3 Nr 2c RPflG), werden Erbverträge bei den Nachlassgerichten verwahrt, bei notariell verwahrten Erbverträgen der Notar selbst. Die Rückgabe ist gebührenfrei.

§ 2300a *aufgehoben mit Wirkung zum 1.9.09; s. nun § 351 S 1 FamFG*

§ 2301 Schenkungsversprechen von Todes wegen.
(1) ¹Auf ein Schenkungsversprechen, welches unter der Bedingung erteilt wird, dass der Beschenkte den Schenker überlebt, finden die Vorschriften über Verfügungen von Todes wegen Anwendung. ²Das Gleiche gilt für ein schenkweise unter dieser Bedingung erteiltes Schuldversprechen oder Schuldanerkenntnis der in den §§ 780, 781 bezeichneten Art.
(2) Vollzieht der Schenker die Schenkung durch Leistung des zugewendeten Gegenstands, so finden die Vorschriften über Schenkungen unter Lebenden Anwendung.

1   **A. Zweck.** Die Norm soll berechtigte lebzeitige Interessen des Erblassers an einer Schenkung auf den Todesfall (vgl BGH NJW 53, 182, 183) mit der Gefahr der Umgehung erbrechtlicher Vorschriften, insb Formerfordernissen und Ansprüchen von Nachlassgläubigern und Pflichtteilsberechtigten, in Einklang bringen (Staud/ *Marotzke* § 1922 Rz 56). Denn die Schenkung vTw gleicht in ihrer wirtschaftlichen Wirkung letztwilligen Zuwendungen, indem jeweils das Zugewendete erst im Todesfall in das Vermögen des Beschenkten übergeht, also Rechtsverhältnisse für die Zeit nach dem Tod des Erblassers geordnet werden (*Brox/Walker* ErbR R 740). § 2301 unterwirft deshalb Schenkungen vTw den Vorschriften über Verfügungen vTw (**I 1**). Das Rechtsgeschäft unter Lebenden wird in eine erbrechtliche Verfügung vTw umgedeutet (*Harder* 95 ff). Anderes gilt, wenn der Schenker die Schenkung **vollzogen** hat. Dann liegt ein lebzeitiges Geschäft vor. Es gelten die Vorschriften über die Schenkungen unter Lebenden (**II**).

2   **B. Schenkungsversprechen (Abs 1).** Vielfach wird für § 2301 I vorausgesetzt, dass die Schenkungserklärung wirksam angenommen worden ist (Hamm FamRZ 89, 669, 673; Palandt/*Edenhofer* Rz 5; Staud/*Kanzleiter* Rz 5, 9). Das Schenkungsversprechen ist dann Teil eines einseitig verpflichtenden Vertrags, durch der Schenker einem anderen unentgeltlich eine Leistung verspricht. Fehlt es an der Annahme, könne das Angebot bei Einhaltung der Testamentsform ggf in ein Testament umgedeutet (§ 140) werden. Da § 2301 nicht nur auf die Normen zum Erbvertrag, sondern auch auf das Testamentsrecht verweist (Rn 8), ist als Schenkungsversprechen auch das nur einseitig erklärte, empfangsbedürftige Schenkungsangebot zu verstehen (AnwK/*Müßig* Rz 12; MüKo/*Musielak* Rz 5; *Harder* 106 f, 110 f). S.a. Rn 8.

3   § 2301 gilt **nicht** für **entgeltliche** Verträge (BGH NJW 53, 182, 183). Unentgeltlich ist eine versprochene Zuwendung, wenn ihr nach dem Inhalt des Rechtsgeschäfts keine Gegenleistung gegenübersteht (BGH NJW 82, 436; DNotZ 93, 521, 522). IdR wird ein Zuwendungsversprechen an einen langjährigen Lebenspartner keine vereinbarte Gegenleistung für Dienste darstellen (Ddorf OLGZ 78, 323, 324). Die Zuwendung ist nicht unentgeltlich, wenn für Dienstleistungen bis zum Tod des Empfängers eine Geldsumme versprochen wird (RG JW 20, 139; R/B/M/*Reimann* Rz 11), wenn gemeinsam auf ein Oder-Konto eingerichtet wird, da die Ausgleichspflicht nach § 430 ggü den Erben besteht (BGH NJW 76, 807; R/B/M/*Reimann* Rz 12), idR wenn gesellschaftliche Nachfolgeklauseln den Abfindungsanspruch der Erben wechselseitig ausschließen, da sie im Zusammenhang mit allen anderen Gegebenheiten des Gesellschaftsvertrags gesehen werden müssen (BGH NJW 57, 180; 77, 1339; R/B/M/*Reimann* Rz 13, 74; aA MüKo/*Ulmer* § 738 Rz 41; s.a. § 2325 Rn 17 f; Damrau/*Riedel/Lenz* § 2311 Rz 88 ff, § 2325 Rz 39 ff); zur Steuerbarkeit s. § 3 I Nr 2 2, 3 ErbStG. **Gemischte Schenkungen** (§ 516 Rn 25) unterfallen § 2301, wenn die Unentgeltlichkeit und damit der Schenkungscharakter überwiegt (BGH NJW 72, 247, 248; 81, 1956; aA *Olzen* 96 ff: stets analoge Anwendung).

4   Die sofort vollzogene Schenkung (§ 516 Rn 1, „**Handschenkung**") ist kein Schenkungsversprechen.

5   **C. Schuldversprechen oder -anerkenntnis (Abs 1 S 2).** Schenkweise erteilte selbstständige Schuldversprechen oder **-anerkenntnisse** iSv §§ 780 f sind gleichgestellt.

6   **D. Überlebensbedingung.** Die auf den Erbfall aufschiebend befristete (§§ 163, 158 I) Schenkung oder ihr Versprechen, nicht die Erfüllung, muss unter der Bedingung stehen, dass der Beschenkte den Schenker überlebt. Die Bedingung kann durch das Überleben des Bedachten aufschiebend oder durch seinen Tod zu Lebzeiten des Verpflichteten auflösend gefasst sein (DErbK/*Große-Wilde* Rz 6; Staud/*Kanzleiter* Rz 10b; Soergel/ *Wolf* Rz 3; aA AnwK/*Müßig* Rz 18; MüKo/*Musielak* Rz 9). Sie kann auf bestimmte Fälle des Vorversterbens beschränkt werden (RGRK/*Kregel* Rz 5). Ausdrückliche Formulierung ist nicht nötig. Es genügt, wenn sich die Bedingung im Einzelfall nach dem individuellen, ggf durch Auslegung (§ 133) ermittelten Willen bei nicht zu engherziger Prüfung ergibt (BGH NJW 87, 840). Gerade bei Zuwendungen an eine bestimmte Person aus in ihr liegenden Gründen für die Zeit nach dem Tod liegt sie nahe (BGH aaO). Der BGH wählt im Zweifel Auslegung analog § 2084 (FamRZ 85, 693, 695; NJW 88, 2731, 2732; abl Erman/*Schmidt* Rz 5).

7   Die Überlebensbedingung **fehlt**, wenn das Schenkungsversprechen erst nach dem Tod des Schenkers, aber auch beim Vorversterben des Versprechensempfängers von dessen Erben angenommen werden darf (OHG MDR 49, 282), wenn die Bedingung darauf lautet, dass Schenker und Beschenkter gleichzeitig sterben (hM;

Soergel/*Wolf* Rz 4), wenn die Schenkung nicht durch das Überleben des Bedachten bedingt, sondern nur ihre Erfüllung auf diesen Zeitpunkt befristet wird (vgl BGH NJW 02, 2874; Köln NJOZ 07, 2442, 2445), denn hier handelt es sich um ein Geschäft unter Lebenden (BGH NJW 53, 182, 183; 59, 2252, 2254; 85, 1553, 1554; MüKo/*Musielak* Rz 4, 12; aA *Olzen* Jura 87, 16, 22; *Otte* AcP 186 [1986] 313, 314), oder wenn die Einschätzung, bald zu sterben, nur Motiv der Schenkung ist (R/B/M/*Reimann* Rz 21).

E. Form. I 1 verweist auf die Verfügungen vTw, also auch auf das Testamentsrecht (Rn 2; RGZ 53, 294, 296; 83, 223, 227; AnwK/*Müßig* Rz 65; MüKo/*Musielak* Rz 13; aA KG NJW 71, 1808; R/B/M/*Reimann* Rz 5, 7; Staud/*Kanzleiter* Rz 3). Daher genügen für die Form des Schenkungsversprechens die Erfordernisse des eigenhändigen Testaments (§ 2247), während die aA die Form des § 2276 fordert, bei Formunwirksamkeit aber Umdeutung (§ 140) in ein Testament erwägt (Palandt/*Edenhofer* Rz 6). Erbvertragliche Bindung setzt jedenfalls die Form des § 2276 voraus. Genügt das Schenkungsversprechen auf den Todesfall nicht den erbrechtlichen Formvorschriften, ist es nichtig (§ 125 1). Es kann, anders als die lebzeitige Schenkung (§ 518 II), nach dem Tod des Schenkers nicht geheilt werden (BGH NJW 86, 2107, 2108; 88, 2731, 2732). Der Tod des Erblassers als Schenker begründet eine Zäsur. Nach seinem Tod untersteht die Leistung den Normen des Erbrechts (BGH NJW 87, 840). Wird der mit einem Grundstück Beschenkte erst nach dem Tod des Schenkers Eigentümer, wird durch die Eigentumsumschreibung der Formmangel des § 311b I 1 gem § 311b I 2, nicht aber der nach §§ 2301 II, 518 II geheilt (RG JW 11, 37). **8**

F. Folgen. Da iRe Verfügung vTw die Überlebensbedingung Rechtsbedingung ist, gelten die §§ 158 ff nicht. Das Überleben des Beschenkten ist Voraussetzung für die erbrechtliche Wirkung. Der Versprechensempfänger erwirbt deshalb zu Lebzeiten des Schenkers keine gesicherte Rechtsposition, hat also kein (vormerkungsfähiges) Anwartschaftsrecht (DErbK/*Große-Wilde* Rz 7). Der Anspruch aus einem Schenkungsversprechen vTw ist zu Lebzeiten des Erblassers nicht vormerkbar (BayObLG ZEV 02, 514). Das formgerechte Schenkungsversprechen wirkt beim Erbfall wie ein Vermächtnis oder, wenn es sich auf das Vermögen oder einen Bruchteil bezieht, wie eine Erbeinsetzung (§ 2087; MüKo/*Musielak* Rz 14). Widerspricht es einem früher abgeschlossenen Erbvertrag, ist es nach § 2289 I 2 unwirksam; zu wechselseitigen Verfügungen in einem früheren gemeinschaftlichen Testament vgl § 2271. Von dem in Erbvertragsform abgegebenen Schenkungsversprechen vTw kann sich der Schenker wie von jedem Erbvertrag lösen, also ggf durch Anfechtung, Aufhebung oder Rücktritt. Ist es in Testamentsform abgegeben, kann er es frei widerrufen (Soergel/*Wolf* Rz 8). Grober Undank kann einen Anfechtungsgrund darstellen (§ 2078); die §§ 530 sind nicht anwendbar. **9**

G. Vollzogene Schenkung. II bezieht sich auf die unter der Überlebensbedingung stehenden Schenkung iSv I. IdR werden Verpflichtungs- und Erfüllungsgeschäft, ohne dass dies zwingend ist, unter derselben Bedingung stehen. Regelmäßig steht die vollzogene Schenkung unter einer auflösenden Bedingung (§ 158 II). Überlebt der Beschenkte den Schenker nicht, soll das Geschenk zurückfallen (RGRK/*Kregel* Rz 13). Ist die Schenkung durch das Überleben des Beschenkten aufschiebend bedingt, ist sie vollzogen, wenn alle Voraussetzungen für den Rechtserwerb erfüllt sind (BGH NJW 53, 182 f; Ddorf FamRZ 97, 61). Ob eine Schenkung trotz bedingter Erfüllung durch den Beschenkten vollzogen ist, entscheidet über das anzuwendende Normenprogramm (MüKo/*Musielak* Rz 16). Denn „Vollzug" ist die Weichenstellung, die die Vorschriften über Schenkungen unter Lebenden anwendbar macht (**II**). Dabei stellt der Gesetzgeber darauf ab, ob der Schenker trotz der Überlebensbedingung (**I**) „sein Vermögen sofort und unmittelbar" mindert (Mot V, 352), das Opfer also bereits ihn und nicht erst seinen Erben trifft (*Brox/Walker* ErbR Rz 744). II greift sowohl bei Handschenkungen, bei denen die Schenkung ohne vorheriges Versprechen unmittelbar vollzogen wird (§ 516 Rn 1), als auch bei Leistungen auf ein Schenkungsversprechen iSv I (hM, RG WarnR 13, Nr 249; Stuttg OLGR 09, 853, 856; MüKo/*Musielak* Rz 16, aA *Harder* 112 ff). Das formnichtige Schenkungsversprechen wird durch die Leistung des zugewendeten Gegenstandes wirksam (II iVm § 518 II), wobei beim Versprechen unter Überlebensbedingung für § 2301 Voraussetzung ist, dass die Zuwendung noch zu Lebzeiten vollzogen wird (Rn 8). **10**

Die Leistung **ist** demnach vollzogen, wenn der Schenker dem Beschenkten den Gegenstand (ggf auflösend bedingt) dinglich **überträgt** (zB nach §§ 929 ff, § 398) und somit den Leistungserfolg herbeigeführt hat. Dabei schadet nicht, dass sich der Schenker den jederzeitigen Widerruf (R/B/M/*Reimann*, Rz 42; Staud/*Kanzleiter* Rz 22; *Ebenroth* Rz 522; einschränkend Erman/*Schmidt* Rz 11) oder das Recht, von einem schenkweise übertragenen Sparbuch noch Beträge abheben zu dürfen (BGH NJW-RR 89, 1282; MüKo/*Musielak* Rz 22; aA Erman/*Schmidt* Rz 11), vorbehalten hat. **11**

Bei zur Zeit des Erbfalls noch **ausstehender Erfüllung** setzt Vollzug voraus, dass der Schenker zu Lebzeiten alles von seiner Seite objektiv Erforderliche getan hat, damit das Zugewendete ohne sein weiteres Zutun in das Vermögen des Beschenkten gelangt (BGH NJW 70, 1638, 1639; 83, 1487; 94, 931, 932). So genügt, dass der Beschenkte ein Erwerbs- oder Anwartschaftsrecht (BGH NJW 71, 1338, 1339) erlangt, das ohne weitere Handlung des Schenkers mit Eintritt einer (aufschiebenden) Bedingung zwangsläufig zum Vollrecht erstarkt (BGH NJW-RR 86, 1133, 1134; MüKo/*Musielak* Rz 19). **12**

Stirbt der Schenker, bevor seine Willenserklärung dem Beschenkten zugeht, ist nach dem Zweck der **§§ 130 II, 158** Vollzug nicht dadurch ausgeschlossen, dass dessen Rechtserwerb nicht mehr zu Lebzeiten des Schenkers eintrat, wenn dieser den Zugang nicht bewusst (s. aber BGH NJW 75, 382, 383) verzögerte (Ddorf **13**

§ 2301

FamRZ 97, 61; AnwK/*Müßig* Rz 46 ff; R/B/M/*Reimann* Rz 38; Staud/*Kanzleiter* Rz 23; aA Erman/*Schmidt* Rz 8). Entsprechendes gilt bei Einschaltung eines Erklärungsboten (Soergel/*Wolf* Rz 18; *Brox/Walker* ErbR Rz 749). Die Annahme kann ggf nach § 151 1 oder ggü den Erben erfolgen. Diese können den Vollzug durch Widerruf der dinglichen Erklärung vor ihrem Zugang beim Beschenkten gem § 130 I 2 verhindern.

14 **Kein** Vollzug zB liegt vor, wenn Handlungen nur vorbereiten oder sichern sollen, zB die bloße Ermächtigung, beim Todesfall vorhandene Forderungen abheben zu dürfen (Palandt/*Edenhofer* Rz 9).

15 Vollzug ist auch **nicht** erfolgt, wenn der Erblasser eine (transmortale oder postmortale) Vollmacht unwiderruflich erteilt, dass Erfüllungsgeschäft aber erst nach seinem Tod durchgeführt werden darf, oder wenn der Schenker nur zufällig stirbt, bevor sein Vertreter (vgl §§ 168 1, 672 1) für den Leistungserfolg erforderlichen Handlungen tätigte und die Erben nicht zuvor den Auftrag oder die Vollmacht widerriefen (aA MüKo/*Musielak* Rz 24). Die bloße unwiderrufliche Bevollmächtigung bewirkt keinen Vollzug. Der Schenker kann weiter über das Geschenk verfügen. Mit seinem Tod fällt es in den Nachlass (BGH NJW 83, 1487; 87, 840; 95, 953; *Damrau*/*Krüger* Rz 7; aA BaRoth/*Litzenburger* Rz 15; *Schlüter* ErbR Rz 1252). Nach dem Tod des Schenkers vertritt der Vertreter die Erben. Seine Handlungen sind ihre Leistungen (BGH NJW 88, 2731, 2732; aA MüKo/*Musielak* Rz 28; Palandt/*Edenhofer* Rz 10, 14). Wegen § 2065 ist die Einschaltung des Vertreters nicht mit der des Boten vergleichbar (AnwK/*Müßig* Rz 53).

16 **Einzelfälle:** Bei **Forderungen** ist die Schenkung durch (ggf aufschiebend bedingte oder befristete) Abtretung (§ 398) vollzogen (BGH FamRZ 85, 693, ZEV 97, 416), auch bei Forderungen gegen Banken aus Guthaben. Mit Gutschrift auf fremdem Konto ist die Schenkung vollzogen (BGH NJW 94, 931). Vollzug kann vorliegen, wenn der Schenker dem Beschenkten erklärt, nach dem Tod des Schenkers gehöre Geld auf einem Bankkonto dem Beschenkten, und diesem eine über den Tod hinausgehende Bankvollmacht erteilt (Hambg NJW 63, 449). Allein die Bevollmächtigung genügt nicht (BGH NJW 83, 1487; KG WM 69, 1047). Die Übergabe des Sparbuchs (Frankf MDR 66, 503) oder seine Umschreibung ist nicht zwingend nötig, ist aber Indiz für die Abtretung (Zweibr NJW 89, 2546; MüKo/*Musielak* Rz 27; s. aber Kobl ZErb 03, 381: § 1006 I greift nicht). Wer das auf fremden Namen anlegte Sparbuch behält, will sich idR die Verfügung über das Sparguthaben bis zu seinem Tode vorbehalten (BGH NJW 67, 101; 76, 749; 05, 980).

17 Beim **Oder-Konto** ist die Schenkung des Gesamtguthabens vollzogen, wenn der Erblasser seinem Mitinhaber zu Lebzeiten die Mitverfügungsbefugnis über es einräumt (BGH FamRZ 86, 982).

18 Bei der Schenkung eines **Holzeinschlagrechts** kommt es auf die Einräumung des Rechts, das Holz zu schlagen und sich anzueignen, an (BGH ZEV 06, 36).

19 Eine **Lebensversicherung** ist idR ein Vertrag zugunsten Dritter (§§ 330, 331; Rn 25 ff); s.a. § 167 II VVG. Die Schenkung einer Bezugsberechtigung bei Versicherungsverträgen ist vollzogen, wenn sie abgetreten oder das Bezugsrecht unwiderruflich (vgl § 13 II ALB) eingeräumt (vgl § 330) ist (BGH NJW 75, 1360, 1361; 92, 2154; 96, 2731; VersR 03, 1021). Die Zahlung der Versicherungssumme ist bei widerruflicher Bezugsberechtigung (vgl § 166 II VVG) grds keine Schenkung, sondern Gegenstand der Zuwendung sind die geleisteten Prämien (hM, BGH NJW 52, 1173, 1174 f; 87, 3131, 3132; FamRZ 76, 616 f).

20 Der **Erlass** wird durch Abschluss eines Erlassvertrags (§ 397) vollzogen (RGZ 53, 294, 296), auch zB beim Vorbehalt des Zinsgenusses zu Lebzeiten oder bei einer Forderung in ihrer zum Todeszeitpunkt bestehenden Höhe (Hambg NJW 61, 76), wobei sich der Schenker Rückzahlung zu Lebzeiten vorbehalten kann (Karlsr FamRZ 89, 322).

21 **Scheck.** Vollzug tritt nicht schon mit Hingabe, sondern erst mit Einlösung des Schecks ein (BGH NJW 78, 2027). Da nach dem Tod des Erblassers seine Weisung an die Bank weiterhin wirksam ist (§ 130 II; Art 33 ScheckG), kann die Einlösung auch nach seinem Tod erfolgen, wenn die Erben nicht zuvor widersprechen (BGH NJW 75, 382; 78, 2027).

22 **Bewegliche Sachen.** Vollzug ist mit Einigung und Übergabe (§§ 929 ff) gegeben.

23 **Grundstücke.** Wegen der Bedingungsfeindlichkeit der Auflassung (§ 925 II) stellt sich die Frage bei Übereignungen nicht. Die Praxis greift auf eine unbedingte Schenkung mit Rücktrittsvorbehalt zurück (FA-ErbR/*Krause* Kap 3, Rz 239). Die Erfüllung kann gestundet und der Anspruch des Beschenkten durch Auflassungsvormerkung gesichert werden. Kein Vollzug liegt mangels unentziehbarer Rechtsposition bei bloßer Eintragung einer Auflassungsvormerkung im Grundbuch vor, da das Schenkungsversprechen vTw keinen Anspruch erzeugt (BayObLG FGPrax 02, 151, 152), der gesichert werden könnte (BGH NJW 54, 633, 634; Hamm NJW-RR 00, 1389 f). Anderes gilt, wenn der Erblasser sich durch Rechtsgeschäft unter Lebenden schuldrechtlich verpflichtet hat, anderweitige Verfügung unter Lebenden zu unterlassen (Hamm aaO). Die Schenkung von Grundstücksrechten ist vollzogen, wenn nach Einigung der Schenker die Eintragungsbewilligung erteilt, der Beschenkte den Eintragungsantrag gestellt hat (Karlsr ZEV 00, 108) und ihm ggf vom Schenker die Eintragungs- oder Löschungsbewilligung ausgehändigt worden ist (R/B/M/*Reimann* Rz 36).

24 **H. Folgen des Vollzugs.** Die lebzeitig vollzogene Schenkung vTw wird als Schenkung unter Lebenden behandelt (II). Es gelten §§ 516 ff, insb § 518 II. Ein Mangel der von I 1 geforderten erbrechtlichen Form ist geheilt. Das Geschenkte fällt nicht in den Nachlass. Pflichtteilsansprüche und Erbteile werden reduziert. Ggf kommen Rechte des Vertragserben aus § 2287, des Pflichtteilsberechtigten aus §§ 2325, 2329 und der Nachlassgläubiger aus §§ 3 ff AnfG, §§ 130–134 InsO in Betracht.

I. Vertrag zugunsten Dritter auf den Todesfall (§ 331). Die Konstellation, dass ein Versprechensempfänger 25 mit einem Versprechenden (Deckungsverhältnis) vereinbart, dass mit seinem Tod ein Dritter **schenkweise** das Recht erwirbt, unmittelbar vom Versprechenden eine Leistung zu fordern, ist durch §§ 328, 331 nur unzureichend geregelt. Wirtschaftlich gleicht der Erwerb des Beschenkten einem erbrechtlichen, so dass sich das Problem der Aushöhlung erbrechtlicher Formen stellt. Denn § 331 verlangt sie, anders als I 1, nicht. Die Lösung ist in allen Einzelheiten umstr. Praxisrelevant sind entspr ausgestaltete Lebensversicherungen (BGH NJW 75, 1361), für die § 330 gilt und sich das Formgebot vorrangig aus §§ 159 ff VVG ergibt, Bauspar- (BGH NJW 65, 1913) oder Sparverträge (BGH NJW 75, 382; 76, 479, 481; Hamm WM 98, 2236, 2238) mit Drittbegünstigung auf den Todesfall. Nach hM unterliegen die Rechtsbeziehungen im Deckungsverhältnis, der Vertrag zugunsten des Dritten, durch den dieser einen Anspruch ggü dem Versprechenden nach dem Tod des Versprechensempfängers erwirbt (§§ 328, 331 BGB), nicht dem Erbrecht, sondern dem Schuldrecht. § 2301 findet keine Anwendung, selbst wenn im Valutaverhältnis eine Schenkung vorliegt (BGH NJW 84, 480, 481, 04, 767, 768). Das Valutaverhältnis, das Verhältnis zwischen Versprechensempfänger und Drittem, regelt, ob der begünstigte Dritte nach dem Tod des Versprechensempfängers einen Anspruch gegen den Versprechenden hat bzw ob er bewirkte Leistungen behalten darf (Rn 26; BGH NJW 75, 1360; 95, 1082, 1084). Wenn eine Schenkung vorliegt, wäre denkbar, das Valutaverhältnis § 2301 zu unterstellen. Denn der Begünstigte erwirbt mit dem Tod des Versprechensempfängers durch Von-selbst-Erwerb (§ 331) sein Recht gegen den Versprechensgeber. Nach hM wird aber auch die Frage nach dem rechtlichen Grund im Valutaverhältnis nicht nach Erbrecht, sondern nach Schuldrecht beurteilt (BGH NJW 84, 480, 481; 04, 767, 768). Das Valutaverhältnis ist ein Rechtsgeschäft unter Lebenden, dessen Formbedürftigkeit sich nach dem Deckungsverhältnis richtet (BGH NJW 70, 2157; Köln NJW-RR 95, 1224; Staud/*Jagmann* § 328 Rz 52 f, 54). Bei einer Schenkung an den Begünstigten gelten daher §§ 516 ff, nicht § 2301 (BGH NJW 64, 1124; 76, 749; 84, 480, 481; 93, 2171; 04, 767, 768; DErbK/*Große-Wilde* Rz 22; Staud/*Kanzleiter* Rz 44; aA AnwK/*Müßig* Rz 72 ff; *Kipp/Coing* § 81 V 1/2c; *Medicus* BR Rz 396). Für die hM spricht, dass die systematische Stellung der §§ 330, 331 andeutet, dass solche Zuwendungen nicht dem Erbrecht unterworfen sein sollen (*Leipold* Rz 578). Zudem richtet sich die Forderung, die der Begünstigte schenkweise erlangt, von vornherein gegen den Versprechenden, stammt also nicht aus dem Nachlass (RGZ 153, 220, 227; BGH NJW 75, 382, 383; 1360; 95, 3113; 04, 214). **Folge**: Hat der Versprechensempfänger dem Begünstigten die Zuwendung formlos versprochen, ist das Ver- 26 sprechen nichtig (§§ 518 I, 125 1). Der Mangel wird durch Leistungsbewirkung geheilt (§ 518 II), wenn der Begünstigte mit dem Tod des Versprechensempfängers von selbst einen Anspruch gegen den Versprechenden erwirbt (§§ 328 I, 331; BGH NJW 64, 1124; 84, 2156). Hat er das Schenkungsangebot noch nicht angenommen, kennt es ggf zunächst gar nicht, besteht kein Rechtsgrund im Valutaverhältnis. Ihm kann das Angebot, zB im Zusammenhang mit einer Drittbegünstigungserklärung, aber noch nach dem Tod des Versprechensempfängers durch einen Beauftragten, zB einer Bank (vgl § 672 1), zugehen (BGH NJW 76, 749; 84, 480, 481). Er kann es dann gem §§ 130 II, 151, 153, zB durch ein Auszahlungsverlangen, annehmen (BGH NJW 84, 480, 481; 2156; Zweibr WM 98, 1776, 1777; MüKo/*Gottwald* § 331 Rz 9). Anderes gilt, wenn zuvor die Erben des Versprechensempfängers ggü dem Begünstigten das zu überbringende Schenkungsangebot (§ 130 I 2) bzw ggü dem Beauftragten dessen Weisung (BGH NJW 75, 382, 383) widerrufen (§ 331 Rn 7). Eine Warte- oder Rückfragepflicht des Versprechenden aus § 242 oder § 666 besteht nicht (BGH NJW 95, 250). Der Versprechensempfänger kann das Widerrufsrecht seiner Erben nicht ausschließen, wenn er es selbst behält (BGH WM 76, 1130, 1132; vgl auch Celle WM 93, 591, 592 f; 96, 851; *Damrau* ZErb 08, 221). Ein wirksamer Schenkungsvertrag ist dann **Rechtsgrund** im Valutaverhältnis (§ 331 Rn 6). Der Beschenkte muss das Zugewendete nicht nach Bereicherungsrecht den Erben herausgeben (RGZ 128, 187, BGH NJW 64, 1124; 67, 101; 04, 767, 768; zur Kritik s. MüKo/*Musielak* Rz 34 f). Statt Schenkung kann auch ein anderer Rechtsgrund, zB eine ehebedingte Zuwendung (s. BGHZ 128, 125, 132 ff), Vermächtnis oder ein Dienstvertrag (BGH NJW 75, 1360), vorliegen. Die Rechtsbeziehung im Valutaverhältnis kann gem §§ 119 ff, nicht nach § 2078, angefochten werden (BGH NJW 04, 767, 768 f).

Als Rechtsgeschäft unter Lebenden (vgl § 2286) stellt der Vertrag zugunsten Dritter auf den Todesfall keinen 27 Verstoß gegen § 2289 I 2 dar (BGH NJW 76, 749). Der Begünstigte kann dem Erben nur nach § 2287 haften. S.a. Rn 24. Als erbrechtliche Auslegungsregel ist § 2069 ist nicht anwendbar, sondern §§ 133, 157 (BGH NJW 93, 2171, 2172; 04, 767, 768).

J. Steuer. Nach §§ 1 I Nr 1, 3 I Nr 2 1 ErbStG gilt als Erwerb vTw der Erwerb durch Schenkung auf den 28 Todesfall (§ 2301; BFH BStBl II 91, 181). Der Erwerb vTw (§ 3 ErbStG) hat als Spezialregelung Vorrang ggü einer Schenkung unter Lebenden gem § 7 ErbStG (*Meincke* ErbStG § 3 Rz 57), wenn die Erfüllungswirkung der Schenkung unter Überlebensbedingung mit dem Tode des Schenkers unmittelbar eintritt. Dagegen ist § 7 ErbStG einschlägig, wenn der Vollzug der Leistung noch zu Lebzeiten des Erblassers erfolgt (*Moench* § 3 ErbStG Rz 129). Zur Schenkung von Gesellschaftsanteilen vgl § 3 I Nr 2.2 ErbStG. Bei einer Zuwendung an einen Dritten kommt es auf das Verhältnis zum ursprünglichen Schenker an, aus dessen Vermögen die Zuwendung stammt (BFHE 171, 316, BStBl II 93, 523). Nach § 3 I Nr 4 ErbStG gilt jeder Vermögensvorteil, der auf Grund eines vom Erblasser geschlossenen Vertrags bei dessen Tode von einem Dritten unmittelbar erworben wird, als Erwerb vTw. Unter § 3 I Nr 4 ErbStG fallen echte Verträge zugunsten Dritter auf den

Todesfall, wenn im Valutaverhältnis zwischen Erblasser und Drittem eine freigebige Zuwendung vorliegt (BFH/NV 00, 190; 02, 648; HFR 99, 185; *Moench* § 3 ErbStG Rz 149), zB der Erwerb der Versicherungssumme aus einer Lebensversicherung als bezugsberechtigter Dritter nach §§ 330, 331 (*Moench* aaO Rz 159; s.a. Rn 25). Zum erbenden Ehegatten als Bezugsberechtigten s. aber BFH BStBl II 77, 420. Nach § 3 II Nr 4 ErbStG gilt als vom Erblasser zugewendet eine Abfindungen für die Zurückweisung eines Rechts aus einem Vertrag des Erblassers zugunsten Dritter auf den Todesfall. Wiederkehrende Zahlungen zur Erfüllung von Vermächtnissen sind, gehört der Begünstigte nicht zum Generationennachfolgeverbund, nach § 12 Nr 2 EStG nicht abziehbar. Entspr führt, sind bei einem Schenkungsversprechen vTw wiederkehrende Bezüge an einen vom Vermögensübergeber bestimmten Dritten zu leisten, diese Verpflichtung und deren Erfüllung nicht zu steuerlich zu berücksichtigenden Anschaffungskosten (BFH ZEV 07, 602, 604).

§ 2302 Unbeschränkbare Testierfreiheit.
Ein Vertrag, durch den sich jemand verpflichtet, eine Verfügung von Todes wegen zu errichten oder nicht zu errichten, aufzuheben oder nicht aufzuheben, ist nichtig.

1 **A. Zweck/Anwendungsbereich.** Anders als durch gemeinschaftliches Testament (§ 2271 II) oder Erbvertrag (§ 2289 I 2) soll die Testierfreiheit nicht vertraglich ausgeschlossen werden können. Darauf gerichtete Verträge sind insgesamt nichtig (BGH NJW 59, 625). Prozessvergleiche mit entspr Inhalt können nicht gem § 888 ZPO erzwungen werden (Frankf Rpfleger 80, 117). Eine zur Sicherung eines solchen nichtigen Vertrags vereinbarte **Vertragsstrafe** (§ 344) ist nichtig (BGH NJW 77, 950). Auf die nichtige Zusage können grds keine **Schadensersatzansprüche** gestützt werden (BGH aaO).

2 Über den Inhalt des § 2302 hinaus sind auch Verpflichtungen nichtig, eine Verfügung vTw in einer bestimmten Form zu errichten (BayObLG FamRZ 01, 771), zu ändern (Stuttg NJW 89, 2700) oder einen bestimmten Inhalt zu geben (MüKo/*Musielak* Rz 2). Im Erbvertrag kann nicht auf das Recht zur Aufhebung oder zum Rücktritt verzichtet werden (BGH NJW 59, 625). Für **einseitige Verpflichtungen**, vTw zu verfügen (BayObLG aaO), oder für testamentarische Auflagen des Erblassers, die die Testierfreiheit anderer beschränken soll (Hamm NJW 74, 60), gilt § 2302 entspr. Ggf kann eine nichtige Vereinbarung **umgedeutet** werden (§ 140; BayObLG ZEV 95, 71, 72; MüKo/*Musielak* Rz 6).

3 **B. Zulässige Vereinbarungen.** Zulässig ist die schuldrechtliche Verpflichtung, eine Erbschaft auszuschlagen (Staud/*Kanzleiter* Rz 5), die als Vertrag mit dem Erblasser formbedürftiger Erbverzicht (§ 2348) sein kann (Damrau/*Krüger* Rz 2), und in den Grenzen der §§ 134, 138 eine Verfügung vTw an die Bedingung zu knüpfen, dass der Empfänger einen Dritten letztwillig bedenkt (sog „kaptatorische Zuwendungen"; s.a. BGH WM 71, 1509, 1510; NJW 77, 950; AnwK/*Müßig* Rz 5; *Schumann* Rz 3).

Abschnitt 5 Pflichtteil

Vorbemerkungen vor §§ 2303 ff

1 **A. Verfassungsrechtliche Gewährleistung.** Die grds unentziehbare und bedarfsunabhängige **wirtschaftliche Mindestbeteiligung** der Kinder des Erblassers an dessen Nachlass wird durch die Erbrechtsgarantie des Art 14 I iVm Art 6 GG gewährleistet (BVerfG NJW 05, 1561, 1562 f; 2691; s.a. BGH NJW 87, 122; 90, 911). Die durch Art 14 GG geschützte Mindestbeteiligung ist tragendes Strukturelement des Pflichtteilsrechts, wobei dieses zugleich im engen Sinnzusammenhang mit dem durch Art 6 I GG gewährleisteten Schutz des Verhältnisses zwischen dem Erblasser und seinen Kindern steht (BVerfG NJW 05, 1561, 1563 m Anm *Stüber* aaO, 2122; *Lange* ZErb 05, 205; *Mayer* FamRZ 05, 1441; *Kleensang* ZEV 05, 277; *Otte* JZ 05, 1007; *Schöpflin* FamRZ 05, 2025). Das Pflichtteilsrecht dient auch dazu, den ideellen und wirtschaftlichen Zusammenhang von Vermögen und Familie bedarfsunabhängig über den Tod des Vermögensinhabers hinaus zu ermöglichen (BVerfG aaO, 1564). Wegen familienrechtlicher Verbundenheit auch ggü den Eltern und dem Ehegatten des Erblassers besteht ein sog „Verwandtenerbrecht", dh Recht (nächster) Angehöriger als Erben, kraft Erbfolge zu erwerben (BVerfGE 93, 165, 174; NJW 95, 2977; 99, 1853; 01, 141; 05, 1561, 1563; MüKo/*Leipold*, Einl Erbrecht Rz 28, 32; Maunz/Dürig/*Papier* Art 14 Rz 300 f; abl Dreier/*Wieland* Art 14 Rz 67: das Familieneigentum sei dem BGB fremd). Auch das gesetzliche Pflichtteilsrecht des Lebenspartners (§§ 1 I, 10 I, II, VI LPartG) ist mit dem GG vereinbar. Die Verpflichtung der Lebenspartner zu gegenseitiger umfassender Sorge rechtfertigt es ebenso wie bei Ehegatten, dem Lebenspartner mit dem Pflichtteilsrecht auch über den Tod hinaus eine ökonomische Basis aus dem Vermögen des verstorbenen Lebenspartners zu sichern (BVerfGE 105, 313, 355 f; zur Kritik MüKo/*Wacke* Einl LPartG Rz 3).

2 Die **Testierfreiheit des Erblassers** unterliegt grds diesen durch die Abstammung (§ 1589) bzw Annahme (§§ 1754, 1770) oder Partnerschaft begründeten familienrechtlichen Bindungen. Die Testierfreiheit als bestimmendes Element der Erbrechtsgarantie und Kernbereich des Erbrechts (BVerfGE 67, 329, 341; NJW

99, 1853; BGHZ 111, 36, 39; 118, 361, 365; *Papier* aaO Rz 302 f) umfasst die Befugnis des Erblassers, zu Lebzeiten durch Verfügung vTw nach seinem Willen einen von der gesetzlichen Erbfolge abw Vermögensübergang anzuordnen, insb gesetzliche Erben von der Nachlassbeteiligung auszuschließen und wertmäßig auf den gesetzlichen Pflichtteil festzusetzen (BVerfGE 58, 377, 398; NJW 04, 2008, 2010; 05, 1561, 1563). Sie wird durch die Erbrechtsgarantie (Art 14 GG) gewährleistet (*Papier* aaO Rz 297; *Leipold* aaO Rz 25; Staud/*Otte* Einl §§ 1922 ff Rz 63; zur Historie *Kleensang* ZEV 05, 277; DNotZ 05, 509).

Den verfassungsrechtlichen Anforderungen, den Interessenkonflikt zwischen den rechtlich gleichgeordneten Rechtssubjekten zu lösen, genügt das Pflichtteilsrecht in seiner in § 2303 I getroffenen Ausgestaltung (BVerfG NJW 05, 1561, 1564; s.a. BVerfG NJW 95, 2977; 01, 141, 142). Bei verfassungskonformer Auslegung dürfte auch die übrige Ausgestaltung des Ausgleichs zwischen Testierfreiheit und Verwandtenerbrecht eine verfassungsmäßige Ausübung des Gestaltungsspielraums des Gesetzgebers (dazu BVerfGE 67, 329, 340 f) sein (vgl BVerfG NJW 95, 2977; 01, 141, 142), insb die Höhe des Pflichtteilsrechts (*Papier* aaO Rz 302; v Münch/Kunig/*Bryde* Art 14 Rz 48; MüKo/*Lange* § 2303 Rz 4; Staud/*Otte* Einl §§ 1922 ff Rz 72). Zum **1.1.10** ist eine **Reform** des Pflichtteilsrechts (BGBl 09 I, 3142-3144 v 29.9.09) in Kraft getreten, durch die insb die vormaligen §§ 2306 I, 2315 f, 2325 III, 2331a I, 2333 bis 2336 (s. dazu je die Vorauﬂ) verändert sowie die Verjährung erbrechtlicher Ansprüche zT an die Regelverjährung (§ 195) angepasst wurden (vgl *Holtmeyer* ErbR 09, 298; *Horn* ZFE 09, 364; *Lange* DNotZ 09, 732; *Langenfeld* NJW 09, 3121; *Mayer* ZEV 10, 2; *Onderka/Honzen* NZG 09, 1286; *Wälzholz* DStR 09, 2104; *Wenhardt* GStB 09, 234); zum Übergangsrecht s. Art 229 § 17 I 1, 2 EGBGB. Zudem ist das **Erbschaftsteuer**- und Bewertungsrecht mehrfach geändert worden, nachdem das BVerfG (NJW 07, 573, 574 ff) das Erbschaftssteuerrecht zT für unvereinbar mit Art 3 I GG erklärte. **Überblick** (*Seifried* ZEV 09, 614): §§ 13a I 1/2, 13b IV ErbStG sehen, wenn die Ausgangslohnsumme 0 Euro beträgt oder der Betrieb nicht mehr als 20 Beschäftigte hat, eine **Steuerbefreiung** iHv 85% für Betriebsvermögen, Betriebe der Land- und Forstwirtschaft und unmittelbar gehaltene Anteile an Kapitalgesellschaften iHv über 25% des Nennkapitals oder poolgebundene Anteile (Schonvermögen im EU- bzw EWR-Raum) vor, wenn bestimmte Behaltensfristen eingehalten werden. Bei größerer Lohnsumme oder mehr Beschäftigten gilt entspr, wenn die jährliche Lohnsumme innerhalb von 5 Jahren 400% der Ausgangssumme nicht unterschreitet. Die Befreiung ist vollständig, wenn die Lohnsumme in 7 Jahren 700% der Ausgangssumme nicht unterschreitet (unwiderrufliches Wahlrecht gem § 13a VIII Nr 1 ErbStG). Ansonsten mindert sich die Befreiung mit Wirkung für die Vergangenheit in der Unterschreitung entspr Umfang (Abschmelzmodell; § 13 I 5 ErbStG). In Höhe von 150 T€ besteht ein **Abzugsbetrag** (§ 13a II ErbStG). Der Verschonungsabschlag und der Abzugsbetrag fallen weg, soweit der Erwerber innerhalb der fünfjährigen Behaltensfrist das Erworbene veräußert oder aufgibt (§ 13a V ErbStG). Die Bewertung des **Grundvermögens** (§ 12 III ErbStG, §§ 157 ff BewG) ist nun realitätsnäher. Die Vererbung des selbstgenutzten **Familienheims** bleibt für den Ehepartner als Erwerber nach § 13 I Nr 4b ErbStG steuerfrei, wenn er es 10 Jahre nutzt. Ähnl gilt für Kinder oder Kinder vorverstorbener Kinder iSv Steuerklasse I Nr 2 bis zu einer Wohnfläche von 200 qm. § 16 I ErbStG gewährt als **Freibeträge** ua Ehegatten und Lebenspartnern 500 T€, § 16 II ErbStG diesen zusätzlich einen Versorgungsfreibetrag iHv 250 T€. Kinder haben einen Freibetrag iHv 400 T€, Enkel idR iHv 200 T€.

B. Pflichtteilsrecht und Pflichtteilsanspruch. Das **Pflichtteilsrecht** ist ein Rechtsverhältnis, das zwischen dem Pflichtteilsberechtigten und Erblasser bereits zu dessen Lebzeiten besteht, dessen Tod überdauert und sich mit seinen Erben fortsetzt. Es zeitigt schon zu Lebzeiten des Erblassers Rechtswirkungen (vgl §§ 311b V, 1643, 1822 Nr 1, 2281 I Hs 2, 2346 II; BGH NJW 58, 1964) und kann Gegenstand der Feststellungsklage (§ 256 I ZPO) sein (BGH FamRZ 74, 303; NJW 90, 911; 04, 1874); nach dem Tod des Erblassers fehlt das Feststellungsinteresse (BGH NJW-RR 90, 130; 93, 391; MüKo/*Lange* Rz 9). Aus dem Pflichtteilsrecht kann sich mit dem Erbfall (§ 2317 I) der vererbliche und übertragbare (§ 2317 II) **Pflichtteilsanspruch** herleiten. Der Pflichtteilsberechtigte ist nur mit einer Forderung am Nachlass beteiligt. Der Anspruch richtet sich auf Geld, nämlich auf die Hälfte des Werts des entzogenen Erbteils (§ 2303 I 2; s.a. §§ 2325 ff), und ist grds sofort fällig. Er entfällt durch Pflichtteilsentziehung (§§ 2333 ff), Erklärung der Erbunwürdigkeit (§ 2345 II) oder durch Verzicht (§ 2346 I 2).

§ 2303 Pflichtteilsberechtigte; Höhe des Pflichtteils.

(1) ¹Ist ein Abkömmling des Erblassers durch Verfügung von Todes wegen von der Erbfolge ausgeschlossen, so kann er von dem Erben den Pflichtteil verlangen. ²Der Pflichtteil besteht in der Hälfte des Wertes des gesetzlichen Erbteils.
(2) ¹Das gleiche Recht steht den Eltern und dem Ehegatten des Erblassers zu, wenn sie durch Verfügung von Todes wegen von der Erbfolge ausgeschlossen sind. ²Die Vorschrift des § 1371 bleibt unberührt.

A. Pflichtteilsberechtigter. Pflichtteilsberechtigt sind (nur) Abkömmlinge (**I 1**), Eltern und Ehegatten (**II 1**) sowie Lebenspartner (§ 10 VI LPartG), die wie Ehegatten zu behandeln sind. Zum Ausschluss entfernterer Abkömmlinge oder der Eltern vgl § 2309.

Abkömmling (§ 1924 Rn 2 ff) ist, wer mit dem Erblasser in grader Linie (§ 1589 I 1) absteigend verwandt ist (Kinder, Enkel, nicht: Geschwister), auch angenommene Kinder (§§ 1754 f, 1764 II, 1770). Bei Annahme eines Minderjährigen erlöschen seit dem 1.1.77 grds dessen Verwandtschaftsverhältnisse zu seinen bisherigen

Verwandten (§ 1755 I 1). Dagegen werden bei der Volljährigenadoption die Rechte und Pflichten aus dem Verwandtschaftsverhältnis des Angenommenen zu seinen Verwandten grds nicht berührt (§ 1770 II). Daher ist der als Volljähriger Angenommene grds sowohl nach seinen leiblichen als auch nach seinen Adoptiveltern erb- und unterhaltsberechtigt. Zur Übergangsregel des § 12 AdoptG vgl MüKo/*Lange* Rz 21. Auch nichteheliche Kinder sind pflichtteilsberechtigt; nach dem Vater, sofern die Vaterschaft anerkannt oder rechtskräftig festgestellt ist (§§ 1582 Nr 2, 3, 1594, 1600d) und das Kind nicht vor dem 1.7.49 geboren (s. BGH ZEV 09, 134) wurde (Art 227 I Nr 1 EGBGB; Ausn: Art 235 § 1 II EGBGB). Nachdem der EGMR (FamRZ 09, 1293) die Schlechterstellung der vor dem 1.7.49 geborenen Kinder als Diskriminierung iSv Art 14 VIII EMRK gerügt hat, sieht ein Reformentwurf vor, dass bei Sterbefällen ab dem 29.5.09 alle Kinder erbrechtlich gleichgestellt sind, wobei ein Vertrauen der hinterbliebenen Ehefrau durch eine gesetzliche Vorerbschaft geschützt werden soll. Zur Rechtslage vor dem am 1.4.98 in Kraft getretenen Erbrechtsgleichstellungsgesetz bzw vor dem 1.7.98 sowie zur Übergangsregelung in Art 227 EGBGB vgl MüKo/*Lange* Rz 15–17.

3 Eltern (§§ 1591 ff) sind nur pflichtteilsberechtigt (**II 1**), wenn sie ohne die Ausschließung des Erblassers als gesetzliche Erben berufen (vgl § 1930) und nicht nach § 2309 ausgeschlossen wären (DErbK/*Gemmer* Rz 11). Grds nur bei der Volladoption sind auch Adoptiveltern (§§ 1925, 1754, 1767 II) eingeschlossen. Pflichtteilsberechtigt ist seit dem Inkrafttreten des NEhelG am 1.7.70 grds auch der Vater des nicht vor dem 1.7.49 geborenen nichtehelichen Kindes (Art 12 § 10 NEhelG), wenn die Vaterschaft anerkannt ist oder feststeht (§ 1592 Nr 2, 3). Durch bis zum 1.4.98 wirksam gewordenen vorzeitigen Erbausgleich verlor der Vater sein Recht (§§ 1934d, e aF; Art 227 I Nr 2 EGBGB).

4 Der **Ehegatte** ist pflichtteilsberechtigt, wenn zum Zeitpunkt des Todes die Ehe rechtsgültig bestand, also nicht bei Nichtehe, geschiedener Ehe (§ 1564; s. aber § 1586b), oder aufhebbarer Ehe, wenn der Ehegatte bei Eheschließung die Aufhebbarkeit kannte (§ 1318). Ein Ausschluss besteht auch, wenn der Erblasser berechtigt Scheidung (Köln ZEV 03, 326) oder Aufhebungen (§ 1313) verlangen konnte und sein entspr Antrag zugestellt ist (BGH NJW 90, 2382) bzw er förmlich zugestimmt (§ 1933) hat. Zur Ausschlagung bei Zugewinngemeinschaft beachte § 1371 III (dazu Rn 11), ferner § 2306 I. Allein jahrzehntelanges Getrenntleben schließt die Pflichtteilsberechtigung nicht aus (Schlesw OLGR 00, 241). Der **Lebenspartner** (§ 1 LPartG) ist pflichtteilsberechtigt und insoweit dem Ehegatten gleichgestellt (§ 10 VI 1, 2 LPartG). Sein Recht ist entspr dem des Ehegatten nach §§ 10 III, 15 I, II Nr 1–3 LPartG uU ausgeschlossen. Bei Zugewinngemeinschaft, die mangels abw Vereinbarung gilt (§§ 6 1, 7 LPartG), gelten § 1363 II und §§ 1364–1390, mithin auch § 1371 II, III, entspr (§ 6 2 LPartG).

5 B. Ausschluss. Der Pflichtteilsberechtigte muss durch Enterbung (§ 1938) durch **Verfügung vTw** (Testament oder Erbvertrag, nicht: Vertrag gem § 311b IV) von der **Erbfolge ausgeschlossen** worden sein (**I 1**). Daran fehlt es, wenn jemand auch ohne die ausschließende Verfügung vTw nicht zum Erben berufen wäre, zB bei Rechtshandlungen, die das gesetzliche Erbrecht beseitigen. Daher liegt **kein** Ausschluss iSv I vor beim Erb- oder Pflichtteilsverzicht (§§ 2346, 2349), bei Pflichtteilsentziehung (§§ 2333 ff) oder der Erklärung der Erbunwürdigkeit (§§ 2344, 2345). Auch durch Ausschlagung entfällt das Pflichtteilsrecht (Ausnahmen: § 1371 III und § 2306 I). Kein Ausschluss besteht beim auflösend bedingten (zB Jastrow'sche Klausel) oder befristeten Erben oder beim aufschiebend bedingt oder befristet eingesetzten Erben, der Nacherbe ist (BaRoth/*Mayer* Rz 17; s.a. München NJW-RR 07, 949). Beim gleichzeitigen Versterben kommt es nicht zum gesetzlichen Erbrecht (§ 1923 I), das somit nicht ausgeschlossen sein kann.

6 Die Begünstigung durch Aufl, Bestellung zum Testamentsvollstrecker, Einsetzung zum Ersatzerben (der nicht zur Erbfolge gelangt) oder grds die Zuwendung durch Vermächtnis schließt Ausschluss nicht aus; bei Vermächtnissen gilt jedoch § 2307. Beim Berliner Testament (vgl § 2269) sind die Abkömmlinge durch die gegenseitige Erbeinsetzung der Ehegatten bzgl des Erstverstorbenen enterbt, auch wenn sie nach dem Tod des überlebenden Ehegatten Schlusserben sind (BGH NJW 57, 422 f). Beim Erben mit zu geringem Erbteil gewährt § 2305 einen Zusatzpflichtteil.

7 C. Pflichtteilsschuldner. Pflichtteilsschuldner des mit dem Erbfall entstandenen Anspruchs (§ 2317 I) ist der Erbe oder Miterbe (**I 1**), bei Anordnung der Vor- und Nacherbschaft während der Vorerbschaft nur der Vorerbe (RGZ 113, 45, 50), nie der Testamentsvollstrecker (§ 2213 I 3; BGH NJW 81, 1446; Celle FamRZ 04, 908; Köln ZEV 05, 307, 309). Will der Pflichtteilsberechtigte seinen Anspruch durch Zwangsvollstreckung in den der Verwaltung des Testamentsvollstreckers unterliegenden Nachlass befriedigen, bedarf es eines Zahlungstitels gegen den Erben und zusätzlich eines Titels auf Duldung der Zwangsvollstreckung in den Nachlass gegen den Testamentsvollstrecker (§ 748 I, III ZPO; Köln ZEV 05, 307, 309 m Anm *Marotzke*; LG Heidelberg NJW-RR 91, 969; MüKo/*Zimmermann* § 2213 Rz 10, 13). Wegen § 80 I InsO ist die Zahlungsklage nach Eröffnung des Insolvenzverfahrens über das Vermögen des Erben gegen den Insolvenzverwalter zu richten (BGH FamRZ 06, 1111, 1113). Der Erbe kann die Erfüllung des Pflichtteilsanspruchs nicht davon abhängig machen, dass der Pflichtteilsberechtigte auf die „Anfechtung" des Testaments verzichtet (LG Heidelberg aaO).

8 D. Höhe des Pflichtteils. Der Pflichtteil besteht nach **I 2** in der Hälfte des Wertes des gesetzlichen Erbteils, also in einem Bruchteil des Nachlasswertes zur Zeit des Erbfalls (§ 2311); zum Lebenspartner s. § 10 I, VI LPartG. Er ist für jeden Erben gesondert und unabhängig davon, ob andere Erben ihren Anspruch geltend machen, zu bestimmen. Maßgeblich ist die gesetzliche Erbfolge (§§ 1924 ff), die durch §§ 2309, 2310 modifiziert wird (AnwK/*Bock* Rz 26). Kommt § 2309 zur Anwendung, wird bei Ermittlung ihrer Quote der weggefallene Näherberechtigte trotz § 2310 nicht mitgezählt, wenn durch seine Ausschlagung der andere erst pflichtteilsberechtigt wird (Palandt/*Edenhofer* Rz 13).

E. Besonderheiten bei Ehegatten. Hier ist der Güterstand zu berücksichtigen, von dem das Ehegattenerbrecht abhängt: Bei **Zugewinngemeinschaft** ist zwischen der erb- und güterrechtlichen Lösung (§ 2303 II 2) zu unterscheiden. 9

Bei der **güterrechtlichen** Lösung (sog kleiner Pflichtteil) ist der überlebende Ehegatte weder Erbe noch Vermächtnisnehmer. Ihm steht als Nachlassverbindlichkeit der rechnerisch genau ermittelte Zugewinnausgleich (§§ 1373 ff) sowie als Pflichtteil die Hälfte des nicht erhöhten gesetzlichen Erbteils des Ehegatten (§ 1931 I, II) zu (§ 1371 II Hs 2). Neben Abkömmlingen beträgt der Pflichtteil des Ehegatten $^1/_8$, neben Verwandten der zweiten Ordnung $^1/_4$. Der Pflichtteil eines Kindes eines beim Erbfall noch verheirateten Erblassers geht auf $^3/_8$, bei zwei Kindern auf jeweils $^3/_{16}$. Ein Wahlrecht, den großen Pflichtteil zu fordern, hat der überlebende, von der Erbfolge ausgeschlossene Ehegatte nicht (hM, BGH NJW 64, 2404; 76, 2131; 82, 2497). 10

Bei der **erbrechtlichen** Lösung steht dem überlebenden Ehegatten, der Erbe oder Vermächtnisnehmer mit Pflichtteils- oder Ergänzungsansprüchen geworden ist, der große Pflichtteil als nach § 1371 I erhöhter gesetzlicher Erbteil zu (BGH NJW 62, 1719). Der Zugewinnausgleich verwirklicht sich, indem der gesetzliche Erbteil unabhängig von einem Zugewinn im Einzelnen pauschal um $^1/_4$ und damit der Pflichtteil um $^1/_8$ erhöht wird (BGH NJW 62, 1719, 1721; 88, 388, 389). Der Ehegatte ist neben Verwandten 1. Ordnung zu $^1/_2$, neben Verwandten 2. Ordnung oder Großeltern zu $^3/_4$ der Erbschaft zum gesetzlichen Erben berufen (§§ 1931 I, III, 1371 I); die Pflichtteilsquote geht jeweils auf die Hälfte (I 2); nach § 1931 I 2 ggf noch höher. Der Anspruch auf den kleinen Pflichtteil und Zugewinn (Rn 10) bleibt auch bei Ausschlagung bestehen (§ 1371 III Hs 1), was für den überlebenden Ehegatten wirtschaftlich günstiger als der große Pflichtteil sein kann, wenn der Nachlass überwiegend aus dem Zugewinn des Verstorbenen besteht. Der große Pflichtteil hat für den Ehegatten weitere Auswirkungen, zB auf Pflichtteilsansprüche (§§ 2305–2307) oder Pflichtteilsergänzungsansprüche (§§ 2325, 2329) sowie in den Fällen der §§ 2318 f, 2328. Auch auf die Quote dritter Erb- und Pflichtteilsberechtigter wirkt sich der Anspruch des Ehegatten aus (§ 1371 II Hs 2): Der Pflichtteil eines Kindes geht auf $^1/_4$, bei zwei Kindern jeweils auf $^1/_8$. 11

Bei **Gütertrennung** (§ 1414) erhöht § 1931 IV den gesetzlichen Erbteil des Ehegatten neben einem Kind auf $^1/_2$, neben zwei Kindern auf $^1/_3$ und neben 3 oder mehr Kindern auf $^1/_4$. Der Pflichtteil des überlebenden Ehegatten beträgt davon je die Hälfte. Ein Kind ist zu $^3/_4$, zwei Kinder sind zu jeweils $^1/_6$ pflichtteilsberechtigt, wenn der Erblasser im Erbfall noch verheiratet war. 12

Bei **Gütergemeinschaft** (§§ 1415 ff) sind die Ehegatten am Gesamtgut (§ 1416) wirtschaftlich je zur Hälfte, am Sonder- und Vorbehaltsgut (§§ 1417, 1418) jeder allein beteiligt. Es beträgt der Ehegattenpflichtteil neben Abkömmlingen $^1/_8$ (§ 1931 I 1) und neben Abkömmlingen der 2. Ordnung oder Großeltern $^1/_4$. Der Pflichtteil eines Kindes geht, wenn der Erblasser im Erbfall noch verheiratet war, auf $^3/_8$ und bei zwei Kindern auf je $^3/_{16}$. 13

F. Weitere Hinweise. Für den Pflichtteilsanspruch ist das allg Zivilgericht, für den Zugewinnausgleich das Familiengericht **zuständig** (BGH NJW 83, 388, 389). Der Pflichtteilsanspruch **verjährt** nunmehr nach den allgemeinen Vorschriften (§ 2317 Rn 11–20). Die Klage auf Zahlung des großen Pflichtteils hemmt nicht die Verjährung des Anspruchs auf Zugewinnausgleich nach § 1371 II (BGH aaO 389 f). Im **Höferecht** sind §§ 12 II, III und 16 HöfeO sowie die Zuständigkeit des LwG (§ 1 Nr 5 LwVG) zu beachten. 14

Steuer. Der ggü dem Erben geltend gemachte Pflichtteilsanspruch gilt als Erwerb vTw und unterliegt, auch wenn er unbeziffert ist (BFH FamRZ 06, 1526), der Steuerpflicht (§ 3 I Nr 1 iVm § 1 I Nr 1 ErbStG). Werden zur Erfüllung des geltend gemachten Anspruchs Grundstücke übertragen, fällt Grunderwerbsteuer an (BFH ZEV 02, 425); ggf greift § 3 Nr 6 GrEStG. Entspr gilt bzgl der Einkommensteuer (FG Berlin DStRE 08, 1439). Der Anspruch wird nach dem Zeitpunkt der Geltendmachung (vgl § 9 I Nr 1b, § 11 ErbStG) mit dem Nennwert bewertet (§ 12 ErbStG I iVm § 12 BewG). Die Erben können ihn als Nachlassverbindlichkeit mit Geltendmachung abziehen (§ 10 V Nr 2 ErbStG). Zum Verzicht s. § 2346 Rn 16. 15

§ 2304 Auslegungsregel. Die Zuwendung des Pflichtteils ist im Zweifel nicht als Erbeinsetzung anzusehen.

A. Zweck. Die negative Auslegungsregel stellt als Ausn zu § 2087 I klar, dass bei der mehrdeutigen Anordnung, jemand solle einen Pflichtteil erhalten, **im Zweifel** eine Erbeinsetzung **nicht** angenommen werden kann (Mot V, 391). In Betracht kommen eine Vermächtnisanordnung in Höhe des Pflichtteils oder Enterbung (§ 1938) durch Verweis auf das gesetzliche Pflichtteilsrecht. Die Regel greift nur bei Zweifeln, nicht, wenn ein anderer Wille des Erblassers ausdrücklich erklärt oder durch Auslegung ermittelbar ist. 1

B. Praktische Bedeutung. Praktisch relevant ist die Abgrenzung ua für die einseitige Ausschlagung nach dem Erbfall, die nur beim Vermächtnis (§§ 2176, 2180) möglich ist, während beim Pflichtteil insoweit nur Erlass, vor dem Erbfall aber Verzicht (§ 2346 II; zum Vermächtnis s. § 2352) möglich ist, bei der Pfändung, 2 die beim Pflichtteil nach § 852 ZPO erfolgt (AnwK/*Bock* Rz 5), für die Insolvenz (§ 327 I InsO), für die Entstehung der Steuerpflicht (Vermächtnis: Anfall; Pflichtteil: Geltendmachung), ferner wegen § 2307 sowie bei Zugewinngemeinschaft wegen § 1371 (BaRoth/*Mayer* Rz 4; MüKo/*Lange* Rz 3; Staud/*Haas* Rz 15 ff).

3 C. Auslegung. Nach allg Auslegungsgrundsätzen kommt der sprachlichen Fassung, also Worten wie „Erbe" etc, für eine Erbeinsetzung Indizwirkung zu, insb, wenn der Verfügung eine rechtliche Beratung vorausging (AnwK/*Bock* Rz 2). Für eine Pflichtteilszuwendung als Erbeinsetzung, die mangels Enterbung iSv § 2303 einen Pflichtteilsanspruch ausschließt, spricht, dass der Erblasser dem Pflichtteilsberechtigten Mitverwaltungsrechte und eine Sachwertteilhabe am Nachlass einräumen wollte (Damrau/*Riedel/Lenz* Rz 8; MüKo/*Lange* Rz 2). Scheidet eine Erbeinsetzung aus, ist zwischen einer Enterbung und einer Vermächtnisanordnung (Rn 1) danach zu unterscheiden, ob der Erblasser beschränken oder gewähren, dh den Pflichtteilsberechtigten von allem ausschließen oder ihm etwas zuwenden wollte (RGZ 129, 239, 241; BGH NJW 04, 3558, 3559; Soergel/*Dieckmann* Rz 3; Staud/*Haas* Rz 17). Manche verlangen für eine Vermächtnisanordnung, dass der Erblasser erkennbar die Anwendung pflichtteilsrechtlicher Grundsätze ganz oder teilw vermeiden wollte (Nürnbg FamRZ 03, 1229), und gehen ansonsten von Verweisung auf das gesetzliche Pflichtteilsrecht aus (Palandt/*Edenhofer* Rz 2). Bei Zweifeln ist die Verweisung auf den Pflichtteil als Enterbung, nicht als Vermächtnisanordnung anzusehen (AnwK/*Bock* Rz 7). Ist ein Vermächtnis anzunehmen, können pflichtteilsrechtliche Vorschriften teils anwendbar sein, zB ein Auskunftsanspruch entspr § 2314 nach § 242 (Nürnbg aaO).

4 D. Pflichtteilszuwendung an Ehegatten. Bei Zugewinngemeinschaft erlangt der überlebende Ehegatte mit Enterbung einen Anspruch auf den kleinen Pflichtteil und güterrechtlichen Zugewinnausgleich (§ 1371 II; § 2303 Rn 10). Bei Zuwendung des Pflichtteils als Erbeinsetzung oder Vermächtnis bleibt offen, ob für die Berechnung der große oder kleine Pflichtteil gemeint ist. Für Verfügungen nach Inkrafttreten des GleichberG am 1.7.58 gibt es keine Regelvermutung. Praktisch ist die Frage ohne Bedeutung: Bei Zuwendung des kleinen Pflichtteils als Erbeinsetzung oder Vermächtnisanordnung kann der Ehegatte den Wertunterschied zum großen Pflichtteil verlangen (§§ 2305, 2307 I 2; Damrau/*Riedel/Lenz* Rz 4; MüKo/*Lange* Rz 8). Ansonsten kann er ausschlagen und damit den kleinen Pflichtteil sowie güterrechtlichen Zugewinnausgleich erlangen (§ 1371 III). Soll der große Pflichtteil zugewandt sein, kann es sich nur um eine Vermächtnisanordnung, ausnahmsweise auch um eine Erbeinsetzung handeln (MüKo/*Lange* Rz 8).

§ 2305 Zusatzpflichtteil.
¹Ist einem Pflichtteilsberechtigten ein Erbteil hinterlassen, der geringer ist als die Hälfte des gesetzlichen Erbteils, so kann der Pflichtteilsberechtigte von den Miterben als Pflichtteil den Wert des an der Hälfte fehlenden Teiles verlangen. ²Bei der Berechnung des Wertes bleiben Beschränkungen und Beschwerungen der in § 2306 bezeichneten Art außer Betracht.

1 A. Zweck. Die §§ 2305–2307 sichern dem mit einem Erbteil bzw Vermächtnis bedachten Pflichtteilsberechtigten eine Mindestbeteiligung am Nachlass. Der erbende Pflichtteilsberechtigte soll nicht schlechter stehen als der völlig enterbte. Dazu gewährt § 2305 einen Pflichtteils**rest**anspruch als in der Höhe begrenzten Pflichtteilsanspruch (RGZ 93, 3, 9). Er ist als Geldanspruch in der Auseinandersetzung geltend zumachen (§ 2046) und richtet sich gegen die Miterben.

2 B. Pflichtteilsberechtigter Erbe. Der Pflichtteilsberechtigte muss (Mit-)**Erbe**, darf also nicht (enterbter) Ersatzerbe sein. Der ihm hinterlassene Erbteil muss **geringer** als die Hälfte des gesetzlichen Erbteils sein. Der Vergleich erfolgt primär anhand der Erbquote, also ob dem Pflichtteilsberechtigten eine Quote zugedacht wurde, die geringer ist als die halbe gesetzliche Erbquote (Celle ZEV 96, 307; 308; Köln ZEV 97, 298). Anrechnungs- oder Ausgleichungspflichten (§§ 2315, 2316) sind zu berücksichtigen (BGH NJW 93, 1197; Celle ZEV 96, 307, 308; Damrau/*Riedel/Lenz* Rz 3; aA Staud/*Haas* Rz 9: ggf Restanspruch gem § 2316 II). Ist keine Quote zuerkannt, ist sie für den Berechtigten nach dem Verhältnis des ihm zufallenden Wertes zum Gesamtnachlass zu ermitteln (BGH NJW 93, 1005).

3 C. Höhe des Zusatzpflichtteils. Die Differenz bis zur Höhe des vollen Pflichtteils wird wertmäßig ausgeglichen. Im Falle von Beschränkungen oder Beschwerungen ist jedoch die Werthaltigkeit des hinterlassenen Erbteils nicht mehr durch § 2306 I 1 gesichert (§ 2306 Rn 1). Durch § 2305 2 ist klargestellt, dass Lasten nicht durch den Zusatzpflichtteil nach § 2305 aufgefangen werden: Sie werden bei der Berechnung des an der Hälfte des gesetzlichen Erbteils fehlenden Wertes **nicht** mitberücksichtigt. Der Berechtigte erhält in einem solchen Fall weniger als nach § 2306 I 1 aF iVm § 2305, da der angenommene Erbteil weiter belastet bleibt und dies nicht durch einen erhöhten Zusatzpflichtteil ausgeglichen wird (BT-Drs 16/8954 19). Der Ergänzungsanspruch geht nur auf das, was vom Wert des angenommenen Erbteils (**ohne** Berücksichtigung der *Lasten*) zum Pflichtteil fehlt. Ist der zugewendete Erbteil wirtschaftlich unter Berücksichtigung der Lasten weniger wert als der Pflichtteil, bietet sich Ausschlagung an (§ 2306 Rn 6). Bei Zugewinngemeinschaft kann der überlebende Ehegatte Ausgleich bis zur Höhe des großen Pflichtteils verlangen, da er als Erbe keinen Anspruch auf Zugewinnausgleich hat (§ 1371 I). Nach hM ist eine Verwirkungsklausel zulässig, nach der

der überlebende Ehegatte einen Erbteil zwischen kleinem und großem Pflichtteil unter der Bedingung erhält, dass er keinen Pflichtteilsrestanspruch geltend macht (MüKo/*Lange* Rz 7; Palandt/*Edenhofer* Rz 2; Soergel/ *Dieckmann* Rz 5; aA Staud/*Haas* Rz 15; BaRoth/*Mayer* Rz 6).

D. Ausschlagung. Der Pflichtteilsberechtigte kann im Fall des § 2305 **nicht** den unzureichenden Erbteil ausschlagen und stattdessen den vollen Pflichtteil verlangen (Prot V, 503; MüKo/*Lange* Rz 4; RGRK/*Johannsen* Rz 5). Trotz Ausschlagung kann er den Pflichtteilsrestanspruch beanspruchen (RGZ 113, 34, 38; BGH NJW 73, 995, 996; Hamm OLGZ 82, 41, 47). Nur der Ehegatte oder Lebenspartner in Zugewinngemeinschaft (vgl § 6 1 LPartG) hat noch nach Ausschlagung einen Anspruch auf den kleinen Pflichtteil sowie auf Zugewinnausgleich (§ 1371 III; § 2303 Rn 11). Die Ausschlagungserklärung ist uU nach § 119 I anfechtbar (Hamm aaO 46 ff; BaRoth/*Mayer* Rz 7; aA Erman/*Schlüter* Rz 1; Soergel/*Dieckmann* Rz 3), s. § 2306 Rn 10; zur Ausschlagung unter Vorbehalt s. dort Rn 9. 4

E. Sonstiges. Der Anspruch ist eine Nachlassverbindlichkeit, für die die Miterben (gesamtschuldnerisch; § 2058) nur beschränkt haften, selbst wenn sie ggü anderen Nachlassgläubigern unbeschränkbar haften (§ 2063 II). **Verjährung**: § 2332. 5

§ 2306 Beschränkungen und Beschwerungen.

(1) Ist ein als Erbe berufener Pflichtteilsberechtigter durch die Einsetzung eines Nacherben, die Ernennung eines Testamentsvollstreckers oder eine Teilungsanordnung beschränkt oder ist er mit einem Vermächtnis oder einer Auflage beschwert, so kann er den Pflichtteil verlangen, wenn er den Erbteil ausschlägt; die Ausschlagungsfrist beginnt erst, wenn der Pflichtteilsberechtigte von der Beschränkung oder der Beschwerung Kenntnis erlangt.
(2) Einer Beschränkung der Erbeinsetzung steht es gleich, wenn der Pflichtteilsberechtigte als Nacherbe eingesetzt ist.

A. Zweck. Wer Erbe ist, hat grds keinen Pflichtteilsanspruch (§ 2303 I). Der **Pflichtteilsberechtigte** muss aber davor geschützt sein, als **Erbe** aufgrund der in I genannten Lasten schlechter zu stehen, als wenn er enterbt wäre und einen (dann auf Geld gerichteten) Pflichtteilsanspruch hätte. Daher eröffnet es ihm § 2306, das Erbe auszuschlagen und ausnahmsweise trotz dieser Ausschlagung den (vollen) Pflichtteil zu verlangen (**I HS 1**). Die Norm gilt in der heutigen Fassung für **Erbfälle seit dem 01.01.10** (Art 229 § 23 IV EGBGB) und ist ggü der vorherigen Fassung (s. dazu Vorauf.) deutlich vereinfacht worden. Der Erblasser kann den Erbteil des Berechtigten (entgegen CJ. 3, 28, 32 [529]) belasten oder beschweren. Der Erbe muss diese Lasten erfüllen, wenn er die Erbschaft annimmt. Der vormalige Schutz des unbelasteten Erbteils dadurch, dass wenn die Höhe des dem Pflichtteilsberechtigten hinterlassenen, aber beschwerten Erbteils die Hälfte des gesetzlichen Erbteils nicht übersteigt, jede Beschränkung und Beschwerung automatisch kraft Gesetzes entfiel (§ 2301 I 1 aF), ist gestrichen worden. Der Erbe kann aber ausschlagen und seinen unbelasteten Pflichtteil (bei der *cautela Socini* – dazu *Hennig* DNotZ 03, 399; Rn 12 – wird er in einer entspr Quote zum Erben eingesetzt) verlangen. Der Erbe, der nicht ausschlägt, muss diese Lasten übernehmen, selbst wenn der ihm zugedachte Erbteil unter der Pflichtteilsquote liegt. Er darf aber, unabhängig von der Höhe seines Erbteils, die ihm wirtschaftlich günstigere Alternative, Annahme des Erbteils oder Ausschlagung desselben, wählen (taktische Ausschlagung). Lässt der Erbe die kurze Ausschlagungsfrist verstreichen, bleibt ihm ggf. die Annahme anzufechten (Rn 10). 1

B. Beschränkung, Beschwerung, Nacherbschaft. Die **Beschränkungen** und Vermächtnisse (§§ 2147 ff, einschl des Dreißigsten, § 1969; nicht: gesetzlicher Voraus) und Auflagen als **Beschwerungen (I 1)** sind abschließend aufgezählt (BGH NJW 91, 169). Eine Analogie ist nicht möglich (RGRK/*Johannsen* Rz 7). Sie müssen tatsächlich zur Zeit des Erbfalls bestehen (BGH aaO). Ihre spätere Ausschlagung ist irrelevant. Sie brauchen sich nicht konkret zum Nachteil des Pflichtteilsberechtigten auszuwirken (BGH NJW 81, 1837, 1838). 2

Beispiele für Beschränkungen sind die Berufung (nur) zum Vorerben (KG OLGE 11, 258, 261), wegen der Verwaltungs- und Verfügungsbefugnis (§§ 2205, 2211) die Anordnung der Testamentsvollstreckung (Damrau/*Riedel/Lenz* Rz 6), und (wenigstens) solche Schiedsgerichtsklauseln (dazu *Haas* ZEV 07, 49), die zur Entscheidung nach Billigkeit (§ 1051 III ZPO) ermächtigen (BaRoth/*Mayer* Rz 14; Staud/*Haas* Rz 30a). Nach hM sind sie nicht erfasst (Damrau/*Riedel/Lenz* Rz 9; FA-ErbR/*Krause* Kap 2 Rz 534). Nach hM (Palandt/*Edenhofer* Rz 3; Soergel/*Dieckmann* Rz 9) beschränkt eine Teilungsanordnung nur, wenn sie den Pflichtteilsberechtigten benachteiligt (zB Übernahmepflicht), nicht, wenn sie ihn nicht berührt oder ihn begünstigt (zB Übernahmerecht). Da eine begünstigende Teilungsanordnung ein Vorausvermächtnis ist (vgl BGH NJW 95, 721), erübrigt sich die Differenzierung (BaRoth/*Mayer* Rz 14; MüKo/*Lange* Rz 11). 3

Keine Belastungen iSv I 1 sind Anordnungen nach § 1418 II Nr 1, § 1486, § 1638 I oder iRd Vermögensverwaltung nach §§ 1638, 1639 (*Damrau* ZEV 98, 90), die ersatzweise Erbeinsetzung eines Dritten, Pflichtteilsbeschränkungen in guter Absicht (§ 2338) sowie Beschränkungen und Beschwerungen, sofern der Erblasser (form)wirksam den Pflichtteil entzogen hat (zum Ganzen MüKo/*Lange* Rz 6). 4

Die Einsetzung als **Nacherbe** wird in II einer Beschränkung gleichgestellt, denn der Nacherbe kommt erst nach dem Vorerben zum Zuge (*Schindler* ZErb 07, 381 ff). Das gilt auch für den aufschiebend befristet eingesetzten Nacherben, nicht aber für den aufschiebend bedingt Eingesetzten, dessen Vollerbenstellung ungewiss 5 ist und der den vollen Pflichtteil ohne Ausschlagung verlangen kann (BaRoth/*Mayer* Rz 26; aA Staud/*Haas* Rz 19 ff m Hinw auf ein Anwartschaftsrecht). Daher kann der Nacherbe nach **II** die Nacherbschaft annehmen oder wahlweise nach ihrer Ausschlagung den Pflichtteil fordern (BayObLGZ 66, 232). Die Frist auszuschlagen beginnt nicht vor Eintritt der Nacherbfolge, doch kann der Pflichtteilsberechtigte bereits nach dem Erbfall ausschlagen (§ 2142 I) und den Pflichtteil geltend machen (MüKo/*Lange* Rz 8). Das mag sinnvoll sein, da die **Verjährungsfrist** für den Pflichtteilsanspruch **nicht** erst mit der Ausschlagung beginnt (§ 2332 II). Allein die Geltendmachung des Pflichtteils stellt keine Ausschlagung der Nacherbschaft dar, die nach § 1945 I ggü dem Nachlassgericht zu erklären wäre. Erlangt der Pflichtteilsberechtigte den Pflichtteil, obwohl er nicht ausgeschlagen hat, muss er sich mit Eintritt des Nacherbfalls den rechtsgrundlos erlangten Vorausempfang anrechnen lassen (BayObLGZ 73, 272, 275).

6   **C. Wahlrecht (Abs 1). Annahme.** Der Berechtigte kann den belasteten Erbteil **annehmen**, und zwar schon vor Beginn der Frist nach I Hs 2 (Hamm FamRZ 05, 306, 307). Die angenommene Erbschaft kann dann auch innerhalb der Frist des I Hs 2 nicht mehr ausgeschlagen, sondern nur die Annahme angefochten (§ 1954) werden (BGH NJW 89, 2885; Hamm aaO). Durch seine Annahme bleibt der Berechtigte Erbe und hat die angeordneten Beschwerungen und Beschränkungen zu erfüllen, auch wenn sie seinen Erbteil wirtschaftlich aufzehren. Anders als nach § 2306 I 1 **aF** gilt dieses auch, wenn der hinterlassene Erbteil die Hälfte des gesetzlichen Erbteils nicht übersteigt; das für diesen Fall angeordnete automatisches Entfallen der Lasten gibt es nicht mehr (Rn 1). Das Gesetz garantiert keine unbeschränkte Beteiligung als Erbe, sondern nur – nach Ausschlagung – einen (vollen) Pflichtteil. Im Fall der Annahme bietet auch § 2305 keinen Schutz vor wertaufzehrenden Lasten (s. § 2305 Rn 3). Allgemein mag eine Ausschlagung wirtschaftlich sinnvoll sein, wenn der angenommene Erbteil wirtschaftlich wegen der Beschränkungen und Beschwerungen weniger Wert als der Pflichtteil ist (vgl BR-Drs 96/08, 41). Dies ist innerhalb der Ausschlagungsfrist zu entscheiden (Rn 8). Im Fall der Ausschlagung geht der dann volle Pflichtteilsanspruch nur auf Wertausgleich (§ 2317 Rn 1). Der (nicht ausschlagende) Erbe kann den ordentlichen Pflichtteilsanspruch nicht geltend machen.

7   **Ausschlagung.** Die Ausschlagung ist ein vererbliches (§ 1952), iÜ höchstpersönliches, nicht selbstständig übertragbares (Wahl)Recht. Es geht bei Überleitung des Pflichtteilsanspruchs nicht gem § 93 I 1 SGB XII auf den Sozialhilfeträger über (hM, AnwK/*Ivo* § 1942 Rz 20; BaRoth/*Mayer* Rz 22; Palandt/*Edenhofer* Rz 7). Die Ausschlagung einer werthaltigen Erbschaft durch einen Sozialleistungsempfänger ist idR sittenwidrig (Hamm ZEV 09, 471); anders gilt beim sog Behindertentestament (BGH NJW 94, 248, 250).

8   **Frist.** Der Beginn der sechswöchigen (§ 1944 I) **Frist für die Ausschlagung** nach **I Hs 2** setzt neben den Voraussetzungen des § 1944 (dazu Zweibr ZEV 07, 97, 98) voraus, dass der Pflichtteilsberechtigte das Testament des Erblassers für wirksam hält (BGH WM 68, 542, 544; ZEV 00, 401) und Kenntnis über den zugedachten Erbteil sowie eine feste Vorstellung über die tatsächlich bestehenden (BGH NJW 91, 169, 171) Beschränkungen und Belastungen gewonnen hat, dh zuverlässig die Umstände erfahren hat, aufgrund derer sein Handeln erwartet werden kann (Hamm FamRZ 05, 306, 308; FGPrax 06, 24, 25). Dann muss er innerhalb der kurzen Ausschlagungsfrist abschätzen, ob er mit beschwerter Erbschaft oder mit dem Pflichtteil wirtschaftlich besser steht (vgl Stuttg FamRZ 09, 1182; *Schaal/Grigas* BwNotZ 08, 2, 9; einschr *Lange* DNotZ 09, 732, 736).

9   **Vorbehalt.** Zu § 2306 aF war streitig, ob eine uneingeschränkte Ausschlagung unter dem Vorbehalt, dass ein Geldanspruch gegen den Erben entstehe, zulässig sei. Die hM lehnte dies als unzulässige Bedingung iSv § 1947 ab (BaRoth/*Mayer* Rz 18; MüKo/*Lange* Rz 14). § 1947 bezwecke, einen Schwebezustand eindeutig und schnell zu beenden (Mot V, 505). Da insb wegen Anrechnungs- und Ausgleichspflichten der wirtschaftliche Wert des hinterlassenen Erbteils schwer zu bewerten sein kann, war es interessengerecht, den Vorbehalt zuzulassen. Rechtskonstruktiv lässt sich vertreten, er sei eine zulässige Gegenwartsbedingung. Bei Abgabe der Erklärung stehe objektiv fest, ob für den Ausschlagenden ein Pflichtteilsanspruch entsteht (str, MüKo/*Leipold* § 1950 Rz 5; MüKo/*Lange* § 2305 Rz 4; Staud/*Haas* § 2305 Rz 12; s.a. Soergel/*Stein* § 1950 Rz 1; BayObLG FamRZ 05, 1127; Brandbg ZErb 04, 132, 133). Da § 2306 nF in jedem Fall, unabhängig von der Höhe des hinterlassenen Erbteils, nach Ausschlagung die Geltendmachung des vollen Pflichtteilsanspruchs erlaubt, hat sich die frühere Problematik, die den Vorbehalt sinnvoll machte, entschärft.

10 **D. Anfechtung.** Auch nach der deutlichen Vereinfachung des Wahlrechts in § 2306 I kann aufgrund der weit gefassten Interpretation eines Rechtsfolgenirrtums als Inhaltsirrtum durch die Rspr (RGZ 88, 278, 284; BGHZ 134, 152, 156) die Annahmeerklärung (bzw die nicht fristgemäße Ausschlagung, vgl § 1956) wegen Inhaltsirrtums (§ 119 I Alt 1) angefochten werden, wenn der zugedachte Erbteil größer als der Pflichtteil ist, aber Beschränkungen oder Beschwerungen auferlegt sind und der Erbe irrig dachte, sich nur durch Annahme der Erbschaft seinen dem Wert nach ggf günstigeren Pflichtteilsanspruch zu erhalten (aA *Lange* DNotZ 09, 732, 736). Der Verlust des Wahlrechts nach I gehört zu den unmittelbaren und wesentlichen Wirkungen der Annahmeerklärung (so zu § 2306 aF BGH NJW 06, 3353, 3356). Die rechtlichen Wirkungen der Ausschlagung bzw umgekehrt der Annahme der Erbschaft sind den Hauptwirkungen des Rechtsgeschäfts zuzuordnen. Wenn dem Erben unbekannt ist, durch die Annahme der Erbschaft sein Pflichtteilsrecht zu verlieren, unterliegt er einem beachtlichen Irrtum iSd § 119 I Alt 1 im Hinblick auf diese spezifische Verknüpfung, die § 2306

I zwischen der Annahme der Erbschaft und dem Pflichtteilsrecht herstellt (zu § 2306 I 2 aF Hamm FamRZ 06, 578, 580 f m Anm *Haas/Jeske* ZEV 06, 172 f). Er ist zur Anfechtung berechtigt (BGH aaO zu § 2306 I 2 aF). Zur Anfechtung der **Annahme** oder **Ausschlagung** s.a. § 2308 Rn 1 ff, 5.

E. Folge der Ausschlagung. Folge der Ausschlagung nach I ist, dass der Pflichtteilsberechtigte seine Erbenstellung verliert und den vollen Pflichtteilsanspruch erhält; er steht wie ein sonstiger Pflichtteilsberechtigter (§ 2303 Rn 5). Die Erbschaft fällt durch Ausschlagung dem Nächstberufenen an. Dieser hat, schlägt er nicht aus, den Pflichtteilsanspruch zu erfüllen. Angeordnete Beschränkungen und Beschwerungen bleiben bestehen, wenn sie nicht nur den Zunächstberufenen persönlich treffen sollten; zum Kürzungsrecht im Innenverhältnis vgl § 2322. 11

F. Gestaltungsmöglichkeiten. Nach § 2306 I aF konnte der Erbe den Pflichtteil nach Ausschlagung seines Erbteils nur verlangen, wenn dieser größer als die Hälfte des gesetzlichen Erbteils war. War er gleich oder kleiner (vgl § 2306 I 2 **aF**), verlor der Erbe durch Ausschlagung auch den Pflichtteilsanspruch, da er sich selbst von der Erbfolge ausschloss, und blieb ihm idR nur der Pflichtteilsrestanspruch nach § 2305 (Voraufl Rz 9). Nunmehr erlaubt es ihm jede Beschränkung oder Beschwerung, auszuschlagen und den Pflichtteil zu verlangen (I Hs 1; Rn 1). Dabei wird eine Ausschlagung umso näher liegen, je näher die zugedachte Erbteilsquote von der gesetzlichen Erbteilsquote weg hin zur Pflichtteilsquote festgelegt wird, zumal auferlegte Lasten durch § 2305 nicht aufgefangen werden (§ 2305 Rn 3). Ferner kann der Pflichtteilsberechtigte (und entspr seine Gläubiger) auf den Anspruch nach § 2305 frei zugreifen, was der Erblasser oft (zB {zulässiges, Köln 9.12.09 – 2 U 46/09] beim sog Behindertentestament) durch die Anordnungen iSv § 2306 I gerade nicht wollte. Auch mag ein Betreuer bei einer zu geringen Erbquote im Einzelfall verpflichtet sein, auszuschlagen (Rn 6). Soll – wie vormals im Fall des § 2306 I 2 **aF** – der gesetzlich Pflichtteilsberechtigte bei Ausschlagung des Erbes vom Pflichtteil ausgeschlossen sein, muss ein Pflichtteilsverzicht (§ 2346) vereinbart werden. Zudem ist der mögliche Ergänzungsanspruch nach § 2325 zu beachten. Insoweit empfiehlt die Praxis, zum Schutz vor dem Zugriff Dritter durch die Entstehung von Pflichtteilsergänzungsansprüchen bedingte ergänzende Vermächtnisse anzuordnen, die durch Vermächtnisvollstreckung und Nachvermächtnis gesichert sind. Die früher wegen § 2306 I 1 **aF** problematische *cautela*, nach der der Erblasser dem Pflichtteilsberechtigten die Wahl lässt, den dem Pflichtteil (der Quote nach) entsprechenden belasteten Erbteil anzunehmen oder ihn auszuschlagen und den Pflichtteil zu verlangen (dazu BGH NJW 93, 1005), ist heute wohl ebenso zulässig (aA *Mayer* ZEV 10, 2, 4) wie die Erbeinsetzung unter der auflösenden Bedingung, dass der Erbe Anordnungen des Erblassers missachtet mit der Folge, dass er dann nur den Pflichtteil erhalte. Letztere Fassung ist für den Erben problematisch, da er bei Bedingungseintritt den Erbteil verliert und den Pflichtteil ggf mangels fristgerechter Ausschlagung nicht erlangt (BaRoth/*Mayer* Rz 19). Bis zur Klärung durch die Rspr empfiehlt sich weiterhin, eine aufschiebend bedingte Zuwendung eines Vermächtnisses unter die Potestativbedingung zu stellen, dass der Pflichtteilsberechtigte auf den Pflichtteilsrestanspruch verzichtet. Dieses ist zulässig, denn dem Pflichtteilsberechtigten wird dadurch nicht die Möglichkeit genommen, den vollen Pflichtteil anstelle des Vermächtnisses zu verlangen (BayObLG FamRZ 04, 1606, 1608; Staud/*Haas* § 2307 Rz 22). 12

§ 2307 Zuwendung eines Vermächtnisses.
(1) ¹Ist ein Pflichtteilsberechtigter mit einem Vermächtnis bedacht, so kann er den Pflichtteil verlangen, wenn er das Vermächtnis ausschlägt. ²Schlägt er nicht aus, so steht ihm ein Recht auf den Pflichtteil nicht zu, soweit der Wert des Vermächtnisses reicht; bei der Berechnung des Wertes bleiben Beschränkungen und Beschwerungen der in § 2306 bezeichneten Art außer Betracht.
(2) ¹Der mit dem Vermächtnis beschwerte Erbe kann den Pflichtteilsberechtigten unter Bestimmung einer angemessenen Frist zur Erklärung über die Annahme des Vermächtnisses auffordern. ²Mit dem Ablauf der Frist gilt das Vermächtnis als ausgeschlagen, wenn nicht vorher die Annahme erklärt wird.

A. Zweck. Die Norm räumt dem Pflichtteilsberechtigten, der nicht zum Erben berufen, aber mit einem Vermächtnis bedacht wurde, ein **Wahlrecht** ein. Er kann das Vermächtnis unter voller Anrechnung auf den Pflichtteil annehmen (**I 2**) und daneben ggf einen Pflichtteilsrestanspruch (§ 2305) geltend machen. Oder er schlägt aus (§ 2180). Dann kann er den vollen Pflichtteil verlangen (**I 1**). Der Erblasser soll nicht dem Berechtigten unabhängig von dessen Willen statt dem Pflichtteilsanspruch ein Vermächtnis (von ggf zweifelhaftem Wert) *aufdrängen können* (Mot V, 393). Damit der Berechtigte die ihm günstigere Möglichkeit einschätzen kann, steht ihm ein Auskunfts- und Wertermittlungsanspruch (§ 2314) zu. Zu den Konsequenzen der Ausschlagung für die Erben und Vermächtnisnehmer s. § 2321. 1

B. Erfasste Vermächtnisse. § 2307 gilt für alle, auch für belastete, befristete oder bedingte Vermächtnisse, selbst, wenn sie aufschiebend befristet oder bedingt sind (hM, BayObLG NJW-RR 04, 1085; Oldbg NJW 91, 988; MüKo/*Lange* Rz 6), nicht aber für Auflagen (RG JW 28, 907; Ddorf FamRZ 91, 1107, 1109) oder sog Bedingungsleistungen (Staud/*Haas* Rz 8). Auch für Vermächtnisse, die neben dem Pflichtteil zusätzlich zugewandt werden, gilt § 2307 seiner Zielrichtung (Rn 1) nach nicht (RGZ 129, 239, 241). Dem Ersatzvermächtnisnehmer ist zunächst nichts hinterlassen, so dass er ohne Ausschlagung den Pflichtteil verlangen kann. 2

Erhält er das Vermächtnis dann und schlägt nicht aus, muss er, soweit der Pflichtteil durch den Wert des Vermächtnisses gedeckt ist, das Empfangene zurückgewähren (MüKo/*Lange* Rz 7; Staud/*Haas* Rz 7).

3 C. Ausschlagung des Vermächtnisses. Die Ausschlagung (I 1) kann nach dem Erbfall formlos, auch konkludent (BGH NJW 01, 520, 521), ggü dem Beschwerten (§ 2180 II 1) erfolgen. Der Anfall des Vermächtnisses an den Pflichtteilsberechtigten gilt dann als nicht erfolgt (§§ 2180 III, 1953 I). Der Berechtigte erlangt den vollen Pflichtteilsanspruch. Der Ehegatte in Zugewinngemeinschaft kann nur den kleinen, nach § 1931 berechneten Pflichtteil nebst rechnerischem Zugewinnausgleich verlangen (§ 1371 II). Er hat kein Wahlrecht zum großen Pflichtteil. Entspr gilt zum Lebenspartner (s. § 6 LPartG). Das Recht auszuschlagen ist vererblich. Zur Pflichtteilslast im Innenverhältnis s. § 2321.

4 D. Annahme des Vermächtnisses. Bei (ggf konkludenter; vgl BGH ZEV 98, 24) Annahme des Vermächtnisses, die nicht bedingt sein kann, erfolgt Anrechnung des Wertes des Vermächtnisses zur Zeit des Erbfalls auf den Pflichtteil. Der Erblasser kann für die Annahme (nicht: bei Ausschlagung) die Anrechnung zu einem bestimmten Wert anordnen. Ggf verbleibt ein Pflichtteilsrestanspruch (I 2 Hs 1; s. § 2305). Beschränkungen (zB Anordnung eines Nachlassvermächtnisses: § 2191) und Beschwerungen (Untervermächtnis: § 2147, Aufl: § 2192) der in § 2306 bezeichneten Art werden nicht mitberechnet (I 2 Hs 2). Der Pflichtteilsrestanspruch wird um den vollen Wert des Vermächtnisses, auch des aufschiebend bedingten (Oldbg NJW 91, 988; auch BGH NJW 01, 520; aA Karlsr Justiz 62, 152; BaRoth/*Mayer* Rz 7), an sich gemindert, auch wenn dieses wegen einer Beschränkung bzw Beschwerung wirtschaftlich wertlos ist. Maßstab beim Ehegatten in Zugewinngemeinschaft ist der große Pflichtteil (§ 2303 Rn 11; BGH NJW 79, 917). Für die Vermächtnisforderung greift § 852 ZPO nicht (BayObLG OLGE 16, 41 f). In der Insolvenz steht das Vermächtnis bis zur Höhe des Pflichtteils im Rang den Pflichtteilsrechten gleich (§ 327 II 1 InsO). **Verjährung:** § 2317 Rn 11 ff.

5 E. Frist (Abs 2). An sich besteht für die Annahme oder Ausschlagung eines Vermächtnisses keine Frist (vgl § 2180). Damit der beschwerte Erbe Klarheit hat, kann (nur) er dem Pflichtteilsberechtigten eine Annahmefrist setzen (II 1). Diese muss angemessen sein, dh sie darf idR nicht vor einer gesetzten Inventarfrist (§ 1944) oder Auskunftsfrist (§ 2314) enden. Mit ihrem Ablauf gilt das Vermächtnis als ausgeschlagen (II 2). Es kann dann der Pflichtteilsanspruch geltend gemacht werden (I 1). Mit demselben Vermächtnis beschwerte Miterben können das Fristsetzungsrecht nur gemeinsam ausüben (§ 2038; München FamRZ 87, 752); ggf greift § 180 2.

6 F. Zuwendung von Erbteil und Vermächtnis an den Pflichtteilsberechtigten. I. Unbelasteter Erbteil. Ist das Vermächtnis **neben** einem unbelasteten Erbteil zugewendet, bleibt bei jeweiliger Annahme ein Restpflichtteil (§ 2305), wenn addierter Erbteil und Vermächtnis **nicht** den halben gesetzlichen Erbteil erreichen. Auf den Restanspruch ist der Wert des Vermächtnisses nach I 2 anzurechnen ist. Schlägt der Berechtigte das Vermächtnis aus, hat er den vollen Pflichtteilsrestanspruch. Nur wenn dieser den Wert des Vermächtnisses übersteigt, macht dessen Ausschlagung Sinn. Die Ausschlagung des Erbteils führt nur zum Verlust desselben, nicht zum vollen Pflichtteilsanspruch, da mangels Belastung § 2306 I nicht gegeben ist. Ist der unbelastete Erbteil allein **nicht geringer** als der Pflichtteil, besteht kein Pflichtteilsrestanspruch. Auch durch die Ausschlagung des Erbteils entsteht er nicht, da kein Fall des § 2306 I vorliegt (Staud/*Haas* Rz 31). Ebenso ist die Ausschlagung des Vermächtnisses hier idR nicht sinnvoll.

7 II. Belasteter Erbteil. § 2306 aF führte abhängig von der Größe des belasteten Erbteils zu unterschiedlichen Rechten und Folgen einer Ausschlagung. Diese Unterschiede sind entfallen. Der Berechtigte erlangt den vollen Pflichtteilsanspruch, wenn er Erbe und Vermächtnis ausschlägt (§§ 2306 I 2, 2307 I 2). Erreichen addierter hinterlassener belasteter Erbteil und Vermächtnis **nicht** den halben gesetzlichen Erbteil, hat der annehmende Berechtigte einen Pflichtteilsrestanspruch (§ 2305), auf den ein Vermächtnis anzurechnen ist (I 2), es sei denn, es wird ausgeschlagen. Schlägt er nur die Erbschaft aus, wird das Vermächtnis auf den Pflichtteil (s. § 2306 I) voll angerechnet (I 2).

8 G. Zugewinngemeinschaft. Hier muss der Ehegatte oder Lebenspartner (§§ 6 2, 7 LPartG) Erbschaft und Vermächtnis ausschlagen, will er den kleinen Pflichtteil nebst rechnerischem Zugewinn erlangen (§ 1371 III). Nimmt er beides an, berechnet sich sein Pflichtteilsrestanspruch nach dem großen Pflichtteil. Schlägt er nur Erbteil oder Vermächtnis aus, kann er Ergänzung bis zum großen Pflichtteil verlangen (§§ 2305, 2307 I 2).

§ 2308 Anfechtung der Ausschlagung. (1) Hat ein Pflichtteilsberechtigter, der als Erbe oder als Vermächtnisnehmer in der in § 2306 bezeichneten Art beschränkt oder beschwert ist, die Erbschaft oder das Vermächtnis ausgeschlagen, so kann er die Ausschlagung anfechten, wenn die Beschränkung oder die Beschwerung zur Zeit der Ausschlagung weggefallen und der Wegfall ihm nicht bekannt war.
(2) ¹Auf die Anfechtung der Ausschlagung eines Vermächtnisses finden die für die Anfechtung der Ausschlagung einer Erbschaft geltenden Vorschriften entsprechende Anwendung. ²Die Anfechtung erfolgt durch Erklärung gegenüber dem Beschwerten.

A. Zweck. Die Norm ermöglicht dem Pflichtteilsberechtigten aus Billigkeitsgründen, seine Ausschlagung nach §§ 2306, 2307 (ggf durch Verstreichenlassen der Erklärungsfrist; § 2307 II) rückwirkend durch Anfechtung (§ 1957) zu vernichten, wenn ihm unbekannt war, dass Belastungen iSv § 2306 zur Zeit der Ausschlagung weggefallen waren. Das gilt insb, wenn er ausschlug, obgleich gar keine Belastungen iSd § 2306 bestand. Er verliert dann neben der in Wirklichkeit unbelasteten Erbschaft auch den Pflichtteilsanspruch, den er über § 2306 I 1 erlangen wollte. Die dort angeordnete Rechtsfolge setzt eine tatsächlich bestehende Belastung voraus (Ausn: Ehegatte in Zugewinngemeinschaft). Zum Berechnungsirrtum s.a. § 2306 Rn 10 f.

B. Anfechtung. I. Anfechtungsgrund. Eine der Beschränkungen oder Beschwerungen iSv § 2306 I 1 muss im Erbfall objektiv bestanden haben und bis zur Zeit der Ausschlagung **weggefallen** sein. Es genügt ein Wegfall nach der Ausschlagung, wenn er *ex tunc* (§ 142) auf den Zeitpunkt des Erbfalls zurückwirkt. Es soll dem Pflichtteilsberechtigten über den Pflichtteil hinaus die unbelastete Erbschaft erhalten werden (BGH NJW 91, 169, 171 zur Testamentsanfechtung; aA hLit, MüKo/*Lange* Rz 4).

Der Wegfall darf dem Berechtigten zur Zeit der Ausschlagung nicht **bekannt** gewesen sein; grobe Fahrlässigkeit schadet nicht (Mot V, 511; Staud/*Haas* Rz 13). Der Irrtum muss **kausal** für die Anfechtung sein (Stuttg MDR 83, 751; MüKo/*Lange* Rz 5; Soergel/*Dieckmann* Rz 5; aA RGRK/*Johannsen* Rz 1).

II. Wirkung. Die Anfechtung der Ausschlagung gilt als Annahme (§ 1957 I). Familiengerichtliche Genehmigung nach § 1822 Nr 2 ist nicht erforderlich, da kein rechtsgeschäftlicher Pflichtteilsverzicht vorliegt (Staud/*Haas* Rz 11).

C. Annahme. In § 2308 ist nicht der Fall geregelt, dass der Pflichtteilsberechtigte in Unkenntnis einer Beschränkung oder Beschwerung eine Erbschaft oder ein Vermächtnis angenommen hat. Da neben § 2308 die Anfechtung der Ausschlagung oder der Annahme nach allgemeinen Grundsätzen möglich bleibt (BGH NJW 91, 169, 170), ist hier ist eine **Anfechtung** der Annahme nach § 119 II möglich, da solche Belastungen verkehrswesentliche Eigenschaften sind (BGH NJW 89, 2885; BayObLG NJW-RR 95, 904, 906; 97, 72, 73; Hamm FamRZ 05, 306, 307 zu angeordneter Nacherbschaft). Kein Anfechtungsgrund ist der Irrtum über die Tragweite einer bekannten Belastung, den wirtschaftlichen Wert der Zuwendung (Stuttg FamRZ 09, 1182) oder über das zukünftige Verhalten Dritter (MüKo/*Lange* Rz 11). Die Anfechtung der Annahme führt zur Ausschlagung der Erbschaft (§ 1957 I). S. zur Anfechtung auch § 2306 Rn 10.

D. Form/Frist. Die Form der Ausschlagung richtet sich nach §§ 1955, 1945, die Frist nach § 1954 (vgl II). Bei Vermächtnissen ist nicht das Nachlassgericht, sondern der Beschwerte Empfänger der hier formlos möglichen Erklärung (II 2).

§ 2309 Pflichtteilsrecht der Eltern und entfernteren Abkömmlinge.
Entferntere Abkömmlinge und die Eltern des Erblassers sind insoweit nicht pflichtteilsberechtigt, als ein Abkömmling, der sie im Falle der gesetzlichen Erbfolge ausschließen würde, den Pflichtteil verlangen kann oder das ihm Hinterlassene annimmt.

A. Zweck. Es soll eine Vervielfältigung der Pflichtteilslasten durch Einschränkung der an sich nach § 2303 gegebenen Pflichtteilsberechtigung entgegengewirkt werden, indem einem Stamm nicht zweimal ein Pflichtteil gewährt wird (RGZ 93, 193, 195 f). Die Norm bezieht sich nur auf das Pflichtteilrecht der Abkömmlinge oder Eltern, nicht des Ehegatten.

B. Pflichtteilsberechtigung. Der entfernte Berechtigte müsste bei Eintritt der **gesetzlichen Erbfolge** als Erbe berufen sein. Lebt ein näher Berechtigter, ist das nur möglich, wenn dieser die Erbschaft ausgeschlagen (§§ 1942 I, 1953 I) oder auf sein Erbrecht verzichtet (§ 2346 I; zum Pflichtteilsverzicht s. § 2349) hat oder für erbunwürdig erklärt (§§ 2339 f, 2344) oder enterbt wurde (*Gottwald* Rz 3–8; Damrau/*Riedel/Lenz* Rz 5–8, 11). Ferner muss der entferntere Berechtigte nach §§ 2303 ff **an sich** pflichtteilsberechtigt sein, er also durch Verfügung vTw von der gesetzlichen Erbfolge ausgeschlossen (§ 2303) oder ihm ein zu geringer Erbteil oder Vermächtnis zugewendet (§§ 2305, 2307 I 2) sein, oder er den hinterlassenen, aber beschwerten oder beschränkten Erbteil oder Vermächtnis ausgeschlagen haben (§§ 2306 I, 2307 I 1).

C. Ausschluss. Die an sich bestehende Pflichtteilsberechtigung ist nach § 2309 ausgeschlossen, **insoweit** ein näher Berechtigter den Pflichtteil verlangen **kann** (**Alt 1**). Bsp: Der verwitwete G hat einen Sohn S. und einen Enkel E. G enterbt S. und E. S. ist vor seinem Kind E pflichtteilsberechtigt. E ist wegen des Rangverhältnisses ausgeschlossen. Ob der näher Berechtigte den Pflichtteil tatsächlich verlangt, ist unerheblich (RGZ 91, 193, 195), auch wenn der Pflichtteil verjährt ist. Auch im Erlass des Pflichtteils ggü dem Erblasser zu dessen Lebzeiten liegt ein Verlangen (Celle OLGR 04, 93). Der Ausschluss greift ferner, soweit der Berechtigte das ihm Hinterlassene, dh das durch Verfügung vTw Zugewandte (Staud/*Haas* Rz 22), tatsächlich annimmt (**Alt 2**), zB ein Vermächtnis, das an Stelle des Pflichtteilsanspruchs zugewendet wird, sowie anrechnungs- und ausgleichungspflichtige Zuwendungen unter Lebenden, die den Pflichtteil des unmittelbar Bedachten gemindert hätten, wäre er pflichtteilsberechtigt geworden (Celle NJW 99, 1874), sowie das auf Grund entgeltlichen Erboder Pflichtteilsverzichts Erlangte (Celle aaO m abl Anm *Pentz* NJW 99, 1835 ff; Staud/*Haas* Rz 23), **nicht** aber bei Auflagen (Soergel/*Dieckmann* Rz 21).

§ 2310 Feststellung des Erbteils für die Berechnung des Pflichtteils. ¹Bei der Feststellung des für die Berechnung des Pflichtteils maßgebenden Erbteils werden diejenigen mitgezählt, welche durch letztwillige Verfügung von der Erbfolge ausgeschlossen sind oder die Erbschaft ausgeschlagen haben oder für erbunwürdig erklärt sind. ²Wer durch Erbverzicht von der gesetzlichen Erbfolge ausgeschlossen ist, wird nicht mitgezählt.

1 **A. Zweck.** 1 durchbricht die Akzessorietät der Pflichtteils- von der Erbquote (§ 2303 I 2). Denn für jene kommt es nicht auf die konkrete, sondern auf die abstrakte Erbfolge an (BGH NJW 02, 672, 673; MüKo/*Lange* 1; DNotI-Rep 07, 173). Indem die genannten Erben mitgezählt werden, ist die Pflichtteilsquote dritter Berechtigter der Disposition des Erblassers und anderer Erben entzogen. Zudem kann der Erblasser nur so die quotenabhängige Höhe der Pflichtteilsansprüche überschauen. Die Folgen des Erbverzichts (2) sind dagegen schon zu seinen Lebzeiten erkennbar. Er wird zudem idR nur gegen Abfindung geleistet, die später im Nachlass fehlt (Prot V, 611 ff; Hamm NJW 99, 3643, 3644).

2 **B. Erbteilsbestimmung.** Mitgezählt werden bei für jeden Berechtigten gesondert anzustellender **abstrakter** Berechnung alle Personen, die zum Zeitpunkt des Erbfalls als gesetzliche Erben berufen wären, selbst wenn sie konkret enterbt oder für erbunwürdig erklärt wurden oder die Erbschaft ausschlugen (1). Ihr Wegfall kommt dem Erben zu Gute (vgl Ddorf ZEV 08, 523, 524). Die Pflichtteilsquote anderer Berechtigter bleibt gleich. Die Grundsätze der Verwandtenerbfolge (§§ 1924 II, 1930, 1935) bleiben aber unberührt. Der Weggefallene wird nicht zulasten des entfernteren Berechtigten iSv § 2309 mitgezählt, denn den dort eröffneten Anspruch will § 2310 nicht wieder beseitigen (BaRoth/*Mayer* Rz 4), wohl aber zu Lasten des überlebenden Ehegatten.

3 Der auf das gesetzliche **Erbrecht** Verzichtende (§ 2346 I) wird unabhängig von einer geleisteten Abfindung **nicht** mitgezählt (2). Der Verzicht kommt daher den anderen Pflichtteilsberechtigten zu Gute. Ihre Quote erhöht sich. Der Verzicht eignet sich also nicht, deren Pflichtteilsansprüche zu minimieren. Dies gilt **nicht** bei einem bloßen Pflichtteilsverzicht (§ 2346 II), denn hier soll die Verfügungsfreiheit des Erben erweitert werden (BGH NJW 82, 2497). Ebenso ist der unter Pflichtteilsvorbehalt Verzichtende mitzuzählen. Erstreckt sich der Erbverzicht entgegen der Vermutung des § 2349 nicht auf die Abkömmlinge, sind diese entspr ihrem Eintrittsrechts (§ 1924 III) mitzuzählen.

§ 2311 Wert des Nachlasses. (1) ¹Der Berechnung des Pflichtteils wird der Bestand und der Wert des Nachlasses zur Zeit des Erbfalls zugrunde gelegt. ²Bei der Berechnung des Pflichtteils eines Abkömmlings und der Eltern des Erblassers bleibt der dem überlebenden Ehegatten gebührende Voraus außer Ansatz.
(2) ¹Der Wert ist, soweit erforderlich, durch Schätzung zu ermitteln. ²Eine vom Erblasser getroffene Wertbestimmung ist nicht maßgebend.

1 **A. Zweck.** Die Norm ordnet an, dass der Wert des Nachlasses, der für den Pflichtteilsanspruch maßgeblich ist (§ 2303 I 2), nach dem Stichtagsprinzip (**I 1**) unabhängig von Vorgaben des Erblassers (**II 2**) zu ermitteln ist.

2 **B. Nachlassbestand.** Der Wert des Nachlassbestandes ist die **Differenz** zwischen sämtlichen **Aktiva** und **Passiva**, die zur **Zeit des Erbfalls** bestanden (Schlesw v 6.10.09 – 3 U 98/08; mit bilanzartiger Übersicht Damrau/*Riedel/Lenz* Rz 11). Ist der Nachlass überschuldet, besteht überhaupt kein Pflichtteilsanspruch (Stuttg NJW 89, 1283).

3 **I. Aktiva.** Aktiva sind grds alle vererblichen Vermögensgegenstände sowie Surrogate (zB Lastenausgleichsansprüche für vor dem Erbfall entstandene Schäden, auch wenn sie erst in der Person des Erben entstanden, s. BGH FamRZ 77, 128, 129; Rückgewähr- oder Entschädigungsansprüche für Grundstücke in der früheren DDR nach dem Vermögensgesetz, wenn der Erbfall nach dem 29.9.90 eingetreten ist, BGHZ 123, 76, 79 f), sowie alle Vermögenswerte, die der Erblasser noch zu Lebzeiten eingeleitet hat, aber erst nach seinem Tod endgültige Rechtswirkungen entwickelten (BGHZ 32, 367, 369; Ddorf FamRZ 96, 1440), auch der Anspruch aus einem Meistgebot (§ 81 ZVG; Ddorf aaO). So fallen in den Nachlass Steuerrückerstattungen (vgl § 10 I 3 ErbStG) für die Vorjahre und das laufende Rumpfjahr bis zum Erbfall, steuerliche Verlustvorträge, soweit der Erbe hieraus einen Vorteil hat, wiederkehrende (zu kapitalisierende) Forderungen (BaRoth/*Mayer* Rz 5), bei Ehegatten ihre Forderung aus Bankkonten entspr dem Innenverhältnis idR die Hälfte; bei Gütergemeinschaft das Sonder- und Vorbehaltsgut des Erblassers voll und das eheliche Gesamtgut (§ 1416) zur Hälfte (BaRoth/*Mayer* Rz 3). Infolge des Erbfalls durch Konfusion (Vereinigung von Forderung und Schuld; vgl Schlesw ZEV 06, 277) oder Konsolidation (Vereinigung von Recht und dinglicher Belastung) erloschene Rechtsverhältnisse gelten für die Berechnung der Pflichtteilshöhe als nicht erloschen, da diese unabhängig davon ist, wer insoweit zufällig Erbe wird (BGH NJW 87, 1260, 1262).

Nicht in den Nachlass fällt der Anspruch des Erben nach § 2287 (BGH NJW 89, 2389, 2391), der des Erblas- 4
sers selbst nach § 528 I 1, wenn er bereits geltend gemacht oder abgetreten war oder der Schenker ohne das
Geschenk seinen notwendigen Unterhalt nicht bestreiten konnte (BGH NJW 01, 2084), seine Wohnrechte
(§ 1093), persönlichen Dienstbarkeiten (§ 1090) oder höchstpersönlichen Nießbrauchsrechte (§ 1061 1; München Rpfleger 87, 109, 110). Die **Ausschlagung** einer zum Nachlass gehörigen Erbschaft oder eines Vermächtnisses führt zur Minderung des Nachlassbestandes, die auch gegen die Pflichtteilsberechtigten wirkt
(Soergel/*Dieckmann* Rz 8).

Lebensversicherungen fallen in den Nachlass, wenn kein Bezugsberechtigter wirksam bestimmt ist (BGHZ 32, 5
44, 46 f) oder soweit sie zur Kreditsicherung unter teilweisem Widerruf des Bezugsberechtigten an einen Darlehensgeber abgetreten worden sind (BGH NJW 96, 2230; *Gottwald* Rz 10), **nicht**, wenn der Bezugsberechtigte
im Versicherungsvertrag genannt ist (Ddorf OLGR 97, 167; Frankf NJW-RR 98, 795; Schlesw ZEV 99, 107). Das
gilt auch, wenn der Erbe Bezugsberechtigter (BayObLG ZEV 95, 193) oder Versicherungsfall der Todesfall ist
(§§ 330 f; § 167 II VVG). Ihre Abtretung zur Sicherung reduziert die Nachlassverbindlichkeiten.

II. Passiva. Wegen der Abhängigkeit des Pflichtteilsanspruchs vom gesetzlichen Erbteil (§ 2303 I 2) sind Pas- 6
siva lediglich Nachlassverbindlichkeiten und Lasten, die vorlägen, legte man allein die gesetzliche Erbfolge zu
Grunde (MüKo/*Lange* Rz 10). Zu berücksichtigen sind grds Erblasserschulden und Erbfallschulden iSv § 1967
II (Damrau/*Riedel*/*Lenz* Rz 8), zB als Erblasserschulden vererbliche und zur Zeit des Erbfalls noch nicht verjährte Verbindlichkeiten wie Ansprüche aus einem mit dem Erbfall fälligen Nachlassvermächtnis (§ 2191),
Ansprüche Dritter nach § 612, Unterhaltsansprüche nach § 1586 oder § 1615l, Grundstückslasten, zulasten
des Erben befristet oder unbefristet entstandene Steuerverbindlichkeiten (BGH NJW-RR 93, 131, 132)
zuzüglich der damit zusammenhängenden Beratungskosten (BFH NJW 93, 350), wobei bei Zusammenveranlagung des Erblassers mit seinem Ehegatten (§ 26b EStG) darauf abzustellen ist, wer im Innenverhältnis die
Steuerschuld zu tragen hat, da er das Einkommen erzielte (BGH NJW 79, 546). Abzuziehende Erbfallschulden sind zB Kosten der standesgemäßen Beerdigung nach § 1968, Nachlasssicherungs-, Nachlassverwaltungs-
(RG JW 1906, 114), Nachlassprozess- und Inventarkosten (§§ 1993, 2314 II), Kosten der Auskunftserteilung
nach § 2314 (BGH FamRZ 89, 856), des Rechtsanwalts im Erbscheinverfahren beim Erbprätendentenstreit
jedenfalls dann, wenn er vom Pflichtteilsberechtigten veranlasst war (BGH MDR 80, 831). Ferner ist abzugsfähig der Anspruch auf Zugewinnausgleich nach § 1371 II u III (BGH NJW 62, 1719, 1721; 88, 136, 137), der
Rückforderungsanspruch nach § 102 SGB XII, und Kosten der Testamentsvollstreckung, (nur) wenn diese für
den Pflichtteilsberechtigten von Vorteil ist (BGH NJW 09, 1143, 1144).

Auszuscheiden sind der Pflichtteilsanspruch selbst, der Erbersatzanspruch, Vermächtnisse und Auflagen 7
(BGH NJW 88, 136, 137), der Anspruch auf den Dreißigsten (§ 1969), der erst mit dem Erbfall entstehende
Unterhaltsanspruch der werdenden Mutter (§ 1963) und des Stiefkindes nach § 1371 IV, latente Steuerlasten
wie zB nach § 16 EStG (BGH NJW 72, 1269), die aber idR bei der Bewertung des Gegenstandes zu berücksichtigen sind (BGH NJW 82, 2497, 2498; FamRZ 86, 776), den Erben selbst treffende Erbschaftsteuerschulden und Beratungskosten (Hamm OLGZ 90, 1520; Ddorf FamRZ 99, 1465; aA BFH NJW 93, 130), Grabpflegekosten (München v 27.2.08 – 3 U 2427/07, Rz 70; Schlesw v 6.10.09 – 3 U 98/08), grds Verbindlichkeiten,
die auf einer Verfügung vTw beruhen, Kosten der Testamentseröffnung, der Erstellung des Erbscheins (München aaO, Rn 58) oder einer Auseinandersetzung unter Miterben (Stuttg JABl BW 78, 76),
sowie solche, die im Nachlassinsolvenzverfahren erst nach dem Pflichtteilsanspruch zu befriedigen wären
(§ 327 InsO), Bürgschaftsverbindlichkeiten, solange das Ob und die Höhe der Inanspruchnahme offen ist
(Köln ZEV 04, 155). Nach I 2 bleibt für den Pflichtteil der Eltern und der Abkömmlinge iRd § 1932 I 2 auch
der Voraus des überlebenden Ehegatten bei gesetzlicher Erbfolge (§ 1932) außer Betracht, außer, er gebührte
dem Ehegatten als testamentarischem Allein- oder Miterben nicht (BGH NJW 79, 546; Naumbg OLGR 00,
433), oder wenn der Erblasser dem Ehegatten den Pflichtteil oder Voraus entzogen hatte bzw der Ehegatte für
erbunwürdig erklärt wurde, nicht aber, weil der Voraus ausgeschlagen wurde (Staud/*Haas* Rz 43). Der
Pflichtteil des Ehegatten bzw Lebenspartners (§ 10 I 2, 3 LPartG) errechnet sich immer aus dem Gesamtnachlass ohne Abzug des Voraus (BaRoth/*Mayer* Rz 11).

III. Wertermittlung. Bestimmungen des Erblassers dürfen dem Pflichtteilsberechtigten nur vorteilhaft, nicht 8
nachteilig sein (II S 2). In einer Wertbestimmung kann eine zulässige teilweise Pflichtteilsentziehung
(§§ 2333 ff), bei der § 2336 zu beachten ist, oder eine Teilungsanordnung, soweit sie den Pflichtteil nicht verkürzt, liegen (§ 2048).

IV. Bewertungsziel. Durch Ermittlung des Wertes des Nachlasses als Bezugsgröße des Pflichtteilsanspruchs 9
soll der Pflichtteilsberechtigte wertmäßig so gestellt werden können, als sei er mit dem halben gesetzlichen
Erbteil (§ 2303 I 2) am Nachlass beteiligt (BVerfG NJW 52, 1173, 1174; 88, 2723, 2724; BGH NJW-RR 91,
900, 901; 93, 131; Ddorf ZEV 95, 306; Frankf ZEV 03, 364). Maßgeblich ist der (objektive) **gemeine Wert**, dh
der unter normalen Marktbedingungen im gewöhnlichen Geschäftsverkehr anzusetzende Verkehrs- oder
Normalwert als Verkaufswert (§ 9 II BewG; vgl BGH NJW 54, 1764, 1765; Ddorf BB 88, 1001; ZEV 94, 361;
Stuttg NJW 67, 2410, 2411; beim Zugewinnausgleich einschr bei Immobilien, die nicht verkauft werden sollen, aber BGH NJW-RR 86, 226, 228; FamRZ 92, 918). Nach den GoB ermittelte Buchwerte, steuerliche Ein-

heitswerte (BVerfG aaO; s.a. Vor § 2303 Rn 3) oder von Affektionsinteresse beeinflusste Liebhaberwerte, die nicht in einem größeren Personenkreis objektiviert sind, scheiden als Bewertungsgrundlage aus (MüKo/ *Lange* Rz 19).

10 Nur wenn unter Ausnahmebedingungen ganz außergewöhnliche Preisverhältnisse bestehen, ist auf den **inneren** oder **wahren Wert** abzustellen (BGH NJW 54, 1037; 65, 1589, 1590; 73, 995; FamRZ 92, 918: zum Zugewinn), um zugunsten (nicht: zulasten) der Pflichtteilsberechtigten unangemessenen Ergebnissen entgegenzuwirken (BGH NJW-RR 91, 990, 991; krit BaRoth/*Mayer* Rz 15; Staud/*Haas* Rz 55; *Klingelhöffer* Rz 176 f).

11 **V. Stichtagsprinzip.** Maßgeblich ist der Zeitpunkt des Erbfalls, dh des Todes des Erblassers bzw der nach § 9 VerschG festzustellende Todeszeitpunkt (BGH NJW 01, 2713, 2714). Wertveränderungen nach diesem Zeitpunkt sind grds unbeachtlich (BGH NJW 52, 1173, 1174; 65, 1589, 1590). Ausnahmen kennen §§ 2315, 2316 und §§ 2325 ff (MüKo/*Lange* Rz 17). Die stichtagsbezogene Bewertung kann bei nachträglichem Wertverlust zu Härten führen. Sie erlaubt aber Entwicklungen zu berücksichtigen, die zu diesem Zeitpunkt nahe liegen und in ihrem Kern, wirtschaftlich fassbar, angelegt sind (BGH NJW 73, 509; BaRoth/*Mayer* Rz 2, 16).

12 Wichtigstes Indiz für die Bewertung und einer Schätzung vorzuziehen (BGH NJW-RR 93, 131; vgl **II 1**) ist ein tatsächlich erzielter **Verkaufspreis** (ggf abzgl verkaufsbedingter Kosten, BGH NJW 82, 2497, 2498), selbst wenn er von individuellen Umständen beeinflusst wurde (BGH NJW-RR 91, 900 f; 93, 131 f; 834). Das gilt für zeitnah nach dem Erbfall erfolgte Veräußerungen, wenn keine besonderen Umstände vorliegen, und bei einem im Wesentlichen unveränderten Markt selbst 5 Jahre nach dem Erbfall (BGH NJW-RR 93, 131; zT aA Ddorf FamRZ 95, 1236, 1237 f). Ansonsten ist entspr der Preisentwicklung zu korrigieren (BGH NJW-RR 93, 834). Ist nach diesen Kriterien keine Bewertung möglich, ist eine **Schätzung** erforderlich (**II 1**), uU durch Sachverständigen.

13 Eine bestimmte Methode zur Wertermittlung ist nicht vorgegeben (BGH NJW-RR 93, 131; NJW 04, 2671, 2672). Möglich sind, einzeln oder kombiniert, das **Vergleichswertverfahren**, das auf im Markt vorhandene Preise für vergleichbare Objekte abstellt (vgl BGH FamRZ 89, 1276, 1278; Ddorf BB 88, 1001), das **Ertragswertverfahren**, das sich bei ihrer Art nach grds ertragsfähigen Gegenständen anbietet und den Barwert der zukünftig erzielbaren Einnahmeüberschüsse errechnet (BGH NJW 77, 949; Ddorf DB 84, 817, 818), sowie das **Substanz-** oder **Sachwertverfahren**, das den Wert eines Gegenstandes nach den Kosten der Wiederherstellung- oder Beschaffung (Reproduktionswert) bewertet (vgl BGH NJW 77, 949).

14 **VI. Einzelfälle. 1. Grundstücke.** Grundstücke sind grds unter Beachtung der WertVO zu bewerten (Soergel/ *Dieckmann* Rz 33). Unbebaute Grundstücke sind idR nach dem Vergleichswertverfahren (anhand direkten Vergleichs oder mittels der Bodenrichtwerte, § 196 BauGB; vgl BGH NJW-RR 90, 68; *Mayer* ZEV 94, 331, 333) zu bewerten (vgl 13 f WertV 1988; s.a. BGH NJW 04, 2671, 2672: zu Eigentumswohnungen), da vergleichbare Kaufpreise vorhanden sein werden. Insoweit kommt es auf die konkrete Verwendungsabsicht des Erben nicht an. Bauerwartungsland ist mit dem Verkehrswert anzusetzen (vgl auch Stuttg NJW 67, 2410, 2411), aber bei der Vergleichswertmethode (BGH NJW-RR 90, 68), anders als bei der Ertragswertmethode (BaRoth/*Mayer* Rz 22; aA Staud/*Haas* Rz 74), darauf ruhende latente Steuerlasten zu berücksichtigen, wenn der Wert nur durch Verkauf realisiert werden kann (BGH NJW 87, 1260, 1262). Der Wert bebauter Grundstücke lässt sich idR nur schätzen. Bei selbst genutzten Eigenheimen bietet sich die Substanzwertmethode an, weil hier idR für potenzielle Käufer die Herstellungskosten vorrangig sind (BGH NJW 70, 2018 f; Köln NJW 06, 625, 626; *Gottwald* Rz 26). Auf- bzw Abschläge nach §§ 23 f WertVO sind zu beachten (s.a. Staud/*Haas* Rz 78 ff). Kommt es potenziellen Käufern auf die Kapitalrendite an, wie zB bei Mietshäusern, ist das Ertragswertverfahren anzuwenden (BGH aaO; Ddorf BB 88, 1001, 1002; Frankf FamRZ 80, 576), ggf kann der Substanzwert mit zu einem Mischwert herangezogen werden (BGH NJW-RR 86, 226, 227; Köln NJW 61, 785 f).

15 **2. Bargeld, Forderungen, Wertpapiere etc.** Bargeld und Forderungen (aber: § 2313) sind nach dem Nennwert zum Zeitpunkt des Erbfalls (BGH FamRZ 91, 43, 45; *Gottwald* Rz 44), börsengängige Wertpapiere nach ihrem mittleren Kurswert am Todestag, selbst wenn er an diesem Tag ungewöhnlich hoch oder niedrig lag (str, Soergel/*Dieckmann* Rz 18; Staud/*Haas* Rz 111), zu bewerten. Das gilt auch bei einem engen Markt (*Schlichting* ZEV 06, 197, 198). Bei Wertpapieren sind aber außergewöhnliche Umstände, die sich im Kurswert nicht widerspiegeln (zB Paketzuschlag), zu berücksichtigen (*Nirk* NJW 62, 2185, 2188). Der Börsenkurs ist jedenfalls die Wertuntergrenze (BVerfG NJW 99, 3769, 3772; BGH NJW 01, 2080, 2081; *Schlichting* aaO). Manche vertreten Korrekturen nach § 242 (*Dieckmann* aaO; *Veith* NJW 63, 1521, 1524). **Verbindlichkeiten**, die auf wiederkehrende Leistungen gerichtet sind, werden mit dem Kapitalwert bewertet (RGZ 72, 379, 382; BGH NJW 54, 1764, 1765; s.a. Damrau/*Riedel/Lenz* Rz 34).

16 **3. Unternehmen(sbeteiligungen).** Bei **Handelsunternehmen** ist ihr wirklicher Wert als wirtschaftliche Einheit unter Berücksichtigung der stillen Reserven und des Firmenwerts, nicht der bloße Buchwert anzusetzen (BGH NJW 73, 509; 77, 949; 82, 575). Im Einzelfall hat der Tatrichter die betriebswirtschaftlich angemessene Methode zu wählen (BGH FamRZ 91, 43, 44; 99, 361; 05, 99). Die Bewertung kann sich bei einer zeitnahen Veräußerung nach dem Preis richten (BGH NJW 82, 2497, 2498; Rn 12). Sonst kommen als Faktoren neben dem Ertrags- und Substanzwert (Rn 13) dem Firmen- und dem **Liquidationswert** (Barwert der Nettoerlöse

aus der Veräußerung aller Vermögenswerte abzgl Schulden und Kosten und Steuern) Bedeutung zu (vgl FA-ErbR/*Hannes* Kap 15 Rz 362 ff; *Frieser* Rz 203 ff). IdR wird die Ertragswertmethode angewandt, da der Ertrag der entscheidende Faktor für potenzielle Käufer ist (MüKo/*Lange* Rz 25; zur Berechnung BGH NJW 82, 2441; BaRoth/*Mayer* Rz 26). Der Liquidationswert stellt bei liquidierten (BGH NJW 73, 509, 510) sowie Unternehmen, die am Bewertungsstichtag auch unter Berücksichtigung der Zukunftsaussichten keinen positiven Ertragswert hatten (BGH NJW 82, 2497, 2498), die Wertuntergrenze dar. Teils wird allg der Liquidationserlös als Mindesterlös angesehen, da eine unökonomische Betriebsfortführung nicht den Pflichtteil anderer schmälern dürfe (Ba/Roth/*Mayer* Rz 30), wenigstens wenn der Erbe nicht zur Unternehmensfortführung verpflichtet war (Soergel/*Dieckmann* Rz 21 mwN; aA BGH NJW 73, 509, 510; FamRZ 86, 776). Das gilt nach der Rspr nur bzgl des nicht betriebsnotwendigen Vermögens (BGH NJW-RR 05, 153, 155: zum Zugewinnausgleich).

Bei **Personen- oder Partnergesellschaften** fällt, wächst der Gesellschaftsanteil den übrigen Gesellschaftern an 17 und wird die Gesellschaft fortgesetzt, ein Abfindungsanspruch (§§ 105 III, 161 HGB, § 738 I 2 BGB) gegen die Gesellschaft in den Nachlass und ist ein Aktiva iSv I 1 (BGH NJW-RR 87, 989). Relevant ist grds der wirkliche Wert der Erblasserbeteiligung (BGH NJW 92, 892). Bei Liquidation richtet er sich nach dem Liquidationserlös (*Mayer* ZEV 94, 331, 335). Wird die Gesellschaft aufgrund einer Nachfolgeklausel mit Erben fortgesetzt, gehören deren Beteiligungen in den Nachlass (BGH NJW 57, 180; 77; 1339; DNotZ 02, 801). Sie sind mit ihrem vollen Wert zu bewerten (Staud/*Haas* Rz 89). Der Anteilswert ist der prozentuale Anteil am unter Berücksichtigung von Herrschaftsrechten und Beschränkungen grds nach der Ertragsmethode ermittelten Wert des Unternehmens (BGH NJW 85, 192; *Michalski/Zeidler* FamRZ 97, 397, 399 ff). Problematisch ist die vom BGH noch nicht entschiedene Bewertung, wenn der Gesellschaftsvertrag beim Ausscheiden eines Gesellschafters einen ggü dem Vollwert niedrigeren Klauselwert vorsieht (zB Buchwertklausel) (s. MüKo/*Lange* Rz 33). Entspr dem Stichtagsprinzip berechnen einige den Pflichtteilsanspruch nach dem Vollwert der Mitgliedschaft (BaRoth/*Mayer* Rz 37; Jauernig/*Stürner* Rz 7), obwohl der Erbe ggf nur den Klauselwert realisieren kann. Dabei werden zT Einschränkungen ua dahin gemacht, der Vollwert sei auf den Abfindungsfall auflösend bedingt (*Sudhoff* NJW 61, 801, 803 f), oder der Erbe habe ein über § 2331a hinausgehendes Leistungsverweigerungsrecht (*Siebert* NJW 60, 1033, 1036 ff). Andere gehen vom Klauselwert jedenfalls dann aus, wenn der Erbe nach § 139 HGB innerhalb der Frist des § 139 III HGB ausscheidet (*Eiselt* NJW 81, 2447, 2448 ff), oder gewähren dann ein Anfechtungsrecht nach § 134 InsO, § 4 AnfG (Soergel/*Dieckmann* Rz 30). Vorzugswürdig scheint es, auf einen Zwischenwert abzustellen, der auf den Stichtag bezogen berücksichtigt, wie sich die eingeschränkte Verwertbarkeit der Beteiligung nach der Verkehrsanschauung auf deren Wert auswirkt (vgl *Reimann* ZEV 93, 7, 10; zu § 1376 BGH NJW 80, 229, 231; 87, 321, 322).

GmbH-Anteile, die nach § 15 GmbHG vererblich sind, sind nach dem gemeinen Wert zu bewerten (MüKo/*Lange* 18 Rz 27), der von dem Wert des Unternehmens abhängt, das die GmbH betreibt (Soergel/*Dieckmann* Rz 19). Werden aufgrund von Einziehungsklauseln oder Abtretungsverpflichtungen zulässige Abfindungen gezahlt, sind diese für die Bewertung des Pflichtteilsanspruchs maßgebend (MüKo/*Lange* Rz 27; vgl §§ 10 X, 12 ErbStG).

Bei **freiberuflichen Praxen** kann wegen der persönlichen Bindungen nicht vom Ertragswert ausgegangen 19 werden. Es bietet sich hier eine umsatzorientierte Bewertung an. Neben dem Sachwert ist der „good-will" zu berücksichtigen (RGZ 153, 280; BGH NJW 91, 1547, 1551; Ddorf FamRZ 04, 1108 m Anm *Schröder*).

C. Prozessuales. Der Pflichtteilsberechtigte kann den Erben ohne bezifferten Leistungsantrag durch eine 20 Stufenklage in Verzug setzen (BGH NJW 81, 1729, 1731; s.a. § 2317 Rn 3). Er trägt die Beweislast für den Nachlasswert, aus dem er seinen Anspruch bezieht (BGHZ 7, 364), auch dafür, dass behauptete Nachlassverbindlichkeiten nicht bestehen (BGH FF 03, 218; Frankf ZEV 03, 364). Zum Teilurteil s. BGH NJW 64, 205; Celle FamRZ 04, 1823.

§ 2312 Wert eines Landguts.
(1) ¹Hat der Erblasser angeordnet oder ist nach § 2049 anzunehmen, dass einer von mehreren Erben das Recht haben soll, ein zum Nachlass gehörendes Landgut zu dem Ertragswert zu übernehmen, so ist, wenn von dem Recht Gebrauch gemacht wird, der Ertragswert auch für die Berechnung des Pflichtteils maßgebend. ²Hat der Erblasser einen anderen Übernahmepreis bestimmt, so ist dieser maßgebend, wenn er den Ertragswert erreicht und den Schätzungswert nicht übersteigt.
(2) Hinterlässt der Erblasser nur einen Erben, so kann er anordnen, dass der Berechnung des Pflichtteils der Ertragswert oder ein nach Absatz 1 Satz 2 bestimmter Wert zugrunde gelegt werden soll.
(3) Diese Vorschriften finden nur Anwendung, wenn der Erbe, der das Landgut erwirbt, zu den in § 2303 bezeichneten pflichtteilsberechtigten Personen gehört.

A. Zweck. Die (agrarpolitische) Schutznorm erleichtert dem pflichtteilsberechtigten Übernehmer eines Land- 1 guts die Fortführung, indem er dessen Ertragswert, der idR deutlich niedriger als der Verkehrswert ist, für gegen ihn gerichtete Pflichtteilsansprüche ansetzen kann. Der Liquidationswert ist hier nicht die Untergrenze (§ 2311 Rn 16). Ziel der Privilegierung ist es, leistungsfähige überkommene bäuerliche Familienbetriebe zu erhalten (BVerfG NJW 95, 2977, 2979). § 2312 ist entsprechend anwendbar, wenn ein Geldvermächtnis zum Ausgleich des Pflichtteils angeordnet wird (München FamRZ 07, 507; s.a. BaRoth/*Mayer* Rz 5).

2 B. Voraussetzungen. Anwendungsbereich des I ist, dass der Erblasser anordnet, nur **einer** von **mehreren** Erben (Damrau/*Riedel/Lenz* Rz 4) sei berechtigt, das Gut zum Ertragswert zu übernehmen. Dann ist im Zweifel oder bei ausdrücklicher Anordnung bei der Erbteilung das Landgut zum Ertragswert anzusetzen (I 1 iVm § 2049 II). Ein „**Landgut**" ist eine Besitzung, die eine zum selbständigen und dauernden Betrieb der Landwirtschaft einschl der Viehzucht oder der Forstwirtschaft geeignete und bestimmte Wirtschaftseinheit darstellt und mit den nötigen Wohn- und Wirtschaftsgebäuden versehen ist. Sie muss eine gewisse Größe erreichen und für den Inhaber eine selbständige Nahrungsquelle darstellen (BGH NJW-RR 92, 770; *Ruby* ZEV 07, 263, 264; zum **Ertragswert** § 2049 Rn 4. Macht der Erbe von dem Recht Gebrauch und ist er Pflichtteilsberechtigter (Rn 4), ist der Ertragswert für den Pflichtteil maßgebend.

3 Hinterlässt der Erbe nur einen Erben, kann er Maßgeblichkeit des Ertragswerts statt des Schätzwerts (§ 2311 II 1) anordnen (**II**). Eine solche Anordnung muss sich aus dem Testament ergeben (BGH NJW 75, 1831, 1832). Ihre Feststellung durch ergänzende Auslegung setzt Anhaltspunkte dafür voraus, dass der Erblasser bei Testamentserrichtung eine erhebliche Differenz zwischen Ertrags- und Verkehrswert vorausgesehen hat (BGH NJW 87, 951; *Gottwald* Rz 6).

4 Der Erbe muss (abstrakt; BGH NJW 64, 1414, 1415) **pflichtteilsberechtigt** sein (III; s. § 2303 Rn 1–4). Ausreichend ist, dass ein pflichtteilsberechtigter Familienangehöriger des Erben das Gut fortführt (BayObLGZ 88, 385; Oldbg NJW-RR 92, 464). § 2312 gilt **auch**, wenn das Gut zu Lebzeiten des Erblassers übergeben wurde und gegen den Übernehmer Pflichtteilsergänzungsansprüche (§§ 2325 ff) geltend gemacht werden und die Voraussetzungen des § 2312 beim Erbfall vorlagen, insb das Gut nicht vor dem Erbfall aufgegeben wurde (BGH NJW 95, 1352), oder wenn zum Nachlass des gütergemeinschaftliche Anteil des Erblassers an einem Landgut gehört (BGH FamRZ 83, 1220 f). Die Privilegierung des § 2312 erstreckt sich auch auf den Auskunftsanspruch (Jena NJW-RR 06, 951).

5 C. Einschränkungen. In Hinblick auf mögliche, auch verfassungsrechtlich bedenkliche Härten für den weichenden Hoferben und im Einklang mit dem Zweck der Norm (Rn 1; BGH NJW 95, 1395) sind Einschränkungen der Vergünstigung geboten, wenn der Übernehmer das Landgut veräußern will oder muss (BGH FamRZ 89, 1276, 1278; NJW-RR 92, 770; auch zur Beweislast ZEV 08, 40, 41), es nicht als Einheit fortführen kann oder es nicht überlebensfähig ist (BGH NJW 87, 951; FamRZ 92, 172) oder einzelne, besonders wertvolle Vermögenswerte ohne Gefahr für die Überlebensfähigkeit des Gutes herausgelöst werden können (BGH NJW 87, 1260: zur Herauslösung baureifer Grundstücke; FamRZ 92, 172). Die Fortführungsprognose erfolgt nach den Verhältnissen beim Erbfall aus der objektivierenden Sicht eines unvoreingenommenen Beobachters, wobei neben der Beschaffenheit, der Lage und der sonstigen objektiven Verhältnisse des Betriebes auch die Absichten, Vorstellungen und die Ausbildung der Beteiligten von Bedeutung sind (München FamRZ 09, 1439).

6 Keine Anwendung findet § 2312 ferner, wenn das Gut auf mehrere Erben zu Bruchteilseigentum übergeht (BGH FamRZ 77, 195) oder ein Erbe nur einen Bruchteil des Eigentums an einem Landgut übernommen hat (BGH NJW 73, 995). Fehlt es bei objektivierender Prognose (BGH NJW-RR 92, 770; NJW 95, 1352) an einer Fortführungsabsicht, die der auf den Pflichtteil in Anspruch genommene Erbe beweisen muss (BGH FamRZ 89, 1276), liegt keine Übernahme iSd Norm vor (MüKo/*Lange* Rz 5).

7 D. Reinertrag. Die Berechnung erfolgt nach Art 137 EGBGB ergangenen landesrechtlichen Ausführungsgesetzen, die idR nur den Kapitalisierungsfaktor regeln (*Pabsch* DGAR AgrarR 94, 5; *Müller/Feldhammer* ZEV 95, 161).

8 E. Nachabfindung. Trotz erheblicher Bedenken (MüKo/*Lange* Rz 7) besteht ein solcher Anspruch bei einer späteren Veräußerung des Landguts nach dem BGB, anders als nach § 13 HöfeO, nicht (BGH NJW 87, 1260, 1262). Erfolgt die Veräußerung alsbald nach der Übernahme, ist die erforderliche Fortführungsabsicht genau zu prüfen sowie ob aufgrund (ergänzender) Testamentsauslegung die Ertragswertanordnung durch die Veräußerung auflösend bedingt ist (BaRoth/*Mayer* Rz 12).

§ 2313 Ansatz bedingter, ungewisser oder unsicherer Rechte; Feststellungspflicht des Erben.

(1) ¹Bei der Feststellung des Wertes des Nachlasses bleiben Rechte und Verbindlichkeiten, die von einer aufschiebenden Bedingung abhängig sind, außer Ansatz. ²Rechte und Verbindlichkeiten, die von einer auflösenden Bedingung abhängig sind, kommen als unbedingte in Ansatz. ³Tritt die Bedingung ein, so hat die der veränderten Rechtslage entsprechende Ausgleichung zu erfolgen.
(2) ¹Für ungewisse oder unsichere Rechte sowie für zweifelhafte Verbindlichkeiten gilt das Gleiche wie für Rechte und Verbindlichkeiten, die von einer aufschiebenden Bedingung abhängig sind. ²Der Erbe ist dem Pflichtteilsberechtigten gegenüber verpflichtet, für die Feststellung eines ungewissen und für die Verfolgung eines unsicheren Rechts zu sorgen, soweit es einer ordnungsmäßigen Verwaltung entspricht.

1 A. Zweck. Die erbrechtliche Sonderreglung, die nicht bei Berechnung des Zugewinns (BGH NJW 92, 2154, 2156) gilt, ermöglicht als Ausn zum Stichtagsprinzip (§ 2311 Rn 11) einen vorläufigen Wertansatz mit ggf späterer Korrektur (**I 3**), wenn der Wert des Nachlassbestands von künftigen ungewissen Ereignissen abhängt

(I 1, II 1). Die Bewertung wird zeitlich verschoben, erfolgt aber für den Zeitpunkt des Erbfalls (BGH NJW 93, 2176, 2177; Köln NJW 98, 240, 241).

B. Abs 1 S 1, Abs 2 S 1. Aufschiebend bedingte, ungewisse und unsichere Rechte und Verbindlichkeiten bleiben vorläufig außer Ansatz. Bedingungen sind solche rechtsgeschäftlicher Art und echte Rechtsbedingungen (*Gottwald* Rz 5; aA RGZ 83, 253, 254). Der Grad der Wahrscheinlichkeit des Bedingungseintritts ist unerheblich (MüKo/*Lange* Rz 4). Zur analogen Anwendung des § 2314 II 1 iVm I 3, wenn der Erbe auf Grund des VermögensG vor dem Erbfall (München DtZ 93, 153, 154) in der ehemaligen DDR enteignete Grundstücke zurückerhält (§ 3 I 1 VermG) oder Entschädigung (§ 9 VermG) erhält, vgl BGH NJW 93, 2176; FamRZ 04, 1284; Kobl DtZ 93, 254; BaRoth/*Mayer* Rz 9. Zur Anwendung des **ZGB** (Art 235 § 1 EGBGB) vgl BGH aaO; LG Hamburg NJW 98, 2608; FAKomm-Erb Art 235 § 1 Rz 31 ff; *Dieckmann* ZEV 94, 198, 199. 2

C. Auflösende Bedingungen (Abs 1 S 2). Auflösend bedingte Rechte und Verbindlichkeiten kommen zunächst als unbedingt in Ansatz (vgl auch § 42 InsO). Bestehen iRe einheitlichen Geschäftsbeziehung zwischen Personen beidseitig Forderungen und Verbindlichkeiten, die gegenseitig verrechnet werden, und sind diese nur teilweise sicher und unzweifelhaft, dürfen die zweifellos bestehenden Ansprüche und Verbindlichkeiten nicht als solche behandelt werden und haben die ungewissen außer Ansatz zu bleiben (BGH NJW 52, 1173). **Keine** Anwendung findet I 2 u 3 bei befristeten Rechten oder Verbindlichkeiten; hier ist gem § 2311 II 1; §§ 41 II, 46 InsO zu schätzen (BGH FamRZ 79, 787, 788). 3

D. Ausgleichung (Abs 1 S 3). Mit **Bedingungseintritt** hat zwischen Erben und Pflichtteilsberechtigten eine Ausgleichung zu erfolgen. Der Pflichtteilsberechtigte ist so zu stellen, als ob die Bedingung bereits zur Zeit des Erbfalls eingetreten wäre bzw die Unsicherheit etc nicht bestanden hätte (BGH NJW 93, 2176; Köln NJW 98, 240). Dazu wird der Nachlasswert um die auf den Stichtag kaufkraftbereinigt bewertete Position bereinigt. Die Differenz des ursprünglichen zum nunmehr berechneten Pflichtteilsanspruch ist der Ausgleichsbetrag (BaRoth/*Mayer* Rz 7). Bei aufschiebend bedingten Rechten und auflösend bedingten Verbindlichkeiten erhöht der Bedingungseintritt den Pflichtteil, bei auflösend bedingten Rechten oder aufschiebend bedingten Verbindlichkeiten vermindert er ihn. Der im letzten Fall mögliche Anspruch des Erben gegen den Pflichtteilsberechtigten auf Rückzahlung wird als Bereicherungsanspruch (Erman/*Schlüter* Rz 16; Soergel/*Dieckmann* Rz 3), ua zur Vermeidung des § 818 III als pflichtteilsrechtlicher Ausgleichsanspruch eigener Art (BaRoth/*Mayer* Rz 7; Lange/*Kuchinke* § 37 VIII 5) oder nach § 159 (MüKo/*Lange* Rz 5) behandelt. Eine Sicherheitsleistung für die eventuelle Nach- oder Rückzahlung kann außerhalb der Insolvenz nicht verlangt werden (Damrau/*Riedel*/*Lenz* Rz 11; *Gottwald* Rz 13); es gilt § 916 II ZPO (Staud/*Haas* Rz 18). Ein Ausgleich braucht nicht im Urt über den Pflichtteilsanspruch vorbehalten zu werden (Kiel OLGZ 7, 143). 4

E. Abs 2. Ungewiss ist ein Recht, wenn sein rechtlicher Bestand oder die Person des Berechtigten zweifelhaft ist (BGH NJW 52, 138, 139). **Unsicher** ist es, wenn nur seine wirtschaftliche oder tatsächliche Verwertung zweifelhaft ist (BGH aaO). Entspr gilt für Verbindlichkeiten. **Einzelfälle** (vgl MüKo/*Lange* Rz 7): **Unsicher** ist grds ein Nacherbenanwartschaftsrecht (RGZ 83, 253, 254), eine Darlehensforderung nach erfolgloser Pfändung (Dresd JW 18, 188), grds **nicht** der Geschäftswert (Staud/*Haas* Rz 9; aA Nürnbg FamRZ 66, 512, 513) oder ein mit einer Abfindungsklausel belasteter Gesellschaftsanteil (Soergel/*Dieckmann* Rz 7). **Ungewiss** ist ein anfechtbares oder schwebend unwirksames Recht (Damrau/*Riedel*/*Lenz* Rz 5; Staud/*Haas* Rz 9). Verbindlichkeiten wie Bürgschaften (Köln ZEV 04, 155), Garantieversprechen, Grundpfandrechte und Verpfändungen für fremde Schuld sind **zweifelhaft** iSv II, wenn ungewiss ist, ob sie rechtlich bestehen oder tatsächlich verwirklicht werden können (BGH NJW 52, 138, 139; WM 77, 1410, 1411; *Gottwald* Rz 8; MüKo/*Lange* Rz 6). **Entfällt** die Ungewissheit, Unsicherheit oder Zweifelhaftigkeit, hat **Ausgleichung** entspr I 3 zu erfolgen (Rn 4). Die Pflicht des Erben zur **Feststellung** ungewisser und **Durchsetzung** unsicherer Rechte im Rahmen ordnungsgemäßer Verwaltung benennt **II 2**. Erbe bzw Testamentsvollstrecker sind nicht verpflichtet, ergänzungspflichtige Schenkungen (§§ 2325 ff) zu ermitteln (KG FamRZ 05, 1595). 5

F. Verjährung. Die Verjährung der auf Leistungen nach dem Vermögensgesetz bezogenen Ausgleichsansprüche entspr II 1, I 3 beginnt mit In-Kraft-Treten des Vermögensgesetzes (§ 2317 Rn 17; *Gottwald* Rz 15 f). 6

§ 2314 Auskunftspflicht des Erben.
(1) ¹Ist der Pflichtteilsberechtigte nicht Erbe, so hat ihm der Erbe auf Verlangen über den Bestand des Nachlasses Auskunft zu erteilen. ²Der Pflichtteilsberechtigte kann verlangen, dass er bei der Aufnahme des ihm nach § 260 vorzulegenden Verzeichnisses der Nachlassgegenstände zugezogen und dass der Wert der Nachlassgegenstände ermittelt wird. ³Er kann auch verlangen, dass das Verzeichnis durch die zuständige Behörde oder durch einen zuständigen Beamten oder Notar aufgenommen wird.
(2) Die Kosten fallen dem Nachlass zur Last.

A. Zweck. Damit der Pflichtteilsberechtigte einen möglichen Pflichtteilsanspruch verwirklichen kann, gewährt ihm die Norm als Hilfsansprüche Auskunfts- und Wertermittlungsansprüche bzgl des Umfangs des Nachlasses. 1

2 B. Auskunftsanspruch. I. Anspruchsberechtigter. Pflichtteilsberechtigung, nicht das Bestehen eines Pflichtteilsanspruchs, ist Voraussetzung, denn zu dessen Beurteilung soll die Auskunft gerade dienen (BGH NJW 58, 1964; 81, 2051; 02, 2469 f). Berechtigt ist jeder pflichtteilsberechtigte Nichterbe nach §§ 2303, 2309 (BGH NJW 81, 2051, 2052), also auch der Berechtigte, der enterbt ist oder ausschlägt (aA Celle FamRZ 06, 1877 m abl Anm *Damrau* ZEV 06, 556) und gleichwohl einen Pflichtteilsanspruch (§§ 2306 I, 2305, 1371 III; Karlsr ZEV 08, 39, 40) bzw Ergänzungsanspruch (§ 2325; BGH NJW 73, 955; Ddorf FamRZ 06, 512) behält oder ein Vermächtnis erhält (§ 2307), ohne dass es auf die Höhe oder Ausschlagung des Vermächtnisses ankommt (BGH NJW 58, 1964; Ddorf FamRZ 95, 1236, 1237; Oldbg NJW-RR 93, 782, 783; Köln NJW-RR 92, 8; zum Ganzen MüKo/*Lange* Rz 15; *Edenfeld* ZErb 05, 346). Bei mehreren Berechtigten kann jeder Einzelne den Anspruch geltend machen (Staud/*Haas* Rz 21). Wird der Pflichtteilsanspruch vererbt (§ 2317 II), geht das Auskunftsrecht mit über. Bei Abtretung (§§ 2317 II, 398) geht es als unselbständiges Nebenrecht iSv § 401 auf den Forderungserwerber über (Soergel/*Dieckmann* Rz 38), und zwar auch bei einer Überleitung auf den Träger der Sozialhilfe (§ 93 SGB XII; vgl BGH FamRZ 05, 448, 451; LG Duisburg FamRZ 06, 651, 652). Obwohl der Erbe bzw Miterbe (München ZErb 09, 271) grds kein Auskunftsrecht nach § 2314 hat, wird ihm als Pflichtteilsberechtigten bzgl Pflichtteilsergänzungsansprüchen (§§ 2325 f) ein Informationsrecht eingeräumt, da er insoweit in seiner Stellung als Erbe (vgl zB § 2038 sowie §§ 2027 f, 2057) schlechter stehen kann als ein Nichterbe. Einige vertreten direkte oder analoge Anwendung des § 2314 (*Coing* NJW 70, 729, 733 ff; *Gottwald* Rz 10). Die hM gibt einen allg Auskunftsanspruch aus § 242 (BGH NJW 73, 1876, 1878; 90, 180; 93, 2737; Köln ZEV 05, 398); der Anspruchsbegehrende hat danach die Kosten selbst zu tragen (BGH NJW 81, 2051, 2052; 90, 180) und sein besonderes Informationsbedürfnis darzulegen (Soergel/*Dieckmann* Rz 26). Entspr gilt für den Nacherben (Celle ZEV 06, 361).

3 Kein Auskunftsrecht nach § 2314 hat der Nacherbe gegen den Vorerben, auch wenn er unter einer auflösenden Bedingung eingesetzt ist (BGH NJW 81, 2051, 2052; Celle ZEV 06, 361; s. aber §§ 2121 f, 2117). Entspr dem Zweck der Norm besteht auch kein Auskunftsanspruch, wenn feststeht, dass kein Pflichtteilsanspruch besteht (BGH NJW 58, 1964; LG Bonn NJOZ 05, 1085, 1086 f – LS: ZEV 05, 313 –; Staud/*Haas* Rz 19), zB der Pflichtteil wirksam entzogen wurde (Hamm NJW 83, 1067), der Berechtigte auf ihn verzichtet hat (BGH WM 85, 1346, 1348; BaRoth/*Mayer* Rz 4; *Gottwald* Rz 2), er statt des Pflichtteils ein Vermächtnis angenommen hat (Braunschw OLGRspr 21, 343, 344; LG Bonn aaO), er Leistungen aus dem Nachlass empfangen hat, die seinen Pflichtteilsanspruch und Ergänzungsanspruch sicher übersteigen (Kobl FamRZ 03, 193; *Klingelhöffer* Rz 143), oder der Anspruch sicher verjährt ist (MüKo/*Lange* Rz 15, aA Köln NJW-RR 92, 8).

4 II. Auskunftspflichtiger. Grds, auch bei Nachlassinsolvenz (RG BayZ 20, 78) oder -verwaltung (Celle JZ 60, 402; s.a. § 2012 II), sind die **Erben** bzw Erbeserben (BGH NJW 89, 2887) als Gesamtschuldner (§§ 421, 431) zur Auskunft verpflichtet. Miterben müssen sich Mängel bei der Erteilung gegenseitig gem § 278 zurechnen lassen (RGZ 129, 239, 246). Eine vom Erblasser zu Lebzeiten ausgestattete und zur Alleinerbin eingesetzte **Stiftung** kann zur Auskunft und Wertermittlung analog § 2314 verpflichtet sein (Karlsr ZEV 04, 470, 471).

5 Daneben ist der vom Erblasser zu Lebzeiten **beschenkte Dritte** einem enterbten Pflichtteilsberechtigten verpflichtet, muss aber nicht nach I 2 die Kosten tragen (BGH NJW 81, 2051; 84, 487, 488; 89, 2887, 2888). Ist jener selbst pflichtteilsberechtigt, kann er selbst von dem Erben Auskunft über pflichtteilserhebliche Schenkungen verlangen (BGH NJW 90, 180). Ggf besteht auch ein Auskunftsanspruch gem § 2057 (Nürnbg NJW 57, 1482).

6 Der Auskunftspflichtige kann sich eines Erfüllungsgehilfen bedienen, insb wenn er keine andere Auskunft als dieser geben kann (Karlsr NJW-RR 02, 220). Reicht sein Wissen nicht aus, muss er sich iRd Zumutbaren die zur Auskunft nötigen Kenntnisse verschaffen (BGH NJW 89, 1601 f; Brandbg FamRZ 98, 180, 181) und ggf ihm selbst zustehende Auskunftsansprüche (zB §§ 666, 675) nutzen oder an den Auskunftsberechtigten abtreten (BGH aaO). Letzteres gilt nicht, wenn er vollständig Auskunft erteilt hat (Bremen OLGR 01, 201).

7 Nicht auskunftspflichtig ist ein Testamentsvollstrecker (§ 2213 I 3; KG FamRZ 05, 1595), der die Erben aber zu unterstützen hat (RGZ 50, 224, 225), und bis zum Nacherbfall der Nacherbe.

8 Ausschluss. Der Erblasser kann den Erben nicht einseitig von der Verpflichtung aus § 2314 befreien, aber mit dem Pflichtteilsberechtigten einen Verzicht (in Form des § 2348) vereinbaren (MüKo/*Lange* Rz 2). Ggü dem Erben kann der Berechtigte nach dem Erbfall formlos verzichten.

9 III. Umfang. Anspruchsziel ist die Vermittlung von Informationen, die der Verpflichtete hat oder sich auch erst beschaffen muss (BGH NJW 84, 487). Zur Realisierung des Pflichtteilsanspruchs sind alle Berechnungsfaktoren offen zu legen (BGH NJW 61, 602). Der Anspruch umfasst auch Auskunft über beim Erbfall vorhandene einzelne Nachlassgegenstände (Damrau/*Riedel/Lenz* Rz 10), -werte (BGH NJW 84, 487) und -verbindlichkeiten (BGH LM Nr 5, 11), zB Grundbesitz, Unternehmensbeteiligungen, Bargeld, Bankguthaben, Wertpapiere, Forderungen, Fahrzeuge, Schmuck, Haushaltsgegenstände (die nicht zum Voraus gehören), Münzen, Briefmarken (vgl Ddorf OLGR 93, 277). Auskunft ist auch zu geben über anrechnungs- und ausgleichungspflichtige Zuwendungen (§§ 2315, 2316, 2052, 2055; BGH NJW 61, 602, 603; 84, 487; FamRZ 65, 135) sowie über pflichtteilsergänzungspflichtige Schenkungen (§ 2325; BGH FamRZ 65, 135; NJW 81, 2051, 2052; Köln ZEV 05, 398, 399), es sei denn, es wird nur ein ordentlicher Pflichtteilsanspruch verfolgt (Celle

NJW-RR 05, 1374). Dabei ist auch über die Person des Zuwendungsempfängers und bei Verträgen zugunsten Dritter über das Zuwendungsverhältnis Auskunft zu geben (Karlsr FamRZ 00, 917, 918; BaRoth/*Mayer* Rz 9). Sie ist auch über unbenannte Zuwendungen (*Gottwald* Rz 5; vgl BGH NJW 92, 564), Pflicht- und Anstandsschenkungen (BGH NJW 62, 245; *Gottwald* Rz 4) und Ausstattungsversprechen eines Stifters (LG Baden-Baden ZEV 99, 152) zu erteilen. Eine solche Schenkung muss nicht feststehen. Es müssen nur gewisse Anhaltspunkte für sie bestehen (Ddorf ZEV 95, 410, 413; FamRZ 99, 1546). Ist die Einordnung einer Zuwendung zweifelhaft, müssen alle zur Beurteilung, ob ein Pflichtteilsanspruch besteht, bedeutsamen Umstände mitgeteilt werden (BGH NJW 62, 245, 246; 84; 487, 488). Ist beim verheirateten Erblasser der Güterstand für den Pflichtteil relevant, muss insoweit Auskunft gegeben werden (Ddorf NJW 96, 3156). War der Erblasser im **Grundbuch** eingetragen, kann der Pflichtteilsberechtigte Einsicht in es und die Grundakten verlangen (§§ 12, 12a GBO; KG ZEV 04, 338; LG Stuttgart ZEV 05, 313 m Anm *Damrau*). Auskunft über Gegenansprüche kann nicht verlangt werden (Zweibr FamRZ 05, 1189).

IV. Form der Auskunftserteilung. Der (einheitliche) Auskunftsanspruch ist in verschiedene Grade abgestuft (Ddorf FamRZ 95, 1236, 1239). Er geht auf Vorlage eines vom Erben erstellten Bestandsverzeichnisses (**I 1**), wobei der Berechtigte, wie auch bei Erstellung des amtlichen Verzeichnisses (KG FamRZ 96, 767), seine Hinzuziehung verlangen kann (**I 2**), in den Grenzen der §§ 226, 242 auch, wenn das Zuziehungsverlangen erst nachträglich gestellt wird (Palandt/*Edenhofer* Rz 6; enger MüKo/*Lange* Rz 14). Er kann Besichtigung der Nachlassgegenstände (§ 809), aber nicht Erstellung des Verzeichnisses in der Wohnung des Erblassers, in der ggf der Erbe wohnt, verlangen (*Klingelhöffer* Rz 160). Solange der Auskunftsanspruch nicht verjährt ist (Oldbg FamRZ 00, 62), kann er auch Erstellung durch eine besondere Amtsperson verlangen (**I 3**), selbst, wenn er sich zunächst mit einem privaten Verzeichnis begnügte (Bremen FamRZ 97, 1437; Ddorf aaO; Karlsr NJW-RR 07, 881 f; Naumbg NJW-RR 08, 317, 318; Oldbg FamRZ 93, 857, 858; zum Ganzen *Roth* ZErb 07, 402 ff; *Braun* MittBayNot 08, 351; *Schreinert* RNotZ 08, 61). Er braucht sich nicht auf das Verfahren auf Abgabe einer eidesstattlichen Versicherung verweisen zu lassen (BGH NJW 61, 602, 603; Ddorf aaO). Rechtsmissbräuchlich ist es, ein privates Verzeichnis zu verlangen, wenn bereits ein amtliches vorliegt (BGH NJW 61, 602, 604).

V. Bestandsverzeichnis. Der Berechtigte kann ein Bestandsverzeichnis (§ 260) in Schriftform verlangen. Dieses ist trotz weitgehender inhaltlicher Übereinstimmung (BGH NJW 61, 602, 603) kein Nachlassinventar (§§ 1993 ff), welches Gläubiger über Vollstreckungsmöglichkeiten aufklären soll, sondern soll Auskunft über die Höhe eines möglichen Pflichtteilsanspruchs geben (Frankf NJW-RR 94, 9). Insb braucht im Bestandsverzeichnis nicht der Wert einzelner Nachlassgegenstände angegeben werden (Staud/*Haas* Rz 38) oder es unterschrieben sein (BGH NJW 08, 917 [zu § 260]: die erforderliche eigene und schriftliche Erklärung des Schuldners bedürfe nicht der Form iSd § 126 und könne durch Boten übermittelt werden). Notwendig ist, dass der gesamte, tatsächliche und fiktive (Köln ZEV 08, 383, 385), Nachlass (Rn 9) einzeln und übersichtlich erfasst wird und alle Umstände angegeben sind (Brandbg FamRZ 98, 179, 180; Bremen FamRZ 97, 1437), die zur Anspruchsdurchsetzung nötig sind. Das Verzeichnis kann aus Teilverzeichnissen bestehen, wenn diese in ihrer Gesamtheit der Auskunftspflicht genügen (BGH NJW 62, 1499). Zu einzelnen Nachlassverbindlichkeiten muss ein Hinweis zu ihrem Rechtsgrund angegeben sein (Brandbg aaO; Frankf NJW-RR 94, 9). Der Auskunftsanspruch besteht grds fort, solange die Auskunftspflicht nicht erfüllt wurde (Brandbg aaO).

Ein Anspruch auf **Ergänzungen** besteht grds nicht (BGH JZ 52, 492). Bei Zweifeln an der Vollständigkeit oder Richtigkeit muss Klärung über § 260 II oder im Prozess erfolgen (MüKo/*Lange* Rz 11). Nur wenn trotz Aufwendung der erforderlichen Sorgfalt das Verzeichnis unrichtig ist, in ihm aufgrund eines Rechtsirrtums ein Gegenstand nicht aufgeführt ist oder erkennbar Angaben über fiktive Nachlasswerte und Schenkungen fehlen, kann ausnahmsweise Ergänzung verlangt werden (Nürnbg FamRZ 05, 1595; Hambg NJW-RR 89, 1285; Oldbg NJW-RR 92, 777 f).

Eine Pflicht zur Rechenschaftslegung oder **Vorlage von Belegen** besteht grds nicht (AnwK/*Bock* Rz 20; BaRoth/*Mayer* Rz 13; Damrau/*Riedel/Lenz* Rz 15; aA *Mayer/Bittler* Hdb Pflichtteilsrecht § 9 Rz 24; Soergel/*Dieckmann* Rz 29). Die Rspr hat einen Anspruch auf Vorlage solcher Unterlagen (Bilanzen, Gewinn- und Verlustrechnungen) insb anerkannt, wenn ein Unternehmen zum Nachlass gehört und die Beurteilung seines Wertes zur Berechnung des Pflichtteils notwendig ist (BGH NJW 61, 602, 603; Ddorf NJW-RR 97, 454; Zweibr FamRZ 01, 763, 764), ggf auf eigene Kosten durch Gutachten (Köln ZEV 99, 111). Zur Vorlagepflicht bei unklaren Grundstückswerten BGH aaO; zu Kunstgegenständen *Heuer* NJW 08, 689, zu Urheberrechten, Schmuck und Patenten *Bartsch* ZEV 04, 176.

VI. Amtliche Aufnahme des Verzeichnisses (Abs 1 S 3). S. Rn 10. Die Auskunft ist eine unvertretbare, nach § 888 ZPO zu vollstreckende Handlung, wobei der Schuldner verpflichtet ist, über Nachlassbestand, Schenkungen und Zuwendungen des Erblassers vollständig und wahrheitsgemäß zu informieren (Nürnb OLGR 09, 776). Zuständig ist nach Bundesrecht der Notar (§ 20 I BNotO), nach Landesrecht zT auch das AG. Zur eigenen Ermittlungspflicht des Notars bzw seiner Verantwortlichkeit für den Inhalt Celle OLGR 97, 160; DNotZ 03, 62 f m Anm *Nieder*; Karlsr NJW-RR 07, 881, 882; Köln NJW-RR 92, 8, 9; BaRoth/*Mayer* Rz 15; *Nieder* ZErb 04, 60; einschr *Zimmer* NotBZ 05, 208; ZEV 08, 365; *Ahrens* ErbR 09, 248.

15 **C. Eidesstattliche Versicherung.** Die eidesstattliche Versicherung kann unter den Voraussetzungen des **§ 260 II**, insb, dass Grund zur Annahme besteht, dass das Verzeichnis nicht mit der erforderlichen Sorgfalt (Frankf NJW-RR 93, 1483 ff; Oldbg NJW-RR 92, 777, 778; Zweibr FamRZ 69, 230, 231) erstellt worden ist, verlangt werden. So muss sie **nicht** bzgl Umfang und Wert beeinträchtigender Schenkungen geleistet werden, wenn keine Anhaltspunkte für (weitere) Schenkungen und mangelnde Sorgfalt des Erben bei der Auskunftserteilung (Kobl FamRZ 03, 193), oder Meinungsstreitigkeiten allein über Wertansätze eines Sachverständigen bestehen (Oldbg NJW 99, 1974). Anhaltspunkte können gegeben sein, wenn der Verpflichtete auch vorprozessual das Bestreben zeigt, die Auskunftserteilung mit allen Mitteln zu verhindern oder zu verzögern (Frankf aaO). Auch die Versicherung an Eides Statt kann in mehreren Teilakten über jeweils einen anderen Auskunftsgegenstand abgegeben werden, wenn die Summe der Teilauskünfte im geschuldeten Gesamtumfang Auskunft gibt (BGH NJW 62, 245, 246). Die Verweigerung der Versicherung an Eides Statt führt nicht zum Verlust der Beschränkbarkeit der Erbenhaftung gem § 2006 III (Staud/*Haas* Rz 47). Für das Verfahren gelten die §§ 163, 79 FGG; § 3 Nr 1b RPflG; für die Zwangsvollstreckung § 889 ZPO (Rn 22).

16 **D. Wertermittlungsanspruch (Abs 1 S 2 Hs 2).** Er ist vom Auskunftsanspruch streng zu unterscheiden (BGH NJW 84, 487, 488; *Coing* NJW 83, 1298, 1299 ff) und ggü diesem selbstständig (Frankf NJW-RR 94, 8, 9). Vom Wissen und den Vorstellungen des Verpflichteten über den Wert ist er unabhängig (BGH NJW 90, 180). Er zielt idR gerade darauf, dass der Verpflichtete die Wertermittlung veranlasst und duldet (Soergel/ *Dieckmann* Rz 28). Bei wertlosem Nachlass kann der Erbe die Einholung des Gutachtens auf eigene Kosten verweigern (§ 1990 I 1; BGH NJW 89, 2887). Ansonsten wird der Nachlasswert auf Kosten des Nachlasses (II) idR durch Gutachten eines unparteiischen, nicht notwendig öffentlich vereidigten (Ddorf NJW-RR 97, 454) **Sachverständigen** ermittelt (BGH NJW 75, 258 f; 89, 2887). Sein Gutachten hilft, die Erfolgsaussichten eines Rechtsstreits einzuschätzen (BGH NJW 61, 602, 604; Karlsr ZEV 04, 468). In einem späteren Pflichtteilsprozess stellt es substantiiertes Parteivorbringen dar (BGH NJW 89, 2787, 2888; s.a. Karlsr aaO). Da der Wert idR (zu Kunstgegenständen aber Köln NJW 06, 625, 626) methodenabhängig (§ 2311 Rn 12) ist, hat ihn der Sachverständige unter Beachtung aller sinnvollen Bewertungsmethoden unter Berücksichtigung des Verkehrswerts und des Stichtagsprinzips zu ermitteln (München NJW-RR 88, 390) und dabei die von ihm für vorzugswürdig erachtete Methode zu benennen (vgl KG-Rp 99, 90, 91). Der Wertermittlungsanspruch setzt voraus, dass der Gegenstand, dessen Wert ermittelt werden soll, zum realen oder fiktiven Nachlass gehört (Schlesw ZEV 07, 277). Dafür trägt der Pflichtteilsberechtigte die Darlegungs- und **Beweislast** (BGH NJW 84, 487, 488; 86, 1755, 1756). Problematisch ist dieser Nachweis bei **gemischten Schenkungen**, wenn dem Berechtigten genaue Kenntnis des Werts der Zuwendung und Gegenleistung fehlt (*Baumgärtel* JR 84, 199, 202). Denn nach der Rspr reicht der Wertermittlungsanspruch des pflichtteilsberechtigten Nichterben nicht so weit, dass der begründete Verdacht einer unter § 2325 fallenden Schenkung genügen würde, um eine Wertermittlung durch einen Sachverständigen auf Kosten des Nachlasses zu erreichen. Es müsse der Pflichtteilsberechtigte darlegen und beweisen, dass unter Berücksichtigung von Leistung und Gegenleistung eine zumindest gemischte Schenkung vorliegt (BGH NJW 84, 487; 86, 127; 02, 2469, 2470; Köln ZEV 08, 383, 385; Schlesw aaO). Wenn der Pflichtteilsberechtigte die Kosten selbst übernehme, genügten für den Anspruch auf Wertermittlung greifbare Anhaltspunkte für eine unentgeltliche Verfügung (BGH NJW 93, 2737; 02, 2469, 2470). Eine Beweiserleichterung besteht bei einem groben Missverhältnis zwischen Leistung und Gegenleistung (§ 2325 Rn 10). Nach aA solle der Nachweis der Schenkung durch eine grobe Überschlagsrechnung möglich sein (BaRoth/*Mayer* Rz 19; MüKo/*Lange* Rz 8; *Dieckmann* FamRZ 84, 880).

17 **I. Anspruchsberechtigter.** Anspruchsberechtigt ist grds der pflichtteilsberechtigte Nichterbe (BGH NJW 90, 180; 93, 2737) und, wie beim Auskunftsanspruch, ausnahmsweise nach § 242 der pflichtteilsberechtigte Erbe gegen den Beschenkten (Rn 2; Damrau/*Riedel/Lenz* Rz 34), wobei hier bzgl des Pflichtteilsergänzungsanspruchs anders als nach § 2314 I 2 genügt, dass für ihn greifbare Anhaltspunkte vorliegen (Rn 16; BGH NJW 86, 127, 128; 93, 2737). Der Beschenkte ist aber erst dann zur Wertermittlung verpflichtet, wenn die vorrangige Pflicht des Erben nicht zum gewünschten Erfolg geführt hat (*Dieckmann* NJW 88, 1809, 1816, 1819). Die Kosten der Wertermittlung (I 2) dürfen dem Beschenkten nicht auferlegt werden, da er nur bis zur Höhe des Fehlbetrags iSv § 2329 II haftet (BGH NJW 89, 2787; s.a. BGH NJW 93, 2737).

18 **II. Umfang.** Dem Berechtigten sind alle Informationen zu verschaffen, die er bei verständiger Würdigung benötigt, seinen Pflichtteilsanspruch zu berechnen, also die dazu erforderlichen Unterlagen (Staud/*Haas* Rz 59) wie Kaufvertragsurkunden bei zeitnaher Veräußerung von Nachlassgegenständen (Rn 13). Für die Unternehmensbewertung sind insb für die auf die Zukunft ausgerichtete Ertragswertmethode umfangreiche Informationen wie ua die Bilanzen der letzten fünf Jahre vorzulegen (Ddorf NJW-RR 97, 454; Köln ZEV 99, 100). Ist dadurch eine angemessene Bewertung durch den Berechtigten nicht möglich, muss der Verpflichtete selbst auf Kosten des Nachlasses ein Wertgutachten einholen (BGH NJW 75, 258; 89, 856; Ddorf ZEV 95, 410, 412; Köln ZEV 06, 77, 78). Die Auswahl des Sachverständigen obliegt allein ihm; der Berechtigte darf das Gutachten nicht eigenmächtig auf Kosten des Nachlasses in Auftrag geben (Karlsr NJW-RR 90, 393, 394).

III. Kosten. Die Kosten (II) der Verzeichnisse, die Kosten aufgrund der Hinzuziehung des Auskunftsberechtigten sowie der Kosten der Wertermittlung treffen den Nachlass. Weil sie vorrangig abgezogen werden können, mindern sie den Pflichtteil. Die Kosten der Auskunft und Wertermittlung für den pflichtteilsberechtigten Erben muss dieser aber selbst tragen (Rn 2, 17). Die Kosten für die Abnahme der eidesstattlichen Versicherung trägt der Auskunftsberechtigte selbst (§ 261 III). **19**

E. Verjährung. Der Auskunftsanspruch verjährt – wie der Pflichtteilsanspruch – nach 3 Jahren (§ 2317 Rn 11 ff). Entsprechendes gilt für den Wertermittlungsanspruch (Soergel/*Dieckmann* Rz 34). **20**

F. Prozessuales. Die Ansprüche können einzeln im Wege der Leistungsklage geltend gemacht werden (Zweibr FamRZ 69, 230, 231). Die Klage auf Auskunftserteilung macht **nicht** den Pflichtteilsanspruch rechtshängig. Sie hemmt nicht dessen Verjährung (BGH NJW 75, 1409, 1410; BayObLG NJW-RR 91, 394, 395). Anders verhält es sich bei der zulässigen (vgl Zweibr aaO), auf Auskunft, Vorlage der für die Wertermittlung relevanten Informationen und Zahlung (mit noch nicht genau beziffertem Leistungsantrag) gerichteten **Stufenklage** (§ 254 ZPO; vgl BGH NJW 81, 1729, 1731; NJW-RR 95, 513; 06, 948, 949; *Gottwald* Rz 32 u Teil II Rz 172), bei der, idR durch Teilurteil (§ 301 ZPO), sukzessive (Naumbg NJW-RR 08, 317, 319) über die Ansprüche entschieden wird. Hemmung endet dann, wenn nach Erledigung der Vorstufe der Zahlungsanspruch nicht weiterverfolgt wird (BGH NJW 81, 1729, 1731; vgl § 204 II 2). Gibt der Erbe die verlangte Auskunft, kann eine Erledigungserklärung zum Anspruch auf Zahlung übergegangen werden (Ddorf NJW-RR 96, 839). Zeigt er durch sein Verhalten eindeutig, dass er sich des Bestehens des Pflichtteilsanspruchs bewusst ist, liegt Anerkenntnis (§ 212 I Nr 1) vor (zu § 208 aF BGH NJW 85, 2945; WM 87, 1108). Die Klage auf Abgabe der eidesstattlichen Versicherung (§ 260 II), über die der Richter der streitigen Gerichtsbarkeit entscheidet (RGZ 129, 239, 241), kann als bedingter Anspruch mit der Klage auf Auskunft verbunden werden. Dann kann über jenen Anspruch nach § 260 II erst nach entspr Vorverurteilung (Köln FamRZ 01, 423) und Erstellung des Verzeichnisses nach § 260 I entschieden werden (*Kuchinke* NJW 57, 1175, 1176). Für den **Streitwert** ist das Interesse der Klägerin maßgebend, den Zahlungsantrag zu beziffern und zu begründen. Es ist mit einer Quote des Wertes des Leistungsanspruchs zu bestimmen, die idR zwischen $1/_{10}$ und $1/_4$ (BGH ZEV 07, 534) bemessen wird und umso höher ist, je geringer die Kenntnisse des Pflichtteilsberechtigten und sein Wissen über die zur Begründung des Leistungsanspruchs maßgeblichen Tatsachen sind (BGH FamRZ 06, 619). **21**

Die **Zwangsvollstreckung** wegen Auskunft und Wertermittlung erfolgt nach § 888 ZPO (BGH NJW 75, 1174; Brandbg FamRZ 98, 179), auch bzgl der Hinzuziehung eines Sachverständigen (Frankf NJW-RR 94, 8, 9), wegen des Anspruchs nach § 260 II nach § 889 II ZPO (*Gottwald* Rz 35). Enthält der Auskunftstitel gem § 2314 keine näheren Angaben über die Art und Weise der Erteilung, hat der Pflichtteilsberechtigte im Vollstreckungsverfahren seinen Antrag entspr zu konkretisieren (Hamm NJW-RR 87, 766). **22**

§ 2315 Anrechnung von Zuwendungen auf den Pflichtteil.
(1) Der Pflichtteilsberechtigte hat sich auf den Pflichtteil anrechnen zu lassen, was ihm von dem Erblasser durch Rechtsgeschäft unter Lebenden mit der Bestimmung zugewendet worden ist, dass es auf den Pflichtteil angerechnet werden soll.
(2) ¹Der Wert der Zuwendung wird bei der Bestimmung des Pflichtteils dem Nachlass hinzugerechnet. ²Der Wert bestimmt sich nach der Zeit, zu welcher die Zuwendung erfolgt ist.
(3) Ist der Pflichtteilsberechtigte ein Abkömmling des Erblassers, so findet die Vorschrift des § 2051 Abs. 1 entsprechende Anwendung.

A. Zweck. Als Ausn vom Stichtagsprinzip (§ 2311 Rn 11) werden nach I bei entsprechender Bestimmung lebzeitige Zuwendungen angerechnet und so der Pflichtteil des anrechnungspflichtigen Erwerbers um den Vorausempfang (nur) zugunsten des Erben vermindert, um doppelten Begünstigungen entgegenzuwirken. Bei **beschränkt Geschäftsfähigen** bewirkt die Anrechnungspflicht einen beschränkten Pflichtteilsverzicht und ist die Zuwendung daher kein nur rechtlichen Vorteil iSd § 107 (s.a. München NJW-RR 08, 672, 674 m Anm *Keim* MittBayNot 08, 8; *Weigl* aaO, 275). Anders als die Ausgleichung (vgl §§ 2050 ff, 2316) wirkt sich die Anrechnung nicht auf die Pflichtteilsansprüche anderer Pflichtteilsberechtigter aus (MüKo/*Lange* Rz 2). Eine analoge Anwendung auf formlose Anrechnungsvereinbarung auf das künftige Erbrecht kommt nicht in Betracht (BGH ZEV 10, 33 f; m Anm *Leipold* München ZEV 08, 344, 345). **1**

B. Anrechnungsvoraussetzungen (Abs 1). Der Erblasser muss dem Pflichtteilsberechtigten (§ 2303 Rn 1) **unmittelbar lebzeitig freigiebig** etwas **zugewendet**, dh ihm unter Minderung des eigenen Vermögens freiwillig einen Vorteil verschafft haben (Ddorf FamRZ 94, 1491; *Gottwald* Rz 4; *Thubauville* MittRhNotK 92, 289, 292 ff). Der Begriff der Zuwendung ist weiter als der der Schenkung; Bsp: Bezahlung von dessen Schulden, vollzogene Schenkungen, Schenkungsversprechen oder Ausstattungen nach § 1624 (MüKo/*Lange* Rz 5), bei gemischten Schenkungen oder solchen unter Auflagen der überschießende Wert. Auszuscheiden sind mittelbare Zuwendungen (Staud/*Haas* Rz 15) und Leistungen, zu denen der Erblasser verpflichtet war (RGZ 67, 306, 308), zB unterhaltsrechtlich geschuldete Pflegeleistungen (AG Mettmann DAVorm 84, 712, 713). **2**

3 Der Erblasser muss eine **Anrechnungsbestimmung**, die sich auf den **Pflichtteil** bezieht, getroffen haben. Sie muss als einseitige empfangsbedürftige Willenserklärung (Ddorf FamRZ 94, 1491) dem Empfänger spätestens mit der Zuwendung zugehen (Kobl OLGR 06, 591 Rz 27). Sie kann bedingt sein und formlos, sogar stillschweigend (RGZ 67, 306, 307; Köln NJW-RR 08, 240, 241), erfolgen, es sei denn, das Kausalgeschäft ist formbedürftig (BaRoth/*Mayer* Rz 6). Sie muss zum **Bewusstsein** des Empfängers gelangen (Ddorf aaO; Karlsr NJW-RR 90, 393; aA MüKo/*Lange* Rz 7; *Mayer* aaO: auch eine stillschweigende Anrechnungsbestimmung ist möglich, wenn sie für den Pflichtteilsberechtigten in aller Konsequenz erkennbar war). Inhaltlich genügt, dass der Erblasser erkennbar eine Kürzung der dem Empfänger am Restnachlass zustehenden Pflichtteilsrechte bezweckte. Das ist idR der Fall, insb wenn er den Empfänger „abfinden" wollte.

4 Nachträgliche Anrechnungsbestimmungen sind ausgeschlossen, wenn sie sich der Erblasser nicht vorbehalten hat (*Mayer* ZEV 96, 441, 447) und nicht die Voraussetzungen der Pflichtteilsentziehung (§ 2333 ff) vorliegen (Kobl OLGR 06, 591 Rz 35; MüKo/*Lange* Rz 6). Nachträglich kann mit dem Empfänger in Form des § 2348 ein Pflichtteilsverzichtsvertrag vereinbart werden (RGZ 71, 133, 136 f).

5 C. Bewertung (Abs 2). I. Formel. Sind **mehrere** Pflichtteilsberechtigte zu berücksichtigen, ist für jeden Anrechnungspflichtigen **getrennt** sein Pflichtteilsanspruch unter Berücksichtigung **nur seines** Vorausempfangs zu errechnen (*Gottwald* Rz 8; Staud/*Haas* Rz 35). Bei Zugewinngemeinschaft ist nach der erb- oder güterrechtlichen Lösung (§ 2303 Rn 10 f) zu unterscheiden (Rn 7). Die **Methode**, den effektiven Pflichtteilsanspruch des Zuwendungsempfängers zu errechnen, wird durch II 1 vorgegeben: Der Wert der jeweiligen anrechnungspflichtigen Zuwendung (Z) ist dem Realnachlass (N) hinzuzurechnen. Das Ergebnis ist der fiktive Nachlass (Z+N). Dieser wird unter Berücksichtigung von § 2310 mit der Pflichtteilsquote, die auf die Hälfte der gesetzlichen Erbquote (Q) geht (vgl § 2303 I 2), multipliziert: (Z+N)/2Q. Von diesem Ergebnis ist der Vorausempfang (Z) abzuziehen. Übersteigt der Vorausempfang den nach II berechneten Pflichtteilsanspruch des Anrechnungspflichtigen, braucht er aber nichts zurückzuzahlen; ggf besteht gegen ihn dann ein Pflichtteilsergänzungsanspruch (DErbK/*Gemmer* Rz 4; Damrau/*Riedel/Lenz* Rz 8; MüKo/*Lange* Rz 13).

6 II. Beispiele. 1. Pflichtteilsberechtigter des Erblassers (E) ist nur sein Sohn A, der einen Vorausempfang von 100 empfangen hat. Erbe (Nachlasswert: 500) ist der familienfremde Y. Der fiktive Nachlass beträgt (ohne Indexierung, Rn 8) 100+500=600. Unter Berücksichtigung der Pflichtteilsquote (½) ergibt sich ein Pflichtteil von 300, von dem der Vorausempfang (100) abzuziehen ist. A erhält 200. 2. Hinterlässt E neben A noch B und C, wobei C sich seinerseits 40 als Vorausempfang anrechnen lassen muss, beträgt der fiktive Nachlass für A 600 und für C 500+40=540. Die Pflichtteilsquote beträgt jeweils $^1/_6$. A erhält nichts, da auf seinen Pflichtteil von 100 sein Vorausempfang angerechnet wird. C erhält 540/6−40= 50 und B, der keinen Vorausempfang hatte, 500/6=83, 33.

7 3. E hinterlässt aus einer Ehe in **Zugewinngemeinschaft** die Witwe W und die Kinder A, B und C. W hatte einen Vorausempfang von 600, A von 240, B von 160 und C von 80 erhalten. Die Zugewinnausgleichsforderung der W beträgt 1000, der Nachlass 5000. Erbe ist der familienfremde Y. W steht neben dem kleinen Pflichtteil (§ 1371 II, III) Zugewinnausgleich zu. Daher kommt auch eine Anrechnung auf die Ausgleichsforderung nach § 1380 I in Betracht. Fehlt eine Anordnung des Erblassers, auf welche Forderung anzurechnen ist, sollte sie entspr § 366 II auf die für den Ehegatten unsicherere Forderung erfolgen (Soergel/*Dieckmann* Rz 21). Das ist idR wegen des schlechteren Rangs in der Insolvenz und der Erbschaftsteuerpflicht der Pflichtteilsanspruch (MüKo/*Lange* Rz 6). Für die Berechnung ist dann der Nachlass um die Zugewinnausgleichsforderung zu bereinigen. Er beträgt demnach 5000−1000=4000. Nunmehr ist jeweils für jeden Pflichtteilsberechtigten der fiktive Nachlass zu ermitteln. Er beträgt für W 4000+600=4600, für A 4240, für B 4160 und für C 4.080. Mit diesem Wert ist die Pflichtteilsquote von $^1/_8$ zu multiplizieren und von dem jeweiligen Ergebnis der individuelle Vorausempfang abzuziehen. Für W ergibt sich 4600/8−600= −25. Sie erhält nichts, A 290, B 360 und C 430. Bei Gütertrennung bzw -gemeinschaft ist die dann jeweils maßgebliche Quote (§ 1931) anzulegen.

8 III. Bewertungszeitpunkt. Die Bewertung der Zuwendung erfolgt nach dem **Zeitpunkt** ihrer Vornahme (**II 2**), bei gestreckten Erwerbstatbeständen nach dem Zeitpunkt der Vollendung des dinglichen Erwerbs (BGH NJW 75, 1831). Nachträgliche Wertveränderungen bleiben unberücksichtigt, Inflation wird aber bereinigt (BGH NJW 74, 137; 75, 1831). Der Wert (W) berechnet sich, indem der Wert am Zuwendungszeitpunkt (Z) mit der Preisindexzahl für die Lebenshaltungskosten des Todesjahres (LE) multipliziert und durch die Preisindexzahl für das Zuwendungsjahr (LZ) dividiert wird (BGH NJW 92, 2888; WM 97, 860, 861; vgl den Index § 1374 Rn 13): W= Z*LE/LZ. Der Erblasser kann von II 2 abweichen und eine Anrechnung mit einem niedrigeren oder − nur in Form des Pflichtteilsverzichts (aA Nürnbg ZEV 06, 361, 362 m abl Anm *Keim* zur Bestimmung eines abw Stichtages; *Ebenroth/Bacher/Lorz* JZ 91, 277, 282) − mit einem höheren Wert anordnen (BVerfG FamRZ 06, 927; BayVerGH NJW-RR 06, 950; AnwK/*Bock* Rz 18).

9 D. Pflichtteilsberechtigter Abkömmling des Erblassers (Abs 3). III ordnet iVm § 2051 I ausnahmsweise die Anrechnung fremder Vorausempfänge an. Der pflichtteilsberechtigte Abkömmling muss sich eine anrechnungspflichtige Zuwendung an einen vor oder nach dem Erbfall weggefallenen Abkömmling, an dessen Stelle er getreten ist, seinerseits auf den Pflichtteil anrechnen lassen. Das gilt nicht, wenn er beweisen kann, dass die Anrechnungspflicht nur für den weggefallenen Empfänger der Zuwendung bestehen sollte. III greift auch, wenn der Nachrückende der einzige Pflichtteilsberechtigte ist oder, wenn keine Abkömmlinge des Weggefallenen vorhanden sind, bei seinen Seitenverwandten (BaRoth/*Mayer* Rz 18), **nicht** aber bei Ehegatten, Lebenspartnern und Eltern, bei denen ggf § 2309 zu beachten ist (*Gottwald* Rz 24; MüKo/*Lange* Rz 18).

E. Prozessuales. Die **Beweislast** für die Zuwendung und eine Anrechnungsbestimmung spätestens zum Zeitpunkt der Zuwendung trägt der, der sich darauf beruft, also idR der Erbe. Auch bei größeren Zuwendungen gilt kein Beweis des ersten Anscheins für eine konkludent erklärte Anrechnungsbestimmung (Kobl OLGR 06, 591 Rz 32; Köln 12 U 1151/04 v 21.11.05; aA Soergel/*Dieckmann* Rz 6).   10

§ 2316 Ausgleichungspflicht.
(1) ¹Der Pflichtteil eines Abkömmlings bestimmt sich, wenn mehrere Abkömmlinge vorhanden sind und unter ihnen im Falle der gesetzlichen Erbfolge eine Zuwendung des Erblassers oder Leistungen der in § 2057a bezeichneten Art zur Ausgleichung zu bringen sein würden, nach demjenigen, was auf den gesetzlichen Erbteil unter Berücksichtigung der Ausgleichungspflichten bei der Teilung entfallen würde. ²Ein Abkömmling, der durch Erbverzicht von der gesetzlichen Erbfolge ausgeschlossen ist, bleibt bei der Berechnung außer Betracht.
(2) Ist der Pflichtteilsberechtigte Erbe und beträgt der Pflichtteil nach Absatz 1 mehr als der Wert des hinterlassenen Erbteils, so kann der Pflichtteilsberechtigte von den Miterben den Mehrbetrag als Pflichtteil verlangen, auch wenn der hinterlassene Erbteil die Hälfte des gesetzlichen Erbteils erreicht oder übersteigt.
(3) Eine Zuwendung der in § 2050 Abs. 1 bezeichneten Art kann der Erblasser nicht zum Nachteil eines Pflichtteilsberechtigten von der Berücksichtigung ausschließen.
(4) Ist eine nach Absatz 1 zu berücksichtigende Zuwendung zugleich nach § 2315 auf den Pflichtteil anzurechnen, so kommt sie auf diesen nur mit der Hälfte des Wertes zur Anrechnung.

A. Zweck. Die Norm knüpft an die §§ 2050 ff an, die die Ausgleichung von Zuwendungen und Leistungen   1
zwischen Abkömmlingen bei einer Erbauseinandersetzung regeln. § 2316 bestimmt die Auswirkungen der Ausgleichung, die die Erbquoten (§ 1924 ff) verändert, auf den Pflichtteilsanspruch (BGH NJW 93, 1197). Anders als die Anrechnung (§ 2315) verringert die Ausgleichung idR nicht die Pflichtteilslast, sondern verschiebt ggf die Pflichtteile. Anderes gilt, wenn von den vorhandenen Abkömmlingen einer sein Pflichtteilsrecht durch Ausschlagung, Entziehung oder Erbunwürdigkeitserklärung verloren hat. Dann erfolgt wie bei § 2310 nur hypothetisch eine Ausgleichung. Entspr gilt umgekehrt beim ausgleichungsberechtigten Pflichtteilsgläubiger. Die (hypothetische) Ausgleichung wirkt sich nur ent- oder belastend auf den Erben als Pflichtteilsschuldner aus (*Gottwald* Rz 2; Staud/*Haas* Rz 1). Die Ausgleichung findet nur unter Abkömmlingen statt und beschränkt sich auf den Teil des Nachlasses, der den Abkömmlingen bei gesetzlicher Erbfolge zustünde (MüKo/*Lange* Rz 1). § 2316 gilt – anders als § 2315 – auch zugunsten und zulasten des pflichtteilsberechtigten (enterbten) Abkömmlings sowie des in Anspruch genommenen alleinerbenden, aber pflichtteilsberechtigten Abkömmlings (BGH aaO; Nürnbg NJW 92, 2303; *Cornelius* ZEV 05, 286).

B. Ausgleichungspflicht. Es müssen beim Tod des Erblassers **mehrere Abkömmlinge** vorhanden sein, dh   2
neben dem Pflichtteilsberechtigten mindestens ein weiterer Abkömmling des Erblassers diesen überlebt haben. Gleichgültig ist, ob der weitere Abkömmling Erbe (BGH NJW 93, 1197 f) oder Pflichtteilsberechtigter geworden ist, ob er die Erbschaft ausschlug, auf (nur) den Pflichtteil verzichtete oder dieser ihm entzogen wurde, oder ob er für erbunwürdig erklärt wurde (MüKo/*Lange* Rz 2 f). Durch Erbverzicht von der gesetzlichen Erbfolge ausgeschlossene Abkömmlinge sowie ggf deren Abkömmlinge (vgl § 2349) werden nicht berücksichtigt (**I 2**; vgl § 2310 2). Gleiches gilt, wenn ein Abkömmling einen vor dem 1.4.98 wirksam gewordenen vorzeitigen Erbausgleich vereinbarte (§ 1934d, f aF; vgl Art 227 I Nr 2 EGBGB).
Ferner muss im (ggf hypothetischen) Fall einer gesetzlichen Erbfolge eine **Zuwendung** (§ 2050) oder **Leis-**   3
tung iSv § 2057a des Erblassers auszugleichen sein. **Ausstattungen** iSv 1624 als nach § 2050 I zwingende Ausgleichungspflichten kann der Erblasser zum Nachteil eines Pflichtteilsberechtigten ebenso wenig wie Zuwendungen iSv § 2050 II (hM, Erman/*Schlüter* Rz 6; Staud/*Haas* Rz 9) ausschließen (**III**). Sonstige Zuwendungen sind nur bei einer Ausgleichungsanordnung des Erblassers, die grds spätestens bis zur Zuwendung deren Empfänger zugehen muss (vgl § 2315 Rn 3 f), ausgleichungspflichtig (*Gottwald* Rz 6).

C. Berechnung. Zur Ermittlung des Ausgleichungspflichtteils (P) ist ein fiktiver Ausgleichungserbteil zu   4
errechnen (Damrau/*Riedel*/*Lenz* Rz 14). Dazu ist (nur) der auf die ausgleichungspflichtigen Abkömmlinge entfallende Nachlasswert (N) mit sämtlichen ausgleichungspflichtigen Zuwendungen an diese Abkömmlinge (Z) mit ihrem Wert zur Leistungszeit (§ 2055 II) unter Berücksichtigung des Kaufkraftschwundes bis zum Erbfall (Index: § 1374 Rn 13) zu addieren (§ 2055 I 2, II). Der Nachlassteil, der auf den überlebenden Ehegatten entfiele, wird insoweit nicht mitberechnet. Gleiches gilt bzgl Abkömmlingen, die wegen § 2056 außer Betracht bleiben. Die ermittelte Summe (N+Z) ist durch die Anzahl der mitgezählten Abkömmlinge (Q) zu dividieren (vgl § 1924 IV): (N+Z)/Q. Von diesem Ergebnis ist der Wert der von dem jeweiligen Abkömmling

§ 2316

auszugleichenden Zuwendungen (T) abzuziehen (§ 2055 I 1). Der individuelle Ausgleichungspflichtteil ist die Hälfte des so ermittelten Ausgleichungserbteils (§ 2303 I 2): ½ ([N+Z]/Q-T). Bei der Berechnung ist ggf der Güterstand des Erblassers zu berücksichtigen und bei Zugewinngemeinschaft, ob es zur erb- oder güterrechtlichen Lösung kommt (Rn 6 f). **Bsp:**

5 **I. Grundfall.** Witwer E hinterlässt seine Kinder A, B und C. Der Nachlasswert beträgt 2400, die Vorempfänge des A 1800, des B 600 und des C 0. Zur Berechnung des Ausgleichungserbteils (ohne Indexierung) ist der Nachlass (N) mit sämtlichen Vorempfängen (Z) zu addieren (2400+1800+600+0=4800), die Summe durch die Anzahl der mitzuzählenden Abkömmlinge (Q) zu dividieren (4800/3=1600), und vom Ergebnis der individuelle Vorempfang zu subtrahieren. Die Hälfte ergibt den Ausgleichungspflichtteil. Für A ergibt sich hierbei ein negatives Ergebnis ([1600–1800]/2= –100). Ggf verbleibt ihm ein Pflichtteilsergänzungsanspruch. Nach I 1 iVm § 2056 1 muss er nichts zurückzahlen (RGZ 77, 282; BGH NJW 65, 1526). Er bleibt nach § 2056 2 bei der Berechnung für die übrigen Abkömmlinge außer Ansatz (*Brox/Walker* ErbR Rz 561). Zum Nachlass ist nur der Vorempfang von B zu addieren (2400+600=3000), die Summe durch die Anzahl der nun zu berücksichtigenden 2 Abkömmlinge zu dividieren (3000/2=1500) und vom Ergebnis der individuelle Vorempfang zu subtrahieren. Das ergibt für B: 1500–600=900 und für C: 1500–0=1500. Die Hälfte ist der Ausgleichungspflichtteil.

6 **II. Zugewinngemeinschaft.** Der in Zugewinngemeinschaft lebende Erblasser E hinterlässt die Witwe W und die Kinder A, B und C, wobei A 40 und B 20 an ausgleichungspflichtigen Vorempfängen erhalten hatten. Der Nachlasswert beträgt 400. Bei der güterrechtlichen Lösung (W schlägt den gesetzlichen Erbteil aus oder ist enterbt) und unter der Annahme, dass kein Anspruch auf Zugewinnausgleich besteht, beträgt der ausgleichungspflichtige Restnachlass den Betrag, den der Nachlass um den gesetzlichen Erbteil des Ehegatten W (hier: ¼) gemindert ist: 400–100=300. Der Pflichtteil der W beträgt 50. Zu dem Restnachlass (N) sind die Zuwendungen an die Abkömmlinge hinzuzurechnen (N+Z): 300+40+20+0=360. Die Summe ist durch die Anzahl der Abkömmlinge zu dividieren: 360/3=120. Für jeden Abkömmling ist der Wert seines Vorempfangs abzuziehen, so dass sich für A 120–40=80, B 120–20=100 und für C 120–0=120 ergibt. Die Hälfte des jeweiligen Ausgleichungserbteils der individuelle Ausgleichungspflichtteil (§ 2316 I); also für A 40, B 50 und C 60. Bei der erbrechtlichen Lösung, wenn W Erbin oder Vermächtnisnehmerin wird, beträgt der ausgleichungspflichtige Restnachlass nur 200, da der auszuscheidende gesetzliche Erbteil der W 200 beträgt. Dieser Wert ist mit den Vorausempfängen der Abkömmlinge zu addieren (200+40+20+0=260), durch ihre Anzahl zu dividieren (260/3=86,67), individuell um den jeweiligen Vorausempfang zu mindern und dann jeweils durch die Hälfte zu dividieren. Es ergibt sich für A: 86,67–40=46,47, wovon 23,33 die Hälfte ist. B erhält ½ (86,67–20)=33,33 und C ½ 86,67=43,33.

7 **III. Gütertrennung.** Hinterlässt E (Nachlasswert: 2000) bei **Gütertrennung** (vgl § 1931 IV) eine Witwe W und die Kinder A, B und C mit Vorempfängen von 200, 400 und 600, ist vom ausgleichungspflichtigen Restnachlass der gesetzliche Erbteil der W (2000/4=500; Pflichtteil: 250) zu subtrahieren und sämtliche Vorempfänge (200, 400 und 600) zu addieren (1500+1200=2700). Das Ergebnis ist durch die Anzahl der Abkömmlinge zu dividieren (2700/3=900). Individuell ist der jeweilige Vorempfang zu subtrahieren. Der Ausgleichungspflichtteil besteht in der Hälfte des jeweils ermittelten Wertes, dh für A (900–200)/2=350, für B (900–400)/2=250 und für C (900–600)/2=150 (vgl Soergel/*Dieckmann* Rz 13).

8 **IV. Anrechnung von Leistungen iSv § 2057a.** Sind Leistungen eines Abkömmlings an den Erblasser iSv § 2057a (zB Mitarbeit im Haushalt oder Erwerbsgeschäft, Pflegedienste, erhebliche Geldleistungen) zu berücksichtigen, ist der Ausgleichungserbteil nach § 2057a IV iVm § 2316 zu berechnen (BGH NJW 93, 1195, 1197). Das gilt auch zugunsten eines zum Alleinerben eingesetzten Abkömmlings (BGH aaO). Zur Ermittlung des fiktiven Nachlasses wird der Ausgleichungsbetrag vom Nachlasswert abgezogen und dann anhand dieses Wertes der Ausgleichungserbteil gebildet. Dem leistenden Abkömmling wird der Wert seiner Leistung hinzugerechnet. Die Hälfte des so errechneten Werts ist der Ausgleichungspflichtteil. Bsp: E hinterlässt die Kinder A, B und C, wobei zugunsten von A 60 auszugleichen sind. Der Nachlasswert beträgt 300. Der Ausgleichungsnachlass ist 240=300–60. Der Betrag ist durch die Zahl der Abkömmlinge zu dividieren (240/3=80). Zur Ermittlung des Ausgleichungserbteils des A ist die auszugleichende Leistung zu addieren (80+60=140), so dass sein Pflichtteil auf 70 geht. B und C haben einen Pflichtteilsanspruch auf jeweils 40.

9 **D. Pflichtteilsrestanspruch (Abs 2).** Die Ausgleichungspflicht unter Abkömmlingen gilt für den Fall gesetzlicher Erbfolge. Auch dem bei gewillkürter Erbfolge eingesetzten Erben soll die Ausgleichung zu Gute kommen können. Ihm wird ein Restanspruch eingeräumt, wenn seine Quote zwar nicht kleiner ist als die Hälfte seines gesetzlichen Erbteils (sonst: § 2305), aber sein nach I, unter Berücksichtigung ausgleichungsbedingter Erhöhungen berechneter Pflichtteil mehr beträgt als der Wert des hinterlassenen Erbteils. Er hat einen Pflichtteilsrestanspruch auf die Differenz zwischen dem nach I berechneten Ausgleichungspflichtteil und dem auf Grundlage des nicht erhöhten Nachlasses berechneten hinterlassenen Erbteil (vgl auch § 2305).

E. Ausgleichungs- und zugleich anrechnungspflichtige Zuwendungen (Abs 4). Die Regelung will die doppelte Anrechnung verhindern, wenn eine Zuwendung ausgleichungspflichtig nach § 2316 I **und** zugleich anrechnungspflichtig nach § 2315 I ist: Es sind erst die Ausgleichungspflichtteile nach §§ 2316, 2050 ff zu berechnen und dann die Zuwendung mit der Hälfte ihres Wertes beim Ausgleichungspflichtteil des Zuwendungsempfängers zu subtrahieren (BayObLGZ 68, 112; Staud/*Haas* Rz 49 f). Das Verfahren gilt auch, wenn neben dem Abkömmling der Ehegatte des Erblassers pflichtteilsberechtigt ist (hM; mit Gestaltungshinw *Tanck* ZErb 03, 41). Bsp (*Brox/Walker* ErbR Rz 561): E setzt den familienfremden F als Alleinerben ein. Er hinterlässt seine Frau und die Kinder A, B und C. Sein Nachlass hat einen Wert von 800. A hat 500 und B 100 auszugleichen. C muss sich 100 anrechnen lassen und zugleich 100 ausgleichen. Der Pflichtteil der F geht auf 1/8 von 800. Bei gesetzlicher Erbfolge entfiele auf die Kinder ein Nachlass von 600. Für A ist dieser Nachlasswert mit seinem auszugleichenden Betrag (500) und den von B und C auszugleichenden Beträgen (je 100) zu addieren (600+500+100+100=1300; vgl Rn 4). Die Summe ist durch die Anzahl der mitgezählten Abkömmlinge zu dividieren (1300/3=433) und davon die von A auszugleichenden 500 zu subtrahieren (433–500 = –77). A erhält nichts. Zurückzahlen muss er aber auch nichts. Bei der weiteren Berechnung scheidet er aus. Für B ergibt sich ein fiktiver Nachlas von 600+100+100. A wird nicht mehr mitgezählt. Die Summe wird durch die Anzahl der noch mitzuzählenden Abkömmlinge (2) dividiert und die auszugleichenden 100 davon subtrahiert: 800/2–100=300. B,s Ausgleichungspflichtteil beträgt davon die Hälfte (150). Für C ist von diesem Wert die Hälfte der anzurechnen 100 zu subtrahieren (§ 2316 IV): 150–½×100=100. 10

F. Verhältnis des § 2316 zu § 2325. Schenkungen an Abkömmlinge, die in die Erbausgleichung einbezogen werden, sind nicht nochmals nach §§ 2325 ff zu berücksichtigen, wenn sie nach § 2316 hinzugerechnet wurden. Anderes gilt, wenn eine ausgleichungspflichtige Zuwendung beim Ausgleichungspflichtigen nach § 2056 2 nicht berücksichtigt wird: Es kann der Ausgleichungsberechtigte eine Ergänzung seines verkürzten Ausgleichungsanspruchs nach § 2325 verlangen, soweit die Mehrzuwendung eine Schenkung ist (hM, BGH NJW 65, 1526; 88, 821 f; BaRoth/*Mayer* Rz 23; MüKo/*Lange* Rz 15). 11

G. Auskunftsanspruch. Neben dem Auskunftsanspruch des pflichtteilsberechtigten Nichterben auch hinsichtlich des fiktiven Nachlasses nach § 2314 hat der Ausgleichungsberechtigte gegen den -pflichtigen einen Anspruch auf Auskunft über auszugleichende Zuwendungen aus § 2316 I iVm § 2057 entspr (BGH NJW 61, 602, 603). 12

§ 2317 Entstehung und Übertragbarkeit des Pflichtteilsanspruchs.
(1) Der Anspruch auf den Pflichtteil entsteht mit dem Erbfall.
(2) Der Anspruch ist vererblich und übertragbar.

A. Zweck. Die Norm regelt den Entstehungszeitpunkt (I), die Vererblichkeit und Übertragbarkeit (II) des **Pflichtteilsanspruchs**, der von seiner Quelle, dem abstrakten Pflichtteilsrecht (BGH NJW 58, 1964), zu unterscheiden ist (Vor § 2303 Rn 4). Er geht auf die Hälfte des Werts des gesetzlichen Erbteils (§ 2303 I 2) und ist auf Zahlung von Geld gerichtet (BGH aaO). Nachlassgegenstände können nicht verlangt, umgekehrt aber auch nicht zur Abgeltung aufgedrängt werden. Die Erfüllung kann daher für den Erben wirtschaftlich schwierig sein, wenn nicht ausreichend liquide Mittel vorhanden sind. Die Parteien können vereinbaren, dass Gegenstände an Erfüllungs statt geleistet werden (§ 364 I). Ansonsten kommt ggf Stundung in Betracht (§ 2331a). Der Erblasser kann sie vorsorglich letztwillig anordnen (s.a. § 2306 I: Möglichkeit der Ausschlagung) oder versuchen, mit dem Pflichtteilsberechtigten einen Verzicht zu vereinbaren (§ 2346 II). Zum Gläubiger und Schuldner des Anspruchs s. § 2303 Rn 1, 7; zur Berechnung § 2311. § 2317 gilt auch für den Pflichtteilsergänzungsanspruch (§§ 2325 ff; Staud/*Haas* Rz 1) einschl des Anspruchs gegen den Beschenkten (§ 2329). 1

B. Entstehung. Der Anspruch entsteht kraft Gesetzes mit dem Erbfall (**I**), dh mit dem Tod des Erblassers (§ 1922). Das gilt auch, wenn der Anspruch davon abhängt, dass der Pflichtteilsberechtigte oder ein anderer das ihm Zugewendete ausschlägt (§§ 2306 I, 2307, 1371 III und ggf bei § 2309), vgl § 2332 III. Die nicht durchgeführte Ausschlagung stellt sich dann als Einwendung dar (RG JW 31, 1354; BaRoth/*Mayer* Rz 2). Nach aA entstehe der Anspruch mit Ausschlagung, sei aber als mit dem Erbfall entstanden zu behandeln (Palandt/*Edenhofer* Rz 1). Auswirkungen hat der Streit auch beim Berliner Testament (§ 2269) nicht, da die mit den zwei Erbfällen jeweils entstandenen Pflichtteilsansprüche strikt zu trennen sind (BGH NJW 83, 2875). Der Anspruch **entsteht nicht** bei Erbverzicht ohne Pflichtteilsvorbehalt (§ 2346 I 2 Hs 2), Pflichtteilsverzicht (§ 2346 II), Pflichtteilsentziehung (§§ 2333 ff) oder einem vor dem 1.4.98 zustande gekommenen vorzeitigen Erbausgleich (Art 227 I Nr 2 EGBGB, § 1934d, e aF). Bei Anfechtung wegen Erb- oder Pflichtteilsunwürdigkeit (§§ 2339 ff, 2345 II, 142 I) entfällt er rückwirkend. 2

Der Anspruch ist idR sofort fällig (§ 271). **Verzug** tritt mit Mahnung oder Rechtshängigkeit ein (§§ 280 II, 286, 288, 291). Eine fehlende Bezifferung des Pflichtteils (zB bei Stufenklage nach § 254 ZPO) ist unschädlich, da sie im Verantwortungsbereich des Erben liegt (§ 2314; BGH NJW 81, 1729, 1732). Allerdings kann es ggf am erforderlichen Verschulden des Erben (§ 286 IV) fehlen (MüKo/*Lange* Rz 4). 3

4 C. Erlass. Der entstandene Pflichtteilsanspruch kann nicht (wie Erbschaft oder Vermächtnis) ausgeschlagen, sondern nur (formlos) erlassen (§ 397) werden (*Gottwald* Rz 11). Dazu bedürfen für ihre minderjährige Kinder handelnde Eltern (§ 1643 II) oder Vormünder (§ 1822 Nr 2) der Genehmigung des Familiengerichts, nicht aber Ehegatten (vgl § 1365) die des anderen Teils (MüKo/*Lange* Rz 7).

5 D. Geltendmachung. Mit dem Erbfall gehört der Anspruch zum **pfändbaren** oder in der Insolvenz (vgl §§ 35, 36 I InsO) beschlagsfähigen Vermögen des Berechtigten (BGH NJW 97, 2384; Brandbg FamRZ 99, 1436). Es bleibt aber in sein Belieben gestellt, den aus dem familiären Umfeld entspringenden Anspruch geltend zu machen (BGH NJW 82, 2771, 2772; 93, 2876; 97, 2384; LG Hildesheim FamRZ 09, 1440, 1441). Der Pflichtteilsanspruch kann vor vertraglicher Anerkennung oder Rechtshängigkeit als in seiner zwangsweisen Verwertbarkeit aufschiebend bedingter Anspruch **gepfändet** werden. Er ist dann mit einem Pfandrecht belegt – der Rang des Pfandrechts bestimmt sich nach diesem Zeitpunkt (BGH NJW 93, 2876, 2877) – darf aber erst verwertet werden, wenn die Voraussetzungen des § 852 I ZPO vorliegen. Der Antrag auf Erlass eines Pfändungsbeschlusses und dieser Beschl müssen keine Angaben dazu enthalten, ob vertragliche Anerkennung oder Rechtshängigkeit vorliegen. Der gepfändete Pflichtteilsanspruch darf aber erst zur Einziehung überwiesen werden, wenn die Voraussetzungen des § 852 I ZPO vorliegen. Der Gläubiger kann in entspr Anwendung von § 836 III ZPO insoweit Auskunft vom Schuldner verlangen. Schuldner und Drittschuldner können mit der Erinnerung nach § 766 ZPO geltend machen, dass die Voraussetzungen des § 852 I ZPO für die Überweisung zur Einziehung nicht vorliegen (BGH FamRZ 09, 869-871). Gläubiger des Berechtigten können die Geltendmachung nicht durch Gläubigeranfechtung (§§ 3, 7 AnfG) erzwingen (BGH NJW 97, 2384). Eine Obliegenheit zur Geltendmachung kann bestehen, wenn die Verwertung des Pflichtteilsanspruchs zur Befriedigung von Unterhaltsbedürfnissen (vgl § 1577) zumutbar ist (BGH NJW 82, 2771; 93, 1920), also nicht, wenn das Prozessrisiko zu einem relativ geringen Anspruch außer Verhältnis steht (Hamm FamRZ 97, 1537). Zum Verzicht s. Rn 25.

6 Der Erblasser kann die Geltendmachung durch sog **Verwirkungs-** oder Pflichtteilsstrafklauseln sanktionieren. Gemeinschaftliche Testamente sehen häufig vor, dass die Stellung des Pflichtteilsberechtigten als Schlusserbe verwirkt sei, wenn er nach dem Tod des Erstversterbenen seinen Pflichtteil verlangt (dazu *Radke* ZEV 01, 136; zur Auslegung einer Strafklausel bzgl Stiefkindern iSe Vermächtnisses iH des fiktiven Pflichtteils nach dem überlebenden Ehegatten s. Celle, 12.11.09 – 6 W 142/09). Die wirtschaftliche Sanktion hat aber nur begrenzte Wirkung. Haben die in Zugewinngemeinschaft lebenden Ehegatten je ein Vermögen von 1000 und zwei Kinder, geht, macht eines seinen Pflichtteil geltend, sein Anspruch nach dem ersten Erbfall auf 125 und nach dem zweiten Erbfall auf 468,75. Es erhält also (ohne Zinsen) 593,75. Ist der Pflichtteil wegen einer Ausschlussklausel verwirkt, kann die Schlusserbenstellung nicht durch Rückzahlung des Verlangten wieder erreicht werden (BayObLG NJW-RR 04, 654). In der Praxis ist die Klausel verbreitet, dass der Abkömmling, der seinen Pflichtteil nach dem ersten Erbfall nicht fordert, Geldvermächtnisse auf Ableben des Erstversterbenden erhält, wie wenn dieser beim Tod des Längstlebenden verstorben wäre, wobei die Vermächtnisse nach dem zweiten Erbfall fällig werden (s. aber § 6 IV Alt 2 ErbStG) und nur zu diesem Zeitpunkt noch lebenden Bedachten anfallen (*Mayer* ZEV 95, 16 ff; s.a. R/B/M/*Mayer* A Rz 431 ff; FA-ErbR/*Hannes* Kap 15 Rz 409 und *Walpert* Kap 18 Rz 531). Als Gestaltungsmittel bietet sich auch ein Abänderungsvorbehalt an (§ 2289 Rn 6 ff).

7 Ein als Alleinerbe eingesetzter überlebender Ehegatte kann als gesetzlicher Vertreter seiner Kinder nicht mit sich einen Erlassvertrag schließen (§§ 1629 II, 1795 II, 181). Interessenkonflikte können entstehen, da er entscheiden kann, ob er Ansprüche des Kindes geltend macht (BayObLGZ 63, 132, 134). Gefährdet der überlebende Elternteil den Anspruch des Kindes konkret, kann ihm die Vertretungsmacht entzogen (§§ 1629 II 3, 1796) und zur Sicherung Pflegschaft (§ 1909) angeordnet werden (BayObLGZ 88, 385, 389; MüKo/*Lange* Rz 9).

8 Bei Ansprüchen des Berechtigten gegen seinen Betreuer ist ein Ergänzungsbetreuer zu bestellen (BayObLG FamRZ 04, 906); zum möglichen Interessenkonflikt des Betreuers Zweibr ZEV 04, 161.

9 E. Übertragung (Abs 2). Die Übertragung des Anspruchs erfolgt durch Abtretung (§ 398 ff). Der Sozialhilfeträger kann nach § 93 I 1, 4 SGB XII (auch noch nicht pfändbare) Pflichtteilsansprüche auf sich überleiten (Köln 9.12.09 – 2 U 46/09). Das gilt auch, wenn in einem sog Behindertentestament (dazu *Mundanjohl/Tanck* ZErb 06, 177; *Ruby* ZEV 06, 66) Pflichtteilsstrafklauseln (vgl Rn 6) vorgesehen sind, aber der Träger der Sozialhilfe nach dem Tod des Erstversterbenden den Pflichtteilsanspruch eines Behinderten auf sich überleiten will und die Auslegung ergibt, dass die Klausel bei Geltendmachung durch den Sozialhilfeträger nicht greifen solle (BGH ZEV 06, 76; FamRZ 05, 448 ff). Für die Geltendmachung kommt es dann auf eine Entscheidung des Pflichtteilsberechtigten selbst nicht an (BGH aaO; vgl § 93 III SGB XII). Der Auskunfts- und Wertermittlungsanspruch (§ 2314) geht gem § 401 mit auf den Zessionar über (§ 2314 Rn 2; MüKo/*Lange* Rz 10). In Fällen des § 2306 I kann der Miterbenanteil (§ 2033 I), aber nicht das an das Erbrecht geknüpfte Ausschlagungsrecht übertragen (Staud/*Haas* Rz 24) oder auf den Träger der Sozialhilfe übergeleitet werden (hM, Frankf ZEV 04, 24, 25 [dazu BGH ZEV 06, 76]; Stuttg ZEV 02, 367, 369; LG Aachen ZEV 05, 120). Anderes gilt für das Recht zur Ausschlagung des Vermächtnisnehmers im Fall des § 2307 (RGRK/*Johannsen* Rz 16; aA BaRoth/*Mayer* Rz 7; MüKo/*Lange* Rz 10). Bei Ehe in Zugewinngemeinschaft ist ggf Zustimmung nach § 1365 erforderlich.

F. Vererbung (Abs 2). Der Anspruch ist vererblich. Gleiches gilt für das Recht zur Ausschlagung (§§ 1952 I, 2180 III), verstirbt der Pflichtteilsberechtigte, der iSv § 2306 I u § 2307 I bedacht wurde, ohne ausgeschlagen zu haben. **10**

G. Verjährung. I. Regelverjährung. Die bisherige Sonderverjährung nach § 197 I Nr 2 ist mit Wirkung zum 1.1.10 entfallen (Ausnahmen nach § 197 I Nr 1: §§ 2018, 2130, 2362). Damit wurde § 2332 I aF überflüssig (Übergangsvorschrift: Art 229 § 23 II EGBGB). **Pflichtteilsansprüche** verjähren grds (s.a. § 2332) nach §§ **195, 199**, also der ordentliche Pflichtteilsanspruch (§ 2303), der Pflichtteilsrestanspruch (§§ 2305, 2307 I 2), der Vervollständigungsanspruch (§ 2316 II; vgl Karlsr NJW-RR 07, 881, 884) und der Pflichtteilsergänzungsanspruch gegen den Erben (§§ 2325 f). Bei Zugewinngemeinschaft ist der Anspruch auf Zugewinnausgleich nach dem Tod des einen Ehegatten (§ 1378 IV 3) erfasst. Auch der Anspruch auf Auskunft und Wertermittlung (§ 2314) unterfällt §§ 195, 199 (§ 2314 Rn 20). **Nicht** zu den Pflichtteilsansprüchen gehören der Erbauseinandersetzungs- oder Vermächtnisanspruch des Pflichtteilsberechtigten, der in Höhe des Pflichtteils als Miterbe oder Vermächtnisnehmer berufen wurde (RGZ 113, 234, 237), oder die Mängelansprüche bzgl einer zur Abgeltung der Pflichtteilsansprüche erhaltenen Sache (BGH NJW 74, 363); für diese gilt § 438 analog. Die Pflichtteilsansprüche verjähren grds in **3 Jahren**, wobei die Verjährungsfrist auch des Pflichtteilsanspruchs mit dem **Schluss des Jahres** beginnt, in dem der Anspruch entstanden ist (§ 199 I). Die Verjährung beginnt (nunmehr) stets mit dem 1.1. des Folgejahres. **11**

Nach § 199 IIIa besteht eine **absolute** Verjährungshöchstfrist von 30 Jahren ab Entstehung des Anspruchs, dh ab Erbfall. Die kurze dreijährige Verjährungsfrist des § 195 soll helfen schnell Klarheit zu schaffen, ob durch die Geltendmachung von Pflichtteilsansprüchen noch eine Verschiebung der Nachlassverteilung zu erwarten ist. Zudem wird nach längerer Zeit die Feststellung des Nachlasses schwieriger (vgl schon RGZ 135, 231, 235). **Fristverlängerung** ist durch Vereinbarung zwischen Erben und Pflichtteilsberechtigten nach § 202 II möglich, aber auch durch einseitige Verfügung vTw des Erblassers (*Amann* DNotZ 02, 94, 125 f; *Brambring* ZEV 02, 137, 138; aA *Lange* ZEV 03, 433, 436). **Folge.** Die Verjährung führt zu einem einredeweise geltend zu machenden Leistungsverweigerungsrecht (§ 214 I). Die Undurchsetzbarkeit des verjährten Anspruchs führt nicht dazu, dass nicht verjährte Pflichtteilsansprüche erhöht werden. Ist bei **gesamtschuldnerischer Haftung** der Pflichtteilsanspruch nur gegen einen Teil der Schuldner verjährt, gilt § 425 II. Unbeachtlich ist die Einrede der Erben, wenn sie den Berechtigten durch schuldhafte Täuschung von der rechtzeitigen Leistungsklage abhielten (Kobl ZEV 02, 501, 502). **12**

II. Verjährungsbeginn. Für den Beginn der Regelverjährung (Rn 11) kommt es darauf an, dass der **Anspruch entstanden** ist (Rn 2) und der Berechtigte von den seinen Pflichtteilsanspruch **begründenden Umständen** und der **Person des Erben** (als Schuldner) **Kenntnis** erlangt oder **grob fahrlässige nicht erlangt** (§ 199 I und dazu dort Rn 12 ff, 17). **13**

Die iSd § 199 I Nr 2 erforderliche Kenntnis oder grob fahrlässige Unkenntnis muss zunächst Als anspruchsbegründenden Umstand den **Tod des Erblasser** erfassen. Der Berechtigte erlangt sie idR zum Zeitpunkt des Erbfalls; dieser Zeitpunkt ist auch bei Nacherbschaft relevant (Staud/*Olshausen* Rz 11). Bei **Geschäftsunfähigen** oder beschränkt Geschäftsfähigen kommt es auf die Kenntnis des gesetzlichen Vertreters, ansonsten bei Vertretung oder Betreuung (str, aA MüKo/*Lange* § 2332 Rz 3) auf die (jew frühere) Kenntnis des Vertreters oder Vertretenen an (BaRoth/*Mayer* § 2332 Rz 5). **14**

Ferner muss er Kenntnis (oder grob fahrlässig Unkenntnis) von einer ihn **beeinträchtigenden Verfügung** vTw des Erblasser haben. Eine solche liegt vor, wenn sie nach §§ 2303, 2305–2307 einen Pflichtteilsanspruch begründet oder der Berechtigte zwar mindestens die Hälfte seines gesetzlichen Erbteils, aber weniger als die Hälfte dessen erhält, was auf seinen gesetzlichen Erbteil unter Einbeziehung der Ausgleichungspflicht nach § 2050 ff entfallen würde (RGZ 135, 231, 232; MüKo/*Lange* Rz 5). Eine beeinträchtigende Verfügung (auch) zu Lebzeiten des Erblassers kann eine solche sein, die Ergänzungsansprüche gegen den Erben nach §§ 2325, 2326 begründen (BGH NJW 72, 760; 88, 1667). Zu § 2316 s. Karlsr NJW-RR 07, 881 m Anm *Keim* ZEV 06, 332. **15**

Kenntnis von einer beeinträchtigenden Verfügung setzt voraus, dass der Berechtigte nicht nur von ihr erfährt, sondern auch ihren wesentlichen Inhalt und ihre beeinträchtigende Wirkung erkennt (RGZ 70, 360, 362). Daran fehlt es, wenn er eine letztwillige Verfügung aufgrund **berechtigter** Zweifel (Ddorf ZEV 08, 346, 347; KG FamRZ 07, 682) an der Gültigkeit für unwirksam erachtet (RGZ 115, 27; 140, 75, 76; BGH NJW 64, 297; 84, 2935, 2936; 93, 2439; 00, 288; Rpfleger 68, 183) oder glaubt, eine ihn enterbende Verfügung sei später aufgehoben worden; hier ist der bereits abgelaufene Teil der Verjährungsfrist als nicht abgelaufen anzusehen (BGH NJW 85, 2945). Eine falsche Auslegung des Ausmaßes der Beeinträchtigung hindert den Fristbeginn aber nicht (BGH NJW 95, 1157, 1158). Gleiches gelte bei einem Irrtum über den vermeintlich wirksamen Verzicht auf Pflichtteilsansprüche (Kobl OLGR 04, 662). Auch ist nicht erforderlich, dass der Berechtigte alle Einzelheiten oder den Inhalt der Verfügung rechtsfehlerfrei erfasst (BGH NJW 95, 1157), sie im Detail prüft oder den Stand des Nachlasses kennt (BGH FamRZ 77, 128, 129 f; NJW 95, 1157; Kobl ZEV 02, 501). § 1944 II 2 ist nicht zu seinen Gunsten analog anwendbar (RGZ 66, 30). Die irrige Einschätzung, eine unwirksame Verfügung sei wirksam, kann den Fristlauf nicht in Gang setzen (Oldbg MDR 99, 41). **16**

17 Wird der Berechtigte **nur** durch eine **Schenkung** des Erblassers beeinträchtigt (Fälle der §§ 2316 II, 2326), beginnt die Verjährungsfrist mit deren Kenntnis, frühestens aber mit dem Erbfall (BGH NJW 64, 297; 88, 1667; (s.a. *Schindler* ZErb 07, 327 ff). **Verschiedene** Schenkungen können zu verschiedenen Ergänzungsansprüchen mit unterschiedlich laufenden Verjährungsfristen führen. Beeinträchtigen eine Schenkung unter Lebenden und zugleich eine Verfügung vTw und erfährt der Berechtigte zuerst nur von der Schenkung, beginnt die Verjährung des Pflichtteilsergänzungsanspruchs (§ 2325) nicht vor der des ordentlichen Pflichtteilsanspruchs (BGH NJW 72, 760). Erfährt er zuerst nur von der beeinträchtigenden Verfügung vTw, laufen selbständige Verjährungsfristen (MüKo/*Lange* Rz 8): Für den ordentlichen Pflichtteil beginnt sie mit der Kenntnis der Verfügung vTw, für den Ergänzungsanspruch mit Kenntnis der Schenkung (BGH NJW 88, 1667; Ddorf FamRZ 92, 1223; Karlsr NJW-RR 07, 881).

18 **Person des Schuldners**. Solange noch nicht klar ist, wer Erbe und damit Anspruchsgegner ist, beginnt die Frist nicht (Ddorf FamRZ 98, 1267).

19 **Sonderfälle**: Wurden dem Nachlass nach § 2313 zuzurechnende Vermögenswerte erst durch eine (spätere) gesetzliche **Neuregelung** geschaffen, kommt es zusätzlich auf die Entstehung dieser neuen Ansprüche an (BGH FamRZ 77, 128; NJW 93, 2176). Bei den auf Leistungen nach dem Vermögensgesetz bezogenen Ausgleichsansprüchen ist für die Verjährung maßgeblicher Zeitpunkt der des In-Kraft-Tretens dieses Gesetzes (29.9.90; vgl Oldbg ZEV 96, 116). Unerheblich ist, wann ein solcher Anspruch verbindlich, wie etwa durch bestandskräftige Verwaltungsbescheide, festgestellt wird (BGH ZEV 96, 117). Daher spielt es keine Rolle, ab wann der Erbe selbst im Verwaltungsverfahren Gewissheit über seinen Vermögenszuwachs erlangt hat (BGH FamRZ 04, 1284). Bei **Verwirkungsklauseln** oder **Bedingungen** beginnt die Verjährung des Pflichtteilsanspruchs mit Kenntnis der beeinträchtigenden Verfügung (Soergel/*Dieckmann* Rz 19). Ist der in Zugewinngemeinschaft lebende Ehegatte vom anderen als Erbe eingesetzt oder mit einem Vermächtnis bedacht, beginnt Verjährung des Anspruchs eines Pflichtteilsberechtigten erst, wenn dieser weiß, ob der Ehegatte die Erbschaft annimmt oder ausschlägt. Im Fall des **§ 2309** beginnt Verjährung erst, wenn der Pflichtteilsberechtigte vom Wegfall des Vorberufenen Kenntnis erlangt (RG JW 12, 70).

20 Ist die **Ausschlagung** eine Voraussetzung, Pflichtteilsansprüche geltend machen zu können (§§ 2306 I, 2307 I, 1371 III), beginnt die Verjährung gleichwohl nach §§ 195, 199 (**§ 2332 II**).

21 **H. Hemmung**. Hemmung der Verjährung (**§ 209**) tritt nach §§ 203 ff ein (KG ZEV 08, 481, 482 m Anm *Ruby*). Im Umfang des Streitgegenstandes hemmt die Leistungsklage die Verjährung (§ 204 I Nr 1). Durch die Erhebung einer **Feststellungsklage** (§ 256 ZPO) kann die Hemmung der Verjährung herbeigeführt werden, wenn der Pflichtteilsberechtigte die Höhe seines Anspruchs noch nicht beziffern kann (BGH FamRZ 77, 128, 130; 95, 1157; Damrau/*Riedel/Lenz* § 2332 Rz 22). Klagt der Berechtigte den ordentlichen Pflichtteil (§§ 2303, 2305, 2307) ein, wird trotz der grds Selbstständigkeit der Ansprüche in geltend gemachter Höhe auch die Verjährung des Ergänzungsanspruchs gegen den Erben gehemmt; Entspr gilt umgekehrt (MüKo/*Lange* § 2332 Rz 10; Soergel/*Dieckmann* § 2332 Rz 22; Staud/*Olshausen* § 2332 Rz 31; zT aA Palandt/*Edenhofer* Rz 17). Die auf § 2325 gestützte Zahlungsklage gegen den Erben (oder Erbeserben) hemmt die Verjährung des gegen diesen gerichteten Anspruchs gem § 2329 (BGH NJW 74, 1327; 86, 110; 89, 2887). Die Klage gegen den Vorerben hemmt auch die Verjährung des Pflichtteilsanspruchs gegen den Nacherben (Soergel/*Dieckmann* § 2332 Rz 24), doch wirkt ein gegen den Vorerben ergangenes Urt nicht gegen den Nacherben (§ 326 ZPO). Der Berechtigte kann gegen den Nacherben Feststellungsklage erheben und sich so die Frist nach § 195 sichern (BaRoth/*Mayer* § 2332 Rz 20). Eine zur Ausschlagung der Nacherbschaft befugte Erbin kann schon wirksam mit verjährungsunterbrechender Wirkung Klage auf ihren Pflichtteil erheben, da sie bereits vor Abgabe ihrer den Pflichtteilsanspruch voraussetzenden Ausschlagungserklärung Berechtigte iSd § 209 ist (Schlesw FamRZ 03, 1696). Auf eine gerichtliche Stundung (§ 2331a) sollte § 205 analog angewendet werden (vgl BaRoth/*Mayer* § 2332 Rz 24; MüKo/*Lange* § 2332 Rz 10; aA Palandt/*Edenhofer* Rz 19).

22 **Nicht** hemmt die Klage gegen den Testamentsvollstrecker (BGHZ 51, 125) oder die auf Feststellung der Pflichtteilsberechtigung die Verjährung des Ergänzungsanspruchs (§ 2325), wenn zur Schenkung nichts vorgetragen wurde (BGH NJW 95, 1614; 96, 1743), oder die Klage gegen den vorrangigen Erben nach § 2325 die Verjährung des Anspruchs gegen den Beschenkten nach § 2329 (vgl Zweibr ZEV 10, 44, 45); zur Streitverkündung vgl § 204 I Nr 6. Ebenso hemmt nicht die Klage auf Duldung der Zwangsvollstreckung den Anspruch aus § 2329 (BGH 25.11.09 – XII ZR 92/06). Die Klage auf Auskunft (§ 2314) hemmt **nicht** die Verjährung des Pflichtteilsanspruchs (BGH NJW 75, 1409, 1410; Kobl ZEV 02, 501; KG ZEV 08, 481, 482), selbst wenn in ihr angekündigt wird, nach Auskunftserteilung auf Zahlung klagen zu wollen (Ddorf FamRZ 99, 1097). **Anders** verhält es sich bei Verhandlungen iSv § 203 (KG aaO) oder einer auf Auskunft und Zahlung gerichteten **Stufenklage** (§ 254 ZPO), insoweit der Zahlungsanspruch nach Erfüllung der seiner Vorbereitung dienenden Hilfsansprüche beziffert wird; die Hemmung endet hier, wenn nach Erledigung der Vorstufen der Zahlungsanspruch nicht weiterbetrieben wird (§ 202 II 2, vgl BGH NJW 75, 1409 f; 92, 2563; NJW-RR 06, 948, 949 f; BAG NJW 86, 2527; *Hamm* ZEV 98, 187, 188). Zur Hemmung der Ansprüche **minderjähriger** Kinder gegen ein Elternteil vgl § 207 I Nr 2, auch §§ 210, 211.

I. Neubeginn. Neubeginn der Verjährung (§ 212) kann durch Anerkenntnis eintreten, wenn zB der Verpflichtete sich zur Auskunft über den Nachlassbestand bereit erklärt (§ 2314) und erkennen lässt, sich bewusst zu sein, dass gegen ihn ein Pflichtteilsanspruch besteht (BGH NJW 85, 2945; NJW-RR 87, 1411; Ddorf FamRZ 99, 1097, 1098 f), oder er ein Inventar (§ 1994) errichtet (Zweibr FamRZ 69, 231) oder sich bereit erklärt, ein solches zu errichten (BGH NJW 75, 1409), ferner wenn er die eidesstattliche Versicherung (§§ 261, 2006) abgibt (RGZ 113, 234, 239). Das Anerkenntnis des Vorerben wirkt gegen den Nacherben (BGH NJW 73, 1690). Der Testamentsvollstrecker kann ohne Willen der Erben keine Pflichtteilsforderung rechtsgeschäftlich anerkennen (§ 2213 I 3, vgl BGH NJW 69, 424).

J. Prozessuales/Insolvenz/Steuer. Die Geltendmachung streitiger Ansprüche erfolgt beim Prozessgericht. Gerichtsstand ist wahlweise der des Beklagten (§§ 12 ff ZPO) oder der der Erbschaft (§ 27 ZPO). Einschränkende letztwillige Schiedsgerichtsklausel sind idR unzulässig (str). Es kann kein Prozesskostenvorschuss vom anderen Ehegatten nach §§ 1360a IV, 1361 IV gefordert werden (hM, Köln NJW-RR 89, 967, 968; Staud/*Haas* § 2332 Rz 49). Der Pflichtteilsanspruch kann vor dem Erbfall weder durch Arrest noch durch eV gesichert werden. Zur Feststellungsklage s. Vor § 2303 Rn 4. Der Pflichtteilsberechtigte hat die Tatsachen, von denen Grund und Höhe des Anspruchs abhängen, zu beweisen (BGH NJW 52, 1173; NJW-RR 96, 705, 706), zB Ausschluss von der gesetzlichen Erbfolge, die Nachlasszugehörigkeit einzelner Gegenstände, Werthaltigkeit des Nachlasses. Die Verletzung der Auskunftspflicht (§ 2314) durch die Erben ist bei der Beweiswürdigung zu berücksichtigen. **Stufenklage** (§ 254 ZPO): s. § 2314 Rn 21.

In der **Insolvenz** geht der Pflichtteilsanspruch als Erbschaftsschuld iSv § 1967 II den Vermächtnissen und Auflagen vor (§ 327 I Nr 1 InsO), ist sonstigen Erbschaftsschulden aber nachgeordnet (§§ 327 I, 39 InsO). Der **Verzicht** auf die Geltendmachung des Pflichtteilsanspruchs in der Wohlverhaltensphase ist keine Obliegenheitsverletzung (BGH DNotZ 09, 862, 864).

Die **Erbschaftsteuerpflicht** entsteht mit Geltendmachung des (ggf unbezifferten) Pflichtteilsanspruchs (§§ 3 I Nr 1 iVm 9 I Nr 1b ErbStG). Ihr unterliegt auch die Abfindung für einen Verzicht auf den entstandenen Anspruch (§ 3 II Nr 4 ErbStG; § 2346 Rn 16; AnwK/*Pohl/Hartl* Anh § 2303 Rz 9 f).

§ 2318 Pflichtteilslast bei Vermächtnissen und Auflagen.

(1) ¹Der Erbe kann die Erfüllung eines ihm auferlegten Vermächtnisses soweit verweigern, dass die Pflichtteilslast von ihm und dem Vermächtnisnehmer verhältnismäßig getragen wird. ²Das Gleiche gilt von einer Auflage.
(2) Einem pflichtteilsberechtigten Vermächtnisnehmer gegenüber ist die Kürzung nur soweit zulässig, dass ihm der Pflichtteil verbleibt.
(3) Ist der Erbe selbst pflichtteilsberechtigt, so kann er wegen der Pflichtteilslast das Vermächtnis und die Auflage soweit kürzen, dass ihm sein eigener Pflichtteil verbleibt.

A. Zweck. Im Außenverhältnis ist alleine der Erbe Schuldner des Pflichtteilsanspruchs (RG JW 14, 593; *Gottwald* Rz 1); mehrere Erben sind Gesamtschuldner (§ 2058). Hat der Erbe zudem Vermächtnisse und Auflagen zu erfüllen, die den Pflichtteil nicht verringern (§ 2311 Rn 7), kann er diese insoweit mittels peremptorischer Einrede verhältnismäßig kürzen, so dass im Innenverhältnis die Pflichtteilslast gemeinsam getragen wird. Die Norm entspricht dem mutmaßlichen Erblasserwillen. Folglich kann nicht gekürzt werden, wenn der Pflichtteilsanspruch nicht gegen den Erben geltend gemacht und dieser nicht wirtschaftlich belastet wird (Frankf FamRZ 91, 238, 240; Kobl 5 U 1/82 v 18.5.82: zur Verjährung). Späterer schenkweiser Erlass lässt das Kürzungsrecht aber nicht entfallen (LG München II NJW-RR 89, 8; str). § 2318 I ist abdingbar (§ 2324, vgl Stuttg BWNotZ 85, 88). Zahlungen in Unkenntnis des Kürzungsrechts können nach § 813 I 1 zurückgefordert werden (KG FamRZ 77, 267; *Tanck* ZEV 98, 132, 133). Vermächtnisnehmer können ggf ihrerseits nach den §§ 2188 f kürzen. Ein RA hat über die Beteiligungslast aufzuklären (LG Düsseldorf NJW-RR 08, 678).

B. Kürzungsbefugnis (Abs 1). Hat der Erblasser keine abw Regelung getroffen und liegt kein Ausnahmetatbestand nach §§ 2321 f vor, trägt der Erbe im Verhältnis zum Vermächtnisnehmer (**I 1**) bzw Auflagenbegünstigten (**I 2**) die Pflichtteilslast nur anteilig. Sind mehrere Vermächtnisnehmer oder Auflagenbegünstigte vorhanden, kein Vorrang angeordnet (§ 2189) und **II** nicht einschlägig, besteht gegen jeden von ihnen das verhältnismäßige Kürzungsrecht. Dem Kürzungsrecht unterliegen grds auch gesetzliche Vermächtnisse (hM, zB der Dreißigste (§ 1969), **nicht** jedoch der nach § 2311 I 2 abzugsfähige Voraus (§ 1932) oder der Unterhaltsanspruch der Mutter nach § 1963 sowie der Ausbildungsanspruch des Stiefkinds nach § 1371 IV (Damrau/*Riedel/Lenz* Rz 5; *MüKo/Lange* Rz 4). Ist die Kürzung (zT) nach II eingeschränkt, ist der dadurch entstehende Ausfall nach der Grundregel des I vom Erben und den anderen, nicht pflichtteilsberechtigten Vermächtnisnehmern sowie den Auflagenbegünstigten zu tragen (hM; Soergel/*Dieckmann* Rz 8). Die Kürzung richtet sich dann nach dem jeweiligen Beteiligungsverhältnis am um den Pflichtteil bereinigten Nachlass. Der Anspruch auf Beteiligung des Vermächtnisnehmers an der Pflichtteilslast ist (auch in seiner Ausgestaltung als Bereicherungsanspruch nach Vermächtniserfüllung) nicht abtretbar (Frankf FamRZ 91, 238).

C. Berechnung. Der Kürzungsbetrag (K) berechnet sich nach der *Martin'schen* Formel (ZBlFG 14, 789 ff; vgl KG FamRZ 77, 267, 269): Die Pflichtteilslast (P) wird mit dem Vermächtnis oder der Aufl (V/A) multipliziert und das Ergebnis durch den (nicht um Vermächtnis oder Auflage gekürzten) Nachlass (N) dividiert: K = P×(V/A)/N. IdR kann der Erbe das Vermächtnis bzw die Auflage um den Prozentsatz kürzen, der der Pflichtteilsquote des Pflichtteilsberechtigten am Nachlass entspricht, es sei denn, es bestehen Anrechnungs- oder Ausgleichspflichten (§§ 2315 f), da sich hier eine abw Pflichtteilsbeteiligung ergibt (BaRoth/*Mayer* Rz 4). **Bsp:** Der Nachlasswert (N) beträgt 3000, einziger Pflichtteilsberechtigter ist der Sohn S, Alleinerbe ist der familienfremde Y, und für A ist ein Vermächtnis (V) im Wert von 100 ausgesetzt. Die Pflichtteilslast (P) beträgt hier die Hälfte des Nachlasswerts (1500). Sie ist mit dem Vermächtnis (V) zu multiplizieren (1500×100=150000) und die Summe durch den Nachlasswert zu dividieren (150000/3000 = 50). Der Kürzungsbetrag (K) ist 50.

4 **D. Unteilbare Leistung.** Richtet sich der Anspruch aus dem Vermächtnis auf eine unteilbare Leistung, kann der belastete Erbe von dem Vermächtnisnehmer nur fordern, dass ihm gegen Erfüllung des Vermächtnisses der Unterschiedsbetrag zwischen dem geschätzten Wert des Vermächtnisses zzgl des Pflichtteilsanspruchs und dem Wert des ihm hinterlassenen Nachlasses gezahlt wird. Verweigert der Vermächtnisnehmer die Zahlung, ist der Betrag zu zahlen, der dem Wert des Vermächtnisses abzgl des sonst vom Vermächtnisnehmer zu erstattenden Betrags entspricht (BGH NJW 56, 507).

5 **E. Einschränkung des Kürzungsrechts (Abs 2).** Eine Einschränkung des Kürzungsrechts des Erben besteht, wenn der Vermächtnisnehmer (nicht: Auflagenbegünstigte) selbst pflichtteilsberechtigt ist. Nach der zwingenden Bestimmung des II (vgl § 2324) darf das Vermächtnis nur bis zur Höhe des Pflichtteils gekürzt werden (sog Kürzungsgrenze), dh (in voller Höhe) um den Mehrbetrag (Soergel/*Dieckmann* Rz 8). Bei der Berechnung des Vermächtnisses bleiben dessen Beschwerungen außer Ansatz (arg § 2307 I 2, vgl MüKo/*Lange* Rz 7; aA Palandt/*Edenhofer* Rz 3). Ist das Vermächtnis dem überlebenden, in Zugewinngemeinschaft lebenden Ehegatten zugewendet worden, errechnet sich die Kürzungsgrenze aus dem großen Pflichtteil (§§ 1371 I, 1931).

6 **F. Kürzungsrecht des pflichtteilsberechtigten Erben (Abs 3).** Das **Pflichtteilsrecht** des Erben berücksichtigt III, indem diesem ein über I hinausgehendes Kürzungsrecht eingeräumt wird. Dabei bestimmt **§ 2306 I**, dass der belastete Erbteil ausgeschlagen werden kann. Der Erbe kann dann den Pflichtteil verlangen. Versäumt er die Ausschlagung, treffen ihn die Vermächtnisse und Auflagen, selbst wenn sie den Pflichtteil völlig aufzehren (BGH WM 81, 335; NJW 85, 2828, 2829). Damit ist zugleich die Grenze der Belastungen erreicht, die dem pflichtteilsberechtigten Erben in § 2306 I auf Kosten seines Pflichtteils zugemutet werden. Er kann, wenn neben Beschränkungen und Beschwerungen iSv § 2306 auch noch Pflichtteilslasten auftreten, infolgedessen drohende Eingriffe in seinen eigenen Pflichtteil abwenden. Er muss zwar die betreffenden Pflichtteilsansprüche erfüllen, kann aber gem III die Vermächtnisse und Auflagen entspr kürzen, und zwar um den Betrag, um den die Pflichtteilslasten seinen eigenen Pflichtteil andernfalls (zusätzlich) beeinträchtigen würden (BGH NJW 85, 2828, 2829). III, der nicht der Disposition des Erblassers (vgl § 2324) unterliegt, wirkt nicht nur zugunsten des pflichtteilsberechtigten Alleinerben, sondern kann auch bei einer Erbenmehrheit eingreifen (BGH aaO; MüKo/*Lange* Rz 15). Das Vermächtniskürzungsrecht des § 2318 III kann nicht deshalb versagt werden, weil es sich um den Pflichtteil eines nichtehelichen Kindes handelt (BGH NJW 88, 136).

7 **G. Vorrang des Erben.** Treffen II und III zusammen, weil sowohl Vermächtnisnehmer (II) und Erbe (III) je pflichtteilsberechtigt sind, wird dem Erben der Vorrang eingeräumt, da er auch anderweitig ggü dem Vermächtnisnehmer privilegiert ist. Jener kann ggf nach § 2307 das Vermächtnis ausschlagen.

8 **H. Prozessuales.** Die Darlegungs- und Beweislast für die Voraussetzungen des Kürzungsrechts trägt der Erbe als der, der sich darauf beruft. Für diesen empfiehlt sich ggf Streitverkündung (§§ 72 ff ZPO) ggü dem Vermächtnisnehmer bzw Auflagenbegünstigten, damit sein Prozess mit dem Pflichtteilsberechtigten Interventionswirkung (§ 68 ZPO) hat.

§ 2319 Pflichtteilsberechtigter Miterbe.

[1]Ist einer von mehreren Erben selbst pflichtteilsberechtigt, so kann er nach der Teilung die Befriedigung eines anderen Pflichtteilsberechtigten soweit verweigern, dass ihm sein eigener Pflichtteil verbleibt. [2]Für den Ausfall haften die übrigen Erben.

1 **A. Zweck.** Der pflichtteilsberechtigte Miterbe soll nicht dadurch seines Pflichtteils verlustig gehen, dass er nach Nachlassteilung fremde Pflichtteilsansprüche erfüllen muss. Zum Pflichtteilsergänzungsanspruch vgl § 2328.

2 **B. Voraussetzungen.** Es müssen mehrere Erben vorhanden und der Nachlass bereits geteilt sein. Bis zur Teilung kann die Haftung gem § 2059 I 1 auf den ungeteilten Nachlass beschränkt werden, nachher haftet der Miterbe als Gesamtschuldner noch nicht befriedigten Pflichtteilsgläubigern idR mit seinem gesamten Eigenvermögen (vgl § 2058; *Klinghöffer* Rz 93). Deshalb gewährt § 2319 1 ein nicht disponibles (vgl § 2324) Leistungsverweigerungsrecht bis zur Höhe des eigenen Pflichtteils, selbst wenn der Erbe das Recht auf Beschränkung der Erbenhaftung verloren hat (Staud/*Haas* Rz 12). Es wirkt bis zur Höhe des eigenen Pflichtteils schuldbefreiend (MüKo/*Lange* Rz 3). Das Recht wirkt auch ggü Regressansprüchen anderer Miterben nach § 426 (Erman/*Schlüter* Rz 2). Ist der Erbteil des Pflichtteilsberechtigten mit zu erfüllenden Auflagen und Ver-

mächtnissen beschwert (vgl § 2306 I), sind diese mindernd bei der Bemessung der Höhe des Leistungsverweigerungsrechts zu berücksichtigen (hM, MüKo/*Lange* Rz 3; *v Olshausen* FamRZ 86, 524, 527 f; aA RGRK/*Johannsen* Rz 2). Lebte der Miterbe mit dem Erblasser in Zugewinngemeinschaft, berechnet sich sein (geschützter) Pflichtteil nach dem um ¼ erhöhten gesetzlichen Erbteil (§ 1371 I; Damrau/*Riedel/Lenz* Rz 4), so dass sich der Pflichtteil der Abkömmlinge und Eltern entspr mindert. Anderes gilt, wenn die Voraussetzungen des § 1371 II, III vorliegen. Zum überlebenden Lebenspartner vgl §§ 6, 7, 10 I, VI LPartG.

C. Folgen (S 2). Für den Ausfall haften die übrigen Erben dem Pflichtteilsberechtigten grds gesamtschuldnerisch (§§ 421, 2058, 426), nur ausnahmsweise nach §§ 2060 f anteilsmäßig (*Gottwald* Rz 2). 3

D. Prozessuales. Die Beweislast für die Voraussetzungen des Leistungsverweigerungsrechts trägt der Miterbe. 4

§ 2320 Pflichtteilslast des an die Stelle des Pflichtteilsberechtigten getretenen Erben.
(1) Wer anstelle des Pflichtteilsberechtigten gesetzlicher Erbe wird, hat im Verhältnis zu Miterben die Pflichtteilslast und, wenn der Pflichtteilsberechtigte ein ihm zugewendetes Vermächtnis annimmt, das Vermächtnis in Höhe des erlangten Vorteils zu tragen.
(2) Das Gleiche gilt im Zweifel von demjenigen, welchem der Erblasser den Erbteil des Pflichtteilsberechtigten durch Verfügung von Todes wegen zugewendet hat.

A. Zweck. Nach der dispositiven (vgl § 2324) Norm muss, wer an Stelle eines Pflichtteilsberechtigten gesetzlicher Erbe wird, im **Innenverhältnis** die Pflichtteilslast nur bis zur Höhe des erlangten Vorteils, also nicht nach dem Verhältnis seines Anteils (vgl §§ 2038 II, 748, 2047 I, 2148) tragen (**I**). Die Bestimmung wirkt im Verhältnis der Erben untereinander (*v Olshausen* MDR 86, 89, 91), nicht im Außenverhältnis. Insoweit richtet sich die gesamtschuldnerische Haftung der Miterben nach §§ 2058 ff. Die Auslegungsregel des **II** erweitert die Anordnung des I (Rn 5). 1

B. Gesetzlicher Erbe als Eintretender. Ein Dritter muss an Stelle des Pflichtteilsberechtigten gesetzlicher Miterbe geworden sein, weil jener durch negatives Testament iSv § 1938 enterbt worden ist, im Fall des § 2306 I ausgeschlagen hat, unter Vorbehalt des Pflichtteils auf den Erbteil verzichtet (MüKo/*Lange* Rz 4) oder wegen eines dieser Umstände einen höheren gesetzlichen Erbteil (§ 1935) erlangt hat (Staud/*Haas* Rz 5). Für I ist ohne Bedeutung, ob wegen des Ausfalls des Pflichtteilsberechtigten derjenige, dem die Erbschaft anfällt, überhaupt erst Erbe wird oder sich seine Erbquoten nur erhöht (MüKo/*Lange* Rz 5). I gilt nicht, wenn sich durch den Ausfall die Erbquoten der anderen Miterben gleichmäßig erhöhen (MüKo/*Lange* Rz 6); dann bedarf es keines Ausgleichs. 2

C. Verteilung der Pflichtteilslast. Die Pflichtteilslast ist vom gesetzlichen Erben bis zur Grenze des erlangten Vorteils zu tragen (I Alt 1). Dieser deckt sich idR mit dem Wert des erlangten und erhöhten Erbteils, doch gehört auch eine Erhöhung des Voraus (§ 1932 I) dazu (BaRoth/*Mayer* Rz 6; *Gottwald* Rz 10). Beschränkungen und Beschwerungen mindern den Wert, wenn keine Abwälzung der entspr Pflichtteilslast möglich ist (MüKo/*Lange* Rz 7). Maßgebender Bewertungszeitpunkt ist der Erbfall (BGH NJW 83, 2378, 2379). 3

D. Verteilung der Vermächtnislast. I Alt 2 macht von dem Grds des § 2148 eine Ausn. Die Vermächtnislast ist im Verhältnis zu den Miterben von demjenigen zu tragen, der an Stelle eines mit einem Vermächtnis bedachten Pflichtteilsberechtigten gesetzlicher Erbe geworden ist. Gleichgültig ist, ob das Vermächtnis die Höhe des Pflichtteils übersteigt (Soergel/*Dieckmann* Rz 5). Ist es kleiner als der Pflichtteil, hat der Ersatzmann im Innenverhältnis einen Pflichtteilsrestanspruch (§ 2307 I 2) zu tragen (Staud/*Haas* Rz 9). Das gilt auch für ein Vermächtnis, das der Erblasser dem Pflichtteilsberechtigten, dem er den Pflichtteil entzogen hat (§§ 2333 ff), zugewandt hat (RGRK/*Johannsen* Rz 6). 4

E. Lastenverteilung bei gewillkürter Erbfolge (Abs 2). Nach der Auslegungsregel gilt die Lastenverteilung nach I im Zweifel auch für den Fall, dass der (gesetzliche, RG DR 41, 441, 442) Erbteil des Pflichtteilsberechtigten durch Verfügung vTw zugewendet ist: Zunächst ist die gesetzliche Erbquote zu ermitteln. Bei Zugewinngemeinschaft ist zwischen erb- und güterrechtlicher Lösung zu differenzieren (*Mauch* BWNotZ 92, 146 m Bsp). Dann ist zu fragen, wem dieser Erbteil zugewandt werden sollte (BGH NJW 83, 2378). Der Erblasser muss bewusst und gewollt den Pflichtteilsberechtigten durch einen Ersatzmann ersetzen wollen, so dass zwischen Enterbung und Begünstigung ein Zusammenhang besteht; einer ausdrücklichen Bestimmung dieser Art bedarf es aber nicht (MüKo/*Lange* Rz 9; BaRoth/*Mayer* Rz 4: Vermutung in Fallgruppen mit typischer Interessenlage; zT aA *Pentz* MDR 98, 1391, 1393). Ist ein solcher Erblasserwille nicht ermittelbar, haben die Miterben im Innenverhältnis nach den allg Regeln die Pflichtteilslast entspr ihren Erbteilen zu tragen. Entspr gilt bei einer Ersatzerbenberufung iSv § 2096, 2102 oder bei der Anwachsung nach § 2094. Nach BGHZ 33, 60, 62 f gilt § 2069 bei einer Ausschlagung nach § 2306 I zur Vermeidung einer Doppelbegünstigung nicht (abl Staud/*Haas* Rz 11). Der BGH (NJW 83, 2378, 2379) erachtete es als fragwürdig, die Auslegungsregel schon dann nicht anzuwenden, wenn sich ein abw Erblasserwille nur im Wege ergänzender Auslegung aufgrund des hypothetischen Willens ermitteln lässt. 5

§ 2321 Pflichtteilslast bei Vermächtnisausschlagung.

Schlägt der Pflichtteilsberechtigte ein ihm zugewendetes Vermächtnis aus, so hat im Verhältnis der Erben und der Vermächtnisnehmer zueinander derjenige, welchem die Ausschlagung zustatten kommt, die Pflichtteilslast in Höhe des erlangten Vorteils zu tragen.

1 **A. Zweck.** Nach § 2307 I 1 kann der mit einem Vermächtnis bedachte Pflichtteilsberechtigte das Vermächtnis ausschlagen, um den vollen Pflichtteil zu erlangen. Der abänderbare § 2321 regelt für das Innenverhältnis, dass dann derjenige die Pflichtteilslast in Höhe des durch die Ausschlagung des Vermächtnisses erlangten Vorteils zu tragen hat, dem diese zustatten kommt. Im Außenverhältnis bleibt der Erbe (bzw die Erbengemeinschaft) Pflichtteilsschuldner. Hat er hier schon geleistet, hat er im Innenverhältnis ggü dem Vermächtnisnehmer einen Erstattungsanspruch, ansonsten einen Freistellungsanspruch. Bei Zugewinngemeinschaft kann der überlebende Ehegatte nur den kleinen Pflichtteil geltend machen; ebenso der Lebenspartner in Zugewinngemeinschaft (vgl §§ 6 2, 10 VI 2 LPartG). Bei Annahme des Vermächtnisses gilt § 2320. §§ 2321, 2322 gehen § 2318 vor.

2 **B. Begünstigte.** Die Ausschlagung kommt dem **Erben** (bei Erbengemeinschaft den Miterben) zustatten, der mit dem Vermächtnis beschwert war. Gem § 2321 kann der Alleinerbe (bzw die gemeinsam belasteten Miterben) in Höhe des erlangten Vorteils andere Vermächtnisse oder Auflagen nicht wegen der Pflichtteilslast nach § 2318 kürzen (RG JW 14, 593, 594). War nur ein Miterbe belastet, hat er im Verhältnis zu den übrigen Miterben, Vermächtnisnehmern und Auflagenbegünstigten die Pflichtteilslast bis zur Höhe des erlangten Vorteils allein zu tragen (MüKo/*Lange* Rz 2).

3 Dem **Vermächtnisnehmer** kommt die Ausschlagung zustatten, wenn das ausgeschlagene Vermächtnis ein Untervermächtnis (§ 2147) war. Es bleibt zwar der Erbe (bzw die Erbengemeinschaft) Pflichtteilsschuldner, doch steht ihm gegen den Vermächtnisnehmer ein Befreiungs- bzw Erstattungsanspruch nach § 2321 zu (MüKo/*Lange* Rz 3). Gleiches gilt, wenn die Ausschlagung einem Ersatzvermächtnisnehmer (§ 2190) oder bei einer Anwachsung (§ 2158) einem anderen Mitvermächtnisnehmer zustatten kommt (BaRoth/*Mayer* Rz 2; Damrau/*Riedel/Lenz* Rz 3).

4 **C. Grenze.** Die Pflichtteilslast geht idR bis zur Höhe des erlangten Vorteils über. Das ist grds das ausgeschlagene Vermächtnis. Ist dieses weniger wert als der Pflichtteilsanspruch, ist der Vorteil durch einen Wertvergleich vor und nach der Ausschlagung zu ermitteln. Zeitpunkt für die Wertberechnung ist der Erbfall (RG JW 38, 2143 f).

§ 2322 Kürzung von Vermächtnissen und Auflagen.

Ist eine von dem Pflichtteilsberechtigten ausgeschlagene Erbschaft oder ein von ihm ausgeschlagenes Vermächtnis mit einem Vermächtnis oder einer Auflage beschwert, so kann derjenige, welchem die Ausschlagung zustatten kommt, das Vermächtnis oder die Auflage soweit kürzen, dass ihm der zur Deckung der Pflichtteilslast erforderliche Betrag verbleibt.

1 **A. Zweck/Regelungsgehalt.** Die Norm ergänzt die §§ 2320, 2321. Sie regelt das Rangverhältnis zwischen dem begünstigten Ersatzmann, der von der Ausschlagung des Pflichtteilsberechtigten profitiert, und dem Vermächtnisnehmer oder Auflagenbegünstigten. Denn dieser Ersatzmann muss nach den §§ 2320, 2321 die Pflichtteilslast in Höhe des erlangten Vorteils tragen und zudem das Vermächtnis bzw die Aufl erfüllen (vgl §§ 2161, 2192), wenn diese die ausgeschlagene Erbschaft oder das ausgeschlagene Vermächtnis beschweren. § 2322 will hier eine Doppelbelastung vermeiden. Der Begünstigte hat zwar den ihm zukommenden Vorteil iSv §§ 2220, 2221 für den Pflichtteil einzusetzen. Er kann aber die Vermächtnisse oder Auflagen kürzen, **insoweit** diese zusammen mit der Pflichtteilslast den Wert des ihm zufallenden Vorteils übersteigen. Das gilt auch, wenn er an sich als Erbe (§§ 1992, 1935, 2095) bzw Vermächtnisnehmer (§§ 2187, 2159) kein Recht zur Beschränkung mehr hat (BaRoth/*Mayer* Rz 1). Er soll nicht aus seinem eigenen Vermögen den Pflichtteilsanspruch oder den Anspruch aus dem Vermächtnis erfüllen müssen, sondern allenfalls den gesamten Nachlass zur Befriedigung verwenden (BGH NJW 56, 507). Da ein solcher Erbschaftserwerb dem Nachberufenen idR keine Vorteile bringt, sollte auch er besser ausschlagen. Der Erblasser kann das Kürzungsrecht nach § 2322 ausschließen (§ 2324; vgl BGH WM 81, 335).

2 **B. Unteilbare Leistung.** Zum Fall, dass sich der Anspruch aus dem Vermächtnis auf eine **unteilbare** Leistung richtet, vgl § 2318 Rn 4. Kürzungsfähig ist auch der Dreißigste (§ 1969), nicht aber der Voraus des Ehegatten (§ 1932). Bei einem Nießbrauch hat der Nachberufene nicht die Rechte aus §§ 1089, 1087 zur Deckung der Pflichtteilslast (BGH NJW 56, 507).

3 **C. Verhältnis zu § 2318.** Da das Kürzungsrecht des Erben in § 2322 für den Fall der Ausschlagung einer Erbschaft durch den Pflichtteilsberechtigten besonders geregelt ist, muss die weitergehende allg Kürzungsmöglichkeit des § 2318 I zurücktreten (BGH NJW 83, 2378, 2379).

§ 2323 Nicht pflichtteilsbelasteter Erbe. Der Erbe kann die Erfüllung eines Vermächtnisses oder einer Auflage auf Grund des § 2318 Abs. 1 insoweit nicht verweigern, als er die Pflichtteilslast nach den §§ 2320 bis 2322 nicht zu tragen hat.

Die disponible Norm stellt klar, dass ein Kürzungsrecht ggü dem Vermächtnisnehmer oder Auflagenbegünstigten nach § 2318 I nicht besteht, insoweit der Erbe nach den §§ 2320 bis 2322 die Pflichtteilslast im Innenverhältnis abwälzen kann. Ob er diese Möglichkeit tatsächlich nutzt, ist unerheblich (MüKo/*Lange* Rz 1). Trotz fehlender Verweisung gilt das auch für das erweiterte Kürzungsrecht des pflichtteilsberechtigten Erben gem § 2318 III (hM, Staud/*Haas* Rz 3).   1

§ 2324 Abweichende Anordnungen des Erblassers hinsichtlich der Pflichtteilslast

. Der Erblasser kann durch Verfügung von Todes wegen die Pflichtteilslast im Verhältnis der Erben zueinander einzelnen Erben auferlegen und von den Vorschriften des § 2318 Abs. 1 und der §§ 2320 bis 2323 abweichende Anordnungen treffen.

A. Abweichende Anordnung. Die Norm räumt bestimmte **Abänderungsmöglichkeiten** ein. Der Erblasser kann zB die Pflichtteilslast oder die Ausfallhaftung (vgl § 2319 2) im **Innenverhältnis** abw von § 2318 I einzelnen Erben auferlegen (§§ 2046 II, 2189), das Recht zu kürzen nach § 2318 I erweitern, beschränken oder ganz ausschließen (vgl BGH WM 81, 335). Der Vorrang des Pflichtteilsanspruchs ggü dem durch Ausschluss des Kürzungsrechts erweiterten Vermächtnis im Außenverhältnis nach § 1991 IV iVm § 327 I Nr 1, 2 InsO wird dadurch nicht berührt (BGH aaO). **Nicht** abdingbar sind § 2318 II, III und § 2319 I (MüKo/*Lange* Rz 2), der Pflichtteilsergänzungsanspruch (§ 2325 ff; vgl *Gottwald* Rz 3) und die Haftung ggü den Pflichtteilsberechtigten nach §§ 2058 ff (Soergel/*Dieckmann* Rz 1).   1

B. Form. Die abw Anordnung des Erblassers muss durch **Testament** oder **Erbvertrag** (vgl §§ 2278 II, 2299) erfolgen. Sie muss nicht ausdrücklich getroffen werden. Es genügt, wenn sie sich aus dem Zusammenhang der Verfügung vTw ergibt (BGH WM 81, 335; Stuttg BWNotZ 85, 88). Ist in einem notariellen Testament die Anwendbarkeit des § 2324 unklar, kann dieses eine Haftung des Notars begründen (RG WarnR 39 Nr 63; MüKo/*Lange* Rz 4).   2

§ 2325 Pflichtteilsergänzungsanspruch bei Schenkungen. (1) Hat der Erblasser einem Dritten eine Schenkung gemacht, so kann der Pflichtteilsberechtigte als Ergänzung des Pflichtteils den Betrag verlangen, um den sich der Pflichtteil erhöht, wenn der verschenkte Gegenstand dem Nachlass hinzugerechnet wird.
(2) ¹Eine verbrauchbare Sache kommt mit dem Werte in Ansatz, den sie zur Zeit der Schenkung hatte. ²Ein anderer Gegenstand kommt mit dem Werte in Ansatz, den er zur Zeit des Erbfalls hat; hatte er zur Zeit der Schenkung einen geringeren Wert, so wird nur dieser in Ansatz gebracht.
(3) ¹Die Schenkung wird innerhalb des ersten Jahres vor dem Erbfall in vollem Umfang, innerhalb jedes weiteren Jahres vor dem Erbfall um jeweils ein Zehntel weniger berücksichtigt. ²Sind zehn Jahre seit der Leistung des verschenkten Gegenstandes verstrichen, bleibt die Schenkung unberücksichtigt. ³Ist die Schenkung an den Ehegatten erfolgt, so beginnt die Frist nicht vor der Auflösung der Ehe.

A. Zweck. Der Pflichtteilsberechtigte soll davor geschützt werden, dass sein Pflichtteilsanspruch durch lebzeitige Schenkungen des Erblassers ausgehöhlt wird (BVerfG NJW 91, 217; BGH NJW-RR 07, 803, 804). Daher sieht § 2325 einen grds gegen den Erben und § 2329 einen ausnahmsweise gegen den Beschenkten gerichteten Ergänzungsanspruch vor. Dieser ist eine reine Geldforderung. Er ist nicht auf eine wertmäßige Beteiligung am Nachlass gerichtet (BGH NJW 96, 1743). Er geht auf den Betrag, um den der Pflichtteil sich erhöht, wenn der verschenkte Gegenstand zum Nachlass gerechnet wird (**I**). Der Pflichtteilsberechtigte wird insoweit in den Stand vor der Schenkung gesetzt (BGH NJW 73, 40; 97, 2676, 2677). Nur ganz ausnahmsweise kommt daneben ein Schutz des Pflichtteilsberechtigten gegen lebzeitige Zuwendungen nach §§ 138, 826 in Betracht (BGH FamRZ 72, 255, 257 f).   1

Nach **§ 1586b I** gehen Unterhaltsverpflichtungen des Geschiedenen mit dessen Tod auf den Erben über, wobei dessen fiktiver Pflichtteil betragsmäßig eine Haftungsgrenze darstellt. Dieser fiktive Pflichtteil ist ein *ergänzter Pflichtteil* (BGH ZEV 01, 113; NJW 03, 1796, 1801), so dass für die Haftung auch auf Ergänzungsansprüche – auch auf fiktive Pflichtteilsergänzungsansprüche, die dem Berechtigten gem § 2325 ggü die Erben zustünden, wenn seine Ehe mit dem Unterhaltspflichtigen erst durch dessen Tod aufgelöst worden wäre – abzustellen ist.   2

B. Rechtsnatur und anwendbare Normen. Der Pflichtteilsergänzungsanspruch (§§ 2325 ff) ist ggü dem Pflichtteilsanspruch (§ 2303) ein selbstständiger Anspruch (BGH NJW 73, 2876; 96, 1743). Vom Bestand dieses Anspruchs ist er unabhängig und setzt, anders als dieser, einen Ausschluss von der Erbfolge durch Verfügung vTw nicht voraus (BGH NJW 73, 995; ZEV 00, 274). Die Ausschlagung der Erbschaft durch den Pflicht-   3 teilsberechtigten berührt seinen Ergänzungsanspruch nicht, auch wenn §§ 2306 I, 1371 III nicht vorlagen (BGH NJW 73, 995; Ddorf FamRZ 06, 512). Als außerordentlicher Pflichtteilsanspruch wird der Ergänzungsanspruch rechtlich grds wie der ordentliche behandelt (BaRoth/*Mayer* Rz 2): Seine Entstehung, Geltendmachung, Vererblichkeit, Übertragbarkeit, Pfändbarkeit und der Insolvenzbeschlag richten sich nach § 2317; § 852 ZPO, §§ 35, 36 InsO (BGH NJW 93, 2876; *Gottwald* Rz 4). Für Schenkungen besteht idR ein Auskunftsanspruch nach § 2314 (AnwK/*Bock* Rz 45). Die Entziehung des Pflichtteils (§ 2333) und der Pflichtteilsverzicht (§ 2346 II) umfassen auch den Ergänzungsanspruch, wenn nichts anderes bestimmt bzw vereinbart ist (MüKo/*Lange* Rz 4).

4 C. Anspruchsinhaber. Gläubiger des Anspruchs ist der nach § 2303 (abstrakt) Pflichtteilsberechtigte (Abkömmling, Eltern, Ehegatte, Lebenspartner), sofern sein Recht nicht durch § 2309 oder auf andere Weise ausgeschlossen ist. Ferner besteht der Anspruch für gesetzliche oder gewillkürte Erben, wenn der Wert des Hinterlassenen geringer als die Hälfte des Werts des gesetzlichen Erbteils zuzüglich des Werts des verschenkten Gegenstandes (§ 2326) ist (RGZ 58, 124, 126; 80, 135, 137). Anspruchsberechtigt ist auch der Vermächtnisnehmer, der einen Pflichtteilsrestanspruch (§ 2307) hat, oder wenn der Vermächtniswert geringer als der Wert des ordentlichen Pflichtteils zuzüglich Ergänzungspflichtteil ist (Soergel/*Dieckmann* Rz 1). Nach der Rspr setzt der Anspruch gem § 2325 I voraus, dass der Gläubiger bereits im Zeitpunkt der die Pflichtteilsergänzung voraussetzenden Schenkung Pflichtteilsberechtigter war (BGH NJW 73, 40; 97, 2676); der Pflichtteilsanspruch selbst muss nicht bereits bestanden haben (Palandt/*Edenhofer* Rz 4; aA LG Dortmund FamRZ 99, 1467 m Anm *Bestelmeyer* und *Otte* ZEV 99, 31). Der Schutzzweck der §§ 2325 ff bestehe darin, den Pflichtteilsberechtigten Bestandsschutz zu gewähren (BGH NJW 97, 2676). Dazu werde das vom Erblasser früher Weggeschenkte zur Berechnung der Pflichtteilsergänzung dem noch vorhandenen Nachlass wieder hinzugerechnet und somit auf die Verhältnisse zum Zeitpunkt der Schenkung abgestellt (BGH aaO). Nicht schutzbedürftig sei, wer erst nach der Schenkung Pflichtteilsberechtigter wird (BGH aaO). Der Ergänzungsanspruch setzt demnach voraus, dass der Ehegatte zur Zeit der Schenkung mit dem Erblasser verheiratet, der Lebenspartner die Lebenspartnerschaft eingegangen oder das Kind adoptiert bzw das uneheliche Kind gezeugt (so mH auf § 1923 II MüKo/*Lange* Rz 6; auf Geburt stellt ab Palandt/*Edenhofer* Rz 4) war. Anderes gelte nach Köln ZEV 05, 398, 399, wenn Rechtswirkungen rückwirkend eintreten: Das anerkannte Kind sei für Schenkungen pflichtteilsergänzungsberechtigt, die der Erblasser vor der Vaterschaftsanerkennung (§ 1594) vorgenommen hat (dazu *Reimann* ZEV 05, 400). Die hL lehnt das Erfordernis der sog Doppelberechtigung ab (MüKo/*Lange* Rz 7; Staud/*Olshausen* Rz 66; Soergel/*Dieckmann* Rz 3).

5 D. Anspruchsgegner. Schuldner der auf Geld gerichteten Nachlassverbindlichkeit (§ 1967) ist grds der Erbe (bzw die Erben als Gesamtschuldner, §§ 2058, 1967). Ein Miterbe selbst kann den Anspruch daher nur iRe Erbauseinandersetzung geltend machen (BGH FamRZ 07, 723). Der Schuldner kann sich die beschränkte Haftung vorbehalten (§ 780 ZPO). Nach § 2328 kann der selbst pflichtteilsberechtigte Erbe die Ergänzung zum Schutz des eigenen Pflichtteils verweigern. Ist er zur Ergänzung nicht verpflichtet, kann der Pflichtteilsberechtigte vom Beschenkten nach § 2329 I Herausgabe des Geschenks nach §§ 812 ff verlangen.

6 E. Aktivnachlass. Zwar setzt der Anspruch gegen den Erben begrifflich keinen Aktivnachlass voraus (RGZ 58, 124, 127; 80, 135, 136). Gerade bei nicht aktivem Nachlass wird der Ergänzungsanspruch relevant. Maßgeblich ist, ob mit Hinzurechnung des Werts des verschenkten Gegenstands ein Aktivnachlass als rechnerische Grundlage für einen Ergänzungsanspruch besteht (MüKo/*Lange* Rz 10). Fehlt es auch nach Hinzurechnung des Geschenks an einem Aktivnachlass, besteht gegen sowohl den Erben also auch den Beschenkten kein Ergänzungsanspruch. Der Pflichtteilsberechtigte hätte dann auch ohne die Schenkung nichts erhalten (RG JR 27 Nr 1655; Staud/*Olshausen* Rz 61). Fehlt es völlig an einem Nachlass von wirtschaftlichem Wert und ist die Erbenhaftung noch unbeschränkt (vgl § 1990), fehlt es an einem Haftungsgegenstand. Der auf § 2325 gestützte Anspruch gegen den Erben ist durch die Unzulänglichkeit des Nachlasses materiell entkräftet; eine Zahlungsklage ist dann als unbegründet abzuweisen (BGH ZEV 00, 274). Hier kommt praktisch nur ein Anspruch nach § 2329 in Betracht (MüKo/*Lange* Rz 10).

7 F. Schenkung. Relevant sind nur Schenkungen des Erblassers **selbst**. § 2052 gilt hier nicht (Damrau/*Riedel/Lenz* Rz 10). Beim Berliner Testament (§ 2269) kann bei der Einheitslösung nach dem Tod des länger lebenden Ehegatten gegen dessen Erben kein Pflichtteilsergänzungsanspruch auf Schenkungen des erstverstorbenen Gatten gestützt werden. **Erfasst** werden alle Schenkungen mit Ausn der Anstandsschenkung (§ 2330; vgl BGH WM 77, 1410; 78, 905; Frankf ZErb 00, 91; zur übermäßigen Anstandsschenkung BGH NJW 81, 2458). Die Schenkung muss also nicht übermäßig oder aus dem Stamm des Erblasservermögens sein (MüKo/*Lange* Rz 1). Der Begriff der Schenkung iSv § 2325 ist mit demjenigen der **§§ 516 f** grds identisch (BGH NJW 72, 1709, 1710; 81, 1956; 82, 2497; 92, 558, 559): Es muss eine Zuwendung vorliegen, die den Empfänger aus dem Vermögen des Gebers objektiv bereichert und bei der beide Teile darüber einig sind, dass sie unentgeltlich erfolgt (BGH NJW 72, 1709, 1710; 04, 1382, 1383; Ddorf NJW-RR 97, 1497). Eine dahin gehende Einigung der Parteien ist unentbehrlich (BGH NJW 99, 558; 02, 2469, 2470), wobei eine entspr Parallelwertung in der Laiensphäre ausreicht (BFH BStBl II 94, 266, 269; BaRoth/*Mayer* Rz 5). Auf eine Benachteiligungsabsicht kommt es, anders als bei §§ 2287 f, bei § 2325 nicht an.

Erfasst ist auch die vollzogene Schenkung auf den Todesfall (§ 2301 II) sowie ein nicht erfülltes Schenkungs- 8
versprechen, da diese Verbindlichkeit den Wert des Nachlasses mindert (BGH NJW 83, 1485, 1486; Schlesw
OLGR 06, 709, 710).
Bei einer Schenkung unter **Vorbehalt eines Nutzungsrechts** (zB Nießbrauch, ggf als Teilnutzungsrecht das 9
Wohnrecht) erlangt der Empfänger zunächst nur die Substanz und erst mit dem Erbfall die Nutzungsbefugnis (vgl § 1061). Daher ist die Schenkung eines Grundstücks unter Nießbrauchsvorbehalt nur insoweit ergänzungspflichtig, als dass der Wert des Grundstücks den der dem Erblasser überlassenen Nutzung übersteigt (Rn 28). Irrelevant ist dabei, ob die Nutzung als Gegenleistung oder in Gestalt einer Auflage dem Beschenkten auferlegt wird (BGH NJW-RR 90, 1158; 96, 705).
Gemischte Schenkung. Hier ist nur der Wert des Gegenstands des Rechtsgeschäfts anzurechnen, der unent- 10
geltlich zugewendet wurde (BGH NJW 72, 1709; Oldbg ErbR 07, 129: ohne Indexierung; Staud/*Olshausen*
Rz 16). Eine gemischte Schenkung liegt vor, wenn bei einem einheitlichen Vertrag der Wert der Leistung dem
der Gegenleistung zum Zeitpunkt des Vollzugs der Schenkung (BGH 25.11.09 – XII ZR 92/06) nur teilweise
entspricht, die Parteien dies wissen und überstimmend wollen, dass der Überschuss unentgeltlich zugewandt
wird (BGH NJW-RR 93, 773, 774; Kobl FamRZ 02, 1029, 1030; NJOZ 05, 935, 938; 13.10.09 – 2 U 200/09).
Von der subjektiven Vorstellung der Parteien hängt es zunächst ab, ob Leistung und Gegenleistung miteinander verknüpft sind; die Verknüpfung kann synallagmatisch, konditional wegen einer bereits erbrachten Leistung oder kausal in Hinblick auf eine spätere Entlohnung (Oldbg NJW-RR 97, 263, 264) ausgestaltet sein
(BaRoth/*Mayer* Rz 6). Ferner können die Parteien iRd Vertragsfreiheit den Wert der auszutauschenden Leistungen und damit auch die Größe eines eventuellen Leistungsüberschusses grds frei bestimmen (BGH NJW
64, 1323; 72, 1709, 1710; Oldbg NJW-RR 92, 778). Der Vergleich des Werts des überlassenen Gegenstandes
mit dem Wert der Gegenleistung, aber auch die Erklärungen der Parteien beim Vertragsschluss oder in anderem Zusammenhang können einen Anhaltspunkt für den Willen der Parteien geben. Sie können nachträglich
die vertraglich vereinbarte Vergütung erhöhen (BGH NJW-RR 89, 706 [zu Ehegatten]; RGZ 94, 187), eine
solche überhaupt erst vereinbaren (BGH NJW-RR 07, 803, 804) oder dem Schenker vertraglich das Recht
einräumen, durch Verfügung vTw das zunächst unentgeltliche Geschäft durch einseitige Erklärung nachträglich in ein voll entgeltliches umzugestalten (BGH NJW-RR 86, 164). Ihre Bewertung ist aber nicht maßgebend, wenn sie willkürlich und ohne jede sachliche Grundlage ist (BGH NJW 61, 604, 605; 72, 1709, 1710;
81, 2458, 2459). Die privatautonome Bewertung ist eingeschränkt, wo schutzwürdige Interessen Dritter, zB
potenzieller (Mit-)Erben, berührt werden. Insoweit besteht eine tatsächliche Vermutung für den Schenkungscharakter von Leistungen, wenn und soweit zwischen Leistung und Gegenleistung ein objektives, über ein
geringes Maß deutlich hinausgehendes Missverhältnis besteht (BGH NJW 61, 604; 72, 1709, 1710; 81, 1956;
92, 558; 95, 1349; NJW-RR 07, 803, 804; Ddorf OLGR 01, 313, 314; Frankf MittBayNot 05, 495; Kobl FamRZ
02, 772); vgl Rn 34. Bei Leistungen unter Verwandten ist zu berücksichtigen, dass sie den nur abzuschätzenden Wert ihrer Leistungen kaum je exakt kalkulieren. Deshalb ist für die einzelnen Leistungen von Werten
auszugehen, die bei verständiger, die konkreten Umstände berücksichtigender Beurteilung noch als vertretbar
gelten können (BGH NJW 81, 2458; 95, 1349; 02, 2469, 2470; NJW-RR 89, 706).
Die Grundsätze zur gemischten Schenkung gelten auch zur Schenkung unter **Aufl** (AnwK/*Bock* Rz 15; 11
BaRoth/*Mayer* Rz 8; s.a. BGH ZEV 96, 186, 187).
Typische, gegen Leibgedingungsleistungen erfolgende **Hofübergaben** seien nur dann als gemischte Schen- 12
kungen anzusehen, wenn das Merkmal der Unentgeltlichkeit überwiege (so BayObLGZ 95, 186; 96, 20).
Die **unbenannte Zuwendung** unter Ehegatten (s.a. bei Zuwendungen durch die Schwiegereltern BGH 13
3.2.10 – XII ZR 189/06: ggf Wegfall der Geschäftsgrundlage) dient der Verwirklichung der ehelichen Lebensgemeinschaft. Sie ist ein ehebezogenes Rechtsgeschäft eigener Art und ein Institut des Familienrechts (BGHZ
142, 137, 148; FamRZ 06, 1022; München FamRZ 04, 1874). Als solches geht es grds dem allg Schenkungsrecht vor. Der Schenkungstatbestand wird durch einverständlich vorgenommene unentgeltliche Zuwendungen nicht erfüllt, wenn diese mit Rücksicht auf Rechtsbeziehungen erfolgen, die die Zuwendungen iSd Sonderbereichs prägen (BGH FamRZ 88, 482, 485; NJW 99, 2962; Ddorf NJW-RR 97, 1497, 1498). **Anderes** gilt
im **Erbrecht**, um den gebotenen Schutz von Pflichtteilsberechtigten, Vertrags- und Nacherben zu verwirklichen. Hier wird die unbenannte Zuwendung grds wie eine Schenkung behandelt, wenn sie objektiv unentgeltlich ist. Auf die subjektive Vorstellung der Ehegatten kommt es nicht an (BGH NJW 92, 564; Frankf
OLGR 94, 129; Köln FamRZ 92, 480; Kobl ZEV 02, 460, 461). Eine entgeltliche Zuwendung ist denkbar,
wenn sie der angemessenen Alterssicherung des Empfängers (BGH NJW 72, 580; MüKo/*Lange* Rz 15) oder
der nachträglichen Vergütung langjähriger Dienste (Oldbg FamRZ 00, 638) dient, unterhaltsrechtlich
geschuldet oder sonstwie eine adäquate Gegenleistung (BGH NJW 92, 564) vorhanden ist (BaRoth/*Mayer*
Rz 10). Ggf ist darauf abzustellen, ob eine nachträglich vereinbarte ‚Zusatzvergütung' nach den konkreten
Verhältnissen aus der Sicht der Beteiligten angemessen erscheinen konnte und ob der Wert der nicht (voll)
vergüteten Leistungen deutlich über das hinausging, was der betreffende Ehegatte nach § 1360 zur gemeinsamen Lebensführung beizusteuern hatte (BGH NJW-RR 89, 706; vgl § 1360b; zur Beweiserleichterung Rn 10,
34). Zur unbenannten Zuwendung innerhalb einer **nichtehelichen Lebensgemeinschaft** (dazu BGH NJW
08, 443, 444; 25.11.09 – XII ZR 92/06; § 705 Rn 44) gilt grds Entspr (Karlsr FamRZ 86, 1095, 1096 mN; Köln

MittRhNotK 97, 89); zu Leistungen nach Auflösung der Lebensgemeinschaft und Vorgängen, die nicht der Verwirklichung der nichtehelichen Lebensgemeinschaft dienen vgl Ddorf NJW-RR 97, 1497, 1498. In der Lit werden zur Vermeidung unbillig erscheinender Ergebnisse andere Lösungen vertreten (Nachw bei BaRoth/*Mayer* Rz 10; MüKo/*Lange* Rz 16).

14 Eheverträge. Die Vereinbarung einer Gütergemeinschaft (§§ 1415 ff) stellt hinsichtlich des entstehenden Gesamtgutes keine Schenkung für denjenigen dar, der hierfür weniger einbringt (BGH NJW 75, 1774; 92, 558); *Mayer* FPR 06, 129 ff). Wird von der Zugewinngemeinschaft zur Gütergemeinschaft gewechselt, ist der Ehegattenerbteil zwar geringer, doch verkürzt sich der Pflichtteil, wenn das Vermögen des Ehegatten, bei dem die Reduzierung gewollt ist, drei mal so hoch ist wie das anderen (BaRoth/*Mayer* Rz 11; s.a. *Wegmann* ZEV 96, 201, 202, 206 f). Eine Schenkung setzt insoweit voraus, dass sich die Ehegatten einigen, die Zuwendung solle unentgeltlich erfolgen und dass die güterrechtliche *causa* für die Bereicherung durch den schuldrechtlichen Schenkungsvertrag verdrängt wird, dass also die Ehegatten nicht zur Verwirklichung der Ehe eine Ordnung der beiderseitigen Vermögen, sondern ein ehefremdes Ziel bezwecken (BGH NJW 92, 558). Das ist gegeben, wenn nach einem einheitlichen Plan („Paketlösung") erst Gütergemeinschaft und dann ein anderer Güterstand vereinbart wird (RGZ 87, 301, 303; MüKo/*Lange* Rz 26; *Brambring* ZEV 96, 248, 252; *Gottwald* Rz 19). In einer nachfolgenden Auseinandersetzung des Gesamtguts kann eine verdeckte Schenkung liegen, wenn von den gesetzlichen Bestimmungen (§§ 1476 ff) abgewichen wird (BGH NJW 92, 558).

15 Weitere Einzelfälle. Bei **Lebensversicherungen** erfolgt die Auszahlung an den Bezugsberechtigten außerhalb des Nachlasses aufgrund eines Vertrags zugunsten Dritter unter Lebenden (§§ 328, 331; § 167 VVG; vgl § 2301 Rn 19, 25 ff; § 2311 Rn 5). Die Zuwendung im Valutaverhältnis kann eine Schenkung sein. Nach der Rspr (RGZ 128, 187, 190; BGH NJW 87, 3131, 3132; 95, 3113; FamRZ 76, 616; zum Bausparvertrag NJW 65, 913; anders zum Insolvenzrecht NJW 04, 214 f) unterliegen dann nur die vom Erblasser in der Frist des III 1 geleisteten Prämien und nicht die Versicherungssumme oder der Rückkaufswert dem Ergänzungsanspruch, da der Erblasser nur um sie sein Vermögen gemindert habe (Stuttg ZEV 08, 145; aA Ddorf ZEV 08, 292; LG Paderborn FamRZ 08, 1292; LG Göttingen ZEV 07, 386, 387; BaRoth/*Mayer* Rz 9; Palandt/*Edenhofer* Rz 13). Kein Schenkungscharakter liegt zB vor, wenn die Leistung zwischen Ehegatten unterhaltsrechtlich geschuldet ist (s. Rn 13) oder ihr eine konkrete Gegenleistung gegenüberstand (BGH NJW 92, 564, 565).

16 Die **Aufnahme** eines persönlich haftenden **Gesellschafters** in eine **Personengesellschaft** (OHG, KG) ist grds keine ergänzungspflichtige Schenkung, auch nicht, wenn die Bedingungen für den Aufnehmenden besonders günstig sind. Die mit der Aufnahme verbundene Übernahme der persönlichen Haftung, mögliche Verlustbeteiligungen und die geschuldete Arbeitskraft stellen Gegenleistungen dar (BGH NJW 59, 1433; 81, 1956; WM 65, 359; 77, 862, 864; krit *Kohlhosser* AcP 194 [1994], 231, 246 ff). Unter besonderen Umständen kann eine Gesamtbetrachtung eine gemischte Schenkung ergeben, zB wenn eine Einlage fehlt oder nur unwesentlich ist, einem Gesellschafter nach dem Tod des anderen ein Übernahmerecht unter Ausschluss aller Abfindungsansprüche eingeräumt ist und der aufnehmende Gesellschafter nur noch eine geringe Lebenserwartung hat (BGH NJW 81, 1956; *Wegmann* ZEV 88, 135). Auch liegt eine ergänzungspflichtige Zuwendung bei der Aufnahme als Kommanditist ohne die Erbringung einer eigenen Kapitalleistung nahe, selbst, wenn die Gesellschaft erst durch den Eintritt entsteht (BGH NJW 90, 2616; MüKo/*Lange* Rz 18; s.a. BFH ZEV 05, 315, 318).

17 Scheidet ein Gesellschafter durch Tod aus der Gesellschaft aus (§ 131 III Nr 1 HGB) und wird für alle Gesellschafter der Anspruch auf das **Abfindungsguthaben** gegen die Gesellschafter (§ 738 I 2) zulässigerweise ganz oder zT **ausgeschlossen**, liegt keine Schenkung, sondern ein entgeltliches aleatorisches Geschäft vor (BGH NJW 57, 180, 181; 81, 1956, 1957; aA BaRoth/*Mayer* Rz 15; MüKo/*Ulmer* § 738 Rz 41; zur ErbSt s. §§ 3 I Nr 2 2, 12 ErbStG), da jeder Gesellschafter die Chance hat, dass sich sein Anteil durch den Tod eines anderen Gesellschafters erhöht. Folglich ist eine Schenkung anzunehmen, wenn der Abfindungsanspruch nur bzgl des Todes eines bestimmten Gesellschafters ausgeschlossen ist (*Lange/Kuchinke* § 37 X 2 Fn 477) oder die Risiken und Chancen unverhältnismäßig verteilt sind, zB aufgrund großen Altersunterschieds oder schwerer Erkrankung (BGH NJW 81, 1956; Ddorf MDR 77, 932; KG DNotZ 78, 109, 111 f). Die Frist des § 2325 III beginnt dabei nicht vor dem Tod des Erblassers (BGH NJW 87, 122; 93; 2737, 2738; MüKo/*Lange* Rz 21).

18 Ob die **Abfindung** für einen **Erbverzicht** entgeltlich ist oder nicht, ist str (s. Vorauf). ISd EStG ist ein Erboder Pflichtteilsverzicht ein unentgeltliches Rechtsgeschäft (BFHE 167, 515; ZEV 01, 449 f; zum ErbStG s. § 2346 Rn 16). Da beim reinen Erbverzicht die Vermögensweggabe durch die Erhöhung der Erb- und Pflichtteilsquote (§ 2310 2) kompensiert wird, sollte die Abfindung nicht zusätzlich bei § 2325 berücksichtigt werden (Hamm NJW 99, 3643 f m abl Anm *Rheinbay* ZEV 00, 278; Staud/*Schotten* § 2346 Rz 136). Daher besteht wegen der Abfindung, die der Erblasser für den Verzicht eines Abkömmlings auf das gesetzliche Erbrecht leistet (und die keine Ausstattung iSd § 1624 ist), kein Anspruch nach § 2325, wenn sich die Abfindung in dem Zeitpunkt, in dem sie erbracht wird, der Höhe nach im Rahmen der **Erb**erwartung des Verzichtenden hält, sondern nur, wenn die Abfindung unangemessen ist bzw über ein Entgelt hinausgeht. Ob das der Fall ist, bestimmt sich nach den Rn 10 dargelegten Grds (BGH NJW 09, 1143 [LS], 1145 m Anm *Zimmer* aaO, 1146; *Schindler* ZEV 09, 80).

19 Auch beim reinen **Pflichtteilsverzicht** legt es der Schutzzweck des § 2325 nahe darauf abzustellen, wie die Rechtslage wäre, wenn die Abfindung als Vorwegnahme der Erbfolgeregelung nicht erfolgt wäre. Dann unterläge sie dem Pflichtteil, wäre aber die Quote anderer Berechtigter **nicht** erhöht (§ 2311 Rn 3). Daher sollte sie der Ergänzung unterliegen, als dass sie über das hinausgeht, was der Verzichtende als Pflichtteil zu erwarten hat (MüKo/*Lange* Rz 17; Palandt/*Edenhofer* Rz 16; *Theiss/Boger* ZEV 06, 143, 145; s.a. BGH NJW 86, 127, 128 f; weitergehend BaRoth/*Mayer* 13). Nach BGH NJW 91, 1610, 1611 mache der Verzicht auf den Pflichtteil eine für ihn geleistete Verfügung nicht zu einer entgeltlichen iSd § 4 AnfG, da er keine Gegenleistung für sie sei. Andere vertreten eine Entscheidung im Einzelfall (Soergel/*Dieckmann* Rz 18).

Lebzeitige **Stiftung**serrichtungen können Ergänzungsansprüche begründen (RGZ 54, 399, 400; Karlsr ZEV 04, 470). Endgültige unentgeltliche Zuwendungen an bereits existierende Stiftungen in Form von Zustiftungen oder freien oder gebundenen Spenden sind pflichtteilsergänzungspflichtige Schenkungen iSv §§ 2325, 2329 (BGH NJW 04, 1382 gegen Dresd NJW 02, 3181; zum Auskunftsanspruch ggü einer Stiftung Kobl ZEV 04, 470). Unabhängig davon, ob es sich um eine stiftungskapitalerhöhende Zustiftung oder eine zum zeitnahen Einsatz für die Stiftungszwecke gedachte freie oder gebundene Spende handelt, werden diese Zuwendungen dem Schenkungsrecht, bei gebundenen Spenden unter entspr Bindungsauflage, unterworfen (BGH aaO; LG Baden-Baden ZEV 99, 152; *Muscheler* ZEV 02, 417; *Rawert* ZEV 96, 161, 163). 20

Nimmt die als **Vorerbin** eingesetzte Ehefrau des Erblassers ihr Pflichtteilsrecht nicht in Anspruch (§ 2306 I BGB), liegt darin keine Schenkung zugunsten des Nacherben, die Pflichtteilsergänzungsansprüche nach der Ehefrau begründen könnte (BGH NJW 02, 672, 673). 21

G. DDR-Recht. §§ 2325, 2329 sind auch auf Schenkungen anzuwenden, die ein nach der Einigung Deutschlands verstorbener Erblasser in der ehemaligen DDR unter der Geltung des DDR-ZGB vorgenommen hatte (BGH NJW 01, 2398, 2399). Soweit Pflichtteilsergänzungsansprüche die Erberwartungen der eingesetzten Erben schmälern, überwiegt ggü dem Vertrauen auf den uneingeschränkten Bestand letztwilliger Verfügungen das Anliegen des Gesetzgebers an der Einheit der Rechtsordnung nach der Einigung Deutschlands (BGH aaO; Dresd NJW 99, 3345). Die Folge der Schwäche des unentgeltlichen Erwerbs, der Anspruch aus § 2329, gilt auch bzgl des Beschenkten, der unter dem DDR-ZGB unangreifbar Eigentum erworben hatte. Hier kann die Belastung durch das Recht nach § 2329 II gemildert werden, wobei es für die Berechnung gem § 2325 II 2 auf den Wert im Zeitpunkt des Vollzugs der Schenkung ankommt (BGH NJW 75, 1831), wenn der Wert in diesem Zeitpunkt geringer ist als im Zeitpunkt des Erbfalls (BGH NJW 01, 2398, 2399); zu nachträglichen Wertsteigerungen vgl BGH NJW 02, 2469. 22

H. Berechnung (Abs 2). I. Grundsatz. Der Ergänzungswert wird ermittelt, indem zunächst durch Hinzurechnung (ohne Berücksichtigung von Kosten) des geschätzten Werts des Geschenks (S) zum nach § 2311 maßgebenden Nachlassbestand (N) und unter Berücksichtigung des halben gesetzlichen Erbteils des Ergänzungsberechtigten (½Q) ein fiktiver Ergänzungserbteil ermittelt wird (N+S)/2Q. Die Differenz dieser Summe zum ordentlichen Pflichtteil (N/2Q) stellt die Ergänzung (EP) dar. EP ist demnach S. * ½Q (Staud/*Olshausen* Rz 83 f). Bsp: E hinterlässt ein (enterbtes) pflichtteilsberechtigtes Kind. Der Nachlass (N) beträgt 10. Weitere 10 hatte E an einen Familienfremden verschenkt (S): N (10) + S. (10) =20. Es ist mit der halben Erbquote zu dividieren, um den fiktiven Nachlass zu errrechnen: ½ *20 = 10. Der ordentliche Pflichtteil beträgt 5 (N* ½). Daneben erhält K als EP weitere 10-5=5. 23

II. Bewertung. Maßgebend ist grds der Verkehrswert (s. § 2311 Rn 9). Bzgl eines **Landgutes** ist § 2312 zu beachten (BGH NJW 64, 1323; 65, 1526), wenn dessen Voraussetzungen noch beim Erbfall bestehen (BGH NJW 95, 1352). Zur **Unternehmensbewertung** s. *Wassermann* DStR 10, 183. 24

Für den **Bewertungsstichtag** ist zu differenzieren: Verbrauchbare Sachen (§ 92) wie Geld und Wertpapiere kommen mit ihrem Wert zur Zeit der Schenkung zum Ansatz (**II 1**), wobei eine Inflationsbereinigung auf den Erbfall vorzunehmen ist (vgl § 2315 Rn 8; BGH NJW 83, 1485, 1486; Kobl FamRZ 06, 1789, 1791 [Rz 43]: jew zur Gegenüberstellung nach II 2 [Rn 26]; BaRoth/*Mayer* Rz 18; Staud/*Olshausen* Rz 93; aA RGRK/*Johannsen* Rz 20). Ob die Sache beim Erbfall noch existiert, ist irrelevant. Das gilt auch beim Erlass (§ 397) einer Geldforderung (BGH NJW 87, 122). Beim schenkweisen Erlass einer Rentenforderung ist der auf den Erlasszeitpunkt kapitalisierte Wert (II 1) maßgeblich (BGH NJW 87, 122, 124; aA MüKo/*Lange* Rz 30). 25

Nicht verbrauchbare Sachen kommen mit ihrem Wert zur Zeit des Erbfalls zum Ansatz, es sei denn, sie hatten zur Zeit der Schenkung (dh: Schenkungsvollzug, zB bei Schenkung eines Grundstücks die Eintragung im Grundbuch, BGH NJW 75, 1831; Brandbg FamRZ 98, 1265, 1266) einen geringeren Wert. Dann gilt dieser (**II 2**). Es ist also eine Vergleichsberechnung anzustellen (BGH NJW 83, 1485). Der Wert des verschenkten Gegenstandes zur Zeit des Erbfalls ist mit dem zu vergleichen, den er bei Vollzug der Schenkung hatte, wobei der Wert bei Schenkung zur Berücksichtigung des Kaufkraftschwundes auf den Tag des Erbfalls umzurechnen ist (BGH NJW 75, 1831; ZEV 96, 186, 187; *Rauscher* II, 350; aA *Pentz* ZEV 99, 167, 169). Nach dem in II 2 bestimmten **Niederstwertprinzip** gehen nach der Schenkung eingetretene echte Wertverluste zulasten des Pflichtteilsberechtigten, kommen ihm aber Wertsteigerungen nicht zu Gute. Solange der verschenkte Gegenstand, egal in wessen Hand, bis zum Erbfall vorhanden ist, kommt es nur auf seinen Wert an. Der Erlös für eine zwischenzeitige Veräußerung ist irrelevant (Soergel/*Dieckmann* Rz 49). Ist der Gegenstand vor dem Erbfall untergegangen, kann er nicht in Ansatz gebracht werden. Es besteht kein Ergänzungsanspruch. Aus Billigkeitsgründen sind evtl Ersatzansprüche zugunsten des Pflichtteilsberechtigten einzubeziehen. Umgekehrt sind 26

Belastungen auf die Sache für Erhaltungsaufwendungen zu berücksichtigen (BaRoth/*Mayer* Rz 19; Staud/*Olshausen* Rz 99). Zu **Eigengeschenken** vgl § 2327.

27 **III. Einzelfälle.** Verlangt bei **Zugewinngemeinschaft** der überlebende Ehegatte neben dem Pflichtteil den güterrechtlichen Zugewinnausgleich (§ 1371 II, III), werden Schenkungen des Erblassers zwar bereits bei § 1375 II Nr 1 berücksichtigt, aber auch in voller Höhe bei Berechnung des Pflichtteilsergänzungsanspruchs eingesetzt (MüKo/*Lange* Rz 9). Bei **gemischten** Schenkungen (Rn 10) und solchen unter Auflagen (Rn 11) ist nur der unentgeltliche Teil in Ansatz zu bringen. Der Wert einer abzuziehenden Verpflichtung zur **Leibrentenzahlung** als Gegenleistung oder Aufl berechnet sich, indem eine Kapitalisierung nach der abstrakten Lebenserwartung des Erblassers erfolgt und die Summe nach § 14 I 3 und 4 BewG (bis 1.1.09: Anl 9 zu § 14 BewG) abzuzinsen ist; zur **Pflege** s. Rn 30. **Widerrufsvorbehalte** mindern den Wert des Übertragenen (Ddorf OLGR 99, 349; Kobl ZEV 02, 460, 461: 10%).

28 Wertmindernd kann für den für Pflichtteilsergänzungsansprüche bedeutsamen Wert eines schenkweise übertragenen **Grundstücks** auch ein vom Erblasser vorbehaltenes **Nutzungsrecht**, zB Wohnrecht oder Nießbrauch (*Gehse* RNotZ 09, 361 ff), wirken (BGH NJW 92, 2887; 94, 1791; WM 90, 1637 f; *Reiff* ZEV 98, 241; zur zulässigen zeitlichen Befristung BGH NJW 09, 1346, 1347). Insoweit ist eine mehrstufige Berechnung vorzunehmen. Denn Gegenstand der Schenkung ist nur die Differenz zwischen dem Wert der Sache an sich und dem kapitalisierten Jahreswert des Nutzungsrechts (BGH NJW-RR 90, 1158, 1159; 96, 705, 706; NJW 92, 2887, 2889; 94, 1791; ZEV 03, 416; 06, 265, 266). Um letzteren zu ermitteln ist der jährliche Reinertrag aus der Nutzung mit der statistischen Lebenserwartung (s. amtliche Sterbetabellen) des Berechtigten zum Zeitpunkt des Schenkungsvollzugs zu multiplizieren (BGH NJW-RR 90, 1158, 1159; ZEV 96, 186, 187). Diese Summe ist (mit ca 5,5% pro Jahr; vgl § 14 I 3 BewG) abzuzinsen, da sie höher ist als der Wert des Rechts zum Zeitpunkt des Erbfalls (Gegenwartswert); auch kann auf der Kapitalwert nach § 14 I iVm der vom BMF (zuletzt BMF Schreiben v 1.10. 09 IV C 2 – 3104/09/10001 für Bewertungsstichtage ab dem 1.1.10) jährlich in den BStBl veröffentlichten Vervielfältigern (für Schenkungsverträge bis zum 1.1.09: nach Anl 9 zu § 14 BewG aF) berechnet werden (Kobl ZEV 02, 460, 461). Dieser Gegenwartswert ist vom Sachwert des verschenkten Gegenstandes (zB Grundstück) abzuziehen. Dazu ist durch Gegenüberstellung des (inflationsbereinigten; Kobl FamRZ 06, 1789, 1791) Werts bei Vollzug der Schenkung (ohne Berücksichtigung des Nutzungsrechts; BGH NJW 92, 2887; 94, 1791) und dem Wert beim Erbfall der **niedrigere** als maßgeblich zu ermitteln (BGH ZEV 96, 186). Kommt es demnach auf den Zeitpunkt des Schenkungsvollzugs an, ist der hierfür festgestellte Betrag aufzuteilen in den kapitalisierten Wert des Nutzungsrechts und den Restwert des verbleibenden Gegenstandes (BGH ZEV 94, 233; 96, 186; zum Nießbrauch NJW 92, 2887, SchlHA FamRZ 09, 734; zum Wohnrecht Celle ZEV 03, 83, 84). Nur den Restwert hat der Erblasser aus seinem Vermögen ausgegliedert. Dieser Wert ist unter Berücksichtigung des Kaufkraftschwundes auf den Todestag des Erblassers umzurechnen und nach II 2 anzusetzen (BGH ZEV 96, 186; Celle ZEV 03, 83, 84; FamRZ 09, 462; SchlHA aaO). Vom Erblasser vorbehaltene Nutzungen sind ganz außer Acht zu lassen, wenn nach dem Wertvergleich der Zeitpunkt des Erbfalls zu Grunde zu legen ist; sie sind dann erloschen (BGH NJW 94, 1791; ZEV 03, 416, 417; 06, 265, 266). Daneben werden andere Berechnungsmöglichkeiten vertreten (s. Staud/*Olshausen* Rz 102; *Link* ZEV 05, 283 ff mN), zB uU den Wert des Nutzungsrechts nicht abzuziehen (Hambg FamRZ 92, 228 – aufgehoben durch BGH NJW 92, 2887, 2888 –; Oldbg FamRZ 99, 1315: keine Minderung wegen eines lebenslangen Wohnrechts bei kurzem Zeitraum zwischen Schenkung und Erbfall; *Leipold* ErbR Rz 846 Fn 35; *Reiff* ZEV 98, 241, 244 f), den Wert immer abzuziehen (BaRoth/*Mayer* Rz 25; *Link* ZEV aaO 286 [kapitalisiert]; *Mayer* ZEV 94, 325, 326; *Pentz* FamRZ 97, 724, 728), und bzw oder bei der Berechnung nach II 2 den Wert nicht abstrakt, sondern im Nachhinein konkret nach der Nutzungsdauer zu berechnen (*Olshausen* aaO Rz 104; *Schopp* Rpfleger 56, 119, 120 f; abl *Reiff* ZEV 98, 241, 247). Für die **Gestaltung** ist zu beachten, dass eine Pflichtteilsreduzierung mittels Nießbrauchsvorbehalt zugunsten des Übergebers bei weniger als 10 Jahren Lebenserwartung nur sinnvoll sein dürfte, wenn zu erwarten ist, dass nach dem Niederstwertprinzip (Rn 26) der Zeitpunkt der Schenkung (s. Rn 31) und trotz Abschmelzung nach III 1 nicht der des Erbfalls maßgeblich sein wird. **Steuerlich** ist zu beachten, dass § 25 aF ErbStG weggefallen ist, so dass die Nießbrauchslast mit ihrem Kapitalwert vom Wert der Zuwendung abgezogen werden kann. III 1 und 2 greifen **nicht**, wenn eine ausgleichungspflichtige Zuwendung (§§ 2316, 2050 ff) vorliegt.

29 Beim **nicht** vor dem Erbfall **vollzogenen Schenkungsversprechen** liege nach der Rspr eine Schenkung iSv §§ 2325, 2329 vor. Gegenstand der Schenkung sei der schenkweise zugewendete Anspruch. Sein Wert ist maßgebend, wobei der nach dem Niederstwertprinzip (unter Berücksichtigung des Kaufkraftschwunds) ermittelte Wert gilt (BGH NJW 83, 1485, 1486; Brandbg FamRZ 98, 1265, 1266). Überzeugender ist es, auf den Wert im Erbfall abzustellen (Palandt/*Edenhofer* Rz 23; Soergel/*Dieckmann* Rz 50; einschr, wenn der Beschenkte ein Anwartschaftsrecht erworben hat BaRoth/*Mayer* Rz 21).

30 **Pflege** als Gegenleistung ist uU berücksichtigungsfähig (Köln FamRZ 97, 1113; Braunschw FamRZ 95, 443, 445). Fehlt eine Preisvereinbarung, richtet sich, soweit möglich, die Bewertung von Sachleistungen zum Zeitpunkt der Verpflichtung unter Berücksichtigung der Lebenserwartung und des konkreten Gesundheitszustands nach dem Pflegeversicherungsgesetz (§ 36 SGB XI: Pflegestufe 1: 440 €/Monat; zur kapitalisierten Bewertung vertraglich vereinbarter Pflegeverpflichtungen Celle FamRZ 09, 462, wobei für

umfassende Pflegeleistungen im privaten Bereich 800 € anzusetzen seien; FG Rheinland-Pfalz EFG 07, 1095: Tariflohn für ungelernte Pflegekräfte).

J. Zeitliche Grenze (Abs 3). Schenkungen bleiben nach der Ausschlussfrist grds vollständig unberücksichtigt, wenn seit der Leistung bis zum Erbfall 10 Jahre vergangen sind (III 2). Für Erbfälle **seit dem 1.1.10** (Art 229 § 21 IV EGBGB) gilt zudem, dass die Schenkung pro bis zum Erbfall abgelaufenen Jahr 1/10 weniger berücksichtigt und insoweit der Schuldner (Erbe oder Beschenkte) zu Lasten des Pflichtteilsberechtigten besser gestellt wird (III 1). Bsp: Starb der Erblasser am 1.5.10 und erfolgte die Schenkung am 1.4.09, wird sie zu 9/10 berücksichtigt. Diese Abschmelzunglösung eröffnet **Gestaltungsmöglichkeiten**, auch wenn der Erblasser keine 10 Jahre Lebenserwartung hat. Maßgeblicher Schenkungszeitpunkt ist der Eintritt des **Leistungserfolgs** (BGH NJW 88, 821, 822; BaRoth/*Mayer* Rz 28; MüKo/*Lange* Rz 37; m Bsp *Schindler* ZEV 05, 290 ff). Dabei kommt es grds auf den **rechtlichen** Erfolg an. Bei beweglichen Gegenständen beginnt die Frist mit Vollendung des Eigentumsübergangs. Bei Grundstücken kommt es auf die Umschreibung (§ 873 I) an (BGH NJW 88, 821; Ddorf FamRZ 97, 1114; aA *Behmer* FamRZ 99, 1254). Der BGH verlangt zusätzlich, dass der Erblasser einen Zustand geschaffen hat, dessen Folgen er noch 10 Jahre zu tragen hat und die ihn von bösliche Schenkungen abhalten; das Geschenk muss **wirtschaftlich** aus seinem Vermögen ausgegliedert sein (BGH NJW 87, 122, 124; krit BaRoth/*Mayer* Rz 30, der auf das wirtschaftliche Eigentum abstellen will). Der Erblasser muss darauf verzichtet haben, einen Gegenstand im Wesentlichen weiter zu nutzen. Daran fehlt es, wenn er sich bei einem verschenkten Grundstück uneingeschränkt den Nießbrauch an ihm vorbehält. Denn in einem solchen Fall muss er den Genuss des verschenkten Gegenstands nicht tatsächlich entbehren (BGH NJW 94, 1791; Schlesw SchlHA 97, 11). Die Frist beginnt daher **nicht** beim Vorbehalt eines umfassenden Nutzungsrechts (München ZEV 08, 480), der unentgeltlichen Rückübereignung (Ddorf ZEV 08, 525 f) oder des (freien) Widerrufs der Schenkung (Palandt/*Edenhofer* Rz 22; aA Staud/*Olshausen* Rz 59), wohl **aber** beim Vorbehalt eines Wohnrechts an nur 2 Zimmern im Obergeschoss eines Hauses sowie eines Mitbenutzungsrechts an einigen weiteren Räumen (Bremen NJW 05, 1726; Celle NotBZ 03, 475; s.a. Oldbg ZEV 06, 80; Karlsr NJW-RR 08, 601).

Bei Schenkungen an den **Ehegatten** des Schenkers beginnt nach dem verfassungsgemäßen (BVerfG NJW 91, 217) III 3 die Frist nicht vor Auflösung der Ehe, also bei Scheidung (§ 1564) mit Rechtskraft des Urt. Bei Auflösung durch Tod beginnt die Ausschlussfrist gar nicht. III 2 ist auf Partner einer Lebenspartnerschaft entspr anwendbar (§ 10 VI 2 LPartG; vgl MüKo/*Lange* Rz 39; *Leipold* ZEV 01, 218), nicht aber auf Verlobte (Ddorf NJW 96, 3156; Damrau/*Riedel/Lenz* Rz 81; Palandt/*Edenhofer* Rz 23; aA Zweibr FamRZ 94, 1492; Celle ORGR 98, 361) oder nichteheliche Lebensgemeinschaften (BaRoth/*Mayer* Rz 34; MüKo/*Lange* Rz 39).

K. Verjährung (§ 195). Die Verjährung beginnt gem § 199 (§ 2317 Rn 11 ff). Hat der Erblasser den pflichtteilsberechtigten Erben durch verschiedene Schenkungen benachteiligt und erfährt dieser von ihnen nacheinander, können sich daraus verschiedene Ergänzungsansprüche mit unterschiedlich laufenden Verjährungsfristen ergeben (BGH NJW 88, 1667; 96, 1743).

L. Prozessuales. Der Pflichtteilsberechtigte trägt grds die **Darlegungs-** und **Beweislast** für eine der Pflichtteilsergänzung unterliegende Schenkung (BGH NJW 84, 487, 488) und den Wert des verschenkten Gegenstandes (BGH NJW 81, 2458, 2459; Kobl FamRZ 03, 193; Oldbg FamRZ 00, 638, 639). Wegen der Gefahr, dass der Erblasser und sein Vertragspartner bzgl der unentgeltlich gewährten Leistungen vortäuschen, dass diese (ggf nachträglich, Rn 10) eine „Gegenleistung" sei (vgl BGH NJW-RR 89, 706), sowie wegen Beweisschwierigkeiten für den Pflichtteilsberechtigten ist es zunächst Sache des über die erforderlichen Kenntnisse verfügenden Anspruchsgegners, die für die Begründung der Gegenleistung maßgeblichen Tatsachen im Wege des substantiierten Bestreitens der Unentgeltlichkeit vorzutragen (BGH NJW 83, 687; 87, 2008; NJW-RR 89, 706; ZEV 96, 186, 187). Als an dem Rechtsgeschäft unmittelbar Beteiligter hat zunächst er die seinerzeit für die Bewertung maßgebenden Vorstellungen der Beteiligten vorzutragen (BGH ZEV 96, 186; NJW 02, 2469, 2470). Vgl zur Beweiserleichterung bei grobem Missverhältnis der beiderseitigen Leistungen Rn 10. Der Erbe (Rn 5) hat die Voraussetzungen des Fristbeginns (III) darzulegen und zu beweisen (str, vgl BaRoth/*Mayer* Rz 40; MüKo/*Lange* Rz 37).

Gegenstand einer **Feststellungsklage** kann der Pflichtteilsergänzungsanspruch anders als das Pflichtteilsrecht (Vor § 2303 Rn 4) zu Lebzeiten des Erblassers nicht sein, da vom Recht auf Ergänzung keine Wirkungen zu Lebzeiten des Erblassers ausgehen (hM, MüKo/*Lange* Rz 4; aA Erman/*Schlüter* Vor § 2325 Rz 4).

§ 2326 Ergänzung über die Hälfte des gesetzlichen Erbteils.

¹Der Pflichtteilsberechtigte kann die Ergänzung des Pflichtteils auch dann verlangen, wenn ihm die Hälfte des gesetzlichen Erbteils hinterlassen ist. ²Ist dem Pflichtteilsberechtigten mehr als die Hälfte hinterlassen, so ist der Anspruch ausgeschlossen, soweit der Wert des mehr Hinterlassenen reicht.

A. Zweck. Der (abstrakt) Pflichtteilsberechtigte hat keinen ordentlichen Pflichtteilsanspruch nach §§ 2303, 2305, wenn ihm wenigstens die Hälfte seines gesetzlichen Erbteils durch Erbeinsetzung oder Vermächtnis hinterlassen wurde. Sein selbstständiger Pflichtteilsergänzungsanspruch (§ 2325 Rn 3) besteht uU gleichwohl

(BGH NJW 73, 995), um den bezweckten Schutz des Berechtigten (§ 2325 Rn 1) vor lebzeitigen Schenkungen des Erblassers mit der Folge eines ggf entleerten Nachlasses zu ergänzen. Ob der Pflichtteilsberechtigte gewillkürter oder gesetzlicher Erbe ist, ist gleichgültig (RGZ 58, 124, 126). § 2326 gilt auch für den Alleinerben ggü dem Beschenkten (§ 2329 I 2).

2 **B. Ergänzungsanspruch (S 1).** Ist das dem Berechtigten Hinterlassene (Erbe und Vermächtnis) geringer als der halbe gesetzliche Erbteil, hat er den Pflichtteilsrestanspruch nach § 2305 (bzw § 2307 I 2) und ggf den Ergänzungsanspruch (§ 2325). Ist der hinterlassene Erbteil beschwert oder beschränkt, kann der Erbe es ihn **ausschlagen** und den ordentlichen (unbeschwerten) Pflichtteil (§ 2306 I) und Ergänzungspflichtteil (§ 2325) verlangen. Es ist dann entgegen dem Wortlaut des § 2326 2 das ausgeschlagene Hinterlassene nicht anzurechnen (Staud/*Olshausen* Rz 11). Demgegenüber vermindert ein ausgeschlagenes unbelastetes und unbeschränktes Vermächtnis nicht den Anrechnungsbetrag nach 2, so dass der Ergänzungspflichtteil nicht erhöht wird (MK/*Lange* Rz 5; Soergel/*Dieckmann* Rz 5; aA AK/*Däubler* Rz 6). Schlägt der Erbe nicht aus, bleiben Beschränkungen oder Beschwerungen des Hinterlassenen unberücksichtigt (Erman/*Schlüter* Rz 3; Staud/*Olshausen* Rz 13). Hat er die Erbschaft angenommen, weil er ergänzungspflichtige Schenkungen nicht kannte, kann er nach § 119 die Annahme **anfechten**, da er über die Zusammensetzung des fiktiven Nachlasses irrte (BaRoth/*Mayer* Rz 4; MüKo/*Lange* Rz 3, 4). Der Beginn der Ausschlagungsfrist ist aber nicht bis zur Kenntnis von der ergänzungspflichtigen Schenkung hinausgeschoben (MüKo/*Lange* Rz 3; aA Erman/*Schlüter* Rz 5).

3 Der Maßstab des „halben gesetzlichen Erbteils" ist grds wie bei § 2316 II als Erbquote zu verstehen (AnwK/*Bock* Rz 2; Staud/*Olshausen* Rz 10). Bei vorausgegangener Ausgleichung oder Anrechnung sollte aber der Wert maßgeblich sein (str, BaRoth/*Mayer* Rz 3; Palandt/*Edenhofer* Rz 3).

4 **C. Kürzungen (S 2).** Der vAw zu berücksichtigende 2 will Doppelbegünstigungen vermeiden. Er ordnet an, dass dem Pflichtteilsberechtigten ein Ergänzungsanspruch nur insoweit zusteht, als dass der hinterlassene Erbteil den ordentlichen Pflichtteil zuzüglich Ergänzungspflicht unterschreitet (vgl BGH FamRZ 89, 273).

5 **Berechnung**: Ist das Hinterlassene im Fall des 2 unbelastet, wird der Ergänzungspflichtteil errechnet, indem zum Nachlass im Zeitpunkt des Erbfalls alle Schenkungen addiert, die Summe durch den halben gesetzlichen Erbteil des Berechtigten dividiert und vom Ergebnis der Wert des jeweils hinterlassenen Erbteils subtrahiert werden (Rn 7). Ist das Hinterlassene beschränkt oder beschwert, bleibt dies unberücksichtigt (Rn 2). **Bsp:** Der Nachlass beträgt 20. Zu Erben zu je ½ sind das allein pflichtteilsberechtigte Kind (K1) und ein Familienfremder (F) eingesetzt. An einen Dritten (D) erfolgte eine lebzeitige Schenkung in Höhe von 40. K1 hat einen Anspruch gegen D auf 20: Nachlass und Geschenk betragen zusammen 60. Dividiert durch die Pflichtteilsquote ½ ergibt dieses 30. Hiervon ist der erlangte Erbteil von 10 (20×½) abzuziehen.

6 Abwandlung (vgl *Schindler* ZEV 05, 513, 514): Statt F existiert ein weiteres Kind (K2), das pflichtteilsberechtigt ist. K2 hat einen ausgleichungspflichtigen Vorempfang von 4 erhalten. Sein Pflichtteilsergänzungsanspruch gegen D ist die Differenz zwischen Ausgleichungserbteil und dem Ergänzungspflichtteil. Zur Berechnung des Ausgleichungserbteils werden Nachlass (20) und alle Vorempfänge (4) addiert (24), durch die Anzahl der Abkömmlinge (24 / 2 = 12) dividiert und davon die jeweils ausgleichungspflichtige Zuwendung (4) subtrahiert (12 − 4 = 8; vgl § 2316 Rn 4). Der Gesamtpflichtteil ist der Ausgleichungspflichtteil (4) als halber Ausgleichungserbteil zuzüglich des Ergänzungspflichtteils (10). Dieser errechnet sich durch Multiplikation der Pflichtteilsquote (¼) mit dem Wert des Geschenks (40). Die Differenz zwischen Ausgleichungserbteil (8) und Gesamtpflichtteil (14) beträgt 6. K1 steht schlechter: Sein Ausgleichungspflichtteil ist 6 ([24/2−0]/2), sein Ergänzungspflichtteil 10, so dass der Gesamtpflichtteil 16 beträgt. Bei einem Ausgleichungserbteil von 12 bleibt ein Pflichtteilsergänzungsanspruch von 4. Anders *Kerscher/Kerscher* (ZEV 05, 295 ff), die ihre Berechnung auf die Kritik *Schindlers* aber modifiziert haben (aaO 514).

7 Im Fall der Ausschlagung nach § 2306 I berechnet sich der Ergänzungsanspruch aus der Differenz zwischen dem Wert des ordentlichen Pflichtteils zuzüglich des Ergänzungspflichtteils und dem Wert des Hinterlassenen (RGRK/*Johannsen* Rz 3).

§ 2327 Beschenkter Pflichtteilsberechtigter.

(1) ¹Hat der Pflichtteilsberechtigte selbst ein Geschenk von dem Erblasser erhalten, so ist das Geschenk in gleicher Weise wie das dem Dritten gemachte Geschenk dem Nachlass hinzuzurechnen und zugleich dem Pflichtteilsberechtigten auf die Ergänzung anzurechnen. ²Ein nach § 2315 anzurechnendes Geschenk ist auf den Gesamtbetrag des Pflichtteils und der Ergänzung anzurechnen.

(2) Ist der Pflichtteilsberechtigte ein Abkömmling des Erblassers, so findet die Vorschrift des § 2051 Abs. 1 entsprechende Anwendung.

1 **A. Zweck.** Angemessener Weise müssen auch Geschenke des Erblassers an den Pflichtteilsberechtigten selbst bei *Berechnung des Ergänzungsanspruchs* (§ 2325) berücksichtigt werden, da dieser sonst mehr als den Pflichtteil erlangte. Sie sind vAw, wenn sie nach § 2315 auf den Pflichtteil anzurechnen sind, auf den Gesamtbetrag von ordentlichem Pflichtteil und Ergänzung (I 2), ansonsten auf die Ergänzungsforderung anzurechnen (I 1).

B. Eigengeschenk. Der Erblasser muss einen Dritten (MüKo/*Lange* Rz 3) und daneben grds auch den Pflichtteilsberechtigten selbst beschenkt haben (Ausn: **II**). Mehrere Geschenke an den gleichen Berechtigten werden insgesamt dem Nachlass hinzugerechnet (Staud/*Olshausen* Rz 6). Beim Berliner Testament (§ 2269) ist zwischen den Erbfällen zu unterscheiden (vgl BGH NJW 83, 2875; MüKo/*Lange* Rz 4). Bei mittelbaren Zuwendungen über eine Familienstiftung ist § 2327 analog anwendbar (RGZ 54, 399, 400 ff). 2

Nicht berücksichtigt werden Pflicht- und Anstandsschenkungen (§ 530, § 2330; vgl BGH FamRZ 82, 165) sowie Schenkungen an den Ehegatten des Berechtigten, es sei denn, es liegt eine versteckte Schenkung an den Pflichtteilsberechtigten vor (BGH DNotZ 63, 113; Staud/*Olshausen* Rz 13, aA KG NJW 74, 2131). 3

C. Berechnung. Im Fall des **I 1** sind alle Eigengeschenke und sonstige ergänzungspflichtigen Geschenke nach den Wertansätzen des § 2325 II zum Nachlass zu addieren, diese Summe (S) durch die halbe gesetzliche Erbquote des Pflichtteilsberechtigten (½Q) zu dividieren und davon das Eigengeschenk des Ergänzungsberechtigten (G) zu subtrahieren. Das Ergebnis ist der Ergänzungspflichtteil (EP): EP= S/2Q-G (mit Beispielen Staud/*Olshausen* Rz 18). Ist der Wert des Eigengeschenks mindestens so groß wie der fiktive Ergänzungsanspruch, hat der Pflichtteilsberechtigte keinen Pflichtteilsergänzungsanspruch, muss aber auch nichts in den Nachlass zurückleisten, es sei denn, andere Ergänzungsberechtigte haben gegen ihn einen Anspruch gem § 2329 (MüKo/*Lange* Rz 1). 4

Im Fall des **I 2**, wenn der Erblasser nach § 2315 I ein Geschenk für anrechnungspflichtig erklärte, ist dieses auf den Gesamtbetrag von ordentlichem Pflichtteil und Ergänzung anzurechnen: Der Ergänzungspflichtteil besteht aus dem Unterschied zwischen dem nach § 2327 I 1 bereinigten Gesamtpflichtteil und dem nach §§ 2303, 2311 ermittelten (verkürzten) Pflichtteil. Bsp (vgl Soergel/*Dieckmann* Rz 9): Der Nachlass beträgt 1000. Erbe ist der familienfremde Y, der ein Geschenk von 400 erhalten hat. Einziger Pflichtteilsberechtigte ist der enterbte Sohn S, der anrechnungspflichtig 600 geschenkt erhielt. S. Gesamtpflichtteil beträgt (1000+600+400):2 = 1000. Sein bereinigter Gesamtpflichtteil beträgt 1000–600 = 400. S. ordentlicher Pflichtteil unter Beachtung der Anrechnung ist 1600/2–600 = 200. Sein Ergänzungspflichtteil beträgt 400–200 = 200. Die Anrechnung des Geschenks erfolgt nach hM nach § 2315 II 2 (Palandt/*Edenhofer* Rz 2; RGRK/*Johannsen* Rz 5), nach aA nach § 2325 II (Staud/*Olshausen* Rz 25). 5

D. Abkömmling (Abs 2 iVm § 2051 I). Fällt ein pflichtteilsberechtigter Abkömmling des Erblassers, der von diesem ein Geschenk erlangt hat, weg, wird der für ihn eintretende Abkömmling so behandelt, als habe er es selbst erhalten. 6

E. Verhältnis zu § 2316. Ausgleichungspflichtige Zuwendungen bleiben außer Ansatz, insoweit sie bereits bei der Berechnung des ordentlichen Pflichtteils eines Abkömmlings berücksichtigt (§ 2316) wurden. Macht ein Abkömmling, der eine ausgleichungspflichtige Ausstattung, die keine Schenkung iSv § 1624 I ist, erhalten hat, gegen einen Dritten einen Ergänzungsanspruch geltend, ist zunächst nach § 2316 der ordentliche Pflichtteil unter Berücksichtigung der Ausgleichung zu ermitteln. Der Differenzbetrag zum Gesamtpflichtteil, also mit allen ergänzungspflichtigen Geschenken und ausgleichungspflichtigen Zuwendungen, ist der Ergänzungsanspruch (BGH NJW 65, 1526; MüKo/*Lange* Rz 9). Zur Vermeidung einer Doppelanrechnung ist eine bereits zur Hälfte berücksichtigte Eigenschenkung mit ihrer anderen Hälfte entspr § 2327 I anzurechnen (Oldbg ZEV 98, 143; BaRoth/*Mayer* Rz 10; Soergel/*Dieckmann* Rz 14, 19; aA Staud/*Olshausen* Rz 22). Bei einem hohen Vorempfang ergibt sich wegen § 2056 uU auch bei Hinzurechnung des Geschenks zum Nachlass kein Pflichtteilsanspruch und keine Ergänzung (BGH NJW 65, 1526; s.a. NJW 88, 821). 7

F. Frist. Die Zehnjahresfrist gem § 2325 III ist auf Eigengeschenke an den Pflichtteilsberechtigten **nicht** anwendbar (BGH NJW 64, 1414; 90, 180, 181; Kobl NJOZ 05, 935, 936); sie sind ohne zeitliche Schranke zu berücksichtigen (BGH NJW 97, 2676). Soweit § 2327 I 1 bestimmt, dass Eigengeschenke in gleicher Weise wie das Geschenk an den Gegner des Pflichtteilsergänzungsanspruchs anzurechnen sind, bezieht sich dies nur auf § 2325 II, nicht auf die Zehnjahresfrist des § 2325 III (KG NJW 74, 2132). Eigengeschenke sind selbst dann zu berücksichtigen, wenn feststeht, dass anderen Pflichtteilsberechtigten ein Ergänzungsanspruch versagt bleibt, weil sie zum Zeitpunkt der Schenkung noch nicht abstrakt pflichtteilsberechtigt waren (Soergel/*Dieckmann* Rz 5; vgl § 2325 Rn 4). 8

G. Prozessuales. Beweispflichtig für die nach § 2327 zu berücksichtigende Schenkung ist der Erbe, bei § 2329 der Beschenkte. Der Ergänzungsberechtigte muss die Schenkung beweisen, aus der er seinen Anspruch herleitet. 9

§ 2328 Selbst pflichtteilsberechtigter Erbe.
Ist der Erbe selbst pflichtteilsberechtigt, so kann er die Ergänzung des Pflichtteils soweit verweigern, dass ihm sein eigener Pflichtteil mit Einschluss dessen verbleibt, was ihm zur Ergänzung des Pflichtteils gebühren würde.

Dem in erster Linie ergänzungspflichtigen Erben soll zumindest sein eigener Pflichtteil einschl ihm gebührender Ergänzungen verbleiben (BGH NJW 83, 1485). Er kann insoweit ggü Ergänzungsansprüchen (ggü Pflichtteilsansprüchen gilt § 2319 1) anderer Pflichtteilsberechtigter die Leistung verweigern. Da er den ergänzten Pflichtteil vorweg aus dem Nachlass erhält, ist er ggü anderen Pflichtteilsberechtigten bevorzugt. 1

Daneben steht ihm die Dürftigkeitseinrede (§ 1990) zu (BGH FamRZ 89, 273). Selbst wenn sich der Wert des Nachlasses erst nach dem Erbfall mindert und der Erbe deshalb nicht mehr in der Lage ist, Pflichtteilsergänzungsansprüche ohne Gefährdung seines eigenen (ergänzten) Pflichtteils zu erfüllen, bestehe das Leistungsverweigerungsrecht (BGH NJW 83, 1485, 1487; zust BaRoth/*Mayer* Rz 4; wegen des Stichtagsprinzips [§ 2311 I] abl MüKo/*Lange* Rz 5; Staud/*Olshausen* Rz 12). Ggü Vermächtnissen kann sich der Erbe durch das Kürzungsrecht nach § 2318 III verteidigen. Die Norm gilt nur für die Konkurrenz von Pflichtteilsberechtigten. So können sich Erben, die selbst (abstrakt) pflichtteilsberechtigt sind, ggü (nur fiktiven) Pflichtteilsergänzungsansprüchen des Unterhaltsberechtigten nicht auf § 2328 berufen (BGH NJW 07, 3207, 3209, s. § 2325 Rn 2).

2 Die Einrede wird nicht vAw berücksichtigt, sondern muss **geltend** gemacht werden (Kobl 4.9.09 – 10 U 1443/08) Hat der pflichtteilsberechtigte Erbe ggü dem Ergänzungsberechtigten erfüllt, ohne sich auf § 2328 zu berufen und ohne dass sein Gesamtpflichtteil gewahrt blieb, hat er trotz zweifelhaften Fremdgeschäftsführungsbewusstsein ggü dem befreiten Beschenkten (vgl § 2329) einen Anspruch gem §§ 683, 680 (hM). Gem § 813 hat er gegen den Ergänzungsberechtigten einen Anspruch, kannte er sein Leistungsverweigerungsrecht bei der Zahlung nicht und lagen dessen Voraussetzungen bei der Leistung vor (BaRoth/*Mayer* Rz 6).

3 Geschützt ist der konkrete Gesamtpflichtteil, dh der ordentliche Pflichtteil zuzüglich Ergänzungspflichtteil unter Berücksichtigung von Anrechnungs- und Ausgleichungspflichten (Damrau/*Riedel*/*Lenz* Rz 3). Bei Zugewinngemeinschaft wird bei der erbrechtlichen Lösung der große Pflichtteil angesetzt; zum Lebenspartner vgl §§ 6 2, 10 VI 2 LPartG. Bei Gütergemeinschaft ist die Norm nicht anwendbar.

§ 2329 Anspruch gegen den Beschenkten.

(1) ¹Soweit der Erbe zur Ergänzung des Pflichtteils nicht verpflichtet ist, kann der Pflichtteilsberechtigte von dem Beschenkten die Herausgabe des Geschenkes zum Zwecke der Befriedigung wegen des fehlenden Betrags nach den Vorschriften über die Herausgabe einer ungerechtfertigten Bereicherung fordern. ²Ist der Pflichtteilsberechtigte der alleinige Erbe, so steht ihm das gleiche Recht zu.
(2) Der Beschenkte kann die Herausgabe durch Zahlung des fehlenden Betrags abwenden.
(3) Unter mehreren Beschenkten haftet der früher Beschenkte nur insoweit, als der später Beschenkte nicht verpflichtet ist.

1 **A. Zweck.** § 2329 setzt einen Erbfall und einen Anspruch eines Pflichtteilsberechtigten gegen den Erben nach § 2325 voraus. Die §§ 2325, 2329 sind dem Grunde nach gleich (BGH NJW 74, 1327). In Ergänzung zu § 2325 haftet nach § 2329 subsidiär der Beschenkte mit dem erlangten Geschenk, wenn der Erbe zur Ergänzung nicht verpflichtet ist. Anders als der Anspruch gegen den Erben ist der gegen den Beschenkten keine Nachlassverbindlichkeit. Eine Haftungsbeschränkung nach §§ 305, 780 ZPO kann sich nur der Erbe, nicht der Beschenkte vorbehalten lassen. Diesem steht auch keine Stundungsmöglichkeit nach § 2331a zu (MüKo/*Lange* Rz 1). Ist der Vertragserbe pflichtteilsberechtigt, geht bei ihn beeinträchtigenden Schenkungen sein Anspruch aus § 2287 dem aus § 2329 vor (BGH NJW 90, 2063; hL: Wahlrecht). Der Beschenkte hat dem Berechtigten, der nicht Erbe ist, analog § 2314 **Auskunft** zu geben, wenn dieser sie nicht vom Erben erhalten hat (§ 2314 Rn 5; BGH NJW 85, 384). Kein Anspruch besteht auf Wertermittlung gegen den Beschenkten auf dessen Kosten entspr § 2314 I 2 (§ 2314 Rn 19; BGH NJW 89, 2887).

2 **B. Anspruchsinhaber.** Gläubiger kann nur ein abstrakt Pflichtteilsberechtigter (vgl § 2303 Rn 2–4), nicht der nur fiktiv pflichtteilsberechtigte Ehegatten (vgl § 2325 Rn 2) wegen der vom Erben nicht zu befriedigenden Pflichtteilsergänzung (BGH NJW 07, 3207, 3209), sein. Mehrere sind Gesamtgläubiger (§ 428). Bei wertlosem oder zur Befriedigung von Pflichtteilsergänzungsansprüchen nicht ausreichendem Nachlass kann auch der pflichtteilsberechtigte **Miterbe** in entspr Anwendung von § 2329 I 2 direkt gegen den Beschenkten vorgehen (BGH NJW 81, 1446, 1447; *Pentz* MDR 98, 132, 134). Da der Ergänzungsanspruch pflichtteilsberechtigter Miterben primär eine Nachlassverbindlichkeit darstellt und sie nach I 1 den Beschenkten in Anspruch nehmen können, verneinen andere das Analogiebedürfnis (MüKo/*Lange* Rz 6; Staud/*Olshausen* Rz 19). Der eventuelle Ergänzungsanspruch des pflichtteilsberechtigten **Alleinerben** (2326) richtet sich nach I 2 von Anfang an gegen den Beschenkten.

3 **C. Anspruchsgegner.** Schuldner kann nur sein, wer eine Schenkung iSv § 2325, die nicht unter § 2330 fällt, vom Erblasser erhalten hat. Grds haftet von mehreren Beschenkten nur der, dessen Schenkung später vollzogen wurde (BGH NJW 83, 1485, 1486); auf den Zeitpunkt des Schenkungsversprechens kommt es nicht an (Hamm NJW 69, 2148). Für das beim Erbfall noch nicht vollzogene Schenkungsversprechen entscheidet der Zeitpunkt des Erbfalls (MüKo/*Lange* Rz 14). Der früher Beschenkte haftet nur insoweit, als dass der später Beschenkte nicht verpflichtet ist (**III**). Dabei kommt es nicht auf tatsächliche Zahlungsunfähigkeit, sondern eine fehlende rechtliche Zahlungsverpflichtung, zB wegen Wegfalls der Bereicherung (§ 818 III), an (BGH NJW 55, 1185; MüKo/*Lange* Rz 15; aA Staud/*Olshausen* Rz 57). Maßgeblicher Zeitpunkt ist die Rechtshängigkeit des Ergänzungsanspruchs gegen den später Beschenkten (§ 818 IV) oder dessen Kenntniserlangung von der Verpflichtung (§ 819 I; vgl BGH aaO; BaRoth/*Mayer* Rz 5). Das gilt nicht nur, wenn der Anspruch auf Geld, sondern auch, wenn er auf Duldung der Zwangsvollstreckung gerichtet ist (BGH aaO; aA

MüKo/*Lange* Rz 15); auf das Ergebnis der Vollstreckung kommt es nicht an (str, differenzierend Soergel/*Dieckmann* Rz 25). Ist der Beschenkte vor dem Erbfall gestorben, richtet sich der Pflichtteilsergänzungsanspruch gegen seine Erben (BGH NJW 81, 1446, 1447). Ist der Erbe der Beschenkte, kann er gem § 2325 auf Zahlung in Anspruch genommen werden und sich insoweit die Haftung nach § 750 ZPO vorbehalten (RGZ 80, 135, 136). Soweit deshalb die Haftung entfällt, muss er nach § 2329 als Beschenkter ggf die Zwangsvollstreckung dulden; auf die ggf notwendige Klageumstellung, die keine unzulässige Klageänderung ist (BGH NJW 61, 870; 74, 1327), hat das Gericht gem § 139 ZPO hinzuweisen (BaRoth/*Mayer* Rz 3).

D. Subsidiarität. Der Beschenkte haftet nur nachrangig (I: „soweit"; vgl Ddorf FamRZ 96, 445). Der Erbe muss aus Rechtsgründen, nicht nur tatsächlich zB wegen Zahlungsunfähigkeit (Schlesw OLGR 99, 369; BaRoth/*Mayer* Rz 8; MüKo/*Lange* Rz 3; aA AK/*Däubler* Rz 3; Staud/*Olshausen* Rz 11), zur Ergänzung des Pflichtteils nicht verpflichtet sein. Das ist der Fall, wenn er seine Haftung beschränkt hat und der Nachlass zur Erfüllung der Ergänzungsansprüche nicht ausreicht (§§ 1975 ff, 1990, 1990 IV, 2060; § 327 InsO; vgl RGZ 58, 124, 127; 80, 135, 136; BGH NJW 61, 870), ihm die Dürftigkeitseinrede nach § 1990 zusteht oder er die Leistung nach § 2328 (BGH NJW 74, 1327; 81, 1446, 1447) verweigern kann, wobei die (durch Verweigerung konkludent mögliche) Geltendmachung nicht entbehrlich erscheint (Zweibr NJW 77, 1825; MüKo/*Lange* Rz 4; *Klingelhöffer* Rz 104; aA Palandt/*Edenhofer* Rz 2; *Pentz* MDR 98, 132, 133). 4

E. Anspruchsinhalt. Der Anspruch ist zunächst auf das Geschenk beschränkt. Er geht bei Geldgeschenken auf Zahlung, wenn das Geld noch vorhanden ist oder der Beschenkte verschärft haftet (§§ 818 IV, 819 I), ansonsten auf Duldung der Zwangsvollstreckung in das Sachgeschenk in Höhe des zu beziffernden Fehlbetrags (BGH NJW 83, 1485, 1486; 90, 2064). Einer Herausgabe bedarf es nicht. Zahlungsklagen sind unbegründet, wenn der Nachlass unzulänglich ist (§ 1990, vgl § 2325 Rn 6). 5

Die **Höhe** des Anspruchs ergibt sich analog § 1973 II 1, 1990 I 2 aus der Differenz zwischen der vom Berechtigten nach § 2325 zu beanspruchenden Ergänzung und demjenigen, zu dessen Leistung der Erbe (bzw Beschenkte nach III) nach § 2329 verpflichtet ist (BGH NJW 89, 2887; Kobl FamRZ 02, 772; MüKo/*Lange* Rz 9). IÜ richtet sich die Haftung aufgrund der Rechtsfolgenverweisung nach den §§ 818–822. Der Berechtigte trägt das Entreicherungsrisiko (§ 818 III). Auch durch die Schenkung entstandene Kosten und Aufwendungen mindern die Bereicherung. Bei Weiterschenkung gilt § 822. Insoweit der Beschenkte dem Erblasser Herausgabe des Geschenks gem § 528 I 1 schuldete, steht ihm der Entreicherungseinwand zu, wenn der Anspruch in der Hand eines Dritten (s. zB § 93 SGB XII – dazu Köln ZEV 07, 489) fortbesteht (vgl BGH NJW 86, 1606; 95, 2287). Der Beschenkte schuldet dem Vertragserben Herausgabe nach § 2287 insoweit dieser durch die Schenkung beeinträchtigt ist. Wäre sie unterblieben, hätte das Geschenk zum Nachlass gehört und Pflichtteilsansprüche in der Höhe gegen den Vertragserben begründet, wie sie der Pflichtteilsergänzungsberechtigte nunmehr ggü dem Beschenkten geltend machen kann. Insoweit ist der Vertragserbe nicht objektiv beeinträchtigt. Er kann daher Herausgabe des Geschenks nur gegen Zahlung dieses Betrags verlangen. Der Beschenkten ist nicht entreichert (§ 818 III), insoweit der Herausgabeanspruch gekürzt ist, weil wegen des beeinträchtigenden Geschenks gegen ihn Pflichtteilsansprüche bestehen (str, MüKo/*Lange* Rz 14 u § 2325 Rz 12; *Muscheler* FamRZ 94, 1361, 1366). Die Bereicherung entfällt durch Anfechtung der Schenkung gem § 134 InsO, § 4 AnfG. Gegen einen beschenkten **Dritten** kann sich der Anspruch gem § 822 richten. 6

II räumt dem Beschenkten eine **Ersetzungsbefugnis** ein. Für die zur Vollstreckungsabwendung zu leistende Zahlung gelten die Wertansätze nach § 2325 II. Zahlungen des Beschenkten gem II zur Abwendung des Herausgabeanspruchs führen nicht gem § 29 I Nr 2 ErbStG zum Erlöschen der Erbschaftsteuer, sind jedoch gem § 10 V Nr 2 ErbStG iVm § 1 II ErbStG bei der Besteuerung der Schenkung erwerbsmindernd zu berücksichtigen (BFH NJW 04, 1198; ZEV 05, 446). 7

F. Frist/Verjährung. Die Zeitgrenze des § 2325 III gilt auch für den Anspruch aus § 2329 (BGH NJW 74, 2319). Die Frist läuft bei mehreren Schenkungen jeweils gesondert. **Verjährung** wird durch eine auf § 2325 gestützte Klage gegen den beschenkten Miterben gem § 204 I Nr 1 gehemmt (vgl § 2317 Rn 21; BGH NJW 89, 2887; MüKo/*Lange* Rz 5). 8

G. Prozessuales. Der Ergänzungsberechtigte ist darlegungs- und beweislastpflichtig für die fehlende Verpflichtung des Erben (RGZ 80, 135, 136; BGH FamRZ 61, 272; Ddorf FamRZ 96, 445) und den Nachlassbestand (BGH FamRZ 07, 723; zum Sozialhilfeträger Köln ZEV 07, 489, 491). Der in Anspruch genommene Beschenkte hat einen Wegfall der Bereicherung (Rn 6) sowie, dass ein später Beschenkter vorhanden ist (Rn 3), zu beweisen. Kann der pflichtteilsberechtigte Erbe entspr § 2328 die Leistung verweigern, ist im Urt auszusprechen, dass ihm bei der Zwangsvollstreckung in bestimmte Gegenstände sein eigener, genau bezifferter Pflichtteilsanspruch verbleibt (BGH NJW 83, 1485, 1487). 9

§ 2330 Anstandsschenkungen. Die Vorschriften der §§ 2325 bis 2329 finden keine Anwendung auf Schenkungen, durch die einer sittlichen Pflicht oder einer auf den Anstand zu nehmenden Rücksicht entsprochen wird.

1 **Anstandsschenkungen** sind insb kleinere Zuwendungen wie übliche Gelegenheitsgaben zu besonderen Tagen oder Anlässen (Weihnachten, Geburtstag, Taufe, Kommunion, Hochzeit) oder wie das Trinkgeld. Zur Einordnung, die nach objektiven Kriterien zu erfolgen hat, spielt die örtliche oder gesellschaftliche Verkehrssitte eine große Rolle (BGH NJW 81, 111; 84, 2939, 2940).
2 Auch Schenkungen von großem Wert (zB eine den Nachlass im Wesentlichen erschöpfende Schenkung) stehen der Anwendung des § 2330 nicht grds entgegen, wenn aufgrund einer **sittlichen** oder moralischen **Pflicht** geboten sind (BGH WM 78, 905; NJW 81, 2458, 2459). Zur Auslegung des Rechtsbegriffs „sittliche Pflicht" ist entscheidend, ob die Vornahme der Schenkung in einer solchen Weise geboten war, dass das Unterlassen der Schenkung dem Erblasser als Verletzung der für ihn bestehenden sittlichen Pflicht zur Last zu legen wäre (BGH NJW 84, 2939, 2940; 00, 3488; ZEV 96, 186, 188). Es kommt nicht auf Gründe für bloße Dankbarkeit, sondern wesentlich darauf an, ob Gesichtspunkte der Versorgung des Beschenkten, etwa eine Notlage infolge der für den Schenker erbrachten Leistungen, das Ausbleiben einer solchen Belohnung als sittlich anstößig erscheinen ließen (BGH NJW 86, 1026), es mithin der Anstand gebot, gerade so und nicht anders zu handeln (BGH NJW 81, 111; Kobl ZEV 02, 460, 462 f; Naumbg OLGR 00, 433). Einer sittlichen Pflicht kann entspr die Unterhaltszahlung für nahe Verwandte oder die Sicherung des Lebensunterhalts für den Partner einer nichtehelichen Lebensgemeinschaft (vgl RG LZ 1923, 448, 449; BGH NJW 83, 674), uU auch die Zuwendung eines Grundstücks oder eines Nießbrauchs aus Dankbarkeit für unbezahlte langjährige Dienste im Haushalt oder für unentgeltliche Pflege und Versorgung (BGH NJW 78, 905; 84, 2939, 2940; WM 77, 1410, 1411), unter besonderen Umständen belohnende Zuwendungen für Pflegeleistungen (BGH NJW 86, 1926). Trotz der Grundsatzes der Testierfreiheit (Vor § 2303 Rn 2) besteht auch dem pflichtteilsberechtigten Kind ggü eine sittliche Pflicht, den Pflichtteil nicht durch rechtlich noch iRd Zulässigen bleibende Maßnahmen zu entwerten (BGH NJW 83, 2875; Kobl FamRZ 06, 1789). Schenkungen, die das gebotene Maß übersteigen, sind hinsichtlich des Übermaßes ergänzungspflichtig (BGH ZEV 06, 265, 268; NJW 81, 2459; WM 78, 905; BB 67, 312).
3 Die **Auskunftspflicht** (§ 2314) gilt auch hier (BGH NJW 62, 245). Wer Ergänzung verlangt, hat die Schenkung zu **beweisen**. Der Beschenkte muss beweisen, dass eine Anstands- oder Pflichtschenkung vorliegt (RG LZ 1918, 1076).

§ 2331 Zuwendungen aus dem Gesamtgut.
(1) ¹Eine Zuwendung, die aus dem Gesamtgut der Gütergemeinschaft erfolgt, gilt als von jedem der Ehegatten zur Hälfte gemacht. ²Die Zuwendung gilt jedoch, wenn sie an einen Abkömmling, der nur von einem der Ehegatten abstammt, oder an eine Person, von der nur einer der Ehegatten abstammt, erfolgt, oder wenn einer der Ehegatten wegen der Zuwendung zu dem Gesamtgut Ersatz zu leisten hat, als von diesem Ehegatten gemacht.
(2) Diese Vorschriften sind auf eine Zuwendung aus dem Gesamtgut der fortgesetzten Gütergemeinschaft entsprechend anzuwenden.

1 Die Norm ist § 2054 nachgebildet (s. dort). Sie gilt für den ordentlichen und außerordentlichen Pflichtteil und für Zuwendungen aller Art im Pflichtteilsrecht, also für §§ 2304 ff, 2315 f, 2325 ff (Damrau/*Riedel/Lenz* Rz 2).

§ 2331a Stundung.
(1) ¹Der Erbe kann Stundung des Pflichtteils verlangen, wenn die sofortige Erfüllung des gesamten Anspruchs für den Erben wegen der Art der Nachlassgegenstände eine unbillige Härte wäre, insbesondere wenn sie ihn zur Aufgabe des Familienheims oder zur Veräußerung eines Wirtschaftsguts zwingen würde, das für den Erben und seine Familie die wirtschaftliche Lebensgrundlage bildet. ²Die Interessen des Pflichtteilsberechtigten sind angemessen zu berücksichtigen.
(2) ¹Für die Entscheidung über eine Stundung ist, wenn der Anspruch nicht bestritten wird, das Nachlassgericht zuständig. ²§ 1382 Abs. 2 bis 6 gilt entsprechend; an die Stelle des Familiengerichts tritt das Nachlassgericht.

1 **A. Zweck.** Der Erbe soll durch die Möglichkeit gerichtlicher Stundung vor unbilligen Härten durch Zerschlagung zum Nachlass gehörender Werte geschützt werden, die ihm dadurch droht, dass der Pflichtteilsanspruch sofort mit dem Erbfall fällig und ggf im Wege der Zwangsvollstreckung durchsetzbar ist (§ 2317 Rn 3, 5). Die Möglichkeit der Stundung kann die Verhandlungs- und Vergleichsbereitschaft der Parteien stärken. Die Parteien können eine Stundung auch frei vereinbaren, und zwar vor dem Erbfall durch einen beschränkten Pflichtteilsverzicht (§ 2346 Rn 7) oder durch eine (der notariellen Beurkundung bedürfenden) Vereinbarung unter den künftigen Pflichtteilsberechtigten gem § 311b V (*Klingelhöffer* ZEV 98, 121, 122).
2 **B. Pflichtteilsberechtigter Erbe.** Berechtigter ist der Erbe (§ 1922 Rn 9 ff) bzw für diesen der Nachlasspfleger (§§ 1960, 1961), Nachlassverwalter (§ 1984) und Nachlassinsolvenzverwalter (§ 1980; 80 InsO), nicht aber der Testamentsvollstrecker (vgl § 2213 II 3; MüKo/*Lange* Rz 2) oder der Zahlungspflichtige nach § 2329, der nicht Erbe ist. Auf eine eigene Pflichtteilsberechtigung (§ 2303 Rn 1) kommt es für Erbfälle seit dem 1.1.10 nicht mehr an. Bis zur Nachlassteilung haftet bei beschränkter Erbenhaftung nach § 2059 I keiner der Erben mit seinem Eigenvermögen und kommt der Stundungsantrag eines Berechtigten auch den anderen Miterben zu Gute (str).

Stundungsfähiger Anspruch ist der ordentliche Pflichtteilsanspruch mit dem Pflichtteilsrestanspruch 3
(§§ 2305, 2307) sowie der Pflichtteilsergänzungsanspruch gem § 2325, nicht der Anspruch gegen den
Beschenkten nach § 2329.

C. Billigkeitsentscheidung. Die Stundung kommt nur ausnahmsweise in Betracht, wenn die sofortige Zah- 4
lungspflicht für den Erben wegen der Art der Nachlassgegenstände eine unbillige Härte wäre (**I 1**). In der für
Erbfällen bis zum 31.12.09 geltenden Fassung stellte das G stattdessen darauf ab, ob die sofortige Erfüllung
den Erben „ungewöhnlich hart" träfe. Die nF setzt die vormalige Schwelle etwas herab, um den Anwendungsbereich der Stundung zu erweitern. Weiterhin ist aber nur die Art der betroffenen Nachlassgegenstände, nicht eventuelle Schwierigkeiten der Erfüllung der Zahlungspflicht (zB ein zZ ungünstiger Preis für
sonstige Nachlassgegenstände), relevant. Insoweit nennt das G weiterhin als Beispiele, dass die Aufgabe des
Familienheims oder die Veräußerung von Wirtschaftsgütern, die die wirtschaftliche Lebensgrundlage bilden,
erzwungen wird. Es muss dem Erben ohne die Aufgabe bzw Veräußerung der beschriebenen Existenzgrund-
lage die Erfüllung der Ansprüche nicht (zB aus dem Eigenvermögen oder durch zumutbare Kreditaufnahme) möglich sein (BaRoth/*Mayer* Rz 6, 7). **Wirtschaftsgüter** zu diesem Zweck können gewerbliche Unterneh-
mungen, Miethäuser, landwirtschaftliche Güter, Beteiligungen an Handelsgesellschaften und auch Immateri-
algüter (Staud/*Olshausen* Rz 14), idR **nicht** Kunstgegenstände, Antiquitäten oder Familienstücke sein.
Es genügt nicht allein, dass dem Erben die Erfüllung schwierig ist oder den Erben besonders hart trifft (vgl 5
§ 1382). Um die Position des Pflichtteilsberechtigten (Vor § 2303 Rn 3) nicht auszuhöhlen, sind seine **Interessen** angemessen zu berücksichtigen (**I 2**), wobei der Gesetzgeber die bisherige hohe Hürde (vgl Dresd NJWE-
FER 99, 326; Hambg OLGR 98, 294) maßvoll herabsetzten wollte, zumal der Pflichtteil durch die Stundung
nicht erlischt. Die stets erforderliche Interessenabwägung erfolgt nach den Umständen des Einzelfalls. Insb
eine Sicherungen des Pflichtteilsanspruchs (Rn 6) spricht für eine Abwägung zu Gunsten des Erben. IÜ wird
sie wird sich derjenigen nach § 1382 (s. dort Rn 6 ff) annähern, wobei anders als dort (§ 1382 Rn 5) bei
§ 2332a aber weiterhin im Grds ein Vorrang der Interessen der Pflichtteilsberechtigten besteht dürfte. ZB sind
die Einkommens- und Vermögensverhältnisse und Unterhaltspflichten des Anspruchsberechtigten oder ein
böswilliges Verhalten des Erben, der eine Entscheidung über Gebühr herauszögert, zu berücksichtigen. Im
Einzelfall kann eine teilweise Stundung oder eine Ratenzahlung angemessen sein (Staud/*Olshausen* Rz 19).

D. Verfahren. Über die Stundung eines unstreitigen Pflichtteilsanspruchs entscheidet das **Nachlassgericht** 6
(**II 1**), über die eines streitigen oder rechtshängigen Anspruchs das **Prozessgericht** (**II 2 iVm** § **1382 V**). Der
Antrag an das Nachlassgericht kann auf einen Teil des Pflichtteilsanspruchs beschränkt und bis zur rechts-
kräftigen Entscheidung zurückgenommen werden. Er wird unzulässig, sobald der Pflichtteilsberechtigte sei-
nen Anspruch einklagt (Karlsr FamRZ 04, 661). Die örtliche Zuständigkeit des **Nachlassgerichts** (BAWü:
Bezirksnotar) ergibt sich aus § 343 FamFG, funktionell ist idR der Rechtspfleger zuständig (§ 3 Nr 2c RPflG).
Ein entsprechender Antrag des Erben ist notwendig. Das Gericht ermittelt vAw die entscheidungserheblichen
Tatsachen (§ 26 FamFG), verhandeln mündlich, wenn es sachdienlich ist (§ 32 I 1 FamFG), und wirkt auf
eine gütliche Einigung über die Stundung hin (§ 36 I 2 FamFG). Kommt im Termin ein Vergleich zustande,
ist hierüber eine Niederschrift gem § 264 II FamFG iVm §§ 159-163 ZPO aufzunehmen. Er kann auch
schriftlich entsprechend § 278 VI ZPO geschlossen werden (§ 36 III FamFG). Aufzunehmen sind der Schuld-
betrag, Zins- und Zahlungsbedingungen, etwaige Sicherheiten und sinnvoller Weise die Kostentragung.
Einstweilige (ggf befristete, § 56 I FamFG) Anordnungen (§§ 49-57 FamFG) wie zB ein Veräußerungsverbot
(§ 49 II 2 FamFG) sind auf Antrag (§ 51 I 1 FamFG) möglich, wobei das Gericht nur in den Grenzen des
erstrebten Rechtsschutzziels an den Antrag gebunden ist. Mit der durch Verfügung ergehenden Entscheidung,
die erst mit Rechtskraft (§ 45 FamFG) wirksam wird (§ 264 I FamFG), kann Stundung bis zu einem
bestimmten Zeitpunkt oder Ratenzahlung (ggf mit Verfallsklausel) bewilligt werden. Es ist nach billigem
Ermessen die Verzinsung mit Fälligkeit und Höhe festzulegen und über eine ggf beantragte **Sicherheitsleistung** zu entscheiden (II 2 iVm § 1382 II-IV). Insoweit kommen auch nicht in §§ 232 ff aufgeführte Sicherheiten wie eine Sicherungsübereignung in Betracht. Gem § 362 FamFG gilt § 264 FamFG entspr. Auf Antrag
kann das Gericht die Verpflichtung des Erben zur Zahlung des unstreitigen Pflichtteilsanspruchs aussprechen;
damit schafft es einen Vollstreckungstitel (§§ 362, 246 II, 86 I Nr 1 FamFG). Die Zwangsvollstreckung aus
rechtskräftiger Entscheidung (§§ 704 ff ZPO), Vergleich (§ 794 I Nr 1 ZPO) und einstweiliger Anordnung
richtet sich nach der ZPO (§ 95 I Nr 1, 5 FamFG).

Rechtsmittel ist die befristete Beschwerde nach §§ 58, 63 FamFG, bei Entscheidungen des Rechtspflegers ist 7
Erinnerung statthaft (§ 11 I 2 RPflG). **Kostenpflicht:** §§ 80 ff FamFG. Gerichtsgebühren: § 106a I KostO;
Geschäftswert: § 30 KostO. Nach § 264 I 2 FamFG gibt es keine Abänderung oder die Wiederaufnahme des
Verfahrens. Über Anträge auf **nachträgliche Aufhebung** und **Änderung**, die nur bei wesentlicher Änderung
der Verhältnisse seit der Entscheidung zulässig sind, entscheidet das Nachlassgericht (II 2 iVm § 1382 VI –
dazu § 1382 Rn 18). Das **Prozessgericht** entscheidet im streitigen Verfahren nach ansonsten denselben
Grundsätzen durch Urt.

§ 2332 Verjährung.
(1) Die Verjährungsfrist des dem Pflichtteilsberechtigten nach § 2329 gegen den Beschenkten zustehenden Anspruchs beginnt mit dem Erbfall.
(2) Die Verjährung des Pflichtteilsanspruchs und des Anspruchs nach § 2329 wird nicht dadurch gehemmt, dass die Ansprüche erst nach der Ausschlagung der Erbschaft oder eines Vermächtnisses geltend gemacht werden können.

1 **A. Verjähung des Ergänzungsanspruchs gem § 2329. Pflichtteilsansprüche** verjähren nach §§ 195, 199 (§ 2317 Rn 11–20). Die Verjährung des Anspruchs gegen den **Beschenkten nach § 2329** ist in § 2332 I gesondert und abw von der der Pflichtteilsansprüche iÜ geregelt. **Unabhängig von der Kenntnis** des Berechtigten beginnt hier die Verjährung **stets mit dem Erbfall** (nicht: Schluss des Jahres) zu laufen, und zwar auch, wenn der Beschenkte (Mit)Erbe ist (BGH NJW 86, 1610).

2 **B. Keine Hemmung durch Möglichkeit der Ausschlagung (Abs II).** Die Hemmung der Verjährung (§ 209) richtet sich nach §§ 203 ff. Weder die Verjährung des Pflichtteilsanspruchs noch die des Ergänzungsanspruchs nach § 2329 wird gehemmt, weil sie erst nach Ausschlagung der Erbschaft (§ 2306 I) oder eines Vermächtnisses (§ 2307) geltend gemacht werden können. Die Frist beginnt nach den allgemeinen Voraussetzungen (§ 2317 Rn 11 ff), unabhängig vom Zeitpunkt der Ausschlagung, zu laufen.

§ 2333 Entziehung des Pflichtteils eines Abkömmlings.
(1) Der Erblasser kann einem Abkömmling den Pflichtteil entziehen, wenn der Abkömmling
1. dem Erblasser, dem Ehegatten des Erblassers, einem anderen Abkömmling oder einer dem Erblasser ähnlich nahe stehenden Person nach dem Leben trachtet,
2. sich eines Verbrechens oder eines schweren vorsätzlichen Vergehens gegen eine der in Nummer 1 bezeichneten Personen schuldig macht,
3. die ihm dem Erblasser gegenüber gesetzlich obliegende Unterhaltspflicht böswillig verletzt oder
4. wegen einer vorsätzlichen Straftat zu einer Freiheitsstrafe von mindestens einem Jahr ohne Bewährung rechtskräftig verurteilt wird und die Teilhabe des Abkömmlings am Nachlass deshalb für den Erblasser unzumutbar ist. Gleiches gilt, wenn die Unterbringung des Abkömmlings in einem psychiatrischen Krankenhaus oder in einer Entziehungsanstalt wegen einer ähnlich schwerwiegenden vorsätzlichen Tat rechtskräftig angeordnet wird.

(2) Absatz 1 gilt entsprechend für die Entziehung des Eltern- oder Ehegattenpflichtteils.

1 **A. Zweck.** §§ 2333–2335 ermöglichen es dem Erblasser, ausnahmsweise einem enterbten Pflichtteilsberechtigten (§ 2303 Rn 1), der die **gebotene Familiensolidarität erheblich** verletzte, auch die Mindestbeteiligung am Nachlass zu entziehen, und erweitern dadurch seine Testierfreiheit (Vor § 2303 Rn 1–3). Als Rechtfertigung wird der Straf- oder Verwirkungsgedanke, der Erziehungszweck und Zumutbarkeitsgesichtspunkte angeführt. Die Gründe des § 2333 Nr 1 u 2 sind bei entspr Auslegung verfassungsgemäß (vgl BVerfG NJW 05, 1561, 1564 f). Die Entziehungsgründe sind abschließend geregelt und nicht ausdehnungs- oder analogiefähig (BGH NJW 74, 1084; 77, 339, 340; München ZEV 03, 367). Lebenspartner sind gem § 10 VI 2 LPartG Ehegatten gleichgestellt. §§ 2333 ff kommen auch auf Erbfälle nach dem 3.10.90 zur Anwendung, wenn das maßgebliche Testament zur Zeit der Geltung des **DDR-ZGB** errichtet wurde (Dresd ZEV 99, 274). Die Pflichtteilsentziehung bewirkt nicht, dass die Quote anderer Pflichtteilsberechtigter erhöht wird (§ 2310 Rn 3). **Form** und **Beweislast:** § 2336; **Verzeihung:** § 2337. **Reform:** Die Entziehungsgründe wurden zum 1.1.10 neu gefasst und gelten seither für alle ab dann eingetretenen Erbfälle (Art 229 § 23 IV EGBGB).

2 **B. Voraussetzungen.** § 2333 I regelt die Entziehung des Pflichtteils der **Abkömmlinge** (§ 2303 Rn 2). II ordnet die entspr Geltung für **Eltern und Ehegatten** an. Deren **schuldhaftes** Verhalten (s. aber Rn 3) ist in allen Fällen Voraussetzung der Entziehung (Ddorf NJW 68, 944; billigend BVerfG NJW 05, 1561, 1565). Das Gesetz stellt in Hinblick auf das Übermaßverbot auf eine **schwere** Verfehlung ab und fordert eine konkrete Abwägung mit den Vorwürfen ggü dem Berechtigten (vgl schon BGH NJW 90, 911). Es besteht keine Bindung an eine strafrechtliche Verurteilung. Der Entziehungsgrund muss **zur Zeit der Entziehung** vorliegen (§ 2336 II 1).

3 **Nr 1:** Erforderlich ist nicht planvolles Handeln, aber die ernsthafte Betätigung des Willens, den Tod herbeizuführen (RGZ 100, 114, 115). Mittäterschaft oder Teilnahme iSd §§ 25–27 StGB genügt. Auch durch eine straflose Vorbereitungshandlung oder einen Versuch mit untauglichen Mitteln und, wenn eine Rechtspflicht zu handeln besteht (s. zB § 13 StGB), durch Unterlassen kann nach dem Leben getrachtet werden (MüKo/*Lange* Rz 7). Der Rücktritt nach § 24 StGB beseitigt nicht den entstandenen Entziehungsgrund (Staud/*Olshausen* Rz 3). Mangels Verschuldens liegt kein Grund vor bei Notwehr (§ 32 StGB), Putativnotwehr oder unverschuldeter Notwehrüberschreitung iSv § 33 StGB (Damrau/*Riedel/Lenz* Rz 10). Das erforderliche Verschulden ist aber nicht strikt im strafrechtlichen Sinne zu verstehen. Im Einzelfall genügt es, wenn der iSd Strafrechts schuldunfähige Pflichtteilsberechtigte den objektiven Unrechtstatbestand wissentlich und willentlich verwirklichte (BVerfG NJW 05, 1561, 1566). **Geschützt** sind nunmehr neben den konkret genannten Angehörigen

vor dem Hintergrund neuer Familienmodelle (Patchwork-Familien, nichteheliche Lebensgemeinschaften) dem Erblasser ähnl nahe stehende Personen wie solche, die mit dem Erblasser in einer auf Dauer angelegten Lebensgemeinschaft zusammenleben oder die auf andere Weise mit ihm eng verbunden sind wie zB Stief- oder Pflegekinder (BT-Drs 16/8954 23).

Nr 2: Der Begriff ‚Verbrechen' bestimmt sich nach § 12 I StGB (*Gottwald* Rz 7). Ob ein vorsätzliches Vergehen schwer ist, richtet sich nach dem Einzelfall und ist bei Eigentums- und Vermögensdelikten zu bejahen, wenn sie nach ihrer Natur und Begehungsweise eine grobe Missachtung der gebotenen Familiensolidarität ausdrücken und den Erblasser deshalb besonders kränken (zu § 2333 aF BGH NJW 74, 1084; NJW-RR 86, 371, 372; Hamm NJW-RR 07, 1235, 1239). Erfasst ist zB die vormals als Nr 2 ausdrücklich genannte vorsätzliche körperliche Misshandlung, die begrifflich iSv § 223 StGB zu verstehen ist (Mot V, 431; Karls ZErb 09, 304: nicht durch bloße Einleitung eines Betreuungsverfahrens). Sie muss kein besonders schwerer Angriff sein, doch reicht nicht jede Körperverletzung aus (Ddorf NJW-RR 96, 520). Insoweit nötig ist weiterhin (aA Palandt/*Edenhofer* Rz 5) eine schwere Verletzung der Achtung, die der Berechtigte dem Geschützen als Familienmitglied (iwS, Rn 3) schuldet (vgl RG WarnR 1913 Nr 102; zum Erfordernis der schweren Pietätsverletzung vgl zu § 2333 aF BGH NJW 90, 911; Köln ZEV 03, 464, 466). Stets entscheidend ist das Maß des verschuldeten (Rn 3) Verstoßes gegen die gebotene Familiensolidarität im Einzelfall. Seelische Misshandlungen erfüllen den Entziehungsgrund, wenn durch sie zumindest bedingt vorsätzlich die körperliche Gesundheit geschädigt wird (BGH NJW 77, 339). Keine schweren Vergehen sind idR eine einzelne (grobe) Beleidigung (Celle Rpfleger 92, 523) oder die Ablichtung des Testaments des Erblassers ohne dessen Einwilligung. Das Verbrechen oder Vergehen muss in die (nicht notwendig strafrechtlich geschützte) Rechtssphäre des Geschützen (Rn 3) eingreifen; strafrechtliche Verurteilung ist nicht erforderlich. Nicht erfasst ist Handeln im Einverständnis mit dem betroffenen Geschützen (vgl BGH NJW-RR 86, 371).

Nr 3: Der unterhaltsbedürftige Erblasser (vgl § 1606) hat keinen größeren Nachlass. Der daher nicht praxisrelevante Grund setzt eine Verweigerung des in Geld geschuldeten Unterhalts (§ 1612 I 1) trotz Leistungsfähigkeit (Karlsr ZErb 09, 304) aus verwerflicher Gesinnung voraus (hM); entscheidend sollte das konkrete Verschulden des Pflichtteilsberechtigten sein. Andere als die genannten Unterhaltsverpflichtungen (zB nach § 1586b) sind nicht erfasst.

Nr 4: 1 erfasst ein schweres sozialwidriges Fehlverhalten des Berechtigten, das für den Erblasser einen so schweren Verstoß gegen seine eigenen Wertvorstellungen darstellt, dass es für ihn im Einzelfall unzumutbar ist, dem Pflichtteilsberechtigten den Pflichtteil als wirtschaftliche Mindestbeteiligung hinterlassen zu müssen, obgleich sich die Tat nicht gegen die nach Nr 1 und 2 Geschützen richtet (BT-Drs 16/8954 23). In Hinblick auf die Kritik zu § 2333 Nr 5 aF stellt das G nun auf das **objektive Kriterium** (s.a. Rn 7) einer Verurteilung des Berechtigten wegen einer **vorsätzlichen** Tat zu einer mindestens 1-jährigen Freiheitsstrafe ohne Aussetzung zur Bewährung (§§ 56 ff StGB) ab. Dabei muss es sich nicht um ein Verbrechen (Nr 2) handeln. Erfasst sind auch (schwere) Vergehen wie zB Sexualdelikte. Wie lange die Straftat vor der Entziehung zurückliegt und wie der Berechtigte seither gelebt hat, ist grds irrelevant. Die Formulierung „rechtskräftig verurteilt wird" macht deutlich, dass zwar bei Entziehung die Tat begangen sein und der Entziehungsgrund vorliegen muss (§ 2336 II 2), die **erforderliche Rechtskraft** aber nach dem Erbfall eintreten kann. In einem solchen Fall besteht für die **Gestaltung** die Unwägbarkeit, dass zum Zeitpunkt der Pflichtteilsentziehung der Ausgang des Strafprozesses noch nicht feststeht; der **Begründungszwang** nach § 2336 II 2 ist zu beachten. Zweifelhaft ist, ob, droht eine rk strafrechtliche Entscheidung noch Jahre auszustehen, der Zivilrichter eine hypothetische Strafe bilden darf (so *Lange* DNotZ 09, 732, 740). Daneben muss als **subjektives Erfordernis** die Teilhabe des Berechtigten für den Erben **unzumutbar** sein, weil die Straftat seinen persönlichen in der Familie (aktuell) gelebten Wertvorstellungen in hohem Maße widerspricht. Das ist bei besonders schweren Straftaten mit hoher Strafandrohung die Regel und wird umsoweniger Begründung bedürfen, je höher der Strafausspruch ist. Ein Widerspruch besteht nicht, wenn der Erblasser selbst wie der Berechtigte straffällig wurde und insb, wenn er sich an der Tat beteiligte (BT-Drs aaO 24). Anderes gilt, lag die eigene Straftat des Erblasser lange vor der Tat des Pflichtteilsberechtigten und distanzierte er sich später eindeutig von ihr, zB wenn er sich im Fall eines Drogendelikts inzwischen in der Prävention engagierte. Die Verletzung konkret schutzwürdiger Interessen (so zu § 2333 Nr 5 aF BGH NJW 80, 936, 938) oder eine soziale Beziehung zwischen Erblasser und Berechtigten ist für eine Entziehung nicht erforderlich (so schon LG Bonn FamRZ 09, 1009).

Unterbringung. Nr 4 **Satz 2** stellt die Fälle der §§ 63, 64 StGB als objektiven Voraussetzungen der Verurteilung nach Satz 1 gleich, weil es für den Erblasser unerheblich sei, ob der Berechtigte iSd Strafrechts nicht voll schuldhaft handelte und deshalb nicht zu einer Freiheitsstrafe verurteilt wurde. Der Zivilrichter muss insoweit entscheiden, ob die der Maßnahme nach §§ 63 f StGB zugrunde liegende vorsätzliche Tat eine ähnl schwerwiegende ist, wie sie nach Satz 1 (Rn 6) vorausgesetzt ist, dh bei (voller) Schuldfähigkeit iSd Strafrechts zu einer entspr Freiheitsstrafe geführt hätte.

§ 2334 *aufgehoben ab dem 01.01.10*

§ 2335 *aufgehoben ab dem 01.01.10*

§ 2336 Form, Beweislast, Unwirksamwerden. (1) Die Entziehung des Pflichtteils erfolgt durch letztwillige Verfügung.
(2) Der Grund der Entziehung muss zur Zeit der Errichtung bestehen und in der Verfügung angegeben werden. Für eine Entziehung nach § 2333 Absatz 1 Nummer 4 muss zur Zeit der Errichtung die Tat begangen sein und der Grund für die Unzumutbarkeit vorliegen; beides muss in der Verfügung angegeben werden.
(3) Der Beweis des Grundes liegt demjenigen ob, welcher die Entziehung geltend macht.

1 **A. Inhalt und Wirkung.** Der Pflichtteil kann ganz oder teilw entzogen werden. Die Entziehung ist ein unverzichtbares (§ 2302) Gestaltungsrecht. Sie erfasst auch den Pflichtteilsrest- (§ 2305, 2307) und den Pflichtteilsergänzungsanspruch (§ 2325 ff) und ist idR, wenn kein anderer Erblasserwille ermittelbar ist, mit einer Enterbung (§ 1938) verbunden (BayObLG FamRZ 96, 826, 828; 00, 1459). Insoweit ist der Erblasserwille ggf unter Beachtung der Andeutungstheorie durch Auslegung zu ermitteln (Hamm FamRZ 72, 660, 661; Köln ZEV 96, 430). Die Enterbung bleibt idR bestehen, wenn die Pflichtteilsentziehung unwirksam wird (Hamm FamRZ 72, 660, 662); ggf ist Anfechtung (§ 2078 II) möglich. Die Entziehung kann in Beschränkungen oder Beschwerungen bestehen. Bis zum Erbfall ist Verzeihung möglich (§ 2337). Die Entziehung wirkt erst mit dem Erbfall (BGH NJW 89, 2054).

2 **B. Form (Abs 1).** Die Pflichtteilsentziehung hat persönlich in Form einer letztwilligen Verfügung (§ 1937) zu erfolgen. Es sind alle Testamentsformen (§§ 2249 ff) zulässig. Sie kann in einem gemeinschaftlichen Testament oder Erbvertrag (§ 2299 I) erklärt werden, hat aber nie Bindungswirkung (§§ 2270 I, III, 2278 II).

3 **C. Entziehungsgrund (Abs 2).** Er muss zur Zeit der Errichtung der letztwilligen Verfügung bestehen, darf bis dahin also nicht verziehen sein. In der Verfügung, nicht nur in Anlagen (BGH NJW 85, 1554), muss eine hinreichend substanzielle, gerichtlich überprüfbare **Tatsachengrundlage angegeben** sein. II soll der späteren Beweisbarkeit der tatsächlichen Motivation des Erblassers dienen. Daher muss der Erblasser sich auf bestimmte konkrete Vorgänge unverwechselbar festlegen und den Kreis der in Betracht kommenden Vorfälle praktisch brauchbar eingrenzen (BGH aaO; Hamm NJW-RR 07, 1235, 1237). Die Wiederholung des Gesetzeswortlauts reicht, auch bei schweren Straftaten des Berechtigten, nicht aus. Im Fall der Entziehung nach **§ 2333 I Nr 4** muss der der Straftat zugrunde liegende **Lebenssachverhalt** und zudem der **Grund für die Unzumutbarkeit** mittels konkretisierender Umstände in der Verfügung selbst angegeben werden (II 2). Daher ist ratsam, dass der Erblasser auch bei schweren Straftaten des Berechtigten in der Verfügung vTw konkret darlegt, worin der die Unzumutbarkeit begründende Verstoß gegen die Familiensolidarität liegt, wenn auch die Darlegung im Einzelfall desto knapper erfolgen kann, je schwerwiegender die Tat ist. Immer muss ein Kernsachverhalt (BGH aaO), eine sachverhaltsmäßige Konkretisierung des Entziehungsgrundes (und ggf der Unzumutbarkeit) im Testament angegeben sein (Köln ZEV 96, 430; 98, 144). Seine Ermittlung durch unsichere Auslegung genügt nicht. Wegen des außerordentlichen Gewichts und des demütigenden Charakters der Entziehung ist der Erblasser auch in förmlicher Hinsicht zu verantwortlichem Testieren angehalten (Frankf ZFE 05, 295). Die Anforderungen an die Konkretisierung des Pflichtteilsentziehungsgrundes sind verfassungsgemäß. Sie schützen das Pflichtteilsrecht der Kinder hinreichend und sind dem Erblasser zumutbar (BVerfG NJW 05, 2691), dürfen aber **nicht überspannt** werden (*Mayer* ZEV 10, 2, 5).

4 **D. Prozessuales.** Die **Beweislast** (III) auch dafür, dass Rechtfertigungs- und Entschuldigungsgründe nicht vorliegen, trägt der Erbe, bei § 2329 der Beschenkte (BGH NJW-RR 86, 371, 372) und bei § 2318 uU auch der Vermächtnisnehmer oder Auflagenbegünstigte (Ddorf FamRZ 99, 1469). Bei § 2333 Nr 4 ist neben der Straftat die Unzumutbarkeit zu beweisen. Bzgl der Schuldunfähigkeit wird eine Beweislast des Pflichtteilsberechtigten analog § 827 vertreten (AnwK/*Herzog* Rz 10 f; BaRoth/*Mayer* Rz 10). Eine Verzeihung (§ 2337) muss der Pflichtteilsberechtigte beweisen. Über die Beweislast hat der Urkundennotar aufzuklären (Köln ZEV 03, 464; abl *Mayer* aaO). Zum Beweis der Entziehungsgründe ist es sinnvoll, dass bereits der Erblasser ein selbstständiges Beweisverfahren (§§ 485 ff ZPO) einleitet.

5 Mit der **Feststellungsklage** (§ 256 I ZPO) kann die Feststellung des Rechts, den Pflichtteil zu entziehen sowie die Feststellung des Nichtbestehens eines Pflichtteilsentziehungsrechts (BGH NJW 58, 1964; 74, 1085; 86, 1182; 90, 911; NJW-RR 93, 391) verlangt werden. Einer Klage des Pflichtteilsberechtigten gegen den Erblasser schon zu dessen Lebzeiten auf Feststellung, dass die in einer letztwilligen Verfügung des Erblassers unter Bezug auf bestimmte Vorfälle angeordnete Entziehung des Pflichtteils unwirksam sei, fehlt nicht das rechtliche Interesse an alsbaldiger Feststellung (BGH NJW 90, 911; 04, 1874, 1875 f). Mit dem Tod des Erblassers aber entfällt das (isolierte) Feststellungsinteresse für eine Klage auf Feststellung des Nichtbestehens eines Pflichtteilentziehungsrechts (Frankf OLGR 05, 300), denn nunmehr geht es um das umfassendere Rechtsverhältnis, ob trotz der Entziehung ein Pflichtteilsrecht besteht (BGH FamRZ 93, 689).

§ 2337 Verzeihung. [1]Das Recht zur Entziehung des Pflichtteils erlischt durch Verzeihung. [2]Eine Verfügung, durch die der Erblasser die Entziehung angeordnet hat, wird durch die Verzeihung unwirksam.

A. Begriff der „Verzeihung". Er ist der gleiche wie in §§ 532 1, 2343 (Staud/*Olshausen* Rz 1). Verzeihung ist **1** anzunehmen, wenn der Erblasser zeigte, er betrachte das Verletzende der Kränkung als nicht mehr existent (BGH NJW 84, 2089, 2090; Köln ZEV 98, 144) und dass er nichts mehr daraus herleiten, sondern über sie hinweggehen will (BGH NJW 74, 1084). Versöhnung ist zur Verzeihung nicht notwendig („vergeben, aber nicht vergessen"), doch reicht Gleichgültigkeit des Gekränkten, ein bloßer Versöhnungsversuch oder In-Aussicht-Stellen nicht (BGH NJW 99, 1626). Sie kann formlos, auch durch schlüssige Handlungen erfolgen (Köln aaO; Hamm NJW-RR 07, 1235, 1237 f: Kreditaufnahme für Pflichtteilsberechtigten), setzt aber Kenntnis der konkreten Verfehlung voraus. Die Verzeihung ist ein rein tatsächlicher Vorgang, keine rechtsgeschäftliche Erklärung: Der nicht voll geschäftsfähige Erblasser kann verzeihen, wenn er die Bedeutung der Verzeihung erkennt. Es gelten nicht die §§ 119 ff (MüKo/*Lange* Rz 4) und Stellvertretung ist grds nicht möglich. Die Verzeihung ist unwiderruflich, kann aber unter Bedingung erklärt werden. Zugang beim Pflichtteilsberechtigten ist nicht erforderlich.

B. Wirkung. Die ausgesprochene Entziehung wird unwirksam (2). Auf den verziehenen Grund kann eine **2** künftige Entziehung nicht mehr gestützt werden (1). IdR berührt die Verzeihung eine mit der Entziehung verbundene Enterbung nicht, es sei denn, es steht ein entspr Erblasserwille fest (§ 2085; s. § 2336 Rn 1); ansonsten ist eine entspr Verfügung vTw erforderlich. Das gilt auch, wenn die Entziehungsgründe von Anfang an nicht gegeben waren (BayObLG DNotZ 96, 319, 322). Verzeiht beim gemeinschaftlichen Testament, in dem die Ehegatten einem Kind den Pflichtteil entzogen haben, nur der überlebende Ehegatte, wirkt sich die Verzeihung zwar nur auf seinen Nachlass aus, zu dem aber bei der Einheitslösung die Vermögensgegenstände des vorverstorbenen Gatten gehören (Hamm MDR 97, 844). **Beweislast:** § 2336 Rn 4.

§ 2338 Pflichtteilsbeschränkung.
(1) ¹Hat sich ein Abkömmling in solchem Maße der Verschwendung ergeben oder ist er in solchem Maße überschuldet, dass sein späterer Erwerb erheblich gefährdet wird, so kann der Erblasser das Pflichtteilsrecht des Abkömmlings durch die Anordnung beschränken, dass nach dem Tode des Abkömmlings dessen gesetzliche Erben das ihm Hinterlassene oder den ihm gebührenden Pflichtteil als Nacherben oder als Nachvermächtnisnehmer nach dem Verhältnis ihrer gesetzlichen Erbteile erhalten sollen. ²Der Erblasser kann auch für die Lebenszeit des Abkömmlings die Verwaltung einem Testamentsvollstrecker übertragen; der Abkömmling hat in einem solchen Falle Anspruch auf den jährlichen Reinertrag.
(2) ¹Auf Anordnungen dieser Art findet die Vorschrift des § 2336 Abs. 1 bis 3 entsprechende Anwendung. ²Die Anordnungen sind unwirksam, wenn zur Zeit des Erbfalls der Abkömmling sich dauernd von dem verschwenderischen Leben abgewendet hat oder die den Grund der Anordnung bildende Überschuldung nicht mehr besteht.

A. Zweck. Im wohlverstandenen Interesse des Pflichtteilsberechtigten (und seiner Abkömmlinge) soll dessen **1** erbrechtlicher Erwerb und darüber hinaus das Familienvermögen vor Verschwendung und Überschuldung geschützt werden. Der Grund der Anordnung muss wie nach § 2336 II 1 angegeben werden (II 1; str).

B. Voraussetzungen. Die Beschränkung kann nur **Abkömmlingen** auferlegt werden. Eltern oder Ehegatten **2** müssen sich Beschränkungen jeder Art, auch gem § 2338, gefallen lassen, wenn ihr Pflichtteil entzogen werden kann (MüKo/*Lange* Rz 3). Der Abkömmling muss der **Verschwendung** erlegen sein, dh eine Lebensweise mit einem Hang zu zweck- und nutzlosen Vermögensverwendungen pflegen (*Baumann* ZEV 96, 121, 122), oder **überschuldet** sein, dh seine Verbindlichkeiten sein Aktivvermögen überschreiten (§§ 11, 19, 320, 322 InsO). Da insoweit bloße Zahlungsunfähigkeit nicht genügt, reicht bei natürlichen Personen die Eröffnung eines Insolvenzverfahrens allein nicht (vgl § 17 InsO). Diese Gründe sind abschließend (MüKo/*Lange* Rz 2). Durch die Verschwendung oder Überschuldung muss der spätere Erwerb, und zwar der des Erb- oder Pflichtteils (BaRoth/*Mayer* Rz 2; MüKo/*Lange* Rz 5; aA Staud/*Olshausen* Rz 9; *Baumann* ZEV 96, 121, 122 f), **erheblich gefährdet** sein. Der Beschränkungsgrund muss bei **Errichtung** der Verfügung vTw (II 1 iVm **§ 2336 II 1**) und beim **Erbfall** vorliegen (II 2). Sein späteres Entfallen ist bedeutungslos (*Gottwald* Rz 8).

C. Mögliche Maßnahmen (Abs 1 S 1, 2). Die Beschränkungsmöglichkeiten sind abschließend aufgezählt. Sie **3** können kombiniert werden. Es können die **gesetzlichen** Erben (§§ 1924 ff) des Abkömmlings als **Nacherben** (§§ 2100 ff) oder **Nachvermächtnisnehmer** (§ 2191) eingesetzt werden. Ihre individuelle Bezeichnung führt zur Unwirksamkeit der Beschränkung, wenn die Genannten sich zum Todeszeitpunkt des Abkömmlings von dessen gesetzlichen Erben unterscheiden (KG OLGE 6, 332; DErbK/*Stöckel* Rz 12). Die gesetzlichen Erben, deren Pflichtteil der Erblasser entziehen kann, kann er ausschließen. Er kann auch nur bestimmte Ordnungen der Erben einsetzen. Gesetzliche Erben iSd § 2338 sind auch adoptierte und nichteheliche Kinder sowie der Ehegatte des Pflichtteilsberechtigten, nicht der Fiskus. Die Nacherbfolge oder der Vermächtnisanfall muss an den Tod des Abkömmlings geknüpft sein. Nacherbenanordnung ist nur möglich, wenn der pflichtteilsberechtigte Abkömmling **Vorerbe**, nicht nur auf ein Vermächtnis oder den Pflichtteil verwiesen ist. Die Höhe der Erbeinsetzung ist egal.

4 Nach Neufassung des § 2306 I ist der Abkömmling unabhängig von der Größe des hinterlassenen Erbteils an auferlegte Beschränkungen gebunden, schlägt er nicht aus (vgl RGZ 85, 347, 350). § 2338 ist insoweit bedeutungslos (KG RJA 15, 194, 197). Schlägt er nach § 2306 I aus und bestehen nicht nur Beschränkungen nach § 2338 (s. § 2306 Rn 4), erwirbt er einen Pflichtteilsanspruch (§ 2306 I; Staud/*Olshausen* Rz 33; MüKo/*Lange* Rz 10). Die nach § 2338 zulässigen Beschränkungen gehen als Nachvermächtnis auf diesen Anspruch über, wenn der Erblasser nichts anderes gewollt hat (RG Recht 1907 Nr 903; BaRoth *Mayer* Rz 14). Bestehen nur die nach § 2338 zulässigen Beschränkungen, verliert der Abkömmling nach der Ausschlagung im Zweifel aber nicht auch seinen Pflichtteilsanspruch (Soergel/*Dieckmann* Rz 9). Bei lebzeitigen Verfügungen des Abkömmlings als Vorerbe gelten die §§ 2112 ff, bei befreiter Vorerbschaft § 2136. Ggü Eigengläubigern schützt § 2115 (§ 773 ZPO, § 83 II InsO) bzw vor Pfändung der Nutzungen für standesgemäßen Unterhalt durch persönliche Gläubiger § 863 I ZPO (AnwK/*Herzog* Rz 9).

5 Nimmt der Abkömmling ein **Vermächtnis** an (§ 2191), gilt unabhängig von § 2338 § 2307 I. Da § 2191 II nicht auf §§ 2113–2115 verweist, bleiben ihm Verfügungen möglich. Auch greift § 863 I ZPO nicht, so dass Eigengläubiger in den Gegenstand des Vermächtnisses und dessen Nutzungen vollstrecken können. Es empfiehlt sich daher die zusätzliche Anordnung einer Testamentsvollstreckung.

6 Bei idR ratsamer Anordnung der **lebzeitigen Verwaltungstestamentsvollstreckung (I 2;** vgl **§ 2209 1 Alt 1)** kann der Abkömmling nicht unter Lebenden verfügen (§§ 2205, 2211). Eigengläubiger sind von der Pfändung (auch der Nutzung, § 863 I 2 ZPO) ausgeschlossen (§ 2114). Dem Abkömmling verbleibt der jährliche Reinertrag (**I 2**), der dem Zugriff der Gläubiger entzogen werden kann, wenn auch insoweit Testamentsvollstreckung angeordnet wird und der Abkömmling nicht ausschlägt und sich der Anordnung unterwirft (Bremen FamRZ 84, 213; MüKo/*Lange* Rz 15; aA AK/*Däubler* Rz 16; *Gottwald* Rz 16).

7 D. Prozessuales. Die **Beweislast** für den Grund der Beschränkung (Rn 2) trägt idR der Nacherbe, Nachvermächtnisnehmer oder Testamentsvollstrecker, für eine nachträgliche Veränderung derjenige, der sich darauf beruft (II 1 iVm § 2336 III).

Abschnitt 6 Erbunwürdigkeit

§ 2339 Gründe für Erbunwürdigkeit. (1) Erbunwürdig ist:
1. wer den Erblasser vorsätzlich und widerrechtlich getötet oder zu töten versucht oder in einen Zustand versetzt hat, infolge dessen der Erblasser bis zu seinem Tode unfähig war, eine Verfügung von Todes wegen zu errichten oder aufzuheben,
2. wer den Erblasser vorsätzlich und widerrechtlich verhindert hat, eine Verfügung von Todes wegen zu errichten oder aufzuheben,
3. wer den Erblasser durch arglistige Täuschung oder widerrechtlich durch Drohung bestimmt hat, eine Verfügung von Todes wegen zu errichten oder aufzuheben,
4. wer sich in Ansehung einer Verfügung des Erblassers von Todes wegen einer Straftat nach den §§ 267, 271 bis 274 des Strafgesetzbuches schuldig gemacht hat.

(2) Die Erbunwürdigkeit tritt in den Fällen des Absatzes 1 Nr. 3, 4 nicht ein, wenn vor dem Eintritt des Erbfalls die Verfügung, zu deren Errichtung der Erblasser bestimmt oder in Ansehung deren die Straftat begangen worden ist, unwirksam geworden ist, oder die Verfügung, zu deren Aufhebung er bestimmt worden ist, unwirksam geworden sein würde.

1 A. Zweck. Bei den genannten Erbunwürdigkeitsgründen besteht ein mutmaßlicher Wille des Erblassers, dass der sie Verwirklichende von der Partizipation an seinem Nachlass ausgeschlossen sein soll (MüKo/*Helms* Rz 2 f). Zudem sollen sie präventiv verhüten, dass ein potenzieller Erbe den Erbfall herbeiführt (Nr 1) oder die Testierfreiheit des Erblassers (und seine Würde, so *Muscheler* ZEV 09, 58, 61) iÜ verletzt, indem er ihm ungünstige Anordnungen des Erblassers verhindert (Erman/*Schlüter* Vor § 2339 Rz 1). Nach aA ist eine zivilrechtliche Strafe für (idR strafrechtlich relevante) Handlungen zum Nachteil des Erblassers vorgesehen (RGRK/*Kregel* Rz 1). Die Gründe sind enumerativ genannt, wobei in engen Grenzen iRd einzelnen Gründe eine Analogie nicht ausgeschlossen ist (Staud/*Olshausen* Rz 21; aA AnwK/*Kroiß* Rz 2). §§ 2339 ff gelten auch für den Lebenspartner, obwohl ein Verweis in § 10 VI 2 LPartG fehlt.

2 B. Herbeiführung der Erbunwürdigkeit. Im Fall des § 2345 führt die Erklärung der Anfechtung, ansonsten das nach dem Erbfall durch Anfechtung des Erbfalls mittels Klage (§§ 2340, 2341) eines dazu Berechtigten (§ 2341) zu erwirkende rechtkräftige Urt zur Erbunwürdigkeit. Der entscheidende Zivilrichter ist nicht an strafgerichtliche Urteile gebunden (BGH ZEV 05, 307), hat sich aber ggf mit den Feststellungen bei seiner *Beweiswürdigung* auseinander zu setzen. Nach § 2345 können auch ein Vermächtnisnehmer und ein Pflichtteilsberechtigter ausgeschlossen werden. Nach Verzeihung (§ 2343) oder Verfristung (§ 2340) ist Erbunwürdigkeit ausgeschlossen. Unwürdigkeit besteht nur im Verhältnis zu einem bestimmten Erblasser.

C. Einzelne Voraussetzungen. Die verfassungsgemäße (BVerfG NJW 05, 1561, 1565) **Nr 1** erfasst §§ 211, 212 StGB in allen Beteiligungsformen, auch versuchten (§§ 22, 23 StGB) Mord oder Totschlag (AnwK/*Kroiß* Rz 4), wobei strafbefreiender Rücktritt (§ 24 StGB) auch Erbunwürdigkeit entfallen lässt (DErbK/*Stiewe* Rz 5). Erforderlich ist vorsätzliches, rechtswidriges und grds (vgl § 2333 Rn 2) schuldhaftes Handeln. **Nicht** erfasst ist die Tötung auf Verlangen (§ 216 StGB) oder die fahrlässige Herbeiführung der Todesfolge (§ 222, uU §§ 227, 251 StGB). Bei Tötung des Vorerben durch den Nacherben gilt § 162 II analog (BGH NJW 68, 2051 f) oder direkt (MüKo/*Helms* Rz 9). Die Testierunfähigkeit hat der Erbe herbeigeführt, wenn er bewirkte, dass der Erblasser dauerhaft aus tatsächlichen oder rechtlichen Gründen nicht mehr testieren kann, ihn zB in Siechtum oder Geisteskrankheit versetzte oder körperlich verstümmelte (vgl § 226 I Nr 3 StGB). Subjektiv genügt die vorsätzliche Herbeiführung dieses Zustandes (AnwK/*Kroiß* Rz 7); Absicht ist nicht erforderlich. 3

Nr 2 setzt voraus, dass der Erblasser die Errichtung oder Aufhebung einer bestimmten letztwilligen Verfügung konkret beabsichtigte, diese Absicht aber nicht umsetzte. Dafür muss der Erbe vorsätzlich iSv § 123 kausal geworden sein. Sein bloßer Versuch genügt nicht. Seine Verhinderungshandlung kann zB in Gewalt, Drohung oder arglistiger Täuschung, zB über Formvorschriften (BGH NJW 65, 496) oder eine angebliche Vernichtung des Testaments, so dass Widerruf nach § 2255 unterbleibt (BGH NJW-RR 90, 515, 516), oder Ausnutzung einer Zwangslage des Erblassers bestehen. Unterlassen genügt nur, wenn der Erbe zum Handeln verpflichtet war. Vorsatz und Widerrechtlichkeit sind so wie bei § 123 zu verstehen (BGH aaO). 4

Nr 3 unterscheidet sich von Nr 2, indem es verlangt, dass der Erblasser wirksam eine Verfügung vTw trifft. Versuch genügt auch hier nicht. Handelt der Erbe mit Gewalt in Form von *vis absoluta*, ist die Verfügung unwirksam, so dass kein Bedürfnis zur analogen Anwendung besteht (Staud/*Olshausen* Rz 40; MüKo/*Helms* Rz 23; aA RGRK/*Kregel* Rz 5). Die Täuschung kann wie bei § 123 auch durch Unterlassen erfolgen, wenn eine Handlungspflicht besteht. Inwieweit eine Aufklärungspflicht bei ehelicher Untreue besteht, ist heute im Einzelnen streitig. Sie sollte nur bejaht werden, wenn gravierende Umstände vorliegen, damit kein neuer Erbunwürdigkeitsgrund geschaffen wird (MüKo/*Helms* Rz 25), zudem Ehebruch kein Pflichtteilsentziehungsgrund mehr ist. Sie wurde bejaht, wenn ein Ehegatte im Vertrauen auf die eheliche Treue des anderen, der sein fortdauerndes ehewidriges Verhältnis verschweigt, diesen testamentarisch begünstigt (BGH NJW 68, 642, 643; Staud/*Olshausen* Rz 39). Bei Irrtum, Täuschung oder Drohung ist auch Anfechtung (§§ 2078 II, 2080 I) möglich; die Stellung als gesetzlicher Erbe beseitigt diese aber nicht (*Brox/Walker* ErbR Rz 279). 5

Nr 4 nimmt auf die Urkundsdelikte (§§ 267, 271, 273, 274 StGB) Bezug; auch auf § 267 I Alt 1 und 3 StGB (Herstellen und Gebrauchen einer unechten Urkunde). Versuch genügt, wenn er geeignet ist, den Erblasserwillen zu verdunkeln (MüKo/*Helms* Rz 27; aA *Muscheler* ZEV 09, 101). Auch eine Fälschung, die dem wirklichen Willen des Erblassers entspricht, ist erfasst (BGH NJW 70, 197f; Stuttg ZEV 99, 187, 188; Staud/*Olshausen* Rz 51; aA MüKo/*Helms* Rz 13). Auf das Motiv des Täters kommt es nicht an (BGH ZEV 08, 193f). 6

D. Ausschluss. II sieht für I Nr 3 u 4 eine Ausn vor, weil hier die Handlung des Erben für die Erbfolge nicht kausal geworden ist (Prot V, 642). Dabei sind Unwirksamkeitsgründe das Vorversterben des Bedachten, die Aufhebung der Verfügung durch den Erblasser, ein Bedingungseintritt oder -ausfall oder der Zeitablauf (§ 2252) bei Nottestamenten (MüKo/*Helms* Rz 30). Bei I Nr 4 ist die von Anfang an unwirksame Urkunde nicht gleichgestellt (Stuttg ZEV 99, 178, 188; MüKo/*Helms* Rz 32; Staud/*Olshausen* Rz 56; aA Palandt/*Edenhofer* Rz 7, 8; Soergel/*Damrau* Rz 9); auch eine solche kann verdunkeln. 7

E. Prozessuales. Beweisen muss den Erbunwürdigkeitsgrund, wer sich auf ihn beruft (BGH NJW-RR 90, 515, 516). Der Erbe muss den Ausschluss nach II (Rn 7) sowie seine Unzurechnungsfähigkeit analog § 827 beweisen (BGH NJW 88, 822; Ddorf OLGR 00, 181, 182). 8

§ 2340 Geltendmachung der Erbunwürdigkeit durch Anfechtung.

(1) Die Erbunwürdigkeit wird durch Anfechtung des Erbschaftserwerbs geltend gemacht.
(2) ¹Die Anfechtung ist erst nach dem Anfall der Erbschaft zulässig. ²Einem Nacherben gegenüber kann die Anfechtung erfolgen, sobald die Erbschaft dem Vorerben angefallen ist.
(3) Die Anfechtung kann nur innerhalb der in § 2082 bestimmten Fristen erfolgen.

A. Geltendmachung. Die Erbunwürdigkeit tritt **nicht** kraft G ein. Sie kann nach Anfall der Erbschaft (§ 1942 I) an den Unwürdigen (**II 1**) bzw seine Erben durch **Anfechtung** geltend gemacht werden; dann auch ggü dem Nacherben (**II 2**). Dies erfolgt ggü dem Erben durch Klage (§ 2342), ggü Vermächtnisnehmern und Pflichtteilsberechtigten durch Anfechtungserklärung (§ 2345 I, II). Die Anfechtungsklage kann aus Gründen der Rechtsklarheit nicht zeitgleich ggü mehrere nacheinander berufene unwürdige Erben gerichtet werden (Staud/*Olshausen* Rz 8; *Muscheler* ZEV 09, 101, 104; aA MüKo/*Helms* Rz 2; Voraufl), gegen den Nacherben trotz § 2139 aber schon, wenn die Erbschaft dem Vorerben angefallen ist (**II 2**). Zu Lebzeiten des Erblassers ist wegen seiner Möglichkeit zu verzeihen (§ 2343) eine Klage auf Feststellung der Erbunwürdigkeit unzulässig (Staud/*Olshausen* Rz 7). 1

B. Frist. Die Anfechtungsfrist beträgt 1 Jahr (**III iVm § 2082 I**). Sie beginnt, wenn der Berechtigte den Anfechtungsgrund zuverlässig kennt (III iVm § 2082 II 1), so dass ihm Klageerhebung zumutbar ist (Bay- 2

OBLGR 02, 286), zB wenn er bei einer Testamentsfälschung die Tatsache der Fälschung und die Person des Fälschers aus einem Gutachten eines gerichtlich vereidigten Sachverständigen kennt (BGH NJW 89, 3214, 3215). Weil der Anfechtende sich in einer Lage wie der Geschädigte iSv § 852 befindet, kann bei der Frage nach seiner Kenntnis der Erbunwürdigkeit die Rspr zu § 852 herangezogen werden (BGH aaO). Vielfach wird darauf abgestellt, dass der Anfechtungsgrund beweisbar ist (München MDR 57, 612; Staud/*Olshausen* Rz 16). Im Fall des § 2339 I Nr 1 beginnt die Frist mit Verkündung des erstinstanzlichen Strafurteils (Kobl FamRZ 05, 1206). Es finden §§ 206, 210, 211 Anwendung (AnwK/*Kroiß* Rz 6).

§ 2341 Anfechtungsberechtigte. Anfechtungsberechtigt ist jeder, dem der Wegfall des Erbunwürdigen, sei es auch nur bei dem Wegfall eines anderen, zustatten kommt.

1 Anders als bei § 2080 I genügt, dass der Näherrückende nur ein mittelbares Interesse am Wegfall eines Erben und der Verbesserung der Rangfolge hat (BGH NJW 89, 3214). Der erstrebte Vorteil muss sich auf die Erbenstellung beziehen, so dass Vermächtnisnehmer (aber: Celle NdsRpfl 72, 238), Auflagenbegünstigte, Testamentsvollstrecker oder Gläubiger des Nächstberufenen kein Anfechtungsrecht haben (Staud/*Olshausen* Rz 5). Der Fiskus ist immer anfechtungsberechtigt (§ 1936). Das Anfechtungsrecht ist nicht rechtsgeschäftlich übertragbar oder pfändbar, aber vererbbar, wobei die begonnene Frist (§ 2340 III) weiterläuft. Der Berechtigte kann ggü einem Beteiligten auf sein Anfechtungsrecht verzichten (aber: § 2350). Auch der selbst Erbunwürdige kann anfechten, solange er nicht rechtskräftig für erbunwürdig erklärt ist (Staud/*Olshausen* Rz 4). Das Recht kann jeder Berechtigte selbstständig ausüben. Im Prozess sind mehrere Berechtigte, die gemeinsam klagen, notwendige Streitgenossen iSv § 62 ZPO (*Brox/Walker* ErbR Rz 284).

§ 2342 Anfechtungsklage. (1) ¹Die Anfechtung erfolgt durch Erhebung der Anfechtungsklage. ²Die Klage ist darauf zu richten, dass der Erbe für erbunwürdig erklärt wird.
(2) Die Wirkung der Anfechtung tritt erst mit der Rechtskraft des Urteils ein.

1 **A. Anfechtungsklage (Abs 1).** Die Anfechtung erfolgt durch Gestaltungsklage (aA *Muscheler* ZEV 09, 101, 105: Feststellungsklage), auch Widerklage, gegen den Erbunwürdigen, nicht durch Einrede oder Geltendmachung im Erbscheinsverfahren (BayObLG FamRZ 01, 319, 320). Der Antrag (zB: „Der *N.N.* ist als Erbe des am *Datum* verstorbenen *Name des Erblassers* erbunwürdig") muss erkennen lassen, dass die Anfechtung wegen Erbunwürdigkeit erfolgt (RG JW 1910, 23). Klagegegner ist der Erbe bzw dessen Gesamtrechtsnachfolger, nicht der Erbschaftskäufer (§§ 2371, 2385) oder Erwerber eines Miterbenanteils (§ 2033). Die Klage kann mit der Erbschaftsklage nach §§ 2018 ff verbunden werden (hM), wobei diese auf Herausgabe der Erbschaft nach Rechtskraft des Urteils zu richten ist. Ist der Erbe auch Vermächtnisnehmer oder Pflichtteilsberechtigter, beinhaltet die gegen ihn gerichtete Klage idR zugleich eine Anfechtungserklärung nach § 2345 (MüKo/*Helms* Rz 1). Die Klageerhebung bedeutet nicht zwingend, dass die Erbschaft angenommen wird. Der obsiegende Kläger kann ausschlagen (BaRoth/*Müller-Christmann* Rz 1). Die Erbunwürdigkeitsklage ist nicht deshalb ausgeschlossen, weil der Erbunwürdige die Erbschaft bereits ausgeschlagen hat (KG FamRZ 89, 675).

2 **B. Verfahren.** Sachlich zuständig ist streitwertabhängig das Amts- oder LG (§§ 71, 23 Nr 1 GVG). Maßgeblich ist der Wert der Beteiligung des Beklagten am Nachlass (BGH NJW 70, 197; Kobl ZEV 97, 252; abl MüKo/*Helms* Rz 6: Klägerinteresse). Die örtliche Zuständigkeit richtet sich nach dem allg Gerichtstand des Beklagten oder dem der Erbschaft (§ 27 ZPO; Staud/*Olshausen* Rz 5). Das nach II erforderliche Urt kann nicht durch einen Prozessvergleich oder ein außergerichtliches öffentlich beurkundetes Anerkenntnis (§ 794 I Nr 5 ZPO) ersetzt werden (MüKo/*Helms* Rz 8; str). Aus der Verhandlungsmaxime folgt, dass der Beklagte gem § 307 ZPO anerkennen (Jena ZEV 08, 479, 480; LG Köln NJW 77, 1783; aA LG Aachen MDR 88, 240; *Unberath* ZEV 08, 465) oder ein Versäumnisurteil jedenfalls dann ergehen kann, wenn die Benachteiligung Dritter ausgeschlossen ist (KG FamRZ 89, 675; Soergel/*Damrau* Rz 1; *Muscheler* ZEV 09, 101, 105). Nach aA sei der Untersuchungsgrundsatz maßgeblich und der Streitgegenstand der Verfügungsbefugnis der Parteien entzogen (MüKo/*Helms* Rz 8; *Blomeyer* MDR 77, 674, 675). Während der Prozessdauer können nachlassgerichtliche Sicherungsmaßnahmen angeordnet, insb ein Nachlasspfleger bestellt werden (BayObLG ZEV 02, 410). Nach Klageerhebung kann ein Erbscheinverfahren ausgesetzt werden (§ 2353 Rn 23).

3 **C. Wirkung (Abs 2).** Das der Klage stattgebende rechtskräftige Urt verändert die materielle Rechtslage und wirkt für und gegen jedermann (BGH NJW 70, 197). Das die Klage abweisende Urt wirkt nur zwischen den Parteien (MüKo/*Helms* Rz 9).

§ 2343 Verzeihung. Die Anfechtung ist ausgeschlossen, wenn der Erblasser dem Erbunwürdigen verziehen hat.

1 Zum Begriff § 2337 Rn 1. Der Verzeihende muss den Erbunwürdigkeitsgrund, nicht auch das Institut der Erbunwürdigkeit und die Rechtsfolgen einer Verzeihung kennen (MüKo/*Helms* Rz 1). Diese ist selbst beim

Mordversuch möglich. Wer auf sein Anfechtungsrecht verzichtet hat, kann insoweit kein Sachurteil mehr über die Erbunwürdigkeit erstreiten (MüKo/*Helms* Rz 2; aA Soergel/*Damrau* Rz 2: Abweisung als unbegründet). Eine Klage verstieße gegen § 242 (hM). Die **Beweislast**, dass der Erblasser verziehen hat, trägt der Erbunwürdige. Eine nur mutmaßliche Verzeihung reicht nicht (hM).

§ 2344 Wirkung der Erbunwürdigerklärung. (1) Ist ein Erbe für erbunwürdig erklärt, so gilt der Anfall an ihn als nicht erfolgt.
(2) Die Erbschaft fällt demjenigen an, welcher berufen sein würde, wenn der Erbunwürdige zur Zeit des Erbfalls nicht gelebt hätte; der Anfall gilt als mit dem Eintritt des Erbfalls erfolgt.

A. Rückwirkung. Die Erbunwürdigkeitserklärung hat **rückwirkende** Kraft (I). An die Stelle des Unwürdigen tritt unabhängig davon, wer das Urt erwirkt hat, wer berufen wäre, wenn der Erbunwürdige beim Erbfall nicht gelebt hätte (II 1), also der gesetzliche Erbe, Anwachsungsberechtigte (§ 2094) oder Ersatzerbe (§ 2096). Das können ggf auch die Abkömmlinge des Unwürdigen sein (Frankf NJW-RR 96, 261). Ist der Nacherbe erbunwürdig, verbleibt idR die Erbschaft beim Vorerben. Das Nacherbenrecht wird dann nicht nach § 2108 II vererbt. Für Vermächtnis- oder Pflichtteilsunwürdigkeit gilt die Norm nicht; bei § 2310 wird der Unwürdige mitgezählt. 1

B. Folgen. Wegen der Rückwirkung (I) leben infolge des Erbfalls durch Konfusion erloschene Rechte und Pflichten wieder auf. Der Erbunwürdige **haftet** den an seiner Stelle berufenen Erben nach §§ 2018 ff, 819. Als bösgläubiger Erbschaftsbesitzer schuldet er analog § 142 II Schadensersatz gem §§ 2023, 2024 und bei Besitzerlangung durch eine Straftat gem §§ 2025, 823 ff (MüKo/*Helms* Rz 2). Er selbst haftet ausgenommen für Nachlasseigenschulden nicht mehr für Nachlassverbindlichkeiten. Notwendige Verwendungen kann er ersetzt verlangen (§§ 2023 II, 994 II, 683). Über § 2022 III hat er Ansprüche nach den allg Vorschriften (zB § 812, § 1968), soweit seine Aufwendungen nicht einzelnen Sachen galten. Da der Unwürdige wegen der Rückwirkung (I) als Nichtberechtigter verfügte, bedürfen **gutgläubige Dritte** ggf des Schutzes nach §§ 932 ff, 892 f, 2366 f; die §§ 857, 935 stehen einem gutgläubigen Erwerb nicht entgegen. Ein **Schuldner** wird durch Leistungen an den Erbunwürdigen nur nach § 2367 frei. § 407 gilt nicht analog (BaRoth/*Müller-Christmann* Rz 4; MüKo/*Helms* Rz 4; aA Staud/*Olshausen* Rz 21; Soergel/*Damrau* Rz 3). Der Erbunwürdige haftet dem Schuldner, der nicht frei wird, gem §§ 812, 819 I, 142 II. Bei Erbunwürdigkeit werden Dritte nicht analog § 1959 II, III geschützt (Staud/*Olshausen* Rz 22). Den Anspruch auf **Zugewinnausgleich** (§ 1371 II) verliert der Erbunwürdige nicht zwingend (AnwK/*Kroiß* Rz 3), uU kann die Erfüllung aber eine grobe Unbilligkeit bedeuten (§ 1381 I). 2

§ 2345 Vermächtnisunwürdigkeit; Pflichtteilsunwürdigkeit. (1) ¹Hat sich ein Vermächtnisnehmer einer der in § 2339 Abs. 1 bezeichneten Verfehlungen schuldig gemacht, so ist der Anspruch aus dem Vermächtnis anfechtbar. ²Die Vorschriften der §§ 2082, 2083, 2339 Abs. 2 und der §§ 2341, 2343 finden Anwendung.
(2) Das Gleiche gilt für einen Pflichtteilsanspruch, wenn der Pflichtteilsberechtigte sich einer solchen Verfehlung schuldig gemacht hat.

A. Geltendmachung. Wie der Erbe kann auch der Vermächtnisnehmer oder Pflichtteilsberechtigte als nur schuldrechtlich Berechtigter erbunwürdig sein. Die Geltendmachung erfolgt durch formlose **Anfechtungserklärung** des Berechtigten (§ 2341) ggü dem Unwürdigen (§ 143 I, IV 1). Sie ist in einer Klageerhebung idR enthalten, wenn der Vermächtnisnehmer oder Pflichtteilsberechtigte zugleich Erbe ist (MüKo/*Helms* Rz 5). Die Erklärung hat in der Frist des § 2082 zu erfolgen. Für ihren Beginn kommt es nicht auf Beweisbarkeit, sondern lediglich auf zuverlässige Kenntnis vom Anfechtungsgrund an (hM, MüKo/*Helms* Rz 4). Nach Ablauf der Frist kann die Unwürdigkeit noch einredeweise geltend gemacht werden (I 2 iVm § 2083). § 2345 gilt nicht für eine Tat des Vermächtnisnehmers gegen den Erben (BGH FamRZ 62, 256, 257). Ggü einem Auflagenbegünstigten (§§ 2192 ff), der sich einer Verfehlung iSv § 2339 Nr 1–4 schuldig gemacht hat, bleibt nur Anfechtung nach §§ 2078, 2083. 1

Anfechtbare Ansprüche sind auch die gesetzlichen Vermächtnisse (Voraus, § 1932; Dreißigster, § 1969) und nicht vollzogene Schenkungen vTw (§ 2301 I). Beim Pflichtteilsberechtigten (II) sind neben dem Pflichtteilsanspruch auch der Pflichtteilsrestanspruch (§§ 2305, 2307) und der Pflichtteilsergänzungsanspruch gegen den Erben oder Beschenkten (§ 2325 ff) anfechtbar (Staud/*Olshausen* Rz 4, 5, 7). 2

B. Wirkung. Die Wirkung der Anfechtung folgt aus § 142 I. Der Anspruch des Unwürdigen wird rückwirkend beseitigt. Ein Ersatzvermächtnisnehmer (§ 2190), wenn er bestimmt ist, erwirbt das Vermächtnis. Einem bestimmten Mitvermächtnisnehmer wächst es an (§§ 2158 f). Fehlt es an beiden, erlischt es. Wenn der Unwürdige erbt, ihm aber nicht der Pflichtteil entzogen wurde, erlangt die Pflichtteilsunwürdigkeit eigene Bedeutung. Eine Folge ist, dass die in § 2309 benannten entfernteren Pflichtteilsberechtigten ihren Pflichtteil verlangen können (AnwK/*Kroiß* Rz 8). Das sollte auch gelten, wenn die Unwürdigkeit nach Fristablauf nur 3 einredeweise geltend gemacht wird (RGRK/*Kregel* Rz 2; *Brox/Walker* ErbR Rz 290; aA MüKo/*Helms* Rz 8; Staud/*Olshausen* Rz 18). Eine bereits an den Unwürdigen erfolgte Leistung kann nach Anfechtung herausverlangt werden (§ 812 I 2 Alt 1), auch noch nach Fristablauf (I 2, §§ 2083, 813). Stets gilt wegen § 142 II § 819.

Abschnitt 7 Erbverzicht

§ 2346 Wirkung des Erbverzichts, Beschränkungsmöglichkeit.
(1) ¹Verwandte sowie der Ehegatte des Erblassers können durch Vertrag mit dem Erblasser auf ihr gesetzliches Erbrecht verzichten. ²Der Verzichtende ist von der gesetzlichen Erbfolge ausgeschlossen, wie wenn er zur Zeit des Erbfalls nicht mehr lebte; er hat kein Pflichtteilsrecht.
(2) Der Verzicht kann auf das Pflichtteilsrecht beschränkt werden.

1 **A. Zweck.** Der Erb- und insb der Pflichtteilsverzicht eröffnen dem Erblasser ein Stück weiterer Testierfreiheit (BGH NJW-RR 91, 1610; vgl § 2303 Rn 2) und die Möglichkeit, zu Lebzeiten durch Vertrag mit dem Verzichtenden die Erbfolge und Nachlassverteilung an die individuellen Verhältnisse anzupassen. Praktisch relevant sind insb Regelungen der Vermögensnachfolge zu Lebzeiten, der Ausschluss des Ehegatten bzw Lebenspartners iSv § 1 LPartG von der Erbfolge, die Abfindung nichtehelicher oder erstehelicher Kinder sowie Regelungen zur Sicherung des Unternehmensfortbestands (Staud/*Schotten* Einl zu §§ 2346 ff Rz 3). Der Verzicht ist zudem bedeutend, wenn der Erblasser eine Enterbung oder einen Widerruf einer letztwilligen Zuwendung (zB wegen Geschäftsunfähigkeit, vgl § 2347 II 2) nicht aussprechen kann. Der Verzicht lässt sich auf den Pflichtteil (II) oder ein Vermächtnis bzw eine letztwillige Zuwendung (§ 2352) beschränken. Zur schuldrechtlichen Verpflichtung ggü dem Erben auszuschlagen s. § 2302. **Grenzen:** Der Verzicht unterliegt einer Inhaltskontrolle. Dabei sind in einer Gesamtschau alle objektiven und subjektiven individuellen Verhältnisse zu berücksichtigen. Die Wirksamkeit eines Verzichts ist insb nach dem Maßstab der §§ 134, 138 (s. zB München NotBZ 06, 325 f; LG Ravensburg ZEV 08, 598, 599 m Anm *Münch* aaO, 571; einschr BaRoth/*Mayer* Rz 39 f), seine Geltendmachung am Maßstab des § 242 zu beurteilen (*Bengel* ZEV 06, 192 ff; *Kuchinke* FPR 06, 125, 126 ff). Zur **Form** s. § 2348.

2 **B. Rechtsnatur.** Der Erb- und Pflichtteilsverzicht ist ein abstrakter erbrechtlicher Verfügungsvertrag (BGH NJW 57, 1187, 1188; Staud/*Schotten* Einl zu §§ 2346 ff Rz 15). Damit der künftige Erblasser über die Verteilung seines Vermögens mitentscheiden kann, ist der Verzicht als Vertrag und nicht als einseitige Willenserklärung konzipiert. Der Erbverzicht ist erbrechtlich (BayObLG FamRZ 95, 964, 965), denn in ihm verfügt der Verzichtende mit unmittelbarer Wirkung über seine Rechtsposition in der Weise, dass er nicht Erbe, Vermächtnisnehmer oder Zuwendungsempfänger wird (MüKo/*Strobel* Rz 2). Er wird behandelt, als hätte er zur Zeit des Erbfalls nicht gelebt (I 2). Die Wirkungen des Erbverzichts als abstraktes Rechtsgeschäft (BGH NJW 62, 1910, 1912) treten unabhängig von einem ihm zu Grunde liegenden Kausalverhältnis (Rn 12 ff) ein (BayObLG ZEV 06, 209, 210; BaRoth/*Mayer* Rz 2; Soergel/*Damrau* Rz 1). Er ist kein gegenseitiger Vertrag iSd §§ 320 ff (BayObLG FamRZ 95, 964, 965). Er ist, wenn er unentgeltlich erfolgt, keine Schenkung iSd BGB, so dass Anfechtung nach § 129 ff InsO ausscheidet (MüKo/*Strobel* Rz 5). Der Erbverzicht ist ferner ein Rechtsgeschäft unter Lebenden auf den Todesfall, keine Verfügung vTw (BayObLGZ 81, 30, 34), so dass grds die Vorschriften des Allgemeinen Teils gelten. Daher erfolgt die Auslegung nach §§ 133, 157 (BayObLG Rpfleger 84, 191; Sonderbestimmung: § 2350), die Behandlung von Willensmängeln gem §§ 116 ff, die Anfechtung gem §§ 119 ff (Rn 15) und wird die Teilnichtigkeit nach § 139 beurteilt (BGH NJW 08, 298, 299 zur Frage, ob bei Unwirksamkeit eines Gesamtverzichts zumindest ein isolierter Pflichtteilsverzicht gewollt war). Nach dem Eintritt des Erbfalls kann ein Erbverzicht nicht mehr erfolgen (Kobl FamRZ 93, 1498; Schlesw NJW-RR 97, 1092, 1093).

3 **C. Persönliche Voraussetzungen.** Nur Verwandte des Erblassers oder sein Ehegatte (bzw Lebenspartner, § 10 VII LPartG) können (persönlich: § 2347) auf ihr gesetzliches Erb- und/oder Pflichtteilsrecht verzichten. Nicht erforderlich ist, dass der Verzichtende schon bei Vertragsschluss pflichtteilsberechtigt oder nächstberufener Erbe ist; er kann schon vor einer Eheschließung (zum Verlobten bzw zum Versprechenden iSd § 1 III LPartG vgl § 2347 I 1) oder Adoption auf das erst entstehende Erbrecht verzichten (Hamm Rpfleger 52, 89). Beschränkungen güterrechtlicher Art (vgl § 1365) sowie die Eröffnung eines Insolvenzverfahrens stehen einem Verzicht nicht entgegen. Insoweit ist auch keine Zustimmung des Ehegatten bzw Insolvenzverwalters (s. § 83 I InsO) nötig (Staud/*Schotten* Rz 8).

4 **D. Vertragspartner.** Vertragspartner des Verzichtenden muss der künftige Erblasser sein (**I 1**; s.a. **§ 2347 II**). Er muss **noch leben**, wenn der Verzicht geschlossen (BGH NJW 62, 1910, 1913) und wirksam (Staud/*Schotten* Rz 19) wird. Das gilt auch für den Pflichtteilsverzicht (BGH NJW 97, 521, 522; Pentz MDR 98, 88; krit AnwK/*Beck/Ullrich* Rz 5; BaRoth/*Mayer* Rz 7; *Muscheler* JZ 97, 853, 855). Ein nachträglicher Erbverzicht kann als Ausschlagung, Übertragung des Erbteils (§ 2033) oder der Erbschaft auf den Vertragsgegner umzu-

deuten (§ 140) sein (MüKo/*Strobel* Rz 10). Ein nachträglicher Verzicht auf den entstandenen Pflichtteil ist ein (formlos möglicher) Erlass (§ 397). Zur **Aufhebung** des Verzichts s. § 2351.
Der Verzicht kann nicht ggü einem begünstigten Dritten erklärt werden (Staud/*Schotten* Rz 10); zu schuldrechtlichen Verträgen zwischen künftigen Erben vgl § 311b V. Nur auf den Erbfall, der durch den Tod derjenigen Person eintritt, mit welcher der Verzichtende den Vertrag geschlossen hat, kann sich der Verzicht beziehen (Frankf FamRZ 95, 1450, 1451). Ein Verzichtsvertrag mit dem Inhalt, dass der Verzichtende auch in allen weiteren Erbfällen, die in Bezug zu dem Vertragspartner stehen, ausgeschlossen sein soll, ist nicht möglich (BayObLG Rpfleger 05, 431).

E. Gegenstand. Gegenstand des **Erb**verzichts ist das gesetzliche Erbrecht. Er kann aber **eingeschränkt** werden, zB auf das Pflichtteilsrecht beschränkt (**II**) oder umgekehrt beim Verzicht auf das gesetzliche Erbrecht der Pflichtteil vorbehalten werden (BayObLGZ 81, 30, 33). Zulässig ist es auch, nur auf einen ideellen Bruchteil des gesetzlichen Erbrechts (Staud/*Schotten* Rz 41) zu verzichten, den Verzicht befristet (Staud/*Schotten* Rz 55) oder (aufschiebend oder auflösend) bedingt zu vereinbaren (vgl § 2350; BayObLG NJW 95, 22), oder als Unterwerfung unter eine Beschränkung (zB Nacherbeneinsetzung, Anordnung einer Testamentsvollstreckung) oder Beschwerung (Vermächtnis, Auflage) des Erb- oder Pflichtteils auszugestalten (Staud/*Schotten* Rz 52).
Auch der **Pflichtteils**anspruch als Geldforderung lässt sich beschränken, zB auf einen bestimmten Fest- oder Höchstbetrag, durch Anordnung einer bestimmten Berechnungsmethode oder bestimmter (Buch)-Werte, durch Stundung oder Ausklammerung einzelner oder einen Inbegriff von Nachlassgegenständen, auf Auszahlung in Raten, durch Anrechnung an sich nicht anrechnungspflichtiger Zuwendungen oder durch einen auf einen ideellen Bruchteil oder den Ergänzungs- oder Restpflichtteil (§§ 2325, 2305) beschränkten Verzicht (MüKo/*Strobel* Rz 20; Staud/*Schotten* Rz 49–53). Der Hoferbe kann isoliert auf sein Hofrecht (analog § 11 HöfeO) verzichten oder umgekehrt den Verzicht auf das hoffreie Vermögen beschränken (Oldbg FamRZ 98, 645, 646). Zum Pflichtteilsverzicht eines sozialhilfebedürftigen behinderten Kindes s. Köln 9.12.09 – 2 U 46/09.
Nicht zulässig ist der **Erb**verzicht nur auf einzelne oder einen Inbegriff von Nachlassgegenständen (MüKo/*Strobel* Rz 14), ferner auf den Voraus (§ 1932) oder den Dreißigsten sowie den Ausbildungsanspruch nach § 1371 IV (§ 1969; vgl BaRoth/*Mayer* Rz 13; MüKo/*Strobel* Rz 17; aA Staud/*Schotten* Rz 43–45). Ferner kann der Erbverzicht nicht unter den Vorbehalt des Widerrufs oder Rücktritts gestellt werden (BayObLG NJW 58, 344).

F. Wirkung. Durch den **Erbverzicht** fällt der Berufungsgrund zur Erbschaft weg (vgl **I 2**; BayObLG ZEV 06, 209, 210; Ddorf FamRZ 00, 856). Der Verzichtende wird nicht Erbe, es sei denn, der Erblasser trifft anderweitige letztwillige Anordnungen, zB in Form der Erbeinsetzung (vgl BGHZ 30, 261, 267) oder des Vermächtnisses. Ein Pflichtteilsberechtigter, der verzichtet, hat idR auch kein Pflichtteilsrecht (I 2 Hs 2; vgl BGH NJW 97, 653; 08, 298, 299). Er wird iSd § 2310 nicht mitgezählt und bleibt bei § 2316 I 2 außer Betracht. Der Erbverzicht ändert unmittelbar die gesetzliche Erbfolge. Er umfasst alle Ansprüche aus der gesetzlichen Erbfolge, also auch einen durch den Verzicht erhöhten Teil (vgl § 1935). Damit erhöht sich der Erbteil von Miterben (§ 1935) bzw die Pflichtteilsquote anderer Berechtigter (§ 2310 2, s.a. § 2316 I 2), die durch den Verzicht auch erst entstehen kann (vgl Celle FamRZ 98, 774). Diese Folgen sind in der Praxis oft nicht gewollt. Im Fall des § 2349 erstreckt sich der Verzicht auf den ganzen Stamm. Der Erbverzicht eines Ehegatten ggü dem anderen lässt den Anspruch auf den Voraus aus § 1932 nicht entfallen. Der verzichtende Ehegatte, der in Zugewinngemeinschaft lebt, kann aber güterrechtlichen Zugewinnausgleich nach § 1371 II verlangen, wenn er weder als Erbe berufen noch ihm ein Vermächtnis hinterlassen ist, nicht aber den erhöhten Erbteil (§ 1371 I). Hat er sich den **Pflichtteil vorbehalten**, hat er daneben Anspruch auf den kleinen Pflichtteil (§ 1371 II) und ggf Ansprüche nach §§ 2305, 2307 (Soergel/*Damrau* Rz 16). Durch Verzicht eines zur gesetzlichen Erbfolge berufenen Hausangehörigen entfällt der Anspruch aus § 1969 (MüKo/*Strobel* Rz 31; aA Staud/*Schotten* Rz 25). Nach hM erfasst ein vorbehaltloser Erb- oder Pflichtteilsverzicht auch den nachehelichen Unterhaltsanspruch nach §§ 1586b, 1933 3, wenn beim Erbverzicht der Pflichtteil nicht vorbehalten ist (Palandt/*Edenhofer* § 1933 Rz 10; *Dieckmann* FamRZ 99, 1929; aA BaRoth/*Mayer* Rz 21; Staud/*Schotten* Rz 66 f, 76).
Wird **nur** auf den **Pflichtteil** (II) verzichtet, entsteht kein Pflichtteilsanspruch oder Ansprüche nach §§ 2305, 2325. Daher besteht bei der güterrechtlichen Lösung kein Anspruch auf den Pflichtteil (MüKo/*Strobel* Rz 33). Entspr gilt für den in Zugewinngemeinschaft lebenden Lebenspartner (§§ 6 2, 10 VI LPartG). Das gesetzliche Erbrecht bleibt jedoch bestehen (Staud/*Schotten* Rz 74). Da der Erblasser insoweit frei verfügen kann, erlangt er durch den Pflichtteilsverzicht in Bezug auf den Verzichtenden volle Testierfreiheit. Der Verzichtende wird bei den §§ 2310, 2316 mitgezählt (Staud/*Schotten* Rz 77). Daher verringert der bloße Pflichtteilsverzicht die Pflichtteilslast des Erben.
Stirbt der Verzichtende vor dem Erblasser, hat der Verzicht keine Wirkungen, es sei denn, der Verzicht erstreckt sich auch auf die Abkömmlinge des Verzichtenden (§ 2349). Auch ein solcher Verzicht kann nach dem Tod des Erblassers nicht mehr aufgehoben werden (BGH NJW 98, 3117; Soergel/*Damrau* § 2351 Rz 5; aA Staud/*Schotten* Rz 97d).

12 **G. Kausalgeschäft.** Der Erbverzicht als abstraktes Rechtsgeschäft (Rn 2) bedarf eines Verpflichtungsgeschäfts als Rechtsgrund, um kondiktionsfest zu sein (BGH NJW 97, 653; Staud/*Schotten* Rz 115). Die Rechtsgeschäfte sind in ihrem Bestand jedoch voneinander unabhängig (BayObLG ZEV 06, 209, 210; AnwK/*Beck/Ullrich* Rz 23). Analog § 2348 bedarf auch das Kausalgeschäft der notariellen Beurkundung (Staud/*Schotten* Rz 119). Nur selten wird der Erbverzicht **ohne Gegenleistung** für den Verzichtenden erklärt werden. Der unentgeltliche Erbverzicht ist ein unentgeltliches Rechtsgeschäft eigener Art, weil der Anwärter weder dem künftigen Erblasser noch einem Dritten als Begünstigten etwas iSd § 516 ff schenkt, da diese durch den Verzicht nicht bereichert werden (Staud/*Schotten* Rz 120 f). IdR wird eine **Abfindung** als Entgelt für den Erbverzicht des Anwärters vereinbart. Weil sie als Surrogat für einen unentgeltlichen Erwerb vTw gezahlt wird, ist sie eine unentgeltliche Zuwendung (BGH NJW 91, 1610; Staud/*Schotten* Rz 124; aA Soergel/*Damrau* Rz 3: entgeltlicher Vertrag) und idR Schenkung iSd BGB (str; Staud/*Schotten* Rz 128; vgl § 2325 Rn 17 ff). Die Abfindung kann eine Zuwendung vTw, zB ein mit erbvertraglicher Bindung ausgesetztes Vermächtnis, sein (BayObLG FamRZ 95, 964, 965). Das Versprechen einer letztwilligen Zuwendung als Gegenleistung ist nach § 2302 nichtig, wird die Verfügung vTw nicht zeitgleich errichtet (Staud/*Schotten* Rz 142).

13 Meistens wird als Abfindung eine Zuwendung unter Lebenden versprochen und liegt ihr und dem Erbverzicht ein **gegenseitiger Vertrag** iSd § 320 ff zu Grunde, der durch selbstständige Vollzugsgeschäfte erfüllt wird (BGH NJW 97, 653; Staud/*Schotten* Rz 122). Der Erblasser hat die Gegenleistung, also ggf die Abfindung, zu leisten. Ansonsten kann zu seinen Lebzeiten der Verzichtende nach § 323 zurücktreten und daneben (§ 325) bei Vorsatz oder grober Fahrlässigkeit (§ 521) Schadensersatz geltend machen. Der Erblasser, der nicht vorleistungspflichtig ist, kann gem § 320 I die Leistung verweigern und, gerichtlich nach § 894 ZPO durchsetzbar, Erfüllung durch Erklärung des Verzichts verlangen (BGH NJW 62, 1910, 1913). Durch den formwirksam (§ 2348) geschlossenen Erbverzichtsvertrag wird ein ggf formunwirksames Grundgeschäft geheilt (§ 2348 Rn 1). Stirbt der Erblasser oder Anwärter vor Abschluss des Verzichtsvertrags, wird der andere Vertragspartner von seiner Verpflichtung gem § 275 I frei und verliert seinen Anspruch auf die Gegenleistung gem § 326 I 1. Ist dem Anwärter schon die Abfindung geleistet worden, kann von ihm bzw seinen Erben Rückzahlung nach §§ 326 IV, 346 ff verlangt werden. Im Fall des § 324 besteht ein Recht zum Rücktritt vom Kausalgeschäft. Ein solches Recht kann vertraglich vereinbart, aber nur zu Lebzeiten des Erblassers ausgeübt werden (MüKo/*Strobel* Rz 23; Staud/*Schotten* Rz 156; aA BayObLG NJW 58, 344, 345). Bei Rücktritt hat der Erblasser an der Aufhebung eines geschlossenen Verzichtsvertrags (§ 2351) mitzuwirken. Nach dem Tod des Erblassers oder des Verzichtenden ist ein Aufhebungsvertrag ausgeschlossen (BGH NJW 98, 3117), so dass Wertersatz nach § 346 II 1 Nr 1 geschuldet wird (Staud/*Schotten* Rz 159 f; s.a. Kobl FamRZ 93, 1498, 1499).

14 Ist das Kausalgeschäft **nichtig** und erfasst die Nichtigkeit aufgrund Fehleridentität auch das Verfügungsgeschäft, ist auch der Verzicht nichtig. Ist nur das Kausalverhältnis nichtig, sind die gegenseitig erbrachten Leistungen (zB die Abfindung) nach §§ 812 I 1, 818 ff zurückzugewähren. Der Erblasser hat an der Aufhebung eines vereinbarten Erb- oder Pflichtteilsverzichts (§ 2351) mitzuwirken. Nach Tod eines Vertragspartners kann der Verzicht nicht mehr aufgehoben werden, so dass für die erlangte vorteilhafte Rechtsstellung Wertersatz gem § 818 II zu leisten ist (MüKo/*Strobel* Rz 24; Staud/*Schotten* Rz 183 f; aA Soergel/*Damrau* Rz 4; Palandt/*Edenhofer* Rz 11). Eine **Anfechtung** des **Kausal**geschäfts ist nach den allg Vorschriften (§§ 119, 123) möglich; zB gem § 119 II, wenn ein Irrtum über wesentliche wertbildende Faktoren des gegenwärtigen Erblasservermögens vorlag und er Berechnungsgrundlage war (Staud/*Schotten* Rz 177 f). Ist eine Aufhebung des Verzichts dann nicht mehr möglich (Rn 15), kommt ein schuldrechtlicher Ersatzanspruch in Betracht (Kobl FamRZ 93, 1498, 1499). In krassen Fällen (Staud/*Schotten* Rz 191) ist noch nach § 242 eine erbfall Anpassung (nicht: Rücktritt) des schuldrechtlichen Abfindungsvertrags in Folge **Wegfalls der Geschäftsgrundlage** (§ 313) möglich (str, BGH NJW 97, 653, 654; 99, 789, 790; Hamm ZEV 00, 509; BaRoth/*Mayer* Rz 33; Palandt/*Edenhofer* Rz 9, 11; zum isolierten Pflichtteilsverzicht s. § 2351 Rn 2). Allein, dass sich die Vermögensverhältnisse der Vertragspartner zwischen Vertragsschluss und Erbfall geändert haben, genügt nicht (BGH ZEV 97, 69, 70). Auch kann eine Abfindung nicht zurückgefordert werden, weil der Verzichtende vor dem Tod des Erblassers als Erbe wegfällt. Es ist stets der Risikocharakter des Geschäfts zu berücksichtigen. Verfügungs- und Kausalgeschäft können in einen **Bedingungszusammenhang** (§ 158) gestellt werden (BGH NJW 62, 1910, 1912). Eine solche Bedingung wird selbst dann nicht vermutet, wenn Verzicht und Abfindung in einer Urkunde erklärt werden (BayObLG FamRZ 95, 964, 965; Staud/*Schotten* Rz 154; aA Erman/*Schlüter* Vor § 2346 Rz 3), sondern es bedarf dazu Anhaltspunkte im Wortlaut der Urkunde. Auch kann die Leistung der Abfindung als (aufschiebende oder auflösende) Bedingung für die Wirksamkeit des Verzichts vereinbart werden (Staud/*Schotten* Rz 153). Die Parteien können den Verzicht als Verfügungsgeschäft auch mit dem Kausalgeschäft zu einem **einheitlichen Geschäft** verbinden, so dass analog § 139 die Unwirksamkeit des einen Teils auch den anderen Teil erfasst (MüKo/*Strobel* Rz 27; aA Staud/*Schotten* Rz 151). Für die Einheitlichkeit der Rechtsgeschäfte besteht eine tatsächliche Vermutung, wenn sie in einer Urkunde aufgenommen sind (Bambg OLGR 98, 169; MüKo/*Strobel* Rz 27).

15 **H. Anfechtung.** Die **Anfechtung des Erbverzichts** richtet sich nach §§ 119, 123 (BGH WPM 80, 876; Kobl FamRZ 93, 1498, 1499). Daher ist ein Motivirrtum anders als nach § 2078 II unbeachtlich (Dresd OLGE 34, 315). Als Verfügungsgeschäft ist er nur zu Lebzeiten des Erblassers anfechtbar (BayObLG ZEV 06, 209, 210;

Ddorf FamRZ 98, 704, 705; Schlesw ZEV 98, 28, 30; Celle ZEV 04, 156, 157; aA *Damrau* ZEV 04, 157; *Mankowski* ZEV 98, 33). Danach kann im Fall des § 123 kann ein schuldrechtlicher Ersatzanspruch bestehen (Kobl NJW-RR 93, 708, 709).

I. Steuer. Beim unentgeltlichen Verzicht ggü dem Erblasser (§ 2346 II) fällt keine Erbschaftsteuer an. Abfindungen für einen Pflichtteilsverzicht sind als Schenkungen unter Lebenden gem § 7 I Nr 5 ErbStG steuerpflichtig, wobei es auf das Verhältnis zwischen Verzichtendem und dem Erblasser ankommt (BFH ZEV 01, 163). Schenkungsteuer fällt dann bereits mit dem Erwerb der Abfindung an (*Moench* § 7 ErbStG Rz 214). Für die Abfindung für den Verzicht auf einen entstandenen Pflichtteilsanspruch gilt § 3 II Nr 4 ErbStG. Als sonstige Nachlassverbindlichkeit kann die Abfindung gem § 10 V Nr 3 ErbStG vom Erwerb des Zugewendeten abgezogen werden (FA-ErbR/*Walpert* Kap 18 Rz 76, 244), aber nur, wenn sie wirtschaftlich belasten (BFH NJW-RR 07, 1458 m Anm *Kesseler/Thonet* NJW 08, 125). Der Verzicht nach dem Erbfall, aber vor Geltendmachung des Pflichtteilsanspruchs führt nach § 13 I Nr 11 ErbStG zur Steuerfreiheit, nach Geltendmachung nicht mehr. Dann ist der schenkweise Verzicht eine nach § 7 I Nr 1 ErbStG steuerpflichtige Zuwendung (Moench/*Kein-Hümbert* § 13 ErbStG Rz 68).

16

§ 2347 Persönliche Anforderungen, Vertretung.
(1) ¹Zu dem Erbverzicht ist, wenn der Verzichtende unter Vormundschaft steht, die Genehmigung des Familiengerichts erforderlich; steht er unter elterlicher Sorge, so gilt das Gleiche, sofern nicht der Vertrag unter Ehegatten oder unter Verlobten geschlossen wird. ²Für den Verzicht durch den Betreuer ist die Genehmigung des Betreuungsgerichts erforderlich.
(2) ¹Der Erblasser kann den Vertrag nur persönlich schließen; ist er in der Geschäftsfähigkeit beschränkt, so bedarf er nicht der Zustimmung seines gesetzlichen Vertreters. ²Ist der Erblasser geschäftsunfähig, so kann der Vertrag durch den gesetzlichen Vertreter geschlossen werden; die Genehmigung des Familiengerichts oder Betreuungsgerichts ist in gleichem Umfang wie nach Absatz 1 erforderlich.

A. Zweck. Die Norm regelt Anforderungen an die Geschäftsfähigkeit der Vertragsparteien, die Möglichkeit der Stellvertretung beim (teilweisen) Erbverzicht sowie inwieweit gerichtliche Genehmigung erforderlich ist. Sie gilt für alle Arten von Erbverzichtsverträgen, II 1 aber nicht darüber hinaus für schuldrechtliche Verträge (Staud/*Schotten* Rz 3 f). § 2347 I gilt analog für Verträge, die eine Verpflichtung zum Abschluss eines Erb- oder Zuwendungsverzichts beinhalten, nicht aber bei einer Vereinbarung zwischen einem Erblasser und seinem minderjährigen Abkömmling, die sich nur wirtschaftlich nachteilig auf dessen späteren Pflichtteilsanspruch auswirken kann (BGH NJW 57, 1187).

1

B. Rechtslage beim Verzichtenden (Abs 1). Er kann nach allg Regeln vertreten werden. Er muss den Verzichtsvertrag nicht persönlich schließen. Die Vollmacht bedarf nicht der Form des § 2348, vgl § 167 II. Ist er geschäftsunfähig (§ 104), muss der gesetzliche Vertreter (zB Eltern, Vormund, im Fall der §§ 1896 II, 1902 Betreuer) handeln. Ist er beschränkt geschäftsfähig (§ 106), kann er selbst mit Einwilligung des gesetzlichen Vertreters oder dieser als Vertreter den Verzichtsvertrag schließen. Bei fehlender Einwilligung kann seine Verzichtserklärung nur bis zum Tod des Erblassers bzw bis zum Tod des Verzichtenden genehmigt werden (Staud/*Schotten* Rz 11); s.a. § 108 III. Handlungen eines Vertreters ohne Vertretungsmacht kann er genehmigen, wobei seine Genehmigungserklärung dem Erblasser noch zu Lebzeiten zugehen (§ 130 I 1) muss (BGH NJW 78, 1159; aA zum Pflichtteilsverzicht BaRoth/*Mayer* Rz 3); § 130 II Alt 1 gilt nicht (Staud/*Schotten* Rz 9). Verzichtsverträge iSd §§ 2346, 2352 bedürfen der Genehmigung des BetreuungsGs, wenn ein bestellter Betreuer den Verzicht erklärt hat (I 2), bzw des FamGs, wenn für den Verzichtenden Vormundschaft (§ 1773) oder Ergänzungspflegschaft angeordnet (§ 1909) ist oder er unter elterlicher Sorge steht und der Verzichtsvertrag nicht unter Ehegatten oder Verlobten (und Versprechenden, § 1 III LPartG) geschlossen wird (I 1). Die Genehmigung muss im Zeitpunkt des Erbfalls wirksam sein (BGH aaO).

2

C. Rechtslage beim Erblasser (Abs 2). Er muss grds (s.a. II 2) persönlich handeln. Vertretung im Willen oder in der Erklärung ist ausgeschlossen (BGH NJW 96, 1062; BayObLG FamRZ 01, 941); auch beim Erbverzicht iRe gerichtlichen Vergleichs (RGZ 48, 183, 190 f; BGH FamRZ 60, 28, 30). Im Anwaltsprozess müssen die Erklärungen des Erblassers und des Anwalts vorliegen (BayObLG NJW 65, 1276). Der beschränkt geschäftsfähige Erblasser (§ 106) bedarf nicht der Zustimmung seines gesetzlichen Vertreters (II 1 Hs 2) oder des Gs, da er durch den Verzicht nur einen Vorteil erlangt. Für den Geschäftsunfähigen (§ 104) handelt sein gesetzlicher Vertreter (II 2). Für die erforderliche gerichtliche Genehmigung verweist II 2 Hs 2 auf I. Bei Betreuung (§ 1896) kann ein EV nicht angeordnet werden (§ 1903 II). Ist die Geschäftsfähigkeit des Erblassers zweifelhaft, sollte der Verzicht von ihm und seinem Betreuer abgeschlossen werden.

3

D. Wirkung. Ist der Erbverzichtsvertrag entgegen II nicht persönlich abgeschlossen worden, ist er nichtig (§ 125 1). Der Notar hat das zu beachten (§ 19 BNotO; vgl BGH NJW 96, 1062).

4

§ 2348 Form. Der Erbverzichtsvertrag bedarf der notariellen Beurkundung.

1 **Notarielle Beurkundung (§ 128)** ist zum Schutz (vgl § 17 BeurkG) und zur Warnung der Beteiligten sowie zur Sicherung der Beweisbarkeit angeordnet. Ein Prozessvergleich ersetzt gem § 127a die Beurkundungsform; das Erfordernis persönlicher Anwesenheit (§ 2347 II 1) besteht aber auch hier. Die Parteien müssen bei der notariellen Beurkundung nicht gleichzeitig anwesend sein. Es kann zunächst die eine Partei den Antrag, dann die andere ihre (idR nicht empfangsbedürftige) Annahme beurkunden lassen (§ 128; Staud/*Schotten* Rz 12, 14); § 152 gilt. Das Formerfordernis gilt für Erbverzichtsverträge aller Art, zB beim (teilweisen) Verzicht auf das gesetzliche Erbrecht, den Pflichtteil, letztwillige Zuwendungen (§ 2352) und entspr Aufhebungsverträge (§ 2351). Der Erbverzicht kann mit anderen Verträgen, insb einem Erbvertrag (vgl § 34 II Hs 2 BeurkG), verbunden werden. Das Formerfordernis gilt aber auch, wenn in der Urkunde zugleich andere, nicht formbedürftige Rechtsgeschäfte mitbeurkundet werden. Analog gilt es für schuldrechtliche Rechtsgeschäfte, die zum Abschluss eines Erbverzichts verpflichten oder für einen schuldrechtlichen Verzicht, das Pflichtteilsrecht geltend zu machen (KG OLGZ 74, 263, 265; zum Ganzen *Keller* ZEV 05, 229 ff); **nicht** für den Erlass eines entstandenen Pflichtteilsanspruchs (KG MDR 75, 1020). Ferner ist eine Vereinbarung formbedürftig, in der der Erbverzicht an eine Bedingung geknüpft wird (BGH NJW 62, 1910) sowie die Einwilligung des vertragsmäßig bedachten Vertragspartners eines Erbvertrags in eine seine Rechte beeinträchtigende Verfügung vTw (§ 2287 Rn 1). Verstöße gegen das Formgebot führen zur **Nichtigkeit** (§ 125). Ein danach nichtiges Grundgeschäft wird durch den nachfolgend abgeschlossenen Erbverzicht geheilt (analog §§ 311b I 2, 518 II, 766 2, 15 IV GmbHG), wenn alle anwendbaren Formerfordernisse erfüllt sind. Der abstrakte Verzichtsvertrag wird nicht nach § 311b I 2 geheilt (Ddorf FamRZ 02, 1147, 1148). Ggf ist Umdeutung (§ 140) in eine letztwillige Verfügung möglich. Die Form der Beurkundung richtet sich nach **§§ 8 ff BeurkG**. Kosten: § 36 II KostO.

2 Der Erbverzicht muss **ausdrücklich** erklärt werden oder sich zuverlässig aus dem Inhalt des Vertrags ergeben (Hamm FamRZ 96, 1176; Staud/*Schotten* Rz 7). Der BGH ist hiervon im Einzelfall weit abgerückt, indem er einen **stillschweigenden Verzicht** eines Kindes auf sein Pflichtteilsrecht nach dem erstverstorbenen Elternteil mangels entgegenstehender Umstände annahm, als sich die Eltern als Ehegatten in einem Erbvertrag als Alleinerben einsetzten und das gemeinsame Kind, das Vertragspartner des Erbvertrags war, zum Schlusserben bestimmten (NJW 57, 422). Auch könne in einem notariell beurkundeten gemeinschaftlichen Testament ein stillschweigender Erb- oder Pflichtteilsverzicht eines Ehegatten enthalten sein. Darauf deute hin, dass Ehegatten ihre Vermögen auch für die Zeit nach ihrem Tod getrennt halten wollten (BGH NJW 77, 1782; s.a. Ddorf MittBayNot 99, 574, 576). Eine solche Auslegung setzt voraus, dass die Grundsätze der Andeutungstheorie und der ergänzenden Auslegung beachtet werden (BaRoth/*Mayer* § 2346 Rz 8; krit MüKo/*Strobel* Rz 8; Staud/*Schotten* § 2346 Rz 13 ff); äußerste Zurückhaltung ist geboten. Zur Gewährleistung der Rechtssicherheit und wegen der Formstrenge im Erbrecht kann ein Verzicht allenfalls in äußersten Ausnahmefällen auf § 242 gestützt werden (Köln NJW-RR 06, 225, 226).

§ 2349 Erstreckung auf Abkömmlinge.
Verzichtet ein Abkömmling oder ein Seitenverwandter des Erblassers auf das gesetzliche Erbrecht, so erstreckt sich die Wirkung des Verzichts auf seine Abkömmlinge, sofern nicht ein anderes bestimmt wird.

1 Die Ausschlusswirkung (§ 2346 I 2) erstreckt sich beim Verzicht durch Abkömmlinge (auch nichteheliche Kinder und Adoptivkinder) oder Seitenverwandte des Erblassers idR auch auf deren Abkömmlinge. Der Verzichtende verfügt wegen der von Gesetzes wegen angeordneten Wirkung über das selbstständige künftige Erbrecht seiner Abkömmlinge, ohne dass es auf deren Zustimmung oder darauf, ob sie minderjährig oder überhaupt schon geboren sind, ankommt. Sie sind auch ausgeschlossen, wenn der Verzichtende vor dem Erbfall stirbt (Staud/*Schotten* Rz 1). Der Ausschluss des ganzen Stamms von der Erbfolge korrespondiert mit dem Vorteil einer Abfindung, die idR dem ganzen Stamm zu Gute kommt. Die Erstreckung gilt aber auch, wenn im Einzelfall keine Abfindung gezahlt wird. Sie tritt auch beim reinen Pflichtteilsverzicht ein. Durch Aufhebung des Erbverzichts (§ 2351) oder Ausschluss (nur) der Erstreckung lebt das Erbrecht der Abkömmlinge wieder auf.

2 Die Wirkung tritt **nicht** ein, wenn der Verzichtende kein Abkömmling oder Seitenverwandter ist, zB beim Verzicht des Ehegatten oder der Vorfahren, oder wenn etwas, ggf nur bzgl einzelner Abkömmlinge (MüKo/*Strobel* Rz 6; aA AnwK/*Beck/Ullrich* Rz 3), anderes vereinbart oder ein Abkömmling vom Erblasser letztwillig bedacht wurde (BGH NJW 98, 3117), wohl aber seit dem 1.1.10 beim Zuwendungsverzicht (§ 2352).

§ 2350 Verzicht zugunsten eines anderen.
(1) Verzichtet jemand zugunsten eines anderen auf das gesetzliche Erbrecht, so ist im Zweifel anzunehmen, dass der Verzicht nur für den Fall gelten soll, dass der andere Erbe wird.
(2) Verzichtet ein Abkömmling des Erblassers auf das gesetzliche Erbrecht, so ist im Zweifel anzunehmen, *dass der Verzicht nur zugunsten der anderen Abkömmlinge und des Ehegatten des Erblassers gelten soll.*

A. Geltungsbereich. Die **Auslegungsregel** gilt für einen Erbverzicht, der nicht ohne jede Bedingung, sondern zugunsten bestimmter Personen erklärt wird (relativer Erbverzicht). Sie ist nur anwendbar, wenn der tatsächliche Wille der Parteien des Verzichtsvertrags nicht ermittelbar ist (BGH NJW 08, 298, 299), und nicht auf den bloßen Pflichtteilsverzicht (§ 2346 II) oder auf den Zuwendungsverzicht (§ 2352; MüKo/*Strobel* Rz 3; aA für I Staud/*Schotten* § 2352 Rz 17). II betrifft die Tatbestands-, I die Rechtsfolgenseite. 1

B. Relativer Erbverzicht (Abs 1). I behandelt den erklärten relativen Erbverzicht und bestimmt, dass im Zweifel der Verzicht nur anzunehmen ist, wenn als Rechtsfolge derjenige, zugunsten dessen verzichtet wurde, Erbe wird. Der Verzicht ist aufschiebend bedingt und soll nur wirksam werden, wenn der mit ihm beabsichtigte Zweck eintritt. Tritt die Bedingung nicht ein, ist der Verzicht unwirksam. Ist er zugunsten mehrerer Begünstigter erklärt, ist er im Zweifel erst dann unwirksam, wenn sie alle weggefallen sind. Der Begünstigte kann kraft Gesetzes oder auf Grund letztwilliger Verfügung Erbe oder Miterbe werden. Er muss den ansonsten bei gesetzlicher Erbfolge dem Verzichtenden zufallenden Erbteil in voller Höhe erlangen (Staud/*Schotten* Rz 13). Es genügt, ist aber nicht notwendig, dass er an die Stelle des Verzichtenden zum Ersatzerben berufen wird. Berufung zum Vorerben, nicht aber die nur zum Nacherben oder die Zuwendung eines Vermächtnisses, genügt. Auch muss der Begünstigte nicht schon ein eigenes Erbrecht haben. Die Absicht des Verzichtenden, eine bestimmte Person zu begünstigen, muss sich aus dem Verzichtsvertrag (ggf durch Auslegung) ergeben. Bestimmbarkeit des Begünstigten zur Zeit des Erbfalls genügt. Dem Willen des Verzichtenden entspricht es, dem Begünstigten den kompletten Erbteil des Verzichtenden bei gesetzlicher Erbfolge zu Gute kommen zu lassen, dh der Verzichtserklärung in Fällen des I eine übertragende Wirkung beizumessen (KG DNotZ 42, 148; RGRK/*Johannsen* Rz 6). Nach aA erlangt er nur den durch den Verzicht erhöhten Anteil, da der Erbverzicht nur eine negative Wirkung habe (MüKo/*Strobel* Rz 9; Staud/*Schotten* Rz 14). Der Begünstigte erhält demnach den vollen Erbteil nur, wenn er als Erbe eingesetzt wird. Die Rechtsstellung eines nichtbegünstigten Dritten wird durch den Verzicht nicht verändert (Oldbg FamRZ 92, 1226 f). Die **Beweislast** trägt, wer entgegen der Vermutungen des § 2350 aus einem unbedingten Verzicht Rechte herleiten will (BGH NJW 08, 298, 299). 2

C. Verzicht des Abkömmlings. II vermutet für die Tatbestandsseite, wann mangels Vereinbarung ein relativer Verzicht anzunehmen ist. Demnach steht der Verzicht eines Abkömmlings des Erblassers unter der aufschiebenden Bedingung, dass sein gesetzlicher Erbteil wenigstens einem (Staud/*Schotten* Rz 27) anderen Abkömmling (§ 1924), worunter auch nichteheliche Kinder oder Adoptivkinder des Erblassers fallen, oder dem Ehepartner des Erblassers zu Gute kommt. Ehegatte iSd II ist auch ein Stiefelternteil (DErbK/*Güse* Rz 4). Der Lebenspartner ist einem Ehepartner gleichgestellt (§ 10 VII LPartG). **Beweislast:** Rn 2. 3

§ 2351 Aufhebung des Erbverzichts.
Auf einen Vertrag, durch den ein Erbverzicht aufgehoben wird, findet die Vorschrift des § 2348 und in Ansehung des Erblassers auch die Vorschrift des § 2347 Abs. 2 Satz 1 erster Halbsatz, Satz 2 Anwendung.

A. Aufhebungsvertrag. Durch einen in der Form des § 2348 geschlossenen Vertrag kann jederzeit ein zwischen den Parteien vereinbarter Erbverzicht ganz oder teilw aufgehoben werden (BGH NJW 80, 2307, 2308). Der Aufhebungsvertrag ist wie der Erbverzicht ein abstraktes erbrechtliches Verfügungsgeschäft unter Lebenden (Staud/*Schotten* § 2346 Rz 93). Er ist auf alle Arten von Erbverzichtsverträgen einschl des Zuwendungsverzichts (LG Kempten MittBayNot 78, 63; MüKo/*Strobel* Rz 1; aA *Kipp/Coing* § 82 V 2) anwendbar. Ein ihm zu Grunde liegendes Kausalgeschäft bedarf der notariellen Beurkundung analog § 2348 (Staud/*Schotten* Rz 24). Solange das Kausalgeschäft zum Erbverzicht (§ 2346 Rn 12 ff) nicht erfüllt wurde, kann es formlos aufgehoben werden, danach bedarf seine Aufhebung notarieller Beurkundung. 1

B. Parteivereinbarung. Die Aufhebung muss durch die **Parteien** des **Erb**verzichts vereinbart werden. Der Erbverzicht kann deshalb nur zu Lebzeiten des Erblassers (§ 2347 II 1; BGH NJW 99, 798 f) und des Verzichtenden (str, BGH NJW 98, 3117) aufgehoben werden. Auch eine auf § 242 oder § 313 gestützte Rückabwicklung scheidet nach dem Erbfall aus, da das Erbrecht auf einer festen Grundlage stehen muss. Grds gilt das gleiche für den (isolierten) **Pflichtteils**verzicht (Staud/*Schotten* § 2346 Rz 96). Hier ist aber eine Rückabwicklung bzw Anpassung ausnahmsweise möglich, da es insoweit nur um einen schuldrechtlichen Pflichtteilsanspruch geht, der die Erbfolge und die Pflichtteilsrechte anderer Pflichtteilsberechtigter nicht berührt (§ 2310 Rn 3; Nürnbg FamRZ 03, 634, 636 m krit Anm *Grziwotz* aaO 637 und Anm *Wendt* ZNotP 06, 2, 6 ff; aA Hamm ZEV 00, 57; Staud/*Schotten* § 2346 Rz 191; zum Kausalgeschäft s. § 2346 Rn 14). 2

Eine Mitwirkung der Abkömmlinge, auf die sich der Verzicht gem § 2349 erstreckt, ist ebenso wenig erforderlich wie die Zustimmung des durch den Erbverzicht Begünstigten (s. aber Karlsr ZEV 00, 108). Der beschränkt geschäftsfähige Erblasser (§ 106) hat mit Zustimmung seines gesetzlichen Vertreters persönlich zu handeln (Staud/*Schotten* Rz 9). Nur der für einen geschäftsunfähigen Erblasser (§ 104) handelnde gesetzliche Vertreter bedarf gerichtlicher Genehmigung (§ 2347 II 2). Bei Betreuung ist ratsam, dass Betreuer und Erblasser den Vertrag schließen (vgl BayObLG ZEV 01, 190, 191). Der Verzichtende kann sich vertreten lassen. Er erlangt durch die Aufhebung nur einen rechtlichen Vorteil, so dass bei Minderjährigkeit § 107 gilt. Für den 3 geschäftsunfähigen Verzichtenden handelt sein gesetzlicher Vertreter. Nicht möglich ist ein einseitiger **Widerruf** des Erbverzichts. Eine derartige Erklärung des Erblassers kann ggf eine letztwillige Verfügung sein, durch die dem Verzichtenden das zugewendet werden soll, auf das er verzichtet hat (BGHZ 30, 261, 267). Das gesetzliche Erbrecht oder Pflichtteilsrecht wird dadurch aber nicht wieder hergestellt.

4 **C. Wirkung.** Der Vertrag hebt den Erb- oder Zuwendungsverzicht auf, so dass dieser keinerlei Wirkung entfaltet (BGH NJW 80, 2307). Der Verzichtende erlangt die Rechtsstellung, die er vor seinem Verzicht innehatte. Hat er auf sein gesetzliches Erbrecht verzichtet, tritt mangels abweichender Verfügung vTw mit Aufhebung wieder gesetzliche Erbfolge ein. Er wird wieder pflichtteilsberechtigt (aber: §§ 2333 ff). Ist in einem Kausalgeschäft eine Abfindung für den Verzicht vereinbart worden (§ 2346 Rn 12 ff), wird es idR zusammen mit dem Verfügungsgeschäft aufgehoben (MüKo/*Strobel* Rz 5; aA Soergel/*Damrau* Rz 6). Die Abfindung kann dann gem § 812 I 2 Alt 1 zurückgefordert werden. Ist sie bedingt (§ 2346 Rz 14), gilt § 812 I 2 Alt 2.

§ 2352 Verzicht auf Zuwendungen.
¹Wer durch Testament als Erbe eingesetzt oder mit einem Vermächtnis bedacht ist, kann durch Vertrag mit dem Erblasser auf die Zuwendung verzichten. ²Das Gleiche gilt für eine Zuwendung, die in einem Erbvertrag einem Dritten gemacht ist. ³Die Vorschriften der §§ 2347 bis 2349 finden Anwendung.

1 **A. Zweck/Form.** Der Zuwendungsverzicht ist ein Unterfall des Erbverzichts. Wie dieser ist er ein vertragliches abstraktes Verfügungsgeschäft unter Lebenden auf den Todesfall (Staud/*Schotten* Rz 2a). § 2352 regelt den Verzicht auf letztwillige Zuwendungen, die auf einem Testament beruhen (**1**), und auf vertragsmäßige Zuwendungen aus einem Erbvertrag, die einem Dritten gemacht wurden (**2**). Da ein Testament oder einseitige Verfügungen in einem Erbvertrag frei widerruflich (§§ 2253 I, 2299 II 1) und ein Erbvertrag durch die Parteien aufhebbar (§ 2290) ist, ist der Zuwendungsverzicht praktisch relevant, wenn der Widerruf bzw die Aufhebung der letztwilligen Verfügung ansonsten unzweckmäßig oder nicht möglich ist. Bedeutsam ist zB, dass ein überlebender Ehegatte aufgrund wechselbezüglicher Verfügungen in einem gemeinschaftlichen Testament (§ 2271 II) nach dem Tod des Erstversterbenden gebunden ist. Durch einen Zuwendungsverzicht kann der Überlebende die Testierfreiheit wiedererlangen. Oder es kann für einen ganz oder beschränkt geschäftsunfähig gewordenen Erblasser sein gesetzlicher Vertreter einen Zuwendungsverzicht mit dem Bedachten vereinbaren. Denn für die **Geschäftsfähigkeit** und **Stellvertretung** gilt über 3 § 2347. Zu beachten ist, dass ggf eine Ersatzberufung oder Anwachsung nach § 2094 an andere eintritt (Rn 5).

2 Der Verzichtsvertrag nebst Kausalgeschäft (str) bedarf der **notariellen Beurkundung** (3 iVm § 2348; §§ 6 ff BeurkG). Ein Vergleich nach § 127a erfüllt die Form; auch § 128 gilt. Der Zuwendungsverzicht kann aus Gründen der Rechtssicherheit wie der Erbverzicht nur zu Lebzeiten des Erblassers vereinbart und auch aufgehoben werden (vgl § 2351). Einem Zuwendungsverzicht kann nach Eintritt des Erbfalls auch nicht mehr entgegengehalten werden, die Geschäftsgrundlage fehle oder der bezweckte Erfolg sei nicht eingetreten (BGH NJW 99, 789; § 2351 Rn 2). Eine Vertragsanpassung des zugrunde liegenden Kausalgeschäfts bleibt möglich (BGH aaO). Der Erblasser kann einen Verzichtenden in einer späteren Verfügung vTw erneut bedenken. Die **Aufhebung** des Zuwendungsverzichts erfolgt analog § 2351 (BGH ZEV 08, 237, 238). Eine inzwischen eingetretene erbrechtliche Bindung wird dadurch nicht beseitigt (hM, Staud/*Schotten* Rz 54).

3 **B. Zuwendung.** Zuwendung iSd § 2352 sind eine **Erbeinsetzung** oder ein **Vermächtnis**, die auf einer **Verfügung vTw** beruhen. Gesetzliche Vermächtnisse wie der Voraus (§ 1932) oder Dreißigster (§ 1969) sind ausgeschlossen (BaRoth/*Mayer* Rz 2; aA Soergel/*Damrau* § 2346 Rz 11). Analog sollte auf die Begünstigung aus einer Aufl verzichtet werden können (Staud/*Schotten* Rz 3; aA BaRoth/*Mayer* Rz 2; MüKo/*Strobel* Rz 4). Die letztwillige Verfügung, auf der die Zuwendung beruht, muss zur Zeit des Verzichts wirksam sein. Auf künftige Zuwendungen kann nicht verzichtet werden (BayObLG Rpfleger 87, 374). Auf die Zuwendung kann auch nur teilw, zB auf einen ideellen Bruchteil der Erbschaft oder Teil des Vermächtnisses beschränkt, verzichtet werden (Staud/*Schotten* Rz 11 f). Der Verzicht kann auch (aufschiebend bedingt) zugunsten bestimmter Personen, die an die Stelle des Erben oder Vermächtnisnehmers treten sollen, vereinbart werden. Da § 2350 hier nicht gilt, bedarf es dazu ausdrücklicher Anordnung (MüKo/*Strobel* Rz 5; aA Staud/*Schotten* Rz 17 f). Weil der Begünstigte durch den Verzicht nicht den kompletten Erbteil des Verzichtenden erlangt (Hamm OLGZ 72, 275), bedarf dieses Ziel einer entspr Anordnung des Erblassers.

4 **C. Bedachter.** Grds kann jeder Bedachte, auch der Fiskus, auf eine Zuwendung verzichten. Der **testamentarisch** Bedachte (**1**) kann durch Vertrag mit dem Erblasser auf die Zuwendung verzichten. Praktisch relevant ist der Verzicht, wenn korrespondierende Verfügungen in einem gemeinschaftlichen Testament getroffen wurden und ein Ehegatte stirbt. Der als Schlusserbe eingesetzte Abkömmling kann dann mit dem überlebenden Ehegatten einen Verzichtsvertrag schließen (vgl BayObLG FamRZ 01, 319, 320). **2** nimmt jedoch die **Parteien** eines **Erbvertrags** aus, damit sie an die zT strengeren Vorschriften des § 2290 gebunden bleiben. Ein Zuwendungsverzicht zwischen den Parteien des Erbvertrags, in dem keinem Dritten etwas zugewendet ist, ist unzulässig (Hamm DNotZ 77, 751; Stuttg DNotZ 79, 107). Damit beim mehrseitigen Erbvertrag (Vor § 2274 Rn 2) auf die einem einzelnen Vertragspartner gemachte Zuwendung ohne Mitwirkung der anderen verzich-

tet werden kann, gilt insoweit auch der als Dritter, der bei einem mehrseitigen Erbvertrag Vertragspartner ist (BayObLG NJW 65, 1552; MüKo/*Strobel* Rz 8; *Mayer* ZEV 96, 127, 129; im Ergebnis auch Staud/*Schotten* Rz 25 f). Nach aA könne die bedachte Person nur verzichten, wenn sie nur formal am Erbvertrag beteiligt ist (Celle NJW 59, 1923; Palandt/*Edenhofer* Rz 3). Eine Zustimmung der anderen Partei des Erbvertrags ist nicht notwendig. Noch nach ihrem Tod kann der Verzicht vereinbart werden (Staud/*Schotten* Rz 24). 2 betrifft nur vertragsmäßige Zuwendungen iSd § 2278. Beim einseitigen Erbvertrag ist der bedachte Vertragspartner nicht Dritter iSd 2 (Hamm DNotZ 77, 751). Für einseitige Verfügungen gilt gem § 2299 II 1 Testamentsrecht, so dass der Bedachte auf sie verzichten kann, auch wenn er Vertragspartner ist (1; vgl MüKo/*Strobel* Rz 10).

D. Wirkung. Es wird nicht die letztwillige Verfügung, die die Zuwendung enthält, durch den Verzicht aufgehoben. Er bewirkt nur, dass die Zuwendung an den Verzichtenden so nicht anfällt, als ob dieser beim Erbfall nicht gelebt hätte; sie wird gegenstandslos. § 2346 I 2 gilt analog (Staud/*Schotten* Rz 28). Andere Verfügungen vTw werden nicht berührt (BayObLG FamRZ 01, 319, 320). Beim Erbvertrag bleiben andere vertragliche und beim gemeinschaftlichen Testament andere korrespondierende Verfügungen bestehen. Der Zuwendungsverzicht bietet sich also an, wenn eine letztwillige Zuwendung beseitigt, aber weitergehende Konsequenzen vermieden werden sollen (MüKo/*Strobel* Rz 12). § 2352 verweist nunmehr, anders als die für bis zum 31.12.09 eingetretene Erbfälle geltende aF (Hamm ZEV 09, 566, 567; Voraufl), auch auf § 2349. Nach § 2352 aF konnte beim Berliner Testament, bei dem nach dem Tod des Zuerstverstorbenen eine Aufhebung nicht mehr möglich (§ 2290 Rn 3) und die wechselbezügliche Schlusserbeneinsetzung bindend war (§§ 2271 II 1, 2289), der Überlebende trotz Verzichts seiner Kinder nicht frei verfügen, da sich nach § 2352 aF deren Zuwendungsverzicht nicht auf deren Abkömmlinge erstreckte (vgl Frankf ZEV 97, 454). Ggf konnte durch deren Verzicht sogar der Ersatzerbfall (§ 2096) eintreten (s. Voraufl). Nunmehr findet nach Satz 3 die in § 2349 angeordnete Erstreckungswirkung des Verzichts eines Abkömmlings oder Seitenverwandten des Erblassers auf das Erbrecht seiner **Abkömmlinge** auf den Zuwendungsverzicht Anwendung, obgleich es sich dabei um den Verzicht auf eine gewillkürte Zuwendung (idR eines vorverstorbenen Ehegatten, Rn 1) handelt (krit daher *Kanzleiter* DNotZ 09, 805, 812; *Klinck* ZEV 09, 533, 535 f). Im Zweifel ist unabhängig von einer vollwertigen Abfindung an den Verzichtenden sein gesamter Stamm ausgeschlossen. Der Neufassung unterfallen alle Erbfälle seit dem 1.1.10 (**Übergangsregel**: Art 229 § 23 IV), so dass zuvor beurkundete Erbverzichte insoweit eine ganz andere Wirkung erlangen könnten. Sollen die Abkömmlinge des Verzichtenden an dessen Stelle treten, muss dieses bestimmt werden. Das verzichtende Kind kann die Wirkung des § 2349 auch auf einzelne seiner Abkömmlinge beschränken. **Keine** Erstreckungswirkung tritt bei einer Anwachsung nach § 2094 an andere bindend eingesetzte Erben ein.

Das **gesetzliche Erb-** und **Pflichtteilsrecht** bleibt durch den Zuwendungsverzicht unberührt, außer der Bedachte hat auch hierauf verzichtet (Frankf OLGR 03, 192). Der Wille der Parteien ist ggf durch Auslegung zu ermitteln. Haben sich Eltern durch Erbvertrag gegenseitig zu Alleinerben und ihre Kinder zu Schlusserben eingesetzt, liegt nahe, dass sich ein Erbverzichtsvertrag, den sie später mit einem Kind auf Grund einer Abfindung geschlossen haben, auf die Einsetzung als Schlusserbe erstreckt (Frankf FamRZ 94, 197; s.a. § 2348 Rn 2). Eine Formulierung, für jetzt und alle Zukunft auf Erb- und Pflichtteilsansprüche gegen den Nachlass des Erblassers zu verzichten, ist dahin auszulegen, dass die künftige Erbenstellung vollständig entfällt und sowohl auf das gesetzliche Erb- und Pflichtteilsrecht als auch auf eine letztwillige Zuwendung verzichtet wird (BGH DNotZ 72, 500; s.a. Karlsr FamRZ 02, 1519). Bleibt das Erb- und Pflichtteilsrecht unberührt, wirkt sich der Zuwendungsverzicht nicht auf die Höhe gesetzlicher Erb- und Pflichtteilsrechte **Dritter** aus. Ein Ehegatte verliert nicht seinen Anspruch auf güterrechtlichen Zugewinnausgleich (§ 1371 III).

Abschnitt 8 Erbschein

§ 2353 Zuständigkeit des Nachlassgerichts, Antrag.
Das Nachlassgericht hat dem Erben auf Antrag ein Zeugnis über sein Erbrecht und, wenn er nur zu einem Teil der Erbschaft berufen ist, über die Größe des Erbteils zu erteilen (Erbschein).

A. Funktion. Der Erbschein ist ein auf Antrag vom Nachlassgericht erteiltes amtliches Zeugnis über das Erbrecht nach deutschem Recht und, bei mehreren Erben, über die Größe des Erbteils. Er dient dazu, den Übergang der Erbschaft mit dem Erbfall auf die Erben (vgl § 1922 I) diesem selbst, öffentlichen Stellen sowie Dritten, die im Rechtsverkehr auf die Rechtsstellung des Erben vertrauen, zu bezeugen. Der Inhalt des Erbscheins gilt für gutgläubige Dritte als richtig (§§ 2366, 2367). Er begründet, auch im Steuerrecht (BFH FamRZ 08, 1621), die gesetzliche Vermutung, dass dem in ihm bezeichneten Erben das angegebene Erbrecht zustehe und dieser nicht durch andere als die angegebenen Anordnungen beschränkt sei. Wegen der beschränkten Wirkung des Erbscheins (Rn 4) liegt die Einleitung eines streitigen Zivilprozesses (zB auf Feststellung der Erbfolge) nahe, wenn abzusehen ist, dass das Erbscheinverfahren den Streit nicht abschließen wird und eine rasche Entscheidung mit materieller Rechtskraft erstrebt wird. Das Erbscheinverfahren unter-

§ 2353

fällt als Nachlasssache iSd § 342 I Nr 6 FamFG und Angelegenheit der freiwilligen Gerichtsbarkeit seit dem **1.9.09** (Art 112 I FGG-RG) dem **FamFG** (s. §§ 352 f FamFG sowie den AT: §§ 1-110 FamFG). Dieses Verfahren bietet Vorteile bzgl der Kosten und ggf durch die Amtsermittlungspflicht des Nachlassgerichts (§ 2358; § 26 FamFG). **Übergangsrecht:** Nach Art 111 I FGG-RG gilt für jeden Antrag, der bis einschließlich den 31.8.09 gestellt wurde, bzw jedes bis dahin eingeleitetes Verfahren altes Recht. Dieses gilt auch im Instanzenzug fort (Köln FGPrax 09, 287, 288; Schlew aaO, 290). Ob bei mehreren Anträgen nur ein Verfahren vorliegt, richtet sich danach, ob sie mit einer Endentscheidung (§ 38 I 1 FamFG) abgeschlossen werden (Art § 111 II FGG-RG; Stuttg FGPrax 09, 292). Zu **DDR**-Erbscheinen s. FA-ErbR Art 235 § 1 EGBGB Rz 46, 19.

2 **B. Inhalt.** Der Erbschein muss von sich heraus und ohne Bezugnahme auf andere Urkunden verständlich sein. Er enthält die Person des Erblassers und die des Erben mit vollem Namen, wobei zur Individualisierung der jeweilige Geburtstag und Wohnsitz sowie der Todeszeitpunkt des Erblassers angegeben werden sollte, ferner zwingend die Feststellung, dass der Erbe Erbe geworden ist, grds die Erbquote und ggf Beschränkungen des Erben durch angeordnete Testamentsvollstreckung (§ 2364), Nacherbfolge (§ 2363; praxisrelevant sind insb Wiederverheiratungsklauseln beim Berliner Testament, vgl Staud/*Schilken* Rz 82), Hoferbfolge oder sonstige Anerbenrechte (MüKo/*Mayer* Rz 35). Die Erbeinsetzung unter auflösender Bedingung ist anzugeben. Fallen anzugebende Verfügungsbeschränkungen weg, ist ein unrichtig gewordener Erbschein einzuziehen und sind sie in einem neuen Erbschein nicht mehr aufzunehmen (KGJ 48, 143, 148; Staud/*Schilken* Rz 80). Änderungen der Rechtszuständigkeit, die auf den ursprünglichen Anfall zurückwirken (Erbverzicht, Erbschaftsausschlagung, Erbunwürdigkeitserklärung, wirksame Testamentsanfechtung), sind zu berücksichtigen (MüKo/*Mayer* Rz 36). Ergeht ein **Fremdenrechtserbschein**, dh nach materiell **ausländischem** Recht (vgl §§ 105, 343 FamFG), ist die Erbfolge nach ausländischem Recht (Erbstatut; vgl BayObLGZ 61, 4, 7) und der Berufungsgrund anzugeben sowie die Stellung als Erbe iSd deutschen Rechts zu bezeichnen. Verfügungsbeschränkungen des ausländischen Rechts (dazu FAKomm-ErbR § 2369 Rz 36 ff), soweit sie den inländischen entspr, sind zu vermerken (zur Testamentsvollstreckung vgl BGH NJW 63, 46 ff; BayObLGZ 90, 51, 53 f; LG München I FamRZ 98, 1067, 1068). Abw erbrechtliche Verhältnisse, Begriffe oder Institutionen des ausländischen Rechts, die im deutschen Recht kein Gegenstück haben, müssen nicht als solche (so *Zimmermann* Rz 431), sondern angeglichen in entspr, gleichwertigen Begriffen des deutschen Rechts im Erbschein aufgeführt werden (*v Bar* IPR II Rz 387 f). Die Einschaltung eines personal representative im anglo-amerikanischen Recht (executor oder administrator), der unmittelbar am Nachlass berechtigt ist, hindert in idR nicht, die Letztbedachten als Erben anzusehen (MüKo/*Mayer* § 2369 Rz 33 f). Zur Frage, ob die repräsentatives selbst im Erbschein aufzunehmen sind, Brandbg FGPrax 01, 206; FAKomm-ErbR § 2369 Rz 38 f mwN. Anstelle eines Pflichtteilsrechts bestehende Noterbrechte (Zwangserbrechte; dazu FAKomm-ErbR aaO Rz 40) mit dinglicher Nachlassbeteiligung sind aufzunehmen, wenn der Noterbe bereits eine materielle Stellung als Miterbe erlangt hat (Ddorf NJW 63, 2230). Ein Vindikationslegat (BGH NJW 95, 58; BayObLGZ 61, 4, 19 f; 74, 460; 95, 366, 378; Köln NJW 83, 525) oder Legalnießbrauch (str, BayObLGZ 95, 366, 376 f; Hamm NJW 54, 1733) kann nicht Inhalt eines Erbscheins sein (FAKomm-ErbR aaO Rz 41 f).

3 Anders als im Erbscheinsantrag (Rn 12; §§ 2354 f) wird im Erbschein selbst der Berufungsgrund grds **nicht** aufgenommen (MüKo/*Mayer* Rz 25, 44), es sei denn, die Angabe ist bei mehrfachem Berufungsgrunde (§§ 1951, 2088) zur Bezeichnung des Umfangs des Erbrechts erforderlich (Staud/*Schilken* Rz 70). Nicht wird aufgenommen der Tod des Erben nach Annahme, die Übertragung des Nachlasses durch den Alleinerben oder die Übertragung eines Erbteils durch einen Miterben (§ 2033; vgl BayObLG NJW-RR 01, 1521), eine zwischen Erbfall und Nacherbfall erfolgte Übertragung des Nacherben-Anwartschaftsrechts (Ddorf MDR 91, 252; BayObLG FamRZ 02, 350; Braunschw ZErb 04, 297), Belastungen mit (erbrechtlichen) schuldrechtlichen Verpflichtungen (zB Auflagen, Teilungsanordnungen, Voraus, Dreißigsten, Pflichtteilsanspruch, Vermächtnis – s. BayObLG FamRZ 97, 126), eine Begründung, oder nach dem Erbfall eingetretene Verfügungsbeschränkungen (zB Erbteilsveräußerung oder -verpfändung, Nachlassinsolvenzverfahren).

4 **C. Wirkung.** Das AG (und als Beschwerdeinstanz das OLG) entscheidet im Erbscheinsverfahren als Vorfrage über das Erbrecht durch Feststellungsbeschluss (Rn 25 f). Dieser erwächst, wenn keine Rechtsmittel mehr möglich ist, insb weil die Beschwerdefrist (§ 63 FamFG) abgelaufen ist, in formelle Rechtskraft (§ 45 FamFG), vgl § 352 II 2 FamFG. Bei unveränderter Sachlage steht nach vorheriger Abweisung einem nochmaligen identischen Antrag auf Erbscheinserteilung die Rechtskraft entgegen, nicht aber, da der Feststellungsbeschluss das materielle Erbrecht unberührt lässt, einer Klage auf Feststellung des Erbrechts. Der Erbschein selbst ist kein Beschl iSd § 38 FamFG. Als Vollziehung der zu Grunde liegenden Erbscheinserteilungsanordnung bezeugt er lediglich die Erbenstellung zur Zeit des Erbfalls. Er hat keine Gestaltungswirkung (BGHZ 47, 58, 66), erwächst nicht in materielle Rechtskraft (BayObLG FamRZ 86, 1151) und ändert an der Erbfolge materiell nichts (BayObLG FamRZ 04, 313, 314; KG Rpfleger 04, 101, 102). Es kann jederzeit die Erteilung eines vom *bereits erteilten Erbschein abweichenden* Erbscheins beantragt werden. Für den Streit um das Erbrecht zwischen den Erbprätendenten entfaltet der Ausgang des Erbscheinsverfahrens keine präjudizielle Wirkung (BVerfG ZEV 06, 74). Er bezeugt nur die Zuordnung der Erbschaft als solche, nicht ihre einzelnen Bestandteile (Erman/*Schlüter* Rz 11). Die Aufnahme einzelner Gegenstände ist, auch im Fall des § 2363, grds unzuläs-

sig (BayObLG FamRZ 98, 1262). Ausnahmen gelten für den Erbschein iSv § 2369, das Höferecht und bei Heimstättenfolge. Der Erbschein bzw dessen Ausfertigung ist eine öffentliche Urkunde iSd §§ 271 f StGB (BGH NJW 64, 558) und iSd § 417 ZPO (MüKo/*Mayer* Rz 6, zu § 415 ZPO Staud/*Schilken* Rz 6; aA Palandt/*Edenhofer* Rz 1). Er hat im Rechtsstreit die Vermutung der Echtheit gem § 437 ZPO für sich, bezeugt aber keine Tatsachen iSd § 418 ZPO (AnwK/*Kroiß* Rz 4), sondern bescheinigt nur die Erbfolge. Er ist auch keine für die Restitutionsklage beachtliche Urkunde iSd § 580 Nr 7b ZPO (BVerwG NJW 65, 1292 f).

D. Formen. Der Alleinerbschein (§ 2353 Alt 1) weist den Alleinerben, der als Universalerbe bezeichnet wird, der Teilerbschein (§ 2353 Alt 2) das (Teil)Erbrecht eines von mehreren Miterben aus. Der gemeinschaftliche Erbschein bezeugt das Erbrecht sämtlicher Miterben unter Angabe der jeweiligen Erbteile (§ 2357). Ist deren Größe noch unklar, kann er als vorläufiger gemeinschaftlicher Erbschein erteilt werden, wobei die Ungewissheit anzugeben ist (Köln NJW-RR 92, 1471). Werden bei mehreren Miterben nur einige Teilrechtserbscheine in einer Urkunde zusammengefasst, handelt es sich um einen Gruppenerbschein oder einen gemeinschaftlichen Teilerbschein. Jener setzt voraus, dass die Miterben jeweils für sich einen Einzelrechtserbschein und deren Zusammenfassung in einer einheitlichen Urkunde beantragen, während dieser schon auf Antrag eines Miterben ausgestellt werden kann. Der Sammelerbschein bezeugt äußerlich zusammengefasst das Erbrecht nach mehreren Erblassern. In ihm sind die tatsächlich erfolgten Erbfolgen klar darzustellen. Er ist nur zulässig, wenn durchgehend dasselbe Nachlassgericht örtlich zuständig ist. Der Doppelerbschein ist die äußerliche Zusammenfassung von Erbfolgen, wenn in Folge einer Nachlassspaltung verschiedene Erbrechtsstatute gelten bzw Gesetze anzuwenden sind (MüKo/*Mayer* Rz 13). Erbscheine mit gegenständlich beschränkter Wirkung sind Ausnahmefälle. Willkürliche Beschränkungen sind unzulässig (BGH NJW 51, 151) und unbeachtlich (Staud/*Schilken* Rz 78). Gesetzliche Fälle sind der Erbschein iSv § 2369 und bestimmte Erbscheine auf Grund von Wiedergutmachungsgesetzen (vgl §§ 180 f BEG), ferner das **Hoffolgezeugnis** gem § 18 II HöfeO bei Nachlässen, in denen sich ein Hof befindet, der in der ehemaligen britischen Besatzungszone liegt (BGH NJW 53, 943). Sachlich zuständig ist das LwG (§ 18 II HöfeO, § 12 II LwVG), auch für einen Erbschein über den gesamten Nachlass oder nur über das hofesfreie Vermögen (BGH NJW 88, 2739; Staud/*Schilken* Einl §§ 2353 ff Rz 11 mwN).

E. Andere Nachweismöglichkeiten. Statt durch Erbschein oder zusätzlich können Erbprätendenten ihr Erbrecht im Wege des Zivilprozesses durch Urt feststellen lassen (vgl § 256 ZPO). Der Erbe ist grds nicht verpflichtet, sein Erbrecht durch einen Erbschein nachzuweisen. Er kann diesen Nachweis in anderer Form erbringen (BGH FamRZ 05, 515, 516; NJW 05, 2779, 2780 m *Starke* 3184 ff; *Ivo* ZErb 06, 7 ff). Ein Schuldner darf seine Zahlung nicht generell, ohne berechtigte Zweifel an der Erbfolge (dazu *Muscheler* Jura 09, 567, 574), von der Vorlage eines Erbscheins abhängig machen, um der Gefahr doppelter Inanspruchnahme (vgl § 2367) zu begegnen (BGH aaO; s. aber Rn 9). Ein eröffnetes (§ 2260 III) öffentliches Testament stellt idR einen ausreichenden Nachweis für das Erbrecht des Erben dar (BGH NJW 05, 2779, 2780).
Ein **gesetzlicher** Fall, in dem die Rechtsnachfolge grds durch Erbschein (in Urschrift oder Ausfertigung) nachzuweisen ist, ist der Nachweis der Erbfolge ggü dem **GBA** gem **§ 35 I 1 GBO** (Staud/*Schilken* § 2365 Rz 17). Entspr gilt für mit dem Erbrecht verbundene Verfügungsbeschränkungen, zB Anordnung der Nacherbfolge (BayObLG NotZ 84, 502). Grds hat das GBA auf die Richtigkeit des erteilten und noch in Kraft befindlichen Erbscheins zu vertrauen (BayObLG FamRZ 90, 669; 97, 710). Es ist grds an die Beurteilung der Formgültigkeit und der Auslegung einer Verfügung vTw des Nachlassgerichts gebunden. Nur wenn neue, bisher nicht berücksichtigte Tatsachen bekannt werden, die die Unrichtigkeit des Erbscheins erweisen, so dass er einzuziehen wäre, hat es den Erbschein zu beanstanden (Frankf Rpfleger 79, 106, 107; § 2359 Rn 4). Rechtsfragen auf der Grundlage einer ihm vorgelegten Urkunde hat es in eigener Zuständigkeit zu beantworten (BayObLG FamRZ 00, 456; Köln Rpfleger 00, 157). Liegen keine Zweifel tatsächlicher Art bzgl des behaupteten Erbrechts vor, die nur durch weitere Ermittlungen geklärt werden können (vgl Frankf NJW-RR 05, 380; Schlesw OLGR 06, 711, 712), genügt als Nachweis, dass die der Erbfolge zugrunde liegende öffentlich beurkundete Verfügung vTw und das Eröffnungsprotokoll des Nachlassgerichts vorgelegt werden (§ 35 I 2 GBO Ddorf 4.1.10 – 3 Wx 217/09). Die Vorlegung kann durch die Verweisung auf die die Urkunden enthaltenden Akten desselben Amtsgerichts ersetzt werden. Enthält die Verfügung vTw Verwirkungsklauseln (§ 2317 Rn 6), kann das GBA den Nachweis des Nichteintritts der Bedingung durch öffentliche Urkunde verlangen (Köln 14.12.09 – 2 Wx 59/09). Ist ein Grundstück(steil) weniger als 3000 € wert, sieht § 35 III Beweiserleichterungen vor (Rostock NotBZ 06, 104). §§ 36 f GBO iVm § 99 II ermöglichen einen Nachweis durch ein kostengünstiges Überweisungszeugnis, welches aber keinen öffentlichen Glauben genießt. Gesetzliche Fälle, die die Vorlage eines Erbscheins verlangen, sind ferner § 41 I 1 SchiffsregO und § 86 LuftfzRG (MüKo/*Mayer* Rz 172). Nach BGH 5.11.09 – 3 StR 428/09 setzt auch ein **Adhäsionsvertrag** eines Erben die Vorlage eines Erbscheins voraus.
Für die Eintragung ins **Handelsregister** ist die Rechtsnachfolge soweit tunlich nachzuweisen (§ 12 II 2 HGB); und zwar durch geeignete öffentliche Urkunde (Rn 6; KG NJW-RR 07, 692, 693). Bzgl der Rechtsnachfolge nach einem Kommanditisten bedarf es idR eines Erbscheins (Köln FGPrax 05, 41 f). Ein solcher dient auch ggü der **Hinterlegungsstelle** zum Nachweis (KG NJW-RR 08, 1540, 1541).

9 Vertragliche Vereinbarungen können den Erbnachweis regeln, vgl ggü **Banken** Nr 5 AGB-Banken (NJW 92, 3278; dazu *Keim* WM 06, 753; *Gahle* ZEV 09, 305), ggü **Lebensversicherungen**, die nur in den Nachlass fallen, wenn kein Bezugsberechtigter benannt ist (§ 2311 Rn 5), vgl §§ 9, 11 ALB; §§ 10, 12 KLV.

10 **F. Erteilungsverfahren. I. Zuständigkeit.** Das Nachlassverfahren ist seit dem **1.9.09** in §§ 342 ff FamFG geregelt. Für die Erbscheinserteilung ist **sachlich** zuständig grds das Nachlassgericht als Abteilung des Amtsgerichts (§ 2353, § 23a I Nr 2,II Nr 2 GVG; BaWü: staatliches Notariat gem §§ 1, 37 f LFGG; Art 147 EGBGB), **funktionell** grds der Rechtspfleger (§ 3 Nr 2c RPflG), es sei denn, der Richtervorbehalt (s. aber § 19 I 1 Nr 5 RPflG) greift, weil eine Verfügung vTw vorliegen könnte oder ausländisches Recht (Rn 21) anzuwenden ist (§ 16 I Nr 6 RPflG). Auch das Vorverfahren (zB Beweisaufnahme) obliegt dann dem Richter (str, Köln FGPrax 09, 287, 288; MüKo/*Mayer* Rz 48). Zur Rückübertragung s. § 16 II RPflG. Ein Verstoß gegen diese Zuständigkeit macht den Erbschein nicht nichtig, selbst wenn ohne Übertragungsmöglichkeit (vgl § 8 IV RPflG) statt des Richters der Rechtspfleger handelte; der Erbschein ist dann gem § 2361 einzuziehen (str, vgl BayObLG FamRZ 97, 1370; KG FamRZ 04, 1903; MüKo/*Mayer* Rz 57). Die **örtliche** Zuständigkeit richtet sich nach § 343 FamFG. Maßgebend ist idR der inländische Wohnsitz (§§ 7 ff) des Erblassers zur Zeit seines Todes (auch: Pflegeheim), ansonsten der Aufenthalt (§ 343 I FamFG). Sind mehrere Gerichte örtlich zuständig (zB beim Doppelwohnsitz des Erblassers), ist das zuerst befasst Gericht zuständig (§ 2 I FamFG). Hat ein Deutscher keinen Wohnsitz oder Aufenthalt im Inland, ist das AG Berlin-Schöneberg zuständig, beim Ausländer (oder Staatenlosen) jedes Nachlassgericht, in dessen Bezirk sich Nachlassgegenstände befinden (§ 343 II 1, III FamFG). Nach § 105 FamFG ist ein örtlich zuständiges deutsches Gericht auch **international** zuständig (s. § 2369 Rn 1). Es ist mithin für die Erteilung eines Fremdenrechtserbscheins zuständig, wenn ein ausländischer Erblasser zum Zeitpunkt des Erbfalls seinen Aufenthalt bzw Wohnsitz im Inland hatte oder, ist dieses nicht der Fall, sich in dem Gerichtsbezirk Nachlassgegenstände befinden (§ 343 I, III FamFG). Auf Antrag kann der Erbschein territorial beschränkt werden (§ 2369). Ein von einem international und damit zugleich örtlich unzuständigen Gericht erteilter Erbschein ist unrichtig und beschwert den Erben selbst dann, wenn er inhaltlich der Erbrechtslage entspricht. Er ist auf die Beschwerde hin durch das Nachlassgericht, welches ihn erteilt hat, einzuziehen (Zweibr ZEV 01, 488, 489).

11 **II. Antrag.** Der Erbschein wird nur auf Antrag erteilt (BayObLG ZEV 01, 489). Der Inhalt des Erbscheins kann nicht ins Ermessen des Gerichts gestellt werden (BGH NJW 62, 42). Das Nachlassgericht ist an den Antrag gebunden. Es darf den Erbschein nicht mit einem anderen als dem beantragten Inhalt erteilen (Hamm Rpfleger 03, 504, 505). Selbst ein inhaltlich richtiger Erbschein wird vAw eingezogen oder für kraftlos erklärt, wenn er durch keinen Antrag eines Berechtigten gedeckt ist (BayObLG aaO). Nur bei wirtschaftlich geringfügigen Abweichungen in der Erbquote soll anderes gelten (LG München I FamRZ 99, 959). Der Antrag ist formlos möglich (Köln FGPrax 09, 287, 288; s. aber § 2356 II). Wird der Erbschein ohne Antrag erteilt, kann der Mangel durch (schlüssige) „Genehmigung" geheilt werden (BayObLG NJW-RR 94, 1032), zB wenn der Berechtigte sich den Erbschein zu Eigen macht (BayObLG FamRZ 99, 1388; ZEV 01, 489). Der Antrag ist beim Gericht des ersten Rechtszugs, also dem Nachlassgericht, nicht beim Beschwerdegericht zu stellen (Brandbg FamRZ 99, 188; Frankf Rpfleger 97, 262). Er kann bis zur Erteilung noch im Rechtsbeschwerdeverfahren (BayObLG FamRZ 99, 62, 64), auch in einem gerichtlichen Vergleich (BayObLG ZEV 97, 461; KG Rpfleger 04, 101, 102; Stuttg MDR 84, 403), zurückgenommen werden (§ 22 I 1 FamFG). Insoweit ist zu beachten, dass der im Erbscheinverfahren geschlossene Vergleich kein Vollstreckungstitel iSd § 794 I Nr 1 ZPO ist (BayObLG ZEV 97, 461). Ferner ist der Antrag ist bedingungsfeindlich (BayObLG FamRZ 99, 814). In der Antragstellung zeigt sich idR konkludent die **Annahme der Erbschaft** (München NJW-RR 06, 1668, 1670), so dass nachfolgend ihre Ausschlagung ausscheidet (Karlsr ZEV 07, 380). Beim Berliner Testament mit Pflichtteilsstrafklausel (§ 2317 Rn 6) bleibt jedoch auch nachdem die Schlusserbschaft angenommen wird der Pflichtteilsanspruch nach dem Erstverstorbenen bestehen (BGH NJW 06, 3064).

12 Der notwendige **Inhalt** des Antrags richtet sich nach §§ 2354–2357 (Staud/*Schilken* Rz 55). Nach 23 I FamFG soll der Antrag begründet und die potenziell Beteiligten (Rn 20) angegeben werden. Der Antrag muss einen bestimmten Vorschlag enthalten (BayObLG ZEV 01, 489, 490; Hamm ZEV 97, 502, 504), entspr dem das Nachlassgericht den Erbschein ohne Ergänzungen oder Einschränkungen erteilen kann (s. Rn 2, 11). Dazu hat der Antrag das zu bezeugende Erbrecht und dieses berührende Verfügungsbeschränkungen durch Anordnung der Nacherbfolge oder Testamentsvollstreckung, eine etwaige besondere Art des Erbscheins und grds die Erbquote, notfalls unter Angabe der Berechnungsgrundlage (Frankf FamRZ 98, 1394), zu bezeichnen (MüKo/*Mayer* Rz 70; Staud/*Schilken* Rz 56). Ist die Angabe der Größe des Erbteils nicht möglich, kann von ihr zunächst abgesehen werden (Ddorf NotZ 78, 683, 684; BayObLG FamRZ 00, 916). Auch der Berufungsgrund (gesetzliche Erbfolge, Verfügung vTw) ist anzugeben. Beschränkt sich der Antrag auf einen Berufungsgrund, der das Erbrecht nicht begründet, ist der Antrag abzulehnen, selbst wenn ein im Antrag nicht aufgenommener Berufungsgrund vorliegt (BayObLG FamRZ 96, 1438). Alternativ darf der Berufungsgrund nur angegeben werden, wenn die Gültigkeit eines Testaments zweifelhaft ist, der Erbe aber durch § 2066 oder eine andere Verfügung vTw im gleichen Umfang berufen erscheint (BayObLGZ 73, 28, 29; MüKo/*Mayer* Rz 71). Die Verbindung von **Haupt- und Hilfsanträgen** für denselben Nachlass mit unterschiedlichem Inhalt ist in der ersten Instanz (vgl Köln FamRZ 94, 591) zulässig, wenn jeder für sich das mit ihm begehrte Erbrecht genau bezeichnet und die Reihenfolge ihrer Verbescheidung festgelegt ist (RGZ 156, 172, 180; BayObLG FamRZ 99, 814, 815). Bei verschiedenen Rechtsnachfolgen vTw ist sie unzulässig (BayObLG FamRZ 99, 814 ff). Befindet sich Nachlassbestandteile im **Ausland**, kann der Antrag auf die im Inland befindlichen Gegenstände **beschränkt** werden (§ 2369 I BGB), was zeit- und kostengünstig (§ 107 II 3 KostO) sein kann.

Antragsberechtigt sind der (Allein- oder Mit-)Erbe (§ 2353) nach Annahme der Erbschaft, die idR in der Stellung des Antrags zu sehen ist. Verfügungsbeschränkungen des Erben aufgrund seines Güterstandes oder durch die Durchführung eines Nachlassinsolvenzverfahrens, -pflegschaft oder -verwaltung berühren sein Antragsrecht nicht. Der Miterbe ist für den gemeinschaftlichen Erbschein (auch: Teilerbschein) antragsberechtigt (§ 2353 Alt 2). Er kann auch die Erteilung nur über das Erbrecht eines anderen Miterben verlangen (München JFG 23, 334). Berechtigt sind ferner der Vorerbe bis zum Nacherbfall (Hamm NJW 74, 1827, 1828), der Nacherbe nur danach (BGH FamRZ 80, 563; BayObLG NJW-RR 99, 805; FamRZ 04, 1407), der Fiskus nach Feststellung gem § 1964, der Erbe des Erben als Rechtsnachfolger, aber nur auf den Namen seines Erblassers (BayObLG FamRZ 95, 1089; ZEV 03, 288), der dingliche Erbteilserwerber, der nach § 2033 einen Anteil am Nachlass übertragen bekommen hat, aber nur auf den Namen des veräußernden Erben (RGZ 64, 173, 177 f; Staud/*Schilken* Rz 44), sowie der Erwerber eines Nacherbenanwartschaftsrechts (vgl BGH NJW 83, 2244) nach dem Nacherbfall, wobei der Erbschein nur auf den Namen des Nacherben lautet (BayObLG Rpfleger 85, 183). Hat ein Gläubiger einen vollstreckbaren Titel gegen den Erblasser oder Erben, kann er ggf nach §§ 792, 896 ZPO **an Stelle** des Schuldners einen Erbschein beantragen (*Sprau* ZAP 97, 1093); er selbst hat dann die Versicherung an Eides statt abzugeben (Staud/*Schilken* Rz 46). Auch besteht ein Antragsrecht des Vollstreckungsgläubigers, der einen Miterbenteil pfänden und sich überweisen lassen will (BayObLGZ 73, 224). Bei Gütergemeinschaft ist der das Gesamtgut verwaltende Ehegatte (§ 1421) **neben** dem erbenden Ehegatten antragsberechtigt (BayObLGZ 58, 365). Neben dem Erben ist antragsberechtigt der Nachlassverwalter oder -insolvenzverwalter (Staud/*Schilken* Rz 48) sowie der Auseinandersetzungs- und Abwesenheitspfleger (§ 1911), der Testamentsvollstrecker (RGZ 164, 235, 238; BayObLGZ 99, 70, 73), nicht aber der Nacherbentestaments- oder Vermächtnisvollstrecker (§§ 2222, 2223).

Als **gesetzliche Vertreter** sind antragsberechtigt der Vormund für das Mündel, der Pfleger, zB Abwesenheitspfleger, der Betreuer mit dem Aufgabenbereich der Vermögensfürsorge (§§ 1896, 1902), sowie die Eltern für ihre Kinder, auch wenn sie selbst Miterben sind (vgl BayObLG FamRZ 99, 117), es sei denn, ihnen ist nach § 1638 durch den Erblasser (Frankf FamRZ 97, 1115, 1116) oder nach § 1796 durch das Familiengericht (Köln FamRZ 01, 430) die Befugnis entzogen. Dabei gehört der Erbschein zur Vermögensfürsorge (§ 1626 I 2 Alt 2).

Nicht antragsberechtigt ist der Erbschaftskäufer (§§ 2371 ff; vgl MüKo/*Mayer* Rz 84; Staud/*Schilken* Rz 45; aA AnwK/*Kroiß* Rz 35; Soergel/*Zimmermann* Rz 32), doch kann ihm der Verkäufer verpflichtet sein, einen Erbschein zu beantragen, der Erwerber eines einzelnen Nachlassgegenstandes (LG München I DNotZ 50, 33), der Inhaber eines Nießbrauchs oder Pfandrechts an einem Erbteil (BayObLG FamRZ 00, 1231; MüKo/*Mayer* Rz 83) sowie der Nachlasspfleger (Brandbg FamRZ 02, 1663, 1664), es sei denn, er handelt zur Nachlasssicherung als gesetzlicher Vertreter der noch nicht ermittelten Erbeserben bzgl des Erbrechts der jeweiligen Vorgänger (KGJ 41, 93, 96; Brandbg aaO). Ferner ist nicht antragsberechtigt der Nachlassgläubiger aufgrund seiner Forderung (BayObLGZ 98, 314, 316), zB das Finanzamt als Erbschaftsteuerstelle (BayObLG NJW-RR 02, 440), solange kein vollstreckbarer Steuerbescheid (LG München I FamRZ 98, 1067) vorliegt, der Auflagen- (*Schlüter* ErbR Rz 569) oder Pflichtteilsberechtigte (Köln ZEV 94, 376), der Vermächtnisnehmer (BayObLG FamRZ 00, 1231) oder der Gläubiger eines Erbersatzanspruchs (Stuttg FamRZ 94, 1270). Ein Gläubiger ohne Titel (vgl Rn 13) hat seinen Anspruch gegen den Erben geltend zu machen und ggf dessen Annahme der Erbschaft zu beweisen (BayObLG NJW-RR 02, 440). Nachlassgläubiger haben, wenn ein Erbschein bereits erteilt wurde, einen Anspruch auf eine Ausfertigung sowie Abschrift und Einsicht (§ 357 FamFG; vgl BayObLGZ 99, 70, 73); es besteht dann kein Antragsrecht aus § 792 ZPO.

Der Antrag kann – auch zu Protokoll der Geschäftsstelle (§ 25 I FamFG) – durch einen gewillkürten (vgl § 10 II FamFG) oder gesetzlichen **Stellvertreter** gestellt oder zurückgenommen werden. Der **Notar** oder ein Anwalt (§ 10 II 2 Nr 3 bzw II 1 FamFG) kann ihn in Vertretung seines Mandanten stellen und als Anwaltsnotar zugleich die eidesstattliche Versicherung beurkunden (§ 2356). Eine Vollmacht kann formlos, auch schlüssig, erteilt werden. Ggf ist dem Gericht die Vollmacht schriftlich einzureichen (§ 11 FamFG), doch kann das *Gericht die Versicherung erlassen* (§ 2356 II 2). Auch der Notar, der die Erklärung der Antragsteller beurkundet, bedarf einer besonderen Vollmacht zur Antragstellung (KG OLGE 12, 398).

III. Rechtliches Gehör. 1. Allgemeines. Das Gericht entscheidet durch **Beschl** (§ 38 FamFG; Rn 24 ff). Eine **mündliche Erörterung** im Termin kann stattfinden (§ 32 I 1 FamFG) und ist – auch im Beschwerdeverfahren (Schlesw 14.1.10 – 3 Wx 92/09) – insb entbehrlich, wenn nur um Rechtsfragen gestritten wird. Nur ausnahmsweise wird sie nach § 34 I Nr 1 FamFG geboten sein. Ein VU ist ausgeschlossen. Das Gericht ist nicht an das Vorbringen der Beteiligten gebunden (§ 29 I 2 FamFG). Erhebt es beantragte Beweise nicht, kann dieses nicht gesondert, sondern muss die Endentscheidung iSd § 38 FamFG angefochten werden. Die fehlerhafte Ablehnung eines **Beweisantrages** ist als Rechtsfehler noch im Rechtsbeschwerdeverfahren zu überprüfen.

18   **2. Anhörung.** Den Beteiligten ist rechtliches Gehör zu gewähren. Art 103 I GG als Grundrecht des gerichtlichen Verfahrens und der Grds des fairen Verfahrens (BVerfGE 101, 397, 408 ff: vor dem Rpfl gelte nicht Art 103 I GG, aber der Grds des fairen Verfahrens; dazu abl die hL) gilt auch in der freiwilligen Gerichtsbarkeit (BVerfG FamRZ 87, 786; NJW 94, 1053; 95, 2095). Art 103 GG verlangt, dass alle formell oder materiell Beteiligten vom Verfahren in zumutbarer Form in Kenntnis gesetzt, über den relevanten Verfahrensstoff vollständig informiert werden (ggf durch Akteneinsicht, vgl BayObLG FamRZ 98, 1625) und sich zu für sie nachteiligen Tatsachen oder Beweisergebnissen in tatsächlicher und rechtlicher Hinsicht äußern (zB durch Anträge, vgl BVerfG NJW 03, 1924) können (BVerfG NJW 82, 1759; 83, 2762). Eine Entscheidung, die die Rechte eines Beteiligten beeinträchtigt, darf grds nur auf Tatsachen und Beweisergebnisse (zB Urkunden, Protokolle, Sachverständigengutachten) gestützt werden, zu denen sich der Beteiligte äußern konnte (§ 37 II FamFG). Das Gericht darf nicht ohne Hinweis Anforderungen an den Sachvortrag stellen oder auf rechtliche Gesichtspunkte abstellen, mit denen auch ein gewissenhafter und kundiger Prozessbeteiligter nach dem Prozessverlauf nicht zu rechnen brauchte (BVerfG NJW 03, 2524; BGH FamRZ 05, 700, 701). Die Beteiligten werden dadurch vor überraschenden Entscheidungen geschützt (§ 2358 Rn 5). Ihre Ausführungen hat das Gericht vor seiner Entscheidung zur Kenntnis zu nehmen, und sind sie zulässig und erheblich, in Erwägung zu ziehen (BVerfG NJW 00, 1480, 1483; BayObLG FamRZ 00, 1458). Die **Art der Anhörung** steht im pflichtgemäßen Ermessen des Gerichts. Nicht verpflichtet ist das Gericht zu einem sog **Rechtsgespräch** (BVerfG NJW 96, 3202) oder zur Mitteilung, wie es die Sache rechtlich würdigen wolle (BayObLG FamRZ 89, 425), solange es keine Überraschungsentscheidung fällt. Zweckmäßiger Weise erfolgt die Benachrichtigung, indem das Gericht eine Abschrift des verfahrenseinleitenden Antrags übersendet. Die **Verletzung** der Anhörungspflicht allein rechtfertigt nicht die Einziehung (§ 2361) des Erbscheins (BGH NJW 63, 1972). Die Gewähr des Gehörs kann in Rechtsfragen im Beschwerdeverfahren nachgeholt werden, im Bereich des Tatsächlichen aber nicht mehr in der Rechtsbeschwerdeinstanz.

19   Auch die dem Gericht bekannten „**Kann-Beteiligten**" nach § 345 I 2 FamFG (Rn 20) sind, ua damit sie ihr Antragsrecht nach § 345 I 3 FamFG ausüben können, nach § 7 IV FamFG von dem Verfahren zu unterrichten (zB durch Übersendung einer Kopie des Antrags, § 23 II FamFG) und über ihr Antragsrecht zu belehren. Im Einzelfall kann es – über den Wortlaut des G hinaus – zur Ermöglichung des rechtlichen Gehörs geboten sein, dass das Gericht vAw noch unbekannte Kann-Beteiligte ermittelt (Köln FGPrax 09, 287, 289; einschr *Musielak/Borth* § 7 Rz 6). Mögliche, Erfolg versprechende und (auch zeitlich) angemessene Ermittlungsmaßnahmen muss es ergreifen (zB Anfrage beim Einwohnermeldeamt oder beim Standesamt). Die Benachrichtigung darf unterbleiben, wenn sie untunlich iSd § 2360 III aF ist, zB wenn sie unmöglich erscheint oder unverhältnismäßig ist. Dass Personen, die als Erbe in Betracht kommen, weit entfernt wohnen oder schwierig zu ermitteln sind, macht ihre Anhörung grds nicht untunlich (BayObLG FamRZ 99, 1471, 1472). Bei der iRd Verhältnismäßigkeitsprüfung ggf notwendigen Interessenabwägung ist aber auch das Recht des Antragstellers auf Entscheidung mit einzubeziehen, so dass bei klarer Rechtslage im Einzelfall sein Interesse dem auf Benachrichtigung solcher Beteiligten, deren Ermittlung die Entscheidung ganz erheblich verzögerte, überwiegt. Ggf. kann das Gericht gem § 27 FamFG den zur Verfahrensförderung verpflichteten Antragsteller aufgeben, Informationen beizubringen. Stellen die Kann-Beteiligten trotz Benachrichtigung keinen Antrag nach § 345 I 3 FamFG, ist ihre weitere Anhörung entbehrlich, dh es bestehen weitere Pflichten nur ggü den formell Beteiligten.

20   **3. Beteiligte.** Wer Beteiligter ist bestimmt § 345 I FamFG (als ergänzende *lex specialis* zu § 7 FamFG): Es ist stets der Antragsteller, da über seinen Antrag entschieden wird, und ferner die in § 345 I 2 FamFG aufgezählten **Kann-Beteiligten**, soweit sie antragsgemäß (§ 345 I 3 FamFG, vgl § 7 II FamFG) oder nach pflichtgemäßem Ermessen des Gerichts vAw (§ 7 III FamFG) hinzugezogen worden sind. **§ 345 I 2 Nr 1, 2, und 4** stellen auf die gesetzlichen und gewillkürten Erben ab, auch solche aufgrund uU widerrufener Verfügung vTw, also zB beruht das Erbrecht auf einem öffentlichen Testament, Erbvertrag, einem Privattestament (vgl zB §§ 2231 Nr 2, 2247, 2250, 2251). **Nr 3** erfasst den Gegner des Antragstellers in einem anhängigen Rechtsstreit über das Erbrecht. Dabei wird es sich idR um eine Feststellungsklage (§ 256 ZPO) handeln. Möglich sind auch zB Klage aus § 2018 oder eine Anfechtungsklage nach § 2342. Es kann dann Aussetzung (vgl Rn 22 f) zweckmäßig sein (BayObLG FamRZ 99, 334, 335; KG FamRZ 68, 219), ggf auch, wenn der Rechtsstreit nur eine für das Erbrecht maßgebliche Vorfrage betrifft (BayObLG 28, 614). Nach dem Auffangtatbestand der **Nr 5** sind alle potenziell sonst unmittelbar betroffenen Beteiligten anzuhören (vgl BVerfGE 19, 49; 21, 144, 145; BayObLG FamRZ 99, 1470, 1472), mithin, wer neben den Nr 1-4 Genannten antrags- (Rn 13) oder beschwerdeberechtigt (Rn 34) ist. **Nicht** erfasst sind Sonstige (s. Rn 15). Die **Hinzuziehung vAw** der Kann-Beteiligten kann im Einzelfall insb aus Gründen der Rechtsführsorge oder zur Sachverhaltsermittlung und damit zur Steigerung der Richtigkeitsgewähr des Erbscheins geboten sein (s.a. Rn 19). Lehnt das Gericht einen Beiziehungsantrag ab, kann der Antragsteller den Beschl mit sofortiger Beschwerde (entspr §§ 567–572 ZPO) anfechten (§ 7 V FamFG).

21   **IV. Ausländisches Recht.** Das Nachlassgericht hat vAw die Staatsangehörigkeit des Erblassers festzustellen und, ist materiell ausländisches Recht anwendbar, sich die Kenntnis ausländischen Rechts zu verschaffen. § 293 ZPO ist insoweit nicht anwendbar (KG JFG 7, 255; JW 32, 2815; München WM 67, 812, 814; Köln Rpfleger 89, 66). Es besteht keine Bindung an einen ausländischen Erbschein oder eine Feststellung einer aus-

ländischen Behörde, wenn nicht staatsvertraglich eine Anerkennung vereinbart ist (BayObLG FamRZ 91, 1237). Dagegen sind formelle Rechtsakte nach ausländischem materiellen Recht zu beachten, so nach hM die Einantwortungsurkunde (vgl §§ 797, 819 ABGB) des österreichischen Rechts (s. BayObLGZ 71, 34, 44; 95, 47, 52). Für Österreicher mit letztem Wohnsitz in Deutschland ist für dort belegenes unbewegliches Vermögen bzgl des Erbgangs deutsches Recht anwendbar und kein Einantwortungsverfahren nötig: Es richtet sich der Eigentumserwerb im Erbgang (*modus*) nach der *lex rei sitae*, während die Berufung zum Erben (*titulus*) dem allg Erbstatut unterliegt (FAKomm-ErbR § 2369 Rz 50). Bis zum 1.1.05 war für bewegliches Vermögen in Deutschland österreichisches Recht anwendbar. Die bisherige Praxis verzichtete dann auf die Einantwortung und begnügte sich mit der unbedingten Erbschaftsannahme (BayObLGZ 65, 432; 67, 197, 201; 71, 34, 44; 95, 47, 52), wenn die gerichtliche Handlung im Einzelfall vom ausländischen (österreichischen) Gericht nicht zu erlangen war. Seit dem 1.1.05 besteht keine internationale Zuständigkeit des österreichischen Nachlassgerichts, so dass dem nach österreichischem Recht berufenen Erben der Erbschein ohne Einantwortung erteilt werden kann (§ 106 I Nr 3a JN; vgl AG Leipzig v 26.4.07 – 501 VI 1261/07 m abl Anm *Tersteegen* ZErb 07, 339; FAKomm-ErbR aaO § 2369 Rz 51; *Ludwig* ZEV 05, 419, 424).

V. Entscheidungsmöglichkeiten des Nachlassgerichts. 1. Zwischenverfügung/Aussetzung. Enthält der Antrag behebbare Mängel, ist analog § 18 I 1 GBO der Erlass einer **Zwischenverfügung** geboten (BayObLG FamRZ 90, 101; 01, 35; NJW-RR 03, 297; KG DNotZ 55, 408, 411; MüKo/*Mayer* Rz 61, 73, 108; Staud/*Schilken* Rz 55, 59). Denn das Nachlassgericht hat dem Antragsteller nach § 28 I-III FamFG und in Umsetzung des Amtsermittlungsgrundsatzes Gelegenheit zu geben, innerhalb einer bestimmten Frist einen Mangel zu beseitigen, zB den Antrag so zu ergänzen, wie es die Erbfolge voraussichtlich beurteilen wird (vgl RGZ 156, 172, 183; Köln FGPrax 09, 287, 288). Dabei hat es auf die Folgen bei Fristversäumung hinzuweisen. Eine Erbscheinserteilung im Wege **einstweiliger Anordnung** (§§ 49 ff FamFG) gibt es nicht. 22

Bis zur rechtskräftigen Entscheidung eines anhängigen Prozesses zwischen den materiell Beteiligten kann das Gericht das Erbscheinverfahren entspr § 148 ZPO **aussetzen** (BayObLG FamRZ 69, 676; 99, 334; München NJW-RR 95, 779, 780; FGPrax 08, 254, 259). Eine Verpflichtung dazu besteht nicht. Die Ermittlungen des Streitgerichts sind nach § 2359 verwertbar. 23

2. Feststellungsbeschluss. Unter dem für bis zum 31.8.09 eingegangene Anträge maßgeblichen Recht (Rn 1) war anerkannt, dass in Ausnahmefällen, bei wegen zweifelhafter Rechtslage unabweislichem Bedürfnis (vgl BayObLG ZErb 01, 220), nach pflichtgemäßem Ermessen des Nachlassgerichts ein **Vorbescheid** als Zwischenentscheidung möglich war, wenn zwei Beteiligte (wirksame) sich widersprechende Anträge stellten oder solche Anträge zu erwarten waren und Entscheidungsreife vorlag (s. Voraufl Rz 19-23). Dabei handelte es sich um eine in Beschlussform gekleidete begründete Ankündigung, einen Erbschein beantragten Inhalts zu erteilen, falls nicht innerhalb einer Frist gegen den Beschl Beschwerde eingelegt wird. Damit sollten die Gefahren verringert werden, die von der Publizitätswirkung eines unrichtigen Erbscheins ausgehen. Das FamFG hat den Vorbescheid abgeschafft, nimmt aber dessen Zielrichtung auf und stellt vor die Erteilung des Erbscheines (statt des Vorbescheids) einen Feststellungsbeschluss (§ 352 FamFG). 24

Form und **Inhalt** des Beschlusses hängen davon ab, ob ein Beteiligter widerspricht: **Widerspricht keiner der Beteiligten** dem Antrag und erachtet das Gericht die für die Begründung des Anspruchs erforderlichen Tatsachen für erwiesen (§ 2359), ergeht ein Feststellungsbeschluss iSd § 38 FamFG (§ 352 I 1FamFG). Der Widerspruch darf nicht **erklärt** sein, dh zB durch einen abweichenden Antrag, einer Erklärungen schriftlich zu den Akten oder mündlich zur Niederschrift der Geschäftsstelle des zuständigen Gerichts oder im Termin nach §§ 32, § 34 FamFG. Fehlt es an einer Erklärung, stellt das Gericht keine Mutmaßungen an. Im Zweifel klärt es nach § 28 FamFG den Willen auf. Der (zu unterschreibende) Beschl wird abw von § 40 I FamFG schon mit seinem Erlass, dh gem § 38 III 2 FamFG idR mit Übergabe an die Geschäftsstelle, wirksam (§ 352 I 2 FamFG). Er verbleibt als gerichtsinterne Verfügung in der Nachlassakte und wird weder dem Antragsteller noch einem sonstigen Beteiligten bekannt gegeben (§ 352 I 3 FamFG). Eine Begründung ist entbehrlich (§ 38 IV Nr 2 FamFG). Der Beschl enthält bereits die Bewilligung, dass der Erbschein antragsgemäß erteilt wird, und wird sogleich durch Erteilung des beantragten Erbscheins vollzogen (Rn 27). Ggü nicht Beteiligten (zB im Erbschein ausgewiesenen Erben) ist eine Bekanntgabe nicht geboten. Ihnen wird der Inhalt des Erbscheins formlos mitgeteilt (§ 15 III FamFG). Die Kosten: § 2 Nr 1 KostO. 25

Widerspricht der Feststellungsbeschluss dem erklärten, sinnvoller Weise begründeten Willen (Rn 25) eines Beteiligten, greift § 352 II FamFG: Das Gericht stellt den zu begründenden (§ 38 III 1 FamFG), mit Rechtsmittelbelehrung versehenen (§ 39 FamFG) Beschl dem Widersprechenden zu (§ 41 I 2 FamFG) und gibt ihn den übrigen Beteiligten bekannt, setzt seine sofortige Wirksamkeit aus und stellt die Erbscheinserteilung bis zur Rechtskraft des Feststellungsbeschlusses zurück (§ 45 FamFG), dh bis keine im konkreten Verfahren gem § 59 I beschwerdeberechtigte Person (*Zimmermann* JuS 09, 817, 820, enger *Bumiller/Harders* § 352 Rz 30: nur formell Beteiligte) gegen den ihm bekannt gegebenen Beschl Beschwerde (Rn 31 ff) mehr erheben kann; bei Kann-Beteiligten, die trotz Benachrichtigung keinen Antrag auf Hinzuziehung nach § 345 I 3 FamFG stellten, fehlt das Rechtsschutzbedürfnis. Die Beschlussformulierung muss deutlich machen, dass es sich um den Beschl nach § 352 II 1 FamFG, nicht um einen Erbschein handelt. Kosten: Ggf §§ 81 ff FamFG. 26

27 **3. Erbscheinserteilung (vgl § 2359).** Das grds erforderliche Rechtsschutzbedürfnis kann nur in Ausnahmefällen verneint werden, zB wenn der Erbschein im konkreten Fall offensichtlich keinem Zweck dienen kann. Es fehlt nicht, weil andere Nachweise verfügbar wären (MüKo/*Mayer* Rz 62). Ist der Erbscheinsantrag zulässig und begründet, ergeht Feststellungsbeschluss gem § 352 FamFG (Rn 24 f). Erteilt ist der Erbschein, wenn er als vom Gericht beschlossenes **Zeugnis** ausgehändigt wird (KG FamRZ 67, 226, 227). Dazu genügt nicht, dass der Beschl des Gerichts über die Erteilung dem Antragsteller zugegangen ist (hM, BayObLG NJW 60, 1723; Hamm OLGZ 94, 257, 258). Vielmehr muss das Zeugnis in Urschrift oder Ausfertigung, also die mit Ausfertigungsvermerk versehene wörtliche Abschrift der Urschrift, die diese im Verkehr ersetzen soll, dem Antragsteller oder einem von ihm bestimmten Dritten (auch: Behörde, zB GBA; vgl KG Rpfleger 81, 498) körperlich übergeben worden sein (MüKo/*Mayer* Rz 104 f). Es wird wirksam, wenn es mit Willen des Gerichts (ggf auch ohne Antrag) und Antragstellers in den Verkehr kommt (Staud/*Schilken* Rz 63). Die Erbscheinserteilung wird dem FA (§ 34 II Nr 2 ErbStG) und dem GBA (§ 83 1 GBO) mitgeteilt. Zum Recht zur Einsicht in den Erbschein sowie eine Abschrift zu fordern vgl § 357 FamFG.

28 **4. Antragszurückweisung.** Die Zurückweisung (Abweisung) des unzulässigen oder unbegründeten Antrags durch entspr Beschl ist zu begründen und bekannt zu geben (§§ 38-41 FamFG).

29 **G. Korrekturmöglichkeiten.** Der Feststellungsbeschluss (Rn 25 f) kann bis zur Übergabe bzw Bekanntgabe nach § 38 III 2 FamFG, danach bis zur Erteilung des Erbscheins ggf gem § 48 FamFG geändert werden. Schreibfehler, offensichtliche Unrichtigkeiten (zB falscher Name des Testamentsvollstreckers) oder unbeachtliche Zusätze können gem § 42 FamFG berichtigt werden; dazu sind Ausfertigungen zurückzufordern.

30 **H. Kosten.** Das Nachlassgericht (Notar: § 141 KostO) erhebt für jede Erbscheinserteilung pro Erbfall eine $^{10}/_{10}$ Gebühr (§§ 32, 107 I 1 KostO), ggf zusätzlich für die eidesstattliche Versicherung (§ 2356 II 1; nicht für ihren Erlass nach 2) eine weitere volle Gebühr (§§ 107 I 2 iVm § 49 KostO). Die Einziehung oder Kraftloserklärung des Erbscheins (s. § 353 I FamFG) kostet eine $^1/_2$ Gebühr, wenn nicht in demselben Verfahren über demselben Gegenstand ein neuer Erbschein erteilt wird (§ 108 1, 3 KostO). Bei Zurückweisung des Antrags fällt eine $^1/_2$ volle Gebühr, höchstens 35 €, (§ 130 I KostO), bei Antragsrücknahme vor Entscheidung eine $^1/_4$ volle Gebühr, höchstens aber 20 €, an (§ 130 II KostO). Nacherben- oder Testamentsvollstreckervermerke lösen keine weitere Gebühr aus. Für die Beurkundung des Antrags ggü dem Nachlassgericht durch den **Notar** wird eine $^1/_4$ Gebühr erhoben (§ 38 III KostO), an deren Stelle die volle Gebühr tritt, wenn zugleich eine Versicherung an Eides Statt (vgl § 2356 II) abgenommen wird (§ 49 I, III KostO). Über die **Kostenpflicht** (§ 80 FamFG) entscheidet das Gericht in der Endentscheidung (§ 38 FamFG) vAw nach billigem Ermessen (§§ 81 I 1, 82 FamFG; zu Vergleich, Erledigung und Antragsrücknahme s. § 83 FamFG). Im Grds trägt jeder Beteiligte sein Kosten selbst. Anderes gilt insb bei einem in § 81 II FamFG aufgeführten Verfahrensverhalten eines Beteiligten. Die Kosten des Erbscheins (§ 107 KostO) trägt der Antragsteller (§ 2 Nr 1 KostO; LG Saarbrücken 30.10.09 – 5 T 227/09). Nichtantragstellende Miterben haften nicht für sie mit; § 6 KostO ist nicht anwendbar. Wird Übersendung der Ausfertigung des Erbscheins an das **GBA** beantragt, kann eine Gebührenermäßigung geltend gemacht werden (§ 107 III KostO). Diese Privilegierung gilt nicht für den Nachweis der Rechtsnachfolge in eine Gesellschaft ggü dem Handelsregister (BayObLG ZEV 02, 286; Köln NJW-RR 04, 357, 358; Stuttg ZEV 04, 381). §§ 107 III, IV u 4 KostO sind, auch wenn ein Gläubiger nach § 792 ZPO die Erteilung eines Erbscheins benötigt, um die Zwangsvollstreckung wegen einer Forderung zu betreiben, nicht analogiefähig (Ddorf Rpfleger 04, 440). Die Kosten sind keine Nachlassverbindlichkeiten (Staud/*Schilken* Rz 103). Der **Geschäftswert** (s. *Zimmermann* Rz 658 ff) bestimmt sich nach § 107 II KostO nach dem Wert des Nachlasses im Erbfall (BayObLG FamRZ 01, 696), dh unter Abzug der Nachlassverbindlichkeiten iSd §§ 1967–1969 (zB Vermächtnisse, Beerdigungskosten, Pflichtteilsrechte oder -ergänzungsansprüche, valutierte Grundstücksbelastungen, Auflagen; str sind vom Erben zu tragende Erbschaftsteuern, bejahend Köln ZEV 01, 406, zu Recht aA BayObLG ZEV 03, 94; Hamm Rpfleger 90, 463) von den Aktiva (BVerfG ZEV 97, 250; MüKo/*Mayer* Rz 140). Entwicklungen zwischen Erbfall und Erbscheinserteilung werden nicht berücksichtigt. Beantragt ein Miterbe einen Teilerbschein, errechnet sich der Geschäftswert unter Zugrundelegung seines Anteils am Nettonachlass (§ 107 II 2 KostO). Für die Bewertung von Grundstücken gilt § 19 KostO. Fälligkeit: § 7 KostO. Zur Maßgeblichkeit des wirtschaftlichen Interesses bei der Beschwerde s. BayObLG FamRZ 96, 694, 698; 05, 822. Zum Beschwerdeverfahren s. §§ 131 II, 30 KostO. **Anwaltsgebühr.** In erster Instanz fällt eine Verfahrensgebühr von 1,3 und ggf eine Terminsgebühr von 1,2 an (Nr 3100, 3104 VV-RVG). Bei Vertretung mehrerer Miterben im Einziehungsverfahren entsteht eine Mehrvertretungsgebühr gem Nr 1008 VV-RVG (LG München I ZEV 09, 311). Für FamFG-Beschwerdesachen (Kostenpflicht: § 84 FamFG) wird je eine Verfahrens- und Terminsgebühr von 0,5 gewährt (Nr 3500, 3513 VV-RVG; München ZEV 07, 99; MDR 06, 1016).

31 **I. Rechtsmittel.** Bzgl seit dem **1.1.09** eingegangenen Anträgen (Rn 1) ist statthaft gegen die Ablehnung des Antrags auf Einziehung oder gegen den Einziehungsbeschluss (als Endentscheidungen iSd § 38 FamFG) die **Beschwerde** gem § 58 FamFG, wenn die Beschwer in vermögensrechtlichen Sachen mehr als **600 €** (Beschwerdewert) beträgt oder die Beschwerde durch das Nachlassgericht **zugelassen** ist (§ 61 I-III FamFG); bei Rechtspflegerentscheidung gilt § 11 II RPflG. Besteht aus einem Vergleich die Verpflichtung, gegen einen Erbschein

nicht vorzugehen, ist eine Beschwerde gegen ihn unzulässig (KG FamRZ 04, 836). **Beschwerdegericht** ist das OLG (§ 119 I Nr 1a, b GVG). Die Entscheidung wird idR auf den Einzelrichter übertragen werden (§ 68 IV FamFG). Über eine zugelassene (§ 70 I FamFG) Rechtsbeschwerde gegen den Beschwerdebeschluss entscheidet der BGH (§ 133 GVG). Eine Nichtzulassungsbeschwerde gibt es nicht. Es bleibt als Möglichkeit des Rechtsschutzes eine Klage im Zivilprozess, notfalls Verfassungsbeschwerde (BGH NJW 09, 987). Zwischen- und Nebenentscheidungen sind unanfechtbar, wenn nicht ausdrücklich die sofortige Beschwerde iSd §§ 567-572 ZPO (Frist: 2 Wochen, § 569 I 1 ZPO) eröffnet ist. **Frist.** Zwar ist der Beschl, der dem Willen eines Beteiligten nicht entspricht, diesem zuzustellen (§ 41 I 2 FamFG). Die Beschwerde ist aber grds innerhalb eines **Monats** (§ 63 I, III FamFG) ab schriftlicher Bekanntgabe (§ 15 II FamFG) an den jeweiligen Beteiligten (s.a. § 63 III 2 FamFG) durch Einreichung einer Beschwerdeschrift (ggf als elektronisches Dokument, § 14 II FamFG) oder zur Niederschrift der Geschäftsstelle beim **Nachlassgericht** als dem Gericht, dessen Beschl angefochten wird, einzulegen (§ 64 I FamFG). Die Fristen werden nach §§ 222, 224 II, III, 225 ZPO berechnet (§ 16 II FamFG). Bei Verfristung kann, da der Erbschein nicht in materielle Rechtskraft erwächst, ein abweichender Erbschein beantragt werden. Wird dieser erteilt, muss der ältere, inhaltlich falsche Erbschein vAw eingezogen werden. Die Beschwerde soll **begründet** werden, ggf wird das Gericht dazu eine Frist setzen (§ 65 I, II FamFG). Neuer Vortrag ist nicht präkludiert (§ 65 III FamFG). Es besteht kein Anwaltszwang (§ 10 I FamFG, anders bei der Rechtsbeschwerde: § 10 IV 1 FamFG). **Vertretung** durch bestimmte Personen ist zulässig (§ 10 II FamFG). Da eine Rechtsfrage in Rede steht, hat das Beschwerdegericht selbst über den konkreten Inhalt des Erbscheins zu befinden und **in der Sache selbst** zu entscheiden (§ 69 I 1 FamFG). Es darf sich nicht darauf beschränken, Grundsätze vorzugeben (BayObLGZ 54, 71; 84, 208, 211).

Abhilfe. Ist die Beschwerde zulässig und begründet, hilft das NachlassG ihr ab. Ansonsten legt es die Sache dem OLG vor (§ 68 I 1 FamFG). Die Beschwerdeinstanz ist in den Grenzen des § 68 III 2 FamFG eine vollwertige Tatsacheninstanz. Eine unzulässige Beschwerde wird verworfen, eine unbegründete zurückgewiesen. Wies das Nachlassgericht einen Erbscheinsantrag zurück, obwohl die Voraussetzungen des § 352 I, II FamFG vorliegen, erlässt das OLG selbst einen Feststellungsbeschluss mit Aussetzung der sofortigen Wirksamkeit. Selbst erteilen darf es den Erbschein nicht, sondern weist ggf das Nachlassgericht dazu (oder zur Einziehung) an. Einen erlassenen, aber beanstandeten Erbschein hat es umfassend auf seine Unrichtigkeit zu überprüfen, auch wenn der Beschwerdeführer von ihr nicht mehr beschwert sein kann (BayObLG FamRZ 96, 1304; 00, 1610; München ZEV 07, 33, 34; Staud/*Schilken* Rz 94; aA Brandbg FamRZ 99, 1619; Hamm OLGR 00, 66). Ist die Rechtsbeschwerde nicht zugelassen und der Feststellungsbeschluss damit rechtskräftig, entfällt die Aussetzung dessen sofortiger Wirksamkeit. 32

Antragsänderungen oder hilfsweise gestellte Neuanträge sind unzulässig (BayObLG ZEV 98, 472; Köln FamRZ 94, 591). Ein **Hilfsantrag** ist noch rechtzeitig in das Verfahren eingeführt, wenn er unmittelbar mit der Erstbeschwerde gestellt wird, so dass das Nachlassgericht iRd Abhilfeverfahrens über diesen eine Entscheidung trifft (Ddorf FamRZ 07, 1359; Hamm ZEV 05, 436, 438). Über einen **neuen Antrag** darf es jedoch nicht befinden (BayObLG FamRZ 00, 1231). Im FamFG-Verfahren kann dem Beschwerdegericht nur derjenige Verfahrensgegenstand zur Entscheidung anfallen, über den in erster Instanz entschieden worden ist (vgl Hamm FamRZ 05, 70). Dieser Grds schließt es aus, den Verfahrensgegenstand durch einen neuen Antrag zu verändern, der die Angelegenheit zu einer anderen macht als diejenige, über die das Gericht erster Instanz entschieden hat (BGH NJW 90, 1418; Hamm aaO). Das OLG gibt daher die Sache an das Nachlassgericht zurück, wenn dieses noch nicht in der Sache entschieden hatte (§ 69 I 2 FamFG). Dieses ist an die Rechtsauffassung des Beschwerdegerichts gebunden (Karlsr Rpfleger 88, 315; KG NJW 00, 442). 33

Beschwerdeberechtigung. Nach § 59 I, II FamFG ist beschwerdeberechtigt, wer durch den Beschl in seinen Rechten beeinträchtigt ist (materielle Beschwer) und, wenn dieser nur auf Antrag erlassen werden kann und der Antrag zurückgewiesen worden ist (formelle Beschwer), der Antragsteller. **Materiell** beschwerdeberechtigt **bei einer Erbscheinserteilung** ist mithin, wer geltend machen kann, seine erbrechtliche Stellung werde im Erbschein nach dessen notwendigem Inhalt nicht richtig ausgewiesen (*Zimmermann* Rz 566). Die nur mittelbare Beeinträchtigung oder die Beeinträchtigung schutzwürdiger wirtschaftlicher Interessen reicht nicht (BayObLGZ 73, 224; Celle FamRZ 04, 908). Die Beeinträchtigung eines eigenen Rechts muss nachgewiesen sein (BayObLG NJW-RR 02, 873; KG NJW-RR 00, 1608). Für die Beschwerdebefugnis wird die Unrichtigkeit der angefochtenen Entscheidung iSd Beschwerdeführers unterstellt (KG FamRZ 95, 837). Feststehen müssen Tatsachen, auf denen die Befugnis beruht, wenn sie für die Begründetheit der Beschwerde keine Rolle spielen (KG aaO; MüKo/*Mayer* Rz 126). Nur doppelrelevante Tatsachen, die für die Zulässigkeit Voraussetzung sind und von denen zugleich die Begründetheit abhängt, bedürfen als verfahrensrechtliche Voraussetzung keines Nachweises, soweit sie mit den Voraussetzungen der Sachprüfung übereinstimmen (KG FamRZ 05, 1573). Hier genügt die schlüssige (str) Rechtsbehauptung und die Möglichkeit, dass das Recht besteht (BGH MDR 63, 39; BayObLGZ 96, 52, 54). Das Beschwerderecht ist **vererblich**, auch bei Tod während des Erbscheinsverfahrens (BayObLG FamRZ 00, 991). Bisherige „Kann-Beteiligte" (§ 345 I 2 FamFG) haben ihre Beschwerde mit dem Antrag auf Hinzuziehung zu verbinden (§ 345 I 3 FamFG), ggf kann ihre Beschwerde entspr ausgelegt werden. 34

35 Bei **Ablehnung der Erteilung** ist Ziel die Aufhebung des Zurückweisungsbeschlusses. Formell beschwerdebefugt ist der Antragsberechtigte, dessen Antrag abgewiesen wurde (§ 59 II FamFG), oder der potenziell einen Antrag hätte stellen können (BGH NJW 93, 662; FamRZ 74, 645; BayObLGZ 63, 58, 64; FamRZ 00, 1231; Brandbg FamRZ 99, 55; KG NJW-RR 90 1292), wenn dessen Recht durch die Entscheidung beeinträchtigt wird (Rn 34), dh der geltend macht, es werde in seine erbrechtliche Stellung eingegriffen (BayObLGZ 73, 224; Staud/*Schilken* Rz 93).

36 Nach **Erteilung** des Erbscheins mit der Folge, dass die Wirkungen nach §§ 2365–2367 eingetreten sind, kann die Erteilung selbst nicht mehr mit der Beschwerde angegriffen werden (BayObLG FamRZ 96, 1113). Eine Beschwerde kann nur noch darauf gerichtet sein, den Erbschein einzuziehen (**§ 352 III FamFG**) oder für kraftlos zu erklären (§ 2361); ggf ist zu prüfen, ob sie auf dieses Ziel hin umgedeutet werden kann (BayObLG aaO; Staud/*Schilken* Rz 92). Billigt das OLG die Erbscheinserteilung oder weist das Nachlassgericht zur Ausstellung an und wird er erteilt, ist die Rechtsbeschwerde mit dem Ziel der Einziehung zulässig (vgl BayObLG FamRZ 92, 862; KG Rpfleger 05, 669; Karlsr FamRZ 70, 255). Die Beschwerde gegen den Feststellungsbescheid bleibt, wenn, bevor das OLG über sie entschieden hat, der angekündigte Erbschein erteilt wird, zulässig, wenn sie auf Einziehung gerichtet wird. Gegen die Ablehnung der Einziehung eines Erbscheins beschwerdeberechtigt ist jeder, der die Erteilung eines (anderen) Erbscheins beantragen kann (BGH NJW 06, 3353, 3354), mithin dessen erbrechtliche Stellung nicht richtig ausgewiesen ist und er dadurch in seinen Rechten beeinträchtigt wird (Rn 34; MüKo/*Mayer* Rz 127), also zB ein Erbprätendent (Hamm Rpfleger 86, 138), dessen Quote falsch ausgewiesen ist (BayObLGZ 91, 1), der Miterbe, auch nach Veräußerung seines Erbanteils (BayObLG NJW-RR 01, 1521), der Erbeserbe, der Gläubiger mit Titel (Rn 13; vgl BayObLG FamRZ 99, 817), der Nacherbe, falls der Nacherbenvermerk nicht aufgenommen ist (BayObLG FamRZ 96, 1304), der Testamentsvollstrecker gegen die Erteilung insgesamt oder wegen eines fehlenden Vermerks (Hamm NJW-RR 93, 461), und auch, wer ein Erbrecht überhaupt nicht oder zu einem geringeren als dem ausgewiesenen Bruchteil in Anspruch nimmt, also bei einem Erfolg seiner Beschwerde eine ungünstigere Rechtsstellung erlangt (BGHZ 30, 261; BayObLGZ 90, 294, 296 f; KG FamRZ 04, 1903). Die Berechtigung entfällt nicht, weil der Beteiligte den angegriffenen Erbschein ursprünglich selbst beantragt hatte (BGH aaO; NJW 06, 3353, 3354; BayObLGZ 63, 19, 26; FGPrax 05, 217 f; KG aaO).

37 **Nicht** beschwerdeberechtigt ist der Vermächtnisnehmer wegen der Erteilung eines unrichtigen Zeugnisses über das Erbrecht eines anderen (BayObLG Rpfleger 99, 182), der Pflichtteilsberechtigte, der kein eigenes Erbrecht beansprucht (Hamm Rpfleger 84, 273), der Nachlasspfleger, wenn sich der Erbschein auf den Erbfall bezieht, in Ansehung dessen die Nachlasspflegschaft angeordnet ist (Celle Rpfleger 91, 21; BayObLG FamRZ 91, 230), der Nachlassgläubiger ohne Titel, die Erbschaftsteuerbehörde (Staud/*Schilken* Rz 93).

§ 2354 Angaben des gesetzlichen Erben im Antrag.
(1) Wer die Erteilung des Erbscheins als gesetzlicher Erbe beantragt, hat anzugeben:
1. die Zeit des Todes des Erblassers,
2. das Verhältnis, auf dem sein Erbrecht beruht,
3. ob und welche Personen vorhanden sind oder vorhanden waren, durch die er von der Erbfolge ausgeschlossen oder sein Erbteil gemindert werden würde,
4. ob und welche Verfügungen des Erblassers von Todes wegen vorhanden sind,
5. ob ein Rechtsstreit über sein Erbrecht anhängig ist.

(2) Ist eine Person weggefallen, durch die der Antragsteller von der Erbfolge ausgeschlossen oder sein Erbteil gemindert werden würde, so hat der Antragsteller anzugeben, in welcher Weise die Person weggefallen ist.

1 Ohne die vom gesetzlichen Erben geforderten Angaben ist ein Antrag unzulässig. Sie können aber, ggf auf eine Zwischenverfügung (§ 2353 Rn 22) hin, nachgeholt werden. Ein trotz fehlender Angaben erteilter Erbschein unterliegt jedoch nicht deswegen der Einziehung (Staud/*Schilken* Rz 1). Denn die Angaben betreffen nicht den Sachverhaltskern (§ 2353 Rn 2, 12), sondern dienen dazu, das Verfahren zu fördern (MüKo/*Mayer* Rz 2). Sie obliegen dem Antragsteller nur, soweit er sie machen kann. Das Nachlassgericht hat vAw zu versuchen, fehlende Angaben zu ermitteln (§ 2358). Bei mehreren Erben ist § 2357 III, IV zu beachten. Der Nachweis der Richtigkeit erfolgt gem § 2356.

2 **I Nr 1** meint den Kalendertag. Der Nacherbe, der einen Erbschein beantragt, hat auch den Tag des Nacherbfalls anzugeben (BayObLG Rpfleger 90, 165). **I Nr 2** meint die Stellung zum Erblasser, zB Verwandtschaft, Kindesannahme (§§ 1754 ff), Vaterschaftsfeststellung (§ 1592 Nr 2, 3), bei Ehegatten auch den Güterstand (vgl § 2356 II 1). Nach **I Nr 3, II** ist der Wegfall anderer Personen (gesetzliche oder testamentarische Erben) vor oder nach dem Erbfall (Köln MDR 59, 585) durch Tod oder gem §§ 1933, 1938, 1953, 2344, 2346 anzugeben (MüKo/*Mayer* Rz 16 f). **I Nr 5** betrifft nur zwischen Erbprätendenten vor den ordentlichen Gerichten anhängige Rechtsstreite. Kann ein Nachlassgläubiger die Angaben nach I 3, II nicht machen, kann er Antrag auf Nachlasspflegschaft (§ 1961) stellen. Zur Amtsermittlung s. LG Flensburg Jur Büro 68, 558.

§ 2355 Angaben des gewillkürten Erben im Antrag. Wer die Erteilung des Erbscheins auf Grund einer Verfügung von Todes wegen beantragt, hat die Verfügung zu bezeichnen, auf der sein Erbrecht beruht, anzugeben, ob und welche sonstigen Verfügungen des Erblassers von Todes wegen vorhanden sind, und die in § 2354 Abs. 1 Nr. 1, 5, Abs. 2 vorgeschriebenen Angaben zu machen.

Bei gewillkürter Erbfolge, bei durch Testament oder Erbvertrag berufenem Erben, verlangt die Parallelvorschrift zu § 2354 zusätzliche Angaben. Zu nennen ist die Verfügung, auf der der Erbe sein Erbrecht gründet, wobei durch Datumsangabe oder sonstige Kennzeichnung eine Verwechslung auszuschließen ist, und ob und welche sonstigen Verfügungen vTw vorhanden sind, unabhängig von ihrem Inhalt oder ihrer Gültigkeit. S. zur Vorlagepflicht § 2356. Die (mögliche) Vorlage und Eröffnung der Verfügung vTw (§ 2260) sind Voraussetzung für die Erteilung des Erbscheins (§ 2356 Rn 4; MüKo/*Mayer* Rz 4). 1

§ 2356 Nachweis der Richtigkeit der Angaben. (1) ¹Der Antragsteller hat die Richtigkeit der in Gemäßheit des § 2354 Abs. 1 Nr. 1 und 2, Abs. 2 gemachten Angaben durch öffentliche Urkunden nachzuweisen und im Falle des § 2355 die Urkunde vorzulegen, auf der sein Erbrecht beruht. ²Sind die Urkunden nicht oder nur mit unverhältnismäßigen Schwierigkeiten zu beschaffen, so genügt die Angabe anderer Beweismittel.
(2) ¹Zum Nachweis, dass der Erblasser zur Zeit seines Todes im Güterstand der Zugewinngemeinschaft gelebt hat, und in Ansehung der übrigen nach den §§ 2354, 2355 erforderlichen Angaben hat der Antragsteller vor Gericht oder vor einem Notar an Eides Statt zu versichern, dass ihm nichts bekannt sei, was der Richtigkeit seiner Angaben entgegensteht. ²Das Nachlassgericht kann die Versicherung erlassen, wenn es sie für nicht erforderlich erachtet.
(3) Diese Vorschriften finden keine Anwendung, soweit die Tatsachen bei dem Nachlassgericht offenkundig sind.

A. Zweck. Die Norm ergänzt die Mitwirkungspflicht des Antragstellers nach §§ 2354, 2355 durch eine förmliche Nachweispflicht. Das Nachlassgericht kann ihre Erfüllung, ist sie möglich, vom Antragsteller durch Zwischenverfügung verlangen. Dessen schuldhafte Nichterfüllung macht seinen Antrag unzulässig (str, KG OLGE 6, 174; Frankf FamRZ 96, 1441). Genügt er seiner Pflicht und bleiben Lücken, hat das Nachlassgericht vAw zu ermitteln (§ 2358; § 26 FamFG). 1

B. Umfang der förmlichen Nachweispflicht. Förmlich nachzuweisen sind der Todeszeitpunkt des Erblassers (§ 2354 I Nr 1; zB durch das Sterbebuch, Sterbeurkunde, Eintragung des Sterbefalls im Familienbuch, Todesschein), das dem Erbrecht zugrunde liegende Verhältnis (§ 2354 I Nr 2; zB durch das Familien- oder Geburtenbuch, Abstammungs- oder Geburtsurkunde, Urt über die Feststellung der Vaterschaft), sowie der Wegfall von Erbanwärtern (§ 2354 II), zB der Tod einer Person, Erbverzichtsvertrag, Urt über Erbunwürdigkeit, Ausschlusserklärung, vorzeitigen Erbausgleich oder Scheidung oder Aufhebung der Ehe (MüKo/*Mayer* Rz 37–40). Im Fall des § 2355 ist die Urkunde vorzulegen, auf der das Erbrecht beruht (I 1 Hs 2). Für demselben Amtsgericht **offenkundige** Tatsachen besteht keine Nachweispflicht (**III**). Offenkundigkeit umfasst wie in § 291 ZPO neben den allgemeinkundigen auch solche Tatsachen, von denen das Gericht vermöge seiner sonstigen amtlichen Tätigkeit Kenntnis hat, zB Anfechtung ggü dem Gericht, Erbschaftsausschlagung, Entscheidungen des AG mit personenstandsrechtlicher Wirkung wie Kindesannahme, Vaterschaftsfeststellung oder Scheidung. Das Gericht muss von ihnen überzeugt sein (§ 37 I FamFG). Eine nur hohe Wahrscheinlichkeit genügt nicht (Schlesw FamRZ 01, 583, 584). Die Bezugnahme auf eine öffentliche Urkunde des gleichen Gerichts genügt. Nicht dazu gehören Tatsachen, die das Gericht erst durch Einsichtnahme in gerichtliche Akten eines anderen Verfahrens zur Kenntnis gelangen (str). Auf Akten anderer Gerichte kann Bezug genommen werden, wenn diese beigezogen werden (Köln MDR 59, 585). Bei gesetzlichen Vermutungen hat der Antragsteller ihre Voraussetzungen zu beweisen. Der Gegner kann widerlegen (Staud/*Schilken* Rz 4). 2

C. Öffentliche Urkunde. Der Begriff entspricht § 415 ZPO. Eingeschlossen sind bewirkende Urkunden, die einen Vorgang belegen, der in ihnen selbst niedergelegt ist (zB Ehescheidung), und Zeugnisurkunden, in denen die dafür autorisierte Person öffentlichen Glaubens einen Sachverhalt bezeugt (zB Personenstandsurkunden wie Geburts-, Heirats-, Sterbe-, Abstammungsurkunden, vgl *Firsching/Graf* Rz 4.176 ff). Öffentliche Urkunden aus der ehemaligen DDR als inländische Urkunden genügen. Ausländische öffentliche Urkunden sind vorzulegen und gelten bei Legalisation nach § 438 II ZPO als echt. Es schadet grds nicht, dass sie nicht in Deutsch verfasst sind, doch kann das Gericht nach § 142 III ZPO eine Übersetzung verlangen. Für die Vertragsstaaten des Haager Übereinkommens (BGBl 1965 II, 875) genügt die im Errichtungsstaat beigefügte Apostille. Ferner kennen bilaterale Abkommen Befreiungen. Die **Beweiskraft** richtet sich nach §§ 415, 417, 418, 435 ZPO. Personenstandsurkunden (§ 61a PStG: beglaubigte Abschriften aufgrund der Personenstandsbücher, Geburtsschein, Geburts-, Heirats- und Sterbe- und Abstammungsurkunden sowie Auszüge aus dem Familienbuch) und idR Auszüge aus Standesregistern (vgl § 61 Nr 1 PStG) haben dieselbe Beweiskraft (§§ 60 3

I, 66 PStG) wie Personenstandsbücher (Heirats-, Familien-, Geburten- und Sterbebuch, § 1 II PStG). Ihre Unrichtigkeit kann nach § 60 II 1 PStG bewiesen werden. Hat das Gericht Zweifel an ihrer Richtigkeit, darf es sich über diese nicht hinweg setzen (aA Hambg NJW 52, 147). Es kann auf das Berichtigungsverfahren (§§ 47 ff PStG) verweisen oder vAw den Sachverhalt klären (str, BayObLGZ 81, 38; 173, 176). Beglaubigte Abschriften der Personenstandsurkunden haben nicht die Beweiskraft nach § 66 PStG. Das Gericht entscheidet über ihre Richtigkeit nach freier Überzeugung und kann Vorlage der Urschrift verlangen.

4 D. Verfügung vTw. Die Eröffnung der Verfügung vTw ist, wenn sie möglich ist, Voraussetzung für die Erteilung eines Erbscheins (**I 1 Hs 2**). Zum Nachweis eines testamentarischen Erbrechts ist grds die Urschrift der Urkunde vorzulegen, auf die das Erbrecht gestützt wird (BayObLG FamRZ 03, 1786; 05, 138, 139), sofern dem Nachlassgericht die Urkunde nicht schon vorliegt. Ist diese Urkunde nicht auffindbar, kommt der Grundsatz zum Tragen, dass es die Wirksamkeit eines Testaments nicht berührt, wenn die Urkunde ohne Willen und Zutun des Erblassers vernichtet worden, verloren gegangen oder sonst nicht auffindbar ist (BayObLG FamRZ 86, 1043, 1044; 90, 1162, 1163). Es können dann Errichtung des Testaments und sein Inhalt mit allen zulässigen Beweismitteln bewiesen werden (BayObLG FamRZ 86, 1043; 05, 138, 139), wobei wegen der geltenden Formstrenge an den Nachweis strenge Anforderungen zu stellen sind (BayObLG FamRZ 90, 1162, 1163; 01, 771, 772; München ZEV 08, 286; 596, 598; Zweibr FamRZ 01, 1313, 1314). Möglich ist es, die Errichtung und den Inhalt eines Testaments auch durch Zeugen, eidesstattliche Versicherung Dritter, die Vorlage von Urkunden (zB Abschriften aus dem Familienstammbuch; Schlesw OLGR 09, 1008, 1009) oder einer Kopie des Testaments darzutun (BayObLGZ 93, 240 f; NJWE-FER 01, 128). Ist letztere beglaubigt, gilt § 418 I ZPO (KG FamRZ 07, 1197). Ist nach Durchführung der gebotenen Ermittlungen die Existenz eines Testaments nicht sicher festzustellen, trägt derjenige die Feststellungslast, welcher seinen Antrag auf das nicht vorhandene Testament stützt (BayObLG FamRZ 01, 945, 946; 05, 138). Vor Erteilung des Erbscheins hat das Gericht die Gültigkeit der Verfügung vTw nach Form und Inhalt zu prüfen (Staud/*Schilken* Rz 30).

5 E. Eidesstattliche Versicherung. Für die übrigen erforderlichen Angaben (s. § 2354 I Nr 3, 4, 5, § 2355, § 2356 II 1) hat der Antragsteller den Beweis durch Versicherung an Eides statt zu erbringen und zu versichern, dass ihm nichts bekannt sei, was der Richtigkeit seiner Angaben entgegensteht (**II 1**). Das Nachlassgericht kann sie auch verlangen, wenn für die behaupteten Tatsachen ein hoher Grad von Wahrscheinlichkeit spricht (Schlesw FamRZ 01, 583). Ohne konkreten Anlass muss nicht ausdrücklich angegeben werden, dass Ausschlussgründe für das beantragte Erbrecht nicht bestehen (Hamm MDR 92, 972; MüKo/*Mayer* Rz 51; aA Braunschw DNotZ 91, 550). Über die strafrechtliche Sanktion der §§ 156, 163 StGB soll verhindert werden, dass mit Hilfe falscher Angaben ein Erbschein erlangt wird (LG Hannover, DAVorm 80, 860). Es erfordert die Abgabe einer eidesstattlichen Versicherung nach § 2356 II 1, dass der, der die Versicherung abzugeben hat, vor einem Notar oder einem Amtsgericht (funktionell: Rechtspfleger, § 3 Nr 1 f, 2c RPflG), auch vor dem Rechtshilfegericht (str, Celle MDR 70, 930; Palandt/*Edenhofer* Rz 12, aA Soergel/*Zimmermann* Rz 15: nur bei Rechtshilfeersuchen), erscheint. Das Beurkundungsverfahren richtet sich insoweit (§§ 1 II, 56 III 2 BeurkG) nach den §§ 38, 6 ff BeurkG. Eine in privatschriftlicher Form abgegebene eidesstattliche Versicherung genügt nicht (Frankf FGPrax 96, 190; KG OLGE 18, 372). Die Bezugnahme auf Anlagen ist zulässig, wenn diese der Niederschrift beigefügt sind. Im Ausland ist der Konsularbeamte zuständig (§ 12 Nr 2 KonsularG). Bei gesetzlicher Stellvertretung gibt der Stellvertreter eine eigene Erklärung ab. Der 16 Jahre alte Erbe kann gem § 455 II ZPO selbst zur Abgabe zugelassen werden. Testamentsvollstrecker, Nachlass- und Insolvenzverwalter haben als Parteien kraft Amtes die Erklärung selbst abzugeben, ebenso Gläubiger des Erblassers nach §§ 792, 896 ZPO (Staud/*Schilken* Rz 40). Beim gemeinschaftlichen Erbschein ist die Versicherung aller Miterben gefordert (§ 2357 IV). Gewillkürte Stellvertretung ist nicht zulässig.

6 Nach **II 2** kann das Nachlassgericht die eidesstattliche Versicherung ganz oder für einzelne Punkte **erlassen**, wenn es sie für nicht erforderlich erachtet (LG Ansbach Rpfleger 09, 568), zB dem Nacherben, wenn für den Vorerben ein Erbschein erteilt war oder bei Wegfall der Testamentsvollstreckung für den neuen Erbschein. Insoweit entscheiden das Nachlassgericht und das auf Grund einer Beschwerde an seine Stelle tretende LG nach pflichtgemäßem Ermessen (KG OLGZ 67, 247; München FGPrax 06, 27). Die Entscheidung, die Versicherung zu erlassen, kann mit der **Beschwerde** angegriffen werden, übt das Gericht sein Ermessen nicht (Köln MDR 59, 585; Frankf FGPrax 96, 190, 191) oder nicht pflichtgemäß (München Rpfleger 07, 201; Frankf aaO; Schlesw FamRZ 01, 583) aus.

7 F. Andere Beweismittel (Abs 1 S 2). Sie sind nur zulässig, wenn öffentliche Urkunden für den Antragsteller nicht oder nur mit unverhältnismäßigen Schwierigkeiten zu beschaffen sind. Dabei gilt ein strenger Maßstab (LG Rostock FamRZ 04, 1518). Die Verhältnismäßigkeit ist ein überprüfbarer Rechtsbegriff; sie eröffnet dem Gericht nicht etwa einen Ermessensspielraum (Staud/*Schilken* Rz 32). Unverhältnismäßig können hohe Kosten, Risiken und Mühen der Beschaffung ggü dem formellen Nachweis sein, wenn sich aus anderen Beweismitteln die volle Überzeugung des Gerichts ergibt (MüKo/*Mayer* Rz 42). Solche Beweismittel können Tatsachen jeder Art sein (BayObLG FamRZ 03, 1786, 1787), zB ältere Familienstammbücher, gekürzte Urkunden, Ausfertigungen, beglaubigte Abschriften, Kopie (Rn 4), Ahnenpässe und Taufscheine, Zeugenbeweis, eidesstattliche Versicherungen Dritter, die nicht als Zeugen vernommen werden können (Ddorf MDR 61, 242).

Erforderlich ist aber, dass die Beweismittel ähnl klare und verlässliche Folgerungen ermöglichen wie öffentliche Urkunden (KG FGPrax 95, 120).

§ 2357 Gemeinschaftlicher Erbschein. (1) ¹Sind mehrere Erben vorhanden, so ist auf Antrag ein gemeinschaftlicher Erbschein zu erteilen. ²Der Antrag kann von jedem der Erben gestellt werden.
(2) In dem Antrag sind die Erben und ihre Erbteile anzugeben.
(3) ¹Wird der Antrag nicht von allen Erben gestellt, so hat er die Angabe zu enthalten, dass die übrigen Erben die Erbschaft angenommen haben. ²Die Vorschrift des § 2356 gilt auch für die sich auf die übrigen Erben beziehenden Angaben des Antragstellers.
(4) Die Versicherung an Eides Statt ist von allen Erben abzugeben, sofern nicht das Nachlassgericht die Versicherung eines oder einiger von ihnen für ausreichend erachtet.

A. Zweck. Bei einer Erbengemeinschaft (nicht: Vor- und Nacherbschaft, vgl Staud/*Schilken* Rz 3) kann durch den gemeinschaftlichen Erbschein (§ 2353 Rn 5) das Erbrecht aller Miterben gemeinsam ausgewiesen werden. 1

B. Antrag. Der Antrag ist formfrei. Für sich **antragsberechtigt** ist jeder Miterbe, unabhängig davon, ob auch andere Miterben Erbscheinsanträge gestellt haben (**I 2**; BayObLG ZEV 05, 166, 168). Das gilt auch für gemeinschaftliche Teilerbscheine, so dass dieser von einem Miterben auch (nur) über das Erbrecht anderer Miterben beantragt werden kann (§ 2353 Rn 5). Im Antrag sind sämtliche Erben und ihre Erbteile anzugeben (**II**). Haupt- und Hilfsantrag sind zulässig. Kennt der Antragsteller nicht alle Erben, ist ihm über § 2358 II zu helfen (RGRK/*Kregel* Rz 5). Steht die Erbquote eines Miterben nicht fest (zB §§ 1935, 2094: ungeborener Erbe; §§ 1592, 1600d: ausstehende Vaterschaftsfeststellung) ist der Antrag eines (Teil)Erbscheins über eine Mindesterbquote zulässig (Hamm Rpfleger 69, 299; BaRoth/*Siegmann*/*Höger* Rz 4, Staud/*Schilken* § 2353 Rz 76). Auch ist ein vorläufiger gemeinschaftlicher Erbschein zulässig, wenn zwar die Erben feststehen, aber ihre Erbquote noch zw ist. So werden Verfügungen über den Nachlass möglich (MüKo/*Mayer* Rz 16). Steht die wahre Erbquote fest, ist ein vorläufiger gemeinschaftlicher Erbschein bzw Mindestteilerbschein einzuziehen. **Beschwerde** (§ 2353) gegen Antragsablehnung steht dem Antragsteller und den anderen Miterben zu. 2

C. Erbschaftsannahme. In der Antragsstellung eines Miterben liegt idR seine schlüssige Annahme (§ 2353 Rn 11). Die Annahme der übrigen Miterben einschl der Tatsachen, aus denen sich diese Schlussfolgerung ergibt, hat er darzulegen (**III 1**) und durch die in § 2356 vorgesehenen Mittel zu beweisen. Entspr gilt für antragsberechtigte Dritte (zB Testamentsvollstrecker), die den Erbschein beantragen. Zum verschollenen Miterben s. MüKo/*Mayer* Rz 10. Die **eidesstattliche Versicherung** ist von allen Erben abzugeben, es sei denn, sie ist nicht von allen erforderlich (**IV**). In der Praxis reicht idR die Versicherung des Antragstellers (MüKo/ *Mayer* Rz 13). Insoweit steht dem Gericht, anders als bei § 2356 II 2, kein Ermessen zu (hM). Der einzelne Miterbe, der einen gemeinschaftlichen Erbschein beantragt, kann von den übrigen im Erbschein auszuweisenden Erben ihre Abgabe der Versicherung verlangen (§ 2038 I 2; Erman/*Schlüter* Rz 4). Die eidesstattliche Versicherung erstreckt sich nicht auf die Erbquoten (Staud/*Schilken* Rz 12). 3

§ 2358 Ermittlungen des Nachlassgerichts. (1) Das Nachlassgericht hat unter Benutzung der von dem Antragsteller angegebenen Beweismittel von Amts wegen die zur Feststellung der Tatsachen erforderlichen Ermittlungen zu veranstalten und die geeignet erscheinenden Beweise aufzunehmen.
(2) Das Nachlassgericht kann eine öffentliche Aufforderung zur Anmeldung der anderen Personen zustehenden Erbrechte erlassen; die Art der Bekanntmachung und die Dauer der Anmeldungsfrist bestimmen sich nach den für das Aufgebotsverfahren geltenden Vorschriften.

A. Zweck. Wegen der weitreichenden Publizitätswirkung (§§ 2365–2367) des Erbscheins ist das Gericht zur **Amtsermittlung** (vgl § 26 FamFG) verpflichtet, um eine höhere Gewähr für eine materiell richtige Entscheidung zu bieten. Die Amtsermittlungspflicht gilt nicht nur vor dem Nachlassgericht, sondern auch im Beschwerdeverfahren. Eine Verweisung auf den ordentlichen Rechtsweg ist unzulässig (KG NJW 63, 767). Die Beteiligten **wirken** bei der Sachverhaltermittlung **mit** und erklären sich vollständig und wahrheitsgemäß (§ 27 FamFG). Zur Aussetzung s. § 2353 Rn 23. 1

B. Antrag. Die Ermittlungstätigkeit des Gerichts setzt die Stellung eines Antrags nebst Bezeichnung von Beweismitteln voraus. Landesrechtlich ist zT den Nachlassgerichten die Pflicht auferlegt, den Erben vAw zu ermitteln (vgl Art 37 BayAG GVG, § 47 BaWü FGG). Was für ein Antrag gestellt sein muss, ergibt sich aus §§ 2354–2357, in denen die gesetzlichen Erfordernisse des Antrags auf Erteilung eines Erbscheins enthalten sind (KG OLGE 6, 174). Der Antragsteller hat sich zunächst selbst iRd ihm Möglichen zu bemühen, sein behauptetes Erbrecht, so wie er es im Erbschein bezeugt haben will, nachzuweisen (BayObLGZ 51, 690, 695; FamRZ 93, 366, 367; 98, 1242, 1243; Hamm FamRZ 97, 1026; Köln FamRZ 91, 117, 118), zB eine der Formvorschrift des § 2356 II 1 genügende eidesstattliche Versicherung abzugeben (Frankf FamRZ 96, 1441). Gerade für Vorgänge aus dem höchstpersönlichen Bereich obliegt ihm eine zumutbare Mitwirkung (BayObLG FamRZ 98, 1242, 1243; Köln aaO). Eine allg Ermittlungspflicht trifft ihn nicht, doch hat er ihm mögli- 2

§ 2358

che Angaben vollständig und wahrheitsgemäß zu machen (§ 27 FamFG; KG FamRZ 06, 151, 152). Entspricht der Antragsteller seinen Pflichten schuldhaft nicht, ist sein Antrag zurückzuweisen (*Firsching/Graf* Rz 4.191; MüKo/*Mayer* Rz 14 f).

3   **C. Umfang der Ermittlungen.** Die Ermittlungspflicht gilt bzgl der Zulässigkeit (sachlich, örtlich und international) und bei Anlass den Voraussetzungen des Antragsrechts (str, MüKo/*Mayer* Rz 17). Weiter ist bei Anlass zu ermitteln die Staatsangehörigkeit des Erblassers oder sonstige Voraussetzungen für das maßgebliche Erbstatut (vgl Art 5, 25 I EGBGB), sein Todeszeitpunkt und, war er verheiratet, sein Güterstand, das Vorhandensein oder der Wegfall weiterer Erben, ggf durch Ausschlagung, seine Scheidung oder Aufhebung seiner Ehe bzw Partnerschaft oder ein nicht beendetes Verfahren (§§ 1933, 2077; §§ 10 III, 15 LPartG), wobei ein Aufrechterhaltungswille zu berücksichtigen ist (§§ 2077 III, 2268 II, 2279), die Annahme eines Kindes (§§ 1741 ff), das Vorhandensein nichtehelicher Abkömmlinge bzgl des Erbrechts des Vaters, die Feststellung oder Anerkennung der Vaterschaft (§ 1592 Nr 2, 3) oder die Beseitigung durch vorzeitigen Erbausgleich (§§ 1934d, e aF; Art 227 I Nr 2 EGBGB). Liegt eine Verfügung vTw vor, können Ermittlungen insb bzgl ihrer Echtheit, Wirksamkeit und Auslegung, bei Anlass auch bzgl der Testierfähigkeit des Erblassers (BayObLG FamRZ 98, 1242, 1243; 05, 308, 309), ferner zur Anfechtung der Annahme, des Testaments oder der Ausschlagung jeweils in Hinblick auf den geltend gemachten Grund (BayObLG NJW 62, 1060; FamRZ 94, 848), einer Bindung durch gemeinschaftliches Testament (§ 2271; vgl BayObLGZ 91, 10, 14) oder Erbvertrag (§ 2289) geboten sein.

4   Die Ermittlungspflicht ist auf die für den beantragten Erbschein erforderlichen Tatsachenfeststellungen und Aufnahme geeigneter Beweise beschränkt. Das Gericht entscheidet über Art und Umfang nach pflichtgemäßem Ermessen nach Lage des Einzelfalls (vgl BayObLG FamRZ 91, 117, 118; 94, 1137). Es darf seine Ermittlungen erst abschließen, wenn von einer weiteren Beweisaufnahme ein sachdienliches, die Entscheidung beeinflussendes Ergebnis nicht mehr zu erwarten ist (BayObLG FamRZ 97, 123; 01, 203, 207; 454, 455; Karlsr ZEV 06, 316, 317). Der Sachverhalt darf bei sorgfältiger Überlegung keinen Anlass zu weiteren Ermittlungen bieten, dh keine konkreten Anhaltspunkte auf das Vorliegen eines fraglichen Umstandes hindeuten (BGH WM 91, 116; BayObLG FamRZ 03, 711, 713; 1594, 1595). Über **Ausnahmetatbestände** (zB Testierfähigkeit des Erblassers, seine deutsche Staatsangehörigkeit, Nichtanhängigkeit von Scheidungsverfahren) ist nur zu ermitteln, wenn für sie nicht ganz entfernt liegende Anhaltspunkte vorhanden sind (Köln FamRZ 91, 117, 118; MüKo/*Mayer* Rz 8); zB wenn die Errichtung zeitlich nah zur Anordnung oder während der Betreuung erfolgte (vgl *Wesche* Rpfleger 08, 449, 451 f). Dagegen hat es wegen des Amtsermittlungsgrundsatzes auch **unstreitige Tatsachen** auf ihre Richtigkeit zu überprüfen (BayObLG FamRZ 92, 1353) und ist an einen Vergleich (BayObLGZ 66, 233, 236; 97, 217, 219; KG FamRZ 04, 836; *Thonemann* NotBZ 06, 268 ff) oder Auslegungsvertrag (str, BayObLGZ 29, 208, 209; 91, 1, 5 f; aA *Dressler* ZEV 99, 289, 291) der Beteiligten über die Erbenstellung nicht gebunden (MüKo/*Mayer* Rz 9; s.a. § 2385 Rn 1). Die Einigung aller Beteiligten hat aber indizielle Bedeutung (BGH NJW 86, 1812, 1813). Möglich ist es, einen Vertrag zu schließen, sich schuldrechtlich so zu stellen als sei eine vereinbarte Auslegung zulässig; eine dingliche Annäherung kann über § 2033 erfolgen (BGH aaO). Vereinbarungen über disponible Gegenstände sind zulässig, zB über die Rücknahme eines Erbscheinsantrags, die Ausschlagung oder über die Anfechtung einer letztwilligen Verfügung. **Schiedsklauseln** (§ 1066 ZPO) sind im Fürsorgeverfahren des FamFG unzulässig (str, vgl BayObLG FamRZ 01, 873; Stuttg FamRZ 02, 1365, 1366).

5   **D. Hinweis.** Ggf hat das Gericht die Beteiligten zur Mitwirkung zu veranlassen und auf eine Ergänzung des tatsächlichen Vorbringens hinzuwirken (BayObLGZ 88, 422, 424). Ein **Hinweis** des Gerichts ist veranlasst, wenn es einen im bisherigen Verfahren nicht erörterten Gesichtspunkt zur Grundlage seiner Entscheidung machen will, damit dem Verfahren eine für die Beteiligten unerwartete Wendung gibt und zu erwarten ist, dass die Beteiligten zur Aufklärung des Sachverhalts sachdienlich beitragen können (BGH FamRZ 05, 700, 701; BayObLG NJWE-FER 01, 126, 127). Ihnen ist Gelegenheit zu geben, auf den Hinweis zu reagieren und ihren Tatsachenvortrag zu ergänzen (BGH aaO).

6   **E. Beweiserhebung.** Das Gericht ist nicht an Beweisanträge oder angebotene Beweise gebunden (§ 29 I FamFG). Ob es sich mit formlosen Ermittlungen begnügt oder Strengbeweis (§ 30 FamFG) anordnet, steht in seinem pflichtgemäßen Ermessen; in den Fällen des § 30 III FamFG, insb bzgl streitiger erheblicher Tatsachen, ist eine förmliche Beweisaufnahme geboten. Es gelten dann die entsprechenden Bestimmungen der ZPO (§ 30 I FamFG). Das Verfahren ist nichtöffentlich (MüKo/*Mayer* Rz 24). Das Gericht macht das Ergebnis der Beweisaufnahme aktenkundig (§ 29 III FamFG), zu dem einer förmlichen Beweisaufnahme gibt sie den Beteiligten nach § 30 IV die Möglichkeit zur Stellungnahme (s. § 37 II FamFG). Der Grundsatz des rechtlichen Gehörs ist immer zu wahren (§ 2353 Rn 18).

7   In Betracht kommen zB der **Zeugenbeweis** (§§ 373 ff ZPO), wenn Zeugen den Willen eines Erblassers darlegen können (BayObLG NJW-RR 03, 366, 367). Ein beratender Notar (vgl §§ 17 I, 28 BeurkG) kann zu berücksichtigen sein, wenn er noch Erinnerung an den Beurkundungsvorgang hat (BayObLG FamRZ 99, 1386), aus seiner Gestaltung der Urkunde Rückschlüsse gezogen werden sollen (BayObLG FamRZ 97, 123), oder wenn ein gemeinschaftliches Testament auszulegen und der Wille der Testierenden zu ermitteln ist (Bay-

ObLG FGPrax 05, 162, 163 f); zum beratenden Rechtsanwalt BayObLG FamRZ 03, 1227, 1228. Bzgl der oft streitigen Geschäfts- und Testierfähigkeit des Erblassers bietet sich der behandelnde Arzt als sachverständiger Zeuge iSd § 15 I FGG, § 414 ZPO an. Ggf können aber Zeugnisverweigerungsrechte bestehen (§ 383 I Nr 4, 6 ZPO). Nur für Tatsachen aus dem vermögensrechtlichen Bereich geht die Befreiungsbefugnis (§ 385 II ZPO) auf die Erben über (§ 1922). Doch dürfte es idR im wohlverstandenen Interesse des Erblassers liegen, dass der Geheimnisträger an der Aufklärung der Testierfähigkeit mitwirkt (BGH NJW 84, 2893, 2894 f; BayObLG NJW 87, 1492, 1493; Frankf FamRZ 97, 1306). Ebenso entspricht es seinem mutmaßlichen Willen, dass Tatsachen zur Ermittlung seines wirklichen Willens kundgetan werden (BayObLG FamRZ 91, 231). Ggf kann das Nachlassgericht Zwischenurteil erlassen (§ 15 I FGG, § 387 ZPO). Der Verstoß gegen eine Schweigepflicht (BayObLG aaO) oder eine fehlende Aussagegenehmigung (KG FGPrax 04, 78) begründet kein Verwertungsverbot. Der **Beteiligte** oder sein gesetzlicher Vertreter ist kein Zeuge, kann aber als Auskunftsperson analog §§ 415 ff ZPO angehört werden, ohne dass es eines Anfangsbeweises (vgl § 448 ZPO) bedürfte (BayObLGZ 70, 173, 176; 91, 10, 14; Zweibr MDR 98, 1244; aA BayObLG FamRZ 86, 1043).

Die Einschaltung eines (Schrift)**Sachverständigen** (§§ 402 ff ZPO) kann geboten sein (BayObLG FGPrax 03, 34, 35; Köln NJW-RR 04, 1015, 1016), zB wenn die Echtheit von Textveränderungen in Frage steht. Die **eidesstattliche Versicherung** eines Beteiligten dient der Glaubhaftmachung (§ 15 II FGG). Als die eines Dritten ist sie im Freibeweisverfahren zulässig (BGH WM 91, 162), aber krit zu würdigen (MüKo/*Mayer* Rz 23). Für **Urkunden** gelten insb §§ 415, 417, 419, 437, 438 ZPO, nicht §§ 420 ff ZPO. Amtliche Auskünfte sind vorzulegen. Ferner gelten für den **Beweis durch Augenschein** §§ 371 ff ZPO. Die Entscheidung über den geeigneten Beweis ist durch **Beschwerde** überprüfbar (BayObLG ZEV 94, 303). 8

F. Feststellungslast. Eine subjektive Beweislast (Beweisführungslast) kennt das Erbscheinverfahren als ein Verfahren der freiwilligen Gerichtsbarkeit wegen des hier geltenden Untersuchungsgrundsatzes nicht (BayObLG FamRZ 97, 1428, 1429; KG OLGZ 91, 144, 147). Die objektive Beweislast (Feststellungslast) richtet sich nach dem materiellen Recht (BayObLGZ 73, 145, 149; FamRZ 85, 837, 838; 97, 1428, 1429). Geht es um die Feststellungslast für die Echtheit eines Testaments, so trägt sie im Zweifel derjenige, der aus dem Testament ein Erbrecht herleitet (BayObLG FamRZ 85, 837, 838; Köln NJW-RR 04, 1015, 1016; Hamm Rpfleger 08, 29, 32: bei Unvollständigkeit). Für erbrechtsvernichtende Tatsachen (zB Ausschlagung, wirksame Anfechtung, Erb- oder Zuwendungsverzicht, Testierunfähigkeit) trägt sie der dadurch Begünstigte (KG OLGZ 91, 144). Es gelten gesetzliche Vermutungen, die Grundsätze des Anscheinsbeweises und zur Beweisvereitelung (BayObLG FamRZ 99, 817; Frankf NJW-RR 98, 870). 9

G. Öffentliche Aufforderung (Abs 2). Vgl § 1965 I; §§ 948 ff ZPO. Liegt ein den gesetzlichen Erfordernissen entsprechender Erbscheinsantrag vor, kann das Nachlassgericht nach seinem Ermessen von der öffentlichen Aufforderung Gebrauch machen (vgl Hamm FamRZ 00, 124, 125), wenn möglicherweise in den Erbschein aufzunehmende erbberechtigte Personen vorhanden sind, deren Ermittlung aber praktisch dauernd unmöglich oder wirtschaftlich nicht vertretbar ist (Staud/*Schilken* Rz 24). Bei Verschollenheit ist aber ein zumutbares Todeserklärungsverfahren durchzuführen (hM). Die Aufforderung hat keine Aufgebotswirkung und bewirkt keinen Ausschluss (Soergel/*Zimmermann* Rz 12), sondern es bleiben nur die nicht angemeldeten Rechte vorläufig nicht berücksichtigt. Die Ablehnung der Aufforderung kann mit der **Beschwerde** (§ 19 FGG) angefochten werden, nicht aber ihre Anordnung (str, Hamm aaO; MüKo/*Mayer* Rz 42). 10

§ 2359 Voraussetzungen für die Erteilung des Erbscheins.
Der Erbschein ist nur zu erteilen, wenn das Nachlassgericht die zur Begründung des Antrags erforderlichen Tatsachen für festgestellt erachtet.

A. Feststellung des Erbrechts. Das Gericht entscheidet nach seiner freien Überzeugung (§ 37 I FamFG), dh nach seiner persönlichen Gewissheit (zu § 286 ZPO BGHZ 56, 245, 256). Es ist grds nicht an gesetzliche Beweisregeln (aaO 281 ff) oder -mittel und nicht an Vergleiche, Anerkenntnisse oder Rechtsansichten der Beteiligten gebunden (§ 2358 Rn 4; Staud/*Schilken* Rz 6). Es hat vielmehr die Sache vollständig zu prüfen und selbstständig zu entscheiden, zB über eine zweifelhafte Auslegung, die Gültigkeit einer Verfügung vTw oder ihre Anfechtung, die Wirksamkeit einer Adoption oder Ausschlagung. Es darf den Antragsteller nicht auf einen erst anhängig zu machenden Prozess verweisen (BayObLG FamRZ 01, 873, 874). Erbunwürdigkeit oder Anfechtbarkeit der Verfügung vTw stehen der Erteilung nicht entgegen; sie schließen erst mit Anfechtungs- oder rechtskräftiger Erbunwürdigkeitserklärung das Erbrecht aus. Ist ein Erbrechtsstreit anhängig, kommt Aussetzung in Betracht (§ 2353 Rn 23; MüKo/*Mayer* Rz 36). Die Vollziehung des Erbscheins kann nicht gem § 24 III FGG ausgesetzt werden. Möglich ist eine einstweilige Anordnung auf Rückgabe zu den Akten (Köln OLGZ 90, 303). 1

B. Bindung. Das **Nachlassgericht** ist im Erbscheinerteilungsverfahren an ein rechtskräftiges **Urt** (s. § 256 ZPO; § 2342 II) des Prozessgerichts über das Erbrecht gebunden, soweit sich zwischen den Parteien nach §§ 325 ff ZPO die Rechtskraft erstreckt (BayObLG FamRZ 99, 334, 335; Erman/*Schlüter* Rz 5; MüKo/*Mayer* Rz 40 ff; aA KG FamRZ 96, 1575; Jauernig/*Stürner* Rz 2). Keine Bindung besteht an einen **Feststellungsbe**- 2 schluss iSd § 352 I FamFG (§ 2353 Rn 24 f), so dass bei veränderter Sachlage ein abweichender Erbschein erteilt werden kann (und der ältere eingezogen werden muss), und bei einer auf § 2018 gestützten Klage (MüKo/*Mayer* Rz 43). Ggü dritten Erbrechtsprätendenten besteht generell keine Bindung (Staud/*Schilken* § 2360 Rz 11). S.a. § 2353 Rn 4; zum Schiedsspruch s. § 1055 ZPO.

3 Das **Prozessgericht** kann durch einstweilige Verfügung nicht dem Nachlassgericht die Aushändigung des Erbscheins verbieten (Staud/*Schilken* § 2360 Rz 8), aber dem Besitzer aufgeben, vom Erbschein keinen Gebrauch zu machen oder ihn an sicherer Stelle abzuliefern (BGHZ 30, 317; 40, 54, 59; Köln OLGZ 90, 303). Die Vermutung des § 2365 und der öffentliche Glaube (§§ 2366 f) berührt das nicht. Es ist nicht an die Entscheidung des Nachlassgerichts gebunden (BGH NJW 83, 277, 278; 93, 2171, 2172; § 2353 Rn 4).

4 **Finanzbehörden** und FG haben idR vom Erbrecht auszugehen, wie es im Erbschein bezeugt ist (BFH NV 05, 2218). Der Gegenbeweis ist zulässig (BFH NJW 96, 2119). Sind gewichtige Gründe erkennbar, die gegen die Richtigkeit des Erbscheins sprechen, sind sie berechtigt und verpflichtet, das Erbrecht und ggf die Erbanteile selbst zu ermitteln (§ 88 AO, § 76 FGO; BFH aaO; NV 05, 557; Nds FG EFG 04, 1231). Entspr gilt im Grundbuchverfahren (§ 2353 Rn 7) und im Wesentlichen für das Handelsregister (MüKo/*Mayer* Rz 27 f). Zur Bindung eines **VerwG** s. BVerfG ZOV 06, 177; BVerwG VIZ 01, 367; zur **Beschwerde** s. § 2353 Rn 31 ff.

§ 2360 *aufgehoben*

§ 2361 Einziehung oder Kraftloserklärung des unrichtigen Erbscheins.

(1) ¹Ergibt sich, dass der erteilte Erbschein unrichtig ist, so hat ihn das Nachlassgericht einzuziehen. ²Mit der Einziehung wird der Erbschein kraftlos.
(2) ¹Kann der Erbschein nicht sofort erlangt werden, so hat ihn das Nachlassgericht durch Beschluss für kraftlos zu erklären. ²Der Beschluss ist nach den für die öffentliche Zustellung einer Ladung geltenden Vorschriften der Zivilprozessordnung bekanntzumachen. ³Mit dem Ablauf eines Monats nach der letzten Einrückung des Beschlusses in die öffentlichen Blätter wird die Kraftloserklärung wirksam.
(3) Das Nachlassgericht kann von Amts wegen über die Richtigkeit eines erteilten Erbscheins Ermittlungen veranstalten.

1 **A. Zweck.** Durch die Einziehung des unrichtigen, aber wirksam erteilten Erbscheins (I' 1) oder seine Kraftloserklärung (II 1) vAw wird die Wirkung der §§ 2365–2367 beseitigt und somit der aus ihnen folgenden Gefahren begegnet. Eine weitergehende negative Publizitätswirkung entfaltet die Einziehung nicht. § 2361 ist auf Überweisungszeugnisse der §§ 36, 37 GBO (KG JGF 14, 137), Hoffolgezeugnisse und gem § 1507 2 auf Zeugnisse über die Fortsetzung der Gütergemeinschaft entspr anwendbar (Staud/*Schilken* Rz 6). Seit dem 1.9.09 gilt ergänzend **§ 353 FamFG**.

2 **B. Unrichtigkeit (Abs 1).** Unrichtig ist ein Erbschein, wenn seine Erteilungsvoraussetzungen schon ursprünglich nicht vorlagen oder nachträglich weggefallen sind (BGHZ 40, 54, 56; BayObLG FamRZ 05, 1782). Er ist einzuziehen, wenn er aus tatsächlichen oder rechtlichen Gründen nicht mehr erteilt werden dürfte (Staud/*Schilken* Rz 15). Bloße Zweifel genügen nicht. Das Gericht darf nach den gebotenen Ermittlungen (§ 2358) nicht von seiner Richtigkeit überzeugt (§ 2359) sein (BGH aaO; BayObLGZ 66, 223, 236; 97, 59, 63; Köln FamRZ 03, 1784). Die Richtigkeitsvermutung des § 2365 gilt insoweit nicht.

3 **Formelle** Unrichtigkeit des Erbscheins liegt vor, wenn der Erbschein unter Verletzung verfahrensrechtlicher Vorschriften erteilt worden ist, die Bedingungen für die Zulässigkeit des Verfahrens sind. Einziehung erfolgt, selbst wenn der Erbschein inhaltlich richtig ist (BGH NJW 63, 1972), wenn gegen wesentliche Verfahrensvorschriften verstoßen worden ist (BayObLG FamRZ 97, 126), zB wenn der Erbschein ohne Antrag eines Antragsberechtigten bzw abw vom Antrag (BayObLG ZEV 01, 489, 491) ohne Genehmigung (§ 2353 Rn 11), vom Beschwerdegericht (KG Rpfleger 66, 208), vom international (Zweibr FamRZ 02, 1146) oder örtlich (Hamm OLGZ 72, 352, 353) unzuständigen Gericht, vom gem § 16 I Nr 6 RPflG funktionell unzuständigen Rechtspfleger ohne Übertragbarkeit nach § 16 II 1 RPflG (BayObLG FamRZ 97, 1370) oder ohne Rechtsschutzbedürfnis (BayObLG Rpfleger 99, 76) erteilt worden ist. Die Erteilung durch den funktionell unzuständigen Richter berührt nie die Wirksamkeit des Erbscheins (§ 8 I RPflG). Auch ist der Erbschein nicht einzuziehen, den der Rechtspfleger aufgrund gesetzlicher Erbfolge nach deutschem Recht erteilte, so dass eine Übertragungsmöglichkeit nach § 16 II RPflG bestand. Denn dann ist der Erbschein nicht unrichtig (§ 8 II RPflG; vgl BayObLG FamRZ 97, 1370). Der durch den Rechtspfleger erteilte Erbschein wird aber als unrichtig eingezogen, wenn er ihn aufgrund gesetzlicher Erbfolge erteilte, sich die Erbfolge aber aus einem später aufgefundenen Testament ergibt, selbst wenn diese mit der gesetzlichen Erbfolge übereinstimmt (KG FamRZ 04, 1903). Einzuziehen ist auch der von einem Justizbeamten ohne Rechtspflegereigenschaft erteilte Erbschein (Frankf NJW 68, 1289). Verfahrensfehler, die nur die Durchführung des Verfahrens betreffen, zB Nichtgewähr des nachholbaren rechtlichen Gehörs (BayObLG Rpfleger 84, 141; § 2353 Rn 18 f) oder eine falsche eidesstattliche Versicherung (Hamm OLGZ 67, 74, 77), führen allein nicht zur Einziehung (MüKo/*Mayer* Rz 18).

Materiell ist der Erbschein unrichtig, wenn er die Erbfolge falsch und nicht so wiedergibt, wie sie wiederzu- 4
geben wäre. Mögliche Fehler können bestehen zB in inhaltlicher Widersprüchlichkeit (KG RJA 17, 56), bzgl
des Erbfalls, der Person des Erben, zB wegen nachträglich auftauchenden Testaments oder anderer Auslegung
einer Verfügung vTw (BayObLG FamRZ 89, 99, 100), der Erbteilsgröße (BayObLGZ 91, 1, 4), wegen Überse-
hens von Erbberechtigten oder der Annahme eines falschen Güterstandes, bzgl des Erbstatuts, einer Nachlassspaltung (BGH ZEV 95, 448, 451), fehlender oder falsch aufgeführter Beschränkungen (§§ 2363, 2364;
BayObLG FamRZ 93, 459; 1370) wie ein Nacherbenvermerk (BayObLG FamRZ 01, 873), Befreiungen
(§ 2136). Der Erbschein kann (ggf nachträglich) unrichtig werden, zB *ex tunc* durch Anfechtung (Bay-
ObLG FamRZ 90, 1037) einer Verfügung vTw, Erbschaftsannahme oder- ausschlagung, Feststellung der Erbunwürdigkeit, durch Eintritt der Nacherbfolge (§ 2363 Rn 8) oder Wechsel in der Person des Nacherben (aA
Zimmermann Rz 480: nur auf Antrag), durch Entfall der Testamentsvollstreckung (MüKo/*Mayer* Rz 6). Der
Erbschein wird **nicht** unrichtig, insoweit sein Inhalt (§ 2353 Rn 2) nicht berührt wird, zB bei Erbteilsveräußerung (§ 2033), Nachlassinsolvenz, gleicher Erbfolge aufgrund anderem Berufungsgrundes (Hamm OLGZ
67, 74), Änderung in der Person des Testamentsvollstreckers (Staud/*Schilken* Rz 22).

C. Zeitlich ist die Einziehung erst ab Erteilung des Erbscheins möglich. Ab dann ist eine Korrektur nach § 38 5
FamFG jedenfalls der Angaben, die an der Richtigkeitsvermutung und dem guten Glauben (§§ 2365–2367)
teilhaben, nicht mehr möglich. Nur Überflüssiges oder offenbar Unrichtiges (zB Schreib- oder Rechenfehler)
darf gem § 42 FamFG noch korrigiert werden; s. zum Ganzen § 2353 Rn 27.

D. Verfahren. Es handelt sich um ein reines Amtsverfahren (III; § 26 FamFG). Ein Antrag ist nicht erforder- 6
lich, doch kann eine Anregung nach § 24 FamFG sinnvoll sein Das Nachlassgericht hat vAw zu ermitteln, hat
es Zweifel an der Richtigkeit des Erbscheins. Es darf nicht auf den ordentlichen Rechtsweg (vgl § 2362) verweisen oder das Verfahren bis zur Entscheidung im Zivilprozess aussetzen. Ist die Einziehung in einem früheren Verfahren abgelehnt worden, hindert auch dieses mangels formeller Rechtskraft ein neues Verfahren selbst
bei unveränderter Sachlage nicht (KG JFG 14, 286, 287 f; BayObLG FamRZ 04, 313). Der Einziehung steht nicht
entgegen, dass seit der Erbscheinserteilung ein langer Zeitraum (zB 45 Jahre) verstrichen ist (BGHZ 47, 58,
64; BayObLGZ 96, 69, 72; FamRZ 03, 1047).

Zuständig ist das Gericht, das den Erbschein erteilt hat, selbst wenn es zur Erteilung nicht zuständig war 7
(BayObLGZ 64, 292; 77, 59; Frankf Rpfleger 81, 21; Hamm OLGZ 72, 352, 353); in der früheren DDR das
für den Sitz des früheren Staatlichen Notariats errichtete Gericht. Funktionell ist der Richter unter den
Voraussetzungen des § 16 I Nr 7 RPflG zuständig. Dabei ordnet das Nachlassgericht die Einziehung durch
eine Verfügung mit Gründen an (BayObLG ZEV 01, 489, 490), die allen Erbscheinserben zuzustellen ist. IdR
ergeht nach § 41 FamFG bekannt zu machender Beschl.

Die Einziehungsanordnung ist **wirksam**, wenn der in ihr enthaltenen Aufforderung zur körperlichen Rück- 8
gabe des Erbscheins (Urschrift und alle Ausfertigungen) an das Nachlassgericht entsprochen ist (BayObLGZ
66, 233, 235; 80, 72, 73). Der Erbschein ist dann kraftlos. Schlichte Rückgabe genügt nicht, wenn sie nicht in
Erfüllung des § 2362 erfolgt. Sind Urschrift und Ausfertigungen bereits in der Verfügungsgewalt des Gerichts,
tritt die Einziehungswirkung mit dem Beschl und der Bekanntgabe ein (BayObLG ZEV 01, 489, 490).
Zwangsmittel sind nach § 35 FamFG möglich.

Die **Kraftloserklärung** (II 1; vgl § 176 I; § 185 ZPO) durch Anheftung des Beschlusses an die Gerichtstafel 9
(§ 206 II ZPO) und ggf Veröffentlichung im Bundesanzeiger (§ 187 ZPO) ist zu erklären, wenn ein unrichtiger Erbschein (Urschrift oder wenigstens eine Ausfertigung) nicht sofort erlangt werden kann. Steht dies fest,
ist sie sofort herbeizuführen (BayObLG NJW-RR 97, 1368). Ein erst nach ihr erreichbarer Erbschein ist einzuziehen (MüKo/*Mayer* Rz 32; aA Palandt/*Edenhofer* Rz 11: Erledigung). Ein Beschl nach II 2, der öffentlich
bekannt gemacht wurde, ist nicht mehr anfechtbar (§ 353 III FamFG).

Einstweiliger Rechtsschutz kann nach §§ 49 ff FamFG das Nachlassgericht selbst oder das Beschwerdegericht 10
durch Verfügung der einstweiligen Rückgabe des Erbscheins zu den Akten gewähren (BayObLG FamRZ 93,
116; Köln OLGZ 90, 303). Der öffentliche Glaube des Erbscheins wird dadurch nicht berührt (str, MüKo/
Mayer Rz 44). Vorläufige Einziehung ist unzulässig (str, BGH NJW 63, 1972; Staud/*Schilken* Rz 15). Ggf ist
ratsam, ein **vorläufiges Verfügungsverbot** (§ 49 II 2 FamFG) im GB eintragen zu lassen. Ein solches kann
auch erstritten werden (§§ 935, 938 II ZPO).

E. Rechtsmittel. Gegen die Anordnung der Einziehung oder deren Ablehnung ist **Beschwerde** (§§ 58 ff 11
FamFG, § 11 RPflG) und Rechtsbeschwerde (§ 70 FamFG) statthaft (vgl Frankf ZEV 97, 454). Da die Einziehung oder Kraftloserklärung unumkehrbar ist (BGHZ 40, 54), ist eine Beschwerde gegen eine Einziehungsanordnung nur zulässig, solange die Einziehung noch nicht vollzogen ist. Entspr ist die Beschwerde gegen die
Kraftloserklärung nur zulässig, solange diese nicht öffentlich bekannt (II 2) gemacht wurde (§ 353 III
FamFG). Danach kann die Einziehungsanordnung oder Kraftloserklärung nur mit dem Ziel der Neuerteilung
eines gleichlautenden Erbscheins angefochten werden (§ 353 II 1 FamFG). Die Beschwerde gilt im Zweifel als
entspr Antrag (§ 353 II 2 FamFG). Wurde bereits ein anderslautender Erbschein erteilt, ist zugleich
Beschwerde gegen diesen zu erheben (Köln ZEV 94, 376). Die Beschwerde ist als unzulässig zu verwerfen,
steht aufgrund einer Sachprüfung fest, dass die Einziehung eines den Beschwerdeführer als Berechtigten aus-

weisenden Erbscheins zu Recht erfolgt ist, weil er nicht Erbe ist (KG FamRZ 05, 1573). **Beschwerdeberechtigt** (§ 59 I FamFG) gegen die Anordnung der Einziehung sind alle (potenziell) Antragsberechtigten, dh der durch den Entscheidungssatz der angefochtenen Entscheidung unmittelbar Beeinträchtigte (§ 2353 Rn 13 f, 34), gegen die Ablehnung der Einziehung jeder, der das bescheinigte Erbrecht selbst in Anspruch nimmt. Das **Beschwerdegericht** kann den Erbschein nicht ändern oder einziehen, sondern nur das Nachlassgericht dazu anweisen (BayObLGZ 00, 279, 290; FGPrax 05, 217, 218; Frankf Rpfleger 73, 95). Zum einstweiligen Rechtsschutz s. Rn 10.

12 **F. Kosten.** Über die Verfahrenskosten entscheidet das Gericht (§ 353 I FamFG), wobei es über die Kostenpflicht idR nach dem Rechtsgedanken des § 2 Nr 5 KostO entscheidet. Für Einziehung oder Kraftloserklärung fällt eine 5/10 Gebühr an (§ 108 1 KostO), wenn nicht zugleich ein neuer Erbschein erteilt wird (§ 108 3 KostO). Bei unsachgemäßer Behandlung durch das Nachlassgericht besteht Niederschlagungsmöglichkeit gem § 16 KostO (Staud/*Schilken* Rz 43).

§ 2362 Herausgabe- und Auskunftsanspruch des wirklichen Erben.
(1) Der wirkliche Erbe kann von dem Besitzer eines unrichtigen Erbscheins die Herausgabe an das Nachlassgericht verlangen. (2) Derjenige, welchem ein unrichtiger Erbschein erteilt worden ist, hat dem wirklichen Erben über den Bestand der Erbschaft und über den Verbleib der Erbschaftsgegenstände Auskunft zu erteilen.

1 **A. Herausgabe.** Dem wirklichen Erben wird ein materiell-rechtlicher Anspruch auf **Herausgabe** an das Nachlassgericht gegen den (ggf mittelbaren) Besitzer eines unrichtigen Erbscheins (Urschrift oder Ausfertigung) eingeräumt (**I**). Er soll nicht auf Einziehung gem § 2361 warten müssen (s. Bandbg FamRZ 09, 1610). Er hat sein Erbrecht zu beweisen, doch gilt hier die Vermutung des § 2365 nicht (München NJW-RR 95, 779, 780). Die Herausgabe hat Einziehungswirkung (§ 2362 I 2, str). Sie kann gem § 883 ZPO erzwungen werden. Zum Nacherben s. § 2363 II, zum Testamentsvollstrecker s. § 2364 II, zur Todeserklärung s. § 2370 II. **Verjährung:** § 197 I Nr 1.

2 **B. Auskunft.** Der **Auskunftsanspruch** (II, § 260) des wahren Erben setzt nicht voraus, dass der Scheinerbe den Erbschein im Besitz hat (Staud/*Schilken* Rz 6; aA Erman/*Schlüter* Rz 4) oder Erbschaftsbesitzer (§ 2027) ist. Anspruchsgegner kann auch der Miterbe mit unrichtig ausgewiesener Erbquote (Staud/*Schilken* Rz 6; aA *Zimmermann* Rz 534) oder ein Gläubiger (§ 792 ZPO; MüKo/*Mayer* Rz 13) sein. Der Anspruch beinhaltet Auskunft über Erbschaftsgegenstände und den Bestand der Erbschaft, dh Vorlage eines Bestandsverzeichnisses (§ 260) und uU eidesstattliche Versicherung (§ 261).

3 **C. Prozessuales.** Die Ansprüche werden durch gewöhnliche Klage im zivilprozessualen Streitverfahren geltend gemacht. Ihre Verbindung, eine Zwischenfeststellungsklage (§ 256 II ZPO) über das Erbrecht (BaRoth/*Siegmann/Höger* Rz 8) und Anerkenntnis-, Versäumnis- oder Verzichtsurteil sowie Vergleich sind möglich. Im Wege einstweiliger Verfügung gem § 935 ZPO kann vorläufige Herausgabe zu den Akten des Nachlassgerichts beantragt werden (AnwK/*Kroiß* Rz 5). § 27 ZPO gilt außer bei idR zweckmäßiger Verbindung mit der Erbschaftsklage (§§ 2018 ff) nicht (MüKo/*Mayer* Rz 6).

§ 2363 Inhalt des Erbscheins für den Vorerben.
(1) ¹In dem Erbscheine, der einem Vorerben erteilt wird, ist anzugeben, dass eine Nacherbfolge angeordnet ist, unter welchen Voraussetzungen sie eintritt und wer der Nacherbe ist. ²Hat der Erblasser den Nacherben auf dasjenige eingesetzt, was von der Erbschaft bei dem Eintritt der Nacherbfolge übrig sein wird, oder hat er bestimmt, dass der Vorerbe zur freien Verfügung über die Erbschaft berechtigt sein soll, so ist auch dies anzugeben.
(2) Dem Nacherben steht das in § 2362 Abs. 1 bestimmte Recht zu.

1 **A. Zweck.** Zwischen Vor- und Nacherbe (§§ 2100 ff) entsteht keine Erbengemeinschaft, sondern sie sind zeitlich versetzte Erben des gleichen Erblassers. Mit Eintritt des Erbfalls kommt zunächst nur ein Erbschein für den **Vorerben** (I iVm § 2353) in Betracht, der ihn legitimiert. In Hinblick auf seine auflösend befristete Erbeinsetzung und zum Schutz des aufschiebend befristet eingesetzten Nacherben bedarf es eines Nacherbenvermerks (vgl auch § 51 GBO). Dieser bezeugt die Beschränkung der Rechtsstellung des Vorerben, über den Nachlass zu verfügen (MüKo/*Mayer* Rz 1 f).

2 Er bezeugt **nicht**, dass der Vorerbe noch Vorerbe und der Nacherbfall nicht eingetreten ist (Frankf NJW 57, 266; KG Rpfleger 96, 247 f). Er bescheinigt auch nicht das Nacherbrecht (BayObLG FamRZ 04, 1407) und nimmt insoweit nicht an der Vermutung des § 2365 teil (BGH NJW 82, 2499; BayObLGZ 99, 805; FamRZ 00, 1231). Es kommt daher auf die Annahme der Erbschaft durch den Nacherben nicht an (BaRoth/*Siegmann/Höger* Rz 1). Im Rechtsverkehr dient der Erbschein des Vorerben auch der Legitimation des Nacherben, wenn jener dessen Zustimmung bedarf (s. § 2113; MüKo/*Mayer* Rz 9). Parallelvorschriften bzgl des Nacherbenvermerks sind insb § 51 GBO, §§ 54, 74 SchiffsregO und § 86 LuftfzRG.

B. Erbschein des Vorerben. Notwendige Angaben sind zunächst die, die auch der gewöhnliche Erbschein enthalten muss (§ 2353 Rn 2). Daneben sind nach I die Angaben erforderlich über die (ausdrückliche oder in sonstiger Weise erklärte) Anordnung der **Nacherbfolge**, auch, dass sie nur für einen Bruchteil (Quote) des Nachlasses oder nur nach einem Miterben angeordnet ist, sowie auch in Fällen der §§ 2101 (Köln DNotZ 93, 814), 2104 (BayObLG FamRZ 91, 114), 2105, unter welchen **Voraussetzungen** und zu welchem **Zeitpunkt** (BayObLGZ 65, 77, 86) sie eintritt, also idR der Nacherbfall (§ 2139), zB der Tod des Vorerben (s. § 2106 I 1), wobei auch die Anordnung der Vor- und Nacherbfolge an sich bedingt sein kann, zB durch die Wiederverheiratung des überlebenden Ehegatten (§ 2269 Rn 9), sonstige Verwirkungsklauseln oder die Geburt einer Person (Köln Rpfleger 92, 391; MüKo/*Mayer* Rz 8), und die **Person** des Nacherben zur Zeit der Ausstellung des Erbscheins (KG OLGE 4, 433; JFG 18, 233), und zwar aller Nacherben und Ersatznacherben (BayObLG FamRZ 91, 1116; Hamm OLGZ 75, 156; Köln NJW-RR 92, 1417; MüKo/*Mayer* Rz 9, 13, 19; Staud/*Schilken* Rz 9, 11), letztere selbst, wenn ihre Berufung erst durch gesetzliche Auslegungs- oder Ergänzungsregelungen erfolgte (Köln MittRhNotK 90, 223). Dabei ist genaue, namentliche Bezeichnung zur Individualisierung geboten. Ist der Nacherbe noch unbekannt, sind für ihn maßgebliche Bestimmungsmerkmale anzugeben (Staud/*Schilken* Rz 10). Die Ermittlung der Nacherben obliegt dem Nachlassgericht vAw (§ 2358; Frankf NJW 53, 507; MüKo/*Mayer* Rz 14). 3

Ferner sind anzugeben mehrfache Nacherbfolge (BayObLG FamRZ 90, 320) mit Zeitpunkt des Eintritts des weiteren Nacherbfalls, bedingt eingesetzte Nacherben (RGZ 156, 172; 181; MüKo/*Mayer* Rz 12), Nichtvererblichkeit des Nacherbenanwartschaftsrechts entgegen § 2108 II 1 (RGZ 154, 330, 333; Köln NJW 55, 635), sowie Nacherbenvollstrecker (§ 2222; KGJ 43, 92, 95). Im dem dem Vorerben erteilten Erbschein ist im Fall befreiter Vorerbschaft ausdrücklich die **Befreiung** von einzelnen (§§ 2113 I, 2114) oder allen (**I 2**; §§ 2136 f) Beschränkungen, soweit diese gesetzlich zulässig sind, anzugeben (Bremen ZEV 05, 26). Da ein unbeschränktes Vorausvermächtnis (vgl § 2110 II) für den alleinigen Vorerben (§ 2150) aus der Vorerbmasse ausscheidet, ist anzugeben, dass der Vorerbe insoweit nicht in seinen Verfügungen beschränkt ist (BayObLGZ 65, 457, 465; FamRZ 05, 480, 481; KG HRR 40 Nr 539; RGRK/*Kregel* Rz 10; aA Erman/*Schlüter* Rz 5). 4

Nicht anzugeben ist die Nacherbschaft, wenn sie gegenstandslos ist, spätere Erbanteile, wenn mehrere Personen zum Nacherben berufen sind (KG OLGE 32, 81; KG RJA 16, 61), ein bloßes Nießbrauchsvermächtnis (BayObLG Rpfleger 96, 455), eine zwischen Erbfall und Nacherbfall erfolgte Übertragung des Nacherben-Anwartschaftsrechts (BayObLG FamRZ 92, 1476; 02, 350, 351; Ddorf MDR 81, 143; 91, 252), ferner die Befreiung von einzelnen Verpflichtungen (KG JFG 12, 122). 5

Antragsberechtigt ist nur der Vorerbe selbst, nicht auch der Nacherbe (Karlsr FamRZ 09, 1365). 6

C. Korrekturmöglichkeiten. S. § 2353 Rn 29. Der erteilte Erbschein kann berichtigt werden, wenn zunächst nur abstrakt, nicht namentlich bekannte Nacherben später der Person nach feststehen (*Firsching/Graf* Rz 4.295; aA *Köster* Rpfleger 00, 133, 139). Ansonsten ist ein erteilter Erbschein, der aufgrund späterer Veränderungen unrichtig wird, einzuziehen. 7

D. Einziehung. S. § 2361 Rn 4. **Fehlen** Angaben nach **I 1** oder sind sie unbestimmt, ist der Erbschein als unrichtig einzuziehen (BayObLG FamRZ 01, 873, 876); auch, wenn die Unrichtigkeit den Beschwerdeführer nicht beschwert (BayObLGZ 00, 76, 80). Da mit dem Nacherbfall (§ 2139), zB dem Tod des Vorerben (oder auch nur eines von mehreren), die Beschränkung nicht mehr besteht und nicht mehr eingetragen werden könnte (BayObLG FamRZ 00, 1231, 1232), wird der dem Vorerben erteilte Erbschein unrichtig und muss eingezogen werden (hM, Jena FamRZ 94, 1208; KGJ 48, 112, 114; Köln FamRZ 03, 1784), ferner, wenn der Nacherbe vor Eintritt des Nacherbfalls wegfällt, zB stirbt und das Nacherbenrecht auf seine Erben übergeht (§ 2108 II 1; BayObLG FamRZ 88, 542; 99, 816), oder bei Nichterwähnung einzelner Nacherben oder falscher Bezeichnung der Nacherbfolge (BayObLGZ 60, 407). 8

E. Erbschein für den Nacherben. Er kann nach Eintritt des Nacherbfalls (§ 2139), aber schon vor Einziehung bzw Kraftloserklärung des Erbscheins des Vorerben erteilt werden (MüKo/*Mayer* Rz 25). Aufzunehmen ist der Zeitpunkt des Nacherbfalls (BayObLG FamRZ 90, 320, 322; 98, 1332, 1333) und die Person des Nacherben, bei dessen Wegfall vor Eintritt des Nacherbfalls der Ersatzerbe. Ist der Nacherbfall hinsichtlich eines von mehreren Vorerben eingetreten, ist der Nacherbe insoweit quotenmäßig Erbe und bleibt iÜ Nacherbe (Hamm NJW 74, 1827). **Antragsberechtigt** ist nach dem Nacherbfall allein der Nacherbe. Vorher kann er nicht Erteilung für den Vorerben (BayObLG FamRZ 99, 70, 74) oder sich (BGH FamRZ 80, 563, 564) verlangen. Er kann aber verlangen, dass im Erbschein des Vorerben die Angaben nach I 1 richtig aufgenommen werden und ansonsten Einziehung (§ 2361) und Schadensersatz (RGZ 139, 343) begehren; zur Amtspflicht des Notars s. BGH NJW 88, 63. Der Nacherbe ist **nicht beschwerdeberechtigt** (vgl § 2353 Rn 31 ff), wenn ein dem Vorerben erteilter Erbschein eingezogen wird (Karlsr FamRZ 09, 1365) oder der von ihm gestellte Antrag auf Erteilung eines Erbscheins an den Vorerben (mit Nacherbenvermerk) abgelehnt wurde (BayObLG FamRZ 04, 1407). Die Erteilung eines Erbscheins für den Nacherben ist gebührenpflichtig (BayObLG MDR 95, 644), aber nicht die Angabe der Nacherbschaft im Erbschein des Vorerben (*Hartmann* § 107 KostG Rz 5). 9

10 **F. Herausgabeanspruch (Abs 2).** Der Nacherbe hat bereits vor dem Nacherbfall einen Herausgabeanspruch nach § 2362 I neben den Rechten aus § 2361, den **Auskunftsanspruch** nach § 2362 II aber erst ab Eintritt des Nacherbfalls (BaRoth/*Siegmann/Höger* Rz 18).

§ 2364 Angabe des Testamentsvollstreckers im Erbschein, Herausgabeanspruch des Testamentsvollstreckers. (1) Hat der Erblasser einen Testamentsvollstrecker ernannt, so ist die Ernennung in dem Erbschein anzugeben.
(2) Dem Testamentsvollstrecker steht das in § 2362 Abs. 1 bestimmte Recht zu.

1 **A. Zweck.** Die bei Testamentsvollstreckung (Nacherbenvollstreckung: § 2222) bestehenden Verfügungsbeschränkungen des Erben sollen Dritten (s. § 52 GBO) ggü kenntlich sein, damit sie nicht vereitelt werden (s. §§ 2366 f). Die Angabe erfolgt auch, wenn der Testamentsvollstrecker in den Fällen der §§ 2198, 2200 noch nicht ernannt ist, **nicht** aber, wenn er sie abgelehnt hat und kein Ersatzmann ernannt war, oder sie den Erben nicht beschwert. Eine wirksam gewordene Ernennung gem § 2200 bindet das Nachlassgericht, wenn dieselben Personen in beiden Verfahren beteiligt sind (Hambg NJW 65, 1968; Karlsr FamRZ 96, 565). Gegenständliche Beschränkungen des Amtes sind im Testamentsvollstreckerzeugnis (§ 2368) und im Erbschein anzugeben (BayObLG FGPrax 05, 217, 218). Bei aufschiebender Bedingung wird die Testamentsvollstreckung erst mit Bedingungseintritt angegeben (KG JFG 10, 73). Die Angabe beinhaltet nicht die Person des Vollstreckers.

2 Als unrichtig **einzuziehen** ist der Erbschein, wenn die Angabe der Testamentsvollstreckung fehlt (BayObLG FamRZ 77, 347, 349), und auf Antrag (str, MüKo/*Mayer* Rz 17; aA: vAw). Wenn der Vermerk gegenstandslos oder überholt ist (KGJ 50, 103; Köln FamRZ 93, 1124). Zur Kostenersparnis wird für zulässig erachtet, dass sich das Gericht statt einzuziehen mit einem Vermerk auf dem Erbschein begnügt (Staud/*Schilken* Rz 13, *Zimmermann* Rz 391; aA MüKo/*Mayer* Rz 17; Palandt/*Edenhofer* Rz 2). Keine Einziehung erfolgt beim Wechsel der Person des Vollstreckers. Zum **Antragsrecht** des Vollstreckers s. § 2353 Rn 13. **Kosten**: Die Angabe der Testamentsvollstreckung ist gebührenfrei. Wenn der Name des Testamentsvollstreckers genannt wird, kann aber ein gebührenpflichtiges Zeugnisses nach § 109 I 1 Nr 2 KostO vorliegen.

3 **B. Herausgabeanspruch (Abs 2).** II eröffnet den Herausgabeanspruch bzgl des unrichtigen Erbscheins nach § 2362 I, zB wenn die Testamentsvollstreckung nicht angegeben ist. **Auskunftsansprüche** bestehen nach §§ 2205, 2209.

§ 2365 Vermutung der Richtigkeit des Erbscheins. Es wird vermutet, dass demjenigen, welcher in dem Erbschein als Erbe bezeichnet ist, das in dem Erbschein angegebene Erbrecht zustehe und dass er nicht durch andere als die angegebenen Anordnungen beschränkt sei.

1 **A. Zweck.** Der Erbschein ist regelmäßig als eine mit öffentlichem Glauben versehene Urkunde (§§ 2365, 2366, 2369) zum Nachweis der Rechtsnachfolge geeignet (s. § 2353 Rn 1), auch zB zum Nachweis eines erbrechtlichen Rechtsübergangs, solange noch der Erblasser im Grundbuch (vgl § 35 GBO) eingetragen ist (Frankf DNotZ 05, 384 f). Nachlassschuldner dürfen aber ihre Erfüllung nicht von seiner Vorlage abhängig machen, es sei denn, anderes ist vereinbart (§ 2353 Rn 6).

2 **B. Umfang der Richtigkeitsvermutung.** Der Erbschein bezeugt positiv das ausgewiesene Erbrecht und bei Miterben die Größe der Erbteile. In negativer Hinsicht wird aufgrund der Vollständigkeitsvermutung vermutet, dass keine nichtbezeugten Verfügungsbeschränkungen, dh Anordnung der Nacherbfolge (§ 2363) oder Testamentsvollstreckung (§ 2364) bestehen; Sonderfälle sind Hoffolge- und territorial beschränkter Erbschein (§ 2369).

3 **Nicht** wird vermutet, dass diese Beschränkungen tatsächlich (Frankf NJW 57, 265, 266; WM 93, 803, 805; KG DNotZ 56, 195, 198; aA RGRK/*Kregel* Rz 7) oder keine anderen, mit dem Erbrecht nicht selbst verbundene Beschränkungen bestehen, zB aufgrund Nachlassinsolvenz oder -verwaltung, Übertragung oder Verpfändung des Erbteils oder Bestellung eines Nießbrauchs an ihm, Begründung der Gütergemeinschaft (*Firsching/Graf* Rz 4.273). Es besteht keine Vermutung bzgl solcher Angaben, die nicht zum notwendigen Inhalt des Erbscheins (§ 2353 Rn 2) gehören (zB idR Berufungsgrund, Vermächtnis, Nachlasszugehörigkeit einzelner Nachlassgegenstände, Nichteintritt des Nacherbfalls).

4 **C. Wirkung.** Der Erbschein muss erteilt und in Kraft sein. Eine Bindung des Prozessgerichts an ihn besteht nicht (s. § 2353 Rn 4, § 2359 Rn 3). Es bleiben hier auch die Beweise zulässig, die schon im Erbscheinverfahren berücksichtigt wurden (Nürnbg WM 63, 1200). Die **Rechts**vermutung setzt nicht voraus, dass der Erbschein vorgelegt oder dem Rechtsverkehr bekannt ist (BGH NJW 61, 605; 63, 1972; WM 71, 54). Sie wirkt für und wider den Erbscheinserben und ist im Prozess mit Dritten analog § 292 ZPO zu widerlegen.

5 Sie **gilt nicht** im Zivilverfahren zwischen Erbprätendenten (zB im Verfahren nach § 2362), und zwar unabhängig von den Parteirollen (AnwK/*Kroiß* Rz 12; MüKo/*Mayer* Rz 23; Staud/*Schilken* Rz 25), nach aA wohl für den Kläger (RG DR 44, 339; München ZEV 95, 459, 460). Die Vermutung gilt ferner nicht, insoweit sich

Erbscheine widersprechen (BGHZ 33, 314; FamRZ 90, 1111; § 2368 Rn 7) oder der Testamentsvollstrecker das Erbrecht des Erbscheinserben bestreitet (BGH WM 87, 565).

§ 2366 Öffentlicher Glaube des Erbscheins. Erwirbt jemand von demjenigen, welcher in einem Erbschein als Erbe bezeichnet ist, durch Rechtsgeschäft einen Erbschaftsgegenstand, ein Recht an einem solchen Gegenstand oder die Befreiung von einem zur Erbschaft gehörenden Recht, so gilt zu seinen Gunsten der Inhalt des Erbscheins, soweit die Vermutung des § 2365 reicht, als richtig, es sei denn, dass er die Unrichtigkeit kennt oder weiß, dass das Nachlassgericht die Rückgabe des Erbscheins wegen Unrichtigkeit verlangt hat.

A. Zweck. Entspr §§ 891, 892 ermöglicht § 2366 den gutgläubigen Erwerb vom Erbscheinserben **im Umfang** 1 der Vermutungswirkung des § 2365. Die Richtigkeitsfiktion des § 2366 dient der Verkehrssicherheit (s. KG RJA 12, 118). § 2366 gilt entspr für das Testamentsvollstreckerzeugnis (§ 2368) und das über Fortsetzung der Gütergemeinschaft.

B. Voraussetzungen. Ein **Erbschein** muss erteilt sein (s. § 2353 Rn 27). Der Anordnungsbeschluss genügt 2 nicht. Der Erbschein muss noch in Kraft sein. Seine vorläufige Rückgabe aufgrund einstweiliger Verfügung (§ 2361 Rn 10) schadet nicht (BGH NJW 61, 605; 72, 582). Es muss ein Erwerb durch **dingliches Rechtsgeschäft** vorliegen. Der Erwerb unmittelbar kraft Gesetzes (zB Erbgang nach § 1922, Verbindung, Vermischung, Ersitzung) oder kraft Hoheitsakt (Zwangsvollstreckung oder Arrestvollziehung, vgl §§ 803 f, 817, 930 ZPO) ist **nicht** durch § 2366 geschützt. Anders verhält es sich bei der Vollstreckung nach §§ 894, 897 ZPO, auf die § 2366 wegen § 898 ZPO Anwendung findet (MüKo/*Mayer* Rz 10). Auch das dinglich nicht erfüllte schuldrechtliche Geschäft ist nicht geschützt (BaRoth/*Siegmann/Höger* Rz 3). Der Erbschein gilt nur für **Verkehrsgeschäfte**, also nicht zB beim Erwerb aufgrund Erbauseinandersetzung (Hamm FamRZ 75, 510, 513). Leistungen an den Erbscheinserben schützt § 2367. Durch dingliches Einzelgeschäft muss ein **Nachlassgegenstand** erworben sein, zB Grundstücke, dingliche Rechte an Sachen wie (Grund-)Pfandrechte oder Nießbrauch, Forderungen, Einzelsachen, Surrogate nach §§ 2019, 2041, 2111, Rechte, selbst wenn diese außerhalb von § 2366 nicht erworben werden können (zB GmbH-Anteil), Rechte an Rechten, oder die Befreiung von einem zur Erbschaft gehörenden Recht dinglicher oder schuldrechtlicher Natur (zB Erlassvertrag, Befreiung von einer Bürgschaft). **Nicht** eingeschlossen sind der Erbteilserwerb, da der Erbteil kein Nachlassgegenstand ist, sowie der Erbschaftskauf (§ 2371) und ähnliche Geschäfte (§ 2385) wegen § 2030. Ein Urt zwischen Erbscheinserben und Dritten wirkt nicht nach §§ 2366, 2367 gegen den wirklichen Erben, da Rechtskrafterstreckung (§ 325 I, II ZPO) eine hier nicht vorliegende Rechtsnachfolge voraussetzt. Es ist nicht nötig, dass der Erwerber weiß, dass ein Erbschein erteilt ist (§ 2365 Rn 4). Da sein guter Glaube an das ausgewiesene Erbrecht geschützt wird, muss er sich aber **bewusst** sein, einen Erbschaftsgegenstand zu erwerben (hM, Staud/*Schilken* Rz 2; nach MüKo/*Mayer* Rz 24 genüge die entspr Vorstellung des Scheinerben). Glaubt er, der Berechtigte verkaufe ihm einen anderweitig erworbenen Gegenstand, kommt gutgläubiger Erwerb nach den allg Vorschriften in Betracht (*Brox/Walker* ErbR Rz 618). Der Erwerber muss **redlich** sein. Sein guter Glaube ist ausgeschlossen, kennt er positiv die Unrichtigkeit des Erbscheins oder weiß er, dass das Nachlassgericht seine Rückgabe wegen Unrichtigkeit (vgl § 2361 I 1) verlangt hat. Auch schadet die Kenntnis eines rechtskräftigen Herausgabeurteils (§ 2362 I) sowie der Anfechtbarkeit (vgl § 142 II) des Testaments, der Erbschaftsannahme oder des Erbschaftserwerbs wegen Unwürdigkeit (MüKo/*Mayer* Rz 29). Grob fahrlässige Nichtkenntnis steht nicht gleich (Staud/*Schilken* Rz 4), auch nicht allein die Kenntnis der Tatsachen, die den Erbschein unrichtig machen. Solche Kenntnis wird das Gericht bei seiner Beweiswürdigung berücksichtigen (Staud/*Schilken* Rz 5; enger MüKo/*Mayer* Rz 28; weiter *Brox/Walker* aaO: Anscheinsbeweis). Maßgeblicher **Zeitpunkt** ist die Vollendung des rechtsgeschäftlichen Erwerbs (BGH MDR 09, 1361; s. Rn 4).

C. Grundstücke. Nach Eintragung des Erben im Grundbuch – die zweckmäßige Grundbuchberichtigung 3 innerhalb zweier Jahre nach dem Erbfall ist kostenfrei, § 60 IV KostO – richtet sich die Wirksamkeit des gutgläubigen Erwerbs nach §§ 891 ff (Staud/*Schilken* Rz 27), nicht nach § 2366. Ist dann ein Widerspruch (§§ 892 I, 899) eingetragen, ist der öffentliche Glaube zerstört. Solange noch der Erblasser eingetragen ist (vgl § 40 GBO), gelten auch § 2365 f (Frankf DNotZ 05, 384 f). Ist das Grundbuch hinsichtlich des Rechts des Erblassers und der Erbschein unrichtig (Doppelfehler), ist ein Zusammenwirken der §§ 892, 2366 möglich (MüKo/*Mayer* Rz 38). Ist im Grundbuch nicht der Erblasser oder Erbscheinserbe, sondern ein Dritter eingetragen, geht die Vermutung der Richtigkeit des Grundbuchs vor; es ist nur § 892 anwendbar. Insoweit richtet sich der maßgebliche Zeitpunkt für den guten Glauben nach § 892 II.

Unterschiede zwischen §§ 892, 893 und § 2366 bestehen insb darin, dass dieser nur Verfügungen des Erb- 4 scheinserben aufgrund, nicht über das bezeugte Recht als solches schützt, und auch nur insoweit, als dass das Recht dem wahren Erben zustand. Über §§ 892 f oder § 932 hinaus erfasst § 2366 nicht nur Nachlassgrundstücke oder -mobilien, sondern alle dinglichen Verfügungen über zur Erbschaft gehörende Rechte, soweit es sich um erbschaftliche Angelegenheiten handelt (Staud/*Schilken* Rz 21 ff). Bzgl des Zeitpunkts des guten Glaubens findet die Sonderregelung des § 892 II bei § 2366 keine Entsprechung und ist nicht analog anwendbar (RGZ 123, 19, 21; BGH FamRZ 71, 641, 642; MDR 09, 1361; aA BGH NJW 72, 434; *Leipold* ErbR Rz 659). Bei einem Rechtsgeschäft, das des **Vollzugs im Grundbuch** bedarf, kommt es auf die Zeit der Eintragung an. Ein gutgläubiger Auflassungsempfänger erwirbt aber mit Eingang seines Eintragungsantrags beim GBA über § 2366 ein Anwartschaftsrecht. Sein guter Glaube ist dann auch für den späteren Erwerb des dinglichen Rechts maßgebend (BGH NJW 72, 434, 435). Wurde für den Erwerber eine Vormerkung eingetragen, ist diese nach § 2367 gutgläubig erworben und der Rechtserwerb gesichert (BGH aaO).

5 **D. Bewegliche Sachen.** Neben § 2366 gelten selbstständig §§ 932 ff, 1032 2, 1207. Die Veräußerung einer beweglichen Nachlasssache durch den Erbscheinsscheinerben verschafft dem Erwerber gem §§ 929 ff, 2366 Eigentum; auf § 935 kommt es nicht an (*Wiegand* JuS 75, 283, 285). Ist dabei die vom Erbscheinsscheinerben veräußerte Sache fremd, aber nicht abhanden gekommen, können §§ 932, 2366 zusammenwirken (*Hofmann* JuS 68, 228, 229; *Medicus* Jura 01, 294, 299). Auch wenn sie dem Erben wegen § 857 iSd § 935 abhanden gekommen ist, wird dieses über § 2366 überbrückt.

§ 2367 Leistung an Erbscheinserben.
Die Vorschrift des § 2366 findet entsprechende Anwendung, wenn an denjenigen, welcher in einem Erbschein als Erbe bezeichnet ist, auf Grund eines zur Erbschaft gehörenden Rechts eine Leistung bewirkt oder wenn zwischen ihm und einem anderen in Ansehung eines solchen Rechts ein nicht unter die Vorschrift des § 2366 fallendes Rechtsgeschäft vorgenommen wird, das eine Verfügung über das Recht enthält.

1 **A. Zweck.** Der Gutglaubensschutz (§ 2366) wird auf Verfügungs- und Leistungsgeschäfte an den Erbscheinserben bzw an den wahren Erben, dessen Verfügungsbeschränkungen nicht im Erbschein ausgewiesen sind (vgl § 893), erstreckt.

2 **B. Schutzwirkung.** Leistet der redliche Schuldner oder berechtigte Dritte (§ 267 I) an den im Erbschein ausgewiesenen Erben, wird er geschützt, wenn der (erteilte und in Kraft befindliche) Erbschein unrichtig ist oder der Erbscheinserbe aufgrund angeordneter Verfügungsbeschränkungen (Nacherbschaft, § 2363; Testamentsvollstreckung, § 2364) zur Annahme nicht befugt war. Er wird ggü dem wirklichen Erben frei (§ 362 I), auch bei berechtigter Hinterlegung (§§ 372, 382). Mit der Leistung wird als mittelbare Folge der Übergang von Rechten kraft Gesetzes ermöglicht (§§ 268, 426 II, §§ 774, 1143, 1163, 1177, 1225), obwohl der Erwerb kraft Gesetzes nicht geschützt ist (MüKo/*Mayer* Rz 4; § 2366 Rn 2). § 2367 erfasst auch Erfüllung solcher Ansprüche, die durch Surrogation (§§ 2019, 2041, 2111) in den Nachlass gelangten.

3 **C. Erfasste Leistungen.** Umfasst sind **Verfügungsgeschäfte jeder Art**, auch einseitige (MüKo/*Mayer* Rz 5), zwischen dem Erbscheinserben und einem Dritten (auch: Behörden, zB GBO), die eine Verfügung über ein zum Nachlass gehörendes Recht enthalten. Die Leistungsrichtung ist unerheblich (Staud/*Schilken* Rz 7). Auch einseitige Gestaltungsrechte des Erbscheinserben oder gegen ihn, die ein mit dem Nachlass verbundenes Rechtsverhältnis unmittelbar beeinflussen, sind erfasst. Verfügungsgeschäfte iSd § 2367 sind demnach zB die Zustimmung zur Vorrangseinräumung, Rangänderung (§ 880 II) oder Aufhebung der Hypothek (§ 1183), ferner Kündigung, Anfechtung, Aufrechnung, Mahnung, Einwilligung, Genehmigung, Annahmeverzug begründendes Leistungsangebot, Stundung durch den Erbscheinserben (BaRoth/*Siegmann/Höger* Rz 3). § 2367 ermöglicht den gutgläubigen Erwerb einer **Vormerkung**. Der Erwerb des dinglichen Vollrechts bleibt aufgrund ihrer auch möglich, wenn der Erbschein nach Eintragung der Vormerkung eingezogen wurde (§ 2366 Rn 4). Die Akzessorietät der Vormerkung verlangt dabei, dass der gesicherte Anspruch besteht. Im Gesellschaftsrecht fallen Verfügungsgeschäfte und Leistungen an den Gesellschafter und seine Mitwirkung an Beschlüssen der Gesellschaft unter § 2367, auch wenn diese keine Verfügungswirkung haben (Staud/*Schilken* Rz 5; aA *Ebenroth* Rz 1066). **Nicht** erfasst sind den Nachlass betreffende Prozesse und Verpflichtungsgeschäfte, zB Miet- oder Pachtverträge bzgl Nachlassgegenstände (MüKo/*Mayer* Rz 6), sowie Leistungen auf Grund eines nicht zur Erbschaft gehörenden Rechts.

4 **D. Ausgleichsansprüche.** Ausgleich kann der wahre Erbe gem § 816 II, idR auch nach § 816 I verlangen. Ggf hat er Ansprüche nach §§ 2018, 2019. Gegenleistungen an den Erbscheinserben fallen durch dingliche Ersetzung (§ 2019) in den Nachlass.

§ 2368 Testamentsvollstreckerzeugnis.
(1) ¹Einem Testamentsvollstrecker hat das Nachlassgericht auf Antrag ein Zeugnis über die Ernennung zu erteilen. ²Ist der Testamentsvollstrecker in der Verwaltung des Nachlasses beschränkt oder hat der Erblasser angeordnet, dass der Testamentsvollstrecker in der Eingehung von Verbindlichkeiten für den Nachlass nicht beschränkt sein soll, so ist dies in dem Zeugnis anzugeben.
(2) Die Vorschriften über den Erbschein finden auf das Zeugnis entsprechende Anwendung; mit der Beendigung des Amts des Testamentsvollstreckers wird das Zeugnis kraftlos.

A. Zweck. Das Zeugnis dient dem Testamentsvollstrecker zum Nachweis seiner wirksamen Ernennung sowie 1
des Umfangs seiner Befugnisse über den Nachlass (BGH NJW 72, 582). Nicht bezeugt es, dass seine Rechtsstellung fortbesteht (str, RGRK/*Kregel* Rz 11) oder die Person des Erben (KG ZEV 01, 72, 73). Über die Verweisung in II Hs 1 wird der Rechtsverkehr in seinem guten Glauben bzgl der Ernennung des Genannten und darin, dass keine anderen als die angegebenen Beschränkungen oder Erweiterungen seiner Befugnisse bestehen, geschützt (vgl § 2365). Das Zeugnis bezeugt das Verwaltungsrecht eines einzigen Testamentsvollstreckers, bei mehreren Vollstreckern als gemeinschaftliches das Recht aller Vollstrecker (§ 2357) oder als Teiltestamentsvollstreckerzeugnis als Sonderzeugnis das Recht eines einzelnen Mitvollstreckers entspr § 2353 Alt 2. In dem Teilzeugnis ist die Beschränkung seiner Rechte durch die Anordnung der Mitvollstreckung oder ggf abw Anordnungen des Erblassers einzutragen (MüKo/*Mayer* Rz 25). Bei einheitlicher Testamentsvollstreckung ggü Vor- und Nacherben (BayObLG NJW 59, 1920; FamRZ 91, 984, 985) oder ggü allen Miterben ist ein einheitliches gewöhnliches Zeugnis zu erteilen. Im streitigen Prozess ist das Gericht nicht an das Zeugnis gebunden und kann selbst prüfen, ob der in ihm ausgewiesene Testamentsvollstrecker ist (KG ZEV 10, 40, 41). Kommt das Prozessgericht insoweit zu einer anderen Entscheidung als das Nachlassgericht, kann der im streitigen Verfahren Obsiegende das falsche Zeugnis gem § 2362 herausverlangen.

B. Verfahren. Es gelten die entspr Bestimmungen des Erbscheinverfahrens (Hamm FamRZ 00, 487), nach 2
§ 354 FamFG auch die §§ 352, 353 FamFG. Der Sachverhalt ist vAw zu ermitteln (§§ 2358 f, 2368 III; § 26 FamFG). Streng- und Freibeweis sind zulässig (§§ 29, 30 FamFG). Der Grds der Gewähr rechtlichen Gehörs der Testamentserben und ggf der gesetzlichen Erben folgt schon aus Art 103 GG (BGH NJW 63, 1972, 1973). **Zuständig**, auch wenn ein Hof zum Nachlass gehört (BGH NJW 72, 582; aA Hamm NJW 53, 224), ist das Nachlassgericht (§ 2353 Rn 10), funktionell der Richter (§ 16 I Nr 6, 7 RPflG). Voraussetzung der Erteilung ist ein formloser **Antrag**, der auf die Erteilung eines bestimmten Testamentsvollstreckerzeugnisses gerichtet ist. Ihm muss ohne Ergänzungen und Einschränkungen entsprochen werden können. Das Gericht ist an den Antrag gebunden (Hamm FamRZ 05, 70). Hilfsanträge sind zulässig. **Antragsberechtigt** ist nach Annahme des Amtes (§ 2202) der Testamentsvollstrecker (Hamm FamRZ 05, 70). Die Beantragung des Zeugnisses ist idR eine Annahme. Im Fall der Ernennung mehrerer Testamentsvollstrecker kann jeder einzeln analog § 2357 I 2 ein gemeinschaftliches Zeugnis beantragen. Sind bei einer Erbengemeinschaft für die einzelnen Miterben verschiedene Testamentsvollstrecker bestimmt, kann bis zur Auseinandersetzung jeder von diesen für die weiteren ein Zeugnis beantragen (AnwK/*Kroiß* Rz 2). Nachlassgläubiger können gem §§ 792, 896 ZPO den Antrag stellen. **Nicht** antragsberechtigt ist der Erbe (Hamm NJW 74, 505; FamRZ 00, 487, 488; BayObLG FamRZ 95, 124; aA MüKo/*Mayer* Rz 6; *Brox/Walker* ErbR Rz 626). **Notwendige Angaben** richten sich sinngemäß nach § 2354, wobei statt auf das Erbrecht des Erben bzw die Erbfolge auf die Benennung bzw das Amt als Testamentsvollstrecker abzustellen ist (Staud/*Schilken* Rz 5). Auch Abweichungen vom Regeltyp der Abwicklungsvollstreckung (vgl §§ 2203–2206, 2208 f, 2222 f) im Aufgabenbereich und in der Verfügungsbefugnis sind anzugeben (**I 2**; vgl BayObLG FamRZ 90, 474, 475; 913; NJW-RR 99, 1463, 1464; Hamm FamRZ 05, 70); zB wenn Dauervollstreckung (§ 2209 I Hs 2) angeordnet ist (BGH Rpfleger 96, 289; BayObLG FamRZ 92, 1354; Zweibr FamRZ 98, 581). Der **Nachweis** der Angaben entspr § 2354 Nr 1 u 2 und ggf die Staatsangehörigkeit des Erblassers ist durch öffentliche Urkunden (§ 2356), der der übrigen Angaben durch Versicherung an Eides Statt (§ 2356 II, 2357 IV) zu erbringen. **§ 345 III FamFG** als ergänzende *lex specialis* zu § 7 II FamFG bestimmt, wer **Beteiligter** ist.

C. Entscheidungsmöglichkeiten. Vgl § 2353 Rn 22 ff. Das Gericht, erachtet die erforderlichen Tatsachen für 3
festgestellt (§ 2359), stellt dieses per Feststellungsbeschl fest und ordnet mangels Widerspruchs (§ 352 I FamFG) die Testamentsvollstreckerzeugniserteilung an. Andernfalls weist es mit Begründung den Antrag als unzulässig oder unbegründet zurück. Bei behebbaren Mängeln des Antrags gibt es dem Antragsteller Gelegenheit, innerhalb einer Frist die Mängel zu beseitigen (MüKo/*Mayer* Rz 15). Erklärt ein Beteiligter (§ 345 III FamFG) seinen Widerspruch, verfährt das Gericht nach § 352 II FamFG.

D. Inhalt. Aufzunehmen ist die wirksame namentliche Ernennung des Betreffenden (KG NJW 64, 1905) 4
zum Testamentsvollstrecker, der Name des Erblassers, nicht der der Erben (KG ZEV 03, 204, 205), sowie alle Abweichungen vom typischen Aufgabenbereich (zB Dauer-, Verwaltungs- oder reine Beaufsichtigungsvollstreckung nach § 2208 II; vgl BayObLG FamRZ 91, 612) einschl eines besonderen Endzeitpunkts (§ 2210 2; vgl BayObLG FamRZ 91, 984) bzw einer verlängerten Dauer, ferner Abweichungen von gesetzlichen Verfügungsbefugnissen und Beschränkungen (I 2 Hs 1), nicht aber bloße Verwaltungsanordnungen (§ 2216 II; vgl Staud/*Schilken* Rz 20 f). Danach sind zB anzugeben die Freistellung nach §§ 2306, 2307, Übertragung der Verwaltung als selbstständige Aufgabe (§ 2209), Nacherben- (§ 2222) und Vermächtnistestamentsvollstreckung (§ 2223; vgl BayObLG FamRZ 86, 613), Abweichungen der Befugnisse nach § 2224 (Staud/*Schilken* Rz 21), negative Teilungsanordnungen, die Anordnung von Verfügungsverboten bzgl einzelner Nachlassgegenstände, sowie dass sich eine Vollstreckung nur auf einzelne Nachlassgegenstände erstreckt (BayObLG FGPrax 05, 217, 218; MüKo/*Mayer* Rz 35).

Nicht anzugeben sind Verfügungsbeschränkungen aufgrund Gesellschaftsverträgen (BGH NJW 96, 1284). 5
Der missverständliche Zusatz, die Vollstreckung sei beschränkt auf die Nachlassabwicklung, begründet die

Unrichtigkeit des erteilten Zeugnisses iSd § 2361 I; es muss eingezogen werden (Hamm FamRZ 05, 70). In der Benennung eines Miterben als Vollstrecker liegt idR dessen Befreiung von den Beschränkungen des § 181, soweit solche In-sich-Geschäfte iRd ordnungsgemäßen Verwaltung liegen (BGH NJW 59, 1429; dazu *v Lübtow* JZ 60, 151). Seine durch Auslegung festgestellte Befreiung kann nicht als Erweiterung seiner Verfügungsbefugnis in das Testamentsvollstreckerzeugnis aufgenommen werden (Hamm FamRZ 05, 70, 71).

6 **E. Fremdenrechtszeugnis.** Bei Anwendung ausländischen Rechts auf den Erbfall kann ein Fremdrechtstestamentsvollstreckerzeugnis erteilt werden, das auf den inländischen Nachlass beschränkt ist (vgl § 2369). Inhalt und Rechtswirkungen der Testamentsvollstreckung richten sich nach dem anzuwendenden Erbstatut (BayObLG NJW-RR 90, 906). Ist zB das Gesamtstatut nach Art 25 I EGBGB durch das Sonderstatut des Art 3 III EGBGB verdrängt, weil der Belegenheitsstaat dort befindliche Nachlassgegenstände besonderen Vorschriften unterwirft, unterliegt seinem Erbstatut hinsichtlich des dort belegenen Nachlassteils nicht nur die Erbfolge, sondern auch die Zulässigkeit der Testamentsvollstreckung und die Rechtsstellung des Testamentsvollstreckers (BayObLGZ 65, 377, 382; ZEV 99, 485; 05, 168). Bei Anwendung des ausländischen Rechts durch das Nachlassgericht setzt die Ernennung zum Testamentsvollstrecker und Zeugniserteilung voraus, dass dieser eine dem deutschen Recht vergleichbare Stellung hat (MüKo/*Mayer* Rz 27) und der Erblasser ihn in seiner Verfügung vTw selbst ernannt hat (Staud/*Schilken* Rz 38 f).

7 **F. Vermutung; öffentlicher Glaube.** Es gilt über II Hs 1 die Richtigkeitsvermutung des § 2365 analog, also dass der im wirksamen Zeugnis (beachte II Hs 2) Genannte Testamentsvollstrecker geworden ist (KG ZEV 10, 40, 41) und keine weiteren außer den im Zeugnis angegebenen Verfügungsbeschränkungen bestehen (KG NJW 64, 1905). Nicht erfasst ist, dass ein Gegenstand zum Nachlass gehört (KG NJW 64, 1905), eine angegebene Verfügungsbeschränkung tatsächlich besteht (KG OLGZ 91, 261, 267), oder das Amt fortbesteht (RGZ 83, 348, 352); nach eA könne letzteres vom Nachlassgericht aber bescheinigt werden (*Haegele/Winkler* Rz 708; aA MüKo/*Mayer* Rz 39, 58; *Bestelmeyer* ZEV 97, 316, 318 ff). Vermutungen sich widersprechender Zeugnisse oder solche mit widersprüchlichem Inhalt heben einander auf (BGH NJW 72, 582). Auch im Rechtsstreit zwischen zwei Anwärtern auf das Amt oder wegen bestimmter Befugnisse oder zwischen wirklichem oder angeblichem Erben und Vollstrecker um konkurrierende Rechtszuständigkeiten kommt dem Zeugnis keine besondere Wirkung zu (BGH NJW-RR 87, 1090, 1091; MüKo/*Mayer* Rz 41).

8 Der **öffentliche Glaube** (§§ 2366, 2367) reicht soweit wie die Richtigkeitsvermutung. Bei fehlender oder im Zeugnis nicht angegebener nur beschränkter Rechtsmacht werden gutgläubige Dritte ggf geschützt, indem sie so behandelt werden, als ob sie mit dem wirklichen (unbeschränkten) Testamentsvollstrecker Geschäfte geschlossen hätten. Es kann nichts wirksam werden, was auch der echte Testamentsvollstrecker nicht könnte (MüKo/*Mayer* Rz 43). Der öffentliche Glaube gilt für Verpflichtungsgeschäfte (Soergel/*Zimmermann* Rz 12), die der Scheinvollstrecker nach §§ 2206, 2207 eingehen kann, und die in § 2366 f bezeichneten Verfügungsgeschäfte, wobei keine Fiktionswirkung dahin besteht, dass der Gegenstand (noch) zum Nachlass gehört. Kenntnis des Erwerbers vom Zeugnis ist für gutgläubigen Erwerb nicht erforderlich (str, MüKo/*Mayer* Rz 46). Der öffentliche Glaube schützt nur den Dritten, nicht den Erben (BGH NJW 64, 1316, 1319). Ist in dem Zeugnis der in einem Testament festgelegte Beendigungszeitpunkt des Amtes nicht vermerkt, besteht trotz III 2 ein Schutz des guten Glaubens dahingehend, dass eine entspr Beschränkung nicht besteht (MüKo/*Mayer* Rz 38, 44; aA *Bestelmeyer* ZEV 97, 316, 319 f).

9 **G. Grundbuchamt.** Vgl § 2353 Rn 7. IdR ist das Zeugnis nach § 35 II GBO vorzulegen. Der Nachweis über die Verfügungsbefugnis kann auch gem § 35 II Hs 2 iVm I 2 GBO durch öffentliche letztwillige Verfügung nebst Eröffnungsverhandlung und Zeugnis des Nachlassgerichts über die Amtsannahme oder Ausfertigung der zur Niederschrift des Nachlassrichters erklärten Annahme erbracht werden (Staud/*Schilken* Rz 34). Bezugnahme auf den Nachlassakt ist zulässig, wenn sich in ihm öffentliche Urkunden über die Anordnung und Amtsannahme befinden und der Akt beim selben Nachlassgericht geführt wird (BayObLG WM 83, 1092; BaRoth/*Siegmann/Höger* Rz 2). Mangels der Möglichkeit eigener Nachprüfbarkeit ist das Zeugnis für das GBA bindend (§ 2353 Rn 7); ebenso die Auslegung des Testaments durch das Nachlassgericht (BayObLG NJW-RR 90, 844). Das GBA darf nur abweichen, wenn neue, dem Nachlassgericht noch nicht bekannte Tatsachen bekannt werden, die die Einziehung des Testamentsvollstreckerzeugnisses erwarten lassen (BayObLG FamRZ 04, 1268; KGJ 42, 219, 222). Eine Pflichtverletzung des Vollstreckers genügt nicht, solange diese nicht zu seiner Entlassung geführt hat (BayObLG aaO; zur feststehenden Beendigung des Amts s. München ZEV 06, 173, 174 m Anm *Zimmermann*). Die dargelegten Grds gelten für das Handelsregister entspr (vgl § 12 II 2 HGB; KG NJW-RR 91, 835).

10 **H. Beendigung.** Mit Beendigung des Amtes, nicht schon durch Untätigkeit (BGH NJW 62, 912), des Testamentsvollstreckers wird das ihm erteilte Zeugnis kraftlos (**II Hs 2**), zB mit seiner Entlassung aus wichtigem Grund (BayObLG NJW-RR 99, 1463, 1464), bei Eintritt einer Befristung oder auflösenden Bedingung oder Bestellung eines Betreuers in Vermögensangelegenheiten (BayObLG FamRZ 95, 962; zum Ganzen Staud/*Schilken* Rz 24). Es gibt kein förmliches Einziehungsverfahren. Um keinen falschen Rechtsschein entstehen zu lassen, hat das Nachlassgericht die Beendigung auf der Zeugnisurkunde zu vermerken (KG NJW 64, 1905,

1906; BayObLGZ 88, 42, 51) oder Rücklieferung anzuordnen (BayObLGZ 53, 357; FamRZ 91, 985; Köln Rpfleger 86, 261). Es findet keine Kraftloserklärung statt, sondern entspr § 2361 II wird die eingetretene Kraftlosigkeit bekannt gemacht. Hebt das Beschwerdegericht einen Entlassungsbeschluss des Nachlassgerichts auf, gilt das Zeugnis als nicht kraftlos geworden (hM, BayObLG NJW 59, 1920; FamRZ 91, 615, 617; Staud/*Schilken* Rz 24). Nach Beendigung kann das Zeugnis mit Vermerk über die Beendigung und ihren Zeitpunkt erteilt werden (KG NJW 64, 1905; Stuttg DNotZ 81, 294, 295).

I. Rechtsmittel. Beschwerde (§§ 58 ff FamFG) ist statthaft gegen die Erteilung des Zeugnisses (BayObLG FamRZ 92, 1354). Wahlweise kann Einziehung des erteilten Zeugnisses beantragt werden (BayObLGZ 42, 175). Beschwerdebefugt (§ 59 I FamFG) ist auch der Testamentsvollstrecker (Hamm Rpfleger 04, 493); ggf der Erbe bzw Miterbe in Hinblick auf Verfügungsbeschränkungen nach § 2211 (BayObLG NJW-RR 02, 873, 876 f), ferner der Mitgesellschafter einer Personengesellschaft (Hambg OLGZ 91, 388). **Nicht** beschwerdebefugt ist der Erbe gegen die Nichterteilung bzw Einziehung des Zeugnisses (BayObLG FamRZ 95, 124) oder der nur Pflichtteilsberechtigte gegen einen Vorbescheid über die Erteilung eines Testamentsvollstreckerzeugnisses (Celle FamRZ 04, 908). Gegen die Ablehnung des Antrags auf Zeugniserteilung hat der Testamentsvollstrecker die Beschwerde; dem Erben steht insoweit kein Beschwerderecht zu (vgl BayObLG MDR 78, 142). **Frist:** § 355 I FamFG: 2 Wochen. 11

J. Akteneinsicht/Steuer. Zur **Akteneinsicht** bei berechtigtem Interesse und zur Ausfertigung vgl § 357 FamFG. Es fällt eine volle **Gebühr** an, §§ 109 I Nr 2 iVm 107 I 1 KostO. Kostenschuldner ist der Antragsteller (§ 2 Nr 1 KostO) sowie ferner die Erben (§ 3 Nr 3 KostO). Der Geschäftswert bestimmt sich nach § 107 II KostO unter Beachtung des § 30 II KostO (Staud/*Schilken* Rz 48). Nach § 7 I 1 Nr 3 ErbStDV wird dem Erbschaftsteuerfinanzamt die Erteilung des Zeugnisses mitgeteilt. 12

§ 2369 Gegenständlich beschränkter Erbschein.
(1) Gehören zu einer Erbschaft auch Gegenstände, die sich im Ausland befinden, so kann der Antrag auf Erteilung eines Erbscheins auf die im Inland befindlichen Gegenstände beschränkt werden.
(2) ¹Ein Gegenstand, für den von einer deutschen Behörde ein zur Eintragung des Berechtigten bestimmtes Buch oder Register geführt wird, gilt als im Inland befindlich. ²Ein Anspruch gilt als im Inland befindlich, wenn für die Klage ein deutsches Gericht zuständig ist.

A. Zweck. Zu § 2369 aF galt nach hM die **Gleichlauftheorie** (s. Vorauf; FaKomm-ErbR Rz 1 ff), nach der deutsche Gerichte grds nur zuständig waren, wenn auf die Erbfolge deutsches Erbrecht (Statuszugehörigkeit) Anwendung fand. § 2369 aF eröffnete eine internationale Zuständigkeit, wenn das Nachlassgericht die Erteilung des Erbscheins bei Anwendung ausländischen Rechts auf das inländische Nachlassvermögen beschränkte. Nach **§ 105 FamFG** ist ein deutsches Nachlassgericht, welches nach § 343 FamFG örtlich zuständig ist (§ 2353 Rn 10), auch international zuständig. Die Gleichlauftheorie ist aufgegeben worden. Es kann ein Ausländer beim nach § 105 FamFG zuständigen Gericht einen unbeschränkten („Weltrechtserbschein") Fremdenrechtserbschein beantragen. Insoweit gilt § 2353. Ein ausländischer oder deutscher Erblasser **kann** einen gegenständlich beschränkten Erbschein (Rn 2) beantragen, wenn sich Gegenstände auch im Ausland befinden. Der dann auf den inländischen Nachlass territorial beschränkte Erbschein (Rn 2) soll die zeitnahe Abwicklung dieses Nachlassteiles, insb bei Nachlassspaltung (Rn 6), ermöglichen. Bei territorialer Beschränkung entfallen ansonsten ggf zur ausländischen Rechtslage erforderliche Rechtsgutachten, deren Kosten der Antragsteller tragen müsste (§ 137 I Nr 5 KostO), und wird die Gerichtsgebühr nur aus dem im Inland belegenen Nachlass berechnet, § 107 II 3 KostO. 1

Die **Wirkung** des gegenständlich beschränkten Erbscheins (als Eigen- oder Fremdenrechtserbscheins) ist, anders als der alternativ mögliche unbeschränkte Erbschein nach § 2353, territorial begrenzt auf den in Deutschland befindlichen Nachlass. **Nicht möglich** ist eine Beschränkung auf einzelne Nachlassgegenstände oder den im Ausland befindlichen Nachlass. 2

B. Ausländisches Erbrecht. Das Nachlassgericht ist nach § 105 FamFG auch zuständig, wenn **ausländisches Erbrecht** (vgl Art 25 EGBGB) anwendbar ist, weil der Erblasser nicht deutsch iSv § 3 StAG oder Art 116 GG (Art 5 I 2, II EGBGB) ist. Ausnahmsweise kann auf einen ausländischen Erblasser deutsches Recht anwendbar und damit ein Eigenrechtserbschein zu erteilen sein (FAKomm-ErbR Rz 9-21), zB aufgrund seiner Flüchtlingseigenschaft (Art 12 I GK) oder Staatenlosigkeit (Art 5 II EGBGB), zulässiger Rechtswahl (zB gem Art 25 II EGBGB), völkerrechtlichen Vereinbarung (Art 3 II 1 EGBGB) oder umfassenden oder teilweisen Rückverweisung („Renvoi") des Heimatlandes nach Art 4 I 2 EGBGB. War der Erblasser (auch) Deutscher und deutsches Erbrecht anwendbar, ist unabhängig vom Wohnsitz oder Aufenthalt des Erblassers stets ein Eigenrechtserbschein zu erteilen (BayObLG NJW-RR 01, 297; Staud/*Schilken* Rz 4). 3

C. Inländische Nachlassgegenstände. Wird ein gegenständlich beschränkter Erbschein beantragt, müssen inländische Nachlassgegenstände bei der Antragstellung (Staud/*Schilken* Rz 18; aA MüKo/*Mayer* Rz 14: bei Erbscheinserteilung) vorhanden sein, wobei verfahrensrechtlich die konkrete Angabe (einschl ihrer gegenständlichen Beschränkung; BayObLG NJW-RR 98, 798; Hamm ZEV 05, 436, 438) im Antrag (ggf Hilfsan- 4 trag, vgl BayObLG Rpfleger 96, 199) genügt (BayObLGZ 95, 47, 50; KG OLGZ 75, 293; AnwK/*Kroiß* Rz 28; aA BGH ZEV 95, 448; MüKo/*Mayer* Rz 13). Die Angabe ihres Wertes oder ihrer Art ist nicht notwendig, da der Erbschein ihr Vorhandensein nicht bezeugt. Welche Gegenstände zum Nachlass gehören, bestimmt sich nach dem zu Grunde zu legenden Erbstatut (MüKo/*Mayer* Rz 15), nach aA nach der *lex rei sitae* (KG OLGZ 77, 457). Nach der zwingenden Vorschrift des **II 1** sind solche Nachlassgegenstände eingeschlossen, für die von einer deutschen Behörde ein zur Eintragung des Berechtigten bestimmtes Buch oder Register (zB Patentrollen oder ähnliche Schutzregister, Schuldbücher, Handelsregister oder Grundbuch) geführt wird (FAKomm-ErbR Rz 28). Ansprüche befinden sich nach der Fiktion des **II 2** im Inland, wenn für die Klage ein deutsches Gericht zuständig ist (§§ 13 ff ZPO), wobei sich die Zuständigkeit auch aus einer Gerichtsstandsvereinbarung oder dem Vermögensgerichtsstand (§ 23 ZPO) ergeben kann (*Fetsch* ZEV 05, 425 ff). Inhaberpapiere sind am Verwahrungsort und am Sitz des Ausstellers belegen (Frankf NJW 55, 1564). Ist der Anspruch aufgrund eines Schadensereignisses nach dem Erbfall in der Person des Erben entstanden, ist § 2369 nicht anwendbar (BGH NJW 72, 945, 946; BayObLGZ 74, 460, 463; Staud/*Schilken* Rz 20; aA Palandt/*Edenhofer* Rz 5). Zu Lastenausgleichs-, Rückerstattungs- und Entschädigungsansprüchen vgl FAKomm-ErbR Rz 30; MüKo/*Mayer* Rz 18, 20; *Zimmermann* Rz 411.

5 D. Inhalt. S. § 2353 Rn 2. Der gegenständlich beschränkte Erbschein bezeugt die Erbfolge an inländischen Nachlassgegenständen. Diese territoriale Beschränkung muss herausgestellt werden (vgl BayObLG Rpfleger 97, 68, 69; Zweibr ZEV 01, 488, 489). Eine Einzelbezeichnung der Gegenstände sollte unterbleiben, denn ihre Zugehörigkeit zum Nachlass wird nicht bezeugt.

6 E. Nachlassspaltung. Grds unterliegt der Nachlass als Einheit dem Recht nur eines Staates (vgl Art 25 I EGBGB). Bisweilen kommt es aber zu einer kollisionsrechtlichen Nachlassspaltung in einen dem Erbrecht eines anderen Staates und in einen dem deutschem Erbrecht unterliegenden Nachlassteil, zB wenn gem Art 3 III EGBGB besondere Vorschriften in anderen Staaten für die Erbfolge in das dort belegene unbewegliche Vermögen gelten (Belegenheitsstatut), die Vorrang vor dem an die Staatsangehörigkeit des Erblassers anknüpfenden Erbstatut nach Art 25 I EGBGB haben (BGH NJW 66, 2270; 93, 1920; BayObLG ZEV 05, 168 f; FAKomm-ErbR Rz 59 ff). Weitere Fälle können sich durch gespaltene staatsvertragliche Anknüpfungen des Erbstatuts, durch nur teilw Rück- oder Weiterverweisungen des Heimatrechts des Erblassers oder durch eine beschränkte Rechtswahl (zB gem Art 25 II, 4 II EGBGB; vgl BayObLGZ 99, 296, 302) ergeben (MüKo/*Mayer* Rz 44). Dann ist an sich jede Nachlassmasse grds nach dem jeweils für sie maßgebenden Erbstatut zu beurteilen (BGHZ 24, 352, 355; ZEV 04, 374, 376; BayObLG NJW 00, 440, 441; FAKomm-ErbR Rz 69). Sie sind getrennt zu behandeln (Celle ZEV 03, 509, 511 zur Bemessungsgrundlage eines Pflichtteilsanspruchs) und für die erbrechtlich gesonderten Rechten unterfallenden Nachlassmassen gesonderte selbstständige Erbscheine (Fremden- und Eigenrechtserbschein) auszustellen (*Edenfeld* ZEV 00, 482, 483). Diese können in einer Urkunde zusammengefasst werden (BayObLG DNotZ 84, 47; NJW-RR 01, 950, 952). Die Nachlassspaltung ist als Zuständigkeitsbegrenzung des deutschen Rechts und als Begrenzung dessen Wirkung im Eigenrechtserbschein zu vermerken (str; BayObLG FamRZ 71, 258; 97, 318; Köln NJW-RR 92, 1480). Zur Nachlassspaltung wegen § 25 II DDR-RAG vgl BGH NJW 94, 582; 01, 2396; BayObLGZ 02, 189; 03, 1; KG VIZ 01, 392; 04, 92; FAKomm-ErbR Rz 67 f.

7 F. Verfahren. Abgesehen von der gegenständlichen Beschränkung des Erbscheins gelten die §§ 2353–2367. Auch bei Anwendung materiellen fremden Rechts gilt für das Verfahren deutsches Recht (*lex fori*-Grds; BayObLGZ 65, 382; Hamm NJW 64, 554). Die internationale Zuständigkeit folgt aus § 105 FamFG, die örtliche aus § 343 FamFG. Die Entscheidung trifft der Richter (§ 16 I Nr 6 RPflG; s. aber § 19 I 1 Nr 5 RPflG).

8 G. Kosten. S § 107 II KostO. § 107 II 3 KostO sieht beim Fremdrechtserbschein keinen Schuldenabzug vor. Nach § 18 III KostO sind bei der Festsetzung des Geschäftswertes Verbindlichkeiten nicht abzuziehen (Ddorf JurBüro 86, 86; BayObLGZ 84, 34, 37). Maßgebend ist der Bruttowert des nach ausländischem Recht vererbten Inlandsvermögens. Da § 107 III KostO für den Fremdenrechtserbschein gilt, sind dingliche Belastungen abzugsfähig (BayObLG aaO).

§ 2370 Öffentlicher Glaube bei Todeserklärung.

(1) Hat eine Person, die für tot erklärt oder deren Todeszeit nach den Vorschriften des Verschollenheitsgesetzes festgestellt ist, den Zeitpunkt überlebt, der als Zeitpunkt ihres Todes gilt, oder ist sie vor diesem Zeitpunkt gestorben, so gilt derjenige, welcher auf Grund der Todeserklärung oder der Feststellung der Todeszeit Erbe sein würde, in Ansehung der in den §§ 2366, 2367 bezeichneten Rechtsgeschäfte zugunsten des Dritten auch ohne Erteilung eines Erbscheins als Erbe, es sei denn, dass der Dritte die Unrichtigkeit der Todeserklärung oder der Feststellung der Todeszeit kennt oder weiß, dass sie aufgehoben worden sind.
(2) ¹Ist ein Erbschein erteilt worden, so stehen demjenigen, der für tot erklärt oder dessen Todeszeit nach den Vorschriften des Verschollenheitsgesetzes festgestellt ist, wenn er noch lebt, die in § 2362 bestimmten Rechte zu. ²Die gleichen Rechte hat eine Person, deren Tod ohne Todeserklärung oder Feststellung der Todeszeit mit Unrecht angenommen worden ist.

1 I erstreckt in Anknüpfung an die Vermutungswirkung der §§ 9 I, 44 II VerschG den öffentlichen Glauben des Erbscheins – ohne das ein solcher erteilt worden wäre – nach § 2366 f auf die Todeserklärung (§ 29 VerschG) und die Todeszeitfeststellung (§ 40 VerschG). Wer auf Grund rechtskräftigen Todeserklärungsbeschlusses zum angenommenen Todestag Erbe wäre, gilt für die in §§ 2366 f genannten Rechtsgeschäfte zugunsten Dritter so als Erbe, wie er im Fall der Erbscheinserteilung als solcher gelte. Kenntnis der Unrichtigkeit steht der Wirkung des öffentlichen Glaubens entgegen. Auch durch gerichtliche Aufhebung entfällt sie. Die Fiktion des I betrifft nur den Tod, nicht die Erbfolge.

2 II räumt dem zu Unrecht für tot Erklärten oder Gehaltenen die in § 2362 bestimmten Rechte ein. Er kann Herausgabe eines falschen Erbscheins an das Nachlassgericht und von dem, der diesen hat, Auskunft über den Bestand der Erbschaft und Verbleib von Erbschaftsgegenständen verlangen (Staud/*Schilken* Rz 4). Ist er später gestorben, stehen die Ansprüche dem Erben, Nacherben (§ 2363 II) oder Testamentsvollstrecker (§ 2364 II) zu (MüKo/*Mayer* Rz 7).

Abschnitt 9   Erbschaftskauf

Vorbemerkungen vor §§ 2371 ff

1 **A. Zweck.** Die §§ 2371 ff regeln den Verkauf einer Erbschaft, von Erbteilen (vgl § 1922 II), von jeweiligen Bruchteilen oder von Vor- oder Nacherbschaften. Der praxisrelevante § 2385 erweitert ihre Anwendbarkeit auf ähnliche Verträge, die auf die Veräußerung einer Erbschaft gerichtet sind. Sie eröffnen dem Erben einen ggü der Einzelverwertung einfacheren Weg, den Wert des Nachlasses zu realisieren. Kennzeichnend ist, dass für das ererbte Vermögen ein Gesamtpreis vereinbart wird und der Käufer die Abwicklung der Erbschaft übernehmen soll. Der Miterbe kann seinen Erbteil verwerten, ohne die Auseinandersetzung abwarten zu müssen. Auch kann ein Vorerbe die Nacherbschaft erwerben, um unbeschränkt über die Erbschaft verfügen zu können, oder ein Nacherbe den Vorerben auskaufen, um vor dem Nacherbfall die Erbschaft zu erlangen (Staud/*Olshausen* Einl zu §§ 2371 ff Rz 1–10). Verfahrensrechtlich gilt der Gerichtsstand des § 27 ZPO **nicht**. Bei Versicherungen greift ein Risikoausschluss „im Bereich des Erbrechts" nicht (Ddorf NJW-RR 00, 908).

2 **Rechtsnatur.** Der Erbschaftskauf ist ein schuldrechtlicher Kaufvertrag über die angefallene Erbschaft bzw (als Rechtskauf) den Miterbenanteil. Er ist ein gegenseitiger Vertrag. Die §§ 320 ff sind anwendbar und Ansprüche aus §§ 280, 281 oder Rücktritt (§ 323) möglich. Es gelten §§ 433 ff, soweit die §§ 2371 ff keine Sonderregelungen wegen der auch erbrechtlichen Natur des Erbkaufs enthalten, zB zum Gegenstand des Rechtsgeschäfts oder der Erbenhaftung des Käufers. Dabei sind die §§ 2371, 2382, 2383 **zwingend**, die §§ 2372–2381 in der Form des § 2371 abdingbar. Zwischen Verpflichtungs- und Erfüllungsgeschäft ist unterscheiden, auch wenn sie in einer Urkunde zusammengefasst sind; dann wird aber dieses bei Zahlung idR auch erfüllt sein. Ist nur das Kausalgeschäft nichtig, gilt das (nur) im Einzelfall nach § 139 auch für das dingliche Geschäft (BGH NJW-RR 05, 808). Die Vereinbarung eines Bedingungszusammenhangs (§ 158) mag ratsam sein.

3 **Gegenstand.** Nicht das durch Rechtsgeschäft unter Lebenden nicht übertragbare Erbrecht des **Alleinerben** als solches ist Gegenstand des Erbschaftskaufs, sondern der Inbegriff des Nachlasses (Rn 1, § 2371 Rn 1), wozu neben den durch die Erbschaft angefallenen Sachen, Werte und Rechte auch die Nachlassverbindlichkeiten gehören. Der Kauf lediglich der Aktiva ist kein Erbschaftskauf. Die Erfüllung erfolgt durch Einzelübertragung (§§ 929 ff, 873, 925, 398 ff) der verkauften Sachen und Rechte (§ 2374). Durch das vom Kauf zu trennende einzelne Erfüllungsgeschäft wird der Käufer nicht Erbe oder sonstiger Gesamtrechtsnachfolger des Verkäufers. Er wird aber weitgehend wirtschaftlich so gestellt, als ob er ab dem Erbfall Erbe gewesen wäre. Beim **Miterben** ist Kaufgegenstand dessen vor Auseinandersetzung nach § 2033 übertragbarer quotenmäßiger Anteil. Der Erbteilserwerber tritt an die Stelle des verfügenden Miterben im Wege der Gesamtrechtsnachfolge in dessen vermögensrechtliche Stellung am Nachlass ein. Beim **Nacherben** ist Gegenstand des Erbschaftskaufs dessen Anwartschaftsrecht (§ 2100 Rn 28), das er analog § 2033 auf den Käufer zu übertragen hat.

4 Die **Verjährung** der Erfüllungsansprüche, zB des Kaufpreisanspruchs, richtet sich nach § 195, der Gewährleistungsansprüche nach §§ 197 I Nr 2, 200 (str, Staud/*Olshausen* Einl §§ 2371 ff Rz 49a; *Löhnig* ZEV 04, 267).

5 **B. Genehmigungspflicht.** Genehmigungspflichtig ist die Veräußerung eines Erbteils an einen anderen als einen Miterben, wenn der Nachlass im Wesentlichen aus einem land- oder forstwirtschaftlichen Betrieb besteht (§ 2 II Nr 2 GrdstVG; zur Heilung Köln OLGR 92, 282). Bei Einzelübertragung von Grundstücken gelten Genehmigungspflichten (zB § 2 I GrdstVG; nicht: §§ 24 ff BauGB), nicht bei Übertragung eines Erbteils. Bei **Minderjährigen** bedürfen Veräußerungen, nicht der Erwerb einer Erbschaft oder von Erbschaftsteilen nach §§ 1643 I, 1822 Nr 1, gerichtlicher Genehmigung (str). Gehört zum Nachlass ein Grundstück, kann § 1822 Nr 5 einschlägig sein (str, Köln Rpfleger 96, 446). Beim **Ehegatten** fallen die Veräußerung der Erbschaft bzw eines Bruchteils unter § 1365, wenn sie sein ganzes Vermögen iSd § 1365 ausmachen.

6 **C. Steuern.** Nach **§ 20 I ErbStG** ist beim Erwerb vTw Schuldner der Erbschaftsteuer der **Erbe** bzgl seines Erwerbs (Moench/*Kien-Hümbert* § 20 Rz 5). Allerdings haftet der Nachlass bis zur Auseinandersetzung

§ 2371   Form

(§ 2042) für die Steuer der am Erbfall Beteiligten (§ 20 III ErbStG; §§ 2382, 2283 BGB; Staud/*Olshausen* Rz 106), wozu neben den Miterben auch Vermächtnisnehmer, Pflichtteils- und Erbersatzanspruchsberechtigte zählen (Moench/*Kien-Hümbert* § 20 Rz 14; T/G/J/*Gebel* § 20 Rz 52; aA *Meincke* § 20 Rz 11). Verschenkt der Erbe seine Erbschaft, ist der Beschenkte nicht nur Steuerschuldner für seinen Erwerb (§ 7 I Nr 1 ErbStG), sondern haftet in voller Höhe auch für die Steuer des Erstempfängers (§ 20 V ErbStG).

7   Gehören zur verkauften Erbschaft **Grundstücke**, unterliegt ihr Verkauf der Grunderwerbsteuer (§ 1 I Nr 1 GrEStG). Entspr gilt nach § 1 I Nr 3 1 GrEStG für die Erbteilübertragung, soweit zum Nachlass Grundstücke gehören (BFHE 117, 270, 274 ff; Boruttau/*Fischer* § 1 Rz 617 ff). Ausgenommen ist analog § 3 Nr 3 GrEStG der Erwerb eines zum Nachlass gehörenden Grundstücks durch Miterben oder ihre Ehegatten (Boruttau/*Sack* § 3 Rz 331); uU steht der mit dem Erblasser in Gütergemeinschaft lebende Ehegatte gleich. Einem außenstehenden Dritten als Erwerber kann die Befreiungsvorschrift nicht zugute kommen. Ihm bleibt ggf anteilige Befreiung nach § 6 GrEStG (*Pahlke/Franz*, § 3 Rz 139; *Hofmann*, § 3 Rz 27).

8   Im **Einkommensteuerecht** regelt § 6 III 1 EStG, der auf die vorweggenommene Erbfolge in betriebliche Einheiten zielt, dass die unentgeltliche Übertragung – unter Lebenden oder vTw (*Blümich* § 6 EStG Rz 154 ff, 1223) – bestimmter wirtschaftlicher Einheiten (dazu *Schmidt/Glanegger* § 6 Rz 477), deren sämtliche wesentliche Betriebsgrundlagen unentgeltlich auf einen Erwerber übertragen worden sind, zum Ansatz der Buchwerte führt, so dass beim Übertragenden kein Veräußerungsgewinn entsteht. Die unentgeltliche Übertragung eines Teilanteils ist selbst dann begünstigt, wenn wesentliches Sonderbetriebsvermögen nicht mit übertragen wird, aber der Rechtsnachfolger die Haltefrist des § 6 III 2 EStG erfüllt. Anders als die Übertragung eines Mitunternehmeranteils ist die eines Teilmitunternehmeranteils nur begünstigt, wenn sie auf eine natürliche Person erfolgt. Eine (ggf teilw) entgeltliche Veräußerung führt zu Aufdeckung der stillen Reserven mit steuerpflichtigen Veräußerungsgewinnen. Auch kommt es zu begünstigten (§ 34 EStG) Aufgabegewinn, wenn wesentliches Sonderbetriebsvermögen bei einer unentgeltlichen Anteilsübertragung nicht mitübertragen, sondern in das Privatvermögen überführt wird. Die Übertragung eines Erbteils, der Betriebsvermögen enthält, kann als entgeltliche Veräußerung eines Mitunternehmeranteils (dazu *Schmidt/Wacker* § 16 Rz 404 ff) nach § 16 I, III EStG zu steuerpflichtigen Veräußerungsgewinnen (§ 16 II EStG) führen.

§ 2371 Form. Ein Vertrag, durch den der Erbe die ihm angefallene Erbschaft verkauft, bedarf der notariellen Beurkundung.

1   **A. Zweck.** Die Norm stellt die Beratung der Parteien durch einen Notar sicher, schützt und warnt sie vor Übereilungen und gewährleistet – auch im Interesse der Nachlassgläubiger (§ 2382) – die Klarheit und Beweisbarkeit der vereinbarten Rechtsverhältnisse. **Gegenstand** des Erbschaftskaufs (Vor § 2371 Rn 3) können nicht einzelne Erbschaftsgegenstände sein, es sei denn, diese stellen nahezu den ganzen Nachlass dar und der Käufer kennt die Umstände, aus denen sich dieses ergibt (BGH NJW 65, 910). **Käufer** kann jeder, **Verkäufer** kann der Allein- oder Miterbe, auch der Vor-, Nach- oder Ersatzerbe und selbst ein Nichterbe sein. Dieser haftet wegen Nichterfüllung nach den allg Vorschriften (§§ 280, 281, 320 ff), steht seine Leistungspflicht nicht unter der Bedingung, Erbe zu sein (MüKo/*Musielak* Rz 3). **Lit**: *Muscheler* RNotZ 09, 65.

2   **B. Form.** Notarielle Beurkundung (§ 128) ist erforderlich. Eine bloß privatschriftliche Erklärung genügt nicht (Köln ZEV 00, 240). Der Form kann auch durch formgültigen Prozessvergleich (§ 127a) genügt werden. Wie bei § 311b I erfasst das Formerfordernis alle Abreden, aus denen sich das schuldrechtliche Veräußerungsgeschäft zusammensetzt. Auch die Abänderung des Vertrags (Celle OLGspr 96, 31) und die Aufhebung des noch nicht erfüllten Erbschaftskaufs bedürfen der Form (hM, Schlesw SchlHA 57, 181; RGRK/*Kregel* Rz 10). Auch ein Vorvertrag und eine unwiderrufliche oder eine solche Vollmacht zum Erbschaftskauf, die eine ähnliche Rechtslage wie beim Veräußerungsvertrag schafft, sind formbedürftig (Staud/*Olshausen* Rz 8). Sind Verpflichtungs- und Erfüllungsgeschäft zusammengefasst, müssen die jeweiligen Formerfordernisse beachtet werden, zB beim Erbteilskauf § 2371 und § 2033 I 2 (vgl RGZ 137, 171, 174). Der **Mangel der Form** führt zur Nichtigkeit (§ 125 1) des Kaufvertrags. Gem § 139 bewirkt die Nichtbeurkundung einer Nebenabrede die Nichtigkeit auch der dinglichen Erbteilübertragung, mit der die Nebenabrede inhaltlich eng verknüpft war (BGH NJW 67, 1129, 1130; WM 70, 1319, 1320).

3   Durch die gleichzeitige oder nachträgliche Erfüllung, dh die Übertragung aller zum Nachlass gehörenden Gegenstände, wird ein Formmangel **nicht** analog § 311b I 2 **geheilt** (RGZ 129, 122, 123; BGH NJW 67, 1128, 1131; DNotZ 71, 37; Köln ZEV 00, 240; MüKo/*Musielak* Rz 7). Nach aA sei eine Heilung bei der Übertragung des Miterbenanteils gem § 2033 I 2 zuzulassen (Erman/*Schlüter* Rz 5; Staud/*Olshausen* Rz 27; *Keller* ZEV 95, 427, 431; abl AnwK/*Beck/Ullrich* Rz 11; BaRoth/*Mayer* Rz 16). In einer formgültigen Übertragung des Erbteils kann ggf eine formwirksame Wiederholung der Vereinbarung liegen (Soergel/*Zimmermann* Rz 24). Andernfalls bleibt zu prüfen, ob der formnichtige Kauf gem § 140 in ein anderes Rechtsgeschäft umgedeutet werden kann (MüKo/*Musielak* Rz 8), zB der Verkauf eines Erbteils in eine Erbauseinandersetzung (RGZ 129, 122, 123) oder Abtretung des Auseinandersetzungsanspruchs. Im Einzelfall kann es eine nach § 242 unzulässige Rechtsausübung sein, beruft sich eine Partei auf die Formnichtigkeit, die schuldhaft iSv § 276 (enger

Palandt/*Heinrichs*/*Ellenberger* § 125 Rz 22: arglistig) den Irrtum der anderen verursachte, dass eine Form nicht nötig sei (Staud/*Olshausen* Rz 29).

§ 2372 Dem Käufer zustehende Vorteile. Die Vorteile, welche sich aus dem Wegfall eines Vermächtnisses oder einer Auflage oder aus der Ausgleichungspflicht eines Miterben ergeben, gebühren dem Käufer.

Der Vorteil aus dem Wegfall eines Vermächtnisses (§§ 2160 ff), einer Auflage (§ 2196) oder einer Ausgleichungspflicht eines anderen Miterben (§§ 2055 ff) kommt dem Käufer zu Gute, der wirtschaftlich und schuldrechtlich so wie der Erbe stehen soll. Entspr gilt bei Wegfall von Pflichtteilslasten, Nacherbrechten, Testamentsvollstreckung oder einer Teilungsanordnung nach Vertragsabschluss. Der Wegfall eines Vermächtnisses oder Auflage vor Vertragsabschluss kann zur Anfechtung gem § 119 II berechtigen. Abw Parteivereinbarungen sind möglich. 1

§ 2373 Dem Verkäufer verbleibende Teile. ¹Ein Erbteil, der dem Verkäufer nach dem Abschluss des Kaufes durch Nacherbfolge oder infolge des Wegfalls eines Miterben anfällt, sowie ein dem Verkäufer zugewendetes Vorausvermächtnis ist im Zweifel nicht als mitverkauft anzusehen. ²Das Gleiche gilt von Familienpapieren und Familienbildern.

Im Zweifel ist ein zusätzlicher Anfall eines Erbteils (zB nach §§ 2100 ff, 2139, § 1935, §§ 2094, 2096) aus den genannten Gründen nach Kaufabschluss nicht mitverkauft. Gleiches gilt für ein dem Verkäufer zugewandtes Vorausvermächtnis (§ 2150). Der gesetzliche Voraus (§ 1932) ist gleichzustellen (Staud/*Olshausen* Rz 3), nicht aber eine Teilungsanordnung (BaRoth/*Mayer* Rz 1). Der Anwendbarkeit auf Familienpapiere (auch: Briefe, Tagebücher, Notizen) und -bilder (2) steht nicht ihr hoher Vermögenswert entgegen (Staud/*Olshausen* Rz 4). 1

§ 2374 Herausgabepflicht. Der Verkäufer ist verpflichtet, dem Käufer die zur Zeit des Verkaufs vorhandenen Erbschaftsgegenstände mit Einschluss dessen herauszugeben, was er vor dem Verkauf auf Grund eines zur Erbschaft gehörenden Rechts oder als Ersatz für die Zerstörung, Beschädigung oder Entziehung eines Erbschaftsgegenstands oder durch ein Rechtsgeschäft erlangt hat, das sich auf die Erbschaft bezog.

Gem § 433 I hat der Alleinerbe als Verkäufer verkaufte Sache zu übergeben und das Eigentum an ihnen zu verschaffen (§§ 929 ff, §§ 873, 925 ff) bzw verkaufte Rechte (§§ 398 ff) zu übertragen. Der Miterbe hat bis zur Auseinandersetzung (§§ 2042 ff) seine mitgliedschaftliche Berechtigung gem § 2033 zu übertragen (Vor § 2371 Rn 3). Daneben tritt gem dem abdingbaren § 2374 ergänzend die Pflicht, vor dem Verkauf erlangte und noch beim Verkauf vorhandene **Surrogate** herauszugeben. Diese Herausgabepflicht reicht so weit wie die Surrogation gem § 2041 1. Herauszugeben sind auch Gegenstände, die der Verkäufer auf Grund seiner Erbenstellung erworben hat, zB Ansprüche gegen Nachlasspfleger, Testamentsvollstrecker, Erbschaftsbesitzer, Vor- oder Miterben (MüKo/*Musielak* Rz 9). Auch eine vorteilige Rechtsstellung bzgl verkaufter Nachlassgegenstände ist herauszugeben (Kobl OLGR 05, 440, 441). Es gelten §§ 260, 261. 1

Verkauft der überlebende Ehegatte, der in **Zugewinngemeinschaft** gelebt hat, nach dem Tod des anderen die ihm angefallene Erbschaft, gilt § 1371 I. Sein gesetzlicher Erbteil erhöht sich zum Ausgleich des Zugewinns. Ein Anspruch auf Ausgleich gem §§ 1372–1390, auf den sich ein Verkauf erstrecken könnte, entsteht nicht (Staud/*Olshausen* Rz 10). 2

Bzgl einzelner Gegenstände, die nicht dem Verkäufer gehören, können für den **gutgläubigen Käufer** die §§ 892 f, 932 ff greifen. Ist der Verkäufer einer Erbschaft oder eines Erbteils aber überhaupt nicht Erbe, findet wegen § 2030 kein gutgläubiger Erwerb statt, selbst wenn der Verkäufer durch einen Erbschein ausgewiesen ist (MüKo/*Musielak* Rz 12). Vor dem Verkauf gezogene Nutzungen kann der Verkäufer behalten (§ 2379 1). 3

§ 2375 Ersatzpflicht. (1) ¹Hat der Verkäufer vor dem Verkauf einen Erbschaftsgegenstand verbraucht, unentgeltlich veräußert oder unentgeltlich belastet, so ist er verpflichtet, dem Käufer den Wert des verbrauchten oder veräußerten Gegenstands, im Falle der Belastung die Wertminderung zu ersetzen. ²Die Ersatzpflicht tritt nicht ein, wenn der Käufer den Verbrauch oder die unentgeltliche Verfügung bei dem Abschluss des Kaufes kennt.
(2) Im Übrigen kann der Käufer wegen Verschlechterung, Unterganges oder einer aus einem anderen Grunde eingetretenen Unmöglichkeit der Herausgabe eines Erbschaftsgegenstands nicht Ersatz verlangen.

Die abdingbare Norm ergänzt § 2374, wenn für den Verbrauch, die Belastung oder die unentgeltliche Veräußerung eines Erbschaftsgegenstandes kein Surrogat in den Nachlass gelangt ist. Der Verkäufer hat dann den objektiven Wert zur Zeit des Verbrauchs bzw der Veräußerung zu ersetzen (**I 1**), wenn er ohne positive Kenntnis des Käufers handelte (**I 2**); Kennenmüssen steht nicht gleich (arg § 442 I 2). Nach Vertragsschluss 1 gelten §§ 433 ff. **II,** der sich auf die Zeit vor Vertragsschluss bezieht, sieht unabhängig von einem Verschulden des Verkäufers seine Haftungsfreistellung in sonstigen Fällen der Unmöglichkeit der Herausgabe vor.

§ 2376 Haftung des Verkäufers.
(1) Die Haftung des Verkäufers für Rechtsmängel beschränkt sich darauf, dass ihm das Erbrecht zusteht, dass es nicht durch das Recht eines Nacherben oder durch die Ernennung eines Testamentsvollstreckers beschränkt ist, dass nicht Vermächtnisse, Auflagen, Pflichtteilslasten, Ausgleichungspflichten oder Teilungsanordnungen bestehen und dass nicht unbeschränkte Haftung gegenüber den Nachlassgläubigern oder einzelnen von ihnen eingetreten ist.
(2) Für Sachmängel eines zur Erbschaft gehörenden Gegenstands haftet der Verkäufer nicht, es sei denn, dass er einen Mangel arglistig verschwiegen oder eine Garantie für die Beschaffenheit des Gegenstands übernommen hat.

1   Die Norm beschränkt die Gewährleistungspflichten des Verkäufers. Die Parteien können sie aber erweitern (Vor § 2371 Rn 2). Für **Rechtsmängel** (§ 435) haftet der Verkäufer in den genannten Fällen (**I**) und für sonstige Belastungen erbrechtlichen Ursprungs, also für die Freiheit vom Voraus (§ 1932), Dreißigsten (§ 1969) sowie bei Erbfällen bis zum 1.4.98 für Erbersatzansprüche nichtehelicher Kinder. Der Anspruch nach § 1963 (RGRK/*Kregel* Rz 5) und auch Zugewinnausgleichsansprüche (§ 1371 II, III) sind als reine Erblasserschulden **nicht** erfasst (MüKo/*Musielak* Rz 5; Staud/*Olshausen* Rz 12; aA BaRoth/*Mayer* Rz 2; Palandt/*Edenhofer* Rz 1; Soergel/*Zimmermann* Rz 1). Beim Erbteilskauf umfasst die Gewährleistungspflicht, dass keine Teilungsanordnungen (§ 2048) oder Ausgleichungspflichten (§§ 2050 ff) bestehen. Die Rechtsfolgen bei Pflichtverletzungen richten sich nach §§ 433 I 2, 437–441. Kenntnis des Käufers schließt die Haftung aus (§ 442 I 1).
2   Für **Sachmängel** (**II**) haftet der Verkäufer verschuldensunabhängig grds nicht, es sei denn, es wird anderes vereinbart, eine Beschaffenheitsgarantie übernommen (§ 443) oder der Verkäufer verschweigt arglistig einen Fehler (§ 442 I 2; MüKo/*Musielak* Rz 9). Beim Verkauf eines Unternehmers (§ 14) an einen Verbraucher (§ 13) ist II teleologisch zu reduzieren. In der Praxis sind vertragliche Garantiezusagen verbreitet.

§ 2377 Wiederaufleben erloschener Rechtsverhältnisse.
[1]Die infolge des Erbfalls durch Vereinigung von Recht und Verbindlichkeit oder von Recht und Belastung erloschenen Rechtsverhältnisse gelten im Verhältnis zwischen dem Käufer und dem Verkäufer als nicht erloschen. [2]Erforderlichenfalls ist ein solches Rechtsverhältnis wiederherzustellen.

1   Die durch Konfusion oder Konsolidation erloschenen Rechte werden als im Verhältnis zwischen Käufer und Verkäufer fortbestehend fingiert, um Benachteiligungen einer Partei zu vermeiden. Die Fiktion wirkt nur schuldrechtlich (**2**). Die Parteien müssen sich gewähren, was sie beim Fortbestehen des Rechtsverhältnisses beanspruchen könnten. Die Fiktion wirkt nicht gegen **Dritte**. Frei gewordene Bürgen oder Verpfänder sind nicht durch § 2377 zur Neubestellung verpflichtet (MüKo/*Musielak* Rz 5). Aus den Vertragsverhältnissen kann sich eine solche Pflicht ergeben. Auf Miterbenanteile findet § 2377 wegen des Gesamthandprinzips, das ein Erlöschen verhindert, keine Anwendung.

§ 2378 Nachlassverbindlichkeiten.
(1) Der Käufer ist dem Verkäufer gegenüber verpflichtet, die Nachlassverbindlichkeiten zu erfüllen, soweit nicht der Verkäufer nach § 2376 dafür haftet, dass sie nicht bestehen.
(2) Hat der Verkäufer vor dem Verkauf eine Nachlassverbindlichkeit erfüllt, so kann er von dem Käufer Ersatz verlangen.

1   Die dispositive Norm regelt das Innenverhältnis. **I** statuiert eine Erfüllungsübernahme iSd § 415 III. Der Käufer hat Nachlassverbindlichkeiten (§§ 1967 ff), die wegen seiner unabdingbaren Schuldenhaftung (§ 2382) den Kaufpreis beeinflusst haben werden, zu erfüllen. Die Erfüllungspflicht ist durch § 2376 beschränkt, es sei denn, der Käufer kannte die Verbindlichkeiten beim Abschluss des Kaufvertrags.
2   Der Erfüllung iSd **II** stehen die Erfüllungssurrogate Leistung an Erfüllung Statt (§ 364), Hinterlegung (§ 378) und Aufrechnung (§ 389) gleich. Auch die Ersatzpflicht ist durch § 2376 eingeschränkt. Für zwischen Erbfall und Erbschaftskauf entstandene Lasten s. § 2379.

§ 2379 Nutzungen und Lasten vor Verkauf.
[1]Dem Verkäufer verbleiben die auf die Zeit vor dem Verkauf fallenden Nutzungen. [2]Er trägt für diese Zeit die Lasten, mit Einschluss der Zinsen der Nachlassverbindlichkeiten. [3]Den Käufer treffen jedoch die von der Erbschaft zu entrichtenden Abgaben sowie die außerordentlichen Lasten, welche als auf den Stammwert der Erbschaftsgegenstände gelegt anzusehen sind.

1   Die dispositive Norm knüpft an den **Gefahrübergang** an, der gem § 2080 1 mit Abschluss des Kaufs erfolgt. Ab dann stehen dem Käufer Nutzungen und Lasten zu (§ 2080 2). **Vorher** gezogene Nutzungen (§ 100) ver-

bleiben dem Verkäufer (**1**), der bis zum Gefahrübergang grds auch die Lasten (vgl § 103) einschl der Zinszahlungen zu tragen hat (**2**). Jedoch muss der Käufer schon für die Zeit vor Gefahrübergang die von der Erbschaft zu entrichtenden Abgaben (zB Erbschaftsteuer) und die beschriebenen außerordentlichen Lasten (vgl § 2126) tragen (**3**).

Für den Verkauf eines **Erbteils** gilt, dass der Verkäufer nicht Rückgabe von Nutzungen aus der Zeit vor Vertragsschluss verlangen kann, wenn die Teilung der Früchte nach § 2038 II 2 erst bei der Auseinandersetzung nach Abschluss des Vertrags erfolgt (str). Ein bereits verteilter Reinertrag oder Auszahlungsanspruch gem § 2038 II 3 steht aber ihm zu.   2

§ 2380 Gefahrübergang, Nutzungen und Lasten nach Verkauf. ¹Der Käufer trägt von dem Abschluss des Kaufes an die Gefahr des zufälligen Unterganges und einer zufälligen Verschlechterung der Erbschaftsgegenstände. ²Von diesem Zeitpunkt an gebühren ihm die Nutzungen und trägt er die Lasten.

Schon mit Kaufabschluss geht nach der dispositiven Norm die Preisgefahr über und verteilen sich Nutzungen (§ 100) und Lasten neu. Bis dahin gilt § 2379.   1

§ 2381 Ersatz von Verwendungen und Aufwendungen. (1) Der Käufer hat dem Verkäufer die notwendigen Verwendungen zu ersetzen, die der Verkäufer vor dem Verkauf auf die Erbschaft gemacht hat.
(2) Für andere vor dem Verkauf gemachte Aufwendungen hat der Käufer insoweit Ersatz zu leisten, als durch sie der Wert der Erbschaft zur Zeit des Verkaufs erhöht ist.

Der Käufer soll wirtschaftlich so stehen, als sei er Erbe geworden. Daher hat er dem Verkäufer **vor** Kaufabschluss getätigte **notwendige Verwendungen** (vgl § 994) und abw von § 994 I 2 auch die gewöhnlichen Erhaltungskosten (hM, MüKo/*Musielak* Rz 2; aA *Lange/Kuchinke* § 45 III 3) zu ersetzen. **Nach** Kaufabschluss kann, wenn vertragliche Vereinbarungen fehlen, ein Anspruch aus GoA bestehen (MüKo/*Musielak* Rz 5).   1

Andere Aufwendungen als freiwillig erbrachte Vermögensopfer sind unter den Voraussetzungen des **II** zu ersetzen. Beim Erbteilskauf gilt vor Auseinandersetzung § 2038, danach § 2381. § 2381 ist in der Form des § 2371 abdingbar.   2

§ 2382 Haftung des Käufers gegenüber Nachlassgläubigern. (1) ¹Der Käufer haftet von dem Abschluss des Kaufes an den Nachlassgläubigern, unbeschadet der Fortdauer der Haftung des Verkäufers. ²Dies gilt auch von den Verbindlichkeiten, zu deren Erfüllung der Käufer dem Verkäufer gegenüber nach den §§ 2378, 2379 nicht verpflichtet ist.
(2) Die Haftung des Käufers den Gläubigern gegenüber kann nicht durch Vereinbarung zwischen dem Käufer und dem Verkäufer ausgeschlossen oder beschränkt werden.

A. Haftung. Der Käufer haftet im Außenverhältnis **den Nachlassgläubigern** ab wirksamem Abschluss eines Erbschaftskaufs mit dem wirklichen Erben (BGH NJW 63, 345; 67, 1128, 1131) neben diesem als Gesamtschuldner (§§ 421 ff). Dieses gilt unbeschadet der Regel des § 2378 (**I 2**). Es liegt ein gesetzlicher Schuldbeitritt vor, der durch die Vertragsparteien nicht abdingbar ist (**II**). Die Haftung auf den erworbenen Nachlass zu beschränken ermöglicht § 2383. Der Verkäufer kann durch eine Schuldübernahme (§ 414, 415) frei werden (BGHZ 26, 91, 97). Die Haftung des Käufers erlischt durch Vertragsaufhebung vor (teilw) Erfüllung und Anzeige an das Nachlassgericht.   1

B. Voraussetzungen. Die Haftung des Käufers setzt nicht voraus, dass er die Nachlassverbindlichkeiten **kannte**; bei Unkenntnis kommt Anfechtung gem § 119 II in Betracht. Er muss aber wissen, es handele sich um die ganze oder nahezu die ganze Erbschaft (bzw Erbanteil) des Veräußerers, oder zumindest die Verhältnisse kennen, aus denen sich dies ergibt (BGH NJW 65, 909). Die Haftung umfasst Erblasserschulden, Erbfallschulden und Nachlasseigenschulden (vgl § 1967), mithin auch Verbindlichkeiten aus Pflichtteilsrechten, Vermächtnissen und Auflagen sowie aus ordnungsgemäßer Verwaltung des Nachlasses. Dass der Käufer im Innenverhältnis für sie nicht einzustehen hat (§§ 2378 I iVm 2376 I), ist unerheblich.   2

Der Käufer des Erbteils eines **Miterben** haftet gem I wie ein Miterbe (§§ 2058–2063). Er hat für Ansprüche eines anderen Miterben gegen die Erbengemeinschaft aus einem zwischen den Miterben vor dem Erbteilskauf geschlossenen Erbauseinandersetzungsvertrag einzustehen (BGH NJW 63, 345, 347). Bei der Ausübung eines Vorkaufsrechts durch einen Miterben (§§ 2034, 2035) erlischt die Haftung des Käufers ab Anteilsübertragung an die Miterben gem § 2036.   3

Beim Verkauf des Anwartschaftsrechts des **Nacherben** haftet der Käufer erst mit Eintritt des Nacherbfalls, weil auch der Verkäufer nicht vorher gehaftet hätte (LG Heilbronn NJW 56, 513, 514).   4

5 **C. Prozessuales.** Ein Urt auf Zahlung einer Nachlassverbindlichkeit gegen den Verkäufer wirkt nicht gegen den Käufer (§ 425 II). Auf ihn finden die §§ 325, 727 ZPO keine Anwendung, wohl aber § 729 ZPO analog (Staud/*Olshausen* Rz 3). Zum Antragsrecht im **Aufgebotsverfahren** s. § 463 FamFG.

§ 2383 Umfang der Haftung des Käufers.
(1) ¹Für die Haftung des Käufers gelten die Vorschriften über die Beschränkung der Haftung des Erben. ²Er haftet unbeschränkt, soweit der Verkäufer zur Zeit des Verkaufs unbeschränkt haftet. ³Beschränkt sich die Haftung des Käufers auf die Erbschaft, so gelten seine Ansprüche aus dem Kauf als zur Erbschaft gehörend.
(2) Die Errichtung des Inventars durch den Verkäufer oder den Käufer kommt auch dem anderen Teil zustatten, es sei denn, dass dieser unbeschränkt haftet.

1 **Nach** Vertragsabschluss bestehen selbständige Haftungslagen (Staud/*Olshausen* Rz 1, 13). Bis dahin nicht verlorene Haftungsbeschränkungen können Käufer und Verkäufer je für sich herbeiführen. Der **Käufer** kann die Schoneinrede geltend machen (§§ 2015, 2016; 782 ZPO), ein Aufgebotsverfahren nach §§ 1970 ff (§ 1000 ZPO), Nachlassverwaltung (§ 1981) und ein Nachlassinsolvenzverfahren (§ 330 InsO; Köln ZIP 00, 627) beantragen sowie die Dürftigkeitseinrede gem §§ 1990–1992 erheben. Beim Erbteilskauf eröffnen ihm §§ 2058–2063 besondere Haftungsbeschränkungen (RGZ 60, 126, 131 f). Der **Verkäufer** kann analog § 330 InsO die Nachlassverwaltung (§ 1981 II) beantragen.

2 Im **Nachlassinsolvenzverfahren** gehören neben den Nachlass auch sonstige Ansprüche aus dem Kaufvertrag zur Masse, zB auf Übertragung von Erbschaftsgegenständen, Wertvergütungen oder Schadensersatz (Palandt/ *Edenhofer* Rz 1).

3 **Inventarerrichtungsfristen** können selbständig gesetzt werden. Die Errichtung (§§ 1993 ff) durch den einen Vertragspartner erhält auch dem anderen die Möglichkeit der Haftungsbeschränkung, wenn er nicht bereits unbeschränkt haftet (II; MüKo/*Musielak* Rz 6).

§ 2384 Anzeigepflicht des Verkäufers gegenüber Nachlassgläubigern, Einsichtsrecht.
(1) ¹Der Verkäufer ist den Nachlassgläubigern gegenüber verpflichtet, den Verkauf der Erbschaft und den Namen des Käufers unverzüglich dem Nachlassgericht anzuzeigen. ²Die Anzeige des Verkäufers wird durch die Anzeige des Käufers ersetzt.
(2) Das Nachlassgericht hat die Einsicht der Anzeige jedem zu gestatten, der ein rechtliches Interesse glaubhaft macht.

1 Der schuldrechtliche Erbschaftskauf und das dingliche Vollzugsgeschäft sind unverzüglich (§ 121 I 1) anzuzeigen (I), auch der Erbteilskauf und analog die Vertragsaufhebung zur Erfüllung. Schuldhafte Pflichtverletzung kann Schadensersatzansprüche gem § 823 II iVm § 2384 begründen, wenn nicht I 2 greift. Zum Nachlassgericht vgl § 1962; §§ 72 ff FGG; es erhält ¼ der vollen Gebühr (§§ 112 I Nr 7, 115 KostO). Das rechtliche Interesse (II) erfordert ein auf Rechtsnormen beruhendes oder durch sie geregeltes gegenwärtig bestehendes Verhältnis, zB aus §§ 1953 III 2, 2010, 2081, 2228 (Staud/*Olshausen* Rz 8).

§ 2385 Anwendung auf ähnliche Verträge.
(1) Die Vorschriften über den Erbschaftskauf finden entsprechende Anwendung auf den Kauf einer von dem Verkäufer durch Vertrag erworbenen Erbschaft sowie auf andere Verträge, die auf die Veräußerung einer dem Veräußerer angefallenen oder anderweit von ihm erworbenen Erbschaft gerichtet sind.
(2) ¹Im Falle einer Schenkung ist der Schenker nicht verpflichtet, für die vor der Schenkung verbrauchten oder unentgeltlich veräußerten Erbschaftsgegenstände oder für eine vor der Schenkung unentgeltlich vorgenommene Belastung dieser Gegenstände Ersatz zu leisten. ²Die in § 2376 bestimmte Verpflichtung zur Gewährleistung wegen eines Mangels im Recht trifft den Schenker nicht; hat der Schenker den Mangel arglistig verschwiegen, so ist er verpflichtet, dem Beschenkten den daraus entstehenden Schaden zu ersetzen.

1 **A. Ähnliche Verträge (Abs 1).** Unter ‚ähnliche Verträge' (vgl auch § 1000 II ZPO und § 330 III InsO [Köln ZIP 00, 627]) fallen Rückkauf, Weiterverkauf, Tausch zweier Erbschaften, Schenkung (s. II), Hingabe einer Erbschaft an Zahlungs statt (§ 364), die Verpflichtung, auf ein Nacherbenanwartschaftsrecht zu verzichten, der Vergleich zwischen Erbprätendenten, unabhängig vom gesetzlichen Erbrecht eine Erbschaft nach bestimmten Anteilen aufzuteilen, der Auslegungs- und Feststellungsvertrag, wonach die Partien so zu stellen sind, als sei eine bestimmte vereinfachte Auslegung der letztwilligen Verfügung zutr (BGH NJW 86, 1812, 1813; dazu *Storz* ZEV 08, 308; 353).

2 **Nicht** unter § 2385 fallen die Bestellung eines Nießbrauchs (Staud/*Olshausen* Vor § 2371 Rz 92; aA MüKo/ *Musielak* Rz 2), Erbauseinandersetzungsverträge (§ 2042), zur Sicherung verpflichtende Verträge (BGHZ 25, 174), die Verpflichtung zur Erbausschlagung, der vertragliche Verzicht auf ein Anfechtungsrecht (§§ 2078 f) sowie die Vereinbarung, dass ein unwiderruflich Bevollmächtigter unter Freistellung von den Beschränkungen

des § 181 berechtigt sein soll, Erbteile an sich selbst zu übertragen (BGH WM 60, 551; Staud/*Olshausen* Rz 15). Der BGH erachtete auch eine Abschichtung als Möglichkeit der persönlichen Teilerbauseinandersetzung, durch die ein Miterbe gegen Abfindung aus dem Nachlass oder dem Vermögen eines anderen Miterben aus einer Erbengemeinschaft ausscheidet, als formfrei möglich (NJW 98, 1557; krit *Reimann* MittBayNot 98, 190).

Rechtsfolge ist, dass die §§ 2371–2384 und dabei insb das Formerfordernis des § 2371 sowie die Haftungsregelungen der §§ 2382, 2383 gelten. **3**

B. Schenkungen. II sieht für die Schenkung als Sonderregelung vor, dass der Schenker keine Ersatzpflicht nach § 2375 hat (Staud/*Olshausen* Rz 26) und von der Rechtsmängelhaftung gem § 2376 befreit ist, wenn er einen Mangel nicht arglistig verschwieg (**II 2**). Im Innenverhältnis hat der Beschenkte grds alle Nachlassverbindlichkeiten zu tragen (§ 2378; Staud/*Olshausen* Rz 27); iÜ gelten die allg Schenkungsvorschriften (MüKo/*Musielak* Rz 5). Bei Übertragung auf Minderjährige ist § 1822 zu beachten (Köln RPfleger 96, 446). **4**

Einführungsgesetz zum Bürgerlichen Gesetzbuche (EGBGB)[1]
– Auszug –

Vom 18.8.1896, in der Fassung der Bekanntmachung vom 21. September 1994 (BGBl I S 2494, berichtigt BGBl 1997 I S 1061),
zuletzt geändert durch das Gesetz zur Änderung des Erb- und Verjährungsrechts vom 24.9.2009 (BGBl I 2009 S 3142) und das Gesetz zur Neuregelung des Wasserrechts vom 31.07.2009 (BGBl I 2009 S 2585).

Überblick zum EGBGB

Der vorliegend kommentierte Auszug aus dem EGBGB umfasst die allgemeinen Vorschriften sowie das Internationale Privatrecht in den Art 1-47 EGBGB. In seiner Gesamtheit umfasst das EGBGB folgende Themenkreise: 1

	Artikel	Themenkreis
Erster Teil	Art 1-47	Allgemeine Vorschriften, Internationales Privatrecht
Zweiter Teil	Art 50-53a	Verhältnis des BGB zu den Reichsgesetzen
Dritter Teil	Art 55-152	Verhältnis des BGB zu den Landesgesetzen
Vierter Teil	Art 157-218	Übergangsvorschriften
Fünfter Teil	Art 219-229	Übergangsvorschriften aus Anlass jüngerer Änderungen des BGBs und des EGBGB
Sechster Teil	Art 230-237	Inkrafttreten und Übergangsrecht aus Anlass der Einführung des BGBs und des EGBGB in dem in Art 3 des Einigungsvertrages genannten Gebiet
Siebter Teil	Art 238- 245	Durchführung des BGB, Verordnungsermächtigungen

Eine **englische Übersetzung** des Ersten Teils des EGBGB steht unter www.gesetze-im-internet.de/englisch_bgbeg/index.html kostenlos zur Verfügung.

Erster Teil Allgemeine Vorschriften

Erstes Kapitel Inkrafttreten, Vorbehalt für Landesrecht. Gesetzesbegriff

Art. 1 Inkrafttreten des BGB; Vorbehalt für Landesrecht. (1) Das Bürgerliche Gesetzbuch tritt am 1. Januar 1900 gleichzeitig mit einem Gesetz, betreffend Änderungen des Gerichtsverfassungsgesetzes, der Zivilprozeßordnung und der Konkursordnung, einem Gesetz über die Zwangsversteigerung und die Zwangsverwaltung, einer Grundbuchordnung und einem Gesetz über die Angelegenheiten der freiwilligen Gerichtsbarkeit in Kraft.
(2) Soweit in dem Bürgerlichen Gesetzbuch oder in diesem Gesetz die Regelung den Landesgesetzen vorbehalten oder bestimmt ist, daß landesgesetzliche Vorschriften unberührt bleiben oder erlassen werden können, bleiben die bestehenden landesgesetzlichen Vorschriften in Kraft und können neue landesgesetzliche Vorschriften erlassen werden.

I legt den **zeitlichen Geltungsbereich** des BGB und (analog) des EGBGB fest, zu dem die Überleitungsnormen in den Art 181ff Ausnahmen bestimmen. Die Übergangsregelungen der Art 153ff sind durch Zeitablauf im Wesentlichen gegenstandslos geworden oder haben ihre unmittelbare Bedeutung verloren und lassen sich heute allenfalls noch als Ausdruck allgemeiner Rechtsgedanken oder als Analogiebasis für ungeregelte Einzelfragen des intertemporalen Rechts heranziehen (vgl BGH ZMR 06, 31; AG Lichtenberg ZMR 02, 357 beides zu Art 170; *Kegel/Schurig* § 1 VII 2 b; Palandt/*Heinrichs* 55. Aufl, Art 169 Rz 1 Art 170 Rz 1, jew mw Rspr Nachw). Überleitungsvorschriften für jüngere Änderungen des BGB und EGBGB finden sich in den Art 219ff, für das Privat- und Kollisionsrecht der DDR in den Art 230ff (s. auch Einl Rn 22f). 1
II bestimmt, dass Vorbehalte des BGB oder des EGBGB zugunsten von **Landesgesetzen** stets als dynamische Verweisung zu verstehen sind. Für andere, nach dem 1.1.1900 in Kraft getretene Vorbehalte gilt dies 2

---

[1] Status des EGBGB bei Drucklegung im Februar 2010. Die noch zum Zeitpunkt der Vorauflage gültigen ex Art 27-37 EGBGB (vertragliche Schuldverhältnisse), die durch Art 1 Ziff 4 des G v 25.6.09 I 2713 zum 17. Dezember 2009 aufgehoben wurden, sind abgedruckt und weiter kommentiert. Entsprechend der Vorauflage sind die Verordnung (EG) Nr. 593/2008 (ABl L 177 S 6) vom 17.06.2008 (**Rom I-VO**) und die Verordnung (EG) Nr. 864/2007 (ABl L 199 S 40) vom 11.07.2007 (**Rom II-VO**) abgedruckt und kommentiert.

entspr (vgl BVerfGE 7, 124 zu § 88 BetrVerfG), soweit der Vorbehalt keine ausdrückliche Beschränkung vorsieht (zB § 61 III BeurkG), s.a. Einl Rn 24.

Art. 2 Gesetz im Sinne des BGB. Gesetz im Sinne des Bürgerlichen Gesetzbuchs und dieses Gesetzes ist jede Rechtsnorm.

1 Die **Legaldefinition** des Gesetzesbegriffes in Art 2 ist wortgleich mit derjenigen in Art 12 EGZPO und in Art 7 EGStPO. Bedeutung hat die Vorschrift ua für §§ 125 f, 134, 823 II BGB (s. dortige Kommentierungen), ein engeres Verständnis hat § 906 BGB (s. ebda Rn 14). Rechtsnormen sind neben Gesetzen im formellen Sinne (Landes- ebenso wie Bundesgesetze, BGH WM 03, 791, NJW 86, 2361) umgesetzte oder nicht der Umsetzung bedürftige Staatsverträge, EU-Recht, soweit es unmittelbar Rechte und Pflichten für den Einzelnen erzeugt, RechtsVOen (zB StVO), autonome Satzungen öffentlich-rechtlicher Institutionen, die durch höherrangiges Recht legitimiert sind (Gemeinden BGH NJW 86, 2361; Ärztekammern Celle VersR 98, 604; Räum- und Streupflicht Köln NJW-RR 96, 656; *Taupitz* JZ 94, 222), Tarifverträge (BAG NJW 01, 990), Betriebsvereinbarungen (LAG Düsseldorf ZIP 05, 1000) und **Gewohnheitsrecht**. Gewohnheitsrecht entsteht nicht durch förmliche Setzung, sondern durch längere tatsächliche Übung, wobei die Übung eine dauernde und ständige, gleichmäßige und allgemeine sein muss und die Norm von den beteiligten Rechtsgenossen als verbindliche Rechtsnorm anerkannt sein muss (BVerfGE 22, 121). Nicht unter Art 2 fallen Handelsbräuche, Verkehrssitten, Vereinssatzungen oder Regelwerke privater Verbände (BGH NJW 00, 1028 Spielordnungen von Sportverbänden; Karlsr NJW 04, 1257 Wettsegelbestimmungen), Standesrichtlinien (BVerfG NJW 88, 192), privat gesetzte Nominierungen wie ESO oder DIN (BGHZ 139, 19 f) und AGB.

Zweites Kapitel Internationales Privatrecht

Erster Abschnitt Allgemeine Vorschriften

Art. 3 Anwendungsbereich; Verhältnis zu Regelungen der Europäischen Gemeinschaft und zu völkerrechtlichen Vereinbarungen. Soweit nicht
1. unmittelbar anwendbare Regelungen der Europäischen Gemeinschaft in ihrer jeweils geltenden Fassung, insbesondere
   a) die Verordnung (EG) Nr. 864/2007 des Europäischen Parlaments und des Rates vom 11. Juli 2007 über das auf außervertragliche Schuldverhältnisse anzuwendende Recht (Rom II) (ABl. EU L 199 S. 40), sowie
   b) die Verordnung (EG) Nr. 593/2008 des Europäischen Parlaments und des Rates vom 17. Juni 2008 über das auf vertragliche Schuldverhältnisse anzuwendende Recht (Rom I) (ABl. EU L 177 S. 6), oder
2. Regelungen in völkerrechtlichen Vereinbarungen, soweit sie unmittelbar anwendbares innerstaatliches Recht geworden sind,

maßgeblich sind, bestimmt sich das anzuwendende Recht bei Sachverhalten mit einer Verbindung zu einem ausländischen Staat nach den Vorschriften dieses Kapitels (Internationales Privatrecht).

Inhaltsübersicht

	Rn		Rn
A. Bedeutung der Vorschrift	1–9	C. Rechtsquellen des deutschen IPR	14–27
I. Gesetzgeberische Einleitung	1	I. Überblick	14–22
II. Regelungsgegenstand des IPR	2–9	1. Autonomes IPR	14, 15
1. Verweisungsvorschriften für Fälle mit Auslandsbezug	2–6	2. IPR in EU-Normen	16–20
a) Rechtsanwendungsrecht	2	a) Im Kontext von Sachrechtsvereinheitlichung	16, 17
b) Kein Prozessrecht	3–6	b) Eigenständige Kollisionsrechtsvereinheitlichung	18–20
2. Nachrang ggü Einheitsrecht	7, 8	3. IPR in Staatsverträgen	21, 22
3. Modell für weitere Kollisionsrechte	9	II. Hierarchie	23–26
B. Legaldefinition des IPR (2. Hs)	10–13	1. Rechtsakte der EU (Nr 1)	23
I. Auslandsbezug	10	2. Völkerrechtliche Vereinbarungen (Nr 2)	24–26
II. Regelungsort	11	III. Intertemporales	27
III. Anwendbares Recht	12, 13	D. Funktionsweise, Terminologie, Verweisungstechnik des IPR	28–61
1. Staatliches Recht	12	I. Anwendung von IPR	28
2. Privatrecht	13		

		Rn			Rn
II.	Verdrängung des IPR	29, 30	2.	„Einzelstatut bricht Gesamtstatut"	45
III.	Struktur von Kollisionsnormen	31, 32	VII.	Besonderheiten bei der Auslegung von Normen bei Auslandsbezug	46–51
IV.	Anknüpfungsgegenstand	33–35		1. Vorfragen	46–48
	1. Depeçage	33		2. Auslandssachverhalt	49, 50
	2. Qualifikation	34, 35		3. Substitution	51
V.	Anknüpfungspunkte/-momente	36–43	VIII.	Ausländisches Recht	52–58
	1. Abweichung von Anknüpfungspunkten	36, 37		1. Ermittlung fremden Rechts	52–56
	2. Mehrzahl von Anknüpfungspunkten	38		a) Ermittlungspflicht	52, 53
	3. Wandelbarkeit/Statutenwechsel	39–41		b) Erkenntnisquellen	54, 55
	4. Auslegung	42		c) Nichtermittelbarkeit	56
	5. Manipulation von Anknüpfungspunkten (Gesetzesumgehung, fraus legis)	43		2. Anwendung fremden Rechts	57, 58
VI.	Umfang der Verweisung	44, 45	IX.	Ergebniskorrekturen	59–61
	1. Gesamt- und Sachnormverweisungen	44		1. Anpassung (Angleichung)	60
				2. Ordre public	61

A. Bedeutung der Vorschrift. I. Gesetzgeberische Einleitung. Art 3 steht als **gesetzgeberische Einf in das** **1** **in Deutschland geltende IPR** an der Spitze des zweiten Kapitels des EGBGB. Aus Anlass der Verdrängung für die Praxis wichtiger Teile des (vornehmlich, s. Rn 14) in den „Vorschriften dieses Kapitels" normierten autonomen IPR durch zwei im Laufe des Jahres 2009 in Kraft getretene EU-VOen ist die Vorschrift neu gefasst worden. Der als Klammerdefinition gegebenen **Legaldefinition** des IPR ist nun ein Hinweis auf die vorrangig zu prüfenden Regelungen des EU- und Völkerrechts vorangestellt. Neben der Auslagerung zuvor enthaltener Verweisungsgrundsätze in den neu geschaffenen Art 3a sind einzelne sprachliche Präzisierungen erfolgt, die ua verdeutlichen, dass Auslandsbezug eine Tatfrage ist (nicht mehr: „Verbindung zum *Recht* eines ausl Staates") und dass nicht ganze „Rechtsordnungen", sondern, der analytischen Methode des IPR entsprechend, nur das „Recht" im jeweils berufenen sachlichen Ausschnitt anwendbar ist.

II. Regelungsgegenstand des IPR. 1. Verweisungsvorschriften für Fälle mit Auslandsbezug. a) Rechtsanwendungsrecht. **2** Das IPR liefert nicht die materielle Lösung des Falles, sondern „verweist" lediglich auf ein Recht, nach dessen Vorschriften („**Sachnormen**", die die Rechtfrage selbst inhaltlich beantworten, dazu Art 3a I) dann die materielle Lösung zu erfolgen hat. Die Überschrift zu Art 3 aF lautete dieser übergeordneten Funktion entspr „allgemeine Verweisungsvorschriften". Das IPR lässt sich als Meta-Recht auffassen, das gleichsam über den eigentlichen Regeln des Privatrechts schwebt und zwischen mehreren in Frage kommenden Rechten eine Auswahl trifft. Unterschiedliche Rechte kommen von vornherein nur in Betracht bei Fällen, die überhaupt Beziehung zu einem ausl Staat aufweisen (2. Hs). Im Hinblick auf das Aufeinandertreffen verschiedener Rechtsordnungen ist auch die Rede von „**Kollisionsrecht**" (krit wegen Assoziation eines Konflikts zB *v Bar/Mankowski* IPR I, § 1 Rz 16). Die besondere Aufgabe des IPR ändert nichts an seiner **Unterworfenheit unter das GG** (BVerfG FamRZ 03, 361; BVErfG 68, 384; 63, 181; 31, 58; vgl dazu nur Ba*Roth/Lorenz* Einl IPR Rz 21).

b) Kein Prozessrecht. (Zu diesem vgl neben den ZPO-Kommentierungen zB *Geimer/Schütze* Internationaler **3** Rechtsverkehr in Zivil- und Handelssachen, 5 Ordner, 37. Aufl 10; *Schack* Internationales Zivilverfahrensrecht, 5. Aufl 10; *Geimer/Schütze* Europäisches Zivilverfahrensrecht, 3. Aufl 10; *Rauscher* (Hrsg) Europäisches Zivilprozessrecht, 2. Aufl 06 (2 Bde); nahezu vollst Abdruck sämtlicher Rechtsvorschriften bei *Jayme/Hausmann*). Keine Aussage trifft das IPR zur **internationalen Zuständigkeit** deutscher Gerichte und Behörden. Regeln hierzu finden sich ua vorrangig in der EuEheVO (dazu prakt bedeutsam der Leitfaden der Kommission www.ec.europa.eu/civiljustice/parental_resp/parental_resp_ec_vdm_de.pdf), der VO über die Zuständigkeit, das anwendbare Recht, die Anerkennung und Vollstreckung von Entscheidungen und die Zusammenarbeit in Unterhaltssachen (EuUnthVO, ABl 2009 EU L 7/1) und der EuGVO (seit 1.7.07 Erstreckung auch auf Dänemark aufgrund Parallelabk ABl EU 2005 L 299/62). Im Verhältnis der EU (Neufassg ratifiziert 18.5.09 Dänemark und (ratifiziert 24.9.09) zu Norwegen (Neufassg ratifiziert im 1.7.09), der Schweiz (Neufassung ratifiziert im November 09) und Island enthält das mit Wirkung ab Anfang 2010 neu gefasste (ABl EU 2007 L 339/3) Luganer Üb (BGBl 94 II 2660, 95 II 221, 96 II 223; *Jayme/Hausmann* Nr 152) entspr Bestimmungen. IÜ ergibt sich die internationale Zuständigkeit aus weiteren Staatsverträgen, sonst (vgl Nachrangregelung des § 97 FamFG) aus §§ 98 ff FamFG (dazu *Althammer* IPRax 09, 381) bzw den subsidiär analog heranzuziehenden Regeln zur örtlichen Zuständigkeit, insb den §§ 12 ff ZPO. Nach Änderung des § 119 I Nr 1 GVG sind bei Fällen m Auslandsbezug hinsichtlich der sachlichen Zuständigkeit auch in der Berufungsinstanz keine Besonderheiten mehr zu beachten. Zur **PKH** in Fällen m Auslandsbezug ausf *Motzer* FamRBInt 08, 16. Eine prozesskostenhilferechtliche Berücksichtigung niedrigerer Lebenshaltungskosten im EU-Ausland lehnt BGH NJW-RR 08, 1453 ab. Gemeinsame Mindestvorschriften innerh der EU legt die Richtlinie zur Verbesserung des Zugangs zum Recht bei Streitsachen mit grenzüberschreitendem Bezug (ABl EG 2003 L 26/41, L 32/15) fest. Für Parteien mit Wohnsitz oder gewöhnlichem Aufenthalt in unterschiedlichen Mitgliedstaaten (außer Dänemark) verlangt die bis zum 21.5.11 umzusetzende **Mediation**srichtlinie (ABl EU 2008 L 136/3) Rahmenregelungen zur Vollstreckbarkeit, Vertraulichkeit und Verjährungshemmung. Hilfreich ist der **Europäische Gerichtsatlas**, abrufbar unter www.ec.europa.eu/justice_home/judicialatlascivil/html/index_de.htm. S. auch *Schütze*, Rechtsverfolgung im Ausland, 4. Aufl 09.

4 Das in Fällen mit Auslandsbezug anzuwendende **Verfahrensrecht** wird nicht durch das IPR bestimmt, sondern ist grds das am Gerichtsort geltende Prozessrecht (BGH NJW-RR 93, 130; BayObLG FamRZ 95, 1210), wobei das vom IPR bestimmte materiell anwendbare Recht ausnahmsweise Modifikationen bedingen kann, wenn es materielle Rechtsfolgen an die Durchführung eines hier unbekannten Verfahrens knüpft (BGH NJW 67, 2113; Stuttg IPRax 07, 133 m Aufs *Heiderhoff* 118; Hambg FamRZ 01, 1008) und die betreffenden ausl Verfahrensvorschriften insoweit materiellrechtlich zu qualifizieren sind (prozessrechtlich qualifiziert Frankf FamRZ 01, 293). Beweis- und Darlegungslast werden grds materiellrechtlich qualifiziert (BGH NJW 1992, 3106; BGHZ 3, 342; Kobl RIW 1993, 502). Grenzüberschreitende Rechtshilfe bei der Durchführung von Zivilverfahren regeln im Hinblick auf die Mitwirkung bei der **Zustellung** und der **Beweisaufnahme** die EuZVO (ABl EU 2007 L 324/79, für Dänemark Abl EU 2007 L 94/70; dazu Handbuch www.ec.europa.eu/civiljustice/index_de.htm) und die EuBVO (dazu Praktischer Leitfaden www.ec.europa.eu/civiljustice/evidence/docs/evidence_ec_guide_de.pdf), das HZÜ und das HBÜ sowie bilaterale Staatsverträge (die wichtigsten abgedruckt bei *Jayme/Hausmann*). Neben die EuVTVO, die für **unbestrittene Forderungen** die Ausstellung eines Europäischen Vollstreckungstitels ermöglicht (ABl EG 2004 L 143/15, *Jayme/Hausmann* Nr 183, dazu Stuttg IPRax 09, 342 m Aufs *Hüßtege* 321; *Windolf/Zemmrich* JuS 07, 803; *Wagner* NJW 05, 1157), ist die VO zur Einf eines **Europäischen Mahnverfahrens** getreten (EuMahnVO, ABl EU 2006 L 399/1, *Jayme/Hausmann* Nr 184, dazu *Hess/Bittmann* IPRax 08, 305; *Freitag* IPRax 07, 509; *Sujecki* NJW 07, 1622) sowie die VO zur Einf eines (kontradiktorischen) **Europäischen Verfahrens für geringfügige Forderungen** (bis 2.000 €, EuBagatellVO oder EuGFVO, ABl EU 2007 L 199/1, *Jayme/Hausmann* Nr 185, dazu *Hess/Bittmann* aaO; *Jahn* NJW 07, 2890). Die genannten Verfahren treten bei grenzüberschreitenden Fällen fakultativ neben die nationalen Verfahren; Ausführungsbestimmungen enthalten die §§ 1079 ff, 1087 ff bzw 1097 ff ZPO.

5 Prozessrechtliche und daher nicht dem IPR unterliegende Fragen stellen sich schließlich auch bei Anhängigkeit eines Verfahrens im Ausland oder bei Vorliegen einer ausl Entscheidung. Zum Einwand der ausl **Rechtshängigkeit** finden sich Regelungen in EuEheVO, EuGVO, EuGVÜ, LugÜ und FamFG bzw in hierzu von der Rspr entwickelten Grundsätzen.

6 Die Wirkung ausl Urteile und Entscheidungen hängt von deren Anerkennung ab, für die EuGVO, EuEheVO, EuUnthVO, §§ 328 ZPO und 107 ff FamFG (zu FamFG *Althammer* aaO) Voraussetzungen nennen, aber auch (vorrangige, vgl § 97 FamFG) multi- (vgl Haager Unterhaltsübk v 2007, www.hcch.net) oder bilaterale Staatsverträge über die gegenseitige **Anerkennung** und **Vollstreckung** von gerichtlichen Entscheidungen, wie sie mit der Schweiz, Israel und Tunesien bestehen (vgl zB *Jayme/Hausmann* Nr 188f). Eines besonderen Ausspruchs bedarf die Anerkennung nur im Ausnahmefall (§ 107 FamFG, insb bei Scheidung durch Gerichte außerhalb der EU, wenn Gerichtsort nicht im gemeinsamen Heimatland liegt). Die Vollstreckung aus ausl Titeln in Deutschland setzt – mit Ausnahme des Europäischen Vollstreckungstitels nach der EuVTVO, des Europäischen Zahlungsbefehls nach der EuMahnVO und der iRd Europäischen Verfahrens für geringfügige Forderungen ergangenen Entscheidung (Fundstellen s.o. Rn 4) – stets ein deutsches Vollstreckungsurteil (Exequatur) voraus, dessen Voraussetzungen insb EuGVO, EuGVÜ, LugÜ, §§ 722 ZPO, 110 FamFG und bilaterale Abkommen regeln. In Planung ist die Einf eines **europäischen Pfändungsbeschlusses** (vgl Grünbuch zur Effizienteren Vollstreckung v Urteilen in der EU: vorläufige Kontenpfändung KOM [2006] 618 endg sowie erläuterndes Arbeitsdokument SEK (2006) 1341, Stellungnahme des Wirtschafts- u Sozialausschusses ABl C 10 v 15.1.08, S. 2-8) und von Maßnahmen zur Verbesserung der **Transparenz des Schuldnervermögens** (Grünbuch Effiziente Vollstreckung gerichtlicher Entscheidungen in der EU: Transparenz des Schuldnervermögens [KOM 2008 128 endg]), zu beidem *Wagner* NJW 08, 2225.

7 **2. Nachrang ggü Einheitsrecht.** Wo Rechtsvereinheitlichung übereinstimmendes Sachrecht geschaffen hat, ist IPR gegenstandslos (BGH NJW 76, 1583). Wann Einheitsrecht Anwendung findet, ergibt sich nicht aus dem (allg) IPR, sondern aus den besonderen Anwendungsvoraussetzungen des Staatsvertrages, auf dem es beruht. Ob der Vorrang vor dem IPR (BGHZ 96, 313, 318) auf Art 3 Nr 2 zu stützen ist (so ausf *v Bar/Mankowski* IPR I, § 2 Rz 55 ff) oder bereits aus der Natur sachrechtlichen Einheitsrechts folgt, bzw insofern Regelungsgegenstand nur grenzüberschreitende Sachverhalte sind, aus dessen Spezialität, kann dahinstehen. Wichtige Bspe für Internationales Einheitsrecht sind das UN-Üb über den internationalen Warenkauf CISG (BGBl 89 II 586), das *Warschauer* (RGBl 33 II 1039; BGBl 58 II 291, 312; 64 II 1295) und Montrealer (BGBl 04 II 459) Abk zum Flugverkehr, die CMR zum Beförderungsvertrag im internationalen Straßengüterverkehr (BGBl 61 II 1119; 62 II 12; 80 II 721, 733, 1443) sowie die COTIF zum Eisenbahntransport (BGBl 85 II 130 u 666; BGBl 92 II 1182; 96 II 2655) und das Budapester Übk über den Vertrag über die Güterbeförderung in der Binnenschifffahrt

(CMNI, BGBl 07 II 298), die Genfer Abk zu Wechsel (RGBl 33 II 377) und Scheck (RGBl 33 II 537), das Abk zur Gastwirtshaftung (BGBl 96 II 269, 1565; 67 II 1210) und das Abk zum **deutsch-französischen Wahlgüterstand** v 4.2.10. Kein Einheitsrecht ist der Gemeinsame Referenzrahmen für das **Europäische Vertragsrecht** (CFR), dessen endgültigen Entwurf die von der Kommission beauftragte Forschergruppe Ende 2007 als Draft Common Frame of Reference (DCRF) vorgelegt hat; es handelt sich um eine wissenschaftliche Herausarbeitung gemeinsamer Leitlinien der Vertragsrechte der EU-Mitgliedstaaten, deren Verwendung noch ungewiss ist und seit 2008 verstärkt diskutiert wird. Jedenfalls dient es bereits dem EuGH und der Kommission bei der Rechtsfortbildung als Grundlage (rechtvergleichender „Werkzeugkasten") und kann iÜ mangels Zuständigkeit der EU für ein europäisches Vertragsgesetzbuch am ehesten als sog optionales Instrument für eine vertragliche Vereinbarung dienen (vgl zB *Jansen/Zimmermann* NJW 09, 3401; *Leible* NJW 08, 2558; *Martiny* ZEuP 07, 212; *Lehne* ZEuP 07, 1). Bei der Anwendung von Einheitsrecht ist eine besondere rechtsvergleichende Auslegungsmethodik zu beachten und es sind die Entscheidungen der Gerichte anderer Abkommensstaaten zu berücksichtigen (BGHZ 88, 160 f; dazu *Gruber* Methoden des internationalen Einheitsrechts, 2004; *Linhart* Internationales Einheitsrecht und einheitliche Auslegung, 2005). Dennoch kann es bei Fehlen eines mit autoritativer Auslegung betrauten Gerichts (zB EuGH) zu **Auslegungsdifferenzen** in den verschiedenen Vertragsstaaten kommen; in diesem Fall besteht die Vereinheitlichung nur auf dem Papier und es ist letztlich doch eine kollisionsrechtliche Entscheidung über die anwendbare Version des vermeintlichen Einheitsrechts erforderlich, die zunächst in dem Abk selbst und sonst im allg Kollisionsrecht des Forumstaates zu suchen ist *(v Bar/Mankowski* IPR I § 2 Rz 70). Das gleiche gilt für sog externe **Lücken** des Einheitsrechts, dh für Fragen, die außerhalb der Regelungsmaterie liegen, während zum staatsvertraglichen Regelungsgegenstand zu zählende sog interne Lücken aus dem Kontext des Abk heraus zu füllen sind (MüKo/*Sonnenberger* Einl IPR Rz 384; zum CISG MüKo/*Martiny* Art 28 Anh Rz 86).

Da auch Einheitsrecht nur Geltungskraft besitzt, wenn es staatlich gesetztes Recht ist (s.u. Rn 12), lassen sich die häufig als „**lex mercatoria**" bezeichneten verdichteten einheitlichen Handelsgewohnheiten ebenso wenig dazu zählen (*Kegel/Schurig* § 1 IX) wie andere privat gesetzte transnationale Regelwerke (**lex sportiva**, **lex technica**, dazu *Röthel* JZ 07, 755). 8

3. Modell für weitere Kollisionsrechte. Als einziges ausf geregeltes und dogmatisch weitgehend durchdrungenes Kollisionsrecht dient das IPR anderen Kollisionsrechten (dazu *Kegel/Schurig* § 1 VII; *Lüderitz* Rz 13) als Referenzsystem. Am unmittelbarsten wird das **deutsche Interlokale Privatrecht**, das seit der Wiedervereinigung nur noch für Altfälle Bedeutung hat (s. Einl Rn 23), aus dem IPR abgeleitet, indem die Vorschriften des EGBGB analog angewandt werden (dazu BGH NJW 06, 2034, FamRZ 04, 304; Palandt/*Thorn* Anh zu Art 3) und an die Stelle der Staatsangehörigkeit der gewöhnliche Aufenthalt tritt (BGHZ 91, 194 ff; 85, 22). Soweit „Übergangsrecht" sich zu **Intertemporalem Privatrecht** emanzipiert hat, greift auch dieses inzwischen explizit auf Analogien zum IPR zurück (*Hess* Intertemporales Privatrecht, 1998; *Vonkilch* Das Intertemporale Privatrecht, 1999; zu einzelnen Übergangsvorschriften s. Art 1 Rn 1). 9

B. Legaldefinition des IPR (2. Hs). I. Auslandsbezug. Da Art und Intensität der im 2. Hs geforderten „Verbindung zu einem ausländischen Staat" nicht näher umrissen wird, ist in dem Auslandsbezug ein verengendes **Tatbestandsmerkmal** für die Anwendung des IPR nicht zu sehen (*Kegel/Schurig* § 1 III; MüKo/*Sonnenberger* Rz 2; *v Hoffman/Thorn* § 1 Rz 21 ff; aA Palandt/*Thorn* Rz 2; *Looschelders* Rz 3). Letztlich weisen die besonderen Kollisionsnormen ohnehin jeweils nur einem einzigen bestimmten Merkmal, nämlich dem Anknüpfungspunkt (dazu s.u. Rn 36 ff), eine kollisionsrechtliche Bedeutung zu, so dass an dieser Stelle bei der Vorprüfung großzügig verfahren werden kann (Hamm FamRZ 99, 1426 und FG Prax 99, 55; Ddorf RIW 95, 1025). In reinen Inlandsfällen bedarf die Rechtsanwendung sicherlich keiner kollisionsrechtlichen Begründung (*Lüderitz* Rz 6). 10

II. Regelungsort. Der Hinweis auf den **Regelungsort des IPR** in den „Vorschriften dieses Kapitels" bezieht sich auf die Art 3 bis 46c EGBGB. Dies ist zu eng gefasst, denn es finden sich auch autonome internationalprivatrechtliche Regelungen außerhalb des EGBGB (s.u. Rn 14 ff). Die gesetzliche Definition lässt durch diesen Hinweis immerhin erkennen, dass es sich bei IPR nicht um internationales, sondern – unbenommen völker- und europarechtlicher Regelungen, auf die im 1. Hs hingewiesen wird – grds um **nationales Recht** handelt. 11

III. Anwendbares Recht. 1. Staatliches Recht. Der Gesetzestext spricht nur davon, dass ein „Recht" anzuwenden sei, und sagt damit streng genommen nicht, dass es sich dabei um die Rechtsordnung eines Staates handeln muss (aA MüKo/*Sonnenberger* Rz 5 und *Looschelders* Rz 5 zum Begriff „Rechtsordnung" in der ursprünglichen Fassung des Art 3). Hiervon wird aber einhellig ausgegangen, wofür der Gesetzeswortlaut in der ursprünglichen Fassung eine gewisse Grundlage lieferte, da darin von einer „Verbindung zum Recht eines ausländischen *Staates*" gesprochen wurde. Für die Staatlichkeit einer Rechtsordnung spielt die völkerrechtliche Anerkennung eines Staates, einer Regierung oder eines Gebietserwerbs aber keine Rolle (*Kegel/Schurig* § 1 IV; BaRoth/*Lorenz* Einl IPR Rz 1), sondern nur das Vorliegen der Staatsmerkmale und die faktische Durchsetzung eines Rechts, wie es etwa bei den palästinensischen Autonomiegebieten diskutiert wird (MüKo/*Sonnenberger* Einl IPR Rz 140 mwN). Sitten und Gebräuche bestimmter **Volksgruppen** können über das IPR 12 ebenso wenig berufen werden (Köln NJW-RR 94, 1026 zur Sitte der Roma; Palandt/*Thorn* Einl v Art 3 Rz 1; aA Hamm StAZ 95, 238 bzgl Kurden; nicht um Anwendung ausl Rechts sondern um Brauch als Indiz für tatsächl Prognose iRd Kindeswohlbestimmung geht es in Dresd FamRZ 03, 1862) wie die Regeln einer **Religionsgemeinschaft** (Köln FamRZ 02, 1481) oder **Handelsgewohnheiten** (zur sog lex mercatoria s.a. oben Rn 8), Regeln des Sports oder der Technik (dazu *Röthel* JZ 07, 755), es sei denn es liegt ein staatlicher Anwendungsbefehl vor, wie zB bei interreligiöser Rechtsspaltung (dazu Art 4 EGBGB Rn 19).

13 **2. Privatrecht.** Grds beruft IPR Privatrecht. Die internationalprivatrechtliche Gerechtigkeit blickt nicht in erster Linie auf Staats- sondern auf Parteiinteressen. Dennoch sollen Vorschriften des **öffentlichen Rechts** nicht von vornherein von der Anwendung ausgeschlossen sein (Palandt/*Thorn* Rz 4). Berufen sein können sie aber nur, wenn sie aus Sicht der lex fori **Privatrecht funktional vertreten** (*Lüderitz* Rz 75); iÜ bestimmt das dem Territorialprinzip folgende internationale öffentliche Recht, welchen Staates öffentliches Recht anzuwenden ist (*Kegel/Schurig* § 2 IV 1; § 1 VII 1 b). Bei der internationalprivatrechtlichen Beurteilung kommt öffentliches Recht iRd Beantwortung öffentlichrechtlicher Vorfragen zur Anwendung, etwa bei der Bestimmung einer ausl Staatsangehörigkeit (s. Art 5 EGBGB Rn 5), bei der Heranziehung ausl Straßenverkehrsvorschriften zur Beurteilung des Verhaltsmaßstabs im Rahmen deliktischer Ansprüche (s. Art 17 Rom II-VO) oder auch bei der Beurteilung der Qualifikation und Stellung einer ausl Urkundsperson zur Beantwortung der Substituierbarkeit der deutschen Formvorschriften (s. Art 11 EGBGB Rn 20). In keinem dieser Fälle ist es allerdings die IPR-Norm, die über ihren Anknüpfungspunkt in das ausl öffentliche Recht verweist, sondern es handelt sich um **datumsähnliche** (dazu Rn 58) Einzelaspekte auf dem Weg zum oder bei der Anwendung des kollisionsrechtlich berufenen (Privat-)Rechts.

14 **C. Rechtsquellen des deutschen IPR. I. Überblick. 1. Autonomes IPR.** Das deutsche Kollisionsrecht umfasst zum einen das autonome IPR, das grds unabhängig davon erlassen wird, ob und wie andere Staaten ihr IPR regeln. Es besteht neben dem zweiten Kapitel des ersten Teils des EGBGB (Art 3–46c) aus richterrechtlichem Gewohnheitsrecht (etwa das Kollisionsrecht der rechtsgeschäftlichen Stellvertretung, s. Vor Artikel 7 bis 12 EGBGB Rn 6 ff, oder – noch – des Gesellschaftsrechts, BGH NJW 09, 291 m Anm *Kieninger*, s. Vor ex Art 27 Rz 42, für dessen gesetzliche Regelung im EGBGB das BMJ am 7.1.08 einen auf Vorarbeiten des Deutschen Rates für IPR basierenden Referentenentwurf vorgelegt hat, der die umfassende Geltung des Gründungsstatuts bzw Anknüpfung an den Registrierungsort vorschreibt, dazu *Kindler* IPRax 09, 189; *Wagner/Timm* IPRax 08, 81) und aus einzelnen, in verschiedenen Gesetzen nach Sachzusammenhängen **verstreuten** Einzelnormen (zB Art 91 ff WG, 60 ff ScheckG, 61 BörsenG, §§ 130 II GWB, 335 ff InsO, 32b UrhG).

15 Die **Gliederung** des Kollisionsrechts im zweiten Kapitel des ersten Teils des EGBGB folgt mit den – ggü dem BGB aus Gründen der Entstehungsgeschichte des EGBGB (s.u. Rn 27) in ihrer Reihenfolge veränderten – Blöcken „Recht der natürlichen Personen und Rechtsgeschäfte", „Familienrecht", „Erbrecht", „Schuldrecht" und „Sachenrecht" der deutschen sachrechtlichen Systematik, was im Hinblick auf den nationalen Charakter der Materie und den Horizont des Rechtsanwenders sinnvoll ist, der entweder deutsch ist oder der nach einer Gesamtverweisung die Perspektive deutscher Gerichte oder Behörden einnimmt. Die **Überschriften** sind amtl.

16 **2. IPR in EU-Normen. a) Im Kontext von Sachrechtsvereinheitlichung.** Hinzu kommen – ebenfalls nach Sachzusammenhängen geordnet – vereinzelte europarechtliche Kollisionsnormen, die an das sachrechtsvereinheitlichende **Verordnungs**recht angehängt sind, wie zB Art 2 I EWIV-VO (VO 2137/85/EWG, dazu *Basedow* NJW 96, 1926), Art 1 VO 295/91/EWG (vgl LG Frankfurt aM NJW-RR 98, 1589) und Art 93 VO 1408/71/EWG idF von Anh I der VO 2001/83/EWG (vgl BGH NJW 04, 3111).

17 Auch soweit Sachrechtsvereinheitlichung durch europäische **Richtlinien** erfolgt, finden sich teilweise kollisionsrechtliche Vorgaben. Diese bedürfen der Umsetzung durch die Mitgliedstaaten. Für sechs Verbraucherschutzrichtlinien findet sie sich in Art 46b, der unter redaktioneller Anpassung an Art 6 Rom I-VO den Art 29a abgelöst hat. Kollisionsrechtliche Rechtsangleichung fordern außerdem ua (Nennung weiterer RL bei MüKo/*Sonnenberger* Einl Rz 202) Art 10 InsiderRL (03/6/EG); Art 2 I RL über audiovisuelle Mediendienste (89/552/EWG; 97/36/EG; 07/65/EG), Art 1 EntsendeRL (96/71/EG) sowie Art 3 I der e-commerce-RL (00/31/EG), umgesetzt in §4 TDG, der bestimmt, welchen Mitgliedstaates Umsetzung der RL anwendbar ist, dessen kollisionsrechtlicher Gehalt wegen Art 1 IV der VO/§ 2 VI TDG allerdings umstr ist (dafür zB BaRoth/*Spickhoff* Art 40 Rz 46; *Mankowski* IPRax 02, 257; dagegen *Looschelders* Art 40 Rz 99; *Sack* WRP 02, 271; *Halfmeier* ZEuP 01, 863; s. auch Art 23 Rom I und Art 27 Rom II-VO). Da nur die umgesetzten Regelungen unmittelbare Geltung entfalten, handelt es sich letztlich um autonomes Recht, bei dem Besonderheiten im Hinblick auf seine richtlinienkonforme Auslegung bestehen, die auch Veranlassung zu einer Vorlage an den EuGH bieten kann (vgl zu Art 3 e-commerce-RL Vorabentscheidungsersuchen d BGH GRVR 2010, 261 – „*rainbow.at*"). Im Einzelfall hat der EuGH außerdem aus dem Umstand punktueller europäischer Rechtsharmonisierung auf *Grundlage einer RL*, ohne dass diese eine kollisionsrechtliche Bestimmung enthielt, dennoch eine unmittelbar anwendbare kollisionsrechtliche Aussage (nämlich die Durchsetzung des von der RL vorgeschriebenen Ausgleichsanspruchs des Handelsvertreters als Eingriffsnorm, dazu s.u. Rn 30) entwickelt (EuGH NJW 01, 2007 – *Ingmar*).

b) Eigenständige Kollisionsrechtsvereinheitlichung. Seitdem die EU in Art 65b EGV (Art 81c AEUV) 18
eine (beschränkte) kollisionsrechtliche Rechtssetzungskompetenz erhalten hat, werden sukzessive ganze
Anknüpfungsgegenstände erfassende, unmittelbar anwendbare europäische Kollisionsnormen erlassen.
Ausgenommen von dieser Kompetenz ist Dänemark, das auch nicht wie das Vereinigte Königreich und
Irland vom opt-in Gebrauch macht (zur staatsvertraglichen Erstreckung einzelner EU-VOen auf Dänemark *Nielsen* IPRax 07, 506; *R. Wagner* in: Gottwald (Hrsg) Perspektiven der justiziellen Zusammenarbeit
in Zivilsachen in der Europäischen Union, 2004, 257). Bereits die **EuInsVO** regelt neben Zuständigkeit
und Anerkennung auch, welches Recht im Insolvenzverfahren anwendbar ist. Auf dem Gebiet des Internationalen Schuldrechts ist am 11.1.09 die sog **Rom II-VO** zu außervertraglichen Schuldverhältnissen
(VO Nr 864/2007, ABl EU 2007 L 199/40) in Kraft getreten, die als loi uniforme auch im Verhältnis zu
Drittstaaten anwendbar ist (vgl Art 3 Rom II-VO). Die autonome Regelung der außervertraglichen
Schuldverhältnisse in Art 38 bis 42 EGBGB bleibt daneben nur noch hinsichtlich der in Art 1 II Rom II-
VO ausgenommenen Sachbereiche, namentlich Persönlichkeitsrechte und Kernenergie anwendbar, Art 40
III daüberhinaus zur Präzisierung des ordre pubic nach Art 26 Rom II (zur Rom II-VO vgl deren Kommentierung nach Art 42; s.a. Vor Artikel 38–42 EGBGB Rn 2). Die vertraglichen Schuldverhältnisse regelt,
ebenfalls als loi uniforme, die sog **Rom I-VO** (ABl EU 2008 L 177/6; vgl deren Kommentierung nach
Art 37), die seit 17.12.09 die Art 27–37 EGBGB und 7 ff EGVVG ersetzt. Umfassend zum neuen internationalen Schuldrecht s. *Kindler*, Einf in das neue IPR des Wirtschaftsverkehrs, 2009. Im Verhältnis zu Dänemark könnte das Probleme im Hinblick auf die Fortgeltung des EVÜ schaffen, deren Lösung sich auch
aus der Nachrangklausel des Art 20 EVÜ nicht ohne weiteres ergibt, dort aber ansetzen kann (f. Fortgeltung *Magnus* IPRax 10, 30/31). In Dänemark denkt man in Bezug auf die Rom I und II-VOen über Parallelübereinkommen mit der EU nach (*Nielsen* IPRax 07, 508). Die am 30.1.09 in Kraft getretene VO über
die Zuständigkeit, das anwendbare Recht, die Anerkennung und Vollstreckung von Entscheidungen und
die Zusammenarbeit in **Unterhaltssachen** (ABl EU 2009 L 7/1, anwendbar vor 18.6.11, vgl *Mansel/
Thorn/Wagner* IPRax 10, 6, dazu s. Art 18 u *Martiny* FamRZ 08, 1680; *Andrae* FPR 08, 1) verzichtet
zugunsten eines Verweises auf das Haager Protokoll von 2007 über das auf Unterhaltpflichten anzuwendende Recht (*www.hcch.net*) auf einen eigenen kollisionsrechtlichen Teil (Art 15 EuUnthVO). Weniger
fortgeschritten sind Vereinheitlichungsvorhaben zum, ebenfalls mit universalem Anwendungsbereich
geplanten (*Jayme/Kohler* IPRax 07, 494) Internationalen Scheidungsrecht (sog **Rom III-VO**, auch zur intl
Zuständigkeit, nunmehr insgesamt als Vorschlag einer VO zur Änderung der EuEheVO, Kom (2006) 399
v 17.7.06, Grünbuch KOM (2005) 82 endg; dazu *Kohler* FamRZ 08, 1673, aE auch zu *Dethloffs* StAZ 06,
253 Vorschlag einer Binnenmarktehe als optionales Einheitsrecht [dazu s.a. Rn 7]; zur Möglichkeit einer
Verabschiedung ohne das sich weigernde Schweden iRd „verstärkten Zusammenarbeit" *Mansel/Thorn/
Wagner* IPRax 09, 9; *Wagner* NJW 08, 2226/2227), zum Internationalen Ehegüterrecht (sog **Rom IV**, auch
die intl Zuständigkeit und Anerkennung umfassend, Grünbuch KOM (2006) 400 v 17.7.06, dazu *Martiny*
FPR 08, 206) und zum Internationalen Erbrecht (sog **Rom V**, vgl Kommissionsentwurf KOM(2009)154
endg, dazu SEK (2009) 410 mit Kollisions- u Zuständigkeitsrechtsvereinheitlichung u Europäischem
Nachlasszeugnis; s. auch *Kindler* IPRax 10, 44; *Lehmann* FPR 08, 203 mwN) insges *Mansel/Thorn/Wagner*
IPRax 10, 6 ff; *Wagner* NJW 09, 1911. Die einzelnen Dokumente sind auffindbar über *www.europa.eu.int/
eur-lex/de*. Der Europäische Rat verfolgt die **stufenweise Gesamtvereinheitlichung des IPR** (sog Haager
Programm, ABl EU 2005 C 53/1, 13) und hat mit der Kommission einen Aktionsplan zu deren Umsetzung beschlossen (ABl EU 2005 C 198, dazu *Wagner* NJW 05, 1754).

Internationalrechtliche EU-VOen sind zunächst nur auf Grundlage des Art 65 Buchst a EGVU ergangen und 19
betrafen nicht das anwendbare Recht, sondern die internationale **Zuständigkeit** und die **Anerkennung** und
Vollstreckung ausl Entscheidungen, vgl EuEheVO, EuGVO, EuVTVO, EuZVO, EuBVO, EuMahnVO, EuV-
GFVO, EuUnthVO (dazu s.o. Rn 3 ff). Inzwischen finden sich auch auf Art 65 Buchst b EGV (81 Buchst c)
gestützte Regelungen zur Vereinheitlichung des Kollisionsrechts, und zwar in der EuInsVO und den VOen
Rom I und II.

Das europäische Primärrecht selbst enthält zwar keine Kollisionsnormen, ist aber nicht frei von **Vorgaben für** 20
die nationalen Kollisionsrechte (Bspl *Mansel/Thorn/Wagner* IPRax 10, 1 ff). Insofern kann eine offene oder
versteckte Privilegierung von Inländern, wie sie etwa im schematischen Vorrang der Inländerstellung in Normen wie Art 5 I 2 gesehen werden kann, gegen das Verbot der Diskriminierung von Unionsbürgern aus
Gründen der Staatsangehörigkeit (Art 18 AEUV) verstoßen (EuGH IPRax 04, 339 – *Garcia Avello* m Aufs
Mörsdorf-Schulte 315). Die Verwendung der Staatsangehörigkeit als Anknüpfungsmerkmal ist hierdurch zwar
nicht ausgeschlossen (s.a. EuGH FamRZ 00, 83; *Sonnenberger* ZVglRWiss 96, 15), doch kann aufgrund der
Freizügigkeit (Art 21 AEUV) uU auch die kollisionsrechtliche Berücksichtigung des Wohnsitzes erforderlich
sein (EuGH NJW 09, 135 – Grunkin Paul/Standesamt Niebüll II m Aufs *Rieck* 125 und *Funken* FamRZ 08,
2091). Wenn der Eingriff gemeinschaftsrechtlich nicht gerechtfertigt ist, ist die Verletzung einer der fünf
Grundfreiheiten des AEUV dadurch denkbar, dass Anknüpfungen mit Grenzübertritt zum Statutenwechsel
zwingen (*Roth* RabelsZ 91, 645; *Röthel* JZ 03, 1027). Aus der Niederlassungsfreiheit nach Art 49 u 54 AEUV
folgen Vorgaben für die Anknüpfung des Gesellschaftsstatuts (BGH NJW 05, 1648; EuGH NJW 06, 425 –

Sevic; NJW 03, 3331 – *Inspire Art*; NJW 02, 3614 – *Überseering*; Grenzen: EuGH NJW 09, 569 – *Cartesio*; ausf IntGesR Rn 12 ff), die der deutsche Gesetzgeber nunmehr zum Anlass einer umfassenden Regelung des Internationalen Gesellschaftsrechts im EGBGB nimmt (vgl Entwurf des BMJ v 7.1.08, dazu *Wagner/Timm* IPRax 08, 81 und IntGesR Rn 2). Ob und inwieweit die Umsetzung der europäischen Vorgaben Veranlassung zur Ersetzung des Kollisionsrechts durch ein **System der Anerkennung** von Rechtslagen bietet, ist Gegenstand kontroverser Diskussionen in der Wissenschaft (vgl nur Tagung 25 Jahre IPRax, IPRax 06, 337-402; *Mansel* RabelsZ 70 (2006) 654; *Funken*, Das Anerkennungsprinzip im IPR, 2009).

21 **3. IPR in Staatsverträgen.** Ferner gibt es eine unübersichtliche Vielzahl multi- und bilateraler Staatsverträge (Abdruck der gebräuchlichsten bei *Jayme/Hausmann*), die kollisionsrechtliche Regelungen enthalten. Teilw handelt es sich um Konventionen zur Kollisionsrechtsvereinheitlichung wie die von der Internationalen Zivilstandskommission (www.ciec-deutschland.de) oder **Haager Konferenz** für IPR vorbereiteten Üb (Texte und Ratifikationsstand abrufbar unter www.hcch.net, s.a. *Mansel/Thorn/Wagner* IPRax 10, 12 f und 09, 10f, 22f; praktisch wichtig zB das MSA, Art 21 Anh I, bzw das dieses im Laufe des Jahres 2010 ablösende Kinderschutzüb KSÜ, BGBl 09 II 602, 09 I 1594, *Jayme/Hausmann* Nr 54, dazu Art 21 Rz 5; 24 Rz 34 ff, sowie das Üb über den internationalen Schutz Erwachsener, dazu Art 24 Rn 14), teilw um bilaterale Konsularverträge, zB mit der Türkei oder der Sowjetunion (*Jayme/Hausmann* Nrn 34, 61 f), oder **Freundschaftsverträge** wie zB das deutsch-iranische Niederlassungsabk (RGBl 30 II 1006, 31 II 9, 55 II 829, *Jayme/Hausmann* Nr 76) oder der deutsch-amerikanische Freundschafts-, Handels- und Schifffahrtsvertrag (BGBl 56 II 488, 763, *Jayme/Hausmann* Nr 134), die mehr oder weniger ausdrücklich das anwendbare Recht regeln (BGH BB 03, 810; ZIP 04, 1549; JZ 05, 298 zum internationalen Gesellschaftsrecht im Verhältnis zu den USA). Auch dem **EWR** entnimmt der BGH eine kollisionsrechtliche Aussage (BGH NJW 05, 3351 zum internationalen Gesellschaftsrecht; ausf s. IntGesR Rn 15). Nach dem Lugano-Gutachten (1/03) des EuGH v 7.2.06, nach der Formulierung politischer Vorgaben für ein ambitioniertes Langzeitprogramm durch den EU-Rat, mit dem unter vollst Ausschaltung der Mitgliedstaaten die justizielle Zusammenarbeit in Zivilsachen mit Drittstaaten im bi- und multilateralen Rahmen global und regional gestaltet werden soll (Ratsdokument 8140/06 JUSTCIV 93, v 11.4.06), und nach dem Beitritt der EU zur Haager Konferenz für IPR (Hinterlegung der Annahmeerklärung am 3.4.07 nach Ratsbeschl 2006/719/EG, ABl EU 2006 L 297, hier insb Nr 6 zu Anh II) dürfte in Zukunft im Umfang der von der EU im Innenverhältnis vereinheitlichten Materien auch im Außenverhältnis grds von einer **ausschl Außenkompetenz der EU** für Staatsverträge zur Vereinheitlichung des internationalen Privat- und Prozessrechts auszugehen sei (vgl auch *Mansel/Thorn/Wagner* IPRax 09, 10f) und zu Ausn *dies* IPRax 10, 8f). Auf dieser Grundlage ist auch die Haager Unterhaltskonvention v 23.11.07 in der EuUnterhVO (s.o. Rn 18) umgesetzt worden (vgl FamRB Int 08, 26) und die EU dem revidierten Lugano-Üb beigetreten (s.o. Rn 3). Zum Abschluss des KSÜ (s.o.) bspw hat die UG die **Mitgliedstaaten ermächtigt**, soweit es wegen der EuEheVO in die Zuständigkeit der EU fallende Materien umfasst; ähnl hinsichtlich des Umgangsrechtsüb des Europarates, das Deutschland zu zeichnen beabsichtigt (*Wagner* NJW 08, 2228; *Martiny* FPR 08, 190). Staatsvertragliche Kollisionsnormen können auch **in das EGBGB inkorporiert** sein, wie das bei Art 18 (Haager Unterhaltsüb v 2.10.73), Art 26 (Haager Testamentsformüb v 5.10.61) oder Art 11 I bis III der Fall ist (s.u. Rn 25). Bei inkorporierten Bestimmungen ist ebenfalls das Gebot **einheitlicher, staatsvertragsautonomer Auslegung** und somit insb auch die Rechtspraxis in den übrigen Vertragsstaaten zu beachten. Für die inzwischen aufgehobenen Art 27 ff war dies ausdrücklich angeordnet in Art 36 und seit 1.8.04 durch die Vorlagemöglichkeit an den EuGH gefördert (vgl Auslegungsprotokoll BGBl 06 II 348). Staatsvertragliche Kollisionsnormen sind verfassungsgem auszulegen (BVerfG NJW 99, 631) und, wenn dies nicht möglich ist, nicht anzuwenden (BGH FamRZ 87, 679; 86, 1200). Für die Bestimmungen der VOen Rom I und II besitzt der EuGH die Auslegungsprärogative (Vorlage nach Art 267 AEUV).

22 **4.** Nach den einzelnen Sachgebieten gegliederte tabellarische **Übersicht**en über die jeweils einschlägigen autonomen, europäischen und staatsvertraglichen Kollisonsnormen finden sich bei MüKo/*Sonnenberger* Einl IPR Rz 333 und BaRoth/*Lorenz* Einl IPR Rz 96 (beide unter Einschluss geplanter Rechtsakte).

23 **II. Hierarchie. 1. Rechtsakte der EU (Nr 1).** Nr 1 hat wegen des schon aus europarechtlichen Gründen bestehenden Anwendungsvorrangs (BVerfGE 73, 339; 52, 187) von Gemeinschaftsrecht vor autonomem Recht lediglich Hinweisfunktion. Erfasst wird nur unmittelbar anwendbares Europarecht, dh insb EU-VOen, nicht aber EU-RL als solche: Die zu ihrer Umsetzung ergangenen nationalen Vorschriften sind jedoch an Wortlaut und Zweck der umgesetzten RL auszurichten (EuGH NJW 00, 2572 – Océano) und unterliegen insoweit ebenfalls dem Auslegungsvorrang des EuGH (Vorabentscheidung nach Art 267 AEUV). Letztlich kommt damit auch umgesetztem Richtlinienrecht Vorrang zu (aA Palandt/*Thorn* Rz 6); zur „Unmittelbarkeit" der Richtlinienwirkung kraft Determinierung des Umsetzungsgesetzes vgl *Streinz* Europarecht 8. Aufl 08 § 3 VII 4 aE.

24 **2. Völkerrechtliche Vereinbarungen (Nr 2).** Staatsvertragliche Regelungen, die nicht nur, wie zB das EVÜ, die Staaten zur Schaffung einer mehr oder weniger genau vorgegebenen Regelung verpflichten, sondern nach Transformation selbst Rechte und Pflichten für die Privatrechtssubjekte erzeugen, schaffen **unmittelbar anwendbares** innerstaatliches Recht. Dieses hat nach Nr 2 Vorrang vor dem EGBGB. Soweit – wie dies bisher

der Fall ist – es sich nicht um allg Normen des Völkerrechts handelt, ergibt sich der Vorrang nicht schon aus Art 25 2 GG (BVerfGE 41, 120). Ob der Vorrang nach Art 3 auch ggü autonomem Kollisionsrecht außerhalb des EGBGB gilt, ist umstr (dafür Erman/*Hohloch* Rz 9, dagegen unter Hinweis auf den Wortlaut des Art 3 Palandt/*Thorn* Rz 11). Die Vorrangregel des Art 3 kann nur für nach deren Inkrafttreten 1986 gesetztes autonomes Recht gelten und ist ihrerseits als einfaches Gesetzesrecht nach der lex-posterior-Regel durch eindeutige jüngere Vorschriften abdingbar; iÜ gilt die ungeschriebene Zweifelsregel von der völkerrechtsfreundlichen Auslegung autonomen Rechts (*Mansel* in: Leible/Ruffert, Völkerrecht und IPR, 2006, 110 f) und es ist zu beachten, dass Staatsverträge als Spezialregelung aufzufassen sein können (vgl BTDrs 10/504 36).

Die **Konkurrenz mehrerer Staatsverträge** kann in diesen selbst geregelt sein (zB Art 21 EVÜ). Sonst richtet 25 sie sich nach allg Prinzipien: Es geht das speziellere Vertragswerk dem allg und sodann das jüngere dem älteren vor. Sind bei nur einem der in Betracht kommenden Staatsverträge mehrere Staaten, deren Recht vom Fall betroffen ist, Vertragspartei, so hat dieser Vorrang (Palandt/*Thorn* Rz 13).

Die Aufnahme einer staatsvertraglichen Regelung in das autonome Recht (**Inkorporierung**, Bspe s.o. Rn 21) 26 ändert nichts an ihrem Vorrang.

III. Intertemporales. Bei **Altfällen** ist zusätzlich eine intertemporale Prüfung erforderlich. Denn bis zur 27 Erreichung der heutigen Fassung des EGBGB durch die grundlegende IPR-Reform von 1986 (BGBl I 1142) und deren Vervollständigungen von 1997 (BGBl I 2942) und 1999 (BGBl I 1026) war die gesetzliche Regelung des deutschen internationalen Privatrechts äußerst lückenhaft und selbst grundlegende Fragen waren der Rspr überlassen. Ob altes oder neues IPR gilt, ist allgemein in **Art 220 EGBGB** geregelt, auf den iZw auch für spätere Änderungen zurückgegriffen werden kann. Für das Gebiet der ehemaligen DDR hat sich mit dessen Beitritt 1990 eine umfassende Rechtsänderung ergeben, die auch das IPR betraf. Insoweit gilt die spezielle Überleitungsvorschrift des **Art 236 EGBGB**. Auch das **deutsch-deutsche interlokale Kollisionsrecht** hat seit der Wiedervereinigung nur noch für Altfälle Bedeutung (dazu oben Rn 9; ausf Palandt/*Thorn* Anh zu Art 3; Palandt/*Heldrich* 64. Aufl 05 Art 236 Rz 4 f, ab der 65. Aufl nur noch über www.palandt.beck.de im Palandt/ Archiv, Teil II einsehbar). Die 2009 in Kraft getretenen Änderungen und Verdrängungen der internationalschuldrechtlichen Bestimmungen des EGBGB (BGBl 09 I 1574; 08 I 2401) folgen intertemporal den **Art 28 Rom I VO** bzw **31 Rom II VO**.

D. Funktionsweise, Terminologie, Verweisungstechnik des IPR. I. Anwendung von IPR. Die Regeln des 28 IPR sind **vAw** anzuwenden, nicht nur, wenn eine Partei sich darauf beruft (BGH RIW 08, 707; NJW 03, 2605; 96, 54). Offen bleiben kann die kollisionsrechtliche Entscheidung, wenn alle in Betracht kommenden Kollisionsnormen auf dasselbe Recht verweisen (BGH FamRZ 87, 463) oder wenn sämtliche möglicherweise anwendbaren Rechte zum selben Ergebnis führen (BGH IPRax 05, 547; Wahlfeststellung unbeanstandet auch durch BGH JR 06, 340 m zust Aufs *Mörsdorf-Schulte* 309 f. Wahlfeststellung schon MüKo/*Sonnenberger* Einl IPR Rz 634; *Kegel/Schurig* § 15 I; *Schack* Rz 948; anders noch BGH NJW 96, 54). Seit Erweiterung der Revisibilität (s. Rn 58) spricht jdf nichts mehr gegen unbeschränkte **Wahlfeststellung**.

II. Verdrängung des IPR. Von vornherein verdrängt wird das IPR, soweit **Einheitsprivatrecht** anwendbar ist 29 (s.o. Rn 7).

Ebenso unabhängig von den Regeln des IPR kommen **Eingriffsnormen** (lois d'application immédiate) zur 30 Anwendung (dazu ausf Reithmann/Martiny/*Freitag* Rz 392-545; s. Art 9 Rom I-VO; Art 16 Rom II-VO; ex Art 34 EGBGB Rn 2). Dabei handelt es sich um Sachnormen mit „unbedingtem Anwendungswillen", die einen öffentlichrechtlichen Einschlag haben, als „*international* zwingend" bezeichnet werden und damit durchsetzungskräftiger sind als einfach (intern) zwingende Normen idS, dass sie sich nicht nur ggü privatautonomen Regelungen der Parteien in Verträgen, sondern auch ggü Regelungen des Gesetzgebers in den Normen des IPR durchsetzen. Diese Eigenschaft kommt nur wenigen Normen von äußerster sozial- und wirtschaftspolitischer Bedeutung zu (vgl auch Legaldef in Art 9 I Rom I-VO), wobei europarechtlicher Ursprung ggf ein Argument zur Qualifizierung zwingender Vorschriften als Eingriffsnorm liefern kann, zumal bei starkem Gemeinschaftsbezug des Falles (Rn 17 aE; EuGH NJW 01, 2007 – *Ingmar*; obiter BGH NJW 06, 762, dazu *Mankowski* RIW 06, 321; München IPRax 07, 322; *Hoffmann/Primaczenko* IPRax 07, 173). Eingriffsnormen sind Regelungen des Wirtschaftsrechts, die nach ihrem Geltungswillen – vornehmlich als Veräußerungsverbote und Verfügungsbeschränkungen – in den Bereich des Vertragsstatuts hineinwirken; BGH NJW 98, 2452, 2453). Erforderlich ist, dass die Vorschrift nicht nur auf den Schutz von Individualinteressen der Vertragspartei gerichtet ist, sondern mit ihr zumindest auch, nicht nur als mittelbarer Nebeneffekt öffentliche Gemeinwohlinteressen verfolgt werden (BAG NZA 08, 761, 767/768). Das ist nicht auf den Bereich des Vertragsrechts beschränkt (BGH NJW 06, 230, 233), für den es sich explizit aus Art 34 und Art 9 II Rom I-VO ergibt. Inzwischen findet sich mit Art 16 Rom II-VO auch für außervertraglichen Schuldverhältnisse eine ausdrückliche Normierung des Vorrangs von Eingriffsnormen. Eingriffsnormen der lex fori setzen sich stets durch. Ob und inwieweit **ausländische** Eingriffsnormen über ihre faktische Berücksichtigung hinaus unmittelbar als Recht zur Anwendung gelangen, ist umstr und wird, mit Ausn des Abk über den Internationalen Währungsfonds (BGBl 52 II 637; dazu BGH NJW 94, 390 und ex Art 34 EGBGB Rn 23), unter Art 34 wohl überwiegend verneint (s. ex Art 34 EGBGB Rn 18 ff). Bei Übereinstimmung in den rechtspolitischen Zielen und hinreichendem Bezug des Falles zu dem betreffenden Land werden ausl Eingriffsnormen aber angewandt (zB BGHZ 59, 82; MüKo/*Martiny* Art 34 Rz 158). Eine weitergehende Beachtung ausl Eingriffsnormen ermöglicht Art 9 III Rom I-VO (s. dort).

31 **III. Struktur von Kollisionsnormen.** Die Kollisionsnormen des Besonderen Teils des IPR (insb Art 7–46c EGBGB, Rom II-VO, Rom I-VO), die auch als „Verweisungsnormen" bezeichnet werden, weisen eine besondere Struktur auf, die idealtypisch verwirklicht ist bei den sog **allseitigen** Kollisionsnormen: Jede Kollisionsnorm (zB Art 13, 25, 40) ordnet einer abstrakt beschriebenen Klasse von Rechtsfragen, dem sog Anknüpfungsgegenstand (zB Eheschließung, Erbschaft, Delikt) mittels Benennung eines abstrakt beschriebenen „Anknüpfungspunktes" oder „Anknüpfungsmomentes" (zB Staatsangehörigkeit, Tatort) ergebnisoffen eine bestimmte Rechtsordnung zu. Nach dem betreffenden Rechtsgebiet wird der entspr Ausschnitt aus der berufenen Rechtsordnung dann als Eheschließungs-, Erb- oder Delikts**statut** bezeichnet.

32 Abw von diesem Idealtypus gibt es auch **einseitige** Kollisionsnormen die nur regeln, wann deutsches Recht Anwendung findet (zB Art 16 oder Art 17a). Derartige unvollkommenen Kollisionsnormen können – wie dies bei Art 16 (*Kegel/Schurig* § 12 III: bedingte Verweisung; MüKo/*Siehr* Art 16 Rz 43 f), nicht aber etwa bei Art 17a der Fall ist – durch analoge Anwendung zu allseitigen Kollisionsnormen ausgebaut werden, was aber seit der IPR-Reform von 1986 nur noch ausnahmsweise zulässig ist. Keinesfalls analogiefähig sind dagegen sog. **Exklusivnormen** (*Kegel/Schurig* § 6 I 3; *Lüderitz* Rz 64). Dabei handelt es sich um Ausn von allseitigen Kollisionsnormen zugunsten des eigenen Rechts: Ein Bsp ist Art 13 III 1, der das Prinzip der obligatorischen Zivilehe unabhängig von dem sonst maßgeblichen Recht gewährleisten soll (*Looschelders* Vorbem zu Art 3–6 Rz 5). Weitere Exklusivnormen sind Art 9 S 2, 10 II 1 Nr 2, III 1 Nr 2, 17 II, 17 III 2, 18 II, V, 23 S 2, 24 I 2, 25 II (vgl m Begründungen iE *Junker* IPR, Rz 110).

33 **IV. Anknüpfungsgegenstand. 1. Depeçage.** Die Kollisionsnormen überantworten nicht einen Fall als ganzen einer bestimmten Rechtsordnung, sondern weisen jeweils einer bestimmten Rechtsfrage (Anknüpfungsgegenstand) eine bestimmte Rechtsordnung zu („analytische Methode"). Unterschiedliche Rechtsfragen eines einheitlichen Falles können mit unterschiedlichen Rechtsordnungen eng verbunden sein, was dazu führt, dass **verschiedene Rechtsordnungen** (sachlich) **nebeneinander** anwendbar sein können („depeçage", zu der daraus folgenden Anpassungs- bzw Transpositionsproblematik s.u. Rn 60 bzw 40). Je nach Zuschnitt des Anknüpfungsgegenstandes spricht man von Haupt- und **Teilfrage** bzw von Sonderanknüpfung. So ist die Geschäftsfähigkeit eine Teilfrage zur Hauptfrage der Wirksamkeit eines Schuldvertrages; denn gäbe es nicht die gesonderte Anknüpfung in Art 7, so würde diese Frage mit unter Art 3 Rom I-VO mit seinem breiten Anknüpfungsgegenstand fallen; ähnl regeln auch Art 11 und 26 die Teilfrage der rechtsgeschäftlichen Form. Das für die Hauptfrage berufene Recht wird auch als „Wirkungs"- oder „Geschäftsstatut" oder „lex causae" bezeichnet. Zu einer Depeçage kann auch der Statutenwechsel (Rn 39 ff) führen, bei dem (zB wegen tats Veränderung des Anknüpfungspunktes, zB Lageort der Sache in Art 43) verschiedene Rechtsordnungen (zeitlich) nacheinander auf dieselbe Frage anwendbar sind.

34 **2. Qualifikation.** Das Auffinden der anwendbaren Kollisionsnorm erfolgt durch Qualifikation der betreffenden Rechtsfrage. Mit der Qualifikation wird diese einem **Anknüpfungsgegenstand** zugeordnet. Es wird unter die passende Kollisionsnorm subsumiert. In einem ersten Schritt ist hierzu die Kollisionsnorm auszulegen, dh das von dem genannten Systembegriff (zB Geschäftsfähigkeit, Eheschließung, Unterhalt, Adoption, Erbrecht, Vertrag, Delikt) umfasste Bündel an Rechtsverhältnissen näher zu bestimmen. Da die Systembegriffe dem deutschen Sachrecht entlehnt sind (s.a. oben Rn 15), ist hierfür zunächst die lex fori maßgeblich (BGH FamRZ 96, 604; BGHZ 29, 139). Schon Institute des deutschen Rechts können aber bei der Einordnung Schwierigkeiten bereiten, zB § 1371 I BGB, der sich ebenso gut dem Ehegüterrecht und damit Art 15 (so BGHZ 40, 34 f; Hamm IPRspr 95, Nr. 119; Karlsr NJW 90, 1421; LG Mosbach ZEV 98, 489) wie dem Erbrecht und damit Art 25 (*Raape* IPR, 336) zuordnen lässt; Ddorf IPRspr 87 Nr 105 wendet § 1371 I BGB nur an, wenn sowohl Güterrechts- als auch Erbstatut deutsches Recht sind (offen gelassen Ddorf IPRax 09, 523 m Aufs *Looschelders* 505). Sind hierzulande **unbekannte Rechtsinstitute** (zB Brautgabe, Legitimation des islamischen Rechts, Kafala, Trust) einzuordnen, so ist zunächst eine Funktionsanalyse des ausl Rechtsinstituts im Kontext der fremden Rechtsordnung vorzunehmen. Vermittels der hierdurch möglichen Abstraktion lässt sich die ausl Norm aus ihrem heimischen System herauslösen und fiktiv in unser System einfügen. Es sind also auslandsrechtliche Vorarbeiten und ein sich darauf stützender funktionaler Rechtsvergleich erforderlich. Maßgeblich bleibt die deutsche Systematik; die ausl systematische Zuordnung ist (im Gegensatz zum sachlichen Gehalt der ausl Norm) irrelevant (BGH NJW 60, 1720; RGZ 145, 126). Nach der Standardformel des BGH(Z 47, 332; 29, 139) sind: „... die Vorschriften des ausl Rechts nach ihrem Sinn und Zweck zu erfassen, ihre Bedeutung vom Standpunkt des ausl Rechts zu würdigen und sie mit Einrichtungen der deutschen Rechtsordnung zu vergleichen. Auf der so gewonnenen Grundlage ist sie dem aus den Begriffen und Abgrenzungen der deutschen Rechtsordnung aufgebauten Merkmalen der deutschen Kollisionsnorm zuzuweisen." Da jedes fremde Institut des Zivilrechts erfasst werden muss, sind die Kollisionsnormen weit auszulegen (BGHZ 47, 336), ggf ist eine Analogie zu entwickeln. Soweit mehrere in Betracht kommende Kollisionsnormen im Einzelfall zum selben Recht führen, kann die Qualifikationsfrage offen bleiben (so Rn 28).

Stellt sich die Qualifikationsfrage in Bezug auf staatsvertragliches Kollisionsrecht, so ist sie – bei ebenfalls 35
grds Maßgeblichkeit der lex fori – im Interesse der einheitlichen Anwendung aufgrund von Entstehungsgeschichte und Zweck des Abk unter vergleichender Heranziehung der Rechtsordnungen der Vertragsstaaten zu beantworten (**autonome Qualifikation**, als Fall der autonomen Auslegung, zu letzterer s.o. Rn 21) (Palandt/*Thorn* Einl v Art 3 Rz 28). Das gilt auch für die in das EGBGB inkorporierten staatsvertraglichen Normen Art 18, 26 und die ex Art 27 ff (BaRoth/*Lorenz* Einl IPR Rz 62). Als Auslegungsfrage obliegt iRd VOen Rom I und II die Qualifikation dem EuGH (Vorlage nach Art 267 AEUV).

V. Anknüpfungspunkte/-momente. 1. Abweichung von Anknüpfungspunkten. Die von den einzelnen 36
Kollisionsnormen zum Anknüpfungspunkt erhobenen Umstände (Staatsangehörigkeit, gewöhnlicher Aufenthalt, Handlungsort, Belegenheitsort etc) konkretisieren in einer typisierenden Weise die **engste Verbindung** der im Anknüpfungsgegenstand zusammengefassten Rechtsfragen zu einer Rechtsordnung. Falls im Einzelfall aufgrund atypischer Umstände zu einem anderen als dem durch den Anknüpfungspunkt bezeichneten Recht eine wesentlich engere Verbindung besteht, lässt sich dies nur berücksichtigen, wenn eine sog **Ausweichklausel** dies gestattet, nämlich in den Fällen der Art 4 III, 5 III, 8 IV Rom I-VO, 4 III, 5 II, 10 IV, 11 IV, 12 II c Rom II-VO, ex 28 V, ex 30 II, 41 und 46. Ausweichklauseln ähneln teleologischen Reduktionen und sind daher im Hinblick auf die Rechtssicherheit eng auszulegen (*Looschelders* Vorbem zu Art 3–6 Rz 6).

Die gesetzlich festgelegten Anknüpfungspunkte sind grds nicht abdingbar. Anders als das private Sachrecht 37
kennt das Kollisionsrecht keine umfassende Privatautonomie, sondern nur eine auf die ausdrücklich zugelassenen Rechtswahlmöglichkeiten beschränkte **Parteiautonomie**. Freie Rechtswahl ist möglich nach Art 3 Rom I-VO/ex 27, 14 Rom II-VO und 42; unter mehreren durch Anknüpfungspunkte vorgegebenen Rechten auswählen können die Betroffenen nach Art 10 II, III, 14 II, III, 15 II, 25 II. Eine Option zugunsten eines sonst nicht anwendbaren Rechts bietet Art 40 I 2, 3. Eine **Option** unterscheidet sich von einer **Rechtswahl** dadurch, dass das anwendbare Recht einseitig von nur einer der Parteien bestimmt wird und weniger Ausdruck der Parteiautonomie als der einseitigen Begünstigung ist.

2. Mehrzahl von Anknüpfungspunkten. Nennt eine Kollisionsnorm mehrere Anknüpfungspunkte, so ste- 38
hen sie zueinander im Verhältnis der **Subsidiarität** (zB Art 14 I, „Kegelsche Leiter"), der **Kumulativität** (zB Art 17 III 1 Hs 2, 18 III, 23 I), **Distributivität** (bei Koppelung zweier Statute, zB bei zweiseitigen Ehehindernissen gem Art 13 I oder einem – mangels Rechtswahl nach Art 10 II – gem Art 10 I nach beiden Heimatrechten zu bildenden Ehenamen, OLG Stuttgart IPRax 07, 52 berichtet v *Henrich*) oder der **Alternativität**, bei der die Auswahl zwischen den verschiedenen Rechten idR wegen kollisionsrechtlich intendierter Begünstigung eines bestimmten Rechtserfolges nach dem Günstigkeitsprinzip erfolgt (zB Art 11 I, 19 I, 26). Letzteres wirft Probleme auf, wenn das begünstigte Ziel nur abstrakt beschrieben ist (zB Feststellung eines Vaters, Art 19) und mehrere der in Betracht kommenden Rechtsordnungen dieses auf verschiedene Weise erreichen (unterschiedliche Personen als Vater, hierzu Art 19 EGBGB Rn 11 f; AG Karlsruhe FamRZ 07, 1585 m Anm *Henrich* IPRax 08, 549); eine Lösung lässt sich ggf mit Mitteln der Anpassung (s.u. Rn 60) finden (*Looschelders* Vorbem zu Art 3–6 Rz 22).

3. Wandelbarkeit/Statutenwechsel. Der Anknüpfungspunkt kann mittels Anknüpfungsperson, -grund und 39
-zeitpunkt spezifiziert sein. So ist zB für die Adoption nach Art 22 I anzuknüpfen an die Staatsangehörigkeit (Anknüpfungsgrund) des Annehmenden (Anknüpfungsperson) bei Annahme (Anknüpfungszeitpunkt). Ist der Anknüpfungszeitpunkt nicht ausdrücklich fixiert, so ist grds von dessen „Wandelbarkeit" auszugehen, dh es gilt der Anknüpfungsgrund zu dem Zeitpunkt, zu dem die Rechtsfrage sich stellt bzw die maßgeblichen Tatsachen sich ereignen (zB Art 10, 14 I Nr 1, 18 I, 43; dazu im Kontext des deutsch-iranischen Niederlassungsabk auch Zweibr FamRBInt 07, 81 m Anm *Mörsdorf-Schulte*). Ob beim Schweigen der Kollisionsnorm zur Frage des Zeitpunktes ausnahmsweise Unwandelbarkeit angenommen werden kann (so zB zu Art 19 I 1 Hamm IPRax 05, 454; aA Palandt/*Thorn* Art 19 Rz 4; zu ex Art 28 Reithmann/Martiny/Mankowski Rz 124; Erman/*Hohloch* Rz 7 u 20), ist ebenso eine Frage der Auslegung der betreffenden Kollisionsnorm (s.a. Art 19 EGBGB Rn 5 ff) wie diejenige der Reichweite eines gesetzlich angeordneten Statutenwechsels, vgl *Mansel* ZVglRWiSS 86 (1987) 6 f zu ex Art 27 II. Unwandelbarkeit bedeutet jedoch nicht den Ausschluss jeglicher Änderung der Rechtslage: Etwaige Rechtsänderungen innerhalb der berufenen Rechtsordnung sind entsprechenden deren intertemporalen Regeln zu beachten; eine **Versteinerungstheorie** ist insoweit abzulehnen (vgl *Kropholler* § 28 III). Im Falle der Wandelbarkeit ändert sich mit tatsächlicher Änderung des Anknüpfungspunktes ex nunc das anwendbare Recht (**Statutenwechsel**).

Unter dem ehemaligen Recht entstandene Rechtsverhältnisse werden von dem Statutenwechsel grds nicht 40
beeinträchtigt („**wohlerworbene Rechte**"), sondern bereits eingetretene Rechtfolgen werden zunächst in das neue Statut übernommen (für das Sachenrecht vorausgesetzt in Art 43 II; einschr Palandt/*Thorn* Art 19 Rz 4, wonach das neue Statut auch darüber entscheide), das Wirkungsbeschränkungen vorsehen bzw eine **Transposition** (Übersetzung) ihrer Wirkungen erforderlich machen kann, falls ihm die unter dem alten 41
Recht entstandene Rechtsfolge unbekannt ist. Die Transponibilität hängt davon ab, inwieweit das betreffende neue Recht funktionsäquivalente Rechtsinstitute aufweist bzw die Ergebnisse der Transposition sachrechtlich dulden kann (ausl Mobiliarregisterpfandrecht lässt sich transponieren in deutsches Sicherungsei-

gentum ggf mit Verwertungsweise des Faustpfands BGH NJW 91, 1415; BGHZ 39, 173; einschr Art 43 EGBGB Rn 17 *Brinkmann*). Ist eine Transposition nicht möglich, kann das Recht nicht ausgeübt werden, sich aber nach einem weiteren Statutenwechsel ggf (jedenfalls wenn unter dem zwischenzeitlichen Statut keine Rechte ausgeübt oder übertragen worden sind) wieder entfallen, weil dann ausschl das nunmehr geltende Recht über die Notwendigkeit und Möglichkeit einer Transposition befindet (ähnl *Looschelders* Vorbem zu Art 3–6 Rz 26; *Pfeiffer* IPRax 00, 273; aA *Kegel/Schurig* § 19 III). Zur Transposition bei Handeln unter falschem Recht s.u. Rn 50. Erfolgt im Anschluss an Handeln unter falschem Recht ein Statutenwechsel, kommt ggf Heilung in Betracht (*Kropholler* § 27 II 3c; s.a. Art 43 III EGBGB Rn 20 zum Strickmaschinenfall BGHZ 45, 95; zur Heilung einer fehlerhaften Ehe bei Statutenwechsel vgl BaRoth/*Mörsdorf-Schulte* Art 13 Rz 51 ff). IU zur Anpassung, bei der die beteiligten Rechtsordnungen äußerlich kombinierbar erscheinen (Rn 60), setzt die Transposition schon äußerlich eine Unvereinbarkeit voraus. Ursache für das Modifikationsbedürfnis ist in beiden Fällen eine (zeitliche oder sachliche) Depeçage (Rn 33). Für ausl Ausgangs- und deutsches Folgestatut hat der Gesetzgeber mit Art 47 im Bereich des Namensrechts eine gesetzliche Regel zu typischen Transpositionslagen (Art 47 I Statutenwechsel ieS, Art 47 II Vorfrage des Namens, von dem der eigene Name abzuleiten ist) geschaffen.

42 **4. Auslegung.** Auslegungsfragen in Bezug auf den Anknüpfungspunkt richten sich ebenso wie zum Anknüpfungsgegenstand primär **nach deutschem Recht** (zum gewöhnlichen Aufenthalt vgl Art 5 EGBGB Rn 29 ff). Eine Sonderstellung nehmen Vorfragen (dazu Rn 46) ein, hier insb diejenige nach der Staatsangehörigkeit (dazu Rn 48). Für den Fall mehrfacher oder nicht festzustellender Staatsangehörigkeit sieht Art 5 Regelungen vor (s. Art 5 EGBGB Rn 9 ff). Anders als etwa das Internationale Zivilprozessrecht kennt das IPR **keine Exterritorialität**: für ortsbezogene Anknüpfungen (zB Abschlussort, Tatort, Lageort) sind etwa auch Botschaften Staatsgebiet des Aufnahmestaates (BGHZ 82, 44; BaRoth/*Lorenz* Einl IPR Rz 1). Probleme bereiten **staatsfreie Orte** wie die Hohe See oder eine Staatsgrenze. Hier wird idR auf Ersatzanknüpfungen zurückgegriffen, die sich nach der jeweiligen Kollisionsnorm richten, etwa für den Tatort auf das Recht der Flagge (Hambg HRGZ 35 B 584) oder für den Belegenheitsort von Transportgut auf dessen Bestimmungsort oder den gewöhnlichen Aufenthalt des Veräußerers (vgl *Kegel/Schurig* § 1 IV 2a).

43 **5. Manipulation von Anknüpfungspunkten (Gesetzesumgehung, fraus legis).** Unter den Anknüpfungsmomenten, auf die das IPR zur Festlegung der anwendbaren Rechtsordnung zurückgreift, befinden sich ua leicht veränderliche Umstände wie der Vornahmeort eines Rechtsgeschäfts, der Lageort einer Sache oder der gewöhnliche Aufenthalt einer Person. Durch gezielte Veränderung dieser Umstände sind Parteien in der Lage, Einfluss darauf zu nehmen, welches Recht anwendbar ist. Auch wenn eine solche Manipulation letztlich nicht iSd Gesetzgebers liegt, der in diesen Fällen gerade keine Rechtswahl eröffnet hat, hat er deren Möglichkeit bei Verwendung instabiler Anknüpfungskriterien idR hingenommen, so dass sie für sich genommen keine Einwendung der Gesetzesumgehung begründet. Selbst der zweckgerichtete Wechsel der Staatsangehörigkeit ist kollisionsrechtlich beachtlich (BGH NJW 71, 2124). Wo Manipulationen der Anknüpfungsmomente ausgeschlossen werden sollen, lässt sich dies unmittelbar regeln: So kann, etwa nach dem Haager Üb über die zivilrechtlichen Aspekte internationaler Kindesentführung (BGBl 90 II 206, Art 21 Anh II, dazu *Finger* FamRB Int 07, 65), die Wiederherstellung des gewöhnlichen Aufenthalts des Kindes verlangt und so die Entstehung eines fraudulös begründeten neuen gewöhnlichen Aufenthalts verhindern werden. Alternativ lässt sich im Stil des Art 7 KSÜ (zum KSÜ s.o. Rn 21) eine Veränderung des Anknüpfungspunktes zusätzlich erschweren.

44 **VI. Umfang der Verweisung. 1. Gesamt- und Sachnormverweisungen.** Grds sind die Verweisungen des deutschen IPR als Gesamtverweisungen zu verstehen, dh anzuwenden ist zunächst das **IPR der berufenen Rechtsordnung**, so dass es zur Weiter- oder Rückverweisung kommen kann (Art 4 I 1, ausf s. dort). Die berufene Rechtsordnung ist in Bezug auf die betreffende Rechtsfrage auch ansonsten umfassend anzuwenden: Im Falle einer Rechtsänderung entscheiden **ihre intertemporalen Normen**, ob altes oder neues ausl Recht anwendbar ist (*Kropholler* § 28 III), bei Mehrrechtsstaaten entscheidet nach Maßgabe des Art 4 III **deren** eigenes etwa vorhandenes nationales **interlokales Recht**, welches Partikularrecht anwendbar ist (s. Art 4 EGBGB Rn 21). Als Ausnahmen zum Prinzip der Gesamtverweisung gibt es uU Sachnormverweisungen (legaldefiniert in Art 3a): In diesen Fällen kommen ohne Befragung des fremden IPR gleich die fremden Sachnormen zur Anwendung (s. Art 4 EGBGB Rn 1 ff, 9 ff).

45 **2. „Einzelstatut bricht Gesamtstatut".** Im Bereich des **Internationalen Familien- und Erbrechts** ist die in Art 3a normierte bedingte Sonderanknüpfung zu beachten, wenn sich der Vermögensgegenstand außerhalb des Staates befindet, dessen Recht anwendbar ist.

46 **VII. Besonderheiten bei der Auslegung von Normen bei Auslandsbezug. 1. Vorfragen.** Nicht vom Umfang der Verweisung erfasst sind Vorfragen. Vorfragen iwS tauchen immer dann auf, wenn eine Norm die *Rechtsfolge einer anderen Norm als Voraussetzung* verwendet. Es handelt sich um Rechtsverhältnisse, zu denen inzidenter Feststellungen zu treffen sind, zB die Frage der wirksamen Ehe iRd Beurteilung des Ehegattenerbrechts nach § 1931 BGB oder iRd der Anknüpfung des Kindschaftsstatuts nach Art 19 I 3. Vorfragen gibt es sowohl im heimischen und fremden IPR als auch im heimischen und fremden Sachrecht. Im ersten dieser vier Fälle sprechen manche auch von „Erstfragen" (*v Hoffmann/Thorn* § 6 Rz 47 ff; *Lüderitz* Rz 137; dagegen zB MüKo/*Sonnenberger* Einl IPR Rz 550; Palandt/*Thorn* Einl v Art 3 Rz 31 fasst auch den zweiten Fall unter „Erstfrage"). Stellen sich die **Vorfragen im ausl Recht**, so ist zu entscheiden, ob dessen IPR auch die Kollisionsnorm für die Anknüpfung der Vorfrage liefert (unselbständige Vorfragenanknüpfung) oder ob die Anknüpfung der Vorfrage **nach dem Kollisionsrecht des Forumstaates** zu beurteilen ist (selbständige Vorfragenanknüpfung). Stellt sich die Vorfrage im heimischen Recht, läuft beides auf dasselbe hinaus: Auf Erstfragen ist daher in jedem Fall das IPR des Forums anzuwenden.

Im Regelfall knüpft man nach der lex fori, dh **selbständig an** (BGH NJW 81, 1900). Das führt dazu, dass das betreffende Rechtsverhältnis vor deutschen Gerichten unabhängig davon, in welchem Zusammenhang es relevant wird bzw ob es als Haupt- oder Vorfrage auftaucht, stets gleich beurteilt wird und fördert damit den internen Entscheidungseinklang. Die **unselbständige Anknüpfung** nach der lex causae stellt nach hM die **Ausnahme** dar und fördert umgekehrt den internationalen Entscheidungseinklang zwischen den deutschen Gerichten und denjenigen des Staates des berufenen Rechts. Sie wird mithin insb dann bevorzugt, wenn es um Vorfragen **staatsvertraglicher** Kollisionsnormen geht (Karlsr FamRZ 03, 956), aber auch dann, wenn international **hinkende** Statusverhältnisse (Rechtsverhältnisse wie zB Ehe, Verwandtschaft oder Name, die in einem Staat als wirksam und in einem anderen Staat als unwirksam behandelt werden) vermieden werden sollen und wenn der Durchsetzbarkeit im Ausland im Einzelfall besondere Bedeutung zukommt (BaRoth/*Lorenz* Einl IPR Rz 71). Nach einer Ansicht soll bei Vorfragen im ausl IPR die unselbständige Anknüpfung die Regel sein (*v Hoffmann/Thorn* § 6 Rz 71 u Nachw bei Palandt/*Thorn* Einl v Art 3 Rz 29). Insgesamt gilt für die Entscheidung zwischen selbständiger und unselbständiger Anknüpfung, dass Leitschnur die **Auslegung der Norm zur Hauptfrage** sein muss (Einzelfälle daher kommentiert unter den einzelnen Kollisionsnormen der Art 7 ff), da es sich bei der Beurteilung von inzidenter sich stellenden Rechtsfragen letztlich um eine Auslegungsfrage handelt (MüKo/*Sonnenberger* Einl IPR Rz 553). Dies kann sogar dazu führen, im Einzelfall von dem Vorliegen des in der Hauptnorm dem Begriff nach geforderten Rechtsinstituts ganz abzusehen und einen analogen Sachverhalt ausreichen zu lassen (so ließ zB SozG Ddorf InfAuslR 96, 128 Doppelehe marokkanischen Rechts genügen für § 34 I SGB).

Kommt es auf die **Staatsangehörigkeit** einer Person an, so ist diese Vorfrage stets nach dem Recht des Staates, dessen Staatsangehörigkeit in Anspruch genommen wird, zu beurteilen (s. Art 5 EGBGB Rn 5). Dass familienrechtliche Vorfragen bei der Beurteilung einer fremden Staatsangehörigkeit nach dortigem IPR angeknüpft werden, ist dabei weniger eine Frage unselbständiger Anknüpfung (so zB BaRoth/*Lorenz* Einl IPR Rz 71) als eine Auswirkung dessen, dass es sich bei Staatsangehörigkeitsrecht um eine Frage öffentlichen Rechts handelt, das ohnehin territorial angeknüpft wird und daher hier letztlich nicht wegen kollisionsrechtlicher Berufung, sondern als Datum berücksichtigt wird (s. Art 5 EGBGB Rn 8).

2. Auslandssachverhalt. Auch bei der Subsumtion tatsächlicher Voraussetzungen der anzuwendenden Normen sind in Fällen mit Auslandsberührung Besonderheiten zu beachten. Zwar spielt es, wenn das anwendbare Recht einmal gefunden ist, für dessen Anwendung grds keine Rolle, in welchem Land sich die hierunter zu subsumierenden Umstände ereignen. Jedoch sind die Sachnormen einer jeden Rechtsordnung primär auf reine Inlandsfälle zugeschnitten (*Looschelders* Vorbem zu Art 3–6 Rz 53; *Lorenz* FamRZ 1987, 645 – Zweistufentheorie), so dass die Subsumtion ausl Vorgänge ggf eine nicht vorgesehene Deutung erforderlich machen kann. Insb im Zuge der Auslegung von Generalklauseln kann auch eine **faktische Berücksichtigung ausl Vorschriften** bei der Anwendung inländischen Rechts erforderlich sein. So kann zB bei der Ausfüllung der Begriffe „gute Sitten", oder „Treu und Glauben" eine entspr tatsächliche Beziehung zu einem – kollisionsrechtlich nicht anwendbaren – Recht dessen Heranziehung oder Berücksichtigung als „local data" nach der sog. **Datumstheorie** erforderlich machen (*v Hoffmann/Thorn* § 1 Rz 129).

Als besonderer Fall des Auslandssachverhalts lässt sich das **Handeln unter falschem Recht** auffassen, bei dem Rechtsgeschäfte unter kollisionsrechtlichem Irrtum in der Vorstellung getätigt werden, ein Recht sei anwendbar, das tatsächlich nicht anwendbar ist. Das wirklich anwendbare Recht entscheidet in diesen Fällen darüber, ob durch Auslegung oder Umdeutung dem rechtsgeschäftlichen Willen zur Wirkung verholfen werden kann (*Lüderitz* Rz 149). Hier können ähnliche Transpositionserwägungen anzustellen sein wie beim Statutenwechsel (s.o. Rn 41). Erfolgt der Abschluss des Rechtsgeschäfts in der **Vorstellung, nicht mit rechtlicher Bedeutung zu handeln**, sondern etwa nur an Brauchtum teilzunehmen, so ist dies – iRd Anwendung des kollisionsrechtlich berufenen deutschen Sachrechts – bei der Feststellung des Rechtsbindungswillens zu würdigen (*Mörsdorf-Schulte* FamRBInt 05, 72). Bei Irrtum des letztwillig Verfügenden über das Erbstatut dient das vermeintlich anwendbare Recht als Hintergrund für die Ermittlung des Erblasserwillens, soweit das tatsächlich anwendbare Recht (zB § 133 BGB) auf diesen abstellt (BGH WM 06, 1398).

3. Substitution. Einen besonderen Fall des Auslandssachverhalts betrifft auch die Frage der Substitution. Hier geht es nicht um schlichte, sondern um rechtlich angereicherte Tatsachen: Im Tatbestand der anzuwendenden Norm wird die Beachtung von Förmlichkeiten vorgeschrieben, etwa ein unter Mitwirkung öffentlicher Stellen (insb Notar) ablaufendes rechtlich geregeltes Verfahren. Bei der Frage, inwieweit dieses Verfahren auch im Ausland unter Beteiligung ausl Einrichtungen stattfinden kann, kommt es entscheidend auf die

Gleichwertigkeit des ausl Rechtsvorgangs und der beteiligten Stellen an, die ihrerseits ein Aspekt der Auslegung der anzuwendenden Norm ist und sich damit insb nach Sinn und Zweck der Anordnung der betreffenden Förmlichkeit richtet. Daher kann bei Beglaubigungen großzügiger verfahren werden als bei **Beurkundungen**. Ähnl wie bei der Transposition (s.o. Rn 41) spielt auch hier die funktionale Rechtsvergleichung eine wichtige Rolle. Allerdings werden nicht zivilrechtliche Institutionen, sondern eher dem öffentlichen Recht zuzuordnende Verfahrensvorschriften und Verfahrenspraxen verglichen. Hauptanwendungsfälle sind Auflassung und notarielle Beurkundung, insb im Gesellschaftsrecht (s. Art 11 EGBGB Rn 20 f). Substitution von in ausl Rechtsnormen geforderten Verfahren durch deutsche Gerichte (zB gerichtliche Mitwirkung an Versöhnung vor Scheidung) setzt **wesenseigene Zuständigkeit** deutscher Gerichte voraus (bejaht für ital Trennung von Tisch und Bett BGHZ 47, 333 f; verneint für die türkische Rückkehraufforderung OLG Stuttgart IPRax 07, 131 m zu Recht krit Anm *Heiderhoff* 118; verneint für Rabbinatsscheidung KG FamRZ 94, 839; zu gerichtlicher Erweiterung oder Beschränkung der Geschäftsfähigkeit nach ausl Recht Staud/*Hausmann* Art 7 Rz 106; zur Verhängung von punitive damages nach common law der US-Bundesstaaten s. Art 26 Rom II-VO Rn 6; allg *Schack* IZVR Rz 506 und m Bsp *Haunhorst* Die wesenseigene (Un)zuständigkeit deutscher Gerichte, Diss Osnabrück 1992).

52 **VIII. Ausländisches Recht. 1. Ermittlung fremden Rechts. a) Ermittlungspflicht.** Nicht nur das IPR (s.o. Rn 28), sondern auch ein dadurch zur Anwendung berufenes ausl Recht ist vAw anzuwenden (BGH JZ 06, 340, 341, 342). Anders als deutsches Recht, einschl des EU-Rechts (BaRoth/*Lorenz* Einl IPR Rz 78) und des Rechts der ehemaligen DDR (BGH FamRZ 97, 496), muss der deutsche Richter ausl Recht aber nicht kennen. Sein Inhalt ist vAw zu ermitteln (§ 293 ZPO). Die Parteien trifft dabei eine Mitwirkungsobliegenheit (*Kindl* ZZP 111 (98), 192 mwN). Es handelt sich aber nicht um eine (prozessuale) Beweisführungslast (BGH JR 06, 340; BGHZ 120, 342). Der Inhalt ausl Rechts ist nicht geständnisfähig und im Versäumnisverfahren nicht von § 331 I ZPO erfasst (Kobl IPRspr 02 Nr 1; Baumbach/Lauterbach/Albers/*Hartmann* § 293 ZPO Rz 13; BaRoth/*Lorenz* Einl IPR Rz 79). Übereinstimmenden **Parteivortrag** zum Inhalt ausl Rechts darf das Gericht nicht ohne weiteres als richtig zugrunde legen (BAG JZ 79, 647; BaRoth/*Lorenz* Einl IPR Rz 79; *Schack* Rz 626; aA BAG AWD 75, 521; Celle RIW 93, 587), jedoch kann der Umfang der Ermittlungspflicht durch den Vortrag beeinflusst, insb durch Unterlassung zumutbaren Vortrags gemindert werden (BGH JR 06, 340; BGHZ 118, 151, 164). Neben den von den Parteien beigebrachten Nachweisen können nach § 293 S 2 ZPO sämtliche dem Gericht zugängliche Erkenntnisquellen (Freibeweis) benutzt werden (BGH NJW 66, 298); das Gericht ist zu ihrer Ausschöpfung verpflichtet (BGH NJW 91, 1418). Als bekannt darf ausl Recht gelten, wenn eine Partei eine Auskunft des obersten Gerichts des betreffenden Staates vorlegt (BGH IPRspr 94 Nr 2).

53 Die Ausübung des richterlichen Ermessens hinsichtlich der Beweisaufnahme über das fremde Recht ist **revisionsgerichtlich überprüfbar** (BGH IPRspr 98 Nr 3; NJW 92, 2029).

54 **b) Erkenntnisquellen.** Die wichtigsten deutschsprachigen Hilfsmittel bei der Ermittlung fremden Kollisions- und Sachrechts sind die beiden vielbändigen **Quellensammlungen** *Bergmann/Ferid* Internationales Ehe- und Kindschaftsrecht und *Ferid/Firsching/Dörner/Hausmann* Internationales Erbrecht, je Losebl, sowie *Rieck* Ausländisches Familienrecht, 2 Bde, Losebl, 6. Aufl 2010; *Süß*, Erbrecht in Europa, 2. Aufl 2008; *v Bar* Deliktsrecht in Europa, mehrbändige Landesberichte 1993/94; *v Bar* Sachenrecht in Europa, 4 Bde 1999-2001; *Kropholler/Krüger/Riering/Samtleben/Siehr* Außereuropäische IPR-Gesetze, 1999; die fortlaufend erscheinenden Slg „Die deutsche Rspr auf dem Gebiet des IPR" (IPRspr) und „Gutachten zum Internationalen Privatrecht" (IPG) sowie zahlr auslandsrechtliche Informationen passim insb in den Großkomm *Staudinger* Einzelbde zum EGBGB, 13./14. Bearb 2000 ff und *Soergel*, 12. Aufl 1996 Bd 10. Eine umfassende Bibliographie (Schrifttum, Rspr u Gutachten) bietet *v Bar* Ausl Privat- und Privatverfahrensrecht in deutscher Sprache, 7. Aufl 2008, jährl als CD-ROM, und eine ausf „Auswahl wichtiger Erkenntnismittel des ausl IPR" MüKo/*Sonnenberger* Einl IPR Rz 334. Ergiebig sind auch Internetrecherchen ausgehend von www.jura.uni-sb.de/internet/, weitere Internetadressen nennt IPRax 98, 231 ff.

55 Nach dem Europäischen Abk v 7.6.68 betreffend **Auskünfte** über ausl Recht (BGBl 74 II 938; 75 II 300; 87 II 58; AusfG BGBl 74 I 1433; 90 I 2847) werden gerichtlichen Ersuchen um Auskunft über das Recht eines fremden Staates nach Einreichung bei der deutschen Vermittlungsstelle von einer zentralen Stelle jenes Staates beantwortet (dazu *Jastrow* IPRax 04, 402). Bevorzugt greifen deutsche Gerichte aber auf **Sachverständigengutachten** zurück (dazu im Hinblick auf § 411a ZPO *Jayme* IPRax 06, 587), die Universitätsinstitute oder das Max-Planck-Institut für Ausl und Internationales Privatrecht in Hamburg und weitere Sachverständige (Übersicht bei *Hetger* RIW 03, 444 ff), für Notare auch das Deutsche Notarinstitut, erstatten. Die Gutachtenkosten sind von der unterlegenen Partei zu erstatten, andere gerichtliche Ermittlungskosten grds nicht, vgl *Rühl* RabelsZ 71 (2007) 572 f.

56 **c) Nichtermittelbarkeit.** Da bei Nichtfeststellbarkeit des ausl Rechts ein non liquet ausscheidet (s.o. Rn 52), ist ein *Ersatzrecht* heranzuziehen: *Die Rspr greift grds auf die deutsche lex fori zurück*, insb, wenn starke Inlandsbeziehungen bestehen und die Beteiligten einer Anwendung deutschen Rechts nicht widersprechen (BGHZ 89, 387). Nur wenn die **Anwendung deutschen Rechts** äußerst unbefriedigend wäre, wird das nächstverwandte oder wahrscheinlich geltende Recht herangezogen (BGH NJW 1982, 1215; BGHZ 69, 387; KG FamRZ 02, 166).

Umgekehrt versucht das Schrifttum ganz überwiegend eine größtmögliche Annäherung an den unbekannten tatsächlichen Rechtszustand und greift auf deutsches Recht nur hilfsweise zurück (Palandt/*Thorn* Einl v EGBGB 3 Rz 36; *Kegel/Schurig* IPR § 15 V 2; *Zöller/Geimer* § 293 ZPO Rz 24 jeweils mwN). Hilfestellung bei der Ermittlung dieses **wahrscheinlichen Rechts** bieten verwandte Rechtsordnungen aus demselben Rechtskreis. Mutterrechte liefern ohnehin Indizien für den Inhalt der Tochterrechte. Alternativ wird, insb für familienrechtliche Ansprüche, vorgeschlagen, auf die gesetzlich vorgesehene **Hilfsanknüpfung** im eigenen Kollisionsrecht zurückzugreifen bzw eine solche zu entwickeln, da die Verbindung zu der so bezeichneten Rechtsordnung nach den Wertungen unseres Kollisionsrechts enger sei als diejenige zur lex fori (*v Hoffmann/Thorn* § 3 Rz 145 m Nachw; aA MüKo/*Sonnenberger* Einl IPR Rz 752; BaRoth/*Lorenz* Einl IPR Rz 84). Praktische Bedeutung kommt dem Ersatzrecht, mit Blick auf die zeitliche Begrenztheit der Ermittlungsmöglichkeiten, insb im Verfahren des **einstweiligen Rechtsschutzes** zu (KG IPRax 91, 60; Ddorf FamRZ 74, 456).

2. Anwendung fremden Rechts. Wenn ein deutsches Gericht ausl Recht anwendet, muss es so entscheiden wie ein zum selben Zeitpunkt entscheidendes Gericht des fremden Landes (authentische Anwendung). Es hat sich dabei an die **ausl Praxis und Lehre** zu halten (BGH NJW 03, 2685; NJW-RR 02, 1359; NJW 91, 1419; RIW 82, 199 und 435; NJW 76, 1581) und die ausl Rechtsquellen-, Rechtsanzeichen- und Auslegungsgrundsätze zu beachten; die vertraute Methodik der Rechtsfindung im eigenen Recht muss es dabei ggf hinter sich lassen. Bei Fallgestaltungen, die die Gerichte des Staates, dessen Recht anwendbar ist, bisher nicht entschieden haben, ist das ausl Recht aus *dessen* Geist und System heraus fortzuentwickeln (zB AG Charlottenburg, IPRax 1983, 128). Die Vereinbarkeit ausl Normen mit der Verfassung des betreffenden Staates darf das deutsche Gericht nur prüfen, wenn auch dem ausl Gericht eine solche Prüfung gestattet ist (*Kegel/Schurig* § 15 III); ansonsten hat es von der Gültigkeit der zw Norm auszugehen (BayObLG IPRspr 68/69 Nr 106; BaRoth/*Lorenz* Einl IPR Rz 85). 57

Seit Neufassung des § 545 I ZPO wird der Inhalt des ausl Rechts generell für **revisibel** gehalten (dazu *Hess* NJW 09, 3132; *Mäsch* NJW editorial 40/09; *Eichel* IPRax 09, 389; krit zur aF zB *Jansen/Michaels* ZZP 03, 3). Im Anwendungsbereich der §§ 73 I ArbGG (BAG RIW 75, 521) und 72 I FamFG (noch unter dem FGG: Frankf NJW-RR 94, 72; Köln WM 88, 1749; LG Frankenthal Rpfleger 81, 324) wurde die Revisibilität bereits zuvor bejaht. 58

IX. Ergebniskorrekturen. Die unbesehene Anwendung ausl Rechts gleicht einem „**Sprung ins Dunkle**" (*Raape* Deutsches IPR, I. Bd, 1938). Dieser kann im Einzelfall nicht nur dazu führen, dass das Ergebnis eines Falles mit Auslandsbezug nach Abschluss der kollisionsrechtlichen Prüfung so sehr von den privatrechtlichen Gerechtigkeitsvorstellungen der lex fori abweicht, dass es so letztlich doch nicht hingenommen werden kann (ordre public – dazu s.u. Rn 61; Art 6 EGBGB Rn 1 ff), sondern auch dazu, dass mehrere Rechtsordnungen, die in einem Fall nach- oder nebeneinander anzuwenden sind, einander letztlich inhaltlich widersprechen und eine Anpassung erforderlich ist (*Looschelders* Vorbem zu Art 3–6 Rz 22, 58; BaRoth/*Lorenz* Einl IPR Rz 90; s.u. Rn 60). Die Ergebniskorrektur im Wege der Anpassung hat ggü derjenigen des ordre-public-Vorbehalts Vorrang (s. Art 6 EGBGB Rn 1). 59

1. Anpassung (Angleichung). Zu solchen korrekturbedürftigen Verwerfungen kann es kommen, (a) wenn ein Fall mehrere Rechtsfragen aufwirft, die unterschiedlich zu qualifizieren sind und unterschiedlichen Rechtsordnungen unterliegen (Depeçage ieS, s.o. Rn 33), (b) wenn Vor- und Hauptfrage unterschiedlichen Rechten unterliegen (s.o. Rn 46) oder (c) wenn ein Statutenwechsel zu einem Nacheinander verschiedener Rechtsordnungen führt (s.o. Rn 39 ff). Die Disharmonie der in diesen Situationen aufeinander treffenden Normen kann mehr oder weniger deutlich sein: Ein offener Widerspruch liegt etwa bei einander widersprechenden Kommorientenvermutungen in den Personalstatuten mehrerer Verstorbener vor (s. Art 9 EGBGB Rn 10). Die meisten Wertungswidersprüche sind aber auf den ersten Blick bei fremden Rechten weniger gut erkennbar; bereits ihre Feststellung setzt eine ansonsten bei der Fallbearbeitung ungewohnt weite Sicht auf die in Rede stehenden Rechtsordnungen insgesamt, jedenfalls über ihren kollisionsrechtlich berufenen Ausschnitt (dazu s.o. Rn 33) hinaus, voraus: Klassisches Bsp ist die fehlende Abstimmung von Güter- und Erbstatut (s. Art 25 EGBGB Rn 14), die dazu führt, dass der überlebende Ehegatten weniger („Normenmangel") oder mehr („Normenhäufung") erhält als *jede* der beteiligten Rechtsordnungen für sich betrachtet ihm im Ganzen zubilligen würde. Modernes Bsp des sog Normenmangels ist wegen der fehlenden Abstimmung von Delikts- und Gesellschaftsrecht die Frage der persönlichen Haftung des beratenden Rechtsanwalts in einer in Deutschland praktizierenden engl LLP (*Henssler/Mansel* NJW 07, 1393, aA *Triebel/Siny* NJW 08, 1034). Sinn der Anpassung ist es, dem übereinstimmenden Inhalt beider Rechtsordnungen zum Zuge zu verhelfen; letztlich handelt es sich um eine teleologische Korrektur. Der Einzelne soll nicht aufgrund der Internationalität des Sachverhalts Nachteile erleiden, die ihn in reinen Inlandsfällen nicht träfen (*Looschelders* IPRax 06, 464). Zu beachten ist dabei, dass dies nicht zu einer Überspielung der einzelnen, durchaus bewusst nur auf einen bestimmten Anknüpfungsgegenstand beschränkten Anknüpfungsentscheidungen führen darf (vgl MüKo/*Sonnenberger* Einl IPR Rz 605 f). Nur eine durch die Anknüpfungsmechanismen des IPR zweckwidrig erzeugte Schieflage kann mit der Anpassung (Angleichung) zurechtgerückt werden. Hierfür stehen die **kollisionsrechtliche und die sachrechtliche Methode** zur Verfügung (BGH DtZ 93, 278; FamRZ 86, 347; BGHZ 60

56, 196; BayObLG StAZ 96, 41; Köln FamRZ 95, 1201; *Looschelders* Die Anpassung im IPR, 1995, 164 ff). Bei der ersteren wird der Verweisungsumfang einer der Kollisionsnormen zu Gunsten einer anderen teleologisch reduziert, bei der zweiten wird zwischen den zur Wahl stehenden Sachnormen interpoliert und eine an die grenzüberschreitende Situation angepasste neue Sachnorm geschaffen (Bsp s. Art 10 EGBGB Rn 18), was man im Ansatz mit dem Vorgehen beim „Auslandssachverhalt" (s.o. Rn 48) vergleichen können wird (*Looschelders* Vorbem zu Art 3–6 Rz 60). Die Entscheidung zwischen beiden Methoden muss aufgrund einer Interessenabwägung im Einzelfall getroffen werden, wobei die hM die kollisionsrechtliche Methode bevorzugt (Erman/ *Hohloch* Einl Art 3 Rz 46; *v Hoffmann/Thorn* § 6 Rz 36 f; *Kropholler* § 34 IV 2d; *Lüderitz* Rz 198), während vermehrt die Auffassung vertreten wird, dass überwiegend (*Looschelders* Vorbem zu Art 3–6 Rz 60 f) oder ausschl (MüKo/*Sonnenberger* Einl IPR Rz 605 ff; *Raape/Sturm* 262) die sachrechtliche Methode anzuwenden sei, weil es sich bei der kollisionsrechtlichen Methode letztlich um eine Korrektur der Qualifikation (s.o. Rn 34) handele, die mit der Bestimmung der anwendbaren Rechte auch wertungsmäßig abgeschlossen sein sollte. Die Anpassung darf nicht weiter gehen, als zur Verwirklichung der gemeinsamen Inhalte beider Rechtsordnungen (**duo conformes**) erforderlich ist (*Looschelders* IPRax 06, 465 mwN; *Kegel/Schurig* § 8 III 1).

61 **2. Ordre public.** Führt im Einzelfall die Anwendung der vom IPR berufenen ausl Rechtsnormen zu einem Ergebnis, das mit wesentlichen Grundsätzen des deutschen Rechts, namentlich den Grundrechten, nicht vereinbar ist, so greift der Vorbehalt des ordre public ein, der in Art 6 gesetzlich geregelt ist und in solchen Fällen eine Korrektur des Ergebnisses erforderlich macht (s. Art 6 EGBGB Rn 1 ff).

Art. 3a Sachnormverweisung; Einzelstatut.
(1) Verweisungen auf Sachvorschriften beziehen sich auf die Rechtsnormen der maßgebenden Rechtsordnung unter Ausschluss derjenigen des Internationalen Privatrechts.
(2) Soweit Verweisungen im Dritten und Vierten Abschnitt das Vermögen einer Person dem Recht eines Staates unterstellen, beziehen sie sich nicht auf Gegenstände, die sich nicht in diesem Staat befinden und nach dem Recht des Staates, in dem sie sich befinden, besonderen Vorschriften unterliegen.

1 **A. Einführung.** Art 3a ist im Zuge der redaktionellen Bereinigung des nur noch als prominente Einleitungsvorschrift dienenden Art 3 (s. dort Rn 1) geschaffen worden. Er nimmt die ausgegliederten Hilfsbestimmungen der Art 3 I 2 und III aF auf, die das Ziel der Verweisung betreffen und daher besser in Art 4 gepasst hätten. I enthält die Legaldefinition des in Art 4 verwandten Begriffes „Sachvorschriften". II normiert für das Internationale Familien- und Erbrecht eine bedingte Sonderanknüpfung.

2 **B. Legaldefinition Sachvorschriften (Abs 1).** Grds sind die Verweisungen des deutschen IPR als Gesamtverweisungen zu verstehen (Art 4 I 1), dh anzuwenden ist zunächst das IPR der berufenen Rechtsordnung (s. Art 4 EGBGB Rn 3). Verweisungen unmittelbar auf die Sachvorschriften der Zielrechtsordnung (**Sachnormverweisungen**) erfolgen **nur ausnahmsweise** in den gesetzlich (Art 4 EGBGB Rn 9) genannten Fällen: Es kommen dann ohne Befragung des fremden IPR gleich die fremden Sachvorschriften zur Anwendung (s. ausf Art 4 EGBGB Rn 1 ff, 9 ff).

3 Da diese Definition von Sachvorschriften gleichzeitig den Begriff des Kollisionsrechts als den Gegensatz zum Sachrecht charakterisiert, hatte der Gesetzgeber sie ursprünglich an den Anfang des Regelungskomplexes zum IPR gestellt (vgl BTDrs 10/504 und oben Art 3 EGBGB Rn 2). Mit ihrer Ausgliederung aus Art 3 hat sie jedoch diesen **Kontext** verloren, so dass eine Einstellung in den von Gesamt- und Sachnormverweisungen handelnden **Art 4** überzeugender gewesen wäre (so schon zur alten Gesetzeslage MüKo/*Sonnenberger* Rz 9; Soergel/*Kegel* Rz 4).

4 **C. „Einzelstatut bricht Gesamtstatut" (Abs 2).** Der nunmehr in Art 3a II überführte ehemalige Art 3 III, der 1986 den Art 28 aF ablöste, ordnet eine bedingte **Sonderanknüpfung** für bestimmte Fragen des **Internationalen Familien- und Erbrechts** an. Trotz rechtspolitischer Kritik ist diese Sonderregelung als geltendes Recht zu respektieren.

5 **I. Gesamtstatut.** Im Internationalen Familien- und Erbrecht (Dritter und Vierter Abschnitt des EGBGB) werden regelmäßig **ganze Vermögensmassen einheitlich einem Recht** unterstellt, zB das gesamte Vermögen der Eheleute dem Güterrechtsstatut des Art 15 (BGH NJW 69, 369) oder dem Lebenspartnerschaftsstatut des Art 17b I, die Verwaltung des gesamten Vermögens von Kindern dem Eltern-Kind-Statut des Art 21 oder der gesamte Nachlass dem Erbstatut des Art 25. Auf die Belegenheit der zu der Vermögensmasse gehörenden Gegenstände nimmt ein solches „Gesamtstatut" keine Rücksicht.

6 Gesamtstatute idS gibt es zwar auch in anderen Rechtsgebieten, doch beschränkt II seinen Anwendungsbereich ausdrücklich auf Verweisungen des Familien- und Erbrechts. Er findet daher **keine Anwendung auf das Gesellschaftsstatut** – auch nicht in Fällen, in denen dieses letztlich das Erbrecht beeinflusst, weil es etwa Fragen wie die Besonderheiten der Erbfolge in Anteile an Personengesellschaften regelt (MüKo/*Sonnenberger* Art 3 Rz 36; *Kegel/Schurig* § 12 II 2b aa bbb; *Dörner* IPrax 04, 520; BaRoth/*Lorenz* Art 3 Rz 12; *Lüderitz* Rz 168 Fn 38; aA MüKo/*Birk* Art 25 Rz 102, 198; Erman/*Hohloch* Rz 16). – Hinsichtlich des Ausgleichs von

Versorgungsanwartschaften wird II jedenfalls durch den spezielleren Art 17 II 2 Nr 2 verdrängt (MüKo/*Sonnenberger* Art 3 Rz 37; BaRoth/*Lorenz* Art 3 Rz 12).

II. Einzelstatut. Eine Anwendung von II kommt in Betracht, soweit die Verweisung nicht zum Recht des **Belegenheitsstaat**es führt (MüKo/*Sonnenberger* Art 3 Rz 28). II macht dann im Wege einer „bedingten Verweisung" gewisse Zugeständnisse an das Recht des Belegenheitsstaates, weil nur in diesem die Herrschaft über den Vermögensgegenstand ausgeübt werden kann und internationaler Entscheidungseinklang daher von besonderer Bedeutung ist (BTDrs 10/504 36; BGHZ 131, 29; krit *Kegel/Schurig* § 12 II 2b cc). Unter der Bedingung, dass das Belegenheitsrecht für die betreffenden Gegenstände besondere familien- oder erbrechtliche (MüKo/*Sonnenberger* Art 3 Rz 27) Vorschriften vorsieht, sind dann statt des Gesamtstatuts diese Vorschriften als sog „Einzelstatut" anzuwenden.

III. Besondere Vorschriften. Um „besondere" Vorschriften iS eines solchen Einzelstatuts handelt es sich aber nur, wenn der Belegenheitsstaat des betreffenden Vermögensgegenstandes gerade die Zusammenfassung der Vermögensgegenstände zu einer Einheit nicht anerkennt (Staud/*Dörner* Art 25 Rz 522; *Junker* Rz 212), gewisse Vermögensgegenstände also aussondert und einem ggü dem sonst anwendbaren Familien- oder Erbrecht **besonderen Regime** unterwirft. Als besondere Vorschriften kommen zunächst sachrechtliche Vorschriften in Frage, die **einzelne Vermögensgegenstände** dem allg privaten Vermögensrecht entziehen und einer besonderen Ordnung unterwerfen. Nach einer Ansicht ist zusätzlich zu fordern, dass der Sonderbehandlung wirtschafts- oder gesellschaftspolitische Erwägungen zugrunde liegen (BGHZ 50, 64; MüKo/*Sonnenberger* Art 3 Rz 21; *Kegel/Schurig* § 12 II 2b, die in II eine Sonderregel zur Anknüpfung ausl Eingriffsnormen, dazu s.o. Art 3 EGBGB Rn 30, sehen), während nach zutreffender Ansicht ausreicht, wenn hinter der besonderen Ordnung zugleich oder ausschl Nachlassregulierung im Privatinteresse steht, etwa die Zusammenhaltung von Familiengut, wie dies im common law gelegentlich noch der Fall ist (MüKo/*Sonnenberger* Art 3 Rz 22 f).

In Deutschland wird mit II insb die Sonderbehandlung von Vermögen in Gestalt der – in den Gebieten der ehemaligen britischen Zone als partielles Bundesrecht geltenden (*Looschelders* Art 3 Rz 27) – **Höfeordnung** gegen ein ausl Gesamtstatut durchgesetzt (BRDrs 222/83 37; BTDrs 10/504 37; BGH IPRspr 64/65 Nr 171). Entsprechendes gilt für die landesrechtlichen **Anerbengesetze**, für die man sich zwar nicht auf den bundeskollisionsrechtlichen II stützen kann (Soergel/*Kegel* Art 3 Rz 14 f; *Kegel/Schurig* § 12 II 2b aa bbb), zumal sie ihre jeweiligen Anwendungsbereiche selbst definieren (MüKo/*Sonnenberger* Art 3 Rz 32), wohl aber auf eine ungeschriebene landesrechtliche einseitige Kollisionsnorm (*Looschelders* Art 3 Rz 27; Staud/*Dörner* Art 25 Rz 548). Ebenfalls Art 3a II unterliegen die Sondererbfolge in bestehende Mietverhältnisse gem **§§ 563 ff BGB** oder entspr Vorschriften (MüKo/*Birk* Art 25 Rz 198; aA *Looschelders* Art 3 Rz 29; Staud/*Dörner* Art 25 Rz 550) sowie der Vermögenszerschlagung entgegenwirkende Regelungen wie die Stundung des **§ 2331a BGB;** denn der Wortlaut des II bietet keinen Anhaltspunkt dafür, dass es sich bei den besonderen Vorschriften zwingend um dingliche Regelungen handeln muss.

Unter „Vorschriften" versteht die hM nicht nur Sach-, sondern auch Kollisionsnormen, so dass auch die ua in Frankreich, England und den USA vorkommende **kollisionsrechtliche Vermögensspaltung** erfasst ist (BRDrs 222/83 3 f; BTDrs 10/504 3 f; BGH FamRZ 93, 1065; BayObLG FamRZ 97, 287; Celle IPRspr 02, 287; MüKo/*Sonnenberger* Art 3 Rz 24; *Lüderitz* Rz 168; aA *Kegel/Schurig* § 12 II 2 b cc, die das Kollisionsrecht nur für die Frage heranziehen, ob das Belegenheitsrecht sein sachrechtlich geschaffenes Sondervermögen auch selbst – in der Art einer Eingriffsnorm, s.o. Rn 8 – international durchsetzt, dazu s.u. Rn 12). Wenn das ausl Internationale Erbrecht einen anderen Anknüpfungspunkt wählt als das deutsche, wenn etwa das dänische IPR generell an den letzten Wohnsitz anknüpft, ist damit noch keine „besondere Vorschrift" gegeben (MüKo/*Sonnenberger* Art 3 Rz 25; *Looschelders* Art 3 Rz 32; *Firsching* IPRax 93, 169; aA BayObLG IPRax 83, 187 ff), auch nicht, wenn ein Teil des Nachlasses ohne **Rücksicht auf seine Belegenheit** einem eigenen Erbstatut unterstellt wird, etwa alle Mobilien dem letzten Wohnortrecht unterstehen (MüKo/*Sonnenberger* Art 3 Rz 35; *Lüderitz* Rz 168; *Ebenroth/Eyles* IPRax 98, 4), wohl aber wenn sie dem Recht des Belegenheitsortes unterstellt werden (MüKo/*Sonnenberger* Art 3 Rz 35; Staud/*Dörner* Art 25 Rz 538). Es reicht für das Eingreifen des II zudem aus, dass die „besondere" Anordnung der Anwendung des Belegenheitsrechts sich nur auf bestimmte Teilfragen bezieht, etwa auf den Eigentumsübergang und die Haftung im Erbfall oder die Behandlung erbenloser Nachlässe, wie das österreichische Recht dies für in Österreich liegende Nachlassgegenstände vorsieht (BayObLG IPRax 83, 187 ff; MüKo/*Sonnenberger* Art 3 Rz 25; Staud/*Hausmann* Art 3 Rz 67; *Firsching* IPRax 93, 187 ff; *Rauscher* IPRax 03, 271 f).

IV. Gegenstände. Unter „Gegenstände" iSd II sind bewegliche und unbewegliche **Sachen sowie unkörperliche Vermögensgüter** wie Forderungen, Immaterialgüterrechte und Miterbenanteile zu verstehen (BayObLG IPRax 00, 309 m zust Aufs *Andrae* 300 f; München WM 87, 809; LG Traunstein IPR 86 Nr 111; MüKo/*Sonnenberger* Art 3 Rz 35; *Looschelders* Art 3 Rz 24). Wo diese Gegenstände belegen sind, ist nach deutschem Recht zu entscheiden (BayObLG IPRax 00, 309 m zust Aufs *Andrae* 300 f; KG IPRspr 35–44 Nr 227; MüKo/*Sonnenberger* Art 3 Rz 35).

12 V. Einschränkungen bzgl der Rechtsfolge. II bestimmt zur Rechtsfolge nur, welche Kollisionsnormen *nicht* anzuwenden sind (MüKo/*Sonnenberger* Art 3 Rz 29). Welches Recht positiv auf die dem Gesamtstatut entzogenen Gegenstände anzuwenden sein soll, bleibt offen. Ausgehend vom Zweck des internationalen Entscheidungseinklangs (s.o. Rn 7) kann das nur das Recht sein, das Gerichte des Belegenheitsortes anwenden würden (*v Hoffmann/Thorn* § 4 Rz 19; *Kegel/Schurig* § 12 II 2b; *Lüderitz* Rz 168). Aus diesem Grund kommen am Belegenheitsort geltende Sachnormen, auch wenn es sich um besondere Vorschriften iSd II handelt, **nur zur Anwendung, wenn das am Belegenheitsort geltende IPR sie im gegebenen Fall überhaupt zur Anwendung ruft**, wobei die betreffende IPR-Vorschrift in diesem Fall aber nicht ihrerseits eine „besondere Vorschrift" idS sein muss; wegen des besonderen Anwendungswillens der betreffenden Sachnorm wird es sich idR aber auch um eine Sonderanknüpfung handeln (vgl MüKo/*Sonnenberger* Art 3 Rz 23 aE). IE kann es so über II im Einzelfall zur Anwendung fremden Eingriffsrechts (dazu s.o. Art 3 EGBGB Rn 30 und Art 34) kommen, wobei das besondere fremde Eingriffsinteresse ungeprüft bleiben kann, weil II nicht dieses sondern nur überhaupt eine besondere Regelung voraussetzt (aA *Kegel/Schurig* § 12 II 2b, wonach II Sonderregelung zur Anknüpfung fremden Eingriffsrechts ist).

13 Da die besonderen Vorschriften des Belegenheitsstatuts nur den Zweck haben, die eigenen Regeln durchzusetzen, ist ein **Renvoi** (s.o. Rn 2; Art 4 EGBGB Rn 12 ff) ausgeschlossen (*Looschelders* Art 3 Rz 34), was auch bei bloß kollisionsrechtlicher Rechtsspaltung überzeugt, bei der die Teilverweisung zwar so auszuführen ist, wie das betreffende Recht sie versteht, es sich aber praktisch immer um eine Verweisung auf das Belegenheitsrecht handelt, die nur als Sachnormverweisung (dazu allg Art 4 EGBGB Rn 9 ff) denkbar ist. Wenn es über II zur kollisionsrechtlichen Nachlassspaltung kommt, kann wegen mangelnder Harmonie der anzuwendenden Rechte **Anpassung** (s. Art 3 EGBGB Rn 60) nötig sein (dazu auch Art 25 EGBGB Rn 15, 39).

Art. 4 Rück- und Weiterverweisung; Rechtsspaltung.

(1) ¹Wird auf das Recht eines anderen Staates verwiesen, so ist auch dessen Internationales Privatrecht anzuwenden, sofern dies nicht dem Sinn der Verweisung widerspricht. ²Verweist das Recht des anderen Staates auf deutsches Recht zurück, so sind die deutschen Sachvorschriften anzuwenden.
(2) Soweit die Parteien das Recht eines Staates wählen können, können sie nur auf die Sachvorschriften verweisen.
(3) ¹Wird auf das Recht eines Staates mit mehreren Teilrechtsordnungen verwiesen, ohne die maßgebende zu bezeichnen, so bestimmt das Recht dieses Staates, welche Teilrechtsordnung anzuwenden ist. ²Fehlt eine solche Regelung, so ist die Teilrechtsordnung anzuwenden, mit welcher der Sachverhalt am engsten verbunden ist.

1 A. Einführung. Art 4 ist eine Hilfsnorm. Sie regelt Einzelheiten zum **Ziel der Verweisung**: Steht aufgrund der anwendbaren Kollisionsnorm fest, welchen Staates Recht anzuwenden ist, so stellt sich die Frage, ob für die Beantwortung der betreffenden Rechtsfrage auf das berufene Recht in seiner Gesamtheit oder nur auf einen bestimmten Ausschnitt zurückzugreifen ist. Zwar kommt von vornherein nur das Zivilrecht in Betracht (s.o. Art 3 EGBGB Rn 13). In Fällen mit Auslandsbezug hängt die materiellrechtliche Beantwortung einer zivilrechtlichen Frage aber außer von den die Rechtsfrage selbst inhaltlich beantwortenden „Sachvorschriften" (Art 3a I) stets auch von kollisionsrechtlichen Regelungen ab. Daher ist grds auch innerhalb der Rechtsordnung, auf die verwiesen worden ist, das dortige IPR zu beachten, zumal auf das Recht von deutschen Gerichten ebenso angewandt werden soll, wie von Gerichten in dem betreffenden Lande (s.o. Art 3 EGBGB Rn 57), die bei Fällen mit Auslandsbezug ihrerseits vom (eigenen) IPR ausgehen würden. Diesem Anliegen des sog internationalen Entscheidungseinklangs entspr, ordnet I als Grundsatz die sog **Gesamtverweisung** an. I 1 Hs 2 u II formulieren Ausnahmen, sog Sachnormverweisungen. Im Anwendungsbereich der die meisten Fälle des internationalen Schuldrechts regelnden Rom-VOen gilt umgekehrt der Grundsatz der **Sachnormverweisung** (Art 20 Rom I-VO, Art 24 Rom II-VO). III behandelt eine weitere mögliche kollisionsrechtliche Fragestellung in der Zielrechtsordnung: Besteht dort räumliche oder personale Rechtsspaltung, so stellt sich die Frage, nach welchen **interlokalen oder interpersonalen Regeln** die anwendbare Teilrechtsordnung zu ermitteln ist (sog Unteranknüpfung). Ggü III vorrangig spezielle Regelung für das internationale Schuldrecht enthalten Art 22 I Rom I-VO, 25 I Rom II-VO und ex Art 35 II.

2 B. Gesamtverweisung. I. Als Grundsatz. Verweist eine deutsche Kollisionsnorm auf ausl Recht, so liegt darin nach I 1 stets eine auch das fremde IPR umfassende Gesamtverweisung, es sei denn, dass eine der von Art 4 selbst genannten oder außerhalb der Norm vorzufindenden Ausnahmen (s.u. Rn 9 ff) vorliegt. Als Grund hierfür wird herkömmlich das Streben nach internationalem Entscheidungseinklang genannt, auch wenn dieser sich ohnehin letztlich kaum erreichen lässt, weil die meisten ausl Rechtsordnungen ihrerseits vom Grundsatz der Gesamtverweisung ausgehen und die Rechtsanwendung durch in- und ausl Gerichte sich damit im Ergebnis häufig gerade nicht entspricht, sondern spiegelverkehrt zueinander verhält (s.u. Rn 4). Tragfähiger erscheint die Begründung, wonach es aus Sicht des deutschen Kollisionsrechts inkonsequent wäre, eine bestimmte Rechtsordnung zu berufen und damit den Schwerpunkt des Sachverhalts dort anzusiedeln, ohne zugleich dieser Rechtsordnung aufgrund deren größeren Sachnähe auch selbst eine **Mitsprache**

bei der Bestimmung des räumlichen Schwerpunkts des Falles einzuräumen. Die dem IPR zugrunde liegende räumliche „Relativität der Gerechtigkeit" schlägt sich in der „Relativität der Anknüpfungsentscheidung" des eigenen IPR nieder (*Looschelders* Rz 5; *Lurger* ZfRV 95, 184).

II. Konsequenzen. 1. Überblick. Eine Gesamtverweisung hat drei denkbare Konsequenzen: Entweder kommen die Kollisionsnormen der Zielrechtsordnung zu demselben Ergebnis wie diejenigen der Ausgangsrechtsordnung, dass nämlich dieses Zielrecht anwendbar sei (sog **Annahme der Verweisung**), oder zu dem Ergebnis, dass die Ausgangsrechtsordnung (lex fori) selbst anwendbar sei (**Rückverweisung**/Renvoi), oder zu dem Ergebnis, dass eine bestimmte dritte Rechtsordnung anwendbar sei (**Weiterverweisung**). Teilweise wird „Renvoi" auch als Oberbegriff für Rück- und Weiterverweisung verwandt. Ob iRd Anwendung ausl Kollisionsrechts auch **ausl ordre-public-Klauseln** anzuwenden sind, ist umstr (s. Art 6 EGBGB Rn 3). 3

2. Verweisungsketten. Dem Grundsatz der authentischen Anwendung fremden Rechts (Art 3 EGBGB Rn 57) entspr bleibt dem berufenen Recht überlassen, ob eine **Weiterverweisung** ihrerseits Gesamtverweisung ist (BayObLG IPRspr 72 Nr 128; LG Augsburg IPRspr 72 Nr 89; LG Bochum IPRspr 58/59 Nr 147; *v Hoffmann/Thorn* § 6 Rz 104; *Kegel/Schurig* § 10 IV 3; *Looschelders* Rz 12; *v Bar/Mankowski* IPR I, § 7 Rz 222 ff; Soergel/*Kegel* Rz 19; Staud/*Hausmann* Rz 55; aA RGZ 64, 389 ff, 94; AG Kaufbeuren IPRax 84, 221; *Kropholler* § 24 II 4; Staud/*Dörner* Art 25 Rz 641: stets Sachnormverweisung). So kann es zu einer Kette mehrerer anzuwendender Rechtsordnungen kommen. Für die **Rückverweisung** gilt im Prinzip nichts anderes, doch würde die ausl Gesamtverweisung hier zu einem Zirkelschluss führen. Dieser wird durch I 2 im Interesse zügiger und richtiger Rechtsanwendung so unterbrochen, dass deutsches Recht zur Anwendung kommt (Frankf NJW-RR 08, 386 = FamRBInt 08, 52 m Bespr *Stößer*), in dem der deutsche Richter geschult ist (BTDrs 10/504, 37; *Kegel/Schurig* § 10 III 3). Eine ähnliche Situation kann bei der Weiterverweisung entstehen, wenn die Kette der anzuwendenden Rechte in eine Schlaufe mündet, in der ein Recht auf das andere und dieses wiederum auf das eine verweist. Wo hier abzubrechen ist, ist umstr. Handelt es sich bei dem Recht am Ausgangspunkt der Schlaufe um das deutsche Recht, ist wiederum I 2 anzuwenden (MüKo/*Sonnenberger* Rz 36: direkte Anwendung; *Looschelders* Rz 13: Analogie). Erscheint ein anderes Recht zum zweiten Mal in der Kette, ist nach einer Ansicht ebenfalls ein Abbruch geboten und dessen Sachrecht anzuwenden (Palandt/*Heldrich* 67. Aufl, Rz 3; BaRoth/*Lorenz* Rz 15; AnwK/*Freitag* Rz 7; *Looschelders* Rz 13; vorsichtig auch MüKo/*Sonnenberger* Rz 36), während andere im Interesse des ursprünglich angestrebten internationalen Entscheidungseinklangs mit der erstberufenen Rechtsordnung („foreign court theory") das von deren IPR berufene Recht anwenden wollen (Palandt/*Thorn* Rz 3; Staud/*Hausmann* Rz 56, Kegel/Schurig § 10 IV 3; *v Bar/Mankowski* IPR I, § 7 Rz 224, Soergel/*Kegel* Rz 19; *Lüderitz* Rz 163), ausf *Michaels* RabelsZ 61 (1997) 685. 4

3. Abweichende Qualifikation im Ausland. Da das fremde Recht so anzuwenden ist, wie der ausl Richter es anwenden würde, wenn er zu entscheiden hätte, ist bei einer Gesamtverweisung darauf zu achten, dass Unterschiede in der Qualifikation bestehen können. So werden etwa Ansprüche wegen Verlöbnisbruchs in Deutschland familienrechtlich (BGH IPRax 05, 546; Heimatrecht des Anspruchgegners), in Frankreich hingegen deliktsrechtlich qualifiziert. Leben verlobte Franzosen in Deutschland und kommt es hier zu einem Verlöbnisbruch, so liegt aufgrund der französischen deliktsrechtlichen Qualifikation eine Rückverweisung vor (Staud/*Mankowski* Anh Art 13 Rz 35 ff). Ebenso kommt es durch die türkische scheidungsrechtliche Qualifikation der Frage der nachehelichen Namensführung einer Türkin zur Rückverweisung auf deutsches Namensrecht (BGH IPRax 08, 137 m Anm *Henrich* 121). Man spricht auch von „**Renvoi kraft abweichender Qualifikation**". Kein Fall der abw Qualifikation liegt nach einer Ansicht vor, wenn das berufene Recht die Frage von vornherein völlig anders regelt, zB prozessual einstuft, wie anglo-amerikanische Jurisdiktionen dies mit Aufrechnung und Verjährung handhaben; denn dann sei der dortige Normenkomplex einschließlich seiner Kollisionsnormen wegen Fehlens funktioneller Kongruenz erst gar nicht von der deutschen Kollisionsnorm berufen (MüKo/*Sonnenberger* Rz 39 f; *Looschelders* Rz 10; Soergel/*Lüderitz* Anh Art 10 Rz 124). Die überwiegende Meinung unterscheidet aber nicht und lässt auch in diesen Fällen eine Rückverweisung zu (*Kegel/Schurig* § 10VI; *Kropholler* § 24 II 1a; Soergel/*Kegel* Rz 13; Staud/*Hausmann* Rz 63). Wird der aus deutscher Sicht einheitliche Anknüpfungsgegenstand im Ausland aufgespalten (zumeist weil im Erbfall bewegliches und unbewegliches Vermögen unterschiedlich angeknüpft werden) und unterschiedlichen Rechten unterworfen, so kann diese Abweichung in der Qualifikation zu einer **Teilrückverweisung** führen (MüKo/*Sonnenberger* Rz 65). 5

Vom Renvoi kraft anderer Qualifikation zu unterscheiden ist die in den zuletzt genannten Fällen der kollisionsrechtlichen Vermögensspaltung manchmal außerdem anzutreffende sog **Qualifikations(rück)verweisung**: Hier wird die Entscheidung darüber, ob es sich um bewegliches oder um unbewegliches Vermögen handelt, einem anderen Staat – idR dem Belegenheitsstaat – überlassen, also nur für den Qualifikationsvorgang selbst auf dieses andere Recht verwiesen. Für die Frage der Einordnung des Vermögens in die eine oder andere Kategorie kann es dann je nach Belegenheit des Grundstücks zu einer Qualifikationsrück- oder -weiterverweisung kommen (BGHZ 144, 251; 24, 352; LG Wiesbaden FamRZ 73, 657 f; MüKo/*Sonnenberger* Rz 59 ff; *v Hoffmann/Thorn* § 6 Rz 17a; *Schurig* IPRax 90, 389). 6

7 **4. Fehlen ausl Kollisionsnorm.** Es gibt Rechtsordnungen, die nicht für alle Fragen über Kollisionsnormen verfügen, sondern Rechtsanwendungsfragen letztlich nach dem Territorialitätsprinzip in der Weise lösen, dass bei internationaler Zuständigkeit der eigenen Gerichte stets eigenes Recht angewandt wird (zB verschiedene US-Bundesstaaten für das Scheidungsrecht). Eine Gesamtverweisung lässt sich hier nur durchführen, wenn sich dem Recht dennoch Ansätze zu einer kollisionsrechtlichen Wertung für die zu beantwortende Sachfrage entnehmen lassen. Einzigen Ansatzpunkt hierfür bietet die Zuständigkeitsordnung. Abstrahiert man in der Weise, dass ein zuständiges Gericht, bei dem der Fall anhängig gemacht wird, sein eigenes Recht anzuwenden hat, lässt sich dies zu einer – wenn auch nur mit einem beschränkten Anwendungsbereich versehen, aber doch auf im Forumstaat anhängige Fälle übertragbaren – Kollisionsnorm ausbauen. Da die aus einer Zuständigkeitsnorm entwickelte Kollisionsnorm nur auf das Recht am Ort des Gerichts, bei dem die Sache anhängig gemacht worden ist, verweisen kann, kann man so zwar nicht zu einer Weiterverweisung kommen, wohl aber zu einer Rückverweisung, die dann als „versteckte" Rückverweisung bezeichnet wird (KG FamRZ 07, 1561; Hambg FamRZ 01, 917; Staud/*Hausmann* Rz 72; Soergel/*Kegel* Rz 16; krit, zusätzlich auf die Anerkennungsfähigkeit abstellend MüKo/*Sonnenberger* Rz 50 ff). Diese ist jedenfalls dann zu bejahen, wenn die deutschen Gerichte nach der Zuständigkeitsnorm des betreffenden US-Staates für die Entscheidung der betreffenden idR familienrechtlichen, Frage ausschl zuständig wären (KG NJW 80, 536; Bambg FamRZ 79, 930) und nach hM auch bei konkurrierender Zuständigkeit (Kegel/*Schurig* § 10 VI; *Kropholler* § 25 III; *Rauscher* S 82 f; *Hay* IPRax 88, 268; aA MüKo/*Sonnenberger* Rz 52: das ausl Recht desavouiere in diesem Fall die deutsche Verweisung nicht). Die hM überzeugt; denn implizite Voraussetzung der versteckten Rückverweisung ist die Anhängigkeit und diese ist in diesen Fällen nur im Forumstaat gegeben, so dass die konkurrierende Zuständigkeit des Staates des nicht angerufenen Gerichts nur theoretisch bleibt und die internationale Zuständigkeit des Staates des tatsächlich angerufenen Gerichts daher nicht zu schwächen vermag (ähnl *Looschelders* Rz 8 aE).

8 Lässt sich im **ausl Recht** auch mit Hilfe solcher Erwägungen **keine kollisionsrechtliche Aussage** gewinnen, so erfolgt anstelle der Gesamt- eine Sachnormverweisung, weil dann jedenfalls zwischen lex fori und lex causae keine Anknüpfungsdifferenz festzustellen ist (MüKo/*Sonnenberger* Rz 71).

9 **C. Sachnormverweisung.** Im Falle einer Sachnormverweisung (Legaldefinition Art 3a I) wird das IPR der Zielrechtsordnung von der Verweisung ausgenommen. Es gelangen nur deren Sachnormen zur Anwendung, dh die Internationalität des Falles wird insoweit bei seiner Behandlung durch das anwendbare Recht ausgeblendet. Hiervon lässt Art 4 u II nur ausnahmsweise auszugehen.

10 Verweist deutsches IPR **einseitig nur auf deutsches Recht** (zB Art 9 S 2; 10 II 1 Nr 2, III Nr 2; 13 II, III 1; 16; 17 III 2; 18 II, V; 23 S 2; 24 I 2; 25 II), so ist von vornherein nur eine Sachnormverweisung denkbar (Palandt/*Thorn* Rz 5).

11 **I. Ausdrückliche Sachnormverweisungen.** Wann eine Sachnormverweisung anzunehmen ist, teilen manche Normen des Besonderen Teils **ausdrücklich** mit, zB Art 12 1; 17b I 1; 18 I; ex 35 I (letzteres unstr für das obj, aber str für das subj Vertragsstatut, s.u. Rn 16); 20 Rom I-VO; 24 Rom II-VO.

12 **II. Sinn der Verweisung (Abs 1 S 2 Hs 2).** Eine Sachnormverweisung findet aber auch statt, wenn eine Gesamtverweisung dem Sinn der betreffenden Verweisung, dh der anwendbaren Kollisionsnorm des Besonderen Teils des IPR widerspricht (I 1 Hs 2). Dies ist durch Auslegung zu ermitteln, bei der der Ausnahmecharakter der Sachnormverweisung zu beachten ist (BGH NJW 87, 681; Palandt/*Thorn* Rz 6; Erman/*Hohloch* Rz 17; Soergel/*Kegel* Rz 21). Dass es idS jeweils um **sachliche Erfordernisse** des maßgebenden Rechts gehe, nimmt die hM etwa bei Art 11, 23 1 und 26 an (Begr RegE BTDrs 10/504, 35 und 38; *v Hoffmann*/*Thorn* § 6 Rz 112; *Kropholler* § 24 Ic; *Looschelders* Rz 15; aA zu Art 11 und 23 *Kegel*/*Schurig* § 10 V), nicht aber bei Art 10 (BGH FamRZ 99, 570).

13 Art 11 und Art 19 sind Bspe für Normen, die auf **Begünstigung** bestimmter rechtlicher Erfolge (Formwirksamkeit, Feststellung einer Vaterschaft) abzielen und bei denen man daher gestützt auf I 1 Hs 2 die Entscheidung über den Umfang der Verweisung von einem Vergleich der unterschiedlichen, mittels Gesamt- oder Sachnormverweisung berufbaren Sachrechte abhängig machen kann (BTDrs 10/5632, 39; Nürnbg FamRZ 05, 1697; Stuttg FamRZ 01, 246; MüKo/*Sonnenberger* Rz 27; Erman/*Hohloch* Rz 17, 19; *Kegel*/*Schurig* § 10 V, s.a. Art 11 EGBGB Rn 17; Art 19 Rn 10). Bei Art 40 I 2 dient die Alternativität der Begünstigung, so dass dieser Fall aufgrund der Sinnklausel als Sachnormverweisung anzusehen ist (MüKo/*Sonnenberger* Rz 27; ähnl *v Hein* ZvglRWiss 99 (2000) 264), während Art 40 I 1 u II der Grundregel des Art 4 I 1 Hs 1 folgen und Gesamtverweisungen aussprechen (s.a. Rn 16 aE; MüKo/*Junker* Art 40 Rz 236 ff; *v Bar*/*Mankowski* IPR I, § 7 Rz 230 f; *v Hein* ZVglRWiss 99 (2000) 260 ff; *Looschelders* VersR 99, 1324; aA *Huber* JA 00, 73; *v Hoffmann* IPRax 96, 7).

14 Weiter würde es dem Sinn der Verweisung widersprechen, bei akzessorischen Anknüpfungen von einer Gesamtverweisung auszugehen, wenn die **Akzessorietät** gewährleisten soll, dass verschiedene Fragen nach derselben Rechtsordnung zu beurteilen sind (Gleichlauf). Denn dieses Erg wäre gefährdet, wenn das Zielrecht über die seinerseits ggf unterschiedlichen Anknüpfungsnormen für die verschiedenen Fragen letztlich doch zu unterschiedlichen Rechtsordnungen führen würde (MüKo/*Sonnenberger* Rz 28; Palandt/*Thorn* Rz 9; *Kropholler* § 24 II 2d; *Looschelders* Rz 24; *v Hoffmann*/*Thorn* § 6 Rz 114). Bspe sind Art 41 II 2 Nr 1, insb der dort angeordnete Gleichlauf von Vertrags- und Deliktsstatut (Palandt/*Heldrich* 67. Aufl, Art 41 Rz 2; *v Hein*

ZVglRWiss 99 (2000) 274; *Looschelders* VersR 99, 1324), sowie Art 38 I, 39 II, 40 IV, 44 und 45 II; im Anwendungsbereich der Rom II-VO hat sich die Frage wegen der in Art 24 Rom II-VO allgemein angeordneten Sachverweisung erledigt. Nicht um einen eine Sachnormverweisung auslösenden Gleichlauf geht es bei den familienrechtlichen Verweisungen, die vielfach auf das sog Familienstatut des Art 14 zurückgreifen (Palandt/ *Thorn* Rz 9).

Eine letzte Fallgruppe der Sinnklausel bilden nach einer beachtlichen LitAnsicht diejenigen Kollisionsnormen, die nicht schematisch nach festen Anknüpfungspunkten verweisen, sondern unmittelbar auf die **engste Verbindung** abstellen und damit einen optimierten kollisionsrechtlichen Gerechtigkeitsgehalt aufweisen, der nicht durch die Rücksicht auf fremde kollisionsrechtliche Wertungen konterkariert werden solle (Palandt/ *Thorn* Rz 8; Erman/*Hohloch* Rz 18; *Rauscher* 77; *v Hein* ZVglRWiss 99 (2000) 275; Staud/*Hausmann* Rz 97; *Rauscher* NJW 88, 2151, 2154). Dies sei bei den Ausweichklauseln der Art 41 u 46 („wesentlich engere Verbindung") der Fall (Palandt/*Thorn* Rz 8) – Art 28 V ist ohnehin von Art 35 I erfasst und die in der Rom I-VO enthaltenen Ausweichklauseln entspr durch Art 20 Rom I-VO – sowie bei Normen wie zB Art 14 I Nr 3, die eine Hilfsanknüpfungen an die gemeinsame engste Verbindung vorsehen (Erman/*Hohloch* Rz 18). Gegen letzteres wird aber zutr eingewandt, dass es sich bei der Hilfsanknüpfung von vornherein schon nicht um eine optimale kollisionsrechtliche Beurteilung handeln kann (Palandt/*Thorn* Rz 8; MüKo/*Sonnenberger* Rz 29; BaRoth/*Lorenz* Rz 8; *Kropholler* § 24 II 2a; *v Bar/Mankowski* IPR I, § 7 Rz 227). IÜ berührt ohnehin der Aspekt des kollisionsrechtlichen Optimums in keiner Weise den dem Prinzip der Gesamtverweisung zugrunde liegenden Gedanken der Einholung einer Stellungnahme des berufenen Rechts (s.o. Rn 2). Gerade wenn es sich aufgrund der besonderen kollisionsrechtlichen Einzelfallgerechtigkeit, die etwa die Ausweichklauseln ermöglichen, um das optimal passende Recht handelt, ist es sinnvoll, dieses auch nach den allg Grundsätzen in die kollisionsrechtliche Gesamtbeurteilung einzubeziehen (iE ebenso AG Leverkusen FamRZ 03, 1484; AG Hannover FamRZ 00, 1576, ähnl *Looschelders* Rz 27, 21).

III. Rechtswahl. Eine weitere Fallgruppe der Sachnormverweisung nennt Art 4 II: Eine Rechtswahl wird unmittelbar auf das Sachrecht der gewählten Rechtsordnung bezogen. Das wird sich idR bereits aus der Auslegung der Rechtswahlerklärungen ergeben. Bedeutung hat die Vorschrift dennoch, weil sie den Parteien darüber hinaus die Möglichkeit nimmt, freiwillig eine Gesamtverweisung zu vereinbaren (MüKo/*Sonnenberger* Rz 72; Palandt/*Thorn* Rz 11; *Kegel/Schurig* § 10 V). Diese Beschränkung muss angesichts der Klarheit der Regelung sowohl dann gelten, wenn nur ein begrenzter Kreis an Rechten zur Wahl steht (zB Art 10, 14 oder 15), als auch dann, wenn, wie im Falle des ex Art 27 oder des Art 42 völlig unbeschränkte Rechtswahl möglich ist (MüKo/*Sonnenberger* Rz 72 f; Palandt/*Thorn* Rz 10; *v Hein* ZVglRWiss 99 (2000) 276 f; aA Erman/ *Hohloch* Art 42 Rz 4; *Freitag/Leible* ZVglRWiss 99 (2000) 140 f). Was das Vertragsrecht angeht, so nimmt dies den Parteien zwar ohne Not Gestaltungsspielraum, doch normiert der für Altfälle noch anwendbare ex Art 35 I keine Ausn zu Art 4 II (MüKo/*Sonnenberger* Rz 72; Palandt/*Thorn* Rz 12; aA ex Art 35 EGBGB Rn 3 *Brödermann/Wegen* mwN); dies selbst dann nicht, wenn man, was bereits zw ist (hiergegen MüKo/*Sonnenberger* Rz 72), von einer Reduktion des ex Art 35 I ausginge, nach der dieser nur auf das objektive Vertragsstatut zu beziehen sei und im übrigen nur als Auslegungsregel diene; denn angesichts der klaren Diktion des Art 4 II wäre zu verlangen, dass ex Art 35 I die Kollisionsrechtswahl für das Vertragsrecht positiv gestattet, was rechtspolitisch im Interesse der Parteiautonomie zu begrüßen wäre, aber nicht der Fall ist. Das gleiche gilt für Art 20 Rom I-VO, der Art 35 I ablöst. Der Zulassung der **Wahl eines Kollisionsrechts** unter Art VII des Genfer Übs über die Handelsschiedsgerichtsbarkeit von 1961 steht Art 4 II indessen schon im Hinblick auf den Vorrang nach Art 3 Nr 2 nicht entgegen, zumal Schiedsgerichte von vornherein weniger auf ein bestimmtes Kollisionsrecht festgelegt sind. Das Bestimmungsrecht des Geschädigten nach Art 40 I 2 stellt zwar keine Rechtswahl iSd Art 4 II dar (aA *v Hoffmann/Thorn* Rz 11; *Freitag/Leible* ZVglRWiss 99 (2000) 101, 140 f) – denn dass es unter dem Vorbehalt der wesentlich engeren Verbindung nach Art 41 I 2 Nr 1 steht, zeigt, dass auch die damit bewirkte Anknüpfung an den Erfolgsort als objektive Anknüpfung zu qualifizieren (MüKo/*Junker* Art 40 Rz 34) – doch spricht Art 40 I 2 aus einem anderen Grunde eine Sachnormverweisung aus (s.o. Rn 13).

IV. Staatsvertragliche Grundlage. Bei der vierten Fallgruppe von Sachnormverweisungen handelt es sich um staatsvertragliche Kollisionsnormen und solche, die eine staatsvertragliche Grundlage haben (MüKo/*Sonnenberger* Rz 66 ff; Palandt/*Thorn* Rz 13; *Looschelders* Rz 30; BaRoth/*Lorenz* Rz 7). Denn Staatsverträge versuchen durch Schaffung einheitlicher Anknüpfungselemente das Problem der Unterschiedlichkeit der anwendbaren Normen zu lösen. Die erreichte Harmonie könnte durch Weiterverweisung wieder beseitigt werden. Dass diese Ausnahme vom Prinzip der Gesamtverweisung in Art 4 nicht erwähnt ist, steht dem nicht entgegen; denn wegen ihres Vorrangs vor dem EGBGB (Art 3 Nr 2) gehen Regelungen aufgrund völkerrechtlicher Vereinbarungen diesem ohnehin vor. Das gleiche gilt für EG-VOen (Art 3 Nr 1); Art 20 Rom I-VO und Art 24 Rom II-VO schließen Rück- und Weiterverweisungen ausdrücklich aus. Für EU-RL und deren Umsetzung kann nichts anderes gelten, unklar MüKo/*Sonnenberger* Einl IPR Rz 212. Das Abstellen auf den vereinheitlichenden Sinn der EU-Normen entspricht iÜ der Wertung des Art 4 I 1 Hs 2.

18 Ein besonderes Augenmerk ist hier auf in das EGBGB **inkorporierte Normen** zu legen, die nicht mehr ohne weiteres als staatsvertragliche Normen (Art 18 und 26) oder Normen staatsvertraglichen Ursprungs (ex Art 27 ff, teilw Art 11) zu erkennen sind, aber dennoch Sachnormverweisungen aussprechen.

19 **D. Unteranknüpfung.** III beschäftigt sich mit Zielrechtsordnungen, die **Mehrrechtsstaaten** sind. Staaten wie die USA (insb dazu *Schröder* Die Verweisung auf Mehrrechtsstaaten im deutschen IPR, 2007), das Vereinigte Königreich, Kanada, Australien oder Spanien haben insgesamt oder auf bestimmte Rechtsgebiete bezogen mehrere örtlich gegeneinander abgegrenzte Zivilrechte. Indien, Pakistan, Israel sowie einige arabische und afrikanische Staaten kennen interpersonale **Rechtsspaltung**, bei der auf bestimmte Personengruppen je nach Religions- oder Stammeszugehörigkeit unterschiedliches Recht angewandt wird. Zum deutschen Interlokalen Privatrecht vor der Wiedervereinigung s. Art 3 EGBGB Rn 9.

20 **I. Bei Vorhandensein eines Interlokalen oder Interpersonalen Rechts. 1. Anknüpfung an einen Ort.** Welche Teilrechtsordnung des Zielrechts anzuwenden ist, regelt für das **Internationale Vertragsrecht** der den Art 4 III bish verdrängende ex Art 35 II und für die Zukunft Art 22 I Rom I-VO. Danach sind die örtlichen Verweisungsnormen des deutschen bzw europäischen internationalen Vertragsrechts doppelfunktional in dem Sinne, dass sie nicht nur den Staat bezeichnen, dessen Recht anzuwenden ist, sondern zugleich auch bei räumlicher Rechtsspaltung die anwendbare Teilrechtsordnung festlegen. Entsprechendes gilt nach Art 25 I Rom II-VO für das von dieser Verordnung erfasste IPR der **außervertraglichen Schuldverhältnisse**.

21 Nach einer Ansicht soll Art 4 III ebenso zu verstehen sein. Dem Wortlaut lässt sich das nicht ohne weiteres entnehmen. Doch wird die Passage **„ohne die maßgebende zu bezeichnen"** dahingehend ausgelegt, dass mit der Anknüpfung an einen örtlichen Anknüpfungspunkt bei interlokaler Rechtsspaltung die maßgebende Teilrechtsordnung in der Zielrechtsordnung gleich mit festgelegt, also iSd III „bezeichnet" ist (BTDrs 10/504, 40; Palandt/*Thorn* Rz 14; Erman/*Hohloch* Rz 22; *Kegel/Schurig* § 11 II; *Looschelders* Rz 33; *Kropholler* § 29 II 2). Das fremde Interlokale Privatrecht würde damit bei örtlichen Anknüpfungen prinzipiell übergangen. Da dies ohne Not dem Prinzip der authentischen Anwendung ausl Rechts (s.o. Art 3 EGBGB Rn 57) widerspricht, den deutschen örtlichen Anknüpfungspunkten ohne sachlichen Grund eine größere Bedeutung gibt als den (dazu s.u. Rn 23) personenbezogenen (die sich bei personaler Rechtsspaltung entspr durchsetzen müssten) und nicht vom Wortlaut des 4 III erzwungen wird, ist dieses Vorgehen trotz des subjektiven Gesetzgeberwillens und seiner größeren Praktikabilität abzulehnen (MüKo/*Sonnenberger* Rz 99; *v Bar/Mankowski* IPR I, § 4 Rz 154; *Spickhoff* JZ 93, 337; Staud/*Hausmann* Rz 324; *Rauscher* Rz 404 und IPRax 87, 209), solange ein Staat über ein nationales Interlokales Privatrecht verfügt und dieses nicht, wie in den USA mit ihren 50 verschiedenen Interlokalen Privatrechten, selbst gespalten ist (dazu s.u. Rn 24).

22 Für den Fall einer *Gesamt*verweisung auf das Recht eines Mehrrechtsstaates ist der Meinungsstreit entschärft, weil über die Gesamtverweisung des I 1 fremdes Kollisionsrecht jeglicher Art berufen sein soll, sei es internationales, interlokales oder interpersonales usw (*Kegel/Schurig* § 11 II; *Looschelders* Rz 34).

23 **2. Anknüpfung an die Staatsangehörigkeit.** Knüpft das deutsche Kollisionsrecht an die Staatsangehörigkeit an, so ist die vorrangige Heranziehung des ausl Interlokalen bzw Interpersonalen Privatrechts allgM.

24 **II. Bei Fehlen Interlokalen oder Interpersonalen Rechts.** Fehlt der Zielrechtsordnung, wie etwa in den USA, ein einheitliches Interlokales oder Interpersonales Kollisionsrecht, was auch anhand der ausl Gerichtspraxis und ggf ergänzender Auslegung zu ermitteln ist (MüKo/*Sonnenberger* Rz 100; zur Ableitung eines US-amerikanischen interlokalen Kollisionsrechts aus den Zuständigkeitsregelungen Staud/*Hausmann* Rz 326), so ist stattdessen nach III 2 die **engste Verbindung** maßgeblich. Diese bestimmt sich nach den Wertungen des deutschen Kollisionsrechts (MüKo/*Sonnenberger* Rz 100; Palandt/*Heldrich* 67. Aufl Rz 14, Erman/*Hohloch* Rz 24; aA *v Hoffmann/Thorn* § 6 Rz 10: wegen internationalen Entscheidungseinklangs primär Anknüpfungsgrundsätze des ausl Rechtskreises). Bei Rechtsspaltung nach Religionszugehörigkeit oder ethnischer Zugehörigkeit kann der entspr deutschen Kollisionsnorm immerhin entnommen werden, auf welche Anknüpfungsperson dafür abzustellen ist (MüKo/*Sonnenberger* Rz 110). Soweit sich dem deutschen IPR keine Wertung entnehmen lässt, muss hilfsweise auf die Kriterien des fremden Rechts zurückgegriffen werden (*Looschelders* Rz 37).

25 **III. Vorrangige staatsvertragliche Regelung.** Für die Form letztwilliger Verfügungen wird Art 4 III durch die vorrangige staatsvertragliche Regelung in Art 1 II Haager Üb über das auf die Form letztwilliger Verfügungen anzuwendende Recht vom 5.10.61 verdrängt, die nicht auf die engste Verbindung des Sachverhalts, sondern des Erblassers zu einer der Teilrechtsordnungen abstellt. Das MSA enthält mit Art 14 und das Haager Unterhaltsüb mit Art 16 vorrangige Sonderregelungen. Verdrängende Regelungen enthalten auch Art 22 I Rom I-VO und Art 25 I Rom II-VO.

Art. 5 Personalstatut. (1) ¹Wird auf das Recht des Staates verwiesen, dem eine Person angehört, und gehört sie mehreren Staaten an, so ist das Recht desjenigen dieser Staaten anzuwenden, mit dem die Person am engsten verbunden ist, insbesondere durch ihren gewöhnlichen Aufenthalt oder durch den Verlauf ihres Lebens. ²Ist die Person auch Deutscher, so geht diese Rechtsstellung vor.

(2) Ist eine Person staatenlos oder kann ihre Staatsangehörigkeit nicht festgestellt werden, so ist das Recht des Staates anzuwenden, in dem sie ihren gewöhnlichen Aufenthalt oder, mangels eines solchen, ihren Aufenthalt hat.
(3) Wird auf das Recht des Staates verwiesen, in dem eine Person ihren Aufenthalt oder ihren gewöhnlichen Aufenthalt hat, und ändert eine nicht voll geschäftsfähige Person den Aufenthalt ohne den Willen des gesetzlichen Vertreters, so führt diese Änderung allein nicht zur Anwendung eines anderen Rechts.

A. Einführung. I. Regelungsmaterie. Art 5 ist eine Hilfsnorm für personenbezogene Anknüpfungen. Sie regelt Fragen, die im Zusammenhang mit zwei Anknüpfungsmomenten auftreten können: Zunächst geht es um Einzelheiten zu einem der wichtigsten Anknüpfungspunkte des deutschen IPR, der **Staatsangehörigkeit**. Dabei behandelt I die Fälle mehrfacher Staatsangehörigkeit und II die Fälle fehlender oder nicht feststellbarer Staatsangehörigkeit: 1

III regelt Einzelheiten zu einem weiteren Anknüpfungspunkt, dem **gewöhnlichen Aufenthalt**. Dieser ist nach II auch als Hilfsanknüpfung für die Staatsangehörigkeit vorgesehen. Vorschriften des Besonderen Teils greifen auf ihn als Hilfs- (zB Art 14 I Nr 2) aber auch als Primäranknüpfung (Art 19 ff; 40 II) zurück. Hilfsanknüpfung für den gewöhnlichen ist der schlichte Aufenthalt (II Alt 2). 2

II. Begriffe. Zusammengefasst wird all dies unter der amtl Überschrift „**Personalstatut**". Dieser Oberbegriff weist auf die Ratio des Abstellens auf die personenbezogenen Anknüpfungsmomente hin: Es wird davon ausgegangen, dass die von dem Rechtsverhältnis betroffene Person primär mit dem Recht ihrer Staatsangehörigkeit und sekundär dem ihres gewöhnlichen Aufenthalts am engsten verbunden ist (*Looschelders* Rz 2). Art 5 stellt aber keine vor die Klammer gezogene Legaldefinition des Begriffs „Personalstatut" dar, die dazu führt, dass die Normen des Besonderen Teils den Begriff nicht aufgreifen, sondern nur von „Staatsangehörigkeit" sprechen, auch wenn der dann gebotene Rückgriff auf Art 5 dazu führen kann, dass letztlich gar nicht auf die Staatsangehörigkeit, sondern etwa auf den gewöhnlichen oder schlichten Aufenthalt abzustellen ist. 3

Das durch die Anknüpfung an die Staatsangehörigkeit berufene Recht wird auch kurz „**Heimatrecht**" genannt, was nicht bedeutet, dass eine über die formale Staatsbürgerschaft hinausgehende Beziehung kultureller oder seelischer Art bestehen müsste. 4

B. Staatsangehörigkeit. I. Bestimmung der Staatsangehörigkeit. 1. Recht des betreffenden Staates. Da die Staatsangehörigkeit eine öffentlichrechtliche Zugehörigkeitsbeziehung zwischen Person und Staat schafft (*Kegel/Schurig* § 9 II 2a), richtet sich ihre Bestimmung – auch aus völkerrechtlichen Gründen (*Staud/Blumenwitz* Rz 45 ff; *BaRoth/Lorenz* Rz 2 zu Art 1 I Staatenlosenkonvention, zu dieser s.u. Rn 13, 15) – nach dem Recht des Staates, dessen Staatsangehörigkeit in Anspruch genommen wird (dazu auch Art 3 EGBGB Rn 48), für Deutschland daher stets – etwa auch als Vorfrage einer nach Gesamtverweisung anzuwendenden ausl Kollisionsnorm – nach den in Rn 6 dargestellten Grundsätzen. Entzieht oder verleiht ein Staat einer Person die Staatsangehörigkeit völkerrechtswidrig aus politischen, religiösen oder rassischen Gründen, so ist dies für die kollisionsrechtliche Anknüpfung unbeachtlich, es sei denn, das Festhalten an der entzogenen Staatsangehörigkeit läge nicht im Interesse des Betroffenen (*Looschelders* Rz 4). Bei der **Europäischen Unionsbürgerschaft** (Art 20 AEUV) handelt es sich nicht um Staatsangehörigkeit iSd Art 5 (*v Hoffmann/Thorn* § 5 Rz 58). 5

2. Deutschland. Die Erwerbs- und Verlusttatbestände der deutschen Staatsangehörigkeit finden sich im StAG. Im gesamten Bürgerlichen Recht und damit auch im IPR stehen deutschen Staatsangehörigen zudem die sog. **Statusdeutschen** gleich (Art 116 I GG; Art 9 Abschn 2 Nr 5 1 FamRÄndG), so dass auch diese als „Deutsche" iSd Kollisionsnormen, die an die Staatsangehörigkeit anknüpfen, anzusehen sind (BGHZ 121, 305; Hamm FamRZ 01, 919; Erman/*Hohloch* Rz 41). Statusdeutsche sind Flüchtlinge und Vertriebene deutscher Volkszugehörigkeit sowie deren Ehegatten und Abkömmlinge, die in dieser Eigenschaft im Gebiet des Deutschen Reiches nach dem Stand vom 31.12.37 Aufnahme gefunden haben, ohne die deutsche Staatsangehörigkeit zu besitzen (Art 116 I GG). Die Gleichstellung tritt aber erst mit der Aufnahme der betreffenden Personen in das heutige Gebiet der BRD einschließlich der ehemaligen DDR ein. Bis zu diesem Zeitpunkt gilt das bisherige Personalstatut. Art 116 hat insoweit keine Rückwirkung (BGHZ 121, 311 ff). Nach § 40a StAG haben die meisten Statusdeutschen zum 1.8.99 ohnehin kraft Überleitung die deutsche Staatsangehörigkeit erworben; Spätaussiedler und deren nichtdeutsche Ehegatten und Abkömmlinge, die vor diesem Zeitpunkt keine Bescheinigung nach dem BundesvertriebenenG erhalten haben, fallen zwar nach § 40 2 StAG nicht unter die Überleitungsregelung, doch können sie bei Nachholung der Bescheinigung nach § 7 StAG die deutsche Staatsangehörigkeit noch erwerben (*Fuchs* NJW 00, 490). 6

3. Völkerrechtlich nicht anerkannte Staaten. Da nach hM allein die faktischen Verhältnisse maßgeblich sind, spielt es keine Rolle, ob der Staat völkerrechtlich anerkannt ist oder nicht, solange nur mit Staatsgewalt, Staatsvolk und Staatsgebiet die konstitutiven Elemente eines Staates gegeben sind und dieser eine durchsetzungsfähige Rechtsordnung hat (MüKo/*Sonnenberger* Einl IPR Rz 718; *Lüderitz* Rz 108; dazu s.a. Art 3 EGBGB Rn 12). Ob insofern angesichts der von Israel und der PLO vereinbarten Aufenthaltsberechtigung in den Autonomiegebieten von einer eigenen palästinensischen Staatsangehörigkeit ausgegangen werden kann, ist umstr (dafür *Looschelders* 7

Artikel 5 EGBGB

Rz 6; *Börner* IPRax 97, 47, 51 f; dagegen Staud/*Sturm*/*Sturm* Einl IPR Rz 673 und wohl MüKo/*Sonnenberger* Einl IPR Rz 718; s.a. Art 3 EGBGB Rn 12). Lehnt man dies ab, so ist auf die ägyptische, israelische, jordanische oder syrische Staatsangehörigkeit des betr Palästinensers abzustellen bzw bei Staatenlosigkeit nach II zu verfahren.

8 **4. Anknüpfung von Vorfragen.** Da es sich bei Fragen der Staatsangehörigkeit um öffentliches Recht handelt und im Hinblick auf das Passwesen dem internationalen Entscheidungseinklang eine besondere Bedeutung zukommt, sind Vorfragen wie Eheschließung, Kindschaft und Adoption nach dem IPR des betr Staates zu beurteilen (Palandt/*Thorn* Einl Art 3 Rz 30; *Kegel/Schurig* § 9 II 2a; Soergel/*Kegel* Rz 3, s.o. Art 3 EGBGB Rn 48).

9 **II. Nichtfeststellbarkeit der Staatsangehörigkeit.** Ob die Staatsangehörigkeit feststellbar ist oder nicht, hängt auch vom Umfang der Ermittlungspflicht ab. Wo der Untersuchungsgrundsatz gilt (zB § 26 FamFG), ist das Gericht nicht an die Feststellungen ausl Behörden gebunden (BGH IPRspr 77 Nr 110; Palandt/*Thorn* Rz 6). Zweifel lassen sich dann nicht durch ein **Wahrscheinlichkeitsurteil** (aA bei deutlich überwiegender Wahrscheinlichkeit *Kegel/Schurig* § 15 V 1b) oder ein Abstellen auf die frühere oder letzte feststellbare Staatsangehörigkeit überwinden (MüKo/*Sonnenberger* Rz 31), sondern der Betreffende ist nach II wie ein Staatenloser zu behandeln. Jedenfalls, wenn die hierfür von II genannten Anknüpfungspunkte (gewöhnlicher oder schlichter Aufenthalt) nicht ermittelbar sind, lässt sich hilfsweise eine wahrscheinliche Staatsangehörigkeit heranziehen (*Kegel/Schurig* § 15 V 1 aE).

10 Umstr ist, ob II zu reduzieren ist in der Weise, dass er auf einseitige Kollisionsnormen keine Anwendung findet, wenn es sich um **Exklusivnormen** (s.o. Art 3 EGBGB Rn 32) handelt. Die hM fordert eine Unterscheidung danach, ob Deutsche gerade wegen ihrer Staatsangehörigkeit begünstigt werden sollen oder ob es um „normale" kollisionsrechtliche Erwägungen geht (BGH IPRax 85, 292 zu Art 12 Flüchtlingskonvention – zu dieser s.u. Rn 13 f; Soergel/*Schurig* Art 17 Rz 27), nimmt aber überwiegend, zB für Art 17 I 2 u 18 V, das letztere an (Köln FamRZ 96, 947; Palandt/*Thorn* Art 17 Rz 9; Erman/*Hohloch* Art 18 Rz 24) und verwehrt in Deutschland lebenden Staatenlosen nicht die Gleichstellung mit Deutschen (idS Großzügigkeit fordernd MüKo/*Sonnenberger* Rz 29).

11 **III. Staatenlose und Flüchtlinge. 1. Autonome Regelungen.** Wie allgemein bei **Staatenlosen** zu verfahren ist, wenn die anwendbare Kollisionsnorm an die Staatsangehörigkeit anknüpft, regelt II. Danach ist ersatzweise an den gewöhnlichen, sonst den schlichten Aufenthalt anzuknüpfen (dazu s.u. Rn 28 ff, 33; KG FamRZ 96, 546). Umstr ist, was für den Fall gelten soll, dass eine staatenlose Person in dem maßgeblichen Zeitpunkt keinen gewöhnlichen oder schlichten Aufenthalt besitzt, weil sie sich etwa auf der Durchreise befindet: Hier könnte auf vergangene Aufenthalte abgestellt werden (Staud/*Blumenwitz* Rz 471). Eher überzeugt wegen der Willkürlichkeit der zeitlichen Verschiebung des Anknüpfungspunktes die Anwendung der lex fori (*Looschelders* Rz 31; *Raape/Sturm* 131), die immerhin eine gewisse gesicherte Beziehung zum Fall hat und leicht feststellbar ist. Da die Ersatzanknüpfung bei Staatenlosigkeit aber auch in einem internationalen Üb geregelt ist (s.u. Rn 13 ff), kommt nach Art 3 Nr 2 die autonome Regelung des II nur außerhalb dessen Anwendungsbereichs zum Zuge, was in der Praxis selten ist.

12 Für **Flüchtlinge** enthält zwar das EGBGB keine allg Vorschrift wie II, aber es gibt an anderen Stellen einzelne deutsche Regelungen, die allerdings nur selten zur Anwendung kommen: Wenn sie ihren Aufenthalt in der BRD haben (Art 10 Buchst a) gilt das AHK-Gesetz 23 über die Rechtsverhältnisse verschleppter Personen und Flüchtlinge v 17.3.50 (AHKABl 140) idF des ÄnderungsG v 1.3.51 (AHKABl 808). Anknüpfungspunkt ist danach ebenfalls der gewöhnliche, sonst der schlichte Aufenthalt (Art 1). Das **Internationale Erbrecht** ist vom Anwendungsbereich ausgenommen (Art 2), so dass es insoweit beim Heimatrecht bleibt (*Raape/Sturm* 147). Eine Regelung zum Schutz wohlworbener Rechte bei Statutenwechsel enthält § 8 des Gesetzes über die Rechtsstellung heimatloser Ausländer im Bundesgebiet vom 25.4.51 (BGBl I 269). Auch diese Regelungen werden durch die folgenden staatsvertraglichen Regelungen verdrängt, soweit diese zeitlich und sachlich anwendbar sind (MüKo/*Sonnenberger* Anh II Art 5 Rz 54).

13 **2. Vorrangige staatsvertragliche Regelungen. a) Die Staatsverträge und ihr Anwendungsbereich.** Die wichtigsten staatsvertraglichen Regelungen sind zum einen die Genfer **Flüchtlingskonvention** (Genfer UN-Üb über die Rechtsstellung der Flüchtlinge v 28.7.51, BGBl 53 II 560, mit Zusatzprotokoll v 31.1.67, BGBl 69 II 1294; *www.unhcr.de/rechtsinformationen/internationales-fluechtlingsrecht.html*) und zum anderen die UN-**Staatenlosenkonvention** (UN-Üb über die Rechtsstellung der Staatenlosen v 28.9.54, BGBl 76 II 474; *www.unhcr.de/rechtsinformationen/staatenlosigkeit.html*). Während bei den Staatenlosen eine andere Anknüpfung unausweichlich ist, besitzen Flüchtlinge idR noch eine Staatsangehörigkeit; doch haben sie sich von dem betreffenden Staat abgewandt, so dass eine Anknüpfung materiell nicht mehr gerechtfertigt erscheint und daher auch hier eine Ersatzanknüpfung stattfinden muss (vgl zB Rostock FamRZ 06, 947). Beide Abkommen knüpfen anstelle der Staatsangehörigkeit an den **Wohnsitz** an, bei den Flüchtlingen deshalb, weil sie an diesem mutmaßlich auch rechtlich nach einer neuen Heimat suchen. Die Definition des Wohnsitzbegriffes überlassen beide Konventionen dem jeweiligen Mitgliedstaat und in Deutschland wird darunter übereinstimmend der gewöhnliche Aufenthalt einschließlich der Hilfsanknüpfung an den schlichten Aufenthalt (*Looschelders* Rz 13) verstanden (BTDrs 10/504 41; Palandt/*Thorn* Rz 7; Erman/*Hohloch* Rz 58 und 84; *Looschelders* Rz 20 und 36). Beide Konventionen sehen im Falle eines Statutenwechsels durch Aufenthaltswechsel auch einen Schutz wohlerworbener Rechte vor (Art 12 II Flüchtlingskonvention; Art 12 II Staatenlosenkonvention), was insb bei Eheschließungen relevant wird. Obwohl es sich um Staatsverträge handelt, ist nach umstrittener Ansicht grds von einer Gesamtverweisung auszugehen, weil die Konventionen keine eigenständigen Kollisionsnormen enthalten, sondern die Art 12 I nur Hilfsnormen darstellen, denen die Funktion zukommen, den Anknüpfungspunkt „Staatsangehörigkeit" in den einzelnen Kollisionsnormen des Besonderen Teils der nationalen Kollisionsrechte einheitlich durch andere Anknüpfungspunkte zu ersetzen (MüKo/*Sonnenberger* Anh I Art 5 Rz 11; *Looschelders* Rz 15; BaRoth/*Lorenz* Rz 54; Soergel/*Kegel* Rz 32; aA Erman/*Hohloch* Rz 16; Staud/*Blumenwitz* Rz 494). Bei der Flüchtlingskonvention sind Rück- und Weiterverweisung allerdings einhellig dann nach Art 4 I 1 Hs 2 nicht zu beachten, wenn das IPR des Aufenthaltsstaats auf die Staatsangehörigkeit abstellt; denn dies würde dem Zweck widersprechen, den Flüchtlingen die Lösung vom Heimatstaat zu ermöglichen (Hamm IPRspr 92 Nr 144; 91 Nr 74; *Looschelders* Rz 21; BaRoth/*Lorenz* Rz 33). Entspr ist der Ausschluss des Renvoi auch bei Staatenlosen geboten, wenn das IPR des Aufenthaltsstaates an die frühere Staatsangehörigkeit des Betroffenen anknüpfen würde (*Looschelders* Rz 15). Wegen dieser Übereinstimmungen ist eine Abgrenzung zwischen den beiden Staatsverträgen entbehrlich (*Looschelders* Rz 11; BaRoth/*Lorenz* Rz 53; Staud/*Blumenwitz* Rz 485), nicht aber ggü Art 5 II, da er im Verhältnis zu den Abkommen nachrangig ist.

Die **Flüchtlingskonvention** ist für die BRD am 24.12.53 in Kraft getreten. Eine ausführliche Definition des Flüchtlingsbegriffs findet sich in Art 1, wonach es insb um Menschen geht, die ihr Land aus Furcht vor Verfolgung verlassen haben oder jedenfalls nicht zurückkehren können. Das Üb ist anwendbar auf alle internationalen Flüchtlinge, mit Ausnahme derjenigen, die sich freiwillig wieder dem Schutz ihres Heimatstaates unterstellt oder eine neue Staatsangehörigkeit erworben haben, mit Ausnahme der palästinensischen Flüchtlinge, die unter der Obhut der UN-Relief and Works Agency for Palestine Refugees in the Near East stehen, mit Ausn der unter Art 116 I GG fallenden volksdeutschen Flüchtlinge (s.o. Rn 6) und mit Ausnahme von Personen, gegen die der schwerwiegende Verdacht der Begehung bestimmter Verbrechen besteht (Art 1 C–F). 14

Die **Staatenlosenkonvention** ist für die BRD am 24.1.77 in Kraft getreten (BGBl 77 II 235). Als loi uniforme setzt die Konvention nicht voraus, dass der Wohnsitz des Betroffenen in einem Vertragsstaat liegt (MüKo/*Sonnenberger* Anh I Art 5 Rz 8).Von ihrem Anwendungsbereich ausgenommen sind nach Art 1 II, ebenso wie bei der Flüchtlingskonvention, von der speziellen UN-Behörde betreute staatenlose Palästina-Flüchtlinge, staatenlose Volksdeutsche (Erman/*Hohloch* Rz 61; *Looschelders* Rz 12) und staatenlose Personen, die im schwerwiegenden Verdacht der Begehung eines Verbrechens stehen (Parallele s.o. Rn 13 f). 15

b) Erweiterung des Anwendungsbereichs. Über diesen autonomen Anwendungsbereich der Flüchtlingskonvention hinaus erklären nationale Regelungen sie auch für auf weitere Personengruppen anwendbar, die zwar häufig, aber nicht immer auch die Flüchtlingsvoraussetzungen der Konvention erfüllen. So ist die Konvention nach § 2 I AsylVfG anwendbar auf **Asylberechtigte**, deren Asylantrag bereits stattgegeben worden ist (BGH FamRZ 93, 47) und 16

nach § 3 AsylVfG auf sonstige **politisch Verfolgte**, die aufgrund einer unanfechtbaren Feststellung des Bundesamts oder eines Gerichts nach § 51 I AuslG nicht abgeschoben werden dürfen (*Looschelders* Rz 25). Während die hM für diese beiden Personengruppen, wie auch sonst bei der Flüchtlingskonvention, einen Rückgriff auf das Heimatrecht für ausgeschlossen hält (MüKo/*Sonnenberger* Art 5 Anh II Rz 94; Erman/*Hohloch* Rz 94; *Looschelders* Rz 26; Soergel/*Kegel* Rz 97), gehen andere von der Geltung eines Günstigkeitsprinzips aus (Ddorf StAZ 89, 282; *Jayme* IPRax 84, 115). 17

Eine dritte Erweiterung des personellen Anwendungsbereichs der Flüchtlingskonvention erfolgte durch § 1 I des am 1.1.05 außer Kraft getretene (und von § 23 AufenthG abgelösten) Gesetzes über Maßnahmen für die im Rahmen **humanitärer Hilfsaktionen** aufgenommenen Flüchtlinge vom 22.7.80 (BGBl I 1057). Erlischt die betr Rechtsstellung (für die aus humanitären Gründen Aufgenommene etwa nach § 2a des genannten Gesetzes, nicht aber durch das Außerkrafttreten des Gesetzes), so kommt es zu einem Statutenwechsel, wobei aber die nach dem Recht am „Wohnsitz" iSd gewöhnlichen Aufenthalts erworbenen Rechte nach allg kollisionsrechtlichen Grundsätzen ebenso wie bei einem Staatsangehörigkeitswechsel bestehen bleiben (*Looschelders* Rz 28; allg: Palandt/*Thorn* Anh Art 5 Rz 5; Staud/*Blumenwitz* Rz 493). 18

IV. Mehrstaater (Abs 1). Mehrstaatigkeit entsteht durch das Zusammentreffen von ius-soli- und ius-sanguinis-Prinzip, durch die Ableitung der Staatsangehörigkeit von Eltern unterschiedlicher Staatsangehörigkeit usw. Um hier eine eindeutige Anknüpfung zu ermöglichen, ist zu entscheiden, welche der mehreren Staatsangehörigkeiten die für das Kollisionsrecht maßgebliche ist. 19

1. Deutsch-Ausländer (Abs 1 S 2). a) Regel. Ist eine der Staatsangehörigkeiten die **deutsche**, so ist grds nur diese maßgeblich (I 2; BGH FamRZ 97, 1071), wobei auch hier der Deutschenbegriff des Art 116 I GG gilt, Statusdeutsche (s.o. Rn 6) also mit umfasst sind (*Looschelders* Rz 23; Staud/*Blumenwitz* Rz 429). Hinter diesem starren, vielfach kritisierten (vgl nur *v Hoffmann/Thorn* § 5 Rz 22; *Fuchs* NJW 00, 491 f) Auswahlmechanismus stehen Interessen der Rechtssicherheit und der Erleichterung der standesamtlichen Praxis; geopfert werden hierfür Erwägungen der engsten Verbindung des Sachverhalts und des internationalen Entscheidung- 20 seinklangs. Die praktische Bedeutung der Vorschrift hat mit der wachsenden Anzahl deutscher Doppelstaater infolge der Reform des Staatsangehörigkeitsrechts von 1999 (dazu *Fuchs* NJW 00, 489; *Benicke* IPRax 00, 171) zugenommen.

21 **b) Ausnahmen. aa) Heimatrecht als Wahlstatut.** Ausnahmen von der Regel des Vorrangs der Deutschenstellung normieren **Art 10 II und III** (einschl dessen Nr 3, vgl Art 10 EGBGB Rn 10) für das Namensstatut und **Art 14 II** für das Ehewirkungsstatut. Wo ohnehin gewählt wird, kann auch die Auswahl unter den mehreren Staatsangehörigkeiten dem oder den Betroffenen überlassen bleiben. Dies gilt jedenfalls, soweit die Anknüpfung im Interesse des Betroffenen erfolgt.

22 Soweit das Güterrechtsstatut wählbar ist (**Art 15 II**), ist dementsprechend nach zutreffender hM auch ohne ausdrückliche Erwähnung im Gesetzestext ebenfalls von der Unabhängigkeit der Wahlmöglichkeiten von I 2 auszugehen (BaRoth/*Lorenz* Rz 9; BaRoth/*Mörsdorf-Schulte* Art 15 Rz 65; Palandt/*Heldrich* 67. Aufl Rz 4 und Art 15 Rz 22; MüKo/*Siehr* Art 15 Rz 28; Erman/*Hohloch* Art 15 Rz 26; Reithmann/Martiny/*Hausmann* Rz 2743 mwN; Soergel/*Schurig* Rz 18; aA Palandt/*Thorn* Rz 4; *v Hoffmann*/*Thorn* § 8 Rz 40; *Looschelders* Art 15 Rz 35; Staud/*Mankowski* Art 15 Rz 133 ff). Das gleiche gilt für die Wahl des Ehewirkungsstatuts nach **Art 14 III** (BaRoth/*Mörsdorf-Schulte* Art 14 Rz 49; Palandt/*Heldrich* 67. Aufl Art 14 Rz 13; *Kegel*/*Schurig* § 20 V 1b; Erman/*Hohloch* Art 14 Rz 20, 22; Soergel/*Schurig* Art 14 Rz 22; aA Palandt/*Thorn* Art 14 Rz 13; *v Bar* IPR II Rz 200; MüKo/*Siehr* Art 14 Rz 46; AnwK/*Andrae* Art 14 Rz 41; Staud/*Mankowski* Art 14 Rz 181; *Mansel* Rz 433). Entspr muss für die Bestimmung des Namensstatuts nach dem Heimatrecht des Namensträgers (**Art 10 I**) gelten, das zwar nicht positiv gewählt werden muss, dessen Geltung aber durch die Möglichkeit der ihrerseits von den Grenzen des Art 5 I 2 freien Wahl eines Heimatrechts der Eltern (wenn auch begrenzt) zur Disposition gestellt wird (dazu s.a. EuGH NJW 09, 135 – Grunkin-Paul Rz 37): Vorrangig vor dem starren Auswahlmechanismus des Art 5 I 2 ist dem Namensträger ein Bestimmungsrecht hinsichtlich der maßgeblichen Staatsangehörigkeit einzuräumen. Insb im EU-Kontext lässt sich so eine mit dem Zwang zu hinkender Namensführung eintretende Verletzung der Freizügigkeit verhindern (*Mörsdorf-Schulte* IPRax 04, 323 zu EuGH ebenda 339 – Garcia Avello; *Frank* StAZ 05, 164 teilt europarechtlich das Ergebnis, hält aber eine Korrektur des nationalen Gesetzes für erforderlich, ähnl *Mansel* RabelsZ 70 (2006) 695 Ergänzung des Art 10 I um Rechtswahlmöglichkeit vorschlagend; weiter gehend für Nichtanwendbarkeit des Art 5 I 2 in diesen Fällen MüKo/*Sonnenberger* Rz 13 und Einl IPR Rz 178 mwN). Angehörigen mehrerer EU-Staaten dürfte darüber hinaus auch hinsichtlich anderer **Statusfragen** eine Wahl zwischen ihren Staatsangehörigkeiten zu überlassen sein, so dass Art 5 I 2 insoweit als abdingbar gelten muss (*Mörsdorf-Schulte* IPRax 04, 323 zu EuGH ebenda 339 – Garcia Avello).

23 **bb) Anknüpfungsgerechtigkeit.** Aber auch, wo keine Wahlmöglichkeit eröffnet ist, wird unter dem Gesichtspunkt der Anknüpfungsgerechtigkeit (vgl BaRoth/*Lorenz* Rz 9) und angesichts der og Kritik (s. Rn 20) eine teleologische Reduktion des I 2 in Betracht gezogen, und zwar generell dann, wenn der Betroffene wesentlich engere Beziehungen zu seinem ausl Heimatstaat hat (*Benicke* IPRax 00, 179; aA *Looschelders* Rz 25) oder jedenfalls wenn jegliche **Verbindung zu Deutschland fehlt** (*Looschelders* Rz 25; *Mansel* Rz 272; aA Hamm IPRspr 93 Nr 77; Erman/*Hohloch* Rz 6; *v Hoffmann*/*Thorn* § 5 Rz 22; *Kegel*/*Schurig* § 13 II 5). Darüber hinaus ist I außer Acht zu lassen, wenn durch **Alternativanknüpfungen** dem Begünstigungseffekt zur größtmöglichen Wirkung verholfen werden soll (Palandt/*Heldrich* 67. Aufl Rz 4 unter Hinweis auf Art 19 I und 20; MüKo/*Sonnenberger* Rz 14; vorsichtig BaRoth/*Lorenz* Rz 9; aA Erman/*Hohloch* Rz 7; *Looschelders* Rz 28; *Dethloff* JZ 95, 70); für Art 26 I Nr 1 ist dies ausdrücklich normiert. Bei Vorliegen einer „Staatsangehörigkeit auf Zeit", etwa bei in Deutschland geborenen Kindern ausl Eltern nach §§ 4 III, 29 StAG, von Art 5 I 2 abzusehen (LG Karlsruhe StAZ 01, 111), überzeugt nicht (Palandt/*Thorn* Rz 3; BaRoth/*Lorenz* Rz 8; MüKo/*Sonnenberger* Rz 14; *Looschelders* Rz 26), zumal, wenn, wie idR, der gewöhnliche Aufenthalt in Deutschland liegt (*Fuchs* NJW 00, 491) und es um die immerhin prägenden ersten 23 Lebensjahre geht.

24 **2. Mehrere ausländische Staatsangehörigkeiten (Abs 1 S 1).** Die Auswahl zwischen mehreren ausl Staatsangehörigkeiten ist gem I 1 nach der sog **Effektivität** zu treffen: Es kommt darauf an, mit welchem Staat die Person am engsten verbunden ist, wobei der Gesetzestext unter der zu berücksichtigenden Gesamtheit der **Umstände des Einzelfalles** (BaRoth/*Lorenz* Rz 6) als Indizien den gewöhnlichen Aufenthalt und den Lebensverlauf hervorhebt. Liegt der gewöhnliche Aufenthalt in einem der Heimatstaaten, so wird dies idR den Ausschlag geben (BGHZ 75, 33, 39), nicht aber immer, etwa dann nicht, wenn der gewöhnliche Aufenthalt auf berufliche Gründe gestützt wird, die Familienbindung aber zum anderen Heimatstaat enger ist (MüKo/*Sonnenberger* Rz 5). Ob mit dem Verlauf des Lebens nur der bisherige Verlauf oder auch ein künftig geplanter Verlauf (so BRDrs 222/83 41; BTDrs 10/504 41; Palandt/*Thorn* Rz 2; *Looschelders* Rz 21; aA *Dörner* StAZ 90, 1, 2) gemeint ist, ist umstr. Jedenfalls muss die Entscheidung nach objektiven Kriterien erfolgen, um dem Betroffenen auf diesem Wege nicht letztlich eine von I 1 nicht vorgesehene Rechtswahlmöglichkeit einzuräumen (MüKo/*Sonnenberger* Rz 6; *Mansel* Rz 180 ff; *Lüderitz* Rz 114). Subjektive Momente wie Heimatgefühl oder Rückkehrabsichten können aber zur Verstärkung der objektiven Momente herangezogen werden (*Mansel* IPRax 85, 211 f; *ders* Rz 218). Wichtige Indizien sind kulturelle Prägung und Sprache, berufliche und private Verbindungen einschl Beziehung zu einem Elternteil, Ausübung und Erfüllung staatsbürgerlicher Rechte wie

des Wahlrechts und Pflichten wie der Wehrpflicht und der Steuerpflicht sowie ggf die Gründe für den jeweiligen Erwerb der Staatsangehörigkeit (München FamRZ 94, 634; MüKo/*Sonnenberger* Rz 5; Erman/*Hohloch* Rz 4; *Looschelders* Rz 21; BaRoth/*Lorenz* Rz 6; *Dörner* StAZ 90, 1, 2; *ders* HK Rz 5; *Mansel* IPRax 85, 209, 211). Lässt sich **nicht feststellen**, welche Staatsangehörigkeit die effektive ist, so ist analog II auf den gewöhnlichen 25 Aufenthalt zurückzugreifen (Frankf FamRZ 94, 716; MüKo/*Sonnenberger* Rz 6; *Looschelders* Rz 22; Erman/*Hohloch* Rz 5).

Auch die Geltung des I 1 ist teilweise ausdrücklich aufgehoben (Art 10 II, III, 14 II). In anderen Fällen der 26 **Heimatrechtswahl** muss dies entspr gelten (vgl Rn 22 in Bezug auf I 2). **EU-Mehrstaater** können hinsichtlich des Namens und anderer **Statusfragen** richtigerweise zwischen ihren Staatsangehörigkeiten wählen, so dass I insoweit insgesamt als abdingbar gelten muss (*Mörsdorf-Schulte* IPRax 04, 326 zu EuGH ebenda 339 – Garcia Avello; aA MüKo/*Sonnenberger* Einl IPR Rz 178; w Nachw oben Rn 22).

3. Mehrstaatigkeit bei Staatsverträgen und im Verfahrensrecht. Als Regel des autonomen IPR findet Art 5 27 I keine Anwendung in Bezug auf **staatsvertragliche Kollisionsnormen**, im Hinblick auf die geringe rechtspolitische Zustimmung zu I 2, dessen Begünstigung der lex fori iÜ dem staatsvertraglichen Vereinheitlichungszweck zuwiderlaufen würde (*Mansel* Rz 271, 482 ff), auch nicht analog (MüKo/*Sonnenberger* Rz 12; BaRoth/*Lorenz* Rz 10; *v Bar/Mankowski* IPR I, § 7 Rz 120; aA Nürnbg FamRZ 03, 163; Palandt/*Thorn* Anh Art 24 Rz 19; Erman/*Hohloch* Rz 8; unter Offenlassung der Anwendbarkeit mitberücksichtigt iRd MSA von BGH FamRZ 97, 1070).

I gilt grds nur für das Kollisionsrecht und nicht für das Internationale Verfahrensrecht (BTDrs 10/504 41; 28 BGHZ 118, 328; Palandt/*Thorn* Rz 5; Erman/*Hohloch* Rz 9). Knüpft die **internationale Zuständigkeit** an die Staatsangehörigkeit an, so stellt sich bei Mehrstaatigkeit das Auswahlproblem der maßgeblichen Staatsangehörigkeit deshalb nicht in der beim Kollisionsrecht vorgefundenen Weise, weil konkurrierende Zuständigkeiten nicht von vornherein ausgeschlossen sind. Vielmehr ist Zuständigkeit bei grds Gleichrang aller Staatsangehörigkeiten im Internationalen Verfahrensrecht (*Looschelders* Rz 29) bereits dann gegeben, wenn eine der Staatsangehörigkeiten die deutsche ist (BGH FamRZ 97, 1071; BayObLG FamRZ 97, 960; *Rauscher* 51; aA KG FamRZ 98, 440: keine Zuständigkeit, wenn die ausl Staatsangehörigkeit die effektive ist).

C. Aufenthalt. I. Gewöhnlicher Aufenthalt. 1. Definition. a) Objektive Festlegung. Der gewöhnliche 29 Aufenthalt setzt anders als das im anglo-amerikanischen Rechtskreis vorherrschende Anknüpfungsmoment des „**domicile**" keine dauerhafte heimatliche Verbundenheit (Hamm FamRZ 92, 552; BaRoth/*Lorenz* Rz 18; Erman/*Hohloch* Rz 59; *Looschelders* Rz 15) mit dem betreffenden Ort voraus. Gewöhnlicher Aufenthalt ist vielmehr der Ort, an dem eine Person ihren **tatsächlichen** Daseinsmittelpunkt hat (BGH NJW 93, 2048; 75, 1068; BGHZ 78, 295; Palandt/*Thorn* Rz 10; Erman/*Hohloch* Rz 47). Das Dasein wird idR durch die Einbindung in Familie und Beruf bestimmt. Bei Auseinanderfallen von Wohn- und Arbeitsort gibt bei täglichen oder wöchentlichen Pendlern der Wohnort den Ausschlag, bei selteneren Heimaturlauben der Arbeitsort (*Looschelders* Rz 8; *Spickhoff* IPRax 95, 185), dort wo die Person „zur Ruhe kommt" (Soergel/*Kegel* Rz 44). Gewöhnlich ist ein Aufenthalt ab ca 6–12 Monaten (BGHZ 78, 294 f; Rostock IPRax 01, 588; Erman/*Hohloch* Rz 48).

b) Subjektive Erwägungen. Auch wenn ein rechtsgeschäftlicher Wille zu Begründung oder Beibehaltung des 30 gewöhnlichen Aufenthalts nicht erforderlich ist (BGH NJW 93, 2048), sind **subjektive** Elemente nicht ohne Bedeutung: So ist etwa sofort ein neuer gewöhnlicher Aufenthalt begründet, wenn ein Aufenthaltswechsel auf einen längeren Zeitraum angelegt ist (BGHZ 78, 295). Auch lässt die zeitweilige Entfernung den gewöhnlichen Aufenthalt unberührt, wenn Rückkehrwille besteht (BGH NJW 93, 2048; 75, 1068). Ist der Aufenthalt durch Inhaftierung, Kriegsgefangenschaft oder Verschleppung erzwungen worden, so handelt es sich idR nicht um einen gewöhnlichen Aufenthalt iSd Art 5 (Kobl FamRZ 98, 756; Köln FamRZ 96, 947; Palandt/*Thorn* Rz 10; Staud/*Blumenwitz* Rz 466; aA bei zwangsweiser Unterbringung ohne anderweitigen Daseinsmittelpunkt BayObLG NJZ 03, 638; bei 14-monatiger Strafhaft eines Betreuten ohne anderen Schwerpunkt der Lebensbeziehungen München FamRZ 06, 1562; allg *Raape/Sturm* 130).

c) Eindeutigkeit. Um als Anknüpfungspunkt für die kollisionsrechtliche Beurteilung brauchbar zu sein, 31 muss der gewöhnliche Aufenthalt eindeutig sein. Die Annahme eines doppelten gewöhnlichen Aufenthalts (so BayObLG 96, 122; KG FamRZ 87, 603; Soergel/*Kegel* Rz 49; *Spickhoff* IPRax 95, 189) ist daher nicht sachdienlich; der Schwerpunkt ist vielmehr eindeutig auszuermitteln (Stuttg FamRZ 03, 959; *Kropholler* § 39 II 6a (1)). Selbst für ein Kind, das bei Trennung der Eltern einen Doppelwohnsitz erwirbt, soll ein eindeutiger Schwerpunkt der persönlichen Bindungen feststellbar sein (Bremen FamRZ 92, 963), was indes nicht für alle Fälle überzeugen dürfte.

2. Einzelfälle. Auch **Asylbewerber** haben bei entspr Dauer des Aufenthalts ihren gewöhnlichen Aufenthalt in 32 Deutschland, solange eine Abschiebung nicht konkret absehbar ist (Kobl FamRZ 98, 536; Bremen FamRZ 92, 963; Nürnbg FamRZ 89, 1304; *Spickhoff* IPRax 90, 225), was aber nicht schon bei Ablehnung des Asylantrags der Fall ist (*Looschelders* Rz 10). Ist bei einem **Flüchtling** an den letzten gewöhnlichen Aufenthalt anzuknüpfen (zB nach Art 14 I Nr 2) und lag dieser im Verfolgerstaat, so gebietet die ratio von Art 12 I Flüchtlingskonvention (dazu oben Rn 13; Nichtanwendung des Rechts des Verfolgerstaates) dies unberücksichtigt zu lassen und auf die nächste Anknüpfungsstufe, hilfsweise die lex fori zurückzugreifen (BaRoth/*Lorenz* Rz 29; MüKo/*Sonnenberger* Art 5 Anh II Rz 75). Der gewöhnliche Aufenthalt von **Kindern** leitet sich – anders als der Wohnsitz nach § 11 BGB – nicht von demjenigen der Eltern ab, sondern ist selbstständig zu bestimmen (BGH NJW 81, 520; Ddorf FamRZ 99, 112; KG FamRZ 98, 441; Bremen FamRZ 92, 963; Palandt/*Thorn* Rz 10). III schließt allerdings für den Sonderfall der Verlegung des gewöhnlichen Aufenthalts ohne den Willen des gesetzlichen Vertreters (s. Rn 33) die Wandelbarkeit aus, so dass grds nur der konsentierte gewöhnliche Aufenthalt relevant ist.

33 **3. Wandelbarkeit und ihr Ausschluss nach Abs 3.** Mit dem Ausschluss der Wandelbarkeit bei Aufenthaltswechsel ohne den Willen des gesetzlichen Vertreters zielt III nicht auf eigensinnige Kinder oder Volljährige unter Betreuung ab, sondern auf die internationale **Kindesentführung** durch den anderen Elternteil (BTDrs 10/504 42), der durch Begründung eines anderen gewöhnlichen Aufenthalts auch eine veränderte zuständigkeits- und kollisionsrechtliche Lage anstreben mag. Bei gemeinsamem Sorge- oder Aufenthaltsbestimmungsrecht ist III schon dann anwendbar, wenn der Aufenthalt des Kindes ohne den Willen auch nur eines Elternteils verändert wird (BTDrs 10/504 42; Palandt/*Thorn* Rz 11; *Looschelders* Rz 41). III flankiert die mit Hilfe des Haager Üb über die zivilrechtlichen Aspekte internationaler Kindesentführung (Art 21 Anh II) erzwingbare Rückführung des Kindes. Als Vorschrift des autonomen IPR findet III zwar nicht iRd praktisch wichtigen Vorschriften der Art 1 u 2 MSA und Art 3 u 4 EuEheVO nF Anwendung, doch folgen die Gerichte dort den gleichen Grundsätzen (MüKo/*Sonnenberger* Rz 39). III schließt nicht völlig aus, dass sich an dem Ort, an dem sich die nicht vollgeschäftsfähige Person befindet, überhaupt ein kollisionsrechtlich relevanter Aufenthalt begründen ließe; nur soll die Aufenthaltsveränderung *allein* entgegen I (s.o. Rn 29) nicht ausreichen, sondern darüber hinaus eine tatsächlich bereits feste und dauerhafte Bindung an die neue soziale Umwelt erforderlich sein (MüKo/*Sonnenberger* Rz 40; BaRoth/*Lorenz* Rz 15). Davon kann man in Anlehnung an das Kindesentführungsübereinkommen nach einer Zeit von 6 Monaten bis zu 1 Jahr ausgehen (*Looschelders* Rz 43; Staud/*Blumenwitz* Rz 502). Dabei ist auch nach dem Alter des Kindes zu differenzieren. Geschäftsfähigkeit und gesetzliche Vertretungsmacht sind selbständig anzuknüpfende Vorfragen (BRDrs 222/83 42; BTDrs 10/504 42).

34 **II. Schlichter Aufenthalt.** Der schlichte Aufenthalt hat weder ein zeitliches Moment noch setzt er besondere Beziehungen zu dem Ort voraus, doch reichen ganz flüchtige Kontakte, wie etwa die bloße Durchreise, nach hM nicht aus (Erman/*Hohloch* Rz 57; *Looschelders* Rz 13; Staud/*Blumenwitz* Rz 468; Soergel/*Kegel* Rz 60; aA *v Bar/Mankowski* IPR I, § 7 Rz 30). Ob der Fundort einer Leiche einen sicheren Schluss auf den letzten Aufenthalt des Verstorbenen zulässt, ist umstr (dafür KG FamRZ 68, 489; Soergel/*Kegel* Rz 60; dagegen Erman/*Hohloch* Rz 57; *Looschelders* Rz 13) und dürfte richtigerweise von den Einzelfallumständen abhängen.

Art. 6 Öffentliche Ordnung (ordre public).
¹Eine Rechtsnorm eines anderen Staates ist nicht anzuwenden, wenn ihre Anwendung zu einem Ergebnis führt, das mit wesentlichen Grundsätzen des deutschen Rechts offensichtlich unvereinbar ist. ²Sie ist insbesondere nicht anzuwenden, wenn die Anwendung mit den Grundrechten unvereinbar ist.

1 **A. Einführung. I. Allg und spezielle Vorbehaltsklauseln.** Art 6 schreibt vor, dass die **Ergebnisse von Auslandsrechtsanwendung** generell noch einer letzten Überprüfung bedürfen. Diese Überprüfung erfolgt anhand des deutschen ordre public und findet erst nach Abschluss der kollisions- und sachrechtlichen Rechtsanwendung statt, die insb etwaige Notwendigkeiten einer Anpassung (dazu s.o. Art 3 EGBGB Rn 60 f) bereits einschließt (Saarbr OLGZ 65, 366; Palandt/*Thorn* Rz 5; *Looschelders* Rz 12 – Vorrang der Anpassung). Nach **Art 21 Rom I-VO und 26 Rom II-VO** ist auch im Anwendungsbereich dieser Verordnungen der ordre public des Staates des angerufenen Gerichts zu beachten, so dass das vertragliche und außervertragliche IPR auch weiterhin wie die anderen Rechtsgebiete ungeschmälert dem Vorbehalt des deutschen ordre public unterliegen. Maßstab sind die **wesentlichen Grundsätze** des deutschen Rechts, die sich insb in den Grundrechten niederschlagen. Die zunächst unbesehene Anwendung ausl Rechtsnormen erfolgt unter dem **Vorbehalt** der Vereinbarkeit des Verweisungsergebnisses mit der nicht nur intern, sondern international unverzichtbaren inländischen öffentlichen Ordnung, die als ordre public bezeichnet wird (*Niemeyer* Das internationale Privatrecht des BGB, 1901, S 96; *Savigny* System des heutigen Römischen Rechts Bd I–VIII, 1814–49, 2. Neudruck 1981, 32). Art 6 wird daher auch als „allg Vorbehaltsklausel" bezeichnet. Er bildet das Korrektiv zu den internationalprivatrechtlichen Kollisionsnormen, die selbst nicht auf den materiellrechtlichen Inhalt des ausl Rechts blicken (MüKo/*Sonnenberger* Rz 2). Art 6 soll verhindern, dass der deutsche Rechtsanwender aus deutscher Sicht völlig unannehmbare Vorstellungen eines ausl Gesetzgebers im Wege ihrer Durchsetzung in Deutschland in soziale Realität umsetzen muss (*v Bar/Mankowski* IPR I, § 7 Rz 265 mwN). Diese Umsetzung ist umso untragbarer, je intensiver die **Inlandsbeziehung** des Falles ist (BGH NJW 07, 900; BGHZ 118, 349; 28, 385; MüKo/*Sonnenberger* 82 ff; Palandt/*Thorn* Rz 6; Soergel/*Kegel* Rz 7; *v Hoffmann/Thorn* § 6 Rz 152; *Kegel/Schurig* § 16III 2b; ausf unten Rn 15 ff), was daher neben der Abweichung des Ergebnisses von deutschen Rechtsgrundsätzen anerkannterma-

ßen die zweite wichtige Voraussetzung der ordre-public-Prüfung darstellt – wenn auch der Gesetzgeber versäumt hat, dies ausdrücklich in den Tatbestand aufzunehmen. Die Wesentlichkeit der Grundsätze, die Erheblichkeit der Abweichung und das Ausmaß der Inlandsbeziehung stehen gleichsam in einem beweglichen System zueinander. Damit durch ein überstarkes **Korrektiv** nicht die, auf dem Axiom der Gleichwertigkeit aller Rechtsordnungen beruhende Idee des IPR ausgehöhlt wird, darf von der Verwerfung nach Art 6 nur zurückhaltend Gebrauch gemacht werden; darauf weist der Gesetzestext mit der Forderung „**offensichtlicher**" Unvereinbarkeit hin (ähnl Palandt/*Thorn* Rz 4; *Looschelders* Rz 10, 17). Ein offensichtlicher Verstoß liegt vor, „wenn das Ergebnis der Anwendung in einer besonders schwerwiegenden Weise dem Sinn und Zweck der deutschen Regelung widerspricht" (BGHZ 50, 375; 75, 43, ähnl 104, 243).

Das EGBGB kennt daneben eine Reihe **spezieller Vorbehaltsklauseln**, die gewisse Verstöße gegen den ordre public typisieren, indem sie idR zum einen den wesentlichen Grundsatz benennen und festlegen und zum anderen konkretisieren, wann eine ausreichende Inlandsbeziehung gegeben ist. Einen Rückgriff auf die allg Vorbehaltsklausel des Art 6 für ähnl gelagerte Fälle schließen sie nicht aus (Palandt/*Thorn* Rz 10, Erman/*Hohloch* Rz 10). Bspe sind Art 13 II, III 1, 17 III 2, 17b IV u 40 III. Dabei dürfte die deliktische Vorbehaltsklausel des Art 40 III nach Inkrafttreten der Rom II-VO auch zur Ausfüllung bzw Konkretisierung der Vorbehaltsklausel des Art 26 Rom II-VO zugunsten des ordre public des Forumstaates iVm Erwägungsgrund 32 Bedeutung haben. Die zunächst vorgesehene gemeinschaftliche spezielle Vorbehaltsklausel des Art 24 aF Rom II-VO-V ist gestrichen worden (dazu *Mörsdorf-Schulte* ZVglRWiss 05, 192; zu einem europäischen ordre public s.u. Rn 10).

Ausl Vorbehaltsklauseln werden iRe Gesamtverweisung überwiegend für anwendbar gehalten (Frankf IPRax 91, 403; Karlsr FamRZ 70, 253; LG Hannover FamRZ 69, 669 f; Palandt/*Thorn* Rz 6; *Kegel/Schurig* § 10 VI; *Looschelders* Rz 14, *Raape/Sturm* 220 f; aA BaRoth/*Lorenz* Rz 18; *K. Müller* RabelsZ 36 (1972) 68). Dies erscheint zwar im Hinblick auf den Gedanken des Vorbehalts und des internationalen Entscheidungseinklangs konsequent. Im Hinblick auf die Nähe des Eingreifens des Vorbehalts zur Tätigkeit des Gerichts als Staatsorgan, die nur bei dem tatsächlichen Forum, nicht aber dem hypothetisch mit dem Fall befassten ausl, ohnehin möglicherweise gar nicht zuständigen Gericht vorliegt, ist die Anwendung ausl Vorbehaltsklauseln indes entbehrlich. Sie widerspricht außerdem dem Umstand, dass nach dem Gesetzestext nur das Ergebnis Gegenstand der Überprüfung ist, nicht aber die zu seiner Erzielung angewandten einzelnen Normen. Die genannte Ansicht korrigiert sich denn auch jedenfalls bei aus Sicht des berufenen Rechts ordre-public-widriger Rückverweisung, die sie idR dennoch annimmt (MüKo/*Sonnenberger* Rz 74; *Looschelders* Rz 14), und indem sie weitere Reduktionen für erforderlich hält (s. MüKo/*Sonnenberger* Rz 75 f).

Abzugrenzen sind Vorbehaltsklauseln insb von sog **Eingriffsnormen**, dh international zwingenden Vorschriften iSd Art 9 Rom I-VO, 16 Rom II-VO, ex Art 34 (s. dort und Art 3 Art 3 EGBGB Rn 30). Während letztere einzelne, besonders wichtige deutsche (nach 9 III Rom I-VO ggf auch ausl) Regelungen entgegen der regulären kollisionsrechtlichen Wertung positiv zur Anwendung bringen, wehren die ordre-public-Klauseln negativ ausl Regelungen ab, die zu einem nach den Grundsätzen des deutschen Rechts schlechthin untragbaren Ergebnis führen.

II. Anwendungsbereich. Art 6 gilt im Prinzip ebenso für das autonome (Begriff oben Art 3 EGBGB Rn 14) wie für das **staatsvertragliche IPR**, wobei Staatsverträge häufig eigene Regelungen zum ordre public enthalten, die dem Art 6 vorgehen. IÜ muss durch Auslegung des betreffenden Staatsvertrages festgestellt werden, ob die Vertragsstaaten den Rückgriff auf die jeweiligen nationalen Vorbehaltsklauseln zulassen oder diese generell ausschließen wollten (Staud/*Blumenwitz* Rz 52 f). Auch im letzteren Falle dürfen allerdings die Grundrechte nicht verletzt werden (*Raape/Sturm* 222).

Für die **Anerkennung ausländischer Entscheidungen** gilt nicht Art 6, sondern die verfahrensrechtlichen Parallelvorschriften in den §§ 328 I Nr 4 ZPO, § 109 I Nr 4 FamFG, 1059 II Nr 2b iVm 1060 1 ZPO, Art 34 Nr 1 EuGVO, Art 23 Buchst a EuEheVO nF, 27 Nr 1 EuGVÜ und LugÜ, 102 I Nr 2 EuInsVO sowie Art V II UN-Üb über die Anerkennung und Vollstreckung ausl Schiedssprüche. Der anerkennungsrechtliche ordre public umfasst neben materiellrechtlichen Fragen, deren Beurteilung sich grds an denselben Kriterien wie Art 6 orientiert (BGHZ 140, 397; 118, 330), auch prozessrechtliche Normen, auf deren Grundlage die in Rede stehende Entscheidung zustandegekommen ist (BGH NJW 09, 3306 zu Vaterschaftsfeststellung RIW 00, 797; NJW 90, 2201; Z 53, 359; 48, 332; *Looschelders* Rz 8 f; Staud/*Blumenwitz* Rz 83; *Kegel/Schurig* § 16 III 3), ist andererseits aber ggü dem materiellrechtlichen ordre public des Art 6 insgesamt abgeschwächt (ordre public atténué).

Im Zusammenhang mit Art 13 I HZÜ, wonach die Erledigung eines Zustellungsantrags abgelehnt werden kann, wenn der ersuchte Staat sie für geeignet hält, seine Hoheitsrechte oder seine Sicherheit zu gefährden, ist gelegentlich auch vom **zustellungsrechtlichen** ordre public die Rede (Kobl IPRax 06, 35/36). Die Prüfung ist hier noch weiter abgeschwächt (München NJW 89, 3102 f): Es soll nicht der gesamte unverzichtbare Teil der eigenen Rechtsordnung, sondern nur deren innerster, politischer Kern geschützt werden (BVerfG NJW 95, 649), ohne dass hierfür bisher eine klare Definition vorläge (Frankf NJW-RR 02, 357). Wegen der Grundrechtsbindung der um Zustellung ersuchten Zentralen Behörde gehören dazu jedenfalls die Grundrechte (Kobl IPRax 06, 35) und das Völkerrecht (BVerfGE 63, 371 f). Das mit der Klage verfolgte Ziel darf nicht „offensichtlich gegen unverzichtbare Grundsätze eines freiheitlichen Rechtsstaats verstoßen"

(BVerfGE 91, 343; 108, 247), was das BVerfG für möglich hält bei missbräuchlicher Inanspruchnahme staatlicher Gerichte, um mit publizistischem Druck und dem Prozessrisiko einen Marktteilnehmer gefügig zu machen (BVerfGE 108, 248, krit *Huber* FS Jayme 04, Bd I 568) oder bei rechtsmissbräuchlicher class action oder rechtsmissbräuchlich existenzgefährdend hohen punitive damages (BVerfG JZ 07, 1046 m krit Anm *Stadler*). Entsprechendes gilt für den Vorbehalt bei Rechtshilfe für **Beweiserhebungen** im Ausland nach Art 12 I b HBÜ (Kobl IPRax 06, 37).

8 Ggü den Rechten anderer **EU-Staaten** ist die ordre-public-Klausel ebenso anzuwenden wie ggü Drittstaaten; denn eine allg Parallelität der Rechtspolitik ist innerhalb der EU nicht angestrebt (MüKo/*Sonnenberger* Rz 28 und 79; *Spickhoff* S 90). Allerdings kann sich ggü einem anderen EU-Staat aus der Verletzung europäisch gesetzten Rechts keine ordre-public-Widrigkeit ergeben, weil das Recht ebenso Bestandteil der dortigen Rechtsordnung ist wie der inländischen (vgl EuGH Slg 2000 I 2973 Renault/Maxicar zur Urteilsanerkennung, wo es eine révision au fond zu vermeiden galt). Der ordre public kann dementsprechend nicht als Vehikel genutzt werden, um in mit der Umsetzung in Verzug befindlichen Mitgliedstaaten dem EU-Recht zur Geltung zu verhelfen, das über eigenständige Durchsetzungsmechanismen verfügt (MüKo/*Sonnenberger* Rz 79; Einl IPR Rz 222). Jedoch darf andererseits die Nichtumsetzung europäischen Rechts im Ausland nicht den eigenen (auch europarechtliche Anteile umfassenden, s.u. Rn 10 f) ordre public schwächen, so dass eine Einschränkung des Art 6 ggü anderen Mitgliedstaaten insoweit nicht geboten ist.

9 **B. Prüfungsmaßstab. I. Wesentliche Grundsätze des deutschen Rechts (S 1). 1. Umfang.** Bei den „wesentlichen Grundsätzen des deutschen Rechts" handelt es sich um grundlegende Gerechtigkeitsvorstellungen, die den „**Kernbestand**" des inländischen Rechts bilden (BTDrs 10/40504, 42; Erman/*Hohloch* Rz 11; *Looschelders* Rz 13). Dieser Kernbestand umfasst Grundsätze, die sich aus staatlicher Rechtssetzung ergeben (herkömmlich bezeichnet als „Zweck eines deutschen Gesetzes") oder aus gesellschaftlichen Wertungen (herkömmlich bezeichnet als „gute Sitten") (BTDrs 10/504 43; BRDrs 222/83 43 jeweils iVm Art 30 aF; MüKo/*Sonnenberger* Rz 49, 64 ff). Letztere sind außerhalb des Rechts vorgefundene Wertmaßstäbe, wie sie auch von sachrechtlichen Generalklauseln wie § 138 BGB in Bezug genommen werden (MüKo/*Sonnenberger* Rz 49); als Abwehrgrundsätze gegen ausl Recht haben sie angesichts fortgeschrittener Verrechtlichung nur noch geringe praktische Bedeutung und unterliegen im Vergleich mit der sachrechtlichen Sittenwidrigkeit Einschränkungen durch das Erfordernis des Inlandsbezuges und der Erheblichkeit des Verstoßes, während subjektive Momente hier jedenfalls irrelevant sind (MüKo/*Sonnenberger* Rz 65, 81). Eine hohe „Grundwertehaltigkeit" kommt im allgemeinen Normen zu, die Ausdruck der Menschenwürde sind oder der Umsetzung der in den Grundrechten zum Ausdruck kommenden objektiven Wertungen oder von Zielen wie Kindeswohl (vgl Hamm y 13.7.00, berichtet von *Thorn* IPRax 02, 352), Minderjährigenschutz (VG Berlin IPRspr 02 Nr 69) oder allg Persönlichkeitsschutz (Stuttg IPRax 02, 128 m Aufs *Henrich* 118 f) dienen (MüKo/*Sonnenberger* Rz 62).

10 Ob die als unverzichtbar angesehenen Wertentscheidungen **nationalem, europäischem oder internationalem** Rechtsdenken entstammen, ist grds gleichgültig (MüKo/*Sonnenberger* Rz 58). Um Bestandteil der ordre public zu sein, müssen völkerrechtliche Grundprinzipien oder Wertungen aber – sei es über Art 25 GG, sei es kraft Transformation eines Staatsvertrages (Art 59 II GG) – als innerstaatliches Recht gelten; einen darüber hinausgehenden „internationalen" ordre public kennt das deutsche IPR nicht (*Looschelders* Rz 16; dazu auch *Horn* RabelsZ 44 (1980) 423). Insoweit dürfte auch ein etwaiger (krit zB *Schaub* JZ 05, 333) **europäischer ordre public** angesichts der unmittelbaren Anwendbarkeit des Europarechts bereits als Bestandteil des deutschen ordre public wirken. Er weist allerdings wenigstens zwei Besonderheiten auf: Aufgrund seiner Zugehörigkeit zur Rechtsmasse des Europarechts untersteht er der Auslegungshoheit des EuGH (vgl *Mörsdorf-Schulte* ZVglRWiss 05, 200 ff) und Referenzterritorium für den Inlandsbezug ist die gesamte EU (s. Rn 16). Die für die Rom II-VO zunächst vorgesehene Vorbehaltsklausel zu einem deliktsrechtlichen europäischen ordre public (Art 24 Rom II-Entwurf aF, dazu s.o. Rn 2) ist in der verabschiedeten Fassung nicht mehr enthalten. Kompetenzielle Grenzen, Natur und Gehalt eines europäischen ordre public sind derzeit noch offen, vgl dazu zB *Thoma* Die Europäisierung und Vergemeinschaftung des nationalen ordre public, 2007; *Basedow* FS Sonnenberger 04, 291.

11 Umstr ist, ob EU-Richtlinien bereits vor ihrer Umsetzung zum ordre public gezählt werden können (s.a. Rn 8; dafür *Kropholler* § 36 III c, IV; dagegen zu Recht Erman/*Hohloch* Rz 23, *Looschelders* Rz 15). Verstieße die Durchsetzung der Wertung des deutschen Rechts gegen **Prinzipien des EU-Rechts**, so kann das nationale Recht insoweit nicht zum ordre public gezählt werden (BGHZ 123, 279 zu Art 27 EuGVÜ; denn das EU-Recht genießt Vorrang vor dem nationalen Recht (EuGH NJW 64, 2371; BVerfGE 73, 375). Denkbar ist eine Anreicherung des deutschen ordre public aufgrund des EU-rechtlichen Kontextes bestimmter Grundsätze idS, dass diese an Wesentlichkeit (s.o. Rn 9) gewinnen dadurch, dass sie gemeinschaftsrechtlich vorgegeben sind und ihre Beachtung damit eine zusätzliche, integrationsbezogene Dimension erhält.

12 **2. Zeitpunkt.** Die wesentlichen Grundsätze des deutschen Rechts sind wandelbar und können sich auch bei unveränderter Gesetzeslage durch Veränderung der Gewichtung ändern. Für Art 6 sind die zum **Zeitpunkt der Entscheidung** maßgebenden Grundsätze heranzuziehen (BGH JZ 07, 738, 740 m Anm *Rauscher* sowie jeweils zum anerkennungsrechtlichen (dazu s.o. Rn 6) ordre public BGH IPRax 92, 380; 90, 55; Hambg

IPRspr 92 Nr 153; MüKo/*Sonnenberger* Rz 57; Erman/*Hohloch* Rz 15; *Looschelders* Rz 20; *Kegel/Schurig* § 16 V), wobei der BGH bei Verträgen hiervon abw auf den Abschlusszeitpunkt abstellt (BGH JR 06, 340 m krit Aufs *Mörsdorf-Schulte* 312).

II. Insbesondere die Grundrechte (S 2). Bei den Grundrechten handelt es sich um besonders hervorgehobene Wertentscheidungen der Verfassung (MüKo/*Sonnenberger* Rz 49). Jeder Verstoß gegen sie tangiert den ordre public (BGHZ 120, 34; BTDrs 10/504 44), weshalb der Gesetzgeber in 2 auf das Merkmal der „Offensichtlichkeit" verzichtet hat. Unter 2 fallen neben dem GG und den Länderverfassungen auch völkerrechtliche Normen, deren Grundwertegehalt sich Deutschland durch Ratifizierung zueigen gemacht hat, zB die EMRK (MüKo/*Sonnenberger* Rz 50; Erman/*Hohloch* Rz 21; *Looschelders* Rz 32; Palandt/*Thorn* Rz 7). IRd Art 6 sind bisher va Art 3 u 6 GG relevant geworden. Soweit die Grundrechte über die international anerkannten **Menschenrechte** hinausgehen, gilt auch für sie der Grundsatz der räumlichen Relativität der Gerechtigkeit (s.u. Rn 16), vgl *Looschelders* IPRax 06, 463. Teilw wird darauf hingewiesen, dass vorab die Anwendbarkeit des betreffenden Grundrechts auf den konkreten Sachverhalt zu prüfen ist (dazu Palandt/*Thorn* Rz 7 mwN), die bei Beteiligung von Ausländern und sonstigen Elementen eines Auslandssachverhalts öffentlichrechtlichen Einschränkungen unterliegen kann. 13

C. Verstoß. I. Ergebnis als Prüfungsgegenstand. Der so ermittelte Prüfungsmaßstab ist sodann anzuwenden auf das **Ergebnis** der Rechtsanwendung (BTDrs 10/504, 43; Palandt/*Thorn* Rz 5; *Looschelders* Rz 11; Staud/*Blumenwitz* Rz 86). Dieses ist im Lichte der Wertungen und Motive des anwendbaren Rechts zu betrachten (*Looschelders* IPRax 06, 463; *Dörner* IPRax 94, 35), die aber nur insoweit interessieren, als sie sich im Einzelfallergebnis niederschlagen (*Looschelders* Rz 12). So mag die abstrakte Norm ordre-public-widrig erscheinen, das konkrete Subsumtionsergebnis aber hinnehmbar sein, zB im Falle des einseitigen ggü der Frau ausgesprochenen Talaq, wenn die Frau einwilligt und/oder ein Scheidungsgrund nach deutschem Recht vorliegt (Hamm IPRspr 94 Nr 83; Kobl IPRspr 92, 236; Justizministerium NW IPRspr 91 Nr 216; MüKo/*Sonnenberger* Rz 47), im Falle einer Sorgerechtsverteilung nach iranischem Recht, die in casu dem Kindeswohl entspricht (BGH IPRspr 93, Nr 6 aE), oder der gesetzlichen Benachteiligung bestimmter Erbengruppen, wenn der Erblasser eben dies unter deutschem Recht durch letztwillige Verfügung tatsächlich angeordnet hätte (Hamm IPRax 06, 481). Auch eine polygame Ehe ist nicht als solche zu verwerfen, sondern die Bewertung muss sich auf die konkreten Rechtswirkungen im Einzelfall beziehen: Steht einer Heirat im Inland unter Mitwirkung des Standesbeamten der ordre public entgegen (MüKo/*Coester* Art 13 Rz 70), so gilt dies idR nicht auch für die Herleitung vermögensrechtlicher Wirkungen aus einer bereits wirksam geschlossenen polygamen Ehe (MüKo/*Birk* Art 25 Rz 115). An der Maßgeblichkeit nur des Erg liegt es auch, dass die ordre-public-Widrigkeit des auf eine Vorfrage anwendbaren Rechts für Art 6 letztlich weniger Bedeutung hat als diejenige des auf die Hauptfrage anwendbaren Rechts (MüKo/*Sonnenberger* Rz 88). Ähnl lässt sich begründen, dass Art 6 nicht eingreife, wenn zwar das im Verlaufe der Falllösung angewandte ausl Kollisionsrecht nicht mit dem ordre-public zu vereinbaren ist, weil es etwa an das Mannesrecht anknüpft, aber in casu dennoch zu einem die Frau nicht unerträglich benachteiligenden Sachrecht führt, zB dem deutschen (so Palandt/*Heldrich* 67. Aufl Rz 9; iE *Lorenz* FS Sturm 99, 1568; aA AnwK/*Schulze* Rz 27; *Gebauer* FS Jayme 04, 223). 14

II. Inlandsbezug. Weist der Sachverhalt **im Entscheidungszeitpunkt** (Hamm IPRspr 60–61 Nr 115; LG Regensburg IPRspr 54–55 Nr 120; MüKo/*Sonnenberger* Rz 86) keine über den deutschen Gerichtsstand hinaus gehende Beziehung zum Inland auf, so ist S 1 unanwendbar (Hamm IPRax 82, 197; Palandt/*Thorn* Rz 6; *Kegel/Schurig* § 16III 2b; *Looschelders* Rz 18; Soergel/*Kegel* Rz 27). Denn ob ein Verstoß vorliegt, kann nicht absolut, sondern nur relativ, dh bezogen auf alle Umstände des zu entscheidenden Falles beurteilt werden (BGH NJW 65, 1664; BGHZ 22, 163; RGZ 119, 263; BayObLGZ 69, 79 ff; Erman/*Hohloch* Rz 14; Soergel/*Kegel* Rz 26): Der Sachverhalt muss in **räumlicher, sachlicher und zeitlicher** Hinsicht so enge Beziehungen zur gegenwärtigen (s. Rn 12) deutschen Rechtsordnung und damit zu deren ordre public aufweisen, dass die Hinnahme der Rechtsfolge unerträglich erscheint (MüKo/*Sonnenberger* Rz 78). Man spricht auch von „Relativität des ordre public". Hinreichenden Inlandsbezug begründet idR der gewöhnliche (vgl BTDrs 10/504 43; Hess VGH FamRZ 94, 957), inbes der langjährige (KG FamRZ 02, 166; Hamm FamRZ 00, 32), kaum aber der schlichte Aufenthalt (BambG FamRZ 97, 96 – Zweitwohnsitz). Bei alledem sind die Anforderungen an den Inlandsbezug umso geringer, je stärker die ausl Norm gegen grundlegende Gerechtigkeitsvorstellungen hierzulande verstößt (BVerfG NJW 07, 900; BGHZ 118, 349). Unter diesem Aspekt kann auch ein rechtmäßiger und nicht nur vorübergehender Aufenthalt als Inlandsbezug ausreichen (BVerfG NJW 07, 900). 15

Die Inlandsbeziehung ist nach hM auch dann nicht entbehrlich, wenn es um die Verletzung von **Grundrechten** geht (BGHZ 120, 34; MüKo/*Sonnenberger* Rz 85; Begr RegEntw BTDrs 10/504, S. 44; aA wegen Art 1 III GG *Looschelders* Rz 18 und RabelsZ 65 (2001) 476; *Spickhoff* 125; *Raape/Sturm* 217), wobei aber die Bedeutung der deutschen Entscheidung für den Grundrechtsverstoß in die Beurteilung der **im Einzelfall** bestehenden Inlandsbeziehung einfließen kann und andererseits auch zu berücksichtigen ist, dass möglicherweise Grundrechten bei starkem Auslandsbezug schon verfassungsrechtlich eine andere Wirkung zukommt (BGHZ 63, 226; *Looschelders* Rz 26; *Dörner* FS Sandrock 2000, 208; Deutungsansatz von BVerfGE 31, 86 und NJW 91, 1600 durch MüKo/*Sonnenberger* Rz 85, s.a. oben Rn 13). Bei der Verletzung von Normen mit völkerrechtli- 16 cher Grundlage, etwa der EMRK, kann als Inlandsbezug ausreichen, wenn Deutschland sich bei Anwendung einer ausl Vorschrift völkerrechtlichen Sanktionen aussetzen würde (MüKo/*Sonnenberger* Rz 85). Entspr muss bei auf EU-Recht beruhenden Anteilen des ordre public für die Inlandsbeziehung auch eine **intensive Beziehung zu einem anderen EU-Staat** ausreichen (s.a. Rn 10); eine abzulehnende (MüKo/*Sonnenberger* Rz 87; Einl IPR Rz 224) Gleichsetzung des EU-Auslandes mit dem Inland liegt hierin nicht.

17 Eklatante Verletzungen der **Menschenrechte** sind nach allg A niemals hinnehmbar (vgl *Looschelders* Rz 26; Staud/*Blumenwitz* Rz 119). Ist der universelle (internationale) ordre public betroffen, weil staatsübergreifend geschützte Werte verletzt sind, so tritt die Inlandsbeziehung in den Hintergrund.

18 **D. Sanktion: Ergebniskorrektur.** Art 6 schreibt als Rechtsfolge die Nichtanwendung einer ausl Rechtsnorm vor. Wie die hierdurch entstandene Lücke zu füllen ist, bleibt offen. Nach hM ist dafür auf das ausl Recht selbst zurückzugreifen, hilfsweise auf deutsches Recht (BGHZ 120, 37; RGZ 106, 85 f; Hamm FamRZ 93, 116), nach aA von vornherein auf deutsches Recht unter weitmöglicher Berücksichtigung der ausl Wertungen (*Kegel/Schurig* § 16 IV, v *Bar/Mankowski* IPR I, § 7 Rz 285 f; *Lüderitz* Rz 214; vermittelnd mit Fallgruppenbildung MüKo/*Sonnenberger* Rz 93 ff; ähnl *Looschelders* Rz 32). Der Streit ist aber letztlich nur dogmatischer Natur. Denn bei Rechtsfragen, die nur bejahend oder verneinend beantwortet werden können, ist die Lückenfüllung bei Ablehnung des ausl Ergebnisses denknotwendig anhand des deutschen Rechts vorzunehmen (*Looschelders* Rz 32; BaRoth/*Lorenz* Rz 17). Kann hingegen die durch Nichtanwendung des ausl Rechts entstandene Lücke auf unterschiedliche Weise gefüllt werden, so ist nach dem **Prinzip des geringsten Eingriffs**, letztlich dem Verhältnismäßigkeitsprinzip, den ausl Vorstellungen jedenfalls so weit wie möglich Rechnung zu tragen (zB Ersetzung ausl gleichgeschlechtlicher Ehe durch Lebenspartnerschaft, s.u. Rn 20). Dabei kann dahinstehen, ob dies ausgehend von einer Anwendung deutschen Rechts geschieht, die dann anzupassen ist, oder ob von vornherein die **ausl Vorstellungen iRd nach deutschem Recht zumutbaren** berücksichtigt werden (*Looschelders* Rz 33; BaRoth/*Lorenz* Rz 17).

19 **E. Beispiele. I. Kein Verstoß.** Kein Verstoß gegen den ordre public liegt vor, wenn das Ergebnis der ausl Norm in Deutschland durch eine entspr AGB-Klausel herbeigeführt werden könnte (LG Frankfurt aM IPRspr 02 Nr 51, MüKo/*Sonnenberger* Rz 78); wenn ausl Recht Selbstkontrahieren in größerem Umfang als das deutsche gestattet (RG IPRspr 28 Nr 13); wenn der **Vorname** das Geschlecht nicht erkennen lässt (Ddorf NJW-RR 89, 1034); wenn das Geburtsdatum eines Kindes zur Absicherung des Adoptionsgeheimnisses um 6 Monate verändert wird (Karlsr IPRax 05, 39 zum anerkennungsrechtliche ordre public, m abl Aufs *Looschelders* 28); wenn Heilung des bei der Eheschließung bestehenden Ehehindernisses durch Zeitablauf, Bestätigung und gemeinsame Kinder möglich ist (AG Hamm FamRZ 02, 1117); wenn Deutscher mit gebundener Stellvertretung oder Boten im Ausland heiratet (BGHZ 29, 143; KG FamRZ 73, 315); wenn eine polygame **Ehe** im Inland vor einer ausl Trauungsperson (vgl Art 13 III 2) (LG Frankfurt FamRZ 76, 217) oder im Ausland geschlossen wird (BFH NJW 86, 2210; BVerwGE 71, 230; VG Gelsenkirchen FamRZ 75, 340); wenn eine Brautgabe vereinbart wird (Köln FamRZ 06, 1380); wenn die **Ehelichkeits**anfechtungsfrist nur 1 Monat beträgt (AG Spandau FamRZ 98, 1132); wenn das Institut der **Adoption** fehlt, soweit es ein Ersatzinstitut wie die islamische Kafala gibt, das eine angemessene Betreuung des Kindes im Einzelfall ermöglicht (Karlsr FamRZ 98, 57); wenn eine Adoption bereits durch Vertrag möglich ist (*Looschelders* Rz 54); wenn ein Ausländer in Deutschland nach seinem Heimatrecht unter Hinzuziehung eines nach deutschem Recht bestellten (Art 24 I 2) Betreuers entmündigt wird (*Looschelders* Art 24 Rz 8; Soergel/*Kegel* Art 24 Rz 4); wenn **letztwillige** Verfügungen zulässig sind, in denen nach Geschlecht oder Religion diskriminiert wird (*Looschelders* Art 25 Rz 33); wenn es für *erwachsene* Kinder kein Pflichtteilsrecht gibt (Hamm IPRax 06, 481, krit mit Blick auf BVerfG NJW 05, 1563 *Looschelders* IPRax 06, 465 und *Lorenz* ZEV 05, 441); wenn nichtehelichem Lebensgefährten (BayObLG NJW 76, 2076; AG München IPRspr 74 Nr 130) oder mehreren Ehefrauen einer polygamen Ehe (MüKo/*Birk* Art 25 Rz 115) gesetzliches Erbrecht zusteht; wenn nahen Angehörigen kein Pflichtteils- oder Noterbenrecht zusteht (BGH NJW 93, 1921); wenn der numerus clausus der **Sachenrechte** verletzt ist (Erman/*Hohloch* Art 43 Rz 5: Art 43 statt Art 6).

20 **II. Verstoß.** Verstöße gegen den ordre public wurden bisher gesehen in folgenden Fällen: Entziehung der Rechtsfähigkeit oder wegen Art 3 II GG auch Beschränkung der **Geschäftsfähigkeit** von Ehefrauen (*Looschelders* Rz 35; Staud/*Hausmann* Art 7 Rz 57 ff); Eintritt der unbeschränkten Geschäftsfähigkeit mit 10 Jahren (Köln FamRZ 97, 240); Wahl eines anstößigen oder lächerlichen **Namens** (Bremen NJW-RR 96, 1030); Verweigerung der Anerkennung von Transsexualität (BVerfG NJW 07, 900); Ehe zwischen Gleichgeschlechtlichen (Folge der ordre-public-Widrigkeit, s.o. Rn 18: Aufrechterhaltung der rechtlichen Verbindung durch Behandlung als Lebenspartnerschaft; MüKo/*Coester* Art 13 Rz 52 f; BaRoth/*Mörsdorf-Schulte* Art 13 Rz 29, 20 unter Hinw auf BVerfG NJW 02, 1173); Ehemündigkeit von Kindern unter 14 (Erman/*Hohloch* Art 13 Rz 24) bzw 15 (Staud/*Mankowski* Art 13 Rz 203) oder 16 Jahren (MüKo/*Coester* Art 13 Rz 38); Zulassung der **Eheschließung** unter *Blutsverwandten* über § 1307 BGB hinaus (*Looschelders* Rz 44); Ehehindernis das mit Eheschließungsfreiheit des Art 6 GG unvereinbar ist oder auf rassischen, religiösen oder politischen Gründen beruht und damit auch die Grundrechte aus den Art 1–4 GG verletzt (vorrangig nach Art 13 II) (MüKo/*Coester* Art 13 Rz 34); Ehevoraussetzung eines Brautpreises an Familie der Braut (BaRoth/*Mörsdorf-*

Schulte Art 13 Rz 37; *Sturm* StAZ 95, 350); Eheschließung durch Vertreter im Willen wie etwa die Eltern (MüKo/*Coester* Art 13 Rz 44); Schließung einer polygamen Ehe vor dem deutschen Standesbeamten (*Looschelders* Rz 46); alleinige Entscheidungsbefugnis des Ehemannes über Fragen des ehelichen Zusammenlebens wie Wohnsitz, Haushaltsführung oder Erwerbstätigkeit (*Looschelders* Rz 47); wenn die Ehefrau sich bei Streitigkeiten bezüglich ihres Vermögens vor einem deutschen Gericht von ihrem Ehemann vertreten lassen müsste (LG Berlin FamRZ 93, 198); Verpflichtung der Ehefrau zur Abtreibung (Stuttg FamRZ 87, 700); Unmöglichkeit oder übermäßige Erschwerung der **Scheidung** (Vorrang hat Anwendung deutschen Rechts zugunsten deutschem Scheidungswilligen nach Art 17 I 2) (BGH JZ 07, 738 zur Unscheidbarkeit in Anwendung des nach syrischem Recht interpersonal berufenen Ostkirchenrechts); gleichheitswidrige Beschränkung oder Ausschluss der Scheidbarkeit nur für die Frau (Rostock FamRZ 06, 947; Stuttg FamRZ 04, 25; *Rauscher* IPRax 05, 316 – Folge ist nicht die Erleichterung der Scheidbarkeit auf Mannesniveau, sondern deutsche Maßstäbe); Scheidungsmöglichkeit durch begründungslose Verstoßung (talaq) durch den Ehemann, es sei denn, die Frau willigt ein (Frankf IPRax 85, 48; BayObLG IPRax 82, 105; Staud/*Mankowski* Art 17 Rz 124; aA AG Frankfurt aM IPRax 89, 238) oder die Ehe könnte auch nach deutschem Recht geschieden werden (Köln FamR 96, 1147; München IPRax 89, 241; *Beitzke* IPRax 93, 234; *Jayme* IPRax 89, 223; aA Ddorf FamRZ 98, 1114; Stuttg FamRZ 97, 882; Staud//*Mankowski* Art 17 Rz 209 ff); über die des deutschen Rechts hinaus gehende Wirkungen einer eingetragenen gleichgeschlechtlichen **Lebenspartnerschaft** (bereits nach Art 17b IV – s. Art 17b EGBGB Rn 6, 12, 28); untragbare unterhaltsrechtliche Abweichungen nach Art 18 VII, zB Fehlen eines **Unterhalt**sanspruchs für den geschiedenen, wegen der Betreuung gemeinsamer Kinder an der Aufnahme einer Erwerbstätigkeit gehinderten Ehegatten (BGH FamRZ 91, 927; Hamm FamRZ 99, 1143; Zweibr FamRZ 97, 94 f; weitere Bsp bei *Finger* FamRBInt 07, 13); keine Anfechtungsmöglichkeit für ohne ausreichende Bedenkzeit abgegebenes Vaterschaftsanerkenntnis (Stuttg FamRZ 01, 246); **elterliche Sorge** eines anderen als desjenigen Elternteils, bei dem das Kind vermutlich die bessere Unterstützung und Förderung erhält (BGHZ 120, 35); mit dem Wohl des Kindes unvereinbare Minderjährigenadoption (MüKo/*Klinkhardt* Art 22 Rz 60; *Lüderitz* Rz 388); völliges Fehlen der Adoption als Rechtsinstitut (Schlesw FamRZ 08, 1104); Kinderlosigkeit als unabdingbare Voraussetzung der **Adoption**, auch wenn es sonst dem Kindeswohl entspräche (Schlesw FamRZ 02, 698 f; Zweibr NJW-RR 01, 1372; *Looschelders* Rz 54 und Art 22 Rz 15; aA AG Weilheim IPRax 82, 161; MüKo/*Klinkhardt* Art 22 Rz 58; Staud/*Henrich* Art 22 Rz 71); völliger Verzicht auf eine Kindeswohlprüfung iRd Adoptionsverfahrens (obiter KG JAmt 06, 356; BayObLG StAZ 00, 302; AG Hamm JAmt 04, 375; *Staudinger* FamRBInt 07, 44; weitergehend einer der deutschen Prüfung gleichwertige Eignungsprüfung fordernd AG Celle JAmt 04, 377) Adoption eines in einer intakten Familiengemeinschaft lebenden Kindes primär aus materiellen Gründen (Köln NJW-RR 09, 1374); Diskriminierung von Angehörigen des **Erblassers** von Gesetzes wegen wegen deren Geschlechts (Ddorf IPRax 09, 520; Hamm IPRax 06, 481: je nach Lebensmittelpunkt der Erben, insow krit *Looschelders* IPRax 06, 467/468; aA Hamm IPRax 94, 49; LG Hamburg IPRspr 91, 142) oder deren Religionszugehörigkeit (Hamm IPRax 06, 481; LG Hamburg IPRspr 91 Nr 142; BaRoth/*Lorenz* Rz 58), es sei denn, sie entsprach dem Willen des Erblassers und dieser hätte dieselbe Folge nach deutschem Recht durch letztwillige Verfügung (Art 14 GG) herbeiführen können (Hamm IPRax 06, 485 f; *Looschelders* IPRax 09, 246 u 507 mN), also jdf bis zur Grenze des Pflichtteilsrechts (KG NJW-RR 08, 1109 Pflichtteil für nichtehelichen, andersgläubigen Sohn, trotz gesetzlichen und außerdem testamentarischen Ausschlusses von der Erbfolge unter ägyptischem Erbstatut; *Looschelders* IPRax 06, 465); Versagung jeglichen Erbrechts ggü nichtehelichen Kindern (LG Stuttgart FamRZ 98, 1627); Ausschluss des Pflichtteilsrechts zu Lasten eines minderjährigen Abkömmlings, der nicht durch Unterhaltsansprüche oä abgesichert ist (MüKo/*Birk* Art 25 Rz 113; BaRoth/*Lorenz* Art 25 Rz 59; *Lüderitz* Rz 208); **vertragliche** Inanspruchnahme eines Bürgen nach entschädigungsloser Enteignung seiner Anteile an der Hauptschuldnerin durch den vom enteignenden Staat beherrschten Bürgschaftsgläubiger (BGHZ 104, 240); Verbindlichkeit eines Wettauftrages (Hamm NJW-RR 97, 1007); Nichtzulassung des Einwands des Rechtsmissbrauchs (LG Frankf NJW 81, 58); zu hohe oder nicht nur der Entschädigung dienende **Schadensersatz**ansprüche nach Art 40 III (s. Art 40 EGBGB Rn 31); persönliche Haftung trotz gesetzlicher Unfallversicherung (BGHZ 123, 275 f, krit *Basedow* IPRax 94, 85).

III. Sensible Bereiche. Sensible Bereiche sind das Institut der **Entmündigung** (*Looschelders* Rz 35, dazu Art 7 EGBGB Rn 15), das alleinige Namensbestimmungsrecht des Vaters oder die Maßgeblichkeit ausschl dessen **Namens** für den Ehenamen (*Looschelders* Rz 36). Beim vertraglichen **Verbraucherschutz** dürfen die Art 29 ff/6 Rom I VO ff, 46b nicht überspielt werden, doch ist bei völligem Fehlen eines Schutzes der rechtsgeschäftlichen Entscheidungsfreiheit ein ordre public Verstoß denkbar (BaRoth/*Lorenz* Art 22 mN). Im Deliktsrecht kommt ein Rückgriff auf Art 6 in Betracht, wenn das anwendbare Recht bei gravierenden Verletzungen von **Persönlichkeitsgütern** keine oder nur ganz geringfügige Schadensersatzansprüche zubilligt (*Looschelders* Art 40 Rz 21).

Zweiter Abschnitt Recht der natürlichen Personen und der Rechtsgeschäfte

Vorbemerkungen vor Art 7 bis 12

1 **A. Überblick.** Die Gliederung des Kollisionsrechts im zweiten Kapitel des EGBGB folgt der sachrechtlichen Systematik im BGB (dazu oben Art 3 EGBGB Rn 15). Regelungsgegenstand des zweiten Abschnitts sind Rechtsanwendungsfragen des **Allgemeinen Teils** des Bürgerlichen Rechts. Die Regelung ist allerdings **lückenhaft**. Schon die Überschrift erwähnt nur das Recht der natürlichen Personen (§§ 1–20 BGB) und der Rechtsgeschäfte (§§ 104–185 BGB).

2 Das Kollisionsrecht der **juristischen Personen** hat der Gesetzgeber bislang bewusst der Entwicklung durch die Rspr überlassen und in Art 37 Nrn 2 und 3 klargestellt, dass hierfür nicht das Internationale Vertragsrecht gilt. Auch die Rom I-VO spart das IPR der juristischen Personen aus, Art 1 II Buchst f Rom I-VO. Die Rspr knüpft für das **Gesellschaftsstatut an den tatsächlichen Sitz** und in jüngerer Zeit im Kontext EU-rechtlich oder staatsvertraglich vereinbarter Niederlassungsfreiheit an den *Gründungsort* an (ausf s. IntGesR Rn 10, 16 ff, 28 ff). Im Januar 08 hat das BMJ einen auf Vorarbeiten des Deutschen Rates für IPR basierenden Entwurf zur gesetzlichen Regelung des internationalen Gesellschaftsrechts im EGBGB vorgelegt, der die umfassende Geltung des Gründungsstatuts bzw Anknüpfung an den Registrierungsort vorschreibt (dazu BGH NJW 09, 289 m Anm *Kieninger* und *Wagner/Timm* IPRax 08, 81).

3 Weitere ungeregelte Fragen des AT sind idR kollisionsrechtlich vom Recht erfasst, das auf die Hauptfrage anwendbar ist, in deren Kontext sie auftauchen. Für iRv Verträgen sich stellende Fragen der **Verjährung** ist dies in Art 32 Nr 4 und dem diesen ablösenden Art 12 I Buchst d Rom I-VO ausdrücklich festgeschrieben.

4 **Natürliche Personen** betr sind kollisionsrechtlich Rechts- und Geschäftsfähigkeit (Art 7 u 12), Tod (Art 9) und Name (Art 10) geregelt. Von den im AT des BGB behandelten **Rechtsgeschäften** wird hier nur deren Form (Art 11) geregelt, während zB Einigung, Wirksamkeit und Auslegung durch ex Art 31 f und nunmehr Art 10 u 12 Rom I-VO ausdrücklich dem Vertragsstatut zugeschlagen werden. Kollisionsrechtlich völlig ungeregelt bleiben insb „**Vertretung und Vollmacht**" (vgl dazu der letztlich nicht in die verabschiedete Fassung aufgenommene Art 7 des Kommissionsentwurfs der Rom I-VO v 15.12.05, der die drei aus einem Vertretervertrag entstandenen Rechtsverhältnisse zwischen Vertretenem, Vertreter und Drittem einer abgestimmten kollisionsrechtlichen Regelung zuführen sollte, s. ErwGrd 12 des Entwurfes; dazu hinsichtlich der objektiven Anknüpfung krit *Mankowski* IPRax 06, 108 f). Ex Art 37 Nr 3 EGBGB und ebenso der diesen ablösende Art 1 II Buchst g Rom I-VO beschränken sich auf die Festlegung, dass Fragen der Vollmacht und der organschaftlichen Vertretung von Gesellschaften und juristischen Personen nicht von den allg Regeln des Internationalen Vertragsrechts erfasst sind.

5 **B. Stellvertretung. I. Gesetzliche Stellvertretung.** Die gesetzliche Stellvertretung wird kollisionsrechtlich dem jeweiligen **Grund der Vertretung** zugeordnet, unterliegt mithin für den gesetzlichen oder bestellten Vormund, Betreuer oder Pfleger dem Vormundschaftsstatut des Art 24 bzw. des Haager Erwachsenenschutzübereinkommens (dazu Art 24 Rn 14), für die Eltern dem Eltern-Kind-Statut des Art 21 (gewöhnlicher Aufenthalt des Kindes) bzw bei Anordnung als Schutzmaßnahme iSd Minderjährigenschutzabkommens diesem (dazu s. Art 21 EGBGB Rn 2, 5), für den Testamentsvollstrecker dem Erbstatut des Art 25 (Heimatrecht des Erblassers) oder für die Organe der Gesellschaft dem gesetzlich bislang (s. aber Rn 2) nicht geregelten Gesellschaftsstatut (BGH NJW 03, 3270; 01, 305; BGHZ 128, 44; 32, 258; Celle NJW-RR 06, 32; Sitz- oder Gründungsort, s. IntGesR Rn 10). Bei Verkehrsgeschäften ist zu beachten, dass die Vertretungsmacht uU nach Art 12 erweitert sein kann (s. Art 12 EGBGB Rn 8, 5).

6 **II. Gewillkürte Stellvertretung.** Für die gewillkürte Stellvertretung ist hingegen, wie man dem Ausschluss aus dem Vertragsstatut (Art 1 II Buchst g Rom I-VO/ex Art 37 Nr 3) entnehmen kann, eine **Sonderanknüpfung** erforderlich (BGHZ 128, 47; 64, 192; Köln NJW-RR 96, 411; aA MüKo/*Spellenberg* vor Art 11 Rz 193, 272 ff).

7 **1. Anknüpfungsgegenstand.** Der Anknüpfungsgegenstand umfasst neben der ausdrücklichen Vollmacht auch die Duldungs- oder Anscheinsvollmacht (BGHZ 43, 21; Köln NJW-RR 96, 411; AG Alsfeld NJW-RR 96, 120) und die generelle **Einziehungsermächtigung** (*Kegel/Schurig* § 17 V 2a). Einzelermächtigungen werden dagegen kollisionsrechtlich wie Abtretungen behandelt (BGHZ 125, 196; NJW-RR 90, 250), dazu ex Art 33 bzw 14 Rom I-VO.

8 Das Vollmachtstatut bestimmt über Voraussetzungen und Wirkungen einer Vollmacht (BGH NJW 82, 2733; München WM 69, 731; Palandt/*Thorn* Anh Art 10 Rz 3). Im einzelnen geht es um die Erlaubnis zum Selbstkontrahieren (§ 181 BGB) (BGH NJW 92, 618; Ddorf IPRax 98, 425 m Aufs *Kronke*), um die Haftung des Vertreters ohne Vertretungsmacht (Hambg VersR 87, 1216; Palandt/*Thorn* Anh Art 10 Rz 3; *Kegel/Schurig* § 17 V 2c; *Looschelders* Anh Art 12 Rz 14; Staud/*Magnus* Einl Art 27–37 Rz A 54; Soergel/*Lüderitz* Anh Art 10 Rz 105; aA *v Bar* II Rz 593: Geschäftsstatut) nicht aber darum, ob, wie und unter welchen Voraussetzungen das vom Vertreter ohne Vertretungsmacht geschlossene Geschäft genehmigungsfähig ist; insoweit gilt das Geschäftsstatut (BGHZ 128,48; NJW 92, 619; Erman/*Hohloch* Anh I zu Art 37 Rz 19; Soergel/*Lüderitz*

Anh Art 10 Rz 103; aA *Looschelders* Rz 14; Staud/*Magnus* Einl Art 27–37 Rz 57; *Kropholler* § 41 I 3). Abzugrenzen ist ferner ggü dem Innenverhältnis zwischen Vertreter und Vertretenem, das dem Statut des zugrunde liegenden Rechtsgeschäfts (Auftrag, Arbeitsvertrag) unterliegt (*Kegel/Schurig* § 17 V 2d). Die kollisionsrechtliche **Trennung von Vertretergeschäft, Innenverhältnis und Vollmacht**, die jeweils unabhängig voneinander angeknüpft werden, ist etwa auch in Bezug auf die Anknüpfung der Form des betreffenden Rechtsgeschäfts zu beachten; das führt zB dazu, dass Art 11 V Rom I-VO und Art 11 IV niemals auf die Stellvertretung anwendbar sind (BaRoth/*Mäsch* Anh Art 10 Rz 44).

2. Anknüpfungspunkt. Das Vollmachtstatut ist nach hM zunächst ein hierfür gewähltes Recht. Zulässig ist die **Rechtswahl**, wenn auch das vom Vertreter abgeschlossene Geschäft der Rechtswahl zugänglich ist (MüKo/*Spellenberg* vor Art 11 Rz 225; BaRoth/*Mäsch* Anh Art 10 Rz 23; Soergel/*Lüderitz* Anh Art 10 Rz 101; *Kropholler* § 41 I 2e). Wahlberechtigt ist der Vertretene, doch müssen Vertreter und Dritter zustimmen, was konkludent geschieht, wenn sie in Kenntnis der Wahl den Vertrag schließen (*Looschelders* Anh Art 12 Rz 12; BaRoth/*Mäsch* Anh Art 10 Rz 23; Staud/*Magnus* Einl Art 27–37 Rz A 12; differenzierend *Fischer* IPRax 05, 272). Die Wirksamkeit der Rechtswahl richtet sich entspr ex Art 27 IV, 31 bzw Art 3 V, 10 Rom I-VO nach dem gewählten Recht (BaRoth/*Mäsch* Anh Art 10 Rz 25). 9

Bei Fehlen einer Rechtswahl wird aus Gründen des Verkehrsschutzes herrschend an den Ort angeknüpft, an dem von der Vollmacht bestimmungsgemäß Gebrauch gemacht werden soll (BGH NJW 04, 1316; BGHZ 128, 47; 64, 192; NJW 90, 3088; Palandt/*Thorn* Anh Art 10 Rz 1 mwN auch zu abl LitAnsichten). **Bestimmungsgemäßer Gebrauchsort** ist der Ort, an dem der Vertreter seine Willenserklärung ggü dem Dritten abgeben bzw dessen Willenserklärung empfangen soll (Saarbr IPRspr 68/69 Nr 19a; BaRoth/*Mäsch* Anh Art 10, Rz 30; Staud/*Magnus* Einl Art 27–37 Rz A 20). Dadurch ist auch der Vertretene hinreichend geschützt, so dass eine Anknüpfung an dessen gewöhnlichen Aufenthalt nicht erforderlich ist (so aber *Kegel/Schurig* § 17 V 2a; *Dorsel* MittRhNotK 97, 6, 9). Hält der Vertreter sich ohne Wissen des Dritten (*Kegel/Schurig* § 17 V 2a; *Looschelders* Anh Art 12 Rz 6; BaRoth/*Mäsch* Anh Art 10 Rz 29) nicht an die Bestimmung oder geht es um eine Rechtsscheinsvollmacht, so ist stattdessen an den Ort des **tatsächlichen Gebrauchs** (BGH MDR 68, 486; BGHZ 43, 27, Hambg NJW-RR 09, 1718; *Kegel/Schurig* § 17 V 2a) als dem Ort der Entstehung und Auswirkung des Rechtsscheins (BGH NJW 07, 1530 m Aufs Kindler 1785) anknüpfen. Im Falle der Rechtsscheinsvollmachten dürfte der Schutz des Vertretenen aber eine Analogie zu Art 31 II nahelegen, wonach er sich darauf berufen kann, dass nach dem am Ort seines gewöhnlichen Aufenthalts geltenden Recht die Voraussetzungen einer Rechtsscheinsvollmacht fehlen (Palandt/*Thorn* Anh Art 10 Rz 3; BaRoth/*Mäsch* Anh Art 10 Rz 41; Soergel/*Lüderitz* Anh Art 10 Rz 107; *Fischer* IPRax 89, 216; aA *Looschelders* Anh Art 12 Rz 8; Erman/*Hohloch* Anh I zu Art 37 Rz 19; Staud/*Magnus* Einl zu Art 27–37 Rz A 36). 10

Für drei Fälle gelten hiervon uU abw Anknüpfungen: Bei Vertretern mit eigener geschäftlicher **Niederlassung** wird an deren Ort angeknüpft, es sei denn, dieser war für den Dritten nicht als Handlungsort erkennbar (BGH NJW 90, 3088), bei Schiffskapitänen an die **Flagge** (Palandt/*Thorn* Anh Art 32 Rz 2), selbst wenn es sich um eine sog Billigflagge handelt (*Kegel/Schurig* § 17 V 2b), für dingliche (nicht schuldrechtliche, BGH NJW-RR 90, 250) Rechtsgeschäfte über unbewegliche Sachen an deren **Belegenheitsort** (BGH NJW 63, 47; RGZ 149, 94; München IPRax 90, 320 m Aufs *Spellenberg* 295). 11

3. Geltung der allg Regeln. Da eine Gesamtverweisung dem in erster Linie dem Verkehrsschutz verpflichteten Sinn der Verweisung widerspricht, ist nach Art 4 I 1 Hs 2 eine **Sachnormverweisung** gegeben (Palandt/*Thorn* Anh Art 10 Rz 1; Erman/*Hohloch* Art 37 Rz 18; *Looschelders* Anh Art 12 Rz 17; BaRoth/*Mäsch* Anh Art 10 Rz 4 mit abw Begr: Art 4 sei für ungeschriebenes Kollisionsrecht erst gar nicht anwendbar; Staud/*Magnus* Einl Art 27–37 Rz A 61; *Kropholler* § 41 I 4). 12

Wenn ausl Recht Selbstkontrahieren in größerem Umfang als das deutsche erlaubt, stellt dies noch keinen Verstoß gegen den **ordre public** (Art 6) dar (RG IPRspr 28 Nr 13). 13

Art. 7 Rechtsfähigkeit und Geschäftsfähigkeit.
(1) ¹**Die Rechtsfähigkeit und die Geschäftsfähigkeit einer Person unterliegen dem Recht des Staates, dem die Person angehört.** ²**Dies gilt auch, soweit die Geschäftsfähigkeit durch Eheschließung erweitert wird.**
(2) **Eine einmal erlangte Rechtsfähigkeit oder Geschäftsfähigkeit wird durch Erwerb oder Verlust der Rechtsstellung als Deutscher nicht beeinträchtigt.**

A. Einführung. Für die Rechts- und Geschäftsfähigkeit, die stets Teilfragen eines anderweitig angeknüpften (zB Art 3 ff Rom I-VO bzw für vor dem 17.12.09 geschlossene Verträge ex Art 27 ff, sog Wirkungsstatut) rechtlichen Verhältnisses sind, schreibt Art 7 eine **Sonderanknüpfung** vor. Damit ist gewährleistet, dass die Rechts- und Geschäftsfähigkeit ein und derselben Person in verschiedenen Situationen nicht unterschiedliche Rechtsordnungen anzuwenden sind und auch beide Teilfragen nach derselben Rechtsordnung beurteilt werden. Übereinstimmender Anknüpfungspunkt ist die Staatsangehörigkeit. 1

Im Zusammenhang mit Art 7 sind zwei weitere Sonderanknüpfungen zu beachten: diejenige zum Umgang mit faktischer Ungewissheit hinsichtlich des **Todes** oder seines Zeitpunktes in Art 9 und die Einschränkung 2 der Geltendmachung einer nach Art 7 fehlenden Rechts- oder Geschäftsfähigkeit aus Gründen des **Schutzes des Rechtsverkehrs** in Art 12 bzw 13 Rom I-VO. Das Kollisionsrecht betr **Vormundschaft**, Betreuung und Pflegschaft ist geregelt im Art 24 (s. dort auch zu staatsvertraglichen Regelungen).

3 II hat nur Bedeutung bei Wechsel der Staatsangehörigkeit. Da I einen Anknüpfungszeitpunkt nicht nennt, ist die Anknüpfung wandelbar. II statuiert hierzu eine Ausn (s.u. Rn 11).

4 **B. Anknüpfungsgegenstand. I. Subjektiver Anwendungsbereich.** Art 7 regelt nur die Rechts- und Geschäftsfähigkeit von **natürlichen Personen**. Das ergibt sich aus der systematischen Stellung im zweiten Abschnitt iVm dessen amtlicher Überschrift. Rechts- und Geschäftsfähigkeit der juristischen Personen unterstehen deren Personalstatut, dem gesetzlich bislang (s. aber Vor Artikel 7 bis 12 EGBGB Rn 2) nicht geregelten Gesellschaftsstatut (s. IntGesR Rn 12 unter III).

5 **II. Objektiver Anwendungsbereich. 1. Umfang.** Regelungsgegenstand ist die **allg Rechts- und Geschäftsfähigkeit**. Rechtsfähigkeit ist die Fähigkeit einer Person, Träger von Rechten und Pflichten zu sein, Geschäftsfähigkeit die Fähigkeit, durch eigene Rechtshandlungen wirksam Rechtsgeschäfte zu tätigen.

6 Außerdem wird auch die **Geschlechtszugehörigkeit** im Zusammenhang mit Transsexualität nach Art 7 angeknüpft (BayObLG 04, 350; Karlsr StAZ 03, 139; Präs KG StAZ 02, 307; LG Stuttgart StAZ 99, 15; AG Hamburg StAZ 84, 42), dazu auch Rn 14 aE

7 **Besondere Rechts- und Geschäftsfähigkeiten** fallen **nicht** in den Anwendungsbereich des Art 7, sondern folgen idR dem Wirkungsstatut. Die Ehemündigkeit unterliegt dem Eheschließungsstatut (Art 13), güterrechtliche Verfügungsbeschränkungen dem Güterrechtstatut (Art 15), die Erb- und die Testierfähigkeit dem Erbstatut (Art 25), die Deliktsfähigkeit dem Deliktsstatut (Art 4ff Rom II-VO, 40ff), die Fähigkeit zum Erwerb von Grundstücken der lex rei sitae (Art 43), die Kaufmannseigenschaft dem am Ort der gewerblichen Niederlassung geltenden Recht (LG Hamburg IPRspr 58/59 Nr 22) bzw nach der Lit, die eine Sonderanknüpfung ablehnt, dem jeweiligen Wirkungsstatut (MüKo/*Birk* Rz 45; BaRoth/*Mäsch* Rz 40; Erman/*Hohloch* Rz 11; Staud/*Hausmann* Rz 60; *Looschelders* Rz 19; aA Palandt/*Thorn* Rz 7) und der Partei- und Prozessfähigkeit als verfahrensrechtliche Fragen der lex fori (in Deutschland §§ 50 ff ZPO; gem § 55 ZPO reicht nach deutschem Sachrecht bestehende Prozessfähigkeit aus). Auch, ob die Eheschließung zu Beschränkungen der Geschäftsfähigkeit führt, beurteilt sich nicht nach Art 7, sondern nach Art 14 oder 15 (BaRoth/*Mäsch* Rz 26); denn es handelt sich um spezifisch ehebezogene Beschränkungen, und, anders als im umgekehrten Fall der Erweiterung der Geschäftsfähigkeit durch Eheschließung (dazu Rn 9), hinter der die größere Lebenserfahrung der verheirateten Frau steht, geht es hier um Beschränkungen im Interesse der ehelichen Vermögensverwaltung. Für die Wechsel- und Scheckfähigkeit und für die Fähigkeit zu Börsentermingeschäften bestehen gesetzliche Sonderregelungen (Art 91 I WG; Art 60 I ScheckG; § 53 BörsG). Nur soweit diese besonderen Fähigkeiten nach dem anzuwendenden Recht ihrerseits von der allg Rechts- oder Geschäftsfähigkeit abhängen, kommt Art 7 zur Anwendung. Dabei setzt § 52 ZPO nach hM entgegen dem Wortlaut ausl Prozess- und nicht nur Geschäftsfähigkeit voraus (*v Bar/Mankowski* § 5 Rz 92; *Looschelders* Rz 18).

8 **2. Einzelheiten zur Rechtsfähigkeit.** Erfasst sind Beginn (Vollendung der Geburt, 24 Stunden nach der Geburt oä) und Ende der **Rechtsfähigkeit** (Hirntod oa), einschließlich der Bestimmung des Todeszeitpunktes im Rechtssinne (Art 9 bezieht sich auf Ungewissheiten im Tatsächlichen). Ob für die Nachwirkung der an sich beendeten allg Rechtsfähigkeit eine analoge Anwendung von Art 7 in Betracht kommt (so MüKo/*Birk* Rz 15; *Looschelders* Rz 9; Staud/*Dörner* Art 25 Rz 24), etwa im Hinblick auf den **postmortalen** Schutz der Persönlichkeitsrechte (Frage übersehen in BGHZ 143, 214), ist umstr (so MüKo/*Birk* Rz 15; aA Erman/*Hohloch* Art 7 Rz 5 und BaRoth/*Mäsch* Rz 15, die auf eine Sonderanknüpfung verzichten und die Frage der postmortalen Rechtsstellung mit unter das Deliktsstatut ziehen). Entsprechendes gilt für die Rechtsstellung des Ungeborenen, wobei die Frage, ob **pränatale** Schädigungen auch ein Delikt ggü dem später geschädigt geborenen Kind darstellen, dem Deliktsstatut überlassen bleiben muss (BaRoth/*Mäsch* Rz 16; *v Bar* IPR II, § 1 Rz 5 ff).

9 **3. Einzelheiten zur Geschäftsfähigkeit.** Im Hinblick auf die **Geschäftsfähigkeit** fallen unter Art 7 deren Erlangung (Altersgrenze, Emanzipationstatbestände wie in manchen Rechten zB die Eheschließung, Volljährigkeitserklärung etc), Beschränkung (aber nicht durch Eheschließung, s.o. Rn 7) und Beseitigung sowie deren von Alter, Einsichtsfähigkeit, Geisteszustand usw abhängige Stufen (volle, beschränkte, Teilgeschäftsfähigkeiten wie § 113 BGB) und die Möglichkeiten einer Beschränkung durch Staatsakt (*Looschelders* Rz 13); soweit dabei behördliche oder gerichtliche Mitwirkung erforderlich ist s.u. Rn 15 f. Das gilt auch für **Teilgeschäftsfähigkeiten**, etwa bei Minderjährigen für das Arbeitsleben (BaRoth/*Mäsch* Rz 25) und für die Folgen des Fehlens oder von Mängeln der Geschäftsfähigkeit (KG IPRspr 29 Nr 88; *Looschelders* Rz 15; Palandt/*Thorn* Rz 5; Erman/*Hohloch* Rz 14; Soergel/*Kegel* Rz 7; *Baetge* IPRax 96, 187 ff). Diese fallen nicht unter das Wirkungsstatut (so aber Ddorf IPRax 96, 199; MüKo/*Birk* Rz 36); denn die große Variationsbreite der an das Fehlen der Geschäftsfähigkeit geknüpften Rechtsfolgen (Nichtigkeit, schwebende Unwirksamkeit, Anfechtbarkeit) und insb der verschiedenen Möglichkeiten einer Heilung (Genehmigung durch gesetzlichen Vertreter, Vormundschaftsgericht oder andere Behörde) zeigt, dass es hier eher um Relativierungen der Geschäftsfähig-

keit geht, als dass das Geschäft als solches betroffen wäre. Ob Geschäftsfähigkeit für die Vornahme einer Rechtshandlung überhaupt erforderlich ist, ist hingegen Sache des Wirkungsstatuts, ebenso wie die Frage, wie ein – etwa aus Gründen fehlender Geschäftsfähigkeit – nicht wirksames Rechtsgeschäft rückabzuwickeln ist (ex Art 32 I Nr 5). Auslandsrechtliche Zusammenstellung zur **Volljährigkeit** bei Staud/*Hausmann* Anh zu Art 7 und *Schotten/Schmellenkamp* Das IPR in der notariellen Praxis, 2. Aufl 07, Anh I.

C. Anknüpfungspunkt. Anknüpfungspunkt ist die Staatsangehörigkeit des Betroffenen. Die Behandlung von 10 Mehrstaatern, Staatenlosen, Vertriebenen und Flüchtlingen ergibt sich aus Art 5 bzw vorrangigen Staatsverträgen (s. Art 5 EGBGB Rn 9 ff).

Obwohl die Anknüpfung **wandelbar** ist, konserviert II die **einmal erlangte Rechts- oder Geschäftsfähigkeit** 11 im Sinne eines intertemporalen Günstigkeitspinzips, ähnl dem Schutz wohlerworbener Rechte. Der einseitig gefasste II wird zu einer allseitigen Kollisionsnorm ausgebaut und direkt oder analog bei jeglichem Statutenwechsel, nicht nur dem Wechsel zum deutschen Recht, angewandt (MüKo/*Birk* Rz 79; Palandt/*Thorn* Rz 8; *Kegel/Schurig* § 17 I 2c; *Looschelders* Rz 26; differenzierend Erman/*Hohloch* Rz 22). II geht aber nicht so weit, dass etwa bei Statutenwechsel aufgrund Staatsangehörigkeitswechsels durch Eheschließung ein im ehemaligen Heimatrecht vorgesehener Emanzipationstatbestand „Heirat macht mündig" Anwendung fände (MüKo/*Birk* Rz 77; *Looschelders* Rz 27).

D. Geltung der allg Regeln. Vorrangig zu beachtender (Art 3 Nr 2) **Staatsvertrag** ist neben dem Haager 12 Erwachsenenschutzüb (s. Art 24 Rn 14 insb das deutsch-iranische Niederlassungsabk (RGBl 30 II 1006), das in Art 8 III iVm dem Schlussprotokoll auch für Fragen der Geschäftsfähigkeit, Volljährigkeit und Entmündigung an die Staatsangehörigkeit anknüpft. Nach Art 8 III 2 hindert dies die Anwendung der Art 7 II und Art 12 nicht, weil es sich hierbei um Abweichungen vom Staatsvertrag handelt, die alle fremden Staatsangehörigen gleichermaßen treffen (Soergel/*Kegel* Rz 25; BaRoth/*Mäsch* Rz 6).

Art 7 spricht eine **Gesamtverweisung** aus (Art 4 I); einen Überblick über somit berufene ausl Kollisionsregeln gibt Staud/*Hausmann* Rz 4–8. 13

Einem Menschen die **Rechtsfähigkeit** zu versagen (zB infolge gewisser strafrechtlicher Verurteilungen), verstößt gegen den deutschen **ordre public**, so dass Art 6 eingreift (*Kegel/Schurig* § 17 I 1b; *Looschelders* Rz 6; Staud/*Hausmann* Rz 29). Eine **ausl Entmündigung** kann wegen des schweren Eingriffs in das Persönlichkeitsrecht (Art 1, 2 I GG) gegen den ordre public verstoßen, insb, wenn ein Deutscher entmündigt worden ist; da es sich um eine ausl Entscheidung handelt, wirkt sich dies nicht bei Art 6, sondern iRd Anerkennung nach § 109 I Nr 4 FamFG aus; ggf ist als geringerer Eingriff Betreuung nach deutschem Recht in deren weitreichendstem Umfang (Palandt/*Thorn* Rz 9) anzuordnen (*Looschelders* Rz 21, Art 24 Rz 8, 17). Ein Fall des Art 6 kann vorliegen, wenn ein zehnjähriges Mädchen als volljährig angesehen wird, weil dies nicht mit dem Gedanken des Minderjährigenschutzes vereinbar ist (Köln FamRZ 97, 1240). Gegen den deutschen ordre public iSd Art 6 2 verstoßen im Hinblick auf Art 3 I, 2 I, 1 I GG Rechte, die keine Möglichkeit der Statusänderung wegen vollzogener Geschlechtsumwandlung kennen (BVerfG JZ 07, 409 m Anm *Pawlowski*). 14

E. Verfahrensrechtliches. Erfordert die Erlangung oder Beschränkung der Geschäftsfähigkeit einen behördlichen oder gerichtlichen Rechtsakt, so hängt sein Erlass von Regelungen der **internationalen Zuständigkeit** ab. Nach § 104 FamFG können bei gew Aufenthalt eines Minderjährigen in Deutschland deutsche Gerichte über dessen Emanzipation oder Volljährigkeitserklärung entscheiden (BaRoth/*Mäsch* Rz 47). Bei Schutzmaßnahmen richtet sich die internationale Zuständigkeit ggf nach Art 1 MSA bzw 5 ff KSV oder Art 57 Haager Erwaschsenenschutzüb. Eine Entmündigung (ausf s. Art 24) kann ein deutsches Gericht auch dann nicht aussprechen, wenn ein Ausländer betroffen ist, dessen Heimatrecht eine Entmündigung vorsieht (allg Ansicht, vgl BaRoth/*Mäsch* Rz 50). 15

Liegt eine ausl Entscheidung (Emanzipation, Anordnung eines Einwilligungsvorbehalts, Entmündigung oä, zu letzterem s.a. Rn 14) vor, so stellt sich die Frage ihrer **Anerkennung** nach § 108 f FamFG. Die internationale Zuständigkeit des ausl Gerichts ist spiegelbildlich nach § 104 FamFG zu prüfen (Palandt/*Thorn* Rz 9; *Looschelders* Rz 21; v *Hoffmann/Thorn* § 7 Rz 11 a). Für Maßnahmen nach dem Haager Üb zum Minderjährigen- und Erwachsenenschutz finden sich Anerkennungsbestimmungen in Art 7 MSA bzw 23 KSÜ und 22 ff ErwSÜ. 16

Art. 8 – *weggefallen* –

Art. 9 Todeserklärung. ¹Die Todeserklärung, die Feststellung des Todes und des Todeszeitpunktes sowie Lebens- und Todesvermutungen unterliegen dem Recht des Staates, dem der Verschollene in dem letzten Zeitpunkt angehörte, in dem er nach den vorhandenen Nachrichten noch gelebt hat. ²War der Verschollene in diesem Zeitpunkt Angehöriger eines fremden Staates, so kann er nach deutschem Recht für tot erklärt werden, wenn hierfür ein berechtigtes Interesse besteht.

A. Einführung. Der Tod und sein Zeitpunkt haben zivilrechtlich mannigfaltige Konsequenzen, etwa im Hinblick auf die Rechtsfähigkeit, das Familien- und das Erbrecht. Verbleiben Zweifel in tatsächlicher Hinsicht, so behelfen sich die verschiedenen Rechtsordnungen mit sehr unterschiedlichen Vermutungen, die teilw kraft 1

Gesetzes eingreifen, teilw aber auch behördliche Maßnahmen der in Art 9 beispielhaft aufgezählten Art voraussetzen. Um dennoch sämtliche Rechtsverhältnisse der betreffenden Person einheitlich beurteilen zu können, entzieht Art 9 die Frage, wovon bei tatsächlicher Ungewissheit des Todes auszugehen ist und welche Wirkung etwaigen behördlichen Maßnahmen zukommt, den verschiedenen Wirkungsstatuten (zB Art 7, 13, 17, 25) und unterstellt sie im Wege der **Sonderanknüpfung** dem Heimatrecht (Staatsangehörigkeit). Die ergänzende Sonderregelung des Art 2 § 1 IV VerschÄndG hat nur noch geringe praktische Bedeutung (s.u. Rn 7).

2 **B. Anknüpfungsgegenstand.** Der Anknüpfungsgegenstand des Art 9 entspricht im Wesentlichen der Regelungsmaterie des Verschollenheitsgesetzes. Er erfasst über die in Art 9 ausdrücklich genannten Bspe hinaus auch alle anderen Funktionsäquivalente der – für nahezu sämtliche Rechtsverhältnisse des Verschollenen einheitliche Rechtsfolgen herbeiführenden – gerichtlichen Todeserklärung deutschen Musters, etwa auch die mit schwächerer Wirkung ausgestattete Verschollenheits- oder Abwesenheitserklärungen des romanischen Rechtskreises oder die einfachen **Lebens- oder Todesvermutungen** des common law. Gilt die Verschollenheitsregelung allerdings nur für ein bestimmtes Rechtsgebiet, wie dies etwa in Deutschland im öffentlichrechtlichen Versorgung- oder Sozialversicherungsrecht der Fall ist, so entscheidet nicht Art 9, sondern das betreffenden Wirkungsstatut über die Anwendbarkeit (*Looschelders* Rz 5). Außerdem sind Vermutungen und andere Regelungen zur anzunehmenden Reihenfolge des Versterbens mehrerer nach Art 9 anzuknüpfen (Kommorientenvermutung, unterschiedliche Überlebensvermutungen) (Palandt/*Thorn* Rz 2; Erman/*Hohloch* Rz 14; Staud/*Wiek* Rz 61; *Looschelders* Rz 7; *Dörner* IPRax 94, 365).

3 **C. Anknüpfungspunkt. I. Regelanknüpfung.** Die Anknüpfung ist nicht wandelbar: Als **Anknüpfungszeitpunkt** ist der letzte Zeitpunkt festgelegt, in dem der Verschollene nach den vorhandenen Nachrichten noch gelebt hat.

4 Welche von mehreren Staatsangehörigkeiten oder welche Ersatzanknüpfung bei Staatenlosen, Vertriebenen und Flüchtlingen maßgeblich ist, ergibt sich aus Art 5 bzw vorrangigen Staatsverträgen.

5 **II. Vorbehalte zugunsten deutschen Rechts.** Ist nach S 1 ausl Recht anwendbar, so darf stattdessen nach S 2 ausnahmsweise auf deutsches Recht zurückgegriffen werden, wenn ein „berechtigtes Interesse" gegeben ist. Das ist wegen des Ausnahmecharakters des S 2 eng auszulegen und hängt von einer Gesamtbetrachtung aller Umstände des Einzelfalles ab; dabei kommt dem Inlandsbezug des Sachverhaltes große Bedeutung zu, der sich ausdrücken kann im letzten gewöhnlichen Aufenthalt, in der Belegenheit von Vermögen, in der Staatsangehörigkeit oder dem gewöhnlichen Aufenthalt naher Angehöriger (Palandt/*Thorn* Rz 3; *Looschelders* Rz 13; Erman/*Hohloch* Rz 9; etwas enger MüKo/*Birk* Rz 26); es kann auch zu berücksichtigen sein, ob deutsches Recht Wirkungsstatut ist und ob das nach 1 anwendbare Recht keine Todeserklärung oä kennt (Palandt/*Thorn* Rz 3; Erman/*Hohloch* Rz 9; *Looschelders* Rz 13). Letztlich kommt es darauf an, inwieweit bei Anwendung des ausl Heimatrechts die **Funktionsfähigkeit des inländischen Rechtsverkehrs** oder die Betätigungsfreiheit eines betroffenen Einzelnen beeinträchtigt wäre (BaRoth/*Mäsch* Rz 9; MüKo/*Birk* Rz 26).

6 Der ausdrücklich nur für die Todeserklärung vorgesehene Vorbehalt zugunsten deutschen Rechts gilt analog auch für den Rest des Anknüpfungsgegenstandes des Art 9, also auch für die Feststellung des **Zeitpunktes** des Todes (Soergel/*Kegel* Rz 10; *Looschelders* Rz 14).

7 Eine weitere Möglichkeit der Todeserklärung eines Ausländers nach deutschem Recht ergibt sich aus Art 2 § 1 IV VerschÄndG, der Verschollene und Gefangene des **Zweiten Weltkriegs** betrifft.

8 **D. Geltung der allg Regeln.** Vorrangig zu beachtender (Art 3 Nr 2) **Staatsvertrag** ist va das deutsch-iranische Niederlassungsabk (RGBl 1930 II 1006), das in Art 8 III aber ebenfalls an die Staatsangehörigkeit anknüpft. Nach dessen Art 8 III 2 steht der Anwendung des Art 9 2 auch ggü Iranern nichts entgegen, weil diese Abweichung vom Staatsvertrag alle fremden Staatsangehörigen gleichermaßen trifft (*Looschelders* Rz 25; *v Bar* IPR II § 1 Rz 14).

9 Art 9 spricht eine **Gesamtverweisung** aus (Art 4 I); Angaben zu den daher anzuwendenden ausl Kollisionsregeln macht Staud/*Weick* Rz 11 ff.

10 Eine **Anpassung** erfordernde Normwidersprüche können sich ergeben, wenn es um die zeitliche Reihenfolge des Versterbens von Personen mit unterschiedlichen Nationalitäten in demselben Ereignis ankommt. So wäre für den Todeszeitpunkt einer Deutschen die Kommorientenvermutung heranzuziehen, während für den Todeszeitpunkt eines Franzosen eine der Vermutungen des französischen Rechts anzuwenden wäre, wonach eine Person die andere überlebt hat. Die hM löst den durch Depeçage entstandenen Widerspruch im Wege einer sachrechtlichen Anpassung (dazu Art 3 EGBGB Rn 60) iSe gleichzeitigen Versterbens auf (*v Hoffmann/Thorn* § 7 Rz 4; *Kegel/Schurig* § 8 III; *Looschelders* Rz 8; Staud/*Dörner* Art 25, Rz 95; *Looschelders* Die Anpassung im Internationalen Privatrecht, 382 f; *Dörner* IPRax 94, 365 f; hilfsweise auch MüKo/*Birk* Art 25 Rz 196; Erman/*Hohloch* Rz 14). Andere wollen auf die Rechtsordnung, der die familienrechtlichen Beziehungen unterliegen oder zu der sonst die gemeinsame engste Beziehung besteht, zurückgreifen (Palandt/*Thorn* Rz 2; *v Bar/Mankowski* IPR I, § 7 Rz 255; *v Bar* IPR II, Rz 20; *Jayme/Haak* ZVglRWiss 85, 81) und nehmen damit eine Ersatzanknüpfung vor, die allerdings nicht zum anerkannten Kanon der Methoden zur Lösung eines Anpassungsproblems gehört (dazu Art 3 EGBGB Rn 60).

E. Verfahrensrechtliches. I. Tätigkeit deutscher Gerichte. Die **Internationale Zuständigkeit** deutscher 11
Gerichte für die Todeserklärung ist geregelt in § 12 Verschollenheitsgesetz, wonach es auf die Staatsangehörigkeit, den letzten Wohnsitz des Betreffenden oder ein berechtigtes Interesse ankommt. Das führt wegen Art 9 2 idR zu einem Gleichlauf mit dem anwendbaren Recht. Ausl Recht müssten deutsche Gerichte aber dann anwenden, wenn eine Todeserklärung im Heimatstaat zwar materiellrechtlich unproblematisch wäre, aber von den verfahrensmäßigen Gegebenheiten her unvertretbar lange Zeit brauchen würde und daher nur iSd § 12 Verschollenheitsgesetzes (und nicht iSd Art 9 2) ein berechtigtes Interesse vorliegt (*Looschelders* Rz 15). Bei der **Tenorierung** ist zu beachten, dass statt der deutschen Todeserklärung uU eine weniger weitgehende Erklärung auszusprechen sein kann, etwa die Verschollenheits- oder Abwesenheitserklärung nach französischem Recht.

II. Umgang mit ausländischen Entscheidungen. Rechtsakte ausl Behörden oder Gerichte im Anwen- 12
dungsbereich des Art 9 bedürfen der **Anerkennung**, die sich nach § 328 ZPO oder § 108 FamFG richtet. Bei der Abgrenzung kommt es weniger auf die Form der ausl Entscheidung als auf Funktion und Wesen des ausl Verfahrens an (*Looschelders* Rz 17 mwN). Bei der Prüfung der Anerkennungszuständigkeit ist § 12 Verschollenheitsgesetz spiegelbildlich anzuwenden, so dass bei Vorliegen eines berechtigten Interesses auch die Todeserklärung eines Deutschen durch ein ausl Gericht anerkannt werden kann (BGH FamRZ 94, 498). Haben mehrere konkurrierend international zuständige Gerichte Todeserklärungen ausgesprochen, so gilt nach § 109 I Nr 3 FamFG nur die Entscheidung des inländischen Gerichts, sonst nur die zuerst ergangene Entscheidung (MüKo/*Birk* Rz 40; Staud/*Weick* Rz 83). Die Wirkungen einer anerkennungsfähigen ausl Entscheidung richten sich nach dem Recht des Entscheidungsstaates (BGH FamRZ 94, 498). Stellt sich heraus, dass der im Ausland für tot Erklärte lebt, so ist **Aufhebung oder Änderung** durch inländische Gerichte möglich (MüKo/*Birk* Rz 41).

Art. 10 Name.
(1) Der Name einer Person unterliegt dem Recht des Staates, dem die Person angehört.
(2) ¹Ehegatten können bei oder nach der Eheschließung gegenüber dem Standesbeamten ihren künftig zu führenden Namen wählen
1. nach dem Recht eines Staates, dem einer der Ehegatten angehört, ungeachtet des Artikels 5 Abs. 1, oder
2. nach deutschem Recht, wenn einer von ihnen seinen gewöhnlichen Aufenthalt im Inland hat.
²Nach der Eheschließung abgegebene Erklärungen müssen öffentlich beglaubigt werden. ³Für die Auswirkungen der Wahl auf den Namen eines Kindes ist § 1617 c des Bürgerlichen Gesetzbuches sinngemäß anzuwenden.
(3) ¹Der Inhaber der Sorge kann gegenüber dem Standesbeamten bestimmen, daß ein Kind den Familiennamen erhalten soll
1. nach dem Recht eines Staates, dem ein Elternteil angehört, ungeachtet des Artikels 5 Abs. 1,
2. nach deutschem Recht, wenn ein Elternteil seinen gewöhnlichen Aufenthalt im Inland hat, oder
3. nach dem Recht des Staates, dem ein den Namen Erteilender angehört.
²Nach der Beurkundung der Geburt abgegebene Erklärungen müssen öffentlich beglaubigt werden.

A. Einführung. Der Name wurde kollisionsrechtlich ursprünglich vielfach als bloße Rechtsfolge des jeweili- 1
gen Erwerbstatbestandes verstanden, so dass etwa der Ehename dem Ehewirkungs- und der Kindesname dem Kindschaftsstatut unterfiel. Die nunmehrige **eigenständige Regelung** stammt von 1986 (Gesetz zur Neuregelung des IPR vom 25.7.86, BGBl I 1142) und geht zurück auf die zuvor herausgebildete Rechtspraxis (BGHZ 73, 370). Der zunächst sechs Absätze umfassende Art 10 hat nach Änderungen 1993 (FamNamRG BGBl I 2054) und 1997 (KindRG BGBl I 2942) den heutigen überschaubaren Umfang erhalten. Innerhalb der EU sind **europarechtliche Vorgaben** zu beachten, da EU-Bürgern die einheitliche Namensführung in verschiedenen Mitgliedstaaten nicht verwehrt werden darf (EuGH NJW 09, 135 – Grunkin Paul/Standesamt Niebüll, m Aufs *Rieck* 125 und *Funken* FamRZ 08, 2091; EuGH IPRax 04, 339 – Garcia Avello, m Aufs *Mörsdorf-Schulte*; 315 und *Mansel* RabelsZ 70 (2006) 704; zu beiden EuGH-Entscheidungen *Mansel/Thorn/Wagner* IPRrax 09, 2-4 mwN; s.a. Vorabentscheidungsersuchen des österreichischen VGH Rs. C-208/09 ABl EU 2009 C 193/12 – Sayn-Wittgenstein).

Ein Name ist einerseits Attribut der Persönlichkeit (höchstpersönliches Erkennungszeichen, *Hepting* StAZ 96, 2
1 ff), andererseits Gegenstand staatlicher Ordnungsinteressen. Die Regelanknüpfung des Art 10 an das Heimatrecht führt zu einem, im Interesse eindeutiger Identifizierung, sowohl aus Sicht des Namensträgers als auch des Staates wünschenswerten **Gleichlauf** bei der Beurteilung privat- und öffentlichrechtlicher Namensfragen, obliegt doch die Ausstellung von Ausweispapieren, **Reisepass** und sonstigen Identitätspapieren dem Heimatstaat, der hierfür dem Territorialitätsgrundsatz folgend eigenes Recht anwendet. Die möglicherweise zu einer abweichenden Anknüpfung führenden beschränkten Rechtswahlmöglichkeiten der II u III tragen einem etwaigen Wunsch nach einheitlicher Anknüpfung innerhalb von Ehe und Familie Rechnung.

3 B. Anknüpfungsgegenstand. I. Unterschiedliche Anknüpfung von Vor- und Nachname. Unter Name iSd Art 10 fällt uneingeschränkt der Familienname sowie der Adelstitel. Die Berechtigung zur Führung akademischer Grade ist hingegen eine Angelegenheit des öffentlichen Rechts und in Deutschland Ländersache. Für den Vornamen (zu dessen Funktion allg *Grünberger* AcP 207 (2007) 314) soll wegen seiner fehlenden sozialen Zuordnungsfunktion nur die Anknüpfung des I, nicht aber die Rechtswahlmöglichkeit des III gelten, so dass etwa der Vorname des Kindes stets dessen Heimatrecht unterliegt (KG StAZ 99, 172, zweifelnd Frankf StAZ 00, 238). Qualifikationsprobleme ergeben sich insofern im Hinblick auf dem deutschen Sachrecht unbekannte Namensbestandteile wie russischer oder tamilischer Vatersname oder arabischer Zwischenname, sowie im Hinblick auf Rechtsordnungen, die ausschl Individualnamen verwenden, die nicht auf die nächste Generation übergehen. Bisher stellt die Rspr darauf ab, ob der Name von Generation zu Generation weitergegeben wird (BayObLG IPRspr 87 Nr 5; AG München IPRspr 92 Nr 15), was bei keinem der genannten Namensbestandteile der Fall ist. Jedoch ist die **Weitergabe an die nächste Generation** als zwingendes Kriterium durch BGH FamRZ 99, 570 in Frage gestellt worden. Ebenfalls wie Vornamen werden die in einigen amerikanischen Rechtsordnungen bekannten Mittelnamen (Name eines Elternteils oder anderen Vorfahrens) behandelt (KG FamRZ 00, 53; Hamm StAZ 83, 71; Frankf StAZ 76, 363); gleiches gilt für Zusätze wie „junior" oder „senior", soweit sie überhaupt Namensbestandteile sind (AG Coburg StAZ 90, 106).

4 II. Namensträger. Art 10 ist nur auf **natürliche Personen** anwendbar, wie seine systematische Stellung im Abschnitt „Recht der natürlichen Personen und Rechtsgeschäfte" zeigt. Bei juristischen Personen richtet sich auch der Name nach dem nach der Sitz- oder Gründungstheorie gebildeten Gesellschaftsstatut (s.u. IntGesR Rn 10), was als Personalstatut aufgefasst und als Analogie zu Art 10 verstanden werden kann. Fragen einer Firma als Handelsname richten sich auch bei natürlichen Personen nach dem Recht des Sitzes des Unternehmens bzw. der Zweigniederlassung (*Kegel/Schurig* § 17 IV 3). Für den Schutz der **Firma** wird teilw deliktisch angeknüpft (LG Berlin IPRspr 97 Nr 136; Karlsr AfP 99, 378), teilw an den Staat, in dessen Gebiet der Schutz beansprucht wird (Stuttg RIW 91, 954; Palandt/*Thorn* Rz 5). Bei dauernder Geschäftstätigkeit in Deutschland gewährt die Rspr Schutz nach deutschem Recht (BGHZ 75, 172; Ddorf RIW 90, 404).

5 III. Erfasste Tatbestände. Unter das Namensstatut fällt zunächst die **Bildung** des Namens, ua ob etwaige Namenszusätze, auch religiöse Zusätze wie die aus Indien und Pakistan bekannten „Singh" und „Kaur" in den Individualnamen aufgenommen werden, weibliche Sonderformen uä (Hamm OLGZ 82, 34; StAZ 86, 10), sowie die Schreibweise (zur Transliteration s.u. Rn 16). Unter das Namensstatut fallen ferner **Erwerb, Verlust und Führung** des Namens, auch nach Auflösung der Ehe (MüKo/*Winkler v Mohrenfels* Art 17 Rz 200; Staud/*Mankowski* Art 17 Rz 260; *Lüderitz* IPRax 87, 77), wobei aber anstelle eines für den Ehenamen gewählten Rechts auch wieder auf das eigene Heimatrecht (*Henrich* IPRax 86, 336; *Kropholler* § 43 II 3; *Looschelders* Rz 51) oder das Recht des gewöhnlichen Aufenthalts (MüKo/*Birk* Rz 96) zurückgegriffen werden darf oder eine erneute Rechtswahl nach II analog zugelassen wird (Frankf StAZ 05, 47; Dresd StAZ 04, 70; s.a. Rn 11). Ferner fällt unter das Namensstatut die Frage, wem das **Namensbestimmungsrecht** zusteht (Ddorf IPRspr 89 Nr 11; Hamm IPRax 83, 296; AG Essen IPRax 98, 213; aA AG Duisburg IPRspr 87, Nr. 80: Eltern-Kind-Statut, heute Art 21). Gelangt im Fall einer **Namenserteilung** – zB einer Einbenennung iSd § 1618 BGB – im Wege der Rechtswahl gem III Nr 3 ein anderes Recht als das Heimatrecht des Kindes zur Anwendung, so ist dieses (oder deutsches Recht) dennoch gem Art 23 für die Notwendigkeit und Erteilung der Zustimmung des Kindes und seiner Verwandten zur Namenserteilung zusätzlich heranzuziehen. Schließlich fällt unter Art 10 auch die private **Namensänderung** (BayObLG FamRZ 00, 55; Hambg IPRspr 80 Nr 184 zur im anglo-amerikanischen Rechtskreis möglichen Änderung ohne besonderen Grund).

6 Behördliche Namensänderungen ergehen hingegen in Anwendung öffentlichen Rechts (zB auf Antrag nach dem Namensänderungsgesetz oder § 1 Transsexuellengesetz), das dem Territorialitätsprinzip folgt; für die dabei sich stellenden Vorfragen zum privaten Namensrecht richtet sich die Anknüpfung freilich nach Art 10. Das Istanbuler CIEC-Üb über die Änderung von Namen und Vornamen vom 4.9.58 (BGBl 61 II 1955, 1076; 62 II 45; vgl Anh I zu Staud/*Hepting* Art 10 m einl Bemerkungen) regelt die internationale Zuständigkeit sowie die Anerkennung ausl behördlicher Namensänderungen. Es hat aber nur geringe praktische Bedeutung. Außerhalb seines Anwendungsbereichs ist davon auszugehen, dass zuständig die Heimatbehörden sind und deren Entscheidungen auch anerkannt werden (Bremen IPRspr 85 Nr 7b). Änderungen des Namens eines Deutschen durch ausl Behörden sind daher mangels Zuständigkeit unwirksam (Stuttg FamRZ 05, 982; BayObLG IPRspr 93 Nr 13), es sei denn, der Deutsche ist Doppelstaater (vgl Art 2 und 5 des Abk; außerhalb des Abk Bremen StAZ 86, 9, 10; BaRoth/*Mäsch* Rz 28; aA Hamm StAZ 99, 40; BayObLG StAZ 00, 150); denn anders als im Kollisionsrecht, wo mit Hilfe des Art 5 I eine eindeutige Anknüpfung gefunden werden muss, sind konkurrierende internationale Zuständigkeiten ohne weiteres möglich (s.o. Art 5 EGBGB Rn 28).

7 Für den **Schutz** des Namens gilt hingegen das Deliktsstatut (BVerfG DtZ 91, 2; Stuttg IPRspr 88 Nr 14; MüKo/*Birk* Rz 44; MüKo/*Junker* Art 40 Rz 165), Art 40 ff, bzw unter bereicherungsrechtlichen Aspekten das Bereicherungsstatut, Art 38 (*Wagner* RIW 94, 195).

C. Anknüpfungspunkt. Anknüpfungspunkt für das Namensrecht ist grds die Staatsangehörigkeit. Mit dieser **8** Anknüpfung sollen Kontinuität und Stabilität gewährleistet werden. Das rechtfertigt allerdings keine durch das Führen unterschiedlicher Namen in verschiedenen Mitgliedstaaten bewirkte Einschränkung der in Art 21 AEUV garantierten Freizügigkeit. Daher muss **in EU-Binnenfällen** der Heimatstaat den im Geburtsstaat eingetragenen Kindesnamen jedenfalls dann anerkennen, wenn dieser Staat zugleich Aufenthaltsstaat ist (EuGH NJW 09, 135 – Grunkin Paul/Niebüll m Aufs *Rieck* 125 und *Funken* FamRZ 08, 2091 u *Lehmann* Yearbook of Priv Inh Law X (08) 156 f u 164: freie Wahl zwischen den Anknüpfungspunkten Geburtsort u Staatsangehörigkeit, s.a. die beim EuGH anhängige RS C-208/09-Sayn-Wittgenstein; dazu *Mansel/Thorn/Wagner* IPRax 10, 4 ff), zu EU-Mehrstaaten Rn 10 aE.

I. Anknüpfungspersonen. Nach I ist auf die Staatsangehörigkeit des Namensträgers abzustellen. Nach II u III **9** können bei entspr Erklärung stattdessen auch diejenige des Ehegatten, Lebenspartners (Art 17b II 1) oder Namenserteilenden zum Zuge kommen. Der irreführenden Formulierung des II ist nicht ohne weiteres anzusehen, dass gerade nicht die Wahl eines Namens, sondern nur des anwendbaren Rechts ermöglicht wird (MüKo/*Birk* Rz 71). Zugunsten deutschen Namensrechts besteht noch eine weitere Wahlmöglichkeit: Lebt einer der Ehegatten, Lebenspartner oder ein Elternteil in Deutschland, so ermöglichen die Exklusivnormen (zum Begriff s. Art 3 EGBGB Rn 32) der Nrn 2 die Wahl deren Aufenthaltsrechts.

II. Maßgebliche Staatsangehörigkeit. Tritt mit dem namensrechtlich relevanten Vorgang wie Heirat, Vater- **10** schaftsanerkennung oder Adoption, zugleich ein **Wechsel der Staatsangehörigkeit** ein, knüpft die Rspr für den Kindesnamen an die neue (BGH FamRZ 83, 881), für den Ehenamen aber an die bisherige Staatsangehörigkeit an (BGHZ 72, 163; BayObLG IPRax 87, 242), was einen Gleichlauf zum Eheschließungsstatut (Art 13) herstellt; gegen letzteres wird überzeugend eingewandt, dass es gerade um den nach der Eheschließung und damit während der neuen Staatsangehörigkeit zu führenden Namen gehe (Soergel/*Schurig* Rz 27 Fn 1a; Hepting/*Gaaz* Rz III-807; BaRoth/*Mäsch* Rz 33); für die Entscheidung zwischen alter und neuer Staatsangehörigkeit könne Art 5 I herangezogen werden, in der Weise, dass die neue Staatsangehörigkeit maßgeblich sei, wenn es sich dabei um die deutsche oder die effektive handelt. Im Hinblick auf die Behandlung von **Mehrstaatern** ist zu unterscheiden, ob nach I auf der einen oder II oder III auf der anderen Seite angeknüpft wird. Bei I richtet sich die Frage, auf welche Staatsangehörigkeit abzustellen ist, nach Art 5 I, allerdings (jedenfalls bei EU-Mehrstaatern) mit der Maßgabe eines Wahlrechts zwischen den Staatsangehörigkeiten (str, *Mörsdorf-Schulte* IPRax 04, 326 zu EuGH ebenda 339 – Garcia Avello, s. Art 5 Rz 22, 26). Im Falle einer nach II oder III getroffenen Wahl des Namensrechts suspendieren deren Nrn 1 ausdrücklich von dem Auswahlmechanismus des Art 5 I; für die Rechtswahl nach III Nr 3 muss dasselbe gelten (Palandt/*Thorn* Rz 22). Für Staatenlose, Vertriebene und Flüchtlinge gelten die betreffenden Staatsverträge, sonst Art 5 (s. dort Rn 11 ff).

III. Rechtswahl. Die Wirksamkeit der Rechtswahl beurteilt sich nach deutschem Sachrecht (Palandt/*Thorn* **11** Rz 22). Sie muss ggü dem Standesbeamten erklärt werden; nach den Regeln der Substitution ggf auch ggü einem ausl Funktionsäquivalent (Palandt/*Thorn* Rz 21; Erman/*Hohloch* Rz 33; *Looschelders* Rz 58; BaRoth/*Mäsch* Rz 46; aA MüKo/*Birk* Rz 114), wobei in diesem Fall die Erklärung zur Wirksamkeit im Inland zusätzlich gem § 15c II PStG dem das Familienbuch führenden Standesbeamten, hilfsweise dem Standesamt I in Berlin zugehen muss (Staud/*Hepting* Rz 180; BaRoth/*Mäsch* Rz 44). Dies kann entweder bei Eheschließung, Registrierung der Lebenspartnerschaft oder Beurkundung der Geburt geschehen oder zu einem späteren Zeitpunkt. Nur im letzteren Fall (AA *Hepting* StAZ 98, 138: auch bei Geburt) ist eine öffentliche Beglaubigung erforderlich (§ 129 BGB, durch Notar oder durch Standesbeamten nach § 15c I Nr 4 PStG). Die Rechtswahl für den Ehenamen und den Kindesnamen kann unabhängig voneinander erfolgen; für verschiedene Kinder können grds unterschiedliche Rechte gewählt werden (Palandt/*Thorn* Rz 23; BaRoth/*Mäsch* Rz 75; *Looschelders* Rz 64 mwN), was allerdings Anpassungsprobleme nach sich ziehen kann. Unterliegt ein nachfolgendes Kind deutschem Namensstatut, so wirkt die für ein älteres **Geschwisterkind** unter einem für das nachfolgende Kind nicht mehr wählbaren ausl Namensstatut getroffene Namenswahl nicht ohne weiteres nach § 1617 I 3 BGB auch für dieses (aA BaRoth/*Mäsch* Rz 75), doch dürfen die Eltern diesem – im Interesse der von § 1617 I 3 BGB bezweckten Namenseinheit zwischen Geschwistern mit derselben sorgerechtlichen Verbindung zu den Eltern (BaRoth/*Enders* § 1617 Rz 13) – gem dem für Statutenwechsel analog heranziehbaren Art 224 § 3 III EGBGB denselben Namen erteilen, vgl München FamRZ 08, 7, das wegen Geburt des ältesten Geschwisterkindes vor 1994 Art 224 § 3 III EGBGB (trotz seines Zuschnitts auf die Neufassung des deutschen Sachrechts unter Berufung auf den Wortlaut) direkt anwendet; aA Staud/*Rauscher* Art 224 § 3 EGBGB Rz 12. Das Wahlrecht darf nur ein Mal ausgeübt werden (*Looschelders* Rz 57). Es wirkt **ex nunc** und ist dann **bindend** (s.a. Rn 13). Nach Auflösung der Ehe kann allerdings die Rückkehr zum Namensrecht des eigenen Personalstatuts erklärt werden (Frankf StAZ 05, 47; Dresd StAZ 04, 170; Hamm StAZ 99, 370). Anfechtbarkeit und Widerrufbarkeit der Erklärung, die einseitiges Rechtsgeschäft ist, richten sich nach deutschem Sachrecht (MüKo/*Birk* Rz 78; Staud/*Hepting* Rz 163; Erman/*Hohloch* Rz 23; *Looschelders* Rz 44, 59). Die kollisionsrechtliche Wahl des anzuwendenden Rechts ist zu unterscheiden von der sachrechtlichen Wahl eines zu erteilenden Namens, kann aber nach allg Grundsätzen uU stillschweigend in der letzteren enthalten sein.

12 **IV. Wandelbarkeit/Statutenwechsel.** Die Anknüpfung an die Staatsangehörigkeit ist wandelbar. Es kommt deshalb auf die Staatsangehörigkeit oder den deutschen gewöhnlichen Aufenthalt im Zeitpunkt der Beurteilung an, etwa der Eintragung in Personenstandsbücher, der behaupteten Verletzung des Namensrechts oder der zu überprüfenden sachrechtlichen Namenswahlerklärung (BaRoth/*Mäsch* Rz 32). Dass es dennoch nicht bei jedem Statutenwechsel ohne weiteres auch zum Namenswechsel kommt, liegt am Grundsatz der **Namenskontinuität**, der das deutsche Verständnis vom Namen bis in das Kollisionsrecht hinein beherrscht. Der Name wird bei einem Statutenwechsel grds in der Prägung übernommen, die er unter dem alten Namensstatut erhalten hat (Grundsatz des wohlerworbenen Rechts – BGHZ 63, 107; Hamm FamRZ 95, 1603). Für die Anknüpfung eines in der Vergangenheit (etwa durch Geburt, Adoption, Heirat oä) abgeschlossenen Namenserwerbs bleibt daher trotz Wandelbarkeit die zum damaligen Zeitpunkt gegebene Staatsangehörigkeit oder der damalige gewöhnliche Aufenthalt maßgeblich. Zur ähnlichen Lage im internationalen Sachenrecht s. Art 43 II EGBGB Rn 17; wie dort kann auch hier das neue Statut mit Regeln zur Namens*führung* die Wirkungen des unter einem früheren Statut *erworbenen* Namens modifizieren (ähnl wohl MüKo/*Birk* Rz 28; zur namensrechtlichen Transposition s. Art 47 EGBGB Rn 3 f), etwa hinsichtlich der Schreibweise (dazu KG StAZ 96, 301; Palandt/*Thorn* Rz 10; zur Transliteration s.a. Rn 16) oder durch namensrechtliche Gestaltungsmöglichkeiten, wie **Art 47** sie aus Anlass eines **Statutenwechsels zum deutschen Recht** eröffnet. Für statusdeutsche Aussiedler gilt kollisionsrechtlich nichts anderes (BGHZ 121, 313 ff; NJW 93, 2244). Dass das nach dem Statutenwechsel anwendbare deutsche Sachrecht ihnen die Möglichkeit einer Neubestimmung des Ehenamens nach § 1355 BGB auch dann noch gibt, wenn sie bereits unter ihrem früheren Statut wirksam einen Ehenamen gewählt haben (so BGHZ 147, 165 ff; Stuttg FGPrax 99, 57; Frankf StAZ 00, 209; BayObLG StAZ 99, 270, überzeugt insoweit nicht, als sie dadurch eine zweifache Wahlmöglichkeit erhalten, die keines der beiden aufeinander folgenden Statuten für sich genommen anerkennt, also aufgrund der Zufälligkeit des Statutenwechsels privilegiert wären. Überzeugender ist daher die Ansicht, wonach das Namensbestimmungsrecht in diesem Fall verbraucht ist (Hamm FamRZ 99, 1426 ff; BaRoth/*Mäsch* Rz 53). IÜ haben Spätaussiedler unabhängig von alledem nach Aufnahme im Gebiet der BRD nach § 94 BVFG die Möglichkeit, durch Erklärung ggü dem Bundesverwaltungsamt im Verteilungsverfahren oder ggü dem Standesbeamten eine deutschsprachige Form ihrer Vor- und Familiennamen oder sogar einen neuen Vornamen anzunehmen (BayObLGZ 99, 153).

13 Ist eine Rechtswahl nach II oder III getroffen worden, so ist die Anknüpfung **wegen deren Bindung nicht mehr wandelbar** und ein Statutenwechsel ist auch bei Wechsel der Staatsangehörigkeit ausgeschlossen (BaRoth/*Mäsch* Rz 16; Hepting/*Gaaz* Rz III-841).

14 **D. Geltung der allg Regeln. I. Umfang der Verweisung.** I spricht eine **Gesamtverweisung** aus, die trotz der öffentlich-rechtlichen Bezüge des Namensrechts (Palandt/*Thorn* Rz 3) nicht dem Sinn der Verweisung widerspricht, Art 4 I (BGH FamRZ 99, 570; Frankf StAZ 04, 198; Köln FamRZ 03, 1773; BayObLGZ 96, 10). Dabei kann es auch zur Rückverweisung kraft abweichender Qualifikation kommen (BGH IPRax 08, 137 m Anm *Henrich* 121: scheidungsrechtliche Qualifikation des nachehelichen Namens in der Türkei). Einen Überblick über daher relevante ausl Kollisionsregeln gibt Staud/*Hepting* Vorbem zu Art 10 Rz 93 ff. II u 3 sprechen **Sachnormverweisungen** aus (Art 4 II).

15 **II. Vorfragen.** Vorfragen werden **selbständig** angeknüpft. Wer etwa der für die Ausübung des nach III gegebenen Wahlrechts zuständige Sorgerechtsinhaber ist, richtet sich nach Art 21. (Diese Frage ist zu unterscheiden von derjenigen, wem sachrechtlich das Namensbestimmungsrecht zusteht, dazu oben Rn 5). Wirft das ausl Recht die Frage auf, ob die Abstammung ehelich oder nichtehelich ist, so ist auch nach Abschaffung der entspr Kollisionsvorschriften im deutschen IPR weiterhin selbständig anzuknüpfen (Ddorf FamRZ 99, 328), und zwar nach den Art 19 u 20 in der bis zum KindRG 1997 geltenden Fassung; danach galten für die eheliche Abstammung im wesentlichen das allg Ehewirkungsstatut oder nach dem Günstigkeitsprinzip die Heimatrechte der Eheleute und für die nichteheliche Abstammung alternativ das Heimatrecht der Mutter oder des Vaters bei Geburt oder das am gewöhnlichen Aufenthalt des Kindes geltende Recht. Tendenzen, andere Vorfragen, wie Bestehen der Ehe, Wirksamkeit einer Adoption oder Legitimation usw unselbständig anzuknüpfen, also dem Namensstatut zu unterstellen, bestehen insb im Hinblick auf einen Einklang mit dem öffentlich-rechtlichen Namensrecht und dem Passwesen (BGHZ 90, 140; BayObLGZ 02, 299), erscheinen aber überholt (BGH FamRZ 86, 984; Hamm StAZ 04, 171; Ddorf FamRZ 99, 328; Palandt/*Thorn* Rz 2; aA MüKo/*Birk* Rz 24; MüKo/*Sonnenberger* Einl IPR Rz 566). Dies gilt nicht nur für die Vorfrage der Wirksamkeit einer Scheidung, wenn ein rechtskräftiges deutsches Scheidungsurteil vorliegt, an das deutsche Behörden allgemein gebunden sind. Auch sonst leuchtet nicht ein, den internen Entscheidungseinklang zugunsten ungewisser Erfolge im Hinblick auf den internationalen Entscheidungseinklang zu opfern. Wenn von den Wahlrechten der II u III Gebrauch gemacht wurde, ist dieser ohnehin nicht gesichert, da eine Rechtswahl nicht überall anerkannt ist.

16 **III. Auslandssachverhalte.** In Anwendung deutschen Sachrechts kann unter Berücksichtigung ausl Vorstellungen und Gebräuche einem Deutsch-Ausländer, der zudem noch einen ausl Nachnamen trägt, ein nach deutschem Recht an sich unzulässiger Vorname erteilt werden (Frankf StAZ 00, 238 und 267 zu türkischer

Gewohnheit; Hamm StAZ 83, 71; Frankf StAZ 76, 363 zu amerikanischem Mittelnamen als weiterer Vorname, nach KG StAZ 00, 53 nicht aber, wenn es sich bei dem Mittelnamen um den aktuellen Familiennamen der Mutter handelt). Ist ein Statutenwechsel vorausgegangen, **gewährt Art 47 weitreichende „Angleichungs"möglichkeiten**; zu besonderem Sachrecht für statutsdeutsche Aussiedler s.o. Rn 12 aE und Art 47 EGBGB Rn 5. Die **Transliteration** anderer Schriftarten in die lateinische Schrift ist geregelt im Berner CIEC-Üb über die Angabe von Familiennamen und Vornamen in den Personenstandsbüchern vom 13.9.73 (BGBl 76 II 473), das aber im EU-Binnenverhältnis zur Vermeidung einer Diskriminierung dann nicht angewandt werden darf, wenn sich die danach vorgenommene Transliteration zu stark von der ursprünglichen Aussprache und Bedeutung entfernt (EuGH IPRax 94, 113; AG Tübingen FamRZ 91, 1430). Hilfsweise ist eine Transkription vorzunehmen (Staud/*Hepting* Rz 144; BaRoth/*Mäsch* Rz 22). Bei statusdeutschen Aussiedlern, die ihren Namen ursprünglich einmal in deutscher Form geführt haben, ist er in dieser Form einzutragen (BayObLGZ 94, 290).

Ehename iSd deutschen Sachrechts kann auch der **Doppelname des spanischen Rechtskreises** sein (BGH FamRZ 99, 570). Dass nach spanischem Recht nur sein erster Teil („apellido") auf die nächste Generation übergeht, steht seiner funktionalen Gleichwertigkeit nach Ansicht des BGH nicht entgegen, weil die Weitergabe nach BVerfG FamRZ 91, 535 auch im deutschen Namenrecht nicht mehr entscheidend sei. Für die Namensgebung des Kindes gilt der Doppelname in seiner Gesamtheit als Familienname iSd deutschen Rechts (Ddorf StAZ 95, 41). 17

IV. Anpassung. Anpassung (Art 3 EGBGB Rn 60) kann erforderlich sein, wenn ein anwendbares Recht nicht zwischen Vor- und Familiennamen unterscheidet oder Eigen- und Zwischennamen verwendet (Frankf StAZ 03, 301; BayObLG 98, 292; Hamm FamRZ 95, 1602; AG Tübingen StAZ 04, 137). In Bezug auf den Ehenamen kann es zu Normwidersprüchen kommen, wenn Ehegatten von der Rechtswahlmöglichkeit nach II keinen Gebrauch machen und daher nach I distributiv (dazu Art 3 EGBGB Rn 38) anzuknüpfen ist. Sind etwa die Ehegatten nach dem ausl Recht gezwungen, ihre bisherigen Namen fortzuführen, so können dem deutschen Ehegatten im Wege der sachrechtlichen Anpassung die Wahlmöglichkeiten der § 1355 I 1, IV BGB entzogen und er auf § 1355 I 3 BGB festgelegt werden (Beugung des flexibleren ggü dem starreren Recht; BaRoth/*Mäsch* Rz 34 mwN; aA *Hepting* StAZ 94, 1, 4). Wo ein deutsch-ausl Ehepaar nach § 1355 II BGB gemeinsam den vom Heimatrecht des Ehemannes starr vorgegebenen Mannesnamen zum Familiennamen wählt, kommen die beiden nach I gleichzeitig anzuwendenden Heimatrechte ohnehin zum selben Ergebnis (Stuttg StAZ 07, 361, m Anm *Henrich* IPRax 07, 52) und eine Anpassung erübrigt sich von vornherein. Unter dem Begriff der namensrechtlichen „Angleichung" behandelt Art 47 Fragen der Transposition und eröffnet dem Namensträger Gestaltungsmöglichkeiten beim Wechsel von ausl zu deutschem Namensrecht und bei Ableitung eines deutschen von einem ausl Namen (Art 47 EGBGB Rn 1 ff). 18

V. Ordre public. Eine ohne besonderen Grund zulässige private Namensänderung kann bei hinreichendem Inlandsbezug gegen den ordre public verstoßen (Art 6), wenn die Identifikationsfunktion des Namens gefährdet ist (Erman/*Hohloch* Rz 13; vorsichtig MüKo/*Birk* Rz 42). Der Entzug von Adelstiteln verstößt idR nicht gegen den ordre public (BVerwG IPRspr 80 Nr 8), kann aber zur Namensänderung nach § 3a NÄG berechtigen, wenn er gegen eine deutsche Minderheit gerichtet war. Wenn für die Bildung des Ehenamens zwingend einseitig auf den Namen des Mannes abgestellt wird, kann dies im Hinblick auf das Selbstbestimmungsrecht der Ehegatten (BGH FamRZ 99, 570) jedenfalls dann einen ordre public-Verstoß darstellen, wenn, etwa durch gemeinsamen gewöhnlichen Aufenthalt im Inland, hinreichender Inlandsbezug gegeben ist (MüKo/*Birk* Rz 29; *Looschelders* Rz 8; aA Soergel/*Schurig* Art 6 Rz 92; Staud/*Hepting* Rz 93). Auch für die Frage, ob es mit dem ordre public vereinbar ist, wenn allein dem Vater das Namensbestimmungsrecht hinsichtlich des Vornamens des Kindes zukommt, hängt besonders von der Intensität des Inlandsbezuges ab und kann bejaht werden, wenn alle Beteiligten Ausländer sind (LG Essen IPRspr 98 Nr 11 b; AG Essen IPRax 98, 213), oder verneint werden bei gewöhnlichem Aufenthalt im Inland (*Looschelders* Rz 7; Erman/*Hohloch* Rz 29). Ein Verstoß gegen Art 6 liegt wegen Unvereinbarkeit mit den Grundrechten des Kindes jedenfalls dann vor, wenn der zulässige Name anstößig oder lächerlich wirkt (Bremen NJW-RR 96, 1030; MüKo/*Birk* Rz 30; Staud/*Hepting* Rz 311), nicht aber schon dann, wenn er das Geschlecht des Kindes nicht erkennen lässt (Ddorf NJW-RR 89, 1034 f). 19

E. Übergangshinweise. Übergangsregelungen finden sich für die Einführung der Vorschrift im Jahr 1986 in Art 220 I, für die Änderungen durch das FamNamRG vom 16.12.93 (BGBl I 2054) ebenda in Art 7 § 5 und für die Änderungen durch das KindRG vom 16.12.97 (BGBl I 2942) in Art 224 § 3 (ausf MüKo/*Birk* Art 10 Rz 45 ff). 20

Art. 11 Form von Rechtsgeschäften. (1) Ein Rechtsgeschäft ist formgültig, wenn es die Formerfordernisse des Rechts, das auf das seinen Gegenstand bildende Rechtsverhältnis anzuwenden ist, oder des Rechts des Staates erfüllt, in dem es vorgenommen wird.
(2) Wird ein Vertrag zwischen Personen geschlossen, die sich in verschiedenen Staaten befinden, so ist er formgültig, wenn er die Formerfordernisse des Rechts, das auf das seinen Gegenstand bildende Rechtsverhältnis anzuwenden ist, oder des Rechts eines dieser Staaten erfüllt.

(3) Wird der Vertrag durch einen Vertreter geschlossen, so ist bei Anwendung der Absätze 1 und 2 der Staat maßgebend, in dem sich der Vertreter befindet.
(4) *Verträge, die ein dingliches Recht an einem Grundstück oder ein Recht zur Nutzung eines Grundstücks zum Gegenstand haben, unterliegen den zwingenden Formvorschriften des Staates, in dem das Grundstück belegen ist, sofern diese nach dem Recht dieses Staates ohne Rücksicht auf den Ort des Abschlusses des Vertrages und auf das Recht, dem er unterliegt, anzuwenden sind.**
(5) *Ein Rechtsgeschäft, durch das ein Recht an einer Sache begründet oder über ein solches Recht verfügt wird, ist nur formgültig, wenn es die Formerfordernisse des Rechts erfüllt, das auf das seinen Gegenstand bildende Rechtsverhältnis anzuwenden ist.**

1 **A. Einführung. I. Einordnung und Auslegung.** Art 11 ordnet für die Frage der Form, die stets als Teilfrage eines anderweitig angeknüpften (zB Art 13, Art 3 ff Rom I-VO/Art 27 ff, sog Geschäfts- oder Wirkungsstatut) rechtlichen Verhältnisses auftaucht, eine **Sonderanknüpfung** an. Soweit das Rechtsverhältnis ein Schuldvertrag (mit Ausn eines Gesellschaftsvertrages, vgl Art 1 II Buchst f Rom I-VO) ist, ist Art 11 seit 17.12.09 durch **Art 11 Rom I-VO** verdrängt. Die in Art 11 IV aF enthaltene Regelung für Schuldverträge über Grundstücke (jetzt Art 11 V Rom I-VO) konnte damit aufgehoben werden. An die Stelle des IV aF ist V aF gerückt. (Anliegen des Art 11 ist es, die Formwirksamkeit von Rechtsgeschäften zu fördern (favor negotii). Zu diesem Zwecke erfolgt eine Alternativanknüpfung nach dem **Günstigkeitsprinzip**: Es reicht aus, wenn entweder die Formvorschriften des Ortsrechts oder des auf die Hauptfrage der Wirksamkeit des Rechtsgeschäfts anwendbaren Geschäftsstatuts eingehalten worden sind (I). II u III klären, von welchem Ort bei Vertragsschlüssen über die Grenze (Distanzgeschäften) und bei Einschaltung von Stellvertretern auszugehen ist. IV aF u IV nF formulieren für schuldrechtliche Grundstücksverträge und für Verfügungsgeschäfte Ausnahmen von den Erleichterungen des Art 11.

2 Bei der Auslegung ist zu beachten, dass Art 11 im wesentlichen auf Art 9 EVÜ zurückgeht, dessen international einheitliche **Auslegung** und Anwendung anzustreben ist (Art 18 EVÜ, seit 1.8.04 Vorlagemöglichkeit an den EuGH, vgl EVÜ-Auslegungsprotokoll BGBl 06 II 348). Dies sollte auch nach Wegfall der Relevanz des Art 11 für Schuldverträge gelten, da es sich insoweit um eine überschießende Umsetzung handelt, die auf einheitliche Grundsätze der Formanknüpfung abzielt. Ausgenommen hiervon ist IV nF, der keinen staatsvertraglichen Ursprung hat und daher auf Grundlage nur des deutschen Rechts auszulegen ist.

3 **II. Ähnliche Vorschriften.** Für eine Reihe von Rechtsgeschäften mit Auslandsbezug finden sich im EGBGB, anderen Gesetzen und Staatsverträgen **vorrangige Sonderregelungen** der einzuhaltenden Form, die teilweise das Günstigkeitsprinzip einschränken: für die Eheschließung im Inland Art 13 III, für die Ehescheidung im Inland Art 17 II, für Rechtswahlverträge Art 14 IV, 15 III, für letztwillige Verfügungen Art 26, für Verbraucherverträge ex Art 29 III; Art 92 I, 97 WG; Art 62 I, 66 ScheckG, für ausnahmsweise zulässige Preisbindungen § 130 II iVm 15 II GWB, für Frachtbriefe Art 4 CMR (BGBl 61 II 1120) und Art 6 CIM (BGBl 74 II 381) und für Schiedsklauseln Art 2 II des New Yorker UN-Üb über die Anerkennung und Vollstreckung ausl Schiedssprüche (BGBl 61 II 1229).

4 **B. Anknüpfungsgegenstand. I. Form. 1. Qualifikation.** Anknüpfungsgegenstand des Art 11 ist die Form, dh die Art und Weise der Äußerung einer Willenserklärung (Erman/*Hohloch* Rz 13; Staud/*Winkler v Mohrenfels* Rz 49). Abzugrenzen ist einerseits von den sachlichen Voraussetzungen, die der lex causa unterliegen, und andererseits von prozessualen Fragen, die der lex fori unterliegen. Testfrage für die Qualifikation kann sein, ob die fremde Norm **typischen Formzwecken**, wie der Beratung, dem Schutz vor Übereilung oder der Beweissicherung dient (BGHZ 29, 142; s.a. Art 25 EGBGB Rn 25 zu gemeinschaftlichem Testament u Erbvertrag).

5 **2. Beispiele.** Zum Formstatut gehört, ob eine Form überhaupt erforderlich ist (*Lorenz* IPRax 94, 196), wer sich ihrer bedienen muss oder darf (Volljährigkeit für eigenhändiges Testament, vgl *Kropholler* § 41 III 3b), die Folgen von Formverstößen (*Looschelders* Rz 15) und die einzelnen Anforderungen, zB das Erfordernis einer **Verkörperung** (mündlich, schriftlich, elektronisch, per Telefax, handschriftlich, eigenhändig), Verwendung einer festen sprachlichen Formel, die Höchstpersönlichkeit (BGHZ 29, 137 zur Zulässigkeit der sog Handschuhehe durch Boten oder Stellvertreter), die **Mitwirkung** von Amts- oder anderen Personen (öffentliche Beglaubigung, Beurkundung, Anwesenheit von Zeugen, der anderen Partei, religiöse Eheschließung) einschließlich deren Zuständigkeit und des von diesen zu beachtenden Verfahrens (BGH FamRZ 03, 675; RGZ 133, 165; Stuttg FamRZ 90, 559; Zweibr 79, 242) oder das Hinzutreten eines **Realakts** wie etwa eines Handschlags (*Looschelders* Rz 8). Das Erfordernis der Zustimmung der Gesellschafterversammlung zur Anteilsübertragung ist keine Frage der Form (zu Art 786 I schweizerisches OR: *Weller* Der Konzern 08, 257 u BB 05, 1807; aA LG Frankf BB 09, 2500). Regelungen zur **Vertragssprache** werden teilw im Hinblick auf ihren Schutzzweck undifferenziert dem Vertragsstatut zugeordnet (Palandt/*Thorn* Art 11 Rom I-VO Rz 3), teilw pauschal dem Formstatut (*Reinhart* RIW 77, 19); differenzierende Lösungen unterscheiden danach, ob, wie

---

* Art 11 IV ist seit 17.12.09 aufgehoben, Art 11 V ist seit 17.12.09 zu Art 11 IV geworden.

zB mit § 483 I BGB (BTDrs 13/4185), typische Formzwecke verfolgt werden, und wenden nur dann das Formstatut an (*Looschelders* Rz 10; Staud/*Winkler v Mohrenfels* Rz 149; *Jayme* IPRax 97, 235 f), nicht aber bei nur kultureller Bedeutung der Sprachregelung (ausf *Freitag* IPRax 99, 142). Anscheinende **verfahrensrechtliche Vorschriften können als Formvorschriften zu qualifizieren sein**, wenn die prozessuale Sanktion letztlich nur die Einhaltung einer bestimmten Form gewährleisten soll, was etwa der Fall ist bei in den USA vorgesehener Unklagbarkeit eines Kaufvertrages über mehr als 500 $, wenn keine Beurkundung oder Teilleistung erfolgt ist (Palandt/*Thorn* Rz 4; ähnl *Kegel/Schurig* § 17 V 3d; aA *Donath* IPrax 94, 333; offen gelassen Oldbg RIW 96, 66), bei Ausschluss des Zeugenbeweises bei Geschäften von mehr als 800 € nach Art 1341 französischer CC iVm Dekret vom 15.7.80 (MüKo/*Spellenberg* Rz 17 f; Palandt/*Thorn* Rz 4; *Kegel/Schurig* § 17 V 3d; aA für den ähnlichen Art 1985 CC, der die Vollmacht betrifft BGH JZ 55, 702; aA iÜ *Marschall v Bieberstein* FS Beitzke 79, 625; *Frey* NJW 72, 1602) oder bei bestimmten Vorschriften des italienischen Rechts zum Urkunden- und Zeugenbeweis (LG Mannheim NJW 71, 2129), solange es nicht um die Untauglichkeit von Zeugen aus persönlichen Gründen geht (KG IPRspr 77 Nr 19).

II. Von Rechtsgeschäften. Grundsatz. Erfasst ist die Form von Verträgen, einseitigen Rechtsgeschäften und **geschäftsähnlichen Handlungen** (Erman/*Hohloch* Rz 11; *Looschelders* Rz 113), also zB auch von Mahnungen, Vaterschaftsanerkenntnissen (BGH NJW 75, 1069; AG Karlsruhe DAVorm 90, 391) und Einwilligungen, zB zur Adoption (KG FamRZ 93, 1363) oder zur heterologen Insemination (BaRoth/*Mäsch* Art 11 Rz 17; aA österr OGH JBl 96, 717). **Rechtswahlverträge** sollen nach einer Ansicht (BaRoth/*Mäsch* Anh Art 11 Rz 18) – wegen ex Art 27 IV außer bei Wahl des Schuldvertragsstatuts – nicht unter Art 11 fallen; das kann auf sich beruhen, soweit das Kollisionsrecht selbst Angaben zur Form macht (Art 10 II 2, III 2, 14 IV, 15 III). 6

Ausnahmen. Bestimmte Rechtsgeschäfte sind letztlich dem Anwendungsbereich des Art 11 entzogen. So sind **dingliche** Verfügungen nach IV nF von der Anknüpfung an den Vornahmeort ausgenommen, werden also ausschl vom Geschäftsstatut erfasst. IV nF betrifft bewegliches und unbewegliches Vermögen, umfasst aber nicht die Erteilung einer diesbezüglichen Abschlussvollmacht (München IPRax 90, 322; Stuttg MDR 81, 495; Palandt/*Thorn* Rz 21) und auch nicht analog die Übertragung eines Erbteils (Palandt/*Thorn* Rz 22; Erman/*Hohloch* Rz 35; aA *Ludwig* NJW 83, 495). Da das internationale **Gesellschaftsrecht** im EGBGB noch nicht geregelt ist, ist umstr, ob und inwieweit IV nF analog gilt. Die in der Rspr überwiegende Ansicht unterstellt auch gesellschaftsrechtliche Vorgänge uneingeschränkt dem Art 11 (München RIW 98, 147; Köln RIW 89, 565; Ddorf RIW 89, 223; Frankf WM 81, 946; Stuttg IPRspr 81 Nr 10a; BayObLG IPRspr 77 Nr 7b), ein Teil der Rspr und die Lit lehnen die Ortsform und damit die Sonderanknüpfung des Art 11 überhaupt ab (Karlsr RIW 79, 567; Hamm IPRspr 74 Nr 11; LG Kiel BB 98, 120; Staud/*Großfeld* IntGesR Rz 67, 492 ff; *Ebenroth/Wilken* JZ 91, 1064 f; *Geimer* DNotZ 81, 407 f), eine vermittelnde Ansicht versagt die Ortsform nur denjenigen Geschäften, die, wie etwa Gründung, Satzungsänderung oder Umwandlung, die Verfassung und den Status der Gesellschaft betreffen und daher mit dem Gesellschaftsstatut besonders eng verzahnt sind (*Kropholler* § 41 III 7; *Kröll* ZGR 00, 121 f; *Goette* Boujong–FS, 96, 135 ff; *Schervier* NJW 92, 593 ff; Hachenburg/*Behrens* GmbHG I Einl Rz 162). Von Art 11 erfasst, aber zusätzlich den Eingriffsnormen des Belegenheitsstatuts unterworfen, sind schuldrechtliche Verträge über **Grundstücke** (IV aF/Art 11 Rom I-VO, s.u. Rn 16). 7

C. Anknüpfungspunkte. I. Überblick. Art 11 schreibt eine alternative Anknüpfung vor, entweder an den **Vornahmeort** des Geschäftes (locus regit actum) oder an den Anknüpfungspunkt des **Geschäftsstatuts**, dem das Rechtsgeschäft, um dessen Form es geht, selbst unterliegt. Die Anknüpfung an den Vornahmeort unterliegt Einschränkungen nach IV aF u V aF: Für Schuldverträge, die Grundstücke betreffen, tritt zu der Alternative Ortsstatut oder Geschäftsstatut kumulativ eine Anknüpfung an den **Belegenheitsort** hinzu, die freilich auf die dortigen Eingriffsnormen beschränkt ist (IV aF, s.u. Rn 16). Darüber hinaus besteht für das Formstatut nach hM immer dann die Möglichkeit einer **Rechtswahl**, wenn auch das Geschäftsstatut diese vorsieht. 8

II. Günstigkeitsprinzip. Zieht der Formverstoß nach den alternativ berufenen Rechtsordnungen unterschiedliche Folgen nach sich, so ist die **mildeste Sanktion** anzuwenden (RGZ 133, 161 ff). Fehlt es im Recht des Vornahmestaates an Formvorschriften („Formenleere"), weil diesem Recht das betr Rechtsgeschäft unbekannt ist (zur GmbH-Anteilsübertragung in der Schweiz *Weller*, Der Konzern 08, 256), so ist allein das Geschäftsstatut maßgeblich (BGH NZG 05, 41; Bambg FamRZ 02, 1120; KG FamRZ 93, 1363). 9

Nach der hM ist die **Alternativität abdingbar**, so dass aufgrund Parteivereinbarung die Formwirksamkeit im Wege der Rechtswahl auch nur dem Geschäfts- oder nur dem Ortsstatut unterstellt werden kann (BGHZ 57, 337; Karlsr RIW 93, 505; MüKo/*Spellenberg* Rz 32; aA unter Berufung auf den favor negotii Soergel/*Kegel* Rz 2 f; *Jayme* NJW 72, 1618); Dritte, die durch den Verzicht auf die Alternativanknüpfung benachteiligt sein könnten, seien auf den kollisionsrechtlichen Verbraucher- und Arbeitnehmerschutz der ex Art 29 III u 30 I bzw Art 6 u 8 Rom I-VO zu verweisen (Palandt/*Thorn* 68. Aufl Rz 2). Umstr ist, ob die Parteien statt des Orts- oder Geschäftsstatuts auch eine dritte Rechtsordnung zum Formstatut bestimmen können (so MüKo/*Spellenberg* Rz 32; *Looschelders* Rz 23; *v Bar* II § 4 Rz 597; aA Staud/*Winkler v Mohrenfels* Rz 207). 10

Ob die **Rechtswahl** ihrerseits formbedürftig ist, soll sich nach ex Art 27 IV analog richten (*Looschelders* Rz 25; Staud/*Winkler v Mohrenfels* Rz 212). Ist dies nicht der Fall, so kann zu prüfen sein, ob die Wahl eines 11 bestimmten Geschäftsstatuts eine konkludente Abwahl des Ortsrechts enthält (vgl BGH NJW 72, 385; BGHZ 57, 340; MüKo/*Spellenberg* Rz 34 ff; Erman/*Hohloch* Rz 9; Staud/*Winkler v Mohrenfels* Rz 211).

12 **III. Vornahmeort.** Vornahmeort ist der Ort, an dem die Parteien, die für den Abschluss des Rechtsgeschäfts erforderlichen **Willenserklärungen abgeben** (AG Berlin-Schöneberg StAZ 02, 81; MüKo/*Spellenberg* Rz 63). Auf den Ort des Zugangs kommt es daher nicht an (KG IPrax 94, 217; Stuttg OLGZ 81, 164). Auch ist es unerheblich, ob der Ort nur vorübergehend oder ausschl zum Zwecke des Geschäftsabschlusses, etwa mit der Absicht der Kosteneinsparung, aufgesucht wird (RGZ 62, 381 f; Ddorf RIW 89, 225; Stuttg RPfl 82, 137; Frankf WM 81, 948; LG München I FamRZ 99, 1307; Soergel/*Kegel* Rz 43; aA *Geimer* DNotZ 81, 410; *Winkler* NJW 72, 981). Ist aufgrund des Geschäftsstatuts sachrechtlich eine Vornahme im Ausland untersagt, wie dies teilw für Vorgänge unter dem Gesellschaftsstatut angenommen wird (nach Hambg NJW-RR 93, 1317 für Hauptversammlung deutscher Aktiengesellschaft; aA *Biehler* NJW 00, 1244 f; *Bungert* AG 95, 26; *v Bar/Grothe* IPRax 94, 269; Gesellschafterversammlung einer GmbH ist dagegen inzwischen unstr zulässig, Ddorf RIW 89, 225; *Schervier* NJW 92, 597, vgl auch IntGesR Rn 15 unter I 2 (1)), so kann es ohnehin nicht zum wirksamen Vertragsschluss und der Relevanz der Ortstatuts kommen. Hält das Ortsrecht keine Formvorschriften bereit, weil es das vorzunehmende Rechtsgeschäft nicht kennt (zB Erbvertrag in Frankreich und Italien), so ist die Heranziehung von Formvorschriften eines in Funktion und Ausgestaltung vergleichbaren Rechtsinstituts zu versuchen; ist auch auf diesem Wege keine Regelung zu ermitteln, so geht die Verweisung auf das Ortsrecht ins Leere und es verbleibt beim Geschäftsrecht (RGZ 160, 229 f; KG FamRZ 93, 1363 f; MüKo/*Spellenberg* Rz 102; Soergel/*Kegel* Rz 19, 23; *Lorenz* IPRax 94, 196).

13 Bei **Distanzgeschäften** (Vertragsschlüsse über die Grenze hinweg) reicht nach II schon, dass eines der beiden Ortsstatute dem Vertrag für formwirksam hält (BGHZ 121, 235 zur Gültigkeit einer formlosen Bürgschaftserklärung). Bei einseitigen Rechtsgeschäften kann II nicht eingreifen, weil hier nicht die Abgabeorte mehrerer Erklärungen divergieren, sondern allenfalls Abgabe und Zugangsort (dazu Rn 12) derselben Erklärung.

14 Bei **Stellvertretergeschäften** ist Vornahmeort nach III ausschl der Aufenthaltsort des Vertreters (vgl BGHZ 121, 235). Auf einseitige Rechtsgeschäfte ist III analog anzuwenden (Erman/*Hohloch* Rz 31). Beim **Boten dagegen** ist Vornahmeort der Übergabeort der Erklärung durch den Geschäftsherrn an den Erklärungsboten bzw der Ort der Entgegennahme der Erklärung vom Empfangsboten (*Looschelders* Rz 29).

15 **D. Geltung der allg Regeln. I. Staatsverträge und Europäische Regelungen.** Für ab dem 17.12.09 geschlossene Verträge ist das Formstatut in Art 11 Rom I-VO geregelt. Drei vorrangig zu beachtende (Art 3 Nr 2) staatsvertragliche Regelungen über das auf die Form anwendbare Recht gelten nur noch im Verhältnis zu Italien, nämlich Art 5 u 7 Haager Abk über die Eheschließung v 12.6.02 (RGBl 04, 221) sowie für vor dem 23.8.87 geschlossene Eheverträge Art 6 Haager Ehewirkungsabk v 17.7.05 (RGBl 12, 453). Das CIEC-Üb zur Erleichterung der Eheschließung vom 10.9.64 (BGBl 69 II 2054) regelt Formfragen in Art 4 u 5 und dasjenige über die Erweiterung der Zuständigkeit der Behörden, vor denen nichteheliche Kinder anerkannt werden können v 14.9.61 (BGBl 65 II 19) regelt die Form der Anerkennung in Art 4. Welches Recht auf die Form letztwilliger Verfügungen anzuwenden ist, ergibt sich aus dem entspr Haager Üb v 5.10.61 (BGBl 65 II 11); zwar ist dieses 1986 in Gestalt des Art 26 in das System des deutschen Rechts inkorporiert worden, doch hat diese Vorschrift bloß die Funktion eines Merkzettels; Rechtsgrundlage ist nach wie vor das Abk selbst, dessen Vorschriften innerstaatlich unmittelbar anwendbar sind (s.a. Art 26 EGBGB Rn 2).

16 **II. Eingriffsnormen.** Neben den Eingriffsnormen des Forumstaates sind nach dem bish IV für Formfragen schuldrechtlicher Grundstücksgeschäfte wie zB Kauf, Miete, Pacht zusätzlich (BaRoth/*Mäsch* Rz 54) die Eingriffsnormen (dazu ex Art 34 EGBGB Rn 1 f) des **Belegenheitsstaates** anzuwenden. Ob es sich um eine Eingriffsnorm handelt, beurteilt sich nach dem Recht des Belegenheitsstaates selbst (Erman/*Hohloch* Rz 32). IV aF gilt nur für Verträge, nicht für einseitige Rechtsgeschäfte (*Looschelders* Rz 32; aA Staud/*Winkler v Mohrenfels* Rz 229). Da § 311b I BGB nicht als Eingriffsnorm anzusehen ist (BTDrs 10/504, 49; Braunschw IPRspr 71 Nr 13; Palandt/*Thorn* 68. Aufl Rz 20; aA *Lichtenberger* FS Hagen 91, 145, 153), kann ein deutsches Grundstück formlos verkauft werden, wenn Geschäfts- oder Ortsstatut das zulassen. Für ab dem 17.12.09 geschlossene Verträge gilt nicht mehr IV aF, sondern Art 11 V Rom I-VO (s. dort Rn 12).

17 **III. Umfang der Verweisung.** Inwieweit Art 11 eine **Gesamt- oder Sachnormverweisung** ausspricht (Art 4 I), ist umstr. Eine Ansicht lässt generell das Günstigkeitsprinzip auf die Frage des Verweisungsumfangs durchschlagen und geht flexibel immer dann von einer Gesamtverweisung aus, wenn eine Sachnormverweisung im konkreten Falle nicht zur Bejahung der Formwirksamkeit führen würde (MüKo/*Spellenberg* Rz 41; *Kegel/Schurig* § 17 V 3b; *Looschelders* Rz 5; Soergel/*Kegel* Rz 7). Diese alternative Prüfung von Sachnorm- und Gesamtverweisung entspricht Art 4 I 2. Hs, weil sie auf den Sinn der Verweisung (favor negotii) Rücksicht nimmt. Andere unterscheiden danach, ob das Ortsstatut oder das Geschäftsstatut berufen ist: Bei ersterem sei wegen des Sinns der Verweisung zwingend eine Sachnormverweisung gegeben, bei letzterem komme es darauf an, ob das Geschäftsstatut seinerseits eine Sachnorm – oder, was außerhalb des Schuldvertragsrechts möglich sei, eine Gesamtnormverweisung ausspreche (Erman/*Hohloch* Rz 5; Staud/*Winkler v Mohrenfels* Rz 45 ff; *Ebenroth/Eylers* IPRax 89, 10). Ausf Angaben zu ausl Kollisionsregeln finden sich bei Staud/*Winkler v Mohrenfels* Anh zu Art 11.

IV. Vorfragenanknüpfung. Ist bei Veräußerung eines ausl Grundstücks Vertragsstatut und Ortsstatut deut- 18
sches Recht, so besteht bei Nichtbeachtung der von § 311b I 1 BGB geforderten notariellen Beurkundung die
Möglichkeit der Heilung durch Erfüllung nach § 311b I 2 BGB. Diese ist **selbstständig** nach Art 43 an den
Belegenheitsort anzuknüpfen, so dass es auf eine Grundbucheintragung nach deutschem Recht nicht
ankommt (BGHZ 73, 391; Ddorf NJW 81, 529 f; Erman/*Hohloch* Rz 17).

V. Auslandssachverhalt und Substitution. Zu den Formvorschriften der **§ 15 III u IV GmbHG** ist umstrit- 19
ten, ob diese, wenn sie als lex loci actus berufen wären, sachrechtlich überhaupt Gesellschaften mit Sitz im
Ausland erfassen (so BGH NZG 05, 41; Celle NJW-RR 92, 1126 und zutr Staud/*Winkler von Mohrenfels*
Rz 310 f; aA München NJW-RR 93, 998; s.a. *Merkt* ZIP 94, 1417).

Die – nur auf deutsche Grundstücke anwendbare – **Auflassung nach § 925 BGB** kann nach der Rspr nur vor 20
einem deutschen Notar oder einer sonst zuständigen Stelle wie etwa dem Konsularbeamten (§ 12 Nr 1
KonsG) erfolgen, nicht aber vor einer ausl Urkundsperson (BGH WM 68, 1170; KG OLGZ 86, 319; Köln
OLGZ 72, 321; LG Ellwangen BWNotZ 00, 45; aA *Heinz* RIW 01, 928; *Spellenberg* FS Schütze 99, 897; *Mann*
NJW 55, 1177). Da aber die Tätigkeit eines deutschen Notars auf das Inland beschränkt ist (BGH IPRax 00,
29 m Aufs *Riering* 17), können wegen IV nF deutsche Grundstücke, außer im Konsulat, nur im Inland über-
tragen werden.

Nach einer Mindermeinung kann auch die notarielle Form der **§ 15 III, IV GmbHG** wegen des Interesses an 21
einer ordnungsgemäßen Durchführung solcher Akte mit Öffentlichkeitsbezug niemals durch eine ausl
Urkundsperson erfüllt werden (*Geimer* DNotZ 81, 408). Die Praxis wird bestimmt von einer differenzierenden Ansicht nach der der deutsche Notar bei Geschäften, die wie Gründung und Satzungsänderung die Verfassung der Gesellschaft betreffen, nicht substituierbar ist, wohl aber bei Anteilsübertragungen oder Beur-
kundung einer Hauptversammlung (*Goette* FS Boujong, 141 ff; ähnl Staud/*Großfeld* IntGesR Rz 481, 492 ff).
Eine weitere stark vertretene Meinung stellt demgegenüber ausschl auf die Gleichwertigkeit der ausl
Urkundsperson (Ausbildung, Sachkunde, Stellung im Rechtsleben, nach *Schervier* NJW 92, 595 ff auch
Haftungsregime, insoweit aA *Benecke* RIW 02, 284; *Kröll* ZGR 00, 149) und des betreffenden Verfahrens
(Beurkundung, dazu § 128 BGB Rn 3; Beglaubigung) mit dem Tätigwerden eines inländischen Notars im
konkreten Fall ab (BGHZ 80, 76 und Stuttg IPRspr 81 Nr 10a Satzungsänderungen; Stuttg DB 00, 218 ff
Übertragung von GmbH-Anteilen; München RIW 98, 147 Unternehmenskauf; LG Kiel BB 98, 120 und
LG Köln RIW 89, 990 Verschmelzungsvertrag, Palandt/*Heldrich* Rz 8). Einigkeit besteht darin, dass in der
Wahl eines ausl Notars idR ein zulässiger Verzicht auf eine ordnungsgemäße Belehrung iSd § 17 BeurkG liegt
(BGHZ 80, 76, 79; *Kegel/Schurig* § 17 V 3e; *v Bar/Grothe* IPRax 94, 270; *Geimer* DNotZ 81, 408).

Für **gleichwertig** sind gehalten worden die „lateinischen **Notariate**" (*Kropholler* § 33 II 2; *Basedow* RabelsZ 55 22
(1991) 409, 428; *Bockelmann* NJW 75, 1625 f), das Notariat in den Kantonen Zürich (BGH NJW-RR 89,
1259; NJW 81, 1160; Stuttg IPRax 83, 79; Frankf WM 81, 946; LG Köln RIW 89, 990; *v Bar/Grothe* IPRax 94,
269, 270; aA LG Augsburg NJW-RR 97, 420 zu Verschmelzungsvertrag), Basel-Stadt (Frankf GmbHR 05, 764;
München NJW-RR 98, 758; LG Nürnberg-Fürth, NJW 92, 633); Bern (Hambg IPRspr 97 Nr 9); Luzern (LG
Kobl IPRspr 70 Nr 144) und Zug (LG Stuttgart IPRspr 76 Nr 5a) sowie in Genf und dem Waadtland (Erman/
Hohloch Rz 20; BaRoth/*Mäsch* Rz 36), der österreichische (LG Kiel DB 97, 1223; offen gelassen Bay-
ObLG NJW 78, 500), niederländische (*Looschelders* Rz 54; tendenziell befürwortet, letztlich aber offen gelas-
sen Ddorf RIW 89, 225) und englische Notar (BayObLG NJW 1978, 500; *Mann* NJW 55, 1177 ff), sowie der
notarié public des US-Bundesstaates Louisiana (vgl MüKo/*Spellenberg* Rz 61), der amerikanische „notary
public" aber nur für die Beglaubigung (Stuttg DB 00, 1218). Wegen der v **§ 40 II GmbHG nF** geforderten
Pflicht des Notars, nach Beurkundung einer Anteilsabtretung die geänderte Gesellschafterliste beim Handelsregister einzureichen, ergeben sich Zweifel im Hinblick auf fehlende Amtsbefugnisse ausl Notare im Inland
(LG Frankf BB 09, 2500 m Anm *Krause*; *Braun* DNotZ 09, 585).

Der Beweis der Echtheit einer ausl Urkunde kann durch **Legalisation** oder die sie ersetzende Apostille (vgl 23
Haager Üb zur Befreiung ausl Urkunden von der Legalisation v 5.10.61, BGBl 1965 II 875) erbracht werden.
Über die Zuständigkeit der ausstellenden Person oder Beachtung der Ortsform sagte diese ebensowenig wie
über die Gleichwertigkeit der ausl mit einer inländischen Urkunde (dazu *Roth* IPRax 94, 87). Zuständig für
die Legalisation sind die deutschen Auslandsvertretungen im fremden Ausstellerstaat. Die Beweiskraft einer
ausl Urkunde unterliegt nach den Grundsätzen des § 438 ZPO der freien Würdigung (KG StAZ 06, 13 f;
Hamm FamRZ 06, 1215, 1217).

Art. 12 Schutz des anderen Vertragsteils.

¹Wird ein Vertrag zwischen Personen geschlossen, die sich in demselben Staat befinden, so kann sich eine natürliche Person, die nach den Sachvorschriften des Rechts dieses Staates rechts-, geschäfts- und handlungsfähig wäre, nur dann auf ihre aus den Sachvorschriften des Rechts eines anderen Staates abgeleitete Rechts-, Geschäfts- und Handlungsunfähigkeit berufen, wenn der andere Vertragsteil bei Vertragsabschluß diese Rechts-, Geschäfts- und Handlungsunfähigkeit kannte oder kennen mußte. ²Dies gilt nicht für familienrechtliche und erbrechtliche Rechtsgeschäfte sowie für Verfügungen über ein in einem anderen Staat belegenes Grundstück.

Artikel 12 EGBGB

1 **A. Einführung. I. Einordnung und Auslegung.** Bei Art 12 handelt es sich um eine **Ausn zu Art 7**, die kollisionsrechtlichem Verkehrsschutz Rechnung tragen soll. Der Schutz nicht (voll) geschäftsfähiger Personen wird dem Geschäftsinteresse gutgläubiger Vertragspartner untergeordnet, wenn die Kontrahierenden sich in demselben Staat aufhalten. Mit dem Recht des Abschlussortes wird nicht – wie etwa in ex Art 31 II bzw 10 II Rom I-VO – ein einer Partei vertrautes, sondern ein neutrales Recht zur Grundlage des Vertrauensschutzes gemacht, auf das sich beide Parteien durch ihre Anwesenheit und die dadurch möglichen Erkundigungen gleichermaßen einstellen können. Ebenso wie im internationalen Verbraucherschutzrecht sinkt das kollisionsrechtliche Schutzniveau auch hier, wenn das Gebiet des vertrauten Umweltrechts körperlich verlassen wird. Die Regelung als missglückt anzusehen, sie auf dieser Grundlage durchgängig restriktiv auszulegen und nach Möglichkeit zu reduzieren (Nachw bei BaRoth/*Mäsch* Rz 2), ist daher nicht gerechtfertigt; Missbräuchen lässt sich mit Hilfe des Merkmals der Gutgläubigkeit entgegenwirken. Immobilien-, familien- und erbrechtliche Geschäfte sind ausgenommen, weil ihnen für die betroffene Person besondere und für den Verkehrsschutz geringe Bedeutung zukommt. Für den Bereich des internationalen Schuldvertragsrechts wird Art 12 durch **Art 13 Rom I-VO** verdrängt, womit seine Bedeutung auf die Verfügung über Mobilien und inländische Grundstücke beschränkt ist.

2 Bei der Auslegung ist zu beachten, dass Art 12 S 1 auf Art 11 EVÜ zurückgeht, dessen international einheitliche **Auslegung** und Anwendung anzustreben ist (Art 18 EVÜ). Das ist (wie ex Art 36 für das internationale Vertragsrecht ausdrücklich festlegte, auch hier) zu berücksichtigen, obwohl der Anwendungsbereich des Art 12 über das im EVÜ geregelte Schuldvertragsrecht hinausgeht. Über entspr Kollisionsregeln in anderen Staaten informiert Staud/*Hausmann* Rz 11. S 2 hat demgegenüber keinen staatsvertraglichen Ursprung und ist auf Grundlage des deutschen Rechts auszulegen.

3 **II. Ähnliche Vorschriften. Parallelnormen** zu Art 12 sind neben dem identischen Art 13 Rom I-VO die Art 16 u 17b II 2: Art 12 hebt zugunsten des Verkehrsschutzes Beschränkungen der allg Rechts- und Geschäftsfähigkeit nach Art 7 auf, Art 16 u 17b II 2 heben zugunsten des Verkehrsschutzes die für Ehegatten und eingetragene Lebenspartner nach Art 14, 15 oder 17b I bestehenden Beschränkungen der Verpflichtungs- und Verfügungsmacht auf. Allerdings ist Art 12 **allseitig** ausgestaltet, während Art 16 u 17b II 2 in erster Linie bzw nur den inländischen Rechtsverkehr schützen (zur beschränkten Analogiefähigkeit s Art 3 EGBGB Rn 32).

4 Art 91 II WG, 60 II ScheckG und 19 KSÜ (dazu unten Rn 16) enthalten verkehrsschützende **Sonderregelungen**, die vorgehen.

5 **B. Anknüpfungsgegenstand. I. Subjektiver Anwendungsbereich.** Art 12 ist angesichts seiner systematischen Stellung im Zweiten Abschnitt auf **natürliche Personen** beschränkt (BGH NJW 98, 2453). Auf juristische Personen ist er analog anzuwenden (MüKo/*Spellenberg* Rz 19; Palandt/*Thorn* Anh zu Art 12 Rz 1; *Looschelders* Rz 11; BaRoth/*Mäsch* Rz 37; *Bausback* DNotZ 96, 259 zum Erwerb inländischer Grundstücke; offen gelassen in BGH NJW 98, 2452 zur beschränkten Fähigkeit zum Abschluss von Außenhandelsverträgen), was insb bei fehlender Rechtsfähigkeit oder Teilrechtsfähigkeit nach dem engl ultra vires Grundsatz relevant wird (Erman/*Hohloch* Rz 4).

6 **II. Objektiver Anwendungsbereich. 1. Art der Geschäfte.** Art 12 hilft nur insofern über Mängel der Rechts- und Geschäftsfähigkeit hinweg, als hieran die Wirksamkeit eines Vertrages scheitern würde. Der Begriff „Vertrag" ist unbesehen von dem ohnehin nur Schuldverträge betreffenden, zunächst nicht auf deutsch abgefassten Art 11 EVÜ übernommen worden, so dass ihm nicht ohne weiteres eine Einschränkung auf Verträge iSd BGB entnommen werden kann. Auf **einseitige Rechtsgeschäfte** ist Art 12 daher nach hM analog anzuwenden (Palandt/*Thorn* Art 13 Rom I-VO Rz 3; MüKo/*Spellenberg* Rz 22; Erman/*Hohloch* Rz 8; *Kegel/Schurig* § 17 I 1d; Staud/*Hausmann* Rz 25; Soergel/*Kegel* Rz 20; *Schotten* DNotZ 94, 671; aA Palandt/*Heldrich* 67. Aufl Rz 2).

7 In S 2 findet sich allerdings eine Begrenzung des Anwendungsbereichs auf bestimmte Wirkungsstatute, nämlich **Verkehrsgeschäfte**: Es darf sich nicht um ein familien- oder erbrechtliches Geschäft handeln (zB Verlobung, Ehevertrag, Adoption, Erbvertrag, Erbverzicht) und nicht um eine Verfügung über ein im Ausland belegenes Grundstück. Mangels staatsvertraglichen Hintergrunds des S 2 ist „Verfügung" iSd deutschen Sachrechts zu verstehen. Bei Rechtsordnungen, die nicht zwischen dinglichem und obligatorischem Rechtsgeschäft unterscheiden, ist nach Möglichkeit eine Aufspaltung vorzunehmen; gelingt dies nicht, so ist insgesamt S 1 anzuwenden (*Looschelders* Rz 27; Staud/*Hausmann* Rz 48). Inländische Grundstücke unterstehen nach dem klaren Wortlaut dem S 1. Für Schenkungen wird eine analoge Anwendung des S 2 vertreten (*Fischer* 42; aA *Looschelders* Rz 26).

8 **2. Fehlende Fähigkeiten.** Als Anknüpfungsgegenstand nennt Art 12 Rechts-, Geschäfts- (Definition s. Art 7 EGBGB Rn 5 ff) und Handlungsfähigkeit. Das deutsche Sachrecht kennt eine „Handlungsfähigkeit" als Rechtsbegriff nicht; die Deutung ist daher unklar. Teilweise werden darunter familienrechtliche **Grenzen gesetzlicher Vertretungsmacht** für natürliche Personen verstanden, zB von Eltern, Betreuern oä (Erman/*Hohloch* Rz 11) teilweise auch Beschränkungen von Ehegatten bei der Eingehung bestimmter Rechtsgeschäfte (Palandt/*Thorn* Art 13 Rom I-VO Rz 6), was beides als Überspannung des auf ein Übersetzungsproblem aus dem EVÜ zurückgehenden Begriffes kritisiert wird (MüKo/*Spellenberg* Rz 29; BaRoth/*Mäsch* Rz 22). Das kann jedoch insoweit dahinstehen, als auch von der Gegenansicht – unter Rückgriff auf eine Analogie – die Grenzen der gesetzlichen Vertretungsmacht entspr Art 12 behandelt werden (MüKo/*Spellenberg* Rz 29; *Looschelders* Rz 15; BaRoth/*Mäsch* Rz 39; Soergel/*Kegel* Rz 14 f); in Bezug auf die **ehebedingten Verpflichtungs- und Verfügungsbeschränkungen** wird die Analogie überwiegend aber abgelehnt und stattdessen direkt oder analog auf Art 16 zurückgegriffen (HK/*Staudinger* Rz 7; Erman/*Hohloch* Rz 11; *Looschelders* Rz 16; BaRoth/*Mäsch* Rz 41; Staud/*Hausmann* Rz 35; aA LG Aurich FamRZ 90, 776 f; *Fischer* 171; *Liessem* NJW 89, 497, 500; *Hanisch* IPRax 87, 50 f). Das Vertrauen auf Bestand und Umfang einer rechtsgeschäftlichen Vertretungsmacht wird nicht durch Art 12 geschützt, auch nicht analog (MüKo/*Spellenberg* Rz 25; *Looschelders* Rz 15; BaRoth/*Mäsch* Rz 39; Staud/*Hausmann* Rz 33); soweit für das Vollmachtstatut an den Gebrauchsort angeknüpft wird (s. Vor Artikel 7 bis 12 EGBGB Rn 10) dem Verkehrsschutz auch bereits dadurch Rechnung getragen. Die Verwendung des Begriffes „berufen" ist nicht rechtstechnisch zu verstehen; ausgeschlossen werden nicht nur Einreden, sondern **Einwendungen** jeglicher Art (*Looschelders* Rz 22; *Kropholler* § 42 I 3a). 9

Da Art 12 keinen allg Vertrauensschutz in Bezug auf die Gültigkeit von internationalen Rechtsgeschäften gewährt, ist er **nicht** analog auf **Willensmängel** oder die **Partei- und Prozessfähigkeit** einer Person anzuwenden (*Looschelders* Rz 17; BaRoth/*Mäsch* Rz 17, 20; Soergel/*Kegel* Rz 17 ff; für Parteifähigkeit ausl juristischer Personen aber Staud/*Hausmann* Rz 38). Der BGH behilft sich in diesen Fällen mit analoger Anwendung von § 50 II ZPO (NJW 86, 2194). 10

C. Voraussetzungen des Verkehrschutzes. I. Anwesenheit im selben Staat. Die Parteien müssen sich bei Abgabe (MüKo/*Spellenberg* Rz 50; *Looschelders* Rz 8; Staud/*Hausmann* Rz 55) ihrer Willenserklärungen im Anwendungsbereich derselben Rechtsordnung aufhalten; ein Rechtsgeschäft unter Anwesenden ist aber nicht erforderlich (Soergel/*Kegel* Rz 4). 11

Bei **Stellvertretung** auf Seiten des vertrauenden Vertragsteils, reicht es mit Blick auf § 166 I BGB und vielleicht auch Art 11 III aus, wenn sich nur der Vertreter an diesem Ort befindet (*Looschelders* Rz 9; Palandt/*Thorn* Rz 2; BaRoth/*Mäsch* Rz 27; *Lipp* RabelsZ 63 [1999] 136; *Liessem* NJW 89, 501; aA MüKo/*Spellenberg* Rz 53 f; *Schotten* DNotZ 94, 671); bei Stellvertretung auf Seiten des in der Geschäftsfähigkeit beschränkten, muss sich dieser aber auch selbst dort aufhalten, denn auf dessen Seite geht es nicht um Kenntnis und Kennenmüssen iSd § 166 BGB, sondern um die **Anwesenheit als Grundlage für das Vertrauen** auf das Bestehen einer Geschäftsfähigkeit, von der man am Geschäftsort ausgehen darf (MüKo/*Spellenberg* Rz 53; *Looschelders* Rz 9; BaRoth/*Mäsch* Rz 26; *Schotten* DNotZ 94, 671; aA Erman/*Hohloch* Rz 9; Staud/*Hausmann* Rz 53; *Lipp* RabelsZ 63 [1999] 136; *Liessem* NJW 89, 501). 12

II. Guter Glaube. Zusätzliche Voraussetzung ist der bei Vertragsschluss bestehende gute Glaube des Vertragspartners an das Bestehen der Rechts-, Geschäfts- und Handlungsfähigkeit. Was die fahrlässige Unkenntnis angeht, darf der Vertragspartner von der Geltung der für ihn leicht ermittelbaren, am Geschäftsort geltenden Regeln zu Rechts-, Geschäfts- und Handlungsfähigkeit ausgehen, solange er keine Anhaltspunkte dafür hat, dass ein strengeres Recht Anwendung findet. Der Umfang zumutbarer Nachforschungen hängt einerseits von der Bedeutung des Geschäftes, andererseits von der Deutlichkeit der auf mangelnde Geschäftsfähigkeit hinweisenden Umstände bzw dem Aufwand bei der Rechtsermittlung ab: Bei Geschäften des täglichen Lebens sind die Anforderungen geringer als bei größeren Kreditgeschäften, einem Grundstückskauf oder sonst beurkundungspflichtigen Geschäften, bei denen auch ohne Auslandsbezug der Notar nach § 11 BeurkG die Geschäftsfähigkeit überprüfen müsste (BaRoth/*Mäsch* Rz 32); auch spielt es eine Rolle, ob Kaufleute beteiligt sind und ob es sich um eine Grenzregion handelt (*Looschelders* Rz 19). Die bloße Kenntnis, dass die andere Vertragspartei **Ausländer** ist, soll noch keine Bösgläubigkeit begründen (Palandt/*Thorn* Rz 2; Erman/*Hohloch* Rz 12; *Looschelders* Rz 19; Staud/*Hausmann* Rz 66; *Liessem* NJW 89, 501). Denn auch, wenn in diesem Fall der Vertragspartner wissen muss, dass nach Art 7 gerade nicht das Ortsrecht Anwendung findet, darf die daran anknüpfende Aufklärungsobliegenheit nicht unverhältnismäßig schärfer sein als bei Binnengeschäften, so dass es auf Verdachtsmomente und Aufklärungsmöglichkeiten im Einzelfall ankommt. Besitzen beide Vertragsparteien dieselbe Staatsangehörigkeit, so fehlt der gute Glaube idR (Hamm NJW-RR 96, 1144), es sei denn, dass die vertrauende Partei nicht wissen kann, dass die andere Partei dasselbe Personalstatut besitzt (vgl MüKo/*Spellenberg* Rz 21); denn die Kenntnis des dann nach Art 7 auch für sein Gegenüber geltenden eigenen Heimatrechts kann ohne weiteres erwartet werden. Das gleiche ist hinsichtlich des an seinem gewöhnlichen Aufenthalt geltenden Rechts als seines Umweltrechts anzunehmen (BaRoth/*Mäsch* Rz 32). Zum selben Ergebnis kommen diejenigen, die Art 12 bei Geschäften unter Landsleuten für nicht anwendbar halten, da Ursache des Irrtums über die Geschäftsfähigkeit nicht der Auslandsbezug des Sachverhalts ist (MüKo/*Spellenberg* Rz 21; *v Bar* Rz 59). Aus diesem Grunde greift Art 12 auch dann nicht ein, wenn die unzutreffende Annahme der Geschäftsfähigkeit auf einem Irrtum über **tatsächliche Umstände** wie Alter (MüKo/*Spellenberg* Rz 68), Entmündigung (BaRoth/*Mäsch* Rz 33) oder Staatsangehörigkeit der anderen Vertragspartei beruht (vorsichtig auch *Looschelders* Rz 20; zur Staatsangehörigkeit zutr differenzierend MüKo/*Spellenberg* Rz 69). Im Falle einer Entmündigung bewirkt Art 12, dass von ihr nur auszugehen ist, falls und soweit sie am Vertragsabschlussort anerkannt 13 wird (ausl Entmündigung wirkt in Deutschland allenfalls wie Betreuung mit weitreichendsten Wirkungen, s. Art 7 EGBGB Rn 15, Art 24 EGBGB Rn 38; Palandt/*Thorn* Rz 4; *Looschelders* Rz 24; *Fischer* 126).

14 **D. Anknüpfungspunkt. I. Zufälliger Aufenthaltsort.** Art 12 ersetzt die personenbezogene Anknüpfung des Art 7 im Falle deren Ungünstigkeit für das Zustandekommen des Vertrages durch eine **ortsbezogene** Anknüpfung. Anzuwenden ist das Recht des Staates, in dem sich die Parteien des Vertrages bzw ihre Vertreter bei Abgabe ihrer auf den Vertragsschluss gerichteten Erklärungen gemeinsam aufhalten (s.o. Rn 11 f). Hiervon abzusehen, wenn der Ort des Vertragsschlusses, wie bei Geschäften auf Messen, an der Börse oder bei Mitgliedern einer Reisegruppe, rein zufällig sei (*Lipp* RabelsZ 63 [1999] 134 f; *Fischer* 63 ff), überzeugt nicht, weil Grund für die Geltung des Ortsrechts ohnehin nicht ein innerer Bezug des Rechtsgeschäfts oder der Personen zum Ort ist, sondern die bloße körperliche Anwesenheit der Parteien nach Sinn und Zweck der Regelung für die Nähebeziehung genügt (s.o. Rn 1) (MüKo/*Spellenberg* Rz 56, *Looschelders* Rz 10).

15 **II. Abdingbarkeit des Günstigkeitsprinzips.** Wenn die Voraussetzungen des S 1 erfüllt sind, wird teilw ein **Wahlrecht des gutgläubigen Vertragspartners** zwischen der Wirksamkeit des Vertrages gem Art 12 und der Geltendmachung des Fehlens der Geschäftsfähigkeit seines Vertragspartners angenommen (*Fischer* 115 ff mit vorsichtiger Zustimmung von MüKo/*Spellenberg* Rz 76; *Schotten* DNotZ 94, 672; aA Staud/*Hausmann* Rz 70; Soergel/*Kegel* Rz 3; BaRoth/*Mäsch* Rz 37). Für die Abwählbarkeit des Verkehrsschutzes spricht, dass Art 12 vorwiegend dem Schutz des konkreten Vertragspartners dient, weshalb auch vertreten wird, Dritte könnten sich nicht auf Art 12 berufen (MüKo/*Spellenberg* Rz 20; *Looschelders* Rz 12; Staud/*Hausmann* Rz 15). Auf einen solchen Schutz kann grds verzichtet werden (*Looschelders* Rz 25). Anhaltspunkte im Gesetzeswortlaut sind allerdings kaum vorhanden. Zwar spricht dessen amtliche Überschrift vom „Schutz des anderen Vertragsteils" und das Wort „berufen" könnte implizieren, dass es sich um eine aktive Abwehr gegen einen Vorstoß des anderen Vertragsteils handelt. Die Annahme eines – dann jederzeit ausübbaren – Wahlrechts brächte jedoch zu viel Unsicherheit in den Bestand des Vertrages. Zutr ist daher von einem Günstigkeitsvergleich vAw (BaRoth/*Mäsch* Rz 37; HK/*Staudinger* Rz 2) auszugehen.

16 **E. Geltung der allg Regeln. I. Staatsverträge.** Das Haager **Kinderschutzabkommen** (KSÜ, s. Art 3 EGBGB Rn 21; 21 Rn 5; 24 Rn 33 ff), sieht in Art 19 eine spezielle Verkehrsschutzvorschrift für den Fall der fehlenden gesetzlichen Vertretungsbefugnis von Kindern vor, die inhaltlich weitgehend mit Art 12 S 1 übereinstimmt, diesem aber vorgeht.

17 Vorrangig zu beachtender (Art 3 Nr 2) Staatsvertrag ist außerdem das **deutsch-iranische Niederlassungsabk** (RGBl 30 II 1006), das in Art 8 III Abk iVm dem Schlussprotokoll auch für Fragen der Geschäftsfähigkeit, Volljährigkeit und Entmündigung ausnahmslos an die Staatsangehörigkeit anknüpft. Nach Art 8 III 2 Abk ist die Anwendung des Art 12 ggü Iranern aber möglich, weil diese Abweichung vom Staatsvertrag alle fremden Staatsangehörigen gleichermaßen trifft (*Looschelders* Rz 29; Soergel/*Kegel* Rz 29; allg zu Art 8 III 2 Abk vgl BGH NJW-RR 05, 1449).

18 **II. Umfang der Verweisung.** Da es sich ausdrücklich um eine **Sachnormverweisung** (dazu vgl Art 4 EGBGB Rn 11) handelt, kommt es nicht darauf an, ob das berufene Recht des Vertragsabschlussortes selbst einen ähnl Verkehrsschutztatbestand kennt (*Looschelders* Rz 4; Staud/*Hausmann* Rz 20; aA Soergel/*Kegel* Rz 5).

19 **III. Ordre public.** Fragen des **ordre public** sind wie bei Art 7 zu beurteilen (s. Art 7 EGBGB Rn 15).

20 **F. Verfahrensrechtliches.** Die **Beweislast** für die Bösgläubigkeit des Vertragspartners trägt die nicht (voll) geschäftsfähige Partei (MüKo/*Spellenberg* Rz 74; HK/*Staudinger* Rz 9; BaRoth/*Mäsch* Rz 34; *Fischer* 52).

Dritter Abschnitt Familienrecht

Art. 13 Eheschließung. (1) Die Voraussetzungen der Eheschließung unterliegen für jeden Verlobten dem Recht des Staates, dem er angehört.
(2) Fehlt danach eine Voraussetzung, so ist insoweit deutsches Recht anzuwenden, wenn
1. ein Verlobter seinen gewöhnlichen Aufenthalt im Inland hat oder Deutscher ist,
2. die Verlobten die zumutbaren Schritte zur Erfüllung der Voraussetzung unternommen haben und
3. es mit der Eheschließungsfreiheit unvereinbar ist, die Eheschließung zu versagen; insbesondere steht die frühere Ehe eines Verlobten nicht entgegen, wenn ihr Bestand durch eine hier erlassene oder anerkannte Entscheidung beseitigt oder der Ehegatte des Verlobten für tot erklärt ist.
(3) ¹Eine Ehe kann im Inland nur in der hier vorgeschriebenen Form geschlossen werden. ²Eine Ehe zwischen Verlobten, von denen keiner Deutscher ist, kann jedoch vor einer von der Regierung des Staates, *dem einer der Verlobten angehört*, ordnungsgemäß ermächtigten Person in der nach dem Recht dieses Staates vorgeschriebenen Form geschlossen werden; eine beglaubigte Abschrift der Eintragung der so geschlossenen Ehe in das Standesregister, das von der dazu ordnungsgemäß ermächtigten Person geführt wird, erbringt vollen Beweis der Eheschließung.

A. Geltungsbereich. Die Vorschrift umfasst zwei Regelungsbereiche. **I und 2** betreffen die **materiell-rechtlichen Voraussetzungen** der Eheschließung unter Einschluss der Wirksamkeitsfrage bei fehlerhafter Eheschließung. Davon zu unterscheiden ist das Statut für die **Eheschließungsform**; das Formstatut umfasst auch die Frage der Wirksamkeit bei Verletzung von Formvorschriften. **III** betrifft nur die Eheschließung im Inland. Bei Eheschließung im Ausland ergibt sich das Formstatut aus Art 11 I. Art 13 I ist entspr anzuwenden auf das gesetzlich nicht geregelte **Verlöbnis** (BGH FamRZ 96, 601; BGH NJW-RR 05, 1089).

Im Verhältnis zu **Italien** ist ggü Art 13 vorrangig das Haager Üb zur Regelung des Geltungsbereichs der Gesetze auf dem Gebiete der Eheschließung vom 12.6.02 (RGBl 1904 221). Sein Anwendungsbereich ist beschränkt auf Ehen zwischen Deutschen und/oder Italienern, wenn sie in Deutschland oder Italien geschlossen werden; für in Drittstaaten oder unter Beteiligung anderer Staatsangehöriger geschlossene Ehen ist es nicht einschlägig (BGH FamRZ 97, 542). Die praktische Bedeutung des Üb ist gering, da seine Regelungen inhaltlich deckungsgleich sind mit denjenigen in Art 13 und 11 I. Im Verhältnis zum **Iran** ist vorrangig das Niederlassungsabk vom 17.2.29 (RGBl 1930 II 1006; BGBl 55 II S 829). Es ist jedoch nur anwendbar, wenn beide Ehegatten ausschl iranische Staatsangehörige sind; Art 8 III des Abk verweist dann auf iranisches Recht.

Da Art 13 in seiner heutigen Fassung erst mit der am 1.9.86 in Kraft getretenen Reform des internationalen Privatrechts eingeführt worden ist, die Eheschließung jedoch als einaktiger, sogleich Rechtsfolgen auslösender Vorgang grds unwandelbar angeknüpft wird, gilt die Vorschrift gem Art 220 I nur für ab dem 1.9.86 geschlossene Ehen (BGH FamRZ 97, 542). Das davor geltende Recht ist für vor dem 1.9.86 eingegangene Ehen nach wie vor maßgeblich. Inhaltlich ist es jedoch mit den Regelungen in Art 13 heutiger Fassung deckungsgleich (BGH FamRZ 91, 300).

B. Materielle Eheschließungsvoraussetzungen. I. Eheschließung. I umfasst in seinem Anwendungsbereich **alle Eheschließungsvoraussetzungen und Ehehindernisse**. Dazu gehören insb die Ehemündigkeit sowie das Ehehindernis der Doppelehe. Die für Letzteres relevante Vorfrage, ob zum Zeitpunkt der Eheschließung einer der Verlobten mit einem Dritten in gültiger Ehe lebte, ist ebenfalls über I anzuknüpfen (BGH FamRZ 97, 542). Zur weiteren Vorfrage, ob eine frühere Ehe durch Scheidung aufgelöst ist, muss unterschieden werden zwischen im Inland erfolgter und im Ausland ergangener Scheidung. Eine Inlandsscheidung ist bei Rechtskraft ausnahmslos zu beachten (II Nr 3 Hs 2 Alt 1), eine Auslandsscheidung, wenn sie im Inland anerkannt ist (II Nr 3 Hs 2 Alt 2).

Bei Anknüpfung nach I ergeben sich die materiellen Voraussetzungen der Eheschließung für jeden Verlobten aus dem Recht des Staates, dem er unmittelbar vor der Eheschließung angehörte (BGH NJW 66, 1811). Anknüpfungspunkt ist daher die **jeweilige Staatsangehörigkeit**. Zu deren Besitz und den Besonderheiten bei Staatenlosen, Flüchtlingen, Asylberechtigten, Volksdeutschen sowie Doppelstaatern/Mehrstaatern s. KKFamR/*Rausch* Art 5 Rz 1–4. Die Verweisung auf das Heimatrecht der Verlobten ist **Gesamtverweisung** iS von Art 4 I (BGH aaO). Da auf das jeweilige Heimatrecht beider Verlobter verwiesen wird, darf die Ehe nur dann geschlossen werden, wenn alle Voraussetzungen nach den aufgrund der gekoppelten Verweisung berufenen Rechtsordnungen vorliegen. Liegt nach nur einer Rechtsordnung ein Ehehindernis vor, nach der anderen jedoch nicht, steht dies der Eheschließung entgegen. Gleiches gilt für sog zweiseitige Ehehindernisse, bei welchen das Heimatrecht eines Verlobten nicht nur ihn selbst betreffende Ehehindernisse aufstellt, sondern auch in der Person des anderen liegende Gründe, die möglicherweise nach dessen Heimatrecht unschädlich sind, als Ehehindernis ansieht – zB Eheschließung einer unverheirateten Deutschen mit einem verheirateten Ausländer, dessen Heimatrecht die Mehrehe erlaubt (vgl Zweibr FamRZ 04, 950).

II. Eheschließungsfreiheit. Die gekoppelte Verweisung nach I kann bei im Inland beabsichtigter Eheschließung zu einem Ehehindernis führen, wenn das Heimatrecht des ausl Verlobten eine der **Eheschließungsfreiheit entgegenstehende Regelung** (Hauptfälle: Absolute Unauflöslichkeit einer früheren – geschiedenen – Ehe, Verbot der Eheschließung bei unterschiedlicher Religionszugehörigkeit) kennt. Da die Eheschließungsfreiheit grundrechtlich gewährleistet ist (BVerfG FamRZ 04, 765), kommt ein Verstoß gegen den inländischen **ordre public** in Betracht. Die deshalb an sich nach Art 6 gebotene Prüfung zur Ergebniskorrektur ist für ab dem 1.9.86 geschlossene Ehen spezialgesetzlich in Art 13 III geregelt. Soweit die Ehe vor diesem Zeitpunkt geschlossen worden ist, kommt Art 6 direkt zur Anwendung (BGH FamRZ 97, 542).

Nach II sind die materiellen Voraussetzungen entgegen I allein nach deutschem Recht zu beurteilen, wenn einer der Verlobten Deutscher ist oder seinen gewöhnlichen Aufenthalt in Deutschland hat, ein mit der Eheschließungsfreiheit nicht zu vereinbarendes Ehehindernis vorliegt und die Verlobten alle zumutbaren Schritte zur Beseitigung dieses Hindernisses unternommen haben. Welche Schritte **zumutbar** sind, ist in gleicher Weise an den Grundrechtsgarantien zu messen. Ein Religionswechsel kann daher auf keinen Fall verlangt werden. Versuche zur Aufhebung der Unauflöslichkeit der früheren Ehe sind nicht zumutbar, wenn sie von vornherein aussichtslos sind (vgl BGH FamRZ 97, 542). Zu verlangen ist allerdings das Betreiben der Anerkennung einer Auslandsscheidung, soweit diese ein Verfahren nach § 107 FamFG voraussetzt. Nach der in II Nr 3 Hs 2 normierten unwiderleglichen Vermutung ihrer ordre-public-Widrigkeit ist die Unauflöslichkeit einer früheren Ehe dann stets unbeachtlich, wenn sie im Inland rechtskräftig geschieden worden ist oder ihre im Ausland erfolgte Scheidung hier anerkannt wird oder der frühere Ehegatte des Verlobten für tot erklärt worden ist.

8 Weitere mit der Eheschließungsfreiheit nicht zu vereinbarende Ehehindernisse iSv II sind Eheverbote wegen fremder Staatsangehörigkeit, aus rassischen Gründen oder bei zwingend vorgeschriebener Genehmigung der Eheschließung von Volljährigen. Das in Deutschland erst seit dem 1.7.98 abgeschaffte Eheverbot der Schwägerschaft in gerader Linie dürfte allerdings mit der Eheschließungsfreiheit noch vereinbar sein (Stuttg FamRZ 00, 821).

9 **III. Wirksamkeit der Ehe.** Der Verstoß gegen materiell-rechtliche Eheschließungsvoraussetzungen (**fehlerhafte Eheschließung**) führt nicht zwingend zur Unwirksamkeit der dennoch geschlossenen Ehe. Die Folgen für den Bestand der Ehe sind je nach Art des Verstoßes und in verschiedenen Rechtsordnungen unterschiedlich geregelt. Sie reichen von absoluter Nichtigkeit (Nichtehe) über gerichtliche Vernichtbarkeit (Nichtigerklärung) mit Rückwirkung oder Aufhebbarkeit mit Wirkung für die Zukunft bis zur Folgenlosigkeit. Das **Statut zur Wirksamkeit der Ehe** bei materiell-rechtlich fehlerhafter Eheschließung **bestimmt sich** ebenfalls **nach I**, dh nach dem Heimatrecht beider Ehegatten. Divergieren diese in der Rechtsfolge, kommt für die Folgen des Fehlers bei der Eheschließung das „ärgere" Recht zum Zuge (BGH FamRZ 91, 300; Frankf FamRZ 02, 705). Ist bspw einer der Ehegatten Deutscher, der andere Engländer, so wäre bei bigamischer Eheschließung nach deutschen Recht an sich lediglich Aufhebbarkeit und damit Wirksamkeit der Ehe gegeben (§§ 1306, 1313, 1314 I BGB). Nach dem englischen Heimatrecht des anderen Partners ist die Doppelehe jedoch absolut nichtig (void), was als ärgeres Recht durchschlägt und die Ehe insgesamt unwirksam sein lässt.

10 Die Anwendung des ärgeren Rechts kann allerdings uU gegen den deutschen **ordre public** (Art 6) verstoßen und damit der Wirksamkeit der Ehe doch nicht entgegenstehen. Auch hierfür gilt die spezialgesetzliche Regelung in **II**. Dies kommt insb dann in Betracht, wenn die in Deutschland erfolgte Scheidung einer früheren Ehe des ausl Partners in dessen Heimatland nicht anerkannt wird oder das dortige Recht die Unwirksamkeitsfolge wegen eines sonstigen mit der Eheschließungsfreiheit unvereinbaren Eheverbots statuiert (BGH FamRZ 97, 542).

11 **C. Form der Eheschließung. I. Formstatut.** Bei **Eheschließung im Inland** richtet sich die Form nach **III**. Als Grundsatz normiert **1** die Verweisung auf das deutsche Sachrecht, dh die persönlich und gleichzeitig vor dem Standesbeamten abgegebene Erklärung, die Ehe miteinander eingehen zu wollen (§§ 1310, 1311). Hierbei sind die Heilungsmöglichkeiten nach § 1311 III BGB zu beachten.

12 Einzige Ausnahme für den Fall einer Eheschließung im Inland ist die Regelung in III **2**. Danach kann eine Ehe zwischen zwei Verlobten, von denen keiner deutscher Staatsangehöriger ist, mit Inlandswirksamkeit unter bestimmten Voraussetzungen vor einem anderen Trauungsorgan geschlossen werden. Hierbei muss es sich um eine Person handeln, welche von der Regierung des Staates, dem einer der Verlobten angehört, ordnungsgemäß ermächtigt worden ist. Dazu ist zumindest bei nichtstaatlichen (religiösen) Funktionsträgern erforderlich, dass die Ermächtigung von der Regierung des Heimatstaats dem Auswärtigen Amt durch Verbalnote mitgeteilt worden ist (BGH FamRZ 65, 311; AG Hamburg FamRZ 00, 821). Eine Liste der ermächtigten Trauungspersonen wird beim Bundesverwaltungsamt geführt. Liegen diese Voraussetzungen vor, verweist III 2 zum Formstatut in das Recht desjenigen Staates, von dem das Trauungsorgan ermächtigt worden ist.

13 Bei **Eheschließung im Ausland** ergibt sich die Anknüpfung der Form aus **Art 11 I**. Danach ist für das Formstatut **alternativ** an das Geschäftsstatut – hier: das **Eheschließungsstatut** nach Art 13 I – anzuknüpfen **oder** an den Ort der Eheschließung (**Ortsform**). Hierbei gilt das Günstigkeitsprinzip, dh, für die Formwirksamkeit der Ehe reicht die Einhaltung der Formvorschriften einer derjenigen Rechtsordnungen, die sich aus den Alternativen in Art 11 I ableiten (*Mörsdorf-Schulte* NJW 07, 1331). Für die Praxis ist durchweg die Ortsform von Bedeutung. Deutsche können daher im Ausland die Ehe formwirksam schließen, wenn dabei die dort geltenden Formvorschriften (zB religiöse Trauung, notarielle Beurkundung, behördliche Registrierung) eingehalten werden; dass danach ggf ein Standesbeamter nicht mitwirkt, ist unschädlich. Eine in Dänemark geschlossene Ehe ist wirksam, auch wenn sich ein Eheschließender dort zur Zeit der Trauung nicht rechtmäßig aufgehalten hat (VGH Mannheim FamRZ 08, 61; *Klein* StAZ 08, 33. – Anders OVG Münster NJW 07, 314). Die im Ausland vor dem deutschen Konsularbeamten vorgenommene Eheschließung fällt ebenfalls hierunter. Voraussetzung ist, dass der deutsche Konsularbeamte vom Auswärtigen Amt im Einvernehmen mit dem Empfangsstaat ermächtigt ist, dort Eheschließungen vorzunehmen, und dass mindestens einer der Verlobten Deutscher und keiner Angehöriger des Empfangsstaats ist (früher § 8 I 1 KonsG).

14 **II. Wirksamkeit der Ehe.** Die Verletzung von Formvorschriften hat nicht zwingend zur Folge, dass die dennoch geschlossene Ehe unwirksam wäre. So sind die im deutschen Sachrecht normierten Sollvorschriften (§ 1312) keine essenzielle Voraussetzung für das Zustandekommen der Ehe; ihre Verletzung steht der Wirksamkeit der Ehe nicht entgegen. Werden bei einer Eheschließung im Ausland sowohl Vorschriften der Ortsform als auch des nach dem Geschäftsstatut berufenen Rechts verletzt, gilt das Günstigkeitsprinzip: Die **Frage der Formwirksamkeit richtet sich nach dem milderen Recht** (s.o. Rn 9).

15 **D. Eheaufhebung, Nichtigerklärung, Feststellung des Nichtbestehens.** Das **Statut** der gerichtlichen Eheaufhebung, Nichtigerklärung oder Feststellung des Nichtbestehens der Ehe ist nicht ausdrücklich geregelt. Die Anknüpfung erfolgt nach hM in der Weise, dass für die Rechtsfolgen einer materiell-rechtlich fehlerhaften

Eheschließung und damit auch für Aufhebung, Nichtigerklärung und das Feststellen des Nichtbestehens der Ehe **Art 13 I** maßgeblich ist (BGH FamRZ 97, 542; Palandt/*Thorn* Art 17 EGBGB Rz 13. – Verkannt von Schlesw FamRZ 07, 470). Hiernach ist für die Frage, ob ein Mangel bei der Eheschließung die Wirksamkeit berührt und ob Aufhebbarkeit (Anfechtbarkeit), Vernichtbarkeit oder absolute Nichtigkeit Folge des Mangels ist, für jeden Ehegatten das Recht des Staates maßgeblich, dem er unmittelbar vor der Eheschließung angehörte; divergieren diese Rechte, kommt für die Folgen des Fehlers das „ärgere" Recht zum Zuge (s.o. Rn 9). Soll die Feststellung des Nichtbestehens oder die Auflösung der Ehe auf die **Verletzung der Eheschließungsform** gestützt werden, ist das besonders geregelte Formstatut maßgebend. Hierfür ist zu unterscheiden danach, ob die Eheschließung in Deutschland oder im Ausland stattgefunden hat. Bei **Eheschließung im Inland** richtet sich die Anknüpfung nach Art 13 III; diese verweist, soweit nicht die Besonderheiten von 2 vorliegen, ins deutsche Recht. Bei **Eheschließung im Ausland** ist maßgebend die allgemeine Norm zum Formstatut in **Art 11 I** (s. dazu o Rn 11–14). 16

Die **internationale Zuständigkeit** deutscher Gerichte für Verfahren zur Aufhebung, Nichtigerklärung oder Feststellung des Nichtbestehens der Ehe mit Auslandsberührung ist in gleicher Weise wie die Zuständigkeit für Scheidungsverfahren geregelt. Hier gilt vorrangig Art 3 Brüssel IIa VO (VO (EG) Nr 2201/2003). Soweit Art 6, 7 Brüssel IIa VO dies zulassen, ist nachrangig § 98 I FamFG maßgebend. Zur **Urteilsanerkennung** s. Art 17 Rn 17. 17

E. Nichteheliche Lebensgemeinschaft. Die nicht eingetragene nichteheliche Lebensgemeinschaft ist auch kollisionsrechtlich nicht gesetzlich geregelt. Ihre Qualifikation ist umstr. Vertreten wird die Einordnung daraus folgender Ansprüche als rein **schuldrechtlich** mit der Anwendung der entsprechenden Kollisionsnormen (Rechtswahl und objektive Anknüpfung ggf nach der engeren Verbindung) (BGH NJW-RR 05, 1089 im Ergebnis ebenso Palandt/*Thorn* Rz 3 mwN). Nach wohl hM kommt wegen des personalen Bezuges jedoch eine Einordnung als **familienrechtlich** in Betracht (*Andrae* § 9 Rz 30; Zweibr NJW-RR 93, 1478). Über die weitere Behandlung besteht allerdings auch keine Einigkeit. Zunehmend wird von einer grundsätzlichen Anknüpfung an den gemeinsamen gewöhnlichen Aufenthalt ausgegangen (*Henrich* FS Kropholler, 08, 305, 311ff; BaRoth/*Mörsdorf-Schulte* Rz 19 mwN). Andere treten für eine grundsätzliche Analogie zu den Art 14ff ein (*Schaal* ZNotP 09, 295 mwN). Sie führt bei unterschiedlicher Staatsangehörigkeit zum (letzten) gemeinsamen Heimatrecht, ersatzweise zum (letzten) gemeinsamen gewöhnlichen Aufenthalt (*Kropholler* § 46 V). 18

Art. 14 Allgemeine Ehewirkungen.

(1) Die allgemeinen Wirkungen der Ehe unterliegen
1. dem Recht des Staates, dem beide Ehegatten angehören oder während der Ehe zuletzt angehörten, wenn einer von ihnen diesem Staat noch angehört, sonst
2. dem Recht des Staates, in dem beide Ehegatten ihren gewöhnlichen Aufenthalt haben oder während der Ehe zuletzt hatten, wenn einer von ihnen dort noch seinen gewöhnlichen Aufenthalt hat, hilfsweise
3. dem Recht des Staates, mit dem die Ehegatten auf andere Weise gemeinsam am engsten verbunden sind.

(2) Gehört ein Ehegatte mehreren Staaten an, so können die Ehegatten ungeachtet des Artikels 5 Abs. 1 das Recht eines dieser Staaten wählen, falls ihm auch der andere Ehegatte angehört.

(3) ¹Ehegatten können das Recht des Staates wählen, dem ein Ehegatte angehört, wenn die Voraussetzungen des Absatzes 1 Nr. 1 nicht vorliegen und
1. kein Ehegatte dem Staat angehört, in dem beide Ehegatten ihren gewöhnlichen Aufenthalt haben, oder
2. die Ehegatten ihren gewöhnlichen Aufenthalt nicht in demselben Staat haben.

²Die Wirkungen der Rechtswahl enden, wenn die Ehegatten eine gemeinsame Staatsangehörigkeit erlangen.

(4) ¹Die Rechtswahl muß notariell beurkundet werden. ²Wird sie nicht im Inland vorgenommen, so genügt es, wenn sie den Formerfordernissen für einen Ehevertrag nach dem gewählten Recht oder am Ort der Rechtswahl entspricht.

A. Geltung und Anwendungsbereich. Art 14 betrifft die Wirkungen einer wirksam zustande gekommenen Ehe (Ehewirkungsstatut). Anknüpfungsgegenstand sind die **persönlichen Rechtsbeziehungen der Ehegatten zueinander.** 1

Einzige ggü Art 14 vorrangige staatsvertragliche Norm ist Art 8 III des **deutsch-iranischen Niederlassungsabk** vom 17.2.29 (RGBl 1930 II 1006; BGBl 55 II S 829; übersehen v Stuttg FamRZ 09, 1580). Danach ist alleiniger Anknüpfungspunkt die Staatsangehörigkeit der Ehegatten. Dies gilt allerdings nur dann, wenn beide Ehegatten dieselbe Staatsangehörigkeit besitzen. Ist das nicht der Fall, so stellt das Abk keine taugliche Anknüpfung zur Verfügung, so dass dann auf Art 14 zurückzugreifen ist. 2

Fraglich ist, ob Art 14 auch auf **die nichteheliche Lebensgemeinschaft** anwendbar ist. Für die eingetragene Lebenspartnerschaft enthält Art 17b in seinem I 1 eine ggü Art 14 spezielle Regelung zu den allgemeinen Wirkungen der Lebenspartnerschaft. Die Qualifikation der nicht eingetragenen nichtehelichen Lebensgemeinschaft ist umstr. Wegen ihres personalen Bezuges ist eine familienrechtliche Einordnung geboten (oben Art 13 Rn 18). Nach aA unterfällt sie nicht Art 14, da diese Norm speziell auf die Ehe als gesetzlich geregelte 3

Lebensgemeinschaft mit konkret normierten Rechten und Pflichten abgestellt ist. Sie soll am ehesten dem an der Vertragsfreiheit orientierten Vertragsstatut zuzuordnen sein (BGH NJW-RR 05, 1089 im Ergebnis ebenso Palandt/*Thorn* Rz 1 mwN).

4 Der unmittelbare Anwendungsbereich der Vorschrift wird durch spezielle Regelungen für besondere Ehewirkungen erheblich eingeengt, und zwar zum Namensstatut (Art 10 I und II), zum Güterrechtsstatut (Art 15, 220 III), zum Scheidungsstatut (Art 17 I und II), zum Unterhaltsstatut (Art 18) sowie zum Statut für die Zuweisung im Inland befindlicher Haushaltsgegenstände und hier belegener Ehewohnung (Art 17a). Angesichts dieser die wichtigsten Ehewirkungen erfassenden **Sonderstatute** verbleiben für die direkte Anwendbarkeit von Art 14 nur die Rechtsbeziehungen, die im deutschen Sachrecht in §§ 1353, 1356–1359, 1362 geregelt sind. Die Vorschrift ist auch anwendbar, wenn es um ähnl Rechtsinstitute ausl Rechts oder um entspr Nachwirkungen der Ehe geht (BGH FamRZ 84, 465).

5 Zur Zuweisung im Ausland befindlicher Haushaltsgegenstände oder dort belegener Ehewohnung näher Art 17a Rn 4.

6 Von praktischer Bedeutung ist Art 14 für andere Kollisionsnormen, die auf sie als sog Familienstatut abstellen. Im Wege gesetzestechnischer Verweisung ist sie **mittelbar anwendbar** beim Güterrechtsstatut (Art 15), Scheidungsstatut (Art 17 I 1), Abstammungsstatut (Art 19 I 3) und Adoptionsstatut (Art 22 2). Nach Maßgabe der in diesen Spezialtatbeständen vorgeschriebenen Besonderheiten ist Art 14 Grundnorm für die Anknüpfung der spezifischen Ehewirkungen. Bei der idS mittelbaren Anwendung der Vorschrift ist darauf zu achten, inwieweit die verweisende Spezialnorm die Anknüpfungspunkte in Art 14 generell übernimmt oder in Einzelheiten veränderter Handhabung unterwirft. Dies gilt zum einen für den bei der Anknüpfung maßgeblichen **Zeitpunkt**. Während das wandelbare allgemeine Ehewirkungsstatut in Art 14 auf den für die jeweilige Rechtsfrage relevanten Zeitpunkt abstellt, knüpfen Art 15, 17 I, 19 I 3 und 22 2 unwandelbar an den Zeitpunkt der Eheschließung/der Rechtshängigkeit des Scheidungsantrags/Geburt des Kindes/Vornahme der Adoption an. Zum anderen ist der **Umfang** der Verweisung in den Sondertatbeständen unterschiedlich geregelt; verwiesen wird entweder nur auf I (gesetzliches Ehewirkungsstatut) oder auch auf II–IV (Rechtswahl): in Art 19 I 3 und 22 2 wird nur auf Art 14 I verwiesen, während Art 15 und 17 I umfassend verweisen. Art 14 ist mithin iRd genannten Sonderstatute **modifiziert** anzuwenden.

7 **B. Anknüpfung. I. Rechtswahl.** II–IV gestatten den Ehegatten in engen Grenzen, vertraglich die Rechtsordnung zu bestimmen, welcher die allgemeinen Wirkungen ihrer Ehe unterliegen. Zur Wirksamkeit einer solchen Rechtswahl normiert das Gesetz besondere Voraussetzungen; liegen diese nicht vor, ist die dennoch vorgenommene Rechtswahl nichtig (§ 134). Voraussetzung ist stets, wie sich aus III 1 ergibt, dass **keine gemeinsame Staatsangehörigkeit** vorliegt; bei gemeinsamer Staatsangehörigkeit richtet sich die Anknüpfung zwingend nach I Nr 1. Dem Verbot der Rechtswahl bei gemeinsamer Staatsangehörigkeit entspricht die Regelung in III 2, wonach eine zunächst wirksam vorgenommene Rechtswahl ihre Wirkung verliert, wenn die Ehegatten eine gemeinsame Staatsangehörigkeit erwerben. Allerdings kann gem II das gemeinsame Heimatrecht gewählt werden, wenn tatsächlich eine gemeinsame Staatsangehörigkeit vorliegt, diese aber wegen Mehrstaatigkeit in der Person eines oder beider Ehegatten nach Art 5 I an sich unbeachtlich ist und daher der Anknüpfung nach I Nr 1 entgegensteht.

8 Steht I Nr 1 nicht entgegen, kann bei Vorliegen der weiteren in III vorgeschriebenen Voraussetzungen **nur eines der unterschiedlichen Heimatrechte** der Ehegatten gewählt werden (III 1 Hs 1). Dabei kann unter Beachtung der Vorrangregelung in Art 5 I jedes der beteiligten Heimatrechte bestimmt werden, falls ein Ehegatte (oder beide) Doppelstaater/Mehrstaater ist (str – wie hier Palandt/*Thorn* Rz 13 mwN). Beim Vorliegen einer gemeinsamen Staatsangehörigkeit ergibt sich dies bereits aus II.

9 III 1 Nr 1 und 2 normieren darüber hinaus **weitere Voraussetzungen**, wobei Nr 1 und Nr 2 als echte **Alternativen** zu verstehen sind. II 1 **Nr 1** ist einschlägig, wenn die Ehegatten beide ihren gewöhnlichen Aufenthalt in einem Staat haben, dem keiner von ihnen angehört. Bsp: Spanisch-italienisches Ehepaar mit gemeinsamem gewöhnlichen Aufenthalt in Deutschland: Rechtswahl ist möglich ins spanische oder italienische Recht, aber nicht in eine andere Rechtsordnung. III **Nr 2** setzt voraus, dass die Ehegatten keinen gemeinsamen gewöhnlichen Aufenthalt in einem Staat haben. Beispiel: Deutsch-französisches Ehepaar, der Mann wohnt in Deutschland, die Frau in Frankreich: Rechtswahl ist möglich ins deutsche oder französische Recht, aber nicht in eine andere Rechtsordnung.

10 Als zwar formgebundenes (IV) Rechtsgeschäft erfordert die Vereinbarung des allgemeinen Ehewirkungsstatuts nicht zwingend eine ausdrückliche Erklärung; **konkludente Rechtswahl** ist – bei Einhaltung der Form – möglich. Eine solche kommt zB in Betracht, wenn die Eheschließung in Staaten mit islamisch geprägter Rechtsordnung vorgenommen wurde. Bei Anwendung islamischen Rechts werden durchweg in einer Heiratsurkunde besondere Vereinbarungen zur Morgengabe und/oder zum künftigen Aufenthaltsort der Frau oder Ähnlichem getroffen. Ob dies stillschweigend eine Rechtswahl zu den Ehewirkungen in das dementspr Recht *beinhaltet, ist als Auslegungsfrage* einzelfallbezogen zu entscheiden (BayObLG FamRZ 98, 1594; Frankf FamRZ 96, 1478; JM Baden-Württemberg FamRZ 01, 1018).

11 Rechtswahl ist **jederzeit möglich**, also auch während der Ehe und bei Getrenntleben: das Wirkungsstatut nach Art 14 ist wandelbar.

Die Rechtswahl setzt die Einhaltung der in IV vorgeschriebenen **Form** voraus. Bei Vornahme der Rechtswahl im **Inland** ist nach IV 1 **notarielle Beurkundung** erforderlich. Bei Rechtswahl im **Ausland** reicht – neben notarieller Beurkundung – auch die Einhaltung der **für einen Ehevertrag vorgeschriebenen Form** aus (IV 2). Dafür steht alternativ die nach dem gewählten Recht wie auch die nach dem Recht des Vornahmeorts für den Abschluss eines Ehevertrages normierte Form zur Verfügung. Für den Begriff „Ehevertrag" ist entscheidend, ob die Vereinbarung dem Verweisungsbegriff in IV 2 funktionell adäquat ist. Deshalb kann zB ein im syrischen Recht vorgesehener Heiratsvertrag, der eine Regelung zur Morgengabe enthalten muss und strenge Formalitäten für sein Zustandekommen vorsieht, als „Ehevertrag" angesehen werden, so dass die Einhaltung der dort vorgeschriebenen Förmlichkeiten ausreicht (BayObLG FamRZ 98, 1594).

II. Gesetzliches Ehewirkungsstatut. Mangels Rechtswahl ergibt sich das allgemeine Wirkungsstatut aus I. Dieses Statut ist **wandelbar**. Zur Anknüpfung der einzelnen Tatbestandsmerkmale ist daher jeweils auf den Zeitpunkt abzustellen, der für die im Einzelfall konkrete Rechtsfrage relevant ist – Beispiel: Geht es um die Wirksamkeit eines im Wege fraglicher Schlüsselgewalt getätigten Rechtsgeschäfts, sind die zum Zeitpunkt der Vornahme dieses Rechtsgeschäfts gegebenen tatsächlichen Verhältnisse zur Anknüpfung heranzuziehen.

Die Ermittlung des gesetzlichen Wirkungsstatuts erfolgt über die in I normierte Stufenleiter: **Nr 1** enthält als Alternativen einerseits die aktuelle **gemeinsame Staatsangehörigkeit** und hilfsweise die letzte gemeinsame Staatsangehörigkeit, falls einer der Ehegatten diese noch besitzt. Primär ist an eine bestehende gemeinsame Staatsangehörigkeit anzuknüpfen; nur wenn eine solche fehlt, ist zu prüfen, ob ein Ehegatte noch eine frühere gemeinsame Staatsangehörigkeit besitzt (BGH FamRZ 94, 435). Bei Anknüpfung an die Staatsangehörigkeit sind die Besonderheiten zu beachten, welche sich für Staatenlose, Flüchtlinge, anerkannte Asylberechtigte, Volksdeutsche, Aussiedler und Spätaussiedler ergeben (dazu KKFamR/*Rausch* Art 5 EGBGB Rz 2–4). Sind beide Eheleute anerkannte Asylberechtigte, hat sich jedoch einer von ihnen wieder zu seiner Heimatstaatsangehörigkeit bekannt, fehlt es an einem aktuellen gemeinsamen Personalstatut iSv Nr 1 1. Alt, so dass nach der 2. Alt auf die letzte gemeinsame Staatsangehörigkeit abzustellen ist (Karlsr FamRZ 96, 1146).

Haben die Ehegatten eine gemeinsame Staatsangehörigkeit, besitzt jedoch einer von ihnen (oder beide) eine weitere Staatsangehörigkeit, ist die Vorrangregelung des **Art 5 I 1 und 2 zu beachten**. Das bedeutet, dass in diesem Fall nicht an die gemeinsame – in der Person eines Ehegatten verdrängte – ausl Staatsangehörigkeit angeknüpft werden kann (BGH FamRZ 94, 435).

Nr 2 enthält als Anknüpfungspunkt den **gemeinsamen gewöhnlichen Aufenthalt** der Ehegatten in einem Staat. Alternativen dabei sind vorrangig der noch aktuelle gemeinsame gewöhnliche Aufenthalt und nachrangig der letzte gemeinsame gewöhnliche Aufenthalt. „Gemeinsamer" gewöhnlicher Aufenthalt in einem Staat ist auch dann gegeben, wenn die Ehegatten an verschiedenen Orten, jedoch im selben Staat getrennt leben. Zum Vorliegen der 2. Alt ist zusätzlich erforderlich, dass einer der Ehegatten im Staat des letzten gewöhnlichen Aufenthalts seinen gewöhnlichen Aufenthalt ununterbrochen beibehalten hat (BGH FamRZ 93, 798).

Nr 3 ist heranzuziehen, wenn weder eine gemeinsame Staatsangehörigkeit (Nr 1) noch ein gemeinsamer gewöhnlicher Aufenthalt (iSv Nr 2) vorliegt. Dann ist das Recht des Staates berufen, mit dem die Ehegatten auf andere Weise **am engsten verbunden** sind. Die Feststellung ist individuell und auf die konkreten Umstände bezogen zu treffen. Die engste Verbundenheit nur eines der Ehegatten reicht nicht, die Beziehung muss **für beide Ehegatten** aus dem Verlauf ihrer Ehe zu entnehmen sein. Anhaltspunkte sind Ort der Eheschließung, früherer gemeinsamer gewöhnlicher Aufenthalt, gemeinsame soziale Bindung an einen Staat durch berufliche Tätigkeit, Geburtsort der Kinder, gemeinsamer Vermögenserwerb in einem Staat, gemeinsam benutzte Sprache, gemeinsame kulturelle Verbundenheit (vgl BGH FamRZ 93, 788), aber auch die Zukunftsplanung (KG FamRZ 07, 1561). Da Art 14 keine weitere Ersatzanknüpfung zur Verfügung stellt, muss in jedem Falle beim Versagen von Nr 1 und 2 die engste Verbundenheit festgestellt werden; Nr 3 ist **Auffangtatbestand**.

Die Anknüpfungen in **Nr 1 und 2** sind **Gesamtverweisungen** iSv Art 4 I. **Nr 3** (engste Verbundenheit) ist zwar nur subsidiär maßgeblich, aber nach hM wegen der Gesamtabwägung **Sachnormverweisung** und führt daher unmittelbar zum Sachrecht der verwiesenen Rechtsordnung (AnwK/*Andrae* Rz 53; aA Palandt/*Thorn* Rz 3; KG FamRZ 07, 1561).

Art. 15 Güterstand.

(1) Die güterrechtlichen Wirkungen der Ehe unterliegen dem bei der Eheschließung für die allgemeinen Wirkungen der Ehe maßgebenden Recht.
(2) Die Ehegatten können für die güterrechtlichen Wirkungen ihrer Ehe wählen
1. das Recht des Staates, dem einer von ihnen angehört,
2. das Recht des Staates, in dem einer von ihnen seinen gewöhnlichen Aufenthalt hat, oder
3. für unbewegliches Vermögen das Recht des Lageorts.
(3) Artikel 14 Abs. 4 gilt entsprechend.
(4) Die Vorschriften des Gesetzes über den ehelichen Güterstand von Vertriebenen und Flüchtlingen bleiben unberührt.

Artikel 15 EGBGB

1 **A. Allgemeines.** Ggü Art 15 vorrangige völkerrechtliche Vereinbarung ist das **deutsch-iranische Niederlassungsabk** vom 17.2.29 (RGBl 1930 II 1006; BGBl 55 II S 829). Nach dessen Art 8 III erfolgt die Anknüpfung des Güterrechtsstatuts, soweit beide Eheleute iranische Staatsangehörige sind, an die gemeinsame iranische Staatsangehörigkeit. Zur Vorbereitung einer **VO über das internationale Ehegüterrecht** hat die EG-Kommission ein Grünbuch vorgelegt (vgl *Martiny* FPR 08, 206; *Wagner* FamRZ 09, 269).

2 Gegenständlich betrifft Art 15 die **güterrechtlichen Wirkungen** der Ehe. Die Vorfrage, ob eine wirksame Ehe vorliegt, ist nach Art 13 (ggf iVm Art 11 I) selbstständig anzuknüpfen. ZT wird eine analoge Anwendung (jedenfalls für II *Andrae* § 9 Rz 34) auf nichteheliche Lebensgemeinschaften befürwortet (vgl auch Art 13 Rn 18). Der Begriff „güterrechtlich" ist aus deutscher Sicht zu qualifizieren. Bei nicht deckungsgleichem ausl Recht ist darauf abzustellen, ob das fremde Rechtsinstitut dem inländischen, die Vermögensbeziehungen der Ehegatten erfassenden Güterrechtsstatut funktionsadäquat erscheint. Die Vorschrift gilt daher für alle Fragen des alleinigen oder gemeinsamen Vermögenserwerbs, der Unterscheidung und Zuordnung von Vermögensmassen, der Verwaltung und Nutznießung bzgl aller oder einzelner Vermögensgegenstände, für Verfügungsbeschränkungen auf Grund des Güterstands, die Haftung für vermögensrechtliche Maßnahmen des anderen Ehegatten sowie Auseinandersetzung und Ausgleich, insb bei Trennung und Scheidung. Sie umfasst auch damit zusammenhängende Ansprüche auf Auskunft und Rechnungslegung (Köln NJW-RR 01, 865). Nicht hierunter fällt die Zuweisung von Ehewohnung und Haushaltsgegenständen (dazu Art 17a Rn 1 ff). Die Qualifikation der **Braut- bzw. Morgengabe islamischen Rechts** (mahr), bei der idR ein Teilbetrag bei Eheschließung, ein weiterer bei Eheauflösung zu leisten ist, ist außerordentlich umstr. Teilweise wird eine **Mehrfachqualifikation** vorgenommen, wofür ihre Rechtsnatur während der Ehe – überwiegend als Ehewirkung (zB Palandt/*Thorn* Art 14 Rz 18) eingeordnet – und nach Eheauflösung – überwiegend als Unterhalt (so etwa KG FamRZ 88, 296; Erman/*Hohloch* Art 18 Rz 38; anders Stuttg FamRZ 09, 1580: Ehewirkung) eingeordnet – unterschieden wird (unentschieden BGH FamRZ 99, 217). Eine **Einheitsqualifikation** will hingegen eine einheitliche Qualifikation vornehmen. Dafür wird zT eine Einordnung als Ehewirkung (Zweibr FamRZ 07, 1555; *Henrich* FS Sonnenberger, 04, 389, 395 ff), aber auch unwandelbar als ehegüterrechtlich (*Yassari* StAZ 09, 366; AnwK/*Andrae* Art 14 Rz 87) vorgeschlagen. Keine Morgengabe im Rechtssinne ist die türkische „Mehir", die nicht familienrechtlich einzuordnen sein dürfte, sondern lediglich zu schuldvertraglich zu qualifizieren ist (Nürnbg FamRZ 01, 1613; AnwK/*Andrae* Art 14 Rz 90).

3 Für das Güterrechtsstatut gilt, wie sich aus der Bezugnahme auf den Zeitpunkt der Eheschließung in I ergibt, der **Grundsatz der Unwandelbarkeit**. Später eintretende Änderungen in den persönlichen Verhältnissen der Ehegatten berühren das mit der Eheschließung begründete Güterrechtsstatut grds nicht, die einmal berufene Rechtsordnung bleibt maßgebend. Davon gibt es allerdings bestimmte **Ausnahmen**. Eine nach Art 14 II, III mögliche Rechtswahl des Ehewirkungsstatuts, die nach Art 15 I mittelbar zur Bestimmung des Güterrechtsstatuts führt, sowie eine nach Art 15 II zulässige unmittelbare Rechtswahl des Güterrechtsstatuts führen bei Vornahme nach Eheschließung zum Statutenwechsel. Ein solcher trat kraft Gesetzes ein in den Fällen des IV (Vertriebene und „Sowjetzonenflüchtlinge") – dazu u Rn 15 ff –, des Art 220 III 2, 3 („Altehen") – dazu u Rn 24 ff – und des Art 234 IV (DDR-Ehen) – dazu u Rn 19.

4 Das unwandelbar auf den Zeitpunkt der Eheschließung bezogene Güterrechtsstatut bestimmt den konkreten materiell-rechtlichen Güterstand so, wie er sich zu diesem Zeitpunkt ergibt. Der Güterstand wird jedoch von Rechtsänderungen der berufenen Sachrechts erfasst. Beim Wechsel der Staatsangehörigkeit oder sonstigem Abbruch der Beziehungen zum Staat der bisher maßgeblichen Rechtsordnung (Auswanderung, Flucht, Vertreibung) wird hingegen die Beachtung späterer Rechtsänderungen des Herkunftstaats fraglich. Nach hM findet in diesen Fällen eine Änderung des Güterstands nicht mehr statt, maßgebend ist das berufene Recht in der Form, in welcher es zur Zeit des Staatsangehörigkeitswechsels oder ähnl Tatbestands bestand. Etwaige Gesetzesänderungen nach diesem Zeitpunkt bleiben unberücksichtigt – sog „**Versteinerung**" des Güterstands (BGH FamRZ 63, 512; Hamm NJW 77, 1590; *v Bar*, IPR, 2. Bd 1991 Rz 216). Trotz dazu geäußerter Kritik (Palandt/*Thorn* Rz 3 mwN) ist daran festzuhalten: Wohlerworbene und mitgenommene Rechtsverhältnisse können beim Abbruch der Beziehungen zum Herkunftstaat billigerweise von dort aus keine Änderung mehr erfahren. Von nachträglichen Rechtsänderungen im Herkunftstaat haben die Eheleute idR keine Kenntnis und können diese nur schwer oder gar nicht erlangen. Die Ehegatten haben unbeschadet dessen die Möglichkeit, durch Rechtswahl (II Nr 1 oder 2) eine Änderung herbeizuführen.

5 **B. Anknüpfung. I. Rechtswahl.** Das Gesetz gibt den Ehegatten **in bestimmten Grenzen** die Möglichkeit, durch Vertrag die für ihre güterrechtlichen Verhältnisse maßgebende Rechtsordnung zu bestimmen. Dies kann mittelbar geschehen durch eine Rechtswahl nach Art 14 II-IV. Eine solche Rechtswahl hat nach Art 15 I wegen dessen umfassender Bezugnahme auf Art 14 zwangsläufig zur Folge, dass das gewählte Ehewirkungsstatut zugleich das Güterrechtsstatut bestimmt. Unabhängig davon besteht die Möglichkeit der unmittelbaren Wahl des Güterrechtsstatuts nach Art **15 II, III**.

6 Die **Voraussetzungen** für die unmittelbare Wahl des Güterrechtsstatuts sind nicht deckungsgleich mit denjenigen zur Wahl des allgemeinen Wirkungsstatuts und weniger eng als diese. Sie ergeben sich aus **II Nr 1–3**, wobei diese als echte **Alternativen** zu verstehen sind.

II **Nr 1** lässt ohne weitere Begrenzungen die Wahl **eines der ggf unterschiedlichen Heimatrechte** der Ehegatten 7
zu. Hier ist bei Mehrstaatigkeit relevant, ob das gewählte Recht für den betreffenden Ehegatten seiner effektiven
Staatsangehörigkeit entspricht oder er auch Deutscher ist; im Hinblick auf die Formulierung in II Nr 1 ist
Art 5 I hier zu beachten (str – wie hier Palandt/*Thorn* Rz 22; aA BaRoth/*Mörsdorf-Schulte* Rz 65 mwN).
II **Nr 2** lässt ohne weitere Begrenzungen die Wahl in das Recht des Staates zu, in welchem **einer der Ehegat-** 8
ten seinen gewöhnlichen Aufenthalt hat. Haben die Eheleute ihren gewöhnlichen Aufenthalt nicht im selben
Staat, kann jedes der Aufenthaltsrechte gewählt werden.
II **Nr 3** ermöglicht eine gewillkürte Spaltung des Güterrechtsstatuts. Abw von dem für die güterrechtlichen 9
Verhältnisse der Ehegatten ansonsten maßgeblichen Statut kann **für unbewegliches Vermögen das Recht des**
Lageorts gewählt werden. Bei wirksamer Vornahme einer solchen gegenständlich beschränkten Rechtswahl
verbleibt es für das übrige Vermögen bei dem bisherigen, idR aus Art 15 I, 14 abzuleitenden Statut. Fraglich
ist, ob die Rechtswahl auf einzelne Grundstücke beschränkt werden kann, so dass hinsichtlich des übrigen
Grundbesitzes das für die Ehegatten sonst geltende Statut maßgeblich bleibt. Im Hinblick auf die in Art 15
II Nr 3 für Immobiliarvermögen unter Inkaufnahme gespaltener Anknüpfung gewährte Parteiautonomie ist
die Möglichkeit der auf einzelne Grundstücke beschränkten Rechtswahl zu bejahen (hM: LG Mainz Rpfleger
93, 280; Palandt/*Thorn* Rz 22 mwN).
Rechtswahl ist **jederzeit möglich**, also auch nach der Eheschließung, während der Ehe und bei Getrenntle- 10
ben. Wenn sie nicht schon bei der Eheschließung vorgenommen wird, führt sie in Ausnahme vom Grundsatz
der Unwandelbarkeit des Güterrechtsstatuts zum Statutenwechsel.
Nach **III** bedarf es zur Wirksamkeit der Rechtswahl der Einhaltung der in Art 14 IV vorgeschriebenen **Form** 11
(dazu näher Art 14 Rn 11).

II. Gesetzliches Güterrechtsstatut. Wenn keine Rechtswahl gem II, 3 und keine Rechtswahl bzgl der allge- 12
meinen Ehewirkungen (Art 14 II–IV) vorliegt, ergibt sich das Güterrechtsstatut aus **I iVm Art 14** EGBGB.
Art 14 I ist dabei modifiziert zu lesen, da die Anknüpfung unwandelbar auf den **Zeitpunkt der Eheschlie-**
ßung zu beziehen ist. Für die in der Stufenleiter von Art 14 I Nr 1–3 bereitgestellten Anknüpfungspunkte
bedeutet das eine teilweise eingeschränkte Anwendbarkeit. So ist Art 14 I **Nr 1** nur dann maßgebend, wenn
bei Eingehung der Ehe beide Verlobte dieselbe Staatsangehörigkeit besitzen. Hierbei sind die Besonderheiten
zu beachten, welche sich für Staatenlose, Flüchtlinge, anerkannte Asylberechtigte, Volksdeutsche, Aussiedler
und Spätaussiedler ergeben (s. dazu KKFamR/*Rausch* Art 5 EGBGB Rz 2–4). Eine erst durch die Eheschließung erworbene Staatsangehörigkeit ist nicht relevant. Haben die Ehegatten eine gemeinsame Staatsangehörigkeit, besitzt jedoch einer von ihnen (oder beide) eine weitere Staatsangehörigkeit, ist die Vorrangregelung
des Art 5 I 1 u 2 zu beachten. Bei Art 14 I **Nr 2** kann deren zweite Alternative nicht herangezogen werden,
maßgebend ist alleine – wenn gegeben – der gemeinsame gewöhnliche Aufenthalt zum Zeitpunkt der Eheschließung. Ansonsten ist nach **Nr 3** unter Würdigung der bei Eingehung der Ehe gegebenen Umstände auf
die engste Verbindung beider Verlobten zu einem Staat abzustellen (s. dazu Art 14 Rn 17).
Die über Art 15 I heranzuziehenden Anknüpfungen in Art 14 I **Nr 1 und 2** sind **Gesamtverweisung** iS von 13
Art 4 (KG FamRZ 07, 1564). Art 14 I **Nr 3** (engste Verbundenheit) ist **Sachnormverweisung** und führt
unmittelbar zum Sachrecht der verwiesenen Rechtsordnung (s. Art 14 Rn 18), aA KG FamRZ 07, 1561. – Zur
Güterrechtsspaltung s.u. Rn 20 f.

III. Altehen. Art 15 gilt in seiner heutigen Fassung erst seit dem 1.9.86 und somit unmittelbar nur für seit- 14
dem geschlossene Ehen. Der Gesetzgeber hat jedoch für zuvor geschlossene Ehen eine **mit Rückwirkung**
anzuwendende Kollisionsnorm geschaffen. Diese Regelung findet sich in Art 220 III (s.u. Rn 24 ff).

IV. Gesetz über den ehelichen Güterstand von Vertriebenen und Flüchtlingen. Bei **volksdeutschen** Ehe- 15
gatten, die die deutsche Staatsangehörigkeit erst nach der Eheschließung erworben haben (zB Volksdeutsche,
welche bereits vor der Übersiedlung etwa von Rumänien, Jugoslawien, der Sowjetunion oder einer der Nachfolgestaaten nach Deutschland im Herkunftsstaat geheiratet hatten), sowie für **„Sowjetzonenflüchtlinge"**
(die aus der DDR, wo sie geheiratet hatten, vor der Wiedervereinigung nach Westdeutschland zugezogen
sind) müsste nach dem Grundsatz der Unwandelbarkeit das aus Art 220 III oder 15 folgende, auf den Zeitpunkt der Eheschließung bezogene Güterrechtsstatut auch nach dem Zuzug in die BRD weiter maßgebend
sein. Die daraus resultierende – unerwünschte – Weitergeltung fremden Güterstands ist in Durchbrechung
des Unwandelbarkeitsgrundsatzes durch das Gesetz über den ehelichen Güterstand von Vertriebenen und
Flüchtlingen vom 4.8.69 (BGBl I 1067) – bestätigt durch Art 15 **IV** – anderweitig wie folgt geregelt worden:
Erfolgte der Zuzug in die Bundesrepublik Deutschland vor dem 1.10.69, hat sich mit diesem Tag der fremde 16
gesetzliche Güterstand **kraft Gesetzes** in den gesetzlichen Güterstand des BGB **umgewandelt**. Erfolgt der
Zuzug später, tritt die gleiche Umwandlung vier Monate nach dem Zuzug ein. Nach zutreffender hM fallen
auch **Spätaussiedler**, die ihre Heimat erst nach dem 31.12.92 verlassen haben, in den Anwendungsbereich des
Gesetzes (Staud/*Mankowski* (2003) Rz 437 ff; Erman/*Hohloch* Rz 51; *Scheugenpflug* MittRhNotK 99, 372; aA
Palandt/*Thorn* Anh zu Art 15 Rz 2). Die Umwandlung entfällt rückwirkend, falls zumindest einer der Ehegatten in notarieller Urkunde ggü einem Amtsgericht das Fortgelten des bisherigen gesetzlichen Güterstandes
erklärt hat; diese Erklärung muss binnen Jahresfrist nach dem Zeitpunkt der Überleitung erfolgen.

17 Für **Sudetendeutsche** gilt nach der Rspr des BGH (FamRZ 76, 612) die Besonderheit, dass deren ursprünglicher gesetzlicher Güterstand des österreichischen ABGB durch Art 3 II, 117 I GG vom 1.4.53 an in den Güterstand der Gütertrennung umgewandelt wurde.

18 Diese kraft Gesetzes eingetretenen Umwandlungen haben jeweils einen **Statutenwechsel** ins bundesdeutsche Sachrecht bewirkt. Mit Art 15 IV ist dessen Fortgeltung festgestellt worden.

19 **V. Übergangsregelung zum gesetzlichen Güterstand der DDR.** In der DDR war am 1.4.66 das Familiengesetzbuch (FGB) der DDR in Kraft getreten, welches als **gesetzlichen Güterstand die Eigentums- und Vermögensgemeinschaft** eingeführt hat. Gem dem bundesdeutschen interlokalen Privatrecht und dem dabei anstelle der Staatsangehörigkeit als Ersatzanknüpfungspunkt maßgebenden gewöhnlichen Aufenthalt (BGH NJW 63, 1975) war entspr Art 220 III 1 Nr 1/Art 15 I, 14 I Nr 1 für in der DDR lebende Deutsche das DDR-Recht als Güterrechtsstatut berufen. In Durchbrechung des Grundsatzes der Unwandelbarkeit hat der Gesetzgeber mit der Übergangsregelung des **Art 234 § 4** für im gesetzlichen Güterstand lebende Eheleute einen **Statutenwechsel ins bundesdeutsche Recht** normiert. Dieser führte zugleich mit Wirkung vom 3.10.90 zur sachrechtlichen Überleitung in den Güterstand der Zugewinngemeinschaft (Art 234 § 4 I). Dies gilt nicht, falls zumindest einer der Ehegatten in notarieller Urkunde ggü dem Kreisgericht das Fortgelten des bisherigen gesetzlichen Güterstands erklärt hat; diese Erklärung musste bis zum 2.10.92 erfolgt sein (Art 234 § 4 II, III).

20 **VI. Güterrechtsspaltung.** Bestimmte Kollisionsnormen ausl, aber auch des deutschen Rechts knüpfen zur Ermittlung des Güterrechtsstatuts nicht für das gesamte Vermögen der Eheleute einheitlich an, sondern für einzelne Vermögensgegenstände anhand unterschiedlicher Anknüpfungspunkte. Dies kommt in Betracht bei Rechtswahl nach Art 15 II Nr 3, bei Gesamtverweisung in eine Rechtsordnung mit gespaltener Anknüpfung zum Güterrechtsstatut sowie beim Vorliegen der Voraussetzungen des Art 3a II (Einzelstatut). Die Folge einer solchen gespaltenen Anknüpfung ist, dass einzelne Teile des Vermögens der Ehegatten (etwa der Grundbesitz in einem anderen Staat) einem anderen Güterrechtsstatut unterfallen als das sonstige Vermögen. Für die Auseinandersetzung gemeinschaftlichen Vermögens wie auch für Ausgleichsansprüche bedeutet das die **getrennte Abwicklung anhand unterschiedlicher Rechtsordnungen**.

21 Bsp: Deutsch-belgisches Ehepaar, für welches wegen des gemeinsamen gewöhnlichen Aufenthalts bei Eingehung der Ehe in Deutschland nach Art 15 I, 14 I Nr 2 generell deutsches Güterrecht gilt, dessen Grundbesitz in England jedoch im Hinblick auf Art 3a II dem englischen Recht unterliegt und deshalb nicht dem Zugewinnausgleich unterfällt. Hier darf zur Berechnung des Zugewinnausgleichs (§§ 1372 ff) der Grundbesitz in England nicht in die Ausgleichsbilanz – weder beim Anfangs- noch beim Endvermögen – eingestellt werden. Der Ausgleich bzgl des Grundbesitzes hat nach englischem Sachrecht zu erfolgen.

22 **C. Verfahrensfragen.** Zur **internationalen Zuständigkeit** für Güterrechtsverfahren gibt es keine gemeinschaftsrechtlichen oder staatsvertraglichen Regelungen. Die Brüssel IIa VO (VO (EG) Nr 2201/2003) hat nur Ehesachen zum Gegenstand, alle anderen Familiensachen – insb auch Güterrechtsverfahren – werden von ihr nicht erfasst. Die EuGVO und das LugÜ nehmen in ihrem jeweiligen Art 1 II Nr 1 die „ehelichen Güterstände" ausdrücklich von ihrer Anwendbarkeit aus. Nach dem somit anwendbaren nationalen deutschen Recht folgt die internationale Zuständigkeit den Regeln über die örtliche Zuständigkeit (§ 105 FamFG); *Althammer* IPRax 09, 385 f.

23 Für die **Anerkennung** ausländ güterrechtlicher Entscheidungen gibt es keine multilateralen Regelungen. Mit etlichen Staaten bestehen bilaterale Abk (Auflistung in Thomas/Putzo/*Hüßtege* ZPO § 328 Rz 38 ff, Abdruck in *Böhmer/Finger* IntFamR 8.5.1 ff). Diese enthalten übereinstimmend die grdse Anerkennungspflicht mit jeweils unterschiedlichen Einschränkungen. Soweit solche Einschränkungen weiter gehen als das autonome Anerkennungsrecht, kann auf Letzteres zurückgegriffen werden, wenn dieses sich im Vergleich zum Abk nach Lage des Falles als anerkennungsfreudiger erweist (BGH FamRZ 87, 580). Innerstaatliche Norm zur Anerkennung ist § 108 FamFG.

24 **D. Anhang. Übergangsvorschrift zum Gesetz vom 25.7.1986 zur Neuregelung des Internationalen Privatrechts.**

**Art. 220
EGBGB**

(1) Auf vor dem 1. September 1986 abgeschlossene Vorgänge bleibt das bisherige Internationale Privatrecht anwendbar.

(2) Die Wirkungen familienrechtlicher Rechtsverhältnisse unterliegen von dem in Absatz 1 genannten Tag an den Vorschriften des Zweiten Kapitels des Ersten Teils.

(3) [1]Die güterrechtlichen Wirkungen von Ehen, die nach dem 31. März 1953 und vor dem 9. April 1983 geschlossen worden sind, unterliegen bis zum 8. April 1983
1. dem Recht des Staates, dem beide Ehegatten bei der Eheschließung angehörten, sonst
2. dem Recht, dem die Ehegatten sich unterstellt haben oder von dessen Anwendung sie ausgegangen sind, insbesondere nachdem sie einen Ehevertrag geschlossen haben, hilfsweise
3. dem Recht des Staates, dem der Ehemann bei der Eheschließung angehörte.

²Für die Zeit nach dem 8. April 1983 ist Artikel 15 anzuwenden. ³Dabei tritt für Ehen, auf die vorher Satz 1 Nr 3 anzuwenden war, an die Stelle des Zeitpunkts der Eheschließung der 9. April 1983. ⁴Soweit sich allein aus einem Wechsel des anzuwendenden Rechts zum Ablauf des 8. April 1983 Ansprüche wegen der Beendigung des früheren Güterstands ergeben würden, gelten sie bis zu dem in Absatz 1 genannten Tag als gestundet. ⁵Auf die güterrechtlichen Wirkungen von Ehen, die nach dem 8. April 1983 geschlossen worden sind, ist Artikel 15 anzuwenden. ⁶Die güterrechtlichen Wirkungen von Ehen, die vor dem 1. April 1953 geschlossen worden sind, bleiben unberührt; die Ehegatten können jedoch eine Rechtswahl nach Artikel 15 Abs 2 und 3 treffen.

I. Allgemeine Übergangsregelung. Durch das am 1.9.86 in Kraft getretene Gesetz zur Neuregelung des IPR vom 25.7.86 wurden ua die bis dahin für das internationale Familienrecht einschlägigen Vorschriften des EGBGB aufgehoben und durch eine Neukodifizierung mit abweichenden Anknüpfungen ersetzt. Art 220 I enthält die grds Übergangsregelung für unwandelbare Anknüpfungen. Stichtag ist der 1.9.86.

II. Güterrechtsstatut für Altehen. Art 15 aF hatte für das Güterrecht lediglich an die Staatsangehörigkeit des Ehemannes angeknüpft. Das BVerfG hat diese Anknüpfung mit Beschl vom 22.2.83 (FamRZ 83, 562), bekannt gemacht am 8.4.83 (BGBl 83 I 525), für verfassungswidrig erklärt. Nach Art 117 I GG war gleichheitswidriges vorkonstitutionelles Recht an sich schon am 1.3.53 außer Kraft getreten. Bis zur Entscheidung des BVerfG bestand aber mangels gesetzgeberischer Tätigkeit Unklarheit. Zur Beseitigung dieser Rechtsunsicherheit hat der Gesetzgeber mit der am 1.9.86 in Kraft getretenen IPR-Reform für vor diesem Zeitpunkt geschlossene Ehen in III eine **mit Rückwirkung anzuwendende Kollisionsnorm** geschaffen. Daraus ergibt sich eine **nach unterschiedlichen Eheschließungszeitpunkten differenzierende Regelung**:

1. Eheschließung vor dem 1.4.53. Für vor dem 1.4.53 geschlossene Ehen verbleibt es nach III **6** zur Anknüpfung des Güterrechtsstatuts bei **Art 15 aF**. Alleiniger Anknüpfungspunkt ist die Staatsangehörigkeit des Mannes zum Zeitpunkt der Eheschließung. Nachträgliche Rechtswahl unter Einhaltung der in Art 15 II und III nF normierten Voraussetzungen ist möglich.

2. Eheschließung im Zeitraum 1.4.53–8.4.83. Für Ehen, die zwischen dem 1.4.53 und dem 8.4.83 geschlossen worden sind, gilt die **besondere Anknüpfungsleiter** des III **1**:

Nr 1 der Anknüpfungsleiter stellt auf eine gemeinsame Staatsangehörigkeit zum Zeitpunkt der Eheschließung ab.

Nr 2 enthält mit der Anknüpfung an das Recht, „dem die Ehegatten sich unterstellt haben oder von dessen Anwendung sie ausgegangen sind", der Sache nach eine **formfreie und konkludent mögliche Rechtswahl**. Mit dieser Regelung wollte der Gesetzgeber Vermögensdispositionen, welche die Ehegatten im Vertrauen auf ihre Gültigkeit getätigt haben, unter Gesichtspunkten des Vertrauensschutzes in verfassungskonformer Weise legalisieren. Die Vorschrift ist daher großzügig auszulegen, um den Rückgriff auf Nr 3 mit der dort verbliebenen gleichheitswidrigen Anknüpfung so weit wie möglich zu vermeiden.

Anhaltspunkte für eine Rechtswahl durch „**Unterstellen**" sind Vermögenserwerb in den Rechtsformen einer bestimmten Rechtsordnung, dauernder Aufenthalt und Erwerbstätigkeit in einem Staat, Ort der Eheschließung, Inanspruchnahme von Behörden und Gerichten eines Staats. Entscheidend ist, ob die Ehegatten ihre Vermögensverhältnisse bewusst (*Henrich* FamRZ 03, 362) u für Dritte nachvollziehbar (KG FamRZ 07, 1564) einer bestimmten Rechtsordnung zugeordnet haben (vgl BGH FamRZ 93, 289; Karlsr IPrax 90, 122; Ddorf FamRZ 95, 1587; Köln FamRZ 96, 1479). Die Tatbestandsalternative des „**Ausgehens** von der Anwendung eines Rechts" liegt vor, wenn die Ehegatten schlicht das Heimatrecht des Ehemannes als kollisionsrechtlich berufen angesehen haben, ohne dass für sie weitere Gesichtspunkte zur Maßgeblichkeit dieser Rechtsordnung bestimmend waren (vgl BVerfG FamRZ 03, 361).

Nr 3 steht als Hilfstatbestand zur Verfügung, wenn über Nr 1 oder Nr 2 keine Anknüpfung möglich ist. Dann ist die **Staatsangehörigkeit des Mannes** zum Zeitpunkt der Eheschließung maßgeblich. Für den Zeitraum bis zur Gesetzeskraft der Entscheidung des BVerfG (8.4.83) muss das hingenommen werden. Für den Zeitraum danach gelten III 2–4.

III **2** schreibt für Ehen, die zwischen dem 1.4.53 und dem 8.4.83 geschlossen wurden, für die Zeit nach dem 8.4.83 eine **Neuanknüpfung** unter Anwendung von Art 15 nF vor. Dies führt ggf zu einem Statutenwechsel. Bei der Neuanknüpfung ist, wenn bisher die Staatsangehörigkeit des Ehemannes maßgebend war, auf die Verhältnisse am 9.4.53 abzustellen (**3**). Ist eine Rechtswahl der Eheleute iS von III 1 Nr 2 festzustellen (s.o. Rn 30 f), bleibt nach BGH FamRZ 93, 289 die Wirkung der Rechtswahl auch über den 8.4.83 hinaus bestehen, so dass dann nicht mehr über III 2 erneut anzuknüpfen wäre. Das BVerfG hat dies hinsichtlich der Alt des „Ausgehens" und die aus ihr folgende Berufung des Heimatrechts des Ehemannes für unvereinbar mit Art 3 II GG angesehen (BVerfG FamRZ 03, 361). Dies bedeutet für die letztgenannte Konstellation, dass es für den Zeitraum ab dem 9.4.83 gem III 2 bei der Neuanknüpfung nach Art 15 nF verbleibt. Hinsichtlich der Alt des sich „Unterstellens" gilt das Verdikt des BVerfG nicht; insoweit bleibt die Rspr des BGH zum Bestehen bleiben der Rechtswahl über den 8.4.83 hinaus weiterhin maßgeblich.

3. Eheschließung im Zeitraum 9.4.83 – 31.8.86. Für Ehen, die nach dem 8.4.83 geschlossen worden sind, gilt rückwirkend Art 15 nF (III **5**).

Art. 16 Schutz Dritter.
(1) Unterliegen die güterrechtlichen Wirkungen einer Ehe dem Recht eines anderen Staates und hat einer der Ehegatten seinen gewöhnlichen Aufenthalt im Inland oder betreibt er hier ein Gewerbe, so ist § 1412 des Bürgerlichen Gesetzbuchs entsprechend anzuwenden; der fremde gesetzliche Güterstand steht einem vertragsmäßigen gleich.

(2) Auf im Inland vorgenommene Rechtsgeschäfte ist § 1357, auf hier befindliche bewegliche Sachen § 1362, auf ein hier betriebenes Erwerbsgeschäft sind die §§ 1431 und 1456 des Bürgerlichen Gesetzbuchs sinngemäß anzuwenden, soweit diese Vorschriften für gutgläubige Dritte günstiger sind als das fremde Recht.

1 Das deutsche Sachrecht kennt Vorschriften, welche den **Schutz gutgläubiger Dritter vor güterrechtlichen Haftungsbegrenzungen** bei rechtsgeschäftlichem Handeln eines Ehegatten ohne Mitwirkung des anderen oder bei Zwangsvollstreckung in sein Vermögen zum Gegenstand haben. Leben die Eheleute in einem Güterstand fremden Rechts, kann sich aus diesem ein solcher Schutz ggf gar nicht oder in nur geringerem Umfang ergeben. Dies ist zB der Fall, wenn der fremde Güterstand keine „Schlüsselgewalt" kennt oder Rechtsgeschäfte eines Ehegatten von der Zustimmung des anderen abhängig macht oder der Vollstreckung in das eheliche Vermögen entgegensteht. Art 16 erstreckt die Wirkung bestimmter drittschützender Vorschriften des deutschen Gütersachrechts auf **inlandsbezogene Rechtsbeziehungen zu Dritten**, wenn Eheleute beteiligt sind, für die **ausl Güterrecht** gilt.

2 Art 16 setzt zunächst voraus, dass die güterrechtlichen Verhältnisse der in Betracht kommenden Ehegatten ausl Recht unterliegen. Im Einzelnen enthält die Norm folgende Verweisungen:

3 I verweist auf die Regelung zur drittschützenden Funktion des **Güterrechtsregister**s in § 1412 BGB. Hier muss als weitere Voraussetzung hinzukommen, dass mindestens ein Ehegatte seinen gewöhnlichen Aufenthalt im Inland hat oder hier ein Gewerbe betreibt.

4 II Alt 1 verweist auf die Regelung zur „**Schlüsselgewalt**" in § 1357 BGB. Hierzu ist zusätzlich Voraussetzung, dass das fragliche Rechtsgeschäft im Inland vorgenommen wurde.

5 II Alt 2 verweist auf die Regelung in § 1362 BGB zu den **Eigentumsvermutungen** bei Zwangsvollstreckung in Ehegatten gehörende bewegliche Sachen. Hier ist zusätzlich Voraussetzung, dass sich die betreffenden Sachen im Inland befinden.

6 II Alt 3 verweist auf die Regelung in §§ 1431, 1456 BGB zur **Zustimmungsfreiheit** bei Rechtsgeschäften, die ein Ehegatte iRe von ihm allein betriebenen Erwerbsgeschäfts vornimmt. Hier ist weitere Voraussetzung, dass das Erwerbsgeschäft im Inland betrieben wird.

Art. 17 Scheidung.
(1) ¹Die Scheidung unterliegt dem Recht, das im Zeitpunkt des Eintritts der Rechtshängigkeit des Scheidungsantrags für die allgemeinen Wirkungen der Ehe maßgebend ist. ²Kann die Ehe hiernach nicht geschieden werden, so unterliegt die Scheidung dem deutschen Recht, wenn der die Scheidung begehrende Ehegatte in diesem Zeitpunkt Deutscher ist oder dies bei der Eheschließung war.

(2) Eine Ehe kann im Inland nur durch ein Gericht geschieden werden.

(3) ¹Der Versorgungsausgleich unterliegt dem nach Absatz 1 Satz 1 anzuwendenden Recht; er ist nur durchzuführen, wenn danach deutsches Recht anzuwenden ist und ihn das Recht eines der Staaten kennt, denen die Ehegatten im Zeitpunkt des Eintritts der Rechtshängigkeit des Scheidungsantrags angehören. ²Im Übrigen ist der Versorgungsausgleich auf Antrag eines Ehegatten nach deutschem Recht durchzuführen,
1. wenn der andere Ehegatte in der Ehezeit eine inländische Versorgungsanwartschaft erworben hat oder
2. wenn die allgemeinen Wirkungen der Ehe während eines Teils der Ehezeit einem Recht unterlagen, das den Versorgungsausgleich kennt,

soweit seine Durchführung im Hinblick auf die beiderseitigen wirtschaftlichen Verhältnisse auch während der nicht im Inland verbrachten Zeit der Billigkeit nicht widerspricht.

1 **A. Geltung der Vorschrift.** Die Vorschrift betrifft zwei unterschiedliche Tatbestände. **I und 2** normieren das **Scheidungsstatut**, während III die Anknüpfung des **Versorgungsausgleichs** regelt. Je nach Anknüpfungsgegenstand – Scheidung oder Versorgungsausgleich – ist daher auf den jeweils einschlägigen Abs abzustellen. Im Einzelfall kann dies zu unterschiedlichen Verweisungen führen; Scheidungsstatut und Versorgungsausgleichsstatut sind nicht stets deckungsgleich. III wurde mit Wirkung vom 1.9.09 neu gefasst (BGBl 09 I 700).

2 Ggü I vorrangige völkerrechtliche Vereinbarung ist das **deutsch-iranische Niederlassungsabk** vom 17.2.29 (RGBl 1930 II 1006; BGBl 55 II S 829). Nach dessen Art 8 III erfolgt die Anknüpfung der Scheidung, soweit beide Ehegatten Iraner sind, an die gemeinsame Staatsangehörigkeit, BGH NJW 05, 81 (anders bei Doppelstaatern BVerfG FamRZ 07, 615; bei Flüchtlingen AG Leverkusen FamRZ 08, 1758). Aufgrund der speziellen Vorbehaltsklausel des Art 8 III 2 Abk wird aber Art 17 III EGBGB nicht verdrängt (Palandt/*Thorn* Rz 21 mwN). Dagegen findet nach aA ein Versorgungsausgleich auch dann nicht statt, wenn ein Ehegatte im Inland Versorgungsanrechte erworben hat (BGH FamRZ 05, 1666). Ansonsten gibt es keine weiteren staatsvertraglichen oder gemeinschaftsrechtlichen Regelungen, die Art 17 vorgingen. Es ist zwar geplant, in die **Brüssel IIa**

VO (VO (EG) Nr 2201/2003) Kollisionsnormen für Ehesachen einzufügen (*Wagner* StAZ 07, 101 ff). Doch konnte insoweit bislang keine Einigkeit erzielt werden (*Kohler* FPR 08, 193; *ders* FamRZ 08, 1673; *Mansel/Thorn/Wagner* IPRax 10, 9 f).

B. Scheidung. I. Umfang des Scheidungsstatuts. Gegenständlich betrifft I die Frage, welche Rechtsordnung auf die **Scheidung** einer Ehe anzuwenden ist. Der Begriff „Scheidung" ist dabei abzugrenzen von der gerichtlichen Auflösung einer fehlerhaft geschlossenen Ehe sowie der Feststellung des Nichtbestehens einer Ehe. Das Statut für solche auf Aufhebung, Anfechtung, Nichtigerklärung oder Feststellung des Nichtbestehens der Ehe gerichtete Begehren ist ausdrücklich nicht normiert. Nach hM ist diese Qualifikationsfrage mit Recht dahin zu lösen, dass für die Rechtsfolgen einer materiell-rechtlich fehlerhaften Eheschließung und damit für die Aufhebung, Anfechtung, Nichtigerklärung und das Feststellen des Nichtbestehens der Ehe Art 13 I maßgebliche Kollisionsnorm ist (BGH FamRZ 97, 542; Palandt/*Thorn* Rz 13). 3

Scheidung iSv 1 und 2 umfasst nicht nur das im deutschen Sachrecht (§§ 1564 ff) als einzige Möglichkeit der Auflösung einer gescheiterten Ehe bereitgestellte Rechtsinstitut. Auch **Eheauflösungen ausl Rechts**, die durch Vertrag, Verstoßung (talaq; dazu *Andrae* NJW 08, 1730) oder Übergabe des Scheidebriefs (get; BGH FamRZ 08, 1409) erfolgen, fallen hierunter. Die Scheidung kann in einem FamFG-Verfahren ausgesprochen werden (zum talaq Frankf FamRZ 09, 1504). Eine im Ausland vollzogene **Privatscheidung** kann im Inland anerkannt werden (BGH FamRZ 94, 434). Das gilt jedoch nicht bei Maßgeblichkeit deutschen Rechts (BayObLG FamRZ 03, 381). Die Regelung des Art 17 gilt auch für schwächere Formen der Ehetrennung, insb die in etlichen Rechtsordnungen vorgesehene gerichtliche **Trennung ohne Auflösung des Ehebandes** (BGH FamRZ 87, 793). 4

Die nach I 1 als Scheidungsstatut berufene Rechtsordnung ist maßgebend nicht nur für die **Voraussetzungen der Scheidung**, sondern auch für die Frage, ob eine **Scheidung überhaupt möglich** ist. 5

Grds umfasst das Scheidungsstatut auch die **Wirkungen einer Ehescheidung**. Angesichts spezieller Kollisionsnormen für bestimmte Scheidungsfolgen (Güterrechtsstatut – Art 15 –, Namensstatut – Art 10 I, II –, Versorgungsausgleichsstatut – Art 17 III –, Sorgestatut – Art 21 –) ist der Anwendungsbereich von Art 17 I jedoch insoweit **eingeschränkt**. Das Scheidungsstatut wirkt sich mittelbar aus auf den nachehelichen Unterhalt (Art 18 IV [Art 8 HUÜ]), in gewissem Umfang auch auf den Versorgungsausgleich (s.u. Rn 19). Die Zuweisung im Ausland gelegener Ehewohnung und im Ausland befindlicher Haushaltsgegenstände nach Scheidung ist richtigerweise dem Scheidungsstatut zuzuordnen (str – s. näher Art 18 Art. 18 Rn 9; Art. 17a Rn 4, 5); für die Zuweisung im Inland befindlicher Haushaltsgegenstände und hier gelegener Ehewohnung gilt als Spezialnorm Art 17a. Der Anspruch auf Ersatz des immateriellen Schadens nach Scheidung nach türkischem Recht unterfällt dem Scheidungsstatut (Karlsr NJW-RR 03, 725). Das Scheidungsstatut bestimmt des Weiteren, ob mit dem Scheidungsurteil ein Schuldausspruch zu verbinden ist (BGH FamRZ 87, 793). 6

Keine Anwendung findet Art 17 I auf die Auflösung **sonstiger Partnerschaften**. Für die Eingetragene Lebenspartnerschaft gilt Art 17b I 1 4. Alt. Auf das Verlöbnis ist Art 13 I entspr anzuwenden (BGH FamRZ 96, 601). 7

Die für jede Scheidung relevante **Vorfrage** (Erstfrage), ob überhaupt eine wirksame Ehe vorliegt, ist selbständig nach Art 13 – ggf iVm Art 11 I – anzuknüpfen (s. dazu Art. 13 Rn 9 f, 15). Ist ausl Recht als Scheidungsstatut berufen, so muss zunächst innerhalb der fremden Rechtsordnung als Vorfrage geprüft werden, ob auch nach diesem Recht eine wirksame Ehe besteht. Ist dies – zB bei einer islamischen Rechtsordnung wegen Religionsverschiedenheit – zu verneinen („hinkende Ehe"), wäre danach mangels bestehender Ehe eine Scheidung gar nicht möglich. Für diese Fälle ist bei Wirksamkeit der Ehe für das Inland Scheidungsstatut deutsches Recht (Kobl FamRZ 94, 1262). 8

II. Anknüpfung. Das Scheidungsstatut ergibt sich aus **I iVm Art 14**. Wegen der umfassenden Verweisung auf Art 14 ist zunächst das Vorliegen einer Rechtswahl zu den allgemeinen Ehewirkungen (Art 14 II-IV) zu prüfen; liegt eine solche vor, bestimmt diese zugleich das Scheidungsstatut. Ist eine derartige Rechtswahl – wie in der Regel – nicht gegeben, erfolgt die Ermittlung des Scheidungsstatuts über Art 14 I als Anknüpfungsinstrument. Diese Vorschrift ist dabei so zu lesen, dass sie **unwandelbar auf den Zeitpunkt der Rechtshängigkeit des Scheidungsantrags** bezogen wird. Für die in der Stufenleiter von Art 14 I Nr 1–3 bereitgestellten Anknüpfungspunkte bedeutet dies das Verbot, nach Rechtshängigkeit eintretende Änderungen in den persönlichen Verhältnissen der Ehegatten (zB späterer Erwerb der deutschen Staatsangehörigkeit) zu berücksichtigen. 9

I iVm Art 14 I **Nr 1 1. Alt** ist maßgebend, wenn bei Rechtshängigkeit der Scheidung beide Ehegatten **dieselbe Staatsangehörigkeit** besitzen. Hierbei sind die Besonderheiten zu beachten, welche sich für Staatenlose, Flüchtlinge (BGH FamRZ 07, 109), anerkannte Asylberechtigte, Volksdeutsche, Aussiedler und Spätaussiedler ergeben (s. dazu KKFamR/*Rausch* Art 5 EGBGB Rz 2–4). Haben die Ehegatten eine gemeinsame Staatsangehörigkeit, besitzt jedoch einer von ihnen (oder beide) eine weitere Staatsangehörigkeit, ist die Vorrangregelung des **Art 5 I 1 und 2 zu beachten**. I iVm Art 14 I **Nr 2. Alt** knüpft an die **letzte gemeinsame Staatsangehörigkeit** an, falls einer der Ehegatten diese noch besitzt. Die 2. Alt ist subsidiär zu 1. Primär ist an eine bestehende gemeinsame Staatsangehörigkeit anzuknüpfen; nur wenn eine solche fehlt, ist zu prüfen, ob ein Ehegatte noch eine frühere gemeinsame Staatsangehörigkeit besitzt (BGH FamRZ 94, 435). 10

11 I iVm Art 14 I **Nr 2** enthält als Anknüpfungspunkt den **gemeinsamen gewöhnlichen Aufenthalt** der Ehegatten. Alternativen dabei sind – vorrangig – der bei Rechtshängigkeit der Scheidung noch aktuelle gemeinsame gewöhnliche Aufenthalt und – nachrangig – der letzte gemeinsame gewöhnliche Aufenthalt. „Gemeinsamer" gewöhnlicher Aufenthalt in einem Staat ist auch dann gegeben, wenn die Ehegatten an verschiedenen Orten, jedoch im selben Staat getrennt leben. Zum Vorliegen der 2. Alt ist zusätzlich erforderlich, dass einer der Ehegatten zum Zeitpunkt der Rechtshängigkeit des Scheidungsantrags seinen gewöhnlichen Aufenthalt noch im Staat des letzten gemeinsamen gewöhnlichen Aufenthalts hat. Hat er ihn zwischenzeitlich aufgegeben und erst später wieder dort begründet, kann nach Nr 2 nicht angeknüpft werden. Vielmehr ist Voraussetzung, dass der Ehegatte seinen gewöhnlichen Aufenthalt im Staat des beiderseits letzten gemeinsamen gewöhnlichen Aufenthalts ununterbrochen beibehalten hat (BGH FamRZ 93, 798).

12 I iVm Art 14 I **Nr 3** ist heranzuziehen, wenn weder eine gemeinsame Staatsangehörigkeit (Nr 1) noch ein gemeinsamer gewöhnlicher Aufenthalt (iS der Nr 2) vorliegt. Dann ist das Recht des Staates berufen, mit dem die Ehegatten bei Rechtshängigkeit der Scheidung auf andere Weise **am engsten verbunden** sind. Die Feststellung ist individuell und auf die konkreten Umstände bezogen zu treffen. Die engste Verbundenheit nur eines der Ehegatten reicht nicht, die Beziehung muss **für beide Ehegatten** aus dem Verlauf ihrer Ehe zu entnehmen sein. Anhaltspunkte sind ua Ort der Eheschließung (Ddorf FamRZ 03, 381), früherer gemeinsamer gewöhnlicher Aufenthalt, gemeinsame soziale Bindung an einen Staat durch berufliche Tätigkeit, Geburtsort der Kinder, gemeinsamer Vermögenserwerb in einem Staat, gemeinsam benutzte Sprache, gemeinsame kulturelle Verbundenheit (vgl BGH FamRZ 93, 788; Köln FamRZ 98, 1590). Da Art 14 keine weitere Ersatzanknüpfung zur Verfügung stellt, muss beim Versagen von I Nr 1 und 2 in jedem Falle die engste Verbundenheit festgestellt werden; Nr 3 ist Auffangtatbestand.

13 Die Anknüpfungen in I iVm Art 14 I **Nr 1 und 2** sind **Gesamtverweisung** iS von Art 4 I. Die Verweisung erfolgt unmittelbar in die dortige Regelung zum Scheidungsstatut, nicht zum Ehewirkungsstatut (Palandt/*Thorn* Art 17 Rz 2; aA AG Leverkusen FamRZ 02, 1484). Auch versteckte Rückverweisung ist möglich (AnwK/*Gruber* Rz 27). **Nr 3** (engste Verbundenheit) ist **Sachnormverweisung**, da Rück- und Weiterverweisung hier überflüssig sind (str, s. Art. 14 Rn 18).

14 **Verbietet** das gem I 1 berufene Recht die Scheidung, kann sie im Inland grds nicht ausgesprochen werden. In solchen Fällen kann allerdings nach I 2 unter der zusätzlichen Voraussetzung, dass ein Ehegatte bei der Eheschließung Deutscher war oder dies beim Eintritt der Rechtshängigkeit der Scheidung ist, auf deutsches Recht zurückgegriffen werden. Eine längere Trennungszeit als nach deutschem Recht genügt dafür nicht (BGH NJW 07, 220). Bei völliger Unscheidbarkeit kann ein Verstoß gegen den deutschen ordre public (Art 6) in Betracht kommen (BGH FamRZ 07, 109; *Scholz/Krause* FuR 09, 1 ff, 67 ff).

15 **III. Scheidungsmonopol der inländischen Gerichte.** In Überlagerung evtl anderer Regelungen des nach I berufenen Sachrechts schreibt **II** für das Inland ausnahmslos die **Scheidung durch ein staatliches Gericht** vor. Auch wenn das verwiesene Recht, welches iÜ für die Voraussetzungen der Scheidung anwendbar bleibt, eine andere Scheidungsmöglichkeit (durch eine Religionsinstanz, durch Vertrag oder auf anderem Wege) vorsieht, ist diese im Inland nicht möglich und, wenn trotzdem durchgeführt, unwirksam.

16 **IV. Verfahrensfragen.** Für die **internationale Zuständigkeit** in Scheidungs- und Trennungsverfahren gilt vorrangig die **Brüssel IIa VO**). Die einzelnen nebeneinander stehenden Zuständigkeiten gehen vom gewöhnlichen Aufenthalt sowie der gemeinsamen Staatsangehörigkeit aus (Art 3). Soweit Art 6, 7 Brüssel IIa VO dies zulassen (vgl EuGH FamRZ 08, 128), ist nachrangig § 98 FamFG maßgebend (*Althammer* IPRax 09, 382 f).

17 Für die **Anerkennung** im Ausland ergangener Scheidungsurteile, die seit dem 1.3.05 in einem Mitgliedstaat der Brüssel IIa VO – vom 1.3.01 bis zum 28.2.05 einem Mitgliedstaat der VO (EG) Nr 1347/2000 („Brüssel II") – ergangen und rechtskräftig geworden sind, gilt Art 21 Brüssel IIa VO. Danach werden diese Urt in allen Mitgliedstaaten ohne förmliche Nachprüfung anerkannt. Dies gilt ebenso für Entscheidungen zur Trennung ohne Auflösung des Ehebandes. Das Anerkennungsverfahren nach § 107 FamFG findet nicht statt (Art 21 II Brüssel IIa VO; *Hau* FamRZ 09, 825). Für andere Scheidungsurteile bzw behördl Entscheidungen (Schleswig NJW-RR 08, 1390: norweg Fylkesmann) gilt § 108 FamFG; auch verbleibt es bei § 107 FamFG, der die Entscheidung der Landesjustizverwaltung oder des OLG verlangt (*Klinck* FamRZ 09, 744). Bei behördlicher Mitwirkung an einer Privatscheidung kann ebenfalls ein Anerkennungsverfahren stattfinden (*Althammer* IPRax 09, 386).

18 **C. Versorgungsausgleich. I. Anknüpfung des Versorgungsausgleichs.** III ist Grundlage für die Durchführung des Versorgungsausgleichs. Hierbei ist zwischen 1 und 2 der Vorschrift zu unterscheiden: Bei Anwendbarkeit von III 1 ergibt sich ein **vAw** durchzuführender Versorgungsausgleich. Hingegen ist der sich aus 2 ergebende „regelwidrige" Versorgungsausgleich nur **auf Antrag** eines Ehegatten durchzuführen. Er muss nicht im Verbundverfahren, sondern kann auch später im isolierten Verfahren durchgeführt werden (BGH FamRZ 07, 996). 1 ist vorrangig ggü 2.

19 Zur Durchführung des Versorgungsausgleichs **vAw** nach **1** kommt es über eine **Anknüpfung an das im konkreten Fall nach Art 17 I 1 berufene**, dh anzuwendende, nicht tatsächlich angewendete (Zweibr NJW 00, 2432), **Scheidungsstatut**. Sollte deutsches Recht über die Ersatzanknüpfung in Art 17 I 2 berufen sein, ver-

bleibt es für den Versorgungsausgleich dennoch bei der Maßgeblichkeit der Grundsatzanknüpfung in Art 17 I 1. Das aus Art 17 I 1 abzuleitende Scheidungsstatut bestimmt somit grds zugleich das Versorgungsausgleichsstatut. Ist deutsches Recht anwendbar, so können bei funktioneller Gleichwertigkeit auch ausl Anwartschaften nach § 1587 BGB berücksichtigt werden (*Reinhard* FamRZ 07, 866: Österreich; BGH FamRZ 08, 770: Niederlande).

Wäre nach dem im Gleichlauf zum Scheidungsstatut berufenen ausländ Recht ein Versorgungsausgleich durchzuführen, so ist er **dennoch ausgeschlossen, da 1 nur bei Maßgeblichkeit deutschen Rechts eingreift**. Ist deutsches Recht Scheidungsstatut und einer der Ehegatten Deutscher, so ist der Versorgungsausgleich stets vAw durchzuführen. Für Ehen mit lediglich nichtdeutschen Partnern oder bei nichtdeutschem Scheidungsstatut stellt sich die Frage, inwieweit das in Betracht kommende ausl Recht den Versorgungsausgleich kennt. Hierfür ist der Versorgungsausgleich zu qualifizieren, und zwar so, wie er sich seinem Gehalt nach aus dem deutschen Recht ergibt (*Finger* FF 02, 154). Vorausgesetzt wird eine unmittelbare Teilhabe an der Altersversorgung des anderen Ehegatten; ein dem schuldrechtlichen Versorgungsausgleich vergleichbarer Ausgleichsmechanismus genügt (BGH NJW-RR 09, 795). Nur ähnl ausl Rechtsinstitute (Geschiedenenrenten, Volksrenten oä) reichen nicht aus. Ein dem deutschen Versorgungsausgleich adäquates Institut kennen einige Gliedstaaten der USA und Kanada (vgl *Hohloch* Internationales Scheidungs- und Scheidungsfolgenrecht S 82/83 Rz 247 ff mwN; *Rahm/Künkel/Paetzold* Handbuch des Familiengerichtsverfahrens VIII Rz 987 f; *München* FamRZ 00, 165), ferner die Schweiz (*Reusser* FamRZ 01, 595). Das Ausland muss auch bereit sein, deutsche Versorgungsanwartschaften zu berücksichtigen. Daran fehlt es in den Niederlanden (BGH NJW-RR 09, 795). 20

Sind die Voraussetzungen des III 1 nicht erfüllt, so kommt der regelwidrige, **nur auf Antrag** eines Ehegatten **durchzuführende** Versorgungsausgleich nach III 2 in Betracht. Ein Versorgungsausgleich in Anwendung deutschen Rechts ist dann durchzuführen, wenn eine der in 2 **Nr 1 oder Nr 2** normierten **Zusatzvoraussetzungen** vorliegt. In diesem Fall sind auch Vereinbarungen nach § 1587o I möglich (Bambg FamRZ 02, 1120). 21

Ein regelwidriger Versorgungsausgleich kann allerdings nur dann erfolgen, wenn seine Durchführung unter Berücksichtigung der beiderseitigen wirtschaftlichen Verhältnisse auch während der nicht im Inland verbrachten Zeit der Billigkeit nicht widerspricht (Art 17 III **2 Hs 2**). Diese **Billigkeitsklausel** ist eine eng gefasste Ausnahmeregelung und nicht deckungsgleich mit derjenigen in § 1587c BGB. Sie ist vielmehr im Kontext mit dem gegebenen Auslandsbezug zu sehen, so dass die hier geregelte Frage der Unbilligkeit auch nur aus besonderen **auslandsbezogenen Umständen** abzuleiten ist. Es soll verhindert werden, dass ein Ehegatte inländische Anwartschaften abgeben muss, während der andere Teil bereits seiner Alterssicherung dienende Vermögenswerte im Ausland besitzt. Geboten ist eine differenzierte Gegenüberstellung der finanziellen Verhältnisse der in verschiedenen Ländern lebenden Ehegatten (BGH FamRZ 00, 418; Karlsr FamRZ 89, 399; Frankf FamRZ 90, 417 und FamRZ 00, 163; Celle FamRZ 91, 204; Ddorf NJW-RR 93, 1414; BGH FamRZ 07, 366: Kürzung auch bei Leistung an Berechtigte im Ausland). Von Bedeutung ist bspw die Tatsache, dass gem § 113 III SGB VI die Rente an den nicht deutschen Berechtigten im Ausland nur in Höhe von 70% ausgezahlt wird. Zu berücksichtigen sind vor allem – aber nicht nur – die unterschiedlichen Lebenshaltungskosten in den beiden Ländern. UU kann ins Gewicht fallen, dass dem im Ausland lebenden geschiedenen Ehepartner ggf eine gesetzliche Krankenversicherung fehlt (BGH aaO). Eine lange Trennungszeit schließt den Versorgungsausgleich noch nicht aus (Stuttg FamRZ 08, 1759). 22

Ist eine Ehe im Ausland geschieden worden, ohne dass dort der Versorgungsausgleich durchgeführt wurde, wäre dieser jedoch nach deutschem Recht vAw vorzunehmen gewesen, ist er in einem **selbstständigen Verfahren** nachträglich durchzuführen. Maßgebend ist hierbei nicht, welches Scheidungsstatut im ausl Urt angewandt wurde, sondern nach welchem Recht die Ehe aus deutscher Sicht hätte geschieden werden müssen (BGH FamRZ 93, 798; BGH NJW-RR 94, 322). 23

Auch bei **Eheaufhebung** kommt, wie sich sachrechtlich aus § 1318 III BGB ergibt, ggf ein Versorgungsausgleich in Betracht. Kollisionsnorm hierzu ist ebenfalls Art 17 III mit der grdsen Anknüpfung an das – in diesem Falle hypothetische – Scheidungsstatut (I 1). Zwar enthält das EGBGB insoweit keine ausdrückliche Verweisung, sie ist jedoch dem Kontext mit § 1318 BGB zu entnehmen (ebenso *Böhmer/Finger* IntFamR/*Finger* Art 17 Rz 126). 24

II. Internationale Zuständigkeit. Auf die internationale Zuständigkeit in Versorgungsausgleichsverfahren ist die Brüssel IIa VO nicht anwendbar (BGH NJW-RR 09, 795). Die **internationale Zuständigkeit für das Scheidungsverfahren** erstreckt sich auch auf das damit **im Verbund stehende Versorgungsausgleichsverfahren** (§§ 98 II, 137 II FamFG), *Hau* FamRZ 09, 823. Im übrigen besteht eine deutsche Zuständigkeit für selbständige Versorgungsausgleichsverfahren (§ 102 FamFG); *Althammer* IPrax 09, 384. 25

Die internationale Zuständigkeit für das **Eheaufhebungsverfahren** erstreckt sich auch auf ein daraus folgendes Versorgungsausgleichsverfahren (§ 98 II FamFG). 26

Art. 17a Ehewohnung und Haushaltsgegenstände. Die Nutzungsbefugnis für die im Inland belegene Ehewohnung und die im Inland befindlichen Haushaltsgegenstände sowie damit zusammenhängende Betretungs-, Näherungs- und Kontaktverbote unterliegen den deutschen Sachvorschriften.

Artikel 17b EGBGB — Eingetragene Lebenspartnerschaft

1 **A. Geltungsbereich und Anknüpfung.** Die mit Wirkung vom 1.1.02 ins EGBGB eingefügte Vorschrift erfasst einen Ausschnitt aus einer komplexen Problematik (berührt werden Lebensbedarf, Eigentumsverhältnisse, Kindeswohl, persönliche und berufliche Bedürfnisse). Sie regelt als einseitige Kollisionsnorm die **Zuweisung von Ehewohnung und Haushaltsgegenständen** (bis 1.9.09: „Hausrat") **nur, soweit diese sich im Inland befinden.** Darüber hinaus erfasst sie **Betretungs-, Näherungs- und Kontaktverbote** iS des GewSchG. Sie ist über Art 17b II 1 2. Alt bei eingetragener Lebenspartnerschaft entspr anzuwenden. Auch eine Anwendung auf die nichteheliche Lebensgemeinschaft ist möglich, *Henrich,* FS Kropholler, 08, 305, 318.

2 Ggü Art 17a vorrangige völkerrechtliche Vereinbarung ist das **deutsch-iranische Niederlassungsabk** vom 17.2.29 (RGBl 30 II 1006; BGBl 55 II S 829). Nach dessen Art 8 III erfolgt die Anknüpfung des Zuweisungsstatuts, soweit beide Eheleute Iraner sind, an die gemeinsame iranische Staatsangehörigkeit. In diesem Falle ist das iranische Sachrecht berufen, welches Vorschriften zur Wohnung enthält (Celle FamRZ 90, 656). Weitere staatsvertragliche oder gemeinschaftsrechtliche Regelungen, die Art 17a vorgingen, gibt es nicht.

3 Art 17a gilt nur während bestehender Ehe. Nach Ehescheidung handelt es sich um eine Scheidungsfolge iSd Art 17 (Erman/*Hohloch* Rz 9).

4 **B. Zuweisung im Ausland befindlicher Gegenstände.** Ist die Wohnung **im Ausland** belegen oder sind die Haushaltsgegenstände dort befindlich, ist Art 17a nicht anwendbar. Die Anknüpfung ist umstr. Mit der überwiegenden Meinung ist während **des Getrenntlebens** das in Art 14 geregelte **Ehewirkungsstatut** maßgeblich (Hamm FamRZ 90, 54; Celle FamRZ 99, 443). Bei **Scheidung** ist das in Art 17 I geregelte **Scheidungsstatut** geeignet, da es auch sonst für die Folgen der Ehescheidung maßgeblich ist (Stuttg FamRZ 97, 1085; Karlsr FamRZ 97, 33). Soweit die nach Art 14 bzw 17 I berufene Rechtsordnung die Verweisung annimmt und eine funktionsadäquate Regelung kennt, ist Letztere anzuwenden. Andere tendieren zur Anwendung der lex rei sitae, als auch zur Heranziehung der lex fori, zur Zuordnung zum Unterhaltsstatut und zur Subsumtion unter das Ehewirkungsstatut (Art 14), ggf nach Scheidung iVm Art 17 I. Haushaltsgegenstände- und Wohnungszuteilung sind jedenfalls nicht unterhaltsrechtlich zu qualifizieren (ebenso Stuttg FamRZ 90, 1354; Frankf FamRZ 91, 1190).

5 Soweit im Einzelfall das Ehewirkungsstatut bzw Scheidungsstatut zu einer Rechtsordnung führt, die keine § 1568a f BGB entspr oder ähnl Regelung kennt, kann uU zu prüfen sein, ob die Nichtdurchführung von Haushaltsgegenständeteilung und Wohnungszuweisung gegen den deutschen ordre public verstößt. Dies dürfte allerdings auf seltene Ausnahmefälle beschränkt sein. Denn bei im Ausland belegener Wohnung und dort befindlichen Haushaltsgegenständen wird kaum die erforderliche Inlandsbeziehung (vgl BGH FamRZ 93, 316) anzunehmen sein; zudem kann eine Zuweisung mit sachrechtlicher Wirkung ohnehin nicht nach deutschem Recht erfolgen (Art 43).

6 **C. Internationale Zuständigkeit.** Die internationale Zuständigkeit für Verfahren zur Haushaltsgegenständeteilung oder Wohnungszuweisung ist nicht besonders geregelt. Die internationale Zuständigkeit in Ehesachen erstreckt sich aber auch auf Folgesachen (§ 98 II FamFG). Im übrigen folgt die internationale Zuständigkeit den Regeln über die örtliche Zuständigkeit (§ 105 FamFG); *Althammer* IPRax 09, 385 f.

Art. 17b Eingetragene Lebenspartnerschaft.

(1) ¹Die Begründung, die allgemeinen und die güterrechtlichen Wirkungen sowie die Auflösung einer eingetragenen Lebenspartnerschaft unterliegen den Sachvorschriften des Register führenden Staates. ²Auf die unterhaltsrechtlichen und die erbrechtlichen Folgen der Lebenspartnerschaft ist das nach den allgemeinen Vorschriften maßgebende Recht anzuwenden; begründet die Lebenspartnerschaft danach keine gesetzliche Unterhaltsberechtigung oder kein gesetzliches Erbrecht, so findet insoweit Satz 1 entsprechende Anwendung. ³Der Versorgungsausgleich unterliegt dem nach Satz 1 anzuwendenden Recht; er ist nur durchzuführen, wenn danach deutsches Recht anzuwenden ist und das Recht eines der Staaten, denen die Lebenspartner im Zeitpunkt der Rechtshängigkeit des Antrags auf Aufhebung der Lebenspartnerschaft angehören, einen Versorgungsausgleich zwischen Lebenspartnern kennt. ⁴Im Übrigen ist der Versorgungsausgleich auf Antrag eines Lebenspartners nach deutschem Recht durchzuführen, wenn der andere Lebenspartner während der Lebenspartnerschaftszeit eine inländische Versorgungsanwartschaft erworben hat, soweit die Durchführung des Versorgungsausgleichs im Hinblick auf die beiderseitigen wirtschaftlichen Verhältnisse auch während der nicht im Inland verbrachten Zeit der Billigkeit nicht widerspricht.

(2) ¹Artikel 10 Abs. 2 und Artikel 17a gelten entsprechend. ²Unterliegen die allgemeinen Wirkungen der Lebenspartnerschaft dem Recht eines anderen Staates, so ist auf im Inland befindliche bewegliche Sachen § 8 Abs. 1 des Lebenspartnerschaftsgesetzes und auf im Inland vorgenommene Rechtsgeschäfte § 8 Abs. 2 des Lebenspartnerschaftsgesetzes in Verbindung mit § 1357 des Bürgerlichen Gesetzbuchs anzuwenden, soweit diese Vorschriften für gutgläubige Dritte günstiger sind als das fremde Recht.

(3) Bestehen zwischen denselben Personen eingetragene Lebenspartnerschaften in verschiedenen Staaten, so ist die zuletzt begründete Lebenspartnerschaft vom Zeitpunkt ihrer Begründung an für die in Absatz 1 umschriebenen Wirkungen und Folgen maßgebend.

(4) Die Wirkungen einer im Ausland eingetragenen Lebenspartnerschaft gehen nicht weiter als nach den Vorschriften des Bürgerlichen Gesetzbuchs und des Lebenspartnerschaftsgesetzes vorgesehen.

A. Allgemeines. Die Vorschrift wurde am 1.8.01 durch das LPartG eingefügt und mit Wirkung vom 1.1.05 durch Einfügung von I 3 und 4 aktualisiert. I (Versorgungsausgleich) wurde mit Wirkung vom 1.9.09 angepasst (BGBl 09 I 700). Für **registrierte** Lebensgemeinschaften von **gleichgeschlechtlichen** Partnern wurden mit Art 17b die meisten hier einschlägigen materiell-rechtlichen Anknüpfungsgegenstände normiert. Verfahrensrechtliche Regelungen finden sich im neu eingeführten § 103 FamFG (s.u. Rn 16). Demgegenüber vorrangige staatsvertragliche Regelungen gibt es nicht. Als Sonderregelung für registrierte Lebensgemeinschaften gleichgeschlechtlicher Partner ist Art 17b **auf andere nichteheliche Lebensformen nicht anwendbar**. Für diese verbleibt es bei der bisherigen – umstrittenen – Rechtslage (s. dazu Art. 13 Rn 18). Andere wollen hingegen Art 17b auf registrierte heterosexuelle Lebensgemeinschaften analog anwenden (*Wagner* IPRax 01, 292; *Schaal* ZNotP 09, 297 f.; Palandt/*Thorn* Rz 1). Hingegen ist der Anwendungsbereich der Norm nicht auf die Eingetragene Lebenspartnerschaft iS des deutschen Sachrechts (§ 1 LPartG) beschränkt; Art 17b erfasst als allseitige Kollisionsnorm auch mit der Eingetragenen Lebenspartnerschaft vergleichbare Rechtsinstitute ausl Rechts (*Wagner* IPRax 01, 281; differenzierend *Henrich,* FS Kropholler, 08, 305 ff).- Die Wirksamkeit einer im Ausland **eingegangenen gleichgeschlechtlichen Ehe** unterliegt nach einer Auffassung lediglich Art 17b (BFH IPRax 06, 287; MüKo/*Coester* Rz 146 mwN), nach analog Art 13 I dem (oft restriktiveren) Heimatrecht (Palandt/*Thorn* Rz 1); für die Form gilt Art 11.

Der **sachliche Anwendungsbereich** umfasst neben dem Erbrecht (I 2 Alt 2) die familienrechtlichen Anknüpfungsgegenstände Begründungsstatut (I 1 Alt 2), allgemeines Wirkungsstatut (I Alt 2), Güterrechtsstatut (I Alt 3), Auflösungsstatut (I 1 Alt 4), Unterhaltsstatut (I 2 Alt 1), Namensstatut (II 1 Alt 1) sowie Statut zu Wohnungszuweisung und Haushaltsgegenständeteilung (II 1 Alt 2). Das Statut des Versorgungsausgleichs ist geregelt in I 3 und 4.

B. Begründung der Lebenspartnerschaft. Nach **I 1 Alt 1** bestimmen sich die **materiell-rechtlichen Voraussetzungen** der Begründung einer eingetragenen Lebenspartnerschaft nach dem **Recht des Register führenden Staats**. Form und materielle Wirksamkeit unterliegen demselben Recht. Diese Verweisung führt aufgrund ausdrücklicher Bestimmung (I 1 aE) **unmittelbar zu den Sachvorschriften** des Rechts des Registrierungsstaats – keine Gesamtverweisung iSv Art 4 I 1. **Vorfragen**, zB Bestehen einer Ehe oder anderen Lebenspartnerschaft (vgl § 1 II Nr 1 LPartG), Minderjährigkeit (vgl § 1 II Nr 1 LPartG), Verwandtschaft (vgl § 1 II Nr 2 und 3 LPartG), sind an Hand der für diese Gegenstände maßgeblichen Kollisionsnormen **selbstständig anzuknüpfen**. Das Begründungsstatut in I 1 Alt 1 ist auch maßgeblich für die Frage der **Wirksamkeit** einer ggf fehlerhaft begründeten Lebenspartnerschaft.

C. Allgemeine Wirkungen der Lebenspartnerschaft. I 1 Alt 2 regelt die Anknüpfung der rechtlichen **Wirkungen** einer wirksam begründeten Lebenspartnerschaft. Anknüpfungsgegenstand sind die persönlichen Rechtsbeziehungen der Lebenspartner zueinander und die Auswirkungen der Lebenspartnerschaft im Rechtsverkehr (zB die Zugehörigkeit zur Familie des anderen Partners – vgl § 11 LPartG). Für die meisten besonderen Wirkungen gibt es Spezialnormen, die in ihrem Anwendungsbereich der Vorschrift vorgehen: Namensstatut (II 1 mit Art 10 II), Versorgungsausgleichsstatut (I 3 und 4), Unterhaltsstatut (I 2 Alt 1 mit Art 18) sowie das Statut zu Wohnungszuweisung und Haushaltsgegenständeteilung (II 1 Alt 2 mit Art 17a) sind besonders normiert. Güterrechtsstatut (I Alt 3) und Auflösungsstatut (I 1 Alt 4) sind in der Vorschrift gesondert benannt, jedoch inhaltlich gleichartig geregelt.

Die **Anknüpfung** der Wirkungen unterliegt wie beim Begründungsstatut dem **Recht des Register führenden Staats**. Diese Verweisung erfolgt **unmittelbar zum Sachrecht** – keine Gesamtverweisung iSv Art 4 I 1. Haben die Lebenspartner nachträglich ihre Lebenspartnerschaft in einem weiteren Staat registrieren lassen, endet der Gleichlauf zum Begründungsstatut: Nach **III** sind bei **Mehrfachregistrierung** der Lebenspartnerschaft in verschiedenen Staaten nur die **Sachvorschriften des Staats der letzten Registrierung** maßgebend. Für die allgemeinen Wirkungen der Lebenspartnerschaft bedeutet dies einen Statutenwechsel.

Ist Wirkungsstatut eine fremde Rechtsordnung, kann sich daraus ein weiterer Umfang der Wirkungen einer nach diesem Recht registrierten Lebenspartnerschaft ergeben als im deutschen Recht vorgesehen. Nach **IV** gehen dann die Wirkungen im Inland nur so weit, wie es dem deutschen Sachrecht entspricht (*Wagner* IPRax 01, 281: „**Kappungsregelung**").

D. Versorgungsausgleich. Mit Wirkung vom 1.1.05 ist der Versorgungsausgleich für die Eingetragene Lebenspartnerschaft eingeführt worden (§§ 20, 21 IV LPartG). Gleichzeitig wurden in Art 17b I die S 3 und 4 als Kollisionsnorm zum lebenspartnerschaftlichen Versorgungsausgleich eingefügt. Die Regelung entspricht weitgehend derjenigen zum Versorgungsausgleichsstatut bei Scheidung einer Ehe, kennt insb auch die Unterscheidung zwischen amtswegigem (3) und regelwidrigem (4) Versorgungsausgleich (vgl Art 17 Rn 18 ff), weist aber auch Besonderheiten auf:

Zur Durchführung des Versorgungsausgleichs **vAw** kommt es nach **I 1 Hs 1** iVm 3 über eine **Anknüpfung an das Recht des Register führenden Staats**. Hierbei ist im Falle einer Mehrfachregistrierung III zu beachten (s.o. Rn 5). Wäre nach dem dadurch berufenen **deutschen Recht** ein Versorgungsausgleich durchzuführen, ist er gem **I 3 Hs 2 dennoch ausgeschlossen,** wenn das **Heimatrecht nicht mindestens einer der Lebenspartner den Versorgungsausgleich** zwischen Lebenspartnern **kennt.** Ist die Lebenspartnerschaft – zuletzt – in Deutschland eingetragen worden und einer der Lebenspartner Deutscher, so ist der Versorgungsausgleich vAw durchzuführen.

9 Bei Nichteingreifen von I 3 kommt der regelwidrige, **nur auf Antrag** eines Lebenspartners **durchzuführende** Versorgungsausgleich nach **I 4** in Betracht. Ein Versorgungsausgleich in Anwendung deutschen Rechts ist dann durchzuführen, wenn die in I 4 Hs 1 normierte Zusatzvoraussetzung vorliegt. Danach ist **erforderlich, dass der andere Lebenspartner während der Lebenspartnerschaftszeit** (§ 20 II LPartG) **eine inländische Versorgungsanwartschaft erworben hat;** eine weitere, Art 17 III 2 Nr 2 entspr Alternative gibt es hierzu nicht.

10 Ein regelwidriger Versorgungsausgleich kann allerdings nur dann erfolgen, wenn seine Durchführung unter Berücksichtigung der beiderseitigen wirtschaftlichen Verhältnisse auch während der nicht im Inland verbrachten Zeit der Billigkeit nicht widerspricht (**I 4 Hs 2**). Diese **Billigkeitsklausel** ist eine eng gefasste Ausnahmeregelung und nicht deckungsgleich mit derjenigen in §§ 20 IV LPartG, 1587c BGB. Sie ist vielmehr im Kontext mit dem gegebenen Auslandsbezug zu sehen, so dass die hier geregelte Frage der Unbilligkeit auch nur aus besonderen **auslandsbezogenen Umständen** abzuleiten ist – s. dazu Art. 17 Rn 22. – Für die **internationale Zuständigkeit** besteht nach dem insoweit anwendbare nationalen deutschen Recht eine Zuständigkeit für Folgesachen (§ 103 II FamFG). IÜ gilt § 102 entsprechend (§ 103 III FamFG).

11 **E. Güterrecht.** Das **Güterrechtsstatut** bestimmt sich gem **I 1 Alt 3** im Gleichlauf zum Begründungsstatut nach dem **Recht des Register führenden Staats.** Diese Verweisung erfolgt aufgrund ausdrücklicher Bestimmung im Normtext (I 1 aE) **unmittelbar in die Sachvorschriften** des Rechts des Registrierungsstaats. Da somit keine Gesamtverweisung iSv Art 4 I 1 erfolgt, kann sich kein späterer Statutenwechsel eintreten. Das Güterrechtsstatut ist grds unwandelbar, bezogen auf den Zeitpunkt der Begründung der Lebenspartnerschaft. Eine Rechtswahl im eigentlichen Sinne ist zu keinem Zeitpunkt möglich. Dennoch kann es zum Statutenwechsel kommen, wenn nämlich die Lebenspartner nachträglich ihre Lebenspartnerschaft in einem weiteren Staat registrieren lassen: Nach III sind bei **Mehrfachregistrierung** der Lebenspartnerschaft in verschiedenen Staaten nur die **Sachvorschriften des Staats der letzten Registrierung** maßgebend. Eine solche weitere Registrierung kommt faktisch einer Rechtswahl gleich.

12 Ist Güterrechtsstatut eine fremde Rechtsordnung, kann sich daraus ggf ein weiterer Umfang der güterrechtlichen Wirkungen einer nach diesem Recht registrierten Lebenspartnerschaft ergeben als im deutschen Recht vorgesehen. Nach **IV** gehen dann die Wirkungen im Inland nur so weit, wie es dem deutschen Sachrecht entspricht („**Kappungsregelung**").

13 Die Wirkung bestimmter **drittschützender Vorschriften** des deutschen Gütersachrechts erstreckt sich (ebenso wie nach Art 16 II) gem **II 2** auf inlandsbezogene Rechtsbeziehungen zu Dritten, wenn Lebenspartner beteiligt sind, für die ausl Güterrecht gilt. Die Vorschrift verweist auf die Regelung in §§ 8 I LPartG, 1362 BGB zu den **Eigentumsvermutungen** bei Zwangsvollstreckung in Lebenspartnern gehörende bewegliche Sachen (II 2 Alt 1). Hier ist zusätzlich Voraussetzung, dass sich die betreffenden Sachen im Inland befinden. Ferner gilt die Regelung zur „**Schlüsselgewalt**" in §§ 8 II LPartG, 1357 BGB (II 2 Alt 2). Hierzu ist zusätzlich Voraussetzung, dass das fragliche Rechtsgeschäft im Inland vorgenommen wurde. Art 16 I findet keine Entsprechung, sollte aber analog herangezogen werden (*Andrae* § 9 Rz 39).

14 Zur **internationalen Zuständigkeit** für Güterrechtsverfahren von Lebenspartnern gibt es keine gemeinschaftsrechtlichen oder staatsvertraglichen Regelungen: Die Brüssel IIa VO (VO (EG) Nr 2201/2003) hat nur Ehesachen zum Gegenstand, alle anderen Familiensachen sowie Lebenspartnerschaftssachen werden von ihr nicht erfasst. Die EuGVO (VO (EG) Nr 44/2001) und das LugÜ nehmen familienrechtliche Rechtsinstitute – mit Ausnahme der Unterhaltsansprüche – von ihrem Anwendungsbereich aus. Nach dem somit anwendbare nationalen deutschen Recht besteht eine Zuständigkeit für Folgesachen (§ 103 II FamFG). Im übrigen folgt die internationale Zuständigkeit den Regeln über die örtliche Zuständigkeit (§ 105 FamFG).

15 **F. Auflösung der Lebenspartnerschaft.** Das **Statut zur Auflösung** der Lebenspartnerschaft bestimmt sich gem **I 1 Alt 4** nach dem **Recht des Register führenden Staats.** Diese Verweisung erfolgt **unmittelbar in die Sachvorschriften** (I 1 aE) – keine Gesamtverweisung iSv Art 4 I 1. Haben die Lebenspartner nachträglich ihre Lebenspartnerschaft in einem weiteren Staat registrieren lassen, endet der Gleichlauf zum Begründungsstatut, da nach III bei **Mehrfachregistrierung** der Lebenspartnerschaft in verschiedenen Staaten nur die **Sachvorschriften des Staats der letzten Registrierung** maßgebend sind. Für die Auflösung der Lebenspartnerschaft ist in solchen Fällen das letztgenannte Recht berufen.

16 Zur **internationalen Zuständigkeit** für Verfahren auf Aufhebung (Auflösung) der Lebenspartnerschaft gibt es keine gemeinschaftsrechtliche oder staatsvertragliche Regelung. Weder die Brüssel IIa VO noch das LugÜ sind einschlägig (vgl *Wagner* IPRax 01, 281; *Helms* FamRZ 02, 1593 mwN). Nationale Rechtsgrundlage ist § 103 FamFG (*Althammer* IPRax 09, 384 f; *Hau* FamRZ 09, 823). Die **Anerkennung** einer im Ausland erfolgten Auflösung (Aufhebung) der registrierten Lebenspartnerschaft richtet sich, soweit eine gerichtliche oder behördliche Entscheidung vorliegt, nach § 108 FamFG, wie sich aus § 109 III FamFG ergibt. Ein besonderes

Verfahren zur Feststellung der Anerkennung ist nicht vorgeschrieben. § 107 FamFG gilt hier nicht (*Althammer* IPRax 09, 386). Stellt sich in einem Verfahren die Vorfrage der Anerkennungsfähigkeit, ist darüber inzidenter zu entscheiden. Für die Anerkennung einer Auflösung durch Rechtsgeschäft gilt Art 17b I 1 Alt 4 (*Wagner* IPRax 01, 281).

G. Unterhalt. Für das **Unterhaltsstatut** verweist I 2 Alt 1 auf die allgemeinen Vorschriften, dh **Art 18**. Ob 17 das Haager Üb über das auf Unterhaltspflichten anzuwendende Recht vom 2.10.73 in dynamischer Auslegung, die die Rechtsentwicklung berücksichtigt, angewendet werden kann (bejahend Eschenbruch/Klinkhammer/*Dörner* Kap 7 Rz 57 mwN), ist noch ungeklärt.

Die entspr Anwendung von Art 18 ist wie dort **Sachnormverweisung** und bedeutet: In jedem Falle ist 18 **zunächst von Art 18 V auszugehen**, wonach deutsches Recht immer anzuwenden ist, wenn sowohl der Berechtigte als auch der Verpflichtete Deutsche sind und der Verpflichtete seinen gewöhnlichen Aufenthalt im Inland hat. Diese Regelung geht allen anderen Anknüpfungen in Art 18 vor.

Für Unterhalt **bei Getrenntleben** ist, wenn die Voraussetzungen von Art 18 V nicht gegeben sind, nach 19 **Art 18 I und II** vorzugehen. Grundsätzlicher **Anknüpfungspunkt** ist somit der **gewöhnliche Aufenthalt des Anspruch stellenden Lebenspartners**. Kennt das Aufenthaltsrecht keine registrierte Lebenspartnerschaft oder gibt es danach keinen gesetzlichen Unterhaltsanspruch des Lebenspartners, schreibt Art 17b **I 2 aE** die **ersatzweise Anwendbarkeit des Rechts des Registrierungsstaats** vor, bei Mehrfachregistrierung in verschiedenen Staaten des Staats der letzten Registrierung (III).

Auch für den Unterhalt **nach Auflösung der Lebenspartnerschaft** ist zunächst nach Art 18 V anzuknüpfen. 20 Bei beiderseits deutschen Lebenspartnern und gewöhnlichem Aufenthalt des Verpflichteten in Deutschland ist also stets deutsches Recht berufen. In allen anderen Fällen kommt die entspr Anwendung der Regelung in Art **18 IV** in Betracht. Bei dieser erfolgt die **Anknüpfung danach, welche Rechtsordnung im konkreten Fall auf die Auflösung angewandt worden ist oder für die noch ausstehende Auflösung gem Art 17b I 1 Alt 4 anzuwenden wäre** (*Andrae* § 8 Rz 58). Soweit eine ausl Auflösungsentscheidung im Einzelfall aufgrund anders gelagerter Anknüpfung eine Rechtsordnung beruft, die Unterhalt nach Auflösung der Lebenspartnerschaft versagt, führt Art 17b **I 2 aE ersatzweise** wieder zum **Recht des Registrierungsstaats**. Falls auch danach kein Unterhaltsanspruch gegeben ist, kann allenfalls an eine Korrektur über Art 6 gedacht werden. Dies ist allerdings nur beim Vorliegen außergewöhnlicher Härten zu erwägen, was in Betracht kommen kann, wenn der anspruchstellende Lebenspartner wegen schwerer Erkrankung nicht mehr in der Lage ist, selbst seinen Lebensunterhalt sicherzustellen (vgl zum nachehelichen Unterhalt BGH FamRZ 91, 925; Hamm FamRZ 99, 1162; Zweibr NJW-RR FamRZ 00, 32).

Zur **Höhe** des Unterhalts sind Art **18 VI Nr 1 und VII** entspr anzuwenden. S. dazu Art. 18 Rn 17–19. 21

Die **internationale Zuständigkeit** für Unterhaltsverfahren, welche Verpflichtungen aus einer Lebenspartner- 22 schaft zum Gegenstand haben, ergibt sich in gleicher Weise wie für andere Unterhaltspflichten aus gemeinschaftsrechtlichen und staatsvertraglichen Rechtsquellen und nachrangig aus dem nationalen Recht. Einschlägige Rechtsgrundlagen sind VO (EG) Nr 44/2001 (Art 2 und 5), LugÜ (Art 2 und 5), nationales Recht (§§ 105, 232 FamFG). Für die **Anerkennung von ausl Unterhaltstiteln** gelten die auch sonst maßgeblichen Vorschriften, im nationalen Recht §§ 108, 109 IV Nr 1, 112 Nr 1 FamFG.

H. Lebenspartnerschaftsname. Zum **Statut** für die Anknüpfung eines **gemeinsamen Namens** der Lebens- 23 partner (§ 3 LPartG) verweist **II 1 Alt 1** auf die entspr Anwendung der für den Ehenamen maßgeblichen Kollisionsnorm in Art **10 II** (dazu KKFamR/*Rausch* Art 10 EGBGB Rz 7 ff). Soweit danach ein Lebenspartnerschaftsname nicht zulässig ist oder nicht gewählt wird, richtet sich die Namensführung der Lebenspartner in unmittelbarer Anwendung von Art 10 I nach dem jeweiligen Heimatrecht.

J. Wohnungszuweisung und Haushaltsgegenständeteilung. Zum **Statut** für Haushaltsgegenständeteilung 24 und Wohnungszuweisung verweist **II 1 Alt 2** auf die entspr Anwendung von Art **17a** (s. dazu Art. 17a Rn 1–3).

Die **internationale Zuständigkeit** für Verfahren zur Haushaltsgegenständeteilung oder Wohnungszuweisung 25 ist supranational nicht geregelt; § 103 II FamFG gilt auch für Verbundverfahren bei Auflösung der Lebenspartnerschaft. Im übrigen folgt die internationale Zuständigkeit den Regeln über die örtliche Zuständigkeit (§ 105 FamFG).

K. Erbrecht. Zum **Erbstatut** verweist **I 2 Alt 2** auf die allgemeinen Vorschriften, dh grds auf **Art 25**, wonach 26 an die Staatsangehörigkeit des verstorbenen Lebenspartners anzuknüpfen ist. Führt die Verweisung gem Art 25 I wegen fremder Staatsangehörigkeit des Erblassers in ausl Recht, ist dies Gesamtverweisung iSv Art 4 I. Art 3a II (Einzelstatut) ist zu beachten.

Gem Art 3 Nr 2 gehen Art 17b I 2 Alt 2, 25 **bilaterale Staatsverträge** vor. Im Verhältnis zum **Iran** gilt 27 Art 8 III des deutsch-iranischen Niederlassungsabk vom 17.2.29 (RGBl 1930 II 1006; BGBl 55 II S 829). Inhaltlich ergibt sich hieraus allerdings kein Unterschied zu Art 25 I, da auch hier an die Staatsangehörigkeit anzuknüpfen ist; es erübrigt sich lediglich die Gesamtverweisung und daher die Prüfung des iranischen Kollisionsrechts. Im Verhältnis zur **Türkei** ist § 14 der Anlage zu Art 20 des deutsch-türkischen Konsularvertrages vom 28.5.29 (BGBl 52 II 608) zu beachten. Diese Norm führt zur Nachlassspaltung: für unbeweglichen

Nachlass gilt nach § 14 II das Recht des Lageortes. Für beweglichen Nachlass wird nach § 14 I an die Staatsangehörigkeit des Erblassers angeknüpft. Im Verhältnis zu **Russland, Kirgisistan, Kasachstan, Georgien, Armenien, Ukraine, Usbekistan, Weißrussland, Tadschikistan, Moldawien und Aserbaidschan** gilt Folgendes: Art 28 III des Konsularvertrages zwischen der Bundesrepublik Deutschland und der UdSSR vom 25.4.58 (BGBl 59 II 233) knüpfte im Verhältnis der Vertragsstaaten zueinander für unbeweglichen Nachlass an den Lageort an. Dieser Konsularvertrag gilt im Verhältnis zu den genannten Nachfolgestaaten der UdSSR weiter. Für beweglichen Nachlass enthält der Konsularvertrag keine Regelung, so dass es insoweit bei Art 17b I 2, 25 I verbleibt.

28 Kennt das nach Art 17b I 2, 25 I berufene Heimatrecht des verstorbenen Lebenspartners keine registrierte Lebenspartnerschaft oder gibt es danach kein gesetzliches Erbrecht des Lebenspartners, schreibt Art 17b **I 2 aE** die **ersatzweise Anwendbarkeit des Rechts des Registrierungsstaats** vor, bei Mehrfachregistrierung in verschiedenen Staaten des Staats der letzten Registrierung (III). Kennt das so berufene Recht des Registrierungsstaats ein gesetzliches Erbrecht des überlebenden Lebenspartners, geht dies insoweit dem iÜ weiter anwendbaren Heimatrecht vor; dabei ist die Kappungsregelung in IV zu beachten.

Art. 18 Unterhalt.

(1) ¹Auf Unterhaltspflichten sind die Sachvorschriften des am jeweiligen gewöhnlichen Aufenthalt des Unterhaltsberechtigten geltenden Rechts anzuwenden. ²Kann der Berechtigte nach diesem Recht vom Verpflichteten keinen Unterhalt erhalten, so sind die Sachvorschriften des Rechts des Staates anzuwenden, dem sie gemeinsam angehören.
(2) Kann der Berechtigte nach dem gemäß Absatz 1 Satz 1 oder 2 anzuwendenden Recht vom Verpflichteten keinen Unterhalt erhalten, so ist deutsches Recht anzuwenden.
(3) Bei Unterhaltspflichten zwischen Verwandten in der Seitenlinie oder Verschwägerten kann der Verpflichtete dem Anspruch des Berechtigten entgegenhalten, daß nach den Sachvorschriften des Rechts des Staates, dem sie gemeinsam angehören, oder, mangels einer gemeinsamen Staatsangehörigkeit, des am gewöhnlichen Aufenthalt des Verpflichteten geltenden Rechts eine solche Pflicht nicht besteht.
(4) ¹Wenn eine Ehescheidung hier ausgesprochen oder anerkannt worden ist, so ist für die Unterhaltspflichten zwischen den geschiedenen Ehegatten und die Änderung von Entscheidungen über diese Pflichten das auf die Ehescheidung angewandte Recht maßgebend. ²Dies gilt auch im Fall einer Trennung ohne Auflösung des Ehebandes und im Fall einer für nichtig oder als ungültig erklärten Ehe.
(5) Deutsches Recht ist anzuwenden, wenn sowohl der Berechtigte als auch der Verpflichtete Deutsche sind und der Verpflichtete seinen gewöhnlichen Aufenthalt im Inland hat.
(6) Das auf eine Unterhaltspflicht anzuwendende Recht bestimmt insbesondere,
1. ob, in welchem Ausmaß und von wem der Berechtigte Unterhalt verlangen kann,
2. wer zur Einleitung des Unterhaltsverfahrens berechtigt ist und welche Fristen für die Einleitung gelten,
3. das Ausmaß der Erstattungspflicht des Unterhaltsverpflichteten, wenn eine öffentliche Aufgaben wahrnehmende Einrichtung den ihr nach dem Recht, dem sie untersteht, zustehenden Erstattungsanspruch für die Leistungen geltend macht, die sie dem Berechtigten erbracht hat.
(7) Bei der Bemessung des Unterhaltsbetrags sind die Bedürfnisse des Berechtigten und die wirtschaftlichen Verhältnisse des Unterhaltsverpflichteten zu berücksichtigen, selbst wenn das anzuwendende Recht etwas anderes bestimmt.

1 **A. Unterhaltsstatut. I. Rechtsgrundlagen. 1. Kollisionsnormen.** Der Vorschrift geht gem Art 3 Nr 2 eine Reihe **völkerrechtlicher Vereinbarungen** vor. Im Verhältnis zum **Iran** gilt für die Anknüpfung des Unterhalts das deutsch-iranische Niederlassungsabk vom 17.2.29 (RGBl 1930 II 1006; BGBl 55 II S 829), nach welchem bei gleicher Staatsangehörigkeit von Unterhaltsberechtigtem und -verpflichtetem allein an deren Staatsangehörigkeit angeknüpft wird (Art 8 III). Im Verhältnis zu **Belgien, Liechtenstein und Österreich** gilt bzgl des Unterhalts für noch nicht 21-jährige Kinder das Haager Üb über das auf Unterhaltsverpflichtungen ggü Kindern anzuwendende Recht vom 24.10.56 (BGBl 61 II 1013 – **HKUÜ** –). S. dazu u. Rn 10.

2 Mit einer größeren Zahl von Staaten ist für Deutschland am 1.4.87 in Kraft getreten das **Haager Üb über das auf Unterhaltspflichten anzuwendende Recht vom 2.10.73** (BGBl 86 II S 837 – **HUÜ** –). Die in diesem Üb geregelten Anknüpfungspunkte sind inhaltlich identisch mit der innerstaatlichen Regelung, die am 1.9.86 mit der Neufassung von Art 18 in Kraft getreten war. Das HUÜ war zugleich mit dem Gesetz zur Neuregelung des IPR, welches die Neufassung des EGBGB brachte, durch die Bundesrepublik ratifiziert worden; Art 18 ist inhaltsgleich mit dem HUÜ und hat daher nach manchen staatsvertraglichen Charakter (so Palandt/*Thorn* Rz 2 mwN; aA Eschenbruch/Klinkhammer/*Dörner* Kap 7 Rz 19 mwN). Das HUÜ ist **loi uniforme**, dh es gilt für die Rechtsanwendung in Deutschland bei jedem Auslandsbezug unabhängig davon, ob Berührung zu einem Vertragsstaat oder einem Nichtvertragsstaat vorliegt (BGH FuR 01, 265). Daher ist es trotz des an sich nach Art 3 Nr 2 gegebenen Vorrangs des HUÜ im Ergebnis unschädlich, lediglich den Text des Art 18 heranzuziehen. Bei der Interpretation des Art 18 ist es allerdings in jedem Fall geboten, die Vorschrift iS des HUÜ auszulegen. Im Folgenden werden die jeweils einschlägigen Regelungen nach ihrer Fundstelle in Art 18 zitiert und die entspr Norm des HUÜ in Klammern beigefügt. Das **Haager Protokoll über das auf Unterhalts-**

pflichten anzuwendende Recht von 2007 und das Haager Üb zur internationalen Durchsetzung von Kindesunterhalt und anderen familienrechtlichen Unterhaltsansprüchen von 2007 sind noch nicht in Kraft getreten (*Janzen* FPR 08, 218). Die **EU-Verordnung** Nr 4/2009 vom 18.12.08 über die Zuständigkeit, das anwendbare Recht, die Anerkennung und Vollstreckung von Entscheidungen und die Zusammenarbeit in Unterhaltssachen ist am 30.1.09 in Kraft getreten. Sie findet jedoch frühestens ab 18.6.11 unter der Voraussetzung Anwendung, dass das Haager Protokoll zu diesem Zeitpunkt von den Mitgliedstaaten ratifiziert wurde (*Mansel/Thorn/Wagner* IPRax 10, 6 f). Die VO regelt neben der internationalen Zuständigkeit auch das anwendbare Recht. Für letzteres wird allerdings für die daran gebundenen Mitgliedstaaten nur auf das Haager Protokoll verwiesen, Art 15, dazu Rauscher/*Andrae* EG-Unterhalts-Verordnung Art 15 Rz 13 ff.

Im Hinblick auf den staatsvertraglichen Ursprung des Art 18 sind die dort geregelten Anknüpfungen **Sachnormverweisungen**, nicht also Gesamtverweisung iSv Art 4 I 1 (München FamRZ 09, 1593). 3

Bei Anwendung von Art 18 ist bzgl aller Unterhaltsarten **ausnahmslos zunächst von V auszugehen**, wonach deutsches Recht immer anzuwenden ist, wenn sowohl der Berechtigte als auch der Verpflichtete Deutsche sind und der Verpflichtete seinen gewöhnlichen Aufenthalt im Inland hat (BGH FamRZ 09, 962). Diese Regelung geht allen anderen Anknüpfungen in Art 18, insb auch derjenigen zum Geschiedenenunterhalt in IV, vor (BGH FamRZ 91, 925). Sie beruht auf einem von Deutschland gem Art 15 und 24 HUÜ erklärten Vorbehalt. 4

2. Rechtswahl. Zur Zulässigkeit einer von der gesetzlichen Anknüpfung abw vertraglichen Vereinbarung einer bestimmten Rechtsordnung, die für die Vertragsparteien maßgeblich sein soll, enthält das HUÜ keine Regelung. Das Schweigen des Üb hierzu sowie der kollisionsrechtliche Grundsatz, dass Rechtswahl nur bei besonderer gesetzlicher Gestattung zulässig ist, zwingen zu dem Schluss, dass eine Rechtswahl des Unterhaltsstatuts nicht möglich und daher, wenn vorgenommen, **unwirksam** ist (Eschenbruch/Klinkhammer/*Dörner* Kap 7 Rz 69 mwN). Die Möglichkeit von Unterhaltsvereinbarungen iRd anwendbaren Rechts bleibt davon unberührt. 5

II. Reichweite des Unterhaltsstatuts. Der **sachliche Anwendungsbereich** umfasst **gesetzliche** Unterhaltspflichten, wobei es auf die Art der Unterhaltsgewährung (Barunterhalt, Betreuungsunterhalt, Sonderbedarf) nicht ankommt. Andersartige Unterhaltsersatzansprüche ausl Rechts fallen ebenfalls hierunter, so zB der Entschädigungsanspruch des geschiedenen Ehegatten nach Art 174 türkZGB (Stuttg FamRZ 93, 975). Die Morgengabe islamischen Rechts wird als Vereinbarung über die finanzielle Absicherung der Frau nach Scheidung zT unterhaltsrechtlich qualifiziert, s. aber Art 15 Rn 2. Zur Ketubbah-Vereinbarung jüdischen Rechts vgl Ddorf FamRZ 02, 1118. Die gesetzliche Unterhaltspflicht muss sich aus Beziehungen der Familie, Verwandtschaft, Ehe oder Schwägerschaft ergeben einschl der Unterhaltspflicht ggü einem nichtehelichen Kind (Art 1 HUÜ) und der Verpflichtungen des Vaters ggü der Mutter eines außerhalb der Ehe geborenen Kindes. Hierzu gehören auch evtl Unterhaltsansprüche aus nichtehelicher Lebensgemeinschaft (aA Palandt/*Thorn* Rz 15 mwN – str) oder aus deliktischem Handeln. Für die Eingetragene Lebenspartnerschaft gelten nach Art 17 I 2 die allgemeinen Vorschriften – also Art 18 – entspr. Auf etwaige Unterhaltsansprüche während Bestehens einer **nichtehelichen Lebensgemeinschaft** kann Art 18 I (Art 4 I HUÜ) angewendet werden (hM). Als Bestandteil der gesetzlichen Unterhaltspflicht bestimmen sich auch deren Geltendmachung vorbereitende Ansprüche und Gestaltungsrechte nach dem Unterhaltsstatut. Dies gilt insb für Auskunftsansprüche (Eschenbruch/Klinkhammer/*Dörner* Kap 7 Rz 46 mwN) und die Unterhaltsbestimmung nach § 1612 II BGB. 6

Vertraglich oder im Wege eines Schuldanerkenntnisses vereinbarte Verpflichtungen zur Leistung von Unterhalt, ohne dass ein gesetzlicher Unterhaltstatbestand zugrunde liegt, werden vom Unterhaltsstatut nicht erfasst. Bsp: Vereinbarung der Pflege und Unterhaltsgewährung durch einen jüngeren Nichtverwandten ggü einem älteren Menschen iRe Erb- und Pflegevertrags; das Statut für die darin enthaltene schuldrechtliche Unterhaltsverpflichtung bestimmt sich nach dem Vertragsstatut. Hiervon zu unterscheiden sind Vereinbarungen – auch der Unterhaltsverzicht –, welche lediglich die gesetzliche Unterhaltspflicht konkretisieren oder modifizieren. Diese unterfallen dem Unterhaltsstatut. Dasselbe gilt für gerichtliche Vergleiche solchen Inhalts (Eschenbruch/Klinkhammer/*Dörner* Kap 7 Rz 44 mwN) sowie die Gläubigeranfechtung von Unterhaltsvereinbarungen (Schlesw OLGR 04, 226). 7

Der Anwendungsbereich des Unterhaltsstatuts umfasst auch die Frage der Verpflichtung zur Zahlung eines **Prozesskostenvorschusses**. Diese Qualifikation ist inzwischen hM (Palandt/*Thorn* Rz 17 mwN). Besteht also im Einzelfall nach dem maßgebenden ausl Unterhaltsstatut keine Prozesskostenvorschusspflicht, kann diese auch nicht hilfsweise aus dem deutschen Recht hergeleitet werden. 8

Fraglich ist, ob die Zuweisung von **Ehewohnung und Haushaltsgegenständen** dem Unterhaltsstatut zuzuordnen ist. Im Verhältnis zum **Iran** ist auch insoweit vorrangig Art 8 III des deutsch-iranischen Niederlassungsabk vom 17.2.29 (s. dazu Art 17a Rn 2). Seit dem 1.1.02 ist **Art 17a** spezielle Kollisionsnorm zum Zuweisungsstatut, **wenn Haushaltsgegenstände und Ehewohnung im Inland** belegen sind. Soweit sie sich im Ausland befinden, bleibt es bei der umstrittenen Rechtslage (s. Art 17a Rn 4). 9

III. Verwandtenunterhalt. 1. Kindesunterhalt. Das lediglich im Verhältnis zu Belgien, Liechtenstein und Österreich noch geltende und nur auf noch nicht 21 Jahre alte Kinder anwendbare **HKUÜ** enthält inhaltlich dieselben Anknüpfungspunkte wie das HUÜ und Art 18 – mit einer einzigen Ausnahme: Art 18 I 2 (Art 5 10

HUÜ) – s.u. Rn 12 – findet dort keine entspr Regelung. Im Verhältnis zu Belgien, Liechtenstein und Österreich kommt daher bis auf die letztgenannte Ausnahme ebenfalls inhaltlich die Regelung in Art 18 zur Anwendung. Für „Kinder", die das 21. Lebensjahr vollendet haben oder zwar jünger, aber verheiratet sind, gilt die genannte Einschränkung nicht, da das HKUÜ auf diesen Personenkreis nicht anwendbar ist (Art 1 IV HKUÜ).

11 Bei der Anwendung von Art 18 ist stets zunächst von V auszugehen (s.o. Rn 4). Liegen dessen Voraussetzungen nicht vor, ist nach I 1 (Art 4 I HUÜ) anzuknüpfen: Maßgebend ist der **gewöhnliche Aufenthalt des Unterhaltsberechtigten**, hier also des Kindes. Auf den möglicherweise abweichenden Aufenthalt des gesetzlichen Vertreters kommt es nicht an. Bei Wechsel des gewöhnlichen Aufenthalts des Kindes tritt auch ein Statutenwechsel ein, die Anknüpfung in Art 18 I 1 (Art 4 I HUÜ) ist wandelbar (Art 4 II HUÜ).

12 Ergibt sich aus dem nach I 1 (Art 4 I HUÜ) berufenen Recht kein Unterhaltsanspruch, kann über **I 2** (Art 5 HUÜ), hilfsweise über II (Art 6 HUÜ) angeknüpft werden. Danach ist das **gemeinsame Heimatrecht** – dh Anknüpfung an die gemeinsame Staatsangehörigkeit – von Kind und Unterhaltsverpflichtetem berufen, wenn nach dem Aufenthaltsrecht kein Unterhalt verlangt werden kann (I 2 = Art 5 HUÜ). Ist auch nach dem gemeinsamen Heimatrecht kein Unterhaltsanspruch gegeben, ist **deutsches Recht** anzuwenden (II = Art 6 HUÜ). Diese Normen sind allerdings nicht als Meistbegünstigungsklausel idS zu verstehen, dass das deutsche Recht immer schon dann anzuwenden wäre, wenn das nach I 1 (Art 4 I HUÜ) berufene Sachrecht den Unterhaltsanspruch zwar der Sache nach kennt, wegen besonderer Umstände des konkreten Falles (zB eingeschränkte oder fehlende Leistungsfähigkeit des Verpflichteten) aber kein oder nur geringerer Unterhalt verlangt werden kann. I 2 (Art 5 HUÜ) und II (Art 6 HUÜ) sind nur dann anzuwenden, wenn das an sich berufene fremde Recht dem Anspruchsteller („Berechtigten") einen Unterhaltsanspruch überhaupt versagt; es muss also feststehen, dass nach dem fremden Recht aus der konkreten familienrechtlichen Beziehung zum Anspruchsgegner überhaupt keine Unterhaltsleistung verlangt werden kann (Oldbg NJW-RR 96, 1220; Hamm FamRZ 98, 25).

13 **2. Sonstige Angehörige.** Wie sich aus Art 1 HUÜ ergibt, ist das Üb – und damit **Art 18 – auf alle Unterhaltspflichten anzuwenden**, die sich aus Beziehungen der Familie, Verwandtschaft, Ehe oder Schwägerschaft ergeben, einschl der Unterhaltspflicht ggü einem nichtehelichen Kind. Es umfasst demnach iRe weiten Familienbegriffs alle denkbaren gesetzlichen Unterhaltspflichten auch zwischen Nichtverwandten, insb auch die des Vaters eines außerhalb der Ehe geborenen Kindes ggü dessen Mutter. Eine Einschränkung besteht für die dem deutschen Recht unbekannte Unterhaltspflicht zwischen Verschwägerten, Verwandten in der Seitenlinie und ggü Pflegekindern. Statuiert eine andere Rechtsordnung im Gegensatz dazu eine solche Unterhaltsverpflichtung, ist im Kollisionsfall zunächst das nach I 1 (Art 4 I HUÜ) berufene Recht zu ermitteln. Gewährt dieses dem Anspruchsteller als **Verwandten in der Seitenlinie oder Verschwägerten** einen Anspruch auf Unterhalt, kann der Antragsgegner nach III (Art 7 HUÜ) entgegenhalten, dass das gemeinsame Heimatrecht einen solchen Anspruch nicht kennt. Bei fehlender gemeinsamer Staatsangehörigkeit ist hierfür das Recht am Ort des gewöhnlichen Aufenthalts des Anspruchsgegners maßgebend. Dies ist im Weg der **Einrede** geltend zu machen, eine Prüfung vAw findet nicht statt (Eschenbruch/Klinkhammer/*Dörner* Kap 7 Rz 115).

14 **IV. Ehegattenunterhalt. 1. Getrenntlebensunterhalt.** Art 18 (das HUÜ) ist uneingeschränkt entspr den o Rn 10 ff zum Kindesunterhalt dargestellten Grundsätzen anzuwenden. Hier wie dort ist ausnahmslos zunächst V zu prüfen und nur, wenn dessen Voraussetzungen nicht gegeben sind, nach I und 2 (Art 4, 5, 6 HUÜ) vorzugehen. Grundsätzlicher **Anknüpfungspunkt** ist somit der **gewöhnliche Aufenthalt des anspruchstellenden Ehegatten**. Zur Vorfrage des Bestehens einer Ehe s.u. Rn 21.

15 **2. Geschiedenenunterhalt.** Auch für den Unterhalt nach Scheidung ist zunächst nach V anzuknüpfen. Bei beiderseits deutschen Eheleuten und gewöhnlichem Aufenthalt des Verpflichteten in Deutschland ist also stets deutsches Recht berufen. In allen anderen Fällen erfolgt die Anknüpfung nur nach IV (Art 8 HUÜ); I und 2 (Art 4–6 HUÜ) gelten für den Unterhalt nach Scheidung nicht (BGH FamRZ 91, 925). Die Anknüpfung erfolgt einzig danach, welche **Rechtsordnung im konkreten Fall auf die Ehescheidung angewandt worden ist oder für die noch ausstehende Scheidung gem Art 17 I anzuwenden wäre**.

16 Ein **Rückgriff auf deutsches Recht** ist auch dann **nicht möglich**, wenn die als Scheidungsstatut berufene Rechtsordnung einen Geschiedenenunterhalt überhaupt nicht kennt. Ob dies im Einzelfall über den **ordre public** (Art 11 HUÜ, Art 6) korrigiert werden kann, ist beim Vorliegen außergewöhnlicher Härten zu erwägen. Dazu reicht allerdings nicht, dass das nach dem Scheidungsstatut maßgebliche Recht einem geschiedenen Ehegatten Unterhalt in weiteren Fällen versagt oder in geringerem Ausmaß zubilligt, als dies nach deutschem Recht der Fall ist. Vielmehr muss das an sich anzuwendende Recht auch für besondere Härtefälle keine dem deutschen Recht vergleichbare Anspruchsgrundlage bereithalten (BGH FamRZ 91, 925). Dies kommt va dann in Betracht, wenn der anspruchstellende Ehegatte gemeinsame minderjährige Kinder betreut oder wegen schwerer Erkrankung nicht mehr in der Lage ist, selbst seinen Lebensunterhalt sicherzustellen (BGH aaO; Hamm FamRZ 99, 1162; Zweibr FamRZ 00, 32).

17 Bei Aufenthalt der geschiedenen Ehegatten in unterschiedlichen Ländern ist ggf eine Anpassung des nach Art 18 V oder IV (Art 8 HUÜ) und dem daraus folgenden Unterhaltsstatut geschuldeten Euro-Unterhaltsbetrages erforderlich, wenn der Unterhaltsberechtigte durch Übersiedlung in ein billigeres Land seinen Bedarf mit geringerem Aufwand decken kann (BGH FamRZ 87, 682) – s. dazu u. Rn 20.

V. Höhe des Unterhalts. Wie sich aus **VI Nr 1** (Art 10 Nr 1 HUÜ) ergibt, umfasst das nach I–V berufene **18** Recht auch dessen „Ausmaß", also die **Höhe** des geschuldeten Unterhalts. Dies gilt zunächst unabhängig davon, ob die Parteien sich im selben oder in verschiedenen Staaten aufhalten. Soweit das berufene Sachrecht einen solchen Sachverhalt bei der Unterhaltsbemessung berücksichtigt, bleibt es auch insoweit bei der Maßgeblichkeit dieses Rechts. Dies gilt uneingeschränkt, wenn **deutsches Recht** berufen ist, da nach diesem die Höhe des Unterhalts sich grds nach den Umständen des Einzelfalls richtet, nicht an starre gesetzliche Vorgaben gebunden ist und Bedürftigkeit einerseits und Leistungsfähigkeit andererseits zwingende Maßstäbe sind. Bei Maßgeblichkeit **ausl Rechts** ist für die Unterhaltsberechnung das **ausl Recht maßgeblich,** wenngleich in der Gerichtspraxis aus Gründen der Vereinfachung auch dann häufig zusätzlich (zB Zweibr FamRZ 04, 729: Russland) oder ausschließlich bzw nahezu ausschließlich die deutschen Grundsätze herangezogen werden (zB Hamm FamRZ 05, 369: Polen; AG Leverkusen FamRZ 04, 727: Polen).

Ist **ausl Recht** berufen, kann dort uU eine starre Regelung der Unterhaltshöhe anzutreffen sein. Für diesen Fall **19** normiert **VII** (Art 11 II HUÜ) die zwingende **Berücksichtigung der Bedürfnisse des Berechtigten und der wirtschaftlichen Verhältnisse des Verpflichteten**, selbst wenn das berufene Recht etwas anderes bestimmt. Die Norm verdrängt – auf völkerrechtsvertraglicher Grundlage – das an sich berufene Recht und ist selbst unmittelbar anzuwendende Sachnorm. Lässt dagegen das berufene ausl Sachrecht – was regelmäßig der Fall ist – den Umfang des Unterhalts von den Bedürfnissen des Berechtigten und den Erwerbs- und Vermögensmöglichkeiten des Verpflichteten abhängen, so hat VII (Art 11 II HUÜ) keine Bedeutung (Hamm FamRZ 03, 1855: Russland).

Eine besondere sachrechtliche Problematik ergibt sich nach deutschem Recht bei einem Aufenthalt des Ver- **20** pflichteten und des Unterhaltsberechtigten in unterschiedlichen Ländern mit **erheblichem wirtschaftlichen Gefälle.** Dabei ist auf die Bedürfnisse des Berechtigten und die Erwerbs- und Vermögensmöglichkeiten des Verpflichteten abzustellen. Dies bedeutet bei im Vergleich zum Aufenthaltsstaat des Berechtigten höheren Einkommensverhältnissen des in Deutschland lebenden Verpflichteten zum einen ein Anspruch des Berechtigten auf angemessene Teilhabe an dem gehobenen Lebensstandard des Verpflichteten (BGH FamRZ 87, 682: Polen), zum anderen aber auch die Notwendigkeit der Berücksichtigung von geringeren Lebenshaltungskosten, geringerem Lohnniveau und niedrigerem sozialen Gefüge im Aufenthaltsstaat des Berechtigten. Hierbei finden mehrere Methoden (zT gleichzeitig) Anwendung (näher *Gora* ZKJ 08, 455 insb zu Polen). Eher selten wird der Bedarf **einzelfallorientiert** ermittelt. Teilweise werden Abschläge nach der **Ländergruppeneinteilung des Bundesfinanzministeriums** vorgenommen (zB Kobl FamRZ 02, 56: Russland; Kobl FamRZ 07, 417: Philippinen; Kobl FamRZ 07, 1592: Ecuador; Zweibr FamRZ 04, 729: Russland). Andere gehen von der **Verbrauchergeldparität** und dem Devisenkurs aus (BGH FamRZ 87, 682: Polen; KG FamRZ 02, 1057; Nürnbg FamRZ 97, 1355: Polen). Zunächst wird aus den Einkommensverhältnissen des Vaters der Unterhalt für ein in Deutschland lebendes gleichaltriges Kind aus der Unterhaltstabelle zu ermitteln. Hiervon wird sodann ein Abschlag vorgenommen, dessen Höhe aus einem Vergleich der sog Verbrauchergeldparität mit dem Devisenkurs sowie der Berücksichtigung der allg wirtschaftlichen Verhältnisse im Aufenthaltsstaat als pauschaler Prozentsatz oder Bruchteil zu bestimmen ist. „Verbrauchergeldparität" bedeutet den vom statistischen Bundesamt veröffentlichten (Statistisches Bundesamt, Preise, Fachserie 17, Reihe 10, Int Vergleich der Preise für die Lebensführung) €-Betrag, der erforderlich ist, um in Deutschland die gleiche Warenmenge zu kaufen, welche im Ausland für eine bestimmte dortige Geldeinheit aufzuwenden ist. Beim Ehegattenunterhalt ist dementspr zu verfahren. Schließlich findet auch eine Bedarfskorrektur nach einer **preisniveaubezogenen Kaufkraftdifferenz** statt (Hamm FamRZ 05, 369: Polen).

VI. Vorfragen. Für den Unterhaltsanspruch relevante Statusfragen sind va die **Abstammung** und die **Wirk- 21 samkeit einer Ehe.** Dem Sinn des HUÜ (bzw Art 18) entsprechend sind die **Vorfragen** des Bestehens einer gültigen Ehe und der Rechtsverbindlichkeit einer Abstammung nach inzwischen überwiegender Meinung unselbstständig, also nicht nach Art 13 bzw Art 19, 20, sondern nach dem aus dem HUÜ (bzw Art 18) abzuleitenden Kollisionsrecht des Unterhaltsstatuts anzuknüpfen (Eschenbruch/Klinkhammer/*Dörner* Kap 7 Rz 64). Allerdings ist die Frage, ob die Ehe zwischenzeitlich aufgelöst wurde, selbstständig anzuknüpfen (*Hohloch* Internationales Scheidungs- und Scheidungsfolgenrecht Kap 1 Rz 145 mwN).

VI 6 Nr 2 (Art 10 Nr 2 HUÜ) regelt ausdrücklich die Teilfrage, wer „zur Einleitung des Unterhaltsverfahrens **22** berechtigt" ist. Danach folgt dies unmittelbar dem Unterhaltsstatut, ist also nicht selbstständig anzuknüpfen. Hiervon umfasst ist die gesetzlichen **Vertretung des Kindes im Prozess** wie auch die Prozessstandschaft nach § 1629 II 2, III 1 BGB (BGH FamRZ 92, 426).

VII. Unterhaltsrückgriff. Leistet anstelle des eigentlichen Unterhaltsschuldners ein Dritter Unterhalt, so **23** richtet sich der Rückgriff subsidiär Verpflichteter nach dem für ihre Unterhaltspflicht maßgeblichen Unterhaltsstatut (*Martiny* FS Jayme I, 04, 575, 585 ff). Hat eine „**öffentliche** Aufgaben wahrnehmende **Einrichtung**" Unterhalt geleistet, differenziert **VI Nr 3** (Art 9 und 10 Nr 3 HUÜ) zwischen der Grundlage für den Rückgriff und dem Ausmaß, dh Grund und Höhe der Erstattungspflicht des Unterhaltsschuldners. Als öffentliche Einrichtungen sind zu verstehen Unterhaltsersatz gewährende Behörden (Sozialamt, Unterhaltsvorschusskasse) und privatrechtlich organisierte gemeinnützige Einrichtungen (Krankenhaus, Suchtbetreuungseinrichtung). Nach VI Nr 3 ist für die **Grundlage** des Erstattungsanspruchs oder Forderungsübergangs das Recht maßgebend, dem die Einrichtung untersteht (Art 9 HUÜ). Hingegen folgt das für das **Ausmaß** der Erstattungspflicht maßgebliche Recht dem aus I bis V (Art 4 bis 8 HUÜ) abzuleitenden Unterhaltsstatut. Bei Bezug von Sozialhilfe durch eine in Deutschland lebende geschiedene Ehefrau richtet sich also der Forderungsübergang nach deutschem Sachrecht (§ 94 SGB XII), hingegen die Frage, ob und inwieweit der vormalige Ehemann Unterhalt zu zahlen hat, nach dem gem V bzw 4 zu bestimmenden Recht.

24 VI Nr 3 (Art 9, 10 Nr 3 HUÜ) enthalten keine spezifische Regelung für den Fall, dass eine **Privatperson** an Stelle des Unterhaltsschuldners geleistet hat. Hier bestimmt sich auch die evtl Ersatzverpflichtung des Unterhaltsschuldners nach dem Unterhaltsstatut (Eschenbruch/Klinkhammer/*Dörner* Kap 7 Rz 21 mwN).

25 **VIII. Unterhaltsabänderung.** Das sich aus I 1 (Art 4 I HUÜ) ergebende materielle Unterhaltsstatut ist **wandelbar**: Wenn der Unterhaltsberechtigte seinen gewöhnlichen Aufenthalt in ein anderes Land verlegt, ist vom Zeitpunkt des Aufenthaltswechsels an das innerstaatliche Recht des gewöhnlichen Aufenthalts anzuwenden (Art 4 II HUÜ). Dies gilt wegen der starren Anknüpfung in IV (Art 8 HUÜ) nicht für den Geschiedenenunterhalt. Die **Abänderung** eines bestehenden Unterhaltstitels erfolgt, auch wenn es sich um ein anzuerkennendes ausl Unterhaltsurteil handelt, **nach § 323 ZPO** (BGH FamRZ 83, 806). Das **Abänderungsstatut** – also die Frage, welche Rechtsordnung den Maßstab für die Abänderung ergibt – entspricht dem Unterhaltsstatut (vgl Art 18 IV/Art 8 I HUÜ: „und die Änderungen"). Demnach richtet sich nach einem Statutenwechsel die Abänderung nach dem aktuellen Unterhaltsstatut (Köln FamRZ 05, 534).

26 **B. Verfahrensrecht.** Die Regelung der **internationalen Zuständigkeit für Unterhaltsverfahren** – unabhängig davon, ob das Verfahren als Folgesache oder isoliert betrieben wird –, einschl von Verfahren zur einstweiligen Anordnung (§ 49 FamFG) sowie des Vereinfachten Verfahrens nach §§ 249 ff FamFG ergibt sich aus dem Gemeinschaftsrecht und Staatsverträgen sowie nachrangig aus dem nationalen Recht. Einschlägige Rechtsgrundlagen sind: **EuGVO** (VO (EG) Nr 44/2001; „Brüssel I") – Art 2 und 5 (künftig die UnterhVO), – **LugÜ** – Art 2 und 5, – deutsches Recht. Dies verlangt für jedes Unterhaltsverfahren die vorrangige Prüfung, ob das konkrete Verfahren in den Anwendungsbereich der EuGVO fällt (*Martiny* FamRZ 08, 1681 ff). Ist das nicht der Fall, so kommt das LugÜ in Betracht. Nur wenn auch dessen Anwendungsbereich nicht greift, ist auf das autonome Recht zurückzugreifen. S. § 98 II FamFG (Folgesachen); iÜ gilt § 105 FamFG (*Althammer* IPRax 09, 382; *Hau* FamRZ 09, 822 f).

27 Die **Anerkennung ausl Unterhaltstitel** kann unter den Vertragsstaaten nach dem HUVollstrÜ 1973 (BGBl 86 II S 826) erfolgen. Wahlweise kann die Anerkennung auch auf die EuGVO (Brandbg FamRZ 08, 1758), das EuGVÜ (für Altfälle) und das LugÜ (insb für Altfälle) gestützt werden. Darüber hinaus kommen weitere völkerrechtliche Vereinbarungen in Betracht. S dazu iE KKFamR/*Rausch* Art 18 EGBGB Rz 31 ff. Nach nationalem Recht gilt § 108 FamFG.

Art. 19 Abstammung.

(1) ¹Die Abstammung eines Kindes unterliegt dem Recht des Staates, in dem das Kind seinen gewöhnlichen Aufenthalt hat. ²Sie kann im Verhältnis zu jedem Elternteil auch nach dem Recht des Staates bestimmt werden, dem dieser Elternteil angehört. ³Ist die Mutter verheiratet, so kann die Abstammung ferner nach dem Recht bestimmt werden, dem die allgemeinen Wirkungen ihrer Ehe bei der Geburt nach Artikel 14 Abs. 1 unterliegen; ist die Ehe vorher durch Tod aufgelöst worden, so ist der Zeitpunkt der Auflösung maßgebend.
(2) Sind die Eltern nicht miteinander verheiratet, so unterliegen Verpflichtungen des Vaters gegenüber der Mutter auf Grund der Schwangerschaft dem Recht des Staates, in dem die Mutter ihren gewöhnlichen Aufenthalt hat.

1 **A. Geltung der Vorschrift.** Die Vorschrift ist mit der Kindschaftsrechtsreform am 1.7.98 in Kraft getreten. Sie regelt die **Abstammung von Mutter und Vater** und gilt dabei – in Abkehr von der früheren Rechtslage – **einheitlich für innerhalb wie für außerhalb einer Ehe geborene Kinder**. Sie betrifft ausschl die Frage, wer Mutter und Vater eines Kindes ist. Soweit fremdes Recht in Betracht kommt und dieses noch den Unterschied zwischen ehelichen und nichtehelichen Kindern kennt, ist bei der Anwendung von Art 19 „Ehelichkeit" iS eines solchen Rechts als Abstammung von dem in Betracht kommenden Mann zu verstehen. Art 19 hat die Feststellung des Bestehens von Abstammung im Rechtssinne zum Gegenstand, während Art 20 deren Beseitigung durch Anfechtung regelt.

2 Ggü I vorrangige völkerrechtliche Vereinbarung ist das **deutsch-iranische Niederlassungsabk** vom 17.2.29 (RGBl 1930 II 1006; BGBl 55 II S 829). Nach dessen Art 8 III richtet sich die Abstammung nach der iranischen Staatsangehörigkeit des Kindes, falls dieses nicht auch Deutscher ist. Weitere supranationale Regelungen gibt es lediglich zu begrenzten Teilbereichen: Das **Römische CIEC-Übereinkommen** über die Erweiterung der Zuständigkeit der Behörden, vor denen nichteheliche Kinder anerkannt werden können, vom 14.9.61 (BGBl 65 II 19) betrifft Adressat und Form der Erklärung von Vaterschaftsanerkenntnissen. Das **Brüsseler CIEC-Übereinkommen** über die Feststellung der mütterlichen Abstammung nichtehelicher Kinder vom 12.9.62 (BGBl 65 II 23) enthält Erleichterungen zum Nachweis und zur Anerkennung der Mutterschaft. Beide Üb betreffen nur außerhalb einer Ehe geborene Kinder.

Art 19 II wird weitgehend verdrängt durch die vorrangigen Regelungen zum Unterhaltsstatut (vgl Art 18 **3** Rn 2). Das Unterhaltsstatut geht insoweit vor, als es um Verpflichtungen des Vaters zur Leistung von **Unterhalt** an die Mutter eines außerhalb einer Ehe geborenen Kindes geht (Staud/*Henrich* (02) Rz 101 mwN), iSd deutschen Rechts also Ansprüche aus § 1615l I 1, II und III BGB. Nicht unterhaltsrechtlich zu qualifizieren und damit Art 19 II zuzuordnen sind Ansprüche aus Tot- und Fehlgeburt sowie bei Tod der Mutter infolge der Schwangerschaft oder der Entbindung – im deutschen Recht §§ 1615m und 1615n BGB – sowie die Verpflichtung zur Erstattung der Kosten, die infolge der Schwangerschaft oder der Entbindung entstehen – im deutschen Recht § 1615l I 2 BGB. Im insoweit verbleibenden Anwendungsbereich von II ist Anknüpfungspunkt der gewöhnliche Aufenthalt der Kindesmutter.

B. Geburt des Kindes seit dem 1.7.98. I. Anknüpfung. Da für die Beurteilung der Abstammung eines Kin- **4** des grds auf den Zeitpunkt der Geburt abzustellen ist (BGH FamRZ 87, 583), kommt Art 19 in seiner heutigen Fassung uneingeschränkt nur für seit dessen Inkrafttreten (1.7.98) geborene Kinder zur Anwendung. Für davor Geborene ergibt sich aus Art 224 § 1 I nicht nur in sachrechtlicher, sondern auch in kollisionsrechtlicher Hinsicht (Hamm FamRZ 05, 291 mwN) die grundsätzliche Anwendbarkeit des früheren Rechts – dazu u. Rn 18 ff.

Art 19 I enthält insgesamt vier untereinander **gleichwertige Alternativen** zur Bestimmung des Abstam- **5** mungsstatuts. **Grundsatzanknüpfung** ist **I 1**: Danach ist allein abzustellen auf den **gewöhnlichen Aufenthalt des Kindes**. Diese Anknüpfung ist **wandelbar**, dh maßgebend ist der jeweilige Zeitpunkt, in welchem die Abstammung festgestellt werden soll. Der Zeitpunkt der Geburt kommt zwar in Betracht, bei späterem Aufenthaltswechsel des Kindes und danach erst erfolgender Klärung der Abstammung wird jedoch in die Rechtsordnung des neuen Aufenthalts verwiesen.

Weitere Anknüpfungen ergeben sich aus I 2 und 3. Nach **I 2** kann die Abstammung von der Mutter nach **6** deren Heimatrecht, die Abstammung vom Vater nach dessen Heimatrecht bestimmt werden; Anknüpfungspunkt ist die **Staatsangehörigkeit des jeweiligen Elternteils**. Hierbei sind die Besonderheiten zu beachten, welche sich für Staatenlose, Flüchtlinge, anerkannte Asylberechtigte, Volksdeutsche, Aussiedler und Spätaussiedler ergeben (s. dazu KKFamR/*Rausch* Art 5 EGBGB Rz 2–4). Besitzt der Elternteil mehrere Staatsangehörigkeiten, ist die Vorrangregelung des Art 5 I 1 und 2 zu beachten. Das Statut nach 2 ist **wandelbar**, dh nach einem Staatsangehörigkeitswechsel des Elternteils ist bei danach erfolgender Abstammungsfeststellung an die neue Staatsangehörigkeit anzuknüpfen.

Daneben ist nach **I 3** die Feststellung der Abstammung eines von einer verheirateten Frau geborenen Kindes **7** sowohl im Verhältnis zur Mutter als auch im Verhältnis zum Vater zusätzlich über das **gesetzliche Ehewirkungsstatut** des Art 14 I möglich. Diese Vorschrift ist dabei modifiziert zu lesen, da sie **unwandelbar** auf den **Zeitpunkt der Geburt des Kindes** zu beziehen ist. War der Ehemann vorher verstorben, ist der Zeitpunkt seines Todes maßgebend (3 Hs 2). Für die in der Stufenleiter des Art 14 I Nr 1–3 bereitgestellten Anknüpfungspunkte bedeutet das eine teilweise eingeschränkte Anwendbarkeit: Art 14 I Nr 1 ist nur dann maßgebend, wenn bei der Geburt des Kindes (Tod des Ehemannes) beide Ehegatten dieselbe Staatsangehörigkeit besitzen. Auch hierbei sind die Besonderheiten zu beachten, welche sich für Staatenlose, Flüchtlinge, anerkannte Asylberechtigte, Volksdeutsche, Aussiedler und Spätaussiedler ergeben. Haben die Ehegatten eine gemeinsame Staatsangehörigkeit, besitzt jedoch einer von ihnen (oder beide) eine weitere Staatsangehörigkeit, ist ebenfalls die Vorrangregelung des Art 5 I 1 und 2 zu beachten. Bei Art 14 I Nr 2 ist für deren zweite Alt zu beachten, dass „zuletzt" der Zeitpunkt der Geburt des Kindes (Zeitpunkt des Todes des Ehemanns) ist. Ansonsten ist nach Art 14 I Nr 3 unter Würdigung der zum Zeitpunkt der Geburt gegebenen Umstände auf die engste Verbindung beider Ehegatten zu einem Staat abzustellen (s. Art 14 Rn 17).

IRd Anknüpfung über das gesetzliche Ehewirkungsstatut nach I 3 iVm 14 I kann sich die Frage der **Wirk- 8 samkeit der mütterlichen Ehe** ergeben. Diese Vorfrage ist **selbstständig anzuknüpfen** (vgl BGH FamRZ 81, 651; krit *Helms* StAZ 09, 297), dh zur materiellen Wirksamkeit nach Art 13 I, zur Formwirksamkeit nach Art 13 III und 11 I.

Bei Konkurrenz der alternativen Anknüpfungen gilt das **Günstigkeitsprinzip** (*Helms* StAZ 09, 294 mwN). Im **9** Interesse weitestgehender Verhinderung ungeklärter Abstammung ist im Einzelfall die beliebige Heranziehung derjenigen Alt möglich, die zur positiven Feststellung einer Abstammung führt. Grundsatz- und Zusatzanknüpfungen sind insoweit **gleichwertige** Alternativen (BayObLG FamRZ 02, 686; Frankf FamRZ 02, 688; Schlesw FamRZ 03, 781; Nürnbg FamRZ 05, 1697; Celle StAZ 07, 82).

Bei Anwendung der Anknüpfungen in I 1, 2 und 3 ist die Verweisung auf fremdes Recht zwar grds als **10** Gesamtverweisung iS von Art 4 I 1 anzusehen. Doch dürfen im Hinblick auf dessen 2. Hs **Rück- oder Weiterverweisung zu keiner Beschränkung** des Kreises der anzuwendenden Rechtsordnungen führen (MüKo/ *Klinkhardt* Rz 21).

Da die Abstammung nach jeder der Alternativen in I 1–3 positiv festgestellt werden kann, ist es im Einzelfall **11** möglich, dass in konsequenter Anwendung des Günstigkeitsprinzips auf der Grundlage unterschiedlicher Sachrechte **zwei (oder mehrere) Väter** festzustellen wären. Zur Vermeidung dieses widersinnigen Ergebnisses ist zunächst zu prüfen, ob bereits eine positive Feststellung der Vaterschaft durch gerichtliche Entscheidung erfolgt ist. Diese verdrängt dann das sonst zusätzlich in Betracht kommende Recht (Palandt/*Thorn* Rz 6). Fehlt eine Vaterschaftsfeststellung, muss diese aber nunmehr im Wege der Anerkennung, im Kindschaftsprozess oder iR anderer Zusammenhänge geklärt werden, ist auch für die Frage, welcher der mehreren in Betracht kommenden Väter den Vorrang hat und somit alleine Vater ist, vom Günstigkeitsprinzip auszugehen:

12 Hierzu wird überwiegend vertreten, dass der früher eintretenden Vaterschaft ggü der späteren der Vorzug zu geben ist (BayObLG FamRZ 02, 686; Frankf FamRZ 02, 688; Hamm FamRZ 09, 126; Erman/*Hohloch* Rz 17; MüKo/*Klinkhardt* Rz 15) – **Prioritätsprinzip**. Das Prioritätsprinzip versagt jedoch dann, wenn sich bereits bei der Geburt mehrere Väter aus alternativen Anknüpfungen ergeben (*Helms* StAZ 09, 294). Dies ist bspw der Fall, wenn nach einer Alt der (bisherige) Ehemann als Vater feststeht, hingegen nach einer anderen ein Dritter, der das Kind bereits vor der Geburt anerkannt hat (vgl § 1594 IV BGB). Hier kann nur die wahrscheinlichere Vaterschaft die für das Kind günstigere sein (**Vaterschaftswahrheit**), vgl AG Osnabrück FamRZ 08, 1771. Die Auffassung, dass die Vaterschaft des vor der Geburt Anerkennenden die wahrscheinlichere ist (so wohl BayObLG FamRZ 02, 686), ist fragwürdig (zur Scheinvaterschaft Celle StAZ 07, 82). Dem **Günstigkeitsprinzip** entsprechend sollte dem die Feststellung betreibenden Kind – bei Minderjährigkeit dem gesetzlichen Vertreter – die **Wahl der maßgebenden Rechtsordnung** überlassen bleiben (ähnl Erman/*Hohloch* Rz 18; Palandt/*Thorn* Rz 6, dagegen für gewöhnlichen Aufenthalt des Kindes *Andrae* § 5 Rz 21. Für Maßstab des Art 20 *Frank* StAZ 09, 65). Sofern das Abstammungsstatut in anderen Zusammenhängen (zB bei erbrechtlichen Fragestellungen) relevant ist, dürfte bei bislang nicht betriebener Klärung darauf abzustellen sein, welche Vaterschaft aus Sicht der **Interessenlage des Kindes** Vorrang hat.

13 **II. Mutterschaft.** Die kollisionsrechtliche Regelung zur Feststellung der Mutterschaft ergibt sich uneingeschränkt aus Art 19 I mit den oben aufgezeigten Alternativen und Prinzipien. Das Brüsseler CIEC-Üb vom 12.9.62 (oben Rn 2) enthält zwar Regelungen zum Nachweis und zur Anerkennung der Mutterschaft. Bei diesen handelt es sich jedoch nicht um Kollisionsrecht, sondern lediglich um materielles und formelles Sachrecht. Für die Rechtsanwendung in Deutschland ist das Üb letztlich ohne praktische Bedeutung: Die im Üb vorgesehene Möglichkeit, die Anerkennung der Mutterschaft bei auf fremdem Recht beruhender Notwendigkeit vor der zuständigen Behörde jedes Vertragsstaats erklären zu können, ist durch § 44 II PStG innerstaatlich umgesetzt.

14 **III. Vaterschaft.** Für die Anknüpfung der ex-lege-Vaterschaft des Ehemannes der Mutter gelten die oben dargestellten Grundsätze. Die Vaterschaft hinsichtlich des **von einer nicht verheirateten Mutter geborenen Kindes** sowie des Kindes einer verheirateten Mutter, bzgl dessen die Nichtabstammung vom Ehemann der Mutter festgestellt ist, kann sich aus gerichtlicher Feststellung oder aus Anerkennung ergeben. Bei **gerichtlicher Feststellung** bestimmt sich das anwendbare materielle Recht nach den vorstehend dargelegten Anknüpfungen in Art 19 I. Die **internationale Zuständigkeit** richtet sich mangels vorgehender supranationaler Regelungen nach § 100 FamFG. Danach reicht es aus, wenn eine der Parteien Deutscher ist (Nr 1) oder ihren gewöhnlichen Aufenthalt im Inland hat (Nr 2).

15 Zur **Anerkennung einer ausl Feststellungsentscheidung** bestehen bilaterale Abk mit Belgien, Griechenland, Italien, der Schweiz und Spanien (*Böhmer/Finger* IntFamR 8.5.1, 8.5.2, 8.5.3, 8.5.6, 8.5.11). Auf nationales Anerkennungsrecht kann zurückgegriffen werden, wenn dieses sich im Vergleich zum Abk nach Lage des Falles als anerkennungsfreundlicher erweist (BGH FamRZ 87, 580). IÜ gilt für die Anerkennung § 108 FamFG. Eine Verbürgung der Gegenseitigkeit ist in Kindschaftssachen nicht notwendig (vgl § 109 IV, 112 FamFG). Förmliche Anerkennung nach § 108 II FamFG ist möglich (*Klinck* FamRZ 09, 746).

16 Auch die Zulässigkeit sowie die sonstigen materiellen Wirksamkeitsvoraussetzungen einer **Vaterschaftsanerkennung** bestimmen sich nach den in I geregelten Alternativen. Kollisionsnorm zum selbstständig anzuknüpfenden **Formstatut** ist in seinem Anwendungsbereich vorrangig Art 4 des Römischen CIEC-Üb vom 14.9.61 (oben Rn 2). Danach kann jeder Staatsangehörige eines Vertragsstaats in jedem beliebigen Vertragsstaat die Anerkennungserklärung in der Form öffentlich beurkunden lassen, die das **Ortsrecht** vorschreibt. Dies ist in allen anderen Vertragsstaaten anzuerkennen. Nach Art 5 des Üb bedürfen Ausfertigungen oder Auszüge aus behördlichen Urkunden über Anerkennungserklärungen im Verhältnis der Vertragsstaaten untereinander keiner Legalisation. Bei Beurkundung in einem Nichtvertragsstaat des CIEC-Üb sowie für die Anerkennungserklärung des Angehörigen eines Drittstaats gilt **Art 11 I EGBGB**. Hierbei stellt sich die Frage, ob bei Anwendbarkeit deutschen materiellen Sachrechts die in § 1597 I BGB vorgeschriebene öffentliche Beurkundung als reine Formvorschrift zu qualifizieren oder wegen der Tragweite der Anerkennungserklärung auch materiell-rechtliche Voraussetzung ist. Mit der überwiegenden Meinung (Stuttg FamRZ 90, 559; Hamm StAZ 91, 193; Staud/*Kropholler* Art 20 nF Rz 56) ist anzunehmen, dass die Vorschrift lediglich Formcharakter hat. Die Wahrung der nach Art 11 I alternativ zulässigen **Ortsform** ist daher ausreichend.

17 Bei Anerkennung auf der Grundlage einer anderen Rechtsordnung als dem Heimatrecht des Kindes ist zusätzlich **Art 23** zu beachten. Danach unterliegen die Notwendigkeit und die Erteilung einer Zustimmungserklärung des Kindes sowie einer Person, zu der das Kind in einem familienrechtlichen Verhältnis steht, kumulativ dem Heimatrecht des Kindes (Zusatzanknüpfung). Falls es zum Wohle des Kindes aus besonderen Gründen erforderlich ist, bestimmt sich dies gem Art 23 S 2 nach deutschem Sachrecht (dazu Frankf FamRZ 97, 241).

C. Geburt des Kindes im Zeitraum 1.9.86 bis 30.6.98. Bis zum Inkrafttreten der Kindschaftsrechtsreform 18 (1.7.98) war auch kollisionsrechtlich zwischen ehelichen und nichtehelichen Kindern zu unterscheiden: Art 19 I idF des Gesetzes zur Neuregelung des Internationalen Privatrechts vom 25.7.86 regelte die eheliche Kindschaft, Art 20 I dieser Fassung die nichteheliche Kindschaft. Diese Normen sind inhaltlich nicht deckungsgleich mit der heutigen Regelung in Art 19 I; sie galten seit dem 1.9.86. Bis zum 31.8.86 fand sich – davon wieder abweichend – die Normierung des Abstammungsstatuts in Art 18 aF. Da für die Beurteilung der Abstammung eines Kindes grds auf den Zeitpunkt der Geburt abzustellen ist (BGH FamRZ 87, 583), muss für vor dem 1.7.98 geborene Kinder in jedem Einzelfall **intertemporal** geprüft werden, inwieweit neues oder altes Recht zur Anwendung kommt. Übergangsregelung dazu ist sowohl in sachrechtlicher als auch in kollisionsrechtlicher Hinsicht (Hamm FamRZ 05, 291 mwN) **Art 224 § 1 I**. Soweit die Geburt des Kindes vor dem 1.9.86 liegt, ist darüber hinaus Art 220 I heranzuziehen – s. dazu u. Rn 21 f.

Nach Art 224 § 1 I richtet sich die Abstammung eines vor dem 1.7.98 geborenen Kindes nach den bisherigen 19 Vorschriften, kollisionsrechtlich also nach Art 19 I und 20 I in der vom 1.9.86 bis zum 30.6.98 maßgeblichen Fassung. Dies gilt allerdings nur für bis zum 30.6.98 geklärte Abstammungsverhältnisse. Wenn die Vaterschaft für ein vor dem 1.7.98 außerhalb einer Ehe geborenes Kind bis dahin nicht anerkannt oder festgestellt war, ist neues Recht – dh Art 19 I heutiger Fassung – anzuwenden (BayObLG FamRZ 00, 699).

Das vom 1.9.86 bis zum 30.6.98 geltende Kollisionsrecht knüpfte die eheliche Kindschaft grds über das 20 gesetzliche Ehewirkungsstatut – Art 14 I – der Mutter an (Art 19 I 1 damaliger Fassung). Alternativ möglich war bei gemischt-nationaler Ehe die Anknüpfung an die jeweilige Staatsangehörigkeit der Ehegatten (2, 3). Hierbei galt das Günstigkeitsprinzip. Die nichteheliche Kindschaft wurde grds an die Staatsangehörigkeit der Mutter angeknüpft (Art 20 I 1 damaliger Fassung). Alternativ möglich waren Anknüpfungen an die Staatsangehörigkeit des Vaters wie auch an den gewöhnlichen Aufenthalt des Kindes (3). Auch hier galt das Günstigkeitsprinzip.

D. Geburt des Kindes vor dem 1.9.86. Bis zum 1.9.86 wurde zur Anknüpfung des Abstammungsstatuts 21 unwandelbar auf den Zeitpunkt der Geburt abgestellt. Nach der mit dem Gesetz zur Neuregelung des internationalen Privatrechts vom 25.7.86 normierten Übergangsregelung in Art 220 I bleibt das alte Recht für vor dem 1.9.86 abgeschlossene Vorgänge weiterhin maßgeblich. Deshalb **beurteilt sich die Abstammung vor dem 1.9.86 geborener Kinder nach altem Recht** (BGH FamRZ 94, 1027).

Das **vor dem 1.9.86 geltende Recht** zum Abstammungsstatut war nur zT kodifiziert und unterschied zwi- 22 schen ehelicher und nichtehelicher Abstammung. Zur ehelichen Abstammung war gem Art 18 I aF an die Staatsangehörigkeit des Ehemannes der Mutter anzuknüpfen. Dies wurde für verfassungsrechtlich unbedenklich erachtet (BGH FamRZ 86, 984). Die nichteheliche Abstammung von der Mutter wurde an deren Staatsangehörigkeit angeknüpft (BayObLG FamRZ 83, 948). Die Abstammung vom Vater folgte dem Unterhaltsstatut, wenn das danach maßgebliche Recht eine mit Statuswirkung verbundene Feststellung der Vaterschaft als Voraussetzung für die Unterhaltspflicht vorsah (BGH FamRZ 79, 793). Ansonsten war – wandelbar – an die Staatsangehörigkeit des Vaters anzuknüpfen (BGH FamRZ 86, 665).

Art. 20 Anfechtung der Abstammung. ¹Die Abstammung kann nach jedem Recht angefochten werden, aus dem sich ihre Voraussetzungen ergeben. ²Das Kind kann die Abstammung in jedem Fall nach dem Recht des Staates anfechten, in dem es seinen gewöhnlichen Aufenthalt hat.

A. Anfechtungsstatut. Die Vorschrift ist mit der Kindschaftsrechtsreform am 1.7.98 in Kraft getreten. Sie 1 regelt das auf die Anfechtung der Abstammung anwendbare Recht. Dies umfasst die **Anfechtung der Abstammung von Mutter und Vater**, die Art der Geltendmachung, die Anfechtungsberechtigung, die Anfechtungsgründe und die Anfechtungsfrist. Dabei wird **nicht zwischen „ehelicher" und „nichtehelicher" Abstammung unterschieden**. Soweit allerdings das auf die Anfechtung anwendbare Recht eine solche Unterscheidung noch kennt, ist dem zu folgen und die Vorfrage der Ehelichkeit für dieses Recht festzustellen.

Die Norm enthält mehrere **gleichwertige Alternativen** zur Anknüpfung. Dem Anfechtungsberechtigten, insb 2 dem Kind, sollen im Interesse der Abstammungswahrheit alle Anfechtungsmöglichkeiten zur Verfügung stehen, die sich aus den in Betracht kommenden Rechtsordnungen ergeben. Ein die Anfechtung einschränkendes Statut hat daher keinen Vorrang ggü anderen alternativ berufenen Statuten, die die Anfechtung erleichtert zulassen (Karlsr FamRZ 00, 107). Zum evtl ordre-public-Verstoß bei Ausschluss der Anfechtung durch das berufene Recht s. *KKFamR/Rausch* Art 6 EGBGB Rz 9, 10.

Anzuknüpfen ist nach **1** im **Gleichlauf** zu den in Art 19 I 1 bis 3 für die Bestimmung des **Abstammungssta-** 3 **tuts** zur Verfügung stehenden Anknüpfungen. Hier kann jede Alternative gewählt werden, ohne dass es darauf ankommt, nach welcher im konkreten Fall die Abstammung tatsächlich festgestellt worden ist. Nach **2** kann zusätzlich und ohne weitere Voraussetzungen an den **gewöhnlichen Aufenthalt des Kindes** angeknüpft werden. Dies gilt gerade auch dann, wenn sich aus dem nach Art 19 I 1 für die Abstammung berufenen Recht des Aufenthaltsstaats keine Abstammung ergibt (*Henrich* FamRZ 98, 1401). Die Anknüpfung ist **wandelbar**, dh, nach einem Aufenthaltswechsel des Kindes ist an den neuen Aufenthalt anzuknüpfen.

4 Die in 1 und 2 zur Verfügung gestellten Anknüpfungen sind grds **Gesamtverweisungen** iS von Art 4 I 1. Jedoch ist im Hinblick auf das gesetzgeberische Ziel, die Anfechtung iRd in Betracht kommenden Rechtsordnungen weitgehend zu ermöglichen, im Einzelfall gem Art 4 I 1 2. Hs **zu prüfen, ob die** im verwiesenen Kollisionsrecht anzutreffende **Annahme, Rück- oder Weiterverweisung zur Ermöglichung der Anfechtung führt**. Dies erfordert in jedem solchen Falle auch die Ermittlung und Prüfung des Sachrechts der nach 1 oder 2 verwiesenen Rechtsordnung. Ist danach die Anfechtung möglich, ist eine evtl Rück- oder Weiterverweisung durch das Kollisionsrecht des betreffenden Staats nicht zu beachten (vgl Nürnbg FuR 05, 470; Erman/*Hohloch* Rz 4).

5 Die Anfechtung der Abstammung – früher: Anfechtung der Ehelichkeit bzw der Anerkennung der Vaterschaft – war bis zum Inkrafttreten der Kindschaftsrechtsreform am 1.7.98 inhaltlich anders als nunmehr in Art 20 geregelt. Dies ist jedoch für nach der Reform betriebene Anfechtungsverfahren auch hinsichtlich **vor dem 1.7.98 geborener Kinder** ohne Bedeutung, da sich die Anfechtung auch bzgl dieser Kinder gem Art 224 § 1 II–IV nach den neuen Vorschriften richtet (Stuttg FamRZ 01, 246; Köln FamRZ 03, 1857; Hamm FamRZ 05, 291), dh nach Art 20 nF.

6 **B. Verfahrensrecht.** Die **internationale Zuständigkeit** richtet sich mangels vorgehender gemeinschaftsrechtlicher und staatsvertraglicher Regelungen nach § 100 FamFG (*Althammer* IPRax 09, 383). Danach reicht es aus, wenn eine der Parteien Deutscher ist (Nr 1) oder ihren gewöhnlichen Aufenthalt im Inland hat (Nr 2).

7 Im Verfahren bestimmt sich die Frage der **gesetzlichen Vertretung** des minderjährigen Kindes in selbstständiger Anknüpfung nach Art 21.

8 Hinsichtlich der **Anerkennung** einer ausl Anfechtungsentscheidung gilt dasselbe wie zur Anerkennung einer Feststellungsentscheidung – s. dazu Art 19 Rn 15.

Art. 21 Wirkungen des Eltern-Kind-Verhältnisses.
Das Rechtsverhältnis zwischen einem Kind und seinen Eltern unterliegt dem Recht des Staates, in dem das Kind seinen gewöhnlichen Aufenthalt hat.

1 **A. Geltung der Norm.** Die Norm erfasst gleichermaßen **in einer Ehe** wie auch **außerhalb einer Ehe** geborene Kinder. Dies gilt auch für Kinder, deren Heimatrecht noch zwischen ehelicher und nichtehelicher Kindschaft unterscheidet.

2 Die Vorschrift regelt zum einen das Statut für die sich **ex lege ergebenden Rechtsverhältnisse** hinsichtlich der Personen- und Vermögenssorge (Sorgeinhaber? Umfang der Sorge? Gesetzliche Vertretung?) **zwischen Eltern und Kind**; für das Rechtsverhältnis zu einem Vormund oder Pfleger gilt Art 24. Zum anderen ist Art 21 – soweit anwendbar – autonome Kollisionsnorm zur Frage des auf die **gerichtliche** oder behördliche **Regelung des Eltern-Kind-Verhältnisses** anwendbaren materiellen Rechts. In diesem Bereich wird die Norm allerdings uU verdrängt durch gem Art 3 Nr 2 **vorrangige völkerrechtliche Verträge**, welche zwar in erster Linie die internationale Zuständigkeit für solche Maßnahmen betreffen, zT aber auch Schutzmaßnahmen und andere Regelungen betreffen. Hierbei handelt es sich im jeweiligen Anwendungsbereich um das Haager Kindesentführungsübereinkommen (HKÜ) (s.u. Art 21 Anh III sowie KKFamR/*Rausch* Anh II zu Art 21 EGBGB), das Haager Minderjährigenschutzabk (MSA) (s.u. Art 21 Anh I sowie KKFamR/*Rausch* Anh I zu Art 21 EGBGB), künftig das Haager Kinderschutzübereinkommen (KSÜ) (s.u. Art 21 Anh II) sowie das bilaterale deutsch-iranische Niederlassungsabk vom 17.2.29. Ferner ist verfahrensrechtlich die **Brüssel IIa VO** (VO (EG) Nr. 2201/2003) zu beachten (zum Kinderschutz EuGH FamRZ 08, 125). Die evtl Anwendbarkeit dieser staatsvertraglichen und gemeinschaftsrechtlichen Regelungen ist in jedem Falle gerichtlicher Regelung der elterlichen Sorge vor Art 21 zu prüfen.

3 Das **HKÜ** geht iRs Anwendungsbereichs dem MSA vor (Art 34 HKÜ). In Art 12, 13 und 20 normiert es die materiellen Voraussetzungen zur **Entscheidung über die Rückgabe des Kindes**, so dass insoweit nationales Sachrecht nicht zur Anwendung kommen kann. Das HKÜ regelt nicht nur die Voraussetzungen für die Rückgabeentscheidung, indem es für diesen Bereich die Anwendbarkeit des nationalen Rechts ausschließt; es enthält zugleich die einschlägigen Sachnormen. Art 21 wird partiell durch das HKÜ und die Brüssel IIa VO verdrängt: Bei internationaler Kindesentführung ist zum Vorliegen eines Entführungsfalls erforderlich, dass das Verbringen oder Zurückbehalten des Kindes „widerrechtlich" ist. Nach Art 3 I lit a HKÜ und Art 2 Nr 11 Brüssel IIa VO bestimmt sich das für die **Widerrechtlichkeit** maßgebliche Sorgestatut ausschl nach dem Recht des Landes, in dem das Kind unmittelbar vor der als Entführung in Betracht kommenden Handlung seinen gewöhnlichen Aufenthalt hatte (s. Art 21 Anh III Rn 3).

4 Soweit die Anwendbarkeit des **MSA** (KKFamR/*Rausch* Anh I zu Art 21 EGBGB [MSA] Rz 1–3) gegeben ist, ergibt sich das maßgebliche Recht für Schutzmaßnahmen (ua Sorgeregelung) über Art 2 u 4 MSA aus der Anknüpfung an die internationale Zuständigkeit: Das nach dem MSA international zuständige Gericht wendet *sein eigenes Sachrecht an* (s. Art 21 Anh I Rn 5).

5 Das Haager Üb über die Zuständigkeit, das anzuwendende Recht, die Anerkennung, Vollstreckung und Zusammenarbeit auf dem Gebiet der elterlichen Verantwortung und Maßnahmen zum Schutz von Kindern vom 19.10.96 (**KSÜ**) ist bisher nur für wenige Staaten in Kraft getreten (s. Art 21 Anh II Rn 1). Künftig ist

ihm – auch bei Anwendung der Brüssel IIa VO – das anwendbare Recht zu entnehmen (Staud/*Pirrung* Vorbem Art 19 EGBGB Rz C 8).

Die **Brüssel IIa VO** regelt nur das Verfahren, nicht das in der Sache anwendbare Recht, so dass sich die Frage 6 stellt, ob dann, wenn sich die internationale Zuständigkeit aus der Brüssel IIa VO ergibt, das MSA gleichwohl angewendet werden kann. Das MSA regelt in erster Linie die internationale Zuständigkeit für Schutzmaßnahmen und nur für den Fall der danach gegebenen Zuständigkeit das dann anwendbare materielle Recht. Eine Anwendung der lex fori ist nur dann vorgesehen, wenn eine Zuständigkeit nach diesem Üb besteht (Art 2 MSA). Dieser Gleichlauf besteht wegen der internationale Zuständigkeit nach der Brüssel IIa VO so nicht mehr. Hierzu werden mehrere Standpunkte vertreten. Nach einer Auffassung wird das MSA vollständig verdrängt. Zur Anwendung kommt dann lediglich das nationale Kollisionsrecht, dh Art 21 (so zur Brüssel II VO u.a. Palandt/*Thorn* Anh zu EGBGB Art 24 Rz 16), was zum gewöhnlichen Aufenthalt des Kindes führt (vgl für die Brüssel II VO noch *Martiny* ERA-Forum 03, 97, 111). Eine andere Auffassung wendet jedoch wegen der beabsichtigten europäischen Vereinheitlichung von Verfahren und Sorgerechtsregelung beide Rechtsinstrumente gleichzeitig an. Zwar richtet sich die internationale Zuständigkeit nach der Brüssel IIa VO, das anwendbare Sachrecht folgt aber – in Einklang mit der kollisionsrechtlichen Aussage des Art 2 MSA – weiterhin dem MSA. Danach führt dann die deutsche Zuständigkeit zum deutschen Sachrecht (AG Leverkusen FamRZ 02, 1636; *Jayme/Kohler* IPRax 00, 454, 457; *Puszkajler* IPRax 01, 81; Erman/*Hohloch* Anh Art 24 Rz 9). Nach einer weiteren Auffassung ist hingegen zur Wahrung des Gleichklangs eine doppelte Prüfung notwendig. Die Regelung des MSA soll dann eingreifen, wenn eine Zuständigkeit auch nach ihm besteht (*Schulz* FPR 04, 299; *Andrae* § 6 Rz 96; Rauscher/*Rauscher* Art 8 Brüssel IIa-VO Rz 9).

Im Verhältnis zum **Iran** geht bilateral das deutsch-iranische Niederlassungsabk vom 17.2.29 (RGBl 1930 II 7 1006; BGBl 55 II S 829) vor, nach dessen Art 8 III für iranische Kinder an deren Staatsangehörigkeit anzuknüpfen ist. Dies gilt allerdings nicht für Kinder, die auch die deutsche Staatsangehörigkeit besitzen; für diese verbleibt es – je nach gewöhnlichem Aufenthalt des Kindes – bei Art 2 MSA oder Art 21 (BGH FamRZ 86, 345; FamRZ 97, 1070). Enthalten die iranischen Sachnormen ungleiche Regelungen zur Sorge für Jungen und Mädchen, bzw benachteiligen sie die Mutter in erheblichem Maße ggü dem Vater, kommt ein Verstoß gegen Art 6 in Betracht (vgl dazu BGH FamRZ 93, 316; Ddorf FamRZ 03, 379; Bremen NJW-RR 00, 3).

B. Eltern-Kind-Verhältnis. Art 21 gilt für alle zum Eltern-Kind-Verhältnis gehörenden Regelungsgegen- 8 stände. Erfasst werden damit sämtliche Formen umfassender oder teilweiser **Sorgezuweisung, -beschränkung oder -entziehung** (iS von §§ 1628, 1629 II 3 iVm 1796, 1632 IV, 1666–1667, 1671, 1672, 1674, 1678 II, 1680 II und III, 1684 III und IV, 1687 II, 1687a, 1687b III, 1688 III und IV BGB, 9 III LPartG). Auch die **Regelung des Umgangs** der Eltern mit dem Kinde (§ 1632 III) fällt in den Anwendungsbereich. Im Hinblick auf den personensorgebezogenen Charakter des Umgangsrechts gilt dies ebenfalls für das Umgangsrecht Dritter (§ 1685 BGB). Die Unterhaltsbestimmung nach § 1612 II BGB unterfällt aber wegen ihres unterhaltsrechtlichen Schwerpunkts (BGH FamRZ 80, 29) dem Unterhaltsstatut (Art 18), die Ersetzung der Zustimmung zur Einbenennung nach § 1618 4 BGB wegen ihrer vorwiegend namensrechtlichen Bedeutung dem Namensstatut (Art 10). Die Ergänzungspflegschaft (§ 1909 BGB) richtet sich nach Art 24 I 1 (hM zB Staud/*Henrich* Rz 81).

In den Anwendungsbereich der Norm fallen alle familienrechtlichen Verhältnisse zwischen Eltern und Kind, 9 **welche sich unmittelbar aus dem Gesetz ergeben**, ohne dass dazu eine vorangehende gerichtliche Regelung erforderlich ist. Hierunter fällt va die Frage, wer kraft Gesetzes Inhaber der elterlichen Sorge ist und welchen Umfang dieses Sorgerecht hat. Dies schließt die Frage ein, inwieweit die Inhaberschaft Sorgeerklärungen (§ 1626a I Nr 1 BGB) voraussetzt. Zum Umfang des Sorgerechts gehören das Recht zur Aufenthaltsbestimmung, zur Umgangsbestimmung und das Ruhen der elterlichen Sorge. Die Vorschrift gilt insb für Umfang und Beschränkungen der gesetzlichen Vertretung (vgl §§ 1629 II 1, 1795, 181 BGB) oder die Notwendigkeit gerichtlicher Genehmigungen zu Rechtsgeschäften (vgl §§ 1643, 1821, 1822 ua BGB); hierzu ist allerdings umstr, ob solche Genehmigungen evtl unter den Begriff „Schutzmaßnahme" iS des MSA fallen (dazu KKFamR/*Rausch* Anh I zu Art 21 EGBGB [MSA] Rz 6).

Nicht unter Art 21 fallen im Hinblick auf spezialgesetzliche Regelungen der Unterhalt (Art 18), die Abstam- 10 mung und deren Anfechtung (Art 19, 20), der Name (Art 10) sowie die Adoption (Art 22). Für die auf Antrag eintretende Beistandschaft gilt als Spezialnorm § 1717 BGB, wonach es lediglich auf den gewöhnlichen Aufenthalt im Inland ankommt (BGH FamRZ 90, 1103 zur Amtspflegschaft alten Rechts).

C. Anwendbares Recht für die elterliche Verantwortung. Wenn keiner der genannten Staatsverträge ein- 11 greift (oben Rn 2), erfolgt die Anknüpfung über die nationale Kollisionsnorm in Art 21. Einziger **Anknüpfungspunkt** ist der **gewöhnliche Aufenthalt des Kindes**. Auf die Staatsangehörigkeit darf nicht abgestellt werden, auch nicht bei einem im Ausland lebenden deutschen Kind. Dies gilt auch für einstweilige Maßnahmen. Nur wenn die Anwendung des Aufenthaltsrechts zu einem völlig untragbaren Ergebnis führt, kann beim Vorliegen der engen Voraussetzungen des Art 6 auf das deutsche Recht zurückgegriffen werden. Die ausschl Anknüpfung an den gewöhnlichen Aufenthalt des Kindes gilt für eheliche und nichteheliche Kinder gleichermaßen. Der gewöhnliche Aufenthalt eines Minderjährigen leitet sich nicht automatisch vom Wohnsitz oder Aufenthalt des Sorgeinhabers ab; er ist vielmehr selbstständig zu ermitteln (BGH FamRZ 97, 1070, vgl EuGH FamRZ 09, 843). Auszugehen ist dabei zunächst vom Willen des Sorgeinhabers, denn dieser bestimmt grds den Aufenthalt des Minderjährigen (Art 5 III). Wird der Minderjährige ohne oder gegen den Willen des Allein- oder Mitinhabers der Sorge ins Ausland verbracht (Kindesentführung), kann der neue Aufenthalt nicht von vornherein als auf Dauer angelegt angesehen werden, so dass ein Wechsel des gewöhnlichen Aufenthalts nicht sofort eintritt. Dies gilt auf jeden Fall, solange die Möglichkeit besteht, dass der (Mit-)Sorgeinhaber die Rückführung des Minderjährigen durchsetzt. Kommt es allerdings zu einer gefestigten sozialen Einbindung in die Lebensverhältnisse am neuen Aufenthaltsort, ist von nun an dort der gewöhnliche Aufenthalt gegeben (BGH FamRZ 81, 135; Hamm NJW-RR 97, 5; Ddorf FamRZ 99, 112; Karlsr NJW-RR 99, 1383).

12 Die Anknüpfung an den gewöhnlichen Aufenthalt ist **Gesamtverweisung** iSv Art 4 I.

13 **D. Gerichtliche Regelung der elterlichen Verantwortung. I. Internationale Zuständigkeit.** Die Regelung der internationalen Zuständigkeit für Verfahren, die die umfassende oder teilweise Sorgezuweisung, -beschränkung oder -entziehung oder die Umgangsregelung zum Gegenstand haben, ergibt sich nicht aus einer einheitlichen Norm, sondern aus einer Reihe gemeinschaftsrechtlicher und staatsvertraglicher **Rechtsquellen** und nachrangig aus dem nationalen Recht. Einschlägige Rechtsgrundlagen sind: – Haager Üb über die zivilrechtlichen Aspekte internationaler Kindesentführung – **HKÜ** – (Art 12 und 16; s.u. Art 21 Anh III), – **Brüssel IIa VO** – (Art 8 ff), – Haager Üb über die Zuständigkeit der Behörden und das anzuwendende Recht auf dem Gebiet des Schutzes von Minderjährigen – **MSA** – (Art 1, 4, 8 und 9; s.u. Art 21 Anh I), – nationales Recht (§ 99 I, II, 151 FamFG). Dies erfordert für jedes Sorge- oder Umgangsregelungsverfahren die vorrangige Prüfung, ob der konkrete Verfahrensgegenstand in den Anwendungsbereich der HKÜ fällt. Ist dies nicht der Fall, ist der Anwendungsbereich der Brüssel IIa VO zu prüfen. Greift auch diese nicht ein, kommt das MSA in Betracht. Nur wenn auch dessen Anwendungsbereich nicht greift, ist die nationale Regelung einschlägig (*Althammer* IPRax 09, 383). Zum Ganzen *Andrae* IPRax 06, 82 ff.

14 **II. Anerkennung.** Eine im Ausland ergangene Entscheidung zur elterlichen Sorge, zu Teilbereichen der elterlichen Sorge oder zum Umgang ist im Inland anzuerkennen, sofern die Voraussetzungen der nachfolgend dargestellten **Rechtsgrundlagen** vorliegen. Einschlägig sind: **Brüssel IIa VO** (Art 21 ff), – Luxemburger europäisches Üb über die Anerkennung und Vollstreckung von Entscheidungen über das Sorgerecht für Kinder und die Wiederherstellung des Sorgerechtsverhältnisses vom – **ESÜ** – (Art 7, 9, 10, 13–16), – **MSA** (Art 7), – **nationales Recht** (§ 108 FamFG). Dies bedeutet im Einzelfall die vorrangige Feststellung, ob der Staat, dessen Gericht/Behörde die Entscheidung erlassen hat, Mitgliedstaat der Brüssel IIa VO ist. Ist dies nicht der Fall, kommt es darauf an, ob der Ursprungsstaat zu den Vertragsstaaten des ESÜ bzw des MSA gehört. Für alle anderen Ursprungsstaaten ist **§ 108 FamFG** einschlägig (vgl *Althammer* IPRax 09, 387 f). Förmliche Anerkennung ist nach § 108 II FamFG möglich (*Klinck* FamRZ 09, 746). Zum Ganzen KKFamR/*Rausch* Art 21 EGBGB Rz 21 ff.

Anhang I zu Art 21

Übereinkommen über die Zuständigkeit der Behörden und das anzuwendende Recht auf dem Gebiet des Schutzes von Minderjährigen

vom 5. Oktober 1961

Art. 1 Die Behörden, seien es Gerichte oder Verwaltungsbehörden, des Staates, in dem ein Minderjähriger seinen gewöhnlichen Aufenthalt hat, sind vorbehaltlich der Bestimmungen der Art. 3, 4 und 5 Absatz 3 dafür zuständig, Maßnahmen zum Schutz der Person und des Vermögens des Minderjährigen zu treffen.

Art. 2 (1) Die nach Artikel 1 zuständigen Behörden haben die nach ihrem innerstaatlichen Recht vorgesehenen Maßnahmen zu treffen.
(2) Dieses Recht bestimmt die Voraussetzungen für die Anordnung, die Änderung und die Beendigung dieser Maßnahmen. Es regelt auch deren Wirkungen sowohl im Verhältnis zwischen dem Minderjährigen und den Personen oder den Einrichtungen, denen er anvertraut ist, als auch im Verhältnis zu Dritten.

Art. 3 Ein Gewaltverhältnis, das nach dem innerstaatlichen Recht des Staates, dem der Minderjährige angehört, kraft Gesetzes besteht, ist in allen Vertragsstaaten anzuerkennen.

Art. 4 (1) Sind die Behörden des Staates, dem der Minderjährige angehört, der Auffassung, daß das Wohl des Minderjährigen es erfordert, so können sie nach ihrem innerstaatlichen Recht zum Schutz der Person oder des Vermögens des Minderjährigen Maßnahmen treffen, nachdem sie die Behörden des Staates verständigt haben, in dem der Minderjährige seinen gewöhnlichen Aufenthalt hat.
(2) Dieses Recht bestimmt die Voraussetzungen für die Anordnung, die Änderung und die Beendigung dieser Maßnahmen. Es regelt auch deren Wirkungen sowohl im Verhältnis zwischen dem Minderjährigen und den Personen oder den Einrichtungen, denen er anvertraut ist, als auch im Verhältnis zu Dritten.
(3) Für die Durchführung der getroffenen Maßnahmen haben die Behörden des Staates zu sorgen, dem der Minderjährige angehört.
(4) Dies nach den Absätzen 1 bis 3 getroffenen Maßnahmen treten an die Stelle von Maßnahmen, welche die Behörden des Staates getroffen haben, in dem der Minderjährige seinen gewöhnlichen Aufenthalt hat.

Art. 5 (1) Wird der gewöhnliche Aufenthalt eines Minderjährigen aus einem Vertragsstaat in einen anderen verlegt, so bleiben die von den Behörden des Staates des früheren gewöhnlichen Aufenthalts getroffenen Maßnahmen so lange in Kraft, bis die Behörden des neuen gewöhnlichen Aufenthalts sie aufheben oder ersetzen.
(2) Die von den Behörden des Staates des früheren gewöhnlichen Aufenthalts getroffenen Maßnahmen dürfen erst nach vorheriger Verständigung dieser Behörden aufgehoben oder ersetzt werden.
(3) Wird der gewöhnliche Aufenthalt eines Minderjährigen, der unter dem Schutz der Behörden des Staates gestanden hat, dem er angehört, verlegt, so bleiben die von diesen nach ihrem innerstaatlichen Recht getroffenen Maßnahmen im Staate des neuen gewöhnlichen Aufenthalts in Kraft.

Art. 6 (1) Die Behörden des Staates, dem der Minderjährige angehört, können im Einvernehmen mit den Behörden des Staates, in dem er seinen gewöhnlichen Aufenthalt hat oder Vermögen besitzt, diesen die Durchführung der getroffenen Maßnahmen übertragen.
(2) Die gleiche Befugnis haben die Behörden des Staates, in dem der Minderjährige seinen gewöhnlichen Aufenthalt hat, gegenüber den Behörden des Staates, in dem der Minderjährige Vermögen besitzt.

Art. 7 Die Maßnahmen, welche die nach den vorstehenden Artikeln zuständigen Behörden getroffen haben, sind in allen Vertragsstaaten anzuerkennen. Erfordern diese Maßnahmen jedoch Vollstreckungshandlungen in einem anderen Staat als in dem, in welchem sie getroffen worden sind, so bestimmen sich ihre Anwendung und ihre Vollstreckung entweder nach dem innerstaatlichen Recht des Staates, in dem die Vollstreckung beantragt wird, oder nach zwischenstaatlichen Übereinkünften.

Art. 8 (1) Die Artikel 3, 4 und 5 Absatz 3 schließen nicht aus, daß die Behörden des Staates, in dem der Minderjährige seinen gewöhnlichen Aufenthalt hat, Maßnahmen zum Schutz des Minderjährigen treffen, soweit er in seiner Person oder in seinem Vermögen ernstlich gefährdet ist.
(2) Die Behörden der anderen Vertragsstaaten sind nicht verpflichtet, diese Maßnahmen anzuerkennen.

Art. 9 (1) In allen dringenden Fällen haben die Behörden jedes Vertragsstaats, in dessen Hoheitsgebiet sich der Minderjährige oder ihm gehörendes Vermögen befindet, die notwendigen Schutzmaßnahmen zu treffen.
(2) Die nach Absatz 1 getroffenen Maßnahmen treten, soweit sie keine endgültigen Wirkungen hervorgebracht haben, außer Kraft, sobald die nach diesem Übereinkommen zuständigen Behörden die durch die Umstände gebotenen Maßnahmen getroffen haben.

Art. 10 Um die Fortdauer der dem Minderjährigen zuteil gewordenen Betreuung zu sichern, haben die Behörden eines Vertragsstaats nach Möglichkeit Maßnahmen erst dann zu treffen, nachdem sie einen Meinungsaustausch mit den Behörden der anderen Vertragsstaaten gepflogen haben, deren Entscheidungen noch wirksam sind.

Art. 11 (1) Die Behörden, die auf Grund dieses Übereinkommens Maßnahmen getroffen haben, haben dies unverzüglich den Behörden des Staates, dem der Minderjährige angehört, und gegebenenfalls den Behörden des Staates seines gewöhnlichen Aufenthalts mitzuteilen.
(2) Jeder Vertragsstaat bezeichnet die Behörden, welche die in Absatz 1 erwähnten Mitteilungen unmittelbar geben und empfangen können. Er notifiziert diese Bezeichnung dem Ministerium für auswärtige Angelegenheiten der Niederlande.

Art. 12 Als „Minderjähriger" im Sinne dieses Übereinkommens ist anzusehen, wer sowohl nach dem innerstaatlichen Recht des Staates, dem er angehört, als auch nach dem innerstaatlichen Recht des Staates seines gewöhnlichen Aufenthalts minderjährig ist.

Art. 13 (1) Dieses Übereinkommen ist auf alle Minderjährigen anzuwenden, die ihren gewöhnlichen Aufenthalt in einem der Vertragsstaaten haben.
(2) Die Zuständigkeiten, die nach diesem Übereinkommen den Behörden des Staates zukommen, dem der Minderjährige angehört, bleiben jedoch den Vertragsstaaten vorbehalten.
(3) Jeder Vertragsstaat kann sich vorbehalten, die Anwendung dieses Übereinkommens auf Minderjährige zu beschränken, die einem der Vertragsstaaten angehören.

Art. 14 Stellt das innerstaatliche Recht des Staates, dem der Minderjährige angehört, keine einheitliche Rechtsordnung dar, so sind im Sinne dieses Übereinkommens als „innerstaatliches Recht des Staates, dem der Minderjährige angehört" und als „Behörden des Staates, dem der Minderjährige angehört" das Recht und die Behörden zu verstehen, die durch die im betreffenden Staat geltenden Vorschriften und, mangels solcher Vorschriften, durch die engste Bindung bestimmt werden, die der Minderjährige mit einer der Rechtsordnungen dieses Staates hat.

Art. 15 (1) Jeder Vertragsstaat, dessen Behörden dazu berufen sind, über ein Begehren auf Nichtigerklärung, Auflösung oder Lockerung des zwischen den Eltern eines Minderjährigen bestehenden Ehebandes zu entscheiden, kann sich die Zuständigkeit dieser Behörden für Maßnahmen zum Schutz der Person oder des Vermögens des Minderjährigen vorbehalten.
(2) Die Behörden der anderen Vertragsstaaten sind nicht verpflichtet, diese Maßnahmen anzuerkennen.

Art. 16 Die Bestimmungen dieses Übereinkommens dürfen in den Vertragsstaaten nur dann unbeachtet bleiben, wenn ihre Anwendung mit der öffentlichen Ordnung offensichtlich unvereinbar ist.

Art. 17 (1) Dieses Übereinkommen ist nur auf Maßnahmen anzuwenden, die nach seinem Inkrafttreten getroffen worden sind.
(2) Gewaltverhältnisse, die nach dem innerstaatlichen Recht des Staates, dem der Minderjährige angehört, kraft Gesetzes bestehen, sind vom Inkrafttreten des Übereinkommens an anzuerkennen.

Art. 18 (1) Dieses Übereinkommen tritt im Verhältnis der Vertragsstaaten zueinander an die Stelle des am 12. Juni 1902 im Haag unterzeichneten Abkommens zur Regelung der Vormundschaft über Minderjährige.
(2) Es läßt die Bestimmungen anderer zwischenstaatlicher Übereinkünfte unberührt, die im Zeitpunkt seines Inkrafttretens zwischen den Vertragsstaaten gelten.

1 **A.** Vertragsstaaten des **Haager Minderjährigenschutzabk** (**MSA**) sind neben Deutschland Frankreich, Italien, Lettland, Litauen, Luxemburg, die Niederlande, Österreich, Polen, Portugal, die Schweiz, Spanien und die Türkei (http://www.hcch.net/). Nach dem MSA sind die **Gerichte bzw. Behörden des Vertragsstaats** für Maßnahmen zum Schutz eines minderjährigen Kindes **zuständig, in dem sich das Kind gewöhnlich aufhält** (Art 13 I MSA). Das MSA soll künftig durch das KSÜ ersetzt werden (Art 21 Rn 5). Neben ihm ist das **nationale IPR** in Bezug auf Schutzmaßnahmen für Minderjährige **nicht mehr anwendbar.** Teilweise verdrängt wird das MSA allerdings **durch** die **Brüssel IIa VO** (vgl EuGH FamRZ 08, 1729). Diese geht vor, soweit es sich um die Zuständigkeit und Anerkennung von Entscheidungen über die elterliche Verantwortung „zwischen den Mitgliedstaaten" handelt (Art 60 lit a Brüssel IIa VO). Daraus wird geschlossen, dass der Vorrang nicht für schweizerische und türkische Minderjährige gilt (*Andrae* § 6 Rz 19). In seinem sachlichen Anwendungsbereich geht dem MSA auch das **Haager Kindesentführungsübk** (Art 34 HKÜ) vor, s. Anh III zu Art 21.

2 **B.** Das MSA ist auf **alle Minderjährigen** anzuwenden, die ihren gewöhnlichen Aufenthalt in einem Vertragsstaat haben (Art 13 I MSA). Die Staatsangehörigkeit des Minderjährigen spielt keine Rolle. Das MSA ist loi uniforme; es ist auch dann anwendbar, wenn der Minderjährige Angehöriger eines Nichtvertragsstaats ist (BGH FamRZ 81, 135). Dies gilt allerdings nicht für Kinder mit nur iranischer oder belgischer Staatsangehörigkeit (s.u. Art 24 Rn 8 u 9). **Minderjährig** iS des MSA ist ein Kind, das sowohl nach dem Recht seines Heimatstaats als auch nach dem Recht des Aufenthaltsstaats minderjährig ist (Art 12 MSA). Die Fortdauer nach dem 18. Lebensjahr richtet sich nach dem von Art 7, 24 EGBGB berufenen Heimatrecht des Betroffenen (München FamRZ 09, 1602).

3 **C.** Der **Anwendungsbereich des MSA** umfasst alle gerichtlichen oder behördlichen Maßnahmen, die im Interesse eines Minderjährigen erforderlich sind (**Schutzmaßnahmen**: BGH NJW 73, 417). Dieser Begriff ist weit zu fassen. Darunter fällt die Regelung der elterlichen Sorge, des Umgangs und der Kindesherausgabe. *Ferner* gehören dazu Vormundschaft und Pflegschaft.

4 **D. Inländische Gerichte und Behörden sind** für Schutzmaßnahmen **zuständig**, die einen **Minderjährigen mit gewöhnlichem Aufenthalt** (in Eilfällen: schlichter Aufenthalt, Art 10 MSA) im Inland betreffen (Art 1 MSA). Nach stRspr führt aber die Anerkennung kraft Gesetzes bestehender elterlicher Gewaltverhältnisse

(Art 3 MSA) zu einer Einschränkung der Zuständigkeit der Gerichte des Aufenthaltsstaats (BGHZ 60, 68; BGH FamRZ 84, 686; NJW 05, 672). Eingriffe in ex lege-Gewaltverhältnisse dürfen sie nur dann vornehmen, wenn das Heimatrecht des Kindes das gestattet (Heimatrechtstheorie; Art 3 MSA) oder wenn der Eingriff erforderlich ist, um eine ernstliche Gefährdung des Kindes abzuwenden (Art 8 MSA). Bei mehrfacher Staatsangehörigkeit entscheidet die effektive; Art 5 EGBGB kommt nicht zur Anwendung (anders Palandt/*Thorn* Anh zu Art 24 Rz 19). Es handelt sich um eine Sachnormverweisung. Im Anwendungsbereich der vorrangig zu beachtenden Brüssel IIa VO steht Art 3 MSA der nach der VO gegebenen Zuständigkeit allerdings nicht mehr entgegen (Erman/*Hohloch* Anh Art 24 Rz 29 mwN). Eine Zuständigkeit für sich **in einem anderen Vertragsstaat gewöhnlich aufhaltende** Kinder ist grds nicht gegeben. Etwas anderes gilt nur für deutsche Kinder, wenn das Kindeswohl das Tätigwerden gerade des deutschen Gerichts bzw der Behörde wegen konkreter u schwerwiegender Gefahren (Oldenbg FamRZ 07, 1827) erfordert und dieses sich vor dem Tätigwerden mit den Behörden des Aufenthaltsstaats verständigt hat (vgl Art 4 MSA). Wird der **gewöhnliche Aufenthalt** in einen anderen **Vertragsstaat** verlegt, so tritt keine perpetuatio fori ein. Die Behörden des früheren Aufenthaltsstaat verlieren grds (Ausnahme: Art 4 MSA) ihre Zuständigkeit. Die des neuen Aufenthaltsstaats werden zuständig (Celle FamRZ 91, 1222; Hamm FamRZ 91, 1347), insb dann, wenn ein Minderjähriger seinen gewöhnlichen Aufenthalt nach Deutschland verlegt (Hamm FamRZ 88, 865). **Verlegt** der Minderjährige seinen **gewöhnlichen Aufenthalt** in einen **Nicht-Vertragsstaat**, so bleibt die deutsche Zuständigkeit bestehen.

E. Bzgl des anwendbaren Rechts gilt der **Gleichlaufgrundsatz** (Art 2 MSA). Die Gerichte bzw Behörden wenden stets ihr **innerstaatliches Recht** an. Mittelbar bedeutet dies eine Anknüpfung an den gewöhnlichen Aufenthalt des Minderjährigen. Lediglich im Falle des Art 4 MSA (Eingreifen der Heimatbehörden) führt dies zur – indirekten – Anknüpfung an seine Staatsangehörigkeit. Art 2 u 4 MSA verweisen unmittelbar auf die Sachnormen des danach berufenen Rechts; Rück- und Weiterverweisung sind unbeachtlich. Die Anwendung des MSA iVm der Brüssel IIa VO ist str (oben Art 21 Rn 6). Zweifelhaft ist auch, ob Art 3 MSA jedenfalls seine kollisionsrechtliche Bedeutung behalten hat (so *Andrae* IPRax 06, 88; AnwK/*Gruber* Art 8 EheVO 03 Rz 9; aA MüKo/*Siehr* EheVO II Rz 27). Insoweit steht ferner ein Abweichen von der bisherigen Heimatrechtstheorie zugunsten der Eingriffe weniger beschränkenden Anerkennungstheorie zur Debatte.

F. Für die **Anerkennung von Entscheidungen** aus EU-Staaten geht die Brüssel IIa VO vor (Art 60 lit a). Ggü anderen Vertragsstaaten ist das MSA anwendbar (vgl Art 7 MSA).

Anhang II zu Art 21

Übereinkommen über die Zuständigkeit, das anzuwendende Recht, die Anerkennung, Vollstreckung und Zusammenarbeit auf dem Gebiet der elterlichen Verantwortung und der Maßnahmen zum Schutz von Kindern

vom 19. Oktober 1996

Das Haager Üb vom 19.10.96 über die Zuständigkeit, das anzuwendende Recht, die Anerkennung, Vollstreckung und Zusammenarbeit auf dem Gebiet der elterlichen Verantwortung und der Maßnahmen zum Schutz von Kindern (KSÜ; BGBl 09 II 603; dazu Ges vom 25.6.09, BGBl 09 II 602) gilt unter den **Vertragsstaaten** (http://www.hcch.net/bzw. Fundstellennachweis BGBl B 09). Eine Entscheidung des Rates vom 5.6.08 hat einige EU-Mitgliedstaaten – darunter Deutschland – ermächtigt, das KSÜ zu ratifizieren oder ihm beizutreten (ABl EU 08 L 251/36); Staud/*Pirrung* Vorbem Art 19 EGBGB Rz G 12. Das KSÜ gilt für Schutzmaßnahmen (Art 3) für Kinder bis zur Vollendung des 18. Lebensjahrs (Art 2). Im Verhältnis zwischen der Vertragsstaaten ersetzt das KSÜ das MSA (Art 51). Der Tag, an dem das KSÜ nach seinem Art 61 II **für Deutschland in Kraft** tritt, wird im BGBl bekannt gemacht. Damit ist noch für 2010 zu rechnen (*Mansel/Thorn/Wagner* IPRax 10, 12). Für die Durchführung greifen die Bestimmungen des IntFamRVG ein (§ 1 Nr 2 IntFamRVG). Inhaltlich stimmt das KSÜ, was die internationale Zuständigkeit (Art 5 ff) für die Anordnung von Schutzmaßnahmen (ua elterliche Verantwortung, Vormundschaft und Pflegschaft) über Minderjährige sowie deren gegenseitige Anerkennung (Art 23 ff) anbetrifft, weitestgehend mit der Brüssel IIa VO überein. Innerhalb der EU hat die VO grds Vorrang (Art 61 Brüssel IIa VO). Darüber hinaus regelt es auch die Frage des anzuwendenden Rechts. Hierfür gilt grds der **Gleichlauf zur internationalen Zuständigkeit**, die ihrerseits idR an den gewöhnlichen Aufenthalt des Kindes anknüpft (Art 15 ff iVm 5 ff KSÜ); Staud/*Pirrung* Vorbem Art 19 EGBGB Rz G 99. Das KSÜ ist universell anwendbar (Art 20). Das HKÜ hat Vorrang (Art 50).

Anhang III zu Art 21

Übereinkommen über die zivilrechtlichen Aspekte internationaler Kindesentführung (Auszug)

vom 25. Oktober 1980

Kapitel I Anwendungsbereich des Übereinkommens

Art. 1 Ziel dieses Übereinkommens ist es,
a) die sofortige Rückgabe widerrechtlich in einen Vertragsstaat verbrachten oder dort zurückgehaltener Kinder sicherzustellen und
b) zu gewährleisten, dass das in einem Vertragsstaat bestehende Sorgerecht und Recht zum persönlichen Umgang in den anderen Vertragsstaaten tatsächlich beachtet wird.

Art. 2 Die Vertragsstaaten treffen alle geeigneten Maßnahmen, um in ihrem Hoheitsgebiet die Ziele des Übereinkommens zu verwirklichen. Zu diesem Zweck wenden sie ihre schnellstmöglichen Verfahren an.

Art. 3 Das Verbringen oder Zurückhalten eines Kindes gilt als widerrechtlich, wenn
a) dadurch das Sorgerecht verletzt wird, das einer Person, Behörde oder sonstigen Stelle allein oder gemeinsam nach dem Recht des Staates zusteht, in dem das Kind unmittelbar vor dem Verbringen oder Zurückhalten seinen gewöhnlichen Aufenthalt hatte, und
b) dieses Recht im Zeitpunkt des Verbringens oder Zurückhaltens allein oder gemeinsam tatsächlich ausgeübt wurde oder ausgeübt worden wäre, falls das Verbringen oder Zurückhalten nicht stattgefunden hätte.
Das unter Buchstabe a genannte Sorgerecht kann insbesondere kraft Gesetzes, aufgrund einer gerichtlichen oder behördlichen Entscheidung oder aufgrund einer nach dem Recht des betreffenden Staates wirksamen Vereinbarung bestehen.

Art. 4 Das Übereinkommen wird auf jedes Kind angewendet, das unmittelbar vor einer Verletzung des Sorgerechts oder des Rechts zum persönlichen Umgang seinen gewöhnlichen Aufenthalt in einem Vertragsstaat hatte. Das Übereinkommen wird nicht mehr angewendet, sobald das Kind das 16. Lebensjahr vollendet hat.

Art. 5 Im Sinn dieses Übereinkommens umfasst
a) das „Sorgerecht" die Sorge für die Person des Kindes und insbesondere das Recht, den Aufenthalt des Kindes zu bestimmen;
b) das Recht „Recht zum persönlichen Umgang" das Recht, das Kind für eine begrenzte Zeit an einen anderen Ort als seinen gewöhnlichen Aufenthaltsort zu bringen.

Kapitel III Rückgabe von Kindern

Art. 8 ...

Art. 10 Die zentrale Behörde des Staates, in dem sich das Kind befindet, trifft oder veranlasst alle geeigneten Maßnahmen, um die freiwillige Rückgabe des Kindes zu bewirken.

Art. 11 In Verfahren auf Rückgabe von Kindern haben die Gerichte oder Verwaltungsbehörden eines jeden Vertragsstaats mit der gebotenen Eile zu handeln. Hat das Gericht oder die Verwaltungsbehörde, die mit der Sache befasst sind, nicht innerhalb von sechs Wochen nach Eingang des Antrags eine Entscheidung getroffen, so kann der Antragsteller oder die zentrale Behörde des ersuchten Staates von sich – aus oder auf Begehren der zentralen Behörde des ersuchenden Staates eine Darstellung der Gründe für die Verzögerung verlangen. Hat die zentrale Behörde des ersuchten Staates die Antwort erhalten, so übermittelt sie diese der zentralen Behörde des ersuchenden Staates oder gegebenenfalls dem Antragsteller.

Art. 12 Ist ein Kind im Sinn des Artikels 3 widerrechtlich verbracht oder zurückgehalten worden und ist bei Eingang des Antrags bei dem Gericht oder der Verwaltungsbehörde des Vertragsstaats, in dem sich das Kind befindet, eine Frist von weniger als einem Jahr seit dem Verbringen oder Zurückhalten verstrichen, so ordnet das zuständige Gericht oder die zuständige Verwaltungsbehörde die sofortige Rückgabe des Kindes an. Ist der Antrag erst nach Ablauf der in Absatz 1 bezeichneten Jahresfrist eingegangen, so ordnet das Gericht oder die Verwaltungsbehörde die Rückgabe des Kindes ebenfalls an, sofern nicht erwiesen ist, dass das Kind sich in seine neue Umgebung eingelebt hat. Hat das Gericht oder die Verwaltungsbehörde des ersuchten Staates Grund zu der Annahme, dass das Kind in einen anderen Staat verbracht worden ist, so kann das Verfahren ausgesetzt oder der Antrag auf Rückgabe des Kindes abgelehnt werden.

Art. 13 Ungeachtet des Artikel 12 ist das Gericht oder die Verwaltungsbehörde des ersuchten Staates nicht verpflichtet, die Rückgabe des Kindes anzuordnen, wenn die Person, Behörde oder sonstige Stelle, die sich der Rückgabe des Kindes widersetzt, nachweist,
a) dass die Person, Behörde oder sonstige Stelle, der die Sorge für die Person des Kindes zustand, das Sorgerecht zur Zeit des Verbringens oder Zurückhaltens tatsächlich nicht ausgeübt, dem Verbringen oder Zurückhalten zugestimmt oder dieses nachträglich genehmigt hat oder
b) dass die Rückgabe mit der schwerwiegenden Gefahr eines körperlichen oder seelischen Schadens für das Kind verbunden ist oder das Kind auf andere Weise in eine unzumutbare Lage bringt.

Das Gericht oder die Verwaltungsbehörde kann es ferner ablehnen, die Rückgabe des Kindes anzuordnen, wenn festgestellt wird, dass sich das Kind der Rückgabe widersetzt und dass es ein Alter und eine Reife erreicht hat, angesichts deren es angebracht erscheint, seine Meinung zu berücksichtigen. Bei Würdigung der in diesem Artikel genannten Umstände hat das Gericht oder die Verwaltungsbehörde die Auskünfte über die soziale Lage des Kindes zu berücksichtigen, die von der zentralen Behörde oder einer anderen zuständigen Behörde des Staates des gewöhnlichen Aufenthalts des Kindes erteilt worden sind.

Art. 14 Haben die Gerichte oder Verwaltungsbehörden des ersuchten Staates festzustellen, ob ein widerrechtliches Verbringen oder Zurückhalten im Sinn des Artikels 3 vorliegt, so können sie das im Staat des gewöhnlichen Aufenthalts des Kindes geltende Recht und die gerichtlichen oder behördlichen Entscheidungen, gleichviel ob sie dort förmlich anerkannt sind oder nicht, unmittelbar berücksichtigen; dabei brauchen sie die besonderen Verfahren zum Nachweis dieses Rechts oder zur Anerkennung ausländischer Entscheidungen, die sonst einzuhalten wären, nicht zu beachten.

Art. 15 Bevor die Gerichte oder Verwaltungsbehörden eines Vertragsstaats die Rückgabe des Kindes anordnen, können sie vom Antragsteller die Vorlage einer Entscheidung oder sonstigen Bescheinigung der Behörden des Staates des gewöhnlichen Aufenthalts des Kindes verlangen, aus der hervorgeht, dass das Verbringen oder Zurückhalten widerrechtlich im Sinn des Artikels 3 war, sofern in dem betreffenden Staat eine derartige Entscheidung oder Bescheinigung erwirkt werden kann. Die zentralen Behörden der Vertragsstaaten haben den Antragsteller beim Erwirken einer derartigen Entscheidung oder Bescheinigung soweit wie möglich zu unterstützen.

Art. 16 Ist den Gerichten oder Verwaltungsbehörden des Vertragsstaats, in den das Kind verbracht oder in dem es zurückgehalten wurde, das widerrechtliche Verbringen oder Zurückhalten des Kindes im Sinn des Artikels 3 mitgeteilt worden, so dürfen sie eine Sachentscheidung über das Sorgerecht erst treffen, wenn entschieden ist, dass das Kind aufgrund dieses Übereinkommens nicht zurückzugeben ist, oder wenn innerhalb angemessener Frist nach der Mitteilung kein Antrag nach dem Übereinkommen gestellt wird.

Art. 17 Der Umstand, dass eine Entscheidung über das Sorgerecht im ersuchten Staat ergangen oder dort unerkennbar ist, stellt für sich genommen keinen Grund dar, die Rückgabe eines Kindes nach Maßgabe dieses Übereinkommens abzulehnen; die Gerichte oder Verwaltungsbehörden des ersuchten Staates können jedoch bei der Anwendung des Übereinkommens die Entscheidungsgründe berücksichtigen.

Art. 18 Die Gerichte oder Verwaltungsbehörden werden durch die Bestimmungen dieses Kapitels nicht daran gehindert, jederzeit die Rückgabe des Kindes anzuordnen.

Art. 19 Eine aufgrund dieses Übereinkommens getroffene Entscheidung über die Rückgabe des Kindes ist nicht als Entscheidung über das Sorgerecht anzusehen.

Art. 20 Die Rückgabe des Kindes nach Artikel 12 kann abgelehnt werden, wenn sie nach den im ersuchten Staat geltenden Grundwerten über den Schutz der Menschenrechte und Grundfreiheiten unzulässig ist.

Kapitel IV Recht zum persönlichen Umgang

Art. 21 Der Antrag auf Durchführung oder wirksame Ausübung des Rechts zum persönlichen Umgang kann in derselben Weise an die zentrale Behörde eines Vertragsstaats gerichtet werden wie ein Antrag auf Rückgabe des Kindes. Die zentralen Behörden haben aufgrund der in Artikel 7 genannten Verpflichtung zur Zusammenarbeit die ungestörte Ausübung des Rechts zum persönlichen Umgang sowie die Erfüllung aller Bedingungen zu fördern, denen die Ausübung dieses Rechts unterliegt. Die zentralen Behörden unternehmen Schritte, um soweit wie möglich alle Hindernisse auszuräumen, die der Ausübung dieses Rechts entgegenstehen. Die zentralen Behörden können unmittelbar oder mit Hilfe anderer die Einleitung eines Verfahrens vorbereiten oder unterstützen mit dem Ziel, das Recht zum persönlichen Umgang durchzuführen oder zu schützen und zu gewährleisten, dass die Bedingungen, von denen die Ausübung dieses Rechts abhängen kann, beachtet werden.

Kapitel V Allgemeine Bestimmungen

Art. 22 ...

Art. 31 Bestehen in einem Staat auf dem Gebiet des Sorgerechts für Kinder zwei oder mehr Rechtssysteme, die in verschiedenen Gebietseinheiten gelten, so ist
a) eine Verweisung auf den gewöhnlichen Aufenthalt in diesem Staat als Verweisung auf den gewöhnlichen Aufenthalt in einer Gebietseinheit dieses Staates zu verstehen;
b) eine Verweisung auf das Recht des Staates des gewöhnlichen Aufenthalts als Verweisung auf das Recht der Gebietseinheit dieses Staates zu verstehen, in der das Kind seinen gewöhnlichen Aufenthalt hat.

Art. 32 Bestehen in einem Staat auf dem Gebiet des Sorgerechts für Kinder zwei oder mehr Rechtssysteme, die für verschiedene Personenkreise gelten, so ist eine Verweisung auf das Recht dieses Staates als Verweisung auf das Rechtssystem zu verstehen, das sich aus der Rechtsordnung dieses Staates ergibt.

Art. 33 Ein Staat, in dem verschiedene Gebietseinheiten ihre eigenen Rechtsvorschriften auf dem Gebiet des Sorgerechts für Kinder haben, ist nicht verpflichtet, dieses Übereinkommen anzuwenden, wenn ein Staat mit einheitlichem Rechtssystem dazu nicht verpflichtet wäre.

Art. 34 Dieses Übereinkommen geht im Rahmen seines sachlichen Anwendungsbereichs dem Übereinkommen vom 5. Oktober 1961 über die Zuständigkeit der Behörden und das anzuwendende Recht auf dem Gebiet des Schutzes von Minderjährigen vor, soweit die Staaten Vertragsparteien beider Übereinkommen sind. Im übrigen beschränkt dieses Übereinkommen weder die Anwendung anderer internationaler Übereinkünfte, die zwischen dem Ursprungsstaat und dem ersuchten Staat in Kraft sind, noch die Anwendung des nichtvertraglichen Rechts des Staates, wenn dadurch die Rückgabe eines widerrechtlich verbrachten oder zurückgehaltenen Kindes erwirkt oder die Durchführung des Rechts zum persönlichen Umgang bezweckt werden soll.

Art. 35 Dieses Übereinkommen findet zwischen den Vertragsstaaten nur auf ein widerrechtliches Verbringen oder Zurückhalten Anwendung, dass sich nach seinem Inkrafttreten in diesen Staaten ereignet hat. Ist eine Erklärung nach Artikel 39 oder 40 abgegeben worden, so ist die in Absatz 1 des vorliegenden Artikels enthaltene Verweisung auf einen Vertragsstaat als Verweisung auf die Gebietseinheit oder die Gebietseinheiten zu verstehen, auf die das Übereinkommen angewendet wird.

1 **A.** Das Haager Kindesentführungsüb (HKÜ) vom 25.10.80 ist **am 1.12.90 in Kraft getreten.** Es gilt nur zwischen den über 70 Vertragsstaaten (http://www.hcch.net/bzw. Fundstellennachweis BGBl B 09; Staud/*Pirrung* Vorbem Art 19 EGBGB Rz D 14), *Finger* JR 09, 442 f. Das Üb ist im Kern eine Rechtshilfekonvention; sie soll die Situation bei internationalen Kindesentführungen und -entziehungen verbessern, wenn also ein Elternteil das Kind ins Ausland verbringt oder zurückhält. Für die Durchführung greifen die Bestimmungen des IntFamRVG ein (§ 1 Nr 3 IntFamRVG). Zentrale Behörde ist das Bundesamt für Justiz (§ 3 Nr 3 IntFamRVG). Das HKÜ ist auch im **Verhältnis der EU-Staaten** anwendbar, wird aber durch die Brüssel IIa VO ergänzt, Art 60 lit e Brüssel IIa VO (*Rieck* NJW 08, 182). Sichergestellt werden soll, dass das Kind und der Antragsteller angehört werden (Art 11 II Brüssel IIa VO). Außerdem wird eine Sechswochenfrist für die Entscheidung des Verfahrens statuiert (Art 11 III Brüssel IIa VO). Die Rückführung in einen anderen EU-Staat kann nicht *mehr abgelehnt werden,* wenn für die Zeit nach der Rückkehr des Kindes angemessene Schutzmaßnahmen getroffen wurden (Art 11 IV Brüssel IIa VO). Ferner besteht eine Pflicht zur grenzüberschreitenden Zusammenarbeit nach Ablehnung einer Rückführung des Kindes (Art 11 VI, VII Brüssel IIa VO). Ggü dem **MSA** hat das HKÜ Vorrang (Art 34).

B. Anwendbar ist das HKÜ, wenn ein Kind, das das 16. Lebensjahr noch nicht vollendet hat (Art 4), aus einem Vertragsstaat in einen anderen Vertragsstaat entführt wird. Auf Inlandsfälle ist das HKÜ nicht anwendbar (Karlsr FamRZ 99, 951). Sachlich betrifft das HKÜ neben der Rückführung entführter oder zurückgehaltener Kinder (Art 8 ff HKÜ) auch die Durchsetzung von Umgangsrechten (Art 21 HKÜ). Das Üb geht davon aus, dass es dem Kindeswohl am ehesten entspricht, wenn **es so schnell wie möglich an den Ort zurückkehrt**, von dem aus es widerrechtlich entführt worden ist (vgl Staud/*Pirrung* Vorbem Art 19 EGBGB Rz D 68 f). Rückgabehindernisse enthalten die Art 12 (Einleben nach Jahresfrist), 13 (Zustimmung, schwerwiegende Gefahr, entgegenstehender Kindeswille) HKÜ. **Ausnahmeregelungen** des HKÜ sind eng auszulegen. Nur ungewöhnlich schwerwiegende Beeinträchtigungen zählen (BVerfG FamRZ 99, 641). Das Verfahren ist zu beschleunigen, vgl §§ 37 ff IntFamRVG (dazu *Gruber* FPR 08, 214; Staud/*Pirrung* Vorbem Art 19 EGBGB Rz F 72 ff). Sorgerechtsentscheidungen dürfen im Zufluchtstaat zunächst nicht ergehen (Art 16).

C. Das **anwendbare Recht wird im HKÜ** grds **nicht geregelt.** Das maßgebliche Sorgerecht bestimmt das Recht am gewöhnlichen Aufenthalt des Kindes (MüKo/*Siehr* Anh II zu Art 21 Rz 29). Eine Kollisionsnorm besteht nur insoweit, als Art 3 I HKÜ für die Frage, ob das Verbringen oder Zurückhalten des Kindes **widerrechtlich** ist, auf das Recht des Herkunftsstaates abstellt (zur Bescheinigung nach Art 15 *Pietsch* FamRZ 09, 1730). Konkludente Zustimmung zum Verbringen ist möglich (Nürnb FamRZ 09, 240). Der gewöhnliche Aufenthalt des Kindes ist selbständig zu ermitteln (Frankf FamRZ 06, 883). Geschützt wird auch ein Mitsorgerecht (Ddorf FamRZ 08, 1775). Rück- und Weiterverweisung sind zu beachten (Staud/*Pirrung* Vorbem Art 19 EGBGB Rz D 27).

D. Zur gerichtlichen **Zuständigkeit** s. Art 8 ff Brüssel IIa VO, § 11 f IntFamRVG. Im Zufluchtstaat kann eine Zuständigkeit nur bei Zustimmung oder einjährigem Aufenthalt begründet werden (Art 10 Brüssel IIa VO). Zur **Anerkennung** Art 21 ff, 40 ff Brüssel IIa VO.

Art. 22 Annahme als Kind.

(1) ¹Die Annahme als Kind unterliegt dem Recht des Staates, dem der Annehmende bei der Annahme angehört. ²Die Annahme durch einen oder beide Ehegatten unterliegt dem Recht, das nach Artikel 14 Abs. 1 für die allgemeinen Wirkungen der Ehe maßgebend ist.
(2) Die Folgen der Annahme in Bezug auf das Verwandtschaftsverhältnis zwischen dem Kind und dem Annehmenden sowie den Personen, zu denen das Kind in einem familienrechtlichen Verhältnis steht, unterliegen dem nach Absatz 1 anzuwendenden Recht.
(3) ¹In Ansehung der Rechtsnachfolge von Todes wegen nach dem Annehmenden, dessen Ehegatten oder Verwandten steht der Angenommene ungeachtet des nach den Absätzen 1 und 2 anzuwendenden Rechts einem nach den deutschen Sachvorschriften angenommenen Kind gleich, wenn der Erblasser dies in Form einer Verfügung von Todes wegen angeordnet hat und die Rechtsnachfolge deutschem Recht unterliegt. ²Satz 1 gilt entsprechend, wenn die Annahme auf einer ausländischen Entscheidung beruht. ³Die Sätze 1 und 2 finden keine Anwendung, wenn der Angenommene im Zeitpunkt der Annahme das achtzehnte Lebensjahr vollendet hatte.

A. Geltung der Vorschrift und Anwendungsbereich. Die Vorschrift regelt die Anknüpfung des auf die Durchführung einer Adoption anwendbaren materiellen Rechts. Sie gilt sowohl für die Annahme Minderjähriger als auch für die Adoption Volljähriger. Umfasst werden die **Voraussetzungen** der Annahme und der **Umfang** des Annahmeverhältnisses (**I**). Auch die **Wirkungen** der Annahme richten sich nach dem Adoptionsstatut (**II**). Im Erbrecht allerdings gilt nach III die Besonderheit, dass die Wirkungen einer Minderjährigenadoption hinsichtlich der Erbfolge nach dem Annehmenden, seinem Ehegatten oder einem mit ihm Verwandten auch bei fremdem Adoptionsstatut deutschem Sachrecht unterliegen, wenn der Erblasser dies von Todes wegen verfügt hat.

Für die **namensrechtlichen Wirkungen** gilt Art 22 **nicht**, da insoweit **Art 10** als spezielle Kollisionsnorm vorrangig ist. Zur Anknüpfung des Namensstatuts ist nach Art 10 I einzig auf die Staatsangehörigkeit der betreffenden Person abzustellen: Wenn die Adoption einen Staatsangehörigkeitserwerb zur Folge hat (vgl § 6 StAG), richtet sich die Namensführung nach der neu erworbenen Staatsangehörigkeit, ansonsten ist die unverändert gebliebene Staatsangehörigkeit hierfür maßgeblich.

Ggü Art 22 vorrangige völkerrechtliche Vereinbarung ist das **deutsch-iranische Niederlassungsabk** vom 17.2.29 (RGBl 1930 II 1006; BGBl 55 II S 829). Nach dessen Art 8 III erfolgt die Anknüpfung des Adoptionsstatuts, soweit Annehmender und Angenommener iranische Staatsangehörige sind, an die gemeinsame iranische Staatsangehörigkeit.

Mit Wirkung vom 27.10.01 ist das Haager Üb vom 29.5.93 über den Schutz von Kindern und die Zusammenarbeit auf dem Gebiet der internationalen Adoption (**HIntAdÜ**) für Deutschland in Kraft getreten (BGBl 01 II 1034). Dieses Üb gilt, wie sich aus Art 3 HIntAdÜ ergibt, grds nur für die Annahme Minderjähriger und greift nur partiell in das nationale Kollisionsrecht ein. Es überlässt die Bestimmung der für die Voraussetzungen der Adoption berufenen Rechtsordnung grds dem innerstaatlichen Kollisionsrecht, verdrängt also Art 22 insoweit nicht. Allerdings richtet sich die Beurteilung der Adoptionsfähigkeit des Kindes und der Gültigkeit benötigter Zustimmungen nach dem Sachrecht, welches durch die Kollisionsnormen des Heimatstaats – dessen Behörden hierfür gem Art 4 HIntAdÜ primär verantwortlich sind – berufen wird. Das für die Prüfung der Adoptionsfähigkeit des Annehmenden maßgebliche Recht bestimmt sich hingegen nach dem Kollisionsrecht des Aufnahmestaats, dessen Behörden diese Beurteilung gem Art 5 HIntAdÜ obliegt. **Anerkennung** und **Wirkungen** einer in einem anderen Vertragsstaat durchgeführten Adoption indes sind durch **Art 23–27 HIntAdÜ** vorrangig geregelt (s.u. Rn 12). Daneben enthält das HIntAdÜ vereinheitlichte Sachvorschriften zur grenzüberschreitenden Adoptionsvermittlung, zur Zusammenarbeit der beteiligten Vertragsstaaten und zu einem abgestimmten Vorschaltverfahren, welches der Entscheidung über die Adoption vorauszugehen hat.

5 Ergänzend zum HIntAdÜ gelten für Deutschland das Adoptionsübereinkommens-Ausführungsgesetz (AdÜbAG) und das Adoptionswirkungsgesetz (AdWirkG). Das **AdÜbAG** enthält Regelungen über die Zentralen Behörden, die internationale Adoptionsvermittlung und die im HIntAdÜ (Art 23 u 27 II) vorgesehenen Bescheinigungen über das Zustandekommen einer Adoption oder einer Umwandlungsentscheidung. Das **AdWirkG** normiert das Anerkennungs- und Wirkungsfeststellungsverfahren hinsichtlich im Ausland ergangener oder auf ausl Recht beruhender Adoptionsentscheidungen. Es gilt nur für Minderjährigenadoptionen, ist aber nicht auf in einem Vertragsstaat des HIntAdÜ durchgeführte Adoptionen beschränkt (s.u. Rn 14).

6 **B. Anknüpfung.** Zur Anknüpfung ist auf die **Person des/der Annehmenden** abzustellen; das Personalstatut sowie der Aufenthalt des Angenommenen sind ohne Bedeutung. Hierbei kommt es **unwandelbar** auf den **Zeitpunkt der Adoption** an.

7 I 1 u 2 regeln die Anknüpfung unterschiedlich für verheiratete und für unverheiratete Annehmende; sie schließen sich gegenseitig aus. Ist der **Annehmende unverheiratet (1)**, ist einzig an seine Staatsangehörigkeit anzuknüpfen. Dabei sind die Besonderheiten zu beachten, welche sich für Staatenlose, Flüchtlinge, anerkannte Asylberechtigte, Volksdeutsche, Aussiedler und Spätaussiedler ergeben (dazu KKFamR/*Rausch* Art 5 EGBGB Rz 2–4). Besitzt der Annehmende mehrere Staatsangehörigkeiten, gilt die Vorrangregelung in Art 5 I 1 u 2.

8 Bei **Annahme durch Ehegatten (2)** erfolgt die Anknüpfung über das gesetzliche Ehewirkungsstatut des Art 14 I. Diese Vorschrift ist dabei so zu lesen, dass sie unwandelbar auf den Zeitpunkt der Adoption bezogen wird:

9 I 2 iVm Art 14 I **Alt 1** ist maßgebend, wenn bei der Annahme beide Ehegatten **dieselbe Staatsangehörigkeit** besitzen. Haben die Ehegatten eine gemeinsame Staatsangehörigkeit, besitzt jedoch einer von ihnen (oder beide) eine weitere Staatsangehörigkeit, ist die Vorrangregelung des Art 5 I 1 u 2 zu beachten. I 2 iVm Art 14 I **Nr 1 Alt 2** knüpft an die **letzte gemeinsame Staatsangehörigkeit** an, falls einer der Ehegatten diese noch besitzt. Die 2. Alt ist subsidiär zur 1. Alt. Primär ist an eine bestehende gemeinsame Staatsangehörigkeit anzuknüpfen; nur wenn eine solche fehlt, ist zu prüfen, ob ein Ehegatte noch eine frühere gemeinsame Staatsangehörigkeit besitzt (BGH FamRZ 94, 435). I 2 iVm Art 14 I 1 **Nr 2** enthält als Anknüpfungspunkt den **gemeinsamen gewöhnlichen Aufenthalt** der Ehegatten. Alternativen dabei sind vorrangig der bei Annahme noch aktuelle gemeinsame gewöhnliche Aufenthalt und nachrangig der letzte gemeinsame gewöhnliche Aufenthalt. „Gemeinsamer" gewöhnlicher Aufenthalt in einem Staat ist auch dann gegeben, wenn die Ehegatten an verschiedenen Orten, jedoch im selben Staat getrennt leben. Zum Vorliegen der zweiten Alt ist zusätzlich erforderlich, dass einer der Ehegatten zum Zeitpunkt der Adoption seinen gewöhnlichen Aufenthalt noch im Staat des letzten gemeinsamen gewöhnlichen Aufenthalts ununterbrochen beibehalten hat. Hat er ihn zwischenzeitlich aufgegeben und erst später wieder dort begründet, kann nicht nach Nr 2 angeknüpft werden (BGH FamRZ 93, 798). I 2 iVm Art 14 I **Nr 3** ist heranzuziehen, wenn weder eine gemeinsame Staatsangehörigkeit (Nr 1) noch ein gemeinsamer gewöhnlicher Aufenthalt (iS der Nr 2) vorliegt. Dann ist das Recht des Staates berufen, mit dem die Ehegatten zum Zeitpunkt der Annahme auf andere Weise **am engsten verbunden** sind (dazu Art 14 Rn 17).

10 Die Anknüpfungen in I 1 sowie in I 2 iVm Art 14 I Nr 1 u 2 sind **Gesamtverweisung** iS von Art 4 I. Die Verweisung erfolgt unmittelbar in die dortige Regelung zum Adoptionsstatut (nicht zum Ehewirkungsstatut). Hingegen führt I 2 iVm Art 14 I Nr 3 (engste Verbundenheit) unmittelbar in das Sachrecht der verwiesenen Rechtsordnung (Palandt/*Thorn* Art 14 Rz 3). Ist gem Art 22 ausländ Recht berufen, kann dem uU Art 6 entgegenstehen. Bei hinreichendem Inlandsbezug kommt ein **ordre-public-Verstoß** va dann in Betracht, wenn das berufene Recht überhaupt keine Adoption kennt (Schlesw FamRZ 08, 1102) oder ein nicht am Kindeswohl orientiertes Adoptionsverbot ausspricht, zB wegen eigener ehelicher Abkömmlinge der Annehmenden (Schlesw NJW-RR 01, 1372).

11 **C. Verfahrensrecht. I. Internationale Zuständigkeit.** Für die internationale Zuständigkeit für Adoptionsverfahren existieren keine staatsvertraglichen Regelungen; auch das HIntAdÜ regelt sie nicht. Maßgeblich ist **§ 101 FamFG.** Danach sind deutsche Gerichte zuständig, wenn der Annehmende, ein annehmender Ehegatte oder das anzunehmende Kind Deutscher ist oder seinen gewöhnlichen Aufenthalt im Inland hat (*Althammer* IPRax 09, 384). Die deutsche Staatsangehörigkeit reicht bei Mehrstaatigkeit auch dann, wenn sie nicht die effektive ist (Keidel/*Engelhardt* FamFG § 101 Rz 4).

II. Anerkennung. Soweit die Adoption in einem **Vertragsstaat des HIntAdÜ** (Auflistung: http://www.hcch.net) ergangen ist, ergibt sich nach dessen Art 23 ihre **automatische Anerkennung** im Inland, wenn der Entscheidungsstaat eine Bescheinigung über ihr Zustandekommen in Übereinstimmung mit dem Üb erteilt hat. Nach § 9 AdÜbAG kann zum Nachweis der Echtheit der Bescheinigung deren Bestätigung bei der Bundeszentralstelle für Auslandsadoption beantragt werden. Einziger Grund zur Nichtanerkennung ist, dass die Adoption dem inländischen ordre public offensichtlich widerspricht, wobei das Wohl des Kindes zu berücksichtigen ist (Art 24 HIntAdÜ, Art 6). Nach Art 26 HIntAdÜ umfasst die Anerkennung die Wirkungen der Adoption im gleichen Umfang, wie sie sich aus dem vom Entscheidungsstaat angewandten Recht ergeben. Sofern sich nach inländischem Recht für das Kind günstigere Bestimmungen ergeben, bleiben diese unberührt (Art 26 III HIntAdÜ). Daneben besteht die Anerkennungsmöglichkeit nach § 108 FamFG weiter (krit *Weitzel* NJW 08, 186, 188). **12**

Ist die Adoption in einem **Nichtvertragsstaat** des HIntAdÜ ergangen, richtet sich die Anerkennung im Inland nach § 108 FamFG (Keidel/*Zimmermann* FamFG § 108 Rz 20 ff). Sie kann am deutschen ordre public scheitern (§ 109 I Nr 4 FamFG), *Weitzel* JAmt 09, 421 mwN (Haiti). **13**

Im **Anerkennungsverfahren** nach dem **AdWirkG** kann die Anerkennungsfähigkeit einer im Ausland ergangenen Adoption positiv oder negativ festgestellt werden. Dieses Verfahren gilt sowohl für nach Art 23 HIntAdÜ als auch für nach § 108 FamFG anzuerkennende Adoptionen, allerdings nicht, wenn der Angenommene zur Zeit der Annahme das 18. Lebensjahr vollendet hatte (§ 1 2 AdWirkG), also nur für die Minderjährigenadoption. Zur Statthaftigkeit des Anerkennungsverfahrens ist es unerheblich, ob die fragliche Annahme in einem Vertragsstaat oder einem Nichtvertragsstaat des HIntAdÜ erfolgt ist. Das Verfahren setzt einen Antrag voraus (§ 2 AdWirkG); antragsbefugt sind die Annehmenden, das angenommene Kind, jeder bisherige Elternteil sowie der Standesbeamte und bei Geburt des Kindes im Ausland die nach § 36 II PStG zuständige Berliner Verwaltungsbehörde (§ 4 AdWirkG). Zuständig ist das FamG am Sitz des OLG, in Berlin das AG Schöneberg (§ 5 I AdWirkG). Im übrigen kommt das Verfahren nach § 108 II FamFG in Betracht (*Althammer* IPRax 09, 387). **14**

Sind die Wirkungen der anzuerkennenden Auslandsadoption schwächer als diejenigen des deutschen Sachrechts, kann nach § 3 AdWirkG ein **Umwandlungsausspruch** durch das nach § 5 I AdWirkG zuständige FamG erwirkt werden. Hierdurch erhält das Kind die Rechtsstellung eines nach deutschem Sachrecht angenommenen Kindes. **15**

Art. 23 Zustimmung.

¹Die Erforderlichkeit und die Erteilung der Zustimmung des Kindes und einer Person, zu der das Kind in einem familienrechtlichen Verhältnis steht, zu einer Abstammungserklärung, Namenserteilung oder Annahme als Kind unterliegen zusätzlich dem Recht des Staates, dem das Kind angehört. ²Soweit es zum Wohl des Kindes erforderlich ist, ist statt dessen das deutsche Recht anzuwenden.

Für bestimmte, den **personenstandsrechtlichen Status betreffende Rechtsgeschäfte** normieren das deutsche und das ausl Sachrecht spezielle **Zustimmungserfordernisse**. Zur Wahrung der bei statusrelevanten Vorgängen (Abstammung, Namenserteilung, Adoption) typischen Interessen der Beteiligten unterwirft Art 23 die Notwendigkeit und die Erteilung einer Zustimmungserklärung des Kindes sowie einer Person, zu der das Kind in einem familienrechtlichen Verhältnis steht, kumulativ dem Heimatrecht des Kindes (**Zusatzanknüpfung an die Staatsangehörigkeit des Kindes**). Dabei sind die Besonderheiten zu beachten, welche sich für Staatenlose, Flüchtlinge, anerkannte Asylberechtigte, Volksdeutsche, Aussiedler und Spätaussiedler ergeben (dazu KKFamR/*Rausch* Art 5 EGBGB Rz 2–4). Besitzt das Kind mehrere Staatsangehörigkeiten, gilt die Vorrangregelung in Art 5 I 1 u 2. **1**

Nach dem Sinn der Zusatzanknüpfung handelt es sich um eine Sachnormverweisung (BayObLG FamRZ 88, 868; FG Prax 05, 65; LG Bielefeld FamRZ 89, 1339; Palandt/*Thorn* Rz 2 mwN auch zur Gegenmeinung). Falls es zum Wohle des nichtdeutschen Kindes aus besonderen Gründen erforderlich ist, bestimmen sich die Zustimmungserfordernisse gem 2 nach deutschem Sachrecht. **2**

A. Abstammung. Nach dem BGB bedarf die von einem beschränkt geschäftsfähigen minderjährigen Mann erklärte **Vaterschaftsanerkennung** der Zustimmung seines gesetzlichen Vertreters (§ 1596 I 2 iVm 1). Darüber hinaus ist stets die Zustimmung der Mutter des Kindes erforderlich (§ 1595 I), bei beschränkter Geschäftsfähigkeit der Mutter auch die Zustimmung ihres gesetzlichen Vertreters (§ 1596 I 4 iVm 1 u 2). Bei fehlender Sorge der Mutter bedarf es zudem der Zustimmung des Kindes (§ 1595 II). Ist das Kind geschäftsunfähig oder noch nicht 14 Jahre alt, bedarf es stattdessen der Zustimmung seines gesetzlichen Vertreters (§ 1596 II 1). Hat das beschränkt geschäftsfähige Kind das 14. Lebensjahr vollendet, muss es persönlich zustimmen und bedarf dazu der Zustimmung seines gesetzlichen Vertreters (§ 1596 II 2 Hs 2). **3**

Diese Zustimmungserfordernisse gelten immer dann, wenn – unabhängig von der Staatsangehörigkeit des Kindes – deutsches Recht gem Art 19 als Abstammungsstatut berufen ist. In diesem Falle ist Art 23 nur dann von Bedeutung, falls das Heimatrecht des nichtdeutschen Kindes weitergehende Zustimmungserfordernisse kennt. Führt die Anknüpfung über Art 19 zur Berufung fremden Rechts, ist **Art 23 in zweierlei Hinsicht zu beachten**: Sind Abstammungsstatut und Heimatrecht des Kindes nicht identisch, bestimmen sich zusätzliche **4**

Zustimmungserfordernisse grds nach Letzterem. Im Hinblick auf Art 23 2 ist jedoch zu prüfen, ob das Wohl des Kindes statt des ggf nichtdeutschen Heimatrechts die Anwendung der deutschen Sachnormen hinsichtlich der Zustimmungserfordernisse gebietet (dazu Frankf FamRZ 97, 241).

5 B. Namenserteilung. Das deutsche Sachrecht kennt die Namenserteilung durch einen Elternteil (§ 1617a II) sowie durch den Ehegatten eines Elternteils (§ 1618). Sie bedürfen der Zustimmung des anderen Elternteils (§§ 1617a II 2 Hs 1, 1618 3 Hs 1) sowie unter bestimmten Voraussetzungen auch der Zustimmung des Kindes (§§ 1617a II 2 Hs 2, 1618 3 Hs 2). Das Namensstatut bestimmt sich über Art 10 – zur Zusatzanknüpfung nach Art 23 vgl o Rn 3.

6 C. Adoption. Nach dem BGB bedarf die Annahme Minderjähriger der Einwilligung des zu adoptierenden Kindes (vgl iE § 1746) sowie der Einwilligungen der Eltern des Kindes (vgl iE §§ 1747, 1748). Zur Adoption eines verheirateten Minderjährigen oder Volljährigen ist die Einwilligung seines Ehegatten erforderlich (§§ 1749 II, 1767 II 1). Das Adoptionsstatut bestimmt sich über Art 22 – zur Zusatzanknüpfung nach Art 23 vgl o Rn 3. Die Anwendung deutschen Rechts anstelle des Heimatrechts des Kindes nach 2 kommt insb dann in Betracht, wenn das Heimatrecht des Kindes anders als § 1748 BGB keine Möglichkeit vorsieht, die verweigerte Einwilligung seines Vaters zu ersetzen, und das Kind sich auf Dauer in der Obhut seiner mit einem deutschen Staatsangehörigen wiederverheirateten Mutter in Deutschland aufhält (BayObLG FamRZ 02, 1282).

Art. 24 Vormundschaft, Betreuung und Pflegschaft.
(1) ¹Die Entstehung, die Änderung und das Ende der Vormundschaft, Betreuung und Pflegschaft sowie der Inhalt der gesetzlichen Vormundschaft und Pflegschaft unterliegen dem Recht des Staates, dem der Mündel, Betreute oder Pflegling angehört. ²Für einen Angehörigen eines fremden Staates, der seinen gewöhnlichen Aufenthalt oder, mangels eines solchen, seinen Aufenthalt im Inland hat, kann ein Betreuer nach deutschem Recht bestellt werden.
(2) Ist eine Pflegschaft erforderlich, weil nicht feststeht, wer an einer Angelegenheit beteiligt ist, oder weil ein Beteiligter sich in einem anderen Staat befindet, so ist das Recht anzuwenden, das für die Angelegenheit maßgebend ist.
(3) Vorläufige Maßregeln sowie der Inhalt der Betreuung und der angeordneten Vormundschaft und Pflegschaft unterliegen dem Recht des anordnenden Staates.

1 A. Anwendungsbereich. Der Anwendungsbereich der Norm erfasst die Vormundschaft über Minderjährige, die rechtliche Betreuung Volljähriger sowie die Pflegschaft für Minderjährige, Volljährige und unbekannte Beteiligte. Die in manchen Rechtsordnungen anzutreffende „Vormundschaft" von Eltern oder Elternteilen entspricht funktional der elterlichen Sorge iSd deutschen Rechts und fällt unter das Sorgestatut (Art 21). Für die Beistandschaft des Jugendamts (§ 1712 ff BGB) gilt als spezielle einseitige Kollisionsnorm § 1717 BGB. Zu Prozesspflegschaft (§ 57 ZPO), Verfahrensbeistand- und -pflegschaft (§§ 158, 297 V, 317 FamFG) s.u. Rn 21, 22, 25.

2 Der **sachliche** Anwendungsbereich betrifft Entstehung, Änderung, Ende und Inhalt der vorgenannten Rechtsinstitute sowie diesen vorausgehende vorläufige Maßregeln. Art 24 normiert die Anknüpfung dieser Anwendungsfelder nicht einheitlich, sondern differenziert. **Entstehung** begreift die materiell-rechtlichen Voraussetzungen sowohl für die gerichtliche oder behördliche Anordnung der genannten Maßnahmen als auch für einen ex-lege-Eintritt von (Amts-)Vormundschaft oder Pflegschaft. **Änderung** umfasst alle Vorgänge, die die Veränderung der rechtlichen Qualität einer bereits bestehenden und weiter bestehen bleibenden Maßnahme zum Gegenstand haben, insb die Erweiterung der Aufgabenkreise des Vormunds/Betreuers/Pflegers und die spätere Anordnung oder Erweiterung eines Einwilligungsvorbehalts. **Ende** bedeutet die gerichtliche oder behördliche Aufhebung wie auch das ex-lege-Erlöschen einer bestehenden Maßnahme. Entlassung oder sonstiges Ausscheiden aus dem Amt bei weiter bestehender Vormundschaft, Betreuung oder Pflegschaft ist nicht deren „Ende", vielmehr ein Fall ihres „Inhalts". Die zu Entstehung, Änderung und Ende übereinstimmend geregelte Anknüpfung richtet sich für alle Maßnahmen grds nach I 1. Zur Betreuung ergibt sich eine Alternativanknüpfung aus I 2, bestimmte Fälle der Pflegschaft unterliegen spezieller Regelung in II.

3 Inhalt von Vormundschaft, Betreuung oder Pflegschaft bedeutet die Gesamtheit der Normen, welche die Auswahl, Bestellung und Entlassung des Vormunds/Betreuers/Pflegers sowie die Rechtsbeziehungen zwischen ihm und dem Betroffenen zum Gegenstand haben. Letzteres betrifft insb die Vertretungsmacht des Vormunds/Betreuers/Pflegers, seine Amtspflichten, seine Überwachung durch das FamG/BetreuungsG und seine Haftung ggü dem Betroffenen. Die Anknüpfung hierzu ist differenziert geregelt für einerseits gesetzliche Vormundschaft und Pflegschaft in I 1 und andererseits angeordnete Vormundschaft und Pflegschaft sowie Betreuung in III.

4 Vorläufige Maßregeln sind Maßnahmen, die vor dem Eintritt von Vormundschaft, Betreuung oder Pflegschaft zum Schutz des Betroffenen oder unbekannter Beteiligter erforderlich werden, insb vorläufige Pflegschaft nach § 1909 III BGB, Bestellung eines vorläufigen Betreuers (§ 300 I FamFG), vorläufige Unterbringung (§ 331 FamFG) u Nachlasspflegschaft nach § 1960 II BGB. Die Anknüpfung hierzu findet sich in III.

Fraglich ist, inwieweit **familiengerichtliche Genehmigungen** in den Anwendungsbereich der Vorschrift fallen. 5
Hier ist zu unterscheiden zwischen einerseits der Erforderlichkeit solcher Genehmigung (Genehmigungsbedürftigkeit) und andererseits der einzelfallbezogenen Prüfung von Wohl und Wille des Schützlings (Genehmigungsfähigkeit). Teilweise wird vertreten, für die Genehmigungsbedürftigkeit gelte das auf das Rechtsgeschäft selbst anwendbare Recht (Staud/*Hausmann* Art 7 Rz 45) oder das Geschäftsfähigkeitsstatut (*v Bar* IPR 2. Band Rz 42). Die hM begreift Genehmigungsbedürftigkeit aber zu Recht als Beschränkung der gesetzlichen Vertretungsmacht (BayObLG FamRZ 90, 1132; Palandt/*Diederichsen* § 1828 BGB Rz 3; *Klüsener* Rpfleger 81, 461) und ordnet sie daher dem Vertretungsstatut, dh dem für die gesetzliche Vertretung berufenen Recht zu (BGH DNotZ 04, 152; Stuttg NJW-RR 96, 1288). Da die gesetzliche Vertretung durch den Vormund/Betreuer/Pfleger zum Inhalt des Rechtsinstituts gehört, fällt die Erforderlichkeit familiengerichtlicher Genehmigung daher in den Anwendungsbereich von Art 24.

Die materiell-rechtlichen Voraussetzungen der **Genehmigungsfähigkeit** gehören, da sie die gerichtliche Aufsicht über den Vormund/Betreuer/Pfleger betreffen, zum Inhalt von Vormundschaft/Betreuung/Pflegschaft und unterfallen daher Art 24. Hingegen ist die **Vorfrage** der Wirksamkeit des betreffenden Rechtsgeschäfts selbstständig anhand des jeweiligen Geschäftsstatuts anzuknüpfen. 6

B. Verhältnis zu gemeinschaftsrechtlichen und staatsvertraglichen Regeln. Zur Anknüpfung von Vormundschaft, Betreuung und Pflegschaft existieren mehrere ggü dem nationalen Recht vorrangige Rechtsquellen. Deren Anwendungsbereiche sind unterschiedlich kongruent zu Art 24, so dass dieser nicht umfassend, sondern lediglich teilweise und mit unterschiedlichem Geltungsbereich verdrängt wird. Zu differenzieren ist zwischen bilateral weitgehender Verdrängung im Verhältnis zum Iran (u. Rn 8), partiellem Vorrang von als loi uniforme konzipierten Rechtsinstrumenten zum Minderjährigenschutz (u. Rn 9 ff), dem Erwachsenenschutz sowie der Pflegschaft über Volljährige oder unbekannte Beteiligte (u. Rn 14). 7

I. Bilaterale Regelung im Verhältnis zum Iran. Im Verhältnis zum Iran ist als vorrangige völkerrechtliche Vereinbarung das deutsch-iranische Niederlassungsabk vom 17.2.29 (RGBl 1930 II 1006; BGBl 55 II S 829) zu beachten. Nach dessen Art 8 III bleiben die Angehörigen der Vertragsstaaten ihren heimischen Gesetzen unterworfen. Nach Nr 2 des Schlussprotokolls werden vom Abk ua „Vormundschaft und Pflegschaft sowie Entmündigung" umfasst, wobei an die Stelle der Entmündigung die Betreuung getreten ist. Bzgl iranischer Staatsangehöriger führt die Anknüpfung ins iranische Sachrecht. Dies gilt indes nicht für Personen, die außer der iranischen Staatsangehörigkeit auch die deutsche oder eine andere besitzen oder bzgl derer zum Personalstatut aufgrund besonderer Regelungen an ihren gewöhnlichen Aufenthalt anzuknüpfen ist (BGH FamRZ 86, 345). Für diese verbleibt es bei Art 24, soweit diesem nicht – für Vormundschaft und Pflegschaft über Minderjährige – andere Rechtsinstrumente vorgehen. Zur **Betreuung** ist jedoch die spezielle Regelung in Art 24 II – dh alternative Berufung des deutschen Rechts bei Inlandsaufenthalt – auch auf einen iranischen Staatsangehörigen, der sich im Inland aufhält, anwendbar. Art 8 III 2 des deutsch-iranischen Abk gestattet den Vertragsstaaten eine solche Ausnahmeregelung. 8

II. Vormundschaft und Pflegschaft über Minderjährige. Das **Haager Abk zur Regelung der Vormundschaft über Minderjährige** vom 12.6.02 (RGBl 1904 240) ist für Deutschland mit Wirkung zum 1.6.09 gekündigt worden (Staud/*Pirrung* Vorbem Art 19 EGBGB Rz C 207). Das **Vormundschaftsabk mit Österreich** ist mit Wirkung vom 1.7.03 gekündigt worden und daher nicht mehr zu beachten. 9

Das **Haager Üb über die Zuständigkeit der Behörden und das anzuwendende Recht auf dem Gebiet des Schutzes von Minderjährigen** (MSA) ist am 17.9.71 für die Bundesrepublik Deutschland in Kraft getreten (Art 21 Anh I). Im Hinblick auf den umfassenden Anwendungsbereich des MSA gilt Art 24 lediglich für die Anordnung von Vormundschaft über Minderjährige, die ihren gewöhnlichen Aufenthalt in Nichtvertragsstaaten haben. 10

Seit dem 1.3.05 ist die **Brüssel IIa VO** (VO (EG) Nr 2201/2003) für alle Mitgliedstaaten der EU anwendbar (Ausnahme Dänemark Art 2 Nr 3 der VO). Wie sich aus Art 1 I lit b, II Brüssel IIa VO ergibt, erfasst sie unter dem Oberbegriff „elterliche Verantwortung" alle Schutzmaßnahmen iSd MSA und ist mit diesem umfassenden Anwendungsbereich im Verhältnis ihrer Mitgliedstaaten vorrangig ggü dem MSA (Art 60 lit a der VO). Dies gilt insb auch für die Vormundschaft, die Pflegschaft und entspr Rechtsinstitute (Art 1 II lit b der VO). Auch staatliche (behördliche) Schutzmaßnahmen (zB Inobhutnahme, Unterbringung) werden erfasst; EuGH FamRZ 08, 125; *Dutta* FamRZ 08, 835; *Pirrung* FS Kropholler, 08, 399, 409. Da der Vorrang der VO ggü dem MSA lediglich im Verhältnis der oa Mitgliedstaaten gilt, besteht er allerdings nicht im Verhältnis zu den Vertragsstaaten des **MSA**, die keine Mitgliedstaaten der VO sind – dies sind **nur noch die Schweiz, die Türkei und Macao** (Staud/*Pirrung* Vorbem Art 19 EGBGB Rz C 211). 11

Die **Brüssel IIa VO** hat das anzuwendende materielle Recht nicht geregelt. Fraglich ist daher, ob in Verfahren, für welche sich die internationale Zuständigkeit aus der Brüssel IIa VO ergibt, das Statut für Vormundschaft und Pflegschaft über Minderjährige nach dem – an sich vorrangigen – MSA oder unmittelbar über Art 24 anzuknüpfen ist (vgl Art 21 Rn 6): **Beruht die internationale Zuständigkeit für eine Vormundschaft oder Pflegschaft über einen Minderjährigen auf der** Brüssel IIa VO, so bleibt es, wenn eine Zuständigkeit auch **nach MSA bestünde, bei der Anwendbarkeit des MSA.** Art 24 ist nicht anwendbar. 12

13 Das Haager Kinderschutzüb vom 19.10.96 (**KSÜ**) ist bisher für Deutschland nicht in Kraft getreten (s. Art 21 Anh II).

14 **III. Betreuung und Pflegschaft über Volljährige oder unbekannte Beteiligte.** Das **Haager Üb über den internationalen Schutz von Erwachsenen vom 13.1.00 (ErwSÜ)** ist am 1.1.09 in Kraft getreten. Vertragsstaaten sind außer Deutschland (BGBl 07 II 323) Frankreich, die Schweiz (1.7.09) und das Vereinigte Königreich (beschränkt auf Schottland). Zur Ausführung besteht das Gesetz zur Umsetzung des Haager Übereinkommens vom 13.1.00 über den internationalen Schutz von Erwachsenen vom 17.3.07 (ErwSÜ-AusfG, BGBl 07 I 314). Das Üb soll den grenzüberschreitenden Schutz von Erwachsenen (dh Personen über 18 Jahren, Art 2), die aufgrund einer Beeinträchtigung oder Unzulänglichkeit ihrer persönlichen Fähigkeiten nicht in der Lage sind, ihre Interessen zu schützen, sicherstellen. Es ist **universell**, dh auch ggü Nichtvertragsstaaten anwendbar (Art 18). **International zuständig** sind insb die Behörden am gewöhnlichen Aufenthaltsort des Erwachsenen (Art 5), ggf auch die des Heimatstaats (Art 7). Dem Gleichlaufprinzip entsprechend wenden die Behörden auf Schutzmaßnahmen ihr eigenes Recht an (Art 13). Zu den Schutzmaßnahmen gehören Betreuung und Einwilligungsvorbehalt (vgl Art 3, 4), nicht hingegen Kraft Gesetzes eintretende Erwachsenenschutzvorschriften wie die Geschäftsunfähigkeit (*Helms* FamRZ 08, 1999). Die Vertretungsmacht für den Erwachsenen aufgrund Vorsorgevollmacht richtet sich mangels Rechtswahl nach dem Recht seines gewöhnlichen Aufenthalts (Art 15). **Anerkennung u Vollstreckung** folgen eigenen Regeln (Art 22 ff).- Ansonsten existiert lediglich das **deutsch-iranische Abk**, welches für Betreuungen keine praktische Bedeutung hat (s.o. Rn 8).

15 **C. Anknüpfung. I. Vormundschaft. 1. Entstehung, Änderung, Ende.** Anknüpfungspunkt für Entstehung, Änderung und Ende von Vormundschaft über Minderjährige ist die **Staatsangehörigkeit des Minderjährigen** (I 1). Dabei sind die Besonderheiten zu beachten, welche sich für Staatenlose, Flüchtlinge, anerkannte Asylberechtigte, Volksdeutsche, Aussiedler und Spätaussiedler ergeben (dazu KKFamR/*Rausch* Art 5 EGBGB Rz 2–4). Besitzt der Minderjährige mehrere Staatsangehörigkeiten, gilt die Vorrangregelung in Art 5 I 1 u 2.

16 Die Anknüpfung nach I 1 ist **Gesamtverweisung** iSv Art 4 I 1. Rück- und Weiterverweisung sind daher zu beachten. Bei Maßgeblichkeit deutschen Rechts kommt ggf hinsichtlich im Ausland befindlichen Vermögens des Minderjährigen Vermögensspaltung (**Einzelstatut**) in Betracht. Art 3a II respektiert Regelungen ausl Kollisionsrechts, welches bestimmte Gegenstände (insb Immobilien), die sich im dortigen Hoheitsgebiet befinden, zwingend den Sachnormen des eigenen Rechts unterwerfen. Dies gilt auch für das Vormundschaftsstatut (Palandt/*Thorn* Rz 1). Für die sonstigen Bestandteile des Mündelvermögens verbleibt es bei der Anwendbarkeit des deutschen Sachrechts.

17 **2. Inhalt.** **Kraft Gesetzes eingetretene Vormundschaft** für Kinder mit gewöhnlichem Aufenthalt im Ausland sowie für ausl Kinder miteinander verheirateter Eltern mit gewöhnlichem Aufenthalt im Inland findet ihre Regelung in I 1. Das auf ihren Inhalt anzuwendende Recht bestimmt sich wie das Entstehen dieser Vormundschaft nach der Staatsangehörigkeit des Minderjährigen. Für die **gesetzliche Amtsvormundschaft** über Kinder nicht miteinander verheirateter Eltern mit gewöhnlichem Aufenthalt im Inland gilt als spezielle einseitige Kollisionsnorm § 1791c BGB.

18 Ist **Vormundschaft angeordnet worden**, unterliegt ihr Inhalt gem III dem Recht des Staates, dessen Gericht/Behörde die Vormundschaft angeordnet hat. Ist also ein Anordnungsbeschluss im Inland ergangen, richtet sich das Weitere stets nach deutschem Recht (§§ 1775 ff). Lediglich für Beendigung und Aufhebung der Vormundschaft (§§ 1882, 1884) verbleibt es bei der Anknüpfung nach I.

19 **3. Vorläufige Maßregeln.** Nach III Alt 1 unterliegen vorläufige Maßregeln dem Recht des anordnenden Staates. „Vorläufige Maßregeln" sind Entscheidungen, die erforderlichenfalls schon vor der Bestellung eines Vormunds oder bei dessen Verhinderung zu treffen sind. Hierunter fallen die Bestellung eines Ersatzpflegers nach § 1909 III, das selbstständige Eingreifen des FamG nach § 1846 sowie die familiengerichtliche Genehmigung einer vorläufigen Unterbringung eines Minderjährigen (§ 151 Nr 6, 7 FamFG).

20 **II. Pflegschaft. 1. Pflegschaft für Minderjährige.** Hier kommen in Betracht die **Ergänzungspflegschaft** iSv § 1909 I, II BGB (BayObLG FamRZ 68, 105; LG Berlin FamRZ 71, 320), die **Ersatzpflegschaft** iSv § 1909 III BGB und die **Pflegschaft für eine Leibesfrucht**. Für die Anknüpfung des Statuts dieser Pflegschaften gelten dieselben kollisionsrechtlichen Vorschriften wie für die Vormundschaft – s.o. Rn 15 ff.

21 Hingegen erfolgt die Bestellung eines **Prozesspflegers** als Notvertreter für einen nicht prozessfähigen, gesetzlich nicht vertretenen Beklagten durch das Prozessgericht (§ 57 ZPO) lediglich im Interesse des Klägers. Sie ist keine Fürsorgemaßnahme für den prozessunfähigen Beklagten und daher weder als Pflegschaft iSv Art 24 noch als Schutzmaßnahme iSd MSA zu qualifizieren. Für sie gilt die lex fori.

22 Die Bestellung eines **Verfahrensbeistands- oder pflegers** (§§ 158, 317 FamFG) erfolgt im Interesse des Minderjährigen. Der Verfahrenspfleger ist indes nicht selbst gesetzlicher Vertreter und schließt die Eltern nicht von ihrer gesetzlichen Vertretung aus. Die materiell-rechtlichen Vorschriften über die Pflegschaft (§§ 1915, 1793 ff) sind auf die Verfahrenspflegschaft nicht anzuwenden (Keidel/*Budde* FamFG § 276 Rz 10 mwN). Hieraus ergibt sich, dass sie in erster Linie der Gewährleistung eines dem betroffenen Minderjährigen ggü fairen

Verfahrens dient und deshalb verfahrensrechtlicher Natur ist. Sie ist daher nicht als materiell-rechtliche Pflegschaft iSv Art 24 zu qualifizieren. Für sie gilt die lex fori.

2. Pflegschaft für Volljährige. Zur Pflegschaft über Volljährige ergeben sich aus Art 24 unterschiedliche Anknüpfungen zu den verschiedenen Pflegschaftsarten. II Alt 1 regelt die **Pflegschaft für unbekannte Beteiligte** (§ 1913) dahingehend, dass deren Statut dem der Angelegenheit folgt. Dasselbe gilt nach II Alt 2 für die **Abwesenheitspflegschaft** bei bekanntem Aufenthalt (§ 1911 II), sofern sich der Abwesende im Ausland befindet. Bei bekanntem Aufenthalt im Inland ist sie zu Entstehung, Änderung und Ende gem I 1 an die Staatsangehörigkeit des Betroffenen anzuknüpfen. Ihr Inhalt unterliegt gem III Alt 2 dem Recht des anordnenden Staates.

Für die **Nachlasspflegschaft** gilt im Hinblick auf ihren Charakter als vorläufige Maßnahme gem III Alt 1 in jeder Hinsicht das Recht des anordnenden Staates (Staud/*Kropholler* Rz 17).

Prozesspflegschaft (§ 57 ZPO) und Verfahrenspflegschaft (§§ 297 V, 317 FamFG) sind verfahrensrechtlich zu qualifizieren und unterfallen nicht Art 24 (s.o. Rn 21, 22). Für sie gilt die lex fori.

III. Betreuung. 1. Begriff. Die deutsche „rechtliche Betreuung" findet begrifflich und inhaltlich nur wenig deckungsgleiche Entsprechung im Ausland. Der Betreuung am Nächsten kommen die „Sachwalterschaft" des österreichischen Rechts, die „sauvegarde de justice" des frz Rechts sowie „bewind" (betr Vermögenssorge) und „mentorschap" (betr Personensorge) des niederländischen Rechts. Etliche Staaten hingegen kennen nach wie vor Vormundschaft über – entmündigte – Volljährige. Gemeinsam ist diesen Rechtsinstituten die hoheitliche Fürsorge für Volljährige, die ihre eigenen Angelegenheiten selbst nicht erledigen können, mit Regelungen zur gesetzlichen Vertretung solcher Personen. Alle diese Rechtsformen unterfallen dem kollisionsrechtlichen Begriff „Betreuung" in Art 24.

2. Anordnung, Änderung, Ende. I enthält **zwei alternative Anknüpfungen**. Nach 1 ist Anknüpfungspunkt die **Staatsangehörigkeit** des Betroffenen. Besitzt der Betroffene mehrere Staatsangehörigkeiten, greift die Vorrangregelung des Art 5 I 1 u 2. Ist also für einen im Ausland lebenden Deutschen im Inland Betreuung anzuordnen, ist deutsches Recht anzuwenden. Kommt hingegen Betreuung für einen im Inland lebenden Ausländer is Betracht, führt diese Anknüpfungsalternative in das Heimatrecht des Betroffenen. Es kommt zu einer Gesamtverweisung iSv Art 4 I.

Eine unmittelbare Anwendung deutschen Rechts ist möglich, wenn der Betroffene zwar kein Deutscher ist, jedoch seinen **gewöhnlichen Aufenthalt im Inland** hat (I 2). Hat der Betroffene weder im In- noch im Ausland einen gewöhnlichen Aufenthalt, reicht sein schlichter Aufenthalt im Inland. Verlässt der ausl Betroffene, für den gem I 2 Betreuung in Anwendung deutschen Rechts angeordnet worden ist, Deutschland, wird die angeordnete Betreuung nicht gegenstandslos; sie entfällt erst mit Aufhebung der Betreuerbestellung (BayObLGZ 01, 324).

3. Inhalt. Ist Betreuung angeordnet worden, unterliegen ihr Umfang und ihre Wirkungen gem **III Alt 2** dem **Recht des Staates, dessen Gericht/Behörde die Betreuung angeordnet hat**. Dies gilt insb für die Geschäftsfähigkeit, die gesetzliche Vertretung, den angeordneten Einwilligungsvorbehalt, die Fürsorge und Aufsicht des BetreuungsG, die Vergütung, Haftung und Entlassung des Betreuers.

4. Vorläufige Maßregeln, Unterbringung. Nach III Alt 1 unterliegen vorläufige Maßregeln dem **Recht des anordnenden Staates**, unabhängig davon, welches Recht nach I zur Anordnung der Betreuung berufen ist. **Vorläufige Maßregeln** sind Entscheidungen, die ggf vor der eigentlichen Betreuerbestellung zu treffen sind. Hierunter fallen Maßnahmen nach § 300 FamFG, dh die Bestellung eines vorläufigen Betreuers und die Anordnung eines vorläufigen Einwilligungsvorbehalts, sowie einstweilige Maßnahmen bei Fehlen oder Verhinderung eines Betreuers (§§ 1908i I, 1846). Gleiches gilt für die betreuungsgerichtliche Genehmigung einer **vorläufigen Unterbringungsmaßnahme** (§ 331 FamFG). Die **endgültige Unterbringungsentscheidung** (§ 323 FamFG) dürfte nicht von III Alt 1 erfasst werden (so aber wohl MüKo/*Klinkhardt* Rz 10), III Alt 2 („Inhalt" der Betreuung), so dass das Recht des Staates berufen ist, der die Betreuung angeordnet hat.

IV. Vorfragen. Für die Anordnung von **Vormundschaft** ist Voraussetzung, dass der Minderjährige nicht unter elterlicher Sorge steht (§ 1773 BGB). Die dahingehenden Vorfragen sind selbstständig anzuknüpfen, dh zur Minderjährigkeit nach Art 7, zur elterlichen Sorge nach Art 21. Hierbei ist ggf eine im Ausland ergangene *Entscheidung* zur elterlichen Sorge anzuerkennen – s. dazu Art 21 Rn 14.

Zur Anordnung von **Betreuung** ist ua die Volljährigkeit des Betroffenen erforderlich. Die Vorfrage ist selbstständig anzuknüpfen, also nach Art 7. Dies gilt auch, soweit evtl Geschäftsunfähigkeit des volljährigen Betroffenen – etwa bei der sog Zwangsbetreuung – als Vorfrage von Bedeutung sein sollte.

D. Verfahrensrecht. I. Internationale Zuständigkeit. Die maßgeblichen Regeln für die internationale Zuständigkeit für die Anordnung und Durchführung von **Vormundschaft und Pflegschaft über Minderjährige** finden sich in mehreren Rechtsinstrumenten und nachrangig im nationalen Recht. Einschlägige Rechtsgrundlagen sind: – Art 8 ff Brüssel IIa VO, – Art 1, 4, 8 und 9 MSA, – §§ 99, 151 FamFG.

34 Die internationale Zuständigkeit für **Maßnahmen des Erwachsenenschutzes** richtet sich in erster Linie nach dem gewöhnlichen Aufenthaltsort des Erwachsenen (Art 5 ErwSÜ), subsidiär auch nach der Staatsangehörigkeit (Art 7), *Helms* FamRZ 08, 1996 f. In Deutschland ist das BetreungsG am Sitz des OLG zuständig (§ 6 ErwSÜAG), näher *Wagner* IPRax 07, 11. Zentrale Behörden (in Deutschland Bundesamt für Justiz) arbeiten nach Art 28 ff zusammen. Das **deutsch-iranische Niederlassungsabk** (s.o. Rn 8) enthält keine Regelung zur internationalen Zuständigkeit (BGH FamRZ 93, 316). Die Brüssel IIa VO und das MSA gelten nur für Minderjährige. Maßgebliche nationale Norm ist **§ 104 FamFG** (*Althammer* IPRax 09, 385). Dies gilt sowohl für das Verfahren zur Anordnung von Betreuung als auch das weitere Verfahren nach Anordnung, insb die Erteilung betreuungsgerichtlicher Genehmigungen, ebenso für vorläufige Maßregeln. Nach § 104 I FamFG sind alternative Anknüpfungspunkte die Staatsangehörigkeit sowie der gewöhnliche Aufenthalt des Betroffenen. Bei Mehrstaatern reicht die deutsche Staatsangehörigkeit zur inländischen Zuständigkeit, auf die effektive Staatsangehörigkeit kommt es nicht an (BGH FamRZ 97, 1070). Darüber hinaus sind die deutschen Gerichte nach § 104 I 2 FamFG zuständig, soweit ein konkretes deutsches Fürsorgebedürfnis besteht.

35 **II. Anerkennung.** Eine im Ausland zur **Vormundschaft** oder Pflegschaft über einen Minderjährigen ergangene Entscheidung ist im Inland anzuerkennen, wenn die Voraussetzungen nach Gemeinschaftsrecht, Staatsvertrag oder nationalem Recht vorliegen. Einschlägig sind: – Art 21 ff, 40 ff Brüssel IIa VO, – Luxemburger europäisches Üb über die Anerkennung und Vollstreckung von Entscheidungen über das Sorgerecht für Kinder und die Wiederherstellung des Sorgerechtsverhältnisses (ESÜ), – Haager Minderjährigenschutzabk (MSA), – Haager Erwachsenenschutzüb (ErwSÜ), – nationales Recht (§ 108 FamFG).

36 Entscheidungen zu **Betreuung** und Pflegschaft über Volljährige können unter den Vertragsstaaten nach Art 22 ErwSÜ anerkannt werden. Etliche ausl Staaten haben die Kompetenz für Maßnahmen betreuungsrechtlichen Charakters Behörden zugewiesen. Ein spezielles Verfahren zur Feststellung der Anerkennungsfähigkeit ausl Entscheidungen zu Betreuung und Pflegschaft über Volljährige gibt es nicht; eine förmliche Anerkennung ist nunmehr nach § 108 II FamFG möglich (anders noch BGH FamRZ 89, 378; Bambg FamRZ 00, 1098). Die Vorfrage der Anerkennungsfähigkeit hat das mit der Sache befasste Gericht selbstständig zu prüfen.

37 **Bilaterale Abk**, die die gegenseitige Anerkennung von Entscheidungen betreuungsrechtlichen Charakters zum Gegenstand haben, gibt es mit Belgien, Griechenland, der Schweiz und Spanien. Sie enthalten übereinstimmend die grundsätzliche Anerkennungspflicht mit jeweils unterschiedlichen Voraussetzungen. Auf das nationale Anerkennungsrecht (§ 108 FamFG) kann zurückgegriffen werden, wenn dieses sich im Vergleich zum Abkommensrecht nach Lage des Falles als anerkennungsfreundlicher erweist (BGH FamRZ 87, 580). Davon ist idR auszugehen, so dass für die Praxis eine Prüfung dieser Abk nicht erforderlich ist. Sonstige einschlägige supranationale Regelungen gibt es nicht.

38 Nationale Rechtsgrundlage für die Anerkennung ausl Entscheidungen zu Betreuung sowie Pflegschaft über Volljährige ist **§ 108 FamFG** (Keidel/*Zimmermann* FamFG § 108 Rz 28, 31). Neben bestimmten Formalverstößen (§ 109 Nr 1–3) kann ein ordre-public-Verstoß der Anerkennung entgegenstehen (Nr 4). Dies kommt bei Betreuungsentscheidungen insb dann in Betracht, wenn der Betroffene im Verfahren nicht angehört worden war. Hat das ausl Gericht Erwachsenenvormundschaft mit Entmündigung angeordnet, steht dies nicht von vornherein der Anerkennung entgegen – jedoch hat der Vormund lediglich die Stellung eines Betreuers für alle Angelegenheiten und mit Einwilligungsvorbehalt (MüKo/*Klinkhardt* Rz 41 mwN). Ein ordre-public-Verstoß ist dann anzunehmen, wenn das Wohl oder der Wille des Betreuten grob missachtet worden ist. Maßstab ist hier va Art 2 I GG (vgl BGH NJW 93, 848). Förmliche Anerkennung nach § 108 II FamFG ist möglich (*Klinck* FamRZ 09, 747).

Vierter Abschnitt Erbrecht

Art. 25 Rechtsnachfolge von Todes wegen. (1) Die Rechtsnachfolge von Todes wegen unterliegt dem Recht des Staates, dem der Erblasser im Zeitpunkt seines Todes angehörte.
(2) Der Erblasser kann für im Inland belegenes unbewegliches Vermögen in der Form einer Verfügung von Todes wegen deutsches Recht wählen.

1 A. Grundzüge der Art 25, 26. Art 25 I beruft für alle Rechtsfragen in Zusammenhang mit einem Erbfall mit Auslandsbezug grds umfassend das Recht des Staates, dessen **Staatsangehörigkeit** iSd Art 5 der Erblasser **bei seinem Tode** besaß. Die Anknüpfung an das Heimatrecht wurde vom Gesetzgeber des IPR-Gesetzes von 86 mit ihrer Klarheit, der Übereinstimmung mit den personenrechtlichen Anknüpfungen und der Beibehaltung eines bewährten Prinzips begründet (BTDrs 10/504, 74). Diese Regelung führt in Zeiten vermehrter Immigration dazu, dass die Nachlässe von im Inland verstorbenen Personen ausländischer Nationalität zunehmend ausländischem Recht unterliegen, was die Nachlassverfahren zT erheblich verlängert und verteuert. Deutsches materielles Erbrecht gilt in derartigen Fällen dagegen, falls das von Art 25 I berufene Heimatrecht des Erblassers, was international sehr verbreitet ist, auf das Recht am letzten gewöhnlichen Aufenthalt bzw

Wohnsitz des Erblassers bzw dessen domicile abstellt (Nachw nach Ländern bei *Süß/Haas* (Hrsg), Erbrecht in Europa, 04; *Ferid/Firsching/Hausmann/Dörner*, Internationales Erbrecht, Loseblatt; BaRoth/*Lorenz* Rz 83) und daher auf deutsches Recht zurückverweist. Auch der Vorschlag der Kommission für eine "Rom IV-VO" schlägt eine Anknüpfung an den letzten gewöhnlichen Aufenthalt vor (u Rn 9). Eine **Rechtswahl** ist im deutschen Internationalen Erbrecht nur sehr eingeschränkt zu Gunsten der Geltung deutschen Rechts für im Inland belegene Immobilien statthaft (u Rn 33 ff). Sonderregelungen für **Verfügungen von Todes wegen** enthalten in Bezug auf deren Form Art 26 I-IV bzw das Haager Übereinkommen über das auf die Form letztwilliger Verfügungen anwendbare Recht vom 5.10.61 – HTÜ (BGBl II 1145 = *Jayme/Hausmann* Nr 60, vgl Art 26 Rn 1 ff), in Bezug auf ihre Gültigkeit sowie Bindungswirkung gilt Art 26 V 1 (u Rn 20 f). Art 25, 26 gehen ebenso wie das inländische materielle Erbrecht vom **Grundsatz der Nachlasseinheit** aus (BTDrs 10/504, 75), dh der gesamte Nachlass unterliegt dem nach Art 25 I ermittelten Recht unabhängig davon, in welchem Staat die einzelnen Nachlassgegenstände belegen sind. Aus unterschiedlichen Gründen kommt es jedoch häufig zu Nachlassspaltungen, dh dazu, dass Teile des Nachlasses einem anderen materiellen Recht unterliegen als andere (u Rn 39 f).

B. Vorrangige Staatsverträge. Von den auf dem Gebiet des Internationalen Erbrechts bestehenden **multilateralen Übereinkommen**, die gem Art 3 Nr 2 den Art 25, 26 vorgehen, gilt für die Bundesrepublik nur das HTÜ (vgl Rn 1, Art 26 Rn 1 ff). Dagegen hat die Bundesrepublik insb das Haager Üb über das auf die Rechtsnachfolge von Todes wegen anwendbare Recht vom 1.8.89 nicht ratifiziert.   2

Bilaterale Üb bestehen insb im Verhältnis zum **Iran**, der **Sowjetunion bzw ihren Nachfolgestaaten** und der **Türkei**. Die Kollisionsnormen dieser Üb enthalten durchweg Sachnormverweisungen (u Rn 38). Da das deutsch-türkische und das deutsch-sowjetische Üb die Erbfolge in Immobilien bzw Rechte an diesen nach dem Recht der Belegenheit beurteilen, kommt es hier häufig zu Nachlassspaltung (u Rn 39 f).   3

Gem § 14 I des **deutsch-türkischen Nachlassabkommens** vom 17.2.29, das als Anhang zu Art 20 des deutsch-türkischen Konsularvertrages vom 28.5.29 (RGBl 1930 II 748 = *Jayme/Hausmann* Nr 61) abgeschlossen wurde, unterliegt der bewegliche Nachlass eines Deutschen oder Türken dem Recht des Staates, dessen Nationalität der Erblasser bei seinem Tode besaß. Für unbewegliches Vermögen gilt gem § 14 II das Recht der Belegenheit. Gem § 16 sind Verfügungen von Todes wegen formwirksam, wenn sie den Formanforderungen des Heimatstaates des Erblassers oder aber denjenigen des Staates, in dem die Verfügung getroffen wurde, entsprechen. Nach § 15 1 sind für Klagen über die Feststellung des Erbrechts, Erbschaftsansprüche und Ansprüche aus Vermächtnissen und Pflichtteilen, soweit sie sich auf den beweglichen Nachlass beziehen, die Gerichte des Heimatstaates des Erblassers, soweit sie den unbeweglichen Nachlass betreffen, die Gerichte der Belegenheit der Immobilie zuständig.   4

Nach Art 28 III des **deutsch-sowjetischen Konsularvertrages** vom 25.4.58 (BGBl 59 II 233 = *Jayme/Hausmann* Nr 62) wird unbeweglicher Nachlass eines Staatsangehörigen eines Mitgliedstaates nach dem Recht der Belegenheit vererbt. Für beweglichen Nachlass enthält der Vertrag keine Regelung, so dass es aus deutscher Sicht bei Art 25 I verbleibt (Staud/*Dörner* vor Art 25 Rz 198). Für die Form letztwilliger Verfügungen finden Art 26 I-IV bzw das HTÜ Anwendung (dazu Art 26 Rn 1 ff). Der Vertrag gilt heute im Verhältnis zu Armenien, Aserbaidschan, Georgien, Kasachstan, Kirgistan, Moldawien, der Russischen Föderation, Tadschikistan, der Ukraine, Usbekistan und Weißrussland. Im Verhältnis zu Estland, Lettland, Litauen und Turkmenistan wurde die Fortgeltung nicht vereinbart, so dass Art 25, 26 anzuwenden sind (MüKo/*Birk* Rz 303; Staud/*Dörner* vor Art 25 Rz 194 f).   5

Art 8 III 1 des **deutsch-iranischen Niederlassungsabkommens** vom 17.2.29 (RGBl 1931 II 9 = *Jayme/Hausmann* Nr 24) unterstellt den Nachlass umfassend dem Heimatrecht des Erblassers.   6

C. Europäische Rechtsentwicklung. Auf **europäischer Ebene** schreiten die Arbeiten zur Vereinheitlichung des internationalen Erbrechts durch eine Verordnung über das auf Erbschaften und Testamente anwendbare Recht (sog »Rom IV-VO«) auf der Kompetenzgrundlage des Art 65 EG-Vertrag bzw Art 81 II lit c des Vertrages über die Arbeitsweise der EU voran. Nach dem »Grünbuch Erb- und Testamentrecht« (KOM(2005)65, ausf zu den Vorarbeiten mwN *Dutta* RabelsZ 73 (2009), 547 ff; *Harris* (2008) 22 Trust Law International 181 ff) hat die Kommission am 14.10.2009 einen **Verordnungsvorschlag** (nachfolgend "VOE") präsentiert (KOM(2009)154 endg, vgl auch die umfangreiche Folgenabschätzung SEK(2009)410 endg), der sowohl das Internationale Privat- wie Verfahrensrecht in Zusammenhang mit Erbfällen normiert. Die zentralen kollisions- und erbscheinsverfahrensrechtlichen Bestimmungen des Vorschlags lauten wie folgt: 7

Der **Anwendungsbereich** des VOE wird durch Art 1 definiert. Räumlich soll der Rechtsakt gem Art 1 II VOE in sämtlichen Mitgliedstaaten mit Ausnahme von England, Irland und Dänemark gelten, die unter dem Regime des Vertrages von Lissabon indes für ihre Anwendung optieren können. Art 1 III VOE enthält einen umfassenden Negativkatalog, der bestimmte Rechtsfragen vom sachlichen Anwendungsbereich der VO ausnimmt und damit Qualifikationsfragen lösen will, aber auch aufwirft. Nicht erfasst sind ua die Bestimmung des Todes, Todeszeitpunkts und der Verschollenheit (lit c), ebensowenig die Rechts-, Geschäfts- und Handlungsfähigkeit (lit b). Ob aus Letzterem folgt, dass die nach dem Erbstatut von der allg Geschäftsfähigkeit ggf abweichende Testierfähigkeit (unten Rn 22) ebf nicht dem VOE unterfallen soll, ist unklar. Ebf nicht anwend-   8 bar sein soll der VOE auf Fragen des Ehegüterrechts, so dass die Schwierigkeiten der Statutenabgrenzung zum internationalen Familienrecht fortbestehen dürften. Auch die Form letztwilliger Verfügungen wird nicht normiert, was sich ua aus Egrd 19 VOE ergibt, der insoweit auf die Geltung des HTÜ (dazu Art 26 Rn 1 ff) bzw das nationale Recht verweist. Art 1 III lit g VOE ordnet die Maßgeblichkeit und damit den Vorrang des Gesellschaftsstatuts im Hinblick auf die Bedeutung von Nachfolge- und Eintrittsklauseln etc an.

9 Art 16 VOE beruft für Erbfälle grds das **Recht des letzten gewöhnlichen Aufenthalts** des Erblassers, das gem Art 19 VOE vorbehaltlich des Art 1 III VOE umfassend über sämtliche Fragen im Zusammenhang mit der Rechtsnachfolge von Todes wegen entscheidet. Für Annahme und Ausschlagung der Erbschaft ordnet Art 20 VOE an, dass die Einhaltung der Ortsform genügt. Art 17 VOE eröffnet dem Erblasser die Möglichkeit einer **eingeschränkten Rechtswahl** zugunsten des Rechts der Staatsangehörigkeit, wobei sich die Wirksamkeit der Rechtswahl in Einklang mit Art 3 V Rom I-VO nach dem gewählten Recht bestimmen soll, während für die Form das HTÜ bzw nationales Recht Maß gibt (vgl Rn 8). Art 18 VOE enthält eine Regelung für die notorisch umstrittenen **Erbverträge** (dazu unten Rn 25 f): Ist nur der Nachlass einer Person von dem Erbvertrag betroffen, soll für ihn gem I das (hypothetische) Erbstatut der erbrechtlich gebundenen Partei im Zeitpunkt des Abschlusses des Vertrages gelten. Ist der Vertrag danach unwirksam, wird der Mangel durch Statutenwechsel geheilt, falls die Partei ihn im Todeszeitpunkt nach dem dann geltenden Recht wirksam hätte schließen können. Binden sich mehrere Personen in Bezug auf ihren Nachlass, ist der Erbvertrag trotz des Umstandes wirksam, dass eines der hypothetischen Erbstatute eine lebzeitige Bindung ablehnt, falls das Recht (iSd Art 16) auch nur einer anderen Partei die Wirksamkeit bejaht; dieses Recht soll dann auch einheitliches Vertragsstatut sein, vgl Art 18 II 1/2 VOE. Lassen sämtliche betroffenen Rechte die Bindung zu, unterliegt der Vertrag dem Recht des Staates, zu dem er die engste Verbindung aufweist, Art 18 II 3 VOE. Gem Art 18 III VOE können die Parteien für den Erbvertrag auch die Geltung des Rechts der Staatsangehörigkeit einer Partei wählen; es dürfte anzunehmen sein, dass das gewählte Recht auch für die Wirksamkeit der Bindung iSd Art 18 I, II VOE maßgeblich sein soll. Vermutlich nur aufgrund eines Redaktionsversehen erwähnt Art 18 VOE nicht das **gemeinschaftliche Testament**, das in den Erläuterungen der Kommission zu Art 18 gemeinsam mit dem Erbvertrag erwähnt und in Art 2 lit d VOE sogar eigens definiert wird, ohne indes im Normtext Erwähnung zu finden. Behandelt eine Rechtsordnung die Bindung an Erbverträge und gemeinschaftliche Testamente ausschließlich als Formfrage, ohne die Zulässigkeit derartiger lebzeitiger Bindungen aus inhaltlichen Gründen in Frage zu stellen, verbleibt es wohl dabei, dass insoweit auf das vom VOE nicht erfasste Formstatut zu rekurrieren ist.

10 Beachtung verdienen ferner die Art 36 ff VOE über die Einführung eines **Europäisches Nachlasszeugnisses**. Das Zeugnis soll gemeinschaftsweit als Nachweis der Stellung als Erbe, Vermächtnisnehmer und Testaments- oder Fremdverwalter dienen, ohne jedoch die nationalen Zeugnisse wie etwa den Erbschein zu verdrängen, vgl Art 36 I, II VOE. Art 41 VOE definiert den zwingenden Inhalt des Zeugnisses, der Aufschluss über sämtliche relevante rechtliche und tatsächliche Umstände des Erbfalles geben muss. Materiellrechtliche Zentralnorm in Bezug auf das Zeugnis ist Art 42 II VOE, wonach die inhaltliche Richtigkeit des Zeugnisses iSd erbrechtlichen Stellung bzw Befugnisse der in ihm bezeichneten Person(en) „vermutet" wird, wobei die Wirkungen dieser Vermutung in den folgenden Absätzen zT ausgeführt werden: So sollen nach Art 42 III VOE Leistungen an die im Zeugnis benannte Person befreiende Wirkung auch dann haben, wenn das Zeugnis unrichtig war, während gem Art 42 IV VOE auch Verfügungen eines durch das Zeugnis ausgewiesenen Nichtberechtigten wirksam sind. Ausgeschlossen ist die Vermutungswirkung in beiden Fällen bei positiver Kenntnis der Gegenseite von der Unrichtigkeit des Zeugnisses. Schließlich kann gem Art 42 V VOE allein aufgrund des Zeugnisses auch die Umschreibung von Grundbüchern vorgenommen werden. Ob die Vermutung auch im streitigen Gerichtsverfahren gilt und wenn ja mit welchem Inhalt, ist unklar, mE indes zu verneinen. Beantragen kann das Zeugnis gem Art 37 I VOE jede Person, die ihre Stellung als Erbe, Vermächtnisnehmer, Testamentsvollstrecker oder Fremdverwalter nachweisen muss, Zuständig zur Erteilung des Zeugnisses sind gem Art 37 II VOE iVm Art 4 VOE idR die Gerichte am letzten gewöhnlichen Aufenthalt des Erblassers, die im Wege der Amtsermittlung vorgehen dürfen.

11 **D. Intertemporaler Anwendungsbereich. Innerdeutsches Kollisionsrecht.** Die Art 25, 26 wurden durch das Gesetz zur Neuregelung des Internationalen Privatrechts vom 25.7.86 eingefügt und sind mit diesem **am 1.9.86 in Kraft getreten**. Gem Art 220 I gelten die Art 25, 26 nF nur für solche Vorgänge, die am 1.9.86 noch nicht »abgeschlossen« waren. Art 25 I nF ist danach anwendbar auf sämtliche Erbfälle aus der Zeit nach dem 31.8.86. Dagegen gilt altes Recht, wenn der Erbfall vor dem 1.9.86 eingetreten ist. In Bezug auf die Form letztwilliger Verfügungen (HTÜ bzw Art 26 I-IV) und eine Rechtswahl (Art 25 II) kommt es darauf an, ob die Verfügung vor oder nach dem 1.9.86 errichtet wurde. Eine nach altem Recht **formunwirksame Verfügung bzw Rechtswahl** iSd Art 25 II, die nach neuem Recht wirksam bzw zulässig wäre, wird durch den am 1.9.86 eingetretenen Statutenwechsel im Interesse der Beachtung des Erblasserwillens, der auf den Zeitpunkt des Erbfalls gerichtet ist, **validiert**, falls der Erbfall nach dem 1.9.86 eintritt (Hambg IPRspr 92 Nr 162; *Lange* DNotZ 00, 332, 342 f; Erman/*Hohloch* Rz 12; Palandt/*Thorn* Art 26 Rz 8; aA Staud/*Dörner* Rz 16; MüKo/*Birk* Rz 5). Von abnehmender Bedeutung sind Erbfälle mit **Bezug zum Gebiet der ehemaligen DDR**. Insoweit enthalten Art 235 §§ 1, 2 sowie Art 236 § 1 spezielle intertemporale und interlokale Kollisionsnormen (dazu MüKo/*Birk* Rz 373 ff; Staud/*Dörner* Rz 17, 919 ff).

E. Geltungsbereich des Erbstatuts (Art 25 I, 26 V). I. Gesetzliche Erbfolge (Art 25 I). Allgemeine Qualifikationsfragen. Das nach Art 25 I und dem ausländischen IPR (zum renvoi u Rn 37) berufene Sachrecht (Erbstatut) regelt **umfassend** alle mit der gesetzlichen Erbfolge zusammenhängenden Rechtsfragen. Es gilt insb für den Kreis der gesetzlichen Erben und den Umfang ihrer Erbrechte, Reichweite und Umfang von Pflichtteilsrechten (BGHZ 9, 151, 154; BGHZ 147, 95, 96 ff), den Zeitpunkt des Erbfalls, den Anfall der Erbschaft, etwa ob diese kraft Gesetzes auf die Erben übergeht oder wie in vielen anglo-amerikanischen Rechten oder in Österreich durch gerichtliche Verfügung auf diese übertragen wird, das Recht zur Ausschlagung, das Verhältnis der Erben zu Dritten einschließlich der Erbenhaftung (BGHZ 9, 151, 154) wie auch die Rechtsbeziehungen zwischen den Erben und die Erbauseinandersetzung, wobei die iRd Auseinandersetzung vorzunehmenden Verfügungen gem Art 43 ff anzuknüpfen sind (BGH NJW 97, 1150, 1151; MüKo/*Birk* Rz 247; BaRoth/*Lorenz* Rz 37). Auch die Erbfähigkeit unterliegt dem Erbstatut (BaRoth/*Lorenz* Rz 24, aA Palandt/*Thorn* Rz 16: selbstständige Anknüpfung nach Art 7), ebenso die Erb(un)würdigkeit.

Dagegen bestimmt sich der **Umfang des Nachlasses** nach dem bzw den Recht(en), die als Einzelstatut (insb Forderungs-, Sach- oder Gesellschaftsstatut) jeweils darüber entscheiden, ob der Erblasser Inhaber des betreffenden Nachlassgegenstandes war (BGH NJW 1959, 1317, 1318; Düsseldorf FamRZ 01, 1102, 1103 f mwN; Soergel/*Schurig* Rz 17); zur Schmälerung des Nachlasses durch **Rechtsgeschäfte auf den Todesfall** u Rn 27 f.

Da die Art 25 u 15 für die Bestimmung des **Erb- und Ehegüterstatuts** unterschiedliche Anknüpfungspunkte verwenden, können für die erb- und ehegüterrechtlichen Folgen eines Erbfalls unterschiedliche Sachrechte berufen werden und kann der überlebende Ehegatte aufgrund von Normkonflikten weniger oder mehr erhalten, als er nach jeder der beteiligten Rechtsordnungen erhielte, wäre diese sowohl als Erb- wie als Ehegüterstatut berufen. Hinzunehmen sind derartige Normkonflikte, wenn das erzielte Ergebnis zwar keiner der beteiligten Rechtsordnungen entspricht, der Ehegatte aber weder besser als er nach dem ihm günstigeren noch schlechter als nach dem ihm ungünstigeren Recht steht. Stellt die kumulative Anwendung der Art 25, 15 den überlebenden Ehegatten schlechter, als er bei alleiniger Maßgeblichkeit einer der beteiligten Rechtsordnungen stünde, ist er durch Anpassung zumindest so zu stellen, wie er nach der für ihn ungünstigeren Rechtsordnung stünde (Staud/*Dörner* Rz 752 ff; Palandt/*Thorn* Rz 17; aA MüKo/*Siehr* Art 15 Rz 118: Anwendung des dem Ehegatten günstigeren Rechts). Erhält der Ehegatte nach Art 25, 15 mehr als nach jeder der beteiligten Rechtsordnungen, ist er auf dasjenige zu beschränken, was er nach dem ihm günstigeren Recht erhielte. **§ 1371 I BGB** ist nach ganz hM güterrechtlich zu qualifizieren, obwohl er den Zugewinnausgleich gerade im Hinblick auf den Tod eines Ehegatten regelt (Stuttg NJW-RR 05, 740; Karlsr NJW 90, 1420; *Horn* ZEV 08, 417 ff; MüKo/*Birk* Rz 158; BaRoth/*Lorenz* Rz 54; Staud/*Mankowski* Art 15 Rz 343 ff; Erman/*Hohloch* Art 15 Rz 37; Palandt/*Thorn* Art 15 Rz 26), so dass sich die Erbquote des überlebenden Ehegatten grds auch um ein Viertel erhöht, wenn ausländisches Recht Erbstatut ist; ggf ist auch hier anzupassen (ausf *Mäsch*/*Gotsche*, ZErbR 07, 43 ff; Staud/*Dörner* Rz 34 ff). Demgegenüber ist **§ 1931 IV BGB**, der für den Fall des Überlebens des mit dem Erblasser zu Lebzeiten in Gütertrennung verbundenen Ehegatten neben ein oder zwei Kindern eine Aufteilung des Nachlasses je zur Hälfte bzw zu einem Drittel anordnet, erbrechtlich zu qualifizieren (Ddorf ZEV 09, 515 f; Staud/*Mankowski* Art 15 Rz 370; Staud/*Dörner* Rz 154; *Jayme* FS Ferid, 78, S 221, 227 ff). Die Vorschrift ist bei inländischem Erb- und ausländischem Güterrechtsstatut nur anwendbar, wenn der ausländische Güterstand der Gütertrennung funktionell vergleichbar ist (Nachw aaO).

Zahlreiche Rechte des anglo-amerikanischen Rechtskreises sehen den **gesetzlichen Widerruf des Testaments aufgrund späterer Heirat** des Testators vor (revocation of will by subsequent marriage), falls nicht (je nach Ausgestaltung der betreffenden Rechtsordnung) entweder der Erblasser ausdrücklich die Geltung der letztwilligen Verfügung auch für den Fall seiner Heirat angeordnet hat oder zumindest nachgewiesen ist, dass er die letztwillige Verfügung auch für den Fall der späteren Heirat so gewollt hätte (vgl *Neels* ICLQ 07, 613; *Jahn* IPRax 08, 149). Die besseren Gründe sprechen insoweit für eine erbrechtliche Qualifikation des familienrechtlich induzierten Widerrufs (*Jahn* IPRax 08, 149, 153 f mwN mit Präferenz für Anknüpfung an Scheidungsstatut bei wechselbezüglichen Verfügungen von Ehegatten).

Bei Normkonflikten zwischen **Erb- und Unterhaltsstatut** ist die ungerechtfertigte Besserstellung des Erben durch Normenhäufung im Wege der Qualifikation erbrechtsersetzender Unterhaltsansprüche als erbrechtlich zu vermeiden (Staud/*Dörner* Rz 755 f), notfalls ist anzupassen.

Entspr den Grundsätzen des deutschen Sachrechts bestimmt das Gesellschaftsstatut über die Art und Weise der **Nachfolge in Personengesellschaften**, das Erbstatut darüber, wer Erbe geworden ist und damit nach gesellschaftsrechtlichen Grundsätzen in die Gesellschaft eintritt (MüKo/*Birk* Rz 180 ff; BaRoth/*Lorenz* Rz 32, ausf *Dutta* RabelsZ 73 (2009), 727 ff). Anteile an **Kapitalgesellschaften** werden wie sonstiger Nachlass nach Art 25 I behandelt.

Die vermögensrechtliche Zuordnung des Nachlasses durch das Erbstatut wird von dem auf den jeweiligen Nachlassgegenstand anwendbaren Einzelstatut (insb Sach- oder Forderungsstatut) idR anerkannt (zur Nachfolge in Personengesellschaften Rn 17). Doch bestimmt insb das **Sachstatut iSd Art 43** darüber, ob es ihm unbekannte dingliche Folgen des Erbfalles akzeptiert. Kennt das ausländische Erbstatut dem deutschen Belegenheitsrecht fremde Formen sachenrechtlicher (Mit-)Berechtigung am Nachlass (joint tenancy, trust, dinglich wirkender Ehegattennießbrauch), so sind diese in Bezug auf im Inland befindliche Sachen durch Anpassung oder Substitution

(Art 3 Rn 60 ff) in den deutschen numerus clausus der Sachenrechte einzupassen. Nach hM ist ein nach fremdem Erbstatut zulässiges **Vindikationslegat**, das zur Singularsukzession in einzelne Nachlassgegenstände führt, in Bezug auf im Inland belegene Nachlassgegenstände in ein bloß schuldrechtlich wirkendes Vermächtnis (§§ 2147 ff BGB) umzudeuten, weil die Singularsukzession dem deutschen Sachenrecht fremd sei (BGH NJW 95, 58, 59; AnwK/*Kroiß* § 2369 Rz 37; MüKo/*Birk* Rz 170; Staud/*Dörner* Rz 757). Das überzeugt nicht, da weder dem deutschen Erb- noch Sachenrecht der unmittelbare Übergang einzelner Nachlassgegenstände gänzlich unbekannt ist, vgl §§ 2150, 2110 II BGB (wie hier *van Venrooy* ZvglRWiss 85 (86), 205, 212 ff).

19 Viele Rechte kennen anders als § 1936 BGB beim Fehlen gesetzlicher Erben kein **gesetzliches Erbrecht des Fiskus**, sondern räumen diesem ein **Recht zur Aneignung** herrenloser Gegenstände ein. Richtiger Auffassung nach sind sowohl gesetzliche Fiskalerbrechte als auch Aneignungsrechte aufgrund ihrer funktionalen Vergleichbarkeit erbrechtlich zu qualifizieren (Soergel/*Schurig* Rz 30; MüKo/*Birk* Rz 173). Gesetzliche Fiskalerbrechte erfassen stets auch im Ausland befindliche Nachlassgegenstände, während Aneignungsrechte dem Fiskus des betreffenden Staates in aller Regel nur den Zugriff auf den in seinem Staatsgebiet belegenen Nachlass erlauben. Zur Vermeidung herrenloser Auslandsnachlässe tritt in diesen Fällen in allen anderen Staaten der Nachlassbelegenheit je nach nationalem Recht ein auf das jeweilige Territorium beschränktes gesetzliches Erb- oder Aneignungsrecht des jeweiligen Fiskus (MüKo/*Birk* Rz 175 f).

20 **II. Gewillkürte Erbfolge, letztwillige Verfügungen (Art 25 I, 26 V). 1. Allgemeines.** Das Erbstatut iSd Art 25 I gilt grds auch für **letztwillige Verfügungen**. Allerdings bestimmt sich deren **Form** ausschl nach dem HTÜ bzw Art 26 I-IV (s. dort). Gem Art 26 V 1 entscheidet über die **Gültigkeit** einer letztwilligen Verfügung sowie deren **Bindungswirkung** dagegen das Sachrecht des Staates, das im Zeitpunkt der Errichtung der Verfügung iSd Art 25 I (hypothetisches) Erbstatut gewesen wäre (**Errichtungsstatut**). Bedeutung erlangt Art 26 V bei **Statutenwechseln**, dh wenn Errichtungsstatut und Erbstatut nicht identisch sind. Hierzu kann es zum einen bei einem Wechsel der Staatsangehörigkeit des Erblassers kommen, wenn das von Art 25 I berufene IPR seines Heimatstaates ebenfalls an die Nationalität im Zeitpunkt des Erbfalls anknüpft. Ein Statutenwechsel tritt zum anderen bei einem Wechsel des gewöhnlichen Aufenthaltes bzw Wohnsitzes bzw Domizils des Erblassers ein, falls das von Art 25 I berufene IPR des Heimatstaates des Erblassers an dessen gewöhnlichen Aufenthalt bzw Wohnsitz bzw domicile anknüpft.

21 Zur Gültigkeit einer Verfügung iSd Art 26 V 1 zählt nach hM nur ihre äußere, nicht ihre inhaltliche Wirksamkeit (KG FamRZ 98, 124, 125; MüKo/*Birk* Art 26 Rz 28; Staud/*Dörner* Art 26 Rz (67), 73). Zur Gültigkeit gehören insb Regelungen darüber, **wer gemeinschaftlich verfügen** darf (zum Erbvertrag und zum gemeinschaftlichen Testament Rn 25 f). Auch die **Bindung an die Verfügung** unterliegt dem Errichtungsstatut, dh ihre Widerruflich- und Aufhebbarkeit sowie die Anfechtbarkeit wegen anfänglicher Mängel (Erman/*Hohloch* Art 26 Rz 28), aber auch und gerade der Umfang der Bindung bei wechselbezüglichen Verfügungen in gemeinschaftlichen Testamenten und Erbverträgen (BayObLGZ 03, 80; KG FamRZ 98, 124, 125; *Lorenz* ZEV 08, 518, 519). Für den **Widerruf** eines deutschem Recht unterliegenden wechselbezüglichen gemeinschaftlichen Testaments gem § 2271 I 1, § 2296 BGB gilt im Hinblick auf die einzuhaltende Form nicht Art 26 I-IV, sondern Art 11, da der Widerruf keine letztwillige Verfügung, sondern Rechtsgeschäft unter Lebenden ist (*Lorenz* ZEV 09, 518, 519 entgegen Ffm ZEV 09, 516, 518).

22 Auch die **Testierfähigkeit** ist grds nach dem Errichtungsstatut zu beurteilen (Gegenschluss aus Art 26 V 2); kennt dieses keine von der allgemeinen Geschäfts- abweichende Testierfähigkeit, ergibt sich Letztere aus den Vorschriften des Errichtungsstatuts über die Geschäftsfähigkeit (MüKo/*Birk* Art 26 Rz 13; Staud/*Dörner* Art 26 Rz 69, 71; aA BayObLG FamRZ 03, 1594; AnwK/*Kroiß* Rz 68, *van Venroy*, JR 88, 485: Testierfähigkeit selbstständig nach Art 7 anzuknüpfen; differenzierend Palandt/*Thorn* Rz 16). Gem Art 26 V 2 verliert ein Erblasser, der nach seinem früheren Heimatrecht testierfähig war, diese Fähigkeit nicht durch einen Wechsel zur deutschen Nationalität und ist daher nach dem Statutenwechsel nach seinem alten Heimatrecht als testierfähig anzusehen, auch wenn das deutsche Recht ihm diese Fähigkeit abspricht. Die Regelung ist auf Fälle des Erwerbs anderer Staatsangehörigkeiten entspr anzuwenden (Staud/*Dörner* Art 26 Rz 85; MüKo/*Birk* Art 26 Rz 15; BaRoth/*Lorenz* Art 26 Rz 12; Palandt/*Thorn* Art 26 Rz 9). Zur **Abgrenzung** der Testierfähigkeit **von der Form** (Art 5 HTÜ bzw Art 26 III) s. Art 26 Rn 6.

23 IÜ unterliegen letztwillige Verfügungen nach hM dem tatsächlichen Erbstatut iSd Art 25 I, das insb über ihre **Auslegung** sowie darüber bestimme, mittels welcher materiell-rechtlichen Institute einer nach dem Errichtungsstatut »gültigen« Verfügung zur Durchsetzung zu verhelfen und ob ihr **Inhalt** zulässig sei (Palandt/*Thorn* Rz 11; Staud/*Dörner* Rz 261 ff; MüKo/*Birk* Art 26 Rz 28 ff). Da sich der Erblasser bei der Verfügung idR am Errichtungsstatut orientiert hat, sollen bei der Auslegung die Grundsätze des Handelns unter falschem Recht (Art 3 Rn 59) anzuwenden sein (BGH NJW 04, 3558, 3561; BaRoth/*Lorenz* Art 26 Rz 13; MüKo/*Birk* Art 26 Rz 90 f; Palandt/*Thorn* Rz 12). Überzeugender ist es, den Begriff der Gültigkeit iSd Art 26 V 1 weit auszulegen und auch Auslegung und Inhalt der Verfügung unter ihn zu fassen, da sich die »Gültigkeit« einer Verfügung nur nach ihrer vorherigen Auslegung und in Bezug auf dasjenige Recht beurteilen lässt, an dem sich die Verfügung orientiert (ähnl Erman/*Hohloch* Art 26 Rz 25: Maßgeblichkeit des Errichtungsstatuts bzgl inhaltlicher Anforderungen an die Wirksamkeit der Verfügung). Zur Qualifikation von Vorschriften, die die **Stellvertretung** bei der Testamentserrichtung untersagen s. Art 26 Rn 7.

Die Zulässigkeit der Einsetzung von **Testamentsvollstreckern** und deren Befugnisse unterstehen ebenfalls dem Erbstatut (BGH NJW 63, 46; BGH WM 69, 72; BayObLGZ 99, 296, 302; BayObLG NJW-RR 05, 594; Staud/*Dörner* Rz 293 ff). 24

2. Gemeinschaftliches Testament. Erbvertrag. Manche Rechtsordnungen insb des romanischen (zum franz Recht *Döbereiner*, Ehe- und Erbverträge im deutsch-französischen Rechtsverkehr, 00; zum italienischen Recht *Engbers*, Deutsch-italienische Erbfälle, 02, 54 ff) und südamerikanischen Rechtskreises lehnen gemeinschaftliche Testamente und Erbverträge ab (ausf zu den praktischen Gestaltungsmöglichkeiten aus deutscher Sicht *Bachmayer* BWNotZ 09, 28, 51). Die hM (Staud/*Dörner* Rz 326, 355; Erman/*Hohloch* Art 26 Rz 27; MüKo/*Birk* Art 26 Rz 100) **qualifiziert** derartige Verbote als Formvorschriften, wenn sie primär der Klarheit über den Inhalt der Verfügungen der Erblasser dienen (so das Verbot gemeinschaftlicher Testamente im französischen, niederländischen, schweizerischen oder spanischen Recht), als inhaltliche Verbotsnormen, wenn sie auf Bedenken ggü lebzeitiger Bindung beruhen (so die Verbote von Erbverträgen sowie von gemeinschaftlichen Testamenten im italienischen, portugiesischen und kroatischen Recht, Nachw bei AnwK/*Kroiß* Art 26 Rz 32 f). Im Grundsatz unbestritten ist, dass die Zulässigkeit der **Errichtung** von gemeinschaftlichen Testamenten und Erbverträgen gem Art 26 V 1 **für jede Partei getrennt** nach ihrem jeweils eigenen Errichtungsstatut zu beurteilen ist (BGHZ 19, 315, 316; BGH WM 78, 171, 173 jew implizit). 25

Verneint auch nur ein Errichtungsstatut eine lebzeitige Bindung aus **inhaltlichen** Gründen, ist die Verfügung insgesamt ungültig. Sehen beide Rechte eine unterschiedlich weit gehende Bindung vor, sind die Parteien durch kumulative Anwendung der Errichtungsstatute nur so weit gebunden, wie vom bindungsfeindlicheren Recht gestattet (*Pfeiffer* FamRZ 93, 1266, 1276 f; MüKo/*Birk* Art 26 Rz 102; Erman/*Hohloch* Rz 31; aA Staud/*Dörner* Rz 340; Palandt/*Thorn* Rz 13: Umfang der Bindung für jede Partei isoliert zu betrachten, der nach ihrem Recht stärker gebundenen Partei ist durch Auslegung oder Anpassung zu helfen). Handelt es sich bei dem Verbot gemeinschaftlicher Testamente um eine bloße **Formvorschrift**, kann die Verfügung zwar nicht nach dem Errichtungsstatut, aber gem Art 4 HTÜ bzw Art 26 IV wirksam in einem Staat errichtet werden, dessen Recht wie das deutsche eine Bindung gestattet. Bei **Erbverträgen** mit erbrechtlicher Bindung nur einer Partei kommt es allein auf das Errichtungsstatut der betreffenden Partei an, während bei zweiseitigen Erbverträgen beide Errichtungsstatute kumuliert anzuwenden sind (ebenso MüKo/*Birk* Art 26 Rz 133 f; Erman/*Hohloch* Rz 31b). 26

3. Rechtsgeschäfte unter Lebenden auf den Todesfall. Erbschaftskauf. Erbverzicht. Testiervertäge. Rechtsgeschäfte unter Lebenden auf den Todesfall, **insb Schenkungen von Todes wegen** nach § 2301 BGB, sind nach hM erbrechtlich zu qualifizieren, wenn sie bei Erbfall noch nicht vollzogen waren, sonst unterliegen sie den Art 27 ff bzw dem maßgeblichen Sachstatut. Ob Vollzug vorliegt, soll aus dem jeweiligen Einzel-, nicht dem Erbstatut folgen (BGH NJW 59, 1317, 1318; Düsseldorf FamRZ 01, 1102, 1103 f mwN; Erman/*Hohloch* Rz 34; BaRoth/*Lorenz* Rz 39; aA zu Recht *Henrich*, FS Firsching (85), 111, 118; *ders* ZEV 01, 486 f, ähnl MüKo/*Siehr* Art 26 Rz 154 f: auch insoweit Erbstatut). 27

Der **Erbschaftskauf** hat sowohl schuldrechtliche wie erbrechtliche Wirkungen, ist jedoch zur Vermeidung von Normwidersprüchen umfassend erbrechtlich zu qualifizieren (MüKo/*Siehr* Art 26 Rz 162; Palandt/*Thorn* Rz 10 aE; aA BaRoth/*Lorenz* Rz 41; Staud/*Dörner* Rz 439: Differenzierung zwischen schuld- und erbrechtlichen Aspekten). Als erbrechtliches Rechtsgeschäft untersteht der **Erbverzicht** dem Erbstatut (BGH NJW 97, 521; Staud/*Dörner* Rz 389; Erman/*Hohloch* Rz 33; MüKo/*Birk* Art 26 Rz 145), während der ihm zugrundeliegende schuldrechtliche Vertrag nach Art 27 ff anzuknüpfen ist. Auf die insb im anglo-amerikanischen Recht vorkommenden **Testierverträge**, in denen sich der Erblasser schuldrechtlich zur Errichtung verfügungen von letztwilligen Verfügungen verpflichtet (contract to make a will), sind nicht die Art 27 ff, sondern die Art 25 I, 26 I-IV, V analog anzuwenden (BaRoth/*Lorenz* Rz 42; MüKo/*Birk* Art 26 Rz 152; Staud/*Dörner* Rz 404). 28

Probleme bereiten auch **ausländische Rechtsinstitute**, die zT erb-, zT familien- und unternehmensrechtliche Elemente verbinden. Der **patto di famiglia** nach italienischem Recht, der die Unternehmensübergabe unter Lebenden normiert, ist aufgrund seiner im Wesentlichen erbrechtlichen Wirkungen erbrechtlich zu qualifizieren (*Kindler* FamRZ 07, 954, 960; *Castelli/Molinari* ZErb 07, 367, 372 f; aA *Dörner/Ferrante* ZEV 08, 53, 57 ff). 29

Mit Geltung der das Internationale Vertragsrecht normierenden **Rom I-VO** ab 17.12.09 sind die Fragen der **Abgrenzung zwischen Erb- und Vertragsstatut** jedenfalls im Hinblick auf die Anwendbarkeit der international-vertragsrechtlichen Anknüpfungsvorschriften zwingend dem EuGH vorzulegen. Soweit der EuGH entgegen der hier vertretenen Meinung bestimmte Fragestellungen nicht international-vertragsrechtlich qualifizieren sollte, ist diese Entscheidung bindend und die rein erbrechtliche Qualifikation zwingend. Das schließt jedoch nicht aus, iRd Geltung der Art 25, 26 die bisher auf Grundlage einer vertragsrechtlichen Qualifikation gefundenen Grundsätze weiter anzuwenden. 30

III. Vorfragen der Ehe und Kindschaft. Die sich iRd Anwendung des Erbstatuts stellende Vorfrage der Wirksamkeit einer Ehe ist entspr der Grundregel (Art 3 Rn 55 ff) **selbstständig** nach Art 13 **anzuknüpfen** (BGH NJW 81, 1900, 1901; Zweibr FamRZ 03, 1697, 1699; Frankf FamRZ 02, 705, 706; Erman/*Hohloch* Rz 9; BaRoth/*Lorenz* Rz 45 f). Gleiches gilt für die Abstammung (KG NJW-RR 08, 1109, 1110). Unterscheidet das ausländische Erbstatut zwischen ehelichen und **nichtehelichen Kindern**, so ist die Frage der Ehelichkeit 31 bzw Nichtehelichkeit des Kindes, da sie im deutschen IPR keine Bedeutung mehr hat und eine unselbstständige Anknüpfung daher die Einheit der deutschen Rechtsordnung nicht berührt, nach der lex causae zu beurteilen (BayObLG FamRZ 03, 1595, 1597).

32 Äußerst problematisch und umstr ist die erbrechtliche Stellung **angenommener (adoptierter) Kinder**. Im Ausgangspunkt besteht im Hinblick auf die durch Adoption vermittelte **Verwandtschaft** Einigkeit darüber, dass das Erbstatut entscheidet, welches Verwandtschaftsverhältnis zwischen dem Erblasser und dem potentiellen Erben bestehen muss, während dem (selbstständig anzuknüpfenden) Adoptionsstatut iSd Art 22 zu entnehmen ist, ob diese Verwandtschaft besteht (BGH FamRZ 89, 378, 381; BayObLG ZEV 03, 503, 504; Erman/ *Hohloch* Rz 9; Staud/*Dörner* Rz 174 ff; AnwK/*Benicke* Art 22 Rz 40, 42 mwN). Fraglich ist, wie zu verfahren ist, wenn dem angenommenen Kind aufgrund besonderer erbrechtlicher Wertungen entweder nach dem Erb- oder dem Adoptionsstatut kein **Erb- bzw Pflichtteilsrecht** zusteht, weil insoweit zwischen allein erbberechtigten leiblichen und von der Erbfolge ausgeschlossenen angenommenen Kindern unterschieden wird. Soweit lediglich das Adoptionsstatut das Erbrecht versagt, schadet dies bei der Anerkennung eines Erbrechts durch das Erbstatut nicht. Im umgekehrten Fall, in dem das Erbstatut angenommene Kinder von der Erbfolge ausschließt, erhält das Adoptivkind dagegen das ihm fehlende Erbrecht auch nicht deswegen, weil es ein solches nach dem Adoptionsstatut besäße (str, Nachw bei AnwK/*Benicke* Art 22 Rz 40 ff). Bei der Auslegung letztwilliger Verfügungen ist ggf zu beachten, dass der Erblasser ein angenommenes Kind evtl nur deswegen nicht oder nicht hinreichend bedacht hat, weil er irrig davon ausging, dessen erbrechtliche Stellung ergebe sich aus dem vom Erbstatut insoweit abweichenden Adoptionsstatut; ggf ist anzupassen.

33 **F. Rechtswahl, Art 25 II.** Trotz grds Unzulässigkeit der Rechtswahl iRd Art 25, 26 (BTDrs 10/504, 74) ist diese **in zwei Fällen** möglich. Zum einen kann der Erblasser gem Art 25 II durch Verfügung von Todes wegen für inländisches Immobiliarvermögen die Geltung deutschen Erbrechts anordnen. Zum anderen ist eine Rechtswahl insoweit zulässig, wie sie vom IPR des Heimatstaates des Erblassers gestattet wird, da Art 25 I eine Gesamtverweisung auf dieses Recht ausspricht (u Rn 37 f).

34 Über die **Wirksamkeit** der Rechtswahl entscheidet im Fall des Art 25 II nicht nach Art 26 V 1 das hypothetische Erbstatut im Zeitpunkt der Errichtung des Rechtswahltestaments, sondern analog Art 27 IV, 31 das deutsche, im Fall der Rechtswahlmöglichkeit nach dem IPR des Heimatstaates des Erblassers das ausländische Recht (Zweibr FamRZ 03, 1697, 1698; *Tiedemann* RabelsZ 55 (91), 17, 26 f; Staud/*Dörner* Rz 526; MüKo/*Birk* Rz 32). Die **Abgrenzung** von beweglichem und unbeweglichem Vermögen iSd Art 25 II entspricht derjenigen des BGB. Zum unbeweglichen Vermögen iSd Art 25 II zählen daher Grundstücke und grundstücksgleiche Rechte (Wohnungseigentum und Erbbaurechte) nebst Zubehör und die beschränkt dinglichen Rechte. Die Rechtswahl nach Art 25 II muss in einer letztwilligen Verfügung enthalten sein (auch isoliertes Rechtswahltestament ist zulässig), setzt Testierfähigkeit voraus und hat die Formvorgaben des Art 26 I–IV bzw des HTÜ zu beachten und kann sich auf sämtliche oder auch nur einzelne inländische Immobilien beziehen. Auch eine **konkludente (Teil-)Rechtswahl** kommt nach § 2084 BGB in Betracht, wenn die Verfügung den Willen des Erblassers hinreichend deutlich erkennen lässt, die inländische(n) Immobilie(n) deutschem Recht zu unterstellen, wofür insb die inhaltliche Ausrichtung der Verfügung am deutschen Recht sprechen kann (BayObLG FamRZ 96, 694, 696; Zweibr FamRZ 03, 1697, 1698; Soergel/*Schurig* Rz 10); bei der Annahme einer Teilrechtswahl ist allerdings große Zurückhaltung geboten (*Süß* ZEV 03, 164 f; *Schack* GS Lüderitz (00), 659, 668; Staud/*Dörner* Rz 537).

35 Wählt der Erblasser entgegen Art 25 II auch für ausländische Immobilien und/oder inländische Mobilien deutsches Recht, so ist nach deutschem Sachrecht (BaRoth/*Lorenz* Rz 21) zu prüfen, ob die **Teilunwirksamkeit der Rechtswahl** diese insgesamt hinfällig werden lässt. Maßgeblich ist der Erblasserwille, dh die Frage, ob der Erblasser eine Teilrechtswahl und eine aus ihr folgende Nachlassspaltung mit ihren nicht vorhergesehenen sachrechtlichen Folgen gewollt hätte, wovon nur ausnahmsweise ausgegangen werden kann. Bei einer **insgesamt unwirksamen Rechtswahl** ist dem Erblasserwillen iRd objektiv ermittelten Erbstatuts nach Möglichkeit im Wege der Auslegung und Substitution zur Durchsetzung zu verhelfen (BGH NJW-RR 06, 948 Rz 8; BayObLGZ 03, 68, 62 f).

36 Der **Widerruf der Rechtswahl** ist jederzeit durch Verfügung von Todes wegen möglich. War die Rechtswahl Bestandteil eines gemeinschaftlichen Testaments oder Erbvertrages, kann der Widerruf jedoch eine nach dem damaligen Errichtungsstatut gültige Verfügung und die Bindung an sie nicht mehr beseitigen (hM Staud/ *Dörner* Rz 548; Palandt/*Thorn* Rz 8; aA MüKo/*Birk* Rz 58: nur gemeinschaftlicher Widerruf möglich).

37 **G. Allgemeine Fragen. I. Renvoi, Unteranknüpfung.** Art 25 I enthält einen **Gesamtverweis** auf das Heimatrecht des Erblassers (Art 4 I 1 Hs 1). Knüpft dessen IPR anders als Art 25 I an den letzten gewöhnlichen Aufenthalt bzw Wohnsitz oder das domicile des Erblassers an, ist eine sich daraus ergebende Rück- bzw Weiterverweisung zu befolgen. Knüpft das ausländische IPR die Rechtsnachfolge in den beweglichen anders an als diejenige in den unbeweglichen Nachlass, ist dies zu beachten, auch wenn daraus eine **Nachlassspaltung** resultiert (näher Rn 39 f). Dabei entscheidet grds das ausländische IPR über die Qualifikation von Gegenständen als beweglich oder unbeweglich, kann diese Qualifikation aber auch dem Recht der Belegenheit der Immobilie überlassen (BGHZ 144, 251, 253 ff – Qualifikationsrenvoi). Der Begriff des unbeweglichen Ver-

mögens iSd des deutschen Rechts ist eng auszulegen (BGHZ 131, 22, 28 f); der gesamthänderische Anteil des Erblassers an einer Personengesellschaft zählt selbst dann nicht zum unbeweglichen Vermögen, wenn sich Immobilien im Gesellschaftsvermögen befinden (BGHZ 24, 253, 367 f), ebensowenig Ansprüche aus einer Miterbengesellschaft mit Immobilienbesitz (BGHZ 146, 310, 315 f) oder Ansprüche auf Rückübertragung von Immobilien nach dem Vermögensgesetz (BGHZ 144, 251, 253 ff).

Eine **Sachnormverweisung** liegt vor, wenn das anwendbare Recht auf einer wirksamen Rechtswahl (Art 25 II) bzw zulässigen Rechtswahl nach einem ausländischen Recht beruht, Art 4 II. Gleiches gilt nach dem Sinn der Verweisung gem Art 4 I 1 Hs 2 bei den Anknüpfungen nach den in Rn 3 ff genannten Konsularverträgen sowie iRd Formanknüpfung gem Art 26 I-IV bzw dem HTÜ. **38**

II. Nachlassspaltung. Nachlassspaltung tritt ein, wenn **unterschiedliche Teile des Nachlasses unterschiedlichen Sachrechten** unterliegen, insb der bewegliche Nachlass einem anderen Recht untersteht als der unbewegliche. Hierzu kann es iRd deutsch-türkischen und deutsch-sowjetischen Konsularverträge, der Wahl deutschen Rechts für inländische Immobilien gem Art 25 II wie auch gem Art 4 I 1 kommen, wenn das IPR des Heimatstaates des Erblassers zwischen beweglichem und unbeweglichem Vermögen unterscheidet und auf unterschiedliche Rechte rück- bzw weiterverweist (*Leible/Sommer* ZEV 06, 93; zur Nachlassspaltung im deutsch-maltesischen Rechtsverkehr *Pisani* IPRax 07, 359). Schließlich kann **Art 3a II** (Art 3 III aF) eine Nachlassspaltung bewirken, wenn das Recht der Belegenheit von Nachlassimmobilien diese aus zwingenden sachrechtlichen Gründen oder aber nach seinem Kollisionsrecht der lex rei sitae unterstellt (BGH NJW 93, 1920, 1921; BGH NJW 04, 3558, 3560; näher AnwK/*Freitag* Art 3 Rz 68 f). Über den **Umfang der Sonderanknüpfung** an das besondere Erbstatut bestimmt grds dieses (BayObLG FamRZ 03, 1327, 1330; AnwK/*Freitag* Art 3 Rz 67). **39**

Im Fall der Nachlassspaltung ist zunächst **jeder Teilnachlass selbstständig** so zu behandeln, als sei er (etwa in Bezug auf Auslegung, Wirksamkeit und Inhalt letztwilliger Verfügungen, Erbberechtigung, Pflichtteilsrechte, Ausschlagung, Erbenhaftung etc) infolge eines eigenständigen Erbganges angefallen (BGHZ 24, 352, 355 f; BayObLG NJW 03, 216, 217; BaRoth/*Lorenz* Rz 50). Der Erblasser kann die **Erbfolge** in einzelne Spaltnachlässe auch **unterschiedlich regeln** (BayObLG FamRZ 95, 1089, 1091; FamRZ 03, 1327, 1331; Staud/*Dörner* Rz 771 ff). Entsprechen die Folgen der Nachlassspaltung jedoch nicht den Vorstellungen des Erblassers, ist iRd anwendbaren Sachrechte durch **Auslegung** letztwilliger Verfügungen zu helfen, um unbeabsichtigte Ungleichbehandlungen im Einklang mit dem Erblasserwillen zu vermeiden (BGHZ 134, 60, 63; BGH NJW 04, 3558 ff; BayObLG NJW 00, 440 f; OLG Hamm FamRZ 98, 121 f), ggf ist **anzupassen**, insb um andernfalls fehlende oder zu geringe Pflichtteilsansprüche zu vermeiden (Staud/*Dörner* Rz 779 f; BaRoth/*Lorenz* Rz 51). **40**

III. Ordre public (Art 6). Bei der Anwendung des ordre public iSd Art 6 ist zwischen gesetzlicher und testamentarischer Erbfolge zu unterscheiden. **Letztwillige Verfügungen**, die bestimmte Personen wegen ihres Geschlechts, Glaubens oder ihrer Herkunft diskriminieren, verstoßen nur gegen Art 6, wenn eine vergleichbare Verfügung nach deutschem Sachrecht gem § 138 BGB verboten wäre, was nur selten der Fall sein wird (*Looschelders* IPRax 06, 462 ff; MüKo/*Birk* Rz 114; Erman/*Hohloch* Rz 8). Erklärt eine ausl Rechtsordnung die letztwillige Verfügung wegen der **Religionsverschiedenheit** von Verfügendem und Bedachtem für unwirksam (so viele islamische Rechte, vgl Hamm FamRZ 05, 1705), ist sie aus deutscher Sicht bei hinreichendem Inlandsbezug gleichwohl wirksam (*Rauscher/Pabst* NJW 07, 3541, 3545). **41**

Die Anwendung einer Rechtsordnung iRd **gesetzlichen Erbfolge**, die selbst enge Verwandte bzw Ehegatten vom Erbrecht insgesamt ausschließt und auch kein Noterbrecht (Pflichtteil) und Ehegatten auch keinen güterrechtlichen Ausgleich gewährt, verstößt jedenfalls dann gegen Art 14 I GG iVm Art 6, falls die iSd deutschen Rechts erbberechtigte Person hierdurch im Inland sozialhilfebedürftig wird (Staud/*Dörner* Rz 695; Soergel/*Schurig* Rz 104; MüKo/*Birk* Rz 113). Die Diskriminierung von Personen wegen ihres Geschlechts, der Staatsangehörigkeit oder ihres Glaubens iRd gesetzlichen Erbfolge verstößt ausnahmsweise dann nicht gegen Art 3, 4, 14 GG und damit auch nicht gegen Art 6, wenn feststeht und ggf nachgewiesen wird, dass der Erblasser mit der Regelung des ausländischen Erbrechts einverstanden war (Hamm FamRZ 05, 1705, 1707 f; KG NJW-RR 08, 1109, 1111; *Lorenz* ZEV 05, 440 f; *Rauscher* FamRZ 08, 1566; *Looschelders* IPRax 09, 246 ff). **42**

H. Nachlass- und Erbscheinsverfahren mit internationalen Bezügen. Die Internationale Zuständigkeit (IZ) der deutschen Gerichte in Nachlasssachen war bis zum Inkrafttreten des FamFG am 1.9.09. (vgl Art 112 FGG-ReformG, BGBl 08 I, 2586) nicht ausdrücklich gesetzlich geregelt. Die Rspr ging iSd sog Gleichlauftheorie davon aus, dass eine IZ deutscher Gerichte für die Erteilung von Erbscheinen und Testamentsvollstreckerzeugnissen nur bestand, wenn der Nachlass deutschem Recht unterlag. Eine IZ deutscher Gerichte trotz fremden Erbstatuts sollte nur in Betracht kommen für die Erteilung von Fremdrechtserbscheinen gem § 2369 BGB bzw Fremdrechtszeugnissen für den Testamentsvollstrecker gem §§ 2368 III iVm 2369 BGB in Bezug auf inländischen Nachlass, für Maßnahmen zur Sicherung inländischen Nachlasses gem § 1960 BGB sowie ausnahmsweise als Notzuständigkeit. Demgegenüber plädierte die hL zu Recht dafür, die IZ aus der örtlichen Zuständigkeit der Nachlassgerichte gem § 73 FGG zu entnehmen und daher ggf auch fremdes Erbrecht anzuwenden (ausf Nachw Vorauf Rz 35). Dem hat sich Gesetzgeber des FGG-RF mit §§ 105, 343 FamFG explizit und bewusst (vgl BTDrs 16/6803, 221 f, 348 f) angeschlossen, so dass seit dem 1.9.09 **aus der örtlichen** auch **die internationale Zuständigkeit** der deutschen Gerichte **folgt**. **43**

44 **Zuständig** für die Ausstellung von Erbscheinen und Testamentsvollstreckerzeugnissen sind die deutschen Gerichte gem § 343 I FamFG unabhängig vom anwendbaren Recht, wenn der Erblasser seinen **Wohnsitz oder Aufenthalt im Inland** hatte. Um einen exorbitanten Gerichtsstand zu vermeiden, ist neben dem schlichten Aufenthalt des Erblassers im Inland ein weiterer Inlandsbezug (insb Wohnsitz oder gewöhnlicher Aufenthalt der Erben) zu fordern (*Schäuble* ZErb 09, 206 f). Bei Anwendbarkeit ausländischen Rechts ist vorbehaltlich des § 2369 I BGB nF (dazu sogleich) grds ein **territorial unbeschränkter Fremdrechtserbschein** zu erteilen (vgl auch BTDrs 16/6803, 222). Für Nachlassverfahren über das Vermögen von Deutschen, die bei ihrem Tod weder Wohnsitz noch Aufenthalt im Inland hatten, deren Nachlass sich jedoch gem Art 25 nach deutschem Recht beurteilt, ist gem § 343 II FamFG zentral das AG Schöneberg zuständig, das die Sache "aus wichtigem Grund" iSd § 4 FamFG auch an ein anderes Gericht verweisen kann. Schließlich besteht gem § 343 III FamFG eine örtliche und internationale Zuständigkeit am Ort der Belegenheit von Nachlassgegenständen von Erblassern, die im Inland weder Wohnsitz noch Aufenthalt hatten. Hat das Nachlassgericht einen Erbschein nach ausländischem Recht zu erteilen (Fälle der § 343 I, III FamFG), ist gem § 16 I Nr 6 funktionell der Richter zuständig. Gem **§ 2369 I BGB nF** kann der Antragsteller beantragen, dass der Erbschein nur für den inländischen Nachlass erteilt wird, um insb langwierige Ermittlungen zum ausländischen Recht bei Nachlassspaltung zu vermeiden (BTDrs 16/6803, 349).

45 **Ausländischen Erbrechtsbescheinigungen** (Einantwortungsurkunden, Rotsiegelbeschlüssen nach österreichischem Recht) und Testamentsvollstreckerzeugnissen kommt nach ihrem Heimatrecht regelmäßig keine ähnl weitgehende Wirkung zu, wie sie das deutsche Recht für inländische Erbscheine und Zeugnisse vorsieht. Weithin unbestritten ist, dass nur Erbscheine und Zeugnisse, die von deutschen Behörden ausgestellt wurden, die **materiell-rechtliche Gutglaubenswirkung** der §§ 2365 ff BGB entfalten können (Staud/*Dörner* Rz 914; BaRoth/*Lorenz* Rz 73; aA evtl Erman/*Hohloch* Rz 55, MüKo/*Birk* Rz 359 ff, die bei ausländischen Akten auf deren Anerkennungsfähigkeit iSd § 108 FamFG abstellen und dabei verkennen, dass es sich um ein Problem der Substitution handelt). Eine Ausnahme gilt im deutsch-türkischen Rechtsverkehr gem § 17 des deutsch-türkischen Nachlassabkommens (vgl Rn 4), wonach ein Zeugnis eines Mitgliedstaates über die Erbfolge in den beweglichen Nachlass auch im anderen Mitgliedstaat dem Nachweis der Erbfolge dient. Ist eine ausländische Entscheidung in Nachlasssachen iSd § 108 FamFG anerkennungsfähig, so können ihre verfahrensrechtlichen Wirkungen auf das Inland erstreckt werden, insb ist der im Ausland eingesetzte Testamentsvollstrecker dann auch im Inland grds als iSd ausländischen Rechts verfügungsbefugt zu betrachten.

Art. 26 Verfügungen von Todes wegen.

(1) ¹Eine letztwillige Verfügung ist, auch wenn sie von mehreren Personen in derselben Urkunde errichtet wird, hinsichtlich ihrer Form gültig, wenn diese den Formerfordernissen entspricht
1. des Rechts eines Staates, dem der Erblasser ungeachtet des Artikels 5 Abs. 1 im Zeitpunkt, in dem er letztwillig verfügt hat, oder im Zeitpunkt seines Todes angehörte,
2. des Rechts des Ortes, an dem der Erblasser letztwillig verfügt hat,
3. des Rechts eines Ortes, an dem der Erblasser im Zeitpunkt, in dem er letztwillig verfügt hat, oder im Zeitpunkt seines Todes seinen Wohnsitz oder gewöhnlichen Aufenthalt hatte,
4. des Rechts des Ortes, an dem sich unbewegliches Vermögen befindet, soweit es sich um dieses handelt, oder
5. des Rechts, das auf die Rechtsnachfolge von Todes wegen anzuwenden ist oder im Zeitpunkt der Verfügung anzuwenden wäre.

²Ob der Erblasser an einem bestimmten Ort einen Wohnsitz hatte, regelt das an diesem Ort geltende Recht.
(2) ¹Absatz 1 ist auch auf letztwillige Verfügungen anzuwenden, durch die eine frühere letztwillige Verfügung widerrufen wird. ²Der Widerruf ist hinsichtlich seiner Form auch dann gültig, wenn diese einer der Rechtsordnungen entspricht, nach denen die widerrufene letztwillige Verfügung gemäß Absatz 1 gültig war.
(3) ¹Die Vorschriften, welche die für letztwillige Verfügungen zugelassenen Formen mit Beziehung auf das Alter, die Staatsangehörigkeit oder andere persönliche Eigenschaften des Erblassers beschränken, werden als zur Form gehörend angesehen. ²Das gleiche gilt für Eigenschaften, welche die für die Gültigkeit einer letztwilligen Verfügung erforderlichen Zeugen besitzen müssen.
(4) Die Absätze 1 bis 3 gelten für andere Verfügungen von Todes wegen entsprechend.
(5) ¹Im übrigen unterliegen die Gültigkeit der Errichtung einer Verfügung von Todes wegen und die Bindung an sie dem Recht, das im Zeitpunkt der Verfügung auf die Rechtsnachfolge von Todes wegen anzuwenden wäre. ²Die einmal erlangte Testierfähigkeit wird durch Erwerb oder Verlust der Rechtsstellung als Deutscher nicht beeinträchtigt.

1 **A. Einleitung.** Art 26 I–IV normieren das auf die **Form** letztwilliger Verfügungen anwendbare Recht. Dagegen enthält **Art 26 V**, der die Maßgeblichkeit des Errichtungsstatuts für Fragen der Gültigkeit letztwilliger Verfügungen und der Bindung an sie anordnet, eine materielle Sonderregelung zu Art 25 I (Art 25 Rn 25 ff).

Art 26 I–III übernehmen inhaltlich die Anknüpfungsregeln des für Deutschland geltenden **Haager Testamentsübereinkommens** von 61 (HTÜ, Nachw Art 25 Rn 1) in das EGBGB. Umstr, aufgrund der inhaltlichen Übereinstimmung von Art 26 I–III und HTÜ aber weitgehend ohne praktische Relevanz ist, ob Art 26 wegen Vorrangs (vgl Art 3 Nr 2) des HTÜ insoweit rein deklaratorischen Charakter hat, als sie mit dem HTÜ übereinstimmt (zu den Abweichungen Rn 3 f) und daher ausschl dieses anzuwenden ist (so BGH NJW 04, 3558 ff; NJW 95, 58), oder ob umgekehrt das HTÜ hinter die nationale lex posterior des Art 26 I–III zurücktritt oder ob die Anwendung des Art 26 zumindest völkerrechtlich zulässig ist (Nachw bei MüKo/*Birk* Rz 2; BaRoth/*Lorenz* Rz 2; Staud/*Dörner* Rz 12 ff). In jedem Fall ist beim Rückgriff auf Art 26 I–III deren völkervertraglichen Ursprung Rechnung zu tragen, insb durch **Auslegung** des Art 26 am Maßstab des HTÜ und der grdsen Annahme von **Sachnormverweisungen** (Rn 4).

Autonomes IPR ohne Entsprechung im HTÜ enthalten Art 26 I Nr 5, II, IV. Die Formanknüpfungen der **Art 26 I Nr 5** und **Art 26 II** sind zwar in Art 1 lit a–d HTÜ nicht enthalten, mit dem HTÜ aber vereinbar, da Art 3 HTÜ den Mitgliedstaaten gestattet, zusätzliche Formerleichterungen einzuführen. Auch die Erstreckung der nur für einseitige letztwillige Verfügungen und gemeinschaftliche Testamente geltenden Formanknüpfungen des HTÜ auf »sonstige« Verfügungen von Todes wegen, insb auf Erbverträge, durch **Art 26 IV** ist rein deutsch-rechtlichen Ursprungs.

Das HTÜ ist gem seinem Art 6 als **loi uniforme** ausgestaltet und daher auch anzuwenden, wenn es auf das Recht eines Staates verweist, der seinerseits nicht dem HTÜ angehört und die Form letztwilliger Verfügungen abw anknüpft (BGH NJW 04, 3558 ff). Die Verweise des HTÜ und damit auch des Art 26 I-III stellen aufgrund des Wortlauts des Art 1 HTÜ (»innerstaatliches Recht«) wie auch ihrer völkervertraglichen Natur **Sachnormverweise** dar (MüKo/*Birk* Rz 48; Staud/*Doerner* Rz 32; Palandt/*Thorn* Rz 2; Erman/*Hohloch* Rz 6; aA BaRoth/*Lorenz* Rz 7; Soergel/*Schurig* Rz 14: Weiterverweisung zu Gunsten der Gültigkeit der Verfügung zu beachten). Eine **mittelbare Gesamtverweisung** enthält **Art 26 I Nr 5**, wonach auch die Einhaltung der Form des tatsächlichen Erbstatuts iSd Art 25 bzw des Errichtungsstatuts iSd Art 26 V genügt, das ggf erst aufgrund Rück- oder Weiterverweisung durch das IPR des Heimatrechts des Erblassers ermittelt werden kann (Palandt/*Thorn* Rz 2).

B. Anwendungsbereich. I. Formfragen. Für die Frage, welche Materien zur Form zählen, ist zunächst **Art 26 III** (Art 5 HTÜ) maßgeblich. Danach sind solche Vorschriften als zur Form gehörig anzusehen, die die für letztwillige Verfügungen zugelassenen Formen mit Beziehung auf das Alter, die Staatsangehörigkeit oder andere persönliche Eigenschaften des Erblassers beschränken. Gleiches gilt für Eigenschaften, welche die für die Gültigkeit einer letztwilligen Verfügung erforderlichen Zeugen besitzen müssen. Art 26 III (Art 5 HTÜ) enthält indes keine umfassende autonome Definition der Form. Soweit Art 5 HTÜ keine Vorgaben macht, müsste die Qualifikationsfrage zwar autonom iSd HTÜ geklärt werden (MüKo/*Birk* Rz 46; BaRoth/*Lorenz* Rz 5), was mangels aussagekräftiger Anhaltspunkte im HTÜ indes unmöglich ist. Ersatzweise ist daher auf die Vorstellungen der **lex fori** zurückzugreifen (Staud/*Dörner* vor Art 25 Rz 84; BaRoth/*Lorenz* Rz 5; aA Palandt/*Thorn* Rz 6: Qualifikation lege causae).

Die nach dem Errichtungsstatut zu beurteilende **Testierfähigkeit** (Art 25 Rn 22) ist abzugrenzen von Vorschriften, die die für letztwillige Verfügungen zugelassenen Formen mit Beziehung auf das **Alter** beschränken (Art 5 1 HTÜ, Art 26 III 1). Zwar hängt die Testierfähigkeit wohl nach den meisten Rechtsordnungen ua vom Alter des Testators ab (vgl § 2229 I BGB), doch sind nach dem Wortlaut der Art 5 HTÜ, Art 26 III nur solche Vorschriften als Formregelungen zu qualifizieren, die dem Erblasser bei auch in Bezug auf sein Alter grds gegebener Testierfähigkeit die Errichtung der Verfügung in einer bestimmten Form untersagen bzw die Art und Weise der Errichtung besonders regeln, wie insb die §§ 2233 I, 2247 IV, 2275 BGB (Soergel/*Schurig* Rz 19; BaRoth/*Lorenz* Rz 5; Staud/*Dörner* vor Art 25 Rz 90).

Vorschriften über die (Un-)Zulässigkeit der Errichtung der Verfügung durch **Stellvertreter** sind als Formanforderungen zu qualifizieren, wenn sie nicht wie die §§ 2064, 2274, 2347 BGB den Schutz der Willensentschließungsfreiheit des Erblassers, sondern allein die Wahrung der Übereinstimmung des Inhalts des niedergelegten Testamentsinhalts mit dem unbeeinflusst gebildeten Willen des Erblassers bezwecken (Staud/*Dörner* vor Art 25 Rz 92; BaRoth/*Lorenz* Rz 5). Zur **Abgrenzung** zwischen Anforderungen an die **Form** und **an die materielle Wirksamkeit** bei gemeinschaftlichen Testament und Erbverträgen s. Art 25 Rn 20 ff, zur Form des Widerrufs eine gemeinschaftlichen Testaments gem §§ 2271, 2269 BGB, Art 25 Rn 21.

II. Letztwillige Verfügungen (Art 26 I) sowie sonstige Verfügungen von Todes wegen (Art 26 IV). Art 26 I sowie das HTÜ gelten originär nur für **letztwillige Verfügungen** sowie **gemeinschaftliche Testamente** (Art 4 HTÜ). Das HTÜ enthält keine Definition der letztwilligen Verfügung. Aus Art 4 HTÜ, wonach auch letztwillige Verfügungen, die zwei oder mehr Personen in derselben Urkunde errichtet haben, in den Anwendungsbereich des HTÜ fallen, folgt jedoch im Gegenschluss, dass **nur einseitige Verfügungen** von Todes wegen erfasst sind (Staud/*Dörner* vor Art 25 Rz 76). **Art 26 IV** erweitert den Anwendungsbereich des Art 26 I als Regelung des autonomen deutschen Rechts auch auf **Erbverträge** und **Erbverzichte**.

C. Formanknüpfung, Folgen von Verstößen. Grds genügt iRd HTÜ bzw Art 26 **im Interesse der Formwirksamkeit** der Verfügung die Wahrung einer der alternativ anwendbaren Formen (BayObLG FamRZ 06,

70, 71). Bei **einseitigen** letztwilligen Verfügungen reicht es daher, wenn der Testator die Formanforderungen des ihm günstigsten der im HTÜ bzw Art 26 I genannten Rechte einhält. Für den eher theoretischen Fall, dass **mehrere Personen** an verschiedenen Orten letztwillige Verfügungen getroffen haben, die in einer Urkunde dokumentiert sind (gemeinschaftliches Testament, Erbvertrag), sind jedoch in Bezug auf jede Verfügung die Formanforderungen des HTÜ bzw des Art 26 getrennt zu prüfen (Staud/*Dörner* vor Art 25 Rz 78; Soergel/*Schurig* Rz 7; MüKo/*Birk* Rz 69; aA Erman/*Hohloch* (11. Aufl 04) Rz 19: analoge Anwendung von Art 11, anders nunmehr 12. Aufl Rz 15).

10 Die alternativen Formanknüpfungen des Art 1 HTÜ bzw Art 26 I bedürfen keiner detaillierten Kommentierung. IRd Anwendung der berufenen Sachrechte kann sich die allgemeine Frage stellen, ob die vom anwendbaren Formstatut vorgeschriebene Form durch eine Handlung im Ausland **substituiert** werden kann, insoweit gelten die gleichen Grundsätze wie iRd Art 11 (s. Art 11 Rn 18 ff). Bei der Anknüpfung der Form an die Staatsangehörigkeit des Erblassers gem **Art 26 I Nr 1** (Art 1 lit b HTÜ) folgt aus der Formulierung des Art 26 I Nr 1, dass es bei Mehrstaatern entgegen Art 5 I genügt, wenn die Form irgendeines der Heimatrechte eingehalten ist. In Bezug auf **Art 26 I Nr 2** (Art 1 lit a HTÜ) ergibt sich aus dem Gegenschluss zu Art 1 lit c, d HTÜ, dass es genügt, wenn der Testator ausschl zur Errichtung der Verfügung in einen Staat gereist ist, nach dessen Recht die Verfügung wirksam ist; eine weitere Beziehung zum Errichtungsstaat ist nicht erforderlich.

11 Ist eine einseitige Verfügung **formunwirksam**, so entscheidet das mildeste der anwendbaren Rechte über die **Folgen des Verstoßes**, insb ob die Verfügung unwirksam oder bloß vernichtbar ist (BaRoth/*Lorenz* Rz 6). Bei zwei- bzw mehrseitigen Verfügungen führt die Formunwirksamkeit auch nur einer (Teil-)Verfügung dazu, dass die Verfügung insgesamt hinfällig wird (Art 25 Rn 26).

Fünfter Abschnitt Schuldrecht

Teil I Vertragliche Schuldverhältnisse

1. Vorbemerkungen zum Internationalen Schuldvertragsrecht

Inhaltsübersicht

	Rn		Rn
A. Internationales Schuldvertragsrecht im Wandel	1–4	I. Übersicht	5–11
		II. Auslegungsgrundsätze	12–15
B. Neufälle: Unionsrechtliches Internationales Schuldvertragsrecht	5–20	III. Prüfungsaufbau	16–20
		C. Altfälle: ex Art 27 ff EGBGB	21–23

1 **A. Internationales Schuldvertragsrecht im Wandel.** Der **17.12.09** (**Stichtag**) steht für den größten Wandel im Internationalen Schuldrecht seit der IPR-Reform des Jahres 1986 (s. *Magnus*, IPRax 2010, 27; Mansel/*Thorn*/*Wagner*, IPRax 10, S. 1 ff; *Martiny*, RIW 09, 737). Für alle **ab** diesem Stichtag abgeschlossenen Verträge gilt das neue unionsrechtliche Internationale Schuldvertragsrecht, für alle **vor** diesem Stichtag abgeschlossenen Verträge gilt das nationale alte Recht in *ex Art 27 ff EGBGB*. Insgesamt setzt das neue Unionsrecht eine jahrzehntelange Entwicklung fort, da es auf dem **Römischen Übereinkommen** über das auf vertragliche Schuldverhältnisse anzuwendende Recht (**EVÜ**) vom 17.6.80 beruht (ABl (EWG) 1980 L 266 S. 1; BGBl. 1986 II S. 810), das seinerseits 1986 ins EGBGB inkorporiert worden war; daher stammt auch der Name „Rom I". Insoweit liegt eine **Evolution** vor (*Magnus*, IPRax 10, 27; *Mankowski*, IHR 08, 133). Zugleich hat – jedenfalls aus Sicht des Rechtsanwenders – aufgrund des Rechtsquellenwechsels ein **Paradigmenwechsel** stattgefunden (*Brödermann* NJW 10, 807 ff). Umdenken tut Not.

2 Die Regeln des Internationalen Vertragsrechts sind von **großer praktischer Bedeutung**, da der internationale Rechts- und Wirtschaftsverkehr im Zeichen der Globalisierung zunimmt und die Rechtsvereinheitlichung nur punktuell möglich ist (MüKo/*Martiny* Vor Art 1 Rom I-VO Rz 3 f). Nach Art 12 I lit e Rom I-VO regeln Art 3 ff Rom I-VO auch die Anknüpfung im **Bereicherungsrecht** (MüKo/*Spellenberg* Art 12 Rom I-VO Rz 169). Schließlich ist das Vertragsstatut durch **akzessorische Anknüpfung** auch für das **Deliktsrecht** (s. Art 4 III 2 Rom II-VO bzw Art 41 II Nr 1 EGBGB) und – trotz Art 1 II lit e Rom I-VO – **Gerichtsstandsvereinbarungen** (s. Anhang zu Art 4 Rn 25) von Bedeutung. Für **Schiedsvereinbarungen** gilt hingegen jedenfalls überwiegend völkervertragliches Kollisionsrecht (Art V I lit a UNÜ; ggf über § 1061 ZPO); Art VI II EuÜ; vgl zB Brödermann/Rosengarten/*Rosengarten* Rz 609).

3 Für **einseitige Leistungsversprechen** können Art 3 ff Rom I-VO unter Berücksichtigung des weiten, im Zusammenhang von Art 5 Nr 1 EuGVO vom EuGH ausgeformtem Vertragsbegriffs Anwendung finden (vgl

EuGH Slg 2005 I 481, 483 (*Petra Ingler*); Palandt/*Thorn* Vor Rom I Rz 6, Art 1 Rom I-VO Rz 3). So zB auf die isolierte **Gewinnzusage** (vgl § 661a BGB), die **Auslobung** oder die **Patronatserklärung**, s. Anhang zu Art 4 Rn 8 u 50.

Bestimmte Bereiche des Schuldrechts (iwS) werden in gleicher Weise **durch Art 1 II 3** Rom I-VO bzw *ex-* **4** *Art 37 EGBGB* vom Anwendungsbereich des Internationalen Schuldvertragsrechts (außer Art 46b EGBGB bzw *ex Art 29a EGBGB*) **ausgeschlossen**: Wertpapierrecht, bestimmte Versicherungsverträge, Gesellschaftsrecht. Wegen der außerordentlichen praktischen Bedeutung von Gesellschaften als Teilnehmern am Wirtschafts- und Rechtsverkehr wird das Internationale Gesellschaftsrecht in *Abschnitt IntGesR* als eigenständig zu behandelnder Zweig des internationalen Vertragsrechts dargestellt (s. dort auch in Rn 21 zu den Grenzen der Ausnahme aus Art 1 II, III, zB für BGB-Innengesellschaften: Insoweit bleiben Art 3 ff Rom I-VO bzw *ex- Art 27 ff EGBGB* anwendbar).

B. Neufälle: Unionsrechtliches Internationales Schuldvertragsrecht. I. Übersicht. Für alle seit dem **5** 17.12.09 abgeschlossenen Verträge gilt in Deutschland die unionsrechtliche VO (EG) Nr 593/2008 über das auf vertragliche Schuldverhältnisse anzuwendende Recht (**Rom I-VO**) (ABl 2008 L 177/6, geändert durch Berichtigung v. 24.11.09 ABl 2009 L 309/87), Art 28 Rom I-VO. Die Rom I-VO ist ua **Teil des Haager Programms** zur Stärkung von Freiheit, Sicherheit und Recht in der Europäischen Union von 2004 (ABl 2005 C 53 1, s. dort Anhang, Ziff 4.3), Erw 5. Sie soll zusammen mit der Verordnung (EG) Nr 864/2007 des Europäischen Parlaments und des Rates vom 11.7.07 über das auf außervertragliche Schuldverhältnisse anzuwendende Recht (**Rom II-VO**) – s. Vor ROM II Rn 1 ff – dazu beitragen, durch unionsweit einheitliches IPR den Ausgang von Rechtsstreitigkeiten vorhersehbarer zu machen, den freien Verkehr gerichtlicher Entscheidungen zu fördern, und dadurch den **Binnenmarkts zu stärken** (Erw 6). Da alle Gerichte der Europäischen Union (außer Dänemark, s. Art 1 IV Rom I-VO iVm Erw 46) nunmehr identisches Internationales Schuldvertragsrecht anwenden, soll unabhängig von dem Staat, in dem sich das Gericht befindet, das gleiche Sachrecht zur Anwendung kommen (**unionsweiter Entscheidungseinklang**). Die *ex Art 27 ff EGBGB* sind zum Stichtag durch das *Gesetz zur Anpassung der Vorschriften des Internationalen Privatrechts an die Verordnung (EG) Nr 593/2009* vom 25.6.09 aufgehoben worden (AnpGEG 593/2008; BGBl 2009 I 1574), was in bestimmten Fallkonstellationen zu Schwierigkeiten führt (s. zB Art 25 Rn 4). Andere EU-Mitgliedstaaten wie Österreich haben das alte Internationale Schuldrecht für Fälle außerhalb des Anwendungsbereichs der Rom I-VO fortgelten lassen (*Mansel/Thorn/Wagner*, IPRax 10, 1, 23). Im **Vereinigten Königreich** und **Irland** gilt die Rom I-VO ebenfalls seit 17.12.09 aufgrund einer Beteiligungsmitteilung („*opt in*"-Verfahren, s. Erw 45 der Rom I-VO; KOM(2008) 730 endg). Für Fälle mit **Dänemark**-Bezug ist nach strittiger, aber konsequenter Meinung das EVÜ heranzuziehen (s. Art 25 Rn 2).

Nach Art 288 II AEUV gilt die Rom I-VO in den Mitgliedstaaten der EU **unmittelbar** ggü allen Unionsbür- **6** gern und den ihnen nach Art 54, 62 EUV gleichgestellten Gesellschaften. Die Bestimmungen der Rom I-VO sind einheitlich nach unionsrechtlichen Grundsätzen **auszulegen** (s. Rn 12 ff). Alle **23 sprachlichen Fassungen** gelten gleichberechtigt (arg Art 55 EUV und Art 4 der Verordnung Nr 1 des Rates vom 15.4.58 zur Regelung der Sprachenfrage für die Europäische Wirtschaftsgemeinschaft, EWG Sprachen-VO, ABl 58 Nr 17 385). Dabei hilft in der Praxis oft der Blick in die englische und/oder französische Fassung (Arbeitssprachen der Union).

Die Rom I-VO gilt als *loi uniforme* **universell** für innereuropäische und **weltweite zivilrechtliche** und han- **7** delsrechtliche **Fälle** (s. Art 1 mit Einschränkungen). Sie gilt unabhängig davon, ob das Recht eines Mitgliedstaates der EU oder ein Drittstaatrecht berufen wird (Art 2 Rom I-VO). **Völkerrechtliches IPR** geht jedoch grds vor (s. Art 25 mit Ausnahmen). Internationales oder unionsrechtliches **Einheitsrecht** geht bereits deshalb vor, weil insoweit kein durch die Rom I-VO zu lösender Konflikt zwischen verschiedenen Rechtsordnungen vorliegt (Art 1 Rn 7–9).

Die grundlegenden schuldvertragsrechtlichen Anknüpfungsnormen enthalten Art 3 Rom I-VO (**freie Rechts-** **8** **wahl; Rechtswahlklausel**) und Art 4 Rom I-VO (**objektive Anknüpfung**). Der freien Rechtswahl setzt Art 3 Rom I-VO auch Grenzen. So entbindet die Flucht in ein **Drittstaatrecht** (zB Schweizer Recht) nicht vor zwingendem Recht des Staates, mit dem sonst alle Element des Sachverhalts verbunden sind (Art 3 III Rom I-VO) und von zwingendem Binnenmarktrecht, insb umgesetztem Richtlinienrecht (sog **Binnenmarktklausel** des Art 3 IV Rom I-VO). Art 4 Rom I-VO stellt für die objektive Anknüpfung für acht kollisionsrechtlich autonom zu verstehende Vertragstypen **feste Regeln** auf, die nur im Ausnahmefall durchbrochen werden können (s. Art 4 Rn 2, 19). Die nach nationalen (deutschen) Recht gebräuchlichen Verträge sind – soweit möglich – diesen unionsrechtlichen Vertragstypen zuzuordnen (s. Anhang nach Art 4 Rom I-VO). Als Auffangnorm gilt das Prinzip der engsten Verbindung (Art 4 IV Rom I-VO). Der Sache nach knüpft die Rom I-VO überwiegend an den – nunmehr in Art 19 Rom I-VO **definierten** – **gewöhnlichen Aufenthalt** des Erbringers der charakteristischen Leistung an.

Besondere IPR-Normen enthält die Rom I-VO für Beförderungs-, Verbraucher-, Versicherungs- und Indivi- **9** dualarbeitsverträge Verträge (Art 5 bis 8 Rom I-VO, die jeweils auch die Rechtswahl beschränken). Ferner regelt die Rom I-VO das **Zustandekommen** von Verträgen (Art 10 Rom I-VO), die **Form** (Art 11 Rom I-VO), Aspekte der Rechts-, Geschäfts- oder Handlungsunfähigkeit (Art 13 Rom I-VO) und den **Forderungs-**

übergang (Art 14, 15 Rom I-VO). Das nach der Rom I-VO bestimmte Recht gilt grds als **Einheitstatut** für alle den Vertrag betreffenden Rechtsfragen (Art 12 Rom I-VO).

10 Die Rom I-VO regelt ferner den Innenausgleich zwischen Gesamtschuldnern (Art 16 Rom I-VO), die Aufrechnung (Art 17 Rom I-VO), gesetzliche Vermutungen, Beweislast- und ausgewählte Beweisfragen (Art 18 Rom I-VO). Aus dem Bereich des allgemeinen Teils des IPR regelt die Rom I-VO für das Internationale Schuldrecht die Art der Verweisung als **Sachnormverweisung** (Art 20), Verweisungen auf **Mehrrechtsstaaten** (Art 22 Rom I-VO) und den **ordre public** (Art 21 Rom I-VO). Die Anwendung von **zwingendem Eingriffsrecht**, ggf auch am Erfüllungsort geltenden **ausländischen Recht** regelt Art 9 Rom I-VO. Neben der Rom I-VO kann schließlich auch spezielles durch **Richtlinien** harmonisiertes Internationales Schuldrecht (wie Art 46b EGBGB) zur Anwendung kommen.

11 **Vergleich zum alten Recht:** Die Die Rom I-VO sieht inhaltlich **einige wesentliche Änderungen** ggü dem alten Recht des EVÜ bzw den *ex Art 27 ff EGBGB* vor. Insb unterscheidet sich das System fester Anknüpfungsregeln in Art 4 Rom I-VO von den Vermutungen in *ex Art 28 II EGBGB*, was in der Sache mehr **Rechtssicherheit** und eine Vereinfachung der praktischen Anwendung zu Lasten des Näheprinzips und damit von Einzelfallgerechtigkeit bedeutet (krit auch der Europäische Wirtschafts- und Sozialausschuss (ECOSOC), Stellungnahme ABl 2006 C 318/56, 59 unter 3.2.4). Die Rechtswahlmöglichkeiten sind beschränkter. Für einzelne Vertragsarten wie Beförderungs- und Versicherungsverträge (Art 5, 7 Rom I-VO) kann nur zwischen bestimmten Rechtsordnungen gewählt werden. Die Vermeidung von zwingendem Recht in der EU durch Rechtswahl ist durch Art 3 III und IV (**Binnenmarktklausel**) beschränkt worden. Insgesamt ist der Verbraucherschutz gestärkt worden (Art 6 Rom I-VO) und hierdurch ein Gleichlauf mit dem zwingenden Verbrauchergerichtsstand nach Art 15 EuGVO geschaffen worden. Das **Verschulden bei Vertragsschluss** ist kollisionsrechtlich Deliktsrecht (Art 1 II lit i Rom I-VO; Art 12 Rom II-VO); wobei bei einem Verweis auf deutsches Sachrecht das deutsche Vertragsrecht in § 311 II iVm § 241 II BGB anzuwenden ist.

12 **II. Auslegungsgrundsätze.** Die Rom I-VO ist als Unionsrecht **unionsrechtlich auszulegen** (vgl *Leible/Lehmann* RIW 08, 528, 534f – noch zum Gemeinschaftsrecht -; *Brödermann*, NJW 10, 807, 810) Dies erfordert eine **autonome Auslegung**, weil das Unionsrecht eine Rechtsordnung *sui generis* ist. Zur Anwendung dieser Methodik sind die mitgliedstaatlichen Gerichte nach dem Grundsatz der Unionstreue in Art 4 III EUV verpflichtet. Bei der Auslegung kann zwar auf klassische, dem deutschen Juristen bekannte Auslegungsmethoden zurückgegriffen werden, doch haben sie eine spezifisch europäische Prägung. Durch die Vielfalt der Europäischen Union potenzieren sich die Anforderungen.

13 Unionsrechtliche Auslegung (s. auch die allg Einleitung Rn 35 f) **erfordert die Berücksichtigung: 1) des Wortlauts:** Da alle sprachlichen Fassungen gleichberechtigt im gesamten Hoheitsgebiet der EU gelten (s.o. Rn 4), sind bei der Auslegung eines Begriffs der Rom I-VO stets auch die anderen sprachlichen Fassungen heranzuziehen. Die Praxis zeigt, dass die deutsche Fassung häufiger von anderen Fassungen abweicht. Kann die deutsche Fassung in verschiedener Weise verstanden werden, weist der Vergleich mit anderen Fassungen oft den Weg. Alle amtlichen Fassungen der Rom I-VO sind über das Internet verfügbar (www.europa.eu; dort unter „Dokumente"/„Recht der Europäischen Union"); **2) der Entstehungsgeschichte**: Hierzu kann auf die in Rn 15 genannten Materialien zurückgegriffen werden, vieles wird bereits in den Erwägungsgründen konkretisiert; **3) der Systematik:** Die Begriffe der Rom I-VO sind Bestandteil eines streng miteinander verknüpften Systems des Unionsrechts auf der Grundlage des EUV und des AEUV (da die EU aufgrund Inkrafttretens des Vertrags von Lissabon seit 1.12.09 Rechtsnachfolger der EG ist, Art 1 III 2 EUV, ist unerheblich, dass die Rom I-VO bei ihrer Entstehung auf dem EGV beruhte). So werden dieselben Begriffe in verschiedenen Rechtsinstrumenten verwendet und sollen nach der Systematik des Unionsrechts einheitlich verstanden werden. Insb sind die Rom I-VO, die Rom II-VO und die EuGVO (auch: Brüssel I-VO) „im Einklang" miteinander auszulegen (Erw 7 der Rom I- und Rom II-VO, s. zB Art 1 Rom I-VO Rn 5 zu dem ua auch in der EuGVO verwendeten Vertragsbegriff); **4) va aber** des Ziels der Norm (**teleologische Auslegung**) **und** insb die Suche nach dem **effet-utile**: Die Rom I-VO ist so auszulegen, dass ihre Ziele – insb die Schaffung eines einheitlichen internationalen Schuldrechts für die Europäische Union und die Stärkung des europäischen Rechtsraums (Erw 6 und 1) – so gut wie möglich erreicht werden und die Bestimmungen der Rom I-VO ihre volle Geltung entfalten können (vgl zB EuGH Urt v 19.6.90 – C – 213/89 Slg 90, I-2433 – Factortame; *Nicolaysen* Europarecht I, § 3 IV, insb S 103; *Kropholler* § 10 III 2 e S 81); **5) der allgemeinen Rechtsgrundsätze und der Rechtsvergleichung:** Bei der Bestimmung des autonomen Inhalts von unionsrechtlichen Begriffen sind nach der Praxis des EuGH allgemeine Rechtsgrundsätze zu beachten, die sich aus der rechtsvergleichenden Betrachtung der Rechtsordnungen der Mitgliedstaaten erschließen. Zu diesem Zweck kann auch auf den – bisher rein akademischen – Entwurf eines Gemeinsamen Referenzrahmens (Draft Common Frame of Reference, kurz **DCFR**) zurückgegriffen werden, der wie die Rom I-VO Teil des **Haager Programms** (s.o. Rn 5) ist; der DCFR beruht auf rechtsvergleichender *Betrachtung* aller Rechtsordnungen der Mitgliedstaaten (SGECC/Acquis Group, DCFR, Introduction Nr. 21); **6) der Rechtsprechung** des EuGH und der nationalen Gerichte in den verschiedenen Mitgliedsaaten; **7) des internationalen Schrifttums** zur Rom I-VO von Juristen aus unterschiedlichen Rechtsordnungen in den verschiedenen Mitgliedstaaten in ihren jeweiligen Sprachen.

Im Zweifel haben die Gerichte Auslegungsfragen dem **Gerichtshof** nach Art 267 AEUV **vorzulegen**. Der 14
Instanzenrichter kann, der letztinstanzliche Richter muss eine Auslegungsfrage dem EuGH vorlegen.
Materialien: Vorschlag für eine Verordnung des Europäischen Parlaments und des Rates über das auf ver- 15
tragliche Schuldverhältnis anzuwendende Recht (Rom I) vom 15.12.05, KOM(2005) 650 endgültig, zitiert als
„Rom I-VO-V"; **Stellungnahme des Europäischen Wirtschafts- und Sozialausschusses** zu dem „Vorschlag
für eine Verordnung des Europäischen Parlaments und des Rates über das auf vertragliche Schuldverhältnisse
anzuwendende Recht (Rom I)", KOM(2005) 650 endg. (ABl 06 C 318 56), zitiert als „Stellungnahme EWSA";
Legislative Entschließung des **Europäischen Parlaments** vom **29.11.07** zu dem Vorschlag für eine Verordnung des Europäischen Parlaments und des Rates über das auf vertragliche Schuldverhältnisse anzuwendende
Recht (Rom I), KOM(2005)0650 – C6-0441/2005 – 2005/0261 (COD) (ABl 08 C 297E 149).

III. Prüfungsaufbau. Das Internationale Schuldvertragsrecht ist als Verweisungsrecht nur anwendbar, soweit 16
der Fall nicht bereits durch **vorrangig anwendbares Sachrecht** als Entscheidungsrecht gelöst wird (s. *Kropholler* IPR § 12 S 95; *Brödermann/Rosengarten* Rz 46 f): 1) durch unionsrechtliches Sachrecht (zB das Kartellverbot in Art 101 EUV; EG-Verordnungsrecht), das kraft eigenen (europäischen) Anwendungsgebots zur
Anwendung kommt (EuGH Urt v 15.7.64 – 6/64 Slg 64, 1251 – Costa/ENEL; Schlussantrag *Lagrange* EuGH
Slg 64, 1281, 1284 ff); oder 2) durch staatsvertraglich vereinheitlichtes Sachrecht mit eigenen Rechtsanwen-
dungsnormen, die internationalprivatrechtliche Regelungen (iwS) darstellen (zB Art 1 I CMR-Übereinkom-
men, Art 1 I a des UN-Kaufrechtsübereinkommens (**CISG**); Staud/*Magnus* Vorbem zu Art 27-37 EGBGB
Rz 2). Soweit vorrangiges Sachrecht keine Regelung trifft – zB Art 78 CISG keine Regelung zur Zinshöhe
(Staud/*Magnus* Art 78 CISG Rz 12 f) – ist das Vertragsstatut nach Art 3 ff Rom I-VO zu bestimmen.
Soweit das (allg) Internationale Schuldvertragsrecht in Art 3 ff Rom I-VO (insb Art 3-8, 14, 15) grds anwend- 17
bar ist, erfasst es alle Fragen, die durch entspr **Qualifikation** (s. Art 3 EGBGB Rn 34 ff) einer schuldvertragsrechtlichen IPR-Norm zugeordnet wurden. Dies schließt die Qualifikation von in einer Sachnorm vorausgesetzten Vorfragen (s. Art 3 EGBGB Rn 46 ff) und in einer Kollisionsnorm vorausgesetzten Erstfragen
(s. Art 3 EGBGB Rn 46) – etwa nach dem Bestehen eines Schuldverhältnisses – ein. Art 20 Rom I-VO schließt
die Beachtung einer **Rück- oder Weiterverweisung** für das Schuldvertragsrecht aus.
Das durch Anwendung von Art 3 ff Rom I-VO zunächst ermittelte Ergebnis (Bestimmung eines Vertragssta- 18
tuts) kann der **Korrektur** bedürfen: 1) weil die **Sonderanknüpfung** eines anderen Rechts als des Vertragsstatuts angeordnet ist: (a) Art 46b EGBGB und Art 3 ff Rom I-VO selbst: Art 3 III, 6 II, 8 I oder 9; (b)
internationale Üb (Art 3 Ziff 2 EGBGB; zB Art VIII Abschn 2 b 1 des Üb von Bretton Woods für bestimmte
Devisenkontrakte, s. *ex Art 34 EGBGB* Rn 23; *Mayer/Heuzé* Rz 746) oder (c) vorrangige Regelungen in
Rechtsakten der Europäischen Gemeinschaft (s. Art 3 Ziff 1 EGBGB und Rn 7); 2) weil die **Berücksichti-
gung fremden Rechts** nach Art 9 III Rom I-VO erforderlich ist; 3) weil das materielle Ergebnis der Anwen-
dung des Vertragsstatuts mit wesentlichen Grundsätzen des deutschen Rechts unvereinbar ist (**ordre public-
Prüfung** nach Art 21 Rom I-VO, s. Art 21 Rom I-VO Rn 3; selten: Staud/*Magnus* Vorbem zu Art 27-37
EGBGB Rz 44); 4) weil im Einzelfall eine **Angleichung** des Ergebnisses geboten ist (s. Art 3 EGBGB Rn 59 ff).
Das Vertragsstatut beherrscht im Grundsatz das **gesamte Vertragsverhältnis** (MüKo/*Martiny* Vor Art 27 19
EGBGB Rz 8; MüKo/*Spellenberg* Art 12 Rom I-VO Rz 5): Zustandekommen und Wirksamkeit (Art 10), Inhalt
der Ansprüche, Erlöschen und Folgen der Nichtigkeit (Art 12), s. *ex Art 32 EGBGB* Rn 11 ff für Einzelheiten. Das
Internationale Schuldvertragsrecht bestimmt ferner das Statut des **kollisionsrechtlichen Verweisungsvertrages**
(**Rechtswahlvertrag**) in einer Rechtswahlklausel (Art 3 V Rom I-VO; s. Art 3 Rom I-VO Rn 9).
Ausnahmen: Gesondert anzuknüpfen sind die Teilfragen (s. Art 3 EGBGB Rn 33) und Vorfragen (s. Art 3 20
EGBGB Rn 46), zB nach der **Rechts- und Geschäftsfähigkeit** (Art 7, 12; s. hierzu auch die Verkehrsschutz-
norm Art 13 Rom I-VO), der **Form** (Art 11 Rom I-VO) oder der – schon nach Art 1 II lit g von Art 3 ff aus-
genommenen – **Vertretungsmacht** (BGH NZG 03, 922, 923; für die Stellvertretung s. Vor Artikel 7 bis 12
EGBGB Rn 5 ff; für die organschaftliche Vertretungsmacht s.u. IntGesR Rn 10 unter III.1).

C. Altfälle: ex Art 27 ff EGBGB. Für alle bis zum 17.12.09 abgeschlossenen Verträge sind in Deutschland wei- 21
terhin aufgrund allgemeiner Grundsätze des **intertemporalen Rechts** die auf dem EVÜ beruhenden *ex Art 27-
37 EGBGB* heranzuziehen. Die nachträgliche Rechtswahl bzw **Abänderung** einer früher getroffenen Rechtswahl
richtet sich seit diesem Stichtag jedoch bereits nach der Rom I-VO (s. Art 3 Rom I-VO Rn 2).
Ex Art 27 ff EGBGB beruhen auf dem Prinzip der **Rechtswahlfreiheit** (*ex Art 27 EGBGB*). Haben die Par- 22
teien keine Rechtswahl getroffen, gilt nach dem in *ex Art 28 EGBGB* kodifizierten **Näheprinzip** das Recht des
Staates, mit dem der Sachverhalt die engste Verbindung aufweist. Dafür enthält *ex Art 28 II EGBGB* eine
widerlegliche Vermutung bereit. *Ex-Art 27-28 EGBGB* werden ergänzt durch Regelungen für besondere Vertragstypen, wie die Art 29; 29a (Verbraucherverträge); Art 30 (Arbeitsverträge).
Ex Art 27 ff EGBGB sprechen **Sachnormverweisungen** aus (*ex Art 35 EGBGB*). Das von *ex Art 27 ff EGBGB* 23
berufene Vertragsrecht unterliegt einer **ordre public-Prüfung** nach Art 6 EGBGB. Ergänzend zum Vertragsstatut können Sonderanknüpfungen von Teilfragen oder vom **zwingendem Recht** (*ex Art 34 EGBGB*) zur
Anwendung weiterer Rechtsordnungen auf denselben Fall führen. *Ex Art 27 ff EGBGB* werden ergänzt um
weitere, nicht aufgehobene Bestimmungen im noch geltenden EGBGB (zB Art 11 zur Form). Auch der

gesetzliche Forderungsübergang (*ex Art 33 Abs 3 EGBGB*) und **gesetzliche Vermutungen** und **Beweislastregeln** (*ex Art 32 Abs 3 EGBGB*) sind bereits im alten EVÜ-basierten Internationalen Schuldvertragsrecht geregelt. Auch die Bestimmungen in *ex Art 27 ff EGBGB* sind bereits **einheitlich auszulegen** (*ex Art 36 EGBGB*); die obersten Instanzgerichte können Auslegungsfragen dem **EuGH** vorlegen.

2. Unionsrechtliches Internationales Schuldvertragsrecht (Rom I-VO)

VERORDNUNG (EG) Nr. 593/2008
DES EUROPÄISCHEN PARLAMENTS UND DES RATES

vom 17. Juni 2008 über das auf vertragliche Schuldverhältnisse anzuwendende Recht (Rom I)*

DAS EUROPÄISCHE PARLAMENT UND DER RAT DER EUROPÄISCHEN UNION –
gestützt auf den Vertrag zur Gründung der Europäischen Gemeinschaft, insbesondere auf Artikel 61 Buchstabe c und Artikel 67 Absatz 5, zweiter Gedankenstrich,
auf Vorschlag der Kommission,
nach Stellungnahme des Europäischen Wirtschafts- und Sozialausschusses (ABl C 318 vom 23.12.06, S 56)
gemäß dem Verfahren des Artikels 251 des Vertrags (Stellungnahme des Europäischen Parlaments vom 29.11.07 (noch nicht im Amtsblatt veröffentlicht) und Beschluss des Rates vom 5.6.08),
in Erwägung nachstehender Gründe:
(1) Die Gemeinschaft hat sich zum Ziel gesetzt, einen Raum der Freiheit, der Sicherheit und des Rechts zu erhalten und weiterzuentwickeln. Zur schrittweisen Schaffung dieses Raums muss die Gemeinschaft im Bereich der justiziellen Zusammenarbeit in Zivilsachen, die einen grenzüberschreitenden Bezug aufweisen, Maßnahmen erlassen, soweit sie für das reibungslose Funktionieren des Binnenmarkts erforderlich sind.
(2) Nach Artikel 65 Buchstabe b des Vertrags schließen diese Maßnahmen solche ein, die die Vereinbarkeit der in den Mitgliedstaaten geltenden Kollisionsnormen und Vorschriften zur Vermeidung von Kompetenzkonflikten fördern.
(3) Auf seiner Tagung vom 15. und 16. Oktober 1999 in Tampere hat der Europäische Rat den Grundsatz der gegenseitigen Anerkennung von Urteilen und anderen Entscheidungen von Justizbehörden als Eckstein der justiziellen Zusammenarbeit in Zivilsachen unterstützt und den Rat und die Kommission ersucht, ein Maßnahmenprogramm zur Umsetzung dieses Grundsatzes anzunehmen.
(4) Der Rat hat am 30. November 2000 ein gemeinsames Maßnahmenprogramm der Kommission und des Rates zur Umsetzung des Grundsatzes der gegenseitigen Anerkennung gerichtlicher Entscheidungen in Zivil- und Handelssachen verabschiedet (ABl. C 12 vom 15.1.2001, S.1). Nach dem Programm können Maßnahmen zur Harmonisierung der Kollisionsnormen dazu beitragen, die gegenseitige Anerkennung gerichtlicher Entscheidungen zu vereinfachen.
(5) In dem vom Europäischen Rat am 5. November 2004 angenommenen Haager Programm (ABl. C 53 vom 3.3.2005, S.1) wurde dazu aufgerufen, die Beratungen über die Regelung der Kollisionsnormen für vertragliche Schuldverhältnisse („Rom I") energisch voranzutreiben.
(6) Um den Ausgang von Rechtsstreitigkeiten vorhersehbarer zu machen und die Sicherheit in Bezug auf das anzuwendende Recht sowie den freien Verkehr gerichtlicher Entscheidungen zu fördern, müssen die in den Mitgliedstaaten geltenden Kollisionsnormen im Interesse eines reibungslos funktionierenden Binnenmarkts unabhängig von dem Staat, in dem sich das Gericht befindet, bei dem der Anspruch geltend gemacht wird, dasselbe Recht bestimmen.
(7) Der materielle Anwendungsbereich und die Bestimmungen dieser Verordnung sollten mit der Verordnung (EG) Nr. 44/2001 des Rates vom 22. Dezember 2000 über die gerichtliche Zuständigkeit und die Anerkennung und Vollstreckung von Entscheidungen in Zivil- und Handelssachen („Brüssel I") (ABl. L 12 vom 16.1.2001, S. 1. Zuletzt geändert durch die Verordnung (EG) Nr. 1791/2006 (ABl. L 363 vom 20.12.2006, S.1)) und der Verordnung (EG) Nr. 864/2007 des Europäischen Parlaments und des Rates vom 11. Juli 2007 über das auf außervertragliche Schuldverhältnisse anzuwendende Recht („Rom II") (ABl. L 199 vom 31.7.2007, S. 40) im Einklang stehen.
(8) Familienverhältnisse sollten die Verwandtschaft in gerader Linie, die Ehe, die Schwägerschaft und die Verwandtschaft in der Seitenlinie umfassen. Die Bezugnahme in Artikel 1 Absatz 2 auf Verhältnisse, die mit der Ehe oder anderen Familienverhältnissen vergleichbare Wirkungen entfalten, sollte nach dem *Recht des Mitgliedstaats*, in dem sich das angerufene Gericht befindet, ausgelegt werden.

---

* Die amtl Verordnungsfassung enthält eine Reihe von Fußnoten. Diese sind in den Text in Klammern in Dünndruck integriert.

(9) Unter Schuldverhältnisse aus Wechseln, Schecks, Eigenwechseln und anderen handelbaren Wertpapieren sollten auch Konnossemente fallen, soweit die Schuldverhältnisse aus dem Konnossement aus dessen Handelbarkeit entstehen.
(10) Schuldverhältnisse, die aus Verhandlungen vor Abschluss eines Vertrags entstehen, fallen unter Artikel 12 der Verordnung (EG) Nr. 864/2007. Sie sollten daher vom Anwendungsbereich dieser Verordnung ausgenommen werden.
(11) Die freie Rechtswahl der Parteien sollte einer der Ecksteine des Systems der Kollisionsnormen im Bereich der vertraglichen Schuldverhältnisse sein.
(12) Eine Vereinbarung zwischen den Parteien, dass ausschließlich ein Gericht oder mehrere Gerichte eines Mitgliedstaats für Streitigkeiten aus einem Vertrag zuständig sein sollen, sollte bei der Feststellung, ob eine Rechtswahl eindeutig getroffen wurde, einer der zu berücksichtigenden Faktoren sein.
(13) Diese Verordnung hindert die Parteien nicht daran, in ihrem Vertrag auf ein nichtstaatliches Regelwerk oder ein internationales Übereinkommen Bezug zu nehmen.
(14) Sollte die Gemeinschaft in einem geeigneten Rechtsakt Regeln des materiellen Vertragsrechts, einschließlich vertragsrechtlicher Standardbestimmungen, festlegen, so kann in einem solchen Rechtsakt vorgesehen werden, dass die Parteien entscheiden können, diese Regeln anzuwenden.
(15) Wurde eine Rechtswahl getroffen und sind alle anderen Elemente des Sachverhalts in einem anderen als demjenigen Staat belegen, dessen Recht gewählt wurde, sollte die Rechtswahl nicht die Anwendung derjenigen Bestimmungen des Rechts dieses anderen Staates berühren, von denen nicht durch Vereinbarung abgewichen werden kann. Diese Regel sollte unabhängig davon angewandt werden, ob die Rechtswahl zusammen mit einer Gerichtsstandsvereinbarung getroffen wurde oder nicht. Obwohl keine inhaltliche Änderung gegenüber Artikel 3 Absatz 3 des Übereinkommens von 1980 über das auf vertragliche Schuldverhältnisse anzuwendende Recht (ABl. C 334 vom 30.12.2005, S. 1) („Übereinkommen von Rom") beabsichtigt ist, ist der Wortlaut der vorliegenden Verordnung so weit wie möglich an Artikel 14 der Verordnung (EG) Nr. 864/2007 angeglichen.
(16) Die Kollisionsnormen sollten ein hohes Maß an Berechenbarkeit aufweisen, um zum allgemeinen Ziel dieser Verordnung, nämlich zur Rechtssicherheit im europäischen Rechtsraum, beizutragen. Dennoch sollten die Gerichte über ein gewisses Ermessen verfügen, um das Recht bestimmen zu können, das zu dem Sachverhalt die engste Verbindung aufweist.
(17) Soweit es das mangels einer Rechtswahl anzuwendende Recht betrifft, sollten die Begriffe „Erbringung von Dienstleistungen" und „Verkauf beweglicher Sachen" so ausgelegt werden wie bei der Anwendung von Artikel 5 der Verordnung (EG) Nr. 44/2001, soweit der Verkauf beweglicher Sachen und die Erbringung von Dienstleistungen unter jene Verordnung fallen. Franchiseverträge und Vertriebsverträge sind zwar Dienstleistungsverträge, unterliegen jedoch besonderen Regeln.
(18) Hinsichtlich des mangels einer Rechtswahl anzuwendenden Rechts sollten unter multilateralen Systemen solche Systeme verstanden werden, in denen Handel betrieben wird, wie die geregelten Märkte und multilateralen Handelssysteme im Sinne des Artikels 4 der Richtlinie 2004/39/EG des Europäischen Parlaments und des Rates vom 21. April 2004 über Märkte für Finanzinstrumente (ABl. L 145 vom 30.4.2004, S. 1. Zuletzt geändert durch die Richtlinie 2008/10/EG (ABl. L 76 vom 19.3.2008, S. 33)), und zwar ungeachtet dessen, ob sie sich auf eine zentrale Gegenpartei stützen oder nicht.
(19) Wurde keine Rechtswahl getroffen, so sollte das anzuwendende Recht nach der für die Vertragsart spezifizierten Regel bestimmt werden. Kann der Vertrag nicht einer der spezifizierten Vertragsarten zugeordnet werden oder sind die Bestandteile des Vertrags durch mehr als eine der spezifizierten Vertragsarten abgedeckt, so sollte der Vertrag dem Recht des Staates unterliegen, in dem die Partei, welche die für den Vertrag charakteristische Leistung zu erbringen hat, ihren gewöhnlichen Aufenthalt hat. Besteht ein Vertrag aus einem Bündel von Rechten und Verpflichtungen, die mehr als einer der spezifizierten Vertragsarten zugeordnet werden können, so sollte die charakteristische Leistung des Vertrags nach ihrem Schwerpunkt bestimmt werden.
(20) Weist ein Vertrag eine offensichtlich engere Verbindung zu einem anderen als dem in Artikel 4 Absätze 1 und 2 genannten Staat auf, so sollte eine Ausweichklausel vorsehen, dass das Recht dieses anderen Staats anzuwenden ist. Zur Bestimmung dieses Staates sollte unter anderem berücksichtigt werden, ob der betreffende Vertrag in einer sehr engen Verbindung zu einem oder mehreren anderen Verträgen steht.
(21) Kann das bei Fehlen einer Rechtswahl anzuwendende Recht weder aufgrund der Zuordnung des Vertrags zu einer der spezifizierten Vertragsarten noch als das Recht des Staates bestimmt werden, in dem die Partei, die die für den Vertrag charakteristische Leistung zu erbringen hat, ihren gewöhnlichen Aufenthalt hat, so sollte der Vertrag dem Recht des Staates unterliegen, zu dem er die engste Verbindung aufweist. Bei der Bestimmung dieses Staates sollte unter anderem berücksichtigt werden, ob der betreffende Vertrag in einer sehr engen Verbindung zu einem oder mehreren anderen Verträgen steht.
(22) In Bezug auf die Auslegung von „Güterbeförderungsverträgen" ist keine inhaltliche Abweichung von Artikel 4 Absatz 4 Satz 3 des Übereinkommens von Rom beabsichtigt. Folglich sollten als Güterbeförde-

rungsverträge auch Charterverträge für eine einzige Reise und andere Verträge gelten, die in der Hauptsache der Güterbeförderung dienen. Für die Zwecke dieser Verordnung sollten der Begriff „Absender" eine Person bezeichnen, die mit dem Beförderer einen Beförderungsvertrag abschließt, und der Begriff „Beförderer" die Vertragspartei, die sich zur Beförderung der Güter verpflichtet, unabhängig davon, ob sie die Beförderung selbst durchführt.

(23) Bei Verträgen, bei denen die eine Partei als schwächer angesehen wird, sollte die schwächere Partei durch Kollisionsnormen geschützt werden, die für sie günstiger sind als die allgemeinen Regeln

(24) Insbesondere bei Verbraucherverträgen sollte die Kollisionsnorm es ermöglichen, die Kosten für die Beilegung von Rechtsstreitigkeiten zu senken, die häufig einen geringen Streitwert haben, und der Entwicklung des Fernabsatzes Rechnung zu tragen. Um die Übereinstimmung mit der Verordnung (EG) Nr. 44/2001 zu wahren, ist zum einen als Voraussetzung für die Anwendung der Verbraucherschutznorm auf das Kriterium der ausgerichteten Tätigkeit zu verweisen und zum anderen auf die Notwendigkeit, dass dieses Kriterium in der Verordnung (EG) Nr. 44/2001 und der vorliegenden Verordnung einheitlich ausgelegt wird, wobei zu beachten ist, dass eine gemeinsame Erklärung des Rates und der Kommission zu Artikel 15 der Verordnung (EG) Nr. 44/2001 ausführt, „dass es für die Anwendung von Artikel 15 Absatz 1 Buchstabe c nicht ausreicht, dass ein Unternehmen seine Tätigkeiten auf den Mitgliedstaat, in dem der Verbraucher seinen Wohnsitz hat, oder auf mehrere Staaten – einschließlich des betreffenden Mitgliedstaats –, ausrichtet, sondern dass im Rahmen dieser Tätigkeiten auch ein Vertrag geschlossen worden sein muss." Des Weiteren heißt es in dieser Erklärung, „dass die Zugänglichkeit einer Website allein nicht ausreicht, um die Anwendbarkeit von Artikel 15 zu begründen; vielmehr ist erforderlich, dass diese Website auch den Vertragsabschluss im Fernabsatz anbietet und dass tatsächlich ein Vertragsabschluss im Fernabsatz erfolgt ist, mit welchem 4. 7. 2008 DE Amtsblatt der Europäischen Union L 177/7 Mittel auch immer. Dabei sind auf einer Website die benutzte Sprache oder die Währung nicht von Bedeutung."

(25) Die Verbraucher sollten dann durch Regelungen des Staates ihres gewöhnlichen Aufenthalts geschützt werden, von denen nicht durch Vereinbarung abgewichen werden kann, wenn der Vertragsschluss darauf zurückzuführen ist, dass der Unternehmer in diesem bestimmten Staat eine berufliche oder gewerbliche Tätigkeit ausübt. Der gleiche Schutz sollte gewährleistet sein, wenn ein Unternehmer zwar keine beruflichen oder gewerblichen Tätigkeiten in dem Staat, in dem der Verbraucher seinen gewöhnlichen Aufenthalt hat, ausübt, seine Tätigkeiten aber – unabhängig von der Art und Weise, in der dies geschieht – auf diesen Staat oder auf mehrere Staaten, einschließlich dieses Staates, ausrichtet und der Vertragsschluss auf solche Tätigkeiten zurückzuführen ist

(26) Für die Zwecke dieser Verordnung sollten Finanzdienstleistungen wie Wertpapierdienstleistungen und Anlagetätigkeiten und Nebendienstleistungen nach Anhang I Abschnitt A und Abschnitt B der Richtlinie 2004/39/EG, die ein Unternehmer für einen Verbraucher erbringt, sowie Verträge über den Verkauf von Anteilen an Organismen für gemeinsame Anlagen in Wertpapieren, selbst wenn sie nicht unter die Richtlinie 85/611/EWG des Rates vom 20. Dezember 1985 zur Koordinierung der Rechts- und Verwaltungsvorschriften betreffend bestimmte Organismen für gemeinsame Anlagen in Wertpapieren (OGAW) (ABl. L 375 vom 31. 12. 1985, S. 3. Zuletzt geändert durch die Richtlinie 2008/18/EG des Europäischen Parlaments und des Rates (ABl. L 76 vom 19. 3. 2008, S. 42)) fallen, Artikel 6 der vorliegenden Verordnung unterliegen. Daher sollten, wenn die Bedingungen für die Ausgabe oder das öffentliche Angebot bezüglich übertragbarer Wertpapiere oder die Zeichnung oder der Rückkauf von Anteilen an Organismen für gemeinsame Anlagen in Wertpapieren erwähnt werden, darunter alle Aspekte fallen, durch die sich der Emittent bzw. Anbieter gegenüber dem Verbraucher verpflichtet, nicht aber diejenigen Aspekte, die mit der Erbringung von Finanzdienstleistungen im Zusammenhang stehen.

(27) Es sollten verschiedene Ausnahmen von der allgemeinen Kollisionsnorm für Verbraucherverträge vorgesehen werden. Eine solche Ausnahme, bei der die allgemeinen Regeln nicht gelten, sollten Verträge sein, die ein dingliches Recht an unbeweglichen Sachen oder die Miete oder Pacht unbeweglicher Sachen zum Gegenstand haben, mit Ausnahme von Verträgen über Teilzeitnutzungsrechte an Immobilien im Sinne der Richtlinie 94/47/EG des Europäischen Parlaments und des Rates vom 26. Oktober 1994 zum Schutz der Erwerber im Hinblick auf bestimmte Aspekte von Verträgen über den Erwerb von Teilzeitnutzungsrechten an Immobilien (ABl. L 280 vom 29. 10. 1994, S. 83).

(28) Es muss sichergestellt werden, dass Rechte und Verpflichtungen, die ein Finanzinstrument begründen, nicht der allgemeinen Regel für Verbraucherverträge unterliegen, da dies dazu führen könnte, dass für jedes der ausgegebenen Instrumente ein anderes Recht anzuwenden wäre, wodurch ihr Wesen verändert würde und ihr fungibler Handel und ihr fungibles Angebot verhindert würden. Entsprechend sollte auf das Vertragsverhältnis zwischen dem Emittenten bzw. dem Anbieter und dem Verbraucher bei Aus*gabe oder Angebot solcher Instrumente* nicht notwendigerweise die Anwendung des Rechts des Staates des gewöhnlichen Aufenthalts des Verbrauchers zwingend vorgeschrieben sein, da die Einheitlichkeit der Bedingungen einer Ausgabe oder eines Angebots sichergestellt werden muss. Gleiches sollte bei den multilateralen Systemen, die von Artikel 4 Absatz 1 Buchstabe h erfasst werden, gelten, in Bezug auf die

gewährleistet sein sollte, dass das Recht des Staates des gewöhnlichen Aufenthalts des Verbrauchers nicht die Regeln berührt, die auf innerhalb solcher Systeme oder mit dem Betreiber solcher Systeme geschlossene Verträge anzuwenden sind.
(29) Werden für die Zwecke dieser Verordnung Rechte und Verpflichtungen, durch die die Bedingungen für die Ausgabe, das öffentliche Angebot oder das öffentliche Übernahmeangebot bezüglich übertragbarer Wertpapiere festgelegt werden, oder die Zeichnung oder der Rückkauf von Anteilen an Organismen für gemeinsame Anlagen in Wertpapieren genannt, so sollten darunter auch die Bedingungen für die Zuteilung von Wertpapieren oder Anteilen, für die Rechte im Falle einer Überzeichnung, für Ziehungsrechte und ähnliche Fälle im Zusammenhang mit dem Angebot sowie die in den Artikeln 10, 11, 12 und 13 geregelten Fälle fallen, so dass sichergestellt ist, dass alle relevanten Vertragsaspekte eines Angebots, durch das sich der Emittent bzw. Anbieter gegenüber dem Verbraucher verpflichtet, einem einzigen Recht unterliegen.
(30) Für die Zwecke dieser Verordnung bezeichnen die Begriffe „Finanzinstrumente" und „übertragbare Wertpapiere" diejenigen Instrumente, die in Artikel 4 der Richtlinie 2004/39/EG genannt sind.
(31) Die Abwicklung einer förmlichen Vereinbarung, die als ein System im Sinne von Artikel 2 Buchstabe a der Richtlinie 98/26/EG des Europäischen Parlaments und des Rates vom 19. Mai 1998 über die Wirksamkeit von Abrechnungen in Zahlungs- sowie Wertpapierliefer- und abrechnungssystemen (ABl. L 166 vom 11.6.1998, S. 45) ausgestaltet ist, sollte von dieser Verordnung unberührt bleiben.
(32) Wegen der Besonderheit von Beförderungsverträgen und Versicherungsverträgen sollten besondere Vorschriften ein angemessenes Schutzniveau für zu befördernde Personen und Versicherungsnehmer gewährleisten. Deshalb sollte Artikel 6 nicht im Zusammenhang mit diesen besonderen Verträgen gelten.
(33) Deckt ein Versicherungsvertrag, der kein Großrisiko deckt, mehr als ein Risiko, von denen mindestens eines in einem Mitgliedstaat und mindestens eines in einem dritten Staat belegen ist, so sollten die besonderen Regelungen für Versicherungsverträge in dieser Verordnung nur für die Risiken gelten, die in dem betreffenden Mitgliedstaat bzw. den betreffenden Mitgliedstaaten belegen sind.
(34) Die Kollisionsnorm für Individualarbeitsverträge sollte die Anwendung von Eingriffsnormen des Staates, in den der Arbeitnehmer im Einklang mit der Richtlinie 96/71/EG des Europäischen Parlaments und des Rates vom 16. Dezember 1996 über die Entsendung von Arbeitnehmern im Rahmen der Erbringung von Dienstleistungen (ABl. L 18 vom 21.1.1997, S. 1) entsandt wird, unberührt lassen. L 177/8 DE Amtsblatt der Europäischen Union 4.7.2008.
(35) Den Arbeitnehmern sollte nicht der Schutz entzogen werden, der ihnen durch Bestimmungen gewährt wird, von denen nicht oder nur zu ihrem Vorteil durch Vereinbarung abgewichen werden darf.
(36) Bezogen auf Individualarbeitsverträge sollte die Erbringung der Arbeitsleistung in einem anderen Staat als vorübergehend gelten, wenn von dem Arbeitnehmer erwartet wird, dass er nach seinem Arbeitseinsatz im Ausland seine Arbeit im Herkunftsstaat wieder aufnimmt. Der Abschluss eines neuen Arbeitsvertrags mit dem ursprünglichen Arbeitgeber oder einem Arbeitgeber, der zur selben Unternehmensgruppe gehört wie der ursprüngliche Arbeitgeber, sollte nicht ausschließen, dass der Arbeitnehmer als seine Arbeit vorübergehend in einem anderen Staat verrichtend gilt.
(37) Gründe des öffentlichen Interesses rechtfertigen es, dass die Gerichte der Mitgliedstaaten unter außergewöhnlichen Umständen die Vorbehaltsklausel („ordre public") und Eingriffsnormen anwenden können. Der Begriff „Eingriffsnormen" sollte von dem Begriff „Bestimmungen, von denen nicht durch Vereinbarung abgewichen werden kann", unterschieden und enger ausgelegt werden.
(38) Im Zusammenhang mit der Übertragung der Forderung sollte mit dem Begriff „Verhältnis" klargestellt werden, dass Artikel 14 Absatz 1 auch auf die dinglichen Aspekte des Vertrags zwischen Zedent und Zessionar anwendbar ist, wenn eine Rechtsordnung dingliche und schuldrechtliche Aspekte trennt. Allerdings sollte mit dem Begriff „Verhältnis" nicht jedes beliebige möglicherweise zwischen dem Zedenten und dem Zessionar bestehende Verhältnis gemeint sein. Insbesondere sollte sich der Begriff nicht auf die der Übertragung einer Forderung vorgelagerten Fragen erstrecken. Vielmehr sollte er sich ausschließlich auf die Aspekte beschränken, die für die betreffende Übertragung einer Forderung unmittelbar von Bedeutung sind.
(39) Aus Gründen der Rechtssicherheit sollte der Begriff „gewöhnlicher Aufenthalt", insbesondere im Hinblick auf Gesellschaften, Vereine und juristische Personen, eindeutig definiert werden. Im Unterschied zu Artikel 60 Absatz 1 der Verordnung (EG) Nr. 44/2001, der drei Kriterien zur Wahl stellt, sollte sich die Kollisionsnorm auf ein einziges Kriterium beschränken, da es für die Parteien andernfalls nicht möglich wäre, vorherzusehen, welches Recht auf ihren Fall anwendbar ist.
(40) Die Aufteilung der Kollisionsnormen auf zahlreiche Rechtsakte sowie Unterschiede zwischen diesen Normen sollten vermieden werden. Diese Verordnung sollte jedoch die Möglichkeit der Aufnahme von Kollisionsnormen für vertragliche Schuldverhältnisse in Vorschriften des Gemeinschaftsrechts über besondere Gegenstände nicht ausschließen. Diese Verordnung sollte die Anwendung anderer Rechtsakte nicht ausschließen, die Bestimmungen enthalten, die zum reibungslosen Funktionieren des Binnenmarkts beitragen sollen, soweit sie nicht in Verbindung mit dem Recht angewendet werden können, auf

das die Regeln dieser Verordnung verweisen. Die Anwendung der Vorschriften im anzuwendenden Recht, die durch die Bestimmungen dieser Verordnung berufen wurden, sollte nicht die Freiheit des Waren- und Dienstleistungsverkehrs, wie sie in den Rechtsinstrumenten der Gemeinschaft wie der Richtlinie 2000/31/EG des Europäischen Parlaments und des Rates vom 8. Juni 2000 über bestimmte rechtliche Aspekte der Dienste der Informationsgesellschaft, insbesondere des elektronischen Geschäftsverkehrs, im Binnenmarkt („Richtlinie über den elektronischen Geschäftsverkehr") (ABl. L 178 vom 17. 7. 2000, S. 1) ausgestaltet ist, beschränken.

(41) Um die internationalen Verpflichtungen, die die Mitgliedstaaten eingegangen sind, zu wahren, darf sich die Verordnung nicht auf internationale Übereinkommen auswirken, denen ein oder mehrere Mitgliedstaaten zum Zeitpunkt der Annahme dieser Verordnung angehören. Um den Zugang zu den Rechtsakten zu erleichtern, sollte die Kommission anhand der Angaben der Mitgliedstaaten ein Verzeichnis der betreffenden Übereinkommen im *Amtsblatt der Europäischen Union* veröffentlichen.

(42) Die Kommission wird dem Europäischen Parlament und dem Rat einen Vorschlag unterbreiten, nach welchen Verfahren und unter welchen Bedingungen die Mitgliedstaaten in Einzel- und Ausnahmefällen in eigenem Namen Übereinkünfte mit Drittländern über sektorspezifische Fragen aushandeln und abschließen dürfen, die Bestimmungen über das auf vertragliche Schuldverhältnisse anzuwendende Recht enthalten.

(43) Da das Ziel dieser Verordnung auf Ebene der Mitgliedstaaten nicht ausreichend verwirklicht werden kann und daher wegen des Umfangs und der Wirkungen der Verordnung besser auf Gemeinschaftsebene zu verwirklichen ist, kann die Gemeinschaft im Einklang mit dem in Artikel 5 des Vertrags niedergelegten Subsidiaritätsprinzip tätig werden. Entsprechend dem ebenfalls in diesem Artikel festgelegten Grundsatz der Verhältnismäßigkeit geht diese Verordnung nicht über das zur Erreichung ihres Ziels erforderliche Maß hinaus.

(44) Gemäß Artikel 3 des Protokolls über die Position des Vereinigten Königreichs und Irlands im Anhang zum Vertrag über die Europäische Union und im Anhang zum Vertrag zur Gründung der Europäischen Gemeinschaft beteiligt sich Irland an der Annahme und Anwendung dieser Verordnung.

(45) Gemäß den Artikeln 1 und 2 und unbeschadet des Artikel 4 des Protokolls über die Position des Vereinigten Königreichs und Irlands im Anhang zum Vertrag über die Europäische Union und zum Vertrag zur Gründung der Europäischen Gemeinschaft beteiligt sich das Vereinigte Königreich nicht an der Annahme dieser Verordnung, die für das Vereinigte Königreich nicht bindend oder anwendbar ist.

(46) Gemäß den Artikeln 1 und 2 des Protokolls über die Position Dänemarks im Anhang zum Vertrag über die Europäische Union und dem Vertrag zur Gründung der Europäischen Gemeinschaft beteiligt sich Dänemark nicht an der Annahme dieser Verordnung, die für Dänemark nicht bindend oder anwendbar ist – 4. 7. 2008 DE Amtsblatt der Europäischen Union L 177/9.

HABEN FOLGENDE VERORDNUNG ERLASSEN:

KAPITEL I ANWENDUNGSBEREICH

ROM I-VO Art. 1 Anwendungsbereich.

(1) Diese Verordnung gilt für vertragliche Schuldverhältnisse in Zivil- und Handelssachen, die eine Verbindung zum Recht verschiedener Staaten aufweisen. Sie gilt insbesondere nicht für Steuer- und Zollsachen sowie verwaltungsrechtliche Angelegenheiten.

(2) Vom Anwendungsbereich dieser Verordnung ausgenommen sind:

a) der Personenstand sowie die Rechts-, Geschäfts- und Handlungsfähigkeit von natürlichen Personen, unbeschadet des Artikels 13;

b) Schuldverhältnisse aus einem Familienverhältnis oder aus Verhältnissen, die nach dem auf diese Verhältnisse anzuwendenden Recht vergleichbare Wirkungen entfalten, einschließlich der Unterhaltspflichten;

c) Schuldverhältnisse aus ehelichen Güterständen, aus Güterständen aufgrund von Verhältnissen, die nach dem auf diese Verhältnisse anzuwendenden Recht mit der Ehe vergleichbare Wirkungen entfalten, und aus Testamenten und Erbrecht;

d) Verpflichtungen aus Wechseln, Schecks, Eigenwechseln und anderen handelbaren Wertpapieren, soweit die Verpflichtungen aus diesen anderen Wertpapieren aus deren Handelbarkeit entstehen;

e) Schieds- und Gerichtsstandsvereinbarungen;

f) Fragen betreffend das Gesellschaftsrecht, das Vereinsrecht und das Recht der juristischen Personen, wie die Errichtung durch Eintragung oder auf andere Weise, die Rechts- und Handlungsfähigkeit, die innere Verfassung und die Auflösung von Gesellschaften, Vereinen und juristischen Personen sowie die persönliche Haftung der Gesellschafter und der Organe für die Verbindlichkeiten einer Gesellschaft, eines Vereins oder einer juristischen Person;

g) *die Frage, ob ein Vertreter die Person,* für deren Rechnung er zu handeln vorgibt, Dritten gegenüber verpflichten kann, oder ob ein Organ einer Gesellschaft, eines Vereins oder einer anderen juristischen Person diese Gesellschaft, diesen Verein oder diese juristische Person gegenüber Dritten verpflichten kann;

h) die Gründung von „Trusts" sowie die dadurch geschaffenen Rechtsbeziehungen zwischen den Verfügenden, den Treuhändern und den Begünstigten;
i) Schuldverhältnisse aus Verhandlungen vor Abschluss eines Vertrags;
j) Versicherungsverträge aus von anderen Einrichtungen als den in Artikel 2 der Richtlinie 2002/83/EG des Europäischen Parlaments und des Rates vom 5. November 2002 über Lebensversicherungen (ABl. L 345 vom 19.12.2002, S. 1. Zuletzt geändert durch die Richtlinie 2008/19/EG (ABl. L 76 vom 19.3.2008, S. 44)) genannten Unternehmen durchgeführten Geschäften, deren Zweck darin besteht, den unselbstständig oder selbstständig tätigen Arbeitskräften eines Unternehmens oder einer Unternehmensgruppe oder den Angehörigen eines Berufes oder einer Berufsgruppe im Todes- oder Erlebensfall oder bei Arbeitseinstellung oder bei Minderung der Erwerbstätigkeit oder bei arbeitsbedingter Krankheit oder Arbeitsunfällen Leistungen zu gewähren.
(3) Diese Verordnung gilt unbeschadet des Artikels 18 nicht für den Beweis und das Verfahren.
(4) Im Sinne dieser Verordnung bezeichnet der Begriff „Mitgliedstaat" die Mitgliedstaaten, auf die diese Verordnung anwendbar ist. In Artikel 3 Absatz 4 und Artikel 7 bezeichnet der Begriff jedoch alle Mitgliedstaaten.

A. Funktion: Teilregelung zum Anwendungsbereich. Art 1 I-III bestimmen den **sachlichen Anwendungsbereich** der Rom I-VO. Sie werden durch Art 23–26 ergänzt, aus denen sich die Abgrenzung zu anderem IPR unionsrechtlichen Ursprungs in besonderen Bereichen der vertraglichen Schuldverhältnisse (Art 23), zum EVÜ (Art 24) und generell zum staatsvertraglichem IPR (Art 25-26) ergibt. Die Ausschlüsse aus Art 1 EVÜ bzw *ex Art 37 EGBGB* finden sich nunmehr auch in Art 1 II. Neu ist der ausdrückliche Ausschluss der cic aus dem Anwendungsbereich des europäischen Schuldvertragsrechts (dazu Rn 24). 1

Der **räumliche Anwendungsbereich** der Rom I-VO folgt aus **Art 288 II EUV iVm Art 1 IV**: Sie gilt nach Art 288 II EUV grds in allen Mitgliedstaaten unmittelbar ggü allen Unionsbürgern und ihnen nach Art 55, 62 EUV gleichgestellten Gesellschaften. Eine **Ausnahme**, die **Dänemark** betrifft, ergibt sich aus Art 1 IV iVm Erw 46 und Art 25 I (dazu unten Rn 27). 2

Den **zeitlichen Anwendungsbereich** der Rom I-VO regelt Art 28 iVm Art 29. Danach ist sie auf seit dem 17.12.09 geschlossene Verträge anwendbar. 3

B. Sachlicher Anwendungsbereich (Abs 1-3). I. Grundregel (Abs 1). Nach dem deutschen Wortlaut von Art 1 I 1 ist die Rom I-VO auf „vertragliche Schuldverhältnisse" in „Zivil- und Handelssachen" anzuwenden, die eine „Verbindung zum Recht verschiedener Staaten" aufweisen. Die Begriffe bedürfen autonomer Auslegung. 4

1. Vertragliche Schuldverhältnisse. Der Begriff „vertragliche Schuldverhältnisse" (*„contractual obligations"*, *„obligations contractuelles"*) dient der Abgrenzung zur Rom II-VO, die auf „außervertragliche Schuldverhältnisse" Anwendung findet (*Leible/Lehmann* RIW 08, 528, 529). Der Begriff wird in der Verordnung nicht definiert. Rückgriff kann auf den vom EuGH für Art 5 Nr 1 EuGVO autonom entwickelten Vertragsbegriff genommen werden (arg Erw 7, dazu auch *Bitter*, IPRax 2008, 96, 97 f.). Erforderlich ist demnach eine freiwillig eingegangene Verpflichtung (EuGH Urt v 17.6.92 – C-26/91, Slg 92, I-3967 – Handte Rz 15). Ergänzend ist auf „allgemeine Rechtsgrundsätze" zurückzugreifen, die der EuGH bei autonomer Auslegung von gemeinschaftsrechtlichen Begriffen **rechtsvergleichend** aus der Gesamtheit der innerstaatlichen Rechtsordnungen gewinnt (s. zB EuGH Urt v 14.10.76 – 29/76, – Slg 76, I-1541 LTU Rz 5). Zu diesem Zweck kann nunmehr auch auf den – bislang rein akademischen – DCFR zurückgegriffen werden (s. Vor IntSchVR Rn 13). 5

2. Zivil- und Handelssachen. Neu (im Vergleich zu Art 1 EVÜ und *ex-Art 37 EGBGB*) sind der dem Art 1 EuGVO/Brüssel I entnommene (Stellungnahme ECOSOC, ABl 06 C 118/56, 57 unter 3.1.1.) Zusatz **„in Zivil- und Handelssachen"** (*„civil and commercial matters"*, *„matière civile et commerciale"*) sowie die Ausnahme von Steuer- und Zollsachen und verwaltungsrechtlichen Angelegenheiten (Art 1 I 2). Dies soll jedoch keine inhaltliche Änderung im Vergleich zum EVÜ bewirken (aaO), sondern dient der Abstimmung zwischen den Anwendungsbereichen der Rom I-VO, der Rom II-VO und der EuGVO (*Leible/Lehmann* RIW 08, 528, 530; s. auch *Pocar*, in Ferrari/Leible, The Law Applicable to Contractual Obligations in Europe (2009), 343 ff.). 6

3. „Verbindung" zum Recht verschiedener Staaten. Die Formulierung „Verbindung" zum Recht verschiedener Staaten ist **einschränkend** dahingehend **auszulegen**, dass nicht jegliche Form von Verbindung von vertraglichen Schuldverhältnissen zum Recht verschiedener Staaten ausreicht. I meint nur Verbindungen, **für deren juristische Beurteilung Internationales Privatrecht** ieS bzw. Internationales Schuldrecht **benötigt wird**. Die Gründe für diese Einschränkung werden in Rn 8, ihre Folgen in Rn 9 dargestellt. 7

Gründe für die Einschränkung des Wortlauts: (i) Der deutsche Wortlaut steht in einem (scheinbaren) **Widerspruch zu zahlreichen anderen**, nach arg Art 55 EUV, Art 4 EWG Sprachen-VO gleichwertigen **Fassungen** von Art 1 I. So stellen viele auf den möglichen **Konflikt** zwischen dem Recht verschiedener Staaten ab (*„situations involving a conflict of laws"*, *„situations comportant un conflit de lois"*). Damit meinen diese anderen Fassungen Verbindungen eines Schuldverhältnisses zum Recht verschiedener Staaten, in denen ein 8

Konflikt – der ggf. unterschiedliche Lösungen des jeweils in Betracht kommenden Vertragsstatuts zur gleichen Rechtsfrage zur Folge hätte – denkbar ist und damit die Anwendung des Internationalen Privatrechts notwendig wird. Die ihrem Wortlaut nach weiter gehende deutsche Fassung dürfte ihre Erklärung in dem in Art 3 EGBGB (Legaldefinition des IPR) verankerten Verständnis des Internationales Privatrechts im deutschen Sprachraum haben. Art 3 EGBGB stellt auch auf die „Verbindung" zum Recht eines ausländischen Staates ab und will vorrangiges Einheitsrecht nicht erfassen (s. Art 3 EGBGB Rn 7, 29 f). (ii) Die einschränkende Auslegung entspricht weiter dem **Sinn und Zweck** des Internationalen Privatrechts und damit dem Zweck der Rom I-VO, einheitliche Kollisionsnormen für die EU zu schaffen (Erw 2, 5; vgl Stellungnahme ECOSOC, Abl 06 C 118/56, 57 unter 3.1.1.). (iii) **Ziel und** – aus dem Haager Programm (s. Vor IntSchVR Rn 5) folgender – **Auftrag der Rom I-VO** ist es, solche Konflikte zwischen dem Recht verschiedener Staaten zu überwinden (arg Erw 2, 5). (iv) Die einschränkende Auslegung von Art 1 I entspricht dem **effet utile** (s. Vor IntSchVR Rn 13) und verschafft dem Zweck der Rom I-VO seine größtmögliche Entfaltung. (v) Es besteht auch **keine Alternative** zur einschränkenden Auslegung von I, mit der das Ziel der Rom I-VO erreicht würde: Eine ausdehnende Interpretation von Art 25 I dahingehend, dass diese Regelung auch Staatsverträge mit materiellem Einheitsrecht erfassen wolle, widerspricht dem klaren Wortlaut von Art 25 I („*und die Kollisionsnormen für vertragliche Schuldverhältnisse enthalten*").

9 **Folge: Vorrang des materiellen Einheitsrechts.** Materielles Einheitsrecht, über das zwischen den betroffenen Staaten aufgrund des EU-Rechts oder eines Staatsvertrages zum materiellen Einheitsrecht **kein Konflikt** besteht, geht der Anwendung der Rom I-VO vor. Soweit es auf Fälle mit Verbindung zum Recht verschiedener Staaten anwendbar ist, gilt die Rom I-VO nicht. Materielles Einheitsrecht kann sich aus **EU-Recht** ergeben (zB Art 101, 102 EUV) oder in Staatsverträgen enthalten sein. Ist **staatsvertragliches materielles Einheitsrecht** wie das **CISG** (dazu Art 4 Rn 8) oder das **CMR** kraft eigenen Anwendungswillens – s. zB Art 1 I a CISG, Art 1 I CMR – anwendbar, geht es vor. Die Rom I-VO beruft in diesen Fällen **nur das ergänzende Vertragsstatut** für die Fragen, die das Einheitsrecht nicht regelt (s. Art 12 Rn 3).

10 **II. Ausgenommene Rechtsgebiete (Abs 2). 1. Personenstand, Rechts-, Geschäfts- und Handlungsfähigkeit von natürlichen Personen (lit a).** Die Verordnung ist nicht anwendbar auf den Personenstand und die Rechts-, Geschäfts- und Handlungsfähigkeit natürlicher Personen; Ausnahme: Art 13.

11 **2. Schuldverhältnisse aus Familienverhältnissen oder Verhältnissen gleicher Wirkung (lit b).** Der Ausschluss familien- und erbrechtlicher Verhältnisse – früher in Art 1 II lit b EVÜ – ist auf Art 1 II lit b und c aufgespalten. Diese Bereiche sollen künftig durch besondere Verordnungen geregelt werden: S. Vorschlag für eine Verordnung des Rates zur Änderung der Verordnung (EG) Nr. 2201/2003 vom 17.7.06 im Hinblick auf die Zuständigkeit in **Ehesachen** und zur Einführung von Vorschriften betreffend das anwendbare Recht in diesem Bereich (KOM(2006) 399 endg.; s. dazu *Mansel/Thorn/Wagner*, IPRax 2010, 1, 9); Verordnung des Rates über die Zuständigkeit und das anwendbare Recht in **Unterhaltssachen**, die Anerkennung und Vollstreckung von Unterhaltsentscheidungen und die Zusammenarbeit im Bereich der Unterhaltspflichten (ABl EU 2009 L 7 S. 1) vom 30.1.09, die ab dem **18.6.2011** gelten wird. Sie enthält in ihrem Art 15 eine Gesamtverweisung auf das Haager Protokoll vom 23.11.07 über das auf Unterhaltspflichten anzuwendende Recht (s. www.hcch.net).

12 Lit b betrifft Schuldverhältnisse aus Familienverhältnissen und – auch insoweit eine Neuerung im Vergleich zum EVÜ – aus Verhältnissen gleicher Wirkung. Familienverhältnisse sollen nach Erw 8 S 1 die Verwandtschaft in gerader Linie, die Ehe, die Schwägerschaft und die Verwandtschaft in der Seitenlinie umfassen. Ob ein **Verhältnis mit Familienverhältnissen vergleichbare Wirkung** aufweist, ist nach der *lex fori* auszulegen (Erw 8 S 2). Erfasst werden sollen dadurch insb gleichgeschlechtliche Lebensgemeinschaften (*Leible/Lehmann* RIW 08, 528, 530).

13 **3. Schuldverhältnisse aus ehelichen und eheähnlichen Güterständen, aus Testamenten und Erbrecht (lit c).** Lit c behandelt Schuldverhältnisse aus ehelichen und eheähnlichen Güterständen, aus Testamenten und Erbrecht. Über das Vorliegen eines eheähnlichen Güterstandes entscheidet die *lex fori* (Erw 8 2). Schuldverhältnisse aus Erbrecht meint solche aus gesetzlicher Erbfolge im Gegensatz zur gewillkürten Rechtsnachfolge (*Leible/Lehmann* RIW 08, 528, 530). Auch diese Bereiche werden gegenwärtig unionsrechtlich neu geregelt: S. Grünbuch der Kommission vom 17.7.2006 zu den Kollisionsnormen im **Güterrecht** unter besonderer Berücksichtigung der gerichtlichen Zuständigkeit und der gegenseitigen Anerkennung (KOM(2006) 400 endg; s. dazu *Mansel/Thorn/Wagner*, aaO 10); Vorschlag der Europäischen Kommission vom 14.10.2009 für eine Verordnung des Europäischen Parlaments und des Rates über die Zuständigkeit, das anzuwendende Recht, die Anerkennung und die Vollstreckung von Entscheidungen und öffentlichen Urkunden in **Erbsachen** sowie zur Einführung eines Europäischen Nachlasszeugnisses KOM(2009) 154 endgültig (dazu mwN *Mansel/Thorn/Wagner*, IPRax 10, 1, 10), s. dort Art 16-28 zum IPR.

14 **4. Wechsel-, Scheck-, Eigenwechsel- und Wertpapierverpflichtungen (lit d).** Die Ausnahme wertpapierrechtlicher Verpflichtungen entspricht der in Art 1 lit c EVÜ, *ex Art 37 Nr. 1 EGBGB*.

Ausgeschlossen vom Anwendungsbereich sind **wertpapierrechtliche Verpflichtungen** aus Wechseln (bills of 15
exchange) – auch Eigenwechseln (promissory notes, vgl bereits Art 1 II c EVÜ; Staud/*Magnus* Art 37
Rz 16;) – und Schecks (cheques) sowie **aus der Handelbarkeit** an anderen Inhaber- und Orderpapieren.
Dabei ist Begriff der **Handelbarkeit einheitlich** auslegbar (MüKo/*Martiny* Art 1 Rz 52). Er umfasst die im
Interesse der Verkehrsfähigkeit besonders durch Abstraktheit und Formstrenge ausgestalteten Verpflichtungen (vgl BTDrs 10/504 S 84 zum *ex Art 37 EGBGB*). Ausgeschlossen sind deshalb die schuldrechtlichen Folgen aus der Übertragung durch Indossament oder durch Übergabe des Wertpapiers: gutgläubiger Erwerb des Anspruchs aus dem Papier, weitgehender Einwendungsausschluss (vgl BTDrs 10/504 S 84 zum *ex Art 37 EGBGB*; Staud/*Magnus* Art 37 Rz 47).

Hingegen ist **nach der lex fori** einschl des dort geltenden IPR zu entscheiden, **ob** ein Dokument als **handel-** 16
bares Papier einzuordnen ist (BTDrs 10/503/*Giuliano* zum EVÜ, 43; MüKo/*Martiny* Art 1 Rz 53; Staud/
Magnus Art 37 EGBGB Rz 45; *Dicey, Morris & Collins* Rz 33–331: s.a. den Hinweis aaO 322 auf die unterschiedliche Qualifikation solcher Verträge durch die Mitgliedstaaten der EU). Nach deutschem Recht werden
zB erfasst (vgl Staud/*Magnus* Art 37 EGBGB Rz 46): (1.) **kaufmännische Orderpapiere** iSv **§ 363 HGB**, zB
Konnossement (BGHZ 99, 207, 209 f), Ladeschein, Lagerschein, soweit diese Papiere an Order ausgestellt
sind; (2.) **Namensaktien** iSv § 68 I AktG; (3.) **Inhaberschuldverschreibungen und -aktien**.

Das IPR für wertpapierrechtliche Verpflichtungen ergibt sich **stattdessen zunächst** aus: (1.) **Einheitskollisi-** 17
onsrecht in (a) **Art 91 ff WG** (die Art 2 ff des Genfer Abkommens über Bestimmungen zum Einheitlichen
Wechselrecht v 7.6.30 entspr – abgedruckt bei *Jayme/Hausmann* Nr 123 – und zB kommentiert werden
durch: MüKo/*Martiny* Art 1 Rz 28 ff; Staud/*Magnus* Art 37 EGBGB Rz 17 ff; Soergel/*v Hoffmann* Art 37
EGBGB Rz 12 ff) und (b) in **Art 60 ff ScheckG** (die Art 2 ff des Genfer Abk über Bestimmungen auf dem
Gebiet des internationalen Scheckprivatrechts v 19.3.31 entspr – abgedruckt bei *Jayme/Hausmann* Nr 124 –
und zB kommentiert werden durch: MüKo/*Martiny* Art 1 Rz 42 ff (auch zum **Euroscheck** in § 762 BGB
Rn 49); Staud/*Magnus* Art 37 EGBGB Rz 33 ff; Soergel/*v Hoffmann* Art 37 EGBGB Rz 26 ff). Soweit das Einheitskollisionsrecht nicht abschließend regelt, ist **ergänzend** jeweils das **anwendbare Recht zu bestimmen**: In
Altfällen erfolgt die Bestimmung (zu a und b) nach nach *ex Art 27 ff EGBGB* (vgl zu *ex Art 27 ff EGBGB*
BGHZ 99, 207, 210: **Zulässigkeit der Rechtswahl**; Staud/*Magnus* Art 37 EGBGB Rz 19, 34, 49; Soergel/
v Hoffmann Art 37 EGBGB Rz 27; Baumbach/*Hefermehl* Vor Art 91 WG Rz 2; Baumbach/*Hefermehl* Vor
Art 60 SchG) Ob in **Neufällen** (seit 17.12.09) Art 3 ff angewendet werden können, wird von der Rspr zu klären sein. Dafür *Magnus*, IPRax 2010, 27, 29; abl MüKo/*Martiny* Art 1 Rz 55 (bei Verweis auf allgemeine
Rechtsgedanken des IPR); äußerst krit Palandt/*Thorn* Art 1 Rz 10.

(2.) **Art 6 EGHGB** für Konossemente (Staud/*Magnus* Art 28 Rz 404 ff) sowie **Rechtsprechung und Lehre** 18
zu Inhaber- und Orderpapiere (Staud/*Magnus* Art 37 Rz 48; MüKo/*Martiny* Art 1 Rz 51), wobei die
Rechtsprechung zT *ex Art 27 ff EGBGB* **analog** angewendet hat (zB BGHZ 99, 207, 210: Anwendung von
ex Art 31 EGBGB auf eine Rechtswahl- und Gerichtsstandsklausel in einem Orderkonnossement; s. *Basedow*
IPRax 88, 15, 16); für Neufälle ist dies krit (vgl. vorige Rn). Eine besondere kollisionsrechtliche Regelung
für im **Effektengiro** übertragbare Wertpapiere enthält Art 9 der Finanzsicherheitenrichtlinie (MüKo/*Martiny* Art 1 Rz 27 mwN).

Das anwendbare Recht für **nicht in handelbarer Urkunde verkörperte Ansprüche** ist **nach Art 3 ff** (insb 19
Art 14) zu bestimmen (MüKo/*Martiny* Art 1 Rz 56): So insb das Recht für Verträge über die Ausgabe oder den
Verkauf von Wertpapieren (vgl. *Dicey, Morris & Collins* Rz 33–332; Staud/*Magnus* Art 37 EGBGB Rz 51) und
das auf Schadensersatzansprüche aus **fehlerhafter Wechsel- oder Scheckeinlösung** anwendbare Recht (aaO).

5. Schieds- und Gerichtsstandsvereinbarungen (lit e). Lit e nimmt wie bereits Art 1 lit d EVÜ Schieds- und 20
Gerichtsstandsvereinbarungen vom Anwendungsbereich aus. Aus der Entstehungsgeschichte der Rom I-VO
und des EVÜ ist deutlich, dass der europäische Gesetzgeber diesen Bereich nicht regeln wollte, weil das bestehende System zum Schiedsrecht nicht durchbrochen werden sollte (vgl BT Drs 13/5274 52 zum EVÜ; *Klingel*,
Die Principles of European Law on Personal Security als neutrales Recht für internationale Bürgschaftsverträge, Diss 09, 31-33). S. für Deutschland § 1051 ZPO (zur Auswirkung der Rom I-VO auf § 1051 ZPO *Wegen*
in FS Kühne S 933 ff). Praktische Bedeutung hat der Ausschluss von Schiedsvereinbarungen für die Gestaltungsfreiheit von Rechtswahlklauseln, in denen zB ohne weitere Beschränkungen neutrale Rechtsprinzipien
wie die Unidroit Principles gewählt werden können (vgl Erw 13 und Art 3 Rn 11 f) oder die Gesamtverweisung auf das IPR einer Rechtsordnung unstr möglich ist (s. Art 20 Rn 3). Schiedsgerichte sind aber unter
Berücksichtigung der Schiedsvereinbarung frei, auf die Rom I-VO oder einzelne ihrer Bestimmungen ggf. bei
analoger Anwendung zurückzugreifen (s. Art 3 Rn 12).

6. Gesellschaftsrecht, Vereinsrecht und Recht der juristischen Personen (lit f). Ebenfalls von der Anwend- 21
barkeit der Rom I-VO ausgenommen sind Fragen des Gesellschaftsrechts, Vereinsrechts und des Rechts der
juristischen Personen; so bisher bereits Art 1 lit e EVÜ, *ex Art 37 Nr 2 EGBGB*. Für einige Erscheinungsformen von „Gesellschaften" (Gelegenheitsgesellschaften, Innengesellschaften) ist das anwendbare Recht nach
Art 3 ff zu ermitteln: s. IntGesR Rn 10 unter I 1. Zum Internationalen Gesellschaftsrecht s. *ex Art 37 EGBGB*.

22 **7. Stellvertretung (lit g).** Im Entstehungsprozess der Rom I-VO war das im Verordnungsvorschlag für die Rom I-VO (KOM (2005) 650 endg.) noch enthaltene Stellvertretungsrecht nicht kompromissfähig. Insoweit bleibt es bei der Rechtsspaltung in der EU (vgl zB *Brödermann*, NJW 10, 807, 812). Für das deutsche IPR s. Vor Artikel 7 bis 12 EGBGB Rn 5 ff. Von der Stellvertretung zu unterscheiden sind die bei Auslandsbezug nach Art 3 ff zu beurteilenden vertraglichen Beziehungen, die der Stellvertretung zu Grunde liegen (vgl auch MüKo/*Martiny* Art 1 Rz 69; Staud/*Magnus* Art 37 EGBGB Rz 57).

23 **8. „Trusts" (lit h).** Das auf *trusts* anwendbare Recht findet wegen teils sachenrechtlicher Aspekte auch in der Rom I-VO keine Regelung.

24 **9. culpa in contrahendo („cic", lit i).** Nach der Systematik der Rom I-VO und der Rom II-VO wird die cic im Anschluss an die Rspr des EuGH (Urt v 17.9.02 – C-334/00, Slg 02, I-7357 – Tacconi Rz 21 ff: Subsumtion unter Art 5 Nr 3 und nicht Art 1 EuGVÜ, heute: EuGVO) – deliktisch begriffen (s. Erw 10 und Art 1 II lit i). Art 12 I Rom II-VO knüpft die cic **vertragsakzessorisch** an. Sie bringt das Recht zur Anwendung, das auf den Vertrag anzuwenden ist oder anzuwenden gewesen wäre, wenn er geschlossen worden wäre. Ist dieses nicht bestimmbar, wird gem Art 12 II Rom II-VO nach deliktischen Grundprinzipien – s. Art 4 Rom II-VO – angeknüpft. Kommt deutsches Deliktsstatut zur Anwendung, ist materiell – ohne Rücksicht auf die andere Qualifikation im BGB – § 311 II BGB anzuwenden.

25 **10. Betriebliche Altersvorsorge (lit j).** Ausgenommen von der Rom I-VO wird der Bereich der betrieblichen Altersvorsorge.

26 **III. Sonderregelung zum Beweis und zum Verfahren (Abs 3).** Beweis- und Verfahrensfragen sind – soweit sie nicht in Art 18 (Beweislast, gesetzliche Vermutungen) geregelt sind – ebenfalls vom Anwendungsbereich der Rom I-VO ausgenommen.

27 **C. Räumlicher Anwendungsbereich (Abs 4).** Art 1 IV schränkt den räumlichen Anwendungsbereich der Rom I-VO im Vergleich zu anderen Verordnungen der EU ein (vgl Rn 2): Die Rom I-VO gilt grds **nur in den Mitgliedstaaten, auf die diese Verordnung anwendbar ist** (einschließlich des Vereinigten Königreichs, dazu Vor IntSchVR Rn 1). Die Einschränkung betrifft **Dänemark** (s. Erw 46 und Art 25 Rn 2 f).

28 Eine **Ausnahme** gilt nach IV 2, wonach für die **Durchsetzung von zwingendem Gemeinschaftsrecht** nach Art 3 IV und für das **Internationale Versicherungsrecht** in Art 7 alle Mitgliedstaaten der Union und damit auch Dänemark erfasst sind.

ROM I-VO Art. 2 Universelle Anwendung.
Das nach dieser Verordnung bezeichnete Recht ist auch dann anzuwenden, wenn es nicht das Recht eines Mitgliedstaats ist.

1 **A. Grundsatz der universellen Anwendung.** Art 2 schreibt im Grundsatz fest, dass das nach der Rom I-VO bestimmte Recht **stets anzuwenden** ist, dh **ohne Unterscheidung, ob es ein Recht aus dem EG-Raum oder aus einem Drittstaat** außerhalb des EG ist. Dies dient der Schaffung eines funktionierenden Binnenmarktes (Erw 6): Unionsbürger und die ihnen nach Art 54, 62 EUV gleichgestellten Gesellschaften können ggü Vertragspartnern aus Drittstaaten als „europäisch" auftreten. Sie können sich innerhalb der EU frei organisieren, ohne dass sich der Rahmen des internationalen Schuldvertragsrechts ändert.

2 Der Grundsatz der universellen Anwendung in Art 2 macht die Rom I-VO zu einer **loi uniforme** in der klassischen Begriffsbildung des IPR (Brödermann/Rosengarten/*Brödermann*, 5. Aufl Rz 56). Die Verweisungen der Rom I-VO setzen sich iVm dem Ausschluss des Renvoi (Art 20) als **allseitige Kollisionsnormen** ggü dem IPR anderer Staaten durch, wenn die Gerichte eines Mitgliedstaates nach der EuGVO (Brüssel I) zuständig sind. Dies stärkt das Ziel der Rechtssicherheit im europäischen Rechtsraum (Erw 16).

3 **B. Ausnahme: Dänemark.** Bei Fällen mit einer Verbindung zu Dänemark – einem Nicht-Mitgliedstaat dieses Artikels (s. Art 1 IV iVm Erw 46) – ist Art 2 nicht anzuwenden, weil die Rom I-VO insoweit nach Art 25 I ggü dem EVÜ zurücktritt (s. Art 25 Rn 2 f, str).

KAPITEL II   EINHEITLICHE KOLLISIONSNORMEN

ROM I-VO Art. 3 Freie Rechtswahl.
(1) Der Vertrag unterliegt dem von den Parteien gewählten Recht. Die Rechtswahl muss ausdrücklich erfolgen oder sich eindeutig aus den Bestimmungen des Vertrags oder aus den Umständen des Falles ergeben. Die Parteien können die Rechtswahl für ihren ganzen Vertrag oder nur für einen Teil desselben treffen.
(2) Die Parteien können jederzeit vereinbaren, dass der Vertrag nach einem anderen Recht zu beurteilen ist als dem, das zuvor entweder aufgrund einer früheren Rechtswahl nach diesem Artikel oder aufgrund anderer Vorschriften dieser Verordnung für ihn maßgebend war. Die Formgültigkeit des Vertrags im

Sinne des Artikels 11 und Rechte Dritter werden durch eine nach Vertragsschluss erfolgende Änderung der Bestimmung des anzuwendenden Rechts nicht berührt.
(3) Sind alle anderen Elemente des Sachverhalts zum Zeitpunkt der Rechtswahl in einem anderen als demjenigen Staat belegen, dessen Recht gewählt wurde, so berührt die Rechtswahl der Parteien nicht die Anwendung derjenigen Bestimmungen des Rechts dieses anderen Staates, von denen nicht durch Vereinbarung abgewichen werden kann.
(4) Sind alle anderen Elemente des Sachverhalts zum Zeitpunkt der Rechtswahl in einem oder mehreren Mitgliedstaaten belegen, so berührt die Wahl des Rechts eines Drittstaats durch die Parteien nicht die Anwendung der Bestimmungen des Gemeinschaftsrechts – gegebenenfalls in der von dem Mitgliedstaat des angerufenen Gerichts umgesetzten Form –, von denen nicht durch Vereinbarung abgewichen werden kann.
(5) Auf das Zustandekommen und die Wirksamkeit der Einigung der Parteien über das anzuwendende Recht finden die Artikel 10, 11 und 13 Anwendung.

A. Einleitung. Die **Rechtswahlfreiheit** entspricht den Bedürfnissen des internationalen Rechtsverkehrs (so *Schmeding* RabelsZ 41 (1977) 299, 304 f; auch *Leible* FS Jayme Bd I, 489), erlaubt die flexible Lösung verschiedener Fragen der vertraglichen Beziehungen (so Soergel/*v Hoffmann* Art 27 EGBGB Rz 5) und ist angesichts des weitgehend dispositiven Charakters des Vertragsrechts in fast allen Rechtsordnungen der Welt unbedenklich (so MüKo/*Martiny* Art 3 Rz 8). Die Parteien können den Vertrag nach I auch einem **neutralen Recht** unterstellen, zu dem sonst keine Beziehung besteht (dazu Reithmann/Martiny/*Martiny* Rz 85 mwN; *Sandrock* RIW 94, 385). Ein typischer Fall ist die Vereinbarung schweizerischen Rechts bei deutschen und türkischen Vertragsparteien (München IPRax 86, 178; vgl LG Düsseldorf RIW 95, 415, obwohl das schweizerische Recht wegen der Nähe des türkischen Rechts zum schweizerischen Recht nicht wirklich neutral ist). Ein ausdrückliches berechtigtes Parteiinteresse wird nicht gefordert (vgl BGHZ 135, 124; Hambg IPRspr 64/65 Nr 46 155). Für die **Auslandsberührung** lässt die hM schlicht die Wahl eines ausländischen Rechts genügen (dazu BaRoth/*Spickhoff* Art 27 Rz 25; MüKo/*Martiny* Art 3 Rz 20 mwN). 1

Die Rechtswahl ist dynamisch, sie umfasst auch die jeweiligen **intertemporalen Regeln** des Vertragsstatuts, so dass in deren Rahmen Rechtsänderungen nach dem Zeitpunkt der Rechtswahl Anwendung finden (MüKo/*Martiny* Art 3 Rz 23, 26). Allerdings können die Parteien vereinbaren, das jeweilige Recht zu einem bestimmten Zeitpunkt bestandsmäßig festzuschreiben, soweit das Vertragsstatut eine solche „**Versteinerung**", oder, bei Verträgen Privater mit Staaten, „**Stabilisierung**" zulässt (BaRoth/*Spickhoff* Art 27 Rz 27; Soergel/*v Hoffmann* Art 27 Rz 23; zur streitigen Qualifizierung der Versteinerungsklauseln s. MüKo/*Martiny*, Art 3 Rz 26, dort auch zu Stabilisierungsklauseln Rz 25; AnwK/*Leible* Art 27 Rz 24 ff). 2

Auf der Grundlage des Art 14 Rom II-VO und im Einklang mit Art 42 EGBGB können die Parteien auch das auf außervertragliche Schuldverhältnisse anzuwendende Recht wählen. Die Rechtswahlfreiheit erstreckt sich daher nunmehr auch auf Ansprüche aus deliktischem Handeln (zB **Verschulden bei Vertragsverhandlungen**, Verletzung bei Rechten des **geistigen Eigentums**, Art 2, 12, 8 Rom II-VO). Somit können Rechtswahlklauseln nunmehr auch weiter gefasst werden. 3

Die freie Rechtswahl der Parteien bildet Erw 11 zufolge einen der Ecksteine des Systems der Kollisionsnormen im Bereich der vertraglichen Schuldverhältnisse. Art 3 schreibt Art 3 EVÜ (*ex Art 27 EGBGB*) fort (*Mankowski* IHR 08, 133, 134) fort. I enthält den **Grundsatz der freien Rechtswahl**. Möglich sind auch die konkludente Rechtswahl (I 2), die Teilrechtswahl (I 3) und die nachträgliche Rechtswahl (II). Bei reinen Inlandssachverhalten dagegen gibt es lediglich die Möglichkeit einer materiellrechtlichen Verweisung in den **Grenzen** des zwingenden (Inland)Rechts (III). Der Vereinbarung von Drittstaatsrecht setzt das Unionsrecht Grenzen (IV). Das Zustandekommen und die Wirksamkeit der Rechtswahl beurteilen sich nach der *lex causae* (V).

B. Grundsatz der freien Rechtswahl (Abs 1). I. Kreis des wählbaren Rechts. Art 3 II Rom I-VO-V sah ausdrücklich die Möglichkeit einer Wahl auf internationaler oder Gemeinschaftsebene anerkannter Grundsätze und Regeln des materiellen Vertragsrechts („*the principles and rules of the substantive law of contract recognised internationally or in the Community*", „*des principes et règles de droit matériel des contrats, reconnus au niveau international ou communautaire*") und damit auch die Wahl bestimmten **nichtstaatlichen Rechts** vor. Dies fand jedoch keine Übernahme in Art 3. Zwar steht der Wortlaut des Art 3 einer Wahl nichtstaatlichen Rechts nicht entgegen. Auch soll nach Erw 13 die Rom I-VO die Parteien nicht daran hindern, in ihrem Vertrag auf ein nichtstaatliches Regelwerk oder ein internationales Üb Bezug zu nehmen. Jedoch ist bei der Wahl nichtstaatlichen Rechts wie zB der UNIDROIT-Prinzipien für internationale Handelsverträge (s. *Brödermann* RIW 04, 721; *Zimmermann* ZEuP 05, 264; *Bonell* 190) Vorsicht geboten. Die Gesetzgebungsgeschichte darf nicht außer Acht gelassen werden. Zu berücksichtigen ist zudem die begriffliche Differenzierung zwischen „Bezug nehmen" (*„incorporating by reference"*, *„d'intégrer par référence"*) und Rechtswahl (*„choice of law"*, *„choix de la loi"*). Zulässig ist eine **materiellrechtliche Einbeziehung** nichtstaatlichen Rechts (*Leible/Lehmann* RIW 08, 528, 533), etwa als Anlage zum Vertrag, als Ersatz für AGB oder als „Rechtswahlklausel", die um ein staatliches Recht als „Ergänzungsstatut" vervollständigt wird (Bsp: „Dieser Vertrag unterliegt den UNIDROIT-Principles (s. www.unidroit.org), ergänzt um das materielle chinesische Recht"). Durch solche Vorgehens- 4 weise lassen sich die Auswirkungen der Wahl einer ausländischen Rechtsordnung zumindest im Hinblick aus deren dispositives Recht kontrolliert gestalten. Anhaltspunkte für den Kreis des materiellrechtlich einbeziehbaren nichtstaatlichen Rechts bietet die Begründung der Kommission zu Art 3 II Rom I-VO-V: Dort wurden beispielhaft die UNIDROIT-*Principles*, die *Principles of European Contract Law* sowie insb ein etwaiges künftiges fakultatives EU-Instrument genannt (s. den DCFR von 2008); die Wahl der *lex mercatoria* wurde hingegen als nicht hinreichend präzise ausgeschlossen.

5 Für ein etwaiges **künftiges fakultatives EU-Instrument** enthält Erw 14 den gesonderten Hinweis, dass – wenn die Gemeinschaft in einem geeigneten Rechtsakt Regeln des materiellen Vertragsrechts, einschließlich vertragsrechtlicher Standardbestimmungen, festlegt – in einem solchen Rechtsakt selbst vorgesehen werden kann, dass die Parteien entscheiden können, diese Regeln anzuwenden. Sollte demnach die Entscheidung der Gemeinschaft zugunsten der Schaffung eines **Common Frame of Reference** und nachfolgend eines optionalen Instruments zum EU-Vertragsrecht führen, so muss dieses zwangsläufig Vorrang vor der Rom I-VO haben oder über Art 23 als *lex specialis* gestaltet werden, um Wirkungskraft entfalten zu können.

6 Art 3 enthält keine Regelung zu der Frage, ob die Parteien auch **IPR** oder nur Sachrecht wählen können. Art 20 sieht als Grundsatz die Sachnormverweisung vor, schließt jedoch die Wahl des IPR eines Staates nicht aus (s. Art 20 Rn 3).

7 **II. Die Rechtswahl. 1. Ausdrückliche Rechtswahl.** Die **ausdrückliche Rechtswahl** kann in einer individuell formulierten **Vertragsklausel**, in einem **Formular** bzw in **AGB** (OLG Nürnberg, OLGReport München 08, 2665) enthalten sein und positiv oder negativ formuliert sein (AnwK/*Leible* Art 27 Rz 44). Sie kann auch mündlich erfolgen. Die Verweisung auf einen anderen Vertrag mit einer Rechtswahl ist ebenfalls zulässig (Soergel/*v Hoffmann* Art 27 Rz 46). Wird das anwendbare Recht nicht eindeutig bezeichnet, so ist die Rechtswahlvereinbarung auslegungsbedürftig. Die Auslegung sollte jedenfalls nicht der lex fori überlassen bleiben (so aber MüKo/*Martiny* Art 3 Rz 44), sondern – je nach Fallgestaltung – unter Berücksichtigung der von den Parteien angenommenen Bewertungsmaßstäbe (Palandt/*Thorn* Art 3 Rz 6), nach der lex causae bzw dem nach Art 10 bestimmten Recht oder anhand einheitlicher Auslegungsmaßstäbe erfolgen (so auch AnwK/*Leible* Art 27 Rz 10).

8 **2. Stillschweigende Rechtswahl. a) Grundlagen.** Die stillschweigende Rechtswahl muss sich nach I 2 **eindeutig** („*clearly*", „*clairement*") aus den Bestimmungen des Vertrags oder aus den Umständen des Falles ergeben. Das EVÜ ließ in der deutschen Sprachfassung eine „hinreichende Sicherheit" ausreichen; so auch die englische Fassung („*reasonable certainty*"). Strenger war bereits die französische Sprachfassung des EVÜ, nach der eine „*façon certaine*" erforderlich war. Die Änderungen zu I 2 sollen nach der Begründung der Kommission zu Art 3 Rom I-VO-V die Gerichte veranlassen, statt eines rein hypothetischen Willens den **tatsächlichen**, wenn auch nicht ausdrücklich bekundeten **Willen** zu ermitteln: Die Änderungen stellen zum einen auf das Verhalten der Parteien ab und zum anderen auf die Bedeutung der Rechtswahl, um auf diese Weise die Entscheidung der Gerichte berechenbarer zu machen. Dem „Heimwärtsstreben" einiger Gerichte soll damit ein Riegel vorgeschoben werden (*Leible/Lehmann* RIW 08, 528, 532).

9 In Art 3 I 3 Rom I-VO-V war eine gesetzliche Vermutung für den Fall des Vorliegens einer **Gerichtsstandsklausel** vorgesehen. Die Tatsache, dass dies keinen Eingang in den endgültigen Art 3 gefunden hat, lässt indes keinen Rückschluss zu: Erw 12 hebt ausdrücklich hervor, dass eine Vereinbarung zwischen den Parteien, dass **ausschließlich** ein Gericht oder mehrere Gerichte eines Mitgliedstaats für Streitigkeiten aus einem Vertrag zuständig sein sollen, bei der Feststellung, ob eine Rechtswahl eindeutig getroffen wurde, zu berücksichtigen ist. Obwohl Erw 12 sich nur auf die Gerichte der Mitgliedstaaten bezieht, schließt dies nicht aus, Gerichtsstandsvereinbarungen zugunsten eines oder mehrerer Gerichte eines Drittstaates genauso zu behandeln (*Leible/Lehmann* RIW 08, 528, 533). Vorsicht ist jedoch geboten: Indizwirkung kann nur einer ausschließlichen, nicht hingegen auch einer fakultativen oder optionalen Gerichtsstandsvereinbarung zukommen (*Mankowski* IHR 08, 133, 135).

10 **b) Einzelfälle.** Ob eine **stillschweigende Rechtswahl** vorliegt, ist unter Berücksichtigung aller Umstände des Einzelfalls zu entscheiden (vgl BGH NJW 92, 618; NJW-RR 97, 686; 99, 813; NJW 01, 1936). Nach I 2 reicht es aus, wenn sich die Rechtswahl mit hinreichender Sicherheit aus den Bestimmungen des Vertrages oder aus den Umständen des Falles ergibt. Für eine **nachträgliche Änderung** der einmal getroffenen Rechtswahl stellt II keine höheren Anforderungen (BGH NJW-RR 00, 1002).

11 **aa) Gerichtsstandsvereinbarung.** Eine **ausschließliche** Gerichtsstandsvereinbarung ist ein gewichtiges Indiz für die stillschweigende Wahl des Rechts am Gerichtsort („*qui eligit iudicem, eligit ius*") (BGHZ 104, 268; NJW 91, 1420; 96, 2569; NJW-RR 90, 183; BAG NZA 08, 761). Dies gilt jedoch nur dann, wenn die Gerichtsstandsvereinbarung wirksam ist (BGH DB 69, 1053; s. aber auch Celle IPRspr 99 Nr 31 76; differenzierend nach dem Grund der Unwirksamkeit AnwK/*Leible* Art 27 Rz 48). Es handelt sich jedoch nur um ein Indiz. Sprechen weitere Bestimmungen des Vertrages oder die Gesamtheit der Umstände dagegen, so kann die Gerichtsstandsvereinbarung als Indiz dahinter zurücktreten (KG IPRspr 94 Nr 21 b 57). An einer Indizwirkung soll es nach wohl hM fehlen, wenn eine nicht ausschließliche Gerichtsstandsvereinbarung getroffen

wurde (s. MüKo/*Martiny* Art 3 Rz 48 und Staud/*Magnus* Art 27 Rz 66; s.a. BGH NJW-RR 86, 456) oder wenn bestimmt ist, dass das Gericht am Sitz des jeweiligen Beklagten anzurufen ist (Kobl RIW 93, 934).

bb) **Schiedsklausel.** Auch hier gilt (bei Anwendung der Rom I-VO durch ein Schiedsgericht, dazu Art 1 Rn 20), dass die Vereinbarung der Zuständigkeit eines Schiedsgerichts eines bestimmten Landes bzw eines ständigen Schiedsgerichts auf eine **stillschweigende Wahl des Rechts am Sitz des Schiedsgerichts** schließen lassen kann (BGH IPRspr 96 Nr 121 265; NJW-RR 05, 206; BAG NZA 08, 761; Hambg IPRspr 82 Nr 38 S 82; Ddorf TranspR 92, 415; krit Ferrari/*Ferrari* Art 27 EGBGB Rz 27): „*qui eligit arbitrum, eligit ius*". Die Vereinbarung der Schiedsgerichtsbarkeit der International Chamber of Commerce (ICC) in Paris stellt jedoch keinen Hinweis auf das anzuwendende Recht dar, da eine Entscheidung idR nicht nach dem Recht am Sitz der ICC ergeht (MüKo/*Martiny* Art 3 Rz 51 f. und Staud/*Magnus* Art 27 Rz 69 jeweils mwN; s. Stuttg AWD 60, 246). **12**

cc) **Prozessverhalten.** Gehen die Parteien während eines Rechtsstreits im deutschen Prozess **übereinstimmend von einem bestimmten Recht** aus, so wird daraus zumeist auf die stillschweigende Wahl eines Rechts geschlossen (BGH NJW-RR 90, 249); so auch, wenn eine Partei der behaupteten Anwendbarkeit eines Rechts nicht entgegentritt (BGH NJW 70, 999; anders aber wohl BGHZ 121, 224). Behandeln beide Parteien ihren Fall nach der gleichen ausländischen Rechtsordnung, liegt idR eine Rechtswahl vor (vgl BGH NJW-RR 90, 248); deshalb kommt in der Praxis der **Klage** und der **Klageerwiderung** besondere Bedeutung für die Rechtswahl zu. Jedoch reicht die übereinstimmend geäußerte irrige Auffassung, eine bestimmte Rechtsordnung sei maßgeblich, nicht aus (BGH NJW-RR 00, 1002), auch wenn in der Rspr eine Tendenz besteht, die Wahl deutschen Rechts anzunehmen, wenn auf seiner Grundlage im Prozess plädiert wurde (BGH NJW 91, 1293; BGHZ 116, 184). Nicht genügen soll hingegen das bloße **Plädieren** deutschen Rechts **in Unkenntnis** der Rechtsanwendungsproblematik (OLG Köln, VersR 1992, 1527, 1528) oder unter Nichtbeachtung einer bereits getroffenen Rechtswahl; gleiches muss für die schriftsätzliche Argumentation in offensichtlicher Verkennung der Rechtswahlproblematik gelten (eingehend *Magnus* IPRax 2010, 27, 33; BGH NJW 2009, 1205, 1206). Erforderlich ist ein **Erklärungsbewusstsein** (Palandt/*Thorn* Art 3 Rz 8). Als beachtliches – wenn auch nicht alleiniges – Kriterium soll die außerprozessuale Mitarbeit von RAen eines bestimmten Staates an der Ausarbeitung eines Vertrages gelten (BGH NJW-RR 00, 1002, 1004). **13**

dd) **Bezugnahme auf ein Recht, Vorverträge.** Wird die **Interpretation** eines Vertrages einem bestimmten Recht unterstellt („*construction clause*"), wird dies als ausdrückliche Rechtswahl verstanden (München IPRax 89, 42; offen gelassen: Ddorf 20 U 59/05 v 24.1.06), jedenfalls kann man von einer stillschweigenden Rechtswahl ausgehen (MüKo/*Martiny* Art 3 Rz 57; AnwK/*Leible* Art 27 Rz 43, so jedenfalls Ddorf 20 U 59/05 v 24.1.06). **Baut** der Vertrag **auf einer bestimmten Rechtsordnung auf** oder wäre er ohne sie nicht verständlich, ist eine stillschweigende Rechtswahl anzunehmen (vgl Köln RIW 93, 415). Dies gilt auch bei der Verwendung von AGB, Lieferbedingungen oder anderen **Formularen**; der Gebrauch deutet auf das Recht hin, im Hinblick auf das es entworfen wurde (BGHZ 134, 127, 397; s.a. Hamm NJW-RR 95, 188). Sofern die Parteien juristische Vorschriften einer bestimmten Rechtsordnung zitieren oder **spezielle Begriffe** dieses Rechts verwenden, kann darin eine stillschweigende Rechtswahl liegen (BGH NJW-RR 96, 1034; 97, 686; 99, 813; 00, 02; NJW 04, 3706, 3708; Köln RIW 93, 415). Können die Begriffe jedoch analoger sprachlicher Ausdruck für auch dem deutschen Recht geläufige Rechtsinstitute sein, so kommt ihnen keine Bedeutung zu (BGH NJW 56, 377; vgl Ddorf NJW-RR 95, 1396). Bei Vereinbarung von **VOB/B** (BGH NJW-RR 99, 813) sowie beim Abschluss von auf VOB/B zugeschnittenen Verträgen (OLG Hamm BauR 04, 1472, jedoch mit weiteren Indizien) liegt eine stillschweigende Wahl deutschen Rechts vor, ebenso bei Bezugnahme auf gesetzliche Vorschriften, wie das **WEG** (BGH NJW-RR 96, 1034). In der Vereinbarung deutscher **Tarifverträge** oder **Kündigungsvorschriften** kann eine stillschweigende Vereinbarung deutschen Rechts liegen (BAG NZA 08, 761; BAG NJW 96, 741), ebenso wie in der Bezugnahme auf ein bestimmtes Urlaubsrecht (so jedenfalls bei weiteren Indizien BAG NZA 03, 339). Wird bei einem **Bauvertrag** auf deutsche baurechtliche Regelungen und **DIN-Normen** Bezug genommen, liegt darin eine stillschweigende Wahl deutschen Rechts (jedenfalls bei weiteren Indizien: BGH NJW-RR 99, 813). Die Rechtswahl des Bauvertrages stellt ein Indiz für die konkludente Rechtswahl des **Architektenvertrages** dar (BGH NJW 01, 1936). Eine konkludente Rechtswahl soll schließlich auch dann vorliegen, wenn ein Arbeitsvorvertrag, dessen Abschluss nicht nachweisbar ist, eine im Arbeitsvertrag nicht wiederholte Rechtswahlklausel enthält und die Vertragsparteien ihr Arbeitsverhältnis unter Anwendung dieses **Vorvertrages** „leben" (BAG, NZA 08, 761, 763). **14**

ee) **Sprache, Währung, Staatsangehörigkeit, Wohnsitz, Planungs- und Organisationsort des Urlaubs.** Auch wenn Gerichte die **Vertragssprache** häufig unterstützend anführen (BGH NJW 98, 1321; NJW-RR 00, 1002; NJW 03, 2605; 04, 3706; Nürnbg NJW-RR 97, 1484), gibt sie nur einen schwachen Hinweis (Staud/*Magnus* Art 27 Rz 85) oder ist gar bedeutungslos (LG Baden-Baden IPRspr 97 Nr 31 57; LG Hamburg IPRspr 99 Nr 30 71). Die **Währung**, in welcher zu zahlen ist, gibt an sich noch keinen sicheren Hinweis auf eine stillschweigende Rechtswahl (vgl BGH NJW-RR 90, 183; 05, 206), hinzutreten müssen weitere Umstände (vgl Hamm RIW 93, 940; ausdrücklich Köln RIW 94, 970). Die gemeinsame **Staatsangehörigkeit** der Parteien kann Indiz sein, jedenfalls zusammen mit anderen Faktoren (Nürnbg NJW-RR 97, 1484; befürwortend für **15**

Arbeitsverhältnisse *Markovska*, RdA 07, 352, 353), sollte jedoch nicht überbewertet werden (s. dazu Reithmann/Martiny/*Martiny* Rz 194). Der **gemeinsame Wohnsitz** der Parteien kann Indiz für eine Rechtswahl sein (Nürnbg NJW-RR 97, 1484). Gemeinsam mit weiteren Indizien sollen der Ort der **Planung und der Organisation eines Urlaubsaufenthaltes** von Bedeutung sein (BGH NJW 09, 1482, 1482). Das Zusammentreffen mehrerer schwacher Indizien, die zum selben Recht führen, genügt jedoch nicht (vgl LG Hamburg RIW 93, 144). Häufen sich jedoch diese untergeordneten Anhaltspunkte, dann spricht dies für eine stillschweigende Rechtswahl (vgl BGH NJW-RR 97, 686). Verweisen Indizien etwa gleichen Gewichts auf unterschiedliche Rechte, lässt sich daraus kein sicherer Anhalt für eine stillschweigende Rechtswahl entnehmen (Staud/*Magnus* Art 27 Rz 87).

16 **ff) Beurkundung vor einem Notar.** Die Beurkundung vor einem Notar kann ein Hinweis auf die Wahl eines bestimmten Rechts sein, jedenfalls als eines unter mehreren Indizien (BGH NJW-RR 05, 206; Frankf NJW-RR 93, 182; Köln RIW 93, 414).

17 **gg) Gemeinsamer Erfüllungsort.** Ein einheitlicher Erfüllungsort kann als ein Indiz für eine Rechtswahl gesehen werden (BAG NZA 08, 761; Köln RIW 94, 970; MüKo/*Martiny* Art 3 Rz 65). Der gesetzlich angeordnete prozessuale einheitliche Erfüllungsort nach Art 5 Nr 1b EuGVO bietet kein Indiz für eine Rechtswahl.

18 **hh) Kette von Verträgen.** Nimmt ein Vertrag auf einen anderen, **früher geschlossenen Vertrag**, der eine Rechtswahl enthält, Bezug, kann dies eine stillschweigende Rechtswahl indizieren (vgl BGH NJW 97, 1150; 01, 1936), jedenfalls sofern die Umstände keinen geänderten Willen der Parteien erkennen lassen (MüKo/*Martiny* Art 3 Rz 66; vgl LG Karlsruhe NJW-RR 99, 1284).

19 **3. Teilrechtswahl. a) Zulässigkeit und Umfang.** I 3 lässt die **Spaltung des Vertragsstatuts** (*dépeçage*) zu, indem die Rechtswahl auf einen Teil des Vertrages beschränkt wird oder auf verschiedene Teile eines Vertrages unterschiedliche Rechtsordnungen zur Anwendung kommen (vgl BGH NZG 05, 41; dazu auch NJW-RR 90, 248). Für den nicht von der Rechtswahl erfassten Vertragsteil gilt dann gem Art 4 objektiv anzuknüpfendes Recht (BaRoth/*Spickhoff* Art 27 Rz 44; *Fetsch*, RNotZ 07, 456, 458). Bei kollisionsrechtlicher Teilverweisung wird für einen Teil der Parteibeziehungen eine Rechtswahl insgesamt getroffen, während bei einer materiellrechtlichen Teilverweisung ein Vertragsstatut gewählt wird, aber in einer **Einzelfrage** ein anderes Recht zur Anwendung kommen soll (Praxisbsp: Wahl englischen Rechts, aber Teilrechtswahl deutschen Rechts für die Klausel über die Pflicht zur loyalen Vertragsdurchführung nach dem dem englischen Recht unbekannten Prinzip von Treu und Glauben). Beschränkungen der Teilbarkeit gibt es grds nicht, jedoch setzt eine Teilverweisung eine gewisse Selbstständigkeit voraus (dazu *Jayme* FS Kegel, 263). Die Unterwerfung unter verschiedene Rechtsordnungen setzt voraus, dass es nicht zu widersprüchlichen Ergebnissen kommt (zum EVÜ: BTDrs 10/503/*Giuliano* 49). In diesem Umfang können auch selbst Vertragspflichten der jeweiligen Parteien unterschiedlichen Rechtsordnungen unterworfen werden (dazu BaRoth/*Spickhoff* Art 27 Rz 44; Staud/*Magnus* Art 27 Rz 94 und *Bälz* IPRax 05, 44; Palandt/*Thorn* Art 3 Rz 10, jedoch mit Einschränkungen).

20 **b) Beispiele. Teilverweisungen** gibt es zB bei Rechtswahlklauseln, Währungsklauseln, Zinsregelungen, Verjährungsfragen, Regelungen über Haftungsfolgen, insb auch zum Erfüllungsort (dazu BGH IPRax 81, 93; zur Kündigung eines Arbeitsverhältnisses s. BAG NZA 98, 813). Rechtsfolgen von Vertragsstörungen können der teilweisen Rechtswahl unterliegen (Frankf IPRax 92, 314). Die Formvorschriften einer an sich anwendbaren Rechtsordnung können ausgeschlossen werden (s. Hamm NJW-RR 96, 1145). Häufig ist die Trennung von Gerichtsstands- und Rechtswahlvereinbarung (Hambg MDR 73, 1025), ebenso wie von Haupt- und Schiedsvertrag (BGHZ 40, 320). Die Wahl ausländischen Rechts ist auch dann zulässig, wenn formuliert wird „soweit nicht deutsches Recht zwingend vorgeschrieben ist" (so BGH IPRspr 80 Nr 3 4; s.a. München IPRspr 81 Nr 13 35; zust MüKo/*Martiny* Art 3 Rz 77). Als notwendig können sich Teilverweisungen bei Abschluss **komplexer** grenzüberschreitender, aufeinander abzustimmender Verträge erweisen (wie bei Joint-Venture-, Industrieanlagen- und komplexen Zusammenarbeitsverträgen).

21 Davon zu trennen sind Rechtswahlklauseln unter **aufschiebenden** oder **auflösenden** Bedingungen, weil auch eine **nachträgliche** Rechtswahl zulässig ist, ebenso wie die **alternative** Rechtswahl (dazu Staud/*Magnus* Art 27 EGBGB Rz 44). Denkbar ist auch die Bestimmung der Rechtswahl zu einem bestimmten Zeitpunkt durch einen Dritten (dazu BGHZ 21, 365). Bei einer **„in terrorem"-Klausel** wird bei Klage oder Schiedsklageerhebung durch eine Partei jeweils das materielle Recht am Sitz der anderen Partei als anwendbar bestimmt, um den jeweiligen Kläger mit dem „Rechtsnachteil" der Anwendung eines fremden Rechts zu belasten (in der Praxis leider häufig vereinbart, dazu Soergel/*v Hoffmann* Art 27 Rz 21). Bis zu einer Ausübung der Rechtswahl ist das Vertragsstatut gem Art 4 zu bestimmen. Danach gelten die Grundsätze der nachträglichen Rechtswahl (so zutr MüKo/*Martiny* Art 3 Rz 78).

22 **C. Zeitpunkt der Rechtswahl (Abs 2).** Die Rechtswahl kann gem II zu einem **späteren als dem Vertragsschlusszeitpunkt** vorgenommen werden. Eine spätere Rechtswahl kann eine frühere jederzeit ersetzen (BGH NJW 91, 1293; Hamm RIW 93, 940). Sie unterliegt auch für **Altverträge** aus der Zeit vor dem 17.12.2009 der Rom I-VO. Im übrigen gelten die gleichen (oben für Neuverträge dargestellten) Grundsätze

wie bei der ersten Rechtswahl, so auch bei stillschweigender Rechtswahl, zB in einem Gerichtsverfahren (BGH NJW-RR 00, 1002; Ddorf IPRspr 92 Nr 35 78). Die spätere Rechtswahl kann mit Wirkung **ex tunc oder ex nunc** erfolgen (MüKo/*Martiny* Art 3 Rz 80; so zB BGH NJW 91, 1292; Frankf RIW 91, 865; BAG NJW 08, 2665). Im Zweifel wirkt die nachträgliche Rechtswahl auf den Zeitpunkt des Vertragsschlusses zurück, sofern nicht die Parteien tatsächlich etwas anderes vereinbart haben (vgl BGH WM 97, 1713; BAG NJW 65, 319; anders Frankf IPRax 92, 317; so Bremen VersR 78, 277; Erman/*Hohloch* Art 27 Rz 23; Soergel/*v Hoffmann* Art 27 Rz 73). Der **Statutenwechsel** ist relevant für die Frage der Wirksamkeit des Vertrages (dazu LG Heidelberg IPRax 05, 42; Soergel/*v Hoffmann* Art 27 Rz 74; MüKo/*Martiny* Art 3 Rz 81). Auch eine **nachträgliche Teilrechtswahl** ist zulässig (*Kondring*, IPRax 06, 425).

Allerdings wird die **Formgültigkeit** des Vertrages gem Art 11 durch eine Änderung des Vertragsstatuts nicht berührt. Der Vertrag wird jedoch **rückwirkend wirksam**, wenn das später vereinbarte Recht geringere Anforderungen stellt (dazu MüKo/*Martiny* Art, 3 Rz 82 mwN; AnwK/*Leible* Art 27 Rz 63; Soergel/*v Hoffmann* Art 27 Rz 76; vgl Frankf IPRax 92, 314). 23

Die spätere Rechtswahl wirkt kollisionsrechtlich **nur ggü den Parteien des Hauptvertrages** (MüKo/*Martiny* Art 3 Rz 83). Im Einzelnen ist ungeklärt, welche Rechtspositionen Dritter geschützt sind (zum echten Vertrag zugunsten Dritter, s. dazu Palandt/*Thorn* Art. 3 Rz 11 mwN; Soergel/*v Hoffmann* Art 27 Rz 78 ff); je nach Fallgestaltung kann dies auch für **Bürgen** und (Pfändungs-)**Pfandgläubiger** gelten. II 2 sollte Dritte nur vor einem Rechtsverlust durch Statutenwechsel bewahren, nicht aber eine Rechtsverbesserung verhindern (so AnwK/*Leible* Art 27 Rz 64). 24

D. Reine Inlandssachverhalte (Abs 3). III gilt nach der Begründung der Kommission zu Art 3 Rom I-VO-V (damals IV) für den Fall einer „Gesetzesumgehung", bei der nicht nur die zwingenden internationalen Bestimmungen iSv Art 8 Anwendung finden, sondern auch die zwingenden innerstaatlichen Vorschriften. Bei reinen Inlandssachverhalten bleiben die zwingenden Bestimmungen des Staates, in dem alle Elemente belegen sind, anwendbar. Diese Regel soll nach Erw 15 unabhängig davon angewandt werden, ob die Rechtswahl zusammen mit einer Gerichtsstandsvereinbarung getroffen wurde oder nicht. Das Fehlen des in Art 3 III EVÜ enthaltenen Zusatzes „sei sie durch die Vereinbarung der Zuständigkeit eines ausländischen Gerichtes ergänzt oder nicht" ist unbeachtlich: Nach Erw 15 ist eine Änderung ggü Art 3 III EVÜ (entspricht *ex Art 27 III EGBGB*) nicht beabsichtigt. Der Wortlaut sollte lediglich soweit möglich an Art 14 Rom II-VO angepasst werden. 25

E. Binnenmarktklausel (Abs 4). Neu ist die Binnenmarktklausel in IV, die sich auf die Umgehung des Unionsrechts bezieht (Begr Kommission zum damaligen V des Art 3 Rom I-VO-V). Danach bleiben bei reinen Binnenmarktsachverhalten die zwingenden Bestimmungen des Unionsrechts unberührt. IV hat im Laufe des Gesetzgebungsverfahrens mehrere Änderungen durchlaufen. Art 3 IV Rom I-VO-V ließ die zwingenden Bestimmungen des Unionsrechts von der Wahl des Rechts eines Drittstaats durch die Parteien nur unberührt, „wenn diese Bestimmungen im konkreten Fall anwendbar wären". Erforderlich ist, dass **alle** Elemente des Sachverhalts (außer der Rechtswahl) zum Zeitpunkt der Rechtswahl in einem oder mehreren Mitgliedstaaten belegen sind. **Mitgliedstaaten** iSd Abs 4 sind nach Art 1 IV 2 alle Mitgliedstaaten der EU einschließlich Dänemark (vgl *Leible/Lehmann* RIW 08, 528, 534). Damit stellt die Binnenmarktklausel in IV strengere Anforderungen als anderes IPR unionsrechtlichen Ursprungs, zB Art *ex Art 29a EGBGB* (in Zukunft: Art 46b EGBGB), der nach Art 23 ergänzend anwendbar ist und lediglich einen „engen Zusammenhang" fordert, s. *ex Art 29a EGBGB* Rn 4 f. 26

Bei Richtlinien gilt das Umsetzungsrecht der *lex fori*, so die Klarstellung in der Parenthese von IV. 27

F. Zustandekommen und Wirksamkeit der Rechtswahl (Abs 5). Zustandekommen und Wirksamkeit der Rechtswahl bestimmen sich weiterhin nach dem Vertragsstatut, der *lex causae*. Bei der Rechtswahl handelt es sich um einen vom Hauptvertrag unabhängigen eigenständigen Vertrag, dessen Zustandekommen und Wirksamkeit sich nach der *lex causae* richtet (Art 3 V iVm Art 10). 28

ROM I-VO Art. 4 Mangels Rechtswahl anzuwendendes Recht.

(1) Soweit die Parteien keine Rechtswahl gemäß Artikel 3 getroffen haben, bestimmt sich das auf den Vertrag anzuwendende Recht unbeschadet der Artikel 5 bis 8 wie folgt:

a) Kaufverträge über bewegliche Sachen unterliegen dem Recht des Staates, in dem der Verkäufer seinen gewöhnlichen Aufenthalt hat.
b) Dienstleistungsverträge unterliegen dem Recht des Staates, in dem der Dienstleister seinen gewöhnlichen Aufenthalt hat.
c) Verträge, die ein dingliches Recht an unbeweglichen Sachen sowie die Miete oder Pacht unbeweglicher Sachen zum Gegenstand haben, unterliegen dem Recht des Staates, in dem die unbewegliche Sache belegen ist.
d) Ungeachtet des Buchstabens c unterliegt die Miete oder Pacht unbeweglicher Sachen für höchstens sechs aufeinander folgende Monate zum vorübergehenden privaten Gebrauch dem Recht des Staates, in dem der Vermieter oder Verpächter seinen gewöhnlichen Aufenthalt hat, sofern der Mieter oder Pächter eine natürliche Person ist und seinen gewöhnlichen Aufenthalt in demselben Staat hat.

e) Franchiseverträge unterliegen dem Recht des Staates, in dem der Franchisenehmer seinen gewöhnlichen Aufenthalt hat.
f) Vertriebsverträge unterliegen dem Recht des Staates, in dem der Vertriebshändler seinen gewöhnlichen Aufenthalt hat.
g) Verträge über den Kauf beweglicher Sachen durch Versteigerung unterliegen dem Recht des Staates, in dem die Versteigerung abgehalten wird, sofern der Ort der Versteigerung bestimmt werden kann.
h) Verträge, die innerhalb eines multilateralen Systems geschlossen werden, das die Interessen einer Vielzahl Dritter am Kauf und Verkauf von Finanzinstrumenten im Sinne von Artikel 4 Absatz 1 Nummer 17 der Richtlinie 2004/39/EG nach nicht diskretionären Regeln und nach Maßgabe eines einzigen Rechts zusammenführt oder das Zusammenführen fördert, unterliegen diesem Recht.
(2) Fällt der Vertrag nicht unter Absatz 1 oder sind die Bestandteile des Vertrags durch mehr als einen der Buchstaben a bis h des Absatzes 1 abgedeckt, so unterliegt der Vertrag dem Recht des Staates, in dem die Partei, welche die für den Vertrag charakteristische Leistung zu erbringen hat, ihren gewöhnlichen Aufenthalt hat.
(3) Ergibt sich aus der Gesamtheit der Umstände, dass der Vertrag eine offensichtlich engere Verbindung zu einem anderen als dem nach Absatz 1 oder 2 bestimmten Staat aufweist, so ist das Recht dieses anderen Staates anzuwenden.
(4) Kann das anzuwendende Recht nicht nach Absatz 1 oder 2 bestimmt werden, so unterliegt der Vertrag dem Recht des Staates, zu dem er die engste Verbindung aufweist.

1 **A. Einführung.** Art. 4 regelt die objektive Anknüpfung, die in Ermangelung einer wirksamen Rechtswahl greift. Nunmehr sieht **Abs. 1** eine an der Erbringung der charakteristischen Leistung orientierte (*Mankowski* IPRax 06, 101, 103) **Katalogisierung** vor: die Ersetzung der im alten Recht geltenden Vermutungen des Art 4 II-IV EVÜ (*ex Art 28 II EGBGB*) durch **objektive**, für einzelne Vertragsarten spezifizierte Anknüpfungsregeln (Erw 19). Zugleich werden in III die Anforderungen an die einzelfallbezogene **Durchbrechung** der **Regelanknüpfung** des I ggü Art 4 V EVÜ erhöht. Der europäische Gesetzgeber wollte Art 4 V EVÜ zunächst gänzlich streichen. Das Europäische Parlament hat die Rom I-VO indes mit einer eingeschränkten **Ausweichklausel** (III, s. Erw 20; frz *clause d'exception*, engl *escape clause*) angenommen, die bei offensichtlich engerer Verbindung eines Sachverhalts mit einer anderen Rechtsordnung die im Einzelfall gebotene Durchbrechung der Regeln weiterhin gestattet. Vgl. *Magnus* in: Ferrari/Leible Rome I Regulation 2009, 27, 29 ff.

2 Ist eine Einordnung eines Vertrags in den Katalog von I nicht möglich, ist nach **II** an den gewöhnlichen Aufenthalt der Partei anzuknüpfen, die die **charakteristische Leistung** erbringt; auch diese **Regelanknüpfung** kann im Einzelfall nach III durchbrochen werden. Hilfsweise knüpft **IV** bei Unmöglichkeit der Regelanknüpfung an den **Grundsatz der engsten Verbindung** an.

3 **B. Anwendungsbereich, Funktion.** Haben die Parteien eines seit dem 17.12.09 (Art 28) geschlossenen Vertrages keine Rechtswahl nach Art 3 vereinbart oder ist eine solche unwirksam, bestimmt Art 4 das auf schuldrechtliche Verträge anzuwendende Recht. Dabei folgt Art 4 dem **Grundsatz der objektiven Anknüpfung**. Vom Anwendungsbereich des Art 4 ausgenommen sind die in Art 5 bis 8 separat geregelten Vertragstypen **Beförderungs-, Verbraucher-, Versicherungs- und Arbeitsvertrag**.

4 Als Nachfolgenorm zu Art 4 EVÜ bzw *ex Art 28 EGBGB* stellt Art 4 die markanteste Neuerung durch die Rom I-VO dar (Max Planck Institut, RabelsZ 07, 225, 255), obwohl letztlich nicht alle angestrebten Änderungen übernommen worden sind (*Mankowski* IHR 08, 133, 133). Das Gerüst des *ex Art 28 EGBGB* – mit der Grundregel der engsten Verbindung in *ex Art 28 I EGBGB*, konkretisiert durch die Vermutungen der II–IV und korrigiert über die Ausweichklausel des V (vgl *ex Art 28 EGBGB* Rn 2) – bleibt in seiner bisherigen Form nicht mehr bestehen. Art 4 IV hält **lediglich hilfsweise** am **Grundsatz der engsten Verbindung** fest, der früher die objektive Anknüpfung im Kollisionsrechtssystem des EVÜ zentral beherrschte (*ex Art 28 I*). Vorrangig gelten die Anknüpfungsregeln des I lit a bis h für bestimmte Vertragstypen. Sie folgen zwar **mehrheitlich** (*Leible/Lehmann* RIW 08, 528, 535), nicht aber ausnahmslos (so zB I lit e, s. Rn 14) dem **Anknüpfungskriterium des Sitzes des Erbringers der charakteristischen Leistung** (vgl *ex Art 28 II EGBGB*). Im Gegensatz zu *ex Art 28 II EGBGB* handelt es sich gerade nicht um Vermutungen, sondern um **feste Anknüpfungsregeln** für spezifizierte Vertragsarten (mit einer gewissen Starre im Vergleich zum EVÜ, vgl Vorauflage).

5 Unterfällt der Vertrag keiner der in I typisierten Vertragsarten oder liegt ein aus mehreren Vertragstypen zusammen gesetzter Vertrag vor, bestimmt sich das anzuwendende Recht nach II. Wiederum ohne Vermutungscharakter ist danach der gewöhnliche Aufenthalt des Erbringers der charakteristischen Leistung maßgebliches Anknüpfungsmerkmal (vgl *ex Art 28 II EGBGB*). Die nach I oder II gefundenen Ergebnisse können im Einzelfall nach III korrigiert werden. Hiernach ist bei einer „offensichtlich engeren Verbindung", die „sich aus der Gesamtheit der Umstände ergibt", dieses offensichtlich nähere Recht anzuwenden. Für alle nicht von *I und II erfassten Fälle gilt der* von der Grundregel in *ex Art 28 I EGBGB* zur **Auffangnorm** (ebenso *Magnus* IPRax 10, 27, 38: „Auffangklausel"; weiter Palandt/*Thorn* Art 4 Rz 2: „Generalklausel") in Art 4 IV deklassierte Grundsatz der engsten Verbindung.

IÜ gilt zu beachten, dass Art 4 – anders als *ex Art 28 IV EGBGB* – keine Aussage zu Güterbeförderungsverträgen (nunmehr Art 5) und auch nicht zu anderen besonderen Vertragstypen (Verbraucher-, Versicherungs- und Individualarbeitsverträgen, Art 6 – 8) trifft. Der **Begriff des gewöhnlichen Aufenthaltes** nach Art 4 I, 2 ist nun in Art 19 legal definiert und mit diesem in Zusammenhang zu lesen (*Magnus* IPRax 10, 27, 35). Neu ist auch, dass der **Gesamtvertrag** bei Anwendung von Art 4 **zwingend einer einheitlichen Rechtsordnung unterstellt** werden muss, eine Aufspaltung des Vertragsstatuts nicht mehr zulässig ist (*Leible/Lehmann* RIW 08, 528, 536). Auch **Haupt- und Änderungsverträge** sind jeweils gesondert zu bewerten, allerdings unter Berücksichtigung des Gesamtzusammenhanges mit anderen Verträgen (vgl Erw 20 S 2 zu III und Erw 21 S 2 zu IV). Die enge Verbindung zum Hauptvertrag wird nur subsidiär relevant (*Ferrari/Leible/Ferrari*, 58, 73). 6

Die Neuregelung der objektiven Anknüpfung in Art 4 bezweckt eine **Erhöhung an Rechtssicherheit** der Vertragsparteien (Begründung zum Rom I-VO-V (KOM(2005) 650, 6). Insb die Normierung fester Anknüpfungsregelungen in I und II soll der Entscheidungsfindung dienen, ob von der Rechtswahl nach Art 3 bewusst Gebrauch gemacht werden möchte (Begründung zum Rom I VO-V, KOM(2005) 650, 6). Als Hilfe für die Praxis und Beitrag zur Rechtsklarheit wurde I begrüßt (*Clausnitzer/Woopen* BB 08, 1798, 1800). Wo Rechtssicherheit geschaffen wird, kann sie jedoch mit der Flexibilität der Norm sowie der **Einzelfallgerechtigkeit** in Konflikt geraten. Art 4 ist deshalb Gegenstand kontroverser Diskussion (MPI RabelsZ 71 (07), 225, 256ff, BaRoth/*Spickhoff*, Art 37 Rz 16). Die Rechtssicherheit geht zulasten des Prinzips der engsten Verbindung (*Brödermann/Rosengarten*, 5. Aufl Rz 37 f). 7

C. Ermittlung des Vertragsstatuts. I. Regelanknüpfung: Vertragstypisierung (Abs 1). I enthält **feste Anknüpfungsregeln** für die in lit a bis h spezifizierten Vertragstypen. Für eine anderweitige Beurteilung im Einzelfall ist damit kein Raum, soweit eine Korrektur nicht anhand von III zu rechtfertigen ist. Gedanklich liegt der Mehrheit der Fälle des I (vgl Rn 2) der Anknüpfungsgrundsatz des II zugrunde. Einen einheitlichen unionsrechtlichen **Vertragsbegriff** enthält die Rom I-VO nicht. Die von der Rom I-VO verwendeten Begriffe sind autonom auszulegen (s. Vor IntSchVR Rn 12 ff). Für den begrifflichen Inhalt der einzelnen Vertragstypen ist eine **einheitliche unionsrechtliche Interpretation** erforderlich (s. Vor IntSchR Rn 12). So dürfte ein **Werkvertrag** ein Dienstleistungsvertrag iSv I lit b sein, weil es unionsrechtlich unerheblich ist, ob der Leistungserbringer Tätigkeit (frz *obligation de moyen*) oder Erfolg (frz *obligation de resultat*) schuldet (vgl (Reithmann/Martiny/*Thode* Rz 1081; Rauscher/Leible Art 5 Brüssel I-VO Rz 50). 8

Die Typisierung in I erfasst zum einen die **wichtigsten Vertragstypen im länderübergreifenden Rechtsverkehr** (*Martiny* ZEuP 08, 79, 89), zum anderen sollen Fehlentwicklungen in der Rechtsprechung der Mitgliedstaaten korrigiert werden (*Mankowski* IHR 08, 133, 138 zu I lit f). Eine in Art 4 I lit f Rom I VO-V vorgesehene Regel für geistiges Eigentum wurde nicht übernommen (s. Rn 11), sodass hierfür nun II heranzuziehen ist. Allgemein werden für I **Qualifikations- und Abgrenzungsprobleme** befürchtet (*Martiny* ZEuP 08, 79, 90; *Leible/Lehmann* RIW 08, 528, 534; *Mankowski* IPrax 06, 101, 103; *ders* IHR 08, 133, 137), über die letztlich der Gerichtshof nach Art 267 AEUV zu entscheiden hat. Der **vertragsrechtliche Katalog** in I regelt **acht Vertragstypen**: 9

1. Kaufvertrag (Abs 1 lit a). Anknüpfungspunkt für Kaufverträge über bewegliche Sachen ist der **gewöhnliche Aufenthalt** des **Verkäufers** (**Art 19**). Unterschiede zur bisherigen Rechtslage bestehen damit im Ergebnis insoweit nicht. Beim Fahrniskauf ist **vorrangig** der Anwendungsbereich des **CISG** zu prüfen. Soweit dieser nicht eröffnet ist (oder Teilfragen wie die Zinshöhe nicht regelt), ist beim Fahrniskauf regelmäßig die Leistung des Verkäufers die charakteristische Leistung (s. BGH NJW 97, 2322; Frankf NJW 91, 3102; Karlsr NJW-RR 93, 567; Köln NJW-RR 97, 182; LG München NJW 96, 401). Damit kommt es auf dessen gewöhnlichen Aufenthalt an, der anhand der Kriterien von Art 19 eingehend zu prüfen ist. Der **Werklieferungsvertrag** (vgl § 651 BGB) kann kollisionsrechtlich als Kaufvertrag iSv I qualifiziert werden (Schlussantrag des Generalanwalts im Verfahren Car Trim GmbH ./. KeySafety Systems Srl. v. 24.09.09, Rs. C-381/08). Auch beim **Rechtskauf** ist das Recht am gewöhnlichen Aufenthalt des Verkäufers entscheidend (BGH NJW-RR 05, 206). Dies gilt auch für den Kauf von Wertpapieren (BGH NJW 87, 1141), es sei denn es handelt sich um ein Geschäft iS von lit h. Bei einem **Unternehmenskauf** ist zwischen Share Deal und Asset Deal zu unterscheiden: Kommt es bei einem **Share Deal** zu einem Kauf von Anteile am Zielunternehmen, so ist das CISG mangels „Ware" regelmäßig nicht anwendbar, die charakteristische Leistung erbringt der Verkäufer der Anteile (BGH NJW 87, 1141). Bei dem Verkauf der Gesamtheit oder von Teilen der Unternehmensgüter (**Asset Deal**) *sind die Grundstücke lit c, die Fahrnis lit a zuzuordnen*, so dass nach II die insgesamt charakteristische Leistung entscheidend ist, hilfsweise auf IV zurückzugreifen ist. Für Kaufverträge über bewegliche Sachen durch Versteigerung gilt vorrangig lit g. Für die Zuordnung einzelner Verträge s. **Anhang zu Art 4**. 10

2. Dienstleistungsvertrag (Abs 1 lit b). Maßgebend bei Dienstleistungsverträgen ist der gewöhnliche Aufenthalt (Art 19) des Dienstleisters, was im Ergebnis der bisherigen Rechtslage entspricht (vgl *ex Art 28 EGBGB* Rn 46). Die Auslegung des Dienstleistungsbegriffs der Rom I-VO darf jener zu Art 5 der Verordnung (EG) Nr 44/2001 nicht zuwiderlaufen. Dieser Grundsatz stellt keine Einbahnstraße dar, sondern gilt wechselseitig (Schlussanträge der Generalanwältin *Trstenjak*, 27.1.09, C-533/07, Rz 67 f), denn Erw 7 der Rom I-VO bestimmt, dass beide Verordnungen „im Einklang stehen" sollen. In Folge der autonomen Auslegung kann 11 die unionsrechtliche (kollisionsrechtliche) Einordnung eines Vertrages **vom nationalen Verständnis abweichen**. So ist zB ein **Werkvertrag** unionsrechtlich als Dienstleistungsvertrag zu qualifizieren (s.o. Rn 8). Unter I lit b fallen aufgrund europarechtskonformer Auslegung auch **Finanzdienstleistungen** inkl Wertpapierkäufe iRe Festpreisgeschäftes sowie Einlagengeschäfte in Form der Termin- und Spareinlage (hierzu insgesamt *Einsele*, WM 09, 289, 291; zu Finanzmarktprodukten als Gegenstand von Verbraucherverträgen *Mankowski*, RIW 09, 98ff). Bei Finanzverträgen iRv Zweig- oder sonstigen Niederlassungen bedarf es hierbei der Anwendung des Art 19 II. Nicht unter I lit b (sondern unter II, s. Rn 9) fallen Verträge über Rechte an geistigem Eigentum oder gewerbliche Schutzrechte. Von der Aufnahme eines hierfür im Rom I VO-V vorgesehenen Buchstabens wurde aufgrund mangelnder Einigung im Rat über die vertragscharakteristische Leistung, nicht aber wegen der Zuordnung zum Dienstleistungsbegriff des I lit b abgesehen (Schlussanträge der Generalanwältin *Trstenjak*, 27.1.09, Rs. C-533/07, Rz 69 sowie die dort wiedergegebene Stellungnahme der BRD, Rz 30). Für die Zuordnung einzelner Verträge s. **Anhang zu Art 4**.

12 **3. Verträge über dingliche Rechte/Miete und Pacht unbeweglicher Sachen (Abs 1 lit c).** Maßgebliches Anknüpfungskriterium nach lit c ist der Belegenheitsort der unbeweglichen Sache. Der Begriff des dinglichen Rechts wird wegen des historischen Zusammenhangs iE wie in *ex Art 28 EGBGB* ausgelegt. Erfasst werden Verträge über die Übertragung des Eigentums an Grundstücken ebenso wie für Nutzungsverträge (Ddorf NJW-RR 98, 1159), auch bei atypischer Gegenleistung (AnwK/*Leible*, Art 28 Rz 54), ebenso Wohnungen und einzelne Räume. Erfasst werden weiter alle Rechte beim Grundstückskauf, Erbbaurechte und Grunddienstbarkeiten (Nutzung, Miete, Pacht für Dauerwohnrechte; BGH NJW-RR 96, 1034). Nicht erfasst sind hingegen: Verträge, die Werkleistungen, insb Bauverträge, zu Grundstücken betreffen (BGH NJW 99, 2442); obligatorische Rechte (zum Erwerb einer dinglich gesicherten Forderung: BGH NJW-RR 05, 206) oder Verpflichtungen zur Bestellung dinglicher Sicherungsrechte (dazu Köln IPRax 85, 161). Von den Gerichten noch nicht entschieden ist die Frage, ob mitverkauftes Zubehör als bewegliche Sache angesehen werden soll (dafür *Fetsch*, RNotZ 07, 456, 458). Für dingliche Rechtsgeschäfte in Erfüllung schuldrechtlicher Verträge gilt dagegen stets lex rei sitae (vgl Art 43 EGBGB Rn 5, 9 ff). Für die Zuordnung einzelner Verträge s. **Anhang zu Art 4**. Ergänzt wird lit c durch lit d.

13 **4. Miete und Pacht unbeweglicher Sachen bis zu sechs Monaten (Abs 1 lit d).** Für Miet- oder Pachtverträge über unbewegliche Sachen ist nicht der Belegenheitsort nach lit c, sondern der gewöhnliche Aufenthalt (Art 19) des Vermieters oder Verpächters nach lit d maßgeblich, wenn (i) der Vertragszeitraum 6 aufeinander folgende Monate nicht überschreitet, (ii) die Sache für den privaten Gebrauch überlassen wird und (iii) der Mieter bzw Pächter eine natürliche Person mit gewöhnlichem Aufenthalt in demselben Staat ist. Damit reagiert lit d auf die inhaltlichen Vorgaben des Art 22 Nr 1 S 2 EUGVO (*Leible/Lehmann* RIW 08, 528, 535; zur Kritik *Mankowski* IHR 08, 133, 139). Teils wird die Beschränkung auf natürliche Personen bedauert (*Mankowski* IPrax 06, 101, 104). Sonderregelungen gelten für Time-Sharing-Verträge. Für die Zuordnung einzelner Verträge s. **Anhang zu Art 4**.

14 **5. Franchiseverträge (Abs 1 lit e).** Die bisher umstrittene Frage, ob bei Franchiseverträgen auf den Sitz des Franchisegebers oder den Sitz des Franchisenehmers anzuknüpfen ist, ist nun durch die starre Anknüpfung an den gewöhnlichen Aufenthalt (Art 19) des Franchisenehmers entschieden, obwohl dieser **nicht** die charakteristische Leistung erbringt. Grund hierfür ist der Schutz des Franchisenehmers als schwächere Vertragspartei (s. Erw 23 und die Begründung zum Rom I-VO-V, KOM(2005) 650, 6; *Leible/Lehmann* RIW 08, 528, 535). Für die Zuordnung einzelner Verträge s. **Anhang zu Art 4**.

15 **6. Vertriebsverträge (Abs 1 lit f).** Da das materielle Unionsrecht den Vertriebshändler als schwächere Partei ansieht (s. Erw 23 und die Begründung zum Rom I-VO-V, KOM(2005) 650, 6), knüpft lit f an dessen gewöhnlichen Aufenthalt (Art 19) an. Damit sollte eine französische Fehlrechtsprechung korrigiert werden (*Mankowski* IHR 08, 133, 138). Für die Zuordnung einzelner Verträge s. **Anhang zu Art 4**.

16 **7. Versteigerung beweglicher Sachen (Abs. 1 lit g).** I lit g ist lex specialis zu lit a für Kaufverträge über bewegliche Sachen durch Versteigerung. Er knüpft an den Versteigerungsort an. Für Versteigerungen im Internet wurde I lit g aE vorgesehen. Kann der Versteigerungsort nicht bestimmt werden, findet II Anwendung, ggf korrigiert durch III (*Leible/Lehmann* RIW 08, 528, 535). Für die Zuordnung einzelner Verträge s. **Anhang zu Art 4**.

17 **8. Verträge innerhalb eines multilateralen (Finanz-)Handelssystems (Abs 1 lit h).** Von I lit h werden Verträge erfasst, die innerhalb eines multilateralen Handelssystems iSd RL 2004/39/EG (MiFID-RL; EG-RL über Märkte für Finanzinstrumente v 21.4.04 (MiFID) ABlEU Nr. L 145 1, geändert ABl EU Nr L 76 33) geschlossen wurden (hierzu *Einsele*, WM 09, 289, 291; *Pfeiffer* EuZW 08, 622, 625; *Leible/Lehmann* RIW 08, 528, 535). Erfasst werden sowohl der geregelte Markt klassischer Börsen als auch elektronische Handelsplattformen (wie die Computerbörse Eurex), nicht aber Warenbörsen (*Leible/Lehmann* RIW 08, 528, 535). Anknüpfungsmerkmal ist nach I lit h das Recht des Handelssystems (zur Vielfältigkeit dieses Begriffs *Mankowski* IHR

08, 133, 138f). Gem Nr 5.1 der Bedingungen für den Handel an der Eurex Deutschland und der Eurex Zürich ist demnach deutsches Recht anwendbar. Für die Zuordnung einzelner Verträge s. **Anhang zu Art 4.**

II. Regelanknüpfung (Abs 2): Grundsatz der charakteristischen Leistung (Abs 2). Die Regelanknüpfung des II entspricht *ex Art 28 II (1. Teil) EGBGB* mit dem wesentlichen Unterschied, dass II als fester Regel der ausdrückliche Vermutungscharakter fehlt; nur bei offensichtlich engerer Verbindung mit einer anderen Rechtsordnung wird die Regel nach III durchbrochen. Ggü Abs 1 ist er subsidiär, sodass sich sein Anwendungsbereich auf **zwei Fallgruppen** beschränkt: Der zwischen den Parteien geschlossene Vertrag entspricht (1) keiner oder (2) nur in einzelnen Teilen der in I typisierten Vertragsarten. Erfasst werden sollen insb komplexere Verträge, die sich nicht einem bestimmten Bereich zuordnen lassen oder deren vertragliche Leistungen insgesamt als charakteristisch zu qualifizieren sind (Erw 19 S 3, Begründung zum Rom I-VO-V, KOM(2005) 650, 6). Bei komplexeren Verträgen ist der **Schwerpunkt des Vertrages** für die Anknüpfung nach II maßgebend (Erw 19; *Clausnitzer/Woopen* BB 08, 1798, 1800). 18

Anknüpfungsmerkmal des II ist der gewöhnliche Aufenthalt (Art 19) des Erbringers der charakteristischen Leistung. Als maßgeblicher Zeitpunkt ist auf den Vertragsschluss abzustellen (Ferrari/Leible/*Ferrari*, 58, 64). Der Begriff der charakteristischen Leistung ist autonom auszulegen. Er basiert historisch auf dem in *ex Art 28 II EGBGB* bzw Art 4 II EVÜ und vorher bereits in verschiedenen kontinentaleuropäischen Rechtsordnungen verwendeten Begriff (dazu BTDrs 10/503/*Giuliano* 52 ff; zur frühen Rspr in Deutschland BGHZ 61, 221; NJW 81, 1905; Hambg RIW 78, 615; Köln RIW 80, 877). Als charakteristisch gilt die Leistung unter einem Vertrag, die ihn dann von anderen Vertragstypen unterscheidet (Soergel/*v Hoffmann* Art 28 Rz 23). Dies ist regelmäßig nicht die Zahlungspflicht; es wird auf die Hauptpflicht abgestellt. IdR steht nicht die unentgeltliche Leistung vertragstypisch im Vordergrund, auch wenn eine Leistung entgeltlich oder unentgeltlich erbracht werden kann. Bei unentgeltlichen Verträgen gibt es meist nur eine Hauptleistung (dazu insgesamt MüKo/*Martiny*, Art 4 Rz 148). II unterstellt den Gesamtvertrag einem einheitlichen Vertragsstatut (s. Art 12 Rn 5). Für die Zuordnung einzelner Verträge zu II s. **Anhang zu Art 4.** 19

III. Ausweichklausel: offensichtlich engere Verbindung (Abs 3). Obwohl im Rom I-VO-V zunächst nicht vorgesehen, wurde in III eine Ausweichklausel aufgenommen. Auf sie sollte zunächst zum Zwecke der Rechtssicherheit verzichtet werden, um den Grundsatz der charakteristischen Leistung in Art 4 II zu stärken und keine Missbrauchsmöglichkeit im Wege des Entscheidungsspielraums zu eröffnen (*Martiny* ZEuP 08, 79, 93). Der angestrebte Verzicht auf die Ausweichklausel wurde mit Blick auf die Flexibilität und Einzelfallgerechtigkeit stark kritisiert (MPI RabelsZ 07, 225, 256ff; *Leible/Lehmann* RIW 08, 528, 536). Mit Erfolg: III dient der Einzelfallkorrektur der nach I und II erlangten Ergebnisse für den Fall, dass der Vertrag eine **offensichtlich engere Verbindung** zu einem anderen Staat aufweist. Im Gegensatz zur Ausweichklausel von *ex Art 28 V EGBGB* muss die engere Verbindung jedoch „offensichtlich" sein, was wiederum auf die durch die Rom I-VO intendierte Rechtssicherheit zurückzuführen ist. Konkretes Vorbild war Art 4 III Rom II-VO (*Mankowski* IHR 08, 133, 137). „Offensichtlich" meint nicht die Feststellbarkeit, sondern eine „rechtliche Gewichtigkeit" (*Pfeiffer*, EuZW 08, 622, 626), eine engere Verbindung, die **„evident", „manifest"** ist (*Mankowski* IHR 08, 133, 137). Dieses Kriterium wird durch die Rechtsprechung zu entwickeln sein. 20

21

IV. Auffangklausel: Grundsatz der engsten Verbindung (Abs 4). Der früher in *ex Art 28 I EGBGB* als Grundregel dienende **Grundsatz der engsten Verbindung** wird in IV **nur noch hilfsweise** heran gezogen. Auch die engste Verbindung ist dabei objektiv zu bestimmen. Welche Umstände bei der Ermittlung der engsten Verbindung einbezogen werden, ist Auslegungsfrage und bedeutet eine Gesamtschau der Berührungspunkte mit einer Rechtsordnung (dazu eingehend MüKo/*Martiny* Art 4 Rz 268–281; s. hierzu auch *ex Art 28 EGBGB* Rn 4–7). Ua sind auch die Parteiinteressen zu berücksichtigen (dazu BGH NJW 76, 1581), die im Einzelfall ermittelt und gegeneinander abgewogen werden (vgl BGHZ 19, 110). Unter anderem soll dabei der Umstand, ob der betreffende Vertrag in einer sehr engen Verbindung zu einem oder mehreren anderen Verträgen steht, Berücksichtigung finden (Erw 21). 22

Anhang zu Art 4 Rom I-VO: Spezifizierte und andere Vertragstypen

Mangels Rechtswahl beginnt die objektive Anknüpfung mit einer Zuordnung des Vertrages zu einer der im Katalog von Art 4 II spezifizierten Vertragsarten, die unionsrechtlich autonom auszulegen sind (s. Vor IntSchVR Rn 12). Diese Liste enthält eine **Auswahl** häufig verwendeter – innerhalb der EU zT unterschiedlich ausgestalteter – Verträge und anderer Rechtsgeschäfte, und ordnet sie entweder einer der acht Vertragstypen der Regelanknüpfung des Art 4 I oder der Regelanknüpfung des II zu. Dabei wird idR von der **deutschen Erscheinungsform** ausgegangen und diese unter Berücksichtigung der bisherigen kollisionsrechtlichen Einordnung nach dem EVÜ bzw *ex Art 27 ff EGBGB* eine Zuordnung zu den **unionsrechtlichen Kategorien** vorgenommen. Bei gemischten Verträgen wird regelmäßig II einschlägig sein, soweit es möglich ist, eine Leistung als charakteristisch zu bestimmen. Unberührt bleiben im Einzelfall die **Ausweichklausel des III** sowie die **Auffangklausel des IV.** Soweit die Rom I-VO für einzelne Vertragsarten **besondere Anknüpfungsregeln** 1 bereit hält, wird darauf verwiesen. Die Liste weist als erstes die entsprechende Zuordnung in Fettdruck aus. Im Einzelnen wird die Zuordnung im Laufe der Jahre von der Rechtsprechung und Lehre zu konkretisieren und weiter zu entwickeln sein.

2   **1. Abstraktes Schuldversprechen (Abs 2).** Der das abstrakte Schuldversprechen Abgebende erbringt die charakteristische Leistung. Die Einordnung entspricht der objektiven Anknüpfung nach *ex Art 28 EGBGB* an das Recht dessen, der ein solches abstraktes Schuldanerkenntnis abgibt (zu *ex Art 28 EGBGB* vgl. *Wenzel*, Rechtsfragen internationaler Konsortialkreditverträge, 2006, 430; Soergel/*v Hoffmann* Art 28 Rz 314).

3   **2. Abtretungsvertrag (Art 14).** Nach Art 14 I ist das Recht des Kausalgeschäfts maßgeblich (s. die Kommentierung zu Art 14).

4   **3. Anlagenbauvertrag (Abs 1 lit a).** Auf Anlagenbauverträge, also auf Verträge, die die schlüsselfertige Herstellung einer Anlage (**turn-key contract**) zum Gegenstand haben, findet häufig das CISG Anwendung, wenn die Lieferung im Vordergrund steht. In der Praxis wird regelmäßig eine ausdrückliche Rechtswahl getroffen und/oder auf Standardklauseln (zB FIDIC) verwiesen. IÜ gilt die objektive Anknüpfung an das Recht am gewöhnlichen Aufenthalt (Art 19) des Unternehmers, der die Anlage zu erstellen hat (ausf *Martiny*, BauR 08, 242, 246 f). Ergänzend ist ggf. zwingendes (auch ausländisches) Recht nach Art 9 zu beachten.

5   **4. Anwaltsvertrag (Abs 1 lit b).** Der Anwaltsvertrag beurteilt sich nach dem Recht am gewöhnlichen Aufenthalt des Rechtsanwalts.

6   **5. Architekten- und Ingenieursverträge.** Sofern nicht Art 6 greift (dazu MüKo/*Martiny* Art 4 Rz 36), ist das Recht des Niederlassungsstaats des Architekten bzw des Ingenieurs anwendbar. Die Anwendung der HOAI ist über Art 9 II denkbar (str, vgl MüKo/*Martiny* Art 4 Rz 37).

7   **6. Auftrag und Geschäftsbesorgung (Abs 1 lit b),** auch für den Fall des Auftrags (zum Auftrag als Dienstleistungsvertrag iSd Art 5 EuGVO *Berlioz* Clunet 135 (2008), 714 ff). Es gilt das Recht des gewöhnlichen Aufenthalts des Beauftragten oder des Geschäftsbesorgers.

8   **7. Auslobung (Abs 2).** Bei Auslobungen – einem einseitigen Leistungsversprechen, auf das die Rom I-VO nach dem weiten unionsrechtlichen Vertragsbegriff anzuwenden ist (Vor IntSchVR Rn 4) – gilt das Recht am gewöhnlichen Aufenthaltsort (Art 19) des Auslobenden.

9   **8. Bankgeschäfte (Abs 1 lit b),** sofern nicht ein Vertrag iRe multilateralen Systems nach lit h vorliegt. Bei objektiver Anknüpfung gilt das Recht des Staates, in dem die leistende Niederlassung der Bank liegt (so auch frühere Rechtslage, BGH WM 04, 1177 Köln RIW 93, 1023; München RIW 96, 330; Ddorf RIW 96, 155; LG Aachen RIW 99, 304). Art 6 ist zu beachten. Das Diskontgeschäft unterliegt dem Recht der ankaufenden Bank, ebenso wie auch das Einlagengeschäft dem Recht der annehmenden Bank unterliegt. Für Factoring s. Rn 20.

10   **9. Bauträgervertrag (Abs 1 lit c).** Bauträgerverträge umfassen die Verschaffung des Eigentums am Grundstück. Es ist deshalb das Recht des Belegenheitsortes maßgeblich (*Martiny*, BauR 08, 241, 246; *Fetsch* RNotZ 07, 456, 471).

11   **10. Bauvertrag (Abs 1 lit b).** Bauverträge unterstehen dem Recht am gewöhnlichen Aufenthalt des Bauunternehmers (so auch schon unter *ex Art 28 EGBGB*, vgl BGH NJW 99, 2442; Hamm NJW-RR 96, 1144), auf den Ort der Bauleistung kommt es nicht an. Überwiegt das kaufrechtliche Element, kommt das CISG zur Anwendung (*Martiny*, BauR 08, 241, 242). Ergänzend kann Art 9 für Einzelfragen zur Anwendung fremden Rechts führen.

12   **11. Beförderungsverträge (Art 5).** S Vor IntSchVR Art 5 Rn 1 f.

13   **12. Beherbergungsvertrag (Abs 1 lit b).** Beherbergungsverträge unterliegen dem Recht am gewöhnlichen Aufenthaltsort (Art 19) des Gastwirts (zu der gleichen Rechtslage unter *ex Art 28 EGBGB* vgl LG Hamburg IPRspr 91 Nr 33 69; AG Bernkastel-Kues IPRspr 93 Nr 28 74), also idR dem Recht am Unterkunftsort. Dies gilt nach Art 19 III selbst, wenn die Niederlassung nur unselbstständiger Teil der Hotelkette ist (vgl MüKo/*Martiny* Art 4 Rom I-VO Rz 45 mwN). Für **Pauschalreisen** ist Art 6 IV lit a zu beachten. Auf sachrechtlicher Ebene ist für die Haftung von Gastwirten das Europaratsübereinkommen über die **Haftung der Gastwirte** für die von ihren Gästen eingebrachten Sachen v 17.12.62 (BGBl 66 I 181), das ua in Belgien, Frankreich, Italien, dem Vereinigten Königreich und Zypern gilt und in Deutschland in die §§ 701 ff BGB aufgenommen wurde. Es gilt in Deutschland damit als deutsches Recht nur indirekt, wenn deutsches Recht Vertragsstatut ist.

14   **13. Beratungsvertrag (Abs 1 lit b).** Der Beratungsvertrag beurteilt sich nach dem Recht am gewöhnlichen Aufenthalt des Beratenden.

14. Börsen- und Börsentermingeschäfte (Abs 1 lit h oder b). Börsengeschäfte innerhalb eines multilateralen Systems iSd Erw, 18 Art 4 MiFID-RL unterfallen I lit h (s.o. Art 4 Rn 16). Dagegen unterfallen Geschäfte zwischen Brokern (Börsenmaklern) und Kunden (Auftraggebern) lit b. Die charakteristische Leistung erbringt der Broker, so dass das Recht an seinem gewöhnlichen Aufenthaltsort (Art 19) gilt (vgl auch Palandt/*Thorn* Art 4 Rz 21). **15**

15. Bürgschaften (Abs 2). Bei Bürgschaften gilt bei objektiver Anknüpfung das Recht am gewöhnlichen Aufenthaltsort des Bürgen (Art 19), Palandt/*Thorn*, Art 4 Rz 27. **16**

16. Consultingvertrag. S Beratungsvertrag (Rn 39). **17**

17. Darlehen (Abs 2). Da der Darlehens- bzw Kreditgeber die Partei ist, die die charakteristische Leistung erbringt, ist der gewöhnliche Aufenthalt des Darlehens- oder Kreditgebers maßgebend (zu der gleichen Rechtslage unter Art 28 EGBGB vgl Ddorf NJW-RR 95, 756; LG Hamburg NJW-RR 95, 183; München RIW 96, 329; Ddorf NJW-RR 98, 1146; Hamm RIW 99, 540; Celle IPRax 99, 456). Allerdings hat Art 6 I, sofern einschlägig, Vorrang. **18**

18. Dienstleistungsvertrag (Abs 1). S.o. Art 4 Rn 11. **19**

19. Factoringvertrag (Abs 1). Für das echte und unechte Factoring gilt das **UNIDROIT-Üb von Ottawa** über das internationale Factoring (BGBl 98 II 172); Vertragsstaaten sind ua Deutschland, Frankreich, Italien, Lettland, Nigeria, Ukraine und Ungarn. IÜ gilt bei objektiver Anknüpfung das Recht am gewöhnlichen Aufenthalt des Factors, also der Bank (so auch schon unter ex Art 28 EGBGB, vgl Staud/*Magnus* Art 28 Rz 536 mwN). Bei der **Forfaitierung** kommt das Recht am Niederlassungsort bzw gewöhnlichen Aufenthalts des Forfaiteurs zur Anwendung (MüKo/*Martiny* Art 4 Rz 86). **20**

20. Filmproduktions- und/oder -verwertungsvertrag (Abs 1 lit a, S 2, 4). Bei Filmproduktionsverträgen und Filmverwertungsverträgen erfolgt die objektive Anknüpfung an das Recht des gewöhnlichen Aufenthaltsortes (Art 19) des Produzenten bzw der Partei, die ihre urheberrechtliche Position überträgt (vgl MüKo/*Martiny* Art 4 Rz 212). **21**

21. Franchisevertrag (Abs 1 lit e). S.o. Art 4 Rn 14. Die Abgrenzung zu anderen Vertriebsverträgen kann schwierig sein. **22**

22. Garantien (Abs 2). Bei objektiver Anknüpfung untersteht der Garantievertrag – auch der Bankgarantievertrag – dem Recht des gewöhnlichen Aufenthalts (Art 19) des Garanten, da er die charakteristische Leistung erbringt (zu der gleichen Rechtslage nach ex Art 28 EGBGB vgl BGH NJW 96, 54; 96, 2569). **23**

23. Generalunternehmer und -übernehmervertrag (Abs 2). Es gilt das Recht des gewöhnlichen Aufenthaltsortes (Art 19) des Generalunternehmers bzw -übernehmers (zur Abgrenzung beider Vertragstypen *Martiny* BauR 08, 241, 244). **24**

24. Gerichtsstandsvereinbarung. Nach **Art 1 II lit e** sind Gerichtsstandsvereinbarungen vom sachlichen Anwendungsbereich der Rom I-VO ausgeschlossen. Da ex Art 27ff EGBGB seit 17.12.09 aufgehoben sind (s. Vor IntSchVR Rn 1), sind nach diesem Datum abgeschlossene Gerichtsstandsvereinbarungen nach allgemeinen Rechtsgrundsätzen des Internationalen Privatrechts anzuknüpfen. Danach gilt **akzessorisch** das Recht des Hauptvertrags (vgl. Vor IntSchVR Rn 1). **25**

25. Geschäftsbesorgung (Abs 1 lit b). S. „Auftrag und Geschäftsbesorgung" (Rn 7). **26**

26. Geschäftsführung ohne Auftrag (GoA). Art 1 Abs 1 Rom II-VO. **27**

27. Gesellschaftsvertrag. (Art 1 Abs 1 lit f) schließt den Anwendungsbereich der Rom-I-VO für die gesellschaftsrechtlichen Fragen aus. Eine Ausnahme gilt für **stille Gesellschaften** als nur interne Beteiligungen an einer Gesellschaft sowie für **Gelegenheitsgesellschaften** und **Binnengesellschaften**. Insofern greift nach IV das Recht der engsten Verbindung, da es an einer charakteristischen Leistung iSd II fehlt (Palandt/*Thorn*, Art 4 Rz 60 IntGesR Rn 6). **28**

28. Gewinnzusage (Abs 2). Auf die Gewinnzusage – einem einseitigen Leistungsversprechen, auf das die Rom I-VO nach dem weiten unionsrechtlichen Vertragsbegriff anzuwenden ist (Vor IntSchVR Rn 12) – ist das Recht am gewöhnlichen Aufenthaltsort (Art 19) des Gewinnzusagenden anzuwenden. **29**

29. Grundstückskaufvertrag (Abs 1 lit c). Nach I lit c ist das Recht des Staates anwendbar, in dem das Grundstück belegen ist. Dies gilt für Verpflichtungsgeschäfte. Die Eigentumsübertragung richtet sich nach der lex rei sitae (Sachenrecht, im deutschen Recht: Art 43, 46 EGBGB, vgl BGHZ 73, 391; Art 43 EGBGB Rn 6; Palandt/*Thorn* Art 4 Rz 16). **30**

30. Handelsvertretervertrag. (Abs 1 lit f) (Vertriebsvertrag). Bei objektiver Anknüpfung gilt das Recht am gewöhnlichen Aufenthalt (Art 19) des Handelsvertreters, da er die vertragscharakteristische Leistung erbringt. **31**

§ 89b HGB ist zwingende Vorschrift iSd Art 3 III und 4 sowie Art 9 (vgl EuGH Urt v 9.11.00 – C-381/98 Slg 00, I-9305). Außerhalb Deutschlands kann l it f nach Art 25 I durch das Haager Üb über das auf Vertreterverträge und die Stellvertretung anzuwendende Recht v 14.3.78 (RabelsZ 43 (1979) 176 ff) verdrängt werden. Deutschland hat das Üb nicht ratifiziert, es gilt aber ua in Frankreich, Portugal und den Niederlanden und ist dort auch ggü Nichtvertragsstaaten anzuwenden.

32 31. Hinterlegung (Abs 1 lit b). Bei der Hinterlegung ist mangels Rechtswahl das Recht am gewöhnlichen Aufenthalt (Art 19) der Hinterlegungsstelle maßgeblich (zu der iE gleichen Rechtslage unter *ex Art 28 EGBGB* vgl Soergel/*v Hoffmann* Art 28 Rz 223).

33 32. Immaterialgüterrechte (Abs 1 S 2, 4). Das Immaterialgüterrecht, also das Urheber-, Patent-, Erfindungs- und Markenrecht ist weitgehend durch **internationales Einheitsrecht** geregelt. Für die zu schützenden Rechte gilt grds das Recht des Schutzlandes (BGHZ 126, 252; 136, 380). Für urhebervertragsrechtliche Verfügungen wird das Vertragsstatut angewandt (München GRUR 53, 302). Das für die schuldvertragsrechtlichen Verpflichtungen geltende Recht ist jedoch nach den Regeln des internationalen Privatrechts zu bestimmen, also nach Art 3 f. Die zwingenden Vorschriften des § 32b UrhG sind ggf nach Art 3 III S 4 oder Art 9 zu beachten.

34 33. Internetvertrag (Abs 1 S 2, 3, 4). Verträge, die über das Internet abgeschlossen werden, und auch Verträge, die spezifische Dienstleistungen im Zusammenhang mit dem Internet betreffen, werden unter dem Begriff der Internetverträge zusammengefasst. Sofern es nicht zu einer Rechtswahl kommt, unterliegen Verträge, die über das Internet abgeschlossen werden, der objektiven Anknüpfung nach Art 4. Die Tatsache, dass der Vertrag über Internet zustande kommt, führt nicht notwendigerweise zu einem Abweichen von der sonst gebotenen Anknüpfung an den gewöhnlichen Aufenthalt (Art 19). Somit ist zu prüfen, ob ein Fall der spezifizierten Vertragsanknüpfung nach I vorliegt (zB ein Versteigerungsvertrag (**ebay**) iSv lit g). Sofern dies nicht der Fall ist, ist die charakteristische Leistung nach II festzustellen und hilfsweise auf die engste Verbindung nach IV abzustellen. Zum Vertragsschluss im Internet vgl *Mankowski*, RabelsZ 63 (1999) 203. Das TelemedienG ist ggfs zu beachten. Bei Verträgen über spezifische Internetleistungen kommt es idR auf das Recht am Niederlassungsort des Providers an, der die charakteristische Leistung erbringt (MüKo/*Martiny* Art 4 Rz 237).

35 34. Joint-Venture-Vertrag (Abs 4 oder Internationales Gesellschaftsrecht). Der Joint-Venture-Vertrag ist ein Kooperationsvertrag, der entweder ausschließlich schuldrechtlich ausgestaltet ist (*contractual joint venture*) oder unter anderem zur Gründung eines rechtlich selbständigen Gemeinschaftsunternehmens führt (*equity or capital joint venture*). Der Joint-Venture-Vertrag unterfällt regelmäßig einer eigenständigen vertragsrechtlichen Anknüpfung nach IV und ist insoweit wie ein **Kooperationsvertrag** zu behandeln. Wird unter dem Joint-Venture-Vertrag ein rechtlich selbständiges Gemeinschaftsunternehmen gegründet, ist nur insoweit Internationales Gesellschaftsrecht anzuwenden (s. IntGesR, Rn 7).

36 35. Kaufvertrag (Abs 1 lit a). S.o. Art 4 Rn 10.

37 36. Kommissionsvertrag (Abs 1 lit b). Es gilt idR das Recht des gewöhnlichen Aufenthaltsorts (Art 19) des Kommissionärs, weil seine Tätigkeit die vertragstypische Leistung darstellt (vgl zu der Rechtslage unter *ex Art 28 EGBGB* BGH NJW-RR 03, 1582).

38 37. Kooperationsvertrag (Abs 4). Bei Verträgen über gemeinsames Wirken zur Erreichung eines gemeinsamen Zwecks ohne Bildung einer Gesellschaft fehlt es idR an einer charakteristischen Leistung, so dass nach IV auf das Recht des Ortes abzustellen sein kann, an dem die Kooperation stattfinden soll, unter Würdigung aller Anknüpfungsmerkmale (MüKo/*Martiny* Art 4 Rz 306). Bei Gründung eines **Gemeinschaftsunternehmens** erfolgt die Anknüpfung nach IV, da idR nicht die Leistung einer Seite den Vertrag charakterisiert (MüKo/*Martiny* Art 4 Rz 307, 308).

39 38. Lagervertrag (Abs 1 lit b). Das Lagergeschäft richtet sich bei objektiver Anknüpfung nach dem Recht des gewöhnlichen Aufenthaltsort (Art 19) des Lagerhalters, da seine Leistung den Vertrag charakterisiert. Für den internationalen Lagervertrag ist jedoch das nach Art 25 ggf vorrangige UNIDROIT-Üb vom 19.4.91 zu beachten. Dieses Übereinkommen betrifft die Verwahrung von Gütern vor, während oder nach einer internationalen Beförderung.

40 39. Leasing (Abs 1 lit b oder c). Es gilt grds nach **lit b** das Recht am gewöhnlichen Aufenthaltsort (Art 19) des Leasinggebers, da dieser die charakteristische Leistung erbringt. Dies gilt sowohl für das **Finanzierungsleasing**, also bei der Beteiligung einer Bank, als auch das **Operating Leasing**, also den einfachen Leasingvertrag über Mobilien (hierzu insgesamt MüKo/*Martiny* Art 4 Rz 31 ff mwN). Für das Finanzierungsleasing ist das **Üb von Ottawa** über das internationale Finanzierungsleasing v 28.5.88 (RabelsZ 51 (1987) 730) zu beachten, das vereinheitlichtes Sachrecht enthält. Auch wenn Deutschland nicht Vertragsstaat ist, kann es über eine Verweisung auf das Recht eines Vertragsstaates (ua Frankreich, Italien, Russland, Lettland und Ungarn) zur Anwendung kommen. Für das **Immobilienleasing** greift nach **I lit c** das Recht des Belegenheitsorts.

40. Leihe (Abs 2 oder Abs 1 lit c). Bei Leihe von beweglichen Sachen gilt das Recht am gewöhnlichen Aufenthaltsort (Art 19) des Verleihers nach II. Für die Leihe von Grundstücken gilt das Recht am Belegenheitsort I lit c.

41. Letter of Intent (Abs 2 oder 4). Der Letter of Intent entspricht ebenso wenig wie der Vorvertrag einer scharf umrissenen Rechtsfigur. Auf die Ausführungen zum Vorvertrag (Rn 66) wird verwiesen.

42. Lizenzvertrag (Abs 2). Bei Lizenzverträgen, die gegen Zahlung einer Lizenzgebühr die Ausnutzung eines gewerblichen Schutzrechts des Lizenzgebers ermöglichen, erfolgt die objektive Anknüpfung an das Recht am gewöhnlichen Aufenthaltsort des Lizenzgebers (vgl zu weiteren Ansichten MüKo/*Martiny* Art 4 Rz 222).

43. Lotterie- und Ausspielvertrag (Abs 1 lit b). Der Lotterie- und Ausspielvertrag ist ein Dienstleistungsvertrag unterliegt nach I lit b dem Recht am gewöhnlichen Aufenthaltsort (Art 19) des Veranstalters (MüKo/*Martiny,* Art 4 Rz 93).

44. Maklervertrag (Abs 1 lit b). Es ist der gewöhnliche Aufenthalt (Art 19) des Maklers entscheidend (vgl zu der Rechtslage unter *ex Art 28 EGBGB* LG Frankf RIW 94, 778).

45. Managementvertrag (Abs 1 lit b oder Abs 3). Beim Managementvertrag kommt es auf dessen Gegenstand an. Grds gilt I lit b. Danach ist das Recht am gewöhnlichen Aufenthaltsort des Managers anwendbar (Bsp: befristetes Interim-Management). Wird dem Manager die Kontrolle und eigene Verantwortlichkeit für ein Unternehmen oder eine Betriebsstätte nachhaltig überantwortet, kann eine nach III zu beachtende engere Verbindung zu dem Recht des gewöhnlichen Aufenthalts des betreuten Unternehmens bestehen als zu dem Recht des gewöhnlichen Aufenthalts des Managers (vgl auch MüKo/*Martiny* Art 4 Rz 44).

46. Mietvertrag über bewegliche Sachen (Abs 2). Der Vermieter erbringt die charakteristische Leistung.

47. Mietvertrag über unbewegliche Sachen (Abs 1 lit c und d). Bei Mietverträgen mit einer Laufzeit von bis zu 6 Monaten gilt lit d (s.o., Art 4 Rn 13.), iÜ gilt lit c (s.o., Art 4 Rn 12).

48. Pachtvertrag (Abs 1 lit c und d sowie Abs 2). Bei Pachtverträgen über *unbewegliche* Sachen mit einer Laufzeit von bis zu 6 Monaten gilt lit d (s.o., Art 4 Rn 13), iÜ gilt lit c (s.o., Art 4 Rn 12). Bei anderen Pachtverträgen (zB Verpachtung eines Unternehmens) gilt II.

49. Patronatserklärung (Abs 2). Bei Patronatserklärungen – einem einseitigen Leistungsversprechen, auf das die Rom I-VO nach dem weiten unionsrechtlichen Vertragsbegriff anzuwenden ist (Vor IntSchVR Rn 12) – gilt das Recht am gewöhnlichen Aufenthaltsort (Art 19) der erklärenden Muttergesellschaft (zu der identischen Rechtslage nach *ex Art 28 EGBGB* vgl Staud/*Magnus* Art 28 Rz 510; vgl Frankf IPRspr 79 Nr 10 b 47; LG Berlin IPRax 00, 526).

50. Reisevertrag (Abs 1 lit b). Eine materielle Rechtsangleichung ist aufgrund der europäischen Pauschalreise-Richtlinie (RL 90/314 Abl EG 1990 Nr L 158 59) erfolgt, sie ist in den §§ 651a ff BGB umgesetzt. Die objektive Anknüpfung erfolgt nach dem Recht am gewöhnlichen Aufenthaltsort (Art 19) des Veranstalters (KG IPRspr 94 Nr 21 b 57). Bei Pauschalreisen ist Art 6 IV lit b zu beachten.

51. Schenkung (Abs 2 oder Abs 1 lit c). Die charakteristische Leistung erbringt der Schenker (Köln NJW-RR 94, 1026). Im Regelfall ist daher nach II das Recht seines gewöhnlichen Aufenthaltsorts anwendbar. Bei Schenkungen über Grundstücke ist jedoch nach I lit c das Recht des Belegenheitsortes anwendbar.

52. Schiedsgerichtsvereinbarung. Nach **Art 1 II lit e** sind Schiedsvereinbarungen vom Anwendungsbereich der Rom I-VO ausgenommen. Überwiegend gilt **völkervertragliches Kollisionsrecht** (Art V I lit a UNÜ (ggf über § 1061 ZPO); Art VI II EuÜ; vgl zB Brödermann/Rosengarten/*Rosengarten* Rz 609; Reithmann/Martiny/*Hausmann* Rz 6611 ff).

53. Spiel (Abs 4). Die engste Verbindung besteht idR mit dem Recht am Ort der Durchführung bzw des Abschlusses, da dort beide Parteien das Risiko auf sich nehmen. S. auch § 762 BGB Rn 9 f; § 763 BGB Rn 4.

54. Subunternehmervertrag (Abs 1 lit b). Maßgeblich ist das Recht der Niederlassung des Subunternehmers. Dies setzt eine gesonderte Anknüpfung des Subunternehmervertrages voraus (s. MüKo/*Martiny* Art 4 Rz 38). Im Hinblick auf Erw 20 S 2 kommt im Einzelfall nach III eine akzessorische Anknüpfung an den Hauptvertrag in Betracht.

55. Tausch/Kompensation (Abs 4). Die Anknüpfung ist, da Leistung und Gegenleistung regelmäßig gleichwertig sind, nach allg Kriterien des IV für den Gesamtvertrag vorzunehmen (MüKo/*Martiny* Art 4 Rz 302). Beim Grundstückstausch kann der Ort der Beurkundung zu berücksichtigen sein (so zu *ex Art 28 EGBGB* LG Amberg IPRax 82, 29).

56. Teledienste (Abs 1 lit b). Bei Telediensten ist das TelemedienG zu beachten. Dabei ist die Wirkung seines in § 3 I bestimmten Herkunftslandsprinzips umstr. Die Anknüpfung soll dennoch nach den allg Regeln des Kollisionsrechts für den jeweiligen Vertrag erfolgen (MüKo/*Martiny* Art 9 Anh III Rz 26), da das Teleme-

58 **57. Time-Sharing-Verträge (Art 46b Abs 3 EGBGB).** Für Time-Sharing-Verträge, die ein zeitweiliges Nutzungs- bzw Wohnrecht an einer Immobilie einräumen, sieht die Time-Sharing-RL 94/47/EG v 26.10.94 (Abl EG 1994 Nr L 280/83) einen EU-weiten Schutzstandard vor. Die Wirkungen einer Rechtswahl sind begrenzt, wenn das Objekt des Time-Sharing im Hoheitsgebiet eines Mitgliedstaates der EU oder des EWR liegt und der Vertrag dem Recht eines Drittstaates unterliegt. Mangels Rechtswahl unterliegen Verträge über Rechte an Ferienwohnungen idR dem am Ort der Immobilie geltenden Recht (MüKo/*Martiny* Art 4 Rz 110). Die Einräumung dinglicher Rechte richtet sich ebenfalls nach der lex rei sitae. Wird die Nutzung über eine Mitgliedschaft in Gesellschaften oder Vereinen vermittelt, untersteht das schuldrechtliche Geschäft zum Erwerb des Gesellschaftsanteils mangels Rechtswahl dem allg Vertragsstatut, regelmäßig also dem Recht am Sitz des Verkäufers Vgl eingehend MüKo/*Martiny* Art 4 Rz 108 ff.

59 **58. Unternehmenskaufvertrag (Abs 1 lit a oder Abs 2).** S.o. Art 4 Rn 10.

60 **59. Verlagsvertrag (Abs 1 lit b, Abs 2, Abs 4).** Bei Verlagsverträgen erfolgt die objektive Anknüpfung nach I lit b, also dem Recht des gewöhnlichen Aufenthaltsortes (Art 19) des Verlages (vgl zu *ex Art 28 EGBGB* BGHZ 147, 178; LG München I IPRspr 00 Nr 24 59).

61 **60. Versicherungsverträge (Art 7).** Zu beachten ist, dass bestimmte Versicherungsverträge aus dem Anwendungsbereich der Rom I-VO gem Art 1 II lit j ausgeschlossen sind. Ferner gelten für Rückversicherungsverträge allgemeine Regeln, so dass gem I lit b das Recht des Rückversicherers anwendbar ist.

62 **61. Versteigerung beweglicher Sachen (Abs 1 lit g).** S.o. Art 4 Rn 16

63 **62. Vertragshändlervertrag (Abs 1 lit f).** Der Vertrag mit dem Vertragshändler, der im eigenen Namen und auf eigene Rechnung Waren des Unternehmers verkauft, unterliegt bei objektiver Anknüpfung dem Recht am gewöhnlichen Aufenthaltsort (Art 19) des Vertragshändlers im Einklang mit I lit f.

64 **63. Vertriebsvertrag (Abs 1 lit f).** S.o. Art 4 Rn 15

65 **64. Vollmacht (Abs 1 lit g).** Das für die Vollmacht maßgebliche Recht wird in der Rom I-VO nicht geregelt. Das Vollmachtstatut ist nach deutschem Kollisionsrecht zu bestimmen (s. Palandt/*Thorn*, Anh zu Art 10 Rz 1).

66 **65. Vorvertrag (Abs 2 oder Abs 4).** Da der Vorvertrag nicht standarisiert ist, kann die Anknüpfung unterschiedlich erfolgen. **Gelegentlich** enthält der Vorvertrag bereits Teile des iÜ noch endzuverhandelnden Hauptvertrags. Dann kommt eine **akzessorische Anknüpfung nach II** an das im Zeitpunkt des Vorvertragsabschlusses bereits erkennbare (zB in Vertragsentwürfen aufgenommen) Hauptvertragsstatut in Betracht, vgl Erw 20 S 2. Im Regelfall ist ein Vorvertrag sofern nicht anders vereinbart, unverbindlich, kann aber Teile für verbindlich erklären (zB Exklusivität, Vertraulichkeit, Kostentragung, Stand still). Dann ist er als **Vorfeldvertrag** (Pöllath/Holtzapfel Rz 15–22) **selbständig anzuknüpfen.** Sofern er nicht einseitig ausgestaltet ist, so dass eine Partei die charakteristische Leistung iSv II erbringt, erfolgt die Anknüpfung nach IV.

67 **66. Werkvertrag (Abs 1 lit b).** S.o. Art 4 Rn 11 Maßgeblich ist das Recht des gewöhnlichen Aufenthalts (Art 19) des Werkunternehmers (vgl zu der gleich gebliebenen Rechtslage nach *ex Art 28 EGBGB* Schlesw NJW-RR 93, 314; Nürnbg IPRspr 93 Nr 31 379; Köln 95, 245; Hamm IPRax 95, 106; Stuttg NJW-RR 01, 858; LG Berlin IPRax 96, 416).

68 **67. Werklieferungsvertrag (Abs 1 lit a).** S. Art 4 Rn 10.

69 **68. Wette (Abs 4).** S. Spiel (Rn 54).

ROM I-VO Art. 5 Beförderungsverträge.

(1) Soweit die Parteien in Bezug auf einen Vertrag über die Beförderung von Gütern keine Rechtswahl nach Artikel 3 getroffen haben, ist das Recht des Staates anzuwenden, in dem der Beförderer seinen gewöhnlichen Aufenthalt hat, sofern sich in diesem Staat auch der Übernahmeort oder der Ablieferungsort oder der gewöhnliche Aufenthalt des Absenders befindet. Sind diese Voraussetzungen nicht erfüllt, so ist das Recht des Staates des von den Parteien vereinbarten Ablieferungsorts anzuwenden.
(2) Soweit die Parteien in Bezug auf einen Vertrag über die Beförderung von Personen keine Rechtswahl nach Unterabsatz 2 getroffen haben, ist das anzuwendende Recht das Recht des Staates, in dem die zu befördernde Person ihren gewöhnlichen Aufenthalt hat, sofern sich in diesem Staat auch der Abgangsort *oder der Bestimmungsort* befindet. Sind diese Voraussetzungen nicht erfüllt, so ist das Recht des Staates anzuwenden, in dem der Beförderer seinen gewöhnlichen Aufenthalt hat.
Als auf einen Vertrag über die Beförderung von Personen anzuwendendes Recht können die Parteien im Einklang mit Artikel 3 nur das Recht des Staates wählen,

a) in dem die zu befördernde Person ihren gewöhnlichen Aufenthalt hat oder
b) in dem der Beförderer seinen gewöhnlichen Aufenthalt hat oder
c) in dem der Beförderer seine Hauptverwaltung hat oder
d) in dem sich der Abgangsort befindet oder
e) in dem sich der Bestimmungsort befindet.
(3) Ergibt sich aus der Gesamtheit der Umstände, dass der Vertrag im Falle fehlender Rechtswahl eine offensichtlich engere Verbindung zu einem anderen als dem nach Absatz 1 oder 2 bestimmten Staat aufweist, so ist das Recht dieses anderen Staates anzuwenden.

A. Ursprung und Bedeutung. Beförderungsverträge werden neuerdings in Art 5 **eigenständig geregelt**: I betrifft wie vorher Art 4 IV EVÜ **Güterbeförderungsverträge**, II **Personenbeförderungsverträge** und III enthält eine Ausweichklausel. Die I u II haben eine unterschiedliche Struktur. Da das Transportrecht jedoch eines der Hauptgebiete des nach Art 25 vorrangigen **Internationalen Einheitsrecht**s ist, werden vielfach gar keine oder nur ergänzende Kollisionsrechtsfragen entstehen. Insoweit kann man Art 5 als subsidiär und von residueller Bedeutung bezeichnen (*d'Avout* Rev Lamy dr des aff 08, 69), er werde „kaum zur Anwendung kommen" (*Mankowski* IHR 08, 140). Allerdings betrifft das Einheitsrecht idR grenzüberschreitende Beförderungen, während Art 5 zudem Fälle nur interner Beförderung mit Auslandselement erfasst. Hinsichtlich der Güterbeförderungsverträge des Art 5 I sind an Einheitsrecht (näher o Art 28 EGBGB Rn 32ff) insb im Straßengüterverkehr die CMR, im Eisenbahnrecht die COTIF/ER CIM, im Luftverkehr Montrealer und Warschauer Übereinkommen, im Binnenschiffsverkehr die Budapester CMNI zu beachten, im Seerecht die verschiedenen Regelwerke der Haager Regeln, Haag-Visby-Regeln und Hamburger Regeln. Hinsichtlich der Personenbeförderungsverträge des Art 5 II gelten im Eisenbahnrecht COTIF/ER CIV und im Luftverkehr Montrealer bzw Warschauer Übereinkommen, zum Straßenpersonenverkehr war ein ECE-Übereinkommen nur beschränkt erfolgreich und liegt ein VO-Vorschlag vor (KOM(2008) 817 endg). Ferner sind die EG-VOen 261/2004, 2027/97 und 1371/2007 zu beachten. 1

B. Güterbeförderungsverträge. I. Anknüpfung. Für Güterbeförderungsverträge verweist Art 5 I auf die Möglichkeit der freien **Rechtswahl nach Art 3** und gibt dann bei deren Fehlen eine **objektive Anknüpfung** nach 1 an das Beförderrecht, hilfsweise nach 2 an das Recht des Ablieferungsortes. 1 verweist in Anlehnung an Art 4 auf das Aufenthaltsrecht iSd Art19 des Beförderers, jedoch nur sofern in diesem Staat auch Übernahmeort, Ablieferungsort oder Aufenthaltsort des Absenders liegen. Zw ist, ob es bei Übernahmeort oder Ablieferungsort auf den tatsächlichen (*Lagarde/Tenenbaum* Rev crit dip 08, 762) oder den vereinbarten Ort (so *Mankowski* TranspR 08, 346f) ankommt. Ist wie vielleicht oftmals (*Corneloup* JCP 08 Doctr 205 Nr 18) keine der Voraussetzungen des 1 erfüllt, so verweist 2 auf das Recht des Staates des vereinbarten Ablieferungsortes. Dies wird damit begründet, dass der Ablieferungsort wahrscheinlich dem Ort des angerufenen Gerichts und den Parteierwartungen entspreche (*Garcimartín Alférez* EuLF 08, I-61, I-70 Nr 52; zT krit *Nielsen* in Leible/Ferrari, Rome I Regulation (09) 106f). Ablieferungsort wird nicht besonders definiert, zu den Begriffen Absender und Beförderer hingegen finden sich Erläuterungen in Erwägungsgrund 22. Angezweifelt wird, dass I 2 auch gelte, wenn der Ablieferungsort nicht individuell oder durch AGB vereinbart wurde, sondern sich aus dem dispositiven Recht ergibt (*Nielsen* in Leible/Ferrari 107, 108; *Palandt/Thorn* Rz 7). 2

II. Begriff Güterbeförderung. Güterbeförderungsvertrag wird gleichsam nicht definiert. Güterbeförderung bedeutet wie bisher (o ex Art 28 EGBGB Rn 33; MüKo/*Martiny* (4. Aufl) Art 28 Rz 68) Transport, dh entgeltliche Versendung von Gütern. Nach Erwägungsgrund 22 1 ist keine Änderung beabsichtigt; nach dessen 2 sollen auch die Charter für eine einzige Reise und andere Verträge, die in der Hauptsache der Güterbeförderung dienen, erfasst sein, wie es Art 4 IV 3 EVÜ ausdrücklich bestimmte. Ansonsten ist die Zurverfügungstellung eines Transportmittels aber noch kein Beförderungsvertrag. Andere als Reisechartervertäge sollten schon bisher nicht unter den Begriff Beförderungsvertrag fallen (EuGH Rs C-133/08 ICF Erw 31 ff; dazu *Mankowski* TranspR 09, 497, weit aber *Nielsen* in Leible/Ferrari 99, 106; näher MüKo/*Martiny* (4. Aufl) Art 29 Rz 71) und der EuGH hat zwar die Automobilmiete als „Vertrag über Dienstleistungen im Bereich Beförderung" nach der Fernabsatz-RL 97/7 betrachtet, diesen Begriff aber ausdrücklich als weiter als den des Beförderungsvertrages bezeichnet (EuGH Rs C-336/03 easyCar, Slg 05, I-1947 Erw 22). Auf die Beförderungsart kommt es nicht an. Nach Erwägungsgrund 22 3 aE liegt ein Beförderungsvertrag unabhängig davon vor, ob der Vertragspartner die Beförderung selbst durchführt. Damit dürfte auch der Speditionsvertrag erfasst sein (nach *Mankowski* TranspR 08, 351 FN 117 aber: „nicht geklärt"). Für Konnossemente sieht Erwägungsgrund 9 teilw Geltung der Ausn des Art 1 II lit d) vor (*Mankowski* TranspR 08, 351f). 3

C. Personenbeförderungsverträge. I. Anknüpfung, 1. Struktur und beschränkte Rechtswahl. Für Personenbeförderungsverträge enthält II in zwei Unterabsätzen eine ganz eigenständige komplizierte Regelung. Während Unterabsatz 1 die objektive Anknüpfung regelt, gestattet Unterabsatz 2 eine Rechtswahl, beschränkt allerdings die wählbaren Rechte: gewöhnlicher Aufenthalt der beförderten Person, gewöhnlicher Aufenthalt des Beförderers, Hauptverwaltung des Beförderers, Abgangsort, Bestimmungsort. Die Liste ist abschließend (*Garcimartín Alférez* EuLF 08, I-61, I-71 Nr 52). Hinsichtlich der beförderten Person kann gefragt werden, ob 4 es auf die tatsächlich beförderte Person oder den evtl unterschiedlichen Vertragspartner des Beförderers ankommt, etwa wenn ein Unternehmen für seine Angestellten Dienstfahrten bucht (dazu *Mankowski* TranspR 08, 348). Hinsichtlich Abgangs- und Bestimmungsort sollte man auf die Strecke für die zu befördernde Person, nicht auf die evtl. längere Fahrtroute des Beförderungsmittels abstellen (so auch *Garcimartín Alferez* EuLF 08, I-61, I-71 Nr 52; *Mankowski* TranspR 08, 348; str laut *Clausnitzer/Woopen* BB 08, 1798, 1800), für die zu befördernde Person kommt es auch bei Zwischenhalten auf Ausgangs- und Zielort an (*Garcimartin Alférez* ebda). Unterabsatz 2 spricht von Rechtswahl iSv Art 3, unterstellt die Rechtswahl also den dortigen Anforderungen. Es wird befürchtet, dass ein Beförderer leicht in seinen AGB sein Recht wählen könne (*Mankowski* TranspR 08, 350; *Nielsen* in Leible/Ferrari 107; *Magnus* IPRax 10, 27, 38; wohl auch *Th. Pfeiffer* EuZW 08, 626); immerhin kann er aber nicht ein beliebiges schutzschwaches Recht wählen. Bei lit b) u c) fragt man sich im Hinblick auf Art 19 nach dem Unterschied (*d'Avout* Rev Lamy dr des aff 08, 69, 70), doch soll der gegeben sein, wenn eine Zweigniederlassung den Vertrag geschlossen hat (so *Garcimartín Alferez* EuLF 08, I-61, I-71 Nr 52 FN 46; *Mankowski* TranspR 08, 350).

5 **2. Objektive Anknüpfung.** Fehlt eine Rechtswahl nach Unterabsatz 2 – oder ist diese unwirksam (*Leible/Lehmann* RIW 08, 536) –, so verweist Unterabsatz 1 1 in Umkehrung von Art 4 und von I auf das Recht des gewöhnlichen Aufenthalts der beförderten Person, sofern sich in diesem Staat auch Abgangsort oder Bestimmungsort befindet. Der Beförderte wird also kollisionsrechtlich geschützt (*Corneloup* JCP 08 Doctr 205 Nr 18; *Mankowski* TranspR 08, 348; zweifelnd *d'Avout* Rev Lamy dr des aff 08, 69, 70). Fehlt es an der Identität von Passagieraufenthaltsort und Abgangs- oder Bestimmungsort – reist der Passagier zwischen Ländern, in denen er nicht lebt (*Mankowski* TranspR 08, 349) –, so gilt nach Unterabsatz 1 2 schließlich doch Beförderrecht – also dieselbe Anknüpfung wie bei Güterbeförderungsverträgen und ohne Schutzwägungen (krit *Mankowski* TranspR 08, 349).

6 **II. Begriff Personenbeförderung.** Beförderungsvertrag wird für Personen ebenso zu verstehen sein wie für Güter (o Rn 3). Automobil-, Fahrrad- oder Schiffs- oder Bootsmiete sind daher keine Personenbeförderungsverträge (o Rn 3, auch zu EuGH Rs C-336/03 easyCar). Erwägungsgrund 22 2 bezeichnet die Reisecharter, aber nicht andere Charterverträge, als Güterbeförderungsvertrag und kann daher die Frage nach einer Parallele bei Personenbeförderungsverträgen aufwerfen. Man mag an die Bus- oder Flugzeugcharter für eine Reise denken und diese Art 5 II unterstellen. Werden Wohnmobile oder Boote für Ferienzwecke gechartert, so dürfte entweder eine reine Gebrauchsüberlassung statt einer Reisecharter oder eine **Pauschalreise** vorliegen, ob wie zum BGB uU Reiserecht analog angewandt (o §651a BGB Rn 4; MüKo/*Tonner* §651a Rz 32 u 33) werden kann, kann dann hier offenbleiben. Pauschalreisen iSd RL 90/314 fallen nach der Unterausn des Art 6 IV lit b) unter die Verbraucherkollisionsnorm des Art 6. Auch die Kreuzfahrt ist Pauschalreise, nicht aber Fahrt in Schlafwagen oder Fährkabine (MüKo/*Tonner* §651a Rz 26). Sind die situativen wie auch personellen Voraussetzungen des Art 6 aber nicht gegeben, so ist unklar, ob der Pauschalreisevertrag ein Beförderungsvertrag nach Art 5 ist oder sein kann. Viel spricht wohl dafür, den Schutz des Art 5 II dann zum Zuge kommen zu lassen.

7 **D. Verbraucherverträge und Beförderungsverträge.** Verbraucherverträge werden in Art 6 gesondert geregelt, Beförderungsverträge mit Ausn v Pauschalreiseverträgen nach der RL 90/314 sind davon nach Art 6 IV lit b) jedoch ausgeschlossen (s.a. Erwägungsgrund 32). Sachlich entspricht dies Art 15 III EuGVVO.

8 **E. Ausweichklausel.** III enthält eine Ausweichklausel. Sie gilt nach dem deutschen und etlichen anderen Texten „im Fall fehlender Rechtswahl", also nur bei der objektiven Anknüpfung, nicht bei Rechtswahl (*Leible/Lehmann* RIW 08, 536). Bei französischen Autoren ist III als überraschend empfunden worden (*d'Avout* Rev Lamy dr des aff 08, 69, 70) und wird seine Geltung auch bei Rechtswahl jedenfalls bei Personenbeförderungsverträgen erörtert (*d'Avout* ebda; aA *Corneloup* JCP 08 Doctr 205 Nr 18 FN 25); im französischen Text fehlt jedoch anders als in der deutschen, englischen, niederländischen und sonstigen romanischsprachigen Fassungen die Einschränkung des III, er ist wohl fehlerhaft. Daher kann die Ausweichklausel nicht zur Inhaltskontrolle einer Rechtswahl bei Personenbeförderungsverträgen genutzt werden.

9 III verlangt eine „offensichtlich" engere Verbindung und soll also eng sein (*Mankowski* TranspR 08, 351; *ders* in Reithmann/Martiny Rz 2661). Die Norm entspricht Art 4 III.

ROM I-VO Art. 6 Verbraucherverträge. (1) Unbeschadet der Artikel 5 und 7 unterliegt ein Vertrag, den eine natürliche Person zu einem Zweck, der nicht ihrer beruflichen oder gewerblichen Tätigkeit zugerechnet werden kann („Verbraucher"), mit einer anderen Person geschlossen hat, die in Ausübung ihrer beruflichen oder gewerblichen Tätigkeit handelt („Unternehmer"), dem Recht des Staates, in dem der Verbraucher seinen gewöhnlichen Aufenthalt hat, sofern der Unternehmer

a) seine berufliche oder gewerbliche Tätigkeit in dem Staat ausübt, in dem der Verbraucher seinen gewöhnlichen Aufenthalt hat, oder

b) eine solche Tätigkeit auf irgend einer Weise auf diesen Staat oder auf mehrere Staaten, einschließlich dieses Staates, ausrichtet,

und der Vertrag in den Bereich dieser Tätigkeit fällt.

(2) Ungeachtet des Absatzes 1 können die Parteien das auf einen Vertrag, der die Anforderungen des Absatzes 1 erfüllt, anzuwendende Recht nach Artikel 3 wählen. Die Rechtswahl darf jedoch nicht dazu führen, dass dem Verbraucher der Schutz entzogen wird, der ihm durch diejenigen Bestimmungen gewährt wird, von denen nach dem Recht, das nach Absatz 1 mangels einer Rechtswahl anzuwenden wäre, nicht durch Vereinbarung abgewichen werden darf.

(3) Sind die Anforderungen des Absatzes 1 Buchstabe a oder b nicht erfüllt, so gelten für die Bestimmung des auf einen Vertrag zwischen einem Verbraucher und einem Unternehmer anzuwendenden Rechts die Artikel 3 und 4.

(4) Die Absätze 1 und 2 gelten nicht für:
a) Verträge über die Erbringung von Dienstleistungen, wenn die dem Verbraucher geschuldeten Dienstleistungen ausschließlich in einem anderen als dem Staat erbracht werden müssen, in dem der Verbraucher seinen gewöhnlichen Aufenthalt hat;
b) Beförderungsverträge mit Ausnahme von Pauschalreiseverträgen im Sinne der Richtlinie 90/314/EWG des Rates vom 13. Juni 1990 über Pauschalreisen (ABl. L 158 vom 23. 6. 1990, S. 59);
c) Verträge, die ein dingliches Recht an unbeweglichen Sachen oder die Miete oder Pacht unbeweglicher Sachen zum Gegenstand haben, mit Ausnahme der Verträge über Teilzeitnutzungsrechte an Immobilien im Sinne der Richtlinie 94/47/EG;
d) Rechte und Pflichten im Zusammenhang mit einem Finanzinstrument sowie Rechte und Pflichten, durch die die Bedingungen für die Ausgabe oder das öffentliche Angebot und öffentliche Übernahmeangebote bezüglich übertragbarer Wertpapiere und die Zeichnung oder den Rückkauf von Anteilen an Organismen für gemeinsame Anlagen in Wertpapieren festgelegt werden, sofern es sich dabei nicht um die Erbringung von Finanzdienstleistungen handelt;
e) Verträge, die innerhalb der Art von Systemen geschlossen werden, auf die Artikel 4 Absatz 1 Buchstabe h Anwendung findet.

A. Ursprung und Überblick. Eine Sonderkollisionsnorm für Verbraucherverträge enthält Art 6 in Nachfolge zu Art 5 EVÜ = Art 29 EGBGB. I regelt den Anwendungsbereich und die an gewisse Voraussetzungen gebundene objektive Anknüpfung, II die subjektive Anknüpfung mit Aufrechterhaltung des Schutzes des nach I objektiv anwendbaren Rechts, III den bei Nichtvorliegen der Voraussetzungen des I eingreifenden Verweis auf die allgemeinen Regeln und IV schließlich Ausnahmen von Art 6. Die Norm enthält ggü dem EVÜ einige **Erweiterungen und Eingrenzungen**, aber wenig grundstürzende Änderungen. Da die Verbraucherverträge als Hauptproblem der Schwierigkeiten des Rechtsetzungsverfahrens bezeichnet wurden (Berichterstatter MdEP *Dumitrescu* im EP, 29.11.07, vom „Herzˮ der VO sprach MdEP *Lehne*), ist dies bemerkenswert, ihn als verpasste Gelegenheit zu bezeichnen (*Pelegrini* Rev Lamy dr des aff 08, 71, 76: „rendez-vous manquéˮ), ist zu negativ. Allerdings wurden das Verhältnis zu den Eingriffsnormen des Art 9 nicht klargestellt (u. Art 9 Rn 3) und die bisher in Art 29a EGBGB, nunmehr Art 46b EGBGB nF umgesetzten Richtlinienkollisionsnormen (einstweilen?) beibehalten, was als „wesentliche Schwächeˮ bezeichnet worden ist (*Th. Pfeiffer* EuZW 08, 622, 626; s. aber Art 46b EGBGB Rn 2). IdR wird man Art 6 vor Art 46b EGBGB prüfen. 1

B. Anwendungsbereich. I. Verbraucherverträge. Der Anwendungsbereich des Art 6 ist personell auf Verträge **zwischen Verbrauchern und Unternehmern** und sachlich auf gewisse Anbahnungssituationen beschränkt, ferner sind sachliche Ausnahmen nach IV zu beachten. Art 6 gilt ausdrücklich nur für Verträge, die zwischen einem Verbraucher und einem Unternehmer geschlossen werden. Die alte Streitfrage, ob Art 5 EVÜ nur eingreift, wenn Vertragspartner des Verbrauchers ein Unternehmer ist (ex Art 29 EGBGB Rn 6), ist damit überholt und bejahend entschieden. Verbraucher ist nunmehr eindeutig nur eine natürliche Person, sonst bringt die Norm zu den Begriffen Verbraucher und Unternehmer und zur dual use-Problematik nichts neues (dazu s. ex Art 29 EGBGB Rn 3 f). Weiterhin ist auf die Erkennbarkeit des Handelns als Verbraucher abzustellen (oben ex Art 29 EGBGB Rn 5; *Ragno* in Leible/Ferrari 134f; *Martiny* in Reithmann/Martiny Rz 4179). Die neue Fassung bringt mit sich, dass Verträge, nach denen Verbraucher eine Waren- oder Dienstleistung an einen Unternehmer erbringen (zB Antiquitäten, Trödel, Bürgschaft) unproblematisch unter den Wortlaut des Art 6 fallen (so auch *Garcimartín Alférez* EuLF 08, I-61, I-71 Nr 56; anders offenbar *Mankowski* in: Cashin Ritaine/Bonomi, Le nouvau règlement européen Rome I, 09, 121, 139; vgl ex Art 29 EGBGB Rn 7). 2

Bedeutsam ist aber, dass **Art 6 I keinerlei Einschränkung auf bestimmte Vertragsarten** enthält. Soweit keine **Ausn nach IV** eingreift, werden daher **alle Vertragsarten** erfasst (*Garcimartín Alférez* EuLF 08, I-61, I-71 Nr 56; *Kindler* Einführung (09); *Magnus* IPRax 10, 27, 38). Die manchmal begriffsjuristisch geführten alten Streitfragen erledigen sich damit: auch der ungebundene Verbraucherkredit fällt nun zweifelsfrei unter Art 6, wie hier schon bisher befürwortet (ex Art 29 EGBGB Rn 12, nun *Kindler* 42; *Ragno* in Leible/Ferrari 129, 138; *Pelegrini* Rev Lamy dr des aff 08, 71, 72; *Th. Pfeiffer* EuZW 08, 622, 626; *Mankowski* IHR 08, 141); Teilzeitnutzungsverträge gem RL 94/47 (ex Art 29 EGBGB Rn 10) werden nach der Unterausn des IV lit c) nunmehr klar erfasst, ferner infolge IV lit a) Mietverträge über bewegliche Sachen (ex Art 29 EGBGB Rn 10 aE), auch Verträge über immaterielle Güter, deren Warencharakter zw war, etwa Daten- 3 download von Filmen, Musik etc (*Kindler* 43; *Ragno* in Leible/Ferrari 129, 139). Es ist kein Ruhmesblatt für die Kollisionsrechtslehre, dass hierzu eine Normänderung nötig war.

4 **II. Anbahnungssituation.** Die objektiven Voraussetzungen sind nun in I lit a) und b) neu und alternativ gefasst. Lit a) nennt den Fall der Identität von Verbraucheraufenthaltsstaat und Staat der Ausübung der beruflichen oder gewerblichen Tätigkeit des Unternehmers. **Ausüben der Tätigkeit** bedeutet wohl Entfalten der unternehmerischen Aktivität und wird idR irgendeine Form von Niederlassung oder dergleichen mit sich bringen (*Garcimartín Alférez* EuLF 08, I-61, I-73 Nr 59).

5 Lit b) betrifft das **Ausrichten** der Tätigkeit auf den Verbraucheraufenthaltsstaat oder mehrere Staaten einschl dessen. Er folgt Art 15 I lit c) EuGVVO und ist in Übereinstimmung mit diesem auszulegen (Erwägungsgrund 24, *Pelegrini* Rev Lamy dr des aff 08, 71, 75; *Th. Pfeiffer* EuZW 08, 622, 627). Die meisten von Art 5 II EVÜ bzw Art 29 EGBGB erfassten Situationen sollen hierunter fallen (*Lopez-Tarruella Martinez* Rev eur dr cons 2007-2008, 345, 354). Werbung im Verbraucherstaat (evtl mit dortiger Willenserklärung des Verbrauchers ex Art 29 I Nr 1 EGBGB) reicht gewiss. Die vom Verkäufer mit dem Ziel des Vertragsabschlusses herbeigeführte **Kaffeefahrt** (Art 29 I Nr 3 EGBGB, o ex Art 29 EGBGB Rn 18) dürfte grds erfasst werden. **Gran Canaria-Fälle** (ex Art 29 EGBGB Rn 19) mit Lieferung und Gewährleistung durch deutsches Unternehmen sollten ebenfalls erfasst sein (aA Palandt/*Thorn* Rz 7; für Eingreifen von Art 9 *Lando/Nielsen* CMLRev 08, 1687, 1724), für die Abgrenzung sind die Voraussetzungen des Ausrichtens maßgeblich (zum Problem *Solomon* in: Ferrari/Leible, Ein neues Internationales Vertragsrecht für Europa, 07, 105f). Zum Ausrichten findet man in der Literatur die Beschreibung als aktive Beteiligung am Wirtschaftsverkehr durch Angebot und Abwicklung von Leistungen (*Mankowski* IHR 08, 142). Dies kann auf alle möglichen Weisen geschehen (*Lopez-Tarruella Martinez* ebda 354), selbstverständlich nicht nur elektronisch (vgl *Mankowski* in: Cashin Ritaine/Bonomi, Le nouveau règlement, 08, 134f). Dabei kann auch eine „passive" **Internetseite** ohne Online-Bestellmöglichkeit ausreichen (*Th. Pfeiffer* EuZW 08, 622, 627; Palandt/*Thorn* Rz 6; ausf *Mankowski* ebda 129ff). Die Zugänglichkeit einer nur passiven Website als solche und der Umstand der Kenntnisnahme durch den Verbraucher sollen aber nicht ausreichen (so zur EuGVVO BGH IPRax 09, 258 mAnm *Mankowski*), es müssen noch Aufforderung zum und Vertragsschluss im Fernabsatz hinzukommen. Die Aufführung der Kontaktadresse des Unternehmers auf lediglich durch Dritte unterhaltenen Internetseiten reiche nicht (ebda: deutschsprachiger griechischer RA). Dass die zielgerichtete Ansprache deutscher Touristen im Ausland mit Lieferservice nach Deutschland ausreiche, scheint zw (für höherwertige Konsumgüter erwägt dies *Mankowski* IHR 08, 142; offen *Th. Pfeiffer* EuZW 08, 622, 627). Nach dem Wortlaut muss die Tätigkeit gerade (auch) auf den Aufenthaltsstaat des Verbrauchers ausgerichtet sein. Nicht erfasst würde dann der Fall, dass ein Verbraucher von seinem Aufenthaltsstaat (Art 19) in einen anderen Staat gereist ist, auf den ein Drittstaatsunternehmen seine Tätigkeit ausrichtet und dort ein Vertrag abgeschlossen wird (vgl *Lopez-Tarruella Martinez* ebda 379), doch wäre dies zwischen Mitgliedstaaten eine unzulässige Diskriminierung.

6 Der Vertragsschluss muss zudem in den Bereich der ausgerichteten Tätigkeit fallen; dazu wird gesagt, er dürfe nicht unabhängig von ihr erfolgt sein (vgl *Th. Pfeiffer* EuZW 08, 622, 627) und es wird von einem „**inneren Zusammenhang**" (Karlsr IPRax 08, 348, 349 zur EuGVVO), „**Kausalitätserfordernis**" oder einem **„nexus"** gesprochen (*Mankowski* IHR 08, 142), das sich aus der Norm selbst mE zwar nicht sehr klar ergibt, aber aE von Erwägungsgrund 25 anklingt („auf solche Tätigkeiten zurückzuführen ist", s. *Mankowski* in: Cashin Ritaine/Bonomi 136; *ders* IPRax 08, 333). Es leuchtet ein, dass eine Eingrenzung erforderlich ist. Nach dem BGH ist erforderlich, dass der Verbraucher in einem Staat „zum Vertragsschluss zumindest motiviert worden ist, auch wenn der Vertragsschluss nicht in dem Wohnsitzstaat erfolgt" (BGH ebda zur EuGVVO). Entdeckt der Verbraucher also erst nach Vertragsschluss die Websites, so kann kein „Ausrichten" angenommen werden (BGH ebda). Ferner wird wohl bei einer deutschen Bank mit mehreren Niederlassungen in Spanien der von einem in Spanien ansässigen Verbraucher in Deutschland mit der Bank abgeschlossene Vertrag nicht erfasst (*Lopez-Tarruella Matinez* Rev eur dr cons 2007-2008, 345, 354; ähnl *Garcimartín Alferez* EuLF 08, I-61, I-73 N5 59 mit FN 53). Der aktive mobile Verbraucher wird also nicht geschützt (*Pelegrini* Rev Lamy dr des aff 08, 71, 75). Art 6 stellt nicht darauf ab, ob der Unternehmer den Verbraucheraufenthaltsstaat kennt (*Lopez Tarruella Martinez* ebda 356; *Mankowski* in: Cashin Ritaine/Bonomi 137f); bei Irreführungen wird der Verbraucher sich nicht auf Art 6 berufen können (ebda), falls diese für den Vertragsabschluss entscheidend war.

7 **C. Objektive Anknüpfung nach I.** Liegen die Voraussetzungen von I vor, so gilt vorbehaltlich der Ausnahmen des IV mangels Rechtswahl objektiv das Recht am **gewöhnlichen Aufenthalt des Verbrauchers**. Ein Rückgriff auf Art 4 erfolgt nicht. Ob der Verbraucher in der EU oder einem Drittstaat wohnt, ist unerheblich.

8 **D. Rechtsfolge nach II: Günstigkeitsvergleich.** Auch bei Verbraucherverträgen ist aber wie bisher nach II 1 die **Rechtswahl möglich** – entgegen einigen Reformvorschlägen (krit *Clausnitzer/Woopen* BB 08 1798, 1801) – und gem 2 bleibt jedoch der durch das nach I **objektiv anwendbare Recht gewährte Schutz erhalten.** Es gilt damit wie bisher das **Günstigkeitsprinzip** und es kommt zum Rechtsmix (ex Art 29 EGBGB Rn 21 ff), die von der Kommission zunächst vorgeschlagene zwingende Anknüpfung an das Recht des Verbraucherstaats hat sich nicht durchgesetzt. Sie hätte Übersichtlichkeit und Verbraucherschutz verkürzt (ähnl

Lando/Nielsen CMLRev 08, 1687, 1708f). Auch ist der Schutz entgegen dem ursprünglichen Kommissionsvorschlag vernünftigerweise nicht auf Verbraucher aus Mitgliedstaaten beschränkt (*Pelegrini* Rev Lamy dr des aff 08, 71, 74).

E. Mangels Anwendungsvoraussetzungen Geltung von Artt 3 und 4. Fehlen die objektiven Voraussetzungen nach lit a) oder b) von I, so finden nach III die allgemeinen Kollisionsnormen der Art 3 u 4 Anwendung. III hat insoweit klarstellende Funktion. Auch wenn eine Ausn nach IV eingreift, gelten die allgemeinen Vorschriften, jedoch einschl Art 5. Man kann kritisieren, dass der Verbraucher dann der freien Rechtswahl ausgesetzt ist und nicht automatisch durch das Verbraucherrecht des Unternehmerstaates geschützt wird (*Garcimartín Alférez* EuLF 08, I-61, I-74 Nr 62), doch helfen innerhalb der EU Art 3 IV VO und Art 46b EGBGB. 9

F. Ausnahmen. Art 6 gilt nun für alle in den Anbahnungssituationen geschlossenen Verbraucherverträge, doch sind Ausnahmen von I u II in IV in den fünf Buchstaben a) bis e) enthalten. Dann kann aber noch Art 46b EGBEB zum Zuge kommen. 10

Lit a) betrifft **Dienstleistungen, die ausschließlich in einem anderen Staat als dem Verbraucherstaat erbracht** werden, bisher Art 5 IV lit b) EVÜ = Art 29 IV 1 Nr 2, der damit zu Recht trotz oftmaliger Kritik beibehalten worden ist (ex Art 29 EGBGB Rn 14; im Grundsatz zust *Garcimartín Alférez* EuLF 08, I-61, I-72 Nr 57; krit *Ragno* in Leible/Ferrari 129, 139f). Insb Hotelverträge oder Sprachkurse werden genannt (*Pelegrini* Rev Lamy dr des aff 08 71, 72; *Lopez-Tarruella Martinez* ebda 356; vgl iÜ ex Art 29 EGBGB Rn 14). Bei über das Internet erbrachten Diensten greift die Ausn nicht, da der Verbraucher sich nicht in den Anbieterstaat begeben hat (*Lopez-Tarruella Martinez* 357, aber wohl str). Zu Recht ist gerügt worden, dass die Konsequenz der freien Rechtswahl nach Art 3 zu weit gehe (*Garcimartín Alférez* ebda); man könnte an eine teleologische Reduktion denken. 11

Lit b) nimmt **Beförderungsverträge** aus, enthält aber eine Unterausn für Pauschalreiseverträge – dies entspricht Art 5 IV lit a) EVÜ = Art 29 IV 1 u 2. Die Ausn gilt wie bisher für Güter- wie Personenbeförderungsverträge (s. ex Art 29 EGBGB Rn 13); sie vermeidet die Anwendung unterschiedlichen Rechts auf verschiedene beförderte Güter oder Reisende (*Pelegrini* Rev Lamy dr des aff 08, 71, 72). Beförderungsverträge werden jetzt in Art 5 besonders geregelt. Pauschalreiseverträge hingegen werden kollisionsrechtlich behandelt wie alle anderen Verbraucherverträge. Für den Begriff der Pauschalreise wird ausdrücklich auf die RL 90/314 Bezug genommen – dies ist etwas weiter als bisher Art 29 IV 2 EGBEB (vgl *Ragno* in Leible/Ferrari 129, 141). 12

Lit c) nimmt **Immobilienverträge** aus, macht aber eine Unterausn für Teilzeitnutzungsverträge nach RL 94/47, die von der EuGH-Rspr inspiriert sein soll (EuGH Rs C-73/04 Klein, Slg 05, I-8667; *Lopez-Tarruella Martinez* ebda 359). Abgesehen von der Unterausn korrespondiert er mit Art 4 I lit c). Mit Verträgen, die ein dingliches Recht an unbeweglichen Sachen zum Gegenstand haben, sind alle Grundstückskaufverträge ausgenommen sowie Verträge über beschränkte dingliche Rechte an unbeweglichen Sachen. Dies gilt auch für dingliche Sicherungsrechte wie Hypothek oder Grundschuld (*Garcimartín Alférez* EuLF 08, I-61, I-72 Nr 57). Allerdings gilt es wohl nicht für das gesicherte Hypothekendarlehen; der EuGH hat den Realkreditvertrag zu Art 3 II lit a) Haustürwiderrufs-RL 85/577 nicht als Vertrag über ein Recht an einer Immobilie angesehen. **Miete oder Pacht unbeweglicher Sachen** sind gleichfalls ausgenommen. Art 6 wäre auch kaum der richtige Ort für Mieterschutz (anders *Mankowski* IHR 08, 143), der unabhängig von den Voraussetzungen des Art 6 über Art 9 zu gewährleisten ist (vgl ex Art 34 EGBGB Rn 11). Der Hotelvertrag fällt wohl nicht unter diese Ausn, da er auch andere Dienstleistungen mit sich bringt (*Pelegrini* Rev Lamy dr des aff 08, 71, 73), doch ist lit a) zu beachten (o Rn 11). Problematisch scheinen Ferienhausmietverträge, für die sich anders als in Art 22 Nr 1 UA 2 EuGVVO keine Sonderregel findet (nach *Mankowski* in: Cashin Ritaine/Bonomi 145 daher ausgenommen, zw). Es ist wohl ein Wertungswiderspruch, wenn Ferienhausmiete kraft der Ausn nicht unter Art 6 fällt, wohl aber Pauschalreise und Timesharing (*Solomon* in: Ferrari/Leible 100); die Beschränkung der Unterausn auf Timesharing wird im Erwägungsgrund 27 nicht begründet und könnte eine Lücke sein, Vorlage an den EuGH nach Artt 68, 234 EG scheint angebracht. **Miete und Pacht beweglicher Sachen** fallen damit nun **eindeutig unter die Verbraucherkollisionsnorm** des Art 6, zum Chartern von Beförderungsmitteln o Art 5 Rn 6; zu Art 5 EVÜ = 29 EGBGB war dies str (ex Art 29 Rn 10 aE). **Teilzeitnutzungsverträge** nach RL 94/47 fallen infolge der Unterausn nunmehr klar in den Anwendungsbereich von Art 6 (zur bisherigen Lage ex Art 29 EGBGB Rn 10). Für Schiffe und Luftfahrzeuge wird in lit c) nichts gesondert bestimmt. 13

Lit d) betrifft **Finanzinstrumente**, Ausgabe, öffentliches Angebot und Übernahmeangebot für übertragbare Wertpapiere und Zeichnung oder Rückkauf von Anteilen an Organismen für gegenseitige Anl in Wertpapieren (OGAW), trifft aber eine wichtige Unterausn für den Fall, dass es sich um die Erbringung von Finanzdienstleistungen handelt (näher *Mankowski* RIW 09, 98, 106; *Garcimartín Alférez* in: Cashin Ritaine/Bonomi 161 ff; insgesamt Krit *Lehmann* in Leible/Ferrari 85, 92ff). Lit d) ist in den Erwägungsgründen 28-30 erläutert, es soll sichergestellt werden, dass einheitlich ein Recht angewandt wird (Erwägungsgründe 28 u 29). Die Begriffe Finanzinstrument und übertragbares Wertpapier bestimmen sich nach Erwägungsgrund 30 nach Art 4 Nr 17 u 18 der RL 2004/39, wobei die dortige Nr 17 auf einen Anhang verweist: zu den Finanzinstrumenten zählen danach etwa übertragbare Wertpapiere, Geldmarktinstrumente, OGAW-Anteile, Optionen, 14

Terminkontrakte Swaps Derivatkontrakte diverser Arten, derivative Instrumente für den Transfer von Kreditrisiken, finanzielle Differenzgeschäfte, zu den übertragbaren Wertpapieren zählen ua Aktien und andere Wertpapiere über Gesellschaftsanteile, Aktien-Zertifikate, Schuldverschreibungen usw. Zu der Ausn der lit d) ist die **Unterausn für die Erbringung von Finanzdienstleistungen zu beachten**, die zur Anwendbarkeit von Art 6 führt. Sie wird bei dem Vertrieb über andere, Brokerverträgen und Drittveräußerung eingreifen (*Mankowski* IHR 08, 133, 143; *Garcimartín Alférez* EuLF 08, I-61, I-73 Nr 57) und Verbraucherschutz sichern.

15 Lit e) knüpft an Art 4 I lit h) an und nimmt innerhalb eines solchen **Systems** – dh iSv Art 4 I Nr 17 RL 2004/39 – geschlossene Verträge aus. 3 des 28. Erwägungsgrundes geht hierauf ein. Danach soll das Verbraucherstaatsrecht nicht innerhalb eines solchen Systems mit dem Betreiber des Systems geschlossene Verträge berühren.

16 **G. Form.** Die Form der Verbraucherverträge regelt Art 11 IV, der Art 9 V EVÜ = Art 29 III 2 EGBGB ablöst. Fällt der Vertrag in den Anwendungsbereich von Art 6, so gilt danach das Recht des Staates des gewöhnlichen Aufenthalts des Verbrauchers (ex Art 29 EGBGB Rn 24).

17 **H. Grundfreiheiten im Binnenmarkt.** Art 6 schließt nicht aus, dass die berufene Norm an den Grundfreiheiten des AEUV zu überprüfen ist (ex Art 29 EGBGB Rn 25).

ROM I-VO Art. 7 Versicherungsverträge.
(1) Dieser Artikel gilt für Verträge nach Absatz 2, unabhängig davon, ob das gedeckte Risiko in einem Mitgliedstaat belegen ist, und für alle anderen Versicherungsverträge, durch die Risiken gedeckt werden, die im Gebiet der Mitgliedstaaten belegen sind. Er gilt nicht für Rückversicherungsverträge.
(2) Versicherungsverträge, die Großrisiken im Sinne von Artikel 5 Buchstabe d der Ersten Richtlinie 73/239/EWG des Rates vom 24. Juli 1973 zur Koordinierung der Rechts- und Verwaltungsvorschriften betreffend die Aufnahme und Ausübung der Tätigkeit der Direktversicherung (mit Ausnahme der Lebensversicherung) (ABl. L 228 vom 16. 8. 1973, S. 3. Zuletzt geändert durch die Richtlinie 2005/68/EG des Europäischen Parlaments und des Rates (ABl. L 323 vom 9. 12. 2006, S. 1)) decken, unterliegen dem von den Parteien nach Artikel 3 der vorliegenden Verordnung gewählten Recht. Soweit die Parteien keine Rechtswahl getroffen haben, unterliegt der Versicherungsvertrag dem Recht des Staats, in dem der Versicherer seinen gewöhnlichen Aufenthalt hat. Ergibt sich aus der Gesamtheit der Umstände, dass der Vertrag eine offensichtlich engere Verbindung zu einem anderen Staat aufweist, ist das Recht dieses anderen Staates anzuwenden.
(3) Für Versicherungsverträge, die nicht unter Absatz 2 fallen, dürfen die Parteien nur die folgenden Rechte im Einklang mit Artikel 3 wählen:
a) das Recht eines jeden Mitgliedstaats, in dem zum Zeitpunkt des Vertragsschlusses das Risiko belegen ist;
b) das Recht des Staates, in dem der Versicherungsnehmer seinen gewöhnlichen Aufenthalt hat;
c) bei Lebensversicherungen das Recht des Mitgliedstaats, dessen Staatsangehörigkeit der Versicherungsnehmer besitzt;
d) für Versicherungsverträge, bei denen sich die gedeckten Risiken auf Schadensfälle beschränken, die in einem anderen Mitgliedstaat als dem Mitgliedstaat, in dem das Risiko belegen ist, eintreten können, das Recht jenes Mitgliedstaats;
e) wenn der Versicherungsnehmer eines Vertrags im Sinne dieses Absatzes eine gewerbliche oder industrielle Tätigkeit ausübt oder freiberuflich tätig ist und der Versicherungsvertrag zwei oder mehr Risiken abdeckt, die mit dieser Tätigkeit in Zusammenhang stehen und in unterschiedlichen Mitgliedstaaten belegen sind, das Recht eines betroffenen Mitgliedstaats oder das Recht des Staates des gewöhnlichen Aufenthalts des Versicherungsnehmers.
Räumen in den Fällen nach den Buchstaben a, b oder e die betreffenden Mitgliedstaaten eine größere Wahlfreiheit bezüglich des auf den Versicherungsvertrag anwendbaren Rechts ein, so können die Parteien hiervon Gebrauch machen.
Soweit die Parteien keine Rechtswahl gemäß diesem Absatz getroffen haben unterliegt der Vertrag dem Recht des Mitgliedstaats, in dem zum Zeitpunkt des Vertragsschlusses das Risiko belegen ist.
(4) Die folgenden zusätzlichen Regelungen gelten für Versicherungsverträge über Risiken, für die ein Mitgliedstaat eine Versicherungspflicht vorschreibt:
a) Der Versicherungsvertrag genügt der Versicherungspflicht nur, wenn er den von dem die Versicherungspflicht auferlegenden Mitgliedstaat vorgeschriebenen besonderen Bestimmungen für diese Versicherung entspricht. Widerspricht sich das Recht des Mitgliedstaats, in dem das Risiko belegen ist, und dasjenige des Mitgliedstaats, der die Versicherungspflicht vorschreibt, so hat das letztere Vorrang.
b) Ein Mitgliedstaat kann abweichend von den Absätzen 2 und 3 vorschreiben, dass auf den Versicherungsvertrag das Recht des Mitgliedstaats anzuwenden ist, der die Versicherungspflicht vorschreibt.
(5) Deckt der Vertrag in mehr als einem Mitgliedstaat belegene Risiken, so ist für die Zwecke von Absatz 3 Unterabsatz 3 und Absatz 4 der Vertrag als aus mehreren Verträgen bestehend anzusehen, von denen sich jeder auf jeweils nur einen Mitgliedstaat bezieht.

(6) Für die Zwecke dieses Artikels bestimmt sich der Staat, in dem das Risiko belegen ist, nach Artikel 2 Buchstabe d der Zweiten Richtlinie 88/357/EWG des Rates vom 22. Juni 1988 zur Koordinierung der Rechts- und Verwaltungsvorschriften für die Direktversicherung (mit Ausnahme der Lebensversicherung) und zur Erleichterung der tatsächlichen Ausübung des freien Dienstleistungsverkehrs (ABl. L 172 vom 4.7.1988, S.1. Zuletzt geändert durch die Richtlinie 2005/14/EG des Europäischen Parlaments und des Rates (ABl. L 149 vom 11.6.2005, S.14)), und bei Lebensversicherungen ist der Staat, in dem das Risiko belegen ist, der Staat der Verpflichtung im Sinne von Artikel 1 Absatz 1 Buchstabe g der Richtlinie 2002/83/EG.

A. Die Bedeutung der Norm. Die Rom I-VO enthält in Art 7 eine besondere Kollisionsnorm für Versicherungsverträge, welche als *lex specialis* zu den allgemeinen Kollisionsnormen in Art 3, 4, 6 anzusehen ist und das bisher gültige Internationale Versicherungsrecht gem Art 7 ff EGVVG verdrängt. Die Norm ist in Einzelanknüpfungen für verschiedene Unterfälle des Versicherungsvertrags unterteilt und erlaubt den Vertragsparteien dabei Rechtswahlmöglichkeiten, welche je nach Versicherungstyp stärker oder geringer beschränkt sind. Die Ansicht, eine besondere Kollisionsnorm für Versicherungsverträge zu schaffen, setzte sich erst sehr spät im Gesetzgebungsverfahren durch (*Fricke* VersR 08, 444). Der so kurzfristig verfasste VO-Text weist daher Ungereimtheiten auf, welche bereits Anlass zu berechtigter Kritik in der Literatur gegeben haben (*Fricke* ebda). Die Revisionsklausel in Art 27 I Rom I-VO bezieht sich in Ziffer a) explizit auf Art 7 Rom I-VO. Eine Kontrolle der Kollisionsnormen ist somit vorgesehen.

Unter dem Begriff des Versicherungsvertrags in Art 7 I Rom I-VO ist auch nach autonomer Auslegung dasselbe zu verstehen, wie im bisher gültigen autonomen Kollisionsrecht. Der in Art 7 EGVVG verwendete Begriff basiert auf EU-Richtlinien, weshalb im hier vorliegenden Fall einer EU-VO von Begriffsidentität ausgegangen werden kann.

B. Die Anknüpfung der jeweiligen Versicherungstypen. I. Versicherung von Großrisiken. Art 7 II Rom I-VO enthält die Kollisionsnorm für Versicherungen von Großrisiken. Für die Beantwortung der Frage, wann ein solches Risiko gegeben ist, verweist die Norm auf Art 5d) der 1. Schadensversicherungsrichtlinie. Ein Großrisiko ist demnach entweder gegeben, wenn eine besondere Risikosparte (Schienenfahrzeugkasko-, Luftfahrtkasko-, See-, Binnensee- und Flussschifffahrt-, Transportgüter- und Luftfahrzeughaftpflichtversicherung; Kredit- und Kautionsversicherung, wenn der Versicherungsnehmer eine Tätigkeit im industriellen oder gewerblichen Bereich ausübt und die Versicherung damit in Zusammenhang steht) oder ein allgemeines Risiko versichert wird, dessen Umfang angesichts des wirtschaftlichen Umfangs des Geschäfts des Versicherungsnehmers besonders groß ist (dann, wenn der Versicherungsnehmer zwei von drei der genannten wirtschaftlichen Kriterien kumulativ erfüllt: eine Bilanzsumme iHv mind € 6,2 Mio, einen Nettoumsatz von mind € 12,8 Mio, eine durchschnittliche Beschäftigung von mind 250 Mitarbeitern). Gehört der Versicherungsnehmer einem Konzern an, so sind die wirtschaftlichen Kriterien des Konzerns maßgeblich. Ob die Voraussetzungen vorliegen, muss für den Zeitpunkt des Vertragsschlusses bestimmt werden.

1. Rechtswahl. Liegt die Versicherung eines Großrisikos idS vor, so können die Vertragsparteien gem Art 7 II Rom I-VO, welcher auf Art 3 Rom I-VO verweist, das anwendbare Recht durch Rechtswahl frei bestimmen (Zur Rechtswahl s. Art 3 Rom I-VO), wobei jedoch Art 3 III Rom I-VO zu beachten ist. Die Parteiautonomie begründet sich aus der geringeren Schutzbedürftigkeit des Versicherungsnehmers. Eine Person, welche Risiken in der Kategorie Großrisiko versichern lässt, wird sich idR professionell beraten lassen, weshalb die Wahl eines fremden Rechts für ihn keine besonderen Risiken birgt (Vgl zur vergleichbaren Passage in der Gesetzesbegründung zu Art 10 EGVVG BTDrs 11/6341, 39).

2. Objektive Anknüpfung. Findet keine Rechtswahl statt, was in Versicherungsfällen grds eine Seltenheit darstellt, kommt Art 7 II 2 Rom I-VO zur Anwendung. Danach unterliegt der Vertrag dem Recht des Staates, in welchem der Versicherer seinen gewöhnlichen Aufenthalt hat. Der gewöhnliche Aufenthalt des Versicherers, welcher regelmäßig eine juristische Person ist, ist gem Art 19 I Rom I-VO der Sitz seiner Hauptverwaltung. Kommt der Vertrag mit einer Niederlassung des Versicherers zustande, so ist gem II der Ort der Niederlassung entscheidend. Als Ausnahmeklausel verdrängt der 3 diese Anknüpfung, wenn der Vertrag eine offensichtlich engere Verbindung zu einem anderen Staat aufweist. Angesichts der grundsätzlichen Anknüpfung an den Versicherersitz müssen an die engere Verbindung jedoch hohe Voraussetzungen gestellt werden – allein eine abweichende Risikobelegenheit genügt nicht.

II. Versicherung aller anderen Versicherungen. Art 7 III Rom I-VO stellt die Kollisionsnorm für „alle anderen" Versicherungen dar, welche nicht unter II fallen. Diese werden in der versicherungsrechtlichen Sprache als Versicherung von Massenrisiken bezeichnet, also Risiken, welche im normalen Geschäftsbetrieb der Versicherer in großer Zahl abgedeckt werden.

1. Statutenspaltung. Als problematisch ist in diesem Zusammenhang der Wortlaut des Art 7 I 1 Rom I-VO anzusehen. Danach ist die Norm nur insofern einschlägig, als das versicherte Risiko im Gebiet der Mitgliedstaaten belegen ist. Es liegt demnach auch in der Rom I-VO, wie bereits im autonomen Kollisionsrecht gem Art 7 I EGVVG, eine Statutenspaltung hinsichtlich der Versicherungsverträge über Risiken mit Belegenheit in den Mitgliedstaaten und außerhalb dieser vor. Die Beseitigung dieser Statutenspaltung wurde auf die Versicherung von Großrisiken beschränkt. Eine Anknüpfung von Versicherungen von Massenrisiken, welche nicht in den Mitgliedstaaten belegen sind, kann nicht gem Art 7 Rom I-VO erfolgen und richtet sich daher nach dem allgemeinen Vertragsstatut.

8 **2. Ort der Risikobelegenheit.** Der Ort der Risikobelegenheit ergibt sich aus Art 7 VI Rom I-VO, welcher wiederum auf Art 2d) der zweiten Schadensversicherungsrichtlinie (RL 88/357/EWG des Rates v 22.6.88, ABl L172 v 4.7.88, 1; Zuletzt geändert durch die RL 2005/14/EG, ABl L149 v 11.6.05, 14) und Art 1 I g) der Lebensversicherungsrichtlinie (RL 2002/83/EG des Europäischen Parlaments und des Rates vom 5.11.02, ABl. L345 v 19.12.02, 1 ff) verweist. Belegenheitsstaat des versicherten Risikos ist demnach
- bei der Versicherung entweder von Gebäuden oder von Gebäuden und den darin befindlichen Sachen, sofern diese durch die gleiche Versicherungspolice gedeckt sind, der Staat, in dem die Gebäude belegen sind;
- bei einer Versicherung von zugelassenen Fahrzeugen aller Art der Zulassungsstaat;
- bei einem höchstens viermonatigen Vertrag zur Versicherung von Reise- und Ferienrisiken der Staat, in welchem der Versicherungsnehmer den Vertrag geschlossen hat;
- im Fall einer Lebensversicherung der Staat, in welchem der Versicherungsnehmer seinen gewöhnlichen Aufenthalt hat;
- in allen Fällen, die nicht ausdrücklich bezeichnet wurden, der Staat, in dem der Versicherungsnehmer seinen gewöhnlichen Aufenthalt hat, oder wenn der Versicherungsnehmer eine juristische Person ist, der Staat, in dem sich die Niederlassung dieser juristischen Person befindet, auf die sich der Vertrag bezieht.

9 Ist das versicherte Risiko zur Zeit des Vertragsabschlusses in mehreren Mitgliedstaaten belegen, können die Parteien gem Art 7 V Rom I-VO wählen. Ist das versicherte Risiko auch in Nicht-Mitgliedstaaten belegen, so soll doch Art 7 Rom I-VO jedoch nur für den Teil des Vertrages angewendet werden, der sich auf in der EU belegenen Risiken bezieht (Erwägungsgrund 33 zur Rom I-VO).

10 **3. Rechtswahl.** Art 7 III Rom I-VO erlaubt den Parteien des Versicherungsvertrages ggü II nur eine zugunsten des Versicherungsnehmers beschränkte Rechtswahl. Dieser soll als ggü dem Versicherer versicherungsrechtlich unerfahrene und somit schutzwürdige Partei nicht mit der Wahl eines für ihn unvorhersehbaren Sachrechts konfrontiert werden. Die Rechtswahl nach Ziffer d) ist angesichts des Wortlautes nur dann möglich, wenn sich die aus dem versicherten Risiko ergebenden Schadensfälle nur in einem anderen Mitgliedstaat, als dem der Risikobelegenheit realisieren können. Es darf also keine Möglichkeit des Schadeneintritts im Staat der Risikobelegenheit in Betracht kommen. Ebenso wenig darf das Recht eines Nicht-Mitgliedstaates gewählt werden.

11 **4. Objektive Anknüpfung.** Mangels Rechtswahl kommt gem Art 7 III 3 Rom I-VO das Recht des Ortes der Risikobelegenheit zum Zeitpunkt des Vertragsschlusses zur Anwendung. Im Gegensatz zum autonomen Sachrecht wird hier primär an den Ort der Risikobelegenheit angeknüpft und nicht erst auf die engste Verbindung mit dem Recht eines Mitgliedstaates abgestellt. Diese Abweichung in der Rom I-VO lässt sich damit begründen, dass der Ort der Risikobelegenheit typischerweise den Schwerpunkt des Versicherungsvertrages darstellt, weil er sich auf die an diesem Ort befindliche Sache oder Person bezieht (BGH NJW 93, 2753; 96, 2569; *Spickhoff* Fn 22, Art 28 EGBGB Rz 6). Werden in einem Versicherungsvertrag Risiken abgedeckt, welche in verschiedenen Mitgliedstaaten belegen sind, bestimmt Art 7 V Rom I-VO, dass im Falle der objektiven Anknüpfung eine Statutenspaltung vorzunehmen ist.

12 **5. Art 3, 4, 6 Rom I-VO.** Das anwendbare Recht für Versicherungsverträge über Massenrisiken, welche nicht in einem Mitgliedstaat belegen sind, richtet sich angesichts der ausdrücklichen Nichtberücksichtigung in Art 7 I 1 Rom I-VO nach dem allgemeinen Vertragsstatut gem Art 3, 4, 6 Rom I-VO. Liegt keine Rechtswahl vor, kommt gem Art 4 II Rom I-VO das Recht des Staates zur Anwendung, in dem die Partei, welche die vertragscharakteristische Leistung zu erbringen hat, ihren gewöhnlichen Aufenthalt hat. Als vertragscharakteristisch wird von der hM die Leistungspflicht des Versicherers angesehen (*Basedow/Dratsch* NJW 91, 789; *Lorenz* in: FS für Kegel 1987, 327; MünchKomm/*Martiny* BGB 4. Aufl 06, Art 37 EGBGB Rz 56; aA *Prölss/Armbrüster* in: Prölss/Martin VVG 27. Auf 04, Vor Art 7 EGVVG Rz 4).

13 **III. Pflichtversicherungen.** Art 7 IV Rom I-VO hat die Versicherungen zum Gegenstand, zu deren Abschluss eine gesetzliche Pflicht besteht. Die Norm ist keine Kollisionsnorm sondern verweist hinsichtlich der Anknüpfung grds auf die II u 3. Abw davon kann ein Mitgliedstaat gem Ziffer b) jedoch bestimmen, dass auf den Versicherungsvertrag das Recht des Mitgliedstaates anzuwenden ist, der die Versicherungspflicht aufstellt. Der deutsche Gesetzgeber reagiert dementsprechend mit dem RegE AnpassungsG Rom I-VO (s. Art 46c EGBGB Rn 2 ff). Danach unterliegt ein Versicherungsvertrag dem Recht des Mitgliedstaates, welcher die zugrunde liegende Versicherungspflicht aufstellt. Beruht die Versicherungspflicht auf deutschem Recht, ist gem *2 deutsches Recht* anwendbar.

14 Art 7 IV a) Rom I-VO kommt subsidiär zu Ziffer b) zur Anwendung und dient allein der Beantwortung der Frage, ob eine abgeschlossene Versicherung, für welche eine gesetzliche Abschlusspflicht besteht, den Anforderungen dieser Versicherungspflicht entspricht.

1. Beschränkung auf die Versicherungspflichten der Mitgliedstaaten.
Art 7 IV Rom I-VO beschränkt seine Anwendbarkeit auf von Mitgliedstaaten aufgestellte Versicherungspflichten. Dem VO-Gesetzgeber erschien es demnach nicht nötig, die Einhaltung der gesetzlichen Abschlusspflichten von Nicht-Mitgliedstaaten kollisionsrechtlich zu gewährleisten (*Fricke* Fn 1, 450). Unter Berücksichtigung des Prinzips der Gleichwertigkeit der Rechtsordnungen erscheint diese Beschränkung nicht interessengerecht. Die gesetzliche Pflichtversicherung stellt generell ein Mittel der Sicherung von Ansprüchen Geschädigter dar, welche besonderen Gefahren ausgesetzt sind. Diesen nicht zufrieden stellenden Zustand sollte der Gesetzgeber iRd Revision gem Art 27 I a Rom I-VO beenden.

2. Folge der Statutenspaltung.
Ein weitaus größeres Problem ergibt sich zusätzlich aufgrund der oben erwähnten Statutenspaltung. Da Art 7 Rom I-VO sich im Fall eines Massenrisikos, welches nicht in einem Mitgliedstaat belegen ist, für unanwendbar erklärt, kommen in diesem Fall auch die Regeln des IV nicht zur Anwendung. Die Frage, ob der Vertrag der Versicherungspflicht entspricht, richtet sich dann nach dem allgemeinen Vertragsstatut welches keine dem Art 7 IV Rom I-VO vergleichbare Regelung zur Beschränkung des Geltungsbereiches des Vertragsstatutes vorsieht. Auch die Möglichkeit der Mitgliedstaaten, ihr Sachrecht gem Art 7 IV b Rom I-VO für anwendbar zu erklären, besteht mangels Anwendbarkeit der Versicherungskollisionsnorm nicht. So könnte es zu dem paradoxen Fall kommen, dass ein Mitgliedstaat eine Versicherungspflicht aufstellt, es hinsichtlich der Einhaltung dieser Pflicht aber darauf ankommt, ob das versicherte Risiko im In- oder Ausland belegen ist. Die Statutenspaltung führt hier zu unangemessenen Ergebnissen. Daher muss dem öffentlichen Interesse, welches die Mitgliedstaaten den Pflichtversicherungen in ihrem Staatsgebiet beimessen, Geltung verschafft werden, indem Art 7 IV Rom I-VO analog zur Anwendung kommt. In diesen Fällen wäre der Art 7 IV Rom I-VO dann auch für die Anknüpfung nach Art 3, 4 Rom I-VO relevant. Eine Lösung kann jedoch teilweise auch über Art 9 Rom I-VO erreicht werden. Danach bleiben auch bei Anwendbarkeit des Rechts eines anderen Staates die Eingriffsnormen des Rechts am Gerichtsstand wirksam. Als solche Eingriffsnormen kommen die hier relevanten Pflichtversicherungen in Betracht, welchen idR vom anordnenden Staat ein vom Kollisionsrecht unabhängiger international zwingender Geltungsanspruch zugesprochen wird (*Spickhoff* Fn 22, Art 34 EGBGB Rz 12). Eine Berücksichtigung der Eingriffsnormen kommt jedoch gem Art 9 II, III Rom I-VO lediglich eingeschränkt in Betracht. Ist diese Möglichkeit der Geltungserhaltung nicht gegeben, muss Art 7 IV Rom I-VO analog angewendet werden.

IV. Rückversicherungen.
Rückversicherungsverträge sind auch nach der Rom I-VO vom sachlichen Anwendungsbereich des Versicherungsstatutes ausgenommen. Nach Art 7 I 2 Rom I-VO gilt die Norm ausdrücklich nicht für diesen Vertragstyp. Für Rückversicherungsverträge, an denen lediglich geschäftserfahrene Rück- und Erstversicherer beteiligt sind, bedarf es mangels schutzbedürftiger Vertragsparteien keiner speziellen schützenden Kollisionsnorm (EuGH VersR 01, 123). Das anzuwendende Recht richtet sich nach dem allgemeinen Vertragsstatut in Art 3, 4 Rom I-VO.

ROM I-VO Art. 8 Individualarbeitsverträge.
(1) Individualarbeitsverträge unterliegen dem von den Parteien nach Artikel 3 gewählten Recht. Die Rechtswahl der Parteien darf jedoch nicht dazu führen, dass dem Arbeitnehmer der Schutz entzogen wird, der ihm durch Bestimmungen gewährt wird, von denen nach dem Recht, das nach den Absätzen 2, 3 und 4 des vorliegenden Artikels mangels einer Rechtswahl anzuwenden wäre, nicht durch Vereinbarung abgewichen werden darf.
(2) Soweit das auf den Arbeitsvertrag anzuwendende Recht nicht durch Rechtswahl bestimmt ist, unterliegt der Arbeitsvertrag dem Recht des Staates, in dem oder andernfalls von dem aus der Arbeitnehmer in Erfüllung des Vertrags gewöhnlich seine Arbeit verrichtet. Der Staat, in dem die Arbeit gewöhnlich verrichtet wird, wechselt nicht, wenn der Arbeitnehmer seine Arbeit vorübergehend in einem anderen Staat verrichtet.
(3) Kann das anzuwendende Recht nicht nach Absatz 2 bestimmt werden, so unterliegt der Vertrag dem Recht des Staates, in dem sich die Niederlassung befindet, die den Arbeitnehmer eingestellt hat.
(4) Ergibt sich aus der Gesamtheit der Umstände, dass der Vertrag eine engere Verbindung zu einem anderen als dem in Absatz 2 oder 3 bezeichneten Staat aufweist, ist das Recht dieses anderen Staates anzuwenden.

A. Einordnung und Systematik der Regelung. I. Einordnung.
Die Regelung löst ex Art 30 EGBGB ab und ist erst auf Arbeitsverträge anwendbar, die nach dem 17.12.09 geschlossen werden (Art 29). Anders als bisher sind künftig die Gemeinschaftsgerichte für die Interpretation der Verordnungsbestimmungen auch für die Mitgliedsstaaten bindend zuständig (vgl IntSchVR Rn 3 f; *Mauer/Sadtler* RIW 08, 544 f). Dänemark ist von Rom I-VO ausgenommen und wird als Nicht-Mitgliedstaat behandelt (Art 1 IV), somit anwendbares Recht ist strittig (vgl Art 2 Rn 4).

II. Systematik der Regelung.
Die Systematik von Art 8 Rom I-VO entspricht weitgehend ex Art 30 EGBGB. Auch Art 8 I schränkt den **Grundsatz der freien Rechtswahl** (Art 3) ein. Sie darf nicht dazu führen, dass dem Arbeitnehmer der Schutz der zwingenden Bestimmungen entzogen wird, die ohne Rechtswahl eingrei-

fen würden. Daher ist ein Günstigkeitsvergleich mit den aufgrund der **objektiven Anknüpfung** anwendbaren Regelungen durchzuführen. Objektive Anknüpfungspunkte sind die **Regelanknüpfungen (II und III)** und die **Ausweichklausel (IV)**. Sie sind auch ausschlaggebend, wenn **keine oder keine wirksame Rechtswahl** getroffen wurde. Eine Verweisung auf ausländisches Recht erfasst nur dessen Sachnormen, eine **Gesamtverweisung** auf das ausländische Kollisionsrecht ist **ausgeschlossen** (vgl Art 20 Rom I-VO; HK-ArbR/*Däubler* EGBGB Rz 10).

3   **B. Anwendungsbereich. I. Individualarbeitsverträge.** Die Formulierung „**Individualarbeitsverträge**" in Art 8 I entspricht den in ex Art 30 EGBGB verwendeten Begriffen „Arbeitsverträge und Arbeitsverhältnisse" (*Junker* RIW 06, 401 f) und erfasst nicht **Verträge mit kollektivem Charakter** (Tarifverträge, Betriebsvereinbarungen Ferrari-Rom I-VO/*Junker* 113). Aus der gemeinschaftsrechtlich autonomen Auslegung ergeben sich kaum Unterschiede ggü dem im deutschen Recht gebräuchlichen Arbeitnehmerbegriff (HK-ArbR/*Däubler* EGBGB Rz 13). Das nach Art 8 anzuwendende **Arbeitsvertragsstatut** umfasst Begründung, Inhalt, Durchführung und Beendigung des Arbeitsverhältnisses (vgl Art 12) einschließlich nichtiger und faktischer Arbeitsverhältnisse sowie Gruppenarbeitsverträgen (*Junker* RIW 06, 401f).

4   **II. Kollektives Arbeitsrecht.** Art 8 gilt nicht für kollektives Arbeitsrecht (Ferrari-Rom I-VO/*Junker* 113). Zu deliktischen Folgen des **Arbeitskampfes** s. Art 9 Rom II-VO, Rn 1 ff. Keine Regelung hat das Arbeitskampfstatut als solches erfahren. Das gilt auch für die internationalvertragrechtlichen Anknüpfungsgegenstände im Zusammenhang mit dem Arbeitskampf, wie zB dessen Folgen für die Lohnzahlung (*Knöfel* EuZA 08, 240).

5   **III. Verhältnis zur EG-Entsenderichtlinie (96/71/EG).** Unberührt bleibt die Anwendung von Rechtsakten, die in besonderen Bereichen Kollisionsnormen für vertragliche Schuldverhältnisse enthalten, namentlich nationale Regelungen auf Grundlage der EG-Entsenderichtlinie (in Deutschland AEntG; s. *Clausnitzer/Woopen* BB 08, 1798; *Pfeiffer* EuZW 08, 627). In Umsetzung der EG-Entsenderichtlinie legt das AEntG in §§ 1 und 7 fest, welche inländischen Regelungen auf ein Arbeitsverhältnis zwischen einem Arbeitgeber mit Sitz im Ausland und seinem in Deutschland beschäftigten Arbeitnehmer zwingend anzuwenden sind (Ferrari-Rom I-VO/*Junker* 114). Insoweit werden die Regelungen des ausländischen Arbeitsvertragsstatutes durch das über das AEntG erstreckte international zwingende Eingriffsrecht partiell überlagert (*Knöfel* RdA 06, 275; für eine enge Auslegung der EG-Entsenderichtlinie EuGH JZ 08, 889; EuGH NZA 08, 865 ff; *Heuschmid* jurisPR-ArbR 51/08 Anm 5).

6   **C. Einschränkung der Rechtswahl (Art 8 I).** Nach Art 8 I ist bei Individualarbeitsverträgen nach Art 3 grds eine **Rechtswahl** ausdrücklich oder stillschweigend, auch als Teilrechtswahl (Art 3 I), zulässig. Eine stillschweigende Rechtswahl kann sich aus arbeitsvertraglicher Bezugnahme auf einen bestimmten Tarifvertrag oder die Beschränkung der Arbeitspflicht auf einen bestimmten Betrieb ergeben (*Clausnitzer/Woopen* BB 08, 1804).

7   Die **Rechtswahl** darf nicht zur Unterschreitung zwingender Arbeitnehmerschutzregelungen des aufgrund **objektiver Anknüpfung** anwendbaren Rechts führen (Art 8 I), also insb §§ 1 ff KSchG, Kündigungsfristen, § 613a BGB, EFZG, Gleichbehandlungsgrundsatz, Jugendarbeitsschutz, Mutterschutz und verstärkter Diskriminierungsschutz (AGG) (*Franzen* AR-Blattei SD 920 Rz 121 ff; Palandt/*Thorn* Art 30 EGBGB Rz 6). Maßgeblich ist nach hM ein Günstigkeitsvergleich als „Sachgruppenvergleich" (MüKo/*Martiny*, Rz 40). Zur Abgrenzung der zwingenden Bestimmungen nach Art 8 I vom Eingriffsrecht nach Art 9 s *Mankowski* IHR 08, 147; *Martiny* ZEuP 08, 99; HK-ArbR/*Däubler* EGBGB Rz 42 ff.

8   **D. Objektive Anknüpfung.** Objektive Anknüpfungspunkte sind die **Regelanknüpfungen** des **gewöhnlichen Arbeitsortes** (Art 8 II), der **einstellenden Niederlassung** (Art 8 III) oder der **Ausweichklausel** (Art 8 IV).

9   **I. Gewöhnlicher Arbeitsort (Art 8 II).** Art 8 II bringt das Recht des Staates zur Anwendung, „**in dem oder anderenfalls von dem aus**" der Arbeitnehmer in Erfüllung seines Vertrages **gewöhnlich seine Arbeit verrichtet**. Verrichtet der Arbeitnehmer seine Arbeit nur **vorübergehend** in einem anderen Staat, ändert sich das Arbeitsvertragsstatut grds nicht (Art 8 II 2).

10 Das Recht des Staates, **in dem** der Arbeitnehmer in Erfüllung seines Vertrages gewöhnlich seine Arbeit verrichtet, ist der tatsächliche Mittelpunkt seiner Berufstätigkeit. Häufige Auslandsreisen oder die Beschäftigung als Außendienstmitarbeiter ändern daran nichts, sofern er immer wieder zum Mittelpunkt seiner Tätigkeit zurückkehrt (EuGH IPRax 97, 110; EuGH NZA 97, 225). Die Wendung „das Recht des Staates **von dem aus** der Arbeitnehmer in Erfüllung seines Vertrages gewöhnlich seine Arbeit verrichtet" umfasst auch die Einbeziehung von Flugpersonal (vgl schon EuGH, IPRax 97, 110f; teilw KOM(2005) 650 endg, S 8; ferner MüKo/*Martiny*, Rz 52; *Mauer/Sadtler* RIW 08, 546; aA Ferrari-Rom I-VO/*Junker* 126). Soweit das BAG bislang einen „gewöhnlichen Arbeitsort" iS des ex Art 30 II Nr 1 EGBGB bei Flugpersonal ablehnte (BAG NZA 08, 764; krit *Knöfel* AP Art 27 EGBGB nF Nr 8) wird dies wohl zu revidieren sein (HK-ArbR/*Däubler* EGBGB Rz 20). Eine spezielle Regelung für Seeleute enthält die Verordnung nicht (*Mankowski* IHR 08, 145). Allerdings hat der EuGH für die Arbeit auf einer Bohrinsel über den „Festlandsockel" eine Zurechnung zu dem betroffenen Staat vorgenommen (EuGH NZA 02, 459). Im Flaggenrecht gilt Art 8 nicht (§ 21 IV 1 FlaggenrechtsG).

Eine **vorübergehende Entsendung** iSd Art 8 II liegt vor, wenn der Arbeitnehmer Rückkehrwillen und der 11
Arbeitgeber Rücknahmewillen hat (*Mankowski* IHR 08, 145). Eine zeitliche Höchstgrenze gilt nicht (*Mankowski* IHR 08, 145), eine vorübergehende wird zur endgültigen Entsendung, sobald der Wille der Parteien sich ändert (*Deinert*, RdA 2009, 146) Ein entsendungsbedingter Abschluss eines zusätzlichen Arbeitsvertrages innerhalb derselben Unternehmensgruppe ändert nicht zwingend den vorübergehenden Charakter (Rom I-VO Erwg 36; EuGH IPRax, 04, 336; *Mankowski* IHR 08, 133, 146; Ferrari-Rom I-VO/*Junker* 123; HK-ArbR/ *Däubler* EGBGB Rz 39). Nicht (mehr) vorübergehend ist die Entsendung bei endgültigem Übertritt ins Ausland (Ferrari-ROM I-VO/*Junker* 122) oder Einstellung des Arbeitnehmers ausschließlich für die Auslandstätigkeit (*Mankowski* IHR 08, 145; HK-ArbR/*Däubler* EGBGB Rz 35), auch, wenn es zu einem nur vorübergehenden Einsatz des Arbeitnehmers im Heimatbetrieb kommt.

II. Sitz der Niederlassung (Art 8 III). „Einzustellende Niederlassung" ist nicht zwingend die rekrutierende, 12
sondern die das „gelebte Arbeitsverhältnis betreuende" Einsatzniederlassung (*Mankowski* IHR 08, 145; MüKo/*Martiny*, Rz 67). Unerheblich ist, in welchem Land sich die Personen befinden, denen ggü die Dienste erbracht werden (zB Callcenter; HK-ArbR/*Däubler* EGBGB Rz 24). Die Anknüpfung iSv III ist subsidiär zu II. Die Anknüpfung an die einstellende Niederlassung wird zum Arbeitnehmerschutz eher eng, die Anknüpfung an den gewöhnlichen Arbeitsort eher weit ausgelegt (EuGH IPRax 97, 110; *Junker* RIW 06, 406).

III. Ausweichklausel (Art 8 IV). IV geht II und 3 vor und entspricht ex Art 30 II aE EGBGB. **Umstände** für 13
eine engere Verbindung zu einem anderen Staat können sein Erfüllungsort, Staatsangehörigkeit der Parteien, Sitz des Arbeitgebers, Vertragssprache, Währung für das Arbeitsentgelt, Ort des Vertragsschlusses, Arbeitsort, Wohnsitz der Parteien, Registrierung von Schiff oder Flugzeug (*Clausnitzer/Woopen* BB 08, 1804). Die Umstände für eine engere Verbindung zu einem anderen Staat müssen ggü den Regelanknüpfungen deutlich überwiegen (*Clausnitzer/Woopen* BB 08, 1804 vgl auch EuGH-EuZW 09, 822).

ROM I-VO Art. 9 Eingriffsnormen.
(1) Eine Eingriffsnorm ist eine zwingende Vorschrift, deren Einhaltung von einem Staat als so entscheidend für die Wahrung seines öffentlichen Interesses, insbesondere seiner politischen, sozialen oder wirtschaftlichen Organisation, angesehen wird, dass sie ungeachtet des nach Maßgabe dieser Verordnung auf den Vertrag anzuwendenden Rechts auf alle Sachverhalte anzuwenden ist, die in ihren Anwendungsbereich fallen.
(2) Diese Verordnung berührt nicht die Anwendung der Eingriffsnormen des Rechts des angerufenen Gerichts.
(3) Den Eingriffsnormen des Staates, in dem die durch den Vertrag begründeten Verpflichtungen erfüllt werden sollen oder erfüllt worden sind, kann Wirkung verliehen werden, soweit diese Eingriffsnormen die Erfüllung des Vertrags unrechtmäßig werden lassen. Bei der Entscheidung, ob diesen Eingriffsnormen Wirkung zu verleihen ist, werden Art und Zweck dieser Normen sowie die Folgen berücksichtigt, die sich aus ihrer Anwendung oder Nichtanwendung ergeben würden.

A. Ursprung und Inhalt. Für Eingriffsnormen gibt Art 9 eine umfassende Bestimmung, die **Art 7 EVÜ,** 1
Art 34 EGBGB ablöst und neben dem abweichenden, aber parallelen Art 16 Rom II-VO für außervertragliche Schuldverhältnisse steht. Die drei Absätze des Art 9 enthalten eine Definition in I, den Vorbehalt für die Eingriffsnormen der lex fori in II und eine Regelung drittstaatlicher Eingriffsnormen in III. Neu ist auch, dass die Vorschrift ausdrücklich von „Eingriffsnormen" spricht.

B. Eingriffsnorm. Die Begriffsbestimmung in I ist an das die Grundfreiheiten betreffende EuGH-Urt in 2
Arblade Rs C-369/96, Slg 1999, I-8453, angelehnt, das die Definition von Francescakis aufgegriffen hat. Infolge der Einfügung des Wortes „insb" aber keine abschließende Aufzählung (*Th. Pfeiffer* EuZW 08, 622, 628). Eine Erledigung der vielen Streitigkeiten zum Begriff Eingriffsnorm wird man damit gleichwohl nicht erwarten können (zutr, aber zu eng *Mankowski* IHR 08, 147). Die Definition bringt wohl einen europäischen Begriff der Eingriffsnorm mit sich, es wird sich um hinreichend gewichtige Regelungen handeln müssen (*Th. Pfeiffer* EuZW 08, 622, 628; *Bonomi* in: Cashin Ritaine/Bonomi, Le nouveau règlement, 08, 225: „nouvelle notion communautaire"), doch kommt es nach dem Wortlaut auf die Sicht des Staates an, von welchem die fragliche Norm herrührt. Daher bestimmt der Staat, nicht Art 9, ob die Norm Eingriffsnorm sein soll. Eine gewisse Rahmenkontrolle durch den EuGH scheint jedoch denkbar (erwartungsvoll *Bonomi* in: Cashin Ritaine/ Bonomi 10f; schon zum Entwurf *Thorn* in: Ferrari/Leible, Ein neues internationales Vertragsrecht für Europa, 07, 129, 136ff); die Grundfreiheitenkontrolle (u. Rn 12) ist etwas anderes (richtig *Thorn* ebda). Normen, die rein private Interessen schützen, werden durch die Definition wohl ausgeschlossen (*Cheshire/ North/Fawcett* Private International Law, 08, 739), nicht aber automatisch alles Sonderprivatrecht (*Freitag* IPRax 09, 112; *Bonomi* 227 ff; unklar *Garcimartín Alférez* EuLF 08, I-61, I-77 Nr 75; vgl auch *Thorn* ebda 139 zum Entwurf). Dies stünde sonst kaum im Einklang mit dem Ingmar-Fall und der Sicht in manchen Mitgliedstaaten (vgl *Bonomi* 228 f).

3 Zum **Verhältnis zur besonderen Verbraucherkollisionsnorm des Art 6** (o ex Art 34 EGBGB Rn 3) ist eine Klarstellung leider unterblieben – obwohl deutsche und französische Höchstgerichte unterschiedliche Lösungen entwickelt haben (ebda, auch *Pelegrini* Rev Lamy dr des aff 08, 71, 75). Mit der Fassung des neuen Art 9 wird man dieses Schweigen wohl nicht erklären können (anderes erwägend *Pelegrini* Rev Lamy dr des aff 08, 71, 75f). Die bisherigen Kontroversen können daher fortgeführt werden. Verbraucherschutzvorschriften sollten nach hier vertretener Auffassung nur ganz ausnahmsweise als Eingriffsnormen angesehen werden, nämlich wenn sie über Marktverhaltensregeln hinaus Sozialschutz bezwecken (o ex Art 34 EGBGB Rn 3). Der umfassendere Anwendungsbereich des Art 6 könnte die Bedeutung des Art 9 für den Verbraucherschutz herabsetzen (*Bonomi* in: Cashin Ritaine/Bonomi 222).

4 **C. Eingriffsnormen der lex fori.** Für die Eingriffsnormen der lex fori enthält II die bekannte **Öffnungsklausel** wie bisher Art 7 EVÜ und ex Art 34 EGBGB. Zu Beispielsbereichen gilt das unter ex Art 34 EGBGB Rn 5 ff Ausgeführte, zu nennen ist neben Außenwirtschafts-, Devisen- und Kartellrecht etwa das Mietrecht (ex Art 34 EGBGB Rn 11, dagegen *Mankowski* IHR 08, 143).

5 „Eingriffsnormen des Rechts des angerufenen Gerichts" sind Gegenstand des Art 9 II und umfassen wohl auch das **Gemeinschaftsrecht** (aA *Montfort* Rev Lamy dr des aff 08, 82, 83). Zwar spricht schon Art 3 IV von „Bestimmungen des Gemeinschaftsrechts … von denen nicht durch Vereinbarung abgewichen werden kann", indes nicht spezifisch von Eingriffsnormen. Auch regelt Art 3 IV nur die Situation der Rechtswahl und fordert zudem, dass „alle anderen Elemente des Sachverhalts … in einem oder mehreren Mitgliedstaaten belegen" sind (Art 3 Rn 26). Für die Erfassung europarechtlicher Eingriffsnormen wäre Art 3 IV mithin zu eng (vgl a *Thorn* in Ferrari/Leible 142 zu Art 3 V des Entwurfs). Sie fallen daher, soweit man die Europarechtsnorm nicht direkt wirken lässt (so *Palandt/Thorn* Art 6 Rom II-VO Rz 6; wohl auch *Garcimartín Alférez* EuLF 08, I-61, I-65 Nr 23), unter Art 9 II. Für etwa Art 81f EG, die FusKoVO oder nach der Ingmar-Rspr die Handelsvertreter-RL 86/653 ist dies von Bedeutung (o ex Art 34 EGBGB Rn 16).

6 **D. Eingriffsnormen des Schuldstatuts (lex causae).** Über Eingriffsnormen der lex causae enthält Art 9 keine ausdrückliche Bestimmung. Die bisherigen Streitfragen (o ex Art 34 EGBGB Rn 17) werden insoweit fortleben (*Leible/Lehmann* RIW 08, 543: nicht geklärt für Eingriffsnormen als Teil des Schulstatuts *Lando/Nielsen* CMLRev 08, 1687, 1719; *W.-H. Roth* FS Kühne 859, 873; aA Palandt/*Thorn* Rz 15; *Freitag* in: Reithmann/Martiny Rz 646).

7 **E. Drittstaatliche Eingriffsnormen. I. Allgemeines.** Drittstaatliche Eingriffsnormen – und seien sie „vom Ende der Welt" (*Montfort* Rev Lamy dr des aff 08, 82, 83) – werden nun in III ausdrücklich geregelt, aus deutscher Sicht wird damit die durch den Vorbehalt gegen Art 7 I EVÜ entstandene Regelungslücke (ex Art 34 EGBGB Rn 18) geschlossen. Art 9 III hat allerdings nicht die „enge Verbindung" des Art 7 I EVÜ übernommen (*Montfort* Rev Lamy dr des aff 08, 82, 83), sondern bringt wohl eine besondere Einschränkung (krit *Corneloup* JCP 08 Doctr 205 Nr 15; *Bonomi* in Cashin Ritaine/Bonomi 234): die Vorschrift spricht nur von den Eingriffsnormen des Staates „in dem die durch den Vertrag begründeten Verpflichtungen **erfüllt werden sollen oder erfüllt worden sind**". Damit soll Unsicherheit begrenzt werden (*Cheshire/North/Fawcett* 740) und wird wohl an die alte englische Rspr angeknüpft (Ralli Bros v Compañia Naviera Sota y Aznar [1920] 2 KB 287 (CA); dazu *Kuckein* Die ‚Berücksichtigung' 08; so auch *Freitag* IPRax 09 110f; *ders* in: Reithmann/Martiny Rz 632, 638; *Bonomi* in: Cashin Ritaine/Bonomi 232). In Teilen der deutschen Lit wird hierzu auf den Erfüllungsortsgerichtsstand des Art 5 Nr 1 EuGVVO hingewiesen, aber dieser doch nicht für maßgeblich erklärt (*Leible/Lehmann* RIW 08, 543; *Mankowski* IHR 08, 148), auch wird von Unklarheit hinsichtlich des Verhältnisses faktischer und normativer Bestimmung des Erfüllungsorts gesprochen (*Th. Pfeiffer* EuZW 08, 622, 628). Eine Anknüpfung an die EuGVVO wäre abzulehnen, auch ein materiellrechtlicher Ansatz (so aber *Kindler* 69; undeutlich *Lando/Nielsen* CMLRev 08, 1687, 1722) leuchtet wenig ein. Für Art 9 III kommt es auf eine tatsächliche oder potentielle Berührung des Leistungsvorganges (oder vielleicht –erfolges) an, nicht auf ein rechtstechnisches Kriterium der gerichtlichen Zuständigkeitsordnung (so im Ergebnis wohl auch *Freitag* IPRax 09 111f; *ders* in Rheitmann/Martiny Rz 643f; vgl a *W.-H. Roth* FS Kühne 859, 874f). Ob es reicht, dass ein Teil des Leistungsvorganges am Ort der Eingriffsnorm erfolgt, ist undeutlich (vgl *Bonomi* in: Cashin Ritaine/Bonomi 233), sollte aber bejaht werden. Wenn man Erfüllungsort erfolgsbezogen weit versteht, so kann man etwa auch den Fall der drittstaatlichen Fusionskontrolle bei Anteilsübertragung zwischen Unternehmen anderer Staaten erfassen (aA *Leible/Lehmann* RIW 08, 543). ME kann man auch aus Art 6 III Rom II-VO herleiten, dass bei Kartellrechtsfragen der betroffene Markt Erfolgsort iSd Art 9 III ist, denn es wäre unlogisch, die Kartellrechtsnorm haftungsrechtlich, aber nicht vertragsrechtlich wirken zu lassen.

8 III 1 spricht nur von Eingriffsnormen, die die Erfüllung des Vertrages **unrechtmäßig werden lassen**. Daher bestehen Zweifel, ob auch andere Eingriffsnormen wie Preisbestimmungen, Widerrufsrechte etc unter Art 9 III fallen. Ein weites Verständnis scheint jedoch angebracht (differenzierend und Widerrufsrechte ausschließend aber *Freitag* IPRax 09, 112; *ders* in Reithmann/Martiny Rz 634ff; weit Palandt/*Thorn* Rz 12; eng *Mauer/Sadtler* 08, 544, 548; *W.-H. Roth* FS Kühne 859, 875f). Die Einschränkung scheint nicht gerechtfertigt (*Bonomi* in: Cashin Ritaine/Bonomi 234; *W.-H. Roth* 876).

Art 9 III unterscheidet nicht zwischen Engriffsnormen von **EU-Mitgliedstaaten** und denen anderer Staaten, s. dazu o ex Art 34 EGBGB Rn 20 (ferner *Freitag* IPRax 09, 112; *Kuckein* 62f). 9

II. Rechtsfolge. Die Norm gibt keine eindeutige Anwendungsbefehl, sondern sagt, es **„kann"** der Eingriffs- 10
norm Wirkung verliehen werden. Daher ist wohl von einem – problematischen (*Th. Pfeiffer* EuZW 08, 622, 628) – Ermessen des Gerichts auszugehen, das aber nach Maßgabe des Satzes 2 gebunden ist (ebenso *W.-H. Roth* ebda 877; nur für eine Befugnis – „faculty" – *Garcimartín Alférez* EuLF 08, I-61, I-77 Nr 76). „Art und Zweck" der Eingriffsnorm gestatten wohl Heranziehung des Kriteriums der Interessenidentität (ex Art 34 EGBGB Rn 18; ähnl *W.-H. Roth* ebda 877; *Th. Pfeiffer* ebda 628); hinsichtlich der „Folgen" wollen manche primär auf die faktische Durchsetzungsmacht abstellen (*Th. Pfeiffer* ebda; *Kindler* 69). Ob die Bewertung in nationaler oder europäischer Perspektive erfolgt, ist undeutlich und wird wohl davon abhängen, ob der Bereich von europäischen oder nationalen Regelungen geprägt ist (ähnl wohl *Freitag* IPRax 09, 114). „**Wirkung verleihen**" deutet auf die Rechtsfolgenseite und nicht bloße Berücksichtigung als Tatsache (*Th. Pfeiffer* ebda; für Sonderanknüpfung auch *Leible/Lehmann* RIW 08, 542; anders *Freitag* IPRax 09, 114). Dass hier Vorlagefragen nach Art 267 AEUV entstehen (so *Freitag* IPRax 09, 111f) scheint zwar nicht selbstverständlich, denn es geht statt um die echte Auslegung der europäischen Norm eher um die Beurteilung von deren Gewicht, entspricht aber der Ingmar-Rspr des EuGH.

F. Materiellrechtliche Berücksichtigung. Materiell-rechtliche Berücksichtigung hat Tradition in verschiede- 11
nen Mitgliedstaaten (ex Art 34 EGBGB Rn 21) und dürfte durch Art 9 III nicht eingegrenzt werden: dieser modifiziert weder Verträge noch staatliches materielles Recht. Betrachtet man auch materiell-rechtliche Berücksichtigung als „Wirkung verleihen" iSd Art 9 III (in diese Richtung *Freitag* IPRax 09, 114), so wäre allerdings eine Sperrung durch den Art 9 III konsequent (so für § 138 BGB in der Tat *Freitag* IPRax 09, 115; wohl a Palandt/*Thorn* Rz 14).

G. Grundfreiheiten im Binnenmarkt. Art 9 befreit nicht von einer Kontrolle der Anwendung der Eingriffs- 12
norm anhand der Grundfreiheiten des EG (vgl o ex Art 34 EGBGB Rn 22), diese gehen Art 9 insoweit vor. Dies muss in Binnenmarktfällen auch hinsichtlich der Anwendung nach Art 9 III sonderangeknüpfter drittstaatlicher Normen gelten.

H. Sonderregelung Art VIII 2 b) Bretton Woods-Abkommen. Sieht man Art VIII 2 b) Bretton Woods als 13
Eingriffsnormenregelung wie Art 9 III (ex Art 34 EGBGB Rn 23), so bleibt die Bestimmung doch jedenfalls kraft ex Art 25 ggü Drittstaaten unberührt.

ROM I-VO Art. 10 Einigung und materielle Wirksamkeit.

(1) Das Zustandekommen und die Wirksamkeit des Vertrags oder einer seiner Bestimmungen beurteilen sich nach dem Recht, das nach dieser Verordnung anzuwenden wäre, wenn der Vertrag oder die Bestimmung wirksam wäre.
(2) Ergibt sich jedoch aus den Umständen, dass es nicht gerechtfertigt wäre, die Wirkung des Verhaltens einer Partei nach dem in Absatz 1 bezeichneten Recht zu bestimmen, so kann sich diese Partei für die Behauptung, sie habe dem Vertrag nicht zugestimmt, auf das Recht des Staates ihres gewöhnlichen Aufenthalts berufen.

A. Einführung. Art 10 ist unverändert aus dem EVÜ (Art 8 EVÜ; *ex Art 31 EGBGB*) übernommen worden. 1
Die Vorschrift hat sich in der Praxis bewährt (*Mankowski* IHR 08, 133, 149). Er regelt das Zustandekommen, die Wirksamkeit und die Wirkungen des Schuldvertrages und seiner Bestimmungen und enthält ein bereits seit der Reform des deutschen internationalen Schuldvertragsrechts durch Inkorporation des EVÜ im Jahre 86 (s. Vor IntSchVR Rn 1) bestehendes **Bekenntnis zum Einheitsstatut** (MüKo/*Spellenberg* Art 10 Rz 6), gleich ob das Vertragsstatut durch ausdrückliche Rechtswahl oder durch objektive Anknüpfung bestimmt ist. Möglichst das gesamte Vertragsverhältnis soll einer einzigen Rechtsordnung unterstehen; insoweit wird Art 10 durch Art 12 ergänzt (MüKo/*Spellenberg* Art 12 Rz 1-3). Art 10 II enthält als Korrektiv eine (kollisionsrechtliche) Ausnahme vom Vertragsstatut, wenn aus Billigkeitsgründen die Geltung des Vertragsstatuts wegen der Wertung des Verhaltens einer Partei nicht gerechtfertigt wäre (dazu schon BGHZ 57, 72, 77; insgesamt *Linke* ZVglRWiss 79 (1980) 1).

Das Einheitsstatut kann durch andere Rechtsordnungen ergänzt werden, soweit es Sonderanknüpfungen gibt: 2
zB zur Form (Art 11 EGBGB), zur organschaftlichen Vertretung (s. IntGesR Rn 1) oder zur Stellvertretung (s. Anhang zu Art 4 Rn 65).

B. Grundsatz des einheitlichen Vertragsstatuts (Abs 1). I. Anwendungsbereich und allgemeine Regeln. 3
Das **einheitliche Vertragsstatut** regelt gem Art 10 I auch das **Zustandekommen** und die materielle **Wirksamkeit** des Vertrages, soweit nicht unionsrechtliche Regelungen oder staatsvertraglich geregelte Vereinheitlichung im Vertragsrecht greifen: insb Art 14–24 des CISG, dazu Staud/*Hausmann* Art 31 Rz 7 f. Das einheitliche Vertragsstatut findet grds auf die **Einbeziehung von AGB** Anwendung (Palandt/*Thorn* Art 10 Rz 3; BGHZ 123, 380; implizit: Hambg RIW 86, 462; für **Rechtswahlklausel** in AGB: München IPRax 91, 46, 48), es sei denn, dass sich aus Art 14 CISG oder den Regelungen zur Anwendung von zwingendem Recht (zB

Art 6, 8 oder Art 46b EGBGB; s. ferner Rn 7) etwas anderes ergibt. Das einheitliche Vertragsstatut gilt weiter für **Schweigen auf ein kaufmännisches Bestätigungsschreiben** (MüKo/*Spellenberg* Art 10 Rz 276 mwN; s. auch Rn 7 und II).

4 Das einheitliche Vertragsstatut **gilt nicht** im Anwendungsbereich von Art 4 lit a CISG für Fragen der materiellen Gültigkeit des Vertrages oder einzelner Vertragsbestimmungen (einschließlich Inhaltskontrolle von AGB, s.o. Rn 7). Ferner wird es verdrängt durch **zwingendes Recht** (zB iSv Art 3 IV) und internationale Eingriffsnormen (Art 9).

5 Art 10 spricht eine **Sachnormverweisung** aus (vgl Art 20). Die Anwendung des von Art 10 berufenen Rechts unterliegt der **ordre public-Kontrolle** nach Art 21.

6 **II. Einzelfragen.** Das **Zustandekommen** betrifft den äußeren Vertragsabschlusstatbestand, nämlich das zum Vertragsschluss führende Handeln der Parteien (arg „Verhalten" in II; MüKo/*Spellenberg* Art 10 Rz 22), während die **Wirksamkeit** den inneren Vertragsabschlusstatbestand meint, also alle Fragen des gültigen Vertragsschlusses, die nicht dem Zustandekommen oder der Formgültigkeit zuzurechnen sind (MüKo aaO).

7 **1. Zustandekommen des Vertrages.** Zum Zustandekommen des Vertrages gehören alle Fragen von **Angebot und Annahme**: Zugang des Angebotes; Auslegung des Angebotes (zur Auslegung als Angebot oder Vertrag: Frankf NJW-RR 89, 1018); Annahme des Angebotes (Köln NJW-RR 97, 182, 183); auch verspätete Annahme oder Annahme unter Abänderungen, widerspruchslose Entgegennahme eines **Bestätigungsschreibens** (BGHZ 135, 124, 137; zu Besonderheiten des internationalen Vertragsschlusses per Internet *Mankowski* RabelsZ 63 (1999) 203); auch die Frage der *consideration* als Gegenleistung als Teil des Zustandekommens des Vertrages (so AnwK/*Leible* Art 31 EGBGB Rz 12; MüKo/*Spellenberg* Art 10 Rz 31; Staud/*Hausmann* Art 31 EGBGB Rz 17; aA Staud/*Firsching* Art 11 EGBGB Rz 85 (12. Aufl 84); Soergel/*Kegel* Art 11 EGBGB Rz 29; AnwK/*Leible* Art 31 EGBGB Rz 13). **Schweigen** (Schlesw IPRspr 89, Nr 48, 103), und auch Wertung des Schweigens, ist Teil des Zustandekommens des Vertrages (BGHZ 135, 124, 137; KG Berlin WM 06, 1218). Die Einbeziehung von **AGB** wird dem Zustandekommen des Vertrages zugeordnet (BGHZ 135, 124, 137), während die Inhaltskontrolle zur Wirksamkeit des Vertrages gehört (dazu Erman/*Hohloch* Art 31 EGBGB Rz 6). Über das „ob" und „wie" der Einbeziehung von AGB entscheidet das Vertragsstatut (vgl BGHZ 123, 380). Die Inhaltskontrolle erfolgt ebenfalls nach dem Vertragsstatut (Staud/*Hausmann* Art 31 EGBGB Rz 81 mwN). Fragen der Einbeziehung fremdsprachlicher AGB und des Verständnisses von AGB gehören zum Zustandekommen (dazu MüKo/*Spellenberg* Art 10 Rz 149 ff).

8 **2. Wirksamkeit des Vertrages.** Zur materiellen **Wirksamkeit des Vertrages** gehören die Willensmängel, insb Irrtum, arglistige Täuschung und Drohung, Mentalreservation, mangelnde Ernstlichkeit, Scheingeschäfte, ebenso wie offener oder versteckter Dissens, Widerrufsrechte nach Verbraucherschutzgesetzen (BGHZ 135, 124, 138; aA Aachen NJW-RR 91, 885, 886; LG Gießen NJW 95, 406; dazu Soergel/*v Hoffmann* Art 31 Rz 18 ff). Die Rechtsfolgen solcher Willensmängel regelt ebenfalls das Vertragsstatut. Nach Art 12 I lit c sind auch Schadensersatzfragen nach dem Vertragsstatut zu bemessen (Reithmann/Martiny/*Martiny*, Rz 331). I gilt auch vorbehaltlos zwingender Normen hinsichtlich der Wirksamkeit des sonstigen Vertragsinhalts, bei Verstoß gegen ein gesetzliches Verbot, bei Nichtigkeit wegen Sittenwidrigkeit, wie Vorschriften des zwingenden Schuldrechts. Hinsichtlich der Nichtigkeitsfolgen gilt wiederum nach Art 12 I lit e das Vertragsstatut, ebenso für die Frage, ob Teilnichtigkeit zu Gesamtnichtigkeit führt (für die Umdeutung eines nichtigen in ein gültiges Geschäft, MüKo/*Spellenberg*, Art 12 Rz 170; Erman/*Hohloch* Art 31 Rz 7).

9 I gilt schließlich auch für die Aufhebung und Änderung eines Vertrages als actus contrarius, nicht jedoch wenn ein neuer Vertrag den bisherigen ersetzt, und dieser möglicherweise eine abw Rechtswahl enthält (dazu MüKo/*Spellenberg*, Art 12 Rz 172 ff; Staud/*Hausmann* Art 31 Rz 29). Wichtig ist, dass das gewählte Recht auch bei Nichtigkeit des Vertrages anwendbar bleibt, und zwar unabhängig davon, ob die Rechtswahl separat oder Klausel des dann nichtigen Vertrages ist (dazu BGH JZ 63, 167).

10 **C. Sonderanknüpfung nach Abs 2.** II schützt den Beklagten: Das Verhalten einer Person – insb Schweigen (zum alten Recht: BTDrs 10/503/*Giuliano* 28) – kann in verschiedenen Rechtsordnungen unterschiedliche Wirkungen haben. Dem trägt II durch die **Einrede begründende Sonderanknüpfung** an das Recht des gewöhnlichen Aufenthalts des jeweils Beklagten Rechnung (vgl Ddorf RIW 97, 780; dazu MüKo/*Spellenberg* Art 10 Rom I-VO Rz 2320). Art 10 II betrifft nur das **Zustandekommen** des Vertrages, nicht seine **Wirksamkeit**, umfasst also nur einen eingeschränkten Teilbereich des I.

11 **I. Anwendungsvoraussetzungen.** Zunächst muss (**1.**) das Recht des gewöhnlichen Aufenthalts ein anderes Recht als das nach Art 3 ff bestimmte Vertragsstatut sein, nach dem (**2.**) der streitige Vertrag grds wirksam abgeschlossen wurde, und es darf zudem (**3.**) nicht gerechtfertigt sein, eine durch ein fremdes Vertragsstatut bereits gebundene Partei am Vertragsschluss festzuhalten (vgl Köln NJW-RR 97, 182, 183), wenn das Recht am gewöhnlichen Aufenthalt dieser Partei das Zustandekommen des Vertrages verneint (so auch Palandt/*Thorn* Art 10 Rz 4). Allerdings ist die Anwendbarkeit des II begrenzt auf den **rechtsgeschäftlichen Erklärungswert** des Verhaltens einer Partei beim Zustandekommen des Vertrages (so Staud/*Hausmann* Art 31 Rz 41) und kann nicht einen nach dem Vertragsstatut mangelnden Vertragsschluss ersetzen (zum EVÜ:

BTDrs 10/503/*Giuliano* 60). Besondere Bedeutung hat die Abwägung, ob das Festhalten am Vertragsstatut **unzumutbar** ist. Bei dieser Abwägung kann auf Wertungen des internationalen Einheitsrechts zurückgegriffen werden (Art 9 CISG; Art 23 I 3 b und c EuGVO; vgl Staud/*Hausmann* Art 31 Rz 56 mwN); zur Frage der subjektiven Merkmale, auch Irrtum und Fahrlässigkeit und Bewertung der Umstände des Einzelfalles insgesamt MüKo/*Spellenberg* Art 10 Rz 246 ff.

Nach Hambg SchiedsVZ 03, 284, 287 ist Voraussetzung für die Anwendung von II eine **Interessenabwägung**, die es geboten sein lässt, der Partei ausnahmsweise das vertraute Recht zukommen zu lassen. Dabei sind Umstände der Vertragsanbahnung, evtl bestehende Geschäftsbeziehungen, Kaufmannseigenschaft, Kennen und Kennenmüssen von Handelsbräuchen zu berücksichtigen (ähnl *Mayer/Heuzé* Rz 715: die Anwendung des nach Art 8 I EVÜ (entspr Art 10 I) bestimmten Statuts wäre unter Berücksichtigung der Umstände nicht „vernünftig"). Solche Fälle werden meist bejaht bei internationalen Distanzgeschäften, deren Vertragsstatut die sich auf Art 10 II berufende Partei **weder kannte noch kennen musste** (Bsp *Mayer/Heuzé* Rz 715, 736: Deutscher Verkäufer schickt kaufmännisches Bestätigungsschreiben mit Rechtswahlklausel für deutsches Recht an schweigenden französischen Kaufmann, mit dem bisher keine laufende, nach deutschem Recht geführte Geschäftsbeziehung besteht); zum Vertragsschluss im Inland: BGH WM 70, 1050, 1051 f; zum Vertragsschluss im Drittstaat: LG Koblenz NJW-RR 95, 1335; aA LG Düsseldorf RIW 95, 415; zu Einzelheiten des Vertragsstatuts München NJW 73, 1560.

Weiter muss sich (**4.**) die ihre Zustimmung bestreitende Partei aufgrund des Einredecharakters des II dagegen wenden, dass der Vertrag für sie gilt; ein ausdrückliches Berufen auf das Aufenthaltsrecht ist hingegen nicht erforderlich (Ddorf RIW 97, 780).

II. Einzelfälle. Ein Großteil der Rechtsprechungspraxis (zu *ex Art 31 EGBGB*) bezieht sich auf die **Bewertung des Schweigens** als Erklärungstatbestand (vgl BGHZ 57, 72, 77; Staud/*Hausmann* Art 31 Rz 42 ff mwN); insb das Schweigen einer Partei bei Bezugnahmen auf AGB der anderen Partei und dessen Wertung als Zustimmung (BGHZ 135, 124, 137; Karlsr RIW 94, 1046). II gilt auch für sonstiges „aktives" Verhalten einer Partei, wie die Bewertung von Realakten (zB konkludente Annahmeerklärung: Köln NJW-RR 97, 182, 183). Betont werden muss, dass II sich nur auf einen begrenzten Ausschnitt aus dem Regelungsbereich des I, nämlich die Frage des Zustandekommens der Einigung, bezieht. II erfasst hingegen nicht die Wirksamkeit der Einigung (BGHZ 135, 124, 137) und damit nicht das Bestehen eines Widerrufs-, Rücktritts- oder Kündigungsrechts (Staud/*Hausmann* Art 31 Rz 14), und auch nicht Fragen von **Willensmängeln**, da diese die Wirksamkeit, nicht die Zustimmung zum Vertragsschluss selbst betreffen (vgl MüKo/*Spellenberg* Art 10 Rz 225; Erman/*Hohloch* Art 31 Rz 15; aA Palandt/*Thorn* Art 10 Rz 5).

ROM I-VO Art. 11 Form.

(1) Ein Vertrag, der zwischen Personen geschlossen wird, die oder deren Vertreter sich zum Zeitpunkt des Vertragsschlusses in demselben Staat befinden, ist formgültig, wenn er die Formerfordernisse des auf ihn nach dieser Verordnung anzuwendenden materiellen Rechts oder die Formerfordernisse des Rechts des Staates, in dem er geschlossen wird, erfüllt.

(2) Ein Vertrag, der zwischen Personen geschlossen wird, die oder deren Vertreter sich zum Zeitpunkt des Vertragsschlusses in verschiedenen Staaten befinden, ist formgültig, wenn er die Formerfordernisse des auf ihn nach dieser Verordnung anzuwendenden materiellen Rechts oder die Formerfordernisse des Rechts eines der Staaten, in denen sich eine der Vertragsparteien oder ihr Vertreter zum Zeitpunkt des Vertragsschlusses befindet, oder die Formerfordernisse des Rechts des Staates, in dem eine der Vertragsparteien zu diesem Zeitpunkt ihren gewöhnlichen Aufenthalt hatte, erfüllt.

(3) Ein einseitiges Rechtsgeschäft, das sich auf einen geschlossenen oder zu schließenden Vertrag bezieht, ist formgültig, wenn es die Formerfordernisse des materiellen Rechts, das nach dieser Verordnung auf den Vertrag anzuwenden ist oder anzuwenden wäre, oder die Formerfordernisse des Rechts des Staates erfüllt, in dem dieses Rechtsgeschäft vorgenommen worden ist oder in dem die Person, die das Rechtsgeschäft vorgenommen hat, zu diesem Zeitpunkt ihren gewöhnlichen Aufenthalt hatte.

(4) Die Absätze 1, 2 und 3 des vorliegenden Artikels gelten nicht für Verträge, die in den Anwendungsbereich von Artikel 6 fallen. Für die Form dieser Verträge ist das Recht des Staates maßgebend, in dem der Verbraucher seinen gewöhnlichen Aufenthalt hat.

(5) Abweichend von den Absätzen 1 bis 4 unterliegen Verträge, die ein dingliches Recht an einer unbeweglichen Sache oder die Miete oder Pacht einer unbeweglichen Sache zum Gegenstand haben, den Formvorschriften des Staates, in dem die unbewegliche Sache belegen ist, sofern diese Vorschriften nach dem Recht dieses Staates

a) unabhängig davon gelten, in welchem Staat der Vertrag geschlossen wird oder welchem Recht dieser Vertrag unterliegt, und

b) von ihnen nicht durch Vereinbarung abgewichen werden darf.

A. Einführung. Mit Art 11 sieht die Rom I-VO für Formfragen eine **Sonderanknüpfung** vor und entzieht sie der alleinigen Herrschaft des Vertragsstatuts. Leitlinie ist wie im autonomen Recht die **Begünstigung** der Formwirksamkeit durch alternative Anknüpfung an Orts- und Geschäftsrecht.

2 Die Unterschiede zu den auf Schuldverträge seit 17.12.09 nicht mehr anwendbaren Art 11 I-IV EGBGB (s. dort Rn 1) sind gering, da es sich um die Umsetzung von Art 9 EVÜ handelt, dessen in der Praxis bewährte (vgl *Mankowski* IPRax 06, 110) Regelungen Art 11 grds übernimmt. Es kann daher weitgehend auf die Kommentierung des Art 11 EGBGB verwiesen werden, zumal dieser insoweit gem Art 18 EVÜ mit Auslegungsprärogative des EuGH (s. Art 11 EGBGB Rn 2) auch international einheitlich auszulegen ist.

3 **B. Anknüpfungsgegenstand.** Hinsichtlich der Qualifikation von Formfragen kann zur Orientierung bislang nur auf Rspr und Literatur zu Art 11 EGBGB (dort Rn 4 f) verwiesen werden.

4 Neben der Form des Vertrags selbst erfasst Art 11 nach III auch diejenige von **einseitigen Rechtsgeschäften**, die sich auf einen geschlossenen oder zu schließenden Vertrag beziehen. Das Formstatut gilt in seiner ganzen Weite daher nicht nur für die vertragskonstitutiven Willenerklärungen, sondern auch etwa für Kündigungen, Anfechtungen u. dgl, nicht aber etwa für dingliche Verfügungen. Gesellschaftsrechtliche Rechtsgeschäfte unterliegen nach Art 1 II f ohnehin nicht der Rom I-VO.

5 Nach Art 3 V ist auch der **Rechtswahlvertrag** selbst erfasst.

6 **C. Anknüpfungspunkte. I. Überblick.** Art 11 schreibt im Interesse eines favor megotii eine alternative Anknüpfung vor, entweder an den **Abschlussort** des Geschäftes oder an den Anknüpfungspunkt des **Geschäftsstatuts**, dem das Rechtsgeschäft, um dessen Form es geht, selbst unterliegt. Für Verbaucher- und Grundstücksverträge sehen IV und V Einschränkungen vor. Während Art 9 III EVÜ/Art 11 III EGBGB Vertretern noch einen eigenen Absatz widmete, sind sie in Art 11 Rom I-VO mit einbezogen, und zwar sowohl in den von Platzgeschäften handelnden I als auch in den Distanzgeschäfte regelnden II.

7 **II. Zur Auswahl stehende Rechtsordnungen. 1. Platzgeschäfte (Abs 1).** Die Formerfordernisse für Platzgeschäfte knüpft I alternativ an das Geschäftsrecht und an das am Abschlussort (dazu s Art 11 EGBGB Rn 12 – Vornahmeort) geltende Recht an. Dass es sich auch bei der Verweisung auf das Ortsrecht um eine Sachnormverweisung handelt, lässt sich der eindeutig sachrechtsbezogenen Formulierung „Formerfordernisse" entnehmen.

8 **2. Distanzgeschäfte (Abs 2).** Für Distanzgeschäfte wird die Auswahl der alternativen Anknüpfungspunkte ggü Art 11 EGBGB noch vermehrt, indem neben dem Geschäftsrecht und dem einfachen Aufenthalt **auch der gewöhnliche Aufenthalt** einer der Vertragsparteien gilt. Den gewöhnlichen Aufenthalt definiert die Rom I-VO in Art 19. Als Anknüpfungszeitpunkt ist jeweils ausdrücklich der Vertragsschluss festgelegt. Insoweit kommen bis zu fünf Rechte in Betracht (vgl *Leible/Lehmann* RIW 08, 540), wobei es sich wiederum um Sachnormverweisungen handelt („Formerfordernisse").

9 **3. Vertretergeschäfte.** Über diese (bei einem zweiseitigen Vertrag) fünf denkbaren Rechte hinaus **erweitert sich die Auswahl** noch, wenn das Distanzgeschäft mit Vertretern abgeschlossen wird, da II sie neben den Vertretenen als gleichberechtigte Anknüpfungspersonen nennt. Da auch auf deren schlichten oder gewöhnlichen Aufenthalt abgestellt werden kann, können schon bei Einschaltung eines Vertreters auf jeder Seite theoretisch bis zu neun Rechtsordnungen dem Vertrag zur Formwirksamkeit verhelfen. Ob dieses Ergebnis gewollt ist oder bei Vertretungsgeschäften wie nach bisherigem Verständnis des Art 11 EGBGB auf beiden geld jedenfalls der Erklärendenseite nur auf den Vertreter abzustellen ist, bleibt offen. Der schon in II deutlich werdenden und den Materialien zu entnehmenden (KOM [2005] 650 endg, S 9 zu Art 10 VO-E) Verstärkung des Günstigkeitsprinzips entsprechen und Abgrenzungsschwierigkeiten vermeiden. Würde die Anknüpfung an alle Beteiligten *Pfeiffer* EuZW 08, 629 gibt zu bedenken, dass die Regelung erkennbar darauf beruhe, dass es bei der elektronischen Kommunikation oft zufällig erscheine, wo sich eine Partei gerade befinde und plädiert für eine sachgerechte Einschränkung des Satzes „locus regit actum" auf Fälle der Relevanz des Abschlussortes.

10 Aus der Vielzahl der zur Auswahl stehenden Ortsrechte folgt eine Privilegierung von Distanz- ggü Platzgeschäften. Als Konsequenz für die **Abgrenzung von I und II** müsste daraus jedenfalls folgen, dass der Begriff des Distanzgeschäfts großzügig zu handhaben wäre und II schon dann anwendbar wäre, wenn eine der Anknüpfungspersonen sich nicht am Abschlussort befindet; ein Platzgeschäft (I) läge also nur vor, wenn sich Vertreter und Vertretene sämtlich in demselben Staat befinden.

11 **4. Verbrauchergeschäfte (Abs 4).** Für die Form von Verbraucherverträgen iSd Art 6 gilt nach IV unabdingbar und ohne Günstigkeitsvergleich (ganz hM, krit Staud/*Magnus* Art 29 EGBGB Rz 116) das Recht des Staates, in dem der Verbraucher seinen gewöhnlichen Aufenthalt hat. Art 11 IV übernimmt damit die Regelung des bish Art 29 III EGBGB. Dies gilt auch für die Form der den Verbrauchervertrag betreffenden Rechtswahlvereinbarung (Art 3 V).

12 **5. Grundstücksgeschäfte (Abs 5).** Für die Form von Schuldverträgen, die Grundstücke betreffen, tritt, wie nach Art 11 IV EGBGB zu der Alternative Ortsstatut oder Geschäftsstatut **kumulativ** eine Anknüpfung an **den Belegenheitsort** hinzu. Dabei sind nur diejenigen Normen des Belegenheitsortes berufen, die die in Buchst a und b genannten Charakteristika aufweisen. Diese ähneln denjenigen der Eingriffsnormen, doch verzichtet die VO im Gegensatz zu einem früheren Entwurf (krit zu diesem *Mankowski* IPRax 06, 110) auf eine Bezugnahme auf Art 9. Denn Formvorschriften fehlt regelmäßig das primär öffentliche Interesse, da sie

mit Warnfunktion und Übereilungsschutz einen Ausgleich zwischen den Vertragsparteien bezwecken. Obwohl V eine Abweichung von den I bis IV formuliert, verdrängen die betr Vorschriften des Belegenheitsrechts nicht die danach berufenen Formvorschriften, sondern sind zusätzlich zu beachten.

D. Geltung der allgemeinen Regeln. Daran, dass es sich bei den von Art 11 ausgesprochenen Verweisungen um **Sachnormverweisungen** handelt, lassen Wortlaut und Systematik keinen Zweifel: Mit Ausn des IV spricht Art 11 durchweg präzise von „materiellem Recht" oder den „Formerfordernissen" eines Rechts. Wegen des allgemeinen Grundsatzes des Art 20 stellt aber auch die Verweisung des IV auf das „Recht des Staates, in dem der Verbraucher seinen gewöhnlichen Aufenthalt hat" mangels anderweitiger Anhaltspunkte eine Sachnormverweisung dar. 13

ROM I-VO Art. 12 Geltungsbereich des anzuwendenden Rechts.
(1) Das nach dieser Verordnung auf einen Vertrag anzuwendende Recht ist insbesondere maßgebend für
a) seine Auslegung,
b) die Erfüllung der durch ihn begründeten Verpflichtungen,
c) die Folgen der vollständigen oder teilweisen Nichterfüllung dieser Verpflichtungen, in den Grenzen der dem angerufenen Gericht durch sein Prozessrecht eingeräumten Befugnisse, einschließlich der Schadensbemessung, soweit diese nach Rechtsnormen erfolgt,
d) die verschiedenen Arten des Erlöschens der Verpflichtungen sowie die Verjährung und die Rechtsverluste, die sich aus dem Ablauf einer Frist ergeben,
e) die Folgen der Nichtigkeit des Vertrags.
(2) In Bezug auf die Art und Weise der Erfüllung und die vom Gläubiger im Falle mangelhafter Erfüllung zu treffenden Maßnahmen ist das Recht des Staates, in dem die Erfüllung erfolgt, zu berücksichtigen.

A. Funktion, Voraussetzungen für die Anwendung von Art 12. Art 12 bestimmt den **Anwendungsbereich des Vertragsstatuts**. Die Regelungen entsprechen Art 10 EVÜ bzw *ex Art 32 EGBGB*. 1

Die Anwendung von Art 12 setzt ihrerseits voraus, dass (1.) der sachliche, räumliche und zeitliche **Anwendungsbereich des Art 12** eröffnet ist (s. Art 1) und (2.) die Sachnormverweisungen (s. Art 20 zum Ausschluss des Renvoi) der Rom I-VO (insb Art 3-8, 10-11) zum Vertragsstatut geführt haben. 2

Ist **materielles Einheitsrecht** (zB **CISG**) nicht kraft eigenen Geltungswillens (s. Art 1 Rn 7–9), sondern (zB über Art 1 I b CISG) als Teil des von der Rom I-VO berufenen Vertragsstatuts anwendbar, **verdrängt das CISG die Anwendung von Art 12**, soweit das CISG die in Art 12 angesprochenen Themenkomplexe selbst regelt. Bsp: Das CISG bestimmt selbst, welche Folgen der vollständigen oder teilweisen Nichterfüllung kaufvertragsrechtlicher Pflichten es regelt (zB den Zinsanspruch dem Grunde nach, Art 78 CISG). Soweit das CISG diese Folgen nicht selbst regelt, gilt das mit Hilfe der Rom I-VO bestimmte Recht in den Grenzen von Art 12 (Bsp: zur Bestimmung der Zinshöhe, s. Staud/*Magnus* Art 78 CISG Rz 12 f). 3

Soweit die Rom I-VO mit Art 17 für die Anknüpfung der **Aufrechnung** eine spezielle Kollisionsnorm bereithält, wird Art 12 I lit c verdrängt: Insoweit gilt das von Art 17 berufene Aufrechnungsstatut und nicht das allgemeine Vertragsstatut über den Umweg von Art 12. 4

B. Reichweite des Vertragsstatuts (Abs 1 und Abs. 2). Art 12 I nennt – wie schon Art 10 EVÜ und *ex-Art 32 I EGBGB* – **Regelbeispiele** für die Reichweite des durch die Rom I-VO berufenen Rechts. Leitbild ist damit auch nach der Rom I-VO die **Einheit des Vertragsstatuts**, auch wenn es in der Praxis durch die Teilrechtswahl nach Art 3 I 2 (*depeçage*), die Teilfrageanknüpfung der Geschäftsfähigkeit (Art 7 EGBGB) bzw Rechtsfähigkeit und Vertretung von Gesellschaften (s. IntGesR Rn 10) sowie der Form (Art 11 EGBGB) und die Sonderanknüpfung einzelner Rechtsfragen wie der Aufrechnung (Art 17) oder zwingender Vorschriften (Art 9) zu einer **Vielfalt anwendbarer Rechtsordnungen** oder Vertragsspaltung kommen kann. 5

Die Regelbsp entsprechen den aus der Anwendung von *ex Art 32 I EGBGB* und Art 10 EVÜ bekannten Bsp: Die erforderliche **autonome Auslegung** der Begriffe (vgl Art 1 Rn 5) erfordert idR kein Umdenken, da bereits *ex Art 32 I EGBGB* nach *ex Art 36 EGBGB* einheitlich und **rechtsvergleichend auszulegen** war (s. ex Art 36 EGBGB Rn 6). Damit sind die Auslegungsmethoden ähnl. Es kann deshalb oft auf **Rechtsprechung und Literatur zu** *ex Art 32 I EGBGB* und Art 10 EVÜ zurückgegriffen werden. 6

Ergänzend können im Einzelfall dem **DCFR** Kriterien für die Interpretation der in Art 12 I verwendeten *Begriffe* entnommen werden, da der DCFR auf rechtsvergleichender Basis unter Betrachtung der Rechtsordnungen aller Mitgliedstaaten (s. Vor IntSchVR Rn 13) entstanden ist. Einschlägig sind zB: Sec II.-8:101-107 für die Auslegung, Sec III.-2:101-114 für die Vertragserfüllung, Sec III.-3:101-713 für die Folgen der vollständigen oder teilweisen Nichterfüllung, sowie Sec III.-7:101-601 für die Verjährung und Sec II.-7:101-304 für die Folgen der Nichtigkeit des Vertrags. 7

I. Auslegung (Abs 1 lit. a). Das Vertragsstatut ist maßgebend für die Auslegung (vgl BGH NJW-RR 90, 248, 249 I 3; München NJWE-WettbR 96, 180, 181; Staud/*Magnus* Art 32 EGBGB Rz 24). Das umfasst (1) die **Auslegungsmethode**: bei dt Statut zB die Frage, ob und inwieweit europäische Vorgaben und Auslegungsmethoden zu beachten sind (Einl Rn 35 f); und (2) die **Auslegungsregeln**: bei deutschem Statut §§ 133, 157 8

(s. BGH aaO: ggf gilt **ausländisches Auslegungsrecht**). Insb in **internationalen Schiedsverfahren** sind ergänzend uU internationale Prinzipien des Handelsrechts zur Vertragsauslegung heranzuziehen (*Brödermann* RIW 04, 721, 727 ff).

9 Danach ist zB **nach dem Vertragsstatut** zu entscheiden: (1) ob und inwieweit **Rechtsvorstellungen aus einer fremden, im Vertrag verwendeten Sprache** zu berücksichtigen sind (s. BGH NJW 87, 591: Auslegung einer englischen Vertragsklausel nach Wortsinn und Bedeutung; BGH NJW-RR 92, 423, 425: Auslegung einer Indemnity-Klausel nach englischem Rechtsverständnis bei deutschem Vertragsstatut; Hambg VersR 96, 229, 230; *Triebel/Balthasar* NJW 04, 2189, 2193; zur Ermittlung des Wortsinns fremdsprachlicher Vertragsbestimmungen: Soergel/*v Hoffmann* Art 32 EGBGB Rz 12; MüKo/*Spellenberg* Art 12 Rz 36, 4. Aufl: Vor Art 11 Rz 110): generell – auch bei AGB – kommt es auf den anderen Teil **erkennbaren Parteiwillen** (im Gegensatz zum objektiven Sinn für Dritte) an; Sonderfall: Bei für den internationalen Rechtsverkehr mit einheitlichem Inhalt geschaffenen Klauselwerken wie den **Incoterms** ist ihre internationale Ausrichtung zu berücksichtigen (MüKo/*Spellenberg* Art 12 Rz 30, 45, 4. Aufl: Vor Art 11 EGBGB Rz 80, 87); Staud/*Magnus* Art 32 EGBGB Rn 31).

10 (2) Wer das **Sprachrisiko** trägt: Wer die deutsche Sprache wählt, übernimmt das Vertragsrisiko (BGHZ 87, 112, 113 f); (3) wie ein irrtümlich in der Annahme der Geltung eines anderen Rechts ausgehandelter Vertrag auszulegen ist: **Handeln unter falschem Recht** (MüKo/*Spellenberg* Art 12 Rz 32 f, 34, 4. Aufl: Vor Art 11 EGBGB Rz 83f, 85ff); (4) ob und inwieweit Verkehrssitten zu berücksichtigen sind: (a) **Erklärungssitten** (zB „freibleibend", „fob", BGHZ 60, 5, 8; MüKo/*Spellenberg* Art 12 Rz 21, 4. Aufl: Art 32 EGBGB Rz 11) und (b) **echte Verkehrssitten** (MüKo/*Spellenberg* Art 12 Rz 56 f, 4. Aufl: Art 32 EGBGB Rz 12 f).

11 Wegen der Verweisung in Art 10 I (*ex Art 31 EGBGB*) entscheidet praktisch stets auch das (hypothetische) Vertragsstatut, ob **Dissens oder Konsens** vorliegt (Art 10 Rn 5); BGHZ 154, 110, 114 (zu *ex Art 32 EGBGB*): Die Norm umfasse auch den „Abschluss" des Vertrages; MüKo/*Spellenberg* Art 12 Rz 7, 4. Aufl: Art 32 EGBGB Rz 7): Unterscheidung zum Vertragsstatut nicht sinnvoll.

12 Diese Grundsätze gelten auch für (1.) den **Rechtswahlvertrag** (Art 3 Rn 7; BGH NJW-RR 90, 248, 249): Eine konkludente Rechtswahl muss sich eindeutig aus den Umständen des Falles ergeben (Art 3 I 1). S.a. Art 22 Rn 2 zur unklaren Rechtswahl „amerikanisches" Recht); (2.) **Gerichtsstands- und Schiedsvereinbarungen** (Art 3 Rn 11 ff): zB die Frage, ob eine ausschließliche Zuständigkeit wirklich gewollt ist (München IPRax 89, 42, 44; MüKo/*Spellenberg* Art 12 Rz 10, 4. Aufl Art 32 EGBGB Rz 14).

13 **II. Erfüllung (Abs 1 lit b u Abs 2). 1. Ausgangspunkt: Geltung des einheitlichen Vertragsstatuts (Synopse).** Das Vertragsstatut bestimmt über die durch den Vertrag begründeten Verpflichtungen: Hauptpflichten, Nebenpflichten, Obliegenheiten. Es regelt, wer, was, wann, wie viel und wo leisten muss (MüKo/*Spellenberg* Art. 12 Rz 176, 4. Aufl Art 32 EGBGB Rz 138; Staud/*Magnus* Art 32 EGBGB Rz 33: Gesamtheit der vertraglichen Pflichten; Soergel/*v Hoffmann* Art 32 EGBGB Rz 14: Rechte und Pflichten aus dem Schuldverhältnis). Dies schließt insb **folgende Themenkomplexe** ein (**Synopse** in Rz 14–25 nach MüKo/*Spellenberg* Art 12; alte Rspr aus der Zeit vor 86 wird zitiert, soweit sie auch bei der Anwendung des gemeinschaftsrechtlichen IPR hilfreich sein kann):

14 (1.) Einordnung des **Vertragstyps**, zB Kauf oder Kommission (MüKo/*Spellenberg* Art 12 Rz 55; BGH WM 69, 1140; s.a. WM 77, 793, 794), ggf damit einhergehende Abgrenzung zwischen **Kaufmann und Verbraucher** (MüKo/*Spellenberg* Art 12 Rz 60 mwN) sowie daraus abgeleitete – s. §§ 346, 359 HGB – Geltung von **Handelsbräuchen** (s.a. Rn 8); das Vertragsstatut kann dabei anders qualifizieren als die Rom I-VO (zB Werkvertrag statt Dienstvertrag, s. Art 4 Rn 11); bei Eintragung in ein ausländisches Handelsregister entscheidet das Vertragsstatut, ob eine Eintragung im Ausland funktional äquivalent ist (**Substitution**);

15 (2.) **Einbeziehung Dritter** (*Mankowski* IPRax 96, 428 f; MüKo/*Spellenberg* Art 12 Rz 63 – 4. Aufl Art 32 EGBGB Rz 24; vgl auch § 311 III), Geltendmachung von Rechten Dritter (MüKo/*Spellenberg* Art 12 Rz 63, 4. Aufl Art 32 EGBGB Rz 24: implizit Frankf WM 72, 1474, 1475) und Möglichkeiten der Drittschadensliquidation (MüKo/*Spellenberg* Art 12 Rz 63, 4. Aufl. Art 32 EGBGB Rz 23: in Abgrenzung zur Abtretung und Schuldübernahme nach Art 14 (*ex Art 33 EGBGB*), s. Art 14 4. Aufl: Art 33 EGBGB Rz 2 ff) sowie Fragen der Erfüllung durch Dritte einschließlich der **Haftung für Erfüllungsgehilfen** (MüKo/*Spellenberg* Art 12 Rz 64 – 4. Aufl: Art 32 EGBGB Rz 25: implizit BGHZ 50, 32, 35);

16 (3.) Anwendbarkeit und **Reichweite von nationalen** oder national unterschiedlich ausgestalteten **Rechtskonzepten**: zB (a) dem Abstraktionsprinzip in Deutschland oder dem Konsensprinzip in romanischen Staaten, das zB selbst mündliche **Grundstückskaufverträge** zulässt (arg Art 1582 frz C civ; Cass civ JCP 1992 II 21808); (b) dem (unterschiedlich ausgestalteten) Prinzip von **Treu und Glauben** in kontinentaleuropäischen Staaten (Staud/*Magnus* Art 32 EGBGB Rz 40; MüKo/*Spellenberg* Art 12 Rz 50, 4. Aufl Art 32 EGBGB Rz 16), das angelsächsischen Staaten fremd ist (s. den Hinweis aaO Fn 49 auf die deutsche Flucht aus dem Delikt in den Vertrag, wo andere Staaten mit dem – dort weniger eng ausgestaltetem – Deliktsrecht arbeiten); (c) der Ausgestaltung der **Inhaltskontrolle von AGB** (s. § 307 BGB), oder (d) dem **Wegfall der Geschäftsgrundlage** (MüKo/*Spellenberg* Art 12 Rz 74, 4. Aufl Art 32 Rz 33), der zB in Frankreich in dieser Form nicht existiert (Ferid/*Sonnenberger* 1 F 754 ff).

(4.) Wirksamkeit von **deklaratorischen Schuldversprechen**, sofern nicht – arg Art 3 I 2 – ausdrücklich ein **17** anderes Recht gewählt ist (Hamm RIW 99, 785, 786; Ddorf VersR 03, 1324, 1325; s.a. LG Hamburg NJW-RR 95, 183, 184; MüKo/*Spellenberg* Art 12 Rz 58, 4. Aufl: Art 32 EGBGB Rz 17 – in Abgrenzung zum abstrakten Schuldversprechen);
(5.) Zulässigkeit und Tilgungswirkung von **Teilleistungen** (BTDrs 10/503/*Giuliano* 65; MüKo/*Spellenberg* **18** Art 12 Rz 74, 4. Aufl Art 32 EGBGB Rz 33; Staud/*Magnus* Art 32 EGBGB Rz 39), insb auf verzinste Forderungen; MüKo/*Spellenberg* Art 12 Rz 51, 58 – 4. Aufl Art 32 EGBGB Rz 17, 21) sowie (6.) die **Verzinsung** (aaO);
(7.) die Frage, **ob** die Erfüllung die **Geschäftsfähigkeit** des Gläubigers voraussetzt (MüKo/*Spellenberg* Art 12 **19** Rz 58 – 4. Aufl: Art 32 EGBGB Rz 17, 34): in Abgrenzung zu dem ggf nach Art 7 zu bestimmenden Geschäftsstatut und dem Gutglaubensschutz nach Art 12);
(8.) **Einzelheiten** der Vertragspflichten: **Wahlrecht** (s. BTDrs 10/503/*Giuliano* 65 zum EVÜ; MüKo/*Spellen-* **20** *berg* Art 32 EGBGB Rz 21); **Zahlung** und die den Wert der Leistung bestimmende **geschuldete Währung** (zB MüKo/*Spellenberg* Art 12 Rz 74, 4. Aufl Art 32 EGBGB Rz 33; Staud/*Magnus* Art 32 EGBGB Rz 125; Soergel/*v Hoffmann* Art 32 EGBGB Rz 17; *Mayer/Heuzé* Rz 742): im Gegensatz zur Zahlungswährung, s.u. Rn 26; (9.) **Nebenpflichten**: Auskunft (MüKo/*Spellenberg* Art 12 Rz 61, 4. Aufl Art 32 EGBGB Rz 22; BGH WM 64, 83, 84 über Bereicherungsanspruch), Rechnungslegung, Quittung (BTDrs/*Giuliano* 65; Soergel/*v Hoffmann* Art 32 EGBGB Rz 24), Schutzpflichten, Einweisung, Gebrauchsanweisung, Mitwirkungspflichten (MüKo/*Spellenberg* Art 12 Rz 61 mwN, 4. Aufl Art 32 EGBGB Rz 22); **ob** Rügepflichten bestehen (*v Bar* IPR II Rz 540; MüKo/*Spellenberg* Art 12 Rz 182, 4. Aufl Art 32 EGBGB Rz 143, 145); (10.) **Haftungsbeschränkungsvereinbarungen** (Staud/*Magnus* Art 32 EGBGB Rz 55; MüKo/*Spellenberg* Art 12 Rz 57, 4. Aufl Art 32 EGBGB Rz 23) und **Vertragsstrafeversprechen** (Staud/*Magnus* Art 32 EGBGB Rz 53; MüKo/*Spellenberg* Art 12 Rz 53, 4. Aufl Art 32 EGBGB Rz 23);
(11.) **Abänderung** von Vertragspflichten (MüKo/*Spellenberg* Art 12 Rz 172, 4. Aufl Art 32 EGBGB Rz 134), **21** **Novation** (MüKo/*Spellenberg* Art 12 Rz 173, 4. Aufl Art 32 EGBGB Rz 135) und **Vergleich** (MüKo/*Spellenberg* Art 12 Rom I-VO Rz 174, 4. Aufl: Art 32 EGBGB Rz 136), soweit jeweils nichts anderes vereinbart wird, arg Art 3 II 1, 3 (MüKo/*Spellenberg* Art 12 Rz 172 ff, 4. Aufl Art 32 EGBGB Rz 134; BGH NJW-RR 00, 1002, 1004; München NJW-RR 89, 663, 664: für Vergleich) oder – bei fehlender Rechtswahl, arg Art 4 II–IV – keine engere Verbindung zu einem anderen Staat besteht (MüKo/*Spellenberg* Art 12 Rz 174, 4. Aufl: Art 32 EGBGB Rz 136);
(12.) **Gefahrtragung**: Sach- und Preisgefahr (Staud/*Magnus* Art 32 EGBGB Rz 36; MüKo/*Spellenberg* Art 12 **22** Rz 70, 4. Aufl Art 32 EGBGB Rz 29) inkl Transportgefahr (Soergel/*v Hoffmann* Art 32 EGBGB Rz 33; MüKo/*Spellenberg* Art 12 Rz 70, 4. Aufl: Art 32 EGBGB Rz 29;
(13.) **vorbehaltlich** der ergänzenden Geltung des Erfüllungsortsrechts nach II (s. Rz 24 f) sowie der ggf (zB **23** nach dem BGB) von der vertraglichen Erfüllungswirkung zu trennenden Verfügungsgeschäften, die gesondert anzuknüpfen sind (MüKo/*Spellenberg* Art 12 Rz 75, 4. Aufl Art 32 EGBGB Rz 35), gilt das Vertragsstatut für: (a) **Erfüllungsort** (BGH NJW 81, 1905, 1905; EuGH Urt v 17.1.80 – 56/79 Slg 80, 89 – Zelges/Salinitri; MüKo/*Spellenberg* Art 12 Rz 69, 4. Aufl Art 32 EGBGB Rz 27) und die Einordnung als Hol-, Schick- oder Bringschuld (MüKo/*Spellenberg* Art 12 Rz 71, 4. Aufl Art 32 EGBGB Rz 30); dabei ist zwischen Erfüllungsorten für unterschiedliche Pflichten zu unterscheiden, MüKo/*Spellenberg* Art 12 Rz 71 f, 4. Aufl Art 32 EGBGB Rz 30: Es gilt zB für **Geldschulden**: teils **Gläubigerwohnsitz** (so England, Italien, Niederlande), teils **Schuldnerwohnsitz** (Belgien, Deutschland: § 269, 270 IV BGB, Frankreich, Luxemburg). Im Anwendungsbereich des **CISG** ist auch im deutschen Recht nach Art 57 I a CISG grds der Gläubigerwohnsitz maßgeblich (eine Ausnahme gilt für Zahlung gegen Ware oder Dokumente: dann ist nach Art 57 I b CISG der Ort der Übergabe maßgeblich). Bei Bestimmung eines Gerichtsstands im Anwendungsbereich der **EuGVO** gilt ein abweichender (prozessrechtlich autonomer) einheitlicher Erfüllungsortbegriff für Dienstleistungen sowie Kaufverträge über bewegliche Sachen in Art 5 Ziff 1 b EuGVO (BGH NJW 06, 1806; *Brödermann/Rosengarten/Brödermann* 5. Aufl Rz 470);
(b) **Erfüllungszeit**: Fälligkeit; **Stundung** (Staud/*Magnus* Art 32 EGBGB Rz 35; MüKo/*Spellenberg* Art 12 **24** Rz 69, 4. Aufl Art 32 EGBGB Rz 27; Bambg RIW 89, 221, 225; *Mayer/Heuzé* Rz 745); Rechtsfolge, wenn der Endzeitpunkt einer Frist auf einen **Feiertag** fällt (MüKo/*Spellenberg* Art 12 Rz 69, 4. Aufl Art 32 EGBGB Rz 28); Anzeige der Leistungsbehinderung durch den Schuldner (MüKo/*Spellenberg* Art 12 Rz 69, 4. Aufl Art 32 EGBGB Rz 27); (c) Fragen der **Annahmeberechtigung** (MüKo/*Spellenberg* Art 12 Rz 74, 4. Aufl Art 32 EGBGB Rz 34) **und -fähigkeit** (s.o. Rn 17).
(d) **Obliegenheiten des Gläubigers** zur Meidung von Rechtsverlusten: Mahnung, Nachfristsetzung, Rügeob- **25** liegenheiten, Art und Weise der Geltendmachung von Schadensersatzansprüchen (Androhung, Klage), Zeitpunkt der Ausübung von Wahlrechten (MüKo/*Spellenberg* Art 12 Rz 68, 4. Aufl Art 32 EGBGB Rz 26).

2. Ausnahme nach Abs 2: Berücksichtigung fremden Rechts für Erfüllungsmodalitäten. II gebietet – wie **26** schon Art 10 II EVÜ und Art 32 II EGBGB – für einen Kernbereich des Vertrages – die Art und Weise der Erfüllung: „die äußere Abwicklung der Erfüllung" (vgl BGH NJW-RR 06, 1694, 1695) – und für das Verhalten des Gläubigers bei mangelhafter Erfüllung eine **Ergänzung des Vertragsstatuts** (Palandt/*Thorn* Art 12 Rz 5) um das Recht des Staates vor, in dem die Erfüllung tatsächlich (*v Bar* IPR II Rz 540; MüKo/*Spellenberg*

Art 12 Rz 175, 4. Aufl Art 32 EGBGB Rz 137; Staud/*Magnus* Art 32 EGBGB Rz 79, 82) erfolgt. Dies vermeidet Konflikte zwischen dem Vertragsstatut und dem Recht des Erfüllungsortes (BTDrs 10/503/*Giuliano* 65 zum EVÜ) und entspricht meist dem Willen der Parteien zu vertraglich nicht geregelten (Detail-)Fragen der Erfüllung (*Mayer/Heuzé* Rz 744). Die Ergänzung des Vertragsstatuts nach Art 10 II EGBGB entfällt, wenn zwingendes örtliches Recht bereits nach Art 9 anzuwenden ist.

27 Aus dem Recht des Erfüllungsortes sind somit insb Regelungen zu berücksichtigen über: (1.) die **Aufbewahrung** nicht abgenommener Lieferungen (AmtlBegr BTDrs 10/504 S 82); (2.) **Be- und Entladen** (*Mayer/Heuzé* Rz 744); (3.) **Feiertage** (BGH NJW-RR 06, 1694; *Mayer/Heuzé* Rz 744); (4.) **Genehmigungen** (Staud/Magnus Art 32 EGBGB Rz 87; MüKo/*Spellenberg* Art 12 Rz 178, 4. Aufl Art 32 EGBGB Rz 140); (5.) **Geschäftszeiten** (BGH NJW-RR 06, 1694); s. aber Rn 22; (6.) Regelungen zum Ausmaß kaufmännischer **Untersuchungs- und Rügepflichten** (AmtlBegr BTDrs 10/504 S 82; *vBar* IPR II Rz 540; *Mayer/Heuzé* Rz 744): Ob zu rügen ist, bestimmt hingegen das Vertragsstatut: s.o. Rn 18; (7.) Modalitäten der **Versteigerung**, wenn diese nach dem Vertragsstatut geboten oder zulässig ist (MüKo/*Spellenberg* Art 12 Rz 187, 4. Aufl Art 32 EGBGB Rz 141);

28 (8.) die **Zahlungswährung** (s. die Ersetzungsbefugnis nach § 244 BGB; MüKo/*Spellenberg* Art 12 Rz 178, 4. Aufl: Art 32 EGBGB Rz 140; Staud/*Magnus* Art 32 EGBGB Rz 124 f: im Gegensatz zur Schuldwährung, die den Wert der Zahlung bestimmt; ebenso *Mayer/Heuzé* Rz 742, 746 aE für Frankreich: monnaie de règlement im Gegensatz zum monnaie de compte). Für örtliche Vorschriften, die zwingend die Zahlung in einer Währung gebieten, gilt hingegen Art 9 (s.o. Rn 26; ex Art 34 EGBGB Rn 6); (9.) **Zollformalitäten** (MüKo/*Spellenberg* Art 12 Rz 178, 4. Aufl: Art 32 EGBGB Rz 140; Staud/*Magnus* Art 32 EGBGB Rz 87).

29 Das Gesetz spricht von „berücksichtigen", was in der Praxis meist einer Sonderanknüpfung der genannten Detailregelungen gleichkommt (str, s. *vBar* IPR II Rz 540: Sonderanknüpfung; MüKo/*Spellenberg* Art 12 Rz 4, 4. Aufl Art 32 EGBGB Rz 3: keine eigene Anknüpfung, aber diese nicht schlechthin ausgeschlossen). UU ist eine **Anpassung** (Angleichung, s. Vor IntSchVR Rn 19) zwischen Vertragsstatut und Erfüllungsortsstatut erforderlich, MüKo/*Spellenberg* Art 12 Rz 184, 4. Aufl Art 32 EGBGB Rz 147.

30 Ist eine im Vertrag vorgesehene Handlung am Erfüllungsort nicht möglich, kann sie durch eine **funktional äquivalente Handlung** nach dem Ortsrecht ersetzt werden (Substitution; MüKo/*Spellenberg* Art 12 Rz 177 f, 4. Aufl Art 32 EGBGB Rz 139). Das kann eine Vielzahl von Modalitäten betreffen, zB Dokumente, Transportmittel (MüKo/*Spellenberg* Art 12 Rz 178, 4. Aufl Art 32 EGBGB Rz 140), personelle Ressourcen (zB nach dem Vertrag heranzuziehender Hafenkommissar: MüKo/*Spellenberg* Art 12 Rz 183, 4. Aufl Art 32 EGBGB Rz 144).

31 Soweit Erfüllungsmodalitäten nicht im Vertrag geregelt sind, wird man den Parteien die Beachtung der Ortsform gestatten müssen, solange keine der Parteien dadurch einen Schaden erleidet (MüKo/*Spellenberg* Art Rz 186, 4. Aufl Art 32 EGBGB Rz 149).

32 **III. Nichterfüllung, Leistungsstörungen, Nebenpflichtverletzungen, Schadensbemessung (Abs 1 lit c).** Das Vertragsstatut bestimmt die **Folgen** einer Vertragsverletzung (BGHZ 153, 244, 248), ist aber – arg „insb" in I (iE ebenso *ex Art 32 I Nr 3 EGBGB* u Art 10 I lit c EVÜ – **auch** auf die **Voraussetzungen** anzuwenden (soweit man das Vertragsstatut nicht bereits insoweit nach Art 12 I lit b – *ex Art 32 I Nr 2 EGBGB* bzw Art 10 I b EVÜ heranzieht), BGH NJW-RR 06, 1694, 1695: zB den Verschuldensmaßstab, Anforderungen an Kausalität, Haftung für Erfüllungsgehilfen (s.o. Rn 13), Mitverschulden des Gläubigers und seiner Gehilfen (MüKo/*Spellenberg* Art 12 Rz 76, 86, 4. Aufl Art 32 EGBGB Rz 36, 43), Erfordernis des schuldhaften Handelns des Schuldners (so BGH NJW-RR 06, 1694, 1695). Insgesamt ebenso Palandt/*Thorn* Art 12 Rz 4. Für die **Beweisführung** gilt teils Art 18, teils die lex fori.

33 **Nichterfüllung** umfasst jede Abweichung der erbrachten von der geschuldeten Leistung (MüKo/*Spellenberg* Art 12 Rz 77, 4. Aufl Art 32 EGBGB Rz 37): dauernde Unmöglichkeit (implizit BGHZ 83, 197, 201 f); Schlechterfüllung/Sachmängel (implizit BGH NJW 96, 3001, 3002; auch versteckte Mängel: *Mayer/Heuzé* Rz 747), Verzug (Frankf RIW 94, 778, 780; Köln RIW 93, 414, 415 f: zB ob Mahnung erforderlich).

34 Bei der Verletzung von **Nebenpflichten**, zB Mitwirkungspflichten des Gläubigers – s. Rn 25 – ist zu unterscheiden: Das Vertragsstatut regiert enttäuschte **Leistungserwartungen** (BGHZ 123, 201, 207: falsche Auskunft; Ddorf RIW 84, 234, 235: fehlerhaftes Transportgut; s.a. Hamm RIW 03, 305, 306), das Internationale Deliktsrecht (Rom II-VO) verletztes **Integritätsinteresse** (s. Art 4 iVm 2 Rom II-VO, vgl MüKo/*Spellenberg* Art 12 Rz 79, 4. Aufl Art 32 EGBGB Rz 38).

35 Die **Folgen** vollständiger oder teilweiser Nichterfüllung, über die das Vertragsstatut entscheidet, sind vielfältig. Sie umfassen zB: (1.) das Recht, **Einreden** zu erheben (MüKo/*Spellenberg* Art 12 Rz 65, 4. Aufl Art 32 EGBGB Rz 55) und **Zurückbehaltungsrechte** geltend zu machen (MüKo/*Spellenberg* Art 12 Rz 66f, 4. Aufl Art 32 EGBGB Rz 56 f; Reithmann/Martiny/*Martiny* Rz 337), wobei zivilprozessual die Zuständigkeit des deutschen Gerichts Voraussetzung für deren Berücksichtigung in einem deutschen Prozess ist (BGH NJW 79, 2477, 2478; zweifelhaft für den Anwendungsbereich der EuGVO, vgl Rn 38 zum Parallelfall der Aufrechnung); (2.) Zulässigkeit einer Vertragsanpassung wegen **Wegfalls der Geschäftsgrundlage** (§ 313; BGH WM 69, 1140, 1141; MüKo/*Spellenberg* Art 12 Rz 79, 4. Aufl Art 32 EGBGB Rz 39; Reithmann/Martiny/*Martiny* Rz 324), soweit das Vertragsstatut dieses Rechtsinstitut kennt (s.o. Rn 14); (3.) ggf **Leistungsbefreiung** wegen höherer Gewalt (aaO);

(4.) **Rücktritt**; (5.) ggf zuvor zu erfüllende Gläubigerpflichten (zB **Nachfristsetzung**, MüKo/*Spellenberg* 36
Art 12 Rz 81, 4. Aufl Art 32 EGBGB Rz 41); (6.) **gerichtliche Vertragsauflösung** (zB bei französischem Vertragsstatut nach Art 1184 C civ auch durch den deutschen Richter, MüKo/*Spellenberg* Art 12 Rz 84, 4. Aufl Art 32 EGBGB Rz 42);
(7.) **Schadensersatz** (BGH NJW 76, 1581, 1581; JR 77, 19, 19 f; s. ferner Art 18 Rn 11 zur Beweisführung und 37
Pauschalierung); (8.) **Zinsen** (BGH WM 64, 879, 881; Hamm FamRZ 91, 1319, 1322; Rostock IPRax 00, 230, 231; zT str, s. mwN MüKo/*Spellenberg* Art 12 Rz 90 ff, 4. Aufl Art 32 EGBGB Rz 48 ff; Staud/*Magnus* Art 32 EGBGB Rz 57) und **Inflationsausgleich** (MüKo/*Spellenberg* Art 12 Rz 93, 4. Aufl Art 32 EGBGB Rz 52). Gilt das **CISG** (vgl Vor IntSchVR Rn 16), bestimmt das nach Art 3 ff bestimmte Vertragsstatut die Zinshöhe (Staud/*Magnus* Art 78 CISG Rz 12 f).

IV. Erlöschen des Schuldverhältnisses, Verjährung (Abs 1 lit d). 1. Erfüllung und Erfüllungssurrogate, 38
insbes Aufrechnung (Abs 1 lit d, Alt 1). Das in Art 12 lit d (früher: Art 32 I Nr 4 EGBGB) genannte Erlöschen unterliegt zT bereits nach lit b dem Vertragsstatut (zB Tilgung, Rn 18; Rücktritt, Rn 36). Lit d) stellt klar, dass – vorbehaltlich der Sonderanknüpfung zwingender Bestimmungen (s. Vor IntSchVR Rn 23), zB im Arbeits- oder Mietrecht – **alle Formen des Erlöschens** der Schuld vom Vertragsstatut beherrscht werden. So zB: (1.) **Kündigung** (BGH NJW 97, 1150, 1151; München IPRax 83, 120, 123; *Dicey, Morris & Collins* Rz 32-201; zur Frage, ob Abfindungen als Folge der Kündigung unter I Nr 4 fallen, differenzierend *Birk* EuZA 08, 297); (2.) **Erlass** (Bambg RIW 89, 221, 225; Karlsr IPRax 91, 259, 260), (3.) **Verzicht** und **Vertragsaufhebung** (MüKo/*Spellenberg* Art 12 Rz 101, 4. Aufl Art 32 EGBGB Rz 83); s.a. Rn 19: zB zum **Vergleich**; (4.) **Hinterlegung** (Stettin JW 26, 385, 385; MüKo/*Spellenberg* Art 12 Rz 100, 4. Aufl Art 32 *EGBGB Rz 82*). Die **Aufrechnung** wird durch Art 17 hingegen gesondert angeknüpft (Unterschied zu *ex Art 32 I Nr 4, Alt 1* EGBGB). Da alle diese Formen des Erlöschens zugleich auch der Erfüllung der durch den Vertrag begründeten Verpflichtungen dienen (Nr 2), gilt ergänzend das **Ortsrecht** nach II (s.o. Rn 26) für die **Modalitäten** (zB der Hinterlegung bei einem deutschen Amtsgericht, MüKo/*Spellenberg* Art 12 Rz 100, 4. Aufl Art 32 EGBGB Rz 82). 39

2. Folgen des Zeitablaufs: Verjährung und Verwirkung (Abs 1 lit d Alt 2). I lit d Alt 2 stellt klar, dass das 40
Vertragsstatut die **Verjährung** (vgl BGHZ 153, 244, 248; Brandbg BauR 01, 820, 821; Köln ZIP 92, 1482, 1484; Karlsr IHR 04, 246, 250) und **alle Folgen** von Zeitablauf erfasst: zB in England estoppel (MüKo/*Spellenberg* Art 12 Rz 106, 4. Aufl Art 32 EGBGB Rz 85); in Deutschland die **Verwirkung** (Ddorf JahrbItalR 89, 125, 127; Frankf RIW 82, 914; MüKo/*Spellenberg* Art 12 Rz 165 f, 4. Aufl Art 32 EGBGB Rz 125 f: mit Mahnung zur Vorsicht, wenn der Gläubiger erkennbar auf der Grundlage einer verwirkungsfeindlichen Rechtsordnung handelte).
Vorrangiges **einheitliches Sachrecht** (s.o. Rn 1 zum CISG) regelt die Verjährung uU nur teilweise (so Art 39 41
CISG iVm Art 3 des ZustG zum CISG für Gewährleistungsansprüche), so dass Art 32 I Nr 4 Alt 2 EGBGB auch die Verjährung von **CISG-Kaufpreisansprüchen** erfasst (Zweibr IHR 02, 67, 69; MüKo/*Spellenberg* Art 12 Rz 108 ff, 4. Aufl: Art 32 EGBGB Rz 86).
I lit d Alt 2 qualifiziert die Verjährung **materiellrechtlich**: Ist ausländisches Recht Vertragsstatut, sind dessen 42
Verjährungsregeln auch dann anzuwenden, wenn sie im fremden Prozess- und nicht im fremden Schuldrecht zu finden sind (so in den US-Rechtsordnungen, RGZ 145, 121, 126 ff; BGH NJW 60, 1720, 1721; Hambg AWD 74, 561, 561 f; MüKo/*Spellenberg* Art 12 Rz 112, 4. Aufl Art 32 EGBGB Rz 90; Staud/*Magnus* Art 32 EGBGB Rz 71; *Kegel/Schurig* 141 f). Der daraus ggf einhergehende Renvoi (eines amerikanischen Rechts) auf deutsches Prozessrecht ist nach Art 20 unbeachtlich. Beim Prozess im Ausland (USA) gelten indes aus Sicht der meisten US-Bundesstaaten auch bei deutschem Vertragsstatut die jeweiligen amerikanischen, dort prozessual qualifizierten (**anderen**) **Fristen** (s. *Hay* IPRax 89, 197 ff: unter Hinweis auf fallrechtliche und gesetzliche Einschränkungen; so auch Palandt/*Thorn* Art. 12 Rz 8).
Das Vertragsstatut entscheidet nach Art 12 über **alle Fragen** im Zusammenhang mit der Verjährung: sowie 43
der **Hemmung der Verjährung** und des **Neubeginns** oder der (Un-)Zulässigkeit der Verlängerung (§ 202). Dies schließt ggf ua die Entscheidung ein, ob eine (aus Sicht des Vertragsstatuts) ausländische Handlung (Anerkenntnis durch Teilzahlung; Mahnbescheid, Klage, Insolvenzanmeldung, Prozessaufrechnung, Streitverkündung, Beweissicherung) anstelle einer inländischen Handlung (**Substitution**) die Verjährung unterbricht oder zu einem Neubeginn führt (s. iE zB MüKo/*Spellenberg* Art 12 Rz 124 ff, 143 ff, 154 ff, 4. Aufl Art 32 EGBGB Rz 98 ff, 110 ff, 118 ff). Bei ausländischem Statut ist auch (fiktiver) ausländischer Rest zu denken (MüKo/*Spellenberg* Art 12 Rz 125, 4. Aufl Art 32 EGBGB Rz 99; Staud/*Peters* § 204 BGB Rz 41). Bei deutschem Vertragsstatut war bereits zu Zeiten des alten Rechts (*ex Art 32 EGBGB*) insb streitig, ob das erstrebte Urt in Deutschland nach Art 34 EuGVO bzw § 328 ZPO anerkennungsfähig sein muss (so zB RGZ 129, 385, 389; Ddorf NJW 78, 1752; eingehend mwN MüKo/*Spellenberg* Art 12 Rz 128 ff, 4. Aufl: Art 32 EGBGB Rz 101 ff). Die Regelung in § 204 I BGB, die auch die unzulässige Klage genügen lässt (s. § 204 Rn 12, 20), streitet für eine **materiellrechtliche Qualifikation** der Prozesshandlung des Gläubigers, die nur den Willen zur Forderungsdurchsetzung erkennen lassen muss: Das Ergebnis des ausländischen Prozesses kann abgewartet werden, ggf ist binnen sechs Monaten (§ 204 II 1) neu zu klagen (MüKo/*Spellenberg* Art 12 Rz 161, 4. Aufl: Art 32 EGBGB Rz 107; Ddorf RIW 89, 743, 743; *Looschelders* IPRax 98, 296, 300). Diese Wertung dürfte ihre

Grenze beim Rechtsmissbrauch des Klägers finden: zB Beweissicherungsverfahren im Ausland trotz ausschließlicher inländischer internationaler Zuständigkeit (so iE – ohne Hinweis auf Rechtsmissbrauch – LG Hamburg IPRax 01, 45, 46: Umgehung einer ausschließlichen Zuständigkeitsvereinbarung; s.a. *Spickhoff* IPRax 01, 37, 40: Ein nur zur Verjährungsunterbrechung eingeleitetes Verfahren ist unzureichend).

44 Im Hinblick auf die umfassende Wirkung des Vertragsstatuts auf die Verjährung ist bei einem (vorbehaltlich entstandener Rechte Dritter rückwirkenden) **Statutenwechsel** ggf sicherzustellen, dass bereits verjährte Ansprüche verjährt bleiben (s. MüKo/*Spellenberg* Art 12 Rz 121, 4. Aufl Art 32 EGBGB Rz 88). Dabei ist auch die mögliche Wirkung auf akzessorisch angeknüpfte deliktische Ansprüche zu bedenken (aaO Rz 89). Ähnliche Sensibilität ist bei der Teilrechtswahl erforderlich (s. Art 3 Rn 19 ff).

45 In Extremfällen (zB keine Verjährungshemmung während der Kriegs- und Nachkriegszeit, LG Bremen IPRspr 52/53 Nr 28 S 94; Verstoß von Art 134 III Schweizer OR gegen bilaterales Anerkennungs- und Vollstreckungsabk) kann eine Korrektur ausländischen Verjährungsrechts nach Art 6 EGBGB (**ordre public**) geboten sein (s. mwN MüKo/*Spellenberg* Art 12 Rz 115 ff, 4. Aufl: Art 32 EGBGB Rz 95 ff).

46 V. Folgen der Nichtigkeit (Abs 1 lit e). Das Vertragsstatut regiert über die Folgen der Nichtigkeit des Vertrages, dh insb über die **Rückgewähr von Leistungen** (Staud/*Magnus* Art 32 EGBGB Rz 76) oder die **Leistungskondiktion** (vgl. – zu *ex Art 32 I Nr 5 EGBGB* – BGH WM 95, 124, 129; Köln NJW-RR 94, 1026; Hamm NJW-RR 95, 133, 134; Frankf WM 96, 2107, 2109; LG Aachen RIW 99, 304, 304). Unerheblich ist der Grund der Nichtigkeit (MüKo/*Spellenberg* Art 12 Rz 167, 168, 4. Aufl: Art 32 EGBGB Rz 128, 131). Ergibt sich die Nichtigkeit nicht aus dem Vertragsstatut (zB fehlende Geschäftsfähigkeit, Verstoß gegen eine zwingende Bestimmung iSv Art 34), so gilt das die Nichtigkeit bestimmende Recht uU auch für die Folgen oder die Heilung (MüKo/*Spellenberg* Art 12 Rz 168 f, 4. Aufl Art 32 EGBGB Rz 131 f): So gilt bei Formmangel das mildere Recht für die Heilung (aaO); ie ist die Schnittstelle der Normen sorgfältig zu prüfen. Das Nichtigkeitsstatut kann dem Vertragsstatut die Regelung der Folgen überlassen (Staud/*Magnus* Art 32 EGBGB Rz 78; Reithmann/Martiny/*Freitag* Rz 407; MüKo/*Spellenberg* Art 12 Rz 169f, 4. Aufl: Art 32 EGBGB Rz 132).

47 I lit e) gilt entspr für **Folgen unwirksamer und fehlerhafter Verträge** (arg Art 10; *Kegel/Schurig* § 17 V 1 611; MüKo/*Spellenberg* Art 12 Rz 169, 4. Aufl Art 32 EGBGB Rz 129). Die Regelung hat Vorrang ggü Art 38 I EGBGB (s. Art 38 Rn 2; MüKo/*Spellenberg* Art 12 Rom I-VORz 169).

ROM I-VO Art. 13 Rechts-, Geschäfts- und Handlungsunfähigkeit.

Bei einem zwischen Personen, die sich in demselben Staat befinden, geschlossenen Vertrag kann sich eine natürliche Person, die nach dem Recht dieses Staates rechts-, geschäfts- und handlungsfähig wäre, nur dann auf ihre sich nach dem Recht eines anderen Staates ergebende Rechts-, Geschäfts- und Handlungsunfähigkeit berufen, wenn die andere Vertragspartei bei Vertragsschluss diese Rechts-, Geschäfts- und Handlungsunfähigkeit kannte oder infolge von Fahrlässigkeit nicht kannte.

1 Für das IPR der Rechts-, Geschäfts- und Handlungsfähigkeit ist nach wie vor Art 7 EGBGB maßgeblich. Die Rom I-VO regelt dieses nicht (vgl Art 1 I a), sondern beschränkt sich mit Art 13 auf die Normierung eines Korrektivs im Interesse des Verkehrsschutzes. Die Regelung entspricht dem in Art 12 EGBGB umgesetzten Art 11 EVÜ, der sich in der Praxis bewährt hat. Es kann deshalb auf die Kommentierung des Art 12 EGBGB verwiesen werden.

ROM I-VO Art. 14 Übertragung der Forderung.

(1) Das Verhältnis zwischen Zedent und Zessionar aus der Übertragung einer Forderung gegen eine andere Person („Schuldner") unterliegt dem Recht, das nach dieser Verordnung auf den Vertrag zwischen Zedent und Zessionar anzuwenden ist.
(2) Das Recht, dem die übertragene Forderung unterliegt, bestimmt ihre Übertragbarkeit, das Verhältnis zwischen Zessionar und Schuldner, die Voraussetzungen, unter denen die Übertragung dem Schuldner entgegengehalten werden kann, und die befreiende Wirkung einer Leistung durch den Schuldner.
(3) Der Begriff „Übertragung" in diesem Artikel umfasst die vollkommene Übertragung von Forderungen, die Übertragung von Forderungen zu Sicherungszwecken sowie von Pfandrechten oder anderen Sicherungsrechten an Forderungen.

1 Die Vorschrift bestimmt das anwendbare Recht im Falle der rechtsgeschäftlichen Übertragung einer Forderung. Die abgetretene bzw abzutretende Forderung kann ihrerseits sowohl vertraglicher als auch außervertraglicher Natur sein (*Bauer* Die Forderungsabtretung im IPR, 08, 103). Die zum 18.12.09 in Kraft getretene Regelung entspricht weitgehend Art 12 EVÜ (= *ex Art 33 I, II EGBGB*). Damit sind zugleich einige Zweifelsfragen aus dem bisherigen Recht übernommen worden (zur Kritik *Mankowski* IHR 08, 133, 149 f).

2 I betrifft die Rechtsbeziehungen zwischen **Zedent und Zessionar**. Sie unterliegen der Rechtsordnung, die auf den der Abtretung zugrunde liegenden Vertrag anwendbar ist. Diese wird wiederum nach Art 3 ff ermittelt. Sie ist anders als nach Art 12 I EVÜ (= *ex Art 33 I EGBGB*) nicht mehr nur für die „Verpflichtungen" der Vertragspartner maßgebend, sondern für ihr „Verhältnis" insgesamt. Mit diesem Begriff sollte ausweislich des

Erwägungsgrunds 38 deutlich gemacht werden, dass sich die Regelung auch auf die dinglichen Aspekte des Rechtsverhältnisses zwischen Zedent und Zessionar erstreckt. Daher ist eine Verfügungswirkung inter partes, soweit die betreffende Rechtsordnung sie kennt, nunmehr mit erfasst (*Bauer* Die Forderungsabtretung im IPR, 08, 64 ff).

Das Verhältnis des **Zessionars zum Schuldner** richtet sich gem II nach dem Recht, dem die übertragene Forderung unterliegt, bei einer Forderung aus Vertrag also nach dem Vertragsstatut, bei deliktischen Forderungen nach dem Deliktsstatut usw. Dieses Recht entscheidet auch über die Übertragbarkeit der Forderung. Die schon unter dem Regime des wortgleichen Art 12 II EVÜ (= *ex Art. 33 II EGBGB*) umstrittene Frage, ob dies auch für das **Verhältnis des Zessionars zu Dritten** gilt (für Anwendung von I und damit verbundene Rechtswahlfreiheit *Flessner* IPrax 09, 35, 39 ff)), hat der Verordnungsgeber leider nicht eindeutig beantwortet. Der ursprüngliche Entwurf der Kommission sah eine gesonderte Anknüpfung an den Sitz des Zedenten vor, diese Lösung ließ sich offenbar gegen den Widerstand der City of London nicht durchsetzen (*Mankowski* IHR 08, 133, 150). Immerhin ist die Kommission nach Art 27 II aufgefordert, bis zum 17.6.10 einen Bericht zu der Frage und ggf einen Regelungsvorschlag vorzulegen. Eine Klärung durch den Verordnungsgeber wäre in jedem Fall wünschenswert. 3

Die Neuregelung des **III** macht deutlich, dass die Sicherungszession und auch die Übertragung von Sicherungsrechten an Forderungen kollisionsrechtlich wie die Vollabtretung zu behandeln sind, umfasst ist wohl auch der Forderungsnießbrauch (*Flessner* IPrax 09, 35, 37; Reithmann/Martiny/*Martiny* Rz 397). 4

ROM I-VO Art. 15 Gesetzlicher Forderungsübergang.
Hat eine Person („Gläubiger") eine vertragliche Forderung gegen eine andere Person („Schuldner") und ist ein Dritter verpflichtet, den Gläubiger zu befriedigen, oder hat er den Gläubiger aufgrund dieser Verpflichtung befriedigt, so bestimmt das für die Verpflichtung des Dritten gegenüber dem Gläubiger maßgebende Recht, ob und in welchem Umfang der Dritte die Forderung des Gläubigers gegen den Schuldner nach dem für deren Beziehung maßgebenden Recht geltend zu machen berechtigt ist.

Die Vorschrift regelt den gesetzlichen Übergang der Forderung auf einen Dritten, der zur Befriedigung des Gläubigers **subsidiär** verpflichtet ist. Für Entstehung und Umfang eines etwaigen Regressanspruchs maßgebend ist hiernach das Recht, auf dem die Verpflichtung beruht (sog **Zessionsgrundstatut**). In Übereinstimmung mit Art 13 I EVÜ, aber anders als der in diesem Punkte weitergehende *ex Art 33 III EGBGB*, betrifft die Norm nur **vertragliche Forderungen**. Für Forderungen aus außervertraglichen Schuldverhältnissen gilt die Parallelnorm des Art 19 Rom II-VO. Geregelt ist nur der Fall, dass der Dritte aufgrund einer Verpflichtung handelt, wobei diese ggü dem Schuldner oder dem Gläubiger bestehen kann. Die **freiwillige** Leistung Dritter wird von beiden Normen nicht erfasst. Kommt hier ausnahmsweise eine cessio legis in Betracht (vgl § 268 BGB), so ist darüber nach dem Forderungsstatut zu entscheiden (Reithmann/Martiny/*Martiny* Rz 411). 1

ROM I-VO Art. 16 Mehrfache Haftung.
Hat ein Gläubiger eine Forderung gegen mehrere für dieselbe Forderung haftende Schuldner und ist er von einem der Schuldner ganz oder teilweise befriedigt worden, so ist für das Recht dieses Schuldners, von den übrigen Schuldnern Ausgleich zu verlangen, das Recht maßgebend, das auf die Verpflichtung dieses Schuldners gegenüber dem Gläubiger anzuwenden ist. Die übrigen Schuldner sind berechtigt, diesem Schuldner diejenigen Verteidigungsmittel entgegenzuhalten, die ihnen gegenüber dem Gläubiger zugestanden haben, soweit dies gemäß dem auf ihre Verpflichtung gegenüber dem Gläubiger anzuwendenden Recht zulässig wäre.

A. Einführung. Art 16 bestimmt (im Wege der Sachnormverweisung, s. Art 20) das auf den **Gesamtschuldnerausgleich** anwendbare Recht. Die Regelung hat in dieser Form keinen Vorgänger im EVÜ bzw im EGBGB, entspricht aber in ihrem S 1 Art 20 Rom II-VO. Bisher war das IPR des Gesamtschuldnerausgleichs nur teilweise geregelt (Art 13 II EVÜ bzw Art 33 III 2 EGBGB, s. *ex Art 33 III 2 EGBGB* Rn 10). Mit Art 16 hat die Kommission einen im EVÜ enthaltenen Grundgedanken verallgemeinert. Art 16 geht – wie auch schon Art 13 II EVÜ bzw ex Art 33 III 2 EGBGB – vom **Primat der (jeweiligen) Beziehung** der einzelnen Gesamtschuldner **zum Hauptgläubiger** aus. Unterliegen die Beziehungen zwischen einem Hauptgläubiger und seinen Gesamtschuldnern unterschiedlichen Rechtsordnungen, bestimmt die (jeweilige) Beziehung des Gesamtschuldner zum *Hauptgläubiger* über das die Ansprüche und die Einwendungen beim Gesamtschuldnerausgleich regelnde Recht. Dabei unterliegen die Ansprüche und die Einwendungen **unterschiedlichem Recht**, wenn die Verpflichtung der Gesamtschuldner ggü dem Gläubiger verschiedenen Rechtsordnungen unterliegt (Bsp: Gesamtschuldnerische Haftung von Dienstleistern aus verschiedenen Staaten, die gemeinsam und ohne Rechtswahlklausel im Vertrag ein Projekt entwickeln, vgl Art 4 I lit b). 1

Art 16 gilt nur für die mehrfache Haftung für **gleichrangige Verbindlichkeiten**. Bei Nachrangigkeit gilt Art 15 (MüKo/*Martiny* Art 16 Rz 4; wohl auch *Einsele*, WM 09, 298 f). Das Vertragsstatut bestimmt, ob die Verbindlichkeit gleich- oder nachrangig ist, s. zB die Unterschiede bei der Bürgschaft Vor § 765 Rn 70–73. 2

3 Art 20 Rom II-VO stellt den „übrigen Schuldner" ohne ersichtlichen Grund schlechter (s. Art 20 Rom II-VO Rn 3). Da zB allein die schnellere Befriedigung einer Schuld durch einen anderen Gesamtschuldner kein Grund für eine Schlechterstellung ist, wird Art 16 2 zT **analog bei Art 20 Rom II-VO** angewendet (MüKo/ *Junker* Art 20 Rom II-VO Rz 15). Jedenfalls gilt Art 16 2 nach dem allgemeinen Gleichheitsgrundsatz (zu diesem Grundsatz vgl die stRspr des EuGH, zB Rs C-217/91, Slg 93, I-03923, Rs C-306/93, Slg 94 I-5555) bei **gemischten** vertraglichen und außervertraglichen **Gesamtschulden** für alle Gesamtschuldner (Art 20 Rom II-VO Rn 3).

4 **B. Anspruch auf Gesamtschuldnerausgleich (S 1).** Art 16 1 bestimmt das anwendbare Recht für die **Inanspruchnahme** im Gesamtschuldnerausgleich: Die Norm knüpft an das **Vertragsstatut der getilgten Forderung** an. Es bestimmt, ob und inwieweit sich der zahlende Hauptschuldner im Innenverhältnis seinerseits bei gesamtschuldnerisch haftenden Mitschuldnern erholen kann. Ist deutsches Recht Vertragsstatut, gilt § 426 I BGB.

5 Unterliegen die Vertragsbeziehungen der Gesamtschuldner ggü dem Gläubiger **unterschiedlichen Rechtsordnungen**, hat jeder Gesamtschuldner es durch zügige Vertragserfüllung in der Hand, das Statut des Gesamtschuldnerausgleichs zu bestimmen. Der rechtstreu leistende Gesamtschuldner wird ggü anderen Gesamtschuldnern, die im Verzug sind, bevorzugt. Das **Schuldstatut des zuerst leistenden Schuldners** setzt sich durch (vgl *Kropholler* Internationales Privatrecht, § 52 VIII 3). Gleiches gilt für den vom Gläubiger vorrangig in Anspruch genommenen Gesamtschuldner, der als Kompensation im Gesamtschuldnerausgleich sein eigenes Recht behält (vgl *Stoll* in: FS Müller-Freienfels 659; *v Bar*, Internationales Privatrecht Band II Rz 584). Die Folgen der Ungleichbehandlung werden durch Art 16 S 2 entschärft.

6 Wie auch schon nach altem Recht (s. MüKo/*Martiny*, 4. Aufl, Art 33 EGBGB Rz 47; *v Bar* RabelsZ 53 (1989) 483; Staud/*Hausmann*, Art 33 EGBGB, Rz 83), ist es nicht erforderlich, dass die Gesamtschuldner aus demselben Rechtsgrund, zB aus Vertrag oder Gesetz, haften. Sind Gesamtschuldner kraft des **Gesellschaftsrechts** verpflichtet, dürfte der Ausschluss von Fragen des Gesellschaftsrechts in Art 1 II lit f auch den akzessorisch an das Gesellschaftsstatut anzuknüpfenden Gesamtschuldnerausgleich erfassen (vgl zum alten Recht Staud/ *Hausmann*, Art 33 EGBGB, Rz 88; *Stoll* in: FS Müller-Freienfels 643). In der Praxis wird dadurch kein anderes Ergebnis als bei Anwendung von Art 16 erzielt, weil die gesellschaftsrechtliche Verbindung der Mitgesellschafter zur Gesellschaft idR demselben Recht unterliegt.

7 **C. Verteidigungsmittel des Schuldners im Gesamtschuldnerausgleich (S 2).** Art 16 2 bestimmt das anwendbare Recht für die **Verteidigung** im Gesamtschuldnerausgleich: Ein im Wege des Gesamtschuldnerausgleichs in Anspruch genommener Schuldner kann dem „Gläubiger im Gesamtschuldnerausgleich" nach Art 16 S 2 Verteidigungsmittel entgegenzuhalten. Welche Einwendungen dies sind, bestimmt das **Vertragsstatut des Vertrags zwischen dem Hauptgläubiger und dem im Gesamtschuldnerausgleich in Anspruch genommenen Schuldner**. Der Wortlaut („*berechtigt [...] entgegenzuhalten*"; engl *may rely on*; frz *peuvent faire valoir*) spricht dafür, dass die Geltendmachung im Wege der **Einrede** geltend zu machen ist (so auch *Mankowski* IHR 08, 133, 151, MüKo/*Spellenberg* Art 16 Rz 10).

ROM I-VO Art. 17 Aufrechnung.
Ist das Recht zur Aufrechnung nicht vertraglich vereinbart, so gilt für die Aufrechnung das Recht, dem die Forderung unterliegt, gegen die aufgerechnet wird.

1 **A. Ermittlung des Aufrechnungsstatuts. I. Vertragsfreiheit (1. Hs).** Art 17 schreibt im 1. Hs den Grundsatz der Vertragsfreiheit für die Aufrechnung fest: Die Parteien können das Recht wählen, nach dem aufgerechnet werden kann (**Aufrechnungsstatut**). Daraus dürfte im Erst-Recht-Schluss folgen, dass die Parteien **materiell** – wie auch nach alter Rechtslage die Aufrechnungsmöglichkeit ausschließen können, etwa durch Vereinbarung einer echten Fremdwährungsschuld für die Hauptforderung (vgl § 244 I BGB).

2 **II. Sonst: Statut der Hauptforderung (2. Hs).** Wurde keine (Teil-)Rechtswahl für die Aufrechnung getroffen, gilt für die Aufrechnung nach Art 17, 2. Hs das **Vertragsstatut der Hauptforderung (Passivforderung)**, die durch die Aufrechnung mit der Gegenforderung (Aufrechnungsforderung) **erfüllt** werden soll. Dies entspricht der in Deutschland seit BGHZ 38, 254, 256 geltenden Lösung.

3 Ist **staatsvertragliches Einheitsrecht**, das die Aufrechnung nicht regelt, kraft eigenen Rechtsanwendungswillens anwendbar (so zB das CISG nach seinem Art 1 I a), ist mit Hilfe der Rom I-VO, zB Art 3 u 4, das ergänzend geltende Vertragsstatut der Passivforderung zu ermitteln: Es ist nach Art 17 das Aufrechnungsstatut.

4 **B. Reichweite des Aufrechnungsstatuts.** Die Reichweite des nach Art 17 bestimmten Aufrechnungsstatuts ist aufgrund autonomer Auslegung der Rom I-VO zu ermitteln (s. Vor IntGesR Rn 12). Der größtmögliche Nutzen („**effet utile**") von Art 17 als Beitrag zur Errichtung des gemeinsamen Marktes (s. Art 2 EGV) und der größtmögliche **Schutz** der Partei, der nach Art 17 eine Aufrechnungsmöglichkeit eingeräumt wird, wird durch eine weite Reichweite des nach Art 17 bestimmten Aufrechnungsstatuts erzielt (iE ebenso *Hellner*, in Ferrari/Leible, Rome I Regulation (2009), 251, 259 f).

Das Aufrechnungsstatut gilt danach – im Ergebnis wie auch schon nach altem Recht (s. *ex Art 32 EGBGB* **5** *Rn 4*) – für: (i) **Aufrechnungsverbote**, (ii) **Aufrechnungsvoraussetzungen**, die in den einzelnen Mitgliedstaaten zT sehr unterschiedlich sind (s. zB *Jud* IPRax 05, 104 f: In Österreich, Griechenland und den Niederlanden gelten zT mit kleinen Unterschieden §§ 387 ff BGB entsprechende Regelungen für eine ex tunc wirkende Aufrechnungserklärung. In **England** gibt es die ex nunc wirkende Prozessaufrechnung. In **Frankreich** und **Italien** kommt es kraft Gesetzes zur Aufrechnung (MüKo/*Spellenberg* Art 17 Rz 4, 4. Aufl Art 32 EGBGB Rz 72: unter der Bedingung der Einwendung im Prozess), sowie (iii) den **Vollzug der Aufrechnung** (*ex lege* wie in Frankreich oder Italien, **durch Erklärung** wie in Deutschland oder **durch Richterspruch** wie in England, s. MüKo/*Spellenberg* Art 17 Rz 4 ff – 4. Aufl Art 32 EGBGB Rz 72 ff).

Ist deutsches Recht Aufrechnungsstatut und sind **verschiedene Währungen** betroffen, ist weiterhin von einer **6 Gleichartigkeit** iSv § 387 BGB **jedenfalls bei Ersetzungsbefugnis** nach § 244 BGB auszugehen (str: implizit BGH IPRax 94, 366 (zu dem Kurs bei Zugang der Aufrechnungserklärung); Hambg VersR 79, 833, 834; Reithmann/Martiny/*Martiny* Rz 369; und wohl auch zu recht Gleichartigkeit bei freier Konvertibilität: Kobl RIW 92, 59, 61; gegen Gleichartigkeit: KG NJW 88, 2181, 2181).

C. Vorfrage: Aufrechnungsforderung. Die Bestimmung in Art 17 setzt eine aufzurechnende Forderung (**Auf- 7 rechnungsforderung**) voraus. Der **Bestand und die Aufrechenbarkeit** der für eine Aufrechnung in Betracht kommenden Forderung ist als Vorfrage (s. Art 3 EGBGB Rn 55) vorab zu klären. Über das auf diese Frage anwendbare Recht trifft Art 17 keine Aussage. Insoweit muss das Statut der aufzurechnenden Forderung entscheiden (unselbständige Anknüpfung der Vorfrage, Brödermann/Rosengarten/*Brödermann* 5. Aufl Rz 129 ff). Das Statut der aufzurechnenden Forderung beurteilt danach auch, ob eine Forderung klagbar ist. Ist dies **8** nicht der Fall, scheidet die Aufrechnung aus. Beispiele: (i) Verstoß der aufzurechnenden Forderung gegen einen Staatsvertrag, s. die devisenrechtliche Regelung Art VIII Abschn 2 (b) 1 des **Bretton Woods-Üb** (s. ex Art 34 EGBGB Rn 23); (ii) *pactum de non petendo*, der aufgrund des in diesem Bereich geltenden Grundsatzes der Vertragsfreiheit für die Wahl des Aufrechnungsstatuts erst recht (*a fortiori*) möglich sein muss. Auch durch eine ausschließliche Gerichtsstands- oder Schiedsvereinbarung über die Gegenforderung kann (Auslegungsfrage; s. MüKo/*Spellenberg* Art 17 Rz 45 mwN – 4. Aufl Art 32 EGBGB Rz 79) die Zulässigkeit der Aufrechnung aber ausgeschlossen werden; dann ist ggf durch Vorbehaltsurteil (§ 302 ZPO) zu entscheiden (aaO Rz 76), wenn sich der Kläger nicht rügelos auf den Streit über die Aufrechnungsforderung einlässt (arg Art 24 EuGVO, BGH NJW 81, 2644; vgl – zu der auf Art 10 EVÜ beruhenden ehemaligen Bestimmung in Art 32 I Nr 4, Alt 1: MüKo/*Spellenberg* Art 17 Rz 44 – 4. Aufl Art 32 EGBGB Rz 80).

ROM I-VO Art. 18 Beweis.

(1) Das nach dieser Verordnung für das vertragliche Schuldverhältnis maßgebende Recht ist insoweit anzuwenden, als es für vertragliche Schuldverhältnisse gesetzliche Vermutungen aufstellt oder die Beweislast verteilt.

(2) Zum Beweis eines Rechtsgeschäfts sind alle Beweisarten des Rechts des angerufenen Gerichts oder eines der in Artikel 11 bezeichneten Rechte, nach denen das Rechtsgeschäft formgültig ist, zulässig, sofern der Beweis in dieser Art vor dem angerufenen Gericht erbracht werden kann.

A. Gesetzliche Vermutungen und Beweislast (Abs. 1). Art 18 I regelt die **Bedeutung des** mit Hilfe der **1** Rom I-VO ermittelten **Vertragsstatuts für Beweisfragen**: Es gelten die gesetzlichen Vermutungen und die Bestimmungen zur Beweislast im Vertragsstatut. Insoweit wird das Verfahrensrecht der *lex fori* – des am Gerichtsort geltenden Rechts – (s.u. Rn 9) verdrängt. Die Regelung in Art 18 I entspricht Art 14 I EVÜ und *ex Art 32 III 1 EGBGB* (dementsprechend wird zT auch Literatur zu *ex Art 32 EGBGB* zitiert). Die Einbindung in eine unionsrechtliche Verordnung zwingt aber nunmehr zu einer **autonomen Bestimmung der Begriffe** (s. Vor IntSchVR Rn 12).

I. Weite Auslegung. Die Begriffe *gesetzliche Vermutung* und *Beweislast* sind **weit zu verstehen**. Sie umfassen **2** von der Rechtsprechung entwickelte Grundsätze (s. die Bsp in Rn 5–6). Hierfür sprechen folgende Gründe: (i) Der in der **englischen Fassung** der Rom I-VO gewählte und der deutschen Fassung gleichgestellte (arg Art 55 I EUV; Art 4 EWG-SprachenVO) weite **Wortlaut** „*rules*" *which raise presumptions of law or determine the burden of proof* umfasst auch Richterrecht (s. zB Murphy on Evidence, 08, 11). (ii) Da die Rechtsordnungen der Mitgliedstaaten nicht alle auf geschriebenem Recht beruhen, sondern zT (so im Vereinigten Königreich) durch Richterrecht geprägt sind, ist der Begriff des Gesetzes (*rules*) in der Formulierung „*gesetzliche Vermutung*" bei **rechtsvergleichender Betrachtung** in einer umfassenden, Gewohnheits- und Richterrecht einschließenden Bedeutung zu verstehen. (iii) Dem **Ziel** der Rom I-VO, einen gemeinsamen Raum des Rechts weiter zu entwickeln (Erw 1), entspricht ein **weites Verständnis** der Begriffe *gesetzliche Vermutung* und *Beweislast*, das die verschiedenen, rechtsvergleichend zu findenden Vermutungen und Beweislastregeln umfasst. (iv) Nur diese weite Auslegung führt dazu, dass Art 18 I seine volle gemeinschaftliche Wirkung entfalten kann (**effet utile**, s. Vor IntSchVR Rn 13). – Ebenso Palandt/*Thorn* Art 18 Rz 3; Reithmann/Martiny/ *Martiny* Rz 341. Einzelheiten müssen im Laufe der nächsten Jahre von der Wissenschaft und Praxis herausgearbeitet werden.

3 Da I die Begriffe *gesetzliche Vermutung* und *Beweislast* mit der gleichen Rechtsfolge (Anwendbarkeit des Vertragsstatuts) nebeneinander nennt, kommt es auf die genaue Unterscheidung zwischen diesen Begriffen im Vertragsstatut nicht an.

4 I kann nur Vermutungen im Anwendungsbereich der Rom I-VO (s. Art 1 Rn 1–3) erfassen: Die Regelung meint nur **vertragsrechtlich relevante Vermutungen** und nicht Vermutungen, die nach anderen internationalprivatrechtlichen Regelungen zu beurteilende Vorfragen betreffen (Bsp: die sachenrechtliche Vermutung über das Eigentum an einem Kaufgegenstand aus § 1006 BGB).

5 **II. Anwendung von Abs 1 bei deutschem Vertragsstatut. 1. Gesetzliche Vermutung.** Ist deutsches Recht Vertragsstatut, können zB die folgende **Rechtszustandsvermutungen** greifen: (i) die von der Rechtsprechung entwickelte Vermutung für die vollständige und richtige Wiedergabe der getroffenen Vereinbarung in der Vertragsurkunde (s. § 126 BGB Rn 66; § 133 BGB Rn 50); (ii) die Vermutung der Begründetheit eines Garantieanspruchs bei Sachmängeln, die während einer vertraglich übernommenen Haltbarkeitsgarantie auftreten (§ 443 II BGB); (iii) die Vermutung der Mangelhaftigkeit der Sache bei Gefahrübergang, wenn ein Sachmangel binnen sechs Monaten ab Gefahrübergang auftritt (§ 476 BGB); (iv) bei Teilnichtigkeit eines Vertrages, der keine salvatorische Klausel enthält, die Vermutung der Gesamtnichtigkeit (str, s. § 139 BGB Rn 1, 4).

6 Wegen ihrer funktionalen Nähe zur Rechtszustandsvermutung und zur Beweislast sind auch **Anscheinsbeweissätze** zu typischen Geschehensabläufen als „gesetzliche" Vermutung iSv I – oder als Beweislastregel (s.o. Rn 2) – zu werten (s. das Vor §§ 249–255 BGB Rn 6 gegebene Beispiel für einen Transportschaden von Schaltkästen beim Sturz der Kiste, in der sie verpackt sind), vertiefend MüKo/*Spellenberg* Art 18 Rz 21 f. Für den zur Parallelnorm in ex Art 32 III 1 EGBGB geführten Streit über die Einordnung des Anscheinsbeweises dürfte aufgrund der nunmehr gebotenen weiten Begriffsbildung (s.o. Rn 3) kein Raum mehr bleiben.

7 **2. Beweislast.** Bei deutschem Vertragsstatut sind deutsche Regeln zur **Beweislast** und zur **Beweislastumkehr** (s. zB § 280 BGB Rn 25–26) anzuwenden. Zur Beweislast gehört auch ihr Ausmaß: die Entscheidung darüber, ob (1) Schadensersatz nach billigem oder freiem **Ermessen** gewährt werden kann, oder (2) **Pauschalierungen** die Beweislast abmildern (vgl MüKo/*Spellenberg* Art 12 Rz 88, in der 4. Aufl Art 32 EGBGB Rz 47) in Abgrenzung zur Schadensermittlung nach §§ 286, 287 ZPO: s.u. Rn 9). Sind Schadenspauschalierungen deutlich zu hoch, greift der ordre public-Vorbehalt aus Art 6 EGBGB (s. Vor IntSchVR Rn 10; Art 6 EGBGB Rn 18).

8 **III. Anwendung von Abs 1 bei ausländischem Vertragsstatut.** Bei ausländischem Vertragsstatut sind dessen Vermutungen und Beweislastverteilungsregeln anzuwenden. Die angelsächsische Regelung **res ipsa loquitur** lässt einen Rückschluss aufgrund tatsächlicher, insb naturwissenschaftlicher Erfahrungssätze zu. Sie ist wie der deutsche Anscheinsbeweis als gesetzliche Vermutung zu behandeln (MüKo/*Spellenberg* Art 18 Rz 21 f). Das ausländische Vertragsstatut wird durch Art 9 II begrenzt (s. MüKo/*Spellenberg* Art 18 Rz 19).

9 **B. Beweisarten (Abs 2).** II verweist für die Beweisarten auf die *lex fori*. Nur für **Formfragen** gilt – unter dem Vorbehalt des Verfahrensrechts der *lex fori* – das **Prinzip größtmöglicher Liberalität**: II beruft – wie schon Art 14 EVÜ und *ex Art 32 III 2 EGBGB* – alternativ die Beweisarten der (weiteren) Rechtsordnungen, aus denen sich eine Wirksamkeit des Vertrages oder eines anderen Rechtsgeschäftes iSv Art 1, 11 ergibt; vorausgesetzt, dass die Beweisart nach dem Prozessrecht des Gerichts möglich ist. Grds muss das angerufene Gericht damit auch aus seiner Sicht **fremde Beweisarten** zulassen. Ggf ist eine **Anpassung** erforderlich (zB Parteivernehmung statt Zeugenvernehmung). Die liberale Regelung in II knüpft an die französische Rechtstradition an (s. *Mayer/Heuzé* Rz 503). Sie kann zur Kumulation von mehreren Rechtsordnungen führen (lex fori, Vertragsstatut, bis zu vier Formstatuten), führt in der Praxis aber selten über §§ 371 ff ZPO hinaus (MüKo/*Spellenberg* Art 18 Rz 27, 4. Aufl Art 32 EGBGB Rz 164, 169).

10 Der **Vorbehalt der lex fori** in II, **letzter Hs** mildert die Wirkung von II ab. Bsp: Ein allg zulässiges Beweismittel (zB Zeuge) bleibt unzulässig, wenn die Verfahrensart (zB **Urkundsprozess**) es nicht zulässt (MüKo/*Spellenberg* Art 18 Rz 33, in der 4. Aufl: Art 32 Rz 168; Soergel/*v Hoffmann* Art 32 EGBGB Rz 79). Ggf ist eine **Anpassung** vorzunehmen: Eine Partei kann im deutschen Prozess trotz angelsächsischen Vertragsstatuts nicht als Zeuge gehört werden; sie ist im Wege der Anpassung nach §§ 445 ff ZPO als Partei zu nehmen (MüKo/*Spellenberg* Art 18 Rz 34, in der 4. Aufl Art 32 EGBGB Rz 167). Ebenso ist auf das Angebot der **Eideszuschiebung** nach Art 2275 frz C civ durch Parteivernehmung zu reagieren. Eine nationale Registerbehörde soll ihrem Recht unbekannte Beweise zurückweisen dürfen (MüKo/*Martiny* Art 18 Rz 35; s.a. schon zum EVÜ BTDrs 10/503/*Lagarde* 69).

11 **C. Ergänzung durch das Verfahrensrecht der *lex fori*.** Für alle anderen beweisrechtlichen Fragen (zB die Folge von Nichtbestreiten im Prozess, Reithmann/Martiny/*Martiny* Rz 343) gilt nach den allgemeinen Regeln des Internationalen Zivilprozessrechtes das **Verfahrensrecht** der *lex fori* (vgl Art 1 III EGBGB). Dies beinhaltet (1.) insb die **Beweiswürdigung** und die Anwendung von **§§ 286, 287 ZPO**: s. Hambg IPRax 91, 400, 403; Staud/*Magnus* Art 32 Rz 56; *Geimer* Rz 2276, 2337; MüKo/*Spellenberg* Art 12 Rz 98 – in der 4. Aufl Art 32

EGBGB Rz 45 f - mit den Ausnahmen nach II (s.o. Rn 8). Ebenso kann (2.) ein Gericht auf der Grundlage von §§ 142-144 ZPO vAw ergänzende Beweise erheben.

KAPITEL III SONSTIGE VORSCHRIFTEN

ROM I-VO Art. 19 Gewöhnlicher Aufenthalt.

(1) ¹Für die Zwecke dieser Verordnung ist der Ort des gewöhnlichen Aufenthalts von Gesellschaften, Vereinen und juristischen Personen der Ort ihrer Hauptverwaltung. ²Der gewöhnliche Aufenthalt einer natürlichen Person, die im Rahmen der Ausübung ihrer beruflichen Tätigkeit handelt, ist der Ort ihrer Hauptniederlassung.
(2) Wird der Vertrag im Rahmen des Betriebs einer Zweigniederlassung, Agentur oder sonstigen Niederlassung geschlossen oder ist für die Erfüllung gemäß dem Vertrag eine solche Zweigniederlassung, Agentur oder sonstigen Niederlassung verantwortlich, so steht der Ort des gewöhnlichen Aufenthalts dem Ort gleich, an dem sich die Zweigniederlassung, Agentur oder sonstige Niederlassung befindet.
(3) Für die Bestimmung des gewöhnlichen Aufenthalts ist der Zeitpunkt des Vertragsschlusses maßgebend.

A. Einleitung. Art 19 definiert im Einklang mit Art 23 Rom II-VO erstmalig den Begriff des **gewöhnlichen Aufenthalts** (engl *habitual residence*; frz *résidence habituelle*), an den die Rom I-VO in ihrem Kapitel II (Art 3-18) häufig anknüpft. II ergänzt die Definition in I um eine **Fiktion**. III fixiert den Zeitpunkt für die Bestimmung des gewöhnlichen Aufenthalts. Der Begriff „gewöhnliche Aufenthalt" wird an Stelle des Begriffs „Wohnsitz" verwendet, an den die Art 59 f EuGVO anknüpfen. 1

B. Gleichstellung zwischen gewöhnlichem Aufenthalt und Hauptverwaltung bzw. Hauptniederlassung (Abs 1). I stellt dem gewöhnlichen Aufenthalt den Ort der Hauptverwaltung von Gesellschaften, Vereinen und juristischen Personen bzw – im Fall einer natürlichen Person, die im Rahmen ihrer beruflichen Tätigkeit handelt – den Ort ihrer Hauptniederlassung gleich. Hauptverwaltung und Hauptniederlassung werden nur in den seltensten Fällen auseinanderfallen und daher regelmäßig zum selben Ergebnis führen (MPI RabelsZ 71 (07), 225, 335). Dennoch muss unterschieden werden: 2

I. Hauptverwaltung (Abs 1 S 1). Die Hauptverwaltung (*„central administration"*; *„administration centrale"*) stellt im Gegensatz zur Hauptniederlassung ein unternehmensinternes Merkmal dar (*v* Bar/Mankowski § 7 Rz 39; MPI RabelsZ 71 (07), 225, 335). Der Ort der Hauptverwaltung ist der Ort der Leitung eines Unternehmens. Der Begriff entspricht seiner Bedeutung in Art 60 I lit b EuGVO und Art 54 AEUV (ex Art 48 EGV), Mankowski IHR 08, 132, 139. 3

II. Beruflich handelnde natürliche Person: Hauptniederlassung (Abs 1 S 2). Die Hauptniederlassung (*„principal place of business"*; *„établissement principal"*) ist für natürliche Personen, die iRd Ausübung ihrer beruflichen Tätigkeit handeln, der Ort ihres „gewöhnlichen Aufenthaltes", I 2. Auch bei Handel im Internet kommt es auf den gewöhnlichen Aufenthalt der Person und nicht auf den Ort an, vor dem aus der Internetauftritt erfolgt (Reithmann/Martiny/*Martiny* Rz 211). 4

III. Nicht beruflich handelnde natürliche Person. Der gewöhnliche Aufenthalt einer nicht beruflich handelnden natürlichen Person wird in der Rom I-VO nicht definiert. Insoweit ist der in der Rom I-VO vielfach (zB in Art 4 ff) verwendete Begriff „gewöhnlicher Aufenthalt" **autonom auszulegen**. Wie auch sonst im IPR ist an den **tatsächlichen Lebensmittelpunkt** anzuknüpfen (MüKo/*Martiny* Art 19 Rz 11; MüKo/*Sonnenberger* Einl IPR Rz 722; Palandt/*Thorn* Art 19 Rz 6). 5

C. Zweigniederlassung, Agentur oder sonstige Niederlassung (Abs 2). Die Niederlassung, durch die der Vertrag geschlossen wurde oder die dem Vertrag zufolge die **Leistung bewirken** muss, bestimmt nach II den Ort, der bei Gesellschaften, Vereinen oder juristischen Personen als "gewöhnlicher Aufenthalt" gilt. IVm Art 4 bildet die Regelung des Art 19 damit Art 4 II 1, 2 Var 2 EVÜ nahezu ab (*Mankowski* IPRax 06, 101, 112). 6

Mit dem Abstellen auf das Handeln (engl: *„in the course of the operations of"*) der Zweigniederlassung (*„branch"*; *„succursale"*), Agentur (*„agency"*; *„agence"*) oder sonstige Niederlassung (*„establishment"*; *„établissement"*) übernimmt die Rom I-VO den Wortlaut der EuGVO (s. dazu *Bitter* IPRax 08, 96, 100; *Mankowski*, IHR 08, 133, 140). Zur Parallelnorm in Art 23 Rom II-VO weist die Kommission ausdrücklich darauf hin, dass Art 5 Nr 5 EuGVO als „Vorbild" für diese Vorschrift diente (Begr der Kommission zu Rom II-VO-V, KOM (2003) 427 endg, 30). Der Begriff der Niederlassung in II ist daher entsprechend der vom EuGH in der Rs „Somafer/Saar-Ferngas" (EuGH 22.11.78 – Rs 33/78, Slg 1978, 2183, 2193 – Somafer Rz 12) zu Art 5 Nr 5 EuGVÜ entwickelten Definition zu verstehen als **Mittelpunkt geschäftlicher Tätigkeit**, der **auf Dauer** als **Außenstelle des Stammhauses** hervortritt (s.a. Palandt/*Thorn* Art 19 Rz 4). Erforderlich hierfür ist eine für die selbständige Teilnahme am Rechtsverkehr ausreichende personelle und sachliche Ausstattung (EuGH 22.11.78 – Rs 33/78, Slg 1978, 2183, 2193 – Somafer Rz 12). Im Anschluss an die Rechtsprechung des EuGH 7 zu Art 5 Nr 5 EuGVÜ genügt aber auch ein entsprechender Rechtsschein (EuGH 9.12.87 – Rs 218/86, Slg 1987, 4905, 4920 – Somafer Rz 15).

8 **D. Maßgeblicher Zeitpunkt (Abs 3).** Maßgeblicher Zeitpunkt für das Vorliegen einer Hauptverwaltung, Hauptniederlassung oder sonstigen Niederlassung ist nach III derjenige des Vertragsschlusses.

ROM I-VO Art. 20 Ausschluss der Rück- und Weiterverweisung.
Unter dem nach dieser Verordnung anzuwendenden Recht eines Staates sind die in diesem Staat geltenden Rechtsnormen unter Ausschluss derjenigen des Internationalen Privatrechts zu verstehen, soweit in dieser Verordnung nichts anderes bestimmt ist.

1 **A. Grundsatz der Sachnormverweisung.** Art 20 schreibt für den Anwendungsbereich der Rom I-VO (s. Art 1) den **Grundsatz der Sachnormverweisung** fest: Es gilt das vertragliche Schuldrecht des von der Rom I-VO berufenen Rechts. Dies entspricht der Regelung in Art 15 EVÜ und *ex Art 35 I EGBGB*. Anders als in anderen Bereichen des IPR (s. Art 4 EGBGB) findet nach Anwendung von unionsrechtlichem IPR in der Rom I-VO keine weitere Prüfung des IPR des berufenen Rechts statt.

2 **B. Grenzen.** Art 20 beruft die **geltenden Rechtsnormen** im berufenen Recht. Die Auswahl des anwendbaren Rechts mit Hilfe der Rom I-VO ist danach nur der erste Schritt auf dem Weg zur Bestimmung des anwendbaren Sachrechts (Art 20 schließt nur das Internationale Privatrecht des berufenen Rechts aus). In einem zweiten Schritt ist nach dem von der Rom I-VO berufenem Recht zu prüfen, welches Sachrecht gilt. Dies erfordert neben der Prüfung des **intertemporalen Rechts** die Prüfung, ob **einheitliches Sachrecht** das autonome Recht des Staates, dessen Recht berufen ist, verdrängt. Beispiel: Führt die Rom I-VO (zB in einem deutsch-englischen Fall zwischen einem Vertragsstaat und einem Nichtvertragsstaat des CISG) zur Anwendung des Kaufrechts eines Vertragsstaates des **CISG** (zB Deutschland, Frankreich, Italien, China, Japan, Russland, USA, s. www.unilex.info) – und ist das CISG nicht bereits über Art 1 I a CISG anwendbar (s. Art 1 Rn 9) –, verdrängt das einheitliche Kaufrecht im CISG über Art 1 I b CISG das autonome nationale Kaufrecht (soweit das CISG selbst einschlägige Regelungen enthält). Das berufene Recht kann auch selbst den Vorrang von materiellem Einheitsrecht in Staatsverträgen gebieten (so zB Art 55 der frz. Verfassung: Vorrang von Staatsverträgen ggü autonomem Recht). – **Interlokales Recht** ist hingegen nach dem berufenen Recht idR nicht zu prüfen: Diese Fragen regelt die Rom I-VO in Art 22 selbst (s. dort).

3 **C. Gestaltungsfreiheit.** Art 20 enthält kein Verbot zur Gestaltung der Rechtswahl. Deswegen muss es (wie schon nach Art 15 EVÜ und *ex Art 35 I EGBGB*, s. ex Art 35 EGBGB Rn 3) gestattet sein, eine indirekte Rechtswahl (**Gesamtverweisung**) auszusprechen. Für die **Schiedsgerichtsbarkeit** folgt dies aus Art 1 II lit e – wenn man die Rechtswahl als Teil der Schiedsvereinbarung begreift – (so auch MüKo/*Martiny* Art 20 Rz 6, Vor Art 1 Rz 100; *Wegen* in FS Kühne S 933, 942), s.a. § 1051 I 2 ZPO und die zugrunde liegende Regelung in Art 28 III UNCITRAL Model Law on International Commercial Arbitration und *Mallmann* NJW 08, 2953, 2957). Streitig ist dies für vor **ordentlichen Gerichten** zu entscheidende Fälle (Bsp: „Es gilt das nach Schweizer IPR zu bestimmende Recht"). Der Grundsatz der Sachnormverweisung gilt „*soweit in dieser Verordnung nichts anderes bestimmt ist*". Dies ist der Fall: Art 3 I 2 lässt ohne Einschränkung die Rechtswahl (auch die indirekte) zu, sofern die dort genannten Bedingungen (Ausdrücklichkeit oder Eindeutigkeit der Bestimmungen des Vertrages oder der Umstände des Falles) gewahrt ist. Durch die Wahl des IPR eines Staates wird eine hinreichende Eindeutigkeit erreicht. A.A. nun wohl MüKo/*Martiny* Art 20 Rz 6.

4 Ebenso ist es in den Grenzen des gewählten Rechts zulässig, eine **Versteinerungsklausel** vorzusehen: Es gilt dann das gewählte Recht in der zum bestimmten Zeitpunkt (zB Vertragsschluss) geltenden Fassung (s. zB Reithmann/Martiny/*Martiny* Rz 77; BaRoth/*Spickhoff* Art 27 EGBGB Rz 27), jedenfalls soweit dies nicht in Widerspruch zu späterem zwingenden Recht steht. Die Rechtswahl beruft nach Art 3 das **Vertragsrecht in seiner jeweiligen Gestalt** (so treffend Palandt/*Thorn*, 68. Aufl Art 32 EGBGB Rz 1 Ziff 1 d): Das Vertragsstatut entscheidet über intertemporale Fragen (s. zB Einl Rn 22 zur Änderung des deutschen Schuldrechts).

ROM I-VO Art. 21 Öffentliche Ordnung im Staat des angerufenen Gerichts.
Die Anwendung einer Vorschrift des nach dieser Verordnung bezeichneten Rechts kann nur versagt werden, wenn ihre Anwendung mit der öffentlichen Ordnung („ordre public") des Staates des angerufenen Gerichts offensichtlich unvereinbar ist.

1 **A. Einführung.** Nach Art 21 ist im Anwendungsbereich der Rom I-VO der ordre public der mitgliedstaatlichen lex fori zu beachten, und zwar trotz der Formulierung „kann" **von Amts wegen** (s. zur wortgleichen Parallelvorschrift des Art 26 Rom II-VO dort Rn 1 mN). Für das IPR der Schuldverträge löst Art 21 damit vor einem deutschen Gericht den **Art 6 EGBGB** (s. Art 6 EGBGB Rn 1 ff) als allgemeine Vorbehaltsklausel zugunsten des deutschen ordre public ab, ohne dass es inhaltlich zu einer Änderung kommt (so auch *Magnus* IPRax 10, 42).

B. Prüfungsmaßstab. Maßgeblich sind sowohl autonome mitgliedstaatliche **Rechtsgrundsätze** als auch solche europäischen Ursprungs (s. Art 6 EGBGB I-VO Rn 10), auch wenn auf die deklaratorische Erwähnung eines „europäischen ordre public" in Art 21 entgegen dem Vorschlag des Max Planck Instituts für Internationales und Ausl Privatrecht (*MPI*, RabelsZ 71 (2007) 337) verzichtet wurde. Bsp für die Verletzung des europäischen (Anteils des nationalen) ordre public (s. ausf Art 6 EGBGB Rn 10) ist etwa ein Verstoß gegen die Wettbewerbsgrundsätze des Art 81 EGV (*Basedow*, FS Sonnenberger 2004, 291, 319; ihm folgend *MPI* RabelsZ 71 (2007) 338).

C. Verstoß. I. Prüfungsgegenstand. Prüfungsgegenstand ist nicht das ausl Recht als solches, sondern das konkrete Ergebnis seiner Anwendung in dem zu beurteilenden Fall (s. Art 6 EGBGB I-VO Rn 14). Erwägungsgründ 37 stellt klar, dass der Eingriff der Vorbehaltsklausel „außergewöhnliche Umstände" voraussetzt. Das Adjektiv „offensichtlich" weist darauf hin, dass ein besonders **schwerwiegender Widerspruch** zu den Rechtsgrundsätzen des Forumstaats zu verlangen ist (vgl auch Art 6 EGBGB Rn 1 aE).

II. Inlandsbezug. Erforderlich ist ein Bezug zum Forumstaat, s. Art 6 EGBGB Rn 15 ff. Handelt es sich bei dem verletzten Grundsatz um einen Grundsatz europäischen Rechts, so reicht jedoch der Bezug zum Gebiet eines anderen EU-Mitgliedstaats aus (s. Art 6 EGBGB Rn 16), um entgegenstehendes drittstaatliches Recht abzuwehren. Diese Erweiterung des Inlandsbegriffes folgt auch aus dem Gebot der Gemeinschaftstreue (Art 4 III EUV).

D. Sanktion. Verstößt das von das Rom I-VO berufene Vertragsrecht gegen wesentliche Grundsätze des deutschen oder europäischen Rechts, insb Grund- oder Menschenrechte, so muss das entscheidende deutsche Gericht eine **Ergebniskorrektur** vornehmen (dazu Art 6 EGBGB I-VO Rn 18). **Bsp** s. Art 6 EGBGB Rn 20.

ROM I-VO Art. 22 Staaten ohne einheitliche Rechtsordnung.
(1) Umfasst ein Staat mehrere Gebietseinheiten, von denen jede eigene Rechtsnormen für vertragliche Schuldverhältnisse hat, so gilt für die Bestimmung des nach dieser Verordnung anzuwendenden Rechts jede Gebietseinheit als Staat.
(2) Ein Mitgliedstaat, in dem verschiedene Gebietseinheiten ihre eigenen Rechtsnormen für vertragliche Schuldverhältnisse haben, ist nicht verpflichtet, diese Verordnung auf Kollisionen zwischen den Rechtsordnungen dieser Gebietseinheiten anzuwenden.

A. Grundsatz: Gebietseinheit als Staat. Art 22 behandelt – ebenso wie Art 19 I EVÜ bzw früher *ex Art 35 EGBGB* – jede Gebietseinheit eines Mehrrechtsstaates als eigenen Staat. Damit wird mit der Anwendung der Rom I-VO die **interlokale Frage** mitgelöst. Führt die Anwendung der Rom I-VO zum Recht eines Mehrrechtsstaates (zB Australien, Kanada, Mexico, USA, Vereinigtes Königreich), kommt dessen interlokales Recht nicht zur Anwendung. Es gilt das in der Gebietseinheit geltende Sachrecht mit den bei Art 20 dargestellten Grenzen (s. Art 20 Rn 2).

B. Zweifelsfälle: Unklare Rechtswahl. Im Falle einer unklaren **Wahl des Rechtes eines Mehrrechtsstaates** (Frankf NJW-RR 00, 1367, 1368: „amerikanisches" Recht; Hambg IPRspr 98 Nr 34: „europäisches" Recht) ist durch **Auslegung** zu ermitteln, ob die Parteien hinreichend eindeutig eine Rechtswahl iSv Art 3 2 zu Gunsten einer Gebietseinheit getroffen haben. Hat etwa eine der Parteien ihren Sitz oder eine Niederlassung in einer Gebietseinheit des Mehrrechtsstaates, oder liegt der Erfüllungsort in einer Gebietseinheit des Mehrrechtsstaates, sind dies bei der Vertragsauslegung zu berücksichtigende Kriterien (*arg* Art 4 II, 3). Ist keine Auslegung des Parteiwillens möglich, ist das anwendbare Recht nach Art 4, 22 I zu bestimmen (s.o. Rn 1), wobei jede Gebietseinheit als Staat gilt. – Die zu *ex Art 35 EGBGB* argumentierte Analogie zu Art 4 III EGBGB (s. *ex Art 35 EGBGB* Rn 6) scheidet bei autonomer Auslegung von Art 22 aus (ebenso Palandt/*Thorn* Art 22 Rz 3; a.A. MüKo/*Martiny* Art 22 Rz 9).

C. Interlokales Recht (Abs 2). II stellt klar, dass die Mitgliedstaaten frei bleiben, ihr interlokales Schuldrecht zu regeln. Für die Bundesrepublik Deutschland ist diese Regelung unerheblich, da das Schuldrecht für ganz Deutschland einheitlich gestaltet ist (Art 230 ff EGBGB, s. Einl Rn 23).

ROM I-VO Art. 23 Verhältnis zu anderen Gemeinschaftsrechtsakten.
Mit Ausnahme von Artikel 7 berührt diese Verordnung nicht die Anwendung von Vorschriften des Gemeinschaftsrechts, die in besonderen Bereichen Kollisionsnormen für vertragliche Schuldverhältnisse enthalten.

A. Nachrangigkeit der Rom I-VO gegenüber besonderen Kollisionsnormen unionsrechtlichen Ursprungs. Art 23 regelt das Verhältnis zwischen dem unionsrechtlichen IPR in der Rom I-VO und anderen (ggf künftigen) unionsrechtlichen „Vorschriften" zum internationalen Schuldvertragsrecht: Der Anwendungsbereich dieser Vorschriften – die man als **lex specialis** wird begreifen müssen – wird durch die Rom I-VO nicht berührt (vgl Erw 40). Ausn: Nur im **Versicherungsrecht** greift Art 7 in den Bereich des harmonisierten internationalen Versicherungsrechts ein (s. Art 7 Rn 1).

2 B. Harmonisiertes IPR im EUV. Der Begriff „Vorschriften" (engl *"provisions"*, frz *"dispositions"*) ist weit gefasst und schließt insb auch Kollisionsnormen in Richtlinien, dh **harmonisiertes IPR** (Brödermann/Iversen/*Brödermann*, Rz 65), ein. Es gilt in seiner nach Art 288 II AEUV in nationales Recht umgesetzten Fassung weiter. Ein prominentes Bsp sind die in **Art 46b IV EGBGB** (*ex Art 29a EGBGB*) genannten Verbraucherschutzrichtlinien (MüKo/*Martiny* Art 23 Rz 15). Erw 40 erwähnt die ECommerceRL, umgesetzt in § 3 TMG (s. *Brödermann/Rosengarten*, 5. Aufl Rz 395). Der im Anh I des Rom I-VO-V als Bsp noch genannte Art 12 der Richtlinie 93/7/EWG vom 15.3.93 über die Rückgabe von unrechtmäßig aus dem Hoheitsgebiet eines Mitgliedsstaats verbrachten Kulturgütern (ABl 93, Nr L 74 74), umgesetzt in §§ 4 I, VIII Kulturgüterrückgabeg, ist hingegen nicht internationalprivatrechtlich zu begreifen, da der Rückgabeanspruch öffentlich-rechtlich zu qualifizieren ist (*Leible/Lehmann*, RIW 08, 528, 531; MüKo/*Martiny* Art 23 Rz 16).

3 Das Nebeneinander von Rom I-VO und weiteren IPR-Regelungen im harmonisierten Schuldrecht kann in der Praxis zu Spannungen führen, die die von der Rom I-VO angestrebten Ziele des „reibungslosen Funktionierens des Binnenmarkts" (Erw 1) und der „Sicherheit in Bezug auf das anzuwendende Recht" (Erw 6) behindern. Abstrakt ist jedoch schwer ein Fall vorstellbar, bei dem trotz Günstigkeitsvergleichs (arg Erw 23) etwa die Anwendung von Art. 46b EGBGB zu mehr Verbraucherschutz führt als die vorrangige (Reithmann/Martiny/*Martiny* Rz 4246) Anwendung von Art 3 III und 4 sowie Art 6 Rom I-VO.

ROM I-VO Art. 24 Beziehung zum Übereinkommen von Rom.

(1) Diese Verordnung tritt in den Mitgliedstaaten an die Stelle des Übereinkommens von Rom, außer hinsichtlich der Hoheitsgebiete der Mitgliedstaaten, die in den territorialen Anwendungsbereich dieses Übereinkommens fallen und für die aufgrund der Anwendung von Artikel 299 des Vertrags diese Verordnung nicht gilt.
(2) Soweit diese Verordnung die Bestimmungen des Übereinkommens von Rom ersetzt, gelten Bezugnahmen auf dieses Übereinkommen als Bezugnahmen auf diese Verordnung.

1 A. Grundsatz: Ersetzung des EVÜ. Art 24 regelt das Verhältnis zum EVÜ, das seinerseits dem internationalen Schuldvertragsrecht in *ex Art 27 ff EGBGB* zu Grunde lag (s. Vor IntSchVR Rn 1); insoweit wirkt Art 24 als *lex specialis* im Verhältnis zu Art 2. Die **Rom I-VO ersetzt grds das EVÜ** (Abs 1, 1. Hs). Nach II werden zugleich alle Bezugnahmen auf das EVÜ in anderen Rechtsakten der Gemeinschaft durch Bezugnahmen auf die Rom I-VO ersetzt.

2 Als Verordnung verdrängt die Rom I-VO zwar nationales IPR nach Art 288 II AEUV, sie konnte hingegen nicht das auf dem EVÜ beruhende internationale Schuldvertragsrecht in *ex Art 27 ff EGBGB* abschaffen; dies war dem deutschen Gesetzgeber vorbehalten (s. Vor IntSchVR Rn 5).

3 B. Ausnahme: Hoheitsgebiete nach ex Art 299 EGV. Eine **Ausnahme** gilt nach I, **2. Hs** „hinsichtlich" (frz *sauf en ce qui concerne*; engl *except as regards*) der sich aus ex Art 299 EGV – nunmehr Art 52 EUV iVm **Art 355 AEUV** – erschließenden Hoheitsgebiete von Mitgliedstaaten, für die (i) das EVÜ als Staatsvertrag gilt, (ii) hingegen die Rom I-VO nicht gilt, weil dort auch der dieser Verordnung zu Grunde liegenden EUV nicht gilt. Insoweit tritt die Rom I-VO in den Mitgliedstaaten iSv Art 1 IV bzw in Verhältnis zwischen den Mitgliedstaaten (arg frz Wortlaut: *entre les États membres*) nicht an die Stelle des EVÜ. Es bleibt damit bei der **Anwendung des EVÜ für:** (a) überseeische Länder und Hoheitsgebiete, die besondere Beziehungen zum Vereinigten Königreich Großbritannien und Nordirland unterhalten und die in *ex-Anh II des EGV* aufgeführt sind, vgl *ex Art 299 III EGV* (Bsp: Französisch-Polynesien, Wallis und Futuna, Mayotte, **Niederländische Antillen**, Aruba); (b) auf die Hoheitszonen des Vereinigten Königreiches auf **Zypern**, Akrotiri und Dhekelia, **Kanalinseln** und die **Insel Man** in den in *ex Art 299 VI* genannten Grenzen.

4 Als Staatsvertrag ist das EVÜ nach völkerrechtlichen Grundsätzen (*pacta sunt servanda*, Art 26 WVRK) von allen Vertragsstaaten anzuwenden und damit **auch von den deutschen Gerichten** hinsichtlich der von I, 2. Hs erfassten Hoheitsgebiete (aA ohne Begründung *Magnus*, IPRax 10, 27, 31). Die hier vertretene Auffassung orientiert sich am frz Wortlaut (s. Rn 3), berücksichtigt den Vorrang des Völkerrechts, fördert für die betroffenen Gebiete den vom EVÜ bezweckten internationalen Entscheidungseinklang und entspricht damit einer Auslegung des EVÜ im Lichte der Ziele und Zecke des Übereinkommens (Art 31 WVRK).

5 Art 24 trifft keine Aussage für das Verhältnis zwischen der Rom I-VO und dem EVÜ in Fällen mit Dänemarkbezug, weil Art 24 sich nur auf Mitgliedstaaten iSv Art 1 IV 1 und damit **nicht** auf **Dänemark** bezieht (Erwägungsgrund 46). Zu Dänemark s. Art 25 Rn 2.

ROM I-VO Art. 25 Verhältnis zu bestehenden internationalen Übereinkommen.

(1) Diese Verordnung berührt nicht die Anwendung der internationalen Übereinkommen, denen ein oder mehrere Mitgliedstaaten zum Zeitpunkt der Annahme dieser Verordnung angehören und die Kollisionsnormen für vertragliche Schuldverhältnisse enthalten.
(2) Diese Verordnung hat jedoch in den Beziehungen zwischen den Mitgliedstaaten Vorrang vor den ausschließlich zwischen zwei oder mehreren Mitgliedstaaten geschlossenen Übereinkommen, soweit diese Bereiche betreffen, die in dieser Verordnung geregelt sind.

A. Prinzip 1: Vorrang bestehender völkerrechtlicher Verträge (Abs 1). Art 25 regelt das Verhältnis zwischen dem unionsrechtlichen IPR in der Rom I-VO und staatsvertraglichem IPR im Bereich des internationalen Schuldvertragsrechts. **Kein Vertrag, keine Verordnung zu Lasten Dritter** (vgl Erw 41, Art 34 WVRK, Art 351 I EUV und Brödermann/Iversen/*Brödermann*, Rz 431 ff). Deshalb bestimmt I, dass im Zeitpunkt der Annahme der Rom I-VO fortbestehende **Staatsverträge mit Kollisionsnormen** Vorrang haben und grds **weiter anzuwenden** sind. Dadurch wird in das Verhältnis zwischen Mitgliedstaaten iSv Art 1 IV und anderen Staaten (Dänemark (s. Rn 2), Staaten außerhalb der EU) nicht eingegriffen. **Welche** Staatsverträge betroffen sind, ist entsprechend den Regelungen in Art 26 zu kommunizieren und zu veröffentlichen (s. Art 26 Rn 1). 1

Dänemark: Nach Art 1 IV 1 iVm Erw 46 ist Dänemark **kein Mitgliedstaat** iSv Art 25 noch iSv Art 24 (MüKo/*Martiny* Art 25 Rz 8; *Francq*, Clunet 09, 41, 48). Deshalb ist I anzuwenden auf die Bestimmung der Anwendbarkeit des EVÜ im Verhältnis zwischen Dänemark und Deutschland bzw anderen Mitgliedstaaten iSv Art 1 IV 1. Danach sind die **deutschen** bzw. Mitgliedstaats-**Gerichte verpflichtet**, bei Fällen mit Verbindung zum Recht Dänemarks das EVÜ anzuwenden. Die Anwendbarkeit des EVÜ durch deutsche Gerichte im Verhältnis zu Dänemark wird durch Art 25 (und Art 24, s. Art 24 Rn 5) nicht berührt. Unerheblich für die völkerrechtliche Verpflichtung zur Anwendung des EVÜ ist der Umstand, dass die BRD 1986 im Lichte der Inkorporation des EVÜ ins EGBGB (s. Vor IntSchVR Rn 1) bei der Zustimmung zum EVÜ erklärt hat, die Art 1-21 EVÜ werden keine unmittelbare Anwendung finden (Art 1 II ZustG zum EVÜ, BGBl 86 II 809). Die Nichtanwendung des EVÜ setzte dessen ordnungsgemäße Kündigung voraus. Nach **Art 25 GG** sind die allgemeinen Regeln des Völkerrechts (so auch *pacta sunt servanda*, s.a. Art 26 WVRK) Bestandteil des Bundesrechts, gehen den Gesetzen vor und erzeugen Rechts und Pflichten unmittelbar für die Bewohner des Bundesgebietes. Die Anwendung der Rom I-VO in Dänemark-Fällen setzte daher – wie seinerzeit bei der EuGVO – den Abschluss einer **Sonderkonvention** voraus (vgl ABl EU L 299 62; in Kraft seit 1.7.07, ABl EU 07 L 94 70). Es muss insoweit bei dem in Art 25 I verankerten Grundsatz „kein Vertrag, keine Verordnung zu Lasten Dritter" bleiben (s. Rn 1). Auch die **Gesetzgebungsgeschichte** der Rom I-VO belegt, dass allen Beteiligten stets die Möglichkeit des Nebeneinander von Rom I-VO und EVÜ gewärtig war, falls sich ein Mitgliedstaat bei Nutzung bestehender völkerrechtlicher Vorbehalte nicht entschließt, der Rom I-VO „beizutreten" (s. Stellungnahme ECOSOC zum Rom I VO-V, ABl 06 C 31 58). Schließlich basiert auch das **EG-Recht** auf dem Respekt des Völkerrechts (arg Art 351 AEUV). 2

Insgesamt ist dies streitig. AA *Leible/Lehmann* RIW 08, 528, 532; *Martiny*, RIW 09, 737, 739 (unter Hinweis ua auf praktische Erwägungen und die gemeinschaftsrechtliche Einbindung des EVÜ); ähnl *Magnus*, IPRax 10, 27, 30 f (unter Hinweis auf eine nach dem EVÜ zulässige Revision, wohl auch durch „Vergemeinschaftung"); *Lando/Nielsen*, CMLR 09, 1687, 1689 (*„it seems unreasonable to ask courts of the Member States to solve the issue"*). In der Praxis kann man diese Streitage **offen lassen**, soweit die EVÜ und die Rom I-VO gleichlaufen, sonst kann die Auslegung von Art 25 dem Gerichtshof (etwa bei der Anwendung von Art 3 IV o 9 III, die in *ex Art 27 ff EGBGB* keine Parallelnorm hatten und deshalb zu anderem Recht führen können) auch von Instanzgerichten nach Art 267 AEUV vorgelegt werden. 3

B. Prinzip 2: Vorrang des Unionsrechts (Abs 2). II stellt, im Vergleich zu I, das gegenteilige Prinzip auf: Ist ein Staatsvertrag betroffen, der ausschließlich von zwei oder mehreren Mitgliedstaaten iSd Art 1 IV 1 (dh Ausn: Dänemark, so auch MüKo/*Martiny* Art 25 Rz 8, *Magnus*, IPRax 10, 27, 32; anders Palandt/*Thorn* Art 25 Rz 5: „EU-Mitgliedstaaten") geschlossen ist und der die in der Rom I-VO geregelten Bereiche betrifft, so geht die Rom I-VO vor. Dies entspricht dem **Ziel eines unionsweiten Entscheidungseinklangs**, das Erwägungsgrund 6 zu entnehmen ist, und fördert die Schaffung eines „echten europäischen Rechtsraums" (Begr 4.2 Rom I-VO-V, KOM (2005) 650). 4

Der Vorrang gilt, soweit die Staatsverträge in der Rom I-VO geregelte **„Bereiche"** betreffen. Dieser Begriff ist kollisionsrechtlich zu verstehen: Die Rom I-VO will nur Kollisionsrecht für den in Art 1 und 2 beschriebenen Anwendungsbereich vereinheitlichen (Erwägungsgründe 2, 6 und 11). Einheitliches materielles Staatsvertragsrecht, etwa das Kaufrecht im CISG, wird nicht berührt (s.a. Art 1 Rn 9). 5

ROM I-VO Art. 26 Verzeichnis der Übereinkommen.

(1) Die Mitgliedstaaten übermitteln der Kommission bis spätestens 17. Juni 2009 die Übereinkommen nach Artikel 25 Absatz 1. Kündigen die Mitgliedstaaten nach diesem Stichtag eines dieser Übereinkommen, so setzen sie die Kommission davon in Kenntnis.

(2) Die Kommission veröffentlicht im *Amtsblatt der Europäischen Union* innerhalb von sechs Monaten nach Erhalt der in Absatz 1 genannten Übermittlung
a) ein Verzeichnis der in Absatz 1 genannten Übereinkommen;
b) die in Absatz 1 genannten Kündigungen.

Art 26 will den Zugang zu den in Art 25 genannten Übereinkommen erleichtern (Erw 41 S 2) und dient ausschließlich der **Transparenz** (s.a. MüKo/*Martiny* Art 26 Rn 1). Nach I hätten die Mitgliedstaaten bis 17.6.09 die betroffenen Staatsverträge nennen müssen, die der Rom I-VO nach Art 25 vorgehen können (über die Liste werden z. Zt. noch Abstimmungsgespräche geführt). Spätere Kündigungen solcher Staatsverträge sind 1 mitzuteilen. Neuabschlüsse dürften nach dem Grundsatz der Unionstreue (Art 4 III EUV, ex Art 10 EGV) ausgeschlossen sein (soweit nicht die EU Kompetenzen auf die Mitgliedstaaten zurückübertragen hat, s. VO (EG) Nr 662/2009, ABl (EG) 09 L 200, 25). Stattdessen wird die **EU selbst** künftig solche **Staatsverträge mit Drittstaaten** abschließen (s. Art 4 II lit j AEUV iVm Art 216 I AEUV; Beitritt der Europäischen Gemeinschaft zur **Haager Konferenz** für internationales Privatrecht mit Wirkung zum 3.4.07 (www.hcch.net, s.a. ABl 06 L 297 1, s.a. das EuGH Gutachten zur Abschlusskompetenz für das LugÜ II, Gutachten 1/03, Slg 06, I-1145, I-1212 Rz 173).

2 Nach II sind die von den Mitgliedstaaten aufgegebenen Staatsverträge sowie **spätere Kündigungen** solcher Verträge im Amtsblatt zu veröffentlichen. Damit ist die EU im Verzug; das Datum der Veröffentlichung war bei Redaktionsschluss noch nicht abzusehen. In Betracht für eine Aufnahme in die Liste kommt zB das in Deutschland nicht, jedoch in Dänemark, Finnland, Frankreich, Italien, Niger, Norwegen, Schweden und der Schweiz (vgl *Jayme/Hausmann*, Nr 76, 157 (dort Fn 1)) geltende Haager Üb über das auf internationale Käufe beweglicher Sachen anwendbare Recht vom 25.6.55 und das ua in Frankreich, den Niederlanden und Portugal geltende Haager Üb über das auf Vertreterverträge und die Stellvertretung anzuwendende Recht vom 14.3.78 (*Magnus*, IPRax 10, 27, 32; *Kenfack*, Clunet 09, 3, 12).

ROM I-VO Art. 27 Überprüfungsklausel.
(1) Die Kommission legt dem Europäischen Parlament, dem Rat und dem Europäischen Wirtschafts- und Sozialausschuss bis spätestens 17. Juni 2013 einen Bericht über die Anwendung dieser Verordnung vor. Diesem Bericht werden gegebenenfalls Vorschläge zur Änderung der Verordnung beigefügt. Der Bericht umfasst:
a) eine Untersuchung über das auf Versicherungsverträge anzuwendende Recht und eine Abschätzung der Folgen etwaiger einzuführender Bestimmungen und
b) eine Bewertung der Anwendung von Artikel 6, insbesondere hinsichtlich der Kohärenz des Gemeinschaftsrechts im Bereich des Verbraucherschutzes.
(2) Die Kommission legt dem Europäischen Parlament, dem Rat und dem Europäischen Wirtschafts- und Sozialausschuss bis 17. Juni 2010 einen Bericht über die Frage vor, ob die Übertragung einer Forderung Dritten entgegengehalten werden kann, und über den Rang dieser Forderung gegenüber einem Recht einer anderen Person. Dem Bericht wird gegebenenfalls ein Vorschlag zur Änderung dieser Verordnung sowie eine Folgenabschätzung der einzuführenden Bestimmungen beigefügt.

1 Art 26 verlangt der Kommission **zwei Berichte** ab: Nach **I** soll die Kommission viereinhalb Jahre nach Inkrafttreten der Rom I-VO ein erstes Fazit ziehen und dabei ggf. Änderungsvorschläge unterbreiten. Dabei sollen die in lit a und b genannten Versicherungs- und Verbraucherschutzfragen einbezogen werden.
2 Nach **II** soll die Kommission bereits sechs Monate nach Beginn der Geltung der Rom I-VO einen Bericht und ggf Änderungsvorschläge zu der Frage vorlegen, ob und in welchem Rang die Übertragung einer Forderung Dritten entgegengehalten werden kann, und über den Rang dieser Forderung ggü einem Recht einer anderen Person.

ROM I-VO Art. 28 Zeitliche Anwendbarkeit.
Diese Verordnung wird auf Verträge angewandt, die ab dem 17. Dezember 2009 geschlossen werden.

1 **Prinzip:** Art 28 enthält das intertemporale Recht der Rom I-VO. Sie gilt nunmehr für alle **ab** dem 17.12.09 („Stichtag") geschlossenen Verträge. Dies hat der europäische Gesetzgeber durch eine Änderung der Rom I-VO vom **24.11.09** (ABl EU 09 L 309, 87) ggü der ursprünglichen Fassung der Rom I-VO (vgl Vorauf1 und so auch noch aus produktionstechnischen Gründen Palandt/*Thorn* Art 28 Rz 1 ff und MüKo/*Martiny* Art 28 Rz 1 ff) klargestellt. Die durch die ursprüngliche Fassung iVm der Aufhebung der *ex Art 27 ff EGBGB* zum 16.12.09 (s. Vor IntSchVR Rn 5) erzeugte Verwirrung ist damit beigelegt.
2 **Grenzfälle und Auslegung:** Offen bleibt der autonom, dh unionsrechtlich, auszulegende Begriff des Vertragsschlusses (s. Vor IntSchVR Rn 3–4). Dies kann zB relevant werden bei Unterzeichnung eines Vertrages mit **Genehmigungsvorbehalt** oder anderen **Bedingungen** vor dem Stichtag und Genehmigung des Vertrages nach dem Stichtag bzw Einigung auf die wesentlichen Vertragsbestandteile vor dem Stichtag und Dokumentation der Einigung nach dem Stichtag. Hier bedarf es der Auslegung, wann der Vertragsschluss erfolgt ist. Zur Auslegung des Begriffs des Vertragsschlusses, s. Art 1 Rn 5. Die Regelungen der Rom I-VO und des EGBGB führen jedoch häufig zum gleichen Ergebnis (s. Art 3 im Vergleich zu *ex Art 27 EGBGB* sowie Art 4 Rn 2). In diesen Fällen kommt es auf die Entscheidung der intertemporalen Frage nicht an.

KAPITEL IV SCHLUSSBESTIMMUNGEN

ROM I-VO Art. 29 Inkrafttreten und Anwendbarkeit.
Diese Verordnung tritt am zwanzigsten Tag nach ihrer Veröffentlichung im *Amtsblatt der Europäischen Union* in Kraft. Sie gilt ab

17. Dezember 2009, mit Ausnahme des Artikels 26, der ab dem 17. Juni 2009 gilt. Diese Verordnung ist in allen ihren Teilen verbindlich und gilt gemäß dem Vertrag zur Gründung der Europäischen Gemeinschaft unmittelbar in den Mitgliedstaaten.

1 bestimmt den 17.12.09 zum Tag des Inkrafttretens. Das ist der Tag, auf den auch die intertemporale Regelung in Art 28 abstellt. Die Ausnahme des Teil-Inkrafttretens am 17.6.09 betrifft die Verpflichtung der Staaten aus Art 26, bis zu diesem Stichtag die Übereinkommen zu benennen, die der Rom I-VO nach Art 25 vorgehen können. **2** betont die sich aus Art 288 II AEUV ergebenden unmittelbare Geltung der Rom I-VO (vgl deklaratorisch auch Art 3 EGBGB).   1

3. Nationales Internationales Schuldvertragsrecht für Altfälle (ex Art 27-37 EGBGB)

Vorbemerkung vor ex Art 27 ff: Internationales Schuldvertragsrecht für Altfälle

Ex Art 27 ff EGBGB sind für alle vor dem 17.12.09 abgeschlossenen Verträge heranzuziehen (Vor IntSchVR Rn 1). Sie beruhen auf dem EVÜ (aaO) und sind einheitlich auszulegen (*ex Art 36*); die obersten Instanzgerichte können Auslegungsfragen dem EuGH vorlegen (s. *ex Art 36* Rn 7). *Ex Art 27 ff* sprechen Sachnormverweisungen aus (*ex Art 35*). Das von *ex Art 27 ff* berufene Vertragsrecht unterliegt einer ordre public-Prüfung nach Art 6 EGBGB. Ergänzend zum Vertragsstatut können Sonderanknüpfungen von Teilfragen oder von zwingendem Recht (*ex Art 34*) zur Anwendung weiterer Rechtsordnungen auf denselben Fall führen. *Ex-Art 27 ff* werden ergänzt um weitere, nicht aufgehobene Bestimmungen im noch geltenden EGBGB (zB Art 11 zur Form).   1

ex Art. 27 Freie Rechtswahl.
(1) ¹Der Vertrag unterliegt dem von den Parteien gewählten Recht. ²Die Rechtswahl muß ausdrücklich sein oder sich mit hinreichender Sicherheit aus den Bestimmungen des Vertrages oder aus den Umständen des Falles ergeben. ³Die Parteien können die Rechtswahl für den ganzen Vertrag oder nur für einen Teil treffen.
(2) ¹Die Parteien können jederzeit vereinbaren, daß der Vertrag einem anderen Recht unterliegen soll als dem, das zuvor auf Grund einer früheren Rechtswahl oder auf Grund anderer Vorschriften dieses Unterabschnitts für ihn maßgebend war. ²Die Formgültigkeit des Vertrages nach Artikel 11 und Rechte Dritter werden durch eine Änderung der Bestimmung des anzuwendenden Rechts nach Vertragsabschluß nicht berührt.
(3) Ist der sonstige Sachverhalt im Zeitpunkt der Rechtswahl nur mit einem Staat verbunden, so kann die Wahl des Rechts eines anderen Staates – auch wenn sie durch die Vereinbarung der Zuständigkeit eines Gerichts eines anderen Staates ergänzt ist – die Bestimmungen nicht berühren, von denen nach dem Recht jenes Staates durch Vertrag nicht abgewichen werden kann (zwingende Bestimmungen).
(4) Auf das Zustandekommen und die Wirksamkeit der Einigung der Parteien über das anzuwendende Recht sind die Artikel 11, 12 und 29 Abs. 3 und Artikel 31 anzuwenden.

A. Funktion und Anwendungsbereich. *Ex-Art 27* entspricht, und zwar auch in den einzelnen Absätzen, dem Art 3 EVÜ. Der bereits früher im deutschen Recht geltende Grundsatz der Parteiautonomie (RGZ 120, 70; BGHZ 52, 239; 73, 391) wird ausdrücklich festgeschrieben und ist inzwischen weltweit anerkannt (so Staud/ *Magnus* Art 27 Rz 22 mwN): Die Parteien können das für einen Schuldvertrag maßgebende Recht (Vertragsstatut) selbst bestimmen. Die Rechtswahl erfolgt durch einen **Verweisungsvertrag**, der gewöhnlich **kollisionsrechtliche Wirkung** hat (s. Überblick bei *v Bar* IPR II Rz 412, 413). Etwaige Mängel im Verweisungsvertrag schlagen nicht auf den Hauptvertrag durch; § 139 BGB findet in ihrem Verhältnis keine Anwendung (*Fetsch*, RNotZ 07, 456, 459f). Für die Formbedürftigkeit des Verweisungsvertrages gilt Art 11 I. Mit dem Verweisungsvertrag wird eine Rechtsordnung, also das **einheitliche Vertragsstatut** insgesamt, unter Einschluss ihrer zwingenden Normen der Parteien für anwendbar erklärt (so bei Verwendung von „Rechtswahlklauseln unter Ausschluss des IPR", *Mallmann*, NJW 08, 2953, 2957f; *Fetsch*, RNotZ 07, 456, 458), jedoch ohne Einbeziehung des Kollisionsrechts dieser Rechtsordnung. Dem ggü steht die (seltene) **materiellrechtliche Verweisung**, nämlich die Einbeziehung von Vorschriften einer fremden Rechtsordnung iRd dispositiven Rechts der bereits – kollisionsrechtlich – vereinbarten maßgebenden Rechtsordnung (dazu MüKo/*Martiny*, 4. Aufl Art 27 Rz 15). In beiden Fällen gilt, dass sich eine Rechtswahl nach Art 4 II idR nur auf die sachrechtlichen Vorschriften des gewählten Rechts bezieht (s. aber *ex Art 35* Rn 4) und eine Rück- bzw Weiterverweisung gem *ex Art 35 I*, Art 20 Rom I-VO ausgeschlossen ist (s. *ex Art 35* Rn 3).   1

2 Die Vorschrift des *ex Art 27* ist die schuldvertragsrechtliche „Königsnorm" (AnwK/*Leible* Art 27 Rz 16): Ist sie anwendbar, ist für *ex Art 28* kein Raum. *Ex Art 27* wird ergänzt durch Regelungen für besondere Vertragstypen, wie die *ex Art 29; 29a* (Verbraucherverträge); *ex Art 30* (Arbeitsverträge); *ex Art 7 ff EGVVG* (Versicherungsverträge), die genau wie die *ex Art 27 ff EGBGB* durch das Gesetz zur Anpassung der Vorschriften des Internationalen Privatrechts an die Verordnung (EG) Nr 593/2009 vom 25.6.09 I 1574 (**IntSchuldVR**) aufgehoben wurden und für Sachverhalte ab dem 17.12.09 nicht mehr gelten; vgl auch Art 42 Rn 2 zur Rechtswahl im Deliktsrecht. Eine ausweitende, analoge Anwendung dieser Vorschriften auf weitere Fallgruppen ist nicht zulässig. (Hamm NJW-RR 89, 496).

3 **B. Grundlagen der Rechtswahl** (*ex Art 27 Abs 1*). **I. Grundsätze.** Die **Rechtswahlfreiheit** entspricht den Bedürfnissen des internationalen Rechtsverkehrs (so *Schmeding* RabelsZ 41 (1977) 299, 304 f; auch *Leible* FS Jayme Bd I, 489), erlaubt die flexible Lösung verschiedener Fragen der vertraglichen Beziehungen (so Soergel/*v Hoffmann* Art 27 Rz 5) und ist angesichts des weitgehend dispositiven Charakters des Vertragsrechts in fast allen Rechtsordnungen der Welt unbedenklich (so MüKo/*Martiny*, 4. Aufl Art 27 Rz 8). Grenzen ergeben sich aus der Sonderanknüpfung zwingender Normen nach *ex Art 34*. Davon zu unterscheiden sind Schutzvorschriften bei bestimmten Vertragsarten, wie mit Verbrauchern in *ex Art 29* und *ex Art 29a* sowie Arbeitnehmern in *ex Art 30*, oder aber bei eindeutig ortsbezogenen Verträgen (dazu unter Rn 19 ff). IÜ können die Parteien den Vertrag auch einem neutralen Recht unterstellen, zu dem sonst keine Beziehung besteht (dazu Reithmann/Martiny/*Martiny*, 6. Aufl Rz 63 mwN; *Sandrock* RIW 94, 385). Ein typischer Fall ist die Vereinbarung schweizerischen Rechts bei deutschen und türkischen Vertragsparteien (München IPRax 86, 178; vgl LG Düsseldorf RIW 95, 415, obwohl das schweizerische Recht wegen der Nähe des türkischen Rechts zum schweizerischen Recht nicht wirklich neutral ist). Ein ausdrückliches berechtigtes Parteiinteresse wird nicht gefordert (vgl BGHZ 135, 124; Hambg IPRspr 64/65 Nr 46 155). Für die Auslandsberührung lässt die hM schlicht die Wahl eines ausländischen Rechts genügen (dazu BaRoth/*Spickhoff* Art 27 Rz 25; MüKo/*Martiny*, 4. Aufl Art 27 Rz 20 mwN).

4 Die Rechtswahl ist dynamisch, sie umfasst auch die jeweiligen **intertemporalen Regeln** des Vertragsstatuts, so dass in deren Rahmen Rechtsänderungen nach dem Zeitpunkt der Rechtswahl Anwendung finden (MüKo/*Martiny*, 4. Aufl Art 27 Rz 23). Allerdings können die Parteien vereinbaren, das jeweilige Recht zu einem bestimmten Zeitpunkt bestandsmäßig festzuschreiben, soweit das Vertragsstatut eine solche „**Versteinerung**", oder, bei Verträgen Privater mit Staaten, „**Stabilisierung**" zulässt (BaRoth/*Spickhoff* Art 27 Rz 27; Soergel/*v Hoffmann* Art 27 Rz 23; zur streitigen Qualifizierung der Versteinerungsklauseln s. MüKo/*Martiny*, 4. Aufl Art 27 Rz 26, dort auch zu Stabilisierungsklauseln Rz 26; AnwK/*Leible* Art 27 Rz 24 ff).

5 Auf der Grundlage des Art 14 Rom II-VO und im Einklang mit Art 42 können die Parteien auch das auf außervertragliche Schuldverhältnisse anzuwendende Recht wählen. Die Rechtswahlfreiheit erstreckt sich daher nunmehr auch auf Ansprüche aus deliktischem Handeln (zB **Verschulden bei Vertragsverhandlungen**, Verletzung bei Rechten des **geistigen Eigentums**, Art 2, 12, 8 Rom II-VO). Somit können Rechtswahlklauseln künftig auch weiter gefasst werden.

6 **II. Wahl außerstaatlichen Rechts.** Die Rechtswahl kann sich nach hM nur auf **staatliches Recht** beziehen (vgl v Bar/*Mankowsi* Bd I § 2 Rz 86; BaRoth/*Spickhoff* Art 27 Rz 24; Ferrari/*Ferrari* Art 27 EGBGB Rz 16; s. grundlegend *Lagarde* Rev. crit. dr. int. pr. 80 (1991), 300; anders *Kappus* IPRax 93, 137; *Wichard* RabelsZ 60 (1996) 269, 282; *Grundmann* Europäisches Schuldvertragsrecht 73 ff; s. aber Jena IPRspr 99 Nr 25 59). Hierfür wird mit dem Wortlaut des EVÜ argumentiert, welches in Art 2 „das Recht eines Nichtvertragsstaates" erwähnt; auch die Formulierungen in Art 3a II, 5 II, 6 II und 7 I werden ebenfalls als Beleg angeführt. Eine solche Rechtswahl ist bei Anwendbarkeit deutschen Rechts nach §§ 133, 157 BGB – im Schiedsverfahren bereits nach § 1051 I ZPO – gleichwohl beachtlich (*Brödermann/Rosengarten* Rz 400); bei Anwendung ausländischen Rechts führen entsprechende Auslegungsregeln (zB Frankreich Art 1156 Code civil; Italien Art 1362 Codice civile) oft zum gleichen Ergebnis.

7 Bei **Verträgen zwischen Staaten und privaten Parteien** gilt wegen der Beteiligung eines Recht setzenden Staates eine weniger enge Auffassung (Variationen zu Rechtswahlklauseln bei *Böckstiegel* AWD 73, 117; *Mallmann*, NJW 08, 2953, 2958; *Fetsch*, RNotZ 07, 456, 458f). Die Geltung von Einheitsrecht, so zB aus dem CISG, kann durch die Parteien vereinbart werden, auch wenn der Anwendungsbereich des Einheitsrechts nach seinen eigenen Regeln nicht eröffnet ist (dafür insb Jena IPRspr 99 Nr 25 59; AnwK/*Leible* Art 27 Rz 35; *Roth* FS Jayme 04, 757). Nach hM ist allg die Abwahl aller nationalen Rechtsordnungen nicht möglich. Bisher wird eine solche Rechtswahl überwiegend als materiellrechtliche Verweisung behandelt (dazu MüKo/*Martiny*, 4. Aufl Art 27 Rz 40 mwN).

8 Bei den **allg Rechtsgrundsätzen** wie den UNIDROIT-Prinzipien für internationale Handelsverträge und den Prinzipien des europäischen Vertragsrechts wird meist danach differenziert, dass eine **materiellrechtliche Verweisung** möglich sei, jedoch keine gesamtkollisionsrechtliche (dazu insgesamt MüKo/*Sonnenberger*, 4. Aufl Einl IPR Rz 266 ff; AnwK/*Leible* Art 27 Rz 30 ff; s. aber *Bonell* 188). ZT wird differenziert zwischen staatlichen Gerichten, die jeweils am Maßstab eines nationalen Rechts zu entscheiden hätten und zB allg Rechtsgrundsätze nur begrenzt heranziehen können sollen (so MüKo/*Martiny*, 4. Aufl Art 27 Rz 33), und der Schiedsgerichtsbarkeit (s. dazu Rn 9).

Überdies ist streitig, ob es eine **„lex mercatoria"** iSe transnationalen Handelsgewohnheitsrechts gibt, welches 9
als Rechtsordnung anzusehen wäre (dafür *Blaurock* ZEuP 93, 247, 262; dagegen besonders *Mankowski* RIW
03, 13 und *Spickhoff* RabelsZ 56 (1992) 116, 126; zum Inhalt s. *Berger* ZVglRWiss 94 (1995) 217). Allerdings
bleiben Rechtsnatur, Inhalt, Quellen und Reichweite ebenso unklar wie der Geltungsgrund und das Verhältnis zum staatlichen Recht (so zutr MüKo/*Martiny*, 4. Aufl Art 27 Rz 35). Für die Praxis ist daher de lege lata
weiterhin davon auszugehen, dass *ex Art 27* nur das staatliche Recht meint (vgl nur *Lagarde* Rev. crit. dr. int.
pr. 80 (1991) 300; so auch AnwK/*Leible* Art 27 Rz 29). In der internationalen Schiedsgerichtsbarkeit ist die
Entscheidung am Maßstab der lex mercatoria möglich, da auch Entscheidungen am Maßstab der Billigkeit
zulässig sind, soweit ausdrücklich vereinbart oder dies nach der anwendbaren Schiedsgerichtsordnung zulässig ist (Soergel/*v Hoffmann* Art 27 Rz 17; AnwK/*Leible* Art 27 Rz 32; vgl auch § 1051 ZPO). Die Wahl von
„Cyber Law" ist nicht möglich (vgl *Pfeiffer* JuS 04, 282).

C. Die Rechtswahl (*ex Art 27 Abs 1 S 2*). I. Ausdrückliche Rechtswahl. Für die ausdrückliche Rechtswahl 10
kann auf die Ausführungen zu Art 3 Rom I-VO verwiesen werden (Art 3 Rom I-VO Rn 9).

II. Stillschweigende Rechtswahl. 1. Grundlagen. Nach *ex Art 27 I 2* ist eine **stillschweigende Rechtswahl** 11
zulässig, die sich aus den Bestimmungen des Vertrages oder aus den Umständen ergibt. Es wird nicht der
hypothetische oder vermutete Parteiwille, sondern der **tatsächliche Wille** der Parteien ermittelt (BGH NJW-
RR 05, 206). Lässt sich der tatsächliche Wille der Parteien nicht ermitteln, so wird objektiv angeknüpft nach
ex Art 28 (vgl KG NJW 57, 347 mwN). Der Inhalt des Vertrages, die einzelnen Klauseln und die Umstände
des Abschlusses sind hierbei zu berücksichtigen. Die Voraussetzungen der konkludenten Rechtswahl bestimmen sich nicht nach dem gewählten Recht, sondern nach *ex Art 27 I* selbst (BAG, NZA 08, 761). Das EVÜ
hat darauf verzichtet, einzelne Faktoren für die stillschweigende Rechtswahl zu nennen; das deutsche Recht
enthält keinen Katalog solcher Anhaltspunkte (vgl BGH NJW-RR 97, 686; 99, 813; NJW 01, 1936; BGHZ 53,
189). Der reale Parteiwille ist als Tatsachenfrage auf den Zeitpunkt der Einigung zu ermitteln und ist (wenn
die Rechtswahl fehlerfrei ermittelt ist) für die Revision bindend (BGH NJW-RR 97, 686; 00, 1002).

2. Einzelfälle. Ob eine entspr stillschweigende Rechtswahl vorliegt, ist unter **Berücksichtigung aller** 12
Umstände des Einzelfalls zu entscheiden (vgl BGH NJW 92, 618; NJW-RR 97, 686; 99, 813; NJW 01, 1936).
Nach *ex Art 27 I 2* reicht es aus, wenn sich die Rechtswahl mit hinreichender Sicherheit aus den Bestimmungen des Vertrages oder aus den **Umständen des Falles** ergibt. Für eine nachträgliche Änderung der einmal
getroffenen Rechtswahl stellt *ex Art 27 II* keine höheren Anforderungen (BGH NJW-RR 00, 1002).

a) Gerichtsstandsvereinbarung. Eine ausschließliche Gerichtsstandsvereinbarung ist ein gewichtiges Indiz 13
für die stillschweigende Wahl des Rechts am Gerichtsort (*„qui eligit iudicem, eligit ius"*) (BGHZ 104, 268;
NJW 91, 1420; 96, 2569; NJW-RR 90, 183; BAG NZA 08, 761). Dies gilt jedoch nur dann, wenn die Gerichtsstandsvereinbarung wirksam ist (BGH DB 69, 1053; s. aber auch Celle IPRspr 99 Nr 31 76; differenzierend
nach dem Grund der Unwirksamkeit AnwK/*Leible* Art 27 Rz 48). Es handelt sich jedoch nur um ein Indiz.
Sprechen weitere Bestimmungen des Vertrages oder die Gesamtheit der Umstände dagegen, so kann die
Gerichtsstandsvereinbarung als Indiz dahinter zurücktreten (KG IPRspr 94 Nr 21 b 57). An einer Indizwirkung soll es nach wohl hM fehlen, wenn eine nicht ausschließliche Gerichtsstandsvereinbarung getroffen
wurde (s. MüKo/*Martiny*, 4. Aufl Art 27 Rz 50 und Staud/*Magnus* Art 27 Rz 66; s.a. BGH NJW-RR 86, 456)
oder wenn bestimmt ist, dass das Gericht am Sitz des jeweiligen Beklagten anzurufen ist (Kobl RIW 93, 934).

b) Schiedsklausel. Auch hier gilt, dass die Vereinbarung der Zuständigkeit eines Schiedsgerichts eines 14
bestimmten Landes bzw eines ständigen Schiedsgerichts auf eine stillschweigende Wahl des Rechts am Sitz
des Schiedsgerichts schließen lassen kann (BGH IPRspr 96 Nr 121 265; NJW-RR 05, 206; BAG NZA 08, 761;
Hambg IPRspr 82 Nr 38 S 82; Ddorf TranspR 92, 415; krit Ferrari/*Ferrari* Art 27 Rz 27): *„qui eligit arbitrum,
eligit ius"*. Die Vereinbarung der Schiedsgerichtsbarkeit der International Chamber of Commerce (ICC) in
Paris stellt jedoch keinen Hinweis auf das anzuwendende Recht dar, da eine Entscheidung regelmäßig nicht
nach dem Recht am Sitz der ICC ergeht (MüKo/*Martiny*, 4. Aufl Art 27 Rz 52 und Staud/*Magnus* Art 27
Rz 69 jeweils mwN; s. Stuttg AWD 60, 246).

c) Prozessverhalten. Gehen die Parteien während eines Rechtsstreits im deutschen Prozess übereinstimmend 15
von einem bestimmten Recht aus, so wird daraus zumeist auf die stillschweigende Wahl eines Rechts
geschlossen (BGH NJW-RR 90, 249); so auch, wenn eine Partei der behaupteten Anwendbarkeit eines Rechts
nicht entgegentritt (BGH NJW 70, 999; anders aber wohl BGHZ 121, 224). Behandeln beide Parteien ihren
Fall nach der gleichen ausländischen Rechtsordnung, liegt idR eine Rechtswahl vor (vgl BGH NJW-RR 90,
248); deshalb kommt in der Praxis der Klage und der Klageerwiderung besondere Bedeutung für die Rechtswahl zu. Jedoch reicht die übereinstimmend geäußerte irrige Auffassung, eine bestimmte Rechtsordnung sei
maßgeblich, nicht aus (BGH NJW-RR 00, 1002), auch wenn in der Rspr eine Tendenz besteht, die Wahl
deutschen Rechts anzunehmen, wenn auf seiner Grundlage im Prozess plädiert wurde (BGH NJW 91, 1293;
BGHZ 116, 184). Nicht genügen soll hingegen das bloße Plädieren deutschen Rechts in Unkenntnis der
Rechtsanwendungsproblematik (OLG Köln, VersR 1992, 1527, 1528). Als beachtliches – wenn auch nicht

16 **d) Bezugnahme auf ein Recht, Vorverträge.** Wird die Interpretation eines Vertrages einem bestimmten Recht unterstellt (*"construction clause"*), wird dies als ausdrückliche Rechtswahl verstanden (München IPRax 89, 42; offen gelassen: Ddorf 20 U 59/05 v 24.1.06), jedenfalls kann man von einer stillschweigenden Rechtswahl ausgehen (Staud/*Magnus* Art 27 Rz 76; AnwK/*Leible* Art 27 Rz 43, so jedenfalls Ddorf 20 U 59/05 v 24.1.06). Baut der Vertrag auf einer bestimmten Rechtsordnung auf oder wäre er ohne sie nicht verständlich, ist eine stillschweigende Rechtswahl anzunehmen (vgl Köln RIW 93, 415). Dies gilt auch bei der Verwendung von AGB, Lieferbedingungen oder anderen Formularen; der Gebrauch deutet auf das Recht hin, im Hinblick auf das es entworfen wurde (BGHZ 134, 127, 397; s.a. Hamm NJW-RR 95, 188). Sofern die Parteien juristische Vorschriften einer bestimmten Rechtsordnung zitieren oder spezielle Begriffe dieses Rechts verwenden, kann darin eine stillschweigende Rechtswahl liegen (BGH NJW-RR 96, 1034; 97, 686; 99, 813; 00, 02; NJW 04, 3706, 3708; Köln RIW 93, 415). Können die Begriffe jedoch analoger sprachlicher Ausdruck für auch dem deutschen Recht geläufige Rechtsinstitute sein, so kommt ihnen keine Bedeutung zu (BGH NJW 56, 377; vgl Ddorf NJW-RR 95, 1396). Bei Vereinbarung von VOB/B (BGH NJW-RR 99, 813) sowie beim Abschluss von auf VOB/B zugeschnittenen Verträgen (OLG Hamm BauR 04, 1472, jedoch mit weiteren Indizien) liegt eine stillschweigende Wahl deutschen Rechts vor, ebenso bei Bezugnahme auf gesetzliche Vorschriften, wie das WEG (BGH NJW-RR 96, 1034). In der Vereinbarung deutscher Tarifverträge oder Kündigungsvorschriften kann eine stillschweigende Vereinbarung deutschen Rechts liegen (BAG NZA 08, 761; BAG NJW 96, 741), ebenso wie in der Bezugnahme auf ein bestimmtes Urlaubsrecht (so jedenfalls bei weiteren Indizien BAG NZA 03, 339). Wird bei einem Bauvertrag auf deutsche baurechtliche Regelungen und DIN-Normen Bezug genommen, liegt darin eine stillschweigende Wahl deutschen Rechts (jedenfalls bei weiteren Indizien: BGH NJW-RR 99, 813). Die Rechtswahl des Bauvertrages stellt ein Indiz für die konkludente Rechtswahl des Architektenvertrages dar (BGH NJW 01, 1936). Eine konkludente Rechtswahl soll schließlich auch dann vorliegen, wenn ein Arbeitsvorvertrag, dessen Abschluss nicht nachweisbar ist, eine im Arbeitsvertrag nicht wiederholte Rechtswahlklausel enthält und die Vertragsparteien ihr Arbeitsverhältnis unter Anwendung dieses Vorvertrages „leben" (BAG, NZA 08, 761, 763).

17 **e) Sprache, Währung, Staatsangehörigkeit, Wohnsitz, Planungs- und Organisationsort des Urlaubs.** Auch wenn Gerichte die Vertragssprache häufig unterstützend anführen (BGH NJW 98, 1321; NJW-RR 00, 1002; NJW 03, 2605; 04, 3706; Nürnbg NJW-RR 97, 1484), gibt sie nur einen schwachen Hinweis (Staud/*Magnus* Art 27 Rz 85) oder ist gar bedeutungslos (LG Baden-Baden IPRspr 97 Nr 31 57; LG Hamburg IPRspr 99 Nr 30 71). Die Währung, in welcher zu zahlen ist, gibt an sich noch keinen sicheren Hinweis auf eine stillschweigende Rechtswahl (vgl BGH NJW-RR 90, 183; 05, 206), hinzutreten müssen weitere Umstände (vgl Hamm RIW 93, 940; ausdrücklich Köln RIW 94, 970). Gemeinsam mit weiteren Indizien sollen der Ort der Planung und der Organisation eines Urlaubsaufenthaltes von Bedeutung sein (BGH NJW 09, 1482, 1482). Die gemeinsame Staatsangehörigkeit der Parteien kann Indiz sein, jedenfalls zusammen mit anderen Faktoren (Nürnbg NJW-RR 97, 1484; befürwortend für Arbeitsverhältnisse Markovska, RdA 07, 352, 353), sollte jedoch nicht überbewertet werden (s. dazu Reithmann/Martiny/*Martiny*, 6. Aufl Rz 145). Der gemeinsame Wohnsitz der Parteien kann Indiz für eine Rechtswahl sein (Nürnbg NJW-RR 97, 1484). Das Zusammentreffen mehrerer schwacher Indizien, die zum selben Recht führen, genügt jedoch nicht (vgl LG Hamburg RIW 93, 144). Häufen sich jedoch diese untergeordneten Anhaltspunkte, dann spricht dies für eine stillschweigende Rechtswahl (vgl BGH NJW-RR 97, 686). Verweisen Indizien etwa gleichen Gewichts auf unterschiedliche Rechte, lässt sich daraus kein sicherer Anhalt für eine stillschweigende Rechtswahl entnehmen (Staud/*Magnus* Art 27 Rz 87).

18 **f) Beurkundung vor einem Notar.** Die Beurkundung vor einem Notar kann ein Hinweis auf die Wahl eines bestimmten Rechts sein, jedenfalls als eines unter mehreren Indizien (BGH NJW-RR 05, 206; Frankf NJW-RR 93, 182; Köln RIW 93, 414).

19 **g) Gemeinsamer Erfüllungsort.** Ein einheitlicher Erfüllungsort wird als ein Indiz für eine Rechtswahl gesehen (BAG NZA 08, 761; Köln RIW 94, 970). Seit der IPR-Reform von 1986 wird dem Erfüllungsort jedoch erheblich weniger Bedeutung zugemessen als zuvor (Staud/*Magnus* Art 27 Rz 83; MüKo/*Martiny* 4. Aufl Art 27 Rz 65). Der gesetzlich angeordnete prozessuale einheitliche Erfüllungsort nach Art 5 Nr 1b EuGVO bietet kein Indiz für eine Rechtswahl.

20 **h) Kette von Verträgen.** Nimmt ein Vertrag auf einen anderen, früher geschlossenen Vertrag, der eine Rechtswahl enthält, Bezug, kann dies eine stillschweigende Rechtswahl indizieren (vgl BGH NJW 97, 1150; 01, 1936), jedenfalls sofern die Umstände keinen geänderten Willen der Parteien erkennen lassen (MüKo/*Martiny* 4. Aufl Art 27 Rz 66; vgl LG Karlsruhe NJW-RR 99, 1284).

21 **D. Teilweise Rechtswahl** (*ex Art 27 Abs 1 S 3*). **I. Zulässigkeit und Umfang.** *Ex Art 27 I 3* lässt die **Spaltung des Vertragsstatuts** zu, indem die Rechtswahl auf einen Teil des Vertrages beschränkt wird oder auf verschie-

dene Teile eines Vertrages unterschiedliche Rechtsordnungen zur Anwendung kommen (vgl BGH NZG 05, 41; dazu auch NJW-RR 90, 248). Für den nicht von der Rechtswahl erfassten Vertragsteil gilt dann gem *ex-Art* 28 objektiv anzuknüpfendes Recht (BaRoth/*Spickhoff* Art 27 Rz 44; *Fetsch*, RNotZ 07, 456, 458). Bei kollisionsrechtlicher Teilverweisung wird für einen Teil der Parteibeziehungen eine Rechtswahl insgesamt getroffen, während bei einer materiellrechtlichen Teilverweisung ein Vertragsstatut gewählt wird, aber in einer Einzelfrage ein anderes Recht zur Anwendung kommen soll (Praxisbsp: Wahl englischen Rechts, aber Teilrechtswahl deutschen Rechts für die Klausel über die Pflicht zur loyalen Vertragsdurchführung nach dem dem englischen Recht unbekannten (s. *ex Art 32 Rn 14*) Prinzip von Treu und Glauben). Beschränkungen der Teilbarkeit gibt es grds nicht, jedoch setzt eine Teilverweisung eine gewisse Selbstständigkeit voraus, wie zB bei den in *ex Art 32* erwähnten Aspekten (dazu *Jayme* FS Kegel, 263). Die Unterwerfung unter verschiedene Rechtsordnungen setzt voraus, dass es nicht zu widersprüchlichen Ergebnissen kommt (dazu BTDrs 10/503/ *Giuliano* 49). In diesem Umfang können auch selbst Vertragspflichten der jeweiligen Parteien unterschiedlichen Rechtsordnungen unterworfen werden (dazu BaRoth/*Spickhoff* Art 27 Rz 44; Staud/*Magnus* Art 27 Rz 94 und *Bälz* IPRax 05, 44; Palandt-Archiv Art 27 Rz 9, jedoch mit Einschränkungen).

II. Beispiele. Teilverweisungen können zu Aspekten wie in *ex Art 32* vorkommen, auch bei Rechtswahlklauseln, Währungsklauseln, Haftungsfolgen, insb auch beim Erfüllungsort (dazu BGH IPRax 81, 93; zur Kündigung eines Arbeitsverhältnisses s. BAG NZA 98, 813). Rechtsfolgen von Vertragsstörungen können der teilweisen Rechtswahl unterliegen (Frankf IPRax 92, 314). Die Formvorschriften einer an sich anwendbaren Rechtsordnung können ausgeschlossen werden (s. Hamm NJW-RR 96, 1145). Häufig ist die Trennung von Gerichtsstands- und Rechtswahlvereinbarung (Hambg MDR 73, 1025), ebenso wie von Haupt- und Schiedsvertrag (BGHZ 40, 320). Die Wahl ausländischen Rechts ist auch dann zulässig, wenn formuliert wird „soweit nicht deutsches Recht zwingend vorgeschrieben ist" (so BGH IPRspr 80 Nr 3 4; s.a. München IPRspr 81 Nr 13 35; zust MüKo/*Martiny*, 4. Aufl Art 27 Rz 77). 22

Davon zu trennen sind Rechtswahlklauseln unter **aufschiebenden** oder **auflösenden** Bedingungen, weil auch eine **nachträgliche** Rechtswahl zulässig ist, ebenso wie die **alternative** Rechtswahl (dazu Staud/*Magnus* Art 27 Rz 44). Denkbar ist auch die Bestimmung der Rechtswahl zu einem bestimmten Zeitpunkt durch einen Dritten (dazu BGHZ 21, 365). Bei einer **„in terrorem"-Klausel** wird bei Klage oder Schiedsklageerhebung durch eine Partei jeweils das materielle Recht am Sitz der anderen Partei als anwendbar bestimmt, um den jeweiligen Kläger mit dem „Rechtsnachteil" der Anwendung eines fremden Rechts zu belasten (in der Praxis häufig vereinbart, dazu Soergel/*v Hoffmann* Art 27 Rz 21). Bis zu einer Ausübung der Rechtswahl ist das Vertragsstatut gem *ex Art 28* zu bestimmen. Danach gelten die Grundsätze der nachträglichen Rechtswahl (so zutr MüKo/*Martiny*, 4. Aufl Art 27 Rz 17). 23

E. Zeitpunkt der Rechtswahl (*ex Art 27 Abs 2*). Die Rechtswahl kann nach *ex Art 27 II* zu einem **späteren als dem Vertragsschlusszeitpunkt** vorgenommen werden. Eine spätere Rechtswahl kann eine frühere jederzeit ersetzen (BGH NJW 91, 1293; Hamm RIW 93, 940). Dabei gelten die gleichen Grundsätze wie bei der ersten Rechtswahl, so auch bei stillschweigender Rechtswahl, zB in einem Gerichtsverfahren (BGH NJW-RR 00, 1002; Ddorf IPRspr 92 Nr 35 78). Die spätere Rechtswahl kann mit Wirkung ex tunc oder ex nunc erfolgen (BaRoth/*Spickhoff* Art 27 Rz 47; so zB BGH NJW 91, 1292; Frankf RIW 91, 865; BAG NJW 08, 2665). Im Zweifel wirkt die nachträgliche Rechtswahl auf den Zeitpunkt des Vertragsschlusses zurück, sofern nicht die Parteien tatsächlich etwas anderes vereinbart haben (vgl BGH WM 97, 1713; BAG NJW 65, 319; anders Frankf IPRax 92, 317; so Bremen VersR 78, 277; Erman/*Hohloch* Art 27 Rz 23; Soergel/*v Hoffmann* Art 27 Rz 73). Der Statutenwechsel ist relevant für die Frage der Wirksamkeit des Vertrages (dazu LG Heidelberg IPRax 05, 42; Soergel/*v Hoffmann* Art 27 Rz 74; MüKo/*Martiny*, 4. Aufl Art 27 Rz 81). 24

Allerdings wird die **Formgültigkeit** des Vertrages gem Art 11 durch eine Änderung des Vertragsstatuts nicht berührt. Der Vertrag wird jedoch rückwirkend wirksam, wenn das später vereinbarte Recht geringere Anforderungen stellt (dazu AnwK/*Leible* Art 27 Rz 63; Soergel/*v Hoffmann* Art 27 Rz 76; vgl Frankf IPRax 92, 314). 25

Die spätere Rechtswahl wirkt gem *ex Art 27 II 2* kollisionsrechtlich **nur ggü den Parteien des Hauptvertrages** (MüKo/*Martiny*, 4. Aufl Art 27 Rz 83). Im Einzelnen ist ungeklärt, welche Rechtspositionen Dritter geschützt sind (zum echten Vertrag zugunsten Dritter (s. dazu Soergel/*v Hoffmann* Art 27 Rz 78 ff); möglicherweise gilt dies auch für Bürgen und (Pfändungs-)Pfandgläubiger). *Ex Art 27 II 2* soll Dritte nur vor einem Rechtsverlust durch Statutenwechsel bewahren, nicht aber eine Rechtsverbesserung verhindern (so AnwK/*Leible* Art 27 Rz 64). 26

F. Zwingende Inlandsvorschriften (*ex Art 27 Abs 3*). **I. Grundsatz.** Ist der einem Vertrag zu Grunde liegende Sachverhalt nur mit einer Rechtsordnung verbunden und wird so eindeutig lokalisiert, so ist die Wahl eines fremden Rechts möglich, jedoch bleiben die zwingenden Rechtsnormen des **„Einbettungsstatuts"** anwendbar (BaRoth/*Spickhoff* Art 27 Rz 50; Erman/*Hohloch* Art 27 Rz 25, 26; Staud/*Magnus* Art 27 Rz 115, 131). *Ex Art 27 III* definiert diejenigen Bestimmungen als zwingend, von denen nach dem Recht des Staates des Einbettungsstatuts nicht durch Vertrag abgewichen werden kann. *Ex Art 27 III* erfasst somit zwingende Vorschriften jeglicher Art, seien sie privatrechtlicher oder öffentlich-rechtlicher Natur (so zB Lenkaitis/ Löwisch, ZIP 09, 441, 444 zur Anwendung des *Ex Art 27 III* auf AGB, Frankf NJW-RR 89, 1018 zum früheren 27

AGBG; Hamm NJW-RR 89, 496 zu den Vorschriften über Haustürgeschäfte). *Ex Art 27 III* gilt für inländische und ausländische Normen: Ist das Einbettungsstatut eine fremde Rechtsordnung, dann müssen auch die sich aus dieser Rechtswahl ergebenden zwingenden Vorschriften durchgesetzt werden (vgl BGHZ 123, 380; BGH NJW-RR 05, 929; auch LG Hamburg RIW 90, 1020). Ergibt sich durch Auslegung, dass mehrere Einbettungsstatuten in Betracht kommen, ist *Ex Art 27 III* nicht anwendbar (überzeugend *Wagner* IPRax 00, 249: Das gilt auch dann, wenn alle Einbettungsstatuten im EU-Inland liegen, weil *ex Art 27 III* auf die jeweilige Rechtsordnung abstellt; dazu MüKo/*Martiny* 4. Aufl Art 27 Rz 92 f).

28 **II. Auslandsberührung.** Wann eine Lokalisierung oder Belegenheit ohne Berührung zu einer ausländischen Rechtsordnung vorliegt, ist durch Auslegung zu ermitteln, insb unter Rückgriff auf *ex Art 28* (Soergel/*v Hoffmann* Art 27 Rz 87). So kommen in Betracht der gewöhnliche Aufenthalt (BaRoth/*Spickhoff* Art 27 Rz 51), die Niederlassung einer Partei (BGHZ 123, 380), der ausländische Erfüllungsort (BaRoth/*Spickhoff* Art 27 Rz 51); ob die Staatsangehörigkeit als Anknüpfung dienen kann, ist strittig (vgl BGH NJW-RR 05, 929); zum Abschlussort s. BGHZ 135, 124; Frankf NJW-RR 89, 1019; aber auch Celle RIW 91, 421. In der Sache wird die Rechtswahlfreiheit eingeschränkt; das von den Parteien gewählte Vertragsstatut iSe kollisionsrechtlichen Rechtsnorm bleibt wirksam, soweit nicht zwingende Normen des Einbettungsstatuts entgegenstehen.

29 Während *ex Art 34* international zwingende Normen umfasst (dazu *ex Art 34* Rn 1 ff), erfasst *Ex Art 27 III* die einfachen zwingenden Bestimmungen, die im nationalen Recht unabdingbar, international aber abdingbar sind (dazu insgesamt Reithmann/Martiny/*Freitag*, 6. Aufl Rz 396). Zur Abgrenzung von *ex Art 27 III* zu *ex Art 30 I* und *ex Art 34* ausf *Markovska*, RdA 07, 352.

30 **G. Rechtswahl** (*ex Art 27 Abs 4*). Das Zustandekommen und die Wirksamkeit der Rechtswahlvereinbarung unterliegen dem von den Parteien gewählten Recht, *ex Art 27 IV* iVm *ex Art 31 I* (so auch Art 3 V iVm Art 10 Rom I-VO), also nicht der lex fori. Damit statuiert *ex Art 27 IV* den Vorgriff auf das gewählte Recht (auch MüKo/*Martiny*, 4. Aufl Art 27 Rz 101), der auch für die materielle Wirksamkeit gem Art 3 I 1 gilt. Formfragen bemessen sich nach Art 11 und *ex Art 29 III*; die Formfrage ist selbstständig anzuknüpfen (BGH WM 97, 1713). Die Rechtswahl bedarf nicht der Form des abgeschlossenen Hauptvertrages (BGHZ 53, 189; 57, 337; 73, 391); so kann die Partei ein Recht wählen, demzufolge der Hauptvertrag nichtig ist (dazu BGHZ 52, 239; 73, 391; auch München NJW-RR 89, 663). IÜ gilt Art 11; Art 12 findet ebenfalls auf die Rechtswahlvereinbarung Anwendung.

ex Art. 28 Mangels Rechtswahl anzuwendendes Recht.
(1) ¹Soweit das auf den Vertrag anzuwendende Recht nicht nach Artikel 27 vereinbart worden ist, unterliegt der Vertrag dem Recht des Staates, mit dem er die engsten Verbindungen aufweist. ²Läßt sich jedoch ein Teil des Vertrages von dem Rest des Vertrages trennen und weist dieser Teil eine engere Verbindung mit einem anderen Staat auf, so kann auf ihn ausnahmsweise das Recht dieses anderen Staates angewandt werden.
(2) ¹Es wird vermutet, daß der Vertrag die engsten Verbindungen mit dem Staat aufweist, in dem die Partei, welche die charakteristische Leistung zu erbringen hat, im Zeitpunkt des Vertragsabschlusses ihren gewöhnlichen Aufenthalt oder, wenn es sich um eine Gesellschaft, einen Verein oder eine juristische Person handelt, ihre Hauptverwaltung hat. ²Ist der Vertrag jedoch in Ausübung einer beruflichen oder gewerblichen Tätigkeit dieser Partei geschlossen worden, so wird vermutet, daß er die engsten Verbindungen zu dem Staat aufweist, in dem sich deren Hauptniederlassung befindet oder in dem, wenn die Leistung nach dem Vertrag von einer anderen als der Hauptniederlassung zu erbringen ist, sich die andere Niederlassung befindet. ³Dieser Absatz ist nicht anzuwenden, wenn sich die charakteristische Leistung nicht bestimmen läßt.
(3) Soweit der Vertrag ein dingliches Recht an einem Grundstück oder ein Recht zur Nutzung eines Grundstücks zum Gegenstand hat, wird vermutet, daß er die engsten Verbindungen zu dem Staat aufweist, in dem das Grundstück belegen ist.
(4) ¹Bei Güterbeförderungsverträgen wird vermutet, dass sie mit dem Staat die engsten Verbindungen aufweisen, in dem der Beförderer im Zeitpunkt des Vertragsabschlusses seine Hauptniederlassung hat, sofern sich in diesem Staat auch der Verladeort oder der Entladeort oder die Hauptniederlassung des Absenders befindet. ²Als Güterbeförderungsverträge gelten für die Anwendung dieses Absatzes auch Charterverträge für eine einzige Reise und andere Verträge, die in der Hauptsache der Güterbeförderung dienen.
(5) Die Vermutungen nach den Absätzen 2, 3 und 4 gelten nicht, wenn sich aus der Gesamtheit der Umstände ergibt, daß der Vertrag engere Verbindungen mit einem anderen Staat aufweist.

1 **A. Einführung.** *Ex-Art 28* setzt im Wesentlichen Art 4 EVÜ um (vgl s Vor IntSchVR Rn 1) und bestimmt als das anwendbare Recht für alle Schuldverhältnisse grds das Recht des Staates, zu dem der Vertrag die **engsten Verbindungen** aufweist, soweit keine ausdrückliche oder stillschweigende Rechtswahl iSd *ex Art 27* vorliegt. Im Verhältnis zur „Königsnorm" des *ex Art 27* ist *ex Art 28* die ihr untergeordnete „Auffangnorm", so AnwK/*Leible* Art 28 Rz 12. Das bedeutet für das deutsche Recht die Abkehr von der Ermittlung des „hypothe-

tischen" Parteiwillens zur Ermittlung des mangels Rechtswahl anwendbaren Rechts (s. nur BGHZ 7, 231; 9, 221; 17, 89; 19, 110; 44, 183; 61, 221; auch RGZ 68, 203 und in jüngerer Zeit noch BGH NJW 87, 1141). Das EVÜ wie *ex Art 28* **verzichten auf eine Katalogisierung von Merkmalen** und überlassen es dem Richter, aus der Typik des Vertrages eine entspr Anknüpfung abzuleiten (BTDrs 10/503/*Giuliano* 52). Anders jetzt die Rom I-VO: s. Art 4 Rom I-VO Rn 6 ff.

Der Grundsatz der engsten Verbindung des *ex Art 28 I* gilt auch dann, wenn eine der **Vermutungen** des *ex Art 28 II* (charakteristische Leistung), *ex Art 28 III* (Grundstücksverträge) oder *ex Art 28 IV* (Güterbeförderungsverträge) zur Anwendung kommen oder widerlegt werden, weil es engere Verbindungen zu einem Drittstaat gibt (*ex Art 28 IV*). Ex Art 28 wird ergänzt durch wenige Sonderregelungen, die für besondere Vertragstypen gelten, so *ex Art 29 II* für Verbraucherverträge, *ex Art 30 II* für Arbeitsverträge (vgl auch *ex Art 8 EGVVG* für den Versicherungsvertrag). Für den Umfang des Vertragsstatuts gelten die *ex Art 31* und *ex Art 32*, eine Rückverweisung kommt nach *ex Art 35 I* nicht in Betracht. Auch Staatsverträge können Sonderregelungen schaffen (so MüKo/*Martiny*, 4. Aufl Art 28 Rz 4). Dies gilt insb (1) für das in der Praxis bedeutende Üb über den Beförderungsvertrag im **Straßengüterverkehr** (CMR) (BGBl 61 II 1119; dazu Oldbg IPRspr 00 Nr 112 241), dessen Einheitsrecht iR seines Geltungsbereichs dem IPR gem Art 3 Ziff 2 vorgeht (vgl dazu insgesamt Reithmann/Martiny/*Mankowski*, 6. Aufl, Rz 1385 f) und (2) für das internationale **Kaufrecht**: s. *ex Art 32 Rn 1* zum CISG. 2

Ex Art 28 II 1 u IV stellen für die anknüpfungsrelevanten Umstände ausdrücklich auf den **Zeitpunkt des Vertragsabschlusses** ab (so BaRoth/*Spickhoff* Art 28 Rz 8). Daraus wird grds geschlossen, dass ein Statutenwechsel nach Vertragsschluss insoweit ausgeschlossen ist (dazu BGH IPRspr 58/59 Nr 37 143; KG NJW 57, 347); ob für Dauerschuldverhältnisse anderes gilt, ist streitig (so MüKo/*Martiny*, 4. Aufl Art 28 Rz 27; dazu weiter Rn 8); eine nachträgliche Rechtswahl bleibt möglich. Seit dem 17.12.2009 unterliegt sie der Rom I-VO (s. Art 3 Rom I-VO Rn 21). 3

B. Engste Verbindung als Grundsatz (*ex Art 28 Abs 1*). I. Prüfungsaufbau. *Ex-Art 28 I* gilt für alle Verträge, für die in *ex Art 27 ff* keine besondere gesetzliche Regelung enthalten ist, also insb wo keine Sonderregelungen gem *ex Art 29, 30* gelten und die Vermutungen von *ex Art 28 II bis IV* für die engste Verbindung nicht greifen. Damit ist auch die Prüfungsfolge festgelegt (BTDrs 10/503/*Giuliano* 53). Ist der Vertragstyp qualifiziert, ist die Existenz von Sonderregelungen für den Vertragstyp festzustellen, dann wird die engste Verbindung anhand der Vermutungen von *ex Art 28 II bis IV* ermittelt, zugleich wird parallel mitgeprüft, ob es engere Verbindungen gem *ex Art 28 V* gibt, die zur Widerlegung der Vermutung führen können. Für die Qualifikation des jeweiligen Vertragstypus ist gem *ex Art 36* auf die einheitsrechtliche Herkunft von *ex Art 28* Rücksicht zu nehmen, so dass die Qualifikation nicht nach der lex fori, sondern autonom erfolgt (aA MüKo/*Martiny*, 4. Aufl Art 28 Rz 21). 4

II. Anwendbares Recht. *Ex Art 28 I 1* verweist ausdrücklich auf das Recht eines Staates, so dass für die objektive Anknüpfung des *ex Art 28* geschlossen wird, dass auf nichtstaatliches Recht nicht verwiesen werden kann (dazu insgesamt *ex Art 27* Rn 6 ff; BaRoth/*Spickhoff* Art 28 Rz 5; Ferrari/*Ferrari ex Art 28 EGBGB* Rn 7; *Martiny*, BauR 08, 241, 241; ausf *Wichard* RabelsZ 60 (1996) 269, 294 zu den UNIDROIT-Prinzipien). 5

III. Ermittlung der engsten Verbindung. Die objektive Anknüpfung des *ex Art 28* führt stets zur Ermittlung einer engsten Verbindung und eines dann anwendbaren Rechts, weil rechtsordnungslose Verträge nicht bestehen (dazu *ex Art 27* Rn 7). Welche Umstände bei der Ermittlung der engsten Verbindung einbezogen werden, ist Auslegungsfrage und bedeutet eine Gesamtschau der Berührungspunkte mit einer Rechtsordnung (dazu MüKo/*Martiny* Art 28 Rz 11). Allerdings sind die Parteiinteressen zu berücksichtigen (dazu BGH NJW 76, 1581), die im Einzelfall ermittelt und gegeneinander abgewogen werden (vgl BGHZ 19, 110). 6

IV. Einzelfragen. Greift keine der Vermutungen der *ex Art 28 II–IV*, dann ist die Ermittlung der engsten Verbindung nach *ex Art 28 I* vorzunehmen, zu der dann eine Reihe von Anhaltspunkten einbezogen werden, die auf eine Rechtsordnung verweisen (dazu ausf Reithmann/Martiny/*Martiny*, 6. Aufl Rz 112 ff). Dies sind Faktoren, die auch bei der Prüfung einer stillschweigenden Rechtswahl gem *ex Art 27 I 2* von Bedeutung sind (dazu *ex Art 27* Rn 11 ff), ebenso wie bei *ex Art 28 V*. In Abgrenzung zu *ex Art 27* kann es sich jedoch nur um objektive Gegebenheiten handeln, so AnwK/*Leible* Art 28 Rz 1, dies können sein: Gerichtsstandsklausel (BGH NJW 61, 25), Schiedsklausel (Frankf AWD 61, 126), gewöhnlicher Aufenthalt der Vertragsparteien (Staud/*Magnus* Art 28 Rz 40). Auch der Erfüllungsort kann uU Bedeutung haben, wenn er auch nach neuem Recht keinen Anknüpfungspunkt mehr darstellt (BAG IPRax 91, 407; MüKo/*Martiny*, 4. Aufl Art 28 Rz 95); der Belegenheitsort bei Mobilien (für Immobilien gilt *ex Art 28 III*) spielt regelmäßig keine erhebliche Rolle (s. Staud/*Magnus* Art 28 Rz 41). Die Staatsangehörigkeit ist regelmäßig nur ein schwaches Indiz (MüKo/*Martiny*, 4. Aufl Art 28 Rz 98; so auch AnwK/*Leible* Art 28 Rz 26: an ihre Stelle ist vielfach der gewöhnliche Aufenthalt getreten), noch weniger der Abschlussort (vgl BGH NJW 76, 1581), die Vertragssprache oder die Währung (BAG IPRax 91, 407). Der Ort der Vertragsverhandlungen dürfte regelmäßig geringe Indizwirkung haben, jedenfalls nur iVm anderen Indizien (vgl München NJW-RR 89, 663). Bei Verträgen mit Staaten beginnt sich die Auffassung durchzusetzen, dass die engste Verbindung nicht zum Recht des beteiligten Staates besteht (KG IPRspr 96 Nr 25 57 für engste Verbindung nach *ex Art 28 V*). 7

8 V. Trennung eines Vertragsteils (ex Art 28 Abs 1 S 2). *Ex Art 28 I 2* entspricht funktionell *ex Art 27 I 3* (vgl *ex Art 27* Rn 21 f). Allerdings wird der Ausnahmecharakter dieser Vertragsspaltung im Wortlaut selbst von *ex-Art 28 I 2* betont (für Versicherungsverträge vgl *ex Art 11 I 2 EGVVG*). Eine Spaltung sollte deshalb möglichst unterbleiben (dazu BTDrs 10/503/*Giuliano* 55), auch wenn das Trennen der synallagmatischen Leistungen eines gegenseitigen Vertrages möglich ist (so Soergel/*v Hoffmann* Art 28 Rz 135). Zum Prinzip der Einheitlichkeit des Vertragsstatuts gehört, dass im Regelfall nur eine Rechtsordnung angewendet wird (schon BGH AWD 65, 455; DB 69, 1053; s.a. Ddorf AWD 61, 295 und Frankf RIW 98, 807). Lässt sich tatsächlich ein Teilbereich eines Vertrages gesondert anknüpfen, so findet dafür wiederum die Prüfungsfolge des *ex Art 28* mit seinen Vermutungen und deren Widerlegbarkeit gem *ex Art 28 V* Anwendung (Soergel/*v Hoffmann* Art 28 Rz 133). Fehlt für die engste Verbindung die ausdrückliche Festlegung des maßgeblichen Zeitpunktes, wie in *ex Art 28 II 1 und IV*, sollen für die Ermittlung der engsten Verbindung auch Umstände nach Vertragsschluss maßgeblich werden können (so BTDrs 10/503/*Giuliano* 52). Allerdings bleibt es bei dem oben (s. Rn 3) erwähnten Grundsatz, dass ein Statutenwechsel nach Vertragsschluss die Ausnahme bleiben muss (auch dazu Erman/*Hohloch* Art 28 Rz 7, wie bei langjähriger Geschäftsbeziehung BGH GRUR Int 80, 230).

9 VI. Revisibilität. In der Revision kann das Gericht überprüfen, ob die Vorinstanzen alle Umstände einbezogen haben, die für die objektive Anknüpfung des Vertragsstatuts von Bedeutung sein können (BGH NJW 87, 1114; die ältere Rspr differenzierte zT: BGH NJW 61, 25; AWD 65, 455; BGHZ 44, 183). Die Konkretisierung der objektiven Anknüpfung des *ex Art 28* wird heute eindeutig als Rechtsfrage qualifiziert (so BGH NJW-RR 05, 206; dazu MüKo/*Martiny* 4. Aufl Art 28 Rz 28).

10 C. Die Vermutungen der engsten Verbindung (*ex Art 28 Abs 2 bis 4*). Soweit keine ausdrückliche oder stillschweigende Rechtswahl vorliegt und Sonderregelungen nicht greifen, erfolgt die Anknüpfung nach *ex-Art 28 I*, wobei zunächst vorrangig das Vorliegen der gesetzlichen Vermutungen (*ex Art 28 II bis IV*) zu prüfen ist. Zugleich mit zu prüfen ist, ob gem *ex Art 28 V* die Gesamtheit der Umstände auf eine engere Verbindung mit einem anderen als dem sich aus einer der Vermutungen ergebenden Staat hinweist.

11 I. Charakteristische Leistung (*ex Art 28 Abs 2*). 1. Begriff. Da der Begriff weder im EVÜ noch im EGBGB definiert wird, wird hier die Lehre von der charakteristischen Leistung eines Vertrages zugrunde gelegt (dazu BTDrs 10/503/*Giuliano* 52 ff; zur frühen Rspr BGHZ 61, 221; NJW 81, 1905; Hambg RIW 78, 615; Köln RIW 80, 877). Als charakteristisch gilt die Leistung unter einem Vertrag, die ihn dann von anderen Vertragstypen unterscheidet (Soergel/*v Hoffmann* Art 28 Rz 23). Dies ist regelmäßig nicht die Zahlungspflicht; es wird auf die Hauptpflicht abgestellt. IdR steht nicht die unentgeltliche Leistung vertragstypisch im Vordergrund, auch wenn eine Leistung entgeltlich oder unentgeltlich erbracht werden kann. Bei unentgeltlichen Verträgen gibt es meist nur eine Hauptleistung (dazu insgesamt MüKo/*Martiny*, 4. Aufl Art 28 Rz 30 ff).

12 2. Vertragstyp. Verschiedene Vertragstypen können anhand ihrer charakteristischen Leistung ermittelt werden. Die Ermittlung des Vertragstyps erfolgt in der Praxis – zunächst – anhand der lex fori (vgl ohne weitere Begründung Palandt-Archiv III Art 28 Rz 3 bei der Aufzählung der typischen Leistung; *Martiny* BauR 08, 241, 242 für internationale Bauverträge). Allerdings ist eine weite Fassung des Vertragstyps geboten, um möglicherweise abw ausländischen Gestaltungen (so zutr MüKo/*Martiny*, 4. Aufl Art 28 Rz 34) Rechnung zu tragen. Erforderlich ist bei der Einordnung des Vertragstyps eine einheitliche Auslegung aus dem EVÜ heraus (dazu bereits Staud/*Magnus* Art 28 Rz 68). So lassen sich sichere Fallgruppen bilden wie Veräußerungsverträge, bei denen eine Veräußerung typisch ist, Gebrauchsüberlassungen, bei denen die Miete, Pacht und Leihe typisch sind, Verträge, bei denen Dienstleistungen oder Tätigkeiten im Vordergrund stehen, Verträge, bei denen Risiken zugeordnet werden, etc (dazu MüKo/*Martiny*, 4. Aufl Art 28 Rz 35). Es gibt verschiedene Rechtsordnungen, die die Vertragstypen im Einzelnen aufzählen (auch dazu mwN MüKo/*Martiny*, 4. Aufl Art 28 Rz 35 Fn 102). Korrekturen werden insb ggü Verbrauchern (dazu *ex Art 29* Rn 3 ff) und Arbeitnehmern (dazu *ex Art 30* Rn 8 ff) vorgenommen. Erst die Zuordnung der charakteristischen Leistung zu einer bestimmten Partei fixiert die engste Beziehung zu einer bestimmten Rechtsordnung. Damit wird der gewöhnliche Aufenthalt bzw die (Haupt-)Niederlassung des Leistungserbringers ein wesentliches Kriterium für die objektive Anknüpfung. *Ex Art 28 II* unterscheidet zwischen der – rein privaten – Leistungserbringung nach *ex Art 28 II 1* und der beruflichen oder gewerblichen Tätigkeit iSd *ex Art 28 II 2*.

13 a) Private Tätigkeit (*ex Art 28 Abs 2 S 1*). *Ex Art 28 II 1* regelt die Leistungserbringung von Privatpersonen an deren gewöhnlichem Aufenthalt. Der gewöhnliche Aufenthalt ist aus dem EVÜ heraus autonom auszulegen (dazu Soergel/*v Hoffmann* Art 28 Rz 61; vgl Art 5 Rn 28; *ex Art 36* Rn 3). Er ist auf bestimmte Dauer angelegt und soll aus den tatsächlichen Verhältnissen ersichtlich sein (dazu MüKo/*Sonnenberger*, 4. Aufl Einl IPR 730 ff). Bei Gesellschaft, Verein oder juristischer Person (dazu Erman/*Hohloch* Art 28 Rz 22; Soergel/*v Hoffmann* Art 28 Rz 63: keine abschließende Aufzählung) wird auf die tatsächliche Verwaltung abgestellt (Soergel/*v Hoffmann* Art 28 Rz 62; insb MüKo/*Martiny*, 4. Aufl Art 28 Rz 45: keine gesellschaftsrechtliche Bestimmung, sondern Ermittlung der engsten Verbindung des Vertragsverhältnisses, deshalb Abstellen auf die tatsächliche geschäftliche Leitung, so auch AnwK/*Leible* Art 28 Rz 41 soweit *ex Art 28* anwendbar ist).

b) Berufliche bzw gewerbliche Tätigkeit (*ex Art 28 Abs 2 S 2*). Die Anknüpfung erfolgt nach dem Mittelpunkt der beruflichen oder gewerblichen Tätigkeit (vgl auch Art 15 I EuGVO bzw früher Art 13 I EuGVÜ). Dazu gehören alle auf Einkommenserzielung abstellenden Tätigkeiten, also gewerbliche Tätigkeit, aber auch freiberufliche Tätigkeit (dazu Soergel/*v Hoffmann* Art 28 Rz 59). Der Begriff der Niederlassung (dazu auch Art 5 Nr 5 EuGVO und auch Art 5 Nr 5 EuGVÜ) wird weder im EGBGB noch im EVÜ definiert. Jede nach außen gerichtete geschäftliche Tätigkeit (so MüKo/*Martiny*, 4. Aufl Art 28 Rz 50) muss von gewisser Dauer sein. Eine solche Niederlassung muss eine Geschäftsleitung erkennen lassen sowie die Möglichkeit, Geschäfte abschließen zu können (dazu BGH NJW 87, 3081). Hauptniederlassung ist die Niederlassung, bei der sich der relative Schwerpunkt des unternehmensexternen Rechtsverkehrs befindet (*v Bar/Mankowski* IPR I, § 7 Rz 39; aA Ferrari/*Ferrari* Art 28 EGBGB Rz 45: Ort der zentralen geschäftlichen Leitung; vgl Hauptniederlassungen betreffend auch EuGH Urt v 22.11.78 – 33/78 Slg 78, 2183 – Somafer SA/Saar-Ferngas AG; ebenso EuGH Urt v 9.12.87 – 218/86 Slg 87, 4905 – Schotte/Parfums Rothschild). Auch die „andere Niederlassung" (vgl Art 5 Nr 5 EuGVO) wird nicht definiert. Es wird sich im Wesentlichen um abhängige oder tatsächliche Zweigniederlassungen handeln. Wichtig ist in diesem Zusammenhang, dass derjenige, der Geschäfte mit einer inländischen Niederlassung führt, nicht damit rechnen muss, dass das ausländische Recht der Hauptniederlassung zur Anwendung kommt (vgl dazu BGHZ 51, 290; vgl auch 9, 34; 17, 74 sowie NJW 79, 1785; zu Agenturen MüKo/*Martiny*, 4. Aufl Art 28 Rz 55 und zur faktischen Außenstelle BGH NJW 87, 3081).

3. Mangelnde Bestimmbarkeit (*ex Art 28 Abs 2 S 3*). Eine charakteristische Leistung lässt sich insb bei nicht typisierten Verträgen nicht ohne weiteres bestimmen. Ist dies der Fall, dann gilt die Vermutung des *ex Art 28 II* nicht und es bleibt bei der objektiven Anknüpfung gem der engsten Verbindung nach *ex Art 28 I 1* (dazu BTDrs 10/503/*Giuliano* 54; BaRoth/*Spickhoff* Art 28 Rz 4; Soergel/*v Hoffmann* Art 28 Rz 51). Dies gilt auch, wenn die charakteristische Leistung von zwei oder mehr Parteien des Vertrages erbracht wird und keine einheitliche charakteristische Leistung bestimmt werden kann (BGH JR 87, 198 mit Anm *Dörner*).

II. Grundstücksbezogene Verträge (ex Art 28 Abs 3). *Ex Art 28 III* vermutet mangels Rechtswahl die engste Verbindung der schuldrechtlichen Verträge über Grundstücke oder Grundstücksrechte zum Recht des Belegenheitsortes (vgl BGH NJW-RR 96, 1034; Ddorf NJW-RR 98, 1159; Celle IPRspr 99 Nr 31 76; Frankf NJW-RR 93, 182) und geht als Sonderregelung dem *ex Art 28 II* vor (BGH NJW-RR 05, 206). Die lex rei sitae-Vermutung kann jedoch nach *ex Art 28 V* widerlegt werden (BGHZ 109, 29; 119, 152). *ex Art 28 III* ist autonom auszulegen, um eine einheitliche Anwendung iSd *ex Art 36* aus dem EVÜ selbst heraus (*ex Art 36 Rn 3*) zu erreichen. Die Vermutung in *ex Art 28 III* gilt für Verträge über die Übertragung des Eigentums an Grundstücken ebenso wie für Nutzungsverträge (Ddorf NJW-RR 98, 1159), auch bei atypischer Gegenleistung (AnwK/*Leible*, Art 28 Rz 54). Sie erfasst auch Wohnungen und einzelne Räume. Sie gilt für alle Rechte beim Grundstückskauf, Erbbaurechte und Grunddienstbarkeiten (Nutzung, Miete, Pacht für Dauerwohnrechte; BGH NJW-RR 96, 1034). Die Vermutung gilt hingegen nicht für: (*ex Art 28 I*) Verträge, die Werkleistungen, insb Bauverträge, zu Grundstücken betreffen (BGH NJW 99, 2442); (*ex Art 28 II*) obligatorische Rechte (zum Erwerb einer dinglich gesicherten Forderung: BGH NJW-RR 05, 206) oder (*ex Art 28 III*) Verpflichtungen zur Bestellung dinglicher Sicherungsrechte (dazu Köln IPRax 85, 161). Von den Gerichten noch nicht entschieden ist die Frage, ob mitverkauftes Zubehör als bewegliche Sache unter die Vermutung des *ex Art 28 III* fällt (dafür *Fetsch*, RNotZ 07, 456, 458). Für dingliche Rechtsgeschäfte in Erfüllung schuldrechtlicher Verträge gilt dagegen stets lex rei sitae (vgl Art 43 Rn 5, 9 ff).

III. Güterbeförderungsverträge (ex Art 28 Abs 4). Die Vermutung des *ex Art 28 IV* gilt nur für Güterbeförderungsverträge, dh nicht für die Personenbeförderung (dazu allg *Basedow* Transportvertrag 78 ff). Auch *ex Art 29* gilt nicht (dazu *ex Art 29 Rn 13*), vielmehr gelten die allg Vorschriften der *ex Art 27 ff*, so dass für **Personenbeförderungsverträge** – vorbehaltlich von *ex Art 28 V* – bei objektiver Anknüpfung *ex Art 28 II* gilt und dann wiederum das Recht der Niederlassung des Beförderers (dazu Frankf IPRax 98, 35); insgesamt zu Personenbeförderungsverträgen Reithmann/Martiny/*Mankowski*, 6. Aufl Rz 1697 ff.

Ex-Art 28 IV knüpft objektiv an, wenn kein Einheitsrecht vorliegt (im Zuge der Transportrechtsreform 1998 wurden zahlreiche Vorschriften dem HGB zugefügt; dazu *Staudinger* IPRax 01, 183); Staatsverträge und Gemeinschaftsrecht enthalten zahlreiche vorrangige einheitsrechtliche Regelungen, die den Rückgriff auf eine Rechtswahl oder gar die objektive Anknüpfung ausschließen (dazu Vor IntSchVR Rn 16). Greift die Vermutung des *ex Art 28 IV* nicht, ist ein Rückgriff auf die Vermutung der engsten Verbindung iSd *ex Art 28 II* ausgeschlossen (München TranspR 91, 61; anders Frankf NJW-RR 93, 809, s. aber insb auch die amtliche Begründung, 79; insgesamt OLG Brandenburg, Urt v 25.3.09, Az 7 U 152/98, Rz 26 – juris sowie Reithmann/Martiny/*Mankowski*, 6. Aufl Rz 1429 ff). Allerdings ist die Widerlegung der Vermutung nach *ex Art 28 V* möglich (vgl Celle TranspR 03, 253).

Nach *ex Art 28 IV* ist die Sonderanknüpfung nach dem Recht der Hauptniederlassung des Beförderers entscheidend, wobei alternativ hinzukommen muss, dass sich entweder der Verladeort, der Entladeort oder die Hauptniederlassung des Absenders im gleichen Staat der anwendbaren Rechtsordnung befinden (dazu BGH RIW 95, 410; Nürnbg IPRspr 98, Nr 150 278; Köln VersR 99, 639; BTDrs 10/503/*Giuliano* 54, auch Reithmann/Martiny/*Mankowski*, 6. Aufl Rz 1430, MüKo/*Martiny*, 4. Aufl Art 28 Rz 65 ff).

20 *Ex Art 28 IV* setzt einen Transportvertrag voraus, gleich welche Beförderungsart gewählt wird (dazu Soergel/ *v Hoffmann* Art 28 Rz 83 f: auch zur Abgrenzung zu Geschäftsbesorgungen oder Speditionsverträgen), entscheidend ist die Beförderungsverpflichtung (dazu Hambg IPRspr 89 Nr 62 125; Hamm IPRspr 98 Nr 49 a S 87). Zur Abgrenzung von Charterverträgen und zur Differenzierung der zur Verfügungstellung der Transportmittel im Gegensatz zur Beförderung und der Einmalcharter s. MüKo/*Martiny*, 4. Aufl Art 28 Rz 71. Zu den anderen Verträgen gem *ex Art 28 IV 2* gehören Verträge, die maßgeblich der Güterbeförderung dienen, so zB Umzugsverträge (dazu insgesamt Reithmann/Martiny/*Mankowski*, 6. Aufl Rz 1623). Im Grundsatz genügt es, dass die Beförderungsverpflichtung in dem Vertrag enthalten ist, so dass auch die nicht unter *ex Art 28 IV 1* fallenden Speditionsverträge erfasst sind (vgl Hambg IPRspr 89 Nr 62 125; Hamm IPRspr 98 Nr 49 a S 87; *Rugullis* TransportR 06, 380).

21 Für *ex Art 28 IV* allein maßgebend ist die Hauptniederlassung des Beförderers, der entweder selbst befördert oder befördern lässt (dazu Reithmann/Martiny/*Mankowski*, 6. Aufl Rz 1550). Dabei kommt es nach 1 auf den Zeitpunkt des Vertragsabschlusses an. Bei Verlade- und Entladeort kommt es auf eine tatsächliche Betrachtung an (dazu Soergel/*v Hoffmann* Art 28 Rz 92, Staud/*Magnus* Art 28 Rz 122 f). *ex Art 28 IV* stellt auch auf den Absender, nämlich die Gegenpartei des Beförderungsvertrages (dazu Soergel/*v Hoffmann* Art 28 Rz 93 f), und dessen Hauptniederlassung ab; zur Kabotage gelten die entspr Sonderregelungen (Reithmann/ *Mankowski*, 6. Aufl Rz 1432 ff; zu Einzelheiten vgl u. Rn 33 ff).

22 **D. Engere Verbindung** (*ex Art 28 Abs 5*). *Ex Art 28 V* widerlegt nach dem Grundsatz der engsten Verbindungen iSd *ex Art 28 I 1* die Vermutungen der *ex Art 28 II, III und IV*, wenn engere Verbindungen mit einer durch die Vermutung nicht identifizierten dritten Rechtsordnung bestehen. Aufgrund einer Wertung der Gesamtumstände setzt sich der Grundsatz der engsten Verbindung durch, und zwar auf der Basis der Anwendung der in *ex Art 28 I 1* verwandten Kriterien (dazu BGH NJW-RR 05, 206; zum ganzen MüKo/*Martiny*, 4. Aufl Art 28 Rz 108–114). Der nach *ex Art 36* bei der Auslegung von *ex Art 28* zu berücksichtigende Wortlaut von Art 4 II EVÜ (s. *ex Art 36* Rn 5) stellt die Regelvermutung in *ex Art 28 II* unter die Voraussetzung der Prüfung einer engeren Verbindung iSd *ex Art 28 V* („Subject to the provisions of paragraph 5 of this Article"). Deshalb dürfte die Auffassung, *ex Art 28 V* als Ausnahmeregel zu *ex Art 28 II–IV* eng auszulegen (BaRoth/*Spickhoff* Art 28 Rz 22; diff AnwK/*Leible* Art 28 Rz 76; offen gelassen BGH NJW-RR 05, 206), jedenfalls für *ex Art 28 II* nicht zutreffen. *Ex Art 28 V* nennt keinen Zeitpunkt, auf den abgestellt wird, anders als in *ex Art 28 II und IV* können nachträgliche Veränderungen berücksichtigt werden (Staud/*Magnus* Art 28 Rz 136). Eine entspr Regelung ist in abgeschwächter Form in Art 4 III Rom I-VO enthalten.

23 In der Praxis spielen miteinander verknüpfte Verträge unter den gleichen Parteien oder mit Dritten eine große Rolle. Dann stellt sich die Frage, ob die Verträge so miteinander verbunden sind, dass sie untereinander in einem inhaltlichen Zusammenhang stehen und letztlich ein Ganzes bilden, so dass die Einheitlichkeit der Anknüpfung sinnvoll und interessengerecht ist (vgl MüKo/*Martiny*, 4. Aufl Art 28 Rz 116/117; zur Systematisierung insgesamt MüKo/*Martiny*, 4. Aufl Art 28 Rz 115–130). Dabei soll eine akzessorische Anknüpfung nur bei Parteiidentität möglich sein, AnwK/*Leible* Art 28 Rz 81. Die rein äußerliche Verbindung (zB in einer Urkunde) führt nicht zur einheitlichen Behandlung. Andererseits ist es denkbar, einen einheitlichen wirtschaftlichen Vorgang in mehrere Teilverträge zu spalten. Ein Vertragsschlusses im Ausland sowie die Verwendung einer fremden Währung sollen nicht genügen, während dem Erfüllungsort durchaus Bedeutung zugemessen wird (*Martiny*, BauR 08, 241, 243f). Dagegen ist die in einem anderen Staat liegende Baustelle kein Indiz für eine engere Verbindung (BGH NJW 99, 2442). Dem ggü stehen Verträge, die einen Hauptvertrag notwendigerweise ergänzen oder abändern. Soweit nicht Dritte beteiligt sind, sind Sicherungsverträge vorzugsweise demselben Recht wie der zu sichernde Hauptvertrag zu unterstellen (dazu Soergel/*v Hoffmann* Art 28 Rz 120). Praxisrelevant ist *ex Art 28 V* für Einzelverträge, die unter einem Rahmenvertrag geschlossen werden. Es ist wünschenswert, auch den Einzelvertrag dem Recht des Rahmenvertrages zu unterwerfen (so Staud/*Magnus* Art 28 Rz 134; aA Ddorf NJW-RR 97, 822); wegen des eigenständigen Charakters der Vertragshändlerbeziehung passt diese Wertung nicht für den Rahmenvertrag eines **Vertragshändlers** mit den darunter abgeschlossenen Kaufverträgen. Auf eine Aktienoptionsgewährung im Arbeitsvertrag als Verhandlungsgegenstand eines Unternehmenskauf ist das für die Unternehmensübernahme anzuwendende Recht maßgebend (München Urt v 18.7.08, Az 25 U 1797/08). So genannte **Vorfeldverträge** zur Vorbereitung eines Hauptvertrages (etwa Vorverträge, Exklusivitätsvereinbarung, Stand-Still-Agreements, **Letters of Intent**) bei Unternehmenskaufverträgen) sollten ebenso wie der intendierte Hauptvertrag angeknüpft werden.

24 **E. Ausgewählte Vertragstypen.** Als Grundsatz ist bei einer Beurteilung nach *ex Art 28 II* die vertragstypische Leistung entscheidend, wobei dies regelmäßig nicht die Geldzahlung ist. Vorrangig sind Einheitsrecht, Rechtswahl und die Vermutungen nach *ex Art 28 III und IV* zu prüfen, bevor nach *ex Art 28 II* auf den gewöhnlichen Aufenthalt bzw die Niederlassung abgestellt wird. Auch *ex Art 29* kann zu berücksichtigen sein. Im Einzelfall können die Umstände nach *ex Art 28 V* eine andere Anknüpfung gebieten. Im Folgenden werden die wesentlichen Vertragstypen behandelt.

25 **1. Abstraktes Schuldversprechen.** Beim abstrakten Schuldversprechen gilt bei objektiver Anknüpfung das Recht dessen, der ein solches abstraktes Schuldanerkenntnis abgibt (Soergel/*v Hoffmann* Art 28 Rz 314).

2. Abtretungsvertrag. Für den Abtretungsvertrag gilt *ex Art 33* (s. dort), für das Kausalgeschäft erfolgt die   26
Anknüpfung dagegen nach den *ex Art 27 ff*. Je nach Vertragstyp gelten iRd *ex Art 28* unterschiedliche Vermutungen.

3. Anlagenvertrag. Auf Anlagenverträge, also auf Verträge, die die schlüsselfertige Herstellung einer Anlage   27
(**turn-key contract**) zum Gegenstand haben, findet häufig das CISG Anwendung, ansonsten gilt die objektive
Anknüpfung an das Recht am Sitz des Unternehmers, der die Anlage zu erstellen hat (Hamm OLGR 93, 161;
ausf *Martiny*, BauR 08, 242, 246f).

4. Architekten- und Ingenieursverträge. Da die charakteristische Leistung gem *ex Art 28 II* vom Architekten   28
bzw Ingenieur erbracht wird, ist das Recht dessen Niederlassungsstaates anwendbar.

5. Auftrag und Geschäftsbesorgung. Es gilt das Recht am Sitz des Beauftragten oder Geschäftsbesorgers   29
(BGH DtZ 96, 51; Hamm IPRax 96, 33; NJW-RR 97, 1007), bei Geschäftsführerhaftung ggf Gesellschaftsstatut, vgl Celle 9 U 20/06 v 16.8.06.

6. Bankgeschäfte. Verträge mit deutschen Banken unterliegen wegen Nr 6 I AGB-Banken regelmäßig deut-   30
schem Recht. Bei objektiver Anknüpfung gilt das Recht des Staates, in dem die leistende Niederlassung der
Bank liegt (Köln RIW 93, 1023; München RIW 96, 330; Ddorf RIW 96, 155; LG Aachen RIW 99, 304), bzw
das Recht am Sitz der kontoführenden Bank, Frankf 23 U 188/04 v 3.5.06. *Ex Art 29* ist zu beachten. Das Diskontgeschäft unterliegt dem Sitzrecht der ankaufenden Bank (Hamm WM 90, 538), ebenso wie auch das Einlagengeschäft dem Recht der annehmenden Bank unterliegt (BGH IPRspr 83 Nr 36 100; Ddorf IPRspr 94
Nr 41 S 93; 96, 155). Für das echte und unechte Factoring gilt das UNIDROIT-Üb von Ottawa über das
internationale Factoring (BGBl 98 II 172); Vertragsstaaten sind ua Deutschland, Frankreich, Italien, Lettland
und Ungarn. Ansonsten gilt bei objektiver Anknüpfung das Recht am Sitz des Factors, also der Bank (Staud/
Magnus Art 28 Rz 536 mwN). Bei der Forfaitierung kommt das Recht am Sitz bzw gewöhnlichen Aufenthalts
des Forfaiteurs zur Anwendung (Staud/*Magnus* Art 28 Rz 540 mwN; MüKo/*Martiny*, 4. Aufl Art 28 Rz 369;
Palandt-Archiv Art 28 Rz 22).

7. Bauträgervertrag. Bauträgerverträge umfassen die Verschaffung des Eigentums am Grundstück. Gem *ex*   31
Art 28 III ist deshalb das Recht des Belegenheitsortes maßgeblich (*Martiny*, BauR 08, 241, 246; *Fetsch* RNotZ
07, 456, 471).

8. Bauvertrag. Bauverträge unterstehen dem Recht am Sitz des Bauunternehmers (BGH NJW 99, 2442;   32
Hamm NJW-RR 96, 1144), auf den Ort der Bauleistung kommt es nicht an. *Ex Art 28 III* findet auf Bauverträge, die ein obligatorisches Nutzungsrecht gerade nicht vorsehen, keine Anwendung. Überwiegt das kaufrechtliche Element, kommt einheitliches UN-Kaufrecht zur Anwendung (*Martiny*, BauR 08, 241, 242).

9. Beförderungsverträge. Außerhalb des Gemeinschaftsrechts wird das internationale Transportrecht in star-   33
kem Maße durch internationales Einheitsrecht geprägt. Fehlt eine Rechtswahl, ist grds zwischen Gütertransportverträgen und Personenbeförderungsverträgen zu unterscheiden. Für die ersten gilt die Vermutung des
ex Art 28 IV, für die zweiten die des *ex Art 28 II* (vgl Frankf IPRax 98, 35; AG Frankf NJW-RR 96, 1336). Personen- und Güterbeförderungsverträge fallen nicht unter *ex Art 29* (*ex Art 29 IV*), nur Pauschalreiseverträge
(*ex Art 29 IV 2*).

a) Binnenschifffahrt. Bei objektiver Anknüpfung findet *ex Art 28 IV* Anwendung (Nürnbg NJW-RR 95,   34
1437), es kommt also auf das Recht der Niederlassung des Beförderers an.

b) Eisenbahntransport. Das Üb über den internationalen Eisenbahnverkehr (COTIF) v 9.5.80 (BGBl 85 II   35
132) ist für Deutschland am 1.5.85 in Kraft getreten und gilt zwischen den meisten europäischen Staaten. Das
Protokoll von Vilnius von 1999 ist am 1.7.06 in Kraft getreten. Es gelten die Anhänge *ex Art 28 IV* (Beförderung von Personen und Gepäck) und CIM (Beförderung von Gütern). Außerhalb des Anwendungsbereichs
des COTIF gilt *ex Art 28 IV* für die Güterbeförderung, so dass es auf die Hauptniederlassung bzw den Entladeort ankommt (Braunschw TranspR 96, 385). Für die Personenbeförderung gilt die Vermutung des *ex
Art 28 II* (Staud/*Magnus* Art 28 Rz 435).

c) Luftbeförderung. Es galt vorrangig das Warschauer Abkommen zur Vereinheitlichung von Regeln über die   36
Beförderung im internationalen Luftverkehr v 12.10.29 (RGBl 33 II 1039), modifiziert durch das Haager Protokoll v 28.9.55 (BGBl 58 II 291), ergänzt durch das Zusatzabkommen von Guadalajara zur Vereinheitlichung
von Regeln über die von einem anderen als dem vertraglichen Luftfrachtführer ausgeführte Beförderung v
18.9.61 (BGBl 63 II 1159). Deutschland hat alle drei Abkommen ratifiziert. Das Montrealer Üb zur Vereinheitlichung bestimmter Vorschriften für die Beförderung im internationalen Luftverkehr v 28.5.99 (BGBl 04 II
458) ersetzt für Deutschland das Warschauer Abk. Unter den Staaten, die das Montrealer Üb noch nicht ratifiziert haben, gilt ggf das Warschauer Abk weiter. Im Bereich der EU gelten die Verordnung (EG) Nr. 889/2002
(ABlEG Nr L 140 v 30.5.02, 2) und die Verordnung (EG) Nr 261/2004 (ABlEG Nr L 46 v 17.2.04, 1) über Ausgleichs- und Unterstützungsleistungen für Fluggäste. Ist das Montrealer Abk nicht anwendbar, ist bei der

Güterbeförderung die Vermutung des *ex Art 28 IV* zu beachten, bei Personenbeförderung ist nach *ex Art 28 II* das Recht der gewerblichen Hauptniederlassung des Luftfrachtführers maßgeblich, da die Transportleistung das Vertragsverhältnis charakterisiert (Frankf IPRax 98, 35; LG München IPRspr 77 Nr 31 a S 86; AG Köln IPRspr 80 Nr 48 145). Zur Widerlegung des *ex Art 28 II* durch *ex Art 28 V* bei einem im Internet geschlossenen Luftbeförderungsvertrag s. AG Lübeck NJW-RR 08, 70.Ansonsten gilt *ex Art 28 I*. Zu berücksichtigen ist, dass (Personenbeförderungs-)Verträge aufgrund des Wohnorts des Fluggasts und des Abflugs- u Ankunftsorts eine engere Verbindung nach *ex Art 28 V* aufweisen können, vgl Kobl NJW-RR 06, 1356.

37 **d) Multimodaler Transport.** Bei objektiver Anknüpfung gilt die Vermutung des *ex Art 28 IV* (Staud/*Magnus* Art 28 Rz 475 mwN; Hambg TransportR 08, 213). Für den durchgehenden Transport von Gütern unter Verwendung unterschiedlicher Verkehrsmittel (Schiff, Schiene, Fahrzeug) können für die Haftung das CMR für Landstrecken und das HGB für Seestrecken gelten (BGHZ 101, 172; 123, 303). Bei Anwendung des *ex Art 28* iRd § 452a HGB sperrt *ex Art 28 IV* den Rückgriff auf *ex Art 28 II* nicht (Hambg TransportR 08, 125). Zur Bestimmung der engsten Verbindung nach *ex Art 28 I, II* bildet dann der Ort der Hauptniederlassung des Beförderers ein schwerwiegendes Kriterium (Hambg, aaO mit Bewertung weiterer Kriterien).

38 **e) Seetransport.** Das Athener Üb über die Beförderung von Reisenden und ihrem Gepäck auf See v 13.12.74 hat Deutschland nicht ratifiziert, jedoch die meisten Regeln als Anlage zu § 664 HGB in das deutsche Recht aufgenommen. Für das Vertragsstatut gilt damit bei Personenbeförderung die Vermutung des *ex Art 28 II*, also für das Recht am Sitz des Beförderers. Bei Güterbeförderung gilt das Üb zur Vereinheitlichung von Regeln über Konnossemente (Haager Regeln) v 25.8.24 (RGBl 39 II 1049), Deutschland ist Vertragsstaat. Die Haager Regeln wurden durch Protokoll, die sog Visby-Regeln, modernisiert; in Deutschland sind sie inhaltlich in das Seehandelsrecht im HGB integriert, auch wenn Deutschland nicht Vertragsstaat ist. Ansonsten gilt die Vermutung des *ex Art 28 IV*.

39 **f) Straßentransport.** Bei der Personenbeförderung gelten die dargestellten Grundsätze (s. Rn 17, 33). Bei Güterbeförderung gilt als materielles Einheitsrecht vorrangig das Üb über den Beförderungsvertrag im internationalen Straßengüterverkehr (CMR) v 19.5.56 (BGBl 61 II 1119), das inzwischen von fast allen europäischen Staaten ratifiziert ist (insb allen EU-Mitgliedsstaaten außer Malta und Zypern). Die Regeln des CMR sind zwingend (Art 41 CMR) und gehen dem nationalen Kollisionsrecht und dem zwingenden innerstaatlichen Recht vor (BGHZ 123, 200; NJW 92, 621). Ist der Anwendungsbereich des CMR nicht eröffnet, greift die Vermutung des *ex Art 28 IV*.

40 **10. Beherbergungsvertrag.** Bei der Haftung von Gastwirten gilt das Europaratsübereinkommen über die Haftung der Gastwirte für die von ihren Gästen eingebrachten Sachen v 17.12.62 (BGBl 66 I 181), das ua in Belgien, Frankreich, Italien, dem Vereinigten Königreich und Zypern gilt und in Deutschland in die §§ 701 ff BGB aufgenommen wurde. Es gilt in Deutschland damit als deutsches Recht nur indirekt, wenn deutsches Recht Vertragsstatut ist. Beherbergungsverträge unterliegen dem Recht am Sitz des Gastwirts (LG Hamburg IPRspr 91 Nr 33 69; AG Bernkastel-Kues IPRspr 93 Nr 28 74), also idR dem Recht am Unterkunftsort, selbst wenn die Niederlassung nur unselbstständiger Teil der Hotelkette ist (vgl MüKo/*Martiny*, 4. Aufl Art 28 Rz 199 mwN).

41 **11. Beratungsvertrag.** Der Beratungsvertrag beurteilt sich nach dem Recht am Sitz des Beratenden (BGHZ 128, 41).

42 **12. Börsen- und Börsentermingeschäfte.** Bei Börseninnengeschäften, also Geschäften zwischen Brokern (Börsenmaklern), gilt das Recht des Börsenortes (MüKo/*Martiny*, 4. Aufl Art 28 Rz 377), während bei Geschäften zwischen Brokern und Auftraggebern, regelmäßig einem Kommissions- oder Geschäftsbesorgungsverhältnis, das Recht am Sitz des Maklers gilt (Staud/*Magnus* Art 28 Rz 582). Mangels Rechtswahl unterliegt ein mit einem Finanzdienstleistungsunternehmen geschlossener Vertrag dem Recht am Niederlassungsort des Unternehmens (MüKo/*Martiny*, 4. Aufl Art 28 Rz 380).

43 **13. Bürgschaften.** Bei Bürgschaften gilt bei objektiver Anknüpfung das Recht am gewöhnlichen Aufenthaltsort des Bürgen bzw seiner gewerblichen Niederlassung (BGHZ 121, 224; s. Vor § 765 Rn 66, 68, 69).

44 **14. Consultingvertrag.** S Beratungsvertrag (Rn 41).

45 **15. Darlehen.** Da der Darlehens- bzw Kreditgeber die Partei ist, die die charakteristische Leistung erbringt, ist der Sitz des Darlehens- oder Kreditgebers maßgebend (vgl Ddorf NJW-RR 95, 756; LG Hamburg NJW-RR 95, 183; München RIW 96, 329; Ddorf NJW-RR 98, 1146; Hamm RIW 99, 540; Celle IPRax 99, 456). *Ex-Art 29* kann anwendbar sein.

46 **16. Dienstvertrag.** Soweit Arbeitsverträge betroffen sind, kommt ex Art 30 zur Anwendung (s. ex Art 30). Für Verträge mit Vertretern freier Berufe und Gewerbetreibenden ist nach *Art 28 II 2* grds das Recht ihrer Niederlassung bzw ihres gewöhnlichen Aufenthalts maßgeblich (BGHZ 128, 41, 48; ebenso nach Art 4 I lit b Rom I-VO). Der Anwaltsvertrag unterliegt dem Recht der charakteristischen Leistung und damit dem Recht am Niederlassungsort (Hambg IPRspr 89 Nr 233 a und b 518; BGH NJW 91, 3095; KG IPRspr 99 Nr 177 423). Für den Arztvertrag ist das Recht der Arztniederlassung maßgeblich (München SeuffA 75 Nr 179).

17. Franchisevertrag. Bei der Verwendung des Know-hows und der Rechte des Franchisegebers für ein Entgelt wird bei objektiver Anknüpfung entweder auf den Sitz des Franchisegebers (so MüKo/*Martiny*, 4. Aufl Art 28 Rz 230 mwN) oder den Sitz des Franchisenehmers (so Staud/*Magnus* Art 28 Rz 297 mwN; so auch in Art 4 I lit e Rom I-VO) abgestellt. Richtig ist wohl, auf den Sitz des Franchisegebers abzustellen, da der Franchisenehmer zumeist die Entgeltzahlung und damit nicht die wesentliche Leistung erbringt. 47

18. Garantien. Bei objektiver Anknüpfung untersteht der Garantievertrag – auch der Bankgarantievertrag – dem Recht der Niederlassung oder des gewöhnlichen Aufenthalts des Garanten, da er die charakteristische Leistung erbringt, so dass er den Umfang dieser Leistung der ihm vertrauten Rechtsordnung entnehmen können muss (BGH NJW 96, 54; 96, 2569). Nur bei besonderen Umständen kommt nach *ex Art 28 V* eine andere Anknüpfung in Betracht (s. BGH NJW 96, 2569: das Recht am Aufenthaltsort des Begünstigten). 48

19. Generalunternehmer und -übernehmervertrag. Nach *ex Art 28 II* gilt das Recht der Niederlassung des Generalunternehmers bzw –übernehmers (zur Abgrenzung beider Vertragstypen *Martiny* BauR 08, 241, 244). 49

20. Geschäftsbesorgung. S.o. Rn 29 (Auftrag und Geschäftsbesorgung). 50

21. Geschäftsführung ohne Auftrag (GoA). Die Anknüpfung erfolgt nach der Rom II-VO bzw. nach Art 39; es gilt das Recht des Staates, in dem das Geschäft vorgenommen worden ist bzw bei der Tilgung fremder Verbindlichkeiten das auf die Verbindlichkeit anzuwendende Recht (s. Art 39 Rn 11). 51

22. Gesellschaftsvertrag. Zu Gesellschaftsverträgen s. Vor *ex Art 27* Rn 18 ff und *ex Art 37* Rn 6 ff. 52

23. Grundstücke. Nach *ex Art 28 III* wird die engste Verbindung zu dem Staat vermutet, in dem das Grundstück belegen ist (s. BGH IPRspr 66/67 Nr 28 S 87 bei Vorvertrag; Frankf NJW-RR 93, 182 bei Kaufvertrag über Grundstück; BGH NJW-RR 96, 1034 bei Dauerwohnrecht an einer deutschen Ferienanlage). Der Eigentumsübergang unterliegt jedoch stets der lex rei sitae, vgl Art 43 I. 53

24. Handelsvertretervertrag, Vertriebsvertrag. Das Haager Üb über das auf Vertreterverträge und die Stellvertretung anzuwendende Recht v 14.3.78 (RabelsZ 43 (1979) 176 ff) hat Deutschland nicht ratifiziert, es gilt aber ua in Frankreich, Portugal und den Niederlanden und ist dort auch ggü Nichtvertragsstaaten anzuwenden. Bei objektiver Anknüpfung gilt das Recht am Sitz des Handelsvertreters, da er die vertragscharakteristische Leistung erbringt (BGH NJW-RR 93, 741; 93, 2753; BGHZ 127, 368; München NJOZ 06, 2510; Kobl DB 95, 2472; so auch nach Art 4 I lit f Rom I-VO); das Recht des Unternehmers steht zurück (BTDrs 10/503/*Giuliano* 53). Daher unterliegen Verträge ausländischer Unternehmen mit Handelsvertretern mit deutscher Niederlassung – bei einem Rechtsstreit in Deutschland (s. Vor *ex Art 27* Rn 2 – grds deutschem Recht (BGH NJW 93, 2753; Kobl IPRspr 92 Nr 72 166; vgl Ddorf IPRspr 97 Nr 145 283), während bei ausländischer Niederlassung des Vertreters ausländisches Recht gilt (BGHZ 127, 368). § 89 b HGB ist zwingende Vorschrift iSd *ex Art 34* (EuGH Urt v 9.11.00 – C-381/98 Slg 00, I-9305). Der Vertrag mit dem Vertragshändler, der im eigenen Namen und auf eigene Rechnung Waren des Unternehmers verkauft, unterliegt bei objektiver Anknüpfung dem Recht am Sitz des Vertragshändlers (Hamm NJW 83, 523; Ddorf RIW 93, 761; Stuttg RIW 99, 782). 54

25. Hinterlegung. Bei der Hinterlegung ist nach *ex Art 28 II* das Recht der Hinterlegungsstelle maßgeblich (Soergel/*v Hoffmann* Art 28 Rz 223). 55

26. Immaterialgüterrechte. Das Immaterialgüterrecht, also das Urheber-, Patent-, Erfindungs- und Markenrecht ist weitgehend durch internationales Einheitsrecht geregelt. Für die zu schützenden Rechte gilt grds das Recht des Schutzlandes (BGHZ 126, 252; 136, 380). Für urhebervertragsrechtliche Verfügungen wird das Vertragsstatut angewandt (München GRUR 53, 302). Das für die schuldrechtliche Verpflichtung geltende Recht ist jedoch nach den Regeln des internationalen Privatrechts zu bestimmen (BGH AWD 65, 455), wobei die Anknüpfung nach *ex Art 28 II oder V* befürwortet wird (MüKo/*Martiny*, 4. Aufl Art 28 Rz 389). Die zwingenden Vorschriften des § 32b UrhG sind zu beachten. Bei Verlagsverträgen erfolgt die objektive Anknüpfung nach *ex Art 28 II*, also dem Recht des Niederlassungsortes des Verlages (BGHZ 147, 178; LG München I IPRspr 00 Nr 24 59). Zu Filmproduktionsverträgen und Filmverwertungsverträgen erfolgt die objektive Anknüpfung an das Recht des Produzenten bzw an das Recht der Niederlassung der Partei, die ihre urheberrechtliche Position überträgt (vgl MüKo/*Martiny*, 4. Aufl Art 28 Rz 397 ff). 56

27. Internetvertrag. Verträge, die über das Internet abgeschlossen werden, und auch Verträge, die spezifische Dienstleistungen im Zusammenhang mit dem Internet betreffen, werden unter dem Begriff der Internetverträge zusammengefasst. Sofern es nicht zu einer Rechtswahl kommt, unterliegen Verträge, die über das Internet abgeschlossen werden, der objektiven Anknüpfung nach *ex Art 28*. Dabei können die Vermutungen der *ex Art 28 II bis IV* zur Anwendung kommen. Anzuknüpfen ist damit ggf nach *ex Art 28 II* an den gewöhnlichen Aufenthalt bzw die Niederlassung (MüKo/*Martiny* Art 28 Rz 417). Nach *ex Art 28 V* kann die Vermutung des *ex Art 28 II* widerlegt werden (vgl AG Lübeck, NJW-RR 08, 70). Zum Vertragsschluss im Internet: *Mankowski*, 57

RabelsZ 63 (1999) 203. *ex Art 29, 29 a und 34* sind zu beachten, ebenso wie ggf das TelemedienG. Bei Verträgen über spezifische Internetleistungen kommt es idR auf das Recht am Niederlassungsort des **Providers** an, der die charakteristische Leistung erbringt (Staud/*Magnus* Art 28 Rz 662; AnwK/*Leible* Art 28 Rz 105).

58   **28. Kauf.** Beim Fahrniskauf ist vorrangig der Anwendungsbereich des **CISG** zu prüfen (Vor IntSchVR Rn 16). Sofern dieser nicht eröffnet ist, ist beim Fahrniskauf regelmäßig die Leistung des Verkäufers die charakteristische Leistung iSd *ex Art 28 II* (s. BGH NJW 97, 2322; Frankf NJW 91, 3102; Karlsr NJW-RR 93, 567; Köln NJW-RR 97, 182; LG München NJW 96, 401; ebenso nach Art 4 I lit a Rom I-VO). Entscheidend ist daher der Sitz der Hauptverwaltung des Verkäufers, KG Berlin 2 U 101/01 v 2.2.06. Auch beim Rechtskauf ist das Recht am gewöhnlichen Aufenthalt bzw an der Niederlassung des Verkäufers entscheidend (BGH NJW-RR 05, 206). Dies gilt auch für den Kauf von Wertpapieren (BGH NJW 87, 1141). Bei einem **Unternehmenskauf** ist zwischen Share Deal und Asset Deal zu unterscheiden: Kommt es bei einem Share Deal zu einem Kauf der Anteile am Zielunternehmen, so ist das CISG mangels „Ware" regelmäßig nicht anwendbar, die charakteristische Leistung erbringt der Verkäufer der Anteile (BGH NJW 87, 1141). Bei dem Verkauf der Gesamtheit oder von Teilen der Unternehmensgüter (Asset Deal) würde für Grundstücke *ex Art 28 III*, für Fahrnis *ex Art 28 II* gelten, ebenso wie für Rechte, falls nicht nach *ex Art 28 V* eine einzige Rechtsordnung insgesamt gilt (für Anknüpfung an das Recht am Sitz des Verkäufers auch bei Asset Deal: AnwK/*Leible* Art 28 Rz 86), wobei dies zumeist den Interessen der Parteien entsprechen wird. Zu Grundstücken s.o. Rn 53.

59   **29. Kommissionsvertrag.** Es gilt idR das Recht der gewerblichen Niederlassung des Kommissionärs, weil seine Tätigkeit die vertragstypische Leistung bildet (BGH NJW-RR 03, 1582).

60   **30. Kooperationsvertrag.** Bei Verträgen über gemeinsames Wirken zur Erreichung eines gemeinsamen Zwecks ohne Bildung einer Gesellschaft fehlt es idR an einer charakteristischen Leistung, so dass auf das Recht des Ortes abgestellt wird, an dem die Kooperation stattfinden soll, unter Würdigung aller Anknüpfungsmerkmale (Staud/*Magnus* Art 28 Rz 632; aA MüKo/*Martiny*, 4. Aufl Art 28 Rz 427: engste Verbindung). Bei Gründung eines **Gemeinschaftsunternehmens** erfolgt die Anknüpfung nach *ex Art 28 I*, da idR nicht die Leistung einer Seite den Vertrag charakterisiert (Staud/*Magnus* Art 28 Rz 634; MüKo/*Martiny*, 4. Aufl Art 28 Rz 428).

61   **31. Lagervertrag.** Das Lagergeschäft richtet sich bei objektiver Anknüpfung nach dem Recht am Niederlassungsort des Lagerhalters, da seine Leistung den Vertrag charakterisiert (Hambg IPRspr 71 Nr 23 71).

62   **32. Leasing.** Zu beachten ist beim Finanzierungsleasing, also bei der Beteiligung einer Bank, das **Übereinkommen von Ottawa** über das internationale Finanzierungsleasing v 28.5.88 (RabelsZ 51 (1987) 730), das vereinheitlichtes Sachrecht enthält. Auch wenn Deutschland nicht Vertragsstaat ist, kann es über eine Verweisung auf das Recht eines Vertragsstaates (ua Frankreich, Italien, Russland, Lettland und Ungarn) zur Anwendung kommen. Ansonsten kommt das Recht am Sitz des Leasinggebers zur Anwendung. Dies gilt auch für das Operating Leasing, also den einfachen Leasingvertrag über Mobilien (hierzu insgesamt MüKo/*Martiny* 4. Aufl Art 28 Rz 172 ff mwN).

63   **33. Leihe.** Für die Leihe von Grundstücken gilt das Recht am Belegenheitsort, bei beweglichen Sachen das Recht am Sitz des Verleihers (Staud/*Magnus* Art 28 Rz 219).

64   **34. Lizenzvertrag.** Bei Lizenzverträgen, die gegen Zahlung einer Lizenzgebühr die Ausnutzung eines gewerblichen Schutzrechts des Lizenzgebers ermöglichen, erfolgt die objektive Anknüpfung an das Recht am Sitz des Lizenzgebers (BGHZ 129, 236; vgl zu weiteren Ansichten MüKo/*Martiny*, 4. Aufl Art 28 Rz 407 ff). Die Auslegung einer im Lizenzvertrag enthaltenen Optionsklausel beurteilt sich nach dem Recht der ausdrücklichen Rechtswahl (München, GRUR 08, 137, nicht rechtskräftig; derzeit anhängig beim BGH unter Az I ZR 176/07).

65   **35. Lotterie- und Ausspielvertrag.** Lotterie- und Ausspielverträge unterliegen bei objektiver Anknüpfung nach *ex Art 28 II* dem Recht am Sitz des Veranstalters (Soergel/*v Hoffmann* Art 28 Rz 529 mwN; vgl RGZ 58, 277; s. § 763 Rn 4).

66   **36. Maklervertrag.** Da der Makler die vertragscharakteristische Leistung erbringt, ist die Niederlassung oder der gewöhnliche Aufenthalt des Maklers entscheidend (LG Frankf RIW 94, 778).

67   **37. Managementvertrag.** Beim Managementvertrag kommt es auf dessen Gegenstand an. Grds ist das Recht am Wohnsitz des Managers anwendbar (Bsp: befristetes Interim-Management). Wird dem Manager die Kontrolle und eigene Verantwortlichkeit für ein Unternehmen oder eine Betriebsstätte nachhaltig überantwortet, kann eine nach *ex Art 28 V* zu beachtende engere Verbindung zu dem Recht des betreuten Unternehmens bestehen als zu dem Recht am Wohnsitz des Managers (vgl Staud/*Magnus* Art 31 Rz 349).

68   **38. Miete.** Das Recht des Belegenheitsortes gilt nach *ex Art 28 III* für die Miete von Grundstücken (bei Kauf: Frankf NJW-RR 93, 183), Grundstücksteilen (Campingplatz: Frankf NJW-RR 86, 108), Geschäftsräumen, Parkplätzen (AG Mannheim IPRspr 94 Nr 36 S 85; AG Delmenhorst IPRspr 94 Nr 45 S 96), Wohnungen, Ferienwohnungen oder Ferienhäusern (Staud/*Magnus* Art 28 Rz 213); so auch Art 4 I lit c Rom I-VO. *Ex-*

Art 28 V findet jedoch Anwendung, wenn ein Inländer im Inland mit einer Partei mit Sitz im Inland einen Mietvertrag über ein ausländisches Grundstück bzw eine Ferienwohnung abschließt (BGHZ 109, 29). Auch *ex Art 29* ist zu beachten. Bei der Miete von beweglichen Sachen ist das Recht am Niederlassungsort des Vermieters entscheidend (Staud/*Magnus* Art 28 Rz 215), da er die charakteristische Leistung erbringt (ebenso Art 4 I lit d Rom I-VO).

39. Patronatserklärung. Bei Patronatserklärungen gilt das Recht am Sitz der erklärenden Muttergesellschaft (Staud/*Magnus* Art 28 Rz 510; vgl Frankf IPRspr 79 Nr 10 b 47; LG Berlin IPRax 00, 526). 69

40. Reisevertrag. Eine materielle Rechtsangleichung ist aufgrund der europäischen Pauschalreise-Richtlinie (RL 90/314 Abl EG 1990 Nr L 158 59) erfolgt, sie ist in den §§ 651 a ff umgesetzt. Die objektive Anknüpfung erfolgt nach dem Recht am Sitz des Veranstalters (KG IPRspr 94 Nr 21 b 57). Zu Pauschalreisen s.a. § 651a Rn 1. 70

41. Schenkung. Die charakteristische Leistung erbringt der Schenker (Köln NJW-RR 94, 1026), seine Leistung charakterisiert dieses unentgeltliche Rechtsgeschäft (Frankf IPRspr 64/65 Nr 37 133; Ddorf IPRax 84, 270; Frankf GRUR 98, 142). Bei Schenkungen über Grundstücke ist nach *ex Art 28 III* das Recht des Belegenheitsortes anwendbar (Staud/*Magnus* Art 28 Rz 204). 71

42. Speditionsvertrag. Nach der Rspr können über die Verweisung in §§ 458–460 HGB auch Speditionsverträge dem CMR (s.u.) unterliegen (BGHZ 65, 340, NJW 82, 1944). Da die Leistung des Spediteurs vertragscharakteristisch ist, unterliegt der Vertrag ansonsten bei objektiver Anknüpfung dem Recht am Niederlassungsort des Spediteurs (MüKo/*Martiny*, 4. Aufl Art 28 Rz 233 mwN), wobei streitig ist, ob Speditionsverträge generell *ex Art 28 IV* unterstellt werden (so Hambg IPRspr 89 Nr 62 125; Ddorf NJW-RR 95, 96; Hamm IPRspr 98 Nr 49 a S 87 oder ob dies nur gelten soll, wenn der Spediteur selbst als Beförderer anzusehen ist (so wohl Bremen VersR 96, 868). 72

43. Spiel. S § 762 Rn 9 f; § 763 Rn 4. 73

44. Subunternehmervertrag. Maßgeblich ist das Recht der Niederlassung des Subunternehmers, *ex Art 28 II*. Nicht geklärt ist, ob die Akzessorietät zum Hauptvertrag eine Beurteilung nach dessen Recht erfordert (abl *Martiny*, BauR 08, 241, 245f). 74

45. Tausch/Kompensation. Die Anknüpfung ist, da Leistung und Gegenleistung regelmäßig gleichwertig sind, nicht nach *ex Art 28 II*, sondern nach *ex Art 28 I* für den Gesamtvertrag vorzunehmen (Staud/*Magnus* Art 28 Rz 202). Beim Grundstückstausch kann der Ort der Beurkundung zu berücksichtigen sein (LG Amberg IPRax 82, 29). 75

46. Teledienste. Bei Telediensten ist das TelemedienG zu beachten. Dabei ist die Wirkung seines in § 3 I bestimmten Herkunftslandsprinzips umstr. Die Anknüpfung soll dennoch nach den allg Regeln des Kollisionsrechts erfolgen (MüKo/*Martiny*, 4. Aufl Art 34 Anh III Rz 37), da das TelemedienG die allg Regeln des Kollisionsrechts nicht verdrängt. Damit wäre das Recht des Niederlassungsstaates des Diensteanwenders anwendbar. 76

47. Time-Sharing. Für Time-Sharing-Verträge, die ein zeitweiliges Nutzungs- bzw Wohnrecht an einer Immobilie einräumen, sieht die Time-Sharing-RL 94/47/EG v 26.10.94 (Abl EG 1994 Nr L 280/83) einen EU-weiten Schutzstandard vor; in Deutschland ist die Umsetzung in *ex Art 29a III* enthalten (s. *ex Art 29a* Rn 8). *Ex Art 29a III* begrenzt die Wirkungen einer Rechtswahl, wenn das Objekt des Time-Sharing im Hoheitsgebiet eines Mitgliedstaates der EU oder des EWR liegt und der Vertrag dem Recht eines Drittstaates unterliegt. Mangels Rechtswahl unterliegen Verträge über Rechte an Ferienwohnungen idR dem am Ort des Immobilie geltenden Recht (MüKo/*Martiny*, 4. Aufl Art 28 Rz 163). Die Einräumung dinglicher Rechte richtet sich ebenfalls nach der lex rei sitae. Wird die Nutzung über eine Mitgliedschaft in Gesellschaften oder Vereinen vermittelt, untersteht das schuldrechtliche Geschäft zum Erwerb des Gesellschaftsanteils mangels Rechtswahl dem allg Vertragsstatut, regelmäßig also dem Recht am Sitz des Verkäufers (Staud/*Magnus* Art 28 Rz 228). 77

48. Versicherungsverträge. Für den Versicherungsvertrag erfolgt die Anknüpfung nach den *ex Art 7 ff* EGVVG, s.a. *ex Art 37 Nr 4*. Die hiervon nicht erfassten Verträge fallen jedoch unter die *ex Art 27 ff* (Staud/ *Magnus* Art 28 Rz 483). Für solche Verträge gilt, dass der Versicherer die vertragscharakteristische Leistung erbringt, so dass das Recht am Ort seiner Hauptniederlassung bzw derjenigen Zweigniederlassung maßgeblich ist, die die Versicherungsleistung zu erbringen hat (Karlsr WM 93, 893; Staud/*Magnus* Art 28 Rz 485 mwN). In der Rom I-VO sind Versicherungsverträge in Art 7 geregelt. 78

49. Vertriebsvertrag. S Rn 54 (Handelsvertretervertrag, Vertriebsvertrag). 79

50. Werklieferungsvertrag. Werklieferungsverträge sind wie ein Kauf anzuknüpfen, maßgeblich ist der Sitz des Werkunternehmers (Frankf NJW 92, 633). 80

81 **51. Werkvertrag.** Maßgeblich ist das Recht am Ort der Niederlassung oder des gewöhnlichen Aufenthalts des Werkunternehmers (Schlesw NJW-RR 93, 314; Nürnbg IPRspr 93 Nr 31 379; Köln 95, 245; Hamm IPRax 95, 106; Stuttg NJW-RR 01, 858; LG Berlin IPRax 96, 416).

82 **52. Wette.** S Rn 73 (Spiel).

ex Art. 29 Verbraucherverträge.
(1) Bei Verträgen über die Lieferung beweglicher Sachen oder die Erbringung von Dienstleistungen zu einem Zweck, der nicht der beruflichen oder gewerblichen Tätigkeit des Berechtigten (Verbrauchers) zugerechnet werden kann, sowie bei Verträgen zur Finanzierung eines solchen Geschäfts darf eine Rechtswahl der Parteien nicht dazu führen, daß dem Verbraucher der durch die zwingenden Bestimmungen des Rechts des Staates, in dem er seinen gewöhnlichen Aufenthalt hat, gewährte Schutz entzogen wird,
1. wenn dem Vertragsabschluß ein ausdrückliches Angebot oder eine Werbung in diesem Staat vorausgegangen ist und wenn der Verbraucher in diesem Staat die zum Abschluß des Vertrages erforderlichen Rechtshandlungen vorgenommen hat,
2. wenn der Vertragspartner des Verbrauchers oder sein Vertreter die Bestellung des Verbrauchers in diesem Staat entgegengenommen hat oder
3. wenn der Vertrag den Verkauf von Waren betrifft und der Verbraucher von diesem Staat in einen anderen Staat gereist ist und dort seine Bestellung aufgegeben hat, sofern diese Reise vom Verkäufer mit dem Ziel herbeigeführt worden ist, den Verbraucher zum Vertragsabschluß zu veranlassen.
(2) Mangels einer Rechtswahl unterliegen Verbraucherverträge, die unter den in Absatz 1 bezeichneten Umständen zustande gekommen sind, dem Recht des Staates, in dem der Verbraucher seinen gewöhnlichen Aufenthalt hat.
(3) ¹Auf Verbraucherverträge, die unter den in Absatz 1 bezeichneten Umständen geschlossen worden sind, ist Artikel 11 Abs. 1 bis 3 nicht anzuwenden. ²Die Form dieser Verträge unterliegt dem Recht des Staates, in dem der Verbraucher seinen gewöhnlichen Aufenthalt hat.
(4) ¹Die vorstehenden Absätze gelten nicht für
1. Beförderungsverträge,
2. Verträge über die Erbringung von Dienstleistungen, wenn die dem Verbraucher geschuldeten Dienstleistungen ausschließlich in einem anderen als dem Staat erbracht werden müssen, in dem der Verbraucher seinen gewöhnlichen Aufenthalt hat.
²Sie gelten jedoch für Reiseverträge, die für einen Pauschalpreis kombinierte Beförderungs- und Unterbringungsleistungen vorsehen.

1 **A. Ursprung und Überblick.** Verbraucherverträge werden heute materiellrechtlich vielfach besonders geregelt und dementspr enthält ex Art 29 eine kollisionsrechtliche Sonderregel für Verbraucherverträge; sie entspr dem schon früh zukunftsweisenden, aber wenig kohärenten (vgl schon Czernich/*Heiss* Art 5 Rz 4) Art 5 EVÜ, an dessen Stelle nun Art 6 Rom I-VO getreten ist. ex Art 29 baut auf ex Art 27 und 28 auf. Art 29 I regelt die Anwendungsvoraussetzungen und knüpft an die Situation der Rechtswahl nach ex Art 27 EGBGB an, gebietet aber die **Gewährung des Schutzes der zwingenden Normen des Verbraucherstaates**. II enthält für die Situation des Fehlens einer Rechtswahl eine eigene, von ex Art 28 abw Anknüpfung an das Recht des Staates des gewöhnlichen Aufenthalts des Verbrauchers. III enthält eine Art 11 EGBGB derogierende Sonderregel zur Form. IV schränkt den Anwendungsbereich der gesamten I–III des Artikels ein. Eine Rückverweisung ist gem ex Art 35 unbeachtlich. Der dem ex Art 29 zugrunde liegende Art 5 EVÜ ist insb in der deutschen Rspr praktisch geworden (*Basedow* FS Jayme 3, 5), die aber nicht notwendigerweise alleuropäisch überzeugt. Ex Art 36 und die Vorlagemöglichkeit zum EuGH sind stets zu beherzigen (s. ex Art 36 Rn 8). **ex Art 29a** beruht auf besonderen Richtlinienkollisionsnormen. Österreich hat eine Revision des dem ex Art 29 zugrunde liegenden Art 5 EVÜ verlangt (KOM 2002, 654 endg 19 f). Art 6 Rom I-VO ändert die Regelung nur zT, nicht grundl.

2 **B. Anwendungsbereich. I. Eingrenzungen.** Der Anwendungsbereich des ex Art 29 wird in I näher umschrieben und eingeschränkt, und zwar **in dreifacher Weise**: nach dem für Verbraucherverträge konstitutiven Verwendungszweck des Vertragspartners, der Vertragsart und der Anbahnungssituation. Man kann insoweit von persönlichem, sachlichem und räumlichem Anwendungsbereich sprechen. Soweit ex Art 29 nicht eingreift, stellt sich die problematische Frage, ob auf ex Art 34 zurückgegriffen werden kann (dazu u ex Art 34 Rn 3).

3 **II. Verbrauchervertrag: Verwendungszweck und Vertragspartner.** Ex Art 29 greift nur ein, wenn die Sachen oder Dienstleistungen dem Berechtigten zu einem nicht seiner beruflichen oder gewerblichen Tätigkeit zuzurechnenden Zweck dienen, dieser also Verbraucher ist. Eine Beschränkung auf natürliche Personen enthält der Wortlaut anders als bei § 13 nicht, doch wird die Vorschrift vielfach so verstanden (etwa MüKo/*Martiny* (4. Aufl) Art 29 Rz 7; *Loacker* Verbrauchervertrag 06, 55; wohl auch Czernich/*Heiss* Art 5 Rz 7, 11 Fn 55). Art 6 Rom I-VO sieht ausdrücklich nur die natürliche Person als Verbraucher. Beruflich oder gewerb-

lich bedeutet iRd Tätigkeit als Freiberufler oder jeder selbstständigen geschäftlichen Tätigkeit (MüKo/*Martiny* (4. Aufl) Art 29 Rz 8). Auch die private Vermögensanlage ist von Art 29 erfasst (BGHZ 123, 480). Anders als bei §§ 13, 14 fehlt hier im Gesetzestext die Einschränkung „selbstständig" vor beruflich. Zweckentspr scheint es jedoch, auch dem zu Zwecken abhängiger beruflicher Tätigkeit handelnden den Schutz zukommen zu lassen (komplizierend *Mankowski* ZVglRWiss 06, 120, 146). Eine Ausdehnung auf schutzbedürftige Gewerbetreibende hat der EuGH zum materiellen Recht in di Pinto abgelehnt (EuGH C-361/89, Slg 1991, I-1189 – di Pinto); wegen des Bedürfnisses nach kollisionsrechtlicher Sicherheit dürfte dem mindestens hier zu folgen sein. Existenzgründer lässt der EuGH in Benincasa nicht unter Art 13 EuGVÜ fallen (EuGH C-296/95, Slg 1997, I-3767 – Benincasa) und für ex Art 29 EGBGB/5 EVÜ wird entspr zu entscheiden sein (ebenso Czernich/*Heiss* Art 5 Rz 10).

Wie im materiellen Recht kann sich die Frage des **doppelten Verwendungszwecks (dual use)** stellen, die **4** umstr ist. Ausschlaggebend sollte der überwiegende Zweck sein (so auch MüKo/*Martiny* (4. Aufl) Art 29 Rz 10). So hebt schon der Bericht Giuliano/Lagarde darauf ab, dass die Person „im wesentlichen außerhalb des Rahmens ihrer beruflichen oder gewerblichen Tätigkeit handelt" (BTDrs 10/503/*Giuliano* 55). Allerdings hat der EuGH in Gruber ./. BayWa zu Art 13 EuGVÜ in einer dual use-Situation die Berufung auf den Verbrauchergerichtsstand ausgeschlossen, „es sei denn, der beruflich-gewerbliche Zweck ist derart nebensächlich, dass er im Gesamtzusammenhang des betr Geschäftes nur eine ganz untergeordnete Rolle spielt, wobei die Tatsache, dass der nicht beruflich-gewerbliche Zweck überwiegt, ohne Bedeutung ist" (EuGH C-464/01, Slg 2005, I-439; dem für das IPR folgend *Loacker* 60; wohl auch Ferrari/*A. Staudinger* Art 20 Rz 6f; zu Art 6 Rom I-VO *Ragno* in Leible/Ferrari, Rome I Regulation (09) 129, 135f; Palandt/*Thorn* Rom I-VO Art 6 Rz 5).

Angemessen scheint es, auf die **Verwendungsabsicht** bei Vertragsschluss abzustellen. Die Abtretung an einen **5** Dritten ändert – anders als beim Verbrauchergerichtsstand – wohl nichts (eingehend MüKo/*Martiny* Art 29 Rz 12; *Loacker* 63 ff; *Sachse* Verbrauchervertrag im IPR 06, 135). Die **Beweislast** trägt nach allg Grundsätzen der, der sich auf ex Art 29 beruft (zum EuGVÜ EuGH C-464/01 Erw. 46; ausf *Mankowski* IPRax 09, 474); Beweiserleichterungen scheinen uU aber nicht ausgeschlossen (vgl im materiellen Recht zum „Powerseller" Kobl WM 06, 303). Auf die Kenntnis des Leistungserbringers vom Verwendungszweck kommt es zwar nach dem Wortlaut von ex Art 29 EGBGB nicht an. Zu recht wird aber auf die Sicht des Leistenden abgestellt (MüKo/*Martiny* (4. Aufl) Art 29 Rz 11). Hat sich der Besteller als beruflich/gewerblich handelnd geriert, so greift die Bestimmung schon nach dem Bericht Giuliano/Lagarde nicht ein (BTDrs 10/503/*Giuliano* 55; zum EuGVÜ auch EuGH C-464/01 Erw 51 ff; zum BGB BGH NJW 05, 1045). Es liegt ein venire contra factum proprium vor, das die Berufung auf die Verbrauchereigenschaft ausschließt; der EuGH hat in anderem Zusammenhang das Institut des Rechtsmissbrauchs anerkannt (EuGH C-373/97, Slg 2000, I-1705 – Diamantis).

Der **Leistungserbringer** wird im Wortlaut des Art 29 EGBGB anders als im materiellen Recht bei den Ver- **6** braucherverträgen, etwa §§ 474, 491 usw, und § 14 nicht besonders qualifiziert. Nach dem Text wird daher nicht ein Verbraucher-Unternehmer-Geschäft vorausgesetzt, sondern auch der Leistungserbringer kann zu privaten Zwecken handeln. Dann sind auch Privatgeschäfte unter Nichtgewerbetreibenden erfasst (so etwa Palandt/*Heldrich* (67. Aufl) Art 29 Rz 4 (in Neuaufl aA *Thorn*); Staud/*Magnus* Art 29 Rz 42; ausf *Loacker* 66 ff; Denkschrift BTDrs 10/503/26). In der Lit wird aber vielfach vertreten, dass ein Erfordernis der Unternehmereigenschaft des Leistungserbringers in ex Art 29 EGBGB hineinzulesen sei (ausf Czernich/*Heiss* Art 5 Rz 11 ff; *Rudisch* Internationales Verbraucherschutzrecht, 95, 219 ff; *Joustra* de internationale consumentenovereenkomst, 97, 87; *Leible* in: Leible 132, 138; *Looschelders* Art 29 Rz 21; *Sachse* 121 f; so neuerdings auch MüKo/*Martiny* Art 29 Rz 13). Art 6 Rom I-VO verlangt ausdrücklich ein Verbraucher-Unternehmer-Geschäft. Auch wenn man dem de lege lata nicht folgt, kann doch der kollisionsrechtliche Schutz leer laufen, wenn dann mangels Unternehmereigenschaft des Leistenden das materielle Recht Schutznormen nicht eingreifen lässt.

Liefert ein Verbraucher einem Unternehmer bewegliche Sachen oder sollte er ihm gar außerhalb eines **7** Arbeitsverhältnisses Dienste leisten, so passt ex Art 29 seinem Wortlaut nach nicht (keinen Zweifel an dieser Lösung hat Czernich/*Heiss* Art 5 Rz 13), da danach der „Berechtigte" Verbraucher sein muss. Wer privat antike, antiquarische oder sonst gebrauchte Sachen einem Unternehmer liefert, kann jedoch schutzbedürftig sein, etwa nach den §§ 305 ff bzw der RL 93/13 und sollte ggf auch kollisionsrechtlich geschützt werden (so a *Sachse* 174 ff; nun auch BaRoth/*Spickhoff* Art 29 Rz 10). Wahrscheinlich haben solchen Verträge grenzüberschreitend bisher keine große Bedeutung. Die Formulierung des Art 6 Rom I-VO scheint wohl unbewusst auch diese Situation zu erfassen. Nach KGR 05, 470 sollen bisher nur „Abnehmer", nicht auch Anbieter geschützt werden.

III. Vertragsart. 1. Allgemeines. Ex Art 29 I nennt Verträge über die **Lieferung beweglicher Sachen oder** **8** **die Erbringung von Dienstleistungen sowie Verträge zur Finanzierung eines solchen Geschäfts**. Immobiliarverträge sind damit ausgeschlossen. Der Begriff der beweglichen bzw unbeweglichen Sache wird wohl grds autonom zu bestimmen sein. Keine beweglichen Sachen sind Wertpapiere (BGHZ 123, 380; Dienstleistung annehmend *Calliess* Grenzüberschreitende Verbraucherverträge 2006, 79). Die Lieferung beweglicher Sachen fällt unter Art 29. Für den Online-Erwerb von Software ist dies str, aber zu bejahen (*Lurger* in: Leible 33, 44; MüKo/*Martiny* (4. Aufl) Art 29 Rz 15; aA wohl *Heiss* in: Czernich/Heiss Art 5 Rz 16). Art 6 Rom I-VO löst dieses Problem (s. Art 6 Rn 3).

9 Für **Gewinnzusagen** (vgl § 661a) hat der BGH neuestens eine vertragliche Qualifikation ausgeschlossen, da die Haftung nicht an ein Versprechen anschließe (BGH NJW 06, 231, 232, 233; zu Bedenken schon MüKo/*Martiny* (4. Aufl) Art 29 Rz 16 mwN; krit *Tamm/Gaedtke* VuR 06, 169, 176). Hinsichtlich des EuGVÜ hält der EuGH vertragsrechtliche Zuständigkeiten für gegeben (C-27/02; Slg 2005, I-481 – Engler; C-96/00, Slg 2002, I-6367 – Gabriel). In der Instanzrechtsprechung wurden Gewinnzusagen bisher vielfach als unter Art 29 fallend angesehen (Brandbg OLG-NL 04, 199; Hamm RIW 03, 305; Hamm NJW-RR 03, 717; Nürnbg NJW 02, 3637; LG Bielefeld NJOZ 03, 581, 583; LG Braunschweig 17.9.04 juris; über cic LG Braunschweig IPRax 02, 213; aA Bambg OLGR 03, 164; *S. Lorenz* IPRax 05, 219, 223 entgegen IPRax 02, 192, 195; zu Art 34, 40, 41 Naumbg OLG-NL 04, 55, 56), jedenfalls wenn iVm einer unverbindlichen Bestellung von Waren zum Test (KG KGR 04, 218). Der BGH gewährt den Schutz über ex Art 34 (u ex Art 34 Rn 13).

10 „**Dienstleistung**" ist autonom zu bestimmen (BGHZ 123, 380, 384) und wie im eigentlichen Europarecht weit zu verstehen (ebda), auch Werkverträge ua mehr fallen darunter. Es geht um eine tätigkeitsbezogene Leistung an den Verbraucher (BGHZ 123, 380). Darunter fallen etwa Geschäftsbesorgungsverträge für den Erwerb von Investmentanteilen und „Hausanteilsscheinen" (BGHZ 123, 380 m abl Anm *Dörner* JR 95, 18, 19; OGH ZfR vgl 96, 26 m Anm IPRax 97, 435), Rechtsanwaltsmandat (BGH NJW 03, 3486; Frankf RIW 01, 374), Suchmaschinendienste (LG Hamburg ZGS 09, 475), Reiseverträge (LG Konstanz NJW-RR 93, 638), Ferienhausmietverträge (vgl dazu BGHZ 119, 152). **Timesharingverträge** dagegen haben nach Ansicht des BGH nicht Dienstleistungen zum Gegenstand, und zwar auch dann nicht, wenn sie auch Bewirtschaftung und Verwaltung umfassen (BGHZ 135, 124; ferner Celle RIW 96, 963; LG Düsseldorf IPRspr. 94, 77; LG Bielefeld, NZM 99, 72; LG Weiden NJW-RR 96, 438; anders LG Hamburg VuR 98, 346; Art 31 II anwenden will LG Gießen NJW 95, 406). Der EuGH hat im Fall Travel Vac allerdings Timesharing iVm den Wert des Teilzeitnutzungsrechts noch übersteigenden Dienstleistungen als Dienstleistung iSd Haustürwiderrufs-RL betrachtet (EuGH C-423/97 Slg 1999, I-2195); dies spricht für eine großzügigere Handhabung auch bei Art 29 EGBGB (anders *Klauer* 166), s. neu Art 6 IV lit c Rom I-VO. Normale **Mietverträge** an Immobilien werden nicht erfasst (s. aber ex Art 34 Rn 11), auch die Miete von beweglichen Sachen soll unter keine der Alternativen passen (MüKo/*Martiny* (4. Aufl) Art 29 Rz 15; Czernich/*Heiss* Art 5 Rz 15 und 18). Evtl kann sich aber, wenn nicht IV 1 Nr 2 eingreift, die Frage der Abgrenzung zur Dienstleistung stellen (mE zu eng *Loacker* 108). Nicht ohne Berechtigung sind Einschränkungen der „Absurdität" geziehen worden (*Calliess* 74, 369). Art 6 Rom I-VO löst dies weitgehend (Art 6 Rn 3 und 12).

11 **Warentermin- und Optionsgeschäfte** betreffen Dienstleistungen (BGH NJW 05, 1071, 1073; Fonds für Börsentermingeschäfte Ddorf 19.12.01 juris; für Börsentermingeschäfte Ddorf RIW 96, 681; 95, 769; RIW 94, 420).

12 Verträge zur **Finanzierung** eines Warenlieferungs- oder Dienstleistungsvertrages fallen unter ex Art 29, auch der Vertrag zur Finanzierung des Kaufs von Hausanteilsscheinen (OGH IPRax 97, 435). Freie Kreditverträge ohne spezifizierten Verwendungszweck sollen nach ganz hM jedoch ausgeschlossen sein (so wohl BGH NJW 06, 762; klar *Felke* RIW 01, 30; AnwKomm/*Leible* Art 29 Rz 33 f; *Leible* in: Leible, Grünbuch 132, 139; *Looschelders* Art 29 Rz 33; *Loacker* 121 f; anders wohl *Reich* NJW 94, 2128, 2130; für Analogie Soergel/*v Hoffmann* Art 34 Rz 61; fragend *Lagarde* Rev crit d i p 00, 29, 33). Entgegen landläufiger deutscher Ansicht ist dies aber problematisch (s. nun auch *Calliess* 78; *Hoffmann/Primaczenko* WM 07, 189). Für eine solche kollisionsrechtliche Bevorzugung der freien Kreditgeber fehlt eine sachliche Begründung (krit auch Czernich/*Heiss* Art 5 Rz 19). Auch wäre bei einer solchen Ausn wichtig, welchen Zusammenhang zwischen finanziertem und Finanzierungsgeschäft die Wendung „zur Finanzierung" genau meint (eher großzügig Staud/*Magnus* Art 29 Rz 55). Mit der Entwicklung grenzüberschreitender Verbraucherkreditdienstleistungen sollten diese mE entgegen der ganz hM auch kollisionsrechtlich ebenso behandelt werden wie andere Dienstleistungen und gebundene Kredite (vgl auch *Franck* Anm zu TGI Strassburg, Dalloz 02 Sommaires 2935 mit Bezugnahme auf CA Colmar Rev crit d i p 01, 135 Anm *Gaudemet-Tallon* = IPRax 01, 251 Aufs *Neumann/Rosch* 257 zum EuGVÜ; Gedanke auch bei *Klauer* 169, Analogie erwägend Staud/*Magnus* Art 34 Rz 90, strenger Art 29 Rz 56; zögernd *Sachse* 214 f; abl AnwK/*Leible* Art 29 Rz 36; ähnl wie hier nun *Mankowski* RIW 06, 321, 323; auch *Weller* NJW 06, 1247, 1248 f; dagegen *Tamm* JZ 06, 676, 678), alles andere wäre willkürlich (schon W.-H. *Roth* in Internationales Verbraucherschutzrecht 35, 48 – allerdings zug Art 34) und inkonsequent. Jeder Verbraucherkredit, der nicht Immobiliarkredit ist, dient praktisch dem Erwerb von Waren oder Dienstleistungen. Materielle Verbraucherschutzakte schützen auch den Kreditnehmer schlechthin. Art 6 Rom I-VO lässt wie schon Art 15 EuGVVO die angebliche Restriktion fallen, wie verschiedentlich gefordert (*Lurger* in: Leible, Bedeutung 33, 45; Staud/*Magnus* Art 29 Rz 56, Art 34 Rz 90; *Basedow* FS Jayme, 3, 7; AnwK/*Leible* Art 29 Rz 35; *Leible* in: Leible, Grünbuch 132, 139 f). Solange die Neuregelung keine Anwendung findet, ist dringend die **Vorlage an den EuGH** durch ein Rechtsmittelgericht geboten (dazu u ex Art 36 Rn 7), damit der EuGH die Frage klären kann (anders leider BGH NJW 06, 762; für Vorlage schon *Lagarde*, Rev crit d i p 00, 29, 33). Ein Darlehen, um seinerseits iRe Steuersparmodells einem Dritten ein Darlehen zu gewähren, soll nicht unter Art 29 fallen (BGH NJW 06, 762; KGR 05, 470, Ls VuR 05, 276), doch ist dies ebenfalls zweifelhaft. Immobiliarkredite fallen nicht unter Art 29 EGBGB/5 EVÜ (vgl TGI Strassburg, Dalloz 02 Sommaires 2933; TGI Strassburg, Dalloz 02 Sommaires 2935 m abl Anm *Franck*); zwar sind sie gemeinschaftsrechtlich

Finanzdienstleistungen, doch regelt Art 29 Finanzierungsverträge gesondert (anders *Franck* ebda unter Bezugnahme auf CA Colmar aaO zum EuGVÜ).

2. Besondere Ausnahmen. Besondere Ausnahmen vom Anwendungsbereich enthält IV 1. Nach Nr 1 sind **Beförderungsverträge** ausgeschlossen (krit *Klauer* 170ff). Die Ausn gilt sowohl für Güter- als auch Personenbeförderung (MüKo/*Martiny* (4. Aufl) Art 29 Rz 26; wohl übersehen von AG Frankfurt/M NJW-RR 03, 641 – Flug). Im Wege einer Unterausn findet Art 29 nach IV 2 bei Pauschalreisen aber doch Anwendung. Die EG-VO 261/2004 über Nichtbeförderung, Anullierung oder große Verspätung bei Flügen enthält eine eigene Kollisionsnorm in Art 3 I. 13

Nach IV 1 Nr 2 sind Verträge über **Dienstleistungen, die ausschl in einem anderen als dem Verbraucheraufenthaltsstaat erbracht** werden, ausgeschlossen. Zu denken ist an Auslandssprachkurs, Ski- oder Segelkurs, auch Buchung eines Zimmers in einer italienischen Pension (AG Bernkastel-Kues IPRax 94, 141), Parkraumnutzung (AG Delmenhorst IPRspr. 94 Nr 45 – unter Verkennung des öffentlichrechtlichen Gegenstandes) oder Internatsvertrag (*Siehr* 147). Auch örtliche Bank- und Brokerdienstleistungen können von Nr 2 erfasst werden, doch ist dies nicht der Fall, wenn Warentermin- und Optionsgeschäfte an Börsen verschiedener Staaten getätigt werden dürfen (BGH NJW-RR 2005, 1071; Dsd 17 U 257/06, 17 U 39/06 juris; vielleicht anders München OLGR 03, 330; auf die Inlandstätigkeit der Agentur abstellend Ddorf RIW 95, 769). Korrespondenzdienstleistungen ohne physischen Grenzübertritt des Verbrauchers dürften nicht unter die Ausn fallen (vgl Ddorf 17 U 257/06 und 39/06 juris; Müko/*Martiny* (4. Aufl) Art 29 Rz 30; *Hoffmann*/*Primacenko* WM 07, 189, 194). Die Ausn wird zT kritisiert (so *Leible* in: Leible 132, 141), hat recht verstanden aber ihre Berechtigung (vgl auch *Looschelders* Art 29 Rz 38; *Loacker* 82). Verträge über die Finanzierung von Dienstleistungen sollen von der Ausn nicht erfasst werden (BGHZ 123, 480). 14

IV. Anbahnungssituation: passiver Verbraucher. Ex Art 29 schützt **nur den passiven, nicht den aktiven Verbraucher**. Auf diesen Nenner lassen sich die in I Nr 1–3 beschriebenen Anbahnungssituationen bringen. Sind deren Voraussetzungen nicht erfüllt, so findet ex Art 29 keine Anwendung. Ein Verbraucher, der im Ausland Waren einkauft, kann nicht erwarten, dass ihm das Heimatrecht ins Ausland folgt und ihn dort schützt (Denkschrift BTDrs 10/503/26; Ddorf MDR 00, 575). 15

Nr 1 betrifft Fälle, in denen der **Unternehmer Schritte unternommen** hat, seine Leistungen im Verbraucherland zu verkaufen (BGHZ 123, 480; auch Cour de cassation Clunet 06, 985: deutsche Heiratsvermittlerin im Elsaß). Nr 1 erfordert zweierlei: ausdrückliches Angebot oder Werbung im Verbraucherstaat und Rechtshandlungen des Verbrauchers in seinem Staat. Ein Angebot ist nicht erforderlich, die invitatio ad offerendum reicht (ebda). Auf welchem Wege geworben wird, ist gleichgültig (Czernich/*Heiss* Art 5 Rz 31). Erörtert wird, inwieweit die Werbung auf den Verbraucherstaat abzielen muss (Czernich/*Heiss* Art 5 Rz 32). Die Rechtshandlung des Verbrauchers in seinem Staat kann Angebot oder Annahme sein (Czernich/*Heiss* Art 5 Rz 34). Viel behandelt werden **Internetfälle** (*Mankowski* RabelsZ 99, 203, 231 ff; *Pfeiffer* in: Gounalakis, Rechtshandbuch Electronic Business, 03, § 12 Rz 71 ff). Während einige ein Sichbeziehen der Internetseite auf das Verbraucherland verlangen, reicht nach anderen die – technisch fast stets gegebene – Abrufbarkeit dort. Angemessen ist es wohl, bei Internetseiten Werbung im Verbraucherland anzunehmen, es sei denn dass der Anbieter sein Angebot räumlich begrenzt (MüKo/*Martiny* (4. Aufl) Art 29 Rz 36). Es wird auch die Unterscheidung zwischen aktiven, eine Online-Bestellung ermöglichenden, und passiven Internetseiten vorgeschlagen (*Pfeiffer* § 12 Rz 75); die technische Art der Fernbestellung allein sollte jedoch keinen Unterschied machen (*Lurger* in: Leible, Bedeutung 33, 41; *Kropholler* Europäisches Zivilprozessrecht, 8. Aufl 05, Art 15 Rz 24). Die EuGVVO verwendet nun in ihrem Art 15 I lit c) das Kriterium des „Ausrichtens" einer beruflichen oder gewerblichen Tätigkeit auf den Verbraucherstaat (dazu *Kropholler* Art 15 Rz 23 ff mwN). Nach einer dazu abgegebenen Gemeinsamen Erklärung von Kommission und Rat reicht die Zugänglichkeit einer Website allein nicht aus, sondern es ist erforderlich, „dass diese Website auch zum Vertragsabschluss im Fernabsatz auffordert, und dass tatsächlich ein Vertragsabschluss im Fernabsatz erfolgt ist, mit welchem Mittel auch immer"; auf der Website benutzte Sprache oder Währung seien nicht von Bedeutung (2314. Tagung des Rates, 30.11./1.12.00, PRES/00/457, Anl; dazu *Kropholler* Art 15 Rz 25). Ex Art 29 kann schon heute im Lichte des Art 15 I lit c) EuGVVO ausgelegt werden (*Lurger* ebda 43); Art 6 Rom I-VO verwendet dieses Kriterium ausdr. 16

Nach Nr 2 reicht auch die **Entgegennahme der Bestellung** im Verbraucherstaat. Mit Entgegennahme ist der Erhalt oder Zugang gemeint, nicht die Annahme des Angebots (BGHZ 135, 124 gegen die aA). Man kann an einen Messestand oder Briefkasten denken (Czernich/*Heiss* Art 5 Rz 35 mN). 17

Nr 3 betrifft **Kaffeefahrten**, allerdings nur bei Warenkäufen. Nach dem Bericht Giuliano/Lagarde genügt es, dass der Verkäufer die Reise im Wege einer Vereinbarung mit einem Beförderungsunternehmen organisiert hat (BTDrs 10/503/*Giuliano* 56). Enge Verflechtungen und Geschäftsbeziehungen bis hin zu Gewinnabsprachen zwischen Verkäufer und Pauschalreiseveranstalter können uU ausreichen (LG Tübingen NJW 05, 1513; offen Frankf NJW-RR 07, 1357). Einreise von einem Schiff, das nicht unter deutscher Flagge fährt (Ddorf NJW-RR 95, 1396), oder aus einem Drittstaat (Naumbg OLGR 99, 172), reicht hingegen nicht. Auch eine Terminabsprache zwischen einem Reiseleiter einer Pauschalreise, deren Veranstalter keine Beziehung zum Verkäufer hat, und dem Verkäufer führt nicht zu einer Verkaufsreise iSd Nr 3 (LG Hamburg RIW 99, 391). 18

Grds muss man sich auf dem ausländischen Markt mit dem Schutzstandard des ausländischen Marktes zufrieden geben (Ddorf MDR 00, 575; LG Düsseldorf, NJW 91, 2220).

19 Probleme haben die sog **Gran Canaria-Fälle** bereitet: Werbeveranstaltung für deutsche Touristen im Ausland, Vertragsschluss mit ausländischem Unternehmen unter Wahl ausländischen Rechts, aber Lieferung und Gewährleistung durch deutsches Unternehmen, dem der Kaufpreisanspruch abgetreten wird. Da Nr 3 nicht unmittelbar greift, haben Rspr und Lit diverse, teils sehr gekünstelte Wege zum Schutz des Verbrauchers erwogen: Vertragsschluss erst in Deutschland (AG Bremen VuR 91, 32), ex Art 27 III (LG Hamburg NJW-RR 90, 495; Frankf IPRax 90, 236, 237, 238), Art 31 II (LG Aachen NJW 91, 2221; s.a. LG Stuttgart RIW 96, 424; LG Koblenz NJW-RR 95, 1335), unmittelbare Richtlinienwirkung (Celle IPRax 91, 334; LG Hildesheim IPRax 93, 173; LG Wiesbaden MDR 91, 156; AG Bremerhaven NJW-RR 90, 1083), ordre public des Art 6 (Celle IPRax 91, 334; LG Bamberg NJW-RR 90, 694; AG Lichtenfels IPRax 90, 235), Gesetzesumgehung (vorsichtig *Coester-Waltjen* FS W Lorenz 297ff – zu allem eingehend MüKo/*Martiny* (4. Aufl) Art 29 Rz 45; 53; *Coester-Waltjen* aaO; *Brödermann/Iversen* Europäisches Gemeinschaftsrecht und IPR, 94, passim; offen lassend BGHZ 112, 204). Methodisch am saubersten erscheint die Analogie (dafür auch Erman/*Hohloch* Art 29 Rz 10; MüKo/*Martiny* (4. Aufl) Art 29 Rz 52 f; *Mäsch* Rechtswahlfreiheit und Verbraucherschutz, 93, 166ff; Stuttg NJW-RR 90, 1081; offen lassend AG Bremerhaven NJW-RR 90, 1083; dagegen Celle IPRax 91, 334; LG Hildesheim IPRax 93, 173; LG Koblenz IPRspr 89 Nr 43), deren strenge Voraussetzungen aber zu beachten sind (zu weitgehend LG Limburg/Lahn NJW 90, 2206; in casu wohl zu recht abl Ddorf MDR 00, 575, ferner Naumbg OLGR 99, 172; LG Hamburg RIW 99, 391). Ex Art 36 steht dem nicht entgegen: man kann der Vorschrift nicht das Gebot der Ermittlung der mangels einschlägiger Rspr unbekannten rechtspolitischen Wertung in anderen Mitgliedstaaten und so ein faktisches Analogieverbot entnehmen (so aber *Mankowski* IPRax 91, 305, 312; RIW 93, 453, 360 mit reinen Literaturzitaten in Fn 100, – ihm bei anderem Problem folgend BGHZ 135, 124, 133 f –; RIW 98, 287, 288; *Looschelders* Art 29 Rz 58 und im Ergebnis *Leible* in: AnwK 59) – zumal offenbar mehr als 90% der veröffentlichten Entscheidungen zu Art 5 EVÜ deutsche sind (vgl *Basedow* FS Jayme 3, 5). Mittlerweile besteht die Möglichkeit der Vorlage an den EuGH durch ein Rechtsmittelgericht (s. ex Art 36 Rn 7) und erkennen auch Gegner der Analogie die Gerechtigkeit von deren Ergebnis an (*Mankowski* ZVglRWiss 06, 120, 141). Greift ex Art 29 nicht, so kommt es auf das fremde Verbraucherschutzrecht an (zur Türkei Ddorf ebda; LG Hamburg ebda; Frankf NJW-RR 07, 1357).

20 Vom Herkunftslandprinzip gehen die RL 00/31 über den elektronischen Handel und § 4 TDG aus. Wie auch immer man das Verhältnis zum IPR beurteilt, es ist doch das Verbrauchervertragsrecht ausgenommen, Art 3 III iVm Anh RL, § 4 III Nr 2 TDG (dazu *Spindler* in: Gounalakis, Rechtshandbuch Electronic Business, 03, § 9 Rz 48 ff). Gleiches gilt auch für die RL 2006/123 über Dienstleistungen im Binnenmarkt, Art 17 Nr 15.

21 **C. Rechtsfolge nach I: Günstigkeitsvergleich.** Die Rechtswahl nach ex Art 27 wird von ex Art 29 I nicht geändert, doch darf sie nicht zum Entzug des Schutzes der zwingenden Bestimmungen des Verbraucherstaates führen. Es gilt also das **Günstigkeitsprinzip** (MüKo/*Martiny* (4. Aufl) Art 29 Rz 59 f; *Kropholler* § 52 V 3), ein *favor consumatoris* (*Siehr* 150). Es ist ggf ein Günstigkeitsvergleich (BGH NJW 05, 1071, 1072) durchzuführen. Zugunsten des Verbrauchers gilt die „Rosinentheorie" (*Siehr* 150). Sollte das gewählte Recht günstiger sein, so gilt dieses (MüKo/*Martiny* Art 29 Rz 59).

22 Zu den **zwingenden Bestimmungen** zählen etwa die AGB-Kontrolle (Ddorf RIW 96, 681; RIW 94, 420, LG Hamburg ZGS 09, 475ff), § 312 (MüKo/*Martiny* (4. Aufl) Art 29 Rz 57 mwN), das Verbot der quota litis durch BRAO (BGH NJW-RR 03, 3486). Auch richterrechtliche Regeln, so Grundsätze über Aufklärungs-, Hinweis- und Warnpflichten, sind einbezogen (BGH NJW-RR 05, 1071). Die zwingenden Bestimmungen brauchen sich nicht nur auf Verbraucher zu beziehen, sondern können allg Natur sein (Müko/*Martiny* (4. Aufl) Art 29 Rz 56), auch § 138 wird erfasst (MüKo/*Martiny* (4. Aufl) Art 29 Rz 56; HK/*A. Staudinger* Art 29 Rz 11).

23 **D. Objektive Anknüpfung.** Fehlt es an einer Rechtswahl nach ex Art 27 EGBGB, so sieht ex Art **29** II abw von ex Art 28 eine Anknüpfung an das Recht des Staates des gewöhnlichen Aufenthalts des Verbrauchers vor. Es handelt sich hier nicht um eine Überlagerung des anwendbaren Rechts durch die Schutznormen, sondern um eine eigene Anknüpfung. Die in I umschriebenen Anwendungsvoraussetzungen des ex Art 29 müssen erfüllt sein. Es gilt dann das Recht des Verbraucherlandes, obgleich der Anbieter aus dem Ausland kommt. Ein Günstigkeitsvergleich ist nicht vorgesehen (Czernich/*Heiss* Art 5 Rz 6). Widersinnigerweise ist es durchaus denkbar, dass die verbraucherschützend gedachte europäische objektive Anknüpfung an das Verbraucherstaatenrecht bei dort geringem Verbraucherschutzniveau dem Verbraucher ungünstigere Resultate zufolge hat, als eine Anknüpfung an das europäische Lieferantenstaatenrecht – dann klagt der Verbraucher zumindest theoretisch besser außerhalb der EG (*Siehr* 151f).

24 *E. Form.* Für die Form des Verbrauchervertrages nach I enthält III 2 eine **besondere Kollisionsnorm**, die nach III 1 den Art 11 verdrängt. Sie gilt bei objektiver Anknüpfung ebenso wie bei Rechtswahl. Es gilt das Aufenthaltsrecht des Verbrauchers (Dsd 17 U 257/06, 17 U 39/06 juris), ohne dass ein Günstigkeitsvergleich stattfände (MüKo/*Martiny* (4. Aufl) Art 29 Rz 74). Es soll auch für die Formgültigkeit der Rechtswahl gelten

(MüKo/*Martiny* (4. Aufl) Art 29 Rz 74). Ob auch Sprachvorschriften für Vertrag oder Prospekt unter ex Art 29 III oder aber das Vertragsstatut fallen, ist umstr (vgl MüKo/*Martiny* (4. Aufl) Art 29 Rz 75).

F. Grundfreiheiten im Binnenmarkt. Obgleich im europäischen Binnenmarkt große Teile des materiellen Verbraucherrechts bereits harmonisiert sind, können innereuropäisch einige kollisionsrechtliche Fragen entstehen. Die Anknüpfungen des ex Art 29 verstoßen grds nicht gegen die Grundfreiheiten (*W.-H. Roth* RabelsZ 91, 623, 652; *Basedow* RabelsZ 95, 1, 29 f; *Remien* 191; *Körber* 498 ff), müssen aber konsequenter gehandhabt werden (s.o. Rn 12). Dies schließt indes nicht aus, die berufene Norm an den Grundfreiheiten zu überprüfen (*Remien* 191 f; auch *Körber* 441). Vertragsrecht ist aber meist Verkaufsmodalität (*Remien*, str, anders *Tassikas* Dispositives Recht und Rechtswahlfreiheit, 04), kann uU aber den Marktzutritt hindern (EuGH C-442/02, Slg 04, I-8961 – CaixaBank). 25

ex Art. 29a Verbraucherschutz für besondere Gebiete. (1) Unterliegt ein Vertrag auf Grund einer Rechtswahl nicht dem Recht eines Mitgliedstaats der Europäischen Union oder eines anderen Vertragsstaats des Abkommens über den Europäischen Wirtschaftsraum, weist der Vertrag jedoch einen engen Zusammenhang mit dem Gebiet eines dieser Staaten auf, so sind die im Gebiet dieses Staats geltenden Bestimmungen zur Umsetzung der Verbraucherschutzrichtlinien gleichwohl anzuwenden.
(2) Ein enger Zusammenhang ist insbesondere anzunehmen, wenn
1. der Vertrag auf Grund eines öffentlichen Angebots, einer öffentlichen Werbung oder einer ähnlichen geschäftlichen Tätigkeit zustande kommt, die in einem Mitgliedstaat der Europäischen Union oder einem anderen Vertragsstaat des Abkommens über den Europäischen Wirtschaftsraum entfaltet wird, und
2. der andere Teil bei Abgabe seiner auf den Vertragsschluss gerichteten Erklärung seinen gewöhnlichen Aufenthalt in einem Mitgliedstaat der Europäischen Union oder einem anderen Vertragsstaat des Abkommens über den Europäischen Wirtschaftsraum hat.
(3) Die Vorschriften des Bürgerlichen Gesetzbuchs über Teilzeit-Wohnrechteverträge sind auf einen Vertrag, der nicht dem Recht eines Mitgliedstaats der Europäischen Union oder eines anderen Vertragsstaats des Abkommens über den Europäischen Wirtschaftsraum unterliegt, auch anzuwenden, wenn das Wohngebäude im Hoheitsgebiet eines dieser Staaten liegt.
(4) Verbraucherschutzrichtlinien im Sinne dieser Vorschrift sind in ihrer jeweils geltenden Fassung:
1. die Richtlinie 93/13/EWG des Rates vom 5. April 1993 über missbräuchliche Klauseln in Verbraucherverträgen (ABl. EG Nr. L 95 S. 29);
2. die Richtlinie 94/47/EG des Europäischen Parlaments und des Rates vom 26. Oktober 1994 zum Schutz der Erwerber im Hinblick auf bestimmte Aspekte von Verträgen über den Erwerb von Teilzeitnutzungsrechten an Immobilien (ABl. EG Nr. L 280 S. 83);
3. die Richtlinie 97/7/EG des Europäischen Parlaments und des Rates vom 20. Mai 1997 über den Verbraucherschutz bei Vertragsabschlüssen im Fernabsatz (ABl. EG Nr. L 144 S. 19);
4. die Richtlinie 99/44/EG des Europäischen Parlaments und des Rates vom 25. Mai 1999 zu bestimmten Aspekten des Verbrauchsgüterkaufs und der Garantien für Verbrauchsgüter (ABl. EG Nr. L 171 S. 12);
5. die Richtlinie 2002/65/EG des Europäischen Parlaments und des Rates vom 23. September 2002 über den Fernabsatz von Finanzdienstleistungen an Verbraucher und zur Änderung der Richtlinie 90/619/EWG des Rates und der Richtlinien 97/7/EG und 98/27/EG (ABl. EG Nr. L 271 S. 16).

A. Ursprung. Zusammen mit dem Inkrafttreten der Rom I-VO ist Art 46b EGBGB an die Stelle von ex Art 29a getreten (s. Art 46b EGBGB Rn 1). Unabhängig und zunächst vielleicht in Unkenntnis von Art 5 EVÜ (o ex Art 29) enthalten **seit RL 93/13** neue europäische Verbraucherrichtlinien **besondere Normen, die den Schutz bei internationalen Sachverhalten gewährleisten sollen**. Der durch das Fernabsatzgesetz (Art 2 II Nr 1, BGBl 00 I 897, 1139) eingeführte ex Art 29a EGBGB setzt diese Kollisionsnormen der in IV einzeln genannten RLen umfassend um, hinsichtlich älterer RLen fehlt eine ausdrückliche Regelung (s.u. Rn 10). Leider bleibt bei den RL-Kollisionsnormen und Art 29a vieles unklar. Die Richtlinienkollisionsnorm für Teilzeitwohnrechteverträge weicht von den anderen Normen ab und hat daher in III eine ergänzende besondere Regelung gefunden. Auch sonst zeigen sich gewisse Unterschiede (MPI, RabelsZ 04, 1, 12 f). Art 29a ist also das EVÜ ergänzende Umsetzung von RL-Kollisionsnormen und beruht selbst nicht auf dem EVÜ. Daher sind bei ex Art 29a – anders als sonst im EGBGB – die mit dem Rechtsangleichungsinstrument Richtlinie verbundenen Fragen, insb die richtlinienkonforme Auslegung, zu beachten (Überblick bei Schulze/Zuleeg/*Remien* EuR § 14; s.a. u ex Art 36 Rn 9). Art 267 AEUV gilt unmittelbar. Im Vertragsverletzungsverfahren hat der EuGH bereits über Richtlinienkollisionsnormen entschieden (EuGH C-70/03 Slg 04, I-7999 – Kommission ./. Spanien). 1

B. Drittstaatenrechtswahl und Verbraucherschutz. Ex Art 29a I knüpft an die **Rechtswahl zugunsten eines Nicht-EG/EWR-Mitgliedstaates** an. Der europäische Verbraucherschutz soll bei engem Zusammenhang nach den RL-Kollisionsnormen auch dann gelten. Findet infolge Rechtswahl oder objektiver Anknüpfung ein mit- 2 gliedstaatliches Recht Anwendung, so gilt automatisch dessen europäischer Verbraucherschutz. Führt die objektive Anknüpfung zur Anwendbarkeit eines Nicht-EG/EWR-Mitgliedstaatsrechts, so greift ex Art 29a I also nicht ein, doch gilt für Teilzeitwohnrechtverträge nach III uU anderes (unten Rn 8).

3   Da ex Art 29a von Verbraucherschutzrichtlinien, nicht vom Verbraucher spricht, wird gestritten, ob die Verbrauchereigenschaft der einen und die Unternehmereigenschaft der anderen Partei Voraussetzung der Anwendung der Kollisionsnorm ist (Reithmann/Martiny/*Martiny* Rz 4233; *Freitag/Leible* EWS 00, 342, 344; HK/*A. Staudinger* Art 29a Rz 7; *A. Staudinger* RIW 00, 416, 419 und ZGS 02, 63; verkürzend *Bitterich* JR 04, 485, 489f; abl Staud/*Magnus* Art 29a Rz 35; *Looschelders* Art 29a Rz 17). Dies könnte von Bedeutung sein für den **Unternehmerregress** nach § 478/Art 4 RiL 99/44. Entscheidend dürfte sein, ob die in ex Art 29a umgesetzte Kollisionsnorm des Art 7 II der RL auch den Regress des Art 4 umfasst. Da Art 4 rudimentär ist und nach Erwägungsgrund 9 4 nicht zwingend sein soll, ist dies wohl zu verneinen (vgl auch *A. Staudinger* NJW 01, 1974, 1977; *St Lorenz* FS Jayme 545; HK/*A. Staudinger* Art 29a Rz 7; aA *Looschelders* Art 29a Rz 17). Eine Anlehnung an *Ingmar* (s.u. Rn 10) scheidet damit aus. Das Hineininterpretieren persönlicher Anwendungsvoraussetzungen in ex Art 29a ist also unschädlich und unerheblich.

4   **C. Enger Zusammenhang.** Voraussetzung ist nach ex Art 29a I ein „enger Zusammenhang mit dem Gebiet" eines Mitgliedstaates; II ergänzt, dieser liege „insb" bei den Nr 1 und 2 vor. II gibt nur Regelbeispiele und schränkt daher den Richtlinienbegriff enger Zusammenhang nicht richtlinienwidrig ein (MüKo/*Martiny* (4. Aufl) Art 29a Rz 3; Staud/*Magnus* Art 29a Rz 42; BR/*Spickhoff* Art 29a Rz 10). **II** stellt auf das öffentliche Tätigwerden ab, also ein Verhalten ggü einer Vielzahl von Personen. Angebot, invitatio ad offerendum, Werbung, Internetauftritt, individualisierte Zusendung, Vertreterbesuch oder Telefonanruf reichen. Die Wendung „auf Grund" fordert wohl eine gewisse, aber keine strikte Kausalität (HK/*A. Staudinger* Art 29 Rz 10). Nr 2 verlangt zudem, also kumulativ den gewöhnlichen Aufenthalt des Verbrauchers in EG/EWR bei Abgabe seiner auf den Vertragsschluss gerichteten Erklärung. Auf die Staatsangehörigkeit kommt es nicht an. Wo die Erklärung abgegeben wird, ist unerheblich.

5   Wann **über II hinaus ein „enger Zusammenhang"** nach ex Art 29a I und RLen anzunehmen ist, ist wenig klar – der europäisch autonom auszulegende (schon *Krebber* ZVglRWiss 98, 124, 145) Begriff ist „absichtlich unscharf" (EuGH C-70/03, Slg 04, I-7999 zu Art 6 II RL 93/13): „Zweck dieser allgemeinen Formulierung ist es, je nach den Umständen des Einzelfalls die Berücksichtigung verschiedener Anknüpfungspunkte zu ermöglichen." (EuGH ebda), eine Einschränkung durch die kumulativen Voraussetzungen des Aufenthalts und Vertragsschlusses im Mitgliedstaat sei unzulässig (EuGH ebda zu Spanien). Nach einigen Stimmen soll dann, wenn die objektive Anknüpfung nach Art 27, 28 zu einem mitgliedstaatlichen Recht führte, ein enger Zusammenhang anzunehmen sein (*Freitag/Leible* EWS 00, 342, 345 unter mE fehlgehender Berufung auf *Krebber* aaO; AnwK/*Leible* Art 29a Rz 31; zuerst *Jayme/Kohler* Rev crit d i p 95, 1, 20). Das würde im Hinblick auf Art 28 II jedoch europäische Unternehmen auf Drittstaatenmärkten benachteiligen und würde auch den Schutzzielen nicht gerecht (*Krebber* ZVglRWiss 98, 124, 146). Die nach Art 28 I maßgebenden Kriterien mag man heranziehen (*Looschelders* Art 29a Rz 23, 33; BR/*Spickhoff* Art 29a Rz 10). Maßgebend ist eine Gesamtbetrachtung, ob auch auf die Staatsangehörigkeit des Verbrauchers abgestellt werden kann, ist str (bejahend BR/*Spickhoff* Art 29a Rz 10; abl MüKo/*Martiny* (4. Aufl) Art 29a Rz 40). Für verschiedene RLen werden zT unterschiedliche Kriterien in den Vordergrund gerückt (eingehend MüKo/*Martiny* (4. Aufl) Art 29a Rz 40 ff mwN). Auch ein enger Zusammenhang zu mehreren EG/EWR-Staaten reicht, dann ist auf den engsten Zusammenhang abzustellen (*Freitag/Leible* EWS 00, 342, 345; HK/*A. Staudinger* Art 29a Rz 10). Ein enger Zusammenhang kann auch gegeben sein, wenn der Verbraucher aus einem anderen Mitgliedstaat als dem Zielstaat der unternehmerischen Aktivität kommt (MPI RabelsZ 04, 1, 14 f). Manche Stimmen der Lit wollen Verbraucher mit gewöhnlichem Aufenthalt in Drittstaaten nicht schützen (HK/*A. Staudinger* Art 29a Rz 9, 11; Staud/*Magnus* Art 29a Rz 50), doch ist dies fraglich und unsicher.

6   **D. Rechtsfolge.** Rechtsfolge ist nach dem Wortlaut des ex Art 29a die Anwendung der Umsetzungsbestimmungen des **Rechts des Staates des engen Zusammenhangs**, nicht des Forumstaates oder der RL selbst. Die Richtlinienkollisionsnormen hingegen stellen auf den Schutz der RL ab. Bei dieser Sachnormenverweisung ergeben sich drei Probleme: (1.) Bei **unzureichender Umsetzung** der RL im anderen MS gilt an sich diese Umsetzung (dazu *A. Staudinger* RIW 00, 416), die RL ist auch grenzüberschreitend nicht horizontal unmittelbar anwendbar (vgl zu den Gran Canaria-Fällen o ex Art 29 Rn 19). Man kann allerdings daran denken, ex Art 29a richtlinienkonform so auszulegen, dass in Drittstaatenfällen der Schutz der RL selbst oder des Rechts eines anderen Mitgliedstaats mit sehr engem Zusammenhang gilt; allerdings steht dann der Verbraucher besser als nach dem richtlinienwidrigen Landesrecht. Andere wollen nur zu dem schwachen Instrument der Staatshaftung greifen (HK/*A. Staudinger* Art 29a Rz 14; *Looschelders* Art 29a Rz 38; *Bitterich* 415 ff). (2.) Bei **infolge einer Mindestklausel über die RL hinausgehendem Verbraucherschutz** des MS greift an sich Art 29a (s.a. MüKo/*Martiny* (4. Aufl) Art 29a Rz 75; Staud/*Magnus* Art 29a Rz 53; *Freitag/Leible* EWS 00, 342, 346), doch fragt sich, ob es sich noch um „Bestimmungen zur Umsetzung" handelt. Dies wird vielfach, aber mE nicht immer zu bejahen sein (vgl auch *Looschelders* Art 29a Rz 36; weitergehend wohl *Bitterich* 399 ff, der 422 ff dann auch noch Grundfreiheitenprobleme sieht). Die Richtlinienkollisionsnormen selbst fordern nur

den Schutz der RL. (3.) Besteht ein enger Zusammenhang zu **mehreren MS mit unterschiedlichen Umsetzungsnormen**, so entscheidet wohl der engste Zusammenhang (BTDrs 14-2658 50; HK/*A. Staudinger* Art 29a Rz 10; für Mitgliedstaat, in dem der Kontakt zustande gekommen ist, aber *v Hoffmann/Thorn* § 8 Rz 73d). Nach dem Wortlaut des ex Art 29a mag es scheinen, dass die Umsetzungsnormen des Mitgliedstaates auch 7
dann (allein) anzuwenden sind, wenn das gewählte Drittstaatenrecht dem Verbraucher günstiger ist. Anders als bisher in Art 29 ist ein **Günstigkeitsvergleich nicht ausdrücklich vorgesehen**. Er folgt jedoch aus dem Zweck der Richtlinienkollisionsnormen (richtig *Wagner* IPRax 00, 249, 254; *Bitterich* 407 ff) und ergibt sich damit aus richtlinienkonformer Auslegung des ex Art 29a; diese ist unschwer möglich, da Art 29a nur zugunsten des Verbrauchers anordnet, aber nichts zu seinen Lasten ausschließt (richtig *Bitterich* 409 ff). Dies verkennt die zu enghertzig an dem Wortlaut des ex Art 29a haftende aA (etwa *Freitag/Leible* EWS 00, 342, 347; AnwK/*Leible* Art 29a Rz 42; HK/*A. Staudinger* Art 29a Rz 13; *v. Hoffmann/Thorn* § 10 Rz 73d; *Looschelders* Art 29a Rz 41; *Erman/Hohloch* Art 29a Rz 21).

E. Teilzeitwohnrechte. Teilzeitwohnrechteverträge fallen **auch unter ex Art 29a I und II**, unterliegen nach III 8
bei Wohngebäuden im Hoheitsgebiet eines EG/EWR-Staates jedoch, wenn nicht dem Recht eines EG/EWR-Staates, so den §§ 481 ff. III soll bei Rechtswahl wie objektiver Anknüpfung gelten (MüKo/*Martiny* (4. Aufl) Art 29a Rz 86 und 87; aA nur bei objektiver Anknüpfung *Freitag/Leible* EWS 00, 342, 345), doch gehen die I und II jedenfalls vor (Staud/*Magnus* Art 29a Rz 61; Palandt/*Thorn* (68. Aufl) Art 29a Rz 7; *Freitag/Leible* EWS 00, 342, 348). Wird für ein spanisches Teilzeitwohnrecht das Recht der Isle of Man gewählt, so führt Art 29a zur Anwendung deutschen (oder nach I spanischen) Rechts (zu § 8 TzWrG, der noch nicht anwendbar war, BGHZ 135, 124). Auf den gewöhnlichen Aufenthalt des Erwerbers kommt es nicht an (MüKo/*Martiny* (4. Aufl) Art 29a Rz 89). Krit wird gesehen, dass ex Art 29a III zur Anwendung deutschen Rechts und nicht des europäischen Belegenheitsstaates führt (MüKo/*Martiny* (4. Aufl) Art 29a Rz 90), doch schadet dies bei Vorrang der I und II kaum und entspricht der engen Orientierung der deutschen §§ 481 ff an der RL. Teilzeitwohnrechteverträge unterliegen darüber hinaus den allg Beschränkungen des Art 29a (MüKo/*Martiny* (4. Aufl) Art 29a Rz 83 mN). Liegt die Immobilie außerhalb der EG, so kann I eingreifen (MüKo/*Martiny* (4. Aufl) Art 29a Rz 91, 99).

F. (Un)Genannte Verbraucherschutzrichtlinien und -normen. Ex Art 29a gilt für die Umsetzungsnormen 9
der in IV genannten RLen 93/13, 94/47, 97/7, 99/44 und 02/65 – also Klausel-, Timesharing-, Fernabsatz-, Verbrauchsgüterkauf-, Fernabsatz Finanzdienstleistungen-RL.
Erörtert wird, ob für andere als die in IV genannten RL kraft Gemeinschaftsrecht oder Analogie zu Art 29a 10
dasselbe gilt (*Nemeth/Rudisch* ZfRvgl 01, 179, 182; *Bitterich* Die Neuregelung des Internationalen Verbrauchervertragsrechts in Art 29a EGBGB, 03, 463ff; *Bitterich* VuR 02, 155; *Fetsch* Eingriffsnormen und EG-Vertrag, 02, 245ff, der 247 einen kollisionsrechtlichen „ungeschriebene(n) Begleitauftrag einer jeden RL" annimmt; *Lehmann* FS Heldrich 831, 838f; *Krebber* ZVglRWiss 98, 124, 152; in der Sache schon *Dörner* JR 95, 18, 20; *Michaels/Kamann* JZ 97, 601, 605; über Art 34 gehen will *A. Staudinger* NJW 01, 1974, 1977; HK/*A. Staudinger* Art 29a Rz 12, Art 34 Rz 5; gegen Analogie *Looschelders* Art 29a Rz 43). Nach der EuGH-Entscheidung Ingmar (EuGH C-381/98, Slg. 00, I-9305) fordert der Zweck der Art 17 und 18 der Handelsvertreter-RL 86/653, dass diese unabhängig davon, welchem Recht der Vertrag nach der Wahl der Parteien unterliegt, anwendbar sind, wenn der Sachverhalt einen starken Gemeinschaftsbezug aufweist, etwa weil der Handelsvertreter seine Tätigkeit im Gebiet eines Mitgliedstaats ausübt. Dies wird man zwar nicht automatisch auf jegliche Schutzbestimmung einer RL übertragen können. Allerdings ist das Drittstaatenproblem vom Richtlinengeber erst in der RL 93/13 „entdeckt" worden (vgl *Remien* ZEuP 94, 34, 64; *Kohler* FS Jayme 445-459 [447 f]) und wird seither einigermaßen systematisch in dieser Weise geregelt. Daher, um dem Binnenmarktziel der RLen gerecht zu werden und um Diskriminierungen von EU-Bürgern aus anderen Mitgliedstaaten zu vermeiden, liegt es nahe, in den alten RLen eine durch Analogie zu den späteren Richtlinienkollisionsnormen zu füllende planwidrige Regelungslücke zu sehen, in sie also eine Richtlinienkollisionsnorm hineinzulesen und dementspr sodann Art 29a IV richtlinienkonform auszulegen, also praktisch per Analogie auszudehnen (vgl auch *Bitterich* 472 f; *Bitterich* VuR 02, 155, 159 ff; *Paefgen* ZEuP 03, 266, 291 f; ähnl *Pfeiffer* FS Geimer 821, 831 f; über Art 34 HK/*A. Staudinger* Art 29a Rz 5; anders MüKo/*Martiny* (4. Aufl) Art 29a Rz 111; Palandt/*Heldrich* (67. Aufl) Art 29a Rz 2; BaRoth/*Spickhoff* Art 29a Rz 8). Die Pauschalreise-RL 90/314 gibt auch in ihrem Art 1 einen Hinweis (dazu *Fetsch* 286ff). Die nicht auf Verbraucher beschränkte Überweisungs-RL 97/5 will auf Überweisungen von einem Mitgliedstaat in einen anderen Mitgliedstaat angewandt werden, Art 1, 2 lit f). *Insofern bedarf sie keiner Drittstaatenklausel* (*Siehr* 163).
Es ist denkbar, dass mehrere europäische Rechtsordnungen für Verbraucherverträge *eine* **gleich lautende** 11
Wertung enthalten, **die nicht auf einer RL beruht**, aber von dem gewählten Drittstaatenrecht nicht geteilt wird. Hierfür ist auch bei engem Zusammenhang zu EG/EWR bisher – wenn man nicht ex Art 27 III eingreifen lässt – keine ausdrückliche Vorsorge getroffen. Der Idee des europäischen Raums der Freiheit, der Sicherheit und des Rechts sowie des Binnenmarktes mit Verbraucherschutz entspräche es, dann auch mangels Gemeinschaftsrechtsaktes der gemeineuropäischen Wertung zum Durchbruch zu verhelfen. Man könnte daran denken, dies auf die Grundfreiheiten als Nachfragerfreiheiten oder die Freizügigkeit der Unionsbürger nach Art 18 EGV zu stützen.

ex Art. 30 Arbeitsverträge und Arbeitsverhältnisse von Einzelpersonen.

(1) Bei Arbeitsverträgen und Arbeitsverhältnissen darf die Rechtswahl der Parteien nicht dazu führen, daß dem Arbeitnehmer der Schutz entzogen wird, der ihm durch die zwingenden Bestimmungen des Rechts gewährt wird, das nach Absatz 2 mangels einer Rechtswahl anzuwenden wäre.

(2) Mangels einer Rechtswahl unterliegen Arbeitsverträge und Arbeitsverhältnisse dem Recht des Staates,
1. in dem der Arbeitnehmer in Erfüllung des Vertrages gewöhnlich seine Arbeit verrichtet, selbst wenn er vorübergehend in einen anderen Staat entsandt ist, oder
2. in dem sich die Niederlassung befindet, die den Arbeitnehmer eingestellt hat, sofern dieser seine Arbeit gewöhnlich nicht in ein und demselben Staat verrichtet,

es sei denn, daß sich aus der Gesamtheit der Umstände ergibt, daß der Arbeitsvertrag oder das Arbeitsverhältnis engere Verbindungen zu einem anderen Staat aufweist; in diesem Fall ist das Recht dieses anderen Staates anzuwenden.

1 **A. Einordnung und Systematik der Regelung. I. Einordnung.** Ex Art 30 ist die Umsetzung von Art 6 des Europäischen Schuldvertragsübereinkommens vom 19.6.80 (BTDrs 10/503, 6). Das individuelle Arbeitskollisionsrecht der am Übereinkommen beteiligten Staaten stimmt überein. Es regelt die Frage, welches nationale Recht Anwendung findet, wenn ein Sachverhalt mit Auslandsberührung vorliegt. Gem Art 35 I, ist eine Rück- oder Weiterverweisung ausgeschlossen. Mit der Anwendbarkeit der Rom I-VO seit dem 17.12.09 wurde Art 30 durch Art 8 Rom I-VO abgelöst (ausf Art 8 Rom I-VO, Rn 1 ff.), findet auf Alt-Verträge aber noch Anwendung.

2 **II. Systematik der Regelung.** Die Vorschrift verfolgt einen doppelten Zweck. Über **I** beschränkt sie den gem ex Art 27 EGBGB geltenden **Grundsatz der freien Rechtswahl**. Die Arbeitsvertragsparteien können zwar selbst entscheiden, welche Rechtsordnung Anwendung findet. Gem I ist aber ein Günstigkeitsvergleich mit der Rechtsordnung durchzuführen, die nach II bei objektiver Anknüpfung anzuwenden wäre. Dem Arbeitnehmer soll durch eine Rechtswahl nicht der Schutz entzogen werden, der ihm ansonsten durch zwingende Normen gewährt würde (BAG AP Nr 6 zu Art 27 EGBGB nF). Liegt keine wirksame Rechtswahl vor, gilt **II** (**objektive Anknüpfung**).

3 **B. Anwendungsbereich. I. Individualarbeitsrecht.** Abgesehen von vorgehenden zwingenden Bestimmungen regelt das über ex Art 30 berufene Arbeitsvertragsstatut grds **alle mit dem Arbeitsverhältnis zusammenhängenden Fragen** (Einzelheiten und Formulierungsvorschläge bei BLDH/*Lingemann* Kap 11), zB: Vergütungsanspruch (Staud/*Magnus*, Art 30, Rz 221), Urlaubsanspruch (MünchArbR/*Birk* § 20, Rz 151; schon früher BAG AP Nr 9 IPR), Urlaubsvergütung (BAG E 80, 84), Erstattung von Umzugskosten (BAG NZA 96, 30), Arbeitnehmererfindungen (MüKoBGB/*Martiny* Art 30 EGBGB, Rz 97), Gewährung von Aktienoptionen (*Lingemann/Diller/Mengel* NZA 00, 1199), Fürsorgepflichten (*Schliemann* BB 01, 1302), Arbeitnehmerhaftung (MünchArbR/*Birk* § 20, Rz 144), betriebliche Altersversorgung (BAG NZA 05, 297; BAG E 110, 184 f), grds die Kündigung von Arbeitsverträgen (BAG E 63, 17), Fortbestehen eines Arbeitsverhältnisses bei Betriebsübergang (BAG E 71, 297), Ruhen des Arbeitsverhältnisses (*Birk* RdA 84, 134) nachvertragliche Wettbewerbsverbote (Hess LAG 14.8.00, 10 Sa 982/99) und betriebliche Alterversorgung (BAG IPRax 06, 254).

4 **II. Kollektivarbeitsrecht.** Ex Art 30 gilt im kollektiven Arbeitsrecht nicht. Eine Rechtswahl ist folglich für **Tarifverträge** zulässig (BAG E 68, 261; aA MünchArbR/*Birk* § 21 Rz 28). Ist keine Rechtswahl erfolgt, gilt gem ex Art 28 I 1 das Recht, zu dem die engste Verbindung besteht. Dies ist nach dem räumlichen Schwerpunkt der Tätigkeit zu bestimmen (*Thüsing* NZA 03, 1311). Ob ein Arbeitsverhältnis einem Tarifvertrag unterfällt, hängt wiederum von dem einschlägigen Arbeitsvertragsstatut ab (BAG E 29, 147; *Mankowski* RIW 04, 491). Ex Art 30 enthält keine Aussagen zum **Arbeitskampfrecht** (vgl *Franzen* AR-Blattei SD Rz 357ff). Für die deliktischen Folgen des Arbeitskampfes enthält Art 9 Rom II-VO jetzt eine spezielle Anknüpfung (ausf s. Art 9 ROM-II VO, Rn 1 ff.). Im **Betriebsverfassungsrecht** gilt das **Territorialitätsprinzip**, unabhängig von der Staatsangehörigkeit der Arbeitsvertragsparteien und der für einzelne Arbeitsverhältnisse maßgeblichen Rechtsordnung, also für alle (auch ausländische) Betriebe mit Sitz in Deutschland das BetrVG (stRspr BAG E 30, 268; 94, 150; zum BPersVG BAG E 84, 371, 373). Für Mitarbeiter deutscher Betriebe, die im Ausland tätig sind, gilt das BetrVG, soweit sich die Auslandstätigkeit als „Ausstrahlung" des Inlandsbetriebes darstellt. Maßgeblich sind Dauer der Auslandstätigkeit (BAG AP Nr 27 Internationales Privatrecht), aber auch persönliche, tätigkeitsbezogene und rechtliche Bindung zum Inlandsbetrieb (BAG AP Nr 17 IPR).

5 **C. Einschränkung der Rechtswahl (Abs 1). I. Arbeitsverträge und Arbeitsverhältnisse.** Arbeitsverträge iSd ex Art 30 sind Vereinbarungen zwischen Arbeitgeber und Arbeitnehmer über eine abhängige, weisungsgebundene und entgeltliche Tätigkeit, auch Gruppenarbeitsverträge (Staud/*Magnus* Art 30 EGBGB Rz 34). **Arbeitsverhältnisse** iSd ex Art 30 sind nichtige, in Vollzug gesetzte Arbeitsverträge und faktische Arbeitsverhältnisse ohne Vertragsgrundlage (Palandt/*Thorn* Art 30 EGBGB Rz 2). Erfasst ist auch der Anstellungsvertrag eines GmbH-Fremdgeschäftsführers (Ddorf RiW 04, 230).

II. Zwingende Vorschriften deutschen Rechts. Zwingend iSd ex Art 30 I sind **Bestimmungen des Arbeit-** 6
nehmerschutzes, die vertraglich nicht abdingbar sind (ErfK/*Schlachter* Art 27, 30, 34 EGBGB Rz 14; *Schaub*
§ 6, Rz 17). Sie können auch öffentlich-rechtlich sein oder dem Richterrecht entspringen (ArbRKomm/*Strick*
Art 27, 30, 34 EGBGB Rz 29), zB §§ 1 ff KSchG, Kündigungsfristen, § 613a BGB, EFZG, Gleichbehandlungsgrundsatz, Jugendarbeitsschutz, Mutterschutz, Regelungen zur Arbeitszeit, AGB-Kontrolle (§§ 305 ff BGB)
und Verjährung (ErfK/*Schlachter* aaO), nicht aber § 8 TzBfG (BAG NZA 08, 761). Auch Tarifverträge können
zwingend sein (BAG AP TVG § 1 Tarifverträge Bau Nr 261).

III. Günstigkeitsprinzip. Die **Rechtswahl** kann ausdrücklich oder stillschweigend erfolgen (MüKoBGB/*Mar-* 7
tiny Art 30 EGBGB Rz 27), auch nachträglich (BAG NJW-RR 88, 483). Eine teilweise Rechtswahl ist möglich,
wenn Teile der Vereinbarung abgetrennt werden können (BAG NZA 87, 22), zB für Kündigungsschutz
(BAG NZA 98, 814) oder Altersversorgung (BAG E 110, 185). Die Rechtswahl bedarf keiner besonderen
Form (Staud/*Magnus* Art 30 Rz 65), sie kann auch formularmäßig erfolgen (MüKo-BGB/*Martiny* Art 30
EGBGB Rz 30), auch „neutrales" Recht kann vereinbart werden (Staud/*Magnus* Art 30 Rz 52). Sie kann auch
durch Bezugnahme auf Tarifverträge (BAG SAE 02, 255) oder auf Rechtsnormen (BAG NZA 03, 340) erfolgen. Sie darf zu keinem für den Arbeitnehmer ungünstigeren Ergebnis als das bei objektiver Anknüpfung geltende Recht führen, günstigere Vereinbarungen hingegen haben Vorrang (*Hickl* Beilage zu NZA 1/87, 10, 13).
Der Günstigkeitsvergleich ist weder zwischen den Gesamtrechtsordnungen (Globalvergleich) noch zwischen
nur Einzelvorschriften (Rosinentheorie) vorzunehmen, Maßstab sind vielmehr Gruppen sachlich zusammenhängender Vorschriften, also Regelungskomplexe (**Sachgruppenvergleich**) (vgl MüKo-BGB/*Martiny* Art 30
EGBGB Rz 40; *Thüsing* BB 03, 898).

D. Objektive Anknüpfung (Abs 2). Es ist meist ratsam, keine Rechtswahl zu treffen. Denn soweit sich das 8
gewählte Recht im Günstigkeitsvergleich als weniger günstig herausstellt, kommen die dem Arbeitnehmer
günstigeren zwingenden Vorschriften der nach II geltenden Rechtsordnung zur Anwendung. Daraus kann ein
im Einzelfall schwer zu durchschauendes Geflecht verschiedener Arbeitnehmerschutzvorschriften resultieren.
Haben die Parteien keine Rechtswahl getroffen oder ist die von ihnen getroffene Rechtswahl unwirksam,
kommt es auf die objektive Anknüpfung gem II an. Die objektive Anknüpfung kann sich aus den Regelanknüpfungen der Nr 1 und Nr 2 oder der Ausweichklausel des Hs 2 ergeben.

I. Gewöhnlicher Arbeitsort (Nr 1). Arbeitsverträge und -verhältnisse unterliegen dem Recht des Staates, in 9
welchem der Arbeitnehmer in Erfüllung seines Vertrages gewöhnlich seine Arbeit verrichtet, selbst wenn er
vorübergehend in einen anderen Staat entsandt ist („Ausstrahlung", Soergel/*v Hoffmann* Art 30 EGBGB
Rz 38). Ohne (wirksame) Rechtswahl wäre zB gem ex Art 30 II Nr 1 Hs 2 bei vorübergehender Entsendung
deutsches Recht anwendbar, bei einer nicht nur vorübergehenden Entsendung wohl gem ex Art 30 II Nr 1 Hs
1 das Recht des Gastlandes (BLDH/*Lingemann* Kap 11). **Gewöhnlicher Arbeitsort** ist der tatsächliche Mittelpunkt der Berufstätigkeit, der sich nicht durch häufige Auslandsreisen ändert, wenn der Arbeitnehmer
immer wieder zum Mittelpunkt seiner Tätigkeit zurückkehrt (EuGH NZA 97, 226). Er muss in einem Staat
liegen; das Staatsgebiet ist auch gewöhnlicher Arbeitsort bei Tätigkeiten an verschiedenen Orten innerhalb
des Staates (BAG SAE 02, 255; BAG NZA-RR 08, 24). Bei Flugbegleitern ist eine Anknüpfung an den
gewöhnlichen Arbeitsort nicht möglich (BAG NZA 08, 761; krit *Knöfel*, AP Art 27 EGBGB nF Nr 8; anders
jetzt Art 8 II Rom I-VO, s. dort Rn 10). Für die **vorübergehende Entsendung** besteht keine zeitliche Höchstgrenze, es kommt auf die Umstände des Einzelfalls an (Überblick bei MüKoBGB/*Martiny* Art 30 EGBGB
Rz 57). Der gelegentliche Einsatz von Flugpersonal für Anschlussflüge im Ausland ist vorübergehend
(BAG E 71, 312). Es bedarf einer vorherigen inländischen Beschäftigung sowie einer beabsichtigten Weiterbeschäftigung, der Arbeitnehmer darf nicht ausschließlich für die Auslandstätigkeit eingestellt werden (Soergel/
v Hoffmann Art 30 EGBGB Rz 39). Ist die Versetzung nicht nur vorübergehend, ändert sich das Vertragsstatut; dies gilt selbst dann, wenn es wiederum zu einem nur vorübergehenden Einsatz des Arbeitnehmers im
Heimatbetrieb kommt (Soergel/*v Hoffmann* Art 30 EGBGB Rz 41). Über den Wortlaut der Vorschrift hinaus
wird auch die Entsendung in staatsfreies Gebiet (zB Bohrinsel) erfasst (MünchArbR/*Birk* § 20 Rz 35).

II. Sitz der Niederlassung (Nr 2). Ist Nr 1 nicht einschlägig, ist gem Nr 2 die Niederlassung entscheidend, wel- 10
che den Arbeitnehmer eingestellt hat. **Niederlassung** ist eine auf Dauer bestimmte sachliche Einrichtung des
Unternehmens, die nach außen im Wirtschaftsverkehr tätig ist, dafür über mit Vertretungsmacht ausgestattete
Personen verfügt und Weisungen des Stammhauses unterliegt, eine Zweigniederlassung kann genügen (Soergel/
v Hoffmann Art 30 EGBGB Rz 43). Unter **Einstellung** wird zT nicht der Ort des tatsächlichen Vertragsschlusses,
sondern der Ort der organisatorischen Eingliederung in den Betrieb verstanden (Soergel/*v Hoffmann* Art 30
EGBGB Rz 44; MüKo-BGB/*Martiny* Art 30 EGBGB Rz 65; für den Ort des Vertragsschlusses dagegen Mün-
chArbR/*Birk* § 20 Rz 49). Das BAG hat diese Frage bislang offen gelassen (BAG NZA 02, 734; BAG NZA 08,
761). Die Regelung gilt auch für Flugpersonal und Personal von Hochseeschiffen (str, dafür Erman/*Hohloch*
Art 30 Rz 19; offengelassen BAG E 63, 17, 25 f; jedenfalls gegen eine Anwendung von Nr 1 bei Zweitregister-
schiffen BVerfGE 92, 26, 39; zust *Lagoni* JZ 95, 499, 502; im Anwendungsbereich des Flaggenrechtsgesetzes
(FlaggenrechtsG) schließt § 21 IV FlaggenrechtsG aF, gültig bis 16.12.09, die Anknüpfung an Nr 1 aus).

11 III. Ausnahme: Ausweichklausel (Hs 2). Die Regelanknüpfungen der Nr 1 und 2 scheiden aus, wenn die **Ausweichklausel** einschlägig ist, das Arbeitsverhältnis also nach der Gesamtheit der Umstände engere Verbindungen zu einem anderen Staat aufweist. Es bedarf dazu einer Mehrzahl von Einzelumständen, die zusammengenommen das Gewicht einer ansonsten anzuwendenden Regelanknüpfung deutlich übersteigen (BAG E 71, 310). Als solche **Umstände** kommen in Betracht Erfüllungsort, Staatsangehörigkeit der Parteien, Sitz des Arbeitgebers, Vertragssprache, Währung für das Arbeitsentgelt, Ort des Vertragsschlusses, Arbeitsort, Wohnsitz der Parteien, der Ort an dem die wesentlichen Entscheidungen wie Kündigungen oder Abmahnungen getroffen werden oder der Ort der Registrierung von Schiff und Flugzeug (BAG NZA 08, 765; BAG E 63, 28 mwN; *Reiserer* NZA 94, 675). Demnach gilt deutsches Individualarbeitsrecht für Mitarbeiter deutscher Auslandsvertretungen (BAG E 84, 374). Andersherum gilt für US-amerikanisches Flugpersonal das Recht der Vereinigten Staaten (BAG E 71, 304; dagegen nicht ausländisches Recht bei ausländischer Lohnpfändung, vgl BAG NZA 97, 335). Die Ausnahmeklausel gilt im gesamten Bereich von II. Hs 2 ist keine Beweisvorschrift, das anwendbare Recht ist vAw zu ermitteln (Soergel/*v Hoffmann* Art 30 EGBGB Rz 46).

ex Art. 31 Einigung und materielle Wirksamkeit.
(1) Das Zustandekommen und die Wirksamkeit des Vertrages oder einer seiner Bestimmungen beurteilen sich nach dem Recht, das anzuwenden wäre, wenn der Vertrag oder die Bestimmung wirksam wäre.
(2) Ergibt sich jedoch aus den Umständen, daß es nicht gerechtfertigt wäre, die Wirkung des Verhaltens einer Partei nach dem in Absatz 1 bezeichneten Recht zu bestimmen, so kann sich diese Partei für die Behauptung, sie habe dem Vertrag nicht zugestimmt, auf das Recht des Staates ihres gewöhnlichen Aufenthaltsorts berufen.

1 *Ex Art 31* wurde wortgleich als Art 10 Rom I-VO übernommen. Es wird deshalb insgesamt auf die Ausführungen dort verwiesen (Art 10 Rom I-VO). Auch *ex Art 31* spricht Sachnormverweisungen aus (*ex Art 35 I*, Staud/*Hausmann* Art 31 Rz 9).

ex Art. 32 Geltungsbereich des auf den Vertrag anzuwendenden Rechts.
(1) Das nach den Artikeln 27 bis 30 und nach Artikel 33 Abs. 1 und 2 auf einen Vertrag anzuwendende Recht ist insbesondere maßgebend für
1. seine Auslegung,
2. die Erfüllung der durch ihn begründeten Verpflichtungen,
3. die Folgen der vollständigen oder teilweisen Nichterfüllung dieser Verpflichtungen einschließlich der Schadensbemessung, soweit sie nach Rechtsvorschriften erfolgt, innerhalb der durch das deutsche Verfahrensrecht gezogenen Grenzen,
4. die verschiedenen Arten des Erlöschens der Verpflichtungen sowie die Verjährung und die Rechtsverluste, die sich aus dem Ablauf einer Frist ergeben,
5. die Folgen der Nichtigkeit des Vertrages.
(2) In Bezug auf die Art und Weise der Erfüllung und die vom Gläubiger im Fall mangelhafter Erfüllung zu treffenden Maßnahmen ist das Recht des Staates, in dem die Erfüllung erfolgt, zu berücksichtigen.
(3) [1]Das für den Vertrag maßgebende Recht ist insoweit anzuwenden, als es für vertragliche Schuldverhältnisse gesetzliche Vermutungen aufstellt oder die Beweislast verteilt. [2]Zum Beweis eines Rechtsgeschäfts sind alle Beweismittel des deutschen Verfahrensrechts und, sofern dieses nicht entgegensteht, eines der nach Artikel 11 und 29 Abs. 3 maßgeblichen Rechte, nach denen das Rechtsgeschäft formgültig ist, zulässig.

1 A. Übersicht: Funktion und Anwendungsbereich. *Ex-Art 32* (der auf Art 10 EVÜ beruht und dem der heutige Art 12 Rom I-VO entspricht) bestimmt den **Anwendungsbereich des Vertragsstatuts** (Soergel/*v Hoffmann* Art 32 Rz 1), (1.) wenn dieses durch die im Einzelfall anwendbaren Sachnormverweisungen in *ex Art 27ff, ex-33 I, 2* (iVm *ex Art 35*: keine Rück- oder Weiterverweisung) bestimmt wurde (**Anwendungsbereich von *ex-Art 32***), und (2.) soweit *ex Art 32* nicht etwa durch *ex Art 37* oder anderweitig, zB durch vorrangig kraft eigenen Geltungswillens anwendbares Sachrecht oder gemeinschaftsrechtliches IPR (s. Vor IntSchVR Rn 16) ausgeschlossen wird. Führen die *ex Art 27ff* zur Anwendung des **CISG** (Art 1 I b CISG), übernimmt dieses selbst die Bestimmung seines Anwendungsbereiches: *Ex Art 32* ist insoweit ausgeschlossen, arg Art 3 II; 21 EVÜ (Staud/*Magnus* Art 32 Rz 9; MüKo/*Spellenberg*, 4. Aufl Art 32 Rz 151); das durch *ex Art 27ff* bestimmte Vertragsstatut gilt jedoch ergänzend.

2 *Ex Art 32 II, 3* bestimmt Abgrenzungen ggü dem Recht am **Erfüllungsort** und dem **Verfahrensrecht**. Bei der Anwendung von *ex Art 32* ist das Gebot der **einheitlichen Auslegung** des EVÜ aus *ex Art 36* zu beachten (s. *ex Art 36* Rn 3 ff).

3 *Ex-Art 32* gilt danach nicht für die Bestimmung der Anwendungsgrenzen von: (1.) **unionsrechtlichen vertragsrechtlichen Regelungen** (s. Vor IntSchVR Rn 5), deren Reichweite mit unionsrechtlichen Auslegungsmethoden zu ermitteln ist (vgl *ex Art 36 Rn 3*); (2.) sachrechtlichen Regelungen im EWR-Vertrag oder in bilateralen Abkommen, zB der Schweiz, mit der EU; (3.) **staatsvertraglich vereinheitlichtem Vertragsrecht** (vgl zB Art 1 CISG; Art 1 I CMR; *Brödermann/Rosengarten* Rz 259 ff; *v Bar/Mankowski* IPR I Rz 69) und dessen Reichweite mit völkerrechtlichen Auslegungsmethoden (s. Art 31 WVRK; *Brödermann/Rosengarten* Rz 15) zu ermitteln ist; (4.) **zwingenden Rechtsvorschriften** (MüKo/*Spellenberg*, 4. Aufl Art 32 Rz 5; nun auch Palandt-Archiv: Art 32 Rz1), die im Wege der Sonderanknüpfung über *ex Art 27 III, 29 I, 29a I, 30 I* oder über *ex Art 34* (BGHZ 154, 110, 114 f) zur Anwendung kommen; (5.) **nach anderen Normen als *ex Art 27– 30, 33 Abs 1, 2* berufenem Recht**: zB der Geschäftsfähigkeit (Art 7; BGH NJW-RR 95, 755, 756; Staud/ *Magnus* Art 32 Rz 11), Form (Art 11), so auch Palandt-Archiv: *ex Art 32* Rz 1 unter 1 b; für den Vertragsabschluss s. Rn 9 u *ex Art 31* Rn 6; (6.) von vertragsrechtlichen Normen außerhalb des Anwendungsbereichs des Internationalen Schuldvertragsrechts iSv *ex-Art 37* (zB Vollmacht, Gesellschaftsrecht).

B. Anwendungsbereich des Vertragsstatuts (Abs 1 u 2). Ausgangspunkt von *ex Art 32* ist das **einheitliche** 4 **Vertragsstatut**. Ausnahmen können sich aus einer gewillkürten (*ex Art 27 I 2*; s. *ex Art 27* Rn 21–23) oder einer objektiven (*ex Art 28 I S2*; s. *ex Art 28* Rn 8) **Vertragsspaltung** ergeben: Es herrscht dann das jeweilige Teilstatut nach Maßgabe von *ex Art 32* (Staud/*Magnus* Art 32 Rz 15 f). Häufiger führt eine Sonderanknüpfung **zwingender Vorschriften** (s.o. Rn 3; Vor IntSchVR Rn 10) zu Abweichungen vom Einheitsstatut. **Vorfragen**, zB zur Form, Geschäftsfähigkeit oder Stellvertretung, sind gesondert anzuknüpfen (s Vor IntSchVR Rn 20).

Für den Anwendungsbereich von *ex Art 32* (s.o. Rn 1 f) enthält *ex Art 32 I* (der Art 10 I EVÜ entspricht) fünf 5 beispielhafte („insb") Konkretisierungen, deren Anwendungsbereich nicht immer scharf zu trennen ist. Soweit die Parteien keine **vorrangigen anderen Festlegungen (Vertragsfreiheit)** getroffen haben – zB Ausschluss des CISG nach Art 6 CISG; Versteinerungsklausel zur Festschreibung der bei Vertragsabschluss geltenden Fassung des Vertragsstatuts (s. zB Reithmann/Martiny/*Martiny*, 6. Aufl Rz 77; BaRoth/*Spickhoff* Art 27 Rz 27) –, berufen *ex Art 27 ff* das **Vertragsrecht in seiner jeweiligen Gestalt** (so treffend Palandt-Archiv: Art 32 Rz 1 Ziff 1 d): Das Vertragsstatut entscheidet über intertemporale Fragen (s. zB Einl Rn 22 zur Änderung des deutschen Schuldrechts).

Die Regelungen in *ex Art 32* bzw. Art 10 EVÜ sind weitestgehend wörtlich in Art. 12 Rom I-VO übernom- 6 men worden. Deshalb kann weitestgehend auf die Kommentierung dort verwiesen werden. Wegen des historischen Zusammenhangs wird in der Kommentierung von Art 12 Rom I-VO auch auf deutsche Urteile zu *ex-Art 32 EGBGB* verwiesen.

I. Auslegung (Abs 1 Nr 1). S Art 12 Rom I-VO Rn 8–12. Da die Anforderungen an die konkludente Rechts- 7 wahl in Art 3 I S 1 Rom I-VO strenger sind (arg „eindeutig") als bei *ex Art 27 I S 2*, sind die Anforderung an den Rechtswahlvertrag etwas geringer (vgl Art 12 Rom I-VO Rn 12). *Ex Art 32 I Nr 1* setzt für eine konkludente Rechtswahl konkrete Anhaltspunkte voraus, die die Feststellung eines beiderseitigen Gestaltungswillens voraussetzen (BGH NJW-RR 00, 1002, 1004; MüKo/*Spellenberg*, 4. Aufl Art 32 Rz 8).

II. Erfüllung (Abs 1 Nr 2 u Abs 2). S. Art 12 Rom I-VO Rn 13–37. Die Ergänzung des Vertragsstatuts nach 8 *ex Art 32 II* entfällt, wenn zwingendes örtliches Recht bereits nach *ex Art 34* anzuwenden ist (s. *ex Art 34*).

III. Nichterfüllung, Leistungsstörungen, Nebenpflichtverletzungen, Schadensbemessung (Abs 1 Nr 3). S 9 Art 12 Rom I-VO Rn 32–37. Für die **Beweisführung** gilt teils die lex fori, teils das nach *ex Art 32 III* berufene Recht: s.u. Rn 10 ff. Die in *ex Art 32* verwendeten Begriffe sind nach *ex Art 36* **einheitlich auszulegen** (s.o. Rn 2).

IV. Erlöschen des Schuldverhältnisses, Verjährung (Abs 1 Nr 4). S. Art 12 Rom I-VO Rn 32–45. Zusätzlich 10 gilt das Vertragsstatut nach *ex Art 32 I Nr 4* auch für die **Aufrechnung** (BGHZ 38, 254, 256; NJW 94, 1413, 1416; implizit ebenso *Mayer/Heuzé* Rz 749), die de lege lata gesondert angeknüpft wird (Art 17 Rom I-VO): Das nach *ex Art 27 ff* bestimmte Vertragstatut gilt nach *ex Art 32 I Nr 4* auch dann für die Aufrechnung, wenn sonst das **CISG** anwendbar ist, welches die Aufrechnung nicht regelt (Staud/*Magnus* Art 4 CISG Rz 46; MüKo/*Spellenberg*, 4. Aufl Art 32 Rz 81).

Das Vertragsstatut gilt danach für **Aufrechnungsverbote** (MüKo/*Spellenberg*, 4. Aufl Art 32 Rz 67; Staud/ 11 *Magnus* Art 32 Rz 61) und **Aufrechnungsvoraussetzungen**, die zT sehr unterschiedlich sind, s. die rechtsvergleichenden Hinweise bei Art 17 Rom I-VO Rn 5.

Streitig ist, ob Gleichartigkeit iSv § 387 BGB bei verschiedenen Währungen gegeben ist: Übersicht MüKo/ 12 *Spellenberg*, 4. Aufl Art 32 Rz 68; *Vorpeil* RIW 93, 529, 529 ff. Zu Recht für **Gleichartigkeit jedenfalls bei Ersetzungsbefugnis** nach § 244 BGB: implizit BGH IPRax 94, 366 (s. Art 17 Rom I-VO Rn 6).

Es gilt das **Statut der Hauptforderung (Passivforderung)**, die durch die Aufrechnung mit der Gegenforde- 13 rung (Aufrechnungsforderung) **erfüllt** werden soll (BGHZ 38, 254, 256; NJW 94, 1413, 1416; BSG – 5 RJ/12/ 94 – Urt v 12.4.95 Rz 15; München RIW 98, 559, 560; AnwK/*Leible* Art 32 Rz 30; Reithmann/Martiny/*Martiny*, 6. Aufl Rz 310; so auch Art 17 Rom I-VO, sofern das Recht zur Aufrechnung nicht vertraglich vereinbart ist. Das Statut der Gegenforderung beurteilt nur, ob diese besteht und ggf andere Aufrechnungsvoraussetzungen wie zB die liquide Beweisbarkeit erfüllt sind (MüKo/*Spellenberg*, 4. Aufl Art 32 Rz 70). Anders der aus französischer Sicht (einer Rechtsordnung, in der Aufrechnung ipso iure erfolgt, vgl Art 1294 frz Code Civil) konsequente Ansatz der – bei Altfällen ggf noch zu beachtenden – **Kumulationstheorie**: Kumulative Anwendung beider Rechtsordnungen; *Mayer/Heuzé* Rz 749 (so auch EuGH Urt v 10.7.03 – C-87/01 Slg 03, I – 7654 für ein letztlich rangkollisionsrechtliches Problem der Aufrechnung einer gemeinschaftsrechtlich begründeten Forderung ggü einer belgischem Recht unterliegenden Hauptforderung; krit dazu MüKo/*Spellenberg*, 4. Aufl Art 32 Rz 66). S. auch *Jud* IPRax 05, 104, 108. Durch Vereinbarung einer echten Fremdwährungsschuld (vgl § 244 I BGB) kann die Aufrechnungsmöglichkeit ggf ausgeschlossen werden.

14 Das Vertragsstatut entscheidet auch über den **Vollzug der Aufrechnung** (s. MüKo/*Spellenberg*, 4. Aufl Art 32 Rz 72 ff: **ex lege** wie in Frankreich oder Italien; **durch Erklärung** wie in Deutschland oder **durch Richterspruch** wie in England).

15 Das **Verfahrensrecht** entscheidet über die prozessuale **Zulässigkeit** der Aufrechnung (BGHZ 38, 254, 257 f); jedenfalls im Anwendungsbereich der EuGVO ist es entgegen älterer deutscher Rechtsprechung (BGHZ 60, 85, 88; NJW 93, 2753, 2755) **keine** Voraussetzung, dass ein deutsches Gericht für die Entscheidung über den Aufrechnungsanspruch international zuständig ist (MüKo/*Spellenberg*, 4. Aufl Art 32 Rz 78 mwN; offen gelassen: BGHZ 149, 120, 127). Durch **pactum de non petendo** – uU auch durch eine ausschließliche Gerichtsstands- oder Schiedsvereinbarung über die Gegenforderung – kann die Zulässigkeit der Aufrechnung aber ausgeschlossen werden (s. Einzelheiten bei Art 17 Rom I-VO Rn 8).

16 Da alle diese Formen des Erlöschens zugleich auch der Erfüllung der durch den Vertrag begründeten Verpflichtungen dienen (Nr 2), gilt ergänzend das **Ortsrecht** nach ex Art 32 II für die **Modalitäten** (zB der Hinterlegung bei einem deutschen Amtsgericht, MüKo/*Spellenberg*, 4. Aufl Art 32 Rz 82).

17 **2. Folgen des Zeitablaufs: Verjährung und Verwirkung (Abs 2 Nr 4 Alt 2).** S Art 12 Rom I-VO Rn 40–45.

18 **V. Folgen der Nichtigkeit (Abs 1 Nr 5).** S Art 12 Rom I-VO Rn 40–47.

19 **VI. Culpa in contrahendo, Sachwalterhaftung: Keine Analogie zu *ex Art 31 Abs 1 I, 32 Abs 1 Nr 3, 5*.** Seit Inkrafttreten der Rom II-VO am 11.1.09 gilt Art 12 Rom II-VO. Altfälle hat der BGH vertraglich angeknüpft (BGH NJW 87, 114: Täuschung beim Aktienkauf; RIW 04, 857, 859). Andere wollten deliktisch anknüpfen. IE war vieles streitig (s. 3. Aufl). Die nach *ex Art 36* gebotene **einheitliche Auslegung** von *ex Art 32* aus Art 10 EVÜ heraus (Art 36 Rn 3) erfordert die **deliktische Anknüpfung** auch für Altfälle (keine Analogie zu *ex Art 31 I, ex-32 I Nr 3, 5*, ebenso zum Ganzen *Lüttringhaus* RIW 08, 193): (1.) **Rechtsvergleichend** wird die cic in den meisten europäischen Staaten deliktisch qualifiziert (*v Bar* Gemeineuropäisches Deliktsrecht I Rz 472, 475; *Mankowski* IPRax 03, 127, 132); (2.) der **EuGH** hat die cic stets deliktisch qualifiziert (Urt v 17.9.02 – C-334/00 Slg 02, I-7357 – Tacconi Rz 21 ff: Subsumtion unter Art 5 Nr 3 und nicht 1 EuGVÜ); (3.) **Art 12 I Rom II-VO** knüpft die cic vertragsakzessorisch an, nämlich bestimmt das Recht für anwendbar, das auf den Vertrag anzuwenden ist oder anzuwenden gewesen wäre, wenn er geschlossen worden wäre. Ist dies nicht bestimmbar, wird gem Art 12 II Rom II-VO nach deliktischen Grundprinzipien – s. Art 4 Rom II VO – angeknüpft; (4.) **Art 1 II j Rom I-VO** nimmt Verpflichtungen aus einem vorvertraglichen Rechtsverhältnis ausdrücklich aus dem Anwendungsbereich des Internationalen Vertragsrechts aus; (5.) eine den **effet utile** suchende Auslegung *(s. ex Art 36 Rn 3)* gebietet bereits für Fälle vor Beginn der Geltung der Rom II-VO die (internationalprivatrechtliche) deliktische Qualifikation der cic, damit vorvertragliche Verpflichtungen in der EU einheitlich angeknüpft werden.

20 Kommt **deutsches Deliktsstatut** zur Anwendung, ist materiell – ohne Rücksicht auf die andere Qualifikation im BGB – § 311 II BGB anzuwenden.

21 Ab Vertragsabschluss – wenn es nicht mehr an einer eingegangenen Verpflichtung fehlt (EuGH aaO – Tacconi s. Art 2 Rn 24) – kann hingegen das Vertragsstatut auch für vorvertragliche Pflichtverletzungen gelten (vgl auch Staud/*v Hoffmann* Art 38 Rz 105; AnwK/*Leible* Art 32 Rz 26 1): Hier kommt es auf die Art der Nebenpflichtverletzung an.

22 Für die streitige Anknüpfung der **Sachwalterhaftung** (s. zB MüKo/*Spellenberg*, 4. Aufl Art 32 Rz 60 mwN) muss dies entsprechend gelten und **deliktisch** angeknüpft werden: Auch hier fehlt es an einer freiwillig eingegangenen vertraglichen Verpflichtung, auf die es zur Anwendung des europäischen Vertragsbegriffs ankommt (EuGH – Tacconi s.o. Rz 27). So iE auch Frankf IPRax 86, 373, 378; *v Bar* IPR II Rz 559; Erman/*Hohloch* Art 32 Rz 21; BaRoth/*Spickhoff* Art 32 Rz 25; aA – alle vor Rom I-VO –: Vertragsstatut (LG Düsseldorf WM 00, 1191, 1194; *Mansel* FS Schlosser 05, 545, 557 ff: jedenfalls bei transaktionsbezogener Pflichtverletzung des Vertragsabschlußhelfers; MüKo/*Spellenberg*, 4. Aufl Art 32 Rz 60) oder differenzierend nach Art der Pflichtverletzung (*Thorn* IPRax 02, 349, 36; MüKo/*Spellenberg*, 4. Aufl Art 32 Rz 60, 62).

23 **C. Beweisfragen (Abs 3).** Die III zugrunde liegende Regelung in Art 14 EVÜ ist weitgehend wortgleich in Art 18 Rom I-VO übernommen worden. Es wird auf die Kommentierung von Art 18 Rom I-VO verwiesen.

ex Art. 33 Übertragung der Forderung, Gesetzlicher Forderungsübergang.

(1) Bei Abtretung einer Forderung ist für die Verpflichtungen zwischen dem bisherigen und dem neuen Gläubiger das Recht maßgebend, dem der Vertrag zwischen ihnen unterliegt.

(2) **Das Recht, dem die übertragene Forderung unterliegt, bestimmt ihre Übertragbarkeit, das Verhältnis zwischen neuem Gläubiger und Schuldner, die Voraussetzungen, unter denen die Übertragung dem Schuldner entgegengehalten werden kann, und die befreiende Wirkung einer Leistung durch den Schuldner.**
(3) ¹**Hat ein Dritter die Verpflichtung, den Gläubiger einer Forderung zu befriedigen, so bestimmt das für die Verpflichtung des Dritten maßgebende Recht, ob er die Forderung des Gläubigers gegen den Schuldner gemäß dem für deren Beziehungen maßgebenden Recht ganz oder zu einem Teil geltend zu machen berechtigt ist.** ²**Dies gilt auch, wenn mehrere Personen dieselbe Forderung zu erfüllen haben und der Gläubiger von einer dieser Personen befriedigt worden ist.**

A. Bedeutung. Die Vorschrift bestimmte bis zum 17.12.09 auf der Grundlage von Art 12, 13 EVÜ das anwendbare Recht im Falle der Zession. I und 2 betreffen die rechtsgeschäftliche Übertragung, III den Forderungsübergang kraft Gesetzes. Die Regelungen werden in Art 14-16 Rom I-VO ohne wesentliche Änderungen weitergeführt.

B. Forderungsabtretung (Abs 1 und 2). I. Verpflichtungsstatut. Nach I unterliegt die der Abtretung zugrunde liegende kausale Vertragsbeziehung mit allen Rechten und Pflichten dem auf diesen Vertrag anwendbaren Recht, das wiederum nach *ex Art 27 ff* zu ermitteln ist (BGH NJW-RR 05, 206, 208). Damit ist auch eine Rechtswahl möglich (vgl zB Nr 6 AGB-Banken). Im Falle der Sicherungszession fallen die Sicherungsabrede und die aus ihr folgenden Befugnisse unter I (*Koziol* DZWiR 93, 353, 356; MüKo/*Martiny*, 4. Aufl Art 33 Rz 28). Die dingliche Übertragung richtet sich hingegen allein nach II (BGHZ 111, 376, 379; 125, 196, 204 f; NJW 91, 1414; 99, 940; AnwK/*Doehner* Art 33 Rz 2; BaRoth/*Spickhoff* Art 33 Rz 2; MüKo/*Martiny* Art 33 Rz 11; aA *Bauer*, Die Forderungsabtretung im IPR, 08, S 85 ff; *Einsele* ZVglRwiss 90 (1991), 1 ff; Staud/*Hausmann* Art 33 Rz 26 ff).

II. Forderungsstatut. Die Abtretung ist nach II nach dem Recht zu beurteilen, dem die übertragene bzw zu übertragende Forderung unterliegt. Bei einer Forderung aus Vertrag entscheidet also das Vertragsstatut, bei deliktischen Forderungen das Deliktsstatut usw (BGHZ 104, 145, 149; 108, 353, 362; NJW 88, 3095, 3096; RIW 90, 670, 671). Der Schuldner wird so davor geschützt, dass Zedent und Zessionar über seine Rechtsstellung und das Schuldverhältnis, auf dem die Forderung beruht, disponieren (BGHZ 125, 196, 205; NJW 99, 940). Diese können insb nicht die Abtretung einer Rechtsordnung unterwerfen, die von der abweicht, der die abgetretene Forderung unterliegt (Köln NJW 87, 1151). Eine nachträgliche Änderung des Forderungsstatuts durch Vereinbarung zwischen Schuldner und Zessionar ist aber nach Maßgabe von Art 27 II möglich. Gilt für die abzutretende Forderung internationales Einheitsrecht, das selbst keine Regelung der Abtretung enthält (zB CMR, UN-Kaufrecht), so ist das Forderungsstatut unter hypothetischer Ausblendung des Einheitsrechts zu ermitteln (vgl Ddorf VersR 04, 1479, 1480; Hamm RIW 97, 153, 154).
Über seinen Wortlaut hinaus erfasst II grds (vgl Rn 5) sämtliche **Voraussetzungen und Wirkungen der Abtretung**. Dazu gehören auch der Einfluss von Mängeln des Kausalgeschäfts (BGH NJW 91, 1414), die Auslegung der Abtretungsvereinbarung (Köln VersR 04, 131, 132), Publizitätserfordernisse wie Registereintragung und Benachrichtigung des Schuldners (BGHZ 95, 149, 151 f; Hamm RIW 97, 153, 154; Köln NJW 87, 1151; ZIP 94, 1791, 1792 f; AnwK/*Doehner* Art 33 Rz 8; Staud/*Hausmann* Art 33 Rz 43; aA *Koziol* DZWiR 93, 353, 356; *v Wilmowsky*, Europäisches Kreditsicherungsrecht, 96, 431), das Rangverhältnis konkurrierender Abtretungen (BGHZ 111, 376 ff; NJW 99, 940 = JZ 99, 404 m krit Anm *Kieninger*) und die Folgen von Leistungen des Schuldners an den Altgläubiger. II ist auf Sicherungszession (BGHZ 111, 376, 381 f), Einziehungsermächtigung (BGHZ 125, 196, 205; NJW-RR 90, 248, 250) und Forderungsverpfändung anwendbar.
Für die Form der Abtretungserklärung gilt die **Sonderanknüpfung** des Art 11. Der Übergang von Nebenrechten iSd § 401 BGB richtet sich nach *ex Art 33 I*, bei dinglichen Sicherheiten ist gem Art 43 I die lex rei sitae einschlägig. Die prozessuale Wirkung der Forderungsabtretung bestimmt sich nach der lex fori (BGHZ 125, 196, 205; NJW 92, 3096, 3097). Hinsichtlich der Rechts- und Geschäftsfähigkeit der Parteien der Abtretungsvereinbarung sind Art 7, 12 vorrangig.
Für das internationale Factoring gilt die Unidroit-Konvention über internationales Factoring, der die Bundesrepublik Deutschland mit Wirkung zum 1.12.98 beigetreten ist (BGBl II 98 172 ff und BGBl 98 II 2375 ff); noch nicht in Kraft getreten ist das UN-Abkommen über die Forderungen im internationalen Handel v 12.12.01 (dazu monographisch *Rudolf*, Einheitsrecht für internationale Forderungsabtretungen, 06; *Schütze*, Zession und Einheitsrecht, 05; ferner *Daniellewsky/Lehmann* WM 03, 221 ff; *Stoll*, FS Sonnenberger, 04, 695 ff; *Schmidt* IPrax 05, 93 ff).

C. Gesetzlicher Forderungsübergang (Abs 3). I. Regress bei subsidiären Verpflichtungen. Der gesetzliche Übergang der Forderung auf einen Dritten, der zur Befriedigung des Gläubigers **subsidiär** verpflichtet ist (Bürge, Versicherer), richtet sich gem III 1 nach dem Recht, auf dem die Verpflichtung beruht; nach dem sog **Zessionsgrundstatut** entscheidet sich auch der Umfang des Forderungsübergangs. Abw von Art 13 I EVÜ ist es ohne Belang, ob die übertragene Forderung vertraglichen oder gesetzlichen Ursprungs ist (MüKo/*Martiny*, 4. Aufl Art 33 Rz 38; für letztere gilt seit 11.1.09 Art 19 Rom II-VO). Auch kommt es nicht darauf an, ob die Verpflichtung ggü dem Schuldner oder dem Gläubiger besteht (MüKo/*Martiny*, 4. Aufl Art 33 Rz 33). Beispiele sind Leistungen des Bürgen (§ 774 BGB), des Versicherers (§ 67 VVG), Sozialversicherungsträgers (§§ 115, 116 SGB X) sowie des Dienstherrn nach Beamtenrecht (§ 87a BBG). Geht die Forderung über, kann der Dritte diese nur nach dem Recht der Forderung (Forderungsstatut) geltend machen (*Wandt* ZVglRWiss 87, 272, 280 ff).

8 Keine Anwendung findet III auf die gesetzliche Eigentumsübertragung (BaRoth/*Spickhoff* Art 33 Rz 8). Ebenfalls nicht erfasst werden **freiwillige** Leistungen Dritter. Kommt hier ausnahmsweise eine cessio legis in Betracht (vgl § 268 BGB), so ist darüber nach dem Forderungsstatut zu entscheiden (MüKo/*Martiny*, 4. Aufl Art 33 Rz 37, 57; einschränkend für den Fall des § 1142 BGB Staud/*Hausmann* Art 33 Rz 82). IÜ können Ansprüche aus Geschäftsführung ohne Auftrag (Art 39 II; Art 11 Rom II-VO) oder Bereicherungsrecht (Art 38 III, 41; Art 10 Rom II-VO) zum Zuge kommen (MüKo/*Martiny*, 4. Aufl Art 33 Rz 37).

9 Der Umfang der Erstattungspflicht des Unterhaltsschuldners bestimmt sich nach Art 18 VI Nr 3. Eine weitere Sonderregelung enthält Art 93 der VO (EWG) Nr 1408/71 über die Anwendung der Systeme der sozialen Sicherheit auf Arbeitnehmer, Selbstständige und deren Familienangehörige, die innerhalb der Gemeinschaft zu- und abwandern (ABl EG 1997 Nr L 28/1, s. BGH VersR 08, 1358).

10 **II. Regress bei gleichrangigen Verpflichtungen.** Nach III 2 gelten entspr Grundsätze bei der Befriedigung des Gläubigers durch einen von mehreren **gleichrangigen** Schuldnern. Das Rückgriffsrecht iSv § 426 II BGB richtet sich nach dem Schuldstatut des Leistenden im Verhältnis zum Gläubiger (BGH NJW 07, 3564). Dies gilt auch dann, wenn die Verpflichtungen der Schuldner unterschiedlichen Rechtsordnungen unterliegen (AnwK/*Doehner* Art 33 Rz 16; BaRoth/*Spickhoff* Art 33 Rz 11; Staud/*Hausmann* Art 33 Rz 86 f; aA *Wandt* ZVglRWiss 87, 272, 290 ff). Auf den Ausgleich bei außervertraglichen Schuldverhältnissen ist Art 20 Rom II-VO unmittelbar anwendbar.

11 **D. Schuld- und Vertragsübernahme, Schuldanerkenntnis ua.** Die kollisionsrechtlichen Fragen bei Veränderungen auf der Schuldnerseite sind gesetzlich nicht eigens geregelt. Die Voraussetzungen einer **befreienden Schuldübernahme** richten sich nach dem für die übernommene Schuld maßgeblichen Recht (RG JW 32, 3810, 3811; MüKo/*Martiny*, 4. Aufl Art 33 Rz 57). Die kausale Vereinbarung zwischen Übernehmer und Gläubiger bzw Schuldner unterliegt dem nach Art 27 ff zu ermittelnden Vertragsstatut.

12 Da bei **kumulativer Schuldübernahme** die Interessen des Gläubigers nicht tangiert werden, richtet sich die Verpflichtung des Beitretenden nach dem gewählten Recht (*ex Art 27*), ersatzweise gem *ex Art 28 II* nach dem Recht seines gewöhnlichen Aufenthalts bzw der Niederlassung (Kobl RIW 92, 491; Rostock TranspR 97, 113, 115; *Fischer* IPRax 89, 215, 217; MüKo/*Martiny*, 4. Aufl Art 33 Rz 60; Staud/*Hausmann* Art 33 Rz 95 f). Als praktisch wichtigsten Fall des gesetzlich begründeten Schuldbeitritts greift Art 40 IV (Art 18 Rom II-VO) den Direktanspruch des Geschädigten gegen den Haftpflichtversicherer auf.

13 Das **Schuldanerkenntnis** untersteht vorbehaltlich einer abw Rechtswahl dem Statut, das die betroffene Forderung beherrscht (Hamm RIW 99, 785, 786; München RIW 97, 507, 508). Bei einer rechtsgeschäftlichen **Vertragsübernahme** kann eine wirksame Rechtswahl nur einvernehmlich durch alle Beteiligten herbeigeführt werden. Kommt eine solche Abrede nicht zustande, unterliegt die Vertragsübernahme dem auf den übernommenen Vertrag anwendbaren Recht (MüKo/*Martiny* Art 33 Rz 61; Staud/*Hausmann* Art 33 Rz 103 ff). Die letztgenannte Anknüpfung gilt auch bei einer gesetzlichen Vertragsübernahme (LAG Köln RIW 92, 993; MüKo/*Martiny*, 4. Aufl Art 33 Rz 62; Staud/*Hausmann* Art 33 Rz 106 f). Hinsichtlich der Haftung bei **Vermögensübernahme** können der Gläubiger des bisherigen Vermögensinhabers und der Übernehmer das anwendbare Recht wählen (Kobl IPRax 89, 175). Ansonsten ist auf den Lageort des Vermögens abzustellen, soweit dieses auf mehrere Länder verteilt ist, findet ggf eine Haftungsbeschränkung auf die im Gebiet des anordnenden Staates vorhandenen Objekte statt (MüKo/*Martiny*, 4. Aufl Art 33 Rz 68; Staud/*Hausmann* Art 33 Rz 112 ff). Die Haftung aus **Unternehmensfortführung** bestimmt sich nach dem Recht am Sitz des Unternehmens (*Schnelle* RIW 97, 281, 284 f; MüKo/*Martiny*, 4. Aufl Art 33 Rz 69; Staud/*Hausmann* Art 33 Rz 111).

ex Art. 34 Zwingende Vorschriften.

Dieser Unterabschnitt berührt nicht die Anwendung der Bestimmungen des deutschen Rechts, die ohne Rücksicht auf das auf den Vertrag anzuwendende Recht den Sachverhalt zwingend regeln.

1 **A. Ursprung.** Wie schon Savigny „Gesetze von streng positiver, zwingender Natur" (System VIII 33) von der Gleichbehandlung der Rechtsordnungen ausnahm, so regelt ex Art 34 in Übernahme von Art 7 II EVÜ die Beachtung der meist als Eingriffsnormen (*Kropholler* §§ 3 II, 52 IX und X) bezeichneten zwingenden deutschen Vorschriften. Der ausländische zwingende Vorschriften betreffende Art 7 I EVÜ wurde nicht übernommen, Deutschland hat wie einige andere Mitgliedstaaten von dem nach Art 22 I lit. a) EVÜ möglichen Vorbehalt Gebrauch gemacht; dieser war eingeräumt worden, da die „neue Bestimmung" „zu einer gewissen Rechtsunsicherheit führen könnte" (BTDrs 10/503/*Giuliano* 60). Ex Art 34 ist also absichtlich enger als Art 7 EVÜ, doch stellt sich die Frage der Berücksichtigung fremder Eingriffsnormen auch hier (s.u. Rn 18 ff). Art 9 III Rom I-VO enthält eine Regelung auch der fremden Eingriffsnormen des Staates, in dem die Verpflichtungen zu erfüllen sind. Die Wissenschaft diskutiert dies alles seit Jahrzehnten (*Wengler* ZVglRWiss 54

(41) 168 ff; *Zweigert* RabelsZ 14 (42) 283ff; *Francescakis* Rev crit d i p 66, 1 ff; *Kreuzer*, Ausländisches Wirtschaftsrecht vor deutschen Gerichten, 1986; *Schnyder* Wirtschaftskollisionsrecht, 1990). Zwingende Vorschriften des Verbraucherschutz- und Arbeitsrechts werden (auch) von ex Art 29, 29a und 30 erfasst. Bei der Beachtung von Eingriffsnormen darüber hinaus nach ex Art 34 handelt es sich eher um Ausnahmefälle (zutr Staud/*Magnus* Art 34 Rz 1, 110).

B. Eingriffsnorm und Anwendungswille. Entscheidend, aber zweifelhaft ist der ex Art 34 zugrunde liegende 2
Begriff der **Eingriffsnormen**, zwingenden Vorschriften oder lois de police. Sie können dem öffentlichen Recht oder dem Privatrecht zugehören. *Giuliano/Lagarde* nennen zu Art 7 II EVÜ Vorschriften „va auf den Gebieten des Kartell- und Wettbewerbsrechts, des Rechts zur Bekämpfung wettbewerbsbeschränkender Praktiken, des Verbraucherschutzrechts und des Beförderungsrechts" (BTDrs 10/503/*Giuliano* 60). Art 9 I Rom I-VO bringt eine Definition: „Eine Eingriffsnorm ist eine zwingende Vorschrift, deren Einhaltung von einem Staat also als so entscheidend für die Wahrung seines öffentlichen Interesses, insb seiner politischen, sozialen oder wirtschaftlichen Organisation, angesehen wird, dass sie ungeachtet des nach Maßgabe dieser Verordnung auf den Vertrag anzuwendenden Rechts auf alle Sachverhalte anzuwenden ist, die in ihren Anwendungsbereich fallen." Dies lehnt sich an die Ausführungen des EuGH im Arblade-Urt zu Art 3 I Code civil an (EuGH C-369/96 und C-376/96, Slg 99, I-8453 Erw 30). In Deutschland stellt bisher das BAG (schon BAG E 63, 17, 31f; 71, 297, 316 ff) darauf ab, dass die Norm „nicht nur auf den Schutz von Individualinteressen gerichtet ist, sondern mit ihr zumindest auch öffentliche Gemeinwohlinteressen verfolgt werden" (BAG RdA 04, 175; BAG E 100, 130, 139; MDR 02, 950). Dies scheint der BGH aufzugreifen (BGH WM 06, 373, 376); in einer früheren Entscheidung heißt es: „Regelungen der Erwerbs- und Berufstätigkeit sowie des Wettbewerbs, nicht dispositive Mieterschutzvorschriften und inländische Preisvorschriften zählen zu den typischen zwingenden Regelungen des Art 34" (BGH NJW 03, 2020, 2021).

Problematisch ist das **Verhältnis zu ex Art 29**, denn auch Verbraucherschutzvorschriften können uU unter 3
Art 34 fallen (schon BTDrs 10/503/*Giuliano* 60; Palandt/*Thorn* (68. Aufl) Art 34 Rz 3a; *Looschelders* Art 34 Rz 19; Erman/*Hohloch* Art 34 Rz 15; *W.-H. Roth* in Internationales Verbraucherschutzrecht 35, 43 ff; einschränkend *Junker* IPRax 00, 65, 71; weit infolge RL-Auslegung *Hoffmann/Primaczenko* IPRax 07, 173; aA aber *v Bar/Mankowski* Rz 4/94 und regelmäßig *Kropholler* § 52 IX 3 a)). Davon ausgehend besteht doch nach Ansicht des BGH einen Vorrang des ex Art 29. Dieser gilt, wenn der Inlandsbezug der Anbahnungssituationen des Art 29 nicht erfüllt ist (BGHZ 123, 380, 390; Naumbg OLGR 99, 172; Ddorf MDR 00, 575; o ex Art 29 Rn 15 ff; *W.-H. Roth* aaO 35, 49). Eine Anwendung von Art 34 könne erwogen werden, wo sich die Regelung des ex Art 29 als lückenhaft erweist (BGHZ 123, 380, 391). Auch wenn kein unter Art 29 fallender Verbrauchervertragstyp vorliege, soll aber der Inlandsbezug der Anbahnungssituationen des ex Art 29 vorliegen müssen – sonst bestehe ein Wertungswiderspruch, weil dann außerhalb des Art 29 geringere Voraussetzungen für die Anwendung einer Verbraucherschutznorm bestünden (BGHZ 135, 124, 136). Diese Einschränkung wird auch in Deutschland zT abgelehnt (*Looschelders* Art 34 Rz 21; *W.-H. Roth* aaO, differenzierend *W.-H. Roth* RIW 94, 275, 278), der französische Kassationshof folgt ihr nicht (Cass Clunet 07, 537 m Anm *Sinay-Cyterman*; offen bei Cass Clunet 00, 328 m Anm *Racine*, welcher für kombinierte Anwendung von Art 5 und 7 EVÜ plädiert). Wo sich ex Art 29 als lückenhaft erweist, kann nach verbreiteter Ansicht über ex Art 34 vorgegangen werden (Palandt/*Thorn* Art 34 Rz 3a; *v Hoffmann/Thorn* § 10 Rz 96). Wenn keine von ex Art 29 erfasste Vertragsart vorliege, sei ex Art 34 uneingeschränkt anzuwenden (Celle RIW 96, 963; LG Weiden NJW-RR 96, 438). Dies wird von einigen als ungereimt kritisiert (MüKo/*Martiny* (4. Aufl) Art 29 Rz 69). Einzelheiten sind umstr (eingehend MüKo/*Martiny* (4. Aufl) Art 29 Rz 67 ff). Es wird auch vertreten, dass ex Art 34 Vorrang vor ex Art 29 habe (*Junker* IPRax 00, 65, 71). Der Knoten lässt sich lösen, wenn man ex Art 29 nicht zu eng versteht (s.o. ex Art 29 Rn 12) und Verbraucherschutzvorschriften nur ganz ausnahmsweise als Eingriffsnormen anerkennt, nämlich wenn sie über Marktverhaltensregeln hinaus Sozialschutz bezwecken (ähnl vielleicht *Looschelders* Art 34 Rz 20; *Junker* IPRax 00, 65, 71; *Pfeiffer* FS Geimer 821, 832 ff). Ist die Partei kein Verbraucher iSd ex Art 29, kommt sie nach nationalem Verbraucherschutzrecht aber – etwa als Existenzgründer – in dessen Schutzbereich, so kann man an Art 34 (bzw 7 EVÜ) denken (*Joustra* 313, wenn die Voraussetzungen von Art 5 EVÜ erfüllt sind, gegen *v Hoffmann*). Erst recht ist hier aber Vorsicht mit der Qualifikation als Eingriffsnorm angebracht.

Ex Art 34 enthält selbst keine Anknüpfungsregelung, die Kollisionsnorm ist der zwingenden Norm zu ent- 4
nehmen (BGH NJW 03, 2020, 2021). Voraussetzung ist, dass die Norm **Anwendungswillen** hat (MüKo/*Martiny* (4. Aufl) Art 34 Rz 127 ff; Palandt/*Thorn* (68. Aufl) Art 34 Rz 3), wofür wohl bei Inlandsrecht ein Inlandsbezug erforderlich ist (MüKo/*Martiny* (4. Aufl) Art 34 Rz 136; *Looschelders* Art 34 Rz 25 f; HK/*A. Staudinger* Art 34 Rz 7). Dieser wird zT gesetzlich definiert, so in § 32b UrhG, § 130 II GWB, § 449 III HGB und im Außenwirtschaftsrecht (dazu *Remien* RabelsZ 90, 431).

C. Zwingende Vorschriften des deutschen Rechts und Europarechts (lex fori). I. Allgemeines. Ex Art 34 5
spricht allein die Eingriffsnormen der deutschen lex fori an (vgl Art 7 II EVÜ). Für europarechtliche Normen gilt dasselbe, wobei belanglos ist, ob man dabei über Art 34 geht oder die Norm direkt (HK/*A. Staudinger* Art 34 Rz 5) wirken lassen will. Ex Art 34 wird als „Öffnungsklausel" bezeichnet (*W.-H. Roth* aaO 35, 56),

gibt also statt einer klaren Kollisionsnorm eher einen „Hinweis" auf Eingriffsnormen (*Dörner* JR 95, 18, 20). Ein weites Feld hingegen ist, welche Normen konkret über ex Art 34 durchgesetzt werden. Ohne Anspruch auf Vollständigkeit ist hier auf wichtige Beispiele einzugehen:

6 II. Beispielsbereiche. **Außenwirtschaftsrechtliche Verbote** in AWG und AWV sowie KWKG stellen Eingriffsnormen dar (*Remien* RabelsZ 90, 431ff; MüKo/*Martiny* (4. Aufl) Art 34 Rz 84 ff; Erman/*Hohloch* Art 34 Rz 14); allerdings beschäftigen derartige Fälle eher die Straf- als die Zivilgerichte (zur Vermittlung eines Vertrags über außerhalb des Bundesgebiets befindliche Kriegswaffen BGH NStZ 94, 135). Auch die EG VO 1334/00 und 1504/04 über Technologien und Güter mit doppeltem Verwendungszweck sind zu nennen. Auch **Devisenrecht** hat klassischerweise Eingriffsnormencharakter (s. BGH RIW 81, 194), ist heute aber weithin durch die Freiheit des Kapital- und Zahlungsverkehrs nach Art 63ff AEUV verdrängt. Der BGH hat die Bereitschaft zur Berücksichtigung des Devisenrechts der ehemaligen DDR angedeutet (BGH ZEV 05, 170). Art VIII 2 b) Bretton Woods-Abk (u Rn 23) hindert nicht an der Anwendung des eigenen Devisenrechts des Forums als Eingriffsnorm (OGH, ÖBA 94, 641 m Anm *Schurig* = ZRvgl 93, 124 f). Im **Währungsrecht** war früher § 3 1 WährG von erheblicher Bedeutung, der nun durch den liberalen § 2 PaPkG ersetzt ist.

7 **Berufsrechtliche Regelungen** sind zT als Eingriffsnormen anerkannt worden (Soergel/*v Hoffmann* Art 34 Rz 41 ff; krit *Martiny* FS Heldrich 907 ff), so das Verbot des Erfolgshonorars bzw quota litis durch § 49b BRAO (Frankf RIW 01, 374; MüKo/*Martiny* (4. Aufl) Art 28 Rz 208; Palandt/*Thorn* (68. Aufl) Art 34 Rz 3a) und Vorschriften des RBerG (Staud/*Magnus* Art 34 Rz 91; Reithmann/Martiny/Mankowski (6. Aufl) Rz 2125f; vgl BGH ZIP 07, 282). Die Mindestsatzregelung des § 4 HOAI beansprucht wegen ihrer ordnungspolitischen Ziele für einen grenzüberschreitenden Architekten- oder Ingenieurvertrag für ein inländisches Bauvorhaben Geltung (BGH NJW 03, 2020; aA etwa Staud/*Magnus* Art 34 Rz 94). Zur AMPreisV besteht Streit (*Mand* GRUR-Int 05, 637).

8 Die Sittenwidrigkeitsgeneralklausel des § 138 soll keine Eingriffsnorm sein (BGHZ 135, 124; auch LG Dortmund RIW 02, 69 – Verzugszinsen nach tschechischem Recht –; LG Bielefeld NZM 99, 721; *Mankowski* RIW 96, 8; Erman/*Hohloch* Art 34 Rz 13; *Looschelders* Art 34 Rz 24; *Sonnenberger* IPRax 03, 104, 110; wohl auch HK/*A. Staudinger* Art 34 Rz 3; aA LG Berlin NJW-RR 95, 754; schwammig LG Detmold IPRax 95, 249; auch *Reich* NJW 94, 2128, 2130). Soweit aus § 138 in der Rspr konkrete quasi gewohnheitsrechtlich verfestigte Rechtssätze abgeleitet worden sind, wie zB der doppelte Zinssatz als Wucher bei Verbraucherdarlehen, sollte aber Art 34 eingreifen (anders *Mülbert/Bruinier* WM 05, 103, 109; zu gewerblichen Darlehen *Horn* BKR 06, 1, 6, 9; Art 6 spricht an Celle RIW 93, 587). Es handelt sich sozusagen um judizielle Eingriffsnormen, die nur historisch zufällig nicht wie in anderen Rechtsordnungen gesetzlich exakt fixiert sind. Das konkret gesetzlich fixierte französische Wucherverbot ist wohl als Eingriffsnorm behandelt worden (CA Pau, Dalloz 02 Sommaires 639 sowie 2939).

9 Auch im **Handels- und Transportrecht** können Eingriffsnormen auftreten. So werden im Frachtrecht Verbraucher nach § 449 III HGB geschützt, wenn der Ort der Übernahme und der Ort der Ablieferung im Inland liegen (Palandt/*Thorn* (68. Aufl) Art 34 Rz 3a; Staud/*Magnus* Art 34 Rz 97). Bei der Kabotage gilt also eine Sonderanknüpfung (Ebenroth/Boujong/Joost/*Gass* HGB, § 449 Rz 39; *Basedow* TPR 98, 58, 62 f). Auch §§ 451h III, 466 IV sowie §§ 449 II, 451k II, 466 II und III werden genannt (Staud/*Magnus* Art 34 Rz 97). Der **Ausgleichsanspruch des Handelsvertreters** nach der Handelsvertreter-RiL bzw § 89b HGB ist nach dem EuGH (C-381/98, Slg 00, I-9305 – Ingmar) – anders als nach meist früheren Gerichtsentscheidungen (vgl MPI RabelsZ 04, 1, 73; *S. Schwarz* ZVglRWiss 02, 45, 52; Kritik andeutend *Sonnenberger* IPRax 03, 104, 109) – bei starkem Gemeinschaftsbezug, insb Tätigkeit im Gemeinschaftsgebiet, international anzuwenden. Er findet also als Eingriffsnorm über Art 34 Anwendung (*Looschelders* Art 34 Rz 17). Daraus werden auch Folgerungen für Streitbeilegungsklauseln gezogen (München WM 07, 1556; dazu *Rühl* IPRax 07, 294; krit *Quinke* SchVZ 07, 246).

10 Das **KulturgutschutzG** ist international zwingend (AnwK/*Doehner* Art 34 Rz 24; Reithmann/Martiny/*Freitag* (6. Aufl) Rz 431; allg *Siehr* 279 f).

11 Für inländischen **Wohnraum** enthält das **Mietrecht** Eingriffsnormen (Denkschrift BTDrs 10/503/28; *Kropholler* § 52 IX 2c; Staud/*Magnus* Art 34 Rz 88; *v. Hoffmann/Thorn* § 10 Rz 96; *Looschelders* Art 34 Rz 23; MÜKO/*Sonnenberger* (4. Aufl) Einl IPR Rz 62; *Lurger* IPRax 01, 52, 55; *Brödermann/Rosengarten* Rz 234f; für Österreich Czernich/*Heiss* Art 7 Rz 23 f; abl Reithmann/Martiny/*Mankowski* (6. Aufl.) Rz 1060). **Bodenverkehrsvorschriften** sind international zwingend (Staud/*Magnus* Art 34 Rz 86). Die Formvorschrift des § 311b I (ex 313) BGB soll keine Eingriffsnorm sein (Köln, MDR 93, 315; Staud/*Magnus* Art 34 Rz 87; ex Art 28 Rn 347). Vorschriften der MaBV werden als international zwingend genannt (Staud/*Magnus* Art 34 Rz 95, ex Art 28 Rn 347).

12 Im **Urheberrecht** sind §§ 32, 32a, 32b UrhG ausdrücklich international zwingend (dazu *v Welser* IPRax 02, 364-366; ders in Wandtke/Bullinger Praxiskommentar UrhR, § 32b Rz 1 ff mwN; *Pütz* Parteiautonomie im internationalen Urhebervertragsrecht, 05).

13 Zweifelhaft ist der Bereich des **Verbraucher- und Anlegerschutzes** (zum Verhältnis zu ex Art 29a Rn 3). Ob das Widerrufsrecht bei Haustürgeschäften nach § 312 bzw der RL Eingriffsnorm ist, hat der BGH offen gelassen (BGHZ 135, 124; verneinend LG Bielefeld NZM 99, 721; LG Koblenz IPRspr 89 Nr. 43; *Junker* IPRax 00,

65, 71; bejahend Celle RIW 96, 963; LG Weiden NJW-RR 96, 438; LG Berlin NJW-RR 95, 754; Erman/*Hohloch* Art 34 Rz 15; *Fetsch* 294; Palandt/*Thorn* (68. Aufl) Art 34 Rz 3a; Soergel/*v Hoffmann* Art 34 Rz 59). Hinsichtlich des Verbraucherkreditrechts ist die Sonderanknüpfung umstr, der BGH lehnt sie nun für das VerbrKredG, wenn die Richtlinie 87/102 nicht eingreift, ausdrücklich ab (BGH NJW 06, 762, generell abl KG KGR 05, 470; *Felke* RIW 01, 30; vorsichtig Palandt/*Thorn* (68. Aufl) Art 34 Rz 3a; bejahend aber *Fetsch* Eingriffsnormen und EG-Vertrag, 02, 291; *Pfeiffer* IPRax 06, 238, 241). Bei den Verbraucherschutzrichtlinien sind Gemeinwohlinteressen kaum auszumachen (entschieden abl daher *Sonnenberger* IPRax 03, 104, 109, 110). Die Behandlung von § 490 II ist streitig (bejahend Soergel/*v Hoffmann* Art 34 Rz 62; Erman/*Hohloch* Art 34 Rz 15; abl MüKo/*Martiny* (4. Aufl) Art 34 Rz 112 mwN). Das FernUSG soll auch nach Aufhebung des § 11 FernUSG Eingriffsnorm sein (Staud/*Magnus* Art 34 Rz 92). Anlegerschutzvorschriften (dazu *Hopt* FS Lorenz 422) können Eingriffsnormen sein, insb § 126 InvG (Staud/*Magnus* Art 34 Rz 101; MüKo/*Martiny* (4. Aufl) Art 34 Rz 101). Einzelne Stimmen wollen den Bürgenschutz über Art 34 durchsetzen (*Reich* NJW 94, 2128, 2130; dagegen Staud/*Magnus* Art 34 Rz 100). Die Behandlung von Spiel und Wette als Naturalobligation nach § 762 wird teils dem ordre public, teils Art 34 zugeordnet (dazu MüKo/*Martiny* (4. Aufl) Art 28 Rz 376 mN; für Art 6 § 762 Rn 10; zur Urteilsanerkennung LG Mönchengladbach WM 94, 1374); im Hinblick auf die zugrunde liegenden Erwägungen (Nw bei *Remien* 371 ff, 381 ff) ist letzteres nicht fern liegend. § 661a ist nach dem BGH Eingriffsnorm (BGH NJW 06, 231, 232 f; auch Frankf 24.11.04 – 2 W 59/04 Westlaw; so *S. Lorenz* IPRax 02, 192, 196; aA HK/*A. Staudinger* Art 34 Rz 6). Für das **Versicherungsvertragsrecht** erklärt Art 15 EGVVG Art 27 ff einschl für Art 34 für entspr anwendbar. Welche Normen danach international durchzusetzen sind, wird als noch weitgehend ungeklärt bezeichnet (MüKo/*Martiny* (4. Aufl) Art 37 Rz 179; auch *Kropholler* § 52 IX 2 d); näher Reithmann/Martiny/*Schnyder* (6. Aufl) Rz 1355 ff; zu Terrorrisiko *Armbrüster* VersR 06, 1).

Im Recht der **Wettbewerbsbeschränkungen** ist § 130 II GWB eine besondere Kollisionsnorm (*Kegel/Schurig* 1126; MüKo/*Immenga* BGB: IntWR, IntWettbR/IntKartR Rz 16 ff), es gilt das Auswirkungsprinzip. Danach wird deutsches Kartellrecht durchgesetzt (LG Düsseldorf WUW 02 DE-R 999 = IPRspr 02 Nr 31 – Franchising; LG Düsseldorf GRUR Int 99, 772 – Blutplasma). Das deutsche **Vergaberecht** kann als Eingriffsnorm wirken (Dsd VII-Verg 2/08 juris). 14

Zwingende Vorschriften des **Arbeitsrechts** werden bereits als Schutzvorschriften des Rechts des Beschäftigungsortes über Art 30 (Art 6 EVÜ) berufen. Insb bei zeitweiser Arbeitsausübung in einem anderen Staat kann bedeutsam sein, ob Arbeitsrechtsnormen von dessen Recht als Eingriffsnormen nach Art 34 anzusehen sind (eingehend *C. Müller* International zwingende Normen des deutschen Arbeitsrechts, 05). Nach der hM ist dies möglich (MüKo/*Martiny* (4. Aufl) Art 30 Rz 106 mN; s.a. *Junker* in 50 Jahre BAG, 1197, 1210 ff). Als Kriterium wird manchmal behördliche Rechtsdurchsetzung genannt (*Junker* Arbeitnehmereinsatz Ausland 07, 29). § 7 I AEntG erklärt gewisse Regelungen gesetzlich zu Eingriffsnormen. IÜ werden § 3 EFZG (BAG E 100, 130 – Flugbegleiterin; MüKo/*Martiny* (4. Aufl) Art 30 Rz 94) und § 14 I MuSchG als Eingriffsnormen angesehen (BAG E 100, 130; *Looschelders* Art 30 Rz 17, ex Art 34 Rn 23). Problematisch scheint § 8 TzBfG (abl BAG 9 AZR 134/07). Der allg Kündigungsschutz nach §§ 1–14 KSchG ist keine Eingriffsnorm iSd ex Art 34 (LAG Köln 7 Ta 322/07 nrwe; *Looschelders* ebda; *C. Müller* 414 f), der nach §§ 17 ff KSchG hingegen durchaus (BAG E 63, 17, 23; *C. Müller* 415 f), ebenso weitere besondere Kündigungsschutzvorschriften (*C. Müller* 417 ff; MüKo/*Martiny* (4. Aufl) Art 30 Rz 123 ff). Die Regelung des Betriebsübergangs in § 613a soll nicht unter ex Art 34 fallen (BAG E 71, 297 – Berliner Pan Am Piloten –; Palandt/*Thorn* (68. Aufl) Art 34 Rz 3b; MüKo/*Martiny* (4. Aufl) Art 30 Rz 94; s.a. schon *Drobnig/Becker/Remien* Verschmelzung, 91, 68 ff; krit *C. Müller* 396 ff; *Pfeiffer* FS Geimer 821, 830), auch nicht das SeemannsG (BAG E 80, 84, 92 f). Insolvenzgeldbestimmungen werden als Eingriffsnormen angesehen (MüKo/*Martiny* (4. Aufl) Art 30 Rz 95). Das **AEntG** sieht im Bausektor Mindestbedingungen über Entgelt und Urlaub vor und wird durch die Entsende-RL 96/71 gestützt. Nach § 1 AEntG finden Regelungen von für allg verbindlich erklärten Tarifverträgen über Mindestentgeltsätze und Urlaub zwingende Anwendung, setzen sich also nach Art 34 auch gegen ein fremdes Arbeitsvertragsstatut durch (MüKo/*Martiny* (4. Aufl) Art 30 Rz 152). Dies gilt also für § 1 AEntG iVm Bestimmungen allgemeinverbindlicher Tarifverträge (BAG 10 AZR 782/06; 9 AZR 167/07; NZA 06, 379, 380; DB 05, 1916; E 102, 1; 101, 357) – auch tarifliche Auskunftspflicht (BAG NZA 05, 1376), aber nicht für Bestimmungen allgemeinverbindlicher Tarifverträge ohne derartige gesetzliche Regelung (BAG RdA 04, 175). Das **AGG** ist über **§ 7 I Nr. 7 AEntG** bei Beschäftigung im Inland zwingend anzuwenden (ErfK/*Schlachter* § 7 AEntG Rz 1); iÜ hat zum **AGG** die Diskussion erst begonnen (*Junker* 30; *Schrader/Straube* NZA 07, 184; *Mansel* FS Canaris I 809). 15

III. Europarecht. Ex Art 34 spricht zwar von zwingenden Bestimmungen des deutschen Rechts, doch gilt für zwingende Bestimmungen des europäischen Gemeinschaftsrechts dasselbe (s.o. Rn 5). Es sind also auch Eingriffsnormen des europäischen Gemeinschaftsrechts anzuwenden. Paradepferd ist das **Kartellverbot des Art 101 AEUV**. Der EuGH hat in Ahlström den Ort für entscheidend erklärt, an dem das Kartell durchgeführt wird (EuGH 89/85, Slg 93, I-1307 Erw 16f), er zeigt also eine Tendenz zum Auswirkungsprinzip (Schulze/Zuleeg/*Mäger* EuR § 16 Rz 18 ff; MüKo/*Immenga* BGB IntWR, IntWettbR/IntKartR Rz 3). GVOen sind zu beachten (grds etwa LG Düsseldorf WUW 02 DE-R 999 = IPRspr 02 Nr 31; ferner LG Düsseldorf GRUR Int 99, 772 – 16

Blutplasma). Die FusionskontrollVO erfasst auch Auslandszusammenschlüsse, die sich im Binnenmarkt auswirken (*Löffler* Art 1 Rz 31; *Mestmäcker/Schweitzer* Europäisches Wettbewerbsrecht, 2. Aufl 04 § 6 Rz 83 ff; EuG T-102/96, Slg 99, II-753 – Gencor); allerdings ist str ob das Vollzugsverbot nach Art 7 V FusionskontrollVO auch bei Drittstaatenzusammenschluss gilt (*Mestmäcker/Schweitzer* § 6 Rz 93). Theoretisch kommt auch die Beihilfekontrolle nach Art 107ff AEUV als Eingriffsnorm in Betracht. Im Handelsvertreterrecht ist die Ingmar-Entscheidung zu beachten (s.o. Rn 9). Der internationale Anwendungsbereich der EG-VO 261/2004 über Nichtbeförderung, Annullierung und große Verspätung bei Flügen wird in deren Art 3 I besonders und ohne Rücksicht auf das Vertragsstatut geregelt (dazu EuGH 173/07, Slg 08, I-0000).

17   **D. Eingriffsnormen des Schuldstatuts (lex causae).** Höchst str ist die Behandlung von Eingriffsnormen der lex causae, also des Schuldstatuts. Der Bericht *Giuliano/Lagarde* geht von deren Anwendbarkeit aus (hM, vgl BTDrs 10/503/*Giuliano* 58; krit *Schubert* RIW 87, 729, 732 f). Diese Ansicht wird trotz vieler Diskussionen zum Wirtschaftskollisionsrecht auch heute noch vertreten (BR/*Spickhoff* Art 34 Rz 27; HK/*A. Staudinger* Art 34 Rz 9, 10; *Looschelders* Art 34 Rz 39; bisher Palandt/*Heldrich* (67. Aufl) Art 34 Rz 6, krit in der Neuaufl nun *Thorn* Art 9 Rom I-VO Rz 15; vgl auch *Wegen* FS Bechtold 611 ff; grds auch Frankf NJW 06, 2931, 2934 = VuR 06, 307, 310). Die **Schuldstatutstheorie** ist jedoch **abzulehnen** (s.a. Staud/*Magnus* Art 34 Rz 21, 130, 138; *Kropholler* § 52 X 1 und 3b); *Sonnenberger* IPRax 03, 104, 107; *v Bar/Mankowski* Rz 4/119 f). Zwar ist nicht auszuschließen, dass eine schuldrechtliche Norm dem Schuldstatut zugehört und zugleich Eingriffscharakter aufweist, etwa im Mietrecht. Aber etliche Eingriffsnormen passen überhaupt nicht zum Schuldstatut und können ihm nicht zugezählt werden, etwa das Außenwirtschaftsrecht. Die Schuldstatutstheorie führt dann zu gänzlich zufälligen Ergebnissen (*Remien* RabelsZ 90, 431, 462 f; *Schurig* RabelsZ 90, 27, 244 ff; *Schubert* RIW 87, 729, 737). Damit ist die kollisionsrechtliche oder materiellrechtliche Berücksichtigung drittstaatlicher Eingriffsnormen entscheidend.

18   **E. Drittstaatliche Eingriffsnormen. I. Allgemeines.** Eine Sonderanknüpfung drittstaatlicher Normen sieht Art 7 I EVÜ vor, gegen den Art 22 I lit a) aber einen Vorbehalt gestattet, den ua Deutschland erklärt hat. Der in Art 9 III Rom I-VO aufgegriffene und veränderte Art 7 I lautet folgendermaßen (dazu im einzelnen Czernich/*Heiss* Art 7 Rz 3 ff): „Bei der Anwendung des Rechts eines bestimmten Staates auf Grund dieses Übereinkommens kann den zwingenden Bestimmungen des Rechts eines anderen Staates, mit dem der Sachverhalt eine enge Verbindung aufweist, Wirkung verliehen werden, soweit diese Bestimmungen nach dem Recht des letztgenannten Staates ohne Rücksicht darauf anzuwenden sind, welchem Recht der Vertrag unterliegt. Bei der Entscheidung, ob diesen zwingenden Bestimmungen Wirkung zu verleihen ist, sind ihre Natur und ihr Gegenstand sowie die Folgen zu berücksichtigen, die sich aus ihrer Anwendung oder ihrer Nichtanwendung ergeben würden." Infolge des Vorbehalts besteht insoweit in ex Art 34 EGBGB eine **Regelungslücke**, nur einzelne Stimmen der Lit nehmen an, es liege eine bewusste Entscheidung des Gesetzgebers gegen eine Sonderanknüpfung vor (so aber BR/*Spickhoff* Art 34 Rz 24; anders schon *Martiny* IPRax 87, 277, 279; Erman/*Hohloch* Art 34 Rz 18, 24). Einige äußern sich distanziert zur Sonderanknüpfung und verweisen auf die Berücksichtigung als Tatsache (so Palandt/*Thorn* (68. Aufl) Art 34 Rz 5; tendenziell *Looschelders* Art 34 Rz 38). Die Rspr hat ausländische Normen nicht nur über die Unmöglichkeit, sondern auch **über § 138** – nicht allerdings § 134 – berücksichtigt (BGHZ 34, 169 – Borax; BGH NJW 62, 1436 – Borsäure; BGHZ 59, 82 – Nigerianische Masken). Letzteres kommt einer Sonderanknüpfung jedenfalls in der Wirkung nahe (vgl etwa *Hentzen* RIW 88, 508, 509; Soergel/*v Hoffmann* Art 34 Rz 81; *Schurig* RabelsZ 90, 217, 240 ff; *v Bar* I Rz 267; dagegen *v Bar/Mankowski* Rz 4/127 ff). In der Rspr finden sich auch Bekenntnisse zu der Nichtanwendung ausländischen öffentlichen Rechts, es sei denn, dies habe sich effektiv durchgesetzt (vgl BGHZ 31, 367, 371 ua m; auch BGHZ 128, 41, 52, dazu *Drobnig* FS Neumayer 159, 168). Die Sonderanknüpfung drittstaatlichen Eingriffsrechts ist jedenfalls dann legitimiert, wenn zwischen Drittstaatenrecht und Forum **Interessenidentität** besteht (*Drobnig* FS Neumayer 159, 174; *Kegel/Schurig* 1096 f; *Remien* RabelsZ 90, 409, 466 ff; von „shared values" sprechen *Großfeld/Rogers* ICLQ 32 (83) 931, 943 f; *Berger* FS Horn 322, 330) – sie liegt dann im „Eigeninteresse" des Forumstaates (*Sonnenberger* IPRax 03, 104, 114; MüKo/*Sonnenberger* (4. Aufl) Einl IPR Rz 80; *Kreuzer* 87, 89, 90, 92 ff). Dies ist dann ganz klar, wenn das deutsche Recht selbst über eine entspr Norm verfügt, diese aber nach den maßgeblichen Anknüpfungskriterien keine Anwendung findet (vgl *Remien* RabelsZ 90, 409, 468 f m Bsp). Die Sonderanknüpfung ist damit anzuerkennen (*v Hoffmann/Thorn* § 10 Rz 97 ff), aber in sehr engen Grenzen (vgl auch Staud/*Magnus* Art 34 Rz 24; großzügiger *Armbrüster* VersR 06, 1, 6, 8). Vorsicht ist auch deshalb notwendig, weil die Sonderanknüpfung drittstaatlicher Normen zwar kooperativ ist, sie aber zugleich die Vertragsfreiheit einschränkt. Während der BGH in den Borax- und Borsäurefällen amerikanische Exportverbote im **„Interesse des gesamten freiheitlichen Westens"** durchsetzte, hat später das LG Krefeld ein amerikanisches Iran-Embargo nicht berücksichtigt (LG Krefeld 7 O 190/80, Auszug bei *Remien* RabelsZ 90, 409, 468 Fn 180). Zur Mitwirkung an der Bekämpfung des **Kokainhandels** in Indien hat sich schon das RG bereit gezeigt (RG JW 27, 2288). Auch bei einem Verstoß gegen **Schmuggel- und Bestechungsverbote** kommt eine Sonderanknüpfung in Betracht (so *Kegel/Schurig* 1143 ff; vgl auch RG JW 27, 2288; zum Schmiergeld BGHZ 94, 268; Hambg NJW 92, 635). Beim **Wohnraummietrecht** ist eine Sonderanknüpfung in Betracht zu ziehen (*Lurger* IPRax 01, 52, 55 f; MüKo/

Martiny (4. Aufl) Art 28 Rz 158; *Leible* IPRax 06, 365, 368; abl Reithmann/Martiny/*Mankowski* (6. Aufl) Rz 1060). Auch an das Kartellrecht ist zu denken, wenngleich gegen einen Ausbau des § 130 II GWB zur allseitigen Kollisionsnorm Bedenken bestehen (MüKo/*Immenga* BGB IntWR, IntWettbR/IntKartR Rz 22 ff; *Sonnenberger* IPRax 03, 104, 115; Art 81 EGV berücksichtigt HG Zürich IPRax 06, 490 m Aufs *Gottschalk* 509 ff; aber ordre-public-Verstoß bei Schiedsspruch verneinend BG 4P.278/2005). Gefordert wird die Anwendung kapitalmarktrechtlicher Eingriffsnormen (*Göthel* IPRax 01, 411, 416 ff; zum Schweizer Bankgeheimnis vgl Karlsr WM 07, 350, 354). Liegt ein Verstoß gegen eine unmittelbar anwendbare Regel des (allgemeinen) Völkerrechts vor, so kommt es auf die Voraussetzungen der Sonderanknüpfung nicht an (vgl MüKo/*Mayer-Maly*/*Armbrüster* § 134 Rz 39; *Remien* RabelsZ 90, 431, 464 N 167 m Bsp).

Soweit Deutschland oder die EG eine **Abwehrregelung** (s. VO (EG) 2271/96; zu ausländischen „blocking statutes" *Kegel/Schurig* 1132; *v Bar/Mankowski* Rz 4/113) gegen die ausländische Eingriffsnorm erlassen haben, muss die Anwendung der drittstaatlichen Eingriffsnorm ausscheiden (vgl auch MüKo/*Martiny* (4. Aufl) Art 34 Rz 81, 88, 92). 19

II. EU/EWR-Mitgliedstaaten. Drittstaat kann ein EU/EWR-Mitgliedstaat sein; dann ist mE zu unterscheiden: (1.) Handelt es sich um eine Norm zur **Umsetzung** einer EG-Richtlinie, greift aber nicht schon Art 29a ein, so liegt nur formell eine fremde, materiell infolge des europäischen Richtlinienhintergrundes aber eine eigene Eingriffsnorm vor. Sie ist also zu beachten. (2.) Bei **autonomen Eingriffsnormen** anderer EG-Mitgliedstaaten ist die Lage anders. In der Lit wird vertreten, hier bestehe nach AEUV und EuGVVO eine Anwendungspflicht (*Fetsch* Eingriffsnormen und EG-Vertrag, 02, 319 ff; *Armbrüster* VersR 06, 1, 4 f; abl *v Bar/Mankowski* Rz 4/117; zurückhaltend *Heinemann* JZ 02, 988). Jedenfalls in solcher Pauschalität scheint dies indes nicht richtig. Darüber hinaus ist es wie in Deutschland auch in anderen mitgliedstaatlichen Rechtsordnungen nicht stets leicht, den Eingriffscharakter einer Regelung festzustellen (bejahend für französische Formvorschrift für Schiffskauf etwa Cass Rev crit d i p 05, 55 m krit Anm *Lagarde*; bejahend für Direktanspruch des Subunternehmers Cass Petites Affiches 08 Nr 77 5, aA Cass D 07 Jur 2008 m Anm *Borysewicz/Londe* = Rev trim dr com 07, 631, zum Problem *Kondring* RIW 09, 118). 20

F. Materiellrechtliche Berücksichtigung. Ausländische Eingriffsnormen können eine tatsächliche Wirkung entfalten und daher als Tatsache zu berücksichtigen sein. Es geht dann um Berücksichtigung iRd anwendbaren Rechts statt um Anwendung der Norm. Schon das RG ist entspr vorgegangen und hat wegen des englischen Feindhandelsverbots **tatsächliche Unmöglichkeit** angenommen (RGZ 93, 182; vgl auch RG *Gruchot* 61, 460; eingehend *v Bar/Mankowski* Rz 4/122 ff). Der BGH hat zur **Geschäftsgrundlage** (BGH NJW 84, 1746, dazu *Baum* RabelsZ 89, 146, 152) und zu **§ 826** gegriffen (BGH JZ 91, 719; dazu *Junker* JZ 91, 699). IRd Wiener UN-Kaufrechts ist an Art **79 CISG** zu denken (zum Haager Sensorfall RabelsZ 47 (83) 141 m Anm *Basedow*, s.a. *Remien* RabelsZ 90, 409, 470f). Einige bezeichnen dies als „datum-Theorie" (etwa *Mülbert* IPRax 86, 140) und wollen nur so vorgehen (BR/*Spickhoff* Art 34 Rz 28), doch ist dieses Etikett überflüssig und in der Sache als alleiniges allg Konzept unbrauchbar (vgl auch Staud/*Magnus* Art 34 Rz 134). Die materiellrechtliche Berücksichtigung hat aber auch ihre Berechtigung. Sie ist etwas gänzlich anderes als Sonderanknüpfung, denn **auch eine inhaltlich missbilligte Norm** kann tatsächlich zu berücksichtigen sein, wie die alte deutsche Rspr zu englischen Feindhandelsverboten eindrucksvoll demonstriert. Die materiellrechtliche Berücksichtigung ist also möglich, auch wenn die Kriterien einer Sonderanknüpfung nicht erfüllt sind (richtig *Kropholler* § 52 X d); von einem Ergänzungsverhältnis spricht *Berger* FS Horn, 322, 336). Ihre Maßstäbe sind eine Frage der Vertragsgestaltung und des anwendbaren materiellen Rechts (großzügig die Clunet 06, 722 berichtete schwedische Entscheidung zu US Libyen-Embargo). 21

G. Grundfreiheiten im Binnenmarkt. Ist in einem grenzüberschreitenden Binnenmarktfall eine Eingriffsnorm infolge Sonderanknüpfung anwendbar, so kann wie auch sonst bei zwingendem Recht eine Verletzung einer Grundfreiheit des EGV in Betracht kommen (s.o. ex Art 29 Rn 25; ferner *Sonnenberger* IPRax 03, 104, 113; *Reich* NJW 94, 2128, 2131), denn eine Eingriffsnorm ist **nicht per se freigestellt** (EuGH C-369/96 und C-376/96, Slg 99, I-8453 – Arblade). Hierauf hat der BGH bereits für § 4 HOAI ausdrücklich hingewiesen (BGH NJW 03, 2020, 2022, dazu *Buhlmann/Wilms* LMK 03, 124). 22

H. Sonderregelung Art VIII 2 b) Bretton Woods-Abkommen. Es besteht die Sonderregelung des Art VIII 2 b) Bretton Woods-Übk IWF zur Beachtlichkeit der Devisenbestimmungen von IWF-Mitgliedstaaten. Leider werden ihre einzelnen Elemente **international sehr unterschiedlich ausgelegt** (MüKo/*Martiny* (4. Aufl) Art 34 Anh II Rz 12; *Ebke* Internationales Devisenrecht, 91; *Mann/Proctor* The Legal Aspect of Money, 6. Aufl 05, Kap 15; Staud/*Magnus* Anh zu Art 34; div Fälle und Nw bei *Kegel/Schurig* IPR, 9. Aufl 04, 1116 ff). **Devisenkontrakte/Exchange contracts** wird in Deutschland bisher weit (BGH „solche Verpflichtungen, die in Form grenzüberschreitender Zahlungsvorgänge den Devisenbestand eines Mitgliedes beeinflussen und sich damit auf dessen Zahlungsbilanz auswirken"), sonst eher eng verstanden (*Ebke* 240–246; fragend MüKo/*Martiny* (4. Aufl) Art 34 Anh II Rz 15). Jedoch werden nur Restriktionen des laufenden Zahlungsverkehrs, nicht auch von Kapitalverkehrsgeschäften wie Auslandsinvestitionen durch Beteiligung an einer ausländischen Gesellschaft oder Anleihen erfasst (BGH NJW 94, 390; *Mann/Proctor* no 15.19; eingehend Staud/*Magnus* Anh 23 zu Art 34 Rz 23 ff; Argentinien-Anleihen Frankf NJW 06, 2931 = VuR 06, 307 m Anm *Schantz*; LG Frankfurt WM 08, 2062; zum Problemkreis *Pfeiffer* ZVglRWiss 03, 141; *Mayer* WM 08, 425, 426; aA *Ebke* 243ff; *Seuß* Exterritoriale Geltung von Devisenkontrollen, 91, 37 ff: für Kreditverträge *Unteregge* Ausländisches Devisenrecht und internationale Kreditverträge, 91, 36 ff). Die **Devisenbestimmungen** müssen **IWF-konform** sein (BGH NJW 94, 1868, 1869 verneinend zu österr DevG). Hinsichtlich der **Berührung der Währung eines Mitgliedes** kommt es auf die Zahlungsbilanz, nicht die Währungsbezeichnung an (MüKo/*Martiny* (4. Aufl) Art 34 Anh II Rz 23; *Mann/Proctor* no 15.23). Ob die Devisenbestimmung zur Zeit des Vertragsschlusses schon bestand, sollte unerheblich sein (MüKo/*Martiny* Art 24 Anh II Rz 23, aA *Mann/Proctor* no 15.28 (a) und 15.22; *Siehr* 333). Str ist auch, ob nur Devisenrecht oder auch Embargomaßnahmen und „blocking legislation" erfasst werden (vgl MüKo/*Martiny* Art 34 Anh II Rz 33, *Mann/Proctor* no 15.31; sehr weit *Ebke* 255). **Rechtsfolge** ist nach bisher ständiger Rspr. des BGH die Unklagbarkeit (offenlassend BGH NJW 93, 1070 1072), doch ist auch dies str, es werden auch Unwirksamkeit (*Mann/Proctor* no 15.34) oder in Annäherung an amerikanische Praxis Naturalobligation (*Ebke* 276ff; zust etwa Reithmann/Martiny/*Thode* (6. Aufl) Rz 531, 533; Staud/*Magnus* Anh zu Art 34 Rz 74; für Nichtvollstreckbarkeit wie bei § 32 I AWG *Seuß* 125ff) angenommen. Die Durchsetzbarkeit braucht nicht generell, sondern kann auf den gegen Devisenrecht verstoßenden Teil beschränkt versagt werden (BGH NJW 93, 1070, 1072). Eine ordre public-Kontrolle ist wohl vorzunehmen (MüKo/*Martiny* (4. Aufl) Art 34 Anh II Rz 36).

ex Art. 35 Rück- und Weiterverweisung, Rechtsspaltung.

(1) Unter dem nach diesem Unterabschnitt anzuwendenden Recht eines Staates sind die in diesem Staat geltenden Sachvorschriften zu verstehen.

(2) Umfaßt ein Staat mehrere Gebietseinheiten, von denen jede für vertragliche Schuldverhältnisse ihre eigenen Rechtsvorschriften hat, so gilt für die Bestimmung des nach diesem Unterabschnitt anzuwendenden Rechts jede Gebietseinheit als Staat.

1 **A. Funktion, Anwendungsbereich.** *Ex Art 35* bestimmt für das internationale Schuldrecht in *ex Art 27–37* als **lex-specialis** (MüKo/*Martiny*, 4. Aufl Art 35 Rz 3; Staud/*Hausmann* Art 35 Rz 8) **zwei Ausnahmen** zu den Regeln des allg IPR in Art 4 (s. Rn 3, 4).

2 Aufgrund des Gebots einheitlicher Auslegung des EVÜ (s. *ex Art 36* Rn 2 ff, 6) gilt *ex Art 35* **bei der Lösung schuldvertragsrechtlicher** (nicht: anderer) **Fälle** auch für die Anwendung von den ebenfalls auf dem EVÜ beruhenden Regelungen: (1) zur **Form** in Art 11 (zB Soergel/*vHoffmann* Art 35 Rz 4; Staud/*Hausmann* Art 35 Rz5; MüKo/*Martiny*, 4. Aufl Art 35 Rz 2, 17; BaRoth/*Spickhoff* Art 35 Rz 2; entgegen der formal-systematischen Argumentation in BGHZ 121, 224, 235 zur Nichtgeltung von *ex Art 34* im Verhältnis zu Art 11); und (2) zum **Schutz des anderen Vertragsteils** in Art 12 1 (Soergel/*v Hoffmann* Art 35 Rz 4; MüKo/*Martiny*, 4. Aufl Art 35 Rz 2, 17; BaRoth/*Spickhoff* Art 35 Rz 2). Dies entspricht einer den effet utile suchenden (s. *ex Art 36* Rn 3) Anwendung von *ex Art 35* iSd ihm zu Grunde liegenden Regelungen in Art 19 u 21 EVÜ.

3 **B. Grundsatz der Sachnormverweisung im (alten) Schuldvertragsrecht.** Nach *ex Art 35 I* (der Art 15 EVÜ und 20 Rom I-VO entspricht) spricht das internationale Schuldrecht nicht nur bei Rechtswahl (vgl Art 4 II), sondern stets **Sachnormverweisungen** aus (BGH NJW 96, 54, 55; München RIW 96, 329, 330; *Mayer/Heuzé* Rz 706; *Dicey, Morris & Collins* Rz 32-043) und weicht damit vom Grundsatz der Gesamtverweisung aus Art 4 I ab (Ddorf RIW 93, 761, 762). Eine Rück- oder Weiterverweisung der berufenen Rechtsordnung ist unbeachtlich (BGH NJW 96, 54, 55; Hambg TranspR 89, 374, 375; Celle ZIP 01, 1724, 1725; MüKo/*Martiny*, 4. Aufl Art 35 Rz1), auch wenn er durch andere – nicht schuldvertragsrechtliche – Qualifikation durch das berufene Recht erfolgt (Cass civ 1ère 11.3.97, JDI 97, 789, 790 m Anm *Santa-Croce*; MüKo/*Martiny*, 4. Aufl Art 33 Rz 173; MüKo/*Spellenberg*, 4. Aufl Art 32 Rz 93; Staud/*Magnus* Art Rz19, 71).

4 Sonderfall: Wenn die Vertragsparteien in der Rechtswahlklausel ausdrücklich die Durchführung einer IPR-Prüfung nach einem bestimmten nationalen IPR vereinbaren (zB: „Es gilt das durch das schwedische IPR bestimmte Recht"), liegt darin eine **indirekte Sachnormverweisung** auf das durch das gewählte IPR bestimmte Recht: Hierfür streitet (1) zum einen das Primat der Vertrags- und Gestaltungsfreiheit (Parteiautonomie), – das in Anlehnung an *ex Art 27 ff* (so Zöller/*Geimer* § 1051 ZPO Rz 2 f) in § 1051 I 2 ZPO nF (1997) aufgegriffen wird: danach wird für Schiedsverfahren in Deutschland (§ 1025 I ZPO) ausdrücklich auch die ausdrückliche Wahl eines Kollisionsrechts zugelassen –, und (2) der nach *ex Art 36* zur Auslegung von *ex Art 35* heranzuziehende Art 15 EVÜ, der kein Verbot einer ausdrücklichen Vereinbarung auf das IPR enthält (MüKo/*Martiny*, 4. Aufl Art 35 Rz 5; Staud/*Hausmann* Art 35 Rz 9; s. auch Staud/*Magnus* Art 27 Rz 14, 36; Erman/*Hohloch* Art 27 Rz 3; *v Bar/Mankowski* § 7 Rz 226; str, aA Art 4 Rn 16 (*Moersdorf-Schulte*); Palandt-Archiv: Art 4 Rz 11; BaRoth/*Spickhoff* Art 35 Rz 3; *Mallmann* NJW 08, 2953, 2954 mit ausführlicher Begründung).

5 **C. Verweisungen auf das Recht von Mehrrechtsstaaten.** Hat der Staat, auf dessen Recht verwiesen wird, mehrere Gebietseinheiten mit eigenen Rechtsordnungen (zB Australien, Kanada, Mexico, USA, Vereinigtes Königreich), setzt sich *ex Art 35 II* (der Art 19 I EVÜ und 22 Rom I-VO entspricht) – anders als Art 4 III

EGBGB – über dessen interlokales Recht hinweg und bestimmt direkt auch die Teilrechtsordnung der betroffenen Gebietseinheit (zB England, New York; s. MüKo/*Martiny*, 4. Aufl Art 35 Rz 15; *Dicey, Morris & Collins* Rz 32-029). Was innerhalb des europäischen Rechtsraums aufgrund des gemeinschaftsrechtlichen Ursprungs von *ex Art 35* geboten ist, ist im Verhältnis zu Nichtvertragsstaaten des EVÜ im Rechtsraum außerhalb der EU krit: Der Wille des ausländischen Gesetzgebers zur Rechtsanwendung, zur Rück- oder zur Weiterverweisung wird ignoriert.

Bei unklarer Rechtswahl (Frankf NJW-RR 00, 1367, 1368: „amerikanisches" Recht; Hambg IPRspr 98 Nr 34: „europäisches" Recht) ist möglichst der Wille der Parteien durch Auslegung zu ermitteln, ggf mittels analoger Anwendung von Art 4 III (MüKo/*Martiny*, 4. Aufl Art 35 Rz 13; BaRoth/*Spickhoff* Art 35 Rz 3; MüKo/*Spellenberg*, 4. Aufl Art 32 Rz 8; ähnl Staud/*Hausmann* Art 35 Rz 13). 6

ex Art. 36 Einheitliche Auslegung.
Bei der Auslegung und Anwendung der für vertragliche Schuldverhältnisse geltenden Vorschriften dieses Kapitels mit Ausnahme von Artikel 29 a ist zu berücksichtigen, daß die ihnen zugrunde liegenden Regelungen des Übereinkommens vom 19. Juni 1980 über das auf vertragliche Schuldverhältnisse anzuwendende Recht (BGBl. 1986 II S. 809) in den Vertragsstaaten einheitlich ausgelegt und angewandt werden sollen.

A. Funktion, Anwendungsbereich. *Ex Art 36* erinnert an den **gemeinschaftsrechtsnahen Ursprung** des Internationalen Schuldvertragsrechts im EVÜ (s. Vor IntSchVR Rn 1). Die Regelung in *ex Art 36* selbst entspricht im Kern Art 18 EVÜ; die „Ausnahme von Art 29a" ist 2000 durch das auf einer EG-Richtlinie beruhende FernAG (s. dort Art 2 II Nr 2) ergänzt worden. Aufgrund des unterschiedlichen Ursprungs der einzelnen Teile der Norm gelten unterschiedliche Auslegungsmethoden (krit zB Palandt-Archiv III: Art 3 Rz 12), die aber im Ergebnis kaum spürbar sind (s. Rn 8). 1

Der gemeinschaftsrechtsnahe Ursprung von *ex Art 36* gebietet es, die Regelung bei der Lösung **schuldvertragsrechtlicher** (nicht: anderer; s. MüKo/*Martiny*, 4. Aufl Art 36 Rz 12: keine entspr Anwendung auf sachen-, familien- und erbrechtliche Fälle) Fragen **entspr** für die Auslegung der Vorschriften heranzuziehen, die ebenso wie *ex Art 27–37* auf dem EVÜ beruhen (Staud/*Magnus* Art 36 Rz 5 für alle folgenden Beispiele): **Art 3 Ziff 2** zum Vorrang von Rechtsakten der Europäischen Gemeinschaften, Art 6 zum **ordre public** (Brödermann/Iversen/*Brödermann* Rz 494; MüKo/*Martiny*, 4.Aufl Art 36 Rz 12), Art 11 II–IV zur **Form** und Art 12 zum **Schutz des anderen Vertragsteils** (MüKo/*Martiny*, 4. Aufl Art 36 Rz 12; BaRoth/*Spickhoff* Art 36 Rz 3). Die entspr Anwendung wird der *ex Art 36* selbst zu Grunde liegenden Regelung in Art 18 EVÜ (und damit dessen einheitlicher Auslegung) gerecht: Art 18 EVÜ statuiert ein Auslegungsgebot ohne Unterscheidung nach den einzelnen Normen des EVÜ. 2

B. Auslegung aus dem EVÜ, Vorlagerecht zum EuGH. *Ex Art 36* schreibt das Ziel der einheitlichen Auslegung von *ex Art 27–37* – außer *ex Art 29 a* – als Auslegungsgebot (BAG E 63, 17, 33 f) iSe **Rechtspflicht** fest (MüKo/*Sonnenberger*, 4. Aufl Einl IPR Rz 322 u MüKo/*Martiny* 4. Aufl Art 36 Rz 9; Staud/*Magnus* Art 36 Rz 7; *Junker* RabelsZ 55 (1991) 674, 694, 695 f; aA *Jayme/Kohler* IPRax 89, 337, 343). Die angestrebte Einheitlichkeit setzt eine **Auslegung aus dem EVÜ** selbst voraus (BGHZ 123, 380, 384), durch die den im Internationalen Schuldvertragsrecht verwendeten Begriffen ein einheitlicher materieller, an der Gemeinschaftsrechtsordnung anknüpfender Gehalt gegeben wird (implizit aaO 384 f für den Begriff „Erbringung von Dienstleistungen" in *ex Art 29*). Der Sache nach bedeutet das eine Auslegung unter Beachtung des **effet utile**, s. Rn 8 und Staud/*Magnus* Art 36 Rz 21. 3

Danach sind *ex Art 27 ff* und – in schuldvertragsrechtlichen Fällen – die auf dem EVÜ beruhenden weiteren Normen des Internationalen Schuldrechts (s. Rn 2) wie folgt auszulegen: 1) durch **wörtliche Auslegung**, bei der die verschiedenen sprachlichen Fassungen des EVÜ zu berücksichtigen sind (Staud/*Magnus* Art 36 Rz 17; MüKo/*Martiny*, 4. Aufl Art 36 Rz 22, 36: trotz Art 1 II EVÜ-ZustimmungsG); 2) durch **historische Auslegung**, bei der die Materialien zu dem EVÜ, insb der in der BTDrs 10/503 33 ff abgedruckte Bericht *Giuliano/Lagarde*, zu berücksichtigen sind (BGHZ 123, 380, 385; MüKo/*Martiny*, 4. Aufl Art 36 Rz 24; Staud/*Magnus* Art 36 Rz 19; *Dicey, Morris & Collins* Rz 32-008, 014); 3) durch **systematische Auslegung**, bei der die Entscheidungen des EuGH zur Auslegung von Begriffen in europäischen Verordnungen (zB Vertrag, Verbraucher), die auch im Internationalen Schuldrecht verwendet werden, zu berücksichtigen sind (MüKo/*Martiny*, 4. Aufl Art 36 Rz 20, 23; s.a. *Dicey, Morris & Collins* Rz 32-019: „terms in the Convention should be given an autonomous meaning" und aaO 024); 4

4) Durch **teleologische** (den effet utile suchende) **Auslegung** in einer Weise, die der Verwirklichung der gemeinschaftsrechtlichen Ziele am besten dient (Brödermann/*Rosengarten*, 4. Aufl Rz 54, 284; MüKo/*Martiny*, 4. Aufl Art 36 Rz 25; s. zB auch *Dicey, Morris & Collins* Rz 32-018: „purposive" approach). Ein Beispiel bietet implizit BAG E 63, 17, 33 f (zu *ex Art 30 II*): keine Beschränkung des Anwendungsbereichs einer Norm des Internationalen Schuldvertragsrechts durch ein älteres deutsches Gesetz. Die Auslegung mit Blick auf den effet utile gebietet zB die einheitliche Auslegung auch von Begriffen in *ex Art 27–37*, die auf nationales Recht verweisen (zB *ex Art 27 III, 29 I, 30 I, 34*: „zwingende Bestimmungen"; MüKo/*Martiny*, 4. Aufl Art 36 Rz 13 mwN; Palandt-Archiv: Art 36 Rz 1 mwN). Im Einzelfall kann auch die analoge Anwendung von Normen des 5

EVÜ geboten sein, um dem dynamischen Charakter des Gemeinschaftsrechts gerecht zu werden (str; MüKo/*Martiny*, 4. Aufl Art 36 Rz 30 mwN); sowie

6 5) durch eine Auslegung unter Einbeziehung **rechtsvergleichender Argumente** (auch wenn dies in der Praxis zT aufwendig ist): mit Berücksichtigung (a) von ausländischer Literatur (so zB LG Hamburg ZIP 91, 1507, 1509) und (b) Rechtsprechung zur Anwendung des EVÜ in anderen Mitgliedstaaten (vgl http://www.rome-convention.org), s. zB Staud/*Magnus* Art 36 Rz 22; Palandt-Archiv: Art 36 EG Rz 1; *Dicey, Morris & Collins* Rz 32-019); (c) von allg Rechtsgrundsätzen (MüKo/*Martiny*, 4. Aufl Art 36 Rz 28; zur Berücksichtigung des DCFR in diesem Zusammenhang s. Art 1 Rom I-VO Rn 5); ggf (d) von rechtspolitischen Wertungen in den anderen Vertragsstaaten des EVÜ (BGHZ 135, 125, 134: bei Prüfung der analogen Anwendung von *ex Art 29 I*).

7 Aufgrund der Protokolle zum EVÜ von 1988 (Abl 89 L 48 1 ff, 17 ff; BGBl 95 II, 916 ff, 923 ff; 05, 147, 148) haben die **obersten Gerichte** des Bundes und alle anderen Gerichte, die als **Rechtsmittelinstanz** entscheiden, seit 1.8.04 ein **fakultatives Vorlagerecht beim EuGH**, mit dessen Hilfe die deutschen Gerichte die Auslegung des dem deutschen Internationalen Schuldvertragsrecht zugrunde liegenden EVÜ klären können. Dazu ist die Auslegungsfrage für die der deutschen EGBGB-Norm zu Grunde liegenden EVÜ-Regelung darzulegen (MüKo/*Martiny*, 4. Aufl Art 36 Rz 35).

8 **C. Sonderregelung für *ex Art 29a* (Gemeinschaftsrechtskonforme Auslegung).** *Ex-Art 29a* – der dem heutigen Art 46b EGBGB entspricht – beruht nicht auf dem EVÜ. Für ihn gilt zwar ausdrücklich nicht das Gebot der einheitlichen Auslegung aus *ex Art 36*, dafür aber das europarechtliche **Gebot der gemeinschaftskonformen** (hier: richtlinienkonformen) **Auslegung** (EuGH Urt v 4.2.88 – 157/86 Slg 88, 673 – *Murphy* Rz 11; vgl zB MüKo/*Sonnenberger*, 4. Aufl Einl IPR Rz 228), das für alles durch Richtlinien harmonisiertes IPR und anderes IPR gemeinschaftsrechtlichen Ursprungs gilt (*Brödermann/Rosengarten* Rz 54). Es gebietet insb die Beachtung des **effet utile**: Im Zweifel ist *ex Art 29a* als Norm gemeinschaftsrechtlichen Ursprungs in einer Weise auszulegen, die der Verwirklichung der gemeinschaftsrechtlichen Ziele am besten dient (aaO; Einl Rn 2; *Nicolaysen* Europarecht I, § 3 IV, insb S 103; *Kropholler* § 10 III 2 e S 81; EuGH Urt v 19.6.90 – C – 213/89 Slg 90, I-2433 – Factortame). Der Instanzrichter kann, der letztinstanzliche Richter muss eine Auslegungsfrage zu Art *ex-29a* dem EuGH vorlegen (Art 234 EGV; vgl MüKo/*Sonnenberger*, 4. Aufl Einl IPR Rz 229).

ex Art. 37 Ausnahmen. ¹Die Vorschriften dieses Unterabschnitts sind nicht anzuwenden auf
1. Verpflichtungen aus Wechseln, Schecks und anderen Inhaber- oder Orderpapieren, sofern die Verpflichtungen aus diesen anderen Wertpapieren aus deren Handelbarkeit entstehen;
2. Fragen betreffend das Gesellschaftsrecht, das Vereinsrecht und das Recht der juristischen Personen, wie zum Beispiel die Errichtung, die Rechts- und Handlungsfähigkeit, die innere Verfassung und die Auflösung von Gesellschaften, Vereinen und juristischen Personen sowie die persönliche gesetzliche Haftung der Gesellschafter und der Organe für die Schulden der Gesellschaft, des Vereins oder der juristischen Person;
3. die Frage, ob ein Vertreter die Person, für deren Rechnung er zu handeln vorgibt, Dritten gegenüber verpflichten kann, oder ob das Organ einer Gesellschaft, eines Vereins oder einer juristischen Person diese Gesellschaft, diesen Verein oder diese juristische Person gegenüber Dritten verpflichten kann;
4. Versicherungsverträge, die in dem Geltungsbereich des Vertrages zur Gründung der Europäischen Wirtschaftsgemeinschaft oder des Abkommens über den Europäischen Wirtschaftsraum belegene Risiken decken, mit Ausnahme von Rückversicherungsverträgen. ²Ist zu entscheiden, ob ein Risiko in diesem Gebiet belegen ist, so wendet das Gericht sein Recht an.

³Artikel 29a findet auch in den Fällen des Satzes 1 Anwendung.

1 **A. Überblick: Grenzen des Internationalen Vertragsrechts.** *Ex-Art 37 1* (der im Wesentlichen auf Art 1 II-4 EVÜ beruht, vgl Vor IntSchVR Rn 1) schließt einige Sachgebiete aus dem Anwendungsbereich des Internationalen Schuldrechts in *ex Art 27 ff* aus. Ex Art 37 S 1 zeichnet damit die großen Grenzen des Internationalen Schuldrechts, während *ex Art 32* die feineren Umrisse betrifft. Die durch Art 2 II Nr 3 FernAG ergänzte Regelung in *ex Art 37 S 2* statuiert eine **Ausnahme zur Ausnahme**: Der nicht auf dem EVÜ beruhende *ex-Art 29a* (s. *ex Art 29a* Rn 1) gilt auch für die nach *ex Art 37 1* ausgenommenen Rechtsgebiete des IPR: denkbar zB für (1) nach dem Gesellschaftsrecht eines Drittstaats gestaltete Fonds; (2) gesellschaftsrechtliche Time-Sharing Verträge (*Freitag/Leible* EWS 00, 342, 349; *Staudinger* RIW 00, 416, 420; Palandt-Archiv III: Art 37 Rz 3 oder (3) Versicherungsverträge (str, so zB *Staudinger* RIW 00, aaO; MüKo/*Martiny*, 4. Aufl Art 174, Staud/*Magnus* Art 37 Rz 66; Palandt-Archiv III: Art 37 Rz 2; aA zB Staud/*Armbrüster* Art 37 Anh I Rz 86).

2 *Ex-Art 37* selbst unterliegt dem Gebot **einheitlicher Auslegung** aus *ex Art 36* (Staud/*Magnus* Art 37 Rz 5; MüKo/*Martiny*, 4. Aufl Art 37 Rz 6). Es ist aber hinzunehmen und im Interesse der Kohärenz des Internationalen Schuldrechts auch geboten (Staud/*Magnus* Art 37 Rz 7: unabweisbar), wenn andere, ebenfalls **auf dem EVÜ beruhende Vorschriften außerhalb „dieses Unterabschnitts"** (*ex Art 37 1*) – Art 3 II 2, 6, 11 II–IV, 12 – entgegen Art 1 II EVÜ auch auf Rechtsgebiete angewendet werden, die vom Geltungsbereich des EVÜ grds ausgenommen sind (BTDrs 10/503/*Giuliano*, 45: für Versicherungsverträge; MüKo/*Martiny*, 4. Aufl Art 37 Rz 7).

Ebenso können *ex-Art 27 ff* **selbst im Einzelfall auf ausgeschlossene Rechtsgebiete angewendet** werden: Die 3
Ausschlussnorm in *ex Art 37* bzw Art 1 II, III EVÜ enthält keine Wertentscheidung gegen die *ex Art 27 ff* zu
Grunde liegenden Prinzipien (so die zutreffende Lesart von MüKo/*Martiny*, 4. Aufl Art 37 Rz 8; von BGH
NJW 94, 187: zum Grundsatz der Privatautonomie im Wechselrecht; s.a. BGHZ 99, 207, 210: zur Anwendung
von Art 31 im Wertpapierrecht). *Ex Art 37 1* soll für die genannten Gebiete lediglich die Reichweite der Kollisionsrechtsvereinheitlichung in Europa durch das EVÜ begrenzen (MüKo/*Martiny*, 4. Aufl aaO). Dementsprechend finden sich in allen nach *ex Art 37 1* ausgeschlossenen Rechtsgebieten Beispiele für die analoge
Anwendung von einzelnen Regelungen des Internationalen Schuldrechts (s. Rn 7 ff).

Art 1 II EVÜ nennt einige **weitere** vom Anwendungsbereich des EVÜ **ausgenommene Rechtsgebiete**, deren 4
Abgrenzung ggü dem Internationalen Schuldrecht nach deutschem Qualifikationsdenken keiner ausdrücklichen Erwähnung bedurfte (s. Staud/*Magnus* Art 37 Rz 3, 8 ff; MüKo/*Martiny*, 4. Aufl Art 37 Rz 10 ff): Recht
des Personenstands sowie die Rechts-, Geschäfts- und Handlungsfähigkeit; Erb- und Familienrecht (Verträge,
die eine gesetzliche Unterhaltspflicht oder das Sorgerecht zum Gegenstand haben, Staud/*Magnus* Art 37
Rz 12); Gerichtsstands- und Schiedsklauseln (s. aber Vor IntSchVR Rn 2); Trusts (nicht: reine Treuhandvereinbarungen, BTDrs 10/503/*Giuliano* 45; Staud/*Magnus* Art 37 Rz 14); Beweis und Verfahren (s. aber – als
Ausnahme zur Ausnahme – *ex Art 32 III*; Art 14 EVÜ).

B. Die ausgenommenen Rechtsgebiete. I. Wertpapierrecht. Die Ausnahme wertpapierrechtlicher Ver- 5
pflichtungen in Art 1 lit c EVÜ, *ex Art 37 Nr. 1* ist in Art 1 II lit d) Rom I-VO übernommen worden, dessen
Kommentierung hier entsprechend gilt (s. Art 1 Rom I-VO Rn 10 ff).

II. Internationales Gesellschaftsrecht, Vertretungsmacht. Das Internationale **Gesellschaftsrecht** einschl der 6
Fragen der **organschaftlichen Vertretung** liegen außerhalb des Anwendungsbereichs des Internationalen
Schuldvertragsrechts (*ex Art 37 1 Nr 2 u Nr 3, 2. Teil*; Staud/*Magnus* Art 37 Rz 55). Diese Rechtslage hat sich
nicht geändert: s. Art 1 Rom I-VO Rn 21 ff.

Das Internationale **Stellvertretungsrecht** (*ex Art 37 1 Nr 3, 1. Teil*) ist, soweit es die Fragen der **Vertretungs-** 7
macht betrifft (München Urt v 10.12.08 – 20 U 2798/08; Staud/*Magnus* Art 37 Rz 57 f), auch von der
Anwendung von *ex Art 27 ff* ausgeschlossen: Es unterliegt den von der Rechtsprechung entwickelten Grundsätzen (s. Vor Artikel 7 bis 12 EGBGB Rn 6 ff). Vertragliche Fragen über aus Beziehungen zwischen Vertreter,
Vertretenem und Dritten unterliegen im übrigen *ex Art 27 ff* (Staud/*Magnus* Art 37 Rz 57).

III. Versicherungsverträge. Das Internationale **Direktversicherungsrecht** für Risiken, die nach der lex-fori 8
(*ex Art 37 Nr 4 S 2*) **in der EU oder dem EWR** belegen sind (vgl *ex Art 7 II EGVVG*), ist nach *ex Art 37 1
Ziff 4 1* – der auf Art 1 III, IV EVÜ und für die Ausdehnung der Ausnahme auf den EWR auf Art 4 des Dritten Durchführungsgesetzes/EWG zum VAG v 21.7.94 beruht – von der Anwendung von *ex Art 27 ff* ausgenommen (vgl dagegen heute Art 7 Rom I-VO). Insoweit gilt im Wesentlichen harmonisiertes IPR in *ex-Art 7–15 EGVVG* (vgl BGH NJW 03, 1672, 1673), das auf mehreren Richtlinien beruht (s. eingehende Kommentierung bei MüKo/*Martiny*, 4. Aufl Art 37 Rz 55 ff, 61–201; Staud/*Armbrüster* Anh I zu Art 37 Rz 24 ff).
Es verweist in *ex Art 15 EGVVG* ergänzend auf *ex Art 27 ff*, die insoweit entspr anwendbar sind (MüKo/*Martiny*, 4. Aufl Art 37 Rz 165 ff; Staud/*Armbrüster* Anh I zu Art 37 Rz 84 ff).

Das Internationale Direktversicherungsrecht für **außerhalb der EU und des EWR** belegene Risiken (MüKo/ 9
Martiny, 4. Aufl Art 37 Rz 187; Staud/*Armbrüster* Anh I zu Art 37 Rz 8 ff) und das **Internationale Rückversicherungsrecht** (ohne Unterscheidung nach der Risikobelegenheit) richtet sich nach *ex Art 27 ff* (*ex Art 37 1
Nr 4 aE*; Art 1 IV EVÜ); s. zB *Mankowski* VersR 02, 1177, 1178; Staud/*Armbrüster* Anh I zu Art 37 Rz 13).
Mangels Rechtswahl gilt nach *ex Art 28 I* das Recht des Versicherers bzw des Rückversicherers, für die Direktversicherung ggf nach *ex Art 29* das Recht am gewöhnlichen Aufenthaltsort des Verbrauchers (Staud/*Magnus*
Art 37 Rz 64 f).

Teil II   Internationales Gesellschaftsrecht

A. Überblick: Bedeutung, Grenzen und Spaltung des Internationalen Gesellschaftsrechts. I. Einführung. 1
Das IntGesR ist für die Lösung von Fällen mit Auslandsbezug von **zentraler Bedeutung**: An internationalen
wirtschaftsrechtlichen Transaktionen und Prozessen sind häufig (meist) Gesellschaften aus unterschiedlichen
Staaten beteiligt. Selbst wenn der Schwerpunkt eines Falles nicht im Gesellschaftsrecht sondern zB im Schuldrecht liegt, sind wesentliche gesellschaftsrechtlich zu qualifizierende **Vorfragen** zu lösen, zB nach der Rechtsfähigkeit oder der Vertretungsmacht der Organe (**Anknüpfungsgegenstand**). Zur Lösung dieser Fragen bestimmt
das Internationale Gesellschaftsrecht das anwendbare Recht. Dabei gilt grds ein Recht für alle gesellschaftsrechtlichen Fragen (**Einheitslehre**, s. Rn 9 f).

Das deutsche IntGesR ist nach Art 1 II lit f, lit g Rom I-VO, der dem bisher geltenden und die *ex Art 27 ff* 2
EGBGB ausschließenden *ex Art 37 S. Nr 2 EGBGB* nahezu wortgleich ist, vom Anwendungsbereich der Rom
I-VO ausgeschlossen und bisher auch nicht anderenorts kodifiziert. Das hätte geändert werden sollen: Der

am 7.1.08 veröffentlichte – nunmehr politisch überholte – **Referentenentwurf** für ein Gesetz zum Internationalen Privatrecht der Gesellschaften, Vereine und juristischen Personen (RefE IntGesR) ergänzt das EGBGB um Vorschriften zum Internationalen Privatrecht der Gesellschaften, Vereine und juristischen Personen. Hierzu sieht der Referentenentwurf ua die Einfügung drei neuer Art 10-10b in das EGBGB vor. Der vorgesehene Art 10 I EGBGB sollte Gesellschaften, Vereine und juristische Personen des Privatrechts **einheitlich** dem Recht des Staates unterstellen, in dem sie in ein öffentliches Register eingetragen sind (1) bzw – bei (noch) nicht in ein öffentliches Register eingetragenen Gesellschaften – dem Recht des Staates, nach dem sie organisiert sind (2). Der RefE IntGesR erstreckte die Anwendbarkeit des Gründungsrechts auch auf Gesellschaften, Vereine und juristische Personen aus Staaten, die nicht der EU oder dem EWR angehören. Darüber hinaus wurden alle Rechtsformen auch dann erfasst, wenn sie keinen Erwerbszweck verfolgen. Durch die einheitliche Anknüpfung sollten die Rechtsanwendung erleichtert und sachlich nicht gerechtfertigte Differenzierungen zwischen Gesellschaften aus verschiedenen Staaten vermieden werden (Begr RefE IntGesR 7). Vertrauensschutz sollte durch die Ergänzung einer Vertrauensschutzregelung in Art 12 II, III EGBGB sowie die allgemeinen Grundsätze (*ordre public*) gewährleistet werden (Begr RefE IntGesR 7). Nicht erfassen sollte die Neuregelung die Arbeitnehmerbeteiligung und die Rechnungslegung (Begr RefE IntGesR 7). Mit einer zeitnahen Behandlung im Bundestag ist nicht zu rechnen.

3 **Bisher** arbeitet das deutsche IntGesR mit **zwei Anknüpfungspunkten**. Entweder knüpft es (1) an das **Recht der Gründung** an: vorbehaltlich einer meist ausgeschlossenen Rück- oder Weiterverweisung (s. Rn 26 f) wird das Recht der Gründung als Gesellschaftsstatut bestimmt (**Gründungstheorie**, s. Rn 16, 23 f); oder es knüpft (2) an den **Verwaltungssitz** an: vorbehaltlich einer Rück- oder Weiterverweisung wird dann das am Verwaltungssitz geltende Recht Gesellschaftsstatut (**Sitztheorie**, s. Rn 27). Dabei ist derzeit zwischen europäischen Fällen (EU, EWR) und außereuropäischen – teils staatsvertraglich, teils gesetzlich nicht geregelten – Fällen zu unterscheiden: Aus dem europäischen Gemeinschaftsrecht und zahlreichen Staatsverträgen (zB Investitionsschutzabkommen) ergeben sich Vorgaben, die nur innerhalb des Anwendungsbereichs des Gemeinschaftsrechts oder der jeweiligen Staatsverträge bindend sind. Das IntGesR unterliegt insgesamt (noch) einer **gespaltenen Anknüpfung** (Brödermann/Rosengarten 5. Aufl Rz 548; Reithmann/Martiny/*Hausmann* Rz 5062): s. Rn 11 ff für die europäischen Fälle (im Anwendungsbereich des EU- und des EWR-Vertrages) und Rn 23 ff für die außereuropäischen Fälle.

4 Nach deutschem IPR-Verständnis lässt sich mit Hilfe des IntGesR iVm dem berufenen Gesellschaftsstatut insb die **Rechtsfähigkeit** einer Gesellschaft und ihre Fähigkeit feststellen, als Vertragspartner am Wirtschaftsverkehr teilzunehmen oder Prozesse zu führen (s.u. Rn 5. Ist das anwendbare Gesellschaftsrecht deutsch, spricht man von einer deutschen Gesellschaft; ist es ein ausländisches Recht, spricht man von einer ausländischen Gesellschaft (Ulmer/Habersack/Winter/*Behrens* Rz B 1).

5 In einigen ausländischen, insb den romanischen Staaten bedarf es zusätzlich noch einer **Anerkennung** der Gesellschaft (Brödermann/Iversen/*Brödermann* Rz 133 ff; *Mayer/Heuzé* Rz 1028, 1053 f: wobei nach Art 6, 14 EMRK in Frankreich die Durchsetzung von Forderungen auch durch nicht anerkannte ausländische Gesellschaften zugelassen wird). Nach deutschem Verständnis stellt sich die Frage der Anerkennung regelmäßig nicht: Wurde die Gesellschaft nach dem mit Hilfe des IPR berufenen Gesellschaftsrecht wirksam errichtet, ist sie grds existent und handlungsberechtigt; sie bedarf keiner besonderen Anerkennung (BGHZ 25, 134, 144; 154, 185; Ulmer/Habersack/Winter/*Behrens* Rz 108; Brödermann/Iversen/*Brödermann* Rz 130: Anerkennung von Gesellschaften als Substitutionsproblem). Die Anerkennung von Gesellschaften wird aber häufig in bilateralen Staatsverträgen geregelt: Aus solchen Verträgen ergeben sich dann oft Vorgaben für die Bestimmung des Gesellschaftsstatuts (s.u. Rn 24 f).

6 **II. Erfasste Gesellschaftsarten.** IntGesR bestimmt das anwendbare nationale Gesellschaftsrecht für **Kapitalgesellschaften** und **Personengesellschaften**, soweit sie mit eigener Organisationsstruktur nach außen hervortreten: zB KG, OHG und BGB-Außengesellschaften (Staud/*Großfeld* IntGesR Rz 777). Für Gesellschaften ohne (bzw noch ohne) nach außen hervortretende Organisation ist das Vertragsstatut hingegen nach Art 3 ff Rom I-VO bzw *ex Art 27 ff EGBGB* zu bestimmen (Staud/*Magnus* Art 37 Rz 56). Dies gilt außerhalb des Ehegüterrechts (*ex Art 37* Rn 4) für (1) BGB-**Innengesellschaften** (BGH NJW 09, 1482, 1482, NZG 98, 500; Staud/*Großfeld* IntGesR Rz 772; MüKo/*Kindler* Rz 267; Spahlinger/Wegen/*Spahlinger* Rz 112, 115; MüKo/*Martiny* Art 37 Rz 52 mwN: engste Verbindung iSv Art 4 IV Rom I-VO bzw *ex Art 28 I EGBGB* mit dem Ort, an dem der gemeinsame Zweck hauptsächlich verfolgt wird); einschl (a) **Kapitalgesellschaften in der Vorgründungsphase** (s.u. Rn 10 unter I.1); (b) die **Stille Gesellschaft** iSv § 230 HGB (BGH NJW 04, 3706, 3708; Spahlinger/Wegen/*Spahlinger* Rz 126; Blaurock, FS H. P. Westermann 08, 821, 827ff); (2) für **Gelegenheitsgesellschaften** (Staud/*Magnus* Art 37 Rz 56; differenzierend MüKo/*Martiny* Art 37 Rz 51) und **Kreditkonsortien** (MüKo/*Martiny* Art 28 Rz 180; MüKo/*Kindler* IntGesR Rz 272).

7 Bei **Joint Venture Gesellschaften (Gemeinschaftsunternehmen)** ist das Vertragsstatut für den vorbereitenden Grundlagenvertrag nach Art 3 ff Rom I-VO bzw *ex Art 27 ff EGBGB* zu ermitteln (Staud/*Magnus* Art 28 Rz 634, s.a. Anhang zu Art 4 Rn 34), iÜ ist aber das IntGesR anwendbar, wenn das Joint Venture durch eine eigene Struktur – zB einen Sprecher – nach außen auftritt (Staud/*Großfeld* IntGesR Rz 774 f; Spahlinger/Wegen/*Spahlinger* Rz 117; differenzierend mwN Staud/*Magnus* Art 28 Rz 634).

Auf **Grundstückgesellschaften** ist nach Art 4 I lit c Rom I-VO bzw *ex Art 28 III EGBGB* die *lex-rei sitae* anzuwenden (Staud/*Großfeld* IntGesR Rz 772). 8

III. Reichweite des Gesellschaftsstatuts (Übersicht). Das mit Hilfe des Int GesR ermittelte Gesellschaftsstatut betrifft im Grundsatz **alle gesellschaftsrechtlichen Fragen** vom Beginn bis zum Ende der Gesellschaft (**Einheitslehre**; s. BGHZ 25, 134, 144; IPRax 00, 423, 424 – Überseering I; Staud/*Großfeld* IntGesR Rz 17; Ulmer/Habersack/Winter/*Behrens* Rz B 58; *Spahlinger/Wegen* Rz 21, 261 ff). Bestimmte Einzelfragen sind **gesondert anzuknüpfen** (s. die Übersicht in Rn 10). Darüber hinaus ist auf ausländische Gesellschaften ergänzend zT **Fremdenrecht** – im Gegensatz zum IntGesR – anzuwenden (zB §§ 13d–g HGB; eingehend Ulmer/Habersack/Winter/*Behrens* Rz B 156 ff; Staud/*Großfeld* IntGesR Rz 2, 961 ff: unter Hinweis auf fließende Grenzen; *Spahlinger/Wegen* Rz 619 ff). Im Einzelfall ist aufgrund von Qualifikation, Abgrenzung von Vorfragen und/oder Sonderanknüpfungen zu differenzieren: 9

10

Gesellschaftsrechtliches Thema	Anwendbares Recht	Vertiefende Literatur/Rechtsprechung
		(Abgekürzt: *Spahlinger/Wegen*: Spa/We; Ulmer/Habersack/Winter/*Behrens*: UHW/Be; Staud/*Großfeld* IntGesR: Staud/Gro; MüKo/*Kindler* IntGesR: MüKo/Ki; Reithmann/Martiny/*Hausmann*,/*Martiny* oder/*Merkt*: RM/Hau,/Mar oder/Merkt)
I. Gründung		
1. Vorgründungsphase	Vertragsstatut: Art 3 ff Rom I-VO bzw *ex Art 27 ff EGBGB*	BGH WM 75, 387; BTDrs 10/503/ Giuliano 44; MüKo/*Martiny* Art 37 Rz 50; Spa/We Rz 264 f, Rz 257; Erman/*Hohloch* Art 37 Rz 5; Soergel/ vHoffmann Art 37 Rz 47; s.a. oben Rn 6
2. Errichtungsphase: Anforderungen an die Errichtung; fehlerhafte Gesellschaft; Vorgesellschaft: Verfassung, Vertretungsbefugnis, Haftung, insb Handelndenhaftung, Übergang bzw Übernahme der Verbindlichkeiten der Vorgesellschaft	Gesellschaftsstatut; aber gesonderte Anknüpfung: (1) Formfragen: Formstatut, außer bei organisationsrechtlichen Rechtsgeschäften; (2) Geschäftsfähigkeit der Gründer: Personalstatut; (3) uU Sonderanknüpfung des inländischen Verkehrsschutzes bzgl Vertretung: Analogie zu Art 12 I; (4) Haftung im Zusammenhang mit der Einbringung von Betrieben (§§ 25, 28 HGB): *lex rei sitae* des eingebrachten Betriebs; (5) Übertragungsakt bei Sacheinlagen: *lex rei sitae* (6) Registerverfahren: gesonderte Anknüpfung an die *lex fori*	implizit KG GmbH-Rdsch 94, 121; LG München ZIP 99, 1680 (zu Art 12 I); Spa/We Rz 266 ff, 271; zu Formfragen: UHW/Be Rz B 132 ff; MüKo/Ki Rz 531 ff Seibold/Groner, NZG 09, 126, 126 ff; Drouven/Mödel, NZG 07, 7, 11f.
3. Firma: a) Firmenbildung	Gesellschaftsstatut; aber gesonderte Anknüpfung: Recht der Niederlassung für registerrechtliche Firmenpublizität (Ordnungsrecht);	LG Aachen NZG 07, 600; UHW/Be Einl B 74; Spa/We Rz 554 ff
b) Firmenschutz	nach Wettbewerbsrecht bzw nach Handels- und Privatrecht (zB § 37 II HGB; §§ 12, 823, 1004 BGB)	

Gesellschaftsrechtliches Thema	Anwendbares Recht	Vertiefende Literatur/Rechtsprechung
II. Rechtsfähigkeit		
1. Allg Rechtsfähigkeit	Gesellschaftsstatut; uU Sonderanknüpfung des inländischen Verkehrsschutzes (Analogie zu Art 12 Abs) zB zur Abwehr der ultra-vires-Lehre des Common Law (= Nichtigkeit für Geschäftsabschlüsse außerhalb der satzungsmäßigen Bestimmung des Geschäftsgegenstandes)	BGHZ 97, 269, 271; 128, 41, 44; NJW 98, 2452; LG Gera, Beschl v 3.5.07, Az 1 HK T 24/07 (Rechtsfolgen bei Nichtvorliegen der Rechtsfähigkeit: Gründungsstatut); OLG Karlsruhe, Urt v 7.2.08, Az 19 U 32/07 (Zeitliche Maßgeblichkeit des Gründungsstatutes für Rechtsfähigkeit: bis zur endgültigen Abwicklung = Verlust des Vermögens in betroffenem Staat); Spa/We Rz 270; MüKo/Ki Rz 540; RM/Hau Rz 2238 f; zur ultra-vires-Thematik: UHW/Be Einl B 69 (Ausformulierung der Sonderanknüpfung) u 70 (zur Gemeinschaftsrechtskonformität der Sonderanknüpfung); MüKo/Ki Rz 542 f; Spa/We Rz 271; RM/Hau Rz 2241
2. Besondere Rechtsfähigkeiten		
a) Erwerb von Geschäftsanteilen an anderen Gesellschaften	Gesellschaftsstatute beider Gesellschaften	RM/Hau Rz 2244; Spa/We Rz 274; Staud/Gro Rz 303 ff; MüKo/Ki Rz 548;
b) Beteiligung einer ausländischen Kapitalgesellschaft als einzige Komplementärin einer deutschen KG	Zulässig	So auch: Spa/We Rz 276 ff mwN; RM/Hau Rz 2245 (jedenfalls für den europäischen Rechtsraum; iÜ krit); aA: Staud/Gro Rz 536-555; MüKo/Ki Rz 552
c) Organfähigkeit (Fähigkeit als Organ einer anderen Gesellschaft zu fungieren)	Gesellschaftsstatute beider Gesellschaften	Spa/We Rz 282; MüKo/Ki Rz 556; Staud/Gro Rz 310
d) Wechsel- und Scheckfähigkeit	Gesellschaftsstatut (vgl Art 91 I WG und Art 60 ScheckG); zT Art 7 für aktive Scheck- und Wechselfähigkeit; uU Art 12 1 EGBGB für Gutglaubensschutz	Staud/Gro Rz 312; RM/Hau Rz 2245; MüKo/Ki Rz 554; Spa/We Rz 283 f
e) Anleihefähigkeit: Fähigkeit, Inhaberschuldverschreibungen zu begeben	Doppelanknüpfung: Gesellschaftsstatut und Recht des Staates, in dem und nach dessen Recht die Papiere ausgestellt und in den Verkehr gebracht werden	BGH NJW 96, 2795, 2796; Staud/Gro Rz 313; Spa/We Rz 285
3. Existenznachweis: Nachweis der Rechts- und Parteifähigkeit	Gesellschaftsstatut iVm lex fori für Zulässigkeit und Beweiskraft von Beweismitteln; ggf Apostille nach dem Haager Üb zur Befreiung ausländischer öffentlicher Urkunden von der Legalisation v 1961 (BGBl 1965 II, 875)	Spa/We Rz 686 ff mwN und Übersicht über Vertragsstaaten des Haager Üb in Rz 699; Staud/Gro Rz 263

Gesellschaftsrechtliches Thema	Anwendbares Recht	Vertiefende Literatur/Rechtsprechung
III. Geschäftsfähigkeit und Vertretung der Gesellschaft		
1. Organschaftliche Vertretung: Beginn der Vertretungsmacht; eventuelle Beschränkungen (zB durch Gesamtvertretung, Verbot des Selbstkontrahierens gem § 181 BGB in BRepD, ultra-vires-Lehre in GB); Regelung zur Vertretung durch Gesellschafter; Abänderung oder Aufhebung der Vertretungsmacht, registerrechtlicher Schutz von Vertragspartnern der Gesellschaft; Notorgane	Gesellschaftsstatut; ggf Sonderanknüpfung des Verkehrsschutzes (Art 12 I)	Celle GmbHR 06, 1269; inzident BGH NJW 07, 2328, 2329 (Rz 12, 2); *Spa/We* Rz 288 f; RM/*Hau* Rz 2246; MüKo/*Ki* Rz 557; Staud/*Gro* Rz 279 ff; für Bestellung eines Notorgans s. Staud/*Gro* Rz 286; zur Bestellung eines Nicht-EU-Ausländers zum Geschäftsführer einer GmbH einerseits Stuttg DNotZ 07, 146; andererseits Celle NZG 07, 633
2. Nachweis der Vertretungsmacht und Rechtsfolgen der Vertretung ohne Vertretungsmacht	Gesellschaftsstatut; ggf iVm *lex fori* (zB bei Eintragungsverfahren); uU Sonderanknüpfung einer Genehmigung des Handelns ohne Vertretungsmacht an das Wirkungsstatut	*Spa/We* Rz 291 ff; Staud/*Gro* IntGesR Rz 263, 280 (zur Sonderanknüpfung einer Genehmigung an das Wirkungsstatut); RM/*Hau* Rz 2302 ff (Übersicht für 17 Staaten)
3. Vollmacht	Vollmachtsstatut, auch für Anscheins- und Duldungsvollmacht (s. Vor Artikel 7 bis 12 EGBGB Rn 7 ff): idR Ort, an dem von der Vollmacht Gebrauch gemacht worden ist	*Spa/We* Rz 290; Staud/*Gro* Rz 285, 287; MüKo/*Ki* Rz 560; UHW/*Be* Einl B 68; RM/*Hau* Rz 2460 ff, 2477 ff
IV. Partei- und Prozessfähigkeit		
1. Parteifähigkeit	*Lex fori*; aber Vorfrage der Rechtsfähigkeit: Gesellschaftsstatut (s.a. § 50 ZPO)	*Spa/We* Rz 294 f; Staud/*Gro* Rz 290 ff; MüKo/*Ki* Rz 562; RM/*Hau* Rz 2250
2. Prozessfähigkeit	*Lex fori*: aber Vorfrage der Rechtsfähigkeit: Gesellschaftsstatut (s. auch § 55 ZPO)	*Spa/We* Rz 296; Staud/*Gro* Rz 295; MüKo/*Ki* Rz 563; RM/*Hau* Rz 2255

Gesellschaftsrechtliches Thema	Anwendbares Recht	Vertiefende Literatur/Rechtsprechung
V. Organisationsverfassung		
1. Bestellung, Rechte und Pflichten der Gesellschaftsorgane, Satzung, Satzungsänderungen	Gesellschaftsstatut; gesonderte Anknüpfung: Geschäftsleiterdienstverträge: Vertragsstatut (Art 3 ff Rom I-VO bzw *ex Art 27 ff EGBGB*)	*Spa/We* Rz 297 ff; Staud/*Gro* Rz 335; s.a. RM/*Merkt* Rz 887, 917;
2. Schuldrechtliche Nebenabreden der Gesellschafter: Ausgleichsansprüche; Wettbewerbsverbote; Schiedsverträge; Vereinbarungen über Veräußerungsbeschränkungen/Vorkaufsrechte; Poolverträge/ Stimmbindungsverträge	Vertragsstatut (Art 3 ff Rom I-VO bzw *ex Art 27 ff EGBGB*), aber uU Gesellschaftsstatut für auf die Willensbildung in der Gesellschafterversammlung gerichtete Erklärungen (Stimmbindungsverträge)	BGH NJW 96, 54, 55: Vertragsstatut für alle schuldrechtlichen Vereinbarungen, die nicht in die Struktur der Gesellschaft eingreifen. Beispiel: Stimmrechtpools unterliegen als (eigene) Innengesellschaft dem Vertragsstatut (vgl Rn 6; Spa/We/*Spa* Rz 127). Aus Sicht der Gesellschaft, bei der abgestimmt werden soll, unterliegen hingegen alle Stimmbindungsverträge dem Gesellschaftsstatut (MüKo/*Ki* Rz 589; Staud/*Gro* Rz 345 f). Dieses entscheidet auch über die Zulässigkeit von Stimmrechtspools (Staud/*Gro* Rz 346; *UHW/Be* Einl B 79). S. daher den Hinweis von *Spa/We* 318, 319, den Stimmbindungsvertrag durch Rechtswahl umfassend dem Gesellschaftsstatut zu unterstellen.
VI. Mitbestimmung (in den Gesellschaftsorganen)	Gesellschaftsstatut; Gesonderte Anknüpfung der betrieblichen Mitbestimmung: Belegenheitsrecht des Betriebes	zur betrieblichen Mitbestimmung: Ddorf NJW-RR 07, 330, 332; *Spa/We* Rz 299, 305 ff; *UHW/Be* Einl B 98; MüKo/*Ki* Rz 581 f; s.a. RM/*Merkt* Rz 888
VII. Mitgliedschaft		
1. Begründung/Beendigung der Gesellschafterstellung; Rechte und Pflichten der Gesellschafter innerhalb der Gesellschaft inkl Informationsrechte und Teilnahmerechte; Minderheitenschutz; Rechtsverhältnis der Gesellschafter untereinander	Gesellschaftsstatut	*UHW/Be* Einl B 79, *Spa/We* Rz 297 f

Gesellschaftsrechtliches Thema	Anwendbares Recht	Vertiefende Literatur/Rechtsprechung
2. Übertragung und Belastung von Geschäftsanteilen: a) Übertragbarkeit/Belastbarkeit (zB durch Verpfändung)/Vererbbarkeit von Gesellschaftsanteilen bzw von darin enthaltenen Rechten b) Abtretung/Belastung/Erbgang	Gesellschaftsstatut; gesonderte Anknüpfung: (1) schuldrechtlicher Vertrag der Übertragung/Belastung eines Gesellschaftsanteils: Vertragsstatut; (2) dingliches Rechtsgeschäft zur Übertragung der Anteile (Wertpapiere: lex-rei sitae; aber lex-libri siti, wenn sie nach § 17a DepotG mit rechtsbegründender Wirkung in ein Register eingetragen oder auf einem Konto verbucht werden); (3) Erbgang nach Erbstatut	MüKo/*Ki* Rz 586 f; *UHW/Be* B 79 (auch zum Erbgang); *Spa/We* Rz 320 ff (insb zu Wertpapieren)
3. Pfändbarkeit von Gesellschaftsanteilen	Recht des Vollstreckungsstaates	*Spa/We* Rz 323
VIII. Finanzverfassung		
1. Kapitalausstattung: Satzungskapital, Mindestkapital	Gesellschaftsstatut; Sonderanknüpfung der deutschen Bestimmungen über Kapitalausstattung bei tatsächlichem Verwaltungssitz in Deutschland problematisch (für EU-Gesellschaften gemeinschaftswidrig)	Str, vgl *Sp/We* Rz 317 a E u *UHW/Be* Einl B 80 ff
2. Kapitalersatz	Gesellschaftsstatut bzgl der Qualifikation als Kapitalersatz; Insolvenzstatut bzgl Rangfrage	*UHW/Be* Einl B 80 ff; *Spa/We* Rz 313 f; zur Sonderanknüpfung in der Insolvenz: MüKo/*Ki* Rz 593; *Spa/We* Rz 315
IX. Haftung (insb Durchgriffshaftung)		
1. Gesellschaftsrechtliche Haftungstatbestände	Gesellschaftsstatut	MüKo/*Ki* Rz 605; Staud/*Gro* Rz 348
2. Organhaftung	Gesellschaftsstatut	Celle GmbHR 06, 1269
3. Vertragliche bzw deliktische Haftungstatbestände	Vertrags- bzw Deliktsstatut (vgl hierzu auch Art 1 II lit d Rom II-VO)	
4. Deliktsfähigkeit der Gesellschaft	Deliktsstatut; Sonderanknüpfung gesellschaftsrechtlicher Vorfragen, zB: (1) Verfügt die ausländische Gesellschaft über eine ausreichende körperschaftliche Verfassung iSv § 31 BGB? (2) Begründet Rechtsstellung der Person, die die unerlaubte Handlung begangen hat, eine Organstellung iSv § 31 BGB?	BGH IPRax 92, 45; *Spa/We* Rz 354 (u 315 f zu den gesellschaftsrechtlichen Vorfragen); Staud/*Gro* Rz 314
5. Durchgriffshaftung der Gesellschafter für Gesellschaftsschulden		

Gesellschaftsrechtliches Thema	Anwendbares Recht	Vertiefende Literatur/Rechtsprechung
a) Grundsatz (Rechtsumgehungstatbestände)	Gesellschaftsstatut (vgl auch Art 1 II lit d Rom II-VO)	BGHZ 78, 318, 334; *Spa/We* Rz 327 ff, 332 ff; Staud/*Gro* Rz 354; MüKo/*Ki* Rz 605, 610 und Rz 348 ff (zu „Scheingesellschaften"); UHW/*Be* Einl B 91 (für akzessorische Anknüpfung der Durchgriffshaftung an das Gesellschaftsstatut)
b) Doppelter Haftungsdurchgriff	Jeweils Gesellschaftsstatut der Gesellschaft, deren Gesellschafterin in die Haftung genommen werden soll	*Spa/We* Rz 335; MüKo/*Ki* Rz 620
6. Ausgewählte Haftungstatbestände		
a) Materielle Unterkapitalisierung (in Deutschland § 826)	Gesellschaftsstatut bzgl Pflicht zur Kapitalausstattung, zT deliktsrechtliche Qualifikation (dann aber zT akzessorische Anknüpfung an das Gesellschaftsstatut)	*Spa/We* Rz 336; MüKo/*Ki* Rz 615; UHW/*Be* Einl B 90 ff
b) Vermögensvermischung: Pflicht zur Vermögenstrennung, Anforderung an Buchführung	Gesellschafsstatut	*Spa/We* Rz 338; UHW/*Be* Einl B 90 ff
c) Existenzvernichtender Eingriff	Ungeklärt: Gesellschaftsstatut, Deliktsstatut oder Insolvenzstatut (uU Sonderanknüpfung)	*Spa/We* Rz 340 ff; MüKo/*Ki* Rz 617; UHW/*Be* Einl B 93 (Sonderanknüpfung nicht zu rechtfertigen)
d) Rechtsscheinhaftung (ein nicht rechtsfähiges Gebilde tritt wie eine juristische Person auf: zB als ausländische „AG")	Anknüpfung an Ort des Auftretens	Staud/*Gro* Rz 271; RM/*Hau* Rz 2265
X. Rechnungslegung		
Inhalt, Bewertung, Prüfung und Veröffentlichung des Jahres- und Konzernabschlusses	Gesellschaftsstatut; Evtl Sonderanknüpfung an das Marktstatut für kapitalmarktrechtliche Publizitätspflichten	Staud/*Gro* Rz 362–369; UHW/*Be* Einl B 95; zum Marktstatut: Staud/*Gro* Rz 364
XI. Änderung/Erweiterung der Unternehmensstruktur		
1. Konzernierung, Eingliederung	Gesellschaftsstatute der beteiligten Gesellschaften	Staud/*Gro* Rz 368
2. Umwandlung (Verschmelzung, Spaltung, Vermögensübertragung, Formwechsel)	Beachte: Verschmelzungsrichtlinie 2005/56/EG vom 26.10.05 (ABl. L 310 1)	Staud/*Gro* Rz 368; RM/*Hau* Rz 686; UHW/*Be* Einl B 78, 97, 124 Vgl EuGH Urt v 13.12.05 – C-411/03 Slg 05, I-10805 – Sevic
XII. Gründung von Tochtergesellschaften	Inländische Tochtergesellschaften ausländischer Unternehmen: deutsches Recht, Fremdenrecht ohne Bedeutung außer Ausländerrecht für Einreise/Aufenthalt ausländischer Staatsangehörige, die die Tochtergesellschaft leiten	Staud/*Gro* Rz 971 ff; UHW/*Be* Einl B 163; s. für die Gründung einer Tochtergesellschaft innerhalb der EU: EuGH Urt v 29.3.07 – C-347/04 RIW 07, 390 – Rewe (steuerrechtliche Behinderung im Herkunftsstaat unzulässig)

Gesellschaftsrechtliches Thema	Anwendbares Recht	Vertiefende Literatur/Rechtsprechung
XIII. Errichtung von Zweigniederlassungen	Keine selbstständige Anknüpfung: Maßgeblichkeit des Statuts der Hauptniederlassung	MüKo/*Ki* Rz 194 ff; *Spa/We* Rz 546-650; Staud/*Gro* Rz 975 ff; UHW/*Be* Einl B164–168; RM/*Hau* Rz 2266; s. die Checklisten zur Errichtung einer Zweigniederlassung bei *Spa/We* Rz 649 f
	aber uU Sonderanknüpfungen:	für Sonderanknüpfungen:
	(1) Registerverfahren	BGH NJW 07, 2328, 2329 (Durchsetzung eines deutschen Berufsverbots durch Nichteintragung eines nach englischem Recht bestellten director);
	(2) Registerpublizität (§ 15 HGB) bei nicht gem §§ 13d ff HGB in das Handelsregister eingetragenen Beschränkungen;	Registerpublizität: RM/*Hau* Rz 2266;
	(3) Vollmacht des Prokuristen für Betrieb inländischer Zweigniederlassungen: Vollmachtsstatut;	Vollmacht des Prokuristen: MüKo/*Ki* Rz 205;
	(4) Beurteilung der Kaufmannseigenschaft: Wirkungsstatut;	Kaufmannseigenschaft: MüKo/*Ki* Rz 205;
	(5) Firma: Recht des Orts der Zweigniederlassung für Nutzung der Firmierung im Inland;	Kaufmannseigenschaft: MüKo/*Ki* Rz 225;
	(6) Buchführungs- und Rechnungslegungspflicht (s.a. § 325a HGB);	Buchführung: MüKo/*Ki* Rz 206;
	(7) uU Mitbestimmung (str);	zur Mitbestimmung; Staud/*Gro* Rz 515 ff;
	(8) für Einreise/Aufenthalt bei Tätigkeit ausländischer Staatsangehöriger in inl Zweigniederlassungen ausl Gesellschaften: Ausländerrecht	zum Ausländerrecht: UHW/*Be* Einl B 168
XIV. Umzug von Gesellschaften		
1. Wegzug	Gesellschaftsstatut	Bestimmung str, s.u. Rn 18 ff mwN
2. Zuzug	Gesellschaftsstatut	S Rn 12 ff, 23 ff, 26 ff
XV. Auflösung, Abwicklung, Beendigung Stellung der Abwicklungsgesellschaft, Vertretungsmacht der Organe/Verwalter	Gesellschaftsstatut Bei Vertretungsmacht der Liquidatoren: § 12 1 zu beachten	LG Gera, Beschl v 3.5.07, Az 1 HK T 24/07 (Beendigung: Gesellschaftsstatut); Staud/*Gro* Rz 370 ff: UHW/*Be* Einl B 99
XVI. Unternehmens(ver)kauf		S VII. 2 und iÜ Art 4 Rom I-VO Rn 10

Gesellschaftsrechtliches Thema	Anwendbares Recht	Vertiefende Literatur/Rechtsprechung
XVII. Formfragen		
1. Form, Beurkundungen, Beglaubigungen	Art. 11 I (str): Geschäfts- bzw. Ortsrecht. Anwendung des Ortsrechts setzt vergleichbaren formbedürftigen Vorgang voraus. Bei Einhaltung dt Form ist Gleichwertigkeit des ausländischen Beurkundungsaktes maßgebend.	Für in D nach dt Recht vorgenommenen Verkauf von Gesellschaftsanteilen an ausl GmbH OLG Celle NJW-RR 92, 1126: Anwendbarkeit des § 15 IV GmbHG, a.A. OLG Mü RIW 93, 504. Zur Anwendbarkeit der Ortsform auf die dingliche Abtretung von GmbH-Geschäftsanteilen König/Götte/Bornmann, NZG 09, 881. BGH NZG 05, 41 (obiter dictum): alternativ zu Art 11 auch Einhaltung milderer Form des Gesellschaftsstatuts möglich.
2. Beweis der Echtheit der Urkunde	„Legalisation" durch die zuständige dt Behörde; uU bilaterale Verträge	
XVIII. Vorfragen	Selbständige Anknüpfung	Drouven/Mödel, NZG 05, 7, 11; allg hierzu BGH NJW 65, 1129, 1130; NJW 81, 1900, 1901; Bamberger/*Roth*, Einl IPR EGBGB Rz 63 ff; MüKo/*Sonnenberger*, Einl IPR Rz 545ff.

Für die Fragen, für die das Gesellschaftsstatut maßgeblich ist, ist es nach den nachfolgenden Regeln zu bestimmen.

11 **B. Europäische Fälle (Gesellschaften mit Bezug zu Mitgliedstaaten der EU oder des EWR). I. Ausgangspunkt: Unionsrechtliche Vorgaben und Vorgaben des EWRA.** Das Unionsrecht enthält in Art 55 AEUV (**Niederlassungsfreiheit**) und 62 AEUV (**Dienstleistungsfreiheit**) Vorgaben, die sich auf das IntGesR auswirken. Die Anwendung des IntGesR darf nicht zu einer ungerechtfertigten Beschränkung der Niederlassungs- oder Dienstleistungsfreiheit führen (eingehend Ulmer/Habersack/Winter/*Behrens* Rz B 7 ff, B 39). Das gleiche gilt für die **Warenverkehrsfreiheit** (Art 41 AEUV), auf die die zur Niederlassungs- und Dienstleistungsfreiheit entwickelten Grundsätze übertragbar sind (*Brödermann* ZZPInt 99, 267 f). Die in einem Mitgliedstaat der EU gegründeten Gesellschaften müssen innerhalb der EU wie Unionsbürger frei wirtschaftlich handeln dürfen; auf den Ort der Geschäftsführung innerhalb der EU darf es grds nicht ankommen. **Beschränkungen** der Grundfreiheiten sind nur zulässig, wenn sie ein legitimes mit dem EG-Vertrag vereinbares Ziel verfolgen und unionsrechtlich, insb **durch zwingende Gründe des Gemeinwohls, gerechtfertigt** sind (so zB EuGH Urt v 13.12.05 – C-411/03 Slg 05, I-10805 – Sevic Rz 23; Urt v 13.12.05 – C-446/03 – EuZW 06, 85 – Marks & Spencer Rz 35; umfassend Ulmer/Habersack/Winter/*Behrens* Rz B 10 ff).

12 So muss eine englische Briefkastengesellschaft mit effektivem Verwaltungssitz in Dänemark bei der Eintragung einer Zweigniederlassung als eine einem Unionsbürger gleichgestellte existente Gesellschaft behandelt werden (EuGH Urt v 9.3.99 – C-212/97 Slg 99, I-1459 – **Centros** Rz 30; s. zB *Brödermann* ZZPInt 99, 259; Ulmer/Habersack/Winter/*Behrens* Rz B 111; Reithmann/Martiny/*Hausmann* 2274 ff). Eine in den Niederlanden gegründete, von Deutschland aus geführte Gesellschaft muss in Deutschland als rechts- und parteifähig behandelt werden (EuGH Urt v 5.11.02 C-208/00 Slg 02, I-9919 – **Überseering** Rz 82; s. zB Ulmer/Habersack/Winter/*Behrens* Rz B 112; Reithmann/Martiny/*Hausmann* Rz 2278 ff). Eine englische limited company mit einer einzigen Niederlassung in den Niederlanden kann dort nicht niederländischen Kapitalaufbringungsvorschriften unterworfen werden (EuGH Urt v 30.9.03 – C-167/01 Slg 03, I-10155 – **Inspire Art** Rz 143; s. zB Ulmer/Habersack/Winter/*Behrens* Rz B 33; Reithmann/Martiny/*Hausmann* Rz 2280 ff). Die Eintragung einer Verschmelzung einer deutschen und einer in Luxemburg ansässigen Gesellschaft durch Auflösung ohne Abwicklung der in Luxemburg ansässigen Gesellschaft und Übertragung ihres Vermögens als Ganzes auf die deutsche Gesellschaft darf nicht verweigert werden (EuGH Urt v 13.12.05 – C-411/03 Slg 05, I-10805 – **Sevic**).

13 In allen drei Fällen lässt sich die Beschränkung von Grundfreiheiten durch Anknüpfung an das Gründungsrecht und damit einhergehender Anerkennung der Gesellschaft vermeiden. Nach Inspire Art ist nicht nur die Rechts- und Parteifähigkeit einer zugezogenen ausländischen Gesellschaft anzuerkennen, sondern ihr gesam-

tes Gründungsstatut; eine Angleichung an das Gesellschaftsrecht des Zuzugsstaates kann nicht durch nationale Gesetzgebung vorgeschrieben werden (s. *Spahlinger/Wegen* Rz 466).

In seiner jüngsten Entscheidung hat der Gerichtshof in Anlehnung an eine ältere Entscheidung von 1988 (EuGH Urt v 27.9.88 – 81/87 Slg 88, 5483 – **Daily Mail**) und entgegen den Schlussanträgen des Generalanwalts Maduro v 22.05.08 festgestellt, dass ein Mitgliedstaat sowohl die Anknüpfung („connecting factor"), bestimmen kann, die eine Gesellschaft aufweisen muss, um als nach seinem innerstaatlichen Recht gegründet angesehen zu werden und damit in den Genuss der Niederlassungsfreiheit gelangen zu können, als auch die Anknüpfung, die für den **Erhalt dieser Eigenschaft** verlangt wird. Diese Befugnis umfasse die Möglichkeit für diesen Mitgliedstaat, es einer Gesellschaft seines nationalen Rechts nicht zu gestatten, diese Eigenschaft zu behalten, wenn sie sich durch die Verlegung ihres Sitzes in einen anderen Mitgliedstaat dort neu organisieren möchte und damit die Anknüpfung löst, die das nationale Recht des Gründungsstaats vorsehe (EuGH Urt v 16.12.08 – C-210/06 – **Cartesio** Rz 110). Der Gründungsstaat entscheidet damit über **„Leben und Tod" der nach seinem Recht gegründeten Gesellschaft**. Diese Befugnis gelte jedoch nicht für den Fall, dass sich die nach seinem Recht gegründete Gesellschaft nach dem Recht eines anderen Mitgliedstaates in eine Gesellschaft nach dessen Recht **umwandeln** will und der Zuzugsstaat diese Umwandlung nach seinem Recht ausdrücklich ohne vorherige Aufhebung oder Liquidation zulässt (aaO Rz 112). Es besteht demnach wohl eine **„hinkende Freizügigkeit"**, über die der Zuzugstaat entscheidet. 14

Das EWRA enthält in Art 34, 39 den Art 48, 55 EGV entspr Regelungen zur Niederlassungs- und Dienstleistungsfreiheit. Es enthält damit die gleichen Vorgaben für das Internationale Gesellschaftsrecht (s. näher Brödermann/Iversen/*Brödermann* Rz 301 ff; Ulmer/Habersack/Winter/*Behrens* Rz B 6 ff, B 39). Im Verhältnis zu **Island, Liechtenstein** und **Norwegen** gelten damit die gleichen Grundsätze wie im Verhältnis zu den Mitgliedstaaten der EU. 15

II. Folge: Anknüpfung an das Gründungsrecht, kein Renvoi. Dementsprechend ist es heute einhellige Meinung, dass für Gesellschaften, die nach dem Recht (irgend-)eines **der 27 Mitgliedstaaten der EU** – oder der **3 Staaten des EWR** (BGH ZIP 05, 1869, 1870; Frankf IPRax 04, 56, 57 f; Palandt/*Thorn* Anh zu Art 12 Rz 6) – gegründet sind und (irgendwo) in der EU ihren tatsächlichen Sitz haben, das Gesellschaftsstatut (auch: Personalstatut) nach der **Gründungstheorie** zu bestimmen ist (BGHZ 154, 185, 190; NJW 05, 1648, 1649; OLG Hamm, Urt v 12.9.07, Az 30 U 43/07; LG Gera Beschl v 3.5.07, Az 1 HK T 24/07; MüKo/*Kindler* IntGesR Rz 124 f; Spahlinger/Wegen/*Spahlinger* Rz 73; Palandt/*Thorn* Anh zu Art 12 Rz 1, 6). Danach ist das Recht anzuwenden, nach dessen Vorschriften bereits **die Gründung der Gesellschaft vollzogen** wurde (von untergeordneter Bedeutung wird damit die Frage, ob Art 48 EGV als unionsrechtliche IPR-Norm selbst die Anknüpfung an das Gründungsrecht gebietet: so Brödermann/Iversen/*Brödermann* Rz 96 ff, 271; Ulmer/Habersack/Winter/*Behrens* Rz B 3, B 39; aA zB Spahlinger/Wegen/*Spahlinger* Rz 198). 16

Aus der unionsrechtlichen Begründung für die Anwendung der Gründungstheorie folgt, dass die Verweisung auf das Gründungsrecht als Sachnormverweisung zu verstehen ist und ein **Renvoi** ausgeschlossen ist (arg Art 4 I 1 „Sinn der Verweisung"; Brödermann/Iversen/*Brödermann* Rz 286; str, aA MüKo/*Kindler* IntGesR Rz 407). Praktisch ist eine Rückverweisung des Gründungsrechts nicht denkbar, weil das IPR der anderen Mitgliedstaaten auch den Beschränkungen der Grundfreiheiten unterliegt (s. zB *Mayer/Heuzé* Rz 1038 Fn 16). 17

III. Sonderfall: Wegzug. 1. aus Deutschland. Im MoMiG, das am 1.11.08 in Kraft trat, wurden die §§ 4a II GmbHG und 5 II AktG ersatzlos gestrichen. Es muss **nur** noch der **Registersitz** für GmbHs und Aktiengesellschaften im Inland sein. Der Sitz der Geschäftsleitung oder Verwaltung kann sich an einem anderen Ort im In- oder Ausland befinden. Damit wird der **tatsächliche Wegzug** deutscher GmbHs und Aktiengesellschaften aus Deutschland **innerhalb der EU und in Drittstaaten** ermöglicht. Die Bundesrepublik hat vor – und entgegen – der späteren Cartesio-Entscheidung (s. Rn 14) des EuGH darauf verzichtet, den Wegzug deutscher Kapitalgesellschaften weiterhin zu beschränken; dies gilt nicht für andere Personenmehrheiten (zB Personen- und Personenhandelsgesellschaften, Genossenschaften). Für die Aufgabe der Kontrolle durch das deutsche Recht über eine in Deutschland ordnungsgemäß gegründete Gesellschaft, die sich den strengen deutschen Kapitalerhaltungs-, Ordnungs-, Bilanzierungs-, Gläubigerschutz-, Minderheitengesellschafterschutz- und Arbeitnehmerschutzvorschriften stellt, besteht kein sachlicher Grund (eingehend *Wenckstern* FS Drobnig 465, 476 ff): Es ist in diesen Fällen an das deutsche Gründungsrecht anzuknüpfen. 18

2. aus einem anderen EU-Mitgliedstaat innerhalb der EU. Die – nach dem *„gegenwärtigen Stand des Gemeinschaftsrechts"* getroffene – Cartesio-Entscheidung des EuGH (s. Rz 109–110 der in Rn 14 zitierten Entscheidung) bestätigt die ältere EuGH-Entscheidung Daily Mail (EuGH Urt v 27.9.88 – 81/87 Slg 88, 5483 zu einem Zustimmungserfordernis des Finanzministeriums in England; s. zB Brödermann/Iversen/*Brödermann* Rz 207-259; Spahlinger/Wegen/*Spahlinger* Rz 144 ff; Ulmer/Habersack/Winter/*Behrens* Rz B 66), die den Mitgliedstaaten **gestattet, den Wegzug in einen anderen Mitgliedstaat zu beschränken**. Nach Daily Mail kann der Anknüpfungspunkt im Internationalen Gesellschaftsrecht insoweit noch frei bestimmt werden. 19

20 **3. aus einem anderen EU-Mitgliedstaat in einen Drittstaat.** Zieht eine nach dem Recht eines anderen Mitgliedstaates gegründete Gesellschaft in einen Drittstaat außerhalb der EU durch Verlegung der Hauptverwaltung um, kann der Schutz der Grundfreiheiten entfallen (vgl zB Palandt/*Thorn* Anh zu Art 12 Rz 5f ohne Einschränkung). Da die Gesellschaft in diesem Fall aber die Voraussetzungen von Art 48 EGV oft noch erfüllen wird (Gründung nach dem Recht eines Mitgliedstaates und – so eines der alternativen Tatbestandsmerkmale von Art 48 I – fortbestehender satzungsmäßiger Sitz in der EU, meist im Gründungsstaat), entfällt der Schutz der Grundfreiheiten (vgl Rn 11) nur, wenn die Gesellschaft mit dem Umzug ihre tatsächliche und dauerhafte Verbindung mit der Wirtschaft der EU aufgibt: Solch eine Verbindung (**Ansässigkeit** iSv Art 43 I) wird aus unionsrechtlicher Sicht zusätzlich vorausgesetzt, damit eine Gesellschaft wie ein Unionsbürger an der Niederlassungs- oder Dienstleistungsfreiheit teilhaben kann (vgl *Rat der EG*, Allg Programm zur Aufhebung der Beschränkungen der Niederlassungsfreiheit v 18.12.61, ABl 62, 36 unter I, und Allg Programm zur Aufhebung der Beschränkungen des freien Dienstleistungsverkehrs v 18.12.61, ABl 62, 32 unter I; Brödermann/Iversen/*Brödermann* Rz 187 ff).

21 **IV. Rechtsangleichung in der EU.** Für wenige europäische Gesellschaftsformen (**EWIV, SE**) macht **einheitliches unionsrechtliches Sachrecht** die Anwendung von IntGesR zT entbehrlich (s. jeweils mwN die Darstellungen bei Ulmer/Habersack/Winter/*Behrens* Rz B 231 f, 233 ff mwN; Spahlinger/Wegen/*Wendt* Rz 878 ff zur EWIV und Rz 799 ff, 920 ff zur SE). Das einheitliche Sachrecht regelt aber meist nicht alle erheblichen Fragen, so dass eine IPR-Prüfung erforderlich wird. Die EWIV- und die SE-Verordnungen (Abl 85 L 199, 1; 01 L 294, 1) enthalten beide ergänzend zu den sachrechtlichen Regelungen **unionsrechtliches IPR** zur horizontalen Abgrenzung zwischen den Mitgliedstaaten der EU, s. zB Art 19 I, Unterabs II EWIV-VO (s. Brödermann/*Rosengarten* Rz 43 ff, 428; Spahlinger/Wegen/*Wendt* Rz 881; eingehend zur EWIV Brödermann/Iversen/*Brödermann* Rz 308–329) oder Art 47 II (a) SE-VO. Weiter geht der Verordnungsvorschlag über das Statut der **Europäischen Privatgesellschaft** (**EPG**), KOM(2008) 396, der auf eine Anknüpfungsleiter mit Rückgriff auf das nationale Recht verzichtet und im März 2009 überwältigende Zustimmung durch das Europäische Parlament erfahren hat (P6_TA(2009)0094); für (die wenigen) Punkte, die nicht im Statut oder im Anhang I genannt werden bzw außerhalb des Gesellschaftsrechts liegen, verweist der Vorschlag in Art 4 eine unionsrechtliche Verweisung auf das Recht des Mitgliedstaats, in dem die SPE ihren eingetragenen Sitz hat. Sollte der Ministerrat zustimmen, könnte die „Europa-GmbH" zum 1.7.10 in Kraft treten.

22 Überwiegend hat die gesellschaftsrechtliche Sachrechtsvereinheitlichung über **Richtlinien** stattgefunden (s. die Übersichten bei Dauses/*Behrens* E.III. Rz 27 ff; Spahlinger/Wegen/*Wendt* Rz 815 ff; Ulmer/Habersack/Winter/*Behrens* Rz B 179 ff). Die Angleichung des Gesellschaftsrechts stellt eines der wesentlichen Instrumente zur Verwirklichung der wirtschaftlichen Ziele der Gemeinschaft (Art 2 EGV) dar (s. Art 3 lit h EGV und die Rechtsgrundlagen in Art 44 II g, 94, 96-97 u 308 EGV; s. Ulmer/Habersack/Winter/*Behrens* Rz B 171 ff). Das **Programm für ein „Europäisches Gesellschaftsrecht"** (Dauses/*Behrens* E.III. Rz 16 ff; Ulmer/Habersack/Winter/*Behrens* Rz B 174 ff) umfasst: (I) weitere materielle Angleichungsmaßnahmen (s. **Kommission**, Mitteilung v 21.5.03 zur *„Modernisierung des Gesellschaftsrechts und Verbesserung der Corporate Governance in der Europäischen Union – Aktionsplan"*, KOM(2003) 284 endg), (II) weitere Schaffung von supranationalen Rechtsformen (Europäische Privatgesellschaft – eine europäische, funktional der GmbH entspr „kleine" supranationale Kapitalgesellschaft –, Europäische Genossenschaft, Europäischer Verein, Europäische Gegenseitigkeitsgesellschaft, s. **Kommission**, aaO Ziff 3.5 f; Ulmer/Habersack/Winter/*Behrens* Rz B 239 ff mwN) und (III) **kollisionsrechtliche Angleichungsmaßnahmen** (zB Vorschlagsentwürfe für eine 10. Richtlinie über grenzübergreifende Verschmelzungen – dazu zB Ulmer/Habersack/Winter/*Behrens* Rz B 215 ff – und für eine 14. RL über die grenzüberschreitende Sitzverlegung einer Gesellschaft). Das umgesetzte Richtlinienrecht ist idF des Staates anzuwenden, dessen materielles Recht durch das IntGesR als anwendbar bestimmt wurde.

23 **C. Gesellschaften mit Bezug zu Staaten außerhalb der EU oder des EWR. I. Staatsverträge: Anknüpfung an die Gründung.** Zahlreiche, nach Art 3 II 1 **vorrangig zu beachtende Staatsverträge** gebieten die Anknüpfung an das Gründungsrecht: Prominentes Beispiel ist Art XXV Abs V des Deutsch-Amerikanischen Freundschafts-, Handels- und Schiffahrtsvertrages vom 29.10.54 (BGBl 56 II 487, 500, Jayme/Hausmann, Nr 22), das im Verhältnis zu den **50 US-amerikanischen Einzelstaaten** auf die Gründungstheorie abstellt (BGHZ 153, 353, 355 f; ZIP 04, 2230, 2231; Ulmer/Habersack/Winter/*Behrens* Rz B 40 u Fn 165; Spahlinger/Wegen/*Spahlinger* Rz 232 ff; s. auch *Ebenroth/Bippus* NJW 88, 2137 ff): Es gilt das Gründungsrecht.

24 Für die Frage der Anerkennung der ausländischen Gesellschaften haben die Staatsverträge – häufig Investitionsschutzabkommen – zwar nur deklaratorische Bedeutung (s.o. Rz 20; Ulmer/Habersack/Winter/*Behrens* Rz B 108). Aus der Sicht des Internationalen Gesellschaftsrechts ist aber zu unterscheiden: 1) Ca 40 **Staatsverträge** mit asiatischen, afrikanischen und latein-amerikanischen Staaten – ua **China, Hongkong, Indien, Israel, Malaysia, Singapur** – haben kollisionsrechtlich **konstitutive Bedeutung** (vgl arg BGHZ 153, 353, 355; MüKo/*Kindler* IntGesR Rz 306, 309; Ulmer/Habersack/Winter/*Behrens* Rz B 40; differenzierend Spahlinger/Wegen/*Spahlinger* Rz 259). Nach Art 3 Ziff 2 verdrängen sie als **lex-specialis** das autonome IntGesR und **kombinieren dabei zT die beiden üblichen Anknüpfungspunkte** (s. Rn 3): 2) Die Staatsverträge definieren

als „deutsche Gesellschaften" zB solche, die in der BRepD ihren Sitz haben und nach deutschem Recht bestehen (Sitztheorie: ein Scheinsitz in Deutschland ist nicht ausreichend; eine Sitzverlegung wird gesellschaftsrechtlich als Liquidationsbeschluss gesehen, s.o. Rn 18) – so zB jeweils Art 1 Nr 4a der Investitionsschutzabkommen mit **Israel** (BGBl 78 II, 209, 211; vgl Spahlinger/Wegen/*Spahlinger* Rz 260, aA MüKo/*Kindler* IntGesR Rz 240); **Malaysia** (BGBl 62 II, 1064, 1067) und **Singapur**, BGBl 75 II, 49, 51; 3) für die Gesellschaften des Vertragspartners ist es hingegen idR ausreichend, wenn sie nach den dort geltenden Gesetzen gegründet und errichtet, und/oder evtl auch eingetragen wurden (Gründungstheorie, MüKo/*Kindler* IntGesR Rz 309); – s. jeweils Art 1 Nr 4b der genannten Verträge mit Nuancen (zB Israel: zusätzlich wird Eigentum oder Kontrolle durch eine Person mit ständigem Aufenthalt in Israel vorausgesetzt). Ähnl zB die Abkommen mit **China** (BGBl 85 II 30, 31: Art 1 Nr 3) und **Indien** (BGBl 98 II 619, 620: Art 1 a); für Fundstellen für weitere Staaten s. insbes Spahlinger/Wegen/*Spahlinger* Rz 259; MüKo/*Kindler* IntGesR Rz 306, 309: nur deklaratorische Bedeutung). Zumindest wenn diese Staaten der Gründungstheorie folgen (Übersicht für 41 Staaten bei Spahlinger/Wegen/*Spahlinger* Rz 260; MüKo/*Kindler* IntGesR Rz 309), ist das Statut einer solchen ausländischen Gesellschaft **nach dem Gründungsrecht** zu bestimmen, – unabhängig davon, wo sie ihren Verwaltungssitz hat (differenzierend Spahlinger/Wegen/*Spahlinger* Rz 260: Ausnahme, wenn der Verwaltungssitz nach Deutschland gelegt wurde).

Der **Anwendungsbereich** der Abk reicht **zT sehr weit**: ZB definiert das deutsch-indische Abk als „Kapitalanlagen" ua Eigentum an Sachen sowie sonstige Rechte wie Hypotheken und Pfandrechte, jegliche Art von Beteiligungen an Gesellschaften, Ansprüche auf Geld oder vertragliche Leistungen, die einen wirtschaftlichen Wert haben, und geistiges Eigentum (Art 1 b, verkürzt). 25

4) ZT kommt den Staatsverträgen auch internationalprivatrechtlich nur **deklaratorische Bedeutung** zu: Dies ist idR der Fall, wenn der Staatsvertrag zB abstellt auf eine „... Gesellschaft, die ihren Sitz im Hoheitsgebiet einer Vertragspartei hat und nach dessen Gesetzen zu Recht besteht" (s. zB jeweils Art 8 IV der Verträge mit **Ägypten**, BGBl 77 II, 1146, 1148; **Griechenland**, BGBl 63 II, 217, 219; **Thailand**, BGBl 64 II, 687, 693). Diese Formulierung erfasst sowohl Gesellschaften, die im ausländischen Vertragsstaat ihren Sitz haben und dort gegründet wurden als auch solche, die nach einem dritten Recht gegründet wurden, von dem Vertragsstaat aber – etwa durch internationalprivatrechtliche Weiterverweisung – anerkannt werden (MüKo/*Kindler* IntGesR Rz 306, 310; Staud/*Großfeld* IntGesR Rz 208). 26

Die Staatsverträge sprechen Sachnormverweisungen aus. Ein **Renvoi** (s. Art 3 EGBGB Rn 44) findet nicht statt (vgl zB *Brödermann/Rosengarten* Rz 68; vgl *v Bar/Mankowski* IPR I Rz 115 f). 27

II. Sonst: Sitz- oder Gründungstheorie nach deutschem autonomen Internationalen Gesellschaftsrecht? 28
Wo weder das EU- oder EWR-Recht noch Staatsverträge die Anknüpfung an die Gründung gebieten (s. Rn 11 ff), ist das deutsche autonome IntGesR **in seiner Entscheidung frei**. Im Hinblick auf die Vielzahl der Staaten, deren Gesellschaften kraft staatsvertraglicher Regelung mittlerweile nach der Gründungstheorie zu beurteilen sind, wird von vielen in der Literatur die Anknüpfung an die **Gründung** auch für diese Gesellschaften gefordert (zB *Eidenmüller* ZIP 02, 2231, 2244; Ulmer/Habersack/Winter/*Behrens* Rz B 231; *Leible/Hoffmann* ZIP 03, 923, 930). Dies entspricht dem Grundgedanken der WTO, dem viele der verbleibenden Staaten angehören: Er streitet für einen globalen Wettbewerb (*Brödermann/Rosengarten* Rz 425). Missbrauch, der Gläubiger gefährdet, kann auf sachrechtlicher Ebene begegnet werden.

Herrschend in Deutschland ist aber traditionell die **Sitztheorie** (s. zB BGHZ 97, 269, 271; jüngst BGH, Urt vom 27.10.08 („*Trabrennbahn*"), IPRax 09, 259). Die Anknüpfung an den Sitz ist außerhalb der Geltung europäischer oder staatsvertraglicher Grenzen zulässig. Sie knüpft an den tatsächlichen Verwaltungssitz an (s. Rn 3). Der BGH hat seine Nähe zur Sitztheorie erst kürzlich in zwei Entscheidungen bekräftigt (BB 09, 14, 15 f; ZinsO 09, 149, 150 f). Daher muss für Gesellschaften, für die die Gründungstheorie nicht kraft staatsvertraglicher Grundlage gilt, von der **Geltung der Sitztheorie** ausgegangen werden (BGH, IPRax 00, 423, 424 – Überseering I; so auch zB Hambg ZIP 07, 1108; BayObLG DB 03, 819; Spahlinger/Wegen/*Spahlinger* Rz 199; aA Ulmer/Habersack/Winter/*Behrens* Rz B 40). Die Rechtsprechung wendet die Gründungstheorie zumindest für **Gesellschaften des schweizerischen Rechts** an (OLG Hamm, Urt v 12.9.07, Az 30 U 43/07; OLG Hamm ZIP 06, 1822). Diesem Vorgehen hat der BGH nun widersprochen und die Sitztheorie auch auf schweizerische Gesellschaften für anwendbar erklärt (BB 09, 14, 15f; ZinsO 09, 149, 150 f). 29

Der **tatsächliche Verwaltungssitz** muss im Einzelfall sorgfältig ermittelt werden. Dabei sind zahlreiche **Indizien** zu bewerten und zT unterschiedlich zu gewichten (Liste nach Spahlinger/Wegen/*Spahlinger* Rz 80 ff, 84 ff mwN): zB Adressangabe auf Kontoeröffnungsunterlagen, ausländischer Geschäftsführer, Erreichbarkeit der Gesellschaft unter der angegebenen Adresse und Telefonnummer, Ort der Ausübung der Geschäftsführung, Geschäftszweck, zeitgleiche Gründung einer Zweigniederlassung im Ausland, Personal- und Sachausstattung, Wohnsitz der Gesellschafter und Geschäftsführer. 30

Die Verweisung auf das Recht am Verwaltungssitz ist eine Gesamtverweisung (Art 4 I 1). **Rück- und Weiterverweisungen** sind zu beachten (MüKo/*Kindler* IntGesR Rz 407). Sie können sich zB aus einer Anknüpfung des durch das deutsche IntGesR berufenen Rechts an das Gründungsrecht ergeben (implizit BGH RIW 04, 857 iVm dem zu Grunde liegenden Urt Hambg 10 U 13/0 – 418 O 81/00, Urt v 7.8.03: Weiterverweisung des philippinischen Sitzrechts auf das anguillanische Gründungsrecht, das die Verweisung annimmt). 31

32 Rechtsfolge: Das berufene Recht entscheidet als Gesellschaftsstatut über zahlreiche Fragen (s. Rn 9 f). Eine nach dem Recht der Isle of Man gegründete Ltd, die ihren Verwaltungssitz nach Deutschland verlegt, wird deutsche BGB-Gesellschaft (mit Haftungsdurchgriff) oder OHG (Hambg ZIP 07, 1108, 1113 f).

33 D. Rechtsvergleichung: Ausblick auf ausländisches Gesellschaftsrecht. Soweit die Prüfung eines Renvoi (überhaupt noch) erforderlich ist (s. Rn 31), ist **ausländisches Internationales Gesellschaftsrecht** anzuwenden: S. dazu die Übersichten bei *Spahlinger/Wegen* Rz 1104 ff (für 10 Staaten jeweils im Abschnitt Kollisionsregel).

34 Führt die Prüfung zur Anwendbarkeit **ausländischen materiellen Gesellschaftsrechts**, finden sich hilfreiche Darstellungen bei: *Spahlinger/Wegen* Rz 1104 ff (10 Staaten), Rz 1296 ff (ausführliche Länderberichte für USA, England, Niederlande, Frankreich); *Behrens* GmbH (1997): Darstellung von 13 europäischen Rechtsordnungen inkl Türkei mit Gesetzestexten.

Vorbemerkungen zur Rom II-VO

1 A. Entstehung und Zielsetzung. Die Rom II-VO gleicht einen großen Teil des Kollisionsrechts der außervertraglichen Schuldverhältnisse an und dient damit einem Ziel, das in der EG für das internationale Deliktsrecht bereits seit Ende der 1960er Jahre angestrebt (erster Vorentwurf 1972, RabelsZ 74, Rz 11 ff), nach dem Beitritt des Vereinigten Königreichs, Irlands und Dänemarks 1978 aber zunächst zurückgestellt worden war (KOM [03] 427 3). Nachdem in der Rechtswissenschaft weitere Grundlagen für eine Rechtsangleichung auf diesem Gebiet geschaffen worden waren (s. insb Entwurf der Europäischen Gruppe für Internationales Privatrecht 1998, IPRax 98, 286), gab es in jüngerer Zeit verstärkte Anstrengungen seitens der EG zur europäischen Vereinheitlichung des Kollisionsrechts der außervertraglichen Schuldverhältnisse (2001: gemeinsames Maßnahmenprogramm der Kommission und des Rates zur Umsetzung des Grundsatzes der gegenseitigen Anerkennung gerichtlicher Entscheidungen in Zivil- und Handelssachen, ABl EG 01, C 12/1; 2002: Konsultation zu einem ersten Vorentwurf für eine VO „Rom II"; 2004: **Vorschlag der Kommission** für eine VO des Europäischen Parlaments und des Rates über das auf außervertragliche Schuldverhältnisse anzuwendende Recht – KOM [03] 427 endg v 22.7.03, s.a. *v Hein* ZVglRWiss 03, 528 ff; *Benecke* RIW 03, 830 ff; *Fuchs* GPR 03/04, 100 ff; *Leible/Engel* EuZW 04, 7 ff; *Siems* RIW 04, 662 ff; *Huber/Bach* IPRax 05, 73 ff; weiterhin: Haager Programm zur Stärkung von Freiheit, Sicherheit und Recht in der Europäischen Union vom 5.11.04, ABl EU 05, C 53/1, 13). Der erste Vorschlag der Kommission stieß jedoch auf Widerstand im Europäischen Parlament, das 2005 einen deutlich anders akzentuierten Gegenentwurf vorlegte (**Entschließung des Europäischen Parlaments**, ABl EU 06, C 157 E/371). Nach einem **modifizierten Vorschlag der Kommission** (KOM [06] 83 endg v 21.2.06) folgte schließlich ein **Vermittlungsverfahren** gem Art 251 IV EG (s. dazu insb den Gemeinsamen Standpunkt des Europäischen Parlaments und des Rates, ABl EU 06, C 289 E/68 sowie *R Wagner* FS Kropholler 715 ff). Im Sommer 2007 wurde die **Rom II-VO** schließlich verabschiedet (ABl EU 07, L 199/40). Sie ist am **11.1.09** in Kraft getreten (Art 32) und hat **innerhalb ihres Anwendungsbereichs Art 38 ff EGBGB abgelöst**, dh bei schadensbegründenden Ereignissen ab 11.1.09 ist die VO vorrangig anzuwenden (Art 31 f).

2 Rechtsgrundlage waren insb Art 61 lit c, 67 EG; gleichzeitig dient die VO dem Ziel der Förderung der Vereinbarkeit der in den Mitgliedstaaten geltenden Kollisionsnormen und Vorschriften zur Vermeidung von Kompetenzkonflikten (Art 65 lit b EG, Art 81 II lit c AEUV). Konsequenz der Anwendung dieser Kompetenznormen ist allerdings die Nichtbeteiligung Dänemarks (Art 1, 2 des Protokolls [Nr 5] über die Position Dänemarks, ABl EG 97, C 340/101, sowie Art 1 IV der VO, Erw 40); das Vereinigte Königreich und Irland haben hingegen für eine Anwendung der VO optiert (Art 3 des Protokolls [Nr 4] über die Position des Vereinigten Königreichs und Irlands, ABl EG 97, C 340/99, Erw 39).

3 Ziel der VO ist es insb, in Konkretisierung der Ziele des Art 81 II lit c AEUV die Wahrnehmung der Grundfreiheiten im Binnenmarkt zu erleichtern (KOM [03] 427 5, 7), den Ausgang von Rechtsstreitigkeiten vorhersehbarer zu machen, die Sicherheit in Bezug auf das anzuwendende Recht zu fördern (KOM [03] 427 7; Erw 6) und damit letztlich Transaktionskosten zu senken (KOM [03] 427 5). Dafür wird ein einheitliches System von Anknüpfungsregeln für alle Mitgliedstaaten geschaffen, das jedoch aufgrund seiner Flexibilität (s. nur Erw 14) nationale „Alleingänge" nicht vollständig ausschließen dürfte.

4 B. Anwendungsbereich (Überblick). Die VO bezieht sich auf Zivil- und Handelssachen (Art 1, dort auch zu Ausnahmen), unabhängig von der Art des angerufenen Gerichts (Erw 8). Sie soll als „komplementäres Instrument" zur geplanten Rom I-VO alle Schuldverhältnisse erfassen, die keine freiwillig eingegangenen vertraglichen Verpflichtungen betreffen, und soll in Einklang mit der Rom I-VO und dem EVÜ ausgelegt werden (Erw 7). Auch mit der EuGVVO (VO 44/2001/EG) wird Gleichklang angestrebt (aaO; ein vollständiger *Gleichlauf von Zuständigkeit und anwendbarem Recht* ist allerdings nicht erreichbar); die drei Regelungsinstrumente sollen eine Gesamtregelung für das IPR der zivil- und handelsrechtlichen Schuldverhältnisse bilden (KOM [93] 427 8).

Die VO hat mit ihrem Inkrafttreten am 11.1.09 (m Ausn von Art 29) **innerhalb ihres Anwendungsbereichs** **die Art 38 ff EGBGB abgelöst**, dh bei schadensbegründenden Ereignissen ab 11.1.09 ist die VO vorrangig anzuwenden (Art 31 f der VO iVm Art 288 II AEUV). Sie gilt in allen Mitgliedstaaten der EU mit Ausnahme Dänemarks (Art 1 IV). Der Begriff des außervertraglichen Schuldverhältnisses wird in Art 2 sehr weit gefasst, ebenso nach Art 15 der Geltungsbereich des anzuwendenden Rechts. Art 40 ff EGBGB behalten Bedeutung für die nach Art 1 I 2 und II von der VO ausgeklammerten Bereiche sowie für Altfälle. Das Verhältnis zu anderen Gemeinschaftsrechtsakten sowie internationalen Übereinkommen regeln Art 27 f. 5

C. Auslegung. Als europäischer Rechtsakt ist die VO nach den für sekundäres Gemeinschaftsrecht geltenden Grundsätzen, dh **gemeinschaftsrechtlich-autonom auszulegen.** Die Auslegung hat also idR (Ausn s. bei einzelnen Regelungen) losgelöst von nationaler Terminologie und nationalem Vorverständnis zu erfolgen; das ist insbes – aber nicht nur – für Qualifikationsfragen wichtig (MüKo/*Junker* Vor Art 1 Rom II-VO Rz 37; BaRoth/*Spickhoff* EGBGB Anh Art 42 Rz 12). Vom Grundsatz gemeinschaftsrechtlich-autonomer Auslegung ausgehend sind allgemeine Auslegungsregeln heranzuziehen, aber ggf mit Bezug auf den transnationalen Charakter der VO zu modifizieren. Insb erfordert die grammatikalische Auslegung ggf einen Vergleich der unterschiedlichen Sprachversionen (zu praktischen Problemen zB MüKo/*Junker* Vor Art 1 Rom II-VO Rz 31) und bei der teleologischen Auslegung spielt der „effet utile" (größtmögliche Wirksamkeit der Vorschriften mit Bezug auf die europäische Integration, s. nur EuGH Slg 60, 685, 708) eine wichtige Rolle. Für die historische Auslegung sind insb die Vorentwürfe (s.o. Rn 1), unter besonderer Berücksichtigung der im Gesetzgebungsverfahren erfolgten Änderungen, sowie die Erwägungsgründe der VO heranzuziehen. Bei der systematischen Auslegung spielt neben der Struktur der Rom II-VO selbst auch der Zusammenhang mit Rom I-VO und EuGVVO eine Rolle (s.o. Rn 4). Ggf kann auch eine rechtsvergleichende Auslegung in Betracht kommen, sofern sich noch keine gemeinschaftsrechtlich-autonomen Regeln ermitteln lassen und die betreffende Vorschrift auf Grundsätzen bestimmter nationaler Rechtsordnungen aufbaut. Die Einheitlichkeit der Auslegung wird durch die **Auslegungszuständigkeiten des EuGH** nach Art 267 AEUV (Vorabentscheidungsverfahren) sichergestellt. 6

D. Inhalt und Systematik (Überblick). Die VO enthält **allseitige Kollisionsregeln**, die sich auch auf das Recht von Nicht-Mitgliedstaaten der EG erstrecken (Art 3). Sie statuiert spezielle Anknüpfungsregeln für unerlaubte Handlungen (Art 4–9) einschließlich sonstiger Schuldverhältnisse aus einer Verletzung von Rechten des geistigen Eigentums (Art 13), ungerechtfertigte Bereicherung (Art 10), Geschäftsführung ohne Auftrag (Art 11) und Verschulden bei Vertragsverhandlungen (Art 12). Charakteristisch sind die weitreichenden Möglichkeiten einer Rechtswahl (Art 14), die Anknüpfung an eine enge (Art 10 I, 11 I) bzw offensichtlich engere Verbindung (Art 4 III, 5 II, 10 IV, 11 IV, 12 II lit c), insb aufgrund eines bestehenden Rechtsverhältnisses (Art 4 III 2, 5 II 2, 10 I, 11 II, 12 II lit c), oder an den gemeinsamen gewöhnlichen Aufenthalt (Art 4 II, 10 II, 11 II, 12 II lit b iVm Art 23). Darüber hinaus finden sich zB eine Regelung über inländische Eingriffsnormen (Art 16; dazu zB *Junker* NJW 07, 3675, 3680 f) sowie ein Vorbehalt zugunsten des nationalen ordre public (Art 26). Die Verweisungen sind gem Art 24 Sachnormverweisungen. 7

Die Kollisionsregeln der VO ermöglichen häufig **Auflockerungen der Grundanknüpfung**, um iE eine Anknüpfung an die engste Verbindung zu ermöglichen. Die Auflockerungen sind jedoch an relativ enge Voraussetzungen geknüpft; der Verordnungsgeber hat hier stärker auf Rechtssicherheit (s. auch Erw 14 f) als auf Flexibilität (die in Erw 14 zwar genannt, aber doch wesentlich enger zu verstehen ist als nach den ursprünglichen Vorstellungen des Europäischen Parlaments) und richterliche Gestaltungsmacht gesetzt, was im Interesse der Einheitlichkeit der Rechtsanwendung innerhalb der EU sinnvoll erscheint. Im Recht der unerlaubten Handlungen wird eine allgemeine Regel durch eine Reihe von Spezialregelungen für Teilbereiche ergänzt bzw weitgehend verdrängt. Zudem wird die Grundregel der Anknüpfung an die engste Verbindung durch etliche Regelungen zum Schutz bestimmter Interessen bzw einer – mutmaßlich schwächeren – Partei überlagert, zB bei den Anknüpfungsregeln zur Produkt- oder Umwelthaftung. Berücksichtigt man zusätzlich die Einschränkungen der Anknüpfungsregeln sowie der Parteiautonomie durch Eingriffsnormen, zwingendes Recht und den ordre public-Vorbehalt (s.a. Erw 35), zeigt sich eine Tendenz zur Materialisierung des europäischen Kollisionsrechts. 8

VERORDNUNG (EG) Nr. 864/2007
DES EUROPÄISCHEN PARLAMENTS UND DES RATES

vom 11. Juli 2007 über das auf außervertragliche Schuldverhältnisse anzuwendende Recht („Rom II")*

DAS EUROPÄISCHE PARLAMENT UND DER RAT DER EUROPÄISCHEN UNION –
gestützt auf den Vertrag zur Gründung der Europäischen Gemeinschaft, insbesondere auf Artikel 61 Buchstabe c und Artikel 67,
auf Vorschlag der Kommission,
nach Stellungnahme des Europäischen Wirtschafts- und Sozialausschusses (ABl. C 241 vom 28. 9. 2004, S. 1), gemäß dem Verfahren des Artikels 251 des Vertrags, aufgrund des vom Vermittlungsausschuss am 25. Juni 2007 gebilligten gemeinsamen Entwurfs (Stellungnahme des Europäischen Parlaments vom 6. Juli 2005 (ABl. C 157 E vom 6. 7. 2006, S. 371), Gemeinsamer Standpunkt des Rates vom 25. September 2006 (ABl. C 289 E vom 28. 11. 2006, S. 68) und Standpunkt des Europäischen Parlaments vom 18. Januar 2007 (noch nicht im Amtsblatt veröffentlicht). Legislative Entschließung des Europäischen Parlaments vom 10. Juli 2007 und Beschluss des Rates vom 28. Juni 2007),
in Erwägung nachstehender Gründe:
(1) Die Gemeinschaft hat sich zum Ziel gesetzt, einen Raum der Freiheit, der Sicherheit und des Rechts zu erhalten und weiterzuentwickeln. Zur schrittweisen Schaffung eines solchen Raums muss die Gemeinschaft im Bereich der justiziellen Zusammenarbeit in Zivilsachen, die einen grenzüberschreitenden Bezug aufweisen, Maßnahmen erlassen, soweit sie für das reibungslose Funktionieren des Binnenmarkts erforderlich sind.
(2) Nach Artikel 65 Buchstabe b des Vertrags schließen diese Maßnahmen auch solche ein, die die Vereinbarkeit der in den Mitgliedstaaten geltenden Kollisionsnormen und Vorschriften zur Vermeidung von Kompetenzkonflikten fördern.
(3) Auf seiner Tagung vom 15. und 16. Oktober 1999 in Tampere hat der Europäische Rat den Grundsatz der gegenseitigen Anerkennung von Urteilen und anderen Entscheidungen von Justizbehörden als Eckstein der justiziellen Zusammenarbeit in Zivilsachen unterstützt und den Rat und die Kommission ersucht, ein Maßnahmenprogramm zur Umsetzung dieses Grundsatzes anzunehmen.
(4) Der Rat hat am 30. November 2000 ein gemeinsames Maßnahmenprogramm der Kommission und des Rates zur Umsetzung des Grundsatzes der gegenseitigen Anerkennung gerichtlicher Entscheidungen in Zivil- und Handelssachen (ABl. C 12 vom 15. 1. 2001, S. 1) angenommen. Nach dem Programm können Maßnahmen zur Harmonisierung der Kollisionsnormen dazu beitragen, die gegenseitige Anerkennung gerichtlicher Entscheidungen zu vereinfachen.
(5) In dem vom Europäischen Rat am 5. November 2004 angenommenen Haager Programm (ABl. C 53 vom 3. 3. 2005, S. 1) wurde dazu aufgerufen, die Beratungen über die Regelung der Kollisionsnormen für außervertragliche Schuldverhältnisse („Rom II") energisch voranzutreiben.
(6) Um den Ausgang von Rechtsstreitigkeiten vorhersehbarer zu machen und die Sicherheit in Bezug auf das anzuwendende Recht sowie den freien Verkehr gerichtlicher Entscheidungen zu fördern, müssen die in den Mitgliedstaaten geltenden Kollisionsnormen im Interesse eines reibungslos funktionierenden Binnenmarkts unabhängig von dem Staat, in dem sich das Gericht befindet, bei dem der Anspruch geltend gemacht wird, dieselben Verweisungen zur Bestimmung des anzuwendenden Rechts vorsehen.
(7) Der materielle Anwendungsbereich und die Bestimmungen dieser Verordnung sollten mit der Verordnung (EG) Nr. 44/2001 des Rates vom 22. Dezember 2000 über die gerichtliche Zuständigkeit und die Anerkennung und Vollstreckung von Entscheidungen in Zivil- und Handelssachen (ABl. L 12 vom 16. 1. 2001, S. 1. Zuletzt geändert durch die Verordnung (EG) Nr. 1791/2006 (ABl. L 363 vom 20. 12. 2006, S. 1)) (Brüssel I) und den Instrumenten, die das auf vertragliche Schuldverhältnisse anzuwendende Recht zum Gegenstand haben, in Einklang stehen.
(8) Diese Verordnung ist unabhängig von der Art des angerufenen Gerichts anwendbar.
(9) Forderungen aufgrund von „acta iure imperii" sollten sich auch auf Forderungen gegen im Namen des Staates handelnde Bedienstete und auf die Haftung für Handlungen öffentlicher Stellen erstrecken, einschließlich der Haftung amtlich ernannter öffentlicher Bediensteter. Sie sollten daher vom Anwendungsbereich dieser Verordnung ausgenommen werden.
(10) Familienverhältnisse sollten die Verwandtschaft in gerader Linie, die Ehe, die Schwägerschaft und die Verwandtschaft in der Seitenlinie umfassen. Die Bezugnahme in Artikel 1 Absatz 2 auf Verhältnisse, die mit der Ehe oder anderen Familienverhältnissen vergleichbare Wirkungen entfalten, sollte nach dem Recht des Mitgliedstaats, in dem sich das angerufene Gericht befindet, ausgelegt werden.

---

* Die jeweils amtl Verordnungsfassung enthält eine Reihe von Fußnoten. Diese sind in den Text in Klammern in Dünndruck integriert.

(11) Der Begriff des außervertraglichen Schuldverhältnisses ist von Mitgliedstaat zu Mitgliedstaat verschieden definiert. Im Sinne dieser Verordnung sollte der Begriff des außervertraglichen Schuldverhältnisses daher als autonomer Begriff verstanden werden. Die in dieser Verordnung enthaltenen Regeln des Kollisionsrechts sollten auch für außervertragliche Schuldverhältnisse aus Gefährdungshaftung gelten.
(12) Das anzuwendende Recht sollte auch für die Frage gelten, wer für eine unerlaubte Handlung haftbar gemacht werden kann.
(13) Wettbewerbsverzerrungen im Verhältnis zwischen Wettbewerbern aus der Gemeinschaft sind vermeidbar, wenn einheitliche Bestimmungen unabhängig von dem durch sie bezeichneten Recht angewandt werden.
(14) Das Erfordernis der Rechtssicherheit und die Notwendigkeit, in jedem Einzelfall Recht zu sprechen, sind wesentliche Anforderungen an einen Rechtsraum. Diese Verordnung bestimmt die Anknüpfungskriterien, die zur Erreichung dieser Ziele am besten geeignet sind. Deshalb sieht diese Verordnung neben einer allgemeinen Regel Sonderregeln und, in bestimmten Fällen, eine „Ausweichklausel" vor, die ein Abweichen von diesen Regeln erlaubt, wenn sich aus der Gesamtheit der Umstände ergibt, dass die unerlaubte Handlung eine offensichtlich engere Verbindung mit einem anderen Staat aufweist. Diese Gesamtregelung schafft einen flexiblen Rahmen kollisionsrechtlicher Regelungen. Sie ermöglicht es dem angerufenen Gericht gleichfalls, Einzelfälle in einer angemessenen Weise zu behandeln.
(15) Zwar wird in nahezu allen Mitgliedstaaten bei außervertraglichen Schuldverhältnissen grundsätzlich von der lex loci delicti commissi ausgegangen, doch wird dieser Grundsatz in der Praxis unterschiedlich angewandt, wenn sich Sachverhaltselemente des Falles über mehrere Staaten erstrecken. Dies führt zu Unsicherheit in Bezug auf das anzuwendende Recht.
(16) Einheitliche Bestimmungen sollten die Vorhersehbarkeit gerichtlicher Entscheidungen verbessern und einen angemessenen Interessenausgleich zwischen Personen, deren Haftung geltend gemacht wird, und Geschädigten gewährleisten. Die Anknüpfung an den Staat, in dem der Schaden selbst eingetreten ist (lex loci damni), schafft einen gerechten Ausgleich zwischen den Interessen der Person, deren Haftung geltend gemacht wird, und der Person, die geschädigt wurde, und entspricht der modernen Konzeption der zivilrechtlichen Haftung und der Entwicklung der Gefährdungshaftung.
(17) Das anzuwendende Recht sollte das Recht des Staates sein, in dem der Schaden eintritt, und zwar unabhängig von dem Staat oder den Staaten, in dem bzw. denen die indirekten Folgen auftreten könnten. Daher sollte auch bei Personen- oder Sachschäden als Staat, in dem der Schaden eintritt, der Staat gelten, in dem der Personen- oder Sachschaden tatsächlich eingetreten ist.
(18) Als allgemeine Regel in dieser Verordnung sollte die „lex loci damni" nach Artikel 4 Absatz 1 gelten. Artikel 4 Absatz 2 sollte als Ausnahme von dieser allgemeinen Regel verstanden werden; durch diese Ausnahme wird eine besondere Anknüpfung für Fälle geschaffen, in denen die Parteien ihren gewöhnlichen Aufenthalt in demselben Staat haben. Artikel 4 Absatz 3 sollte als „Ausweichklausel" zu Artikel 4 Absätze 1 und 2 betrachtet werden, wenn sich aus der Gesamtheit der Umstände ergibt, dass die unerlaubte Handlung eine offensichtlich engere Verbindung mit einem anderen Staat aufweist.
(19) Für besondere unerlaubte Handlungen, bei denen die allgemeine Kollisionsnorm nicht zu einem angemessenen Interessenausgleich führt, sollten besondere Bestimmungen vorgesehen werden.
(20) Die Kollisionsnorm für die Produkthaftung sollte für eine gerechte Verteilung der Risiken einer modernen, hochtechnisierten Gesellschaft sorgen, die Gesundheit der Verbraucher schützen, Innovationsanreize geben, einen unverfälschten Wettbewerb gewährleisten und den Handel erleichtern. Die Schaffung einer Anknüpfungsleiter stellt, zusammen mit einer Vorhersehbarkeitsklausel, im Hinblick auf diese Ziele eine ausgewogene Lösung dar. Als erstes Element ist das Recht des Staates zu berücksichtigen, in dem die geschädigte Person beim Eintritt des Schadens ihren gewöhnlichen Aufenthalt hatte, sofern das Produkt in diesem Staat in den Verkehr gebracht wurde. Die weiteren Elemente der Anknüpfungsleiter kommen zur Anwendung, wenn das Produkt nicht in diesem Staat in Verkehr gebracht wurde, unbeschadet von Artikel 4 Absatz 2 und der Möglichkeit einer offensichtlich engeren Verbindung mit einem anderen Staat.
(21) Die Sonderregel nach Artikel 6 stellt keine Ausnahme von der allgemeinen Regel nach Artikel 4 Absatz 1 dar, sondern vielmehr eine Präzisierung derselben. Im Bereich des unlauteren Wettbewerbs sollte die Kollisionsnorm die Wettbewerber, die Verbraucher und die Öffentlichkeit schützen und das reibungslose Funktionieren der Marktwirtschaft sicherstellen. Durch eine Anknüpfung an das Recht des Staates, in dessen Gebiet die Wettbewerbsbeziehungen oder die kollektiven Interessen der Verbraucher beeinträchtigt worden sind oder beeinträchtigt zu werden drohen, können diese Ziele im Allgemeinen erreicht werden.
(22) Außervertragliche Schuldverhältnisse, die aus einem den Wettbewerb einschränkenden Verhalten nach Artikel 6 Absatz 3 entstanden sind, sollten sich auf Verstöße sowohl gegen nationale als auch gegen gemeinschaftliche Wettbewerbsvorschriften erstrecken. Auf solche außervertraglichen Schuldverhältnisse sollte das Recht des Staates anzuwenden sein, in dessen Gebiet sich die Einschränkung auswirkt oder auszuwirken droht. Wird der Markt in mehr als einem Staat beeinträchtigt oder wahrscheinlich beeinträchtigt, so sollte der Geschädigte seinen Anspruch unter bestimmten Umständen auf das Recht des Mitgliedstaats des angerufenen Gerichts stützen können.

(23) Für die Zwecke dieser Verordnung sollte der Begriff der Einschränkung des Wettbewerbs Verbote von Vereinbarungen zwischen Unternehmen, Beschlüssen von Unternehmensvereinigungen und abgestimmten Verhaltensweisen, die eine Verhinderung, Einschränkung oder Verfälschung des Wettbewerbs in einem Mitgliedstaat oder innerhalb des Binnenmarktes bezwecken oder bewirken, sowie das Verbot der missbräuchlichen Ausnutzung einer beherrschenden Stellung in einem Mitgliedstaat oder innerhalb des Binnenmarktes erfassen, sofern solche Vereinbarungen, Beschlüsse, abgestimmte Verhaltensweisen oder Missbräuche nach den Artikeln 81 und 82 des Vertrags oder dem Recht eines Mitgliedstaats verboten sind.

(24) „Umweltschaden" sollte eine nachteilige Veränderung einer natürlichen Ressource, wie Wasser, Boden oder Luft, eine Beeinträchtigung einer Funktion, die eine natürliche Ressource zum Nutzen einer anderen natürlichen Ressource oder der Öffentlichkeit erfüllt, oder eine Beeinträchtigung der Variabilität unter lebenden Organismen umfassen.

(25) Im Falle von Umweltschäden rechtfertigt Artikel 174 des Vertrags, wonach ein hohes Schutzniveau erreicht werden sollte, und der auf den Grundsätzen der Vorsorge und Vorbeugung, auf dem Grundsatz, Umweltbeeinträchtigungen vorrangig an ihrem Ursprung zu bekämpfen, sowie auf dem Verursacherprinzip beruht, in vollem Umfang die Anwendung des Grundsatzes der Begünstigung des Geschädigten. Die Frage, wann der Geschädigte die Wahl des anzuwendenden Rechts zu treffen hat, sollte nach dem Recht des Mitgliedstaats des angerufenen Gerichts entschieden werden.

(26) Bei einer Verletzung von Rechten des geistigen Eigentums gilt es, den allgemein anerkannten Grundsatz der lex loci protectionis zu wahren. Im Sinne dieser Verordnung sollte der Ausdruck „Rechte des geistigen Eigentums" dahin interpretiert werden, dass er beispielsweise Urheberrechte, verwandte Schutzrechte, das Schutzrecht sui generis für Datenbanken und gewerbliche Schutzrechte umfasst.

(27) Die exakte Definition des Begriffs „Arbeitskampfmaßnahmen", beispielsweise Streikaktionen oder Aussperrung, ist von Mitgliedstaat zu Mitgliedstaat verschieden und unterliegt den innerstaatlichen Vorschriften der einzelnen Mitgliedstaaten. Daher wird in dieser Verordnung grundsätzlich davon ausgegangen, dass das Recht des Staates anzuwenden ist, in dem die Arbeitskampfmaßnahmen ergriffen wurden, mit dem Ziel, die Rechte und Pflichten der Arbeitnehmer und der Arbeitgeber zu schützen.

(28) Die Sonderbestimmung für Arbeitskampfmaßnahmen nach Artikel 9 lässt die Bedingungen für die Durchführung solcher Maßnahmen nach nationalem Recht und die im Recht der Mitgliedstaaten vorgesehene Rechtsstellung der Gewerkschaften oder der repräsentativen Arbeitnehmerorganisationen unberührt.

(29) Für Schäden, die aufgrund einer anderen Handlung als aus unerlaubter Handlung, wie ungerechtfertigter Bereicherung, Geschäftsführung ohne Auftrag oder Verschulden bei Vertragsverhandlungen, entstanden sind, sollten Sonderbestimmungen vorgesehen werden.

(30) Der Begriff des Verschuldens bei Vertragsverhandlungen ist für die Zwecke dieser Verordnung als autonomer Begriff zu verstehen und sollte daher nicht zwangsläufig im Sinne des nationalen Rechts ausgelegt werden. Er sollte die Verletzung der Offenlegungspflicht und den Abbruch von Vertragsverhandlungen einschließen. Artikel 12 gilt nur für außervertragliche Schuldverhältnisse, die in unmittelbarem Zusammenhang mit den Verhandlungen vor Abschluss eines Vertrags stehen. So sollten in den Fällen, in denen einer Person während der Vertragsverhandlungen ein Personenschaden zugefügt wird, Artikel 4 oder andere einschlägige Bestimmungen dieser Verordnung zur Anwendung gelangen.

(31) Um den Grundsatz der Parteiautonomie zu achten und die Rechtssicherheit zu verbessern, sollten die Parteien das auf ein außervertragliches Schuldverhältnis anzuwendende Recht wählen können. Die Rechtswahl sollte ausdrücklich erfolgen oder sich mit hinreichender Sicherheit aus den Umständen des Falles ergeben. Bei der Prüfung, ob eine solche Rechtswahl vorliegt, hat das Gericht den Willen der Parteien zu achten. Die Möglichkeit der Rechtswahl sollte zum Schutz der schwächeren Partei mit bestimmten Bedingungen versehen werden.

(32) Gründe des öffentlichen Interesses rechtfertigen es, dass die Gerichte der Mitgliedstaaten unter außergewöhnlichen Umständen die Vorbehaltsklausel (ordre public) und Eingriffsnormen anwenden können. Insbesondere kann die Anwendung einer Norm des nach dieser Verordnung bezeichneten Rechts, die zur Folge haben würde, dass ein unangemessener, über den Ausgleich des entstandenen Schadens hinausgehender Schadensersatz mit abschreckender Wirkung oder Strafschadensersatz zugesprochen werden könnte, je nach der Rechtsordnung des Mitgliedstaats des angerufenen Gerichts als mit der öffentlichen Ordnung („ordre public") dieses Staates unvereinbar angesehen werden.

(33) Gemäß den geltenden nationalen Bestimmungen über den Schadensersatz für Opfer von Straßenverkehrsunfällen sollte das befasste Gericht bei der Schadensberechnung für Personenschäden in Fällen, in denen sich der Unfall in einem anderem Staat als dem des gewöhnlichen Aufenthalts des Opfers ereignet, alle relevanten tatsächlichen Umstände des jeweiligen Opfers berücksichtigen, insbesondere einschließlich tatsächlicher Verluste und Kosten für Nachsorge und medizinische Versorgung.

(34) Zur Wahrung eines angemessenen Interessenausgleichs zwischen den Parteien müssen, soweit dies angemessen ist, die Sicherheits- und Verhaltensregeln des Staates, in dem die schädigende Handlung begangen wurde, selbst dann beachtet werden, wenn auf das außervertragliche Schuldverhältnis das

Recht eines anderen Staates anzuwenden ist. Der Begriff „Sicherheits- und Verhaltensregeln" ist in dem Sinne auszulegen, dass er sich auf alle Vorschriften bezieht, die in Zusammenhang mit Sicherheit und Verhalten stehen, einschließlich beispielsweise der Straßenverkehrssicherheit im Falle eines Unfalls.
(35) Die Aufteilung der Kollisionsnormen auf zahlreiche Rechtsakte sowie Unterschiede zwischen diesen Normen sollten vermieden werden. Diese Verordnung schließt jedoch die Möglichkeit der Aufnahme von Kollisionsnormen für außervertragliche Schuldverhältnisse in Vorschriften des Gemeinschaftsrechts in Bezug auf besondere Gegenstände nicht aus.
Diese Verordnung sollte die Anwendung anderer Rechtsakte nicht ausschließen, die Bestimmungen enthalten, die zum reibungslosen Funktionieren des Binnenmarkts beitragen sollen, soweit sie nicht in Verbindung mit dem Recht angewendet werden können, auf das die Regeln dieser Verordnung verweisen. Die Anwendung der Vorschriften im anzuwendenden Recht, die durch die Bestimmungen dieser Verordnung berufen wurden, sollte nicht die Freiheit des Waren- und Dienstleistungsverkehrs, wie sie in den Rechtsinstrumenten der Gemeinschaft wie der Richtlinie 2000/31/EG des Europäischen Parlaments und des Rates vom 8. Juni 2000 über bestimmte rechtliche Aspekte der Dienste der Informationsgesellschaft, insbesondere des elektronischen Geschäftsverkehrs, im Binnenmarkt („Richtlinie über den elektronischen Geschäftsverkehr") (ABl. L 178 vom 17.7.2000, S. 1) ausgestaltet ist, beschränken.
(36) Um die internationalen Verpflichtungen, die die Mitgliedstaaten eingegangen sind, zu wahren, darf sich die Verordnung nicht auf internationale Übereinkommen auswirken, denen ein oder mehrere Mitgliedstaaten zum Zeitpunkt der Annahme dieser Verordnung angehören. Um den Zugang zu den Rechtsakten zu erleichtern, sollte die Kommission anhand der Angaben der Mitgliedstaaten ein Verzeichnis der betreffenden Übereinkommen im *Amtsblatt der Europäischen Union* veröffentlichen.
(37) Die Kommission wird dem Europäischen Parlament und dem Rat einen Vorschlag unterbreiten, nach welchen Verfahren und unter welchen Bedingungen die Mitgliedstaaten in Einzel- und Ausnahmefällen in eigenem Namen Übereinkünfte mit Drittländern über sektorspezifische Fragen aushandeln und abschließen dürfen, die Bestimmungen über das auf außervertragliche Schuldverhältnisse anzuwendende Recht enthalten.
(38) Da das Ziel dieser Verordnung auf Ebene der Mitgliedstaaten nicht ausreichend verwirklicht werden kann und daher wegen des Umfangs und der Wirkungen der Verordnung besser auf Gemeinschaftsebene zu verwirklichen ist, kann die Gemeinschaft im Einklang mit dem in Artikel 5 des Vertrags niedergelegten Subsidiaritätsprinzip tätig werden. Entsprechend dem ebenfalls in diesem Artikel festgelegten Grundsatz der Verhältnismäßigkeit geht diese Verordnung nicht über das für die Erreichung dieses Ziels erforderliche Maß hinaus.
(39) Gemäß Artikel 3 des Protokolls über die Position des Vereinigten Königreichs und Irlands im Anhang zum Vertrag über die Europäische Union und im Anhang zum Vertrag zur Gründung der Europäischen Gemeinschaft beteiligen sich das Vereinigte Königreich und Irland an der Annahme und Anwendung dieser Verordnung.
(40) Gemäß den Artikeln 1 und 2 des dem Vertrag über die Europäische Union und dem Vertrag zur Gründung der Europäischen Gemeinschaft beigefügten Protokolls über die Position Dänemarks beteiligt sich Dänemark nicht an der Annahme dieser Verordnung, die für Dänemark nicht bindend oder anwendbar ist –
HABEN FOLGENDE VERORDNUNG ERLASSEN:

KAPITEL I ANWENDUNGSBEREICH

ROM II-VO Art. 1 Anwendungsbereich.
(1) Diese Verordnung gilt für außervertragliche Schuldverhältnisse in Zivil- und Handelssachen, die eine Verbindung zum Recht verschiedener Staaten aufweisen. Sie gilt insbesondere nicht für Steuer- und Zollsachen, verwaltungsrechtliche Angelegenheiten oder die Haftung des Staates für Handlungen oder Unterlassungen im Rahmen der Ausübung hoheitlicher Rechte („acta iure imperii").
(2) Vom Anwendungsbereich dieser Verordnung ausgenommen sind
a) außervertragliche Schuldverhältnisse aus einem Familienverhältnis oder aus Verhältnissen, die nach dem auf diese Verhältnisse anzuwendenden Recht vergleichbare Wirkungen entfalten, einschließlich der Unterhaltspflichten;
b) außervertragliche Schuldverhältnisse aus ehelichen Güterständen, aus Güterständen aufgrund von Verhältnissen, die nach dem auf diese Verhältnisse anzuwendenden Recht mit der Ehe vergleichbare Wirkungen entfalten, und aus Testamenten und Erbrecht;
c) außervertragliche Schuldverhältnisse aus Wechseln, Schecks, Eigenwechseln und anderen handelbaren Wertpapieren, sofern die Verpflichtungen aus diesen anderen Wertpapieren aus deren Handelbarkeit entstehen;
d) außervertragliche Schuldverhältnisse, die sich aus dem Gesellschaftsrecht, dem Vereinsrecht und dem Recht der juristischen Personen ergeben, wie die Errichtung durch Eintragung oder auf andere Weise,

die Rechts- und Handlungsfähigkeit, die innere Verfassung und die Auflösung von Gesellschaften, Vereinen und juristischen Personen, die persönliche Haftung der Gesellschafter und der Organe für die Verbindlichkeiten einer Gesellschaft, eines Vereins oder einer juristischen Person sowie die persönliche Haftung der Rechnungsprüfer gegenüber einer Gesellschaft oder ihren Gesellschaftern bei der Pflichtprüfung der Rechnungslegungsunterlagen;

e) außervertragliche Schuldverhältnisse aus den Beziehungen zwischen den Verfügenden, den Treuhändern und den Begünstigten eines durch Rechtsgeschäft errichteten „Trusts";

f) außervertragliche Schuldverhältnisse, die sich aus Schäden durch Kernenergie ergeben;

g) außervertragliche Schuldverhältnisse aus der Verletzung der Privatsphäre oder der Persönlichkeitsrechte, einschließlich der Verleumdung.

(3) Diese Verordnung gilt unbeschadet der Artikel 21 und 22 nicht für den Beweis und das Verfahren.

(4) Im Sinne dieser Verordnung bezeichnet der Begriff „Mitgliedstaat" jeden Mitgliedstaat mit Ausnahme Dänemarks.

1 **A. Sachlicher Anwendungsbereich. I. Grundregel.** Die VO gilt – vorbehaltlich der Ausnahmen in II – für **außervertragliche Schuldverhältnisse in Zivil- und Handelssachen**, Art 1 I. Der Begriff des außervertraglichen Schuldverhältnisses wird in Art 2 konkretisiert. **Zivil- und Handelssachen** werden in der VO nicht definiert; eine Konkretisierung lässt sich aus der Verwendung derselben Begriffe in Art 1 I EuGVVO sowie aus der Negativabgrenzung zur Ausübung hoheitlicher Rechte ableiten. Danach sind Zivil- und Handelssachen Streitigkeiten nicht öffentlich-rechtlicher Art (die Abgrenzung hat autonom zu erfolgen, s. nur EuGH NJW 77, 489, 490; IPRax 81, 169, 173), unabhängig von der Art der Gerichtsbarkeit (Erw 8; für eine Einbeziehung von Schiedsgerichten *G Wagner* IPRax 08, 1, 3). Keine Zivil- oder Handelssachen sind insb die in Art 1 I 2 genannten Streitigkeiten, also Steuer- und Zollsachen, verwaltungsrechtliche Angelegenheiten oder die Haftung des Staates für Handlungen oder Unterlassungen iRd Ausübung hoheitlicher Rechte („acta iure imperii"). Entscheidend ist, ob der konkrete Anspruch aufgrund der Ausübung hoheitlicher Befugnisse entstanden ist (*Leible/Lehmann* RIW 07, 721, 722 mN). Die Staatshaftung umfasst auch die persönliche Haftung von Staatsbediensteten sowie die Haftung für Handlungen öffentlicher Stellen (Erw 9), was insb bei Schadensersatzklagen wegen Kriegsverbrechen wichtig ist (s.zB *v Hein* VersR 07, 440, 442; *Leible/Lehmann* RIW 07, 721, 722; *G Wagner* IPRax 08, 1, 2). Die **Verbindung zum Recht verschiedener Staaten** ist weit zu verstehen; auch ein Drittstaatenbezug reicht aus (s. auch Art 3).

2 **II. Ausnahmen.** Art 1 II zählt die vom Anwendungsbereich der VO ausgenommenen Bereiche auf, bei denen Ansprüche eine Rolle spielen könnten, die als solche aus außervertraglichen Schuldverhältnissen zu qualifizieren wären. Die Ausnahmen sind im Interesse einer möglichst weitgehenden Kollisionsrechtsvereinheitlichung eng auszulegen (s. auch KOM [03] 427 10).

3 Nach **Art 1 II lit a, b** gilt die VO nicht für eine Reihe **familien- und erbrechtlicher Sachverhalte**. Dies betrifft außervertragliche Schuldverhältnisse einschließlich güterrechtlicher Streitigkeiten aus Familienverhältnissen (konkretisiert in Erw 10) oder Verhältnissen mit vergleichbaren Wirkungen (dieser Begriff ist gem Erw 10 ausnahmsweise nach der lex fori auszulegen und umfasst in Deutschland zB Lebenspartnerschaft, nicht aber Verlöbnis oder nichteheliche Lebensgemeinschaft, BaRoth/*Spickhoff* EGBGB Anh Art 42 Rz 19) einschließlich der Unterhaltspflichten (für diese gelten die Haager Unterhaltsübereinkommen, BGBl 61 II, 1013; 86 II, 837, bzw Art 18 EGBGB). Auch außervertragliche Ansprüche aus Testamenten und Erbrecht werden ausgeklammert. Diese Bereiche könnten künftig von weiteren EG-Verordnungen erfasst werden. Die Ausnahme bezieht sich jedoch nur auf die im Familien- bzw Erbrecht wurzelnden bzw durch die Sonderregeln dieser Rechtsgebiete geprägten Ansprüche, nicht auf genuine Ansprüche aus Delikt, Bereicherung oder Geschäftsführung ohne Auftrag zwischen Familienangehörigen (s. auch *Hohloch* YbPrIntL 07, 1, 16; Palandt/*Thorn* Art 1 Rz 10).

4 Art 1 II lit c nimmt – ebenso wie Art 1 II lit d Rom I-VO – **außervertragliche Schuldverhältnisse aus handelbaren Wertpapieren** vom Anwendungsbereich der VO aus; hier gelten insb die in §§ 91 ff WG, 60 ff ScheckG umgesetzten Genfer Abkommen zum Wechsel- und Scheckrecht (RGBl 33 II, 444; 594). Diese Ausn erstreckt sich allerdings nicht auf die Prospekthaftung (dazu insb *v Hein* FS Hopt 371, 379 ff).

5 Weiterhin gilt die VO nach **Art 1 II lit d** – weitgehend parallel zu Art 1 II lit f Rom I-VO – nicht für außervertragliche Schuldverhältnisse, die sich aus dem **Gesellschaftsrecht, Vereinsrecht** und **Recht der juristischen Personen** ergeben. Trotz der genannten Beispiele von Rechtsverhältnissen, für die das Gesellschaftsstatut gilt, verbleiben Qualifikationsfragen in Randbereichen, va bei der Bestimmung der Reichweite der Ausn für die persönliche Haftung der Gesellschafter und Organe für die Verbindlichkeiten einer Gesellschaft. Sie zielt auf die nach dem Gesellschaftsstatut zu beurteilende Haftungsverfassung der Gesellschaft ab. Ob sie aber auch auf Rechtsgrundlagen außerhalb des Gesellschaftsrechts beruhende Ansprüche, wie zB aus § 823 II BGB *iVm gesellschaftsrechtlichen Schutzgesetzen* oder aus § 826 BGB erfasst, ist zweifelhaft. Sofern die Haftung an aus dem Gesellschaftsrecht stammende Schutzgesetze anknüpft, wie diejenige aus § 823 II BGB, sollte zur Wahrung des gesellschaftsrechtlichen Charakters das Gesellschaftsstatut maßgeblich sein. Dagegen wird die **Prospekthaftung** mitunter zu Recht als deliktsrechtlich qualifiziert (s. nur *Weber* WM 08, 1581, 1584 f; *v*

Hein FS Hopt 371, 384), weil es sich hier um eine nicht gesellschaftsrechtliche und insb nicht von der Gesellschaftsverfassung beeinflusste, sondern um eine genuin haftungsrechtliche Fragestellung handelt. Insofern erscheint eine enge Auslegung des Art 1 II lit d angebracht. Auch in Bezug auf die nunmehr auf § 826 BGB gestützte **Existenzvernichtungshaftung** (§ 826 BGB Rn 38, 39) könnte auf den ersten Blick eine solche enge Auslegung der Ausn erwogen werden (dafür zB Palandt/*Thorn* Art 1 Rz 12; *Brandt* GPR 08, 298, 299; offen gelassen von *G Wagner* IPRax 08, 1, 2 f). Dagegen sprechen allerdings sowohl die Ausgestaltung als Innenhaftung als auch, dass der Rückgriff auf die Deliktshaftung auf dogmatischen Besonderheiten des deutschen Rechts beruht (Heranziehung des § 826 BGB zur Ausfüllung von Lücken in der Haftungsverfassung der GmbH), die iRe autonomen Auslegung der VO keine entscheidende Rolle für die Qualifikation spielen dürften. Für eine Ausnahme vom Anwendungsbereich der VO spricht auch **Art 1 II lit e**, der **Trusts** als dogmatisch einzigartiges Rechtsinstitut des Common Law, das auch deliktsrechtliche Bezüge aufweist, ebenfalls nicht der VO unterstellt.

Art 1 II lit f statuiert eine Ausn für außervertragliche Schuldverhältnisse, die sich aus **Schäden durch Kernenergie** ergeben. Hier existieren vorrangige internationale Übereinkommen, zB das Pariser Übereinkommen über die Haftung ggü Dritten auf dem Gebiet der Kernenergie und das Brüsseler Zusatzübereinkommen (BGBl 76 II, 308; 318; 85 II, 690; 963; 970; umfassender Überblick über das internationale Atomhaftungsrecht bei *Magnus* FS Kropholler 595, 598 ff). Es wird allerdings darauf hingewiesen, dass hier trotzdem eine weiter gehende Harmonisierung sinnvoll gewesen wäre (Hamburg Group for Private International Law RabelsZ 03, 1, 6 ff; *Fuchs* GPR 03/04, 100, 101; *Magnus* FS Kropholler 595, 610). 6

Die umstrittenste Ausn enthält **Art 1 II lit g** für außervertragliche Schuldverhältnisse aus der **Verletzung der Privatsphäre oder der Persönlichkeitsrechte** einschl der Verleumdung. Die Herausnahme dieses in Zeiten ubiquitärer Verbreitung von Medien praktisch immer wichtiger werdenden Bereichs ist die Folge divergierender, nicht miteinander in Einklang zu bringender Ansichten im Gesetzgebungsverfahren über die Anknüpfung solcher Rechtsverhältnisse und des Bestrebens, die VO als Ganze auch an dieser heftig umstrittenen Einzelfrage scheitern zu lassen. Hier zeigt sich besonders deutlich, dass IPR nicht lediglich „technische" Rechtsanwendungsregeln statuiert, sondern einen nicht zu unterschätzenden materiellrechtlichen Gehalt hat. So war im ersten Rom II-Entwurf der Kommission (KOM [03] 427 18 ff) für Persönlichkeitsrechtsverletzungen in erster Linie eine Anknüpfung an das Recht des Erfolgsortes mit einer Abweichung zugunsten der lex fori vorgesehen. Gegendarstellungsansprüche wurden dem Recht des Staates des gewöhnlichen Aufenthalts des Sendeunternehmens oder Zeitungsverlags unterstellt. Der Gegenentwurf des Europäischen Parlaments (ABl EU 06, C 157 E/371, 376) beabsichtigte eine Anknüpfung an das Recht des Staates, in dem der Schaden im Wesentlichen eingetreten ist oder einzutreten droht (mit Konkretisierungen); die Sonderanknüpfung für Gegendarstellungsansprüche wurde weitgehend übernommen. Danach wurde die Sonderregelung für Persönlichkeitsrechtsverletzungen wegen Unvereinbarkeit beider Konzeptionen gestrichen, dieser Bereich wurde aber auch nicht den allgemeinen Anknüpfungsregeln (insb Art 4) unterstellt. Daher gilt insoweit weiterhin einzelstaatliches Kollisionsrecht (Art 40 EGBGB Rn 23; zu offen bleibenden Fragen insb *Heiderhoff* EuZW 07, 428 ff). Die Kommission sollte jedoch gem Art 30 II bis Ende 2008 eine ausführliche Studie zu dem auf außervertragliche Schuldverhältnisse aus der Verletzung der Privatsphäre oder der Persönlichkeitsrechte anzuwendenden Recht vorlegen; die kurze Frist unterstreicht die Bedeutung, die man einer europäischen Regelung dieser Frage beimisst (s.a. *R Wagner* FS Kropholler 715, 721). Es bleibt daher zu hoffen, dass in absehbarer Zeit auch für diesen im Hinblick auf die Presse besonders sensiblen Bereich eine europäisch einheitliche Lösung gefunden wird. Schon jetzt ist zu beachten, dass die Ausnahme autonom auszulegen ist, so dass spezifische Ausprägungen des Persönlichkeitsrechts in einzelnen Rechtsordnungen, wie zB die in Deutschland teilw vertretene (§ 823 BGB Rn 204) Einordnung von Aufklärungsmängeln bei der Arzthaftung als Persönlichkeitsrechtsverletzungen (dazu *Spickhoff* FS G Müller 287, 301) oder persönlichkeitsrechtliche Elemente von Immaterialgüterrechten (s.u. Art 8 Rom II-VO Rn 2), nicht von Art 1 II lit g erfasst werden. 7

Nach **Art 1 III** gilt die VO unbeschadet der Art 21, 22 nicht für **Beweis und Verfahren**. Die damit zusammenhängenden Fragen werden also – mit Ausnahme der in Art 21 f genannten Bereiche (Formgültigkeit, bestimmte Beweisfragen) – als solche des Verfahrensrechts qualifiziert und der lex fori unterstellt, was den Vereinheitlichungseffekt der VO deutlich einschränkt (s. nur *v Hein* Rabelsz 09, 469, 506 f mN). 8

B. Räumlicher Anwendungsbereich. Die Zivil- und Handelssachen müssen gem **Art 1 I 1** eine **Verbindung zum Recht verschiedener Staaten** aufweisen, wobei die Relevanz des Auslandsbezugs anhand der möglicherweise einschlägigen Kollisionsnormen zu ermitteln ist (BaRoth/*Spickhoff* EGBGB Anh Art 42 Rz 17). Es muss sich jedoch nicht um Mitgliedstaaten der EG handeln, da die VO gem Art 3 universell anwendbar ist; nicht einmal ein Binnenmarktbezug ist erforderlich. Daher und wegen des Charakters der Verweisungen als Sachnormverweisungen (Art 24) spielt der in **Art 1 IV** hervorgehobene **Sonderstatus Dänemarks** iE keine entscheidende Rolle; das Land ist weitgehend wie andere Drittstaaten zu behandeln (Ausn: iRv Art 14 III ist Art 1 IV einschränkend auszulegen und Dänemark als Mitgliedstaat anzusehen, s.u. Art 14 Rom II-VO Rn 9). 9

ROM II-VO Art. 2 Außervertragliche Schuldverhältnisse.
(1) Im Sinne dieser Verordnung umfasst der Begriff des Schadens sämtliche Folgen einer unerlaubten Handlung, einer ungerecht-

fertigten Bereicherung, einer Geschäftsführung ohne Auftrag („Negotiorum gestio") oder eines Verschuldens bei Vertragsverhandlungen („Culpa in contrahendo").
(2) Diese Verordnung gilt auch für außervertragliche Schuldverhältnisse, deren Entstehen wahrscheinlich ist.
(3) Sämtliche Bezugnahmen in dieser Verordnung auf
a) ein schadensbegründendes Ereignis gelten auch für schadensbegründende Ereignisse, deren Eintritt wahrscheinlich ist, und
b) einen Schaden gelten auch für Schäden, deren Eintritt wahrscheinlich ist.

1 Der in Art 1 vorausgesetzte Begriff der **außervertraglichen Schuldverhältnisse**, der maßgeblich den sachlichen Anwendungsbereich der VO bestimmt, wird in Art 2 konkretisiert. IRd autonomen Auslegung des Begriffs (Erw 11) ist die **Abgrenzung zu vertraglichen Schuldverhältnissen**, für welche die Rom I-VO gilt (für Altfälle: Art 27 ff EGBGB), maßgeblich. Sie kann ähnl erfolgen wie diejenige zwischen Art 5 Nr 1 und Nr 3 EuGVVO. Danach setzt ein Vertrag eine freiwillig eingegangene Verpflichtung voraus (zB EuGH Slg 92, I-3967 Rz 15; 98, I-6511 Rz 17; 02, I-7357 Rz 23; 04, I-1543 Rz 24; 05, I-481 Rz 50), außervertragliche Schuldverhältnisse erfassen den verbleibenden Bereich. Was vertragliche Verpflichtungen im Einzelnen umfassen, wird in Art 12 Rom I präzisiert. Als vertraglich sind daher zB auch die Folgen der Nichterfüllung oder der Nichtigkeit des Vertrags zu qualifizieren. Weiterhin sind auch einseitige rechtsgeschäftliche Verpflichtungen (MüKo/*Junker* Art 2 Rom II-VO Rz 15 mwN) sowie aufgrund eines **Kontrahierungszwangs** zustande gekommene Verträge (BaRoth/*Spickhoff* EGBGB Anh Art 42 Rz 18) als vertraglich einzuordnen. Ausdrücklich als deliktsrechtlich qualifiziert Art 2 I hingegen sämtliche Folgen einer unerlaubten Handlung, einer ungerechtfertigten Bereicherung, einer Geschäftsführung ohne Auftrag und insb auch eines **Verschuldens bei Vertragsverhandlungen**. Letzteres ist aus Sicht des deutschen Rechts nicht selbstverständlich und verdient daher besondere Aufmerksamkeit, va weil das Verständnis der culpa in contrahendo iRd autonomen Auslegung ein engeres als das herkömmliche deutsche ist und die Fälle von Schutzpflichtverletzungen nicht erfasst (diese werden freilich unmittelbar als deliktsrechtlich qualifiziert, s.u. Art 12 Rom II-VO Rn 2. Auch Ansprüche aus Vertrag mit Schutzwirkung für Dritte dürften als deliktsrechtlich zu qualifizieren sein, s. mit überzeugenden Argumenten *Dutta* IPRax 09, 293, 296 ff). Weiterhin sind Ansprüche aus Eigentümer-Besitzer-Verhältnis sowie nachbarrechtliche Ansprüche als außervertraglich zu qualifizieren (Palandt/*Thorn* Art 1 Rz 5). Problematisch bleibt die Qualifikation in Randbereichen: So werden **Ansprüche aus Gewinnzusagen** im internationalen Zuständigkeitsrecht stets als vertragsrechtlich qualifiziert (EuGH Slg 02, I-6367 Rz 59 – zu Art 13 I Nr 3 EuGVÜ; Slg 05, I-481 Rz 60 f). Andererseits weisen derartige Ansprüche eine Nähe zur culpa in contrahendo auf, die nunmehr als außervertraglich qualifiziert (wenngleich nach dem potentiellen Vertragsstatut angeknüpft) wird. Da ein Gleichlauf von Zuständigkeits- und Kollisionsrecht ohnehin nicht vollständig zu verwirklichen ist (s. zur Grundanknüpfung nur Art 4 Rom II-VO Rn 4), erscheint wegen der Nähe zum Verschulden bei Vertragsschluss eine Zuordnung zu Art 12 passender als eine vertragsrechtliche Qualifikation (aA zB BaRoth/*Spickhoff* EGBGB Anh Art 42 Rz 18; Palandt/*Thorn* Art 1 Rz 3). Man wird dann zwar im Ausgangspunkt, wegen Art 12 I aber nicht unbedingt im Ergebnis, mit der bisherigen Rspr des BGH (IPRax 06, 602) brechen müssen. Problematisch ist auch die Einordnung der **Gläubigeranfechtung**: Da eine Qualifikation als delikts- oder bereicherungsrechtlich nicht überzeugt (s. nur MüKo/*Junker* Art 2 Rom II-VO Rz 19 f), bleibt nach Wegfall der Auffangklausel in Art 9 I des ersten Entwurfs zur Rom II-VO (KOM [03] 427 endg) praktisch nur noch die Möglichkeit einer Einordnung als von der Rom II-VO nicht erfasste Materie des Vertragsrechts.

2 Art 2 I konkretisiert den **Begriff des Schadens** dahingehend, dass er sämtliche Folgen der außervertraglichen Schuldverhältnisse, die Gegenstand der VO sind, umfasst. Dieser Schadensbegriff darf nicht mit demjenigen des deutschen Rechts vermengt werden, sondern umfasst zB bei unerlaubten Handlungen nicht nur den Schaden, sondern auch die Rechtsgutsverletzung und bei den anderen genannten gesetzlichen Schuldverhältnissen auch Rechtsfolgen jenseits des Schadensersatzes.

3 Art 2 II stellt klar, dass die VO nicht nur auf Ansprüche wegen Schäden im dargestellten weiten Sinne, sondern auch für vorbeugende Ansprüche, insb Unterlassungsansprüche, gilt. III ergänzt diese Regelung in Bezug auf Verweisungen in anderen Vorschriften der VO und dürfte va deklaratorische Bedeutung haben.

ROM II-VO Art. 3 Universelle Anwendung.
Das nach dieser Verordnung bezeichnete Recht ist auch dann anzuwenden, wenn es nicht das Recht eines Mitgliedstaats ist.

1 In Art 3 wird der allseitige Charakter der Kollisionsnormen der VO statuiert: Sie gelten im Verhältnis zu Mitgliedstaaten und Drittstaaten gleichermaßen. Nach der Argumentation des EuGH zur ausschließlichen völkerrechtlichen Zuständigkeit der EG für den Abschluss des neuen Lugano-Übereinkommens (EuGH Slg 06, I-1145 Rz 133 ff) erscheinen die bisher immer wieder geäußerten Zweifel an einer Kompetenz der EG zum Erlass von Kollisionsregeln in Bezug zu Drittstaaten weniger gewichtig (s. nur *Jayme/Kohler* IPRax 02, 461, 462; *Lück* Neuere Entwicklungen des deutschen und europäischen Internationalen Deliktsrechts 06,

166 ff, beide mwN; *G Wagner* IPrax 06, 372, 389 f; *Nourissat/Treppoz* JDI 03, 7, 12 f; für eine weitreichende Kompetenz insb *Leible/Staudinger* EuLF 03, 225, 230; *R Wagner* RabelsZ 04, 119, 139 ff; *Jayme/Kohler* IPRax 05, 481, 482; *Staudinger* SVR 05, 441; *Sujecki* EWS 09, 310, 313; iE auch *Leible/Engel* EuZW 04, 7, 9). Zudem erleichtert die Ausgestaltung der VO als loi uniforme die Rechtsanwendung erheblich, da nicht zwischen Binnenmarkt- und Drittstaatensachverhalten differenziert werden muss (zust iE auch zB Hamburg Group for Private International Law RabelsZ 03, 1, 4; *Sonnentag* ZVglRWiss 06, 256, 261 ff; *Lück* Neuere Entwicklungen des deutschen und europäischen Internationalen Deliktsrechts 06, 169 f; *v Hein* VersR 07, 440, 445; *Heiss/Loacker* JBl 07, 613, 616; *Leible/Lehmann* RIW 07, 721, 724; *Junker* NJW 07, 3675, 3677; BaRoth/*Spickhoff* EGBGB Anh Art 42 Rz 28). Bei Verweisungen auf Rechtsordnungen von Mehrrechtsstaaten ist Art 25 zu beachten.

KAPITEL II UNERLAUBTE HANDLUNGEN

ROM II-VO Art. 4 Allgemeine Kollisionsnorm.
(1) Soweit in dieser Verordnung nichts anderes vorgesehen ist, ist auf ein außervertragliches Schuldverhältnis aus unerlaubter Handlung das Recht des Staates anzuwenden, in dem der Schaden eintritt, unabhängig davon, in welchem Staat das schadensbegründende Ereignis oder indirekte Schadensfolgen eingetreten sind.
(2) Haben jedoch die Person, deren Haftung geltend gemacht wird, und die Person, die geschädigt wurde, zum Zeitpunkt des Schadenseintritts ihren gewöhnlichen Aufenthalt in demselben Staat, so unterliegt die unerlaubte Handlung dem Recht dieses Staates.
(3) ¹Ergibt sich aus der Gesamtheit der Umstände, dass die unerlaubte Handlung eine offensichtlich engere Verbindung mit einem anderen als dem in den Absätzen 1 oder 2 bezeichneten Staat aufweist, so ist das Recht dieses anderen Staates anzuwenden. ²Eine offensichtlich engere Verbindung mit einem anderen Staat könnte sich insbesondere aus einem bereits bestehenden Rechtsverhältnis zwischen den Parteien – wie einem Vertrag – ergeben, das mit der betreffenden unerlaubten Handlung in enger Verbindung steht.

A. Allgemeines. Art 4 enthält die **grundlegende Anknüpfungsregel** für unerlaubte Handlungen. Diese wird durch die Möglichkeit der Rechtswahl (Art 14) sowie eine Reihe spezieller Anknüpfungsregeln (Art 5 ff) modifiziert. Art 4 I geht vom Recht des Staates, in dem der Schaden eintritt, aus; II und III sehen Möglichkeiten für abweichende Anknüpfungen vor. Die Grundanknüpfung des Art 4 I trägt besonders den Interessen des Geschädigten Rechnung; die Interessen des Schädigers werden unter dem Gesichtspunkt der Wettbewerbsgleichheit aller Schädiger sowie insb über Art 17 teilw mit berücksichtigt. Schwächer ausgeprägt (wenngleich im Ansatz vorhanden, s. nur MüKo/*Junker* Art 4 Rom II-VO Rz 4) ist hingegen ein verhaltenssteuerndes Element, das der Präventionsfunktion des Haftungsrechts Rechnung trägt (krit zur Gesamtkonzeption zB *Koziol/Thiede* ZVglRWiss 07, 235 ff; *Symeonides* YbPrIntL 07, 149, 151 ff). Rechtstechnisch hat sich der europäische Gesetzgeber letztlich – anders als zunächst vom Europäischen Parlament favorisiert (ABl EU 06, C 157 E/371, 375) – für eine starre (und damit der Rechtssicherheit zuträgliche) Anknüpfung mit deutlich umgrenzten Auflockerungsmöglichkeiten entschieden, die sich letztlich auf das Prinzip der engsten Verbindung zurückführen lässt (s.a. BaRoth/*Spickhoff* EGBGB Anh Art 42 Rz 29). 1

Art 4 I weist bereits im einleitenden Halbsatz auf den Vorrang spezielleren Regelungen der VO hin. Berücksichtigt man weiterhin den Zusammenhang der drei Absätze der Vorschrift, ergibt sich folgende **Prüfungsreihenfolge für Ansprüche aus unerlaubter Handlung**: Nach der Prüfung etwaiger vorrangiger völkerrechtlicher Abkommen (Art 28) ist zu ermitteln, ob eine wirksame Rechtswahl iSd Art 14 vorliegt. Danach sind die ggü Art 4 vorrangigen Sonderanknüpfungen der Art 5–9 zu prüfen (wobei der Ausschluss der Rechtswahlmöglichkeit nach Art 6 IV, 8 III zu berücksichtigen ist). Anschließend ist Art 4 II als Spezialregelung zu I zu untersuchen, danach die Grundanknüpfung gem Art 4 I. Diese beiden Anknüpfungen können im Einzelfall durch Art 4 III verdrängt werden, der aber erst nach Ermittlung der Grundanknüpfung geprüft werden kann (s.a. *Leible/Lehmann* RIW 07, 721, 727; BaRoth/*Spickhoff* EGBGB Anh Art 42 Rz 30). Bei der Anwendung dieser Anknüpfungsregeln ist in Bezug auf Sicherheits- und Verhaltensregeln stets Art 17 im Blick zu behalten. 2

B. Anwendungsbereich der Art 4 ff. Art 4 ff gelten – in Anlehnung an die Rspr zu Art 5 Nr 3 EuGVVO – für alle nicht durch Art 1 ausgenommenen Schadenshaftungen, die nicht auf einem Vertrag beruhen (s. insb EuGH Slg 88, 5565 Rz 17; 92, I-2149 Rz 16; 98, I-6511 Rz 22; 02, I-6367 Rz 33; 02, I-8111 Rz 36; 05, I-481 Rz 51; weiterhin etwa MüKo/*Junker* Art 4 Rom II-VO Rz 14; Palandt/*Thorn* Art 4 Rz 3). Dazu gehören verschuldensabhängige wie -unabhängige Schadensersatzhaftung (also in Deutschland auch zB Gefährdungs- oder Aufopferungshaftung, s. zur Gefährdungshaftung Erw 11) sowie die korrespondierenden Präventivansprüche (Art 2 II, III), sogar die Klage eines Verbraucherschutzvereins auf Unterlassung der Verwendung missbräuchlicher Klauseln in AGB (BGH ZIP 09, 2004 Rz 18 f). Auch für die Frage eines Ausschlusses von Deliktsansprüchen durch Versicherungsschutz ist das Deliktsstatut maßgeblich (s. auch Palandt/*Thorn* Art 4 3

Rz 20). Neben den Spezialregelungen der Art 5 ff verbleibt für Art 4 selbst jedoch nur ein relativ kleiner Anwendungsbereich (s.u. Rn 13 ff).

4 **C. Anknüpfungsregeln. I. Grundanknüpfung, Art 4 I.** Die **Grundanknüpfung in Art 4 I** stellt auf das Recht des Staates ab, in dem der Schaden eintritt bzw (Art 2 III lit b) ein Schadenseintritt wahrscheinlich ist. Hier ist wie bei Art 2 Rom II-VO Rn 2 der Begriff des Schadens in einem weiten Sinne zu verstehen: Maßgeblich ist nicht der Schadensort iSd herkömmlichen deutschen Verständnisses, sondern der Ort der Rechtsgutsverletzung (also bei Distanzdelikten der Erfolgsort iSd in Deutschland bislang üblichen Terminologie, vgl auch *Sonnentag* ZVglRWiss 06, 256, 265 f; *Heiss/Loacker* JBl 07, 613, 624; *Leible/Lehmann* RIW 07, 721, 724 f; *G Wagner* IPRax 08, 1, 4; BaRoth/*Spickhoff* EGBGB Anh Art 42 Rz 32; *dens* FS Kropholler 671, 681). Diese Regelung weicht aber nicht nur terminologisch, sondern auch inhaltlich deutlich von Art 40 I EGBGB ab, indem der entgegengesetzte Ausgangspunkt (Recht des Erfolgs-, nicht des Handlungsortes; nach Auffassung der Kommission entspricht dies der modernen Konzeption der zivilrechtlichen Haftung und der Entwicklung der Gefährdungshaftung, Erw 16) gewählt und zudem kein Günstigkeitsprinzip statuiert wird (zu einer wichtigen Ausn Art 7 Rom II-VO Rn 2 f). Insoweit ist die kollisionsrechtliche Begünstigung des Geschädigten hier immer noch schwächer als bislang im deutschen IPR. Keine Rolle für die Anknüpfung spielt hingegen idR – wie schon bislang im deutschen IPR (Art 40 EGBGB Rn 11) und auch im internationalen Zuständigkeitsrecht (EuGH Slg 76, 1735 Rz 24 f; 95, I-415 Rz 20; I-2719 Rz 14 f; 04, I-6009 Rz 19) – der Ort, an dem lediglich ein Schaden eingetreten ist (Schadensort, s. nur Erw 17). Fällt der Schadensort allerdings zufällig oder sogar (wenn der Schadenseintritt bereits Tatbestandsvoraussetzung ist, wie etwa bei § 826) zwangsläufig mit dem Erfolgsort zusammen, ist das Recht dieses letzten Ortes maßgeblich. Art 4 I baut bei der Differenzierung zwischen Handlungs- und Erfolgsort und der grundsätzlichen Unbeachtlichkeit des Schadensortes teilweise auf Grundgedanken aus dem internationalen Zuständigkeitsrecht auf. Anders als iRd Art 5 Nr 3 EuGVVO (s. insb EuGH Slg 76, 1735 Rz 24 f; 95, I-415 Rz 20; I-2719 Rz 14; 04, I-1417 Rz 40; I-6009 Rz 16) kann der Geschädigte bei Art 4 I aber nicht zwischen dem Recht von Handlungs- und Erfolgsort wählen, sondern es ist an das Recht des Erfolgsortes anzuknüpfen. So kann zwar bei der Auslegung der Regelung, va für die Eingrenzung des für die Anknüpfung maßgeblichen Ortes des Schadenseintritts, auf die Rspr zu Art 5 Nr 3 EuGVVO zurückgegriffen werden; ein Gleichlauf zwischen Zuständigkeit und anwendbarem Recht kann sich aber nur ergeben, wenn der Geschädigte vor einem Gericht am Erfolgsort klagt.

5 Die Unterschiede zur bisherigen Rechtslage in Deutschland und zu den Regeln der EuGVVO wirken sich va bei **Distanzdelikten** aus, bei denen Handlungs- und Erfolgsort in unterschiedlichen Staaten liegen und für die jetzt in erster Linie das Recht des Erfolgsortes (Ort des Schadenseintritts in der Terminologie der VO) maßgeblich ist. Zudem spielt bei der Grundanknüpfung an das Recht des Erfolgsortes die Berücksichtigung der Sicherheits- und Verhaltensregeln am Ort des haftungsbegründenden Ereignisses nach Art 17 eine wichtigere Rolle.

6 Wenn bei **Streudelikten** Verletzungserfolge an mehreren Orten eintreten, wird meist angenommen, dass – wie bisher im deutschen Recht und auch iRv Art 5 Nr 3 EuGVVO – der Geschädigte das Recht jedes dieser Orte wählen könne („**Mosaikbetrachtung**", s. insb EuGH Slg 95, I-415 Rz 29 ff). Im ersten Rom II-Entwurf war eine solche Mosaikbetrachtung jedenfalls mit bedacht (KOM [03] 427 12). In den folgenden Versionen bis zur endgültigen Rom II-VO finden sich insoweit keine ausdrücklichen Ausführungen, aber auch keine Distanzierung von dieser Betrachtungsweise. Daher dürften die Erwägungen des ersten Entwurfs, die sich auf die im Wesentlichen unveränderte Grundanknüpfung für Deliktsansprüche (jetzt Art 4 I) beziehen, weiter gelten, auch wenn für den Wettbewerb einschränkende Verhaltensweisen eine Mosaikbetrachtung zunächst favorisiert (ABl EU 06, C 289 E/68, Erw 20), in dieser Form aber nicht in die endgültige Version der VO übernommen wurde. Allerdings kann iRd Mosaikbetrachtung – in Anlehnung an die bei Art 5 Nr 3 EuGVVO anerkannte Einschränkung der Kognitionsbefugnis der Gerichte (s. nur EuGH Slg 95, I-415 Rz 33) – immer nur der auf die Rechtsgutsverletzung am jeweiligen Ort zurückzuführende Schaden geltend gemacht werden (EuGH Slg 95, I-415 Rz 30). Die Mosaikbetrachtung wirft praktische Probleme auf (zB kann sie zu divergierenden Entscheidungen über dieselbe unerlaubte Handlung führen) und ist europarechtlich bedenklich, weil sie Anbieter dazu zwingt, ihr Verhalten uU an einer Vielzahl von Rechtsordnungen auszurichten (*Schaub* RabelsZ 02, 18, 43 ff). Trotzdem dürfte sie mangels sinnvoller Alternative iRd Art 4 I anzuwenden sein (so auch *v Hein* RabelsZ 09, 461, 475 f). Ihre praktische Bedeutung ist aber dadurch eingeschränkt, dass für etliche Bereiche, in denen sie Bedeutung hat, Sonderregelungen existieren oder die Rom II-VO auf sie nicht anwendbar ist (s.u. Rn 19). Zudem sollte in solchen Fällen das Vorliegen einer engeren Verbindung mit einem anderen Staat iSd Art 4 III immer besonders sorgfältig geprüft werden (s. auch BaRoth/*Spickhoff* EGBGB Anh Art 42 Rz 35; MüKo/*Junker* Art 4 Rom II-VO Rz 32).

7 Problematisch ist weiterhin die Bestimmung des Ortes des Schadenseintritts bei **Vermögensschäden**. In Betracht kommt bei primären Vermögensschäden (die nicht auf der Verletzung eines anderen Rechtsguts beruhen) insb der Ort einer vermögensschädigenden Verfügung des Geschädigten, ansonsten (insb bei Streuschäden) seine Vermögenszentrale als Ort, an dem der Schwerpunkt der Rechtsgutsverletzung zu lokalisieren ist (ähnl Palandt/*Thorn* Art 4 Rz 9). Bei sekundären Vermögensschäden ist der Ort der primären Rechtsgutsverletzung maßgeblich.

II. Gemeinsamer gewöhnlicher Aufenthalt, Art 4 Abs 2. Vorrang ggü der Grundanknüpfung nach Art 4 I 8
hat die Anknüpfung an einen gemeinsamen gewöhnlichen Aufenthalt von Schädiger und Geschädigtem nach
Art 4 II (zu rechtspolitischer Kritik an dieser Regelung und Gegenargumenten *Dornis* EuLF 07, I-152 ff).
Dieser autonom auszulegende Anknüpfungspunkt wird für Gesellschaften, Vereine und juristische Personen
sowie für natürliche Personen, die iRd Ausübung ihrer beruflichen Tätigkeit handeln, in Art 23 konkretisiert.
IÜ dürfte für natürliche Personen in Anlehnung an allgemeine Grundsätze der räumliche Bereich maßgeblich
sein, in dem die Person willentlich für eine gewisse Dauer ihren Daseinsmittelpunkt hat (s. zB *Hohloch*
YbPrIntL 07, 1, 12). Wie schon bisher im deutschen Recht, sollte auch bei Art 4 II dieser Anknüpfungspunkt
als unwandelbar betrachtet werden, so dass eine Verlegung des gewöhnlichen Aufenthalts nach Eintritt des
haftungsbegründenden Ereignisses unbeachtlich ist (s. zB BaRoth/*Spickhoff* EGBGB Anh Art 42 Rz 36;
Palandt/*Thorn* Art 4 Rz 5). Die Anknüpfung stellt keine flexible Ausweichregel für bestimmte Fälle dar, sondern verdrängt zwingend Art 4 I und kann ihrerseits allenfalls über Art 4 III überwunden werden, wenn eine
offensichtlich engere Verbindung mit einem anderen Staat besteht, also nicht bereits dann, wenn die
Anknüpfung an den gemeinsamen gewöhnlichen Aufenthalt im Einzelfall unangemessen erscheint. Nicht
geklärt ist die Anwendbarkeit des Art 4 II bei mehreren Schädigern. Hier wird teilw angenommen, insb
wegen möglicher Regresse sei das anwendbare Recht nicht aufzusplittern, sondern Art 4 II nur anzuwenden,
wenn die Aufenthaltsorte sämtlicher Schädiger mit dem des Geschädigten identisch sind (*Huber/Bach* IPRax
05, 73, 76). Andererseits lässt sich auch durch eine Anwendung anderer Regeln eine dépeçage nicht stets vermeiden, so dass eine derartige, vom Wortlaut nicht gedeckte Einschränkung von Art 4 II nicht geboten
erscheint (für dépeçage auch zB *Dornis* EuLF 07, I-152 ff; *Hartley* ICLQ 08, 899, 900). Eine analoge Anwendung von Art 4 II auf Fälle, in denen Schädiger und Geschädigter ihren gewöhnlichen Aufenthalt in unterschiedlichen EU-Staaten mit ähnlichen Rechtsordnungen haben, das schädigende Ereignis jedoch in einem
Drittstaat zu lokalisieren ist (dafür *Symeonides* AmJCompLaw 08, 173, 196), erscheint methodisch sowie in
Bezug auf die Rechtssicherheit bedenklich. Hier dürfte vielfach über Art 4 III eine interessengerechte Lösung
zu finden sein (so auch *v Hein* RabelsZ 09, 461, 482).

III. Offensichtlich engere Verbindung, Art 4 Abs 3. Die Anknüpfung an eine offensichtlich engere Verbin- 9
dung nach Art 4 III ist ggü Art 4 I und II vorrangig und umfasst grds sämtliche Voraussetzungen und
Rechtsfolgen der unerlaubten Handlung (*v Hein* FS Kropholler 553, 564). Diese flexible Ausnahmeregelung
ist grds eng auszulegen, was sich aus Wortlaut („offensichtlich engere" Verbindung) und Entstehungsgeschichte (KOM [03] 427 13; anders der Vorschlag des Europäischen Parlaments, ABl EU 06, C 157 E/371,
375; umfassend dazu *v Hein* FS Kropholler 553, 554 ff) ergibt (s. auch zB *Hohloch* YbPrIntL 07, 1, 12 f; *Ofner*
ZfRV 08, 13, 17; weitergehend *Hay* EuLF 07, I-137, I-144); zudem sind die Wertungen des Art 14 zu berücksichtigen (*Kadner Graziano* RabelsZ 09, 1, 21 ff). Art 4 III soll Korrekturen der starren Anknüpfungen nach
Art 4 I, II ermöglichen, wenn diese im Einzelfall keine Anknüpfung an die engste Verbindung des Sachverhalts mit einer bestimmten Rechtsordnung ermöglichen. Art 4 III 2 konkretisiert 1 durch Nennung eines
anderen Rechtsverhältnisses zwischen den Parteien (wie einen Vertrag), das mit der unerlaubten Handlung in
enger Verbindung steht. Da die Erwähnung des Vertrags nur beispielhaft ist, kommt auch eine akzessorische
Anknüpfung an das auf gesetzliche Schuldverhältnisse oder tatsächliche Verhältnisse anwendbare Recht in
Betracht (zu denkbaren allg Kriterien zur Bestimmung der engsten Verbindung *v Hein* FS Kropholler 553 ff).

Die **vertragsakzessorische Anknüpfung** dürfte gleichwohl – in Rechtsordnungen, die eine Anspruchskon- 10
kurrenz zwischen Vertrags- und Deliktsrecht anerkennen – der wichtigste Anwendungsfall von Art 4 III sein.
Sie setzt eine enge Verbindung zwischen der unerlaubten Handlung und dem Vertrag voraus, dh ein zusam-
menhangloses, rein zufälliges Nebeneinander reicht nicht. Ein rechtlicher Zusammenhang ist hingegen nicht
erforderlich; besteht ein solcher (wie zB bei Deliktsansprüchen gegen einen Produzenten, der zugleich Verkäufer des mangelhaften Produkts ist, oder bei vertrags- und deliktsrechtlicher Arzthaftung), spricht er aber
für das Vorliegen einer engen Verbindung.

Als **gesetzliche Schuldverhältnisse**, an die nach Art 4 III angeknüpft werden kann, kommen insb familien- 11
rechtliche Beziehungen in Betracht, zB bei Delikten unter Familienangehörigen oder Verlobten. Auch hier
sollte aber ein hinreichender Zusammenhang mit der familienrechtlichen Sonderbeziehung vorliegen (s. zB
Palandt/*Thorn* Art 4 Rz 12), der – anders als bisher in Deutschland angenommen – insb bei Verkehrsunfällen
unter Familienangehörigen regelmäßig abzulehnen sein dürfte (s. zB *Junker* JZ 08, 169, 176; BaRoth/*Spickhoff*
EGBGB Anh Art 42 Rz 41; Palandt/*Thorn* Art 4 Rz 12; aA *Staudinger* SVR 05, 441, 443). Zudem ist va bei
Deliktsansprüchen wegen Vermögensschäden ggf eine akzessorische Anknüpfung an ein vorvertragliches
Schuldverhältnis iSd Art 12 (und damit letztlich an das hypothetische Vertragsstatut) zu erwägen, zB bei
Ansprüchen wegen falscher Auskünfte, beim Abbruch von Vertragsverhandlungen in Schädigungsabsicht
(*Heiss/Loacker* JBl 07, 613, 640) oder bei der Prospekthaftung (für eine akzessorische Anknüpfung zB *v Hein*
FS Hopt 371, 392 ff; für eine Anknüpfung an das Recht des Platzierungsmarktes über Art 4 III *Weber* WM 08,
1581, 1586).

Inwieweit auch **tatsächliche Beziehungen** iRd Art 4 III zu berücksichtigen sind, ist str. Einerseits werden nur 12
Rechtsverhältnisse angesprochen und der Vorschlag des Europäischen Parlaments, auch de facto-Beziehungen
zu berücksichtigen (ABl EU 06, C 157 E/371, 375 [Art 4 III lit b]) wurde letztlich nicht umgesetzt. Anderer-

seits ist die Aufzählung lediglich beispielhaft („insb"), und dieser Aspekt des Parlamentsvorschlags war Teil einer strukturell völlig anders aufgebauten Regelung als der jetzigen. Soll der Beispielscharakter des Art 4 III 2 nicht leer laufen, sollten daher neben rechtlichen auch tatsächliche Beziehungen im Einzelfall berücksichtigt werden (so auch zB BaRoth/*Spickhoff* EGBGB Anh Art 42 Rz 42; enger Palandt/*Thorn* Art 4 Rz 13). In Betracht kommen va Beziehungen aus **sozialem Kontakt**, zB bei Mitfahrverhältnissen oder sonstigen Gefälligkeitsverhältnissen sowie Gruppenreisen. Fraglich ist eine akzessorische Anknüpfung von Deliktsansprüchen innerhalb nichtehelicher Lebensgemeinschaften (in Erwägung gezogen zB von BaRoth/*Spickhoff* EGBGB Anh Art 42 Rz 42; abl hingegen *G Wagner* IPRax 08, 1, 6; Palandt/*Thorn* Art 4 Rz 13). Hier spricht einiges dafür, nicht akzessorisch anzuknüpfen, um sowohl den Unterschied zu familienrechtlichen Verhältnissen als auch den Ausnahmecharakter von Art 4 III zu wahren. Zweifelhaft ist auch der Umfang einer akzessorischen Anknüpfung an das Recht eines gemeinsamen Zulassungs- und Versicherungsortes von Kfz bei Verkehrsunfällen (bejaht für bestimmte Konstellationen von BaRoth/*Spickhoff* EGBGB Anh Art 42 Rz 42; einschr zB *Junker* JZ 08, 169, 176). Hier muss letztlich anhand der Umstände des Einzelfalls entschieden werden, ob dieser tatsächliche Bezug ggü allen anderen Sachverhaltselementen so stark überwiegt, dass eine Anwendung des Art 4 III denkbar ist. Häufig dürfte hier zudem Art 4 II zu identischen Ergebnissen führen. **Nicht** in Betracht kommt eine Anknüpfung an die gemeinsame Staatsangehörigkeit der Beteiligten über Art 4 III (s. auch BaRoth/*Spickhoff* EGBGB Anh Art 42 Rz 42; Palandt/*Thorn* Art 4 Rz 14; für möglich gehalten aber von *v Hein* FS Kropholler 553, 566), denn dieses Kriterium ist unter den nach der VO maßgeblichen Anknüpfungspunkten nicht vorgesehen. Vielmehr greift Art 4 II die international immer stärker werdende Tendenz zur Anknüpfung an den gewöhnlichen Aufenthalt auf; das darf nicht durch eine Berücksichtigung der Staatsangehörigkeit über Art 4 III konterkariert werden.

13 **D. Wichtige Fallgruppen.** Da wichtige Konstellationen der Delikthaftung in Art 5–9 gesondert geregelt sind, spielen iRd Art 4 va Unfälle, bestimmte Internetdelikte und primäre Vermögensschäden eine Rolle.

14 **I. Unfälle.** Große praktische Bedeutung hat Art 4 für **Straßenverkehrsunfälle**, für die sich das Europäische Parlament mit seinem Vorschlag einer Sonderregelung (ABl EU 06, C 157 E/317, 375; zust zB *G Wagner* IPRax 06, 372, 379) nicht durchsetzen konnte; lediglich eine Überprüfung durch die Kommission ist in Art 30 I ii vorgesehen (für eine gesonderte Regelung auch *Sonnentag* ZVglRWiss 06, 256, 292 f). Hier sind zunächst etwaige Spezialregelungen in internationalen Übereinkommen zu beachten (dazu Art 28), zudem internationales Einheitsrecht (insb die Haftungseinschränkungen im Transportrecht nach dem CMR, BGBl 62 II, 12 ff). Da etliche EG-Mitgliedstaaten Vertragsstaaten des Haager Übereinkommens über das auf Straßenverkehrsunfälle anzuwendende Recht (abgedr zB bei Staud/*v Hoffmann* Art 40 Rz 178) sind, können Anknüpfungsdivergenzen auftreten (Palandt/*Thorn* Art 3 Rz 18; *Kadner Graziano* RabelsZ 09, 1, 26 ff), die evtl über Art 4 III einzugrenzen sind (*v Hein* FS Kropholler 553, 569). Da Deutschland dieses Übereinkommen nicht ratifiziert hat, wenden deutsche Gerichte Art 4 an. Sofern keine Rechtswahl vorliegt, ist nach Art 4 II in erster Linie das Recht eines gemeinsamen gewöhnlichen Aufenthalts der Unfallbeteiligten maßgeblich, nachrangig gem Art 4 I das Recht des Unfallortes als des Ortes, an dem der Schaden eintritt. Da dieser idR mit dem Handlungsort zusammenfällt (Unfall als Platzdelikt), dürfte sich ggü den bisherigen deutschen Anknüpfungsregeln im Ergebnis nicht Wesentliches ändern. Das gilt auch für die Anwendung der Ausweichklausel nach Art 4 III, die zB bei Beförderungsverträgen, Mitfahrverhältnissen oder Gruppenreisen, nicht jedoch ohne Weiteres bei familienrechtlichen Beziehungen zum Tragen kommen kann (s.o. Rn 11). Auch bei Massenunfällen sollte nicht pauschal über Art 4 III eine einheitliche Anknüpfung vorgenommen werden (s. nur *Staudinger* SVR 05, 441, 443 f; *Junker* JZ 08, 169, 176; Palandt/*Thorn* Art 4 Rz 14; aA *G Wagner* IPRax 06, 372, 378; BaRoth/*Spickhoff* EGBGB Anh Art 42 Rz 42). Zu berücksichtigen sind Art 17 in Bezug auf Verkehrsregeln, Art 18 für die Anknüpfung von Direktansprüchen gegen den Versicherer sowie Erw 33 für die Schadensberechnung. Erw 33 ist ein Überbleibsel der Kontroversen im Rechtsetzungsverfahren und schützt die Opfer von Straßenverkehrsunfällen durch Berücksichtigung auch von tatsächlichen Umständen im Staat des gewöhnlichen Aufenthalts des Geschädigten bei der Schadensberechnung. Rechtstechnisch geschieht dies durch Berücksichtigung als Auslandssachverhalt (Palandt/*Thorn* Art 15 Rz 5; aA *Kadner Graziano* RabelsZ 09, 1, 17 f: ordre public).

15 Bei **Eisenbahnunfällen** sind vorrangig das Übereinkommen v 9.5.80 über den Internationalen Eisenbahnverkehr (**COTIF**) mit seinen beiden Anhängen (BGBl 85 II, 132 ff, 178 ff, 224 ff; konsolidierte Fassung: BGBl 02 II, 2149) sowie die EG-VO über die Rechte und Pflichten der Fahrgäste im Eisenbahnverkehr (ABl EU 07, L 315/14) zu berücksichtigen. Ergänzend ist Art 4 anzuwenden; bei Fehlen einer Rechtswahl dürfte häufig eine vertragsakzessorische Anknüpfung nach Art 4 III in Betracht kommen (s. auch BaRoth/*Spickhoff* EGBGB Anh Art 42 Rz 50).

16 Für **Schiffsunfälle** ist ebenfalls vorrangiges internationales Einheitsrecht zu beachten (dazu insb *Hartenstein* TranspR 08, 143 ff; Staud/*v Hoffmann* Art 40 Rz 209 ff; MüKo/*Junker* Art 40 EGBGB Rz 93 ff). Weiterhin kommt bei Fehlen einer Rechtswahl für Beförderungsschäden häufig eine vertragsakzessorische Anknüpfung nach Art 4 III in Betracht. Der Ort des Schadenseintritts iSd Art 4 I richtet sich danach, in welchem Hoheitsgewässer der Unfall stattfindet; bei Unfällen auf hoher See wird für jedes Schiffes in Bezug auf die an bzw auf

ihm entstandenen Schäden das Heimatrecht angewandt werden müssen (s.a. *Hartenstein* TranspR 08, 143, 153; *Spickhoff* IPRax 09, 527, 529). Bei gemeinsamem Heimatrecht der beteiligten Schiffe kommt Art 4 II zum Zuge. Bei **Borddelikten** sollte bei Fehlen einer Rechtswahl entweder das Recht des gemeinsamen gewöhnlichen Aufenthalts der Beteiligten nach Art 4 II, ansonsten bei Delikten auf hoher See nach Art 4 I und bei Delikten im Hoheitsgewässer eines anderen Staates nach Art 4 III das Heimatrecht des Schiffs angewandt werden (ähnl iE BaRoth/*Spickhoff* EGBGB Anh Art 42 Rz 48; Palandt/*Thorn* Art 4 Rz 23).

Ähnliche Grundsätze gelten bei **Flugzeugunfällen**, bei denen wieder in erster Linie vorrangiges Einheitsrecht (dazu *R Wagner* TranspR 09, 103, 104; Staud/*v Hoffmann* Art 40 Rz 259 ff; MüKo/*Junker* Art 40 EGBGB Rz 126 ff) sowie ggf eine Rechtswahl zu beachten ist. Bei Beförderungsschäden ist eine vertragsakzessorische Anknüpfung nach Art 4 III denkbar. Ansonsten ist nach Art 4 I an das Recht des Hoheitszeichens des Flugzeugs anzuknüpfen. Das sollte – sofern im Einzelfall keine Anknüpfung nach Art 4 II in Betracht kommt – auch für sämtliche **Borddelikte** während des Fluges gelten (unmittelbar über Art 4 I beim Flug über staatsfreiem Gebiet und über Art 4 III, wenn sich das Flugzeug über dem Hoheitsgebiet eines anderen Staates befindet, s. auch BaRoth/*Spickhoff* EGBGB Anh Art 42 Rz 49). Lediglich bei Inlandsflügen sowie wenn sich das Flugzeug am Boden befindet, ist das Recht des betreffenden Staates als Recht des Erfolgsortes maßgeblich.

17

Auch bei **sonstigen Unfällen** greift Art 4: Bei **Sportunfällen** kann häufig Art 4 II zum Zuge kommen, zudem ist in Bezug auf sportliche Verhaltensregeln Art 17 zu beachten. Bei **Arbeitsunfällen** dürften Anknüpfungen nach Art 4 I und II häufig durch eine akzessorische Anknüpfung an das Arbeitsvertragsstatut überlagert werden, und zwar sowohl im Verhältnis zwischen Arbeitnehmer und Arbeitgeber als auch im Verhältnis von Arbeitnehmern untereinander (s.a. Palandt/*Thorn* Art 4 Rz 27; BaRoth/*Spickhoff* EGBGB Anh Art 42 Rz 51). Für Deliktsansprüche im Zusammenhang mit Arbeitskampfmaßnahmen gilt Art 9.

18

II. Internetdelikte. Art 4 spielt auch für bestimmte Internetdelikte eine Rolle. Eine Vielzahl der hier relevanten Fälle wird allerdings entweder durch Art 6 I, II (Wettbewerbsverstöße) oder Art 8 (Immaterialgüterrechtsverletzungen) erfasst oder ist nach Art 1 II lit g vom Anwendungsbereich der VO ausgenommen (Verletzungen der Privatsphäre oder der Persönlichkeitsrechte). Nach Art 4 zu beurteilen sind insb technische Handlungen, die sich auf fremde Rechner bzw auf die dort gespeicherten Daten auswirken, wie etwa Hacking, Verbreitung von Viren oder Blockaden durch E-Mail-Bombing. Auch die Verwendung missbräuchlicher AGB in Internetwerbung sollte idR nach Art 4 angeknüpft werden, denn Art 6 I zielt stärker auf genuin lauterkeitsrechtliche Konstellationen ab (offen gelassen in BGH ZIP 2009, 2004 Rz 19). Sofern keine Rechtswahl vorliegt und auch Art 4 II nicht eingreift, wird regelmäßig nach Art 4 I das am Standort des geschädigten Rechners geltende Recht zum Zuge kommen; bei Streudelikten ist die Mosaikbetrachtung (s.o. Rn 6) zu berücksichtigen. In diesem Bereich bietet die Anknüpfung an das Recht des Erfolgsortes eine wesentliche Erleichterung ggü dem bisher im deutschen Recht maßgeblichen Günstigkeitsprinzip, bei dem eine Vielzahl von Handlungsorten zu diskutieren war (Art 40 EGBGB Rn 20).

19

III. Vermögensschäden. Schließlich verbleibt noch ein wichtiger Anwendungsbereich für Art 4 bei Vermögensschäden, zB durch schuldhafte Falschauskünfte oder bei schuldhaft verursachten Insolvenzausfällen. Hier ist bei Fehlen einer Rechtswahl häufig eine Anknüpfung an das Statut eines mit dem Delikt in engem Zusammenhang stehenden Schuldverhältnisses nach Art 4 III in Betracht zu ziehen, va wenn sich aus dem Schuldverhältnis für die Delikthaftung relevante Pflichten (zB zur Erteilung bestimmter Auskünfte oder zum Stellen eines Insolvenzantrags) ergeben. IÜ kommt im Einzelfall Art 4 II, sonst Art 4 I zum Zuge, in dessen Rahmen bei primären Vermögensschäden insb der Ort einer vermögensschädigenden Verfügung des Geschädigten, ansonsten seine Vermögenszentrale maßgeblich ist (s.o. Rn 7), bei sekundären Vermögensschäden hingegen der Ort der primären Rechtsgutsverletzung. Zu einzelnen Konstellationen *Siehr* IPRax 09, 435, 437 f.

20

ROM II-VO Art. 5 Produkthaftung.

(1) ¹Unbeschadet des Artikels 4 Absatz 2 ist auf ein außervertragliches Schuldverhältnis im Falle eines Schadens durch ein Produkt folgendes Recht anzuwenden:
a) das Recht des Staates, in dem die geschädigte Person beim Eintritt des Schadens ihren gewöhnlichen Aufenthalt hatte, sofern das Produkt in diesem Staat in Verkehr gebracht wurde, oder anderenfalls
b) das Recht des Staates, in dem das Produkt erworben wurde, falls das Produkt in diesem Staat in Verkehr gebracht wurde, oder anderenfalls
c) das Recht des Staates, in dem der Schaden eingetreten ist, falls das Produkt in diesem Staat in Verkehr gebracht wurde.
²Jedoch ist das Recht des Staates anzuwenden, in dem die Person, deren Haftung geltend gemacht wird, ihren gewöhnlichen Aufenthalt hat, wenn sie das Inverkehrbringen des Produkts oder eines gleichartigen Produkts in dem Staat, dessen Recht nach den Buchstaben a, b oder c anzuwenden ist, vernünftigerweise nicht voraussehen konnte.
(2) ¹Ergibt sich aus der Gesamtheit der Umstände, dass die unerlaubte Handlung eine offensichtlich engere Verbindung mit einem anderen als dem in Absatz 1 bezeichneten Staat aufweist, so ist das Recht dieses anderen Staates anzuwenden. ²Eine offensichtlich engere Verbindung mit einem anderen Staat

könnte sich insbesondere aus einem bereits bestehenden Rechtsverhältnis zwischen den Parteien – wie einem Vertrag – ergeben, das mit der betreffenden unerlaubten Handlung in enger Verbindung steht.

1 **A. Allgemeines.** Art 5 enthält eine besondere Kollisionsregel für die Produkthaftung, die Art 4 vorgeht. Die Vorschrift spiegelt die Bemühungen zum Ausgleich der widerstreitenden Interessen von Produzenten und Geschädigten wider und hat – nach weitgehenden Modifizierungen im Gesetzgebungsverfahren (die Vorentwürfe enthielten stark abweichende Regelungen; s. zur Entwicklung insb *Kadner Graziano* VersR 04, 1205, 1208 ff; *dens* ICLQ 05, 475 ff; *Heiderhoff* GPR 05, 92 ff; *G Wagner* IPRax 06, 372, 382 f; *Huber/Illmer* YbPrIntL 07, 31, 33 ff; *Illmer* RabelsZ 09, 269, 272 ff; das Europäische Parlament hatte eine Streichung der Sonderregelung für die Produkthaftung gefordert) – nunmehr stark kompromisshaften Charakter. Dieser hat zu einem höchst komplexen Gefüge von Anknüpfungsregeln geführt, das leider gleichwohl nicht alle denkbaren Fallkonstellationen erfasst. Die nach Erw 20 bei der Auslegung zu berücksichtigenden Zwecke der Regelung (gerechte Verteilung der Risiken einer modernen, hoch technisierten Gesellschaft, Schutz der Gesundheit der Verbraucher, Setzen von Innovationsanreizen, Gewährleistung eines unverfälschten Wettbewerbs, Erleichterung des Handels) spiegeln ebenfalls die unterschiedlichen bei der Produkthaftung involvierten, stark divergierenden Interessen wider (ähnl wie bei den Regelungszielen der ProdHaftRL). Daher lassen sich aus ihnen nur schwer konkrete Auslegungskriterien herleiten.

2 **B. Anwendungsbereich.** Die Anknüpfungsregel bezieht sich auf die gesamte außervertragliche Produkthaftung, erfasst also verschuldensabhängige und -unabhängige Haftung gleichermaßen und unabhängig davon, ob die Regeln auf nationalem Recht beruhen oder etwa europäisch (insb durch die ProdHaftRL) geprägt sind (s.a. KOM [03] 427 15; *Staudinger* AnwBl 08, 1, 14) und ob sie nur Verbraucher oder jedermann schützen (*Huber/Illmer* YbPrIntL 07, 31, 38). Der **Produktbegriff** umfasst in Anlehnung an Art 2 ProdHaftRL bewegliche Sachen (unter Einschluss von Teilprodukten) sowie Elektrizität (s. zB MüKo/*Junker* Art 42 EGBGB Anh Rz 41; BaRoth/*Spickhoff* EGBGB Anh Art 42 Rz 55; Palandt/*Thorn* Art 5 Rz 3; *Huber/Illmer* YbPrIntL 07, 31, 37 f). In Bezug auf unbewegliche Sachen (zB bei der Bauwerkshaftung) gilt daher Art 4 (s. auch MüKo/*Junker* Art 42 EGBGB Anh Rz 41). Wegen der für die Produkthaftung maßgeblichen Sicherheitsstandards ist innerhalb sämtlicher Anknüpfungsregeln ggf Art 17 zu berücksichtigen. Zu beachten ist jedoch, dass Art 5 neben Dänemark, das an der VO insgesamt nicht teilnimmt, auch in Finnland, Frankreich, Luxemburg, den Niederlanden, Slowenien und Spanien nicht zur Anwendung kommt, weil diese Staaten das gem Art 28 vorrangige Haager Übereinkommen über das auf die Produkthaftpflicht anwendbare Recht (RabelsZ 73, 594) gezeichnet haben (*Kreuzer* FS Kropholler 129, 145 plädiert für eine Kündigung des Übereinkommens durch die beteiligten Mitgliedstaaten, *Illmer* RabelsZ 09, 269, 312 für eine gemeinsame Überprüfung beider Anknüpfungsregime iRv Art 30). Berücksichtigt man diese unterschiedlichen Haftungsregime sowie die Komplexität der Anknüpfungsregel in Art 5, erscheint das Ziel einer einheitlichen Rechtsanwendung innerhalb der EG gerade bei der Produkthaftung noch in weiter Ferne.

3 **C. Anknüpfungsregeln.** Art 5 enthält für die Produkthaftung eine – dort gleichwohl nicht ganz vollständig wiedergegebene – Anknüpfungsleiter, aus der sich folgende fünfstufige **Prüfungsreihenfolge** ergibt (durch Unterteilung von Stufe drei kann man sogar zu sieben Einzelstufen gelangen):

4 In erster Linie ist eine **Rechtswahl** iSd Art 14 zu berücksichtigen. In den bei der Produkthaftung häufigen Fällen einer Beteiligung von Verbrauchern kommt allerdings gem Art 14 I lit a nur eine nachträgliche Rechtswahl in Betracht.

5 Auf der zweiten Stufe ist das Recht des **gemeinsamen gewöhnlichen Aufenthalts** anzuwenden, Art 5 I 1 iVm Art 4 II. Der gewöhnliche Aufenthalt ist hier ebenso zu bestimmen wie bei Art 4 II (iVm Art 23).

6 Als Drittes ist **Art 5 I 1 in der Reihenfolge der dort aufgeführten Buchstaben** zu prüfen (die dritte Stufe enthält also drei Unterstufen). Entscheidend ist danach in erster Linie das Recht des Staates des gewöhnlichen Aufenthalts des Geschädigten, in zweiter Linie das Recht des Erwerbsstaates, sonst das Recht des Staates des Schadenseintritts (also des Erfolgsortes, s.o. Art 4 Rom II-VO Rn. 4), jeweils aber nur, wenn das Produkt in dem nach der jeweiligen Regel maßgeblichen Staat auch in den Verkehr gebracht wurde. Hier zeigt sich der Kompromisscharakter der Regelung besonders deutlich, indem einerseits die Geschädigteninteressen, bei der Abstellung auf den Ort des Inverkehrbringens aber auch Belange des Schädigers berücksichtigt werden. Das **Inverkehrbringen** als für die Anknüpfung wesentliches Kriterium wird nicht definiert. Ein Rückgriff auf die Rspr zur ProdHaftRL (insb EuGHE 06, I-1313 Rz 27) hilft nicht weiter, weil der Begriff dort die zeitliche, nicht die räumliche Dimension betrifft (*Illmer* RabelsZ 09, 269, 290). IRe autonomen Auslegung sollte für das Inverkehrbringen maßgeblich auf die Abgabe des Produkts an die bestimmungsgemäßen Adressaten abgestellt werden (enger BaRoth/*Spickhoff* EGBGB Anh Art 42 Rz 56: nur Abgabe an Verbraucher; weiter wohl *Illmer* RabelsZ 09, 269, 291: Angebot an potentielle Käufer). Mit Blick auf Art 5 I 2 wird zu Recht vielfach bereits die Abgabe gleichartiger Produkte als ausreichend angesehen (so zB *Hay* EuLF 07, I-137, I-145; *Huber/Illmer* YbPrIntL 07, 31, 42 f; *Illmer* RabelsZ 09, 269, 292 ff; *G Wagner* IPRax 08, 1, 7; Palandt/*Thorn* Art 5 Rz 11; aA *v Hein* ZEuP 09, 6, 27 f; *Hartley* ICLQ 08, 899, 904). Die Gleichartigkeit ist im Hinblick auf den für die Produkthaftung maßgeblichen Sicherheitsaspekt

zu ermitteln (*Huber/Illmer* aaO 43; *Illmer* aaO 293 f; *G Wagner* aaO 7). Gleichwohl sind für die Abgrenzung im Einzelfall praktische Probleme zu befürchten.

Als Viertes ist **Art 5 I 2** heranzuziehen. Danach ist das Recht des Staates des gewöhnlichen Aufenthalts des potentiell Haftpflichtigen anzuwenden, wenn er das Inverkehrbringen des Produkts oder eines gleichartigen Produkts in dem Staat, dessen Recht nach Art 5 I 1 lit a–c anzuwenden ist, vernünftigerweise nicht vorhersehen konnte. Durch diese Regelung kann also das nach Art 5 I 1 lit a–c anwendbare Recht im Einzelfall verdrängt werden. Das erleichtert Kalkulierbarkeit und Versicherbarkeit der Haftungsrisiken und trägt damit va Produzenteninteressen Rechnung. Die Bestimmung der **Vorhersehbarkeit** erscheint allerdings schwierig. Dem Wortlaut nach trägt der Produzent insoweit die Darlegungs- und Beweislast (so auch BaRoth/*Spickhoff* EGBGB Anh Art 42 Rz 57); welche Anforderungen er jedoch im Einzelfall erfüllen muss, bleibt zweifelhaft. Zumindest müsste er wohl nachweisen, dass er weder Kenntnis noch grob fahrlässige Unkenntnis vom Inverkehrbringen in dem betreffenden Staat hatte (vgl auch *Huber/Illmer* YbPrIntL 07, 31, 45; Palandt/*Thorn* Art 5 Rz 11), was va dann gelingen dürfte, wenn die Vermarktung von vornherein nachweisbar eingeschränkt war, zB durch Hinweise auf der Verpackung oder vertragliche Absprachen (*Illmer* RabelsZ 09, 269, 299 f). Praktisch nicht auszuschließen ist aber, solange Anhaltspunkte für eine autonome Auslegung fehlen, dass (auch unter Berücksichtigung nationaler Wertvorstellungen) im Einzelfall ein strengerer Maßstab angelegt wird. 7

Zuletzt ist zu prüfen, ob die Anknüpfungen der vorangegangenen drei Stufen im Einzelfall nach **Art 5 II** durch das Vorliegen einer **offensichtlich engeren Verbindung verdrängt** werden. Die Prüfung hat hier nach vergleichbaren Kriterien zu erfolgen wie bei Art 4 III Rom II-VO Rn 9 ff, va kommt bei Personengleichheit zwischen demjenigen, der das Produkt dem Geschädigten überlassen hat (zB als Verkäufer oder Vermieter), und dem potentiell Produkthaftpflichtigen eine akzessorische Anknüpfung an das Vertragsstatut in Betracht. Hingegen dürfte eine akzessorische Anknüpfung an andere Verträge innerhalb einer Lieferkette mangels Vorliegens einer offensichtlich engeren Verbindung ausscheiden. Str ist auch die akzessorische Anknüpfung an Garantieverträge. Sie sollte bei Identität der Parteien des Garantievertrags und des potentiellen Deliktsanspruchs bejaht werden, weil hier aufgrund des zusätzlichen, gleichfalls auf das Produkt bezogenen Vertrags eine offensichtlich engere Verbindung vorliegt (aA Palandt/*Thorn* Art 5 Rz 12). Nur so lassen sich Wertungswidersprüche zwischen den unterschiedlichen Haftungsregimes vermeiden. 8

Trotz dieser umfangreichen Anknüpfungsleiter verbleiben zumindest zwei von Art 5 nicht (bzw nicht überzeugend) erfasste **Problemfälle**: Hat der potentiell Haftpflichtige das Produkt oder ein gleichartiges Produkt **in keinem der in Art 5 I 1 lit a–c genannten Staaten überhaupt in den Verkehr gebracht**, bleibt am Ende der Anknüpfungsleiter eine **Lücke** (weil auch Art 5 II das Eingreifen einer der in Art 5 I genannten Anknüpfungen voraussetzt). Die hM will diese im Wege des Erst-recht-Schlusses durch eine Analogie zu Art 5 I 2 schließen (zB *Leible/Lehmann* RIW 07, 721, 728; *G Wagner* IPRax 08, 1, 7; Palandt/*Thorn* Art 5 Rz 11; *Huber/Illmer* YbPrIntL 07, 31, 43 f; *Illmer* RabelsZ 09, 269, 296 f). Eine zweite Ansicht will unter Berücksichtigung des hinter Art 5 I 1 stehenden Grundgedankens auf Art 4 zurückgreifen und iRd Art 4 I va das Recht des Erfolgsortes, subsidiär über Art 4 III ggf das Recht das Handlungsortes heranziehen (BaRoth/*Spickhoff* EGBGB Anh Art 42 Rz 56a; *ders* FS Kropholler 671, 686 ff; *Hartley* ICLQ 08, 899, 905). Nach einem dritten Ansatz soll das Recht desjenigen Verbreitungsortes angewendet werden, der am nächsten liegt (*Kadner Graziano* RabelsZ 09, 1, 44). Da alle Ansätze dem Willen des Regelungsgebers, der offensichtlich eine umfassende (also lückenlose) Anknüpfungsregel schaffen wollte, nicht vollständig gerecht werden, ist letztlich danach zu entscheiden, welche Anknüpfung den Interessen der Beteiligten am besten entspricht. Für die hM sprechen die Eindeutigkeit der Anknüpfung und die relativ starke Betonung der Produzenteninteressen in Erw 20. Der Rückgriff auf Art 4 ermöglicht hingegen eine flexiblere Handhabung, welche die Interessen des Geschädigten stärker mit einbezieht, bringt andererseits aber – ebenso wie der dritte Ansatz – auch Rechtsunsicherheit, insb in Bezug auf die Anwendung des Rechts des Handlungsortes (das zudem vom Produzenten zB durch Produktionsverlagerung relativ leicht beeinflusst werden kann) mit sich. Trotzdem erscheint die Anwendung dieser Rechtsordnungen letztlich sachnäher (iSd von der VO stets mitbedachten engen Verbindung) als eine Anknüpfung an den gewöhnlichen Aufenthalt des Herstellers oder den Verbreitungsort, so dass iE der zweiten Ansicht zu folgen und ausnahmsweise auf Art 4 zurückzugreifen ist. – Die zweite problematische Fallgruppe betrifft die Haftung ggü **bystandern**, die mit dem fehlerhaften Produkt nur zufällig (also nicht als Eigentümer oder Inhaber anderer Rechte an der Sache) in Berührung kommen und dabei eine Rechtsgutsverletzung erleiden. Hier passt zwar ggf die Anknüpfung nach Art 5 I 1 iVm Art 4 II an einen gemeinsamen *gewöhnlichen Aufenthalt* mit dem Schädiger, nicht aber die Anknüpfungsleiter in Art 5 I 1 lit a–c (für eine Anwendung von Art 5 I 1 lit a aber *Illmer* RabelsZ 09, 269, 291 f, von Art 5 I 1 lit a und b und ggf Art 5 II *v Hein* RabelsZ 09, 6, 28). Auch Art 5 I 2 erscheint angesichts des Fehlens jeglichen Bezugs des Geschädigten zum Schädiger nicht passend (s.a. *Heiss/Loacker* JBl 07, 613, 628; Palandt/*Thorn* Art 5 Rz 13), so dass hier verstärkt auf die Ausweichklausel nach Art 5 II zurückgegriffen und in ihrem Rahmen auf das Recht des Erfolgsortes abgestellt werden sollte (s.a. *Huber/Illmer* YbPrIntL 07, 31, 46; Palandt/*Thorn* Art 5 Rz 13; *Spickhoff* FS Kropholler 671, 689). Dann lässt sich im Ergebnis sogar ein Gleichlauf der Wertungen im Verhältnis zu den Fällen von Regelungslücken (die auch bystander betreffen können) erreichen, weil beide Male (entweder über Art 5 II oder über Art 4 I) eine Anwendung des Rechts des Erfolgsortes in Betracht kommt. 9

ROM II-VO Art. 6 Unlauterer Wettbewerb und den freien Wettbewerb einschränkendes Verhalten. (1) Auf außervertragliche Schuldverhältnisse aus unlauterem Wettbewerbsverhalten ist das Recht des Staates anzuwenden, in dessen Gebiet die Wettbewerbsbeziehungen oder die kollektiven Interessen der Verbraucher beeinträchtigt worden sind oder wahrscheinlich beeinträchtigt werden.
(2) Beeinträchtigt ein unlauteres Wettbewerbsverhalten ausschließlich die Interessen eines bestimmten Wettbewerbers, ist Artikel 4 anwendbar.
(3)
a) Auf außervertragliche Schuldverhältnisse aus einem den Wettbewerb einschränkenden Verhalten ist das Recht des Staates anzuwenden, dessen Markt beeinträchtigt ist oder wahrscheinlich beeinträchtigt wird.
b) Wird der Markt in mehr als einem Staat beeinträchtigt oder wahrscheinlich beeinträchtigt, so kann ein Geschädigter, der vor einem Gericht im Mitgliedstaat des Wohnsitzes des Beklagten klagt, seinen Anspruch auf das Recht des Mitgliedstaats des angerufenen Gerichts stützen, sofern der Markt in diesem Mitgliedstaat zu den Märkten gehört, die unmittelbar und wesentlich durch das den Wettbewerb einschränkende Verhalten beeinträchtigt sind, das das außervertragliche Schuldverhältnis begründet, auf welches sich der Anspruch stützt; klagt der Kläger gemäß den geltenden Regeln über die gerichtliche Zuständigkeit in diesem Gericht gegen mehr als einen Beklagten, so kann er seinen Anspruch nur dann auf das Recht dieses Gerichts stützen, wenn das den Wettbewerb einschränkende Verhalten, auf das sich der Anspruch gegen jeden dieser Beklagten stützt, auch den Markt im Mitgliedstaat dieses Gerichts unmittelbar und wesentlich beeinträchtigt.
(4) Von dem nach diesem Artikel anzuwendenden Recht kann nicht durch eine Vereinbarung gemäß Artikel 14 abgewichen werden.

1 **A. Allgemeines.** Art 6 normiert spezielle Anknüpfungsregeln für unlauteren Wettbewerb (I, II) und den freien Wettbewerb einschränkendes Verhalten (III). Sie sind gem Erw 21 1 nicht als Ausnahmen von Art 4 I, sondern als Präzisierung dieser Grundregel anzusehen. Gleichwohl ist die Anknüpfung nach Art 6 ggü derjenigen nach Art 4 vorrangig. Zudem wird für den Anwendungsbereich des Art 6 die Rechtswahl ausgeschlossen (Art 6 IV; zu einer Ausn s.u. Rn 6). Art 6 I, II gehen letztlich auf Art 5 des urspr Kommissionsvorschlags zurück (während das Europäische Parlament die gesamte wettbewerbsrechtliche Sonderregelung zugunsten eines Rückgriffs auf die Grundanknüpfung streichen wollte); Art 6 III wurde erst durch den Gemeinsamen Standpunkt des Rates vorbereitet und erhielt im Mitentscheidungsverfahren seine jetzige Form.

2 **B. Anwendungsbereich. I. Unlauterer Wettbewerb.** Unlauterer Wettbewerb iSd Art 6 I, II umfasst nach Erw 21 2 die Regeln zum Schutz von Wettbewerbern, Verbrauchern und Öffentlichkeit (einschl des Wettbewerbs als Institution, s. nur *Lindacher* GRUR Int 08, 453). Der Begriff ist autonom auszulegen; dabei lassen sich aus gemeinschaftsrechtlichen Rechtsakten (insb aus der RL über unlautere Geschäftspraktiken, ABl EU 05, L 149/22) Anhaltspunkte gewinnen, welche Bereiche auf jeden Fall erfasst werden (s. auch *Mankowski* GRUR Int 05, 634, 636); diese Rechtsakte betreffen jedoch mit ihren Verbraucherschutzregeln nur einen Ausschnitt des iRd Art 6 maßgeblichen Bereichs – und auch diesen nicht vollständig (für eine Heranziehung der PVÜ *Hellner* YbPrIntL 07, 49, 68). Weiterhin nennt der erste Kommissionsentwurf als Beispiele (KOM [03] 427 17): Handlungen, die auf die Nachfrage Einfluss zu nehmen trachten, die das Angebot von Wettbewerbern behindern sollen oder mit denen Vorteile eines Wettbewerbers missbraucht werden. Die Anknüpfung nach Art 6 I, II umfasst Ansprüche Privater (einschl anspruchsberechtigter Verbände) wegen unlauteren Wettbewerbsverhaltens; praktisch wichtig sind hier neben Schadensersatz va Unterlassungsansprüche. Auch die Frage der Anspruchsberechtigung unterliegt dem nach Art 6 I, II maßgeblichen Recht (s. insb Palandt/*Thorn* 6 Rz 11). Nicht in den Anwendungsbereich des Art 6 fallen bei **Wettbewerbsverstößen innerhalb der EG** Ansprüche wegen Verstößen gegen das in mehreren wettbewerbsrechtlich relevanten Richtlinien (insb in der E-Commerce-RL) normierte **Herkunftslandprinzip**. Die entsprechenden materiellrechtlichen Regelungen sind bereits nicht vom Anwendungsbereich der VO erfasst; sofern man Art 3 der E-Commerce-RL trotz Art 1 IV kollisionsrechtliche Relevanz beimisst, ergibt sich der Vorrang des Herkunftslandprinzips aus Art 27 (s. nur Palandt/*Thorn* Art 6 Rz 3; aA *Sack* WRP 08, 845, 857). Problematisch ist die Qualifikation von Wettbewerbshandlungen, die zugleich **Immaterialgüterrechte** verletzen; hier sollte in Zweifelsfällen Art 8 als lex specialis angesehen und entspr qualifiziert werden (s.a. *Handig* GRUR Int 08, 24, 26 f; differenzierend *Sack* WRP 08, 845, 858 ff). Ansprüche aus **Gewinnzusagen** werden nicht von Art 6 erfasst, unabhängig davon, ob man sie mit der hM als vertragsrechtlich qualifiziert oder – wie hier – der culpa in contrahendo zuordnet (s.o. Art 2 Rn 1).

3 **II. Den freien Wettbewerb einschränkendes Verhalten.** Erw 22 und 23 konkretisieren, was unter den freien Wettbewerb einschränkendem Verhalten iSd Art 6 III zu verstehen ist (gleichwohl können sich Überschneidungen mit Art 6 I, II ergeben, s. nur *Hellner* YbPrIntL 07, 49, 69). Die Kollisionsnorm soll danach Verstöße gegen nationale wie gemeinschaftliche Wettbewerbsvorschriften, die den nach Art 101 f AEUV verbotenen

Verhaltensweisen entsprechen, erfassen. Sie sollte jedoch weitergehend verstanden werden, so dass alle Normen umfasst sind, die – wie Art 101 f AEUV – den Zweck verfolgen, den Wettbewerbsprozess, die Offenheit der Märkte und die marktrelevante Handlungsfreiheit der Unternehmen zu schützen (*W-H Roth* FS Kropholler 623, 643 f). Hier ist das Zusammenspiel unterschiedlicher Kollisionsnormen im Kartellrecht zu berücksichtigen: Art 101 f AEUV enthalten implizite Kollisionsregeln zur Bestimmung ihres Anwendungsbereichs (iVm Art 3 VO 1/2003/EG, der die Abgrenzung zu nationalen Kartellrechtsvorschriften regelt); im Verhältnis zu Drittstaaten werden sie als einseitige Kollisionsnormen angesehen (EuGH Slg 88, 5193 Rz 11 ff). Für die zivilrechtlichen Folgen von Verstößen gegen Art 101, 102 AEUV verweist das Gemeinschaftsrecht jedoch bislang auf nationales Recht; insoweit sind die anwendbaren Vorschriften nach Art 6 III zu ermitteln. Darüber hinaus ist § 130 II GWB zu berücksichtigen, der durch Art 6 III nicht überflüssig wird, sondern weiterhin den Anwendungsbereich der nicht privatrechtlichen (und damit gem Art 1 I 2 von der VO nicht erfassten) Kartellrechtsvorschriften festlegt (vgl auch *Mankowski* RIW 08, 177, 180 ff). Art 6 III betrifft daher ausschließlich außervertragliche Ansprüche zwischen Privaten wegen den freien Wettbewerb einschränkenden Verhaltens (s. auch Palandt/*Thorn* Art 6 Rz 7).

C. Anknüpfungsregeln. I. Unlauterer Wettbewerb, Art 6 I, II. Entscheidend für die Anknüpfung von Ansprüchen aus unlauterem Wettbewerbsverhalten ist nach **Art 6 I** in erster Linie das Recht am Ort der Beeinträchtigung der Wettbewerbsbeziehungen bzw der kollektiven Interessen der Verbraucher. Hier wird idR auf den Marktort abgestellt (zB *Ahrens* FS Tilmann 739, 752; *Sonnentag* ZVglRWiss 06, 256, 284 ff; *Handig* GRUR Int 08, 24, 27; *Lindacher* GRUR Int 08, 453, 455; Palandt/*Thorn* Art 6 Rz 9). Dieser wird iRd Art 6 I regelmäßig mit dem Auswirkungsort zusammenfallen (Fälle, in denen ein Auseinanderfallen denkbar ist, zB unberechtigte Schutzrechtsverwarnungen, die zur Produktionseinstellung führen, oder Geheimnisverrat dürften regelmäßig solche des Art 6 II sein). Trotzdem sollte – auch wegen des Gleichlaufs mit Art 6 III, der zwar von einer Beeinträchtigung des Marktes spricht, aber nach ganz überwiegender Ansicht das Auswirkungsprinzip normiert – auch bei Art 6 I auf den Auswirkungsort – der von dem für die Anknüpfung nicht maßgeblichen Schadensort zu unterscheiden ist – abgestellt werden (von diesem gehen auch *Heiss/Loacker* JBl 07, 613, 629 und *Hellner* YbPrIntL 07, 49, 56 aus), da so eine einheitliche Betrachtungsweise möglich wird (auch bei Art 6 II iVm Art 4 wird als Erfolgsort regelmäßig der Marktort anzusehen sein, der etwa in den oben genannten Beispielsfällen vereinzelt vom Marktort abweichen kann). Im Wettbewerb Handelnde müssen also ihr Verhalten am Recht der potentiellen Auswirkungsorte ihrer Maßnahmen ausrichten. Unterlassungs- und Schadensersatzansprüche sind zwar marktterritorial begrenzt (*Lindacher* GRUR Int 08, 453, 455 f, auch mit überzeugenden Argumenten gegen eine Analogie zu Art 6 III lit b); insoweit gilt auch hier die **Mosaikbetrachtung** (s. insb *Sack* WRP 08, 845, 852). Bei **Streudelikten**, deren Auswirkungen sich nicht auf bestimmte Staaten begrenzen lassen (insb bei Verbreitung über das Internet), führt die Anknüpfung an das Recht des Erfolgsortes dazu, dass ein einzelstaatliches Unterlassungsgebot weltweite Wirkung entfalten kann (*Lindacher* GRUR Int 08, 453, 455; *Sack* aaO). Diese Konsequenzen sind de lege lata hinzunehmen, ein ursprünglich vorgesehenes Spürbarkeitskriterium (KOM [03] 427 18) wurde leider nicht in die Endfassung der VO übernommen (gleichwohl für seine Anwendung *Leible/Lehmann* RIW 07, 721, 729). Umgekehrt kann im Einzelfall bei Verweisung auf eine Rechtsordnung, in der das Lauterkeitsrecht nicht durch staatliche Regelungen erfasst wird, ein Normenmangel auftreten, der durch Anwendung der Wettbewerbsregeln der lex fori aufgelöst werden sollte (*Ahrens* FS Tilmann 739, 752).

Von der Grundanknüpfung kann gem **Art 6 II** abgewichen werden (zugunsten einer Anwendung des Art 4), wenn ausschließlich die Interessen eines bestimmten Wettbewerbers beeinträchtigt werden. Diese Sonderregelung für **betriebsbezogene Wettbewerbsbeeinträchtigungen** bezweckt offenbar einen verstärkten Schutz von Wettbewerbern und erkennt damit die Existenz bilateraler Wettbewerbshandlungen an (*Lindacher* GRUR Int 08, 453, 457). Solche Handlungen können zB sein: Abwerbung von Angestellten, Bestechung, Industriespionage, Preisgabe von Geschäftsgeheimnissen oder Anstiftung zum Vertragsbruch (KOM [03] 427 18). Allerdings darf das Wort „ausschließlich" in Art 6 II nicht allzu wörtlich genommen werden, denn jede Beeinträchtigung eines Mitbewerbers wirkt sich auch auf den Markt aus und betrifft damit zumindest Allgemeininteressen, evtl sogar zusätzlich Verbraucherinteressen. Soll für Art 6 II überhaupt ein Anwendungsbereich verbleiben, ist er dahingehend zu verstehen, dass ein „Auch-Marktbezug" einer Handlung unschädlich ist, wenn die Verletzung von anerkannten Rechtsgütern oder rechtlich geschützten Positionen eines Konkurrenten in Frage steht (*Lindacher* GRUR Int 08, 453, 457 f). Beim Rückgriff auf Art 4 ist insb Art 4 II (gemeinsamer gewöhnlicher Aufenthalt) zu berücksichtigen (europarechtliche Bedenken gegen eine solche Anknüpfung, s. *Schaub* RabelsZ 02, 18, 54 ff, werden hier aber durch die Einheitlichkeit der Anknüpfung innerhalb der EU entscheidend abgemildert); iÜ wird der nach Art 4 I maßgebliche Ort des Schadenseintritts häufig am Sitz des geschädigten Konkurrenten zu lokalisieren sein (s.a. *Lindacher* GRUR Int 08, 453, 457 mwN). Ausnahmsweise erscheint auch eine vertragsakzessorische Anknüpfung nach Art 4 III denkbar, zB bei Preisgabe von iRe Lizenzvertrags mitgeteilten Betriebsgeheimnissen; sie sollte aber wegen des Ausnahmecharakters des Art 4 III stets auf Verträge zwischen den Anspruchsparteien beschränkt werden, so dass etwa eine Anknüpfung an das Statut des Arbeitsvertrags eines abgeworbenen Arbeitnehmers ausscheidet.

6 Eine **Rechtswahl** ist bei Wettbewerbsverstößen gem **Art 6 IV** ausgeschlossen. Teilweise wird eine Ausnahme für betriebsbezogene Wettbewerbshandlungen iSd Art 6 II gefordert (zB *de Boer* YbPrIntL 07, 19, 24 f; *Leible/Lehmann* RIW 07, 721, 730 f; *Leible* RIW 08, 257, 259; *G Wagner* IPRax 08, 1, 8; BaRoth/*Spickhoff* EGBGB Anh Art 42 Rz 62; Palandt/*Thorn* Art 6 Rz 19; aA *v Hein* RabelsZ 09, 461, 500). Das erscheint trotz der immer zugleich gegebenen Auswirkungen auf den Markt (die ja in den Fällen des Art 6 II gerade als nachrangig angesehen werden) iE sinnvoll und lässt sich am besten dadurch begründen, dass man die Verweisung in Art 6 II auf Art 4 iS eines umfassenden Rückgriffs auf allgemeine Regeln (einschl der Möglichkeit der Rechtswahl) versteht.

7 **II. Den freien Wettbewerb einschränkendes Verhalten, Art 6 III.** Auf Ansprüche Privater wegen Kartellrechtsverstößen ist nach **Art 6 III lit a** in erster Linie das Recht des Staates anzuwenden, dessen Markt beeinträchtigt ist oder wahrscheinlich beeinträchtigt wird. Normiert wird also das schon bisher im internationalen Kartellrecht ganz überwiegend anerkannte **Auswirkungsprinzip** (eindeutiger war dieses noch im Gemeinsamen Standpunkt des Europäischen Parlaments und des Rates, ABl EU 06, C 289 E/68, formuliert), aber im Unterschied zu den bisher in Deutschland und den meisten Staaten (anders hingegen in der Schweiz) geltenden Regeln nicht als einseitige, sondern als allseitige Kollisionsnorm (s. zB *Heiss/Loacker* JBl 07, 613, 630 f; *Scholz/Rixen* EuZW 08, 327, 330; *Ofner* ZfRV 08, 13, 19; *W-H Roth* FS Kropholler 623, 626 ff, 637 ff – zu Recht auch gegen eine einschränkende Auslegung unter Rückgriff auf Erw 23). Entscheidend ist, dass sich der Wettbewerbsverstoß auf dem (autonom zu bestimmenden) relevanten Angebots- oder Nachfragemarkt (dazu *W-H Roth* FS Kropholler 623, 642) auswirkt (zur Relativierung des in Art 6 III verwendeten Begriffs der Beeinträchtigung *W-H Roth* FS Kropholler 623, 640); eine Unmittelbarkeit oder Spürbarkeit der Auswirkung ist auf kollisionsrechtlicher Ebene nicht erforderlich (Umkehrschluss aus Art 6 III lit b; aA *Hellner* YbPrIntL 07, 49, 61 f; *Mankowski* RIW 08, 177, 186), kann aber bei der Anwendung des materiellen Kartellrechts eine Rolle spielen (dazu *W-H Roth* FS Kropholler 623, 640 f). Über die Anknüpfungsregel können die Gerichte der Mitgliedstaaten nun also ggf auch zur Anwendung ausländischen Rechts, einschließlich des Kartellrechts von Drittstaaten, verpflichtet sein. Sofern diese Regeln von nationalen Grundvorstellungen stark abweichende oder sehr weitgehende Sanktionen enthalten, kommt eine Nichtanwendung allenfalls unter den strengen Voraussetzungen des Art 26 in Betracht (s. zB *Scholz/Rixen* EuZW 08, 327, 331; *W-H Roth* FS Kropholler 623, 635 f; ähnl *Mankowski* RIW 08, 177, 187 f).

8 Da auch Wettbewerbsverstöße häufig den Charakter von **Streudelikten** haben, kommt hier wiederum eine **Mosaikbetrachtung** (s.o. Art 4 Rom II-VO Rn 6) in Frage. Ihre Folgen werden für Kartellrechtsverstöße durch **Art 6 III lit b** abgemildert. Danach kann der Geschädigte im Falle solcher Streudelikte bei Klage im Mitgliedstaat des Wohnsitzes des Beklagten (nach Art 2 I EuGVVO, bei mehreren Beklagten insb nach Art 6 Nr 1 EuGVVO, dazu *Hellner* YbPrIntL 07, 49, 65; *Scholz/Rixen* EuZW 08, 327, 332; *Mankowski* RIW 08, 177, 191; für eine Erweiterung des Anwendungsbereichs des Art 6 III lit b über diese Fälle hinaus *Heiss/Loacker* JBl 07, 613, 630; *Hellner* YbPrIntL 07, 49, 65; *Kühne* FS Deutsch 09 817, 832) seine Klage auf das Recht dieses Mitgliedstaats stützen, wenn der Markt in diesem Mitgliedstaat unmittelbar und wesentlich beeinträchtigt wird (mit zusätzlicher Einschränkung für Klagen gegen mehrere Beklagte in Hs 2). Insoweit wird also iE eine Rechtswahlmöglichkeit mit einigem Potential für forum shopping eröffnet, die sich jedoch insb unter Berücksichtigung des Regelungszwecks nicht auf (einzelstaatliches oder europäisches) Kartellrecht erstreckt, sondern auf das Deliktsrecht des Forums beschränkt werden sollte (s. *W-H Roth* FS Kropholler 623, 647 f; ähnl *Scholz/Rixen* EuZW 08, 327, 331 f). Das führt va in Bezug auf Rechtsverletzungen, die sich in Drittstaaten auswirken, zu einer Einschränkung der Rechtswahl (noch weitergehend *Scholz/Rixen* EuZW 08, 327, 331). Die Modalitäten (zB Zeitpunkt und Form) der Ausübung des Wahlrechts sind mangels Regelung in der VO dem Recht der Mitgliedstaaten zu entnehmen (s.a. *W-H Roth* FS Kropholler 623, 647; Palandt/*Thorn* Art 6 Rz 21; für eine analoge Anwendung von Art 46a EGBGB *v Plehwe* FS G Müller 159, 172).

9 Abgesehen von der Möglichkeit des Art 6 III lit b ist eine **Rechtswahl** bei Ansprüchen wegen den freien Wettbewerb einschränkenden Verhaltens gem **Art 6 IV** unzulässig.

ROM II-VO Art. 7 Umweltschädigung.
Auf außervertragliche Schuldverhältnisse aus einer Umweltschädigung oder einem aus einer solchen Schädigung herrührenden Personen- oder Sachschaden ist das nach Artikel 4 Absatz 1 geltende Recht anzuwenden, es sei denn, der Geschädigte hat sich dazu entschieden, seinen Anspruch auf das Recht des Staates zu stützen, in dem das schadensbegründende Ereignis eingetreten ist.

1 **A. Allgemeines und Anwendungsbereich.** Art 7 enthält eine den Geschädigtenschutz verstärkende Sonderregel für Umweltschädigungen, die dem von Art 174 EG, jetzt Art 191 AEUV vorgegebenen hohen Schutzniveau Rechnung tragen soll (Erw 25 1; krit zB *Leible/Engel* EuZW 04, 7, 13; *Leible/Lehmann* RIW 07, 721, 728 f; *Heiss/Loacker* JBl 07, 613, 632; insges positiv hingegen *Kadner Graziano* YbPrIntL 07, 71 ff; *Symeonides* YbPrIntL 07, 149, 166) und im Gesetzgebungsverfahren umstritten war (das Parlament hatte vorgeschlagen, die spezielle Regelung zu streichen). Erw 24 definiert **Umweltschaden** als nachteilige Veränderung einer natürlichen Ressource, wie Wasser, Boden oder Luft, eine Beeinträchtigung einer Funktion, die eine natürli-

che Ressource zum Nutzen einer anderen natürlichen Ressource oder der Öffentlichkeit erfüllt, oder eine Beeinträchtigung der Variabilität unter lebenden Organismen. Erfasst werden **außervertragliche Schuldverhältnisse** aus einer solchen Umweltschädigung oder daraus herrührende **Personen- oder Sachschäden**. Es geht also um zivilrechtliche Ansprüche wegen Umweltschäden sowie wegen durch Umweltschäden verursachter Verletzungen anderer Rechtsgüter, ggf sogar des Vermögens (s. nur Palandt/*Thorn* Art 7 Rz 2). Teilweise wird in Anlehnung an die EG-Umwelthaftungs-RL (RL 2004/35/EG, ABl EU 04, L 143/56) eine zusätzliche Beschränkung auf berufliche Tätigkeiten postuliert (*Heiss/Loacker* JBl 07, 613, 632). Problematisch ist die **Qualifikation** bei Berührungspunkten zum Sachenrecht, insb bei nachbarrechtlichen Ansprüchen. IRe autonomen Qualifikation wird man hier – auch zur Vermeidung von Wertungswidersprüchen und Regelungslücken – nachbarrechtliche Ansprüche wegen umweltschädigender Einwirkungen (im deutschen Recht zB aus §§ 904, 906, 1004 BGB) als solche aus einem außervertraglichen Schuldverhältnis qualifizieren müssen (so zB auch BaRoth/*Spickhoff* EGBGB Anh Art 42 Rz 64; Palandt/*Thorn* Art 7 Rz 3), nicht aber das Anliegerrecht oder die Bestimmung des Inhalts von Grundeigentum (BaRoth/*Spickhoff* EGBGB Anh Art 42 Rz 64). IÜ ist der Gegenstand des Art 7 im Zusammenhang mit dem allgemeinen Anwendungsbereich der VO (Art 1) zu interpretieren mit der Folge, dass alle Bereiche außerhalb des Zivilrechts (und damit sowohl die Regelungsgegenstände der Umwelthaftungs-RL, s. nur BaRoth/*Spickhoff* EGBGB Anh Art 42 Rz 21, als auch Haftung oder Erstattungsansprüche des Staates, s. nur Palandt/*Thorn* Art 7 Rz 4; aA *Kadner Graziano* YbPrivIntL 07, 71, 80 ff; *ders* RabelsZ 09, 1, 52 ff) sowie außervertragliche Schuldverhältnisse aus Schäden durch Kernenergie (Art 1 II lit b) vom Anwendungsbereich **ausgenommen** sind. Schließlich sind aus deutscher Sicht als gem Art 28 **vorrangige Staatsverträge** das Internationale Übereinkommen über die zivilrechtliche Haftung für Ölverschmutzungsschäden (BGBl 94 II, 1150; 96 II, 670) und das Internationale Übereinkommen über die zivilrechtliche Haftung für Bunkerölverschmutzungsschäden (BGBl 06 II, 578; 08 II, 786) zu beachten.

B. Anknüpfungsregeln. Bei Ansprüchen wegen Umweltschädigungen kann dann, wenn keine Rechtswahl iSd Art 14 vorliegt, gem Art 7 entweder über Art 4 I das Recht des Ortes, an dem der Schaden eingetreten ist (Erfolgsortrecht), oder nach Wahl des Geschädigten das Recht des Handlungsortes angewendet werden. An dieser Stelle wird also zur Stärkung des Umwelt- und Geschädigtenschutzes (KOM [03] 427 21 f) ausnahmsweise ein **Günstigkeitsprinzip** normiert, das teilw dem Günstigkeitsprinzip in Art 40 EGBGB Rn 11 ff ähnelt, nur mit umgekehrtem Regel-Ausnahme-Verhältnis zwischen Handlungs- und Erfolgsort. Es ergibt sich folgende **Prüfungsreihenfolge**: Rechtswahl (Art 14), Wahl des Handlungsortrechts durch den Geschädigten (Art 7 letzter Hs), Recht am Erfolgsort iSd Art 4 I (unter Ausschluss der übrigen in Art 4 vorgesehenen Anknüpfungen, die in Art 7 nicht in Bezug genommen werden). 2

Konkretisierungsbedürftig ist va die Anknüpfung an das Recht des Handlungsortes nach Wahl des Geschädigten. **Handlungsort** ist bei Umweltschädigungen der Ort, an dem die schädigende Einwirkung vorgenommen wird bzw – bei Haftung für Unterlassen – eine erforderliche Handlung hätte vorgenommen werden müssen (wobei die Frage, ob ein Handeln erforderlich war, letztlich nur nach dem Recht des – potentiellen – Handlungsortes beantwortet werden kann, s. auch Palandt/*Thorn* Art 7 Rz 7). Bei der Gefährdungshaftung ist auf den Ort abzustellen, an dem der gefährliche Gegenstand außer Kontrolle gerät (Palandt/*Thorn* Art 7 Rz 7). Die Regelung der Modalitäten der Ausübung des **Optionsrechts** des Geschädigten, insb die Bestimmung des spätesten möglichen Zeitpunkts, wird nach Erw 25 2 den Mitgliedstaaten überlassen und richtet sich in Deutschland nach Art 46a EGBGB; in vielen anderen Staaten existieren jedoch wohl bislang keine einheitlichen Standards (*Kadner Graziano* RabelsZ 09, 1, 47). IÜ sollte mangels einer speziellen Regelung in der VO das Optionsrecht vor deutschen Gerichten so behandelt werden wie das Optionsrecht nach Art 40 I EGBGB (Einzelheiten: Art 40 EGBGB Rn 13). Auch wenn man diesem Recht kollisionsrechtlichen Charakter beimisst, handelt es sich bei den Modalitäten seiner Ausübung letztlich um verfahrensrechtliche Fragen iSd Art 1 III, die der lex fori unterliegen. 3

Stets zu beachten sind nach Art 17 die Sicherheits- und Verhaltensregeln am Handlungsort. Sofern der Geschädigte nicht insgesamt für eine Anwendung des Handlungsortrechts optiert hat, kann sich bei Umweltschädigungen die Frage der Gleichwertigkeit behördlicher Genehmigungen am Handlungsort mit solchen am Erfolgsort bzw am Ort des nach Art 14 gewählten Rechts stellen. Hierfür sind – mangels einer gemeinschaftsrechtlichen Regelung – die allgemeinen Grundsätze der Substitution (Art 3 EGBGB Rn 51) dahingehend zu konkretisieren, dass die Emissionen im Einklang mit etwaigen völkerrechtlichen Abkommen stehen und die Voraussetzungen der Genehmigungserteilung vergleichbar sind, insb in Bezug auf die Beteiligung Betroffener (vgl dazu auch *Kadner Graziano* YbPrIntL 07, 71, 79 f; ähnl Palandt/*Thorn* Art 7 Rz 9; *Fuchs* GPR 04, 100, 103; weitergehend in Bezug auf die Berücksichtigung behördlicher Genehmigungen *Leible/Lehmann* RIW 07, 721, 725; enger *Siems* RIW 04, 662, 666). 4

ROM II-VO Art. 8 Verletzung von Rechten des geistigen Eigentums.

(1) Auf außervertragliche Schuldverhältnisse aus einer Verletzung von Rechten des geistigen Eigentums ist das Recht des Staates anzuwenden, für den der Schutz beansprucht wird.
(2) Bei außervertraglichen Schuldverhältnissen aus einer Verletzung von gemeinschaftsweit einheitlichen Rechten des geistigen Eigentums ist auf Fragen, die nicht unter den einschlägigen Rechtsakt der Gemein-

schaft fallen, das Recht des Staates anzuwenden, in dem die Verletzung begangen wurde.
(3) Von dem nach diesem Artikel anzuwendenden Recht kann nicht durch eine Vereinbarung nach Artikel 14 abgewichen werden.

1 **A. Allgemeines.** Art 8, dessen Einfügung maßgeblich auf den Einfluss der Hamburg Group for Private International Law (RabelsZ 03, 1 ff) zurückgeht, enthält (zwingende, Art 8 III) Sonderanknüpfungen für die Verletzung einzelstaatlicher (I) sowie gemeinschaftsweiter (II) Rechte an geistigem Eigentum und ist im Zusammenhang mit Art 13 zu lesen. Die Regelung bietet vergleichsweise wenig Raum für Auflockerungen des Grundstatuts.

2 **B. Anwendungsbereich.** Art 8 bezieht sich auf **Rechte des geistigen Eigentums**. Das können nach Erw 26 zB Urheberrechte, verwandte Schutzrechte, das Schutzrecht sui generis für Datenbanken sowie gewerbliche Schutzrechte sein (ausf *Sack* WRP 08, 1405, 1406 f; *Grünberger* ZVglRWiss 09, 134, 140 ff). Unerheblich ist die Entstehung des Schutzes (durch staatlichen Hoheitsakt oder formlos, zB durch Erfüllen bestimmter materiellrechtlicher Schutzvoraussetzungen). Problematisch kann die Qualifikation von Rechten im Grenzbereich zwischen Lauterkeitsrecht und gewerblichem Rechtsschutz sein, zB bei ergänzenden Leistungsschutzrechten oder geographischen Herkunftsangaben. IRe gemeinschaftsautonomen Auslegung des Begriffs der Rechte am geistigen Eigentum sollte die Vergleichbarkeit mit den beispielhaft genannten Rechten maßgeblich sein. Dafür dürfte es insb auf den Charakter als selbständige, einer bestimmten Person zuzuordnende (und Unberechtigte von der Nutzung ausschließende) Rechte ankommen. IRe autonomen Interpretation sollten auch die persönlichkeitsrechtlichen Elemente dieser Rechte in den Anwendungsbereich des Art 8 einbezogen werden (so für Urheber- und Interpretenpersönlichkeitsrecht auch *Grünberger* ZVglRWiss 09, 134, 173 ff).

3 Art 8 betrifft zunächst nur die **Verletzung** solcher Rechte. Durch die Erweiterung in Art 13 werden aber auch andere außervertragliche Schuldverhältnisse erfasst, was aus deutscher Perspektive besonders für Bereicherungsansprüche relevant ist. Wichtig bleibt aber die Begrenzung auf Rechtsverletzungen. Nicht erfasst wird die Vorfrage der Rechtsinhaberschaft (s. nur *Boschiero* YbPrIntL 07, 87, 103; *Schack* FS Kropholler 651, 656; *Palandt/Thorn* Art 8 Rz 9; für das Urheberrecht auch *Obergfell* IPRax 05, 9, 12 f; *Klass* GRUR Int 07, 373, 379 ff; aA *Buchner* GRUR Int 05, 1004, 1008; *Sack* WRP 08, 1405, 1409 f; *Grünberger* ZVglRWiss 09, 134, 158), denn diese kann für ein einheitliches Recht (insb ein Urheberrecht) nicht je nach Schutzland unterschiedlich beantwortet werden und ist daher nach dem Recht des Ursprungslandes zu beurteilen (im Urheberrecht sollte dies iSd Rechts des gewöhnlichen Aufenthalts des Schöpfers zum Zeitpunkt der Schöpfung präzisiert werden, *Klass* GRUR-RR 08, 546, 554 ff, auch zu Ausnahmen; aA zB *Grünberger* ZVglRWiss 09, 134, 160 ff: Recht des Schutzlandes, mwN zum Meinungsstand). Fraglich ist die Einbeziehung von Fragen des Inhalts des Rechts in das Schutzlandprinzip (dafür insb *de Boer* YbPrIntL 07, 19, 26; dagegen *Schack* FS Kropholler 651, 655 f). Art 15 lit a sowie der Wille der Kommission, den Anwendungsbereich der VO im Interesse der Rechtssicherheit möglichst weit zu halten (KOM [03] 427 25) dürften insoweit eher für eine Einbeziehung sprechen, zumal diese Frage idR nur durch das Recht des Schutzlandes beantwortet werden kann. IÜ ist auch hier die Erweiterung auf drohende Rechtsbeeinträchtigungen gem Art 2 II praktisch bedeutsam.

4 **C. Anknüpfungsregeln. Art 8 I** kodifiziert für **einzelstaatliche Schutzrechte** den international weit verbreiteten (gleichwohl nicht überall anerkannten, s. nur *Boschiero* YbPrIntL 07, 87, 94 ff; *Schack* FS Kropholler 651, 655) Grundsatz der lex loci protectionis. Dieses auf dem immaterialgüterrechtlichen Territorialitätsprinzip basierende **Schutzlandprinzip** wird den Besonderheiten der Verletzung von Immaterialgüterrechten – bei Präzisierung des Anwendungsbereichs im dargestellten Sinne (s.o. Rn 3) – in vielen Fällen gerecht (zu unterschiedlichen Interpretationsmöglichkeiten s. nur *Boschiero* YbPrIntL 07, 87, 113; *Sack* WRP 08, 1405, 1411 ff; *Grünberger* ZVglRWiss 09, 134, 144 ff). Bei **Streudelikten** (zB Rechtsverletzungen im Internet) führt es allerdings iVm der Mosaikbetrachtung uU zu einer starken Rechtszersplitterung, die auch nicht durch eine Rechtswahl abgemildert werden kann (s.u. Rn 6). Sofern sich Verletzungshandlungen nicht territorial begrenzen lassen, kann daher – ähnl wie bei Wettbewerbsrechtsverletzungen (Art 6 Rom II-VO Rn 4) – ein einzelstaatliches Unterlassungsgebot Wirkung weit über das Schutzland hinaus entfalten. Zudem erlaubt die Anknüpfung an das Recht des Schutzlandes – ohne Kombination mit einer Rechtswahlmöglichkeit – nicht immer eine hinreichende Berücksichtigung vertraglicher Beziehungen, die mit der Rechtsentstehung bzw -verletzung zusammenhängen, zB von Lizenzverträgen oder von Arbeitsverträgen, in deren Rahmen eine patentierbare Erfindung gemacht wird (*Boschiero* YbPrIntL 07, 87, 108 ff).

5 Für außervertragliche Schuldverhältnisse aus einer **Verletzung gemeinschaftsweiter Schutzrechte** verweist **Art 8 II** auf das Recht des Staates, in dem die Verletzung begangen wurde. Erfasst werden Gemeinschaftsmarke (VO 40/94/EG, ABl EG 94, L 11/1; L 349/83; ABl EU 03, L 245/36; L 296/1; 04, L 70/1), Gemeinschaftsgeschmacksmuster (VO 6/2002/EG, ABl EG 02, L 3/1 ff), gemeinschaftsrechtlicher Schutz von geografischen Angaben und Ursprungsbezeichnungen für Agrarerzeugnisse und Lebensmittel (VO 510/06/EG, ABl EU 06, L 93/12) und gemeinschaftlicher Sortenschutz (VO 2100/94/EG, ABl EG 94, L 227/1; ABl EU 08, L 8/2). Bei Verletzung dieser Rechte gilt iE das **Recht des Handlungsortes**, was bei Binnenmarktfällen schon angesichts der Tatsache, dass sich der Schutz auf die gesamte EU erstreckt, sinnvoll ist. Problematisch ist

allerdings die Beurteilung von Handlungen in mehreren Mitgliedstaaten, die jeweils für sich das Schutzrecht verletzen. Weil die VO gerade keine Ausweichmöglichkeiten von den Anknüpfungen in Art 8 vorsieht, wird man hier de lege lata zu einer Art weiterer „Mosaikbetrachtung" gelangen müssen (ähnl *Sack* WRP 08, 1405, 1408; aA *Schack* FS Kropholler 651, 660; *Fayaz* GRUR Int 09, 566, 574 ff). Bei Distanzdelikten mit Drittstaatenbezug (zB Verletzung einer Gemeinschaftsmarke durch in einem Drittstaat online geschaltete, weltweit abrufbare Werbung) führt die Anknüpfung des Art 8 II freilich aus dem Gemeinschaftsrecht heraus; es kommt zu einer Rechtsspaltung (dépeçage) zwischen dem Gemeinschaftsrechtsakt und dem nicht auf diesen abgestimmten drittstaatlichen Recht. Das zeigt, dass die Anknüpfung für **Drittstaatensachverhalte** eigentlich nicht passt. Andererseits ist sie nach Art 3 als allseitige Anknüpfungsregel zu verstehen. De lege lata wird man daher unbillige Ergebnisse nur im Einzelfall über Art 26 korrigieren können, wenn etwa das drittstaatliche Recht keinen (oder einen nicht substantiellen, sondern eher symbolischen) Schutz von Immaterialgüterrechten vorsieht. Insofern ist die Prägung des ordre public der Mitgliedstaaten insb durch die RL zur Durchsetzung der Rechte des geistigen Eigentums (ABl EU 04, L 195/16) zu berücksichtigen. De lege ferenda erschiene freilich bei solchen Handlungen in Drittstaaten, die sich innerhalb der EU (als Schutzland) auswirken, eine Anknüpfung an die lex fori sinnvoller als die de lege lata wohl einzig mögliche Lösung über eine Rechtsspaltung iVm einer Anwendung des ordre public-Vorbehalts. Für **Binnenmarktsachverhalte** harmoniert Art 8 II weitgehend mit den Spezialregelungen in den genannten Rechtsakten (Art 98 II GMV, 88 II GemGeschmMVO, umfassender aber Art 94 ff SortenschutzVO), die nach Art 8 II (insoweit ist Art 27 nicht mehr heranzuziehen) vorrangig sind. Allerdings sprechen die Regelungen in den Gemeinschaftsrechtsakten Gesamtverweisungen aus, während Art 8 II gem Art 24 eine Sachnormverweisung enthält. Der Vorrang der Gesamtverweisungen dürfte sich jedoch bei Binnenmarktsachverhalten praktisch nur noch auswirken, wenn Dänemark involviert ist, weil in den übrigen Mitgliedstaaten jetzt einheitlich Art 8 II gilt (aA *Schack* FS Kropholler 651, 658).

Eine **Rechtswahl** ist für Fälle der Verletzung von Rechten des geistigen Eigentums durch **Art 8 III** ausgeschlossen, weil der Regelungsgeber davon ausging, dass sich der Grundsatz der Parteiautonomie für den Bereich des geistigen Eigentums nicht eigne (KOM [03] 427 24). Das kann insb bei Streudelikten, die einzelstaatliche Schutzrechte verletzen, zu unpraktischen Ergebnissen führen (s.o. Rn 4). Zumindest die Zulassung einer nachträglichen Rechtswahl hätte hier sinnvoll sein können (s.a. *Boschiero* YbPrIntL 07, 87, 107 f; *Leible* RIW 08, 257, 259; *Schack* FS Kropholler 651, 656; aA *Buchner* GRUR Int 05, 1004, 1008 sowie offenbar *Heiss/Loacker* JBl 07, 613, 636 f; differenzierend *de Boer* YbPrIntL 07, 19, 26), ist aber de lege lata ausgeschlossen.   6

ROM II-VO Art. 9 Arbeitskampfmaßnahmen.
Unbeschadet des Artikels 4 Absatz 2 ist auf außervertragliche Schuldverhältnisse in Bezug auf die Haftung einer Person in ihrer Eigenschaft als Arbeitnehmer oder Arbeitgeber oder der Organisationen, die deren berufliche Interessen vertreten, für Schäden, die aus bevorstehenden oder durchgeführten Arbeitskampfmaßnahmen entstanden sind, das Recht des Staates anzuwenden, in dem die Arbeitskampfmaßnahme erfolgen soll oder erfolgt ist.

I. Einleitung. Seit 11.1.09 gilt für deliktische Arbeitskampffolgen Art 9. Die Regelung soll die Anwendung ausländischen Rechts auf inländische Streiks verhindern (*Wagner* IPRax 08, 10).   1

II. Anknüpfungsgegenstand. Art 9 betrifft lediglich die deliktischen Folgen eines Arbeitskampfes. Erfasst sind nur Arbeitnehmer, Arbeitgeber und Verbände. Für die Haftung von anderen Personen, etwa Funktionsträgern der Verbände oder außerbetriebliche Sympathisanten gelten dagegen die allgemeinen Regeln der Rom II-VO (*Knöfel* EuZA 08, 239). Die Regelung umfasst auch vorbeugende Unterlassungsklagen aus Delikt (*Knöfel* EuZA 08, 242). Für die „Arbeitskampfmaßnahme" gelten die Definitionen im Recht der Mitgliedstaaten (BaRoth/*Spickhoff* Anh Art 42 Rom II-VO Rz 69); der Anwendungsbereich von Art 9 kann somit je nach Mitgliedstaat variieren (*Leible/Lehmann* RIW 07, 721, 731). Ausweislich Erwägungsgrund 28 lässt Art 9 die Bestimmungen des nationalen Rechts hinsichtlich der Bedingungen zur Durchführung von Arbeitskampfmaßnahmen sowie zur Stellung der Gewerkschaften unberührt.   2

III. Anknüpfungsmoment. Maßgeblich ist gem Art 9 und Erwägungsgrund 27 2 das Recht des Ortes, an dem die Arbeitskampfmaßnahme erfolgt ist bzw erfolgen soll (*Knöfel* EuZA 08, 242 ff; vgl auch *Wagner* IPRax 08, 10; BaRoth/*Spickhoff* Anh Art 42 Rom II-VO Rz 70). Umstr ist die Frage nach der Anknüpfung bei einem transnationalen Arbeitskampf, zB Piloten einer Fluggesellschaft streiken in mehreren Staaten (für einheitliche, die einzelnen Kampforte überlagernde Schwerpunktanknüpfung *Leible/Lehmann* RIW 07, 731; für Trennung der einzelnen Arbeitskampfverhältnisse *Knöfel* EuZA 08, 228, 239) oder bei einem Seearbeitskampf (für Recht des Flaggenstaates, Palandt/*Thorn*, Anh zu EGBGB 38-42 Rz 3; zurückhaltend: EuGH IPRax 06, 161, für Recht am geographischen Aufenthaltsort, des von der Arbeitskampfmaßnahme betroffenen Schiffs ArbG Hamburg IPRax 87, 31; *Knöfel* EuZA 08, 245). Letztere Ansicht kann zu einem „strike law shopping" führen.   3

IV. Vorrangige Anknüpfungen und Rechtswahl. Art 9 tritt hinter die Anknüpfung an das Recht des gemeinsamen gewöhnlichen Aufenthalts von Schädiger und Geschädigtem nach Art 4 II zurück (BaRoth/*Spickhoff* Anh Art 42 Rom II-VO Rz 70). Zur Feststellung des gewöhnlichen Aufenthaltsortes kann ggf auf   4 den Ort der Hauptverwaltung zurückgegriffen werden (Art 23). Die Ausweichklausel des Art 4 III ist hingegen nicht anwendbar (*Leible/Lehmann* RIW 07, 731; krit Palandt/*Thorn* Anh zu EGBGB 38-42 Rz 3). Auch kann nach Art 14 I lit a und lit b sowohl nachträglich als auch im Voraus eine Rechtswahl durchgeführt werden, die Art 9 vorgeht (Palandt/*Thorn* Anh zu EGBGB 38-42 Rz 2; aA *Wagner* IPRax, 08, 1, 10).

5 **V. Ordre Public und Eingriffsnormen.** Nach Art 26 kann von der Anwendung des Kampfortrechts abgesehen werden, wenn der ordre public des Forumstaats im Weg steht. Auch international zwingendes Eingriffsrecht des Forumstaats geht Art 9 vor, Art 16.

KAPITEL III UNGERECHTFERTIGTE BEREICHERUNG, GESCHÄFTSFÜHRUNG OHNE AUFTRAG UND VERSCHULDEN BEI VERTRAGSVERHANDLUNGEN

ROM II-VO Art. 10 Ungerechtfertigte Bereicherung.
(1) Knüpft ein außervertragliches Schuldverhältnis aus ungerechtfertigter Bereicherung, einschließlich von Zahlungen auf eine nicht bestehende Schuld, an ein zwischen den Parteien bestehendes Rechtsverhältnis – wie einen Vertrag oder eine unerlaubte Handlung – an, das eine enge Verbindung mit dieser ungerechtfertigten Bereicherung aufweist, so ist das Recht anzuwenden, dem dieses Rechtsverhältnis unterliegt.
(2) Kann das anzuwendende Recht nicht nach Absatz 1 bestimmt werden und haben die Parteien zum Zeitpunkt des Eintritts des Ereignisses, das die ungerechtfertigte Bereicherung zur Folge hat, ihren gewöhnlichen Aufenthalt in demselben Staat, so ist das Recht dieses Staates anzuwenden.
(3) Kann das anzuwendende Recht nicht nach den Absätzen 1 oder 2 bestimmt werden, so ist das Recht des Staates anzuwenden, in dem die ungerechtfertigte Bereicherung eingetreten ist.
(4) Ergibt sich aus der Gesamtheit der Umstände, dass das außervertragliche Schuldverhältnis aus ungerechtfertigter Bereicherung eine offensichtlich engere Verbindung mit einem anderen als dem in den Absätzen 1, 2 und 3 bezeichneten Staat aufweist, so ist das Recht dieses anderen Staates anzuwenden.

1 **A. Allgemeines und Anwendungsbereich.** Die ab dem 11.1.09 geltende Rom II-VO (allg hierzu: Vorb zu Rom II-VO) enthält in Art 10 mit dem vorgeschalteten Institut der Rechtswahl (Art 14) drei, nach der Absatzfolge **gestufte Anknüpfungsregeln** für die ungerechtfertigte Bereicherung und ersetzt Art 38 EGBGB, der allerdings außerhalb des zeitlichen und sachlichen Anwendungsbereichs der Rom II-VO weiterhin anwendbar bleibt (s. Art 38 EGBGB Rn 1). Hinzu tritt die **Ausweichklausel** in IV, die Art 41 I EGBGB sowie der nun für das Deliktsrecht geltenden Regelung in Art 4 III entspricht. Nicht erfasst sind Bereicherungsansprüche im Zusammenhang mit der **Verletzung des geistigen Eigentums**, die gem Art 13 dem besonderen Deliktsstatut des Art 8 zugewiesen sind, ebenfalls nicht solche Kondiktionstatbestände, die an einen Eingriff in **Persönlichkeitsrechte** geknüpft sind. Die letztgenannten Fälle unterfallen gem Art 1 II lit g nicht der VO; für sie gilt weiterhin Art 38 EGBGB Rn 1. Vom Bereicherungsstatut erfasst sind wie bei Art 38 EGBGB alle mit dem jeweiligen Bereicherungsanspruch zusammenhängenden Fragen, so dass insoweit auf die dortige Kommentierung (Rn 3) verwiesen werden kann.

2 **B. Anknüpfungsregeln.** Art 10 führt trotz einer formalen Neuordnung der Anknüpfungstatbestände in vielen Fällen zu keinen anderen Ergebnissen, als sie bisher durch Art 38 EGBGB vorgegeben waren (ebenso: *Wagner* IPrax 08, 1, 11; *v Hein* VersR 07, 440, 450). Insb der Gleichlauf zwischen Leistungskondiktion und Vertragsstatut einerseits sowie Eingriffskondiktion und Deliktsstatut andererseits ist weiterhin in der VO angelegt, aber nicht ausdrücklich bestimmt. Einige Neuerungen und Änderungen sind zu beachten. Maßgebend für die Bestimmung des anzuwendenden Rechts ist eine in der Vorschrift angelegte dreistufige Leiter. Vorrangig ist nach Art 10 I die Anknüpfung an das Recht, dem ein zwischen den Parteien bestehendes Rechtsverhältnis unterliegt (akzessorische Anknüpfung). Das Rechtsverhältnis, an welches die Anlehnung erfolgt, kann sich aus Vertrag oder aus unerlaubter Handlung ergeben. Weist die ungerechtfertige Vermögensverschiebung keine enge Verbindung zu einem bestehenden Rechtsverhältnis auf, so ist nach II die Rechtsordnung des Staates anzuwenden, in dem beide Parteien zum Zeitpunkt des Eintritts des vermögensverschiebenden Ereignisses ihren gewöhnlichen Aufenthalt hatten. Ist eine Anknüpfung weder durch Anlehnung an ein bestehendes Rechtsverhältnis noch durch einen gemeinsamen gewöhnlichen Aufenthalt der Parteien möglich, bestimmt sich das anzuwendende Recht nach dem Recht des Staates, in dem die ungerechtfertigte Bereicherung eingetreten ist (III). Um der Einzelfallgerechtigkeit ausreichend Rechnung zu tragen, ist eine Korrektur des nach den I-III gefundenen Ergebnisses nach IV möglich und auf die ungerechtfertigte Bereicherung eine andere Rechtsordnung anzuwenden, sofern der Sachverhalt mit dieser eine engere Verbindung aufweist. Dabei muss die engere *Verbindung aber offensichtlich sein*.

3 I knüpft für den Bereicherungsausgleich primär an ein zwischen den Parteien bestehendes Rechtsverhältnis an, wobei der Begriff „bestehendes Rechtsverhältnis" weit zu verstehen ist („Vertrag und unerlaubte Hand-

lung") und insb auch vorvertragliche Rechtsbeziehungen sowie – anders als bisher (vgl Art 38 EGBGB Rn 5) – nichtige Verträge umfasst ("einschl von Zahlungen auf eine nicht bestehende Schuld"; ebenso: *Leible/ Lehmann* RIW 07, 721, 732). Damit wird faktisch für alle Arten der **Leistungskondiktion** die akzessorische Anknüpfung an das **Schuldstatut** festgeschrieben. Unklar ist, wie sich **Art 32 I Nr 5 EGBGB**, der die bereicherungsrechtlichen Folgen der Nichtigkeit des Vertrages und damit die wichtigsten Fälle der Leistungskondiktion (condictio indebiti) unmittelbar dem **Schuldstatut** unterstellt (s. Art 38 EGBGB Rn 5), zur Rom II-VO verhält, die das Recht der vertraglichen Schuldverhältnisse nicht betrifft. Sie geht allerdings gem Art 28 II Rom II-VO dem **EVÜ** vor (zweifelnd: Palandt/*Thorn* Art 10 Rom II-VO Rz 4 – Art 27 analog), auf dessen Art 10 I lit e die Vorschrift in ex Art 32 I Nr 5 beruht. Daraus wird gefolgert, dass auch Art 32 I Nr 5 EGBGB hinter Art 10 Rom II-VO zurücktritt (*Leible/Lehmann* RIW 07, 721, 732). Das erscheint nicht zwingend, weil ex Art 32 I Nr 5 EGBGB als innerstaatliche Kollisionsnorm weiterhin Geltung beansprucht (zum Verhältnis zwischen nationalem Schuldstatut und dem EVÜ: Vor ex Art 27 ff EGBGB Rn 14 ff; Palandt/*Thorn* Vor Art 27 Rz 1), hat aber schon deshalb gute Gründe für sich, weil Art 12 I lit e der ab dem 17.12.09 geltenden und das EVÜ ersetzenden Rom I-VO (Art 24, s. dort) die Regelung des verdrängten ex Art 32 I Nr 5 übernimmt. Art 12 I lit e der **Rom I-VO** geht wiederum gem ex Art 27 Rom II-VO dieser VO vor (s. ex Art 27 EGBGB Rn 1; ebenso: Palandt/*Thorn* Art 10 Rom II-VO, Rz 4). In bereicherungsrechtlichen **Mehrpersonenverhältnissen** greift für die Rückabwicklung rechtsgrundloser Leistungen das Vertragsstatut des Rechtsverhältnisses, auf das sich die herausverlangte Leistung bezieht (MüKo/*Junker* Art 38 Rz 12; Palandt/*Thorn* Art 10 Rom II-VO Rz 9). In der Sache hat sich nichts geändert; auf die Kommentierung der gleichgerichteten Vorschrift in Art 38 I EGBGB (dort Rn 6 f) wird verwiesen. Zur **Eingriffskondiktion** s. unten Rn 5.

Haben die Parteien bei Entstehung des Schuldverhältnisses, für den Bereicherungsausgleich also im Zeitpunkt der Vermögensverschiebung, ihren **gewöhnlichen Aufenthalt** in demselben Staat, kommt nach **II** dessen Recht zur Anwendung, wenn I nicht greift (zum gleich formulierten Regelbsp in Art 41 II 2 EGBGB s. dort). II geht III vor; erst wenn ein gemeinsamer gewöhnlicher Aufenthalt nicht besteht, kommt es nach III auf das Recht des Staates an, in dem die Bereicherung eintritt (s. Rn 5). 4

Für die **Eingriffskondiktion** war im Gleichklang mit dem Deliktsstatut (Art 40 I EGBGB – grds Handlungsort) bisher nach Art 38 II EGBGB an den Eingriffsort anzuknüpfen. Art 38 II EGBGB findet keine Entsprechung in Art 10 Rom II-VO. Fraglich ist, ob bereicherungsrechtlich relevante Eingriffe nun unter I fallen oder ob, vorbehaltlich der vorrangig zu prüfenden Anknüpfungsregel des II (gemeinsamer gewöhnlicher Aufenthalt, s. Rn 4), gem **III** der Ort maßgeblich sein soll, an dem die **Bereicherung eingetreten** ist (Ort des Bereicherungserfolges – *Leible/Lehmann* RIW 07, 721, 732). Letzteres ist der Fall, und zwar auch dann, wenn der Eingriff zugleich eine unerlaubte Handlung darstellt, die in I zwar ausdrücklich erwähnt ist, allerdings iaR mit dem Eingriff zeitlich zusammenfällt und deshalb kein "bestehendes Schuldverhältnis" darstellt, wie es I trotz weiter Auslegung als Anknüpfungstatsache voraussetzt (MüKo/*Junker* Art 42 EGBGB Anh Rz 70f, iE ebenso: *Wagner* IPrax 08, 1, 11; aA: Palandt/*Thorn* Art 10 Rom II-VO Rz 8). Der angestrebte Gleichlauf mit dem Deliktsstatut ist gewahrt, weil Art 4 I Rom II-VO – ebenfalls mit der Priorität der Anknüpfung an den gemeinsamen gewöhnlichen Aufenthalt (Art 4 II Rom II-VO) – nun auf den Ort des Schadenseintritts, also auf den Erfolgsort abstellt, der iaR mit dem Ort, an dem die Bereicherung eintritt, identisch sein dürfte (*Wagner* IPrax 08, 1, 11; MüKo/*Junker* Art 42 EGBGB Anh Rz 71; aA unter Hinweis auf mögl Ausnahmen, bspw bei grenzüberschreitenden Geldüberweisungen: Palandt/*Thorn* Art 10 Rom II-VO Rz 8). Evtl Divergenzen können durch den Rückgriff auf die **Ausweichklausel** in IV behoben werden, wonach eine offensichtlich engere Bindung zu einem anderen als der in I – III bezeichneten Staaten das Recht dieses anderen Staates anwendbar machen kann (vgl Art 41 I EGBGB; skeptisch: *v Hein* VersR 07, 440, 450). Ganz sicher unter III fallen die **Direktkondiktion** bei Anweisungslagen sowie die Tatbestände der **Aufwendungs-** (s. § 812 Rn 66 ff) und der **Rückgriffskondiktion** (s. § 812 Rn 102 f). 5

ROM II-VO Art. 11 Geschäftsführung ohne Auftrag.
(1) Knüpft ein außervertragliches Schuldverhältnis aus Geschäftsführung ohne Auftrag an ein zwischen den Parteien bestehendes Rechtsverhältnis – wie einen Vertrag oder eine unerlaubte Handlung – an, das eine enge Verbindung mit dieser Geschäftsführung ohne Auftrag aufweist, so ist das Recht anzuwenden, dem dieses Rechtsverhältnis unterliegt.
(2) Kann das anzuwendende Recht nicht nach Absatz 1 bestimmt werden und haben die Parteien zum Zeitpunkt des Eintritts des schadensbegründenden Ereignisses ihren gewöhnlichen Aufenthalt in demselben Staat, so ist das Recht dieses Staates anzuwenden.
(3) Kann das anzuwendende Recht nicht nach den Absätzen 1 oder 2 bestimmt werden, so ist das Recht des Staates anzuwenden, in dem die Geschäftsführung erfolgt ist.
(4) Ergibt sich aus der Gesamtheit der Umstände, dass das außervertragliche Schuldverhältnis aus Geschäftsführung ohne Auftrag eine offensichtlich engere Verbindung mit einem anderen als dem in den Absätzen 1, 2 und 3 bezeichneten Staat aufweist, so ist das Recht dieses anderen Staates anzuwenden.

1 **A. Überblick. I. Anknüpfungsleiter.** Art 11 regelt die **Grundanknüpfung** für Ansprüche des Geschäftsherrn gegen den Geschäftsführer, aber auch für Ansprüche des Geschäftsführers gegen den Geschäftsherrn aus einer Geschäftsführung ohne Auftrag (GoA). Maßgebend für die Bestimmung des anzuwendenden Rechts ist eine in der Vorschrift angelegte dreistufige Leiter, ähnl der ungerechtfertigen Bereicherung. Vorrangig ist nach Art 11 I die Anknüpfung an das Recht, dem ein zwischen den Parteien bestehendes Rechtsverhältnis unterliegt. Das Rechtsverhältnis, an welches die Anlehnung erfolgt, kann sich aus Vertrag oder aus unerlaubter Handlung ergeben. Weist die GoA keine enge Verbindung zu einem bestehenden Rechtsverhältnis auf, so ist nach II die Rechtsordnung des Staates anzuwenden, in dem beide Parteien zum Zeitpunkt des Eintritts des schadensbegründenden Ereignisses ihren gewöhnlichen Aufenthalt hatten. Es ist allerdings zu berücksichtigen, dass mit der GoA nicht nur der Schadensausgleich ermöglicht wird, sondern häufig auch der Aufwendungsersatz in Frage steht. Im Hinblick auf den Zeitpunkt des gemeinsamen gewöhnlichen Aufenthalts ist insoweit auf die Vornahme der Aufwendungen abzustellen (*Wagner* IPRax 08, 1, 11). Ist eine Anknüpfung weder durch Anlehnung an ein bestehendes Rechtsverhältnis noch durch einen gemeinsamen gewöhnlichen Aufenthalt der Parteien möglich, bestimmt sich das anzuwendende Recht nach dem Recht des Staates, in dem die Geschäftsführung erfolgt ist (III). Um der Einzelfallgerechtigkeit ausreichend Rechnung zu tragen, ist eine Korrektur des nach den I-3 gefundenen Ergebnisses nach IV möglich und auf die GoA eine andere Rechtsordnung anzuwenden, sofern der Sachverhalt mit dieser eine engere Verbindung aufweist. Dabei muss die engere Verbindung aber offensichtlich sein. Betrachtet man die Regelungen, weisen Art 11 und Art 39 EGBGB doch erhebliche Unterschiede auf. Bezieht man aber Art 41 EGBGB in die Betrachtung mit ein, bringt Art 11 in erster Linie die schon iRd Anwendung des Art 39 EGBGB bestehende Hierarchie deutlicher zum Ausdruck.

2 **II. Vorrangige und ergänzende Regelungen.** Die Regelung in Art 11 wird durch eine **Rechtswahl** (Art 14) verdrängt (vgl Art 14). Die Wahl kann ausdrücklich oder bei hinreichender Sicherheit auch konkludent erfolgen. Falls Art 11 für die Bestimmung des anzuwendenden Rechts zur Anwendung kommt, ist für die Reichweite Art 15 zu beachten. Ferner sind die Art 16 ff zu berücksichtigen. Aus Art 24 ergibt sich, dass es sich bei Art 11 stets um eine Sachnormverweisung handelt. Eine Rück- oder Weiterverweisung ist ausgeschlossen. Für eine GoA, gerichtet auf Hilfeleistungen bei der Bergung in See- und Binnengewässern, ist wegen Art 28 das Internationale Übereinkommen über Bergung (**IÜB**) vorrangig (Üb v 28.4.89, abgedruckt bei Staud/*v Hoffmann/Thorn* Art 39 EGBGB Rz 25). Danach wird eine Vergütung für die Bergung bei Erfolg oder der Abwendung bzw Begrenzung drohender Umweltschäden gewährt. Auf hoher See ist regelmäßig das Heimatrecht des hilfsbedürftigen Schiffes berufen (MüKo/*Junker* Art 39 EGBGB Rz 18; Bestimmung durch den Heimathafen, ersatzweise durch die Flagge). Für den Erstattungsanspruch gegen einen Unterhaltsschuldner ist die vorrangige Anknüpfung in Art 18 VI Nr 3 zu beachten, die auf dem Haager Unterhaltsübereinkommen von 1973 beruht.

3 **B. Geschäftsführung ohne Auftrag.** Das IPR der GoA spielt in der Rechtspraxis nur eine untergeordnete Rolle. Die kollisionsrechtliche **Qualifikation der GoA** iSd Art 11 erfolgt im Einklang mit den allgemeinen Grundsätzen nach der autonomen Auslegung der Verordnung. Dabei ist zu berücksichtigen, dass der kollisionsrechtliche, von der Verordnung bestimmte, und der materiell-rechtliche Begriff der GoA nicht identisch sind (vgl auch Art 39 EGBGB Rz 4). Die GoA kann in unterschiedlichen Fallgruppen oder Typen auftreten. Dabei lassen sich die Nothilfe, die Einwirkung auf fremde Sachen oder Rechte und die Tilgung fremder Verbindlichkeiten unterscheiden. Dabei sind allen Gruppen die Einmischung in einen fremden Geschäftskreis und der Wille zur Fremdgeschäftsführung gemeinsam. Probleme der Auslegung bei der Anwendung des Art 11 sind in zwei Bereichen zu erwarten. Einerseits geht es um die Bestimmung des Vornahmeorts (III), falls weder eine Rechtswahl noch die I und 2 das anzuwendende Recht festlegen. Andererseits fehlt in Art 11 eine besondere Regelung für die Tilgung fremder Verbindlichkeiten.

4 **I. Vornahmeort.** Der Vornahmeort kann bei **sukzessiv vorgenommener Geschäftsführung** an mehreren Orten liegen und verschiedene Rechtsordnungen berühren (zB bei grenzüberschreitender Unfallrettung). Es ist nicht sachgerecht, dass ein einzelnes, einheitliches Geschäft durch das Kollisionsrecht und die Berufung verschiedener Rechtsordnungen aufgeteilt wird. Zur Vermeidung sollte der Ort des Tätigkeitsbeginns für die Bestimmung des anzuwendenden Rechts maßgebend sein.

5 Der Vornahmeort kann gespalten sein, wenn **Handlungs- und Erfolgsort** voneinander abweichen (zB telefonische Beauftragung eines Handwerkers für Reparaturen im Ferienhaus des Nachbarn in Spanien). Um Gefahren der Manipulation vorzubeugen und im Einklang mit den Regeln zum Deliktsrecht, spricht viel dafür, generell auf den Erfolgsort abzustellen (*Sonnentag* ZVglRWiss 105 (2006), 256, 304). Unter verschiedenen Erfolgsorten in mehreren Staaten ist der Schwerpunkt zu ermitteln (zB Verwaltung eines Vermögens mit Bestandteilen in zahlreichen Staaten). Eine Korrektur ist allerdings bei engerer Verbindung über IV möglich.

6 **II. Tilgung fremder Verbindlichkeiten.** Der Ausgleichsanspruch bei der Geschäftsführung mit dem Ziel der Tilgung einer fremden Verbindlichkeit, die ohne Verpflichtung (zB Vertrag oder Gesetz) ggü dem Schuldner erfolgt – also freiwillig –, wird in Art 11 nicht gesondert geregelt. Da in einem solchen Fall kein Rechtsverhältnis zwischen den Parteien besteht, an welches akzessorisch angeknüpft werden könnte, spricht viel für eine Anwendung des Art 11 IV. Die engere Verbindung ergibt sich insoweit aus dem Statut, dem die getilgten Verbindlichkeit unterliegt (*Wagner* IPRax 08, 1, 12). Das konkrete Schuldstatut hängt von der getilgten Verbindlichkeit ab. Für vertragliche Ansprüche ist das jeweilige Vertragsstatut maßgebend, für die Tilgung von Schadensersatzansprüchen aus unerlaubter Handlung das Deliktsstatut.

ROM II-VO Art. 12 Verschulden bei Vertragsverhandlungen.

(1) Auf außervertragliche Schuldverhältnisse aus Verhandlungen vor Abschluss eines Vertrags, unabhängig davon, ob der Vertrag tatsächlich geschlossen wurde oder nicht, ist das Recht anzuwenden, das auf den Vertrag anzuwenden ist oder anzuwenden gewesen wäre, wenn er geschlossen worden wäre.

(2) Kann das anzuwendende Recht nicht nach Absatz 1 bestimmt werden, so ist das anzuwendende Recht
a) das Recht des Staates, in dem der Schaden eingetreten ist, unabhängig davon, in welchem Staat das schadensbegründende Ereignis oder indirekte Schadensfolgen eingetreten sind, oder,
b) wenn die Parteien zum Zeitpunkt des Eintritts des schadensbegründenden Ereignisses ihren gewöhnlichen Aufenthalt in demselben Staat haben, das Recht dieses Staates, oder,
c) wenn sich aus der Gesamtheit der Umstände ergibt, dass das außervertragliche Schuldverhältnis aus Verhandlungen vor Abschluss eines Vertrags eine offensichtlich engere Verbindung mit einem anderen als dem in den Buchstaben a oder b bezeichneten Staat aufweist, das Recht dieses anderen Staates.

A. Allgemeines. Art 12, der erst spät durch den Rat in das Gesetzgebungsverfahren eingeführt wurde, enthält Kollisionsregeln für Ansprüche aus Verschulden bei Vertragsverhandlungen, das nunmehr einheitlich als außervertragliches Schuldverhältnis qualifiziert wird (s.o. Art 2 Rom II-VO Rn 1; krit MPI RabelsZ 07, 225, 238 ff). Allerdings wird iRd Anknüpfungsregeln teilw zwischen unterschiedlichen Ausprägungen der culpa in contrahendo differenziert. 1

B. Anwendungsbereich. Der Begriff **Verschulden bei Vertragsverhandlungen** ist gem Erw 30 autonom auszulegen und betrifft nur außervertragliche Schuldverhältnisse, die in unmittelbarem Zusammenhang mit den Verhandlungen vor Abschluss eines Vertrags stehen. Eingeschlossen sein sollen die Verletzung der Offenlegungspflicht und der Abbruch von Vertragsverhandlungen, während **Personenschäden**, die während der Vertragsverhandlungen zugefügt werden, nach Art 4 oder anderen einschlägigen Regeln der VO zu beurteilen sind. Insgesamt wird die culpa in contrahendo in Art 12 enger gefasst als im deutschen Sachrecht und umfasst insb nicht die Fälle von Schutzpflichtverletzungen (wobei nicht nur Personen- sondern auch Sachschäden, die durch solche Verletzungen verursacht werden, nach Art 4 beurteilt werden sollten, s. auch BaRoth/*Spickhoff* EGBGB Anh Art 42 Rz 90; *Lüttringhaus* RIW 08, 193, 197 f). Diese Einschränkung ist iRd Qualifikation wichtig für die **Abgrenzung zwischen Art 12 und Art 4**. Die Verletzung **vorvertraglicher Informationspflichten** sollte wegen ihres engen Zusammenhangs mit dem Vertrag selbst ebenfalls nicht als Verschulden bei Vertragsverhandlungen iSd Art 12 qualifiziert, sondern nach der Rom I-VO angeknüpft werden (s.a. *Heiss/Loacker* JBl 07, 613, 639; *Leible/Lehmann* RIW 07, 721, 733). Nicht ausdrücklich genannt, aber iRd fragmentarischen Definition von Erw 30 durchaus unter Art 12 subsumierbar (s. insb *Lüttringhaus* RIW 08, 198) sind die Fälle einer **Dritthaftung** (zB Sachwalterhaftung, Eigenhaftung von Verhandlungsgehilfen), weil die haftungsbegründende Handlung auch hier regelmäßig in unmittelbarem Zusammenhang mit Vertragsverhandlungen steht. Für den Einschluss dieser Fälle spricht auch, dass für Art 12 II sonst kaum noch ein relevanter Anwendungsbereich verbliebe (s.u. Rn 6). 2

C. Anknüpfungsregeln. Art 12 enthält ein kompliziertes **System** von Anknüpfungsregeln, deren Verhältnis zueinander teilw str ist. Auf jeden Fall ist vorrangig eine Rechtswahl iSd Art 14 zu prüfen, danach eine Anknüpfung nach Art 12 I und zuletzt Art 12 II (die Abgrenzung zu Art 4 erfolgt bereits bei der Qualifikation, s.o. Rn 2). Das Verhältnis der Anknüpfungsregeln innerhalb des Art 12 II ist str; nach hM handelt es sich um eine Anknüpfungsleiter (zB *G Wagner* IPRax 08, 1, 12; BaRoth/*Spickhoff* EGBGB Anh Art 42 Rz 93; Palandt/*Thorn* Art 12 Rz 4), nach aA wegen des von Art 4 abweichenden Wortlauts („oder") um gleichrangige Anknüpfungen (*Lüttringhaus* RIW 08, 193, 196 f). Betrachtet man den Gesamtzusammenhang, ist der hM zu folgen, weil die Ausweichregel nach Art 12 II lit c nicht ohne die vorangegangenen Regelungen zu betrachten ist und die Einleitung „wenn" in Art 12 II b trotz des vorangegangenen „oder" für einen Vorrang der Anknüpfung an das Recht eines gemeinsamen gewöhnlichen Aufenthalts spricht. Das mindert zugleich die Abgrenzungsschwierigkeiten zwischen Art 12 und Art 4 bei Grenzfällen iRd Qualifikation (so auch BaRoth/*Spickhoff* EGBGB Anh Art 42 Rz 93). Daraus ergibt sich folgende **Prüfungsreihenfolge**: Rechtswahl (Art 14), Anknüpfung an das tatsächliche oder hypothetische Vertragsstatut (Art 12 I), Recht des gemeinsamen gewöhnlichen Aufenthalts (Art 12 II lit b), Recht des Erfolgsorts (Art 12 II lit a), die beiden letzten jedoch nur, sofern nicht eine (ggü lit a und b vorrangige) offensichtlich engere Verbindung zum Recht eines anderen Staates vorliegt (Art 12 II lit c). 3

Eine etwaige **Rechtswahl** iSd Art 14 muss sich gerade auch auf Ansprüche aus Verschulden bei Vertragsverhandlungen beziehen (Palandt/*Thorn* Art 12 Rz 4). Ist das nicht der Fall, kann über Art 12 I gleichwohl das 4

Vertragsstatut zur Anwendung kommen, so dass sich eine Rechtswahl, welche die culpa in contrahendo nicht erfasst, trotzdem auf die Anknüpfung auswirken kann. Trotzdem sollte die cic in Rechtswahlvereinbarungen ausdrücklich mit aufgenommen werden, weil für das Vertragsstatut weiter gehende Einschränkungen der Rechtswahl gelten (zB nach Art 6 Rom I-VO) als iRd Art 14. Zudem ist die Rechtswahl zum Vorvertrag abzugrenzen, auf den Art 3 ff Rom I-VO anwendbar wären (*Lüttringhaus* RIW 08, 193, 199).

5 **Art 12 I** bringt das nach Art 3 ff Rom I-VO zu ermittelnde tatsächliche oder hypothetische Vertragsstatut (und damit ggf auch eine schutzbedürftigen Personen, wie zB Verbrauchern, besonders nahe stehende Rechtsordnung, *Volders* YbPrIntL 07, 127, 133) zur Anwendung. Problematisch ist dabei va, in welchem Umfang und nach welchen Kriterien ein hypothetisches Vertragsstatut zu ermitteln ist und wann dies (iSd Art 12 II) nicht mehr möglich ist. Eine hypothetische Rechtswahl für den Vertrag wird sich in vielen Fällen konstruieren lassen, auch wenn die Anknüpfungsregeln nach Art 4 Rom I-VO im Einzelfall leer laufen; zweifelhaft ist nur, ob dies immer interessengerecht ist. Man sollte auch hier (wie bei Art 14 sowie bei Art 3 Rom I-VO) Wert darauf legen, dass sich die hypothetische Rechtswahl „mit hinreichender Sicherheit" aus den Umständen des Falles ergibt, wofür zB Verhandlungssprache und -ort allein nicht ausreichen dürften (s. auch Palandt/*Thorn* Art 12 Rz 5).

6 Folglich können Fälle eines Verschuldens bei Vertragsverhandlungen allenfalls in einem noch sehr vertragsfernen Stadium über **Art 12 II** zu beurteilen sein. Sie dürften jedoch wegen des in Erw 13 vorausgesetzten unmittelbaren Zusammenhangs mit Vertragsverhandlungen selten sein. Auch sonst lassen sich Anwendungsfälle des Art 12 II im Zweipersonenverhältnis kaum konstruieren (zu einem Bsp *Heiss/Loacker* JBl 07, 613, 640 f). Der Hauptanwendungsbereich des Art 12 II dürfte daher bei der Dritthaftung aus cic liegen (BaRoth/*Spickhoff* EGBGB Anh Art 42 Rz 92; *Lüttringhaus* RIW 08, 193, 198; Palandt/*Thorn* Art 12 Rz 5; aA für die Gutachterhaftung *Schinkels* JZ 08, 272, 279: Art 12 I analog), denn in diesen Fällen erscheint eine Anknüpfung an das (im Verhältnis zwischen anderen Personen geltende) Vertragsstatut nach Art 12 I jedenfalls als Regelanknüpfung nicht sinnvoll (im Einzelfall kann dieses Vertragsstatut über Art 12 II lit c zur Anwendung gebracht werden, wenn es dem Dritten zurechenbar ist, Palandt/*Thorn* Art 12 Rz 5). Für die einzelnen Anknüpfungsregeln nach Art 12 II gilt weitgehend das zu Art 4 Ausgeführte (Art 4 Rom II-VO Rn 4 ff). Unklar ist jedoch, warum in Art 12 II lit b mit dem Eintritt des schadensbegründenden Ereignisses ein anderer zeitlicher Bezugspunkt gewählt wurde als bei Art 4 II. Ob damit in Fällen eines Verschuldens bei Vertragsverhandlungen eine einfachere Anknüpfung ermöglicht wird, ist zweifelhaft (s.a. *Volders* YbPrIntL 07, 127, 134 f).

ROM II-VO Art. 13 Anwendbarkeit des Artikels 8.
Auf außervertragliche Schuldverhältnisse aus einer Verletzung von Rechten des geistigen Eigentums ist für die Zwecke dieses Kapitels Artikel 8 anzuwenden.

1 Art 13 erweitert den Anwendungsbereich von Art 8 auf Ansprüche wegen Verletzung von Rechten des geistigen Eigentums aus ungerechtfertigter Bereicherung (aus deutscher Perspektive die praktisch wichtigste Erweiterung), Geschäftsführung ohne Auftrag und Verschulden bei Vertragsverhandlungen. Art 10–12 sind hier also nicht anwendbar. Das ist im Interesse des inneren Entscheidungseinklangs sinnvoll. Leider werden jedoch einzelne Schwächen der Anknüpfungsregel in Art 8 durch diese Ausweitung verstärkt, weil die Möglichkeiten einer Rechtswahl sowie einer vertragsakzessorischen Anknüpfung ausgeschlossen werden (krit auch *Schack* FS Kropholler 651, 656).

KAPITEL IV FREIE RECHTSWAHL

ROM II-VO Art. 14 Freie Rechtswahl.
(1) ¹Die Parteien können das Recht wählen, dem das außervertragliche Schuldverhältnis unterliegen soll:
a) durch eine Vereinbarung nach Eintritt des schadensbegründenden Ereignisses; oder
b) wenn alle Parteien einer kommerziellen Tätigkeit nachgehen, auch durch eine vor Eintritt des schadensbegründenden Ereignisses frei ausgehandelte Vereinbarung.
²Die Rechtswahl muss ausdrücklich erfolgen oder sich mit hinreichender Sicherheit aus den Umständen des Falles ergeben und lässt Rechte Dritter unberührt.
(2) Sind alle Elemente des Sachverhalts zum Zeitpunkt des Eintritts des schadensbegründenden Ereignisses in einem anderen als demjenigen Staat belegen, dessen Recht gewählt wurde, so berührt die Rechtswahl der Parteien nicht die Anwendung derjenigen Bestimmungen des Rechts dieses anderen Staates, von denen nicht durch Vereinbarung abgewichen werden kann.
(3) Sind alle Elemente des Sachverhalts zum Zeitpunkt des Eintritts des schadensbegründenden Ereignisses in einem oder mehreren Mitgliedstaaten belegen, so berührt die Wahl des Rechts eines Drittstaats durch die Parteien nicht die Anwendung – gegebenenfalls in der von dem Mitgliedstaat des angerufenen

Gerichts umgesetzten Form – der Bestimmungen des Gemeinschaftsrechts, von denen nicht durch Vereinbarung abgewichen werden kann.

A. Allgemeines. Art 14 ermöglicht im Interesse der Parteiautonomie eine freie Rechtswahl in relativ weit reichendem Umfang. Eine zulässige (also insb nicht gem Art 6 IV, 8 III ausgeschlossene) und wirksame Rechtswahl (die zum Schutz der schwächeren Partei bestimmten Erfordernissen zu unterwerfen ist, Erw 31 4) ist bei sämtlichen außervertraglichen Schuldverhältnissen ggü allen anderen Anknüpfungen vorrangig. Einschränkungen der Rechtswahl ergeben sich insb aus Rechten Dritter (Art 14 I 2), zwingenden Bestimmungen (Art 14 II, III) sowie aus allgemeinen Regeln (Art 16, 17, 26). 1

B. Rechtswahl. I. Gegenstand und Umfang. Gegenstand der Rechtswahl kann nur staatliches Recht sein, also nicht supranationale Regeln, wie zB diejenigen des geplanten Gemeinsamen Referenzrahmens für ein Europäisches Privatrecht, denn Art 14 II, III nehmen Bezug auf das gewählte Recht von Staaten (s. zB BaRoth/*Spickhoff* EGBGB Anh Art 42 Rz 96; Palandt/*Thorn* Art 14 Rz 5; *Leible* RIW 08, 257, 261; *Rühl* FS Kropholler 187, 189 ff; aA *Kadner Graziano* RabelsZ 09, 1, 10). Das gewählte Recht muss bereits gültig sein (arg ex Art 24, *Rühl* FS Kropholler 187, 194); ein sachlicher Bezug der gewählten Rechtsordnung zum konkreten Fall ist nicht erforderlich (*Rühl* FS Kropholler 187, 192), bei seinem Fehlen sind aber insb Abs II und III zu beachten. Beim **Umfang** der Rechtswahl ist davon auszugehen, dass sie sich nur auf das materielle Recht, nicht auch auf das Kollisionsrecht bezieht, und zwar auch bei Kombination mit einer Gerichtsstandsvereinbarung (dazu zB *Leible/Lehmann* RIW 07, 721, 727). Unklar ist, ob Art 14 auch eine Teilrechtswahl erlaubt. Dagegen spricht das Fehlen einer Art 3 I 3 Rom I-VO entsprechenden Regelung; dafür wird va das Gebot der einheitlichen Auslegung beider Verordnungen angeführt (zB Palandt/*Thorn* Art 14 Rz 4; *Heiss/Loacker* JBl 07, 613, 623; *Leible* RIW 08, 257, 260). Allerdings lässt sich ebenso gut argumentieren, dass bei einem sonst weit reichenden Gleichlauf beider Regelungen nicht ohne Weiteres ein Versehen des Regelungsgebers unterstellt und Art 14 deswegen ergänzend ausgelegt werden darf. Die praktischen Auswirkungen der Beurteilung der Frage dürften nicht allzu groß sein, weil eine Teilrechtswahl bei außervertraglichen Schuldverhältnissen ohnehin nur für größere Teilbereiche zulässig wäre (dazu insb BaRoth/*Spickhoff* EGBGB Anh Art 42 Rz 96). 2

II. Ausübung der Rechtswahl. Art 14 regelt nicht, nach welchem Recht **Zustandekommen und Wirksamkeit** der Rechtswahl zu beurteilen sind. Insoweit sollte – entspr Art 3 V Rom I-VO – das gewählte Recht maßgeblich sein (s. zB *Heiss/Loacker* JBl 07, 613, 623; BaRoth/*Spickhoff* EGBGB Anh Art 42 Rz 97; Palandt/*Thorn* Art 14 Rz 11), denn die sich hier ergebende Lücke lässt sich am besten durch die Anwendung vergleichbarer europäischer Grundsätze schließen (hier ist wegen der Parallelität beider Verordnungen [s.o. Vor ROM II Rn 4] anders zu entscheiden als bei Art 42 EGBGB Rn 2). Für **Form** sowie **Rechts- und Geschäftsfähigkeit** erscheint dieser Weg hingegen nicht mehr gangbar, hier ist daher die lex fori anzuwenden, also Art 11, 7, 12 EGBGB (so iE auch BaRoth/*Spickhoff* EGBGB Anh Art 42 Rz 97; Palandt/*Thorn* Art 14 Rz 11). 3

Die Rechtswahl kann vor oder nach Eintritt des schadensbegründenden Ereignisses (entscheidend muss hier wegen Art 2 II das haftungsrelevante Verhalten sein, BaRoth/*Spickhoff* EGBGB Anh Art 42 Rz 98; ähnl *Ofner* ZfRV 08, 13, 22: ursächliche Handlung) erfolgen; je nach **Zeitpunkt** gelten jedoch unterschiedliche Anforderungen. Eine **nachträgliche Rechtswahl** kann gem Art 14 I 1 lit a durch Vereinbarung vorgenommen werden, eine **vorherige Rechtswahl** (krit dazu insb *Rugullis* IPRax 08, 319, 322; *Symeonides* YbPrIntL 07, 149, 170 f) unterliegt nach Art 14 I 1 lit b zusätzlichen Voraussetzungen: Alle Parteien müssen einer kommerziellen Tätigkeit nachgehen und die Vereinbarung muss frei ausgehandelt sein. **Kommerzielle Tätigkeit** ist ähnl zu verstehen wie die Tätigkeit von Unternehmern in den materiellrechtlichen Verbraucherschutzrichtlinien und umfasst Aktivitäten im Zusammenhang mit einer gewerblichen oder beruflichen Tätigkeit (s. zB *G Wagner* IPRax 08, 1, 13; *Ofner* ZfRV 08, 13, 22; ähnl iE *v Hein* ZEuP 09, 6, 20 unter Hinweis auf Art 6 I Rom I-VO sowie *Leible* RIW 08, 257, 260 unter Rückgriff auf Art 2 lit d der RL über unlautere Geschäftspraktiken im Binnenmarkt, RL 2005/29/EG, ABl EU 05, L 149/22). Die kommerzielle Tätigkeit muss einen inneren Zusammenhang mit dem außervertraglichen Schuldverhältnis aufweisen (BaRoth/*Spickhoff* EGBGB Anh Art 42 Rz 99; Palandt/*Thorn* Art 14 Rz 8), wofür insb auf die Umstände der Rechtswahl abzustellen ist (*Leible* RIW 08, 257, 260). Zweifelhaft ist, wann eine Rechtswahlklausel nicht mehr **frei ausgehandelt** ist, insb ob eine Rechtswahl in AGB möglich ist. Nach Art 3 II der Klausel-RL (RL 93/13/EWG, ABl EG 93, L 95/29) sind im Voraus abgefasste Vertragsklauseln als nicht im Einzelnen ausgehandelt zu betrachten. Zwar gilt die RL gem Art 1 I nur im Verhältnis zwischen Gewerbetreibenden und Verbrauchern, erfasst also nicht den hier relevanten Bereich kommerzieller Tätigkeit beider Parteien. Gleichwohl lässt sich Art 3 II der RL dahin verallgemeinern, dass auch iÜ im Voraus abgefasste Klauseln als nicht frei ausgehandelt anzusehen sind (s.a. *Leible* RIW 08, 257, 260). Das erspart einen methodisch bedenklichen Rückgriff auf §§ 305 ff BGB iRd Auslegung von Art 14 I 1 lit b und führt dazu, dass eine vorherige Rechtswahl in AGB nur getroffen werden kann, wenn die Rechtswahlklausel iE ausgehandelt war (so auch *Leible* aaO; *Rugullis* IPRax 08, 319, 322; *Sujecki*, EWS 09, 310, 313; aA zB *G Wagner* IPRax 08, 1, 14; BaRoth/*Spickhoff* EGBGB Anh Art 42 Rz 99; Palandt/*Thorn* Art 14 Rz 9; *Kühne* FS Deutsch 09, 817, 826; differenzierend *Kadner Graziano* RabelsZ 09, 1, 8). Das mag mit 4

Blick auf den internationalen Handelsverkehr unpraktisch und unüblich erscheinen (damit argumentieren ua die genannten Proponenten einer vorherigen Rechtswahl in AGB), ist aber de lege lata hinzunehmen, va wenn man berücksichtigt, dass eine Rechtswahl bei außervertraglichen Schuldverhältnissen bisher international ohnehin keine Selbstverständlichkeit war (*Leible* RIW 08, 257 mN). Zudem bleibt in vielen Fällen noch die Möglichkeit der akzessorischen Anknüpfung an ein gewähltes Vertragsstatut, zB nach Art 4 III, 5 II, 10 I, 11 I, 12 I, welche die Einschränkungen der Rechtswahlmöglichkeiten in Art 14 erheblich relativiert (s. auch *v Hein* RabelsZ 09, 461, 490). Aus der Zulassung einer nachträglichen Rechtswahl folgt, dass auch eine **Abänderung** mit Wirkung ex tunc zulässig sein muss (s. nur BaRoth/*Spickhoff* EGBGB Anh Art 42 Rz 98; Palandt/*Thorn* Art 14 Rz 11).

5 Die Rechtswahl muss gem Art 14 I 2 entweder **ausdrücklich** erfolgen oder sich mit hinreichender Sicherheit aus den Umständen des Falles ergeben. An eine **konkludente Rechtswahl** werden also relativ strenge Anforderungen gestellt; bei der Prüfung, ob eine solche vorliegt, hat das Gericht gem Erw 31 3 den Willen der Beteiligten zu achten. Sinnvoll erscheint es, hier – ähnl wie bisher im deutschen Recht – ein entsprechendes Erklärungsbewusstsein der Parteien zu verlangen (s. zB BaRoth/*Spickhoff* EGBGB Anh Art 42 Rz 100; Palandt/*Thorn* Art 14 Rz 6; *Leible* RIW 08, 257, 261). Ein solches ist nicht ohne Weiteres anzunehmen, wenn vor einem inländischen Gericht mit der lex fori argumentiert wird (s. auch *Kadner Graziano* RabelsZ 09, 1, 7) – hier ist ggf nachzufragen (§ 139 ZPO), eher dagegen bei Verhandeln über ausländisches Recht (*Leible* RIW 08, 257, 261). Auch Gerichtsstandsklauseln sind nicht ohne Weiteres iS einer konkludenten Rechtswahl zu interpretieren; hier müssen zusätzliche Indizien hinzukommen (*Leible* RIW 08, 257, 261).

6 **III. Einschränkungen der Rechtswahl.** Die Rechtswahl ist **unzulässig** bei unlauterem Wettbewerb und den freien Wettbewerb einschränkendem Verhalten (Art 6 IV, s. aber auch Art 6 Rom II-VO Rn 6) sowie bei Verletzung von Rechten des geistigen Eigentums (Art 8 III, 13).

7 Die Rechtswahl lässt **Rechte Dritter** (zB von Haftpflichtversicherungen oder Regressgläubigern) gem **Art 14 I 2** unberührt (zu denkbaren Interpretationsmöglichkeiten im Verhältnis zu Versicherern *Kadner Graziano* RabelsZ 09, 1, 11 f). Diese Regelung ist auch iRv Art 18 zu beachten und bewirkt dort iE nicht nur einen materiellrechtlichen, sondern in Grenzen auch einen prozessualen Schutz (s. nur *Leible* RIW 08, 257, 262).

8 Bei rein **innerstaatlichen Sachverhalten**, bei denen sämtliche der VO relevanten Anknüpfungsmomente (dazu BaRoth/*Spickhoff* EGBGB Anh Art 42) in einem Staat belegen sind, wird die Wahl des Rechts eines anderen Staates nach **Art 14 II** dadurch eingeschränkt, dass die zwingenden Normen des ersten Staates (und zwar intern wie international zwingende, s. nur Palandt/*Thorn* Art 14 Rz 13 f) trotz der Rechtswahl anzuwenden sind, was zu einem Rechtsmix führt (*Heiss/Locker* JBl 07, 613, 623; *Leible* RIW 08, 257, 262). Das gilt unabhängig davon, ob die Rechtswahl durch eine Zuständigkeitsvereinbarung ergänzt wird oder nicht (*Leible* RIW 08, 257, 262; *Sujecki* EWS 09, 310, 314).

9 Eine ähnliche Regelung enthält **Art 14 III** für **Binnenmarktsachverhalte**: Bei Sachverhalten mit ausschließlichem Bezug zum Binnenmarkt lässt die Wahl des Rechts eines Drittstaates nicht die Anwendung zwingender Bestimmungen des Gemeinschaftsrechts, ggf in der von dem Mitgliedstaat des angerufenen Gerichts umgesetzten Form (krit zur Anknüpfung an die lex fori zB Hamburg Group for Private International Law RabelsZ 03, 1, 36; *v Hein* ZVglRWiss 03, 528, 549; teilw abw *ders* RabelsZ 09, 461, 488; *Huber/Bach* IPRax 05, 73, 75; *Sonnentag* ZVglRWiss 06, 256, 280). Zu denken ist bei außervertraglichen Schuldverhältnissen insb an die Bestimmungen der Produkthaftungs-RL (RL 85/374/EWG, ABl EG 85, L 210/29; 99, L 141/20); hier ist zudem Art 12 der RL zu beachten, der für Produkthaftungsansprüche Haftungsbegrenzungen oder -ausschlüsse verbietet. IRd Art 14 III ist „Mitgliedstaat" weiter zu verstehen als nach Art 1 IV: Nach Sinn und Zweck der Regelung muss Dänemark, in dem dieselben materiellrechtlichen Schutzstandards gelten, hier ebenfalls als Mitgliedstaat angesehen werden (s.a. *Heiss/Locker* JBl 07, 613, 623; *Leible* RIW 08, 257, 263; Palandt/*Thorn* Art 1 Rz 17, Art 14 Rz 15). Eine Erweiterung auf EWR-Mitgliedstaaten erschiene in der Sache ebenfalls sinnvoll (dazu insb *Leible* aaO), ist aber de lege lata kaum begründbar.

10 Als weitere Einschränkungen der Rechtswahl sind im Einzelfall insb die Regelungen über **Eingriffsnormen** (**Art 16**) und **ordre public** (**Art 26**) zu berücksichtigen.

KAPITEL V   GEMEINSAME VORSCHRIFTEN

ROM II-VO Art. 15 Geltungsbereich des anzuwendenden Rechts. Das nach dieser Verordnung auf außervertragliche Schuldverhältnisse anzuwendende Recht ist insbesondere maßgebend für
a) den Grund und den Umfang der Haftung einschließlich der Bestimmung der Personen, die für ihre Handlungen haftbar gemacht werden können;
b) die Haftungsausschlussgründe sowie jede Beschränkung oder Teilung der Haftung;
c) das Vorliegen, die Art und die Bemessung des Schadens oder der geforderten Wiedergutmachung;
d) die Maßnahmen, die ein Gericht innerhalb der Grenzen seiner verfahrensrechtlichen Befugnisse zur Vorbeugung, zur Beendigung oder zum Ersatz des Schadens anordnen kann;

e) die Übertragbarkeit, einschließlich der Vererbbarkeit, des Anspruchs auf Schadenersatz oder Wiedergutmachung;
f) die Personen, die Anspruch auf Ersatz eines persönlich erlittenen Schadens haben;
g) die Haftung für die von einem anderen begangenen Handlungen;
h) die Bedingungen für das Erlöschen von Verpflichtungen und die Vorschriften über die Verjährung und die Rechtsverluste, einschließlich der Vorschriften über den Beginn, die Unterbrechung und die Hemmung der Verjährungsfristen und der Fristen für den Rechtsverlust.

Art 15 enthält eine beispielhafte, **nicht abschließende Aufzählung** der Rechtsfragen, für welche das nach der VO anzuwendende Recht gilt. Die Regelung orientiert sich überwiegend am Deliktsstatut und am Verschulden bei Vertragsverhandlungen. Für andere außervertragliche Schuldverhältnisse ist sie entsprechend zu modifizieren (s. nur *G Wagner* IPRax 08, 1, 15). Die genannten Bereiche überschneiden sich teilweise; entscheidend ist aber letztlich nicht die Zuordnung zu einem bestimmten Beispiel innerhalb des Art 15, sondern zum Anwendungsbereich der VO insgesamt. Die Bestimmung des Geltungsbereichs des anzuwendenden Rechts ist zentral für die **Einheit der Rechtsanwendung innerhalb der Gemeinschaft**: Sie sorgt für eine möglichst einheitliche Qualifikation im Vorfeld der Rechtsanwendung und reduziert zugleich Anpassungsprobleme nach Anwendung der Kollisionsregeln. Durchbrochen wird die Einheitlichkeit allerdings durch Sonderregelungen in der VO selbst, insb durch Art 17 sowie Art 16 und 26, weiterhin durch die ergänzende Anwendung allgemeiner Regeln für von der VO nicht erfasste, gleichwohl mit einem nach der VO zu beurteilenden Sachverhalt im Zusammenhang stehende Fragen, wie zB Vorfragen. 1

Lit a nennt Grund und Umfang der Haftung einschließlich der Bestimmung der Haftpflichtigen. Der Grund der Haftung erfasst zB die Art der Haftung (verschuldensabhängig oder -unabhängig; wegen der autonomen Qualifikation kommt es auf die Zuordnung zu gesetzlichen Schuldverhältnissen im nationalen Recht nicht an), Verschuldensdefinition, die Möglichkeit einer Haftung für Unterlassen sowie Fragen des Kausalzusammenhangs (KOM [03] 427 26). Der Umfang der Haftung betrifft zB Haftungshöchstgrenzen (KOM [03] 427 26). Die Person des Haftpflichtigen ist zB für die Handlungs- bzw Deliktsfähigkeit und Zurechnung (*Heiss/Loacker* JBl 08, 613, 645; *G Wagner* IPRax 08, 1, 15), für die Haftung für Täterschaft und Beteiligung sowie die Haftung mehrerer (zum Innenausgleich s. Art 20) und schließlich für die Bestimmung der Haltereigenschaft iRd Gefährdungshaftung (*BaRoth/Spickhoff* EGBGB Anh Art 42 Rz 106) von Bedeutung. 2

Nach **lit b** werden Haftungsausschlussgründe sowie Beschränkung und Teilung der Haftung erfasst; darunter fasste die Kommission etliche Fragen, die aus deutscher Sicht auch schon zur Haftungsbegründung iSv lit a gerechnet werden können, wie zB das Eingreifen von Rechtfertigungsgründen, die Anrechnung einer Mitverantwortlichkeit des Geschädigten oder Haftungseinschränkungen zwischen bestimmten Personen, zB Ehegatten (KOM [03] 427 26). Die Einbeziehung von Haftungsbeschränkungen in das Deliktsstatut kann zu Konflikten führen, wenn sie in internationalen Übereinkommen enthalten sind, die ihren Regelungsbereich nach einer anderen Methode (insb unter Anknüpfung an die lex fori) bestimmen (s. zB *Hartenstein* TranspR 08, 143, 153 f). 3

In **lit c** wird der Umfang des Schadensersatzes (zu ergänzen ist: bzw der Bereicherung oder des nach den Regeln der Geschäftsführung ohne Auftrag zu Leistenden bzw Herauszugebenden) ggü lit a nochmals konkretisiert. Erfasst wird neben der Art (zB Naturalrestitution oder Geldersatz) des Schadensersatzes insb die Bestimmung des im Einzelfall ersatzfähigen Schadens, zB die Problematik der Einbeziehung von immateriellen Schäden, Vermögensschäden oder Umweltschäden (KOM [03] 427 26). Fraglich ist, ob die Bemessung des Schadensersatzes von lit c erfasst wird. Dagegen spricht entscheidend die Gesetzgebungsgeschichte (ausführl *Hay* EuLF 07, I-137, 148), so dass de lege lata die Bemessung wohl als der lex fori unterfallende Frage des Prozessrechts zu qualifizieren ist. Das erleichtert zwar die Rechtsanwendung, ist aber in Bezug auf Systematik und Vereinheitlichungseffekt der VO keine besonders glückliche Lösung. 4

Lit d nennt die Maßnahmen, die ein Gericht innerhalb seiner verfahrensrechtlichen Befugnisse zur Vorbeugung, zur Beendigung oder zum Ersatz des Schadens (zu ergänzen ist: bzw zur Herausgabe einer Bereicherung oder zum Aufwendungsersatz) anordnen kann. Aufgrund der Eingrenzung durch die verfahrensrechtlichen Befugnisse des Gerichts ist hier insb an die unterschiedlichen denkbaren Anspruchsarten, va auch vorbeugende (Unterlassungs- bzw Beseitigungs-) Ansprüche sowie ggf außervertragliche Ansprüche vorbereitende Auskunftsansprüche (zB im Recht des geistigen Eigentums) zu denken. 5

Weiterhin wird nach **lit e** die Übertragbarkeit der Ansprüche aus außervertraglichen Schuldverhältnissen einschließlich ihrer Vererblichkeit erfasst. Diese kann etwa bei Ansprüchen wegen der Verletzung bestimmter Rechte des geistigen Eigentums eine wichtige Rolle spielen. Str ist die Einbeziehung rechtsgeschäftlicher Abtretungen (für eine Einbeziehung Palandt/*Thorn* Art 15 Rz 7, dagegen *Heiss/Loacker* JBl 07, 613, 639). Nach der Kommissionsbegründung des (insoweit nicht geänderten, sondern nur präzisierten) ursprünglichen Verordnungsentwurfs sollen die Frage der Übertragbarkeit der Forderung und das Verhältnis zwischen Zessionar und Schuldner erfasst werden (KOM [03] 427 26); für das Verhältnis zwischen Zessionar und Zedent gilt Art 15 Rom I-VO. 6

7 Die Formulierung „die Personen, die Anspruch auf Ersatz eines persönlich erlittenen Schadens haben" in **lit f** zielt auf die Eingrenzung des Kreises der Ersatzberechtigten, insb auf die Frage ab, ob und in welchen Fällen mittelbar Geschädigte Ersatz materieller und ggf auch immaterieller Schäden verlangen können (KOM [03] 427 26). Auch hier sollte allerdings erweiternd ausgelegt werden, um etwa auch die Frage der Anspruchsberechtigung (zB von Verbänden bei Wettbewerbsverstößen, s. KOM [03] 427 17) für Unterlassungsklagen zu erfassen.

8 Die Haftung für die von einem anderen begangenen Handlungen iSv **lit g** umfasst zB die Haftung für Gehilfen oder Aufsichtsbedürftige, aber wohl auch die va im Wettbewerbs- und Immaterialgüterrecht wichtige Problematik der Störerhaftung, insb iRv Unterlassungsansprüchen.

9 **Lit h** nennt das Erlöschen von Verpflichtungen, die Vorschriften über Verjährung und Rechtsverluste einschließlich der Modalitäten ihrer Geltendmachung. Offenbar wird die Verjährung hier also – aus deutscher Sicht naheliegend, international aber nicht selbstverständlich – als materiellrechtlich qualifiziert.

ROM II-VO Art. 16 Eingriffsnormen.
Diese Verordnung berührt nicht die Anwendung der nach dem Recht des Staates des angerufenen Gerichts geltenden Vorschriften, die ohne Rücksicht auf das für das außervertragliche Schuldverhältnis maßgebende Recht den Sachverhalt zwingend regeln.

1 **A. Ursprung und Inhalt.** Die Vorschrift regelt in **Parallele zu Art 9 Rom I-VO**, aber mit beträchtlichen Abweichungen, Eingriffsnormen. Allerdings gibt sie keine Definition der Eingriffsnorm und regelt auch nur die Eingriffsnormen der lex fori, lässt also vieles offen. Die Kommissionsvorschläge waren weiter gegangen (*Freitag* IPRax 09, 110ff). Eine Regelung der Eingriffsnormenproblematik bei außervertraglichen Schuldverhältnissen ist, soweit überhaupt erörtert, gelegentlich für überflüssig gehalten worden, da die einschlägigen Kollisionsregeln staatliche Steuerungsinteressen bereits berücksichtigen (dazu *Rolf Wagner* IPRax 08, 1, 15). Eine verbreitete Ansicht hält die praktische Bedeutung von Art 16 für gering (*Palandt/Thorn* Art 16 Rz 5), manche rechtfertigen sie mit der Rechtswahlmöglichkeit nach der VO (etwa *Bureau/Watt* Droit international privé, 07, II Nr 1008; krit *Rolf Wagner* ebda). Es gibt aber durchaus Anwendungshypothesen (u Rn 3). Neben Art 16 steht der ordre public, Art 26.

2 **B. Eingriffsnorm.** Für den Begriff der Eingriffsnorm wird man auf Art 9 I Rom I-VO zurückgreifen können (so im Ergebnis wohl auch *Palandt/Thorn* Rom II 16 Rz 1 und 4; *Garcimartín Alferez* EuLF 08, I-61, I-77 Nr 75; für Identität mit Begriff des Art 34 EGBGB *BaRoth/Spickhoff* Art 16 Rz 115), der auf die EuGH-Entscheidung Arblade zurückgeht (s. Art 9 Rn 2). Allerdings geht es hier um außervertragliche Schuldverhältnisse und jedenfalls das Deliktsrecht ist schon selbst von der Wahrung öffentlicher Interessen geprägt. Die Eingriffsnormproblematik ist bisher va bei vertraglichen, wenig bei außervertraglichen Schuldverhältnissen (*BaRoth/Spickhoff* Art 16 Rz 116) aufgetreten und erörtert (s. aber *Schramm* Ausländische Eingriffsnormen im Deliktsrecht, 05; *v Hoffmann* FS Heldrich 283ff). Sicherheits- und Verhaltensregeln fallen unter Art 17, nicht Art 16.

3 **C. Eingriffsnormen der lex fori.** Jedenfalls lassen sich verschiedene Konstellationen und Beispiele der Anwendung denken. Es kommen speziell insb haftungsbegründende wie haftungsausschließende Eingriffsnormen in Betracht (ähnl *Schramm* 12ff). **Haftungsbegründend** ist an Straftatbestände oder Verbotsgesetze im Zusammenhang ihrer haftungsrechtlichen Bewehrung wie in § 823 II zu denken (*BaRoth/Spickhoff* Rz 116); dabei sind wohl die Normen des Internationalen Strafrechts wie in den §§ 3ff StGB zu beachten (*BaRoth/Spickhoff* ebda; aA *v Hoffmann*). Auch § 84 AMG (*Palandt/Thorn* Art 16 Rz 5) sowie Kartellrecht und § 130 GWB sind generell Eingriffsnormen, doch wird Art 6 III Rom II-VO den Rückgriff auf Art 16 im Kartellrecht meist entbehrlich machen (vgl *Palandt/Thorn* Art 16 Rz 5; anders wohl *BaRoth/Spickhoff* Rz 116). Ob Prospekthaftungsvorschriften Eingriffsnormen sind, ist str (abl *v Hein* in: Perspektiven des Wirtschaftsrechts, 08, 371, 387 ff), zw ist § 829 (abl *Kühne* FS Deutsch, 828f). **Haftungsausschließend** ist an Regeln über den Arbeitskampf (Erwägungsgrund 28; *Heinze* RabelsZ 09, 788; vgl *Palandt/Thorn* Art 16 Rz 5), den Ausschluss eigener Außenhaftung von Arbeitnehmern und Beamten (*Palandt/Thorn* Art 16 Rz 5; differenzierend *Schramm* 71ff; anschaulich *v Hoffmann* 294f), immissionsschutzrechtliche Genehmigungen oder Haftungserleichterungen bei elektronischen Diensten nach RL 2000/31 zu denken, zw ist § 828 II (abl *Kühne* 828f). Zudem können auch bei außervertraglichen Schuldverhältnissen **allgemeine** Eingriffsnormen etwa des Devisenrechts oder Außenwirtschaftsrechts eingreifen (dazu ex Art 34 EGBGB Rn 6).

4 **D. Eingriffsnormen der lex causae.** In Parallele zum Internationalen Vertragsrecht (o Rom I-VO Art 9 Rn 6) muss auch nach den Eingriffsnormen der lex causae gefragt werden. Bei den außervertraglichen Schuldverhältnissen liegen die Verhältnisse und Interessen wegen der Prägung durch öffentliche Interessen insoweit jedoch anders als im Vertragsrecht, jedenfalls wenn nicht eine vertragsakzessorische Anknüpfung eingreift (zum Deliktsrecht *Schramm* 88); daher ist bisher hier die Eingriffsnormenproblematik auch wenig aufgetreten (o Rn 1; vgl *Rolf Wagner* IPRax 08, 1, 15). Die **Eingriffsnormen der lex causae als generell von der Verweisung mitumfasst** anzusehen, erscheint hier daher als unbedenklich (vgl auch *Schramm* 88 zum Entwurf; in der Sache auch *Heiss/Loacker* JBl 07, 644; *Dickinson* Rome II Regulation (08) Rz 15.22; vorausgesetzt bei *Rolf Wagner* ebda).

E. Drittstattliche Eingriffsnormen. Die Anwendung drittstaatlicher Eingriffsnormen wird in Art 16 anders 5
als in Art 9 III Rom I-VO nicht geregelt, da hierzu eine Einigung nicht möglich war. Daraus sollte **kein Ausschluss der Sonderanknüpfung**, sondern das Vorliegen einer Lücke gefolgert werden (*Palandt/Thorn* Art 16 Rz 3; *Heiss/Loacker* JBl 07, 644; *Kadner-Graziano* Rev crit dip 08, 445, 508; aA *BaRoth/Spickhoff* Rz 117; *Rolf Wagner* IPRax 08, 1, 15; wohl auch *Ofner* ZfRvgl 08, 13, 23). Die Lücke in Art 16 ist zwar nicht zufällig, beruht aber auch nicht auf umfassender Abwägung und Entscheidung aller denkbaren Fälle. Aufgrund des jedenfalls im Deliktsrecht verbreiteten Schutzes auch öffentlicher Interessen wäre es zudem bedenklich, wenn man dort die Regelanknüpfungen mehr verabsolutierte als im Vertragsrecht, bei dem Art 9 III Rom I-VO gilt. Zudem gebietet der Entscheidungseinklang eine Offenheit für drittstaatliche Eingriffsnormen (so *Palandt/Thorn* Art 16 Rz 3). In Betracht kommt die Anwendung drittstaatlicher Eingriffsnormen insb bei Interessenidentität und bei Vorschriften anderer EG-Mitgliedstaaten. So ist in Frankreich eine Verjährungsvorschrift für Persönlichkeitsrechtsverletzungen als Eingriffsnorm betrachtet worden (*Boskovic* in: Corneloup/Joubert, Le règlement communautaire „Rome II", 08, 183, 193 Fn 17.

ROM II-VO Art. 17 Sicherheits- und Verhaltensregeln.
Bei der Beurteilung des Verhaltens der Person, deren Haftung geltend gemacht wird, sind faktisch und soweit angemessen die Sicherheits- und Verhaltensregeln zu berücksichtigen, die an dem Ort und zu dem Zeitpunkt des haftungsbegründenden Ereignisses in Kraft sind.

Art 17 verlangt – einem international weitgehend anerkannten Grundsatz folgend – die Berücksichtigung von 1
Sicherheits- und Verhaltensregeln am Ort des haftungsbegründenden Ereignisses, also am Handlungsort (Erw 34; *G Wagner* IPRax 08, 1, 5). Die Regelung spielt immer dann eine Rolle, wenn das anwendbare Recht nicht das Recht des Ortes des haftungsbegründenden Ereignisses ist, also insb iRd Grundanknüpfung (Art 4 I) bei Distanzdelikten, aber auch häufig bei Sonderanknüpfungen wie denjenigen an das Recht des gewöhnlichen Aufenthalts der Beteiligten (zB Art 4 II, 10 II, 11 II, 12 II lit b) oder bei einer Anwendung von Ausweichklauseln (zB Art 4 III, 5 II, 10 IV, 11 IV, 12 II lit c).

Sicherheits- und Verhaltensregeln iSd Art 17 sind gem Erw 34 alle Vorschriften, die im Zusammenhang mit 2
Sicherheit und Verhalten stehen, insb Verkehrsregeln (für Straßen-, Wasser-, Luftverkehr), aber auch etwa sicherheitsrelevante sportliche Verhaltensregeln (zB die FIS-Verhaltensregeln für Ski- und Snowboardfahrer), Produktsicherheitsvorschriften oder umweltrechtliche Sicherheitsregeln. Diese Vorschriften gelten innerhalb ihres räumlichen Anwendungsbereichs für sämtliche Akteure und sind daher auch iRv Deliktsansprüchen zu berücksichtigen, die nach einem anderen Recht zu beurteilen sind. Unter Ort des haftungsbegründenden Ereignisses ist der Handlungsort zu verstehen (s. Erw 34).

Die Berücksichtigung erfolgt als **Auslandssachverhalt**, dh iRd Tatbestands der jeweiligen Haftungsregel (s. zB 3
Siems RIW 04, 662, 666; *v Hein* VersR 07, 440, 446; *Leible/Lehmann* RIW 07, 721, 725; *Junker* NJW 07, 3675, 3681); in prozessualer Hinsicht ist die Berücksichtigung allerdings als Anwendung ausländischen Rechts zu behandeln (insb iRd § 545 I ZPO, *v Hein* VersR 07, 440, 446; *Palandt/Thorn* Art 17 Rz 2). **Grenzen** der Berücksichtigung ergeben sich im Einzelfall, wenn die Geltung abweichender Regeln für den Schädiger oder gar für beide Beteiligten ausnahmsweise vorhersehbar war. So kann sich ein Schädiger nicht auf niedrigere Sicherheitsstandards am Handlungsort berufen, wenn für ihn, wie zB bei Umweltdelikten, Auswirkungen seines Verhaltens an einem anderen Ort (Erfolgsort) mit strengeren Sicherheitsregeln vorhersehbar waren (*G Wagner* IPRax 08, 1, 5; *Palandt/Thorn* Art 17 Rz 3; bei der Produkthaftung ist aber insoweit die Spezialregelung in Art 5 I 2 zu berücksichtigen, s. *G Wagner* IPRax 08, 1, 5, sofern man hier nicht als Handlungsort von vornherein den Vermarktungsort ansieht, so *Palandt/Thorn* Art 5 Rz 14). Weiterhin kann iRd Art 4 II ggf eine gemeinsame Erwartung beider Beteiligten in Bezug auf vom Recht des Handlungsortes abweichende Sicherheitsstandards zu berücksichtigen sein (zB bei der Beurteilung des Mitverschuldens beim Unfall im Ausland, in dem keine Gurtpflicht gilt, zwischen zwei Personen mit gewöhnlichem Aufenthalt in Deutschland, BaRoth/*Spickhoff* EGBGB Anh Art 42 Rz 119; *Palandt/Thorn* Art 17 Rz 5). Art 17 ist **entsprechend anzuwenden** auf die Frage eines zu berücksichtigenden **Mitverschuldens** (*G Wagner* IPRax 08, 1, 6; *Ofner* ZfRV 08, 13, 17; *Palandt/Thorn* Art 17 Rz 5; aA *Heiss/Loacker* JBl 07, 613, 637).

ROM II-VO Art. 18 Direktklage gegen den Versicherer des Haftenden.
Der Geschädigte kann seinen Anspruch direkt gegen den Versicherer des Haftenden geltend machen, wenn dies nach dem auf das außervertragliche Schuldverhältnis oder nach dem auf den Versicherungsvertrag anzuwendenden Recht vorgesehen ist.

Art 18 ermöglicht einen Direktanspruch des Geschädigten gegen den Versicherer des Haftenden, wenn ein 1
solcher Anspruch entweder nach dem (nach Art 4 ff zu ermittelnden) Deliktsstatut oder nach dem Vertragsstatut des Versicherungsvertrags (das nach Art 7 ff EGVVG oder Art 3 ff Rom I-VO zu bestimmen ist) vorgesehen ist. Durch diese alternative Anknüpfung wird ein weitgehendes **Günstigkeitsprinzip** zugunsten des Geschädigten zur Geltung gebracht: Der Richter hat vAw zu ermitteln, ob nach einer der in Betracht kom-

menden Rechtsordnungen ein Direktanspruch vorgesehen ist (s. BaRoth/*Spickhoff* EGBGB Anh Art 42 Rz 121; Palandt/*Thorn* Art 18 Rz 2). Weil die alternative Anknüpfung innerhalb der gesamten EU (m Ausn Dänemarks) vorgenommen wird, ist sie auch – anders als bisher die Anknüpfung in Art 40 IV EGBGB – keinen europarechtlichen Bedenken im Hinblick auf die Dienstleistungsfreiheit im Binnenmarkt (dazu *Schaub* RabelsZ 02, 18, 58 ff) ausgesetzt.

2 Für Fälle der **Rechtswahl** ist jedoch die Einschränkung in Art 14 I 2 zu beachten. Durch Rechtswahl in Bezug auf das Deliktsstatut kann ein sonst nicht bestehender Direktanspruch gegen den Versicherer nicht begründet und ein bestehender Anspruch gegen diesen nicht erweitert werden (s. insb *Leible* RIW 08, 257, 262).

3 Das nach Art 18 anwendbare Recht ist maßgeblich für den Direktanspruch selbst; für den Umfang der Haftung des Versicherers gilt jedoch – selbst bei Begründung eines Direktanspruchs über das Deliktsstatut – das auf den Versicherungsvertrag anwendbare Recht (KOM [03] 427 28; Palandt/*Thorn* Art 18 Rz 1; *Junker* NJW 07, 3675, 3681; *ders* JZ 08, 169, 177; aA BaRoth/*Spickhoff* EGBGB Anh Art 42 Rz 123). Im Bereich der **Kfz-Haftpflichtversicherung** ist die praktische Bedeutung des Art 18 allerdings wegen des Systems der Grünen Karte und der 5. Kraftfahrzeughaftpflicht-RL (ABl EU 05, L 149/14) eher gering (*Junker* JZ 08, 169, 177; Palandt/*Thorn* Art 18 Rz 3).

ROM II-VO Art. 19 Gesetzlicher Forderungsübergang.
Hat eine Person („der Gläubiger") aufgrund eines außervertraglichen Schuldverhältnisses eine Forderung gegen eine andere Person („den Schuldner") und hat ein Dritter die Verpflichtung, den Gläubiger zu befriedigen, oder befriedigt er den Gläubiger aufgrund dieser Verpflichtung, so bestimmt das für die Verpflichtung des Dritten gegenüber dem Gläubiger maßgebende Recht, ob und in welchem Umfang der Dritte die Forderung des Gläubigers gegen den Schuldner nach dem für deren Beziehungen maßgebenden Recht geltend zu machen berechtigt ist.

1 **A. Bedeutung.** Die Vorschrift enthält eine für die Praxis sehr bedeutsame Regelung über das **Statut der Legalzession**. Sie ist Art 13 EVÜ nachgebildet, der jedoch ausschließlich vertragliche Forderungen erfasst. Der deutsche Gesetzgeber ist darüber in *ex Art 33 III EGBGB* hinausgegangen, indem er auch Forderungen aus außervertraglichen Schuldverhältnissen mit einbezogen hat. Nunmehr findet sich in Art 19 eine eigenständige Regelung. Für die cessio legis bei vertraglichen Forderungen gilt ab 18.12.09 Art 15 Rom I-VO.

2 **B. Anknüpfung.** Hat ein Dritter aufgrund einer dahin gehenden Verpflichtung die Forderung des Gläubigers gegen den Schuldner erfüllt, so entscheidet über Entstehung und Umfang eines etwaigen Regressanspruchs das Recht, auf dem die Verpflichtung beruht (sog **Zessionsgrundstatut**). Das Forderungsstatut wird durch die Ersatzleistung allerdings nicht berührt. Hat etwa die Versicherung dem Geschädigten Ersatz geleistet, so bestimmt das Statut des Versicherungsvertrages, unter welchen Voraussetzungen die Forderung auf den Versicherer übergeht. Der Inhalt der Schadensersatzforderung inkl etwaiger Einwendungen und Einreden bestimmt sich hingegen nach dem Deliktsstatut (Art 4, 14). Dies gilt auch für die Frage, ob die Forderung überhaupt übertragbar ist (Art 15 lit e; *Junker* JZ 08, 169, 177).

ROM II-VO Art. 20 Mehrfache Haftung.
Hat ein Gläubiger eine Forderung gegen mehrere für dieselbe Forderung haftende Schuldner und ist er von einem der Schuldner vollständig oder teilweise befriedigt worden, so bestimmt sich der Anspruch dieses Schuldners auf Ausgleich durch die anderen Schuldner nach dem Recht, das auf die Verpflichtung dieses Schuldners gegenüber dem Gläubiger aus dem außervertraglichen Schuldverhältnis anzuwenden ist.

1 Die Norm bestimmt das auf den **Gesamtschuldnerausgleich** iSv § 426 II BGB anwendbare Recht. Sie entspricht dem *ex Art 33 III 2 EGBGB* (Art 13 II EVÜ). Das Regressstatut bei vertraglichen Schuldverhältnissen richtet sich nach dem Inkrafttreten der Rom I-VO nach deren Art 16.

2 Der Binnenausgleich bei mehreren Gesamtschuldnern richtet sich nach dem Schuldstatut der getilgten Forderung. Dieses bestimmt, ob und inwieweit der Leistende Regress nehmen kann. Dies gilt auch und gerade dann, wenn die Verpflichtungen **unterschiedlichen Rechtsordnungen** unterliegen (*Wagner* IPrax 08, 1, 16). Voraussetzung dafür, dass die Schuldner für „dieselbe" Forderung haften, ist allein, dass der Gläubiger nach den verschiedenen Forderungsstatuten nur einmal Befriedigung verlangen kann und es sich um im Wesentlichen gleichartige und gleichrangige Ansprüche handelt (BaRoth/*Spickhoff* Anh Art 42 EBGBG Rom II-VO Rz 127). Jeder Gesamtschuldner kann durch zügige Erfüllung das Regressstatut bestimmen und wird dadurch ggü den übrigen Schuldnern privilegiert.

3 Art 20 enthält keine Art 16 2 Rom I-VO vergleichbare Schutzklausel zugunsten der übrigen Schuldner. Diese sind bei Forderungen aus vertraglich begründeten Schuldverhältnissen berechtigt, dem im Wege des Regresses *vorgehenden Mitschuldner* alle **Verteidigungsmittel** entgegenzuhalten, die ihnen nach dem auf ihre Verpflichtungen ggü dem Hauptgläubiger anzuwendenden Recht zugestanden hätten. Eine Ungleichbehandlung ist jedoch kaum zu begründen. Ob man dem aufgrund eines außervertraglichen Schuldverhältnisses auf Ausgleich in Anspruch Genommenen wirklich den Einwand abschneiden kann, dass er nach dem für ihn maß-

geblichen Recht nicht oder nicht in vollem Umfang haftet, erscheint fraglich. Jedenfalls erfasst Art 16 2 Rom I-VO auch vertraglich/außervertraglich gemischte Gesamtschulden (*Magnus* in Ferrari/Leible, Ein internationales Vertragsrecht für Europa, 07, 201, 218). Außerdem darf die Position der Mitschuldner durch eine von Hauptgläubiger und Leistendem vorgenommene Rechtswahl (Art 14) nicht verschlechtert werden.

ROM II-VO Art. 21 Form. Eine einseitige Rechtshandlung, die ein außervertragliches Schuldverhältnis betrifft, ist formgültig, wenn sie die Formerfordernisse des für das betreffende außervertragliche Schuldverhältnis maßgebenden Rechts oder des Rechts des Staates, in dem sie vorgenommen wurde, erfüllt.

Art 21 enthält eine alternative Anknüpfung für Formerfordernisse bei einseitigen Rechtshandlungen in Bezug 1 auf außervertragliche Schuldverhältnisse, zB zur Begründung oder Beendigung solcher Schuldverhältnisse, wie evtl ein Schuldanerkenntnis am Unfallort (MüKo/*Junker* Art 21 Rom II-VO Rz 6 – mit berechtigten Zweifeln am praktischen Anwendungsbereich). Das durch die alternative Anknüpfung festgeschriebene **Günstigkeitsprinzip** dient – ähnl wie Art 11 III Rom I-VO bzw Art 11 I EGBGB – einer möglichst weitreichenden Formwirksamkeit; ausreichend ist Formwirksamkeit nach dem Recht des Vornahmeortes oder nach der lex causae.

ROM II-VO Art. 22 Beweis. (1) Das nach dieser Verordnung für das außervertragliche Schuldverhältnis maßgebende Recht ist insoweit anzuwenden, als es für außervertragliche Schuldverhältnisse gesetzliche Vermutungen aufstellt oder die Beweislast verteilt.
(2) Zum Beweis einer Rechtshandlung sind alle Beweisarten des Rechts des angerufenen Gerichts oder eines der in Artikel 21 bezeichneten Rechte, nach denen die Rechtshandlung formgültig ist, zulässig, sofern der Beweis in dieser Art vor dem angerufenen Gericht erbracht werden kann.

Art 22 (zu dem Art 18 Rom I-VO für vertragliche Schuldverhältnisse eine Parallelregelung enthält) betrifft 1 Beweisfragen und präzisiert Art 1 III. Ausgehend von dem Grundsatz, dass für Verfahrensfragen die lex fori maßgebend ist, werden wichtige Ausnahmen bzw Ergänzungen geregelt.
Nach **Art 22 I** gilt das für das außervertragliche Schuldverhältnis maßgebende Recht auch hinsichtlich der 2 dort enthaltenen gesetzlichen **Vermutungs- oder Beweislastverteilungsregeln** (einschl der Regeln über Darlegungs-, Behauptungs- und Beweisführungslast, s. nur *Schack* IZVR Rz 674, 676; BaRoth/*Spickhoff* EGBGB Anh Art 42 Rz 131). Das ist sinnvoll, weil diese Regeln häufig untrennbar mit den Voraussetzungen einer Haftung aus einem außervertraglichen Schuldverhältnis verbunden sind, wie zB im deutschen Recht §§ 830 I 2, 831 I 2, 832 I 2, 833 2, 834 2, 836 I 2 BGB oder § 1 IV ProdHaftG. „Gesetzlich" ist in einem weiten Sinne zu verstehen, so dass auch richterrechtliche Regeln (wie zB die Beweislastregeln bei der Produkt- oder Arzthaftung im deutschen Recht) erfasst werden. Problematisch kann im Einzelfall die Abgrenzung zwischen sachrechtlichen Beweislastregeln, die von dem auf das außervertragliche Schuldverhältnis anwendbaren Recht erfasst werden, und prozessualen Beweisregeln oder Vermutungen, die der lex fori unterliegen, sein. Entscheidend sollte hier die enge Verknüpfung mit den Voraussetzungen der sachrechtlichen Anspruchsgrundlage, insb mit konkreten Tatbestandsmerkmalen, sein; besteht eine solche Verknüpfung nicht (wie zB bei §§ 286 f oder § 138 III ZPO oder bei den Regeln über den Anscheinsbeweis), handelt es sich um der lex fori unterliegende prozessuale Regeln (str für die Regeln über die Beweiswürdigung, wie hier zB *Schack* IZVR Rz 693; BaRoth/*Spickhoff* EGBGB Anh Art 42 Rz 131 f; aA *Coester-Waltjen* Internationales Beweisrecht Rz 354 ff).
Art 22 II modifiziert die – grds der lex fori unterstehenden – Regeln über **Beweismittel für Formfragen** in 3 Fortführung des in Art 21 normierten Günstigkeitsprinzips: Für den Beweis einer Rechtshandlung iSd Art 21 (also einer einseitigen Rechtshandlung, die ein außervertragliches Schuldverhältnis betrifft) sind zusätzlich zu den Beweisarten der lex fori auch die Beweisarten der nach Art 21 bezeichneten Rechte (also des Rechts des Vornahmeortes bzw der lex causae) zulässig, sofern der Beweis in dieser Art vor dem angerufenen Gericht erbracht werden kann (was zB bei verfassungsrechtlich begründeten Beweisverwertungsverboten nicht der Fall sein dürfte, vgl auch BaRoth/*Spickhoff* EGBGB Anh Art 42 R 133).

KAPITEL VI SONSTIGE VORSCHRIFTEN

ROM II-VO Art. 23 Gewöhnlicher Aufenthalt. (1) ¹Für die Zwecke dieser Verordnung ist der Ort des gewöhnlichen Aufenthalts von Gesellschaften, Vereinen und juristischen Personen der Ort ihrer Hauptverwaltung. ²Wenn jedoch das schadensbegründende Ereignis oder der Schaden aus dem Betrieb einer Zweigniederlassung, einer Agentur oder einer sonstigen Niederlassung herrührt, steht dem Ort des gewöhnlichen Aufenthalts der Ort gleich, an dem sich diese Zweigniederlassung, Agentur oder sonstige Niederlassung befindet.
(2) Im Sinne dieser Verordnung ist der gewöhnliche Aufenthalt einer natürlichen Person, die im Rahmen der Ausübung ihrer beruflichen Tätigkeit handelt, der Ort ihrer Hauptniederlassung.

1 Art 23 präzisiert den in vielen Anknüpfungsregeln (Art 4 II, 5 I 1 lit a, 5 I 2, 10 II, 11 II, 12 II lit b) verwendeten Anknüpfungspunkt des gewöhnlichen Aufenthalts für bestimmte Zweifelsfälle. Die Norm baut auf Art 4 II EVÜ sowie teilweise auf Art 60 EuGVVO (der allerdings auf den Wohnsitz abstellt) auf, so dass iRd autonomen Auslegung des Begriffs des gewöhnlichen Aufenthalts die im Zusammenhang mit diesen Normen entwickelten Grundsätze auch hier maßgeblich sind. Eine weitgehend (wenn auch nicht vollständig, s.u. Rn 3) parallele Regelung findet sich in Art 19 Rom I-VO.

2 **Art 23 I** definiert den gewöhnlichen Aufenthalt von Gesellschaften, Vereinen und juristischen Personen. **Gesellschaften, Vereine oder juristische Personen** sind Vereinigungen oder Vermögensmassen, die Partei eines Rechtsstreits sein können (Palandt/*Thorn* Art 19 Rom I Rz 2 mwN). Ob sie darüber hinaus in der Lage sein müssen, sich vertraglich zu verpflichten (s.zB BaRoth/*Spickhoff* EGBGB Anh Art 42 Rz 135; Palandt/*Thorn* Art 19 Rom I Rz 2), erscheint im Kontext außervertraglicher Schuldverhältnisse zweifelhaft; sinnvollerweise sollte darauf abgestellt werden, ob die Personenvereinigung Adressatin von Verhaltenspflichten sein kann. Der gewöhnliche Aufenthalt solcher Vereinigungen ist nach Art 23 I 1 idR am Ort ihrer **Hauptverwaltung** zu lokalisieren. Dies ist der faktische Sitz, an dem die zentralen Leitungsentscheidungen getroffen werden (BaRoth/*Spickhoff* EGBGB Anh Art 42 Rz 135); nicht entscheidend ist der Registrierungs- oder Gründungsort. Wenn das schadensbegründende Ereignis (der Begriff ist nach Sinn und Zweck der VO erweiternd auszulegen als Ereignis, das ein außervertragliches Schuldverhältnis iS der VO begründet) oder der Schaden aus dem Betrieb einer Zweigniederlassung, Agentur oder sonstigen **Niederlassung** herrührt, ist der gewöhnliche Aufenthalt dort anzunehmen. Niederlassung ist unter Heranziehung der Rspr zu Art 5 Nr 5 EuGVVO als Mittelpunkt geschäftlicher Tätigkeit zu verstehen, der auf Dauer als Außenstelle des Stammhauses hervortritt, eine Geschäftsführung hat und sachlich so ausgestattet ist, dass er in der Weise Geschäfte mit Dritten betreiben kann, dass diese, obgleich sie wissen, dass möglicherweise ein Rechtsgeschäft mit dem im Ausland ansässigen Stammhaus begründet wird, sich nicht unmittelbar an dieses zu wenden brauchen, sondern Geschäfte an dem Mittelpunkt geschäftlicher Tätigkeit abschließen können, der dessen Außenstelle ist (EuGH RIW 79, 56, 58; BaRoth/*Spickhoff* EGBGB Anh Art 42 Rz 136).

3 Der gewöhnliche Aufenthalt **natürlicher Personen** wird in **Art 23 II** nur für den **Sonderfall** des Handelns in Ausübung einer beruflichen Tätigkeit definiert. Dann ist der Ort der Hauptniederlassung ausschlaggebend; auf sonstige Niederlassungen kommt es – anders als nach Art 23 I und auch abw von Art 19 II Rom I-VO – nicht an. IÜ ist gewöhnlicher Aufenthalt einer natürlichen Person ihr tatsächlicher Lebensmittelpunkt, für dessen Ermittlung die soziale Integration auch iRd autonomen Auslegung eine wichtige Rolle spielen dürfte (s. nur *Heiss/Loacker* JBl 07, 613, 626; BaRoth/*Spickhoff* EGBGB Anh Art 42 Rz 137). Offen ist bislang zB, ob eine natürliche Person einen doppelten gewöhnlichen Aufenthalt haben kann oder wie der gewöhnliche Aufenthalt von nicht geschäftsfähigen Personen, Minderjährigen oder geistig Behinderten zu bestimmen ist (*Sonnenberger* FS Kropholler 227, 237).

ROM II-VO Art. 24 Ausschluss der Rück- und Weiterverweisung.
Unter dem nach dieser Verordnung anzuwendenden Recht eines Staates sind die in diesem Staat geltenden Rechtsnormen unter Ausschluss derjenigen des Internationalen Privatrechts zu verstehen.

1 Art 24 normiert – abw von Art 4 I, II EGBGB, aber in Einklang mit Art 15 EVÜ und Art 20 Rom I-VO – das Prinzip der **Sachnormverweisung**, dh im Anwendungsbereich der VO (und damit auch in Fällen der Rechtswahl nach Art 14, s. dazu zB BaRoth/*Spickhoff* EGBGB Anh Art 42 Rz 139) sind Rück- und Weiterverweisungen ausgeschlossen. Das entspricht dem rechtsvereinheitlichenden Zweck der VO. Praktische Bedeutung hat die Regelung bei Verweisungen auf das Recht von Drittstaaten (zu denen hier auch Dänemark zu rechnen ist) sowie dann, wenn iRd Verweisung auf das Recht eines Mitgliedstaates internationale Übereinkommen iSd Art 28 I zur Anwendung kommen (*Junker* NJW 07, 3675, 3681).

ROM II-VO Art. 25 Staaten ohne einheitliche Rechtsordnung.
(1) Umfasst ein Staat mehrere Gebietseinheiten, von denen jede für außervertragliche Schuldverhältnisse ihre eigenen Rechtsnormen hat, so gilt für die Bestimmung des nach dieser Verordnung anzuwendenden Rechts jede Gebietseinheit als Staat.
(2) Ein Mitgliedstaat, in dem verschiedene Gebietseinheiten ihre eigenen Rechtsnormen für außervertragliche Schuldverhältnisse haben, ist nicht verpflichtet, diese Verordnung auf Kollisionen zwischen den Rechtsordnungen dieser Gebietseinheiten anzuwenden.

1 Art 25 I normiert in Anlehnung an Art 19 EVÜ und parallel zu Art 22 Rom I-VO eine Ausnahme zu Art 4 III EGBGB. Bei Verweisungen auf das Recht eines Staates, der mehrere Gebietseinheiten mit jeweils eigenen Rechtsnormen für außervertragliche Schuldverhältnisse umfasst, gilt die jeweilige Gebietseinheit als Staat. Hat die Gebietseinheit nur eigenständige Regeln für einen Teil der in Betracht kommenden außervertraglichen Schuldverhältnisse, ist auf die potentiell einschlägigen Regeln abzustellen (s. *Hartley* ICLQ 08, 899, 901). Durch Art 25 I wird an einem ggf existierenden interlokalen Privatrecht vorbei unmittelbar auf das in der jeweiligen Gebietseinheit geltende Recht verwiesen. **Art 25 II** spielt in Deutschland keine Rolle, weil das Recht der außervertraglichen Schuldverhältnisse bundeseinheitlich geregelt ist.

ROM II-VO Art. 26 Öffentliche Ordnung im Staat des angerufenen Gerichts.
Die Anwendung einer Vorschrift des nach dieser Verordnung bezeichneten Rechts kann nur versagt werden, wenn ihre Anwendung mit der öffentlichen Ordnung („ordre public") des Staates des angerufenen Gerichts offensichtlich unvereinbar ist.

A. Einführung. In Bezug auf die der Rom II-VO unterliegenden Anknüpfungsgegenstände ist der ordre public der mitgliedstaatlichen lex fori zu beachten, und zwar trotz der Formulierung „kann" **von Amts wegen** (*Leible* RIW 08, 263). Die Formulierung des Art 26 ist identisch mit derjenigen der Vorbehaltsklausel für vertragliche Schuldverhältnisse in Art 21 Rom I-VO. Beide verweisen auf die wesentlichen Grundsätze des nationalen Rechts. Damit kommen bei Entscheidung durch ein deutsches Gericht und hinreichendem Inlandsbezug des Falles (s. Art 6 EGBGB Rn 15) im außervertraglichen Bereich nicht nur die **Maßstäbe des Art 6 EGBGB** (wesentliche Grundsätze des deutschen Rechts, namentlich die Grundrechte, s. dort), sondern auch diejenigen der autonomen deliktischen Vorbehaltsklausel **des Art 40 III EGBGB** (s. Art 40 EGBGB Rn 25) **weiterhin** ungeschmälert (zu europarechtlichen Grenzen der Berufung auf den nationalen ordre public *Staudinger* AnwBl 08, 15) zum Zuge. Prüfungsgegenstand ist nicht das ausl Recht als solches, sondern das konkrete Ergebnis seiner Anwendung in dem zu beurteilenden Fall (s. Art 6 EGBGB Rn 14). Erw 32 stellt klar, dass für das Eingreifen der Vorbehaltsklausel „außergewöhnliche Umstände" erforderlich sind. 1

B. Maßstab und Korrektur. Vor deutschen Gerichten begrenzt die Ausfüllung bzw Konkretisierung des Art 26 Rom II-VO durch Art 40 III Nr 1 und 2 EGBGB Schadensersatzansprüche **von Zweck und Höhe her auf eine angemessene Entschädigung** des Verletzten: Ist Schadensersatz nach dem Common Law eines US-Bundesstaates zu gewähren, so sind die einzelnen Schadenspositionen getrennt zu betrachten und ggf (oberhalb des deutschen Niveaus, vgl Palandt/*Thorn* Art 40 EGBGB Rz 15) zu kappen. Punitive Damages sind gar nicht zuzusprechen (ausf BGHZ 118, 312 iRd Urteilanerkennung). Auch die englischen Exemplary Damages verstoßen jedenfalls gegen den deutschen ordre public (*G Wagner* IPRax 06, 388; *Mörsdorf-Schulte* ZVglRWiss 05, 209 ff). Bei gesetzlichen Multiple Damages US-amerikanischen Rechts kommt es darauf an, inwieweit sie der Schadenspauschalierung dienen und inwieweit der bloßen Sanktionierung von Fehlverhalten; soweit Gewinnabschöpfung bezweckt ist, sind sie dem Art 40 III EGBGB schon wegen ihrer bereicherungsrechtlichen Natur entzogen. 2

Art 40 III Nr 3 EGBGB kann iRv Art 26 allenfalls insoweit die Beachtung der völkerrechtlichen Verpflichtungen Deutschlands auf dem Gebiet des Haftungsrechts (Bsp s. Art 40 EGBGB Rn 25) durchsetzen, als die **staatsvertraglichen Haftungsregelungen** so wichtig sind, dass sie dem ordre public zugerechnet werden können, wofür das zusätzliche Gewicht, das diese durch die internationale Bindung erlangen, nicht per se ausreicht (ähnl schon bei direkter Anwendung des Art 40 III EGBGB die ebda Rn 25 aE zitierten LitStimmen). Da Art 26 eine „offensichtliche Unvereinbarkeit" fordert, sind geringfügige Abweichungen auch ggü den grundlegenden unter völkerrechtlich gesetzten Haftungsregelungen hinzunehmen. Den Vorrang staatsvertraglichen Kollisionsrechts regelt Art 28. 3

Nach Art 26 ist auch die Korrektur einer **völlig unzureichenden Entschädigung** oder des Ergebnisses von wesentlichen Grundsätzen des deutschen Rechts zuwider laufendem ausl Bereicherungsrecht oder Recht der GoA oder der cic denkbar. 4

C. Inlandsbezug. Eine Korrektur wegen Verstoßes gegen den ordre public setzt grds Inlandsbezug voraus. Ist ein autonomer Grundsatz verletzt, so bedarf es eines Bezuges zum Forumstaat, ist ein europarechtlicher Grundsatz verletzt, so reicht der **Bezug des Falles zu einem beliebigen EU-Mitgliedstaat** (s. Art 21 Rom I-VO Rn 4; Art 6 EGBGB Rn 16, zur Frage eines europäischen ordre public ebda Rn 10). 5

D. Vor Gerichten eines anderen EU-Mitgliedstaates hängt der Schutz vor exzessiven Schadensersatzsummen vom ordre public des betreffenden Landes ab (vgl Erw 32 S 2). Auf die zunächst geplante gemeinschaftsrechtliche spezielle Vorbehaltsklausel zur Abwehr von Punitive Damages ist letztlich verzichtet worden. Eine sichere **Abwehr drittstaatlicher Punitive Damages** ebenso wie englischer Exemplary Damages im ausl Erkenntnisverfahren gelingt nur bei öffentlichrechtlicher Qualifizierung (für diese OLG Koblenz IPRax 06, 25; *Mörsdorf-Schulte* ZVglRWiss 05, 221-253 mwN; *Merkt*, Abwehr der Zustellung von „punitive damages"-Klagen, 1995, 112 ff; aA BGH NJW 92, 3102; Ddorf NJW-RR 09, 500), die sie von vornherein dem Deliktsstatut entzieht, oder bei Annahme einer wesentseigenen Unzuständigkeit mitgliedstaatlicher Gerichte, soweit nach dem anwendbaren Deliktsrecht die Verhängung von Punitive Damages dem Richter verwehrt und wie in den US-Bundesstaaten nur einer Jury gestattet ist (vgl *Mörsdorf-Schulte* aaO 247 aE). 6

ROM II-VO Art. 27 Verhältnis zu anderen Gemeinschaftsrechtsakten.
Diese Verordnung berührt nicht die Anwendung von Vorschriften des Gemeinschaftsrechts, die für besondere Gegenstände Kollisionsnormen für außervertragliche Schuldverhältnisse enthalten.

Art 27 regelt – als Kompromiss zwischen divergierenden Standpunkten zur kollisionsrechtlichen Relevanz des Herkunftslandprinzips im Rechtsetzungsverfahren – nunmehr allgemein das Verhältnis zu Kollisionsnormen 1 in Bezug auf außervertragliche Schuldverhältnisse in anderen gemeinschaftsrechtlichen Rechtsakten. Auch wenn mit der VO eine möglichst umfassende Regelung angestrebt wird (Erw 35 1), geht der Regelungsgeber realistischerweise davon aus, dass im Einzelfall Kollisionsnormen in anderen Rechtsakten enthalten sein können und schließt auch für die Zukunft Regelungen an anderer Stelle im Gemeinschaftsrecht nicht aus (Erw 35 2). Solche Vorschriften haben **Vorrang** vor den Bestimmungen der VO. Relevant ist das derzeit va für das in der E-Commerce-RL (die in Erw 35 ausdrücklich genannt wird), aber auch einigen weiteren RLen enthaltene Herkunftslandprinzip, sofern man diesem kollisionsrechtlichen Charakter beimisst, sowie für Art 12 I lit e Rom I-VO (dazu sowie zur Beurteilung vor Inkrafttreten der Rom I-VO Palandt/*Thorn* Art 27 Rz 3), weiterhin für Übereinkommen, welche die EG künftig iR ihrer Außenkompetenzen schließt (*Heiss/Loacker* JBl 07, 613, 618).

ROM II-VO Art. 28 Verhältnis zu bestehenden internationalen Übereinkommen.
(1) Diese Verordnung berührt nicht die Anwendung der internationalen Übereinkommen, denen ein oder mehrere Mitgliedstaaten zum Zeitpunkt der Annahme dieser Verordnung angehören und die Kollisionsnormen für außervertragliche Schuldverhältnisse enthalten.
(2) Diese Verordnung hat jedoch in den Beziehungen zwischen den Mitgliedstaaten Vorrang vor den ausschließlich zwischen zwei oder mehreren Mitgliedstaaten geschlossenen Übereinkommen, soweit diese Bereiche betreffen, die in dieser Verordnung geregelt sind.

1 **Art 28 I** dient der Wahrung bestehender völkerrechtlicher Verpflichtungen der Mitgliedstaaten (Erw 36) und legt fest, dass die Anwendung der (gem Art 29 II lit i im ABl zu veröffentlichenden) internationalen Übereinkommen unberührt bleibt, denen ein oder mehrere Mitgliedstaaten im Zeitpunkt der Annahme der VO angehörten und die Kollisionsnormen für außervertragliche Schuldverhältnisse enthalten. Das gilt für kollisionsrechtliche Übereinkommen ebenso wie für kollisionsrechtliche Regelungen in Übereinkommen zur Vereinheitlichung des materiellen Rechts (enger R *Wagner* TranspR 09, 103, 107 f). Art 28 I ist va für das Haager Übereinkommen über das auf Straßenverkehrsunfälle anwendbare Recht vom 4.5.71 (abgedr zB bei Staud/*v Hoffmann* Art 40 Rz 178) und die Haager Konvention über das auf die Produkthaftpflicht anwendbare Recht vom 2.10.73 (abgedr zB bei Staud/*v Hoffmann* Art 40 Rz 80), denen jeweils eine Reihe von Mitgliedstaaten beigetreten sind, von Bedeutung, weiterhin für eine Reihe internationaler Übereinkommen im Immaterialgüterrecht (*Ofner* ZfRV 08, 13, 19 mN) sowie im Transportrecht (*Hartenstein* TranspR 08, 143, 146 ff). Der Vorrang erstreckt sich aber gem **Art 28 II** nicht auf völkerrechtliche Übereinkommen, die ausschließlich zwischen Mitgliedstaaten geschlossen wurden, was angesichts der Beteiligung der Mitgliedstaaten an der Schaffung der Rom II-VO konsequent erscheint und zB für bilaterale Abkommen zwischen einzelnen Mitgliedstaaten zum Schutz geografischer Herkunftsangaben Bedeutung hat (s. zB *Handig* GRUR Int 08, 24, 30). Teilweise wird für eine Analogie zu Art 28 II in denjenigen Fällen plädiert, in denen an einem Übereinkommen Drittstaaten beteiligt, ihre Interessen aber im konkreten Fall nicht tangiert sind (*Sonnenberger* FS Kropholler 227, 233 f); dagegen spricht jedoch die Genese der Regelung (s. insb den Gemeinsamen Standpunkt des Rates, ABl EU 06, C 289 E/68, 79 sowie *Staudinger* FS Kropholler 691, 709). Für **zukünftige Übereinkünfte der Mitgliedstaaten mit Drittstaaten** ist das in der VO 662/2009/EG (ABl EU 09, L 200/25) festgelegte Verfahren mit weitreichenden Überprüfungs- und Genehmigungsvorbehalten der Kommission zu beachten.

KAPITEL VII SCHLUSSBESTIMMUNGEN

ROM II-VO Art. 29 Verzeichnis der Übereinkommen.
(1) Die Mitgliedstaaten übermitteln der Kommission spätestens 11. Juli 2008 die Übereinkommen gemäß Artikel 28 Absatz 1. Kündigen die Mitgliedstaaten nach diesem Stichtag eines dieser Übereinkommen, so setzen sie die Kommission davon in Kenntnis.
(2) Die Kommission veröffentlicht im *Amtsblatt der Europäischen Union* innerhalb von sechs Monaten nach deren Erhalt
i) ein Verzeichnis der in Absatz 1 genannten Übereinkommen;
ii) die in Absatz 1 genannten Kündigungen.

1 Art 29 (der gem Art 31 bereits seit 11.7.08 gilt) sorgt für Transparenz in Bezug auf die nach Art 28 I vorrangigen völkerrechtlichen Verpflichtungen der Mitgliedstaaten, indem er die Mitgliedstaaten zur Mitteilung über bestehende Verpflichtungen sowie über Kündigungen solcher Verpflichtungen und die Kommission zur Veröffentlichung des ihr Mitgeteilten verpflichtet.

ROM II-VO Art. 30 Überprüfungsklausel. (1) ¹Die Kommission legt dem Europäischen Parlament, dem Rat und dem Europäischen Wirtschafts- und Sozialausschuss bis spätestens 20. August 2011 einen Bericht über die Anwendung dieser Verordnung vor. ²Diesem Bericht werden gegebenenfalls Vorschläge zur Anpassung der Verordnung beigefügt. ³Der Bericht umfasst:
i) eine Untersuchung über Auswirkungen der Art und Weise, in der mit ausländischem Recht in den verschiedenen Rechtsordnungen umgegangen wird, und darüber, inwieweit die Gerichte in den Mitgliedstaaten ausländisches Recht aufgrund dieser Verordnung in der Praxis anwenden;
ii) eine Untersuchung der Auswirkungen von Artikel 28 der vorliegenden Verordnung im Hinblick auf das Haager Übereinkommen vom 4. Mai 1971 über das auf Verkehrsunfälle anzuwendende Recht.
(2) Die Kommission legt dem Europäischen Parlament, dem Rat und dem Europäischen Wirtschafts- und Sozialausschuss bis spätestens 31. Dezember 2008 eine Untersuchung zum Bereich des auf außervertragliche Schuldverhältnisse aus der Verletzung der Privatsphäre oder der Persönlichkeitsrechte anzuwendenden Rechts vor, wobei die Regeln über die Pressefreiheit und die Meinungsfreiheit in den Medien sowie die kollisionsrechtlichen Aspekte im Zusammenhang mit der Richtlinie 95/46/EG des Europäischen Parlaments und des Rates vom 24. Oktober 1995 zum Schutz natürlicher Personen bei der Verarbeitung personenbezogener Daten und zum freien Datenverkehr (ABl. L 281 vom 23. 11. 1995, S. 31) zu berücksichtigen sind.

Art 30 enthält eine Überprüfungsklausel, wie sie häufiger in europäischen Rechtsakten zu finden ist. Darin werden Bereiche angesprochen, in denen die mit der VO angestrebte Einheitlichkeit der Rechtsanwendung problematisch erscheint (I) bzw bislang noch gar nicht gewährleistet ist (II). Sie ist Folge der im Rechtsetzungsverfahren erzielten Kompromisse. Die Kommission hat zu allen drei Aspekten Erklärungen abgegeben (ABl EU 07, L 199/49) und sich dabei insb verpflichtet, bis Ende 2008 nicht nur die Untersuchung in Bezug auf Verletzungen der Privatsphäre und der Persönlichkeitsrechte, sondern auch bereits eine solche für Verkehrsunfälle vorzulegen.

ROM II-VO Art. 31 Zeitliche Anwendbarkeit. Diese Verordnung wird auf schadensbegründende Ereignisse angewandt, die nach ihrem Inkrafttreten eintreten.

S Art 32 Rom II-VO.

ROM II-VO Art. 32 Zeitpunkt des Beginns der Anwendung. Diese Verordnung gilt ab dem 11. Januar 2009, mit Ausnahme des Artikels 29, der ab dem 11. Juli 2008 gilt.

Art 31 f legen den **zeitlichen Anwendungsbereich** der VO fest. Entscheidend ist, ob das schadensbegründende Ereignis vor oder ab Inkrafttreten der VO eingetreten ist. Nach dem offenbar versehentlichen Wegfall der ausdrücklichen Regelung über das **Inkrafttreten** im Gesetzgebungsverfahren ist str, ob die VO am 11.1.09 oder gem ex Art 254 I EG bereits am 20.8.07 in Kraft getreten ist (dazu *Glöckner* IPRax 09, 121 ff einerseits, *Bücken* IPRax 09, 125 ff andererseits), was für zeitlich gestreckte Fälle von Bedeutung ist. Trotz dogmatischer Begründungsschwierigkeiten (*Glöckner, Bücken* aaO) sprechen das Fehlen einer ausdrücklichen Regelung in Art 31 sowie teleologische und praktische Aspekte entscheidend für eine Parallelsetzung mit dem Beginn der Anwendung und somit für ein Inkrafttreten am 11.1.09. **Schadensbegründendes Ereignis** ist im Einklang mit Art 4 I zu interpretieren. Es kommt also auf die Handlung des (ggf potentiell) Haftenden bzw – in Erweiterung des Wortlauts des Art 31 entspr dem Sinn und Zweck der VO – auf das Verhalten an, das eine Verantwortlichkeit nach den Regeln über ungerechtfertigte Bereicherung oder Geschäftsführung ohne Auftrag auslöst (vgl auch *G Wagner* IPRax 08, 1, 17). Bei einer Haftung für Unterlassen muss der Zeitpunkt als maßgeblich angesehen werden, in dem ein Handeln erforderlich gewesen wäre. Nicht entscheidend ist also idR (zu einer Ausn für die Gefährdungshaftung *Junker* JZ 08, 169, 170) der – bei sog zeitlich gestreckten Tatbeständen davon abweichende – Zeitpunkt des Eintritts des Erfolgs der Handlung (auch wenn dieser etwa iRd des Art 4 I die Anknüpfung bestimmt) und erst recht nicht der Zeitpunkt des Eintritts weiterer Schadensfolgen. Bei der Umwelthaftung dürfte auf den Zeitpunkt der Entstehung der umweltschädigenden Einwirkung abzustellen sein, bei der Produkthaftung sollte der Zeitpunkt des Inverkehrbringens des mangelhaften Produkts als maßgeblich angesehen werden (so auch Palandt/*Thorn* Art 32 Rz 2), weil hier der Schwerpunkt der schädigenden Handlung liegt (Art 40 EGBGB Rn 21). Problematisch ist die Beurteilung der Konsequenzen haftungsbegründender Handlungen, die vor dem Inkrafttreten begonnen, aber an diesem Tag (bzw darüber hinaus) fortgeführt wurden. Hier wird jedenfalls bei Separierbarkeit der Handlungsfolgen von einem Statutenwechsel auszugehen sein (s.a. *Leible/Lehmann* RIW 07, 721, 724; MüKo/*Junker* Art 31, 32 Rom II-VO Rz 10; BaRoth/*Spickhoff* EGBGB Anh Art 42 Rz 151; aA Palandt/*Thorn* Art 32 Rz 1). Ebenfalls ein Statutenwechsel ist anzunehmen, wenn die Entstehung eines außervertraglichen Schuldverhältnisses vor Inkrafttreten bereits wahrscheinlich iSd Art 2 II war, das Schuldverhältnis selbst aber erst nach Inkrafttreten der VO entstand; Art 2 II führt hier nicht zu einer Perpetuierung des vor der VO geltenden Rechts (so iE auch *Heiss/*

Loacker JBl 07, 613, 618; für möglich gehalten wird eine Perpetuierung hingegen von *Ofner* ZfRV 08, 13, 15). Entsprechend kann auch eine vor Inkrafttreten der Rom II-VO getroffene vorherige Rechtswahl keine Fortwirkung über Art 2 II entfalten (s. nur *Rugullis* IPRax 08, 319, 323).
Diese Verordnung ist in allen ihren Teilen verbindlich und gilt gemäß dem Vertrag zur Gründung der Europäischen Gemeinschaft unmittelbar in den Mitgliedstaaten.

Vorbemerkungen vor Art 38 bis 42 EGBGB

1 **A. Gesetzeslage.** Das deutsche IPR der außervertraglichen Schuldverhältnisse (eingehend hierzu: MüKo/*Junker* Vorbem zu Art 38 Rz 1 ff mwN) war lange geprägt durch eine lediglich punktuelle Kodifizierung des Kollisionsrechts, dessen Ausgestaltung und Anwendung im Wesentlichen **richterrechtlicher Rechtsfortbildung** oder sogar Rechtsschöpfung überlassen blieb. Spärliche Ausnahmen normierter Kollisionsregeln fanden sich lediglich in **Art 38 EGBGB idF v 25.7.86** (zuvor: Art 12), in der Verordnung über die Rechtsanwendung bei Schädigungen deutscher Staatsangehöriger außerhalb des Reichsgebiets, in § 98 II (jetzt § 130 II) GWB und in **Art 32 I Nr 5**.

2 Dieser – gewissermaßen gesetzlose und teilw (Art 38 EGBGB aF) auch im Hinblick auf Art 12 I EG aF problematische – Zustand wurde durch das G zum IPR für außervertragliche Schuldverhältnisse und für Sachen v 21.5.99 (BGBl I 1026) zugunsten einer die **außervertraglichen Schuldverhältnisse** regelnden Arrondierung des IPR beseitigt (zur Entstehungsgeschichte: BegrRegE BTDrs 14/343, 6; vgl auch die Darstellungen bei *Wagner* IPRax 99, 210; *Pfeiffer* NJW 99, 3674, 3675 ff; *Spickhoff* NJW 99, 2209; *Staudinger* DB 99, 1589; *Kreuzer* RabelsZ 2001, 383, 457 ff. Am 11.1.09 sind die Art 38 ff EGBGB jedoch in weiten Bereichen durch die **Rom II-VO abgelöst** worden (s. Vor Art 38 ff EGBGB Rn 5) und gelten jetzt nur noch für Altfälle (Art 31 f Rom II-VO) sowie für die von der VO nicht erfassten Bereiche (Art 1 I 2, II Rom II-VO).

3 **B. Grundlagen und Systematik.** Art 38 bis 42 sind **autonomes deutsches Recht** (MüKo/*Junker* Vorbem zu Art 38 Rz 5 mwN) und müssen als solches völkerrechtlich verankerten sowie europäischen Kollisionsnormen weichen – Art 3 (dazu im Zusammenhang mit den einzelnen Anknüpfungsregeln sowie in der Vor ROM II Rn 4 f). Ihr Regelungsgehalt besteht aus einem dreigliedrigen Anknüpfungssystem mit **Grundregeln** zum Bereicherungsrecht (Art 38), zur Geschäftsführung ohne Auftrag (Art 39) und zum Deliktsrecht (Art 40), einer **offenen Ausweichklausel** (Art 41) sowie der Möglichkeit einer nachträglichen **Rechtswahl** (Art 42). Zu prüfen ist – entgegen der Regelungsabfolge – an erster Stelle, ob eine wirksame nachträgliche Rechtswahl iSd Art 42 vorliegt. Ist dies nicht der Fall, kommen in erster Linie die Regelanknüpfungen der Art 38–40 zum Zuge. Abschließend – mitunter aber von der Ermittlung der Regelanknüpfung nicht klar zu trennen – ist darüber zu befinden, ob eine Anwendung der Ausweichklausel des Art 41 veranlasst ist – diese Prüfung kann in Einzelfällen allerdings mit der Ermittlung der Regelanknüpfung zusammenfallen (zur Systematik insb MüKo/*Junker* Vorbem zu Art 38 Rz 12; Staud/*v Hoffmann* Art 38 Rz 3 aE; *Spickhoff* NJW 99, 2209, 2213).

4 Die Anknüpfungen der Art 38 ff verzichten bewusst auf ein ausdifferenziertes Anknüpfungssystem mit Detailregelungen und beschränken sich auf wenige **Grundregeln**, die dem Prinzip der engsten Verbindung verpflichtet sind. Auch die in Art 38 I, 39 II, 40 IV Var 2, 41 II Nr 1 enthaltenen **akzessorischen Anknüpfungen** an das IPR der vertraglichen Schuldverhältnisse stellen auf die engste Verbindung ab. Aufgrund der Allgemeinheit der Formulierungen der Anknüpfungsregelungen besteht eine starke Tendenz zur Fallgruppenbildung; teilw kann zur **Auslegung** auf die Rspr vor 1999 zurückgegriffen werden, sofern die Art 38 ff nicht bewusst von ihr abweichen. Bei Binnenmarktbezug sind die Regelungen ggf europarechtskonform auszulegen (dazu im Zusammenhang mit den einzelnen Vorschriften).

Art. 38 Ungerechtfertigte Bereicherung.
(1) Bereicherungsansprüche wegen erbrachter Leistung unterliegen dem Recht, das auf das Rechtsverhältnis anzuwenden ist, auf das die Leistung bezogen ist.
(2) Ansprüche wegen Bereicherung durch Eingriff in ein geschütztes Interesse unterliegen dem Recht des Staates, in dem der Eingriff geschehen ist.
(3) In sonstigen Fällen unterliegen Ansprüche aus ungerechtfertigter Bereicherung dem Recht des Staates, in dem die Bereicherung eingetreten ist.

1 **A. Anwendungsbereich und Normzweck.** Am 11.1.09 ist die **Rom II-Verordnung** in Kraft getreten. Sie löst – im Wesentlichen durch die Regelungen in Art 10 Rom II-VO (s. dort) – das in Art 38 für die ungerechtfertigte Bereicherung niedergelegte **nationale Kollisionsrecht** im Rahmen ihres zeitlichen (Art 31 f Rom II-VO) und sachlichen (Art 1 Rom II-VO) Anwendungsbereichs ab (s. dort, auch Vorbem Rn 4 f). Art 38 findet danach jetzt nur noch Anwendung auf **Altfälle**, in denen das schadensbegründende Ereignis vor

dem 11.1.09 eingetreten ist (Art 31 f Rom II-VO), womit für die ungerechtfertigte Bereicherung in Anlehnung an den durch Art 2 I Rom II-VO auf die Folgen einer solchen erstreckten Schadensbegriff das Ereignis gemeint ist, welches die Bereicherung verursacht hat (s. Art 31 f Rom II-VO Rn 1; *Wagner* IPrax 08, 1, 17). Abgesehen davon gilt Art 38 II über den 11.1.09 hinaus für die **Eingriffskondiktion**, soweit diese im Zusammenhang steht mit einer gem Art 1 II lit g Rom II-VO vom Regelungsbereich der VO ausdrücklich ausgenommenen Verletzung der **Privatsphäre oder des Persönlichkeitsrechts** (Palandt/*Thorn* Art 38 Rz 4). Zum Verhältnis zwischen Art 32 I Nr 5, der die bereicherungsrechtlichen Folgen der Nichtigkeit des Vertrages dem Vertragsstatut zuweist (s. Rn 5), und Rom II-VO – s. dort Art 10 Rn 4.

Art 38 enthält **Regelanknüpfungen** für Tatbestände der ungerechtfertigten Bereicherung, die typologisch nach den Erscheinungsformen des Bereicherungsausgleichs im deutschen materiellen Recht gegliedert sind. I betrifft die Fälle der **Leistungskondiktion** (Rn 4 ff), II die der **Eingriffskondiktion** (Rn 8 f) und III dient als Auffangtatbestand für **Kondiktionen in sonstiger Weise** (Rn 10). Schon aus dem knapp gefassten Wortlaut der Vorschrift erhellt sich, dass Art 38 anstelle eines detaillierten Anknüpfungssystems lediglich **Grundregeln** aufstellt, die im Zusammenspiel mit Art 41 (zur Bedeutung der Vorschrift für akzessorische Anknüpfungen s. dort) die notwendige **Flexibilität** gewährleisten sollen, um für die kollisionsrechtliche Beurteilung der zT überaus komplexen Sachverhalte des Bereicherungsausgleichs insb iRv Mehrpersonenverhältnissen eine ausreichend sichere und zugleich handhabbare Rechtsgrundlage zu schaffen (MüKo/*Junker* Art 38 Rz 1; zum Verhältnis zwischen Art 38, 41, 42 vgl Vor Artikel 38–42 EGBGB Rn 4). Ziel des in Art 38 niedergelegten Regelungssystems ist es, einen kollisionsrechtlichen **Gleichlauf** zwischen außervertraglichen Bereicherungsansprüchen und den ihnen zugrunde liegenden Rechtsverhältnissen sicherzustellen (Begr RegE BRDrs 759/98, 15 = BTDrs 14/343, S 8; s.a.: AnwK/*Huber* Art 38 Rz 3). Das ist für die Leistungskondiktion das **Vertragsstatut**, für die Eingriffskondiktion das **Deliktsstatut** (*Hohloch/Jaeger* JuS 00, 1133, 1134; *Spickhoff* NJW 99, 2209, 2211). Die Anknüpfungsregeln des Art 38 sind also idS **akzessorisch** (vgl bspw für Leistungskondiktion: Saarbr EWiR 03, 707).

Aus Art 4 I folgt, dass **Rück- und Weiterverweisungen** nach Art 38 grds als **Gesamtverweisungen** zu befolgen sind. Das gilt allerdings nicht, soweit dies dem Sinn der Verweisung widersprechen würde (grds hierzu: BTDrs 10/5632 39; *Mäsch* RabelsZ 97, 307; vgl auch: MüKo/*Junker* Art 38 Rz 34 f). Die sich hieraus ergebenden Beschränkungen eines **Renvoi** reichen weit: So enthält zunächst **Art 32 I Nr 5** eine ausdrückliche Ausn vom Prinzip der Gesamtverweisung, weil die bereicherungsrechtliche Rückabwicklung eines nichtigen Schuldvertrages danach unmittelbar dem Vertragsstatut unterliegt (Staud/*v Hoffmann/Fuchs* Art 38 Rz 34; vgl Rn 4). Auch darüber hinaus ist die Verweisung in Art 38 I mit Rücksicht auf ihre akzessorische Bindung an das Vertragsstatut als **Sachnormverweisung** anzusehen (zur Unterscheidung: Art 4 Rn 2, 10 ff). Des Weiteren führt der erstrebte kollisionsrechtliche Gleichlauf zwischen den Tatbeständen der **Eingriffskondiktion** (Art 38 II) und deliktischen Ansprüchen jedenfalls immer dann zur Sachnormverweisung, wenn auch die deliktische Anknüpfungsnorm einer solchen unterliegt (Staud/*v Hoffmann/Fuchs* Art 38 Rz 36; AnwK/*Huber* Art 38 Rz 51; MüKo/*Junker* Art 38 Rz 35; *Fischer* IPrax 02, 1, 9; aA: Palandt/*Thorn* Art 38 Rz 3). Ebenfalls unbeachtlich ist der Renvoi bei nachträglicher Rechtswahl – Art 42 iVm Art 4 II (MüKo/*Junker* Art 38 Rz 36) und – nach hier vertretener Auffassung – iRd Ausweichklauseln gem Art 41 I, II Nr 1, nicht hingegen nach Art 41 II Nr 2 (iE hierzu: Art 41 Rn 2).

Das Bereicherungsstatut ist entscheidend für alle mit dem jeweiligen Bereicherungsanspruch in Zusammenhang stehenden Fragen. Es betrifft also nicht nur die Entstehung und den Umfang des Anspruchs, sondern auch seine Erstreckung auf Nutzungen und Surrogate, evtl Wertersatzansprüche, den Einwand des Wegfalls der Bereicherung sowie die Folgen der Saldierung und der in § 818 IV normierten Haftungsverschärfung. Art 40 II (Kappungsgrenze) gilt nicht (MüKo/*Junker* Art 38 Rz 32). Keine Anwendung findet Art 38 auf die **Gläubigeranfechtung** außerhalb des Insolvenzverfahrens, für die das Statut des anzufechtenden Erwerbsvorganges gilt (§ 19 AnfG; BGH NJW 99, 1395; Ddorf IPRax 00, 534, 537).

B. Tatbestand. I. Leistungskondiktionen – Art 38 I. 1. Grundlagen. Die bereicherungsrechtliche Rückforderung rechtsgrundlos erbrachter **Leistungen** ist nach dem für die zugrunde liegenden Rechtsbeziehungen maßgeblichen **Schuldstatut** zu beurteilen (keine Anwendung finden das Sachstatut und das sog Vernichtungsstatut – MüKo/*Junker* Art 38 Rz 10 f mwN). Das folgt für den weitaus wichtigsten Bereich der Leistungskondiktionen im Bereich der **Rückabwicklung nichtiger Schuldverträge** indes nicht aus Art 38 I, sondern unmittelbar aus dem in **Art 32 I Nr 5** auf staatsvertraglicher Grundlage niedergelegten Vertragsstatut, *dem als solches Vorrang vor Art 38 I gebührt*, der – ebenso wie die übrigen Regelungen in Art 38 – lediglich eine vom deutschen Gesetzgeber autonom erlassene (MüKo/*Junker* Art 38 Rz 6 mwN) und deshalb nachrangige Kollisionsnorm enthält – Art 3 II 1, 2 (s. Vor Artikel 38–42 EGBGB Rn 4). Damit reduziert sich der Anwendungsbereich des Art 38 I faktisch auf Verträge außerhalb des Geltungsbereichs der Art 27–37 (bspw: Erbverträge – Art 25, 26; Gesellschaftsverträge – Art 37 Nr 2), auf **überobligatorische Leistungen** auf eine bestehende Vertragsschuld (Frankf RIW 79, 204), **Vorleistungen** im Hinblick auf die tatsächlich enttäuschte Erwartung eines späteren Vertragsschlusses (BGHZ 73, 391, 393) sowie auf rechtsgrundlose mit Bezug auf ein **gesetzliches Schuldverhältnis** getätigte Zuwendungen (hierzu: *Wagner* IPRrax 98, 429, 431; Staud/*v Hoffmann/Fuchs* Art 38 Rz 2; AnwK/*Huber* Art 38 Rz 11).

6 **2. Mehrpersonenverhältnisse.** Art 38 I verzichtet bewusst im Interesse einer möglichst flexiblen Regelung auf spezielle Vorgaben für die kollisionsrechtliche Erfassung des **Bereicherungsausgleichs in Mehrpersonenverhältnissen** (vgl: Begr RegE BRDrs 759/98 15 = BTDrs 14/343 S 8). In demnach gebotener Anwendung der obigen Grundsätze greift für die Rückabwicklung rechtsgrundloser Leistungen das Vertragsstatut des Rechtsverhältnisses, auf das sich die herausverlangte Leistung bezieht (MüKo/*Junker* Art 38 Rz 12). Hieraus lassen sich folgende Erkenntnisse gewinnen: Materiell-rechtlich gilt auch für Mehrpersonenverhältnisse der Grundsatz, dass der Bereicherungsausgleich zwischen den Parteien des gestörten Vertragsverhältnisses zu erfolgen hat (iE hierzu: § 812 Rn 76 ff). Das bedeutet für die insoweit exemplarischen **Anweisungslagen** (iE § 812 Rn 85 ff), dass für Kondiktionsansprüche des Angewiesenen gegen den Anweisenden grds das Statut des fehlerhaften **Deckungsverhältnisses**, für Ansprüche des Anweisenden gegen den Zuwendungsempfänger das des **Valutaverhältnisses** maßgebend ist, und zwar in aller Regel auch beim sog **Doppelmangel**, wenn der Bereicherungsausgleich „über Eck" stattzufinden hat (vgl: § 812 Rn 90). Darf der Zuwendende indes ausnahmsweise außerhalb der bestehenden vertraglichen Beziehungen **direkt** beim Zuwendungsempfänger kondizieren, wie bspw der Angewiesene bei Zuwendungen infolge einer **anfänglich unwirksamen** oder vom Anweisenden erkennbar **widerrufenen Anweisung** (hierzu § 812 Rn 93 ff; zur Direktkondiktion beim rechtsgeschäftlichen Erwerb vom Nichtberechtigten – § 812 Rn 81 ff), so kommt für den dann aus dem Gesichtspunkt der **Nichtleistungskondiktion** (§ 812 I 1 Alt 2) vorzunehmenden Bereicherungsausgleich eine Anknüpfung an das Vertragsstatut nach zutreffender Auffassung nicht in Betracht. Maßgeblich ist dann vielmehr Art 38 III und es gilt das **Recht am Ort des Bereicherungseintritts** (BGH NJW 04, 1315; MüKo/*Junker* Art 38 Rz 18 mwN; aA: *Fischer* IPRax 02, 7).

7 Besonderheiten ergeben sich allerdings insb für Zahlungen auf **abgetretene Forderungen** sowie für Zahlungen des **Sicherungsgebers (Bürgen)**. Im erstgenannten Fall richten sich Bereicherungsansprüche des (vermeintlichen) Schuldners bei mangelhaftem Kausalverhältnis stets nach dem an die Kausalbeziehung zwischen Schuldner und Zedent anknüpfenden **Forderungsstatut**. Das folgt für die Kondiktion beim Zedenten aus Art 38 I, für evt Bereicherungsansprüche gegen den Zessionar aus Art 33 II iVm Art 38 I (MüKo/*Junker* Vorb zu Art 38 Rz 15 mwN). Für die Kondiktion des **Sicherungsgebers** (Bürgen) beim Sicherungsnehmer (Gläubiger) gilt ebenso wie für seinen Regress beim entlasteten Hauptschuldner das **Statut des Sicherungsvertrages** – Art 33 III 1 (*Schlechtriem* IPRax 95, 65; Staud/*v Hoffmann/Fuchs* Art 38 Rz 21), es sei denn bei fehlerhaftem Kausalverhältnis zwischen Bürgen und Hauptschuldner, welches dann im Wege der akzessorischen Anknüpfung nach Art 41 I Nr 1 als das Maßgebliche anzusehen ist (MüKo/*Junker* Art 38 Rz 14 mwN). Schließlich ist für die Fälle der **freiwilligen Tilgung fremder Schulden** auf Art 32 I Nr 2 hinzuweisen, wonach für Bereicherungsansprüche des Dritten gegen den Gläubiger das Statut der (vermeintlich) getilgten Schuld entscheidend ist, und zwar über Art 41 II Nr 1 auch dann, wenn es um den Rückgriff des Dritten gegen den (vermeintlichen) Schuldner geht (Staud/*v Hoffmann/Fuchs* Art 38 Rz 19; AnwK/*Huber* Art 38 Rz 42).

8 **II. Eingriffskondiktionen – Art 38 II.** Die Tatbestände der Eingriffskondiktion (§§ 812 I 1 Alt 2; 816) unterliegen gem Art 38 II der Rechtsordnung des Staates, in dem der Eingriff erfolgt ist. Maßgebend ist nicht die Belegenheit des Eingriffsobjekts, sondern der **Eingriffsort** (vgl: Begr RegE BRDrs 759/98 17 = BTDrs 14/343 S 8). Der solcherart geschaffene Gleichlauf mit dem **Deliktsstatut** (Art 40 I) wirkt sich bei Eingriffen in **nicht gegenständliche** Rechtsgüter aus, die von Art 38 II seinem Wortlaut nach („geschütztes Interesse") umfasst sind. Ansonsten gilt für Eingriffe in dingliche Rechte an Sachen – etwa durch Verfügung oder Verarbeitung des Nichtberechtigten (§ 816 I 1) – das Recht des Lagerortes zum maßgeblichen Zeitpunkt des Eingriffs (Ddorf VersR 00, 461). Soweit **Handlungsort** und **Erfolgsort** auseinanderfallen, dürfte entspr Art 40 I 2 der Weg über eine Rechtswahl eröffnet sein (*Kreuzer* RabelsZ (01) 383, 407; *Spickhoff* NJW 99, 2209, 2211).

9 In Einzelfällen kann sich vorbehaltlich einer auch insoweit möglichen **Rechtswahl** nach Art 42 für den Bereich der Eingriffskondiktionen über Art 41 das maßgebliche Rechtsstatut aus dem Kriterium der **„wesentlich engeren Verbindung"** ergeben. Denkbar beispielsweise, wenn die bereicherungsrechtlich relevanten Rechtsverhältnisse durch parallele Vertragsbeziehungen zwischen den Beteiligten überlagert sind (*Fischer* IPRax 02, 5) oder die Bestimmung des Eingriffsorts Schwierigkeiten bereitet und deshalb anderweitige Umstände zur Ermittlung der engsten Verbindung iSd Art 41 I heranzuziehen sind (Palandt/*Thorn* Art 38 Rz 1 nwN).

10 **III. Sonstige Bereicherungsansprüche – Art 38 III.** Art 38 III enthält eine Auffangnorm für alle nicht von I u II erfassten Kondiktionstatbestände. Hiervon umfasst sind insb die Fälle der **Direktkondiktion** bei Anweisungslagen (o Rn 6) sowie die Tatbestände der **Aufwendungs-** (s. § 812 Rn 66 ff) und **Rückgriffskondiktion** (s. § 812 Rn 102 f). Dann gilt das Recht am **Ort des Bereicherungseintritts**, regelmäßig der Aufenthaltsort des Zuwendungsempfängers, iRd Aufwendungskondiktion ggf auch der Lagerort der bearbeiteten Sache.

Art. 39 Geschäftsführung ohne Auftrag. (1) Gesetzliche Ansprüche aus der Besorgung eines fremden Geschäfts unterliegen dem Recht des Staates, in dem das Geschäft vorgenommen worden ist.

(2) Ansprüche aus der Tilgung einer fremden Verbindlichkeit unterliegen dem Recht, das auf die Verbindlichkeit anzuwenden ist.

A. Überblick. I. Anknüpfung an den Vornahmeort. Art 39 I regelt die **Grundanknüpfung** für Ansprüche des Geschäftsherrn gegen den Geschäftsführer, aber auch für Ansprüche des Geschäftsführers gegen den Geschäftsherrn aus einer Geschäftsführung ohne Auftrag (GoA). Maßgebend für die Bestimmung des anzuwendenden Rechts ist danach der Ort der Vornahme des Geschäfts (lex loci gestionis), zu dem regelmäßig die engste Beziehung des Sachverhalts besteht (MüKo/*Junker* Art 39 EGBGB Rz 1). Ferner stellt der Vornahmeort im Gegensatz zu personenbezogenen Kriterien ein neutrales Anknüpfungsmerkmal für die wechselseitigen Ansprüche dar und trägt auf diese Weise dem Ausgleich der Interessen der Beteiligten angemessen Rechnung (*Kreuzer* RabelsZ 65 (01), 383, 411, ähnl *Fischer* IPRax 02, 1, 11). Darüber hinaus wird der Vornahmeort häufig dem Eingriffsort (Art 38 II) und dem Tatort (Art 40 I) entspr, sodass das Statut der GoA und das der Eingriffskondiktion sowie das Deliktsstatut vielfach übereinstimmen (Staud/*v Hoffmann/Thorn* Art 39 EGBGB Rz 9). Für Ansprüche, die nach dem 11.1.09 entstehen, gilt im Anwendungsbereich der Rom II-VO (864/2007, Abl L 199/40) Art 11 der VO zur Bestimmung des anwendbaren Rechts (Art 3 Nr 1 EGBGB). Im Grundsatz wird darin eine akzessorische Anknüpfung an ein bestehendes Rechtsverhältnis ausgesprochen, soweit keine Rechtswahl vorgenommen wird (Art 14 der VO). Für Fälle, die vom Anwendungsbereich der VO nicht umfasst sind (Art 1 II VO), verbleibt es bei der Maßgabe des Art 39 EGBGB.

II. Ausnahme. In Art 39 II ist für die Fallgruppe der Tilgung fremder Verbindlichkeiten eine Ausnahme vorgesehen. Die Anknüpfung erfolgt insoweit **akzessorisch** an das Recht, das auf die getilgte Verbindlichkeit anzuwenden ist (Schuldstatut). Der Regressanspruch des Geschäftsführers und die mit der Tilgungswirkung verbundene Befreiung des Geschäftsherrn von der ursprünglichen Verbindlichkeit stehen in einem inneren Zusammenhang. Die Anknüpfung an das räumliche Kriterium des Vornahmeortes würde dagegen zu unangemessenen Ergebnissen führen, weil der Geschäftsführer das anwendbare Recht über die Bestimmung des Leistungs- bzw Zahlungsortes wählen könnte (Staud/*v Hoffmann/Thorn* Art 39 EGBGB Rz 9).

III. Vorrangige Regelungen. Die Regelung in Art 39 wird durch eine nachträgliche **Rechtswahl** (Art 42) verdrängt. Die Wahl kann ausdrücklich oder konkludent erfolgen, auch iRe Prozesses (Kobl NJW 92, 2367). Mangels Rechtswahl kann die (Grund-)Anknüpfung ferner auf der Grundlage der **Ausweichklausel** in Art 41 korrigiert werden. Danach werden außervertragliche Ansprüche an das Recht der „engsten Verbindung" angeknüpft. Eine solche engere Verbindung kann sich insb aus einer bereits bestehenden rechtlichen oder tatsächlichen Beziehung zwischen den Beteiligten (Art 41 II Nr 1) oder aus einem gewöhnlichen Aufenthalt der Beteiligten in demselben Staat im Zeitpunkt der Besorgung des fremden Geschäfts (Art 41 II Nr 2) ergeben. Verdrängt wird Art 39 darüber hinaus durch staatsvertragliche Regelungen (Art 3 II). Für eine GoA, gerichtet auf Hilfeleistungen bei der Bergung in See- und Binnengewässern, ist das Internationale Übereinkommen über Bergung (**IÜB**) vorrangig (Üb v 28.4.89, abgedruckt bei Staud/*v Hoffmann/Thorn* Art 39 EGBGB Rz 25). Danach wird eine Vergütung für die Bergung bei Erfolg oder der Abwendung bzw Begrenzung drohender Umweltschäden gewährt. Auf hoher See ist regelmäßig das Heimatrecht des hilfsbedürftigen Schiffes berufen (MüKo/*Junker* Art 39 EGBGB Rz 18; Bestimmung durch den Heimathafen, ersatzweise durch die Flagge). Für den Erstattungsanspruch gegen einen Unterhaltsschuldner ist die ggü Art 39 II vorrangige Anknüpfung in Art 18 VI Nr 3 zu beachten.

B. Geschäftsführung ohne Auftrag. Das IPR der GoA spielt in der Rechtspraxis nur eine untergeordnete Rolle. Rspr ist verglichen mit anderen gesetzlichen Ausgleichsregeln in weit geringerem Umfang vorhanden (Staud/*v Hoffmann/Thorn* Art 39 EGBGB Rz 1). Die kollisionsrechtliche **Qualifikation der GoA** iSd Art 39 erfolgt im Einklang mit den allgemeinen Grundsätzen nach der lex fori (MüKo/*Junker* Art 39 EGBGB Rz 4). Dabei ist zu berücksichtigen, dass der kollisionsrechtliche und der materiell-rechtliche Begriff der GoA nicht identisch sind. Zwingende Voraussetzung für das kollisionsrechtliche Verständnis der GoA ist neben der Kenntnis von der Fremdheit des Geschäfts der Wille zur Fremdgeschäftsführung. Daher fallen die irrtümliche oder vermeintliche GoA (§ 687 I BGB) sowie die Geschäftsanmaßung (§ 687 II BGB) nicht in den Anwendungsbereich des Art 39, sondern des Art 40 (Staud/*v Hoffmann/Thorn* Art 39 EGBGB Rz 2). Nicht zum Regelungsbereich des Art 39 zählen auch die Fallgruppen der öffentlich-rechtlichen GoA (dazu § 677 BGB Rn 26 ff).

I. Grundregel. Falls keine nachträgliche Rechtswahl getroffen wurde (Art 42) und andere vorrangige Regelungen ebenfalls nicht eingreifen (Rn 3), unterstellt Art 39 I die Ansprüche aus GoA dem Recht des Staates, in dem das Geschäft vorgenommen wurde. Die Anknüpfung gilt für die Ansprüche des Geschäftsführers und solche des Geschäftsherrn. Der Vornahmeort ist insoweit sachgerechtes Anknüpfungskriterium, weil schützenswerte Interessen der Beteiligten regelmäßig an diesem Ort aufeinander treffen (zB Nothilfe bei einem Bergunglück; Staud/*v Hoffmann/Thorn* Art 39 EGBGB Rz 9). Das berufene Recht entscheidet über die

Berechtigung einer Geschäftsführung, Voraussetzungen (zB Haftungsmaßstab), Inhalt und Umfang der jeweiligen Ansprüche, aber auch über deren Bestand und Nichterfüllungsfolgen (Erman/*Hohloch* Art 39 EGBGB Rz 11).

6 Der Vornahmeort kann bei **sukzessiv vorgenommener Geschäftsführung** an mehreren Orten liegen und verschiedene Rechtsordnungen berühren (zB bei grenzüberschreitender Unfallrettung). In der Literatur besteht Einigkeit darüber, dass ein einzelnes, einheitliches Geschäft durch das Kollisionsrecht und die Berufung verschiedener Rechtsordnungen nicht aufgeteilt werden soll. Zur Vermeidung wird vorgeschlagen, eine einzelfallbezogene Schwerpunktbetrachtung vorzunehmen (BaRoth/*Spickhoff* Art 39 EGBGB Rz 3) oder – vorzugswürdig – den Ort des Tätigkeitsbeginns für die Bestimmung des anzuwendenden Rechts heranzuziehen (Staud/*v Hoffmann/Thorn* Art 39 EGBGB Rz 14; MüKo/*Junker* Art 39 EGBGB Rz 8). Werden sukzessive mehrere Geschäftsführer tätig, ist jede GoA einzeln anzuknüpfen.

7 Der Vornahmeort kann gespalten sein, wenn **Handlungs- und Erfolgsort** voneinander abweichen (zB telefonische Beauftragung eines Handwerkers für Reparaturen im Ferienhaus des Nachbarn in Spanien). Eine alternative Anknüpfung entspr dem Deliktsrecht (Art 40 I) kommt für die GoA nicht in Betracht, da häufig wechselseitige Ansprüche aus einer Geschäftsführung entstehen. Um Gefahren der Manipulation vorzubeugen, sprechen die besseren Argumente dafür, generell auf den Erfolgsort abzustellen (Staud/*v Hoffmann/Thorn* Art 39 EGBGB Rz 12; MüKo/*Junker* Art 39 EGBGB Rz 9). Unter verschiedenen Erfolgsorten in mehreren Staaten ist der Schwerpunkt zu ermitteln (zB Verwaltung eines Vermögens mit Bestandteilen in zahlreichen Staaten; aA BaRoth/*Spickhoff* Art 39 EGBGB Rz 3: Handlungsort). Dabei ist allerdings zu berücksichtigen, dass die Ausweichklausel des Art 41 II Nr 1 in solchen Fällen eingreifen kann und Korrekturen ermöglicht.

8 **II. Differenzierung nach Typen.** Die GoA kann in unterschiedlichen Fallgruppen oder Typen auftreten. Dabei lassen sich die Nothilfe, die Einwirkung auf fremde Sachen oder Rechte und die Tilgung fremder Verbindlichkeiten unterscheiden. Nur für letzteren Typ hat der Gesetzgeber eine Sonderregelung vorgesehen (Art 39 II). In den anderen Fallgruppen geht es darum, für die Ansprüche aus GoA und parallele Ansprüche aus weiteren gesetzlichen Schuldverhältnissen (Bereicherung, Delikt, EBV) die gleiche Rechtsordnung zu berufen. Zur Auflockerung der Grundregel stellt die Ausweichklausel (Art 41) ein geeignetes Hilfsmittel dar.

9 **1. Nothilfe.** Bei der Nothilfe zur Abwehr von Gefahren für andere Personen oder fremde Sachen ist Vornahmeort der Ort der Hilfeleistung (Staud/*v Hoffmann/Thorn* Art 39 EGBGB Rz 18; MüKo/*Junker* Art 39 EGBGB Rz 12). Im Zusammenhang mit einem Behandlungsvertrag kommt eine akzessorische Anknüpfung an das Vertragsstatut in Betracht (Art 41 II Nr 1; Kobl NJW 92, 2367). Bei Bergungsmaßnahmen in Seen und Gewässern ist das IÜB zu beachten (Rn 3). Außerhalb des Anwendungsbereichs des Abkommens gilt die Grundregel des Art 39 I mit der Maßgabe, dass der Vornahmeort auf hoher See grds – mangels geltender Rechtsordnung – das Heimatrecht des hilfsbedürftigen Schiffes beruft. Korrekturen können über Art 41 erreicht werden (akzessorisches Vertragsstatut; gemeinsames Heimatrecht der beteiligten Schiffe, s. Rn 13).

10 **2. Einwirkung auf fremde Güter.** IRe GoA können Einwirkungen auf fremde Sachen und Rechte erfolgen. Typische Einwirkungen sind Nutzungen, bei Sachen auch die Veräußerung und Verwendungen. Ziel der Anknüpfung muss es sein, für die unterschiedlichen gesetzlichen Ansprüche zu einem einheitlichen Statut zu gelangen (Staud/*v Hoffmann/Thorn* Art 39 EGBGB Rz 35). Der Vornahmeort entspricht insoweit regelmäßig dem **Einwirkungsort**, was zum Gleichklang mit der lex rei sitae (Art 43) führt. Für Schutzrechte kommt es im Hinblick auf den Erfolgsbezug auf die Auswirkung an, danach ist die Rechtsordnung des Schutzlandes berufen (Staud/*v Hoffmann/Thorn* Art 39 EGBGB Rz 35). Die Anknüpfung für Ausgleichsansprüche aus der GoA ist bei Verbringen einer beweglichen Sache ins Ausland nicht wandelbar. Der Gleichklang der Statuten wird insoweit durch akzessorische Anknüpfung der anderen Ansprüche an das Statut der GoA erreicht (Staud/*v Hoffmann/Thorn* Art 39 EGBGB Rz 37).

11 **3. Tilgung fremder Verbindlichkeiten.** Der Ausgleichsanspruch bei der Geschäftsführung mit dem Ziel der Tilgung einer fremden Verbindlichkeit, die ohne Verpflichtung (zB Vertrag oder Gesetz) ggü dem Schuldner erfolgt – also freiwillig –, wird nach Art 39 II akzessorisch angeknüpft. Eine Verpflichtung des Geschäftsführers ggü dem Gläubiger oder Dritten steht der Anknüpfung des Ausgleichsanspruchs an das Schuldstatut nicht entgegen, soweit Raum für die Fremdnützigkeit des Geschäfts verbleibt. Das Schuldstatut hängt von der getilgten Verbindlichkeit ab. Für vertragliche Ansprüche ist das jeweilige Vertragsstatut maßgebend, für die Tilgung von Schadensersatzansprüchen aus unerlaubter Handlung das Deliktsstatut (Staud/*v Hoffmann/Thorn* Art 39 EGBGB Rz 40). Besteht eine Verpflichtung des Geschäftsführers ggü dem Gläubiger, bestimmt sich ein der GoA vorrangiger Übergang der Forderung auf den zahlenden Geschäftsführer nach Art 33 III (Zessionsgrundstatut).

12 Mit anderen Ersatzansprüchen, insb der Rückgriffskondiktion (Art 38 III) ist ein **einheitliches Statut** über Art 41 II Nr 1 anzustreben. IÜ ist bei einer Auflockerung über die Ausweichklausel (insb über Art 41 II Nr 2) Zurückhaltung geboten. Vorrangig ggü Art 39 II ist bei Erstattungsansprüchen wegen der Tilgung von Unterhaltsverpflichtungen Art 18 VI Nr 3, wenn Einrichtungen, die öffentliche Aufgaben wahrnehmen, als Geschäftsführer auftreten. Die Erstattungsansprüche anderer Personen gegen einen unterhaltspflichtigen

Geschäftsherrn werden nach Art 39 II akzessorisch angeknüpft (Unterhaltsstatut; MüKo/*Junker* Art 39 EGBGB Rz 23). Auf die auftragslose Bestellung einer Sicherheit für eine fremde Verbindlichkeit findet Art 39 II entspr Anwendung (*Wandt* Die GoA im Internationalen Privatrecht, 89, 189).

III. Ausweichklausel. Abweichend von Art 39 werden außervertragliche Ansprüche an das Recht der „engsten Verbindung" angeknüpft (Art 41). Bedeutung erlangt die Ausweichklausel in Bezug auf die GoA in erster Linie bei Maßgabe der örtlichen Anknüpfung der Ansprüche an den Vornahmeort (s. Rn 5 ff). Dabei sind insb die beiden Regelbeispiele: akzessorischen Anknüpfung an eine Sonderbeziehung (Art 41 II Nr 1) und gemeinsamer gewöhnlicher Aufenthaltsort der Beteiligten (Art 41 II Nr 2) geeignet, die Grundanknüpfung zu korrigieren. Als **Sonderbeziehungen** kommen neben vertraglichen Verbindungen auch Verwandtschafts- bzw Unterhaltsverhältnisse sowie das Verhältnis von Miteigentümern (BGH NJW 98, 1321) oder Treuhandverhältnisse in Betracht. Der erforderliche Zusammenhang mit der GoA besteht, wenn die Sonderbeziehung Auslöser bzw veranlassendes Element für die Geschäftsführung ist (Staud/*v Hoffmann/Thorn* Art 39 EGBGB Rz 56). Bei nichtigen Verträgen folgt die akzessorische Anknüpfung an das Vertragsstatut bereits aus Art 32 I Nr 5 (bei formnichtigen Verträgen hat der BGH die Vorschrift nur ergänzend herangezogen, BGH ZIP 04, 2324). Eine akzessorische Anknüpfung ist ferner bei konkurrierenden außervertraglichen Schuldverhältnissen vorzunehmen, um einen Gleichklang im Hinblick auf das Statut zu erzielen. Bestimmend für den Sachverhalt ist das jeweils speziellste Ausgleichsverhältnis (Staud/*v Hoffmann/Thorn* Art 39 EGBGB Rz 55). Geringere Bedeutung kommt dem gemeinsamen gewöhnlichen Aufenthalt zu (zB sukzessive Geschäftsführung in mehreren Staaten; Ddorf RIW 84, 481). Das gilt insb für Korrekturen von Art 39 II (Erman/*Hohloch* Art 39 EGBGB Rz 10). 13

IV. Allgemeine Regeln. Mangels Sonderregelung handelt es sich bei Art 39 um eine **Gesamtnormverweisung** (Art 4 I). Eine **Sachnormverweisung** liegt bei einer nachträglichen Rechtswahl (Art 42), aber auch in den Fällen der akzessorischen Anknüpfung (Art 39 II und Art 41 II Nr 1) vor. Es würde dem Ziel der Verweisung widersprechen (Art 4 I 1), ein angestrebtes, einheitliches Statut über eine Gesamtnormverweisung zu zerreißen (Staud/*v Hoffmann/Thorn* Art 39 EGBGB Rz 64). Gleiches sollte aufgrund der zu ermittelnden engsten Verbindung auch für die Fälle des Art 41 II Nr 2 gelten. Der allgemeine **ordre-public**-Vorbehalt (Art 6) wird nur ganz ausnahmsweise eingreifen (zB Verweigerung eines Ausgleichs bei Verpflichtung zum Handeln wegen Strafandrohung, so Staud/*v Hoffmann/Thorn* Art 39 EGBGB Rz 65). Art 40 III ist nicht (analog) anwendbar (BaRoth/*Spickhoff* Art 39 EGBGB Rz 5). Der zeitliche Anwendungsbereich von Art 39 ergibt sich aus Art 220 I analog (seit 1.6.99). 14

Art. 40 Unerlaubte Handlung.

(1) ¹Ansprüche aus unerlaubter Handlung unterliegen dem Recht des Staates, in dem der Ersatzpflichtige gehandelt hat. ²Der Verletzte kann verlangen, daß anstelle dieses Rechts das Recht des Staates angewandt wird, in dem der Erfolg eingetreten ist. ³Das Bestimmungsrecht kann nur im ersten Rechtszug bis zum Ende des frühen ersten Termins oder dem Ende des schriftlichen Vorverfahrens ausgeübt werden.
(2) ¹Hatten der Ersatzpflichtige und der Verletzte zur Zeit des Haftungsereignisses ihren gewöhnlichen Aufenthalt in demselben Staat, so ist das Recht dieses Staates anzuwenden. ²Handelt es sich um Gesellschaften, Vereine oder juristische Personen, so steht dem gewöhnlichen Aufenthalt der Ort gleich, an dem sich die Hauptverwaltung oder, wenn eine Niederlassung beteiligt ist, an dem sich diese befindet.
(3) Ansprüche, die dem Recht eines anderen Staates unterliegen, können nicht geltend gemacht werden, soweit sie
1. wesentlich weiter gehen als zur angemessenen Entschädigung des Verletzten erforderlich,
2. offensichtlich anderen Zwecken als einer angemessenen Entschädigung des Verletzten dienen oder
3. haftungsrechtlichen Regelungen eines für die Bundesrepublik Deutschland verbindlichen Übereinkommens widersprechen.
(4) Der Verletzte kann seinen Anspruch unmittelbar gegen einen Versicherer des Ersatzpflichtigen geltend machen, wenn das auf die unerlaubte Handlung anzuwendende Recht oder das Recht, dem der Versicherungsvertrag unterliegt, dies vorsieht.

A. Allgemeines. I. Normstruktur. Die deliktsrechtlichen Regelungen des am 1.6.99 in Kraft getretenen G zum Internationalen Privatrecht für außervertragliche Schuldverhältnisse und für Sachen (BGBl 99 I 1026 ff) wurden mit Wirkung vom 11.1.09 in weitem Umfang durch die Rom II-VO (s. dort) abgelöst. Art 40 ff gelten jetzt nur noch außerhalb des Anwendungsbereichs der VO (zB für außervertragliche Schuldverhältnisse aus der Verletzung der Privatsphäre oder der Persönlichkeitsrechte oder solche, die sich aus Schäden durch Kernenergie ergeben, sowie für Altfälle, dazu Art 31 f Rom II-VO Rn 1), s. insb *R Wagner* IPRax 08, 314, 316 f. **Regelungsprinzip** der Art 40 ff ist die Aufstellung einer Grund-Anknüpfungsregel (Tatortprinzip, Art 40 I) mit mehreren Modifikationen (Art 40 II, 41, 42) sowie einer speziellen ordre public-Regelung in Art 40 III und einer besonderen Anknüpfungsregel für Direktansprüche gegen einen Versicherer in Art 40 IV. 1

Artikel 40 EGBGB

2 **II. Anwendungsbereich des Deliktsstatuts.** Die Qualifikation eines Verhaltens als unerlaubte Handlung erfolgt – entspr allgemeinen Regeln – nach der lex fori (MüKo/*Junker* Art 40 Rz 8 mwN). Art 40 erfasst die **gesamte außervertragliche Schadenshaftung** (BTDrs 14/343, 11) einschl verschuldensunabhängiger Haftung, zB Gefährdungshaftung (BTDrs 14/343, 11; BGHZ 23, 56, 57 mwN; 87, 95, 97; NJW-RR 09, 1482 Rz 9), § 829 BGB (Staud/*v Hoffmann* Vorbem zu Art 40 Rz 5 mwN), zivilrechtlicher Aufopferungshaftung (Staud/*v Hoffmann* Vorbem zu Art 40 Rz 4 mwN) oder § 945 ZPO (Ddorf VersR 61, 1144, 1145), gilt aber **nicht** für die **Staatshaftung** (diese richtet sich nach dem Recht des Amtsstaates, BTDrs 14/343, 10; BGHZ 155, 279, 293; Köln NJW 05, 2860, 2861 f; zw Celle VersR 05, 793: deutsches Recht für Amtspflichtverletzung eines Lehrers bei Skifreizeit in Italien gem Art 40 II). **Str** ist die Qualifikation von Schadensersatzansprüchen aus **Eigentümer-Besitzer-Verhältnis** (Staud/*v Hoffmann* Vorbem zu Art 40 Rz 3 mN). Das Deliktsstatut gilt jetzt nicht mehr für Ansprüche wegen **Verschuldens vor Vertragsschluss** (Art 12 I Rom II-VO; zur früheren Rechtslage MüKo/*Spellenberg* Art 32 Rz 59; MüKo/*Junker* Art 40 Rz 11 mwN). Ansprüche aus **Gewinnzusagen** (§ 661a BGB) hat der BGH als nicht deliktsrechtlich qualifiziert (NJW 06, 230 f: zwingende Regelung iSd Art 34; anders noch BGHZ 153, 82, 90 f). Für die Haftung aus **Immissionen** gilt Art 40 über die Verweisung in Art 44. Zur Qualifikation der Existenzvernichtungshaftung § 826 BGB Rn 39.

3 Das Deliktsstatut erfasst **Voraussetzungen und Rechtsfolgen unerlaubter Handlungen**, dh ein einheitliches Delikt ist idR anhand einer einzigen Rechtsordnung zu beurteilen (s. nur Erman/*Hohloch* Art 40 Rz 60 mwN). Zu den Voraussetzungen zählen insb Tatbestand (Celle VersR 67, 164) einschl haftungsbegründender Kausalität (BGHZ 8, 288, 293 f; Celle VersR 67, 164; München VersR 74, 443), Rechtswidrigkeit (BGHZ 14, 286, 291 f; NJW 64, 650, 651) und Verschulden (einschl Verschuldensfähigkeit), Verantwortlichkeit für Dritte (BAG NJW 64, 990, 991; BGHZ 71, 175, 176 f; 80, 1, 3) oder Organe (BGH WM 57, 1047, 1049; Köln NZG 98, 350), Bestimmung von Haftpflichtigem (BGH GRUR 82, 495, 497; Köln NJW-RR 88, 30 f) und Anspruchsberechtigtem (RG JW 1906, 297, 298; Köln NJW-RR 88, 30 f) sowie der Ausschluss der Haftung, zB durch Verjährung (BGHZ 71, 175, 176 f; NJW 83, 2771, 2772). Die Rechtsfolgen umfassen insb haftungsausfüllende Kausalität, Art und Umfang des Schadensersatzes (s. insb BGHZ 29, 237, 239) einschl immateriellen Schadens (Kobl NJW-RR 02, 1030, 1031; MüKo/*Junker* Art 40 Rz 204 mwN; bei der Höhe sind die Richtsätze am gewöhnlichen Aufenthalt des Verletzten zu berücksichtigen, BGHZ 93, 214, 218; 119, 137, 142; Kobl NJW-RR 02, 1030, 1031; KG NJW-RR 02, 1031; Frankf ZfS 04, 452, 453), Beseitigungs- oder Unterlassungsansprüche (zB BGHZ 35, 329, 333; 131, 332, 335; Hambg GRUR-RR 08, 31, 32) einschließlich der Verbandsklage gegen die Verwendung missbräuchbräuchlicher AGB (BGH ZIP 09, 2004 Rz 22) und – bei materiellrechtlicher Qualifikation – auch Auskunftsansprüche (Staud/*v Hoffmann* Vorbem zu Art 40 Rz 37; MüKo/*Junker* Art 40 Rz 204; BaRoth/*Spickhoff* Art 40 Rz 12, str). Fraglich ist, ob das Deliktsstatut auch bei Konkurrenz vertraglicher und deliktischer Ansprüche greift (so Kobl NJW-RR 08, 148, 150 f für vor deutschen Gerichten geltend gemachte Ansprüche, weil die lex fori eine Anspruchskonkurrenz zulässt). Hierfür ist die Anknüpfung der Konkurrenzproblematik entscheidend. Teilw wird für die Frage der Zulässigkeit einer Anspruchskonkurrenz auf die lex fori als nahe liegende Lösung abgestellt, teilw werden Lösungen auf sachrechtlicher Ebene oder iRd Angleichung vertreten (Nachw bei *Spickhoff* IPRax 09, 128, 133 f). Eine allgemeine Regel dürfte sich angesichts der Vielfalt der mit Konkurrenzfragen verknüpften Implikationen kaum finden lassen. Daher erscheint die Anknüpfung an die lex fori aus Gründen der Rechtssicherheit nach wie vor vorzugswürdig; viel wäre schon gewonnen, wenn in den betreffenden Fällen die Problematik stets erkannt und mit Blick auf die konkrete Interessenlage überprüft würde.

4 Bei **ortsgebundenen Verhaltensnormen** ist – unabhängig vom Deliktsstatut – für die Rechtmäßigkeit des Verhaltens das Recht des Ortes, an dem es erfolgte, maßgeblich, insb bei Verkehrsregeln (BTDrs 14/343, 11; BGHZ 57, 265, 267 f; 119, 137, 140; NJW-RR 96, 732 mwN; 09, 1482 Rz 32 zum Straßenverkehr, im letzten Urt allerdings mit zweifelhaftem Hinweis auf die Ausnahme für Rechtsbeziehungen der Fahrzeuginsassen untereinander, da das Linksfahrgebot nicht nur den Mitfahrer schützt; Hamm NJW-RR 01, 1537 ff; Brandbg NJW-RR 06, 1458, 1459; OLGR 08, 684, 685; 13 U 81/08 zum Skibetrieb; BGHZ 42, 385, 388; Hambg VersR 70, 538 zum Schiffsverkehr). Für **sonstige Verhaltensnormen** gilt das Deliktsstatut (zB Erman/*Hohloch* Art 40 Rz 43 mwN).

5 Selbständig anzuknüpfende **Vorfragen** können sich insb im Zusammenhang mit der Anspruchsberechtigung ergeben, zB wer Erbe ist, wem Unterhaltsansprüche gegen den Getöteten zustanden (zB BGH NJW-RR 87, 147; Frankf ZfS 04, 452, 454) oder Bestehen und Inhalt eines evtl verletzten Namensrechts (BTDrs 14/343, 10).

6 **III. Vorrangige Regelungen.** Gem Art 3 II 1 ggü dem Deliktsstatut vorrangige **Staatsverträge** spielen bisher eine geringe Rolle. Das Haager Übereinkommen über das auf Straßenverkehrsunfälle anwendbare Recht vom 4.5.71 (abgedr zB bei Staud/*v Hoffmann* Art 40 Rz 178) und die Haager Konvention über das auf die Produkthaftpflicht anwendbare Recht vom 2.10.73 (abgedr zB bei Staud/*v Hoffmann* Art 40 Rz 80) wurden von der Bundesrepublik Deutschland nicht ratifiziert. Wichtiger ist hingegen die am 11.1.09 in Kraft getretene **Rom II-VO**, die nach Art 3 II 2 innerhalb ihres Anwendungsbereichs vorgeht. Zu relevantem **Einheitsrecht** s. im Zusammenhang mit den einzelnen Verweisungen.

Spezielle Anknüpfungsregeln finden sich im Kartell- und Insolvenzrecht. § 130 II GWB (der teilw, aber **7** nicht vollständig in Art 6 III Rom II-VO aufgeht, s. dort Art 6 Rn 3) enthält eine einseitige, ggü Art 40 I vorrangige Anknüpfungsregel zugunsten des deutschen Rechts für **Wettbewerbsbeschränkungen**, die sich im Inland auswirken, und erlaubt keine entgegenstehende Rechtswahl (Frankf WRP 92, 331, 332 f zu § 98 II 1 GWB aF; MüKo/*Immenga* IntWettbR/IntKartR Rz 26 f; Immenga/Mestmäcker/*Emmerich/Rehbinder/Markert* § 130 GWB Rz 303, 305 mwN; problematisch LG Dortmund IPRax 05, 542: geht ohne Erwähnung des § 130 II GWB von Art 40 aus; krit auch *Bulst* EWS 04, 403, 407; ähnl Hambg GRUR-RR 08, 31, 32). Da bei Wettbewerbsbeschränkungen, die sich nicht im Inland auswirken, eine Anknüpfung an den Handlungsort nach Art 40 I zu einer § 130 II GWB entgegengesetzten Anknüpfung für spiegelbildliche Fälle führen würde, sollte hier zur Ausfüllung der insoweit bestehenden Regelungslücke über Art 41 ein vorsichtiger Ausbau des **Auswirkungsprinzips** zur allseitigen Kollisionsnorm unter besonderer Beachtung des ordre public vorgenommen werden. Dabei ist zu berücksichtigen, dass deutsche Gerichte zwar ausländisches Privatrecht anwenden können, ausländisches öffentliches Recht aber nur in engen Grenzen (s. insb Immenga/Mestmäcker/*Emmerich/Rehbinder/Markert* § 130 GWB Rz 322 ff). – Da die Rechtsfolgen von Verstößen gegen europäisches Kartellrecht vom GWB (insb von § 33 GWB) erfasst sind, gilt auch insoweit § 130 GWB (*Bulst* EWS 04, 403, 408); für das Verhältnis zwischen EG-Kartellrecht und Kartellrecht von Drittstaaten wird Art 101 AEUV als einseitige Kollisionsnorm iSd Auswirkungsprinzips interpretiert (EuGH Slg 88, 5193 Rz 11 ff zu Art 85 EGV). – Im **Insolvenzrecht** ist im Verhältnis zu Staaten der Europäischen Union mit Ausn Dänemarks in Bezug auf die Anfechtbarkeit von Rechtshandlungen gem Art 4 II lit m EuInsVO (VO 1346/2000/EG, ABl EG 00, L 160/1; ABl EU 05, L 100/1), iÜ gem § 339 InsO idR an das Recht des Staates der Verfahrenseröffnung anzuknüpfen (dazu insb *Liersch* NZI 03, 302, 305); diese Regelungen gehen Art 40 vor.

IV. Rück- und Weiterverweisungen. Die Verweisungen in Art 40 sind gem Art 4 I 1 **grds Gesamtverweisun-** **8** **gen**, dh Rück- und Weiterverweisungen sind zu beachten (BTDrs 14/343, 8, 15). Das gilt auch bei Ausübung des Optionsrechts gem Art 40 I 2, 3 (str, wie hier zB BaRoth/*Spickhoff* Art 40 Rz 59; *Schurig* GS Lüderitz 699, 709; *Dörner* FS Stoll 491, 495; iE auch *v Hein* ZVglRWiss 00, 251, 263 ff; aA zB MüKo/*Junker* Art 40 Rz 237; AnwK/*Wagner* Art 40 Rz 9; Palandt/*Thorn* Art 40 Rz 2) und für Art 40 II (so auch zB MüKo/*Junker* Art 40 Rz 238; *v Hein* ZVglRWiss 00, 251, 273; aA zB Staud/*v Hoffmann* Vorbem zu Art 40 Rz 70 aE). Die Anknüpfung des **Art 40 IV Var 2** ist allerdings **Sachnormverweisung**, weil sonst der Gleichlauf zwischen Versicherungsvertrag und Direktanspruch nicht gewährleistet wäre (BTDrs 14/343, 8; AnwK/*Wagner* Art 40 Rz 8).

B. Tatortregel. I. Grundregel. 1. Anknüpfungsgesichtspunkte und Anknüpfungshierarchie. Bei uner- **9** laubten Handlungen mit Auslandsberührung werden häufig nicht alle Bestandteile des Haftungstatbestands am gleichen Ort verwirklicht, zB fallen bei **Distanzdelikten** Handlungs- und Erfolgsort auseinander, bei **Streudelikten** treten an mehreren Orten Verletzungserfolge ein. Zudem spielen neben den Interessen der Beteiligten auch öffentliche Interessen, die sich insb in Verhaltensregeln konkretisieren, eine wichtige Rolle, was zu einer Vielzahl denkbarer Anknüpfungspunkte führt. In erster Linie ist eine nachträgliche Rechtswahl der Beteiligten iSd Art 42 (dort Rn 2) zu prüfen, anschließend das Vorliegen einer sonstigen engeren Verbindung iSd Art 41 (unter Berücksichtigung der Grundanknüpfung nach Art 40 I, vgl insb BaRoth/*Spickhoff* Art 40 Rz 16), danach der gemeinsame gewöhnliche Aufenthalt (bzw der Ort der Hauptverwaltung oder Niederlassung) gem Art 40 II und abschließend das Recht des Tatortes iSd Art 40 I.

2. Recht des Handlungsortes. Ausgangspunkt der Anknüpfung ist gem Art 40 I 1 das Recht des Ortes, an **10** dem der Ersatzpflichtige gehandelt hat (**Handlungsort**). Entscheidend ist die ganze oder teilw Ausführung der unerlaubten Handlung, nicht lediglich ihre Vorbereitung (s. insb BGHZ 35, 329, 333 f; IPRspr 02 Nr 46). Bei **Unterlassen** kommt es auf den Ort an, an dem hätte gehandelt werden müssen (s. zB RGZ 36, 27, 28; 150, 265, 270 f; Hambg VersR 55, 621; Stuttg WM 08, 1368, 1369; Ddorf I–15 U 18/07 Rz 30). Das ist nach dem Recht des Ortes, an dem sich das Bezugsobjekt der Handlungspflicht befindet, zu entscheiden (s. zB Staud/*v Hoffmann* Art 40 Rz 22; MüKo/*Junker* Art 40 Rz 26). Bei Tatbeständen, die nicht an ein Verhalten des Schädigers anknüpfen, insb **Gefährdungshaftung**, ist der Ort entscheidend, an dem die gefährliche Sache außer Kontrolle geraten ist (Saarbr NJW 58, 752, 753; Staud/*v Hoffmann* Art 40 Rz 32; MüKo/*Junker* Art 40 Rz 28 mwN). Kommen **mehrere Handlungsorte** in Betracht, ist zunächst zu klären, ob zu einem von ihnen eine besonders enge Verbindung iSd Art 41 besteht (so auch zB Staud/*v Hoffmann* Art 40 Rz 20; AnwK/*Wagner* Art 40 Rz 28; BaRoth/*Spickhoff* Art 40 Rz 21). Ist dies nicht der Fall, ist durch wertende Konkretisierung ein Ort als Schwerpunkt der Handlung zu ermitteln (so auch zB MüKo/*Junker* Art 40 Rz 28; aA zB BaRoth/*Spickhoff* Art 40 Rz 21). Bei **mehreren Tätern** kommt es auf den jeweiligen Handlungsort an, sofern nicht eine gemeinsame, wesentlich engere Verbindung iSd Art 41 zu einer anderen Rechtsordnung besteht (s. nur Ddorf NJOZ 08, 3765, 3768 f; I – 15 U 18/07 Rz 31; MüKo/*Junker* Art 40 Rz 48 f; Staud/*v Hoffmann* Art 40 Rz 40; Palandt/*Thorn* Art 40 Rz 4). – Gerade entgegengesetzt ist die Grundanknüpfung in Art 4 Rom II-VO.

3. Bestimmungsrecht des Verletzten. a) Erfolgsort. Fallen bei **Distanzdelikten** Handlungs- und Erfolgsort **11** auseinander, kann der Geschädigte gem Art 40 I 2, 3 die Anwendung des Rechts des **Erfolgsortes** verlangen. Das ist der Ort, an dem das durch die Deliktsnorm geschützte Rechtsgut bzw Interesse verletzt worden ist (s.

insb Staud/*v Hoffmann* Art 40 Rz 24; Erman/*Hohloch* Art 40 Rz 25). **Abzugrenzen** ist er vom Schadensort, an dem lediglich der aus der Rechtsguts- oder Interessenverletzung resultierende Schaden eintritt (s. nur BaRoth/*Spickhoff* Art 40 Rz 22; MüKo/*Junker* Art 40 Rz 32 mwN). Ist der Schadenseintritt allerdings Tatbestandsvoraussetzung eines Delikts (wie insb beim Ersatz primärer Vermögensschäden, zB gem § 826 BGB), fallen Erfolgs- und Schadensort ausnahmsweise zusammen. Treten bei einem **Streudelikt** Erfolge an mehreren Orten auf, geht die hM davon aus, dass der Geschädigte das Recht jedes Erfolgsortes wählen kann (**„Mosaikbetrachtung"**, zB MüKo/*Junker* Art 40 Rz 33 mwN; Palandt/*Thorn* Art 40 Rz 10; aA insb Staud/*v Hoffmann* Art 40 Rz 26). Allerdings ist die Kognitionsbefugnis der Gerichte jedenfalls im Anwendungsbereich von EuGVVO, EuGVÜ und LugÜ auf die in ihrem Gebiet eingetretenen Rechtsgutsverletzungen beschränkt (EuGH Slg 95, I-415 Rz 33); Entsprechendes sollte für § 32 ZPO angenommen werden (s. nur AnwK/*Wagner* Art 40 Rz 31 mwN). Trotz europarechtlicher Bedenken (weil sie die Anbieter dazu zwingt, ihr Verhalten uU an einer Vielzahl von Rechtsordnungen auszurichten, *Schaub* RabelsZ 02, 18, 43 ff) ist die „Mosaikbetrachtung" mangels sinnvoller Alternative weiterhin anzuwenden. Liegt der Schwerpunkt des Erfolgs in einem bestimmten Staat, sollte aber Art 41 herangezogen werden (s. zB BaRoth/*Spickhoff* Art 40 Rz 24).

12 **b) Bestimmungsrecht.** Der Verletzte kann gem Art 40 I 2, 3 bis zum Ende des frühen ersten Termins bzw des schriftlichen Vorverfahrens die Anwendung des Rechts des Erfolgsortes verlangen (s. zB LG München I 9 O 3430/06). Str ist, ob dieses **Bestimmungsrecht** kollisionsrechtlichen (zB Staud/*v Hoffmann* Art 40 Rz 11; MüKo/*Junker* Art 40 Rz 36; *Looschelders* Art 40 Rz 33; *v Plehwe* FS G Müller 159, 162 f) oder prozessrechtlichen Charakter (zB BaRoth/*Spickhoff* Art 40 Rz 26; AnwK/*Wagner* Art 40 Rz 30; Erman/*Hohloch* Art 40 Rz 28) hat. Praktische Unterschiede ergeben sich insb für die Frage, in welchem Kontext das Recht ausgeübt werden kann und für die Reichweite der Bindung durch die Bestimmung (s. nur Staud/*v Hoffmann* Art 40 Rz 10). Auch wenn das Bestimmungsrecht der Prozessökonomie dient (s. BTDrs 14/343, 11), würde es durch eine Begrenzung auf den Prozesszusammenhang und den konkreten Streitgegenstand ohne Not eingeschränkt, und die Bezugnahme auf die ZPO dient nur der zeitlichen Limitierung. Daher ist das Bestimmungsrecht als fristgebundenes Gestaltungsrecht des Verletzten mit **kollisionsrechtlichem Charakter** anzusehen.

13 Das Bestimmungsrecht wird als Gestaltungsrecht durch einseitige Erklärung des Geschädigten ausgeübt. Die Wirksamkeit der Bestimmung sollte nach der lex fori, also idR nach deutschem Recht beurteilt werden (s. nur *Freitag/Leible* ZVglRWiss 00, 101, 131). Die Ausübung kann auch konkludent erfolgen, zB durch Berufung auf das Recht des Erfolgsortes (s. zB BGH ZIP 09, 2004 Rz 22). Dagegen dürfte aus einer Klage am Gerichtsstand des Erfolgsortes, der nicht auch allgemeiner Gerichtsstand des Beklagten ist, nicht ohne Weiteres eine konkludente Rechtswahl abzuleiten sein. Die ganz hM sieht zu Recht – unabhängig von der Beurteilung des Charakters des Bestimmungsrechts – ein **Bewusstsein der Wahlmöglichkeit** als erforderlich an (s. zB BaRoth/*Spickhoff* Art 40 Rz 28; Staud/*v Hoffmann* Art 40 Rz 12; MüKo/*Junker* Art 40 Rz 37). Eine besondere **Hinweispflicht** des Richters hat der Gesetzgeber nicht vorgesehen (BTDrs 14/343, 11). Ein Hinweis gem §§ 273 I, 139 ZPO kommt daher nur in Betracht, wenn deutliche Anhaltspunkte dafür sprechen, dass sich der Geschädigte der Ausübung seines Wahlrechts nicht bewusst war (also insb wenn er sich bei Handlungsort im Ausland ausschließlich auf deutsches Recht als Recht des Erfolgsortes beruft). Hinweise sind auf die Wahlmöglichkeit als solche zu beschränken, sollten also insb nicht auf Fragen des in Betracht kommenden ausländischen Rechts eingehen (s. insb Staud/*v Hoffmann* Art 40 Rz 16; BaRoth/*Spickhoff* Art 40 Rz 30; enger AnwK/*Wagner* Art 40 Rz 32). Aus der Einordnung des Bestimmungsrechts als Gestaltungsrecht folgt, dass der Geschädigte an seine Wahl **gebunden** ist (s.a. Staud/*v Hoffmann* Art 40 Rz 15; MüKo/*Junker* Art 40 Rz 41; *Looschelders* Art 40 Rz 36; aA *Freitag/Leible* ZVglRWiss 00, 101, 123 ff; *S Lorenz* NJW 99, 2215, 2217; differenzierend HK/*Dörner* Art 40 Rz 9). Zulässig ist jedoch wegen der großen Bedeutung der Privatautonomie eine nachträgliche Rechtswahl der Beteiligten iSd Art 42 (s. insb MüKo/*Junker* Art 40 Rz 41 mwN). Das Bestimmungsrecht kann **nur einheitlich** in Bezug auf das gesamte Schadensereignis ausgeübt werden; eine Teil-Rechtswahl für einzelne Schadensposten kommt nicht in Betracht (BaRoth/*Spickhoff* Art 40 Rz 27; MüKo/*Junker* Art 40 Rz 39 mwN; *v Hein* NJW 99, 3174 f). Die **Ausübungsfrist** endet mit Ende eines frühen ersten Termins (§ 275 ZPO) bzw mit Ende der Schriftsatzfrist im schriftlichen Vorverfahren (§§ 276, 128 II, III ZPO; zu Einzelheiten insb *Freitag/Leible* ZVglRWiss 00, 101, 131 ff); die verspätete Ausübung kann evtl in einen Antrag auf Abschluss eines Rechtswahlvertrags iSd Art 42 umgedeutet werden (s. MüKo/*Junker* Art 40 Rz 43).

14 **II. Sonderanknüpfungen und Ausnahmen. 1. Gemeinsamer gewöhnlicher Aufenthalt, Art 40 II.** In Abweichung vom Tatortprinzip sieht Art 40 II eine **Sonderanknüpfung** an das Recht des gemeinsamen gewöhnlichen Aufenthalts von Ersatzpflichtigem und Verletztem (bzw einer gemeinsamen Hauptverwaltung oder Niederlassung) im Zeitpunkt des Haftungsereignisses vor, praktisch wichtig va bei Unfällen im Verkehr, auf Reisen (BGH NJW 00, 1188, 1190; 06, 2918, 2919; NJW-RR 09, 1482 Rz 6, 9) oder beim Sport (Brandbg OLGR 06, 531; 08, 684, 685) sowie bei Wettbewerbshandlungen. Anknüpfungspunkt ist bei einer natürlichen Person der gewöhnliche Aufenthalt, dh der räumliche Bereich, in dem sie für eine gewisse Dauer (MüKo/*Junker* Art 40 Rz 57) ihren Daseinsmittelpunkt hat (BGH NJW 75, 1068; NJW-RR 09, 1482 Rz 9); auf sonstige

Bezugspunkte kommt es nicht an (Bsp: Gastarbeiter, BGHZ 119, 137, 146). Bei Gesellschaften, Vereinen oder juristischen Personen ist der Ort der Hauptverwaltung oder einer am Haftungsereignis beteiligten Niederlassung entscheidend; beide Begriffe sind wie bei Art 28 II 2 zu bestimmen (BTDrs 14/343, 12).

2. Wesentlich engere Verbindung, Art 41. Die Anknüpfungen nach Art 40 I, II werden weitgehend durch Art 41 (bis auf Art 41 II Nr 2, dem Art 40 II vorgeht) verdrängt, der als **Ausnahme** zu den Anknüpfungen des Art 40 I, II vAw zu beachten ist (MüKo/*Junker* Art 40 Rz 63). Insb ist bei sachlichem Zusammenhang der unerlaubten Handlung mit einem Vertrag oder einem vertragsähnlichen Verhältnis eine akzessorische Anknüpfung möglich (Art 41 II Nr 1). 15

3. Nachträgliche Rechtswahl, Art 42. Eine **weitere Ausnahme** zu Art 40 I, II kommt bei nachträglicher Rechtswahl gem Art 42 in Betracht. 16

III. Fallgruppen. Die Handhabung der Anknüpfungsregel des Art 40 variiert je nach zugrunde liegendem Lebenssachverhalt. Wegen der zurückgegangenen Bedeutung der Art 40 ff wird hier nur noch auf einige spezielle Fragen der einzelnen Fallgruppen sowie auf die nicht von der Rom II-VO erfassten Konstellationen eingegangen. 17

Im **Unfallrecht** ist va ggü Art 40 **vorrangiges Einheitsrecht** zu beachten. Bei **Verkehrsunfällen** kann ggf das Haager Übereinkommen über das auf Straßenverkehrsunfälle anwendbare Recht (s.o. Rn 6) bei Verweisung auf das Recht eines Vertragsstaates zur Anwendung kommen. Zu beachten sind zudem die materiellrechtlichen Haftungsbeschränkungen des Übereinkommens v 19.5.56 über den Beförderungsvertrag im internationalen Straßengüterverkehr (**CMR**, BGBl 62 II 12 ff). Bei **Eisenbahnunfällen** ist insb das Übereinkommen v 9.5.80 über den Internationalen Eisenbahnverkehr (**COTIF**) mit seinen beiden Anhängen (BGBl 85 II 129 ff, 178 ff, 224 ff; konsolidierte Fassung: BGBl 02 II 2149) zu berücksichtigen (s. insb Staud/*v Hoffmann* Art 40 Rz 197 ff), und auch bei **Schiffs- und Flugzeugunfällen** ist vorrangiges Einheitsrecht zu beachten (zu Schiffsunfällen insb Staud/*v Hoffmann* Art 40 Rz 209 ff; MüKo/*Junker* Art 40 Rz 93 ff; zu Flugzeugunfällen insb Staud/*v Hoffmann* Art 40 Rz 259 ff; MüKo/*Junker* Art 40 Rz 126 ff). 18

Ansprüche wegen **Verstößen gegen lauterkeitsrechtliche Vorschriften** werden grds insgesamt dem Deliktsstatut unterstellt, und zwar auch Unterlassungs- oder Widerrufsansprüche (s. nur BGHZ 35, 329, 333; krit zB MüKo/*Drexl* IntUnlWettbR Rz 10). IdR wird auf den Ort abgestellt, an dem die wettbewerblichen Interessen aufeinandertreffen (s. nur BGHZ 35, 329, 333 f; GRUR 04, 1035, 1036; NJW 06, 2630 Rz 25; 07, 596 Rz 13; GRUR 07, 67 Rz 15); unklar ist, ob dies der Marktort (zB Erman/*Hohloch* Art 40 Rz 51; AnwK/*Wagner* Art 40 Rz 71; HK/*Dörner* Art 40 Rz 8 ff; teilw abw MüKo/*Drexl* IntUnlWettbR Rz 112 ff) oder der **Auswirkungsort** (zB Staud/*v Hoffmann* Art 40 Rz 314; BaRoth/*Spickhoff* Art 40 Rz 50; ähnl Staud/*Fezer/Koos* IntWirtschR Rz 403 ff, 418 f) ist. Letzteres erscheint präziser, denn die wettbewerbsrechtlich entscheidende Auswirkung kann auch an einem anderen Ort als demjenigen der Vermarktung eintreten; zudem spricht die Parallele zum Kartellrecht (s.o. Rn 7) dafür. Die dogmatische Fundierung ist str; da die Wettbewerbs*handlung* meist dort erfolgt, wo über das Marketing entschieden wird, sollte die Anknüpfung auf Art 41 I gestützt werden (s. auch BTDrs 14/343, 10; Staud/*v Hoffmann* Art 40 Rz 301; offen gelassen: BGH GRUR 04, 1035, 1036; aA ohne Begründung Köln BeckRS 09, 8646; wN zum Meinungsstreit bei *Mankowski* RIW 05, 481, 498). Bei Streudelikten kommt auch hier die **Mosaikbetrachtung** (s.o. Rn 11) zum Tragen. Vielfach wird zu Recht eine Eingrenzung der Rechtsordnungen, an denen der Wettbewerbsverstoß zu messen ist, anhand eines **Spürbarkeitskriteriums** gefordert (s. nur *Mankowski* RIW 99, 909, 915 ff mwN; *Sack* WRP 00, 269, 274 ff; *Koos* IPRax 07, 414, 415). Bei ausschließlich **betriebsbezogenen Wettbewerbshandlungen** ist Auswirkungsort der Sitz des Mitbewerbers (s. nur *Sack* WRP 00, 269, 273), dadurch ergibt sich eine **Spaltung der Anknüpfungen** für Wettbewerbsverstöße mit „Breitenwirkung" und betriebsbezogene Verstöße. Bei Wettbewerbsverstößen innerhalb der **Europäischen Gemeinschaft** ist das in mehreren für das Wettbewerbsrecht relevanten Richtlinien normierte **Herkunftslandprinzip** zu beachten (s. insb Hambg GRUR 04, 880; dazu *Henning-Bodewig* GRUR 04, 822; BGH GRUR 07, 67 Rz 18; weiterhin *Piekenbrock* GRUR Int 05, 997 ff; *Glöckner* WRP 05, 795 ff; *Deinert* EWS 06, 445 ff). 19

Die **Verletzung von Immaterialgüterrechten** ist nach dem Recht des **Schutzlandes** zu beurteilen, (BTDrs 14/343, 10; BGHZ 152, 317, 321; NJW 05, 1435, 1436 – auch zu Einschränkungen bei Kennzeichenbenutzung im Internet; GRUR 07, 691 Rz 22; BGHZ 173, 57 Rz 26; München 29 U 5696/97 Rz 43; *Heldrich* FS Canaris 645, 650). Diese Anknüpfung folgt aus dem für solche Rechte geltenden Territorialitätsprinzip und lässt sich über Art 41 I erreichen (s.a. Staud/*v Hoffmann* Art 40 Rz 371; Erman/*Hohloch* Art 40 Rz 55; *Looschelders* Art 40 Rz 101; zum Urheberrecht *Spindler* IPRax 03, 412, 414 mwN). 20

Bei der **Produkthaftung** ist als **Handlungsort** vorrangig der **Ort des Inverkehrbringens** anzusehen, da hier der Schwerpunkt des deliktsrechtlich relevanten Tuns liegt (so auch insb MüKo/*Junker* Art 40 Rz 155; AnwK/*Wagner* Art 40 Rz 64; HK/*Dörner* Art 40 Rz 8; *Looschelders* JR 03, 309, 314 f; s.a. Ddorf RIW 00, 874, 875; zu Lösungsansätzen bei mehreren denkbaren Handlungsorten s.o. Rn 10). Als **Erfolgsort** iSd Art 40 I 2 sieht die hM zu Recht den **Ort der Rechtsgutsverletzung** an (s. insb Staud/*v Hoffmann* Art 40 Rz 95 f; MüKo/*Junker* Art 40 Rz 156; wohl auch LG Hildesheim VersR 07, 253; aA *Thorn* IPRax 01, 561, 565 f), denn diese Interpretation stimmt mit den allg Regeln zur Bestimmung des Erfolgsortes überein. Die Haager Konvention über das auf die Produkthaftpflicht anwendbare Recht (s.o. Rn 6) ist ggf bei der Anwendung von ausländischem 21

IPR iRv Rück- oder Weiterverweisungen zu berücksichtigen. Zu beachten sind außerdem die EG-Produkthaftungsrichtlinie und das darauf beruhende ProdHaftG (zur kollisionsrechtlichen Relevanz insb *Sack* VersR 88, 439 ff) sowie § 84 AMG (dessen kollisionsrechtlicher Charakter jedoch str ist, s. insb Staud/*v Hoffmann* Art 40 Rz 105; AnwK/*Wagner* Art 40 Rz 61).

22 Bei der **Deliktshaftung für Vermögensschäden**, zB durch schuldhaft falsche Auskünfte, ist der **Handlungsort** iSd Art 40 I 1 dort, wo die vermögensschädigende Handlung vorgenommen wurde (Köln 18 U 164/06; Ddorf I-6 U 224/06; IPRax 09, 158, 160, in allen drei Fällen allerdings mit nicht überzeugender Begründung, s. *S Huber* IPRax 09, 134, 139; Ddorf I-6 U 242/06), zB bei Falschauskünften am Ort der Auskunftserteilung. Als **Erfolgsort** kommt bei sekundären Vermögensschäden, die auf der Verletzung eines anderen Rechtsguts beruhen, der Ort der primären Rechtsgutverletzung in Betracht, bei primären Vermögensschäden insb der Ort einer vermögensschädigenden Verfügung des Geschädigten, ansonsten seine Vermögenszentrale (BGH WM 89, 1047, 1049; Stuttg WM 08, 1368, 1369; 5 U 197/08; wohl auch Karlsr VersR 06, 836, 837; Frankf 1 W 41/07; teilw abw LG Krefeld 5 O 407/07: Lageort des Vermögens). In Zweifelsfällen sollte auf den Schwerpunkt der Schädigung abgestellt werden, um nicht zu einem mehrfachen Wahlrecht des Geschädigten (iS einer Wiederbelebung des Günstigkeitsprinzips) zu gelangen (s. auch Ddorf I-6 U 224/06; IPRax 09, 158, 160 f; I-6 U 242/06; ähnl *S Huber* IPRax 09, 134, 139).

23 **Ansprüche wegen Persönlichkeitsrechtsverletzungen** werden idR als deliktsrechtlich qualifiziert, und zwar auch Beseitigungs-, Widerrufs- und Unterlassungsansprüche (BTDrs 14/343, 10), nicht aber – wegen des engen Zusammenhangs mit der Pressefreiheit – Gegendarstellungsansprüche, für die das Recht am Sitz des Medienunternehmens maßgeblich sein sollte (s. zB MüKo/*Junker* Art 40 Rz 171; AnwK/*Wagner* Art 40 Rz 82; Staud/*v Hoffmann* Art 40 Rz 75 mwN; aA *Looschelders* Art 40 Rz 110; BaRoth/*Spickhoff* Art 40 Rz 53 mwN; offen gelassen in BGHZ 131, 332, 335). Da diese Ansprüche vom Anwendungsbereich der Rom II-VO ausgenommen sind, ist ihre Anknüpfung nach nationalem Recht nach wie vor uneingeschränkt bedeutsam. Als **Handlungsort** wird idR derjenige Ort angesehen, an dem eine tatbestandsmäßige Ausführungshandlung mit Außenwirkung vorgenommen wurde (zB BGH NJW 77, 1590 f mwN; BGHZ 131, 332, 335; München NJW 04, 224, 226), also bei durch Presse oder Rundfunk verbreiteten Ehrverletzungen idR der Sitz des Verlags bzw der Sendeanstalt (Staud/*v Hoffmann* Art 40 Rz 58; MüKo/*Junker* Art 40 Rz 162 mwN, auch zur aA). **Erfolgsort** ist jeder Ort, an dem ein Erfolg der Handlung eintritt, bei Mediendelikten also jeder Verbreitungs- und Ausstrahlungsort (s. nur BGHZ 131, 332, 335; MüKo/*Junker* Art 40 Rz 163 mwN). Insb bei über die Medien verbreiteten Persönlichkeitsverletzungen (Streudelikten) kommt eine Vielzahl von Erfolgsorten in Betracht (s. nur München NJW 04, 224, 226); hier greift nach hM die **Mosaikbetrachtung** (s.o. Rn 11; zu europarechtlichen Bedenken *Schaub* RabelsZ 02, 18, 43 ff). Teilw wird stattdessen stärker auf den gewöhnlichen Aufenthaltsort des Verletzten abgestellt (zB Staud/*v Hoffmann* Art 40 Rz 61 mwN); dabei besteht jedoch die Gefahr, dass die Abgrenzung zum bloßen Schadensort verschwimmt (abl auch zB BaRoth/*Spickhoff* Art 40 Rz 56). Bei Verletzungen des postmortalen Persönlichkeitsrecht, ist vorab die Teilfrage der Rechtsfähigkeit zu klären.

24 Bei **Delikten im Internet** (Verbreitung von Viren, von ehrverletzenden Äußerungen oÄ; zu Wettbewerbsverstößen s.o. Rn 19) kommt als **Handlungsort** iSd Art 40 I 1 der Ort der Konzeption des Internetangebots (so zB *Mankowski* RabelsZ 99, 203, 262 ff; ähnl AnwK/*Wagner* Art 40 Rz 84), der Standort des Servers, auf dem die Informationen gespeichert werden (so zB BaRoth/*Spickhoff* Art 40 Rz 55; Erman/*Hohloch* Art 40 Rz 56; Ddorf GRUR-RR 06, 393, 395), oder der Ort des Einspeisens der Information (so zB Staud/*v Hoffmann* Art 40 Rz 18; MüKo/*Junker* Art 40 Rz 174) in Betracht. Bei Delikten des Autors ist idR der Ort des Einspeisens, bei solchen des Netzbetreibers idR der Serverstandort Handlungsort, bei Personeneinheit idR der Ort des Einspeisens als der spezifischeren Tathandlung. **Erfolgsorte** können überall dort liegen, wo das Angebot abgerufen wird (Frankf EWiR § 1 UWG 7/1999, 471; LG München I RIW 00, 466, 467; *Looschelders* Art 40 Rz 107; unklar LG Hamburg BeckRS 09, 23814; aA AnwK/*Wagner* Art 40 Rz 84: Gebiet bestimmungsgemäßer Abrufbarkeit der Information; ähnl München 29 U 5696/97 Rz 43; LG Dresden NJW 07, 88 – allerdings mit nicht überzeugender Einordnung als Handlungsort; LG Düsseldorf ZUM-RD 08, 482, 485; LG Nürnberg-Fürth AfP 09, 177) oder das Virus eindringt; es handelt sich hier um Streudelikte, bei denen wiederum die **Mosaikbetrachtung** (s.o. Rn 11) zum Tragen kommt. Eine Beschränkung des Verbreitungsgebiets eines Internetauftritts durch einen ernsthaft gemeinten Disclaimer erscheint denkbar (dazu BGH NJW 06, 2630, 2632). Auch hier kann bei Fällen mit Binnenmarktbezug das **Herkunftslandprinzip** (s.o. Rn 19) zu beachten sein.

25 **C. Vorbehaltsklausel, Art 40 Abs 3.** Art 40 III enthält eine **spezielle ordre public-Regelung für Deliktsansprüche**, die ggü Art 6 vorrangig, aber wie dieser mit Zurückhaltung anzuwenden ist (s. nur Palandt/*Heldrich* 67. Aufl 08 Art 40 Rz 19). Der vAw zu berücksichtigende **Art 40 III greift ein, wenn** die Anwendung ausländischen Rechts als Deliktsstatut zu gravierenden Widersprüchen zu den Grundvorstellungen unseres Rechts führt (BTDrs 14/343, 12) und der Fall eine hinreichende Inlandsbeziehung aufweist (zB MüKo/*Junker* Art 40 Rz 213; BaRoth/*Spickhoff* Art 40 Rz 60; *Kropholler/v Hein* FS Stoll 553, 563 f). Die Abweichung von Grundvorstellungen des deutschen Rechts wird in Nr 1–3 konkretisiert. **Nr 1** erfasst va besonders hohe Schadensersatzsummen, zB bei Schmerzensgeld, „multiple damages" nach US-amerikanischem Recht, Schadensersatz unter Einbeziehung hoher Erfolgshonorare (BTDrs 14/343, 12; s. auch BVerfG NJW 03, 2598, 2599). **Nr 2,**

die sich mit Nr 1 überschneiden kann (s. zB MüKo/*Junker* Art 40 Rz 214; BaRoth/*Spickhoff* Art 40 Rz 61), kommt insb bei reinem Strafschadensersatz („punitive damages") nach US-amerikanischem Recht in Betracht; hier ist besonders auf den „gravierenden Widerspruch" zu Grundvorstellungen des deutschen Rechts zu achten, weil pönale Elemente über europäische Vorgaben künftig stärker in das deutsche Recht Eingang finden könnten (Vor §§ 823 ff Rn 5). **Nr 3** betrifft Fälle, in denen das Recht eines Staates anwendbar ist, der ein für die Bundesrepublik Deutschland verbindliches haftungsrechtliches Übereinkommen, das Haftungsbegrenzungen oder -kanalisierungen enthält, nicht ratifiziert hat, weil dann Art 3 II wegen fehlender Gegenseitigkeit nicht greift (Bsp: Internationales Übereinkommen über die zivilrechtliche Haftung für Ölverschmutzungsschäden [BGBl 94 II 1150; 96 II 670]; Internationales Übereinkommen zur einheitlichen Feststellung von Regeln über den Zusammenstoß von Schiffen [RGBl 1913, 49, 89]; Pariser Übereinkommen über die Haftung ggü Dritten auf dem Gebiet der Kernenergie [BGBl 75 II 957; 76 II 308; 85 II 690, mit Zusatzprotokoll vom 28.1.64, BGBl 89 II 144]). Da Nr 3 keine den Nrn 1 u 2 vergleichbare Schwelle enthält, also seinem Wortlaut nach bei jedem Widerspruch zu einem solchen Übereinkommen eingreifen kann, wird teilw eine Beschränkung auf Regelungen, die internationalem Regelungsstandard entsprechen und daher wesentliche (transformierte) deutsche Rechtsgrundsätze ausmachen, gefordert (insb BaRoth/*Spickhoff* Art 40 Rz 63; *Looschelders* Art 40 Rz 73; de lege lata freilich problematisch). **Folge** der Anwendung des Art 40 III kann eine Reduzierung (insb bei Nr 1), der gänzliche Ausschluss (insb bei Nr 2) oder eine Begrenzung (in Fällen der Nr 3) des Schadensersatzanspruchs sein.

D. Direktanspruch gegen den Haftpflichtversicherer, Art 40 Abs 4. Art 40 IV lässt einen Direktanspruch gegen einen Haftpflichtversicherer zu, wenn entweder das (nach Art 40 I, II oder Art 41 zu bestimmende) Deliktsstatut oder das (nach Art 7 ff EGVVG bzw Art 27 ff EGBGB zu ermittelnde) Vertragsstatut einen solchen vorsieht (eine Rechtswahl nach Art 42 kann nicht zum Nachteil des Haftpflichtversicherers einen Direktanspruch begründen, s. MüKo/*Junker* Art 42 Rz 3; AnwK/*Wagner* Art 40 Rz 54; BaRoth/*Spickhoff* Art 40 Rz 15; Erman/*Hohloch* Art 40 Rz 78). Bei der Kfz-Haftpflichtversicherung spielt Art 40 IV wegen des Systems der Grünen Karte und der 5. Kraftfahrzeughaftpflicht-Richtlinie (ABl EU 05, L 149/14) praktisch eine geringe Rolle (s. dazu nur MüKo/*Junker* Art 40 Rz 224 ff, 233 f). Zur internationalen Zuständigkeit EuGH NJW 08, 819 Rz 24 ff. 26

Art. 41 Wesentlich engere Verbindung.
(1) Besteht mit dem Recht eines Staates eine wesentlich engere Verbindung als mit dem Recht, das nach den Artikeln 38 bis 40 Abs. 2 maßgebend wäre, so ist jenes Recht anzuwenden.
(2) Eine wesentlich engere Verbindung kann sich insbesondere ergeben
1. aus einer besonderen rechtlichen oder tatsächlichen Beziehung zwischen den Beteiligten im Zusammenhang mit dem Schuldverhältnis oder
2. in den Fällen des Artikels 38 Abs. 2 und 3 und des Artikels 39 aus dem gewöhnlichen Aufenthalt der Beteiligten in demselben Staat im Zeitpunkt des rechtserheblichen Geschehens; Artikel 40 Abs. 2 Satz 2 gilt entsprechend.

A. Allgemeines. I. Anwendungsbereich. Art 41 enthält – in Parallele zu Art 28 V, 46 – eine **Ausweichklausel** für außervertragliche Schuldverhältnisse, die ausnahmsweise Abweichungen von den Grundanknüpfungen bei wesentlich engerer Verbindung mit einem anderen Recht erlaubt. Sie gilt für die Anknüpfungen nach Art 38, 39, 40 I u II, nicht hingegen für Art 40 IV und Art 42. Art 41 I enthält die Grundregel, in II finden sich Beispielsfälle. Art 41 unterliegt den ordre public-Vorbehalten (Art 40 III, 6), die jedoch hier selten durchgreifen dürften (Erman/*Hohloch* Art 41 Rz 5). 1

II. Rück- und Weiterverweisungen. Rück- und Weiterverweisungen sind zu beachten, sofern sie nicht dem Sinn der Verweisung widersprechen, Art 4 I 1. Für die Anknüpfung an eine besondere rechtliche Beziehung der Beteiligten im Zusammenhang mit dem Schuldverhältnis gem Art 41 II Nr 1 schließt der Grundgedanke der Anknüpfung einen Renvoi aus (s. nur MüKo/*Junker* Art 41 Rz 27 mwN), bei allen übrigen Anknüpfungen (einschl derjenigen an eine bloß tatsächliche Beziehung gem Art 41 II Nr 1) ist **str**, ob von Gesamt- oder Sachnormverweisungen auszugehen ist. Nach der Gesetzesbegründung (BTDrs 14/343, 8) ist Art 41 II Nr 1 (insgesamt) als Sachnormverweisung anzusehen, die übrigen Verweisungen als Gesamtverweisungen. Da Art 41 I nicht gesondert genannt ist und seine Anwendung eine eingehende Prüfung der „wesentlich engeren Verbindung" erfordert, spricht vieles dafür, auch hier von einer Sachnormverweisung auszugehen. Daher sollten alle Verweisungen in Art 41 – bis auf diejenige in II Nr 2 – als **Sachnormverweisungen** angesehen werden (so auch zB MüKo/*Junker* Art 41 Rz 24 ff; Erman/*Hohloch* Art 41 Rz 4; weiter gehend AnwK/*Wagner* Art 41 Rz 5; Hk/*Dörner* Art 41 Rz 4; enger BaRoth/*Spickhoff* Art 41 Rz 14). 2

B. Wesentlich engere Verbindung. I. Vorgehensweise. Zunächst ist von der **Grundanknüpfung** auszugehen, also das nach Art 38–40 I, II anwendbare Recht zu ermitteln. Danach ist zu untersuchen, ob eine **wesentlich engere Verbindung** iSd Art 41 mit einem anderen Recht besteht; diese kann sich – je nachdem, von welcher Grundanknüpfung ausgegangen wird – aus unterschiedlichen Gesichtspunkten ergeben (zu den 3

Differenzierungen insb BaRoth/*Spickhoff* Art 41 Rz 4 ff). Die nicht abschließenden **Beispiele** in Art 41 II (s. insb Erman/*Hohloch* Art 41 Rz 9; BaRoth/*Spickhoff* Art 41 Rz 7) liefern wichtige Anhaltspunkte und sollten daher vor einer isolierten Anwendung des Art 41 I geprüft werden, auch wenn I inhaltlicher Ausgangs- und Bezugspunkt ist. Gelangt man zu einer Anknüpfung über Art 41, wird die Grundanknüpfung vollständig verdrängt (Erman/*Hohloch* Art 41 Rz 7).

4 **II. Grundregel, Art 41 Abs 1.** Über Art 41 I kann das sachnächste Recht zur Anwendung gebracht werden, wenn es sich nicht bereits aus den einschlägigen Grundanknüpfungen ergibt. Unter Abwägung der beteiligten Interessen ist die Rechtsordnung zu ermitteln, in welcher der **Schwerpunkt** des konkreten Falles liegt (Palandt/*Heldrich* 67. Aufl 08 Art 41 Rz 3); dabei ist der Ausnahmecharakter der Anknüpfung nach Art 41 im Blick zu behalten. Eine isolierte Anwendung des I ohne Rückgriff auf die Beispiele in II dürfte nicht allzu häufig in Betracht kommen.

5 **III. Fallgruppen, Art 41 Abs 2.** Art 41 II Nr 1 regelt die akzessorische Anknüpfung von Ansprüchen aus gesetzlichen Schuldverhältnissen an eine besondere rechtliche oder tatsächliche Beziehung zwischen den Beteiligten. **Rechtliche Beziehungen** können vertragliche oder gesetzliche sein. In Betracht kommt insb eine akzessorische Anknüpfung an das Vertragsstatut, zB bei Ansprüchen eines Arbeitnehmers aus GoA im Zusammenhang mit einem Arbeitsvertrag, bei Bereicherungsansprüchen aus Verwendungskondiktion (AnwK/*Wagner* Art 41 Rz 10; bei der Leistungskondiktion ergibt sich eine solche Anknüpfung idR schon über Art 38 I, s. insb MüKo/*Junker* Art 41 Rz 14; zu beachten ist weiterhin Art 32 I Nr 5) oder bei Deliktsansprüchen gegen einen Vertragspartner, wie zB Produkthaftungsansprüchen gegen den Verkäufer; einschr für Deliktsansprüche geschädigter Anleger Stuttg WM 08, 1368, 1369; Ddorf I-6 U 224/06; IPRax 09, 158, 161; I-6 U 242/06. Gesetzliche Beziehungen können familienrechtliche sein (zB akzessorische Anknüpfung von Deliktsansprüchen an das Ehe- oder Verlöbnisstatut, Staud/*v Hoffmann* Art 41 Rz 20 f), aber auch andere außervertragliche Schuldverhältnisse (zB Herstellung eines Gleichlaufs von Bereicherungs- und Deliktsstatut bei Bereicherungsansprüchen wegen Eingriffs in ein geschütztes Interesse). **Tatsächliche Beziehungen** können sich zB aus sozialem Kontakt ergeben, etwa bei Mitfahrgemeinschaften, Reisegruppen oder nichtehelichen Lebensgemeinschaften (krit dazu aber zu Recht MüKo/*Junker* Art 40 Rz 69 f, 41 Rz 19), evtl auch aus gemeinsamer Sprache (zB LG Dresden NJW 07, 88, 89).

6 Nach **Art 41 II Nr 2** kann auch der gemeinsame gewöhnliche Aufenthalt der Beteiligten in demselben Staat zu einer Abweichung von der Grundanknüpfung führen. Die **Regelung betrifft nur** die Grundanknüpfungen nach Art 38 II, III, 39, **nicht** die Anknüpfung der Leistungskondiktion nach Art 38 I (das ergibt sich bereits aus dem Wortlaut der Vorschrift, s. ferner BTDrs 14/343, 13) und nicht die Anknüpfung nach Art 40, für die Art 40 II eine (iE entspr) Spezialregelung enthält. Der gemeinsame gewöhnliche Aufenthalt ist wie bei Art 40 II (dort Rn 14) zu bestimmen. Er muss im Zeitpunkt des rechtserheblichen Geschehens bestanden haben; seine nachträgliche Begründung reicht nicht aus.

Art. 42 Rechtswahl.
¹Nach Eintritt des Ereignisses, durch das ein außervertragliches Schuldverhältnis entstanden ist, können die Parteien das Recht wählen, dem es unterliegen soll. ²Rechte Dritter bleiben unberührt.

1 **A. Allgemeines.** Art 42 eröffnet – in Parallele zu ex Art 27 – für alle außervertraglichen Schuldverhältnisse die Möglichkeit einer nachträglichen Rechtswahl und misst damit der **Parteiautonomie** großes Gewicht bei. Die Rechtswahl geht allen anderen Anknüpfungen der Art 38 ff vor, unterliegt also lediglich den Vorbehalten der Rechte Dritter (Art 42 2) sowie des ordre public (Art 6, 40 III). Nach hM ist eine Beziehung des Sachverhalts zur gewählten Rechtsordnung nicht erforderlich (zB Staud/*v Hoffmann* Art 42 Rz 6; MüKo/*Junker* Art 42 Rz 23, beide mwN), der Auslandsbezug kann auch erst durch die Rechtswahl hergestellt werden (s. zB Palandt/*Heldrich* 67. Aufl 08 Art 42 Rz 1; aA *Freitag/Leible* ZVglRWiss 00, 101, 106). Das ist die folgerichtige Konsequenz der Parteiautonomie, da die Beteiligten hier in Kenntnis sämtlicher Umstände des Falles entscheiden. Weitere Konsequenz dieses Grundgedankens ist es, Art 42 als **Sachnormverweisung** aufzufassen (s. insb MüKo/*Junker* Art 42 Rz 25, 29; Erman/*Hohloch* Art 42 Rz 4).

2 **B. Rechtswahl. I. Voraussetzungen.** Die Rechtswahl kann – anders als im internationalen Vertragsrecht – **nur nachträglich** erfolgen. Allerdings kann eine der Begründung des außervertraglichen Schuldverhältnisses vorangegangene Rechtswahl ggf über Art 38 I bzw Art 41 I, II Nr 1 auch für außervertragliche Ansprüche zum Zuge kommen. Str ist, ob sich die Wirksamkeit der Rechtswahl nach der lex fori (so zB MüKo/*Junker* Art 42 Rz 9 mwN) oder der hypothetischen lex causae (so zB BaRoth/*Spickhoff* Art 42 Rz 7 mwN) richtet. Da Art 42 keine Regelung enthält, die Art 27 IV iVm 31 entspricht, ist die lex fori als maßgeblich anzusehen. Die Wahl kann **ausdrücklich oder stillschweigend** (BTDrs 14/343, 14; Kobl NJW-RR 05, 1048; Stuttg WM 08, 1368, 1369) ohne Einhaltung einer bestimmten Form (MüKo/*Junker* Art 42 Rz 10 mwN) oder Frist (Palandt/*Heldrich* 67. Aufl 08 Art 42 Rz 1) erfolgen. Sie erfordert nach hM ein entspr **Erklärungsbewusstsein** beider Parteien (s. nur MüKo/*Junker* Art 42 Rz 13 mwN; LAG Hamm 16 Sa 86/06 Rz 19; aA HK/*Dörner* Art 42 Rz 2; *ders* FS Stoll 491, 493). Insb kann nicht ohne zusätzliche Anhaltspunkte eine Wahl der lex fori ange-

nommen werden, wenn die Prozessbeteiligten trotz Auslandsbezugs nur diese ihren Erörterungen zu Grunde legen (ggf ist nachzufragen, § 139 ZPO, s.a. BaRoth/*Spickhoff* Art 42 Rz 6) oder lediglich einen deutschen Gerichtsstand vereinbart haben (Köln TranspR 05, 212, 213). **Gegenstand** der Rechtswahl ist in erster Linie staatliches Recht, aber auch die Wahl anderer Regelungssysteme sollte iRd Parteiautonomie möglich sein (so auch AnwK/*Wagner* Art 42 Rz 10). Da in Art 42 keine Art 27 I 3 vergleichbare Regelung aufgenommen wurde, ist eine Teil-Rechtswahl abzulehnen (so auch Palandt/*Heldrich* 67. Aufl 08 Art 42 Rz 1; aA aber die wohl hM, zB Staud/*v Hoffmann* Art 42 Rz 8; MüKo/*Junker* Art 42 Rz 14; AnwK/*Wagner* Art 42 Rz 11). Die Rechtswahl kann von den Beteiligten nachträglich (mit Wirkung ex tunc) geändert werden (LAG Hamm 16 Sa 86/06 Rz 20; weiterhin zB MüKo/*Junker* Art 42 Rz 22 mwN).

II. Rechtsfolgen. Die ggü den anderen Anknüpfungen für außervertragliche Schuldverhältnisse vorrangige Rechtswahl führt ggf zu einem auf den Zeitpunkt der Entstehung des Schuldverhältnisses zurückwirkenden Statutenwechsel. Das aufgrund der Rechtswahl anzuwendende Statut ist für das gesamte außervertragliche Schuldverhältnis maßgebend (Ausn: ortsgebundene Verhaltensnormen, insb Verkehrsregeln, Art 40 Rn 4; BaRoth/*Spickhoff* Art 42 Rz 4; Erman/*Hohloch* Art 42 Rz 10). Nach Art 42 2 bleiben Rechte Dritter unberührt; dies betrifft insb Haftpflichtversicherer oder andere Regressberechtigte. **3**

Sechster Abschnitt Sachenrecht

Art. 43 Rechte an einer Sache.
(1) Rechte an einer Sache unterliegen dem Recht des Staates, in dem sich die Sache befindet.
(2) Gelangt eine Sache, an der Rechte begründet sind, in einen anderen Staat, so können diese Rechte nicht im Widerspruch zu der Rechtsordnung dieses Staates ausgeübt werden.
(3) Ist ein Recht an einer Sache, die in das Inland gelangt, nicht schon vorher erworben worden, so sind für einen solchen Erwerb im Inland Vorgänge in einem anderen Staat wie inländische zu berücksichtigen.

A. Rechtsquellen. Die Art 43–46 wurden durch das Gesetz zum Internationalen Privatrecht für außervertragliche Schuldverhältnisse und für Sachen vom 21.5.99 (BGBl I 1026) als „Sechster Abschnitt" in das EGBGB eingefügt. Es handelt sich um autonomes deutsches Recht. Zur Gesetzgebungsgeschichte *Kreuzer* RabelsZ 01, 383 ff. Der Gesetzgeber beließ es im Wesentlichen bei einer Positivierung der schon vorher gewohnheitsrechtlich geltenden Grundsätze, so dass sich kaum Übergangsprobleme stellen; ggf ist Art 220 I analog anzuwenden (Erman/*Hohloch* Vor Art 43 Rz 8). Zur Kritik an der Neuregelung, MüKo/*Wendehorst* Vor Art 43 Rz 19. **1**
Supranationales Internationales Sachenrecht existiert nur in Teilbereichen. So ist für das Insolvenzverfahren die **EuInsVO** vom 29.9.00 (Abl EG 00 Nr 160/1) zu beachten. Die **Behandlung von unrechtmäßig aus dem Hoheitsgebiet eines Mitgliedstaates verbrachten Kulturgütern** wird durch das UNESCO-Üb über Maßnahmen zum Verbot und zur Verhütung der rechtswidrigen Einfuhr, Ausfuhr und Übereignung von Kulturgut (BGBl II 07, 626) (zum kollisionsrechtlichen Gehalt des Üb *Halsdorfer*, IPRax 08, 395) und durch das neugefasste Kulturgüterrückgabegesetz (BGBl I 07, 626) geregelt, das in Umsetzung der Richtlinie 93/7/EWG erlassen wurde. Gem § 8 des KulturgüterrückgabeG bestimmt sich die Frage des Eigentums an dem Kulturgut nach erfolgter Rückgabe nach dem Recht des ersuchenden Mitgliedstaats. Zur Behandlung von Kulturgütern außerhalb des Anwendungsbereichs dieses Gesetzes KG NJW 07, 705. **2**

B. Übersicht über die Art 43 bis 46. Die in Art 43 I enthaltene Grundregel beruft das **Recht des Lageorts** (lex rei sitae) einer Sache zur Entscheidung über ihre sachenrechtlichen Verhältnisse. Dieser Grundsatz gilt auch in den meisten ausländischen Rechtsordnungen. Zur zu bejahenden Vereinbarkeit dieser Regel mit dem **Europarecht**, insb mit der Warenverkehrs-, Dienstleistungs- und Kapitalverkehrsfreiheit *Röthel* JZ 03, 1027 ff; aA *v Wilmowsky* Europäisches Kreditsicherungsrecht 1996; *F. Zimmermann* Mobiliar- und Unternehmenshypotheken, 2005. Zur rechtspolitisch zu befürwortenden Vereinheitlichung va des Rechts der Kreditsicherheiten auf europäischer Ebene, *Basedow* AcP 00, 445 ff; *Kieninger* Security Rights in Movable Property in European Private Law, 2004. **3**
Die lex rei sitae Regel wird durch Art 43 II und III ergänzt für den Fall des Statutenwechsels infolge des Verbringens der Sache über die Grenze. Nach dem an die Rom II VO angepassten Art 44 finden auf **Immissionen**, die von einem Grundstück ausgehen, die Art 4 und 7 Rom II VO entspr Anwendung. Art 45 enthält Sondervorschriften für gewisse **Transportmittel** und Sicherungsrechte an ihnen. Zu Sachen auf dem Transport (**res in transitu**) s. Rn 17 u Art 46 Rn 3. Art 46 schließlich beinhaltet eine mit Art 41 vergleichbare **Ausweichklausel**. **4**
Der nach diesen Vorschriften erhebliche **Zeitpunkt** ist derjenige, zu dem nach dem jeweiligen Sachstatut der sachenrechtliche Tatbestand vollendet ist (Staud/*Stoll* IntSachR Rz 161). Soweit nach diesen Normen auf ausländisches Recht verwiesen wird, handelt es sich nach Art 4 I um eine **Gesamtverweisung**, so dass eine Rück- oder Weiterverweisung des berufenen Rechts zu befolgen ist. Nur bei Art 45 II und Art 46 handelt es sich um Sachnormverweisungen (Art 45 Rn 7 u Art 46 Rn 1). **5**

6　**C. Regelungsgehalt des Art 43. I. Geltung der lex rei sitae, Abs 1. 1. Normzweck und Allgemeines.** Der in Art 43 I niedergelegte Grundsatz der Verweisung auf die lex rei sitae ist Ausgangspunkt der Regelung. Danach findet zur Beurteilung der dinglichen Rechtslage grds das Recht des Orts Anwendung, an dem sich die fragliche Sache zum Zeitpunkt der Vollendung des Rechtserwerbs befindet. Zur Notwendigkeit der Erweiterung der situs-Regel bei Sachen, die sich auf See befinden (**Off-shore Windparks**), *Wurmnest* RabelsZ 72 (2008), 236 ff. Die lex rei sitae Regel bezweckt den Verkehrsschutz (BTDrs 14/343, 15). Eine abweichende **Rechtswahl** ist im Hinblick auf diesen Normzweck als solche unwirksam und allenfalls und nur sehr vorsichtig iRv Art 46 zu berücksichtigen (s. Art 46 Rn 2).

7　Fallen bezüglich einer Sache Gesamt- (**Güter-, Erb-, Gesellschaftsrechtsstatut**) und Sachstatut auseinander, so setzt sich vorbehaltlich Art 3a II das Gesamtstatut durch. Allerdings führt die **Löschung einer Auslandsgesellschaft** im Hinblick auf den Schutz der inländischen Gläubiger nicht zur Anwendung des ausländischen Liquidationsrechts auf die im Inland belegenen Vermögensgegenstände. Insoweit kommt es vielmehr zur Entstehung einer Spaltgesellschaft (Jena ZIP 07, 1709; *Krömker/Otte* BB 08, 964). Zum Schutze des numerus clausus der Sachenrechte kann das Gesamtstatut nicht im Widerspruch zum Sachstatut geltend gemacht werden (Erman/*Hohloch* Rz 16), so dass ggf eine Angleichung vorgenommen werden muss (BGH NJW 95, 58 zur im Ergebnis nur schuldrechtlichen Wirkung entspr § 2174 ausländischer Vindikationslegate; s.a. *Stoll* IPRax 00, 260).

8　**2. Anwendungsbereich.** Die Vorschrift gilt für **bewegliche und unbewegliche Sachen**, wobei hierunter wie nach § 90 körperliche Gegenstände zu verstehen sind (aA Palandt/*Thorn* Rz 1; für einen in Zweifelsfällen normativ erweiterten Sachbegriff MüKo/*Wendehorst* Rz 11). Allerdings ist dem berufenen Sachstatut zu entnehmen, ob eine Sache wesentlicher Bestandteil einer anderen Sache oder sonderrechtsfähig ist. Ebenso entscheidet das Sachstatut, ob sie Zubehör einer anderen Sache darstellt (Staud/*Stoll* IntSachR Rz 143).

9　Bei **Wertpapieren** ist zwischen dem Recht am Papier (Wertpapiersachstatut) und dem Recht aus dem Papier (Wertpapierrechtsstatut) zu unterscheiden. Für das Wertpapiersachstatut gilt Art 43 I, also der Grundsatz der lex cartae sitae (BGH NJW 90, 243; Ddorf IPR 03, 154; Karlsr ZIP 06, 1576). Nach der Sondervorschrift des § 17a DepotG unterliegen allerdings Verfügungen über Wertpapiere, die mit rechtsbegründender Wirkung in ein Register eingetragen werden oder auf einem Konto verbucht werden, dem Recht des Staates, unter dessen Aufsicht das Register geführt wird (BTDrs 14/1539, 16; *Haubold* RIW 05, 656; *Einsele* WM 01, 7, 15). Das Wertpapierrechtsstatut ergibt sich aus dem Recht, dem die verbriefte Forderung unterliegt (*Looschelders* IPR Rz 27). Nach diesem Recht ist auch zu beurteilen, ob es sich bei der Urkunde überhaupt um ein Wertpapier (im weiteren oder engeren Sinn) handelt (RGZ 119, 215, 216; Karlsr IPRspr 01, Nr 44). Zum noch nicht in Kraft befindlichen Haager Üb über das bei Wertpapieren in Zwischenverwahrung anwendbare Recht v 5.7.06 *Reuschle* RabelsZ 04, 687 ff; *Bernasconi/Sigman* Unif L Rev 05, 117 ff.

10　**3. Reichweite des Sachstatuts. a) Rechte an einer Sache.** Das Recht des Lageorts gilt für **sämtliche sachenrechtlichen Fragen**; insb entscheidet es, wem die Sache gehört (Eigentum), welche dinglichen Rechte an ihr bestehen können (numerus clausus der Sachenrechte) sowie, ob solche Rechte entstanden, übergegangen, geändert, erloschen oder verjährt sind (BTDrs 14/343, 15; zur Verjährung Stuttg v 2.2.06 – 19 U 47/05). Auch für den Inhalt und die Durchsetzung dinglicher Rechte ist grds die lex rei sitae zu befragen (BGH NJW 98, 1321). Zum Auseinanderfallen von Sachstatut und Forderungsstatut bei grundpfandrechtlich gesicherten Forderungen *Unberath* IPRax 05, 308. Dies gilt außerhalb von Art 44 auch für den **Schutz dinglicher Rechte**. Soweit dieser durch Schadensersatz- oder Bereicherungsansprüche verwirklicht wird, kann entspr der deutschen Anspruchskonkurrenz eine Mehrfachqualifikation nach dem Sach- und dem Delikts- bzw Bereicherungsstatut in Frage kommen (MüKo/*Wendehorst* Rz 98).

11　Ob es sich bei einem bestimmten Rechtsinstitut um ein dingliches Recht iSv Art 43 handelt, ist durch funktionale Qualifikation danach zu ermitteln, ob es wie das deutsche Eigentum und die beschränkt dinglichen Rechte absolute Wirkung in Bezug auf die Zuordnung einer Sache hat, also Befugnisse im Hinblick auf die Sache ggü jedermann vermittelt. Danach können auch einzelne Berechtigungen schuldrechtlichen Ursprungs als sachenrechtlich iSv Art 43 zu qualifizieren sein: § 566 (LG Hamburg IPRspr 91, Nr 40); englisches **lien at law** (LG München I WM 57, 1378), zur umstrittenen Einordnung von **Verfolgungs- und Anhalterechten** etwa nach Art 71 II CISG s. Staud/*Stoll* IntSachR Rz 311; MüKo/*Wendehorst* Rz 62. Bei **Leasingverträgen** kann das UNIDROIT-Abk von Ottawa v 28.5.88 zu beachten sein, dass allerdings von Deutschland nicht ratifiziert wurde.

12　Auch der **Besitz** ist kollisionsrechtlich als Recht an einer Sache zu behandeln (LG München I WM 63, 1355), ein den Besitz begründendes Besitzmittlungsverhältnis unterliegt aber in schuldrechtlicher Hinsicht dem Vertragsstatut.

13　Die Arten der möglichen (Mit-)Berechtigung richten sich, soweit sie das Außenverhältnis betreffen, ebenfalls nach dem Sachstatut (MüKo/*Wendehorst* Rz 38). Nach diesem sind auch schuldrechtliche Ansprüche zu beurteilen, die aufgrund eines seinerseits als sachenrechtlich zu qualifizierenden Legalschuldverhältnisses entstehen, so etwa Ansprüche unter **Miteigentümern** oder Ansprüche aus **EBV** (BGH NJW 09, 2824; NJW 98, 1321).

Die lex rei sitae gilt sowohl für Änderungen der dinglichen Rechtslage durch Rechtsgeschäft als auch von **14**
Gesetzes wegen (zB Ersitzung, Verbindung, Vermischung, Verarbeitung). Bei rechtsgeschäftlichem Rechtsübergang sind dem Sachstatut insb die Erwerbstatbestände und die **Möglichkeit sowie Voraussetzungen des Erwerbs vom Nichtberechtigten** zu entnehmen (BGH NJW 2009, 2824; NJW 60, 775; *Looschelders/Bottek* VersR 01, 402 ff. *Mansel* IPRax 88, 268 schlägt de lege ferenda eine Anknüpfung an das Recht des Staates vor, in dem die Sache abhanden gekommen ist, so de lege lata *Rauscher*, IPR, Rz 1466). Dies betrifft auch die Möglichkeit der Genehmigung der Verfügung eines Nichtberechtigten durch den Berechtigten (BGH NJW-RR 00, 1583), die Frage von Lösungsrechten wie etwa § 934 II schweizZGB, Art 2280 franzCodeCivil (BGHZ 100, 321, 324 = NJW 87, 3078) oder die Anwendbarkeit einer Eigentumsvermutung (BGH NJW 96, 2233). Auch der **Erwerb des Versicherers** eines gestohlenen Kfz gem A.2.10.3 AKB, unterliegt an sich der lex rei sitae zum Zeitpunkt des Bedingungseintritts (Erman/*Hohloch* Rz 12), allerdings wird hier oft die Anwendung von Art 46 nahe liegen (s. Art 46 Rn 3). Die **Anfechtbarkeit** eines Rechtserwerbs beurteilt sich außerhalb eines Insolvenzverfahrens nach dem für die angefochtene Rechtshandlung geltenden Recht, vgl § 19 AnfG. Für die **Insolvenzanfechtung** sind Art 4 II m) iVm Art 13 EuInsVO und § 339 InsO zu beachten, die grds die lex fori concursus berufen, es sei denn dass eine Anfechtung nach der lex causae nicht zulässig ist (ausf *Adolphsen*, in Kübler/Prütting/Bork, InsO § 147 Anh IIA Rz 55, Anh IIB Rz 90 ff).

Bei **beschränkt dinglichen Rechten** bestimmt die lex rei sitae den Kreis der begründbaren Rechte sowie **15**
deren Entstehungs-, Erwerbs-, Übertragungs- und Erlöschensvoraussetzungen. So kommt es für die Entstehung von gesetzlichen Pfandrechten auf das Recht des Lageorts an. Bei **dinglichen Sicherungsrechten** entscheidet das Sachstatut über die Akzessorietät (MüKo/*Wendehorst* Rz 84). Soweit diese vorliegt, ist das Bestehen der gesicherten Forderung als Vorfrage selbstständig anzuknüpfen, insoweit gilt das Forderungsstatut (BGH NJW 51, 400; *Looschelders* IPR Rz 28). Ebenso gesondert anzuknüpfen ist die **Sicherungsabrede**, wobei bei Fehlen einer Rechtswahl ggf über die Ausweichklausel ein Gleichlauf mit dem Sachstatut erreicht werden kann.

b) Vorfragen der Rechtsänderung. Auch wenn das Sachstatut nicht vom Trennungs-, sondern vom Konsensprinzip ausgeht, ist für die kollisionsrechtliche Betrachtung das Geschäft in einen schuld- und einen **16**
sachenrechtlichen Teil aufzuspalten. Sofern das danach berufene Sachstatut ein wirksames Kausalgeschäft als Erwerbsvoraussetzung vorsieht, ist dessen Vorliegen nach dem Vertragsstatut zu überprüfen. Solche und andere **Vor- oder Teilfragen des rechtsgeschäftlichen Erwerbs** (Geschäftsfähigkeit (Art 7), Vertretungsmacht) sind gesondert anzuknüpfen (MüKo/*Wendehorst* Rz 81); für **Formfragen** ergibt sich durch Art 11 IV ein Gleichlauf mit Art 43.

II. Veränderungen des Lageorts. 1. Schlichter Statutenwechsel, Abs 2. Art 43 II regelt als allseitige Kollisionsnorm den Fall, dass eine (bewegliche) Sache vom Geltungsbereich einer Rechtsordnung in den einer **17**
anderen verbracht wird. Danach bestehen nach der alten lex rei sitae wirksam begründete Rechte an einer Sache grds auch unter Geltung der neuen fort. Diese hat sie grds hinzunehmen (Schlesw NJW 89, 3105; Staud/*Stoll* IntSachR Rz 358 ff; Erman/*Hohloch* Rz 21; Palandt/*Thorn* Rz 5). Hier ist auch europarechtlich eine großzügige Vorgehensweise angezeigt. Bei **Versendung** der Ware von Deutschland ins Ausland vollzieht sich der Eigentumserwerb nach ausländischem Recht, ggf unter Anrechnung von im Inland verwirklichten Tatbestandselementen. Für eine Übereignung nach §§ 929 ff fehlt es an einer Übergabe im Inland (BGH NJW 09, 2824). Ein nach ausländischem Recht wirksam begründetes **besitzloses Pfandrecht** bleibt nach Verbringen des Pfandes ins Inland als solches bestehen und ist hinsichtlich seiner Wirkungen ähnl einer Sicherungsübereignung zu behandeln (BGHZ 39, 173, 178 = NJW 63, 1200, 1201, franz Registerpfandrecht; NJW 91, 1415 ital Autohypothek; Karlsr WM 03, 584 amerik security interest; zu publizitätslosen Schiffspfandrechten BGH NJW 91, 1418, 1420). Dies führt allerdings nicht dazu, dass etwa dem Gläubiger eines solchen Pfandrechts in Deutschland der Herausgabeanspruch des Sicherungseigentümers aus § 985 zusteht. Die früher herrschende Transpositionslehre (Soergel/*Lüderitz* Art 38 Anh II Rz 53) wertete in solchen Fällen das Recht ungerechtfertigter Weise auf (*Stoll* IPRax 00, 262). Sind bestimmte Wirkungen der neuen Rechtsordnung vollkommen unbekannt und fremd, so ruhen diese während der Dauer des Aufenthalts der Sache in dieser Rechtsordnung, es kommt aber nicht zu einem Erlöschen (Erman/*Hohloch* Rz 22). Ein Ruhen der sachenrechtlichen Wirkungen wird man jedenfalls für einen Teil der Wirkungen einer **floating charge** am Vermögen einer Limited mit Sitz in Deutschland annehmen müssen, soweit man diese nicht ohnehin insolvenzrechtlich qualifiziert (*Wenckstern* RabelsZ 92, 624; aA AnwK/*v Plehwe* Rz 44; für gesellschaftsrechtliche Qualifikation *Schall*, IPRax 09, 209). Auch die **deutschen publizitätslosen Sicherungsrechte** werden bei Verbringung des Sicherungsguts ins Ausland dort wegen der fehlenden Publizität oft nicht anerkannt (Belgien, Italien, Schweiz vorbehaltlich Art 102 II schweiz IPRG, Österreich OGH IPRax 85, 165 bestr; ausf *Graham-Siegenthaler*, Kreditsicherungsrechte im internationalen Rechtsverkehr, 108 ff). Wird die Sache in den Geltungsbereich einer dritten Rechtsordnung gebracht, so hat diese das entstandene Sachenrecht wiederum in seiner ursprünglichen Gestalt zu akzeptieren und ggf anzupassen.

Diese Regeln gelten auch für Sachen, die sich auf dem Transport befinden (**res in transitu**), Reisegepäck und **18**
Transportmittel, die nicht unter Art 45 fallen (**KFZ**); allerdings kann, va wenn kein Bezug zum Lageort

besteht, nach Art 46 das Recht des Absende- oder Empfangsstaates statt der Rechtsordnung des Durchganglandes zur Anwendung kommen (s. Art 46 Rn 3; Palandt/*Thorn* Rz 2; aA MüKo/*Wendehorst* Art 45 Rz 25).

19 **2. Gestreckte Tatbestände und Statutenwechsel, Abs 3.** Art 43 III sieht eine Sonderregelung für den Fall vor, dass sich der Statutenwechsel durch eine Verbringung einer beweglichen Sache ins Inland vollzieht, bevor der Erwerb des Rechts nach der alten lex rei sitae vollständig war. Nach Art 43 III sind dann im Ausland bereits verwirklichte Tatbestandsvoraussetzungen der inländischen Norm anzurechnen. Dies gilt insb für die Fälle der Ersitzung oder für Teilakte bei mehraktigem Erwerbstatbestand (zB §§ 929 1, 932; Kobl NJW-RR 03, 1563). Insofern hat Art 43 III materiellrechtliche Wirkung (*Stoll* IPRax 00, 263).

20 Daher können auch die tatbestandlichen Voraussetzungen eines von den Parteien angestrebten **Eigentumsvorbehalts** nach deutschem Recht durch eine entspr Absprache im Ausland verwirklicht werden, selbst wenn diese dort nur zum Entstehen eines relativen Rechts führt. Sobald die Sache ins Inland gebracht wird, wirkt er absolut (BGHZ 45, 95, 100 = NJW 66, 879 „Strickmaschinenfall"; *Wagner* IPRax 98, 435; Hamm NJW-RR 90, 489). Voraussetzung ist allerdings wegen Art 43 II, dass der Käufer nicht schon nach ausländischem Recht Eigentum erworben hat. Dann kommt nur die Deutung als antizipierte Rückübereignung, die Sicherungsübereignung ist, in Betracht. Die Wirksamkeit einer Verarbeitungsklausel unterliegt ebenfalls dem Sachstatut (MüKo/*Wendehorst* Art 45 Rz 85). Die Vorausabtretung beim verlängerten Eigentumsvorbehalt richtet sich allerdings nach dem Forderungsstatut (BGHZ 111, 376; BaRoth/*Spickhoff* Rz 12).

21 **D. Internationales Enteignungsrecht.** Enteignungen durch einen ausländischen Staat werden vom deutschen Recht nach dem **Territorialitätsprinzip** anerkannt, soweit sie sich auf Vermögenswerte beziehen, die im Staatsgebiet des enteignenden Staates belegen sind (BVerfG NJW 91, 1597, 1600; BGH NJW 02, 2389, 2390). Einschränkungen können sich aus dem ordre-public-Vorbehalt des Art 6 ergeben (Hambg OLGR 05, 448). Bei Forderungen kommt es auf den Wohnort des Schuldners an (BGHZ 32, 97, 99 = NJW 60, 1052). In Bezug auf außerhalb des Staatsgebiets belegenes Vermögen ist die Enteignung vorbehaltlich völkerrechtlicher Abk wirkungslos. So bleibt das Vermögen einer enteigneten Gesellschaft, das außerhalb des Staatsgebietes liegt, von der Enteignung unberührt, es kommt zur Entstehung einer Spaltgesellschaft (BGH IPRax 85, 342 m Anm *Großfeld/Lohmann* 324 f). Diese haftet grds für sämtliche Verbindlichkeiten der Gesellschaft (BGHZ 56, 66, 70). Zur Bedeutung von Art 6 im Internationalen Enteignungsrecht BGHZ 104, 240 = NJW 88, 2173.

Art. 44 Von Grundstücken ausgehende Einwirkungen. Für Ansprüche aus beeinträchtigenden Einwirkungen, die von einem Grundstück ausgehen, gelten die Vorschriften der Verordnung (EG) Nr. 864/2007 mit Ausnahme des Kapitels III entsprechend.

1 **A. Normzweck und Anwendungsbereich.** Die Norm gehört zum **Internationalen Nachbar- und Umweltrecht** und regelt das Problem von grenzüberschreitenden Grundstücksimmissionen (*Freigang*, Grenzüberschreitende Grundstücksimmissionen, 2008). Als vorrangige internationale Regelung ist das Pariser Üb v 29.7.60 zur Haftung ggü Dritten auf dem Gebiet der Kernenergie zu berücksichtigen. Die Rom II VO (EG 864/2007, L 199/40) enthält in Art 7 eine Spezialregelung für Umweltschädigungen. Art 44 wurde durch das Gesetz v 10.12.08 zur Anpassung der Vorschriften des Internationalen Privatrechts an die Verordnung (EG) Nr 864/2007, BGBl I 2401 dahingehend geändert, dass die Norm nunmehr hinsichtlich der Grundstücksimmissionen auf die Rom II VO verweist und nicht mehr auf das autonome deutsche Internationale Deliktsrecht. Diese Änderung war nötig, um auch unter Geltung der Rom II VO einen Gleichlauf zwischen Delikts- und Immissionsschutzstatut zu gewährleisten. Denn das Deliktsstatut ergibt sich für die Mehrzahl der Fälle nicht mehr aus Art 40 EGBGB sondern aus der Rom II VO, so dass eine Parallelität nur bei einem Verweis auf diese gesichert ist (*R. Wagner*, IPRax 08, 314, 318). Es handelt sich um eine Sachnormverweisung.

2 Indem Art 44 den Anspruch des gestörten Nachbarn den Art 4, 7 Rom II VO unterstellt, wird iRd Qualifikation die Abgrenzung zum Deliktsstatut obsolet, da insoweit ein Gleichlauf besteht (BTDrs 14/343, 16; *Wagner* IPRax 98, 429, 435; *Stoll* IPRax 00, 265). Erfasst sind **Abwehr-, Unterlassungs-, Schadensersatz- und Ausgleichsansprüche** auf sachenrechtlicher Grundlage (Erman/*Hohloch* Rz 10; MüKo/*Wendehorst* Rz 23). Daher ist die Betroffenheit eines dinglichen Rechts iSv Art 43 an einer beweglichen oder unbeweglichen Sache durch die Immission Tatbestandsvoraussetzung. Im Anwendungsbereich liegen jedenfalls die Ansprüche aus §§ 1004, 861, 862 BGB wegen Störung des Eigentums oder des Besitzes. Auch ein Mieter kann Beeinträchtigter iSv Art 44 sein (BTDrs 14/343, 16; zum Besitz als dinglichem Recht Art 43 Rn 12). Auch ein Anspruch wegen einer **Gesundheitsbeeinträchtigung** durch die Immission fällt unter Art 44, daneben können deliktische Ansprüche treten.

3 Das Tatbestandsmerkmal „beeinträchtigende Einwirkungen" ist weiter als bei § 906 BGB zu verstehen. Auch **Grobimmissionen** sowie **negative Immissionen** und **ideelle Störungen** sind erfasst (Erman/*Hohloch* Rz 6; Palandt/*Thorn* Rz 1). Quelle der Störung muss ein Grundstück sein.

4 **B. Anknüpfung.** Störende Immissionen unterliegen kraft der Verweisung auf das Internationale Delikts- und Umweltrecht der Rom II VO in erster Linie dem Recht des **Erfolgsorts** gem Art 4 I Rom II VO. Ist die Grundstücksimmission allerdings eine Umweltschädigung iSv Art 7 Rom II, so kann der Geschädigte alternativ das Recht des Handlungsortes wählen. Das Wahlrecht hinsichtlich des nachbarrechtlichen Statuts kann nur einheitlich mit dem Wahlrecht aus Art 7 Rom II VO iVm Art 46a EGBGB ausgeübt werden, da sonst der von Art 44 erstrebte Gleichlauf zerstört würde.

Offen bleibt auch nach der Kodifikation, wie eine **behördliche Genehmigung** der Immission zu erfassen ist. Hierzu *G Hager* RabelsZ 89, 293 ff; Staud/*Stoll* IntSachR Rz 236 ff; *Wandt* VersR 98, 529, 533. Wurde die Genehmigung durch Behörden der durch Art 44 berufenen Rechtsordnung erteilt, so entscheidet diese Rechtsordnung auch über ihre Wirkungen. Ausländische Genehmigungen können bei entspr gesetzlicher oder staatsvertraglicher Grundlage inländischen gleichgestellt werden (BGH IPRspr 78, Nr 40; BVerfGE 72, 66, 83 = NJW 86, 2188 Flughafen Salzburg). IÜ sind ausländische Genehmigungen grds unbeachtlich, wenn nicht der Betroffene die Möglichkeit der Teilnahme am Genehmigungsverfahren hatte, vgl Art 7 Rom II VO Rz 4. 5

Art. 45 Transportmittel.
(1) Rechte an Luft-, Wasser- und Schienenfahrzeugen unterliegen dem Recht des Herkunftsstaats. Das ist
1. bei Luftfahrzeugen der Staat ihrer Staatszugehörigkeit,
2. bei Wasserfahrzeugen der Staat der Registereintragung, sonst des Heimathafens oder des Heimatorts,
3. bei Schienenfahrzeugen der Staat der Zulassung.
(2) ¹Die Entstehung gesetzlicher Sicherungsrechte an diesen Fahrzeugen unterliegt dem Recht, das auf die zu sichernde Forderung anzuwenden ist. ²Für die Rangfolge mehrerer Sicherungsrechte gilt Artikel 43 Abs. 1.

A. Normzweck und Anwendungsbereich. Die Vorschrift enthält eine kollisionsrechtliche Sonderregel für dingliche Rechte an bestimmten Arten von Transportmitteln. Da bei diesen Transportmitteln durch die häufige Veränderung des Lageorts die Anknüpfung an die lex rei sitae nicht die erstrebte Rechtssicherheit brächte und insofern nicht den Verkehrsinteressen gerecht würde, knüpft Art 45 I an das **Herkunftsland** des Fahrzeugs an. Als vorrangiges Recht ist das Genfer Abk über die internationale Anerkennung von Rechten an Luftfahrzeugen v 19.6.48 zu berücksichtigen (BGBl II 59, 130 ff, umgesetzt durch das Gesetz über Rechte an Luftfahrzeugen, BGBl I 59, 57 ff). Das von UNIDROIT und ICAO initiierte Abk von Kapstadt über Sicherungsrechte an beweglichen Ausrüstungsgegenständen v 16.11.01 ist von Deutschland zwar gezeichnet worden, aber noch nicht in Kraft getreten. Die Kapstadt-Konvention schafft ein international einheitliches Sicherungsrecht an beweglichen Ausrüstungsgegenständen des Raufahrt-, Luftfahrt- und Eisenbahnverkehrs (*Henrichs* IPRax 03, 210; *Schmalenbach/Sester* WM 05, 301). 1

Art 45 ist teleologisch so auszulegen, dass er solche Fahrzeuge erfasst, die **unter normalen Bedingungen dem Personen- oder Güterverkehr mit dem Ausland dienen können** (MüKo/*Wendehorst* Rz 16). Noch nicht in Gebrauch genommene Fahrzeuge und Bauwerke fallen daher nicht unter die Norm (BTDrs 14/343, 17). Weitere Voraussetzung ist, dass es sich um ein Luft-, Wasser- oder Schienenfahrzeug handelt. **Luftfahrzeuge** sind entspr auch Zeppeline, Heißluftballons, Drohnen, aber auch Raumfahrzeuge und Satelliten (für Gegenstände der Weltraumfahrt ist allerdings der Weltraumvertrag, BGBl II 69, 1967 ff, zu berücksichtigen). **Wasserfahrzeuge** sind sowohl See- als auch Binnenschiffe, gleich ob sie registerpflichtig sind. Sport- und Vergnügungsboote sind ebenso erfasst wie U-Boote und Luftkissenboote, nicht aber Haus- und Hotelboote. Auch Bohrinseln auf hoher See und andere Off-Shore Ausrüstung fallen unter Art 45, soweit sie nicht primär stationär innerhalb von Hoheitsgewässern eingesetzt werden (MüKo/*Wendehorst* Rz 22). Nicht hierher gehören daher **Off-shore Windkraftanlagen** für die Art 43 gilt (*Wurmnest* RabelsZ 08, 236). **Schienenfahrzeuge** sind neben Eisenbahnlokomotiven, Güter- oder Personenwaggons auch andere schienenbasierte Verkehrsmittel wie etwa Magnetschwebebahnen. 2

Eine analoge Anwendung auf andere Transportmittel (**LKW** und **PKW**) ist ausgeschlossen; insoweit gilt Art 43, wenn nicht die Voraussetzungen des Art 46 vorliegen (s. Art 43 Rn 18). 3

B. Anknüpfung nach Art 45 I. Nach Art 45 I gilt für die bezeichneten Fahrzeugtypen das **Herkunftslandprinzip**. Bei Flugzeugen ist dies gem I Nr 1 iVm Art 17 des Chicagoer Abk v 7.12.44 über die internationale Zivilluftfahrt der Staat, in dem sie registriert sind. Auch Wasserfahrzeuge unterliegen, soweit sie registriert sind, dem Recht des Registerstaates, wobei es stets auf das Register ankommt, in dem etwaige dingliche Eintragungen (Eigentümer, Schiffshypotheken) vorzunehmen wären; das Flaggenregister ist unerheblich (BTDrs 14/343, 17). IÜ gilt das Recht des Heimathafens (§ 480 HGB, BGH NJW-RR 00, 1583) oder des Heimatorts (§ 6 BinSchG), von dem aus das Schiff eingesetzt wird, I Nr 2 (so auch schon BGH NJW 95, 2097). Bei Schienenfahrzeugen ist das Recht des Staates der Zulassung maßgeblich, so dass es idR auf den Sitz der Hauptverwaltung des Eisenbahnunternehmens ankommt (BTDrs 14/343, 17), der auch Anknüpfungspunkt ist, sofern keine Zulassung erfolgt ist oder zu erfolgen hatte (MüKo/*Wendehorst* Rz 56). 4

Auch bei Art 45 I handelt es sich nach Art 4 I um eine **Gesamtverweisung** (*Looschelders* IPR Rz 3; AnwK/*v Plehwe* Rz 4; anders für Rechte an Luftfahrzeugen MüKo/*Wendehorst* Rz 61). 5

Sollte sich im Einzelfall ergeben, dass zu dem Recht eines anderen Staates als dem Herkunftsstaat eine wesentlich engere Verbindung besteht, ist Art 46 anzuwenden. 6

7 **C. Anknüpfungen nach Art 45 II. I. Gesetzliche Sicherungsrechte, S 1.** Nach Art 45 II 1 gilt für die Entstehung gesetzlicher Sicherungsrechte an den in Art 45 I genannten Fahrzeugen, aber auch für ihren Inhalt und ihre Ausübung (MüKo/*Wendehorst* Rz 72) das **Recht der gesicherten Forderung**, also die lex causae. Durch diese Anknüpfung soll va für die Behandlung der besitzlosen **Schiffsgläubigerrechte** (§ 755 HGB) bis zur Schaffung einer international einheitlichen Lösung Rechtssicherheit geschaffen werden (BTDrs 14/343, 18). Denn Flaggenwechsel oder eine Verlagerung des Registerorts sind hiernach unbeachtlich. Durch die Anknüpfung an das Statut der gesicherten Forderung wird der anerkannten Akzessorietät dieser Rechte Rechnung getragen. Art 45 II 1 ist **Sachnormverweisung**, so dass ein renvoi nicht beachtet wird (*Stoll* IPax 00, 259, 267; Erman/*Hohloch* Rz 4; AnwK/*v Plehwe* Rz 4; aA BaRoth/*Spickhoff* Rz 10).

8 **II. Rangfolge, S 2.** Die Rangfolge mehrerer unter Art 45 II 1 fallender Sicherungsrechte (vgl § 761 HGB) bestimmt sich gem 2 wiederum nach der **lex rei sitae**. Bei Luftfahrzeugen sind allerdings gem §§ 103, 104 des Gesetzes über Rechte an Luftfahrzeugen gem Art 3 II vorrangig. Vor der Normierung wandten deutsche Gerichte hinsichtlich der Rangfolge die lex fori, also deutsches Recht an (BGH NJW 91, 1418, 1420), die freilich regelmäßig zugleich die lex rei sitae sein wird. Die lex fori kann auch über Art 46 berufen werden. In jedem Fall gilt sie bzgl der materiellrechtlichen Wirkungen von Vollstreckungsakten (BGH NJW 61, 1672).

Art. 46 Wesentlich engere Verbindung.
Besteht mit dem Recht eines Staates eine wesentlich engere Verbindung als mit dem Recht, das nach den Artikeln 43 und 45 maßgebend wäre, so ist jenes Recht anzuwenden.

1 **A. Normzweck und Anwendungsbereich.** Art 46 sieht eine **Ausweichklausel** für die sachenrechtlichen Anknüpfungen nach Art 43 und 45 vor, die teleologische Abweichungen im Einzelfall und hierdurch die sukzessive Herausbildung von Sonderkollisionsnormen ermöglicht (*Mansel* FS Heldrich 899, 902). Wegen der verkehrsschützenden Funktion insb der lex rei sitae aber auch der Anknüpfung nach Art 45 I ist bei der Abweichung von diesen Grundsätzen allerdings Zurückhaltung geboten (*Junker* RIW 00, 241, 245; MüKo/*Wendehorst* Rz 2), erst recht soweit es um eine abweichende Anknüpfung außerhalb der sich zu Art 46 entwickelnden Fallgruppen geht. Art 46 ist **Sachnormverweisung** (s. Art 4 Rn 15).

2 Voraussetzung ist, dass durch die Regelanknüpfungen nach Art 43 oder 45 eine **extrem sachferne Rechtsordnung** (BTDrs 14/343, 18) zur Anwendung käme. Dies kann der Fall sein, wenn eine Anknüpfung an den Lageort zufällig erscheint oder wenn nur relative Wirkungen zwischen zwei Parteien in Rede stehen, die mit der berufenen Rechtsordnung keinerlei Berührungspunkte haben. Verkehrsschutzgesichtspunkte treten dann in den Hintergrund. Ein nur geringfügig stärkerer Bezug zu einem anderen staatlichen Recht reicht aber nicht. Erforderlich ist, dass ein bestimmtes anderes Recht **erheblich sachnäher** ist (MüKo/*Wendehorst* Rz 16). Dies ist der Fall, wenn praktisch alle anderen Anknüpfungspunkte objektiv feststellbar auf eine andere Rechtsordnung verweisen. Insofern kann auch eine iÜ unbeachtliche **Rechtswahl** der Parteien nur einer – wenn auch bedeutsamer – von mehreren Gesichtspunkten sein, die eine andere Rechtsordnung als wesentlich sachnäher erscheinen lassen (BaRoth/*Spickhoff* Rz 3; *Stoll* IPRax 00, 265; sehr zurückhaltend Palandt/*Thorn* Rz 3). Die grds Entscheidung des Gesetzgebers gegen die Zulässigkeit einer Rechtswahl darf nicht über Art 46 umgangen werden (*Junker* RIW 00, 252). Auch die Ermöglichung gemeinschaftsrechtskonformer Anknüpfungen ist kein zu berücksichtigender Gesichtspunkt iR von Art 46, da Zweck der Regelung die Berufung des sachnächsten Rechts ist. Insofern ist der Gedanke der Europarechtskonformität eine tatbestandsfremde Erwägung (*Mansel* FS Heldrich 899, 903; aA MüKo/*Wendehorst* Rz 10).

3 **B. Abweichungen von Art 43 und 45.** Zu befürworten ist eine Sonderanknüpfung nach Art 46 bezüglich des **Eigentumserwerbs des Versicherers am KFZ nach A.2.10.3 AKB**, wenn Versicherer und Versicherter aus derselben Rechtsordnung stammen, die zugleich das Statut des Versicherungsvertrags ist (Palandt/*Thorn* Rz 3; *Looschelders/Bottek* VersR 01, 402; AnwK/*v Plehwe* Rz 8; *Benecke* ZVglRWiss 02, 362, 371; unklar Brandbg NJW-RR 01, 597; s. Art 43 Rn 14). Dass das KFZ zum Zeitpunkt des Bedingungseintritts möglicherweise schon über die Grenze geschafft wurde, ist zufällig, so dass sich der Eigentumserwerb gem Art 46 nach dem Vertragsstatut als der wesentlich sachnäheren Rechtsordnung richtet. Über die Möglichkeit des gutgläubigen Erwerbs durch einen Dritten entscheidet aber auch dann die lex rei sitae aA *Rauscher*, IPR, Rz 1466. Diskutiert wird die Anwendung von Art 46 weiter bei Verfügungen über **Reisegegenstände** zwischen Reisegenossen mit gemeinsamem gewöhnlichen Aufenthaltsort (*Pfeiffer* IPRax 00, 275) sowie bei **res in transitu** – soweit diese sich in einem Durchgangsstaat befinden. Soweit Rechte Dritter in Rede stehen, kommt aber auch in diesen Fällen nur die Anwendung der lex rei sitae in Frage. Bei res in transitu kann statt des Rechts des Durchgangsstaates nach Art 46 das des Bestimmungsstaates zur Anwendung gebracht werden, jedenfalls soweit nur die Beziehungen der Parteien des Transitgeschäfts berührt sind (BTDrs 14/343, 14; Palandt/*Thorn* Art 46 Rz 3, Erman/*Hohloch* Art 45 Rz 13). Für **Grundstücke** wird eine Abweichung vom Recht des Lageorts kaum einmal in Frage kommen (anders für das Recht zur wirtschaftlichen Verwaltung nach russischem Recht *Kopylov* RIW 09, 516).

Siebter Abschnitt Besondere Vorschriften zur Durchführung von Regelungen der Europäischen Gemeinschaft nach Artikel 3 Nr. 1

Erster Unterabschnitt Durchführung der Verordnung (EG) Nr. 864/2007*

Art. 46a Umweltschädigungen. Die geschädigte Person kann das ihr nach Artikel 7 der Verordnung (EG) Nr. 864/2007 zustehende Recht, ihren Anspruch auf das Recht des Staates zu stützen, in dem das schadensbegründende Ereignis eingetreten ist, nur im ersten Rechtszug bis zum Ende des frühen ersten Termins oder dem Ende des schriftlichen Vorverfahrens ausüben.

A. Allgemeines. Die Vorschrift begrenzt die Ausübung des Wahlrechts der durch eine Umweltschädigung 1 (zum Begriff s. Erwägungsgrund Nr 24) geschädigten Person aus Art 7 Rom II VO in zeitlicher Hinsicht. Die Rom II VO sieht insoweit keine Regelung vor, so dass die Begrenzung dem autonomen nationalen Recht vorbehalten ist (vgl Erwägungsgrund 25 Rom I VO). Art 46a entspricht hinsichtlich der Ausübungsfrist Art 40 I 3. Nach Art 46a muss der Geschädigte sein Wahlrecht zu Gunsten des Handlungsorts bis zum Ende des frühen ersten Termins (§ 275 ZPO) oder bis zum Ende des schriftlichen Vorverfahrens (§ 276 ZPO) ausüben. Die Ausübung des Wahlrechts wird dadurch allerdings nicht zur Prozesshandlung, sondern ist die Ausübung des durch Art 7 Rom II eingeräumten **kollisionsrechtlichen Gestaltungsrechts**. Wird der Anspruch nicht rechtshängig gemacht, verfristet die Rechtsausübung nicht. Übt der Geschädigte seine Gestaltungsbefugnis nicht oder nicht rechtzeitig aus, bleibt es beim nach Art 7 Rom II VO berufenen Statut des Erfolgsorts.

Zweiter Unterabschnitt Durchführung der Verordnung (EG) Nr. 593/2008*

Art. 46b Verbraucherschutz für besondere Gebiete. (1) Unterliegt ein Vertrag auf Grund einer Rechtswahl nicht dem Recht eines Mitgliedstaats der Europäischen Union oder eines anderen Vertragsstaats des Abkommens über den Europäischen Wirtschaftsraum, weist der Vertrag jedoch einen engen Zusammenhang mit dem Gebiet eines dieser Staaten auf, so sind die im Gebiet dieses Staates geltenden Bestimmungen zur Umsetzung der Verbraucherschutzrichtlinien gleichwohl anzuwenden.
(2) Ein enger Zusammenhang ist insbesondere anzunehmen, wenn der Unternehmer
1. in dem Mitgliedstaat der Europäischen Union oder einem anderen Vertragsstaat des Abkommens über den Europäischen Wirtschaftsraum, in dem der Verbraucher seinen gewöhnlichen Aufenthalt hat, eine berufliche oder gewerbliche Tätigkeit ausübt oder
2. eine solche Tätigkeit auf irgend einem Wege auf diesen Mitgliedstaat der Europäischen Union oder einen anderen Vertragsstaat des Abkommens über den Europäischen Wirtschaftsraum oder auf mehrere Staaten, einschließlich dieses Staates, ausrichtet
und der Vertrag in den Bereich dieser Tätigkeit fällt.
(3) Die Vorschriften des Bürgerlichen Gesetzbuchs über Teilzeit-Wohnrechteverträge sind auf einen Vertrag, der nicht dem Recht eines Mitgliedstaats der Europäischen Union oder eines anderen Vertragsstaats des Abkommens über den Europäischen Wirtschaftsrum unterliegt, auch anzuwenden, wenn das Wohngebäude im Hoheitsgebiet eines dieser Staaten liegt.
(4) Verbraucherschutzrichtlinien im Sinne dieser Vorschrift sind in ihrer jeweils geltenden Fassung:
1. die Richtlinie 93/13/EWG des Rates vom 5. April 1993 über missbräuchliche Klauseln in Verbraucherverträgen (ABl. EG Nr. L 95 S. 29);
2. die Richtlinie 94/47/EG des Europäischen Parlaments und des Rates vom 26. Oktober 1994 zum Schutz der Erwerber im Hinblick auf bestimmte Aspekte von Verträgen über den Erwerb von Teilzeitnutzungsrechten an Immobilien (ABl. EG Nr. L 280 S. 83);
3. die Richtlinie 97/7/EG des Europäischen Parlaments und des Rates vom 20. Mai 1997 über den Verbraucherschutz bei Vertragsabschlüssen im Fernabsatz (ABl. EG Nr. L 144 S. 19);
4. die Richtlinie 1999/44/EG des Europäischen Parlaments und des Rates vom 25. Mai 1999 zu bestimmten Aspekten des Verbrauchsgüterkaufs und der Garantien für Verbrauchsgüter (ABl. EG Nr. L 171 S. 12);
5. die Richtlinie 2002/65/EG des Europäischen Parlaments und des Rates vom 23. September 2002 über den Fernabsatz von Finanzdienstleistungen an Verbraucher zur Änderung der Richtlinie 90/619/EWG des Rates und der Richtlinien 97/7/EG und 98/27/EG (ABl. EG Nr. L 271 S. 16);
6. die Richtlinie 2008/48/EG des Europäischen Parlaments und des Rates vom 23. April 2008 über Verbraucherkreditverträge und zur Aufhebung der Richtlinie 87/102/EWG des Rates (AB. EU Nr. L 133 S. 66).

---

* Der Siebte Abschnitt wird zum 17.12.09 in einen Ersten und einen Zweiten Unterabschnitt geteilt. In der Zeit bis 17.12.09 lautet die Überschrift zu Art 46a „Durchführung von Artikel 7 der Verordnung (EG) Nr. 864/2007".

1 **A. Ursprung.** Die Norm ist am 17.12.09 in Kraft getreten (vgl technischer Hinweis Einf IPR Vor Art 3 Rn 7): Das seit der RL 93/13 entstandene **Richtlinienkollisionsrecht** (o ex Art 29a Rn 1) wird durch die Rom I-VO nach ihrem Art 23 nicht aufgehoben (Art 23 Rn 2 f, Art 3 Rn 26; *Garcimartín Alférez* EuLF 08, I-61, I-66 Nr 29). Auch Art 3 IV macht es nicht ganz obsolet, da er fordert, dass „alle anderen Elemente des Sachverhalts" in einem oder mehreren Mitgliedstaaten belegen sind und er also enger ist. Da mit Inkrafttreten der Rom I-VO die Art 27ff durch das G zur Anpassung der Vorschriften des IPR an die VO 593/2008 aufgehoben werden können (Art 1 Nr 4 AnpG), wird nun **der bisherige Art 29a durch Art 46b ersetzt** (Art 1 Nr 8 AnpG), der im 2. Unterabschnitt „Durchführung der Verordnung (EG) Nr 593/2008" platziert wurde. Die Gesetzesbegründung spricht von einer nur geringfügigen Veränderung. Die I u III vom künftigen Art 46b und dem bisherigen ex Art 29a sind identisch, IV ist praktisch identisch unter Hinzufügung von Nr 6 zur neuen Verbraucherkredit-RL 2008/48, geändert aber ist II. In dieser Aufl ist daher zunächst auf die Kommentierung zu ex Art 29a zu verweisen (ex Art 29a Rn 1ff) und ergänzend an dieser Stelle auf den neuen II einzugehen und die Entwicklung zu IV anzusprechen. Art 46b deckt Fälle ab, die nicht unter Art 3 IV oder 6 Rom I-VO fallen (*Hoffmann* EWS 09, 254; *Martiny* RIW 09, 737, 742) und kann bei allen Arten von Verbraucherverträgen eingreifen.

2 **B. Zukunft des Richtlinienkollisionsrechts und Binnenmarktklausel des Art 3 IV.** „Sind alle anderen Elemente des Sachverhalts" in einem oder mehreren Mitgliedstaaten belegen, aber ein Drittstaatenrecht gewählt, so sind nach Art 3 IV doch die gemeinschaftsrechtlichen Bestimmungen anzuwenden. Dies geht in ähnliche Richtung, stellt aber höhere Anforderungen als Art 46b (vgl *Lopez-Tarruella Martinez* Rev eur dr cons 2007-2008, 370). Außerdem ist die Formulierung der Rechtsfolge nicht identisch (u Rn 4). Die Aufrechterhaltung des Richtlinienkollisionsrechts ist insoweit richtig. Während die neue Verbraucherkredit-RL 2008/48 eine neue Richtlinienkollisionsnorm enthält, ist dies bei dem Vorschlag einer RL über Rechte der Verbraucher vom 8.10.08 (KOM(2008) 614endg), die ua die unter Nr 1, 3 und 4 aufgeführten RLen 93/13, 97/7 und 1999/44 ersetzen soll, indes nicht der Fall. Die Zukunft des Richtlinienkollisionsrechts und damit auch des Art 46b scheint damit ungewiss.

3 **C. Enger Zusammenhang.** Voraussetzung ist wie bisher nach I, dass ein „enger Zusammenhang mit dem Gebiet" eines Mitgliedstaats vorliegt und Art 46b II gibt nun zwei („oder") an Art 6 Rom I-VO angelehnte **Regelbeispiele**, während ex Art 29a II nur eines („und") auf Art 5 II EVÜ beruhendes gab. Damit soll „Kohärenz" hergestellt werden. Es bleibt dabei, dass die Regelbeispiele nicht abschließend sind („insb", Begr AnpG 11). Art 46 II weicht von Art 6 I nur marginal ab (in Nr 1 „eine" statt „seine", in Nr 2 „Wege" statt „Weise"). Kurzgefasst kann man die Situation von Nr 1 als die der Identität von Verbraucheraufenthaltsstaat und Staat der Ausübung der unternehmerischen Tätigkeit und die von Nr 2 als die des Ausrichtens der Tätigkeit auf auch den Verbraucheraufenthaltsstaat bezeichnen, wobei nur Mitgliedstaaten erfasst werden; auch muss bei beiden der Vertrag in den Bereich der Tätigkeit fallen. Kommt der Verbraucher etwa im Urlaub aus einem anderen Mitgliedstaat, auf den die Tätigkeit auch nicht ausgerichtet wird, greifen weder Nr 1 noch Nr 2, ggf aber Art 3 IV bzw kann über die Regelbeispiele hinaus ein enger Zusammenhang zu bejahen sein.

4 **D. Rechtsfolge.** Hinsichtlich der Rechtsfolge ändert Art 46b ggü dem bisherigen Art 29a nichts, weshalb hier nach o verwiesen werden kann (ex Art 29a Rn 6 f). Es sind also die Umsetzungsvorschriften des Staates des engen Bezugs anzuwenden (ebda). Art 3 IV hingegen spricht von den „Bestimmungen des Gemeinschaftsrechts – ggf in der von dem Mitgliedstaat des angerufenen Gerichts umgesetzten Form –". Man könnte allerdings überlegen, ob nun die Richtlinienkollisionsnormen und Art 46b im Lichte dieser Präzisierung im Art 3 IV auszulegen sind (o ex Art 29a Rn 6), zumal wohl Umsetzungen anderer Mitgliedstaaten in diese Richtung gehen (dazu *Lopez-Tarruela Martinez* ebda 376f). Ein Günstigkeitsvergleich mit dem gewählten Drittstaatenrecht ist nach wie vor nicht ausdrücklich vorgesehen, folgt jedoch aus dem Zweck der RL-Kollisionsnormen (str, o ex Art 29a Rn 7).

5 **E. Teilzeitwohnrechte.** Teilzeitwohnrechteverträge werden wie schon bisher (ex Art 29a Rn 8) in III ergänzend zu I u II besonders geregelt. Auch die bis zum 23.2.11 umzusetzende neue RL 2008/122 über den Schutz der Verbraucher im Hinblick auf bestimmte Aspekte von Teilzeitnutzungsverträgen, Verträgen über langfristige Urlaubsprodukte sowie Wiederverkaufs- und Tauschverträgen (ABl 2009 L 33) enthält in Art 12 eine Richtlinienkollisionsnorm.

6 **F. (Un)Genannte Verbraucherschutzrichtlinien und –normen.** Art 46b IV weicht von ex Art 29a IV nur hinsichtlich der neuen Nr 6 ab, im Wesentlichen ist in dieser Aufl daher nach o zu verweisen (ex Art 29a Rn 9 ff). In Nr 6 ist nunmehr jedoch die neue Verbraucherkredit-RL 2008/48 aufgenommen, denn diese enthält anders als ihre Vorgänger nun in Art 22 IV eine Richtlinienkollisionsnorm (s. aber o Rn 2).

7 Da sich erst seit der RL 93/13 Kollisionsnormen in RLen finden, stellt sich für ältere RLen die Frage der Analogie (ex Art 29a Rn 10; *Pal/Thorn* Rz 2; vorsichtig auch *Martiny* RIW 09, 744). Art 3 IV macht die Frage nicht entbehrlich, bedenklich ist jedoch das Fehlen einer Norm im Vorschlag RL Rechte der Verbraucher (o Rn 2).

Art. 46c Pflichtversicherungsverträge.
(1) Ein Versicherungsvertrag über Risiken, für die ein Mitgliedstaat der Europäischen Union oder ein anderer Vertragsstaat des Abkommens über den Europäischen Wirtschaftsraum eine Versicherungspflicht vorschreibt, unterliegt dem Recht dieses Staates, sofern dieser dessen Anwendung vorschreibt.
(2) Ein über eine Pflichtversicherung abgeschlossener Vertrag unterliegt deutschem Recht, wenn die gesetzliche Verpflichtung zu seinem Abschluss auf deutschem Recht beruht.

A. Bedeutung der Norm. Mit der Einführung des Art 46c EGBGB im Zuge des RegE AnpassungsG Rom I-VO nimmt der deutsche Gesetzgeber sein in Art 7 IV b) Rom I-VO gegebenes Recht wahr, eine eigene Kollisionsnorm für Pflichtversicherungsverträge zu schaffen, welche die Grundanknüpfung gem Art 7 II, III Rom I-VO, insb eine Rechtswahl, verdrängt.   1

B. Anwendungsbereich. Die Rom I-VO geht als EU-VO dem nationalen Kollisionsrecht des EGBGB vor. Dies gilt insb für Art 7 I Rom I-VO, welcher bestimmt, dass lediglich diejenigen Versicherungsverträge unter die Norm fallen, deren versichertes Risiko in einem Mitgliedstaat belegen ist. Im Gegenzug kommt auch IV für Verträge über im nicht europäischen Ausland belegene Risiken nicht zur Anwendung. Die Ermächtigung für den nationalen Gesetzgeber, welche sich in Ziffer b) des IV findet, ist dann ebenfalls nicht gegeben. Der Anwendungsbereich des Art 46c EGBGB kann wiederum nicht weiter reichen, als die Ermächtigungsgrundlage in der Rom I-VO zulässt. Daher betrifft auch diese Norm nur solche Versicherungsverträge, deren versichertes Risiko in einem Mitgliedstaat belegen ist (Zur Problematik s. Art 7 Rom I-VO Rn 17 f). Letztlich muss Art 46c über eine analoge Anwendung des Art 7 IV Rom I-VO aber auch in den Fällen, in denen das versicherte Risiko nicht in einem Mitgliedstaat belegen ist, anwendbar sein.   2

C. Gesetzliche Anknüpfung. Die Kollisionsnorm entspricht dem bisher gültigen Art 12 I, II EGVVG. Das Recht des die Versicherungspflicht aufstellenden Mitgliedstaates kommt dann zur Anwendung, wenn dieser sein Sachrecht ausdrücklich angewendet wissen will (*Dörner* Internationales Versicherungsrecht 97, Art 12 EGVVG Rn 1). Andernfalls bleibt es bei der Grundanknüpfung gem Art 7 II, III Rom I-VO (s. Art 7 Rom I-VO Rn 3 ff). Deutschland äußert mit 2 einen entspr Geltungswillen, weshalb auch andere Mitgliedstaaten, sollten sie dem 1 vergleichbare Regelungen aufgestellt haben, dem deutschen Sachrecht zur Geltung verhelfen müssen. Hinsichtlich der Frage, ob ein Mitgliedstaat eine Versicherungspflicht vorschreibt, ist das Recht des jeweiligen Mitgliedstaates zur Zeit des Vertragsschlusses einschlägig.   3

Drittes Kapitel   Angleichung

Art. 47 Vor- und Familiennamen.
(1) ¹Hat eine Person nach einem anwendbaren ausländischen Recht einen Namen erworben und richtet sich ihr Name fortan nach deutschem Recht, so kann sie durch Erklärung gegenüber dem Standesamt
1. aus dem Namen Vor- und Familiennamen bestimmen,
2. bei Fehlen von Vor- oder Familiennamen einen solchen Namen wählen,
3. Bestandteile des Namens ablegen, die das deutsche Recht nicht vorsieht,
4. die ursprüngliche Form eines nach dem Geschlecht oder dem Verwandtschaftsverhältnis abgewandelten Namens annehmen,
5. eine deutschsprachige Form ihres Vor- oder ihres Familiennamens annehmen; gibt es eine solche Form des Vornamens nicht, so kann sie neue Vornamen annehmen.
²Ist der Name Ehename, so kann die Erklärung während des Bestehens der Ehe nur von beiden Ehegatten abgegeben werden.
(2) Absatz 1 gilt entsprechend für die Bildung eines Namens nach deutschem Recht, wenn dieser von einem Namen abgeleitet werden soll, der nach einem anwendbaren ausländischen Recht erworben worden ist.
(3) § 1617c des Bürgerlichen Gesetzbuchs gilt entsprechend.
(4) Die Erklärungen nach den Absätzen 1 und 2 müssen öffentlich beglaubigt oder beurkundet werden.

A. Einführung. I. Bedeutung der Vorschrift. I regelt die **Namensführung nach Statutenwechsel** des nach Art 10 wandelbar (Art 10 EGBGB Rn 12) angeknüpften Namensrechts von einem ausl zum deutschen Recht. II behandelt die Namensbildung unter deutschem Namensstatut, wenn der Name der Eltern oder des Ehegatten, von dem der zu bildende eigene Name abgeleitet wird, nach ausl Recht gebildet worden ist. In beiden Fällen wird eine beschränkte sachrechtliche Namenswahl gestattet. Es handelt sich nicht um eine Rechtswahl. Wegen der ausschließlich namensrechtlichen Bedeutung war die Vorschrift zunächst als Art 10 Ia und b geplant (BTDrs 16/1831, 70 f).   1

Art 47 erfasst auch Altfälle, in denen die **Einbürgerung vor** seinem Inkrafttreten am **24.5.07** erfolgt ist (München NJW-RR 08, 1680; *Henrich* StAZ 07, 203 f; zur Fristlosigkeit Rn 22).   2

3 **II. Natur und Ursprung der Vorschrift.** Da es sich nicht um eine Kollisions-, sondern um eine **Sachnorm** deutschen Namensrechts handelt („kollisionsrechtsbezogene Regelung des materiellen Namensrechts", *Mäsch* IPRax 08, 17), ist die Regelung nicht in das zweite Kapitel des EGBGB (IPR) eingestellt, sondern in einem neu geschaffenen dritten Kapitel angehängt worden. Die Überschrift „Angleichung" trägt das Kapitel nach der im Personenstandsrecht vor Einführung des Art 47 für entspr Erklärungen des Namensträgers üblichen Bezeichnung (vgl zB BayObLG StAZ 99, 74; 98, 284; dazu Rn 4), die sich nicht ganz mit dem kollisionsrechtlichen Angleichungs- oder Anpassungsbegriff (Art 3 EGBGB Rn 60) deckt. Treffender wäre die Bezeichnung als **Transposition** (dazu Art 3 EGBGB Rn 41, 50; aA wohl Staud/*Hepting* Art 10 Rz 142, 146 und passim, ähnl wie hier aber aaO Rz 147 und 153 aE und wohl *Henrich* StAZ 07, 200 passim). Denn der unter ausl Recht gebildete Name muss in das deutsche Folgestatut, das ihn wegen des Grundsatzes der Namenskontinuität als wohlerworbenes Recht übernimmt (Art 10 EGBGB Rn 12), „übersetzt" werden. Ähnl wie im deutschen Sachenrecht der numerus clausus stellt im deutschen Namensrecht die Aufgliederung in Vor- und Nachnamen eine Art des Typenzwangs dar, der bei der Übernahme fremder Institute deren Einpassung erfordert, die eine funktionale Analogisierung und ggf. eine Modifikation voraussetzen kann.

4 Vor Erlass des Art 47 war der Rechtsanwender bei der Transposition auf sich gestellt (ausf *Hepting* StAZ 01, 257). Staatliche Stellen hörten dem Verhältnismäßigkeitsgrundsatz entspr die Betroffenen an, die sog Angleichungserklärungen abgeben konnten (Staud/*Hepting* Art 10 Rz 152). Diese waren bloße Hilfsmittel, aber keine namensbestimmenden Erklärungen. Empfangsbedürftigkeit und Anfechtbarkeit waren daher unklar (dazu zB BayObLG FamRZ 99, 1661; LG München I StAZ 06, 168; AG Hagen StAZ 03, 115; Staud/*Hepting* Art 10 Rz 149 ff). Nach Art 47 handelt es sich nunmehr um einen Akt **privatautonomer Rechtsgestaltung**. Dass die Gestaltung nur iRd durch I Nrn 1-5 gesetzlich vorgegebenen Grenzen möglich ist, ändert an dieser Qualifizierung nichts; insb kommt der Behörde keinerlei über die Rechtsprüfung hinausgehende Kontrollbefugnis mehr zu (ähnl *Mäsch* IPrax 08, 18; aA *Henrich* StAZ 07, 198/199 und wohl Staud/*Hepting* Art 10 Rz 161). Durch die Empfangszuständigkeit des Standesamts (dazu Rn 20) ist eine gewisse **Konzentrationswirkung** erreicht. Die Wahl ist zudem nicht mehr auf Fälle notwendiger Transposition beschränkt (Nrn 1, 2), sondern erlaubt in Nrn 3-5 darüber hinaus **auch eine freiwillige Annäherung** an das hierzulande Gebräuchliche.

5 Modell für Art 47 war § 94 BVFG (vgl BTDrs 16/1831, 70 f), der für „**Vertriebene und Spätaussiedler**, deren Ehegatten und Abkömmlinge, die Deutsche iSd Art 116 I GG sind," **daneben fortgilt** und nach dem die Erklärung zur Namensführung wahlweise vor dem Bundesverwaltungsamt oder dem Standesbeamten abgegeben werden kann (BTDrs 16/1831, 78 f; Palandt/*Thorn* Rz 3 f m Abdruck der Neufassg des § 94 BVFG v 10.8.07, BGBl 1902, sowie Art 10 EGBGB Rn 2 aE; Staud/*Hepting* Art 10 Rz 189).

6 **B. Gestaltungsmöglichkeiten. I. Allgemeines. 1. Statutenwechsel und Namenswahl.** Die Wahlmöglichkeiten setzen einen **Statutenwechsel** hin zum deutschen Recht voraus; ein Wohnsitzwechsel reicht nicht aus. Für Deutsch-Ausländer, die ihren Aufenthalt vom ausl in den deutschen Heimatstaat verlegen, gilt gem Art 5 I 2 – unbeschadet der Registrierung eines abweichenden Namens im Ausland – von vornherein deutsches Recht (vgl *Henrich* StAZ 07, 199; s. aber auch Art 5 Rn 22). Eine Handhabe zur Vermeidung hinkender Namensführung bietet die „Angleichung" nach Art 47 nicht.

7 Bei **erneutem Statutenwechsel** kann den allg Grundsätzen der Transposition (Art 3 EGBGB Rn 41) entspr der ursprüngliche Name wieder **aufleben**, wenn das neue Statut diese Gestaltung zulässt (*Jauss* StAZ 06, 240). Die Namenswahl nach Art 47 hat, anders als die Namensrechtswahl nach Art 10 II oder III (zum dortigen Ausschluss eines weiteren Statutenwechsels Art 10 EGBGB Rn 13), nur sachrechtliche Bedeutung. Ein nach zwischenzeitlicher Geltung ausl Rechts eintretender Statutenwechsel zurück zum deutschen Recht eröffnet ein neues Wahlrecht (Bsp bei *Henrich* StAZ 07, 203).

8 **2. Ohne Namenswahl.** Solange es **an einer wirksamen Namenswahl fehlt** – weil entweder von der Möglichkeit nicht Gebrauch gemacht wird (Frist, Form s. Rn 21 f) oder die Wahl wegen Überschreitens der gesetzlichen Grenzen (s. Rn 9 ff) unwirksam ist –, obliegt die in den Fällen der Nrn 1 und 2 notwendige Transposition wie bisher (s. Rn 4) dem Rechtsanwender (Staud/*Hepting* Art 10 Rz 159 f; *Henrich* StAZ 07, 199; aA wohl Palandt/*Thorn* Rz 5). In den Fällen der Nrn 3 – 5, in denen der ausl Name sich ohne weiteres in das deutsche Schema einfügen lässt, bleibt es hingegen beim bisherigen Namen (München NJW-RR 08, 1680 zu II iVm I Nr 4, krit *Wiegelmann* FamRBInt 09, 9 f).

9 **II. Einzelne Tatbestände. 1. Funktionsbestimmung der Namensbestandteile nach Abs 1 Nr 1.** Wenn die bisherigen Namen nicht nach Vor- und Familiennamen unterschieden werden, kann der Namensträger erklären, welche Namen Vor- und welcher Name Familienname sein soll (sog **Sortiererklärung**, vgl § 381b II 19. DA-ÄndVwV v 15.8.07 BAnz Nr 155 v 21.8.07 7279). Gibt er keine Erklärung ab, muss der Rechtsanwender (zB Standesamt) die Bestandteile festlegen (s. Rn 8). Die Erklärung setzt zunächst voraus, dass der erworbene ausl Name mehrere Komponenten hat. Bei der Bestimmung ist der Namensträger aber nicht völlig frei. Das *Telos der Transposition* bedingt eine Reduktion des Gesetzeswortlauts: Weist ein Namensbestandteil bereits im Ausgangsstatut eine dem Vor- oder Nachnamen vergleichbare Funktion (zur Qualifikation s. Art 10 EGBGB Rn 3, 17) auf, so ist dies bei der Wahl zu beachten. Ein Name, der den Generationenzusammenhang erkennen lässt, ist im deutschen Recht prädestiniert als Familienname; der geschlechtsspezifische Name, mit

dem Eltern ihr Kind rufen, als Vorname (*Henrich* StAZ 07, 199). Frei ist die Wahl bei insoweit unspezifischen Eigen-, Bei- oder Mittelnamen sowie ggf Namenszusätzen (s.a. Rn 11; KG FamRZ 08, 1181: freie Auswahl bei tamilischem Vaters- und Eigennamen). Eignet sich kein Bestandteil des Namens als Familienname, kann auch bei einem mehrgliedrigen Namen eine Ergänzung nach Nr 2 in Betracht kommen (s. Rn 11 aE).

2. Namensergänzung nach Abs 1 Nr 2. Um dem zweigliedrigen deutschen Schema zu entspr, müssen im Ausgangsstatut eingliedrige Namen ergänzt werden. Nach I Nr 2 obliegt dies dem Namensträger (sog **Erklärung Plus**, vgl § 381b III 19. DA-ÄndVwV v 15.8.07 BAnz Nr 155 v 21.8.07 7279). Wenn dieser keine Wahl trifft, muss der Rechtsanwender selbst eine Ergänzung finden (s. Rn 8). Ob als hinzuzuwählende Namenskomponente ein Vor- oder ein Familienname in Betracht kommt, hängt davon ab, ob der vorhandene Name nach den Vorstellungen des Ausgangsstatuts Funktionen hat, die dem deutschen Familien- oder Vornamen entspr, oder ob er insoweit unspezifisch ist. Dabei sind Eigennamen, die nach jenem Recht nicht von der Elterngeneration übernommen und nicht an die Kindergeneration weitergegeben wurden, eher als Vornamen zu qualifizieren (BayObLG StAZ 00, 236). Bei Wahl eines Familiennamens schließt dessen soziale Zuordnungsfunktion die Wahl eines völlig beliebigen Nachnamens aus. Wie im öffentlich-rechtlichen Namensrecht ist hier zu fordern, dass der gewählte Name auf Personen hindeutet, zu denen der Namensträger gewichtige soziale Beziehungen aufweist: Der Namensträger könnte ihn etwa vom Eigennamen eines Elternteils oder anderen nahen Verwandten ableiten (*Mäsch* IPRax 08, 19). Der Vorschlag, einen eingliedrigen ausl Namen stets als Familiennamen zu behandeln und in diesem Fall nur die Wahl eines Vornamens zuzulassen (so Staud/*Hepting* Art 10 Rz 165), vermeidet zwar die Schwierigkeiten bei der **Schöpfung eines Familiennamens**, widerspricht aber dem Gesetzeswortlaut.

Inwieweit neben einem Eigennamen vorhandene Namenszusätze sich als Vor- oder Familienname eignen und damit zur Anwendbarkeit von Nr 1 statt Nr 2 führen, hängt davon ab, ob sie sich als Hinweis auf die Abstammung (Bint, Ben, Bin, Ibn, -dóttir, -son) oder Zugehörigkeit zu einer Volks- oder religiösen Gruppe (Kaur, Singh) verstehen oder nur als Adels-, Bildungs- oder religiöser Titel (Begum, Mirza), wobei die Übergänge fließend sind und angesichts der gesetzgeberischen Entscheidung zum eigenen Bestimmungsrecht des – in seinem Persönlichkeitsrecht (BVerfG NJW 04, 1155; BGH NJW 93, 2241) betroffenen – Namensträgers diesem im Zweifelsfalle auch diese Einordnung überlassen werden sollte. So kann **auch bei mehrgliedrigen Namen** eine Ergänzung nach Nr 2 möglich sein, wenn der Namensträger nachvollziehbare Vorbehalte ggü einem Vorgehen nach Nr 1 hat (vgl Bsp *Henrich* StAZ 07, 202: Sigrid Eriksdóttir).

3. Namenskürzung nach Abs 1 Nr 3. Nr 3 ermöglicht dem Namensträger, vom deutschen Recht nicht vorgesehene Namensbestandteile abzulegen (sog **Erklärung Minus**, vgl § 381b IV 19. DA-ÄndVwV v 15.8.07 BAnz Nr 155 v 21.8.07 7279). Vom deutschen Recht vorgesehen sind die Bestandteile Vor- und Familienname, die daher zunächst festgelegt werden müssen. Insoweit ist die Wahl nach Nrn 1 und 2 logisch-systematisch vorrangig. Wegen des Grundsatzes der Namenskontinuität sind die ursprünglichen Namensbestandteile primär iRd Transposition als konstitutive Bestandteile des deutschen Namens zu verwerten. Abgelegt werden können nur Namensbestandteile, die danach übrig bleiben (unsicher *Mäsch* IPRax 08, 20). Dabei handelt es sich idR um Zwischennamen. Will der Namensträger sie nicht ablegen, so muss er, sonst der Rechtsanwender, sie zu weiteren Vornamen (BGH StAZ 71, 250; Hamm StAZ 98, 259; Rostock StAZ 94, 288) bzw je nach Funktion zu einem dem Ehenamen vorangestellten Geburtsnamen (*Henrich* StAZ 07, 201) bestimmen.

4. Wahl der Namensgrundform nach Abs 1 Nr 4. Nr 4 betrifft nur den Familiennamen. Führt eine Person – wie in Russland, Tschechien, Polen, Griechenland – eine geschlechtsspezifische (Golowina) oder eine verwandtschaftsspezifische (Olafsdatter, Bin Ibrahim) Form, so kann sie diese nach Nr 4 durch die Grundform ersetzen lassen (sog **Ursprungserklärung**, vgl § 381b V 19. DA-ÄndVwV v 15.8.07 BAnz Nr 155 v 21.8.07 7279). Ohne die Erklärung nach Nr 4 bleibt es beim Namen in seiner übernommenen Form (s. Rn 8); denn unter deutschem Namensstatut ist der ausländische Familienname nichts anderes als eine neutrale Laut- bzw Zeichenfolge, die den sprachlichen Genusmerkmalen seiner Herkunftssprache gerade nicht mehr unterliegt (*Soergel/Schurig* Art 10 Rz 6 Fn 24), so dass eine Abstimmung auf das Geschlecht des neuen Trägers des abgeleiteten Namens ebenso verzichtbar ist wie eine Suche nach einer Stammform – aA die bisher hM, die für die Ableitung eines Ehe- oder Kindesnamens unter deutschem Recht von der Grundform ausging (Hamm StAZ 86, 10; LG Oldenburg StAZ 92, 143). Ohnehin kann nicht allg davon ausgegangen werden, dass die männliche Form die Grundform sei (gegen diese Annahme für Griechenland München NJW-RR 08, 1680; zu UdSSR LG Berlin StAZ 00, 110). Nach Einführung der Wahlmöglichkeit durch Art 47 lässt sich außerdem in der Nichtausübung der Option eine auch für das Standesamt bindende Entscheidung gegen eine Namensmodifizierung sehen (München NJW-RR 08, 1680 zu II iVm I Nr 4, wo die Namensertellende zudem die Ablehnung einer Abänderung der Endung für ihren Sohn bekundet hatte; krit *Wiegelmann* FamRBInt 09, 9 f).

5. Wiedereindeutschung nach Abs 1 Nr 5. Der Anwendungsbereich der sog Eindeutschungserklärung (vgl § 381b VI 19. DA-ÄndVwV v 15.8.07 BAnz Nr 155 v 21.8.07 7279) ist schmal. Die Wahlmöglichkeit lässt sich nicht ohne Rücksicht auf ihren Ursprung im BVFG verstehen, das deutschstämmigen Spätaussiedlern die

Artikel 48 EGBGB

Gelegenheit gibt, ihren Namen wieder in seiner ursprünglichen deutschen Form zu führen (*Mäsch* IPRax 08, 21). Eine „deutschsprachige Form" iSd Nr 5 besitzen daher von vornherein **nur Namen, die in der Vergangheit konkret von einem deutschen Namen abgeleitet wurden**. Ermöglicht wird die Wiederannahme dieser ursprünglichen Namensform, nicht hingegen die Übersetzung ausl Namen ins Deutsche, zB von „Carpenter" in „Zimmermann" (aA *Henrich* StAZ 07, 203 u wohl auch Palandt/*Thorn* Rz 6, der Übersetzung ausl Adelstitel für möglich hält). Eine Privilegierung der Träger begrifflicher Namen wäre auch sachlich nicht gerechtfertigt (*Mäsch* IPRax 08, 20 unter Hinw auf Art 3 GG).

15 Für übersetzbare Vornamen gilt nichts anderes (aA *Mäsch* IPRax 08, 21 f, dessen Einordnung als bloße Anpassung der Schreibweise, jedenfalls für sein Bsp Giacomo=Jakob angesichts der abw Phonetik nicht ohne Weiteres überzeugt). Da sie nicht über die Generationen weitergegeben werden, ist hier eine konkrete deutsche Herkunft iSd Nr 5 kaum je gegeben. Liegen die Voraussetzungen für eine Rückkehr zum deutschen Familiennamen vor, wird dies aber **auf den Vornamen ausstrahlen** und dessen gleichzeitige Eindeutschung durch Übersetzung zulässig sein (zum Aspekt der Abstimmung von Vor- und Familiennamen s. auch Art 10 EGBGB Rn 16). Voraussetzung für die Übersetzbarkeit von Vornamen ist dabei nicht die Phonetik, sondern die inhaltliche Übereinstimmung vor dem gemeinsamen kulturellen Hintergrund (insb christliche Namenspatronen, zB Juri=Georg).

16 Die Erklärungsmöglichkeit nach Nr 5 konkurriert mit derjenigen nach § 94 I 1 Nr 3 BVFG (s. Rn 5; aA *Mäsch* IPRax 08, 21: Vorrang d BVFG); beide sind vorrangig ggü der Änderung durch gebührenpflichtigen Hoheitsakt nach § 3a NÄG (aA *Mäsch* IPRax 08, 21).

17 **III. Auswirkung der Gestaltung des eigenen Namens auf denjenigen von Ehegatten und Kindern.** Während des Bestehens der Ehe kann die Namenswahl in Bezug auf den Ehenamen nach I 2 nur von **beiden Ehegatten** erklärt werden.

18 Die Namensbestimmung nach I oder II erstreckt sich gem III ohne weiteres auf den abgeleiteten Namen eines Kindes bis zur Vollendung des fünften Lebensjahres; danach nur, wenn das Kind sich der Namensgebung entspr den in § 1617c BGB genannten Modalitäten anschließt, was es nach Vollendung des 14. Lebensjahres mit Zustimmung des gesetzlichen Vertreters selbst erklären kann. Da § 1617c BGB keine Minderjährigkeit voraussetzt, kann auch das volljährige **Kind eine Anschließungserklärung** abgeben (aA *Mäsch* IPRax 08, 21), wobei es keiner Zustimmung der Eltern bedarf (vgl Palandt/*Diederichsen* § 1617c BGB Rz 3), für die Erstreckung auf den Ehenamen aber der Anschließung des Ehegatten des Kindes (vgl § 1617c III BGB).

19 **IV. Gestaltung eines abgeleiteten Namens.** Nicht nur bei der Namensführung, sondern auch bei der Namensableitung **(Kindes- bzw Ehename)** kann die Inkompatibilität des Ausgangs- und des Folgestatuts eine Transposition erforderlich machen. II gibt dem neuen Namensträger hier die gleichen Gestaltungsmöglichkeiten wie I sie dem alten Namensträger unter neuem Namensstatut gibt. Wenn ein nach deutschem Namensrecht zu bildender Name von einem unter ausl Namensrecht gebildeten Namen abzuleiten ist, können das betr Kind bzw die betr Eheleute oder Lebenspartner für ihren zukünftigen Namen die in I Nrn 1 bis 5 vorgesehenen Bestimmungen vornehmen (oder ggf auf eine Angleichung verzichten, vgl München NJW-RR 08, 1680).

20 **C. Verfahrensrecht.** Die Erklärung ist **ggü dem Standesamt** am Wohnsitz oder gewöhnlichen Aufenthalt des Erklärenden abzugeben, hilfsweise vor dem Standesamt I in Berlin (§ 43 II PStG). Dem Standesamt ist der Statutenwechsel anhand der Einbürgerungsurkunde nachzuweisen, die noch den unter ausl Recht gebildeten Namen trägt; denn bei Ausstellung der Urkunde ist die Einbürgerung noch nicht wirksam, sondern erst bei deren Übergabe. Auf Grundlage der Namensfeststellung durch das Standesamt (Erteilung einer Bescheinigung gem § 9a Nr 2 PStV) stellt die Meldebehörde die Ausweispapiere dann mit dem ggf nach Art 47 geänderten Namen aus, vgl *Henrich* StAZ 07, 198 mwN.

21 Nach IV bedarf die Erklärung der öffentlichen **Beglaubigung** oder Beurkundung, die auch kostenlos vom Standesbeamten vorgenommen werden kann (gem § 43 I PStG).

22 Die Erklärung ist **nicht fristgebunden** (*Mäsch* IPRax 08, 22). In Fällen *notwendiger* Transposition sollte die Bestimmung aber nach Möglichkeit vor deren Vornahme durch den Standesbeamten ausgeübt werden (ähnl § 1355 III BGB zum Ehenamen), um diesem Hilfestellung zu geben und um eine der Namenskontinuität zuwiderlaufende letztlich zweifache Namensänderung zu vermeiden. Wie bei den ebenfalls im Hinblick auf die Auslandsbeziehung des Sachverhalts gewährten namensrechtlichen Wahlmöglichkeiten der Art 10 II und III (dazu Art 10 Rn 11) darf auch hier das Wahlrecht nur **einmal** ausgeübt werden. Die Wahl wirkt ex nunc (vgl BGH StAZ 01, 212 zur Erklärung nach § 94 BVFG).

Art. 48 und 49 (Änderung anderer Vorschriften).

Art. 247 § 13 Darlehensvermittler (idF ab 11.6.10). (1) Ist bei der Anbahnung oder beim Abschluss eines Verbraucherdarlehensvertrags oder eines Vertrags über eine entgeltliche Finanzierungshilfe ein Darlehensvermittler beteiligt, so ist die Angabe nach § 3 Abs. 1 Nr. 1 und der Vertragsinhalt nach § 6 Abs. 1 um den Namen und die Anschrift des beteiligten Darlehensvermittlers zu ergänzen.
(2) Der Darlehensvermittler hat den Verbraucher rechtzeitig vor Abschluss eines Darlehensvermittlungsvertrages im Sinne des § 655a des Bürgerlichen Gesetzbuchs in Textform zu unterrichten über
1. die Höhe der von ihm erlangten Vergütung,
2. die Tatsache, ob er für die Vermittlung vom Darlehensgeber ein Entgelt erhält, sowie gegebenenfalls dessen Höhe,
3. den Umfang seiner Befugnisse, insbesondere, ob er ausschließlich für einen oder mehrere bestimmte Darlehensgeber oder unabhängig tätig wird, und
4. die einzelnen von ihm verlangten Nebenentgelte sowie deren Höhe, soweit diese zum Zeitpunkt der Unterrichtung bekannt ist, andernfalls einen Höchstbetrag
(3) Der Darlehensvermittler hat dem Darlehensgeber die Höhe der von ihm verlangten Vergütung vor der Annahme des Auftrags mitzuteilen. Darlehensvermittler und Darlehensgeber haben sicherzustellen, dass die andere Partei eine Abschrift des Verbraucherdarlehensvertrags erhält.

A. Normzweck und Inhalt. I dient in Ergänzung des § 655a II sowie in Umsetzung von Art 5 I 4 Buchst b, Art 6 I 2 Buchst b und Art 10 II Buchst b der Verbraucherkreditrichtlinie 2008, II in Umsetzung von Art 21 Buchst a und b der Richtlinie jeweils der Information des Verbrauchers, III in Umsetzung von Art 21 Buchst c der Richtlinie auch der Information des Darlehensgebers. Voraussetzung ist stets, dass (auch) der Verbraucher Auftraggeber des Darlehensvermittlers ist.

B. Information über Name und Anschrift des Vermittlers (Abs 1). Name und Anschrift des an der Vertragsanbahnung beteiligten Darlehensvermittlers sind jeweils bei der vorvertraglichen Information anzugeben und in den Darlehensvertrag aufzunehmen zusätzlich zu den Angaben nach § 3 I Nr 1 und § 6 I, auch wenn die Vermittlungstätigkeit nur eine untergeordnete Rolle (§ 655a II 3) spielt. Ein Verstoß gegen die vorvertragliche Informationspflicht führt zu einem Schadensersatzanspruch des Darlehensnehmers, eine unterbliebene Angabe im Darlehensvertrag zu dessen Nichtigkeit (§ 494 I).

C. Vorvertragliche Information über den Darlehensvermittlungsvertrag (Abs 2). II schreibt eine **rechtzeitige vorvertragliche Information** des Verbrauchers mindestens in Textform (§ 126b) über vier Punkte des abzuschließenden Darlehensvermittlungsvertrags vor. Rechtzeitig ist die Information nur, wenn der Verbraucher vor Abschluss des Vermittlungsvertrages ausreichend Zeit zur Kenntnisnahme und Prüfung in Abwesenheit des Vermittlers hat. Eine Verletzung dieser Pflicht führt zur Nichtigkeit des Darlehensvermittlungsvertrages (§ 655b II), grds aber nicht zur Nichtigkeit des Darlehensvertrages, wenn § 494 I beachtet wurde.
Die vorvertragliche Information muss sich erstrecken auf die Angabe der **Höhe der Vermittlungsvergütung** in einem Geldbetrag (**Nr 1**), anders als in § 655b i 2 aF vorgeschrieben nicht in einem Prozentsatz des Darlehens, sowie des Geldbetrags eines vom Darlehensgeber zu zahlenden Vermittlungsentgelts (**Nr 2**). Ein solches Entgelt ist auch dann anzugeben, wenn die Konditionen der darlehensgebenden Bank bei vermittelten und nicht vermittelten Darlehen identisch sind (*Bülow/Artz* Rz 11; Ba*Roth/Möller* Rz 4). Der Verbraucher soll ersehen können, ob der Vermittler – nach §§ 98, 99 HGB zulässig – als Doppelmakler tätig ist (Karlsr WM 95, 2095, 2096).
Der Vermittler muss ferner offen legen, ob er als unabhängiger Makler oder ausschließlich für einen oder mehrere Darlehensgeber tätig ist (**Nr 3**). Die Angabe dient der Transparenz und soll dem Verbraucher durch Kenntnis möglicher **Verflechtungen des Vermittlers** ermöglichen, die Vermittlung richtig einzuschätzen.
Dem Verbraucher sind nach **Nr 4** ferner die vom Vermittler beanspruchten **Nebenentgelte** (§ 655d Rn 2–4) im Einzelnen aufgeschlüsselt unter betragsmäßiger Angabe ihrer Höhe, soweit letztere etwa wie bei Fahrt- oder Telefonkosten sowie sonstigen Auslagen nicht angegeben werden kann, des Höchstbetrags vorvertraglich mitzuteilen, damit der Verbraucher seine Belastungen durch Auslagen realistisch einschätzen kann. Höhere und andere als die angegebenen Nebenentgelte kann der Vermittler nicht verlangen (§ 655d 3).

D. Information des Darlehensgebers; Vertragsabschrift (Abs 3). Damit der Darlehensgeber den bereits vorvertraglich anzugebenden effektiven Jahreszins (Art 247 § 3 I Nr 3), unter Berücksichtigung vom Verbraucher zu zahlender Vermittlungskosten, wie nach § 6 III PAngV erforderlich, berechnen kann, hat der Darlehensvermittler ihm ggfls schon vor Annahme des Vermittlungsauftrags die Höhe der von ihm verlangten Vergütung mitzuteilen.
2 soll in Umsetzung des Art 10 I 2 Verbraucherkreditrichtlinie 2008 sicherstellen, dass auch der Darlehensvermittler eine Abschrift des Darlehensvertrages erhält.

Allgemeines Gleichbehandlungsgesetz

Vom 14. August 2006, (BGBl. I S. 1897), in Kraft getreten am 18. August 2006, zuletzt geändert am 12. Februar 2009 durch Art. 15 Abs. 66 des Gesetzes zur Neuordnung und Modernisierung des Bundesdienstrechts (DienstrechtsneuordnungsG – DNeuG) vom 5. Februar 2009 (BGBl. I, S. 160)

Einführung

I. Umsetzung von Richtlinien. Das G zur **Umsetzung europäischer Richtlinien** zur Verwirklichung des Grundsatzes der Gleichbehandlung – Allgemeines Gleichbehandlungsgesetz (AGG) – dient der Umsetzung folgender Richtlinien: **2000/43/EG** vom 29.6.00 (**Rasse oder der ethnischen Herkunft**) (ABlEG Nr L 180 22), **2000/78/EG** vom 27.11.00 (**Gleichbehandlung in Beschäftigung und Beruf**) (ABlEG Nr L 303 16), **2000/73/EG** vom 23.9.02 (**Gleichbehandlung von Männern und Frauen**) (ABlEG Nr L 269 15) und **2004/113/EG** vom 13.12.04 (**Gleichbehandlung von Männern und Frauen**) (ABlEU Nr L 373 37). Mit der 5. AntidiskriminierungsRL (Entwurf COM (2008) 426 final) soll das zivilrechtliche Diskriminierungsverbot, §§ 19-21, auch auf Alter, Behinderung, Religion, Weltanschauung und sexuelle Identität erstreckt werden (*Reppelmund* EuZW 08, 514). 1

Am 18.8.06 ist das G in Kraft getreten. Für das Zivilrecht gelten Übergangsfristen (§ 33 Rn 2), für das Arbeitsrecht nicht (§ 33 Rn 1). **Ziel** ist es, Benachteiligungen aus den in § 1 (§ 1 Rn 3 ff) genannten Gründen zu verhindern oder zu beseitigen, § 1 AGG. 2

Das AGG geht zT weit **über die RL hinaus**, insb bei § 19 (§ 19 Rn 3). Allerdings bleibt es möglicherweise auch **vereinzelt dahinter zurück**, was insb hinsichtlich § 2 II (§ 2 Rn 14), § 2 IV (§ 2 Rn 16), § 10 (§ 10 Rn 21) und § 15 I (§ 15 Rn 4) diskutiert wird. In der ersten Stufe eines Vertragsverletzungsverfahrens moniert die EU ua, dass Entlassungen nicht erfasst seien, der Schutz von Menschen mit Behinderungen nicht weit genug gehe und die Frist des § 15 IV europarechtswidrig sei (vgl EU NZA 08, Heft 6 S. VIII; EuGH NZA 07, 1274). 3

II. Gesetzesaufbau. Nach **allg Teil** (§ 1–5) mit Regelungen und Begriffsbestimmungen, die für alle betroffenen Rechtsgebiete gleichermaßen gelten, regelt das AGG insb den Schutz der **Beschäftigten** vor Benachteiligung (§§ 6–18), im Anschluss den Schutz vor Benachteiligung im **Zivilrechtsverkehr** (§§ 19–21). Es folgen Einzelheiten zur Beweislast (§ 22), Unterstützung durch Antidiskriminierungsverbände (§ 23), Sonderregelungen für öffentlich-rechtliche Dienstverhältnisse (§ 24), Antidiskriminierungsstelle des Bundes (§§ 25–30), Unabdingbarkeit (§ 31), sowie Schluss- (§ 32) und Übergangsbestimmungen (§ 33). Bisher geltende Regelungen zur Verhinderung von Benachteiligungen wurden zT mit Erlass des AGG geändert oder aufgehoben, insb §§ 611a, b, 612 III BGB, § 81 II 2 SGB IX sowie das BeschSchG. 4

III. Prüfungsfolge. Das AGG unterscheidet zwischen **unmittelbaren** und **mittelbaren Benachteiligungen**, **Belästigungen, sexuellen Belästigungen** und **Anweisungen zur Benachteiligung** (§ 3 Rn 2, 11, 31, 38) wegen eines in § 1 genannten Grundes. Wird eine Ungleichbehandlung in Form unmittelbarer Benachteiligung festgestellt, bleibt zu prüfen, ob sie nach §§ 5, 8–10, 20 **gerechtfertigt** ist. Eine mittelbare Benachteiligung liegt gem § 3 II schon tatbestandlich nicht vor, wenn in § 3 II, Hs 2 genannte sachliche Gründe greifen. **Belästigung** und **sexuelle Belästigung** gelten unter den in § 3 IV genannten Voraussetzungen als Benachteiligung; für sie dürfte Rechtfertigung ausscheiden. Subjektiv empfundene Benachteiligungen lösen das **Beschwerderecht** aus (§ 13); das **Leistungsverweigerungsrecht** (§ 14) (nur bei (sexuellen) Belästigungen) setzt zusätzlich Untätigbleiben oder offensichtlich ungeeignetes Tätigwerden des Arbeitgebers voraus. Anspruch auf **Entschädigung** (§ 15 II) entsteht nur bei Nichtvermögensschaden verschuldensabhängig, Anspruch auf **Schadensersatz** (§ 15 I) bei Vermögensschäden, jedoch nur, wenn Arbeitgeber sich nicht exkulpieren kann. Der **Arbeitgeber haftet** für Benachteiligungen durch Organe nach § 31 BGB und Führungskräfte nach § 278 BGB (§ 15 Rn 2); Benachteiligungen durch andere Arbeitnehmer werden dem Arbeitgeber als Pflichtverletzung zugerechnet, wenn er Arbeitnehmer nicht ausreichend geschult (§ 12 I, II) oder auf Verstöße nicht ausreichend reagiert hat (§ 12 III, IV). 5

IV. Bisherige Rechtslage. Schon bisher gab es zahlreiche völkerrechtliche, grundgesetzliche und einfachgesetzliche Regelungen zur Vermeidung von Diskriminierungen, über §§ 611a, b, 612 III BGB hinaus insb die Generalklauseln, §§ 138, 242 BGB (Übersicht bei *BGK*, Einl Rz 24 ff). 6

V. Unmittelbare Geltung der Richtlinien? Seit EuGH NZA 05, 1345 – **Mangold/Helm** (dazu *Bauer/Arnold* NJW 06, 6; *Annuß* BB 06, 325) ist unklar, ob europarechtliche Diskriminierungsverbote auch unmittelbar zwischen Privaten gelten. Möglicherweise will der EuGH eine solche Wirkung der Altersdiskriminierungsrichtlinie 2000/78/EG entgegen Art 288 III AEUV, oder dem Diskriminierungsverbot als „allg Grundsatz des Gemeinschaftsrechts", zumessen (EuGH NZA 10, 85 – **Kücükdeveci**, Anm *Lingemann*, ArbR 10, 64; EuGH aaO Tz 75; BAG NZA 06, 1165; zutr krit *Preis* NZA 06, 404 ff; *Giesen* SAE 06, 49 f; auch § 611 BGB Rn 37). Unanwendbar- 7 keit gesetzlicher Regelung auch bei Verstoß gegen die weiteren Benachteiligungsmerkmale des § 1 AGG (*Zedler* GPR 06, 151) ist nach der Lissabon-Entscheidung des BVerfG möglicherweise verfassungswidrig (BVerfG NJW 09, 2267). Das AGG muss richtlinienkonform ausgelegt werden (DB/*Däubler* Einl Rz 77 ff).

Abschnitt 1 Allgemeiner Teil

§ 1 Ziel des Gesetzes. Ziel des Gesetzes ist, Benachteiligungen aus Gründen der Rasse oder wegen der ethnischen Herkunft, des Geschlechts, der Religion oder Weltanschauung, einer Behinderung, des Alters oder der sexuellen Identität zu verhindern oder zu beseitigen.

1 **I. Einordnung und Zweck.** § 1 bestimmt das Ziel des Gesetzes. Der **Verhinderung** dient die Schulungs- und Unterrichtungspflicht des Arbeitgebers (§ 12 I, II, V), aber auch die Reaktionspflicht des Arbeitgebers (§ 12 III, IV), die gleichzeitig auch der **Beseitigung** dient. Generalpräventiv wirken auch Entschädigung und Schadensersatz (§ 15).

2 **II. Benachteiligungen.** Nach der Gesetzesbegründung (BTDrs 16/1780, 30) ist Benachteiligung die **rechtswidrige** unterschiedliche Behandlung. § 3 I spricht demggü von Benachteiligung, obwohl Rechtfertigung nach §§ 8–10 noch möglich; richtig wäre auch hier „unterschiedliche Behandlung". Benachteiligungsgründe in § 1 sind **abschließend** (BTDrs 16/1780, 30, s. EuGH NZA 06, 839). Daneben besteht aus anderen Gesetzen Schutz gegen Benachteiligungen, § 2 III AGG (§ 2 Rn 15).

3 **III. Ethnische Herkunft/Rasse.** Ethnische Herkunft ist Oberbegriff auch zum Merkmal **Rasse**. Rasse umschreibt die Zurechnung eines Menschen zu einer bestimmten Gruppe aufgrund bestimmter lebenslänglicher und vererblicher äußerlicher Erscheinungsmerkmale, wie Hautfarbe, Physiognomie oder Körperbau (*Annuß* BB 06, 1629, 1630 mwN). Formulierung „aus Gründen" (iGgs zu „wegen") der Rasse stellt klar, dass Aufnahme des Merkmals der Verhinderung von **Rassismus** dient. Die Antirassismusrichtlinie (2000/43/EG, ABlEG Nr L 180 22) weist ausdrücklich die Akzeptanz von Rassentheorien zurück (ebenso BTDrs 16/1780, 31).

4 Über das Merkmal Rasse hinaus bezeichnet **ethnische Herkunft** die Zugehörigkeit zu einer Bevölkerungsgruppe, die durch gemeinsame Eigenschaften, beispielsweise Volkstum (Kultur, Tradition, Gebräuche), Sprache, aber auch Religion verbunden ist und daher als kulturell unterscheidbar gilt (zB Sikhs, Sorben, Kurden), die kennzeichnenden Merkmale sind allerdings nicht vererblich (*Annuß* BB 06, 1630). Die Zusammengehörigkeit muss räumlich und zeitlich identifizierbar sein, die Volksgruppe daher Beständigkeit aufweisen, zT wird auf drei Generationen abgestellt (*BGK* § 1 Rz 21). Bei weiter Auslegung (BTDrs 16/1780, 31) könnten auch Sachsen, Friesen, Bayern etc darunter fallen (*BGK* § 1 Rz 23; vgl BAG NZA 04, 540; zu Spaniern BAG 28.01.2010, 2 AZR 764/08, PM 10/10; zu Marokkanern EuGH NZA 08, 929 – Feryn). Nicht Ethnie ist bloße Staatsangehörigkeit; Differenzierung nach danach ist jedoch unzulässig, wenn in der Sache doch Ethnie gemeint ist (BTDrs 16/1780, 31). Differenzierung nach Sprache betrifft, anders als nach Hautfarbe, nicht zwingend Ethnie (vgl *Greßlin* zu ArbG Berlin BB 08, 115).

5 **IV. Geschlecht.** Geschlecht bezeichnet die Zugehörigkeit zu einem der beiden Geschlechter. Ungleichbehandlungen wegen **Schwangerschaft oder Mutterschaft** sind unmittelbare Geschlechtsdiskriminierung (§ 3 I 2; EuGH NZA 91, 171- Dekker; s. § 3 Rn 10); evtl auch Vereine/Veranstaltungen, zu denen nur ein Geschlecht Zutritt hat (*Rath/Rütz* NJW 07, 1498 f; s. aber § 20 Rn 7).

6 **V. Religion/Weltanschauung. Religion** (Art 4 GG) ist Glaube an das über die direkt erfahrbare Existenz hinausgehende bzw Glaube an eine oder mehrere übernatürliche Wesenheiten (Gottheit) (BVerwGE 90, 115; BAG E 79, 338), insb die großen Religionen wie Christentum, Judentum, Islam, Hinduismus, ungeklärt zu Scientology (abl BAG NZA 95, 823; *BGK* § 9 Rz 9; Palandt/*Heinrichs* § 1 Rz 4; möglicherweise aA BVerwG NJW 06, 1303; EGMR NJW 08, 495; OVG-BB 9.7.09, OVG 5 S 5.09). **Weltanschauung** unterscheidet sich von Religion durch fehlenden transzendenten Bezug; sie bezeichnet das umfassende Konzept oder Bild des Universums oder der Beziehung zwischen Mensch und Universum. Abgrenzungsschwierigkeiten ggü bloßen politischen Auffassungen oder persönlichen Einstellungen: diesen fehlt ggü der Religion der transzendente und ggü Weltanschauungen der umfassende Bezug zum Sein (*Zimmer/Volk* FA 07, 259; weitergehend *Däubler* NJW 06, 2608 f).

7 **VI. Behinderung.** Maßgeblich ist **Behindertenbegriff in § 2 I 1 SGB IX** (BTDrs 16/1780, 31; aA wohl Palandt/*Heinrichs* § 1 Rz 6). Geschützt sind nicht nur (nach SGB IX arbeitsrechtlich bereits besonders geschützte) Schwerbehinderte und Gleichgestellte iSv § 2 II SGB IX (vgl BTDrs 16/1780, 31), sondern Menschen, wenn „ihre körperliche Funktion, geistige Fähigkeit oder seelische Gesundheit mit hoher Wahrscheinlichkeit länger als sechs Monate von dem für das Lebensalter typischen Zustand abweichen und daher ihre Teilhabe am Leben in der Gesellschaft beeinträchtigt ist" (§ 2 I 1 SGB X). Nach RL 2000/78/EG (Einl Rn 1) ist Behinderung demgegenüber „Einschränkung (...), die insb auf physische, geistige oder psychische Beeinträchtigungen zurückzuführen ist und die über einen langen Zeitraum ein Hindernis für die Teilhabe des

Betreffenden am Berufsleben bildet" (EuGH NZA 06, 839; vgl auch BAG BB 07, 2014). § 2 I 1 SGB IX iVm § 1 AGG geht also über die Richtlinie hinaus. Auf behördliche Nachweise über die Behinderung kommt es nicht an. Geschützt ist auch Pflege eines behinderten Kindes (EuGH NZA 08, 932 – Coleman). Zum „AGG-Hopping" durch Schwerbehinderte *Diller* NZA 07, 1321.

Krankheit ist keine Behinderung (EuGH NZA 06, 839), kann aber je nach Grad und Dauer in eine solche umschlagen. Solange dies nicht der Fall ist, ist eine personenbedingte Kündigung wegen Krankheit zulässig (iE *Bauer/Röder/Lingemann* Krankheit im Arbeitsverhältnis 109 f; vgl auch *Kock* ZIP 06, 1550). Behinderung soll auch in Betracht kommen bei symptomloser HIV-Infektion (*Röder/Krieger* FA 06, 199, 200; US Supreme Court *Bragdon vs Abbot* 524 US 624 (1998)), Fettleibigkeit, Depression, Low-Performance (*Wisskirchen* DB 06, 1492), Suchtkrankheiten (BAG AP Nr 3 zu AVR Caritas-Verband Anl 1; aA *BGK* § 1 Rz 44). 8

VII. Alter. Alter ist **junges** (vgl nur § 10 3 Nr 2; LAG-Hessen, NZA 09, 801) und **altes Alter**. Schwerpunkt soll Schutz älterer Menschen sein (BTDrs 16/1780, 31), dieser war indes schon nach bisherigem Recht weitgehend gewährleistet (dazu § 10 Rn 8 ff, 21 ff). Die kaum lösbaren rechtlichen Schwierigkeiten entstehen durch den Schutz jeglichen Alters (§ 10 Rn 1 ff, 8 ff, 21 ff). § 10 enthält spezifische Rechtfertigungsgründe, die Vereinbarkeit mit EU-Recht ist sehr streitig (§ 10 Rn 8 ff, 21 ff). 9

VIII. Sexuelle Identität. Das Merkmal umfasst **heterosexuelle, homosexuelle, bisexuelle, transsexuelle** oder **zwischengeschlechtliche** Menschen (*Annuß* BB 06, 1631 mwN), sowie Menschen während und nach Geschlechtsumwandlung (Palandt/*Heinrichs* § 1 Rz 10). Nicht geschützt sind abnorme sexuelle Verhaltensweisen wie Nekrophilie, Pädophilie, Sodomie (*BGK* § 1 Rz 52). Geschützt ist nur die sexuelle Identität, also sexuelles Ich-Verständnis der Person, nicht sexuelles Verhalten (str; wie hier *BGK* § 1 Rz 53; weiter *Annuß* BB 06, 1630 mwN). 10

IX. Geltung im Zivilrecht. Die Benachteiligungsgründe entsprechen im Wesentlichen den in den Richtlinien genannten; die Ausdehnung in das allg Zivilrecht (§§ 19–21 AGG) geht zT über Richtlinien hinaus, die zivilrechtlichen Diskriminierungsschutz nur wegen Rasse, ethnischer Herkunft und Geschlecht erfordern (§ 19 Rn 3; BTDrs 16/1780, 25 f). Das Differenzierungsverbot wegen Weltanschauung gilt nicht (§ 19 I). Zu angestrebten Erweiterungen Einl Rn 3. 11

§ 2 Anwendungsbereich. (1) Benachteiligungen aus einem in § 1 genannten Grund sind nach Maßgabe dieses Gesetzes unzulässig in Bezug auf:
1. die Bedingungen, einschließlich Auswahlkriterien und Einstellungsbedingungen, für den Zugang zu unselbständiger und selbständiger Erwerbstätigkeit, unabhängig von Tätigkeitsfeld und beruflicher Position, sowie für den beruflichen Aufstieg,
2. die Beschäftigungs- und Arbeitsbedingungen einschließlich Arbeitsentgelt und Entlassungsbedingungen, insbesondere in individual- und kollektivrechtlichen Vereinbarungen und Maßnahmen bei der Durchführung und Beendigung eines Beschäftigungsverhältnisses sowie beim beruflichen Aufstieg,
3. den Zugang zu allen Formen und allen Ebenen der Berufsberatung, der Berufsbildung einschließlich der Berufsausbildung, der beruflichen Weiterbildung und der Umschulung sowie der praktischen Berufserfahrung,
4. die Mitgliedschaft und Mitwirkung in einer Beschäftigten- oder Arbeitgebervereinigung oder einer Vereinigung, deren Mitglieder einer bestimmten Berufsgruppe angehören, einschließlich der Inanspruchnahme der Leistungen solcher Vereinigungen,
5. den Sozialschutz, einschließlich der sozialen Sicherheit und der Gesundheitsdienste,
6. die sozialen Vergünstigungen,
7. die Bildung,
8. den Zugang zu und die Versorgung mit Gütern und Dienstleistungen, die der Öffentlichkeit zur Verfügung stehen, einschließlich von Wohnraum.

(2) ¹Für Leistungen nach dem Sozialgesetzbuch gelten § 33c des Ersten Buches Sozialgesetzbuch und § 19a des Vierten Buches Sozialgesetzbuch. ²Für die betriebliche Altersvorsorge gilt das Betriebsrentengesetz.

(3) ¹Die Geltung sonstiger Benachteiligungsverbote oder Gebote der Gleichbehandlung wird durch dieses Gesetz nicht berührt. ²Dies gilt auch für öffentlich-rechtliche Vorschriften, die dem Schutz bestimmter Personengruppen dienen.

(4) Für Kündigungen gelten ausschließlich die Bestimmungen zum allgemeinen und besonderen Kündigungsschutz.

I. Einordnung und Zweck. Zur Regelung des **Anwendungsbereiches** gibt I in Nr 1–4 weitgehend Art 3 I lit a-d RL 2000/43/EG, 2000/78/EG und 76/207/EWG (vgl Einl Rn 1) wieder und in Nr 5–8 wörtlich Art 3 I lit e-h RL 2000/43/EG. II, III u IV enthalten Vorbehalte hinsichtlich anderer Gesetze. 1

I regelt mögliche **Benachteiligungsgegenstände** nach AGG abschließend, soweit nicht das AGG selbst, (§ 3 III, IV) weitergehende Regelungen enthält. II enthält die **Bereichseinschränkung** für Leistungen nach dem 2

§ 2 AGG   Anwendungsbereich

SGB und **betriebliche Altersversorgung**, IV für **Kündigungen**. III regelt klarstellend einen Vorbehalt für andere gesetzliche Benachteiligungsverbote.

3   II. **Benachteiligungsgegenstände, Abs 1.** 1. Nach **Nr 1** ist geschützt Zugang und Aufstieg, nach **Nr 2** Durchführung und Beendigung des Beschäftigungsverhältnisses. Nr 2 gilt nicht für selbständige Erwerbstätigkeit oder Organmitglieder (§ 6 III, § 6 Rn 6). Das Verbot gilt jeweils von Anbahnung bis Beendigung des Vertragsverhältnisses (Palandt/*Heinrichs* § 2 AGG Rz 11).

4   2. **Nr 1** schützt **Zugang zur und Aufstieg innerhalb selbständiger wie unselbständiger Erwerbstätigkeit**. Selbständige Erwerbstätigkeit zielt auf freie Mitarbeiter, nicht auf selbständige Berater im Einzelfall (*Budde* BB 07, 733) oder gesellschaftsrechtliche Rechtsverhältnisse, sofern nicht die gesellschaftsrechtliche Beteiligung die einzigmögliche Form der Erwerbstätigkeit ist (BGK § 2 Rz 16; *Schroeder/Diller* NZG 06, 728, 729; aA HK/ *Däubler* § 2 Rz 6, 31). Erfasst sind auch **Bewerbungs**verfahren, -kriterien und -auswahl, Einstellung und Beförderung. Neutral ggü Merkmalen des § 1 müssen auch Personalfragebögen (§ 94 BetrVG) und Auswahlrichtlinien (§ 95 BetrVG) sowie Stellenanzeigen oder -ausschreibungen (§ 11) sein. **Bewerber** ist nur, wer objektiv für die Position geeignet ist und sich subjektiv ernsthaft bewirbt (§ 3 Rn 8; BAG AP Nr 16 zu § 611a; LAG Berlin NZA-RR 05, 124 f; *Jacobs*, RdA 09, 198 f).

5   **Übertragung** von Personalmaßnahmen **auf Externe** befreit den Arbeitgeber nicht von seiner Haftung (BVerfG NJW 07, 137; BAG DB 04, 1944). Im Bewerbungsverfahren sollten möglichst keine Fragen nach Benachteiligungsgründen gem § 1 gestellt werden, im Auswahlverfahren die Entscheidung unabhängig von diesen getroffen sowie zeitnah dokumentiert werden (Einzelheiten und Formulierungsvorschläge bei BLDH/ *Lingemann* Kap 1 Rz 3 ff, M 1.3.1 ff, vgl *Kania/Merten* ZIP 07, 13; *Ohlendorf/Schreier* BB 08, 2458; *Böhm* DB 08, 2193). Ggü aufgedrängter Offenlegung von Merkmalen nach § 1 („**Outing**") kann der Arbeitgeber nur die Unerheblichkeit der Tatsache erklären.

6   Sofern keine Rechtfertigung nach §§ 5, 8–10 greift, gilt für die Praxis zur Vermeidung von Indizien für Benachteiligung (§ 22, insb Rn 5) (1.) **Rasse/ethnische Herkunft**: keine Anforderung von Lichtbildern, muttersprachlichen Deutschkenntnissen, (2.) **Geschlecht**: geschlechtsneutrale Anzeige; (3.) **Religion**: keine Einschränkung auf bestimmte Glaubensgemeinschaften, krit möglicherweise Frage nach Scientology (§ 1 Rn 6); (4.) **Weltanschauung**: keine Einschränkung auf bestimmte Weltanschauungen, zB Anthroposophie, Darwinismus; (5.) **Behinderung**: keine körperlichen Anforderungen („körperliche Fitness unabdingbar"), sofern nicht zwingend. Krit trotz EuGH NZA 06, 839 (§ 1 Rn 8): Frage nach Krankheit (BAG 17.12.09, 8 AZR 670/ 08, PM 118/09); (6.) **Alter**: keine Anforderungen von Mindest- oder Höchstalter, auch nicht in allg Form (zB „junges dynamisches Team" oder Werbeaufnahmen mit überwiegend Personen eines bestimmten Alters), (7.) **sexuelle Identität**: keine einschränkenden Anforderungen; krit schon Frage nach Familienstand. Soweit Kriterien nach § 1 für die **Durchführung** des Arbeitsverhältnisses relevant sind, (zB Alter für betriebliche Altersversorgung), sollte die Frage erst nach Auswahlentscheidung gestellt werden; Aufbewahrung der Bewerberunterlagen ist wohl datenschutzrechtlich zulässig (BGK § 2 Rz 25 mwN).

7   Dies alles gilt gleichermaßen für Entscheidungen über **Beförderungen**.

8   2. **Nr 2: individual- und kollektivrechtliche Beschäftigungs- und Arbeitsbedingungen** erfassen Zugangsbedingungen (Nr 1, oben Rn 4) sowie alle Bedingungen der laufenden Erwerbstätigkeit, namentlich Arbeitsverträge (Einzelheiten *Lingemann/Müller* DB 07, 2006), Aufhebungsverträge, Betriebsvereinbarungen, Tarifverträge, Gesamtzusagen und betriebliche Übungen (§ 611 BGB Rn 44 ff). **Maßnahme** ist jedes tatsächliche Verhalten des Arbeitgebers wie Weisung, Versetzung, Umsetzung (BTDrs 16/1780, 31), aber auch Zahlung oder Leistung iRd Beendigung. Anders als Zugangsbedingungen gelten Ausübungsbedingungen nur für Arbeitsverhältnisse, nicht für selbständige Erwerbstätigkeit (Einzelheiten *Lingemann/Gotham* NZA 07, 666).

9   3. **Nr 3** erstreckt den Anwendungsbereich auf den **Zugang zu Berufsbildung und Fortbildung**, dh Ausbildungsvorbereitung, Berufsausbildung, berufliche Fortbildung und -Umschulung (vgl *Sandmann/Schmitt-Rolfes* ZfA 02, 297). Nr 3 gilt daher insb für private Weiterbildungsangebote wie Volkshochschulen (Palandt/ *Heinrichs* § 2 Rz 6), Berufsakademien, Erwachsenenbildung etc.

10 4. **Nr 4** erfasst die **Mitgliedschaft in berufsbezogenen Verbänden**, namentlich Gewerkschaften, Arbeitgeberverbänden, Industrie- und Handelskammer, Handwerkskammern, Handwerksinnungen, Anwaltsvereinen, Steuerberaterverband (BTDrs 16/1780, 31; Spezialregelung in § 18 (§ 18 Rn 1 ff)).

11 5. Die **Sozialschutzklausel** in **Nr 5–7** soll den Zugang zu sozialen Vergünstigungen und Bildung sowie Zugang zu und Versorgung mit Gütern und Dienstleistungen, die der Öffentlichkeit zur Verfügung stehen, einschließlich Wohnraum, benachteiligungsfrei gestalten. II 1 meint staatliche Sozialeinrichtungen außerhalb der Sozialversicherungssysteme in Nr 5–7 (vgl BTDrs 16/1780, 32): Nr 5 betrifft entsprechende Einrichtungen (zB Waisenhäuser), Nr 6 entsprechende Leistungen (zB Erziehungsgeld, Elterngeld) und Nr 7 Vermittlung von entsprechenden Kenntnissen und Fähigkeiten, und zwar jeweils private oder öffentliche Leistungen (aA GW Rz 34).

12 6. Schwerpunkt von **Nr 8** sind privatrechtliche Schuldverhältnisse, öffentlich-rechtliche Sachverhalte sind *aber nicht ausgeschlossen* (BTDrs 16/1780, 32). **Dienstleistungen** sind Dienst- und Werkverträge, Geschäftsbesorgungsverträge, Mietverträge, Finanzdienstleistungen (Kredit-, Versicherungs-, Leasingverträge etc (BTDrs 16/1780, 32)). **Der Öffentlichkeit** stehen sie **zur Verfügung**, wenn das Angebot zum Vertragsschluss über die Privatsphäre des Anbietenden hinausgelangt (BTDrs 16/1780, 32; § 19 Rn 8). Einzelheiten §§ 19–21.

III. Einschränkungen für SGB und betriebliche Altersversorgung, Abs 2. II verweist für **Leistungen nach dem SGB** auf den mit dem AGG eingeführten § 33c SGB I und § 19a SGB IV. **§ 33c SGB I** verbietet Benachteiligungen lediglich aus Gründen der Rasse, der ethnischen Herkunft oder einer Behinderung bei **Inanspruchnahme sozialer Rechte**, **§ 19a SGB IV** aus allen Gründen des § 1 AGG bei Inanspruchnahme von Leistungen, die Zugang zu allen Formen und allen Ebenen der **Berufsberatung**, der **Berufsbildung**, beruflicher Weiterbildung, Umschulung einschließlich praktischer Berufserfahrung betreffen. 13

II 2 verweist für **betriebliche Altersversorgung** auf das BetrAVG und enthält nur eine Kollisionsregel für das Verhältnis zwischen AGG und BetrAVG: Soweit das BetrAVG daher an Merkmale des § 1 AGG anknüpft, verbleibt es dabei (BAG NZA 08, 532 Anm *Lingemann* FD-ArbR 07, 248557). Man wird Regelungen zur betrieblichen Altersversorgung richtlinienkonform auslegen müssen (vgl EuGH NJW 84, 2022; § 611 BGB Rn 37). Schon nach nationalem Recht war die Herausnahme von **Teilzeitbeschäftigten** aus der betrieblichen Altersversorgung eine mittelbare Frauendiskriminierung (BAG NZA 96, 939). **Alter** kann eine Rolle spielen zB bei **Altersabstandsklauseln** (§ 1 Rn 9; BAG BB 06, 2536; EuGH NZA 08, 1119; *Preis/Temming* NZA 08, 1209) und **Unverfallbarkeitsfristen** (§ 10 Nr 4; vgl § 10 Rn 13). **Mindestaltersgrenzen** (§ 1b I BetrAVG) sind keine (mittelbare) Geschlechterdiskriminierung (BAG DB 06, 1014) und iRv § 10 Nr 4 zulässig (§ 10 Rn 13; *Thum* BB 08, 2292; *Rolfs* NZA 08, 556). **Späteheklauseln** sind zur Vermeidung von Versorgungsehen sachlich gerechtfertigt und keine mittelbare Benachteiligung (§ 3 II; sehr str, vgl *Thum* BB 08, 2295; *Rolfs* NZA 08, 557). Eingetragene Lebenspartner haben in vergleichbarer Situation gleichermaßen wie Ehegatten Anspruch auf Hinterbliebenenversorgung (EuGH NZA 08, 469; BAG NZA 09, 490; BVerfG DB 09, 2441). Zur Vermeidung einer Geschlechterdiskriminierung muss der Witwenrente eine entspr **Witwerrente** gegenüberstehen (BAG NZA 08, 532 Anm *Lingemann* FD ArbR 07, 248557). 14

IV. Vorbehalt weiterer Benachteiligungsverbote, Abs 3. Das AGG ist **nicht abschließend.** Spezialgesetzliche Benachteiligungsverbote bleiben anwendbar, so der arbeitsrechtliche Gleichbehandlungsgrundsatz (vgl BAG BB 06, 440, § 611 BGB Rn 41 ff; str, *Hinrichs/Zwanziger* DB 07, 574 gegen *Maier/Mehlich* DB 07, 110), über Generalklauseln (§§ 138, 242 BGB) auf Zivilrecht und Arbeitsrecht einwirkende Grundrechte (§ 611 BGB Rn 38), § 3 I Nr 3 AÜG, § 4 I 2 TzBfG, § 81 III SGB IX, auch öffentlich-rechtliche Regelungen (§§ 2 ff MuSchG; BTDrs 16/1780 32) und Gleichstellungsgesetze. 15

V. Kündigungsschutz, Abs 4. IV nimmt allg und besonderen Kündigungsschutz vom AGG aus. **Allg Kündigungsschutz** iSv IV sind KSchG und BGB (§ 620 Rn 51 ff, 53, 54 ff), **besonderer Kündigungsschutz** weitergehende Schutzvorschriften zugunsten spezieller Personengruppen (s. § 620 Rn 91 ff). Diskriminierungsverbote finden jedoch iRd KSchG Anwendung (BAG NZA 09, 361 Anm *Lingemann*, FD ArbR 09, 270773; zust *Adomeit/Mohr*, NJW 09, 2255; Einzelheiten *Lingemann/Beck*, NZA 09, 577). Eine Kündigung, die ein Diskriminierungsverbot verletzt, kann daher sozialwidrig und damit unwirksam sein. Berücksichtigung des Alters bei der Sozialauswahl (§ 1 III 1 KSchG) und Bildung von Altersgruppen (§ 1 III 2 KSchG) sind mit dem AGG vereinbar (§ 10 Rn 22, 24; BAG aaO; § 10 Rn 22 ff). **Außerhalb des KSchG** sind AGG-widrige Kündigungen unwirksam nach §§ 138, 242 BGB oder § 134 BGB iVm Art 3 III, 4, 5 GG (*Bayreuther* DB 06, 1843 mwN). 16

Daneben bleibt ein Anwendungsbereich für nicht sozialwidrige, aber diskriminierende Kündigungen bei der herausgreifenden Kündigung (*Löwisch* BB 06, 2189, 2190) oder Kündigung aus diskriminierendem Motiv (*Diller/Krieger/Arnold* NZA 06, 888, zu Einzelheiten s. *3. Aufl*, § 2 Rz 17 ff mwN), fraglich, ob auch in Betrieben außerhalb des KSchG (dafür *Hein*, NZA 08, 1035). 17

Für die Beweislastverteilung hinsichtlich des diskriminierenden Motivs gilt § 22 AGG (*Diller/Krieger/Arnold* NZA 06, 892), bei herausgreifender Kündigung liegt sie beim Arbeitgeber (*Bayreuther* DB 06, 1844 mwN, vgl auch die Bsp bei *Diller/Krieger/Arnold* NZA 06, 888 f). 18

Da Krankheit als solche keine **Behinderung** ist (EuGH NZA 06, 839), bleiben **personenbedingte Kündigungen wegen Krankheit** zulässig (vgl § 1 Rn 8 mwN). 19

§ 3 Begriffsbestimmungen.

(1) ¹Eine unmittelbare Benachteiligung liegt vor, wenn eine Person wegen eines in § 1 genannten Grundes eine weniger günstige Behandlung erfährt, als eine andere Person in einer vergleichbaren Situation erfährt, erfahren hat oder erfahren würde. ²Eine unmittelbare Benachteiligung wegen des Geschlechts liegt in Bezug auf § 2 Abs. 1 Nr. 1 bis 4 auch im Falle einer ungünstigeren Behandlung einer Frau wegen Schwangerschaft oder Mutterschaft vor.

(2) Eine mittelbare Benachteiligung liegt vor, wenn dem Anschein nach neutrale Vorschriften, Kriterien oder Verfahren Personen wegen eines in § 1 genannten Grundes gegenüber anderen Personen in besonderer Weise benachteiligen können, es sei denn, die betreffenden Vorschriften, Kriterien oder Verfahren sind durch ein rechtmäßiges Ziel sachlich gerechtfertigt und die Mittel sind zur Erreichung dieses Ziels angemessen und erforderlich.

(3) Eine Belästigung ist eine Benachteiligung, wenn unerwünschte Verhaltensweisen, die mit einem in § 1 genannten Grund in Zusammenhang stehen, bezwecken oder bewirken, dass die Würde der betreffenden Person verletzt und ein von Einschüchterungen, Anfeindungen, Erniedrigungen, Entwürdigungen oder Beleidigungen gekennzeichnetes Umfeld geschaffen wird.

(4) Eine sexuelle Belästigung ist eine Benachteiligung in Bezug auf § 2 Abs. 1 Nr. 1 bis 4, wenn ein unerwünschtes, sexuell bestimmtes Verhalten, wozu auch unerwünschte sexuelle Handlungen und Aufforderungen zu diesen, sexuell bestimmte körperliche Berührungen, Bemerkungen sexuellen Inhalts sowie unerwünschtes Zeigen und sichtbares Anbringen von pornographischen Darstellungen gehören, bezweckt oder bewirkt, dass die Würde der betreffenden Person verletzt wird, insbesondere wenn ein von Einschüchterungen, Anfeindungen, Erniedrigungen, Entwürdigungen oder Beleidigungen gekennzeichnetes Umfeld geschaffen wird.

(5) ¹Die Anweisung zur Benachteiligung einer Person aus einem in § 1 genannten Grund gilt als Benachteiligung. ²Eine solche Anweisung liegt in Bezug auf § 2 Abs. 1 Nr. 1 bis 4 insbesondere vor, wenn jemand eine Person zu einem Verhalten bestimmt, das einen Beschäftigten oder eine Beschäftigte wegen eines in § 1 genannten Grundes benachteiligt oder benachteiligen kann.

1 **I. Einordnung und Zweck.** § 3 definiert die **fünf zentralen Arten von Benachteiligungen:** unmittelbare (I) und mittelbare Benachteiligung (II), Belästigung (III), sexuelle Belästigung (IV) und Anweisung zur Benachteiligung (V). Der Wortlaut hält sich eng an Art 2 II-IV RL 2000/43/EG, 2000/78/EG und 76/207/EWG sowie Art 2 lit a-d RL 2004/113/EG (BTDrs 16/1780, 32).

2 **II. Unmittelbare Benachteiligung, Abs 1. 1.** Die **Unmittelbarkeit** der Benachteiligung liegt darin, dass die Benachteiligung konkret auf einen in § 1 genannten Grund gestützt wird. Eine mittelbare Benachteiligung (II) beruht demgegenüber auf Vorschriften, Kriterien oder Verfahren, die dem Anschein nach neutral sind, aber zu einer Benachteiligung wegen eines in § 1 genannten Grundes führen (Rn 11 ff).

3 **2. Konkret ist die Benachteiligung** bei weniger günstiger Behandlung des Betroffenen im Vergleich zu einer anderen Person in vergleichbarer Situation, also die Ablehnung eines Bewerbers wegen eines Merkmals nach § 1 bei gleichzeitiger Einstellung eines anderen gleich qualifizierten Bewerbers ohne das Merkmal. **Benachteiligung aufgrund hypothetischer Vergleichsbetrachtung** ist die ungünstigere Behandlung, die ein Betroffener ggü einer hypothetischen Vergleichsperson „erfahren würde", also die Ablehnung des Bewerbers wegen eines Merkmals nach § 1, obwohl ein anderer Bewerber mit gleichen Qualifikationen ohne das Merkmal eingestellt worden wäre, die Stelle jedoch mangels eines solchen Bewerbers unbesetzt blieb. Im ersten Beispielsfall handelt es sich gleichzeitig auch um eine **aktuelle** Benachteiligung („erfährt"), in Betracht kommt aber auch eine **zeitlich versetzte** Ungleichbehandlung („erfahren hat"), wenn also in der Vergangenheit im letzten Beispielsfall die Stelle mit einem gleich qualifizierten Bewerber ohne das Merkmal nach § 1 schon einmal besetzt worden war. Der Nachweis konkreter aktueller Benachteiligung ist am einfachsten, schwieriger ist Nachweis der zeitlich versetzten Benachteiligung, am schwersten Nachweis der Benachteiligung aufgrund hypothetischer Vergleichsbetrachtung (ähnl *BGK* § 3 Rz 17). **Drohende** Ungleichbehandlung ist im G nicht definiert, soll aber bei hinreichend konkreter Erstbegehungs- oder Wiederholungsgefahr auch erfasst sein, nur abstrakte Gefahr löst jedoch keine Ansprüche aus (BTDrs 16/1780, 32). Unmittelbare Diskriminierung kommt auch in Betracht **ohne konkretes Diskriminierungsopfer,** zB bei diskriminierenden Äußerungen des Arbeitgebers in der Öffentlichkeit (EuGH NZA 08, 929 – Feryn; *Bayreuther* NZA 08, 988; *Sprenger* BB 08, 2405).

4 **3. Behandlung** kann auch ein **Unterlassen** sein (BTDrs 16/1780 32), zB bei unterlassenem Vertragsabschluss oder unterlassener Begünstigung.

5 **4. „Wegen"** eines in § 1 genannten Grundes erfolgt die Benachteiligung auch, wenn er nur eines von mehreren Motiven innerhalb eines **Motivbündels** ist (§ 7 Rn 4, § 2 Rn 17; BVerfG NJW 94, 647 f; BAG NJW 04, 2115).

6 **5. „Weniger günstige Behandlung"** ist Zurücksetzung ggü der (ggf hypothetischen, Rn 3) Vergleichsperson. Es gilt ein objektiver Maßstab; auch wer gerne arbeitet wird benachteiligt, wenn er wegen eines Merkmals nach § 1 weniger Urlaub erhält.

7 **6. Vergleichsperson** ist nur die Person, die in vergleichbarer (nicht notwendig identischer) Situation günstiger behandelt wird, würde, oder wurde (Rn 3). Benachteiligte können auch Angehörige des Betroffenen sein (EuGH NZA 08, 932 – Coleman). Die Anforderungen an die Vergleichbarkeit richten sich danach, ob eine Auswahlentscheidung (a) oder Einzelfallentscheidung (b) vorliegt:

8 a) Bei einer **Auswahlentscheidung,** typischerweise Einstellungsentscheidung, sind alle Personen **vergleichbar,** die in die Auswahl einzubeziehen sind, weil sie für die vorgesehene Maßnahme – zB Einstellung – objektiv geeignet sind (BAG NZA 04, 544; 99, 371). Nicht entscheidend ist ggf beste Qualifikation, andernfalls könnte ein Anspruch nach § 15 II auf Entschädigung nicht entstehen (vgl auch *Diller/Krieger/Arnold* NZA 06, 891 f). Bloße Nichteinbeziehung in die Auswahl ist bereits Ungleichbehandlung (BAG NZA 04, 544). Vergleichbar ist bei Einstellungs- oder Aufstiegsentscheidung jedoch nur die Person, die **objektiv für die Position geeignet ist und sich subjektiv ernsthaft bewirbt** (BAG AP Nr 16 zu § 611a; LAG Rh-Pf NZA-RR 08, 343; LAG Berlin NZA-RR 06, 513; 05, 124 f). Demggü **AGG-Hopping,** wenn schon die Bewerbung zeigt, dass wesentliche Einstellungsvoraussetzungen fehlen (iE *BGK* § 6 Rz 10; *Diller* DB 06, 1969 f; *Oberwetter* BB 07,

1848), bei unrealistischen Gehaltsvorstellungen, (LAG Berlin NZA-RR 06, 513), unvollständigen oder unordentlichen Bewerbungsunterlagen (LAG Berlin, aaO) oder Unterlagen mit abstrusen und für die Bewerbung schädlichen Thesen (LAG-BW FA 07, 313).

b) Demgegenüber ist Vergleichbarkeit bei einer **Einzelfallentscheidung** enger. Sie richtet sich nach dem Zweck der Entscheidung, bei krankheitsbedingter Versetzung also zB danach, ob bei der Vergleichsperson eine im Hinblick auf die Versetzung vergleichbare Erkrankung vorliegt, bei individueller Gehaltserhöhung aufgrund besonderer Leistungen danach, ob bei der Vergleichsperson gleichermaßen besondere Leistungen vorliegen. **9**

7. 2 stellt im Anschluss an EuGH (NZA 91, 172 *Dekker*) klar, dass für Beschäftigung und Beruf (§ 2 I Nr 1–4 AGG) auch die ungünstigere Behandlung einer Frau wegen **Schwangerschaft oder Mutterschaft** unmittelbare und nicht nur mittelbare Benachteiligung ist (vgl auch Art 2 VII RL 76/207/EWG; BTDrs 16/1780, 32; zum Schutz bei künstlicher Befruchtung EuGH NZA 08, 345). **10**

III. Mittelbare Benachteiligung, Abs 2. 1. Während eine **unmittelbare** Benachteiligung nur nach Maßgabe von §§ 5, 8–10, 20 **gerechtfertigt** sein kann, fehlt es schon am **Tatbestand** der **mittelbaren** Benachteiligung, wenn die Ungleichbehandlung durch ein rechtmäßiges Ziel sachlich gerechtfertigt ist und die Mittel zur Erreichung dieses Ziels angemessen und erforderlich sind, II letzter Hs. Kennzeichen mittelbarer Benachteiligung ist daher die unterschiedliche Behandlung nach einem Kriterium, das nicht unter § 1 fällt, aber von Personen mit einem Merkmal nach § 1 deutlich häufiger erfüllt wird als von Personen ohne dieses Merkmal (EuGH AP EWG Vertrag Art 119 Nr 50; BAG AP TVG § 1 Nr 6). Eine schlechtere Behandlung von Teilzeitbeschäftigten benachteiligt mittelbar Frauen (EuGH NZA 08, 31). **11**

2. **Dem Anschein nach neutral** sind Kriterien, die nicht unmittelbar ein Merkmal nach § 1 wiedergeben. **12**

3. **Benachteiligen „können"** die neutralen Regelungen wegen eines in § 1 genannten Grundes, wenn sie überwiegend Personen mit einem Merkmal nach § 1 betreffen. Der prozentuale Anteil der von diesem Merkmal Betroffenen an der Gesamtzahl der dem persönlichen Geltungsbereich der Regelung unterfallenden Personen (vgl EuGH DB 08, 187; BAG AP BGB § 611a Nr 22) muss wesentlich höher sein als der der nicht durch das Merkmal nach § 1 gekennzeichneten Vergleichsgruppe. 90% reichen aus, 75% wohl auch (*Wißmann* FS Wlotzke, 807, 815). Auf diesen zur Geschlechterdiskriminierung entwickelten statistischen Nachweis (insb EuGH EuZW 94, 91; BAG AP BGB § 611a Nr 22) wird man auch iRv II iVm § 1 schon wegen der weitreichenden Folgen des § 15 AGG nicht verzichten können (anders zur Nationalität EuGH EuZW 96, 117). Dass die durch ein Merkmal nach § 1 geschützte Gruppe **statistisch signifikant** mehr betroffen sein muss als die Vergleichsgruppe ohne dieses Merkmal ergibt sich auch aus der Gesetzesformulierung **„in besonderer Weise benachteiligen können"**. Eine **Besondere Intensität** der Beeinträchtigung begründet jedoch alleine ohne statistische Signifikanz keine mittelbare Benachteiligung (aA *BGK* § 3 Rz 28; *Schiek* NZA 04, 873, 875). Der Eintritt des Nachteils muss mit einiger Wahrscheinlichkeit zu erwarten sein, bloß abstrakte Gefährdung reicht nicht aus (*BGK* § 3 Rz 26 mwN). **13**

4. Nach dem Wortlaut („**Vorschriften, Kriterien, Verfahren**") gilt II nur für **abstrakt generelle Regelungen** und nicht für konkrete Einzelentscheidungen, so dass die benachteiligungsgeeignete Regelung für sich allein den Tatbestand möglicherweise schon erfüllt. Zum Schaden gem § 15 I AGG kann jedoch erst die Umsetzung führen. Unerheblich ist, ob die Regelung vereinbart oder einseitig vorgegeben wird. Da schon die Regelung und nicht erst die Umsetzung eine mittelbare Benachteiligung darstellt, besteht die Gefahr von Klagen von Regelungsunterworfenen, Betriebsräten, Gewerkschaften (§ 17 II AGG), ggf unterstützt durch Antidiskriminierungsverbände (§ 23 AGG) zumindest auf Unterlassung, schon wenn die Umsetzung bevorsteht (BTDrs 16/1780 33). **14**

5. Schon bisher konnte eine durch statistische Signifikanz begründete Vermutung für die Benachteiligung durch von dem Merkmal unabhängige **sachliche Gründe** widerlegt werden (EuGHE I 2000, 7505; BAG NZA 90, 778). Bei einem sachlichem Grund nach II Hs 2 liegt **schon tatbestandlich keine mittelbare Benachteiligung** vor, auf Rechtfertigungsgründe nach §§ 5, 8–10 sowie § 20 kommt es dann nicht mehr an; sie sind jedoch auch nicht ausgeschlossen (BTDrs 16/1780 33). **15**

a) Das **Ziel** muss rechtmäßig, darf insb nicht selbst diskriminierend sein (ErfK/*Schlachter* § 3 Rz 9); legitimes Ziel ist zB auch das bessere Funktionieren des Unternehmens (*Däubler* ZfA 06, 488). **16**

b) Die **Differenzierung** muss **erforderlich** sein, also der geringstmögliche Eingriff ggü dem nach § 1 geschützten Personenkreis zur Erreichung des Zieles. Sie muss ferner **angemessen** sein, dh, die Differenzierung und damit einhergehende Beeinträchtigung dieses Personenkreises darf nicht außer Verhältnis zur Bedeutung des damit angestrebten Ziels stehen. **17**

Verlangt daher **zB** eine Tageszeitung einen Chefredakteur mit muttersprachlichen Deutschkenntnissen, so wäre dies möglicherweise eine mittelbare Diskriminierung wegen der ethnischen Herkunft, da Personen anderer ethnischer Herkunft signifikant mehr durch dieses Kriterium ausgeschlossen wären als Personen deutscher Herkunft. Die Differenzierung wäre jedoch sachlich gerechtfertigt, wenn sie einem rechtmäßigen **18**

Ziel, nämlich der absolut fehlerfreien Veröffentlichung in deutscher Sprache diente, sie wäre zur Erreichung dieses Ziels auch erforderlich, wenn es keine weniger beeinträchtigende Lösung gibt, die Einstellung eines zusätzlichen Mitarbeiters zum sprachlichen Korrekturlesen also unzumutbar wäre und den Zweck der Redakteurstätigkeit teilweise entfremdete. Die Anforderung müsste auch der Mittel-Zweck-Relation ieS entsprechen, der Ausschluss nicht muttersprachlicher Personen von der Position als Chefredakteur dürfte also nicht außer Verhältnis zu dem Zweck der Differenzierung stehen, nämlich der Sicherstellung der täglichen Publikation in fehlerfreiem Deutsch.

19 **IV. Beispiele für unmittelbare und mittelbare Benachteiligung, alphabetisch geordnet nach den Diskriminierungsmerkmalen. 1. Alter.** a) **Unmittelbare Benachteiligung**: Ausschreibung nur für Personen bis 25 Jahre; Verdopplung Abfindung von einem halben auf ein Jahresgehalt abhängig von 55. oder 56. Lebensjahr (BAG DB 08, 415).

20 b) **Mittelbare Benachteiligung**: Ausschreibung nur für Personen im ersten Berufsjahr (BAG BB 09, 1917) oder mit mindestens zehnjähriger Berufserfahrung; Tatbestand scheidet dann nach II aus, wenn bestimmte Dauer der Berufserfahrung/Betriebszugehörigkeit für die Aufgabenerfüllung erforderlich (iE § 10 Rn 7 ff).

21 **2. Behinderung.** a) **Unmittelbare Benachteiligung**: keine Einstellung wegen Neurodermitis mit einem GdB von 40 (BAG NZA 07, 1098); Benachteiligung wegen Pflege eines behinderten Kindes (§ 1 Rn 7). Nicht: Stellenausschreibung für Kfz-Mechaniker „flexibel und belastbar" (LAG Nürnberg NZA 09, 148).

22 b) **Mittelbare Benachteiligung: Zulage bei bestimmen körperlichen Arbeiten**, die Behinderte idR nicht ausüben können; sofern sie dem Ausgleich körperlicher Erschwernis dient, besteht sachlicher Grund iSv II Hs 2; **Kürzung der betrieblichen Anwesenheitsprämie** für Tage der **Arbeitsunfähigkeit**, sofern behinderte Menschen statistisch höhere Arbeitsunfähigkeitszeiten haben; sachliche Rechtfertigung würde sich in den Grenzen von § 4a EFZG wohl aus dessen Zweck ergeben, Arbeitgeber von entspr Lohnzusatzkosten zu entlasten und mehr Arbeitsplätze zu ermöglichen; **Zulassung zu Turnkurs für Fortgeschrittene**, aber sachlicher Grund, wenn körperliche Voraussetzungen nicht erfüllt sind (Palandt/*Heinrichs* § 3 Rz 3). Zu Indizien § 22 Rn 5.

23 **3. Geschlecht.** a) **Unmittelbare Benachteiligung**: Ablehnung von Bewerbung (*Palasch* NZA 07, 306), Übernahme in beamtenähnliches Verhältnis (BAG DB 08, 128), Verlängerung befristeter Arbeitsverträge (EuGH NJW 02, 125) oder Anfechtung der Zustimmung zur Elternzeitverkürzung (EuGH NZA 03, 373) **wegen Schwangerschaft**; ggf auch unterschiedliche Abfindung wegen Elternzeit (EuGH NZA 10, 29 – Meerts, Anm *Lingemann* ArbR 09, 159, s. aber BAG DB 09, 2664); Festsetzung unterschiedlichen **Rentenalters** für Männer und Frauen in BetrAV (EuGH NJW 91, 2204; BAG NZA 05, 1239), zulässig aber Festsetzung unterschiedlicher Sozialplanabfindungen für Männer und Frauen bei Anknüpfung an unterschiedliche gesetzliche Regelungen für den Bezug von Altersruhegeld (EuGH BB 05, 276; ähnl SAE 06, 134).

24 b) **Mittelbare Benachteiligung**: ungünstigere Behandlung von Teilzeitkräften (EuGH DB 08, 187; EuZW 04, 726; BAG AP Nr 22 zu § 611a BGB). Aber zulässig: bevorzugte Einstellung nach Wehr- oder Wehrersatzdienst in das Referendariat (EuGH NZA 01, 141), dienstaltersabhängige Vergütung (EuGH NZA 06, 1205), Herausnahme von Zeiten des Erziehungsurlaubs aus Betriebszugehörigkeitszulage (BAG NZA 08, 955).

25 **4. Rasse/ethnische Herkunft.** a) **Unmittelbare Benachteiligung**: Keine Einstellung wegen dunkler Hautfarbe.

26 b) **Mittelbare Benachteiligung**: Muttersprachliche Deutschkenntnisse, sachlicher Grund jedoch bei Notwendigkeit fehlerfreier Kommunikation in Deutsch (Rn 18; ArbG Berlin AuR 08, 112); Abstellen auf Staatsangehörigkeit, sachlicher Grund jedoch, wenn Differenzierung dazu dient, die Vorlage der Arbeitserlaubnis sicherzustellen.

27 **5. Religion/Weltanschauung.** a) **Unmittelbare Benachteiligung**: Keine Einstellung von Mitarbeitern einer bestimmten Glaubensrichtung, aber Rechtfertigung insb nach § 9 möglich (§ 9 Rn 3 ff).

28 b) **Mittelbare Benachteiligung**: Pflicht zum Tragen bestimmter Kleidungsstücke, zB bestimmter Kopfbedeckung könnte mittelbare Benachteiligung von Frauen sein, die aus religiösen Gründen Kopftuch tragen; sachlicher Grund wäre denkbar durch Arbeitssicherheitsgründe oder wenn andernfalls nachweislich erhebliche (auch wirtschaftliche) Nachteile entstehen (BAG NZA 03, 483, weitergehend für Lehrer BVerwG NJW 2009, 1289; auch für Mütze als Ersatz für islamisches Kopftuch BAG AuR 09, 311).

29 **6. Sexuelle Identität.** a) **Unmittelbare Benachteiligung**: Vergünstigungen (freie Tage oder Zuschlag) an Ehepartner, nicht aber an eingetragene Lebenspartner (BAG DB 04, 2757 zu Ortszuschlag nach § 29 BAT); jedoch evtl gerechtfertigt nach Art 6 I GG (BAG NJW-RR 07, 1442; iE. § 2 Rn 187).

30 b) **Mittelbare Benachteiligung**: Gründung Betriebskindergarten, da statistisch gleichgeschlechtliche Lebenspartnerschaften davon weniger profitieren? Schon keine ungünstigere Behandlung, da zusätzliche wirtschaftliche Erschwernisse für alle *Gruppen gleichermaßen* ausgeglichen werden; jedenfalls ist sachlicher Grund die Bindung von Arbeitnehmern mit Kindern an das Unternehmen.

31 **V. Belästigung, Abs 3. 1. Belästigung** (vgl Ziff 3 der autonomen Rahmenvereinbarung der europäischen Sozialpartner zu Belästigung und Gewalt am Arbeitsplatz v 15.12.06) ist nach dem Gesetzeswortlaut zwar

Benachteiligung, jedoch keine Ungleichbehandlung, eine Vergleichsbetrachtung ist daher nicht erforderlich. **Rechtfertigung** scheidet, abgesehen von Einwilligung, regelmäßig aus (Einl Rn 5).

2. Unerwünscht ist eine Verhaltensweise, wenn der Handelnde aus Sicht eines objektiven Beobachters (BAG AP BGB § 626 Ausschlussfrist Nr 20) davon ausgehen kann, dass sein Verhalten unter den gegebenen Umständen von dem Betroffenen nicht erwünscht ist oder nicht akzeptiert wird; Unerwünschtheit braucht vorher nicht ggü Belästigendem zum Ausdruck gebracht worden zu sein (BTDrs 16/1780, 33), muss aber objektiv **erkennbar** sein (ErfK/*Schlachter* § 3 Rz 12); sie ist umso wahrscheinlicher, je weiter die Verhaltensweise sich von den üblichen Verhaltensweisen der beteiligten Personenkreise entfernt (ErfK/*Schlachter* § 3 Rz 12). 32

3. „Verhaltensweise" kann verbal oder nonverbal sein, zB Verleumdungen, Beleidigungen, abwertende Äußerungen, Anfeindungen, Drohungen, körperliche Übergriffe (BTDrs 16/1780, 33), Mobbing (Rn 36), aber auch Berührungen, Blicke, Gesten. 33

4. Erforderlich ist zudem ein Zusammenhang mit einem **Merkmal gem § 1**. 34

5. Erheblich ist die Belästigung nur, wenn sie die **Verletzung der Würde der betreffenden Person bezweckt oder bewirkt**. Geringfügige Belästigungen sind von III ausgenommen, der Grad der Verletzung von Art 1 GG wird jedoch auch nicht verlangt (BTDrs 16/1780, 33). Fahrlässigkeit reicht aus (BTDrs 16/1780, 33). Kommt es zu keiner Verletzung, ist diese aber (vorsätzlich) bezweckt, gilt gleichfalls III. 35

6. Kumulativ verlangt III Hs 2 die Schaffung eines **feindlichen Umfeldes** (BAG 24.9.09 – 8 AZR 705/08, PM 97/09), **„hostile environment"**. Hier gelten ähnliche Maßstäbe wie beim Mobbing, welches nur bei fortgesetzten aufeinander aufbauenden und ineinandergreifenden Anfeindungen, Schikanen oder Diskriminierungen vorliegt, die in ihrer Gesamtheit das allg Persönlichkeitsrecht, die Ehre oder die Gesundheit des Betreffenden verletzen (BAG NZA 08, 223), also einem „übergreifenden systematischen Vorgehen" (BAG aaO). Das feindliche Umfeld muss für das konkrete Arbeitsverhältnis „kennzeichnend", also **prägend** sein (ErfK/*Schlachter* § 3 Rz 15). Entsteht es erst mit der Belästigung, kann ein Aufrechterhalten dem Arbeitgeber zurechenbar sein (vgl BAG 24.9.09 – 8 AZR 705/08, PM 97/09; FD-ArbR 290559, BTDrs 16/1780, 33) 36

7. Insbes im Zivilrecht werden Belästigungen auch von **anderen Anspruchsgrundlagen** erfasst (§ 15 Rn 20). Sie sind durch § 15 II nicht ausgeschlossen, § 15 V (BTDrs 16/1780, 33). 37

VI. Sexuelle Belästigung, Abs 4. 1. Anders als bei III muss das unerwünschte Verhalten **sexuell bestimmt** sein, maßgeblich ist das (subjektiv) erstrebte **Ziel des Handelnden** (*Worzalla* NZA 94, 1018; aA ErfK/*Schlachter* § 3 Rz 17). IV enthält zahlreiche Beispielsfälle. Ein „Klaps auf den Po" (LAG Köln NZA-RR 06, 237), Herandrängen an eine Mitarbeiterin (LAG SH v 27.9.06, 3 Sa 163/06) oder verbale Beleidigung (LAG Berlin v 3.3.06, 13 Sa 1906/05 nv) erfüllen den Tatbestand, Stalking nur, wenn sexuell bestimmt (iE *Göpfert/Siegrist* NZA 07, 473). **Unerwünscht** gilt im o Rn 32 dargestellten Sinn. **Haftung des Arbeitgebers** nur bei **unmittelbarem Bezug** zu einem Rechtsverhältnis nach § 2 I Nr 1-4. Erfasst sind daher unerwünschte sexuelle Verhaltensweisen zwischen Betriebsangehörigen im Betrieb sowie bei betrieblichen Veranstaltungen außerhalb des Betriebes (bei Montageeinsätzen, Weihnachtsfeiern, Betriebsausflügen), nicht aber bei gleichzeitig überlagernden persönlich intimen Beziehungen (LAG Düsseldorf NZA-RR 06, 81; BGK § 3 Rz 50, 52). Maßgeblich ist, inwieweit dem Arbeitgeber eine Einwirkung möglich und zumutbar ist. 38

2. Zur bezweckten oder bewirkten **Verletzung der Würde** der betreffenden Person s. o Rn 35. 39

3. Anders als III gilt IV **auch ohne feindliches Umfeld**, da es in IV nur beispielhaft („insb wenn") genannt wird. IV gilt daher auch für die **erstmalige** sexuelle Belästigung. 40

4. IV gilt **nur iRv § 2 I Nr 1-4**, also namentlich bei **Beschäftigungs- und Arbeitsverhältnissen**, Berufsbildung und Mitgliedschaft in Verbänden gem Nr 4, sowie gem Nr 1 bei Anbahnung (nicht Durchführung) freier Dienstverhältnisse (BGK § 3 Rz 49). IRv § 2 Nr 5 ff gilt das Verbot sexueller Belästigung nur über § 3 III. 41

VII. Anweisung zur Benachteiligung, Abs 5. 1. V setzt Art 2 IV RL 2000/43/EG, 2000/78/EG und 76/207/EWG sowie Art 4 IV RL 2004/113/EG um; auch die **Anweisung zur Benachteiligung** gilt **als Benachteiligung**. 42

2. Anweisung setzt ein **Weisungsrecht** des Anweisenden voraus, bloße „Aufforderung" genügt nicht (*Annuß* BB 06, 1632). „Anweisung" erfordert Vorsatz hinsichtlich Weisung und Benachteiligung aus einem in § 1 genannten Grund, Verbotensein der Anweisung muss nicht vom Vorsatz umfasst sein. Entspricht Angewiesener der Weisung nicht, ist IV erfüllt; Schaden entsteht zwar nicht, wohl aber Anspruch auf Entschädigung (§ 15 II). 43

3. 2 betrifft wie IV Rechtsverhältnisse gem § 2 I Nr 1–4 (Rn 41). Der Wortlaut verlangt zwar anders als 1 kein Weisungsrecht des „Anstifters"; es ergibt sich aber daraus, dass 2 nur Regelbeispiel zu 1 ist und daher auch Voraussetzungen von 1 erfüllt sein müssen. Mittelbare Täterschaft (vgl § 25 I Alt 2 StGB) dürfte nicht unter V 2 fallen sondern unter I oder II (anders *BGK* § 3 Rz 66). 44

45 **VIII. Prozessuales.** Zur **Beweislastverteilung** s. § 22 Rn 2 ff. Der dem Anspruchssteller obliegende **Vollbeweis der Indiztatsachen** ist kaum zu führen, wenn sie aus Vieraugengesprächen stammen sollen. Ob daraus gem amerikanischer Praxis ein Gebot an Arbeitgeber/Anbieter entwickelt wird, Vieraugengesprächen aus dem Weg zu gehen, bleibt abzuwarten.

46 Die Beweislast auch für **fehlenden sachlichen Grund bei mittelbarer Benachteiligung**, § 3 II, trägt der **Anspruchsteller** (BTDrs 16/1780 33; § 22 Rn 7; aA *Richardi* NZA 06, 881, 883).

§ 4 Unterschiedliche Behandlung wegen mehrerer Gründe.

Erfolgt eine unterschiedliche Behandlung wegen mehrerer der in § 1 genannten Gründe, so kann diese unterschiedliche Behandlung nach den §§ 8 bis 10 und 20 nur gerechtfertigt werden, wenn sich die Rechtfertigung auf alle diese Gründe erstreckt, derentwegen die unterschiedliche Behandlung erfolgt.

1 Die Regelung enthält eine Selbstverständlichkeit. Auch wenn die Ungleichbehandlung wegen eines Merkmals nach § 1 gerechtfertigt ist, gilt dies nicht zwingend auch für weitere Merkmale nach § 1. Auch wenn mehrere in § 1 genannte Gründe zur Ungleichbehandlung führen, liegt nur eine Benachteiligung vor, die Rechtsfolgen des AGG werden nur einmal ausgelöst (*BGK* § 4, Rz 6 ff).

§ 5 Positive Maßnahmen.

Ungeachtet der in den §§ 8 bis 10 sowie in § 20 benannten Gründe ist eine unterschiedliche Behandlung auch zulässig, wenn durch geeignete und angemessene Maßnahmen bestehende Nachteile wegen eines in § 1 genannten Grundes verhindert oder ausgeglichen werden sollen.

1 **I. Einordnung und Zweck.** § 5 setzt um Art 5 RL 2000/43/EG, 7 I RL 2000/78/EG, 2 VIII RL 76/207/EWG, 6 RL 2004/113/EG. Bestehende Nachteile tatsächlicher oder struktureller Art wegen eines in § 1 genannten Grundes sollen verhindert oder ausgeglichen werden, auch wenn dadurch andere Gruppen, die bisher nicht benachteiligt wurden, ungleich behandelt werden. Vorbild sind „**affirmative actions**" nach amerikanischem Recht. **Beispiele**: bevorzugte Einstellung von Frauen in Betrieben mit überwiegend männlichen Beschäftigten, Bevorzugung von behinderten Menschen; „diversity management" zur Schaffung einer vielfältigen Beschäftigungsstruktur. Die zu fördernde Gruppe darf keinen absoluten Vorrang erhalten, **„starre" Quote** (EUGH NZA 95, 1095 – *Kalanke*; BTDrs 16/1780 34) **„Weiche" Quoten** sind jedoch zulässig, daher dürfen zB Frauen, soweit statistisch in der Minderzahl, **bei gleicher Eignung** bevorzugt werden (EuGH NZA 00, 473), auch die Einstellung gleich qualifizierter männlicher Bewerber muss aber möglich bleiben, wenn überwiegende Gründe dafür sprechen (EuGH NZA 96, 754). Für behinderte Menschen geht § 5 über § 81 IV SGB IX hinaus, da letzterer nur für *schwer*behinderte Menschen (§ 2 II SGB IX) gilt, das AGG hingegen schon für behinderte (§ 2 I SGB IX, § 1 Rn 7). § 5 ist gesonderter Rechtfertigungsgrund neben §§ 8–10, 20 und einschränkend auszulegen, da nur Mitgliedsstaaten positive Maßnahme ergreifen und die Befugnis nicht ohne nähere Bestimmung an Dritte delegieren dürfen (ErfK/*Schlachter* § 5 Rz 2).

2 **II. Maßnahmen.** „Maßnahmen" können Einzelentscheidungen sein, ebenso individuelle (zB Arbeitsvertrag, Mietvertrag) oder kollektive Vereinbarungen (zB Betriebs- oder Dienstvereinbarungen, Integrationsvereinbarungen, Auswahlrichtlinien, Tarifverträge oder Einzelmaßnahmen mit kollektivem Bezug (zB Gesamtzusagen, betriebliche Übung, Hausordnung).

3 **III. Bestehende Nachteile.** Entscheidend ist die empirische Schlechterstellung einer Person oder Personengruppe aufgrund eines Merkmals nach § 1, zB schlechterer Zugang zu Arbeits-, Miet- oder Versicherungsverhältnissen. Nach dem Wortlaut („bestehende") sind nicht erfasst Nachteile, die bisher nicht empirisch nachgewiesen, künftig jedoch zu erwarten sind (aA *BGK* § 5 Rz 11). „Verhindert" meint daher Verhinderung bereits bestehender Nachteile für die Zukunft, „Ausgleich" deren Kompensation. Der Nachteil kann im konkreten Betrieb, aber auch überbetrieblich in konkreten Regionen oder bundesweit bestehen, der einzelne Arbeitgeber/Anbieter kann für Verhinderung und Kompensation sorgen, zB der Arbeitgeber zur Erhöhung des im Betrieb zu niedrigen Frauenanteils einen Betriebskindergarten einführen, oder der Anbieter besondere Kurse für Fitness im Alter oder zur Förderung/Integration Behinderter oder ethnischer Minderheiten.

4 **IV. Eignung.** Nur zur Verhinderung oder Kompensation geeignete Maßnahmen rechtfertigen die gleichzeitige Ungleichbehandlung anderer Gruppen.

5 **V. Erforderlichkeit.** Anders als § 3 II 2. Hs wird „Erforderlichkeit" nicht ausdrücklich verlangt. Der Arbeitgeber/Anbieter muss gleichwohl den geringstmöglichen Eingriff wählen aufgrund enger Auslegung von § 5 (Rn 1 aE).

6 **VI. Angemessenheit.** Die Maßnahme darf zur Erreichung des angestrebten Zwecks nicht außer Verhältnis zu der entstehenden neuen Ungleichbehandlung stehen (Zweck-Mittel-Relation ieS). Der Arbeitgeber/Anbieter hat hier – engen (Rn 1 aE) – Ermessensspielraum.

VII. Beteiligung des Betriebsrates. Positive Maßnahmen können Beteiligungsrechte des Betriebsrats auslösen, zB bei Personalplanung (§ 92 BetrVG), Gleichstellungsforderungen (§ 92 III BetrVG), Auswahlrichtlinien (§ 95 I BetrVG), Förderung von Berufsbildung (§ 96 BetrVG), Durchführung von Bildungsmaßnahmen (§ 98 BetrVG), Versetzung, Einstellung, Eingruppierung oder Umgruppierung (§ 99 BetrVG).

Abschnitt 2 Schutz der Beschäftigten vor Benachteiligung

Unterabschnitt 1 Verbot der Benachteiligung

§ 6 Persönlicher Anwendungsbereich.

(1) ¹Beschäftigte im Sinne dieses Gesetzes sind
1. Arbeitnehmerinnen und Arbeitnehmer,
2. die zu ihrer Berufsbildung Beschäftigten,
3. Personen, die wegen ihrer wirtschaftlichen Unselbstständigkeit als arbeitnehmerähnliche Personen anzusehen sind; zu diesen gehören auch die in Heimarbeit Beschäftigten und die ihnen Gleichgestellten.

²Als Beschäftigte gelten auch die Bewerberinnen und Bewerber für ein Beschäftigungsverhältnis sowie die Personen, deren Beschäftigungsverhältnis beendet ist.

(2) ¹Arbeitgeber (Arbeitgeber und Arbeitgeberinnen) im Sinne dieses Abschnitts sind natürliche und juristische Personen sowie rechtsfähige Personengesellschaften, die Personen nach Absatz 1 beschäftigen. ²Werden Beschäftigte einem Dritten zur Arbeitsleistung überlassen, so gilt auch dieser als Arbeitgeber im Sinne dieses Abschnitts. ³Für die in Heimarbeit Beschäftigten und die ihnen Gleichgestellten tritt an die Stelle des Arbeitgebers der Auftraggeber oder Zwischenmeister.

(3) Soweit es die Bedingungen für den Zugang zur Erwerbstätigkeit sowie den beruflichen Aufstieg betrifft, gelten die Vorschriften dieses Abschnitts für Selbständige und Organmitglieder, insbesondere Geschäftsführer oder Geschäftsführerinnen und Vorstände, entsprechend.

I. Einordnung und Zweck. Während Abschn 1 (§§ 1–5) Regelungen für alle vom AGG erfassten Vertragsverhältnisse enthält, regelt Abschn 2 (§§ 6–18) den **speziellen Schutz der Beschäftigten** und unterteilt sich in vier Unterabschnitte: Verbot der Benachteiligung (§§ 6–10), Organisationspflichten des Arbeitgebers (§§ 11, 12), spezielle Rechte Beschäftigter (§§ 13–16) sowie ergänzende Vorschriften (§§ 17, 18).

II. Beschäftigte, Abs 1. § 6 I definiert **Beschäftigte** iSd AGG. Das sind (1) Nr 1 **Arbeitnehmerinnen und Arbeitnehmer** im arbeitsrechtlichen, nicht im sozialversicherungsrechtlichen Sinne (§ 611 BGB Rn 16 ff) (zu Fremdgeschäftsführern Rn 6), (2) Nr 2: **Auszubildende**, § 1 III BBiG, § 1 II, IV, V BBiG, sofern Ausbildender Weisungsrecht zu Inhalt, Zeit und Ort der Tätigkeit hat (*BGK* § 6 Rz 7; Einzelheiten zum Ausbildungsverhältnis bei BLDH/*Lingemann* 238, 244 ff), (3) Nr 3: **arbeitnehmerähnliche Personen** (vgl *Budde* BB 07, 731 f) § 12a I Nr 1 TVG nach § 138 I SGB IX (BTDrs 16/1780 34) einschl Heimarbeitern (§ 1 HAG) und Gleichgestellten (§ 1 2 HAG).

II schließt naturgemäß **Bewerber/innen** (§ 2 Rn 4, § 3 Rn 8) für ein Beschäftigungsverhältnis ein, ebenso **ausgeschiedene Beschäftigte** (wegen § 2 II 2 nicht konsequent, zB Alumni-Treffen, Preisnachlässe beim Bezug von Waren des früheren Arbeitgebers, Fortführung eines Mitarbeiterkontos, Zeugnisfragen).

Für **Beamte, Richter, Zivildienstleistende** gilt § 24 AGG, für **Soldaten** das SoldGG.

III. Arbeitgeber, Abs 2. Arbeitgeber sind diejenigen, die Personen nach I beschäftigen, bei erlaubter Arbeitnehmerüberlassung Entleiher (II 2) und Verleiher („auch"), ebenso bei unerlaubter Arbeitnehmerüberlassung (Entleiher nach § 10 I AÜG, Verleiher nach § 6 II 2; *BGK* § 6 Rz 23). Bei Heimarbeitern und Gleichgestellten ist „Arbeitgeber" der Auftraggeber oder Zwischenmeister (II 3). Ein faktisches Arbeitsverhältnis reicht aus, da II nur auf die tatsächliche Beschäftigung abstellt.

IV. Selbständige und Organmitglieder, Abs 3. Bei **Selbständigen und Organmitgliedern** gilt der 2. Abschn nur für den Zugang zur Erwerbstätigkeit und beruflichen Aufstieg (§ 2 Rn 4). Anders als Arbeitnehmer sind Selbständige nicht persönlich abhängig, hier gilt die arbeitsrechtliche Abgrenzung (s. § 611 BGB Rn 16 ff); es muss sich aber um eine va auf Grund der Dauer des Einsatzes ähnliche Interessenlage handeln, ein einmaliger Auftrag reicht nicht aus (*Budde* BB 07, 731). Organmitglieder sind nicht Arbeitnehmer, sondern Dienstnehmer (§ 611 BGB Rn 31 ff). Einstellung und beruflicher Aufstieg von Organmitgliedern (nicht aber die Bestellung zum Organmitglied, *BGK* § 6 Rz 27, aA *Lutter* BB 07, 726) muss daher frei von AGG-Benachteiligungen erfolgen, ebenso Beauftragung von Selbständigen, zB freien Mitarbeitern (beruflicher Aufstieg hier kaum denkbar), soweit der Vertrag Rahmen und Grundlage für die Tätigkeit als Selbständiger bietet (Palandt/*Weidenkaff*, § 6 Rz 4; *Giesler/Güntzel*, ZIP 08, 11). In Grenzen des Missbrauchs kann wegen einem Merkmal nach § 1 gekündigt werden (*Bauer/Arnold* ZIP 08, 999), auch besondere Kündigungsrechte bei lang dauernder Erkrankung bleiben zulässig, auch wenn Erkrankung in Behinderung umschlägt (s. § 1 Rn 8). Zulässig sind auch Altersgrenzen, zB 60, unabhängig von Rentenbezugsberechtigung (*Lutter* BB 07, 728; Muster bei BLDH/*Lingemann* M 4.1 § 3, 5.1 § 2). Streitig ist die Geltung für nicht vertretungsberechtigte Organmitglieder, zB Aufsichtsratsmitglieder (für Beschränkung auf gewerbliche Tätigkeit *BGK* § 6 Rz 28; aA *Lutter* BB 07, 730). Halten von Gesellschaftsanteilen allein ist keine Erwerbstätigkeit (*Schroeder/Diller* NZG 06, 730).

7 Trotz europarechtlicher Bedenken gilt das AGG auch für **weisungsabhängige Fremdgeschäftsführer** nicht weitergehend, selbst wenn diese als Arbeitnehmer iSd Richtlinie eingestuft werden (*BGK* § 6 Rz 35; dies DB 05, 597) und das Benachteiligungsverbot entgegen § 2 IV auch für Kündigungen gilt (§ 1 Rn 7). Da gem III der 2. Abschnitt nur „entspr" gilt, dürfte selbst dann über eine entspr Auslegung von § 8 noch Raum für solche Regelungen sein, denn das Organmitglied trägt besondere Verantwortung und vertragsschließende (und Bestellungs-)Organe haben einen weiten Ermessensspielraum (vgl *BGK* § 6 Rz 36).

8 Die **Beweislastregel** des § 22 gilt auch für Organmitglieder (*BGK* § 6 Rz 37; aA *Eßer/Baluch* NZG 07, 325).

§ 7 Benachteiligungsverbot. (1) Beschäftigte dürfen nicht wegen eines in § 1 genannten Grundes benachteiligt werden; dies gilt auch, wenn die Person, die die Benachteiligung begeht, das Vorliegen eines in § 1 genannten Grundes bei der Benachteiligung nur annimmt.
(2) Bestimmungen in Vereinbarungen, die gegen das Benachteiligungsverbot des Absatzes 1 verstoßen, sind unwirksam.
(3) Eine Benachteiligung nach Absatz 1 durch Arbeitgeber oder Beschäftigte ist eine Verletzung vertraglicher Pflichten.

1 **I. Einordnung und Zweck.** Die Vorschrift ist die „Magna Charta", das zentrale Benachteiligungsverbot des AGG. I Hs 2 erfasst auch nur vorgestellte Benachteiligungen. Die Benachteiligung Beschäftigter (§ 6 Rn 2) führt zu Unwirksamkeit entsprechender Bestimmungen (II) und verletzt vertragliche Pflichten (III).

2 **II. Verbot der Benachteiligung, Abs 1.** I nennt den Benachteiligenden nicht. In Betracht kommen neben **Arbeitgeber/Anbieter** auch **Arbeitskollegen** und **Dritte**, wie zB Kunden des Arbeitgebers (BTDrs 16/1780 34, BRDrs 329/06 36). Ansprüche nach AGG bestehen jedoch nur gegen den Arbeitgeber, Ansprüche gegen benachteiligende Arbeitnehmer oder Dritte evtl nach § 823 II BGB iVm Schutzgesetzen (gegen Schutzgesetze im AGG § 823 BGB Rn 238; *Adomeit/Mohr* § 15 Rz 110; *BKG* § 15, Rz 7; *Thüsing*, Rz 562; aA GW Rz 241; *Rust/Falke/Bittner* § 21 Rz 30 *Maier-Reimer* NJW 06, 2582), und ggf § 823 I iVm den Rechten auf körperliche Unversehrtheit, sexuelle Selbstbestimmung und Allg Persönlichkeitsrecht (§ 823 BGB Rn 106). Verpflichtet aus § 7 sind auch Tarifvertragsparteien (§ 17 Rn 2) und Betriebsparteien (Arbeitgeber, Betriebsräte).

3 1. **Benachteiligung** – Der Begriff entspricht § 3 AGG (§ 3 Rn 2 ff).

4 2. **Wegen eines in § 1 genannten Grundes** erfolgt die Benachteiligung, wenn er der wirkliche Grund für die Ungleichbehandlung ist, auch wenn sie anders „verpackt" wird, zB ethnische Herkunft verpackt als Staatsangehörigkeit (BTDrs 16/1780 34). Das Merkmal nach § 1 bzw dessen Annahme muss **ursächlich** sein („wegen"), ausreichend aber im **Motivbündel** (§ 2 Rn 17). Streitig ist, ob das Motiv nach § 1 bestimmend oder erheblich sein muss, oder ob ein Verstoß nur ausscheidet, wenn es **keinerlei Rolle gespielt** hat (BAG NZA 04, 544; zum Streitstand BGK § 7 Rz 14). Das Problem stellt sich erst, wenn ausreichende Indizien iSv § 22 dafür bewiesen sind (§ 22 Rn 3), dass ein Merkmal nach § 1 Bestandteil des Motivbündels war. Da jedes Motiv bestimmend gewesen sein kann, dürfte der Ausschluss des Motivs nach § 1 vom Handelnden zu fordern sein. Lassen sich bei Gremienentscheidungen Motive einzelnen Mitgliedern zuordnen, ist ein diskriminierendes Motiv nur kausal, wenn die maßgebliche Mehrheit zumindest auch aus diesem Motiv entschieden hat (*Krause* AG 07, 396; weitergehend *Eßer/Baluch* NZG 07, 328; iE *BGK* § 7 Rz 16 ff).

5 3. Bei der **Putativbenachteiligung** (II Hs 2) glaubt der Handelnde, wegen eines Merkmals nach § 1 zu benachteiligen, welches jedoch nicht vorliegt (zB hält er einen Bewerber zu Unrecht für behindert und stellt ihn deswegen nicht ein, BAG AnR 10, 87). Indizien können sich aus Fragen oder geäußerten Vermutungen des Benachteiligenden ergeben (BAG aaO).

6 **III. Rechtsfolge. 1.** Mit die größten Probleme bei der Anwendung des AGG bereitet die **Rechtsfolge der Benachteiligung.**

7 a) Grds ist die benachteiligende Vereinbarung, Regelung oder Maßnahme gem § 134 BGB iVm I nichtig; II regelt dies klarstellend für Vereinbarungen. Bei **einseitigen Maßnahmen** wie Widerruf, Leistungsbestimmungen ect ist die Unwirksamkeit auch nicht problematisch.

8 b) Auch **einseitig belastende rechtsgeschäftliche Regelungen**, zB diskriminierende vertragliche Altersgrenzen nur für bestimmte Arbeitnehmer (SSV/*Schleusener* § 7 Rz 43), sind nichtig und entfallen. Bei **Rechtsgeschäften**, insb Kollektivvereinbarungen, die eine Gruppe begünstigen und die andere nur durch Vorenthalten der Begünstigung benachteiligen, ist fraglich, ob **für die Vergangenheit** die Begünstigung der einen Gruppe entfällt, oder benachteiligte Arbeitnehmer dieselbe Leistung wie diese erhalten (**Anpassung „nach oben"**). Überwiegend wird die Anpassung nach oben für den Regelfall bejaht (Erman/*Edenfeld* § 612 BGB, Rz 32; ErfK/*Schlachter* § 7 Rz 5; Palandt/*Weidenkaff* § 7 Rz 7; SSV/*Schleusener* § 7 Rz 51 jew mwN; zT jedoch als **„Meistbegünstigung"** abgelehnt (*Worzalla* AGG, S 94). Sie hätte in vielen Fällen unhaltbare Konsequenzen

(*BGK* § 7 Rz 29; Bauer/*Thüsing*/Schunder NZA 06, 774, 775): sofern zB rein altersgestaffelte Vergütungen (§ 10 Rn 11) mit dem AGG nicht vereinbar wären, hätten alle Arbeitnehmer Anspruch auf die Vergütung des jeweils ältesten Arbeitnehmers (so LAG BB, 11.8.08, 20 Sa 2244/07 nrkr; Rz 12; LAG-Hessen, NZA 09, 799). Dass diese Konsequenz auch vom BAG nicht gewollt ist, zeigen zahlreiche Entscheidungen zur „Anpassung nach oben", die berücksichtigen, dass die **wirtschaftlichen Konsequenzen im konkreten Fall** nicht gravierend waren. Eine Ausdehnung des Sozialplanvolumens ist daher nur hinzunehmen, „solange **nur einzelne Arbeitnehmer benachteiligt** werden und die Mehrbelastung des Arbeitgebers durch die Korrektur im Verhältnis zum Gesamtvolumen des Sozialplans **nicht ins Gewicht fällt**" (BAG NZA 04, 559; 03, 1287, stRspr, BAG E 65, 199), auch außerhalb von Sozialplänen wird immer wieder angesprochen, dass die Anpassung nach oben „nur einen kleinen Personenkreis betraf" (BAG NZA 96, 52) oder zu einer nur „unwesentlichen Erhöhung der Ansprüche" führte (BAG NZA 01, 216). Kennzeichnend war jeweils, dass eine kleinere Gruppe von einer für alle geltenden begünstigenden Regelung ausgenommen wurde (*BGK* § 7 Rz 27).

Die Anpassung nach oben ist insb bei kollektiven Regelungen das Ergebnis **ergänzender Vertragsauslegung**. Sie kommt nur in Betracht, wenn „aufgrund des Regelungsgegenstandes **unter Berücksichtigung der Belastung aus einer Anpassung nach oben** die (Tarif-)Vertragsparteien die Regelung selbst dann – wenn auch mit erweitertem Anwendungsbereich – getroffen hätten, wenn sie die Gleichheitswidrigkeit der von ihnen vorgenommenen Gruppenbildung gekannt hätten" (BAG NZA 97, 103; *Lingemann/Gotham* NZA 07, 667). Ist das nicht der Fall, wird die Ungleichbehandlung durch Nichtigkeit der gleichheitswidrigen Begünstigung beseitigt (BAG NZA 97, 103). Das spricht dafür, bei unzulässiger Bevorteilung einer kleinen Gruppe eine Anpassung nach unten und bei unzulässiger Benachteiligung einer kleinen Gruppe nach oben vorzunehmen (vgl *BGK* § 7 Rz 30; DB/*Deinert* § 15 Rz 20; Kamanabrou ZfA 06, 333). Ferner setzt Anpassung nach oben ein **benachteiligungsfreies Bezugssystem** voraus, welches als Maßstab für die Anpassung der Vergütung herangezogen werden könnte. Bei **altersabhängigen Entgeltsystemen** sprechen daher nicht nur die gravierenden wirtschaftlichen Konsequenzen gegen eine Anpassung nach oben, sondern auch das Fehlen eines solchen Bezugssystems. Das entstandene Regelungsvakuum muss durch Neuregelung mit Staffelung nach zulässigen Kriterien ersetzt werden (anstelle nach Alter zB nach Betriebszugehörigkeit; *Lingemann/Gotham* NZA 07, 667). Der EuGH ist hier durchaus großzügig (NZA 06, 1205 – Cadman). In erster Linie ist es Sache der Tarifvertrags- oder Betriebsparteien, eine entsprechende Neuregelung zu vereinbaren. Eine **ergänzende Vertragsauslegung** durch die Gerichte setzt voraus, dass ausreichende Anhaltspunkte dafür vorliegen, welche Regelung die Vertragsparteien mutmaßlich getroffen hätten, wenn ihnen die Nichtigkeit bewusst gewesen wäre (s.o. BAG NZA 91, 797; *Lingemann/Gotham* NZA 07, 668). Sie können dabei auf dispositives Gesetzesrecht – im Falle eines unwirksamen Entgeltsystems etwa § 612 II BGB – zurückgreifen. Treffen die Tarifvertrags- oder Betriebsparteien **keine Neuregelung**, können die Arbeitsgerichte eine angemessene Frist zur Neuregelung bestimmen, den anhängigen Rechtsstreit bis zur Neuregelung, längstens aber bis zum Fristablauf, aussetzen und nach ungenutztem Fristablauf oder bei Unzumutbarkeit auch schon vorher eine eigene Interimsregelung an die Stelle der alten setzen (Rn 6; *Lingemann/Gotham* NZA 07, 668; zust nur für Altverträge ArbG Berlin BeckRS 07, 49026; aA *Löwisch/Rieble* TVG, § 1 Rz 358; *Rieble/Zedler* ZfA 06, 290). Auch bei einem agg-widrigen Sozialplan ist es Sache der Betriebsparteien, einen neuen Sozialplan zu vereinbaren (SSV/*Schleusener*, § 7 Rz 60), wobei eine Änderung des Volumens ggü dem bestehenden Sozialplan nicht ins Gewicht fallen darf (BAG BAG NZA 04, 559; 03, 1287; *Lingemann/Gotham*, NZA 07, 668).

c) Soweit bestehende Regelungen vor Inkrafttreten des AGG rechtlich zulässig und damit wirksam waren, scheiden **rückwirkende Ansprüche für die Zeit davor** aus (§ 33 Rn 1). Für die Zeit danach ist für bestehende Regelungen **Vertrauensschutz** bis zur gerichtlichen Klärung der Wirksamkeit zu gewähren (vgl EuGH NZA 90, 775 – Barber – NJW 76, 2068; aA *BGK* § 7 Rz 22), zumindest aber eine angemessene **Anpassungsfrist** bis zur Vereinbarung einer neuen Regelung (BAG NJW 85, 168; *Lingemann/Gotham* NZA 07, 668 f; ArbG Berlin BeckRS 07, 49026; ErfK/*Schlachter* § 7 Rz 5; *Wank* FS Wißmann 599, 617; *Schlachter* FS Schaub 651, 668 ff). Das gilt in besonderer Weise für kollektive Vereinbarungen, da sie die Vermutung der Angemessenheit in sich tragen (aA SSV/*Schleusener* § 7 Rz 37).

d) **Für die Zukunft** ist es Sache des Arbeitgebers/der Betriebs-/Tarifvertragsparteien, Benachteiligungen zu beseitigen; die Beseitigung von Gleichheitsverstößen (Rn 10) rechtfertigt aber keine Änderungskündigungen (§ 620 BGB Rn 36, § 611 Rn 51).

2. II regelt Unwirksamkeit nur für Bestimmungen in „Vereinbarungen" (§ 5 Rn 2), ist überflüssig (§ 134 BGB) und setzt Art 14 RL 2000/43/EG, Art 16 RL 2000/78/EG und Art 3 II RL 76/207/EWG um (BTDrs 16/1780, 34). Zu den Rechtsfolgen oben Rn 6ff. Teilunwirksamkeit gem § 139 BGB, sofern der benachteiligungsfreie Rest noch eine gültige in sich geschlossene Regelung enthält.

IV. Vertragspflichtverletzung, Abs 3. Für Benachteiligungen durch Arbeitgeber, Dienst- oder Auftraggeber (§ 6 III), ggf aufgrund Zurechnung nach § 31 BGB oder § 278 BGB, ist III nur deklaratorisch. Zusammen mit § 12 soll § 7 jedoch auch für Benachteiligungen durch Beschäftigte gelten, die über III gleichfalls eine Haftung des Arbeitgebers begründen soll (BTDrs 16/1780 34). Wegen der vertraglichen Natur der Haftung erfolgt Zurechnung nach § 278 BGB und nicht § 831 BGB, sodass kein Entlastungsbeweis nach § 831 I 2 BGB möglich ist. Der Arbeitgeber kann jedoch nach § 12 I, II, IV vorbeugen und nach § 12 III reagieren. Einzelheiten zur **Zurechnung** § 15 Rn 2, **Haftung des Handelnden** § 15 Rn 22, **Regress** ggü dem Handelnden § 15 Rn 24. Vorvertraglich kommt Pflichtverletzung auch nach § 241 II BGB in Betracht. Zu Rechtsfolgen über die Unwirksamkeit (Rn 6 ff) hinaus s. Einl Rn 5.

§ 8 Zulässige unterschiedliche Behandlung wegen beruflicher Anforderungen.

(1) Eine unterschiedliche Behandlung wegen eines in § 1 genannten Grundes ist zulässig, wenn dieser Grund wegen der Art der auszuübenden Tätigkeit oder der Bedingungen ihrer Ausübung eine wesentliche und entscheidende berufliche Anforderung darstellt, sofern der Zweck rechtmäßig und die Anforderung angemessen ist.
(2) Die Vereinbarung einer geringeren Vergütung für gleiche oder gleichwertige Arbeit wegen eines in § 1 genannten Grundes wird nicht dadurch gerechtfertigt, dass wegen eines in § 1 genannten Grundes besondere Schutzvorschriften gelten.

1 **I. Einordnung und Zweck.** Eine unterschiedliche Behandlung kann nach I gerechtfertigt sein, dies ist **zentraler allg Rechtfertigungsgrund.** II regelt Grenzen der Rechtfertigung bei Entgeltbenachteiligung. I setzt Art 4 I RL 2000/43/EG und 2000/78/EG und Art 2 VI RL 76/207/EWG um (BTDrs 16/1780, 35). Hauptgegenstand wird unmittelbare Benachteiligung (§ 3 I) und Anweisung zur Benachteiligung (§ 3 V) sein. Mittelbare Benachteiligung scheidet bei sachlicher Rechtfertigung gem § 3 II Hs 2 schon tatbestandlich aus, Belästigung und sexuelle Belästigung sind kaum rechtfertigungsfähig (§ 3 Rn 31).

2 **II. Wesentliche und entscheidende berufliche Anforderungen, Abs 1.** I, verlangt mehr als bloße Zweckmäßigkeitserwägungen (BTDrs 16/1780 35), allerdings auch keine biologische oder physikalische Unverzichtbarkeit (*Annuß* BB 06, 1629, 1632).

3 1. **Berufliche Anforderung** bezeichnet eine Voraussetzung für die Ausübung der konkreten Tätigkeit.

4 2. **Art der auszuübenden Tätigkeit** bestimmt die Tätigkeit insgesamt, also zB Einsatz eines stark Gehbehinderten als individuellen Personenschützer. Dagegen sind **Bedingungen ihrer Ausübung** nur Teile oder Umstände der Tätigkeit, also zB das Erfordernis, einen transsexuellen Mann nicht als Arzthelfer in einer (muslimischen) Arztpraxis einzustellen, in der nur Frauen behandelt werden (BAG NZA 91, 723). Bedingungen betreffen insb auch den betrieblichen Rahmen; lehnt der Arbeitnehmer zB aufgrund seiner Religionszugehörigkeit weibliche Vorgesetze ab, so rechtfertigt dies seine Nichteinstellung (NB/P § 8 Rz 11).

5 3. **„Wesentlich und entscheidend"** ist die berufliche Anforderung, wenn die Tätigkeit ohne dieses Merkmal bzw ohne Fehlen dieses Merkmals entweder gar nicht oder nicht ordnungsgemäß durchgeführt werden kann, wobei auf die konkret auszuübende Tätigkeit abzustellen ist (BAG NZA 09, 1016). Ein unternehmerisches Konzept (im ersten Beispiel Personenschutz durch Bodyguards, im zweiten Betreiben einer rein muslimischen Arztpraxis) ist nur auf offenbare Unsachlichkeit, Unvernunft oder Willkür zu prüfen (zum Kündigungsrecht § 620 BGB Rn 76). Es ist damit auch für I verbindlich, sofern der Arbeitgeber es konsequent umsetzt (vgl BAG NZA 90, 24; *BGK* § 8 Rz 16). Kundenvorlieben („**customer preferences**") sind nur dann entscheidend, wenn andernfalls nachweislich erhebliche wirtschaftliche Schäden drohen (BAG NZA 03, 483 – Kopftuchtragen in Parfümerieabteilung; BAG NZA 02, 1155 – Flugbegleiter über 55 Jahren). Stets gilt ein **objektiver Maßstab**.

6 4. Der Zweck der Differenzierung muss **rechtmäßig** sein, ein rechtswidriger Unternehmenszweck allein schadet nicht. Auch iR illegaler Arbeitnehmerüberlassung zum Personenschutz wäre die Nichteinstellung stark gehbehinderter Mitarbeiter daher gerechtfertigt.

7 5. Die Anforderung muss **angemessen** sein, darf also nicht außer Verhältnis zum angestrebten Zweck stehen (vgl § 3 Rn 17, § 5 Rn 6); müssen daher auf nur drei von fünf Stellen Personenschützer mit der zu schützenden Person mitlaufen, dürfen auch nur für diese drei Stellen stark gehbehinderte Bewerber ausgeschlossen werden.

8 6. **Einzelfälle**, geordnet alphabetisch nach den Merkmalen gem § 1.

9 a) **Alter** – Sonderregelung in § 10 (§ 10 Rn 3 ff), **gerechtfertigt** schon nach § 8: klassische Theaterrollen (jugendlicher Liebhaber oder Greis), **Höchstalter** bei sicherheitsrelevanten Aufgaben, denen altersbedingt geminderte Leistungs- bzw Reaktionsfähigkeiten entgegensteht (Kampfjetpilot, Kampftaucher, Polizist/in, Sondereinsatzkommando, Feuerwehrleute (EuGH DB 10, 171 – Wolf), Verkehrspiloten, Fluglotsen), **Mindestalter** bei bestimmten Beratungstätigkeiten, die erhöhte Lebenserfahrung voraussetzen (Eheberatung, Beratung in menschlichen Krisen, s. § 10 Rn 11), geringere Arbeitszeiten für ältere Arbeitnehmer aufgrund altersbedingt erhöhten Schutzbedürfnisses (*Löwisch* DB 06, 1731; näher § 10 Rn 7 aE).

10 b) **Behinderung – gerechtfertigt**: sicherheitsrelevante Tätigkeit (Rn 9), zwingender Arbeitsablauf (*Düwell* DB 06, 1741; *Joussen* NZA 07, 174). Solange behinderungsgerechte Umgestaltung des Arbeitsplatzes (§ 81 IV 3 SGB IX) möglich, ist Ausschluss Behinderter nicht „angemessen" (I). **Keine Rechtfertigung** ist Interesse des Arbeitgebers an geringen Krankheitszeiten (BAG NZA 07, 1098).

c) **Geschlecht – gerechtfertigt:** Tätigkeit als Amme (*BGK* § 8 Rz 27, 42), weibliche Aufsicht über weibliche Strafgefangene (BTDrs 8/3317 S 9; EUGH v 30.6.88, Slg 88, 3559), sozialtherapeutische Betreuung im Frauenhaus durch Frauen, Erzieherin für Nachtdienste in einem Mädchenpensionat (BAG NZA 09, 1016), Frauenreferentin in politischer Partei (LAG Berlin NZA 98, 312), Dressman/Mannequin, weibliche Pflegekraft in gynäkologischer Belegklinik mit auch mohammedanischen Patientinnen (BAG NJW 91, 2723; ArbG Hamburg v 10.4.01, 20 Ca 188/00, PflR 01, 322); Tänzer/Tänzerin; Tenor/Sopranistin; Verkäuferin von Damenbadebekleidung (LAG Köln NZA-RR 97, 84). 11

nicht gerechtfertigt: Ausschluss von Männern als Gleichstellungsbeauftragten (BAG NZA 99, 371), Ausschluss von Frauen lediglich wegen schwerer körperlicher Arbeit (LAG Köln NZA 01, 787), Ausschluss weiblicher Verkäuferinnen beim Vertrieb von Landmaschinen (ArbG Hamburg DB 85, 1402), auch in den nahen Osten trotz etwaiger Customer Preference (*Röder/Krieger* FA 06, 199, 201; aA *Richardi* NZA 06, 883), Einsatz nur weiblicher Pfleger auf Krankenstation mit Patientinnen (ArbG Bonn 5 Ca 2781/00, PflR 01, 318), Einsatz nur von Männern zur Resozialisierung männlicher Strafgefangener (ArbG Hamm DB 84, 2700). 12

d) **Rasse/Ethnische Herkunft** – Rechtfertigungen nach § 8 sind hier kaum vorstellbar, für mittelbare Benachteiligungen (zB Anforderung „Muttersprachler") würde § 3 II greifen (vgl § 3 Rn 13 ff). 13

e) **Religion/Weltanschauung** – Sonderregelung zum Religionsprivileg ist § 9 (s. § 9 Rn 1 ff). weitere Rechtfertigung ggü **unmittelbarer** Benachteiligung sind kaum möglich; **mittelbar** bei Bedingungen der Ausübung der Tätigkeit: zB fehlenden Gebetspausen, bestimmten Kleidungsvorschriften, fehlenden Feiertagen nach bestimmten Religionen. Hier gilt: **Sonderrechte** bestehen nicht, die Anforderung wäre jedoch nicht „angemessen", wenn es vergleichbare Institutionen im Unternehmen gibt wie Pausen, Gleittage, oder Anspruch auf (ggf unbezahlten) Sonderurlaub. Nachteile, die den betrieblichen Ablauf nicht stören, sind hinzunehmen (LAG Hamm NZA 02, 1090), aber nicht Verstöße gegen gesetzliche Regelungen (zB Arbeitsschutznormen), zu Customer Preference Rn 5; § 3 Rn 28. 14

f) **Sexuelle Identität – Gerechtfertigt:** Keine Familienzuschläge (Ortszuschläge) bei der Hinterbliebenenversorgung eingetragener Lebenspartner (BVerfG-Ka NJW 08, 2325).

Nicht gerechtfertigt: Keine Hinterbliebenenrente für eingetragene Lebenspartner in vergleichbarer Situation wie Eheleute (§ 2 Rn 14).

III. Entgeltgleichheit und besondere Schutzvorschriften, Abs 2. 1. II erstreckt Entgeltgleichheit (früher § 612 III BGB) auf alle Merkmale gem § 1 und soll iVm § 2 I Nr 2 einen Anspruch auf gleiches Entgelt für gleiche oder gleichwertige Arbeit begründen (BTDrs 16/1780 35). 15

2. Gleiche Arbeit gem II liegt vor, wenn Arbeitnehmer „an verschiedenen oder nacheinander an denselben technischen Arbeitsplätzen überwiegend identische oder gleichartige Tätigkeiten ausüben" (BAG NZA 96, 579). Bei unterschiedlicher Qualifikation oder unterschiedlicher Berufsberechtigung als Voraussetzung äußerlich gleicher Tätigkeiten ist Arbeit nicht „gleich" (EuGH EAS Art 119 EG – Vertrag Nr 49). **Gleichwertige Arbeit** liegt vor, wenn Arbeiten gleichen Arbeitswert haben (BAG NJW 97, 2000), gleiche/ungleiche tarifliche Eingruppierung begründet eine Vermutung für Gleichwertigkeit/fehlende Gleichwertigkeit, ein kollektivrechtlich ausgehandeltes Vergütungssystem indiziert, dass darin geregelte Vergütungsdifferenzierungen objektiv gerechtfertigt sind (EuGH BB 95, 1484). Schon Ungleichbehandlung ggü nur einem Vergleichsarbeitnehmer verstößt gegen III (BAG NJW 93, 3091). 16

3. II gilt nur für Vergütung (nicht für andere Arbeitsbedingungen) dh alle mittelbaren und unmittelbaren Gegenleistungen, die der Arbeitgeber für die Arbeitsleistung gewährt (BAG NZA 06, 411; EuGH NJW 81, 2367): laufende Vergütung, Einmalzahlungen, Gratifikationen, Prämien, Sachbezüge (zB Dienstwagen), Sonderzahlungen (zB zu Jubiläen oder nach Zielvereinbarungen), Zulagen, trotz § 2 II 2 AGG auch betriebliche Altersversorgung (BAG NZA 09, 489; § 2 Rn 14) daher nicht gerechtfertigt Hauptenährerklausel in der BetrAV (BAG NZA 08, 532). 17

4. Besondere Schutzvorschriften sind **kein Rechtfertigungsgrund** (früher § 612 III 2 BGB; zB §§ 8–18, 19, 22–31 JArbSchG, §§ 3, 4, 6, 8, 9, 11 MuSchG, §§ 80, 81 I, II, IV 4 Nr 4 und 5 SGB IX, § 85 SGB IX). Nicht geleistete Arbeit ist jedoch nicht zu vergüten, auch wenn die Nichtleistung auf Schutzvorschriften (zB § 8 MuSchG) beruht. Daher kein Anspruch auf Nachtzuschlag, wenn der Arbeitnehmer aufgrund von Schutzvorschriften wegen eines Merkmals nach § 1 nachts nicht arbeiten darf (*Richardi* NZA 06, 887), oder auf bezahlte Freizeit, wenn der Arbeitnehmer in Teilzeit am freien Tag ohnehin nicht arbeitet (*Richardi* aaO; BAG NZA 94, 413). Kürzung ergebnisbezogener Vergütung auf Grund von Mutterschutz ist unzulässig (BAG NJW 07, 1081; vgl. auch EuGH ArbR 09, 159 Anm *Lingemann*). 18

§ 9 Zulässige unterschiedliche Behandlung wegen der Religion oder Weltanschauung

. **(1) Ungeachtet des § 8 ist eine unterschiedliche Behandlung wegen der Religion oder Weltanschauung bei der Beschäftigung durch Religionsgemeinschaften, die ihnen zugeordneten Einrichtungen ohne Rücksicht auf ihre Rechtsform oder durch Vereinigungen, die sich die gemeinschaftliche Pflege einer Religion oder Weltanschauung zur Aufgabe machen, auch zulässig, wenn eine bestimmte Religion oder Weltanschauung unter Beachtung** des Selbstverständnisses der jeweiligen Religionsgemeinschaft oder Vereinigung im Hinblick auf ihr Selbstbestimmungsrecht oder nach der Art der Tätigkeit eine gerechtfertigte berufliche Anforderung darstellt.

(2) Das Verbot unterschiedlicher Behandlung wegen der Religion oder der Weltanschauung berührt nicht das Recht der in Absatz 1 genannten Religionsgemeinschaften, der ihnen zugeordneten Einrichtungen ohne Rücksicht auf ihre Rechtsform oder der Vereinigungen, die sich die gemeinschaftliche Pflege einer Religion oder Weltanschauung zur Aufgabe machen, von ihren Beschäftigten ein loyales und aufrichtiges Verhalten im Sinne ihres jeweiligen Selbstverständnisses verlangen zu können.

1 **I. Einordnung und Zweck.** § 9 setzt als spezieller Rechtfertigungsgrund (**„Kirchenklausel"**) zu § 8 die Öffnungsklausel in Art 4 II RL 2000/78/EWG um. Danach können Mitgliedstaaten bereits geltende Rechtsvorschriften und Gepflogenheiten beibehalten, nach denen eine Ungleichbehandlung wegen Religion oder Weltanschauung keine Benachteiligung darstellt, wenn Religion oder Weltanschauung einer Person nach Art der Tätigkeit oder Umständen ihrer Ausübung angesichts des Ethos der Organisation wesentliche und gerechtfertigte berufliche Anforderung ist. Besonderer Schutz der Kirchen und Weltanschauungsorganisationen folgt ferner aus Art 140 GG iVm Art 136 ff WRV. Auch Anforderung loyalen und aufrichtigen Verhaltens iSd jeweiligen Selbstverständnisses der Religion/Weltanschauungsgemeinschaft ist gerechtfertigt, II.

2 **II. Unterschiedliche Behandlung, Abs 1. 1. Religionsgemeinschaften** sind Vereinigungen mit organisierter Struktur, deren Mitglieder/Anhänger auf der Grundlage einer gemeinsamen religiösen Überzeugung ihre Übereinstimmung über Sinn und Bewältigung des menschlichen Lebens bezeugen (vgl BAG NJW 96, 143), unproblematisch somit Baptisten, Mitglieder der jüdischen Religionsgemeinschaft, Katholiken und Alt-Katholiken, Mormonen, Muslime, neuapostolische Kirche, Organisationen des buddhistischen, griechisch-orthodox, russisch-orthodox oder hinduistischen Glaubens, Protestanten, Sieben-Tages-Adventisten sowie Zeugen Jehovas. Streitig Scientology (§ 1 Rn 6). **Der „verfassten Kirche" zugeordnete Einrichtungen** nehmen bestimmungsgemäß einen Teil des Auftrags der Religionsgemeinschaften wahr (vgl BAG NJW 88, 3283), zB Caritas, Diakonie, Kindergärten, Schulen, Krankenhäuser (BVerfGE 46, 73), kirchliche Bildungseinrichtungen (BVerfG AP Nr 5 zu Art 140 GG), kirchliche Orden (BVerfGE 70, 138–173; BTDrs 16/1780 35). Zu (seltenen) Weltanschauungsgemeinschaften vgl Art 137 VII WRV. Nicht geschützt sind Organisationen, die andere zB politische Ziele unter Zugrundelegung auch religiöser Grundsätze verfolgen (zB christlich ausgerichtete Parteien, Verbände oder Gewerkschaften; NB/P § 9 Rz 5).

3 **2.** Die Ungleichbehandlung ist zulässig, wenn sie eine **„gerechtfertigte" berufliche Anforderung** darstellt; I ist weiter als § 8, der „entscheidende" berufliche Anforderungen verlangt. Maßstab ist die Art der Tätigkeit (§ 8 Rn 4) und das Selbstverständnis der Gemeinschaft (enger RL 2000/78 EG, daher richtlinienkonform enge Auslegung geboten). Die Rechtfertigung ergibt sich aus der Abwägung zwischen geschütztem Bereich und Ungleichbehandlung: je näher der geschützte Bereich dem Verkündungsbereich und damit Kernbereich verfassungsrechtlich geschützter Religions-/Weltanschauungsfreiheit kommt, desto eher ist eine Ungleichbehandlung gerechtfertigt; daher bei Priestern selbst in hohem Maße, bei verkündungsfernen Mitarbeitern, wie Hausmeistern, Pförtnern, Gärtnern, im christlichen Glauben auch Koch, weniger (zur Integrationsberaterin LAG HH AuR 09, 97). Jedoch können auch an Letztere Anforderungen gem II gestellt werden (Rn 4).

4 **III. Loyalitätspflichten, Abs 2.** Unverändert können Organisationen gem I erhöhte Loyalitätspflichten fordern, auch im verkündungsfernen Bereich (vgl BVerfGE 70, 138; *Joussen* NZA 08, 675). Maßgeblich sind „die von der verfassten Kirche anerkannten Maßstäbe" (BVerfG NZA 86, 28; *Richardi* NZA 06, 885). Verhaltenskodex für die katholische Kirche ist die seit 1.1.94 geltende „Grundordnung des kirchlichen Dienstes im Rahmen kirchlicher Arbeitsverhältnisse" (GrO – NJW 94, 1394; Einzelheiten bei PersB/*Kania*, Nr 243 Rz 6 ff), für die evangelische Kirche die „Richtlinie über die Anforderungen der privatrechtlichen beruflichen Mitarbeiter in der Evangelischen Kirche in Deutschland und ihres diakonischen Werkes" (*Thüsing* Kirchliches Arbeitsrecht 100 ff; *Richardi* NZA 06, 881, 885 mwN). **Verstoß gegen Loyalitätspflichten** ist zB: Austritt eines Arztes aus der katholischen Kirche in einem katholischen Krankenhaus (BAG NZA 86, Beil 1, 32; offen gelassen BAG NZA 84, 287 – Buchhalter in katholischem Jugendheim), einer Sozialpädagogin in einer Einrichtung der evangelischen Kirche (LAG RP NZA 98, 149), Heirat katholischer Lehrerin im Kirchendienst mit geschiedenem Mann (BAG AP 35 zu Art 140 GG), Heirat geschiedener Schulbusfahrerin (LAG NdS NJW 90, 535), öffentliche Stellungnahme eines Arztes in katholischem Krankenhaus für legalen Schwangerschaftsabbruch (BVerfG NJW 86, 367; BAG DB 83, 277), Werbung für alternative Glaubensgemeinschaft in evangelischem Kindergarten (BAG NZA 01, 1136); **kein Verstoß:** Durchführung homologer Insemination in katholischem Krankenhaus (BAG NZA 94, 443) oder Homosexualität in der katholischen Kirche (sehr str vgl LAG BW NZA 94, 416; aA BAG AP Nr 15 zu Art 140 GG).

5 **IV. Benachteiligung aus anderen Gründen.** I u II rechtfertigt **nur** Ungleichbehandlung wegen **Religion/Weltanschauung**, für andere Gründe gelten §§ 5, 8, 10, 20 (vgl BTDrs 16/1780, 36); nach § 8 ist daher gerechtfertigt die Zulassung nur von Männern zum Priesteramt in der katholischen Kirche, nicht aber der Ausschluss wegen Behinderung oder ethnischer Herkunft.

§ 10 Zulässige unterschiedliche Behandlung wegen des Alters.

¹Ungeachtet des § 8 ist eine unterschiedliche Behandlung wegen des Alters auch zulässig, wenn sie objektiv und angemessen und durch ein legitimes Ziel gerechtfertigt ist. ²Die Mittel zur Erreichung dieses Ziels müssen angemessen und erforderlich sein. ³Derartige unterschiedliche Behandlungen können insbesondere Folgendes einschließen:

1. die Festlegung besonderer Bedingungen für den Zugang zur Beschäftigung und zur beruflichen Bildung sowie besonderer Beschäftigungs- und Arbeitsbedingungen, einschließlich der Bedingungen für Entlohnung und Beendigung des Beschäftigungsverhältnisses, um die berufliche Eingliederung von Jugendlichen, älteren Beschäftigten und Personen mit Fürsorgepflichten zu fördern oder ihren Schutz sicherzustellen,
2. die Festlegung von Mindestanforderungen an das Alter, die Berufserfahrung oder das Dienstalter für den Zugang zur Beschäftigung oder für bestimmte mit der Beschäftigung verbundene Vorteile,
3. die Festsetzung eines Höchstalters für die Einstellung auf Grund der spezifischen Ausbildungsanforderungen eines bestimmten Arbeitsplatzes oder auf Grund der Notwendigkeit einer angemessenen Beschäftigungszeit vor dem Eintritt in den Ruhestand,
4. die Festsetzung von Altersgrenzen bei den betrieblichen Systemen der sozialen Sicherheit als Voraussetzung für die Mitgliedschaft oder den Bezug von Altersrente oder von Leistungen bei Invalidität einschließlich der Festsetzung unterschiedlicher Altersgrenzen im Rahmen dieser Systeme für bestimmte Beschäftigte oder Gruppen von Beschäftigten und die Verwendung von Alterskriterien im Rahmen dieser Systeme für versicherungsmathematische Berechnungen,
5. eine Vereinbarung, die die Beendigung des Beschäftigungsverhältnisses ohne Kündigung zu einem Zeitpunkt vorsieht, zu dem der oder die Beschäftigte eine Rente wegen Alters beantragen kann; § 41 des Sechsten Buches Sozialgesetzbuch bleibt unberührt,
6. Differenzierungen von Leistungen in Sozialplänen im Sinne des Betriebsverfassungsgesetzes, wenn die Parteien eine nach Alter oder Betriebszugehörigkeit gestaffelte Abfindungsregelung geschaffen haben, in der die wesentlich vom Alter abhängenden Chancen auf dem Arbeitsmarkt durch eine verhältnismäßig starke Betonung des Lebensalters erkennbar berücksichtigt worden sind, oder Beschäftigte von den Leistungen des Sozialplans ausgeschlossen haben, die wirtschaftlich abgesichert sind, weil sie, gegebenenfalls nach Bezug von Arbeitslosengeld, rentenberechtigt sind.

I. Einordnung und Zweck. § 10 enthält **besondere Rechtfertigungsgründe zu unterschiedlichen Behandlungen wegen Alters**. 1 und 2 entsprechen fast wörtlich Art 6 I RL 2000/78/EG. 3 enthält Regelbeispiele („insb"; Rn 8), in Nr 1–4 fast wörtlich gem Art 6 I lit a-c und II Richtlinie 2000/78/EG und in Nr 5 und 6 zur Rechtfertigung bisher allg anerkannter Altersdifferenzierungen zur Konkretisierung von 1 und 2 zum Zwecke der „Rechtssicherheit" (BTDrs 16/1780 36). Spezielle Rechtfertigungen für Berücksichtigung des Lebensalters bei Sozialauswahl und Unkündbarkeitsregelungen (bis dahin in Nr 6 und 7) wurden gestrichen, da gem § 2 IV das AGG für Kündigungen nicht gelte (18.10.06, BTDrs 16/3007 20; § 2 Rn 16 ff). Unsicherheiten bestehen aufgrund EuGH NZA 05, 1345 (*Mangold/Helm* vgl Rz 7, § 1 Rz 9), wonach möglicherweise richtlinienwidrige Normen unanwendbar und Zulässigkeit jedenfalls von Altersgrenzen von enger Prüfung Mittel/Zweck-Relation abhängig (Einl Rn 7 mwN). 3 ist nicht abschließend („insbesondere"). Neben § 10 gilt auch § 8, die Anforderungen von § 10 sind jedoch niedriger. Benachteiligungen wegen Alters finden sich in kollektiven (iE *Lingemann/Gotham* NZA 07, 663 ff) und arbeitsvertraglichen Regelungen (iE *Lingemann/Müller* BB 07, 2006 ff; BLDH/*Lingemann* Kap 13 Rz 53). 1

II. Alter. Geschützt ist **„altes" und „junges" Alter** (vgl BTDrs 16/1780 36). Zur „unterschiedlichen Behandlung wegen des Alters" s. § 1 Rn 9, § 7 Rn 4. § 10 gilt für **unmittelbare Benachteiligungen**; mittelbare Benachteiligungen (zB Anknüpfen an Betriebszugehörigkeit) scheiden tatbestandlich schon bei sachlichem Grund aus (§ 3 II; § 3 Rn 13 ff); Rechtfertigung nach § 10 ist immer auch sachlicher Grund gem § 3 II. 2

III. Einleitungssatz. 1 und 2 regeln allg Rechtfertigungsmöglichkeiten über § 8 AGG hinaus. Die Anwendung bereitet erhebliche Probleme: 3

1. Die Ungleichbehandlung muss **„objektiv** gerechtfertigt" sein, entscheidend ist ein objektiver Maßstab, nicht die subjektive Gewichtung des Betroffenen oder Handelnden. 4

2. Sie muss **„angemessen** gerechtfertigt" sein, dh die Mittel-Zweck-Relation ieS (dazu § 8 Rn 7), ist zu wahren (Rn 7). 5

3. Sie muss durch ein **„legitimes Ziel"** gerechtfertigt sein (EuGH NZA 09, 891 – *Hütter*). Zu berücksichtigen sind fachlich-berufliche Zusammenhänge aus Sicht des Arbeitgebers oder der Tarifvertragsparteien (BRDrs 329/06, 538). Art 6 I 1 RL und die Gesetzesbegründung (BTDrs 16/1780 36) beziehen ausdrücklich auch **Ziele von allg Interesse** ein, die also über Unternehmen oder Branche hinausgehen, zB Beschäftigungspolitik, Arbeitsmarkt, berufliche Bildung. **Auch Ziele des Unternehmens** oder der Branche **allein** können legitim sein (BAG NZA 09, 945). Namentlich (aber nicht nur, aA HK/*Brors* § 10 Rz 20 f) **gesetzlich anerkannte Ziele** 6

sind legitim, so die in Nr 1–6 genannten, aber auch Sicherung ausgewogener Personalstruktur oder Erhalt von Leistungsträgern iRd Sozialauswahl, § 1 III 2 KSchG (Rn 24).

7 **4.** Die Mittel müssen gem 2 **zur Erreichung des Ziels angemessen und erforderlich** und damit verhältnismäßig (BAG NZA 09, 945) sein; die Mittel/Zweck-Relation ieS wird betont ohne zusätzlichen Regelungsgehalt ggü 1. Die **Honorierung von Betriebstreue** bei Kündigungsschutz (zB iRd Sozialauswahl, vertraglicher Unkündbarkeit) ist schon nach § 3 II keine auch nur mittelbare Benachteiligung, ebenso wenig bei Arbeitsentgelten (EuGH DB 06, 2350), Zusatzleistungen oder Entlassungsentschädigungen, denn sie ist rechtmäßiges Ziel (§ 3 Rn 15 ff); Kündigungsschutz iRd Sozialauswahl oder ordentliche Unkündbarkeit sowie erhöhte Entschädigung sind angemessene und erforderliche Mittel gem § 3 II AGG. Nicht angemessen sind **rein altersabhängige Entgeltstaffelungen** (LAG-BB, NZA-RR 09, 378, Revision 6 AZR 148/09; LAG Hessen NZA 09, 799; *Lingemann/Gotham* NZA 07, 666; *Löwisch* DB 06, 1730; Rz 11) oder **rein altersabhängige** Sonderzuwendungen, Entgeltsicherungsklauseln, Beförderungen, Abfindungs- oder Unkündbarkeitsregelungen (*Lingemann/Müller* BB 07, 2007; Rz 10). Altersabhängige Arbeitszeitverkürzungen und Sonderurlaubstage sind zulässig, soweit sie einem erhöhten Erholungsbedürfnis älterer Arbeitnehmer Rechnung tragen (§ 8 Rn 9; *Lingemann/Gotham* NZA 07, 666; *Lingemann/Müller* BB 07, 2008).

8 **IV. Regelbeispiele Nr 1–6.** Die Nrn 1–6 regeln nicht abschließend ("insbesondere"), was zulässig ist (EuGH NZA 09, 305; BAG NZA 09, 945), nach Maßgabe von 1 und 2 kommen weitere Rechtfertigungen in Betracht (Rn 6, 7). Die Rechtfertigung der Regelbeispiele ist auch an 1 und 2 zu messen (3 „können"), die Regelbeispiele indizieren jedoch die Verhältnismäßigkeit (*BGK* § 10 Rz 25).

9 **1. Nr 1** entspricht nahezu wörtlich Art 6 (1) a RL 2000/78/EG, erlaubt weitergehend jedoch auch besondere Bedingungen für die **Beendigung** des Beschäftigungsverhältnisses (Rn 21 ff) zu den in Nr 1 genannten Zwecken. Zum Schutz von Jugendlichen und älteren Beschäftigten sollen besondere Bedingungen für den **Zugang** zur Beschäftigung und zur beruflichen Bildung, ferner **Beschäftigungs- und Arbeitsbedingungen** (§ 2 Rn 8) einschließlich Entlohnungen zulässig sein, zB Lohnabschläge zur leichteren Vermittlung von Berufseinsteigern oder Langzeitarbeitslosen, zusätzliche Urlaubstage, verringerte Arbeitszeitdauer für ältere Arbeitnehmer (Rn 7; § 8 Rn 9; krit zum Mindestalter EuGH NZA 09, 891 – *Hütter*). Auch Regelungen zur **Beendigung** (namentlich § 10 KSchG), **Unkündbarkeit von Auszubildenden** (§ 22 II 1 BBiG) oder **Altersteilzeitregelungen** sind daher zulässig (BGK, § 10 Rz 26). Die **Mindestaltersgrenze** von 25 Jahren zur Verlängerung der ordentlichen Kündigungsfristen gem **§ 622 II 2 BGB** ist europarechtswidrig, EuGH NZA 10, 85 – Kücükdeveci, Anm *Lingemann*, ArbR 10, 64; *Lingemann/Müller* BB 07, 2008; *Schleusener* NZA 07, 358 ff). Die Verlängerung von Kündigungsfristen mit Dauer der Betriebszugehörigkeit hingegen ist zulässig (*BGK* aaO).

10 **2. Nr 2** entspricht wörtlich Art 6 (1) b RL 2000/78/EG und erlaubt **Mindestanforderungen hinsichtlich Alter, Berufserfahrung oder Dienstalter** für den Zugang zur Beschäftigung und mit der Beschäftigung verbundenen Vorteilen. Bei Nr 2 kommt zusätzlich der Prüfung der Angemessenheit (I) besondere Bedeutung zu (Rn 8). Für **Vergütung** hat der **EuGH das Dienstalter als entgeltbestimmenden Faktor zur Honorierung von Berufserfahrung anerkannt**, ohne dass der Arbeitgeber die Anwendung des Kriteriums besonders rechtfertigen müsste (EuGH DB 06, 2350 – Cadman), ein konkreter Bezug zu spezifischen Aufgaben des Arbeitnehmers ist nicht mehr erforderlich (anders noch EuGHE 89, 3199 – Danfoss). Der Arbeitnehmer kann jedoch Anhaltspunkte liefern, nach denen das Abstellen auf das Dienstalter zur Erreichung des genannten Ziels ungeeignet ist; erst dann muss der Arbeitgeber den Gegenbeweis für den konkreten Arbeitsplatz führen (EuGH DB 06, 2350 f – Cadman).

11 Wird jedoch anstelle des Dienstalters **ausschließlich auf das Lebensalter** abgestellt, ist regelmäßig zusätzlich einen sachliche Rechtfertigung erforderlich und bei vielen Regelungen, namentlich höherer Vergütung, problematisch (*Lingemann/Gotham* NZA 07, 666; Rz 7 aE). Bloßer **Zuwachs an Lebenserfahrung** wird überwiegend nicht als ausreichendes Kriterium für erhöhte Vergütung angesehen; richtigerweise ist jedoch danach zu **differenzieren**, ob für die konkrete Art der Tätigkeit speziell ein Zuwachs an Lebenserfahrung vorteilhaft ist, und daher eine erhöhte Vergütung rechtfertigt (zB Psychologen, Psychiater, je nach Berufsfeld auch Richter, Ärzte, Führungskräfte) oder nicht (zB rein technisch ausgerichtete Tätigkeiten; iE *Lingemann/Müller* BB 07, 2007). Auch für die Einstellung kann je nach vorgesehener Beschäftigung ein **Mindestalter** gerechtfertigt sein, wenn erhöhte Lebenserfahrung oder altersabhängige Autorität erforderlich ist (zB Eheberatung, evtl auch Personaldirektion für eine Vielzahl Beschäftigter, vgl § 8 Rn 9). Zulässig sind wohl gesetzliche beamtenrechtliche Regelungen zu Rente und Ruhestand (VGH-Kassel vom 29.9.09, 1 B 2487/09, str) und Altersgrenzen für die Lebenszeitverbeamtung (BVerfG NVwZ 09, 840). Kann angestrebtes Ziel auch durch Berufserfahrung erreicht werden, sollte nicht auf Lebensalter abgestellt werden (vgl BTDrs 16/1780, 36).

12 **3. Nr 3** entspricht wörtlich Art 6 (1) c RL 2000/78/EG. Ein **Höchsteinstellungsalter** aufgrund spezifischer *Ausbildungsanforderungen* ist selten (zB Juniorvertriebsmanager), häufiger ist es aufgrund der Notwendigkeit **angemessener Beschäftigungszeit vor** Eintritt in den **Ruhestand**; bei absehbarem Rentenalter soll ggf aufwändiger Einarbeitung noch betriebswirtschaftlich sinnvolle Mindestdauer produktiver Arbeitsleistung gegenüberstehen (BTDrs 16/1780 36). ZT wird in Anlehnung an Rechtsprechung zur Rückzahlung von Fort-

bildungskosten ein Verhältnis von 1:3 vorgeschlagen (*BGK* § 10 Rz 34), auch die Notwendigkeit langjähriger Kunden- oder Mandantenbindung zur wirtschaftlich sinnvollen Betreuung reicht jedoch nicht aus.

4. Nr 4 setzt die **Öffnungsklausel** in Art 6 (2) RL 2000/78/EG ohne inhaltliche Abweichung nahezu wörtlich 13 um. **Betriebliche Systeme der sozialen Sicherheit**, typischerweise **betriebliche Altersversorgung**, sind zulässig, auch soweit für Mitgliedschaft oder Bezug der Alters- oder Invaliditätsleistung **Altersgrenzen** festgesetzt werden (vgl BAG NZA 08, 532 m Anm *Lingemann* FD-ArbR 07, 248557; § 2 Rn 14). Auch eine Differenzierung nach Geschlechtern muss zusätzlich nach 1 und 2 gerechtfertigt werden (Rn 8; BTDrs 16/1780 36), Differenzierung zwischen Arbeitern und Angestellten wäre unzulässig (§ 620 BGB Rn 50). Nr 4 rechtfertigt auch das **Mindestalter** für die **Unverfallbarkeit** betrieblicher Altersversorgung von 30 Jahren in § 1b I 1 BetrAVG, Mindestbestandsdauer von 5 Jahren ist unproblematisch (weitere Anwendungsfälle § 2 Rn 14).

5. Nr 5 und 6 (keine Entsprechung in RL 2000/78/EG) stellen klar, dass Alter auch bei Vereinbarung von 14 Altersgrenzen (Nr 5) und iRv Sozialplänen (Nr 6) berücksichtigungsfähig ist (vgl BTDrs 16/1780 36):
Nr 5 gestattet weiterhin die **Befristung oder auflösende Bedingung des Arbeitsverhältnisses** auf den Zeit- 15 punkt des **Bezugs von Altersrente**, die auch gemessen an dem Grundrecht der Berufsfreiheit (Art 12 GG) zulässig ist (BAG GS NZA 90, 816; BAG NZA 06, 37). Legitime Ziele nach 1 sind namentlich Beschäftigungspolitik und betriebliches Interesse an Einstellung neuer Arbeitnehmer zur Gewinnung auch neuen Knowhows. Der EuGH hält die Altersgrenze für wirksam, wenn der Arbeitnehmer mit Erreichen gesetzlicher Altersrente erwerben kann oder erworben hat, und die Regelung einem aus dem allgemeinen Kontext einer nationalen Regelung abgeleiteten Ziel dient, über eine bessere Beschäftigungsverteilung zwischen den Generationen den Beschäftigungszugang zu fördern; die Mitgliedsstaaten haben weiten Ermessensspielraum (EuGH NJW 07, 3339 – Palacios; BAG BB 08, 2654). Für die einzelvertragliche Vereinbarung früheren Ausscheidens gilt § 41 SGB VI; wird sie danach innerhalb der 3 Jahre bis zum vereinbarten Ausscheiden vom Arbeitnehmer bestätigt, entfällt Altersdiskriminierung, da zwischen Bestätigung und Ausscheiden kein relevanter Alterssprung liegt. Niedrigere Altersgrenzen sind zulässig in risikoträchtigen Berufen (Cockpitpersonal, vgl § 41 LuftBO, BAG NZA 03, 812; OVG Nds ArbRB 07, 69; ArbG Ffm BB 07, 1736; iE BLDH/*Lingemann* M 3.1, Rz 52 mwN; zu tariflicher Regelung BVerfG BB 05, 1231), die nicht an Nr 5 sondern nur an 1 zu messen sind; Sicherheit der Passagiere rechtfertigt diese Altersgrenzen, ebenso wie den Eingriff in Art 12 GG (vgl § 8 Rn 9; *Lingemann/Gotham* NZA 07, 666); anders evtl bei Kabinenpersonal (BAG NZA 09, 378 – Vorlagebeschluss). Generell nachlassende körperliche und geistige Leistungsfähigkeit kann Altersgrenzen auch bei öffentlich bestellten Sachverständigen rechtfertigen (OVG Nds v 13.9.06, ArbRB 07, 69; VG Mainz v 21.3.07 – 6 L 149/07). Die Altersgrenze in § 95 VII 3 SGB V für die Zulassung zur vertragsärztlichen Tätigkeit ist nach § 10 1 gerechtfertigt zur Finanzierbarkeit der gesetzlichen KV (*BGK* § 10 Rz 39b; krit aber EuGH DB 10, 171 – Petersen).

6. Nr 6 erlaubt die **Staffelung von Sozialplanabfindungen** (§ 112 I 2 BetrVG) nach Alter oder Betriebszuge- 16 hörigkeit; allerdings müssen „die wesentlich vom Alter abhängigen Chancen auf dem Arbeitsmarkt durch eine verhältnismäßig starke Betonung des Lebensalters erkennbar berücksichtigt worden sein" (1. Alt): Nr 6 ist durch ein vom nationalen Gesetzgeber verfolgtes legitimes Ziel gerechtfertigt; es entspricht einem allgemeinen sozialpolitischen Interesse, dass Sozialpläne danach unterscheiden können, welche wirtschaftlichen Nachteile den Arbeitnehmern drohen, die durch eine Betriebsänderung ihren Arbeitsplatz verlieren (BAG NZA 09, 849).
Die bisher übliche **Staffelung der Sozialplanabfindung nach Alter** ist daher weiter zulässig (BAG NZA 09, 17 849). Schon bisher diente die Abfindung, soweit vom Alter abhängig gestaltet, zur Kompensation mit zunehmendem Alter abnehmender Chancen auf dem Arbeitsmarkt, das entspricht Nr 6. Ein Abstellen auf die individuellen Chancen des **jeweiligen** Arbeitnehmers verlangt Nr 6 nicht. Die lineare Steigerung nach Betriebszugehörigkeit oder Alter ist zulässig (BAG NZA 09, 849). Offen ist, ob das auch für die **lineare Steigerung** nach Alter **und** Betriebszugehörigkeit (reine Divisorformel: Alter x Betriebszugehörigkeit x Bruttomonatsgehalt/ Divisor) gilt (dafür *BGK* § 10 Rz 45l; krit *Lingemann/Gotham* NZA 07, 664). Die Bildung von Altersgruppen ist zulässig (BAG NZA 09, 849).
Rentennahe Jahrgänge können gem der **2. Alt** von Sozialplanleistungen ausgeschlossen werden (krit ErfK/ 18 *Schlachter* § 10 Rz 11) jedenfalls aber geringere Leistungen erhalten (BAG NZA 09, 849; *Gaul* BB 08, 222; *Krieger/Arnold* NZA 08, 1153). **Mindest-** und **Höchstabfindungen** (Kappung) sind zulässig, ältere Arbeitnehmer werden dadurch nicht anders behandelt als jüngere (BAG NZA 08, 848).
Nicht gerechtfertigt sind im Sozialplan Benachteiligungen wegen des **Geschlechtes**, zB durch Nichtberück- 19 sichtigung von Mutterschutz/Elternzeit (BAG NZA 04, 559; vgl auch EuGH ArbR 09, 159 Anm *Lingemann*), möglicherweise auch durch Verminderung oder Ausschluss der Ansprüche geringfügig Beschäftigter (str, für Zulässigkeit *BGK* § 10 Rz 55; dagg *Fischer* DB 02, 1995). Unterschiedliche Rentenbezugsmöglichkeiten (§ 237, 237a SGB VI) können Ungleichbehandlung rechtfertigen (§ 3 Rn 23).
Zusatzleistungen für Arbeitnehmer mit Merkmalen gem § 1 sind nach § 5 zulässig, wenn zusätzliche Nach- 20 teile auszugleichen sind (zB besondere Vermittlungsschwierigkeiten Behinderter auf dem Arbeitsmarkt).

21 **7. Berücksichtigung des Alters bei Kündigungen.** Entgegen § 2 IV (§ 2 Rn 16) kann Altersdiskriminierung zur Sozialwidrigkeit der Kündigung (§ 1 II KSchG) führen (BAG NZA 09, 361 Anm *Lingemann*, FD-ArbR 270773; § 2 Rn 16 f.)

22 a) Auch die Berücksichtigung des Alters bei der **Sozialauswahl** ist an § 10 1 zu messen (*Lingemann/Gotham* NZA 07, 665; *Lingemann/Beck* NZA 09, 577). Sie ist **angemessen zur Erreichung des legitimen Ziels**, ältere Arbeitnehmer wegen erschwerter Vermittlungsmöglichkeiten auf dem Arbeitsmarkt weitergehend zu schützen. Sowohl die **Altersgruppenbildung** (Rn 24) als auch die Verwendung bisher üblicher nach Alter linearer Punkteschemata bleibt daher zulässig (BAG NZA 09, 1023; 09, 361; *Lingemann/Beck* NZA 09, 577), jedenfalls iRd § 1 V KSchG (Namensliste; BAG aaO).

23 Die Berücksichtigung des Alters bei der Sozialauswahl ist auch nach § 5 (**positive Maßnahme**) gerechtfertigt (*Bayreuther* DB 06, 1845) und erforderlich (*Bröhl* BB 06, 1053). Seine Bedeutung sollte jedoch ggü den drei übrigen Kriterien zurückgenommen werden; das ist kündigungsschutzrechtlich zulässig, da Arbeitgeber die Kriterien nur „ausreichend" gewichten muss, § 1 III 1 KSchG (§ 620 BGB Rn 84; iE *Lingemann/Gotham* NZA 07, 665).

24 Legitimes Ziel iSv § 10 1 ist auch der **Erhalt einer ausgewogenen Altersstruktur des Betriebes** gem § 1 III 2 KSchG, so dass eine nach sachgerechten (BAG NZA 09, 945 Anm *Lingemann*, FD-ArbR 275617) **Altersgruppen** gestaffelte Sozialauswahl (§ 620 BGB Rn 86; *Röder/Krieger* DB 05, 2578) weiterhin zulässig ist (BAG NZA 09, 1023; 09, 361 Anm *Lingemann*, FD-ArbR 270773; *Lingemann/Beck*, NZA 09, 577 jew zu § 1 V KSchG; s. Rn 22; *Bauer/Krieger* NZA 07, 676; *BGK* § 10 Rz 45 m; BLDH/*Lingemann* Kap 22 Rz 98 mwN; vgl § 620 BGB Rn 85). Dann verhindert eine Sozialauswahl nach Altersgruppen gerade die Benachteiligung von Arbeitnehmern auf Grund (jungen oder alten) Alters (BAG aaO).

25 b) Ziel eines (tarif- oder individual-)vertraglichen **Ausschlusses des Rechts zur ordentlichen Kündigung (vgl § 34 II TVÖD) ab einem bestimmten Alter** ist der Ausschluss des altersgeschützten Arbeitnehmers vom Arbeitsplatzrisiko (abgesehen von einer außerordentlichen betriebsbedingten Kündigung mit gesetzlicher Auslauffrist (§ 620 BGB Rn 11)). Ein solches Ziel unabhängig von der Dauer der Betriebszugehörigkeit ist ggü jüngeren Arbeitnehmern mit erheblicher Betriebszugehörigkeit kaum iSv § 10 1 zu legitimieren. Daher sind unter dem AGG gerechtfertigt nur Regelungen, bei denen **Alter und Betriebszugehörigkeit** im angemessenen Verhältnis zur Unkündbarkeit führen (*Lingemann/Gotham* NZA 07, 666; *Lingemann/Müller* BB 06, 2008). Das BAG (NZA 08, 1120) akzeptiert indes tarifliche Unkündbarkeitsregelungen und will sie nur in extremen Einzelfällen in Anlehnung an § 10 Nr 7 aF verfassungs- bzw gemeinschaftskonform einschränken.

26 Die Ausrichtung der **Kündigungsfristen** an der **Dauer der Betriebszugehörigkeit** (vgl § 622 II BGB, § 622 Rn 2) ist, sofern nicht ohnehin positive Maßnahme (§ 5), gerechtfertigt, weil die Neuorientierung mit zunehmender Dauer der Betriebszugehörigkeit schwieriger wird (*Willemsen/Schweibert* NJW 06, 2586).

Unterabschnitt 2 Organisationspflichten des Arbeitgebers

§ 11 Ausschreibung. Ein Arbeitsplatz darf nicht unter Verstoß gegen § 7 Abs. 1 ausgeschrieben werden.

1 **I. Einordnung und Zweck.** § 11 ist an die Stelle von § 611b BGB (dazu 1. Aufl § 611b Rz 1 ff) getreten; das Gebot diskriminierungsfreier Ausschreibung gilt nun für alle Merkmale nach § 1 (BTDrs 16/1780 36).

2 **II. Voraussetzungen. Ausschreibung** ist jede innerbetriebliche oder öffentliche Bekanntmachung, nicht jedoch die an nur eine Person gerichtete Aufforderung zur Bewerbung (NB/P § 11 Rz 1). Die Ausschreibung darf nicht mittelbar oder unmittelbar auf ein Merkmal nach § 1 abstellen, es sei denn Rechtfertigungsgründe nach §§ 5, 8, 10, 20 oder ein sachlicher Grund für mittelbare Benachteiligung (§ 3 II) liegen vor.

3 Beispiele: (1) **Alter:** unmittelbar: „junges Team", „Bewerber bis 30 Jahre"; wohl zulässig: „gerne auch Berufsanfänger", mittelbar: „mindestens fünf Jahre Berufserfahrung"; (2) **Behinderung:** Behinderung bei Schwerbehinderten s. § 81 I SGB IX (*Schrader/Klagges*, NZA-RR 09, 169) unmittelbar: „körperlich voll leistungsfähig"; mittelbar: „einen hohen körperlichen Einsatz setzen wir voraus"; (3) **Ethnische Herkunft:** unmittelbar: „chinesischer Kellner gesucht"; mittelbar: „muttersprachliche Deutschkenntnisse"; (4) **Geschlecht:** unmittelbar: „Sekretärin gesucht", möglicherweise auch „Mitglied des Vorstandes" (ratsam Zusatz „m/w"); mittelbar: „langjährige ununterbrochene Berufserfahrung" (Benachteiligung wegen Mutterschutz/Elternzeiten, *NB/P* § 11 Rz 3), „Körpergröße ab 1,80 Meter"; (5) **Religion/Weltanschauung**: unmittelbar: „Sie sind Mitglied in der ... Kirche"; mittelbar: „Sie sind es gewohnt, jeden Sonntag die heilige Messe zu besuchen"; (6) **Sexuelle Identität:** unmittelbar: „wir suchen homosexuellen Betreuer für ...", mittelbar: „verheiratetes Hausmeisterehepaar".

4 *Adressat* von § 11 ist der Arbeitgeber, Pflichtverletzungen Dritter sind nach allg Regeln zuzurechnen (BAG NJW 04, 2115; BVerfG NZA 07, 195; zu Personalberatern *Diller* NZA 07, 649; § 15 Rn 2).

III. Rechtsfolge. Ein Verstoß gegen § 11 indiziert im Regelfall die Benachteiligung und führt zur Beweislastumkehr gem § 22 (§ 22 Rn 5).

§ 12 Maßnahmen und Pflichten des Arbeitgebers.
(1) ¹Der Arbeitgeber ist verpflichtet, die erforderlichen Maßnahmen zum Schutz vor Benachteiligungen wegen eines in § 1 genannten Grundes zu treffen. ²Dieser Schutz umfasst auch vorbeugende Maßnahmen.
(2) ¹Der Arbeitgeber soll in geeigneter Art und Weise, insbesondere im Rahmen der beruflichen Aus- und Fortbildung, auf die Unzulässigkeit solcher Benachteiligungen hinweisen und darauf hinwirken, dass diese unterbleiben. ²Hat der Arbeitgeber seine Beschäftigten in geeigneter Weise zum Zwecke der Verhinderung von Benachteiligung geschult, gilt dies als Erfüllung seiner Pflichten nach Absatz 1.
(3) Verstoßen Beschäftigte gegen das Benachteiligungsverbot des § 7 Abs. 1, so hat der Arbeitgeber die im Einzelfall geeigneten, erforderlichen und angemessenen Maßnahmen zur Unterbindung der Benachteiligung wie Abmahnung, Umsetzung, Versetzung oder Kündigung zu ergreifen.
(4) Werden Beschäftigte bei der Ausübung ihrer Tätigkeit durch Dritte nach § 7 Abs. 1 benachteiligt, so hat der Arbeitgeber die im Einzelfall geeigneten, erforderlichen und angemessenen Maßnahmen zum Schutz der Beschäftigten zu ergreifen.
(5) ¹Dieses Gesetz und § 61b des Arbeitsgerichtsgesetzes sowie Informationen über die für die Behandlung von Beschwerden nach § 13 zuständigen Stellen sind im Betrieb oder in der Dienststelle bekannt zu machen. ²Die Bekanntmachung kann durch Aushang oder Auslegung an geeigneter Stelle oder den Einsatz der im Betrieb oder der Dienststelle üblichen Informations- und Kommunikationstechnik erfolgen.

I. Einordnung und Zweck. § 12 I setzt iVm § 81 IV SGB IX um Art 5 RL 2000/78/EG, § 12 V Art 8 RL 76/207/EWG, Art 10 RL 2000/43/EG, Art 12 RL 2000/78/EG und begründet in Ausfüllung der Generalklausel (I) präventive (II), repressive (III), Schutz- (IV) und Bekanntmachungspflichten (V) des Arbeitgebers.

II. Generalklausel, Abs 1. I verpflichtet den Arbeitgeber als **Generalklausel zu II–V** (BAG NZA 08, 223) zu „erforderlichen Maßnahmen" zum Schutz vor Diskriminierung. Erforderlichkeit ist objektiv zu bestimmen, Möglichkeiten des Arbeitgebers, zB aufgrund Betriebsgröße, sind jedoch zu berücksichtigen (BTDrs 16/1780 37). Gem 2 muss der Arbeitgeber auch im **Vorfeld** einer möglichen Benachteiligung tätig werden, zB durch **Schulungen** (II), **Führungsrichtlinien** (Rn 7) oder **Ethik-Codes (Verhaltenskodices**, idR als Betriebsvereinbarungen, § 87 Nr 1 BetrVG); sie sind unter dem AGG neu zu bewerten (krit noch LAG Düsseldorf, DB 06, 162)).

III. Hinweispflichten, Abs 2. Nicht überschätzt werden kann die tatsächliche und rechtliche Bedeutung der **Schulungen (II) zur Vermeidung von Benachteiligungen**. Gem II 2 erfüllt der Arbeitgeber mit Schulung seine Pflichten nach I, Organisationsverschulden scheidet dann für den Erstverstoß eines Arbeitnehmers aus (*„Training Defense*"; iE § 15 Rn 3).
Bloß **schriftliche Information** reicht **nicht** aus, „Schulung" impliziert **interaktives** Lernen; ausreichend jedoch Schulung iRe Betriebsversammlung oder interaktiv mittels EDV-Programmen (*Zielke/Stauf* AiB 07, 104 ff). Der Arbeitgeber sollte Schulung und Teilnehmer **dokumentieren**.
Erfolgt Schulung iRd betrieblichen Fortbildung, besteht **Mitbestimmungsrecht des Betriebsrates** (§ 96 ff BetrVG), auch Schulung außerhalb betrieblicher Fortbildung reicht aus und ist nicht mitbestimmungspflichtig (*BGK* § 12 Rn 14). Ein Initiativrecht des Betriebsrates besteht nicht (*Besgen* BB 07, 213).
Gegenstand der Schulung (iE *Hoch* BB 07, 1732) muss zumindest sein die Darstellung der Diskriminierungsmerkmale gem § 1 und unzulässiger Diskriminierungshandlungen gem § 3, nicht zwingend auch der Rechtsfolgen. Führungskräfte sollten intensiver geschult werden als andere Mitarbeiter (*Grobys* NJW 06, 2952; aA *Wisskirchen* DB 06, 1497). Benachteiligungen durch sie werden nach §§ 31, 278 BGB zugerechnet (§ 15 Rn 2), durch andere Mitarbeiter hingegen nur bei Organisationsverschulden.
Sinnvoll sind auch **Richtlinien** für Führungskräfte zum Verhalten nach AGG (*Schneider/Sittard* NZA 07, 654; *Grobys* NJW 06, 2952); kein Mitbestimmungsrecht des Betriebsrats nach § 87 I Nr 1 BetrVG, da reine Organisationsentscheidung des Arbeitgebers.
Schulungen **neu hinzukommender Arbeitnehmer** sollten möglichst im Halbjahresrhythmus, Wiederholungsschulungen bereits geschulter Arbeitnehmer im Abstand von 3-5 Jahren stattfinden (*Göpfert/Siegrist* ZIP 06, 1716). Nur für die Überbrückungszeit reicht eine schriftliche Unterrichtung statt interaktiver (Rn 4) aus, da auch die betrieblichen Möglichkeiten zu berücksichtigen sind (BTDrs 16/1780 37).
Schulung betriebsfremder Personen verlangt § 12 **nicht**; Hinweise in AGB sind ratsam, Reaktionen auf diskriminierende Handlungen Dritter erforderlich (IV; Rn 16).

IV. Reaktionspflichten gegenüber Beschäftigten, Abs 3. Repressive Maßnahmen verlangt III als Reaktion auf einen Verstoß, Ziel ist auch hier die Vermeidung weiterer Verstöße. Arbeitsrechtlich ist verhältnismäßige Maßnahme gegen den Benachteiligenden berechtigt, weil dieser vertragliche Pflichten gem § 7 III verletzt.
III nennt als mögliche Reaktionen **Abmahnung** (LAG Hamm NZA-RR 97, 250), **Umsetzung, Versetzung** (LAG Hamm NZA 97, 769), **Kündigung**. Die Maßnahme muss **verhältnismäßig** sein, der Arbeitgeber hat

Ermessen (BAG NZA 08, 223). In Betracht kommen auch Ermahnung, Freistellung, kleine bauliche Veränderungen (*BGK* § 12 Rz 33), Änderung Lage der Arbeitszeit, sofern dem Arbeitgeber zumutbar.

12 **Kündigung** umfasst auch Änderungs- und außerordentliche Kündigung (BAG NZA 04, 1214), je nach Schwere des Verstoßes ist **Abmahnung entbehrlich** (§ 620 BGB Rn 68; LAG-SH, PflR 09, 490 zu sexueller Belästigung). Bloßer Diskriminierungsverdacht rechtfertigt nur nach allg Grundsätzen eine Verdachtskündigung (§ 620 BGB Rn 72), der Arbeitgeber muss dem Verdacht nachgehen (*Göpfert/Siegrist* ZIP 06, 1712) und verdächtigten Mitarbeiter vor Ausspruch der Kündigung anhören (§ 620 BGB Rn 72).

13 **Der betroffene Arbeitnehmer** kann nach allg Grundsätzen (§ 620 BGB Rn 65 ff, 101) die **Maßnahme gerichtlich angreifen**. IRd Interessenabwägung (§ 620 BGB Rn 66) ist das Ziel, Benachteiligungen zu vermeiden, zu berücksichtigen (III).

14 III gibt **benachteiligtem Arbeitnehmer ein Recht gegen den Arbeitgeber auf Einschreiten** gegen Benachteiligenden. Ermessen des Arbeitgebers (BAG NZA 08, 223) steht idR der Verurteilung zu konkreter Maßnahme entgegen (*NB/P* § 12 Rz 15). Streitverkündung kann ratsam sein (*Gehlhaar*, NZA 09, 825). Reagiert Arbeitgeber iR billigen Ermessens, so scheidet auch für Zweitverstoß Organisationsverschulden aus. „Punktlandung" des Arbeitgebers kann nicht verlangt werden.

15 Die **Beweissituation** ist unausgegoren: Im Prozess gegen Benachteiligenden wegen Maßnahme nach III muss der Arbeitgeber nach allg Grundsätzen die Benachteiligung beweisen, während Benachteiligter gem § 22 im Prozess gegen den Arbeitgeber nur Indizien beweisen muss. Auch im Verfahren gegen den Benachteiligenden ist daher § 22 anzuwenden, zumal dieser näher am Vorgang ist und daher leichter als der Arbeitgeber den Indizienbeweis erschüttern kann (aA *BGK* § 12 Rz 38; *Göpfert/Sigrist* ZIP 06, 1714). Auch die Gesetzesbegründung stützt die Beweiserleichterung gem § 22 gerade auf die Beweisnähe des Benachteiligenden (BTDrs 16/1780 47; § 22 Rn 2).

16 **V. Reaktionspflichten gegenüber Dritten, Abs 4.** Für **Benachteiligungen durch betriebsfremde Dritte** haftet der Arbeitgeber erst ab dem **Zweitverstoß** (IV), und nur, sofern er nicht gem IV auf den Erstverstoß angemessen reagiert hat. Hinweise an den Dritten zunächst in AGB, im Benachteiligungsfall auch einzelfallbezogen und verbunden mit Aufforderung zur Abhilfe, reichen aus. Abbruch der Kundenbeziehung ist extremen und hartnäckigen Benachteiligungen vorbehalten: Der Verweis eines sexuell belästigenden Gastes aus dem Restaurant ist weitaus eher zumutbar als der Abbruch langjähriger Lieferbeziehungen wegen Benachteiligung gem § 7 I Hs 2 (§ 7 Rn 5).

17 **VI. Bekanntmachungspflichten, Abs 5.** Der Arbeitgeber muss gem V durch **Aushang, Auslegung** im Betrieb oder **übliche Informations- und Kommunikationstechnik** (typischerweise **E-Mail, Intranet**) bekanntmachen: AGG, § 61b ArbGG, zuständige Beschwerdestelle (§ 13) und Behandlung von Beschwerden. Der Adressatenkreis muss von der Bekanntmachung Kenntnis erlangen können (BTDrs 16/1780 37), Zugangsnachweis ist nicht erforderlich. Verstoß gegen V ist kein Indiz nach § 22 (*BGK* § 12 Rz 43).

18 **VII. Rechtsfolgen.** Die Verletzung von § 12 ist nicht gesondert sanktioniert, kann aber Pflichtwidrigkeit des Arbeitgebers und bei Benachteiligung Schadensersatzansprüche, § 15, begründen (§ 15 Rn 2). Auch ein Zurückbehaltungsrecht des Arbeitnehmers nach § 273 BGB kommt in Betracht (*Annuß* BB 06, 1635).

Unterabschnitt 3   Rechte der Beschäftigten

§ 13 Beschwerderecht.
(1) ¹Die Beschäftigten haben das Recht, sich bei den zuständigen Stellen des Betriebs, des Unternehmens oder der Dienststelle zu beschweren, wenn sie sich im Zusammenhang mit ihrem Beschäftigungsverhältnis vom Arbeitgeber, von Vorgesetzten, anderen Beschäftigten oder Dritten wegen eines in § 1 genannten Grundes benachteiligt fühlen. ²Die Beschwerde ist zu prüfen und das Ergebnis der oder dem beschwerdeführenden Beschäftigten mitzuteilen.
(2) Die Rechte der Arbeitnehmervertretungen bleiben unberührt.

1 **I. Einordnung und Zweck.** I 1 regelt klarstellend das Beschwerderecht, I 2 die Pflicht zur Prüfung und Mitteilung des Ergebnisses und II den Vorbehalt für bestehende Beschwerderechte. Der Beschwerdeanspruch schließt für AGG-Beschwerden an den Betriebsrat Einigungsstellenverfahren aus. Beschwerde kann Grundlage für Maßnahmen des Arbeitgebers und weitere Ansprüche Beschäftigter sein (BTDrs 16/1780 37).

2 **II. Beschwerderecht und -verfahren, Abs 1. Beschwerde** ist jede Mitteilung einer (ggf bevorstehenden) Benachteiligung/Belästigung. Keine Formerfordernisse (mündlich, E-Mail, Brief etc). „Zuständig" ist vom Arbeitgeber benannte Stelle, zB Vorgesetzter, Gleichstellungsbeauftragter, betriebliche Beschwerdestelle (BTDrs 16/1780 37), ggf auch Betriebsrat. Der Arbeitgeber muss keine gesonderte Beschwerdestelle schaffen (BRDrs 329/06 41), **betriebsexterne Beschwerdestellen** reichen jedoch nicht aus (*Gach/Julis* BB 07, 774; *Nägele/Frahm* ArbRB 07, 142). Mitbestimmungspflichtig nach § 87 I 1 BetrVG ist Einführung und Ausgestaltung des Verfahrens (auch Initiativrecht des BR), nicht aber die Frage, wo der Arbeitgeber die Beschwerde-

stelle errichtet und wie er sie personell besetzt (BAG NZA 09, 1049). Kosten der Beschwerdeeinlegung und dafür aufgewendete Arbeitszeit trägt der Arbeitnehmer (*BGK* § 13 Rz 8a; HK/*Buschmann* § 13 Rz 21, 24).
¹ ² verpflichtet zur **Prüfung und Mitteilung des Ergebnisses** an den Beschwerdeführer, **nicht** der **Gründe**. Rechtfertigungsgründe sollte der Arbeitgeber im eigenen Interesse mitteilen (*Grobys* NJW 06, 2952). Inhaltlich hat die Beschwerdestelle Beurteilungsspielraum (vgl § 12 Rn 14). Der Beschwerdeführer sollte angehört werden, das ist außer vor Verdachtskündigungen (§ 620 BGB Rn 72) jedoch nicht zwingend. Auch ohne Beschwerde kann er Ansprüche nach AGG geltend machen (BTDrs 16/1780 37); die Beschwerde darf nicht zur Maßregelung des Beschwerdeführers führen (§ 16 Rn 2). 3

III. Vorbehalt der Rechte der Arbeitnehmervertretung, Abs 2. Der Arbeitnehmer kann auch gem §§ 84, 85 BetrVG eine Beschwerde an den Betriebsrat richten Dieser kann im Extremfall gem § 104 BetrVG Entfernung des Benachteiligenden aus Betrieb verlangen. Anspruch hat der Arbeitnehmer nur auf Entgegennahme und Entscheidung der Beschwerde, nicht auf bestimmtes Beschwerdeergebnis. Unberührt bleibt Anspruch auf Einschreiten des Arbeitgebers (§ 12 Rn 14). 4

§ 14 Leistungsverweigerungsrecht.
¹**Ergreift der Arbeitgeber keine oder offensichtlich ungeeignete Maßnahmen zur Unterbindung einer Belästigung oder sexuellen Belästigung am Arbeitsplatz, sind die betroffenen Beschäftigten berechtigt, ihre Tätigkeit ohne Verlust des Arbeitsentgelts einzustellen, soweit dies zu ihrem Schutz erforderlich ist.** ²**§ 273 des Bürgerlichen Gesetzbuchs bleibt unberührt.**

I. Einordnung und Zweck. Das Leistungsverweigerungsrecht (1) dient dem Schutz des Arbeitnehmers vor (sexueller) Belästigung am Arbeitsplatz. Daneben kann er (2) über § 273 BGB Druck auf den Arbeitgeber zur Erfüllung seiner Pflichten nach AGG ausüben (BTDrs 16/1780 37), insb bei Benachteiligungen, die keine (sexuellen) Belästigungen sind, da für sie § 14 nicht gilt. 1

II. Voraussetzungen. Keine oder offensichtlich ungeeignete Maßnahmen des Arbeitgebers zur Unterbindung (sexueller) Belästigung am Arbeitsplatz setzen voraus, dass (sexuelle) Belästigung tatsächlich erfolgt ist und der Arbeitgeber Kenntnis hat. Auch Untätigkeit oder Belästigung durch den Arbeitgeber selbst werden von 1 erfasst. **Arbeitsplatz** ist funktional und umfasst auch dienstliche Veranstaltungen wie Betriebsausflug, Dienstreise, Seminar (Palandt/*Weidenkaff* § 14 Rz 2). **Maßnahmen** des Arbeitgebers s. § 12 III, IV (§ 12 Rn 2). **Offensichtlich ungeeignet** ist die Maßnahme nur, wenn sie evident hinter dem zurückbleibt, was ein vernünftiger Arbeitgeber zur Vermeidung einer Wiederholung veranlassen würde (vgl *BGK* § 14 Rz 7). Es muss **Wiederholungsgefahr** bestehen. Zum Schutz des Arbeitnehmers **erforderlich** ist die Leistungsverweigerung, wenn es kein milderes Mittel gibt, Beschwerde also erfolglos oder nach Art und Umständen des Verstoßes aussichtslos, zB weil Belästigung vom Arbeitgeber selbst ausging, und Beschäftigter sich nicht entziehen kann. Milderes Mittel kann auch Aufforderung zur Beseitigung unter Fristsetzung und Ankündigung Leistungsverweigerung bei ungenutztem Fristablauf sein (*NB/P* § 14 Rz 4). Bei sicherheitsrelevanten Aufgaben kann Leistungsverweigerung unverhältnismäßig sein. Zur **Ausübung** muss Beschäftigter Fernbleiben von der Arbeit mit Leistungsverweigerungsrecht und zugrunde liegender (sexueller) Belästigung begründen. Bei berechtigter Leistungsverweigerung bleibt **Anspruch auf Gegenleistung** erhalten. 2

Irrtumsrisiko und **Beweislast** für die Voraussetzungen des Leistungsverweigerungsrechtes trägt Beschäftigter. 3

§ 15 Entschädigung und Schadensersatz.
(1) ¹**Bei einem Verstoß gegen das Benachteiligungsverbot ist der Arbeitgeber verpflichtet, den hierdurch entstandenen Schaden zu ersetzen.** ²**Dies gilt nicht, wenn der Arbeitgeber die Pflichtverletzung nicht zu vertreten hat.**
(2) ¹Wegen eines Schadens, der nicht Vermögensschaden ist, kann der oder die Beschäftigte eine angemessene Entschädigung in Geld verlangen. ²Die Entschädigung darf bei einer Nichteinstellung drei Monatsgehälter nicht übersteigen, wenn der oder die Beschäftigte auch bei benachteiligungsfreier Auswahl nicht eingestellt worden wäre.
(3) Der Arbeitgeber ist bei der Anwendung kollektivrechtlicher Vereinbarungen nur dann zur Entschädigung verpflichtet, wenn er vorsätzlich oder grob fahrlässig handelt.
(4) ¹Ein Anspruch nach Absatz 1 oder 2 muss innerhalb einer Frist von zwei Monaten schriftlich geltend gemacht werden, es sei denn, die Tarifvertragsparteien haben etwas anderes vereinbart. ²Die Frist beginnt im Falle einer Bewerbung oder eines beruflichen Aufstiegs mit dem Zugang der Ablehnung und in den sonstigen Fällen einer Benachteiligung zu dem Zeitpunkt, in dem der oder die Beschäftigte von der Benachteiligung Kenntnis erlangt.
(5) Im Übrigen bleiben Ansprüche gegen den Arbeitgeber, die sich aus anderen Rechtsvorschriften ergeben, unberührt.
(6) Ein Verstoß des Arbeitgebers gegen das Benachteiligungsverbot des § 7 Abs. 1 begründet keinen Anspruch auf Begründung eines Beschäftigungsverhältnisses, Berufsausbildungsverhältnisses oder einen beruflichen Aufstieg, es sei denn, ein solcher ergibt sich aus einem anderen Rechtsgrund.

§ 15 AGG Entschädigung und Schadensersatz

1 **I. Einordnung und Zweck.** § 15 setzt um Art 15 RL 2000/43/EG, Art 17 RL 2000/78/EG und Art 6 und 8d RL 67/207EWG, und kommt Forderung des EuGH nach Sanktion mit „wirklich abschreckender Wirkung ggü dem Arbeitgeber, (…) und in jedem Fall in einem angemessenen Verhältnis zum erlittenen Schaden" (EuGH DB 97, 983 – Draehmpaehl) nach. **I** regelt verschulden**sabhängigen** materiellen Schadensersatz, **II** verschuldens**un**abhängige Entschädigung, **III** die Beschränkung der Arbeitgeberhaftung auf Vorsatz und grobe Fahrlässigkeit bei Umsetzung AGG-widriger **kollektiver** Regelungen, **IV** die zweimonatige Verfallfrist und **V** den Vorbehalt zugunsten weiterer Anspruchsgrundlagen; **VI** schließt Anspruch auf Naturalrestitution aus. Zur Versicherbarkeit *Mohr/Grimminger* BB 08, 1170; *Rolfs*, VersR 09, 1001.

2 **II. Grundsätzliches Haftungsregime nach dem AGG.** Der Arbeitgeber haftet für **eigene Verstöße**, ferner für Verstöße seiner **Organmitglieder** (§ 31 BGB) und **Erfüllungsgehilfen** (§ 278 BGB), also der Mitarbeiter in **Vorgesetztenfunktionen** (BAG DB 69, 446, keine Privilegierung wg. betrieblich veranlasster Tätigkeit im Verhältnis zum Geschädigten, BAG NZA 08, 223; Walker, NZA 09, 5). Ggü Haftung nach § 31/§ 278 BGB greift Training Defense nach § 12 II nicht (*Willemsen/Schweibert* NZA 06, 2590). Auch bei Vorgesetzten rechtfertigt jedoch nur Benachteiligung **in Ausübung** dieser Funktion die Zurechnung, nicht aber **bei Gelegenheit**, wie (sexuelle) Belästigung (§ 3 III, IV; *BGK* § 15 Rz 21; *Simon/Greßlin* BB 07, 1786). In den letztgenannten Fällen und bei Benachteiligungen durch Nicht-Organe und Nichtvorgesetzte haftet der Arbeitgeber nur bei Organisationsverschulden, insb bei Verstößen gegen § 12 I–IV; hier kann er sich durch Training Defense (§ 12 II 2, § 12 Rn 3) ggü Erstverstoß und Maßnahmen nach § 12 III, IV (§ 12 Rn 16) auch bei Zweitverstoß und ggf nachfolgenden Verstößen entlasten. Daneben bestehen Anspruchsgrundlagen außerhalb des AGG (Rn 20). Zur Haftung für externe Dritte s. § 11 Rn 4. Lehnt der Arbeitnehmer das Angebot einer diskriminierungsfreien Regelung anstelle der diskriminierenden ab, kann er gem § 242 BGB aus letzterer keine Rechte mehr herleiten (vgl BAG BB 07, 1627; *Lingemann/Müller* DB 07, 2012; Palandt/*Grüneberg* § 21 Rz 3).

3 **III. Schadensersatzanspruch, Abs 1.** Anspruch auf Ersatz des materiellen Schadens gem I setzt einen **Verstoß gegen** das **Benachteiligungsverbot des § 7** voraus, wozu gem § 3 III, IV auch (sexuelle) Belästigungen zählen. Die Benachteiligung kann vom Arbeitgeber, Beschäftigten oder Dritten ausgehen. Der Arbeitgeber muss zudem (Umkehrschluss aus 2) **pflichtwidrig** gehandelt haben, indem er selbst gegen § 7 verstoßen hat, ein Pflichtenverstoß gem §§ 31, 278 BGB zugerechnet wird oder er Organisationspflichten verletzt hat (Rn 2). Benachteiligung und Schaden muss auf der Pflichtverletzung **beruhen.**

4 Der Arbeitgeber kann sich gem **2** entlasten durch den Nachweis, dass er hinsichtlich der Pflichtverletzung (Rn 3) **weder vorsätzlich noch fahrlässig** gehandelt hat (§ 280 I 2; § 280 BGB Rn 19, 24). Die Entlastungsmöglichkeit ist nicht europarechtswidrig, da II einen verschuldensunabhängigen Entschädigungsanspruch gewährt (*Bauer/Evers* NZA 06, 893; *BGK* § 15 Rz 15; aA HK/*Deinert* § 15 Rz 30; ders DB 07, 399).

5 Der Anspruch richtet sich auf Naturalrestitution (§ 249 I BGB; Palandt/*Weidenkaff* § 15 Rz 4) bzw, soweit sie nicht möglich oder gem VI ausgeschlossen ist, oder Voraussetzungen des § 249 II BGB vorliegen, auf Geldersatz. Zu ersetzen ist **positives Interesse** (zB Ersatz für Personen-, Sach- und/oder Vermögensschäden, typischerweise Verdienstausfall). Für immaterielle Schäden gilt II. **Höhe des Schadensersatzes** ist in I 1 nicht begrenzt; entgegen § 7 abgelehnter Bewerber kann jedoch nur Vergütung bis zum ersten möglichen Kündigungstermin für den Arbeitgeber verlangen (Staud/*Annuß* § 611a Rz 99 mwN; *BGK* § 15 Rz 27 ff mwN; *Bauer/Evers* NZA 06, 893; HK/*Deinert* Rz 39; *Simon/Greßlin* BB 07, 1787; Palandt/*Weidenkaff* § 15 Rz 5; *Stoffels*, RdA 09, 212 f; aA *MHH* Rz 27: Vertrauensschaden; SSV/*Voigt* § 15 Rz 17: entgangenes Entgelt kein ersatzfähiger Schaden; LAG BB DB 08, 2707 (nrkr): keine zeitliche Grenze). Obergrenze wäre wie bei § 628 II BGB Abfindung gem § 10 KSchG als allg Regelung zur Bestimmung des Wertes eines Arbeitsplatzes (*Bauer/Krieger* BB-Special 6/04, 23; *BGK* § 15 Rz 29; Palandt/*Weidenkaff* § 15 Rz 5; aA (keine Obergrenze) LAG BB DB 08, 2707 (nrkr)). Anderweitiger Verdienst ist anzurechnen, auch soweit er unterlassen wurde, auf Böswilligkeit kommt es nicht an, vgl § 254 II 1 BGB (*BGK* aaO Rz 30). Werden mehrere Bewerber benachteiligt, so erleidet nur der Bestqualifizierte einen kausalen Schaden, wenn er nachweist, dass er ohne die Benachteiligung die Stelle erhalten hätte (*BGK* Rz 30a unter Hinweis auf BAG BB 07, 1393 – Wegfall der Dominotheorie; § 620 Rn 84). Bei einer Anpassung nach oben (§ 7 Rn 10) entsteht in deren Umfang kein Schaden (*Lingemann/Gotham* NZA 07, 669).

6 **IV. Entschädigungsanspruch, Abs 2. 1.** Insb der **verschuldensunabhängige** (BAG NZA 09, 945) Anspruch auf **Entschädigung** (iE *Walker*, NZA 09, 5) gem II trägt Forderungen des EuGH (Rn 1) nach verschuldensunabhängiger Sanktion (EuGH NZA 97, 984 – *Draempahl*; 91, 172 – *Dekker*) Rechnung. II regelt allerdings keine Voraussetzungen, es gilt wohl I. Entschädigungsanspruch ist zwar verschuldensunabhängig (BTDrs 16/1780 36; *BGK* § 15 Rz 32; Walker, NZA 09, 5), die Benachteiligung muss dem Arbeitgeber jedoch zurechenbar sein, dh auf **Pflichtverletzung** beruhen (Rn 3; *Willemsen/Schweibert* NJW 06, 2590). Erfüllt er daher Pflichten nach § 12, scheitert außerhalb von §§ 31 (Organmitgliedern) und 278 BGB (Vorgesetzten) mangels *Pflichtwidrigkeit (Rn 3) die Haftungszurechnung zum Arbeitgeber sowohl bei Benachteiligungen der Arbeitnehmer untereinander als auch von Dritten.

2. Entschädigung wird ausschließlich für **immaterielle Schäden** gewährt, II ist lex spezialis ggü § 253 BGB (BTDrs 16/1780 38). Die Höhe muss gem EuGH (DB 97, 984 – „Draempaehl") zwar **abschreckend** sein, um den Arbeitgeber künftig zur ordnungsgemäßen Erfüllung seiner Pflichten nach dem AGG anzuhalten und Dritte von Verstößen abzuhalten, aber auch **angemessen**. Insoweit bewegen sich Entschädigungen zum früheren § 611a BGB bisher zwischen 0,5 und 9,5 Monatsgehältern (Übersicht bei *NB/P* § 15 Rz 25). Bei Ermittlung der Angemessenheit hat das Gericht Beurteilungsspielraum (BTDrs 16/1780 38); einzubeziehen sind **alle Umstände des Einzelfalls**. Dazu zählen (BAG NZA 04, 545) Art und Schwere der Benachteiligung (BAG NZA 07, 512), Anlass und Beweggrund des Handelns, Erfordernis abschreckender Wirkung der Sanktion, Grad der Pflichtverletzung des Haftenden (BAG NZA 07, 512), Versuche zur oder ggf erfolgreiche Wiedergutmachung, Sanktionierung benachteiligender Arbeitnehmer oder Dritter, Leistungsfähigkeit des Arbeitgebers (*Jacobs*, RdA 09, 203) 7

Schadensersatz (I) und Entschädigung (II) können **nebeneinander** verlangt werden, Ausgleich materiellen Schadens (I) mindert Entschädigungsanspruch (II; *BGK* § 15 Rz 36; *NB/P* § 15 Rz 10 ff; LAG-BB DB 08, 2707 (nrkr) ArbG Berlin NZA-RR 05, 608). 8

Eine **Obergrenze** für die Entschädigung enthält II 1 nicht. Nur II 2 beschränkt sie auf maximal drei Monatsgehälter bei Benachteiligung des nicht bestqualifizierten Bewerbers (so früher § 611a III BGB). Die Benachteiligung liegt darin, dass der Bewerber wegen Merkmals nach § 1 nicht in die Auswahl einbezogen wurde, nicht erst in unterlassener Einstellung (§ 3 Rn 8). Der Arbeitgeber muss unmittelbar nach Geltendmachung fehlende Bestqualifikation einwenden (LAG BB DB 08, 2707 (nrkr)). 9

Die **Benachteiligung** muss **erheblich** sein (BAG NZA 90, 24), Bagatellvorfälle reichen nicht aus. 10

V. Haftungsprivileg bei Anwendung kollektivrechtlicher Vereinbarungen, Abs 3. III gewährt ein **Haftungsprivileg**: Bei **Anwendung kollektiv-rechtlicher Vereinbarungen** (Tarifverträge, Betriebs- oder Dienstvereinbarungen) haftet der Arbeitgeber nur für **Vorsatz und grobe Fahrlässigkeit**. Dies gilt bei normativer Geltung ebenso wie bei bloß **arbeitsvertraglicher Inbezugnahme** der kollektiven Regelungen (BTDrs 16/1780 38; *Jacobs*, RdA 09, 197). Die höhere Richtigkeitsgewähr kollektiver Regelungen kommt dem Arbeitgeber zugute (BTDrs 16/1780 38). 11

Dem Wortlaut nach gilt das Privileg nur ggü Entschädigungsansprüchen (II), jedoch Redaktionsversehen, da Richtigkeitsgewähr ggü **Schadensersatzansprüchen** (I) ebenso besteht. 12

Zur Ermittlung der **groben Fahrlässigkeit** wird man im ersten Schritt auf **§ 23 BetrVG** abstellen können. Damit scheidet grobe Fahrlässigkeit aus, wenn der Arbeitgeber in schwieriger und ungeklärter Rechtsfrage nach vertretbarer Rechtsansicht handelt (BAG NZA 90, 198, 357; *Fitting* § 23 Rz 63). Auch unter Berücksichtigung der Forderung des EuGH nach verschuldensunabhängiger Sanktion (Rn 6) kommt aufgrund der hohen Richtigkeitsgewähr von Kollektivvereinbarungen grobe Fahrlässigkeit gem III erst in Betracht, wenn die Regelung evident AGG-widrig ist, sich dem Arbeitgeber daher trotz Bindung an die Kollektivvereinbarung deren **Unwirksamkeit** gem § 7 II **aufdrängt** und ihm die **Nichtanwendung** trotz einer damit möglicherweise verbundenen Vielzahl von Prozessen **zuzumuten** ist (*Lingemann/Gotham* NZA 07, 669; *Wulfers/Hecht* ZTR 07, 483). Angesichts der strengen Voraussetzungen für Allgemeinverbindlichkeitserklärungen (§ 5 TVG) scheidet grobe Fahrlässigkeit bei allgemeinverbindlichen Tarifverträgen idR aus. 13

VI. Ausschlussfrist, Abs 4. Die tarifoffene **Ausschlussfrist** ist möglicherweise europarechtswidrig (LAG Hamburg LAGE § 15 AGG Nr 9; *Jacobs* RdA 09, 201). Sie soll den Arbeitgeber davon entlasten, Dokumentation über Einstellungsverfahren etc bis zum Ablauf der allg Verjährungsfrist (drei Jahre) aufbewahren zu müssen (BTDrs 16/1780 38). Sie beginnt bei Bewerbungen oder beruflichem Aufstieg mit dem Zugang der Ablehnung (BAG NZA 09, 945; aA *Jacobs* RdA 09, 201), ansonsten mit positiver Kenntnis von der Benachteiligung, § 15 IV 2. Ab Geltendmachung läuft zudem für alle Ansprüche wegen verbotener Benachteiligungen iSv § 7 I (*BGK* § 15 Rz 57) gem **§ 61b ArbGG** die weitere Frist von **3 Monaten für** die Klageerhebung. 14

Bei **Bewerbung** oder beruflichem Aufstieg wird die **Frist** mit Zugang der Ablehnung **ausgelöst** (Nachweis Arbeitgeber), in allen anderen Fällen erst ab **Kenntnis vom benachteiligenden Ereignis**. Auf Kenntnis, dass es sich um eine Benachteiligung wegen eines Merkmals gem § 1 handelt, kommt es nicht an (*Annuß* BB 06, 1635). Bei einem Dauerzustand beginnt die Geltendmachungsfrist erst mit dessen Beseitigung (BAG NZA 07, 1154), bei dauernder Beeinträchtigung hingegen mit deren Entstehung (BGHZ 60, 240). Den Beginn letzterer Frist kann der Arbeitgeber nicht feststellen, so dass bezweckte Reduzierung der Dokumentation (Rn 14) nicht erreicht wird. 15

Die Zweimonatsfrist gem IV gilt auch für Ansprüche, die gem V auf **andere Anspruchsgrundlagen** aufgrund der Benachteiligung gestützt werden (*BGK* § 15 Rz 49). 16

Die **Geltendmachung** muss den Sachverhalt konkretisieren, Benachteiligender ist zu nennen, Höhe der Schadensersatzforderung nicht zwingend zu beziffern (BAG NZA 09, 945); Angabe der Größenordnung ist aber ratsam, damit der Arbeitgeber dem Vorwurf nachgehen kann. Ist ein Personalberater zwischengeschaltet, so muss Anspruchssteller ihn innerhalb der Frist mindestens aufgefordert haben, die Identität des (potenziellen) Arbeitgebers bekannt zu geben (*Diller* NZA 07, 653). 17

18 Der vorgeschriebenen **Schriftform** entspricht nur eine vom Aussteller eigenhändig unterzeichnete Urkunde (§ 126 BGB; aA *BGK* § 15 Rz 55 zu BAG NJW 01, 989 – tarifvertraglich vereinbarte Schriftform).
19 Die Zweimonatsfrist gem **IV** ist ggü Verkürzung und Verlängerung **tarifoffen**. Durch Betriebs- oder Individualvereinbarung ist Verkürzung nicht zulässig (§ 31), wohl aber Verlängerung zugunsten des Beschäftigten. Die Klagefrist von drei Monaten nach § 61b I ArbGG ist zwingend. Die Frist gem IV muss das Gericht als materielle Ausschlussfrist vAw beachten (Palandt/*Weidenkaff* § 15 Rz 8). Sie berechnet sich nach §§ 187 I, 188 II BGB, § 167 ZPO gilt nicht, die Frist nach § 61b ArbGG nach § 222 ZPO iVm § 187 I, 188 II BGB, § 167 ZPO gilt.
20 **VII. Vorbehalt für andere Ansprüche, Abs 5.** Gem V bleiben **Ansprüche** gegen den **Arbeitgeber aus anderen Rechtsvorschriften** unberührt. In Betracht kommen deliktische Ansprüche aus § 823 I BGB va bei Eingriffen in die Gesundheit oder das allg Persönlichkeitsrecht (§ 823 BGB Rn 24 ff, 106), aus § 823 II BGB bei Verletzung von Schutzgesetzen (zur Schutzgesetzqualität von §§ 7, 11, 16, 19 AGG s. § 7 Rn 2). Hat der Arbeitgeber nicht selbst gehandelt, sondern ein Arbeitnehmer in qualifiziertem und engem Zusammenhang mit arbeitsvertraglicher Aufgabenerfüllung, so haftet der Arbeitgeber nach § 831 BGB, Entlastungsbeweis gem § 831 BGB ist möglich (§ 831 BGB Rn 16 ff). Benachteiligt der Arbeitnehmer nur „bei Gelegenheit", so kommt Haftung nach §§ 831, 31 oder auch § 278 BGB nicht in Betracht (Rn 2). Wegen § 7 III kommen auch **vertragliche Ansprüche** in Betracht, §§ 280 I, 241 II BGB, ferner Ansprüche auf arbeitsrechtliche Gleichbehandlung (§ 611 BGB Rn 49) sowie im öffentlichen Dienst ggf nach Art 33 II GG. **Unterlassung** kann Beschäftigter gem § 1004 BGB iVm § 823 BGB verlangen. Er kann ggf auch gem § 626 BGB außerordentlich **kündigen** und Schadensersatz gem § 628 II BGB verlangen (§ 628 BGB Rn 5 ff). Auch für nach V vorbehaltene Schadensersatzansprüche gelten III u 4 (*BGK* § 15 Rz 67; *Bauer/Evers* NZA 06, 893; aA Palandt/*Weidenkaff* § 15 Rz 10).
21 Unabhängig von V kommen **gegen Benachteiligenden** Ansprüche des Benachteiligten (Rn 22), aber auch Rückgriffsansprüche des Arbeitgebers (Rn 24), in Betracht:
22 Benachteiligter kann **Benachteiligenden** deliktisch nach § 823 I BGB bei Verletzung absoluter Rechte, insb des Persönlichkeitsrechtes, und/oder nach § 823 II BGB bei Verletzung von Schutzgesetzen (insb Strafgesetzen, vgl § 7 Rn 2) auf Schadensersatz, auch Schmerzensgeld, § 847 BGB, unmittelbar in Anspruch nehmen, nach § 1004 iVm § 823 BGB auch auf Unterlassung. Da § 22 seinem Wortlaut nach nicht auf Ansprüche gegen den Arbeitgeber beschränkt ist, müsste die Beweiserleichterung für den Benachteiligten auch hier gelten. Der Haftungsausschluss gem § 104 SGB VII greift nicht.
23 **Zuständiges Gericht** für Ansprüche gegen den Arbeitgeber oder andere Beschäftigte ist das Arbeitsgericht (§ 2 I 3 lit a, d Nr 9 ArbGG), ggü betriebsfremden Dritten jedoch nur nach Maßgabe von § 2 III ArbGG.
24 **Rückgriffsansprüche des Arbeitgebers** bestehen ggü betriebsfremden **Dritten** gem § 426 I BGB, wobei der Dritte als Handelnder im Innenverhältnis voll haftet. Für Rückgriffsansprüche ggü benachteiligenden **Beschäftigten** gelten die Haftungsprivilegien für betrieblich veranlasste Tätigkeiten nur, soweit sie „in Ausübung" des Arbeitsverhältnisses gehandelt haben, Pflichtverletzungen „bei Gelegenheit", und damit insb (sexuelle) Belästigungen, sind nicht privilegiert (*Bauer/Evers* NZA 06, 898). Allerdings haftet der Arbeitgeber ohnehin nur bei Organisationsverschulden, zB wegen nicht ausreichender Schulung, § 12 II oder Reaktion, § 12 III, IV (Rn 2). Daher wird regelmäßig beim Rückgriff Mitverschulden des Arbeitgebers (§ 254 BGB) zu prüfen sein, welches jedoch häufig ggü dem Beitrag des Handelnden zurücktritt.
25 **VIII. Beschränkter Ausschluss von Naturalresitution.** VI schließt Anspruch auf Begründung eines Beschäftigungs- oder Berufsausbildungsverhältnisses oder beruflichen Aufstieg (Naturalrestitution) aus, sofern er nicht (VI letzter Hs) aus anderen Rechtsgrundlagen besteht (zB individual- oder tarifvertragliche Vereinbarungen, wie tariflicher Bewährungsaufstieg, BTDrs 16/1780 38).
26 **Steuerliche Folgen:** Gleicht der Schadensersatz einen Einnahmeverlust des Benachteiligten aus, unterliegt er der Steuerpflicht; anders, wenn andere, insb immaterielle Schäden, ausgeglichen werden (iE *BGK* § 15 Rz 69 ff; *Bauer/Günther* NJW 07, 113 ff; *Cornelius/Lipinski* BB 07, 496).

§ 16 Maßregelungsverbot.

(1) ¹Der Arbeitgeber darf Beschäftigte nicht wegen der Inanspruchnahme von Rechten nach diesem Abschnitt oder wegen der Weigerung, eine gegen diesen Abschnitt verstoßende Anweisung auszuführen, benachteiligen. ²Gleiches gilt für Personen, die den Beschäftigten hierbei unterstützen oder als Zeuginnen oder Zeugen aussagen.
(2) ¹Die Zurückweisung oder Duldung benachteiligender Verhaltensweisen durch betroffene Beschäftigte darf nicht als Grundlage für eine Entscheidung herangezogen werden, die diese Beschäftigten berührt. ²Absatz 1 Satz 2 gilt entsprechend.
(3) § 22 gilt entsprechend.

1 **I. Einordnung und Zweck.** § 16 setzt um Art 9 RL 2000/43/EG, Art 11 RL 2000/78/EG, Art 7 RL 76/207/EWG (BTDrs 16/1780, 38). Entsprechende Regelungen in § 612a BGB, § 84 III BetrVG, § 5 TzBfG (BTDrs 16/1780 38). II ersetzt § 4 III BeschSchG. Der Beschäftigte soll seine Rechte ausüben können, ohne deswegen Sanktionen befürchten zu müssen.

II. Verbot der Maßregelung, Abs 1. I 1 ist wegen § 612a BGB zT **überflüssig** (§ 612a BGB Rn 1 ff). I 2 schützt auch unterstützende **Dritte** einschl **Zeugen/Zeuginnen**. Geschützt ist Inanspruchnahme von Rechten (iE § 612a BGB Rn 2), darüber hinaus Weigerung, eine gegen §§ 6–18 verstoßende Anweisung auszuführen. **Rechte** sind insb die Rechte nach §§ 13–15. Eine Anweisung zur Benachteiligung ist unwirksam (§§ 3 V, 7 II), die Nichtbefolgung sanktionslos und durch I 1 geschützt.

Obwohl im Gesetzestext nicht ausdrücklich genannt, schützt I nur Rechtsausübung „**in zulässiger Weise**" (§ 612a BGB Rn 2). Fehleinschätzungen fallen Beschäftigtem zur Last, auf Verschulden kommt es nicht an. Für Zulässigkeit einer **Beschwerde** reicht jedoch das subjektive Gefühl, benachteiligt zu sein. Risiken bestehen eher bei Zurückbehaltungs- und/oder Leistungsverweigerungsrechten nach § 14 oder § 273 BGB (§ 14 Rn 2). Der Arbeitgeber verstößt gegen I, wenn die Rechtsausübung **kausal** für die Maßregelung, also nicht alleiniger, wohl aber **tragender Beweggrund** und damit wesentliches Motiv war (§ 612a BGB Rn 2 mwN).

III. Unerheblichkeit von Zurückweisung oder Duldung, Abs 2. Gem II kommt es auf die **Reaktion des Benachteiligten nicht** an. Auch wenn er die Maßregelung also duldet, kann er dagegen gerichtlich vorgehen, auch Zurückweisung schließt Benachteiligung durch Maßregelung nicht aus. Das gilt gem 2 gleichermaßen für Unterstützer/innen und Zeugen/Zeuginnen.

IV. Rechtsfolge. Eine Maßregelung entgegen § 16 ist nichtig; der Beschäftigte ist so zu stellen, als sei sie nicht erfolgt (BAG NZA 02, 1391). Bei schuldhaftem Verhalten kommt Schadensersatz gem § 280 I BGB in Betracht (§ 612a BGB Rn 3).

V. Bezugnahme auf § 22. III ist unklar (vgl auch BTDrs 16/1780 39). IRv § 612a BGB trägt der Arbeitnehmer die Beweislast für Maßregelung und Kausalität, ggf mit Vorteil des Anscheinsbeweises (iE § 612a BGB Rn 4), für Kausalität eines Merkmals nach § 1 reicht Vollbeweis von Indizientatsachen gem § 22 aus.

Unterabschnitt 4   Ergänzende Vorschriften

§ 17 Soziale Verantwortung der Beteiligten.
(1) Tarifvertragsparteien, Arbeitgeber, Beschäftigte und deren Vertretungen sind aufgefordert, im Rahmen ihrer Aufgaben und Handlungsmöglichkeiten an der Verwirklichung des in § 1 genannten Ziels mitzuwirken.
(2) ¹In Betrieben, in denen die Voraussetzungen des § 1 Abs. 1 Satz 1 des Betriebsverfassungsgesetzes vorliegen, können bei einem groben Verstoß des Arbeitgebers gegen Vorschriften aus diesem Abschnitt der Betriebsrat oder eine im Betrieb vertretene Gewerkschaft unter der Voraussetzung des § 23 Abs. 3 Satz 1 des Betriebsverfassungsgesetzes die dort genannten Rechte gerichtlich geltend machen; § 23 Abs. 3 Satz 2 bis 5 des Betriebsverfassungsgesetzes gilt entsprechend. ²Mit dem Antrag dürfen nicht Ansprüche des Benachteiligten geltend gemacht werden.

I. Einordnung und Zweck. I setzt um Art 11 II RL 2000/43/EG, Art 2 V, 13 II RL 2000/78/EG, Art 8b II, 3 RL 76/207/EWG. Zweck ist, die genannten Adressaten zur aktiven Umsetzung des AGG aufzufordern (BTDrs 16/1780, 39). II gibt dazu Rechte in Anlehnung an § 23 III BetrVG.

II. Appell zur Mitwirkung, Abs 1. I begründet keine Rechte oder Pflichten, sondern hat nur **Appellcharakter**. **Tarifvertragsparteien** sind Arbeitgeber, Arbeitgeberverbände und Gewerkschaften, **Arbeitgeber** sind in § 6 II (§ 6 Rn 5), **Beschäftigte** in § 6 I definiert (§ 6 Rn 2 f), **Vertretungen** sind Betriebsrat, Personalrat, Sprecherausschuss, nicht jedoch Aufsichtsrat nach §§ 4 ff DrittBetG oder §§ 8 ff MitBestG. **Gegenstand** zB: Prüfung von Personalprozessen auf Benachteiligungsschutz und ggf Korrektur; Vereinbarung von Verhaltenskodices (BTDrs 16/1780 39), Tätigwerden des **Betriebsrates** insb bei Überprüfung von Betriebsvereinbarungen und Einzelmaßnahmen auf Vereinbarkeit mit AGG (§ 75 BetrVG) bis hin zu § 104 BetrVG, aber **kein Initiativrecht** aus § 17. Den **Tarifvertragsparteien** obliegt die Beachtung des AGG bei Prüfung bestehender Tarifverträge und künftigen Tarifvertragsabschlüssen.

III. Unterlassungsanspruch, Abs 2. II erstreckt den **Unterlassungsanspruch** des § 23 III BetrVG (iE Praxishandbuch BetrVG/*Lingemann* 1016 ff) auch auf grobe Verstöße des Arbeitgebers gegen das AGG, gem 2 können Betriebsrat und Gewerkschaft jedoch **nicht** aus eigenem Recht **Ansprüche des Benachteiligten** geltend machen. II gilt nur in **Betrieben nach § 1 I 1 BetrVG**, der Unterlassungsanspruch der Gewerkschaft besteht in solchen Betrieben auch dann, wenn kein Betriebsrat besteht (*Besgen/Roloff* NZA 07, 670). Für **Dienststellen** gilt das BetrVG und damit II nicht (aA *Besgen/Roloff* NZA 07, 671).

„**Grob**" iSv II ist ein Verstoß nach Grundsätzen von § 23 III BetrVG: Er muss **objektiv erheblich und offensichtlich schwerwiegend** sein (BAG DB 00, 2614; BB 09, 1917). Die Grobheit der Pflichtverletzung kann sich aus mehreren Wiederholungen ergeben, schwerwiegende Pflichtverletzungen können schon bei einmaligem Vorfall grob sein (BAG DB 90, 355). Der Arbeitgeber handelt nicht grob, wenn er in schwieriger und ungeklärter Rechtsfrage nach vertretbarer Rechtsauffassung handelt (BAG BB 09, 1917). Die umstrittene (iE Praxishandbuch BetrVG/*Lingemann* 1021) Rspr zum allg Unterlassungsanspruch des Betriebsrates bei §§ 87, 95 BetrVG (BAG DB 94, 2450; 97, 378) gilt nicht für Verstöße gegen das AGG, denn im Gegensatz zu §§ 87, 95 BetrVG begründet das AGG keine eigenen Mitbestimmungsrechte des Betriebsrates, daher besteht auch kein Unterlassungsanspruch bei § 99 BetrVG (BAG NZA 09, 1430).

5 **Gegenstand des Antrages** kann sein „alle Handlungen zu **unterlassen**, die Vornahme einer Handlung zu **dulden** oder eine Handlung **vorzunehmen**". Ebenso wie bei § 12 II–IV (§ 12 Rn 14) kann wegen Ermessens des Arbeitgebers der Antrag idR nicht auf Vornahme einer bestimmten Handlung gerichtet werden.

6 **Zuständig** ist das Arbeitsgericht im Beschlussverfahren (§§ 80 ff ArbGG), häufig wird im Antrag zur einstweilige Verfügung vorausgehen. Es gilt Amtsermittlungsmaxime. Nichterweislichkeit des groben Verstoßes geht zu Lasten des Antragstellers, § 22 gilt schon seinem Wortlaut nach nicht für diesen Nachweis, eine analoge Anwendung scheitert im Umkehrschluss aus § 16 III (*BGK* § 17 Rz 28 mwN; Palandt/*Weidenkaff* § 17 Rz 3; aA *Oberwinter/Ziegler* FA 06, 266). Vollstreckung von Unterlassungs- oder Duldungstitel regelmäßig durch Ordnungsgeld (§ 23 III 2 BetrVG), von Titel auf Vornahme einer Handlung durch Zwangsgeld (§ 23 III 3 BetrVG).

7 II 2 schließt Vorgehen des Betriebsrates aus, soweit **individuelle Ansprüche** bestehen, gleich, ob auf Schadensersatz (§ 15), Unterlassung (§ 1004 BGB) oder Vornahme einer Handlung (§ 12 II–IV) (*Klumpp* NZA 06, 906; aA *Besgen/Roloff* NZA 07, 673). Erst recht können über § 17 nicht nach § 15 VI ausgeschlossene Ansprüche verfolgt werden (*Kleinebrink* ArbRB 07, 25).

§ 18 Mitgliedschaft in Vereinigungen. (1) Die Vorschriften dieses Abschnitts gelten entsprechend für die Mitgliedschaft oder die Mitwirkung in einer
1. Tarifvertragspartei,
2. Vereinigung, deren Mitglieder einer bestimmten Berufsgruppe angehören oder die eine überragende Machtstellung im wirtschaftlichen oder sozialen Bereich innehat, wenn ein grundlegendes Interesse am Erwerb der Mitgliedschaft besteht,

sowie deren jeweiligen Zusammenschlüssen.
(2) Wenn die Ablehnung einen Verstoß gegen das Benachteiligungsverbot des § 7 Abs. 1 darstellt, besteht ein Anspruch auf Mitgliedschaft oder Mitwirkung in den in Absatz 1 genannten Vereinigungen.

1 **I. Einordnung und Zweck.** § 18 setzt um Art 3 I lit d RL 2000/43/EG, 2000/78/EG, 76/207/EWG und erstreckt den Schutz der Beschäftigten vor Benachteiligung gem §§ 6–18 auf Aufnahme und Mitgliedschaft in monopolartigen Vereinigungen.

2 **II. Voraussetzungen.** Zu **Tarifvertragsparteien** gem Nr 1 s § 17 Rn 2. **Vereinigungen** gem Nr 2, deren Mitglieder einer **bestimmten Berufsgruppe angehören**, sind nur solche, bei denen Mitglieder anderer Berufsgruppen ausgeschlossen sind (Handwerksinnungen, Rechtsanwaltsvereine und -kammern, ärztliche Vereinigungen und –kammern, wie Architekten-, Wirtschaftsprüfer-, Steuerberaterkammern). **Vereinigungen mit überragender Machtstellung** im wirtschaftlichen oder sozialen Bereich sind typischerweise Monopolverbände, sofern ohne Mitgliedschaft eine grundrechtlich geschützte Tätigkeit nicht ausgeübt werden könnte; der Anwendungsbereich ist eher eng (zB Deutscher Sportbund BGHZ 63, 282). I erstreckt sich gem letztem Hs auch auf Dachvereinigungen/-verbände (iE *BGK* § 18 Rz 12; SSV/*Suckow* § 18 Rz 8 ff). Analoge Anwendung auf Mitgliedschaft oder Mitwirkung kann sinnwidrig sein (so insb bei §§ 8–10 AGG, *BGK* § 18 Rz 18).

3 **III. Naturalresitution.** II begründet (iGgs zu § 15 VI) **Anspruch auf Mitgliedschaft oder Mitwirkung,** also Kontrahierungszwang, sofern die satzungsmäßigen Voraussetzungen erfüllt sind und der Anspruch unter Verstoß gegen das Benachteiligungsverbot zunächst abgelehnt wurde. Für die **Darlegungs- und Beweislast** gilt § 22.

Abschnitt 3 Schutz vor Benachteiligung im Zivilrechtsverkehr

§ 19 Zivilrechtliches Benachteiligungsverbot. (1) Eine Benachteiligung aus Gründen der Rasse oder wegen der ethnischen Herkunft, wegen des Geschlechts, der Religion, einer Behinderung, des Alters oder der sexuellen Identität bei der Begründung, Durchführung und Beendigung zivilrechtlicher Schuldverhältnisse, die
1. typischerweise ohne Ansehen der Person zu vergleichbaren Bedingungen in einer Vielzahl von Fällen zustande kommen (Massengeschäfte) oder bei denen das Ansehen der Person nach der Art des Schuldverhältnisses eine nachrangige Bedeutung hat und die zu vergleichbaren Bedingungen in einer Vielzahl von Fällen zustande kommen oder
2. eine privatrechtliche Versicherung zum Gegenstand haben,

ist unzulässig.
(2) Eine Benachteiligung aus Gründen der Rasse oder wegen der ethnischen Herkunft ist darüber hinaus auch bei der Begründung, Durchführung und Beendigung sonstiger zivilrechtlicher Schuldverhältnisse im Sinne des § 2 Abs. 1 Nr. 5 bis 8 unzulässig.

(3) Bei der Vermietung von Wohnraum ist eine unterschiedliche Behandlung im Hinblick auf die Schaffung und Erhaltung sozial stabiler Bewohnerstrukturen und ausgewogener Siedlungsstrukturen sowie ausgeglichener wirtschaftlicher, sozialer und kultureller Verhältnisse zulässig.
(4) Die Vorschriften dieses Abschnitts finden keine Anwendung auf familien- und erbrechtliche Schuldverhältnisse.
(5) ¹Die Vorschriften dieses Abschnitts finden keine Anwendung auf zivilrechtliche Schuldverhältnisse, bei denen ein besonderes Nähe- oder Vertrauensverhältnis der Parteien oder ihrer Angehörigen begründet wird. ²Bei Mietverhältnissen kann dies insbesondere der Fall sein, wenn die Parteien oder ihre Angehörigen Wohnraum auf demselben Grundstück nutzen. ³Die Vermietung von Wohnraum zum nicht nur vorübergehenden Gebrauch ist in der Regel kein Geschäft im Sinne des Absatzes 1 Nr. 1, wenn der Vermieter insgesamt nicht mehr als 50 Wohnungen vermietet.

I. Einordnung und Zweck. §§ 19–21 sind die zivilrechtlichen Bestimmungen des AGG. § 19 regelt das zivilrechtliche Benachteiligungsverbot, § 20 Rechtfertigungsgründe, § 21 Rechtsfolgen nicht gerechtfertigter unzulässiger Benachteiligungen. Zu Übergangsbestimmungen s. § 33 (§ 33 Rn 2 f). 1

§ 19 soll Schutz vor ungerechtfertigter Diskriminierung und Privatautonomie in angemessenen Ausgleich bringen. **Nur bestimmte privatrechtliche Schuldverhältnisse** fallen bei ihrer Begründung, Durchführung und Beendigung unter das Benachteiligungsverbot (BTDrs 16/1780 40). 2

Die Aufnahme der Merkmale Religion, Behinderung, Alter und sexueller Identität geht **über die gemeinschaftsrechtlichen Vorgaben hinaus**, die lediglich Benachteiligungen wegen Rasse ethnischer Herkunft (RL 2000/43/EG, Art 3 I e)–h)) oder Geschlecht (RL 2004/113/EG, Art 3 I) untersagt haben. Laut Gesetzesbegründung würden sonst wesentliche Bereiche des rechtlichen Lebens aus dem Benachteiligungsschutz ausgeklammert (BTDrs 16/1780 2; s. § 1 Rn 11). 3

II. Benachteiligungsverbot, Abs 1. Außer „Weltanschauung" (BTDrs 16/2022; § 20 Rn 1, 8) erfasst I alle Merkmale nach § 1 (§ 1 Rn 3 ff). 4

Massengeschäfte gem I Nr 1 kommen „ohne Ansehen der Person" und „zu vergleichbaren Bedingungen in einer Vielzahl von Fällen" zustande. „Ohne Ansehen der Person" wird ein Schuldverhältnis begründet, durchgeführt und beendet, wenn die genannten Differenzierungsgründe – bei allg typisierender Betrachtung – keine Rolle spielen (BTDrs 16/1780 41). Problematisch ist dies bei Kreditgeschäften, bei denen in Ansehung der Person aus Bonitätsgründen eine Kreditentscheidung getroffen wird (*Giesler/Güntzel* ZIP 08, 11; *Maier-Reimer* NJW 06, 2577, 2579; vgl auch *BGK* § 19 Rz 9; *Schrader/Schubert* Rz 638; zu Bankgeschäften *Schürbrand* BKR 07, 305). Ob ein Anbieter „zu vergleichbaren Bedingungen in einer Vielzahl von Fällen" anbietet, ist aus dessen Sicht zu beurteilen (BTDrs 16/1780 41). Beispiele sind öffentliche Verkehrsmittel, Gastronomie. Für Vermieter ist ein Richtwert von 50 Wohnungen vorgesehen, § 19 V 3. Dieser sollte auch Anhaltspunkt für andere Verträge sein (*BGK* § 19 Rz 7, 22; § 19 V 3), wurde allerdings zur Klarstellung ausdrücklich nur für Wohnraumvermietung eingefügt, da diese idR kein Massengeschäft darstelle (BTDrs 16/2022, 13; Rn 6, 9). 5

Nr 1 Var 2 stellt Massengeschäften Geschäften **gleich**, bei denen das **Ansehen der Person eine nachrangige Bedeutung** hat, jedoch eine Rolle spielt. Auch hier bedarf es vergleichbarer Bedingungen in einer Vielzahl von Fällen (*BGK* § 19 Rz 10; *Rolfs* NJW 07, 1490; aA *Wackerbarth* ZIP 07, 454 ff), die Gesetzesbegründung nennt als Bsp lediglich große Wohnraumanbieter (BTDrs 16/1780 42; aA *Wackerbarth* ZIP 07, 453 ff). Auch hier greift die widerlegbare Vermutung des § 19 V 3 (Rn 5, 9). Bsp sind Reisegeschäfte (*Schrader/Schubert* Rz 639), nicht jedoch Kreditgeschäfte (Rn 5; aA GW/*Wendtland* Rz 22; *Nicolai* Rz 742). 6

Nr 2 erfasst auch **privatrechtliche Versicherungen** und damit auch Versicherungsverhältnisse, die nach individuellen Risikoindikatoren ausgestaltet werden (BTDrs 16/1780 42). Sind Nr 1 und 2 einschlägig, geht Nr 2 als speziellere vor. Die Einbeziehung des privaten Versicherungsgeschäfts in das Benachteiligungsverbot wird kritisiert, insb sei eine Prüfung nach Risikoindikatoren wesentliches Element des Geschäftsmodells privater Versicherungen, die zudem strengeren Bedingungen als Kreditverträge unterworfen würden (*BGK* § 19 Rz 11; vgl *Armbrüster* VersR 06, 1297, 1298). Zur Übergangsfrist s. § 33 IV (§ 33 AGG Rn 3). 7

III. Benachteiligungsverbot, Abs 2. Gem II gilt das Verbot der **Benachteiligung wegen Rasse oder ethnischer Herkunft** auch für sonstige zivilrechtliche Schuldverhältnisse iSd § 2 I Nr 5–8, wobei insb Nr 8 zivilrechtlich bedeutsam ist, die Art 3 I h) RL 2000/43/EG umsetzt. Schon ein einzelnes Geschäft Privater ist erfasst, sofern der Vertragsschluss öffentlich angeboten wurde (BTDrs 16/1780, 42; *Ring* ZGS 06, 371, 373; aA *Maier-Reimer* NJW 06, 2577, 2580; *Schürnbrand* BKR 07, 305), also die Privatsphäre des Auffordernden verlassen hat (BTDrs 16/1780, 32; GW/*Wendtland* Rz 31). Größe der angesprochenen Öffentlichkeit ist unerheblich (BTDrs 16/1780 32), ein Massengeschäft für II nicht erforderlich (*BGK* § 19 Rz 13 mwN; *Schrader/Schubert* Rz 665; krit *Schwab* DNotZ 06, 658 f). „Güter" und „Dienstleistungen" ist weit iSd AEUV (Art 28 ff, 56 ff) zu verstehen, also auch Geschäftsbesorgungsverträge, Mietverträge, Verträge über Finanzdienstleistungen (BTDrs 16/1780 32; GW Rn 28; für Kreditgeschäfte Rn 5). Benachteiligungen aus Gründen der Rasse oder der ethnischen Herkunft können nicht gem § 20 gerechtfertigt sein (vgl § 20 Rn 1, 2, 9). Einschränkungen des Benachteiligungsverbots können sich uU aus § 19 III (*Drasdo* NJW-Spezial 1/07, 1; wohl nur als posi- 8 tive Maßnahme iSd § 5; vgl Rn 9) sowie § 19 V 1, 2 (Rn 11), nicht jedoch § 19 V 3 (vgl Rn 9), ergeben (vgl *Schrader/Schubert* Rz 665). Zu beachten ist § 33 II.

9   **IV. Besonderheiten bei der Wohnraumvermietung, Abs 1 u Abs 5 S 3.** Bei der Wohnraumvermietung ist die Schaffung und Erhaltung **sozial stabiler Bewohner- und Siedlungsstrukturen gem III** besonderer Rechtfertigungsgrund. Die Stärkung des sozialen Zusammenhalts in Siedlungen soll einer späteren Diskriminierung vorbeugen (BTDrs 16/1780 42). Unterrepräsentanz bestimmter Gruppen soll durch die Vorschrift jedoch nicht gerechtfertigt werden (BTDrs 16/1780 42). Da RL 2000/43/EG keine Rechtfertigungsgründe für Benachteiligung aus Gründen der Rasse oder ethnischen Herkunft vorsieht, muss eine Vorschrift insoweit richtlinienkonform einschränkend ausgelegt werden (*Hinz* ZMR 06, 828; GW Rz 127), allerdings kommt Rechtfertigung gem § 5 in Betracht (*Eisenschmid* WuM 06, 478; *Hinz* ZMR 06, 828; § 5 Rn 1 ff). Voraussetzung für die Rechtfertigung gem III ist, dass der Vermieter Einfluss auf Bewohner- bzw Siedlungsstruktur nehmen kann, was idR nur bei großen Wohnungsunternehmen der Fall sein wird (BGK § 19 Rz 14). Dafür dürfte ein auf der vorhandenen Bewohner- bzw Siedlungsstruktur beruhendes Konzept erforderlich sein (*Rolfs* NJW 07, 1491; *Warnecke* DWW 06, 268, 272). **V 3 enthält die widerlegbare Vermutung,** dass Wohnraumvermietung bei nicht mehr als **50** zu vermietenden Wohnungen kein Massengeschäft iSd I Nr 1 ist. Sie ist auf andere Schuldverhältnisse übertragbar (str, Rn 5, 6). V 3 gilt nicht bei vorübergehender Wohnraumvermietung (Hotels, Ferienhäuser; *Hinz* ZMR 06, 827). Geltung für die Merkmale Geschlecht, Rasse und ethnische Herkunft ist streitig (dagegen *Schmidt-Räntsch* NZM 07, 12).

10 **V. Ausnahmen. 1. Familien- und Erbrecht, Abs 4. Familien- und erbrechtliche Schuldverhältnisse** werden nicht vom zivilrechtlichen Benachteiligungsverbot erfasst, auch vorweggenommene Erbfolge nicht (BTDrs 16/1780 42). Massengeschäfte sind insoweit kaum denkbar (*Maier-Reimer* NJW 06, 2580).

11 **2. Nähe- oder Vertrauensverhältnis, Abs 5 S 1 u 2.** V 1 enthält eine **Bereichsausnahme** für Schuldverhältnisse, bei denen ein **besonderes Nähe- oder Vertrauensverhältnis** der Parteien oder ihrer Angehörigen begründet wird, zB Mietverhältnisse, bei denen die Parteien oder ihre Angehörigen auf demselben Grundstück wohnen (V 2). Darunter können auch Wohnhäuser mit mehreren Wohnungen fallen (*Nicolai* Rz 756), es kommt allerdings auf die Umstände des Einzelfalls an; entscheidend ist räumliche Nähe, nicht Bezeichnung im Grundbuch (vgl *BGK* § 19 Rz 20; *Rolfs* NJW 07, 1490). Das Benachteiligungsverbot soll nicht unverhältnismäßig in den engsten Lebensbereich eingreifen (BTDrs 16/1780, 42), also in Privatsphäre, Familienleben sowie die in diesem Zusammenhang getätigten Geschäfte (RL 2000/43/EG, Erwägungsgrund Nr 4; RL 2004/113/EG, Erwägungsgrund Nr 3). V 1 und 2 gilt für alle Benachteiligungsverbote (*BGK* § 19 Rz 17; vgl Rn 7). „Angehörige" sind Eltern, Kinder, Ehe- und Lebenspartner sowie Geschwister, maßgeblich ferner § 573 II Nr 2 BGB (BTDrs 16/1780 43). Ein besonderes Nähe- oder Vertrauensverhältnis liegt vor, wenn der Vertrag besonders engen oder lang andauernden Kontakt der Vertragspartner mit sich bringt (BTDrs 16/1780 42 f), evtl auch bei Aufnahme eines neuen Gesellschafters in Personengesellschaft (*Schroeder/Diller* NZG 06, 728).

§ 20 Zulässige unterschiedliche Behandlung.

(1) [1]Eine Verletzung des Benachteiligungsverbots ist nicht gegeben, wenn für eine unterschiedliche Behandlung wegen der Religion, einer Behinderung, des Alters, der sexuellen Identität oder des Geschlechts ein sachlicher Grund vorliegt. [2]Das kann insbesondere der Fall sein, wenn die unterschiedliche Behandlung
1. der Vermeidung von Gefahren, der Verhütung von Schäden oder anderen Zwecken vergleichbarer Art dient,
2. dem Bedürfnis nach Schutz der Intimsphäre oder der persönlichen Sicherheit Rechnung trägt,
3. besondere Vorteile gewährt und ein Interesse an der Durchsetzung der Gleichbehandlung fehlt,
4. an die Religion eines Menschen anknüpft und im Hinblick auf die Ausübung der Religionsfreiheit oder auf das Selbstbestimmungsrecht der Religionsgemeinschaft, der ihnen zugeordneten Einrichtungen ohne Rücksicht auf ihre Rechtsform sowie der Vereinigungen, die sich die gemeinschaftliche Pflege einer Religion zur Aufgabe machen, unter Beachtung des jeweiligen Selbstverständnisses gerechtfertigt ist.

(2) [1]Eine unterschiedliche Behandlung wegen des Geschlechts ist im Falle des § 19 Abs. 1 Nr. 2 bei den Prämien oder Leistungen nur zulässig, wenn dessen Berücksichtigung bei einer auf relevanten und genauen versicherungsmathematischen und statistischen Daten beruhenden Risikobewertung ein bestimmender Faktor ist. [2]Kosten im Zusammenhang mit Schwangerschaft und Mutterschaft dürfen auf keinen Fall zu unterschiedlichen Prämien oder Leistungen führen. [3]Eine unterschiedliche Behandlung wegen der Religion, einer Behinderung, des Alters oder der sexuellen Identität ist im Falle des § 19 Abs. 1 Nr. 2 nur zulässig, wenn diese auf anerkannten Prinzipien risikoadäquater Kalkulation beruht, insbesondere auf einer versicherungsmathematisch ermittelten Risikobewertung unter Heranziehung statistischer Erhebungen.

1   **I. Einordnung und Zweck.** Gem § 20 können **Benachteiligungen gem § 19 I gerechtfertigt** sein. Die Rechtfertigung gilt nur für unterschiedliche Behandlungen wegen Religion, Behinderung, Alter, sexueller Identität

oder Geschlecht, nicht wegen Rasse oder ethnischer Herkunft. Ziel ist es, Differenzierungen zu ermöglichen, die im allg Zivilrecht notwendig und erwünscht sind (BTDrs 16/1780, 43).

I setzt Art 4 V RL 2004/113/EG (Erwägungsgründe Nr 16, 17) um, **II** Art V II, III RL 2004/113/EG (Erwägungsgründe Nr 18, 19). Die Antirassismusrichtlinie 2000/43/EG sieht dagegen keine Rechtfertigungsmöglichkeiten bei Benachteiligung wegen Rasse oder ethnischer Herkunft vor (§ 20 Rn 7), Nr 3 greift nicht (Rn 1; § 19 Rn 8).

1 enthält Generalklausel für Rechtfertigung, 2 vier Regelbeispiele, nicht abschließend („insb"). Bei mittelbarer Benachteiligung schließt sachlicher Grund schon den Tatbestand aus (§ 3 II vgl § 3 Rn 11 ff).

II. Generalklausel, S 1. Sachlicher Grund iSvS 1 ist iRe wertenden Feststellung im Einzelfall nach Treu und Glauben zu beurteilen. Regelbeispiele des 2 sind Richtschnur. Sachlicher Grund kann aus Sphäre des Unterscheidenden oder des Betroffenen stammen (BTDrs 16/1780 43). Das Ziel der Ungleichbehandlung muss objektiv gerechtfertigt sein und die Ungleichbehandlung verhältnismäßig (vgl § 8 Rn 6, 7, *Worzalla* 210).

III. Regelbeispiele, S 2. Nach **Nr 1** kann eine Ungleichbehandlung gerechtfertigt sein, wenn sie der Vermeidung von Gefahren, der Verhütung von Schäden oder anderen Zwecken vergleichbarer Art dient. Nr 1 will auch bei Massengeschäften die Beachtung von **Verkehrssicherungspflichten** durchsetzen. Der Anbieter hat Beurteilungsspielraum, ob die Ungleichbehandlung zur Zweckerreichung geeignet und erforderlich ist. Beispiele: Freizeitparks, Zugang zu Fahrgeschäften oder Regelungen, die nur Angehörigen eines Geschlechts Zuflucht bieten (Frauenhäuser) (BTDrs 16/1780 43).

Um dem Bedürfnis nach **Schutz der Intimsphäre oder persönlicher Sicherheit** nachzukommen, kann eine Ungleichbehandlung gem **Nr 2** gerechtfertigt sein. Nr 2 zielt insb auf das Bedürfnis nach Unterscheidungen nach dem Geschlecht (Bereithaltung von Frauenparkplätzen, getrennte Öffnungszeiten in Schwimmbädern, vgl BTDrs 16/1780 44). Nachvollziehbare Gründe sind erforderlich, dh objektive Beurteilung iSe allg Gefahrenverständnisses, abstrakte Angst zB vor „dem Islam" genügt nicht (BTDrs 16/1780 44; *BGK* § 20 Rz 8).

Nr 3 kann eine Ungleichbehandlung rechtfertigen, die **besondere Vorteile gewährt**, wenn ein Interesse an Durchsetzung der Gleichbehandlung fehlt, zB Preisnachlässe oder andere Sonderkonditionen für typischerweise weniger leistungsfähige Gruppen (Schüler, Studenten (BTDrs 16/1780, 44), Senioren (AG-Mannheim NJW 08, 3443). Im Unterschied zu § 5 bedarf es bei Nr 3 keiner bestehenden Nachteile für die geförderte Personengruppe (*BGK* § 20 Rz 9; vgl § 5 Rn 3). Zulässig daher auch Seniorenteller, Ladies, Night oder Ü-30Party (Palandt/*Grüneberg* § 20 Rz 5; *Rath/Rütz* NJW 07, 1499). Mit der Bevorzugung einer Gruppe einhergehende Benachteiligung einer anderen ist hinzunehmen weil Leistender ansonsten Vorteilsgewährung nicht ausdehnen, sondern einstellen würde (BTDrs 16/1780 44; GW, Rz 110). Nr 3 greift nicht, wenn Vorteilsgewährung nur diskriminierende Verhaltensweise tarnt, zB das regulär geforderte Entgelt für eine Leistung weit über dem üblichen Marktpreis liegt (BTDrs 16/1780 44).

Speziell ggü Ungleichbehandlungen aus Gründen der **Religion** enthält Nr 4 einen Rechtfertigungsgrund in Nr 4. Grundlage: Glaubensfreiheit (Art 4 I GG), allg Handlungsfreiheit (Art 2 I GG), zudem Art 140 GG iVm Art 137 III WRV (§ 9 Rn 2; BTDrs 16/1780 44). Zur Darlegungs- und Beweislast Rn 12.

IV. Privatrechtliche Versicherungen, Abs 2. In II geregelte spezielle Rechtfertigungsgründe für die Festlegung von Prämien und Leistungen in Privatversicherungsverhältnissen iSd § 19 I Nr 2 gehen I vor. Der Gesetzgeber berücksichtigt damit, dass im **Privatversicherungswesen individuelle Risikoprüfungen** sowie **entsprechende Differenzierungen notwendig** sind (*Armbrüster* VersR 06, 1300). II unterscheidet zwischen Geschlecht (1; Ausn 2) Religion, Behinderung, Alter und sexueller Identität (3). Rechtfertigung einer Benachteiligung aus Gründen der Rasse oder ethnischer Herkunft scheidet aus (Rn 1, 2; § 19 Rn 8). Zulässige Ungleichbehandlung kann sich auf Ob und Wie des Versicherungsverhältnisses beziehen (Palandt/*Grüneberg* § 20 AGG Rz 8).

Eine **Differenzierung wegen des Geschlechts** nach 1 ist nur gerechtfertigt, wenn dessen Berücksichtigung bei einer auf relevanten und genauen versicherungsmathematischen und statistischen Daten beruhenden Risikobewertung **bestimmender** maßgeblicher **Faktor** ist (BTDrs 16/1780, 45). Zur Risikobewertung Rn 12. 2 ist sozialpolitisch motiviert: für Frauen sollen auf Grund von **Schwangerschaft und Mutterschaft** keine anderen Bedingungen gelten als für Männer (BTDrs 16/1780 45; RL 2004/113/EG, Art 5 III, Erwägungsgrund Nr 20; s. aber AG-Hannover, VersR 09, 348 – Leistungsausschluss zulässig bei bestehender Schwangerschaft).

Über 3 können Ungleichbehandlungen wegen **Religion, Behinderung, Alter oder sexueller Identität** gerechtfertigt sein, wenn sie auf anerkannten Prinzipien risikoadäquater Kalkulation beruhen (iE *BGK* § 20 Rz 16 ff). Dazu sind bestimmte Rechnungsgrundlagen, mathematische Formeln, kalkulatorische Herleitungen, uU auch statistische Grundlagen (zB Sterbetafeln) heranzuziehen (vgl §§ 11, 65 VAG sowie aufgrund dessen erlassene Rechtsverordnungen, § 341 f HGB; BTDrs 16/1780, 45; vgl auch *Armbrüster* VersR 06, 1297, 1300; zur Darlegungs- und Beweislast Rn 12). Risikomerkmale müssen zu vertretbaren Kosten statistisch erfassbar sein und einen deutlichen statistischen Zusammenhang mit der Schadenserwartung haben (BTDrs 16/1780 45). Während vor Inkrafttreten des AGG Verstöße gegen Prinzipien risikoadäquater Kalkulation nur aufsichtsrechtlich geahndet wurden (§ 81 VAG), berühren sie nunmehr auch die Wirksamkeit der Vereinbarung (*Thüsing/v Hoff* VersR 07, 7).

12 **V. Prozessuales.** Der Anbieter muss nach allg Grundsätzen das Vorliegen des Rechtfertigungsgrundes iSd § 20 **darlegen und beweisen** (BTDrs 16/1780 43). IRd **I 2 Nr 4** genügt nicht bloße Berufung auf Glaubensinhalte und -gebote, vielmehr muss der Anbieter seinen Gewissenskonflikt als Konsequenz aus dem Zwang, der eigenen Glaubensüberzeugung zuwider zu handeln, konkret, substantiiert und objektiv nachvollziehbar darlegen (BTDrs 16/1780, 45; BVerwGE 94, 88). IRd **II 1** muss die Risikobewertung der Privatversicherung relevant und genau erfolgen (Rn 10). Für Versicherungen bedeutet dies eine gesteigerte Darlegungs- und Beweislast, sie müssen substantiiert vortragen, dass Daten aktuell, verlässlich, der Öffentlichkeit zugänglich und versicherungsmathematisch korrekt erhoben und verarbeitet wurden (BTDrs 16/1780 45), ebenso iRd **II 3** zu den „anerkannten Prinzipien risikoadäquater Kalkulation" (vgl Rn 11; *BGK* § 20 Rz 15).

§ 21 Ansprüche.

(1) ¹Der Benachteiligte kann bei einem Verstoß gegen das Benachteiligungsverbot unbeschadet weiterer Ansprüche die Beseitigung der Beeinträchtigung verlangen. ²Sind weitere Beeinträchtigungen zu besorgen, so kann er auf Unterlassung klagen.
(2) ¹Bei einer Verletzung des Benachteiligungsverbots ist der Benachteiligende verpflichtet, den hierdurch entstandenen Schaden zu ersetzen. ²Dies gilt nicht, wenn der Benachteiligende die Pflichtverletzung nicht zu vertreten hat. ³Wegen eines Schadens, der nicht Vermögensschaden ist, kann der Benachteiligte eine angemessene Entschädigung in Geld verlangen.
(3) Ansprüche aus unerlaubter Handlung bleiben unberührt.
(4) Auf eine Vereinbarung, die von dem Benachteiligungsverbot abweicht, kann sich der Benachteiligende nicht berufen.
(5) ¹Ein Anspruch nach den Absätzen 1 und 2 muss innerhalb einer Frist von zwei Monaten geltend gemacht werden. ²Nach Ablauf der Frist kann der Anspruch nur geltend gemacht werden, wenn der Benachteiligte ohne Verschulden an der Einhaltung der Frist verhindert war.

1 **I. Einordnung und Zweck.** § 21 regelt die **Rechtsfolgen** nicht gerechtfertigter unzulässiger Benachteiligung. Nach europarechtlicher Vorgabe müssen die Sanktionen **wirksam, verhältnismäßig und abschreckend** sein (§ 15 Rn 1; RL 2000/43/EG, Art 15; RL 2004/113/EG, Art 14). I bis III sind nicht zu Lasten des Gläubigers abdingbar (IV).

2 **II. Beseitigungs- und Unterlassungsanspruch, Abs 1.** § 1004 BGB nachgebildet regelt I **verschuldensunabhängige** Primäransprüche auf **Beseitigung (1) und (vorbeugende) Unterlassung (2)**. Mögliche weitere Ansprüche werden von I nicht berührt. Der Beseitigungsanspruch gem 1 erfordert einen objektiven Verstoß gegen das Benachteiligungsverbot, der Unterlassungsanspruch gem 2 eine konkret drohende zukünftige Beeinträchtigung (BTDrs 16/1780 46), auch Erstbegehungsgefahr genügt (Palandt/*Grüneberg* § 21 Rz 4). Der Beseitigungsanspruch ist auf Naturalrestitution gerichtet. Der Benachteiligte ist also so zu stellen, wie er ohne die nicht gerechtfertigte unzulässige Ungleichbehandlung stünde; ob dies auch einen **Kontrahierungszwang** begründet, ist str (dafür wohl *Thüsing/v Hoff* NJW 07, 21; dagegen *Armbrüster* NJW 07, 1494; iE Palandt/*Grüneberg* § 21 Rz 7 mwN; *Maier-Reimer* NJW 06, 2577, 2582). Auf Vertragsänderung zur Vermeidung der Benachteiligung müssen die Vertragsparteien sich einlassen (§ 15 Rn 2; vgl BAG BB 07, 1627; *Lingemann/ Müller* DB 07, 2012; *Schmidt/Räntsch* NZM 07, 15;).

3 **III. Schadensersatz- und Entschädigungsanspruch, Abs 2.** II regelt Sekundäransprüche auf Schadensersatz (1, 2) und Entschädigung (3). Der **verschuldensabhängige Schadensersatzanspruch** entspricht strukturell § 280 I BGB sowie § 15 I AGG (§ 15 Rn 3 ff). Steht pflichtwidrige Benachteiligung fest, kann Benachteiligender den Entlastungsbeweis gem 2 führen, dass er sie nicht zu vertreten hat, § 276 BGB. Zur Haftung für Organe und Erfüllungsgehilfen s. § 15 Rn 2. Zu ersetzen ist wie bei § 15 I der entstandene materielle Schaden (vgl BTDrs 16/1780 38, 46; § 15 Rn 5).

4 Der **Entschädigungsanspruch** (3) ist **verschuldensunabhängig** und betrifft immaterielle Schäden, § 253 BGB. Angemessen ist die Entschädigung, wenn sie dem Benachteiligten Genugtuung verschaffen kann, die Höhe ist gesetzlich nicht beschränkt, zur Konkretisierung kann Rspr zur Verletzung des allg Persönlichkeitsrechts herangezogen werden (BTDrs 16/1780 46; BGH NJW 96, 985; krit *Nicolai* Rz 863). Die Benachteiligung muss erheblich sein (§ 15 Rn 10). Schadensersatz- und Entschädigungsanspruch können nebeneinander bestehen, Ausgleich materiellen Schadens mindert Entschädigungsanspruch (§ 15 Rn 8).

5 **IV. Sonstige Rechtsfolgen, Abs 3.** In I, 2 schließen Ansprüche aus unerlaubter Handlung nicht aus (III; iE § 15 Rn 20 ff). Sind einzelne Regelungen diskriminierend, kann deren Beseitigung verlangt werden, Unwirksamkeit nach § 134, 138 BGB bleibt unberührt. Das Schuldverhältnis iÜ bleibt nach Maßgabe von § 139 BGB erhalten (BTDrs 16/1780 47).

6 **V. Geltendmachungsfrist, Abs 5.** Die gesetzliche Ausschlussfrist in V von **zwei Monaten** zur Geltendmachung der Ansprüche aus I u II dient der Rechtssicherheit (BTDrs 16/1780, 47; vgl § 15 Rn 14 ff), ist aber europarechtlich zweifelhaft (§ 15 Rn 14). Sie beginnt mit Entstehung des Anspruchs (Palandt/*Grüneberg* § 21 Rz 8). Gem 2 kann der Anspruch auch nach Fristablauf noch geltend gemacht werden, sofern der Benachtei-

ligte ohne Verschulden erst danach von den anspruchsbegründenden Tatsachen Kenntnis erlangt, dann beginn die Zweimonatsfrist ab dieser Kenntnis (*BGK* § 21 Rz 16; *Maier-Reimer* NJW 06, 2577, 2582; aA Palandt/*Grüneberg* § 21 Rz 8 mwN: Unverzüglich nach Kenntnis, § 121 BGB).

Abschnitt 4 Rechtschutz

§ 22 Beweislast. Wenn im Streitfall die eine Partei Indizien beweist, die eine Benachteiligung wegen eines in § 1 genannten Grundes vermuten lassen, trägt die andere Partei die Beweislast dafür, dass kein Verstoß gegen die Bestimmungen zum Schutz vor Benachteiligung vorgelegen hat.

I. Einordnung und Zweck. § 22 **setzt um** Art 8 RL 2000/43/EG, Art 10 RL 2000/78/EG und RL, 2004/113/EG. **Zweck** ist die Erleichterung der Beweisführung derjenigen Person, die sich durch einen Verstoß gegen das AGG für verletzt hält. Vorläufer war § 611a I 3 BGB (BTDrs 16/1780 47). **1**

II. Beweislast des Anspruchstellers. Unabhängig von § 22 trägt derjenige, der sich auf Benachteiligung beruft, die Beweislast für diese Benachteiligung, ein Anscheinsbeweis kann ihm zugute kommen (EuGH NZA 94, 797; BTDrs 16/1780 47). Die Gesetzesbegründung bezieht sich weiter auf den Grundsatz des deutschen Prozessrechtes, nach dem Anforderungen an Darlegungs- und Beweislast sich danach richten, in wessen **Einflussbereich** sich die Vorgänge ereignet haben (BTDrs 16/1780 47). **2**

Auch nach § 22 muss der **Anspruchsteller den Vollbeweis** für folgende Tatsachen führen: (1.) Vorliegen eines **Merkmals nach § 1,** in der Person des Anspruchstellers oder bei einem nahen Angehörigen (EuGH NZA 08, 932 – Coleman), (2.) weniger günstige Behandlung, Belästigung oder sexuelle Belästigung, (3.) Indizien (Vermutungstatsachen), die nach allg Lebenserfahrung eine überwiegende Wahrscheinlichkeit dafür begründen, dass die weniger günstige Behandlung, Belästigung oder sexuelle Belästigung wegen eines Merkmals nach § 1 erfolgte (vgl BAG NZA 08, 1351). Für die Ursächlichkeit eines Merkmals nach § 1 muss er also nur Hilfstatsachen darlegen und ggf beweisen, an deren Vermutungswirkung aber keine zu strengen Anforderungen zu stellen sind (BAG aaO). Nicht herabgesetzt ist das **Beweismaß** daher für die Benachteiligung und die Indizien für den Benachteiligungsgrund nach § 1. Hier gilt der Strengbeweis (Palandt/*Grüneberg*, § 2 Rz 22). Zum ordnungsgemäßen prozessualen Vortrag gehört daher auch der Beweisantritt (BAG aaO). Natürlich werden durch die Anforderungen aber die Vermutungswirkung an den Beweis der **Ursächlichkeit** des Diskriminierungsmerkmals für die Benachteiligung gesenkt (vgl BAG NZA 08, 3658; 05, 870; 04, 2112; LAG-Köln NZA-RR 08, 622; weitergehend ArbG Berlin NZA 08, 492). (4.) Schließlich muss der Anspruchsteller iRv § 15 auch die **Pflichtverletzung** des Anspruchsgegners (zB fehlende Schulung) beweisen (§ 15 Rn 3, 6). (5.) Macht der Anspruchsteller **Schadensersatz** geltend, ist er auch für Entstehung und Höhe des Schadens beweispflichtig, § 287 ZPO findet jedoch Anwendung. **3**

III. Beweislast des Anspruchsgegners. Hat der Anspruchsteller den Beweis (Rn 3) erbracht, muss der Anspruchsgegner beweisen, dass kein Verstoß gegen AGG vorliegt, entweder, weil trotz Indiztatsachen das Merkmal gem § 1 **nicht ursächlich** für unterschiedliche Behandlung war (zB weil Bewerbung missbräuchlich (§ 2 Rn 4; § 3 Rn 8), oder weil dem Arbeitgeber/Anbieter nicht bekannt war, dass ein Merkmal nach § 1 vorlag (zur Kausalität vgl § 7 Rn 4), oder weil die Benachteiligung nach §§ 5, 8–10, 20 **gerechtfertigt** war (§ 8 Rn 8 ff, 10 Rn 8 ff). Der Benachteiligungsgrund ist für die Ungleichbehandlung nur dann **nicht ursächlich**, wenn Gründe nach § 1 für die Benachteiligung keine Rolle gespielt haben (BAG NZA 04, 544; § 7 Rn 4). Der Anspruchsgegner wird daher Auswahlkriterien (s. Rn 6 aE) und Gründe für die Entscheidung offenlegen müssen. Gegen **Schadensersatzansprüche** gem § 15 I kann er auch **fehlendes Verschulden** einwenden und beweisen (§ 15 Rn 4). **4**

Vermutungstatsachen können insb sein (vgl auch § 2 Rn 6 ff): nicht § 7 I entsprechende **Ausschreibung** (§ 11 Rn 3) oder **Stellenanzeige** (BAG NZA 04, 543; 90, 21), **Fragen im Bewerbungsgespräch** bzw Bewerbungsfragebogen nach Merkmal des § 1. Als Indizien sollen auch in Betracht kommen **Testingverfahren,** dh Verfahren, bei denen zwei bis auf das Diskriminierungsmerkmal identische Bewerbungen eingereicht werden (und ggf nur der Bewerber ohne Merkmal zum Vorstellungsgespräch eingeladen wird). **Statistische Erkenntnisse** können nur zusammen mit anderen Indizien eine überwiegende Wahrscheinlichkeit begründen (*Wackerbarth* ZIP 07, 457; *Heyn/Meinel*, NZA 09, 20; *Bayreuther,* NJW 09, 806; weitergehend LAG-BB NZA 09, 43 (nrkr); enger LAG BB NZA-RR 09, 357; *Däubler* AiB 07, 97 ff). Zu einzelnen Merkmalen: (1) **Behinderung:** nicht unverzügliche Beteiligung der **Schwerbehindertenvertretung** entgegen §§ 81 I 4 und 6 SGB IX bei Bewerberauswahl oder Besetzung von Arbeitsplätzen (BAG BB 05, 2816; krit *Diller* NZA 07, 1324), bei einem öffentlichen Arbeitgeber **unterlassene Einschaltung der BA** für Arbeit entgegen §§ 81 I 2, 82 1 SGB IX (BAG NZA 07, 507; dagegen *v Medem* NZA 07, 545; *Diller* NZA 07, 1324), **Nichteinladung** schwerbehinderter Bewerber zum Vorstellungsgespräch entgegen § 82 2 SGB IX (BAG NZA 09, 1087) oder nicht vollständige Kenntnisnahme von einem **Bewerbungsschreiben mit Angabe der Schwerbehinderung** (BAG NZA 09, 79), **Nichtangabe von Gründen im Absageschreiben** entgegen § 81 I 9 SGB IX ggü behinderten Bewerbern, wobei **5**

Arbeitgeber mit nicht aufgeführten Ablehnungsgründen im Verfahren ausgeschlossen sein soll (LAG Hessen NZA-RR 06, 312), (2) **Geschlecht: überproportional hoher Anteil** von übertariflich entlohnten Männern bei gleicher Arbeit und intransparenter Entlohnungspraxis (BAG NJW 93, 3091); (3) **Ethnische Herkunft:** öffentliche Äußerung des Arbeitgebers, keine Monteure marokkanischer Herkunft einzustellen (EuGH NZA 08, 929 – Feryn),

6 **Nicht ausreichend** sind hingegen: **überproportionaler Anteil nicht nach § 1 geschützter Arbeitnehmer** im Unternehmen (sehr str, aA wohl LAG BB NZA 09, 43, nrkr); mittelbare Benachteiligung wäre dadurch nur belegbar, wenn die Anwendung eines neutralen Kriteriums statistisch zu ungleichgewichtiger Besetzung führen **muss, hohe Signifikanz** ist erforderlich (EuGH NZA 94, 797; vgl auch EuGH NZA 05, 810; BAG NZA 03, 335). **Widerlegung** ist möglich, wenn der Arbeitgeber auch Bewerber eingestellt hat, die das Diskriminierungsmerkmal aufweisen (vgl LAG Berlin PflR 01, 439; ArbG Ffm v 19.3.03, 7 Ca 8038/01; *NB/P* § 22 Rz 11, *Kania/Merten* ZIP 07, 10). Ggü einer gegen § 1 verstoßenden **Ausschreibung** kann der Arbeitgeber ein nicht in der Ausschreibung genanntes **Anforderungsprofil** nachträglich nur einwenden, wenn besondere Umstände erkennen lassen, dass dies nicht nur vorgeschoben ist (BVerfG NZA 94, 745; BAG NZA 04, 544, LAG BB aaO, Rz 6). Zur Haftung für Beauftragte s. § 2 Rn 5; § 11 Rn 4. Zu einzelnen Merkmalen: nicht ausreichend (1) **Behinderung:** bei Kfz-Mechaniker die Anforderung „flexibel und belastbar" (LAG Nürnberg NZA 09, 148); (2) **Geschlecht:** bloßes Vorliegen einer Schwangerschaft (BAG DB 08, 2368; *Diller/Kern* FA 07, 105) s. auch § 3 Rn 19 ff.

7 **IV. Mittelbare Benachteiligung.** Eine **mittelbare Benachteiligung** scheidet schon tatbestandlich aus, wenn ein sachlicher Grund iSv § 3 II vorliegt. Auch hier muss der Anspruchsteller beweisen (1) Merkmal nach § 1 (2) mittelbare Benachteiligung (zum statistischen Nachweis § 3 Rn 13), (3) fehlenden sachlichen Grund gem § 3 II (BTDrs 16/1780 33; § 3 Rn 13). Nur hinsichtlich der Ursächlichkeit des Merkmals nach § 1 kommt ihm § 22 zugute. Nach allg Grundsätzen wird der Anspruchsgegner jedoch iRe **abgestuften Darlegungs- und Beweislast** verpflichtet sein, den sachlichen Grund darzulegen. Erst dann wäre es Sache des Anspruchstellers, diesen substantiiert zu bestreiten und ggf Beweis für das Nichtvorliegen anzutreten. Das Risiko der Beweisfälligkeit trägt der Anspruchsteller; die bloße Darlegung und der Beweis von Tatsachen, die einen fehlenden sachlichen Grund vermuten lassen, reicht zur Vermeidung der Beweisfälligkeit des Anspruchstellers nicht aus (aA *NB/P* § 22 Rz 18).

§ 23 Unterstützung durch Antidiskriminierungsverbände.

(1) ¹Antidiskriminierungsverbände sind Personenzusammenschlüsse, die nicht gewerbsmäßig und nicht nur vorübergehend entsprechend ihrer Satzung die besonderen Interessen von benachteiligten Personen oder Personengruppen nach Maßgabe von § 1 wahrnehmen. ²Die Befugnisse nach den Absätzen 2 bis 4 stehen ihnen zu, wenn sie mindestens 75 Mitglieder haben oder einen Zusammenschluss aus mindestens sieben Verbänden bilden.
(2) ¹Antidiskriminierungsverbände sind befugt, im Rahmen ihres Satzungszwecks in gerichtlichen Verfahren als Beistände Benachteiligter in der Verhandlung aufzutreten. ²Im Übrigen bleiben die Vorschriften der Verfahrensordnungen, insbesondere diejenigen, nach denen Beiständen weiterer Vortrag untersagt werden kann, unberührt.
(3) Antidiskriminierungsverbänden ist im Rahmen ihres Satzungszwecks die Besorgung von Rechtsangelegenheiten Benachteiligter gestattet.
(4) Besondere Klagerechte und Vertretungsbefugnisse von Verbänden zu Gunsten von behinderten Menschen bleiben unberührt.

1 **I. Einordnung und Zweck.** § 23 setzt um Art 6 III RL 76/207/EWG (eingefügt durch RL 2002/73/EG), Art 7 II RL 2000/43/EG, Art 9 II RL 2000/78/EG, Art 8 III RL 2004/113/EG und begründet das Recht von Antidiskriminierungsverbänden, sich zur Unterstützung Benachteiligter an Verfahren zu beteiligen. Die ursprünglich vorgesehene Möglichkeit, in Verfahren Bevollmächtigte zu sein, wurde gestrichen, nur Beteiligung als Beistände ist noch möglich (BTDrs 16/2022, 7). Ab 1.7.08 (BGBl I 2840) wurde die Beschränkung der Beistände auf Verfahren, in denen Vertretung durch Anwälte und Anwältinnen nicht gesetzlich vorgeschrieben ist, gestrichen (II).

2 **II. Antidiskriminierungsverbände, Abs 1.** Antidiskriminierungsverbände nehmen entspr ihrer Satzung die besonderen Interessen von benachteiligten Personen oder Personengruppen (§ 1) wahr (1), zB von Migrantinnen und Migranten, von Frauen oder Männern, von älteren oder behinderten Menschen, oder von Menschen mit gleichgeschlechtlichen Lebensweisen (BTDrs 16/1780 48). Die Wahrnehmung erfolgt „nicht gewerbsmäßig" und „nicht nur vorübergehend" (vgl § 4 II UKlaG). Nur wenn sie gem 2 mind 75 Mitglieder haben oder ein Zusammenschluss aus mind 7 Antidiskriminierungsverbänden sind, die in der Summe wiederum mind 75 Mitglieder haben, haben die Verbände die Rechte nach 1 und 3. Im Bestreitensfall sind die *Mitgliedschaften* nachzuweisen (vgl BAG NZA 03, 1221 zu § 23 III BetrVG). Die Voraussetzungen nach I müssen während des gesamten Verfahrens vorliegen (*BGK* § 23 Rz 10).

III. Auftreten als Beistand Benachteiligter in der Verhandlung, Abs 2. „Beistand" iS von 1 ist, wer **im Prozess** neben der anwesenden Partei oder im Anwaltsprozess neben dem anwesenden Prozessbevollmächtigten in der mündlichen Verhandlung zur Unterstützung auftritt (Zöller/*Vollkommer* § 90 ZPO Rz 1). Ab 1.7.08 können Antidiskriminierungsverbände Betroffenen auch dann vor Gericht beistehen, wenn Vertretung durch Anwälte/Anwältinnen gesetzlich vorgeschrieben ist (Rn 1). Vortrag des Beistands gilt als Vortrag der Partei, sofern diese ihn nicht sofort widerruft, § 90 II ZPO. Auftreten des Antidiskriminierungsverbandes als Beistand muss **im Rahmen seines Satzungszwecks** erfolgen, ein Antidiskriminierungsverband zur Unterstützung von Migranten kann zB nicht in Verfahren um Geschlechterdiskriminierung auftreten. 2 enthält Vorbehalt für Verfahrensordnungen, insb kann Beiständen weiterer Vortrag untersagt werden, wenn es ihnen an Fähigkeit zum geeigneten Vortrag mangelt, §§ 79 III 3, 90 I 3 ZPO. Kostenerstattung nach allg Grundsätzen, in erster Instanz vor dem ArbGG daher keine Kostenerstattung, § 12a I 1 ArbGG; im Zivilprozess gilt § 91 I ZPO. 3

IV. Besorgung von Rechtsangelegenheiten Benachteiligter, Abs 3. III erfasst Rechtsberatung und Vertretung in Rechtsangelegenheiten Benachteiligter **außerhalb gerichtlicher Verfahren**, für gerichtliche Verfahren gilt II. Die anfangs vorgesehene Möglichkeit der Antidiskriminierungsverbände, Ansprüche nach Abtretung auch im eigenen Namen geltend zu machen, wurde zur Vermeidung berufsmäßiger Diskriminierungsklagen gestrichen. 4

V. Vorbehalt besonderer Klagerechte und Vertretungsbefugnisse zugunsten behinderter Menschen, Abs 4. IV enthält Vorbehalt zugunsten von § 63 SGB IX. Anders als nach III können Verbände, die nach ihrer Satzung behinderte Menschen auf Bundes- oder Landesebene vertreten und nicht selbst am Prozess beteiligt sind, mit Einverständnis des behinderten Menschen dessen Rechte im eigenen Namen geltend machen (vgl auch Kossens/von der Heide/Maaß/*Wollschläger* SGB IX § 63 Rz 1). II erlaubt daher nur Tätigkeit als Beistand, III Besorgung der Rechtsangelegenheiten Benachteiligter in deren Namen und IV Prozessstandschaft. 5

Abschnitt 5 Sonderregelungen für öffentlich-rechtliche Dienstverhältnisse

§ 24 Sonderregelung für öffentlich-rechtliche Dienstverhältnisse. Die Vorschriften dieses Gesetzes gelten unter Berücksichtigung ihrer besonderen Rechtsstellung entsprechend für

1. **Beamtinnen und Beamte** des Bundes, der Länder, der Gemeinden, der Gemeindeverbände sowie der sonstigen der Aufsicht des Bundes oder eines Landes unterstehenden Körperschaften, Anstalten und Stiftungen des öffentlichen Rechts,
2. **Richterinnen und Richter** des Bundes und der Länder,
3. **Zivildienstleistende** sowie anerkannte Kriegsdienstverweigerer, soweit ihre Heranziehung zum Zivildienst betroffen ist.

§ 24 erstreckt Anwendung des AGG auf **Beamte, Richter und Zivildienstleistende**, da GleichbehandlungsRL (Einl Rn 1) nicht zwischen privaten und öffentlich-rechtlichen Dienstverhältnissen unterscheiden. Ihre „besondere Rechtsstellung" muss berücksichtigt werden, bei Beamten insb die beamtenrechtliche Treuepflicht. Insoweit sind weitergehende Rechtfertigungen möglich als in zivilrechtlichen Arbeitsverhältnissen. Das Leistungsverweigerungsrecht, § 14, gilt nicht, soweit im Einzelfall dienstliche Belange entgegenstehen (BTDrs 16/1780, 49, sehr str). Auch kann die beamtenrechtliche Remonstrationspflicht (vgl § 56 BBG) über das Beschwerderecht nach § 13 hinaus Beamte verpflichten, Benachteiligungen dem Dienstherren zu melden (*BGK* § 24 Rz 8). Für Soldatinnen, Soldaten und Wehrdienstleistende gilt das SoldGG. 1

Abschnitt 6 Antidiskriminierungsstelle

§§ 25–30 (nicht kommentiert, siehe www.antidiskriminierungsstelle.de)

Abschnitt 7 Schlussvorschriften

§ 31 Unabdingbarkeit. Von den Vorschriften dieses Gesetzes kann nicht zu Ungunsten der geschützten Personen abgewichen werden.

Gem § 31 ist AGG zugunsten der geschützten Personen **einseitig zwingend**. § 31 erfasst individualvertragliche und kollektivrechtliche Vereinbarungen (BTDrs 16/1780 53). Vergleiche sind jedoch nach Entstehen der Streitigkeit zulässig. Eine Vereinbarung entgegen § 31 ist **nichtig** (§ 134 BGB), bei Nichtigkeit einzelner Rege- 1 lungen gilt § 139 BGB. § 31 soll auch die **zweimonatige Geltendmachungsfrist in § 15 IV AGG** erfassen (BTDrs 16/1780 53). § 15 IV bestimmt dagegen, dass jedenfalls die Tarifvertragsparteien von dieser Frist abweichen dürfen (vgl auch BTDrs 16/1780 38). Im Falle tariflicher (nachteiliger) Abweichungen geht daher § 15 IV dem § 31 als lex specialis vor (vgl *Schiefer/Ettwig/Krych* Rz 725; *Schrader/Schubert* Rz 75), iÜ unterfallen aber auch Abweichungen von der Geltendmachungsfrist § 31 (§ 15 Rn 19).

§ 32 Schlussbestimmung. Soweit in diesem Gesetz nicht Abweichendes bestimmt ist, gelten die allgemeinen Bestimmungen.

1 Die in § 32 vorbehaltenen allg Bestimmungen sind insb solche des BGB, namentlich Schuldrecht und Deliktsrecht, aber auch KSchG, GewO, HGB, BetrVG, PersonalVG der Länder und des Bundes (BTDrs 16/1780 53; § 15 Rn 20 ff). Bei unberechtigter Inanspruchnahme kommen Ansprüche nach §§ 311 II, 280 I, §§ 823 II iVm § 263 StGB oder § 826 (Palandt/*Heinrichs* § 32 Rz 3) in Betracht; zum Regress ggü Arbeitnehmern oder Dritten § 15 Rn 24; zu unmittelbaren Ansprüchen gegen den Benachteiligenden § 15 Rn 22. Das AGG verdrängt sonstige Vorschriften nicht als Spezialregelung, sondern besteht neben ihnen in Gesetzeskonkurrenz; zT ist es auch bei Auslegung anderer Vorschriften heranzuziehen (vgl § 2 Rn 14, 16).

§ 33 Übergangsbestimmungen. (1) Bei Benachteiligungen nach den §§ 611a, 611b und 612 Abs. 3 des Bürgerlichen Gesetzbuchs oder sexuellen Belästigungen nach dem Beschäftigtenschutzgesetz ist das vor dem 18. August 2006 maßgebliche Recht anzuwenden.
(2) ¹Bei Benachteiligungen aus Gründen der Rasse oder wegen der ethnischen Herkunft sind die §§ 19 bis 21 nicht auf Schuldverhältnisse anzuwenden, die vor dem 18. August 2006 begründet worden sind. ²Satz 1 gilt nicht für spätere Änderungen von Dauerschuldverhältnissen.
(3) Bei Benachteiligungen wegen des Geschlechts, der Religion, einer Behinderung, des Alters oder der sexuellen Identität sind die §§ 19 bis 21 nicht auf Schuldverhältnisse anzuwenden, die vor dem 1. Dezember 2006 begründet worden sind. Satz 1 gilt nicht für spätere Änderungen von Dauerschuldverhältnissen.
(4) ¹Auf Schuldverhältnisse, die eine privatrechtliche Versicherung zum Gegenstand haben, ist § 19 Abs. 1 nicht anzuwenden, wenn diese vor dem 22. Dezember 2007 begründet worden sind. ²Satz 1 gilt nicht für spätere Änderungen solcher Schuldverhältnisse.

1 **I. Übergangsregelungen Arbeitsrecht, Abs 1.** Gem I kommt es für die Anwendbarkeit der mit Erlass des AGG aufgehobenen Regelungen im BeschSchG, § 611a, b, § 612 III BGB und § 81 II SGB IX einerseits oder des AGG andererseits darauf an, ob die Benachteiligung/(sexuelle) Belästigung bis zum 17.8.06 (dann gelten die erstgenannten Vorschriften, BAG BB 10, 180) oder ab dem 18.8.06 (dann gilt AGG) erfolgte. Aus Vertrauensschutzgründen sind Anpassungsfristen für bestehende Vereinbarungen zu gewähren (§ 7 Rn 11).

2 **II. Übergangsregelungen Zivilrecht, Abs 2–4.** II u III sind Überleitungsvorschriften für das **zivilrechtliche Benachteiligungsverbot**. Gem II 1 finden §§ 19–21 AGG bei Benachteiligungen aus Gründen der Rasse oder wegen der ethnischen Herkunft keine Anwendung auf vor dem 18.8.06 begründete Schuldverhältnisse. Bei Benachteiligung wegen Geschlechts, Religion, Behinderung, Alter oder sexueller Identität gelten §§ 19–21 nicht für vor dem 1.12.06 begründete Schuldverhältnisse (III 1). Für **bestehende Dauerschuldverhältnisse** sind §§ 19–21 AGG schon ab Inkrafttreten des Gesetzes anwendbar, sofern die Schuldverhältnisse geändert werden (II 2, III 2); sie sollen nicht auf unabsehbare Zeit ausgenommen bleiben (BTDrs 16/1780 58).

3 Für **private Versicherungsverträge** gilt IV. Danach ist § 19 I AGG nicht auf vor dem 22.12.07 begründete Versicherungsverträge (1) anzuwenden, es sei denn, diese wurden bis dahin geändert (2; § 19 Rn 7). Da die Übergangsregel nur auf § 19 I AGG verweist, erfasst sie nicht Benachteiligungen aus Gründen der Rasse oder der ethnischen Herkunft (vgl *Armbrüster* VersR 06, 1306).

Gesetz zur Verbesserung des zivilrechtlichen Schutzes bei Gewalttaten und Nachstellungen sowie zur Erleichterung der Überlassung der Ehewohnung bei Trennung (Gewaltschutzgesetz)

Vom 11. Dezember 2001 (BGBl I S 3513)

§ 1 Gerichtliche Maßnahmen zum Schutz vor Gewalt und Nachstellungen. (1) ¹Hat eine Person vorsätzlich den Körper, die Gesundheit oder die Freiheit einer anderen Person widerrechtlich verletzt, hat das Gericht auf Antrag der verletzten Person die zur Abwendung weiterer Verletzungen erforderlichen Maßnahmen zu treffen. ²Die Anordnungen sollen befristet werden; die Frist kann verlängert werden. ³Das Gericht kann insbesondere anordnen, dass der Täter es unterlässt,
1. die Wohnung der verletzten Person zu betreten,
2. sich in einem bestimmten Umkreis der Wohnung der verletzten Person aufzuhalten,
3. zu bestimmende andere Orte aufzusuchen, an denen sich die verletzte Person regelmäßig aufhält,
4. Verbindung zur verletzten Person, auch unter Verwendung von Fernkommunikationsmitteln, aufzunehmen,
5. Zusammentreffen mit der verletzten Person herbeizuführen,

soweit dies nicht zur Wahrung berechtigter Interessen erforderlich ist.
(2) ¹Absatz 1 gilt entsprechend, wenn
1. eine Person einer anderen mit einer Verletzung des Lebens, des Körpers, der Gesundheit oder der Freiheit widerrechtlich gedroht hat oder
2. eine Person widerrechtlich und vorsätzlich
   a) in die Wohnung einer anderen Person oder deren befriedetes Besitztum eindringt oder
   b) eine andere Person dadurch unzumutbar belästigt, dass sie ihr gegen den ausdrücklich erklärten Willen wiederholt nachstellt oder sie unter Verwendung von Fernkommunikationsmitteln verfolgt.

²Im Falle des Satzes 1 Nr 2 Buchstabe b liegt eine unzumutbare Belästigung nicht vor, wenn die Handlung der Wahrnehmung berechtigter Interessen dient.
(3) In den Fällen des Absatzes 1 Satz 1 oder des Absatzes 2 kann das Gericht die Maßnahme nach Absatz 1 auch dann anordnen, wenn eine Person die Tat in einem die freie Willensbestimmung ausschließenden Zustand krankhafter Störung der Geistestätigkeit begangen hat, in den sie sich durch geistige Getränke oder ähnliche Mittel vorübergehend versetzt hat.

A. Allgemeines. Das zum 1.1.02 in Kraft getretene GewSchG dient dem präventiven zivilrechtlichen Schutz der Personen, die Opfer von Gewalttaten, Bedrohungen oder Nachstellungen geworden sind. Es ist Teil weiterer Maßnahmen zur Bekämpfung von Gewalt gegen Frauen und Kinder und steht in einer Linie mit dem Gesetz zur Ächtung von Gewalt in der Erziehung vom 2.11.00 (BGBl I 1479) und dem Kinderrechtsverbesserungsgesetz vom 9.4.02 (BGBl I 1239). Der geschützte Personenkreis beschränkt sich dabei nicht auf verheiratete oder geschiedene Ehegatten sondern erfasst mit § 1 grds jede Person auch außerhalb des sozialen Nahbereichs und mit § 2 alle, die von einem anderen im häuslichen Bereich und widerrechtlich an Körper, Gesundheit oder Freiheit verletzt oder in entsprechender Weise mit sonstigem Übel bedroht oder belästigt werden. Geschützt sind dabei auch Lebenspartner oder nichteheliche Lebensgefährten sowie sonstige Personen, die in Verantwortungsgemeinschaft füreinander einen gemeinsamen Haushalt führen, insb also auch zusammen lebende ältere Menschen (BTDrs 14/3751, 43) Üben Eltern **Gewalt gegen Kinder** aus, findet das GewSchG keine Anwendung (§ 3 I), so dass an Maßnahmen nach §§ 1666, 1666a BGB zu denken ist, während das GewSchG Anwendung finden kann, wenn die Eltern ihrerseits Opfer von Gewalt durch die Kinder sind. § 1 gilt auch über den sozialen Nahbereich hinaus und bietet etwa Opfern von Belästigungen wie dem sog "Stalking" Schutz (§ 1 II 1 Nr 2b). [1]

Abgesehen von den Strafvorschriften des § 4 ist das GewSchG dem Recht der unerlaubten Handlungen zuzuordnen. Nach dem Willen des Gesetzgebers normiert es nur die gerichtliche Befugnis zu Schutzanordnungen, während die Anspruchsgrundlage hierfür in §§ 823 I, 1004 I BGB analog zu sehen ist (BTDrs 14/5429, 28). [2]

Für Gewaltschutzsachen ist seit dem 1.9.09 generell das **Familiengericht** zuständig (§§ 23a I 1 GVG, 111 Nr 6, 210 FamFG). Die frühere Aufteilung der Zuständigkeit zwischen den Zivil- und den Familiengerichten ist entfallen. Das Verfahren bestimmt sich dann einheitlich nach dem FamFG, insb §§ 210 ff FamFG. [3]

B. Eingriffsvoraussetzungen. § 1 gilt für jede natürliche Person als Opfer von Gewalt oder deren Androhung. Eine besondere Beziehung zwischen Opfer und Täter ist nicht erforderlich. Das Gesetz ist nicht auf den häuslichen Bereich beschränkt und erfasst auch Gewalttaten im **sozialen Nahbereich** außerhalb der häuslichen Gemeinschaft. [4]

Hinsichtlich der **Rechtsgutsverletzungen** hat der Gesetzgeber auf § 823 I zurückgegriffen, weshalb wegen der Bedeutung der genannten Rechtsgüter auf die dazu ergangene Rechtsprechung verwiesen werden kann. Das [5] gilt zum einen für die Körper- oder Gesundheitsverletzung, wobei die Körperverletzung eher auf die äußere Integrität, die Gesundheitsverletzung eher auf innere Funktionen bezogen ist (§ 823 BGB Rn 24). Ob es hierzu durch physische oder psychische Einwirkungen des Täters kommt, ist unerheblich (Palandt/*Brudermüller* § 823 Rz 4). Eine **Gesundheitsverletzung** kann auch darin bestehen, dass durch eine beliebige Einwirkung des Täters auf das Opfer bei diesem eine psychische Erkrankung hervorgerufen wird, ohne dass diese organisch vermittelt sein muss (§ 823 BGB Rn 29).

6 **Verletzung der Freiheit** liegt in der Entziehung der körperlichen Bewegungsfreiheit, etwa durch Einsperren oder Nötigung zu einem bestimmten Handeln. Dazu rechnet auch die nur kurzzeitige Entziehung der körperlichen Bewegungsfreiheit (Brandbg NJW-RR 06, 220).

7 Nach II 1 ist die **widerrechtliche Drohung** mit einer Verletzung der in I genannten Rechtsgüter, das widerrechtliche und vorsätzliche Eindringen in die Wohnung oder das befriedete Besitztum des Opfers der Verletzung als solcher gleichgestellt. Dasselbe gilt für **unzumutbare Belästigungen** durch Nachstellen und Verfolgen unter Einsatz von Fernkommunikationsmitteln. Unter Nachstellen versteht man das Verfolgen, Überwachen und Beobachten des Opfers, die häufig demonstrative Anwesenheit des Täters, den unerwünschten Versuch der Aufnahme körperlicher oder verbaler Kontakte und das wiederholte Anrufen, Senden von Briefen, Faxen, E-mails oder SMS (*Haussleiter/Schulz* Kap 10 Rz 17).

8 Der Täter muss **vorsätzlich und widerrechtlich** gehandelt, also den rechtswidrigen Erfolg mindestens billigend in Kauf genommen haben. Ist die Schuldfähigkeit vorübergehend beeinträchtigt, zB als Folge des Genusses geistiger Getränke oder ähnlicher Mittel, gilt III. Danach sind Maßnahmen auch dann möglich, wenn der Täter sich durch Alkohol oder andere Drogen in einen seine freie Willensbestimmung ausschließenden Zustand versetzt hat. Im Falle dauernder oder vorübergehender, zB krankheitsbedingter Schuldunfähigkeit können Unterlassungsansprüche nur auf §§ 823, 1004 BGB gestützt werden (Palandt/*Brudermüller* Rz 5). Bei Fahrlässigkeit kommen nur Schadensersatzansprüche nach den allgemeinen Regeln in Betracht.

9 Als Folge des präventiven Charakters des GewSchG kommen Maßnahmen nach I 1 nur bei **Wiederholungsgefahr** in Betracht. Diese wird durch das rechtswidrige Verhalten des Täters allerdings indiziert, so dass es ihm obliegt, die tatsächliche Vermutung des Bestehens der Wiederholungsgefahr auszuräumen, wobei an die Widerlegung der die Wiederholungsgefahr begründenden Indizes hohe Anforderungen zu stellen sind (Celle FamRZ 09, 1751). Liegt die Tat allerdings schon lange zurück, kann aus ihr nicht mehr ohne Weiteres auf eine bestehende Wiederholungsgefahr geschlossen werden (Celle aaO). Abzulehnen ist die Auffassung, dass für die Annahme der Wiederholungsgefahr bei tätlichen Angriffen im außerhäuslichen Bereich zusätzlich zur Erstbegehung konkrete Anhaltspunkte für eine konfliktbelastete Täter – Opfer – Beziehung festgestellt werden müssen (so Saarbr NJW-RR 06, 747). Fehlen diese Anhaltspunkte, wird dem Täter vielmehr unschwer der Nachweis der fehlenden Wiederholungsgefahr gelingen. Droht erst die Erstbegehung, wird auf die Rechtsprechung zu § 1004 zurückgegriffen werden können, nach der Ansprüche auch bei drohender Erstbeeinträchtigung bestehen (s.o. § 1004 BGB Rn 7).

10 Schutzanordnungen dürfen nach I 3 nicht erlassen werden, wenn die beanstandeten Handlungen zur **Wahrnehmung der berechtigten Interessen** des Täters erforderlich waren. Das wäre zB der Fall, wenn das Kontaktverbot der Ausübung des Umgangsrechts entgegenstehen würde oder wenn der Täter sich aus beruflichen Gründen an einem bestimmten Ort aufhalten muss. Die berechtigten Interessen sind vom Täter schlüssig und substantiiert darzulegen und ggf zu beweisen.

11 **C. Die Maßnahmen im Einzelnen.** Sind die Voraussetzungen des § 1 erfüllt, hat das Gericht einen weiten Spielraum in Betracht kommender Maßnahmen, ist aber an den Antrag des Opfers gebunden. Der Katalog des I 3 stellt keine abschließende Regelung dar. Zu treffen ist diejenige Maßnahme, durch die die Wiederholungsgefahr am ehesten ausgeräumt werden kann, wobei stets der Grundsatz der Verhältnismäßigkeit zu beachten ist (Stuttg FamRZ 04, 876). Von mehreren in Betracht kommenden Maßnahmen ist die am wenigsten in die Rechte des Täters eingreifende zu wählen.

12 Als eine Folge des Grundsatzes der Verhältnismäßigkeit sind die Maßnahmen idR zu befristen (I 2), wobei die **Befristung** auf Antrag verlängert werden kann. Bei der Befristung ist darauf abzustellen, welcher Zeitraum erforderlich ist, um der Gefahr weiterer Rechtsverletzungen entgegen zu wirken. Dabei wird auf die Schwere und Häufigkeit der bisherigen Übergriffe abzustellen sein. Je geringer deren Intensität, umso kürzer ist idR auch die Dauer der Schutzanordnung zu bemessen. Andererseits kann bei besonders schwerwiegenden Taten (Tötungs- oder Sexualdelikte) von der Befristung auch ganz abgesehen werden (*Finke/Garbe* Rz 344). Wenn das Sicherheitsbedürfnis es gebietet, kann die Frist nach I 2 auf entsprechenden Antrag verlängert werden. Zulässig ist eine vorläufige Maßnahme bis zur Beendigung des Hauptsacheverfahrens zu befristen (Naumbg FamRG 03, 216).

13 Das **Betretungsverbot** hinsichtlich der Wohnung des Opfers (I 1) ergänzt die auf § 1361b oder § 2 gestützte Wohnungszuweisung. Dabei ist es unerheblich, auf welchen Rechtsbeziehungen die Nutzung der Wohnung beruht. Leben Täter *und* Opfer zwar in einem gemeinsamen Haushalt, führen aber keinen gemeinsamen auf Dauer angelegten Haushalt, kommt zwar keine Maßnahme nach § 2, wohl aber ein Betretensverbot in Betracht. Diese Maßnahme ist zwingend zu befristen, weil sie sonst im Ergebnis zu einer nicht zulässigen Wohnungsüberlassung führte. Unter Eheleuten gelten die Vorschriften des Familienrechts iÜ als leges speciales.

Ergänzend zum Betretungsverbot kommt das Verbot in Betracht, sich in der **Nähe der Wohnung** des Opfers 14
aufzuhalten (I Nr 2). In diesen Fällen hat das Gericht die Besonderheiten der örtlichen Verhältnisse zu beachten (BTDrs 14/5429, 29) und den zu meidenden Bereich genau zu bestimmen.
Daneben besteht die Möglichkeit, das Verbot auszusprechen, **bestimmte Orte aufzusuchen**, an denen sich 15
das Opfer regelmäßig aufhält (I Nr 3). Hierzu rechnen unter anderem der Arbeitsplatz des Opfers, Schule
oder Kindergarten der Kinder oder Freizeitstätten. Auch hier sind genaue Bezeichnungen der Orte erforderlich, wobei auch eine Beschränkung auf bestimmte Tageszeiten in Betracht kommt.
Durch das **Kontaktverbot** (I Nr 4) kann jede Form der Kontaktaufnahme untersagt werden. Hierzu zählen 16
außer der persönlichen Kommunikation durch Ansprechen oder Telefonieren auch die mittelbare durch
Übersenden von Post, durch Telefax, E-mails oder SMS, insb aber auch das sog „Stalking".
Das Verbot des Zusammentreffens mit der verletzten Person (I Nr 5) stellt schließlich einen Auffangtatbestand dar. Durch ihn kann eine **Abstandszone** zwischen Täter und Opfer auch für zufällige Zusammentreffen 17
geschaffen werden. Sofern es gleichwohl zu einem Zusammentreffen kommt, hat der Täter sich zu entfernen
(*Haussleiter/Schulz* Kap 10 Rz 9).

D. Verfahren. Das Verfahren richtet sich nach dem FamFG. Zuständig ist stets das **Familiengericht** (s.o. 18
Rn 3). **Vergleiche** sollten wegen der sonst fehlenden Sanktionsmöglichkeit nach § 4 unterbleiben (vgl § 36 I
2 FamFG). Die örtliche Zuständigkeit richtet sich nach § 211 FamFG. Der **Geschäftswert** für das Hauptsacheverfahren beträgt idR 2.000,- € (§ 49 FamGKG) und soll für einstweilige Anordnungen idR auf die Hälfte
reduziert werden (Schulte-Bunert/Weinreich/*Keske*, FamRZ, § 49 FamGKG Rz 6). Bei Maßnahmen nach §§ 1
u 2 ist zu addieren (Nürnbg FamRZ 08, 1468).
Schutzmaßnahmen nach dem GewSchG setzen einen **Antrag** des Opfers voraus. Hat sich der Täter bereits in 19
einem Vergleich zur Unterlassung derjenigen Handlungen verpflichtet, die Gegenstand des Verfahrens nach
dem GewSchG sind, fehlt das Rechtsschutzinteresse für dieses Verfahren nicht, da nur eine Entscheidung
nach § 1 Grundlage einer Bestrafung nach § 4 sein kann (LG Kassel FamRZ 06, 18).
Haben sich die Parteien nach Anordnung einer Maßnahme nach dem GewSchG wieder versöhnt, hat die den 20
Antrag stellende Partei den Titel herauszugeben. Sie darf ihn nicht für den Fall behalten, dass sie beabsichtigen sollte, innerhalb der Frist des § 1 I 2 noch einmal zu vollstrecken (KG FamRZ 06, 49).
Die Möglichkeiten **einstweiligen Rechtsschutzes** bestimmen sich nach § 214 FamFG. 21
Die **Zwangsvollstreckung** bestimmt sich nach nach §§ 95, 96 FamFG iVm den Vorschriften der ZPO, hier 22
§§ 885 I, 888 I, 890. Entscheidungen nach dem GewSchG werden zwar erst mit ihrer Rechtskraft wirksam
(§ 216 I FamFG), doch kann das Gericht die sofortige Wirksamkeit und die Zulässigkeit der Vollstreckung
vor der Zustellung an den Antragsgegner anordnen (§ 216 I FamFG).

§ 2 Überlassung einer gemeinsam genutzten Wohnung.
(1) Hat die verletzte Person zum Zeitpunkt einer Tat nach Abs 1 Satz 1, auch in Verbindung mit Abs 3, mit dem Täter einen auf Dauer angelegten gemeinsamen Haushalt geführt, so kann sie von diesem verlangen, ihr die gemeinsam genutzte Wohnung zur alleinigen Benutzung zu überlassen.
(2) ¹Die Dauer der Überlassung der Wohnung ist zu befristen, wenn der verletzten Person mit dem Täter das Eigentum, das Erbbaurecht oder der Nießbrauch an dem Grundstück, auf dem sich die Wohnung befindet, zusteht oder die verletzte Person mit dem Täter die Wohnung gemietet hat. ²Steht dem Täter allein oder gemeinsam mit einem Dritten das Eigentum, das Erbbaurecht oder der Nießbrauch an dem Grundstück zu, auf dem sich die Wohnung befindet, oder hat er die Wohnung allein oder gemeinsam mit einem Dritten gemietet, so hat das Gericht die Wohnungsüberlassung an die verletzte Person auf die Dauer von höchstens sechs Monaten zu befristen. ³Konnte die verletzte Person innerhalb der vom Gericht nach Satz 2 bestimmten Frist anderen angemessenen Wohnraum zu zumutbaren Bedingungen nicht beschaffen, so kann das Gericht die Frist um höchstens weitere sechs Monate verlängern, es sei denn, überwiegende Belange des Täters oder des Dritten stehen entgegen. ⁴Die Sätze 1 bis 3 gelten entsprechend für das Wohnungseigentum, das Dauerwohnrecht und das dingliche Wohnrecht.
(3) Der Anspruch nach Absatz 1 ist ausgeschlossen,
1. wenn weitere Verletzungen nicht zu besorgen sind, es sei denn, dass der verletzten Person das weitere Zusammenleben mit dem Täter wegen der Schwere der Tat nicht zuzumuten ist oder
2. wenn die verletzte Person nicht innerhalb von drei Monaten nach der Tat die Überlassung der Wohnung schriftlich vom Täter verlangt oder
3. soweit der Überlassung der Wohnung an die verletzte Person besonders schwerwiegende Belange des Täters entgegenstehen.
(4) Ist der verletzten Person die Wohnung zur Benutzung überlassen worden, so hat der Täter alles zu unterlassen, was geeignet ist, die Ausübung dieses Nutzungsrechts zu erschweren oder zu vereiteln.
(5) Der Täter kann von der verletzten Person eine Vergütung für die Nutzung verlangen, soweit dies der Billigkeit entspricht.
(6) ¹Hat die bedrohte Person zum Zeitpunkt einer Drohung nach § 1 Abs 2 Satz 1 Nr 1 auch in Verbindung mit Abs 3, einen auf Dauer angelegten gemeinsamen Haushalt mit dem Täter geführt, kann sie

§ 2 GewSchG

Überlassung der gemeinsam genutzten Wohnung verlangen, wenn dies erforderlich ist, um eine unbillige Härte zu vermeiden. ²Eine unbillige Härte kann auch dann gegeben sein, wenn das Wohl der im Haushalt lebenden Kinder beeinträchtigt ist. ³Im Übrigen gelten die Absätze 2 bis 5 entsprechend.

1 **A. Allgemeines.** § 2 regelt den Anspruch auf Überlassung der Wohnung und setzt den Grundsatz „**Der Täter geht, das Opfer bleibt**" hinsichtlich von Gewalttaten im häuslichen Bereich um (*Schumacher* FamRZ 02, 645, 655). Danach kann das Opfer einer vorsätzlichen und widerrechtlichen Körper-, Gesundheits- oder Freiheitsverletzung von dem Täter, mit dem es einen auf Dauer angelegten gemeinsamen Haushalt führt, verlangen, die Wohnung fortan allein zu nutzen. Die der gemeinsamen Nutzung der Wohnung zu Grunde liegenden Rechtsverhältnisse haben zwar grds keinen Einfluss auf den Nutzungsanspruch, sind aber bei der Frage der Dauer der alleinigen Nutzungsberechtigung zu berücksichtigen. Schützenswerte Belange des Täters können über den Ausschlusstatbestand des § 2 III Nr 3 berücksichtigt werden (BTDrs 14/5429 30).

2 Anders als § 1 enthält § 2 eine echte materiellrechtliche Anspruchsgrundlage (BTDrs 14/5429 19). Eine solche war bislang in § 1361b BGB nur für den Fall der Trennung von Eheleuten gegeben.

3 **B. Anspruchsgrundlagen.** § 2 unterscheidet zwei Fallkonstellationen: Die vollendete Gewalttat, die schon für sich allein einen Überlassungsanspruch auslöst sowie die widerrechtliche Drohung mit einer Verletzung des Lebens, des Körpers, der Gesundheit oder Freiheit, die einen Überlassungsanspruch dann auslöst, wenn dieser erforderlich ist, um eine unbillige Härte zu vermeiden. Wegen des Gewaltbegriffs als solchem verweist die Norm auf § 1 I 1.

4 **I. Gewalttat. 1. Vollendete Gewalt (Abs 1).** Im Falle einer vollendeten Gewalttat iSd § 1 I 1, also im Falle der vorsätzlichen und widerrechtlichen Verletzung des Körpers, der Gesundheit oder Freiheit des Opfers, besteht, sofern Täter und Opfer **einen gemeinsamen auf Dauer angelegten Haushalt** führen, ohne weitere Voraussetzungen der Anspruch auf Überlassung der Wohnung an das Opfer zur alleinigen Nutzung. Indem § 1 III in Bezug genommen ist, gilt dies auch dann, wenn der Täter die Tat in einem die freie Willensbestimmung ausschließenden Zustand krankhafter Störung der Geistestätigkeit begangen hat, in den er sich durch geistige Getränke oder ähnliche Mittel versetzt hat. Unerheblich ist, worin die Ursachen für die Verschlechterung der Beziehungen der zusammen lebenden Personen und deren Auseinandersetzungen zu sehen sind (Schlesw NJW-RR 04, 156).

5 **2. Angedrohte Gewalt (Abs 6).** Der Anspruch auf Überlassung der Wohnung zur alleinigen Nutzung besteht auch dann, wenn der Täter mit einer Verletzung von Leben, Körper, Gesundheit oder Freiheit **widerrechtlich gedroht** hat (§ 1 II 1 Nr 1). In diesem Fall besteht der Anspruch allerdings nur dann, wenn die Überlassung der Wohnung erforderlich ist, um eine unbillige Härte für das Opfer zu vermeiden (zu einschränkend Rostock FamRZ 07, 921). Diese kann auch dann gegeben sein, wenn das Wohl der im Haushalt lebenden **Kinder** beeinträchtigt ist. Es reicht schon die Drohung allein; die Ursachen der Konflikte im täglichen Zusammenleben sind dagegen unbeachtlich (Schlesw NJW-RR 04, 156). Wegen des Begriffs der unbilligen Härte iÜ wird auf § 1361b BGB verwiesen.

6 **II. Führen eines auf Dauer angelegten gemeinsamen Haushalts.** Voraussetzung der Überlassung der Wohnung ist, dass Täter und Opfer zum Tatzeitpunkt einen auf Dauer angelegten gemeinsamen Haushalt geführt haben. Der Begriff ist dem Mietrecht, dort § 563 II 3 BGB, entnommen. Hierunter fallen in erster Linie Partner **nichtehelicher Lebensgemeinschaften** sowie nicht eingetragene Lebenspartner, doch soll nach der Intentionen des Gesetzgebers dasselbe für dauerhaft zusammenlebende alte Menschen gelten, die sich ihr gegenseitiges Füreinanderstehen zum Beispiel durch gegenseitige Vollmachten dokumentieren (BTDrs 14/3751, 43). Darüber hinaus findet das GewSchG auch Anwendung auf Ehegatten und eingetragene Lebenspartner.

7 Nicht in den Schutz des GewSchG einbezogen sind mehr oder weniger lose Verbindungen von Personen, die ohne innere Bindungen zueinander primär den gemeinsamen Wunsch haben, ihre Wohnbedürfnisse preiswert und angenehm zu befriedigen, wie etwa **Wohngemeinschaften**. Das gilt selbst dann, wenn sie einen gemeinsamen Haushalt führen (Palandt/*Brudermüller* Rz 2).

8 Ein gemeinsamer Haushalt setzt weder einen gemeinsamen Mietvertrag über die Wohnung noch eine sonstige gemeinsame Berechtigung an ihr voraus. Wer Eigentümer oder Mieter der Wohnung ist wird erst bei der Gestaltung des Rechtsverhältnisses berücksichtigt.

9 **III. Ausschluss des Anspruchs (Abs 3). 1. Keine Wiederholungsgefahr.** Nach III ist der Anspruch ausgeschlossen, wenn **Wiederholungsgefahr** nicht besteht (III Nr 1), der Anspruch verwirkt ist (III Nr 2) oder die Täterinteressen überwiegen (III Nr 3).

10 Wegen des präventiven Charakters der Norm ist der Anspruch ausgeschlossen, wenn keine weiteren Gewalttaten zu besorgen sind, mithin keine Wiederholungsgefahr besteht. Durch die Gesetzesformulierung ist sichergestellt, dass die **Beweislast** insoweit beim Täter liegt, *der darzulegen und ggf zu beweisen hat, dass keine weiteren Verletzungshandlungen zu besorgen sind* (BTDrs 14/5429 31), wobei an die Widerlegung der Vermutung hohe Anforderungen zu stellen sind (Celle FamRZ 09, 1751; Jena FamRZ 07, 1337; Brandbg NJW-RR 06, 220).

11 Auch ohne Wiederholungsgefahr besteht der Überlassungsanspruch allerdings dann, wenn dem Opfer angesichts der **Schwere der vollendeten Gewalttat** ein weiteres Zusammenleben mit dem Täter nicht zuzumuten

ist, zB nach einer Vergewaltigung, schweren Körperverletzung oder gar versuchten Tötung des Opfers (Palandt/*Brudermüller* Rz 7). Zu beachten sind insoweit auch die Belange im Haushalt lebender Kinder, deren Wohl durch das Miterleben von Gewalt regelmäßig beeinträchtigt wird Palandt/*Brudermüller* Rz 15).

2. Verwirkung. Der Anspruch ist verwirkt, wenn das Opfer nicht innerhalb einer **Frist von 3 Monaten** vom Täter schriftlich die Überlassung der Wohnung verlangt. Mit dieser Frist soll einerseits innerhalb eines angemessenen Zeitraums nach dem Vorfall Klarheit über die Nutzungsverhältnisse geschaffen werden. Andererseits hat das Opfer ausreichend Zeit, sich über seine Vorstellungen für die künftige Lebensgestaltung einschließlich der Befriedigung der Wohnverhältnisse klar zu werden (BTDrs 14/5429 31). Die Frist läuft auch, wenn das Opfer aus der gemeinsamen Wohnung geflüchtet ist, nicht aber dann, wenn der Täter unbekannten Aufenthalts oder wenn das **schriftliche Verlangen** dem Opfer sonst weder möglich noch zumutbar ist (*Haussleiter/Schulz* Kap 10 Rz 40). Der **Nachweis des rechtzeitigen Zugangs** des schriftlichen Verlangens ist vom Opfer zu führen (Palandt/*Brudermüller* Rz 7), wobei die fristgerechte gerichtliche Zustellung eines Antrages als „stärkste Form" des schriftlichen Verlangens ausreicht (*Haussleiter/Schulz* Kap 10 Rz 37). 12

3. Schwerwiegende Interessen des Täters können der Überlassung der Wohnung an das Opfer entgegenstehen. Hierzu rechnen etwa die Behinderung oder schwerwiegende Erkrankung des Täters und die damit verbundene unzureichende oder unzumutbare Möglichkeit der Beschaffung von Ersatzwohnraum. Zu berücksichtigen sind auch die Belange von Kindern des Täters, für die das Opfer nicht sorgeberechtigt ist. Durch die Formulierung des Gesetzes („soweit") sollen in jedem Fall flexible Lösungen ermöglicht werden, die den Interessen aller Beteiligten gerecht werden. Deshalb kann, sofern dadurch ausreichender Schutz gewährleistet ist, die Wohnung auch nur teilweise an das Opfer überlassen werden. Denkbar ist auch eine von II unabhängige Befristung der Überlassung (BTDrs 14/5429 42). 13

C. Rechtsfolge: Überlassung der Wohnung. I. Wohnungsüberlassung und Befristung. Hinsichtlich des Inhalts des Anspruchs auf Wohnungsüberlassung ist zwischen verschiedenen dinglichen und obligatorischen Rechtslagen an der Wohnung zu differenzieren. Dabei werden hinsichtlich dinglicher Rechtspositionen das Grundeigentum, das Erbbaurecht, der Nießbrauch, das Wohnungseigentum, das Dauerwohnrecht und das dingliche Wohnrecht gleich behandelt (II 4). Die unterschiedliche Regelung ist Folge des grundgesetzlich gebotenen und in diesem Verfahren geltenden Grundsatzes der Verhältnismäßigkeit. In bestehende Rechtsverhältnisse wird – ähnl wie bei § 1361b BGB – nicht eingegriffen. Daraus folgt, dass der der Wohnung verwiesene (Mit-)Mieter seinen Status als Mieter nicht verliert und deshalb von dem Vermieter aus dem Mietvertrag in Anspruch genommen werden kann (AG Ludwigsburg WuM 04, 608). 14

1. Das Opfer ist an der Wohnung allein berechtigt. Da § 2 Befristungen nur für den Fall vorsieht, in dem der Täter gemeinsam mit dem Opfer an der Wohnung dinglich oder obligatorisch berechtigt ist, kann das Gericht die Wohnung im Falle der Alleinberechtigung des Opfers oder dann, wenn es mit einem Dritten berechtigt ist, diesem **unbefristet und damit auch endgültig zur alleinigen Nutzung** überlassen. Allerdings soll auch das Opfer den nur mitbesitzenden Täter nicht ohne weiteres im Wege der Selbsthilfe aus der Wohnung weisen können (BTDrs 14/5429 19). 15

2. Täter und Opfer sind an der Wohnung gemeinsam berechtigt. Sind Täter und Opfer gemeinsam Eigentümer der Wohnung oder deren Mieter, ist die Wohnungsüberlassung nach II 1 zu **befristen**. Dabei wird keine **Höchstdauer** genannt. Im Einzelfall wird deshalb zu entscheiden sein, wie den Umständen des Einzelfalles, insb den Möglichkeiten der Auflösung zu Grunde liegender Rechtsverhältnisse (Kündigung des Mietvertrages, Teilungsversteigerung betreffend das Miteigentum) am ehesten Rechnung getragen werden kann (BTDrs 14/5429 31). 16

3. Der Täter ist allein der Wohnung berechtigt. Ist der Täter allein oder mit einem Dritten an der Wohnung berechtigt, ist die Wohnungsüberlassung an das Opfer nach II 1 zwingend auf **maximal 6 Monate** zu befristen. In diesen Fällen geht es nur darum, dem Opfer ausreichend Zeit zu geben, sich eine Ersatzwohnung zu beschaffen, weshalb bei der Fristbestimmung vorrangig auf die Verhältnisse am örtlichen Wohnungsmarkt des Opfers abzustellen ist. 17

Unter besonderen Umständen ist nach II 3 eine **Verlängerung der Frist** um höchstens weitere 6 Monate möglich, wenn es dem Opfer innerhalb der zuvor bestimmten Frist nicht möglich war, sich angemessenen Wohnraum zu zumutbaren Bedingungen zu verschaffen und wenn überwiegende Belange des Täters oder eines Dritten dem nicht entgegenstehen. Geboten ist hier also eine Abwägung der beiderseitigen Interessen. 18

II. Beeinträchtigungs- und Vereitelungsverbot (Abs 4). Nach Überlassung der Wohnung an die verletzte Person hat der Täter alles zu unterlassen, was die Ausübung des Nutzungsrechts erschweren oder vereiteln könnte. Hierzu zählt etwa die **Kündigung** des der Nutzung zu Grunde liegenden Mietverhältnisses oder der Verkauf des Alleineigentums des Täters. Zum Veräußerungsverbot vgl § 1361b BGB Rn 31. 19

Da mit den Regeln des GewSchG nicht in die Rechte Dritter eingegriffen werden kann, ist auch das **Recht etwa des Vermieters zur Kündigung** des Mietverhältnisses wegen Zahlungsverzuges nicht von dem Erschwerungsverbot des IV beeinträchtigt. Die Rechtsposition der Beteiligten ggü Dritten soll nicht verbessert werden (BTDrs 14/5429 42). 20

21 Zu den begleitenden Maßnahmen nach IV gehören auch solche Anordnungen, die auch nach § 1 I getroffen werden können. Dabei ist jedoch zu beachten, dass die **Strafandrohung** des § 4 ausdrücklich nur solche Maßnahmen erfasst, die auf § 1 gestützt sind, nicht auch solche, die ihre Grundlage in § 2 IV haben.

22 **III. Nutzungsvergütung (Abs 5).** Soweit dies der Billigkeit entspricht, kann der Täter von dem Opfer als Gegenleistung für die Nutzung der Wohnung eine Vergütung verlangen, entsprechend der Regelung des § 1361b III 2 BGB, so dass auf die Ausführungen dazu verwiesen werden kann. Der Antrag auf Nutzungsvergütung kann auch noch nach der Beendigung des Zuweisungsverfahrens gestellt werden (Hamm FamRZ 06, 50).

23 **D. Verfahren.** Für das Verfahren zur Wohnungsüberlassung ist das **Familiengericht** ausschließlich sachlich zuständig (§§ 23a I 1 GVG, 111 Nr 6, 210 FamFG). Die örtliche Zuständigkeit folgt aus § 211 FamFG. Zum Verfahren vgl §§ 210 ff FamFG. Der **Streitwert** des Hauptsacheverfahrens beläuft sich auf 3.000,- € (§ 49 I FamGKG), für einstweilige Anordnungen idR auf 1.500,- € (Schulte-Bunert/Weinreich/*Keske*, § 49 FamGKG Rz 6).

24 **Einstweiliger Rechtsschutz** ist gem § 214 FamFG in Form der einstweiligen Anordnung gegeben. Die einstweilige Anordnung kann, wenn dies gesondert angeordnet wird, schon vor ihrer Zustellung an den Antragsgegner vollstreckt werden (§ 214 II FamFG), wodurch erneute Gewalt durch den Täter verhindert werden soll.

25 Die **Vollstreckung** erfolgt nach §§ 95, 96 FamFG, die ihrerseits auf die ZPO verweisen.

§ 3 Geltungsbereich, Konkurrenzen.

(1) Steht die verletzte oder bedrohte Person im Zeitpunkt einer Tat nach § 1 Abs 1 oder Abs 2 Satz 1 unter elterlicher Sorge, Vormundschaft oder unter Pflegschaft, so treten im Verhältnis zu den Eltern und zu sorgeberechtigten Personen an die Stelle von §§ 1 und 2 die für das Sorgerechts-, Vormundschafts- oder Pflegschaftsverhältnis maßgebenden Vorschriften.

(2) Weitergehende Ansprüche der verletzten Person werden durch dieses Gesetz nicht berührt.

1 **A. Allgemeines.** § 3 stellt in I klar, dass das GewSchG bei Anwendung von Gewalt durch Erwachsene gegen in ihrem Haushalt lebende Kinder keine Anwendung findet. II regelt die Konkurrenzen dahingehend, dass weitergehende Ansprüche der verletzten Person nicht berührt werden.

2 **B. Gewalt im Generationenverhältnis.** Nach I findet das GewSchG keine Anwendung, wenn die verletzte oder bedrohte Person im Zeitpunkt der Tat unter elterlicher Sorge, Vormundschaft oder unter Pflegschaft stand. In diesen Fällen treten im Verhältnis zu den Eltern und zu sorgeberechtigten Personen an die Stelle der §§ 1 und 2 die für das Sorgerechts-, Vormundschafts- oder Pflegschaftsverhältnis maßgebenden Vorschriften, also im Eltern – Kind – Bereich ausschließlich die familienrechtlichen Vorschriften über die elterliche Sorge und den Umgang sowie das Kinder- und Jugendhilferecht des § 3 SGB VIII.

3 Üben also Eltern Gewalt gegen ihre Kinder aus, können Maßnahmen nur nach §§ 1666 ff BGB unter den dort genannten Voraussetzungen ergriffen werden. Bei Vormundschaft und Pflegschaft gelten die Vorschriften der §§ 1837 II, 1886 und 1915 I BGB als leges speciales. Kinder haben demnach kein eigenes Antragsrecht nach dem GewSchG (KG FPR 04, 267).

4 Durch die Neufassung des § 1666a BGB wurde klargestellt, dass ein mit dem Kind im selben Haushalt zusammen lebender Dritter, zB der neue Partner der Kindesmutter, der das Kindeswohl gefährdet, aus der Wohnung gewiesen werden kann (*Janzen* FamRZ 02, 785, 787). Da in diesem Fall kein Sorgerechtsverhältnis besteht und I somit die Anwendung der Vorschriften des GewSchG nicht ausschließt, kann hier ggf sowohl nach §§ 1, 2 GewSchG als auch nach § 1666 BGB vorgegangen werden. Das kann uU deshalb bedeutsam sein, weil zwar das GewSchG eine schnellere Vollstreckbarkeit ermöglicht, andererseits aber stets einen Antrag voraussetzt, während Maßnahmen nach § 1666 BGB auch vAw ergriffen werden können.

5 Wird die Gewalt durch das Kind gegen seine Eltern, den Vormund oder Pfleger ausgeübt, sind nach § 3 I die Vorschriften der §§ 1 u 2 wiederum anwendbar (BTDrs 14/5428 32). Die Unterstützungspflicht des Jugendamtes folgt aus § 42 III SGB VIII.

6 **C. Konkurrenzen (Abs 2).** Das GewSchG schließt weitergehende Ansprüche des Opfers wegen einer Gewalttat nicht aus. Hierzu zählen insb Ansprüche auf Schadensersatz (§§ 823 ff BGB) oder auch auf vorläufige Alleinnutzung der Ehewohnung nach § 1361b BGB. Eheleute können daher im Verhältnis zueinander ggf die Überlassung der Ehewohnung sowohl nach § 2 GewSchG als auch nach § 1361b BGB verlangen (*Haussleiter/Schulz* Kap 10 Rz 46; aA *Brudermüller* FamRZ 03, 1705, 1707).

§ 4 Strafvorschriften.

¹Wer einer bestimmten vollstreckbaren Anordnung nach § 1 Abs 1 Satz 1 oder 3, jeweils auch in Verbindung mit Abs 2 Satz 1, zuwiderhandelt, wird mit Freiheitsstrafe bis zu einem Jahr oder mit Geldstrafe bestraft. ²Die Strafbarkeit nach anderen Vorschriften bleibt unberührt.

# Gesetz zur Beendigung der Diskriminierung gleichgeschlechtlicher Gemeinschaft: Lebenspartnerschaften
Gesetz über die Eingetragene Lebenspartnerschaft
(Lebenspartnerschaftsgesetz – LPartG)

Vom 16. 2 2001 (BGBl I S. 266), zuletzt geändert durch Art 7 des Gesetzes zur Änderung des Zugewinnausgleichs- und Vormundschaftsrechts vom 6.7.2009 (BGBl I S. 1696).

Einleitung

Das *Gesetz zur Beendigung der Diskriminierung gleichgeschlechtlicher Gemeinschaften oder Lebenspartnerschaftsgesetz* vom 16.2.01 (BGBl I 266) ist am 1.8.01 in Kraft getreten. Zur Verfassungsmäßigkeit vgl BVerfG FamRZ 02, 1169. Durch das am 1.1.05 in Kraft getretene *Gesetz zur Überarbeitung des Lebenspartnerschaftsgesetzes* vom 29.10.04 ist die Lebenspartnerschaft weiter an das Institut der Ehe herangeführt worden (Zu den Änderungen iE vgl *Finger* FuR 05, 5). 1

Das LPartG begründet das eigenständige Rechtsinstitut der eingetragenen Lebenspartnerschaft gleichgeschlechtlicher Partner, gilt aber nur für registrierte Lebenspartnerschaften. Es regelt die rechtlichen Beziehungen der Partner zueinander für die Dauer des Bestehens ihrer Partnerschaft über unterhaltsrechtliche, namensrechtliche und vermögensrechtliche Fragen bis hin zur Regelung sorgerechtlicher Befugnisse. Dem überlebenden Lebenspartner wird ein gesetzliches Erbrecht eingeräumt und es werden Regelungen für die Trennung der Partner sowie die Aufhebung der Gemeinschaft geschaffen. 2

Aus dem Kernbereich der Ehe sind die Verpflichtung zur partnerschaftlichen Lebensgemeinschaft (§ 2), die Möglichkeit eines gemeinsamen Lebenspartnerschaftsnamens (§ 3), die Unterhaltsverpflichtung (§§ 5, 12, 16), die Regelungen zum Zugewinnausgleich (§ 6 II), das gesetzliche Erbrecht des überlebenden Partners (§ 10) sowie die Regelung, dass auch die Lebenspartnerschaft nur durch gerichtliches Urt aufgehoben werden kann (§ 15) übernommen worden. 3

Wegen des Verfahrens in Partnerschaftssachen wird auf die §§ 269 f FamFG verwiesen. Im Wesentlichen finden die Verfahrensvorschriften zu gleich gelagerten Ehe- und Familiensachen Anwendung. Gem §§ 23a I 1 GVG, 111 Nr 11 FamFG ist die Zuständigkeit der Familiengerichte für Lebenspartnerschaftssachen gegeben. Wegen des Begriffs der Lebenspartnerschaftssachen vgl § 269 II FamFG. 4

Wie die Ehe ist auch die Lebenspartnerschaft grds eine auf Lebenszeit geschlossene Partnerschaft, anders als in der Ehe jedoch zwischen zwei Menschen gleichen Geschlechts. Sie liegt nur dann vor, wenn die Personen vor der zuständigen Behörde gegenseitig, persönlich und bei gleichzeitiger Anwesenheit erklären, eine solche Partnerschaft führen zu wollen. Wie Eheleute sind auch die Partner einander zur Fürsorge und Unterstützung verpflichtet. Aufgelöst werden kann die Lebenspartnerschaft wie die Ehe nur durch gerichtliches Urt (§ 15). 5

Steuerrechtlich ist eine Gleichstellung bislang nicht erfolgt, so dass die Lebenspartner keinen Anspruch auf steuerliche Zusammenveranlagung nach §§ 26 I 1, 26b EstG (FGNds FamRZ 05, 1253, LS) haben und erbschaftssteuerrechtlich nicht in dieselbe Steuerklasse wie Ehegatten eingeordnet sind (BFH NJW 07, 3455 zur Verfassungsmäßigkeit dieser Regelung). Ein Beamter, der eine eingetragene Lebenspartnerschaft begründet hat, hat keinen Anspruch auf den Familienzuschlag (BVerwG NJW 08, 868) und gilt nicht als verheiratet iSv § 40 BBesG was keinen verfassungsrechtlichen Bedenken begegnet (BVerfG FamRZ 08, 1321; FamRZ 08, 2045). Andererseits ist nach Art 3, 4, 5 I, XXX – XXXV des Überarbeitungsgesetzes vom 15.12.04 die Hinterbliebenenversorgung verstorbener Ehegatten auf die Hinterbliebenen verstorbener Lebenspartner übertragen worden. Wird durch die Satzung eines Versorgungswerks der überlebende Lebenspartner ausgeschlossen, ist diese Regelung nicht richtlinienkonform (EuGH NJW 08, 1649) vgl aber: BVerfG NJW 08, 246; zur betrieblichen Altersversorgung BAG MDR 09, 698). 6

Abschnitt 1 Begründung der Lebenspartnerschaft

§ 1 Form und Voraussetzungen.
(1) ¹Zwei Personen gleichen Geschlechts, die gegenüber dem Standesbeamten persönlich und bei gleichzeitiger Anwesenheit erklären, miteinander eine Partnerschaft auf Lebenszeit führen zu wollen (Lebenspartnerinnen oder Lebenspartner), begründen eine Lebenspartnerschaft. ²Die Erklärungen können nicht unter einer Bedingung oder Zeitbestimmung abgegeben werden.
(2) ¹Der Standesbeamte soll die Lebenspartner einzeln befragen, ob sie eine Lebenspartnerschaft begründen wollen. ²Wenn die Lebenspartner diese Frage bejahen, soll der Standesbeamte erklären, dass die Lebenspartnerschaft nunmehr begründet ist. ³Die Begründung der Lebenspartnerschaft kann in Gegenwart von bis zu zwei Zeugen erfolgen.

§ 2 LPartG

(3) Eine Lebenspartnerschaft kann nicht wirksam begründet werden
1. mit einer Person, die minderjährig oder verheiratet ist oder bereits mit einer anderen Person eine Lebenspartnerschaft führt;
2. zwischen Personen, die in gerader Linie miteinander verwandt sind;
3. zwischen vollbürtigen und halbbürtigen Geschwistern;
4. wenn die Lebenspartner bei der Begründung der Lebenspartnerschaft darüber einig sind, keine Verpflichtungen gemäß § 2 begründen zu wollen.

(4) ¹Aus dem Versprechen, eine Lebenspartnerschaft zu begründen, kann nicht auf Begründung der Lebenspartnerschaft geklagt werden. ²§ 1297 Abs. 2 und die §§ 1298 bis 1302 des Bürgerlichen Gesetzbuchs gelten entsprechend.

1 **A. Allgemeines.** Nach § 1 können Personen gleichen Geschlechts eine Lebenspartnerschaft begründen, wenn sie gegenseitig persönlich und bei gleichzeitiger Anwesenheit erklären, miteinander eine Partnerschaft auf Lebenszeit führen zu wollen. Dabei begründet I die Legaldefinition des Begriffs der Lebenspartnerschaft, die im Rechtssinn erst mit ihrer Registrierung entsteht. Die Form der Begründung ist der der Eheschließung angeglichen (§ 1310 BGB). Nach III besteht auch für Lebenspartner die Möglichkeit einer Verlobung.

2 **B. Entstehen der Lebenspartnerschaft. I. Begründung durch Eintragung.** Die Lebenspartnerschaft wird durch die übereinstimmende Erklärung beider gleichgeschlechtlichen Partnerinnen oder Partner dahingehend begründet, eine Lebenspartnerschaft auf Lebenszeit eingehen zu wollen.

3 Die Erklärung ist bedingungs- und befristungsfeindlich und gegenseitig und persönlich vor der zuständigen Behörde abzugeben. Die Erklärungen sind seit dem 1.1.09 – vorbehaltlich der Länderöffnungsklausel (§ 23) – einheitlich vor dem Standesbeamten abzugeben (§§ 17, 11 PStG).

4 Streitig ist, ob der Standesbeamte das Recht hat, seine Mitwirkung zu verweigern, wenn offenkundig ist, dass ein Aufhebungsgrund gegeben ist, die Partner sich bei Begründung der Lebenspartnerschaft etwa darüber einig sind, keine Verpflichtungen nach § 2 begründen zu wollen. Zwar enthält II Nr 4 eine dem § 1314 V BGB vergleichbare Regelung, doch lässt das Gesetz nicht erkennen, dass die Behörde ihre Mitwirkung in diesem Fall verweigern könnte (*Finger* MDR 01, 200) Gleichgeschlechtliche Partner können jedoch in diesem Fall nicht anders behandelt werden als Ehepaare, weshalb die Möglichkeit der Mitwirkungsverweigerung gegeben sein muss (so auch: Palandt/*Brudermüller* Rz 5; AnwKomm/*Ring* Rz 44).

5 **II. Begründungshindernisse (Abs 2).** Zwischen bestimmten Personen können eingetragene Lebenspartnerschaften – wie auch Ehen – nicht wirksam begründet werden. Ein Verstoß gegen die Begründungshindernisse führt zur Unwirksamkeit der Partnerschaft ex tunc. Anders als nach § 1310 III BGB bei der Eheschließung erfolgt dann, wenn trotz des Hindernisses eine Eintragung erfolgt, auch keine Heilung des Mangels durch die Registrierung (BTDrs 14, 3751, 36).

6 Ausgeschlossen ist die Begründung einer Lebenspartnerschaft nach II Nr 1 bei Beteiligung minderjähriger Personen. Dasselbe gilt für Personen, die verheiratet sind oder mit einer dritten Person eine Lebenspartnerschaft führen. Nicht eingetragen werden kann eine Lebenspartnerschaft zwischen Personen, die in gerader Linie miteinander verwandt sind (II Nr 2) sowie zwischen vollbürtigen und halbbürtigen Geschwistern (II Nr 3), weiter dann nicht, wenn die Partner sich bei der Begründung darüber einig sind, keine Verpflichtungen gem § 2 begründen zu wollen (II Nr 4).

7 Nach § 1306 BGB begründet das Bestehen einer Lebenspartnerschaft ein Ehehindernis.

8 **C. Verlöbnis (Abs 3).** Nach III kann aus dem Versprechen, eine Lebenspartnerschaft zu begründen, nicht auf Begründung der Lebenspartnerschaft geklagt werden. Indem III 2 auf §§ 1297 II und 1298 bis 1302 BGB verweist, findet das Recht des Verlöbnisses auf die Lebenspartnerschaft uneingeschränkte Anwendung, so dass auf die Kommentierung zu §§ 1297 ff BGB verwiesen werden kann.

Abschnitt 2   Wirkungen der Lebenspartnerschaft

§ 2 Partnerschaftliche Lebensgemeinschaft.
¹Die Lebenspartner sind einander zu Fürsorge und Unterstützung sowie zur gemeinsamen Lebensgestaltung verpflichtet. ²Sie tragen füreinander Verantwortung.

1 **A. Wesensmerkmale der Lebenspartnerschaft.** Die §§ 2 bis 11 begründen die Ausgestaltung des Rechtsverhältnisses der Partner zueinander, soweit sie nicht in anderen Normen, etwa dem BGB erfolgt.

2 § 2 verpflichtet die Partner der eingetragenen Lebenspartnerschaft zu Fürsorge und Unterstützung sowie zur *gemeinsamen Lebensgestaltung.* Dabei wird die Lebenspartnerschaft wie die Ehe (§ 1353 BGB) als „Einstehens- und Verantwortungsgemeinschaft" gesehen (BTDrs 14/3751, 36) die auf Lebenszeit angelegt ist. Anders als die Ehe verpflichtet sie aber weder zur häuslichen Gemeinschaft (AG Holzminden FamRZ 05, 983) noch

zur Geschlechtsgemeinschaft. Aus §§ 12 u 13 kann aber abgeleitet werden, dass die Führung eines gemeinsamen Haushalts als Regelfall angesehen wird. Die Lebensgestaltung als solche bleibt den Partnern überlassen.

B. Die Lebensgestaltungsgemeinschaft. Die Pflicht zur Fürsorge und Unterstützung entspricht etwa der Beistandspflicht iRd ehelichen Lebensgemeinschaft oder des Eltern – Kind – Verhältnisses (Schwab FamRZ 01, 385, 390). Deshalb begründet die eingetragene Lebenspartnerschaft auch eine wechselseitige Garantenstellung iSd StGB. Wie Eheleute sind auch Lebenspartner einander zu gegenseitiger Rücksichtnahme verpflichtet (BTDrs 13/3751, 16). 3

Gem § 270 I FamFG sind in Lebenspartnerschaftssachen die für Verfahren auf Scheidung, Feststellung des Bestehens oder Nichtbestehens einer Ehe oder auf Herstellung des ehelichen Lebens geltenden Vorschriften entsprechend anwendbar. 4

Im Verhältnis zwischen den Partnern ist das Deliktsrecht uneingeschränkt anwendbar, doch ist die Haftung nach § 4 bei der Erfüllung der sich aus dem lebenspartnerschaftlichen Verhältnis ergebenden Pflichten auf Vorsatz und grobe Fahrlässigkeit beschränkt. 5

Es ist zu erwarten, dass die Rechtsprechung ein deliktisch geschütztes Recht auf Schutz des räumlich gegenständlichen Bereichs der Lebenspartnerschaft anerkennen wird. 6

§ 3 Lebenspartnerschaftsname. (1) ¹Die Lebenspartner können einen gemeinsamen Namen (Lebenspartnerschaftsnamen) bestimmen. ²Zu ihrem Lebenspartnerschaftsnamen können die Lebenspartner durch Erklärung gegenüber dem Standesamt den Geburtsnamen oder den zur Zeit der Erklärung über die Bestimmung des Lebenspartnerschaftsnamens geführten Namen eines der Lebenspartner bestimmen. ³Die Erklärung über die Bestimmung des Lebenspartnerschaftsnamens soll bei der Begründung der Lebenspartnerschaft erfolgen. ⁴Wird die Erklärung später abgegeben, muss sie öffentlich beglaubigt werden.
(2) ¹Ein Lebenspartner, dessen Name nicht Lebenspartnerschaftsname wird, kann durch Erklärung gegenüber dem Standesamt dem Lebenspartnerschaftsnamen seinen Geburtsnamen oder den zur Zeit der Erklärung über die Bestimmung des Lebenspartnerschaftsnamens geführten Namen voranstellen oder anfügen. ²Dies gilt nicht, wenn der Lebenspartnerschaftsname aus mehreren Namen besteht. ³Besteht der Name eines Lebenspartners aus mehreren Namen, so kann nur einer dieser Namen hinzugefügt werden. ⁴Die Erklärung kann gegenüber dem Standesamt widerrufen werden; in diesem Fall ist eine erneute Erklärung nach Satz 1 nicht zulässig. ⁵Die Erklärung und der Widerruf müssen öffentlich beglaubigt werden.
(3) ¹Ein Lebenspartner behält den Lebenspartnerschaftsnamen auch nach der Beendigung der Lebenspartnerschaft. ²Er kann durch Erklärung gegenüber dem Standesamt seinen Geburtsnamen oder den Namen wieder annehmen, den er bis zur Bestimmung des Lebenspartnerschaftsnamens geführt hat, oder dem Lebenspartnerschaftsnamen seinen Geburtsnamen oder den bis zu Bestimmung des Lebenspartnerschaftsnamens geführten Namen voranstellen oder anfügen. ³Absatz 2 gilt entsprechend.
(4) Geburtsname ist der Name, der in die Geburtsurkunde eines Lebenspartners zum Zeitpunkt der Erklärung gegenüber dem Standesamt einzutragen ist.
(5) Für Lebenspartner, die vor dem 12.2.2005 eine Lebenspartnerschaft begründet haben, gilt Artikel 229 § 13 Einführungsgesetzes zum Bürgerlichen Gesetzbuch entsprechend mit der Maßgabe, dass die Erklärung gegenüber der nach Landesrecht zuständigen Behörde abzugeben ist.

A. Allgemeines. Das Namensrecht der Lebenspartnerschaft ist nahezu genauso geregelt wie das der Ehe. Auch Lebenspartner haben die Möglichkeit, einen gemeinsamen Lebenspartnerschaftsnamen anzunehmen. Wenn § 1355 BGB für die Ehe regelt, dass die Eheleute einen gemeinsamen Namen haben „sollen", während Lebenspartner ihn nach I haben „können", ist der Unterschied eher gradueller Art. IÜ entspricht der § 3 der Norm des § 1355 BGB. 1

B. Die namensrechtlichen Alternativen. Insgesamt bestehen für die Partner folgende Alternativen: Sie können einen gemeinsamen Namen haben, wozu einer der Geburtsnamen der Partner oder der von einem Partner bei der Namensbestimmung tatsächlich getragene Name gewählt werden kann oder derjenige Partner, dessen Name nicht zum Lebenspartnerschaftsnamen gewählt wird, kann diesem seinen bisherigen Namen voranstellen oder anfügen (unechter Doppelname), wobei allerdings Namen, die aus mehr als zwei zusammengesetzten Namen bestehen nicht zulässig sind. 2

Nach der Beendigung der Lebenspartnerschaft bestehen folgende Alternativen: Jeder Partner kann den Lebenspartnerschaftsnamen fortführen, die Lebenspartner können den Namen wieder annehmen, den sie vor der Begründung der Lebenspartnerschaft geführt haben, oder dem Lebenspartnerschaftsnamen ihren Geburtsnamen oder den vor der Namensbestimmung geführten Namen anfügen oder voranstellen. 3

Als Geburtsname gilt nach IV derjenige Name, den die Partner bei Begründung der Lebenspartnerschaft gehabt haben, weshalb dies auch ein früherer Lebenspartnerschaftsname oder ein Ehename iS des § 1355 BGB sein kann. 4

5 **C. Formales.** Die Erklärungen zum Lebenspartnerschaftsnamen sind ggü der zuständigen Behörde bei Begründung der Lebenspartnerschaft abzugeben. Sie können aber auch später erfolgen, bedürfen dann aber der öffentlichen Beglaubigung.
6 Wegen der Übergangsregelung verweist die Norm auf Art 229 § 13 EGBGB.

§ 4 Umfang der Sorgfaltspflicht.
Die Lebenspartner haben bei der Erfüllung der sich aus dem lebenspartnerschaftlichen Verhältnis ergebenden Verpflichtungen einander nur für diejenige Sorgfalt einzustehen, welche sie in eigenen Angelegenheiten anzuwenden pflegen.

1 Entsprechend der Regel des § 1359 BGB wird der Haftungsmaßstab zwischen den Partnern auf die eigenübliche Sorgfalt abgesenkt, weshalb sie gem § 277 BGB nur für Vorsatz und grobe Fahrlässigkeit haften. Dies gilt entsprechend der ständigen Rechtsprechung für die Ehe (BGHZ 53, 352; 61, 101) bei gemeinsamer Teilnahme am Straßenverkehr nicht (BTDrs 14/3751, 37). Eine ausdrückliche Regelung hielt der Gesetzgeber für entbehrlich.

§ 5 Verpflichtung zum Lebenspartnerschaftsunterhalt.
¹Die Lebenspartner sind einander verpflichtet, durch ihre Arbeit und mit ihrem Vermögen die partnerschaftliche Lebensgemeinschaft angemessen zu unterhalten. ²§ 1360 Satz 2 und die §§ 1360a und 1360b und 1609 des Bürgerlichen Gesetzbuchs gelten entsprechend.

1 **A. Allgemeines.** Zu den wichtigsten sich aus der Lebenspartnerschaft ergebenden Pflichten rechnet die zum wechselseitigen Unterhalt. Wegen der näheren Ausgestaltung verweist das Gesetz auf §§ 1360 2 u 1360a bis 1360b BGB. Durch die eingefügte Inbezugnahme auf § 1360 2 BGB wird klargestellt, dass ein Partner seiner Unterhaltspflicht auch dadurch genügen kann, dass er den gemeinsamen Haushalt führt, weshalb das Modell der „Hausmann-" oder „Hausfrauenpartnerschaft" auch dem LPartG bekannt ist.

2 **B. Zeitliche Geltung.** Der Unterhaltsanspruch nach § 5 endet dann, wenn der Trennungsunterhaltsanspruch nach § 12 einsetzt. Angesichts des Umstandes, dass die Lebenspartner nicht in häuslicher Gemeinschaft miteinander leben müssen, kann mit dem Getrenntleben nur diejenige Phase gemeint sein, die der Aufhebung der Lebenspartnerschaft vorangeht, in der also einer der Partner erklärt hat, die Lebenspartnerschaft nicht fortsetzen zu wollen, während im Falle einvernehmlichen Getrenntlebens ohne Absicht der Aufhebung der Lebenspartnerschaft Unterhalt nach § 5 geschuldet wird (*Büttner* FamRZ 01, 1105, 1107).

3 **C. Maß des Unterhalts.** Die Norm verweist ausdrücklich auf §§ 1360a und b BGB, woraus abgeleitet werden kann, dass sich das Maß des zu leistenden Unterhalts nach dem bemisst, was zur Deckung der Haushaltskosten in der Lebenspartnerschaft und zur Befriedigung der persönlichen Bedürfnisse der Partner erforderlich ist, wozu insb auch die Kosten für medizinisch notwendige ärztliche Behandlungen (BGH NJW 85, 1394), die für eine bereits begonnene, aber noch nicht beendete Ausbildung (BGH NJW 85, 803) und die von Liebhabereien in angemessenem Umfang (BGH NJW 83, 1113) rechnen.

4 Aus der Verweisung auf § 1360a BGB kann gefolgert werden, dass zwischen den nicht getrennt lebenden Partnern ein Anspruch auf Zahlung eines angemessenen Taschengeldes besteht und zwar dann, wenn ein Partner über kein eigenes Einkommen verfügt oder wenn sein Einkommen seinen Taschengeldbedarf nicht zu decken vermag. (*Büttner* FamRZ 01, 1105, 1196). Dieser Anspruch ist insb deshalb von Bedeutung, weil er Dritten, die Forderungen gegen den nicht erwerbstätigen Partner haben, Vollstreckungsmöglichkeiten gegen diesen bietet.

5 Folge aus der Verweisung auf § 1360a IV BGB ist, dass die Partner in persönlichen Angelegenheiten die Leistung von Prozesskostenvorschuss beanspruchen können. Das wiederum hat zur Folge, dass die sich aus dem Gesetz ergebende Vorschusspflicht nicht anders als bei Eheleuten öffentliche Hilfen wie die PKH verdrängt.

6 IÜ kann wegen weiterer Einzelheiten auf die Ausführungen zu den §§ 1360a und b BGB verwiesen werden. Durch die Verweisung auf § 1609 BGB ist die Rangfolge wie die zwischen Ehegatten geregelt.

§ 6 Güterstand.
¹Die Lebenspartner leben im Güterstand der Zugewinngemeinschaft, wenn sie nicht durch Lebenspartnerschaftsvertrag (§ 7) etwas anderes vereinbaren. ²§ 1363 Abs. 2 und die §§ 1364 bis 1390 des Bürgerlichen Gesetzbuchs gelten entsprechend.

1 Seit dem 1.1.05 ist das eheliche Güterrecht auf die Lebenspartnerschaft übertragen. Auch Lebenspartner leben somit im gesetzlichen Güterstand der Zugewinngemeinschaft, wenn sie nicht ihre güterrechtlichen Verhältnisse durch notariell zu beurkundenden Vertrag anderweitig regeln, § 7.

2 Da auch die §§ 1364 bis 1390 BGB ausdrücklich in Bezug genommen sind, gilt speziell auch § 1365 BGB mit der darin enthaltenen Zustimmungsbedürftigkeit für Gesamtvermögensgeschäfte. Dasselbe gilt für § 1371 BGB mit den besonderen Regeln zum Zugewinnausgleich im Todesfall.

3 Wegen der Geltung der Norm für vor dem 1.1.05 begründete Lebenspartnerschaften vgl § 21 I u II.

§ 7 Lebenspartnerschaftsvertrag.
¹Die Lebenspartner können ihre güterrechtlichen Verhältnisse durch Vertrag (Lebenspartnerschaftsvertrag) regeln. ²Die §§ 1409 bis 1563 des Bürgerlichen Gesetzbuchs gelten entsprechend.

Die Lebenspartner sind wie Eheleute frei, ihre vermögensrechtlichen Verhältnisse durch Vertrag, den Lebenspartnerschaftsvertrag zu regeln. Dieser Vertrag bedarf zu seiner Wirksamkeit der Form des Ehevertrages, was aus der Verweisung auf die §§ 1409 und 1411 BGB in folgt. 1

Anders als vor dem 1.1.05 kann der Lebenspartnerschaft auch ins Güterrechtsregister eingetragen werden, was aus der Verweisung auf § 1412 BGB folgt. 2

§ 8 Sonstige vermögensrechtliche Wirkungen.
(1) ¹Zugunsten der Gläubiger eines der Lebenspartner wird vermutet, dass die im Besitz eines Lebenspartners oder beider Lebenspartner befindlichen beweglichen Sachen dem Schuldner gehören. ²Im Übrigen gilt § 1362 Abs. 1 Satz 2 und 3 und Abs. 2 des Bürgerlichen Gesetzbuchs entsprechend.
(2) § 1357 des Bürgerlichen Gesetzbuchs gilt entsprechend.

A. Eigentumsvermutung (Abs 1). Die Regelung entspricht § 1362 BGB. Zugunsten der Gläubiger eines der Lebenspartner wird danach vermutet, dass die im Besitz eines der Lebenspartner oder beider befindlichen beweglichen Sachen dem jeweiligen Schuldner gehören. Damit sollen Manipulationen der Lebenspartner im Falle des Vollstreckungszugriffs durch Gläubiger verhindert werden. 1

Die Vermutung erstreckt sich nur auf bewegliche Sachen, wobei wegen der Bezugnahme auf § 1362 I 2, 3 u II des BGB Ausnahmen gelten. Die Vermutung gilt danach nicht, wenn die Lebenspartner getrennt leben und sich die Sachen im Besitz desjenigen Partners befinden, der nicht Schuldner ist (§ 1362 I 2 BGB). Weiter gilt sie nicht für ausschließlich zum persönlichen Gebrauch eines Lebenspartners bestimmte Sachen, für die im Gegenteil vermutet wird, dass sie in dessen Alleineigentum stehen (§ 1362 III BGB). Andererseits stehen Inhaberpapiere und Orderpapiere, die mit Blankoindossament versehen sind, den beweglichen Sachen gleich (§ 1362 I 3 BGB). 2

B. Schlüsselgewalt (Abs 2). In II wird auf § 1357 BGB und damit die in dieser Norm geregelte „Schlüsselgewalt" verwiesen. Damit ist jeder Partner berechtigt, Geschäfte zur angemessenen Deckung des lebenspartnerschaftlichen Lebensbedarfs auch mit Wirkung für und gegen den anderen Partner zu tätigen. 3

§ 9 Regelungen in Bezug auf Kinder eines Lebenspartners.
(1) ¹Führt der allein sorgeberechtigte Elternteil eine Lebenspartnerschaft, hat sein Lebenspartner im Einvernehmen mit dem sorgeberechtigten Elternteil die Befugnis zur Mitentscheidung in Angelegenheiten des täglichen Lebens des Kindes. ²§ 1629 Abs. 2 Satz 1 des BGB gilt entsprechend.
(2) Bei Gefahr im Verzug ist der Lebenspartner dazu berechtigt, alle Rechtshandlungen vorzunehmen, die zum Wohl des Kindes notwendig sind; der sorgeberechtigte Elternteil ist unverzüglich zu unterrichten.
(3) Das Familiengericht kann die Befugnisse nach Absatz 1 einschränken oder ausschließen, wenn dies zum Wohl des Kindes erforderlich ist.
(4) Die Befugnisse nach Absatz 1 bestehen nicht, wenn die Lebenspartner nicht nur vorübergehend getrennt leben.
(5) ¹Der Elternteil, dem die elterliche Sorge für ein unverheiratetes Kind allein oder gemeinsam mit dem anderen Elternteil zusteht, und sein Lebenspartner können dem Kind, das sie in ihren gemeinsamen Haushalt aufgenommen haben, durch Erklärung gegenüber dem Standesamt ihren Lebenspartnerschaftsnamen erteilen. ²§ 1618 Satz 2 bis 6 des BGB gilt entsprechend.
(6) ¹Nimmt ein Lebenspartner ein Kind allein an, ist hierfür die Einwilligung des anderen Lebenspartners erforderlich. ²§ 1749 Abs. 1 Satz 2 und 3 sowie Abs. 3 des BGB gilt entsprechend.
(7) ¹Ein Lebenspartner kann ein Kind seines Lebenspartners allein annehmen. ²Für diesen Fall gelten § 1743 Satz 1, § 1751 Abs. 2 und 4 Satz 2, § 1754 Abs. 1 und 3, § 1755 Abs. 2, § 1756 Abs. 2, § 1757 Abs. 2 Satz 1 und § 1772 Abs. 1 Satz 1 Buchstabe c des Bürgerlichen Gesetzbuchs entsprechend.

A. Allgemeines. § 9 regelt in I bis IV die sorgerechtlichen Befugnisse des Lebenspartners. Hat ein Lebenspartner ein minderjähriges Kind mit in die eingetragene Lebenspartnerschaft gebracht und übt er für dieses Kind das alleinige Sorgerecht aus, hat sein Lebenspartner im Einvernehmen mit ihm die Befugnis zur Mitentscheidung in Angelegenheiten des täglichen Lebens des Kindes. Die Regelung entspricht dem gleichzeitig in Kraft getretenen § 1687b BGB, der für Stiefelternteile in Ehen gilt, während vergleichbare Regelungen für nichteheliche Lebensgemeinschaften fehlen. 1

B. Sorgerechtliche Befugnisse. I. Voraussetzungen. Das aus § 9 folgende sogenannte kleine Sorgerecht setzt stets voraus, dass der in der Lebenspartnerschaft lebende Elternteil der allein sorgeberechtigte ist. Besteht die gemeinsame elterliche Sorge mit dem früheren Ehegatten fort, ist § 9 nicht anwendbar, weil andernfalls in dessen Elternrecht eingegriffen würde. 2

3 Die Regelung ist sehr unklar. Zum einen lässt sie nicht erkennen, wann das nach I 1 erforderliche Einvernehmen herzustellen ist. Angesichts der Tatsache, dass fortwährende Streitigkeiten zwischen den Partnern aus Gründen des Kindeswohls mit dieser Maßnahme verhindert werden sollten (BTDrs 14/3751, 38), reicht ein einmal erklärtes Einvernehmen, das nur durch eine Entscheidung des Familiengerichts (§ 9 III) wieder eingeschränkt werden kann (*Schwab* FamRZ 01, 385, 394).

4 **II. Mitentscheidung.** Der Begriff ist richtigerweise dahingehend auszulegen, dass der Lebenspartner in Angelegenheiten des täglichen Lebens eine Mitentscheidungsbefugnis hat, die von dem sorgeberechtigten Elternteil abgeleitet und etwa mit einer Unterbevollmächtigung zu vergleichen ist (HK-LPartG/*Kemper* Rz 10), während der sorgeberechtigte Elternteil sich nicht stets der Zustimmung des Lebenspartners versichern muss; eine Einschränkung seiner Entscheidungsbefugnis ist damit nicht verbunden.

5 Mit dem Begriff der Angelegenheiten des täglichen Lebens wird auf die Legaldefinition des § 1687 I 3 BGB verwiesen. Die Mitwirkungsbefugnis endet gem IV dann, wenn die Lebenspartner nicht nur vorübergehend voneinander getrennt leben.

6 **III. Notfallkompetenz (Abs 2).** II begründet eine Notfallkompetenz des Lebenspartners für alle Rechtshandlungen, die bei Gefahr im Verzug zum Wohl des Kindes notwendig sind. Die Norm setzt voraus, dass dem Kind Schaden droht, wenn eine Rechtshandlung unterbleibt, die zu seinem Wohl erforderlich ist. In diesen Fällen ist der Lebenspartner des allein sorgeberechtigten Elternteils allein entscheidungsbefugt. Er hat den sorgeberechtigten Elternteil jedoch unverzüglich über die Gefahr und die getroffenen Maßnahmen zu unterrichten. Das Notsorgerecht ist nicht davon abhängig, dass der Lebenspartner das kleine Sorgerecht nach § 9 I eingeräumt bekommen hat.

7 **C. Einbennung und Adoption.** Nach V besteht die Möglichkeit, dem in den mit dem Lebenspartner geführten gemeinsamen Haushalt aufgenommenen Kind des einen Partners den Lebenspartnerschaftsnamen zu geben. Möglich ist es auch, den Lebenspartnerschaftsnamen dem bislang vom Kind geführten Namen voranzustellen oder anzufügen, was aus der Verweisung auf § 1618 2 BGB folgt. Wegen der Voraussetzungen verweist die Norm iÜ auf § 1618 3 ff, weshalb insoweit auf die Ausführungen hierzu verwiesen werden kann.

8 Nach VII besteht die Möglichkeit, dass ein Lebenspartner ein Kind seines Partners allein adoptiert (sog Stiefkindadoption). Hinsichtlich dieses Kindes besteht innerhalb der Lebenspartnerschaft somit bereits ein Eltern – Kind Verhältnis mit einem Partner, während der jeweils andere dieses Verhältnis durch alleinige Adoption begründet. Wegen der Adoptionsvoraussetzungen wird auf die allgemeinen Regeln des Adoptionsrechts verwiesen. Die Möglichkeit der Stiefkindadoption besteht jedoch nicht, wenn das Kind von dem anderen Lebenspartner bereits adoptiert worden war. Insoweit hätte es einer Änderung des § 1742 BGB bedurft.

9 VI entspricht der Regelung des § 1749 für Ehegatten, auf die verwiesen wird.

10 Nicht gegeben ist die Möglichkeit, dass die Lebenspartner ein Kind gemeinsam adoptieren (vgl dazu BVerfG FamRZ 09, 1653).

11 Zusammenfassend ergeben sich für die Lebenspartner somit folgende Möglichkeiten:
1. Einer der Lebenspartner ist Inhaber der elterlichen Sorge für ein Kind. Dann kann diesem unter den Voraussetzungen des § 1618 BGB der Lebenspartnerschaftsname allein oder mit seinem bislang geführten erteilt werden, § 9 V.
2. Einer der Lebenspartner kann ggf. allein ein Kind adoptieren, benötigt hierzu jedoch die Einwilligung des anderen, § 9 VI.
3. Einer der Lebenspartner ist Inhaber der elterlichen Sorge für ein Kind. Der andere kann es annehmen, sofern die Adoptionsvoraussetzungen erfüllt sind, mit der Folge, dass nunmehr beide Partner die elterliche Sorge für das Kind besitzen.

§ 10 Erbrecht.

(1) ¹Der überlebende Lebenspartner des Erblassers ist neben Verwandten der ersten Ordnung zu einem Viertel, neben Verwandten der zweiten Ordnung oder neben Großeltern zur Hälfte der Erbschaft gesetzlicher Erbe. ²Treffen mit Großeltern Abkömmlinge von Großeltern zusammen, so erhält der Lebenspartner auch von der anderen Hälfte den Anteil, der nach § 1926 des Bürgerlichen Gesetzbuchs den Abkömmlingen zufallen würde. ³Zusätzlich stehen ihm die zum lebenspartnerschaftlichen Haushalt gehörenden Gegenstände, soweit sie nicht Zubehör eines Grundstücks sind, und die Geschenke zur Begründung der Lebenspartnerschaft als Voraus zu. ⁴Ist der überlebende Lebenspartner neben Verwandten der ersten Ordnung gesetzlicher Erbe, so steht ihm der Voraus nur zu, soweit er ihn zur Führung eines angemessenen Haushalts benötigt. ⁵Auf den Voraus sind die für Vermächtnisse geltenden Vorschriften anzuwenden. ⁶Gehört der überlebende Lebenspartner zu den erbberechtigten Verwandten, so erbt er zugleich als Verwandter. ⁷Der Erbteil, der ihm aufgrund der Verwandtschaft zufällt, gilt als besonderer Erbteil.

(2) ¹Sind weder Verwandte der ersten noch der zweiten Ordnung noch Großeltern vorhanden, erhält der überlebende *Lebenspartner die ganze Erbschaft.* ²Bestand beim Erbfall Gütertrennung und sind als gesetzliche Erben neben dem überlebenden Lebenspartner ein oder zwei Kinder des Erblassers berufen, so erben der überlebende Lebenspartner und jedes Kind zu gleichen Teilen; § 1924 Abs. 3 des Bürgerlichen Gesetzbuchs gilt auch in diesem Fall.

(3) ¹Das Erbrecht des überlebenden Lebenspartners ist ausgeschlossen, wenn zur Zeit des Todes des Erblassers
1. die Voraussetzungen für die Aufhebung der Lebenspartnerschaft nach § 15 Abs. 2 Nr. 1 oder 2 gegeben waren und der Erblasser die Aufhebung beantragt oder ihr zugestimmt hatte oder
2. der Erblasser einen Antrag nach § 15 Abs. 2 Nr. 3 gestellt hatte und dieser Antrag begründet war.
²In diesen Fällen gilt § 16 entsprechend.
(4) ¹Lebenspartner können ein gemeinschaftliches Testament errichten. ²Die §§ 2266 bis 2273 des Bürgerlichen Gesetzbuchs gelten entsprechend.
(5) Auf eine letztwillige Verfügung, durch die der Erblasser seinen Lebenspartner bedacht hat, ist § 2077 des Bürgerlichen Gesetzbuchs entsprechend anzuwenden.
(6) ¹Hat der Erblasser den überlebenden Lebenspartner durch Verfügung von Todes wegen von der Erbfolge ausgeschlossen, kann dieser von den Erben die Hälfte des Wertes des gesetzlichen Erbteils als Pflichtteil verlangen. ²Die Vorschriften des Bürgerlichen Gesetzbuchs über den Pflichtteil gelten mit der Maßgabe entsprechend, dass der Lebenspartner wie ein Ehegatte zu behandeln ist.
(7) Die Vorschriften des Bürgerlichen Gesetzbuchs über den Erbverzicht gelten entsprechend.

A. Gesetzliches Erbrecht. Das Erbrecht der Partner einer eingetragenen Lebenspartnerschaft ist in § 10 dem der Ehegatten angeglichen (zu den Gestaltungsmöglichkeiten vgl. *Dickhuth-Harrasch* FamRZ 05, 1139). Solange die Lebenspartnerschaft im Zeitpunkt des Todes eines Lebenspartners noch besteht, ist der überlebende Lebenspartner dessen gesetzlicher Erbe und zwar nach I neben Verwandten der ersten Ordnung zu einem Viertel und neben Verwandten der zweiten Ordnung oder neben Großeltern zur Hälfte. Neu eingefügt ist I 2, der dem § 1931 I 2 BGB entspricht, so dass dann, wenn ein Großelternteil verstorben ist und dessen Abkömmlinge an seine Stelle treten würden (§ 1926 III BGB) der auf diese Abkömmlinge entfallende Anteil auf den überlebenden Lebenspartner fällt. Sind keine Verwandten der ersten und der zweiten Ordnung vorhanden, ist der Lebenspartner nach II 1 Alleinerbe des Verstorbenen.

Neben seinem gesetzlichen Erbteil kann der Lebenspartner die zum lebenspartnerschaftlichen Haushalt gehörenden Gegenstände und die Geschenke zur Begründung der Partnerschaft als Voraus beanspruchen. Neben den Abkömmlingen des Erblassers ist dieses Anrecht gem I 3 jedoch auf diejenigen Gegenstände beschränkt, die der überlebende Lebenspartner zur angemessenen Führung seines eigenen Haushalts benötigt.

Wie bei Ehegatten beeinflusst der Güterstand die Erbquote des überlebenden Lebenspartners erheblich. Da § 6 auch auf § 1371 BGB verweist, erhöht sich der gesetzliche Erbteil des überlebenden Lebenspartners um ¼ der Erbschaft (*Schwab* FamRZ 01, 385, 395; *Grziwotz* DNotZ 01, 280). Im Fall der Enterbung oder Ausschlagung des Erbes gelten dem entsprechend auch § 1371 II u III BGB. Bestand zwischen den Lebenspartnern im Zeitpunkt des Todes Gütertrennung und sind gesetzliche Erben neben dem Lebenspartner ein oder zwei Kinder des Erblassers, bestimmt II 2 ebenso wie § 1931 IV BGB für Eheleute, dass der überlebende Lebenspartner und jedes Kind je zu gleichen Teilen erben.

B. Ausschluss des Erbrechts. Das Erbrecht des überlebenden Lebenspartners ist nicht erst mit der Aufhebung der Lebensgemeinschaft, sondern bereits dann ausgeschlossen, wenn zur Zeit des Todes des Erblassers die Voraussetzungen für die Aufhebung der Lebenspartnerschaft gegeben waren und der Erblasser der Aufhebung zugestimmt oder sie beantragt hatte (III Nr 1) oder der Erblasser einen Antrag auf Aufhebung der Lebenspartnerschaft nach § 15 II Nr 3 (Aufhebung der Lebenspartnerschaft wegen unzumutbarer Härte) gestellt hatte (III Nr 2) und dieser begründet war. Die Verweisung auf § 16 LPartG hat dann zur Folge, dass der im Fall der Aufhebung bestehende nachpartnerschaftliche Unterhaltsanspruch gegen die Erben fortbesteht, sofern der überlebende Lebenspartner ggü dem anderen unterhaltsberechtigt gewesen wäre.

C. Gemeinschaftliches Testament. Wie Eheleute haben auch die Partner einer eingetragenen Lebenspartnerschaft die Möglichkeit der Errichtung eines gemeinschaftlichen Testamentes. Insoweit gelten nach IV die §§ 2266 bis 2273 BGB entsprechend. Dh, dass sie nicht nur in der erleichterten privatschriftlichen Form des § 2267 BGB testieren, sondern auch wechselseitige Verfügungen treffen können, an die sie erbrechtlich gebunden sind.

D. Erlöschen der letztwilligen Verfügungen. Mit der Auflösung der Lebensgemeinschaft durch den Tod eines der Lebenspartner oder die Aufhebung der Lebenspartnerschaft nach § 15 LPartG endet nicht nur das gesetzliche Erbrecht. Nach IV erlöschen auch letztwillige Verfügungen zu Gunsten des Lebenspartners, wobei der Zeitpunkt des Unwirksamwerdens wegen der Verweisung auf § 2077 BGB auf diejenige Zeit vor verlagert wird, zu der der Erblasser die Aufhebung der Lebenspartnerschaft verlangen konnte und den entsprechenden Antrag gestellt hat. Die Verweisung auf § 2077 III BGB stellt klar, dass ein hiervon abweichender Wille des Erblassers dem jedoch vorgeht.

E. Pflichtteilsanspruch. Nach VI hat der überlebende Lebenspartner, der durch Verfügung von Todes wegen von der Erbschaft ausgeschlossen worden ist, einen Pflichtteilsanspruch in Höhe der Hälfte des Wertes des gesetzlichen Erbteils.

§ 11 Sonstige Wirkungen der Lebenspartnerschaft.

(1) Ein Lebenspartner gilt als Familienangehöriger des anderen Lebenspartners, soweit nicht etwas anderes bestimmt ist.
(2) ¹Die Verwandten eines Lebenspartners gelten als mit dem anderen Lebenspartner verschwägert. ²Die Linie und der Grad der Schwägerschaft bestimmen sich nach der Linie und dem Grad der sie vermittelnden Verwandtschaft. ³Die Schwägerschaft dauert fort, auch wenn die Lebenspartnerschaft, die sie begründet hat, aufgelöst wurde.

1   Durch § 11 wird der Lebenspartner rechtlich in den Kreis der Familienangehörigen einbezogen. Das hat Konsequenzen insb zivilrechtlicher Art. So gehört der Lebenspartner zu den Angehörigen ua iSd §§ 530 und 541b I 1 BGB, §§ 111d III, 364b I Nr 3, 456 StPO (vgl *Meyer/Mittelstedt* 56).
2   Die Einschränkung in I bezieht sich auf Regelungsbereiche, in denen der Begriff des Angehörigen gesondert definiert ist, wie etwa in § 11 I Nr 1 StGB.
3   Durch II wird die Schwägerschaft mit den Verwandten des Lebenspartners in gleicher Weise geregelt wie die des Ehegatten, vgl § 1590 BGB, weshalb auch hier Zeugnisverweigerungsrechte bestehen.

Abschnitt 3   Getrenntleben der Lebenspartner

§ 12 Unterhalt bei Getrenntleben.
¹Leben die Lebenspartner getrennt, so kann ein Lebenspartner von dem anderen den nach den Lebensverhältnissen und den Erwerbs- und Vermögensverhältnissen der Lebenspartner angemessenen Unterhalt verlangen. ²Die §§ 1361 und 1609 des Bürgerlichen Gesetzbuchs gelten entsprechend.

1   § 12 verweist unmittelbar auf § 1361 BGB, so dass die Lebenspartner auch hinsichtlich des Trennungsunterhaltsanspruchs den Ehegatten gleich stehen. Wegen der Ausgestaltung des Unterhaltsanspruchs einschl des Anspruchs auf Vorsorgeunterhalt kann somit uneingeschränkt auf § 1361 BGB verwiesen werden.
2   Der Anspruch nach § 12 entsteht mit der Trennung und endet mit der Rechtskraft des Aufhebungsurteils nach § 15. Über die Verweisung auf § 1361 IV BGB iVm §§ 1613 I, 1360a III BGB kann Unterhalt auch für die Vergangenheit beansprucht werden.
3   Wegen des Begriffs der Trennung vgl § 15 V und § 1567 BGB. Anders als Eheleute (§ 1353 BGB) sind die Lebenspartner einander allerdings nicht zur häuslichen Gemeinschaft verpflichtet. Deshalb setzt der Unterhaltsanspruch dann ein, wenn die Partner voneinander getrennt leben und einer der Partner den Willen erklärt hat, die Partnerschaft nicht mehr fortsetzen zu wollen (*Büttner* FamRZ 01, 1005, 1007). Es muss die innere Distanzierung von der gemeinsamen Lebensgestaltung nach außen erkennbar werden. Haben die Partner nie in einem Haushalt zusammen gelebt, reicht die genannte Erklärung zur Auslösung des Unterhaltsanspruchs aus.
4   Der in Bezug genommene § 1610a BGB regelt die Vermutung unterhaltsrechtlicher Bedarfserfüllung von Sozialleistungen auch für die eingetragene Lebenspartnerschaft.
5   Wegen der Rangverhältnisse verweist die Norm nunmehr unmittelbar auf § 1609 BGB.

§ 13 Verteilung der Haushaltsgegenstände bei Getrenntleben.
(1) ¹Leben die Lebenspartner getrennt, so kann jeder von ihnen die ihm gehörenden Haushaltsgegenstände von dem anderen Lebenspartner herausverlangen. ²Er ist jedoch verpflichtet, sie dem anderen Lebenspartner zum Gebrauch zu überlassen, soweit dieser sie zur Führung eines abgesonderten Haushalts benötigt und die Überlassung nach den Umständen des Falles der Billigkeit entspricht.
(2) ¹Haushaltsgegenstände, die den Lebenspartnern gemeinsam gehören, werden zwischen ihnen nach den Grundsätzen der Billigkeit verteilt. ²Das Gericht kann eine angemessene Vergütung für die Benutzung der Haushaltsgegenstände festsetzen.
(3) Die Eigentumsverhältnisse bleiben unberührt, sofern die Lebenspartner nichts anderes vereinbaren.

1   Die Norm entspricht § 1361a BGB. Die Regelung ist jedoch ergänzt dahin gehend auszulegen, dass das Gericht nicht nur die Nutzungsvergütung festsetzen, sondern darüber hinaus im Streitfall auch die Nutzung als solche regeln kann (*Palandt/Brudermüller* Rz 2).
2   Da es sich auch hier nur um eine vorübergehende Regelung für die Dauer des Getrenntlebens handelt, bleiben die Eigentumsverhältnisse unberührt, sofern nicht die Lebenspartner etwas anderes vereinbaren (III).

§ 14 Wohnungszuweisung bei Getrenntleben.
(1) ¹Leben die Lebenspartner voneinander getrennt oder will einer von ihnen getrennt leben, so kann ein Lebenspartner verlangen, dass ihm der andere die gemeinsame Wohnung oder einen Teil zur alleinigen Benutzung überlässt, soweit dies auch unter Berücksichtigung der Belange des anderen Lebenspartners notwendig ist, um eine unbillige Härte zu vermeiden. ²Eine unbillige Härte kann auch dann gegeben sein, wenn das Wohl von im Haushalt

lebenden Kindern beeinträchtigt ist. ³Steht einem Lebenspartner allein oder gemeinsam mit einem Dritten das Eigentum, das Erbbaurecht oder der Nießbrauch an dem Grundstück zu, auf dem sich die gemeinsame Wohnung befindet, so ist dies besonders zu berücksichtigen; entsprechendes gilt für das Wohnungseigentum, das Dauerwohnrecht und das dingliche Wohnrecht.
(2) ¹Hat der Lebenspartner, gegen den sich der Antrag richtet, den anderen Lebenspartner widerrechtlich und vorsätzlich am Körper, der Gesundheit oder der Freiheit verletzt oder mit einer solchen Verletzung oder der Verletzung des Lebens widerrechtlich gedroht, ist in der Regel die gesamte Wohnung zur alleinigen Benutzung zu überlassen. ²Der Anspruch auf Wohnungsüberlassung ist nur dann ausgeschlossen, wenn keine weiteren Verletzungen und widerrechtlichen Drohungen zu besorgen sind, es sei denn, dass dem verletzten Lebenspartner das weitere Zusammenleben mit dem anderen wegen der Schwere der Tat nicht zuzumuten ist.
(3) ¹Wurde einem Lebenspartner die gemeinsame Wohnung ganz oder zum Teil überlassen, so hat der andere alles zu unterlassen, was geeignet ist, die Ausübung dieses Nutzungsrechts zu erschweren oder zu vereiteln. ²Er kann von dem nutzungsberechtigten Lebenspartner eine Vergütung für die Nutzung verlangen, soweit dies der Billigkeit entspricht.
(4) Ist ein Lebenspartner aus der gemeinsamen Wohnung ausgezogen, um getrennt zu leben und hat er binnen sechs Monaten nach seinem Auszug eine ernstliche Rückkehrabsicht dem anderen Lebenspartner gegenüber nicht bekundet, so wird unwiderleglich vermutet, dass er dem in der gemeinsamen Wohnung verbliebenen Lebenspartner das alleinige Nutzungsrecht überlassen hat.

§ 14 ist mit dem Inkrafttreten des Gewaltschutzgesetzes vom 11.12.01 (BGBl I 3513) geändert worden. Die Voraussetzungen für die Überlassung der Wohnung wurden dergestalt herabgesenkt, dass statt der bis dahin erforderlichen schweren Härte nunmehr nur noch die Unbilligkeit verlangt wird. Überdies wird dem Aspekt vorangegangener Gewaltanwendung besonderes Gewicht verliehen. 1

Die Norm ist identisch mit § 1361b BGB in der jetzt geltenden Fassung, weshalb wegen weiterer Erläuterungen auf diese verwiesen werden kann. 2

Abschnitt 4   Aufhebung der Lebenspartnerschaft

§ 15 Aufhebung der Lebenspartnerschaft.
(1) Die Lebenspartnerschaft wird auf Antrag eines oder beider Lebenspartner durch gerichtliches Urteil aufgehoben.
(2) ¹Das Gericht hebt die Lebenspartnerschaft auf, wenn
1. die Lebenspartner seit einem Jahr getrennt leben und
   a) beide Lebenspartner die Aufhebung beantragen oder der Antragsgegner der Aufhebung zustimmt oder
   b) nicht erwartet werden kann, dass eine partnerschaftliche Lebensgemeinschaft wieder hergestellt werden kann,
2. ein Lebenspartner die Aufhebung beantragt und die Lebenspartner seit drei Jahren getrennt leben,
3. die Fortsetzung der Lebenspartnerschaft für den Antragsteller aus Gründen, die in der Person des anderen Lebenspartners liegen, eine unzumutbare Härte wäre.

²Das Gericht hebt die Lebenspartnerschaft ferner auf, wenn bei einem Lebenspartner ein Willensmangel im Sinne des § 1314 Abs. 2 Nr. 1 bis 4 des Bürgerlichen Gesetzbuchs vorlag; § 1316 Abs. 1 Nr. 2 des Bürgerlichen Gesetzbuchs gilt entsprechend.
(3) Die Lebenspartnerschaft soll nach Absatz 2 Satz 1 nicht aufgehoben werden, obwohl die Lebenspartner seit mehr als drei Jahren getrennt leben, wenn und solange die Aufhebung der Lebenspartnerschaft für den Antragsgegner, der sie ablehnt, aufgrund außergewöhnlicher Umstände eine so schwere Härte darstellen würde, dass die Aufrechterhaltung der Lebenspartnerschaft auch unter Berücksichtigung der Belange des Antragstellers ausnahmsweise geboten erscheint.
(4) Die Aufhebung nach Absatz 2 Satz 2 ist bei einer Bestätigung der Lebenspartnerschaft ausgeschlossen; § 1315 Abs. 1 Nr. 3 und 4 und § 1317 des Bürgerlichen Gesetzbuchs gelten entsprechend.
(5) ¹Die Lebenspartner leben getrennt, wenn zwischen ihnen keine häusliche Gemeinschaft besteht und ein Lebenspartner sie erkennbar nicht herstellen will, weil er die lebenspartnerschaftliche Gemeinschaft ablehnt. ²§ 1567 Abs. 1 Satz 2 und Abs. 2 des Bürgerlichen Gesetzbuchs gilt entsprechend.

A. Allgemeines. § 15 regelt die Aufhebung der eingetragenen Lebenspartnerschaft, die an die Stelle der Scheidung der Ehe tritt. Der Eheaufhebung entsprechende Regelungen sind in II 2 und IV enthalten. 1
Nach dem seit dem 1.1.05 geltenden Recht sind die Regelungen weitgehend an die für die Ehescheidung angeglichen. 2

3 **B. Aufhebungsvoraussetzungen.** Wie die Ehe kann auch die eingetragene Lebenspartnerschaft nur durch gerichtliches Urt aufgehoben werden. Hierzu ist der Antrag eines oder beider Lebenspartner erforderlich.
4 Voraussetzung für die Aufhebung der Lebenspartnerschaft ist daneben, dass
   a) die Lebenspartner seit mindestens einem Jahr voneinander getrennt leben und entweder beide Partner die Aufhebung beantragen, oder nur einer sie beantragt, dann jedoch nicht erwartet werden kann, dass eine partnerschaftliche Lebensgemeinschaft wieder hergestellt werden kann,
   b) oder dass ein Partner die Aufhebung beantragt und die Lebenspartner seit mehr als drei Jahren getrennt leben.
5 Wie nach § 1565 II BGB kennt das Gesetz in II Nr 3 eine Härtefallregelung, wobei sich die unzumutbare Härte hier wie dort aus dem Fortbestand des äußeren Bandes der Lebenspartnerschaft ergeben muss. Allein der Umstand, dass sich ein Partner einem anderen zuwendet begründet die Annahme eines Härtefalls nicht (AG Holzminden FamRZ 05, 983).
6 Nach II 2 kann die Lebenspartnerschaft auch im Fall von Willensmängeln des § 1314 II Nr 1 bis 4 BGB aufgehoben werden, mithin dann, wenn sich ein Lebenspartner bei Begründung der Lebenspartnerschaft im Zustand der Bewusstlosigkeit oder vorübergehender Störung der Geistestätigkeit befand, wenn ein Lebenspartner bei Begründung der Lebenspartnerschaft nicht gewusst hat, dass es sich um eine solche handelt, wenn ein Lebenspartner durch arglistige Täuschung über solche Umstände zur Begründung der Lebenspartnerschaft bewegt worden ist, die ihn bei Kenntnis der Sachlage und richtiger Würdigung des Wesens der Lebenspartnerschaft von deren Eingehung abgehalten hätten oder wenn schließlich ein Lebenspartner widerrechtlich oder durch Drohungen zur Begründung der Lebenspartnerschaft bestimmt worden ist.
7 Unverständlich ist, dass der praktisch wichtigste Fall der Aufhebung nach § 1314 II Nr 5 BGB (Einigkeit, dass eine Verpflichtung nach § 2 nicht begründet werden soll) nicht in Bezug genommen worden ist. Insoweit gelten dann die allgemeinen Regelungen (§§ 116 ff BGB) mit der für die Beteiligten höchst unerfreulichen Folge, dass die Lebenspartnerschaft als von Anfang an unwirksam gilt (*Finger* MDR 05, 121, 122; *Stüber* FamRZ 05, 574, 575; Palandt/*Brudermüller* Rz 7).
8 Die Härteregelung des III entspricht der nach § 1568 Alt 2 BGB. Wegen des Begriffs der schweren Härte kann auf die Ausführungen zu dieser Norm verwiesen werden.

§ 16 Nachpartnerschaftlicher Unterhalt.
¹Nach der Aufhebung der Lebenspartnerschaft obliegt es jedem Lebenspartner, selbst für seinen Unterhalt zu sorgen. ²Ist er dazu außerstande, hat er gegen anderen Lebenspartner einen Anspruch auf Unterhalt nur entsprechend den §§ 1570 bis 1586b und 1609 des Bürgerlichen Gesetzbuchs.

1 Die Norm regelt den nachpartnerschaftlichen Unterhalt, also denjenigen, der für die Zeit nach der Rechtskraft der Aufhebung der Lebenspartnerschaft geschuldet wird. Indem auf die §§ 1570 ff BGB verwiesen wird, ist auch insoweit eine Gleichstellung der Lebenspartnerschaft mit der Ehe erfolgt.
2 Die Norm findet auch Anwendung, wenn die Partnerschaft wegen Willensmängeln aufgehoben wird (§ 15 II Nr 3), da insoweit nicht zwischen diesem und den anderen Aufhebungsgründen differenziert wird.
3 Wegen der Ausgestaltung des Unterhaltsanspruchs kann iÜ auf die Kommentierung zu den §§ 1570 ff BGB Bezug genommen werden.
4 Wegen der Rangverhältnisse verweist die Norm unmittelbar auf § 1609 BGB. Die Unterhaltsansprüche des Lebenspartners fallen entweder unter § 1609 Nr 2 oder 3 BGB. Nach der Möglichkeit der Stiefkindadoption (§ 9 VII) steht der Lebenspartner somit ggf im Range dem Kinder betreuenden Ehegatten gleich. Wegen der Einzelheiten iÜ vgl § 1609 BGB.

§ 17 Behandlung der gemeinsamen Wohnung und der Haushaltsgegenstände anlässlich der Aufhebung der Lebenspartnerschaft.
Für die Behandlung der gemeinsamen Wohnung und der Haushaltsgegenstände anlässlich der Aufhebung der Lebenspartnerschaft gelten die §§ 1568a und 1568b des Bürgerlichen Gesetzbuchs entsprechend.

1 Durch Art 7 des Gesetzes zur Änderung des Zugewinnausgleichs- und Vormundschaftsrechts vom 6.7.09 (BGBl I 1696) sind die bisherigen §§ 17–19 aufgehoben und wegen der Zuweisung der Wohnung und der Verteilung der Haushaltsgegenstände auf die entsprechenden Normen des BGB verwiesen worden, die deshalb unmittelbar Anwendung finden. Das Verfahren bestimmt sich nach §§ 270 I, 200 ff FamFG.

§§ 18, 19
Aufgehoben durch Art 7 des Gesetzes zur Änderung des Zugewinnausgleichs- und Vormundschaftsrechts vom 6.7.09 (BGBl I S 1696)

§ 20 Versorgungsausgleich.
(1) ¹Wird eine Lebenspartnerschaft aufgehoben, findet in entsprechender Anwendung des Versorgungsausgleichsgesetzes ein Ausgleich von im In- und Ausland bestehenden Anrechten (§ 2 Abs. 1 des Versorgungsausgleichsgesetzes) statt, soweit sie in der Lebenspartnerschaft begründet oder aufrechterhalten worden sind.

(2) Als Lebenspartnerschaftszeit gilt die Zeit vom Beginn des Monats, in dem die Lebenspartnerschaft begründet worden ist, bis zum Ende des Monats, der dem Eintritt der Rechtshängigkeit des Antrages auf Aufhebung der Lebenspartnerschaft vorausgeht.
(3) Schließen die Lebenspartner in einem Lebenspartnerschaftsvertrag (§ 7) Vereinbarungen über den Versorgungsausgleich, so sind die §§ 6 bis 8 des Versorgungsausgleichsgesetzes entsprechend anzuwenden.
(4) Die Absätze 1 bis 3 sind nicht anzuwenden, wenn die Lebenspartnerschaft vor dem 1. Januar 2005 begründet worden ist und die Lebenspartner eine Erklärung nach § 21 Abs. 4 nicht abgegeben haben.

§ 20 bestimmt, dass die von den Lebenspartnern während der Dauer der Lebenspartnerschaft begründeten Anrechte auf eine Altersversorgung entsprechend den Regeln des VersAusglG ausgeglichen werden. Wegen der Regelungen zum Ausgleich wird auf die Ausführungen zum VersAusglG verwiesen. Die Berechnung der Lebenspartnerschaftszeit wird in II entsprechend § 3 I VersAusglG geregelt.   1

Treffen die Lebenspartner Vereinbarungen zum Versorgungsausgleich, sind die Regelungen der §§ 6–8 VersAusglG entsprechend anzuwenden. Diese Regelung entspricht dem § 1408 II BGB.   2

IV schützt diejenigen Lebenspartner, die die Lebenspartnerschaft vor dem 1.1.05 begründet und keine Erklärung nach § 21 IV abgegeben haben. Für diese findet ein Versorgungsausgleich nicht statt.   3

Abschnitt 5   Übergangsvorschriften

§ 21 Übergangsvorschrift zum Gesetz zur Überarbeitung des Lebenspartnerschaftsrechts.
(1) Haben die Lebenspartner am 1. Januar 2005 im Vermögensstand der Ausgleichsgemeinschaft gelebt, so gelten, soweit die Lebenspartner nichts anderes vereinbart haben, von diesem Tage an die Vorschriften über den Güterstand der Zugewinngemeinschaft.
(2) ¹Ist die Lebenspartnerschaft vor dem 1. Januar 2005 begründet worden, kann jeder Lebenspartner bis zum 31. Dezember 2005 gegenüber dem Amtsgericht erklären, dass für die Lebenspartnerschaft Gütertrennung gelten solle; § 1411 des Bürgerlichen Gesetzbuchs gilt entsprechend. ²Die Erklärung ist dem Amtsgericht gegenüber abzugeben, in dessen Bezirk die Lebenspartner wohnen. ³Die Erklärung muss notariell beurkundet werden. ⁴Haben die Lebenspartner die Erklärung nicht gemeinsam abgegeben, so hat das Amtsgericht sie dem anderen Lebenspartner nach den für die Zustellung von Amts wegen geltenden Vorschriften der Zivilprozessordnung bekannt zu machen.
(3) ¹Ist die Lebenspartnerschaft vor dem 1. Januar 2005 begründet worden, kann jeder Lebenspartner bis zum 31. Dezember 2005 gegenüber dem Amtsgericht erklären, dass die gegenseitige Unterhaltspflicht der Lebenspartner sich weiter nach den §§ 5, 12 und 16 in der bis zum 31. Dezember 2004 geltenden Fassung dieses Gesetzes bestimmen soll. ²Absatz 2 gilt entsprechend.
(4) ¹Ist die Lebenspartnerschaft vor dem 1. Januar 2005 begründet worden, können die Lebenspartner bis zum 31. Dezember 2005 gegenüber dem Amtsgericht erklären, dass bei einer Aufhebung ihrer Lebenspartnerschaft ein Versorgungsausgleich nach § 20 durchgeführt werden soll. ²Die notariell zu beurkundende Erklärung ist von beiden Lebenspartnern gegenüber dem Amtsgericht, in dessen Bezirk sie wohnen, abzugeben. ³§ 20 Abs. 3 bleibt unberührt.
(5) ¹Für am 31. Dezember 2004 anhängige gerichtliche Verfahren, die Ansprüche aus diesem Gesetz betreffen, ist dieses Gesetz in der bis dahin geltenden Fassung anzuwenden. ²Die Absätze 2 und 3 bleiben unberührt.

§ 22 Abgabe von Vorgängen.
¹Die bis zum Inkrafttreten dieses Gesetzes nach Landesrecht für die Begründung der Lebenspartnerschaft zuständigen Stellen haben die bei ihnen entstandenen Vorgänge einer jeden Lebenspartnerschaft an das Standesamt abzugeben, das nach § 17 Personenstandsgesetz für die Entgegennahme der Erklärungen der Lebenspartner zuständig gewesen wäre. ²Sind danach mehrere Standesämter zuständig, so sind die Unterlagen an das Standesamt, in dessen Bezirk beide Lebenspartner ihren Wohnsitz oder ihren gewöhnlichen Aufenthalt haben, abzugeben; haben die Lebenspartner keinen gemeinsamen Wohnsitz oder gewöhnlichen Aufenthalt, so ist das Standesamt zuständig, in dessen Bezirk einer der Lebenspartner seinen Wohnsitz oder gewöhnlichen Aufenthalt hat. ³Verbleiben auch danach noch mehrere Zuständigkeiten, so ist die abgebende Behörde bei der Wahl unter den zuständigen Standesämtern frei. ⁴Der Standesbeamte des danach zuständigen Standesamtes hat die in § 17 in Verbindung mit den §§ 15, 16 des Personenstandsgesetzes bezeichneten Angaben unter Hinweis auf die Behörde, vor der die Lebenspartnerschaft begründet worden ist, in ein gesondertes Lebenspartnerschaftsregister einzutragen.

Abschnitt 6 Länderöffnungsklausel

§ 23 Abweichende landesrechtliche Zuständigkeiten. (1) ¹Landesrechtliche Vorschriften, welche am 1. Januar 2009 bestehen und abweichend von den Vorschriften der §§ 1, 3 und 9 bestimmen, dass die jeweiligen Erklärungen nicht gegen über dem Standesbeamten, sondern gegenüber einer anderen Urkundsperson oder einer anderen Behörde abzugeben sind, und bestehende Regelungen für die Beurkundung und Dokumentation solcher Erklärungen bleiben unberührt. ²Das Personenstandsgesetz findet insoweit keine Anwendung. ³Durch die landesrechtliche Regelung ist sicherzustellen, dass die Beurkundungen fortlaufend dokumentiert werden und Mitteilungspflichten, die das Personenstandsgesetz voraussetzt, erfüllt werden. ⁴Die Abgabe von Vorgängen nach Maßgabe von § 22 entfällt.
(2) ¹Die Länder können auch nach dem 31. Dezember 2008 abweichend von den Vorschriften der §§ 1, 3 und 9 bestimmen, dass die jeweiligen Erklärungen nicht gegenüber dem Standesbeamten, sondern gegenüber einer anderen Urkundsperson oder einer anderen Behörde abzugeben sind. ²Das Personenstandsgesetz findet nach dem Inkrafttreten der landesrechtlichen Regelung insoweit keine Anwendung mehr. ³Durch die landesrechtliche Regelung ist jedoch sicherzustellen, dass ein Lebenspartnerschaftsregister eingerichtet wird, das gemäß §§ 16, 17 des Personenstandsgesetzes fortzuführen ist. ⁴Die Länder können auch die Zuständigkeit für die Fortführung von Beurkundungen sowie die Abgabe von Vorgängen regeln, die bis zum Inkrafttreten der landesrechtlichen Regelung angefallen sind.
(3) ¹Die nach den Absätzen 1 und 2 zuständigen Behörden sind berechtigt, personenbezogene Daten von Amts wegen an öffentliche Stellen des Bundes, der Länder und der Kommunen zu übermitteln, wenn die Kenntnis dieser Daten zur Ergänzung und Berichtigung sowie zur Fortführung von Unterlagen dieser Stellen im Rahmen ihrer Aufgaben erforderlich ist. ²Soweit nach Absatz 2 das Personenstandsgesetz nach Inkrafttreten der landesrechtlichen Regelung insoweit keine Anwendung mehr findet, wird das Bundesministerium des Innern ermächtigt, im Benehmen mit dem Bundesministerium der Justiz und mit Zustimmung des Bundesrates durch Rechtsverordnung das Weitere zu regeln.

Gesetz über die Haftung für fehlerhafte Produkte
(Produkthaftungsgesetz – ProdHaftG)

Vom 15.12.1989 (BGBl I 2198)

geändert durch Gesetz zur Ausführung des Abkommens vom 2.5.1992 über den Europäischen Wirtschaftsraum vom 27.4.1993 (BGBl I 512, 2436), Gesetz zu dem Übereinkommen vom 16.9.1988 über die gerichtliche Zuständigkeit und die Vollstreckung gerichtlicher Entscheidungen in Zivil- und Handelssachen vom 30.9.1994 (BGBl II 2658), Gesetz zur Reform des Markenrechts und zur Umsetzung der Ersten Richtlinie 89/104/EWG des Rates vom 21.12.1988 zur Angleichung der Rechtsvorschriften der Mitgliedstaaten über Marken (Markenrechtsreformgesetz) vom 25.10.1994 (BGBl I 3082), Gesetz zur Änderung produkthaftungsrechtlicher Vorschriften vom 2.11.2000 (BGBl I 1478), Zweites Gesetz zur Änderung schadensersatzrechtlicher Vorschriften vom 19.7.2002 (BGBl I 2674)

Vorbemerkungen zum Produkthaftungsgesetz

A. Entwicklung. I. Rechtsgrundlage. Mit dem ProdHaftG wird die **EG-Richtlinie zur Produkthaftung** (RL 85/374/EWG, ABl EG 85, L 210/29, geändert durch RL 1999/34/EG, ABl EG 99, L 141/20) in deutsches Recht umgesetzt. Die zunächst auf Art 100 EWGV (heute Art 115 AEUV), bei der Änderung 1999 ergänzend auf Art 95 EG (heute Art 114 AEUV) gestützte RL dient einer umfassenden Angleichung der einzelstaatlichen Regeln über die Produkthaftung (Erw 18), weil die Unterschiede der Vorschriften der Mitgliedstaaten über die Produkthaftung den Wettbewerb verfälschen, den freien Warenverkehr beeinträchtigen und zu Divergenzen beim Verbraucherschutz führen können (Erw 1). Eingeführt wurde eine verschuldensunabhängige Haftung des Herstellers und anderer Verantwortlicher für mangelhafte Produkte. Als Reaktion auf die BSE-Problematik wurden 1999 auch landwirtschaftliche Naturprodukte und Jagderzeugnisse vollständig einbezogen. Weitere Reformen wurden nach den Reaktionen auf ein 1999 von der Kommission vorgelegtes Grünbuch (KOM [99] 396 endg v 28.7.99) sowie weiteren Studien zu Einzelfragen zunächst verschoben (KOM [00] 893 endg v 31.1.01; KOM [06] 496 endg v 14.9.06). Die Entwicklung ist gem Art 21 der RL von der Kommission weiter zu beobachten, alle 5 Jahre ist darüber zu berichten. 1

II. Umsetzung. Die RL wurde in Deutschland durch das Gesetz über die Haftung für fehlerhafte Produkte (**Produkthaftungsgesetz – ProdHaftG**) vom 15.12.89 (BGBl I 2198) umgesetzt, 2000 wurde infolge der Änderung der RL (Rn 1) die Ausn für landwirtschaftliche Naturprodukte und Jagderzeugnisse aufgehoben und 2002 wurde durch das Schadensrechtsänderungsgesetz die Ersatzpflicht auf immaterielle Schäden ausgeweitet. Im Gegensatz zu anderen europarechtlich motivierten Verbraucherschutzgesetzen wurde das ProdHaftG bei der Schuldrechtsmodernisierung 2002 nicht in das BGB integriert. 2

B. Auslegung. Wegen seines europäischen Ursprungs ist das ProdHaftG **richtlinienkonform auszulegen** (s. insb EuGHE 97, I-2649 Rz 37 f). Entscheidend ist der mit der RL angestrebte Harmonisierungsgrad. Wurde zunächst vielfach von einer Mindestharmonisierung ausgegangen (zB *Sack* VersR 88, 439, 442 mwN; *Hohloch* ZEuP 94, 408, 427, 430; *Th Möllers* VersR 00, 1177, 1178; Staud/*Oechsler* Einl zum ProdHaftG Rz 45; KOM [00] 803 endg 6, einschr aber 9), interpretiert der EuGH die RL heute im Sinne einer **Vollharmonisierung** (EuGHE 02, I-3856; I-3887; I-3905; 06, I-199 Rz 23, 33; I-1313 Rz 35; EuZW 09, 510 Rz 21). Eine solche erscheint allerdings aufgrund der Lückenhaftigkeit der RL sowie des gemeinschaftsrechtlichen Besitzstandes im Deliktsrecht zurzeit kaum praktikabel (näher *Schaub* ZEuP 03, 562, 585 ff, ähnl EG-Kommission, KOM [06] 496 endg, S 9, in Bezug auf die Lieferantenhaftung nach Entschließung des Rates, ABl EU 03, C 26/2; *Whittaker* ZEuP 07, 865 ff). Daher sollte bei der Auslegung des ProdHaftG so weit wie möglich auf das vom EuGH betonte autonome Haftungskonzept der RL rekurriert werden. Wo dies insb mangels einer eigenständigen gemeinschaftsrechtlichen Konzeption nicht möglich ist, sollten zweifelhafte Rechtsfragen nach Art 267 AEUV dem EuGH vorgelegt werden. Erst danach kommt ggf eine Lückenfüllung durch Anwendung der Regeln des BGB (dazu zB Erman/*Schiemann* ProdHaftG Vor § 1 Rz 6) in Betracht (weiter gehend zB Staud/*Oechsler* Einl zum ProdHaftG Rz 45 aE). 3

C. Inhalt. I. Systematische Einordnung. Im Ausgangspunkt erfordert die Haftung nach dem ProdHaftG ebenso wie diejenige nach der RL kein Verschulden. Str ist, ob es sich um eine an die Verletzung bestimmter Sorgfaltspflichten anknüpfende **verschuldensunabhängige Haftung** (zB *Taschner/Frietsch* § 1 Rz 2, 17 ff mwN), um eine **Gefährdungshaftung** (zB Erman/*Schiemann* Vor § 1 ProdHaftG Rz 2; Palandt/*Sprau* § 1 Rz 1; AnwK/*Katzenmeier* § 1 Rz 1 mwN) oder um eine **Mischform** (zB Staud/*Oechsler* Einl zum ProdHaftG Rz 27 ff; MüKo/*Wagner* Einl ProdHaftG Rz 14 ff; Soergel/*Krause* ProdHaftG Vor § 1 Rz 5, alle mwN; krit zur Rechtsnaturdebatte insgesamt *Schlechtriem* FS Rittner 545, 555 ff) handelt. Die Frage spielt eine Rolle für die Auslegung einzelner Vorschriften (zB des § 1 II Nr 5 oder des Fehlerbegriffs in § 3), die nur bei Annahme einer Haftung für vermutetes Verschulden auch individuelle Umstände in der Person des Herstellers berück- 4 sichtigen kann (s. insb *Larenz-Canaris* § 84 VI 1; Staud/*Oechsler* Einl zum ProdHaftG Rz 28). Europäischer und deutscher Gesetzgeber wollten ursprünglich eine verschuldensunabhängige Haftung einführen (Erw 2 ProdHaftRL; BTDrs 11/5520, 10; s. aber auch BTDrs 11/2447, 11), dies wurde jedoch nur teilw durchgehalten (vgl Staud/*Oechsler* Einl zum ProdHaftG Rz 35 ff; MüKo/*Wagner* Einl ProdHaftG Rz 14 ff). Daher ist bei der Auslegung der einzelnen Regelungen zu berücksichtigen, ob sie verhaltensabhängig oder -unabhängig sind. Letztlich ist also dem Ansatz zu folgen, der eine Mischung unterschiedlicher Haftungsarten annimmt.

5 **II. Wichtigste Unterschiede zur Produkthaftung nach § 823 I BGB. Weiter reichende Haftung:** Haftung jedenfalls im Ansatz ohne Verschulden und damit auch zB für „Ausreißer", weiter reichende Haftung des Importeurs (§ 4 II), subsidiäre Haftung des Lieferanten (§ 4 III).

6 **Einschränkungen der Haftung:** keine Haftung für Schäden am fehlerhaften Produkt selbst (§ 1 I 2), nur Haftung für Produkte, die ihrer Art nach gewöhnlich für den privaten Ge- oder Verbrauch bestimmt und hierzu vom Geschädigten hauptsächlich verwendet worden sind (§ 1 I 2), keine Haftung für Entwicklungsfehler (§ 1 II Nr 5), keine Haftung für Produktbeobachtungsfehler (arg § 3; bedenklich Celle VersR 03, 467), Haftungshöchstbetrag (§ 10), Selbstbeteiligung bei Sachschäden (§ 11), früheres Erlöschen von Ansprüchen (§ 13).

7 **D. Konkurrenzen.** Ausgangspunkt: § 15. Vorrangig ggü dem ProdHaftG sind insb §§ 84 AMG, 25, 25a AtG (vgl Art 14 ProdHaftRL), 37 II GenTG. Im Verhältnis zur Produkthaftung nach § 823 I BGB sowie zu § 823 II BGB insb iVm Vorschriften des GPSG besteht Anspruchskonkurrenz.

8 **E. Praktische Bedeutung.** Die praktische Bedeutung von ProdHaftRL und Umsetzungsgesetzen war zunächst gering (zur RL s. KOM [95] 617 endg; zu den nationalen Umsetzungsgesetzen KOM [00] 893 endg 10 f; *Hakenberg* ZEuS 02, 65, 66; für Deutschland ProdHHdb/*v Westphalen* § 82 Rz 12). In Deutschland wurde – nach einigen obergerichtlichen Urteilen – 1995 erstmals der BGH mit dem ProdHaftG befasst (BGHZ 129, 353), danach erst wieder 2005 (NJW 05, 2695), zu den Implikationen der ZPO-Reform 2004 *Müller* VersR 04, 1073, 1084 f. In den letzten Jahren scheint die praktische Relevanz beider Rechtsakte allerdings zugenommen zu haben (s. zur RL auch *Lenze/Hibbert* PHI 07, 32, 37): Der EuGH hatte über Vorlagen mehrerer nationaler Gerichte zu entscheiden und in Deutschland wurde die Bedeutung der Haftung nach dem ProdHaftG durch die Ausdehnung auf immaterielle Schäden in § 8 2 verstärkt (s. jetzt insb BGH NJW 09, 1669; VersR 09, 1125). Zudem ist zu berücksichtigen, dass das ProdHaftG in vielen Fällen ohne besondere rechtliche Probleme durchgreifen dürfte, so dass allein die Anzahl der veröffentlichten Urteile kein zuverlässiger Indikator für die praktische Bedeutung des Gesetzes ist. Weil die Voraussetzungen eines Anspruchs aus § 1 ProdHaftG häufig leichter zu beweisen sind als bei § 823 I BGB, sollte bei nicht lediglich geringfügigen Ansprüchen wegen Schädigung durch zum privaten Ge- oder Verbrauch bestimmte Produkte das ProdHaftG in der Praxis zuerst geprüft werden.

§ 1 Haftung. (1) ¹Wird durch den Fehler eines Produkts jemand getötet, sein Körper oder seine Gesundheit verletzt oder eine Sache beschädigt, so ist der Hersteller des Produkts verpflichtet, dem Geschädigten den daraus entstehenden Schaden zu ersetzen. ²Im Falle der Sachbeschädigung gilt dies nur, wenn eine andere Sache als das fehlerhafte Produkt beschädigt wird und diese andere Sache ihrer Art nach gewöhnlich für den privaten Ge- oder Verbrauch bestimmt und hierzu von dem Geschädigten hauptsächlich verwendet worden ist.
(2) Die Ersatzpflicht des Herstellers ist ausgeschlossen, wenn
1. er das Produkt nicht in den Verkehr gebracht hat,
2. nach den Umständen davon auszugehen ist, daß das Produkt den Fehler, der den Schaden verursacht hat, noch nicht hatte, als der Hersteller es in den Verkehr brachte,
3. er das Produkt weder für den Verkauf oder eine andere Form des Vertriebs mit wirtschaftlichem Zweck hergestellt noch im Rahmen seiner beruflichen Tätigkeit hergestellt oder vertrieben hat,
4. der Fehler darauf beruht, daß das Produkt in dem Zeitpunkt, in dem der Hersteller es in den Verkehr brachte, dazu zwingenden Rechtsvorschriften entsprochen hat, oder
5. der Fehler nach dem Stand der Wissenschaft und Technik in dem Zeitpunkt, in dem der Hersteller das Produkt in den Verkehr brachte, nicht erkannt werden konnte.
(3) ¹Die Ersatzpflicht des Herstellers eines Teilprodukts ist ferner ausgeschlossen, wenn der Fehler durch die Konstruktion des Produkts, in welches das Teilprodukt eingearbeitet wurde, oder durch die Anleitungen des Herstellers des Produkts verursacht worden ist. ²Satz 1 ist auf den Hersteller eines Grundstoffs entsprechend anzuwenden.
(4) ¹Für den Fehler, den Schaden und den ursächlichen Zusammenhang zwischen Fehler und Schaden trägt der Geschädigte die Beweislast. ²Ist streitig, ob die Ersatzpflicht gemäß Absatz 2 oder 3 ausgeschlossen ist, so trägt der Hersteller die Beweislast.

1 **A. Funktion und Aufbau.** § 1 I enthält die Anspruchsgrundlage für die Produkthaftung nach dem ProdHaftG (mit Einschränkungen in I 2), II und III normieren Ausschlussgründe für die Haftung und IV regelt die Beweislast.

B. Regelungsinhalt. I. Haftungsvoraussetzungen. 1. Fehler eines Produkts. Die Haftung setzt das Vorliegen eines Fehlers (iSd § 3) eines Produkts (iSd § 2) voraus. 2

2. Rechtsgutsverletzung. Die durch das ProdHaftG geschützten Rechtsgüter sind in § 1 I 1 abschließend aufgezählt; insb haftet der Hersteller nicht für primäre Vermögensschäden (s. nur Staud/*Oechsler* § 1 Rz 5 f; MüKo/*Wagner* § 1 Rz 3, beide mwN; AnwK/*Katzenmeier* § 1 Rz 8; Palandt/*Sprau* § 1 Rz 8). 3
Die Haftung nach § 1 I greift – in Parallele zu § 823 I BGB – bei einer **Verletzung von Leben, Körper oder Gesundheit** eines Menschen ein. 4
In Bezug auf die **Beschädigung einer Sache** (iSd § 90 BGB) durch ein fehlerhaftes Produkt erfasst § 1 I nicht nur Eigentumsverletzungen, sondern auch Verletzungen dinglicher Rechte, des Anwartschaftsrechts oder des Rechts zum Besitz (Erman/*Schiemann* § 1 Rz 2), also auch einige „sonstige Rechte" iSd § 823 I BGB. Andererseits enthält § 1 I 2 ggü der Produkthaftung nach § 823 I BGB **zwei Einschränkungen**: 5
Es muss eine **andere Sache** als das fehlerhafte Produkt beschädigt werden, § 1 I 2 Hs 1. Die hM leitet daraus zu Recht einen Ausschluss des Ersatzes von **„Weiterfresserschäden ieS"** (dazu § 823 BGB Rn 41 ff) ab (zB MüKo/*Wagner* § 1 Rz 9; Soergel/*Krause* § 1 Rz 4; Erman/*Schiemann* § 1 Rz 2 f, alle mwN; Stuttg 7 U 89/09; aA zB ProdHHdb/*v Westphalen* § 72 Rz 16 ff; *Kullmann* § 1 Rz 9, beide mwN; differenzierend Staud/*Oechsler* § 1 Rz 19 ff; AnwK/*Katzenmeier* § 1 Rz 12). Zwar könnte aus § 2 1 gefolgert werden, dass das ProdHaftG eine Aufspaltung zusammengesetzter Produkte iSd „Weiterfresser"-Rspr ermögliche (dazu zB *Sack* VersR 88, 439, 444 ff). Dagegen sprechen aber der Wille des Gesetzgebers (BTDrs 11/2447, 13) sowie Wortlaut, Sinn und Zweck des § 1 I 2 Hs 1, der bei einer anderen Interpretation ebenso wie die Regelungen über Teilprodukte in §§ 4 I 1, 1 III 1 weitgehend gegenstandslos würde. Hingegen werden **„Weiterfresserschäden iwS"** vom Wortlaut des § 1 I 2 Hs 1 nicht erfasst, denn bei ihnen wird gerade eine andere Sache als das fehlerhafte Produkt beschädigt. Hier sollte ähnl wie bei § 823 I BGB Rn 52 iVm Rn 50 darauf abgestellt werden, ob durch das Inverkehrbringen des mangelhaften Produkts bereits andere Rechtsgüter gefährdet wurden oder ob die Rechtsgutsverletzung erst durch eine für den Hersteller nicht vorhersehbare Verwendung verursacht wurde. Nur im ersten Fall kommt eine Haftung nach dem ProdHaftG in Betracht. 6
Die beschädigte Sache muss weiterhin ihrer Art nach gewöhnlich für den **privaten Ge- oder Verbrauch** bestimmt und hierzu vom Geschädigten hauptsächlich (dh ganz überwiegend, vgl nur Erman/*Schiemann* § 1 Rz 4; AnwK/*Katzenmeier* § 1 Rz 13; Palandt/*Sprau* § 1 Rz 7) verwendet worden sein, § 1 I 2 Hs 2 (abgelehnt für Rohrnippel von Wasserleitungen, Bambg NJW 98, 2228, und für Kolbenringe zum Einbau in Lkw, Stuttg OLGR 05, 1, 2; zur Beschädigung von Gemeinschafts- und Sondereigentum in einem Gebäude mit überwiegend privat genutzten Wohnungen Stuttg 7 U 89/09). Begründet wird diese Einschränkung damit, dass andere Betroffene idR bessere Möglichkeiten hätten, ihre Rechtsbeziehungen auf vertraglicher Basis zu regeln (BTDrs 11/2447, 13). An dieser Regelung zeigt sich, dass das ProdHaftG – wie schon die ProdHaftRL – auch ein Instrument des Verbraucherschutzes ist (vgl nur Erw 1 der RL; BTDrs 11/2447, 13). Sogar die sonst vom EuGH angenommene Vollharmonisierung (Vor ProdHaftG Rn 3) soll hier ihre Grenzen finden (EuGH EuZW 09, 501 Rz 27 f), was allerdings bei Vergleich mit der EuGH-Rspr zum Selbstbehalt (EuGHE 02, I-3856; I-3887) nicht überzeugt. Die Definition in § 1 I 2 Hs 2 ähnelt derjenigen des Verbraucherbegriffs in § 13 BGB. Abgestellt wird auf die Bestimmung und konkrete Nutzung der Sache, nicht auf die sie nutzende Person, dh geschützt sind auch Verbrauchsgegenstände, die von Gewerbetreibenden oder Freiberuflern hauptsächlich privat genutzt werden. 7

3. Haftungsbegründende Kausalität. Die Rechtsgutsverletzung muss durch den Fehler des Produkts verursacht worden sein. Die **haftungsbegründende Kausalität** ist mangels eines europarechtlichen Konzepts nach allgemeinen Regeln (§ 823 BGB Rn 7) zu bestimmen. 8

4. Schaden und haftungsausfüllende Kausalität. Zu ersetzen sind durch die Rechtsgutsverletzung verursachte **Schäden**, die in §§ 7–9 näher bestimmt sind. Bei Personenschäden ist der Haftungshöchstbetrag nach § 10, bei Sachschäden die Selbstbeteiligung nach § 11 zu berücksichtigen. Die **haftungsausfüllende Kausalität** ist ebenfalls nach allgemeinen Regeln (§ 823 BGB Rn 22) zu ermitteln. 9

5. Anspruchsberechtigter. Anspruchsberechtigt ist jeder durch das fehlerhafte Produkt Geschädigte, unabhängig davon, ob er das Produkt selbst erworben oder genutzt hat oder nicht (vgl auch Soergel/*Krause* § 1 Rz 7; AnwK/*Katzenmeier* § 1 Rz 6; Palandt/*Sprau* § 1 Rz 10/11). Neben dem Eigentümer kann auch der Besitzer anspruchsberechtigt sein, und zwar wegen des Nutzungsschadens ebenso wie wegen eines Substanzschadens bei Haftpflicht ggü dem Eigentümer (Köln VersR 02, 1383, 1384). Auch Gewerbetreibende sind grds anspruchsberechtigt (zur Einschränkung bei Sachschäden s.o. Rn 7). 10

6. Ersatzpflichtiger. Ersatzpflichtig ist der Hersteller iSd § 4 I, II. Wenn dieser nicht festgestellt werden kann, haftet nach § 4 III auch der Lieferant des Produkts. 11

7. Haftungsausschlussgründe. § 1 II normiert mehrere Konstellationen, in denen die Haftung des Herstellers ausgeschlossen ist; er wird in § 1 III ergänzt durch Ausschlüsse der Ersatzpflicht für Hersteller von Teilprodukten und Grundstoffen (Zulieferer). Die Ausschlussgründe lassen sich nicht auf einen einzigen gemein- 12 samen Grundsatz zurückführen. Manche beziehen sich stärker auf die Tatbestandsvoraussetzungen des § 1 I (§ 1 II Nr 1–3, III 1 Hs 1), andere lassen die Haftung entfallen (§ 1 II Nr 4–5, III 1 Hs 2). Daher liegt es nahe, die Haftungsausschlussgründe der ersten Gruppe als rechtshindernde, diejenigen der zweiten Gruppe als rechtsvernichtende Einwendungen zu qualifizieren (teilw abw Staud/*Oechsler* § 1 Rz 40; MüKo/*Wagner* § 1 Rz 25, 57). Sie sind vAw zu berücksichtigen, ihre Voraussetzungen muss aber gem § 1 IV 2 grds der Hersteller beweisen (s. aber auch unten Rn 14). Alle Haftungsausschlussgründe sind eng auszulegen (s. nur EuGHE 01, I-3569 Rz 15).

13 a) **Ausschluss der Ersatzpflicht des Herstellers, § 1 Abs 2.** Die Ersatzpflicht ist ausgeschlossen, wenn der Hersteller das Produkt **nicht in den Verkehr gebracht** hat, **§ 1 II Nr 1.** Das **Inverkehrbringen** des Produkts als Schlüsselbegriff von § 1 II Nr 1, 2, 4 u 5 wird im ProdHaftG wie in der RL nicht definiert. Der deutsche Gesetzgeber ging davon aus, dass ein Inverkehrbringen vorliege, wenn das Produkt in die Verteilungskette gegeben werde, wenn es also der Hersteller aufgrund seines Willensschlusses einer anderen Person außerhalb seiner Herstellersphäre übergeben habe (BTDrs 11/2447, 14; s.a. Stuttg VersR 01, 465, 467). Die Haftung entfällt also insb bei Entziehung des Produkts ohne Willen des Herstellers. Der EuGH hat klargestellt, dass ein Verlassen der Herstellersphäre nicht erforderlich ist, wenn sich der spätere Geschädigte selbst in diese Sphäre begibt und das Produkt dort verwendet wird (EuGHE 01, I-3569 Rz 17 f; ähnl – zu § 823 BGB – LG Berlin 31 O 135/05); zur Interpretation bei § 13 s.u. § 13 Rn 1. Str ist, ob auch die Verwendung eines zur Erbringung einer Dienstleistung hergestellten Produkts als Inverkehrbringen anzusehen ist (dafür EuGH aaO; für den konkreten Fall zust *Taschner* PHI 04, 13, 15 mit überzeugenden Argumenten; dagegen *Geiger* EuZW 01, 381, 382). – Die Entlastungsmöglichkeit nach § 1 II Nr 1 steht Herstellern iSd § 4 I offen; für Importeure dürfte sie selten (in Bezug auf eine Entziehung beim Hersteller), für Lieferanten praktisch gar nicht in Betracht kommen (vgl BTDrs 11/2447, 14).

14 Die Ersatzpflicht entfällt auch, wenn das **Produkt im Zeitpunkt des Inverkehrbringens durch den Hersteller noch fehlerfrei** war, **§ 1 II Nr 2.** Diese Regelung bezieht sich in erster Linie auf Fabrikationsfehler, denn Konstruktions- und Instruktionsfehler haften dem Produkt regelmäßig bereits im Zeitpunkt des Inverkehrbringens an, so dass hier allenfalls der Haftungsausschluss nach § 1 II Nr 5 greifen kann. § 1 II Nr 2 kommt va in Betracht, wenn Qualitäts-, Eingangs- und insb Ausgangskontrollen sorgfältig dokumentiert werden (Ddorf NJW-RR 01, 458, 459). Der Begriff des Inverkehrbringens entspricht hier demjenigen in § 1 II Nr 1 (s.o. Rn 13), der Fehlerbegriff iSd § 3 bedarf jedoch nach überzeugender Ansicht einer Modifikation: Der Anspruchsteller hat darzulegen und zu beweisen, dass das Produkt eine Beschaffenheit aufweist, die unter der Voraussetzung ihres Vorliegens bei Inverkehrgabe einen Fehler darstellen würde und der Hersteller hat nachzuweisen, dass nach den Umständen anzunehmen ist, dass diese Beschaffenheit im Zeitpunkt des Inverkehrbringens dem Produkt noch nicht anhaftete (Soergel/*Krause* § 1 Rz 10). Dabei kann nach dem Wortlaut des § 1 II Nr 2 für die Entlastung des Herstellers – in Modifikation der allgemeinen Beweisregeln – bereits eine hohe Wahrscheinlichkeit der Fehlerfreiheit im Zeitpunkt des Inverkehrbringens genügen (s. insb BTDrs 11/2447, 14; Ddorf NJW-RR 01, 458, 459; München OLGR 03, 4; Staud/*Oechsler* § 1 Rz 72 ff mwN; MüKo/*Wagner* § 1 Rz 37; Soergel/*Krause* § 1 Rz 10; Erman/*Schiemann* § 1 Rz 7; Palandt/*Sprau* § 1 Rz 17).

15 **§ 1 II Nr 3** schließt die Ersatzpflicht aus, wenn das Produkt **weder zu wirtschaftlichen Zwecken hergestellt noch zu beruflichen Zwecken hergestellt oder vertrieben** wurde. Beide Voraussetzungen müssen kumulativ vorliegen. Die Herstellung zu wirtschaftlichen Zwecken umfasst neben dem Verkauf andere entgeltliche Vertriebsformen wie Miete oder Leasing (BTDrs 11/2447, 14) sowie mittelbare Gewinnerzielung, zB bei Werbegeschenken (AnwK/*Katzenmeier* § 1 Rz 19). Die Regelung ist auch anwendbar, wenn ein Produkt iRe aus öffentlichen Mitteln finanzierten und für den Geschädigten daher unentgeltlichen Leistung verwendet wird (EuGHE 01, I-3569 Rz 22). Durch die kumulative Abstellung auf die Zeitpunkte von Herstellung und Vertrieb ist der Anwendungsbereich des Haftungsausschlussgrundes nach § 1 II Nr 3 enger als diejenigen von § 1 II Nr 1 und 2. Nr 3 dürfte va bei von vornherein nicht mit Gewinnerzielungsabsicht hergestellten und privat vertriebenen Produkten, zB bei verschenkten bzw für gemeinnützige Zwecke gespendeten Hobbybastlerprodukten greifen (vgl zB ProdHaftHb/*v Westphalen* § 72 Rz 49 ff).

16 Nach **§ 1 II Nr 4** ist die Ersatzpflicht weiterhin ausgeschlossen, wenn der Fehler (in Betracht kommen va Konstruktionsfehler, s. nur AnwK/*Katzenmeier* § 1 Rz 20; Palandt/*Sprau* § 1 Rz 20) auf der **Einhaltung zwingender Rechtsvorschriften im Zeitpunkt des Inverkehrbringens** (s.o. Rn 13) des Produkts beruht. Damit soll einer Zwangslage des Herstellers zwischen Gehorsam und Haftung Rechnung getragen werden (BTDrs 11/2447, 15). Der Hersteller kann sich nur auf **Rechtsvorschriften** berufen; hier dürfte Art 2 EGBGB entsprechend heranzuziehen sein, so dass insb die Einhaltung von Sicherheitsstandards ohne Normqualität, wie etwa DIN- oder ISO-Normen oder VDI-Richtlinien (zur Bedeutung dieser Normen iRd Fehlerbegriffs s. aber § 3 Rn 6), nicht ausreicht (s. insb ProdHHdb/*v Westphalen* § 72 Rz 66 f; Dresd VersR 98, 59). Wird in Rechtsnormen auf solche Standards verwiesen, kommt eine Berücksichtigung iRd § 1 II Nr 4 schon aus verfassungsrechtlichen Gründen nur bei statischen, nicht aber bei dynamischen Verweisungen in Betracht (vgl insb Staud/*Oechsler* § 1 Rz 101; MüKo/*Wagner* § 1 Rz 46, beide mwN). Ein Handeln mit öffentlich-rechtlicher Erlaubnis oder Genehmigung genügt nicht den Anforderungen des § 1 II Nr 4 (BTDrs 11/2447, 15). Der Importeur muss sich wegen Art 34, 36 AEUV auch auf zwingende Vorschriften anderer EU-Staaten, nicht

aber auf solche anderer Länder berufen können (Staud/*Oechsler* § 1 Rz 109; Soergel/*Krause* § 1 Rz 12; differenzierend MüKo/*Wagner* § 1 Rz 48; aA *Brüggemeier/Reich* WM 86, 149, 152 f; *Schlechtriem* VersR 86, 1033, 1036 f). Weiterhin müssen die Rechtsvorschriften **zwingend** sein, dh sie dürfen dem Adressaten keinen Spielraum gelassen haben, so dass er iE durch die Norm zur Herstellung des fehlerhaften Produkts gezwungen war (Dresd VersR 98, 59). Daher scheidet die Berufung auf Vorschriften, die lediglich Mindeststandards für die Produktsicherheit enthalten, idR aus (s. zB BTDrs 11/2447, 15; Staud/*Oechsler* § 1 Rz 104 mwN; Soergel/*Krause* § 1 Rz 12), so dass auch eine Berufung auf die Vorschriften des GPSG idR nicht in Betracht kommt. Wegen dieser weitreichenden Voraussetzungen, die kumulativ vorliegen müssen, dürfte der Anwendungsbereich der Einwendung nach § 1 II Nr 4 nicht allzu groß sein (s.a. ProdHHdb/*v Westphalen* § 72 Rz 62; MüKo/*Wagner* § 1 Rz 42; Erman/*Schiemann* § 1 Rz 9).

§ 1 II Nr 5 lässt die Ersatzpflicht des Herstellers insb bei Konstruktionsfehlern (dazu zB BGHZ 129, 353, 359 ff; AnwK/*Katzenmeier* § 1 Rz 21; Erman/*Schiemann* § 1 Rz 10; Palandt/*Sprau* § 1 Rz 21), aber wohl auch ggf bei Fabrikations- oder Instruktionsfehlern (für eine Erweiterung auf Fabrikationsfehler *Foerste* JZ 95, 1063, auf Instruktionsfehler BGH VersR 09, 1125 Rz 27; MüKo/*Wagner* § 1 Rz 52; Soergel/*Krause* § 1 Rz 14 – mit Blick auf die ProdukthaftungsRL jedoch str, s. nur *Howells* in: Koziol/Schulze [Hrsg], Tort Law of the European Community 08, 121, 131, auf Fabrikations- und Instruktionsfehler Staud/*Oechsler* § 1 Rz 118 f mwN) in Fällen von **unvermeidbaren Entwicklungsrisiken** entfallen (s. zB Hamm VersR 95, 103, 104; LG Berlin NJW-RR 96, 501, 502 – sehr weitgehend, insb im Hinblick darauf, dass europaweit dieser Einwand bislang kaum je erfolgreich war, KOM [06] 496 endg, 11); anders der nach § 15 I anwendbare § 84 AMG. Dagegen entfällt die Ersatzpflicht nicht bei bloßen „**Ausreißern**" (BGHZ 129, 353, 358 ff; Dresd VersR 98, 59; Kobl NJW-RR 99, 1624, 1625; LG Dortmund NJW-RR 05, 678). Entscheidend ist der Stand von Wissenschaft und Technik im Zeitpunkt des Inverkehrbringens (s.o. Rn 13 sowie BGH VersR 09, 1125 Rz 16 mwN); auf die Erkennbarkeit für den konkreten Hersteller kommt es nicht an (s. insb EuGHE 97, I-2649 Rz 26 ff sowie – sehr weitgehend – BGH VersR 09, 1125 Rz 30). Unklar ist der Maßstab für eine solche objektive Bestimmung des Standes von Wissenschaft und Technik: Es kann nicht lediglich auf die brancheninterne Erkennbarkeit ankommen, sondern es muss der allgemeine Stand von Wissenschaft und Technik berücksichtigt werden, der wegen des europäischen Ursprungs der Haftungsregeln mindestens gemeinschaftsweit, wegen der gestiegenen Informationsmöglichkeiten heutzutage möglicherweise sogar weltweit zu definieren ist (vgl zB Staud/*Oechsler* § 1 Rz 124 ff; MüKo/*Wagner* § 1 Rz 53 f; AnwK/*Katzenmeier* § 1 Rz 21, alle mwN). Vom Hersteller wird folglich erwartet, dass er von der Konstruktion bis zum Inverkehrbringen den aktuellen Stand der technischen und wissenschaftlichen Entwicklung berücksichtigt; bei erst später eingetretenem Fortschritt ist er nicht verantwortlich (vgl auch § 3 II). Die Bedeutung dieser Haftungseinschränkung wird dadurch unterstrichen, dass nach dem ProdHaftG für Produktbeobachtungsfehler nicht gehaftet wird. Der Hersteller kann sich hier also in weitergehendem Umfang entlasten als nach § 823 I BGB (s. dort Rn 181, 184 f).

b) Ausschluss der Ersatzpflicht des Zulieferers, § 1 Abs 3. Die Ersatzpflicht des Herstellers eines Teilprodukts (§ 1 III 1) oder eines Grundstoffs (§ 1 III 2) ist ausgeschlossen, wenn der Fehler durch die Konstruktion des Gesamtprodukts oder die Anleitungen des Herstellers des Gesamtprodukts verursacht wurde. § 1 III 1 Hs 1 dient va der Klarstellung, weil in derartigen Fällen das Teilprodukt bzw der Grundstoff keinen Fehler aufweist (BTDrs 11/2447, 15), während § 1 III 1 Hs 2 den Zulieferer zusätzlich entlastet. Die Verantwortlichkeit trifft in beiden Fällen den Hersteller des Gesamtprodukts nach allgemeinen Regeln.

II. Rechtsfolgen. Sind die Haftungsvoraussetzungen nach § 1 I–III erfüllt, ist der Hersteller verpflichtet, dem Geschädigten den aus der Rechtsgutsverletzung entstandenen Schaden zu ersetzen. Für den Umfang des Schadensersatzes gelten in erster Linie §§ 7–11, ergänzend sind mangels europarechtlicher Regelungen ggf §§ 249 ff BGB heranzuziehen. Auch die haftungsausfüllende Kausalität ist, solange ein europäisches Konzept fehlt, nach allgemeinen Regeln (§ 823 BGB Rn 22) zu beurteilen.

C. Beweislast. Die Beweislast ist in § 1 IV in Anlehnung an allgemeine Grundsätze geregelt. Der **Geschädigte** muss gem § 1 IV 1 Produktfehler, Schaden und ursächlichen Zusammenhang beweisen, wobei der Begriff des Schadens wohl weit zu interpretieren ist, so dass er sowohl die Rechtsgutsverletzung als auch den darauf beruhenden Schaden umfasst. Dann sind haftungsbegründende und -ausfüllende Kausalität vom Geschädigten zu beweisen (s. zB Frankf NJW-RR 94, 800, 801; Dresd VersR 98, 59; Kobl NJW-RR 06, 169, 171). Ebenso muss er die Umstände beweisen, aus denen sich die Herstellereigenschaft ergibt (s. insb BGH NJW 05, 2695, 2696 mwN). Ihm können Beweiserleichterungen nach allgemeinen Grundsätzen, insb des Anscheinsbeweis bzw § 287 ZPO, zugute kommen (s. insb Staud/*Oechsler* § 1 Rz 153 f; MüKo/*Wagner* § 1 Rz 69 ff, beide mwN; *Arens* ZZP 1991 123, 128; Hamm NJW-RR 03, 522 – im konkreten Fall abgelehnt; LRE 44, 85, 90; Kobl MDR 00, 30 f; Ddorf r+s 04, 37 f; I-19 U 41/07 – im konkreten Fall abgelehnt, zustimmend Rekitt PHI 09, 209, 211), dies betrachtet die Kommission offenbar als richtlinienkonform (KOM [00] 893 endg 17). Der Anscheinsbeweis kommt jedoch nicht in Betracht, wenn es möglich ist, dass die Ursache des haftungsauslösenden Ereignisses aus dem Bereich des Geschädigten stammt (Hamm OLGR 94, 159; AUR 03, 194, 196). Den **Hersteller** trifft nach § 1 IV 2 die Beweislast für das Vorliegen der Voraussetzungen der Haftungsausschlussgründe nach § 1 II, III, bei § 1 II Nr 2 jedoch mit reduziertem Beweismaß (s.o. Rn 14).

§ 2 Produkt.

§ 2 Produkt. Produkt im Sinne dieses Gesetzes ist jede bewegliche Sache, auch wenn sie einen Teil einer anderen beweglichen Sache oder einer unbeweglichen Sache bildet, sowie Elektrizität.

1 Produkte iSd § 2 sind bewegliche Sachen iSd § 90 BGB sowie die nicht von § 90 BGB erfasste Elektrizität. Auch Tiere werden als von § 2 ProdHaftG erfasst angesehen (zB Staud/*Oechsler* § 2 Rz 71 f; MüKo/*Wagner* § 2 Rz 4, beide mwN; AnwK/*Katzenmeier* § 2 Rz 4). Mikroorganismen (dazu insb Staud/*Oechsler* § 2 Rz 72 mN) sollten ebenfalls einbezogen werden, denn wenn landwirtschaftliche Produkte vom ProdHaftG genauso erfasst werden wie Tiere, erscheint ihr Ausschluss nicht sinnvoll. Allerdings ist fraglich, ob die Produkthaftung insoweit neben den Spezialregelungen (insb im GenTG und im InfektionsSchG) große Bedeutung erlangen wird. Eingeschlossen in den Produktbegriff sind **Teilprodukte**, die in andere bewegliche oder unbewegliche Sachen (insb Bauwerke) eingebaut werden (zB Stuttg VersR 01, 465, 466; 7 U 89/09), nicht aber Bauwerke selbst (Stuttg aaO; zu Parallelen zwischen Produkt- und Bauwerkshaftung im allgemeinen Deliktsrecht s. aber § 823 BGB Rn 201). Auf Art der Fertigung der beweglichen Sachen (zB industriell, handwerklich, kunstgewerblich) oder Verwendungszweck kommt es nicht an (BTDrs 11/2447, 16 f). Ausgenommen sind aufgrund der vorrangigen Sonderregelung in § 84 AMG Arzneimittel (s.u. § 15 Rn 3). Die frühere weitere Ausnahme für landwirtschaftliche Naturprodukte wurde infolge der Änderung der ProdHaftRL als Reaktion insb auf die BSE-Fälle im Jahr 2000 gestrichen (s.o. Vor ProdHaftG Rn 1 sowie *Stockmeier* VersR 01, 271 ff).

2 § 2 nennt im Anschluss an die RL ausdrücklich auch Elektrizität, um Auslegungsproblemen vorzubeugen. Ebenso erfasst sind andere **Versorgungsgüter**, zB Wasser, Gas, Fernwärme (BTDrs 11/2447, 16). Schäden durch Unterbrechung von Versorgungsleitungen sind aber nicht ersatzfähig, weil die Nichtlieferung keine Lieferung eines fehlerhaften Produkts ist (zB Staud/*Oechsler* § 2 Rz 45; MüKo/*Wagner* § 2 Rz 3, beide mwN auch zur aA; Soergel/*Krause* § 2 Rz 3; Erman/*Schiemann* § 2 Rz 2). Problematisch ist wegen der Bezugnahme auf § 90 BGB die Einbeziehung sicherheitsrelevanter **Informationen**, zB im naturwissenschaftlich-technischen Bereich. Sind sie verkörpert (zB in Druckwerken oder auf Datenträgern), handelt es sich um bewegliche Sachen und damit um Produkte iSd § 2 (AnwK/*Katzenmeier* § 2 Rz 3 mwN; *Meyer* ZUM 97, 26, 27 ff). Daher wird auch Software, die auf einem Datenträger oder in einem Netzwerk verkörpert ist, erfasst (zB Staud/*Oechsler* § 2 Rz 64; MüKo/*Wagner* § 2 Rz 15; *Spindler*/*Klöhn* VersR 03, 410, 412 f, alle mwN). Auch online übertragene Software sollte einbezogen werden; dafür sprechen der Schutzzweck des Gesetzes und die Zwischenspeicherung (so auch zB MüKo/*Wagner* § 2 Rz 16; aA zB Staud/*Oechsler* § 2 Rz 65, beide mwN zum Streitstand). **Abfälle** können ebenfalls Gegenstand der Produkthaftung sein, wenn sie (etwa zum Recycling) gezielt in den Verkehr gebracht werden (BTDrs 11/2447, 17). Problematisch ist aber die Ermittlung der berechtigten Sicherheitserwartungen an solche Produkte (dazu insb Staud/*Oechsler* § 2 Rz 29 f; MüKo/*Wagner* § 2 Rz 20; AnwK/*Katzenmeier* § 2 Rz 6). Auch **menschliche Organe** und **Körperteile** sowie **Blut** sind Produkte iSd § 2, was insb für den Vertrieb durch Blut- oder Organbanken bedeutsam ist (BTDrs 11/2447, 16; Hambg NJW 90, 2322). Der Blut- oder Organspender ist hingegen weder Hersteller noch einem solchen gleichzustellen (Staud/*Oechsler* § 2 Rz 38 mwN; Soergel/*Krause* § 2 Rz 4; AnwK/*Katzenmeier* § 2 Rz 5). Sobald Körperteile oder Blut zu Medikamenten iSd AMG verarbeitet werden (zB zu Blutplasma), greift nicht mehr § 2, sondern § 15 I iVm § 84 AMG (dazu insb *Deutsch* VersR 92, 521, 525).

§ 3 Fehler. (1) Ein Produkt hat einen Fehler, wenn es nicht die Sicherheit bietet, die unter Berücksichtigung aller Umstände, insbesondere
a) seiner Darbietung,
b) des Gebrauchs, mit dem billigerweise gerechnet werden kann,
c) des Zeitpunktes, in dem es in den Verkehr gebracht wurde,
berechtigterweise erwartet werden kann.
(2) Ein Produkt hat nicht allein deshalb einen Fehler, weil später ein verbessertes Produkt in den Verkehr gebracht wurde.

1 **A. Funktion.** In § 3 wird der Produktfehler als zentrale Voraussetzung der Haftung nach dem ProdHaftG konkretisiert. Der Hersteller haftet nicht für alle in den Verkehr gebrachten Produkte, sondern nur für diejenigen, die nicht die berechtigterweise zu erwartende Sicherheit bieten. Der deutsche Gesetzgeber ging davon aus, dass der **Fehlerbegriff** des ProdHaftG demjenigen der Produkthaftung nach § 823 I BGB (§ 823 BGB Rn 181 ff) entspreche (BTDrs 11/2447, 17 f). Tatsächlich lässt sich trotz der unterschiedlichen Funktionen des Fehlerbegriffs in beiden Haftungssystemen (dazu insb MüKo/*Wagner* § 3 Rz 3) eine weitgehende Parallelität feststellen (zu Abweichungen s.u. Rn 7). Im Gegensatz zur vertragsrechtlichen Sachmängelgewährleistung ist der Fehler iSd § 3 objektiv zu bestimmen und bezieht sich nur auf diejenigen Eigenschaften des Produkts, die für die in § 1 I genannten Rechtsgüter bedeutsam sind (s. nur BTDrs 11/2447, 17 f; MüKo/*Wagner* § 3 Rz 2 mwN).

2 **B. Regelungsinhalt. I. Maßstab.** Maßstab für die Fehlerhaftigkeit des Produkts sind die **berechtigten Sicherheitserwartungen**. Sie werden durch die nicht abschließende Aufzählung in § 3 I lit a–c konkretisiert und sind unter Bezugnahme auf die voraussichtlichen Benutzer des Produkts (sofern es sich hier um eine

von der Allgemeinheit abgrenzbare Gruppe handelt, zB wenn die Werbung Minderjährige besonders anspricht, BGH NJW 09, 1669 Rz 7; LG Flensburg VersR 98, 66, 67), sonst für die Allgemeinheit insgesamt (Hamm OLGR 00, 248; Köln NJW 06, 2272; zu Fahrassistenzsystemen *Anders* PHI 09, 230 ff) **objektiv** zu bestimmen (BGH NJW 09, 1669 Rz 6; Staud/*Oechsler* § 3 Rz 15 ff; MüKo/*Wagner* § 3 Rz 4 ff; AnwK/*Katzenmeier* § 3 Rz 2, alle mwN).

II. Zeitpunkt. Maßgeblicher **Zeitpunkt** für die Beurteilung der Fehlerhaftigkeit ist gem **§ 3 I lit c** das Inverkehrbringen des Produkts (Köln NJW 06, 2272; zur Definition s.o. § 1 Rn 13). Auf spätere sicherheitsrelevante Fortentwicklungen kommt es nach II nicht an, sie begründen auch nicht ohne Weiteres nachträgliche Instruktionspflichten (München VersR 04, 866 f). Insoweit kann aber zB eine Produktbeobachtungspflicht nach allgemeinen Regeln (§ 823 BGB Rn 184 f) entstehen. 3

III. Zu berücksichtigende Umstände. Nach **§ 3 I lit a** ist für die Ermittlung der berechtigten Sicherheitserwartungen zunächst die **Darbietung** des Produkts, also seine Vorstellung ggü der Allgemeinheit bzw dem konkreten Benutzer (BTDrs 11/2447, 18), zu berücksichtigen. Sie erfolgt insb in Produktbeschreibungen, Gebrauchsanweisungen und Produktwerbung und kann – im Vergleich zum Angebot ohne nähere Ausführungen zum Produkt – sowohl zu einer Verschärfung als auch zu einer Milderung des Haftungsstandards führen (*Schlechtriem* VersR 86, 1033, 1042; *Cahn* ZIP 90, 482, 486; Soergel/*Krause* § 3 Rz 5). Bei Beschränkungen der Haftung ist jedoch § 14 zu beachten, daher sind nur sachlich gerechtfertigte Warnungen oder Instruktionen zulässig (s. insb Staud/*Oechsler* § 3 Rz 73; Soergel/*Krause* § 3 Rz 5). Andererseits muss der Hersteller nicht vor Gefahren warnen, deren Kenntnis vom Nutzer des Produkts zu erwarten ist (s. zB Hamm OLGR 00, 348; Ddorf VersR 03, 912, 914 ff), zB vor Gesundheitsgefahren beim Verzehr von Süßigkeiten (Ddorf VersR 03, 912, 914 ff), Alkoholgenuss (Hamm NJW 01, 1654, 1655) oder beim Konsum von Tabakwaren (Hamm NJW 05, 295, 296; LG Bielefeld NJW 00, 2514, 2515). Für die Darbietung können auch Aufmachung, Vertrieb und Preis eine Rolle spielen (Köln TranspR 95, 387, 391). Fraglich ist, wie weit iRv **Produktwerbung** nicht unübliche Übertreibungen eine Rolle spielen können, zB wenn ein Produkt als „völlig ungefährlich" angepriesen wird. Da das UWG keine eigenständigen Ansprüche von Verbrauchern vorsieht und zudem andere Maßstäbe anlegt als das ProdHaftG, kann die deliktsrechtliche Produkthaftung ebenso wie die Sachmängelhaftung daneben eine wesentliche Rolle spielen. Übertriebene Werbung ist bei der Produkthaftung jedoch stets als einer von mehreren relevanten Umständen zu berücksichtigen mit der Folge, dass lauterkeitsrechtlich bedenkliche Werbung nicht ohne Weiteres zu einer Haftung des Herstellers nach dem ProdHaftG führen muss. Unter Rückgriff auf die Darbietung des Produkts (mitunter in Kombination mit dem Gebrauch, mit dem billigerweise gerechnet werden kann) lassen sich etliche Fallgruppen der traditionellen deliktsrechtlichen Produkthaftung in die Haftung nach dem ProdHaftG integrieren, zB eine Haftung für **Instruktionsfehler** (§ 823 BGB Rn 183; Bambg 4 U 250/08; Ddorf OLGR 98, 145; VersR 03, 912, 916; r+s 04, 37; Frankf NJW-RR 99, 27, 29 f; Kobl NJW-RR 06, 169, 170 f; Zweibr VersR 03, 255, 256) oder für **wirkungslose Produkte** (BTDrs 11/2447, 18; § 823 BGB Rn 39), allerdings stets nur, wenn sich aus der Darbietung des Produkts Sicherheitsrisiken ergeben. Eine **Darbietung durch einen Dritten** (der kein Hersteller iSd § 4 ist) kann nur haftungsrelevant sein, wenn sie durch den Hersteller veranlasst oder zumindest wissentlich geduldet ist (ähnl AnwK/*Katzenmeier* § 3 Rz 6); insofern dürften die allgemeinen zivilrechtlichen Grundsätze über die Wissenszurechnung (§ 166 BGB Rn 13 ff) heranzuziehen sein. Die Zurechnung reicht hier weniger weit als § 434 I 3 BGB (der zudem die umgekehrte Konstellation – Zurechnung von Äußerungen des Herstellers zum Verkäufer – betrifft). 4

Zu berücksichtigen ist gem **§ 3 I lit b** auch der **Gebrauch** des Produkts, **mit dem billigerweise gerechnet werden kann**. Das ist neben dem bestimmungsgemäßen Gebrauch auch ein vorhersehbarer oder gar üblicher Fehlgebrauch (BTDrs 11/2447, 18), bei dem allerdings § 6 I zu beachten ist. Hauptproblem ist die Abgrenzung der Verantwortlichkeiten von Hersteller und Geschädigtem. Sie erfordert eine Wertung des Rechtsanwenders, für die sich genaue Kriterien kaum festlegen lassen. Als Leitlinie lässt sich jedoch festhalten: Bei bestimmungsgemäßem Gebrauch haftet idR der Hersteller allein, bei vorhersehbarem Fehlgebrauch kann ein Mitverschulden des Geschädigten zu berücksichtigen sein und bei unvorhersehbarem Fehlgebrauch kommt eine Haftung des Herstellers nur in Betracht, wenn sie mit Hilfe anderer sicherheitsrelevanter Umstände zu begründen ist. ZB ist eine technisch mögliche Veränderung des Produkts durch den Geschädigten ein für den Hersteller vorhersehbarer Gebrauch, an dem die Sicherheit des Produkts auszurichten ist (Celle VersR 07, 254, allerdings ohne Prüfung eines möglichen Mitverschuldens), ebenso das Verarbeiten von Fertigbeton ohne wasserabweisende Schutzkleidung (Bambg 4 U 250/08) oder ein Fehlgebrauch von Feuerwerkskörpern durch Kinder, wenn auf der Verpackung eine Abgabe an Personen unter 18 Jahren zugelassen wird (LG Flensburg VersR 98, 66, 67; bedenklich zuvor AG Husum VersR 96, 1377, 1378). 5

Als **sonstige Umstände**, die bei der Ermittlung des Vorliegens eines Fehlers zu berücksichtigen sind, kommen insb in Betracht: die **Natur des Produkts** (so werden gewisse produktimmanente Gefahren im Allgemeinen hingenommen, weil sie entweder unvermeidbar oder als sozial üblich sind, etwa Eigenheiten von Naturprodukten [Köln NJW 06, 2272 f – besonders harte Erdnuss; BGH NJW 09, 1669 Rz 9 ff – Kirschkern in Kirschtaler], Gesundheitsgefahren beim Konsum von Tabak, Alkohol oder Süßigkeiten [BTDrs 11/2447, 18; Hamm 6

NJW 01, 1654, 1655; 05, 295, 296; Ddorf VersR 03, 912, 914 ff]; krit wäre aber die Übertragung dieses Grundsatzes auf Sky-Laternen [so *Teumer/Stamm* VersR 09, 1036, 1040], weil die Gefährlichkeit hier nicht nur bzw gerade nicht den Nutzer betrifft) oder der **Preis** (zB bei besonders billigen Produkten, BTDrs 11/2447, 18 f; eine Basissicherheit muss jedoch gewährleistet bleiben, s. nur Staud/*Oechsler* § 3 Rz 88; MüKo/*Wagner* § 3 Rz 24, beide mwN; Erman/*Schiemann* § 3 Rz 7). Hingegen kann die **Beachtung gesetzlicher Sicherheitsvorschriften, technischer Normen oder behördlicher Vorgaben nur** ein **Indiz** für die Sicherheit des Produkts sein (BTDrs 11/2447, 19; Ddorf OLGR 93, 208; Hamm OLGR 00, 248; Köln NJW 05, 3292, 3293; LG Düsseldorf NJW-RR 06, 1033; weiter gehend *Lenz/Küppers* PHI 07, 54, 55). Entsprechendes gilt für die Einhaltung der Vorgaben von **Qualitätssicherungsvereinbarungen** zwischen Zulieferern und Endherstellern (Erman/*Schiemann* § 3 Rz 7; aA MüKo/*Wagner* § 3 Rz 23).

7 **IV. Fehlerkategorien.** Häufig werden für die Haftung nach dem ProdHaftG die **Fehlerkategorien** der allgemeinen deliktsrechtlichen Produkthaftung – mit Ausn der vom ProdHaftG nicht erfassten Produktbeobachtungsfehler – herangezogen (zB BTDrs 11/2447, 17 f; BGH VersR 09, 1125 Rz 12; Ddorf I-19 U 41/07). Diese – von der RL nicht vorgegebene – Unterteilung kann stellenweise sinnvoll sein (zB weil sich manche Haftungsausschlussgründe nur auf eine bestimmte Fehlerart beziehen), sollte jedoch nicht im Sinne einer abschließenden Einteilung verstanden werden. Insgesamt dürfen bei Vergleichen mit der Produkthaftung nach § 823 I BGB die Unterschiede zwischen beiden Haftungssystemen nicht übersehen werden. Zudem passen die „klassischen" Fehlerkategorien nicht für Fehler von landwirtschaftlichen Produkten oder Tieren; hier ist unmittelbar auf den Sicherheitsaspekt abzustellen. Bei Tieren dürfte daher va für die Weitergabe von Infektionen zu haften sein, hingegen nicht für typisches Tierverhalten, wie etwa Hundebisse (insoweit sind aber §§ 833 f BGB zu beachten).

8 **C. Beweislast.** Das Vorliegen eines Produktfehlers ist gem § 1 IV vom Geschädigten zu **beweisen**.

§ 4 Hersteller. (1) ¹Hersteller im Sinne dieses Gesetzes ist, wer das Endprodukt, einen Grundstoff oder ein Teilprodukt hergestellt hat. ²Als Hersteller gilt auch jeder, der sich durch das Anbringen seines Namens, seiner Marke oder eines anderen unterscheidungskräftigen Kennzeichens als Hersteller ausgibt. **(2)** Als Hersteller gilt ferner, wer ein Produkt zum Zweck des Verkaufs, der Vermietung, des Mietkaufs oder einer anderen Form des Vertriebs mit wirtschaftlichem Zweck im Rahmen seiner geschäftlichen Tätigkeit in den Geltungsbereich des Abkommens über den Europäischen Wirtschaftsraum einführt oder verbringt.
(3) ¹Kann der Hersteller des Produkts nicht festgestellt werden, so gilt jeder Lieferant als dessen Hersteller, es sei denn, dass er dem Geschädigten innerhalb eines Monats, nachdem ihm dessen diesbezügliche Aufforderung zugegangen ist, den Hersteller oder diejenige Person benennt, die ihm das Produkt geliefert hat. ²Dies gilt auch für ein eingeführtes Produkt, wenn sich bei diesem die in Absatz 2 genannte Person nicht feststellen lässt, selbst wenn der Name des Herstellers bekannt ist.

1 **A. Funktion.** § 4 bestimmt (abschließend) die **Haftungsadressaten** und fasst deren Kreis im Sinne eines effizienten Verbraucherschutzes sehr weit. Eine tatsächliche Entstehung des Fehlers im Risikobereich der in § 4 genannten Personen ist – anders als bei der Haftung nach § 823 I BGB – nicht erforderlich (Saarbr 4 U 499/96 Rz 5; Soergel/*Krause* § 4 Rz 1). Allerdings trifft die Verantwortlichkeit stets nur den Unternehmensträger, nicht auch einzelne Funktionsträger (Organe, Organmitglieder, Gesellschafter, Mitarbeiter); insoweit ist die Haftung enger als nach § 823 I BGB Rn 189 (MüKo/*Wagner* § 4 Rz 5 mwN; Soergel/*Krause* § 4 Rz 2; AnwK/*Katzenmeier* § 4 Rz 1; Erman/*Schiemann* § 4 Rz 1). Neben dem Hersteller des Endprodukts haften die Hersteller von Grundstoffen oder Teilprodukten (§ 4 I 1), darüber hinaus Quasi-Hersteller (§ 4 I 2), EG-Importeure (§ 4 III) und subsidiär Lieferanten (§ 4 III). Dem Geschädigten wird die Identifizierung möglicher Verantwortlicher und damit die Geltendmachung seiner Ansprüche erleichtert; § 4 stellt sicher, dass er immer einen Anspruchsgegner findet. Durch das **gestufte Haftungssystem** (nachrangige Haftung des Lieferanten nach § 4 III, Haftungsausschlussgründe für die Hersteller von Grundstoffen und Teilprodukten in § 1 II Nr 2, III) wird ihm das Insolvenzrisiko allerdings nur teilweise abgenommen. Im Verhältnis zwischen **mehreren Haftungsadressaten** ist zu prüfen, ob einer von ihnen vorrangig haftet (hier ist insb § 4 III zu berücksichtigen) oder ob eine gesamtschuldnerische Haftung nach § 5 in Betracht kommt.

2 **B. Regelungsinhalt. Hersteller** iSd § 4 I ist zunächst der **Endprodukthersteller, § 4 I 1**, also derjenige, der eine neue Sache in seinem Organisationsbereich für eigene Rechnung produziert (s. nur *Brüggemeier/Reich* WM 86, 149, 151; Soergel/*Krause* § 4 Rz 3). Dazu zählen auch Assembler, die vorgefertigte Teile zu einem neuen Produkt zusammensetzen (Dresd VersR 98, 59), sowie Lizenznehmer (BTDrs 11/2447, 19 f). Eine Feststellbarkeit des Herstellers im Zeitpunkt des Inverkehrbringens ist nicht erforderlich (BGH NJW 05, 2695). **Nicht** ausreichend zur Begründung der Herstellereigenschaft ist das Abpacken (Ddorf NJW-RR 01, 458 f), Reparieren oder Warten eines Produkts (s. insb MüKo/*Wagner* § 4 Rz 13 mwN; Soergel/*Krause* § 4 Rz 3). Haftpflichtig sind auch die **Hersteller von Grundstoffen und Teilprodukten**, bei denen allerdings die Haftungsausschlussgründe nach § 1 II Nr 2 und insb III zu beachten sind. Str ist die Einbeziehung von Bauhandwerkern (dafür Staud/

Oechsler § 4 Rz 21; dagegen *Schmidt-Salzer* Produkthaftung Bd III/1 Rz 4.485 ff); sie ist angebracht, wenn diese Baumaterial selbst herstellen oder verändern (so iE wohl auch Stuttg VersR 01, 465, 466).

Daneben (idR gesamtschuldnerisch gem § 5) haftet der **Quasi-Hersteller, § 4 I 2**, dh derjenige, der sich durch das Anbringen seines Namens, seiner Marke oder eines anderen unterscheidungskräftigen Kennzeichens an dem Produkt als Hersteller ausgibt (s. zB Ddorf NJW-RR 01, 458). Dazu zählen insb Versandhäuser oder Handelsketten, die fremdproduzierte Produkte unter ihrem eigenen Zeichen vertreiben, weiterhin evtl Lizenzgeber oder Franchisegeber, wenn sie ihr Zeichen auf der vom Lizenznehmer produzierten Ware anbringen oder anbringen lassen (s. zB BTDrs 11/2447, 20; MüKo/*Wagner* § 4 Rz 23 mwN; AnwK/*Katzenmeier* § 4 Rz 4; einschr Staud/*Oechsler* § 4 Rz 32 mwN; aA Palandt/*Sprau* § 4 Rz 6). Entscheidend ist die **bewusste Verwendung eines unterscheidungskräftigen Kennzeichens**, das **als Herstellerkennzeichen** und nicht als bloßer Hinweis auf die Händlereigenschaft zu interpretieren ist (Stuttg 7 U 89/09); im letzten Fall kann allerdings § 4 III greifen. Das Einverständnis muss sich auch auf das konkrete, haftungsauslösende Produkt beziehen (BGH NJW 05, 2695, 2696), es reicht also insb nicht aus, dass vom vorigen Hersteller übernommene Produktchargen unter dem alten Namen weitervertrieben werden (BGH NJW 05, 2695, 2696; zust zB *Wagner/Wahle* NJW 05, 3179, 3181; *Kullmann* LMK 05, 113). Das Einverständnis kann ausdrücklich oder konkludent erklärt werden (BGH NJW 05, 2695, 2696; zust zB *Wagner/Wahle* NJW 05, 3179, 3181); eine nachträgliche Genehmigung des Anbringens des Zeichens genügt (BGH NJW 05, 2695, 2696). Entscheidend ist, dass der Quasi-Hersteller die Möglichkeit gehabt hätte, die Fehlerfreiheit des Produkts zu prüfen und auf dessen Qualität Einfluss zu nehmen (BGH NJW 05, 2695, 2696). Str ist, ob die Haftung ein Vertrauen der Nutzer auf den durch die Verwendung des Zeichens gesetzten **Rechtsschein der Produktverantwortung** erfordert (so zB ProdHaftdb/*v Westphalen* § 75 Rz 40; Staud/*Oechsler* § 4 Rz 54 ff mwN; aA zB *Taschner/Frietsch* Art 3 Rz 14; Soergel/*Krause* § 4 Rz 4; in diese Richtung auch München CR 93, 763, 765). Dafür sprechen der verbraucherschützende Normzweck und der Ausschluss der Haftung des Verwenders von als solchen erkennbaren Händlermarken als Quasi-Hersteller in der Gesetzesbegründung (BTDrs 11/2447, 19 f). Der Verwender muss nicht einmal rechtlich Inhaber des Zeichens sein; es reicht, wenn er nach der Verkehrsauffassung als solcher anzusehen ist (s. nur BTDrs 11/2447, 19). Auch dies spricht dafür, die Haftung auf den durch das Anbringen des Zeichens gesetzten Rechtsschein zurückzuführen.

Die **Haftung des EWR-Importeurs nach § 4 II** schützt den Geschädigten in Fällen, in denen die Rechtsdurchsetzung im Ausland problematisch sein könnte. Diese Haftungserweiterung (im Vergleich zu § 823 I BGB) dürfte mit zunehmender Produktion in Billiglohnländern an Bedeutung gewinnen. Da innerhalb des EWR die Rechtsdurchsetzung durch ProdHaftRL und EuGVVO erleichtert ist, wird nur im Verhältnis zu Drittstaaten eine zusätzliche Haftung des Importeurs statuiert (BTDrs 11/2447, 20), der Importeur innerhalb des EWR wird also haftungsrechtlich privilegiert. Allerdings gilt dies nicht im Verhältnis zur Schweiz, da diese den EWR-Vertrag nicht ratifiziert hat. Die Haftung des EWR-Importeurs greift bei **Einfuhr eines Produkts zum Vertrieb mit wirtschaftlichem Zweck iRd geschäftlichen Tätigkeit**. Er haftet also insb **nicht bei** unentgeltlicher Weitergabe oder Einfuhr für private Zwecke (und zwar nach der Gesetzesbegründung sogar bei späterem Weiterverkauf, BTDrs 11/2447, 20; dann dürfte allerdings § 4 III greifen). Nicht überzeugend erscheint es, dass der Gesetzgeber die Haftung auch auf den **EWR-Re-Importeur von EG-Ware** erstrecken wollte, denn hier kommt in den meisten Fällen eine originäre Haftung des EG-Herstellers in Betracht, so dass eine zusätzliche Anwendung des § 4 II idR nicht erforderlich erscheint (vgl auch Staud/*Oechsler* § 4 Rz 85; Erman/*Schiemann* § 4 Rz 5; aA aber die wohl hM, zB MüKo/*Wagner* § 4 Rz 30 mwN; Soergel/*Krause* § 4 Rz 7; AnwK/*Katzenmeier* § 4 Rz 5). Der EWR-Importeur kann bei durch ein fehlerhaftes Produkt in Deutschland verursachten Schäden nach § 32 ZPO am Gerichtsstand des Erfolgsortes in Deutschland verklagt werden. Das anwendbare Recht ist nach Art 5 Rom II-VO zu bestimmen.

§ 4 III normiert eine **subsidiäre Lieferantenhaftung** für die Fälle, in denen der Endhersteller bzw EWR-Importeur nicht festgestellt werden kann. Str ist, ob es für die **Feststellbarkeit** auf den **Zeitpunkt** des Inverkehrbringens des Produkts (so zB Ddorf OLGR 00, 194; Saarbr OLGR 07, 192, 193; *Kullmann* § 4 Rz 66; MüKo/*Wagner* § 4 Rz 36 mwN; Soergel/*Krause* § 4 Nr 9 mwN), des letzten Erwerbsvorgangs (so zB *Wagner/Wahle* NJW 05, 3179, 3182) oder des Auskunftsersuchens des Geschädigten (so zB Staud/*Oechsler* § 4 Rz 100 mwN; *Taschner/Frietsch* § 4 Rz 69) ankommt, was zB bei Zerstörung der Herstellerangabe aufgrund des Produktfehlers von Bedeutung ist. Die letzte Lösung dürfte dem Schutzzweck des ProdHaftG am besten Rechnung tragen; der Lieferant wird dadurch nicht unbillig benachteiligt, weil er sich durch Benennung des Herstellers entlasten kann. Inhaltlich sind an die Feststellbarkeit keine hohen Anforderungen zu stellen: Der Geschädigte muss lediglich die Informationen nutzen, die für ihn aufgrund des Produkterwerbs verfügbar sind; er ist nicht gehalten, sämtliche anderen objektiv zur Verfügung stehenden Recherchemöglichkeiten auszuschöpfen (BGH NJW 05, 2695, 2697; krit *Wagner/Wahle* NJW 05, 3179, 3182). Keine eindeutige Feststellbarkeit des Herstellers ist gegeben bei Unklarheit über die Eigenschaft als Hersteller oder Vertriebsunternehmen (BGH aaO, 2697 f). Der Lieferant kann sich durch Nennung des Endherstellers oder seines Lieferanten bzw des EWR-Importeurs (so dass der Geschädigte mittels der Angaben in der Lage ist, diesen zu verklagen, LG Lübeck VersR 93, 1282, 1283) binnen eines Monats **entlasten**. Dadurch soll für Lieferanten ein Anreiz zur Offenlegung ihrer Vertriebskette gesetzt werden (BTDrs 11/2447, 20; BGH NJW 05, 2695, 2697). Eine solche

Entlastung kommt auch in Betracht, wenn der Hersteller oder Importeur insolvent ist (BTDrs 11/2447, 20; Zweibr OLGR 07, 13, 14). Scheitert ein Prozess gegen den vom Lieferanten Benannten mangels Beweisbarkeit der Herstellereigenschaft, lebt die Haftung des Lieferanten wieder auf (Zweibr OLGR 07, 13, 14; Staud/*Oechsler* § 4 Rz 116; MüKo/*Wagner* § 4 Rz 41). Kann der Lieferant eine andere haftpflichtige Person erst nach Ablauf der Monatsfrist benennen oder hat der Geschädigte selbst Kenntnis von der Person eines anderen Haftpflichtigen erlangt, sollte § 4 III nicht wörtlich ausgelegt werden (so aber zB BTDrs 11/5520, 15; MüKo/ *Wagner* § 4 Rz 45; Soergel/*Krause* § 4 Rz 10). Gegen eine Haftung des Lieferanten sprechen der Zweck der Regelung, Transparenz bei den Lieferbeziehungen zu fördern und das Präventionsziel des ProdHaftG (dazu insb Staud/*Oechsler* § 4 Rz 121; Erman/*Schiemann* § 4 Rz 6). Der Lieferant muss dem Geschädigten dann allerdings den Verzögerungsschaden ersetzen, der auch darin bestehen kann, dass zunächst die falsche Person verklagt wurde (s. nur Staud/*Oechsler* § 4 Rz 121 mwN). Eine Erweiterung der Einstandspflicht des Lieferanten durch die Mitgliedstaaten in den Umsetzungsgesetzen zur ProdHaftRL hat der EuGH abgelehnt, eine weiter gehende verschuldensabhängige Lieferantenhaftung nach nationalem Recht hingegen für zulässig gehalten (EuGHE 06, I-199 Rz 34ff; zust *Magnus* GPR 06, 121, 123; EuGH ABl EU 06, C 131/10; 07, C 199/7; teilw abw Entschließung des Rates, ABl EU 03, C 26/2). Das ist problematisch, weil die zugrunde gelegte Prämisse einer Vollharmonisierung in diesem Bereich kaum trägt und die Abgrenzung zur Verschuldenshaftung unklar ist (Vor ProdHaftG Rn 3, § 15 Rn 2).

§ 5 Mehrere Ersatzpflichtige. ¹Sind für denselben Schaden mehrere Hersteller nebeneinander zum Schadensersatz verpflichtet, so haften sie als Gesamtschuldner. ²Im Verhältnis der Ersatzpflichtigen zueinander hängt, soweit nichts anderes bestimmt ist, die Verpflichtung zum Ersatz sowie der Umfang des zu leistenden Ersatzes von den Umständen, insbesondere davon ab, inwieweit der Schaden vorwiegend von dem einen oder dem anderen Teil verursacht worden ist; im übrigen gelten die §§ 421 bis 425 sowie § 426 Abs. 1 Satz 2 und Abs. 2 des Bürgerlichen Gesetzbuchs.

1 § 5 ist eine **Spezialregelung ggü § 840 BGB** für die Haftung mehrerer nach dem ProdHaftG. Er regelt ihre Haftung im Außen- (1) und Innenverhältnis (2). Art 5 der RL gibt nur eine gesamtschuldnerische Haftung vor und überlässt mangels allgemeiner europäischer Rechtsgrundsätze in diesem Bereich die Ausgestaltung der Gesamtschuld, insb im Innenverhältnis, den Mitgliedstaaten. § 5 setzt voraus, dass jeder Beteiligte nach dem ProdHaftG haftpflichtig ist (Staud/*Oechsler* § 5 Rz 4; MüKo/*Wagner* § 5 Rz 2, beide mwN). Bei einer Haftung, die sich ausschließlich aus anderen Vorschriften ergibt, ist auf § 840 BGB zurückzugreifen, beim Zusammentreffen von Haftung nach dem ProdHaftG und nach anderen Vorschriften kann § 6 II greifen. Dagegen schließt eine konkurrierende Haftung für mangelhafte Produkte aus anderem Rechtsgrund die Anwendung des § 5 nicht aus (Staud/*Oechsler* § 5 Rz 6).

2 Im **Außenverhältnis** haften alle nach dem ProdHaftG verantwortlichen Hersteller, für die kein Haftungsausschlussgrund nach § 1 II, III eingreift, als **Gesamtschuldner**. Für nach § 4 III verantwortliche **Lieferanten** gilt § 5 nur im Verhältnis zu anderen Lieferanten. Sobald auch nur ein nach § 4 I, II vorrangig Verantwortlicher feststellbar ist, scheidet eine Lieferantenhaftung und damit auch eine Einbeziehung des Lieferanten in die gesamtschuldnerische Haftung nach § 5 aus; wurde der Lieferant bereits in Anspruch genommen, hat er einen Regressanspruch nach § 5 2 gegen den Hersteller. Da Regelungsmodell des § 5 die Haftung mehrerer Hersteller desselben fehlerhaften Produkts ist, bereitet eine Schadensverursachung durch mehrere Teilprodukte oder durch mehrere Endprodukte, die von verschiedenen Herstellern stammen, Schwierigkeiten. Ist nicht feststellbar, welches Produkt den Schaden verursacht hat, wäre aber jedes einzelne dazu geeignet gewesen (**alternative Kausalität**) oder sind die Schadensanteile der einzelnen Beiträge nicht feststellbar (**kumulative Kausalität**), ist mangels einer europäischen Regelung für derartige Fälle § 830 I 2 BGB ergänzend heranzuziehen (so iE auch Staud/*Oechsler* § 4 Rz 45ff; MüKo/*Wagner* § 5 Rz 2; Erman/*Schiemann* § 5 Rz 2; AnwK/ *Katzenmeier* § 5 Rz 2). Bei der kumulativen Kausalität verlagern sich die Probleme dann allerdings auf das Innenverhältnis; hier dürfte im Zweifel eine Haftung zu gleichen Teilen anzunehmen sein.

3 Für das **Innenverhältnis** normiert § 5 2 Hs 1 einen **selbständigen Regressanspruch**, der gem § 12 III nach den allgemeinen Regeln des BGB verjährt (s. zB MüKo/*Wagner* § 5 Rz 5; Soergel/*Krause* § 12 Rz 2). Im Unterschied zu § 426 I 1 BGB und in Anlehnung an andere Gefährdungshaftungen ist Grundregel nicht eine Haftung nach Köpfen, sondern nach Verursachungsbeiträgen unter Heranziehung des Grundgedankens des § 254 I BGB. Vorbehaltlich besonderer Umstände des Einzelfalls dürfte grds ein voller Regress für Quasi-Hersteller und Importeur ggü Endprodukt-, Teilprodukt- bzw Grundstoffherstellern in Betracht kommen, weiterhin ein voller Regress des Endproduktherstellers gegen die Hersteller von Teilprodukten oder Grundstoffen, wenn der Fehler auf dem Teilprodukt oder Grundstoff beruht (s. insb Erman/*Schiemann* § 5 Rz 3; AnwK/ *Katzenmeier* § 5 Rz 3). Beim **Regress gegen den EWR-Importeur** ist Art 20 Rom II-VO anzuwenden, dh der Regress richtet sich nach deutschem Recht und damit nach § 5 2, wenn der Importeur nach deutschem Recht haftet. Eine „**andere Bestimmung**" iSd § 5 2 (insoweit weicht die Regelung von anderen Gefährdungshaftungen ab) kann mangels produkthaftungsspezifischer Spezialregelungen wohl nur eine Vereinbarung zwischen den Gesamtschuldnern sein, etwa iRe arbeitsteiligen Herstellungsprozesses. IRd **§ 5 2 Hs 2** ist insb die Ver-

weisung auf § 426 II BGB bedeutsam, die eine **Legalzession** des Anspruchs des Geschädigten auf denjenigen, der ihn befriedigt hat, ermöglicht. Für den Übergang des Anspruchs gegen den **EWR-Importeur** gilt wiederum Art 20 Rom II-VO.

§ 6 Haftungsminderung.
(1) Hat bei der Entstehung des Schadens ein Verschulden des Geschädigten mitgewirkt, so gilt § 254 des Bürgerlichen Gesetzbuchs; im Falle der Sachbeschädigung steht das Verschulden desjenigen, der die tatsächliche Gewalt über die Sache ausübt, dem Verschulden des Geschädigten gleich.
(2) ¹Die Haftung des Herstellers wird nicht gemindert, wenn der Schaden durch einen Fehler des Produkts und zugleich durch die Handlung eines Dritten verursacht ist. ²§ 5 Satz 2 gilt entsprechend.

§ 6 betrifft die sich aus der Mitverantwortung anderer Personen ergebenden Möglichkeiten einer Minderung der Haftung des Herstellers (I) bzw den Ausschluss einer solchen Minderung (II). 1

I regelt in Umsetzung von Art 8 II ProdHaftRL die Berücksichtigung eines Mitverschuldens des Geschädigten. Die Verweisung auf § 254 BGB insgesamt bedeutet, dass ein **Mitverschulden des Geschädigten** bei der Entstehung des Schadens (§ 254 I BGB) – einschließlich einer Betriebsgefahr (hM, s. nur Staud/*Oechsler* § 6 Rz 7 mwN; aA *Taschner/Frietsch* § 6 Rz 13) – ebenso zu berücksichtigen ist wie eine unterlassene Schadensminderung (§ 254 II 1 BGB; s. zB Hamm VersR 93, 765, 766). Das Mitverschulden kann zum **Verlust oder zur Kürzung des Ersatzanspruchs** führen. Entscheidend ist, wie auch sonst bei § 254 BGB, ein Verschulden des Geschädigten „gegen sich selbst", zB durch Benutzung entgegen der Gebrauchsanweisung (Köln OLGR 02, 94, 95 f), fehlendes Sich-Einweisen-Lassen (Ddorf r+s 04, 37, 38) oder Nichtbeachtung von Anleitung und Warnhinweisen (LG Düsseldorf NJW-RR 06, 1033, 1034). Geht es um einen Fehlgebrauch des Produkts, kommt § 6 hauptsächlich bei vorhersehbarem Fehlgebrauch in Betracht (s.o. § 3 Rn 5). Nach § 6 I letzter Hs muss sich der Geschädigte ein Mitverschulden desjenigen **zurechnen** lassen, der die tatsächliche Gewalt über die beschädigte Sache ausübt („Bewahrungsgehilfe"). Eine Zurechnung des Handelns von Erfüllungsgehilfen oder gesetzlichen Vertretern iSd § 278 BGB über § 254 II 2 BGB kommt hingegen nach hM nur in Betracht, wenn zwischen Geschädigtem und Produzenten ein Schuldverhältnis bestand (zB Staud/*Oechsler* § 6 Rz 9; MüKo/*Wagner* § 6 Rz 5; Soergel/*Krause* § 6 Rz 1; Erman/*Schiemann* § 6 Rz 2; ähnl *Schlechtriem* VersR 86, 1033, 1039). Sie erscheint bei der Produkthaftung – anders als bei den meisten anderen Gefährdungshaftungstatbeständen, die auf § 254 BGB verweisen – zB in Fällen eines Erwerbs unmittelbar vom Hersteller denkbar; fraglich ist aber, ob sie auf mit der vertraglichen Haftung konkurrierende Ansprüche nach dem ProdHaftG übertragbar ist. Eine Einschränkung der Haftung nach dem ProdHaftG nur bei gleichzeitigem Bestehen einer vertraglichen Beziehung zwischen den Beteiligten erscheint wenig sinnvoll und der verbraucherschützenden Intention des Gesetzes nicht angemessen. Der Geschädigte würde beim unmittelbaren Erwerb vom Hersteller schlechter behandelt als beim Erwerb von einem Zwischenhändler. Daher muss die Verweisung auf § 254 II 2 BGB entweder als Rechtsfolgenverweisung verstanden (was allerdings Brüche bei der Anwendung des § 254 BGB verursachen würde) oder aber einschränkend – unter Ausschluss des § 254 II 2 BGB – interpretiert werden. Die letzte Lösung erscheint sinnvoller, da sie das zivilrechtliche System der Gehilfenhaftung im Vertrags- und Deliktsrecht intakt lässt. Zudem dürften die meisten Fälle (etwa ein vorhersehbarer Fehlgebrauch durch eine Haushaltshilfe des Geschädigten) bereits durch § 6 I Hs 2 erfasst sein; offen bleiben etwa die Fälle eines Mitverschuldens gesetzlicher Vertreter durch Verletzung der Aufsichtspflicht (wie im Fall LG Osnabrück 1 O 1683/02 Rz 30 f). 2

II betrifft die Fälle, in denen ein einheitlicher Schaden (nicht lediglich unterschiedliche Schadensposten) zugleich durch den Hersteller und einen **Dritten** (dh eine Person, für die weder der Hersteller nach § 1 – etwa weil sein Mitarbeiter bei der Herstellung des fehlerhaften Produkts mitgewirkt hat – noch der Geschädigte nach § 6 I verantwortlich ist) verursacht wurde. Regelmäßig dürfte es um Fälle der Nebentäterschaft oder des § 830 I 2 BGB gehen. Im **Außenverhältnis** zum Geschädigten haftet nach § 6 II 1 allein der Hersteller. Der Regress im **Innenverhältnis** richtet sich nach § 6 II 2 iVm § 5 2; dadurch wird eine Regressmöglichkeit für den Produzenten begründet, unabhängig davon, ob nach allgemeinen Grundsätzen eine Gesamtschuld gegeben wäre (s. insb Staud/*Oechsler* § 6 Rz 16; Erman/*Schiemann* § 6 Rz 3). § 6 II 1 dürfte daher insoweit § 840 BGB vorgehen; die ausdrückliche Regelung erscheint angesichts der Zweifel, inwieweit bei der Haftung nach dem ProdHaftG auf allgemeine Regeln zurückgegriffen werden kann (s.o. Vor ProdHaftG Rn 3), sinnvoll. Der Umfang des Regresses hängt von den individuellen Verursachungsbeiträgen ab (§ 5 Rn 3). 3

§ 7 Umfang der Ersatzpflicht bei Tötung.
(1) ¹Im Falle der Tötung ist Ersatz der Kosten einer versuchten Heilung sowie des Vermögensnachteils zu leisten, den der Getötete dadurch erlitten hat, dass während der Krankheit seine Erwerbsfähigkeit aufgehoben oder gemindert war oder seine Bedürfnisse vermehrt waren. ²Der Ersatzpflichtige hat außerdem die Kosten der Beerdigung demjenigen zu ersetzen, der diese Kosten zu tragen hat.
(2) ¹Stand der Getötete zur Zeit der Verletzung zu einem Dritten in einem Verhältnis, aus dem er diesem gegenüber kraft Gesetzes unterhaltspflichtig war oder unterhaltspflichtig werden konnte, und ist dem

Dritten infolge der Tötung das Recht auf Unterhalt entzogen, so hat der Ersatzpflichtige dem Dritten insoweit Schadensersatz zu leisten, als der Getötete während der mutmaßlichen Dauer seines Lebens zur Gewährung des Unterhalts verpflichtet gewesen wäre. ²Die Ersatzpflicht tritt auch ein, wenn der Dritte zur Zeit der Verletzung gezeugt, aber noch nicht geboren war.

1 Für den Schadensersatz bei Tötung einer Person, der in § 9 lit a der ProdHaftRL ohne nähere Konkretisierung vorgesehen ist, normiert bzw konkretisiert § 7 Ansprüche mittelbar Betroffener. Der Inhalt von § 7 (iVm §§ 8, 9) entspricht weitgehend allgemeinen schadensrechtlichen Regelungen des BGB und dürfte auch den Vorgaben der RL (dazu insb EuGHE 01, I-3569 Rz 27; *Seyr* ZEuS 03, 533, 542 ff) entsprechen. Der Regelungsgehalt von § 7 I 1, der auf dem Bestehen eines Anspruchs des Getöteten nach § 1 aufbaut, ließe sich auch aus § 249 II 1 iVm § 1922 BGB ableiten (vgl nur Erman/*Schiemann* §§ 7–9 Rz 1), der Vermögensnachteil wird in § 8 konkretisiert. § 7 I 2 begründet einen Anspruch auf Ersatz der Beerdigungskosten und entspricht § 844 I BGB. § 7 II normiert einen eigenständigen Schadensersatzanspruch Dritter wegen Entziehung eines gesetzlichen Unterhaltsanspruchs für den Fall, dass die Tötung durch einen Produktfehler (mit-)verursacht wurde. Die Regelung stimmt weitgehend mit § 844 II BGB überein; die in § 7 II nicht enthaltene Verweisung auf § 843 II–IV BGB findet sich in § 9 II.

2 **Abweichungen von den Vorschriften des BGB** ergeben sich insb daraus, dass das ProdHaftG keine §§ 845, 846 BGB entsprechenden Regelungen enthält. Der Verzicht auf eine Entsprechung zu § 845 BGB dürfte kaum praktische Auswirkungen haben, da der Anwendungsbereich dieser Vorschrift heute gering ist (§ 845 BGB, insb Rn 3). Hingegen verbleibt durch das Fehlen einer § 846 BGB entsprechenden Regelung eine Lücke, weil § 6 I auf ein Mitverschulden des Geschädigten abstellt und somit eine Mitverantwortung des Getöteten unberücksichtigt bliebe. Die hM will daher § 846 BGB entspr anwenden (s. bereits BTDrs 11/2447, 22; weiterhin zB Soergel/*Krause* §§ 7–9 Rz 2; Staud/*Oechsler* § 7 Rz 6; MüKo/*Wagner* §§ 7–9 Rz 4; Erman/*Schiemann* §§ 7–9 Rz 1; AnwK/*Katzenmeier* § 7 Rz 3). Das ist die konsequente Folge der Anerkennung einer Mitverantwortung des Geschädigten, wie sie bereits in Art 8 II ProdHaftRL vorgegeben ist, so dass der hM zu folgen ist. Insoweit erscheint es aber konsequent, neben § 846 BGB auch § 6 I Hs 2 entspr anzuwenden (so auch MüKo/*Wagner* §§ 7–9 Rz 4; Erman/*Schiemann* §§ 7–9 Rz 1; AnwK/*Katzenmeier* § 7 Rz 3).

§ 8 Umfang der Ersatzpflicht bei Körperverletzung.
¹Im Falle der Verletzung des Körpers oder der Gesundheit ist Ersatz der Kosten der Heilung sowie des Vermögensnachteils zu leisten, den der Verletzte dadurch erleidet, dass infolge der Verletzung zeitweise oder dauernd seine Erwerbsfähigkeit aufgehoben oder gemindert ist oder seine Bedürfnisse vermehrt sind. ²Wegen des Schadens, der nicht Vermögensschaden ist, kann auch eine billige Entschädigung in Geld gefordert werden.

1 § 8 konkretisiert richtlinienkonform (zu den Anforderungen EuGHE 01, I-3569 Rz 27 f) den Umfang der Ersatzpflicht bei Körperverletzung. § 8 1 entspricht § 842 BGB, der seinerseits teilw lediglich allgemeine Grundsätze des Schadensrechts, die sich auch aus §§ 249 ff BGB ergeben, wiedergibt. Zu Einzelheiten des Umfangs der Ersatzpflicht § 842 BGB Rn 1 f, § 249 BGB Rn 5, 14, 27 f. Der 2002 eingefügte § 8 2 hat dagegen eigenständigen Regelungsgehalt, indem er immaterielle Schäden in die Ersatzpflicht einbezieht, was nach Art 9 2 der ProdHaftRL möglich ist. Der Ersatz eines solchen immateriellen Schadens kann niedriger ausfallen als bei der Verschuldenshaftung, weil bei der Haftung nach dem ProdHaftG nur die Ausgleichs-, nicht aber die Genugtuungsfunktion des Schmerzensgeldes zu berücksichtigen ist (s. BTDrs 14/7752, 14; aA *Looschelders* JR 03, 309 f, der auch im Fahrlässigkeitsbereich die Genugtuungsfunktion außer Acht lassen will). Zweifelhaft erscheint es daher, bei der Bemessung des Schmerzensgeldes ein mögliches Verschulden des Schädigers in Rechnung zu stellen (so aber LG Dortmund NJW-RR 05, 678).

§ 9 Schadensersatz durch Geldrente.
(1) Der Schadensersatz wegen Aufhebung oder Minderung der Erwerbsfähigkeit und wegen vermehrter Bedürfnisse des Verletzten sowie der nach § 7 Abs. 2 einem Dritten zu gewährende Schadensersatz ist für die Zukunft durch eine Geldrente zu leisten. (2) § 843 Abs. 2 bis 4 des Bürgerlichen Gesetzbuchs ist entsprechend anzuwenden.

1 § 9 regelt den Schadensersatz wegen Aufhebung oder Minderung der Erwerbsfähigkeit und wegen vermehrter Bedürfnisse des Geschädigten für Ansprüche des Geschädigten selbst und für solche der Hinterbliebenen. Die Vorschrift entspricht §§ 843, 844 II BGB, s. § 843 BGB Rn 1 ff, § 844 BGB Rn 9 ff.

§ 10 Haftungshöchstbetrag.
(1) Sind Personenschäden durch ein Produkt oder gleiche Produkte mit demselben Fehler verursacht worden, so haftet der Ersatzpflichtige nur bis zu einem Höchstbetrag von 85 Millionen Euro.
(2) Übersteigen die den mehreren Geschädigten zu leistenden Entschädigungen den in Absatz 1 vorgesehenen Höchstbetrag, so verringern sich die einzelnen Entschädigungen in dem Verhältnis, in dem ihr Gesamtbetrag zu dem Höchstbetrag steht.

§ 10 **begrzent** unter Nutzung einer in Art 16 ProdHaftRL vorgesehenen Option die **Ersatzpflicht** bei nach dem ProdHaftG zu ersetzenden **Personenschäden** auf einen **Höchstbetrag**. Die Regelung, die einem in Deutschland für Gefährdungshaftungen verbreiteten Grundsatz folgt, gilt nicht für Sachschäden und nicht für mit Ansprüchen aus dem ProdHaftG konkurrierende Ansprüche auf Ersatz von Personenschäden. § 10 geht mit der Einbeziehung von Schäden, die nur durch ein Produkt verursacht wurden (Einzelschäden), über Art 16 ProdHaftRL hinaus. Die Richtlinienkonformität dieses Erst-recht-Schlusses des deutschen Gesetzgebers ist str (abgelehnt zB Staud/*Oechsler* § 10 Rz 6; Erman/*Schiemann* § 10 Rz 1; befürwortet zB von Soergel/*Krause* § 10 Rz 2 mwN; offen gelassen von MüKo/*Wagner* § 10 Rz 3). Angesichts der Prämisse einer Vollharmonisierung (Vor ProdHaftG Rn 3; § 15 Rn 2) erscheint sie problematisch, zumal in Bezug auf eine weitere Option (Art 15 I lit b ProdHaftRL) gerade keine „Zwischenlösungen" der Mitgliedstaaten zugelassen hat (EuGHE 02, I-3827 Rz 47). Andererseits ist zu bedenken, dass die Haftungshöchstgrenze bei einem Einzelschaden noch seltener erreicht wird als bei einem Serienschaden. Bemerkenswerterweise hat die Kommission die deutsche Regelung nicht beanstandet und keine Auswirkungen der Höchstgrenze insgesamt auf das Funktionieren des Binnenmarktes festgestellt (s. insb KOM [00] 893 endg 22).

§ 10 I legt den Höchstbetrag für Personenschäden durch ein einzelnes Produkt (**Einzelschäden**) oder durch mehrere gleiche Produkte mit demselben Fehler (**Serienschäden**) auf 85 Mio € fest. Ein Serienschaden liegt jedenfalls bei einem einheitlichen Konstruktions- oder Instruktionsfehler, der sich auf die gesamte Produktserie erstreckt, vor. Str ist, ob gleichartige Fabrikationsfehler innerhalb einer Produktserie ebenfalls als „derselbe Fehler" iSd § 10 I zu betrachten sind. Dagegen spricht der eindeutige Wortlaut von § 10 I, weiterhin Art 16 I der RL („mit demselben Fehler", vgl etwa Erman/*Schiemann* § 10 Rz 2; AnwK/*Katzenmeier* § 10 Rz 1), dafür allerdings der Zweck des § 10 I, die Haftungsbegrenzung auf alle einheitlichen Fehler zu erstrecken (dazu insb MüKo/*Wagner* § 10 Rz 4; Soergel/*Krause* § 10 Rz 2): Es leuchtet nicht ein, warum ein Fabrikationsfehler, der durch eine falsche Einstellung einer Maschine verursacht wird (Bsp von Staud/*Oechsler* § 10 Rz 8), anders zu behandeln sein soll als ein Konstruktionsfehler, der alle Produkte betrifft. Daher erscheint eine Gleichbehandlung angebracht. Dafür spricht auch, dass eine Anwendung des § 10 I möglich erscheint, wenn man sich von den klassischen Fehlerkategorien löst: Die gleichen Produkte der Serie haben denselben Fehler, der zwischen den „klassischen" Kategorien (dazu o § 3 Rn 7) der Konstruktions- und Fabrikationsfehler (Ausreißer) anzusiedeln ist und nach Sinn und Zweck des § 10 I von der Regelung erfasst werden sollte.

Bei der **Berechnung des Höchstbetrags** sind alle Schadensersatzleistungen für Personenschäden (*nicht* aber für Sachschäden) einzubeziehen, also insb auch Rentenzahlungen (§ 9). Str ist die Anrechnung von Leistungen nach ausländischem Produkthaftungsrecht: Eine volle Anrechnung (dafür wohl zB Erman/*Schiemann* § 10 Rz 2; AnwK/*Katzenmeier* § 10 Rz 1) könnte Geschädigte in Deutschland benachteiligen – etwa wenn der Haftungshöchstbetrag durch Klagen im Ausland (wo größtenteils keine Haftungshöchstsummen gelten) bereits erreicht wurde, eine Ablehnung der Anrechnung könnte dagegen den Hersteller benachteiligen, insb wenn er bei seinen Lieferungen nach Deutschland mit den Haftungshöchstbeträgen kalkuliert hat. Daher erscheint es angemessen, mit Hilfe einer fiktiven Quote für die Auslandsgeschädigten iSd § 10 II eine Teil-Anrechnung vorzunehmen (dazu insb *Rolland* Rz 10; Staud/*Oechsler* § 10 Rz 15; MüKo/*Wagner* § 10 Rz 11 mwN).

§ 10 II regelt im Ansatz den **Innenausgleich** zwischen mehreren Geschädigten bei Überschreiten des Höchstbetrags; er richtet sich nach dem Verhältnis der Anteile der einzelnen Ansprüche am Gesamtbetrag. Ohne eine verfahrensmäßige Koordination der Ansprüche sämtlicher Geschädigter (für die keine Regelung existiert) erscheint ein solcher Innenausgleich allerdings bei Serienschäden kaum praktisch durchführbar (krit auch zB Staud/*Oechsler* § 10 Rz 13 f; Soergel/*Krause* § 10 Rz 3; Erman/*Schiemann* § 10 Rz 3; AnwK/*Katzenmeier* § 10 Rz 1).

§ 11 Selbstbeteiligung bei Sachbeschädigung.
Im Falle der Sachbeschädigung hat der Geschädigte einen Schaden bis zu einer Höhe von 500 Euro selbst zu tragen.

§ 11 normiert für den Ersatz von Sachschäden, der nach oben nicht beschränkt ist, einen **Selbstbehalt** in Höhe von 500 €. Dies bedeutet nach dem Wortlaut der Vorschrift, dass erst Sachschäden über 500 € überhaupt ersatzfähig sind und dass der Geschädigte stets 500 € seines Schadens selbst tragen muss. Die auf Art 9 lit b der ProdHaftRL beruhende Regelung ist ein Korrelat zur verschuldensunabhängigen Haftung des Produzenten. Sie findet allerdings – iGgs zu den Regelungen über Haftungshöchstbeträge bei Personenschäden – keine Entsprechung in deutschen Gesetzen zur Gefährdungshaftung und ist auch in den Mitgliedstaaten nicht unumstritten (s. nur KOM [00] 893 endg, 21); die Kommission hat sich gleichwohl für ihre Beibehaltung ausgesprochen (aaO 21 f). Da § 11 nach bisher wohl einhelliger Meinung nicht für gem § 15 II konkurrierende Ansprüche aus § 823 I BGB gilt (zB MüKo/*Wagner* § 11 Rz 2 mwN; s. aber unten Rn 2), dürfte er nur selten praktisch durchgreifen.

Problematisch sind hier jedoch aus **europarechtlicher Sicht** zwei Aspekte: Erstens spricht zwar Art 9 lit b ProdHaftRL in der deutschen Fassung ebenfalls von einem Selbstbehalt, aber in der (als gleichermaßen authentisch anzusehenden) englischen Fassung ist von einem „lower threshold", also einer Untergrenze, bei deren Überschreiten der Geschädigte vollen Ersatz verlangen kann, die Rede. Entsprechend divergieren die

Umsetzungen von Art 9 lit b der RL in den Mitgliedstaaten (s. nur KOM [06] 496 endg 12). Zweitens hat der EuGH 2002 in zwei Urteilen entschieden, dass Frankreich und Griechenland durch Streichung bzw Nichtaufnahme des Selbstbehalts gegen die Vorgaben der RL verstoßen hätten (EuGHE 02, I-3856; I-3887). Das könnte gegen die Einordnung der Richtlinienvorgabe als Untergrenze iS der englischen Fassung, aber – wegen des vom EuGH angeführten Arguments einer Vollharmonisierung – auch gegen eine parallele Anwendung des § 823 I BGB *ohne* Haftungsuntergrenze sprechen. Zwar erscheint die vom EuGH für eine Vollharmonisierung angeführte Argumentation teilweise bedenklich (*Schaub* ZEuP 03, 562 ff); trotzdem ist zur Klärung der künftigen Möglichkeiten einer parallelen Anwendung des § 823 I BGB eine Vorlage an den EuGH nach Art 267 AEUV zu empfehlen. Wegen der Diskrepanz zwischen Selbstbehalt und Untergrenze bleibt auf eine Klarstellung durch den europäischen Gesetzgeber zu hoffen, nachdem der EuGH in beiden Urteilen (aaO) auf die Problematik nicht eingegangen ist.

§ 12 Verjährung. (1) Der Anspruch nach § 1 verjährt in drei Jahren von dem Zeitpunkt an, in dem der Ersatzberechtigte von dem Schaden, dem Fehler und von der Person des Ersatzpflichtigen Kenntnis erlangt hat oder hätte erlangen müssen.
(2) Schweben zwischen dem Ersatzpflichtigen und dem Ersatzberechtigten Verhandlungen über den zu leistenden Schadensersatz, so ist die Verjährung gehemmt, bis die Fortsetzung der Verhandlungen verweigert wird.
(3) Im übrigen sind die Vorschriften des Bürgerlichen Gesetzbuchs über die Verjährung anzuwenden.

1 § 12 regelt die Verjährung des Anspruchs nach § 1; nicht erfasst sind Regressansprüche nach § 5 2 (ggf iVm § 6 II 2). Wegen der Vorgaben in Art 10 ProdHaftRL ist eine gesonderte Regelung sinnvoll; sie weicht in einigen Aspekten von §§ 195, 199 BGB ab. Daher ist vor Anwendung des III erst die Reichweite der produkthaftungsspezifischen Regelungen in §§ 12, 13 zu prüfen. Die **Verjährungsfrist** beträgt gem **§ 12 I** – wie nach §§ 195, 199 BGB – drei Jahre; kürzere Verjährungsfristen konkurrierender Ansprüche können nicht auf den Anspruch aus § 1 übertragen werden, sonst würden die Vorgaben der RL unterlaufen (s. zB Staud/*Oechsler* § 12 Rz 11; MüKo/*Wagner* § 12 Rz 3; Soergel/*Krause* § 12 Rz 2; Erman/*Schiemann* § 12 Rz 1; AnwK/*Katzenmeier* § 12 Rz 1). Die Frist **beginnt** im Zeitpunkt der Kenntnis oder fahrlässigen Unkenntnis des Ersatzberechtigten von Schaden, Fehler und Person des Ersatzpflichtigen; bei mehreren Haftpflichtigen kann der Verjährungsbeginn divergieren. Anders als nach § 199 I Nr 2 BGB reicht in Bezug auf die Unkenntnis schon einfache Fahrlässigkeit aus und die Verjährung beginnt bereits im Zeitpunkt der Kenntnis oder fahrlässigen Unkenntnis, nicht erst zum Jahresende. Die Nennung der Bezugspunkte der Kenntnis stellt eine produkthaftungsspezifische Konkretisierung von § 199 I Nr 2 BGB dar; nicht erwähnt ist allerdings der Kausalzusammenhang zwischen Produktfehler und Schaden als weiterer anspruchsbegründender Umstand. Dessen Kenntnis bzw fahrlässige Unkenntnis wird aber über den Wortlaut von § 12 I hinaus zu fordern sein, denn ohne ihn wäre die Nennung von Fehler und Schaden nicht sinnvoll (so iE auch zB Köln OLGR 96, 94 – mit sehr weitgehenden Konsequenzen; MüKo/*Wagner* § 12 Rz 9; Soergel/*Krause* § 12 Rz 2; Erman/*Schiemann* § 12 Rz 1; AnwK/*Katzenmeier* § 12 Rz 1; vgl auch BTDrs 11/2447, 24 f; aA Staud/*Oechsler* § 12 Rz 10). Nicht anwendbar sind die teilw längeren **Obergrenzen** für die Verjährung in § 199 II, III BGB; hier gilt die vorrangige Zehnjahresfrist des § 13 I. Eine **Hemmung** der Verjährung kommt nach **§ 12 II** bei Verhandlungen über den Schadensersatz in Betracht; die Regelung entspricht § 203 BGB, allerdings ohne die in § 203 2 BGB vorgesehene Ablaufhemmung. Die **Verweisung in § 12 III** kann nur Regelungsbereiche betreffen, die nicht von §§ 12, 13 erfasst sind; in Betracht kommt insb eine Anwendung von §§ 197 I Nr 3, 202 II, 214 BGB (Staud/*Oechsler* § 12 Rz 15).

§ 13 Erlöschen von Ansprüchen. (1) ¹Der Anspruch nach § 1 erlischt zehn Jahre nach dem Zeitpunkt, in dem der Hersteller das Produkt, das den Schaden verursacht hat, in den Verkehr gebracht hat. ²Dies gilt nicht, wenn über den Anspruch ein Rechtsstreit oder ein Mahnverfahren anhängig ist.
(2) ¹Auf den rechtskräftig festgestellten Anspruch oder auf den Anspruch aus einem anderen Vollstreckungstitel ist Absatz 1 Satz 1 nicht anzuwenden. ²Gleiches gilt für den Anspruch, der Gegenstand eines außergerichtlichen Vergleichs ist oder der durch rechtsgeschäftliche Erklärung anerkannt wurde.

1 § 13 ergänzt in Umsetzung von Art 1 S 1 ProdHaftRL § 12 durch eine vAw zu beachtende **Ausschlussfrist**. Sie soll als Ausgleich für die Vermutung der ursprünglichen Fehlerhaftigkeit des Produkts dienen (BTDrs 11/2447, 25). § 13 gilt nur für Ansprüche aus § 1, nicht für Rückgriffsansprüche nach § 5 2 (ggf iVm § 6 II 2) und nicht für andere Ansprüche, insb gelten für Ansprüche aus § 823 I BGB die für den Geschädigten teilweise günstigeren Obergrenzen des § 199 II, III BGB. Die **Fristdauer** von 10 Jahren kann durch Parteivereinbarung verlängert, wegen § 14 aber nicht verkürzt werden (zB Staud/*Oechsler* § 14 Rz 7; MüKo/*Wagner* § 14 Rz 6 mwN; AnwK/*Katzenmeier* § 14 Rz 2). Die **Frist beginnt** mit dem Inverkehrbringen durch den jeweiligen Hersteller, so dass wie bei § 12 unterschiedliche Fristen laufen können. Das Inverkehrbringen bestimmt der *EuGH* nach objektiven Kriterien; entscheidend sei, dass das Produkt den vom Hersteller eingerichteten Prozess der Herstellung verlassen habe (was beim Vertrieb an eine 100%ige Tochtergesellschaft nicht der Fall sein muss) und in einen Prozess der Vermarktung eingetreten sei, in dem es in ge- oder verbrauchsfertigem

Zustand öffentlich angeboten werde (EuGHE 06, I-1313 Rz 26 ff; zust *Wurmnest/Doralt* GPR 07, 118, 121). Nach **Fristablauf** kann die erbrachte Leistung gem § 812 I 1 Var 1 BGB zurückgefordert werden, denn § 214 II 1 BGB gilt nur für Verjährungs-, nicht für Ausschlussfristen (MüKo/*Grothe* § 214 BGB Rz 9 mwN; AnwK/*Katzenmeier* § 13 Rz 2). Eine Wiedereinsetzung in den vorigen Stand kommt nicht in Betracht (MüKo/*Wagner* § 13 Rz 2; AnwK/*Katzenmeier* § 13 Rz 2).

Ausnahmen vom Erlöschen des Anspruchs sind in § 13 I 2, II geregelt. Unklar ist, ob das **Nichterlöschen bei** **2** **Anhängigkeit eines Rechtsstreits oder Mahnverfahrens** nach § **13 I 2** als Hemmung iSd § 209 BGB, als Ablaufhemmung (nach dem Modell des § 203 2 BGB) oder als Unterbrechung der Verjährung mit anschließendem Neubeginn iSd § 212 BGB einzuordnen ist. Am sinnvollsten lässt es sich als Ablaufhemmung verstehen, bei der die Zeit für den gescheiterten Durchsetzungsversuch später der Verjährungsfrist hinzugerechnet wird (so auch insb MüKo/*Wagner* § 13 Rz 9; aA zB Staud/*Oechsler* § 13 Rz 9), zumal in einer Entwurfsbegründung zur RL noch von „Hemmung" die Rede war (EG-Bulletin Suppl 11/76, 19). Anhängigkeit iSd § 13 I 2 setzt weniger voraus als Rechtshängigkeit; es genügt, dass ein Rechtsstreit oder ein Mahnverfahren (nicht aber lediglich ein Prozesskostenhilfeverfahren, s. zB Erman/*Schiemann* § 13 Rz 3; AnwK/*Katzenmeier* § 13 Rz 3; Palandt/*Sprau* § 13 Rz 3; aA Soergel/*Krause* § 13 Rz 3; *Mayer* VersR 90, 691, 698) durch Einreichung der Klageschrift bzw des Antrags auf Erlass eines Mahnbescheids eingeleitet ist; die Zustellung muss noch nicht erfolgt sein. Auch die Anhängigkeit anderer der Feststellung und Durchsetzung des Anspruchs dienender Verfahren iSd § 204 BGB reicht aus (s. nur Staud/*Oechsler* § 13 Rz 8; Soergel/*Krause* § 13 Rz 3). § **13 II** nennt Fallkonstellationen, in denen die **Ausschlussfrist nicht anzuwenden** ist. Die Regelung geht über Art 1 S 1 der RL hinaus, normiert aber eine folgerichtige Fortführung der Rechtsgedanken von Art 11 und ist daher europarechtlich unbedenklich (Staud/*Oechsler* § 13 Rz 10; Soergel/*Krause* § 13 Rz 4). Die Ausschlussfrist kommt nach § 13 II 1 nicht zur Anwendung, wenn der Anspruch rechtskräftig festgestellt ist oder sich aus einem anderen Vollstreckungstitel (iSd § 794 ZPO) ergibt; dann gilt die allgemeine Verjährungsfrist nach § 12 II iVm § 197 I Nr 3 BGB. § 13 II 2 regelt Entsprechendes für Ansprüche, die Gegenstand eines außergerichtlichen Vergleichs sind oder durch rechtsgeschäftliche Erklärung anerkannt wurden. Gemeint ist hier wohl nicht ein ausschließliches Schuldanerkenntnis iSd § 781 BGB, das ohnehin eine neue Forderung begründet, sondern ein deklaratorisches Anerkenntnis; nicht ausreichend dürfte hingegen ein einseitiges Anerkenntnis iSd § 212 I Nr 1 BGB sein (dazu insb Staud/*Oechsler* § 13 Rz 14; MüKo/*Wagner* § 13 Rz 12).

§ 14 Unabdingbarkeit.
¹Die Ersatzpflicht des Herstellers nach diesem Gesetz darf im voraus weder ausgeschlossen noch beschränkt werden. ²Entgegenstehende Vereinbarungen sind nichtig.

§ 14 normiert in Umsetzung von Art 12 ProdHaftRL die Unabdingbarkeit der Herstellerhaftung und dient **1** damit der Effektivität der europäischen Rechtsangleichung und dem Verbraucherschutz. **Erfasst** werden im Voraus vereinbarte Ausschlüsse oder Beschränkungen der Haftung nach § 1, nicht aber Vereinbarungen in Bezug auf eine Vertrags- oder Deliktshaftung auf anderer Grundlage sowie Regressansprüche gem § 5 2 (ggf iVm § 6 II 2). **Unzulässig** und damit nach § 14 2 nichtig sind ausdrückliche Haftungsausschlüsse oder -beschränkungen im Außenverhältnis, zB Freizeichnungsklauseln oder haftungsausschließende Warnungen im Individualvertrag und in AGB, aber auch Qualitätssicherungsvereinbarungen (zu Letzteren insb *Ensthaler* NJW 94, 817, 822 f). Weiterhin sind den Geschädigten im Vergleich zu der in §§ 1 ff vorgesehenen Haftung mittelbar benachteiligende Vereinbarungen, wie zB Absenkung des Höchstbetrags nach § 10, Erhöhung der Selbstbeteiligung nach § 11, Verkürzungen der Verjährungs- oder Ausschlussfrist (§§ 12, 13), unzulässig. **Zulässig** bleiben sachlich gerechtfertigte Warnungen bzw Instruktionen (§ 3 Rn 4) sowie – insoweit von Art 12 der RL abw (zur Richtlinienkonformität s. nur MüKo/*Wagner* § 14 Rz 2 mwN) – Vereinbarungen nach Eintritt des Schadensfalls (zB ein nachträglicher Vergleich; fraglich ist, ob dieser auch Spätschäden erfassen kann, dafür MüKo/*Wagner* § 14 Rz 3; Soergel/*Krause* § 14 Rz 2). Zweifelhaft war bisher, ob § 14 bei **Sachverhalten mit Auslandsberührung** die Möglichkeiten der Rechtswahl auf Rechtsordnungen, in welchen ein gleichwertiger Schutz des Geschädigten besteht, beschränkt. Die Frage dürfte jetzt durch Art 14 II, III Rom II-VO kaum noch praktische Bedeutung haben.

§ 15 Arzneimittelhaftung; Haftung nach anderen Rechtsvorschriften.
(1) Wird infolge der Anwendung eines zum Gebrauch bei Menschen bestimmten Arzneimittels, das im Geltungsbereich des Arzneimittelgesetzes an den Verbraucher abgegeben wurde und der Pflicht zur Zulassung unterliegt oder durch Rechtsverordnung von der Zulassung befreit worden ist, jemand getötet, sein Körper oder seine Gesundheit verletzt, so sind die Vorschriften des Produkthaftungsgesetzes nicht anzuwenden.
(2) Eine Haftung aufgrund anderer Vorschriften bleibt unberührt.

§ 15 regelt das Verhältnis des ProdHaftG zur Haftung nach anderen Vorschriften. Anders als der zugrunde **1** liegende Art 13 der RL normiert § 15 jedoch den Grundsatz (Anspruchskonkurrenz) in II, die wichtigste Ausn dazu in I.

2 Ausgangspunkt der Beurteilung von Konkurrenzfragen ist der **Grundsatz der Anspruchskonkurrenz** nach § 15 II. Insb Ansprüche nach allgemeinem Deliktsrecht (§§ 823 ff BGB), aus deliktsrechtlichen Spezialgesetzen (zur Atomhaftung aber unten Rn 3) sowie Vertragsansprüche (einschl solcher aufgrund einer Herstellergarantie) konkurrieren daher mit der Haftung nach § 1. Die Interpretation dieser Vorschrift bereitet jedoch Probleme, seit der EuGH 2002 Art 13 Var 1 ProdHaftRL dahingehend interpretiert hat, dass neben der Haftung aufgrund der RL nur Ansprüche zulässig seien, die „auf anderen Grundlagen beruhen" (EuGHE 03 I-3905 Rz 33 f). Daher bedarf die parallele Anwendung der Produkthaftungsregeln aus § 823 I BGB im Regelungsbereich der RL heute zumindest näherer Begründung, so dass in vielen Fällen eine Vorlage an den EuGH nach Art 268 AEUV sinnvoll sein dürfte (näher zum Ganzen *Schaub* ZEuP 03, 562, 585 ff). Im Verhältnis zum GenTG sind die dort enthaltenen Spezialregelungen für Konkurrenzfragen, insb § 37 II, III GenTG, zu beachten (zu Einzelheiten insb Staud/*Oechsler* § 2 Rz 50 ff; MüKo/*Wagner* § 15 Rz 13 f; Soergel/*Krause* § 15 Rz 4, alle mwN).

3 § 15 I normiert als Ausn von diesem Grundsatz einen **Vorrang der Haftung nach §§ 84 ff AMG** vor derjenigen nach § 1. Die Richtlinienkonformität der Vorschrift ist zweifelhaft, weil die zugrunde liegende Regelung in Art 13 Var 2 ProdHaftRL eher auf eine Anspruchskonkurrenz als auf einen Vorrang der Sonderregelung hindeutet (s dazu nur *Rolland* FS W Lorenz 193, 194 ff; *Wandt/Geiger* PHI 04, 234 ff, beide mwN); die Kommission hat § 15 I jedoch bisher nicht beanstandet. Die Gefährdungshaftung nach dem AMG kann für den Geschädigten – je nach Fallkonstellation – günstiger oder ungünstiger sein als diejenige nach dem ProdHaftG (s nur AnwK/*Katzenmeier* § 15 Rz 3; *Rolland* FS W Lorenz 193, 198 ff; *Wandt/Geiger* PHI 04, 162, 164 ff; *Koyuncu* PHI 07, 42 ff). Eine Haftung nach dem ProdHaftG kommt va für nicht zulassungspflichtige Arzneimittel, Arzneimittel in der klinischen Prüfung sowie Tierarzneimittel in Betracht (*Koyuncu* PHI 07, 42, 46). – **Ebenfalls vorrangig** vor der Haftung nach § 1 ist – auch ohne ausdrückliche Normierung im ProdHaftG (s aber Art 14 ProdHaftRL) – die **internationale Atomhaftung nach §§ 25, 25a AtG** (s nur Staud/*Oechsler* § 15 Rz 8 ff; MüKo/*Wagner* § 15 Rz 10 ff; Soergel/*Krause* § 15 Rz 3, alle mwN); hingegen konkurriert die nationale Atomhaftung nach § 26 AtG gem § 26 VII AtG mit der Haftung aus § 1.

§ 16 Übergangsvorschrift. Dieses Gesetz ist nicht auf Produkte anwendbar, die vor seinem Inkrafttreten in den Verkehr gebracht worden sind.

1 Diese eine Rückwirkung des ProdHaftG verhindernde Vorschrift ist auf den Wegfall der Privilegierung landwirtschaftlicher Produkte zum 1.12.00 entsprechend anzuwenden (BTDrs 14/3371, 3).

§ 17 Erlaß von Rechtsverordnungen. Der Bundesminister der Justiz wird ermächtigt, durch Rechtsverordnung die Beträge der §§ 10 und 11 zu ändern oder das Außerkrafttreten des § 10 anzuordnen, wenn und soweit dies zur Umsetzung einer Richtlinie des Rates der Europäischen Gemeinschaften auf der Grundlage der Artikel 16 Abs. 2 und 18 Abs. 2 der Richtlinie des Rates vom 25. Juli 1985 zur Angleichung der Rechts- und Verwaltungsvorschriften der Mitgliedstaaten über die Haftung für fehlerhafte Produkte erforderlich ist.

1 Diese Ermächtigung ist bisher noch nicht zur Anwendung gekommen.

§ 18 Berlin-Klausel. – *gegenstandslos* –

§ 19 Inkrafttreten. Dieses Gesetz tritt am 1. Januar 1990 in Kraft.

1 Zur abweichenden Anwendbarkeit von § 8 2 s Art 229 § 8 I Nr 9 EGBGB.

Gesetz über das Wohnungseigentum und das Dauerwohnrecht (Wohnungseigentumsgesetz)

Gesetz vom 15.3.1951
zuletzt geändert durch Gesetz vom 26.3.2007 (BGBl I, 370)

I. Teil Wohnungseigentum

Vor §§ 1 bis 64

I. Zentrale Begriffe. 1. Wohnungs-/Teileigentümer. Das Gesetz behandelt nach § 1 VI **Wohnungs- und Teileigentum** (§ 1 II, III) **gleich**. Spricht es vom Wohnungseigentümer, meint es immer auch den Teileigentümer. ZT nennt das Gesetz den Wohnungseigentümer **Miteigentümer** (zB §§ 17 I, 19 I 1), um das **Miteigentum am Gemeinschaftseigentum** zu betonen (s.a. § 10 Rn 1). Nur soweit § 3 I vom Miteigentümer spricht, ist dieser (noch) kein Wohnungseigentümer. Wohnungseigentümer ist, wer zu Recht im **Wohnungsgrundbuch eingetragen** ist (BGHZ 106, 113, 118/119; LG Nürnberg-Fürth ZMR 10, 74), es sei denn, die Eintragung stimmt mit der wahren Rechtslage nicht überein: Der Bucheigentümer ist nicht Wohnungseigentümer (BGH ZMR 95, 37, 38; Stuttg ZMR 05, 983). Wohnungseigentümer ist auch, wer durch **Erbfall** oder durch Zuschlag in der Zwangsversteigerung gem § 90 I ZVG außerhalb des Grundbuchs Wohnungseigentum erwirbt (BayObLG ZMR 04, 524). Zu § 1629a BGB s. LG Nürnberg-Fürth ZMR 10, 74. Steht eine Einheit Mehreren zu, ist jeder von ihnen Wohnungseigentümer. Wird in einer Gemeinschaftsordnung (Rn 5) einheitlich der Begriff Wohnungseigentümer genutzt, ist neben dem Wohnungseigentümer idR auch der Teileigentümer angesprochen (Hamm DNotZ 06, 692). Wird ein **Wohnungseigentum verwaltet** (zB Insolvenz-, Nachlass- oder Zwangsverwalter) ist der **jeweilige Verwalter** neben dem Wohnungseigentümer auch Wohnungseigentümer iSd Gesetzes und kann zB klagen, schuldet Wohngeld oder kann Beschl mitfassen.

2. Gemeinschaft. Spricht das Gesetz von **Gemeinschaft** (zB in §§ 11, 17 I, 18 I 1, 43 Nr 1), ist die Gemeinschaft der Wohnungseigentümer als Gemeinschaft iSv § 10 II 1 iVm § 741 ff BGB gemeint. Diese Gemeinschaft wird aus allen im Grundbuch eingetragenen Wohnungseigentümern gebildet. Neben ihr gibt es weder eine WEG-Untergemeinschaft von Wohnungseigentümern an einem sondereigentumsfähigen Gegenstand noch eine an einem von mehreren Wohnhäusern. Miteigentümer eines Sondereigentums bilden stets nur eine Bruchteilsgemeinschaft nach §§ 741 ff, 1008 ff BGB (BGH NZM 05, 238; BGH NZM 00, 1063, 1064. Für eine solche gilt im Innenverhältnis das jeweilige Gemeinschaftsrecht (BGH NZM 00, 1063, 1064).

3. Wohnungseigentümergemeinschaft. Die Gemeinschaft der Wohnungseigentümer steht **neben** den Wohnungseigentümern (Rn 1) und der Gemeinschaft iSv Rn 2. Sie ist nach § 10 VI in bestimmten Belangen voll **rechtsfähig** (§ 10 Rn 15). Dieses **separierende Verständnis** gegen den Gesetzeswortlaut folgt ua aus § 10 I, VII und der Trennung von Gemeinschaftseigentum (§ 1 Rn 8) und Verwaltungsvermögen (§ 10 Rn 21). Es gibt keine Unter-Gemeinschaft; auch nicht bei Mehrhausanlagen mit Kostentrennung (Rn 13).

4. Wohnungseigentumsrechte. Soweit das Gesetz in §§ 9 I Nr 3, 10 VII 4, 17 I von **Wohnungseigentumsrechten** spricht, ist Sondereigentum gemeint.

5. Gemeinschaftsordnung. Die Miteigentümer (§ 3 I; Rn 1) können zusammen mit dem Teilungsvertrag in Ergänzung oder Abweichung des dispositiven Gesetzes Vereinbarungen für ihr Verhältnis untereinander treffen und nach §§ 10 III, 5 IV 1 als **Inhalt des Sondereigentums** eintragen lassen. Das gleiche Recht steht dem Alleineigentümer nach § 8 II zu. Der Inbegriff dieser Entscheidungen und Bestimmungen ist die Gemeinschaftsordnung (BGH ZMR 06, 457; BGH ZMR 05, 884, 885); synonym: Teilungsvertrag iwS, Gemeinschaftsvertrag, Miteigentums-, Teilungs- oder Miteigentümerordnung.

II. Entstehung/Untergang. 1. Wohnungseigentum iSv § 2. Es entsteht, wenn **sämtliche** Wohnungseigentumsrechte (Rn 4) eingetragen sind. Der Eintragung kommt konstitutive Wirkung zu. Wohnungseigentum geht nach §§ 4, 9 unter.

2. Sondereigentum. Sondereigentum entsteht mit der **Fertigstellung der jeweiligen Einheit** (BGHZ 177, 338 = ZMR 08, 805, 807), spätestens mit der Herstellung des Gebäudes (BGH ZMR 08, 897). Dinglich vollzogen wird die Teilung zwar schon dann, wenn alle vorgesehenen Wohnungsgrundbücher und/oder Teileigentumsgrundbücher angelegt sind. Zu diesem Zeitpunkt besteht für diejenige Sondereigentum, das sich auf den Raum in der erst noch zu errichtenden Einheit erstreckt, tatsächlich aber nur ein Miteigentumsanteil am Grundstück. Die Anlegung des Wohnungsgrundbuchs verschafft dem Sondereigentümer freilich eine gesicherte Rechtsposition, die allgemein als eine Anwartschaft auf Erlangung von Sondereigentum beschrieben wird (BGHZ 110, 36, 39 = NJW 90, 1111; Hamm ZMR 06, 60, 61).

8 **3. Gemeinschaft.** Die Gemeinschaft iSv Rn 2 entsteht mit Anlegung der Wohnungsgrundbücher und Eintragung der Miteigentümer in die Wohnungsgrundbücher als Wohnungseigentümer (Ddorf ZMR 06, 463, 464; KG ZMR 01, 656).

9 **4. Werdende Gemeinschaft; werdender Wohnungseigentümer.** Vom **werdenden Wohnungseigentümer** und einer **werdenden Gemeinschaft** ist zu sprechen, wenn (BGHZ 177, 53, 58 = ZMR 08, 805, 807): zwischen Alleineigentümer und Erwerber/Käufer ein gültiger Erwerbsvertrag vorliegt, der Erwerber/Käufer die Wohnung in Besitz genommen hat, für den Erwerber/Käufer eine Auflassungsvormerkung im Wohnungsgrundbuch eingetragen ist. Solange noch die Rechte in einer Hand liegen und vereinigt sind, gibt es keine Gemeinschaft.

10 **5. Wohnungseigentümergemeinschaft.** Die Gemeinschaft der Wohnungseigentümer (Rn 4) entsteht, wenn die **Voraussetzungen einer Gemeinschaft** (Rn 8) vorliegen (mit Eintragung des zweiten WEers). Neben einer werdenden Gemeinschaft als Vorstufe der Wohnungseigentümergemeinschaft iSd § 10 VI (Rn 9) ist eine werdende Gemeinschaft der Wohnungseigentümer anzuerkennen. Diese entsteht in dem Zeitpunkt, ab dem eine werdende Gemeinschaft der Wohnungseigentümer anzuerkennen ist (Rn 9).

11 **III. Gemeinschaftsverhältnis.** Die Wohnungseigentümer stehen in einer besonderen schuldrechtlichen Sonderbeziehung, dem auf einem gesetzlichen Schuldverhältnis beruhenden **Gemeinschaftsverhältnis** (BGH ZMR 07, 188; BGH ZMR 07, 464; § 280 BGB Rn 1). Es beginnt mit Entstehung der (ggf werdenden) Gemeinschaft (Rn 8). Im Gemeinschaftsverhältnis wurzeln umfassende Treue- und Rücksichtnahmepflichten iSv § 241 II BGB (BGH ZMR 07, 188; BGH ZMR 07, 464 = WuM 07, 33, 34; Ddorf MietRB 09, 323), die den Wohnungseigentümern ein Mindestmaß an Loyalität untereinander abverlangen (BGHZ 163, 154, 175 = ZMR 05, 547). Das Gemeinschaftsverhältnis und die aus ihm folgende Sonderrechtsbeziehung sind als **subsidiäres ungeschriebenes Recht** anzuwenden, wenn keine abweichenden Vereinbarungen oder Beschl nach § 23 I bestehen.

12 **IV. Kernbereich.** Es gibt nach hM einen **ungeschriebenen Kernbereich von Rechten und Pflichten**, in den die Wohnungseigentümer auch durch eine gewillkürte Bestimmung nicht eingreifen können (BGHZ 145, 158, 165 = ZMR 00, 771; BGHZ 129, 329, 333 = ZMR 95, 416). Inhalt und Grenzen sind str. Zum Kernbereich gehören jedenfalls der sachenrechtlich und dinglich geschützte Bereich (BayObLG ZMR 98, 794; MittRhNotK 97, 360). Daneben sind die Strukturprinzipien des Wohnungseigentumsrechts geschützt. Ferner sind zum Kernbereich die unmittelbar aus dem Eigentum fließenden zentralen Verwaltungs- und Mitbestimmungsrechte (mitgliedschaftlicher Kernbereich) zu zählen.

13 **V. Mehrhausanlagen.** Für Mehrhausanlagen sieht das Gesetz **keine Besonderheiten** vor. Ist nichts anderes vereinbart, sind Vereinbarungen von sämtlichen Wohnungseigentümern zu schließen (Ddorf ZMR 03, 765). Auch Beschl bedürfen grunds einer Eigentümerversammlung sämtlicher Wohnungseigentümer (Köln NZM 05, 550, 551). Die hM vertritt demgegenüber ein **gegenständlich beschränktes Stimmrecht** (München WuM 07, 34; BayObLG ZMR 03, 519, 521; „Blockstimmrecht"). Dem ist nicht zu folgen. Das WEG sieht ein Betroffenheitsstimmrecht nicht vor. Die Wohnungseigentümer einer Mehrhausanlage können Teilversammlungen vereinbaren; aus der Natur der Sache folgt dies nicht (str). Kosten und Lasten sind – soweit nichts anderes bestimmt – nach § 16 II unter sämtliche Wohnungseigentümer zu verteilen. Die Wohnungseigentümer eines Mehrhauses können vereinbaren, Mittel anzusammeln, die zB für Maßnahmen nach § 21 V Nr 2 dienen sollen. Diese stehen der Gemeinschaft der Wohnungseigentümer zu, es sei denn, die Wohnungseigentümer des Mehrhauses bilden nach §§ 741 ff BGB eine Gemeinschaft. Vorstellbar sind iÜ Vereinbarungen zum Gebrauch, zu baulichen Veränderungen, zum Verwalter, zu Wirtschaftsplan und Jahresabrechnung etc. Ohne diese gilt das normale WEG.

14 **VI. Dritte.** Soweit das Grundbuch betroffen ist – nach aA auch bei Beschl – ist vorstellbar, dass ein Dritter gem § 19 GBO zustimmen muss. Zustimmungsberechtigte Dritte sind die in Abt II oder Abt III eingetragenen Berechtigten wie Grundpfandrechtsgläubiger, Inhaber von Reallasten, Wohnungs- oder Nießbrauchsrechten. Ferner sind potenziell zustimmungsberechtigt die Berechtigten aus einer Vormerkung (BayObLGZ 98, 255), außerdem der Inhaber von Dienstbarkeiten, wenn eine Dienstbarkeit nicht am ganzen Grundstück eingetragen ist. Gesamtgläubiger sind keine Dritten (Frankf NJW-RR 96, 918). Betroffen ist ein Dritter, wenn dessen grundbuchmäßiges Recht durch die beantragte Eintragung nicht nur wirtschaftlich, sondern rechtlich beeinträchtigt wird oder beeinträchtigt werden kann (BGHZ 145, 133, 136 = ZMR 01, 119), nicht, wenn lediglich die Möglichkeit eines Nachteils besteht oder wenn ein Wohnungseigentum lediglich begünstigt wird (BayObLG Rpfleger 90, 63). **Bsp** für Zustimmungsbedürftigkeit: Beschränkung von Nutzungsbefugnissen, Änderung von Stimmrechten (LG Aachen Rpfleger 86, 258), nach § 5 IV 2 – soweit nicht der Ausnahmefall des § 5 IV 3 einschlägig ist – bei der Begründung oder Aufhebung von Sondernutzungsrechten (BGHZ 145, 133, 136 = ZMR 01, 119), bei § 12 I. Etwa der Verzicht auf Beseitigungs- und Unterlassungsansprüche stellt keine Beeinträchtigung dar (Hamm ZfIR 97, 290). Auch die Erhöhung von Unterhaltslasten ist lediglich wirtschaftliche Beeinträchtigung. Eine Zustimmungspflicht entfällt auch, wenn die zukünftigen Erwerber in der

Teilungserklärung durch die noch fehlende Zuordnungserklärung aufschiebend bedingt von der Nutzung genau beschriebener Flächen im Gemeinschaftseigentum ausgeschlossen worden sind (KG ZMR 07, 384; Ddorf Rpfleger 01, 534). Die Ländergesetze zum Unschädlichkeitszeugnis können teilweise direkt, teilweise analog angewandt werden (BayObLG ZMR 05, 300, 301), zB auf die Veräußerung eines Teils des Miteigentumsanteils oder eines Teils des gemeinschaftlichen Grundstücks, aber auch auf die Umwandlung von Gemeinschafts- in Sondereigentum (BayObLG ZMR 04, 683, 684).

VII. Bauträgerrecht; Bauherrengemeinschaft. Zum Bauträgerrecht s. § 634 Rn 24. Zur Bauherrengemeinschaft mit dem Ziel zur Entstehung von Wohnungseigentumsrechten § 705 Rn 41. 15

§ 1 Begriffsbestimmungen.
(1) Nach Maßgabe dieses Gesetzes kann an Wohnungen das Wohnungseigentum, an nicht zu Wohnzwecken dienenden Räumen eines Gebäudes das Teileigentum begründet werden.
(2) Wohnungseigentum ist das Sondereigentum an einer Wohnung in Verbindung mit dem Miteigentumsanteil an dem gemeinschaftlichen Eigentum, zu dem es gehört.
(3) Teileigentum ist das Sondereigentum an nicht zu Wohnzwecken dienenden Räumen eines Gebäudes in Verbindung mit dem Miteigentumsanteil an dem gemeinschaftlichen Eigentum, zu dem es gehört.
(4) Wohnungseigentum und Teileigentum können nicht in der Weise begründet werden, daß das Sondereigentum mit Miteigentum an mehreren Grundstücken verbunden wird.
(5) Gemeinschaftliches Eigentum im Sinne dieses Gesetzes sind das Grundstück sowie die Teile, Anlagen und Einrichtungen des Gebäudes, die nicht im Sondereigentum oder im Eigentum eines Dritten stehen.
(6) Für das Teileigentum gelten die Vorschriften über das Wohnungseigentum entsprechend.

A. Begriffe. I. Wohnungs- und Teileigentum (§ 1 II, III). Wohnungs- und Teileigentum sind in § 1 II, III **legal definiert**. Eine Unterscheidung ist bis auf das Maß des erlaubten Gebrauchs (dazu § 15 Rn 3 ff) überflüssig, da nach § 1 VI für das Teileigentum die Vorschriften über das Wohnungseigentum entspr gelten. Nach hM ist die Bestimmung als Wohnungs- und Teileigentum **Vereinbarung iSv §§ 10 II 2, 15 I, 5 IV 1** (Hambg ZMR 00, 627; BayObLG Rpfleger 98, 19; aA KG ZMR 05, 223; Celle ZWE 01, 33). Eine Änderung ist daher durch eine Änderungsvereinbarung oder durch einen auf § 23 I fußenden Beschl in Form des § 4 möglich. Das WEG nutzt den Begriff Wohnungseigentum neben § 1 II in umfassenderer Bedeutung auch in § 2 (§ 2 Rn 2). 1

II. Sondereigentum. 1. Allgemeines. Üblicher **Oberbegriff von Wohnungs- und Teileigentum** ist Sondereigentum (Raumeigentum). Das Gesetz spricht in §§ 9 I Nr 3, 10 VII 4, 17 1 von **Wohnungseigentumsrechten**. Sondereigentum ist Alleineigentum, das aus der gemeinschaftlichen Berechtigung der Miteigentümer des Grundstücks gelöst ist (§ 13 Rn 1). 2

2. Mitsondereigentum. Mitsondereigentum gibt es nicht. Sondereigentum kann nur einem einzigen Miteigentumsanteil zugeordnet werden. Soweit der BGH von Mitsondereigentum oder abgesondertem Miteigentum spricht (BGHZ 177, 338 = ZMR 08, 897; BGHZ 146, 241 = ZMR 01, 289), meint er Nachbareigentum (Rn 4). 3

3. Nachbareigentum. Nachbareigentum ist gegeben, wenn eine nicht tragende Mauer zwei Sondereigentumseinheiten voneinander oder eine Sondereigentumseinheit vom Gemeinschaftseigentum trennt; § 921 BGB ist analog anzuwenden (Schlesw DNotZ 07, 620). 4

4. Gegenstand des Sondereigentums. Sondereigentum kann nur an **wesentlichen Bestandteilen eines Gebäudes** begründet werden (BGHZ 73, 302, 309 = NJW 79, 2391; BGH NJW 75, 688). Sondereigentum sind auch die Bestandteile, die § 94 II BGB unterfallen. Scheinbestandteile (§ 95 BGB) sind nur nach § 5 I sondereigentumsfähig (§ 5 Rn 4). Stehen auf einem Grundstück **mehrere Gebäude**, kann ein Miteigentümer an sämtlichen Räumen eines Gebäudes Sondereigentum erhalten (BGH NJW-RR 01, 800). An **Teilen eines Raums** oder bloß an seinen tragenden Teilen kann kein Sondereigentum begründet werden (Ddorf ZMR 04, 280; Kobl WuM 91, 603). 5

Etwas anderes gilt ausnahmsweise dann, wenn eine zwischen Wohnräumen zweier Wohnungen vorgesehene Trennwand nicht errichtet worden ist (Luftschranke), die Abgrenzung der Räume gegeneinander aufgrund der in dem Aufteilungsplan angegebenen Maße aber eindeutig ist (BGHZ 177, 338 = ZMR 08, 897). 6

Welche **Räume** Sondereigentum sind, bestimmt sich gem §§ 3, 5 I, 7 III und IV Nr 1, 8 (LG Wuppertal RNotZ 09, 48). Gegenstand von Sondereigentum sind gem § 5 I daneben von Gesetzes wegen die zu diesen Räumen gehörende **Bestandteile** (§ 5 Rn 4). Die **Grenzen zwischen Sonder- und Gemeinschaftseigentum** (Rn 8) bestimmen Teilungsvertrag/Teilungserklärung sowie der Aufteilungsplan. Tatsächliche Verhältnisse sind unerheblich. Ist zB ein Spitz- oder Dachboden nur durch ein Sondereigentum zugänglich, macht diese Lage die Fläche nicht zT des Durchgangssondereigentums. 7

8 **III. Gemeinschaftliches Eigentum (§ 1 V, 5 II).** § 1 V definiert mit § 5 II, was **gemeinschaftliches Eigentum** ist. Danach sind gemeinschaftliches Eigentum va: das Grundstück sowie sämtliche Räume, Bestandteile, Anlagen und Einrichtungen die nicht nach §§ 3 und 8 iVm § 5 II zulässiger Weise zum Sondereigentum bestimmt worden sind. **Inhaber des Gemeinschaftseigentums** sind die Wohnungseigentümer als Miteigentümer (§ 10 I iVm §§ 741 ff, 1008 ff BGB). Zur Vermietung des Gemeinschaftseigentums s. § 535 Rn 69; zu „Umwandlungsfällen" s. § 566 Rn 20 ff. Für das Gemeinschaftseigentum ist nach § 10 VI 3 die Gemeinschaft der Wohnungseigentümer verkehrspflichtig (München ZMR 06, 226, 227); daneben sind ggf auch die Wohnungseigentümer und nach § 27 I Nr 3 der Verwalter (§ 838 BGB Rn 2; § 908 BGB Rn 8) verpflichtet (s.a. § 535 BGB Rn 44; § 823 BGB Rn 2 ff; § 823 BGB Rn 127). Die einem Sondernutzungsrecht (§ 13 Rn 6 ff) unterliegenden Flächen sind gemeinschaftliches Eigentum. Kein gemeinschaftliches Eigentum ist das **Verwaltungsvermögen** (§ 10 VII); dieses gehört der Gemeinschaft der Wohnungseigentümer.

9 Nutzen **zwei WEG-Anlagen** ein Treppenhaus, steht dies nicht im gemeinschaftlichen Eigentum der Eigentümer der WEG-Anlagen. Trennlinie ist die gemeinsame, durch das Treppenhaus verlaufene Grundstücksgrenze; §§ 921, 922 BGB sind entspr anwendbar (Hamm ZMR 06, 878; § 921 BGB Rn 18).

10 **B. Ein Grundstück (§ 1 IV). I. Grundsatz.** § 1 IV stellt klar, dass das Sondereigentum nur mit Miteigentum an einem Grundstück (vgl § 873 BGB Rn 2) verbunden werden kann. Grundstück idS ist ein räumlich abgegrenzter Teil der Erdoberfläche, der auf einem besonderen Grundbuchblatt allein oder auf einem gemeinschaftlichen Grundbuchblatt unter einer besonderen Nummer im Verzeichnis der Grundstücke gebucht ist (RGZ 84, 270).

11 **II. Überbau.** Ist das Gebäude der Anlage über die Grenze gebaut worden und hat der Nachbar nach § 912 I BGB den Überbau zu dulden oder gestattet, entsteht an dem überbauten Gebäudeteil Wohnungseigentum (BGH NJW 08, 3122). Der übergebaute Gebäudeteil ist gem §§ 93, 94 I BGB wesentlicher Bestandteil des Wohnungseigentumsgrundstücks. Liegen die Voraussetzungen des § 912 I BGB nicht vor und hat der Nachbar dem Überbau nicht zugestimmt, wird der Nachbareigentümer Eigentümer des überbauten Gebäudeteiles (BGH NJW-RR 89, 1039). Befindet sich eine Sondereigentumseinheit vollständig auf dem Nachbargrundstück, ist der entsprechende Miteigentumsanteil substanzlos und isoliert und die Begründung gescheitert. Die übrigen Miteigentümer sind verpflichtet, den substanzlosen Miteigentumsanteil – ggf gegen Entschädigung – zu erwerben.

1. Abschnitt Begründung des Wohnungseigentums

§ 2 Arten der Begründung. Wohnungseigentum wird durch die vertragliche Einräumung von Sondereigentum (§ 3) oder durch Teilung (§ 8) begründet.

1 **A. Inhalt.** Weitere Wege als von § 2 beschrieben stehen nicht zur Verfügung. Wohnungseigentum kann allerdings auch durch eine Kombination von §§ 3 und 8 begründet werden (KG NJW 95, 62).

2 Soweit das Gesetz neben § 1 II auch in § 2 von „Wohnungseigentum" spricht, benutzt es diesen Begriff anders. Wohnungseigentum iSv § 2 unterscheidet begrifflich das nach §§ 3, 8 gebildete Sondereigentum (§ 1 Rn 2) vom Alleineigentum. Wohnungseigentum ist nach § 3 I iVm §§ 93, 94 I 1 BGB eine **Ausnahme von dem Grundsatz,** dass Gebäude oder Teile von Gebäuden als wesentliche Bestandteile des Grundstücks oder des Gebäudes nicht Gegenstand besonderer Rechte sein können (BGH NJW 75, 688, 689).

3 **B. Gründungsmängel.** Sind Teilungsvertrag/Teilungserklärung mangelhaft, sind sowohl auf die Bruchteilsgemeinschaft nach §§ 10 II; 741 ff BGB als auch auf die Gemeinschaft der Wohnungseigentümer die entwickelten Grundsätze über die fehlerhafte Gesellschaft entspr anzuwenden. Wird die Nichtigkeit geltend gemacht, können nach §§ 16 II, 28 V erbrachte Leistungen nicht zurückverlangt werden, für bereits eingegangene Verpflichtungen haften die Mitglieder einer fehlerhaften Eigentümergemeinschaft weiterhin nach § 10 VIII 1. Auch die von der Gemeinschaft der Wohnungseigentümer geschlossenen Verträge sind wirksam. Nach §§ 242, 313 BGB iVm dem Gemeinschaftsverhältnis (Vor §§ 1–64 WEG Rn 11) haben die Wohnungseigentümer die Verpflichtung, den Mangel einvernehmlich zu beheben. Der Wunsch nach Auflösung ist grunds rechtsmissbräuchlich. Eine Ausnahme ist für schutzwürdige Personen vorstellbar, zB wenn der Teilungsvertrag von einer nicht voll geschäftsfähigen Person geschlossen wurde. Gegen sie können keine Pflichten aus §§ 10 ff oder daran anknüpfende Ansprüche geltend gemacht werden.

4 Gründungsmängel, die sich auf die Einräumung einzelner oder mehrerer Sondereigentumseinheiten beschränken, lassen die anderen Sondereigentumseinheiten und die Aufteilung des Grundstückes in Miteigentumsanteile unberührt (BGH ZMR 05, 59). Eine solche Interessenlage ist auch bei einer **fehlerhaften Unterteilung** (s.a. Rn 10) gegeben. Leidet ein Sondereigentum unter einem Gründungsmangel, wird dieser *Fehler ex nunc* geheilt und die Eintragung insgesamt wirksam, sobald ein Käufer **gutgläubig** als Sondernachfolger eines Gründungsmitglieds erwirbt (BGHZ 109, 179, 184 = ZMR 90, 112).

C. Widersprüche. Stimmen die Beschreibung des Gegenstands von Sonder- und Gemeinschaftseigentum in Teilungsvertrag/Teilungserklärung und Angaben im Aufteilungsplan nicht überein, ist grunds kein Erklärungsinhalt vorrangig. Bei einem Widerspruch verbleibt der betroffene Raum im Gemeinschaftseigentum (BGH ZMR 04, 206, 207/208).

D. Bauliche Abweichungen. Wird ein **Gebäude** (§ 3 Rn 1) **abw** vom Aufteilungsplan an einer anderen Stelle auf dem Grundstück oder in einer anderen Form errichtet, entsteht Sondereigentum, sofern das Gemeinschaftseigentum und das Sondereigentum dennoch und ungeachtet der abweichenden Errichtung **zweifelsfrei voneinander abgrenzbar** sind (BGHZ 177, 338 ZMR 08, 897); fehlt es hieran, sind sämtliche Miteigentumsanteile substanzlos und isoliert (dazu § 3 Rn 6). Sondereigentum entsteht auch dann, wenn nur die innere Aufteilung einer oder ggf mehrerer Wohnungen verändert wird. Soll nach dem Teilungsvertrag oder dem Aufteilungsplan Sondereigentum entstehen, werden die dafür vorgesehenen Räume aber anders aufgeteilt, entsteht Sondereigentum jedenfalls dann, wenn die tatsächliche Bauausführung nur unwesentlich vom Aufteilungsplan abweicht (BayObLG ZMR 98, 794, 795). **Bsp**: Einbau eines nicht vorgesehenen Kellerfensters oder wenn Fenster, Türen oder Trennwände an anderer Stelle eingebaut werden (BGHZ 177, 338 = ZMR 08, 897). Sondereigentum entsteht auch, wenn bspw zwei Wohnungen zu einer zusammengefasst werden (BayObLG GE 81, 332) oder wenn etwa Fertiggaragen auf einem Grundstück ggü dem Aufteilungsplan lediglich um einen Meter versetzt errichtet wurden (BayObLG NJW-RR 90, 332).
Wenn die tatsächliche bauliche Ausführung vom Aufteilungsplan und der dort vorgesehenen Abgrenzung von Sondereigentum zum gemeinschaftlichem Eigentum (oder vom Sondereigentum mehrerer Eigentümer untereinander) ganz oder teilweise so abweicht, dass die planerische Darstellung an Ort und Stelle nicht mehr mit der nötigen Sicherheit festzustellen ist und es also unmöglich macht, die errichteten Räume einer in dem Aufteilungsplan ausgewiesenen Raumeinheit zuzuordnen, entsteht gem § 1 V gemeinschaftliches Eigentum (BGH ZMR 04, 206, 207).

E. Änderungen bei bestehender Gemeinschaft. 1. Umwandlung von Gemeinschaftseigentum in Sondereigentum. Die Umwandlung von Sonder- in Gemeinschaftseigentum und umgekehrt erfordert wie eine erstmalige Begründung den Weg nach § 4 I, II (BGH ZMR 05, 59, 62; BGA NJW 03, 2165, 2166; Saarbr NZM 05, 423). Gemeinschaftliches Eigentum kann niemandem – auch nicht teilweise – **aufgedrängt** werden (München Rpfleger 07, 459) oder entzogen werden. Die vertragliche Regelung der **sachenrechtlichen Zuordnung** eines Raums ist von einer inhaltlichen Ausgestaltung des Gemeinschaftsverhältnisses zu unterscheiden (BGH ZMR 03, 748). Für den Vollzug ist eine Vereinbarung gem § 10 I, II nicht ausreichend. In einer Gemeinschaftsordnung (Vor §§ 1–64 WEG Rn 5) kann eine vorweg genommene Zustimmung/Ermächtigung nicht nach § 5 IV 1 eingetragen werden (BayObLG ZMR 02, 283). Neben den Erklärungen der Wohnungseigentümer ist für eine Umwandlung von Sonder- in Gemeinschaftseigentum idR die Zustimmung Dritter (Vor §§ 1–64 Rn 14) notwendig. Zur Eintragung der Umwandlung ist grunds ein **geänderter Aufteilungsplan** (§ 7 Rn 10) und eine **Abgeschlossenheitsbescheinigung** (§ 7 Rn 11) vorzulegen (BayObLG Rpfleger 98, 194).

2. Umwandlung von Sonder- in Gemeinschaftseigentum. S zunächst § 1 Rn 1. Bei Umwandlung von Sonder- in Gemeinschaftseigentum handelt es sich um eine **gegenständliche Veränderung**. Ist ein einseitiger Verzicht auf das Sondereigentum analog § 928 BGB nicht zulässig (§ 4 Rn 7). In Gemeinschaftsordnungen (Vor §§ 1–64 WEG Rn 5) darf eine **vorweg genommene Zustimmung/Ermächtigung** zur Vornahme solcher Veränderungen als Inhalt des Sondereigentums nach § 5 IV 1 nicht vereinbart und nicht ins Grundbuch eingetragen werden (BayObLG ZMR 02, 283).

3. Unterteilungen. Ein Sondereigentum kann in mehrere (zwei oder mehrere) in sich abgeschlossene Einheiten unterteilt werden (BGH ZMR 05, 59; BGHZ 73, 150, 152 = ZMR 79, 312). Notwendig ist, dass mit jedem Miteigentumanteil wieder ein sondereigentumsfähiger Raum (§ 5 Rn 2) verbunden wird (BayObLG NJW-RR 95, 783). Einer Zustimmung der übrigen Wohnungseigentümer oder Dritter (Vor §§ 1–64 WEG Rn 14) bedarf es grunds nicht (BGH ZMR 05, 59). Zur Unterteilung ist grds die Vorlage eines geänderten Aufteilungsplans mit entsprechender Abgeschlossenheitsbescheinigung erforderlich. Teilt ein Wohnungseigentümer seinen Miteigentumsanteil ohne die Zustimmung der Übrigen Miteigentümer und veräußert den neu gewonnenen Anteil, führt das nicht zu einer **Stimmrechtsmehrung** (BGH NJW 79, 870, 871; Stuttg NZM 05, 312; LG München I ZWE 09, 456).

4. Vereinigung von Wohnungs- und Teileigentumseinheiten. Stehen einem Wohnungseigentümer mehrere Sondereigentumsrechte zu, kann er diese miteinander vereinigen (BayObLG ZMR 00, 468, 469). Der Eintragung der Vereinigung steht eine unterschiedliche Belastung der Rechte nicht entgegen (Hamm FGPrax 07, 62). Es bedarf grunds nicht der Mitwirkung der anderen Wohnungseigentümer (BGHZ 141, 241, 245 = ZMR 01, 289, 291). Die durch die Vereinigung entstehende Einheit braucht nicht insgesamt in sich abgeschlossen zu sein (BGHZ 146, 241, 246 = ZMR 01, 289). Zur Eintragung der Vereinigung im Grundbuch ist die Vorlage einer neuen Abgeschlossenheitsbescheinigung (§ 7 Rn 11) und eines neuen Aufteilungsplanes (§ 7 Rn 10) für die Gesamtheit des zusammengelegten Sondereigentums nicht erforderlich (LG Wiesbaden Rpfleger 89, 194).

Dies gilt auch dann, wenn mit der rechtlichen Vereinigung eine bauliche Zusammenlegung zweier bisher selbstständiger Einheiten verbunden ist (Hambg ZMR 04, 529).

12 **5. Abspaltungen.** Ein Wohnungseigentümer kann von einer seiner Sondereigentumseinheiten einen Teil des Miteigentumanteils und einen Teil des Sondereigentums abspalten und mit einem anderen, in seinem Eigentum stehenden Sondereigentum verbinden (München ZWE 09, 25). Hierzu bedarf er grunds nicht der Mitwirkung anderer Wohnungseigentümer (München ZWE 09, 25), ggf aber der Zustimmung Dritter (Vor §§ 1–64 WEG Rn 14), insb der Grundpfandrechtsgläubiger gem §§ 877, 876 BGB. Wie im Falle der Unterteilung (Rn 10), bedarf es eines neuen Aufteilungsplans sowie einer Abgeschlossenheitsbescheinigung (München ZWE 09, 25). Das Erfordernis der Abgeschlossenheit und der etwaige Nachweis ggü dem Grundbuchamt sind aber keine Voraussetzungen für die Wirksamkeit der Ab- bzw der Zuschreibung (München ZWE 09, 25). Grundpfandrechte am erweiterten Sondereigentum erstrecken sich ohne Nachverpfändung auf das neu hinzu verbundene Sondereigentum (LG Düsseldorf MittRhNotk 86, 78).

13 **6. Tausch.** Wohnungseigentümer können Räume ihres Sondereigentums übertragen oder austauschen, ohne dass es einer gleichzeitigen Änderung der jeweiligen Miteigentumanteile bedarf (Zweibrücken ZMR 01, 663; BayObLG DNotZ 84, 381). Die Übertragung bedarf der Form der § 4 I, II iVm § 925 BGB. Die Mitwirkung anderer Wohnungseigentümer ist nicht erforderlich (BGH NJW 76, 1976). Wegen § 6 II, §§ 877, 876 BGB ist eine Zustimmung der dinglich Berechtigten erforderlich, es sei denn, das Sondereigentum wird nicht verkleinert oder sonst rechtlich nachteilig beeinträchtigt (BayObLG DNotZ 84, 381).

§ 3 Vertragliche Einräumung von Sondereigentum. (1) Das Miteigentum (§ 1008 des Bürgerlichen Gesetzbuches) an einem Grundstück kann durch Vertrag der Miteigentümer in der Weise beschränkt werden, daß jedem der Miteigentümer abweichend von § 93 des Bürgerlichen Gesetzbuches das Sondereigentum an einer bestimmten Wohnung oder an nicht zu Wohnzwecken dienenden bestimmten Räumen in einem auf dem Grundstück errichteten oder zu errichtenden Gebäude eingeräumt wird.
(2) ¹Sondereigentum soll nur eingeräumt werden, wenn die Wohnungen oder sonstigen Räume in sich abgeschlossen sind. ²Garagenstellplätze gelten als abgeschlossene Räume, wenn ihre Flächen durch dauerhafte Markierungen ersichtlich sind.
(3) aufgehoben mWv 1.7.07 durch Gesetz v. 26.3.07 (BGBl. I S. 370).

1 **A. Teilungsvertrag (§ 3 I). I. Inhalt.** Ein Teilungsvertrag muss drei Inhalte aufweisen: Die Bestimmung des Gegenstandes und der Grenzen von Gemeinschafts- und Sondereigentum, die Bestimmung der Anzahl und der Höhe der Miteigentumsteile sowie die Zweckbestimmungen „Wohnungs- oder/und Teileigentum" (dazu § 1 Rn 1). Die Begründung ist an **errichteten oder zu errichtenden Gebäuden** möglich. Gebäude idS ist ein Bauwerk, das durch räumliche Umfriedung Schutz gewährt und den Eintritt von Menschen gestattet (BGH MDR 73, 39).

2 **II. Form.** Zur Form des Teilungsvertrag s. § 4.

3 **III. Miteigentumsanteile. 1. Anzahl und Größe.** Anzahl und Größe der den Wohnungseigentumsrechten (Vor §§ 1–64 WEG Rn 4) **zwingend zuzuordnenden Miteigentumsanteile** iSv § 47 GBO bestimmen die Vertragschließenden nach billigem Ermessen (BGH ZMR 86, 365; Ddorf ZMR 04, 613). Eine Änderung ist durch Vereinbarung iFd § 4 möglich (BayObLG DNotZ 86, 237); ggf ist die Zustimmung Dritter (Vor §§ 1–64 WEG Rn 14) erforderlich.

4 Anzahl und Höhe der Miteigentumsanteile haben nach §§ 10 VIII 1 Hs 1, 16 I, II, 25 III **Bedeutung** für: Außen- und Innenhaftung, Fruchtziehung, Beschlussfähigkeit einer Eigentümerversammlung und nach §§ 16 IV, 22 II für bestimmte Beschlusskompetenzen.

5 **2. Überdimensionale Miteigentumsanteile.** Bei der abschnittsweisen Errichtung einer WEG-Anlage kann der Alleineigentümer ein Interesse daran haben, die Aufteilung der weiter zu errichtenden Einheiten hinauszuzögern. Neben der großen (= sofortige endgültige) und der kleinen Aufteilung wird zu diesem Zweck auch die Aufteilung mit Hilfe eines **überdimensionalen Miteigentumsanteils** genutzt (BayObLG ZMR 94, 576). Dem Alleineigentümer wird dann das Recht eingeräumt, an Räumen auf dem Grundstück zukünftig zu errichtender Wohnhäuser Sondereigentum zu begründen. Ferner wird einer im Eigentum des ehemaligen Alleineigentümers stehenden Einheit ein überdimensionaler Miteigentumsanteil zugewiesen.

6 **3. Isolierte Miteigentumsanteile.** Sind Miteigentumsanteile mit einem (noch) **nicht zum Vollrecht erstarkten Sondereigentum** verbunden, werden sie als isolierte (substanzlose oder sondereigentumslose) Miteigentumsanteile bezeichnet (§ 7 Rn 5). Die rechtsgeschäftliche Begründung eines isolierten Miteigentumsanteils ist unzulässig (§ 7 Rn 4). Zur Änderung s. § 7 Rn 5.

7 **IV. Grenzen und Gegenstand von Sonder- und Gemeinschaftseigentum.** Zu den Grenzen des Sondereigentums s. § 1 Rn 5 u 8. Zu Widersprüchen und Abweichungen s. § 2 Rn 5 und Rn 6, 7.

V. Auslegung. Die Auslegung des Teilungsvertrags, aber auch der Teilungserklärung hat den für **Grundbucheintragungen maßgeblichen Regeln** zu folgen. Es ist vorrangig auf Wortlaut und Sinn des Teilungsvertrag abzustellen, wie er sich für einen unbefangenen Betrachter als nächstliegende Bedeutung des Eingetragenen ergibt (BGH ZMR 10, 126; BGHZ 156, 192, 197 = ZMR 03, 937). Es kommt nicht auf den Willen des Erklärenden, sondern darauf an, was jeder gegenwärtige und zukünftige Betrachter als objektiven Sinn der Erklärung ansehen muss (BGHZ 113, 374, 379 = ZMR 91, 230, 231). Maßgebend ist der Zeitpunkt der Eintragung (München ZMR 09, 628). Umstände außerhalb der Eintragung und der in ihr in Bezug genommenen Eintragungsbewilligung dürfen nur herangezogen werden, wenn sie nach den besonderen Umständen des Einzelfalles **für jedermann ohne Weiteres** erkennbar sind (BGH NJW 06, 2187; München ZMR 09, 628). 8

VI. Rechtsfolge. Durch den bloßen Teilungsvertrag entstehen **noch keine Wohnungseigentumsrechte** (Vor §§ 1–64 WEG Rn 4). Denn nach § 4 I ist neben dem Teilungsvertrag (= Einigung) eine **Eintragung** erforderlich (§ 4 Rn 2). 9

B. Abgeschlossenheit (§ 3 II). I. Allgemeines. Abgeschlossenheit bedeutet die **dauerhafte räumliche Abgrenzung und Abschließbarkeit einer Einheit.** Sie soll gewährleisten, dass jede Einheit eindeutig abgegrenzt ist (BGHZ 110, 36, 39 = NJW 90, 1111). Streitigkeiten, wie sie unter der Geltung des früheren Stockwerkeigentums als Folge unklarer Verhältnisse entstanden sind, sollen vermieden werden (GmS-OGB BGHZ 119, 42, 46 = ZMR 93, 25). Bei der Begründung von Wohnungseigentumsrechten (Vor §§ 1–64 WEG Rn 4) ist zur Klärung nach § 7 IV Nr 2 eine **Abgeschlossenheitsbescheinigung** vorzulegen. 10

II. Abgeschlossenheit von Wohnungs- und Teileigentum (§ 3 II 1). Abgeschlossenheit von § 1 II erfordert: Abgegrenztheit (eigentliche Abgeschlossenheit), Zugangsmöglichkeit zum Gemeinschaftseigentum und Ausstattung (die Gesamtheit der Räume des Wohnungs- oder Teileigentum muss einen **selbstständigen Haushalt** erlauben, BayVGH DWW 76, 306, mithin: Schlafraum, Küche und WC). Bei § 1 III gelten die **Erfordernisse sinngemäß.** Es bedarf auch hier der Abgegrenztheit und freier Zugangsmöglichkeit. Die Ausstattung kann hinter Wohnungseigentum zurückbleiben. Zu § 1 II, III können **zusätzliche Räume** außerhalb des Abschlusses gehören (Nebenräume), etwa: Keller- oder Bodenräume, Garagen, Nebengebäude, Lagerhallen, Werkstätten, Abstellkammern. Für diese gelten die Anforderungen in Bezug auf Raumeigenschaft, nicht aber die auf Abgeschlossenheit: Es reicht aus, wenn ein Nebenraum klar **abgeteilt und verschließbar** ist (s.a. BR-Drucks. 75/51 zu § 3 WEG). Ferner muss der Raum frei zugänglich sein. Nebenräume bedürfen weder Wasserversorgung, Ausguss, Toilette, Stromanschluss noch muss dort eine Küche oder Kochgelegenheit bestehen. Auch eine räumliche Verbindung mit den Haupträumen ist nicht erforderlich (München ZWE 09, 25). Für die Abgeschlossenheit von Nebenräumen ist es daher unschädlich, wenn sich diese auf mehreren Etagen befinden, sofern sie dort einen **eigenen abschließbaren Zugang** zum Gemeinschaftseigentum haben. 11

III. Abgeschlossenheit für Garagenstellplätze (§ 3 II 2). Für Garagenstellplätze fingiert § 3 II 2 **Abgeschlossenheit** und **Raumeigenschaft** (dazu § 5 Rn 2), wenn deren meist, aber nichts stets innerhalb eines Gebäudes liegende Fläche durch dauerhafte Markierungen ersichtlich ist (BayObLG ZMR 01, 821) oder wenigstens war (BayObLG NJW-RR 91, 722). Als dauerhafte Markierungen kommen Stein- oder Metallwände, fest verankerte Geländer oder Begrenzungseinrichtungen aus Stein oder Metall, fest verankerte Begrenzungsschwellen aus Stein oder Metall, in den Fußboden eingelassene Markierungssteine oder andere Maßnahmen, die den vorgenannten Maßnahmen zumindest gleichzusetzen sind, in Betracht (BayObLG ZMR 01, 820: Markierungsnägel). Entscheidend ist, dass die jeweils gewählte Markierung die Gewähr für eine dauerhafte Klarheit der Eigentumsverhältnisse bietet. 12

§ 4 Formvorschriften.
(1) Zur Einräumung und zur Aufhebung des Sondereigentums ist die Einigung der Beteiligten über den Eintritt der Rechtsänderung und die Eintragung in das Grundbuch erforderlich.
(2) ¹Die Einigung bedarf der für die Auflassung vorgeschriebenen Form. ²Sondereigentum kann nicht unter einer Bedingung oder Zeitbestimmung eingeräumt oder aufgehoben werden.
(3) Für einen Vertrag, durch den sich ein Teil verpflichtet, Sondereigentum einzuräumen, zu erwerben oder aufzuheben, gilt § 311b des Bürgerlichen Gesetzbuchs entsprechend.

A. Anwendungsbereich. Die Bestimmung erfasst die **erstmalige Begründung von Sondereigentum** durch Teilungsvertrag nach § 3, die nachträgliche Begründung (= Änderung) und die (ggf teilweise) Aufhebung von Sondereigentum. 1

B. Erstmalige Einräumung von Sondereigentum (§ 4 I, II). I. Einigung und Eintragung in das Grundbuch. Einigung über den Eintritt der Rechtsänderung ist der Teilungsvertrag. Er – aber auch eine spätere Änderung oder die Aufhebung eines Sondereigentums – bedarf nach § 4 II 1 der für die Auflassung vorgeschriebenen Form (dazu § 925 BGB Rn 6 ff). Einräumung, Änderung oder Aufhebung können nach § 4 II 2 nicht unter einer Bedingung oder Befristung erfolgen, was § 925 II entspricht. Ob zusätzlich § 925a BGB anwendbar ist, ist str, ohne praktische Bedeutung und iE jedenfalls zu verneinen. Neben dem Teilungsvertrag 2 bedarf es der Eintragung im Grundbuch. Die Einigung kann nach der Grundbucheintragung erfolgen; § 20 GBO ist entspr anzuwenden.

3 II. Zustimmungen Dritter. Zustimmungen Dritter (Vor §§ 1–64 WEG Rn 14) sind nicht erforderlich. Den Berechtigten haftet auch nach der Aufteilung das Objekt in seiner Gesamtheit (Frankf Rpfleger 97, 374). Ist nur ein Miteigentumsanteil mit einem Recht belastet, ist die Mitwirkung gem §§ 876, 877 BGB erforderlich, wenn die Teilung gem § 3 vollzogen werden soll (BayObLG Rpfleger 86, 177; aA LG Wuppertal Rpfleger 87, 366).

4 III. Genehmigungen. Ggf bedarf es einer Genehmigung, zB nach § 1821 I Nr 1 BGB, § 22 BauGB, § 172 I 4 BauGB oder nach § 2 GVO.

5 IV. Rechtsfolgen. Sondereigentum entsteht nach hM, wenn sämtliche gebildeten Einheiten im **Grundbuch eingetragen sind** (KG ZMR 01, 656; BayObLG NJW-RR 00, 1540). Die führt zu einer Gemeinschaft (Vor §§ 1–64 WEG Rn 2) und einer Gemeinschaft der Wohnungseigentümer (Vor §§ 1–64 WEG Rn 3).

6 C. Aufhebung eines Sondereigentums. Die **Aufhebung eines Sondereigentums** erfolgt entspr §§ 3, 8 und 4 (s.a. § 311b BGB Rn 2). Die vollständige Aufhebung führt zum Ausscheiden des betreffenden Wohnungseigentümers aus der Gemeinschaft und der Gemeinschaft der Wohnungseigentümer. Der Miteigentumanteil ist auf die übrigen Wohnungseigentümer im Wege der Auflassung zu übertragen (BGHZ 109, 179 = ZMR 90, 112). Bei Aufhebung des Sondereigentums an einzelnen Räumen werden diese mangels abweichender Regelung gemeinschaftliches Eigentum.

7 Ein Wohnungseigentümer kann **nicht analog § 928 BGB** einseitig auf Sondereigentum verzichten (BGHZ 172, 338 = ZMR 07, 793). Eine **Dereliktion** käme einer nach § 11 I 1 unzulässigen einseitigen (Teil-)Aufhebung der Gemeinschaft gleich (BGHZ 172, 338 = ZMR 07, 793, 795). In der Praxis wird deshalb eine „Schrottimmobilie" zB auf eine neu gegründete GmbH & Co. KG ohne weiteres Vermögen übertragen.

8 Auf die **Aufhebung sämtlicher Sondereigentumsrechte** ist § 4 III **nicht analog** anwendbar (§ 11 Rn 3).

9 D. Verpflichtung zur Einräumung/Aufhebung von Sondereigentum (§ 4 III). Verpflichtet sich jemand Sondereigentum einzuräumen, zu erwerben oder aufzuheben, gilt § 311b BGB entsprechend, § 4 III. § 925a BGB ist nicht anwendbar. Die Verpflichtung kann durch eine Vormerkung nach § 883 BGB abgesichert werden (BayObLG DNotZ 78, 544; Frankf DNotZ 72, 180).

§ 5 Gegenstand und Inhalt des Sondereigentums. (1) Gegenstand des Sondereigentums sind die gemäß § 3 Abs. 1 bestimmten Räume sowie die zu diesen Räumen gehörenden Bestandteile des Gebäudes, die verändert, beseitigt oder eingefügt werden können, ohne daß dadurch das gemeinschaftliche Eigentum oder ein auf Sondereigentum beruhendes Recht eines anderen Wohnungseigentümers über das nach § 14 zulässige Maß hinaus beeinträchtigt oder die äußere Gestaltung des Gebäudes verändert wird.
(2) Teile des Gebäudes, die für dessen Bestand oder Sicherheit erforderlich sind, sowie Anlagen und Einrichtungen, die dem gemeinschaftlichen Gebrauch der Wohnungseigentümer dienen, sind nicht Gegenstand des Sondereigentums, selbst wenn sie sich im Bereich der im Sondereigentum stehenden Räume befinden.
(3) Die Wohnungseigentümer können vereinbaren, daß Bestandteile des Gebäudes, die Gegenstand des Sondereigentums sein können, zum gemeinschaftlichen Eigentum gehören.
(4) ¹Vereinbarungen über das Verhältnis der Wohnungseigentümer untereinander können nach den Vorschriften des 2. und 3. Abschnittes zum Inhalt des Sondereigentums gemacht werden. ²Ist das Wohnungseigentum mit der Hypothek, Grund- oder Rentenschuld oder der Reallast eines Dritten belastet, so ist dessen nach anderen Rechtsvorschriften notwendige Zustimmung zu der Vereinbarung nur erforderlich, wenn ein Sondernutzungsrecht begründet oder ein mit dem Wohnungseigentum verbundenes Sondernutzungsrecht aufgehoben, geändert oder übertragen wird. ³Bei der Begründung eines Sondernutzungsrechts ist die Zustimmung des Dritten nicht erforderlich, wenn durch die Vereinbarung gleichzeitig das zu seinen Gunsten belastete Wohnungseigentum mit einem Sondernutzungsrecht verbunden wird.

1 A. Gegenstand des Sondereigentums (§ 5 I, III). I. Allgemeines. § 1 II, III und V unterscheidet Sonder- und Gemeinschaftseigentum (s. § 1 Rn 2 und Rn 8). Ihr jeweiliger Gegenstand bestimmt sich nach §§ 3, 8 und 5. Von der **Unterscheidung hängen** ua ab: Eigentum, Kostentragungspflicht, Gebrauch, Nutzung, Verwaltungszuständigkeit. Ist ein Raum oder ein Bestandteil des Gebäudes, eine Anlage oder eine Einrichtung nach §§ 3, 8 und 5 **nicht Sondereigentum**, liegt Gemeinschaftseigentum vor (Frankf DNotZ 07, 469, 470; BayObLG ZWE 00, 78). Wenn anfangs oder später zusätzlich zu den geplanten Baulichkeiten **weitere Räume** oder Anlagen errichtet werden, stehen diese im Gemeinschaftseigentum (Celle ZWE 09, 128; München NJW-RR 07, 1384). Wenn der neue Raum nur über das Sondereigentum eines Wohnungseigentümers erreichbar ist, kann aus Gemeinschaftsverhältnis (Vor §§ 1–64 WEG Rn 11) die Pflicht folgen, einen **Durchgang zu gewähren** (§ 13 Rn 16). Ggf wird aber auch das bisherige Sondereigentum dann gem § 5 II Gemeinschaftseigentum.

II. Raum. Raum ist der lichte (umbaute) Raum in einem Gebäude vom Boden bis zur Decke mit vier 2 oder mehr Wänden (München NZM 06, 635). Fehlt eine Wand (BGHZ 177, 338 = NJW 08, 2982) oder die Decke ist das unschädlich, sofern eine Abgrenzung erkennbar ist. Etwa eine Küche, die sich in den Wohnraum öffnet, wird gemeinhin als Küche wahrgenommen und als **eigener Raum** angesehen. Bei selbstständigen Gebäuden auf demselben Grundstück (Mehrhausanlage, vgl Vor §§ 1–64 WEG Rn 13) kann – bis auf die konstruktiven Teile (BGH NZM 01, 435; Ddorf FGPrax 04, 267) – Sondereigentum an jedem der Gebäude selbstständig begründet werden (BGH NJW 68, 1230). Raum kann auch eine Garage, eine Lagerhalle oder ein Schuppen sein. Für Garagenstellplätze fingiert § 3 II 2 die Raumeigenschaft (§ 3 Rn 12). Auch eine Doppelstockgarage mit Kippvorrichtung (Duplex-Stellplatz) ist Raum. An der Doppelstockgarage im Ganzen kann Sondereigentum begründet werden (Ddorf ZMR 99, 500, 50; AG Rosenheim ZMR 08, 923, 924). Etwas anderes soll für die einzelnen Stellplätze gelten (Ddorf ZMR 99, 500, 501; BayObLG NJW-RR 95, 783; str). Balkonen, Dachterrassen, Loggien und Veranden usw **fehlt die Raumeigenschaft**. Sie sind – bis auf die **konstruktiven Elemente** wie Brüstungen, Decken, Türen, die Bodenplatte, die Isolierschicht und Abdichtungsanschlüsse zum Gebäude (München NZM 07, 369) – indes idR nach § 5 I Bestandteile von sondereigentumsfähigen Räumen (BGH NJW 85, 1551; KG ZMR 09, 135).

Ein Raum, der einziger Zugang zum Gemeinschaftseigentum ist, ist gem § 5 II grunds **Gemeinschaftseigen-** 3 **tum** (BGH NJW 91, 2909; München NJOZ 07, 2670; ZMR 06, 388, 389). **Bsp:** ein Verbindungsflur, der den einzigen Zugang zur Heizanlage darstellt, oder ein Kellerraum, der den einzigen Zugang zum gemeinschaftlichen Geräteraum bildet (BayObLG NJW-RR 96, 12). Etwas anderes gilt, wenn der Raum von seiner Beschaffenheit her **nicht zum ständigen Mitgebrauch aller Wohnungseigentümer bestimmt** ist (Celle NJOZ 07, 4184, 4186; München NJOZ 07, 2670). Die Nutzung des Gemeinschaftseigentums ist dann zu den Zwecken beschränkt, die nur ein gelegentliches, von dem Eigentümer der betroffenen Einheit zu gestattendes Betreten **notwendig** machen (BayObLG ZMR 04, 844, 845; BayObLG ZMR 01, 562, 563). Die alleinige Nutzungsbefugnis eines **Balkons** für den jeweiligen Wohnungseigentümer des dem Balkon zugeordneten Sondereigentums folgt aus der **Natur der Sache** iVm §§ 242 BGB, 44 II II. BV.

III. Gebäudebestandteile (§ 5 I). 1. Gegenstand. Gebäudebestandteile iSd § 5 I sind zB nicht tragende 4 Innenwände und -türen, Wand- und Deckenputz, Innenanstrich, Tapeten, der Fußbodenbelag – zB Parkett, Teppichboden, Linoleum, nicht aber die Trittschalldämmung (KG ZMR 07, 639; Hamm ZWE 01, 391) oder der der Wärme- oder Schallisolierung dienende Estrich (KG ZMR 07, 639) –, Badewannen, Duschen, Waschbecken (Ddorf ZMR 08, 224). Nach § 5 I gehören zum Sondereigentum ferner Versorgungsleitungen für Wasser, Abwasser, Strom, Heizung oder Gas ab Übergang der Leitungen in die Räume nur eines Sondereigentums (Köln NZM 03, 641). Parabolantennen sind idR sondereigentumsfähig, Gemeinschaftsantennen sind Gemeinschaftseigentum. Antennensteckdosen sind sondereigentumsfähig. Gebäudebestandteil sind auch **Balkone**, Dachterrassen, Loggien und Veranden (Rn 2).

2. Abbedingende Vereinbarungen (§ 5 III). Nach § 5 III können nach § 5 I im Sondereigentum stehende 5 Gebäudebestandteile (nicht Räume) dem Gemeinschaftseigentum zugeordnet werden. Die Anordnung kann Teil von Teilungserklärung/Teilungsvertrag sein oder nachträglich durch eine nicht § 10 II 2 unterfallende Vereinbarung in Form des § 4 I, II getroffen werden.

IV. Grundstücksflächen. Grundstücksflächen außerhalb des Gebäudes, etwa Terrassen, Kfz-Stellplätze, Gär- 6 ten, Spielplatz usw, sind **kein Raum** und können **nicht im Sondereigentum** stehen (Köln MittRhNotK 96, 61); entsprechendes gilt für einen Carport, auch wenn er mit vier Eckpfosten und einer Überdachung versehen ist. An Grundstücksflächen kann aber ein Sondernutzungsrecht (§ 13 Rn 6 ff) begründet werden.

V. Fehlende Sondereigentumsfähigkeit (§ 5 II). 1. Inhalt. Nach § 5 II sind Teile des Gebäudes, die für des- 7 sen **Bestand** (konstruktive Teile wie Dach, Bodenplatten von Balkonen, Isolierung, Parkdeck, München ZMR 08, 232, 233) oder **Sicherheit** erforderlich sind (Außenfenster, Außenwände, Blitzableiter, Brandmauer, Dach, Geschossdecken (München WuM 07, 591) **Rauchwarnmelder** Frankf ZMR 09, 864, 865), sowie Hauseingangstür, Fassade, tragende Innenwände, Treppenhaus, Putz, Schornstein, Wohnungsabschlusstüren **nicht sondereigentumsfähig**. Dies gilt auch für **Anlagen** und **Einrichtungen** (gemeinschaftliche Speicher, Treppenhaus, Aufzug, Zentralheizung, Einrichtungen für die Versorgung mit Wasser, Elektrizität und Gas, Gemeinschaftsantenne, etc), die dem gemeinschaftlichen Gebrauch der Wohnungseigentümer dienen; auch dann, wenn sie sich im Bereich der im Sondereigentum stehenden Räume befinden (Frankf ZMR 09, 864).

2. Einzelfälle. Zwingend Gemeinschaftseigentum sind: die gesamten tragenden Teile des Gebäudes, insb 8 Fundamente und tragende Mauern, Fassaden, Schornsteine, die für die statischen Verhältnisse wichtigen Balken- und Trägerkonstruktionen, Geschossdecken und Dach, ferner schwimmender Estrich, Trittschalldämmung und Isolierschichten, ebenso die Brüstung und die konstruktiven Teile eines Balkons.

3. Verstöße. Ein gegen § 5 II verstoßender Teilungsvertrag/eine Teilungserklärung ist **insoweit** nichtig; die 9 Entstehung von Wohnungseigentum wird dadurch nicht insgesamt in Frage gestellt (BGH NJW 90, 447); die betreffenden Gegenstände verbleiben im gemeinschaftlichen Eigentum (Frankf ZMR 97, 367).

10 **4. Auslegung; Umdeutung.** Die fehlgeschlagene Begründung von Sondereigentum kann ggf in ein Sondernutzungsrecht (§ 13 Rn 6) für den Berechtigten ausgelegt bzw gem § 140 BGB umgedeutet werden. Dies ist der Fall, wenn sämtliche Tatbestandsmerkmale für die Entstehung eines Sondernutzungsrechts vorliegen (KG ZMR 99, 206; Hamm Rpfleger 83, 19; § 13 Rn 6 ff)). Umdeutung scheidet aus, wenn das gesamte einem Miteigentumanteil zugedachte Sondereigentum umgedeutet werden müsste. Denkbar ist ferner die Auslegung/Umdeutung in eine Regelung, nach der ein bestimmter Wohnungseigentümer die Kosten und Lasten bestimmter, in gemeinschaftlichem Eigentum stehender Gegenstände abw von § 16 II allein zu tragen hat (München ZMR 06, 68; Karlsr NZM 02, 220).

11 **B. Inhalt des Sondereigentums (§ 5 IV). I. Begriff der Vereinbarung (§ 5 IV 1).** Vereinbarungen iSv § 5 IV 1 sind solche nach § 10 II 2 (§ 10 Rn 3). Durch § 5 IV 1 werden die Wirkungen des § 10 III erzeugt und die Wohnungseigentümer vor einem Wegerwerb ihrer Vereinbarungen geschützt (**Verdinglichung**).

12 **II. Zustimmungserfordernis. 1. Grundsatz.** Wird nach § 5 IV vorgegangen, müssen – soweit nicht § 5 IV 2, 3 greift – ggf Dritte zustimmen (Vor §§ 1–64 WEG Rn 14).

13 **III. Ausnahmen (§ 5 IV 2, 3).** Eine Zustimmung ist nach § 5 IV 2 und 3 für die dort genannten Gläubiger und bei Erfüllung der genannten Voraussetzungen entbehrlich. Die Sondernutzungsrechte (§ 13 Rn 6 ff) müssen gleichwertig sein (aA München ZMR 09, 870, 871).

§ 6 Unselbständigkeit des Sondereigentums.
(1) Das Sondereigentum kann ohne den Miteigentumsanteil, zu dem es gehört, nicht veräußert oder belastet werden.
(2) Rechte an dem Miteigentumsanteil erstrecken sich auf das zu ihm gehörende Sondereigentum.

1 **A. Untrennbare Verknüpfung. I. Verfügungen über das ganze Sondereigentum/Miteigentum.** § 6 I, II knüpft zwischen vollständigem Sondereigentum und dem Miteigentumanteil (§ 3 Rn 3; § 47 GBO), zu dem es gehört, ein **festes Band**. Verfügungen über das Sondereigentum als Ganzes sind nur möglich, wenn zugleich über den damit verbundenen Miteigentumanteil verfügt wird. Ein isolierter Miteigentumanteil kann rechtsgeschäftlich nicht begründet werden (§ 3 Rn 6). Jedem (künftigen) Miteigentümer muss Sondereigentum eingeräumt werden (BayObLGZ 71, 102; Frankf OLGZ 69, 387).

2 **II. Verfügungen über Teile des Sondereigentums/Miteigentums.** Nicht ggü Dritten (Vor §§ 1–64 WEG Rn 14), aber im Verhältnis der Wohnungseigentümer untereinander sind Verfügungen sowohl über den Miteigentumanteil allein als auch über das Sondereigentum allein möglich, solange nicht eines der beiden Elemente ohne Verbindung bleibt. Zur Unterteilung von Sondereigentum s. § 2 Rn 10, zur Vereinigung von Wohnungs- und Teileigentumseinheiten § 2 Rn 11, zu Abspaltungen § 2 Rn 12.

3 **1. Miteigentumsanteil.** Eine Änderung der Miteigentumanteile ist sowohl in der Hand eines Alleineigentümers als auch durch Verfügung zwischen Wohnungseigentümern derselben Anlage ohne gleichzeitige Veränderung des Sondereigentums möglich (BGH Rpfleger 76, 352; KG ZMR 98, 368). Verfügungen über die Miteigentumsanteile setzen materiell-rechtlich eine entsprechende Auflassungserklärung zwischen den beteiligten Miteigentümern gem §§ 873, 925 BGB voraus. Zur Eintragung in das Grundbuch ist die Auflassung gem § 20 GBO in der Form des § 29 GBO nachzuweisen. Dinglich Berechtigte am verkleinerten Miteigentumanteil müssen in Form des § 29 GBO zustimmen (BayObLG Rpfleger 93, 444). Die Änderung ist kein Fall des § 10 II 2; § 10 II 3 ist unanwendbar (§ 8 Rn 5).

4 **2. Sondereigentum.** Verfügungen über Teile des Sondereigentums sind zulässig. Materiell-rechtlich bedarf es zur Übertragung entspr § 4 II einer Einigung zwischen Veräußerer und Erwerber in Auflassungsform (München NZM 09, 402; Köln ZMR 07, 555; Zweibr ZMR 01, 663). Der Anspruch kann durch Vormerkung gesichert werden (LG Würzburg MittBayNot 76, 173). Einer Änderung der Miteigentumanteile oder Mitwirkung der anderen Wohnungseigentümer bedarf es nicht (München NZM 09, 402). Der dingliche Rechtsübergang erfolgt nach § 873 BGB durch Einigung und Eintragung. Der Vorlage eines geänderten **Aufteilungsplanes** bedarf es bei der vollständigen Übertragung des Sondereigentums nicht, da sich am Gegenstand des Sondereigentums nichts ändert und die Eigentumssphären nach wie vor abgegrenzt sind. **Dinglich Berechtigte** haben gem §§ 876, 877 BGB ggf zuzustimmen.

5 **B. Belastungen des Sondereigentums; Zwangsvollstreckung.** Sondereigentum kann normal belastet werden. **Bsp**: Grundpfandrechte (vgl § 5 IV 2), Dienstbarkeit, Dauerwohnrechte (§ 31 Rn 2), Nießbrauch, Reallast.

6 Ein Sondereigentum unterliegt grunds der **Zwangsvollstreckung**. Eine Besonderheit folgt aus § 11 II. Vgl auch § 19 Rn 1 und § 10 I Nr 2 ZVG.

7 **D. Verfügungen über das Gemeinschaftseigentum. I. Grundsatz.** Verfügungen (zum Begriff § 185 Rn 2) über das Gemeinschaftseigentum müssen **im Wege der Auflassung** erfolgen. Sie bedürfen der **Mitwirkung aller Wohnungseigentümer**. Mit Veräußerung sämtlicher Miteigentumanteile an einer nicht mit Sondereigentum bebauten Teilfläche erlöschen die bestehenden Rechtsverhältnisse (auch Sondernutzungsrechte, § 13 Rn 6 ff). Zur lastenfreien Abschreibung sind wegen der damit verbundenen Inhaltsänderung Zustimmungserklärungen Dritter (Vor §§ 1–64 WEG Rn 14) erforderlich; dies gilt auch für Gesamtrechte am ganzen Grundstück oder an sämtlichen Sondereigentumseinheiten (Frankf Rpfleger 90, 292, 293). Zustimmungserklärung ist Pfandentlassung für die abzuschreibende Teilfläche. Eine Vormerkung zur Sicherung des Anspruchs kann an sämtlichen Einheiten eingetragen werden (BayObLG DNotZ 02, 784).

II. Bebautes Grundstück. Befinden sich Gebäude mit im Sondereigentum stehenden Räumlichkeiten auf der Teilfläche, verlangt die hM eine Einigungserklärung sämtlicher Miteigentümer in Auflassungsform gem § 4. 8

§ 7 Grundbuchvorschriften.

(1) ¹Im Falle des § 3 Abs. 1 wird für jeden Miteigentumsanteil von Amts wegen ein besonderes Grundbuchblatt (Wohnungsgrundbuch, Teileigentumsgrundbuch) angelegt. ²Auf diesem ist das zu dem Miteigentumsanteil gehörende Sondereigentum und als Beschränkung des Miteigentums die Einräumung der zu den anderen Miteigentumsanteilen gehörenden Sondereigentumsrechte einzutragen. ³Das Grundbuchblatt des Grundstücks wird von Amts wegen geschlossen.
(2) ¹Von der Anlegung besonderer Grundbuchblätter kann abgesehen werden, wenn hiervon Verwirrung nicht zu besorgen ist. ²In diesem Falle ist das Grundbuchblatt als gemeinschaftliches Wohnungsgrundbuch (Teileigentumsgrundbuch) zu bezeichnen.
(3) Zur näheren Bezeichnung des Gegenstandes und des Inhalts des Sondereigentums kann auf die Eintragungsbewilligung Bezug genommen werden.
(4) ¹Der Eintragungsbewilligung sind als Anlagen beizufügen:
1. eine von der Baubehörde mit Unterschrift und Siegel oder Stempel versehene Bauzeichnung, aus der die Aufteilung des Gebäudes sowie die Lage und Größe der im Sondereigentum und der im gemeinschaftlichen Eigentum stehenden Gebäudeteile ersichtlich ist (Aufteilungsplan); alle zu demselben Wohnungseigentum gehörenden Einzelräume sind mit der jeweils gleichen Nummer zu kennzeichnen;
2. eine Bescheinigung der Baubehörde, daß die Voraussetzungen des § 3 Abs. 2 vorliegen.

²Wenn in der Eintragungsbewilligung für die einzelnen Sondereigentumsrechte Nummern angegeben werden, sollen sie mit denen des Aufteilungsplanes übereinstimmen. ³Die Landesregierungen können durch Rechtsverordnung bestimmen, dass und in welchen Fällen der Aufteilungsplan (Satz 1 Nr. 1) und die Abgeschlossenheit (Satz 1 Nr. 2) von einem öffentlich bestellten oder anerkannten Sachverständigen für das Bauwesen statt von der Baubehörde ausgefertigt und bescheinigt werden. ⁴Werden diese Aufgaben von dem Sachverständigen wahrgenommen, so gelten die Bestimmungen der Allgemeinen Verwaltungsvorschrift für die Ausstellung von Bescheinigungen gemäß § 7 Abs. 4 Nr. 2 und § 32 Abs. 2 Nr. 2 des Wohnungseigentumsgesetzes vom 19. März 1974 (BAnz. Nr. 58 vom 23. März 1974) entsprechend. ⁵In diesem Fall bedürfen die Anlagen nicht der Form des § 29 der Grundbuchordnung. ⁶Die Landesregierungen können die Ermächtigung durch Rechtsverordnung auf die Landesbauverwaltungen übertragen.
(5) Für Teileigentumsgrundbücher gelten die Vorschriften über Wohnungsgrundbücher entsprechend.

A. Allgemeines. Nach § 7 ist für jeden Miteigentumsanteil vAw ein besonderes Grundbuchblatt (Wohnungs- und Teileigentumsgrundbuch) anzulegen. Die Bestimmung ist auf Teilungsvertrag (§ 3), aber auch – bis auf § 7 II – auf Teilungserklärung anwendbar, § 8 II. Ferner ist § 7 für später einzutragende Veränderungen des Bestandes anzuwenden. Mit der Anlegung der Wohnungs- oder Teileigentumsgrundbücher ist das bisherige Grundbuchblatt nach § 7 I 3 zu schließen. Das Grundstück im Rechtssinne besteht fort (Hamm DNotZ 01, 216; Ddorf RhNK 88, 175) und bleibt Gegenstand rechtsgeschäftlicher Verfügungen. Vorstellbar sind etwa: Dienstbarkeiten (Oldbg Rpfleger 77, 22) oder die Verkleinerung oder Vergrößerung des Grundstücks (s.a. § 6 Rn 7). Neben § 7 enthalten § 8 II und § 9 Grundbuchvorschriften. Die Durchführung der Grundbuchführung regelt die WGV. Danach gelten die Vorschriften der Grundbuchverfügung entsprechend, soweit sich nicht aus den §§ 2 – 5, 8 und 9 WGV anderes ergibt. 1

B. Grundbuchblatt für jeden Miteigentumsanteil (§ 7 I 1). I. Eigenes Grundbuchblatt (§ 7 I, V). 1. Grundsatz. Für jeden Miteigentumsanteil ist gem § 7 I 1 idR ein eigenes Wohnungs- oder Teileigentumsgrundbuchblatt anzulegen. Gem § 7 V gelten für die Teileigentums- die Vorschriften über Wohnungsgrundbücher entsprechend. Miteigentumanteile sind als zahlenmäßiger Bruchteil gem § 47 GBO zu bezeichnen (§ 3 I lit a WGV); zur Größe der Bruchteile s. § 3 Rn 3. 2

2. Ausnahme. Von der Anlegung kann nach § 7 II 1 abgesehen werden, wenn hiervon keine **Verwirrung** zu besorgen ist. In diesem Falle ist das Grundbuchblatt als **gemeinschaftliches Wohnungsgrundbuch** (Teileigentumsgrundbuch) zu bezeichnen, § 7 II 2. 3

II. Zwingende Verbundenheit mit Sondereigentum (§ 7 I 2 Hs 1). 1. Grundsatz. Auf dem Grundbuchblatt ist nach § 7 I 2 Hs 1 das zu dem Miteigentumsanteil gehörende Sondereigentum (§ 1 II, III) einzutragen. Alle Miteigentumanteile müssen mit Sondereigentum verbunden sein. Isolierte Miteigentumanteile sind grunds (Rn 5) unzulässig (§ 3 Rn 6). Zur näheren Bezeichnung des **Gegenstandes und des Inhalts des Sondereigen-** 4 tums kann nach § 7 III auf die Eintragungsbewilligung nach § 19 GBO Bezug genommen werden. Die **Beschreibung** der Räumlichkeiten erfolgt idR unter Heranziehung des gem § 7 IV Nr 1 beizufügenden Aufteilungsplans.

5 **2. Ausnahme: isolierte Miteigentumsanteile.** Ein isolierter Miteigentumanteil entsteht faktisch, wenn ein Miteigentumanteil mit einem nicht ausreichend bestimmten Sondereigentum verbunden ist und dennoch eingetragen wird (BGHZ 130, 159, 168 = ZMR 95, 521), die Bauausführung so vom Aufteilungsplan abweicht, dass es unmöglich ist, die errichteten Räume einer Raumeinheit zuzuordnen (BGH ZMR 04, 206, 208), Miteigentum mit einem nicht sondereigentumsfähigen Raum verbunden wird oder wegen Verstoßes gegen das Bestimmtheitsgebot (Verwechslung in der nummernmäßigen Bezeichnung des jeweiligen Sondereigentums) ausschließlich isolierte Miteigentumanteile entstanden sind (München ZMR 08, 905). Die Isolierung eines Miteigentumanteils führt nicht dazu, dass die anderen Wohnungseigentumsrechte (Vor §§ 1–64 WEG Rn 4) nicht entstehen (BGH ZMR 05, 59; BGHZ 130, 159, 169 = ZMR 95, 521). Die Miteigentümer sind gem §§ 242, 313 BGB iVm dem Gemeinschaftsverhältnis (Vor §§ 1–64 WEG Rn 11) gehalten, den fehlerhaften Gründungsakt zu ändern (BGH ZMR 04, 206, 208). Ist eine Heilung nicht möglich, muss die Isolierung aufgehoben werden. Dieses geschieht durch eine Vereinigung oder Zuschreibung (§ 890 BGB) der isolierten Miteigentumanteile auf die verbleibenden Wohnungseigentümer (BGH ZMR 05, 59). Das WEG ist auf den Wohnungseigentümer, der isoliertes Miteigentum erworben hat, wenigstens entspr anwendbar (BGH ZMR 04, 206, 207). Isolierte Miteigentumanteile können rechtsgeschäftlich übertragen werden (BGH ZMR 05, 59).

6 **III. Andere Sondereigentumsrechte (§ 7 I 2 Hs 2).** Als Beschränkung des Miteigentums ist nach § 7 I 2 Hs 2 die Einräumung der zu den anderen Miteigentumanteilen gehörenden Sondereigentumsrechte einzutragen.

7 **C. Eintragungsbewilligung. I. Allgemeines.** Die Anlegung eines Wohnungs- bzw Teileigentumsgrundbuchs bedarf eines Antrags (§ 13 GBO) und einer formgerechten **Eintragungsbewilligung**, §§ 19, 29 GBO. Bei einem Teilungsvertrag ist nach streitiger Ansicht § 20 GBO zu beachten. Der Eintragungsbewilligung sind gem § 7 IV 1 ein Aufteilungsplan (Rn 10) und eine Abgeschlossenheitsbescheinigung (Rn 11) beizufügen. Beifügen bedeutet nicht Mitbeurkundung als Anlage (§§ 9 I 3, 44 BeurkG): Aufteilungsplan und Abgeschlossenheitsbescheinigung müssen vielmehr **zur Eintragung vorgelegt** und die Zusammengehörigkeit mit der Eintragungsbewilligung deutlich werden (BayObLG DNotZ 03, 275; Zweibr MittBayNot 83, 242).

8 **II. Bezugnahme auf Eintragungsbewilligung (§ 7 III).** § 7 III erlaubt wegen des Gegenstandes (§ 5 I u III; § 5 Rn 1) und des Inhalts des Sondereigentums (§ 5 Rn 11) eine **Bezugnahme auf die Eintragungsbewilligung** (Rn 7). Diese nimmt idR ihrerseits **wegen des Gegenstands** auf den Aufteilungsplan (Rn 10) Bezug. Dadurch wird auch der Aufteilungsplan zum Inhalt des Wohnungsgrundbuches (BGH ZMR 05, 59).

9 **Vereinbarte Veräußerungsbeschränkungen** iSv § 12 sind wegen § 3 II WGV ausdrücklich einzutragen. Für die **Eintragung eines Sondernutzungsrechts** (§ 13 Rn 6 ff) genügt die Bezugnahme auf die Eintragungsbewilligung (Zweibr ZMR 07, 490; München DNotZ 07, 47). Praktische Gründe sprechen indes dafür, sie durch einen aussagekräftigen Eintragungsvermerk im Bestandsverzeichnis anzudeuten. Ein Anspruch der im Grundbuch eingetragenen oder einzutragenden Berechtigten auf einen solchen Eintrag gibt es jedoch nicht (München DNotZ 07, 47).

10 **II. Aufteilungsplan (§ 7 IV 1 Nr 1).** Der Aufteilungsplan soll sicherstellen, dass dem Bestimmtheitsgrundsatz des Sachen- und Grundbuchrechts Rechnung getragen wird und verdeutlichen, welche Räume zu welchem Sondereigentum gehören und wo die Grenzen der im Sondereigentum stehenden Räume untereinander sowie ggü dem gemeinschaftlichen Eigentum verlaufen. Der Aufteilungsplan muss so beschaffen sein, dass die Aufteilung des Gebäudes sowie die Lage und Größe der im Sondereigentum und im gemeinschaftlichen Eigentum stehenden Gebäudeteile ersichtlich ist. Ein Aufteilungsplan besteht idR aus Grundriss-, Schnitt- und Ansichtszeichnungen im Maßstab 1:100, die typischerweise auch für das Baugenehmigungsverfahren erforderlich sind. Grunds sind auch Gebäudequerschnitte und Gebäudeaußenansichten vorzulegen (Ddorf ZMR 00, 398; BayObLG NJW-RR 93, 1040, 1041). Alle zu demselben Wohnungs- oder Teileigentum gehörenden Einzelräume sind im Plan mit der jeweils selben Nummer zu kennzeichnen. Die Nummern müssen nicht fortlaufend sein. Unterteilungen, Einheiten im selben Stockwerk oder in unterschiedlichen Gebäuden können sich auch durch die Beifügung eines Buchstabens oder von Buchnummern unterscheiden. Es kann ausreichen, dass die zu einer Einheit gehörenden Räume farbig umrandet und mit einer Nummer versehen sind (BayObLG DNotZ 82, 244). Sind Räume nicht ausreichend gekennzeichnet, entsteht an ihnen kein Sondereigentum; sie bleiben Gemeinschaftseigentum (Frankf Rpfleger 97, 374; BayObLG DNotZ 82, 244). S.a. die Allgemeine Verwaltungsvorschrift für die Ausstellung von Bescheinigungen gem § 7 IV Nr 2 und § 32 II Nr 2 des WEG.

11 **III. Abgeschlossenheitsbescheinigung (§ 7 IV 1 Nr 2).** Die Abgeschlossenheitsbescheinigung ist idR (Rn 12) eine **Bescheinigung der Baubehörde**, dass die Voraussetzungen des § 3 II vorliegen; sie ist kein Verwaltungsakt (BVerwG DNotZ 88, 702). Zu den Anforderungen s. § 3 Rn 10. Wird eine Abgeschlossenheitsbescheinigung beantragt, sind die Einheiten, die als abgeschlossen bescheinigt werden sollen, **genau zu bezeichnen**.

IdR sind als Anlagen ein aktueller Grundbuchauszug oder ein Kaufvertrag (nicht älter als ein Jahr) sowie der Aufteilungsplan einzureichen. Zum Aufteilungsplan einzureichen ist meist auch ein Lageplan im Maßstab 1:1000. Bei Anträgen für bestehende Gebäude ist meist zu erklären, dass der dem Antrag auf Erteilung der Abgeschlossenheitsbescheinigung beigegebene Aufteilungsplan (Bestandszeichnungen) dem vorhandenen Bestand entspricht. Ferner ist in diesem Fall auch das Baujahr des Gebäudes anzugeben. Auch die Nutzung der Räume ist meist anzugeben. Jedes in sich abgeschlossene Sondereigentum ist mit einer Ziffer zu kennzeichnen (meist arabische). Jeder Raum, einschließlich der Balkone, muss mit einer Kennziffer gekennzeichnet sein. Räume wie Keller-, Speicher- oder Hobbyräume, die zu einem Wohnungs- oder Teileigentum gehören, jedoch außerhalb desselben liegen, erhalten dieselbe Ziffer. Diese Räume müssen den Eigentumsanteilen zugeordnet werden oder ansonsten Gemeinschaftseigentum sein. Sie können nur ein eigenes Sondereigentum bilden, wenn sie nicht bauordnungsrechtlich als Bestandteil einer Hauptnutzung (zB notwendige Kellerabstellräume für Wohnungen) genehmigt sind. Antragsberechtigt sind die Eigentümer, einzeln oder gemeinsam, jeder, der ein rechtliches Interesse an der Bescheinigung darlegen kann, sowie Personen, die eine Einverständniserklärung vorlegen können.

IV. Länderöffnungsklausel (§ 7 IV 3 – 5). § 7 IV 3 – 5 ermöglichen es den Ländern, durch RechtsVO die Zuständigkeit anstelle der Baubehörde auf einen öff. bestellten oder anerkannten Sachverständigen für das Bauwesen zu übertragen.

12

§ 8 Teilung durch den Eigentümer.
(1) Der Eigentümer eines Grundstücks kann durch Erklärung gegenüber dem Grundbuchamt das Eigentum an dem Grundstück in Miteigentumsanteile in der Weise teilen, dass mit jedem Anteil das Sondereigentum an einer bestimmten Wohnung oder an nicht zu Wohnzwecken dienenden bestimmten Räumen in einem auf dem Grundstück errichteten oder zu errichtenden Gebäude verbunden ist.
(2) ¹**Im Falle des Absatzes 1 gelten die Vorschriften des § 3 Abs. 2 und der §§ 5, 6, § 7 Abs. 1, 3 bis 5 entsprechend.** ²**Die Teilung wird mit der Anlegung der Wohnungsgrundbücher wirksam.**

A. Allgemeines. § 8 I ermöglicht es einem Alleineigentümer, durch Teilungserklärung Wohnungseigentum zu begründen. Die Teilung wird nach § 8 II 2 mit Anlegung der Wohnungsgrundbücher (§ 7) wirksam. Solange es keine Gemeinschaft gibt, bleiben **sachenrechtlich** Gemeinschafts- und Sondereigentum indes **Idee**: erst wenn es mehrere Eigentümer gibt, lassen sich Gemeinschafts- und Sondereigentum unterscheiden. Nach § 8 II 1 gelten §§ 3 II (dazu § 3 Rn 10 ff), 5, 6 und § 7 I, 3 – 5 entsprechend.

1

B. Inhalt der Teilungserklärung. Der Alleineigentümer muss wie die Miteigentümer drei Bestimmungen treffen: Größe und Anzahl der den jeweiligen Sondereigentumseinheiten zugeordneten Miteigentumanteile (zur Bedeutung s. § 3 Rn 4), Gegenstand und Grenzen des Sonder- und Gemeinschaftseigentums sowie die Zweckbestimmungen der Sondereigentumseinheiten (Wohnungs- oder Teileigentum, § 1 II, III).

2

C. Form. Die Teilungserklärung ist formfrei, muss für den grundbuchrechtlichen Vollzug aber nach § 29 GBO in Form einer öffentlichen oder öffentlich beglaubigten Urkunde (§ 129) abgegeben werden. In der Praxis ist die notarielle Beurkundung nach §§ 129 II, 128 BGB im Hinblick auf § 13a 1 BeurkG üblich. Da § 8 keine inhaltliche Änderung des Alleineigentums, sondern Teilung des Vollrechts ist, sind Zustimmungen Dritter (Vor §§ 1–64 WEG Rn 14) grds nicht erforderlich (BGH DNotZ 79, 96 und 168).

3

D. Änderungen. Vor Entstehung einer (ggf werdenden) Gemeinschaft kann der Alleineigentümer die Teilungserklärung durch eine **einfache einseitige Erklärung** iFd § 29 GBO beliebig ändern (Ddorf ZMR 01, 650, 651; BayObLG ZMR 84, 483). Will der Alleineigentümer auch nach Entstehung der (ggf werdenden) Gemeinschaft (BGH ZMR 08, 805) dieses Recht behalten, kann er sich in den jeweiligen **Erwerbsverträgen** eine **Änderungsvollmacht** einräumen lassen (Hambg ZMR 03, 697, 698; BayObLG ZMR 02, 953). Nach §§ 242, 313 BGB iVm dem Gemeinschaftsverhältnis (Vor §§ 1–64 WEG Rn 11) gibt es einen **einklagbaren Anspruch auf Abänderung** (va der Höhe der Miteigentumsanteile), wenn wegen außergewöhnlicher Umstände ein Festhalten an der geltenden Regelung grob unbillig wäre und gegen Treu und Glauben verstieße (Ddorf ZMR 04, 613, 614). Bei der Prüfung ist der Vertrauensgrundsatz zu berücksichtigen (BayObLG ZMR 03, 949, 950). Ein Änderungsanspruch kann **nicht** auf § 10 II 3 gestützt werden.

4

5

§ 9 Schließung der Wohnungsgrundbücher.
(1) Die Wohnungsgrundbücher werden geschlossen:
1. **von Amts wegen, wenn die Sondereigentumsrechte gemäß § 4 aufgehoben werden;**
2. **auf Antrag sämtlicher Wohnungseigentümer, wenn alle Sondereigentumsrechte durch völlige Zerstörung des Gebäudes gegenstandslos geworden sind und der Nachweis hierfür durch eine Bescheinigung der Baubehörde erbracht ist;**
3. **auf Antrag des Eigentümers, wenn sich sämtliche Wohnungseigentumsrechte in einer Person vereinigen.**

(2) Ist ein Wohnungseigentum selbständig mit dem Rechte eines Dritten belastet, so werden die allgemeinen Vorschriften, nach denen zur Aufhebung des Sondereigentums die Zustimmung des Dritten erforderlich ist, durch Absatz 1 nicht berührt.
(3) Werden die Wohnungsgrundbücher geschlossen, so wird für das Grundstück ein Grundbuchblatt nach den allgemeinen Vorschriften angelegt; die Sondereigentumsrechte erlöschen, soweit sie nicht bereits aufgehoben sind, mit der Anlegung des Grundbuchblatts.

1 **A. Allgemeines.** § 9 I Nr 1 bis Nr 3 nennt drei Fälle, in denen sämtliche Wohnungsgrundbücher geschlossen werden: Einigung der Wohnungseigentümer iFd § 4, Antrag der Wohnungseigentümer bei Zerstörung des Gebäudes, Antrag des Alleineigentümers. Zur Durchführung der Schließung s.a. die Verordnung zur Durchführung der Grundbuchordnung (Grundbuchverfügung – GBV).

2 **B. Einzelfälle. I. § 9 I Nr 1.** Eine Einigung iSv § 9 I Nr 1 bedarf der für die Auflassung vorgeschriebenen Form (§ 925); sie ist bedingungs- und befristungsfeindlich (§ 4 II). Die Eintragung der Aufhebung erfolgt nur auf Antrag. Ein Verzicht entspr § 928 BGB ist unzulässig (§ 4 Rn 7).

3 **II. § 9 I Nr 2.** Wird das Gebäude ganz oder teilweise zerstört, besteht die Gemeinschaft fort und wandelt sich nicht in eine Bruchteilsgemeinschaft iSv § 741 ff BGB um. Die Wohnungseigentümer besitzen freilich in Ermangelung einer Substanz allesamt nur isolierte Miteigentumanteile. § 9 I Nr 2 erlaubt in dieser Situation bei entsprechendem Nachweis, diese zum Erlöschen zu bringen. Voraussetzung ist ein Antrag iFd § 29 GBO. War das Gebäude nie errichtet worden, ist analog § 9 I Nr 1 oder nach § 4 vorzugehen.

4 **III. § 9 I Nr 3.** Im Falle des § 9 I Nr 3 erlischt nach § 10 VII 4 auch die Gemeinschaft der Wohnungseigentümer (s. § 10 Rn 21). Ohne Antrag bleiben Sonder- und Gemeinschaftseigentum als „Idee", die mit einer Substanz zur Wirklichkeit erwachsen.

5 **C. Zustimmung Dritter (§ 9 II).** Ist ein Wohnungseigentum iSv § 2 (s. § 2 Rn 1) **selbstständig** belastet, ist für die Schließung des entsprechenden Wohnungsgrundbuchs die Zustimmung Dritter (Vor §§ 1–64 WEG Rn 14) erforderlich. Etwas anderes gilt, wenn alle Wohnungseigentumsrechte (Vor §§ 1–64 WEG Rn 4) einheitlich betroffen sind oder das Grundstück als Ganzes belastet ist.

6 **D. Rechtsfolge der Schließung (§ 9 III).** Werden die Wohnungsgrundbücher geschlossen, ist nach § 9 III Hs 1 für das Grundstück ein Grundbuchblatt nach den allgemeinen Vorschriften anzulegen. Mit der Anlegung des Grundbuchblatts erlöschen die Sondereigentumsrechte, auch soweit sie nicht bereits aufgehoben sind zwingend, § 9 III Hs 2. Es entsteht eine Gemeinschaft nach §§ 741 ff BGB oder Alleineigentum (s.a. DNotI-Report 08, 27). Mit der Schließung **geht die Gemeinschaft der Wohnungseigentümer unter**, wobei § 10 VII 4 für § 9 I Nr 1 und Nr 2 entspr anwendbar ist. Das **Verwaltungsvermögen** geht nach § 10 VII 4 unter und auf den Alleineigentümer über (§ 10 Rn 21).

7 **E. Kosten.** Für die Eintragung wird in allen Fallgruppen die Hälfte der vollen Gebühr erhoben (§ 76 III KostO). Es entstehen keine Katasterfortführungsgebühren (BayObLG Rpfleger 79, 264).

2. Abschnitt   Gemeinschaft der Wohnungseigentümer

§ 10 Allgemeine Grundsätze.
(1) Inhaber der Rechte und Pflichten nach den Vorschriften dieses Gesetzes, insbesondere des Sondereigentums und des gemeinschaftlichen Eigentums, sind die Wohnungseigentümer, soweit nicht etwas anderes ausdrücklich bestimmt ist.
(2) ¹Das Verhältnis der Wohnungseigentümer untereinander bestimmt sich nach den Vorschriften dieses Gesetzes und, soweit dieses Gesetz keine besonderen Bestimmungen enthält, nach den Vorschriften des Bürgerlichen Gesetzbuches über die Gemeinschaft. ²Die Wohnungseigentümer können von den Vorschriften dieses Gesetzes abweichende Vereinbarungen treffen, soweit nicht etwas anderes ausdrücklich bestimmt ist. ³Jeder Wohnungseigentümer kann eine vom Gesetz abweichende Vereinbarung oder die Anpassung einer Vereinbarung verlangen, soweit ein Festhalten an der geltenden Regelung aus schwerwiegenden Gründen unter Berücksichtigung aller Umstände des Einzelfalles, insbes der Rechte und Interessen der anderen Wohnungseigentümer, unbillig erscheint.
(3) Vereinbarungen, durch die die Wohnungseigentümer ihr Verhältnis untereinander in Ergänzung oder Abweichung von Vorschriften dieses Gesetzes regeln, sowie die Abänderung oder Aufhebung solcher Vereinbarungen wirken gegen den Sondernachfolger eines Wohnungseigentümers nur, wenn sie als Inhalt des Sondereigentums im Grundbuch eingetragen sind.
(4) ¹*Beschlüsse der Wohnungseigentümer gemäß* § 23 und gerichtliche Entscheidungen in einem Rechtsstreit gemäß § 43 bedürfen zu ihrer Wirksamkeit gegen den Sondernachfolger eines Wohnungseigentümers nicht der Eintragung in das Grundbuch. ²Dies gilt auch für die gemäß § 23 Abs. 1 aufgrund einer Vereinbarung gefassten Beschlüsse, die vom Gesetz abweichen oder eine Vereinbarung ändern.

(5) Rechtshandlungen in Angelegenheiten, über die nach diesem Gesetz oder nach einer Vereinbarung der Wohnungseigentümer durch Stimmenmehrheit beschlossen werden kann, wirken, wenn sie auf Grund eines mit solcher Mehrheit gefassten Beschlusses vorgenommen werden, auch für und gegen die Wohnungseigentümer, die gegen den Beschluss gestimmt oder an der Beschlussfassung nicht mitgewirkt haben.

(6) ¹Die Gemeinschaft der Wohnungseigentümer kann im Rahmen der gesamten Verwaltung des gemeinschaftlichen Eigentums gegenüber Dritten und Wohnungseigentümern selbst Rechte erwerben und Pflichten eingehen. ²Sie ist Inhaberin der als Gemeinschaft gesetzlich begründeten und rechtsgeschäftlich erworbenen Rechte und Pflichten. ³Sie übt die gemeinschaftsbezogenen Rechte der Wohnungseigentümer aus und nimmt die gemeinschaftsbezogenen Pflichten der Wohnungseigentümer wahr, ebenso sonstige Rechte und Pflichten der Wohnungseigentümer, soweit diese gemeinschaftlich geltend gemacht werden können oder zu erfüllen sind. ⁴Die Gemeinschaft muss die Bezeichnung „Wohnungseigentümergemeinschaft" gefolgt von der bestimmten Angabe des gemeinschaftlichen Grundstücks führen. ⁵Sie kann vor Gericht klagen und verklagt werden.

(7) ¹Das Verwaltungsvermögen gehört der Gemeinschaft der Wohnungseigentümer. ²Es besteht aus den im Rahmen der gesamten Verwaltung des gemeinschaftlichen Eigentums gesetzlich begründeten und rechtsgeschäftlich erworbenen Sachen und Rechten sowie den entstandenen Verbindlichkeiten. ³Zu dem Verwaltungsvermögen gehören insbesondere die Ansprüche und Befugnisse aus Rechtsverhältnissen mit Dritten und mit Wohnungseigentümern sowie die eingenommenen Gelder. ⁴Vereinigen sich sämtliche Wohnungseigentumsrechte in einer Person, geht das Verwaltungsvermögen auf den Eigentümer des Grundstücks über.

(8) ¹Jeder Wohnungseigentümer haftet einem Gläubiger nach dem Verhältnis seines Miteigentumsanteils (§ 16 Abs. 1 Satz 2) für Verbindlichkeiten der Gemeinschaft der Wohnungseigentümer, die während seiner Zugehörigkeit zur Gemeinschaft entstanden oder während dieses Zeitraums fällig geworden sind; für die Haftung nach Veräußerung des Wohnungseigentums ist § 160 des Handelsgesetzbuches entsprechend anzuwenden. ²Er kann gegenüber einem Gläubiger neben den in seiner Person begründeten auch die der Gemeinschaft zustehenden Einwendungen und Einreden geltend machen, nicht aber seine Einwendungen und Einreden gegenüber der Gemeinschaft. ³Für die Einrede der Anfechtbarkeit und Aufrechenbarkeit ist § 770 des Bürgerlichen Gesetzbuches entsprechend anzuwenden. ⁴Die Haftung eines Wohnungseigentümers gegenüber der Gemeinschaft wegen nicht ordnungsmäßiger Verwaltung bestimmt sich nach Satz 1.

A. Inhaber der Rechte und Pflichten (§ 10 I). § 10 I stellt klar, dass zwischen den Wohnungseigentümern (Vor §§ 1–64 WEG Rn 1) und der Gemeinschaft der Wohnungseigentümer (Rn 5) sowie zwischen gemeinschaftlichen Eigentum (§ 1 Rn 8) und Verwaltungsvermögen (Rn 21) **unterschieden** werden muss. Inhaber des Gemeinschaftseigentums sind die **Wohnungseigentümer in Bruchteilsgemeinschaft** als Miteigentümer (Vor §§ 1–64 WEG Rn 1), §§ 741 ff, 1008 ff BGB. Inhaber der **Wohnungseigentumsrechte** (Vor §§ 1–64 WEG Rn 4) sind jeweils die Wohnungseigentümer. 1

B. Verhältnis der Wohnungseigentümer (§ 10 II 1). I. Anwendbare Vorschriften. Für das Verhältnis der Wohnungseigentümer als solcher gilt primär das WEG, subsidiär die **indes fast vollständig verdrängten** §§ 741 ff, 1008 ff BGB (Vor §§ 1008 bis 1011 Rn 1). 2

II. Vereinbarungen (§ 10 II 2). 1. Allgemeines. § 10 II 2 stellt **deklaratorisch die Privatautonomie** der Wohnungseigentümer fest (s.a. Einleitung Rn 18). Soweit das Gesetz dispositiv ist, können die Wohnungseigentümer durch Vereinbarung für ihr Verhältnis – nicht für den Inhalt von Teilungsvertrag/Teilungserklärung (BGH ZMR 05, 59; Saarbr NZM 05, 423; § 3 Rn 1) – nach § 10 II 2 etwas anderes bestimmen. Von Gesetzes wegen (zT teilweise) **zwingend sind:** §§ 11 I 1, 12 II 1, 12 IV 2, 16 III, IV, 18 I, 20 II, 22 I 1, 26 I, 26 II Hs 2, 27 IV. Nach ihrer Stellung (zT teilweise) zwingend sind: §§ 1 bis 9, 43 ff. Nach hM nach Auslegung (zT teilweise) zwingend sind (im Einzelnen str): §§ 10 VI und VIII, 16 VII und VIII, 20, 21, 23 I und III, 24 I bis III, VII und VIII, 28, 29. 3

2. Gegenstand. Gegenstand einer Vereinbarung iSv § 10 II 2 ist grds eine Bestimmung der Wohnungseigentümer für ihr **Verhältnis untereinander**. Str ist, ob eine andere Vereinbarung, etwa zur Abnahme des Gemeinschaftseigentums ggü dem Bauträger oder nach § 27 III 1 Nr 7, auch § 10 II 2 unterfällt. Dies ist gegen eine Mindermeinung zu bejahen. **Wiederholt eine Vereinbarung** ganz oder teilweise das Gesetz, ist auszulegen, ob diese Bestimmung als ein dynamischer Hinweis auf die jeweilige gesetzliche Regelung zu verstehen ist oder als Gegenstand einer selbstständigen Vereinbarung angesehen werden muss (Frankf OLGZ 83, 180; BayObLG ZMR 72, 313). Die Anordnungen der §§ 3 und 8 (Höhe der Miteigentumsanteile, Gegenstand und Grenzen von Sonder- und Gemeinschaftseigentum, nach einer Minderansicht auch die Bestimmung als Wohnungs- und Teileigentum) können kein Gegenstand nach § 10 II 2 sein (s.a. Rn 7 und § 8 Rn 5). 4

5 **3. Entstehung.** Vereinbarungen werden von **sämtlichen Wohnungseigentümern geschlossen**, sofern sie nicht nach §§ 8 II, 5 IV 1 entstehen. Eine unwirksame Vereinbarung kann nicht nach § 140 BGB in einen Beschl umgedeutet werden. Haben die Wohnungseigentümer eine Vereinbarung schließen wollen, haben sich aber nicht alle beteiligt, ist die Vereinbarung auch dann unwirksam, wenn sie als Beschl wirksam wäre (offen gelassen von BGHZ 151, 164, 175 = ZMR 02, 766). Vereinbarungen können jederzeit und an jedem Ort geschlossen werden und unterliegen keinen Formvorschriften (BGH NJW 84, 612, 613; Frankf ZWE 06, 489, 491). Vereinbarungen können auch konkludent geschlossen werden (München MDR 07, 827; München ZMR 06, 955) Entscheidend hierfür ist, ob die Wohnungseigentümer bewusst eine dauerhafte Regelung schaffen oder bewusst dauerhaft eine Änderung herbeiführen wollten (Hambg ZMR 06, 298, 299). IdR sind Vereinbarungen als „Gemeinschaftsordnung" (Vor §§ 1–64 WEG Rn 5) Inhalt des Sondereigentums nach § 5 IV 1. Fehlt es hieran, geht eine Vereinbarung mit einer Sondernachfolge grundsätzlich unter (Rn 9). Wenn eine Vereinbarung ins Grundbuch einzutragen ist, muss ggf ein Dritter (Vor §§ 1–64 WEG Rn 14) zustimmen (BGHZ 145, 133, 136 = ZMR 01, 119).

6 **4. Änderungen. a) Grundsatz.** Die Wohnungseigentümer können eine Vereinbarung nur wieder durch eine andere Vereinbarung ändern. Ein eine Vereinbarung ändernder Beschl ist nichtig (BGH NZM 09, 866, 867; BGHZ 145, 158 = ZMR 00, 771). Etwas anders gilt im **Falle einer Öffnungsklausel** (§ 23 Rn 1) und nach §§ 12 IV 1, 16 III und IV (im Einzelfall), 21 VII.

7 **b) Erzwingung (§ 10 II 3).** Jeder Wohnungseigentümer kann nach § 10 II 3 eine vom Gesetz abweichende Vereinbarung – keinen Beschl (dazu § 21 Rn 14), nicht die sachenrechtlichen Grundlagen (§ 8 Rn 5) – oder die Anpassung einer Vereinbarung sowie einen Anspruch auf Zustimmung zur Eintragung der Abänderung im Grundbuch verlangen. Schwerwiegende Gründe liegen eher vor als außergewöhnliche Umstände. Zur Unbilligkeit s. § 22 Rn 14. Lässt sich kein Einvernehmen erzielen, muss nach § 43 Nr 1 im Wege einer Leistungsklage auf Zustimmung zu der konkret zu benennenden Vereinbarung geklagt werden; § 21 VIII ist nicht anwendbar. Die Klage kann sich nicht unmittelbar auf Feststellung der neuen oder geänderten Vereinbarung richten (str). Voraussetzung für ein Rechtsschutzbedürfnis ist, dass der Kläger zuvor an die anderen Wohnungseigentümer erfolglos herangetreten ist (Hamm ZMR 08, 156, 159). Eine gerichtlich erzwungene Zustimmung ist mit Rechtskraft vollzogen (BGHZ 130, 304, 312 = ZMR 95, 483; München ZMR 06, 955).

8 **c) Auslegung.** Ein Änderungsanspruch soll sich auch aus einer ergänzenden Auslegung der Vereinbarungen ergeben können (BGHZ 160, 354, 361 = ZMR 04, 834; allgemein § 157 BGB Rn 15 ff).

9 **5. Bindung (§ 10 III). Verdinglichte Vereinbarungen** – zum Inhalt eines Sondereigentums nach § 5 IV 1 gemachte Bestimmungen – gelten gem § 10 III **ggü einem Sondernachfolger** (BayObLG DNotZ 05, 789; Zweibr NZM 05, 343). Sondernachfolger ist, wer durch Rechtsgeschäft oder durch Zuschlag in der Zwangsversteigerung Wohnungseigentum erwirbt (BayObLG WE 88, 202). Ohne § 5 IV 1 gibt es von Gesetzes wegen **keine Bindung**. Ein Sondernachfolger kann sich einer nicht verdinglichten Vereinbarung durch Willenserklärung – ausdrücklich oder konkludent – „unterwerfen" (KG NJW-RR 97, 1304; Ddorf WE 97, 191, 192) und so zur Vertragspartei werden (BGH ZMR 04, 522, 523). Ob Unterwerfungsklauseln in einem **Erwerbsvertrag** eine Bindung herstellen können, ist zweifelhaft (s. dazu BayObLG ZMR 01, 210, 211). Durch die kaufvertraglich geregelte allgemeine Übernahme tritt ein Sondernachfolger nicht ohne Weiteres in eine Vereinbarung ein (BayObLG FGPrax 05, 106, 107). Kommt es zu keiner Unterwerfung, geht eine schuldrechtliche Vereinbarung bei einer Sondernachfolge idR unter und wird hinfällig (BayObLG FGPrax 05, 106, 107; Zweibr MietRB 05, 150, 151); etwas anderes gilt, wenn die Vereinbarung auch unter den Verbliebenen trägt.

10 **6. Auslegung.** Vereinbarungen sind nach §§ 133, 157 BGB auszulegen (§ 133 BGB Rn 5); zur ergänzenden Auslegung s. § 133 BGB Rn 25. Ist eine Vereinbarung nach § 5 IV 1 verdinglicht worden, gilt § 3 Rn 8. Eine Vereinbarung unterliegt einer Kontrolle nach § 242 BGB (§ 305 ff BGB Rn 13), nicht nach §§ 307 ff BGB (Hamm ZWE 08, 293, 294; Hambg ZMR 96, 443; s.a. § 242 BGB Rn 28).

11 **III. Beschlüsse. 1. Allgemeines.** Die Wohnungseigentümer können über eine Angelegenheit beschließen, soweit ihnen das Gesetz oder eine Vereinbarung nach § 23 I (Öffnungsklausel; § 23 Rn 1) eine Kompetenz dazu einräumen. S. zum **Beschl im Einzelnen** Vor §§ 23 bis 25 WEG Rn 1 ff.

12 **2. Bindung. a) Innenverhältnis: § 10 IV.** Die beschließenden Wohnungseigentümer sind ohne Weiteres an einen Beschl gebunden. Aber auch ein Sondernachfolger ist gem § 10 IV 1 an Beschl – und gerichtliche Entscheidungen in WEG-Sachen (nicht an Prozessvergleiche) – ohne Eintragung gebunden. Dies gilt nach § 10 IV 2 auch für auf einer Öffnungsklausel (§ 23 Rn 1) beruhende Beschl (München v. 13.11.09 – 34 Wx 100/09).

13 **b) Außenverhältnis: § 10 V.** Jeder Wohnungseigentümer ist nach § 10 V an Rechtshandlungen gebunden, die aufgrund eines Beschl vorgenommen worden sind. Rechtshandlung ist jedes rechtlich bedeutsame menschliche Verhalten, mit dem die Rechtsordnung Rechtsfolgen verbindet (Rechtsgeschäfte, rechtsgeschäftähnliche und Prozesshandlungen sein, nicht Realakte).

3. Abgrenzungen. Nach zweifelhafter hM ist die **Abgrenzung** zwischen Vereinbarung und (allstimmigem) **14** Beschl nach dem Gegenstand vorzunehmen (Hambg ZMR 08, 154, 155; Hamm ZMR 05, 400): Eine Regelung ist als Beschl zu qualifizieren, wenn ihr Gegenstand einem solchen zugänglich ist. Demgegenüber ist eine Vereinbarung als gewollt anzusehen, wenn ihr Gegenstand eine solche erfordert, also für eine Regelung durch Beschl keine Kompetenz besteht (Hamm ZMR 05, 400; ZMR 96, 671, 676).

C. Wohnungseigentümergemeinschaft (§ 10 VI). I. Rechts- und Parteifähigkeit (§ 10 VI 1, 2 und 5). Die **15** von den Wohnungseigentümer zu unterscheidende Gemeinschaft der Wohnungseigentümer ist iRd gesamten Verwaltung des gemeinschaftlichen Eigentums nach § 10 VI 1 und 5 rechts- und parteifähig (s.a. § 1 BGB Rn 4). Soweit die Gemeinschaft der Wohnungseigentümer Rechte erwirbt und Pflichten eingeht, ist sie Berechtigte und Verpflichtete, nicht die Wohnungseigentümer (§ 10 VI 2); zur Gemeinschaft der Wohnungseigentümer als Verbraucher s. § 13 BGB Rn 8. **Bsp** für den Bereich der vollen **Rechtsfähigkeit**: Erb-, Grundbuch- (BGHZ 163, 154, 169 = ZMR 05, 547; Hamm ZWE 09, 452; Celle ZMR 08, 310), Scheck- und Wechselfähigkeit, Beteiligtenfähigkeit nach § 61 Nr 2 VwGO (OVG Berlin-Brandenbg ZWE 10, 42, 42). Die Gemeinschaft der Wohnungseigentümer kann ferner Vereinsmitglied werden (AG Hannover ZMR 08, 743), Beteiligter iSv § 154 I ZVG sein (BGH NZM 09, 243), ist aber weder testier- noch (vgl § 11 III) insolvenzfähig. Tritt die Gemeinschaft der Wohnungseigentümer ggü Dritten im Rechtsverkehr auf, obwohl das Handeln nicht von § 10 VI 1 gedeckt ist, ist sie als rechtsfähig zu behandeln. Organe der Gemeinschaft der Wohnungseigentümer sind nach § 27 III 1, 2 der Verwalter und die Wohnungseigentümer (Rn 18). Erwirbt die Gemeinschaft der Wohnungseigentümer ein Sondereigentum in der Anlage, ruhen ihre Rechte als Wohnungseigentümer analog § 71b AktG (Hamm ZWE 09, 452, 454).

II. Ausübungsbefugnis (§ 10 VI 3). Die Gemeinschaft der Wohnungseigentümer übt nach § 10 VI 3 zwingend **16** (gemeinschaftsbezogene Rechte) oder nach Beschl (Vergemeinschaftung) Rechte der Wohnungseigentümer aus oder nimmt diese wahr. **Gemeinschaftsbezogene Rechte** sind zB: Ausübung und Durchsetzung des Entziehungsrechts (§§ 18 I 2, 19 I 2), Durchsetzung von Rechten nach § 14 Nr 4 WEG, Durchsetzung eines Notwegerechts (vgl BGH ZMR 07, 46), Schadenersatzanspruch wegen Beeinträchtigung des Gemeinschaftseigentums (BGHZ 121, 22, 24 = ZMR 93, 173), Schadenersatzanspruch gegen einen den Wohnungseigentümern Verpflichteten (BGHZ 106, 222, 224 ff), Vermietung von Gemeinschaftseigentum. **Gemeinschaftsbezogene Pflichten** sind etwa: gegen die Wohnungseigentümer als Grundstückseigentümer gerichtete Ansprüche eines Nachbarn (LG Würzburg WuM 06, 531, 532), Aufwendungsersatzansprüche (Hamm ZMR 08, 228, 230; München ZMR 08, 321), Schadenersatzansprüche aus § 14 Nr 4 Hs. 2, Schornsteinfegergebühren (VG Darmstadt NZM 07, 417, 418), Verkehrspflichten. Bei der Pflichtenwahrnehmung ist die Gemeinschaft der Wohnungseigentümer passiver Standschafter (LG Nürnberg-Fürth NJW 09, 3442). Neben der Gemeinschaft der Wohnungseigentümer bleiben die Wohnungseigentümer verpflichtet (str), nicht nur nach § 10 VIII 1 Hs 1. **Vergemeinschaftete Rechte** können sein: Ansprüche nach §§ 15 III, 1004 BGB wegen des Gemeinschaftseigentums (BGH ZWE 10, 29). Zu den Fragen des § 10 VI 3 im Zusammenhang mit Mängelrechten wegen des Gemeinschaftseigentums gegen den Bauträger s. § 634 BGB Rn 24. IdR sind die Mängelrechte zu vergemeinschaften (Ddorf NZM 08, 844). Ist ein Recht gemeinschaftsbezogen oder vergemeinschaftet, kann ein Wohnungseigentümer nicht mehr handeln (BGH NZM 07, 403; Hamm v 5.11.09 – I-15 Wx 13/09). Etwas anderes soll gelten, wenn der Eigentümer bereits klagt (Hamm v 5.11.09 – I-15 Wx 15/09; aA Hambg ZMR 09, 306; München ZMR 08, 234). IdR sind die Mängelrechte zu vergemeinschaften (BGH v. 15.1.10 – V ZR 80/09). Der Vergemeinschaftung steht nicht entgegen, dass nur einem Wohnungseigentümer ein Anspruch zusteht (BGH v. 15.1.10 – V ZR 80/09). Ist ein Recht gemeinschaftsbezogen oder vergemeinschaftet, kann ein WEer nicht mehr handeln (BGH NZM 07, 403; aA Hambg ZMR 09, 306; München ZMR 08, 234). Führt ein WEer bereits Klage, soll er diese fortsetzen können (Hamm v. 5.11.09 – I-15 Wx 15/09).

III. Name. Nach § 10 VI 4 zulässig ist die Kennzeichnung des Grundstücks durch postalische Anschrift, unter **17** Angabe der katastermäßigen Bezeichnung nach Gemarkung, Flur und Flurstück oder unter Angabe der grundbuchmäßigen Buchungsstellen nach Grundbuchblattnummern oder nach Grundbuchbezeichnung. **Bsp:** „Wohnungseigentümergemeinschaft A-Straße 1, 12345 Berlin".

IV. Handlungsorganisation (§ 27 III). 1. Überblick. Die **Handlungsorganisation der Gemeinschaft der** **18** **Wohnungseigentümer** besteht aus dem **Verwalter** (§ 27 III 1) und den **Wohnungseigentümern** (§ 27 III 2 und 3). Beide sind Organ der Wohnungseigentümergemeinschaft. § 27 I bestimmt die **Geschäftsführungsaufgaben** des Verwalters (s. dazu § 27 Rn 1 ff). **Vertretungsmacht** für Verwalter und Wohnungseigentümer folgt **allein** aus § 27 III. Primär handelt der Verwalter, soweit es § 27 III 1 Nr 2 bis 6 oder eine Ermächtigung nach § 27 III 1 Nr 7 erlauben. Fehlt der Verwalter oder kann er oder will er nicht handeln (Krankheit, Abwesenheit, Interessenskollision) sind die Wohnungseigentümer nach § 27 III 2 berufen. Unter den Voraussetzungen des § 27 III 2, sind die Wohnungseigentümer **Gesamtvertreter der Gemeinschaft der Wohnungseigentümer**. Machen die Wohnungseigentümer von § 27 III 3 Gebrauch, sind einige Wohnungseigentümer Vertreter.

2. Befugnisse des Verwalters. a) Gesetzliche (§ 27 III 1 Nr 1 – Nr 6). Von § 27 III 1 Nr 1 erfasst sind gerichtliche **19** und außergerichtliche Zustellungen. Eine Vertretungsmacht folgt aus § 27 III 1 Nr 1 nicht. Informationspflichten ggü den Wohnungseigentümern folgen aus § 27 I Nr 7. Nach § 27 III 1 Nr 2 besteht eine **Vertretungsmacht für Passivprozesse**. Die Vorschrift erlaubt, was auch § 27 II Nr 2 gestattet (s. dazu § 27 Rn 14 ff). Der **Verwalter** besitzt grds kein eigenes schutzwürdiges Interesse als **Prozessstandschafter** die Gemeinschaft der Wohnungseigentümer zu vertreten (LG Karlsruhe ZWE 09, 410; aA München NZM 08, 653; Hamm ZMR 09, 61). § 27 III 1 Nr 3 („laufend") räumt dem Verwalter **keine Macht** ein, partiell den **Willen der Gemeinschaft der Wohnungseigentümer** zu bilden und selbstständig „erforderliche" Erhaltungsmaßnahmen zu organisieren (sehr str, aA wohl hM: Verschleiß, Kleinreparaturen): besteht ein Bedürfnis für ein Eigenhandeln, räumt § 27 III 1 Nr 4, I Nr 3 eine Vertretungsmacht ein. Zu § 27 III 1 Nr 6 vgl § 27 Rn 7. **Vertretungsmacht für Verträge** besteht nach § 27 III 1 Nr 4, Nr 6 für die nach § 27 I Nr 3 bis 5 und 8 durchzuführenden Maßnahmen (s. dazu § 27 Rn 6 ff).

20 b) **Gewillkürte (§ 27 III 1 Nr 7).** § 27 III 1 Nr 7 erlaubt, die Vertretungsmacht des Verwalters durch Vereinbarung und Beschl **umfassend auszugestalten**. Der Verwaltervertrag ist – wird er nicht beschlossen – für eine Ermächtigung ungeeignet (Dresden ZMR 09, 301; § 26 Rn 19).

21 **D. Verwaltungsvermögen (§ 10 VII).** § 10 VII 1 bestimmt, dass das Verwaltungsvermögen **Eigentum der Gemeinschaft der Wohnungseigentümer** (§ 10 VI 1) ist. Was Teil des Verwaltungsvermögens ist, ordnen § 10 VII 2 und 3 an. Es sind va: Vertragliche, quasivertragliche und gesetzliche Ansprüche sowie nach § 16 II, 28 V gewillkürte (Wohngeld, Sonderumlage, Salden). Das Verwaltungsvermögen – auch Verträge – wird nach § 10 VII 4 Eigentum der Person, bei sich iSv § 9 I Nr 3 sämtliche Wohnungseigentumsrechte vereinigen; es geht **in seiner Selbstständigkeit unter**, nicht bloß über. Jeder Wohnungseigentümer (München ZMR 08, 658) hat das Recht, in die dem Verwaltungsvermögen zuzurechnenden Verwaltungsunterlagen, zB die Niederschriften oder Belege, Rechnungen etc, Einsicht zu nehmen. Die Verwaltungsunterlagen sind grunds am Ort der Verwaltung einzusehen (Köln NJW-RR 06, 1447; AG Saarbrücken ZMR 08, 926). Ein Wohnungseigentümer kann grunds nicht Herausgabe verlangen (München ZMR 07, 720), kann sich aber Aufzeichnungen machen oder die Anfertigung von Kopien verlangen (München ZMR 07, 720).

22 **E. Haftung der Wohnungseigentümer (§ 10 VIII).** § 10 VIII 1 Hs 1 ordnet für Verbindlichkeiten (auch deliktische) der Gemeinschaft der Wohnungseigentümer eine Haftung der Wohnungseigentümer nach dem Verhältnis der Miteigentumsanteile (§ 16 I 1) an. Eine Verbindlichkeit muss während der Zugehörigkeit eines WEers zur Gemeinschaft der Wohnungseigentümer entstanden oder während dieses Zeitraums fällig geworden sein. Ergibt eine Auslegung, dass die Wohnungseigentümer (auch) Vertragspartei sind oder ordnet ein Gesetz an, dass die Wohnungseigentümer Vertragspartei werden und kommt es auch dazu, ist § 10 VIII 1 Hs 1 nicht anwendbar (unklar BGH NJW 09, 2521, 2522; Hamm ZMR 09, 466, 467). Was gilt, wenn die Verbindlichkeit teilweise zurückgeführt wurde, ist noch ungeklärt. Nach wohl hM werden Eigenleistungen eines Wohnungseigentümers auf seine Haftung voll angerechnet, Eigenleistungen, die ein anderer Wohnungseigentümer erbringt, zwar auf dessen Quotenhaftung, auf die Haftung anderer aber nicht (s.a. für die GbR BGHZ 134, 224 = NJW 97, 1580). Kein Fall des § 10 VIII 1 Hs sind die Fälle, in denen das **kommunale Abgabenrecht/Gebührenrecht** eine gesamtschuldnerische Haftung anordnet (dazu Hamm BGH v. 20.1.10 – VIII ZR 329/08; ZMR 09, 466, 467; BVerwG ZMR 06, 242, 244; VGH Baden-Württemberg ZMR 09, 159, 160). Die Gemeinschaft der Wohnungseigentümer haftet hier (auch) nach § 10 VI 3. Die WEGem haftet hier (auch) nach § 10 VI 3. S.a. BGH v. 20.1.10 – VIII ZR 329/08.

23 Für die Haftung **nach Veräußerung** ordnet § 10 VIII 1 Hs 2 die entsprechende Anwendung des § 160 HGB an. Für Einwendungen und Einreden treffen § 10 VIII 2, 3 Anordnungen.

24 Nach § 10 VIII 4 bestimmt sich auch die Haftung eines Wohnungseigentümers ggü der Gemeinschaft der Wohnungseigentümer wegen nicht ordnungsmäßiger Verwaltung iSv § 21 IV nach § 10 VIII 1 Hs 1.

§ 11 Unauflöslichkeit der Gemeinschaft.

(1) ¹Kein Wohnungseigentümer kann die Aufhebung der Gemeinschaft verlangen. ²Dies gilt auch für eine Aufhebung aus wichtigem Grund. ³Eine abweichende Vereinbarung ist nur für den Fall zulässig, dass das Gebäude ganz oder teilweise zerstört wird und eine Verpflichtung zum Wiederaufbau nicht besteht.
(2) Das Recht eines Pfändungsgläubigers (§ 751 des Bürgerlichen Gesetzbuchs) sowie das im Insolvenzverfahren bestehende Recht (§ 84 Abs. 2 der Insolvenzordnung), die Aufhebung der Gemeinschaft zu verlangen, ist ausgeschlossen.
(3) Ein Insolvenzverfahren über das Verwaltungsvermögen der Gemeinschaft findet nicht statt.

1 **A. Grundsatz (§ 11 I 1).** Die Gemeinschaft (Vor §§ 1–64 WEG Rn 2) ist nach Sinn und Zweck auf Dauer angelegt. Der grds unabdingbare § 11 I 1, 2 bezweckt daher, eine gesicherte Rechtsstellung zu vermitteln (BGH ZMR 02, 440, 442). Sachenrechtlich wird die angestrebte Beständigkeit von § 6 flankiert. Ein Wohnungseigentümer kann auch nicht mittelbar durch Verzicht aus der Gemeinschaft ausscheiden (§ 4 Rn 7).

2 **B. Ausnahmen (§ 11 I 3).** Die Wohnungseigentümer können sich unter den Voraussetzungen des § 11 I 3 das Recht einräumen, eine Aufhebung zu verlangen. Eine **Wiederaufbaupflicht** besteht in zwei Fällen: wenn es vertraglich bestimmt ist oder wenn der Schaden durch eine Versicherung oder in anderer Weise gedeckt ist (§ 22 IV).

Die Wohnungseigentümer können jederzeit einen Vertrag mit dem Zweck schließen, die Sondereigentumsrechte und damit die Gemeinschaft aufzuheben (**Form**: §§ 311b I 1, 925 I 1 BGB; nach aA § 4 III analog). Die Wohnungseigentümer können die Gemeinschaft zB durch reale Grundstücksteilung aufheben (BayObLG WE 84, 124; BayObLG Rpfleger 80, 110). Weigert sich ein Wohnungseigentümer, an einer vereinbarten Aufhebung mitzuwirken, ist der Anspruch auf Zustimmung zur Aufhebung nach § 43 Nr 1 zu verfolgen (BayObLG ZfIR 99, 225). Für Ansprüche, die sich aus der Aufhebung der Gemeinschaft ergeben können, ist das (normale) Prozessgericht zuständig. Sind die Rechte dinglich Berechtigter betroffen, müssen auch diese dem Aufhebungsvertrag zustimmen (Frankf ZMR 90, 229; Ddorf DNotZ 90, 42). Ist das Gesamtgrundstück belastet, besteht das Recht fort und eine Zustimmung entbehrlich. 3

Besteht keine Wiederaufbaupflicht und einigen sich die Wohnungseigentümer auch nicht darauf, das Gebäude wieder aufzubauen, kann es in Ausnahmefällen auch ohne entsprechende Vereinbarung einen Anspruch auf Mitwirkung zur Aufhebung der Gemeinschaft der Wohnungseigentümer aus §§ 242, 313 BGB iVm mit dem Gemeinschaftsverhältnis (Vor §§ 1–64 WEG Rn 11) geben (BayObLG ZMR 02, 291). 4

Die Ansprüche nach Rn 3 und Rn 4 sowie auf Teilung und Auszahlung des Erlöses sind gem §§ 857, 829, 835 ZPO pfändbar (BGH NJW 06, 849, 850; BGHZ 154, 64, 69 = NJW 03, 1858). 5

C. Aufhebung durch Pfändungsgläubiger/Insolvenzverwalter (§ 11 II). § 11 II schließt das Recht eines Pfändungsgläubigers nach § 751 BGB sowie das Recht des Insolvenzverwalter nach § 84 II InsO aus. Etwas anderes gilt, wenn die Wohnungseigentümer einen Aufhebungsvertrag (Rn 3) geschlossen haben oder ein außerordentlicher Aufhebungsanspruch (Rn 4) besteht. Bei Zerstörung des Gebäudes erstrecken sich Pfandrechte auf etwaige Versicherungssummen. 6

D. Insolvenz der Gemeinschaft der Wohnungseigentümer (§ 11 III). Die Gemeinschaft der Wohnungseigentümer (§ 10 VI) ist nach § 11 III nicht insolvenzfähig (§ 10 Rn 15). 7

§ 12 Veräußerungsbeschränkung.

(1) Als Inhalt des Sondereigentums kann vereinbart werden, daß ein Wohnungseigentümer zur Veräußerung seines Wohnungseigentums der Zustimmung anderer Wohnungseigentümer oder eines Dritten bedarf.

(2) ¹Die Zustimmung darf nur aus einem wichtigen Grunde versagt werden. ²Durch Vereinbarung gemäß Absatz 1 kann dem Wohnungseigentümer darüber hinaus für bestimmte Fälle ein Anspruch auf Erteilung der Zustimmung eingeräumt werden.

(3) ¹Ist eine Vereinbarung gemäß Absatz 1 getroffen, so ist eine Veräußerung des Wohnungseigentums und ein Vertrag, durch den sich der Wohnungseigentümer zu einer solchen Veräußerung verpflichtet, unwirksam, solange nicht die erforderliche Zustimmung erteilt ist. ²Einer rechtsgeschäftlichen Veräußerung steht eine Veräußerung im Wege der Zwangsvollstreckung oder durch den Insolvenzverwalter gleich.

(4) ¹Die Wohnungseigentümer können durch Stimmenmehrheit beschließen, dass eine Veräußerungsbeschränkung gemäß Absatz 1 aufgehoben wird. ²Diese Befugnis kann durch Vereinbarung der Wohnungseigentümer nicht eingeschränkt oder ausgeschlossen werden. ³Ist ein Beschluss gemäß Satz 1 gefasst, kann die Veräußerungsbeschränkung im Grundbuch gelöscht werden. ⁴Der Bewilligung gemäß § 19 der Grundbuchordnung bedarf es nicht, wenn der Beschluss gemäß Satz 1 nachgewiesen wird. ⁵Für diesen Nachweis ist § 26 Abs. 3 entsprechend anzuwenden.

A. Allgemeines. I. Sinn und Zweck. Die Vereinbarung nach § 12 I bezweckt, sich gegen das Eindringen unerwünschter Personen in die Gemeinschaft zu schützen (Brandbg NZM 09, 623, 624; Hambg ZMR 04, 850). Als Ausnahme von § 137 1 BGB erlaubt § 12 I eine **Beschränkung der Verfügungsmöglichkeiten** über das ansonsten frei veräußerliche Wohnungseigentum (vgl § 13 Rn 1). Es handelt sich um eine absolute, ggü jedermann wirkende Veräußerungsbeschränkung. Eine Veräußerungsbeschränkung kann gem §§ 10 III, 5 IV 1 zum Inhalt des Sondereigentums gemacht werden. Die Eintragung hat gem § 3 II WGV zu erfolgen. Danach ist im Unterschied zu sonstigen Vereinbarungen der Wohnungseigentümer eine vereinbarte Veräußerungsbeschränkung **ausdrücklich in das Grundbuch** einzutragen (§ 7 Rn 8). § 12 bezieht sich auf rechtsgeschäftliche Verfügungen unter Lebenden (BayObLG Rpfleger 77, 104). Eine Zustimmungserklärung zum schuldrechtlichen Grundgeschäft erfasst im Hinblick auf § 12 III 1 auch immer die Zustimmung zur Auflassung. 1

Von § 12 I sind solche Verträge zu unterscheiden, mit denen sich ein Wohnungseigentümer **nach § 137 BGB** iÜ verpflichtet, sein Sondereigentum nur mit Zustimmung zu veräußern (München OLGR 06, 847). 2

II. Veräußerung (§ 12 I, III 2). Veräußerung ist im Gegensatz etwa zur Enteignung Rechtsgeschäft und meint § 873 I BGB. Erfasst ist das Sondereigentum als Ganzes, aber auch als Bruchteil (Hamm ZMR 02, 146), nicht aber der isolierte Miteigentumsanteil (Celle Rpfleger 74, 438). Bspw die Bestellung einer Vormerkung (BayObLG NJW 64, 1962) oder ein Widerspruch sind keine Veräußerung. Auch Gesamtrechtsnachfolge, Verschmelzung, Spaltung sowie Ausgliederung nach §§ 20 bzw 131 UmwG stellen keine Veräußerung dar. Ihre Eintragung ist bloße Grundbuchberichtigung (LG Darmstadt Rpfleger 08, 21). Nach § 12 III 2 steht eine Veräußerung im Wege der Zwangsvollstreckung oder durch den Insolvenzverwalter der rechtsgeschäftlichen 3 gleich. Wie § 61 I 1 zeigt, unterfällt auch die Erstveräußerung grunds § 12 (BGHZ 113, 374 = NJW 91, 1613). Die Teilung eines Miteigentums ist zustimmungsfrei (BGHZ 73, 150 = NJW 79, 870).

4 B. Zustimmung. 1. Zustimmungserklärung. Die Zustimmungserklärung ist eine **einseitige empfangsbedürftige Willenserklärung**, auf die die §§ 182 ff BGB anwendbar sind. Sie bedarf **keiner Form**. Wegen des erforderlichen Nachweises ggü dem Grundbuchamt haben Veräußerer und Erwerber jedoch einen **Anspruch** darauf, dass die Zustimmung in Form von § 29 GBO erteilt wird (Hamm OLGZ 92, 295). Sie kann sowohl vor (BayObLG DNotZ 92, 229) und nach Abschluss des Erwerbsvertrages abgegeben werden. Die Zustimmung ist dem Grundbuchamt **ohne Vorbehalte und Bedingungen** (Hamm Rpfleger 92, 294) in der Form des § 29 GBO nachzuweisen (Hamm Rpfleger 89, 451). Ist die Zustimmung zu einem bestimmten Veräußerungsvertrag erteilt, können §§ 133, 157 BGB ergeben, dass damit nur der Veräußerung durch diesen Vertrag zugestimmt wird (BayObLG DNotZ 92, 229). § 12 I enthält **keine Beschlusskompetenz**, sodass ein Beschl – wenn er nicht nach § 23 I vereinbart ist – jedenfalls nicht ordnungsmäßig, nach hier vertretener Ansicht nichtig wäre. Ein Beschl soll jedenfalls dann **nichtig** sein, wenn er die Zustimmung verweigert, **obwohl kein wichtiger Grund** vorliegt (Köln ZWE 10, 37; Brandbg NZM 09, 623, 624). Besteht nach § 23 I eine Beschl-Kompetenz, muss der Beschl von einem dazu Berechtigten nach § 10 V ausgeführt werden; der Beschl selbst ist **nicht die geschuldete Erklärung**. Ein zulässiger, aber angefochtener Beschl trägt (zunächst) eine Eintragung.

5 Ist eine Zustimmungserklärung schon vor Veräußerung erteilt worden, ist sie bis zum Abschluss des Veräußerungsvertrages entspr § 183 BGB widerruflich (BayObLG DNotZ 92, 229, 230). Wird eine Zustimmungserklärung nach Abschluss des Veräußerungsvertrages erteilt, kann sie hinsichtlich der schuldrechtlichen Regelungen wegen § 184 I BGB nicht mehr widerrufen werden.

6 Veräußerungsbeschränkungen werden, auch wenn sie in die bereits angelegten Wohnungsgrundbücher eingetragen sind, **erst mit der Eigentumseintragung des ersten Erwerbers wirksam** (Hamm NJW-RR 94, 975). § 12 ist hier teleologisch zu reduzieren. Nach Entstehung der Gemeinschaft der Wohnungseigentümer bedarf dagegen auch die Veräußerung aus der Hand des teilenden Eigentümers der Zustimmung (BGHZ 113, 374, 377 = ZMR 91, 230).

7 2. Berechtigte (§ 12 I). a) Allgemeines. Nennt eine Vereinbarung nach § 12 I keinen Zustimmungsberechtigten, bedarf es der **Zustimmung sämtlicher Wohnungseigentümer**; zur Beschlusskompetenz s. Rn 4. Anstelle der Wohnungseigentümer – idR nicht neben ihnen – kann nach § 12 I ein Dritter bestimmt werden, meist der Verwalter (gemeint ist idR der jeweilige). Ist der Dritte unsicher, ob die Voraussetzungen des § 12 II vorliegen, kann er die Wohnungseigentümer nach § 665 BGB um eine Weisung angehen (BGHZ 131, 346, 353 = ZMR 96, 274, 276; Ddorf ZMR 05, 971, 972). Der Dritte muss sich einer Vereinbarung nach § 12 I nicht unterwerfen; allein durch diese ist er nicht gebunden (str).

8 b) Verwalter. Handelt der Verwalter nach § 12 I, hat er die Stellung eines **Treuhänders und mittelbaren Stellvertreters** inne (BGHZ 112, 240, 242 = ZMR 91, 61). Als solcher ist er verpflichtet, nach Maßgabe des § 12 II erforderliche Zustimmung **im eigenen Namen** zu erteilen (KG KGR 99, 158, 159). Ist der Verwalter eine natürliche Person, **erlischt die Befugnis** mit der Abbestellung (rückwirkend: KG ZMR 09, 784) oder dem Tod und geht nicht auf Erben über (BayObLG Rpfleger 02, 305). Der Verwalter darf Dritte zur Erklärung der Zustimmung bevollmächtigen (Köln MittRhNotK 00, 393). Ein Zurückbehaltungsrecht gem § 273 BGB besteht nicht (Hambg ZMR 04, 850). Ist der Verwalter **zugleich Eigentümer oder Erwerber** der veräußerten Wohnung, ist § 181 BGB anwendbar (LG Hagen RNotZ 07, 349; aA KG DNotZ 04, 391; BayObLG NJW-RR 86, 1077). Der Verwalter muss nicht prüfen, ob ein Veräußerer unzutreffende Angaben macht. Der Verwalter ist dem Kaufinteressenten ggü nicht dazu verpflichtet, ungefragt auf anstehende, noch nicht finanzierte Renovierungsmaßnahmen und eine daraus zu erwartende erhöhte Umlage hinzuweisen. Ist der Verwalter zugleich als Immobilienmakler des Erwerbers für die Einheit tätig, ist ein Anspruch auf Zahlung der Maklerprovision gem § 652 BGB ausgeschlossen (BGH ZMR 03, 359). Nach hM können die Wohnungseigentümer die **Zustimmung des Verwalters idR ersetzen** (BGHZ 112, 240; Frankf ZMR 97, 606, 607).

9 3. Wichtiger Grund (12 II 1). Für den wichtigen Grund kommt es allein auf die Person des Erwerbers (Brandbg NZM 09, 623, 624; Frankf NZM 06, 380; die Zustimmung darf nicht wegen etwaiger Beitrags- und Wohngeldrückstände des Veräußerers verweigert werden), insb seine persönliche und finanzielle Zuverlässigkeit, und die von ihm beabsichtigte Nutzung an; hieraus muss sich eine gemeinschaftswidrige Gefahr ergeben (Brandbg NZM 09, 623, 624; Frankf NZM 06, 380). Die Anforderungen an einen wichtigen Grund sind geringer als die, die § 18 stellt (BayObLG NZM 02, 255). Ein wichtiger **verhaltensbedingter** oder **wirtschaftlicher** Grund ist zu bejahen, wenn **Tatsachen** vorliegen, die befürchten lassen, der Erwerber werde seine Pflichten nicht erfüllen und wenn die Veräußerung des Wohnungseigentums die schutzwürdigen Interessen der übrigen Wohnungseigentümer konkret und unzumutbar gefährdet (Frankf NZM 06, 380; LG Köln ZMR 09, 552). Es muss es sich um **Umstände von Gewicht** handeln, nicht nur um Unzuträglichkeiten, persönliche Spannungen oder Vorkommnisse. Maßgeblich sind die Verhältnisse im Zeitpunkt der Zustimmungserklärung oder -verweigerung. Den wichtigen Grund muss der Zustimmungspflichtige darlegen und ggf beweisen (Köln ZWE 10, 37; Brandbg NZM 09, 623, 624).

Zur Prüfung des wichtigen Grunds ist der Veräußerer verpflichtet, **jede ihm mögliche Information** über den 10
Erwerber zu geben oder diesen zu einer **Selbstauskunft** zu veranlassen (BayObLG DWE 83, 26; OLG Köln
NJW-RR 96, 1296, 1297). Die Erfüllung der Informationspflicht kann zur Vorbedingung für die Erteilung
der Zustimmung gemacht werden (KG ZMR 90, 68). Ggf müssen die Kaufvertragsparteien ein Exemplar des
Kaufvertrags oder -entwurfs überlassen (Celle ZMR 09, 545; s.a. Hambg ZMR 04, 850, 851; str); dieser muss
keine Kaufpreisangaben enthalten.

Bsp für einen **wichtigen Grund**: Persönliche oder finanzielle Unzuverlässigkeit (BGH NJW 62, 1613; Zweibr 11
ZMR 06, 219), Tatsachen, die die Annahme rechtfertigen, der Erwerber werde sich in die Gemeinschaft dauerhaft nicht einfügen (Zweibr ZMR 06, 219), die erkennbare Absicht des Erwerbers, einen zu seiner Einheit
gehörenden Raum entgegen der Teilungserklärung zu nutzen (Ddorf ZMR 97, 88, 89), die beharrliche Weigerung, die Hausordnung zu befolgen (Ddorf ZMR 98, 45), Streitsucht (Zweibr NJW-RR 94, 1103), Zweifel, ob
der Erwerber Wohngeld zahlen wird (LG Köln IMR 09, 333). Eigenschaften des Erwerbers, die lediglich unerwünscht sind, oder bloße Antipathie reichen nicht.

4. Anspruch auf Erteilung (§ 12 II 2). Der veräußernde Wohnungseigentümer hat ohne einen gegen den Erwerb 12
stehenden wichtigen Grund oder nach § 12 II 2 einen einklagbaren **Anspruch auf Zustimmung** (Rn 14).

5. Schadenersatz. Wird eine Zustimmung zu Unrecht **schuldhaft verweigert** oder **verzögert** (der Berech- 13
tigte ist verpflichtet, seine Zustimmung unverzüglich zu erteilen; zwei Wochen), kann der Veräußerer gem
§§ 280 ff, 286 BGB einen **Schadenersatzanspruch** besitzen (Brandbg NZM 09, 623; Ddorf ZMR 05, 971;
ZMR 03, 956). Ein Schadenersatzanspruch, etwa wenn der Erwerber **zahlungsunfähig** ist – was bei der Erteilung der Zustimmung bereits erkennbar war – kommt aber auch in Betracht, wenn der Berechtigte eine
Zustimmung erteilt, obwohl ein wichtiger Grund vorliegt (Ddorf ZMR 05, 971, 972; Hambg ZMR 04, 850,
851). Ein Verschulden kann auch darin liegen, dass der Verwalter die Zustimmung zwar rechtzeitig,
jedoch ohne Nachweis seiner Verwaltereigenschaft in Form des § 29 GBO erteilt hat (Ddorf ZMR 03, 956,
957). Werden die Wohnungseigentümer oder der Dritte von einem Rechtsanwalt falsch beraten, müssen sie
sich dessen Verschulden zurechnen lassen (§ 278 BGB).

6. Klage auf Zustimmung. Wird die Zustimmung nicht erteilt, kann der Veräußerer den **Zustimmungs-** 14
pflichtigen auf Zustimmung verklagen (Köln ZWE 10, 37), sofern die Wohnungseigentümer die Frage nicht
an sich gezogen haben (Köln ZWE 10, 37); hat die Eigentümerversammlung die Frage der Zustimmung diskutiert, aber **keinen Beschl** gefasst, bleibt der Verwalter passivlegitimiert (AG Siegburg ZMR 09, 240, 241).
Der Anspruch ist fällig, wenn der Kläger sämtliche, ggf auch nachbeurkundete kaufvertragliche Vereinbarungen offen gelegt hat (Celle ZMR 09, 545; s.a. Rn 10).

C. Wirkungen (§ 12 III 1). Eine Vereinbarung nach § 12 I hat die Wirkungen nach § 12 III 1. Wird die 15
Zustimmung nicht oder nur ungenügend erteilt, zB von einem Scheinverwalter (BGH ZMR 06, 375; KG
ZMR 09, 784), sind sowohl das schuldrechtliche als auch das dingliche Veräußerungsgeschäft eines Sondereigentümers oder die in § 12 III 2 genannten Geschäfte gem § 12 III 1 bis zur Erteilung der Zustimmung ggü
jedermann (Hamm NZM 01, 955) **absolut schwebend unwirksam** (BGHZ 33, 76; Celle OLGR Celle 05, 85).
Dies gilt jedoch nicht, wenn eine erforderliche Zustimmung lediglich vorläufig und unter Erteilung von Auflagen verweigert wird (Hambg ZMR 03, 863, 864). Das Grundbuchamt hat eine Vereinbarung nach § 12 I
vAw zu beachten (BayObLG NJW-RR 93, 220). Die Wirksamkeit tritt rückwirkend mit der Erteilung der
Zustimmung gem § 184 BGB ein (LG Frankfurt/M NJW-RR 96, 1080). Die Genehmigung gilt mit der
Rechtskraft einer negativen Entscheidung nach § 43 als verweigert (Hamm WuM 97, 289).

D. Änderungen (§ 12 IV). § 12 IV 1 gibt die unabdingbare (§ 12 IV 2) Kompetenz, eine Vereinbarung nach 16
§ 12 I mit einfacher Mehrheit ganz oder teilweise **einmal wegzubeschließen**. Der Beschl unterfällt § 21 III, IV
(BT-Drs 16/887 22). Nach § 12 IV 3 kann, nicht aber muss eine Vereinbarung iSv § 12 I im Grundbuch mit
dem Ziel einer **Grundbuchberichtigung** gelöscht werden (weshalb das Gesetz ungenau ist). Einer Eintragungsbewilligung nach § 19 GBO bedarf es nach § 12 IV 4 nicht, wenn der Beschl nach § 12 IV 1 nachgewiesen wird, wobei nach §§ 12 IV 5 der 26 III entspr anzuwenden ist. Für die Eintragung bedarf es nicht der
Mitwirkung dinglich Berechtigter.

Eine Veräußerungsbeschränkung kann durch einen Beschl nach § 12 IV 1 nicht erreicht werden, auch nicht 17
durch **abändernden Zweitbeschl** über Aufhebung des Beschl nach Rn 16.

§ 13 Rechte des Wohnungseigentümers.
(1) Jeder Wohnungseigentümer kann, soweit nicht das Gesetz oder Rechte Dritter entgegenstehen, mit den im Sondereigentum stehenden Gebäudeteilen nach Belieben verfahren, insbesondere diese bewohnen, vermieten, verpachten oder in sonstiger Weise nutzen, und andere von Einwirkungen ausschließen.

(2) ¹Jeder Wohnungseigentümer ist zum Mitgebrauch des gemeinschaftlichen Eigentums nach Maßgabe der §§ 14, 15 berechtigt. ²An den sonstigen Nutzungen des gemeinschaftlichen Eigentums gebührt jedem Wohnungseigentümer ein Anteil nach Maßgabe des § 16.

1 A. Gebrauch und Nutzungen des Sondereigentums (§ 13 I). I. Allgemeines. Nach § 13 I kann ein Wohnungseigentümer mit seinem Sondereigentum grunds beliebig umgehen. Er hat daran ein Gebrauchs- und Nutzungsrecht. Sondereigentum ist als **Alleineigentum** ausgestaltet, das aus der gemeinschaftlichen Berechtigung der Miteigentümer des Grundstücks gelöst, als **echtes Eigentum** iSv § 903 BGB verfasst (BGHZ 163, 154, 177 = ZMR 05, 547; BGH ZMR 05, 59; VGH München IMR 09, 393) und ua durch Art 14 GG (§ 14 Rn 4) geschützt ist. **Bewohnen, vermieten** (dazu Rn 18 ff, auch **wechselnde, kurzfristige Vermietungen**, BGH v. 15.1.10 – V ZR 72/09), **verpachten** sind nur Beispiele dafür, wie der WEer mit seinem Sondereigentum verfahren kann. Grunds ist jede zusätzlich zulässige Nutzung gestattet, die auch dem Alleineigentümer offen stünde (BayObLG ZMR 02, 65). Sondereigentum kann vererbt, veräußert (BGHZ 73, 150 = ZMR 1979, 312; Zweibr NJW-RR 94, 1103; zu Genehmigungen s. § 107 Rn 9), teilweise veräußert (BayObLGZ 1977, 1, 4), belastet (§ 9 I Nr 2; s.a. § 1018 BGB Rn 5, § 1030 Rn 2) und unterteilt (§ 2 Rn 10) werden und unterliegt der Immobiliarzwangsvollstreckung (§ 6 Rn 6). Es kann nicht iSv § 928 BGB aufgegeben werden (§ 4 Rn 7).

2 II. Herrschafts- und Schutzrechte. Herrschafts- und Schutzrechte folgen § 903 BGB (dazu § 903 BGB Rn 5, 6). **Spezifisch wohnungseigentumsrechtlicher Schutz** folgt aus § 15 III (dazu § 15 Rn 12 ff) und aus § 21 IV (dazu § 21 Rn 14 ff).

3 III. Grenzen. Die Grenzen des Sondereigentums sind zunächst dieselben wie bei § 903 BGB. Daneben folgen Beschränkungen aus öff-rechtlichen Vorschriften, etwa des Bauordnungs-, Denkmalschutz- oder Immissions- sowie des Nachbarrechtes (BayObLG ZMR 00, 546; NJW-RR 96, 463). **Besondere Grenzen** folgen aus den **Rücksicht- und Treuepflichten** (Vor §§ 1–64 WEG Rn 11) sowie aus § 14, der als Grundnorm des innergemeinschaftlichen Nachbarrechts **notwendige Schranke zu § 13** ist (BVerfG ZWE 09, 438; dazu § 14 Rn 2). Nach §§ 15 I, II, 3, 8 vorstellbar sind Gebrauchsregelungen iw und im engeren Sinne (§ 15 Rn 3 ff).

4 B. Gemeinschaftseigentum. I. Mitgebrauch (§ 13 II 1). Am Gemeinschaftseigentum (§ 1 Rn 8) hat jeder Wohnungseigentümer nach Maßgabe der §§ 14, 15 gem § 13 II 1 ein **Mitgebrauchsrecht**. Ohne Gebrauchsbeschränkung iSv § 15 steht der Mitgebrauch den Wohnungseigentümern unabhängig von den Miteigentumanteilen **in gleichem Umfang** zu (Hamm ZMR 01, 222). Ein Mitgebrauch ist unzulässig, wenn dadurch die anderen Wohnungseigentümer vom Gebrauch ausgeschlossen werden und ein **faktisches Sondernutzungsrecht** entsteht (LG München I ZMR 09, 482), zB an einem Kamin oder an einem Teil des Treppenhauses. Mitgebrauch ist auch die Vermietung oder Verpachtung gemeinschaftlicher Flächen (BGH ZMR 00, 845). Im Gegensatz zum Sondernutzungsrecht (Rn 6 ff) tritt kein dauerhafter Ausschluss der Wohnungseigentümer von der Nutzung ein. An die Stelle des unmittelbaren Eigengebrauchs tritt die Miete (Hambg ZMR 03, 444). Wird an ein im Gemeinschaftseigentum stehendes Gebäude nachträglich ein Balkon angebaut, der nur von einer Einheit aus betreten werden kann oder besteht an einem Gebäude von vornherein ein Balkon ohne weitere Bestimmungen zur Nutzung, steht ausnahmsweise nur dem Wohnungseigentümer ein Benutzungsrecht zu, an dessen Sondereigentum sich der Balkon befindet (BayObLG ZMR 04, 132). In einem solchen Fall bestimmen Lage und Beschaffenheit des Raumes sowie insb der fehlende Zugang vom Gemeinschaftseigentum den zulässigen Mitgebrauch aller Wohnungseigentümer nach §§ 13 I, 14 Nr 1 (Hambg ZMR 05, 68, 69; BayObLG ZMR 01, 562, 563; Hamm ZMR 01, 221). Die Nutzung des Gemeinschaftseigentums ist zu Zwecken beschränkt, die nur ein gelegentliches, von dem Eigentümer der betroffenen Einheit zu gestattendes Betreten notwendig machen (BayObLG ZMR 04, 844, 845). Die anderen Wohnungseigentümer haben vor allem gem § 14 Nr 4 ein Recht auf Zugang.

5 II. Nutzungen (§ 13 II 2). An den sonstigen Nutzungen des gemeinschaftlichen Eigentums gebührt jedem Wohnungseigentümer ein Anteil nach § 13 II 2, 16, es sei denn, es besteht ein Sondernutzungsrecht (Rn 14).

6 III. Schutz; Schadenersatz; Verfügungen. Der **Schutz des Gemeinschaftseigentums** folgt neben § 903 (dazu § 903 Rn 6) aus § 1004 BGB iVm § 15 III (dazu § 15 Rn 12 ff). Die Ansprüche innerhalb der Wohnungseigentümer sind **nicht originär gemeinschaftsbezogen**, können aber vergemeinschaftet werden und sind dann Sache der Gemeinschaft der Wohnungseigentümer. **Abwehransprüche gegen Dritte**, zB den Nachbarn, sind hingegen gemeinschaftsbezogen und unterfallen § 10 VI 3. Bestehen **Schadenersatzansprüche**, ist zu deren Durchsetzung nach § 10 VI 3 nur die Gemeinschaft der Wohnungseigentümer berufen, soweit nicht ein Wohnungseigentümer zur Durchsetzung im eigenen Namen ermächtigt wird. Zu Verfügungen über das Gemeinschaftseigentum s. § 6 Rn 7 und 8. Verfügungen unterfallen nicht § 21 III (Braunschw OLGZ 66, 571, 573). Etwa eine Veräußerung kann nicht beschlossen, sondern muss entsprechend § 747 2 BGB vereinbart werden. Soll zB eine Grundstücksteilfläche an die Bahn oder an eine Kommune verkauft werden, bedarf das als sachenrechtliche Änderung des alle Wohnungseigentümer betreffenden Miteigentums einer Vereinbarung iSv § 4 I. Die Wohnungseigentümer können durch Beschl auf eine Durchsetzung von Beeinträchtigungen des Gemeinschaftseigentums verzichten (BGH v. 06.11.09 – V ZR 73/09, zum Bauwich).

7 C. Sondernutzungsrecht. I. Allgemeines. 1. Begriff. Von einem Sondernutzungsrecht spricht man, wenn einem Wohnungseigentümer durch eine Vereinbarung positiv ein über § 13 II hinausgehendes Gebrauchsrecht **an Teilen oder Flächen des Gemeinschaftseigentums**, zB an Garten- oder Terrassenflächen, Stellplätzen, Keller- oder Bodenräumen, eingeräumt und zugleich der Mitgebrauch der anderen Wohnungseigentümer an diesen Teilen oder der Fläche negativ beschränkt wird (Zweibr ZMR 08, 667, 668; Hamm ZMR 08, 159; Frankf ZMR 08, 398). Sondernutzungsrecht ist auch die Zuweisung von Gegenständen des Gemeinschaftseigentums an einzelne Wohnungseigentümer zur alleinigen Nutzung, zB Wasseranschlüsse (München ZMR 07, 561). Dies dürfte zB auch für die Erlaubnis, im Treppenhaus Schränke aufzustellen, gelten. **Bloße Gebrauchsregelung** nach § 15 II soll hingegen der Beschl sein, der die Nutzung einer in Gemeinschaftseigentum stehenden Grundstücksfläche als Parkplatz so regelt, dass nicht alle Wohnungseigentümer während der Zeit von 18.00 Uhr bis 8.00 Uhr dort ein Fahrzeug abstellen dürfen (Frankf ZMR 08, 398). Ein Sondernutzungsrecht kann **nicht isoliert belastet** werden, die zugehörige Einheit schon.

2. Verdinglichte und schuldrechtliche. Mit Blick auf die Übertragung (Rn 10) und den Schutz bei einer Sonderrechtsnachfolge werden **verdinglichte** und **schuldrechtliche Sondernutzungsrechte** unterschieden. Ein Sondernutzungsrecht ist verdinglicht, wenn es nach §§ 10 II 2, 5 IV 1 zum Inhalt eines Sondereigentums gemacht wurde. Ein schuldrechtliches Sondernutzungsrecht ist nicht verdinglichtes. Wird ein Sondernutzungsrecht eingetragen, muss die Eintragung zumindest durch Bezugnahme auf einen Plan klar erkennen lassen, auf welche Fläche sich das Sondernutzungsrecht bezieht (Hambg ZMR 03, 448; zur pauschalen Beschreibung BayObLG ZMR 03, 759). Sind Grenzen eines Sondernutzungsrechtes auch im Wege der Auslegung nicht zu entnehmen, kann es mangels Bestimmtheit nicht entstehen (Hambg ZMR 06, 468; LG Hamburg ZMR 10, 62, 63). Ist dies der Fall, kann es einen Anspruch auf Änderung geben (Hambg ZMR 06, 469), der schon dem Anspruch auf Mitgebrauch der betroffenen Fläche entgegengehalten werden kann (Hamm ZMR 00, 694). Die **formunwirksame Einräumung** von Sondereigentum kann gem § 140 BGB in ein Sondernutzungsrecht ausgelegt oder **umgedeutet** werden (§ 5 Rn 10), sofern der Berechtigte Wohnungseigentümer und das Sondernutzungsrecht einer Einheit zuzuordnen ist (KG ZMR 99, 206; s.a. § 140 BGB Rn 16). Ein **faktisches Sondernutzungsrecht** kann sich aus der Lage und Natur eines Gebäudeteiles ergeben (BayObLG ZMR 04, 132; Rn 4). **8**

II. Begründung. Ein Sondernutzungsrecht ist **Vereinbarung** iSv § 10 II 2. Die Begründung durch Beschl wäre nichtig (BGHZ 145, 158 = ZMR 00, 771, 772). Nicht möglich ist eine Beschränkung auf eine bestimmte Nutzungsart, während gleichzeitig den Miteigentümern andere Nutzungsmöglichkeiten verbleiben (Jena Rpfleger 99, 70; Naumbg WuM 98, 302). Der Begründung müssen Dritte in den Grenzen des § 5 IV 2 und 3 (Vor §§ 1–64 WEG Rn 14) zustimmen. Ein Sondernutzungsrecht soll unter einer auflösenden Bedingung begründet werden können, etwa unter Übernahme der Verpflichtung zur Gartenpflege (Ddorf ZMR 00, 552). Mit Einstellung der Pflege soll das Sondernutzungsrecht erlöschen (Ddorf ZMR 00, 552). **9**

III. Erwerb. Sondernutzungsrechte können zwischen den Wohnungseigentümern erworben bzw veräußert werden. Ein verdinglichtes Sondernutzungsrecht geht beim Kauf/Erwerb eines Sondereigentums vom Verkäufer auf den Erwerber/Käufer als Inhalt des Sondereigentums ohne weiteres und ohne besondere Abrede über. Ein schuldrechtliches Sondernutzungsrecht geht beim Kauf/Erwerb eines Sondereigentums vom Verkäufer auf den Erwerber/Käufer nicht als Inhalt des Sondereigentums über. Die hM nimmt indes an, dass das Sondernutzungsrecht als begünstigende Vereinbarung wegen der Bestimmung des § 746 BGB letztlich auch auf den Käufer/Erwerber übergeht. Andere vertreten, dass § 746 BGB nicht anwendbar sei. Sie kommen im Ergebnis meist auch zu einer Übertragung, da sie dem Käufer/Erwerber den „Eintritt" in die dem schuldrechtlichen Sondernutzungsrecht zugrunde liegende Vereinbarung erlauben. Wird eine andere Einheit veräußert, geht ein schuldrechtliches Sondernutzungsrecht unter, wenn und soweit der Erwerber nicht in die Vereinbarung, mit der das schuldrechtliche Sondernutzungsrecht begründet wurde, eintritt. Die Wohnungseigentümer können untereinander ein Sondernutzungsrecht isoliert, also ohne Sondereigentum übertragen. Es lassen sich sogar Teile eines Sondernutzungsrechts übertragen, etwa beschränkt auf eine genau bezeichnete Hälfte eines Dachbodens (BayObLG ZMR 91, 313; dazu muss es zuvor geteilt werden). **10**

Ein **verdinglichtes Sondernutzungsrecht** wird grunds durch eine **Vereinbarung** zwischen dem abgebenden und dem aufnehmenden Wohnungseigentümer übertragen (BayObLG DNotZ 88, 30). Die Wohnungseigentümer müssen sich analog §§ 877, 873 BGB über die Inhaltsänderung ihrer jeweiligen Sondereigentumsrechte einigen. Die Änderung muss außerdem im Grundbuch eingetragen werden (BGHZ 73, 145, 149 = NJW 79, 548). Eine Mitwirkung der übrigen Wohnungseigentümer ist für die Übertragung nicht erforderlich. Ob Dritte (Vor §§ 1–64 WEG Rn 14) zustimmen müssen, richtet sich im Wesentlichen nach § 5 IV 2. Eine Zustimmung ist danach grds von dem erforderlich, dessen Rechte auf dem Sondereigentum ruhen, das das Sondernutzungsrecht (ggf teilweise) verlieren soll. Der Eigentümer iSv § 8 I kann Sondernutzungsrechte bei einem von ihm zurückbehaltenen Sondereigentum „parken" und im Bedarfsfall an Dritte übertragen. Diese Befugnis ist kein eigenes verkehrsfähiges Recht und nicht pfändbar (Stuttg ZMR 03, 56). **11**

Ein **schuldrechtliches Sondernutzungsrecht** wird gem §§ 398, 413 BGB **isoliert** durch einen Abtretungsvertrag zwischen Veräußerer und Erwerber übertragen (BGHZ 73, 145, 148 = NJW 79, 548; KG ZMR 07, 387). Eine Mitwirkung Anderer ist nicht erforderlich (BGHZ 73, 145, 148 = NJW 79, 548). Wird ein schuldrechtliches Sondernutzungsrecht bei Veräußerung des Sondereigentums, dessen Inhalt es ist, nicht abgetreten und tritt der Sondernachfolger in die Vereinbarung über das Sondernutzungsrecht auch nicht ein, geht es unter und erlischt (Frankf NZM 08, 214). **12**

13 Wenn Wohnungseigentum durch Zuschlag in der Zwangsversteigerung erworben wird, kommt ein **gutgläubiger Erwerb** nicht in Betracht. Wird Wohnungseigentum rechtsgeschäftlich erworben, bejaht die hM die Möglichkeit gutgläubigen Erwerbs (BayObLGZ 90, 318; Stuttg OLGZ 86, 37; LG Nürnberg-Fürth ZMR 09, 950, 951).

14 **IV. Inhalt; Nutzungen.** Welchen **Inhalt ein Sondernutzungsrecht** hat, ergibt sich aus der Vereinbarung. Beschränkungen können vereinbart sein oder sich aus der Beschaffenheit der betroffenen Fläche ergeben (BayObLG ZMR 96, 510; Stuttg ZMR 01, 731). Grunds ist der Berechtigte berechtigt, mit der Fläche nach Belieben zu verfahren, sie insb zu vermieten, zu verpachten oder in sonstiger Weise zu nutzen und andere von Einwirkungen auszuschließen. Ein Sondernutzungsrecht berechtigt ohne Vereinbarung auch zum Gebrauch nach § 15, nicht aber **zu baulichen Veränderungen** (Frankf ZWE 06, 243; BayObLG ZMR 03, 514; § 22 Rn 1). Ggf können die Wohnungseigentümer durch Beschl zum Sondernutzungsrecht eine **konkretisierende Gebrauchsregelung** treffen (Hamm GE 09, 1325; ZMR 10, 54; München ZMR 07, 484). Die **Nutzungen** (Früchte) der einem Sondernutzungsrecht **unterliegenden Flächen** stehen nach Sinn und Zweck abw von § 13 II 2 dem Berechtigten zu (BayObLG NZM 98, 335; Dorf ZMR 96, 96).

15 **V. Kostentragungspflicht für Erhaltungsmaßnahmen.** Die Kostentragungspflicht für Erhaltungsmaßnahmen (§ 21 V Nr 2) der dem Sondernutzungsrecht unterliegenden Flächen trifft nach § 16 II grunds alle Wohnungseigentümer (Hambg ZMR 04, 614); etwas anderes kann vereinbart werden (KG ZMR 09, 135, 136; BayObLG ZMR 02, 953), auch konkludent (BayObLG ZMR 01, 830). Das soll sich auch im Wege der Auslegung ergeben können (BayObLG ZMR 04, 357).

16 **VI. Ansprüche bei Störungen oder unzulässiger Nutzung.** Der Berechtigte eines Sondernutzungsrechts kann ohne Ermächtigung aus §§ 1004 I BGB, 15 III – ggf auch aus § 280 BGB iVm dem Gemeinschaftsverhältnis (Vor §§ 1–64 WEG Rn 11) – die **Unterlassung von Störungen verlangen** (BayObLG NZM 98, 335); ebenso die Beseitigung bereits erfolgter Störungen, etwa eigenmächtiger Anpflanzungen (BayObLG NJW-RR 90, 1106). Ferner kann er Besitzschutzansprüche und Abwehransprüche wegen **verbotener Eigenmacht** geltend machen (Ddorf ZMR 01, 220; KG ZMR 99, 357). Im Einzelfall muss der Berechtigte eine **Störung dulden**, etwa nach § 14 Nr 4 (s.a. § 14 Rn 9 und Rn 9), oder ein **Durchgangsrecht** der anderen Wohnungseigentümer für den **Notfall** (Hamm ZMR 10, 54; Frankf IBR 06, 1174; Stuttg ZMR 01, 730, 731). Bei unzulässiger Nutzung des Sondernutzungsrecht bestehen Ansprüche auf Beseitigung bzw Unterlassung aus § 1004 sowie aus § 823 I BGB (BayObLG ZMR 00, 849). Ein Beschl ist nichtig, wenn er ein **Sondernutzungsrecht beschränkt** (BayObLG ZMR 05, 383, 384; s.a. § 23 Rn 18).

17 **VII. Änderung und Aufhebung.** Ein Sondernutzungsrecht kann durch **Vereinbarung abgeändert** werden, der Dritte (Vor §§ 1–64 WEG Rn 14) zustimmen (BayObLG NJW-RR 02, 1526). Ein Beschl wäre nichtig (Köln ZMR 02, 702). Entsprechendes gilt für die **Aufhebung**. Auch sie bedarf materiell-rechtlich der Zustimmung aller Wohnungseigentümer und Dritter (Vor §§ 1–64 WEG Rn 14). Ein einseitiger Verzicht des Sondernutzungsrecht-Berechtigten genügt nicht (BGHZ 145, 133 = ZMR 01, 119). Ebenso wenig kann das Sondernutzungsrecht **verwirkt** werden (KG NJW-RR 07, 236; Hambg ZMR 03, 523). An der „Löschung" eines Sondernutzungsrecht müssen die übrigen Wohnungseigentümer gem §§ 877, 873 iVm § 10 II, 15 I, 5 IV **nicht mitwirken** (BGHZ 145, 133 = ZMR 01, 119).

18 **D. Vermietetes Sondereigentum. I. Allgemeines.** Grunds darf jeder Wohnungseigentümer sein Sondereigentum frei vermieten, es sei denn, es ist etwas anders **vereinbart** (Frankf NJW-RR 04, 662; BayObLG NJW-RR 88, 17) oder es besteht analog § 12 ein Zustimmungserfordernis; der Mietvertrag wird ohne Zustimmung allerdings wirksam (Frankf NJW-RR 05, 1604). Ist ein Sondereigentum vermietet, muss der Vermieter eine **Reihe von Besonderheiten** beachten. Gesetzlich benannt sind in §§ 577, 577a BGB das ggf gegebene **Vorkaufsrecht des Mieters** sowie der besondere **Kündigungsschutz nach Umwandlung**. Zu den Betriebskosten s. § 556a BGB Rn 6 und Rn 32.

19 Zu Konflikten kann es kommen, wenn es für die Mietsache nach § 15 I und II **einengende Zweckbestimmungen** gibt und der Mietvertrag dem Mieter mehr Rechte einräumt, als der vermietende Wohnungseigentümer besitzt. Hier ist im Einzelnen vieles str. Grunds gilt, dass ein Mieter jedenfalls ggü den anderen Wohnungseigentümern die Zweckbestimmungen im engeren und weiteren Sinne beachten muss. Soweit sich der Mieter im vertraglich Erlaubten bewegt, hat der Vermieter keine Ansprüche.

20 Dem Vermieter kann es im Einzelfall erschwert sein, Mängel der Mietsache zu beheben. Zur Frage, ob der Mieter an die zwischen den Wohnungseigentümern getroffene Hausordnung gebunden ist, s. § 535 Rn 112; zur **Einstellung der Versorgungsleistungen** (Versorgungssperre) bei einem vermieteten Sondereigentum s. § 16 Rn 12.

21 Bei vermieteten Sondereigentum ändert sich nichts an der Erhaltungspflicht des Vermieters (§ 535 Rn 93), auch wenn er wegen der Verwaltungszuständigkeit sämtlicher Wohnungseigentümer (§ 21 Rn 1) nur begrenzte Einwirkungsmöglichkeiten auf die Behebung von Mängeln des Gemeinschaftseigentums hat (Zweibr ZMR 95, 119, 120; KG ZMR 90, 336).Der Mieter eines Sondereigentums ist **nicht daran gehindert**, einen Instandsetzungsanspruch gegen den Vermieter durchzusetzen, auch wenn es hinsichtlich der Instand-

setzung an einem Beschl fehlt (KG ZMR 90, 336). Dem Verlangen steht nicht entgegen, dass der Vermieter auf eine Mitwirkung angewiesen ist (BGH ZMR 05, 935, 937). Ist die **Opfergrenze** (s.a. § 535 Rn 99) überstiegen, kann der Mieter keine Beseitigung verlangen (BGH ZMR 05, 935, 937).

II. Abwehransprüche der anderen Wohnungseigentümer. Nach hM ist ein Mieter, Pächter oder anderer berechtigter Nutzer eines Sondereigentums an Bestimmungen der Wohnungseigentümer gebunden und kann bei einem unzulässigen Gebrauch (Begriff § 15 Rn 1) nach § 1004 BGB auf **Unterlassung in Anspruch genommen** werden (BGH ZMR 96, 147; ZMR 95, 480; KG NZM 05, 382; aA LG Nürnberg-Fürth ZMR 10, 69). Im Schrifttum str ist, ob es einen **Unterschied** macht, ob eine Gebrauchsregelung aus dem Gesetz, einer verdinglichten oder aus einer schuldrechtlichen Vereinbarung oder aus einem Beschl abgeleitet wird. Die hM behandelt die Fälle noch gleich (vgl etwa Karlsr NJW-RR 94, 146; Frankf NJW-RR 93, 981). 22

§ 14 Pflichten des Wohnungseigentümers. Jeder Wohnungseigentümer ist verpflichtet:
1. die im Sondereigentum stehenden Gebäudeteile so instand zu halten und von diesen sowie von dem gemeinschaftlichen Eigentum nur in solcher Weise Gebrauch zu machen, daß dadurch keinem der anderen Wohnungseigentümer über das bei einem geordneten Zusammenleben unvermeidliche Maß hinaus ein Nachteil erwächst;
2. für die Einhaltung der in Nr. 1 bezeichneten Pflichten durch Personen zu sorgen, die seinem Hausstand oder Geschäftsbetrieb angehören oder denen er sonst die Benutzung der in Sonder- oder Miteigentum stehenden Grundstücks- oder Gebäudeteile überläßt;
3. Einwirkungen auf die im Sondereigentum stehenden Gebäudeteile und das gemeinschaftliche Eigentum zu dulden, soweit sie auf einem nach Nummer 1, 2 zulässigen Gebrauch beruhen;
4. das Betreten und die Benutzung der im Sondereigentum stehenden Gebäudeteile zu gestatten, soweit dies zur Instandhaltung und Instandsetzung des gemeinschaftlichen Eigentums erforderlich ist; der hierdurch entstehende Schaden ist zu ersetzen.

A. Erhaltungs- und Gebrauchspflichten (§ 14 Nr 1). I. Erhaltungspflichten (§ 14 Nr 1 Alt 1). Den anderen Wohnungseigentümern darf durch den baulichen Zustand des Sondereigentums kein Nachteil (Rn 3) entstehen. § 14 Nr 1 Alt 1 zwingt daher einen Wohnungseigentümer, sein **Sondereigentum** iRd § 14 Nr 1 **zu erhalten** (Erhaltungspflicht = Instandhaltungslast). § 14 Nr 1 Alt 1 enthält **keine Modernisierungspflicht**. Bei Durchführung einer Erhaltungsmaßnahme ist daher grunds nur der Ursprungszustand geschuldet (Hamm ZMR 01, 842), **keine Verbesserung** etwa des Trittschalls (Hamm WuM 10, 50; LG Halle ZWE 10, 41; zum geschuldeten Trittschallschutz **bei Errichtung der WEG-Anlage** s. BGH NJW 09, 2439). Auch eine Verpflichtung zur **laufenden Kontrolle** folgt aus § 14 Nr 1 Alt 1 nicht. Eine Erhaltungsmaßnahme ist fachgerecht durchzuführen (Ddorf ZWE 02, 230; BayObLG NZM 00, 504). Gegen Mängel, die das Gemeinschaftseigentum beeinträchtigen, kann jeder Wohnungseigentümer nach § 15 III vorgehen. Ob und wie ein Wohnungseigentümer § 14 Nr 1 Alt 1 erfüllt, ist grunds seine Sache. Ein die Frage regelnder Beschl ist **nichtig** (Ddorf ZMR 02, 613). Ggf ist der Wohnungseigentümer nach §§ 43 Nr 1, 14 Nr 1 zu verklagen und es ist nach § 887 ZPO zu vollstrecken (KG NZM 05, 745; BayObLG ZMR 04, 841); ggf ist der Weg nach §§ 935, 940 ZPO richtig. **Bsp**: Reparatur einer defekten Versorgungsleitung, einer defekten Wasserleitung (BayObLG WE 91, 224) oder eines Heizkörpers (BayObLG NJW-RR 90, 854); bei Frostschadengefahr ist für eine ausreichende Beheizung zu sorgen (BayObLG WuM 89, 341). 1

II. Gebrauchspflichten (§ 14 Nr 1 Alt 2). § 14 Nr 1 Alt 2 zwingt einen Wohnungseigentümer, vom Sonder- und Gemeinschaftseigentum einen **schonenden**, nicht nachteiligen **Gebrauch** zu machen (**Gebot der gegenseitige Rücksichtnahme**). Nachteile (Rn 3) sind zu vermeiden. Der Inhalt der Gebrauchsrechte kann durch § 15 I, II **ausgestaltet** werden (dazu § 15 Rn 3 ff). **Ohne Bestimmung** grunds zulässig sind in § 1 II, III ua: normale **Wohngerüche** (BayObLG NZM 01, 387; Köln NJW-RR 98, 83) und -**geräusche** (**nicht**: Geschrei, laute Musik und Trampeln, Springen, Möbelrücken, Türknallen, Ddorf ZMR 10, 52), **Tierhaltung** (jedenfalls **Kleintiere** wie Zierfische, Hamster; **nicht**: Raub- oder giftige Tiere, Karls NZM 04, 551, oder übermäßig viele, Zweibr ZMR 99, 854) und **Musizieren**, soweit es sich in Grenzen hält (BGH NJW 98, 3713; BayObLG NJW-RR 94, 337), in Grenzen grillen (BayObLG NZM 02, 533; NJW-RR 99, 957: maßgebend sind ua Lage und Größe des Gartens/Balkons, die Häufigkeit des Grillens und das verwendete Grillgerät), Spielen von Kindern, Haustürschmuck, ggf Werbeschilder. Zur **Parabolantenne** s. Rn 4. S.a. § 15 Rn 9 und § 22 Rn 7. Zur mobilen Parabolantenne vgl LG Hamburg ZMR 10, 61. Unzulässig sind in § 1 V ua: trotz Art 5 GG **Spruchbänder an der Hauswand** (KG NJW-RR 88, 846), Abstellen von Schränken im Treppenhaus, dauerhaftes Abstellen von Kfz auf Gemeinschaftseigentum, ggf Rauchen im Treppenhaus, frei laufende Kampfhunde (KG ZMR 02, 970). Zulässig ist das Spielen von Kindern, Haustürschmuck, ggf Werbeschilder. Zur Parabolantenne s Rn 4. S.a. § 15 Rn 9 und § 21 Rn 7. 2

III. Nachteil. 1. Begriff. Nachteil ist jede nicht ganz unerhebliche, konkrete, objektive Beeinträchtigung (BVerfG ZWE 09, 438; ZMR 05, 634, 635; BGH DNotZ 04, 613, 614; BGHZ 146, 241 = NJW 01, 1212, 1213; Ddorf v. 16.11.09 – I-3 Wx 179/09; München ZMR 07, 696). **Beeinträchtigung** meint Verschlechterung. **Unvermeidbar** sind Beeinträchtigungen, die beim Zusammenleben nicht zu umgehen sind oder auf die der 3

Störer einen Anspruch hat, zB nach § 22 I 1 (s. § 22 Rn 7). Es besteht eine generelle Tendenz, im Zweifel und bereits bei geringen Beeinträchtigungen einen Nachteil anzunehmen (BVerfG ZMR 05, 634, 635).

4   **2. Grundsatz der praktischen Konkordanz.** Bei **Auslegung des Nachteilsbegriffs** sind die **Grundrechte** zu berücksichtigen (BVerfG ZMR 05, 634, 635; BVerfG ZMR 95, 241, 243; BGHZ 157, 322 = ZMR 04, 438). Konflikte sind ua nach dem **Grundsatz der praktischen Konkordanz** zu lösen (BVerfG ZWE 09, 438). Bspw die Frage, ob die Installation einer **Parabolantenne** nachteilig ist, ist auf Grund einer **fallbezogenen Abwägung** der beiderseits grundrechtlich geschützten Interessen zu beantworten (BVerfG ZMR 95, 241, 243; BGHZ 157, 322 = ZMR 04, 438). Hierbei ist auf Seiten des Wohnungseigentümers, der einen Anspruch auf Errichtung einer Parabolantenne geltend macht, neben Art 14 GG (BVerfG ZMR 05, 634) va Art 5 I 1 Hs 2 GG zu beachten (BGHZ 157, 322 = ZMR 04, 43). Dem steht auf Seiten der widersprechenden Wohnungseigentümer deren durch die Duldung einer solchen Anlage berührtes Eigentumsrecht (Art 14 I 1 GG) ggü. In die Abwägung einzubeziehen sind: Internet, Kabelanschluss (Celle NJOZ 06, 3283; München ZMR 06, 309; LG Hamburg ZMR 09, 872, 873)

5   **3. Nachbarrechtliche Vorschriften des Privat und des öff. Rechts.** Die nachbarrechtlichen Vorschriften des Privat- (§§ 906 ff BGB) und des öff. Rechts werden durch §§ 13 bis 15 verdrängt (BVerfG ZMR 06, 453, 455; BVerwG NVwZ 98, 954, 955; München NJW-RR 06, 297, 298). Wann und in welchem Umfang materielle Abwehrrechte bestehen, ergibt sich unter den Wohnungseigentümern allein aus § 15 III (BVerwG NVwZ 98, 954, 955; Hamm ZMR 03, 372; Ddorf ZMR 01, 910). § 906 BGB kann indes als **Anhaltspunkt auch im Wohnungseigentumsrecht** und zur **näheren Bestimmung** eines **Nachteils** herangezogen werden (BayObLG NJW-RR 05, 386; Frankf NJW-RR 06, 518; s.a. § 903 Rn 16). Aufgrund ihrer **Leitbildfunktion** gelten die Normen für den Begriff des **Nachteils ergänzend**: Sie dürfen weder bei einer **Ermessensentscheidung** der Wohnungseigentümer außer Betracht bleiben noch bei der Frage, ob ein Gebrauch stört, noch bei der Überprüfung, ob ein Verhalten oder eine Entscheidung ordnungsmäßig ist. Es kommt dabei nicht darauf an, ob öff.-rechtliche Normen unmittelbar Nachbarschutz gewähren: Ihre besondere Wertung ist in jedem Falle in die Abwägung einzubeziehen.

6   **4. Fallgruppen.** Fallgruppen: **Negative Veränderung des optischen Gesamteindrucks** (BGH ZMR 04, 439; München ZMR 06, 68), zB durch Anbau einer fest installierten Parabolantenne (BGH ZWE 10, 29, 30), durch Verkleidung des Balkons, durch Anbau einer Markise oder Außenrollläden, **Eingriffe in die Substanz des gemeinschaftlichen Eigentums** (BayObLG ZMR 98, 362), **Immissionen**, auch negative (BayObLG NZM 03, 114), wie eine vermeidbare **Erhöhung des Trittschalls** (Ddorf ZMR 08, 223; bei Umbauten ist grund der Schallschutz geschuldet, der zum Zeitpunkt der Erbbauung galt), Schäden am Sondereigentum, verstärkte Einsehbarkeit (BayObLG ZMR 05, 377, 378; Hambg ZMR 03, 524), Möglichkeit **intensiverer Nutzung** (BGHZ 146, 241 = ZMR 01, 289) bzw **Vergrößerung nutzbarer Fläche** (BGH v. 6.11.09 – V ZR 73/09, Tz. 22), Wand- oder Deckendurchbrüche, Erhöhung der Wartungs- oder Reparaturanfälligkeit, Verstoß gegen öff.-rechtliche Vorschriften, Gefährdung der Sicherheit anderer Wohnungseigentümer, Kosten. Fehlen rechtsgeschäftliche Regelungen, kann auf DIN-„Vorschriften" abgestellt werden (Ddorf ZMR 08, 223; München ZMR 07, 809; LG Halle ZWE 10, 41).

7   **IV. Einschreiten gegen den Störer.** Zu den Unterlassungs- und Beseitigungs- und Schadenersatzansprüchen gegen den Störer, der Durchsetzung und den Gegenansprüchen des Störers s. § 15 Rn 14 ff.

8   **B. Einschreiten gegen Nutzer (§ 14 Nr 2). I. Durch den Sondereigentümer.** Ein Wohnungseigentümer muss nach § 14 Nr 2 für die **Erhaltungs**- (Rn 1) und **Gebrauchspflichten** (Rn 2) durch die in § 14 Nr 2 Genannten sorgen. Erfasst sind insb Angehörige und Mieter. Auch der Erwerber, dem schon vor Eigentumsübergang der Bezug der Räumlichkeiten gestattet wurde, fällt unter § 14 Nr 2 (KG ZMR 07, 640; KG ZMR 00, 560). Das Gesetz räumt dem Wohnungseigentümer mit der Verpflichtung aus § 14 Nr 2 **keine eigenständigen Befugnisse** zu ihrer Durchsetzung ein (BGH ZMR 96, 148).

9   **II. Durch andere Wohnungseigentümer.** § 14 Nr 2 ist keine Anspruchsgrundlage. Die anderen Wohnungseigentümer können den Sondereigentümer aber gem § 1004 BGB iVm § 15 darauf in Anspruch nehmen, alle zumutbaren Maßnahmen zu ergreifen, um den unzulässigen Gebrauch zu beenden (BGH ZMR 96, 148; Schlesw ZMR 04, 941). Wie die Unterlassung der Störung durchgesetzt wird, ist dem Sondereigentümer überlassen. Gestattet er den gegen § 14 Nr 1 verstoßenden Gebrauch oder bleibt er in Kenntnis dessen schuldhaft untätig, schuldet er Schadenersatz nach § 280 I BGB (KG ZMR 97, 316). Zum **unmittelbaren Vorgehen** gegen den Dritten s. § 13 Rn 22.

10 **C. Duldungspflichten. I. Einwirkungen (§ 14 Nr 3).** Nach § 14 Nr 3 sind Einwirkungen, zB Wohngeräusche, zu dulden, soweit sie auf einem nach § 14 Nr 1, 2 zulässigem Gebrauch beruhen.

11 *II. Betreten und Benutzung (§ 14 Nr 4 Hs 1).* **1. Allgemeines.** Liegen die Voraussetzungen des § 14 Nr 4 Hs 1 vor, muss ein Wohnungseigentümer das **Betreten** seines Sondereigentums dulden, um Feststellungen zu ermöglichen, ob **Erhaltungsmaßnahmen** in Betracht kommen (BayObLGZ 96, 146); dies entspricht § 904

BGB. Erforderlich ist ein konkreter Anhaltspunkt dafür, dass Erhaltungsmaßnahmen erforderlich sind (München ZMR 06, 389; Celle ZMR 04, 364). **Eingriffe** sind zu dulden, soweit dies für Erhaltungsmaßnahmen erforderlich ist (BayObLG ZMR 04, 762; Hamm DWE 84, 126; KG ZMR 86, 210, 212). Ein allgemeines **Betretungsrecht** räumt § 14 Nr 4 Hs 1 nicht ein (s.a. § 535 Rn 55). § 14 Nr 4 Hs 1 gilt analog: für eine Betretungsrecht zum Vollzug einer **Versorgungssperre** (s.a. § 16 Rn 12), zur Durchsetzung von § 21 V Nr 6, zur Vermessung der Wohn-/Nutzungsfläche für § 16 III, wenn ein Dachgeschossausbau erlaubt ist. § 14 Nr 4 Hs 1 gilt analog auch gegen einen **Sondernutzungsberechtigten**; dann ist auch § 14 Nr 4 Hs 2 anwendbar (Rn 13). Ferner gilt § 14 Nr 4 ggf analog, wenn ein Wohnungseigentümer zur Erhaltung des Gemeinschaftseigentums verpflichtet ist (Schlesw NZM 07, 46). Duldet ein Wohnungseigentümer nicht freiwillig, ist nach § 10 VI 3 von der Gemeinschaft der Wohnungseigentümer vorzugehen. Die Erhaltungsmaßnahmen haben idR während der üblichen Arbeitszeiten zu erfolgen und müssen ausreichende Zeit vorher bekannt gegeben werden (BayObLG ZfIR 99, 929).

2. Schadenersatz (§ 14 Nr 4 Hs 2). Entsteht durch § 14 Nr 4 Hs 1 am Sondereigentum ein Schaden, ist dieser 12 gem § 14 Nr 4 Hs 2 (s.a. § 906 II 2 BGB) als **Teil der Verwaltungskosten** (§ 16 Rn 15 f) von der Gemeinschaft der Wohnungseigentümer (Schlesw NJW-RR 07, 448, 449) verschuldensunabhängig (BayObLG ZMR 94, 420, 421) zu ersetzen (Frankf NZM 07, 251, 252; Schlesw NJW-RR 07, 448, 449). Der Anspruch **umfasst**: Substanzschäden, entgangenen Gewinn, Mietausfall, Umzugs-, Transport- und Lagerkosten, Ersatzwohnraum, Säuberungskosten, Verdienstausfall, fehlenden Eigengebrauch. Der Geschädigte muss sich wenn die Gemeinschaft der Wohnungseigentümer zahlt nicht, wenn die anderen Wohnungseigentümer zahlen anteilig – nämlich in Höhe des geltenden Verteilungsschlüssels – beteiligen (Schlesw NJW-RR 07, 448, 449; str). Auf Schäden, die an Sondernutzungsflächen entstehen, ist § 14 Nr 4 Hs 2 analog anwendbar (Ddorf ZMR 06, 13 459). § 14 Nr 4 Hs 2 ist Anspruch iSd § 1 Nr 1 AHB (BGH ZMR 03, 209).

§ 15 Gebrauchsregelung. (1) Die Wohnungseigentümer können den Gebrauch des Sondereigentums und des gemeinschaftlichen Eigentums durch Vereinbarung regeln.
(2) Soweit nicht eine Vereinbarung nach Absatz 1 entgegensteht, können die Wohnungseigentümer durch Stimmenmehrheit einen der Beschaffenheit der im Sondereigentum stehenden Gebäudeteile und des gemeinschaftlichen Eigentums entsprechenden ordnungsmäßigen Gebrauch beschließen.
(3) Jeder Wohnungseigentümer kann einen Gebrauch der im Sondereigentum stehenden Gebäudeteile und des gemeinschaftlichen Eigentums verlangen, der dem Gesetz, den Vereinbarungen und Beschlüssen und, soweit sich die Regelung hieraus nicht ergibt, dem Interesse der Gesamtheit der Wohnungseigentümer nach billigem Ermessen entspricht.

A. Allgemeines. I. Begriff des Gebrauchs. Gebrauch ist selbstnützige Verwendung des Sonder- oder/und 1 Gemeinschaftseigentums, etwa die Nutzung einer Gemeinschaftsfläche als Grillplatz oder Waschküche, zum Sonnenbaden, zum Fußball spielen, Wäsche aufhängen etc (s.a. § 100 BGB Rn 2). Aus § 13 I folgt, dass zum Gebrauch insb **bewohnen, vermieten** und **verpachten** sowie der Ausschluss anderer gehört. Gebrauch ist von baulichen Veränderungen iSv § 22 I abzugrenzen. Wird zB eine Rasen- oder Hoffläche freigegeben oder soll sie – ggf teilweise – künftig als Kinderspielplatz genutzt werden, ist das Gebrauchsregelung (Saarbr NJW-RR 90, 24, 25); entspr gilt für eine neue Parkordnung. Eine Regelung von Miteigentümern an einem/ihrem Wohnungseigentum unterfällt nicht § 15 (LG Düsseldorf MittRhNotK 87, 163; aA Frankf Rpfleger 00, 212; Jena FGPrax 00, 7; BayObLG NJW-RR 94, 1427).

II. Gesetzliches Leitbild. Aus § 15 III folgt, dass – sofern nichts bestimmt ist (Rn 3 ff) – jeder Wohnungs- 2 eigentümer einen Gebrauch verlangen kann, der dem Interesse der Gesamtheit der Wohnungseigentümer nach billigem Ermessen entspricht. Seinen gesetzlichen Ausdruck findet diese Sichtweise ua in § 14 Nr 1.

B. Gebrauchsbestimmungen. I. Wohnungs- und Teileigentum (§ 1 II, III): Zweckbestimmungen iwS. 3 Eine idR in jeder Anlage bestehende **Beschränkung iwS** („allgemeine" Zweckbestimmung, BayObLG FGPrax 05, 11, 13) folgt aus der nach §§ 3 u 8 zu treffenden Bestimmungen, ob ein Sondereigentum Wohnungs- (§ 1 II) oder Teileigentum (§ 1 III) ist. Diese Anordnungen sind nach hM **schuldrechtliche Vereinbarungen** iSv § 10 II 2 (Vor §§ 1–64 WEG Rn 2; zur Entstehung, Änderung, Form dieser Vereinbarung s. § 10 Rn 3 ff). Zweckbestimmungen iwS bestimmen wenigstens grob, welcher Gebrauch erlaubt ist. Sie schließen nach hM eine Verwendung für andere Zwecke nicht aus. Entscheidend sei, ob es typischerweise zu einer **erhöhten Störung** kommt (BayObLG FGPrax 05, 11, 13).
Bsp Wohnungseigentum iSv § 1 II: Nutzung als Arztpraxis mit erheblichem Patientenverkehr ist ebenso 4 wie als Aussiedlerheim (Hamm WE 92, 135) oder Laden **unzulässig** (BayObLG ZMR 00, 778); zulässig ist ggf eine psychologische Einzelpraxis. Unzulässig ist die **Nutzung als Pflegeheim** (Köln GuT 07, 101) oder die **Ausübung der Prostitution** (Zweibr IMR 09, 279; Hambg Info M 09, 21; LG Hamburg ZMR 08, 828). Für die Frage, ob die Nutzung als **Büro** zulässig ist, kommt es auf die **Umstände** an (BayObLG ZMR 01, 41). Die gewerbliche Vermietung an **ständig wechselnde Touristen** bedarf der Zustimmung (KG ZMR 08, 406; s. § 13 Rn 1).

5 **Bsp Teileigentum** iSv § 1 III: Ein Teileigentum darf **nicht zum Wohnen** gebraucht werden (Zweibr GuT 06, 89). Im Teileigentum stehende Kellerräume dürfen nur als Keller oder in einer Weise genutzt werden, die nicht mehr stört oder beeinträchtigt (Schlesw ZMR 06, 891). Kellerräume dürfen daher idR nur als Lager- oder Abstellraum genutzt werden (Zweibr ZMR 06, 316, 317; Ddorf ZMR 97, 373, 374), nicht wie Wohnungseigentum (BayObLG 98, 398; ZMR 93, 29). Werden in einem Keller Sanitäreinrichtungen (Waschbecken, Dusche, WC) und am Gemeinschaftseigentum ein Briefkasten angebracht, rechtfertigt dies den Schluss auf einen Gebrauch als Wohnungseigentum (BayObLG WE 98, 398). Zu Hobbyzwecken dürfen Kellerräume idR genutzt werden (Ddorf ZMR 97, 373, 374). Auch eine Nutzung als Party-, Werk- oder Abstellraum sowie Waschküche ist zulässig (BayObLG ZMR 93, 530, 531).

6 **II. Zweckbestimmungen im engeren Sinne: § 15 I und II. 1. Überblick.** Nicht nur, aber meist als **Teil der Gemeinschaftsordnung** (dazu Vor §§ 1–64 WEG Rn 5) finden sich Gebrauchsbestimmungen nach § 15 I (Rn 7). § 15 II erlaubt es daneben, Gebrauchsbestimmungen **durch Beschl** zu treffen (Rn 9). Grunds **keine Zweckbestimmung** ist eine **bloße Raumbezeichnung**, zB Küche, Fahrradkeller, etc in einem Aufteilungsplan iSv § 7 IV Nr 1 (BGH v. 15.1.10 – V ZR 40/09). Anderes gilt, wenn als Willen der Wohnungseigentümer als Vereinbarung zu sehen ist.

7 **2. Gebrauchsregelung durch Vereinbarung (§ 15 I).** § 15 I erlaubt es, zum Gemeinschafts- und Sondereigentum **beliebige Gebrauchsregelungen durch Vereinbarung** zu treffen. Eine solche Regelung ist Vereinbarung iSv § 10 II 2 (zur Entstehung, Änderung, Form usw s. § 10 Rn 3 ff). Die Rechtsprechung spricht – ungenau – von Zweckbestimmungen mit Vereinbarungscharakter.

8 **Bsp**: Arztpraxis (Stuttg ZMR 87, 60), Begegnungsstätte (Hamm ZMR 06, 149, 150), Boarding-Haus (Saarb ZMR 06, 554, 555), Café (Hambg ZMR 98, 714), Geschäftsraum (BayObLG MDR 82, 496), gewerbliche Einheit oder gewerbliche Nutzung (Hamm ZMR 06, 149; Ddorf ZMR 04, 448, 450), Laden (München GuT 07, 40, KG MietRB 07, 148), Lagerraum (BayObLG ZMR 94, 234), Kontakt- und Informationsstelle (Zweibr ZMR 06, 76), Sauna (BayObLG ZMR 00, 689, 690; ZMR 94, 423), Schwimmbad (BayObLG ZMR 88, 435), Speicher (Ddorf ZMR 04, 610), Weinkeller (BayObLG ZMR 90, 230), Zahnklinik (Ddorf ZMR 04, 449).

9 **3. Gebrauchsregelungen durch Beschluss (§ 15 II).** Nach § 15 II können die Wohnungseigentümer Gebrauchsregelungen auch – wenn nichts anderes vereinbart ist – mit einfacher Mehrheit beschließen. **Bsp**: Ruhezeiten (Frankf NZM 04, 31, 32; die Grenzen sind dort zu ziehen, wo der Beschl entweder ein **völliges Musizierverbot** oder eine dem praktisch gleich zu setzende Reglementierung enthält, BGHZ 139, 288 = ZMR 99, 41; die Beschränkung des Musizierens auf Zimmerlautstärke kann dem völligen Ausschluss eines Musizierens gleichkommen, BayObLG NJW 01, 3635), Tierhaltung (ein **generelles Haustierhaltungsverbot** wäre nichtig, Saarbr ZMR 07, 308; das **partielle Verbot der Haltung bestimmter Hunderassen** – etwa Kampfhunde und Kampfhundmischlinge – oder anderer gefährlicher Tiere kann beschlossen werden, Köln ZMR 09, 310; KG ZMR 04, 704; die Haltung kann auf ein **angemessenes Maß** beschränkt werden, Celle NZM 03, 2421), Treppenhausregelungen, Balkonregelungen (zB grillen, Aufhängen von Wäsche), Nutzung Spielplatz, Wäschekeller. Ein auf § 15 II beruhender Beschl muss – wie jeder Beschl – **ordnungsmäßig** sein. Dies ist der Fall, wenn die Gebrauchsregelung im **Interesse der Gesamtheit der Wohnungseigentümer** auf die Erhaltung, Verbesserung oder den der Zweckbestimmung des gemeinschaftlichen Eigentums gerichtet ist (Dresden FD-MietR 09, 284783). Fehlt es hieran, ist eine beschlossene Gebrauchsregelung **anfechtbar, nicht nichtig** (BGHZ 145, 158 = ZMR 00, 771; Hamm ZMR 05, 898). Bei Prüfung der Ordnungsmäßigkeit ist das **Ermessen der Wohnungseigentümer** zu beachten (§ 21 Rn 1). Ein Beschl, der eine nach § 15 I zulässige Nutzung einschränkt, ist **nichtig** (Ddorf ZMR 03, 861). Den wesentlichen Inhalt der Nutzung von Wohnungseigentum können die Wohnungseigentümer nicht durch Beschl einschränken (BGHZ 157, 322 = ZMR 04, 438; BGHZ 129, 329, 333 = ZMR 95, 416). ZB ein **generelles Verbot von Parabolantennen** kann nicht beschlossen werden (BGHZ 157, 322 = ZMR 04, 438).

10 **III. Typisierende Betrachtungsweise.** Bei Verstößen gegen eine Gebrauchsbeschränkung im weiteren oder engeren Sinne ist nach hM zu fragen, welcher Gebrauch aufgrund einer **typisierenden Betrachtungsweise** neben dem Erlaubten (noch) zulässig ist (Ddorf NJOZ 08, 1071, 1074; KG MietRB 07, 148; LG Dresden ZMR 10, 38, 39). Zu prüfen ist, welche Störungen und Beeinträchtigungen von einer bestimmungswidrigen Nutzung üblicherweise (nicht konkret) ausgehen. Die zweckbestimmungsgemäße Nutzung bildet für das Störungsmoment die obere Messlatte. Ein Begriffswandel muss nicht in die rechtliche Bewertung einbezogen werden. Nicht entscheidend ist, ob ein Gebrauch im Einzelfall stört. Zu fragen ist vielmehr, ob der typische Gebrauch stören würde.

11 Eine massive Störung oder eine Beeinträchtigung im Übermaß ist nicht erforderlich (BayObLG ZMR 00, 778). Eine typisierende Betrachtungsweise bedeutet nicht, dass die konkreten Umstände des Einzelfalls für die Beurteilung einer Mehrbelastung gänzlich außer Betracht zu bleiben haben (München MDR 05, 1102, 1103). Auch diese Umstände sollen von Bedeutung sein, da die Beantwortung der Frage, ob eine Mehrbeeinträchtigung ggü dem vereinbarten Nutzungszweck zu bejahen ist, nicht unerheblich davon abhängt, welches Gepräge und welchen Zuschnitt das abw von der Zweckbestimmung betriebene Unternehmen oder eine frei-

berufliche Tätigkeit aufweist (Hamm ZMR 05, 219, 220). Die Rechtsprechung knüpft für die Frage einer Störung va an folgende Prüfsteine an: Öffnungszeiten, Lärm- und Geruchsbeeinträchtigung, häufige Störungen, Charakter und nähere Umgebung der Wohnanlage, Wohn- oder Gewerbegebiet, Art des Publikums.

IV. Erzwingung einer Gebrauchsregelung. Fehlt es an einer Gebrauchsregelung, kann sie – wenn die Voraussetzungen erfüllt sind – nach § 21 VIII erzwungen werden, soweit eine Gebrauchsregelung nach § 15 II angestrebt ist; dann ist sie wieder durch Beschl abänderbar (Frankf DWE 09, 64). Eine Gebrauchsregelung iSv § 15 I ist nach § 10 II 3 zu erstreiten (s.a. § 21 Rn 14). 12

V. Zustimmung zum Gebrauch. Die Zustimmung zu einem (unzulässigen) Gebrauch bezieht sich nur auf den zur Zeit der Zustimmung erfolgenden; im Falle ihrer **Intensivierung** kann sie widerrufen werden (Celle ZMR 04, 690; BayObLG ZMR 01, 42). Ein Erwerber ist an die Zustimmung seines Rechtsvorgängers gebunden (Stuttg ZMR 01, 732; zw). In einer Zustimmung nach § 12 liegt **keine Billigung** einer bestimmten Nutzung (KG ZMR 05, 572; Celle ZMR 04, 689, 690; BayObLG WuM 93, 558, 559). Der Verwalter hat keine Möglichkeit, einen unzulässigen Gebrauch zu gestatten. Auf entspr Erklärungen kann sich ein Störer **nicht berufen** (BayObLG WE 98, 398). Etwas anderes gilt, wenn dem Verwalter nach einer Vereinbarung die alleinige Befugnis übertragen worden ist, eine Zweckänderung zu gestatten. Grunds ist anzunehmen, dass die Verwalterzustimmung die **Verwaltungsbefugnis der Wohnungseigentümer** nicht verdrängen soll (BGH ZMR 96, 274). 13

C. Ansprüche nach § 15 III. I. Anspruchsinhaber und Anspruchsgegner. 1. Anspruchsinhaber. Liegen die Voraussetzungen des § 15 III vor, hat jeder Wohnungseigentümer wegen Störung des **Gemeinschafts- und Sondereigentums** einen Unterlassungsanspruch aus § 1004 BGB iVm §§ 15 III, 14 Nr 1 (BVerfG ZWE 09, 438; BGH ZMR 95, 480). Der Gemeinschaft der Wohnungseigentümer stehen **keine eigenen Unterlassungsansprüche** zu (BGH GuT 07, 161, 162). Die Wohnungseigentümer können einen Anspruch auf Beseitigung- und Unterlassung des **Gemeinschaftseigentums** – nicht des Sondereigentums vergemeinschaften und der Gemeinschaft der Wohnungseigentümer nach § 10 VI 3 zuweisen (BGH ZWE 10, 29, 30; ZMR 06, 457). Nach einer Vergemeinschaftung kann nur noch die Gemeinschaft tätig werden (str). Im Prozess ist die Gemeinschaft der Wohnungseigentümer gesetzlicher Prozessstandschafter (München ZMR 06, 386). 14

2. Anspruchsgegner. Anspruchsgegner ist der **störende Wohnungseigentümer**, der nach § 14 Nr 2 auch für Dritte einstehen muss. Der Unterlassungsanspruch kann nach hM auch ggü einem Dritten, der das Sondereigentum störend nutzt, geltend gemacht werden (BVerfG ZWE 09, 438; BGH NJW 96, 714). Zu **Ansprüchen gegen Dritte** s.a. § 13 Rn 18 ff. Der Handlungsstörer muss unterlassen und beseitigen, der Zustandsstörer muss nach hM nur dulden (§ 22 Rn 20). 15

II. Anspruchsinhalte. 1. Unterlassungs- und Beseitigungsansprüche. Die Unterlassung von Störungen unter dem Druck eines laufenden Prozesses beseitigt eine **Wiederholungsgefahr** nicht (BayObLG ZMR 87, 187). Unzulässige Nutzungen können nicht „aufgerechnet" werden (KG ZMR 07, 301). Die willkürliche Ungleichbehandlung identischen Gebrauchs ist unzulässig (vgl BGH ZMR 99, 44; BayObLG ZMR 01, 818). Wird das Gemeinschafts- oder ein Sondereigentum zweckwidrig genutzt, kann **zusätzlich Beseitigung** der der zweckwidrigen Nutzung dienenden Teile verlangt werden. Nutzt zB ein Wohnungseigentümer unzulässig einen Keller als Büro oder Wohnung, ist er verpflichtet, die dort eingebauten Küchen- und Sanitäreinrichtungen von den Anschlüssen zu trennen und ein Namensschild vom Briefkasten zu entfernen. 16

Unterlassungs- und Beseitigungsansprüche sind **verwirkbar** (Frankf IMR 09, 395). Eine Verwirkung kann sich immer nur auf einen bestimmten Zustand beziehen. Ein ggf auch konkludent erteiltes Einverständnis mit einer an sich zweckwidrigen Nutzung kann Rechtswirkungen immer nur für die dem Beeinträchtigten bekannte Art der Nutzung entfalten und ist im Falle einer nicht vorhergesehenen Ausweitung der Nutzung widerruflich (Celle ZMR 04, 689, 690; Köln NJW-RR 95, 851). Ein Anspruch auf Unterlassung **verjährt** nach Entstehung der Zuwiderhandlung (§ 199 V BGB) nach § 195 BGB in drei Jahren (Hamm ZMR 09, 386). Sollen wiederholte gleichartige Störungen abgewehrt werden, die **zeitlich unterbrochen** auftreten, löst jede neue Einwirkung einen neuen Anspruch aus (BGH GE 07, 1481). 17

2. Herausgabeansprüche. Wird durch den Gebrauch das Gemeinschaftseigentum entzogen, kann auch Herausgabe verlangt werden. Diese Herausgabeansprüche sind **gemeinschaftsbezogen** und nach § 10 VI 3 durchzusetzen. Sie können nicht verwirkt werden, weil dies auf ein Sondernutzungsrecht hinausliefe (KG ZMR 07, 385). 18

3. Schadenersatzansprüche. Eine §§ 15, 14 Nr 1 widersprechender Gebrauch stellt, wenn er schuldhaft erfolgt ist, eine zum **Schadensersatz verpflichtende Handlung** dar (Saarbr NZM 07, 774; Stuttg WuM 93, 424). Verletzt ein Wohnungseigentümer die sich aus §§ 15, 14 Nr 1 ergebenden Pflichten, ist er daher zum Ersatz des dadurch einem anderen Wohnungseigentümer entstehenden Schadens gem §§ 280 I 1, 249 ff BGB verpflichtet. Schadensersatzansprüche können auch aus § 823 BGB (BayObLG ZMR 04, 128; ZMR 00, 849) sowie wegen der Verletzung der Pflichten aus dem Gemeinschaftsverhältnis (Vor §§ 1–64 WEG Rn 11) folgen (BayObLG ZMR 02, 286; Hamm ZMR 96, 42). 19

20 Verstößt ein Wohnungseigentümer gegen § 14 Nr 2, kann er auf Schadensersatz haften (Saarbr NZM 07, 774). Eine Haftung besteht aber nur bei eigenem Verschulden, wobei §§ 278, 831 BGB gelten.

21 **4. Besitzansprüche.** Ansprüche aus §§ 861 ff BGB können bei Besitzstörungen einem Miteigentümer ggü aufgrund des **bloßen Mitbesitzes** nicht geltend gemacht werden (§ 866).

22 **III. Mitbestimmungsrechte (Direktionsrechte).** Soweit die Wohnungseigentümer auf Grund gesetzlicher Bestimmungen gem § 1004 BGB iVm §§ 14 Nr 1, 15 III **keine Beseitigung** verlangen können, bleiben ihre durch Art 14 I GG geschützten Interessen nicht gänzlich unberücksichtigt.

23 Vielmehr darf nach § 14 Nr 1 eine grunds hinzunehmende Störung, zB eine Parabolantenne, die anderen Wohnungseigentümer nicht über das unvermeidliche Maß hinaus beeinträchtigen. Die Antenne darf zB nur an einem zum Empfang geeigneten Ort installiert werden, an dem sie den optischen Gesamteindruck des Gebäudes möglichst wenig stört; bei der Auswahl zwischen mehreren geeigneten Standorten steht den übrigen Wohnungseigentümern daher ein **Mitbestimmungsrecht** (Direktionsrecht) zu (BGH ZWE 10, 29, 30; BGHZ 157, 322, 328 = ZMR 04, 438).

24 **IV. Gegenansprüche.** Verletzt ein Wohnungseigentümer eine Gebrauchsregelung, hat er aber gem § 10 II 3 einen Anspruch auf Änderung (§ 10 Rn 7), kann er ggü einem Unterlassungs- seinen Änderungsanspruch einredeweise geltend machen (Hambg ZMR 01, 843).

§ 16 Nutzungen, Lasten und Kosten.

(1) ¹Jedem Wohnungseigentümer gebührt ein seinem Anteil entsprechender Bruchteil der Nutzungen des gemeinschaftlichen Eigentums. ²Der Anteil bestimmt sich nach dem gemäß § 47 der Grundbuchordnung im Grundbuch eingetragenen Verhältnis der Miteigentumsanteile.
(2) Jeder Wohnungseigentümer ist den anderen Wohnungseigentümern gegenüber verpflichtet, die Lasten des gemeinschaftlichen Eigentums sowie die Kosten der Instandhaltung, Instandsetzung, sonstigen Verwaltung und eines gemeinschaftlichen Gebrauchs des gemeinschaftlichen Eigentums nach dem Verhältnis seines Anteils (Absatz 1 Satz 2) zu tragen.
(3) Die Wohnungseigentümer können abweichend von Absatz 2 durch Stimmenmehrheit beschließen, dass die Betriebskosten des gemeinschaftlichen Eigentums oder des Sondereigentums im Sinne des § 556 Abs. 1 des Bürgerlichen Gesetzbuches, die nicht unmittelbar gegenüber Dritten abgerechnet werden, und die Kosten der Verwaltung nach Verbrauch oder Verursachung erfasst und nach diesem oder nach einem anderen Maßstab verteilt werden, soweit dies ordnungsmäßiger Verwaltung entspricht.
(4) ¹Die Wohnungseigentümer können im Einzelfall zur Instandhaltung oder Instandsetzung im Sinne des § 21 Abs. 5 Nr. 2 oder zu baulichen Veränderungen oder Aufwendungen im Sinne des § 22 Abs. 1 und 2 durch Beschluss die Kostenverteilung abweichend von Absatz 2 regeln, wenn der abweichende Maßstab dem Gebrauch oder der Möglichkeit des Gebrauchs durch die Wohnungseigentümer Rechnung trägt. ²Der Beschluss zur Regelung der Kostenverteilung nach Satz 1 bedarf einer Mehrheit von drei Viertel aller stimmberechtigten Wohnungseigentümer im Sinne des § 25 Abs. 2 und mehr als der Hälfte aller Miteigentumsanteile.
(5) Die Befugnisse im Sinne der Absätze 3 und 4 können durch Vereinbarung der Wohnungseigentümer nicht eingeschränkt oder ausgeschlossen werden.
(6) ¹Ein Wohnungseigentümer, der einer Maßnahme nach § 22 Abs. 1 nicht zugestimmt hat, ist nicht berechtigt, einen Anteil an Nutzungen, die auf einer solchen Maßnahme beruhen, zu beanspruchen; er ist nicht verpflichtet, Kosten, die durch eine solche Maßnahme verursacht sind, zu tragen. ²Satz 1 ist bei einer Kostenverteilung gemäß Absatz 4 nicht anzuwenden.
(7) Zu den Kosten der Verwaltung im Sinne des Absatzes 2 gehören insbesondere Kosten eines Rechtsstreits gemäß § 18 und der Ersatz des Schadens im Falle des § 14 Nr. 4.
(8) Kosten eines Rechtsstreits gemäß § 43 gehören nur dann zu den Kosten der Verwaltung im Sinne des Absatzes 2, wenn es sich um Mehrkosten gegenüber der gesetzlichen Vergütung eines Rechtsanwalts aufgrund einer Vereinbarung über die Vergütung (§ 27 Abs. 2 Nr. 4, Abs. 3 Nr. 6) handelt.

1 **A. Nutzungen (§ 16 I, VI 1 Hs 1).** Nutzungen iSv § 16 I sind die unmittelbaren und mittelbaren Sach- und Rechtsfrüchte des Gemeinschaftseigentums (die Erträge). Der Begriff „Nutzungen" ist nach § 13 II 1, 2 enger als § 100 BGB. Der Anspruch ist ein **schuldrechtlicher Anspruch gegen die anderen Wohnungseigentümer** als Mitglieder einer Bruchteilsgemeinschaft, dessen Höhe § 16 I 2, II bestimmt. Unmittelbare und mittelbare Sach- (natürliche Früchte) und Rechtsfrüchte sind insb Erzeugnisse der unbebauten Grundstücksflächen, zB Blumen, Gemüse oder Obst sowie das Holz gefällter oder durch Unwetter entwurzelter Bäume. Weiter gehören hierher Nutzungsentschädigungen aus rechtsgrundloser Bereicherung (Ddorf NJW-RR 87, 1163). Zu den Früchten können Mieten gehören; sie werden idR aber der Gemeinschaft der Wohnungseigentümer zustehen, die sie nach *bereicherungsrechtlichen Grundsätzen* über die Jahresabrechnung wieder auskehren muss. Stimmt ein Wohnungseigentümer einer Maßnahme nach § 22 I nicht zu, gilt § 16 I 1 Hs 1. Einem Berechtigtem an einem Sondernutzungsrecht steht idR das Fruchtziehungsrecht zu (§ 13 Rn 14). Nach § 16 VI 1 Hs 1 kann ein Wohnungseigentümer unter den dort genannten Voraussetzungen von Nutzungen und Gebrauch (str) ausgeschlossen sein.

B. Kosten und Lasten des Gemeinschaftseigentums (§ 16 II, VI 1 Hs 2, 2). I. Allgemeines. § 16 II betrifft 2
Kosten und Lasten des Gemeinschaftseigentums. Für Kosten und Lasten des Sondereigentums ist er idR analog anwendbar. § 16 II definiert, welche **Kosten** ihm unterfallen. Es sind: Kosten der Instandhaltung und Instandsetzung, sonstigen Verwaltung und eines gemeinschaftlichen Gebrauchs. Zum Begriff der **Lasten** s. § 103 Rn 1, 2. Die Pflicht kann in einer Geldzahlung (vgl § 436 I BGB) oder in einer Naturalleistung bestehen. Lasten können öff.- oder privat-rechtlich sein (vgl § 1047 BGB). Lasten des gemeinschaftlichen Eigentums sind va die Kosten, die nicht aus der Verwaltung des Gemeinschaftseigentums entstehen, sondern unmittelbar auf dem Gemeinschaftseigentum (va dem Grundstück) ruhen. Bsp.: der Anspruch aus § 14 Nr 4 Hs 2 (KG ZMR 00, 335), der Anspruch aus § 21 II, ein Schadenersatzanspruch nach §§ 21 IV, 280 ff BGB, Straßenreinigungsgebühren (s.a. BGH ZMR 09, 854; KG MietRB 09, 262).

II. Kostenverteilungsschlüssel (§ 16 II, I 2). 1. Gesetzlicher Kostenverteilungsschlüssel. Gesetzlicher Kostenverteilungsschlüssel ist nach § 16 II, I 2 der jeweilige Miteigentumsanteil eines Wohnungseigentümers. Er 3
gilt analog auch für die **Umlage der Heiz- und Warmwasserkosten** (Köln ZMR 05, 77, 78; Köln NJW-RR 02, 1308, 1309; aA Hambg ZMR 04, 769, 770), sofern es keine Vereinbarung gibt oder die Abrechnung nach der HeizkostenV erfolgt.

2. Gewillkürte und erzwungene Kostenverteilungsschlüssel. Die Änderung des gesetzlichen oder des geltenden gewillkürten Kostenverteilungsschlüssels kommt nach § 10 II 3 in Betracht (§ 10 Rn 7). Eine Klage auf 4
einen Beschl nach § 16 III, IV ist auf § 21 IV oder auf §§ 21 IV, VIII zu stützen (§ 21 Rn 14 und Rn 17).

II. Umsetzung; Durchsetzung. Ein Wohnungseigentümer ist erst **durch einen Beschl** nach §§ 16 II, 28 V zu 5
einem Beitrag nach § 16 II verpflichtet (BGHZ 131, 228, 230 = ZMR 96, 215; Köln ZMR 08, 478; § 28 Rn 6). Vor Beschl-Fassung fehlt es nicht nur an der Fälligkeit, sondern an einer Forderung (BGHZ 120, 261, 266 = ZMR 93, 176). Eine Wohngeldschuld wird außergerichtlich im Namen der Gemeinschaft der Wohnungseigentümer durch den Verwalter **beigetrieben**. Für eine Klage bedarf es einer Regelung nach § 27 III 1 Nr 7 oder des Handelns der Wohnungseigentümer nach § 27 III 2, 3. Zur **Aufrechnung und Zurückbehaltungsrechten** s. Rn 11. Ggf ist gegen den Schuldner nach § 10 III ZVG oder § 18 II vorzugehen; zur **Versorgungssperre** s. Rn 12. Zum Beschl im Zusammenhang mit Wohngeld nach § 21 VII s. § 21 Rn 18. Der Anspruch aus § 16 II, 28 V verjährt in 3 Jahren (Hamm ZMR 09, 865). Wegen der Wohngeldschulden kann die Gemeinschaft der Wohnungseigentümer nach § 10 I Nr 2 ZVG vorgehen.

III. Wohngeldschuldner. 1. Wohnungseigentümer. Schuldner nach § 16 II ist, wer bei Fälligkeit (Fälligkeitstheorie) Wohnungseigentümer ist (Vor §§ 1–64 WEG Rn 1). Auch der **werdende Wohnungseigentümer** 6
schuldet (BGHZ 177, 53 = ZMR 08, 805). **Mehrere Inhaber** eines Wohnungseigentums haften als Gesamtschuldner (Hamm OLGZ 89, 167). Mit dem **Tod eines Wohnungseigentümers** gehen nach § 1922 BGB gegen den Erblasser bereits begründete Wohngeldforderungen auf den Erben über. Anderes gilt für solche Beschl, die nach dem Tode des Erblassers gefasst worden sind oder für solche Ansprüche, die erst nach dem Erbfall fällig werden (aA BayObLG ZMR 00, 105; Köln ZMR 92, 35).

Ein **Sondernachfolger** haftet für solche Verbindlichkeiten, die nach seiner Eintragung im Wohnungsgrundbuch **fällig geworden** sind (BGHZ 142, 290, 299 = ZMR 99, 834). Einen gesetzlichen Haftungsübergang gibt 7
es – bis auf § 10 I 2 ZVG: 2-jährige Haftung für Altforderungen – nicht (BGH ZMR 94, 271). Der Beschl über die Jahresabrechnung begründet nur für den Schuldsaldo aus der Einzelabrechnung, der das Soll der Wohngeldvorschüsse von Veräußerer und Erwerber übersteigt (Abrechnungsspitze; s.a. § 28 Rn 23) eine Schuld (BGHZ 142, 290 = ZMR 99, 834). Eine **vereinbarte Erwerberhaftung** ist grunds zulässig (BGH ZMR 94, 271; BGHZ 99, 358, 361 = ZMR 89, 291), darf aber nicht gegen § 56 2 ZVG verstoßen (BGHZ 99, 358 = ZMR 87, 273). Der Erwerber muss sich an einer Sonderumlage für Ausfälle vor seinem Eintritt in die Gemeinschaft beteiligen (LG Saarbr ZMR 09, 877; str).

2. Zwangs-, und Insolvenzverwalter. Der **Zwangsverwalter** muss **neben dem Wohnungseigentümer** 8
(Köln ZMR 08, 988; München FGPrax 07, 20) jedenfalls das Wohngeld bedienen, aber auch die Abrechnungsspitze und Sonderumlagen (sehr str). Ggf muss der Gläubiger **Vorschuss** leisten (BGH NZI 09, 904). Auch nach der WEG-Novelle sind Forderungen der Gemeinschaft der Wohnungseigentümer auf laufende Beiträge Ausgaben der Verwaltung (BGH NZI 09, 904). Verletzt der Zwangsverwalter seine Pflichten, haftet er auch der Gemeinschaft der Wohnungseigentümer als iSv § 154 ZVG Beteiligte (BGHZ 179, 336 = NJW 09, 1674). Der **Insolvenzverwalter** muss die nach Eröffnung fällig gewordenen Ansprüche zahlen (KG ZMR 00, 60, 61). Auch die anteilige Verpflichtung zur Zahlung einer nach Insolvenzeröffnung beschlossenen Sonderumlage, die den von ihm durch Wohngeldrückstand vor Insolvenzeröffnung verursachten Fehlbedarf ausgleichen soll, ist nach hM Masseverbindlichkeit (BGHZ 108, 44, 49 = NJW 89, 3018; AG Langenfeld ZMR 09, 879, 880; offen BGH NJW 09, 1674, 1677; BGHZ 150, 305, 307 = ZMR 02, 92). Nach Anzeige der Masseunzulänglichkeit fällig werdende Wohngelder sind Neumasseverbindlichkeiten iSv § 209 I Nr 2 InsO (Ddorf ZMR 07, 204, 205).

9 **IV. Berechtigter aus § 16 II.** Berechtigt aus § 16 II ist die Gemeinschaft der Wohnungseigentümer (München ZMR 08, 412, 413; Hambg ZMR 08, 152). Die Ansprüche aus §§ 16 II, 28 V gehören trotz des Gesetzeswortlauts zu § 10 VII (§ 10 Rn 21).

10 **V. Art der Leistungspflicht.** Die Wohnungseigentümer schulden nach § 16 II Geld. Eine **Beschlusskompetenz zur Begründung von (Natural-)Leistungspflichten** besteht nicht (BGHZ 163, 154, 173 = ZMR 05, 547; München ZMR 09, 468; Zweibrücken ZMR 07, 646; aA Hambg ZMR 09, 306). Anderes gilt, wenn eine **Leistungspflicht bereits besteht** und es nur darum geht, wer sie von den Wohnungseigentümern wahrzunehmen hat (str; § 21 Rn 8).

11 **VI. Aufrechnung; Zurückbehaltungsrechte.** Ggü Wohngeldansprüchen kann ein Wohnungseigentümer grunds **nicht aufrechnen** (Hamm ZMR 09, 937; München NJW-RR 07, 735; § 387 BGB Rn 27). Aus denselben Gründen ist jedes **Zurückbehaltungsrecht** ausgeschlossen (München ZMR 06, 881, 882). In Anlehnung an § 309 Nr 3 BGB werden Ausnahmen für anerkannte oder unbestrittene oder rechtskräftig festgestellte Gegenforderungen gemacht (Hambg ZMR 06, 791, 794; BayObLG ZMR 05, 214, 215).

12 **VII. Versorgungssperre.** Die Gemeinschaft der Wohnungseigentümer (Frankf NJW-RR 06, 1673) ist unter bestimmten Voraussetzungen berechtigt, einen Säumigen vom Leistungsbezug auszuschließen (BGH ZMR 05, 880, 881; München NJW-RR 05, 598). Voraussetzungen einer solchen **Versorgungssperre** sind: idR Beschl, erheblicher Rückstand (ein Rückstand mit mehr als sechs Monatsbeträgen Wohngeld, BGH ZMR 05, 880, 882), fälliger, zweifelsfreier Anspruch (Frankf NJW-RR 06, 1673), Androhung (BGH ZMR 05, 880, 882), sofern um den Vollzug nicht prozessiert wird (BGH ZMR 05, 880, 882), Berücksichtigung des Verhältnismäßigkeitsgebotes. Der Sperre steht nicht entgegen, dass das **Wohnungseigentum vermietet** ist (KG ZMR 02, 458, 460). Nicht abschließend geklärt ist, ob der Mieter Zutritt zur Einheit und Abstellen der dort befindlichen Versorgungsanlagen gem § 14 Nr 4 analog dulden muss.

13 **C. Kostenverteilungsschlüssel für Betriebs- und Verwaltungskosten (§ 16 III). I. Anwendungsbereich.** § 16 II ist gesetzlicher Kostenverteilungsschlüssel für Betriebs- und Verwaltungskosten des Gemeinschafts-, aber auch des Sondereigentums, soweit diese über die Gemeinschaft der Wohnungseigentümer abgerechnet werden (BGH ZMR 07, 975; München ZMR 07, 811, 812). Durch § 16 III können die Wohnungseigentümer von § 16 II oder einem **vereinbarten Kostenverteilungsschlüssel** (LG München I ZMR 10, 66; aA AG Hamburg ZMR 09, 320) **Abweichendes bestimmen**. Für den neuen Schlüssel haben die Wohnungseigentümer Ermessen (LG Düsseldorf v. 9.6.09 – 16 77/08). § 16 III verlangt als Tatbestandsvoraussetzung neben der Ordnungsmäßigkeit (§ 21 IV) **keinen sachlichen Grund** (LG Nürnberg-Fürth ZMR 09, 638; aA LG Düsseldorf ZMR 10, 59, 60; LG München I ZMR 10, 66; AG Hamburg ZMR 09, 320). Außerdem sind die Wohnungseigentümer durch § 16 III befugt, durch Beschl zu bestimmen, dass **Betriebs- und Verwaltungskosten erfasst** werden und eine **Einrichtung zur Erfassung** angeschafft wird. Die Einführung der Erfassungsmöglichkeit muss einer **Kosten-Nutzen-Analyse** standhalten (Ddorf ZWE 09, 395).

14 **II. Betriebskosten (§ 16 III).** Im grunds gilt § 556 I 2 BGB iVm § 2 BetrKV (§ 556 BGB Rn 2). **Bsp** für Betriebskosten, die für das **Gemeinschaftseigentum** anfallen, sind: Zahlungen für Wasser und Abwasser, für Müll, für Strom, Kosten für einen Hauswart oder ein Schneeräumunternehmen, ggf Straßenreinigungskosten, Kosten für die Gebäudereinigung oder die Kosten einer Versicherung, Kosten des Betriebs einer Gemeinschaftsantennenanlage (Celle NJW-RR 87, 465), des Betriebs des Fahrstuhls (LG Düsseldorf v. 9.6.09 – 16 77/08; hier bestehen ggf Abgrenzungsprobleme zu § 16 IV) des Betriebs der mit einem Breitbandkabelnetz verbundenen hauseigenen Verteilanlage, des Betriebs von im Gemeinschaftseigentum stehenden Wasch- und Trockenmaschinen. Grundsteuern sind keine Betriebskosten iSd WEG. **Instandhaltungs- und Instandsetzungskosten**, die das Mietrecht als Betriebskosten versteht, unterfallen § 16 III (LG Nürnberg-Fürth ZMR 09, 640), nicht § 16 IV. Auch die Kosten einer **turnusmäßigen Wartung** von gemeinschaftlichen Anlagen, die **Kosten von Kleinreparaturen** oder die Ersatzbeschaffung von Kleinteilen, etwa einer Glühbirne, eines Drahts, einer Sicherung, einer kleinen Glasscheibe, sind Betriebskosten (LG Nürnberg-Fürth ZMR 09, 640).

15 **III. Verwaltungskosten (§ 16 II, VII, VIII).** Verwaltungskosten sind va Kosten iSv § 16 VII, VIII, aber auch zB: Kosten des Verwalters, Ersatzansprüche, Kontokosten, die Kosten für ein im Gemeinschaftseigentum oder im Eigentum der Gemeinschaft der Wohnungseigentümer stehendes Wohnungs- oder Teileigentum, Versicherungsprämien (auch soweit das Sondereigentum mitversichert ist), Kosten der Eigentümerversammlung, Kosten für die Prüfung von Wirtschaftsplänen und Abrechnungen, Rechtsberatungskosten, die Raten für ein Darlehen des Verbandes, Kosten im Zusammenhang mit dem Beirat, Kosten für eine Maßnahme der Zwangsversteigerung, Mietkosten.

16 § 16 VIII nimmt die Kosten eines **Prozesses nach § 43** von § 16 II aus. § 16 VIII unterfallen nur Binnenstreitigkeiten unter den Wohnungseigentümern (BGHZ 171, 335 = ZMR 07, 623). Sein Zweck erfordert nach hM in bestimmten Fällen eine einschränkende Auslegung. Eine Schutzbedürftigkeit der Wohnungseigentümer ist nicht zu erkennen, wenn alle von ihnen an einem Verfahren als Kläger oder Beklagte teilnehmen (BGHZ 171, 335 = ZMR 07, 623), wenn die Gemeinschaft der Wohnungseigentümer von einem Dritten verklagt wurde,

Streitigkeiten mit Dritten, an denen die Gemeinschaft der Wohnungseigentümer selbst oder sämtliche Wohnungseigentümer gemeinsam und gleichgerichtet beteiligt sind (BGHZ 171, 335 = ZMR 07, 623). Auch die – vorläufige – Finanzierung eines Prozesses nach § 43 Nr 4 aus gemeinschaftlichen Geldern ist zulässig (LG Düsseldorf ZMR 09, 712, 713; LG Berlin GE 09, 207; AG Dortmund NZM 08, 172). Die Prozesskosten sind endgültig denjenigen Wohnungseigentümern aufzuerlegen, die von ihnen unter Berücksichtigung der Gerichtsentscheidung betroffen sind (Frankf NZM 06, 519, 520). Unter diesen ist im Zweifel § 16 II anwendbar (BGHZ 171, 335 = ZMR 07, 623).

D. Kostenverteilungsschlüssel für Baumaßnahmen (§ 16 IV). § 16 IV 1 betrifft Maßnahmen nach §§ 21 V Nr 2, 22 I, II, III. Von §§ 16 IV, 21 V Nr 2 sind jedenfalls **Mehrhausanlagen** erfasst (LG München I ZWE 10, 43). Bauliche Maßnahmen allein im Sondereigentum werden von § 16 IV idR nicht erfasst. **Einzelfall** ist eine konkret benannte, jedenfalls dem Umfang nach feststehende bauliche Veränderung oder Instandhaltung oder Instandsetzung iwS. Entscheidend ist, ob sich eine Regelung in ihrem Vollzug erschöpft und Grundlage für spätere, sich allein auf diese Regelung stützende Maßnahmen sein soll. Str ist, ob ein **Einzelfall** anzunehmen ist, wenn im Beschl die **Folgekosten** mitgeregelt sind. 17

Der für den Kostenverteilungsschlüssel genutzte Maßstab muss dem **Gebrauch** (§ 15 Rn 1) oder der **Möglichkeit des Gebrauchs** Rechnung tragen, um ordnungsmäßig zu sein. Der Beschl bedarf der in § 16 IV 2 genannten **Qualifikationen** (doppelte Qualifizierung). Wie in §§ 18 III, 22 II ist eine **Mehrheit sämtlicher Wohnungseigentümer** notwendig, auch nach § 25 IV 2. Verkündet der Versammlungsleiter einen Beschl, obwohl die abgegebenen Stimmen diesen Schluss nicht rechtfertigen, ist der Beschl **nicht nichtig** (BGH ZMR 09, 698 = BGHZ 152, 46, 61 = ZMR 02, 930, 936; München ZMR 07, 480, 481). 18

§ 17 Anteil bei Aufhebung der Gemeinschaft.
¹Im Falle der Aufhebung der Gemeinschaft bestimmt sich der Anteil der Miteigentümer nach dem Verhältnis des Wertes ihrer Wohnungseigentumsrechte zur Zeit der Aufhebung der Gemeinschaft. ²Hat sich der Wert eines Miteigentumsanteils durch Maßnahmen verändert, deren Kosten der Wohnungseigentümer nicht getragen hat, so bleibt eine solche Veränderung bei der Berechnung des Wertes dieses Anteils außer Betracht.

Sofern nichts Abweichendes durch Vereinbarung bestimmt ist, ordnet § 17 1 – unter Beachtung von § 17 2 – für den Fall der Aufhebung der Gemeinschaft (Vor §§ 1–64 WEG Rn 2) an, nach welchem Wert jeder Wohnungseigentümer am zu verteilenden Gemeinschaftseigentum zu beteiligen ist: dem Wert der Wohnungseigentumsrechte (Vor §§ 1–64 WEG Rn 4). Der Wert ist einvernehmlich, subsidiär durch sachverständiges Verkehrswertgutachten und ggf durch Urt und gerichtliche Schätzung nach § 317 BGB festzustellen. **Belastungen**, die jeder Wohnungseigentümer für sich berichtigen muss, und Schulden der Gemeinschaft der Wohnungseigentümer sind bei der Berechnung **nicht zu berücksichtigen**. Für die Verteilung von § 10 VII kann § 17 **analog angewendet** werden. 1

§ 18 Entziehung des Wohnungseigentums.
(1) ¹Hat ein Wohnungseigentümer sich einer so schweren Verletzung der ihm gegenüber anderen Wohnungseigentümern obliegenden Verpflichtungen schuldig gemacht, daß diesen die Fortsetzung der Gemeinschaft mit ihm nicht mehr zugemutet werden kann, so können die anderen Wohnungseigentümer von ihm die Veräußerung seines Wohnungseigentums verlangen. ²Die Ausübung des Entziehungsrechts steht der Gemeinschaft der Wohnungseigentümer zu, soweit es sich nicht um eine Gemeinschaft handelt, die nur aus zwei Wohnungseigentümern besteht.
(2) Die Voraussetzungen des Absatzes 1 liegen insbesondere vor, wenn
1. der Wohnungseigentümer trotz Abmahnung wiederholt gröblich gegen die ihm nach § 14 obliegenden Pflichten verstößt;
2. der Wohnungseigentümer sich mit der Erfüllung seiner Verpflichtungen zur Lasten- und Kostentragung (§ 16 Abs. 2) in Höhe eines Betrages, der drei vom Hundert des Einheitswertes seines Wohnungseigentums übersteigt, länger als drei Monate in Verzug befindet; in diesem Fall steht § 30 der Abgabenordnung einer Mitteilung des Einheitswerts an die Gemeinschaft der Wohnungseigentümer oder, soweit die Gemeinschaft nur aus zwei Wohnungseigentümern besteht, an den anderen Wohnungseigentümer nicht entgegen.
(3) ¹Über das Verlangen nach Absatz 1 beschließen die Wohnungseigentümer durch Stimmenmehrheit. ²Der Beschluss bedarf einer Mehrheit von mehr als der Hälfte der stimmberechtigten Wohnungseigentümer. ³Die Vorschriften des § 25 Abs. 3, 4 sind in diesem Falle nicht anzuwenden.
(4) Der in Absatz 1 bestimmte Anspruch kann durch Vereinbarung der Wohnungseigentümer nicht eingeschränkt oder ausgeschlossen werden.

A. Inhalt. Der nach § 18 IV unabding-, aber modifizierbare § 18 I gibt den Wohnungseigentümern das Recht, bei einer schweren Verletzung (Rn 4) von einem Wohnungseigentümer nach einem entspr Beschl (Rn 8) die Veräußerung seines Wohnungseigentums iSv § 2 zu verlangen. Art 14 GG steht § 18 zwar nicht entgegen. Das Verlangen darf wegen ihm aber nur als **letztes Mittel** eingesetzt werden (BGH ZMR 07, 465, 467; München ZMR 08, 412). 1

2 B. Verpflichteter (§ 18 I 1); Berechtigter (§ 18 I 2). Anspruchsgegner ist ein (ggf werdender) Wohnungseigentümer (Vor §§ 1–64 WEG Rn 1). Steht ein Wohnungseigentum mehreren gesamthänderisch zu und stört nur einer von ihnen, kann die Entziehung der ganzen Einheit von allen verlangt werden (LG Köln ZMR 02, 227). Bei Bruchteilseigentum ist str, ob nur die Veräußerung des Anteils iSv § 747 1 BGB verlangt werden kann. Die Miteigentümer können die Entziehung dadurch abwehren, dass sie den Störer ausschließen.

3 Nach § 18 I 2 berechtigt ist grunds die Gemeinschaft der Wohnungseigentümer (§ 10 VI). Ausnahme ist eine Anlage mit zwei Wohnungseigentümern.

4 C. Schwere Verletzung (§ 18 I 1, II). I. Generalklausel (§ 18 I 1). 1. Schwere und unzumutbare Verletzung. § 18 I 1, II sind eng auszulegen (BVerfG NJW 94, 241, 242). Ob eine Verletzung **schwer** und eine Fortsetzung **unzumutbar** ist, ist Frage der Abwägung im Einzelfall. Unzumutbarkeit ist erst anzunehmen, wenn weniger einschneidende Maßnahmen erfolglos geblieben sind (BGH ZMR 07, 465, 467; Köln ZMR 98, 48, 49). Die Gründe müssen aus der Sphäre des Auszuschließenden kommen, können aber auch durch Haushalts- oder Familienangehörige bzw Mieter eines Wohnungseigentümers verursacht werden; die Zurechnung folgt aus § 14 Nr 2. Bei Fehlverhalten Dritter kann ein eigenes Fehlverhalten des Wohnungseigentümer darin liegen, dass er gravierende Störungen zB des Hausfriedens hinnimmt und keine Schritte gegen den Dritten einleitet. Die Verletzung muss einem anderen Wohnungseigentümer, dessen Haushalts- oder Familienangehörigen bzw Mietern gelten. Subjektive Vorwerfbarkeit ist nicht zwingend (BVerfG NJW 94, 241, 242; LG Tübingen ZMR 95, 179). Die Grundsätze der **Kündigung von Dauerschuldverhältnissen** mit personenrechtlichem Charakter sind anwendbar (§ 314 Rn 7 ff).

5 2. Abmahnung. Grunds erforderlich ist eine **Abmahnung** analog §§ 543 III, 314 II 1 BGB (BGH ZMR 07, 465; München NJW 08, 856, 859). Sie muss vor einem Beschl nach § 18 III – vor dem sie warnt (BGH ZMR 07, 465, 468) – ausgesprochen werden und darüber informieren, was zu tun ist, um die Folgen des § 18 III zu vermeiden. Die Abmahnung soll dem Betroffenen eine Möglichkeit zur Verhaltensänderung geben und diese berücksichtigen. Was der Wohnungseigentümer auf die Abmahnung zur Rechtfertigung oder Erklärung seines Verhaltens vorbringt, ist auszuwerten. Die Abmahnung ist **nicht selbstständig** anfechtbar (BGH ZMR 07, 465, 468) und setzt keinen Beschl voraus (BGH ZMR 07, 465, 468). Es genügt, dass der Verwalter oder ein Wohnungseigentümer sie ausspricht. Gibt es einen Beschl, ist er nur auf formelle Mängel gerichtlich überprüfbar (LG Hannover ZMR 06, 723). Die nach § 18 III notwendigen Mehrheiten sind für einen Abmahnungsbeschl nicht erforderlich (Hambg ZMR 03, 596). Ein Antrag auf Feststellung der Rechtswidrigkeit der Abmahnung ist unzulässig (BayObLG NZM 04, 383). Auf eine Abmahnung kann verzichtet werden, wenn diese unzumutbar ist oder offenkundig keine Aussicht auf Erfolg bietet (BGH ZMR 07, 465, 467).

6 3. Einzelfälle. Bsp für § 18 I 1 sind: fortlaufend unpünktliche Erfüllung von Wohngeld- und anderen Zahlungsansprüchen (BGH ZMR 07, 455), schwere, fortdauernde Beleidigungen (LG Stuttgart NJW-RR 97, 589; KG NJW 67, 2268), Androhung oder Durchführung von Straftaten, Gewalttätigkeiten (LG Nürnberg-Fürth ZMR 85, 347; AG Dachau ZMR 06, 319), Verschmutzungen (AG Erlangen ZMR 04, 539), Fäkalgerüche (LG Tübingen NJW-RR 95, 650).

7 II. Regelbeispiele (§ 18 II). Liegt im Grunde ein Fall des § 18 II vor, sind dessen Voraussetzungen aber nicht erfüllt, versperrt das den Rückgriff auf § 18 I nicht (BGH ZMR 07, 465, 466). § 18 II Nr 1 setzt idR mindestens **zwei Verletzungen** gegen Pflichten aus § 14 (zu den Pflichten § 14 Rn 1 ff) nach einer **Abmahnung** voraus (BGH ZMR 07, 455, 467). Für die Abmahnung gelten dieselben Anforderungen wie nach § 18 I (dazu Rn 5). § 18 II Nr 2 verlangt keine Abmahnung. Ein der Abmahnung entspr Effekt wird indes durch § 19 II erreicht. Der nach § 18 II Nr 2 erforderliche Nachweis ist durch Gesetz zur Reform des Kontopfändungsschutzes vom 7.7.09 (BGBl I 1707) ermöglicht worden. Das Finanzamt muss danach indes nicht den Einheitswertbescheid übersenden, sondern darf den Einheitswert mitteilen.

8 D. Entziehungsbeschluss (§ 18 III). I. Allgemeines. Das Verlangen nach § 18 I 1 bedarf grds eines Beschl; Ausnahme ist eine Zweiergemeinschaft (LG Köln ZMR 02, 227; LG Aachen ZMR 93, 233). Es muss ausdrücklich die Veräußerung des Wohnungseigentums verlangt werden und dies muss sich unzweifelhaft aus der Beschlussformulierung, wie sie vom Verwalter festgestellt wurde, ergeben (BayObLG WuM 90, 95).

9 II. Mehrheit. Ein Entziehungsbeschl bedarf nach § 18 III 2 qualifizierter Mehrheit. Mehr als 50 % sämtlicher stimmberechtigter Wohnungseigentümer – nicht nur der in der Eigentümerversammlung anwesenden – müssen für das Verlangen nach § 18 I 1 stimmen, § 18 III 3 iVm § 25 III, IV. Für die Feststellung der Mehrheit gilt gem §§ 18 III 3, 25 II 1, II das Kopfprinzip (Rostock ZMR 09, 470), auch wenn iÜ ein anderes Stimmrechtsprinzip gilt (BayObLG ZMR 99, 724). Ein Negativbeschl (Vor §§ 23 bis 25 WEG Rn 1) kann nach §§ 43 Nr 4, 46 mit dem Antrag auf positive Beschlussfassung angegriffen werden (KG FGPrax 96, 94). Die Klage hat Erfolg, wenn sich das Ermessen für einen Beschl nach § 18 III reduziert hat.

10 III. Anfechtungsklage. Der Beschl nach § 18 III kann wie jeder Beschl nach §§ 43 Nr 4, 46 angefochten werden. Zu prüfen ist: ob der Beschl **formell ordnungsmäßig** (Vor §§ 23 bis 25 WEG Rn 4) ist und ob eine **Abmahnung** (Rn 5 und 8) vorliegt. Ob ein Grund nach § 18 I 1, II vorliegt, ist hingegen bei der **Entzie-**

hungsklage (§ 19 Rn 1) zu prüfen (Rostock ZMR 09, 470). Der **Gebührenstreitwert** für den Beschl über die Entziehung beträgt 20% des Verkehrswertes des betroffenen Sondereigentums (Rostock ZMR 09, 470).

§ 19 Wirkung des Urteils. (1) ¹**Das Urteil, durch das ein Wohnungseigentümer zur Veräußerung seines Wohnungseigentums verurteilt wird, berechtigt jeden Miteigentümer zur Zwangsvollstreckung entsprechend den Vorschriften des Ersten Abschnitts des Gesetzes über die Zwangsversteigerung und die Zwangsverwaltung.** ²Die Ausübung dieses Rechts steht der Gemeinschaft der Wohnungseigentümer zu, soweit es sich nicht um eine Gemeinschaft handelt, die nur aus zwei Wohnungseigentümern besteht.
(2) Der Wohnungseigentümer kann im Falle des § 18 Abs. 2 Nr. 2 bis zur Erteilung des Zuschlags die in Absatz 1 bezeichnete Wirkung des Urteils dadurch abwenden, daß er die Verpflichtungen, wegen deren Nichterfüllung er verurteilt ist, einschließlich der Verpflichtung zum Ersatz der durch den Rechtsstreit und das Versteigerungsverfahren entstandenen Kosten sowie die fälligen weiteren Verpflichtungen zur Lasten- und Kostentragung erfüllt.
(3) Ein gerichtlicher oder vor einer Gütestelle geschlossener Vergleich, durch den sich der Wohnungseigentümer zur Veräußerung seines Wohnungseigentums verpflichtet, steht dem in Absatz 1 bezeichneten Urteil gleich.

A. Veräußerungsurteil/-klage. Durch § 18 wird eine **Verpflichtung zur Veräußerung** begründet, nicht die Wirkung der Entziehung erzeugt. Entspricht der Störer einem Entziehungsurteil nicht freiwillig, muss er auf Antrag der Gemeinschaft der Wohnungseigentümer (München ZMR 08, 412; zum früheren Recht BGH ZMR 07, 465, 466) zur **Veräußerung seines Wohnungseigentums verurteilt** werden (Veräußerungsurteil). Gegenstand eines solchen, von § 19 bloß vorausgesetzten Eigentumsentziehungsprozesses ist die Frage, ob der Sondereigentümer sein Eigentum veräußern muss (BGH ZMR 07, 791). Örtlich und sachlich zuständig ist das AG nach § 43 Nr 1 und 2, § 23 Nr 2 c) GVG. Der Beschl nach § 18 III ist **besondere Sachurteilsvoraussetzung** (Rostock ZMR 09, 470). Das Gericht hat bei der **Entziehungsklage** zu prüfen, ob § 18 III und § 18 I 1, II vorliegen (München ZMR 08, 412; BayObLGZ 99, 66). Für die Voraussetzungen trägt die Gemeinschaft der Wohnungseigentümer die Beweislast (AG Dachau ZMR 06, 319, 320). Der Klageantrag ist idR auf Veräußerung gerichtet. Der **Gebührenstreitwert** bestimmt sich nach dem Verkehrswert des zu veräußernden Sondereigentums (BGH ZMR 07, 791). 1

Aus dem Veräußerungsurteil ist nach § 19 I 1 jeder Wohnungseigentümer zur Zwangsvollstreckung entspr dem ZVG „berechtigt". Die Ausübung dieses Rechts steht nach §§ 19 I 2, 10 VI 3 indes grunds der Gemeinschaft der Wohnungseigentümer zu (Ausnahme: Zweiergemeinschaft). Aus dem Veräußerungsurteil kann 30 Jahre lang vollstreckt werden (§ 197 I Nr 3 BGB). 2

B. Abwendungsbefugnis (§ 19 II). Unter den Voraussetzungen des § 19 II kann ein Wohnungseigentümer ein Veräußerungsurteil (Rn 1) seiner Wirkungen berauben. Eine Zwangsvollstreckung ist dann nicht mehr möglich. 3

C. Vollstreckung (§ 19 I, III). Voraussetzung der Vollstreckung ist ein Veräußerungsurteil (Rn 1) oder ein Vergleich iSv § 19 III. Die Vollstreckung erfolgt im Wege der Zwangsversteigerung entspr §§ 1 – 161 ZVG. Da diese Vorschriften auf Zwangsversteigerungen wegen Geldforderungen konzipiert sind, ist für jede Vorschrift zu prüfen, ob sie angewendet werden kann. Str ist, ob der Titel im Rang des § 10 I Nr 5 ZVG steht (BT-Drs 16/887, 26) oder ranglos ist. IdR sind jedenfalls sämtliche Belastungen des Grundstücks im geringsten Gebot zu berücksichtigen und vom Ersteher zu übernehmen. Das Veräußerungsurteil ersetzt nicht zur Veräußerung erforderliche Erklärungen Dritter, etwa die Genehmigung des Vormundschaftsgerichts bei Minderjährigen oder unter Betreuung stehenden Personen oder die Zustimmung nach § 12. 4

3. Abschnitt   Verwaltung

§ 20 Gliederung der Verwaltung. (1) **Die Verwaltung des gemeinschaftlichen Eigentums obliegt den Wohnungseigentümern nach Maßgabe der §§ 21 bis 25 und dem Verwalter nach Maßgabe der §§ 26 bis 28, im Falle der Bestellung eines Verwaltungsbeirats auch nach Maßgabe des § 29.**
(2) Die Bestellung eines Verwalters kann nicht ausgeschlossen werden.

A. Gliederung und Gegenstand der Verwaltung (§ 20 I). § 20 I stellt **ohne eigenen Regelungswillen** klar, welchen Stellen die Verwaltung (§ 21 Rn 1) des gemeinschaftlichen Eigentums obliegt. Es sind dies: primär die Wohnungseigentümer, daneben der Verwalter, ggf ein Beirat. Alleiniger **Verwaltungsgegenstand** ist das gemeinschaftliche Eigentum. Soweit an einer Fläche des Gemeinschaftseigentums ein Sondernutzungsrecht (§ 13 Rn 7 ff) begründet worden ist, kann die Verwaltungszuständigkeit auf den Sondernutzungs-Berechtigten übergegangen sein. Die **Verwaltung des Sondereigentums** obliegt jedem Wohnungseigentümer. Die **Verwaltung des Verwaltungsvermögens** obliegt der Gemeinschaft der Wohnungseigentümer. 1

2 B. Kein Ausschluss der Verwalterbestellung (§ 20 II). Nach § 20 II kann die Bestellung eines Verwalters nicht ausgeschlossen werden (BGHZ 107, 268 = NJW 89, 2059; BGHZ 67, 232 = ZMR 78, 253). Eine anders lautende Vereinbarung oder ein entsprechender Beschl sind gem § 134 BGB nichtig. Aus § 20 II folgt keine Verpflichtung der Eigentümer zur Bestellung eines Verwalters. Zur Bestellung des Verwalters durch ein Gericht s. § 26 Rn 7.

§ 21 Verwaltung durch die Wohnungseigentümer.
(1) Soweit nicht in diesem Gesetz oder durch Vereinbarung der Wohnungseigentümer etwas anderes bestimmt ist, steht die Verwaltung des gemeinschaftlichen Eigentums den Wohnungseigentümern gemeinschaftlich zu.
(2) Jeder Wohnungseigentümer ist berechtigt, ohne Zustimmung der anderen Wohnungseigentümer die Maßnahmen zu treffen, die zur Abwendung eines dem gemeinschaftlichen Eigentum unmittelbar drohenden Schadens notwendig sind.
(3) Soweit die Verwaltung des gemeinschaftlichen Eigentums nicht durch Vereinbarung der Wohnungseigentümer geregelt ist, können die Wohnungseigentümer eine der Beschaffenheit des gemeinschaftlichen Eigentums entsprechende ordnungsmäßige Verwaltung durch Stimmenmehrheit beschließen.
(4) Jeder Wohnungseigentümer kann eine Verwaltung verlangen, die den Vereinbarungen und Beschlüssen und, soweit solche nicht bestehen, dem Interesse der Gesamtheit der Wohnungseigentümer nach billigem Ermessen entspricht.
(5) Zu einer ordnungsmäßigen, dem Interesse der Gesamtheit der Wohnungseigentümer entsprechenden Verwaltung gehört insbesondere:
1. die Aufstellung einer Hausordnung;
2. die ordnungsmäßige Instandhaltung und Instandsetzung des gemeinschaftlichen Eigentums;
3. die Feuerversicherung des gemeinschaftlichen Eigentums zum Neuwert sowie die angemessene Versicherung der Wohnungseigentümer gegen Haus- und Grundbesitzerhaftpflicht;
4. die Ansammlung einer angemessenen Instandhaltungsrückstellung;
5. die Aufstellung eines Wirtschaftsplans (§ 28);
6. die Duldung aller Maßnahmen, die zur Herstellung einer Fernsprechteilnehmereinrichtung, einer Rundfunkempfangsanlage oder eines Energieversorgungsanschlusses zugunsten eines Wohnungseigentümers erforderlich sind.
(6) Der Wohnungseigentümer, zu dessen Gunsten eine Maßnahme der in Absatz 5 Nr. 6 bezeichneten Art getroffen wird, ist zum Ersatz des hierdurch entstehenden Schadens verpflichtet.
(7) Die Wohnungseigentümer können die Regelung der Art und Weise von Zahlungen, der Fälligkeit und der Folgen des Verzugs sowie die Kosten für eine besondere Nutzung des gemeinschaftlichen Eigentums oder für einen besonderen Verwaltungsaufwand mit Stimmenmehrheit beschließen.
(8) Treffen die Wohnungseigentümer eine nach dem Gesetz erforderliche Maßnahme nicht, so kann an ihrer Stelle das Gericht in einem Rechtsstreit gemäß § 43 nach billigem Ermessen entscheiden, soweit sich die Maßnahme nicht aus dem Gesetz, einer Vereinbarung oder einem Beschluss der Wohnungseigentümer ergibt.

1 A. Gemeinschaftliche Verwaltung des gemeinschaftlichen Eigentums (§ 21 I). Verwaltung iSv § 21 I findet grds (s.a. § 21 II) gemeinschaftlich durch Vereinbarungen iSv § 10 II, nach § 21 III aber auch durch Beschl statt. Verwaltung ist Zusammenfassung der im weiteren Verbandsrecht genutzten Begriffe Geschäftsführung und Vertretung und mit deren Inbegriff in weiten Teilen deckungsgleich. Zur Verwaltung gehören alle Maßnahmen, die in tatsächlicher oder rechtlicher Hinsicht auf eine Änderung des bestehenden Zustandes des Gemeinschaftseigentums abzielen oder sich als Geschäftsführung zu Gunsten der Wohnungseigentümer oder als Vertretung in Bezug auf das gemeinschaftliche Eigentum ggü Dritten darstellen (BGHZ 141, 224, 229 = ZMR 09, 647; BGHZ 121, 22, 26 = NJW 93, 727). **Verwaltungsgegenstand** ist das Gemeinschafts-, nicht das Sondereigentum (BGH ZMR 03, 431; § 20 Rn 1). Die Wohnungseigentümer haben bei der Verwaltung ein **Ermessen**, was Notwendigkeit und Zweckmäßigkeit angeht (Hambg ZMR 10, 129, 130; Frankf ZMR 09, 860; BayObLG ZMR 99, 494). Billigem Ermessen entspricht, was dem geordneten Zusammenleben und dem Interesse der Gesamtheit der Wohnungseigentümer dient (Köln NJW-RR 04, 1310, 1311; NZM 98, 870). Soweit das Gesetz Ermessen einräumt, müssen alle für und gegen eine Maßnahme sprechenden Umstände abgewogen werden (BGH ZMR 03, 937, 94). Mehrere Maßnahmen können ermessensfehlerfrei sein. Die Wohnungseigentümer können in diesem Falle wählen, für welche Möglichkeit sie sich entscheiden wollen. Ermessen ist einer Nachprüfung weitgehend entzogen (Frankf ZMR 09, 860).

2 B. Notgeschäftsführung (§ 21 II). Für § 21 II muss dem gemeinschaftlichen Eigentum unmittelbar ein Schaden drohen. Ein Handeln muss notwendig sein. Dies ist der Fall, wenn in die Substanz des Gemeinschaftseigentums ohne ein Tun nachhaltig negativ eingegriffen werden würde oder wurde, zB durch Sturm, eindringendes Wasser, Feuer etc, ein verständiger Wohnungseigentümer nicht länger abwarten würde und weder der Verwalter noch andere Wohnungseigentümer zur Behebung der Notlage herangezogen (beteiligt/befragt) werden können (s.a. Frankf ZMR 09, 382, 383). Die Voraussetzungen liegen nicht vor, wenn ein gefahrträchtiger Zustand bereits längere Zeit besteht und der Verwalter bereits längere Zeit Kenntnis von der Situation hat (Hambg ZMR 07, 129, 130; Celle ZWE 02, 369). Liegen die Voraussetzungen des § 21 II vor, darf jeder Wohnungseigentümer die Maßnahmen treffen, die notwendig sind (Notmaßnahmen). Im Einzelfall kann § 21 II in eine Pflicht zur Notgeschäftsführung umschlagen (Oldbg DWE 88, 64; LG Aachen ZMR 93, 233).

Bsp: Tatsächliche Maßnahmen wie die Deckung eines Daches, eine Abdichtung, Auspumpen eines vollgelaufenen Kellers usw oder **rechtliche Maßnahmen**, zB die Einleitung eines Rechtsstreits (Frankf ZMR 09, 382, 383) oder die Geltendmachung eines Abwehrrechts (VGH München NZM 06, 230). Eine Kompetenz, die Gemeinschaft der Wohnungseigentümer oder die anderen Wohnungseigentümer zu vertreten, gibt § 21 II nicht (str). Der nach § 21 II Handelnde handelt aber für Wohnungseigentümer und Gemeinschaft der Wohnungseigentümer und erzeugt **Kosten iSv § 16 II** (München ZMR 08, 321, 322). Der Anspruch ist auf Zahlung von Geld gerichtet. Der Notgeschäftsführer kann mit seinen Ansprüchen aufrechnen (Brandbg IMR 08, 59; KG ZMR 04, 618, 619). Der Anspruch verjährt in 3 Jahren (Hamm ZMR 08, 228, 231). Der Anspruch richtet sich **gegen die Gemeinschaft der Wohnungseigentümer** (München ZMR 08, 321, 322; Hamm ZMR 08, 228, 230), ggf aber auch gegen die anderen Wohnungseigentümer gem § 10 VIII 1 Hs 1 (aA München ZMR 08, 321, 322; AG Charlottenburg ZMR 09, 954). 3

§ 21 II schließt Ansprüche aus §§ 812 ff BGB nicht aus (Frankfurt ZMR 09, 382, 383; München ZMR 08, 321. Daneben kommen Ansprüche aus §§ 677 ff, 683, 670 BGB (BayObLG NZM 02, 1033, 1034) oder in einer Gesamtanalogie zu §§ 110 HGB, 713, 670 BGB in Betracht. 4

C. Ordnungsmäßige Verwaltung (§ 21 III und V). I. Allgemeines. Soweit nichts anderes bestimmt ist, dürfen die Wohnungseigentümer nach § 21 III eine ordnungsmäßige **Verwaltung** durch Beschl bestimmen. Regelbeispiele nennt § 21 V (Rn 7; zum **Wirtschaftsplan** s. § 28). Die Einschränkung „ordnungsmäßig" ist nicht kompetenzbegründend (BGHZ 145, 158 = ZMR 00, 771). Eine Verwaltungsmaßnahme ist ordnungsmäßig, wenn sie den Vereinbarungen und Beschlüssen und, soweit solche nicht bestehen, dem Interesse der Gesamtheit der Wohnungseigentümer nach billigem Ermessen entspricht. 5

Im Interesse der Gesamtheit der Wohnungseigentümer liegt eine Verwaltung, wenn sie bei objektiv vernünftiger Betrachtungsweise unter Berücksichtigung der besonderen Umstände des Einzelfalls nützlich ist (KG ZMR 04, 780; BayObLG ZMR 03, 951). Eine Maßnahme ist nützlich, wenn sie dem geordneten Zusammenleben der Wohnungseigentümer dient (München ZMR 06, 311). Bei der Beurteilung ist auf den Maßstab eines vernünftigen, wirtschaftlich denkenden und sinnvollen Neuerungen ggü aufgeschlossenen Hauseigentümers abzustellen (BayObLG ZMR 03, 282). 6

II. Regelbeispiele (§ 21 V). 1. Hausordnung (§ 21 V Nr 1). Hausordnung ist die **Verkörperung sämtlicher hausbezogener Gebrauchs- und Verwaltungsregelungen** für das gemeinschaftliche und das jeweilige Sondereigentum (BayObLG ZMR 04, 924; Schlesw ZMR 02, 865, 869). **Bsp**: Ruhezeiten und zulässige Zeiten für die Musikausübung (Frankfurt NZM 04, 31, 32; BayObLG NZM 02, 492; Musizieren darf nicht insgesamt verboten werden, BGHZ 139, 289 = ZMR 99, 41), Treppenhaus (Hamm NJW-RR 02, 10), zB das Abstellen von Schuhen, Kinderwagen, Rollatoren etc, Benutzung gemeinsamer Müllanlagen (Ddorf ZMR 05, 142); Tierhaltung (ein völliges Verbot der Tierhaltung ist nur durch Vereinbarung zulässig, BGHZ 129, 329, 333 = ZMR 95, 416), Verschließen der Hauseingangstür (Frankfurt ZMR 09, 860). Für das, was Gegenstand der Hausordnung ist, haben die Wohnungseigentümer Ermessen (Frankf ZMR 09, 860). 7

Eine Hausordnung kann **vereinbart**, aber auch **beschlossen** werden. Ist sie Teil der Gemeinschaftsordnung (Vor §§ 1–64 WEG Rn 5) ist sie idR durch Beschl änderbar (BayObLG ZMR 02, 64; Frankf ZMR 91, 113). **Tätige Mithilfe**, zB Abfallbehältnisse bereitzustellen, Gartenpflegearbeiten durchzuführen, Instandhaltungs- und Instandsetzungsarbeiten durchzuführen oder Hauswartdienste zu leisten, kann nicht beschlossen werden (Ddorf WuM 08, 570, 571). Die Wohnungseigentümer können aber beschließen, wer von ihnen zur Sicherung der Verkehrspflichten verpflichtet ist (BayObLG ZMR 94, 430; Stuttg NJW-RR 87, 976; str). Fehlt eine Hausordnung oder ist sie unvollständig, kann – nach Befassung der Eigentümerversammlung – nach § 21 VIII eine Hausordnung aufgestellt, abgeändert oder ergänzt werden (Hamm NJW 69, 884; passim BGH ZMR 99, 41, 44). 8

2. Instandhaltung und Instandsetzung (§ 21 V Nr 2): Erhaltungsmaßnahmen. Instandhaltung und Instandsetzung (zum Begriff § 535 BGB Rn 93) – die, wenn nichts anderes verwertbar ist, idR nicht unterschieden werden müssen – sind umfassend zu verstehen und beinhalten neben bloßen Reparaturarbeiten: die *Ersatzbeschaffung verbrauchter Teile*, eine erstmalige ordnungsmäßige Herstellung des Gemeinschaftseigentums, die Vollendung eines „stecken gebliebenen" Baus, die Korrektur einer ursprünglich planwidrigen Errichtung, die Erfüllung öff.-rechtlicher Anforderungen (Gesetz, Verwaltungsakt, Verkehrspflichten) und modernisierenden Instandsetzungen iSv § 22 III (§ 22 Rn 16 ff). Nach einer Vereinbarung kann allein ein Wohnungseigentümer nach § 21 V Nr 2 verpflichtet sein (München ZMR 07, 557, 559; Braunschweig ZMR 06, 787, 788). Die Bestimmung, die es einem Wohnungseigentümer auferlegt, bestimmte Flächen bestimmungsgemäß zu verwenden und voll zu unterhalten und zu pflegen, und zwar auf eigene Kosten, umfasst nicht die **Instandsetzungskosten** (BGH NZM 09, 866; KG NZM 09, 867). 9

10 **3. Versicherungen (§ 21 V Nr 3).** Ihre Höhe richtet sich nach den Umständen des Einzelfalls, insb nach Lage, Zustand, Größe und Alter des Gebäudes und ist in regelmäßigen Abständen anzupassen. § 21 V Nr 3 nennt einen Mindestversicherungsschutz. Versicherungsnehmer ist grunds die Gemeinschaft der Wohnungseigentümer (Hamm ZMR 08, 401). Der Wohnungseigentümer ist Mitversicherter (Hamm ZMR 08, 401).

11 Ein weitergehender Schutz kann vereinbart und beschlossen werden. **Bsp:** Elementar-, Gewässerschadenhaftpflicht-, Leitungswasserschaden-, Sturm-, Hagelschaden-, Gebäudeglas- Wohnungsversicherung. Der Abschluss einer Versicherung für die Beiratsmitglieder ist ordnungsmäßig (KG ZMR 04, 780; § 29 Rn 4).

12 **4. Instandhaltungsrückstellung (§ 21 V Nr 4).** § 21 V Nr 4 hat den Zweck, Reparaturen des gemeinschaftlichen Eigentums zu sichern (München ZMR 08, 410). Die Höhe der Instandhaltungsrückstellung kann durch Beschl festgesetzt und jederzeit geändert werden und hängt von den Umständen des Einzelfalls ab (Hamm ZWE 07, 34, 38; Ddorf ZWE 02, 535). Bei der Bemessung haben die Wohnungseigentümer Ermessen (Hamm ZMR 06, 879). **Prüfsteine:** Beschaffenheit, Alter, baulicher Zustand und Größe der Anlage, bauliche Besonderheiten, Reparaturanfälligkeit (München ZMR 08, 410, 411), der zu erwartende Instandsetzungsbedarf und der dazu erforderliche Kapitaleinsatz (München ZMR 08, 410, 411), die wirtschaftlichen Verhältnisse der Wohnungseigentümer. Nicht Grenze, aber Anhaltspunkt ist ua § 28 II. BV (Ddorf NZM 02, 959). Über die **Form der Anlage** entscheiden die Wohnungseigentümer durch Beschl, subsidiär der Verwalter nach § 21 I. IdR ist die bestmögliche Anlageform zu nutzen (Ddorf WuM 96, 112). Über Entnahmen beschließen die Wohnungseigentümer (München ZMR 08, 410).

13 **5. Duldung von Maßnahmen (§ 21 V Nr 6).** Fernsprechteilnehmereinrichtung meint auch Telefaxanschluss, Zweitanschlüsse, ggf Internetanschlüsse. Rundfunkempfangsanlage meint die Installation einer Einzelrundfunk- oder einer Einzelparabolantenne. Unter Energieversorgungsanschluss fallen Anschlüsse an bereits vorhandene (BayObLG ZMR 02, 211) Hauptleitungen für Gas, Wasser und Strom (BayObLG WuM 93, 79). § 21 V Nr 6 schließt Ansprüche nach § 15 III, 1004 II BGB aus (BayObLG ZMR 02, 211). Auf § 14 Nr 1 und Nr 3 kommt es nicht an (BayObLG ZMR 02, 211; Hambg ZMR 92, 118, 119). Eine Duldungspflicht besteht allerdings nur, wenn entsprechende Gemeinschaftseinrichtungen fehlen (Frankf ZMR 97, 607). Für Erklärungen s. § 27 III 1 Nr 4.

14 **D. Verlangen ordnungsmäßiger Verwaltung (§ 21 IV; VIII). I. Allgemeines.** Nach § 21 IV sind die an der Verwaltung Beteiligten den Bestimmungen der Wohnungseigentümer und dem Gesetz unterworfen. § 21 IV ist **Maßstab jeglichen Verwaltungshandelns**. Verstößt ein Handeln gegen § 21 IV, ist es nicht ordnungsmäßig und anfechtbar. § 21 IV gibt jedem Wohnungseigentümer einen **einklagbaren Anspruch** auf ordnungsmäßige Verwaltung (das kann reales Handeln sein, aber auch darin liegen, dass die Wohnungseigentümer eine rechtsgeschäftliche Bestimmung treffen). Fehlt es an einer Beschlusskompetenz, wird § 21 IV verdrängt von § 10 II 3.

15 **II. Voraussetzungen.** Voraussetzung ist grunds, dass es einer gewillkürten Bestimmung bedarf. Der Anspruch hat idR nur Erfolg, wenn sich das Ermessen der Wohnungseigentümer darauf reduziert. Zu beachten ist auch dann, dass es im Ermessen der Wohnungseigentümer steht, den **Inhalt des Verlangten** zu bestimmen. Die Wohnungseigentümer verfügen idR über ein **Direktionsrecht** (§ 15 Rn 7).

16 **III. Schadenersatz.** Wird eine erforderliche Verwaltungsmaßnahme nicht durchgeführt oder wird eine bestehende Regelung verletzt, kann Schadenersatz verlangt werden (München ZMR 09, 468; München ZMR 09, 225). Der Anspruch hat bei der Verletzung einer bestehenden Regelung keine weiteren Voraussetzungen als Verschulden. Bei einer nicht bestehenden Regelung setzt der Anspruch voraus, dass eine erforderliche Verwaltungsmaßnahme nicht rechtzeitig, nicht ordnungsmäßig, unvollständig, unzureichend oder überhaupt nicht durchgeführt wurde. Weitere Voraussetzung ist, dass ein Wohnungseigentümer hinreichend versucht hat, die anderen zu einer (anderen) Beschlussfassung zu veranlassen (Frankf ZMR 09, 382, 384), und ein Verschulden (München ZMR 09, 468), das nach § 280 I 2 BGB allerdings vermutet wird. Hat ein Wohnungseigentümer gegen eine bestehende Regelung verstoßen, ist er zum Schadenersatz verpflichtet. Fehlt es an einer Regelung und erleidet ein Wohnungseigentümer deswegen einen Schaden, sind die anderen Wohnungseigentümer verpflichtet (Frankfurt ZMR 09, 382, 384; München NZM 09, 130, 131). Haben sich nur einige Wohnungseigentümer gegen die Bestimmung gewandt, schulden diese.

17 **IV. Prozessuales (§ 21 IV und VIII).** Besteht eine Verwaltungsregelung, kann jeder Wohnungseigentümer eine Befolgung einklagen. Haben die Wohnungseigentümer **keine Bestimmung** getroffen, kann jeder Wohnungseigentümer, auf eine solche klagen, sofern die Eigentümerversammlung erfolglos **vorbefasst** wurde (BGH ZMR 03, 941; Hamm ZMR 08, 156) oder die Befassung bloße **Förmelei** wäre (Rostock OLGR 09, 802; LG Hamburg ZMR 09, 941, 942). Nach § 21 IV muss der Kläger einen konkreten Antrag formulieren. Dem Gericht ist nach § 308 ZPO kein Ermessen eingeräumt, etwas anderes auszuurteilen. Die Klage unterfällt § 43 Nr 1. Die Klage ist begründet, wenn es keine Regelung gibt und allein ordnungsmäßiger Verwaltung entspricht, die verlangte Bestimmung zu treffen. Eine Klage kann daneben auf § 21 IV, VIII gestützt werden. Der Unterschied liegt darin, dass § 21 VIII dem Gericht ein weites Rechtsfolgeermessen eröffnet und der Kläger **keinen konkreten** Antrag stellen muss. Die Anspruchsvoraussetzungen sind gleich.

E. Hausgeldinkasso; Kostenbeschlüsse (§ 21 VII). I. Hausgeldinkasso. Die Wohnungseigentümer können 18
nach § 21 VII beschließen, dass geschuldete Zahlungen unbar zu leisten sind. Gedeckt sind das Einzugsermächtigungs- und auch das Abbuchungsauftragsverfahren. Möglich sind auch eine Verfall- sowie eine Vorfälligkeitsregelung (BGHZ 156, 280 = ZMR 03, 943). Erheblich höhere Zinssätze als die gesetzlich Vorgesehenen können nach §§ 138, 242 BGB nicht beschlossen werden (Grenze: 100 % über gesetzlichem Zins). Die Wohnungseigentümer können nicht bestimmen, wann Verzug iSv § 286 BGB eintritt. Unzulässig sind auch Regelungen zum Zinseszins, Stimmrechtsverbote als Verzugsfolge oder eine Vertragsstrafe. Auch „gemeinschaftswidriges Verhalten" kann nicht durch § 21 VII bestraft werden

II. Besondere Nutzung des gemeinschaftlichen Eigentums. Besondere Nutzung ist eine, die über das nach 19
§§ 13 II, 14 und 15 beschriebene Maß hinausgeht. Es muss sich um eine Nutzung handeln, die den Rahmen des bereits möglichen Gebrauchs des gemeinschaftlichen Eigentums übersteigt (str). **Bsp:** Nutzung für Kunden (Stellplätze), Lieferanten, Plakate, Leuchtreklamen, Werbeschilder, Schaukästen oder Antennen. Eine Pauschale kann ferner für die Nutzung einer Sauna (Ddorf ZMR 04, 528), einer Waschmaschine oder für die Nutzung eines Tennisplatzes verlangt werden. Umstr ist die Einführung einer Umzugskostenpauschale. In welcher Höhe ein Entgelt erhoben werden kann, ist an § 21 IV zu messen.

III. Besonderer Verwaltungsaufwand. Ein Verwaltungsaufwand ist besonders, wenn ein einzelner Woh- 20
nungseigentümer durch sein Verhalten einen über das Normalmaß hinausgehenden, aber vermeidbaren Aufwand verursacht (str). Kein besonderer Verwaltungsaufwand liegt vor, wenn die Verwaltungstätigkeit zum gesetzlich oder vertraglich geschuldeten Tätigkeitsbereich des Verwalters oder des Verwaltungsbeirats zählt. **Bsp:** Kosten, die durch die Weigerung eines Wohnungseigentümers entstehen, am Lastschriftverfahren teilzunehmen, Kosten, die durch eine Sammelüberweisung entstehen, Kosten für eine Anschriftenermittlung, Kosten für eine Sondervergütung des Verwalters, soweit sie von einem Wohnungseigentümer ausgelöst worden und ihm zurechenbar ist, zB Entgelte für die Einleitung eines Prozesses, Mahngebühren, Kopierkosten oder eine Sondervergütung für eine Zustimmung nach § 12 (Letzteres ist zw, weil die Prüfung nur im Interesse der anderen Wohnungseigentümer steht). § 21 VII erlaubt es, unmittelbar zu Lasten eines Wohnungseigentümer zu beschließen. In welcher Höhe ein Entgelt erhoben werden kann, ist an § 21 IV zu messen.

§ 22 Besondere Aufwendungen, Wiederaufbau.

(1) ¹Bauliche Veränderungen und Aufwendungen, die über die ordnungsmäßige Instandhaltung oder Instandsetzung des gemeinschaftlichen Eigentums hinausgehen, können beschlossen oder verlangt werden, wenn jeder Wohnungseigentümer zustimmt, dessen Rechte durch die Maßnahmen über das in § 14 Nr. 1 bestimmte Maß hinaus beeinträchtigt werden. ²Die Zustimmung ist nicht erforderlich, soweit die Rechte eines Wohnungseigentümers nicht in der in Satz 1 bezeichneten Weise beeinträchtigt werden.
(2) ¹Maßnahmen gemäß Absatz 1 Satz 1, die der Modernisierung entspr § 559 Abs. 1 des Bürgerlichen Gesetzbuches oder der Anpassung des gemeinschaftlichen Eigentums an den Stand der Technik dienen, die Eigenart der Wohnanlage nicht ändern und keinen Wohnungseigentümer gegenüber anderen unbillig beeinträchtigen, können abweichend von Absatz 1 durch eine Mehrheit von drei Viertel aller stimmberechtigten Wohnungseigentümer im Sinne des § 25 Abs. 2 und mehr als der Hälfte aller Miteigentumsanteile beschlossen werden. ²Die Befugnis im Sinne des Satzes 1 kann durch Vereinbarung der Wohnungseigentümer nicht eingeschränkt oder ausgeschlossen werden.
(3) Für Maßnahmen der modernisierenden Instandsetzung im Sinne des § 21 Abs. 5 Nr. 2 verbleibt es bei den Vorschriften des § 21 Abs. 3 und 4.
(4) Ist das Gebäude zu mehr als der Hälfte seines Wertes zerstört und ist der Schaden nicht durch eine Versicherung oder in anderer Weise gedeckt, so kann der Wiederaufbau nicht gemäß § 21 Abs. 3 beschlossen oder gemäß § 21 Abs. 4 verlangt werden.

A. Anwendungsbereich. § 22 erfasst nur bauliche Veränderungen des **gemeinschaftlichen Eigentums** 1
(Ddorf ZMR 07, 206; Hambg ZMR 02, 372). Ein Beschl zum Sondereigentum nach § 22 I ist grunds nichtig. Unterliegt eine Fläche des Gemeinschaftseigentums einem Sondernutzungsrecht, ist sie Gemeinschaftseigentum iSv § 22. An den dem Sondernutzungsrecht unterfallenden Flächen dürfen daher bauliche Veränderungen, etwa die Anlage oder Vergrößerung einer Terrasse (BayObLG NJW-RR 97, 971), die Überdachung oder Verglasung einer Terrasse (Köln MDR 96, 1235) oder die Errichtung eines Gartenhäuschens (Köln OLGR 97, 205) grunds nur nach § 22 vorgenommen werden (Ddorf NJWE-MietR 97, 111), soweit eine Vereinbarung nichts anderes bestimmt. Auf eine **Beeinträchtigung** des Gemeinschaftseigentums findet § 22 I keine analoge Anwendung (aA BGH v. 6.11.09 – V ZR 73/09).

B. Begriffe. **Bauliche Veränderung** ist jede Maßnahme, die über § 21 V Nr 2 (§ 21 Rn 9) hinausgeht, auf 2
Dauer angelegt (nicht nur vorübergehende Eingriffe, zB die Anbringung einer Fahne während eines Sportereignisses, die Aufstellung eines beweglichen Wäscheständers, das Aufstellen von bspw Biertischen, Bänken und Schirmen, die im Boden nicht fest verankert sind, BayObLG ZMR 02, 688, das Aufstellen eines nicht fest im Boden verankerten Pflanztrogs, BayObLG ZMR 97, 374) auf das **Gemeinschaftseigentum bezogen**

ist (§ 1 Rn 8) und dieses **umgestaltet** (Ddorf OLGR 09, 2; Köln OLGR 06, 593). Umgestaltung meint Veränderung des Zustandes oder die Schaffung neuer Einrichtungen, Anlagen oder Räume.

3 **Aufwendung** ist eine **unnötige Verwaltungsmaßnahme nichtbaulicher Art** in Bezug auf das Gemeinschaftseigentum, die über § 21 V Nr 2 hinausgeht. **Bsp:** Anschaffung unnützer Sachen, nicht die Neueindeckung eines intakten Daches oder ein unnötiger Neuanstrich. In der Praxis ist eine Unterscheidung zur baulichen Veränderung entbehrlich (BayObLG NJW-RR 88, 273).

4 **C. Bauliche Veränderungen (§ 22 I 1, 2). I. Zustimmung.** Eine bauliche Veränderung bedarf eines sie genehmigenden Beschl, sofern es nicht an einer Beeinträchtigung fehlt (s. dazu BGH ZWE 10, 29, 30). Jeder Wohnungseigentümer ist stimmberechtigt (str). Nach aA besteht eine Beschlusskompetenz, ein Beschl ist aber nicht der einzige Weg, eine bauliche Veränderung zu legitimieren (Rn 5). Der Beschl bedarf grunds einfacher Mehrheit, § 22 I 2. Sind durch die Veränderung Wohnungseigentümer über das Maß des § 14 Nr 1 beeinträchtigt (dazu § 14 Rn 3) – was idR anzunehmen ist –, müssen sie nach § 22 I 1 auf Seiten der Wohnungseigentümer stehen, die den Beschl tragen. Die Kosten sind wegen § 16 VI 1 Hs 2 keine Beeinträchtigung (BGH ZMR 92, 167). IdR bedarf es der Ja-Stimmen **sämtlicher Wohnungseigentümer** (Allstimmigkeit).

5 Nach bisher hM kann „Zustimmung" auch dahin (zusätzlich) verstanden werden, dass es nur einer positiven Willenserklärung der beeinträchtigten Wohnungseigentümer bedarf (BGHZ 73, 196 = ZMR 79, 146). Diese Erklärung kann überall – auch konkludent – erteilt werden und bindet einen Sondernachfolger, wenn mit der Veränderung bereits begonnen wurde (BayObLG ZMR 03, 514; Hamm WE 96, 351).

6 Die Zustimmung kann durch eine Vereinbarung erteilt werden (Hamm ZMR 05, 220; AG Lichtenberg ZMR 08, 577, 578). Eine solche Vereinbarung kann Teil der Gemeinschaftsordnung (dazu Vor §§ 1–64 WEG Rn 5) sein (LG Hamburg ZMR 08, 825, 826), zB für den Ausbau des Daches oder den Anbau eines Fahrstuhls.

7 **II. Anspruch auf bauliche Veränderung.** Nach § 22 I 1 kann eine bauliche Veränderung va verlangt werden, wenn kein Wohnungseigentümer durch diese beeinträchtigt wird. IÜ bedarf es einer Prüfung nach § 21 IV unter Beachtung von Art 14 I 1, 3 III 2 GG. Ein Anspruch ist insb bei Baumaßnahmen für einen **barrierefreien Zugang** (s.a. § 554a BGB Rn 3 ff) anzuerkennen (BT Drs 16/887, 31), etwa durch den Bau einer Rollstuhlrampe, eines Schräglifts, eines Treppenlifts nebst notwendiger neuer Treppenausführung (München NZM 08, 848). Ein Anspruch kann aber auch für den **Anbau eine Parabolantenne** bestehen (BGH ZWE 10, 29, 30; LG Hamburg ZMR 09, 872, 873), wobei das **Direktionsrecht der Wohnungseigentümer** (§ 15 Rn 7) zu beachten ist (BGH ZWE 10, 29, 30). Ein Anspruch kann auch im Fall der Vermietung des Sondereigentums an einen Behinderten bestehen (§ 554a BGB). Inhalt des Anspruchs ist die Verpflichtung der Wohnungseigentümer, einen Genehmigungsbeschl zu fassen. Die Wohnungseigentümer sind hingegen nicht verpflichtet, die bauliche Veränderung auf eigene Kosten durchzuführen; § 16 VI ist dazu einschränkend zu lesen.

8 **III. Kosten.** Über die Kosten der baulichen Veränderung können die Wohnungseigentümer nach § 16 IV beschließen. Fehlt es daran, gilt § 16 VI, II.

9 **IV. Beschlussmängel.** Fehlt es einem Genehmigungsbeschl nach § 22 I an der Ja-Stimme eines Beeinträchtigten oder ist ein Beschl nach § 22 I 1 aus anderem Grunde nicht ordnungsmäßig, kann er angefochten werden, ist aber nach hM nicht nichtig (Hamm ZMR 05, 566, 567; LG München I ZMR 09, 874). Ist die Verkündung erkennbar rechtswidrig, macht sich der Verwalter schadenersatzpflichtig.

10 **D. Modernisierungen (§ 22 II). I. Allgemeines.** § 22 II 1 erweitert die nach § 22 I bestehende Beschl-Kompetenz: Die Wohnungseigentümer können Maßnahmen iSv § 22 II 1 auch nach § 22 I beschließen (str). Die Beschl-Kompetenz des § 22 II 1, kann durch Vereinbarung nicht eingeschränkt oder ausgeschlossen (§ 22 II 2), aber erweitert werden. Das Gesetz kennt keinen Anspruch auf Modernisierung (BTDrs 16/887, 31).

11 **II. Modernisierung; Stand der Technik.** Modernisierung ist eine Maßnahme, die einer Modernisierung entspr § 559 I BGB (dazu § 559 BGB Rn 2 ff) dient. Es kommt auf die voraussichtliche Eignung der Maßnahme an, wobei auf den Maßstab eines vernünftigen, wirtschaftlich denkenden und sinnvollen Neuerungen ggü aufgeschlossenen Hauseigentümers abzustellen ist (LG München I NJW-Spezial 09, 531), über § 21 V Nr 2 hinausgeht (§ 21 Rn 9) und nicht § 22 III (Rn 16) unterfällt. Es genügt die Modernisierung einer Einheit.

12 Stand der Technik meint das Niveau einer anerkannten und in der Praxis bewährten, fortschrittlichen technischen Entwicklung, das das Erreichen des gesetzlich vorgegebenen Ziels gesichert erscheinen lässt (BTDrs 16/887, 30). Der Begriff ermöglicht Verbesserungen, die nicht § 559 BGB unterfallen.

13 **III. Eigenart der Wohnanlage.** Eigenart ist **das charakteristische Aussehen** des Gebäudes oder seine **typische Nutzung.** Das charakteristische Aussehen kann darin bestehen, dass das Gebäude zB ein Jugendstiloder Haus im Bauhausstil ist. Nutzungseigenart kann bspw die Nutzung als Studentenwohnheim, als Anlage für betreutes Wohnen, als Ferienanlage, als Hotel, als Anlage für gehobene Ansprüche, als Anlage für den „kleinen Geldbeutel", als modernes Geschäftsgebäude usw sein. Ggf reicht bereits die Eigenart einer abgegrenzten Fläche, zB wenn ein bisher nicht zu Wohnzwecken genutzter Speicher zu Wohnungen ausgebaut oder wenn eine die Wohnanlage umgebende größere Grünfläche weithin zum Abstellen von Autos asphaltiert werden soll (BTDrs 16/887, 30).

IV. Unbillige Beeinträchtigung. Was unbillig ist, hängt von den Umständen des Einzelfalls ab. Es ganz unerhebliche Beeinträchtigung reicht nicht aus. Beeinträchtigung iSv § 22 II ist restriktiver als Beeinträchtigung iSv §§ 22 I, 14 Nr 1 auszulegen (AG Hannover ZMR 08, 251; zu eng AG Konstanz NJW 07, 3728). Bsp: nachhaltige Verschüttung weiter Flächen, erheblicher Gebrauchsentzug. Die „Fallgruppen" des § 14 Nr 1 (§ 14 Rn 6), sind **grds unbrauchbar**, jedenfalls stark zu modifizieren. Vorübergehende Umstände, die zwangsläufig mit Modernisierungen verbunden sind, sind keine Beeinträchtigung. Kosten der Maßnahme(n) können eine unbillige Beeinträchtigung darstellen, wenn sie das Maß der Aufwendungen übersteigen, die dazu dienen, das gemeinschaftliche Eigentum in einen Zustand zu versetzen, wie er allgemein üblich ist, etwa zur Energieeinsparung oder zur Schadstoffminderung. Die für eine Maßnahme anfallenden Kosten stellen auch dann eine Beeinträchtigung dar, wenn ein Wohnungseigentümer wegen der Kosten gezwungen wäre, sein Wohnungseigentum zu veräußern. Ein Wohnungseigentümer muss bei einer Modernisierung Änderungen im optischen Gesamteindruck in erheblich größerem Umfange hinnehmen als bei § 22 I. 14

V. Beschluss. Die Beschlussanforderungen sind identisch mit § 16 IV (s. § 16 Rn 17). 15

C. Modernisierende Instandsetzungen (§ 22 III). Zur Abgrenzung ggü § 22 II ist vorrangig an den Begriff der Instandsetzung anzuknüpfen (LG Koblenz IMR 09, 283). Es kommt darauf an, ob eine Neuerung einen Bezug zur Instandhaltung oder Instandsetzung hat, ob also vorhandene Einrichtungen wegen bereits notwendiger, aber auch bloß absehbarer Reparaturen (BayObLG ZMR 94, 279; Celle WuM 93, 89) – dass ist bereits der Fall, wenn ein Ausfall oder eine zumindest partielle Funktionsunfähigkeit zu befürchten ist (LG Koblenz IMR 09, 283) – technisch auf einen aktuellen Stand gebracht oder durch eine wirtschaftlich sinnvollere Lösung ersetzt werden (BTDrs 16/887, 32). 16

Eine Instandsetzung ist **modernisierend**, wenn sie im Interesse der Werterhaltung des Wohnungseigentums und der Gewährleistung eines zeitgemäßen technischen Standards, zwischenzeitlich eingetretene technische Entwicklungen berücksichtigt und nicht nur den Ursprungszustand, sondern einen besseren herstellt (Hamm ZMR 07, 131; BayObLG FGPrax 05, 108; LG Koblenz ZWE 09, 282). **Bsp**: Austausch von Holz- gegen Kunststofffenster (LG München I ZMR 09, 945, 946), Erneuerung einer Fassadenverkleidung unter Anbringung eines zusätzlichen Wärmeschutzes (Hamm ZMR 07, 131), Umstellung der Heizung von Öl auf Erdgas (Celle WE 93, 224), Austausch einer reparaturbedürftigen Heizungsanlage (AG Ludwigsburg BeckRS 09 14020). 17

„Modernisierend" ist grunds wie § 559 I BGB zu verstehen. Der Begriff deckt aber auch solche Maßnahmen ab, die ggü dem bisherigen Zustand bloß eine technisch „bessere" und wirtschaftlich sinnvollere Lösung zur Behebung eines Mangels darstellen (Ddorf ZMR 02, 437, 438; Köln ZMR 98, 49; BayObLG NZM 98, 338). Für die Frage, welche Maßnahme technisch besser ist, ist zu klären, ob sich die Maßnahme **allgemein bereits bewährt und durchgesetzt** hat (bewährte Maßnahme). Für die Frage, was wirtschaftlich sinnvoller ist, ist idR eine **Kosten-Nutzen-Analyse** anzustellen (BayObLG ZWE 02, 513, 515; KG NJW-RR 94, 1358). Nach der Rechtsprechung (Hamm FD-MietR 09, 279733; KG FGPrax 96, 95) liegt der maximale Zeitraum, bei dem noch von einer wirtschaftlich sinnvollen Amortisation der Mehraufwendungen für modernisierende Instandsetzungen gesprochen werden kann, bei etwa **10 Jahren**; zw. Nach § 21 IV besteht ggf ein Anspruch auf Maßnahmen gem § 22 III (Schlesw OLGR 03, 451, 454). 18

D. Ansprüche gegen bauliche Veränderungen. Gegen eine eigenmächtige bauliche Maßnahme besteht ein Anspruch auf Unterlassung und Rückbau aus § 1004 BGB, 22 I, 21 IV, 14 Nr 1 iVm dem Gemeinschaftsverhältnis (Vor §§ 1–64 WEG Rn 11). Berechtigt ist jeder Wohnungseigentümer (Individualanspruch). 19

Der Anspruch kann durch Beschl zur **Sache der Gemeinschaft der Wohnungseigentümer** gemacht werden (BGH ZWE 10, 29, 30; Köln WuM 08, 744). Anspruchsgegner ist als Handlungsstörer der im Zeitpunkt der Baumaßnahmen eingetragene Wohnungseigentümer (Ddorf ZMR 06, 622, 624; LG München I ZWE 09, 458, 459; LG Nürnberg-Fürth ZMR 09, 483, 485). Die Haftung geht **nicht auf einen Sondernachfolger** über (KG ZMR 07, 639; Hambg ZMR 06, 377, 378; aA München ZMR 10, 56). Der **Sondernachfolger** ist allerdings als **Zustandsstörer** verpflichtet, die Beseitigung zu dulden (Ddorf ZMR 08, 731, 732; KG ZMR 07, 639). Ist ein Sondereigentum vermietet, kann auch der Mieter des Sondereigentümers als Zustandsstörer auf Duldung in Anspruch genommen werden (BGH ZMR 07, 188). Ansprüche auf Unterlassung und Beseitigung verjähren nach Entstehung der Zuwiderhandlung (§ 199 V BGB) gem § 195 BGB in drei Jahren (BGH WuM 07, 277, 279; Hamm ZMR 09, 386). Sollen wiederholte gleichartige Störungen abgewehrt werden, die zeitlich unterbrochen auftreten, löst jede neue Einwirkung auch einen neuen Anspruch aus (BGH GuT 07, 161, 162). Der Anspruch kann nach § 242 BGB verwirkt werden. 20

E. Zerstörung des Gebäudes (§ 22 IV). Der nach § 22 IV maßgebliche Zerstörungsgrad bemisst sich nach dem Wert des Wohnhauses inkl der Nebenräume (Schlesw NJW-RR 98, 15). Ist nur ein Nebenraum zerstört, bemisst sich der Grad der Zerstörung nach dem gemeinsamen Wert. Es ist nur das Gemeinschaftseigentum zu berücksichtigen (str). Bei Mehrhausanlagen werden nur das zerstörte Gebäude und dessen Eigentümer beachtet. Die Zerstörung bedeutet nicht Beendigung der Gemeinschaft (Vor §§ 1–64 WEG Rn 2). 21

F. Stecken gebliebener Bau. Nach hM besteht ein Anspruch auf Fertigstellung eines **stecken gebliebenen Baus** nur analog § 22 IV (BayObLG ZMR 03, 365, 366; Hamm NJW 84, 2708). Die Kosten der mangelfreien 22

Fertigstellung des Gemeinschaftseigentums sind solche iSv § 16 II und wie diese zu verteilen (Frankfurt WuM 94, 36; BayObLG ZMR 83, 419). Die Kosten sind auf alle Wohnungseigentümer umzulegen (BayObLG ZWE 00, 214, 215). Für die Berechnung ist unerheblich, dass ggf ein Wohnungseigentümer mehr an den Bauträger bezahlt hat (Frankfurt ZMR 91, 272; Hamm NJW 84, 2708; aA Hambg OLGZ 90, 308).

Vor §§ 23 bis 25

1 **I. Beschlüsse. 1. Begriff.** Die hM versteht den Beschl als mehrseitiges Rechtsgeschäft eigener Art, als Gesamtakt (BGHZ 152, 63, 67 = ZMR 02, 936; BGHZ 139, 288, 297 = ZMR 99, 41). Zu unterscheiden sind **positive Beschl** (die eine Mehrheit mit Ja-Stimmen hinter sich vereinen) und **negative Beschl** (abgelehnte Anträge). Verkündete **Negativbeschl** sind Beschl (BGH v. 15.1.10 – V ZR 114/09; BGH ZMR 02, 930; ZMR 01, 809). Auch für ihre Anfechtung besteht grunds ein **Rechtsschutzbedürfnis** (BGH v. 15.1.2010 – V ZR 114/09). Es ist **jedenfalls** zu bejahen, wenn der Anfechtende einen materiell-rechtlichen Anspruch auf einen positiven Beschl hat und diesen im Wege der Verpflichtungsklage verfolgt. Ferner, wenn sich ein WEer gegen einen Negativbeschl wendet, weil er die Feststellung eines ablehnenden Beschl-Ergebnisses für unrichtig hält. Die Stimmabgabe für einen Beschlussantrag ist eine **einseitige empfangsbedürftige Willenserklärung**. Empfänger iSv § 130 BGB ist der Versammlungsleiter (BGH ZMR 02, 936, 938). Als Willenserklärung unterliegt eine Stimmabgabe den allgemeinen zivilrechtlichen Regeln für Willenserklärungen, insb den Vorschriften über die Geschäftsfähigkeit gem §§ 105 ff BGB und denen über die Anfechtbarkeit nach §§ 119 ff BGB. Jeder Wohnungseigentümer ist stimmberechtigt, es sei denn, das Recht ruht ausnahmsweise vorübergehend (AG Hannover ZMR 09, 409). Ist ein volljähriger Wohnungseigentümer nicht geschäftsfähig, wird das Stimmrecht durch seinen gesetzlichen Vertreter ausgeübt. Für Kinder sind grunds die Eltern gemeinsam gem § 1629 I 2 BGB berufen; in Betracht kommen aber auch Vormünder (§ 1793 BGB) oder Pfleger (§§ 1909 ff BGB). Für die GmbH ist deren Geschäftsführer stimmberechtigt (§ 35 GmbHG), für eine AG der Vorstand (§ 78 AktG). Die GmbH & Co. KG wird durch den Geschäftsführer der Komplementär-GmbH vertreten. Für OHG und KG stimmen die vertretungsberechtigten Gesellschafter ab.

2 **2. Tatbestandsvoraussetzungen.** Tatbestandsvoraussetzungen eines Beschl in der Eigentümerversammlung oder nach § 23 III sind: Antrag, Abstimmung, Feststellung und Verkündung (BGHZ 148, 335, 342 = ZMR 01, 809; s.a. § 24 VII 1). Weigert sich der Verwalter festzustellen und zu verkünden, kann subsidiär das Gericht tätig werden (LG München I ZMR 09, 874). Str ist, ob es nur ordnungsmäßig Beschl verkündet (so wohl die hM; zum Streitstand AG Hamburg-Blankenese ZMR 08, 1001).

3 **3. Änderung; Aufhebung.** Ein Beschl kann aufgehoben oder geändert werden durch: einen anderen Beschl (ggf Zweitbeschl, Rn 7) oder durch eine Vereinbarung. Ein Gericht kann einen Beschl nicht ändern, sondern nach § 23 IV 1 nur (ganz oder teilweise) für ungültig erklären.

4 **4. Mängel.** Zu unterscheiden sind formelle (**Bsp**: Ladungsmängel, Mängel bei Durchführung der Eigentümerversammlung usw) und materielle Beschlussmängel (**Bsp**: mangelhafter Wirtschaftsplan, mangelhafte Jahresabrechnung). Daneben ist ein Beschl mangelhaft, wenn es an einer ausreichenden Beschlusskompetenz fehlte oder der Beschl unter Ermessensfehlern leidet. ZB ein generelles Verbot von **Parabolantennen** kann nicht beschlossen werden (BGHZ 157, 322 = ZMR 04, 438). Ein solcher Beschl ist jedoch grunds nicht nichtig, sondern nur anfechtbar.

5 **5. Auslegung.** Ein **Beschl mit Dauerwirkung** (das ist der Beschl, der sich über den Tag hinaus einem Punkt widmet), ist aus sich heraus auszulegen – objektiv und normativ –, ohne dass es auf die subjektiven Vorstellungen der an der Beschlussfassung Beteiligten ankommt (BGHZ 139, 288, 292 = ZMR 99, 41; ZMR 97, 531, 532). Maßgebend für die Auslegung ist der objektive Inhalt und Sinn eines Beschl, wie er sich aus unbefangener Sicht als nächstliegende Bedeutung des Beschlusswortlauts ergibt. Die Auslegung hat wie **diejenige von Vereinbarungen** zu erfolgen (§ 10 Rn 10). Rechtsmittelgerichte können einen angefochtenen Beschl selbst auslegen und sind nicht auf die begrenzte Nachprüfung der Auslegung durch den Tatrichter verwiesen (BGHZ 139, 288, 292 = ZMR 99, 41). Dies gilt jedenfalls dann, wenn der Beschl Regelungen enthält, die auch für den Sondernachfolger eines Wohnungseigentümers gelten sollen (Dauerregelungen). Ein **Beschl mit Einzelwirkung** ist nach §§ 133, 157 BGB auszulegen.

6 **6. Bestimmtheit.** Ein Beschl ist bestimmt, wenn er aus sich heraus genau erkennen lässt, was gilt. Dies ist eine Frage der Auslegung. Ergibt sie (noch) einen Beschlussinhalt, ist der Beschl ggf anfechtbar (Hambg ZMR 08, 225, 226). Fehlt es einem Beschl auch nach einer Auslegung an der erforderlichen Klarheit und Bestimmtheit, wird er als nichtig angesehen (Hambg ZMR 08, 225, 226).

7 **II. Zweitbeschlüsse.** Die Wohnungseigentümer können über jeden Gegenstand, für den eine Beschlusskompetenz besteht, **grunds beliebig oft** abstimmen. Es bedarf für einen Zweitbeschl **keines sachlichen Grundes**. Notwendig, aber auch ausreichend ist, dass der neue Beschl unter keinen formellen oder materiellen Mängeln leidet (Rn 4), nicht nichtig ist und **schutzwürdige Belange** aus Inhalt und Wirkungen aus dem Erstbeschl

berücksichtigt (BGHZ 148, 335, 350 = ZMR 01, 809; Frankf NZM 07, 50). Treffen die Wohnungseigentümer eine zum Erstbeschl inhaltlich identische Regelung (bestätigender Zweitbeschluss), bezwecken sie idR, die Anfechtbarkeit des Erstbeschl wegen etwaiger formeller oder materieller Beschlussmängel zu beseitigen.

III. Geschäftsordnung. Die Wohnungseigentümer können sich durch Vereinbarung für Ablauf und Inhalt einer Eigentümerversammlung eine Geschäftsordnung geben, zB wer die Eigentümerversammlung leitet, ob geraucht werden darf, die Dauer der Redezeit, etc. Wird eine solche Bestimmung in der Eigentümerversammlung für diese Eigentümerversammlung getroffen, handelt es um einen Geschäftsordnungsbeschl, der nicht Beschl iSd WEG ist. Diese Sichtweise erlaubt es ohne Systembruch anzunehmen, dass Geschäftsordnungsregelungen: nicht nach § 23 II angekündigt werden, nicht festgestellt und verkündet werden müssen und eine konkludente Regelung ohne weiteres vorstellbar ist, nicht in der Beschluss-Sammlung aufgenommen werden, keinen Platz in der Niederschrift haben und nicht angreifbar sind. 8

Etwas anderes gilt, wenn die Wohnungseigentümer beschlossen haben, was nicht nur in einer ablaufenden, sondern in jeder Eigentümerversammlung gelten soll. Dann versteckt sich im „Kleid" des Geschäftsordnungsbeschl § 21 III. Eine vereinbarte Geschäftsordnungsregelung kann nur durch eine Vereinbarung geändert werden. 9

§ 23 Wohnungseigentümerversammlung.
(1) Angelegenheiten, über die nach diesem Gesetz oder nach einer Vereinbarung der Wohnungseigentümer die Wohnungseigentümer durch Beschluss entscheiden können, werden durch Beschlussfassung in einer Versammlung der Wohnungseigentümer geordnet.
(2) Zur Gültigkeit eines Beschlusses ist erforderlich, daß der Gegenstand bei der Einberufung bezeichnet ist.
(3) Auch ohne Versammlung ist ein Beschluss gültig, wenn alle Wohnungseigentümer ihre Zustimmung zu diesem Beschluss schriftlich erklären.
(4) ¹Ein Beschluss, der gegen eine Rechtsvorschrift verstößt, auf deren Einhaltung rechtswirksam nicht verzichtet werden kann, ist nichtig. ²Im Übrigen ist ein Beschluss gültig, solange er nicht durch rechtskräftiges Urteil für ungültig erklärt ist.

A. Vereinbarte Beschlusskompetenzen (§ 23 I). Die Wohnungseigentümer können über einen Gegenstand durch Beschl entscheiden, wenn ihnen das **Gesetz** (s. dazu Rn 18) oder eine **Vereinbarung** nach § 23 I (**Öffnungsklausel**) eine Beschlusskompetenz einräumen. Öffnungsklauseln können ausdrücklich vereinbart werden und bereits Teil der gemeinsam mit Teilungsvertrag/Teilungserklärung nach § 5 VI 1 verdinglichten Vereinbarungen sein. Bei hinreichender Bestimmtheit soll sich eine Öffnungsklausel aber auch im Wege der Auslegung ergeben können. Eine Öffnungsklausel muss keine Fallgruppen nennen, der sachenrechtliche Bestimmtheitsgrundsatz ist grunds nicht zu beachten. § 10 IV 2 (§ 10 Rn 12) geht davon aus, dass eine auf einer Öffnungsklausel beruhende Entscheidung ein Beschl ist (zw). 1

Die Rechtmäßigkeit eines auf einer Öffnungsklausel beruhenden Beschl beurteilt sich nach **allgemeinen Grundsätzen**. Außerdem darf nach hM von einer Öffnungsklausel nur dann Gebrauch gemacht werden, wenn (BGHZ 127, 99, 106 = ZMR 95, 34; BGHZ 95, 137, 139 = ZMR 86, 19): ein **sachlicher Grund** zur Änderung oder Ergänzung des Gesetzes oder einer Vereinbarung vorliegt und wenn einzelne Wohnungseigentümer ggü dem früheren Rechtszustand **nicht unbillig benachteiligt** werden. Ob Dritte (Vor §§ 1–64 WEG Rn 14) der Eintragung oder wenigstens dem auf der Klausel beruhenden Beschl zustimmen müssen, ist str. 2

B. Eigentümerversammlung (§ 23 I). I. Allgemeines. 1. Begriff. Die Eigentümerversammlung ist eine von einem wenigstens potenziell Berechtigten einberufene physische Zusammenkunft **aller Teilnahme- bzw Stimmberechtigten** (§ 24 Rn 2) oder ihrer **Vertreter** an einem Versammlungsort und an einer Versammlungsstätte zu dem Zweck, sich über die Verwaltung des Gemeinschaftseigentums (§ 21 Rn 1) auszutauschen und Angelegenheiten der Wohnungseigentümer und der Gemeinschaft der Wohnungseigentümer va **im Wege des Beschl** zu ordnen. Die Eigentümerversammlung hat wenigstens **drei Funktionen**: Willensbildung, Beratung und Kontrolle. Ohne vorherige Einberufung liegt keine Eigentümerversammlung vor. Eine spontane Zusammenkunft zB auf den Balkon ist grunds (Rn 2) keine Eigentümerversammlung; dort dennoch getroffene Bestimmungen sind Nichtbeschl. 3

2. Universalversammlung; virtuelle Versammlung. Kommen ohne Ladung ausnahmsweise **sämtliche Wohnungseigentümer** zusammen, liegt eine Universalversammlung (Vollversammlung) vor. Sie heilt entspr § 51 III GmbHG Einberufungsmängel, wenn die Wohnungseigentümer allstimmig und mit dem Wissen, dass die gesetzlichen Vorschriften etwas anderes bestimmen, auf Ladungen, Tagesordnung, etc verzichten und festlegen, eine Eigentümerversammlung abzuhalten und dort über bestimmte Angelegenheiten zu beschließen (KG ZMR 06, 794, 795; Frankf OLGR 06, 421, 423). 4

Es ist vereinbar, dass die Wohnungseigentümer für eine Eigentümerversammlung **nicht körperlich** an einem Ort und an einer Stätte zusammenkommen (virtuelle Eigentümerversammlung). **Notwendig** sind: freie Zugänglichkeit für jeden Wohnungseigentümer, der freie Austausch der Meinungen, eine freie Rede, eine 5

Abstimmung über einen Beschlussantrag sowie eine Feststellung und Verkündung des Abstimmungsergebnisses. Ferner muss es möglich sein, jederzeit und für jeden Tagesordnungspunkt überprüfbar die Beschlussfähigkeit und die notwendigen Mehrheiten zu errechnen.

6 **3. Teilversammlung.** Es ist vereinbar, dass bestimmte Gegenstände nur von einigen Wohnungseigentümern zu bestimmen sind (Rn 1). Diese Regelung findet sind häufig in **Mehrhausanlagen** (Vor §§ 1–64 WEG Rn 13). In einem solchen Falle, bietet es sich an, zugleich zu vereinbaren, dass über die diesen Wohnungseigentümern allein zugeordneten Gegenstände außerdem die **Abhaltung einer Teilversammlung** stattfinden soll. Nach wohl hM (München OLGR 07, 73; Ddorf OLGR 05, 525, 526) kommt eine solche auch aufgrund einer „Gruppenbetroffenheit" mehrerer Wohnungseigentümer für solche Angelegenheiten in Betracht, die sich ausschließlich auf einen eindeutig abgegrenzten oder abgrenzbaren Teil eines Hauses oder einer Mehrhausanlage beziehen. Dem ist **nicht zu folgen**: Es gibt kein Betroffenheitsstimmrecht.

7 **4. Ein-Mann-Versammlung.** In einer **Zweitversammlung** (§ 25 Rn 24) ist vorstellbar, dass nur ein einziger Wohnungseigentümer an der Eigentümerversammlung teilnimmt. Auch eine Erstversammlung kann von nur einem Wohnungseigentümer abgehalten werden, wenn er mehr als die Hälfte der Miteigentumsanteile auf sich vereinigt und von (anderen) Wohnungseigentümern zur Stimmabgabe ermächtigt wurde. Der Alleineigentümer kann hingegen „mit sich selbst" keine Eigentümerversammlung abhalten und nicht beschließen.

8 **II. Nichtöffentlichkeit. 1. Grundsatz der Nichtöffentlichkeit.** Die Eigentümerversammlung ist **nicht öffentlich** (Köln ZMR 09, 869, 870 mwN). Ein Verstoß ist etwa anzunehmen, wenn die Eigentümerversammlung im offenen Gastraum einer Gaststätte stattfindet, in dem sich weitere Gäste aufhielten, wenn ein **nicht teilnahmeberechtigter Dritter** (dazu Rn 9) in der Eigentümerversammlung anwesend ist, wenn eine Eigentümerversammlung mehrerer Gemeinschaften stattfindet (AG Mettmann ZMR 09, 959, 960). Die Wohnungseigentümer können Dritten die Teilnahme erlauben, zB einem Rechtsanwalt. Die Teilnahme kann aber **nicht beschlossen** werden (AG Bochum ZMR 09, 230; str). Wird gegen den Grundsatz der Nichtöffentlichkeit verstoßen, ist ein Beschl ordnungswidrig, wenn er auf dem Verstoß beruht.

9 **2. Teilnahme Dritter.** Ein Wohnungseigentümer hat einen Anspruch darauf, einen Dritten zur Eigentümerversammlung hinzuziehen, zB einen Rechtsanwalt, einen Architekten, einen Buchprüfer etc, wenn er ein **berechtigtes** und ein die Interessen der anderen überwiegendes **Interesse** daran hat, gerade in der Eigentümerversammlung einen Berater hinzuzuziehen, das durch eine Beratung im Vorfeld nicht entfällt (BGHZ 121, 236, 241 = ZMR 93, 287). Ferner, wenn schwerwiegende Entscheidungen zu fällen sind und ihm die erforderliche Sachkunde fehlt und er sie vorher nicht beschaffen kann. Für die Annahme eines überwiegenden Interesses – das sich sowohl aus persönlichen als auch aus sachlichen Gründen ergeben kann – müssen Gründe vorliegen, die gewichtiger sind als das Interesse anderer Wohnungseigentümer, die Eigentümerversammlung auf den eigenen Kreis zu beschränken. **Prüfsteine** sind: Art, Bedeutung und Schwierigkeit der jeweils anstehenden Tagesordnungspunkte, die individuellen Fähigkeiten des jeweiligen Wohnungseigentümers (zB ein hohes Lebensalter, eine Erkrankung, geistige Gebrechlichkeit oder das Unvermögen, seinen Standpunkt angemessen zu vertreten), Ort und Zeit der Eigentümerversammlung sowie die Größe einer Gemeinschaft.

10 Von der persönlichen Beratung einzelner Wohnungseigentümer im Individualinteresse zu unterscheiden ist die **Beratung im Gesamtinteresse aller Wohnungseigentümer**. Die Wohnungseigentümer sind berechtigt, sich in ihrer Gesamtheit in der Eigentümerversammlung etwa von einem Rechtsanwalt informieren zu lassen, solange nicht ein konkreter Interessengegensatz hervortritt (Köln ZMR 09, 869, 870).

11 **C. Bezeichnung der Beschlüsse (§ 23 II).** Zur Bezeichnung von Beschl bei Einberufungen und zur Tagesordnung s. § 24 Rn 7.

12 **D. Schriftliche Beschlüsse (§ 23 III).** Die Zustimmung eines Wohnungseigentümers muss **Beschl und Verfahrensweise** nach § 23 III gelten. Nicht ausreichend ist es, dass zwar sämtliche Wohnungseigentümer dem Verfahren schriftlich (§ 126 BGB) als solches zustimmen, die Abstimmung aber nur mehrheitlich erfolgt. In der schriftlichen Zustimmung zu einem Beschlussantrag liegt idR zugleich die (konkludente) Zustimmung zum schriftlichen Verfahren; umgekehrt gilt dies nicht. Verfehlt ein Antrag im schriftlichen Verfahren die Einstimmigkeit, ist kein Beschl zustande gekommen. Ist vereinbart, dass für bestimmte Angelegenheiten nur ein Teil der Wohnungseigentümer stimmberechtigt ist, ist notwendig, dass diese zustimmen.

13 Die Initiative zu § 23 III kann von **jedem Wohnungseigentümer und vom Verwalter** ausgehen. Die Abstimmung kann auf einem gesonderten Blatt und auf ein und demselben Blatt erklärt werden (Umlaufverfahren/Zirkularbeschl). Jeder Wohnungseigentümer kann seine Stimmabgabe solange widerrufen, wie die **notwendige** (BGHZ 148, 335, 347 = ZMR 01, 809) **Mitteilung des Beschlussergebnisses** (Verkündung) nicht vorliegt (Celle OLGR 06, 617, 618).

14 **E. Gültigkeit von Beschlüssen (§ 23 IV). I. Unabdingbarkeit.** ISv § 23 IV 1 nicht „verzichtet" werden kann auf die Bestimmungen, die **unabdingbar** sind (dazu § 10 Rn 3).

II. Nichtigkeit. 1. Nichtigkeitsgründe. Ein Beschl ist nach § 23 IV 1 nichtig, wenn er gegen Vorschriften 15
verstößt, auf deren **Einhaltung nicht verzichtet werden kann** (Rn 14). Nichtigkeit kann sich ferner daraus
ergeben, dass der Beschl gegen **andere zwingende Vorschriften** (§ 10 Rn 3) oder die **guten Sitten** (BGH
ZMR 09, 698) verstößt, in den **Kernbereich des Wohnungseigentums** (Vor §§ 1–64 WEG Rn 12) eingreift
(BGH ZMR 09, 698) oder die **Grenzen der Beschlusskompetenz** (Rn 18 ff) überschreitet (BGH ZMR 09,
698; BGHZ 145, 158, 163 = ZMR 00, 771).

2. Rechtsfolge. Ein nichtiger Beschl **bindet nicht**, bedarf keiner Erklärung nach § 23 IV 2, kann aber für 16
ungültig erklärt werden (BGH NJW 09, 3655, 3657). Nichtigkeit kann nach § 256 ZPO **deklaratorisch** festgestellt werden. Ist ein Beschl nichtig, kann das jederzeit und in jedem Verfahren, in dem es auf die Wirksamkeit dieses Beschl – ggf als Vorfrage – ankommt, geltend gemacht werden. Erkennt ein Gericht die Nichtigkeit und beruft sich der Kläger (ggf nach § 46 II) darauf, darf das Gericht **ohne Antragsumstellung** auf Nichtigkeit erkennen (BGH ZMR 10, 126).

III. Anfechtungsgründe. Ein Beschl ist **anfechtbar**, wenn er an einem **Mangel** leidet (dazu Vor §§ 23 bis 25 17
WEG Rn 4).

IV. Kompetenzlehre. 1. Allgemeines. § 23 IV setzt voraus, dass die Wohnungseigentümer **durch Beschl ent-** 18
scheiden durften (BGHZ 145, 158, 163 = ZMR 00, 771). Eine gesetzliche **Kompetenz folgt aus**: 12 IV 1, 15
II, 16 III, IV 1, 18 III 1, 21 III, 21 VII, 22 I, 22 II 1, 24 V, 24 VIII 2, 26 I 1, 27 II Nr 3, 27 III 1 Nr 7, 28 IV,
V, 29 I 1, 45 II 1. Eine gewillkürte Kompetenz kann aus einer Vereinbarung nach § 23 I folgen (dazu Rn 1).

2. Nichtigkeit; Ordnungswidrigkeit. Fehlt es an einer Kompetenz, ist für die Frage, ob eine Beschl **nichtig** 19
oder ordnungswidrig ist, zu unterscheiden (BGH NZM 09, 866, 867; BGHZ 145, 158 = ZMR 00, 771):

a) Gesetzes- oder vereinbarungsändernder Beschluss. Wollen die Wohnungseigentümer im Wege des 20
Beschl vom Gesetz abweichen oder wollen sie eine Vereinbarung ändern und soll die so abgeänderte gesetzliche oder vereinbarte Bestimmung Grundlage weiterer Angelegenheiten sein, ist ein Beschl **nichtig** (BGHZ
157, 322 = ZMR 04, 438), soweit nicht §§ 12 IV 1, 16 III, IV greifen oder eine Vereinbarung nach § 23 I
besteht (BGH NZM 09, 866, 867).

b) Vereinbarungsersetzender Beschlüsse. Wenn die Wohnungseigentümer keine Öffnungsklausel (Rn 1) 21
vereinbart haben, eine Maßnahme den Gebrauch (§ 15 II), die Verwaltung nach (§ 21 III) oder eine bauliche
Veränderung (§ 22 I) betrifft und nicht ordnungsmäßig (§ 21 IV) ist, ist ein dennoch gefasster Beschl **ord-**
nungswidrig, aber nicht nichtig.

c) Gesetzes- oder vereinbarungswidrige Beschluss. Werden das dispositive Gesetz oder eine Vereinbarung 22
im Einzelfall falsch angewandt und verstößt also ein Beschl gegen das Gesetz oder eine Vereinbarung,
bezweckt die Maßnahme aber keine Regelung, die Grundlage mehrerer Entscheidungen oder Legitimation
mehrfachen Handelns ist, ist ein Beschl **ordnungswidrig**, aber nicht nichtig.

d) Beispiele. Die Wohnungseigentümer können eine **persönliche Leistungspflicht** und jenseits von § 16 II, 23
28 V einen Anspruch durch Beschl **nicht begründen oder vernichten** (BGHZ 163, 154, 173 = ZMR 05, 547;
München ZMR 09, 468; Zweibr ZMR 07; str), soweit nicht eine Verpflichtung bereits aus dem Gesetz oder
einer Vereinbarung folgt. Ein Beschl, der unabhängig von einem konkreten Wirtschaftsplan generell die **Fort-**
geltung eines jeden Wirtschaftsplanes zum Gegenstand hat, ist nichtig (KG ZMR 05, 221, 222; BayObLG
ZMR 03, 279). Durch Beschl kann **kein Sondernutzungsrecht** begründet werden (BGHZ 145, 158 = ZMR
00, 771; BayObLG FGPrax 05, 106, 107). Ein Beschl ist umgekehrt auch nichtig, wenn er ein **Sondernut-**
zungsrecht beschränkt (BayObLG ZMR 05, 383, 384; s.a. § 13 Rn 14). Ein Beschl, der feststellt, dass ein
rechtskräftig titulierter Anspruch auf Beseitigung einer baulichen Veränderung trotz gewisser Maßabweichungen erfüllt ist, ist nichtig (Hamm ZMR 01, 654). Beschl über den vollständigen Entzug der in § 14
Nr 4 Hs 2 vorgesehenen Entschädigung (Ddorf ZMR 06, 459, 460) und über ein **generelles Haustierhal-**
tungsverbot sind nichtig (Saarbr ZMR 07, 308).

§ 24 Einberufung, Vorsitz, Niederschrift.

(1) Die Versammlung der Wohnungseigentümer wird von dem Verwalter mindestens einmal im Jahre einberufen.

(2) **Die Versammlung der Wohnungseigentümer muss von dem Verwalter in den durch Vereinbarung der Wohnungseigentümer bestimmten** Fällen, **im übrigen dann einberufen werden, wenn** dies schriftlich unter Angabe des Zweckes und der Gründe von mehr als einem Viertel der Wohnungseigentümer verlangt wird.

(3) Fehlt ein Verwalter oder weigert er sich pflichtwidrig, die Versammlung der Wohnungseigentümer einzuberufen, so kann die Versammlung auch, falls ein Verwaltungsbeirat bestellt ist, von dessen Vorsitzenden oder seinem Vertreter einberufen werden.

(4) ¹Die Einberufung erfolgt in Textform. ²Die Frist der Einberufung soll, sofern nicht ein Fall besonderer Dringlichkeit vorliegt, mindestens zwei Wochen betragen.

(5) Den Vorsitz in der Wohnungseigentümerversammlung führt, sofern diese nichts anderes beschließt, der Verwalter.
(6) ¹Über die in der Versammlung gefassten Beschlüsse ist eine Niederschrift aufzunehmen. ²Die Niederschrift ist von dem Vorsitzenden und einem Wohnungseigentümer und, falls ein Verwaltungsbeirat bestellt ist, auch von dessen Vorsitzenden oder seinem Vertreter zu unterschreiben. ³Jeder Wohnungseigentümer ist berechtigt, die Niederschriften einzusehen.
(7) ¹Es ist eine Beschluss-Sammlung zu führen. ²Die Beschluss-Sammlung enthält nur den Wortlaut
1. der in der Versammlung der Wohnungseigentümer verkündeten Beschlüsse mit Angabe von Ort und Datum der Versammlung,
2. der schriftlichen Beschlüsse mit Angabe von Ort und Datum der Verkündung und
3. der Urteilsformeln der gerichtlichen Entscheidungen in einem Rechtsstreit gemäß § 43 mit Angabe ihres Datums, des Gerichts und der Parteien,

soweit diese Beschlüsse und gerichtlichen Entscheidungen nach dem 1. 7. 2007 ergangen sind. ³Die Beschlüsse und gerichtlichen Entscheidungen sind fortlaufend einzutragen und zu nummerieren. ⁴Sind sie angefochten oder aufgehoben worden, so ist dies anzumerken. ⁵Im Falle einer Aufhebung kann von einer Anmerkung abgesehen und die Eintragung gelöscht werden. ⁶Eine Eintragung kann auch gelöscht werden, wenn sie aus einem anderen Grund für die Wohnungseigentümer keine Bedeutung mehr hat. ⁷Die Eintragungen, Vermerke und Löschungen gemäß den Sätzen 3 bis 6 sind unverzüglich zu erledigen und mit Datum zu versehen. ⁸Einem Wohnungseigentümer oder einem Dritten, den ein Wohnungseigentümer ermächtigt hat, ist auf sein Verlangen Einsicht in die Beschluss-Sammlung zu geben.
(8) ¹Die Beschluss-Sammlung ist von dem Verwalter zu führen. ²Fehlt ein Verwalter, so ist der Vorsitzende der Wohnungseigentümerversammlung verpflichtet, die Beschluss-Sammlung zu führen, sofern die Wohnungseigentümer durch Stimmenmehrheit keinen anderen für diese Aufgabe bestellt haben.

1 **A. Einberufung der Versammlung (§ 24 I bis IV). I. Allgemeines. 1. Grundsatz (§ 24 I).** Die Eigentümerversammlung ist nach § 24 I **wenigstens einmal jährlich** einzuberufen. Die Verletzung rechtfertigt die **Abberufung des Verwalters** (§ 26 Rn 10 ff) aus wichtigem Grund (AG Hamburg-Blankenese ZMR 08, 1003). Die Wohnungseigentümer können nach § 24 II unter den dort genannten Voraussetzungen eine **Einberufung verlangen.** Der Verwalter darf und muss nach § 24 II prüfen, ob die erforderliche Anzahl von Wohnungseigentümern das Begehren gestellt haben, ob die Schriftform eingehalten ist und ob die Antragsteller Gegenstände für die Eigentümerversammlung sowie einen Grund für die Eilbedürftigkeit benannt haben (formelles Prüfungsrecht). Eine Prüfung danach, ob die angegebenen Gründe aus Sicht eines objektiven Dritten die Abhaltung einer Eigentümerversammlung rechtfertigen, darf der Verwalter grunds nicht anstellen (materielles Prüfungsrecht).

2 **2. Einzuberufende.** Zu einer Eigentümerversammlung sind die **Teilnahme-** und **Stimmberechtigten einzuberufen.** Dies sind: die Wohnungseigentümer (Vor §§ 1–64 WEG Rn 1), auch **werdende** (BGHZ 177, 53 = ZMR 08, 805), ggf eine Partei kraft Amtes; nicht Mieter oder Nießbraucher oder andere Dritte.

3 **3. Ort.** Welcher **Versammlungsort** (geografische Gemeinde) und welche **Versammlungsstätte** (Saal, Raum, etc) vom Einzuladenden zu wählen sind, können die Wohnungseigentümer bestimmen. Fehlt es daran, ist hat der Ladende Ermessen. Die Ermessensausübung muss beachten, dass der Versammlungsort so beschaffen sein muss, dass eine ordnungsmäßige Durchführung der Eigentümerversammlung gewährleistet und allen Wohnungseigentümern die Teilnahme möglich ist. Versammlungsort und Versammlungsstätte müssen ferner verkehrsüblich zu erreichen sein. Nach hM ist grunds darauf zu achten, dass der Versammlungsort einen **örtlichen Bezug** zur Wohnanlage hat (Köln ZMR 06, 384). Die Versammlungsstätte muss geeignet sein, Verstöße gegen den **Grundsatz der Nichtöffentlichkeit** (§ 23 Rn 8) zu verhindern.

4 **4. Zeit und Dauer (§ 24 I).** Welcher Versammlungstag und welche Versammlungszeit zu wählen ist, bestimmen die Wohnungseigentümer (§ 24 II); fehlt es daran, hat der Ladende **Ermessen**. Dieses muss sich an den Besonderheiten der WEG-Anlage und den Belangen der Wohnungseigentümer ausrichten und ist **Frage des Einzelfalls**. Zu **beachten** sind ua: Wünsche der Wohnungseigentümer, Größe der Anlage, Anzahl der zu besprechenden Punkte, Anzahl der Wohnungseigentümer, ob die Einheiten selbst genutzt und vermietet sind, Arbeitszeiten, andere Veranstaltungen, gesetzliche oder kirchliche Feiertage und Schulferien.

5 **II. Einberufender (§ 24 I, III).** Die Eigentümerversammlung ist gem § 24 I **grunds vom Verwalter** einzuberufen. Liegen die Voraussetzungen von § 24 III vor, darf der Vorsitzende des Beirats oder sein Vertreter – nicht der Beirat – einberufen. Beruft der ganze Beirat ein, ist das unschädlich. Ein Verwalter kann iSv § 24 III aus **rechtlichen** und aus **tatsächlichen** Gründen fehlen. Beide Gründe sind idR eng auszulegen. Ein Verwalter weigert sich, wenn er § 24 II nicht nachkommt oder wenn sein Ermessen, eine Eigentümerversammlung einzuberufen, auf null reduziert ist. Ein Wohnungseigentümer hat nach hM **kein Selbsteinberufungsrecht** analog § 50 III 1 GmbHG. Wenn es einer Eigentümerversammlung bedarf, kann der **Verwalter verklagt** werden; auch ist eine einstweilige Verfügung nach §§ 935, 940 ZPO möglich. Ob in entsprechender Anwendung von

§§ 37 II BGB, 122 III 1 AktG, § 45 III GenG eine Ermächtigung möglich ist, ist str (verneinend AG Charlottenburg ZMR 10, 76; bejahend AG Gummersbach Rpfleger 09, 305). Der „Beirat" kann **nicht verklagt** werden (aA AG Charlottenburg ZMR 10, 76).

III. Form und Frist (§ 24 IV). Form und Frist ergeben sich aus § 24 IV. Für die **Berechnung** der Frist gelten §§ 186 ff BGB. 6

IV. Bezeichnung der Gegenstände (§ 23 II). Durch die Bezeichnung sollen die Wohnungseigentümer vor **überraschenden Beschl** geschützt werden, die Möglichkeit haben, sich auf die Beratung und Beschlussfassung vorzubereiten und sich entscheiden können, ob sie an der Eigentümerversammlung teilnehmen (LG Saarbrücken ZWE 09, 49). Bezeichnung iSv § 23 II meint Benennung. Eine Erläuterung und/oder Begründung, was sich hinter einem Gegenstand verbirgt, ist **nicht erforderlich**. Art und Weise sind vom Beschlussgegenstand abhängig und richten sich nach dem berechtigten Informationsbedürfnis der Wohnungseigentümer. Was § 23 II genügt, ist weitgehend Tatfrage. IdR genügt eine **schlagwort-, stichwortartige Bezeichnung** (KG ZMR 09, 709; AG Hannover ZMR 09, 957). Von **Bedeutung** ist ua: eine Vorbefassung, Informationsstand der Einzuladenden, einfacher oder schwerer (komplizierter) Sachverhalt, Anzahl der Wohnungseigentümer, Zusammensetzung der Wohnungseigentümer (Bildungsgrad, Einkommen, Alter, Ethnie), wirtschaftliche, tatsächliche, ideelle Bedeutung des Beschlussinhaltes. 7

Unter „Verschiedenes/Sonstiges" können **keine wesentlichen Angelegenheiten** beschlossen werden, sondern nur solche, mit denen jeder Wohnungseigentümer vernünftigerweise rechnen durfte und musste (München ZMR 06, 68, 70; LG Lüneburg ZMR 06, 86). Ein Antrag zur **Geschäftsordnung** (Vor §§ 23 bis 25 WEG Rn 8) ist nicht nach § 23 II anzukündigen. Wird ein Gegenstand **unzureichend angekündigt**, ist ein dennoch gefasster Beschl wegen eines formellen Beschlussmangels (Vor §§ 23 bis 25 WEG Rn 4) anfechtbar (KG KGR 99, 250, 253), es sei denn, bei ordnungsgemäßer Ladung wäre es nachweislich zu demselben Beschl gekommen. 8

V. Tagesordnung. Die Tagesordnung gibt der Eigentümerversammlung eine **Ablauf- und Diskussionsordnung**. In der Eigentümerversammlung sind die einzelnen Tagesordnungspunkte grunds gem ihrer Reihenfolge zu behandeln. Ein Verstoß kann zur Ungültigerklärung führen. Der Versammlungsleiter darf einen neuen Punkt erst aufrufen, wenn die vorhergehenden Punkte erledigt sind – sofern ein Geschäftsordnungsbeschl nichts anderes bestimmt. Die Tagesordnung ist grunds vom Einladenden aufzustellen. Der Verwaltungsbeirat – sein Vorsitzender – hat kein Mitwirkungsrecht. Im Falle des § 24 III erstreckt sich das Einberufungsrecht aber auch auf die Festlegung der Tagesordnung. Muss der Verwalter nach § 24 II Var 2 laden, ist sein Ermessen bei der Ladung jedenfalls bei denjenigen Punkten begrenzt, die dem Einberufungsverlangen zugrunde liegen. Jeder Wohnungseigentümer hat ohne Vereinbarung und unabhängig von § 24 II gem § 21 IV das Recht, einen bestimmten Punkt auf die Tagesordnung setzen zu lassen. Der Verwalter hat kein materielles Prüfungsrecht. Ist der Verwalter nicht bereit, einen bestimmten Gegenstand auf die Tagesordnung zu nehmen, kann gegen ihn nach § 21 IV auf Aufnahme geklagt werden. 9

B. Vorsitz (§ 24 V). Ist der Verwalter eine **natürliche Person**, kann er sich Dritter bedienen (KG ZMR 01, 223; BayObLG ZMR 01, 826; s.a. § 26 Rn 1). Ist der Verwalter eine GmbH, kann diese durch eine allgemein vertretungsberechtigte Person, jedenfalls aber durch einen Prokuristen oder durch einen rechtsgeschäftlich bestellten Vertreter, als Vorsitzenden der Eigentümerversammlung handeln (BayObLG ZMR 04, 131; Schlesw MDR 97, 821). 10

C. Niederschrift (§ 24 VI). Wenn nichts Abweichendes vereinbart ist, bedarf es eines **Ergebnisprotokolls**. Die Protokollierung muss § 21 IV entsprechen. Als **Mindestinhalt** folgt daraus: Angabe des Namens der Gemeinschaft, Tag der Eigentümerversammlung, Wortlaut der gefassten Beschl, Angaben zum Abstimmungsergebnis, konstitutive Beschlussfeststellung durch den Versammlungsleiter. Dem Versammlungsleiter ist bei der Abfassung Ermessen eingeräumt. Ein Ermessensverstoß ist anzunehmen, wenn der Beschlussinhalt in der Niederschrift falsch, unvollständig oder überhaupt nicht wiedergegeben wird (BayObLG WE 92, 86). Ohne Anordnung muss die Niederschrift **nicht versandt** werden. Der Wohnungseigentümer, der die Unrichtigkeit der Niederschrift behauptet, muss dies im Verfahren auf Protokollberichtigung beweisen (AG Landshut ZMR 08, 498). 11

D. Beschluss-Sammlung (§ 24 VII, VIII). I. Allgemeines (§ 24 VII 1, VIII. § 24 VII 1 gilt nach dem 1.7.07; eine Rückwirkung ist **nicht vorgesehen**. Führer der Beschluss-Sammlung ist gem § 24 VIII 1 der Verwalter, nach § 24 VIII 2 der Vorsitzende der Eigentümerversammlung, sofern die Wohnungseigentümer nach § 21 III keinen anderen bestellen. Die Beschluss-Sammlung kann in **Schrift- oder elektronischer Form** angelegt werden. Durch Vereinbarung können Einzelheiten festgelegt und/oder auch eine bestimmte Form geregelt werden. Die Sammlung hat weder positive noch negative Publizität. 12

II. Inhalt. 1. Beschluss (§ 24 VII 2 Nr 1, Nr 2). Beschl iSv § 24 VII 2 ist jeder **positive** und **negative** Beschl (Vor §§ 23 bis 25 WEG Rn 1), unabhängig von § 21 IV. Nicht aufzunehmen sind **nichtige** und **Nichtbeschl**. Nicht einzutragen sind auch Geschäftsordnungsbeschl (str). Einzutragen ist der **Wortlaut des Beschl**, nicht die Annahme eines Beschl-Antrags. 13

14 **2. Urteil (§ 24 VII 2 Nr 3).** Einzutragen ist die **vollständige Urteilsformel** aus jedem WEG-Verfahren iSv § 43. Urt ist jede Endentscheidung (auch ein Teilurteil), auch wenn sie Beschl ist, zB §§ 916, 935, 700 ZPO.

15 **3. Prozessvergleich.** Prozessvergleiche und andere schuldrechtliche Vereinbarungen nach § 10 II 2 sind **nicht einzutragen** (sehr str); anderes gilt, wenn dadurch ein **Beschl umgesetzt** ist (vgl zB Jena ZMR 07, 65; AG Pinneberg/LG Itzehoe ZMR 06, 969): dann gilt § 24 VII 2 Nr 1.

16 **4. Nummerierung.** Die Vergabe der Nummerierung hat in der **Reihenfolge der Verkündung** der Beschl und gerichtlichen Entscheidungen zu erfolgen. Sie darf nicht jährlich neu beginnen. Eine Nummerierung nach „Kreisen", „Sachgebieten", „Gruppen", „Themen" ist unzulässig.

17 **5. Anmerkungen.** Ist ein Beschl oder ein Urt **angefochten oder aufgehoben**, ist dies gem § 24 VII 4 anzumerken. Nach § 24 VII 5, 6 ist eine **Löschung** möglich, aber nicht notwendig. Als Anm reicht, dass ein Beschl oder eine gerichtliche Entscheidung angefochten sind. Sie – etwa „angefochten mit Klage vom ..." oder „aufgehoben durch (Zweit-)Beschl vom ..." – ist unmittelbar bei dem Beschl oder der gerichtlichen Entscheidung anzubringen.

18 **6. Unverzüglich (§ 24 VII 7).** Unverzüglich bedeutet gem § 121 I 1 BGB **ohne schuldhaftes Zögern**. IdR muss eine Eintragung binnen drei Werktagen erfolgen (s.a. LG Berlin GE 09, 1565; LG München I NJW 08, 1823: 1 Woche).

19 **III. Recht auf Einsicht (§ 24 VII 8).** § 24 VII 8 gibt ein **Recht auf Einsicht**, nicht **auf Herausgabe**. Ein besonderes berechtigtes wirtschaftliches oder rechtliches Interesse an der Einsicht ist nicht darzulegen. Es besteht ein Anspruch auf **Fertigung und Aushändigung von Fotokopien** (Grenze: §§ 226, 242 BGB); für die Kosten gilt § 21 VII. Wird die Beschluss-Sammlung elektronisch geführt, besteht ein Anspruch auf einen Ausdruck. Str ist, ob ein nicht ermächtigter Dritter Einsicht nehmen darf. Weigert sich der Führer der Beschluss-Sammlung Einsichtnahme zu gewähren, kann er verklagt werden. Im Einzelfall ist eine einstweilige Verfügung (Regelungsverfügung) nach §§ 935, 940 ZPO möglich.

20 **IV. Haftung.** Führt der Verwalter die Beschluss-Sammlung **nicht ordnungsmäßig**, gilt § 26 I 4 (Rn 11). Eine Haftung kommt ggü der Gemeinschaft der Wohnungseigentümer und den Wohnungseigentümern in Betracht; eine Haftung ggü Erwerbern sieht das Gesetz nicht vor.

21 **V. Korrektur.** Ist eine Eintragung falsch, besitzt jeder Wohnungseigentümer nach § 21 IV einen einklagbaren Anspruch auf **Berichtigung**. Die Feststellungslast für einen anderen als den protokollierten Beschl-Inhalt trägt derjenige, der eine abweichende Beschlussfassung behauptet.

§ 25 Mehrheitsbeschluss.

(1) Für die Beschlussfassung in Angelegenheiten, über die die Wohnungseigentümer durch Stimmenmehrheit beschließen, gelten die Vorschriften der Absätze 2 bis 5.
(2) ¹Jeder Wohnungseigentümer hat eine Stimme. ²Steht ein Wohnungseigentum mehreren gemeinschaftlich zu, so können sie das Stimmrecht nur einheitlich ausüben.
(3) Die Versammlung ist nur beschlussfähig, wenn die erschienenen stimmberechtigten Wohnungseigentümer mehr als die Hälfte der Miteigentumsanteile, berechnet nach der im Grundbuch eingetragenen Größe dieser Anteile, vertreten.
(4) ¹Ist eine Versammlung nicht gemäß Absatz 3 beschlussfähig, so beruft der Verwalter eine neue Versammlung mit dem gleichen Gegenstand ein. ²Diese Versammlung ist ohne Rücksicht auf die Höhe der vertretenen Anteile beschlussfähig; hierauf ist bei der Einberufung hinzuweisen.
(5) Ein Wohnungseigentümer ist nicht stimmberechtigt, wenn die Beschlussfassung die Vornahme eines auf die Verwaltung des gemeinschaftlichen Eigentums bezüglichen Rechtsgeschäfts mit ihm oder die Einleitung oder Erledigung eines Rechtsstreits der anderen Wohnungseigentümer gegen ihn betrifft oder wenn er nach § 18 rechtskräftig verurteilt ist.

1 **A. Anwendungsbereich (§ 25 I).** § 25 II bis V gelten nach § 25 I für Beschl gem 12 IV 1, 15 II, 16 III, IV 1, 18 III 1, 21 III, 21 VII, 22 I, 22 II 1, 24 V, 24 VIII 2, 26 I 1, 27 II Nr 3, 27 III 1 Nr 7, 28 IV, V, 29 I 1, 45 II 1 sowie für Beschl, die auf einer § 23 I beruhen.

2 **B. Stimmrecht (§ 25 II, V). I. Allgemeines.** Die Wohnungseigentümer beeinflussen ihre Geschicke insb durch Beschl in der Eigentümerversammlung. Ihr Stimmrecht kann **nicht allgemein ausgeschlossen** werden. Ein Wohnungseigentümer ist auch nicht in der Lage, seine Mitgliedschaftsstellung beizubehalten, zugleich aber sein Stimmrecht einem anderen vollständig als eigenes Recht zu verschaffen (**Abspaltungsverbot**). Das Stimmrecht darf in seinem **Kernbereich** nicht eingeschränkt werden (BGH NJW 87, 650; BayObLG ZMR 04, 598).

3 **II. Stimmrechtsinhaber. 1. Grundsatz.** Stimmrechtsinhaber sind die Wohnungseigentümer, ggf vertreten von einer Partei kraft Amtes, zB dem Zwangsverwalter (LG Berlin ZMR 09, 474). Einzelne Personen verschiedener Rechtsgemeinschaften nach § 741 ff BGB sind als unterschiedliche „Köpfe" anzusehen. Ein **werdender Wohnungseigentümer** (BGH ZMR 08, 805) ist **stimmberechtigt**. Der Zweiterwerber (das ist, wer bei bereits

bestehender Gemeinschaft eine Einheit kauft, aber noch nicht im Grundbuch eingetragen ist) hat **kein Stimmrecht**, es denn, er wäre ermächtigt. Ist die Gemeinschaft der Wohnungseigentümer Wohnungseigentümer, **ruht** das Stimmrecht (s.a. § 10 Rn 15).

2. Ein Wohnungseigentum steht mehreren gemeinschaftlich zu (§ 25 II 2). Ein Sondereigentum steht **mehreren gemeinschaftlich** zu, wenn es mehr als einer natürlichen oder juristischen Person dinglich zugeordnet ist, sei es in Form einer Miteigentümergemeinschaft gem §§ 1008 ff BGB, einer nicht rechtsfähigen Gesamthandsgemeinschaft (Erbengemeinschaft, eheliche Gütergemeinschaft) oder eines nicht rechtsfähigen Vereins. Nichts anderes gilt, wenn dieselben Mitberechtigten an mehreren Rechtsgemeinschaften mit unterschiedlichen rechtlichen Strukturen beteiligt sind (s. noch Rn 7).   4

Die Mitberechtigten müssen sich für die **Ausübung des Stimmrechts verständigen**, vgl §§ 745, 2038 I, II, 1421 BGB. Gelingt das nicht, bleibt die Stimme unberücksichtigt (Ddorf ZMR 04, 53). Eine Aufspaltung des Stimmrechts in der Weise, dass dieses durch alle Mitberechtigten jeweils anteilig ausgeübt wird, ist unzulässig. Ist ein Mitberechtigter nach § 25 V von der Abstimmung ausgeschlossen, kann dies wegen des **Grundsatzes der Einheitlichkeit** auch gegen die Mitberechtigten wirken; etwas anderes gilt, sofern die anderen, vom Stimmrecht nicht ausgeschlossenen Miteigentümer die Stimmrechtsbildung maßgeblich beherrschen.   5

3. Vermehrung und Verminderung von Stimmrechten. Veräußert ein Wohnungseigentümer, dem mehrere Einheiten gehören, eine oder auch mehrere, kommt es zu einer **Vermehrung der Stimmrechte** (München ZMR 06, 950). Durch eine Unterteilung (§ 2 Rn 10) kommt es zu **keiner Stimmrechtsmehrung**, egal welches Stimmrechtsprinzip (Rn 7) gilt (§ 2 Rn 10). Eine Vereinigung (§ 2 Rn 11) führt zu einer Stimmrechtsminderung.   6

III. Stimmrechtsprinzipien (§ 25 II). Gesetzliches Stimmrechtsprinzip gem § 25 II 1 ist das Kopfstimmrecht: jeder Wohnungseigentümer besitzt ohne Rücksicht auf Größe und Wert seines Miteigentumsanteils oder der Anzahl der von ihm gehaltenen Wohnungs- oder Teileigentumsrechte eine Stimme. Eine Einschränkung ist zu beachten, wenn ein Wohnungseigentümer an **mehreren unterschiedlichen Rechtsgemeinschaften mehrheitlich** beteiligt ist. Andernfalls würden ihm somit – entgegen dem Kopfprinzip – mehrere Stimmen zukommen (LG Hamburg ZMR 08, 827). Das Kopfstimmrecht ist – sofern §§ 16 V, 22 II 2 nicht entgegenstehen – abdingbar. Verbreitet sind das **Objektstimmrecht** (in diesem Falle bestimmt sich das Stimmrecht nach Anzahl der jeweiligen Wohnungseinheiten) und das **Wertstimmrecht** (in diesem Falle bestimmt sich das Stimmrecht entspr § 745 I 2 BGB nach Größe oder Anzahl der im Grundbuch gem § 47 GBO eingetragenen Miteigentumsanteile).   7

IV. Stimmrechtsvertretung. Ein Wohnungseigentümer kann sich in der Eigentümerversammlung grds durch jeden Dritten vertreten zu lassen. Eine **Stimmrechtsvollmacht** kann für jede (Generalvollmacht) oder nur eine Eigentümerversammlung, für jeden Beschlussgegenstand, nur für bestimmte Gegenstände oder nur für einen Gegenstand erteilt werden. Eine Stimmrechtsvollmacht kann den Vertreter berechtigen, eine Untervollmacht zu erteilen. Die Erteilung bedarf **keiner Form**, es sei denn, dies ist vereinbart (str). Nach § 174 BGB kann die Vorlage einer Vollmacht im Original verlangt werden, und zwar schon zu Beginn der Eigentümerversammlung und nicht erst bei Abgabe der Stimme (München ZMR 08, 236). Tritt in einer Eigentümerversammlung ein Vertreter auf, besitzen der Verwalter als Versammlungsleiter und die anderen Wohnungseigentümer ein Prüfungsrecht. Es ist aus Sicht des Verwalters aus Haftungsgründen letztlich eine **Prüfungspflicht**: Übersieht der Verwalter, dass ein Abstimmender nicht stimmberechtigt war und verkündet er einen Beschl trotz fehlender Vertretungsmacht, handelt er pflichtwidrig und macht sich schadensersatzpflichtig.   8

Die Wohnungseigentümer können die **möglichen Vertreter** durch Vereinbarung eingrenzen (**Vertreterklausel**). Etwa eine Vereinbarung, nach der Wohnungseigentümer sich in der Eigentümerversammlung nur durch ihren Ehegatten, einen Wohnungs- oder einen Teileigentümer oder den Verwalter derselben Wohnanlage vertreten lassen können, ist grunds wirksam. Unzulässig wäre es hingegen, die Möglichkeiten einer Vertretung gänzlich auszuschließen oder auf die Person des Verwalters zu beschränken: In der Praxis werden drei bevorzugt: funktionsbezogene (Verwalter, Beiratsmitglied), gemeinschaftsbezogene (andere Wohnungseigentümer) und personenbezogene Vertretungsbeschränkungen (Familienangehörige, Ehegatten). Eine Vertretungsbeschränkung gilt nicht für den oder die gesetzlichen Vertreter eines Wohnungseigentümers, nicht für Parteien kraft Amtes und im Zweifel auch nicht für juristische Personen. Den Wohnungseigentümern ist es im Einzelfall nach § 242 BGB verwehrt, sich auf eine Vertreterklausel zu berufen.   9

V. Stimmrechtsausübung und -berechnung. Stimmrechtsausübung ist die auf einen Beschlussantrag gerichtete **Erklärung des Stimmberechtigten ggü dem Versammlungsleiter** (str). Sie ist darauf gerichtet, den Beschl. herbeizuführen. Als Willenserklärung unterliegt die Stimmrechtsausübung den Regeln für Willenserklärungen, insb §§ 105 ff, 119 ff, 133, 157 BGB (Vor §§ 23 bis 25 WEG Rn 1). Eine Stimmabgabe muss **unbedingt** sein. Ist ein Wohnungseigentümer **nicht geschäftsfähig**, wird das Stimmrecht durch seinen gesetzlichen Vertreter ausgeübt. Für die GmbH gilt § 35 GmbHG, für die AG § 78 AktG. Die GmbH & Co. KG wird durch den Geschäftsführer der Komplementär-GmbH vertreten. Für OHG und KG stimmen die vertretungsberechtigten Gesellschafter ab. Sind mehrere gesetzliche Vertreter nur gemeinsam vertretungsberechtigt (Gesamtvertretung), müssen sie das Stimmrecht einheitlich ausüben. Art und Weise, wie das Stimmrecht   10 auszuüben ist, können die Wohnungseigentümer vereinbaren, aber auch beschließen. Fehlt es daran, hat der Versammlungsleiter einen geeigneten Weg vorzuschlagen, auf welche Weise einzelne Abstimmungen durchgeführt werden, insb in welcher Reihenfolge die Fragen nach Zustimmung, Ablehnung und Enthaltung gestellt werden.

11 Ein positiver Beschl (Vor §§ 23 bis 25 WEG Rn 1) erfordert grunds eine **einfache Mehrheit** von „Ja-Stimmen". Stimmenthaltungen gelten als nicht abgegebene Stimmen und sind nicht mitzuzählen. Ergibt sich eine Stimmengleichheit oder überwiegen die Nein-Stimmen, ist ein Antrag abgelehnt worden (Negativbeschl, Vor §§ 23 bis 25 WEG Rn 1).

12 **VI. Stimmrechtsausschluss (§ 25 V). 1. Allgemeines.** Ausgeschlossen ist stets **nur das Stimmrecht**, nicht: das Teilnahme-, Rede- oder Antrags-, oder Anfechtungsrecht.

13 **2. Vornahme eines Rechtsgeschäfts.** Rechtsgeschäft erfasst Geschäfte, bei denen (abstrakt) ein Sonderinteresse eines Wohnungseigentümers betroffen sein kann; § 25 V Fall 1 ist aber auch auf geschäftsähnliche Handlungen und auch auf Realakte anzuwenden. Das Stimmverbot greift ferner, wenn das Geschäft zwar nicht mit dem Stimmberechtigten, aber mit einem ihm eng verbundenen Dritten geschlossen werden soll. Ein Stimmverbot ist allerdings nur dann anzunehmen, wenn ein Wohnungseigentümer ein **privates Sonderinteresse** verfolgt. Nimmt er nur **mitgliedschaftliche Rechte** und **Interessen** wahr, greift der Stimmrechtsausschluss nicht.

14 **Bsp** für **Sonderinteressen** sind: Beschl, ob mit dem Wohnungseigentümer ein Vertrag abgeschlossen werden soll, es um die Einräumung von Sonderrechten geht, Beschl über Mahnungen (§ 286 BGB) sowie Fristsetzungen, Beschl über Abschluss, Änderung oder Kündigung des Verwaltervertrages mit einem Wohnungseigentümer, Entlastungsbeschl. **Bsp** für **mitgliedschaftliche Rechte und Interessen** sind: Beschl über Gebrauch eines Sondereigentums, Beschl über Bestellung des Wohnungseigentümers zum Verwalter oder Beirat, die „normale" **Abberufung eines Wohnungseigentümers** als Verwalter (§ 26 Rn 10 ff) oder seine Abwahl als Beirat ohne wichtigen Grund, Beschl über die Jahresabrechnung oder den Wirtschaftsplan; etwas anders gilt, sofern die Entlastung (§ 28 Rn 30) mitbeschlossen werden soll.

15 Wird iRe **einheitlichen Beschlussfassung** sowohl über Be- und Anstellung oder Abberufung und Kündigung des Verwaltervertrags entschieden, besitzt der Wohnungseigentümer ein Stimmrecht. Etwas anderes gilt, wenn mit ein und demselben Beschl über eine außerordentliche Beendigung des Verwalteramtes und des bestehenden Vertragsverhältnisses aus **wichtigem Grund** abgestimmt wird.

16 **3. Einleitung oder Erledigung eines Rechtsstreits.** Rechtsstreit sind **sämtliche streitigen Zivilverfahren** sowie die **WEG-Verfahren gem § 43** ihrem vollen Umfang nach – also auch ein (Prozess-)Vergleich oder eine Klagerücknahme. Der betroffene Wohnungseigentümer muss im beabsichtigten Rechtsstreit Beklagter, Antragsgegner oder Schuldner sein, wobei es nicht darauf ankommt, ob er als Wohnungseigentümer oder in einer anderen Funktion in Anspruch genommen werden soll. Umfasst sind ferner: Vorbereitungsmaßnahmen wie Fristsetzungen, Mahnungen, das Mahnverfahren, der einstweilige Rechtsschutz (§§ 916 ff, 935 ff ZPO), ein Schiedsgerichtsverfahren, die Einschaltung eines Anwalts, Maßnahmen zur Vorbereitung der Zwangsvollstreckung geht, zB die Erhebung einer Sonderumlage.

17 **4. Verurteilung nach § 18.** Der Wohnungseigentümer darf bei allen Beschlussfassungen **nicht mitstimmen.** Im Falle des § 18 II Nr 2 lebt das Stimmrecht wieder auf.

18 **5. Vertretung und Stimmrechtsausschluss.** Der nach § 25 V ausgeschlossene Wohnungseigentümer kann weder einen anderen Wohnungseigentümer vertreten **noch sich vertreten** lassen. Der vom Stimmrecht Ausgeschlossene ist berechtigt, einem Dritten im Namen des Vollmachtgebers eine Untervollmacht zu erteilen. Die Erteilung ist aber ausgeschlossen, wenn sie mit einer Weisung verbunden ist und dem Ziel dient, einen Stimmrechtsausschluss zu umgehen und über den Umweg der Unterbevollmächtigung eine Erweiterung der ausgeschlossenen Vertretungsmacht zu ermöglichen. Der Stimmrechtsausschluss schlägt nicht auf Parteien kraft Amtes durch.

19 **6. Ruhen des Stimmrechts.** Es kann grunds unter Beachtung des Verhältnismäßigkeitsgrundsatz vereinbart – nicht beschlossen – werden, dass und wann das Stimmrecht eines Wohnungseigentümer ruht, zB bei Verzug mit Wohngeldzahlungen.

20 **7. Stimmrechtsschranken neben § 25 V.** Bei einer **rechtsmissbräuchlichen Stimmenausübung** kann ein Stimmrechtsausschluss im Einzelfall wegen eines Verstoßes § 242 BGB hergeleitet werden (**Majorisierung**). **Voraussetzungen:** 1. Auf Seiten des Majorisierenden eine Mehrheit der Stimmen. 2. Umstände, die sich als Verstoß gegen die Pflicht zur Rücksichtnahme auf die Interessen der Gemeinschaft und damit § 21 IV darstellen, zB wenn sich der Mehrheitseigentümer unangemessene Vorteile verschafft, ein persönlich ungeeigneter oder fachlich unfähiger Verwalter vom Mehrheitseigentümer gewählt wird, wenn das Objektstimmrecht gilt.

21 **C. Beschlussfähigkeit (§ 25 III).** Beschlussfähigkeit muss bei **jeder einzelnen Abstimmung** gegeben sein und geprüft werden (Hamm ZMR 06, 63; Karlsruhe ZMR 03, 289); sie kann sich ändern zB durch Stimm-

rechtsverbote, durch gesetzliche oder vereinbarte qualifizierte Mehrheiten, wenn Wohnungseigentümer die Eigentümerversammlung verlassen. Besonderheiten gelten bei einer **Zweitversammlung**, § 25 IV 2 Hs 1 (Rn 24). Für die Berechnung der Höhe der Miteigentumsanteile ist der im Grundbuch eingetragene zahlenmäßige Wert maßgebend und auf die Stimmberechtigung der erschienenen oder vertretenen Wohnungseigentümer abzustellen (Frankf ZWE 07, 84). Anteile von Wohnungseigentümern, die erschienen, aber nicht stimmberechtigt sind oder deren Stimmrecht ruht, sind nicht mitzuzählen.

Ist mindestens die Hälfte der Miteigentumsanteile von der Ausübung des Stimmrechts dauerhaft ausgeschlossen, ist eine Eigentümerversammlung entgegen § 25 III beschlussfähig (KG ZMR 04, 144, 145; Köln ZMR 03, 608, 609). Dürfen aufgrund einer Vereinbarung bestimmte Gegenstände nur von einigen Wohnungseigentümern geregelt werden, kommt es für die Berechnung der Beschlussfähigkeit auf diese an. 22

Fehlt es an der Beschlussfähigkeit, ist nach § 25 IV 1 vorzugehen (Rn 24). Wird gegen § 25 III verstoßen, ist ein Beschl formell mangelhaft und anfechtbar, aber nicht nichtig (BGH ZMR 09, 698 = NJW 09, 2132, 2134; BGH ZMR 02, 930, 936). § 25 III kann abbedungen werden (München ZMR 06, 231, 232). 23

D. Zweitversammlungen (§ 25 IV). Fehlte es an der Beschlussfähigkeit (Rn 21), ist eine weitere Eigentümerversammlung (Zweitversammlung) unter Beachtung von §§ 23 II, 24 IV, 25 IV 1 einzuberufen. Für Ladung und Abhaltung gelten grunds keine Besonderheiten. Eine Zweitversammlung darf aber grunds erst einberufen werden, wenn die **Beschlussunfähigkeit der Erstversammlung** festgestellt ist. War eine Zweitversammlung einzuberufen, weil eine zunächst gegebene Beschlussfähigkeit nachträglich entfallen war, müssen nur die Punkte erneut aufgerufen werden, für die es an der Beschlussfähigkeit fehlte. Eine Vereinbarung, dass sogleich mit der Ersteinladung zur weiteren Eigentümerversammlung für den Fall, dass die Erstversammlung beschlussunfähig sein sollte (Eventualversammlung) eingeladen werden darf, ist zulässig (KG NZM 01, 105, 107). Ein Beschl, der für alle weiteren Eigentümerversammlung die Möglichkeit einer Eventualversammlung schaffen will, ist nichtig (Frankf ZWE 07, 84; Köln NJW-RR 90, 26). 24

Die Ladung zur Zweitversammlung muss § 25 IV 2 Hs 2 beachten; ein bloßer Hinweis auf den Gesetzeswortlaut genügt dafür nicht. Bei Verlegung einer bereits zuvor einberufenen Zweitversammlung um eine Woche braucht der Hinweis im Ladungsschreiben nicht wiederholt werden, wenn er bereits in der Einladung zur „ursprünglichen" Zweitversammlung enthalten war. Die Zweitversammlung ist zu denselben Tagesordnungspunkten wie die Erstversammlung einzuberufen. Werden zusätzliche Tagesordnungspunkte aufgenommen, handelt es sich um eine kombinierte Erst- und Zweitversammlung, mit der Folge, dass für die neuen Tagesordnungspunkte § 25 III gilt. 25

Eine Zweitversammlung ist gem § 25 IV 2 Hs 1 grds **ohne Rücksicht** auf die Höhe der vertretenen Anteile beschlussfähig. Wird gegen § 25 IV verstoßen, sind Beschl anfechtbar, nicht nichtig. Ein Verstoß ist **geheilt**, wenn mehr als 50 % der Miteigentumsanteile auf einer Zweitversammlung vertreten sind (KG ZMR 04, 144, 145). Fernwirkung eines Ladungsmangels ist gegeben, wenn die Erstversammlung an einem Ladungsmangel litt, deshalb die Beschlussfähigkeit fehlte und es zur Zweitversammlung kam (Hamm ZMR 07, 984). 26

§ 26 Bestellung und Abberufung des Verwalters.

(1) ¹Über die Bestellung und Abberufung des Verwalters beschließen die Wohnungseigentümer mit Stimmenmehrheit. ²Die Bestellung darf auf höchstens fünf Jahre vorgenommen werden, im Falle der ersten Bestellung nach der Begründung von Wohnungseigentum aber auf höchstens drei Jahre. ³Die Abberufung des Verwalters kann auf das Vorliegen eines wichtigen Grundes beschränkt werden. ⁴Ein wichtiger Grund liegt regelmäßig vor, wenn der Verwalter die Beschluss-Sammlung nicht ordnungsmäßig führt. ⁵Andere Beschränkungen der Bestellung oder Abberufung des Verwalters sind nicht zulässig.

(2) Die wiederholte Bestellung ist zulässig; sie bedarf eines erneuten Beschlusses der Wohnungseigentümer, der frühestens ein Jahr vor Ablauf der Bestellungszeit gefasst werden kann.

(3) Soweit die Verwaltereigenschaft durch eine öffentlich beglaubigte Urkunde nachgewiesen werden muss, genügt die Vorlage einer Niederschrift über den Bestellungsbeschluss, bei der die Unterschriften der in § 24 Abs. 6 bezeichneten Personen öffentlich beglaubigt sind.

A. Allgemeines. I. Grundsätze. Verwalter sind **Amtswalter**. Im Verhältnis zu den Wohnungseigentümern ist ein Verwalter weisungsgebundener Beauftragter, Geschäftsbesorger und organähnlicher Funktionsträger (s.a. BGH ZMR 03, 431, 433; BGHZ 106, 222, 226 = ZMR 89, 182, 185). Im Verhältnis zur Gemeinschaft der Wohnungseigentümer sind die – freilich unvollkommenes – Organ (§ 10 Rn 18; § 164 BGB Rn 54). Die Wohnungseigentümer müssen sich im Außenverhältnis Kenntnisse des Verwalters nicht zurechnen lassen (BGH ZMR 03, 211, 212). Etwas **anderes gilt** für die Gemeinschaft der Wohnungseigentümer: Sie kann und muss sich das Wissen nach § 166 I BGB zurechnen lassen, s.a. § 27 III 1 Nr 1, und haftet nach § 31 BGB. Das WEG kennt nur **einen Verwalter**. Mehrere nebeneinander sind unzulässig, auch in Mehrhausanlagen. Die Tätigkeit des Verwalters ist **an seine Person** gebunden. Er darf sich zwar Hilfspersonen bedienen (Rostock OLGR 09, 802, 804), seine Befugnisse und Aufgaben aber nicht ohne Zustimmung ganz oder teilweise auf einen Dritten übertragen (Frankf MietRB 06, 47; BayObLG ZMR 98, 174, 175). Der Verwalter verwaltet mit den Wohnungseigentümern und ggf dem Verwaltungsbeirat (§ 29) das **Gemeinschafts**-, nicht das Sondereigentum. 1

Die Aufgaben und Pflichten folgen aus §§ 23 bis 28 und den Vereinbarungen und Beschl der Wohnungseigentümer – soweit sie gesetzlichen Aufgaben und Pflichten ausgestalten und nicht neu begründen. Begründen die Wohnungseigentümer durch eine **gewillkürte Bestimmung unter sich eine neue Verwalterpflicht** (etwa die Zustimmung nach § 12 I, die Verteilung von Kellern, die Bestimmung der Hausordnung, die Erstellung einer Bescheinigung nach § 35a EStG, dazu KG ZMR 09, 709; LG Berlin GE 09, 1565, 1568), bindet dieses den Verwalter nur, wenn er sich ihr „unterwirft" (str).

2 **II. Person.** Jede **natürliche und juristische Person** kann Verwalter sein. Auch eine OHG oder KG kann Verwalter sein, nicht aber eine GbR (BGH ZMR 09, 779). Rechtlich unverbundene Personenmehrheiten, zB Eheleute, **können nicht bestellt** werden (BGHZ 107, 271 = MDR 89, 897; Schlesw ZMR 07, 728). Der Verwalter hat seine Dienste persönlich zu erbringen (Hamm NJW-RR 04, 1383). Es dürfen aber Hilfskräfte beschäftigt oder einzelne Aufgaben auf Dritte übertragen werden (KG ZMR 02, 695 s.a. Rn 1).

3 **B. Bestellung (§ 26 I 1, 2, II). I. Allgemeines.** Von der Be- ist die **Anstellung** des Verwalters durch **Verwaltervertrag** zu unterscheiden (Rn 15 ff). Die Anstellung ist keine Voraussetzung der Bestellung (Trennungstheorie).

4 **II. Bestellungsakt. 1. Beschluss (§ 26 I 1, II).** Die – ggf wiederholte, § 26 II Hs 1 – **Bestellung des Verwalters** erfolgt nach § 26 I 1 durch Beschl nach § 21 III. Zur Ankündigung iSv § 23 II des Bestellungsbeschl genügt die Bezeichnung „Neuwahl eines Verwalters" (Schlesw ZMR 06, 804; gedeckt ist dann auch der Beschl zum Verwaltervertrag sowie eine Wiederbestellung). Stimmberechtigt sind alle Wohnungseigentümer, auch der Bewerber, wenn er Wohnungseigentümer ist (BGH ZMR 02, 934). Der Verwalter darf, wenn er nicht Wohnungseigentümer ist, als Vertreter mitstimmen (Hamm ZMR 07, 63). Etwas anderes gilt bei einer **Abbestellung aus wichtigem Grund** (LG Saarbrücken ZWE 09, 49). Der Beschl darf im Falle der Wiederbestellung gem § 26 III Hs 2 erst ein Jahr vor Ablauf der Bestellungszeit gefasst werden. Eine vor Fristablauf vorgenommene Wiederbestellung ist **nichtig**, es sei denn, die erneute Bestellung erfolgt mit sofortiger Wirkung (BGH NJW-RR 95, 780; Zweibr ZMR 05, 908).

5 Der Beschl entspricht nicht § 21 IV, wenn die Zusammenarbeit mit dem Verwalter nach Treu und Glauben zumindest einem Wohnungseigentümer unzumutbar ist (BayObLG ZMR 01, 817). Gegen § 21 IV wird ua verstoßen, wenn: ein **wichtiger Grund zur Abberufung** gegeben wäre (Rn 10 ff), der Verwalter **fachlich ungeeignet** ist (Ddorf ZMR 06, 144), der Verwalter eigenmächtig Verträge abschließt (München ZWE 06, 360). Eine erfolgreiche Anfechtung führt zu einer **rückwirkenden Unwirksamkeit** der Bestellung (München ZMR 06, 719). Rechtshandlungen des Verwalters bis zur Rechtskraft der Ungültigerklärung **bleiben wirksam** (BGH ZMR 97, 308); auch Vergütung kann verlangt werden (München ZMR 06, 719). Für die Anfechtung der (Wieder)bestellung gelten die gleichen Maßstäbe wie bei der Abberufung (aA Ddorf ZMR 06, 872; Hambg ZMR 05, 71).

6 **2. Teilungserklärung.** Nach hM und von § 26 I 2 vorausgesetzt, kann der Erstverwalter vom **Alleineigentümer** iSd § 8 bestellt werden (BGH ZMR 02, 770; str). Die Bestellung erfolgt durch Vereinbarung – wegen § 26 I 5 – mit **konkludenter Öffnung** für einen Beschl. Das Amt beginnt mit Beginn einer werdenden Gemeinschaft von Wohnungseigentümern.

7 **3. Gericht (Notverwalter).** Fehlt ein Verwalter iSd Gesetzes, kann jeder Wohnungseigentümer, **nicht aber Dritte** ohne weitere Darlegung von Tatsachen, etwa einer besonderen Dringlichkeit, einer bestimmten Maßnahme oder einer Reduzierung des Ermessens, nach § 43 Nr 1 die **gerichtliche Bestellung eines Verwalters** (Notverwalter) beantragen (München ZMR 08, 74; Ddorf ZMR 07, 878); § 20 II verbietet eine Sachprüfung. Bevor ein Wohnungseigentümer einen Antrag auf gerichtliche Bestellung stellt, muss er auf einer Eigentümerversammlung grunds einen Antrag auf Bestellung stellen. Der Antrag kann auf § 21 IV WEG, aber auch auf § 21 VIII gestützt werden. Beklagte sind jeweils sämtliche anderen Wohnungseigentümer in **notwendiger Streitgenossenschaft**, § 62 I Fall 1 ZPO. Das Amt beginnt mit **Rechtskraft der Entscheidung**. Im Eilfall ist eine Bestellung nach §§ 935, 940 ZPO vorstellbar (LG Stuttgart ZWE 08, 357; AG Landsberg a.L. ZMR 09, 486). Das Gericht kann idR **den Verwaltervertrag** nicht bestimmen (str), da zunächst die Wohnungseigentümer mit diesem zu befassen sind. Der Notverwalter steht dem gewählten Verwalter gleich, besitzt die selben Rechte und Pflichten und unterscheidet sich vom Gewählten nur im Bestellungsakt (BGHZ 122, 327, 330 = ZMR 93, 421).

8 **II. Ende.** Das Amt des Verwalters **endet** mit Abberufung (Rn 10), Ablauf der Bestellungszeit (die Bestellung ist nach § 26 I 2 auf fünf, im Falle des Erstverwalters auf drei Jahre begrenzt; ein dagegen verstoßender Beschl ist teilnichtig, München NZM 07, 647; KG ZMR 87, 277; die Frist beginnt mit dem Zeitpunkt, an dem der Verwalter seine Tätigkeit aufnehmen soll), mit dem Tod oder mit Amtsniederlegung (Rn 14). Endet die Bestellung, **endet idR auch der Verwaltervertrag** (BayObLG ZWE 00, 72; Rn 17). Dies ist entweder ausdrücklich bestimmt oder Ergebnis einer sachnahen Auslegung.

9 **III. Beschränkungen.** Die Wohnungseigentümer können die Bestellung nach § 26 I 5 nicht gewillkürt beschränken. **Bsp** für **Beschränkungen**: Vereinbartes Verwalterhöchsthonorar (KG WuM 94, 36), vereinbarter Verwalter, Übertragung der Zustimmungsbefugnis gem § 12 I, ein Quorum (Hamm ZMR 09, 219, 220;

BayObLG WuM 96, 497). Zustimmung Dritter (KG OLGZ 78, 142, 144). Zulässig ist es zu vereinbaren, **zunächst** keinen Verwalter zu bestellen (Köln MittRhNotK 81, 200).

C. Abberufung (§ 26 I 1). I. Abberufungsbeschluss (§ 26 I 1). 1. Allgemeines. Über die Abberufung beschließen die Wohnungseigentümer gem § 26 I 1 nach § 21 III. Die Amtsstellung endet mit **Zugang der Abberufungserklärung** (BGHZ 106, 113, 122 = MDR 89, 435; Hamm ZMR 07, 136), die noch hM im Abberufungsbeschl enthalten sein kann (BGHZ 151, 164, 170 = ZMR 02, 766; KG ZMR 04, 858, 859). Dem ist **nicht zu folgen**, weil der Beschl kein Instrument der Willensäußerung ggü Dritten ist. Eine Abberufung kann auch nicht schlüssig in der Neuberufung eines Verwalters gesehen werden (aA KG ZMR 04, 858, 859). Auch der Beschl über die Kündigung des Verwaltervertrags kann nicht Abberufung sein (aA KG ZMR 04, 858, 859). Die Abberufung muss **binnen angemessener Frist** (Köln ZMR 07, 718: 4 Wochen) ab Kenntnis des wichtigen Grundes beschlossen werden (KG GE 09, 1053; Hamm 07, 136). Der Verwalter darf nicht – auch nicht als Vertreter anderer Wohnungseigentümer – abstimmen (BGH ZMR 02, 935), wenn es um eine Abberufung aus wichtigem Grund geht (Rn 11). Der Verwalter kann den Abberufungsbeschl gerichtlich überprüfen lassen (BGHZ 151, 164, 169 = ZMR 02, 766; s.a. § 46 I 1).

2. Abberufungsgründe (§ 26 I 3, 4). Die Wohnungseigentümer können den Verwalter **jederzeit wegen jedes Grundes** abberufen, die Gründe nach § 26 I 3 aber auch auf das Vorliegen eines **wichtigen** beschränken. Ein wichtiger Grund liegt nach § 26 I 4 idR vor, wenn der Verwalter die **Beschluss-Sammlung** (§ 24 VII) nicht ordnungsmäßig führt (**widerlegbares Regelbeispiel**, LG Berlin GE 09, 1565, 1567), iÜ, wenn den Wohnungseigentümern unter Berücksichtigung aller Umstände die Zusammenarbeit nach Treu und Glauben unzumutbar ist (BGH ZMR 02, 769; München ZMR 07, 223). Eines Verschuldens bedarf es nicht. Den Wohnungseigentümern steht – wie stets – Ermessen zu (Oldbg ZMR 07, 306). Die Abberufung kann nur auf Gründe gestützt werden, die nach Bestellung entstanden oder danach bekannt geworden sind (BayObLG ZMR 04, 840). **Bsp**: Interessenkollisionen (Oldbg ZMR 07, 306), Straftaten des Verwalters (Köln MietRB 08, 368), keine oder zu späte Einberufung der Eigentümerversammlung, Verstöße gegen Vertrag, Nichtwahrnehmung gesetzlicher Aufgaben, zB im Zusammenhang mit § 28 I 1, III (Zweibr ZMR 07, 727), Insolvenz (Stuttg OLGZ 77, 43), schlechte Vermögensverhältnisse (Oldbg ZMR 07, 306). Ein wichtiger Grund entfällt, wenn dem Verwalter **Entlastung** (§ 28 Rn 30) erteilt wurde (Köln NZM 98, 960). Die Neubestellung in Kenntnis des Fehlverhaltens kann einen Abberufungsgrund ausschließen (Köln ZMR 03, 703).

3. Rechtswirkungen. Mit der Abberufung haben grds sämtliche **verwaltungsbezogenen Handlungen zu unterbleiben**; es bestehen aber Abwicklungsverpflichtungen (vgl §§ 675, 667 BGB), zB die Herausgabe sämtlicher Unterlagen. Gegen den Herausgabeanspruch stehen dem Verwalter keine Zurückbehaltungsrechte zu (München NJW-RR 05, 1327). Im Innenverhältnis bleibt er ferner verpflichtet, in seiner Amtszeit fällig gewordene Abrechnungen zu erstellen (Celle ZMR 05, 718). Im Außenverhältnis muss er von ihm als **Standschafter** begonnene Gerichtsverfahren fortführen (BayObLG WuM 99, 189).

II. Gerichtliche Abberufung. Ein Wohnungseigentümer kann nach § 43 Nr 3 auf **Abberufung des Verwalters** klagen (Rostock MietRB 09, 325; AG Saarbrücken ZMR 09, 961), ggf verbunden mit der **Anfechtung eines Negativbeschl** (Oldbg ZMR 07, 306). Ein **Rechtsschutzbedürfnis** ist anzunehmen, wenn der Versuch, einen Beschl über die Abberufung herbeizuführen, gescheitert ist oder wenn die vorherige Anrufung der Eigentümerversammlung in Anbetracht der Mehrheitsverhältnisse nicht zugemutet werden kann (Rostock MietRB 09, 325; AG Saarbrücken ZMR 09, 961). Die Bestellung endet bei Erfolg der Klage mit **Rechtskraft der Entscheidung**. Die Klage hat Erfolg, wenn unter Berücksichtigung aller, nicht notwendig vom Verwalter verschuldeter Umstände eine Zusammenarbeit unzumutbar und das erforderliche Vertrauensverhältnis zerstört bzw. von vornherein nicht zu erwarten ist. Es kann ausreichen, dass das Verhältnis lediglich zu einem Wohnungseigentümer zerstört ist, es sei denn, dass das Zerwürfnis von diesem in vorwerfbarer Weise herbeigeführt wurde. Bei der Prüfung kann auf Umstände aus der Zeit vor dem Eintritt eines Wohnungseigentümers in eine Gemeinschaft zurückgegriffen werden, sofern diese geeignet sind, sich auf die Zeit nach dessen Eintritt auszuwirken.

III. Amtsniederlegung. Der Verwalter kann sein **Amt niederlegen** (BayObLG ZMR 00, 47). Die Niederlegung ist eine einseitige empfangsbedürftige Willenserklärung ggü der Gemeinschaft der Wohnungseigentümer. Sie erfolgt nach § 27 III 2, wobei es ausreicht, dass die **Erklärung einem Wohnungseigentümer** zugeht (BGHZ 149, 28, 31; BGHZ 121, 257, 260).

D. Verwaltervertrag. I. Allgemeines. Gemeinschaft der Wohnungseigentümer und Verwalter (Hambg ZMR 08, 899; München ZMR 07, 814; AG Tostedt ZMR 09, 963) – grunds nicht Wohnungseigentümer und Verwalter – können einen Verwaltervertrag schließen. Ist er Formularvertrag, unterliegt er §§ 305 ff BGB (KG ZMR 08, 476, 477). Der Verwaltervertrag – der auch **konkludent** geschlossen werden kann (BGH ZMR 97, 308, 310) – ist idR **Vertrag zu Gunsten der Wohnungseigentümer** iSv § 328 BGB (Ddorf NJW 07, 161; München ZMR 06, 955) und Vertrag iSv §§ 675 ff, 611 ff BGB (BGH ZMR 97, 308, 310; NJW-RR 93, 1227). Wird er abgeschlossen, bevor die Verwalterwahl rechtsbeständig ist, gilt er idR als unter der **Bedingung** abgeschlossen, dass die Bestellung wirksam ist (KG ZMR 05, 225). **Ansprüche aus dem Verwaltervertrag** – etwa auf Schadenersatz, auf Vornahme einer Maßnahme ordnungsmäßiger Verwaltung oder auf Herausgabe von Verwaltungsunterlagen –, können – soweit sie der Gemeinschaft der Wohnungseigentümer zustehen – grunds nur **aufgrund eines Beschl** geltend gemacht werden (BGH NJW 92, 182; NJW 89, 1091; AG Dortmund ZMR 09, 485). Etwas anderes gilt bei einem Anspruch, der nur einem Wohnungseigentümer zustehen kann (Frankf ZMR 09, 861).

16 **II. Zustandekommen.** Der Verwaltervertrag kommt durch **Angebot und Annahme**, nicht durch Beschl zustande (str). Die Gemeinschaft der Wohnungseigentümer wird idR nach § 27 III 2 oder 3 vertreten. Beschließen die Wohnungseigentümer den Vertrag, muss dieser Beschl noch ausgeführt und das Angebot oder die Annahme ggü dem Verwalter erklärt werden. Für die Gemeinschaft der Wohnungseigentümer haben § 21 I sämtliche Wohnungseigentümer als Willensbildungsorgan der Gemeinschaft der Wohnungseigentümer die Inhalte des Verwaltervertrages zu bestimmen. Diese Kompetenz kann nicht auf den Verwaltungsbeirat übertragen werden (Ddorf ZMR 03, 126, 127; LG München I ZMR 09, 398). Ein entsprechender Beschl ist **ordnungswidrig und anfechtbar** (LG München I ZMR 08, 487, 489). Wird der Verwaltervertrag bereits vom Alleineigentümer geschlossen, muss er auf die Gemeinschaft der Wohnungseigentümer übergeleitet werden. Als Laufzeit können auch in Formularverträgen höchstens 5 Jahre (Erstverwalter: 3 Jahre) vereinbart werden (BGH NJW 02, 3240).

17 **III. Ende.** Der Verwaltervertrag endet grunds **durch Kündigung** (BGH ZMR 02, 767); es gelten §§ 621, 615 BGB. Unabdingbar ist die Möglichkeit der **Kündigung aus wichtigem Grund**, die binnen angemessener Frist erfolgen muss (Schlesw ZMR 07, 729). Das Vorliegen eines wichtigen Abberufungsgrundes (Rn 11), genügt idR zur Kündigung (BayObLG ZMR 04, 602). IdR endet der Verwaltervertrag nach dem ggf im Wege der Auslegung zu gewinnenden Willen der Vertragsparteien mit Ende der Bestellung (dazu Rn 8). Eine Abberufung oder eine Ungültigerklärung der Bestellung machen den Verwaltervertrag nicht rückwirkend unwirksam, sondern beenden ihn mit ihrem Wirksamwerden (BGH ZMR 97, 308). Will sich der Verwalter wehren, muss er im Verfahren nach § 43 Nr 3 iVm § 256 ZPO die Feststellung begehren, dass der Verwaltervertrag durch die Kündigung nicht beendet worden ist (BGH ZMR 02, 932; Hamm ZMR 07, 134). Die Kündigung kann in der Abberufungserklärung enthalten sein (BayObLG ZMR 04, 923; Ddorf ZMR 04, 691), nicht aber im Abberufungsbeschl (str).

18 **III. Vergütung.** Die Gemeinschaft der Wohnungseigentümer schuldet die **vereinbarte Vergütung**. Fehlt eine Bestimmung zur Höhe, kann der Verwalter nach § 612 BGB ein **marktübliches Honorar** verlangen (KG ZMR 04, 460; BayObLG FGPrax 97, 136), sofern eine Vergütung nicht ausdrücklich ausgeschlossen ist. Unentgeltlichkeit kommt ggf bei der Verwaltung kleinerer Wohnanlagen in Betracht; dann gelten §§ 662 ff BGB. Ggf steht dem Verwalter zusätzlich gem § 670 BGB ein **Aufwendungsersatzanspruch** zu (BayObLG ZMR 04, 932). Ist nur die Bestellung unwirksam, hat dies auf den vertraglichen Vergütungsanspruch keinen Einfluss (Ddorf ZMR 06, 465). **Sondervergütungen** werden verabredet ua für: Beschieinigung für haushaltsnahe Dienstleistungen (KG ZMR 09, 709; LG Bremen NZM 09, 750; s.a Rn 1), die Überwachung baulicher Maßnahmen (Köln NZM 01, 470), die Geltendmachung von Baumängeln (vgl Celle WE 84, 127), die Durchführung gerichtlicher Verfahren, die Zustimmung zu Veräußerungen nach § 12. Der Verwalter darf fällige Vergütungsansprüche den **Konten der Gemeinschaft der Wohnungseigentümer** entnehmen. Sonderleistungen sind **separat zu vergüten** (Hamm ZMR 01, 143). Die Wohnungseigentümer haften dem Verwalter für die Vergütung nach § 10 VIII 1 Hs 1. Schuldet die Gemeinschaft der Wohnungseigentümer eine Vergütung nach Einheiten, ist eine Verteilung nach § 16 II nicht ordnungsmäßig (LG Lüneburg ZMR 09, 554).

19 **IV. Bestimmungen der Wohnungseigentümer untereinander.** Der Verwaltervertrag ist kein Ort, an dem die **Wohnungseigentümer für ihr Verhältnis untereinander oder für die Gemeinschaft der Wohnungseigentümer Regelungen** treffen (Dresden ZMR 09, 301); schon deshalb, weil die Wohnungseigentümer nicht Vertragspartei sind. Etwa **Zugangsfiktionen** und **salvatorische Klauseln** können im Verwaltervertrag nicht wirksam vereinbart werden (KG ZMR 09, 476, 477). Regelungen nach § 27 II 3, III 1 Nr 7 sollten **neben** dem Verwaltervertrag stehen, auch um ein Verfahren nach § 46 I 1 zu möglichen. Finden sich im Verwaltervertrag Regelungen nach § 27 II 3, III 1 Nr 7, sind dieses durch Beschl über den Verwaltervertrag „mitbeschlossen" worden, wenn den Wohnungseigentümern bewusst war, dass sie über den **Verwaltervertrag hinaus** Bestimmungen treffen.

20 **V. Haftung.** Bei Schlechtleistung bestehen **Schadenersatzansprüche der Gemeinschaft der Wohnungseigentümer** (München ZMR 07, 814; Hamm ZMR 06, 633, 634; AG Saarbrücken ZMR 09, 961) und ggf der einzelnen Wohnungseigentümer unter dem Gesichtspunkt des **Vertrags zu Gunsten Dritter** (München ZMR 07, 814; Ddorf NJW 07, 161; Rn 15) aus § 280 I BGB (Köln ZMR 05, 573). Ein Wohnungseigentümer hat *gegen den Verwalter keinen Anspruch*, zB auf Rückzahlung evtl unberechtigter Abhebungen vom Gemeinschaftskonto, wenn er nicht ermächtigt ist (AG Dortmund ZMR 09, 485). Entsteht ein Schaden nur einem Wohnungseigentümer, bedarf er zur Durchsetzung aber **keiner Ermächtigung** (Frankf ZMR 09, 861; Rn 15). **Bsp:** Verkündung **erkannt nicht ordnungsmäßiger Beschl** (AG Tiergarten GE 09, 1439, 1440; str), Verant-

wortlichkeit für Ladungsfehler, Mängel nach § 28 I 1, III, etc (dazu § 49 Rn 4). Im Zusammenhang mit einer Beschlussverkündung ist ein Anspruch zu bejahen, wenn es an der Zustimmung iSv § 22 I fehlt, die erforderlichen Stimmen fehlen, zB bei § 16 IV, 22 II 1. Der Verwalter muss ggf für das **Handeln Dritter** gem § 278 BGB einstehen (München ZMR 06, 884). Wenn der Verwalter Dritte im Namen der Gemeinschaft der Wohnungseigentümer einschaltet, erfolgt keine Zurechnung. Der Durchsetzung von Schadenersatzansprüchen kann eine **Entlastung** (§ 28 Rn 30) entgegenstehen. Die **Kenntnis des Verwaltungsbeirates** ist den Wohnungseigentümern zuzurechnen (§ 29 Rn 5).

E. Nachweis der Verwaltereigenschaft. Bei § 23 III bedarf es einer Urkunde nach § 129 BGB (BayObLG NJW-RR 86, 565). Wird der Verwalter mit der Teilungserklärung bestellt, bedarf es einer **Beglaubigung der Teilungserklärung** (BayObLG NJW-RR 91, 978, 979). Ein gerichtlich bestellter Verwalter (Rn 7) kann sich durch das Urt ausweisen. Die „Eigenschaften" der Unterzeichner müssen nicht nachgewiesen werden (LG Köln MittRhNotK 84, 121; str). Ggf bedarf es **weiterer Urkunden** (BayObLG NJW-RR 91, 978, 979).

21

§ 27 Aufgaben und Befugnisse des Verwalters. (1) Der Verwalter ist gegenüber den Wohnungseigentümern und gegenüber der Gemeinschaft der Wohnungseigentümer berechtigt und verpflichtet,
1. Beschlüsse der Wohnungseigentümer durchzuführen und für die Durchführung der Hausordnung zu sorgen;
2. die für die ordnungsmäßige Instandhaltung und Instandsetzung des gemeinschaftlichen Eigentums erforderlichen Maßnahmen zu treffen;
3. in dringenden Fällen sonstige zur Erhaltung des gemeinschaftlichen Eigentums erforderliche Maßnahmen zu treffen;
4. Lasten- und Kostenbeiträge, Tilgungsbeträge und Hypothekenzinsen anzufordern, in Empfang zu nehmen und abzuführen, soweit es sich um gemeinschaftliche Angelegenheiten der Wohnungseigentümer handelt;
5. alle Zahlungen und Leistungen zu bewirken und entgegenzunehmen, die mit der laufenden Verwaltung des gemeinschaftlichen Eigentums zusammenhängen;
6. eingenommene Gelder zu verwalten;
7. die Wohnungseigentümer unverzüglich darüber zu unterrichten, dass ein Rechtsstreit gemäß § 43 anhängig ist;
8. die Erklärungen abzugeben, die zur Vornahme der in § 21 Abs. 5 Nr. 6 bezeichneten Maßnahmen erforderlich sind.
(2) Der Verwalter ist berechtigt, im Namen aller Wohnungseigentümer und mit Wirkung für und gegen sie
1. Willenserklärungen und Zustellungen entgegenzunehmen, soweit sie an alle Wohnungseigentümer in dieser Eigenschaft gerichtet sind;
2. Maßnahmen zu treffen, die zur Wahrung einer Frist oder zur Abwendung eines sonstigen Rechtsnachteils erforderlich sind, insbesondere einen gegen die Wohnungseigentümer gerichteten Rechtsstreit gemäß § 43 Nr. 1, Nr. 4 oder Nr. 5 im Erkenntnis- und Vollstreckungsverfahren zu führen;
3. Ansprüche gerichtlich und außergerichtlich geltend zu machen, sofern er hierzu durch Vereinbarung oder Beschluss mit Stimmenmehrheit der Wohnungseigentümer ermächtigt ist;
4. mit einem Rechtsanwalt wegen eines Rechtsstreits gemäß § 43 Nr. 1, Nr. 4 oder Nr. 5 zu vereinbaren, dass sich die Gebühren nach einem höheren als dem gesetzlichen Streitwert, höchstens nach einem gemäß § 49a Abs. 1 S. 1 des Gerichtskostengesetzes bestimmten Streitwert bemessen.
(3) ¹Der Verwalter ist berechtigt, im Namen der Gemeinschaft der Wohnungseigentümer und mit Wirkung für und gegen sie
1. Willenserklärungen und Zustellungen entgegenzunehmen;
2. Maßnahmen zu treffen, die zur Wahrung einer Frist oder zur Abwendung eines sonstigen Rechtsnachteils erforderlich sind, insbesondere einen gegen die Gemeinschaft gerichteten Rechtsstreit gemäß § 43 Nr. 2 oder Nr. 5 im Erkenntnis- und Vollstreckungsverfahren zu führen;
3. die laufenden Maßnahmen der erforderlichen ordnungsmäßigen Instandhaltung und Instandsetzung gemäß Absatz 1 Nr. 2 zu treffen;
4. die Maßnahmen gemäß Absatz 1 Nr. 3 bis 5 und 8 zu treffen;
5. im Rahmen der Verwaltung der eingenommenen Gelder gemäß Absatz 1 Nr. 6 Konten zu führen;
6. mit einem Rechtsanwalt wegen eines Rechtsstreits gemäß § 43 Nr. 2 oder Nr. 5 eine Vergütung gemäß Absatz 2 Nr. 4 zu vereinbaren;
7. sonstige Rechtsgeschäfte und Rechtshandlungen vorzunehmen, soweit er hierzu durch Vereinbarung oder Beschluss der Wohnungseigentümer mit Stimmenmehrheit ermächtigt ist.
²Fehlt ein Verwalter oder ist er zur Vertretung nicht berechtigt, so vertreten alle Wohnungseigentümer die Gemeinschaft. ³Die Wohnungseigentümer können durch Beschluss mit Stimmenmehrheit einen oder mehrere Wohnungseigentümer zur Vertretung ermächtigen.

§ 27 WEG

(4) Die dem Verwalter nach den Absätzen 1 bis 3 zustehenden Aufgaben und Befugnisse können durch Vereinbarung der Wohnungseigentümer nicht eingeschränkt oder ausgeschlossen werden.
(5) ¹Der Verwalter ist verpflichtet, eingenommene Gelder von seinem Vermögen gesondert zu halten. ²Die Verfügung über solche Gelder kann durch Vereinbarung oder Beschluss der Wohnungseigentümer mit Stimmenmehrheit von der Zustimmung eines Wohnungseigentümers oder eines Dritten abhängig gemacht werden.
(6) Der Verwalter kann von den Wohnungseigentümern die Ausstellung einer Vollmachts- und Ermächtigungsurkunde verlangen, aus der der Umfang seiner Vertretungsmacht ersichtlich ist.

1 **A. Allgemeines. I. Überblick zu § 27; Abdingbarkeit (§ 27 IV).** Soweit der Verwalter zur **Geschäftsführung** berufen ist, ordnet die Bereiche § 27 I an. Soweit er einer **Vertretungsmacht** zur Durchführung bedarf, bestimmen dies § 27 II, III oder die Wohnungseigentümer durch Beschl und Vereinbarung (§ 27 II Nr 3, III 1 Nr 7). Die nach § 27 auf dem Verwalter ruhenden gesetzlichen Aufgaben und seine ihm vom Gesetz eingeräumten Befugnisse, sind nach § 27 IV ggü Einschränkungen **vereinbarungsfest**. Die Wohnungseigentümer können freilich über das „Wie" nach § 21 III Bestimmungen treffen.

2 **II. Pflichten und Rechte jenseits von § 27.** Neben § 27 können die Gemeinschaft der Wohnungseigentümer und der Verwalter im Verwaltervertrag (§ 26 Rn 15 ff) Rechte und Pflichten des Verwalters begründen. **Bsp**: nach § 12 I, Erteilung einer Zustimmung zu einer Vermietung/Verpachtung, Erteilung einer Zustimmung zu einem anderen Gebrauch iSv § 15, „Verteilung" von Kellerflächen, Aufstellung der Hausordnung. Eine Vereinbarung bindet den Verwalter hingegen nicht, es sei denn, diese gestaltet nur vorhandene Pflichten aus oder der Verwalter unterwirft sich ihr (§ 26 Rn 1). Neben § 27 finden sich iÜ **an anderen Stellen** des Gesetzes Vorschriften zu den **Aufgaben und Pflichten** des Verwalters. **Bsp**: § 18 II Nr 1 (§ 18 Rn 5), Feststellung und Verkündung der Beschl, § 23 III, 24 I, II, IV, V, VI 1, VIII 1, 25 IV 1, 28 I 1, II, III. Nach hM treffen neben der Gemeinschaft der Wohnungseigentümer (§ 1 Rn 8) auch den Verwalter wegen § 27 I Nr 2 und Nr 3 **Verkehrspflichten** für das Gemeinschaftseigentum.

3 **B. Geschäftsführung (§ 27 I). I. § 27 I Nr 1. 1. Durchführung der Beschlüsse.** Der Verwalter muss **jeden Beschl**, auch **angefochtene**, durchführen, nicht aber nichtige. Etwas anderes gilt, wenn die Wohnungseigentümer beschließen, dass ein Beschl vorerst nicht durchgeführt werden soll oder aufgrund Anordnung nach §§ 935, 940 ZPO. Verzögert der Verwalter die Durchführung, handelt er pflichtwidrig und schuldet ggf Schadenersatz. Bedarf der Verwalter für die Durchführung einer Vertretungsmacht, muss diese aus § 27 III 1 Nr 1 bis Nr 7 folgen.

4 **2. Durchführung der Hausordnung.** Zur **Durchführung der Hausordnung** (§ 21 V Nr 1) muss der Verwalter durch Maßnahmen tatsächlicher Art auf ihre Einhaltung hinwirken (BayObLGZ 72, 94). Der Verwalter genügt dieser Pflicht durch Aufklärung über die Inhalte der Hausordnung und die Inhalte von §§ 13, 14 und 15, Hinweise nach stichprobenartigen Prüfungen, Aufforderungen und Abmahnungen iSv § 18 II Nr 1 (§ 18 Rn 5), Rundschreiben, Aushänge, Verbotsschilder (BayObLG MDR 81, 937) und durch die Vorbereitung von Maßnahmen (Formulierung Beschlussentwurf; Aufnahme auf die Tagesordnung der nächsten Eigentümerversammlung). Zur **gerichtlichen Durchsetzung** ist der Verwalter nur nach § 27 II Nr 3, III 1 Nr 7 berechtigt. Für die Durchführung macht es keinen Unterschied, ob eine Regelung beschlossen oder vereinbart wurde. Die in die Hausordnung aufgenommene Verpflichtung des Verwalters, grobe Verstöße gegen die Hausordnung gerichtlich zu ahnden, ist nichtig (BayObLG ZMR 02, 527, 528). Eine Durchsetzung kann im Einzelfall gegen § 242 BGB verstoßen.

5 **II. § 27 I Nr 2, III 1 Nr 3.** Nach § 27 I Nr 2 hat der Verwalter auf die Erforderlichkeit der für eine **Erhaltung** (§ 21 Rn 9) entsprechenden Maßnahmen hinzuweisen, diese festzustellen und einen Beschl herbeizuführen (Frankf ZWE 09, 359). Die geschuldeten Aufgaben beschränken sich va auf **Managementaufgaben** (Frankf ZMR 09, 861, 862; Ddorf ZWE 07, 92, 94). Die Aufgabe zu entscheiden, was und welchem Umfange was zu unternehmen ist, ist Sache der Wohnungseigentümer (Frankf ZWE 09, 359; BayObLG ZMR 04, 601, 602), sofern nichts anderes vereinbart ist (Ddorf ZMR 97, 605). **Bsp**: Ermittlung des Erhaltungsbedarfs, Auswertung der Bedarfsermittlung, Unterrichtung der Wohnungseigentümer, Beschlussvorbereitung, Vergabe der Aufträge nach Beschl, Überwachung, Abnahme (nach Ermächtigung gem § 27 III 1 Nr 7), Rechnungsprüfung. Vor dem Beschl hat der Verwalter alle Möglichkeiten der Erhaltung und deren voraussichtliche Kosten, grds durch **Einholung von Angeboten** zu ermitteln (BayObLG ZMR 04, 927). Auf einzelne Empfehlungen darf er sich nicht verlassen (Hamm NZM 03, 486, 487). Vergibt der Verwalter einen Auftrag ohne Beschl, ist ein Vertrag nach § 27 III 1 Nr 3 **wirksam**. Im Innenverhältnis haftet den Wohnungseigentümern die Gemeinschaft der Wohnungseigentümer; der Verwalter haftet der Gemeinschaft der Wohnungseigentümer (BayObLG ZMR 06, 138).

6 **III. § 27 I Nr 3, III 1 Nr 4.** Dringend iSv § 27 I Nr 3 sind Fälle, die wegen ihrer Eilbedürftigkeit **eine vorherige Einberufung** einer Eigentümerversammlung nicht zulassen (BayObLG ZMR 04, 604). **Bsp**: Ausfall der Heizungsanlage, Brand, Explosion, Sturm, Überschwemmung. Entscheidend ist, ob die Erhaltung des

gemeinschaftlichen Eigentums gefährdet wäre, wenn nicht umgehend gehandelt würde (BayObLG ZMR 97, 325). Soweit der Verwalter um Verträge zu schließen, ggü Dritten auftreten muss, besitzt er für die Gemeinschaft der Wohnungseigentümer nach § 27 III 1 Nr 4 eine **gesetzliche Vertretungsmacht**.

IV. § 27 I Nr 4 bis Nr 6, III 1 Nr 4, Nr 5, V (Vermögensverwaltung). Lasten- und Kostenbeiträge sind solche iSv § 16 II, 28 V. Tilgungsbeträge und Hypothekenzinsen sind grunds solche, wenn die Gemeinschaft der Wohnungseigentümer einen Kredit aufgenommen hat. Der Verwalter kann nach § 27 I Nr 4, Nr 5 die Beiträge und Zinsen in Empfang nehmen und auf das Konto der Gemeinschaft der Wohnungseigentümer einzahlen und Beiträge und Zinsen nach § 27 I Nr 4, Nr 5 an Dritte abführen. Verwaltung eingenommener Gelder iSv § 27 I Nr 6 meint Anlage der Gelder nach Ermessen oder Anweisung der Wohnungseigentümer. Eingenommene Gelder stehen nach § 10 VII der Gemeinschaft der Wohnungseigentümer zu. Es sind **idR**: Wohngeld, Sonderumlagen, Salden der Jahresabrechnung, § 21 V Nr 4, Entgelte nach § 21 VII. Der Verwalter ist nach § 27 III 1 Nr 5 nur berechtigt, **im Namen der Gemeinschaft der Wohnungseigentümer** ein Konto zu eröffnen. Ein **Eigengeldkonto ist unzulässig** und kann zur Abberufung führen (Rostock OLGR 09, 802, 804). Führen eines Kontos iSv § 27 III 1 Nr 5 ist auch die Eröffnung eines Kontos sowie die Beendigung des Bankvertrages. Die Instandhaltungsrückstellung (§ 21 V Nr 4) sollte auf einem separaten, hochverzinslichen Konto angelegt werden. Zur Aufnahme eines Kredits oder Überziehungskredits für die Gemeinschaft der Wohnungseigentümer besitzt der Verwalter nach § 27 III 1 Nr 5 keine Vertretungsmacht. Hierfür bedarf es einen Beschl. 7

Gelder der Wohnungseigentümer, zB Schadenersatzansprüche, sind vom Verwalter treuhänderisch zu verwalten und unterfallen nicht §§ 27 I Nr 6, III 1 Nr 5, V, 10 VII (zweites Verwaltungsvermögen; str). 8

V. § 27 I Nr 7. Zweck der Unterrichtung ist es, den Wohnungseigentümer die Entscheidung zu ermöglichen, ob sie sich selbst oder durch den Verwalter verteidigen oder den Kläger unterstützen wollen. Der Verwalter muss über den **Inhalt von Zustellungen** (va: Klageschrift und -begründung) sowie vom Tag, Ort und der Zeit anberaumter Verhandlungen informieren. Auf welche Art und Weise der Verwalter informiert, ist grds seine Sache (BGHZ 78, 166, 173 = NJW 81, 282). Der Verwalter kann die Informationen etwa per E-Mail (BGH ZMR 09, 777), mündlich in der Eigentümerversammlung (BGH ZMR 09, 777) oder durch Versendung von Rundschreiben weiter geben. Erscheint es geboten, dem einzelnen Wohnungseigentümer eine Abschrift des zugestellten Schriftstücks zu übermitteln, kann und muss der Verwalter solche Abschriften herstellen lassen (BGHZ 78, 166, 173 = ZMR 81, 125). Entstehen dem Verwalter Kosten, kann er diese auf die Wohnungseigentümer abwälzen, wenn dies vereinbart oder nach § 21 VII beschlossen ist. Hat der Verwalter eine Pauschalvergütung getroffen, muss er die Kosten selbst tragen (BayObLG NJW-RR 01, 1231). Unterrichtet der Verwalter pflichtwidrig nicht oder nicht ordnungsmäßig, macht er sich schadenersatzpflichtig. 9

Die Kosten der Unterrichtung **sind idR nicht nach § 91 I 1 ZPO notwendig** und können nicht auf den unterlegenen Anfechtungskläger abgewälzt werden (BGH ZMR 09, 777). Etwas anderes gilt, wenn der Verwalter nicht zustellungsbevollmächtigt ist (BGH ZMR 09, 777). Notwendig sind in diesem Falle allerdings nur die Kosten, die anfallen, um die Wohnungseigentümer vom Rechtsstreit sachgerecht zu unterrichten. Dazu gehören die Übersendung von Klageschrift und Klagebegründung sowie die Zuleitung eines Anschreibens, das die Wohnungseigentümer über die Ladung zum Termin unterrichtet (BGH ZMR 09, 777). Bei mehreren zusammen wohnenden Wohnungseigentümern ist es nicht nötig, jedem von ihnen die Unterlagen zuzusenden (BGH ZMR 09, 777). Auch die Übersendung umfangreicher Anlagen ist nicht notwendig (BGH ZMR 09, 777). Nicht angesetzt werden kann ferner der Zeitaufwand für das Zusammenstellen und das Absenden der Briefsendungen an die Wohnungseigentümer (BGH ZMR 09, 777). Schließlich sind auch die Kosten für die Unterrichtung über den Ausgang des Rechtsstreits nicht erstattungsfähig (BGH ZMR 09, 777). 10

VI. § 27 I Nr 8, III 1 Nr 4, 21 V Nr 6 (Abgabe von Erklärungen). Nach § 27 I Nr 8, III 1 Nr 4 ist der Verwalter berechtigt und verpflichtet, im Namen der Gemeinschaft der Wohnungseigentümer mit Wirkung für und gegen diese die Erklärungen abzugeben, die zur Vornahme der in § 21 V Nr 6 bezeichneten Maßnahmen zur Grundversorgung erforderlich sind. 11

C. Vertretung der Wohnungseigentümer (§ 27 II). I. Allgemeines. Der Verwalter ist **von Gesetzes wegen** nach § 27 II Nr 1, 2 und 4 zur Vertretung der Wohnungseigentümer berechtigt. § 27 II Nr 3 stellt klar, dass die Wohnungseigentümer den Verwalter auch durch **bloßen Beschl** ermächtigen können, **sämtliche Wohnungseigentümer** zu vertreten. Dies kommt wegen der Existenz der Gemeinschaft der Wohnungseigentümer, die idR Verträge mit Dritten schließt, idR indes nicht in Betracht. 12

II. § 27 II Nr 1. Die Zustellung/Erklärung muss für die Miteigentümer als Wohnungseigentümer an den Verwalter **in seiner Funktion als Verwalter** erfolgen. § 27 II Nr 1 wird im Prozess durch § 45 I verdrängt. 13

III. § 27 II Nr 2. 1. Wahrung einer Frist (§ 27 II Nr 2 Var 1). Als Fristen kommen **sämtliche materiellen und prozessualen Fristen** in Betracht. Bsp.: § 276 I 1 ZPO, Kündigungs- oder Verjährungsfristen. 14

2. Abwendung eines sonstigen Rechtsnachteils (§ 27 II Nr 2 Var 2). Zur Abwendung eines sonstigen Rechtsnachteils kann der Verwalter: ggf ein Verfahren nach §§ 485 ff ZPO betreiben (BGHZ 78, 167 = ZMR 81, 125; BayObLGZ 76, 211, 213; zw), ein Verfahren nach §§ 916 ff ZPO, ein Rechtsmittel bzw Rechtsbehelfe 15 einlegen. Der Verwalter ist **insb befugt**, einen gegen die Wohnungseigentümer gerichteten Rechtsstreit gem § 43 Nr 1, Nr 4 oder Nr 5 im **Erkenntnis- und Vollstreckungsverfahren** zu führen. Der BGH spricht von einer inhaltlich beschränkten Prozessvollmacht (BGHZ 78, 167 = NJW 81, 282, 283). Der Verwalter darf im Namen und in Vollmacht der Wohnungseigentümer jedenfalls Schriftsätze fertigen, vor Gericht auftreten und Anträge formulieren. Die in § 81 ZPO vorgesehene Verzichtsleistung auf den Streitgegenstand oder die Anerkennung des von dem Gegner geltend gemachten Anspruchs umfasst § 27 II Nr 2 nicht (BayObLG ZMR 04, 839, 840). § 27 II Nr 2 befugt den Verwalter auch nicht, Gestaltungsrechte im Namen der Wohnungseigentümer auszuüben. § 27 II 2 erlaubt es dem im Amt befindlichen Verwalter va, die Wohnungseigentümer ggü einer **Anfechtungsklage zu verteidigen** (BGH ZMR 09, 777; NJW 09, 2135, 2136; München MDR 08, 620). Der Verwalter ist nach § 27 II 2 ferner befugt, einen Rechtsanwalt zu beauftragen (BGH ZMR 10, 51; 09, 777) – soweit ein Wohnungseigentümer nicht selbst eine Verteidigung auf die Beine stellt und einen Anwalt beauftragt (BGH ZMR 10, 777; NJW 09, 2135, 2136). Beauftragt der Verwalter einen Anwalt, vertritt dieser die Wohnungseigentümer, nicht den Verwalter (BGH NJW 87, 2240). In seinem Anwendungsbereich **verdrängt § 27 II Nr 2 den § 79 II ZPO**. Endet das Amt, endet die Rechtsmacht.

16 Ungeklärt ist, ob eine Vertretung des Verwalters ausscheidet, wenn er nach § 45 I als Zustellvertreter ausscheidet. Nach hier vertretener Auffassung muss der Ausschluss nach § 45 I aus systematischen Gründen „durchschlagen".

17 **IV. § 27 II Nr 3.** Wie weit die Befugnisse aus § 27 II Nr 3 reichen, müssen die Wohnungseigentümer bestimmen. Fehlt es an einer Klärung, ist es eine Frage der Auslegung, was möglich ist. Diese Auslegung wird zu berücksichtigen haben, warum die Wohnungseigentümer eine Ermächtigung erteilt haben. IdR ist auch die Einlegung eines Rechtsmittels gedeckt (LG München I GE 10, 135). Eine Prozessstandschaft des Verwalters für die Wohnungseigentümer ist unzulässig. Das Interesse des Verwalters folgt aus der Pflicht, die ihm nach § 27 I obliegenden Aufgaben ordnungsgemäß und reibungslos zu erfüllen (BGHZ 104, 197, 199; BayObLG ZWE 01, 418). § 27 II Nr 3 **verdrängt** § 79 II ZPO. Eine Ermächtigung im Verwaltervertrag ist nur möglich, wenn diese durch einen Beschl gedeckt ist.

18 **V. § 27 II Nr 4, III 1 Nr 6.** § 27 II Nr 4, III 1 Nr 6 sind vor dem Hintergrund des § 49a I 2, II GKG zu sehen. Die Mehrgebühren unterfallen § 16 VIII.

19 **D. Vertretung der Wohnungseigentümergemeinschaft (§ 27 III).** § 27 III 1 bis 3 regeln die **Handlungsorganisation der Gemeinschaft der Wohnungseigentümer**. Die Regelung gehört systematisch zu § 10 VI. Zu den Inhalten s. daher § 10 Rn 18 ff.

20 **E. Vermögensverwaltung (§ 27 V, I Nr 6, III 1 Nr 5).** Siehe dazu Rn 7.

21 **F. Vollmachts- und Ermächtigungsurkunde (§ 27 VI).** Der Verwalter kann gem § 27 VI von den Wohnungseigentümern, entgegen des Wortlauts aber auch von der Gemeinschaft der Wohnungseigentümer eine **Vollmachts- und Ermächtigungsurkunde** zum **Nachweis seiner Rechtsmacht** verlangen, **va** für § 27 II Nr 3, III 1 Nr 7; sie ist mit dem Ende der Bestellung §§ 675, 667 BGB herauszugeben; ein Zurückbehaltungsrecht besteht nicht (BGH NJW 97, 2106), § 176 I 1 BGB ist anwendbar. Ein **gerichtlich bestellter Verwalter** (§ 26 Rn 7) kann sich durch das Urt ausweisen. Zum **Nachweis der Verwaltereigenschaft** s. § 26 Rn 21.

§ 28 Wirtschaftsplan, Rechnungslegung.

(1) Der Verwalter hat jeweils für ein Kalenderjahr einen Wirtschaftsplan aufzustellen. Der Wirtschaftsplan enthält:
1. die voraussichtlichen Einnahmen und Ausgaben bei der Verwaltung des gemeinschaftlichen Eigentums;
2. die anteilmäßige Verpflichtung der Wohnungseigentümer zur Lasten- und Kostentragung;
3. die Beitragsleistung der Wohnungseigentümer zu der in § 21 Abs. 5 Nr. 4 vorgesehenen Instandhaltungsrückstellung.

(2) Die Wohnungseigentümer sind verpflichtet, nach Abruf durch den Verwalter dem beschlossenen Wirtschaftsplan entsprechende Vorschüsse zu leisten.
(3) Der Verwalter hat nach Ablauf des Kalenderjahres eine Abrechnung aufzustellen.
(4) Die Wohnungseigentümer können durch Mehrheitsbeschluß jederzeit von dem Verwalter Rechnungslegung verlangen.
(5) Über den Wirtschaftsplan, die Abrechnung und die Rechnungslegung des Verwalters beschließen die Wohnungseigentümer durch Stimmenmehrheit.

1 **A. Wirtschaftsplan (§ 28 I). I. Allgemeines.** Zweck des Wirtschaftsplans ist es, **aufgrund einer vorläufigen Schätzung** festzustellen, welchen Gesamtbetrag zur Lasten- und Kostenbestreitung im laufenden Wirtschaftsjahr benötigt wird und wie viel davon bei jeder konkreten Kostenpositionen anhand des für diese Kosten geltenden Verteilerschlüssels auf den einzelnen Wohnungseigentümer entfällt (Hamm ZMR 09, 58, 60). Durch die regelmäßige Zahlung sollen die notwendigen finanziellen Mittel zur Verfügung stehen. Der Wirtschaftsplan ist Grundlage für die **Anforderung der Vorauszahlungen** des zu erbringenden Hausgeldes und bleibt auch nach Erstellung der Jahresabrechnung Anspruchsgrundlage (BGHZ 131, 228 = ZMR 96, 215, 216).

II. Ersteller (§ 28 I 1). Der Wirtschaftsplan ist nach § 28 I 1 vom **Verwalter** zu erstellen. Kommt er dem nicht nach, kann von jedem Wohnungseigentümer ein Titel auf Erstellung eines Wirtschaftsplans erstritten und nach § 887 ZPO vollstreckt werden (BayObLG NJW-RR 90, 660). Daneben kann nach § 21 IV, VIII die Festsetzung eines Wirtschaftsplans verlangt und eingeklagt werden. Die Pflicht nach § 28 I 1 **endet**, wenn eine **Jahresabrechnung** möglich ist (Schleswig FGPrax 01, 184; LG Berlin GE 09, 1465, 1468; s.a. Rn 3).

III. Aufstellungszeitpunkt (§ 28 I 1). Nach § 28 I 1 ist **jährlich** – idR im Voraus – ein **Wirtschaftsplan vorzulegen**; die Wohnungseigentümer können etwas anderes **vereinbaren**. Nach **Ablauf der Abrechnungsperiode** kann ein Wirtschaftsplan nicht mehr beschlossen werden (Hamm ZMR 09, 467). Gesetzliches Wirtschaftsjahr ist das **Kalenderjahr**. Verlangt einer Wohnungseigentümer, dass dem Wirtschaftsplan entgegen einer bestehenden Übung nunmehr das Kalenderjahr zu Grunde gelegt wird, handelt er treuwidrig, wenn er den Übergang nicht vor der Herstellung der Jahresabrechnung einfordert und mit der Auswahl des Abrechnungszeitraums keine materiellen Nachteile für ihn verbunden sind (München ZMR 09, 630). Der Wohnungseigentümer kann aber für **künftige Abrechnungen** die Umstellung auf das Kalenderjahr verlangen. Ein Beschl, der unabhängig von einem konkreten Wirtschaftsplan **generell die Fortgeltung** eines jeden Wirtschaftsplanes (Fortgeltung aller künftigen Wirtschaftspläne) bestimmt, ist (zumindest teil-)**nichtig** (KG ZMR 05, 221, 222; BayObLG ZMR 03, 279). Ein solcher Beschl wird idR aber so ausgelegt werden können, dass er nur die nächsten drei Jahre erfasst. Dann ist er insoweit wirksam.

IV. Inhalte (§ 28 I 2). 1. Allgemeines. Aus § 28 I 2 folgen – sofern nichts anderes vereinbart ist – die **Inhalte des Wirtschaftsplans**. In den Plan einzustellen sind darüber hinaus **voraussichtliche Zinseinnahmen**, etwa aus der Instandhaltungsrückstellung (Köln ZMR 08, 818; aA München ZMR 09, 631). Die Verteilung der Kosten hat nach den jeweils gültigen Verteilermaßstäben zu erfolgen. Einzustellen sind die **tatsächlich zu erwartenden Kosten und Einnahmen** und ihre **voraussichtliche Höhe** (BayObLG NJW-RR 00, 17, 18). Schätzungen sind notwendig und zulässig. Bei der Höhe besteht Ermessen (BayObLG NJW-RR 02, 1093, 1095). Ein Ansatz widerspricht nur dann § 21 IV, wenn er voraussichtlich zu sehr hohen Nachforderungen oder erheblichen Überschüssen führt (BayObLG NJW-RR 02, 1093, 1095). Der Wirtschaftsplan muss inhaltlich so gestaltet sein, dass er auch **ohne besondere Sachkunde** verständlich und nachprüfbar ist. Gesetz und Praxis unterscheiden zwischen **Gesamt-** (§ 27 I 2 Nr 1 und Nr 3) und **Einzelwirtschaftsplan** (§ 27 I 2 Nr 2). Der Einzelwirtschaftsplan ist **unverzichtbarer Bestandteil** des Wirtschaftsplans. Die Genehmigung eines Wirtschaftsplans ohne Einzelwirtschaftsplan ist auf Antrag für ungültig zu erklären (BGHZ 163, 154 = ZMR 05, 557). Die Wohnungseigentümer können die vom Verwalter vorgeschlagenen Ansätze ändern (BGHZ 163, 154 = ZMR 05, 557).

2. Änderungen. Die Wohnungseigentümer können von § 28 I 2 etwas **Abweichendes vereinbaren**. Eine Beschlusskompetenz besteht nicht (BGHZ 163, 154 = ZMR 05, 557).

V. Beschluss und Fälligkeit (§ 28 V, II). 1. Grundsatz. Die Wohnungseigentümer, ggf ein Amtswalter, schulden der Gemeinschaft der Wohnungseigentümer (§ 10 VII 3) das im Wirtschaftsplan genannte Wohngeld nicht von Gesetzes wegen, sondern erst **nach einem Beschl** nach § 28 V (§ 16 Rn 5). Unschädlich ist, wenn statt des aktuellen Wohnungseigentümers noch der Vorgänger genannt wird (BGHZ 142, 290, 299 = ZMR 99, 834). Zur **Prüfung** ist jedem Wohnungseigentümer mit der Ladung zur Eigentümerversammlung der Gesamt- und der jeweilige Einzelwirtschaftsplan zu übersenden (LG Itzehoe ZMR 09, 142). Die anderen Pläne können beim Verwalter oder in der Eigentümerversammlung **eingesehen werden** (zur Einsichtnahme s. § 10 Rn 21). Der Beschl über § 28 I, V unterliegt § 21 IV. Der Wirtschaftsplan ist zB für ungültig zu erklären, wenn er nicht den Kostenverteilungsschlüssel und die auf jeden einzelnen Wohnungseigentümer entfallenden Wohngeldbeträge angibt (BayObLG NJW-RR 91, 1360) oder wenn Einzelwirtschaftspläne fehlen (BGHZ 163, 154 = ZMR 05, 557). Wird der Wirtschaftsplan insgesamt für ungültig erklärt, entfallen sämtliche Zahlungspflichten (Hambg ZMR 08, 149), sofern nicht ein früherer fort gilt oder ein anderer vom Gericht festgesetzt wird.

2. Ergänzungsanspruch. Fehlen wesentliche Bestandteile, kann dies einen bloßen **Ergänzungsanspruch** nach sich ziehen (BGHZ 163, 154 = ZMR 05, 557; zw).

3. Fälligkeit der Wohngelder. Die **Fälligkeit** nach § 16 II, 28 V beschlossener Ansprüche folgt aus § 28 II. Abweichende Fälligkeitstermine (Vorfälligkeitsklausel), Folgen des Verzugs (Verfallklausel), Stundung etc können die Wohnungseigentümer nach § 21 VII, III bestimmen. Vorschüsse nach §§ 16 II, 28 V **verjähren** gem §§ 195, 199 BGB am Ende des dritten Kalenderjahres nach ihrer Entstehung (München ZMR 07, 478; Hambg ZMR 06, 792).

VI. Pflicht zur Vorschusszahlung (§ 28 II); Einfluss der Abrechnung. Der **jeweilige Wohnungseigentümer** (dazu § 16 Rn 6 ff) der Einheit – der Beschl nach § 28 V ist **einheits-, nicht personenbezogen** (BGHZ 142, 290, 299 = ZMR 99, 834) – ist nach § 28 II verpflichtet, dem beschlossenen Wirtschaftsplan entsprechende Vorschüsse zu leisten (Wohn- oder Hausgeld). Soweit die aus dem Wirtschaftsplan geschuldeten Beiträge nach einer Eigentumsumschreibung fällig werden, schuldet der Sondernachfolger das für eine bestimmte

Einheit festgesetzte Wohngeld (BGHZ 142, 290, 299 = ZMR 99, 834). Der Wirtschaftsplan wird durch die **nachfolgende Jahresabrechnung** der Höhe nach **begrenzt** (BayObLG ZMR 00, 780, 782). Ergibt sich aus der Jahresabrechnung ein geringerer Schuldsaldo, begrenzt dieser Forderungen auf Grund des Wirtschaftsplans (Zweibr ZMR 03, 135, 136). Zum **Einfluss der Jahresabrechnung** auf die Pflicht zu Vorschusszahlung s. im Übrigen Rn 23. Die **außergerichtliche Geltendmachung** der Vorschüsse ist nach § 27 III 1 Nr 4, I Nr 4 Aufgabe und Befugnis des Verwalters. Eine Berechtigung zur gerichtlichen Geltendmachung kann aus § 27 III 1 Nr 7 folgen. Fehlt es hieran, gilt § 27 III 2, 3. Zur **Durchsetzung** s.a. § 16 Rn 5.

10 **VII. Sonderfall: Sonderumlage.** Die Wohnungseigentümer können als **Ergänzung zum Wirtschaftsplan** – idR aber nicht parallel – eine **Sonderumlage** beschließen (**Nachtragshaushalt**). Die Möglichkeit einer Sonderumlage ist allgemein anerkannt und findet ihre rechtliche Grundlage in §§ 21 III, 16 II. Eine Sonderumlage kann im Laufe des Wirtschaftsjahres beschlossen werden, sofern die Ansätze des Wirtschaftsplanes unrichtig zu niedrig waren, durch neue Tatsachen überholt sind oder der Plan aus anderen Gründen zT undurchführbar geworden ist und sich ein konkreter, anderweitig nicht zu deckender Liquiditätsengpass ergibt, dessen Behebung nicht bis zum nächsten Wirtschaftsplan aufgeschoben werden kann.

11 Sonderumlagen können sowohl zur Behebung eines bereits eingetretenen akuten Liquiditätsengpasses wie zur Durchführung anstehender erforderlicher Maßnahmen – etwa Sanierungsarbeiten – beschlossen werden. Der Sonderumlagen-Beschl muss die **anteilsmäßige Beitragsverpflichtung** ausreichend bestimmen. Das Fehlen ist unschädlich, wenn zumindest der Verteilungsschlüssel festlegt ist und sich durch eine einfache Rechenoperation der jeweilige Anteil ermitteln lässt. Nach dem Sonderumlagen-Beschl steht der Gemeinschaft der Wohnungseigentümer ggü den einzelnen Wohnungseigentümern ein Anspruch auf Zahlung der jeweiligen Anteile entsprechend dem für die Sonderumlage gewählten Kostenverteilungsschlüssel zu, §§ 16 II, 28 V, solange der Beschl nicht nichtig oder gerichtlich rechtskräftig für ungültig erklärt worden ist, § 23 IV 2. Der die Sonderumlage billigende Beschl begründet für die Wohnungseigentümer nach § 28 II eine **Pflicht zur Vorschusszahlung**, die zu den planmäßigen Vorschüssen hinzutritt.

12 Damit ein Sonderumlagen-Beschl § 21 IV entspricht, muss eine Notwendigkeit für die Erzielung zusätzlicher Einnahmen aufgrund eines akuten und nicht anderweitig zu deckenden, nachträglich aufgetretenen oder erkannten Finanzbedarfs bestehen. Die Billigung einer Sonderumlage widerspricht § 21 V, wenn es hinreichend ist, den durch sie zu deckenden Finanzbedarf in einem Wirtschaftsplan zu beschließen. Für die Höhe der Sonderumlage haben die Wohnungseigentümer Ermessen. Die Fälligkeit ist nach § 21 VII, III zu bestimmen; ansonsten gilt § 271 BGB.

13 **B. Jahresabrechnung (§ 28 III). I. Allgemeines.** Die Jahresabrechnung dient der **Aufteilung der Kosten und Erträge** auf die Wohnungseigentümer sowie der turnusmäßigen Rechnungslegung des Verwalters gem § 666 BGB (München ZMR 07, 723, 724). Sie muss für einen Wohnungseigentümer auch ohne Zuziehung eines Buchprüfers oder sonstigen Sachverständigen verständlich sein (Hamm ZMR 08, 61; Frankf OLGR 06, 617, 618).

14 **II. Inhalt. 1. Allgemeines.** Die Jahresabrechnung ist nach hM **keine Bilanz** und auch **keine Gewinn- und Verlustrechnung** (Saarbr NJW-RR 06, 732; BayObLG NJW-RR 04, 1603). Handelsrechtliche Grundsätze zur Buchführung finden **keine Anwendung** (str). Globalpositionen sind unzulässig: Kostenarten müssen aufgegliedert werden (AG Saarbrücken ZMR 08, 926).

15 **Rechnungsabgrenzungen** oder bilanzielle Elemente sind grunds unzulässig (Schlesw ZMR 08, 667; Saarbr NJW-RR 06, 732; OLG; aA LG München I ZMR 09, 400). Die Jahresabrechnung hat lediglich die im abgerechneten Kalenderjahr erfolgten Zuflüsse von und die Abflüsse nach außen auszuweisen. Unerheblich ist, ob der Rechtsgrund für die Zahlung in der betreffenden Rechnungsperiode gelegt wurde oder ob Zahlungen Auswirkungen auch spätere Jahre betreffen können. Unerheblich ist ferner, ob eine Ausgabe zu Recht erfolgt ist. In die Gesamtabrechnung sind die im Abrechnungszeitraum **tatsächlich gezahlten Wohngeldbeiträge** einzustellen (BayObLG WuM 93, 92). Eine Ausnahme ist bei den **Heizkosten** zu machen (Köln OLGR 05, 658; BayObLG NJW-RR 00, 604). Eine periodengerechte Zuordnung auch anderer Ausgabepositionen, zB für Wasser und Abwasser, Strom und Hauswart hat nicht zu erfolgen, kann vereinbart werden (BayObLG NJW-RR 00, 1467). **Tatsächliche und geschuldete Zahlungen auf die Instandhaltungsrückstellung** sind weder als Ausgabe noch als sonstige Kosten zu buchen (BGH v. 4.12.09 – V ZR 44/09). In der Darstellung ihrer Entwicklung sind die tatsächlichen Zahlungen als Einnahmen darzustellen und zusätzlich auch die geschuldeten Zahlungen anzugeben (BGH v. 4.12.09 – V ZR 44/09).

16 **2. Bestandteile.** Die Jahresabrechnung muss eine **Übersicht über die tatsächlichen Einnahmen und Ausgaben** (Rn 18) samt ihrer Verteilung auf die einzelnen Wohnungseigentümer sowie die **Entwicklung der gemeinschaftlichen Konten** ausweisen (BGH v. 4.12.09 – V ZR 44/09; Schleswig ZMR 08, 667; KG ZMR 08, 67; LG München I ZMR 09, 399; Rn 20).

17 Die Jahresabrechnung hat aus einer **Einzel- und Gesamtabrechnung** zu bestehen. Wird eine „Jahresabrechnung" genehmigt, die nur aus Einzelabrechnungen besteht, ist der Beschl zumindest anfechtbar (LG Konstanz ZMR 08, 328). Die Gesamtabrechnung listet die gesamten Einnahmen und Ausgaben innerhalb eines

Wirtschaftsjahres auf. Die Einzelabrechnungen verteilt Kosten auf die einzelnen Wohnungseigentümer. Ohne Einzelabrechnungen werden Nachzahlungsverpflichtungen nicht fällig (Brandbg ZMR 08, 390). In den Einzelabrechnungen werden idR die einzelnen Kostenarten nach dem jeweils anzuwendenden Schlüssel auf die Wohnungseigentümer umgelegt.

a) Aufstellung sämtlicher Einnahmen und Ausgaben. Die Jahresabrechnung muss eine geordnete und übersichtliche, inhaltlich zutreffende Aufstellung **sämtlicher Einnahmen und Ausgaben für das betreffende Wirtschaftsjahr** enthalten (BGH v. 4.12.09 – V ZR 44/09; KG ZMR 09, 709). Es geht um die Darstellung, inwieweit die im Jahresverlauf angefallenen Ausgaben durch die Einnahmen gedeckt sind und welche Nachzahlungen oder Rückzahlungen geleistet werden müssen (LG München I ZMR 09, 400). Werden die tatsächlichen Einnahmen und Ausgaben in der Abrechnungsperiode vollständig in die Abrechnung aufgenommen, stimmt deren Differenz mit der Differenz der Anfangs- und Endbestände der Bankkonten und ggf der Kasse mit Bargeld überein, über die diese Umsätze getätigt wurden. Eine Jahresabrechnung ist auf Grundlage **tatsächlicher Einnahmen und Ausgaben** aufzustellen und hat sämtliche Veränderungen im Bestand der gemeinschaftlichen Gelder – auch unberechtigte (BayObLG ZMR 06, 63; Ddorf ZMR 06, 218) – so auszuweisen, wie sie im Abrechnungszeitraum (Wirtschaftsjahr) tatsächlich erfolgt sind (München OLGR 05, 451; Ddorf ZMR 01, 375). **Salden früherer Jahre** sind kein **Bestandteil der Jahresabrechnung**. Beschließen die Wohnungseigentümer mit **Rechtsbindungswillen**, dass ein Erwerber aus dem Beschl über die Jahresabrechnung auch die aus dem Wirtschaftsplan offenen oder andere Beitragsrückstände seines Rechtsvorgängers haften soll, ist der Beschl **nichtig** (LG Nürnberg-Fürth v. 30.11.09 – 14 5724/09; aA BayObLG ZMR 04, 355, 356; Köln NJW-RR 01, 87).

b) Entwicklung der gemeinschaftlichen Konten. Die Jahresabrechnung muss die **Entwicklung der gemeinschaftlichen Konten** für Wohngelder, Rückstellungen, Zahlungen aus Abrechnungen und Sonderumlagen etc am Ende des Abrechnungszeitraumes ausweisen (Köln OLGR 05, 658).

III. Zeitpunkt. Die Jahresabrechnung ist spätestens im **ersten Quartal des Folgejahres** vorzulegen (Zweibr ZMR 07, 728). „Kalenderjahr" iSv § 28 III ist **Ordnungsvorschrift** (LG München I ZMR 09, 947). Der Abrechnungszeitraum muss grunds dem **Zeitraum des Wirtschaftsplans** entsprechen (LG Konstanz ZMR 08, 328), darf aber – zB für eine ggf notwendige Umstellung – diesen ausnahmsweise auch überschreiten (München ZMR 09, 631; LG München I ZMR 09, 400). Abrechnungen für **einzelne Quartale** sind unzulässig (Ddorf ZMR 07, 129). Zulässig ist es nach hM, bei Maßnahme bezogenen Einnahmen und Ausgaben ausnahmsweise über mehrere Jahre hinweg abzurechnen (KG ZMR 08, 69; LG Itzehoe ZMR 09, 144).

IV. Ersteller (§ 28 III). Die Jahresabrechnung hat der Verwalter aufzustellen, in **dessen Amtszeit** die Verpflichtung zur Erstellung fällig wurde. Die Verpflichtung geht nicht auf den neuen über (Zweibr ZMR 07, 887; Celle ZMR 05, 718). Scheidet der alte Verwalter zum Jahreswechsel aus, muss der neue die Abrechnung erstellen (Ddorf NJW-RR 99, 1029). Die Frage, wer abzurechnen hat, kann nicht durch AGB des vom Verwalter genutzten Verwaltervertrags abbedungen werden (KG ZMR 08, 476, 477). Kommt der Verwalter seiner Pflicht nicht nach, kann von jedem Wohnungseigentümer nach § 21 IV ein Titel auf Erstellung einer Jahresabrechnung erstritten und nach § 887 ZPO vollstreckt werden (Hamm NJW-RR 93, 847; AG Rastatt ZMR 08, 923).

V. Beschluss (§ 28 V); Verhältnis zum Wirtschaftsplan. Dem Beschl über die Jahresabrechnung kommt anspruchsbegründende Wirkung zu, wenn **kein Wirtschaftsplan existierte** (Köln ZMR 08, 478, 481; LG Saarbrücken ZMR 09, 953, 954) oder die Genehmigung eines Wirtschaftsplans im Nachhinein für ungültig erklärt wurde. In beiden Fällen bleibt nur die Möglichkeit, die tatsächlichen Einnahmen und Ausgaben im Wege der Jahresabrechnung zu verteilen (München ZMR 09, 630; Köln ZMR 08, 478). In allen anderen Fällen hat der Beschl im Hinblick auf die Vorschüsse aus § 28 II **rechtsverstärkende Wirkung** (BGH ZMR 96, 215; München ZMR 09, 630; Dresden ZMR 06, 543; LG Saarbrücken ZMR 09, 953). **Rechtsbegründende Wirkung** entfaltet der Beschl dann nur hinsichtlich des Betrages, den der Wohnungseigentümer über die Soll-Vorschüsse hinaus schuldet (**Abrechnungsspitze**: der Betrag, um den der Abrechnungssaldo die nach dem Wirtschaftsplan geschuldeten Vorschüsse übersteigt) bzw umgekehrt hinsichtlich eines Guthabens (Ddorf ZMR 07, 712; München ZMR 06, 882; LG Saarbrücken ZMR 09, 953).

Die Jahresabrechnung ist **für ungültig zu erklären**, wenn sie fehlerhaft ist. **Bsp:** wenn sie für einen durchschnittlichen Wohnungseigentümer ohne sachkundige Hilfe nicht mehr nachvollziehbar ist (LG München I ZMR 09, 398), wenn die Zinserträge und die Zinsausgaben unzutreffend verbucht sind (LG München I ZMR 09, 398), wenn eine Übersicht über die Entwicklung der Bankkonten fehlt, wenn ein Entnahme aus der Instandhaltungsrückstellung lediglich unter dem Punkt „Entwicklung der Instandhaltungsrücklage" berücksichtigt wird und nicht auch als Einnahme und zugleich als Ausgabe in der Abrechnung erscheint. Das Rechenwerk ist **insgesamt für ungültig** zu erklären, wenn es für einen durchschnittlichen Wohnungseigentümer nicht mehr vollständig und nachvollziehbar ist (München ZMR 08, 660). Ein bloßer **Ergänzungsanspruch** kommt ggf in Betracht, wenn nur Abrechnungsbestandteile fehlen (BayObLG ZMR 00, 238; KG ZMR 96, 223; zw).

25 **VI. Fälligkeit.** Die Fälligkeit ist nach § 21 VII, III zu bestimmen; ansonsten gilt § 271 BGB. Der Anspruch verjährt in 3 Jahren. Für den durch den Beschl über die Jahresabrechnung begründeten Zahlungsanspruch läuft eine **neue Verjährungsfrist** (München ZMR 09, 630; Dresden ZMR 06, 543). Zur Durchsetzung Rn 9 und § 16 Rn 5.

26 **VII. Berechtigter und Schuldner.** Aus einem Beschl nach § 28 V berechtigt wird nach § 10 VII 3 die Gemeinschaft der Wohnungseigentümer. Schuldner ist der Wohnungseigentümer zum Zeitpunkt der Fälligkeit (dazu § 16 Rn 6 ff).

27 **C. Rechnungslegung (§ 28 IV).** Die Rechnungslegung dient der Kontrolle der Tätigkeit des Verwalters und soll den ggf neuen Verwalter in die Lage versetzen, auch während eines Wirtschaftsjahres die Verwaltung nahtlos fortzusetzen. § 28 IV ist eine von § 666 BGB abweichende Regelung. Rechnungslegung iSv § 28 V kann – sofern nicht Entlastung (Rn 30) erteilt wurde (BayObLGZ 94, 98) – grds **jederzeit verlangt** werden und ist auf die Erstellung einer „abgebrochenen" Einnahmen- und Ausgabenabrechnung gerichtet; **Grenze** sind §§ 242, 226 BGB. Die Verpflichtung umfasst neben der verständlichen und nachvollziehbaren Darlegung aller Einnahmen und Ausgaben auch – unter Beifügung der entsprechenden Belege – eine Aufstellung der noch bestehenden Forderungen, Verbindlichkeiten und Kontostände (München ZMR 07, 814). Für die Einzelheiten, etwa zur Art und Weise der Rechnungslegung, ist ergänzend auf §§ 666, 259 ff BGB zurückzugreifen (München ZMR 07, 814). Die Rechnungslegung enthält keine Kostenverteilung (Frankf ZMR 99, 61), Abgrenzungen oder eine Entwicklung der Bankkonten. Der Anspruch aus § 28 IV ist gem § 10 VI 3 von der Gemeinschaft der Wohnungseigentümer wahrzunehmen. Grundlage ist ein Beschl gem § 28 IV, 21 III, der gem § 21 IV ggf zu erzwingen ist. Einzelne Wohnungseigentümer können Rechnungslegung verlangen, sofern sie durch einen Beschl **ermächtigt** wurden (BayObLG ZMR 00, 238; AG Rastatt ZMR 08, 923; str). Der Anspruch ist **ausgeschlossen**, wenn bereits die Aufstellung der Jahresabrechnung verlangt werden kann (BayObLG WE 94, 280), es sei denn, diese wurde durch einen neuen Verwalter erstellt (BayObLG ZMR 04, 761). Rechnungslegung kann auch nicht mehr nach der Genehmigung der Jahresabrechnung und Entlastung für die betroffene Wirtschaftsperiode verlangt werden (Ddorf ZMR 01, 301). Die Pflicht nach § 28 IV bleibt auch nach Beendigung des Verwalteramtes bestehen (München ZMR 07, 814), begrenzt auf den Zeitpunkt des Ausscheidens (KG WE 1988, 17). Begrenzt wird der Anspruch aus § 28 IV durch das Schikaneverbot, § 226 BGB. Die Rechnungslegung kann nach § 43 Nr 3 erzwungen werden (München ZMR 07, 815).

28 Von der Rechnungslegung zu unterscheiden ist ein **Auskunftsverlangen eines Wohnungseigentümers** oder **Gemeinschaft der Wohnungseigentümer** gem § 666 BGB, das sich auf bestimmte Angaben bezieht. Das Verlangen der Gemeinschaft der Wohnungseigentümer kann **ohne Ermächtigung** nur von dieser ausgeübt werden (AG Dortmund ZMR 09, 485). Inwieweit ein Wohnungseigentümer ein Auskunftsverlangen hat, richtet sich nach dem Verwaltervertrag (§ 26 Rn 15) und den Amtspflichten des Verwalters.

29 **D. Zweiergemeinschaft.** Wenn kein Verwalter bestellt ist und wenn eine **Zweiergemeinschaft** zerstritten ist und ein Beschl nicht zustande kommt, kann eine Begleichung gemeinschaftlicher Kosten und Lasten in der Weise durchgeführt werden, dass ein Wohnungseigentümer in Vorlage tritt und anschließend Erstattung verlangt (Karlsr ZMR 07, 138; BayObLG ZMR 02, 607, 608; LG München I ZMR 09, 638). Der Erstattungsanspruch ergibt sich aus § 683, 670 BGB oder aus § 812 I 1 Var 1 BGB, weil durch die Zahlung die Haftung der Gemeinschaft der Wohnungseigentümer aus § 10 VI und die des anderen WEers ggü dem Gläubiger aus § 10 VIII 1 Hs 1 erlöschen (aA LG München I ZMR 09, 638). Zur Geltendmachung dieses Anspruchs bedarf es **keines Ermächtigungsbeschl**, keines Wirtschaftsplans und keiner Abrechnung (LG München I ZMR 09, 638). Derjenige Wohnungseigentümer, der die gemeinschaftlichen Kosten und Lasten verauslagt hat, kann ohne weitere Formalitäten die Erstattung der Kosten und Lasten verlangen und ggf gerichtlich geltend machen (Karlsr ZMR 07, 138).

30 **E. Entlastung.** Die Gemeinschaft der Wohnungseigentümer – vertreten nach § 27 III 2, 3 – kann den aktuellen oder/und Ex-Verwalter „entlasten". Dies entspricht ordnungsmäßiger Verwaltung, wenn keine Schadenersatzansprüche absehbar sind (BGH v. 4.12.09 – V ZR 44/09; BGHZ 156, 19 = ZMR 03, 750). Die Entlastung hat nach hM die Wirkung **eines negativen Schuldanerkenntnisses**, das auf einen Verzicht etwa bestehender Ersatzansprüche gegen den Verwalter gerichtet ist (KG ZMR 08, 70; BayObLG ZMR 01, 208). Im Umfang der Entlastung kann der Verwalter nach dieser Sichtweise wegen pflichtwidriger Handlungen oder Unterlassungen nicht mehr in Anspruch genommen werden.

31 Die Wirkung der Entlastung erstreckt sich auf **sämtliche Ansprüche**, die den Wohnungseigentümern bekannt waren oder die sie bei sorgfältiger Prüfung hätten erkennen können. Verweigern die Wohnungseigentümer eine Entlastung, besteht darauf ohne eine entspr Regelung (va im Verwaltervertrag) kein Anspruch (Ddorf ZMR 96, 622).

§ 29 Verwaltungsbeirat.

(1) ¹Die Wohnungseigentümer können durch Stimmenmehrheit die Bestellung eines Verwaltungsbeirats beschließen. ²Der Verwaltungsbeirat besteht aus einem Wohnungseigentümer als Vorsitzenden und zwei weiteren Wohnungseigentümern als Beisitzern.

(2) Der Verwaltungsbeirat unterstützt den Verwalter bei der Durchführung seiner Aufgaben.
(3) Der Wirtschaftsplan, die Abrechnung über den Wirtschaftsplan, Rechnungslegungen und Kostenanschläge sollen, bevor über sie die Wohnungseigentümerversammlung beschließt, vom Verwaltungsbeirat geprüft und mit dessen Stellungnahme versehen werden.
(4) Der Verwaltungsbeirat wird von dem Vorsitzenden nach Bedarf einberufen.

A. Bestellung. I. Allgemeines. Bestellung und Abberufung sowie deren Wirkungen entsprechen der **Rechtslage beim Verwalter**. Für § 23 II genügt „Der Beirat wird neu gewählt" (München ZMR 07, 996). Wahl und Abberufung unterfallen § 21 III. Eine **Blockwahl** der Mitglieder ist nach hM zulässig (München ZMR 07, 996), jedenfalls wenn „keine Bedenken" erhoben werden (Hambg ZMR 05, 396; KG ZMR 04, 776; aA zu Recht LG Düsseldorf NZM 04, 468). Die Zahl der Mitglieder kann **durch Vereinbarung** abgeändert werden, nicht durch Beschl (AG Tiergarten GE 09, 1439; AG Hannover ZMR 09, 150). Lediglich anfechtbar ist die Wahl eines konkreten Beirats von mehr oder weniger als 3 Personen. Werden sogleich Ersatzleute bestellt, ist dies kein Verstoß gegen § 29 I 2 (AG Hannover ZMR 07, 405). § 29 ist abdingbar (BayObLG ZMR 94, 69; AG Tiergarten GE 09, 1439).   1

II. Person. Ein Verwaltungsbeirat muss **Wohnungseigentümer oder gesetzlicher Vertreter** des Wohnungseigentümers sein. Wird ein Nicht-Wohnungseigentümer bestellt, ist die Bestellung anfechtbar (BayObLGZ 91, 356; LG Karlsruhe ZMR 09, 550), richtiger Ansicht nach **nichtig**. Die Wahl des Verwalters zum Beirat ist nichtig (Zweibr OLGZ 83, 438). Die Anforderungen an die Eignung sind geringer als diejenigen für das Amt des Verwalters. Entziehungsgründe iSv § 18 I 1, II sind kein Hindernis (LG Baden-Baden ZMR 09, 473). Bspw das Übersehen von Fehlern, die später zur gerichtlichen Beanstandung von Beschl führen, reicht nicht aus, um die grds Eignung zu verneinen (Köln OLGR 06, 590).   2

III. Dauer. Es gibt **keine gesetzliche Bestellungs-Höchstdauer** (München ZMR 07, 996). Ohne nähere Bestimmung sind die Beiräte auf unbestimmte Zeit bestellt (Hamm ZMR 99, 281). Die Bestellung endet durch: Ablauf einer bestimmten Zeit, Niederlegung, Tod, Neubestellung Dritter (München ZMR 07, 996), wenn ein zum Verwaltungsbeirat bestellter Wohnungseigentümer aus der Gemeinschaft ausscheidet (BayObLG ZMR 93, 129). Der anschließende Wieder- oder Neuerwerb von Sondereigentum führt nicht zum Wiederaufleben (BayObLGZ 92, 340).   3

IV. Rechtsverhältnis. Die nach § 29 I 2 Bestellten sind **Amtswalter**. Ohne Abrede liegen der Bestellung §§ 662 ff BGB zu Grunde (Schlesw ZMR 05, 735; Ddorf ZMR 98, 105); § 670 BGB ist anwendbar (Schlesw ZMR 05, 735; BayObLG NZM 99, 862). Wird ein **Honorar** (nicht nur eine Auslagenpauschale) **vereinbart**, liegt eine Geschäftsbesorgung (§§ 675 ff BGB, 611 ff BGB) vor. Vertragspartner eines Vertrags – wird er geschlossen – ist die Gemeinschaft der Wohnungseigentümer. Es ist zulässig, für den Verwaltungsbeirat eine Versicherung auf Kosten der Gemeinschaft der Wohnungseigentümer abzuschließen (§ 21 Rn 4).   4

B. Aufgaben und Rechte (§ 29 II und III). Der Verwaltungsbeirat (= seine Mitglieder) nimmt **Hilfsfunktionen** wahr (Ddorf ZMR 97, 606): Gem § 29 II soll er den **Verwalter unterstützen** (Bsp: Begehung der Liegenschaft, Feststellung von Baumängeln, Einholung von Angeboten etc) und nach § 29 III soll er die dort genannten **Unterlagen prüfen**. Weitere subsidiäre Rechte und Pflichten resultieren aus: § 24 III (der Verwaltungsbeirat kann die Tagesordnung auch ergänzen, Frankf ZMR 09, 133) und § 24 VI 2 sowie ggf aus Vereinbarungen (die § 29 auch beschränken können) oder aus Beschl. Kommt der Verwaltungsbeirat § 29 III nicht nach, macht das allein einen Beschl **nicht anfechtbar** (KG ZMR 04, 145; BayObLG ZMR 04, 358). Die Wohnungseigentümer müssen sich bei Fehlern des Verwalters die Kenntnis/Kennenmüssen des Verwaltungsbeirats **zurechnen** lassen (KG GE 09, 1053; Köln ZMR 01, 914; s.a. § 26 Rn 20). Der Verwaltungsbeirat hat nach § 664 I BGB Leistungen persönlich zu erbringen. Die Pflichten aus § 666 BGB unterfallen § 10 VI 3, dh der einzelne Wohnungseigentümer kann Akteneinsicht, Auskunft etc nur verlangen, wenn er hierzu ermächtigt ist (KG ZMR 97, 544). Die dem Verwaltungsbeirat zugewiesenen Aufgaben können durch jeden Wohnungseigentümer wahrgenommen werden (KG FGPrax 04 107, 108).   5

In der Praxis ist es üblich, die Mitglieder des Beirats im Namen der Gemeinschaft der Wohnungseigentümer mit **dem Abschluss** – besser: nur Unterzeichnung – **des Verwaltervertrages** zu beauftragen (Frankf ZMR 08, 985; Ddorf ZMR 06, 870, 871). Eine entsprechende Vereinbarung ist möglich, aber wegen § 27 III 3 nicht notwendig. Die Wohnungseigentümer können auch die Verwaltungsaufgabe übertragen, den Verwaltervertrag auszuhandeln (dazu Hambg ZMR 03, 776; Köln ZMR 02, 155). Eine Kompetenz folgt aus § 27 III 3 (zum bisherigen Recht Ddorf ZMR 98, 104; NZM 98, 36).   6

C. Innere Organisation (§ 29 IV). Der Verwaltungsbeirat kommt wegen § 29 III va vor der ordentlichen Eigentümerversammlung zusammen. Besteht der Verwaltungsbeirat aus mehreren Personen, kann er seine Willensbildung im Wege eines „Beschl" bestimmen. Dieser ist keiner iSd Gesetzes und **unterliegt eigenen Vorschriften**. Beschl des Verwaltungsbeirats sind nicht nach §§ 43 Nr 4, 46 I anfechtbar (Hamm ZMR 08, 63). Sie unterliegen nach § 256 I ZPO einer **gerichtlichen Nachprüfung ohne zeitliche Befristung**. Verstößt ein Beschl gegen eine gesetzliche Vorschrift, eine Vereinbarung oder einen Beschl, ist er **nichtig** (Hamm ZMR   7

08, 63). Die Wohnungseigentümer können dem Verwaltungsbeirat eine **Geschäftsordnung** geben; dazu ist auch der Beirat berechtigt. Beschl werden grunds auf einer Sitzung gefasst, können aber auch ohne weiteres anders erfolgen (BayObLGZ 88, 212, 214). Eine Stimmrechtsvertretung ist entspr § 101 III AktG zulässig, wenn eine Vereinbarung eine Vertretung zulässt.

8 **D. Haftung.** Bei **Nicht- oder Schlechterfüllung** seiner Pflichten schuldet ein einzelner Verwaltungsbeirat – nicht der Beirat als Organ – schon bei einfacher Fahrlässigkeit (Ddorf MDR 98, 35) grunds der Gemeinschaft der Wohnungseigentümer, ggf einem Wohnungseigentümer, **Schadenersatz** (KG ZMR 04, 458) aus § 280 I 1 BGB, ggf aus §§ 823 ff BGB. Ein **anderer Haftungsmaßstab** kann vereinbart, für den aktuellen Beirat ggf auch beschlossen werden. Im Verhältnis der WEer **untereinander** ist der Beirat **kein Erfüllungsgehilfe** iSv § 278 BGB. Die Mitglieder des Verwaltungsbeirats können von der WEgem **entlastet** (BGH v. 4.12.09 – V ZR 44/09; s.a. § 28 Rn 30) werden (München ZMR 08, 905), was § 21 IV entsprechen kann (BayObLG ZMR 04, 51), wenn kein Schadenersatzanspruch möglich erscheint. Die Mitglieder des Verwaltungsbeirats können von der Gemeinschaft der Wohnungseigentümer **entlastet** (s.a. § 28 Rn 30) werden (München ZMR 08, 905), was § 21 IV entsprechen kann (BayObLG ZMR 04, 51), wenn kein Schadenersatzanspruch möglich erscheint. Ein Mitglied des Beirats ist bei der Abstimmung über die Entlastung gem § 25 V ausgeschlossen. Das Stimmrechtsverbot erfasst auch die Ausübung von Stimmrechtsvollmachten (Zweibr ZMR 02, 786). Die Gemeinschaft der Wohnungseigentümer haftet **Dritten** für ein Verschulden des Beirats nicht, ggf aber die Wohnungseigentümer nach § 278 BGB.

4. Abschnitt Wohnungserbbaurecht

§ 30 Wohnungserbbaurecht. (1) Steht ein Erbbaurecht mehreren gemeinschaftlich nach Bruchteilen zu, so können die Anteile in der Weise beschränkt werden, dass jedem der Mitberechtigten das Sondereigentum an einer bestimmten Wohnung oder an nicht zu Wohnzwecken dienenden bestimmten Räumen in einem auf Grund des Erbbaurechts errichteten oder zu errichtenden Gebäude eingeräumt wird (Wohnungserbbaurecht, Teilerbbaurecht).
(2) Ein Erbbauberechtigter kann das Erbbaurecht in entsprechender Anwendung des § 8 teilen.
(3) ¹Für jeden Anteil wird von Amts wegen ein besonderes Erbbaugrundbuchblatt angelegt (Wohnungserbbaugrundbuch, Teilerbbaugrundbuch). ²Im übrigen gelten für das Wohnungserbbaurecht (Teilerbbaurecht) die Vorschriften über das Wohnungseigentum (Teileigentum) entsprechend.

1 Was **Erbbaurecht** ist, definiert § 1 I ErbbauRG. Zum Begriff des Gebäudes s. § 3 Rn 1. Wohnungserbbaurechte **entstehen** nach § 30 I, II wie Sondereigentum in den Wegen des § 2. Notwendig ist der **Vollzug im Grundbuch**, §§ 4 I, 8 II 2, 30 III (BayObLG ZMR 05, 64). Fehlt es daran, besteht eine Bruchteilsgemeinschaft. Ungeachtet einer Verfügungsbeschränkung iSv § 5 ErbbauRG muss der **Grundstückseigentümer** der Begründung **nicht zustimmen** (BayObLG Rpfleger 78, 375). Ist als Inhalt des Erbbaurechts eine Veräußerungs- oder Belastungsbeschränkung vereinbart, wird diese mit Begründung von Wohnungserbbaurechten Inhalt eines jeden dieser Rechte (BayObLG Rpfleger 89, 503). Ein Zustimmungserfordernis kann im Erbbaurechtsvertrag **nicht mit dinglicher Wirkung** vereinbart werden (Celle Rpfleger 81, 22). Wohnungserbbaurechte können wie Sondereigentum (§ 2 Rn 10) **unterteilt** werden (Hamm FGPrax 07, 62).
2 Wohnungserbbaurechte können nicht an mehreren Erbbaurechten oder an einem Nachbarerbbaurecht, wohl aber an einem **Gesamterbbaurecht** begründet werden (BayObLG Rpfleger 89, 503). Eine Begründung eines Wohnungserbbau**unterrechts** ist möglich, arg § 6a GBO. Die Begründung eines Wohnungserbbaurechts an einem in Wohnungseigentum aufgeteilten Gebäude ist hingegen unzulässig. Etwas anderes gilt, wenn das auf Grund des Erbbaurechts errichtete Bauwerk und das in Wohnungseigentum aufgeteilte Bauwerk unterschiedliche Gebäude sind (Hamm FGPrax 98, 126). Im Hinblick auf § 10 ErbbauRG darf an der Grundstücksfläche, auf die sich die Ausübung des Erbbaurechts erstreckt, kein Sondereigentum oder Sondernutzungsrecht eines Wohnungseigentümers bestehen (Hamm FGPrax 98, 126).
3 Für das Rechtsverhältnis zwischen dem Grundstückseigentümer und den Wohnungserbbauberechtigten gilt das ErbbauRG. Unter den Wohnungserbbauberechtigten gelten nach § 30 III 2 analog die Vorschriften des WEG.

II. Teil Dauerwohnrecht

Vor §§ 31 bis 42

1 **I. Allgemeines.** Dauerwohn- und das Dauernutzungsrecht haben im WEG eine nur **zurückhaltende Ausgestaltung** erfahren. Soweit möglich, sind keine Spezialvorschriften geschaffen worden. Anstelle dieser verweist das WEG auf die für Wohnungs- und Teileigentum geschaffenen Vorschriften und erklärt diese (va §§ 12, 14)

für **entsprechend anwendbar**. Ferner sind die Vorschriften des BGB über dingliche Rechte einschlägig. Eigentümer und Berechtigte verbindet nach §§ 33 ff ein **gesetzliches Schuldverhältnis**. §§ 31 ff erfassen idR nur die dingliche Seite. Die **schuldrechtliche Ausgestaltung** durch Vertrag (Rn 4) ist Sache der Parteien.

II. Verständnis. Man unterscheidet zwischen „mietähnlichen" und „eigentumsähnlichen" Dauerwohn- und Dauernutzungsrechten. Als mietähnlich werden auf eine **kürzere Laufzeit** bestellte bis zu zehn Jahren verstanden. Als eigentumsähnlich werden solche verstanden, die zum einen langfristig oder unbefristet angelegt sind und dem Berechtigten eine dem Eigentümer ähnliche Rechtsstellung verschaffen. Eine solche Rechtsstellung ist anzunehmen, wenn die Rechte und Pflichten des Berechtigten bei wirtschaftlicher Betrachtungsweise den Rechten und Pflichten eines Eigentümers der Fläche entsprechen und wenn der Berechtigte auf Grund des Dauerwohnrechtsvertrags (Rn 4) bei Beendigung des Dauerwohnrechts eine angemessene Entschädigung enthält. 2

III. Untergang. Dauerwohn- und das Dauernutzungsrecht müssen **nicht für eine bestimmte Laufzeit** bestellt werden. Sofern sie **zeitlich befristet** sind, gehen sie mit seinem Zeitablauf unter. Ferner erlöschen sie, wenn es der Eigentümer und der Berechtigte einvernehmlich vertraglich aufheben oder der Berechtigte das Recht nach § 875 I BGB – sofern dem Dritte nach § 876 BGB zustimmen – aufgibt und das Recht anschließend aus dem Wohnungsgrundbuch gelöscht wird. Entsprechendes gilt, wenn das Grundstück durch einen dem Dauerwohn- und das Dauernutzungsrecht vorrangigen Gläubiger **versteigert** wird, sofern nicht anderes vereinbart ist. Durch die **Ausübung eines Heimfallrechts** gehen Dauerwohn- und das Dauernutzungsrecht nicht unter, sondern auf den Eigentümer als **Eigentümerdauerwohnrecht** über. Bei Beendigung von Dauerwohn- und Dauernutzungsrecht muss der Berechtigte die von ihm genutzten Räume gem § 985 BGB herausgeben; str ist, ob auch § 1055 I BGB anwendbar ist. 3

IV. Dauerwohnvertrag. Nach § 32 III muss der Bestellung eines Dauerwohnrechts ein **schuldrechtlicher Vertrag** zu Grunde liegen (**Dauerwohnvertrag**). Sein Inhalt ist teilweise gesetzlich diktiert, vgl §§ 33 IV Nr 1 bis Nr 4, 32 III. Der Dauerwohnvertrag ist meist kauf- oder mietähnlich und grds formfrei (BGH NJW 84, 612, 613). **Mögliche Inhalte** werden im Gesetz ua genannt in: §§ 33 III, IV Nr 1 bis Nr 5 (können verdinglicht werden), 35 1, 36 I 1, IV, 39 I, III Hs 2, 40 II 1. 4

V. Time-Sharing. Dauerwohn- oder Dauernutzungsrechte können als **Teilzeitwohnrechtsverträge** iSv § 481 BGB ausgestaltet sein (§ 481 Rn 1). Dauerwohn-/Dauernutzungsrechte können mehreren Berechtigten nach Bruchteilen zustehen (BGHZ 130, 150, 158 = ZMR 95, 543); ferner ist vorstellbar, **mehrere befristete Rechte** zu begründen (LG Hamburg NJW-RR 91, 823; aA Stuttg ZMR 87, 191). Mehrere Berechtigte können durch eine Bestimmung iSv § 1010 BGB regeln und als Belastung im Grundbuch eintragen, wer von ihnen wann das Recht nutzen kann (BGHZ 130, 150, 158 = ZMR 95, 543). Vorstellbar ist auch, dass eine Person ein Dauerwohnrecht „treuhänderisch" hält und diese Dritten (Erwerbern) im Innenverhältnis Nutzungsrechte einräumt. Ein Time-Sharing-Formularvertrag im Treuhand-Modell, der dem Erwerber ein Recht nach § 31 verschaffen will, ist unwirksam, wenn statt des Erwerbers der im Grundbuch bereits eingetragene Treuhänder eingetragen bleiben und dem Erwerber diese Rechtsposition lediglich vermitteln soll (BGH NJW-RR 96, 1034). 5

VI. Abdingbarkeit. §§ 31 bis 42 sind **grds abdingbar**. Etwas anderes gilt für: §§ 31 I 1, II, III, 32, 33 I 1, 2, 34, 36 II, III, 39 III Hs 1, 41 III. 6

§ 31 Begriffsbestimmungen.
(1) ¹Ein Grundstück kann in der Weise belastet werden, dass derjenige, zu dessen Gunsten die Belastung erfolgt, berechtigt ist, unter Ausschluss des Eigentümers eine bestimmte Wohnung in einem auf dem Grundstück errichteten oder zu errichtenden Gebäude zu bewohnen oder in anderer Weise zu nutzen (**Dauerwohnrecht**). ²Das Dauerwohnrecht kann auf einen außerhalb des Gebäudes liegenden Teil des Grundstücks erstreckt werden, sofern die Wohnung wirtschaftlich die Hauptsache bleibt.
(2) Ein Grundstück kann in der Weise belastet werden, dass derjenige, zu dessen Gunsten die Belastung erfolgt, berechtigt ist, unter Ausschluss des Eigentümers nicht zu Wohnzwecken dienende bestimmte Räume in einem auf dem Grundstück errichteten oder zu errichtenden Gebäude zu nutzen (**Dauernutzungsrecht**).
(3) Für das Dauernutzungsrecht gelten die Vorschriften über das Dauerwohnrecht entsprechend.

§ 31 I, II kennt **Dauerwohn- und Dauernutzungsrecht**; nach § 31 III bestehen zwischen diesen **grunds keine Unterschiede**. Dauerwohn- und ein Dauernutzungsrecht können auch als Einheit bestellt werden (BayObLG NJW 60, 2100: Eintragung als Dauerwohn- und Dauernutzungsrecht). Dauerwohn- und Dauernutzungsrecht sind **besonders qualifizierte** Formen einer Dienstbarkeit (BayObLG NJW 96, 397, 398; LG Hildesheim NJW 60, 49) mit Substanz- und Verkehrswert. Die Umwandlung eines Dauerwohn- in ein Dauernutzungsrecht und umgekehrt ist möglich. 1

2 Dauerwohn- und Dauernutzungsrecht werden grds an einem Grundstück begründet und erstrecken sich auf das Grundstückszubehör. Möglich ist es, sie an einem Grundstücksteil, an einem Gebäude, an mehreren Räumen oder nur an einem Raum, an einem Erbbaurecht, an einem Wohnungs- und Teilerbbaurecht, an Grundstücks- bzw Erbbaurechtsteilen, einem Wohnungs- oder einem Teileigentum (BGH ZMR 1981, 253) oder an mehreren unterschiedlichen Flächen zu begründen. Die Begründung an einem **Sondernutzungsrecht** (BGHZ 91, 343 = NJW 79, 548; Hambg ZMR 04, 616, 617) oder an einem Miteigentumsanteil oder einem Nießbrauchsrecht ist **nicht zulässig**.

3 Berechtigter kann jede natürliche oder juristische Person sein. Ein Dauerwohnrecht kann auch für mehrere Personen und auch als Bruchteils- (BGH NJW-RR 96, 1034) oder Gesamthandsgemeinschaft als Gesamtgläubiger iSd § 428 BGB bestellt werden (BGHZ 130, 150 = ZMR 95, 543). Der Eigentümer kann auch für sich selbst am eigenen Grundstück ein Dauerwohnrecht bestellen.

§ 32 Voraussetzungen der Eintragung.
(1) Das Dauerwohnrecht soll nur bestellt werden, wenn die Wohnung in sich abgeschlossen ist.
(2) ¹Zur näheren Bezeichnung des Gegenstandes und des Inhalts des Dauerwohnrechts kann auf die Eintragungsbewilligung Bezug genommen werden. ²Der Eintragungsbewilligung sind als Anlagen beizufügen:
1. eine von der Baubehörde mit Unterschrift und Siegel oder Stempel versehene Bauzeichnung, aus der die Aufteilung des Gebäudes sowie die Lage und Größe der dem Dauerwohnrecht unterliegenden Gebäude- und Grundstücksteile ersichtlich ist (Aufteilungsplan); alle zu demselben Dauerwohnrecht gehörenden Einzelräume sind mit der jeweils gleichen Nummer zu kennzeichnen;
2. eine Bescheinigung der Baubehörde, dass die Voraussetzungen des Absatzes 1 vorliegen.

³Wenn in der Eintragungsbewilligung für die einzelnen Dauerwohnrechte Nummern angegeben werden, sollen sie mit denen des Aufteilungsplanes übereinstimmen. ⁴Die Landesregierungen können durch Rechtsverordnung bestimmen, dass und in welchen Fällen der Aufteilungsplan (Satz 2 Nr. 1) und die Abgeschlossenheit (Satz 2 Nr. 2) von einem öffentlich bestellten oder anerkannten Sachverständigen für das Bauwesen statt von der Baubehörde ausgefertigt werden können. ⁵Werden diese Aufgaben von dem Sachverständigen wahrgenommen, so gelten die Bestimmungen der Allgemeinen Verwaltungsvorschrift für die Ausstellung von Bescheinigungen gemäß § 7 Abs. 4 Nr. 2 und § 32 Abs. 2 Nr. 2 des Wohnungseigentumsgesetzes vom 19. März 1974 (BAnz. Nr. 58 vom 23. März 1974) entsprechend. ⁶In diesem Fall bedürfen die Anlagen nicht der Form des § 29 der Grundbuchordnung. ⁷Die Landesregierungen können die Ermächtigung durch Rechtsverordnung auf die Landesbauverwaltungen übertragen.

(3) Das Grundbuchamt soll die Eintragung des Dauerwohnrechts ablehnen, wenn über die in § 33 Abs. 4 Nrn. 1 bis 4 bezeichneten Angelegenheiten, über die Voraussetzungen des Heimfallanspruchs (§ 36 Abs. 1) und über die Entschädigung beim Heimfall (§ 36 Abs. 4) keine Vereinbarung getroffen sind.

1 § 32 I entspricht § 3 II. Eine Abgeschlossenheitsbescheinigung ist **ausnahmsweise nicht erforderlich**, wenn sich das Recht auf das **gesamte Gebäude** erstreckt (LG Münster DNotZ 53, 148). § 32 II entspricht § 7 III, IV. Es genügt aber, wenn bei mehreren Gebäuden auf dem belasteten Grundstück in einem Grundstücksplan das Gebäude gekennzeichnet ist, in dem sich die von dem Dauerwohnrecht umfassten Räume befinden (BayObLG NJW-RR 97, 1233); erstreckt sich das Dauerwohnrecht auch auf außerhalb des Gebäudes liegende Grundstücksteile, müssen sich auch deren Lage und Größe aus dem Plan ergeben. Wenn sich die von dem Dauerwohnrecht umfassten Räume in einem von mehreren Stockwerken eines Gebäudes befinden, ist ein **Stockwerksplan** erforderlich. Die weiteren auf dem Stockwerk befindlichen Wohnungen und Räume brauchen dort nicht ersichtlich zu sein. Nicht erforderlich sind auch Baupläne für das gesamte Wohngebäude.

2 § 32 III ist **Sollvorschrift** (s.a. BGH ZMR 08, 897). Verstößt das Grundbuchamt gegen § 32 III, entstehen Dauerwohn- und Dauernutzungsrecht dennoch. Das Grundbuchamt ist nur zu einer formellen, nicht zu einer materiell-rechtlichen Prüfung der in § 32 III genannten Angelegenheiten berechtigt (aA Ddorf DNotZ 78, 354).

§ 33 Inhalt des Dauerwohnrechts.
(1) Das Dauerwohnrecht ist veräußerlich und vererblich. Es kann nicht unter einer Bedingung bestellt werden.
(2) Auf das Dauerwohnrecht sind, soweit nicht etwas anderes vereinbart ist, die Vorschriften des § 14 entsprechend anzuwenden.
(3) Der Berechtigte kann die zum gemeinschaftlichen Gebrauch bestimmten Teile, Anlagen und Einrichtungen des Gebäudes und Grundstücks mitbenutzen, soweit nichts anderes vereinbart ist.
(4) Als Inhalt des Dauerwohnrechts können Vereinbarungen getroffen werden über:
1. Art und Umfang der Nutzungen;
2. Instandhaltung und Instandsetzung der dem Dauerwohnrecht unterliegenden Gebäudeteile;
3. die Pflicht des Berechtigten zur Tragung öffentlicher oder privatrechtlicher Lasten des Grundstücks;
4. die Versicherung des Gebäudes und seinen Wiederaufbau im Falle der Zerstörung;
5. das Recht des Eigentümers, bei Vorliegen bestimmter Voraussetzungen Sicherheitsleistung zu verlangen.

Ungeachtet § 33 I 2 zulässig sind – wie § 41 zeigt – **zeitliche Befristungen**, zB die Lebenszeit des Berechtigten (aA Neustadt NJW 61, 1974), oder die **Vereinbarung eines Heimfallanspruchs** (vgl § 36 I 1). Ein **mietähnliches Dauerwohnrecht** (Vor §§ 31 bis 42 WEG Rn 2) wird für eine von vornherein bestimmte Zeit bestellt. Zeitliche Befristungen spielen auch bei Time-Sharing-Modellen eine Rolle (dazu Vor §§ 31 bis 42 WEG Rn 5). Als Belastung kommen zB Nießbrauch und Pfandrecht in Betracht. 1

§ 33 II verweist für die **Gebrauchsrechte** auf § 14, § 33 III auf die **Mitgebrauchsrechte** des Berechtigten und die Möglichkeit einer einschränkenden Vereinbarung. **Bsp. für Mitgebrauchsrechte**: Außenanlagen, Fahrstuhl, Leitungen, Sammelheizung, Wäschekeller. Zu den Mitgebrauchsrechten eines **Mieter eines Dauerwohnrechts** s. § 535 Rn 83. 2

Wegen § 32 III regelt § 33 IV, welche Vereinbarungen im Dauerwohnvertrag (dazu Vor §§ 31 bis 42 WEG Rn 4) jedenfalls **getroffen werden müssen**. Diese Regelungen und die in den §§ 33 II – IV, 35, 36, 39, 40, 41 und § 882 BGB genannten können nach § 32 II 1 verdinglicht werden. 3

§ 34 Ansprüche des Eigentümers und der Dauerwohnberechtigten.
(1) Auf die Ersatzansprüche des Eigentümers wegen Veränderungen oder Verschlechterungen sowie auf die Ansprüche der Dauerwohnberechtigten auf Ersatz von Verwendungen oder auf Gestattung der Wegnahme einer Einrichtung sind die §§ 1049, 1057 des Bürgerlichen Gesetzbuches entsprechend anzuwenden.
(2) Wird das Dauerwohnrecht beeinträchtigt, so sind auf die Ansprüche des Berechtigten die für die Ansprüche aus dem Eigentum geltenden Vorschriften entsprechend anzuwenden.

§ 34 I regelt Ansprüche des Eigentümers und solche des Berechtigten. Jeweils sind §§ 1049, 1057 BGB anwendbar. 1

Durch § 34 II angesprochen sind va §§ 985, 1004 BGB (Zweibr MittBayNot 05, 308). Außerdem stehen dem Berechtigten **Besitzschutzansprüche** zu. Der Eigentümer selbst kann Ansprüche nur insoweit geltend machen, als sie nicht dem Berechtigten zustehen. Der Berechtigte muss nach § 33 II, 14 Nr 3, 1004 I 2 BGB **Einwirkungen** auf die dem Dauerwohnrecht unterliegenden Gebäudeteile **dulden**, soweit sie auf einem zulässigen Gebrauch beruhen. Ferner muss er Maßnahmen nach §§ 33 II, 14 Nr 4 Hs 1 gestatten; der hierdurch entstehende Schaden ist ihm von der Gemeinschaft der Wohnungseigentümer zu ersetzen. 2

§ 35 Veräußerungsbeschränkung.
¹Als Inhalt des Dauerwohnrechts kann vereinbart werden, dass der Berechtigte zur Veräußerung des Dauerwohnrechts der Zustimmung des Eigentümers oder eines Dritten bedarf. ²Die Vorschriften des § 12 gelten in diesem Falle entsprechend.

§ 35 ist wie § 12 zu verstehen. 1

§ 36 Heimfallanspruch.
(1) ¹Als Inhalt des Dauerwohnrechts kann vereinbart werden, dass der Berechtigte verpflichtet ist, das Dauerwohnrecht beim Eintritt bestimmter Voraussetzungen auf den Grundstückseigentümer oder einen von diesem zu bezeichnenden Dritten zu übertragen (Heimfallanspruch). ²Der Heimfallanspruch kann nicht von dem Eigentum an dem Grundstück getrennt werden.
(2) Bezieht sich das Dauerwohnrecht auf Räume, die dem Mieterschutz unterliegen, so kann der Eigentümer von dem Heimfallanspruch nur Gebrauch machen, wenn ein Grund vorliegt, aus dem ein Vermieter die Aufhebung des Mietverhältnisses verlangen oder kündigen kann.
(3) Der Heimfallanspruch verjährt in sechs Monaten von dem Zeitpunkt an, in dem der Eigentümer von dem Eintritt der Voraussetzungen Kenntnis erlangt, ohne Rücksicht auf diese Kenntnis in zwei Jahren von dem Eintritt der Voraussetzungen an.
(4) ¹Als Inhalt des Dauerwohnrechts kann vereinbart werden, dass der Eigentümer dem Berechtigten eine Entschädigung zu gewähren hat, wenn er von dem Heimfallanspruch Gebrauch macht. ²Als Inhalt des Dauerwohnrechts können Vereinbarungen über die Berechnung oder Höhe der Entschädigung oder die Art ihrer Zahlung getroffen werden.

Die Ausübung des Heimfallanspruchs ist **empfangsbedürftige Willenserklärung**; sie unterliegt keiner Form, § 174 BGB ist aber zu beachten. Ist der Heimfallanspruch entstanden, ist er idR auch dann noch durchsetzbar, wenn die verletzte Vertragspflicht nachgeholt ist und die Heimfallvoraussetzungen nicht mehr vorliegen (BGH NJW-RR 88, 715). Der verdinglichte Heimfallanspruch (§ 33 IV 2) besitzt die **Wirkung einer Vormerkung**. Die Parteien können die Heimfallvoraussetzungen grds frei vereinbaren (BGHZ 27, 158, 163 = NJW 58, 1289). Macht der Eigentümer von seinem Anspruch Gebrauch, tritt er oder derjenige, auf den das Dauerwohnrecht zu übertragen ist, in ein Miet- oder Pachtverhältnis ein, das der Berechtigte geschlossen hatte; §§ 566 bis 566e BGB entsprechend. 1

Mieterschutzvorschriften iSv § 32 II sind nach hM §§ 574 bis 574c, 576 bis 576b BGB. Dem ist **nicht zu folgen**: § 36 II hat nach Wegfall des Mieterschutzgesetzes **keinen Inhalt** mehr. 2

3 Durch die Entschädigung nach § 36 IV 1 können bspw **Baukostenzuschüsse** und Vorausleistungen, die noch nicht abgegolten sind, ausgeglichen werden. Die Parteien können die Höhe des Entschädigungsanspruchs und seine Berechnung regeln. Nach hM muss die Entschädigung nicht angemessen sein. Für langfristige Dauerwohnrechte iSv § 41 I trifft § 41 III Bestimmungen.

§ 37 Vermietung.
(1) Hat der Dauerwohnberechtigte die dem Dauerwohnrecht unterliegenden Gebäude- oder Grundstücksteile vermietet oder verpachtet, so erlischt das Miet- oder Pachtverhältnis, wenn das Dauerwohnrecht erlischt.
(2) Macht der Eigentümer von seinem Heimfallanspruch Gebrauch, so tritt er oder derjenige, auf den das Dauerwohnrecht zu übertragen ist, in das Miet- oder Pachtverhältnis ein; die Vorschriften der §§ 566 bis 566e des Bürgerlichen Gesetzbuches gelten entsprechend.
(3) ¹Absatz 2 gilt entsprechend, wenn das Dauerwohnrecht veräußert wird. ²Wird das Dauerwohnrecht im Wege der Zwangsvollstreckung veräußert, so steht dem Erwerber ein Kündigungsrecht in entsprechender Anwendung des § 57a des Gesetzes über die Zwangsversteigerung und Zwangsverwaltung zu.

1 Besonderheiten ggü dem sozialen Miet- oder Gewerberaumietrecht gelten grunds nicht. Geht das **Dauerwohnrecht unter**, erlischt allerdings das Miet- oder Pachtverhältnis § 37 I. Hat der Berechtigte das Dauerwohnrecht **treuwidrig aufgegeben**, kann er sich ggü einem Mieter oder Pächter nach §§ 535, 280 ff BGB schadenersatzpflichtig machen.
2 Bei **kollusivem Zusammenwirken** von Eigentümer und Berechtigten beim Untergang des Dauerwohnrechts kann der Mieter/Pächter ggf nach § 826 BGB verlangen, dass das Vertragsverhältnis mit dem Eigentümer fortgesetzt wird. Wird an einer vermieten Einheit ein Dauerwohnrecht bestellt, gilt § 567 BGB.

§ 38 Eintritt in das Rechtsverhältnis.
(1) Wird das Dauerwohnrecht veräußert, so tritt der Erwerber an Stelle des Veräußerers in die sich während der Dauer seiner Berechtigung aus dem Rechtsverhältnis zu dem Eigentümer ergebenden Verpflichtungen ein.
(2) ¹Wird das Grundstück veräußert, so tritt der Erwerber an Stelle des Veräußerers in die sich während der Dauer seines Eigentums aus dem Rechtsverhältnis zu dem Dauerwohnberechtigten ergebenden Rechte ein. ²Das gleiche gilt für den Erwerb auf Grund Zuschlages in der Zwangsversteigerung, wenn das Dauerwohnrecht durch den Zuschlag nicht erlischt.

1 § 38 I stellt klar, dass der Berechtigte das **Dauerwohnrecht** nach §§ 433, 925 BGB **veräußern** kann. Die Übertragung erfolgt nach § 873 BGB. Wird das Dauerwohnrecht entgeltlich erworben, handelt es sich um einen Rechtskauf (§ 453 BGB). Bei unentgeltlicher Einräumung liegt meist Schenkung oder Ausstattung vor. Wird ein Dauerwohnrecht veräußert, ordnet § 38 I einen **Eintritt des Erwerbers** in dieses an. Diese Folge ist unstr, soweit Verpflichtungen verdinglicht wurden (§ 32 II 1). Fehlt es hieran, nimmt die hM an, dass ein Eintritt **nicht stattfindet**. Neben den verdinglichten Verpflichtungen wird allerdings vertreten, dass ein Eintritt in die Verpflichtungen stattfindet, die nicht verdinglicht werden konnten. Überzeugend ist nur ein **Eintritt in sämtliche Verpflichtungen**. Ferner nimmt die wohl hM an, dass der Erwerber die Rechte erhält, die sein Rechtsvorgänger ggü dem Eigentümer besaß.
2 § 38 II streicht heraus, dass § 32 I, II einer **Veräußerung des Grundstücks** nicht entgegenstehen, durch eine Veräußerung aber nicht unter-, sondern grunds – ggf auch nach § 39 I – übergehen.

§ 39 Zwangsversteigerung.
(1) Als Inhalt des Dauerwohnrechts kann vereinbart werden, dass das Dauerwohnrecht im Falle der Zwangsversteigerung des Grundstücks abweichend von § 44 des Gesetzes über die Zwangsversteigerung und Zwangsverwaltung auch dann bestehen bleiben soll, wenn der Gläubiger einer dem Dauerwohnrecht im Range vorgehenden oder gleichstehenden Hypothek, Grundschuld, Rentenschuld oder Reallast die Zwangsversteigerung in das Grundstück betreibt.
(2) Eine Vereinbarung gemäß Absatz 1 bedarf zu ihrer Wirksamkeit der Zustimmung derjenigen, denen eine dem Dauerwohnrecht im Range vorgehende oder gleichstehende Hypothek, Grundschuld, Rentenschuld oder Reallast zusteht.
(3) Eine Vereinbarung gemäß Absatz 1 ist nur wirksam für den Fall, dass der Dauerwohnberechtigte im Zeitpunkt der Feststellung der Versteigerungsbedingungen seine fälligen Zahlungsverpflichtungen gegenüber dem Eigentümer erfüllt hat; in Ergänzung einer Vereinbarung nach Absatz 1 kann vereinbart werden, dass das Fortbestehen des Dauerwohnrechts vom Vorliegen weiterer Voraussetzungen abhängig ist.

1 Der Schutz nach § 39 greift nur, wenn die Inhaber der dort genannten Rechte die Zwangsversteigerung betreiben. § 39 bleibt **mithin wirkungslos**, sofern ein Gläubiger nach § 10 Nr 1 bis 3 ZVG die Versteigerung betreibt.

§ 40 Haftung des Entgelts. (1) ¹Hypotheken, Grundschulden, Rentenschulden und Reallasten, die dem Dauerwohnrecht im Range vorgehen oder gleichstehen, sowie öffentliche Lasten, die in wiederkehrenden Leistungen bestehen, erstrecken sich auf den Anspruch auf das Entgelt für das Dauerwohnrecht in gleicher Weise wie auf eine Mietforderung, soweit nicht in Absatz 2 etwas Abweichendes bestimmt ist. ²Im übrigen sind die für Mietforderungen geltenden Vorschriften nicht entsprechend anzuwenden.
(2) ¹Als Inhalt des Dauerwohnrechts kann vereinbart werden, dass Verfügungen über den Anspruch auf das Entgelt, wenn es in wiederkehrenden Leistungen ausbedungen ist, gegenüber dem Gläubiger einer dem Dauerwohnrecht im Range vorgehenden oder gleichstehenden Hypothek, Grundschuld, Rentenschuld oder Reallast wirksam sind. ²Für eine solche Vereinbarung gilt § 39 Abs. ³2 entsprechend.

Die für Mietforderungen geltenden Normen gelten nach § 40 I 2 **nicht analog**. Die Ausnahme regelt § 40 I 1 iVm §§ 1123 ff BGB. Nach § 40 II kann für wiederkehrende Leistungen Abweichendes vereinbart werden.

§ 41 Besondere Vorschriften für langfristige Dauerwohnrechte. (1) Für Dauerwohnrechte, die zeitlich unbegrenzt oder für einen Zeitraum von mehr als zehn Jahren eingeräumt sind, gelten die besonderen Vorschriften der Absätze 2 und 3.
(2) Der Eigentümer ist, sofern nicht etwas anderes vereinbart ist, dem Dauerwohnberechtigten gegenüber verpflichtet, eine dem Dauerwohnrecht im Range vorgehende oder gleichstehende Hypothek löschen zu lassen für den Fall, dass sie sich mit dem Eigentum in einer Person vereinigt, und die Eintragung einer entsprechenden Löschungsvormerkung in das Grundbuch zu bewilligen.
(3) Der Eigentümer ist verpflichtet, dem Dauerwohnberechtigten eine angemessene Entschädigung zu gewähren, wenn er von dem Heimfallanspruch Gebrauch macht.

Die Frist des § 41 I läuft ab Bestellung oder nachträglicher Verlängerung. **Angemessenheit** iSv § 41 III beurteilt sich insb nach dem für das Dauerwohnrecht geleisteten Entgelt, den Aufwendungen des Berechtigten, der Nutzungsdauer und Verbesserungen oder Verschlechterungen. Da das Gesetz die Ausgestaltung nicht vornimmt, steht den Parteien frei, über Höhe, Berechnung und Art Vereinbarungen zu treffen; eine Verdinglichung als Inhalt des Dauerwohnrechts ist möglich. Die Entschädigungspflicht ist unabdingbar (BGHZ 27, 158 = NJW 58, 1289).

§ 42 Belastung eines Erbbaurechts. (1) Die Vorschriften der §§ 31 bis 41 gelten für die Belastung eines Erbbaurechts mit einem Dauerwohnrecht entsprechend.
(2) Beim Heimfall des Erbbaurechts bleibt das Dauerwohnrecht bestehen.

§ 42 I entspricht § 11 I 1 ErbbauRG. Beim Heimfall des Erbbaurechts entsteht ein **Eigentümererbbaurecht**. Nach dem abdingbaren § 42 II (anders § 33 I 3 ErbbauRG) bleibt das Dauerwohnrecht bestehen. Bei Erlöschen des Erbbaurechts durch Zeitablauf erlischt auch das Dauerwohnrecht. Wenn das Dauerwohnrecht wegen Aufhebung des Erbbaurechts erlischt, wird der Dauerwohnberechtigte durch § 876 geschützt.

III. Teil Verfahrensvorschriften

Vor §§ 43 bis 50

I. Allgemeines. 1. Überblick. §§ 43 bis 50 ergänzen die Vorschriften der ZPO für das **Erkenntnis- oder Zwangsvollstreckungsverfahren**. Die wichtigsten Besonderheiten liegen darin, dass der Kläger – auch klagende Wohnungseigentümer – sich gem § 44 I in der Klageschrift einer Sammelbezeichnung bedienen darf, dass nach § 45 die Zustellung der Zustellstücke grds an den Verwalter zu erfolgen hat, dass § 46 eine neue Gestaltungsklage (Anfechtungsklage) enthält, dass § 47 zu einer Verfahrensverbindung zwingt, dass § 48 besondere Rechtskraftwirkungen kennt und eine Beiladung verlangt und dass §§ 49 und 50 Besonderheiten der Kostenentscheidung und Kostenerstattung anordnen. Sind Regelungen nach § 21 IV erforderlich, ist § 21 VIII anwendbar. Im WEG-Verfahren gelten die **allgemeinen Prozessgrundsätze**.

2. § 15a EGZPO. Soweit ein Land von § 15a EGZPO Gebrauch gemacht hat (s. *Schönfelder*, Deutsche Gesetze, Ergänzungsband, Nr 104 ff), ist nach Maßgabe der jeweiligen Landesgesetze vor einer Klageerhebung ggf ein Einigungsversuch zu durchlaufen.

3. Vorschalt- oder Güteverfahren. Die Wohnungseigentümer können außer bei Anfechtungsverfahren (AG Merseburg ZMR 08, 747, 748) als Prozesshindernis ein „Vorschalt- oder Güteverfahren" vereinbaren (Frankfurt/M NZM 08, 290). Die Durchführung ist auch dann nicht entbehrlich, wenn die Wohnungseigentümer in der Eigentümerversammlung mit dem Gegenstand befasst waren (Frankfurt/M NZM 08, 290, 291). Erhebt ein

Wohnungseigentümer ungeachtet eines Vorschaltverfahrens Klage, ist diese so lange unzulässig, als das Verfahren nicht durchgeführt (und erfolglos geblieben) ist (Frankfurt/M NZM 08, 290); § 1031 ZPO gilt nicht.

4. Schiedsvereinbarungen. Die Wohnungseigentümer können bei **geeigneter Schiedsklausel** für **sämtliche Verfahren** ein Schiedsverfahren nach §§ 1025 ff ZPO vereinbaren. Ein Schiedsverfahren nach § 43 Nr 3 bedarf allerdings der Zustimmung des Verwalters.

II. Zuständigkeitsstreitigkeiten; Zuständigkeitsbestimmung. Es ist Sache des Präsidiums eines AG, wie es die Richtergeschäftsaufgaben hinsichtlich der WEG-Sachen verteilt und ob es eine spezielle Sachgebietszuständigkeit vorsieht. Wenn die Zuständigkeit für eine gegen mehrere Streitgenossen gerichtete Klage auseinander fällt, kann eine Zuständigkeitsbestimmung nach § 36 I Nr 3 ZPO getroffen werden (München ZMR 08, 818; München NZM 08, 528, 529).

III. Einstweiliger Rechtsschutz. Einstweiliger Rechtsschutz kommt nach §§ 916 ff ZPO in Betracht (Hambg ZMR 08, 326; AG Wernigerode ZMR 08, 87, 88; AG Kelheim ZMR 08, 82, 83). **Bsp:** die vorläufige Aufhebung der Bindungswirkung eines Beschl (LG München I GE 08, 1501; dort jeweils zu streng; AG Wangen ZMR 08, 580; ZWE 08, 146), die vorläufige Bestellung eines Verwalters (LG Stuttgart ZWE 08, 357), Herausgabe von Verwaltungsunterlagen (AG Kelheim ZMR 08, 82, 83), Herausgabe einer Eigentümerliste (LG Stuttgart ZMR 09, 77).

IV. Rechtsmittel. In Streitigkeiten nach § 43 Nr 1 bis 4 und 6 ist nach § 72 II 1 GVG grunds das für den Sitz des OLG zuständige LG **gemeinsames Berufungs- und Beschwerdegericht** für den Bezirk des OLG, in dem das AG seinen Sitz hat. Dies gilt auch für ein Rechtsmittel oder einen Rechtsbehelf – etwa einer Berufung bei einem Urt nach § 767 ZPO (BGH ZMR 09, 544), einer sofortigen Beschwerde nach § 793 ZPO gegen einen Beschl nach §§ 887 ff ZPO (Oldenbg ZMR 09, 139) oder einer Beschwerde nach § 71 I GBO – in Zwangsvollstreckungsverfahren gegen einen in einem Verfahren nach § 43 Nr 1 bis 4 und 6 ergangenen Titel (BGH ZMR 09, 544 = NJW 09, 1282; Oldenbg ZMR 09, 139). Die Landesregierungen sind durch § 72 II 3 GVG ermächtigt worden, selbst oder durch ihre Landesjustizverwaltungen anstelle des nach § 72 II 1 GVG zuständigen Gerichts ein anderes LG im Bezirk des Oberlandesgerichts zu bestimmen. Von dieser Möglichkeit haben bislang sechs Länder Gebrauch gemacht (Übersichten: NJW 08, 1790; ZMR 07, 1004). Etwas **anderes gilt** für Berufungen in **Verfahren nach § 43 Nr 5**, wenn der Zuständigkeitsstreitwert 5.000,00 EUR übersteigt; dann ist das OLG zuständig, § 119 I Nr 2 GVG. Eine **Anschlussberufung** ist stets – auch in Verfahren nach § 46 (zum alten Recht OLG Köln v 29.9.09 – 16 Wx 63/09 BGH v 10.12.09, V ZB 151/09) – zulässig (str).

V. Kosten; Gebühren. Es gelten die **allgemeinen Vorschriften**, soweit § 50 nichts anderes bestimmt und soweit das Gericht nicht von den Möglichkeiten des § 49 I, II Gebrauch macht. Sind Wohnungseigentümer verklagt und unterliegen sie, gilt § 100 I ZPO (aA AG Dortmund NJW 08, 1089). In sämtlichen Verfahren – auch bei § 46 I 1 (BGH ZMR 09, 296) – kann nach § 12 I 1 GKG ein Gerichtskostenvorschuss verlangt werden. Sowohl die Wohnungseigentümer als die Gemeinschaft der Wohnungseigentümer (LG Berlin ZMR 07, 145) können nach §§ 114 ff ZPO Prozesskostenhilfe erhalten (str). Zur Erhöhungsgebühr in der Zwangsvollstreckung s BGH v 10.12.09 – VII ZB 88/08.

VI. Streitwert. Für den Gebührenstreitwert ist zu unterscheiden: bei bezifferten Geldforderungen bemisst er sich gem § 48 GKG nach der Höhe der geltend gemachten Forderung. Ist eine Klageforderung hingegen unbeziffert, richtet sich der Streitwert nach § 49a GKG. Str ist, ob Ausgangspunkt für die von § 49a GKG geforderten Berechnungen die Rechtsprechung vor der WEG-Reform zum Gebührenstreitwert in WEG-Sachen Platz hat (bejahend LG Hamburg ZMR 09, 71, 72; LG Nürnberg-Fürth ZMR 08, 737, 738). Die Rechtsanwaltsgebühren für ein WEG-Verfahren unterscheiden sich grunds nicht von einem „normalen" Zivilprozess und bestimmen sich nach dem RVG iVm seinem Vergütungsverzeichnis-VV (Anl 1 zu § 2 II RVG). Besonderheiten können aus § 27 II Nr 4, III 1 Nr 6 sowie aus § 50 folgen. Eine Mehrvertretungsgebühr (Erhöhungsgebühr nach Nr 1008 VV RVG) fällt an, wenn ein Rechtsanwalt nicht die Gemeinschaft der Wohnungseigentümer, sondern mehrere Wohnungseigentümer vertritt s.a. Rn 8.

§ 43 Zuständigkeit.
Das Gericht, in dessen Bezirk das Grundstück liegt, ist ausschließlich zuständig für

1. Streitigkeiten über die sich aus der Gemeinschaft der Wohnungseigentümer und aus der Verwaltung des gemeinschaftlichen Eigentums ergebenden Rechte und Pflichten der Wohnungseigentümer untereinander;
2. Streitigkeiten über die Rechte und Pflichten zwischen der Gemeinschaft der Wohnungseigentümer und Wohnungseigentümern;
3. *Streitigkeiten über die Rechte* und Pflichten des Verwalters bei der Verwaltung des gemeinschaftlichen Eigentums;
4. Streitigkeiten über die Gültigkeit von Beschlüssen der Wohnungseigentümer;

5. Klagen Dritter, die sich gegen die Gemeinschaft der Wohnungseigentümer oder gegen Wohnungseigentümer richten und sich auf das gemeinschaftliche Eigentum, seine Verwaltung oder das Sondereigentum beziehen;
6. Mahnverfahren, wenn die Gemeinschaft der Wohnungseigentümer Antragstellerin ist. Insoweit ist § 689 Abs. 2 der Zivilprozessordnung nicht anzuwenden.

A. Allgemeines. § 43 regelt in seinen Nr 1 bis 6 die **ausschließliche örtliche Zuständigkeit** für WEG-Streitigkeiten. Prozessrechtlich zu unterscheiden sind: Binnen- (Nr 1 bis 4 und Nr 6) und Außenrechtsstreitigkeiten (Nr 5). Die Zuständigkeit des WEG-Gerichts bei Binnenrechtsstreitigkeiten ist jeweils **weit zu verstehen** (BGH v 10.12.09 – VZB 67/09; BGH ZMR 09, 544; KG ZWE 09, 120). 1
Die **sachliche Zuständigkeit** bestimmen § 23 Nr 2c GVG und § 71 I GVG. **Funktionell** sind grunds Richter zuständig. Das örtlich zuständige WEG-Gericht ist im Zweifel auch **international** zuständig. Ob der Anspruch aus §§ 16 II, 28 V dem Art 22 Nr 1 EuGVVO unterfällt, ist str (dafür Ddorf OLGR 04, 24; dagegen BayObLG ZMR 04, 129). Jedenfalls sind die deutschen Gerichte gem Art 5 Nr 1a EuGVVO international zuständig (Stuttg NJW-RR 05, 814, 815). Für schuldrechtliche Zahlungsansprüche Dritter gegen einen Wohnungseigentümer gilt Art 2 EuGVVO (BayObLG ZMR 04, 129). 2

B. § 43 Nr 1. Unter § 43 Nr 1 fällt ua Streit, ob **Gemeinschafts- in Sondereigentum** umzuwidmen ist (KG ZMR 07, 553, 554; Schlesw OLGR 06, 432, 433; aA Saarbr OLGR 05, 282, 283), ob eine Vereinbarung nach § 10 II 3 zu ändern ist (München ZMR 06, 156), die Auslegung einer – ggf verdinglichten – Vereinbarung, Streit um § 12 I (BayObLGZ 77, 40; § 12 Rn 14), Streitigkeiten um Inhalt, Gebrauch usw von Sondernutzungsrechten (BGHZ 109, 396, 398 = ZMR 90, 150), **Streit um (noch) zulässigen Gebrauch** (BGHZ 109, 396, 398), Streit um § 16 II, Streit um § 16 III und IV (s.a. BayObLG NZM 03, 52), Entziehungsklagen (§ 19 Rn 1), Klärung ordnungsmäßiger Verwaltung nach § 21 IV, Fragen der Eigentümerversammlung. Streit um einen Prozessvergleich in einer WEG-Sache (BGH v 10.12.09 – VZB 67/09). 3

C. § 43 Nr 2. Unter § 43 Nr 2 fällt die Verpflichtung eines Wohnungseigentümers, rück**ständige Wohngeldforderungen, den Saldo einer Jahresabrechnung oder den aus einer Sonderumlage geschuldeten Betrag** auszugleichen, Schadenersatzansprüche gegen einen Wohnungseigentümer, der Streit um eine Nutzungsentschädigung oder um Aufwendungsersatz, Streit, welche Rechte und Pflichten die die Gemeinschaft der Wohnungseigentümer wahrzunehmen hat, der Streit um eine Versorgungssperre, Schadenersatzansprüche eines Wohnungseigentümer gegen Gemeinschaft der Wohnungseigentümer. 4

D. § 43 Nr 3. „Verwalter" kann auch der **Geschäftsführer der Verwalter-GmbH** (KG ZMR 06, 152; AG Hannover ZMR 07, 75; aA LG Krefeld ZMR 07, 74) oder der persönlich haftende Gesellschafter einer Verwalter-OHG oder Verwalter-KG sein (BayObLG NJW-RR 87, 1368). Ansprüche gegen einen früheren Verwalter unterfallen § 43 Nr 3, wenn sie ihre Grundlage in der früheren Verwaltertätigkeit haben oder mit der Abwicklung der Verwaltung zusammenhängen (BGHZ 59, 58, 63 = NJW 72, 1318; München NZM 08, 850). § 43 Nr 3 ist auch gegeben, wenn es um Ansprüche gegen einen früheren faktischen Verwalter geht, der nicht wirksam zum Verwalter bestellt worden war (Köln NJW-RR 05, 1096). 5
Bsp für Nr 3: Abschluss, Beendigung und **Inhalt des Verwaltervertrages** (BGHZ 78, 57 = NJW 80, 2466, 2468; BGHZ 59, 58, 60 = NJW 72, 1318), **Bestellung und Abberufung** (BGHZ 152, 136 = ZMR 02, 941, 943), Schadenersatzsprüche, auch wenn sich diese zugleich auch aus § 823 BGB herleiten lassen (BGHZ 59, 58, 61 = NJW 72, 1318), Fragen ordnungsmäßiger Verwaltung iSv § 21 IV, Ansprüche auf Erstellung von Wirtschaftsplan und Jahresabrechnung. 6

E. § 43 Nr 4. § 43 Nr 4 unterfallen alle Klagen des § 46 I 1. Ferner sämtliche Verfahren auf Feststellung der Nichtigkeit eines Beschl (BGH ZMR 10, 126; BGHZ 107, 268 = NJW 89, 2059) oder seiner Gültigkeit im weitesten Sinne (Celle NJW 58, 307) sowie sämtliche Feststellungsklagen mit Bezug auf Beschlüsse, zB dass und ggf mit welchem Inhalt ein Beschl gefällt wurde. 7

F. § 43 Nr 5. Unter § 43 Nr 5 Var 1 (Bezug auf das Gemeinschaftseigentum) fallen va Klagen wegen Forderungen aufgrund Herstellung, Reparatur oder Modernisierung des Gemeinschaftseigentums. Unter § 43 Nr 5 Var 2 (Bezug auf die Verwaltung) fallen Klagen, die sich aus Verwaltungsaufgaben der Gemeinschaft der Wohnungseigentümer, des Verwalters, des Beirats oder der Wohnungseigentümer für das gemeinschaftliche Eigentum ergeben, etwa Klagen eines Dritten wegen Vernachlässigung der Verkehrspflichten oder die Klage eines Mieters von Gemeinschaftseigentum. Unter § 43 Nr 5 Var 3 fallen Klagen Dritter, die sich auf das Sondereigentum beziehen (Bezug auf ein Sondereigentum). Nach hM unterfallen sämtliche Streitigkeiten mit Bezug auf das Sondereigentum § 43 Nr 5. Nach aA unterfallen Streitgegenstände mit Bezug auf die Verwaltung des Sondereigentums den allgemeinen Regelungen. 8

G. § 43 Nr 6. Als Gegenstand eines Mahnverfahrens kommen va **Zahlungsansprüche aus §§ 16 II, 28 V**, Ansprüche gegen den Verwalter und sämtliche Zahlungsansprüche der Gemeinschaft der Wohnungseigentümer gegen Dritte in Betracht. Die Gemeinschaft der Wohnungseigentümer ist auch Antragsteller, wenn sie 9 nicht eigene Rechte, sondern Rechte der Wohnungseigentümer als Ausführungsbefugte und gesetzliche Prozessstandschafterin geltend macht.

10 Ist von einem Land ein zentrales Mahngericht eingerichtet worden, ist dieses zuständig. Haben die Landesregierungen von ihren Verordnungsermächtigungen zur Konzentration des Mahnverfahrens Gebrauch gemacht, ist dies **vorrangig**.

§ 44 Bezeichnung der Wohnungseigentümer in der Klageschrift.

(1) ¹Wird die Klage durch oder gegen alle Wohnungseigentümer mit Ausnahme des Gegners erhoben, so genügt für ihre nähere Bezeichnung in der Klageschrift die bestimmte Angabe des gemeinschaftlichen Grundstücks; werden Wohnungseigentümer Beklagte sind, sind in der Klageschrift außerdem der Verwalter und der gemäß § 45 Abs. 2 Satz 1 bestellte Ersatzzustellungsvertreter zu bezeichnen. ²Die namentliche Bezeichnung der Wohnungseigentümer hat spätestens bis zum Schluss der mündlichen Verhandlung zu erfolgen.
(2) ¹Sind an dem Rechtsstreit nicht alle Wohnungseigentümer als Partei beteiligt, so sind die übrigen Wohnungseigentümer entsprechend Absatz 1 von dem Kläger zu bezeichnen. ²Der namentlichen Bezeichnung der übrigen Wohnungseigentümer bedarf es nicht, wenn das Gericht von ihrer Beiladung gemäß § 48 Abs. 1 Satz 1 absieht.

1 **A. Anwendungsbereich.** Notwendig ist, dass sämtliche Wohnungseigentümer als Kläger oder Beklagte am Rechtsstreit beteiligt sind. Keine Bedeutung spielt, dass auf einer Seite einer oder mehrere oder – bei Klagen Dritter – sämtliche Wohnungseigentümer stehen. § 44 ist nicht anwendbar: in selbstständigen Beweisverfahren (str), in Mahnverfahren und grds in **Verfahren auf Erlass einer einstweiligen Verfügung**; etwas anderes gilt nach mündlicher Verhandlung und für Gestaltungsbeschlüsse nach §§ 935, 940 ZPO, wenn diese Anfechtungsklagen begleiten.

2 **B. Kurzbezeichnung (§ 44 I 1 Hs 1, 2).** Liegen die Voraussetzungen des § 44 I 1 Hs vor, genügt in Abweichung von § 253 II Nr 1 ZPO für Kläger oder Beklagter zunächst die bestimmte Angabe des gemeinschaftlichen Grundstücks. Diese Angabe kann nach der postalischen Anschrift oder nach der Grundbucheintragung erfolgen (BTDrs 16/887, 36): **Bsp:** „Wohnungseigentümer der Wohnungseigentumsanlage ... Straße, PLZ ...". Dies gilt auch dann, wenn es keinen Verwalter oder Ersatzzustellungsvertreter gibt (str). In der Klage genügt die Verweisung darauf, dass weder Verwalter noch Ersatzzustellungsvertreter vorhanden sind.

3 Nach § 44 I 2 muss die Bezeichnung bis zum **Schluss der mündlichen Verhandlung** (früher erster Termin iSv § 275 ZPO, Haupttermin nach § 272 I ZPO, der nach § 128 II 2 ZPO bestimmte Zeitpunkt, jeweils I. Instanz) nachgeholt werden. Die Benennung in einem gem § 283 ZPO nachgelassenen Schriftsatz oder in der Berufung ist verspätet (LG Stuttgart Info M 09, 138). Gelingt keine Nachholung, ist die Klage **als unzulässig** abzuweisen (LG Stuttgart Info M 09, 138). Zur Fristwahrung vgl § 46 Rn 3.

4 **C. Wohnungseigentümer als Beklagte (§ 44 I 1 Hs 2).** Sind die Wohnungseigentümer verklagt, sind in der Klageschrift mit Blick auf § 45 in Ergänzung von § 253 II ZPO auch der **Verwalter** und der **Ersatzzustellungsvertreter** (§ 45 Rn 5 ff) zu bezeichnen. Die verklagten Wohnungseigentümer sind dem Kläger für die Angabe von Verwalter und Ersatzzustellungsvertreter grunds auskunftspflichtig (§ 260 BGB Rn 3). Verwalter und Ersatzzustellungsvertreter müssen nach § 253 II Nr 1, 130 Nr 1 ZPO bezeichnet werden.

5 **D. Bezeichnung beizuladender Wohnungseigentümer in Klageschrift (§ 44 II).** Sind nicht sämtliche Wohnungseigentümer verklagt, muss der Kläger in Ergänzung zu § 253 II Nr 1 ZPO grunds auch die nach § 48 I 1 beizuladenden Wohnungseigentümer bezeichnen, wobei Bestimmungen des § 44 I 1 Hs 1, 2 auch hier gelten. Dies gilt nur dann nicht, wenn das Gericht von einer Beiladung absieht.

6 **E. Wohnungseigentümergemeinschaft.** Auf die Gemeinschaft der Wohnungseigentümer ist § 44 nicht anwendbar. Es gilt § 10 VI 4.

§ 45 Zustellung.

(1) Der Verwalter ist Zustellungsvertreter der Wohnungseigentümer, wenn diese Beklagte oder gemäß § 48 Abs. 1 Satz 1 beizuladen sind, es sei denn, dass er als Gegner der Wohnungseigentümer an dem Verfahren beteiligt ist oder aufgrund des Streitgegenstandes die Gefahr besteht, der Verwalter werde die Wohnungseigentümer nicht sachgerecht unterrichten.
(2) ¹Die Wohnungseigentümer haben für den Fall, dass der Verwalter als Zustellungsvertreter ausgeschlossen ist, durch Beschluss mit Stimmenmehrheit einen Ersatzzustellungsvertreter sowie dessen Vertreter zu bestellen, auch wenn ein Rechtsstreit noch nicht anhängig ist. ²Der Ersatzzustellungsvertreter tritt in die dem Verwalter als Zustellungsvertreter der Wohnungseigentümer zustehenden Aufgaben und Befugnisse ein, sofern das Gericht die Zustellung an ihn anordnet; Absatz 1 gilt entsprechend.
(3) Haben die Wohnungseigentümer entgegen Absatz 2 Satz 1 keinen Ersatzzustellungsvertreter bestellt oder ist die Zustellung nach den Absätzen 1 und 2 aus sonstigen Gründen nicht ausführbar, kann das Gericht einen Ersatzzustellungsvertreter bestellen.

A. Anwendungsbereich. Hat ein Wohnungseigentümer einen Rechtsanwalt genommen, wird § 45 von § 172 I 1 ZPO verdrängt. Ist der Verwalter nach § 27 II Nr 2, 3 Prozessbevollmächtigter, ist danach zuzustellen. **Außerhalb eines Prozesses** gilt § 27 II Nr 1. Für gerichtliche Zustellungen an die Gemeinschaft der Wohnungseigentümer gilt § 27 III 1 Nr 1.

B. Verwalter (§ 45 I). I. Grundsatz. Der Verwalter ist Zustellungsvertreter der Wohnungseigentümer, wenn diese **verklagt** oder gem § 48 I 1 **beizuladen** sind. Ein Gericht ist **nicht verpflichtet**, die Zustellung an den Verwalter anzuordnen (BTDrs 16/887, 37; aA AG Bernau WuM 08, 621, 622), wenngleich dies mit Blick auf die Kosten und Praktikabilität idR allein sachgerecht sein wird.

II. Interessenskollision. Eine Zustellung an den Verwalter scheidet aus, wenn eine **Interessenskollision** zu befürchten steht. Eine solche wird nach § 45 I 1 Var 1 fingiert, wenn der Verwalter als Gegner der Wohnungseigentümer an einem Verfahren beteiligt ist. Ob iÜ eine Interessenskollision vorliegt, muss sich aus dem Streitgegenstand ergeben und ist **konkret und nicht generell** – zB bei Anfechtungsklagen – zu beantworten (AG Stralsund ZMR 09, 881; aA AG Wedding ZMR 09, 894; offen BGH ZMR 09, 777). Eine bloß behauptete oder unstreitige allgemeine (abstrakte) Unzuverlässigkeit genügt nicht (str).

Bsp für eine **Interessenskollision**: ein Bestellungs- und/oder Abberufungsbeschl ist angefochten (Ddorf ZMR 94, 520; aA KG ZMR 04, 142, 143), Anfechtung des Beschl zum Anstellungsvertrag, konkrete Pflichtwidrigkeiten des Verwalters (BayObLG ZMR 97, 613, 614), Streit über die Rechte und Pflichten des Verwalters (München ZMR 08, 657), wenn der Verwalter Wohnungseigentümer nicht beteiligen will (Ddorf ZMR 07, 126, 127).

C. Gewillkürter Ersatzzustellungsvertreter (§ 45 II). I. Ersatzzustellungsvertreter (§ 45 II 1). § 45 II zwingt die Wohnungseigentümer, durch Beschl (oder Vereinbarung) einen Ersatzzustellungsvertreter sowie dessen Vertreter zu bestellen. Die Bestellung ist Maßnahme iSv § 21 IV. Kommt kein Bestellungsbeschl zustande, ist nach § 21 IV, VIII vorzugehen. Eine Bestellung gegen Willen des Ersatzzustellungsvertreters ist nicht möglich. Die Bestellung ist wirksam, wenn der Bestellte das Amt **annimmt** und der **Bestellung zustimmt**; einen Zwang hierzu gibt es nicht. Die Bestellungszeit ist unendlich, sofern nichts anderes bestimmt ist.

II. Stellung (§ 45 II 2). Ersatzzustellungsvertreter und – subsidiär – Vertreter haben wie der Verwalter die Aufgabe, gerichtliche Zustellstücke anzunehmen. Sie haben § 27 I Nr 7 analog die Wohnungseigentümer zu unterrichten. Ferner müssen sie die Wohnungseigentümer in einer angemessenen Art und Weise über den Inhalt der Zustellstücke informieren. Die Wohnungseigentümer können im Namen der Gemeinschaft der Wohnungseigentümer mit dem Ersatzzustellungsvertreter und seinem Vertreter einen (nicht notwendigen) Geschäftsbesorgungsvertrag iSv § 675 I BGB schließen. In diesem können Fragen der Art und Weise der Unterrichtung, Fragen der Vergütung, Fragen des Aufwendungsersatzes, Fragen der Versicherung oder auch die Frage, ob der Ersatzzustellungsvertreter einen Rechtsanwalt soll beauftragen können, geregelt werden

D. Gerichtlicher Ersatzzustellungsvertreter (§ 45 III). Haben die Wohnungseigentümer keinen Ersatzzustellungsvertreter und keinen Vertreter bestellt oder ist die Zustellung an Verwalter oder Ersatzzustellungsvertreter nicht ausführbar, **darf** das Gericht nach § 45 III einen **Ersatzzustellungsvertreter bestellen.**

§ 46 Anfechtungsklage.

(1) ¹Die Klage eines oder mehrerer Wohnungseigentümer auf Erklärung der Ungültigkeit eines Beschlusses der Wohnungseigentümer ist gegen die übrigen Wohnungseigentümer und die Klage des Verwalters ist gegen die Wohnungseigentümer zu richten. ²Sie muss innerhalb eines Monats nach der Beschlussfassung erhoben und innerhalb zweier Monate nach der Beschlussfassung begründet werden. ³Die §§ 233 bis 238 der Zivilprozessordnung gelten entsprechend.
(2) Hat der Kläger erkennbar eine Tatsache übersehen, aus der sich ergibt, dass der Beschluss nichtig ist, so hat das Gericht darauf hinzuweisen.

A. Allgemeines. Streitgegenstand einer Klage nach § 46 I 1 ist die Frage, ob ein Beschl **mangelhaft** ist. Auf denselben Lebenssachverhalt gestützte Anfechtungs- und Nichtigkeitsgründe betreffen allerdings **keine unterschiedlichen Streitgegenstände** (BGH ZMR 10, 126; NJW 09, 3655, 3657). Über einen Nichtigkeitsgrund ist kein Beweis zu erheben, wenn feststeht, dass ein anderer Rechtsverstoß unter dem Blickwinkel der Anfechtung durchgreift. Eine Nichtigkeitsfeststellungsklage ist nur nach § 256 I zulässig.

B. Kläger und Beklagte (§ 46 I 1). Nach § 46 I 1 klagebefugt ist ein Wohnungseigentümer (Vor §§ 1–64 WEG Rn 1) sowie der Verwalter. Der Verwalter ist jedenfalls befugt, Beschl, die seine Rechtsstellung betreffen, anzufechten (BGH ZMR 07, 798; BGHZ 151, 164, 169 = ZMR 02, 766). Ob für ihn auch ein **altruistisches Anfechtungsrecht** besteht, ist hingegen str (verneinend LG Nürnberg-Fürth ZMR 09, 483). Die Anfechtungsklage ist gegen jeden (auch werdenden) Wohnungseigentümer in notwendiger Streitgenossenschaft (BGH ZMR 09, 698) zu richten. Verklagt werden müssen auch die Wohnungseigentümer, die gegen den Beschl gestimmt (BGH ZMR 09, 777), sich enthalten haben (BGH ZMR 09, 777) oder bei der Eigentümerversammlung nicht anwesend waren.

3 Ist eine Anfechtungsklage nicht gegen die anderen Wohnungseigentümer mit Ausnahme des Klägers, sondern gegen die „Wohnungseigentümergemeinschaft", die „Gemeinschaft der Wohnungseigentümer" oder die „Gemeinschaft" gerichtet, ist zu unterscheiden. Prüfsteine für eine gegen die Wohnungseigentümer erhobene Klage sind die in der Begründung gewählten Bezeichnungen, Singular/Plural, eine Mitglieder-/Eigentümerliste oder die Ankündigung einer Vorlage der Mitglieder-/Eigentümerliste. Fehlt es an solchen Anzeichen ist die Gemeinschaft der Wohnungseigentümer verklagt (BGH v. 6.11.09 – V ZR 73/09, Tz. 12). Dann bedarf es eines Parteiwechsels. Dieser muss **nicht in der Klagefrist** erfolgen. Er kann unter den Voraussetzungen des § 44 I **nachgeholt werden** (BGH v. 6.11.09 – V ZR 73/09). Richtet sich eine Anfechtungsklage nur gegen einige Wohnungseigentümer, ist aber erkennbar, dass sämtliche Wohnungseigentümer verklagt sein sollen, ist das Rubrum vAw zu berichtigen (Karlsr ZMR 08, 902, 903; LG Düsseldorf ZMR 09, 67).

4 **C. Klage- und Klagebegründungsfrist (§ 46 I 2). I. Allgemeines.** Mit Klage- und Klagebegründungsfrist soll erreicht werden, dass die übrigen Wohnungseigentümer schnell **Klarheit** darüber erlangen, welcher Beschl aus welchen Gründen angefochten werden soll (BGH v. 6.11.09 – V ZR 73/09, Tz. 16). Die Fristen sind jeweils solche **des materiellen Rechts** (BGH ZMR 09, 698; ZMR 09, 296) und **können nicht verlängert** werden (BGH ZMR 10, 126). Werden sie verpasst, ist die Klage nach § 46 I 1 **als unbegründet** abzuweisen. Verpasst einer von Mehreren die Klagefrist, ist nur seine Klage als unbegründet abzuweisen und es sind ihm die Kosten aufzuerlegen (BGH ZMR 09, 698; zw). Bei der Berechnung der Fristen sind §§ 186 ff BGB anwendbar. Zur **Wahrung der Klagefrist** kommt es nicht auf die Bezeichnung als Klageschrift oder die technisch zutreffende Formulierung des Antrags, sondern darauf an, dass mit dem Antrag das Rechtsschutzziel zum Ausdruck gebracht wird, eine verbindliche Klärung der Gültigkeit des zur Überprüfung gestellten Beschl herbeizuführen (BGH v. 6.11.09 – V ZR 73/09, Tz. 7; ZMR 10, 126). Ob ein Prozesskostenhilfegesuch die Fristen wahrt, ist str (Problemen ist durch § 46 I 3 zu begegnen).

5 **II. Begründung.** Der Kläger muss nach § 46 I 2 **konkret darlegen**, warum der angegriffene Beschl bemakelt und aufzuheben ist (LG Hamburg ZMR 08, 414; AG Bonn ZMR 08, 245, 246). Der Kläger muss sämtliche ernsthaft in Betracht kommenden formelle und materielle Beschlussmängel ihrem Kern nach selbst und nicht unter Verweisung auf Anlagen (BGH ZMR 09, 296), etwa die Niederschrift, auf- und ausführen. Die Beschreibung eines Beschlussmangels darf sich nicht in Worthülsen und Wertungen erschöpfen. Zu nennen ist vielmehr der konkrete Mangel und seine Auswirkungen auf den Beschl. Ein Kläger kann sich die von anderen Klägern geltend gemachten Anfechtungsgründe nicht zu eigen machen (BGH ZMR 09, 698). Zur Auslegung kann auf die zu § 520 III ZPO ergangene Rechtsprechung zurückgegriffen werden (AG Bonn ZMR 08, 245, 246). Eine Begründung ist nicht darin zu sehen, dass ein Antrag formuliert und einige Anlagen eingereicht werden (LG Hamburg ZMR 08, 414). Nicht ausreichend ist der formelhafte Vortrag, ein Beschl sei „nicht ordnungsmäßig" oder „rechtswidrig" (AG Bonn ZMR 08, 245, 246). Es bedarf einer einzelfallbezogenen und auf den Streitfall zugeschnittenen Begründung, anhand derer man erkennen kann, aus welchen tatsächlichen und rechtlichen Gründen der angegriffene Beschl anfechtbar sein soll (AG Hamburg ZMR 09, 231, 232). Der Kläger muss den wesentlichen tatsächlichen Kern der Gründe darlegen, auf die er seine Anfechtungsklage stützt. Ein **Nachschieben weiterer Anfechtungsgründe**, die ggf auch geeignet sind, den angefochtenen Beschl zu bemakeln, ist **nicht möglich** (BGH ZMR 09, 698; ZMR 09, 296). Wird eine Anfechtungsklage nicht oder nicht ausreichend begründet, ist die Klage daher „als unbegründet" abzuweisen (BGH ZMR 09, 698; ZMR 09, 296). Ein Nachschieben ist anzunehmen, wenn sich die Gründe nicht aus dem Lebenssachverhalt, aus dem sich Anfechtungsgründe ergeben sollen, zumindest in ihrem wesentlichen Kern aus den innerhalb der Frist eingegangenen Schriftsätzen selbst ergeben (BGH ZMR 09, 698; ZMR 09, 296).

6 **D. Wiedereinsetzung (§ 46 I 3).** Nach § 46 I 3 ist eine Wiedereinsetzung in den vorigen Stand in **Versäumung beider Fristen** des § 46 I 2 möglich (BGH ZMR 10, 126). Eine Wiedereinsetzung ist auch in die Versäumung der rechtzeitigen Geltendmachung eines (weiteren) Anfechtungsgrundes möglich (str). Die Frist beginnt mit dem Tag, an dem das Hindernis behoben ist, dh ab Kenntnis bzw Kennenmüssen der Nichtrechtzeitigkeit der Anfechtung (BGH NJW-RR 05, 76, 77). Der Antragsteller muss die Tatsachen, die eine Wiedereinsetzung begründen, darlegen und glaubhaft machen. In der verspäteten Einreichung einer Anfechtungsklage kann ggf ein Wiedereinsetzungsantrag erblickt werden (BGH NJW-RR 93, 1091, 1092; Hamm ZMR 99, 199, 200). **Bsp** für Einsetzungsgründe: Unrichtige Auskünfte des Verwalters (BayObLG ZMR 01, 292, 293), fehlende Kenntnis von einem Beschl (BayObLGZ 98, 145, 151; LG Berlin ZMR 01, 738). Ein Wohnungseigentümer, der trotz ordnungsmäßiger Einladung an einer Eigentümerversammlung nicht teilgenommen hat, muss sich rechtzeitig vor Ablauf der Anfechtungsfrist – ggf nach § 24 VII – danach erkundigen, welche Beschl gefasst worden sind (Hamm ZMR 99, 199, 200; KG ZMR 97, 254, 256). Wegen § 24 VII stellt es idR kein objektives Hindernis für die Fristwahrung mehr dar, wenn die Niederschrift innerhalb der Frist des § 46 I 2 noch nicht vorliegt oder eine Einsichtnahme nicht ermöglicht wurde (aA zum alten Recht BayObLG ZMR 03, 435; KG ZMR 02, 548, 549). Erst Recht kann die bloß verspätete Zusendung einer Niederschrift Versäumung nicht entschuldigen.

E. Hinweispflichten (§ 46 II). § 46 II erweitert § 139 ZPO auf Nichtigkeitsgründe (dazu § 23 Rn 15). Der Kläger kann nach dem Hinweis ohne Bindung an §§ 263 ff ZPO den Antrag ändern, da die Nichtigkeit der angegriffenen Beschlüsse stets auch Gegenstand von § 46 I 1 ist (BGH ZMR 09, 698; ZMR 09, 296, 1001). Das Gericht ist im Falle der Nichtigkeit eines Beschl allerdings nicht an § 308 I 1 ZPO gebunden und kann auch ohne Antrag auf Nichtigkeit erkennen (BGH ZMR 10, 126). Voraussetzung ist, dass der Kläger die zur Nichtigkeit des angefochtenen Beschl führenden Tatsachen selbst in den Prozess einführt oder sich die von Dritten oder vom Gericht nach § 46 II genannten Gründe wenigstens hilfsweise (konkludent) „zu eigen macht" und so in das Verfahren einführt (BGH ZMR 09, 296).

§ 47 Prozessverbindung. ¹Mehrere Prozesse, in denen Klagen auf Erklärung oder Feststellung der Ungültigkeit desselben Beschlusses der Wohnungseigentümer erhoben werden, sind zur gleichzeitigen Verhandlung und Entscheidung zu verbinden. ²Die Verbindung bewirkt, dass die Kläger der vorher selbständigen Prozesse als Streitgenossen anzusehen sind.

Abweichend von § 147 ZPO muss das Gericht bei den in § 47 bestimmten Voraussetzungen (Klagen auf Erklärung oder Feststellung der Ungültigkeit desselben Beschl) mehrere Klagen mit der Wirkung des § 147 2 ZPO miteinander verbinden. Wenn in getrennten Verfahren derselbe Beschl, darüber hinaus aber auch ein anderer Beschl oder anderer Beschlussteil angegriffen werden, sollten die Verfahren **nur insoweit verbunden** werden, wie sie kongruent sind, also denselben Beschl oder Beschlussteil angreifen (AG Hamburg-Harburg ZMR 08, 919, 920). Soweit Klagen nicht identisch sind, sollte der inkongruente Angriff nach § 145 ZPO abgetrennt werden. Liegen die Voraussetzungen des § 47 vor, besteht kein Ermessen des Gerichts (Köln ZMR 07, 556).

§ 48 Beiladung, Wirkung des Urteils. (1) ¹Richtet sich die Klage eines Wohnungseigentümers, der in einem Rechtsstreit gemäß § 43 Nr. 1 oder Nr. 3 einen ihm allein zustehenden Anspruch geltend macht, nur gegen einen oder einzelne Wohnungseigentümer oder nur gegen den Verwalter, so sind die übrigen Wohnungseigentümer beizuladen, es sei denn, dass ihre rechtlichen Interessen erkennbar nicht betroffen sind. ²Soweit in einem Rechtsstreit gemäß § 43 Nr. 3 oder Nr. 4 der Verwalter nicht Partei ist, ist er ebenfalls beizuladen.
(2) ¹Die Beiladung erfolgt durch Zustellung der Klageschrift, der die Verfügungen des Vorsitzenden beizufügen sind. ²Die Beigeladenen können der einen oder anderen Partei zu deren Unterstützung beitreten. ³Veräußert ein beigeladener Wohnungseigentümer während des Prozesses sein Wohnungseigentum, ist § 265 Abs. 2 der Zivilprozessordnung entspr anzuwenden.
(3) Über die in § 325 der Zivilprozessordnung angeordneten Wirkungen hinaus wirkt das rechtskräftige Urteil auch für und gegen alle beigeladenen Wohnungseigentümer und ihre Rechtsnachfolger sowie den beigeladenen Verwalter.
(4) Wird durch das Urteil eine Anfechtungsklage als unbegründet abgewiesen, so kann auch nicht mehr geltend gemacht werden, der Beschluss sei nichtig.

A. Beiladung (§ 48 I). I. Sinn und Zweck einer Beiladung. Um die in § 48 III angeordnete Rechtskrafterstreckung zu rechtfertigen (Rn 9), bedient sich § 48 in Anlehnung an § 65 VwGO, § 8 III KapMuG und § 74 GWB des Rechtsinstituts der Beiladung.

II. Beizuladende. 1. Wohnungseigentümer. Liegen die Voraussetzungen des § 48 I 1 vor, sind die übrigen Wohnungseigentümer beizuladen, es sei denn, dass ihre rechtlichen Interessen erkennbar nicht betroffen sind. Durch den Rechtsstreit muss dem Wohnungseigentümer ein Verlust oder eine Beeinträchtigung seiner durch das Gesetz oder durch Vertrag eingeräumten Rechte und Pflichten als Wohnungseigentümer drohen. Prüfstein ist, ob der ggf Beizuladende zu einer Klage mit demselben Streitgegenstand aktivlegitimiert gewesen wäre.
Ein rechtliches Interesse liegt va bei den Streitgegenständen vor, bei denen das **Gemeinschaftseigentum** berührt ist. Rechtliche Interessen sind nicht erkennbar, wenn ausschließlich Individualansprüche (BayObLG ZMR 03, 514) oder Ansprüche eines Wohnungseigentümers gegen den Verwalter (Hambg ZMR 01, 134, 135) im Raum stehen. **Bsp**: wenn ein Wohnungseigentümer einen ihm allein zustehenden Schadenersatzanspruch gegen den Verwalter geltend macht (BGHZ 115, 253, 256), wenn ein Wohnungseigentümer vom Verwalter die Übersendung von Kopien aus den Verwalterunterlagen verlangt (BayObLG ZMR 03, 514), wenn zwei Teileigentümer über die Auslegung einer nur sie betreffenden Konkurrenzschutzklausel streiten (BayObLG ZMR 97, 428), bei „nachbarrechtlichen Streitigkeiten" unter Wohnungseigentümern (BayObLG ZMR 01, 362).

2. Verwalter. Soweit in einem Rechtsstreit gem § 43 Nr 3 oder Nr 4 der Verwalter nicht Partei ist, ist er ebenfalls beizuladen. Der ausgeschiedene Verwalter ist beizuladen, wenn die Streitigkeit gerade seine Rechtsstellung berührt (BayObLG ZMR 04, 598). Auf ein rechtliches Interesse des Verwalters kommt es nicht an. Bei einem Verwalterwechsel ist vorstellbar, sowohl den alten als auch den neuen Verwalter beizuladen (vgl BayObLG NZM 03, 815). Der Beteiligung des amtierenden Verwalters bedarf es nicht, wenn es sich bei einem Verfahren nach § 43 Nr 3 um eine persönliche Streitigkeit mit dem alten Verwalter handelt.

5   **II. Rechtsstellung des Beigeladenen.** Beigeladene haben weder Pflichten noch Rechte (s. hingegen § 12 Hs 2 KapMuG). Der Beigeladene ist nicht Partei, nicht zu laden und nicht anzuhören, es sei denn, er wäre Zeuge oder ein anderes Beweismittel. Dem Beigeladenen sind zwar nach § 48 II 1 die Klageschrift und die Verfügungen des Vorsitzenden zuzustellen. Ohne Beitritt bedarf es aber keiner Übersendung weiterer Schriftsätze, weiterer Benachrichtigungen oder einer irgendwie durch das Gericht zu veranlassenden Beteiligung der Beigeladenen am Verfahren.

6   **III. Bewirkung der Beiladung (§ 48 II 1).** Die Beiladung wird gem § 48 II 1 **vAw** durch Zustellung der Klageschrift nach §§ 166 ZPO bewirkt, der die ggf ergangenen Verfügungen des Vorsitzenden (§§ 78 I, 216 II, 226 I, 272 II, 273 II, 495a ZPO usw) beizufügen sind. Die Zustellung erfolgt idR gem § 45. Wird die Klageschrift nicht zugestellt, fehlt es an einer wirksamen Beiladung.

7   **IV. Beitritt (§ 48 II 2).** Jeder Beigeladene kann § 48 II 2 der einen oder anderen Partei auch noch in der Rechtsmittelinstanz zu deren Unterstützung beitreten. Der Beitritt des Einzelnen erfolgt entspr § 70 I ZPO. Das Gericht prüft auf Antrag gem § 71 I ZPO die Zulässigkeit in einem Zwischenstreit (BGH NJW 06, 773, 774). Soweit ein Beigeladener beitritt, wird er zum Streithelfer (Nebenintervenienten) der Partei, der er beitritt (AG Rastatt ZMR 08, 922, 923). Es handelt sich um eine streitgenössische Nebenintervention iSv § 61 ZPO. Durch den Beitritt ist der Beilgeladene neben der Rechtskraft der Interventionswirkung des § 68 ZPO unterworfen.

8   **V. Prozessstandschaft des Rechtsvorgängers (§ 48 II 3).** Veräußert ein beigeladener Wohnungseigentümer während des Prozesses sein Wohnungseigentum, ist § 265 II ZPO entspr anzuwenden, § 48 II 3.

9   **VI. Wirkungen eines Urteils (§ 48 III).** Über die in § 325 ZPO angeordneten Wirkungen hinaus wirkt das rechtskräftige Sachurteil – nicht der gerichtliche Vergleich nach § 794 ZPO – nach § 48 III auch für und **gegen alle beigeladenen Wohnungseigentümer und ihre Rechtsnachfolger** sowie den beigeladenen Verwalter. Die in § 48 III angeordnete Rechtskrafterstreckung muss nach Sinn und Zweck ferner die Gemeinschaft der Wohnungseigentümer treffen. Die Beigeladenen sind an die Rechtskraft eines Leistungs-, Feststellungs- und Gestaltungsurteils wie die Parteien selbst gebunden. Die Wirkung ist nicht die Interventionswirkung nach § 68 ZPO, sondern die Wirkung des iSv § 325 I ZPO. Hat ein Gericht versehentlich oder absichtlich von einer Beiladung abgesehen oder ist die Beiladung nicht ordnungsmäßig durchgeführt worden, ist § 48 III nicht anwendbar. Die Beiladung kann in der Berufung, nicht aber in der Revision nachgeholt werden.

10 **B. Rechtskraftwirkung einer Anfechtungsklage (§ 48 IV).** § 48 IV ist anwendbar, wenn eine Anfechtungsklage **als unbegründet** abgewiesen wird. § 48 IV ist nach Sinn und Zweck nicht anwendbar, wenn eine Anfechtungsklage wegen der **Versäumung der Klage- oder der Klagebegründungsfrist** als unbegründet zurückgewiesen wird oder über die Anfechtungsklage gegen den Kläger durch **Versäumnisurteil** entschieden wird (str).

§ 49 Kostenentscheidung.

(1) Wird gemäß § 21 Abs. 8 nach billigem Ermessen entschieden, so können auch die Prozesskosten nach billigem Ermessen verteilt werden.
(2) Dem Verwalter können Prozesskosten auferlegt werden, soweit die Tätigkeit des Gerichts durch ihn veranlasst wurde und ihn ein grobes Verschulden trifft, auch wenn er nicht Partei des Rechtsstreits ist.

1   **A. Kostenentscheidung in Regelungsstreitigkeiten (§ 49 I).** Nach I kann das Gericht die Kosten eines Regelungsrechtsstreits – sofern eine Sachentscheidung ergeht – nach billigem Ermessen verteilen. Nach allgemeinen Grundsätzen hat sich die Billigkeitsentscheidung unter Anwendung der Rechtsgedanken der §§ 91 ZPO ff daran auszurichten, wer ein Verfahren veranlasst hat. Wenn sich eine Partei nur gegen die Kostenentscheidung wehren will, sind §§ 91a II 1, 99 II 1 ZPO analog anzuwenden (str).

2   **B. Kostenentscheidung gegen den Verwalter (§ 49 II). I. Allgemeines.** Dem Verwalter ist vor der Entscheidung nach Art 103 GG **rechtliches Gehör** zu gewähren (LG Frankfurt aM ZMR 09, 228). Das Gericht muss von § 49 II keinen Gebrauch machen. IdR wird die gerichtliche Kostenverteilung allerdings nur dann billigem Ermessen entsprechen, wenn sie auch einer – unbezweifelbaren – materiellen Erstattungspflicht Rechnung trägt. Das Gericht kann für die Klärung eine Beweisaufnahme durchführen, ist dazu aber nicht verpflichtet (LG Berlin ZMR 09, 393). In anderen Verfahren ist die **Haftungsprivilegierung des § 49 II nicht analog** anzuwenden (AG Hamburg-Blankenese v. 23.12.09 – 539 C 9/09; aA LG Berlin ZMR 09, 393; str).

3   **II. Verwalter.** Verwalter iSv § 49 ist der aktuelle (bestellte). Als Kostenschuldner kommt aber auch ein **ehemaliger Verwalter** in Betracht, sofern er noch während seiner Amtszeit den streitgegenständlichen Fehler gesetzt hat (LG Hamburg ZMR 09, 477, 478). Verwalter iSd Gesetzes ist auch der faktische.

4   **III. Veranlassung.** Veranlassung meint, dass ein **nicht ordnungsmäßiges Tun oder Unterlassen** oder ein **Fehler** des Verwalters einen Wohnungseigentümer dazu aufgerufen haben, ein WEG-Verfahren anzustrengen. Für die Prüfung kann an die Rechtsprechung zu § 93 ZPO angeknüpft werden, deren Wertungen entspr gel-

ten. Eine Veranlassung scheidet aus, wenn der Fehler nicht für das Verfahren ursächlich war. Die Veranlassungsgründe sind **vielfältig**. Meist wird es sich um einen vom Verwalter zu vertretenen Beschl-Mangel handeln. Im Vordergrund stehen hier vom Verwalter verursachte formelle und materielle Beschlussmängel. **Bsp**: unzureichende Tagesordnung (AG Düsseldorf ZMR 08, 917), Ladungsfehler (München ZMR 06, 954, 955), unzureichender Versammlungsort (Köln ZMR 06, 384; AG Mettmann ZMR 09, 959, 960: Verstoß gegen den Grundsatz der Nichtöffentlichkeit, § 23 Rn 8), nicht beschlussfähige Eigentümerversammlung, unzulässiger Ausschluss eines WEers von der Eigentümerversammlung (Köln ZMR 04, 299 NZM 04, 793), Abweichung von Vorgaben (BGH ZMR 98, 171, 173; AG Neuss ZMR 08, 487), unzulässige Nutzung von Stimmrechtsvollmachten, unzulässige Zurückweisung von Stimmrechtsvollmachten (AG Hannover NJW-Spezial 08, 643), falsche Verkündung (LG Konstanz NJW 08, 593; LG Köln WE 08, 126), falsche Jahresabrechnung präsentiert (Ddorf ZMR 06, 293, 295; LG Dessau-Roßlau GE 10, 71, 72; LG Konstanz ZWE 08, 353, 354; AG Königstein iT ZMR 09, 236),

IV. Grobes Verschulden. Grobes Verschulden liegt vor, wenn der Verwalter **nach einer wertenden Gesamtschau** die im Verkehr erforderliche Sorgfalt in besonders schwerem und ungewöhnlich hohem Maße unbeachtet lässt (BGH MDR 06, 1188; LG Berlin GE 09, 388, 389; AG Mettmann ZMR 09, 959, 960). Vorausgesetzt ist eine das gewöhnliche Maß der Fahrlässigkeit erheblich übersteigende Schwere des Sorgfaltsverstoßes (BGH MDR 06, 1188). Es muss um ein auch in **subjektiver Hinsicht unentschuldbares Fehlverhalten** handeln, das ein gewöhnliches Maß erheblich übersteigt (BGH MDR 03, 505, 506). Es sind auch Umstände zu berücksichtigen, welche die subjektive, personale Seite der Verantwortlichkeit betreffen (BGH MDR 06, 1188; LG Berlin ZMR 09, 393; GE 09, 388, 389). 5

V. Rechtsmittel. Der Verwalter kann die Entscheidung **im Wege der sofortigen Beschwerde** gem §§ 567 ZPO ff anfechten (LG München I ZMR 09, 874; LG Berlin ZMR 09, 393; GE 09, 388, 390; LG Frankfurt aM ZMR 09, 228). Etwas anderes gilt, wenn der mit den Kosten belastete Wohnungseigentümer-Verwalter als unterlegene Partei des Rechtsstreits Berufung gegen das Urt einlegen kann (LG München I ZMR 09, 874, 875; LG Frankfurt aM ZMR 09, 228). Die Beschwerdesumme des § 99 II 2 ZPO ist **nicht anwendbar**. Die sofortige Beschwerde ist neben einer eingelegten Berufung zulässig (LG München I NJW-Spezial 09, 531). Prozessrechtlich kann über Beschwerde und Berufung im Urt entschieden werden (LG München I ZMR 09, 874). Wird § 49 II nach Prüfung verneint, ist eine Klage gegen den Verwalter wegen **grober Fahrlässigkeit nicht mehr möglich** (LG Berlin ZMR 09, 393). 6

§ 50 Kostenerstattung. Den Wohnungseigentümern sind als zur zweckentsprechenden Rechtsverfolgung oder Rechtsverteidigung notwendige Kosten nur die Kosten eines bevollmächtigten Rechtsanwalts zu erstatten, wenn nicht aus Gründen, die mit dem Gegenstand des Rechtsstreits zusammenhängen, eine Vertretung durch mehrere bevollmächtigte Rechtsanwälte geboten war.

A. Allgemeines. § 50 gilt für **sämtliche WEG-Sachen in allen Rechtszügen**, wenn mehrere aktuelle oder werdende oder ehemalige Wohnungseigentümer gemeinsam Kläger oder gemeinsam Beklagte sind; dies gilt auch in einem Verfahren nach §§ 916 ff. ZPO sowie in einem selbständigen Beweisverfahren. 1

IdR sind dem in einem WEG-Verfahren Obsiegenden nach § 50 nur die **Kosten eines bevollmächtigten Rechtsanwalts** zu erstatten. Hat der Verwalter nach § 27 II Nr 2 beauftragt, sind dessen Kosten vorrangig zu erstatten (BGH ZMR 10, 51). Eine anteilige Erstattung der Kosten des von einzelnen Wohnungseigentümer beauftragten Anwalts kommt nur hinsichtlich eines nicht verbrauchten Restbetrages in Betracht (BGH ZMR 10, 51 NJW 09, 3168). Haben die Wohnungseigentümer zum zu beauftragenden Rechtsanwalt einen Beschl gefasst, sind grunds nur die Kosten dieses Anwalts erstattungsfähig (BGH ZMR 10, 51; NJW 09, 3168). Beauftragt der Verwalter keinen Rechtsanwalt und kommt eine Einigung nicht zustande, ist unentschieden, was gilt. Gerecht erscheint eine quotale Lösung. 2

B. Gebotenheit einer Mehrfachvertretung. Gebotenheit ist va anzunehmen, wenn sich die **Interessen der Wohnungseigentümer überschneiden** und unterschiedlich sind. Bei der Prüfung kann an die zu § 91 I 1 ZPO ergangene Rechtsprechung angeknüpft werden, wann eine Vertretung durch mehrere Anwälte geboten ist (s. dazu BGH NJW 07, 2257). Bei § 47 sind immer mehrere Anwälte geboten (LG Düsseldorf ZMR 10, 143; LG Berlin GE 09, 390). 3

C. Verfahren. Über den Kostenfestsetzungsantrag entscheidet nach § 104 I 1 ZPO, § 21 Nr 1 RpflG der Rechtspfleger durch Beschl. Gegen die Kostenentscheidung findet nach §§ 104 III 1 ZPO, 11 I RpflG grds die **sofortige Beschwerde** nach §§ 567 ZPO ff statt. Gegen die Entscheidung des Beschwerdegerichtes ist nach § 574 I Nr 2 ZPO die Rechtsbeschwerde statthaft, wenn das Beschwerdegericht sie **zugelassen** hat (BGH NJW 09, 3168). 4

§§ 51–58 *aufgehoben mWv 1.7.07 durch Gesetz v. 26.3.07 (BGBl. I S. 370).*

IV. Teil Ergänzende Bestimmungen

§ 59 *aufgehoben mWv 1.7.07 durch Gesetz v. 26.3.07 (BGBl. I S. 370).*

§ 60 Ehewohnung. *aufgehoben mWv 1.9.09 durch Gesetz v. 6.7.09 (BGBl. I S. 1696).*

§ 61 [Veräußerung ohne Zustimmung]. ¹Fehlt eine nach § 12 erforderliche Zustimmung, so sind die Veräußerung und das zugrundeliegende Verpflichtungsgeschäft unbeschadet der sonstigen Voraussetzungen wirksam, wenn die Eintragung der Veräußerung oder einer Auflassungsvormerkung in das Grundbuch vor dem 15. Januar 1994 erfolgt ist und es sich um die erstmalige Veräußerung dieses Wohnungseigentums nach seiner Begründung handelt, es sei denn, dass eine rechtskräftige gerichtliche Entscheidung entgegensteht. ²Das Fehlen der Zustimmung steht in diesen Fällen dem Eintritt der Rechtsfolgen des § 878 des Bürgerlichen Gesetzbuches nicht entgegen. ³Die Sätze 1 und 2 gelten entspr in den Fällen der §§ 30 und 35 des Wohnungseigentumsgesetzes.

§ 62 Übergangsvorschrift. (1) Für die am 1. Juli 2007 bei Gericht anhängigen Verfahren in Wohnungseigentums- oder Zwangsversteigerungssachen oder für die bei einem Notar beantragten freiwilligen Versteigerungen sind die durch Artikel 1 und 2 des Gesetzes vom 26. März 2007 (BGBl. I S. 370) geänderten Vorschriften des III. Teils dieses Gesetzes sowie die des Gesetzes über die Zwangsversteigerung und die Zwangsverwaltung in ihrer bis dahin geltenden Fassung weiter anzuwenden.
(2) In Wohnungseigentumssachen nach § 43 Nr. 1–Nr. 4 finden die Bestimmungen über die Nichtzulassungsbeschwerde (§ 543 Abs. 1 Nr. 2, § 544 der Zivilprozessordnung) keine Anwendung, soweit die anzufechtende Entscheidung vor dem 1. Juli 2012 verkündet worden ist.

1 A. **Übergangsrecht (§ 62 I).** Auf vor dem 2.7.07 anhängige/rechtshängige Verfahren findet **altes Prozess-, aber neues materielles Recht Anwendung** (BGH ZMR 07, 975; BGH ZMR 09, 296). Etwa § 10 II 3 (München ZMR 08, 567; NZM 09, 132; aA Hamm ZMR 08, 156) oder § 10 VIII (BGH NJW 09, 2521, 2522) sind anwendbar. Zum Begriff der Anhängigkeit s. Hamm ZMR 09, 867: Bei Mahnverfahren kommt es auf den Zeitpunkt der Abgabe an das Streitgericht an (so auch LG München I v. 19.10.09, 1 S 4851/09).
2 Soweit es allerdings um eine erst seit 1.7.07 geltende **Beschlusskompetenz** geht, gilt **altes Recht** (BGH NJW 09, 999, 1000). Ein in Ermangelung einer Beschl-Kompetenz nichtiger Beschl bleibt nichtig (AG Wiesbaden ZMR 08, 163, 164).
3 B. **Rechtsmittelbeschränkung (§ 62 II).** Die **Nichtzulassungsbeschwerde** zum BGH gem § 544 ZPO ist in Binnenstreitigkeiten iSd § 43 Nr 1 bis 4, 6 **ausgeschlossen**, soweit die anzufechtende Entscheidung vor dem 1.7.2012 verkündet worden ist. Für Streitigkeiten iSd § 43 Nr 5 gilt § 26 Nr 8 EGZPO.

§ 63 Überleitung bestehender Rechtsverhältnisse. (1) Werden Rechtsverhältnisse, mit denen ein Rechtserfolg bezweckt wird, der den durch dieses Gesetz geschaffenen Rechtsformen entspricht, in solche Rechtsformen umgewandelt, so ist als Geschäftswert für die Berechnung der hierdurch veranlassten Gebühren der Gerichte und Notare im Falle des Wohnungseigentums ein Fünfundzwanzigstel des Einheitswertes des Grundstückes, im Falle des Dauerwohnrechtes ein Fünfundzwanzigstel des Wertes des Rechtes anzunehmen.
(2) *(gegenstandslos)*
(3) Durch Landesgesetz können Vorschriften zur Überleitung bestehender, auf Landesrecht beruhender Rechtsverhältnisse in die durch dieses Gesetz geschaffenen Rechtsformen getroffen werden.

§ 64 Inkrafttreten. Dieses Gesetz tritt Tage nach seiner Verkündung in Kraft.

1 Das WEG wurde am 19.3.1951 verkündet.

Gesetz über den Versorgungsausgleich
(Versorgungsausgleichsgesetz – VersAusglG)

vom 03. April 2009 (BGBl. I S. 700), geändert durch Art. 9d des 3. Änderungsgesetzes des SGB IV und anderer Gesetzes vom 15. Juli 2009 (BGBl. I S. 1939)

Teil 1 Der Versorgungsausgleich

Kapitel 1 Allgemeiner Teil

§ 1 Halbteilung der Anrechte. (1) Im Versorgungsausgleich sind die in der Ehezeit erworbenen Anteile von Anrechten (Ehezeitanteile) jeweils zur Hälfte zwischen den geschiedenen Ehegatten zu teilen. (2) ¹Ausgleichspflichtige Person im Sinne dieses Gesetzes ist diejenige, die einen Ehezeitanteil erworben hat. ²Der ausgleichsberechtigten Person steht die Hälfte des Werts des jeweiligen Ehezeitanteils (Ausgleichswert) zu.

A. Anwendungsbereich. In diesem Kapitel sind die grundlegenden allgemeinen Bestimmungen für den Ausgleich und dessen Durchführung zu finden. Die in den §§ 1 – 5 enthaltenen Bestimmungen haben Bedeutung für jedes Ausgleichsverfahren. 1

B. Halbteilungsgrundsatz. I regelt den Halbteilungsgrundsatz als Prinzip des Versorgungsausgleichs dergestalt, dass die in der Ehezeit erworbenen Anteile von Anrechten, die sog Ehezeitanteile, jeweils hälftig zwischen den geschiedenen Ehegatten zu teilen sind. Hierdurch soll eine gleichmäßige Teilhabe der Eheleute am ehezeitlichen Vorsorgevermögen erreicht werden. Der Grundsatz der Halbteilung ist der Maßstab des Versorgungsausgleichsrechts und bei der Auslegung und Anwendung einzelner Vorschriften, insb bei Ermessensentscheidungen zu berücksichtigen. Der Begriff der Teilung umfasst die interne Teilung iRe Versorgungssystems (§§ 10 – 13), die in Ausnahmefällen zulässige externe Teilung (§§ 14-17) und die Ausgleichsansprüche nach der Scheidung (§§ 20-26). 2

Bei dem Ehezeitanteil handelt es sich um den Anteil eines Anrechts, der in der Ehezeit (§ 3) erworben wurde (§ 3 II). Erfasst werden die in § 2 bezeichneten Anrechte. Seine Bewertung richtet sich nach § 5 iVm §§ 39 ff. 3

C. Ausgleichspflichtige Person und Ausgleichswert. II definiert die ausgleichspflichtige (1) und die ausgleichsberechtigte Person (2). Jeder Ehegatte ist wegen des anrechtsbezogenen Ausgleichs grds zum Ausgleich verpflichtet, wenn er Ehezeitanteile erworben hat. Der andere Ehegatte ist dann ausgleichsberechtigt. Dem jeweils ausgleichsberechtigten Ehegatten steht der Ausgleichswert, die Hälfte des Wertes des jeweiligen Ehezeitanteils, zu. 4

§ 2 Auszugleichende Anrechte. (1) Anrechte im Sinne dieses Gesetzes sind im In- oder Ausland bestehende Anwartschaften auf Versorgungen und Ansprüche auf laufende Versorgungen, insbesondere aus der gesetzlichen Rentenversicherung, aus anderen Regelsicherungssystemen wie der Beamtenversorgung oder der berufsständischen Versorgung, aus der betrieblichen Altersversorgung oder aus der privaten Alters- und Invaliditätsvorsorge.
(2) Ein Anrecht ist auszugleichen, sofern es
1. durch Arbeit oder Vermögen geschaffen oder aufrechterhalten worden ist,
2. der Absicherung im Alter oder bei Invalidität, insbesondere wegen verminderter Erwerbsfähigkeit, Berufsunfähigkeit oder Dienstunfähigkeit, dient und
3. auf eine Rente gerichtet ist; ein Anrecht im Sinne des Betriebsrentengesetzes oder des Altersvorsorgeverträge-Zertifizierungsgesetzes ist unabhängig von der Leistungsform auszugleichen.
(3) Eine Anwartschaft im Sinne dieses Gesetzes liegt auch vor, wenn am Ende der Ehezeit eine für das Anrecht maßgebliche Wartezeit, Mindestbeschäftigungszeit, Mindestversicherungszeit oder ähnliche zeitliche Voraussetzung noch nicht erfüllt ist.
(4) Ein güterrechtlicher Ausgleich für Anrechte im Sinne dieses Gesetzes findet nicht statt.

A. Definition der Anrechte (Abs. 1 und 3). Dem Versorgungsausgleich unterfallen laut I alle Anrechte auf laufende oder künftige Versorgungen im In- und Ausland. Die lediglich Regelbeispiele enthaltende Aufzählung ist nicht abschließend. Die Beispiele orientieren sich am sogenannten „Drei-Säulen-Modell" der Vorsorge aus den Regelsicherungssystemen, der betrieblichen Altersvorsorge und der privaten Alters- und Invaliditätsvorsorge. Durch III werden auch die Anrechte in den Ausgleich einbezogen, bei denen noch weitere Bedingungen in zeitlicher Hinsicht erfüllt sein müssen. Die Erfüllung von Wartezeiten, die Berücksichtigung von Sperrzeiten (zB § 5 III BeamtVG) pp spielen keine Rolle. Muss ein Ehegatte andere als zeitliche Bedin- 1 gungen erfüllen, um ein Anrecht auf Versorgungen zukünftig erwerben zu können, fallen diese Anrechte nicht in den Ausgleich. Ist ein Anrecht zum Zeitpunkt der Entscheidung noch verfallbar, fehlt ihm die Ausgleichsreife (§ 19 II Nr 1). Das Anrecht unterfällt dann den Ausgleichsansprüchen (schuldrechtliche Ausgleichszahlungen) nach der Scheidung nach Maßgabe der §§ 20 ff. Kein (auch nicht potentiell) auszugleichendes Anrecht liegt vor, wenn eine spätere Erfüllung der zeitlichen Voraussetzungen von vornherein ausgeschlossen ist (str; wie hier Soergel/*Lipp* Rz 435; BGH FamRZ 96, 98, 101). Ist ein Anrecht noch nicht entstanden oder wieder erloschen, ist es ebenfalls nicht auszugleichen (BGH FamRZ 2004, 693). Ruht eine gesetzliche Rente, weil eine Unfallrente bezogen wird (§ 93 SGB VI), bleibt das Anrecht aus der gesetzlichen Rentenversicherung ausgleichspflichtig, weil die Unfallrente vom Versorgungsausgleich nicht erfasst wird. IÜ bleiben Ruhensbestimmungen zu berücksichtigen, wenn es sich um eine Konkurrenz verschiedener ausgleichspflichtiger Anrechte handelt, vgl §§ 44.

2 **B. Voraussetzungen für ein ausgleichspflichtiges Anrecht (Abs. 2).** Die in II genannten qualitativen Voraussetzungen müssen kumulativ erfüllt sein.
Gemäß Nr 1 müssen die im Versorgungsausgleich zu berücksichtigenden Anrechte durch Arbeit oder Vermögen erworben worden sein. Ein Erwerb durch Arbeit liegt vor, wenn er auf einer Erwerbstätigkeit oder er auf Zeiträumen beruht, die aus sozialen Gründen einer Erwerbstätigkeit gleichgestellt werden und zu einer Erhöhung der Versorgung führen oder sich zumindest auf die Berechnung auswirken (§ 54 SBG VI), wie zB Kindererziehungszeiten, der Kindererziehungszuschlag (§ 50a BeamtVG), hingegen nicht Leistungen gem §§ 294 ff SGB VI (BGH FamRZ 91, 675). Ein Erwerb durch Vermögen liegt vor bei Einsatz des eigenen Vermögens. Die Herkunft ist grds unbeachtlich. Deshalb werden auch Anrechte erfasst, die auf Beträgen aus Darlehen (Koblenz FamRZ 01, 1221; zu Unrecht abw in einem Einzelfall Nürnberg FamRZ 02, 1632), auf dem Verkauf des gemeinsamen Hauses (Köln FamRZ 00, 157), auf Mitteln, die bei Eheschließung vorhanden waren oder durch Schenkung oder Erbfall erworben wurden (keine Privilegierung entspr § 1374 II BGB), beruhen; etwaige Zweckbindungen sind aus Gründen der Rechtsklarheit unerheblich (BGH FamRZ 93, 684); Ausnahmen gelten nur bei unmittelbarer Leistung eines Dritten an Versorgungsträger oder wirtschaftlich gleichzustellenden Vorgängen (BGH FamRZ 84, 570; Koblenz und Nürnberg FamRZ 05, 1255 ff). Nicht einzubeziehen sind Leistungen mit Entschädigungscharakter, auch nicht, wenn zu dem schädigenden Ereignis ein beruflicher Bezug besteht, wie bei der gesetzlichen Berufsunfallversicherung. Ebenso wenig unterliegt die private Unfallrente dem Versorgungsausgleich. Andererseits ist eine wertende Betrachtung erforderlich, ob eine Versorgung nach Sinn und Zweck des Versorgungsausgleichs einzubeziehen ist oder nicht. So wird auch die niederländische AOW-Pension in den VA einbezogen (BGH, Entscheidung vom 6.2.08, XII ZR 66/07).

3 Nr 2 verlangt, dass das Anrecht der Vorsorge im Alter oder bei Invalidität dient. Eine Versorgung wegen Alters liegt vor, wenn eine Leistung die Versorgung im Anschluss an das aktive Arbeitsleben bezweckt (BGH FamRZ 07, 889, ferner Oldenburg FamRZ 08, 2038); auf das Erreichen eines bestimmten Alters kommt es grds nicht an. Nicht ausgleichsfähig sind hingegen Kompensationszahlungen für den Verlust des Arbeitsplatzes, etwa in Form von Ausgleichsgeldern oder ähnlichem (anders BGH FamRZ 08, 1834, – für den Einzelfall – abl *Hoppenz* FamRZ 08, 2188: Ausgleich Rentenkürzung). Ebenso scheiden reine Hinterbliebenenversorgungen aus. Gehört die Hinterbliebenenversorgung jedoch zum Leistungsspektrum des Anrechts, ist sie in den Versorgungsausgleich einzubeziehen, auch wenn im Einzelfall eine gesonderte Bewertung möglich wäre (anders noch BGH FamRZ 92, 165: weil sie kein eigenes Risiko des Ehegatten abdecken). Aus Gründen der praktischen Handhabbarkeit soll in diesen Fällen auch der Wert der Hinterbliebenenversorgung bei der Ermittlung von Ehezeitanteil und Ausgleichswert einbezogen werden (BT-Drs 16/10144, 46). Die Versorgung wegen Invalidität erfasst die Vorsorge wegen verminderter Erwerbsfähigkeit, Berufsfähigkeit oder Dienstunfähigkeit vor dem Erreichen der Regelaltersgrenze. Die Aufzählung ist nicht abschließend. Die verminderte Erwerbsfähigkeit ist gem § 33 III SGB VI der Oberbegriff für Renten wegen voller und teilweiser Erwerbsminderung (§ 43 SGB VI), wegen der Berufsunfähigkeit der Bergleute (§ 45 SGB VI) und wegen Erwerbs- und Berufsunfähigkeit nach Übergangsrecht (§§ 240 – 242 SGB VI). Für selbständige private laufende Versorgungen wegen Invalidität gilt § 28.

4 Die Versorgungen müssen gem Nr 3 Hs 1 auf eine Rente gerichtet sein, also auf regelmäßig wiederkehrende Leistungen (Geldrente), und der Absicherung eines Risikos, insb des biometrischen Risikos der Langlebigkeit, der Lebenszeit, oder aber der Invalidität der begünstigten Person, dienen. Mangels Rentencharakters sind danach nicht ausgleichsfähig zB Einmalzahlungen (Abfindungen, Tantiemen, Beitragserstattungen pp). Der BGH hat darüber hinaus (aus Gründen der Vereinfachung der Wertermittlung) auch Anrechte auf wiederkehrende Leistungen in Form von Sachleistungen (einschließlich Wohnrechten, Altenteil) ausgenommen (BGH FamRZ 93, 682). Unter den Rentenbegriff fallen nach Nr 3 Hs 2 auch alle Anrechte nach dem Betriebsrentengesetz und dem Altersvorsorgeverträge-Zertifizierungsgesetz (§ 1 I 1 Nr. 4 AltZertG) jeweils mit der Maßgabe, dass sie unabhängig von ihrer Leistungsform in den Ausgleich einzubeziehen sind. Ein Ausgleich findet danach sowohl bei der Gewährung einer lebenslangen Rente als auch bei einer Kapitalzahlung oder einer kombinierten Form (Auszahlungsplan mit anschließender Teilkapitalverrentung) statt. Erfasst werden auch private Kapitallebensversicherungen, wenn sie auf eine Rentenleistung gerichtet sind. Dies gilt auch für Verträge mit Kapitalwahlrecht, solange es noch nicht ausgeübt wurde. Ansonsten unterfallen sie nicht

dem Versorgungsausgleich, denn derartige Verträge haben nicht immer Vorsorgecharakter und sind in der Anwartschaftsphase für den Begünstigten frei verfügbar, zB durch vorzeitige Kündigung.

C. Abgrenzung zum Güterrecht (Abs 4). Für Anrechte, die in den Versorgungsausgleich fallen, findet ein güterrechtlicher Ausgleich nicht statt. Damit wird sichergestellt, dass eine Doppelverwertung eines Anrechts im Versorgungsausgleich und über das Güterrecht nicht erfolgt (BGH FamRZ 92, 790). Diese Regelung ist nicht disponibel und gilt unabhängig vom Güterstand und der konkreten Durchführung eines Versorgungsausgleichs, dh sie greift damit auch ein, wenn es letztlich nicht zum Versorgungsausgleich kommt. 5

§ 3 Ehezeit, Ausschluss bei kurzer Ehezeit. (1) Die Ehezeit im Sinne des Gesetzes beginnt mit dem ersten Tag des Monats, in dem die Ehe geschlossen worden ist; sie endet am letzten Tag des Monats vor Zustellung des Scheidungsantrags.
(2) In den Versorgungsausgleich sind alle Anrechte einzubeziehen, die in der Ehezeit erworben wurden.
(3) Bei einer Ehezeit von bis zu drei Jahren findet ein Versorgungsausgleich nur statt, wenn ein Ehegatte dies beantragt.

A. Ehezeitbestimmung. Der Versorgungsausgleich findet statt über sämtliche in der Ehezeit erworbenen 1
Anrechte (sog In-Prinzip, BGHZ 81, 196). Die Ehezeit beginnt mit dem ersten Tag des Monats, in welchen die Eheschließung fällt. Die Feststellung dieses Zeitpunktes erfolgt durch Vorlage der Heiratsurkunde. Zeiten aus früheren Ehen sind unerheblich (BGH FamRZ 83, 461). Die Ehezeit endet am letzten Tag des Monats, der der Zustellung eines einzigen Scheidungsantrags vorausgeht (entsprechend anwendbar bei Aufhebung einer Ehe, BGH FamRZ 89, 153). Auf den Zeitpunkt der Trennung wird nicht abgestellt. Korrekturen sind allein über § 27 möglich. Zur Vereinfachung der Berechnung wird dabei (anders als im Zugewinnausgleich) der Anfangs- und Endzeitpunkt auf den Beginn bzw das Ende des jeweiligen Monats festgelegt. Die Ehezeit besteht damit immer aus vollen Monaten. Erforderlich für den Eintritt der Rechtshängigkeit ist ein unbedingter Antrag auf Scheidung (bzw Aufhebung), wobei die Verbindung mit einem Prozesskostenhilfeantrag unschädlich ist, sofern keine eindeutige Beschränkung auf die Anhörung des Gegners gem. § 118 ZPO erfolgt (BGH FamRZ 87, 362). Der Antrag muss von einem Anwalt unterzeichnet und zugestellt sein. Bloße Anhängigkeit genügt nicht. Problematisch wird es, wenn mehrere Anträge auf Scheidung (bzw Aufhebung) gestellt werden, etwa (1.) bei beiderseitigen Scheidungsanträgen innerhalb eines einheitlichen anhängigen Verfahrens und Scheidung auf den später gestellten Antrag, (2.) bei mehreren Anträgen in unterschiedlichen Verfahren und Rücknahme des zuerst gestellten und Scheidung auf den im anderen Verfahren gestellten späteren Antrag oder (3.) bei Übergang vom Scheidungs- zum Aufhebungsantrag oder umgekehrt. Nach BGH (FamRZ 82, 153) ist stets abzustellen auf die Rechtshängigkeit eines einheitlichen Verfahrens, an dessen Ende die Scheidung steht (s. auch Naumburg FamRZ 02, 754). Bei der Fallgruppe (1.) ist die Einheitlichkeit nur gewahrt bei fortbestehender Rechtshängigkeit des zeitlich vorrangigen Antrags (auch bei Zurückweisung); nach Rücknahme des ersten Antrags ist jedoch (schon wegen § 269 III 1 ZPO: rückwirkendes Entfallen der Rechtshängigkeit dieses Antrags) auf den dann allein noch rechtshängigen Scheidungsantrag abzustellen, Schröder FamRZ 06, 682, abw. BGH FamRZ 83, 38). Der Alternative (2.) fehlt es an einem einheitlichen Verfahren; damit ist allein maßgeblich das bis zur Scheidung durchgeführte Verfahren unabhängig vom Zeitpunkt der Einleitung. Bei der letzten Variante (3.) liegt lediglich eine unerhebliche Antragsänderung innerhalb des Verfahrens vor. Im Falle von Verfahrensverzögerungen (insb ausgesetzten oder „vergessenen" Verfahren) bleibt grds die Rechtshängigkeit des ursprünglichen und nicht zurückgenommenen Scheidungsantrags maßgeblich (BGH FamRZ 80, 552; Karlsruhe FamRZ 03, 1566). Ausnahmsweise kann die Berufung auf die Regelung treuwidrig sein, va bei erneuter Begründung der ehelichen Lebensgemeinschaft (nicht bei ununterbrochener Trennung; BGH FamRZ 04, 1364); abzustellen ist dann zumeist auf das Ende des Monats, der dem Antrag auf Wiederaufnahme des Scheidungsverfahrens vorausgeht (BGH FamRZ 86, 335).

B. Zurechnung des Anrechts zur Ehezeit. Unproblematisch ist die Zuordnung, wenn die Beiträge für den 2
Erwerb des in der Ehezeit erworbenen Anrechts auch in der Ehezeit entrichtet wurden und damit die Bestandteile des Anrechts der Ehezeit zugewiesen werden können. Probleme ergeben sich dann, wenn die Zeiträume nicht deckungsgleich sind. Maßgeblich ist der Zeitpunkt des Erwerbs. Dieser richtet sich nach den Regelungen des jeweiligen Versorgungssystems mit der Folge eines Gleichlaufs zwischen versorgungsausgleichsrechtlicher und versorgungsrechtlicher Bewertung. IRd gesetzlichen Rentenversicherung ist der Beitrag abhängig von der Arbeitsleistung. Fällt diese in die Ehezeit, ist der entsprechende Bestandteil des Anrechts auch in der Ehezeit erworben worden, unabhängig davon ob die Beitragszahlung auch tatsächlich in der Ehezeit erfolgte. Bei Beiträgen von versicherungspflichtigen Selbstständigen oder freiwilligen Beiträgen ist dagegen der Zeitpunkt der Beitragszahlung maßgeblich. Nur wenn sie in der Ehezeit gezahlt wurden, sind sie zu berücksichtigen. In der Beamtenversorgung ist die in die Ehezeit fallende Dienstzeit maßgeblich. In der berufsständischen Versorgung gelten die Regelungen wie in der gesetzlichen Rentenversicherung; Pflichtbeiträge werden auf geleistete Arbeit erbracht, so dass die Arbeitszeit relevant ist, bei freiwilligen Beiträgen ist der Zahlungszeitpunkt maßgeblich, mit der Folge, dass nur diejenigen Beiträge auszugleichen sind, die in der

Ehezeit gezahlt wurden. In der betrieblichen Altersversorgung spielt ebenfalls der Zeitpunkt der Arbeitsleistung eine Rolle. Ausnahmen gelten nur bei den Zeitwertkonten. Derartige Zeitwertguthaben dienen per se nicht der Altersversorgung, sondern vielmehr der Finanzierung einer Freistellung vor dem Ruhestand. Diese Versorgungen unterliegen nicht dem Versorgungsausgleich (BT-Drs 16/1044, 48). So sind auch nicht ausgleichsfähig die wegen der Bildung des Zeitwertguthabens noch nicht fällig gewordenen Sozialversicherungsbeiträge. Diese sichern noch keine Anrechte in der gesetzlichen Rentenversicherung, wenn die Freistellung vor dem Ehezeitende noch nicht begonnen hat. Diese Beiträge werden erst in der Freistellungsphase fällig und begründen erst dann Anrechte in der gesetzlichen Rentenversicherung. Die private Altersversorgung ist auf Beitragszahlung des Versicherungsnehmers gestützt. Nur die in der Ehezeit erbrachten Beitragszahlungen sind damit für den Versorgungsausgleich relevant.

3 **C. Ausschluss bei kurzer Ehedauer.** Ein Versorgungsausgleich findet nach III nicht statt bei einer Ehe von nur drei Jahren. Es steht jedoch jedem Ehegatten frei, seine Durchführung zu beantragen. Für den Antrag besteht kein Anwaltszwang, § 114 IV Nr 7 FamFG. Es soll so ermöglicht werden, in seltenen und außergewöhnlich gelagerten Fällen mit hohem Anrechtserwerb in kurzer Zeit auf Seiten nur eines Ehegatten einen Versorgungsausgleich zuzulassen. IÜ dürften nur geringe Ausgleichsbeträge betroffen sein, auf die § 18 Anwendung findet und damit idR ein Ausgleich an der Geringfügigkeitsgrenze scheitern wird.

§ 4 Auskunftsansprüche.
(1) Die Ehegatten, ihre Hinterbliebenen und die Erben sind verpflichtet, einander die für den Versorgungsausgleich erforderlichen Auskünfte zu erteilen.
(2) Sofern ein Ehegatte, seine Hinterbliebenen oder Erben die erforderlichen Auskünfte von dem anderen Ehegatten, dessen Hinterbliebenen oder Erben nicht erhalten können, haben sie einen entsprechenden Auskunftsanspruch gegen die betroffenen Versorgungsträger.
(3) Versorgungsträger können die erforderlichen Auskünfte von den Ehegatten, deren Hinterbliebenen und Erben sowie von anderen Versorgungsträgern verlangen.
(4) Für die Erteilung der Auskunft gilt § 1605 Abs. 1 Satz 2 und 3 des Bürgerlichen Gesetzbuchs entsprechend.

1 **A. Überblick und Bedeutung.** Die Vorschrift regelt die Voraussetzungen für die wechselseitigen Auskunftsansprüche der Beteiligten über die auszugleichenden Versorgungen. Ohne umfassende Auskünfte über die Anrechte der Eheleute können Entscheidungen über den Versorgungsausgleich nicht getroffen werden (BT-Drs 16/10144, 48).
Geregelt sind die materiell-rechtlichen Auskunftspflichten. Die verfahrensrechtlichen Pflichten, insb gegenüber dem Familiengericht, finden sich daneben in § 220 FamFG. Der Rechtsanspruch auf Auskunft außerhalb eines familiengerichtlichen Verfahrens, ermöglicht vorab Scheidungsfolgenregelungen, die die Versorgungsanrechte einbeziehen können.

2 **B. Erforderlichkeit der Auskunft.** Die Auskunft muss nach I erforderlich sein. Die Erforderlichkeit ist gegeben, wenn die Auskunft zur Wahrnehmung der Rechte oder der Interessen des Beteiligten im Zusammenhang mit dem Versorgungsausgleich benötigt wird.

3 **C. Auskunftsverpflichtete. I. Ehegatte, Hinterbliebene, Erben.** Zur Auskunft verpflichtet sind vorrangig die Ehegatten und erst im Falle ihres Todes ihre Hinterbliebenen oder Erben (§ 4 I). Letztere sind aber nur dann auskunftspflichtig, wenn sich das Verfahren nicht wegen des Todes des Ehegatten erledigt (§ 31 iVm § 131 FamFG). Stirbt der Ehegatte vor Rechtskraft der Scheidung, so gilt das Verfahren als erledigt. Damit entstehen auch keine Auskunftsansprüche gegen die Erben. Stirbt der Ehegatte erst nach Rechtskraft der Scheidung, aber vor der Rechtskraft der Entscheidung über den Wertausgleich, ist das Recht des überlebenden Ehegatten auf Wertausgleich gegen die Erben geltend zu machen. Gegen diese richtet sich auch der Auskunftsanspruch. Ausgleichsansprüche nach der Scheidung (§§ 20 – 24) erlöschen mit dem Tod. Damit entfällt auch das Recht auf Auskunft. Soweit jedoch Ansprüche auf Teilhabe an den Hinterbliebenenversorgungen bestehen, bleiben auch insoweit Auskunftsansprüche gegen die Hinterbliebenen existent. Kann der auf Auskunft in Anspruch genommene Ehegatte die Auskunft nicht selbst erteilen, muss er seine eigenen Auskunftsansprüche gegen den Versorgungsträger geltend machen.

4 **II. Versorgungsträger.** Lediglich nachrangig und damit hilfsweise können die Versorgungsträger nach II unmittelbar zur Auskunft in Anspruch genommen werden (subsidiäre Auskunftsverpflichtung). Die Verpflichtung zur Auskunftserteilung setzt jedoch erst ein, wenn nachgewiesen werden kann, dass der ausgleichspflichtige Ehegatte, seine Hinterbliebenen oder Erben nicht zur Auskunft bereit sind. Der Nachweis kann zB durch eine vergebliche Mahnung geführt werden (BT-Drs 16/10144, 48). Der Versorgungsträger hat die Auskunft unabhängig von der Zustimmung des Versicherten zu erteilen.

5 **D. Auskunftsansprüche von Versorgungsträgern.** Die Versorgungsträger können nach III bei berechtigtem Interesse Auskunft von den Eheleuten, den Hinterbliebenen, den Erben oder den anderen Versorgungsträgern verlangen. Es handelt sich um einen materiell-rechtlichen Anspruch, der nicht selbständig durchsetzbar ist. Der Anspruch kann nur iRe anhängigen (familiengerichtlichen) Verfahrens oder in einem von dem

jeweils betroffenen Ehegatten zu führenden Verfahren geltend gemacht werden. Ein berechtigtes Interesse ist insb dann gegeben, wenn der Versorgungsträger ohne die Auskunft den Wert des auszugleichenden Anrechts nicht ermitteln kann. So kommen etwa Auskunftsansprüche eines Versorgungsträgers gegen einen anderen dann in Betracht, wenn der eine die Höhe der auszugleichenden Versorgung nicht selbständig ermitteln kann, weil sie von einer anderen Versorgung abhängig ist, wie zB bei einer Gesamtversorgung, der Teilhabe an einer Hinterbliebenenversorgung oder iRe Anpassungsverfahrens nach den §§ 32–36.

E. Umfang der Auskunft. Die Auskunftpflicht umfasst nur die bezogenen Versorgungsleistungen und die zustehenden Anwartschaften, soweit sie von § 2 erfasst werden. Hierbei haben die auskunftsverpflichteten Ehegatten, Hinterbliebenen und Erben die Auskunft auf Verlangen mittels eines mit Belegen versehenen Bestandsverzeichnisses (IV, §§ 1605, 260, 261 BGB) zu erteilen. Erforderlichenfalls kann die Abgabe einer eidesstattlichen Versicherung verlangt werden. Der gesetzliche Rentenversicherer händigt jährlich eine Renteninformation (§ 109 SGB VI) aus. IÜ stellt er die Versicherungsverläufe und auf Antrag auch Auskünfte über die Höhe der auf die Ehezeit entfallenden Rentenanwartschaften zur Verfügung. Entsprechende Auskünfte bieten die Alterssicherung für die Landwirte (§ 49 II, III ALG) und die Beamten- und Soldatenversorgung (§§ 49 X BeamtVG, § 46 VIII SVG). In der privaten und betrieblichen Absicherung ist Auskunft zu erteilen über die Ausgestaltung und die (künftige) Höhe (ua § 4a BetrAVG). Auch Angaben zur Dauer der Erwerbstätigkeit während der Ehezeit, zu dem erzielten Erwerbseinkommen, zu Zeiten von Krankheit und Arbeitslosigkeit und zur Betriebszugehörigkeit, unterfallen der Auskunftspflicht. Auskünfte sind auch von „sonstigen Stellen" einholbar, § 220 I FamFG, zB von dem Max-Planck-Institut. 6

Die Auskunft der Behörden stellt keinen anfechtbaren Verwaltungsakt, sondern schlichtes Verwaltungshandeln dar (*Ruland* Versorgungsausgleich 2. Aufl Rz 445). Erweisen sich die Auskünfte als falsch, hat der betroffene Ehegatte gem § 221 FamFG vor dem jeweils zuständigen Gericht Feststellungsklage zu erheben. Ein Verfahren über den Versorgungsausgleich ist solange auszusetzen. Eine unrichtige Auskunft kann nur bis zur Rechtskraft der Entscheidung korrigiert werden. Danach sind Änderungen nur im Rahmen einer Anpassung nach Rechtskraft (§§ 32 ff) oder einer Abänderung (§ 225 FamFG) möglich. 7

F. Auskunftspflicht im familiengerichtlichen Verfahren. Im familiengerichtlichen Verfahren holt das Familiengericht vAw die erforderlichen Auskünfte ein (§ 127 I FamFG). Während eines anhängigen Verfahrens kommt daher die Geltendmachung außergerichtlicher Auskunftsansprüche grds nicht Betracht, da die Erforderlichkeit iSv I fehlt. Das Familiengericht ist dafür verantwortlich, die Wertermittlung der in der Ehezeit erworbenen Versorgungsanrechte durchzuführen. Es hat eine Versorgungsausgleichsbilanz zu erstellen. § 220 FamFG regelt die verfahrensrechtlichen Auskunftspflichten der Beteiligten. Die Aufklärungspflicht umfasst die Ermittlungen der Ehezeit, die erworbenen Anrechte der Ehegatten, deren Ausgleichs- und Kapitalwert und bei Anrechten aus der betrieblichen Altersversorgung deren Unverfallbarkeit. Es hat die Auskünfte sämtlicher Beteiligter zu prüfen. Ausnahmsweise kann das Gericht auch ein Vorbringen eines Ehegatten gem § 221 III 2 FamFG unberücksichtigt lassen. Besteht im Einzelfall ein Rechtsschutzbedürfnis an der Geltendmachung eines (selbständigen) Auskunftsanspruchs, ist er mit gesondertem Antrag, ggf als Stufenantrag (§ 254 ZPO) beim Familiengericht anhängig zu machen. Damit wird ein selbständiges Versorgungsausgleichsverfahren eingeleitet, § 217 FamFG. Der Antrag kann auch im Scheidungsverbund in einem Nebenverfahren zum Versorgungsausgleich gestellt werden. Sollten die Auskünfte bewusst falsch erteilt werden, können Schadensersatzansprüche in Betracht kommen (§ 826 BGB). Gem § 95 IV FamFG kann das Familiengericht zur Durchsetzung der Auskunftspflichten Zwangsgeld bis zu einer Höhe von maximal 25.000,00 € oder Zwangshaft nach § 888 I ZPO anordnen. 8

§ 5 Bestimmung von Ehezeit und Ausgleichswert.

(1) Der Versorgungsträger berechnet den Ehezeitanteil des Anrechts in Form der für das jeweilige Versorgungssystem maßgeblichen Bezugsgröße, insbesondere also in Form von Entgeltpunkten, eines Rentenbetrags oder eines Kapitalwerts.
(2) Maßgeblicher Zeitpunkt für die Bewertung ist das Ende der Ehezeit. Rechtliche oder tatsächliche Veränderungen nach dem Ende der Ehezeit, die auf den Ehezeitanteil zurückwirken, sind zu berücksichtigen.
(3) Der Versorgungsträger unterbreitet dem Familiengericht einen Vorschlag für die Bestimmung des Ausgleichswerts und, falls es sich dabei nicht um einen Kapitalwert handelt, für einen korrespondierenden Kapitalwert nach § 47.
(4) In Verfahren über Ausgleichsansprüche nach der Scheidung nach den §§ 20 und 21 oder den §§ 25 und 26 ist grundsätzlich nur der Rentenbetrag zu berechnen. Allgemeine Wertanpassungen des Anrechts sind zu berücksichtigen.
(5) Die Einzelheiten der Wertermittlung ergeben sich aus den §§ 39 bis 47.

A. Bestimmung von Ehezeit und Ausgleichswert, Ermittlungspflicht (Abs. 1). Gem I trifft die jeweiligen Versorgungsträger (der jeweils zuständige Kontoführer der gesetzlichen Rentenversicherung, der Dienstherr bei der Beamtenversorgung, ggf die für die jeweilige Kommunalverwaltung zuständige Versorgungskasse, der Arbeitgeber bei der unmittelbaren oder die Versicherung, die Pensions- oder Unterstützungskasse bei der mit- 1 telbaren betrieblichen Altersversorgung, der jeweilige Träger in der Zusatzversorgung oder die betroffene Versicherung) die Verpflichtung, den Ehezeitanteil auf der Basis des eigenen Versorgungssystems und der eigenen rechtlichen Regelungen zu berechnen. Damit wird der Ehezeitanteil abhängig von dem jeweils verwandten Versorgungssystem, insb dessen Bezugs- bzw. Bemessungsgröße, ermittelt. In Betracht kommen damit der Rentenbetrag, der Kapitalwert (bei kapitalgedeckten Systemen der privaten Altersvorsorge), der Punktwert (Entgeltpunkte der gesetzlichen Rentenversicherung oder Versorgungspunkte der berufsständischen Versorgungswerke) oder eine Kennzahl (zB als Leistungs- oder Steigerungszahl). Die Ermittlung der von den Ehegatten während der Ehezeit erworbenen Anrechte vollzieht sich in zwei Stufen: Zunächst ist der Ehezeitanteil (§§ 1 I, 5 I) festzulegen, also der Teil der auszugleichenden Versorgung, der in der Ehezeit (§ 3) erworben wurde (§ 2 II). Danach ist der Ausgleichswert, die Hälfte des Ehezeitanteils (§ 1 II) zu bestimmen (vgl. *Ruland* Versorgungsausgleich 2. Aufl Rz 305 ff). Dieser Wert ist idR bei dem Vollzug des Versorgungsausgleichs dem Ausgleichsberechtigten zu übertragen. Abweichungen ergeben sich zB dann, wenn Teilungskosten (§ 13) in Abzug gebracht werden. Der Kostenabzug erfolgt erst bei der Berechnung des Ausgleichswerts.

2 **B. Stichtagsprinzip (Abs 2).** Maßgeblicher Zeitpunkt für die Bewertung des Ehezeitanteils und des Ausgleichswerts ist das Ende der Ehezeit (§§ 3 und 5 II). Ausnahmsweise können Umstände zu berücksichtigen sein, die auf den Ehezeitanteil oder den Ausgleichswert zurückwirken (BGH FamRZ 1988 – IVb ZB 151/84). ZB findet eine Berücksichtigung dann statt, wenn die ausgleichspflichtige Person nach dem Ende der Ehezeit dienstunfähig wird. Keine Berücksichtigung finden die übliche Wertentwicklung eines Anrechts durch zwischenzeitlich erfolgte Anpassungen der Bemessungsgrundlagen (insb der Dynamik) oder nacheheliche Veränderungen wie Beförderungen. Abänderungen nach der Rechtskraft der Entscheidung zum Versorgungsausgleich sind ausschließlich unter den Bedingungen der §§ 225 und 226 FamFG zulässig.

3 **C. Vorschlagspflicht der Versorgungsträger (Abs 3).** Gem § 5 III haben die Versorgungsträger mit der Berechnung des Ehezeitanteils auch einen Vorschlag für die Bestimmung des Ausgleichswerts zu unterbreiten. Wird der Ausgleichswert nicht als Kapitalwert, sondern als Entgeltpunkt, Rentenbetrag oder andere Bezugsgröße ermittelt, ist zusätzlich der korrespondierende Kapitalwert (§ 47) anzugeben. Der korrespondierende Kapitalwert dient als Hilfsgröße. Es erfolgt damit eine doppelte Bewertung. Für sämtliche Anrechte werden Kapitalbeträge zur Verfügung gestellt, um den Beteiligten (Ehegatten) die Möglichkeit zu gewähren, eine Vermögensbilanz selbst zu erstellen und anderweitig eigenverantwortlich Vereinbarungen zum Versorgungsausgleich und/oder im Zusammenhang mit dem Zugewinnausgleich etc zu treffen. Das Familiengericht trifft mit der Vorlage der Vorschläge die Pflicht, die Auskünfte zu prüfen und den Ausgleichswert festzusetzen (Letztverantwortung, BT-Drs 16/10144, 50). Gem § 220 IV FamFG sind die Versorgungsträger verpflichtet, zusätzlich zur Wertermittlung nach § 5 auch die hierfür erforderlichen Berechnungen einschließlich der Rechnungsgrundlagen und der jeweiligen Regelungen kurz und verständlich darzustellen. Bei Zweifeln oder lückenhaften Auskünften kann das Gericht gem § 220 IV 2 FamFG die Versorgungsträger vAw oder auf Antrag eines Beteiligten auffordern, die Wertermittlung zu erläutern. Automatisierte Erläuterungen genügen.

4 **D. Verfahren nach der Scheidung (Abs 4).** In den Verfahren der §§ 20 und 21 (schuldrechtliche Ausgleichsrente) und den §§ 25 und 26 (Teilhabe an der Hinterbliebenenversorgung) ist nur der Rentenbetrag zu berechnen, da es sich um bereits laufende Versorgungen handelt.

5 **E. Wertermittlung (Abs 5).** Die Wertermittlung ist im Einzelnen in den §§ 39 – 47 geregelt. Es werden zwei Methoden zugrundegelegt: die (vorrangige) unmittelbare (§ 39) und die zeitratierliche Bewertung (§ 40). Die unmittelbare Bewertung orientiert sich an einer konkreten Bezugsgröße und kann eindeutig bestimmten Zeitabschnitten und damit auch der Ehezeit zugeordnet werden. Sie ermittelt damit am genauesten den Ausgleichswert. Hieraus ergibt sich ihre Vorrangigkeit. Bei der zeitratierlichen Bewertung werden sämtliche Zeiten – unabhängig davon, ob sie vor, während oder nach der Ehezeit liegen – in eine Art „Gesamtversorgung" einbezogen und im Verhältnis der Ehezeit zur gesamten möglichen Versorgungsbezugszeit gekürzt. Es handelt sich damit um eine rein prognostische Bewertung. Unbillige Ergebnisse werden über § 42 bzw die §§ 43 – 45 korrigiert. Hinsichtlich der Einzelheiten wird auf die Kommentierung der genannten Vorschriften verwiesen.

Kapitel 2   Ausgleich

Abschnitt 1   Vereinbarungen über den Versorgungsausgleich

§ 6 Regelungsbefugnisse der Ehegatten. (1) Die Ehegatten können Vereinbarungen über den Versorgungsausgleich *schließen. Sie können ihn insbesondere ganz oder teilweise*
1. in die Regelung der ehelichen Vermögensverhältnisse einbeziehen
2. ausschließen sowie
3. Ausgleichsansprüche nach der Scheidung gemäß den §§ 20 bis 24 vorbehalten.

(2) Bestehen keine Wirksamkeits- und Durchsetzungshindernisse, ist das Familiengericht an die Vereinbarung gebunden.

A. Allgemeines. Die Reform stärkt die Dispositionsmöglichkeiten der Eheleute. Auch der Versorgungsausgleich unterliegt der Dispositionsbefugnis der Eheleute. Vereinbarungen über den Versorgungsausgleich werden mit der Reform erleichtert. Nach dem alten Recht konnten Vereinbarungen über den Versorgungsausgleich nur iRe Ehevertrages nach § 1408 II BGB oder iRe Scheidungsfolgenvereinbarung gem § 1587o BGB geschlossen werden. Die notarielle Vereinbarung iRe Ehevertrages war unwirksam, wenn innerhalb eines Jahres ein Scheidungsantrag eingereicht wurde. Die Scheidungsfolgenvereinbarung bedurfte der familiengerichtlichen Genehmigung. Mit der Reform werden die formellen und materiellen Voraussetzungen für Vereinbarungen über den Versorgungsausgleich in den §§ 6 bis 8 zusammengefasst. § 1408 II BGB enthält nur noch einen Verweis auf diese Vorschriften. Aufgrund der anrechtsbezogenen Teilung nach neuem Recht ist die bisherige Rechtsprechung zur Nichtigkeit von anrechtsbezogenen Teilausschlüssen des Versorgungsausgleiches hinfällig. Nach bisheriger Rechtsprechung des BGH ist eine Vereinbarung über einen Teilausschluss eines Anrechtes nichtig, wenn diese teilweise Regelung zur Folge hatte, dass im Rahmen einer Gesamtbilanz zu Lasten des insgesamt ausgleichspflichtigen Ehegatten mehr Rentenanwartschaften übertragen worden wären, als ohne Vereinbarung (BGH vom 07.10.1987, IV b ZB 4/87, FamRZ 1988, 153). Dies war zwangsläufig der Fall, wenn ein Teilausschluss ein Anrecht des insgesamt ausgleichsberechtigten Ehegatten betraf, weil dies zu einer höheren Ausgleichspflicht des insgesamt Ausgleichspflichtigen führte. Durch die Abkehr vom Einmalausgleich zugunsten einer anrechtsbezogenen Teilung kann dieses Problem nicht mehr entstehen.

Mit der Neuregelung können wirksame Vereinbarungen zum Versorgungsausgleich jederzeit getroffen werden. Sie unterliegen auch nicht mehr einem gerichtlichen Genehmigungserfordernis. Formvorschriften ergeben sich aus § 7. Im Verfahren unterliegen die Vereinbarungen der Prüfung der materiellen Wirksamkeit, § 8. Maßstab dieser Überprüfung ist die Rechtsprechung des BVerfG und des BGH zur Inhalts- und Ausübungskontrolle von Eheverträgen (BVerfG vom 6.2.01, 1 BvR 12/92 = FamRZ 2001, 343; BGH 11.2.04, XII ZR 265/02 = FamRZ 04, 601).

B. Regelbeispiele. § 6 I 2 gibt Regelbeispiele, mit welchem Regelungsinhalt Vereinbarungen getroffen werden können.

I. Nr 1 benennt die Möglichkeit, den Versorgungsausgleich ganz oder teilweise in die Regelung der ehelichen Vermögensverhältnisse einzubeziehen. Der Versorgungsausgleich muss nicht mehr zwangsläufig gesondert von den sonstigen Vermögensangelegenheiten geregelt werden. Die Stichtagswerte der Anrechte können über andere Vermögenswerte kompensiert werden, zB durch die Einzahlung von Beiträgen in die gesetzliche Rentenversicherung, durch die Finanzierung einer Privatrente oder durch Überlassung von Immobilien. Solche Vereinbarungen werden sich insb dann anbieten, wenn Anrechte dem Wertausgleich bei der Scheidung entzogen sind, zB Versorgungen, die im Ausland erworben wurden. Damit können die Eheleute ihre Angelegenheit zum Scheidungsausspruch abschließend regeln und sind nicht auf Ausgleichsansprüche nach der Scheidung angewiesen.

II. Nr 2 bestimmt, dass die Eheleute den Versorgungsausgleich ganz oder teilweise ausschließen können. In Betracht kommt der gänzliche Ausschluss, wenn beide Ehegatten nach dem gewählten Ehemodell keinen sozialen Bedarf für einen Ausgleich der in der Ehe erworbenen Anrechte sehen. Vereinbart werden kann auch, dass auf den Ausgleich der ergänzenden Altersvorsorge verzichtet wird, also zB auf den Ausgleich von Betriebsrenten oder Anrechten aus der privaten Vorsorge. In diesem Fall führt das Gericht den Wertausgleich nur bezogen auf die Anrechte der Regelsicherungssysteme durch. Der gänzliche oder teilweise Ausschluss kommt auch iVm Nr 1 in Betracht, wenn ein anderweitiger Ausgleich gewählt wird.

III. Nr 3 regelt, dass die Parteien nicht den Wertausgleich nach § 9 ff vornehmen müssen, sondern vereinbaren können, dass dieser nach der Scheidung erfolgt.

C. Überprüfung der Wirksamkeit und Durchsetzbarkeit, Abs 2. Das Familiengericht ist an die Vereinbarung gebunden, soweit diese den allgemeinen vertraglichen Wirksamkeitsvoraussetzungen und den Formerfordernissen entsprechen. Sowohl die Formerfordernisse als auch die Inhalts- und Ausübungskontrolle hat das Gericht vAw zu prüfen. Hält die Vereinbarung der inhaltlichen und formellen Prüfung Stand, so stellt das Gericht nach § 224 III FamFG in der Beschlussformel fest, dass kein Versorgungsausgleich stattfindet. Diese Entscheidung erwächst in Rechtskraft. Kommt das Gericht bei seiner Prüfung zu dem Ergebnis, dass die Vereinbarung unwirksam ist, so führt es den Wertausgleich bei der Scheidung vAw bzw. ein Verfahren über Ausgleichsansprüche nach der Scheidung auf Antrag durch und hat in den Gründen darzulegen, weshalb es die Unwirksamkeit der Vereinbarung annimmt.

§ 7 Besondere formelle Wirksamkeitsvoraussetzungen. (1) Eine Vereinbarung über den Versorgungsausgleich, die vor Rechtskraft der Entscheidung über den Wertausgleich bei der Scheidung geschlossen wird, bedarf der notariellen Beurkundung.
(2) § 127a des BGB gilt entsprechend.

(3) Für eine Vereinbarung über den Versorgungsausgleich im Rahmen eines Ehevertrages gilt die in § 1410 des BGB bestimmte Form.

1 **A. Anforderung an die Form, Abs 1 und Abs 3.** Die Vereinbarung über den Versorgungsausgleich vor der Rechtskraft der Entscheidung über den Wertausgleich bedarf der notariellen Beurkundung in der Form des § 1410 BGB, dh in Anwesenheit beider Ehegatten. Dieses Formerfordernis besteht bis zum Zeitpunkt der Rechtskraft der Entscheidung über den Wertausgleich. Vereinbarungen, die nach Rechtskraft der Entscheidung über den Wertausgleich bei der Scheidung im Hinblick auf noch nicht ausgeglichene Anrechte getroffen werden, bedürfen keiner besonderen Form. Ab diesem Zeitpunkt ist das Schutzbedürfnis der Parteien entfallen, da sie infolge des Versorgungsausgleichsverfahrens im Scheidungsverbund hinreichende Informationen über die Bedeutung erlangt haben und es nur noch um den Ausgleich einzelner Anrechte gehen kann.

2 **B. Umfang des Formerfordernisses.** II stellt klar, dass Vereinbarungen über den Versorgungsausgleich auch dann, wenn sie nicht den Charakter eines Vergleiches haben, nach der in § 127a BGB bestimmten Form geschlossen werden können.

§ 8 Besondere materielle Wirksamkeitsvoraussetzungen.

(1) Die Vereinbarung über den Versorgungsausgleich muss einer Inhalts- und Ausübungskontrolle standhalten.
(2) Durch die Vereinbarung können Anrechte nur übertragen oder begründet werden, wenn die maßgeblichen Regelungen dies zulassen und die betroffenen Versorgungsträger zustimmen.

1 **A. Materielle Wirksamkeitsanforderungen, Abs 1.** Die Gerichte haben zu überprüfen, ob der Vertrag der Eheleute nach den allgemeinen gesetzlichen Bestimmungen wirksam ist und ihm auch keine Durchsetzungshindernisse entgegenstehen. Das Gericht hat die Vereinbarung bei entsprechenden Anhaltspunkten einer Inhalts- und Ausübungskontrolle unter Berücksichtigung der Rechtsprechung zu §§ 138 und 242 BGB zu unterziehen. Das Gericht hat sich an die zu Eheverträgen ergangenen Entscheidungen des BVerfG sowie des BGH zu orientieren. Zu prüfen ist, inwieweit die vertraglichen Abreden unmittelbar in den Kernbereich des Scheidungsfolgenrechtes eingreifen. Zu diesem gehören in erster Stufe der Versorgungsausgleich sowie der Altersunterhalt, iÜ und nachrangig die weiteren Unterhaltsansprüche und das Güterrecht. Damit steht der Versorgungsausgleich nach der Rechtsprechung des BGH der vertraglichen Disposition nicht unbegrenzt offen. Nach § 138 BGB ist eine Gesamtwürdigung vorzunehmen, die die Einkommens- und Vermögensverhältnisse der Eheleute, den Zuschnitt der Ehe und die Auswirkungen der vereinbarten Regelungen auf die Ehegatten und die Kinder prüft. IRd Ausübungskontrolle ist am Maßstab des § 242 BGB zu prüfen, ob infolge der Vereinbarung „ein Ehegatte aufgrund einvernehmlicher Änderung der gemeinsamen Lebensumstände über keine hinreichende Altersabsicherung verfügt und dieses Ergebnis mit dem Gebot der ehelichen Solidarität schlechthin unvereinbar erscheint" (BGH v 6.10.04 XII ZB 57/03, FamRZ 05, 185).

2 Des Weiteren ist eine Vereinbarung unwirksam, wenn sie voraussichtlich dazu führt, individuelle Vorteile zum Nachteil der Grundsicherung nach SGB XII zu erzielen. Nach § 138 BGB ist ein Vertrag dann nichtig, wenn die ausgleichsberechtigte Person infolge der Vereinbarung Sozialhilfe bzw. im Alter Grundsicherung beziehen müsste (BGH v 8.12.82, IV b ZR 333/81, FamRZ 83, 137 sowie BGH v 25.10.06, XII ZR 144/04 = FamRZ 07, 197).
Zu prüfen ist also, ob ein Ehegatte infolge der Vereinbarung künftig die Grundsicherung in Anspruch nehmen müsste. Insoweit ist eine Prognose erforderlich. Da der Versorgungsausgleich häufig eine erhebliche Zeit vor Erreichen der Regelaltersgrenze durchgeführt wird, wird dies nicht ohne Weiteres feststellbar sein. In diesen Fällen kann durch die weitere Erwerbsbiographie ein Gesamt- oder Teilverzicht auf den Versorgungsausgleich noch kompensiert werden oder durch andere Gründe gerechtfertigt werden. Anders verhält es sich bei den rentennahen Jahrgängen oder wenn ein Ehegatte eine Beschäftigung nicht mehr ausüben kann.

3 **B. Weitere Anforderungen, Abs 2.** Anrechte können nur iRe Vereinbarung übertragen und begründet werden, wenn die maßgeblichen Versorgungsregelungen dies zulassen und die betroffenen Versorgungsträger zustimmen. Diese Regelung entspricht dem allgemeinen Rechtsgrundsatz, dass Verträge nicht zu Lasten Dritter geschlossen werden können. Entsprechende Bestimmungen finden sich in den jeweiligen Versorgungssystemen. Insb können die Eheleute nicht über Anrechte in den öffentlich-rechtlichen Sicherungssystemen disponieren, §§ 33 und 46 II SGB I. Nur das Familiengericht kann in diesen Fällen durch rechtsgestaltende Entscheidung Anrechte zugunsten der ausgleichsberechtigten Person übertragen oder begründen.

Abschnitt 2 Wertausgleich bei der Scheidung

Unterabschnitt 1 Grundsätze des Wertausgleichs bei der Scheidung

§ 9 Rangfolge der Ausgleichsformen, Ausnahmen. (1) Dem Wertausgleich bei der Scheidung unterfallen alle Anrechte, es sei denn, die Ehegatten haben den Ausgleich nach den §§ 6 bis 8 geregelt oder die Ausgleichsreife der Anrechte nach § 19 fehlt.
(2) Anrechte sind in der Regel nach den §§ 10 bis 13 intern zu teilen.
(3) Ein Anrecht ist nur dann nach den §§ 14 bis 17 extern zu teilen, wenn ein Fall des § 14 Abs. 2 oder des § 16 Abs. 1 oder 2 vorliegt.
(4) Ist die Differenz sämtlicher beiderseitiger Ausgleichswerte gering oder haben einzelne Anrechte einen geringeren Ausgleichswert, ist § 18 anzuwenden.

Struktur des Versorgungsausgleichs 1
I: Grds soll bei der Scheidung der vollständige Wertausgleich erfolgen. Dieser Grundsatz ist zweifach eingeschränkt: Zum einen wenn eine Vereinbarung getroffen wurde und zum anderen bei fehlender Ausgleichsreife. Diese fehlt bei noch verfallbaren Ansprüchen aus einer betrieblichen Absicherung.
II: Vorrang hat die interne Teilung. Es ist die regelmäßig anzuwendende Ausgleichsform.
III: Die externe Teilung ist nachrangig und wird nur unter den benannten Voraussetzungen vorgenommen.
IV: Unter Voraussetzung der benannten Bedingungen des IV ist dem Gericht eine Ermessensentscheidung eröffnet, einen Ausgleich nicht herbeizuführen. Diese Möglichkeit ist aber die Ausnahme im Verhältnis zu dem Grundsatz der Halbteilung.

Unterabschnitt 2 Interne Teilung

§ 10 Interne Teilung. (1) Das Familiengericht überträgt für die ausgleichsberechtigte Person zulasten des Anrechts der ausgleichspflichtigen Person ein Anrecht in Höhe des Ausgleichswerts bei dem Versorgungsträger, bei dem das Anrecht der ausgleichspflichtigen Person besteht (interne Teilung).
(2) ¹Sofern nach der internen Teilung durch das Familiengericht für beide Ehegatten Anrechte gleicher Art bei demselben Versorgungsträger auszugleichen sind, vollzieht dieser den Ausgleich nur in Höhe des Wertunterschieds nach Verrechnung. ²Satz 1 gilt entsprechend, wenn verschiedene Versorgungsträger zuständig sind und Vereinbarungen zwischen ihnen eine Verrechnung vorsehen.
(3) Maßgeblich sind die Regelungen über das auszugleichende und das zu übertragende Anrecht.

A. Interne Teilung. I. Grundsatz, Abs 1. Die interne Teilung ist die zentrale Ausgleichsbestimmung (I). 1
Durch sie soll der gerechte Ausgleich der Versorgungsanrechte der Eheleute sichergestellt werden. Grds wird ein Anrecht innerhalb eines Versorgungssystems ausgeglichen. Die Teilung erfolgt durch richterlichen Gestaltungsakt, durch den nach der Legaldefinition zulasten der ausgleichspflichtigen Person ein Rechtsverhältnis zwischen der ausgleichsberechtigten Person und dem Versorgungsträger geschaffen wird, soweit dieses noch nicht besteht. Mit der Übertragung auf die ausgleichsberechtigte Person geht die Befugnis der Versorgungsträger einher, die Anrechte der ausgleichspflichtigen Person zu kürzen. Die Kürzung muss dem Wert des übertragenen Rechts entsprechen. Die Bestimmungen dazu finden sich in dem für das Anrecht maßgeblichen Recht. Die Abschläge in der gesetzlichen Rentenversicherung sind in § 76 SGB VI normiert. Für betriebliche oder private Anrechte sind die für diese Versorgung maßgeblichen Regelungen maßgeblich.

II. Verrechnungen der Anrechte, Abs 2. Die Versorgungsträger haben die Befugnis, Verrechnungen vorzunehmen, wenn die Eheleute Anwartschaften bei demselben Versorgungsträger haben. Dies ist nach 2 auch dann möglich, wenn zwar verschiedene Versorgungsträger beteiligt sind, diese aber Vereinbarungen getroffen haben, die Verrechnungen von Anrechten gleicher Art ermöglichen. Eine Wertidentität ist nicht erforderlich, ausreichend ist eine strukturelle Übereinstimmung, zB Leistungsspektrum, Finanzierungsart, Anpassung von Anwartschaften und laufenden Versorgungen. Die Kompetenz der Verrechnung wird den Versorgungsträgern und nicht den Gerichten zu gewiesen. Dies geschieht vor dem Hintergrund, dass Fehlerquellen vermieden werden sollen und erwartet wird, dass Versorgungsträger Verrechnungsabkommen schließen, die den Familiengerichten nicht bekannt sind. Es soll der Aufwand vermieden werden, diese im Einzelnen zu recherchieren. (BT Drs 16/10144, 54) Nicht vergleichbar sind gem. § 120 f SGB VI: Anwartschaften „West" und „Ost" sowie die allgemeinen und die knappschaftlichen Versorgungen. Verrechnungen können nicht vorgenommen werden. 2

III. Vollzug der internen Teilung, Abs 3. Die Einzelheiten des Vollzuges der internen Teilung bestimmen 3
sich nach den Vorschriften der jeweiligen Versorgungssysteme und damit nach den gesetzlichen Bestimmungen in § 76 SGB VI für die gesetzliche Rentenversicherung sowie den Satzungen, Versorgungsordnungen und

vertraglichen Bestimmungen anderer Versorgungen. Die nicht in Gesetzen enthaltenen Bestimmungen müssen sich in der inhaltlichen Ausgestaltung an § 11 orientieren, um den gesetzlichen Vorgaben zu entsprechen.

§ 11 Anforderungen an die interne Teilung. (1) ¹Die interne Teilung muss die gleichwertige Teilhabe der Ehegatten an den in der Ehezeit erworbenen Anrechten sicher stellen. ²Dies ist gewährleistet, wenn im Vergleich zum Anrecht der ausgleichspflichtigen Person

1. für die ausgleichsberechtigte Person ein eigenständiges und entsprechend gesichertes Anrecht übertragen wird,
2. ein Anrecht in Höhe des Ausgleichswerts mit vergleichbarer Wertentwicklung entsteht und
3. der gleiche Risikoschutz gewährt wird; der Versorgungsträger kann den Risikoschutz auf eine Altersversorgung beschränken, wenn er für das nicht abgesicherte Risiko einen zusätzlichen Ausgleich bei der Altersversorgung schafft.

(2) Für das Anrecht der ausgleichsberechtigten Person gelten die Regelungen über das Anrecht der ausgleichspflichtigen Person entsprechend, soweit nicht besondere Regelungen für den Versorgungsausgleich bestehen.

1   **A. Gleichwertige Teilhabe, Abs 1.** Das Ziel der internen Teilung ist die gleichwertige Teilhabe an den Anrechten. Nicht anwendbar ist § 11 auf den Ausgleich der Anrechte in der gesetzlichen Rentenversicherung oder der Beamtenversorgungen. Die Ausgleichsformen dieser Anrechte sind gesetzlich geregelt, diese gesetzlichen Bestimmungen müssen ohnehin der verfassungsrechtlichen Maßgabe der gleichen Teilhabe entsprechen. Die Norm bestimmt den Ausgleich für Versorgungen, die in berufsständischen Versorgungswerken begründet sind und anderer, deren Versorgung kraft Satzung geregelt ist sowie die der betrieblichen oder privaten Versorgung. Eine bis ins einzelne vorgebende Ausgestaltung der Ausgleichsformen ist nicht vorgegeben. Es wird den Versorgungsträger ein Gestaltungsraum belassen, diese Vorgaben durch Satzungen, Betriebsvereinbarungen, Einzelzusagen, Tarifvertrag oder Geschäftsplan zu setzen. Die Versorgungsträger haben damit einen Regelungsauftrag, Sorge für den Ausgleich zu tragen (BT Drucks 16/10144, 55). An Hand der nach § 220 FamFG erteilten Auskünfte hat das Gericht die Bestimmungen der Versorgungen zu überprüfen. Die Mindestanforderungen zur Erreichung dieses Ziel sind in Nr. 1–3 benannt. Die Kriterien setzen die Maßstäbe um, die bislang von der Rechtsprechung für die Realteilung entwickelt wurden (zuletzt BGH v 19.8.98 XII ZB 100/96).

2   **Nr 1** zwingend ist die Begründung einer eigenständigen Versorgung. Die ausgleichsberechtigte Person muss einen selbständigen Anspruch gegen den Versorgungsträger erhalten. Eine Abtretung erreicht dieses Ziel nicht, da diese ihre Wirkung mit dem Tod des Ausgleichspflichtigen verliert. Bei betrieblichen und privaten Versorgungen ist erforderlich, dass die ausgleichsberechtigte Person selbst Versicherungsnehmer wird. Das übertragende Anrecht muss vergleichbar gesichert sein. IdR ist dies kein Problem, da auch für diese Ansprüche zB die Bestimmungen der Insolvenzsicherung Anwendung finden. Soweit die auszugleichenden Anrechte keine hinreichende Sicherung haben (zB bei einer betrieblichen Unternehmerversorgung auf die das Betriebsrentengesetz keine Anwendung findet) besteht auch kein Anspruch auf Absicherung der ausgleichsberechtigten Person, da diese keinen Anspruch auf Besserstellung hat.

3   **Nr 2** Das übertragende Anrecht muss wertmäßig dem auszugleichenden Wert entsprechen. Um dieses Ziel zu erreichen, stehen drei Möglichkeiten des Ausgleichs zur Verfügung: Die Teilung kann auf der (1.) Grundlage des Deckungskapitals, (2.) der Rentenbeträge oder der (3.) Bezugsgrößen (zB der Leistungskennzahlen) erfolgen. Es kann die Halbteilung erfolgen, diese muss aber nicht aber zur gleichen Teilhabe führen. Soweit die ausgleichsberechtigte Person versicherungsmathematisch eine andere (ungünstigere) Struktur aufweist, kann der Versorgungsträger aus dem vorhandenen Deckungskapital gleich hohe Rentenbeträge ermitteln und das Deckungskapital entsprechend aufteilen. Das übertragene Recht muss die gleiche Wertentwicklung haben, dh es muss die gleichen Anpassungen erfahren wie das auszugleichende Anrecht zum Zeitpunkt der Teilung. Nachfolgende Änderungen bleiben außer Betracht.

4   **Nr 3** bestimmt, dass das Anrecht die gleichen Risiken absichern muss. Neben der lebenslangen Altersabsicherung bedeutet dies idR die Absicherung wegen Invalidität und eine Hinterbliebenenversorgung. Soweit der Invaliditätsschutz Dritten in der Versicherung nicht vermittelt werden kann, ist der verminderte Risikoschutz iRd Altersabsicherung zu kompensieren (BGH v 19.8.98 XII ZB 100/96). Die Entscheidung zu dem beschränkten Versicherungsschutz trifft der Versorgungsträger. Hierüber ist gem § 220 IV FamFG Auskunft zu erteilen.

5   **B. Anrecht der ausgleichsberechtigten Person, Abs 2.** Die Auffangregelung bestimmt die entsprechende Anwendung der Vorschriften der Versorgung der ausgleichspflichtigen Person, soweit solche Bestimmungen noch nicht getroffen sind. Auch wenn die Versorgungsträger Bestimmungen getroffen haben, diese aber wegen *Gesetzesverstoßes oder wegen Nichtigkeit gem §134 BGB keine Anwendung finden können*, findet die Auffangbestimmung Anwendung.

§ 12 Rechtsfolge der internen Teilung von Betriebsrenten. Gilt für das auszugleichende Anrecht das Betriebsrentengesetz, so erlangt die ausgleichsberechtigte Person mit der Übertragung des Anrechts die Stellung eines ausgeschiedenen Arbeitnehmers.

Es wird fingiert, dass der Ausgleichsberechtigte die Stellung eines ausgeschiedenen Arbeitnehmers iSd Betriebsrentengesetzes erhält. Damit entsteht keine arbeitsrechtliche Beziehung, sondern ausschließlich eine versorgungsrechtliche. Für Rechtsstreitigkeiten der ausgleichsberechtigten Person mit dem Versorgungsträger ist das Arbeitsgericht zuständig. Die ausgleichsberechtigte Person ist durch den richterlichen Gestaltungsakt Rechtsnachfolgerin iSd § 3 ArbGG geworden.

§ 13 Teilungskosten des Versorgungsträgers. Der Versorgungsträger kann die bei der internen Teilung entstehenden Kosten mit den Anrechten beider Eheleute verrechnen, soweit sie angemessen sind.

Ausschließlich bei der internen Teilung kann der Versorgungsträger die Kosten der Teilung geltend machen. Ob sie erhoben werden, liegt in der Entscheidung der Versorgungsträger. Die Kosten der Ermittlung des Ehezeitanteils können nicht geltend gemacht werden. Werden sie geltend gemacht, sind sie hälftig von den Eheleuten zu tragen. Die Kosten können pauschaliert werden. Bislang sind Kostenabzüge iHv 2 bis 3 Prozent des Deckungskapitals in der Rechtsprechung akzeptiert worden. Der Kostenabzug unterliegt der Kontrolle der Familiengerichte. Ist ein Kostenabzug beabsichtigt, ist dies in die Auskunftserteilung aufzunehmen. Zudem müssen die Kosten in dem Vorschlag zur Bestimmung des Ausgleichswertes aufgenommen werden. (BT Drucks 16/10144, 57)

Unterabschnitt 3   Externe Teilung

§ 14 Externe Teilung. (1) Das Familiengericht begründet für die ausgleichsberechtigte Person zulasten des Anrechts der ausgleichspflichtigen Person ein Anrecht in Höhe des Ausgleichswerts bei einem anderen Versorgungsträger als demjenigen, bei dem das Anrecht der ausgleichspflichtigen Person besteht (externe Teilung).
(2) Eine externe Teilung ist nur durchzuführen, wenn
1. die ausgleichsberechtigte Person und der Versorgungsträger der ausgleichspflichtigen Person eine externe Teilung vereinbaren oder
2. der Versorgungsträger der ausgleichspflichtigen Person eine externe Teilung verlangt und der Ausgleichswert am Ende der Ehezeit bei einem Rentenbetrag als maßgeblicher Bezugsgröße höchstens 2 Prozent, in allen anderen Fällen als Kapitalwert höchstens 240 Prozent der monatlichen Bezugsgröße nach § 18 Abs. 1 des Vierten Buches Sozialgesetzbuch beträgt.
(3) § 10 Abs. 3 gilt entsprechend.
(4) Der Versorgungsträger der ausgleichspflichtigen Person hat den Ausgleichswert als Kapitalbetrag an den Versorgungsträger der ausgleichsberechtigten Person zu zahlen.
(5) Eine externe Teilung ist unzulässig, wenn ein Anrecht durch Beitragszahlung nicht mehr begründet werden kann.

A. Allgemeines. I enthält die Legaldefinition der externen Teilung. Durch die externe Teilung wird für die ausgleichsberechtigte Person bei einem anderen Versorgungsträger als demjenigen, bei dem das Anrecht der ausgleichspflichtigen Person besteht, eine Versorgung geschaffen. Durch diese Form der Teilung kann zwischen der ausgleichsberechtigten Person und dem von ihr ausgewählten Versorgungsträger ein Rechtsverhältnis neu begründet oder ein bestehendes ausgebaut werden (BT-Drs 16/10144, 57). Unterbleibt eine Auswahl über die Zielversorgung, erfolgt die Teilung nach § 15 V über die noch zu bildende Versorgungsausgleichskasse oder die gesetzliche Rentenversicherung.

B. Anwendungsbereich und Voraussetzungen der externen Teilung. I. Anwendungsbereich. Die externe Teilung stellt eine „strukturelle Ausnahme" (BT-Drs 16/10144, 58) von der internen Teilung dar. Sie erfolgt, wenn (1.) die Parteien diese Ausgleichsform wählen und das Familiengericht keine Wirksamkeits- und Durchsetzungshindernisse im Rahmen seiner Inhalts- und Ausübungskontrolle feststellt (§§ 6 – 8, 9 I); die Regelungen der betroffenen Versorgungsträger müssen sie zulassen und ihr zugestimmt haben (für die gesetzliche Rentenversicherung gilt § 187 I Nr 2 SGB VI), und (2.) einer der dafür gesetzlich vorgesehenen Fälle gegeben ist (§§ 9 III, 14 II, 16 I, II).

II. Voraussetzungen. § 14 II macht die externe Teilung von besonderen Bedingungen abhängig. Liegt eine der Alternativen vor, ist das Gericht hieran gebunden.

4 1. Vereinbarung. So kann gem II Nr 1 die externe Teilung zwischen der ausgleichsberechtigten Person und dem Versorgungsträger der ausgleichspflichtigen Person frei vereinbart werden. Es handelt sich um eine „Abrede über den Ausgleichsweg" (BT-Drs 16/10144, 58). Der Zustimmung des Ausgleichsverpflichteten bedarf es nur in dem Fall des § 15 III. Eine derartige Vereinbarung wird auf Seiten des belasteten Versorgungsträgers von Interesse sein, wenn dieser die berechtigte Person nicht in das eigene Versorgungssystem aufnehmen will und über ausreichend Liquidität verfügt, den Wert für die Versorgung auszuzahlen. Für den Ausgleichsberechtigten ist sie interessant, wenn mit dem Ausgleich eine Versorgung bei einem anderen Versorgungsträger begründet werden soll oder eine eigene schon bestehende Versorgung ausgebaut werden kann. Eine Höchstbegrenzung ist nicht gesetzlich geregelt. Die ausgleichsberechtigte Person trägt mit erfolgter Übertragung sämtliche Risiken und Chancen der Wertentwicklung ihres Anrechts. Die Vereinbarung allein hat keine rechtsgestaltende Wirkung. Diese tritt erst mit gerichtlicher Festsetzung ein. Es handelt sich auch nicht um eine Vereinbarung nach den §§ 6 bis 8, da diese allein zwischen den Ehegatten getroffen werden kann. § 7 gilt damit zum Schutze der ausgleichsberechtigten Person nicht. Schutz erfährt sie nur über die noch durchzuführende gerichtliche Entscheidung (§ 222 FamFG) und nach § 15.

5 2. Einseitiges Wahlrecht des Versorgungsträgers. Nach II Nr 2 steht dem Versorgungsträger der ausgleichspflichtigen Person ein einseitiges Wahlrecht zu, wenn der Ausgleichswert die gesetzlich festgelegte Wertgrenze nicht übersteigt. Er kann die externe Teilung verlangen. Die ausgleichsberechtigte Person hat mit Geltendmachung der externen Teilung durch den Versorgungsträger nur noch die freie Wahl der Zielversorgung (§ 15). Der Versorgungsträger selbst benötigt hierfür aber eigenen Handlungsspielraum. So sind im Rahmen der betrieblichen Altersversorgung ua Fragen der Mitbestimmung (§ 87 I Nr 8 BetrVG), der betrieblichen Übung und der Gleichbehandlung der Arbeitnehmer zu berücksichtigen (*Ruland* Versorgungsausgleich 2. Aufl Rz 613). Die externe Teilung hat hiernach „abfindenden" Charakter und betrifft nur Kleinstanrechte, um eine wirtschaftlich nicht mehr zumutbare Zersplitterung zu vermeiden. Es sollen die Anrechte in bestehende Versorgungen oder beim gesetzlichen Rentenversicherungsträger gebündelt und die Kosten für eine insoweit unzumutbare Verwaltung abgewendet werden (BT-Drs 16/1044, 58).

Die Wertgrenze ist doppelt so hoch, wie in § 18. Für 2010 beträgt die Wertgrenze 2.555,00 € (§ 18 I SGB IV, § 2 I der Sozialversicherungs-Rechengrößenverordnung 2010 – SVBezGrV 2010 – vom 7.12.09, BGBl I 3846). Der Ausgleichswert am Ende der Ehezeit darf mithin 51,10 € (2010) als Rente und 6.132,00 € (2010) als Kapitalwert nicht übersteigen. Für Anrechte nach dem BetrAVG iSd § 17 darf der Ausgleichswert höchstens die jährliche Beitragsbemessungsgrenze der allgemeinen Rentenversicherung erreichen, §§ 159 und 160 SGB VI (66.000,00 € in 2010; vgl § 3 I Nr 1 SVBezGrV 2010).

6 C. Vollzug der externen Teilung. Der Vollzug der externen Teilung richtet sich wie bei der internen Teilung nach den Regelungen der beiden Versorgungssysteme, insb des auszugleichenden und des zu übertragenden Anrechts; § 14 III verweist insoweit auf § 10 III. Teilungskosten können nicht geltend gemacht werden. Das Gericht setzt den Ausgleichswert fest. Um diesen Betrag wird das Anrecht der ausgleichspflichtigen Person gekürzt. Mit Rechtskraft der (Gestaltungs-) Entscheidung über den Versorgungsausgleich sind externer Ausgleich und externe Teilung vollzogen (§ 224 FamFG). Eine Abänderung der Entscheidung ist ausschließlich unter den Voraussetzungen der § 225 FamFG und § 32 zulässig.

7 D. Verrechnung bei Anrechten gleicher Art. In dem Entwurf des Gesetzes zur Strukturreform des Versorgungsausgleichs, BT-Drs 16/10144, verweist § 14 III auf § 10 III und auf § 10 II. Auf letztere Norm nimmt § 14 idF vom 3.4.09 (BGBl I 09, 700) keinen Bezug mehr. Hierbei dürfte es sich um ein redaktionelles Versehen handeln. Es bleibt auch weiterhin iRd externen Teilung die Verrechnung möglich. So zB, wenn seitens der Ehefrau nur ein Ausgleichswert aus einer privaten Vorsorge auszugleichen wäre und der private Versorgungsträger nach § 14 II Nr 2 sich für die externe Teilung entschieden hat. Benennt der Ehemann dann keine Zielversorgung, findet nach § 15 III ein Ausgleich über die gesetzliche Rentenversicherung statt. Hat er zugleich (höhere) Entgeltpunkte aus der gesetzlichen Rentenversicherung an die Ehefrau zu übertragen, so hat die gesetzliche Rentenversicherung die entsprechenden Ausgleichswerte zu verrechnen und zugunsten der Ehefrau die Differenz nach Verrechnung auszugleichen (BT-Drs 16/10144, 59; *Ruland* Versorgungsausgleich 2. Aufl Rz 592).

8 E. Kapitalwert. Der Versorgungsträger der ausgleichspflichtigen Person hat gem § 14 IV den Ausgleichswert als Kapitalwert (§ 5 I, 14 I) an den Versorgungsträger der ausgleichsberechtigten Person zu erbringen. Die Festsetzung des Kapitalbetrages erfolgt durch das Gericht (§ 222 III FamFG). Mit Zahlung des Betrages wird der zahlende Versorgungsträger von seinen Rechten und Pflichten frei, so auch der Arbeitgeber in Höhe des auszugleichenden Betrages von seiner Zusage auf betriebliche Altersversorgung. Anders als bei der internen Teilung (§ 11 I) geben die Regelungen zur externen Teilung keine Vorgaben, nach denen sich die Angemessenheit des zu übertragenden Kapitalwerts ermitteln lässt. Zur Wahrung des Halbteilungsgrundsatzes gem § 1 I muss jedoch auch insoweit gewährleistet sein, dass der versicherungsmathematische Barwert (§ 47 V) der nach § 14 geschuldeten *Kapitalleistung* eine dem auszugleichenden Anrecht zugrundeliegende Dynamik in der Anwartschafts- und Leistungsphase hat. Der Kapitalbetrag muss denselben Risikoschutz wie das auszugleichende Anrecht erfassen (zB auch eine Invaliditätsabsicherung), vgl *Borth* Versorgungsausgleich 5. Aufl Rz 569.

F. Ausschluss der externen Teilung. Kann ein Anrecht durch eine Beitragszahlung nicht mehr begründet werden, ist die externe Teilung unzulässig, § 14 V. Ein Anrecht kann nicht mehr begründet werden, wenn der Ausgleichsberechtigte die Regelaltersgrenze erreicht hat (zB § 187 IV SGB VI: Vollrentenbewilligung wegen Alters). Der Ausgleich ist dann intern vorzunehmen, § 9 II und III. Der Ausschluss gilt nur für die externe Teilung, soweit sie nach § 14 und § 15 erfolgt. Der Ausgleich von Beamtenversorgungen über die gesetzliche Rentenversicherung (§ 16) ist hiervon nicht betroffen. Solange ein Bundesland (noch) nicht die Voraussetzungen für die interne Teilung nach dem BVersTG geschaffen hat, bleibt es für dessen Landesbeamte bei der externen Teilung. Ansonsten wäre der ausgleichsberechtigte Ehegatte, der bereits die Regelaltersgrenze erreicht hat, stets auf die Ausgleichsansprüche nach der Scheidung angewiesen. Dieses widerspräche aber dem Grundsatz, dass mit eingetretenem Versorgungsfall ein bereits realisiertes Versicherungsrisiko nicht nachträglich abgesichert werden kann.

§ 15 Wahlrecht hinsichtlich der Zielversorgung.
(1) Die ausgleichsberechtigte Person kann bei der externen Teilung wählen, ob ein für sie bestehendes Anrecht ausgebaut oder ein neues Anrecht begründet werden soll.
(2) Die gewählte Zielversorgung muss eine angemessene Versorgung gewährleisten.
(3) Die Zahlung des Kapitalbetrags nach § 14 Abs. 4 an die gewählte Zielversorgung darf nicht zu steuerpflichtigen Einnahmen oder zu einer schädlichen Verwendung bei der ausgleichspflichtigen Person führen, es sei denn, sie stimmt der Wahl der Zielversorgung zu.
(4) Ein Anrecht in der gesetzlichen Rentenversicherung, im Sinne des Betriebsrentengesetzes oder aus einem Vertrag, der nach § 5 des Altersvorsorgeverträge-Zertifizierungsgesetzes zertifiziert ist, erfüllt stets die Anforderungen der Absätze 2 und 3.
(5) Übt die ausgleichsberechtigte Person ihr Wahlrecht nicht aus, so erfolgt die externe Teilung durch Begründung eines Anrechts in der gesetzlichen Rentenversicherung. Ist ein Anrecht im Sinne des Betriebsrentengesetzes auszugleichen, ist abweichend von Satz 1 ein Anrecht bei der Versorgungsausgleichskasse zu begründen.

A. Wahlrecht. Liegt ein Fall der externen Teilung vor, kann die ausgleichsberechtigte Person nach § 15 I frei wählen, bei welchem Versorgungsträger sie ein neues Anrecht begründen oder ein bestehendes ausbauen will. Der ausgewählte Versorgungsträger muss mit der Wahl, insb mit der vorgesehenen Teilung, einverstanden sein. Auch bleibt es dem Versorgungsträger der ausgleichsverpflichteten Person unbenommen, selbst eine konkrete Zielversorgung vorzuschlagen. Die ausgleichsberechtigte Person muss den Vorschlag aber nicht annehmen, da das einseitige Wahlrecht gem § 14 II Nr 2 bedingungsfeindlich ist (BT-Drs 16/10144 59). Dem Gericht ist die Ausübung des Wahlrechts und das Einverständnis des Versorgungsträgers innerhalb einer dafür bestimmten Frist nachzuweisen (§ 222 I, II FamFG).

B. Angemessenheit der Zielversorgung. Gem § 15 II darf nur eine solche Zielversorgung gewählt werden, die der ausgleichsberechtigten Person eine angemessene Versorgung gewährleistet. Die Prüfung der Angemessenheit obliegt dem Familiengericht. Die Begründung oder Aufstockung eines Anrechts in der gesetzlichen Rentenversicherung, iSd Betriebsrentengesetzes oder in einem Vertrag nach dem Altersvorsorgeverträge-Zertifizierungsgesetzes ist stets angemessen (§ 15 IV). Vor dem Hintergrund, dass eine betriebliche Altersversorgung grds für angemessen erachtet wird, wird eine Versorgung, die in der Leistungsphase jährlich mit 1 % angepasst wird, stets den Anforderungen genügen, da laut § 16 BetrAVG dieser Zinssatz nicht einmal eine Anpassungsprüfung erfordert (*Borth* Versorgungsausgleich 5. Aufl Rz 572). Entspricht die Zielversorgung den Anpassungssätzen der gesetzlichen Rentenversicherung, ist diese in jedem Fall anzuerkennen. IÜ wird die Angemessenheit laut Gesetzesbegründung auch dann angenommen, wenn (1.) die ausgleichsberechtigte Person bereits Anrechte bei einem „versicherungsförmig" agierenden Träger der betrieblichen Altersvorsorge hat, dieser mit dem Ausbau des Anrechts einverstanden ist und so die zusätzliche Altersvorsorge der berechtigten Person gebündelt werden kann, oder (2.) wenn sich eine ausgleichsberechtigte Person im Ruhestand für eine Zusatzrente entscheidet, die gegen Einmalzahlung begründet werden soll (BT-Drs 16/10144, 59).

C. Verbot steuerrechtlicher Konsequenzen. Die externe Teilung darf für die ausgleichspflichtige Person gem § 15 III (idF von Art 9 d des 3. Änderungsgesetzes des SGB IV und anderer Gesetze vom 15.7.09 – BGBl I 1939) keine steuerrechtlichen Konsequenzen haben oder zu einer schädlichen Verwendung führen. So ist für den Fall der internen Teilung (§ 10) nach § 3 Nr 55a EStG die Übertragung von Anrechten der ausgleichspflichtigen Person von der Einkommenssteuerpflicht befreit. Der Vorgang ist steuerneutral. Bezieht die ausgleichsberechtigte Person aus den Anrechten Leistungen, gehören sie zu den Einkünften, zu denen sie auch bei der ausgleichspflichtigen Person zählen würden. Es findet eine nachverlagerte Besteuerung statt. Die Steuerneutralität der externen Teilung ergibt sich aus § 3 Nr 55b EStG. Die Steuerfreiheit entfällt jedoch, wenn die Übertragung bei der ausgleichsberechtigten Person Leistungen zur Folge hat, die zu den Einkünften nach den § 20 I Nr 6 oder § 22 Nr 1 3 a) bb) EStG zählen. In diesem Fall hat der Ausgleichspflichtige die als Kapitalwert

§ 16 VersAusglG   Externe Teilung von Anrechten aus öffentlich-rechtlichen Dienst-/Arbeitsverhältnis

4 übertragene Anwartschaft als Zufluss voll zu versteuern. Davon ausgenommen ist die iRd Beamtenversorgung (§ 16) für den Ausgleichsberechtigten begründete Rente, da sie wie andere Renten nachgelagert versteuert wird. Davon betroffen sind aber sämtliche Anwartschaftsübertragungen aus betrieblicher Altersversorgung, die der Ausgleichspflichtige nachgelagert hätte versteuern müssen, die aber beim Ausgleichsberechtigten, zB bei Zahlungen in Form einer Einmalprämie in einen Versicherungsvertrag, mit nur einem verringerten Ertragsanteil zu versteuern sind (§ 22 Nr 1 3 a), bb) EStG – Leibrenten) oder zu Einkünften aus Kapitalvermögen (§ 20 I Nr 6 EStG) führen würden. Diese Folge kann nur dadurch umgangen werden, dass eine Zielversorgung gewährt wird, die ebenfalls nachgelagert versteuert wird wie etwa die gesetzliche Rentenversicherung, die landwirtschaftlichen Alterskassen, die berufsständischen Versorgungseinrichtungen, der zertifizierte Altersvorsorgevertrag (§ 10 1 Nr 2 b) EStG), die „Rürup-Rente", ein Pensionsfonds, die Unterstützungskasse oder eine entsprechende Direktversicherung (*Ruland* Versorgungsausgleich 2. Aufl Rz 1097). Entsprechendes gilt, wenn die Wahl der Zielversorgung in Bezug auf ein gefördertes Altersversorgungsvermögen eine schädliche Verwendung nach § 93 I EStG bewirken würde (*Borth* Versorgungsausgleich 5. Aufl Rz 573). Die Voraussetzungen des III sind bei einem Anrecht in der gesetzlichen Rentenversicherung, iSd Betriebsrentengesetzes oder in einem Vertrag nach dem Altersvorsorgeverträge-Zertifizierungsgesetzes stets erfüllt (§ 15 IV).

5 **D. Gesetzliche Rentenversicherung und Versorgungsausgleichskasse als „Auffangbecken".** Hat die ausgleichsberechtigte Person keine Auswahl getroffen oder wurde der Zielversorgung durch den Ausgleichsverpflichteten nicht zugestimmt und ist damit die Auswahl unwirksam, sind aber die Voraussetzungen für die externe Teilung erfüllt, werden gem § 15 V 1 das Anrecht bei der gesetzlichen Rentenversicherung begründet. Sind Anrechte iSd Betriebsrentengesetzes auszugleichen, fallen sie der Versorgungsausgleichskasse anheim, § 15 V 2. Hier gelten die Regelungen des Gesetzes über die Versorgungsausgleichskasse (VersAusglKassG) idF des Art 9e des 3. Änderungsgesetzes des SGB IV und anderer Gesetze vom 15.7.09 (BGBl I 1939; vgl dazu BT-Drs 16/13424, 22). Die Verzinsung des Anrechts erfolgt in Höhe des erforderlichen Rechnungszinses (§ 4 II VersAusglKassG; § 65 VAG). Die mit der Aufnahme verbundenen angemessenen Verwaltungskosten können in Abzug gebracht werden (§ 4 IV VersAusglKassG). Das Anrecht ist nicht übertragbar, beleihbar oder veräußerbar. Es kann auch nicht weiter ausgebaut werden (§ 5 I, II VersAusglKassG). Die Versorgungsausgleichskasse ist neu zu begründen. Die Regelungen zu der Errichtung der Versorgungsausgleichskasse treten jedoch erst in Kraft, wenn die Bundesanstalt für Finanzdienstleistungsaufsicht, die Erlaubnis zur Aufnahme des Geschäftsbetriebes erteilt hat. Dieses ist bislang noch nicht erfolgt.

§ 16 Externe Teilung von Anrechten aus einem öffentlich-rechtlichen Dienst- oder Arbeitsverhältnis.
**(1) Solange der Träger einer Versorgung aus einem öffentlich-rechtlichen Dienst- oder Amtsverhältnis keine interne Teilung vorsieht, ist ein dort bestehendes Anrecht zu dessen Lasten durch Begründung eines Anrechts bei einem Träger der gesetzlichen Rentenversicherung auszugleichen.
(2) Anrechte aus einem Beamtenverhältnis auf Widerruf sowie aus einem Dienstverhältnis einer Soldatin oder eines Soldaten auf Zeit sind stets durch Begründung eines Anrechts in der gesetzlichen Rentenversicherung auszugleichen.
(3) Das Familiengericht ordnet an, den Ausgleichswert in Entgeltpunkte umzurechnen. Wurde das Anrecht im Beitrittsgebiet erworben, ist die Umrechnung in Entgeltpunkte (Ost) anzuordnen.**

1 **A. Besondere Fälle der externen Teilung.** Solange ein Versorgungsträger einer Beamtenversorgung keine interne Lösung anbieten kann, verbleibt es bei der Übertragung des Anrechts in die gesetzliche Rentenversicherung. Sie fungiert auch hier als „Auffangbecken". Hiervon betroffen sind derzeit die Landesbeamten, soweit noch keine Regelungen für die interne Teilung vorgesehen sind. Die externe Teilung gilt gem § 16 II auch für die Beamten auf Widerruf und die Soldaten/Soldatinnen auf Zeit. Die besondere Erwähnung der Widerrufsbeamten und der Soldaten ist darin begründet, dass noch offen ist, ob die ausgleichspflichtige Person in ein Dienstverhältnis auf Lebenszeit wechselt oder aber das Dienstverhältnis durch Widerruf bzw Zeitablauf endet und damit eine Nachversicherung in der gesetzlichen Rentenversicherung erfolgt (§ 8 II Nr 1 SGB VI). Entsprechende Anwendung findet die Norm auf ein Anrecht aus einem Beamtenverhältnis nach den §§ 66, 67 BeamtVG, bei dem bis zum Ende der Amtszeit die Wartezeit nicht erfüllt werden kann (*Wick* Der Versorgungsausgleich 2. Aufl Rz 119; BT-Drs 16/10144, 60). Die Bewertung der Anrechte ist in § 44 IV geregelt. Nach den §§ 187, 225 I SGB VI hat der Versorgungsträger des Ausgleichspflichtigen die dem Rentenversicherungsträger entstandenen Sachaufwendungen zu erstatten. Einzelheiten sind in der Versorgungsausgleichs-Erstattungsverordnung – VAErstV (BGBl I 2001, 2628) geregelt.

2 **B. Umrechnung des Ausgleichswerts.** Grundsätzlich hat nur bei der internen Teilung eine Umrechnung in Entgeltpunkte zu erfolgen. III bestimmt auch für die externe Teilung iRd § 16 die Umrechnung in Entgeltpunkte (West oder Ost) durch das Familiengericht. Zu der Entscheidungsformel s. *Borth* Versorgungsausgleich 5. Aufl Rz 577.

§ 17 Besondere Fälle der externen Teilung von Betriebsrenten. Ist ein Anrecht im Sinne des Betriebsrentengesetzes aus einer Direktzusage oder einer Unterstützungskasse auszugleichen, so darf im Fall des § 14 Abs. 2 Nr. 2 der Ausgleichswert als Kapitalwert am Ende der Ehezeit höchstens die Beitragsbemessungsgrenze in der allgemeinen Rentenversicherung nach den §§ 159 und 160 des Sechsten Buches Sozialgesetzbuch erreichen.

Für Anrechte iSd Betriebsrentengesetzes aus einer Direktzusage oder einer Unterstützungskasse gilt im Fall 1
von § 14 II Nr 2 eine abweichende Wertgrenze. Es können durch die externe Teilung Anrechte ausgeglichen werden, die die Grenze des § 14 II Nr 2 überschreiten, aber nicht höher als die Beitragsbemessungsgrenze gem den §§ 159, 160 SGB VI sind. Der Versorgungsträger kann in diesem Fall die externe Teilung einseitig verlangen (BT-Drs 16/10144, 60). Der Arbeitgeber soll die Folgen einer internen Teilung, insb den Verwaltungsmehraufwand durch Aufnahme eines weiteren (betriebsfremden) Versorgungsempfängers dergestalt verhindern können.

Unterabschnitt 4   Ausnahmen

§ 18 Geringfügigkeit. (1) Ist ein Anrecht im Sinne des Betriebsrentengesetzes aus einer Direktzusage oder einer Unterstützungskasse auszugleichen, so darf im Fall des § 14 Abs. 2 Nr. 2 der Ausgleichswert als Kapitalwert am Ende der Ehezeit höchstens die Beitragsbemessungsgrenze in der allgemeinen Rentenversicherung nach den §§ 159 und 160 des Sechsten Buches Sozialgesetzbuch erreichen.
(2) Einzelne Anrechte mit einem geringen Ausgleichswert soll das Familiengericht nicht ausgleichen.
(3) Ein Wertunterschied nach Absatz 1 oder ein Ausgleichswert nach Absatz 2 ist gering, wenn er am Ende der Ehezeit bei einem Rentenbetrag als maßgeblicher Bezugsgröße höchstens 1 Prozent, in allen anderen Fällen als Kapitalwert höchstens 120 Prozent der monatlichen Bezugsgröße nach § 18 Abs. 1 des Vierten Buches des Sozialgesetzbuch beträgt.

A. Vorbemerkung. Die Regelung des möglichen Ausschlusses wegen Geringfügigkeit ist neu. Ausgeschlossen 1
ist der Versorgungsausgleich, wenn dieser unverhältnismäßig und für die Parteien unwirtschaftlich wäre. Es obliegt den Gerichten, diese Konstellation mit den Eheleuten zu erörtern. Kommt es zu einem Ausschluss, muss kein Verzicht erklärt werden, die Parteien müssen auch nicht beiderseitig anwaltlich vertreten sein, da es sich um eine gerichtliche Entscheidung und nicht um eine Vereinbarung handelt.

B. Geringe Wertdifferenz der Ausgleichswerte, Abs 1. Von einem Ausgleich ist abzusehen, wenn die Wert- 2
differenz gering ist. Das ist der Fall, wenn beide Eheleute annähernd gleich hohe Anwartschaften in der Ehezeit erzielt haben. Es ist eine Vorsorgevermögensbilanz auf Kapitalwertbasis zu erstellen. Hierfür ist der von den Versorgungsträgern mitzuteilende korrespondierende Kapitalwert heranzuziehen (§ 47). Würde auch bei gleichwertiger Versorgung der interne Ausgleich durchgeführt werden, würden bei zwar gleichwertiger Absicherungen aber Bestehen bei unterschiedlichen Versorgungsträgern neue versorgungsrechtliche Beziehungen begründet werden ohne jedoch einen Wertausgleich zu erreichen.

C. Geringer Ausgleichswert, Abs 2. Ein Ausgleich mit geringem Ausgleichswert erfolgt nicht. Das Gericht 3
entscheidet anhand des mitgeteilten Ausgleichswertes, ob die Wertgrenze des III unterschritten ist.

D. Wertgrenze für die Geringfügigkeit, Abs 4. Die Geringfügigkeitsgrenze gilt sowohl für I als auch für II. 4
Die Wertgrenze bemisst sich nach der monatlichen Bezugsgröße des § 18 I SGB IV, die regelmäßig angepasst wird und damit auch künftige Entwicklungen erfasst. Die Wertgrenze liegt bei einem 1 Prozent der monatlichen Bezugsgröße oder bei 120 Prozent für den Kapitalwert. Zur Zeit sind es 25,55 € für eine monatliche Rente und als Kapitalwert 3.066,– €. Es ist jeweils nur eine Wertgrenze zu prüfen Die Wertgrenzen entsprechen denen des § 3 II BetrAVG. Auch dort ist eine Abfindungsregelung bei geringen Werten vorgesehen. Entsprechend kann der Versorgungsträger bei Anrechten unterhalb dieser Wertgrenzen nicht verpflichtet werden, einen Wertausgleich durchzuführen.

§ 19 Fehlende Ausgleichsreife. (1) ¹Ist ein Anrecht nicht ausgleichsreif, so findet insoweit ein Wertausgleich bei Scheidung nicht statt. ²§ 5 Abs. 2 gilt entsprechend.
(2) Ein Anrecht ist nicht ausgleichsreif,
1. wenn es dem Grund oder der Höhe nach nicht hinreichend verfestigt ist, insbesondere als noch verfallbares Anrecht im Sinne des Betriebsrentengesetzes,
2. soweit es auf eine abzuschmelzende Leistung gerichtet ist,
3. soweit sein Ausgleich für die ausgleichsberechtigte Person unwirtschaftlich wäre oder
4. wenn es bei einem ausländischen, zwischenstaatlichen oder überstaatlichen Versorgungsträger besteht.

(3) Hat ein Ehegatte nicht ausgleichsreife Anrechte nach Abs. 2 Nr. 4 erworben, so findet ein Wertausgleich bei der Scheidung auch in Bezug auf die sonstigen Anrechte der Ehegatten nicht statt, soweit dies für den anderen Ehegatten unbillig wäre.
(4) Ausgleichsansprüche nach der Scheidung gemäß den §§ 20 bis 26 bleiben unberührt.

1 **A. Vorbemerkung.** Vom Wertausgleich bei der Scheidung sind die Anrechte ausgenommen, die noch nicht ausgleichsreif sind. Für diese findet der Ausgleich nach der Scheidung und damit schuldrechtlich statt. Gem § 224 IV FamFG sind die Anrechte, die noch nicht ausgeglichen sind, in die Begründung der Entscheidung aufzunehmen. Damit soll die ausgleichsberechtigte Person an den noch offenen Ausgleich erinnert werden. Der Begriff der fehlenden Ausgleichsreife ist weitreichender als der der Unverfallbarkeit. Für die Überprüfung der Ausgleichsreife wird grds auf das Ende der Ehezeit abgestellt, Veränderungen bis zur Entscheidung sind jedoch zu berücksichtigen. Wird zB ein betriebliches Anrecht in dieser Zeit unverfallbar, ist es zu berücksichtigen.

2 **B. Fälle fehlender Ausgleichsreife.** Die Nrn 1 bis 4 des II bestimmen die Fälle der fehlenden Ausgleichsreife. Nr 1 erfasst die noch verfallbaren betrieblichen Anrechte. Solange sie noch verfallbar sind, sind sie nicht zu berücksichtigen. Nr 2 erfasst abzuschmelzende Rechte, ein „degressives Recht" besteht, wenn Anrechnungsbestimmungen bestehen und die Anrechte wegen ihrer Anrechnung auf Versorgungen abgeschmolzen werden. Erfasst werden damit auch die Sachverhalte, die bislang in § 3 I Nr 6 und 7 VAÜG geregelt waren. Gemeint sind auch Abflachungsbeträge in der Beamtenversorgung (BGH v 14.3.07 XII ZR 85/03). Nr 3 ist dem bisherigen § 1587b IV BGB nachgebildet. Ein Wertausgleich unterbleibt, wenn dieser sich nicht zu Gunsten der ausgleichsberechtigten Person auswirken kann, zB wenn mit dem Ausgleich erst- und letztmalig Anwartschaften Anrechte in der gesetzlichen Rentenversicherung begründet werden, notwendige Wartezeiten hierdurch aber nicht erfüllt werden und die ausgleichsberechtigte Person hieraus keine Rente erzielen kann. Nach Nr 4 sind ausländische Anrechte grds nicht ausgleichsreif. Ausländische Versorgungsträger können von deutschen Gerichten nicht verpflichtet werden, ein Anrecht auszugleichen oder eine Person in ihr Versorgungssystem aufzunehmen. Das Gericht soll aber auch diese Anrechte aufklären, es sei denn, dadurch würde sich das Verfahren erheblich verzögern. Da ein Gesamtsaldo nicht mehr gebildet wird, werden diese Auskünfte nicht zwingend benötigt.

3 **C. Überprüfung nach Billigkeitsgesichtspunkten.** Ist der Ausgleich, würde er iÜ durchgeführt werden, unbillig, besteht nach III eine Ausgleichssperre. Dies ist dann der Fall, wenn sich das Ergebnis zu Lasten des Ausgleichsberechtigten verschiebt. Vermieden werden soll zB, dass ein Ehegatte mit hohen Anrechten im Ausland im Zuge der internen Teilung von dem anderen Anrechte in der gesetzlichen Rentenversicherung erhält und der andere auf den schuldrechtlichen Ausgleich verwiesen wird. Diese Unbilligkeit besteht nicht, wenn der Ehegatte mit den ausländischen Anrechten zugleich auch die höheren Anrechte in der gesetzlichen Rentenversicherung hat. Die Ausgleichssperre greift dann nicht ein, der Ausgleich kann durchgeführt werden.

4 **D. Rechtliche Folgen für den Ausgleich nach der Scheidung.** Ausgleichsansprüche nach der Scheidung bleiben von diesen Bestimmungen unberührt. Der schuldrechtliche Ausgleich wird durchgeführt, eine Abfindung oder die Teilhabe an der Hinterbliebenenversorgung ist möglich.

Abschnitt 3   Ausgleichsansprüche nach der Scheidung

Unterabschnitt 1   Schuldrechtliche Ausgleichszahlungen

§ 20 Anspruch auf schuldrechtliche Ausgleichsrente.
(1) ¹Bezieht die ausgleichspflichtige Person eine laufende Versorgung aus einem noch nicht ausgeglichenen Anrecht, so kann die ausgleichsberechtigte Person von ihr den Ausgleichswert als Rente (schuldrechtliche Ausgleichsrente) verlangen. ²Die auf den Ausgleichswert entfallenden Sozialversicherungsbeiträge oder vergleichbaren Aufwendungen sind abzuziehen. ³§ 18 gilt entsprechend.
(2) Der Anspruch ist fällig, sobald die ausgleichsberechtigte Person
1. eine laufende Versorgung im Sinne des § 2 bezieht,
2. die Regelaltersgrenze der gesetzlichen Rentenversicherung erreicht hat oder
3. die gesundheitlichen Voraussetzungen für eine laufende Versorgung wegen Invalidität erfüllt.
(3) Für die schuldrechtliche Ausgleichsrente gelten § 1585 Abs. 1 Satz 2 und 3 sowie § 1585b Abs. 2 und 3 des Bürgerlichen Gesetzbuchs entsprechend.

1 **A. Vorbemerkungen.** Der 3. Abschnitt des VersAusglG befasst sich mit den Ansprüchen nach der Scheidung. In seinem Unterabschnitt 1 finden sich die Voraussetzungen für die schuldrechtlichen Ausgleichszahlungen in Form der schuldrechtlichen Ausgleichsrente oder Kapitalzahlung sowie die Bedingungen für deren Abtre-

tung, §§ 20 – 22. Der Unterabschnitt 2 regelt den Anspruch der ausgleichsberechtigten Person auf Abfindung, §§ 23, 24. Im Unterabschnitt 3 ist die Teilhabe an der Hinterbliebenenversorgung erfasst, §§ 25, 26.

B. Allgemeines. Der Ausgleichsanspruch nach der Scheidung kommt entgegen des tatbestandlich weiter gefassten Wortlauts des § 20 nur in Betracht bei fehlender Ausgleichsreife (§ 19) oder einem ehevertraglichen Vorbehalt, § 6 I Nr 3. Zum bisherigen Anwendungsbereich des schuldrechtlichen (verlängerten) Versorgungsausgleichs nach dem bis zum 31.8.09 geltenden Recht, s. Vorauflage § 1587f BGB, §§ 2, 3 ff VAHRG. 2

C. Schuldrechtliche Ausgleichsrente. I. Legaldefinition. In § 20 I ist der Anspruch auf die schuldrechtliche Ausgleichsrente legal definiert. Der Ausgleich erfolgt in Form einer Rentenzahlung. Die Ausgleichsrente hat unterhaltsähnlichen Charakter (vgl *Borth* Versorgungsausgleich 5. Aufl Rz 668). I befasst sich mit der Höhe der Rente. Die Höhe des Anspruchs richtet sich nach dem Ausgleichswert (Ehezeitanteil), § 5. Der Ausgleichswert wird nach denselben Grundsätzen wie der Wertausgleich bei der Scheidung nach den §§ 39 – 46 bestimmt. Es wird aber ausschließlich der Nettobetrag übertragen. So werden gem § 20 I 2 die auf den Ausgleichswert entfallenden Sozialversicherungsbeiträge oder vergleichbaren Aufwendungen in Abzug gebracht. Beträgt demnach der Ehezeitanteil der Bruttorente 1.000,00 € und der hierauf beruhende Ausgleichswert 500,00 €, beträgt die Ausgleichsrente bei einer Beitragslast von 17 % für Kranken- und Pflegeversicherungsbeiträge noch 415,00 € (500,00 € ./. 85,00 € <entspricht 17 %> = 415,00 €), BT-Drs 16/10144, 64. 3

II. Voraussetzungen. Der Ausgleich nach der Scheidung setzt nach I voraus, dass die anspruchsberechtigten Personen geschiedene Eheleute sind und die ausgleichspflichtige Person eine laufende Versorgung aus einem noch nicht ausgeglichenen Anrecht bezieht. 4
Der Begriff der laufenden Versorgung schließt bloße Anwartschaften vom Anwendungsbereich des I aus. Die ausgleichspflichtige Person muss eine Versorgungsleistung bereits beziehen. Es ist unerheblich, ob der Bezug der Rente aufgrund des Erreichens der Regelaltersgrenze, einer vorgezogenen Altersgrenze oder wegen Invalidität (teilweise oder volle Erwerbsminderung) eingetreten ist (*Borth* Versorgungsausgleich 5. Aufl Rz 664).
Die Versorgungsleistung betrifft ein Anrecht iSv I, das bei der Scheidung noch nicht ausgeglichen wurde, wenn ihm die Ausgleichsreife iSd § 19 fehlte. Hierunter fallen Anrechte, insb die betrieblichen Anrechte, die bei der Entscheidung über den Versorgungsausgleich noch verfallbar waren und zwischenzeitlich unverfallbar geworden sind (§ 19 II Nr 1) sowie Anrechte, die auf eine abzuschmelzende Leistung gerichtet sind (§ 19 II Nr 2), deren Ausgleich für die ausgleichsberechtigte Person unwirtschaftlich (§ 19 II Nr 3) wäre oder die bei ausländischen, zwischenstaatlichen oder überstaatlichen Versorgungsträgern erworben wurden und die weder intern noch extern geteilt werden können (§ 19 II Nr 4), weil sie der deutschen Jurisdiktion nicht unterliegen (s. die Kommentierung zu § 19). 5
In den Anwendungsbereich fallen zudem Anrechte, die sich in einen verfallbaren und unverfallbaren Teil aufspalten. Des Weiteren zählen zu einem „nicht ausgeglichenen Anrecht" auch Versorgungen mit einer zum Zeitpunkt der Entscheidung noch verfallbaren Einkommensdynamik, insb endgehaltsbezogene betriebliche Anrechte (§ 45 I), bei denen zum Zwecke der Wertberechnung das fiktive Ausscheiden des Beschäftigten aus dem Unternehmen am Ende der Ehezeit zugrundegelegt wird und damit auf ein Endgehalt als maßgebliche endgültige Bezugsgröße abgestellt wird, das noch nicht bekannt ist (BT-Drs 16/10144, 64). Hinsichtlich der Besonderheiten beim schuldrechtlichen Ausgleich einer Zusatzversorgung des öffentlichen Dienstes wird verwiesen auf *Borth* Versorgungsausgleich 5. Aufl Rz 688 f. 6
Letztlich können auch die Ehegatten vertraglich iSd § 6 I 2 Nr 3 den Wertausgleich bei der Scheidung ausschließen und den schuldrechtlichen Ausgleich nach der Scheidung vereinbaren. 7
Vom Ausgleich nach der Scheidung nicht erfasst, werden Anrechte, die beim Wertausgleich bei der Scheidung schlichtweg „vergessen" wurden. Insoweit kommt auch kein Abänderungsverfahren nach § 225 FamFG in Betracht, da dieses nur die nach dem Ende der Ehezeit eintretende Veränderung der rechtlichen oder tatsächlichen Verhältnisse der berücksichtigten Anrechte betrifft, die auf den ermittelten Ehezeitanteil (Ausgleichswert) zurückwirkt. Es erfolgt eben nach dem seit dem 1.9.09 geltenden Versorgungsausgleichsrecht keine Überprüfung des gesamten Wertausgleichs, in Form der „Totalrevision", mehr. In Betracht kommt in diesen Fällen allein eine Wiederaufnahme des Verfahrens gem § 48 II FamFG, wenn ein vorsätzliches Verschweigen festgestellt werden kann, oder aber ein Schadensersatzanspruch nach § 823 II BGB iVm § 263 StGB (so auch *Borth* Versorgungsausgleich 5. Aufl Rz 682 f) gegeben ist. 8
Ebenso wenig können Anrechte iSv I schuldrechtliche Ausgleichszahlungen begründen, die die Geringfügigkeitsgrenze nicht überschreiten, denn der nacheheliche Ausgleich darf gem § 20 I 3 iVm § 18 nicht wegen Geringfügigkeit ausgeschlossen sein; vgl. hierzu die Kommentierung zu § 18 (§ 20 I 3). 9

D. Fälligkeit des schuldrechtlichen Ausgleichsanspruchs. § 20 II regelt den Zeitpunkt, von dem an die Ausgleichsrente verlangt werden kann. Neben der grundlegenden Bedingung des Versorgungsbezuges der ausgleichspflichtigen Person (§ 20 I) hat die ausgleichsberechtigte Person alternativ eine eigene laufende Versorgung nach § 2 (eine Regelaltersrente oder eine Invaliditätsrente vor dem Erreichen der Regelaltersgrenze) zu beziehen (II Nr 1), die Regelaltersrente der gesetzlichen Rentenversicherung erreicht zu haben (II Nr 2) oder die Voraussetzungen für eine laufende Invaliditätsversorgung zu erfüllen (II Nr 3). Zur Vermeidung von Ver- 10 sorgungslücken kommt es nach II Nr 2 nicht auf den Bezug einer Regelaltersrente an. Genauso erfasst II Nr 3 erweiternd auch die Fälle, bei denen die ausgleichsberechtigte Person ausnahmsweise (noch) keine eigene Rente bezieht, sei es weil sie über eine derartige Versorgung nicht verfügt oder weil sie die versicherungsrechtlichen Voraussetzungen nicht erfüllt. Maßgeblich ist auch insoweit nur, ob die Voraussetzungen des Bezuges einer Invaliditätsrente vorliegen, nicht der Bezug selbst (BT-Drs 16/10144, 64). Als Maßstab für die „gesundheitlichen Voraussetzungen für eine laufende Versorgung wegen Invalidität" bietet es sich an, auf die zu § 43 I, II SGB VI entwickelten Grundsätze abzustellen, insb zu prüfen, ob das Ende der Gesundheitsbeeinträchtigung nicht erkennbar ist oder die Krankheit bereits sechs Monate angedauert hat (*Borth* Versorgungsausgleich 5. Aufl Rz 672). § 20 II Nr 3 ist demgegenüber nicht anwendbar, wenn die Erwerbslosigkeit auf einer unterhaltsrechtlichen Bedürftigkeit begründet ist (§§ 1570 ff BGB), da der Versorgungsausgleich nur den Ausgleich der in der Ehe erlangten Rentenanrechte bezweckt.

11 **E. Zahlungsmodalitäten, Rückstand und Vollstreckung.** Gem § 20 III iVm § 1585 I 2 BGB ist die Rente monatlich im Voraus fällig; auch wenn einige Versorgungssysteme erst am Ende des Monats leisten (§ 118 I SGB IV). Es ist der volle Monatsbetrag zu entrichten, unabhängig davon, ob der Berechtigte im Laufe des betroffenen Monats verstirbt (§ 1585 I 3 BGB). Anspruch auf den Ausgleich nach der Scheidung steht dem Berechtigten erst mit dessen Geltendmachung bzw der Geltendmachung auf (Stufen-)Auskunft zu (§§ 20 III; 1585b II, 1613 I BGB). Die Pflicht zur Auskunftserteilung und Belegvorlage ergibt sich aus § 4 und für das gerichtliche Verfahren aus § 220 FamFG. Für einen Rückstand, der einen Zeitraum von mehr als einem Jahr vor der gerichtlichen Geltendmachung betrifft, ist ein Ausgleich nur noch geschuldet, wenn sich die ausgleichsverpflichtete Person absichtlich dem Ausgleich entzogen hat (§ 20 III, § 1585b III BGB).

12 **F. Tod der ausgleichsberechtigten oder ausgleichsverpflichteten Person, Wiederheirat.** Die Ausgleichsansprüche nach den §§ 20 – 24 erlöschen mit dem Tod eines Ehegatten, § 31 III. Die bis zu dem Tod fällig gewordenen Ansprüche auf Erfüllung oder Schadensersatz wegen Nichterfüllung erlöschen jedoch nicht. Sie gehen auf die Erben über, vgl. § 31 III 3 iVm § 1586 II BGB. Ebenso verhält es sich mit den bis zum Tod des Verpflichteten fällig gewordenen Ausgleichsansprüchen. Der Ausgleichsanspruch erlischt bei einer Wiederheirat des Ausgleichsberechtigten nicht.

13 **G. Prozessuales.** Für die Durchsetzung der Ansprüche nach der Scheidung bedarf es eines gerichtlichen Verfahrens nicht. Sofern der Ausgleich gerichtlich beantragt wird, unterliegt das Verfahren den Regelungen des FamFG. Es gilt der Amtsermittlungsgrundsatz. Ein Anwaltszwang besteht nicht, solange die Ausgleichsrente nicht im Verbund geltend gemacht wird.

14 **H. Steuerrechtliche Auswirkungen.** Die ausgleichspflichtige Person kann eine schuldrechtliche Ausgleichsrente nach dem ab dem 1.1.08 geltenden § 10 I Nr 1b EStG in vollem Umfang abziehen, wenn die dem Ausgleich zugrundeliegenden Einnahmen der Besteuerung (nachgelagerte Besteuerung) unterliegen und die ausgleichsberechtigte Person diese nach § 22 Nr 1c EStG zu versteuern hat.

§ 21 Abtretung von Versorgungsansprüchen.

(1) Die ausgleichsberechtigte Person kann von der ausgleichspflichtigen Person verlangen, ihr den Anspruch gegen den Versorgungsträger in Höhe der Ausgleichsrente abzutreten.
(2) Für rückständige Ansprüche auf eine schuldrechtliche Ausgleichsrente kann keine Abtretung verlangt werden.
(3) Eine Abtretung nach Absatz 1 ist auch dann wirksam, wenn andere Vorschriften die Übertragung oder Pfändung des Versorgungsanspruchs ausschließen.
(4) Verstirbt die ausgleichsberechtigte Person, so geht der nach Absatz 1 abgetretene Anspruch gegen den Versorgungsträger wieder auf die ausgleichspflichtige Person über.

1 **A. Abtretungsrecht.** § 21 I, der § 1587i I BGB aF entspricht, gewährt der ausgleichsberechtigten Person einen Anspruch auf Abtretung zum Zwecke der Durchsetzung der Ausgleichsrente. Die Abtretung stellt damit eine echte Alternative zur Zwangsvollstreckung dar. Sie setzt einen fälligen und noch nicht vom Versorgungsträger erfüllten Anspruch des Ausgleichsverpflichteten voraus. Die Abtretung erfolgt durch Vertrag (§ 398 BGB) oder durch Vollstreckung eines entsprechenden Titels (§ 95 FamFG, § 894 ZPO).

2 **B. Abtretungsausschluss bei rückständigen Leistungsansprüchen.** Eine Abtretung auf zukünftige Leistungen für rückständige Ansprüche auf Ausgleich ist gem § 21 II ausgeschlossen. So soll verhindert werden, dass mit Hilfe der Abtretung rückständige Ansprüche auf eine schuldrechtliche Ausgleichsrente durchgesetzt werden. Den Ehegatten bleibt es davon unbenommen, abweichende Vereinbarungen über eine Abtretung zu treffen. Die Bestimmung begrenzt nur den gesetzlichen Anspruch der ausgleichsberechtigten Person (BT-Drs 16/10144, 64).

3 **C. Beseitigung des Schuldnerschutzes.** Die Wirksamkeit der Abtretung ist nach § 21 III unabhängig davon, ob andere Regelungen eine Übertragbarkeit oder Pfändbarkeit des zugrundeliegenden Versorgungsanspruchs

ausschließen (sieh dazu zB § 2 II 4 BetrAVG iVm § 851 ZPO oder §§ 399 f BGB). Damit wird der Schuldnerschutz zugunsten des Versorgungsausgleichs beseitigt. Die Abtretung erfolgt nur erfüllungshalber. Erfüllung selbst tritt erst ein mit dem tatsächlichen Ausgleich.

D. Tod der ausgleichsberechtigten Person. Mit dem Tod des Berechtigten erlischt der Ausgleichsanspruch nach § 20 gem § 31 III 1. Damit geht auch der abgetretene Anspruch kraft Gesetzes wieder auf den Versorgungsträger der ausgleichsverpflichteten Person über, § 21 IV. 4

E. Anpassung und Durchsetzung der Abtretungsentscheidung. Bei wesentlichen Änderungen der Verhältnisse mit Einfluss auf den Ausgleichswert kann eine Entscheidung zur Abtretung gem §§ 227 I, 48 I FamFG angepasst werden. Der Anspruch auf Abtretung wird im Verfahren der freiwilligen Gerichtsbarkeit geltend gemacht. Er kann sowohl gleichzeitig mit der Ausgleichsrente nach § 20 I oder auf der Basis eines zwischen dem Ausgleichsberechtigten und Ausgleichsverpflichteten geschlossenen Abtretungsvertrages selbständig verlangt werden. Inhalt des Antrags ist die Verpflichtung zur Abgabe der Abtretungserklärung. Sie wird mit Rechtskraft der Entscheidung gem § 95 I Nr 5 FamFG, § 894 ZPO durch das Urt ersetzt. 5

§ 22 Anspruch auf Ausgleich von Kapitalzahlungen. ¹Erhält die ausgleichspflichtige Person Kapitalzahlungen aus einem noch nicht ausgeglichenen Anrecht, so kann die ausgleichsberechtigte Person von ihr die Zahlung des Ausgleichswerts verlangen. ²Im Übrigen sind die §§ 20 und 21 entsprechend anzuwenden.

A. Ausgleich von Kapitalzahlungen. Die Vorschrift stellt klar, dass auch Kapitalzahlungen auf ein noch nicht ausgeglichenes Anrecht dem Ausgleich nach der Scheidung unterfallen, da die §§ 20, 21 eine Leistung in Rentenform voraussetzen. So werden auch betriebliche Anrechte oder Anrechte iSd Altersvorsorge-Zertifizierungsgesetzes berücksichtigt, die nach § 2 II Nr 3 auch dann in den Versorgungsausgleich einbezogen werden, wenn sie auf Kapitalzahlung gerichtet sind und ein Wertausgleich bei der Scheidung noch nicht erfolgt ist (BT-Drs 16/10144, 65). Die Höhe des Ausgleichsanspruchs bestimmt sich gem § 41 I. Es ist der tatsächlich ausgezahlte Kapitalbetrag zugrunde zu legen. 1

B. Entsprechende Anwendung der §§ 20, 21. Im Übrigen werden die Bestimmungen der §§ 20, 21 entsprechend angewandt. So sind insb nach § 20 I 2 entsprechend die Sozialversicherungsbeiträge oder vergleichbaren Aufwendungen bei Ausgleich des Kapitalbetrages abzuziehen. Bei nur ratenweiser Auszahlung des Kapitalbetrages, wird der Ausgleichsanspruch auch nur in Abhängigkeit zu den Teilzahlungen und nicht mit der ersten Rate in vollem Umfang fällig, § 20 II analog. Der Anspruch kann auch rückwirkend geltend gemacht werden. Eine besondere Schutzbedürftigkeit der ausgleichspflichtigen Person kennt die Norm nicht, da zumeist die Kapitalzahlung nicht auf den laufenden Unterhalt verwendet werden wird und bei Auszahlung bereits hinreichend bekannt ist, dass ein Teil an die ausgleichsberechtigte Person auszukehren ist. 2

Unterabschnitt 2   Abfindung

§ 23 Anspruch auf Abfindung, Zumutbarkeit. (1) ¹Die ausgleichsberechtigte Person kann für ein noch nicht ausgeglichenes Anrecht von der ausgleichspflichtigen Person eine zweckgebundene Abfindung verlangen. ²Die Abfindung ist an den Versorgungsträger zu zahlen, bei dem ein bestehendes Anrecht ausgebaut oder ein neues Anrecht begründet werden soll.
(2) Der Anspruch nach Absatz 1 besteht nur, wenn die Zahlung der Abfindung für die ausgleichsberechtigte Person zumutbar ist.
(3) Würde eine Einmalzahlung die ausgleichspflichtige Person unbillig belasten, so kann sie Ratenzahlung verlangen.

A. Anspruch auf Abfindung. Der in I geregelte Anspruch auf Abfindung entspricht der bisherigen Regelung in § 1587l I. Durch die Abfindung wird die Möglichkeit eröffnet, einen vollständigen Ausgleich herbeizuführen auch wenn ein interner oder externer Ausgleich noch nicht möglich ist. Denkbar ist auch eine Abfindung in der Ausgleichsphase wenn bereits eine schuldrechtliche Rente verlangt werden kann oder der Bezug schon begonnen hat. Die Abfindung wird nicht zur freien Verfügung gezahlt, sondern nur zweckgebunden. 1

B. Zumutbarkeit. Eine Abfindung kann gem II nur verlangt werden, wenn dies zumutbar ist. Da die Abfindung aus dem sonstigen Vermögen aufgebracht werden muss, sind an die Zumutbarkeitsprüfung hohe Anforderungen zu stellen. Die wirtschaftliche Bewegungsfreiheit darf nicht zu sehr eingeschränkt werden, eine Abfindung darf nur angeordnet werden, wenn der eigene angemessene Unterhalt und derjenige anderer Unterhaltsberechtigter nicht beeinträchtigt wird (*Borth* Versorgungsausgleich 5. Aufl Rz 710 ff). Das Familiengericht hat alle Umstände des Einzelfalls zu würdigen. 2

C. Ratenzahlung. Die ausgleichspflichtige Person kann Ratenzahlung verlangen. 3

§ 24 Höhe der Abfindung, Zweckbindung. (1) ¹Für die Höhe der Abfindung ist der Zeitwert des Ausgleichswertes maßgeblich. ²§ 18 Abs. 2, 3 Satz 1 und Abs. 4 gilt entsprechend.
(2) Für das Wahlrecht hinsichtlich der Zielversorgung gilt § 15 entsprechend.

1 **A. Abfindungshöhe.** Ausgangspunkt für die Feststellung der Abfindungshöhe ist gem I der Ausgleichswert des noch ausgleichenden Anrechts, der zum Eheendzeit als Kapitalwert oder korrespondierender Kapitalwert nach § 47 bestanden hat. Zu ermitteln ist der Zeitwert. Wird die Abfindung nicht zeitnah zu dem Eheendzeit geltend gemacht, ist der weitere Wertzuwachs zu berücksichtigen. Wird eine schuldrechtliche Rente bereits gezahlt, ist der Wert um den Wert der bezogenen Rente zu vermindern.
Nach I 2 werden Anrechte mit einem geringen Wert werden nicht abgefunden.

2 **B. Wahlrecht der ausgleichsberechtigten Person.** Die ausgleichsberechtigte Person kann wählen, ob eine bestehende Versorgung ausgebaut oder eine neue aufgebaut werden soll. Die Zweckbindung ist durch den Verweis in II auf § 15 III 3 gesichert. Wird das Wahlrecht nicht ausgeübt, bestimmt § 15 III, dass ein Anrecht bei der gesetzlichen Rentenversicherung zu begründen ist.

Unterabschnitt 3 Teilhabe an der Hinterbliebenenversorgung

§ 25 Anspruch gegen den Versorgungsträger.
(1) Stirbt die ausgleichspflichtige Person und besteht ein noch nicht ausgeglichenes Anrecht, so kann die ausgleichsberechtigte Person die Hinterbliebenenversorgung verlangen, die sie erhielte, wenn die Ehe bis zum Tod der ausgleichspflichtigen Person fortbestanden hätte.
(2) Der Anspruch ist ausgeschlossen, wenn das Anrecht wegen einer Vereinbarung der Ehegatten nach den §§ 6 bis 8 oder wegen fehlender Ausgleichsreife nach § 19 Abs. 2 Nr. 2 oder Nr. 3 oder Abs. 3 vom Wertausgleich bei der Scheidung ausgenommen worden war.
(3) ¹Die Höhe des Anspruchs ist auf den Betrag beschränkt, den die ausgleichsberechtigte Person als schuldrechtliche Ausgleichsrente verlangen könnte. ²Leistungen, die sie von dem Versorgungsträger als Hinterbliebener erhält, sind anzurechnen.
(4) § 20 Abs. 2 und 3 gilt entsprechend.
(5) Eine Hinterbliebenenversorgung, die der Versorgungsträger an die Witwe oder den Witwer der ausgleichspflichtigen Person zahlt, ist um den nach den Absätzen 1 und 3 errechneten Betrag zu kürzen.

1 **A. Hinterbliebenenversorgung.** Wird der Ausgleich schuldrechtlich durchgeführt, besteht kein eigenständiger Anspruch der ausgleichsberechtigten Person gegen den Versorgungsträger. Um eine Versorgungslücke, die mit dem Tod des Ausgleichspflichtigen eintreten kann, zu vermeiden, wird die Teilhabe an der Hinterbliebenenversorgung in § 5 normiert. Wie in der bisherigen Regelung in § 3a VAHRG bestehen Ansprüche gegen den Versorgungsträger soweit eine Hinterbliebenenversorgung besteht (nach altem Recht: „verlängerter schuldrechtlicher Versorgungsausgleich"). Besteht eine Hinterbliebenenversorgung hat der Ausgleichsberechtigte einen eigenständigen Anspruch gegen den Versorgungsträger.

2 **I. Voraussetzungen.** Voraussetzung nach I ist, dass ein Anrecht noch nicht ausgeglichen ist und eine Hinterbliebenenversorgung besteht. Eine Wiederverheiratungsklausel in den Satzungsbestimmungen, dass bei Wiederheirat der Witwen-/Witweranspruch entfällt, ist zulässig und findet auch Anwendung auf den geschiedenen Ausgleichsberechtigten. Der geschiedene Ehegatte ist nicht besser zu stellen als der Ehegatte dessen Ehe durch Tod beendet wurde. Ein noch nicht ausgeglichenes Anrecht besteht, wenn der Verstorbene die Rente bereits bezog oder vor dem Erreichen des Rentenalters verstarb.

3 **II. Ausschluss des Anspruchs auf Teilhabe.** Der Anspruch auf Teilhabe ist gem II ausgeschlossen, wenn eine Vereinbarung getroffen wurde oder die Anrechte noch nicht ausgleichsreif sind. Damit sollen die Versorgungsträger vor zusätzlichen wirtschaftlichen Belastungen geschützt werden.

4 **III. Anspruchshöhe.** Die Höhe des Anspruchs bestimmt sich nach der schuldrechtlichen Ausgleichsrente, ist aber der Höhe nach auf die Höhe der Hinterbliebenenversorgung begrenzt. Geringfügige Anrechte sollen nicht ausgeglichen werden, es sei denn, es besteht ein besonderer Anlass den Ausgleich durchzuführen. Jedes Anrecht im schuldrechtlichen Versorgungsausgleich wird gesondert ausgeglichen. Eine Verrechnung erfolgt nicht. Soweit eine Hinterbliebenenversorgung von demselben Versorgungsträger gewährt wird, hat nach 2 eine Anrechnung zu erfolgen.

5 **IV. Fälligkeit des Anspruchs.** Fällig ist der Anspruch, wenn die Fälligkeitsvoraussetzungen in der Person der *ausgleichsberechtigten Person* erfüllt sind, IV iVm § 20 II. Mit dem Verweis auf § 20 III ist sichergestellt, dass eine rückwirkende Inanspruchnahme des Versorgungsträgers nicht möglich ist.

V. Auswirkung des Ausgleichs für Witwe und Witwer. Eine Doppelbelastung der Versorgungsträger wird durch die Kürzungsbestimmung vermieden, V. 6

B. Verfahren. Eine rechtsgestaltende Entscheidung ist nicht notwendig. Der Anspruch kann ohne Gerichtsverfahren von den Beteiligten festgelegt werden. Auf Antrag wird das Verfahren vor dem Familiengericht eingeleitet, § 223 FamFG. Da der Grundsatz der Amtsermittlung gilt, ist ein bezifferter Antrag nicht notwendig (*Borth* Versorgungsausgleich 5. Aufl Rz 751). 7

§ 26 Anspruch gegen die Witwe oder den Witwer.
(1) Besteht ein noch nicht ausgeglichenes Anrecht bei einem ausländischen, zwischenstaatlichen oder überstaatlichen Versorgungsträger, so richtet sich der Anspruch nach § 25 Abs. 1 gegen die Witwe oder den Witwer der ausgleichspflichtigen Person, soweit der Versorgungsträger an die Witwe oder den Witwer eine Hinterbliebenenversorgung leistet.
(2) § 25 Abs. 2 bis 4 gilt entsprechend.

A. Anspruch der Ausgleichsberechtigten gegen Witwe und Witwer. Besteht keine Hinterbliebenenversorgung, da der Versorgungsträger nicht dem Geltungsbereich des Gesetztes unterliegt, richtet sich der Anspruch gegen die Witwe oder den Witwer, I. Es handelt sich um eine Auffangnorm. 1

B. Höhe und Fälligkeit des Anspruchs. Die Höhe und Fälligkeit des Anspruchs ergeben sich gem II aus § 25 II-IV. Eine Leistungspflicht besteht erst, wenn die Witwe/der Witwer eine Leistung bezieht. Nach § 4 I besteht hierzu ein Auskunftsanspruch (*Borth* Versorgungsausgleich 5. Aufl Rz 756). 2

Abschnitt 4 Härtefälle

§ 27 Beschränkung oder Wegfall des Versorgungsausgleichs.
¹Ein Versorgungsausgleich findet ausnahmsweise nicht statt, soweit er grob unbillig wäre. ²Dies ist nur der Fall, wenn die gesamten Umstände des Einzelfalles es rechtfertigen, von der Halbteilung abzuweichen.

A. Vorbemerkung. Der regulär durchgeführte Versorgungsausgleich bewirkt eine rein formale hälftige Teilhabe an den in der Ehe erworbenen Anrechten. Das Scheitern der Ehe ändert nicht rückwirkend die gemeinsame Zweckbestimmung in Bezug auf den Erwerb als ehezeitlich erlangtes Versorgungsvermögen. Dagegen revidiert ein (teilweiser) Ausschluss diese Zweckbestimmung und würde aus unterhaltsrechtlicher Sicht einer Rückgewährverpflichtung längst erhaltenen Unterhalts gleichkommen. Ein derartiger Eingriff kann nicht bereits auf § 242 BGB gestützt werden, sondern ist erst dann zulässig, wenn das „Behalten" der (auszugleichenden) Anrechte bei einer Gesamtabwägung unerträglich und damit grob unbillig erscheint (vgl zum früheren Recht bereits BT-Drs 7/650, 162). § 27 stellt die Grundlage (Generalklausel) für eine für notwendig befundene Korrektur in diesen Fällen dar. Die Norm löst die bisher auf die §§ 1587c, 1587h Nr 3 BGB und §§ 3a VI, 10a III VAHRG aF zerstreuten Härteregelungen ab. Die Härteklausel sanktioniert Fehlverhalten beider Ehegatten, was im bis zum 31.8.09 geltenden Versorgungsausgleichsrecht nicht möglich war, da dieses nur einen Einmalausgleich von dem Ehegatten mit den höheren Anrechten kannte. 1

B. Anwendungsbereich und relevante Zeitpunkte für die Annahme von Härtefällen. § 27 erfasst den Wertausgleich sowohl bei der Scheidung als auch nach der Scheidung. Die Norm gilt in Abänderungsverfahren nach § 226 III FamFG entsprechend. Sie deckt damit drei unterschiedliche Zeitpunkte für die Zugrundelegung von Härtefällen ab, die jeweils unterschiedliche Fehlverhaltensumstände erfordern. Für das Erstverfahren ist das Vorbringen bis zur letzten tatrichterlichen Entscheidung maßgeblich. Insb sind dies Umstände, die bis dahin bereits bekannt werden oder schon abgeschlossene Sachverhalte betreffen. Für das schuldrechtliche Ausgleichsverfahren sind auch Umstände zu berücksichtigen, die erst nach der Entscheidung eingetreten sind. In Abänderungsverfahren nach § 226 III FamFG sind ausschließlich Vorgänge relevant, die nach der Erstentscheidung entstanden sind. Das Versterben eines Ehegatten nach Rechtskraft der Scheidung aber noch vor dem Abschluss des Versorgungsausgleichsverfahrens steht der Anwendung der Norm nicht entgegen (§ 31 I 1). 2

C. Grobe Unbilligkeit. I. Begriff. Der (teilweise) Ausschluss des Versorgungsausgleichs setzt gem § 27 1 eine grobe Unbilligkeit voraus. Diese liegt vor, wenn das Ergebnis des Versorgungsausgleichs dem Gerechtigkeits- und Billigkeitsempfinden in unerträglicher Weise widerspricht (s. zum früheren Recht BT-Drs 7/650, 162; BGH FamRZ 1981, 756). Die grobe Unbilligkeit muss sich nach 2 aus den gesamten Umständen des Einzelfalls ergeben. Diese sind iRe Gesamtbetrachtung zu würdigen und es ist ein dem Zweck des Versorgungsausgleichs und den Verfassungsnormen, insb den Art 6 I und 3 II GG entsprechendes Ergebnis zu erzielen. Zu den beachtlichen Umständen zählen vornehmlich die wirtschaftlichen und persönlichen Lebensumstände der Ehegatten (BT-Drs 16/10144, 68; so auch schon BGH FamRZ 79, 477). 3

4 1. Wirtschaftliche Verhältnisse. Das Gericht hat eine Gesamtschau zu der gegenwärtigen und zukünftigen wirtschaftlichen Situation der Eheleute, insb zu allen bereits bekannten und vorhersehbaren Lebensumständen, die die jeweilige Versorgungslage betreffen, anzustellen (BT-Drs 16/10144, 68). Anhand einer zu erstellenden Vermögensbilanz (§ 5) können Vermögensverschiebungen (ua auch über den Zugewinnausgleich) betrachtet werden. Berücksichtigt werden ua auch Vermögen in Form von Grundstücken oder Kapitalvermögen, solange es nicht dem Güterrecht unterfällt (OLG Hamburg FamRZ 02, 257) oder Renten aus der gesetzlichen Unfallversicherung (OLG Celle FamRZ 89, 1098). Es kann der Vermögenserwerb auch dann der Gesamtabwägung zugrundegelegt werden, wenn er bereits bei Eheschließung oder erst nach dem Ende der Ehezeit aber noch vor der Entscheidung in der letzten Tatsacheninstanz zum Versorgungsausgleich erworben wurde (BGH FamRZ 88, 940). Ebenso maßgeblich sind mittelbare Auswirkungen auf die wirtschaftlichen Verhältnisse, etwa in den Fällen, in denen ein Ehegatte nach dem Ende der Ehe noch genügend Zeit hat, für eine angemessene eigene Versorgung zu sorgen (BGH FamRZ 88, 600, einschränkend BGH FamRZ 90, 1341).

5 2. Persönliche Verhältnisse. Zu den persönlichen Lebensumständen der Eheleute zählen Alter, Gesundheitszustand, Ehedauer, Aufgabenverteilung zwischen den Partnern, Berufsausbildung, Art der Beschäftigung oder aber Straftaten gegen den Ehegatten oder die Kinder (*Ruland* Versorgungsausgleich 2. Aufl Rz 734). Auch insoweit sind die gegebenen und die zukünftigen Umstände in die Betrachtung einzubeziehen, notfalls in Form einer richterlichen Prognose zum Zeitpunkt der Erstentscheidung.

6 II. Fallgruppen. Der tatbestandliche Regelungsbereich des § 27 wurde bewusst offen formuliert, um mehr Spielraum zu lassen (BT-Drs 16/10144, 67). Die in der bisherigen Rechtsprechung im Interesse der Rechtssicherheit zu den früher geltenden §§ 1587c und 1587h BGB aF und §§ 3a VI und 10a III VAHRG entwickelten Fallgruppen von Härtefällen sollen aber forthin gelten, soweit sie nach neuem Recht noch von Belang sind. So bedarf es der Härteregelung nicht mehr, wenn die Ehe nur von kurzer Dauer war (dazu BGH FamRZ 81, 944), da § 3 III bereits auf die Dauer der Ehezeit abstellt und den Versorgungsausgleich bei einer Ehezeit bis zu drei Jahren grds ausschließt. Auch bedarf es einer Härtefallregelung nicht mehr, wenn wegen fehlender Verfallbarkeit betriebliche Anrechte von erheblichem Ausmaß vom Ausgleich ausgeschlossen sind. Denn es kann nach Billigkeitsgesichtspunkten gem. § 19 III bei fehlender Ausgleichsreife (§ 19 I,II) eine Ausgleichssperre festgesetzt werden. Nachfolgend werden hier nur einige weiterhin geltende Fallgruppen aufgeführt. IÜ wird auf die Kommentierung zu den og Normen in der Vorauflage und *Ruland* Versorgungsausgleich 2. Aufl Rz 745 ff verwiesen.

7 1. Lange Trennungszeit. Geht man vom Zweck des Versorgungsausgleichs aus, der die gerechte Teilhabe an den jeweils in der Ehezeit erworbenen Anrechten vornehmlich zum Schutz des Ehegatten, der zeitweise ehebedingt erwerbslos war, verfolgt, ist eine Durchführung jedenfalls bei einer überaus langen Trennung (BGH FamRZ 93, 302; OLG Hamm 00, 160; OLG Bamberg FamRZ 01, 1222, BGH FamRZ 08, 1836; OLG Saarbrücken FamRZ 08, 1865) mangels gemeinsamer Lebensleistung nicht mehr gerechtfertigt. Doch spielt die Dauer der Trennung dann keine Rolle, wenn während dieser überobligatorisch gearbeitet worden ist (OLG Hamm FamRZ 00, 160) oder eheliche Aufgaben (zB Kinderbetreuung) wahrgenommen worden sind (BGH FamRZ 05, 2052; BGH FamRZ 08, 1836).

8 2. Gestaltung der Ehe. Liegt ein Fall der klassischen Haushaltsführungsehe vor, kommt ohne Hinzutreten weiterer Umstände ein Ausschluss nicht in Betracht (BVerfG FamRZ 03, 1173). Im gegenteiligen Fall beiderseitiger Vollerwerbstätigkeit wurde nach alter Rechtslage ebenfalls ein Versorgungsausgleich bestätigt (OLG Celle NJW 79, 1659; *Ruland* Versorgungsausgleich 2. Aufl Rz 748, mwN). Nach neuem Recht dürfte er jedoch an § 18 (Bagatellgrenze) scheitern. In dem Fall der "phasenverschobenen Ehe" (insb, wenn ein Ehegatte in der Ehezeit schon Rente bezog und der andere erst anfing, Altersvorsorge zu betreiben) kann ein Härtefall dann anzunehmen sein, wenn die angemessene Versorgung des Ausgleichsverpflichteten durch den Versorgungsausgleich gefährdet wäre und er wegen Alters nicht mehr in der Lage ist, eine eigene angemessene Versorgung aufzubauen (BGH FamRZ 07, 1964, OLG Hamm FamRZ 04, 885).

9 3. Pflichtverletzungen gegen den anderen Ehegatten. Ein Ausgleich ist auch dann ungerechtfertigt, wenn der ausgleichsberechtigte Ehegatte die aus der Ehe herrührenden Pflichten grob verletzt hat (BGH FamRZ 87, 49; *Ruland* Versorgungsausgleich 2. Aufl Rz 754, mwN). Demgegenüber erweist sich die Durchführung des Versorgungsausgleichs nicht als grob unbillig, wenn beide Ehegatten ihre Pflichten verletzt haben (OLG Hamm FamRZ 81, 973).

10 4. Straftaten. Straftaten gegen den Ehegatten oder die gemeinsamen Kindern können ebenfalls den Ausschluss rechtfertigen (BGH FamRZ 05, 2052; BGHZ 07, 360; OLG Bamberg FamRZ 07, 1748; OLG Celle FamRZ 07, 1333; evtl Halbierung des Ausgleichs: OLG Köln FamRZ 08, 2285). Das „Fremdgehen" bzw die Verletzung der ehelichen Treuepflicht rechtfertigt den Ausschluss nicht (BGH FamRZ 84, 662). Dies kann anders zu beurteilen sein bei Vortäuschen einer Vaterschaft (BGH FamRZ 87, 362).

5. Wirtschaftliche Verhältnisse der Ehegatten. Ist eine unterhaltsrechtliche Absicherung auch für das Alter nicht mehr erforderlich, weil eine eigene ausreichende Versorgung vorhanden ist, kann § 27 greifen. Die Inanspruchnahme des Pflichtigen muss in Ansehung der beiderseitigen Verhältnisse, vornehmlich des beiderseitigen Vermögenserwerbs in der Ehe, unbillig erscheinen. Als Beispiel ist zu nennen, dass der Pflichtige nach dem Ausgleich der Grundsicherung unterfallen würde, der Berechtigte hingegen selbst angemessen abgesichert ist (BGH FamRZ 09, 205).

6. Minderung von Anrechten. Der geringere Bezug von Anrechten infolge eines Arbeitgeberwechsels genügt nicht für eine Härteregelung (BGH NJW 89, 34). § 27 kommt aber zur Anwendung, wenn der Ausgleichspflichtige ein Anrecht vor Durchführung des Versorgungsausgleichs durch sein Verhalten in ungerechtfertigter Weise reduziert oder erlöschen lässt. So kann auf § 27 zurückgegriffen werden, wenn der Ausgleichspflichtige sich eine private Lebensversicherung hat auszahlen lassen und das ausgezahlte Kapital vor dem güterrechtlichen Stichtag verbraucht hat (OLG Köln FamRZ 06, 1042), wenn sich ein Beamter ohne nachvollziehbaren Grund für längere Zeit ohne Dienstbezüge hat beurlauben lassen (BGH FamRZ 86, 658) oder wenn ein Selbständiger grob leichtfertig keinerlei Altersvorsorge betrieben hat (OLG Karlsruhe FamRZ 06, 1457).

III. Besonderheiten beim Wertausgleich nach der Scheidung. Beim Wertausgleich nach der Scheidung gilt der gleiche Prüfungsmaßstab wie beim Wertausgleich bei der Scheidung. Es können aber für die Anwendung des § 27 auch erst nach der Scheidung eingetretene Umstände oder grobe Pflichtverletzungen hierbei relevant werden. Andererseits darf aber nicht mittels des Wertausgleichs nach den §§ 20 ff eine Korrektur des Ausgleichs bei der Scheidung erfolgen. Hierfür ist allein das Abänderungsverfahren zu betreiben. Andererseits können Gründe, die den Wertausgleich bei der Scheidung ausgeschlossen haben, auch den Wertausgleich nach der Scheidung ausschließen. Hat sich die wirtschaftliche Situation des Ausgleichsberechtigten wegen eines beruflichen Aufstiegs erheblich gebessert, kann die Ausgleichsrente für den Pflichtigen dann nicht mehr zumutbar sein, wenn sein eigener Unterhalt dadurch gefährdet werden würde (*Ruland* Versorgungsausgleich 2. Aufl Rz 781).

IV. Besonderheiten im Abänderungsverfahren. Im Abänderungsverfahren kann § 27 Bedeutung erlangen, wenn ein erheblicher Vermögensverfall nach der Erstentscheidung eingetreten ist. Umgekehrt können Umstände, die erst nach der Rechtskraft der Entscheidung zum Versorgungsausgleich bekannt geworden sind, aber schon iRd Erstentscheidung hätten geltend gemacht werden können (auch wenn die Gründe auch nur auf fiktiver, aber als sicher geltender Basis beruhen), nicht mehr Gegenstand eines Abänderungsverfahrens sein. Führte dagegen schon in der Erstentscheidung die Härteregelung zum völligen Ausschluss, dann kann ein Abänderungsverfahren insoweit nicht mehr durchgeführt werden (BGH FamRZ 96, 282). Etwas anderes gilt jedoch, wenn der Ehegatte aus Rechtsgründen an der Geltendmachung des Härtefalls gehindert war und im Abänderungsverfahren ausgleichspflichtig würde (BGH FamRZ 07, 360). War im Erstverfahren bereits der Ausgleich herabgesetzt worden, sind im Falle eines Abänderungsverfahrens die dort festgestellten Gründe zur Herabsetzung auch in der Abänderungsentscheidung zu übernehmen, weil § 226 III FamFG eben nur eine entsprechende Abänderung aufgrund eines Sachverhalts ermöglicht, der dann neu beurteilt werden kann (vgl *Borth* Versorgungsausgleich 5. Aufl Rz 766). Die Herabsetzungsquote ist also auch bei einer erneuten Entscheidung zu übernehmen. Härtegründe allein reichen jedoch nicht aus, um eine Abänderungsentscheidung nach § 225 FamFG zu erreichen. § 27 kann vielmehr nur „im Rahmen" eines auf der Basis sonstiger geänderter Umstände geführten Abänderungsverfahrens zur Anwendung kommen.

D. Rechtsfolgen und Sanktionsgrenzen. I. Rechtsfolgen. Das Gericht kann flexibel in den Versorgungsausgleich eingreifen. Ermöglicht wird der ganze wie teilweise Ausschluss. So kann ein teilweiser Ausschluss allein durch die Beschränkung der Teilung auf einzelne Anrechte erreicht werden (BT-Drs 16/10144, 68). Bei einer zeitratierlich berechneten Versorgung gem § 40 kann ebenfalls im Zeit-Zeit-Verhältnis diejenige Ehezeit herausgenommen werden, in die der Tatbestand des § 27 fällt.

II. Sanktionsgrenzen. Das Gerechtigkeitskorrektiv des § 27 ist dadurch begrenzt, dass es lediglich eine Herabsetzung des Ausgleichsanspruchs, nicht aber eine Erhöhung zulässt. Bezogen auf ein einzelnes Anrecht kann also auch in Zukunft höchstens der Ausgleichswert übertragen werden (BT-Drs 16/10144, 68). § 27 gewährt nicht einer „positiven Härteklausel" (*Ruland* Versorgungsausgleich 2. Aufl Rz 788) entsprechend die Möglichkeit, ein Anrecht zu mehr als 50 % auszugleichen. Andererseits darf die Korrektur nach § 27 nicht dazu führen, dass ein Ehegatte weniger Anrechte hiernach hat, als derjenige Ehegatte mit dem niedrigsten insgesamt auszugleichenden Ehezeitanteil. § 27 setzt damit eine Ober- und eine Untergrenze fest, innerhalb derer überhaupt eine Härtefallregelung möglich ist. Beispielhaft bedeutet diese Regelung, dass wenn E 1 Ehezeitanteile von 100.000,00 € und E 2 insgesamt 60.000,00 € regulär auszugleichen hätten, im Ergebnis jeder Ehegatte über 80.000,00 € Anteile nach Durchführung verfügen würde. E 1 gibt 50.000,00 € ab (100.000,00 €./. 2) und E 2 gibt 30.000,00 € (60.000,00 €: 2) ab. Entsprechend erhält E 1 Anteile von 30.000,00 € und E 2 von 50.000,00 €. In Anwendung des § 27 kann das Gericht einen hiervon abweichenden Ausgleich gestalten. Es darf aber im äußersten Fall nur zwischen mindestens 60.000,00 € und höchstens 100.000,00 € zuteilen. Für E 1 ermöglicht die Norm demnach nur eine Reduzierungsmöglichkeit und für E

2 nur eine Besserstellung. Im Übrigen verbleibt es bei der og Grenze des Ausgleichswerts (Grundsatz der Halbteilung), so dass E 1 im Ergebnis nicht mehr als 100.000,00 € und nicht weniger als 80.000,00 € und E 2 nicht mehr als 80.000,00 € und nicht weniger als 60.000,00 € zugeteilt werden dürfen (weitere Beispielsfälle bei *Borth* Versorgungsausgleich 5. Aufl Rz 763 ff.).

§ 27 ermöglicht nicht eine fiktive Berücksichtigung von dem Ausgleich illoyal entzogenen Anrechten. Es können nur vorhandene Anrechte gekürzt/begrenzt werden. IÜ besteht nur die Möglichkeit der Geltendmachung eines Schadensersatzes nach § 826 BGB bei absichtlicher Schädigung.

17 **E. Entscheidung über die Härtefallregelung; Beweislast.** Die Überprüfung durch das Gericht ergeht vAw auf der Basis einer Vorsorgevermögensbilanz (§ 127 I FamFG). Der Ehegatte, der den Ausschluss erreichen möchte, hat den Vortrag darzulegen und zu beweisen.

Kapitel 3 Ergänzende Vorschriften

§ 28 Ausgleich eines Anrechts der Privatvorsorge wegen Invalidität. (1) Ein Anrecht der Privatvorsorge wegen Invalidität ist nur auszugleichen, wenn der Versicherungsfall in der Ehezeit eingetreten ist und die ausgleichsberechtigte Person am Ende der Ehezeit eine laufende Versorgung wegen Invalidität bezieht oder die gesundheitlichen Voraussetzungen dafür erfüllt.
(2) Das Anrecht gilt in vollem Umfang als in der Ehezeit erworben.
(3) Für die Durchführung des Ausgleichs gelten die §§ 20 bis 22 entsprechend.

1 **A. Vorbemerkung.** Kapitel 3 erfasst Sondervorschriften für privatrechtliche Versorgungen wegen Invalidität (§ 28), spezielle Regelungen für die Versorgungsträger (§§ 29, 30) und zum Tod eines Ehegatten (§ 31).

2 **B. Voraussetzungen für den Ausgleich bei Invaliditätsabsicherungen.** Von § 28 erfasst werden die privaten Berufsunfähigkeitsversicherungen und Berufsunfähigkeits-Zusatzversicherungen unter den in I genannten Voraussetzungen. Gem I muss der Versicherungsfall in der Ehezeit eingetreten sein (BGH FamRZ 05, 1530). Hintergrund ist, dass bei derlei Versorgungen in der Anwartschaftsphase nur ein geringes Deckungskapital gebildet wird, das erst nach dem Eintritt des Versicherungsfalls entsprechend erhöht wird. In der Anwartschaftsphase fehlt es damit an einer geeigneten Ausgleichsmasse (BT-Drs 16/10144, 69). Ferner muss die zum Ausgleich berechtigte Person ebenfalls eine Invaliditätsrente beziehen oder die Voraussetzungen hierfür erfüllen, da nur in diesem Fall ein Bedarf an der Teilhabe an der laufenden Versorgung der ausgleichsverpflichteten Person besteht. Ansonsten wird die Kürzung der Versorgungsrente für den Ausgleichspflichtigen als nicht hinnehmbar betrachtet (BT-Drs 16/10144, 69).

3 **C. Das Anrecht als maßgebliche Bezugsgröße.** Für die Wertermittlung des Ehezeitanteils stellt II klar, dass der gesamte Ausgleichsbetrag der Invaliditätsversorgung dem Ausgleich unterfällt. Es kann gerade nicht auf eine in der Ehezeit geleistete Zahl von Beiträgen oder gebildetes Deckungskapital abgestellt werden, da erst mit dem Versorgungsfall selbst das Deckungskapital für die laufende Versorgung gebildet wird.

4 **E. Durchführung der Teilhabe.** III verweist hinsichtlich der Durchführung des Ausgleichs auf die Bestimmungen der §§ 20 – 22. Die dortige Kommentierung gilt entsprechend. Der Ausgleich erfolgt ausschließlich schuldrechtlich. Das Gericht hat aber nicht nur auf Antrag nach § 28 zu verfahren, sondern dessen Anwendung vAw zu prüfen, da die Teilhabe im Wege der schuldrechtlichen Ausgleichsrente hier an die Stelle des öffentlich-rechtlich durchzuführenden internen oder externen Ausgleichs tritt (zur Begründung s. BT-Drs 16/10144, 70).

§ 29 Leistungsverbot bis zum Abschluss des Verfahrens. Bis zum wirksamen Abschluss eines Verfahrens über den Versorgungsausgleich ist der Versorgungsträger verpflichtet, Zahlungen an die ausgleichspflichtige Person zu unterlassen, die sich auf die Höhe des Ausgleichswerts auswirken können.

1 **A. Leistungsverbot.** § 29 verhindert – wie früher § 10d VAHRG – Einflussnahmen auf die Versorgungsausgleichsbilanz durch ein zeitlich begrenztes, nur an die Versorgungsträger gerichtetes Leistungsverbot. Es trägt dem Umstand Rechnung, dass Anrechte zB durch Beitragserstattungen gem § 210 SGB VI und ähnliche Regelungen zum Erlöschen gebracht werden bzw. zu Lasten des Ausgleichsberechtigten reduziert werden können. Es umfasst daher sämtliche Zahlungen an die ausgleichspflichtige Person, die sich auf die Höhe des Ausgleichswerts auswirken können. In zeitlicher Hinsicht beginnt das Leistungsverbot mit Erlangung der Kenntnis von einem Versorgungsausgleichsverfahren und endet mit dessen Abschluss. Spätere Handlungen werden nicht erfasst, ggf aber über das Abänderungsverfahren berücksichtigt.

2 **B. Rechtsnatur.** Seiner Rechtsnatur nach statuiert § 29 eine Unterlassungsverpflichtung. Es enthält kein relatives Verfügungsverbot iSv § 135 BGB, weshalb nicht angenommen werden kann, dass die gegen das Leistungsverbot verstoßende Zahlung der ausgleichsberechtigten Person ggü unwirksam ist und der Versorgungs-

träger sich so behandeln lassen muss, als wäre die Änderung der Höhe des Ausgleichswerts durch die Zahlung nicht eingetreten. Vielmehr wirkt sich die Zahlung zu Lasten des Ausgleichsberechtigten aus. Verstöße gegen die Unterlassungsverpflichtung lösen allgemein nur Ansprüche auf Schadensersatz aus. Beruhen die Zahlungen des Versorgungsträgers auf einem Verwaltungsakt, kann der Versorgungsträger zudem gehalten sein, den Verwaltungsakt wegen Verletzung von § 29 zurückzunehmen und die Zahlung vom Ausgleichspflichtigen zurückzufordern (zum Vorstehenden BGH NJW 95, 135).

§ 30 Schutz des Versorgungsträgers.
(1) ¹Entscheidet das Familiengericht rechtskräftig über den Ausgleich und leistet der Versorgungsträger innerhalb einer bisher bestehenden Leistungspflicht an die bisher berechtigte Person, so ist er für eine Übergangszeit gegenüber der nunmehr auch berechtigten Person von der Leistungspflicht befreit. ²Satz 1 gilt für Leistungen des Versorgungsträgers an die Witwe oder den Witwer entsprechend.
(2) Die Übergangszeit dauert bis zum letzten Tag des Monats, der dem Monat folgt, in dem der Versorgungsträger von der Rechtskraft der Entscheidung Kenntnis erlangt hat.
(3) Bereicherungsansprüche zwischen der nunmehr auch berechtigten Person und der bisher berechtigten Person sowie der Witwe oder dem Witwer bleiben unberührt.

A. Normzweck. § 30 I 1 bezweckt den Schutz für die Versorgungsträger. Mit der rechtskräftigen Entscheidung zum Versorgungsausgleich wird gestaltend in die Rechtsbeziehungen der ausgleichsberechtigten und der ausgleichsverpflichteten Person eingegriffen. Um den Versorgungsträgern die technische Umsetzung für den Ausgleichsberechtigten neben einer laufenden Leistungspflicht ggü dem Ausgleichspflichtigen oder infolge einer erst nachfolgend abgeänderten früheren Entscheidung eines Familiengerichts zu ermöglichen und um Doppelleistungen zu vermeiden, wird der Versorgungsträger ggü dem neuen Bezugsberechtigten für eine Übergangszeit von der Leistungspflicht befreit.
Gem I 2 findet 1 entsprechende Anwendung auf Leistungen für Witwen oder Witwer einer ausgleichspflichtigen Person hinsichtlich Leistungen aus der Hinterbliebenenversorgung. 1

B. Schutzfrist. § 30 II definiert die Übergangszeit. Sie ergibt sich aus dem Wortlaut der Vorschrift, nach welchem sie bis zum letzten Tag des Monats, der dem Monat folgt, in dem der Versorgungsträger von der Rechtskraft der Entscheidung Kenntnis erlangt, dauert. Der Versorgungsträger ist gem § 219 Nr 2 FamFG am Verfahren zu beteiligen und erhält die Entscheidung über den Versorgungsausgleich mittels Zustellung nach § 41 I FamFG. Die Zustellung des Beschlusses ist nicht mit der Kenntnis von der Rechtskraft gleichzusetzen. Erforderlich ist die Mitteilung des Familiengerichts nach § 46 3 FamFG, das die Entscheidung rechtskräftig geworden ist (Rechtskraftzeugnis). 2

C. Verweisung auf das Bereicherungsrecht, §§ 812 ff BGB. Auf die Rechtsbeziehungen, insb auf Erstattungsansprüche, zwischen der nunmehr auch ausgleichsberechtigten Person und der bisher berechtigten Person (auch der Witwe oder dem Witwer) bleibt allein das Bereicherungsrecht anzuwenden, § 30 III. 3

§ 31 Tod eines Ehegatten.
(1) ¹Stirbt ein Ehegatte nach Rechtskraft der Scheidung, aber vor Rechtskraft der Entscheidung über den Wertausgleich nach den §§ 9 bis 19, so ist das Recht des überlebenden Ehegatten auf Wertausgleich gegen die Erben geltend zu machen. ²Die Erben haben kein Recht auf Wertausgleich.
(2) ¹Der überlebende Ehegatte darf durch den Wertausgleich nicht bessergestellt werden, als wenn der Versorgungsausgleich durchgeführt worden wäre. ²Sind mehrere Anrechte auszugleichen, ist nach billigem Ermessen zu entscheiden, welche Anrechte zum Ausgleich herangezogen werden.
(3) ¹Ausgleichsansprüche nach der Scheidung gemäß den §§ 20 bis 24 erlöschen mit den Tod eines Ehegatten. ²Ansprüche auf Teilhabe an der Hinterbliebenenversorgung nach den §§ 25 und 26 bleiben unberührt. ³§ 1586 Abs. 2 Satz 1 des Bürgerlichen Gesetzbuchs gilt entsprechend.

A. Eintritt eines Todesfalles. Die Vorschrift unterscheidet den Eintritt des Todesfalls zwischen der Rechtskraft der Scheidung und der Rechtskraft der Entscheidung über den Versorgungsausgleich (§ 30 I, II) und den Todesfall nach durchgeführtem Wertausgleich bei der Scheidung (§ 30 III). Nicht erfasst von § 31 wird der Fall, dass ein Ehegatte vor der Rechtskraft der Scheidung verstirbt. Dann gilt das Verfahren gem § 131 FamFG als in der Hauptsache erledigt, da es nicht zu einer Entscheidung über den Versorgungsausgleich kommt. Es verbleibt bei den Ansprüchen auf Renten wegen Todes. 1

B. Fortbestand des Rechts auf Wertausgleich in den Fällen des Abs 1. Gemäß § 31 I 1 erlischt das Recht auf Wertausgleich des überlebenden Ehegatten nicht mit dem Tod des anderen Ehegatten. Der Anspruch auf Ausgleich ist unter Berücksichtigung der Begrenzung in II gegen die Erben des Verpflichteten durchzusetzen (verlängerter Ausgleichsanspruch). Die Erben sind aber nicht berechtigt, ihrerseits Wertausgleich zu verlangen, I 2. Vielmehr geht das Ausgleichsrecht des verstorbenen Ehegatten mit dessen Tod „unter". IdR erlöschen die Ausgleichsansprüche bereits mit deren Erfüllung. Eine Erfüllung des Ausgleichsanspruchs tritt in 2 der Praxis im Zeitpunkt der rechtskräftig ausgesprochenen Scheidung und der mit dieser zugleich ergangenen rechtskräftigen rechtsgestaltenden Entscheidung zum Versorgungsausgleich ein. Vor diesem Hintergrund hat die Regelung nur geringe praktische Bedeutung.

3 **C. Begrenzung des „verlängerten" Ausgleichsanspruchs gegen die Erben.** II der Vorschrift verlangt einen Vergleich der Höhe der dem überlebenden Ausgleichsberechtigten wegen I 2 verbleibenden Anrechte (Anrechte, die einem Ausgleich an die Erben des anderen Ehegatten entzogen sind) mit der Höhe der Anrechte, die der überlebende Ehegatte nach dem durchgeführten Wertausgleich bei Scheidung erhalten hätte. Ein Ausgleich ist damit nur dann gegen die Erben des verstorbenen Ehegatten erfolgreich durchsetzbar, wenn die Summe der eigenen Anrechte geringer ist als diejenige, die der überlebende Ehegatte nach durchgeführtem Versorgungsausgleich gehabt hätte. Falls die Teilung eines Anrechts des Verstorbenen hierfür nicht ausreicht, sind mehrere Anrechte zum Wertausgleich heranzuziehen. Welche Anrechte herangezogen werden, ist gem. § 31 II 2 dem Gericht nach seinem Ermessen überlassen. Hat der Ausgleichsberechtigte hingegen höhere eigene Anrechte als der verstorbene Ehegatte, läuft das Recht ins Leere (BT-Drs 16/10144, 71). Es verbleiben ihm dann seine Anrechte voll.

4 **D. Ausgleichsansprüche nach der Scheidung in den Fällen des Abs 3.** Der Tod eines Ehegatten führt dazu, dass der Wertausgleich nach der Scheidung (§§ 20 – 24) entfällt, § 31 III (s. auch zur alten Rechtslage BGH FamRZ 89, 950). Die Ausgleichspflicht geht also nicht mit dem Tod der ausgleichspflichtigen Person als Nachlassverbindlichkeit auf die Erben über. Davon unberührt bleiben die Ansprüche des überlebenden Ehegatten aus der Hinterbliebenenversorgung, III 2. Auch bleiben bereits entstandene Ansprüche der ausgleichsberechtigten Person auf Erfüllung und Schadensersatz wegen Nichterfüllung hiervon unberührt, § 31 III 3 iVm § 1586 II 1 BGB (s. dazu auch ausf Staud/*Rehme*, § 157k Rz 8 und § 1587m Rz 9).

Kapitel 4 Anpassung nach Rechtskraft

§ 32 Anpassungsfähige Anrechte. Die §§ 33 bis 38 gelten für Anrechte aus
1. der gesetzlichen Rentenversicherung einschließlich der Höherversicherung,
2. der Beamtenversorgung oder einer anderen Versorgung, die zur Versicherungsfreiheit nach § 5 Abs. 1 des Sechsten Buches Sozialgesetzbuch führt,
3. einer berufsständischen oder einer anderen Versorgung, die nach § 6 Abs. Nr. 1 oder Nr. 2 des Sechsten Buches Sozialgesetzbuch zu einer Befreiung von der Sozialversicherungspflicht führen kann,
4. der Alterssicherung der Landwirte,
5. den Versorgungssystemen der Abgeordneten und der Regierungsmitglieder im Bund und in den Ländern.

1 **A. Vorbemerkung.** Kapitel 4 (§§ 32 bis 38) umfasst Fallgestaltungen, bei denen die Rechtsfolgen rechtskräftiger Entscheidungen über den Wertausgleich bei der Scheidung zweitweise oder endgültig beseitigt werden (s. auch zum Folgenden BT-Drs 16/10144, 71). Es ermöglicht mit seinen Regelungen Abweichungen von den Rechtsfolgen rechtskräftiger Entscheidungen zum Versorgungsausgleich. Die Regelungen der anpassungsfähigen Rechte (§ 32) und der einzelnen Anpassungsvorschriften (§§ 33 – 38) dienen nach der Grundsatzentscheidung des BVerfG v 28.2.80 (FamRZ 80, 326) der Vermeidung nachträglich eintretender grundrechtswidriger Auswirkungen des Versorgungsausgleichs. Die §§ 32 ff stehen in einem „Spannungsverhältnis" zum Versicherungsprinzip: Die von beiden Eheleuten erworbenen Anrechte werden durch den Wertausgleich bei der Scheidung neu geordnet, die Versorgungsschicksale also grds getrennt, während die §§ 32 ff diesen Grundsatz durchbrechen, wodurch zusätzliche Lasten für die Versichertengemeinschaft entstehen. Im Vergleich zum früheren Recht der Regelungen von Härtefällen ist den Vorschriften des 4. Kapitels gemein, dass die Anpassungen nach Rechtskraft der Entscheidung über den Versorgungsausgleich erst ab Antragstellung wirkt, was allgemeinen verfahrensrechtlichen Prinzipien entspricht und die Versorgungsträger als Sachwalter der Versicherten vor einer aufwendigen Rückabwicklung schützt. Damit wird den vom BVerfG in seiner Grundsatzentscheidung benannten grundrechtswidrigen Auswirkungen nach Auffassung des Gesetzgebers ausreichend begegnet. Zudem erweist sich nach dem Willen des Gesetzgebers eine Wirkung ab Antragstellung auch deshalb als angemessen, weil die ausgleichspflichtige Person den Zeitpunkt der Antragstellung zu verantworten hat. Sie hat also selbst darauf zu achten, ob Tatbestände eintreten, die eine Anpassung nach Rechtskraft rechtfertigen.

2 **B. Allgemeines.** § 32 normiert den Anwendungsbereich der in den §§ 33 bis 38 enthaltenen Anpassungsregelungen, indem er die anpassungsfähigen Rechte enumerativ aufzählt. Er lässt die Anpassung nur für die in den Nummern 1 – 5 genannten Regelsicherungssysteme (öffentlich-rechtliche Versorgungsträger) zu. Keine Anpassung erfolgt daher im Bereich der ergänzenden Altersvorsorge.

C. Die Regelsicherungssysteme im Einzelnen. I. Gesetzliche Rentenversicherung. Dem Begriff der gesetzlichen Rentenversicherung gem Nr 1 unterfallen die Deutsche Rentenversicherung Bund, die Regionalträger der Deutschen Rentenversicherung sowie die Deutsche Rentenversicherung Knappschaft-Bahn-See (§ 125 SGB VI) einschließlich der umlagefinanzierten hüttenknappschaftlichen Zusatzversicherung.

II. Beamtenversorgung etc. Die Nr 2 betrifft die Versorgungen für Beamte, Richter, Soldaten, beamtenähnliche Beschäftigte und satzungsmäßigen Mitglieder geistlicher Genossenschaften. Für die Versorgungen der Beamten und Richter ist zu differenzieren: Während für die Versorgungen der Beamten und Richter des Bundes nach § 1 I, II BeamtVG das Beamtenversorgungsgesetz in der jeweils maßgebenden Fassung anzuwenden ist (bei Richter nach Maßgabe des Deutschen Richtergesetzes), richten sich die Versorgungen der Beamten der Länder, Gemeinden etc und Richter der Länder nach dem Beamtenversorgungsgesetz in der bis zum 31.8.06 geltenden Fassung, sofern es nicht durch Landesrecht ersetzt wurde (s. § 108 BeamtVG). Die Versorgungen der Soldaten richten sich nach dem Soldatenversorgungsgesetz. Andere Versorgungen fallen unter Nr 2, wenn sie zur Versicherungsfreiheit nach § 5 I SGB VI führen.

III. Berufsständische Versorgungen. Von Nr 3 werden sämtliche berufsständische Versorgungen iSd § 6 I Nr 1 SGB VI und die Versorgungsträger des pädagogischen Personals von Privatschulen laut § 6 I Nr 2 SGB VI erfasst.

IV. Alterssicherung der Landwirte. Die Nr 4 bezieht die Versorgung für die Versicherten der landwirtschaftlichen Sozialversicherung mit ein.

V. Versorgungssysteme der Abgeordneten und Regierungsmitglieder. Nr 5 erfasst die Versorgung für Abgeordnete und Regierungsmitglieder von Bund und Ländern. Die Versorgungen dieser Personenkreise richten sich nach den Vorschriften, die deren Rechtsverhältnisse regeln. So gilt zB für die Mitglieder der Bundesregierung das Gesetz über die Rechtsverhältnisse der Mitglieder der Bundesregierung, das in den §§ 14 ff die Ansprüche auf Versorgung regelt, und für die Mitglieder des Bundestages das Gesetz über die Mitglieder des Deutschen Bundestages (AbgG), das in den §§ 18 ff den Umfang der Versorgungsansprüche festlegt.

§ 33 Anpassung wegen Unterhalt.
(1) Solange die ausgleichsberechtigte Person aus einem im Versorgungsausgleich erworbenen Anrecht keine laufende Versorgung erhalten kann und sie gegen die ausgleichspflichtige Person ohne die Kürzung durch den Versorgungsausgleich einen gesetzlichen Unterhaltsanspruch hätte, wird die Kürzung der laufenden Versorgung der ausgleichspflichtigen Person auf Antrag ausgesetzt.
(2) Die Anpassung nach Absatz 1 findet nur statt, wenn die Kürzung am Ende der Ehezeit bei einem Rentenbetrag als maßgeblicher Bezugsgröße mindestens 2 Prozent, in allen anderen Fällen als Kapitalwert mindestens 240 Prozent der monatlichen Bezugsgröße nach § 18 Abs. 1 des Vierten Buches Sozialgesetzbuch betragen hat.
(3) Die Kürzung ist in Höhe des Unterhaltsanspruchs auszusetzen, höchstens jedoch in Höhe der Differenz der beiderseitigen Ausgleichswerte aus denjenigen Anrechten im Sinne des § 32, aus denen die ausgleichspflichtige Person eine laufende Versorgung bezieht.
(4) Fließen der ausgleichspflichtigen Person mehrere Versorgungen zu, ist nach billigem Ermessen zu entscheiden, welche Kürzung ausgesetzt wird.

A. Anpassung wegen Unterhalts. § 33 lässt nur eine eingeschränkte Anpassung bei bestehender Unterhaltsverpflichtung des ausgleichspflichtigen Ehegatten ggü dem ausgleichsberechtigten Ehegatten zu. Damit sollen die Versorgungsträger vor kollusivem Zusammenwirken der Eheleute geschützt werden. Nach altem Recht war eine wegen des Versorgungsausgleichs durchzuführende Kürzung dann auszusetzen, wenn an den anderen Ehegatten Unterhalt geleistet wurde (§ 5 VAHRG). Die Kürzung unterblieb unabhängig von der Höhe des gezahlten Unterhalts in voller Höhe. Mit § 33 soll damit ausschließlich am Einzelfall orientiert eine Aussetzung des Versorgungsausgleichs in Betracht kommen. Laut Gesetzesbegründung (BT-Drs 16/10144, 72) wird damit ausreichend den Anforderungen des Verbotes unzulässiger doppelter Belastung der ausgleichspflichtigen Person Rechnung getragen (zu diesem Verbot: BVerfG FamRZ 80, 326).

B. Voraussetzungen. Die Anpassung wegen Unterhalts setzt voraus, dass die ausgleichsberechtigte Person noch nicht über eine laufende, dh regelmäßig wiederkehrende Versorgung aus einem der im Versorgungsausgleich erworbenen Anrechte verfügen kann. Wegen des Wortes „kann" ist diese Voraussetzung dann nicht gegeben, wenn der Ausgleichsberechtigte einen für den Bezug der laufenden Versorgung aus dem erworbenen Anrecht erforderlichen Antrag noch nicht gestellt hat (s. dazu BVerwG FamRZ 05, 709; *Müller* FamRZ 05, 1721). Die ausgleichsberechtigte Person muss gleichzeitig bei einer ungekürzten Versorgung des ausgleichspflichtigen Ehegatten nach den gesetzlichen Bestimmungen einen nachehelichen Unterhaltsanspruch gegen diesen haben und dieser Unterhaltsanspruch darf wegen fehlender Leistungsfähigkeit der ausgleichspflichtigen Person infolge der Kürzung nicht bestehen. Zudem muss die ausgleichspflichtige Person bereits eine laufende, aber wegen des Versorgungsausgleichs gekürzte Versorgung beziehen. Liegen diese Voraussetzungen vor und ist die Anpassung nicht nach II ausgeschlossen, kann die ausgleichspflichtige Person die Aussetzung der Kürzung beantragen, deren Umfang sich nach III richtet.

3 C. Ausschluss einer Anpassung. Die Anpassung nach Maßgabe von I, III ist ausgeschlossen, wenn die in II genannte Wertgrenze nicht überschritten wird. Die Wertgrenze entspricht derjenigen des § 14 II Nr 2, sodass auf die dortige Kommentierung verwiesen wird. Maßgebend ist der Kürzungswert am Ende der Ehezeit.

4 D. Umfang der Aussetzung der Kürzung. I. Generalklausel. § 33 III Hs 1 lässt die Kürzung der Versorgung des Ausgleichspflichtigen in Höhe des (fiktiv) festgestellten Unterhaltsanspruchs zu. Die Gesetzesbegründung (BT-Drs 16/10144, 72) verdeutlicht den beschränkten Kürzungsausschluss mit folgendem Beispiel: Die ausgleichspflichtige Person müsste nach Rentenbezug ohne Kürzung bei einer eigenen Versorgung von 2.750,00 € und bereinigten Einkünften der ausgleichsberechtigten Person von 1.600,00 €, einen Unterhalt in Höhe von 575,00 € ((2.750,00 € ./. 1.600,00 €) x ½) zahlen. Nach Durchführung des Versorgungsausgleichs und anteiliger Teilung der vorhandenen Anrechte von 900,00 € zugunsten und 150,00 € zulasten der ausgleichsberechtigten Person reduziert sich die Versorgung der ausgleichspflichtigen Person auf 2.000,00 €. Hier wird das Gericht den Unterhaltsbetrag voll absetzen und die Kürzung in Höhe von 575,00 € aussetzen. Die ausgleichspflichtige Person hätte dann Einnahmen von 2.575,00 € (2.750,00 € + 150,00 € − 325,00 €). Davon wird die ausgleichspflichtige Person Unterhalt in Höhe von 487,50 € ((2.575,00 € ./. 1.600,00 €) x ½) leisten können. Es wird hierfür in der Gesetzesbegründung jedoch darauf hingewiesen, dass der im Tenor ausgewiesene Anpassungsbetrag nicht mit demjenigen Betrag übereinstimmen wird, der sich nach Durchführung der Anpassung als Rentenzahlung ergibt, da u. a. auch noch Sozialversicherungsbeiträge vom Anpassungsbetrag in Abzug zu bringen sind.

5 Anders verhält es sich, wenn die ausgleichspflichtige Person auch bei nur teilweiser Aussetzung der Kürzung nicht mehr in der Lage wäre Unterhalt zu zahlen. In diesem Fall versagt das Gericht die Anpassung, da sie der unterhaltsberechtigten Person gar nicht zu Gute kommen könnte. So verhält es sich zB, wenn infolge eigenen ungekürzten Versorgungseinkommens der ausgleichspflichtigen Person von 1.400,00 € und einem Einkommen von 1.200,00 € des anderen Ehegatten eine Unterhaltslast von 100,00 € ermittelt werden würde. Mit Kürzung des Versorgungsbezugs der ausgleichs- und unterhaltspflichtigen Person auf 1.000,00 € würde auch die Aussetzung um den Unterhaltsbetrag von 100,00 € und damit bei einer Erhöhung des Einkommens auf 1.100,00 € der ausgleichspflichtigen Person ein Unterhalt nicht mehr geschuldet sein. Das Gericht muss die Anpassung ablehnen. Es wird weiterhin gekürzt. Das Gericht hat für diesen Fall die Nettoversorgung der ausgleichspflichtigen Person nach Kürzung durch den Versorgungsausgleich zu ermitteln.

6 II. Höchstgrenze. Zur Vermeidung eines ungerechtfertigten Vorteils der ausgleichspflichtigen Person, kann nach § 33 III Hs 2 eine Anpassung nur bis zur Höhe der Differenz der beiderseitigen Ausgleichswerte aus den Regelsicherungssystemen erfolgen. Wäre demnach bei einer ungekürzten Versorgung von 2.000,00 € die ausgleichspflichtige Person zu Unterhalt in Höhe von 600,00 € verpflichtet, wäre ihr zwar nach Durchführung des Versorgungsausgleichs in Höhe von 800,00 € zu ihren Lasten und von 400,00 € zu ihren Gunsten, von dem saldierten Versorgungseinkommen von 1.600,00 € weiterhin eine Unterhaltslast von 600,00 € möglich, es bliebe aber unberücksichtigt, dass die ausgleichspflichtige Person per Saldo nur 400,00 € infolge des Versorgungsausgleichs verliert. Vor diesem Hintergrund ist die Aussetzung der Kürzung auf diesen Betrag zu beschränken.

7 III. Laufende Versorgungsrechte. Es sind nur die Anrechte nach § 32 zu berücksichtigen, aus denen die ausgleichspflichtige Person tatsächlich eine laufende Versorgung bezieht.

8 E. Aussetzung bei mehreren Versorgungen. § 33 IV gewährt dem Gericht die rechtliche Grundlage, nach billigem Ermessen diejenige Versorgung auszuwählen, deren Kürzung ausgesetzt wird. Dem Gericht steht es frei, die Aussetzung im Einzelfall entweder bei mehreren Versorgungen anteilsmäßig oder nur bei einer oder mehreren bestimmten Versorgungen vorzunehmen.

§ 34 Durchführung einer Anpassung wegen Unterhalt.
(1) Über die Anpassung und die Abänderung entscheidet das Familiengericht.
(2) ¹Antragsberechtigt sind die ausgleichspflichtige und die ausgleichsberechtigte Person. ²Die Abänderung einer Anpassung kann auch von dem Versorgungsträger verlangt werden.
(3) Die Anpassung wirkt ab dem ersten Tag des Monats, der auf den Monat der Antragstellung folgt.
(4) Der Anspruch auf Anpassung geht auf die Erben über, wenn der Erblasser den Antrag nach § 33 Abs. 1 gestellt hatte.
(5) Die ausgleichspflichtige Person hat den Versorgungsträger, bei dem die Kürzung ausgesetzt ist, unverzüglich über den Wegfall oder Änderungen seiner Unterhaltszahlungen, über den Bezug einer laufenden Versorgung aus einem Anrecht nach § 32 sowie über den Rentenbezug, die Wiederheirat oder den Tod der ausgleichsberechtigten Person zu unterrichten.
(6) ¹Über die Beendigung der Aussetzung aus den in Absatz 5 genannten Gründen entscheidet der Versorgungsträger. ²Dies gilt nicht für den Fall der Änderung von Unterhaltszahlungen.

A. Zuständiges Gericht. Der nach I erforderliche Antrag auf Aussetzung ist vom Beteiligten beim Familiengericht zu stellen. Bei den Familiengerichten ist das erforderliche Wissen über die jeweiligen Grundlagen zum Unterhalt wie zum Versorgungsausgleich vorhanden. Die funktionelle Zuständigkeit ergibt sich aus § 23a I Nr 1 GVG iVm § 111 Nr 7 FamFG. Die örtliche Zuständigkeit richtet sich nach § 218 FamFG. Für den Fall, dass ein anderes Familiengericht für den Unterhalt örtlich zuständig sein sollte (§ 232 FamFG), kann die Abgabe an das für den Versorgungsausgleich örtlich zuständige Gericht angeregt werden, § 4 FamFG. Andererseits wird das für den Unterhalt zuständige Gericht das Verfahren aussetzen, bis zum Versorgungsausgleich entschieden wurde. 1

B. Antragsberechtigung. Antragsberechtigt nach II sind die ausgleichspflichtige und die ausgleichsberechtigte Person (1) sowie die jeweiligen Versorgungsträger unter der Voraussetzung, dass es um die Abänderung einer bereits durchgeführten Anpassung geht (2). Es sollen im Fall von Einkommensreduzierungen die Versorgungsträger nicht forthin ungeschmälert die Kürzung in Kauf nehmen müssen, obwohl der Unterhaltsbetrag entsprechend zu kürzen ist bzw wäre. 2

C. Beginn der Kürzung. III bestimmt für den Beginn der Aussetzung der Kürzung der Rente den ersten Tag des Monats, der auf den Monat der Antragstellung folgt. Hierfür sprechen verfahrensrechtliche Grundsätze. Es dient der Vereinfachung und dem Gleichklang des jeweils maßgeblichen Zeitpunktes für die Anpassungen nach Rechtskraft gem den §§ 32 ff und für die Abänderungen nach den §§ 225 und 226 FamFG. Eine Anpassung erfolgt damit erst mit Wirkung ex nunc. Evtl vom Versorgungsträger zu erbringende Nachzahlungen sind unmittelbar an den Ausgleichspflichtigen zu leisten. Dieser Anspruch ist pfänd- und übertragbar. 3

D. Übergang des Anspruchs auf die Erben. Der nach § 33 bestehende Anpassungsanspruch geht gem IV auf den Erben über, wenn vor dem Versterben des Erblassers ein Antrag nach § 33 I bereits gestellt worden war. Nur unter dieser Voraussetzung wird der Anpassungsanspruch kraft Gesetzes vererbbar gestellt. 4

E. Unterrichtungspflicht der ausgleichspflichtigen Person. Die ausgleichspflichtige Person hat gem V den Versorgungsträger über die in der Norm im Einzelnen bezeichneten Tatsachen zu unterrichten, sofern sie eine Änderung der Kürzung oder deren Wegfall bedingen können. Änderungen in der Unterhaltshöhe sind wegen § 33 III und der sich daraus ergebenden Höchstbegrenzung mitzuteilen. Der Bezug einer laufenden Versorgung aus einem Anrecht iSv § 32 ist mitzuteilen, weil sich dieser auf den Anpassungsbetrag gem § 33 III Hs 2 auswirken kann. Aus dem gleichen Grund ist dem Versorgungsträger der Versorgungsbezug aus einem der Regelsicherungssysteme der ausgleichsberechtigten Person mitzuteilen. 5

Die Unterrichtungspflicht der ausgleichspflichtigen Person nach V lässt die auf § 4 III beruhende Pflicht der für die ausgleichsberechtigte Person zuständigen Versorgungsträger, auf Anfrage untereinander Auskunft zu erteilen, unberührt. 6

F. Beendigung der Kürzung. Über die Beendigung der Aussetzung der Kürzung aus den in Abs. 5 genannten Gründen entscheidet nach VI 1 der Versorgungsträger selbst, soweit er von den jeweils maßgeblichen Faktoren Kenntnis erlangt. Einer weiteren gerichtlichen Befassung bedarf es nicht mehr. Etwas anderes gilt nach VI 2 für den Fall der Änderung von Unterhaltszahlungen. Ändern sich zB die Einkommensverhältnisse, weil die ausgleichspflichtige Person Leistungen aus ihr übertragenen Anrechten geltend machen kann, ist die Unterhaltspflicht neu zu ermitteln mit der Folge, dass es einer erneuten familiengerichtlichen Überprüfung zur Unterhaltsverpflichtung bedarf, was wiederum idR zur Änderung der Anpassung bzw gar zur Beendigung der Aussetzung der Kürzung führen wird. 7

§ 35 Anpassung wegen Invalidität der ausgleichspflichtigen Person.

(1) Solange die ausgleichspflichtige Person eine laufende Versorgung wegen Invalidität erhält und sie aus einem im Versorgungsausgleich erworbenen Recht keine Leistung beziehen kann, wird die Kürzung der laufenden Versorgung auf Grund des Versorgungsausgleich auf Antrag ausgesetzt.
(2) § 33 abs. 2 gilt entsprechend.
(3) Die Kürzung ist höchstens in Höhe der Ausgleichswerte aus denjenigen Anrechten im Sinne des § 32 auszusetzen, aus denen die ausgleichspflichtige Person keine Leistung bezieht.
(4) Fließen der ausgleichspflichtigen Person mehrere Versorgungen zu, so ist jede Versorgung nur insoweit nicht zu kürzen, als dies dem Verhältnis ihrer Ausgleichswerte entspricht.

A. Anpassung wegen Invalidität. Voraussetzung der Anpassung zugunsten der ausgleichspflichtigen Person ist, dass die ausgleichspflichtige Person Ansprüche wegen Invalidität hat und nur aus den eigenen gekürzten nicht jedoch aus der übertragenen Anrechten Leistungen beziehen kann. Auf Antrag hat der Versorgungsträger die Kürzung der Versorgung auszusetzen. Zuständig sind die Versorgungsträger. Aus der internen Teilung und der Teilhabe an den Anrechten des anderen erhält jeder nur das, was das jeweilige System leistet. Mit der Bestimmung sollen diese leistungsrechtlichen Auswirkungen im Härtefall abgemildert werde. 1

2 **B. Wertgrenze für die Anpassung.** Die Aussetzung ist nach II nur iRd Wertgrenze des § 33 II möglich. Aufwendige nur zeitweise Aussetzungen bei Kürzungen sollen bei geringen Werten vermieden werden.

3 **C. Höhe der Anpassung.** Die Anpassung erfolgt nur in der Höhe, in denen die betroffene Person durch den internen Ausgleich benachteiligt wird, III. Damit sollen die Betroffenen nur so gestellt werden wie sie nach bisherigem Recht gestanden hätten. Die auszugleichenden Härten können entstehen, wenn nach der Versorgungsordnung des erworbenen Rechts eine Leistung für den Fall der Erwerbsminderung nicht vorgesehen oder an besondere Voraussetzungen geknüpft ist, die bei der ausgleichspflichtigen Person noch nicht vorliegen. Aus der gesetzlichen Rentenversicherung kann zB nur eine Rente wegen Erwerbsminderung bezogen werden, wenn in den letzten fünf Jahren vor Eintritt der Erwerbsminderung Pflichtbeiträge für drei Jahre gem § 43 SGB VI eingezahlt wurden. Das ist bei Beamten oder Nichterwerbstätigen nicht der Fall. Mit der gesetzlichen Neuregelung werden diese Fälle nicht vermieden. Eine Anpassung erfolgt aber, wenn ohne internen Ausgleich ein höherer Bezug der Erwerbsminderungsrente möglich gewesen wäre. Dies kann bei folgender Konstellation eintreten: Die ausgleichspflichtige Person hat 1000 € aus der gesetzlichen Rentenversicherung und 200 € aus einer berufsständischen Versorgung. Der andere Ehegatte hat 100 € in der Beamtenversorgung. Auf Grund der internen Teilung beläuft sich die Erwerbsminderungsrente aus der gesetzlichen Rente auf 500 € und aus der berufsständischen Versorgung auf 100 €. Aus der übertragenen Beamtenversorgung wird keine Erwerbsminderungsrente gezahlt. Nach der Saldierung nach bisherigem Recht wären durch Splitting bzw Quasisplitting 550 € übertragen worden. Die Erwerbsminderungsrente hätte sich auf insgesamt 650 € belaufen. Der Nachteil beläuft sich damit auf 50 €. Nur dieser ist durch Rückgängigmachung der Kürzung zu beheben (BT-Drs 16/10144, 74 f).
Nicht jede Kürzung im Fall der Invalidität wird vermieden, der Ausgleich beschränkt sich damit auf den Nachteil, der nach dem neuen Teilungssystem eintritt. Dieser entsteht nur in der Höhe des Wertes der nicht fließenden laufenden Versorgung gem § 32. Hierauf ist die Aussetzung der Kürzung beschränkt.

4 Die Aussetzung der Kürzung ist gem IV jeweils im Verhältnis der Werte der jeweiligen Anrechte zwischen den Versorgungsträgern vorzunehmen. Im obigen Beispiel bestehen Anwartschaften des Ausgleichspflichtigen iHv 1000 € und 200 €, diese stehen damit im Wertverhältnis 5:1. Der Nachteil iHv 50 € ist damit von der gesetzlichen Rentenversicherung mit 41,67 € auszusetzen und von der berufsständischen Versorgung iHv 8,33 (BT-Drs aaO).

§ 36 Durchführung einer Anpassung wegen Invalidität der ausgleichspflichtigen Person.
(1) Über die Anpassung, deren Abänderung uns Aufhebung entscheidet der Versorgungsträger, bei dem das gekürzte Anrecht besteht.
(2) Antragsberechtigt ist die ausgleichspflichtige Person.
(3) § 34 Abs. 3 und 4 gilt entsprechend.
(4) Sobald die ausgleichspflichtige Person aus einem im Versorgungsausgleich erworbenen Anrecht eine Leistung im Sinne des § 35 Abs. 1 beziehen kann, hat sie den Versorgungsträger, der die Kürzung ausgesetzt hat, unverzüglich darüber zu unterrichten.

1 **A. Zuständigkeit der Versorgungsträger.** Zuständig für die Aussetzung der Kürzung sind die Versorgungsträger.

2 **B. Antragsberechtigung.** Antragsberechtigt ist die ausgleichspflichtige Person.

3 **C. Beginn der Anpassung.** Die Anpassung erfolgt in Folge des Verweises auf § 34 III ab dem Monatsersten, der dem Tag der Antragstellung folgt. Der Anpassungsanspruch geht gem. § 34 IV auf die Erben über und fällt damit in den Nachlass. Die Aussetzung soll nur für den Zeitraum erfolgen, in dem aus dem übertragenen Recht keine Zahlungen erfolgen. Können Ansprüche realisiert werden, entfällt der Grund für die Kürzung.

4 **D. Unterrichtungspflicht.** Zur Sicherstellung der zutreffenden Bezüge besteht die Informationspflicht. Die Versorgungsträger untereinander sind gem. § 4 III zur Auskunftserteilung verpflichtet.

§ 37 Anpassung wegen Tod der ausgleichsberechtigten Person.
(1) ¹Ist die ausgleichsberechtigte Person gestorben, so wird ein Anrecht der ausgleichspflichtigen Person auf Antrag nicht länger auf Grund des Versorgungsausgleichs gekürzt. ²Beiträge, die zur Abwendung der Kürzung oder zur Begründung von Anrechten zugunsten der ausgleichsberechtigten Person gezahlt wurden, sind unter Anrechnung der gewährten Leistungen an die ausgleichspflichtige Person zurückzuzahlen.
(2) Die Anpassung nach Abs. 1 findet nur statt, wenn die ausgleichsberechtigte Person die Versorgung aus dem im Versorgungsausgleich erworbenen Anrecht nicht länger als 36 Monate bezogen hat.
(3) Hat die ausgleichspflichtige Person im Versorgungsausgleich Anrechte im Sinne des § 32 von der verstorbenen ausgleichsberechtigten Person erworben, so erlöschen diese, sobald die Anpassung wirksam wird.

A. Anpassung wegen Tod der ausgleichsberechtigten Person. Eine Kürzung unterbleibt, wenn die ausgleichsberechtigte Person verstirbt. Es besteht aber kein Anpassungsrecht, wenn nur die Hinterbliebenen von der Regelung profitieren würden, diese haben die Kürzung ihrer Hinterbliebenenversorgung hinzunehmen. Erfolgt eine Rückabwicklung sind die Beiträge, die der Ausgleichspflichtige zwischenzeitlich zur Kompensation der gekürzten Anrechte gezahlt hat, zu erstatten. Eine aus diesen Beitragszahlungen ggf. gewährte Versorgung ist anzurechnen. Ebenso sind Beiträge, die der Ausgleichspflichtige nach den Bestimmungen der bisherigen Regelungen zum Versorgungsausgleich zur Durchführung des Wertausgleichs zugunsten der ausgleichsberechtigten Person gezahlt hat, zu erstatten.

B. Dauer der Leistungsbezugs. Weitere Voraussetzung der Anpassung des Versorgungsausgleichs ist gem II, dass die ausgleichsberechtigte Person nicht länger als 36 Monate Leistungen aus dem im Versorgungsausgleich erworbenen Recht bezogen hat. Eine Anpassung ist also auch dann möglich, wenn aus dem Anrecht eine Hinterbliebenenversorgung fließt. Eine rückwirkende Anpassung findet nicht statt, sondern gem. § 38 III, § 34 III ab dem Monatsersten, der dem Tag der Antragstellung folgt.

C. Verlust übertragener Anrechte. Die ausgleichspflichtige Person kann in Folge der Anpassung nicht besser gestellt werden. Die Kürzung eigener Anrechte unterbleibt, aus den übertragenen Anrechten bestehen jedoch auch keine Ansprüche mehr. Sie erlöschen. Durch die Unterrichtungspflichten nach § 38 IV ist sichergestellt, dass die Leistungseinstellungen rechtzeitig erfolgen.

§ 38 Durchführung einer Anpassung wegen Tod der ausgleichsberechtigten Person.
(1) ¹Über die Anpassung entscheidet der Versorgungsträger, bei dem das auf Grund eines Versorgungsausgleichs gekürzte Anrecht besteht. ²Antragsberechtigt ist die ausgleichspflichtige Person.
(2) § 34 Abs. 3 und 4 gilt entsprechend.
(3) ¹Die ausgleichspflichtige Person hat die anderen Versorgungsträger, bei denen sie Anrechte der verstorbenen ausgleichsberechtigten Person auf Grund des Versorgungsausgleichs erworben hat, unverzüglich über die Antragstellung zu unterrichten. ²Der zuständige Versorgungsträger unterrichtet die anderen Versorgungsträger über den Eingang des Antrags und seine Entscheidung.

A. Entscheidungsbefugnis der Versorgungsträger. Entscheidungsbefugt ist der Versorgungsträger. Sind mehrere Versorgungen betroffen, ist bei jeder ein gesonderter Antrag zu stellen. Antragsberechtigt ist nur der Überlebende und Ausgleichspflichtige der geschiedenen Ehegatten. Die Anpassung erfolgt ex nunc mit Wirkung zum Monatsersten, der dem Tag der Antragstellung folgt.

B. Vererblichkeit. Gemäß II ist der Anspruch auf Anpassung vererblich.

C. Unterrichtungspflicht. III erfasst die Informationspflichten. Um diesen zu entsprechen und die Anpassung zu ermöglichen, sollte die antragstellende Person eine Sterbeurkunde der ausgleichsberechtigten Person vorlegen sowie das Scheidungsurteil, aus diesem ergeben sich auch die weiteren beteiligten Versorgungsträger. Beizufügen ist auch der Nachweis, dass alle betroffenen Versorgungsträger informiert sind.

Teil 2   Wertermittlung

Kapitel 1   Allgemeine Wertermittlungsvorschriften

§ 39 Unmittelbare Bewertung einer Anwartschaft.
(1) Befindet sich ein Anrecht in der Anwartschaftsphase und richtet sich sein Wert nach einer Bezugsgröße, die unmittelbar bestimmten Zeitabschnitten zugeordnet werden kann, so entspricht der Wert des Ehezeitanteils dem Umfang der auf die Ehezeit entfallenden Bezugsgröße (unmittelbare Bewertung).
(2) Die unmittelbare Bewertung ist insbesondere bei Anrechten anzuwenden, bei denen für die Höhe der laufenden Versorgung Folgendes bestimmt ist:
1. die Summe der Entgeltpunkte oder vergleichbarer Rechengrößen wie Versorgungspunkten oder Leistungszahlen,
2. die Höhe des Deckungskapitals,
3. die Summe der Rentenbausteine,
4. die Summe der entrichteten Beiträge oder
5. die Dauer der Zugehörigkeit zum Versorgungssystem.

A. Unmittelbare Bewertung. I bestimmt, wie Anrechte in der Anwartschaftsphase bewertet werden. Die unmittelbare Bewertung ist vorrangig anzuwenden, sie ist möglich, wenn ein direkter Zusammenhang zwischen einer Bezugsgröße, die aus der Ehezeit resultiert, und der Höhe der Versorgung besteht. Einzelne Anrechte können sowohl unmittelbar als auch zeitratierlich zu bewertende Elemente haben. Wegen des Vorranges der unmittelbaren Bewertung sind diese differenziert zu behandeln. Anrechte, die einen Wert aus einer Steigerungszahl herleiten, sind unmittelbar zu bewerten. Ist für die Versorgung noch ein Zuschlag in Höhe des x-fachen der Steigerungszahl vorgesehen, kann dieser nicht unmittelbar, sondern nur zeitratierlich bewertet werden (BGH v 20.9.95 – XII ZB 15/94 – = FamRZ 96, 95). Ist eine Startgutschrift vorgesehen, kann diese ebenfalls nur zeitratierlich bewertet werden, während die Versorgung iÜ der unmittelbaren Bewertung unterliegen kann (BGH v 25.4.07 –XII ZB 206/06- = FamRZ 07, 1084). Soweit Anrechte nur jährlich gutgeschrieben werden, können nur die Jahre, die vollständig in die Ehezeit fallen, unmittelbar bewertet werden. Das erste und letzte Jahr sind jedoch zeitratierlich zu bewerten. Die Anzahl der Monate, die in die Ehezeit fallen, ist durch zwölf zu teilen und mit dem Wert des Rentenbausteins zu multiplizieren. Steht der Rentenbaustein für das letzte Jahr noch nicht fest, so kann dieser mithilfe einer Extrapolation (Hochrechnung) ermittelt werden. Die Wertentwicklung der vorangegangenen Jahre wird für das Folgejahr fortgeschrieben (BT-Drs 16/10144, 78).

2 **B. Die betroffenen Versorgungssysteme.** Die in II vorgenommene Aufzählung der Versorgungssysteme, die unmittelbar zu bewerten sind, ist nicht abschließend. Nr 1 bezieht sich auf Anrechte der gesetzlichen Rentenversicherung. Die Höhe des Anrechts ergibt sich aus der Multiplikation der Entgeltpunkte mit dem aktuellen Rentenwert. Nr 2 das Deckungskapital bestimmt sich nach den Einzahlungsbeträgen, den erzielten Zinsen und den Überschussanteilen. Das Anrecht errechnet sich aus der Verrentung des Deckungskapitals nach versicherungsmathematischen Grundsätzen. Einzelheiten für betrieblich kapitalgedeckte Anrechte und Privatversicherungen sind in §§ 45, 46 geregelt. Nr 3 die Höhe des Anrechts ergibt sich aus der Summe der Rentenbausteine. Nr 4 das Anrecht bestimmt sich unmittelbar aus der Höhe der entrichteten Beiträge. Nr 5 die Dauer der Zugehörigkeit zum Versorgungssystem bestimmt die Höhe des Anrechts. (BT-Drs 16/10144, 78).

§ 40 Zeitratierliche Bewertung einer Anwartschaft.

(1) Befindet sich ein Anrecht in der Anwartschaftsphase und richtet sich der Wert des Anrechts nicht nach den Grundsätzen der unmittelbaren Bewertung gemäß § 39, so ist der Wert des Ehezeitanteils auf der Grundlage eines Zeit-Zeit-Verhältnisses zu berechnen (zeitratierliche Bewertung).
(2) ¹Zu ermitteln ist die Zeitdauer, die bis zu der für das Anrecht maßgeblichen Altersgrenze höchstens erreicht werden kann (n). ²Zudem ist der Teil dieser Zeitdauer zu ermitteln, der mit der Ehezeit übereinstimmt (m). ³Der Wert des Ehezeitanteils ergibt sich, wenn das Verhältnis der in die Ehezeit fallenden Zeitdauer und der höchstens erreichbaren Zeitdauer (m/n) mit der zu erwartenden Versorgung (R) multipliziert wird (m/n x R).
(3) ¹Bei der Ermittlung der zu erwartenden Versorgung ist von den zum Ende der Ehezeit geltenden Bemessungsgrundlagen auszugehen. ²§ 5 Abs. 2 S. 2 bleibt unberührt.
(4) Die zeitratierliche Bewertung ist insbesondere bei Anrechten anzuwenden, bei denen die Höhe der Versorgung von dem Entgelt abhängt, das bei Eintritt des Versorgungsfalls gezahlt werden würde.
(5) Familienbezogene Bestandteile des Ehezeitanteils, die die Ehegatten nur auf Grund einer bestehenden Ehe oder für Kinder erhalten, dürfen nicht berücksichtigt werden.

1 **A. Subsidiarität der zeitratierlichen Bewertungsmethodik.** Die zeitratierliche Bewertung einer Anwartschaft ist nur möglich, wenn die unmittelbare Bewertung nach § 39 nicht in Betracht kommt. Dies ist dann der Fall, wenn kein direkter Zusammenhang zwischen einer Bezugsgröße aus der Ehezeit und der Höhe der Versorgung besteht. Es wird vorausgesetzt, dass das Versorgungsanrecht im Laufe der Zeit gleichmäßig aufgebaut wird, ohne dass eine unmittelbare Zuordnung von Wertbestandteilen zur Ehezeit möglich wäre. Die Bewertung erfolgt zudem prospektiv, also mit Annahmen für die weitere Entwicklung der Anwartschaftsphase. Diese Methode ist ungenauer als die unmittelbare Bewertung und damit nachrangig.

2 **B. Die Ermittlung der ehezeitlichen Versorgung.** Gem § 40 II 1, 2 sind zwei Zeiträume voneinander abzugrenzen: Nach 1 ist die bis zur für das Anrecht maßgeblichen Altersgrenze oder bis zu einem anderen Stichtag (zB der Stichtag der Systemumstellung der öffentlich-rechtlichen Zusatzversorgungen zum 31.12.01 für die Bewertung einer Startgutschrift) höchstens erreichbare Zeitdauer der Zugehörigkeit zum Versorgungssystem (n) zu ermitteln. Sodann ist gem 2 der Teil der nach 1 ermittelten Zeitdauer, der in die Ehezeit fällt, festzustellen (m). Im Anschluss hieran ist die zu erwartende Versorgung (R) zu ermitteln, wofür alle Einzelfaktoren den maßgeblichen Bestimmungen, etwa den beamtenrechtlichen Vorschriften (vgl auch § 44) oder der Satzung des jeweiligen betrieblichen Versorgungsträgers, zu entnehmen sind. Der Ehezeitanteil ergibt sich gem § 40 II 3 nach der gesetzlich normierten Berechnungsformel: „m/n x R".

3 Es sind gem § 40 III 1 die zum Ende der Ehezeit maßgeblichen Bemessungsgrundlagen heranzuziehen (Stichtagsprinzip, vgl auch § 5 II 1), wobei auf den Ehezeitanteil zurückwirkende Veränderungen tatsächlicher und rechtlicher Art zu berücksichtigen sind, III 2 iVm § 5 II 2, §§ 225, 226 FamFG.

4 **C. Die Hauptanwendungsfälle der zeitratierlichen Bewertung, Abs 4.** Von § 40 werden alle Versorgungssysteme erfasst, bei denen der Versorgungsanspruch vom Entgelt bei Eintritt des Versorgungsfalls abhängt (insb der Beamtenversorgung, zT bei betrieblichen Versorgungszusagen wie bei der Direktzusage, vgl auch

BGH FamRZ 07, 891 zu einer nach zeitratierlichen Grundsätzen zu bemessenden Versorgung eines GmbH-Gesellschafters; s. BT-Drs 16/10144, 79).

D. Familienbezogene Bestandteile des Entgelts. V entspricht dem bisherigen § 1587a VIII BGB. Es soll vermieden werden, dass nur temporär gewährte und den Familienstand des Anrechtsinhabers betreffende Bestandteile in die Bewertung und somit in den Ausgleich einbezogen werden. Ausschließlich unveränderliche Bestandteile werden berücksichtigt (BT-Drs 16/10144, 79, mwN).

§ 41 Bewertung einer laufenden Versorgung.
(1) Befindet sich ein Anrecht in der Leistungsphase und wäre für die Anwartschaftsphase die unmittelbare Bewertung maßgeblich, so gilt § 39 Abs. 1 entsprechend.
(2) ¹Befindet sich ein Anrecht in der Leistungsphase und wäre für die Anwartschaftsphase die zeitratierliche Bewertung maßgeblich, so gilt § 40 Abs. 1 bis 3 entsprechend. ²Hierbei sind die Annahmen für die höchstens erreichbare Zeitdauer und für die zu erwartende Versorgung durch die tatsächlichen Werte zu ersetzen.

A. Bewertung laufender Versorgungen im Sinne des Abs 1. Die Vorschrift regelt die Bewertung laufender Versorgungen. Es gilt der Vorrang der unmittelbaren Bewertung. Bei der unmittelbaren Bewertung ändert sich die Bezugsgröße nach Erreichen der für das Anrecht maßgeblichen Altersgrenze nicht mehr. Beiträge werden nur bis zur Altersgrenze gezahlt und entsprechend nur bis zu diesem Zeitpunkt erworben. Es ist also idR ausreichend die Wertentwicklung vom Beginn der Ehezeit bis zum Erreichen der Altersgrenze zu prüfen. Erfahren die Anrechte nach Bezugsbeginn noch Veränderungen sind diese in die Wertermittlung einzustellen. Sollte sich der Wert ab Bezugsbeginn verringern, haben von diesem Wertverzehr der durch den Leistungsbeginn eingetreten ist, beide Ehegatten bis zum Ende der Ehezeit profitiert, so dass diese Wertminderung zu berücksichtigen ist. Das kann zB bei kapitalgedeckten Versorgungssystemen der Fall sein, das individuelle Deckungskapital wird mit beginnendem Leistungsbezug reduziert. Unverändert bleibt die bisherige Rechtsprechung zu den Auswirkungen des Bestandsschutzes in der gesetzlichen Rentenversicherung gem § 88 SGB VI auf den Versorgungsausgleich. Wenn die ausgleichspflichtige Person dauerhaft eine Rente wegen Erwerbsminderung bezieht, sind die bestandsgeschützten Entgeltpunkte dieser Rente maßgeblich, wenn die Altersrente niedriger wäre (BGH v 15.10.96 – XII ZB 225/94).

B. Bewertung laufender Versorgungen im Sinne des Abs 2. Laufende Versorgungen, die in der Anwartschaftsphase zeitratierlich bewertet werden, sind in entsprechender Anwendung des § 40 zu bewerten, II 1. Die tatsächlichen Versorgungsleistungen sind bekannt und sind nach II 2 zugrunde zu legen. Eine besondere Vorschrift für die Berücksichtigung über Zu- und Abschläge wegen einer von der Regelaltersgrenze abweichenden Inanspruchnahme einer Versorgung ist nicht erforderlich. Der Zugangsfaktor nach § 77 SGB VI kann wegen des neuen Teilungsmodus unberücksichtigt bleiben. Maßgeblich für die Teilung ist die jeweilige Bezugsgröße des Versorgungssystems. Da diese und nicht die Rentenbeträge geteilt werden, bedarf es einer Korrektur nicht. Wird nach dem Ende der Ehezeit die Entscheidung getroffen, vorzeitig in den Ruhestand zu gehen, fehlt der Bezug zur Ehezeit. Die Abschläge bleiben dann außer Betracht. Es kann aber durch wertende Betrachtung eine Korrektur gem § 27 vorgenommen werden.

§ 42 Bewertung nach Billigkeit.
Führt weder die unmittelbare Bewertung noch die zeitratierliche Bewertung zu einem Ergebnis, das dem Grundsatz der Halbteilung entspricht, so ist der Wert nach billigem Ermessen zu ermitteln.

A. Billigkeitsklausel. Die Norm entspricht inhaltlich dem bisherigen § 1587a V BGB aF. Es handelt sich um eine bewusst offen formulierte subsidiäre Billigkeitsklausel. Sie greift ein, wenn weder die unmittelbare noch die zeitratierliche Bewertung ein Ergebnis nach sich ziehen kann, das dem Halbteilungsgrundsatz entspricht. Das Familiengericht hat also, bevor es auf § 42 zurückgreifen kann, sämtliche Auskünfte einzuholen und auf deren Basis zu prüfen, ob bezogen auf das jeweils betroffene einzelne Anrecht der Halbteilungsgrundsatz eingehalten ist. Soweit die nach § 42 zu bewertenden Anrechte teilweise unmittelbar und zum Teil zeitratierlich bewertet werden können, sind die §§ 39 und 41 insoweit vorrangig vor einer Ermessensentscheidung anzuwenden und der Anwendungsbereich der Norm auf den noch nicht ausgeglichenen Teil zu beschränken (BT-Drs 16/10144, S 80).

B. Abgrenzung zu § 27. Gegebenenfalls tritt die Norm in Korrelation mit § 27, der vorrangig dann anzuwenden ist, wenn andere Gründe als die Bewertung das Ergebnis unangemessen erscheinen lassen. So kann ein nach Anwendung der Härteklausel des § 27 sich ergebendes Ergebnis eine Bewertung nach § 42 erforderlich machen.

C. Fallkonstellationen. Die Billigkeitsbewertung erfasst drei Konstellationen: (1.) das auszugleichende Anrecht wird von den im Gesetz aufgeführten Bewertungsmethoden nicht erfasst, (2.) die notwendigerweise typisierenden Bewertungsmethoden führen im Einzelfall nicht zu vereinbarenden Ergebnissen, (3.) es besteht

Unsicherheit über die Qualität des auszugleichenden Anrechts (*Ruland* Versorgungsausgleich 2. Aufl Rz 428; mit Beispielsfällen, insb, dass § 42 einschlägig werden kann, wenn die Regelungen über den internen Ausgleich im Bereich der betrieblichen oder privaten Vorsorge nicht den gesetzlichen Anforderungen entsprechen).

4 **D. Ermessensentscheidung.** Dem Gericht wird durch die Norm für seine Entscheidungsfindung ein freies billiges Ermessen eingeräumt. Es darf jedoch nicht ganz neue Bewertungen erfinden. Es hat sich vielmehr an den gesetzlichen Bewertungsregeln zu orientieren.

Kapitel 2 Sondervorschriften für bestimmte Versorgungsträger

§ 43 Sondervorschriften für Anrechte aus der gesetzlichen Rentenversicherung.

(1) Für Anrechte aus der gesetzlichen Rentenversicherung gelten die Grundsätze der unmittelbaren Bewertung.
(2) Soweit das Anrecht auf eine abzuschmelzende Leistung nach § 19 Abs. 2 Nr. 2 gerichtet ist, ist der Ehezeitanteil für Ausgleichsansprüche nach der Scheidung nach dem Verhältnis der auf die Ehezeit entfallenden Entgeltpunkte (Ost) zu den gesamten Entgeltpunkten (Ost) zu bestimmen.
(3) Besondere Wartezeiten sind nur dann werterhöhend zu berücksichtigen, wenn die hierfür erforderlichen Zeiten erfüllt sind.

1 **A. Anrechte aus der gesetzlichen Rentenversicherung.** Für die Anrechte aus der gesetzlichen Rentenversicherung ist (I) die unmittelbare Berechnungsmethode gem § 39 anzuwenden. Auf Grund der Bedeutung der gesetzlichen Rentenversicherung als wichtigstes Versorgungssystem wird es an dieser Stelle noch einmal ausdrücklich geregelt. Nicht erforderlich ist, dass der Rentenbetrag mitgeteilt wird. Die Teilung erfolgt durch Übertragung der Entgeltpunkte, so dass dieser für die Berechnung des Ausgleichs nicht mehr mitgeteilt werden muss.

2 **B. Anrechte auf abzuschmelzende Leistungen.** Das bislang geltende Recht zu den abzuschmelzenden Besitzschutzbeträgen, die im Beitrittsgebiet übergangsweise noch zu zahlen sind, ist aufgenommen.

3 **C. Einbeziehung von besonderen Wartezeiten.** Nach III sind besondere Wartezeiten in der gesetzlichen Rentenversicherung nur dann werterhöhend zu berücksichtigen, wenn sie zum Ehezeitende (§ 5 II) bereits erfüllt sind.

§ 44 Sondervorschriften für Anrechte aus einem öffentlich-rechtlichen Dienstverhältnis. (1) Für Anrechte

1. aus einem Beamtenverhältnis oder einem anderen öffentlich-rechtlichen Dienstverhältnis und
2. aus einem Arbeitsverhältnis, bei dem ein Anspruch auf eine Versorgung nach beamtenrechtlichen Vorschriften oder Grundsätzen besteht,

sind die Grundsätze der zeitratierlichen Bewertung anzuwenden.
(2) Stehen der ausgleichspflichtigen Person mehrere Anrechte im Sinne des Absatzes 1 zu, so ist für die Wertberechnung von den gesamten Versorgungsbezügen, die sich nach Anwendung der Ruhensvorschriften ergeben, und von der gesamten in die Ehezeit fallenden ruhegehaltfähigen Dienstzeit auszugehen.
(3) ¹Stehen der ausgleichspflichtigen Person neben einem Anrecht im Sinne des Absatzes 1 weitere Anrechte aus anderen Versorgungssystemen zu, die Ruhens- oder Anrechnungsvorschriften unterliegen, so gilt Absatz 2 sinngemäß. ²Dabei sind die Ruhens- oder Anrechnungsbeträge nur insoweit zu berücksichtigen, als das nach Satz 1 berücksichtigende Anrecht in der Ehezeit erworben wurde und die ausgleichsberechtigte Person an diesem Anrecht im Versorgungsausgleich teilhat.
(4) Bei einem Anrecht aus einem Beamtenverhältnis auf Widerruf oder aus einem Dienstverhältnis einer Soldatin oder eines Soldaten auf Zeit ist der Wert maßgeblich, der sich bei einer Nachversicherung in der gesetzlichen Rentenversicherung ergäbe.

1 **A. Anordnung der zeitratierlichen Bewertung.** Der Anwendungsbereich des § 44 entspricht demjenigen des früher geltenden § 1587a II Nr 1 BGB und erfasst nach I die in Nr 1, 2 erwähnten Anrechte aus Beamtenverhältnissen, öffentlich-rechtlichen Dienstverhältnissen und Arbeitsverhältnissen mit Anspruch auf Versorgung nach beamtenrechtlichen Vorschriften (vgl. dazu auch den nach § 5 I SGB VI versicherungsfreien Personenkreis). Entfallen ist die im bisherigen Recht enthaltene und die Dienstbezüge entpflichteter Professoren betreffende Regelung des § 1587a II Nr 1 5 BGB aF wegen Fehlens praktischer Anwendungsfälle (BT-Drs 16/10144, S 81, wobei jedoch in der Sache die Reform an der Berücksichtigung solcher Bezüge nichts ändern *soll*, über sie also entsprechend dem bisherigen Recht entschieden werden soll). I ordnet in seinem Anwendungsbereich die zeitratierliche Bewertung der erfassten Anrechte (s. dazu § 40) im Versorgungsausgleich an.

I. Abs 1 Nr 1. Die Norm erfasst Versorgungsanrechte, die auf der Grundlage eines öffentlich-rechtlichen Dienstverhältnisses iSd Beamtenrechts den Beamten, beamteten Professoren sowie der Richter und Berufssoldaten, für die das Beamtenversorgungsrecht entsprechend gilt, gewährt werden. Erfasst werden auch Beamte auf Probe (BGHZ 82, 362), nicht aber Beamte auf Widerruf und Soldaten auf Zeit (s. dazu IV).

II. Abs 1 Nr 2. Es werden Arbeitsverhältnisse, aufgrund derer eine beamtenähnliche Versorgung gewährt wird, erfasst (s. auch zum Folgenden BGH FamRZ 94, 232). Eine Versorgung nach beamtenrechtlichen Vorschriften übernimmt vollinhaltlich die Regelungen der beamtenrechtlichen Versorgungsordnungen. Eine Versorgung nach beamtenrechtlichen Grundsätzen liegt vor, wenn sie in wesentlichen Grundzügen einer Beamtenversorgung gleichkommt (OLG Celle FamRZ 95, 812). Erforderlich ist, dass der Arbeitgeber die Versorgung selbst gewährt.

B. Höhe der Versorgungsbezüge. Die Höhe der Versorgungsbezüge richtet sich im Anwendungsbereich des Beamtenversorgungsgesetzes nach § 14 BeamtVG unter Berücksichtigung des Abzugs für Pflegeleistungen nach § 50f BeamtVG sowie der Übergangsregelungen aus Anlass des Versorgungsänderungsgesetzes 2001 in § 69e BeamtVG. Maßgeblich für deren Berechnung sind die ruhegehaltsfähige Dienstzeit (§§ 6 ff BeamtVG) und die sich nach § 5 BeamtVG richtenden ruhegehaltfähigen Dienstbezüge. Dabei wird allerdings weder auf die Sperrfrist des § 5 III BeamtVG noch auf die Mindestdienstzeit nach § 4 I 1 Nr 1 BeamtVG im Versorgungsausgleich Rücksicht genommen (§ 2 III).

C. Zusammentreffen mehrerer Anrechte im Sinne des Abs 1. II entspricht § 1587a VI Hs 1 BGB aF und sieht im Fall mehrerer Anrechte der ausgleichspflichtigen Person iSv I vor, dass für die Wertberechnung von den gesamten Versorgungsbezügen, die sich nach Anwendung der Ruhensvorschriften ergeben, und von den gesamten in die Ehezeit fallenden ruhegehaltfähigen Dienstbezügen auszugehen ist. Als Ruhensbestimmungen kommen die § 54 BeamtVG und § 55 SVG in Betracht. Für die Wertberechnung sind die einzelnen Versorgungsbezüge zu addieren und die einschlägige Ruhensvorschrift anzuwenden. Sodann ist die während der Ehe geleistete ruhegehaltfähige Dienstzeit zu der gesamten ruhegehaltfähigen Dienstzeit ins Verhältnis zu setzen und die zuvor errechnete Versorgung entsprechend zu quotieren.

D. Zusammentreffen von Anrechten im Sinne von Abs 1 mit anderen Anrechten. III regelt die Verfahrensweise, wenn es zu einer Anrechnung einer anderen Versorgung, insb aus der gesetzlichen Rentenversicherung (§ 55 BeamtVG, § 55a SVG) oder aus internationalen bzw. zwischenstaatlichen Einrichtungen (§ 56 BeamtVG), auf eine Versorgung iSd I kommt. In diesen Fällen gilt II entsprechend. III 2 greift die zum bisherigen Recht (§ 1587a VI Hs 2 BGB aF) ergangene Rechtsprechung auf, wonach sich die ausgleichsberechtigte Person den aufgrund der Ruhens- oder Anrechnungsvorschriften ermittelten Kürzungsbetrag nur dann entgegenhalten lassen muss, wenn die angerechnete Versorgung in der Ehezeit erworben wurde und die ausgleichsberechtigte Person hieran im Versorgungsausgleich teilhat (BGH FamRZ 00, 746, bestätigt durch BGH FamRZ 05, 511).

E. Anrechte aus Beamtenverhältnis auf Widerruf oder Soldatenverhältnis auf Zeit. IV enthält in Ergänzung zur Regelung des § 16 II eine Bewertungsvorschrift für diejenigen Anrechte aus öffentlich-rechtlichen Dienstverhältnissen, bei denen sich der Status der ausgleichspflichtigen Person noch nicht hinreichend verfestigt hat. Er stellt klar, dass in diesen Fällen der Wert maßgeblich ist, der sich bei einer Nachversicherung in der gesetzlichen Rentenversicherung ergäbe (vgl zum bisherigen Recht BGH FamRZ 03, 29). In diesen Fällen hat das Familiengericht die Auskunft also beim Träger der gesetzlichen Rentenversicherung einzuholen, der für die Nachversicherung zuständig wäre.

§ 45 Sondervorschriften für Anrechte nach dem Betriebsrentengesetz.

(1) ¹Bei einem Anrecht im Sinne des Betriebsrentengesetzes ist der Wert des Anrechts als Rentenbetrag nach § 2 des Betriebsrentengesetzes oder der Kapitalwert nach § 4 Abs. 5 des Betriebsrentengesetzes maßgeblich. ²Hierbei ist anzunehmen, dass die Betriebszugehörigkeit der ausgleichspflichtigen Person spätestens zum Ehezeitende beendet ist.
(2) ¹Der Wert des Ehezeitanteils ist nach den Grundsätzen der unmittelbaren Bewertung zu ermitteln. ²Ist dies nicht möglich, so ist eine zeitratierliche Bewertung durchzuführen. ³Hierzu ist der nach Absatz 1 ermittelte Wert des Anrechts mit dem Quotienten zu multiplizieren, der aus der ehezeitlichen Betriebszugehörigkeit und der gesamten Betriebszugehörigkeit bis zum Ehezeitende zu bilden ist.
(3) Die Absätze 1 und 2 gelten nicht für ein Anrecht, das bei einem Träger einer Zusatzversorgung des öffentlichen oder kirchlichen Dienstes besteht.

A. Anwendungsbereich. Die Vorschrift gilt für alle Anrechte der betrieblichen Altersversorgung in der Privatwirtschaft, unabhängig von dem gewählten Weg für den Ausgleich. Für Zusatzversorgungen des öffentlichen oder kirchlichen Dienstes gelten die allgemeinen Bewertungsvorschriften, also § 39 ff. Laufende Versorgungen sind nach der allgemeinen Vorschrift des § 41 zu bewerten. § 45 unterliegen damit nur die Anrechte im Anwartschaftsstadium.

2 **B. Bewertung des Anrechts.** Um weiteren Entwicklungen und der Unterschiedlichkeiten verschiedener Anrechte Rechnung zu tragen, wird sich gem I an dem Bewertungsrecht des Betriebsrentengesetzes orientiert. Es ist entweder der Rentenbetrag nach § 2 BetrAVG (Höhe der unverfallbaren Anwartschaft) oder der Kapitalwert nach § 4 V BetrAVG (Übertragungswert) zugrunde zu legen. Damit bleibt es den betrieblichen Versorgungsträgern überlassen, die Bezugsgröße für die interne oder externe Teilung zu bestimmen. Wird ein Rentenbetrag mitgeteilt, muss auch der korrespondierende Kapitalwert dargelegt werden. Für die Auskunftserteilung wird nach I 2 das Ausscheiden des Ausgleichspflichtigen zum Ehezeitende fingiert. Dies ist notwendig, um den Ehezeitanteil zu ermitteln.

3 **C. Vorrangigkeit der unmittelbaren Bewertung.** Nach II hat die unmittelbare Bewertung (§§ 39 und 41) Vorrang vor der zeitratierlichen Bewertung. IRd zeitratierlichen Bewertung ist nach Ermittlung der gesamten betrieblichen Anwartschaft nach I ein Quotient aus der Betriebszugehörigkeit und der in die Eheziet fallenden Betriebszugehörigkeit zu bilden. Wie nach dem bislang geltenden Recht und der allgemeinen Bestimmung zur zeitratierlichen Bewertung in § 40 ergibt sich der Eheziettanteil indem die zu erwartende Versorgung bei Erreichen der Altersgrenze mit dem Verhältnis von eheziettlicher Betriebszugehörigkeit zu der maximal möglichen Betriebszugehörigkeit multipliziert wird. Die zeitratierliche Bewertung ist vorzunehmen, wenn eine unmittelbare Bewertung nicht möglich ist, zB bei einer endgehaltsbezogenen Direktzusage. Auch bei kapitalgedeckten Systemen kann ggfs. eine unmittelbare Bewertung nicht erfolgen, wenn es arbeitsrechtlich auf den Zeitpunkt des Kapitalzuflusses ankommt.

4 **D. Anrechte der Zusatzversorgungen des öffentlichen oder kirchlichen Dienstes.** Keine Anwendung findet die Bestimmung auf Anrechte der Zusatzversorgungen des öffentlichen oder kirchlichen Dienstes, III. Diese sind überwiegend umlagefinanziert, so dass die Kapitaldeckung des Anrechts kein geeigneter Maßstab für die Ermittlung des Eheziettanteils ist. Diese Versorgungen sind nach §§ 39 bis 41 zu bewerten. Ist das Anrecht ein Teil der Gesamtversorgung ist die Teilung im Zeit-Zeit-Verhältnis innerhalb der Gesamtversorgung vorzunehmen. Werden die Versorgungen durch ein Punktemodell dargestellt, sind die in der Eheziet unmittelbar erworbenen Punkte zu ermitteln. Die Teilung erfolgt gem § 39 (BT Drucks 16/10144, S.82).

§ 46 Sondervorschriften für Anrechte aus Privatversicherungen. ¹Für die Bewertung eines Anrechts aus einem privaten Versicherungsvertrag sind die Bestimmungen des Versicherungsvertragsgesetzes über Rückkaufswerte anzuwenden. ²Stornokosten sind nicht abzuziehen.

1 **A. Bestimmung des Rückkaufswerts.** Mit Blick auf die Regelung des § 5 ist maßgebliche Bezugsgröße für die Bewertung eines Anrechts aus einem privaten Versicherungsvertrag nach 1 iVm § 39 – anders als nach bisherigem Recht (§ 1587a II Nr 5 BGB aF) – der auf die Eheziet entfallende Rückkaufswert. Der Rückkaufswert ist vom Versicherer im Fall der Kündigung durch den Versicherungsnehmer oder im Fall der Aufhebung des Vertrags durch Kündigung oder Rücktritt seitens des Versicherers zu zahlen. Er bildet also den Stichtagswert am Ende der Eheziet als Kapitalwert des Anrechts ab. So steht im System der privaten Rentenversicherung ein Wert zur Verfügung, auf dessen Grundlage der Eheziettanteil unmittelbar bestimmt werden kann. Damit orientiert sich die Regelung an dessen Primärsystem, das im Versicherungsvertragsgesetz geregelt ist. Für Verträge nach § 10 I Nr 2b EStG (sog Basisrente bzw „Rürup-Rente") ist der Wert unmittelbar nach § 39 zu ermitteln, weil es dort einen Rückkaufswert nicht gibt, denn das Anrecht darf nicht kapitalisierbar sein.

2 Zur Bestimmung des Rückkaufswerts ist § 169 III 1 VVG in der seit dem 1.1.08 geltenden Fassung (BGBl I, 2631) heranzuziehen. Danach wird auf das Deckungskapital zum Ende einer Versicherungsperiode zurückgegriffen, das nach den anerkannten Regeln der Versicherungsmathematik mit den Rechnungsgrundlagen der Prämienkalkulation berechnet wird. Da bei fondsgebundenen Versicherungen kein Deckungskapital im eigentlichen Sinne gebildet wird, hält das Versicherungsvertragsrecht in § 169 IV 1 VVG eine eigene Bewertungsvorschrift bereit und verweist insoweit auf den Zeitwert. Der ausgleichsberechtigten Person steht jedoch nicht nur die Hälfte der ehezeitlichen Garantieleistung zu, sondern auch der entsprechende Anteil an den in der Eheziet zugeteilten Überschüssen (§ 169 VII VVG).

3 Beruht das auszugleichende Anrecht auf einem privaten Versicherungsvertrag, der bis zum 31.12.07 geschlossen worden ist, so handelt es sich um einen Altvertrag nach Art 1 I EGVVG in der seit dem 1.1.08 geltenden Fassung. Für diese Verträge ist nach Art 4 II EGVVG der Rückkaufswert nach § 176 VVG in der bis zum 31.12.07 geltenden Fassung zu ermitteln.

4 **B. Kein Abzug von Stornokosten.** Satz 2 stellt klar, dass Stornokosten bei der Bewertung zu Zwecken des Versorgungsausgleichs nicht zu berücksichtigen sind. Dieses beruht darauf, dass ein solcher Abschlag zwar dann gerechtfertigt ist, wenn dem Versicherungsunternehmen auf Grund der Zahlung des Rückkaufswerts Kosten entstehen, die kompensiert werden sollen (§ 169 V VVG), jedoch im Versorgungsausgleich dieser Rückkaufswert bei der internen Teilung aber nicht ausgezahlt wird, so dass keine Stornokosten entstehen und ein Stornoabschlag nicht erforderlich ist, und es zu einer externen Teilung mit Kapitalabfluss nur mit Zustimmung des Versorgungsträgers kommt, der in diesem Fall dann auch die mit dem Kapitalabfluss verbundenen Kosten zu tragen hat.

Kapitel 3 Korrespondierender Kapitalwert als Hilfsgröße

§ 47 Berechnung des korrespondierenden Kapitalwerts.
(1) Der korrespondierende Kapitalwert ist eine Hilfsgröße für ein Anrecht, dessen Ausgleichswert nach § 5 Abs. 3 nicht bereits als Kapitalwert bestimmt ist.
(2) Der korrespondierende Kapitalwert entspricht dem Betrag, der zum Ende der Ehezeit aufzubringen wäre, um beim Versorgungsträger der ausgleichspflichtigen Person für sie ein Anrecht in Höhe des Ausgleichswerts zu begründen.
(3) Für Anrechte im Sinne des § 44 Abs. 1 sind bei der Ermittlung des korrespondierenden Kapitalwerts die Berechnungsgrundlagen der gesetzlichen Rentenversicherung entsprechend anzuwenden.
(4) ¹Für ein Anrecht im Sinne des Betriebsrentengesetzes gilt der Übertragungswert nach § 4 Abs. 5 des Betriebsrentengesetzes als korrespondierender Kapitalwert. ²Für ein Anrecht, das bei einem Träger einer Zusatzversorgung des öffentlichen oder kirchlichen Dienstes besteht, ist als korrespondierender Kapitalwert der Barwert im Sinne des Absatzes 5 zu ermitteln.
(5) Kann ein korrespondierender Kapitalwert nach den Absätzen 2 bis 4 nicht ermittelt werden, so ist ein nach versicherungsmathematischen Grundsätzen ermittelter Barwert maßgeblich.
(6) Bei einem Wertvergleich in den Fällen der §§ 6 bis 8, 18 Abs. 1 und § 27 sind nicht nur die Kapitalwerte und korrespondierenden Kapitalwerte, sondern auch die weiteren Faktoren der Anrechte zu berücksichtigen, die sich auf die Versorgung auswirken.

A. Definition und Höhe des korrespondierenden Kapitalwerts. I definiert den korrespondierenden Kapitalwert als Hilfsgröße für ein Anrecht, dessen Ausgleichswert nach § 5 III nicht bereits als Kapitalwert bestimmt ist. Es handelt sich nach II um den Einkaufspreis (BT-Drs 16/1044, S 84), mit dem die ausgleichspflichtige Person bei ihrem Versorgungsträger ein Anrecht in Höhe des Ausgleichswerts für sich begründen könnte. Er dient der Vergleichbarmachung von Anrechten, soweit dies nach dem neuen Ausgleichssystem noch erforderlich ist, vgl die Begründung zu § 5 III. 1

In der gesetzlichen Rentenversicherung ergibt sich der korrespondierende Kapitalwert aus den jährlich angepassten allgemeinen Rechengrößen für die Sozialversicherung (Sozialversicherungs-Rechengrößenverordnung v 7.12.09, BGBl I 1939), insb aus dem allgemeinen Beitragssatz zur Rentenversicherung (2010: 19,9 %), dem jeweiligen Durchschnittsentgelt aller Verdienenden in der Rentenversicherung (2010: 30.660,00 €) und der Zahl der auszugleichenden Entgeltpunkte. Für das Jahr 2010 ist damit für einen Entgeltpunkt ein Kapitalbetrag in Höhe von 6.101,34 € (30.660,00 € x 19,9 %) aufzubringen. Bei in der Ehezeit zB erworbenen und auszugleichenden 10 Entgeltpunkten beträgt der Ausgleichswert: 5 Entgeltpunkte und der korrespondierende Kapitalwert: 30.506,70 € (6.101,34 € x 5). Soweit andere Versorgungsträger wie etwa die berufsständischen Versorgungswerke über entsprechende Rechengrößen verfügen, sind diese heranzuziehen. In den Fällen des IV ist ein Barwert zu ermitteln (s. unter C.). 2

B. Wertermittlung anderer Anrechte. Bei den von § 44 I erfassten Anrechten handelt es sich um solche aus einem Beamten- oder öffentlich-rechtlichen Dienstverhältnis oder aus Arbeitsverhältnissen, bei denen eine Versorgung nach beamtenrechtlichen Grundsätzen gewährt wird. Für diese Anrechte ist laut III der Kapitalwert nach den Rechengrößen der gesetzlichen Rentenversicherung zu ermitteln, da der Erwerb von Anrechten durch freiwillige Beitragszahlung nicht möglich ist und daher entsprechende Werte nicht zur Verfügung stehen (BT-Drs 16/10144, S 85). 3

C. Sonderfälle des Abs 4. Für die Ermittlung des Kapitalwerts bei Anrechten aus der betrieblichen Altersversorgung nach dem BetrAVG wird gem § 4 V BetrAVG auf den Übertragungswert abgestellt. Maßgebend ist mithin der Barwert der nach § 2 BetrAVG bemessenen künftigen Versorgungsleistung im Zeitpunkt des Endes der Ehezeit. Wird die betriebliche Altersvorsorge über eine Pensionskasse, einen Pensionsfonds oder eine Direktversicherung abgewickelt, ist vom gebildeten Kapitalwert zum Zeitpunkt des Endes der Ehezeit auszugehen (§ 4 V 2 BetrAVG). Die Festlegung erfolgt nach den gleichen Kriterien, wie beim Barwert (s. unter D). Die Ermittlung des Kapitalwerts erfolgt ohne die Beiträge für die Hinterbliebenenversorgung und ohne die jeweiligen Kosten. Die Anrechte aus einer Zusatzversorgung des öffentlichen und kirchlichen Dienstes werden nach V (Auffangregelung) ebenfalls mit dem Barwert ermittelt. 4

Bei den Anrechten aus der Alterssicherung der Landwirte dient als korrespondierender Kapitalwert die aus einer Multiplikation der zu übertragenden Steigerungszahl mit dem 12-fachen des Monatsbeitrags, § 72 II 2 ALG. In der berufsständischen Versorgung kommt als korrespondierender Kapitalwert der Kapital- oder Barwert in Betracht. Ein korrespondierender Kapitalwert ist für die privaten sonstigen Versorgungen nicht zusätzlich zu ermitteln. 5

D. Barwert. Mit dem Barwert behilft man sich in den Fällen, in denen Anhaltspunkte fehlen, nach welchen ein „fiktiver" Kapitalwert errechnet werden kann. Es ist der „Erwartungswert" insb im Sinne des aktuellen Wertes aller künftig zu erwartenden Leistungen aus einem Anrecht (BGH FamRZ 92, 165). So werden die in der Zukunft zu erwartenden Rentenbeträge bestimmt und auf den Zeitpunkt des Endes der Ehezeit abgezinst 6

(BT-Drs 16/10144, S 85). Im Einzelnen knüpft die zukünftige Rentenleistung damit an die Höhe der Rente, die Wahrscheinlichkeit, dass diese Rente überhaupt gezahlt wird (Sterbe- und Überlebenswahrscheinlichkeit), die durchschnittliche, va die von der weiteren Lebenserwartung abhängigen Leistungsdauer und die Verzinsung an. Der Barwert bestimmt sich damit maßgeblich nach der Qualität des auszugleichenden Anrechts, dem Rechnungszinsfuß und den biometrischen Grunddaten. Es handelt sich um ein „fiktives Deckungskapital" im Sinne eines Kapitals, das während der Anwartschaftsphase angespart wurde, erhöht um die Verzinsung und die Überschüsse und vermindert um den Risikoanteil der Beiträge sowie um die Abschluss- und Verwaltungskosten (BGH FamRZ 92, 165). Laut Erlass des BMF vom 16.12.05 können für die biometrischen Daten, die nach Geschlechtern unterteilten Richttafeln des Büros Heubeck herangezogen werden. Als Rechnungszins dient der nach § 253 II HGB ermittelte und von der Deutschen Bundesbank monatlich bekanntgegebene Zins (BT-Drs 16/11903, 112). Das Gesetz selbst aber überlässt die Festlegung des Rechnungszinses den Versorgungsträgern (BT-Drs 16/10144, S 85).

7 E. Berücksichtigung weiterer Faktoren in den Sonderfällen des VI. VI verdeutlicht nochmals, dass es sich bei dem korrespondierenden Kapitalwert einzig um eine Hilfsgröße handelt, bei der es nicht nur um deren Höhe geht (BT-Drs 16/11903, 111). Sofern ein Wertvergleich nach den §§ 6 – 8, 18 I und 27 erforderlich wird (insb bei Vereinbarungen der Ehegatten, bei Geringfügigkeit des Wertunterschieds oder aber Härtefällen, bei denen es auf die wirtschaftliche Gesamtbetrachtung ankommt), sind gem VI neben den Rechnungsgrößen auch die weiteren wertbildenden Faktoren, die sich auf die Anrechte oder bereits gezahlten Versorgungen auswirken, zu berücksichtigen und anzugeben. Danach sind mitzuteilen (im Einzelnen: *Borth* Versorgungsausgleich 5. Aufl Rz 176 mit weiteren Darstellungen zu den einzelnen Fallgruppen) die Leistungsspektrum (Alters- und/oder Invaliditäts- oder Hinterbliebenenschutz), die allgemeinen Anpassungen (Steigerungsdynamik oder Statik), die Finanzierungsverfahren (als Abschnittsdeckung oder Umlagefinanzierung) sowie weitere Faktoren (Insolvenzschutz, Teilkapitalisierungsrechte etc.).

8 F. Verfahrensrechtliche Vorschriften. Das Familiengericht kann die nach § 5 erforderlichen Werte gem § 220 IV FamFG vom Versorgungträger einfordern und sich die Details darlegen lassen, insb den Abzinsungsfaktor und die biometrischen Daten im konkreten Fall. Auf Antrag eines Beteiligten hat das Familiengericht die Daten ebenfalls abzufragen. Bei unangemessenen Werten kann ein Sachverständigengutachten zur Überprüfung des Ergebnisses beigezogen werden.

Teil 3   Übergangsvorschriften

§ 48 Allgemeine Übergangsvorschrift. (1) In Verfahren über den Versorgungsausgleich, die vor dem 01.09.2009 eingeleitet worden sind, ist das bis dahin geltende Recht weiterhin anzuwenden.
(2) Abweichend von Absatz 1 ist das ab dem 01.September 2009 geltende materielle Recht und Verfahrensrecht anzuwenden in Verfahren, die
1. am 01. September 2009 abgetrennt oder ausgesetzt sind oder deren Ruhen angeordnet ist oder
2. nach dem 01. September 2009 abgetrennt oder ausgesetzt werden oder deren Ruhen angeordnet wird.
(3) Abweichend von Absatz 1 ist in Verfahren, in denen am 31.August 2010 im ersten Rechtszug noch keine Endentscheidung erlassen wurde, ab dem 1. September 2010 das ab dem 1. September 20009 geltende materielle Recht und Verfahrensrecht anzuwenden.

1 Das alte Recht findet noch Anwendung auf Verfahren, die vor dem 1.9.09 eingeleitet worden sind. Wenn der Versorgungsausgleich nach deutschem Recht durchzuführen ist, ist der Versorgungsausgleich mit dem Scheidungsverfahren eingeleitet, da der Versorgungsausgleich im Zwangsverbund mit der Scheidungssache steht und das Prinzip der Amtsermittlung gilt, § 137 II 2, §§ 217 ff FamFG, § 623 I 1, 3 ZPO. Bei einem ausländischen Versorgungsausgleichstatut kann das Verfahren durch das Gericht eingeleitet werden, wenn es der Auffassung ist, dass der Versorgungsausgleich nach ausländischem Recht durchzuführen ist, Art 17 III 1 Hs 2 EGBGB. Kennt das ausländische Recht keinen Versorgungsausgleich, wird das Versorgungsausgleichsverfahren erst durch den Eingang eines von einem Ehegatten nach Art 17 III 2 EGBGB gestellten Antrages auf Durchführung des Versorgungsausgleiches nach deutschem Recht eingeleitet.

2 Das neue Recht findet auf Verfahren, die vor dem 1.9.09 eingeleitet worden sind dann Anwendung, wenn sie am 1.9.09 abgetrennt oder ausgesetzt waren oder ihr Ruhen angeordnet wird. Längstens findet das alte Recht Anwendung bis zum 31.8.10 im ersten Rechtszug. In den Verfahren, in denen am 31.8.10 in erster Instanz noch keine Endentscheidung ergangen ist, findet ab dem 1.9.10 das ab dem 1.9.09 geltende materielle Recht und auch das neue Verfahrensrecht Anwendung.

3 Hinsichtlich der Durchführung des Versorgungsausgleiches zu dem bis zum 31.8.09 geltenden Recht wird verwiesen auf die Kommentierung in der 4. Auf.

§ 49 Übergangsvorschrift für Auswirkungen des Versorgungsausgleichs in besonderen Fällen.
Für Verfahren nach den §§ 4 bis 10 des VAHRG, in denen der Antrag beim Versorgungsträger vor dem 01.09.2009 eingegangen ist, ist das bis dahin geltende Recht weiterhin anzuwenden.

Mit dem Gesetz zur Strukturreform des Versorgungsausgleiches werden das VAHRG, das Versorgungsausgleichsüberleitungsgesetz (VAÜG) und die Barwertverordnung aufgehoben, Artikel 23 2 VAStrRefG. Nur auf Altverfahren werden die Bestimmungen des VAHRG noch angewandt.

§ 50 Wiederaufnahme von ausgesetzten Verfahren nach dem Versorgungsausgleichs-Überleitungsgesetz.
(1) Ein nach § 2 Abs. 1 Satz 2 des Versorgungsausgleichs-Überleitungsgesetz ausgesetzter Versorgungsausgleich ist ab dem 01.09.2009 wieder aufzunehmen
1. auf Antrag eines Ehegatten oder eines Versorgungsträgers, wenn aus einem im Versorgungsausgleich zu berücksichtigenden Anrecht Leistungen zu erbringen oder zu kürzen wären;
2. von Amts wegen spätestens bis zum 01.09.2014.
(2) Der Antrag nach Absatz 1 Nr. 1 ist frühestens sechs Monate vor dem Zeitpunkt zulässig, ab dem auf Grund des Versorgungsausgleichs voraussichtlich Leistungen zu erbringen oder zu kürzen wären.

Das VAÜG ist aufgehoben. Verfahren, die bislang ausgesetzt waren, da auch Anwartschaften Ost zu berücksichtigen waren, werden nach Fortführung des Verfahrens dem neuen Recht unterliegen mit der Folge, dass eine unmittelbare Halbteilung erfolgen kann. Die Ost-West-Fälle sollen innerhalb von fünf Jahren vAw wieder aufgenommen werden. Auf Antrag eines Ehegatten oder eines Versorgungsträgers sind sie sofort wieder aufzunehmen, wenn bei einem Ehegatten ein Leistungsfall eingetreten ist und sich der Versorgungsausgleich auf die Höhe der Versorgung auswirkt.

§ 51 Zulässigkeit einer Abänderung des öffentlich-rechtlichen Versorgungsausgleichs.
(1) Eine Entscheidung über einen öffentlich-rechtlichen Versorgungsausgleich, die nach dem Recht getroffen worden ist, das bis zum 31. August 2009 gegolten hat, ändert das Gericht bei einer wesentlichen Wertänderung auf Antrag ab, indem es die in den Ausgleich einbezogenen Anrechte nach den §§ 9 bis 19 teilt.
(2) Die Wertänderung ist wesentlich, wenn die Voraussetzungen des § 225 Abs. 2 und 3 des Gesetzes über das Verfahren in Familiensachen und in Angelegenheiten der freiwilligen Gerichtsbarkeit vorliegen, wobei es genügt, dass sich der Ausgleichswert nur eines Anrechts geändert hat.
(3) ¹Eine Abänderung nach Absatz 1 ist auch dann zulässig, wenn sich bei Anrechten der berufsständischen, betrieblichen oder privaten Altersvorsorge (§ 1587a Abs. 3 oder 4 des Bürgerlichen Gesetzbuchs in der bis zum 31. August 2009 geltenden Fassung) der vor der Umrechnung ermittelte Wert des Ehezeitanteils wesentlich von dem dynamisierten und aktualisierten Wert unterscheidet. ²Die Aktualisierung erfolgt mithilfe der aktuellen Rentenwerte der gesetzlichen Rentenversicherung. ³Der Wertunterschied nach Satz 1 ist wesentlich, wenn er mindestens 2 Prozent der zum Zeitpunkt der Antragstellung maßgeblichen monatlichen Bezugsgröße nach § 18 Abs. 1 des Vierten Buches Sozialgesetzbuch beträgt.
(4) Eine Abänderung nach Absatz 3 ist ausgeschlossen, wenn für das Anrecht nach einem Teilausgleich gemäß § 3b Abs. 1 Nr. 1 des Gesetzes zur Regelung von Härten im Versorgungsausgleich noch Ausgleichsansprüche nach der Scheidung gemäß den §§ 20 bis 26 geltend gemacht werden können.
(5) § 225 Abs. 4 und 5 des Gesetzes über das Verfahren in Familiensachen und in den Angelegenheiten der freiwilligen Gerichtsbarkeit gilt entsprechend.

A. „Totalrevision".
Die Zulässigkeit der Abänderung eines nach altem Recht durchgeführten öffentlich-rechtlichen Versorgungsausgleich richtet sich nach § 51. Die Abänderung nach Maßgabe des § 51 und des die Durchführung des Abänderungsverfahrens regelnden § 52 erfordert eine Versorgungsausgleichsberechnung vollständig nach neuem Recht und damit eine „Totalrevision", indem gem § 51 I die in den Ausgleich nach altem Recht einbezogenen Anrechte nach den §§ 9 bis 19 durch das Gericht geteilt werden. Es werden nur diejenigen Anrechte einbezogen, die auch Gegenstand der abzuändernden Entscheidung waren. Anrechte, die erstmals nach dem neuen Recht in den Ausgleich einbezogen werden (so zB Kapitalleistungen aus der betrieblichen Altersversorgung, § 1 II Nr 3), bleiben außer Betracht, da sie nämlich im Scheidungsverfahren über den Zugewinnausgleich zu berücksichtigen waren und ggf insoweit eine rechtskräftige Entscheidung vorlag, die nicht über ein Abänderungsverfahren im Versorgungsausgleich unter Anwendung des neuen Rechts ausgehöhlt werden kann. Gleiches gilt für Anrechte, die in der Erstentscheidung versehentlich nicht einbezogen wurden, da sie nicht Verfahrensgegenstand geworden waren.

Die Anwendbarkeit des § 51 erfordert eine Entscheidung über den Versorgungsausgleich nach dem bis zum 31.8.09 geltenden Recht.

3 **B. Voraussetzungen.** Die Abänderung nach der Übergangsvorschrift setzt neben einem Antrag (s. dazu § 52 I) entweder eine wesentliche Änderung iSv II oder III oder aber die Erfüllung einer Wartezeit nach V iVm § 225 IV FamFG sowie des Weiteren voraus, dass sich die Abänderung zugunsten eines Ehegatten oder seiner Hinterbliebenen auswirkt (V iVm § 225 V FamFG).

4 **I. Wesentliche Wertänderung. 1. Änderung des Ausgleichswerts eines Anrechts.** Gem II ist die Wertänderung wesentlich iSv I, wenn die Voraussetzungen des § 225 II und III FamFG unter Berücksichtigung der in II enthaltenen Maßgabe bei einem in den Ausgleich nach I einzubeziehenden Anrechts vorliegen. Erfasst werden damit Wertänderungen auf Grund rechtlicher und tatsächlicher Veränderungen nach dem Ende der Ehezeit. Maßgeblich ist allein, die Änderung des Ausgleichswerts eines Anrechts. Nicht mehr erforderlich ist, dass sich der gesamte Wertunterschied nach Saldierung der Ehezeitanteile geändert hat (so noch § 10a VAHRG). Die Wertänderung muss die in § 225 III FamFG aufgeführte Wesentlichkeitsgrenze erreichen.

5 **2. Anrechte der berufsständischen Altersvorsorge etc.** Die wesentliche Änderung iSv I bei Anrechten der berufsständischen, betrieblichen oder privaten Altersvorsorge (§ 1587a III und IV BGB aF) regelt III. Dieser erfasst die sog „Wertverzerrungen", die durch die Dynamisierungen/Umwertungen von den dort genannten nicht volldynamischen Anrechten mit der Barwert-VO in eine dynamische Rente mittels einer fiktiven Einzahlung in die gesetzliche Rentenversicherung entstanden sind. Die hierdurch entstandenen Wertverzerrungen stellen eine wesentliche Änderung dar, wenn der ursprünglich ermittelte Wert des Ehezeitanteils der Versorgung von dem in den Saldo eingestellten und aktualisierten Wert abweicht. Es sind demnach zwei Werte zu vergleichen (BT-Drs 16/10144, S 89): Einerseits der zum Zeitpunkt der abzuändernden Entscheidung vom Versorgungsträger mitgeteilte bzw. vom Gericht ermittelte Wert des Ehezeitanteils der auszugleichenden Versorgung; andererseits der Wert, der sich ergibt, wenn der mit der jeweils geltenden Barwert-VO dynamisierte Wert des Ehezeitanteils durch den damaligen aktuellen Rentenwert dividiert und mit dem heutigen aktuellen Rentenwert multipliziert wird. Für die Prüfung der Zulässigkeit wird fingiert, dass sich der erste Wert nicht geändert hat. So soll verhindert werden, dass bereits in diesem Verfahrensstadium aktualisierte Auskünfte von den Trägern angefordert werden müssen. Diese Auskünfte sind erst nach Feststellung der Zulässigkeit des Antrags erforderlich. Die Wertdifferenz muss 2% der bei Antragstellung maßgeblichen monatlichen Bezugsgröße nach § 18 I SGB IV betragen (derzeit 51,10 €), um eine wesentliche Änderung iSv I bejahen zu können. Eine Beispielsrechnung findet sich in der Gesetzesbegründung (BT-Drs 16/10144, S 89).

6 **II. Erfüllung der Wartezeit.** Durch den Verweis in V auf § 225 IV FamFG kommt eine Abänderung der von I erfassten Anrechte nach Maßgabe der §§ 9 bis 19 auch dann in Betracht, wenn durch sie bei der ausgleichsberechtigten Person eine maßgebliche Wartezeit erfüllt wird. Die in I enthaltene Tatbestandsvoraussetzung der wesentlichen Änderung muss in diesen Fällen nicht erfüllt sein (BT-Drs 16/10144, S 89, 97 f).

7 **III. Auswirkungen zugunsten eines Ehegatten oder Hinterbliebenen.** Die Abänderung des Versorgungsausgleichs nach § 51 durch das Gericht setzt nach V iVm § 225 V FamFG voraus, dass sie sich zugunsten eines Ehegatten oder Hinterbliebenen auswirkt. Die Regelung in § 225 V FamFG entspricht § 10a II Nr 3 VAHRG (BT-Drs 16/10144, S 98).

8 **C. Ausschluss der Abänderung.** Die Abänderung ist gem IV ausgeschossen, wenn für das betroffene Anrecht noch Ausgleichsansprüche nach der Scheidung (§§ 20 – 26) geltend gemacht werden können. Diese sind vorrangig. Eine Anrechnung des bereits teilweise ausgeglichenen Anrechts erfolgt gem § 53 unter Berücksichtigung dessen tatsächlicher Entwicklung.

§ 52 Durchführung einer Abänderung des öffentlich-rechtlichen Versorgungsausgleichs.

(1) Für die Durchführung des Abänderungsverfahrens nach § 51 ist § 226 des Gesetzes über das Verfahren in Familiensachen und in den Angelegenheiten der freiwilligen Gerichtsbarkeit anzuwenden.
(2) Der Versorgungsträger berechnet in den Fällen des § 51 Abs. 2 den Ehezeitanteil zusätzlich als Rentenbetrag.
(3) Beiträge zur Begründung von Anrechten zugunsten der ausgleichsberechtigten Person sind unter Anrechnung der gewährten Leistungen zurückzuzahlen.

1 **A. Anwendbare Verfahrensvorschriften, Abs 1.** Die Durchführung der Abänderung bestimmt sich maßgeblich nach § 226 FamFG. Danach sind antragsberechtigt die Ehegatten, ihre Hinterbliebenen und die von der Abänderung betroffenen Versorgungsträger. Der Antrag ist frühestens sechs Monate vor dem Zeitpunkt zulässig, ab dem ein Ehegatte voraussichtlich eine laufende Versorgung aus dem abzuändernden Anrecht bezieht oder dies auf Grund der Abänderung zu erwarten ist (§ 226 II FamFG). Die Berücksichtigung von Härtefallregelungen im Abänderungsverfahren erfolgt durch den Verweis in § 226 III FamFG auf § 27. Die *Abänderung selbst* wirkt ab dem ersten Tag des Monats, der auf den Monat der Antragstellung folgt (§ 226 IV FamFG). Im Fall eines Versterbens des Ehegatten, der den Abänderungsantrag gestellt hat, vor Rechtskraft der Endentscheidung, hat das Gericht die übrigen antragsberechtigten Beteiligten darauf hinzuweisen, dass

das Verfahren nur fortgesetzt wird, wenn ein antragsberechtigter Beteiligter innerhalb einer Frist von einem Monat dies durch Erklärung ggü dem Gericht verlangt, während ohne ein solches Verlangen das Verfahren in der Hauptsache für erledigt gilt (vgl. § 226 V 1 FamFG); stirbt der andere Ehegatten, wird das Verfahren gegen dessen Erben fortgesetzt (§ 226 V 2 FamFG).

B. Mitwirkungspflicht der Versorgungsträger, Abs 2. Der Träger der Versorgung hat für eine Abänderung nach § 51 II den Ehezeitanteil des abzuändernden Anrechts neben den nach § 5 möglichen weiteren Bezugsgrößen immer auch als Rentenbetrag mitzuteilen. Es sind die tatsächlichen und rechtlichen Veränderungen zum Stichtag „Ehezeitende" zu ermitteln. Nacheheliche Bestandteile, Karrieresprünge etc. sind nicht zu berücksichtigen. Der Rentenbetrag ist erforderlich, weil nach altem Recht nur Rentenbeträge maßgeblich waren und nur so eine Wertänderung festgestellt werden kann. Andererseits können für die nunmehr durchzuführende Teilung nach neuem Recht auch die weiteren Ausgleichswerte notwendig werden. In den Fällen des § 51 III bedarf es keiner ergänzenden Berechnung durch den Versorgungsträger, da ausschließlich auf einen Vergleich des ursprünglichen und des aktualisierten Ehezeitanteils abgestellt wird (BT-Drs 16/10144, S 90). 2

C. Erstattung von Beiträgen, Abs 3. III ordnet als gesetzliche Folge und damit ohne eine noch nach § 10a VIII VAHRG vorgesehenen weitere richterliche Anordnung die Rückerstattung von Beiträgen an, die zur Begründung von Anrechten zugunsten der ausgleichsberechtigten Person gezahlt worden sind, aber nun der Abänderung unterliegen. 3

§ 53 Bewertung eines Teilausgleichs bei Ausgleichsansprüchen nach der Scheidung.
Ist bei Ausgleichsansprüchen nach der Scheidung gemäß den §§ 20 bis 26 ein bereits erfolgter Teilausgleich anzurechnen, so ist dessen Wert mithilfe der aktuellen Rentenwerte der gesetzlichen Rentenversicherung zu bestimmen.

A. Anwendungsbereich. Sofern nach bisherigem Recht Versorgungen, insb berufsständischer und betrieblicher Art, nicht voll über das Quasi-Splitting (§ 1587b V BGB aF, § 1 III VAHRG, infolge der Wertgrenze) oder letztlich das Supersplitting (§ 3b I Nr 1 VAHRG) ausgeglichen werden konnten, verblieben sie (anteilig) dem schuldrechtlichen Versorgungsausgleich. Mit Bezug der insoweit noch nicht voll im öffentlich-rechtlichen Versorgungsausgleich ausgeglichenen Versorgung, steht der ausgleichsberechtigten Person gem § 48 nach neuem Recht der Ausgleich nach den §§ 20 – 26 (Ausgleichansprüche nach der Scheidung) zu, sofern das Verfahren nach dem 1.9.09 anhängig gemacht wurde. Da jedoch ein Teil bereits ausgeglichen wurde, kann das Anrecht nicht mehr voll in den Ausgleich einbezogen werden. § 53 regelt, wie der Wert des bereits erfolgten Teilausgleichs zu bestimmen ist, nämlich nach der sog. Rentenwertmethode. 1

B. Rentenwertmethode. Es wird der zum Zeitpunkt der ursprünglichen Entscheidung mit der Barwert-VO umgerechnete und öffentlich-rechtlich ausgeglichene Teil der Versorgung durch den aktuellen Rentenwert zum Ehezeitende dividiert und mit dem aktuellen Rentenwert zum Zeitpunkt der Entscheidung über den Ausgleich nach der Scheidung multipliziert (s. auch schon OLG Karlsruhe FamRZ 00, 238) und damit „aktualisiert" (BT-Drs 16/10144, S 91). 2

§ 54 Weiter anwendbare Übergangsvorschriften des Ersten Gesetzes zur Reform des Ehe- und Familienrechts und des Gesetzes über weitere Maßnahmen auf dem Gebiet des Versorgungsausgleichs für Sachverhalte vor dem 01. Juli 1977.
Artikel 12 Nr. 3 Satz 1, 4 und 5 des Ersten Gesetzes zur Reform des Ehe- und Familienrechts vom 14. Juni 1976 (BGBl. I S. 1421), das zuletzt durch Artikel 142 des Gesetzes vom 19. April 2006 (BGBl. I S. 866) geändert worden ist, und Artikel 4 § 4 des Gesetzes über weitere Maßnahmen auf dem Gebiet des Versorgungsausgleichs vom 8. Dezember 1986 (BGBl. I S. 2317), das zuletzt durch Artikel 143 des Gesetzes vom 19. April 2006 (BGBl. I S. 866) geändert worden ist, sind in der bis zum 31. August 2009 geltenden Fassung weiterhin anzuwenden.

Die Vorschrift ordnet an, dass für Sachverhalte vor dem 1.7.77 einige Bestimmungen des 1. EheRG sowie des VersAusglMaßnG weiterhin anzuwenden sind. Sie wird nur noch in Einzelfällen von Bedeutung sein (vgl auch zum Folgenden BT-Drs 16/10144, S 91). 1

Mit Art 12 Nr 3 1 des 1 EheRG wird klargestellt, dass ein Versorgungsausgleich auch dann durchzuführen ist, wenn die Ehe vor dem 1.7.77 (Einführung des Rechtsinstituts des Versorgungsausgleichs) geschlossen wurde. Abw hiervon wird ein Versorgungsausgleich nach Art 12 Nr 3 4 des 1. EheRG nicht durchgeführt, wenn eine Ehe zwar vor dem 1.7.77 geschlossen wurde, aber noch nach dem Recht geschieden worden ist, das bis zum 30.6.77 gegolten hat. Schließlich ist nach der Regelung des Art 12 Nr 3 5 des 1. EheRG der Versorgungsausgleich auch dann nicht durchzuführen, wenn vor dem 1.7.77 eine endgültige Abfindung an die ansonsten ausgleichsberechtigte Person für zukünftige Unterhaltsansprüche geleistet wurde, indem von der ansonsten 2

§ 54 VersAusglG Weiter anwendbare Übergangsvorschriften

ausgleichspflichtigen Person Vermögensgegenstände übertragen worden sind. Gleiches gilt, wenn die Eheleute vor dem 1.7.77 einen Vertrag geschlossen haben, der ihre ansonsten vom Versorgungsausgleich umfassten Anwartschaften betrifft. Solche Vereinbarungen unterliegen allerdings der Inhalts- und Ausübungskontrolle durch das Familiengericht.

3 Darüber hinaus ist Art 4 § 4 VersAusglMaßnG weiter anzuwenden, der einen Wert der Bezugsgröße nach § 18 SGB IV enthält, der für Sachverhalte vor dem 1.7.77 in wenigen Einzelfällen noch von Bedeutung sein kann.

Stichwortverzeichnis

Paragraphen ohne Gesetzesbezeichnung sind solche des BGB.
Artikel ohne Gesetzesbezeichnung sind solche des EGBGB.

Abänderungsklage § 1575 6; § 1581 3
Abbedingung des Minderungsrechts; Wohnraummiete § 536d 1
Abbitte § 249 23
Abbuchungsaufträge § 535 137
Abfall § 2 ProdHaftG 2
Abfindung § 23 VersAusglG 1; Zumutbarkeit § 23 VersAusglG 2; § 10 AGG 16, 18; § 1376 9; § 1577 13; § 2033 5; § 2042 11, 19; Vor § 1577 10
Abfindungsangebot/-anspruch; gem § 1a KSchG § 620 90
Abfindungsanspruch § 738 8, 10
Abfindungsbetrag § 24 VersAusglG 1
Abfindungsbilanz § 738 9 f.
Abfindungsguthaben § 1976 8
Abfindungsrecht § 1992 4, 6
Abfindungsvereinbarung § 738 12; ergänzende Vertragsauslegung § 157 24
Abgabe einer Willenserklärung § 130 6
Abgaben § 2124, § 2125; § 2126 5
Abgeordnete § 32 VersAusglG 7
Abgeordnetenbezüge Vor § 1577 7
Abgesonderte Befriedigung § 1975 14; § 2042 41
Abgrenzung zum Güterrecht § 2 VersAusglG 5
Abhilfefrist § 543 11, 25
Abholung; Möglichkeit § 985 24
Abkömmling § 2050 3; § 2107 1 ff.; § 2136 9; des Erblassers § 2069 1; § 2096 3; eines Dritten § 2070 1; § 2084 20 ff.
Ablaufhemmung § 210; Nachlassfälle § 211; nicht voll Geschäftsfähige § 210 2 ff.; Wirkung § 210 4
Ablaufstörungen § 620 87
Ablehnung; Testamentsvollstreckung § 2202 2
Ablehnungsandrohung § 250; § 281 9; § 323 18; Vor §§ 323 bis 326 7
Ablehnungsrecht § 563 24; § 563a, § 563b; Verpächter § 594d 4
Ableseprotokoll § 556a 30
Ablieferung der Kaufsache § 438 22; § 439 18; § 479 5, 7 f.
Ablieferungsort § 269 6
Ablösung; Betriebsvereinbarungen § 613a 23; Tarifverträge § 613a 22; Versorgungszusage § 613a 16
Ablösungsrecht § 268 1
Abmahnschreiben § 145 7
Abmahnung § 12 AGG 11; § 242 14, 51; § 280 47; § 281 8; § 282 5; § 541 5; § 543 24 f.; § 620 53, 55, 67 ff.; § 623 2; Vor §§ 275 ff 11; Dauerschuldverhältnisse § 281 8; Erfordernis § 242 76; Folgen einer unberechtigten § 543 27; Mietvertrag § 242 14; Notwendigkeit § 573 12; Schutzpflichten § 281 8; Unterlassungspflichten § 281 8; Zugang § 543 6
Abnahme; Kaufsache § 433 43 ff.; § 448 6
Abnahme des Werkes § 640 1 ff.; Abnahmefähigkeit, ~reife § 640 4 ff.; Begriff § 640 2; durch Dritte § 640 8; Fiktion § 640 12 ff.; förmliche Abnahme § 640 7; konkludente ~ § 640 9 ff.; Teilabnahme § 640 2; unwesentliche Mängel § 640 5; Verpflichtung zur ~ § 640 4 ff.; vorbehaltlose ~ § 640 14; Wirkung § 640 6
Abnehmerverwarnung § 823 95
Abrechnung § 556; § 781 14; § 782 1, 3 ff.
Abrechnungsfrist § 551 19; § 556
Abrechnungsmaßstab § 556a
Abrechnungspflicht § 556
Abrechnungszeitraum § 556 39
Abrufarbeit § 611 108
Absageschreiben; Nichtangabe von Gründen § 22 AGG 5
Abschichtung § 2033 5; § 2042 11
Abschiebehaft; Amtshaftung § 839 84
Abschlagszahlungen § 614 2; Werkvertrag § 632a 1 ff.
Abschleppunternehmer; Amtshaftung § 839 82
Abschlusserklärung; wettbewerbsrechtliche ~ § 781 6
Abschlussfreiheit § 311 6 ff.
Abschlussmangel § 2043 6
Abschlussverweigerung § 311 1 f.
Abschöpfung des Verletzergewinns § 249 6
Abschreckungsvereinbarung § 577 15
Abschreibungen; degressive ~ Vor § 1577 15; lineare ~ Vor § 1577 15
Absolute Mehrheit § 661 10
Absolute Rechte § 823 58, 61; § 1958 6
Absolutes Verfügungsverbot § 135; § 136 3
Absonderung § 1976 6; § 1977 1; § 1978 6; § 1990 16
Absonderungs- und Aussonderungsberechtigte § 1971 2
Absonderungsberechtigte § 1971 2
Abspaltungsverbot § 717 1
Abstammung; altes Recht Vor §§ 1591 bis 1600e 1; gestärkte Rechtsstellung des biologischen Vaters Vor §§ 1591 bis 1600e 7; KindRG Vor §§ 1591 bis 1600e 2
Abstammungsprozess Anhang zu ex § 1600e 1
Abstammungsrichtlinien Anhang zu ex § 1600e 40
Abstammungsstatut Artikel 19 EGBGB; Artikel 23 EGBGB 3 f.
Abstrakt generelle Regelungen § 3 AGG 14

Stichwortverzeichnis

Abstrakte Schadensberechnung § 252 8
Abstraktionsgrundsatz § 2033 11
Abstraktionsprinzip § 158 1; § 164 49, 67; § 167 4, 20; § 182 3; § 854 15; Vor §§ 116 ff 13; bei der Stellvertretung § 164 49, 67; § 167 4, 20; bei der Zustimmung § 182 3
Abtreibungsurteil § 249 17
Abtrennungsrecht § 997 1
Abtretbarkeit; betragsmäßige Bestimmbarkeit § 759 7; Geldrenten § 759 7; Leibrentenleistungen § 759 3; Leibrentenstammrecht § 759 3
Abtretung § 21 VersAusglG 1; § 398; § 2019 12; § 2040 6; Abstraktheit § 398 5; AGB § 398 4; anwendbares Recht ex Artikel 29 EGBGB 5; Anzeige § 409; Aufrechnung des Schuldners § 406; Auskunftspflicht § 401 2; Ausschluss § 399, § 400; bedingte ~ § 398 9; bei Gesamtschuldnern § 425 10; Bestätigung § 781 12; Bestimmbarkeit § 398 15; Beurkundungspflicht § 403; Blankozession § 398 7; des Herausgabeanspruchs § 985 10; Dienstbezüge § 411; Einwendungen/Einreden des Schuldners § 404 2; Einziehungsermächtigung § 398 22; Factoring § 398 24; Forderungsmehrheit § 398 16; Form § 398 8; Gestaltungsrecht § 413 6; Gestaltungsrecht des Schuldners § 404 4; Globalzession § 398 9; gutgläubiger Erwerb bei ~ des Herausgabeanspruchs § 934; Handelsgeschäft § 399 12; Herausgabeanspruch § 931, § 934; Hypothek § 401; im Wege von AGB § 398 4; Inkassozession § 398 21; internationales Privatrecht ex Artikel 33 EGBGB; Kenntnis § 406 3; § 407 5; konkludente ~ § 398 4; künftige Forderungen § 398 13; Lohn- oder Gehaltsansprüche § 551 9; Mehrfachabtretung § 398 10; § 406 7; § 408; Nebenpflichten § 398 6; Nebenrechte § 399 6; § 401 1; öffentlich-rechtlicher Anspruch § 398 3; Orderpapier § 398 8; personenbezogener Anspruch § 399 4; Pfandrecht § 401; Prozessstandschaft § 398 22; Rechtsgrund § 398 5; Rechtshängigkeit § 398 11; § 407 11; Rektapapier § 398 8; Schuldnerschutz § 407 1; Schweigepflicht § 399 10; Sicherungsabtretung § 398 20; stillschweigende ~ § 398 4; Teilabtretung § 398 12; Unpfändbarkeit § 400 3; Urheberrechte § 413 3; Urkundenauslieferung/-vorlage § 401 3; § 405, § 406, § 407, § 409, § 410; Verfügungsvertrag § 398 4; Vermächtnisanspruch § 2174 1; Vertragsbeitritt § 398 31; Vertragsübernahme § 398 27; Vorzugsrecht § 401 7; zu Gunsten Dritter § 398 7; Zurückbehaltungsrecht § 404 6
Abtretung der Ersatzansprüche; Gesamtschuld § 255 2; Konkurrenzen § 255 2; Verlust einer Sache § 255 3; Verlust eines Rechts § 255 4
Abtretung des Herausgabeanspruchs § 931 1 ff.
Abwasserbeseitigung § 839 150
Abwehranspruch § 1004 3
Abwehrklausel; AGB § 305 31, 35 ff., 40
Abwendung des Pfandrechts durch Sicherheitsleistung § 562c

Abwendung des Wegnahmerechts des Vermieters § 552
Abwendungsbefugnis § 1973 10
Abwesenheitspfleger § 1960 7; § 2031 3
Abwicklung § 164 59; § 723 3; § 730 4 f.
Abwicklungsgesellschaft § 709 3
Abwicklungsinteresse § 823 74
Abwicklungsverhältnis; Aufwendungsersatz § 508 10; Nutzungsvergütung § 508 9; Teilzahlungsgeschäft § 508 8 ff.; verbundene Verträge § 508 12; Widerruf § 495 10 f.
Abwicklungsvertrag § 623 3
Abwicklungsvollstreckung § 2203 2, 4; § 2209 1; § 2210 2; § 2221 2
Abzugsposten Vor § 1577 21
abzuschmelzende Leistung § 20 VersAusglG 5
actio libera in causa § 827 2, 4
Actio pro socio § 705 28
ADAC-Tabelle; Reisemängel § 651d 8
Adäquanztheorie § 249 50 ff.; § 823 7 f., 22
Additionsmethode § 1573 14
Ad-hoc-Mitteilungen; Haftung bei Fehlerhaftigkeit § 826 21
Adoption § 1308; § 2053 6; Artikel 22 EGBGB; Artikel 23 EGBGB 6; Adoptionspflege § 1744 2; Altersgrenze § 1743 1; Amtsermittlung § 1741 8; Amtsvormund § 1744 2; Amtsvormundschaft § 1751 4; Anhörung Kind § 1745 2; Annahmebeschluss § 1752 2; Antrag § 1768 1 f.; Antragserfordernis § 1752 1; Aufenthaltsermittlung § 1748 7; Ausforschung § 1758 7; Ausforschungsverbot § 1758 1; Ausland Vor §§ 1741 bis 1772 2; Auslandsberührung Vor §§ 1741 bis 1772 2; Beitrittsgebiet § 1761 3; Beschwerde § 1745 5; § 1746 11; Beurkundung § 1746 1; § 1750 4; Beweisaufnahme § 1747 4; biologischer Vater § 1747 2 f.; Ehehindernis § 1766 1; Eheschließung § 1742 2; Eilmaßnahmen § 1745 6; einstweilige Anordnung § 1741 9; Einwilligung § 1751 1; elterliche Sorge § 1751 3; erbrechtliche Folgen § 1749 1; Erklärungsmangel § 1760 3; Erlöschen der Verwandtschaft § 1754 1; Ersetzungsgründe § 1748 8; Familiensache Vor §§ 1741 bis 1772 1; FGG-Verfahren Vor §§ 1741 bis 1772 6; Fristablauf § 1747 6; gemeinsamer Antrag § 1768 1; Geschwister § 1754 1; Gleichgültigkeit § 1748 5; Inkognito § 1741 6; Ketten~ § 1742 1; Kindeswohl § 1741 4; Lebensalter Annehmende § 1743 1; Lebenspartnerschaft § 1741 3; Vor §§ 1741 bis 1772 5; Mitwirkung § 1747 2, 5; Nachname Kind § 1618 30; § 1757 1; Namensänderung § 1757 5, 8; Namensgebung § 1618 30; nichteheliche Vaterschaft § 1748 9; Nichtigkeit § 1759 3; Offenbarungsverbot § 1758 1; öffentliches Interesse § 1758 5; Pflegefamilie § 1741 6; Pflichten des Jugendamts § 1741 10; Pflichtverletzung § 1748 4; Probezeit § 1744 2; § 1767 3; Rechtskraft § 1760 9; Rechtsmittel § 1752 3; Rentenansprüche § 1754 3;

Rücknahme § 1747 11; Sachaufklärung § 1745 3; Sachverständige § 1745 4; schwache ~ § 1772 1; Schweigegebot § 1758 4; Sorgerecht § 1751 2, 8; Sorgerechtsantrag § 1751 5; Sozialleistungen § 1751 11; starke ~ § 1772 1; Stiefkind~ § 1749 2; § 1751 7; § 1756 2; § 1772 1; Tod des Annehmenden § 1753 2; Tod des Kindes § 1753 1; Übereinkommen Vor §§ 1741 bis 1772 2; Übergangsrecht § 1761 3; Umgangsrecht § 1754 2; § 1755 2; Vaterschaft § 1747 2; § 1748 9; Verbleibensanordnung § 1741 7; Verbot § 1741 2; § 1745 1; § 1769 1; Verfahrensfehler § 1745 7; Vertretung bei Antrag § 1768 2; Verwandtschaft § 1754 1; Verwandtschaftsverhältnis § 1756 1; Volljährige § 1767, § 1768, § 1769; § 1770 1; Vorname Kind § 1757 6; Vorrang des Sorgerechts § 1747 8; § 1751 5; Waisengeld § 1754 3; Wegfall der Probezeit § 1767 3; weitere Beschwerde § 1746 11; Wiedervereinigung § 1761 3; Wirksamkeitsvoraussetzung § 1750 2; Wirkung auf Sorgerecht § 1751 8; Zeitbestimmung § 1750 7; Ziele § 1741 1; Zustimmung § 1748 3, 5

Adoptionsaufhebung § 1759 1; Antrag § 1760 2; § 1762 2; bei Minderjährigkeit § 1763 1; elterliche Sorge § 1764 5; Hindernis § 1761 1; Namensrecht § 1765 1; Täuschung § 1760 6; Teil~ § 1764 6; Volljährige § 1771 1; Willensmängel § 1760 4; Wirkung § 1764 1

Adoptionseinwilligung § 1748 1; § 1750 1; Beurkundung § 1746 2 f.; Eltern § 1747 1; Ersetzung § 1747 f.; § 1748 2; § 1749 7; § 1750 7; Formerfordernis § 1750 4; Rechtsfolgen § 1751 1; Rücknahme § 1750 10; Stiefkindadoption § 1749 5; unwiderrufliche ~ § 1750 9; Widerruf § 1746 6

Adoptionsmängel; Heilung § 1760 5; Heilung durch nachträgliche Beteiligung § 1760 7

Adoptionspflege § 1744 2; § 1751 6; Sozialleistungen § 1751; Unterhaltspflicht § 1751 10

Adoptionsrecht; internationales ~ Artikel 5 EGBGB 8; Artikel 6 EGBGB 11, 19 ff.; internationales ~ Artikel 7 EGBGB 12; Artikel 10 EGBGB 12; Artikel 11 EGBGB 6, 10; Artikel 12 EGBGB 7; ROM I Art 11 4

Adoptionsverfahren; Vormundschaftsgericht § 1741 8

Adoptionsvermittlung; Adoption Vor §§ 1741 bis 1772 2

Adoptivkind § 2107 3, 7; § 2109 8

Adressat § 11 AGG 4

ADSp; als AGB § 305 38; § 306 8; § 309 51

Affektionsinteresse § 253 4, 7

Affirmative action § 5 AGG 1

AGB § 307 17; § 535 19

AGB-Banken § 305 28, 38; § 308 39

AGB-Kontrolle; Sicherungsabrede Vor §§ 1204 ff 49 f.

AGBRL § 242 2

Akkordvergütung § 611 74; § 614 2

Akkreditiv § 780 3; § 783 20 ff.; § 790 2

Akquisition; Abgrenzung zur unentgeltlichen Vorleistung § 631 4; Erfahrungssatz der Entgeltlichkeit § 631 3; § 632 7

Akteneinsicht § 1964 2; bei Nachlassgericht § 2228 1

Aktenwissen § 311a 18

Aktie § 799 3; § 2032 33

Aktienanleihe § 793 9

Aktienoption § 611 74; Artikel 3 EGBGB 31

Aktienoptionsplan § 613a 28

Aktionärsklage § 242 48; § 826 45

Aktivbestand § 1973 5

Aktive Prozessführung § 1959 8

Aktivprozess § 1958 9

Aktivvermögen § 1375 4; § 1376 5

Akzessorietät; Vertragsstrafe Vor §§ 339 bis 345 2

Akzessorische Anknüpfung Artikel 4 EGBGB 14; Artikel 14 EGBGB 4

Akzessorische Haftung § 714 7

Aliudlieferung § 241a 9; Werkvertrag § 633 20

Alkohol; Produkthaftung § 3 ProdHaftG 4, 6

Alkoholmissbrauch § 616 4

Alleineigentum § 903 8

Alleinsorgeberechtigter; Namensänderung durch den ~ § 1617a 4; Namensgebung durch den ~ § 1617a 2; späterer Erwerb der Alleinsorge § 1617a 7

Alleinverwaltung § 2008 3

Alles-oder-Nichts-Prinzip § 828 9, 11

Allgemeine Auskunftspflicht § 2028 3

Allgemeine Geschäftsbedingungen § 305, § 305a, § 305b, § 305c, § 306, § 306a, § 307, § 308, § 309, § 310; § 311 31; § 398 4; Abwehrklausel § 150 6; Änderungsvorbehalt § 308 31 ff.; § 309 5, 9; Anpassungsklauseln § 309 5; anwendbares Recht ROM I Art 12 16; Architektenvertrag § 309 50; Aufwendungen § 309 64 f.; Aushandeln § 305 9, 11 ff.; § 307 30; § 310 10; Vor §§ 305 ff 1; Auslegung § 305c; Ausübungskontrolle § 305 13; Automatenaufstellvertrag § 309 38; b2b § 306 7; § 307 15, 30; § 309 31; Banken (objektive Anknüpfung) ex Artikel 28 EGBGB 26; Bauvertrag § 309 50, 72; Begriff § 305 1 ff.; Bereichsausnahmen § 310 14 ff.; Beschränkung des Anwendungsbereichs § 310; Bestimmungsrecht § 315 16 ff.; Beweislastklausel § 309 94 ff.; Bezugnahmeklausel § 305 23; CISG § 305 18, 32, 41; § 305c 13, 19; Dauerschuldverhältnis § 309 75 ff.; deklaratorische Klauseln § 307 33 f.; EDV-Vertrag § 309 82; Einbeziehung ROM I Art 10 3 f., 7, 14; Einbeziehung in besonderen Fällen § 305a; Einbeziehungsvereinbarung § 305 16 ff.; Einheimischenfördermodell § 307 12; Eintrittsklausel § 309 87 ff.; ergänzende Vertragsauslegung § 309 84; ergänzende Vertragsauslegung bei unwirksamen ~ § 157 34; Ergänzung § 305 9, 12; Erlaubnisnorm § 307 34; Fitnessvertrag § 309 14, 78, 82; Freiwilligkeitsvorbehalt § 310 22; Freizeichnungsklausel § 305c 18; § 306 4; § 309 39; Garantiebedingungen § 305c 19; § 307 35; § 309 12, 15, 32; Geltung für Arbeitsverträge § 310 18 ff.; geltungserhaltende Reduktion § 305c 18, 21; § 306 4, 6 ff., 12; § 308 41; § 309 51; geltungshaltende Reduktion § 306 5; Gerichtsstandsklausel § 305c 13; § 307 21; Gesellschaftsrecht § 306a 2; § 310 16 f.; Vor §§ 305 ff 3; Heimvertrag § 309 14; Individualabrede § 305b; Inhaltsfreiheit § 311 31; Inhaltskontrolle § 307; internationales Privatrecht § 305 13; ROM I Art 12 16; Vor §§ 305 ff 5 ff.; IPR ROM I Art 12 16; Kardinalpflichten § 306 4; § 307 26; § 309 44, 47; Käuferrechte § 307 27; § 309 39 ff., 52 ff.; kaufmännische Bestätigungsschreiben § 148 7; § 305 36 f.; § 308 43; Klauselinfektion § 307 10; kollidierende ~ § 150 6; § 155 6; Kollision von AGB § 305 40 f.; konkurrierende Klausel § 305 23; § 305c 16; Kraftfahrzeug § 309 29; Krankenhaus § 309 45; Laufzeitklausel § 309 75 ff.; Leistungsverweigerungsrecht § 309 10 ff., 66; Lohn § 309 5, 29; Lohnersatzleistungen § 309 5, 29; Mahnungsfreistellung § 309 22 ff.; mehrdeutige Klauseln § 305c; Mietvertrag § 309 29, 78; Nacherfüllung § 309 59 ff.; Nichteinbeziehungsfolge § 306; pauschalierter Schadensersatz § 309 26 ff.; Pauschalierungsklauseln § 309 26 ff.; Preiserhöhungsklausel § 305c 22; § 309 5, 8 f.; preisregulierter Markt § 307 34; Rechtswahl ex Artikel 27 EGBGB 10, 16, 27; ROM I Art 3 7, 14; Reisevertrag § 307 17; § 308 38, 51; § 309 14, 29; Rückzahlungsklausel § 310 22; salvatorische Klausel § 306 12; Schadensersatzklauseln § 309 26 ff.; Schiedsklausel § 305 39 ff.; § 305c 13; § 307 12; Schönheitsreparaturklauseln § 309 30; Summierungseffekt § 307 10; Tagespreisklausel § 305c 22; § 309 8 f.; teilunwirksame Klausel § 308 30; Transparenzgebot § 305 23 f., 29; § 307 13 ff., 38; § 310 11; überraschende Klausel § 305c; Umgehungsverbot § 306a; unangemessene Benachteiligung § 307; unklare ~ § 155 7; Unklarheitenregel § 305c 10 ff.; Unterlassungsanspruch § 306 20; Unternehmer § 305 30 ff.; § 310 2 f.; Unwirksamkeit § 307, § 308, § 309; Verbot geltungserhaltender Reduktion § 157 17; § 306 4 ff.; Verbraucherschutz § 305 6; § 310 6; Vor §§ 305 ff 2; Verbraucherverträge § 310 6 ff.; Verfallklausel § 309 32; Verjährung § 14 ProdHaftG 1; § 307 20; § 309 42, 71 ff.; Verkehrssitte § 309 58; Versetzungsklausel § 307 17; § 310 22; Vertragsstrafe § 309 32 ff., 36 ff.; Vertragsübernahmeklauseln § 309 87 ff.; Vorfälligkeitsklausel § 309 32; Vorrang der Individualabrede § 305b; Wartungsvertrag § 309 14; Widerrufsvorbehalt § 310 22

Allgemeine Zuständigkeitsregeln § 1963 10
Allgemeiner Gerichtsstand § 1980 1
Allgemeines Gleichbehandlungsgesetz (AGG) § 253 8; § 311 13 ff.; § 823 238; Vor §§ 116 ff 2; Geltung im Zivilrecht § 1 AGG 4 f.; Gesetzesaufbau Einführung AGG 4; Haftungsregime § 15 AGG 2; Rechtslage vor ~ Einführung AGG 6
Allgemeines Lebensrisiko § 249 58, 77
Allgemeines Persönlichkeitsrecht § 12 31 ff.; § 242 15; § 823 11, 21, 24, 26, 106, 168, 204; Abwägung § 12 37; Ansprüche § 12 39 ff.; Auskunftsanspruch § 12 43; Ausspähungsschutz § 12 49; Belästigungsschutz § 12 48; Beseitigung § 12 40; Datenschutz § 12 54; Ehrenschutz § 12 45; Entfaltungsschutz § 12 47; Entwicklung § 12 31; Fallgruppen § 12 35, 45 ff.; Fixierungsschutz § 12 50; Gegendarstellung § 12 42; Geldentschädigung § 12 43; geschützte Sphäre § 12 36; Herausgabe des Erlangten § 12 43; Identitätsschutz § 12 46; immaterieller Schaden § 12 43; Juristische Person § 12 34; Kommerzialisierung § 12 52; Namensschutz § 12 53; Nasciturus § 12 33; postmortales Persönlichkeitsrecht § 12 33; Rechtsprechung § 12 32; Rechtsträger § 12 33; Rechtswidrigkeit § 12 37; Rückrufanspruch § 12 40; Schadensersatz § 12 42; Tatbestand § 12 33; Unterlassung § 12 41; Verbreitungsschutz § 12 51; Verletzung § 12 35; Verschulden § 12 38
Allgemeines Vollstreckungsverbot § 1975 4
Allgemeinverbindlicherklärung § 611 40
Allseitige Kollisionsnormen Artikel 3 EGBGB 31; ex Artikel 30 EGBGB 3; ROM I Art 2 2
Altenteil; Reallast als Altenteil § 1105 18 ff.
Altenteilsrente § 1967 9
Alter § 1 AGG 9; § 3 AGG; § 10 AGG 2, 10, 18, 25; § 11 AGG 3; § 20 AGG 11; § 620 5, 37; altes ~ § 1 AGG 9; § 10 AGG 2; junges ~ § 1 AGG 9; § 10 AGG 2
Alternative Anknüpfung ex Artikel 37 EGBGB 3; Günstigkeitsprinzip Artikel 3 EGBGB 38
Alternativverhalten § 249 42; rechtmäßiges ~ § 823 210; § 839 61
Altersabstandsklauseln § 2 AGG 14
Altersbedingte Erwerbsbehinderung § 1571 4
Altersbefristung § 620 17
Altersehe § 1571 1
Altersdemenz § 2229 6
Altersgrenze § 10 AGG 13; § 620 5, 28; § 1571 8; Adoption § 1743 1
Altersruhegeld § 1967 12
Alterssicherung der Landwirte § 32 VersAusglG 6
Altersstruktur; ausgewogene ~ § 10 AGG 24
Altersstufen, privatrechtliche Bedeutung § 2 4
Altersteilzeit § 10 AGG 9; § 1571 8
Altersversorgung; betriebliche ~ § 611 47, 74; § 613a 11
Altersvorsorge; zusätzlich private ~ Vor § 1577 22, 48
Altersvorsorgeunterhalt § 1361 16
Altmietverträge § 575 25
Ammenmutter § 1591 5

Amtliche Absonderung § 2059 3
Amtliche Aufnahme § 2002 6
Amtliche Mitwirkung § 2002 2
Amtliche Nachlassverwaltung § 1990 1, 12
Amtliche Vermittlung § 2042 29
Amtliche Vermögenssonderung § 1977 13
Amtliche Verwahrung § 1960 16; Rücknahme aus ~ § 2272; Testament § 2272
Amtsempfangsbedürftige Willenserklärung § 130 2, 22
Amtsermittlung; Adoption § 1741 8; Erbschein § 2358 2 ff.
Amtsermittlungsprinzip im Abstammungsprozess Anhang zu ex § 1600e 22; Grundsatz Anhang zu ex § 1600e 23; Konsequenzen Anhang zu ex § 1600e 25
Amtsführung § 1960 38
Amtshaftung; Zuständigkeit § 839 62
Amtshaftungsanspruch § 2002 7
Amtshilfe § 839 15
Amtsklage; gegen Testamentsvollstrecker § 2217 2; § 2218 3
Amtsniederlegung § 626 7
Amtspflegschaft § 1600d 15
Amtspflicht § 249 68; § 839 19 ff.; § 846 2
Amtspflichtverletzung § 1960 4; § 2039 6; § 2041 5
Amtspflichtvermittlung § 1960 4
Amtstreuhänder § 1975 9
Amtsvormerkung § 888 13
Amtsvormund; Adoption § 1744 2; Anlegung von Mündelgeld § 1805 3; § 1806 2; § 1818 2; Entlassung § 1889 2; religiöse Erziehung § 1801 2
Amtsvormundschaft; Adoption § 1751 4
Änderung; durch Verfügung von Todes wegen bei Vorbehalt § 332; Grundstücksrecht § 877; Landpachtverträge § 593; landwirtschaftliche Bestimmung § 590; rechtskräftige Feststellungsurteile Anhang zu ex § 1600e 61
Änderungskündigung § 611 48, 61, 68 f.; § 615 11; § 620 36, 51, 77; § 622 1; § 623 2; § 625 1; § 626 5; Annahmefrist § 148 11; auflösend bedingte ~ § 625 1; Ausschluss § 573 9; befristeter ~ § 625 1
Änderungsrecht bei der Schadensberechnung § 249 35
Änderungsvereinbarung; Gesamtschuldner § 425 11
Änderungsvertrag § 150 5; § 550 5; § 623 3; ROM I Art 4 6
Änderungsvorbehalt; AGB § 308 31 ff.; § 309 5, 9
Anderweitiger Erwerb; Anrechnung § 615 15, 17
Andeutungstheorie § 311b 13; § 2270 2; ergänzende Vertragsauslegung § 157 16
Androhung der Zurücksetzung § 1970 13
Aneignung; von beweglichen herrenlosen Sachen § 958; von Grundstücken § 928 6
Aneignungsberechtigung § 161 13

Aneignungsrecht § 258 3; § 823 66; § 997 1
Anerkannte Regeln der Technik § 633 24
Anerkenntnis § 1365 14; § 2026 3; § 2040 6 f.
Anerkennung; ausländischer Entscheidung Artikel 13 EGBGB 7 ff.; einer Gesellschaft ex Artikel 27 EGBGB 21; ROM I Art 3 19
Anerkennung ausländischer Entscheidungen Artikel 3 EGBGB 6, 19; Artikel 6 EGBGB 3; Artikel 19 EGBGB 15
Anfängliche Pflichtverletzung § 276 17
Anfängliche Störungen § 283 3
Anfängliche Unmöglichkeit § 311a; Abdingbarkeit § 311a 27 f.; abergläubische Verträge § 311a 11; Aufwendungsersatz § 311a 16, 22; Beweislastverteilung § 311a 4; eigene Anspruchsgrundlage? § 311a 8; Hilfspersonen des Schuldners § 311a 18; Qualitätszusagen § 311a 6; Schadensersatz § 311a 16 ff.; Schadensersatz statt der Leistung § 311a 3, 21; Schlechtleistung § 311a 24; Teilunmöglichkeit § 311a 23; Verjährung § 311a 26; Verträge, abergläubische oder sonst wie unseriöse § 311a 11; Wissenslage § 311a 14; Zeitpunkt des Vertragsschlusses § 311a 13
Anfangsverdacht Abstammung; Privatgutachten Anhang zu ex § 1600e 75
Anfangsvermögen § 1374 1, 4 f.; § 1376 4; Überschuldung des ~ § 1374 17; Verzeichnis des ~ § 1377 1 ff.; Zugewinnausgleich § 1374 1, 4 f.
Anfechtbare Rechtshandlungen § 138 11
Anfechtbarkeitseinrede § 2083 1
Anfechtung § 142 3; § 318; § 330 5; § 623 2, 5; § 625 1 f.; § 658 10; § 660 5; § 1958 14; § 1959 7; § 2018 13; § 2026 4; § 2033 24; § 2040 6; § 2042 17; § 2079 1 ff.; Vor §§ 346 ff 2; Vor §§ 2078 ff 1 ff.; Abstammung Artikel 20 EGBGB; Auslandsbezug Artikel 20 EGBGB; der Bestimmung durch einen Dritten § 318; der Fristversäumung § 1956; Dienst-/Arbeitsvertrag § 611 59; § 620 3; Dissens § 155 2; Erbschaft § 1954; ergänzende Vertragsauslegung § 157 35; Form § 1955; kaufmännisches Bestätigungsschreiben § 148 6; Kaufvertrag § 437 65 f.; rechtsgeschäftliche Vollmacht § 167 15 ff.; Rechtsscheinvollmacht § 164 45; § 171 2; Vertretererklärung bei der Stellvertretung § 164 75, 80 ff.; wechselbezügliche Verfügungen § 2271 13; Wirkung § 1957; Zustimmung § 182 7
Anfechtungsberechtigte; biologischer Vater § 1600 2; Eltern des verstorbenen Vaters § 1600 13; minderjähriges Kind § 1600 11; Mutter § 1600 10; Stellvertreter § 164 75, 82; volljähriges Kind § 1600 12
Anfechtungsberechtigung § 2080 1 ff.; Beschränkung § 2080 5 ff.
Anfechtungserklärung § 143 2; § 2081 1 ff.; Anfechtungsberechtigter § 143 5; Anfechtungsgegner § 143 6; einseitige empfangsbedürftige Willenserklärung § 143 2; Eventualanfechtung § 143 2; Gestaltungsrecht § 143 1; Teilanfechtung § 143 2

Stichwortverzeichnis

Anfechtungsfrist § 121 1; § 124 1; § 658 10; § 2082 1 ff.; Anfechtung durch das minderjährige Kind § 1600b 14; Anfechtung durch das volljährige Kind § 1600b 15; Anfechtung durch den biologischen Vater § 1600b 12; Anfechtung durch den rechtlichen Vater § 1600b 4; Anfechtung durch die Mutter § 1600b 18; Annahme einer Erbschaft § 1954; Ausschlagung eine Erbschaft § 1954; Fristhemmung § 1600b 21; Fristversäumung § 1600b 23

Anfechtungsgegner § 143 6; § 167 17 f.; § 2081 1 ff.

Anfechtungsgründe § 119 2

Anfechtungsklage; Aktienrecht § 826 45; Beweislastregeln Anhang zu ex § 1600e 70; IPR § 1600 15

Anfechtungsrecht § 1972 1

Angabe der Gründe im Kündigungsschreiben § 573 46 ff.

Angebot § 145; Arbeitnehmer § 615 9; Bestimmtheit § 145 4; Bindung § 145 9; Entbehrlichkeit § 296 1 ff.; Erlöschen § 146; § 153 5 f.; Insolvenz des Antragenden § 153 3; kreuzende Vor §§ 145 ff 44; ordnungsgemäßes ~ § 294 8 f.; tatsächliches ~ § 294 1 ff.; § 615 5; Tod des Antragenden § 153; Widerruf § 146 3; wörtliches ~ § 295 1 ff.; § 615 6

Angebotskosten; Werkvertrag § 632 12

Angebotsvertrag; Kauf § 463 13

Angehörige; Verlust § 253 2

Angemaßtes Erbrecht § 2018 12

Angemessene Erwerbstätigkeit § 1574 1

Angemessener Unterhalt § 1963 8

Angemessenes Verhältnis § 1577 20

Angemessenheit § 556; Vor § 1577 49; Frist § 323 19 f.

Angemessenheitskontrolle § 1361 16

Angestellte § 611 29 f.; § 622 5; leitende ~ § 611 30; § 620 50; leitende ~ § 823 189

Anhalterecht; IPR Artikel 43 EGBGB 11

Anhörung; Betriebsrat § 626 18; Erben § 2204 2; Kündigungsgegner § 626 10, 13; Testamentsvollstreckerernennung § 2200 3

Anknüpfung; akzessorische ~ Artikel 40 EGBGB 21 f.; Artikel 41 EGBGB 5; ex Artikel 27 EGBGB 1; ROM I Art 1 24; Borddelikte ROM II Art 4 16 f.; Direktklage gegen Versicherer ROM II Art 18 1; Eisenbahnverkehr ROM II Art 4 15; Flugverkehr ROM II Art 4 17; im Schuldrecht ex Artikel 27 EGBGB 1; objektive ~ ROM I Art 4 3; Schiffsverkehr ROM II Art 4 16; Straßenverkehr ROM II Art 4 14

Anknüpfungsgegenstand Artikel 3 EGBGB 31 ff.

Anknüpfungspunkt/-moment Artikel 3 EGBGB 31, 36 ff.; ex Artikel 30 EGBGB 3; ex Artikel 35 EGBGB 3; ex Artikel 36 EGBGB, ex Artikel 37 EGBGB; ROM I Art 4 10 ff.

Anlage der geleisteten Barkaution § 551 15

Anlage- und Verzinsungspflicht § 551 16 f.

Anlageberatung § 280 65

Anlagefälle § 249 112

Anlagen auf baulichen Anlagen § 1022

Anlagenstimmung § 249 57

Anlagevermittler § 280 65 f.; § 826 42

Anlageverstoß; Vermieter § 551 16

Anlegen von Siegeln § 1960 13

Anlegerschutz ex Artikel 34 EGBGB 13

Anlegerschutzverbesserungsgesetz § 280 69

Anlegung von Geld § 2119 1 ff.

Anleihe § 793 9

Anliegerbeiträge § 2124, § 2125; § 2126 13

Anmeldefrist § 1965 5

Anmeldung § 1971 3

Anmietrecht § 535 9

Annahme § 241a 11; § 1001 5; Abweichungen vom Angebot § 150 3; bei Abwesenden § 148 16 f.; bei Anwesenden § 148 14 f.; Frist § 148 10 ff.; Insolvenz des Annehmenden § 153 8; Schweigen § 148 3; § 151 1; Tod des Annehmenden § 153 7; verspätete ~ § 148 4, 10; § 150 1; Zugangsentbehrlichkeit § 151 2 ff.; § 152

Annahme als Kind § 2043 7; Erlöschen von Verwandtschaftsverhältnissen § 1755

Annahme an Erfüllungs statt; Abgrenzung § 364 9 ff.; Abtretung § 364 12; Akzeptantenwechselverfahren § 364 16; Auslegung § 364 10; Kreditkarte § 364 17; Lastschrift § 364 13; Novation § 364 11; POS-Verfahren § 364 18; POZ-Verfahren § 364 18; Rechtsnatur § 364 2; Rückabwicklung § 364 4; § 365 7; Scheck § 364 15; Wechsel § 364 16

Annahme der Testamentsvollstreckung § 2202 1; Verpflichtung zur ~ § 2202 2

Annahme erfüllungshalber § 364 5 ff.; Abgrenzung § 364 9 ff.; Abtretung § 364 12; Akzeptantenwechselverfahren § 364 16; Auslegung § 364 10; Kosten der Befriedigung § 364 8; Kreditkarte § 364 17; Lastschrift § 364 13; Novation § 364 11; POS-Verfahren § 364 18; POZ-Verfahren § 364 18; Scheck § 364 15; Wechsel § 364 16; Wirkung § 364 6

Annahmeerklärung; verspätet zugegangene ~ § 149; Vertragsangebot § 149

Annahmefrist Anhang zu §§ 488–515 53

Annahmeverhinderung; vorübergehende ~ § 299 1 ff.

Annahmeverweigerung § 281 2

Annahmeverzug § 243 11; § 264 3; § 268 1; § 271 10; § 293 1 ff.; § 298 3 ff.; § 323 41; § 326 16 f.; § 611 2, 81, 98; § 615 1 ff., 13; § 1959 7; § 2039 13; Hinterlegungsrecht § 372 13; vorübergehender ~ § 299 3

Annahmeverzugslohn § 615 14

Annahmewille § 1959 1

Anordnung eines Vorrangs § 2189 1

Anordnungen § 1962 7; § 1981 18

Stichwortverzeichnis

Anordnungsbeschluss § 1983 1
Anordnungsfreiheit § 2050 24
Anpassung § 33 VersAusglG 1; § 35 VersAusglG 1; § 37 VersAusglG 1, 3; § 38 VersAusglG 1; Artikel 3 EGBGB 38, 59 ff.; ex Artikel 37 EGBGB 3; Beweisarten ROM I Art 18 9
Anpassung des Vertrags § 242 67; § 313 19 ff.
Anpassung nach oben § 7 AGG 8
Anpassung wegen Invalidität § 35 VersAusglG 1
Anpassung wegen Tod der ausgleichsberechtigten Person § 37 VersAusglG 1
Anpassung wegen Unterhalt; Ausschluss § 33 VersAusglG 3; Voraussetzungen § 33 VersAusglG 2
Anpassung wegen Unterhalts § 33 VersAusglG 1; bei mehreren Versorgungen § 33 VersAusglG 8; Höchstgrenze § 33 VersAusglG 6
Anpassungsanspruch § 244; § 245 30
Anpassungsfreiheit § 7 AGG 11
Anpassungsklauseln § 315 2; AGB § 307 36; § 309 5
Anrechnung § 2042 41; § 2048 15
Anrechnung von Vorausempfängen § 1380 1 ff., 8 ff.
Anrechnungsfreier Betrag § 1577 15
Anrechnungsmethode § 1573 14
Anrechte § 2 VersAusglG 1
Anscheinsbeweis § 823 133 f., 160, 169, 197, 200, 233; ROM I Art 18 6; Vor §§ 249 bis 255 6
Anscheinsvollmacht § 1967 11
Anschlussunterhalt § 1570 11; § 1571 5; § 1572 7; § 1573 8
Ansparabschreibungen Vor § 1577 15
Ansparkredit § 506 9
Anspruch; auf Erlaubniserteilung § 553 3 ff.; auf Sicherheitsleistung § 563b 11 ff.; aus dem Eigentum § 1011 2; Definition § 194 4; Dritten ggü § 1011 3; gegen den Benachteiligenden § 15 AGG 21; individueller ~ § 17 AGG 7; Untermieter § 540 16; vertraglicher ~ § 15 AGG 20
Anspruchsentstehung; Verjährung § 199 3
Anspruchsgrundlage § 1569 6
Anspruchskonkurrenz § 823 33, 39, 41, 44 ff.; § 824 2; § 826 3 f., 25, 38; § 829 2; Artikel 40 EGBGB 3; Vor §§ 823 ff 21 ff.; Verjährung § 195 11
Anspruchsrest § 2030 5
Anspruchsübergang § 1585b 5
Anstandsschenkungen § 1375 15; § 2205 5
Anstellungsvertrag § 611 16, 31
Anstifter § 254 42; § 830 5
Anteilsbruchteil § 2033 14
Anteilsentwertung § 2033 14
Anteilskauf § 453 15, 29
Anteilspfändung § 725 1
Anteilsübertragung § 2033 17, 29; § 2037 2
Anteilsverfügung § 2033 5

Anteilszweifel § 830 7, 10
Antidiskriminierungsstelle § 24 AGG 1
Antiquitäten § 1361a 9; Verbrauchsgüterkauf § 475 10
Antrag; auf Prozesskostenhilfe § 286 14; auf Teilungsversteigerung § 2039 5; Bindung und Unmöglichkeit § 311a 15
Antragsberechtigung § 1970 8
Antragspflicht § 1980 2, 12
Antragsrecht § 1975 10; § 1980 5; § 1981 5; § 2062 2
Antragsrücknahme § 2015 3
Antragstellung § 878 13; § 892 13; § 1992 1
Anwachsung § 738 5; § 2007 1, 5; § 2033 21; § 2052 3; § 2055 10; § 2094 1 ff.; § 2095 1 f.; § 2099 1; Gesellschaftsanteil § 1976 8
Anwachsungsgrundsätze § 2035 3
Anwaltsfehler § 249 50
Anwaltsgebühren § 1960 41
Anwaltskanzlei, Bewertung § 1376 20
Anwaltskosten; als Schadensersatz § 839 57
Anwaltssozietäten § 705 47; § 831 10
Anwaltsvertrag § 328 16; Vor §§ 328 bis 335 16; Rechtsberatung Vor §§ 631 bis 651 19
Anwaltsvollmacht § 167 31, 41
Anwartschaft § 40 VersAusglG 1; § 2033 8
Anwartschaften, Bewertung § 1376 10
Anwartschaftsberechtigte § 985 4
Anwartschaftsphase § 39 VersAusglG 1
Anwartschaftsrecht § 1 ProdHaftG 5; § 562 8; § 823 64; § 925 13; § 929 21 ff.; § 1365 12; § 1376 9 f.; § 2033 8 f.; § 2104 8; an beweglichen Sachen § 929 21 ff.; an Grundstücken § 925 13; Eigentumsvorbehalt § 449 15 ff.; § 929 15 ff.; Entstehen § 158 25; Kaufsache § 433 15; Nacherben § 2100 49 ff.; Pfändung § 161 14; § 2100 58; § 2142 2; Übertragbarkeit § 2100 53 ff.; Vererbung § 2100 57; § 2108 3 ff.; Verletzung § 160 4; Vermächtnisnehmer § 2177 2; § 2179 1; § 2191 1; Verpfändung § 2100 56; Vorbehaltskäufer § 161 12
Anweisung § 781 5; § 783 1 ff.; Abgrenzung § 783 3; angenommene ~ § 812 98; Annahme § 784 1 ff.; § 812 98; Annahmeerklärung § 784 3 ff.; auf Kredit § 787 1; § 791 2; auf Schuld § 787 1 ff.; § 791 2; Aushändigung § 785 1 f.; Begriff § 783 1; bereicherungsrechtlicher Ausgleich § 783 7 f.; § 790 4; Deckungsverhältnis § 783 4, 7, 15 f.; Einwendungen § 784 5 f.; Erlöschen § 790 4 ff.; fehlerhafte ~ § 812 93 ff.; Form § 783 9; Geschäftsunfähigkeit eines Beteiligten § 791 1; Inhalt § 783 10; Insolvenz § 791 2 ff.; kaufmännische ~ § 783 17; § 792 1; Leistungsgegenstand § 783 12; Rechtsfolgen § 783 14; Rechtsnatur § 783 2; Sonderformen § 783 17 ff.; Tod eines Beteiligten § 791 1; Übertragung § 792 1 ff.; Valutaverhältnis § 783 4, 7, 14, 16; § 788 1 f.; Widerruf § 790 1 ff.; § 812 95 ff.; wider-

rufene ~ § 812 95 ff.; zur Benachteiligung § 3 AGG 42; Zustandekommen § 783 9 ff.
Anweisung des Bestellers § 644; § 645 9
Anweisungsempfänger; Anzeigepflicht § 789 1 f.
Anweisungslagen § 812 85 ff.; Bankverkehr § 812 91 ff.; Durchlieferung § 812 87; Empfängerhorizont § 812 96 f.; Gutgläubigkeit § 812 95 f.; Rechtsschein § 812 95 f.; Scheckzahlung § 812 92, 97; Zahlstelle § 812 91; Zurechenbarkeit § 812 94
Anwendungsbereich; Rom I-VO ROM I Art 1 1 ff.
Anzahlungsverbot; Teilzeit-Wohnrechtevertrag § 486
Anzeige § 311 12; von Abtretungen § 409
Äquivalenzinteresse § 823 41
Äquivalenzstörung § 313 26 ff.
Äquivalenztheorie § 823 7, 22
Arbeit; gleiche ~ § 8 AGG 16; gleichwertige ~ § 8 AGG 16
Arbeiter § 611 29; § 622 5
Arbeitgeber § 6 AGG 5; § 17 AGG 2; Hinweispflichten § 12 AGG 3; Reaktionspflicht ggü Beschäftigten § 12 AGG 10; Reaktionspflicht ggü Dritten § 12 AGG 16; Rückgriffsanspruch § 15 AGG 24
Arbeitgeberdarlehen § 611 74
Arbeitnehmer § 6 AGG 2; Begriff § 611 16 ff., 21 ff.; kündigungsgeschützte ~ § 620 82; Nichtleistung des ~s § 611 77; Verbraucher § 611 65
Arbeitnehmerähnliche Person § 6 AGG 2; § 611 28; § 612a 1; § 630 1
Arbeitnehmerhaftung § 840 9; Beweislast § 619a 1; Produkthaftung § 4 ProdHaftG 1; § 823 189
Arbeitnehmerüberlassung § 611 8, 36, 103, 105; § 831 11
Arbeitnehmervertretung § 13 AGG 3; Betriebsrat § 13 AGG 3
Arbeits-/Sportunfälle; Anknüpfung ROM II Art 4 18
Arbeitsentgeltrisiko § 615 2
Arbeitserlaubnis § 3 AGG 26
Arbeitsfreistellung § 615 11
Arbeitsgemeinschaft § 705 40; Werkvertrag § 631 18
Arbeitskampf § 278 15; § 826 29
Arbeitskampfmaßnahmen; Anknüpfung ROM II Art 4 18
Arbeitskampfrisiko § 615 24
Arbeitskollegen § 7 AGG 2
Arbeitsleistung; Art § 611 67; Nichtannahme der ~ § 615 11; Ort § 611 68; Umfang § 611 67, 69; Verweigerung § 626 7; Zeit § 611 69
Arbeitslose § 311 12
Arbeitslosengeld Vor § 1577 18
Arbeitslosengeld II Vor § 1577 18
Arbeitslosenunterhalt § 1571 11
Arbeitslosenversicherungsbeiträge Vor § 1577 48

Arbeitsmittel § 611 89; Rückgabe § 620 7
Arbeitspapiere § 620 7
Arbeitspflicht § 611 66
Arbeitsplatz § 611 18, 107; § 618 2; § 620 63, 66, 74 ff., 99; als sonstiges Recht § 823 79; Verlassen des ~es § 626 7
Arbeitsplatzbezogene Merkmale § 620 79
Arbeitsplatzwegfall § 620 75
Arbeitsrecht ex Artikel 34 EGBGB 1, 15; Arbeitnehmerentsendung ex Artikel 34 EGBGB 15; Betriebsübergang ex Artikel 34 EGBGB 15; Entgeltfortzahlung ex Artikel 34 EGBGB 15; Insolvenzgeld ex Artikel 34 EGBGB 15; Kündigungsschutz ex Artikel 34 EGBGB 15; Mutterschutzgesetz ex Artikel 34 EGBGB 15
Arbeitsrechtsvertrag § 328 17
Arbeitsschutz § 611 39, 103; § 618 2, 4
Arbeitsschutzvorschriften § 611 2, 89
Arbeitssicherheit § 626 8
Arbeitsstättengesetz § 618 1
Arbeitsstättenverordnung § 618 1
Arbeitsunfähigkeit § 615 7; Vortäuschen § 626 7
Arbeitsunfall § 611 100
Arbeitsverhältnis § 280 24, 74; Beendigung § 620 1; § 623 2; Begriff § 611 16 ff.; beim Nacherbfall § 2135 6; Durchführung § 2 AGG 5 f.; faktisches ~ § 611 59; IPR Artikel 5 EGBGB 30; Mankohaftung § 280 74; Minderjährige § 113; mittelbares ~ § 611 104 f.; Rechtsquellen § 611 37 ff.; ruhendes ~ § 611 31; § 615 4
Arbeitsvertrag § 242 55; § 278 5; § 320 22; AGB § 310 18 ff.; AGB-Kontrolle § 611 28, 60 ff.; Anbahnung § 611 53 f.; auflösend bedingter ~ § 620 8, 53 f.; befristeter ~ § 620 10; Begriff § 611 43; fehlerhafter Vor §§ 145 ff 62; Form § 611 55; IPR Artikel 5 EGBGB 30; Kündigung Artikel 3 EGBGB 31; Verfassungsstrafeanspruch § 611 71
Arbeitsvertragsstatut ROM II Art 6 5
Arbeitszeit § 611 69 f., 107 ff.
Arbeitszeugnis § 826 22; § 831 17
Architekten § 280 75; Verkehrspflichten auf Baustellen § 823 156, 172; § 836 2
Architektenhonorar § 780 3
Architektenvertrag § 611 15; Vor §§ 631 bis 651 12; AGB § 309 50
Architektenvollmacht § 167 29, 41
Architektenwettbewerb § 657 1; § 661 1, 5
Architekturbüro § 1376 9
ARGE § 705 40
Arglist § 123 25
Arglist des Verkäufers § 437 70, 72; § 438 23; § 442 11
Arglisteinrede § 853 1; § 2043 5
Arglistige Täuschung § 123 4; § 125 29; § 138 4; § 611 54, 59; Erklärung ins Blaue § 123 25; positives Tun § 123 5 ff.; Täuschungshandlung § 123 4; Unterlassen § 123 8 ff.

Arglistiges Verschweigen des Vermieters § 536b 7; § 536d 2
Arme § 2072 1
Arrest § 1958 6; § 1984 13; § 2039 19
Arrestvollstreckung § 2016 2
Arrestvollziehung § 1990 12
Arrestvollzug § 2115 1 ff.
Art der auszuübenden Tätigkeit § 8 AGG 4
Arzneimittel; Produkthaftung § 2 ProdHaftG 1 f.; § 15 ProdHaftG 3; Verkehrspflichten § 823 167, 175
Arzt § 280 73; § 831 11, 18; Amtshaftung § 839 83; grober Behandlungsfehler § 280 73; Kausalität § 280 73; Vertretenmüssen § 280 73
Arztbesuche § 616 2
Arzthaftung § 280 24, 26; § 823 202 ff.; Aufklärung § 823 207 ff.; Befunderhebung § 823 219; Behandlungsfehler § 823 206; Beweislast § 823 216 ff.; Dogmatische Herleitung § 823 204; Dokumentationspflicht § 823 215; Haftungsgrundlage § 823 202; misslungene Sterilisation § 249 71; Organisationspflicht § 823 214; ungewollte Schwangerschaft § 249 71; Verrichtungsgehilfe § 831 11, 18; Wirtschaftlichkeit § 823 212
Ärztliche Behandlung § 617 1
Ärztliche Heilbehandlung § 1963 8
Arztpraxis § 1376 9
Arztpraxis, Bewertung § 1376 20
Arztvertrag § 328 4, 18; § 611 13; § 615 1; § 627 1; Vor §§ 328 bis 335 17
Assembler § 4 ProdHaftG 2
Assessor § 611 21
Asset deal § 453 28
Asymmetrische Kündigungsfrist § 573c 1, 3
Atypischer Vertrag § 311 29
Aufbewahrungspflicht; Käufer § 433 52
Aufenthalt; gewöhnlicher Artikel 40 EGBGB 14; Artikel 41 EGBGB 6
Aufenthalt, gewöhnlicher; IPR ROM II Art 4 8; ROM II Art 5 5; ROM II Art 23 1 ff.
Aufenthaltsermittlung; Adoption § 1748 7; Fristbeginn bei Adoption § 1748 7
Auffahrunfälle Vor §§ 249 bis 255 6
Auffang-Paragraph § 1004 1
Aufforderung zur Beschaffung der Genehmigung § 1365 10 ff.
Aufführung Vor §§ 631 bis 651 16
Aufgabe des Eigentums § 928
Aufgebot § 1969 3; § 1970 2, 6; § 1973 5; § 1985 18, 28; § 1986 3; § 1989 2; § 2013 8; § 2015 1, 5; § 2016 1; des Nachlassgläubigers § 1960 27; Eigentümer § 927; Inhaber eines Grundstücksrechts § 927; Nachlassgläubiger § 1960 27; Vormerkungsgläubiger § 887
Aufgebotsantrag § 1970 11, 14; § 1973 2
Aufgebotseinrede § 2016 1
Aufgebotsfrist § 1970 5, 13
Aufgebotstermin § 1970 15
Aufgebotsverfahren § 799 5; § 802 1 f.; § 808 6; § 887 2; § 927 3; § 1970 1, 3, 9, 13; § 1971 1, 3; § 1972 3; § 1973 1; § 1974 3, 5; § 1978 7; § 1979 6; § 1980 14; § 1986 3; § 1989 1; § 2015 3, 6; § 2040 7; § 2045 3; § 2060 5, 7, 9; § 2062 4
Aufgedrängte Bereicherung § 539 5; § 812 72 f.; § 818 13, 15; § 951 11; Höhe des Ersatzanspruchs § 539 7
Aufhebung § 1960 4; § 1987 5; § 1989 5; Adoption § 1760 1, 5; der Betreuung § 1900 4; § 1908d; der Nachlassverwaltung § 1985 20; der Pflegschaft § 1960 4; § 1961 11; des Eröffnungsbeschlusses § 1989 2; einer Pflegschaft § 1919; einer Vormundschaft § 1882 2
Aufhebung der Ehe § 1313, § 1314, § 1315; Antragsberechtigung § 1316 1; Antragsfrist § 1317 1 ff.; Ausschluss § 1315 1 ff.; Fortfall der Aufhebbarkeit § 1315; Fristwahrung § 1317 2; materielles Recht § 1313 2; Vor §§ 1313 bis 1320 3; Rechtsfolgen § 1318 1; Verfahrensrecht Vor §§ 1313 bis 1320 4
Aufhebung eines Grundstücksrechts § 875; Bindung an die Erklärung § 875
Aufhebungsanspruch § 749 2; § 752 1; § 758 1
Aufhebungsantrag § 1988 5
Aufhebungsbeschluss § 1960 44; § 1986 4; § 1988 8
Aufhebungsfolgen § 1318 1; Güterrecht § 1318 7; Namensrecht § 1318 14; Unterhalt § 1318 3; Versorgungsausgleich § 1318 7; Wohnung und Hausrat § 1318 10
Aufhebungsgründe § 1314 1 ff.; § 1988 3; arglistige Täuschung § 1314 41; Doppelehe § 1314 14; Eheschließungsfehler § 1314 26; Eheunmündigkeit § 1314 3; Geschäftsunfähigkeit § 1314 7; Irrtum § 1314 36; Verwandtenehe § 1314 21; Willensfehler § 1314 32
Aufhebungsklage § 1984 14
Aufhebungsverfahren; Beteilung der Behörde § 1316 5 f.; Drittbeteiligte Vor §§ 1313 bis 1320 8; Urteil § 1313 1
Aufhebungsvertrag § 275 32; § 397 5; § 611 65; § 613a 1; § 620 6; Vor §§ 145 ff 64
Aufklärungspflicht § 242 68 ff.; § 2011 4; Abwägung § 242 69; Arbeitszeugnis § 826 22; Arzthaftung § 823 207 ff.; Auskunftsinteresse § 242 69; Einsicht § 242 74; Grenzen § 242 70; Käufer § 433 49; Krankenakten § 242 74; Sachmangel § 435 17 f.; Vertragsanbahnung § 242 70; Vorlage § 242 74
Auflage § 158 12; § 1967 9; § 1968 8; § 1972 1; § 1975 15; § 1980 12; § 1991 11; § 1992 2; § 2007 5; § 2033 26; § 2044 4, 16; § 2046 6; § 2048 6, 10, 13; § 2058 4, 14; § 2151 2; § 2186 1; § 2192, § 2193, § 2194; § 2270 3 ff.; § 2271 2; als Behaltensgrund § 2192 7; Anrechnung auf Pflichtteil § 2192 7; Anwachsung § 2159 1; Bedingung § 2192 4; Schenkung

§ 516 26; Unmöglichkeit der Vollziehung
§ 2196 1; Unwirksamkeit § 2195 1; Vollziehungsanspruch § 2194 1; Vollziehungsberechtigte § 2193 2; § 2194 1; Vollzug durch Testamentsvollstrecker § 2194 1; § 2223 1; zur Vollmachtserteilung § 2192 4

Auflagenbegünstigte § 1973 4; Bestimmung § 2193 1

Auflagenberechtigte § 1992 2

Auflagenzweck; Bestimmung § 2193 1

Auflassung § 925; § 2032 34; § 2033 12; § 2042 25; Anwesenheit § 925 7; Aufhebung § 925 14; Bedingbarkeit § 158 15; Bedingung § 925 16; Befristung § 925 16; Bindung § 925 12; Erklärung § 925 8; im Namen eines noch unbestimmten Vertragspartners § 164 44; Inhalt § 925 10; Urkunde über Grundgeschäft § 925a; Vertretung § 925 7; zuständige Stelle § 925 8

Auflassungsvormerkung § 1976 7

Auflösende Bedingung § 10 AGG 15; § 540 3; § 620 2, 28; § 1976 4; Vor §§ 346 ff 2

Auflösung § 726 1; durch Tod § 727 1; durch Urt § 620 6; Gesellschaft § 2032 17

Auflösungsantrag § 613a 34; § 620 103; § 626 6

Auflösungsgrund § 705 17; § 706 7

Auflösungsverschulden § 628 5 ff., 9

Auflösungsvertrag § 620 40; § 623 1, 3, 5

Aufnahme; Anspruch auf ~ § 826 25; eines Prozesses § 2212 3; von Angehörigen § 540 6

Aufopferung § 839 7; Vor §§ 823 ff 12

Aufrechnung § 242 55; § 268 7; § 275 32; § 556b; § 1958 14 f.; § 1977 2 f., 5, 7 f., 11; § 1987 1; § 1990 18; § 1991 8; § 1992 8; § 2001 2; § 2013 6; § 2014 8; § 2018 19; § 2039 16; § 2040 6, 15; Abgrenzung § 387 3 ff.; Amtshaftung § 839 75; anwendbares Recht ROM I Art 17 1 ff.; Auslegung § 388 4 ff.; Bankvertrag § 387 24; Barzahlungsklausel § 387 20; Beschlagnahme § 392 1 ff.; Beweisbarkeit Forderung § 387 16; durch den Mieter § 566d; eheliches Güterrecht § 387 26; Einreden § 390 1 ff.; Erfüllbarkeit der Hauptforderung § 387 17; Erklärung § 387 1 ff.; Fremdwährungsschuld § 244; § 245 14; Gegenaufrechnung § 389 4; Gegenseitigkeit § 387 10 ff.; gegenüber Neugläubiger § 406; Geldstrafe § 393 6; Gesamtschuldner § 422 2; Gleichartigkeit § 387 14; Hilfsaufrechnung § 388 3; Insolvenz § 394 5; IPR ex Artikel 32 EGBGB 11 f.; ROM I Art 17 4; Kontokorrent § 387 7; Konzernverrechnungsvereinbarung § 387 6; Leasing § 387 28; Leistungsort, vereinbarter § 391 3; Leistungsorte, verschiedene § 391 1 f.; Mehrheit von Forderungen § 396 1 f.; Mietvertrag § 387 27; mit Unterhalt § 1569 15; Nebenforderung § 396 6; öffentliches Recht § 387 2; § 389 6; öffentlich-rechtliche Körperschaften § 395 1 ff.; Prozessaufrechnung § 388 6 ff.; Rechnungsposten § 387 3; Rücktritt § 352; Sicherungsgeschäfte § 387 29; Treuhandverhältnis § 164 9; § 387 10; trotz Verjährung § 548 19; unerlaubte Handlung § 393 1 ff.; Unpfändbarkeit § 394 1 ff.; Verrechnungsabrede § 387 4; § 394 4; Versicherungsvertrag § 387 10; Vollwirksamkeit § 387 15; Voraussetzungen § 387 9 ff.; Vorschuss § 387 30; Wirkung § 389 1 ff.; Zugewinnausgleich § 387 26; Zurückbehaltungsrecht § 387 8; Zwangsversteigerung § 387 32; Zwangsvollstreckung § 394 3; Zweck § 387 1

Aufrechnungsausschluss § 387 19 ff.; Beschlagnahme § 392 1 ff.; Beweislast § 393 7; dingliche Wirkung § 387 20; formularmäßiger ~ § 387 20; Geldstrafe § 393 6; gesetzlicher ~ § 387 19; Schiedsabrede § 387 22; Treu und Glauben § 387 23; § 394 7; treuwidrige Berufung auf ~ § 387 21; unerlaubte Handlung § 393 1 ff.; Unpfändbarkeit § 394 1 ff.; vertraglicher ~ § 387 20; Wirkung § 387 20; Zuständigkeit § 387 22

Aufrechnungserklärung § 1977 5, 13

Aufrechnungslage § 389 5

Aufrechnungsrecht § 556b

Aufrechnungsstatut ROM I Art 17 1

Aufrechnungsverbot § 1963 11; § 1969 3

Aufrechnungsvertrag § 387 5

Aufschiebende Einrede § 1958 3; § 2013 4; § 2015 1; § 2016 2

Aufschub § 2045 2

Aufschubgründe § 2043 5

Aufsicht § 1962 8; über Betreuer § 1908i 8; über Pfleger § 1915 2; über Vormund § 1837 4

Aufsichtspflicht; Aufsichtspflichtiger § 832 4 ff.; Beweislast § 832 20; Entlastungsbeweis § 832 8 ff.; Grenze von Verkehrspflichten § 823 122; Haftung bei § 832 1 ff.; Minderjährige § 832 3, 10 ff.; öff Schulen § 832 2; Tier § 833 17; Umfang § 832 9 ff.; Verrichtungsgehilfen § 831 18; Volljährige § 832 3; Zurechnung der Pflichtverletzung § 832 19

Aufsichtsrecht; Testamentsvollstrecker § 2208 3

Aufstieg; beruflicher ~ § 2 AGG 4

Aufstockungsunterhalt § 1572 7

Aufteilung der Wohnung § 1361b 32

Auftrag § 611 9; § 612 1; § 662; Abgrenzung § 662 7; Ablehnung § 663; Anzeigepflicht § 663 1; § 665 5; Aufwendungsersatz § 670; Auskunftserteilung § 666 4; Begriff § 662 1; Benachrichtigung § 666 3; Bestellung (öffentliche) § 663 2; Erhaltene § 667 2; Erlangte § 667 3; Ersatz von Schäden § 670 6 f.; Form § 662 5; Fortbestand (Fiktion) § 674; Fremdnützigkeit § 662 8; Gefälligkeit § 662 4; Gehilfen § 664 5; Haftung § 662 14; § 665 6 f.; Herausgabe § 667; Informationspflichten § 666; Inhalt § 662 6; IPR § 662 1; Kündigung § 671; Notbesorgungspflichten § 672, § 673; öffentlich-rechtlichen § 662 17; Pflichten Beauftragter § 662 1 ff.; Rechenschaft § 666 5 f.; Rechtsbindung § 662 4; Sich-Erbieten § 663 3; Substitution § 664 2; Tod

Stichwortverzeichnis

des Beauftragten § 673; Unentgeltlichkeit § 662 9; Vertragsschluss § 662 3; Verweisung § 662 16; Verzinsung § 668; Vollmacht § 662 15; Vorschuss § 669; Weisung § 665; Widerruf § 671
Auftraggeber; Geschäftsunfähigkeit § 672; Pflichten § 662 10; Tod § 672
Auftragsbestätigung § 148 9
Auftragsrückgang § 620 75
Aufwandsentschädigung § 1960 35; Vor § 1577 7
Aufwendungen § 246 1; § 256 3; § 658 1, 7; § 670 3; § 1973 5; § 1978 5, 12; § 1991 4, 7; § 2020 2; § 2022 1, 4, 7; § 2035 4; § 2050 14; § 2057a 15; Vor § 1577 16; AGB bei Nacherfüllung § 309 64 f.; AGB über Ersatz § 308 51; Anrechnung ersparter ~ § 649 12 ff.; für Krankheit und Alter § 1581 11
Aufwendungen des Beschwerten § 2185 1
Aufwendungen des Kindes; für den Haushalt der Eltern § 1620
Aufwendungsersatz § 588 5; § 611 74; § 709 6 f.; § 1960 37, 41; § 1978 12; § 1987 6; § 1988 9; § 1991 5; § 2036 4; Fund § 970; Teilzahlungsgeschäft § 508 10; Testamentsvollstrecker § 2218 4; § 2221 5
Aufwendungsersatzanspruch § 256 1; § 257 1; § 1990 7; § 1991 10; § 2038 13; gemäß § 536a II § 536a; Kauf § 475 11; Mieter § 539 1
Aufwendungskondiktion § 812 47, 66 ff.; § 818 15; Kollisionsrecht EG Artikel 39 EGBGB 9; Materialverlust § 812 66; Nichtbesitzer/Fremdbesitzer/Eigenbesitzer § 812 66; Verwendungen § 812 40; § 818 15
Ausbesserungen; Duldung § 1044
Ausbildung § 620 20; § 1574 10; § 1575 3; Aufsichtspflicht des Ausbilders § 832 4; Beginn § 252 10
Ausbildungsobliegenheit § 1574 10
Ausbildungsunterhalt § 1361 15; § 1371 27 ff.
Ausbildungsvergütung Vor § 1577 7
Ausbildungsverhältnis § 611 101; § 612 1
Ausbildungsversicherung Vor § 1577 11
Ausbildungszeit § 1575 6
Ausdruck der gemeinsamen Eigenverantwortung § 1570 1
Ausdruck familiärer Solidarität § 1360a 12
Auseinandersetzung § 717 1, 4; § 2032 2, 7, 36, 43; § 2033 25; § 2038 10; § 2043 3; beim Ausscheiden § 738 1
Auseinandersetzungsanordnung § 2042 2
Auseinandersetzungsanspruch § 2042 2, 8, 30, 41; § 2047 4
Auseinandersetzungsguthaben § 718 3; § 725 5; § 728 9; § 730 8; § 734 4; § 1985 12; § 2033 4 f.; § 2038 28; § 2042 41; § 2050 5
Auseinandersetzungsklage § 2045 4
Auseinandersetzungsplan § 2042 43; § 2048 20; § 2204 2 f.; Vollzug durch Testamentsvollstrecker § 2204 5

Auseinandersetzungsverbot § 2042 28
Auseinandersetzungsvereinbarung § 2042 16
Auseinandersetzungsvertrag § 2033 19; § 2042 24; § 2044 13; § 2204 4
Auseinandersetzungsvollstreckung § 2203 1, 4; § 2204 1
Ausfallhaftung § 735 3; § 739 1; § 829 1; § 1584 1
Ausforschungsverbot; Adoption § 1758 1
Ausgleich § 2048 12; ehebedingter Ausbildungsnachteile § 1575 1, 4
Ausgleich nach der Scheidung § 20 VersAusglG 1
Ausgleich von Kapitalzahlungen § 22 VersAusglG 1
Ausgleichsanspruch ex Artikel 29a EGBGB 10; ex Artikel 34 EGBGB 9, 16; des Erben bei Mietvorauszahlungen § 563b 8 ff.; familienrechtlicher ~ § 256 5; zwischen Ehegatten § 426 21; zwischen Gesamtgläubigern § 430; zwischen Gesamtschuldnern § 426 16
ausgleichsberechtigte Person § 34 VersAusglG 2
Ausgleichsforderung; Begrenzung der ~ § 1378 5 f.; Entstehen der ~ § 1378 8 ff.; Höhe der ~ § 1378 4; Sicherung der § 1378 14; Vereinbarungen über die ~ § 1378 11 ff.; Verjährung der ~ § 1378 15; Zugewinnausgleich § 1378 1 f., 4
Ausgleichspflicht § 2038 27; § 2048 17; § 2050 1; § 2056 6
Ausgleichspflichtige Person § 1 VersAusglG 4
ausgleichspflichtige Person § 34 VersAusglG 2, 5
Ausgleichspflichtige Zuwendung § 2053 2
Ausgleichspflichtiger § 2051 3
Ausgleichsquittung § 623 3
Ausgleichsquote § 2055 11 f.
Ausgleichsreife § 19 VersAusglG 1
Ausgleichswert § 1 VersAusglG; § 1 VersAusglG 4; § 5 VersAusglG 1 f.; § 16 VersAusglG 2
Ausgleichung § 2047 3; § 2054 2, 4; § 2055 17
Ausgleichungsanspruch § 2033 26
Ausgleichungspflicht § 2038 18; § 2046 5; § 2050 10, 21; § 2057 1; § 2057a 8
Ausgleichungsrecht § 2057a 5
Aushilfsarbeitsverhältnis § 611 102
Auskunft § 675 42 ff.; § 1960 28; § 1978 3; § 1985 18; § 1990 20; § 1996 4; § 2003 7; § 2006 7; § 2018 25; § 2027 1; § 2028 9; Arbeitgeber/Dienstberechtigte § 615 22; behördliche ~ § 839 24; des Vormunds ggü dem Gegenmund § 1799 3; Haftung § 826 19; über persönliche Verhältnisse des Kindes § 1686
Auskunfts- und Fortsetzungsanspruch § 575 16 f.
Auskunfts- und Informationsanspruch § 1574 12
Auskunftsanspruch § 987 6; § 1360a 10; § 1379 1; § 1994 6; § 2012 4; § 2018 7, 23; § 2027 1; § 2028 5; § 2042 30; Vor § 1577 5; Ausgleichungsberechtigte § 2316 12; Bestandsverzeichnis § 1379 8; Durchsetzung § 1379 23; Entfallen

PWW 3417

Stichwortverzeichnis

§ 1379 6; Entstehen § 1379 16; Erben § 2218 3; Erbengläubiger § 2214 1; Fälligkeit § 1379 16; Inhalt § 1379 3; Kind § 1591 20; Nacherben § 2100 8; § 2127 1 ff.; § 2130 10 ff.; Pflichtteilsberechtigte § 2314 2; § 2325 4; § 2329 1; pflichtteilsberechtigte Erben § 2314 2; Spezifizierung § 1379 8; Testamentsvollstrecker § 2364 3; Unternehmen § 1379 11; Vermächtnisnehmer § 2174 3; § 2218 1; Zugewinnausgleich § 1379 2 f.; Zuziehung Dritter § 1379 17

Auskunftsanspruch auf Nennung des Vaters; Kind § 1591 20

Auskunftsansprüche § 4 VersAusglG 1

Auskunftsberechtigte § 2027 11

Auskunftserteilung § 1967 6; § 1985 7; § 2011 4; § 2026 6; § 2028 9; § 2057 7

Auskunftshaftung § 249 72

Auskunftsklage § 2018 23; § 2027 12

Auskunftspflicht § 260 3; § 1960 33; § 1985 17; § 2005 7; § 2006 1; § 2011 4; § 2012 6; § 2027 2 f.; § 2028 1; § 2057 3; Arbeitgeber/Dienstberechtigter § 611 100; bei Abtretung § 401 2

Auskunftspflichtige § 2028 4

Auskunftsrecht § 2057 1 f.

Auskunftsverpflichtete § 4 VersAusglG 3

Auskunftsvertrag § 280 66

Auslagen § 1960 41

Ausländerbehörden; Amtshaftung § 839 84

ausländische Versorgungsträger § 20 VersAusglG 5

Ausländisches Recht Artikel 3 EGBGB 52 ff.; authentische Anwendung Artikel 3 EGBGB 56; Artikel 4 EGBGB 5, 21; Artikel 5 EGBGB 4

Auslandsberührung; Adoption Vor §§ 1741 bis 1772 2; Adoptionsvermittlung Vor §§ 1741 2; Anrechnung bei Produkthaftung § 10 ProdHaftG 3; Internationales Recht Vor §§ 1741 bis 1772 4; Übereinkommen Vor §§ 1741 bis 1772 2; Verträge ROM I Art 1 7

Auslandsbezug Artikel 3 EGBGB 10; Artikel 10 EGBGB 3; Anrechnung bei Produkthaftung § 10 ProdHaftG 3

Auslandsgesellschaft; Löschung Artikel 43 EGBGB 7

Auslandssachverhalt Artikel 3 EGBGB 49; Artikel 10 EGBGB 16 f.; Artikel 11 EGBGB 19 ff.; Artikel 15 EGBGB 10; Artikel 16 EGBGB; ROM II Art 17 3

Auslandstätigkeit Artikel 2 EGBGB

Auslandszulagen Vor § 1577 7

Auslauffrist § 626 11

Auslegung § 313 2; § 315 4; § 316 3; § 626 20; § 657 13; § 2084 5 ff.; Vor §§ 315 bis 319 3; AGB § 305c; autonome ~ Vor IntSchVR 12 ff.; des Gemeinschaftsrechts Vor IntSchVR 12 ff.; eigentliche ~ § 157 3 ff.; empirische ~ § 133 16; ergänzende ~ § 133 25; ergänzende Umstände § 2084 11 ff.; ergänzende ~ § 2084 13 ff.; gesetzeskonforme ~ § 133 40; gespaltene Vor § 312 ff 2; normative ~ § 133 16, 22; richtlinienkonforme Vor § 312 ff 2; Richtlinienkonforme ~ § 633 21; richtlinienkonforme ~ § 651 9; Vor ProdHaftG 3; teleologische ~ § 133 38; Wortlautanalyse § 2084 5 ff.

Auslegung einer Vertragserklärung § 133 2; bei der Botenschaft § 164 20; bei der Stellvertretung § 166 3; der Vollmacht § 167 8, 27

Auslegung einer Willenserklärung § 133 1; Andeutungstheorie § 133 3, 9; Auslegungsbedürftigkeit § 133 14; Auslegungsfähigkeit § 133 15; Auslegungsgrundsätze § 133 40; Auslegungsmethoden § 133 31; Auslegungsmittel § 133 13; Auslegungsziel § 133 16; Begleitumstände § 133 34; Botenschaft § 164 20; Empfängerhorizont § 133 22; empirische Auslegung § 133 16; ergänzende Vertragsauslegung § 133 25; Erklärungstatbestand § 133 13, 50; falsa demonstratio non nocet § 133 21; formbedürftige Willenserklärungen § 133 9; gesetzeskonforme Auslegung § 133 40; hypothetischer Parteiwille § 133 27 f.; konkludentes Verhalten § 133 10, 37; natürliche Auslegung § 133 16; normative Auslegung § 133 16, 22; Regelungslücke § 133 25 f.; Sinndeutung § 133 51; Stellvertretung § 166 3; teleologische Auslegung § 133 38; Treu und Glauben § 133 2, 29, 42; übereinstimmender Wille § 133 20; Verkehrssitte § 133 2, 29, 43; Vollmacht § 167 8, 27; wirklicher Wille § 133 2, 16; Wortlaut § 133 31, 39

Auslegung, ergänzende § 157 15 ff.; Anfechtung § 157 28; beurkundeter Verträge § 157 16, 22; Dissens § 157 17; Regelungslücke § 157 19 ff.

Auslegungsbedürftigkeit § 133 14

Auslegungsfähigkeit § 133 15

Auslegungsgrundsätze § 133 40; effet utile Vor IntSchVR 13; gemeinschaftsrechtliche ROM I Art 1 3 ff.

Auslegungsmethoden § 133 31

Auslegungsmittel § 133 13

Auslegungsregeln § 2084 19; Vor §§ 2066 ff 1

Auslegungsvertrag § 2084 3 f.

Auslegungsziel § 133 16

Auslobung § 1367 1; Vor §§ 145 ff 3; kein Spiel § 762 16

Auslobungsbedingungen § 658 2; § 661 16

Auslobungserklärung § 658 9

Auslobungsgegenstand § 657 13

Auslobungstext § 657 7, 21

Auslobungsversprechen § 658 3

Auslösungen Vor § 1577 7

Ausräumung der Beweisvermutung; offenbare Unmöglichkeit Anhang zu ex § 1600e 100; schwerwiegende Zweifel Anhang zu ex § 1600e 100

Ausreißer; Produkthaftung § 1 ProdHaftG 17; § 3 ProdHaftG 7; § 10 ProdHaftG 2; § 823 182, 184; Vor ProdHaftG 5

Aussagekraft der Gutachten Anhang zu ex § 1600e 41; Kompaktgutachten Anhang zu ex § 1600e 44; Kurzgutachten Anhang zu ex § 1600e 43; Sonderfälle Anhang zu ex § 1600e 45
Ausscheiden eines Gesellschafters § 723; § 736 1 f.
Ausschlagung § 1961 7; § 1967 15; § 1980 8; § 2018 10; § 2033 24; § 2040 7; § 2051 2; durch den Nacherben § 2100 45; § 2139 2; § 2142 1 ff.; durch den Vorerben § 2100 43 f.; Erbschaft § 1371 23 ff.
Ausschlagungsfrist § 1975 13; § 1994 9; § 1998 2; § 2014 2
Ausschließlichkeitsprinzip § 1372 9
Ausschließungseinrede § 2013 4, 8
Ausschluss; Abtretung § 399, § 400; Änderungskündigung § 573 9; Aufhebung § 750 1; § 751 1; § 753 2; Bagatellunterhalt § 1573 1; bestimmter mietrechtlicher Kündigungsrechte § 584; des Herausgabeanspruchs § 985 22; Gegenvormund § 1852, § 1853, § 1854; Gesellschafter § 737 1; Kündigungsrecht § 575 4 ff.; Nutzungen § 1030 12 ff.; ordentliche Kündigung § 10 AGG 25; Sozialklausel § 576a 4 ff.; Umgangsrecht § 1684 47 ff.; Verschuldensfähigkeit § 827 3; Vertragsstrafe Vor §§ 339 bis 345 7 f.; Verwirkung § 242 60; vom Anwendungsbereich der ROM I-VO ROM I Art 1 10 f.; Vorkaufsrecht § 1104; Wertersatz § 346 12; Widerspruchsrecht § 562a 7 ff.; Zurückbehaltungsrecht § 309 9
Ausschluss bei kurzer Ehedauer § 3 VersAusglG 3
Ausschluss des Versorgungsausgleichs § 20 VersAusglG 7
Ausschlusseinrede § 1970 4
Ausschlusses wegen Geringfügigkeit § 18 VersAusglG 1
Ausschlussfrist § 13 ProdHaftG 1 f.; § 15 AGG 14; § 121 2, 6; § 123 3; § 124 2 f.; § 194 9; § 242 58, 60; § 556 36; § 562b 14 ff.; § 611 43, 62, 79; § 1970 11; § 1974 2; § 1981 11; § 2022 10; § 2034 31; Mängelanzeigen § 309 69 f.; Verjährung § 194 9
Ausschlussklausel § 611 62, 79
Ausschlussurteil § 799 5; § 1970 4, 6, 15; § 1971 1; § 1973 2; § 1974 3; § 2015 4; § 2045 3; § 2060 6
Ausschreibung § 11 AGG 2; § 22 AGG 5
Ausschreibungsanforderungen § 661 13
Außen-GbR § 705 33 ff.; § 714 1 ff.; § 718 1; § 719 2
Außenhandel § 244; § 245 27
Außenseite des Gesellschaftsanteils § 2205 13
Außenverhältnis § 1362 1
Außenvollmacht § 620 47
Außenwirtschaftsrecht ex Artikel 34 EGBGB 4, 6, 18, 21
Außerbetriebliche Gründe § 620 89; betriebsbedingte Kündigung § 620 75
Außergerichtliche Mahnung § 2060 9

Außergewöhnliche Aufwendungen § 994 3
Außerordentliche fristlose Kündigung § 594e
Außerordentliche Kündigung § 542 22 ff.; § 613 4; § 620 3, 34, 38, 102 f.; § 622 1; § 623 2; § 626 1 ff., 7, 11; § 628 1; § 723 10 f.
Außerordentliche Kündigung mit gesetzlicher Frist § 573d, § 575a
Außerordentliche Lasten § 994 3; § 995 3
Äußerungen; Haftung für ~ über Unternehmen § 823 97 ff.; § 826 21
Aussonderung § 295 2; § 2019 10; § 2020 2
Aussonderungsberechtigte § 1971 2; § 1989 5
Aussonderungsrecht § 551 22
Aussperrung § 611 95, 98; § 615 11, 24
Ausspielung § 661 6; § 763 5 f.
Ausstattung § 1374 26; § 2050 8; § 2054 5
Ausstattung des Kindes; aus dem Elternvermögen § 1624; aus dem Kindesvermögen § 1625
Austauschgeschäft § 2041 6
Austauschvertrag § 2035 5
Ausübung des Kündigungsrechts § 542 9 ff.
Ausübung des Vorkaufsrechts § 2037 4
Ausübungsfrist § 2035 1
Auswahl § 1962 7
Auswahl des Vermächtnisnehmers § 2151 2 f.
Auswahlentscheidung § 3 AGG 8; Ungleichbehandlung § 3 AGG 8
Auswahlvermächtnis § 2065 9
Auswechseln der Befristungsgründe § 575 15
Ausweichklausel Artikel 3 EGBGB 36; ex Artikel 35 EGBGB 3
Auswirkungsprinzip ex Artikel 34 EGBGB 14, 16; ROM II Art 6 7
Auszubildende; Unkündbarkeit § 10 AGG 9
Auszubildender § 6 AGG 2; § 611 101; § 620 95
Automatenaufstellvertrag; AGB § 307 20; § 309 38
Autonome Auslegung Artikel 3 EGBGB 21, 35; ex Artikel 34 EGBGB 3
Autonomes Haftungskonzept Vor ProdHaftG 3
Autowaschanlage; AGB § 307 12; Verkehrspflichten § 823 149

BAföG-Leistungen Vor § 1577 18
Bagatellunterhalt; Ausschluss § 1573 1
Bagatellvertrag § 359 12
Balkon § 566 26
Bank § 280 61, 68; Einlösung von Schecks und Wechseln § 826 41; Insolvenzverschleppung § 826 36; Widerspruch gegen Lastschrift § 826 40
Bankgeheimnis § 399 10
Bankgeschäft § 248 3
Bankkontokorrent § 782 3
Banknoten § 798 2
Bankvertrag § 328 19; Vor §§ 328 bis 335 18
Bargeld § 244; § 245 2 f.

Stichwortverzeichnis

Bargeldlose Zahlungen § 675c 3 ff.
Barkaution § 551 5
Barrierefreiheit § 554a
Barunterhaltsleistungen Vor § 1577 30
Barvermögen § 1960 38
Barwert § 47 VersAusglG 6
Barzahlungspreis; Teilzahlungsgeschäft § 507 2
Basiszinssatz § 246 5, 7; § 247 1 ff.; § 288 4; § 290 1; § 291 6; Anpassung § 247 3; Bezugsgröße § 247 3; Diskontsatz § 247 1; EZB-Zinssätze § 247 1; Höhe § 247 3; Prozesszinsen § 247 2; Verzugszinsen § 247 2; Zahlungsverzug § 247 1
Bauabzugssteuer § 631 37
Bauaufsicht; Bauleitplanung § 839 89
Baubetreuung § 611 7
Baudispensvertrag § 798 2
Bauen auf fremdem Grund § 812 47, 68 ff., 72 f.; § 818 15; Kondiktionssperre aus §§ 994 ff § 812 71; Materialverlust § 812 66; normative Betrachtungsweise § 812 73; und § 951 § 812 66 ff.; Verkehrswertsteigerung § 812 75; Zumutbarkeit § 812 73
Bauhandwerker § 4 ProdHaftG 2
Bauhandwerkersicherung § 648a 1 ff.; nach Abnahme § 648a 12
Bauherr; Verkehrspflichten § 823 156 ff.
Bauherrengemeinschaft § 705 33 ff., 41; § 714 9; § 726 2
Bauherrenmodell; AGB § 305c 19
Baukostenzuschuss § 535 5
Bauleistungen § 648 2; § 648a 8
Baum; Beschädigung § 251 9; Verkehrspflichten § 823 138, 146, 154
Baumangel; anfänglicher § 536a 4
Baumaterialien § 2 ProdHaftG 1; § 4 ProdHaftG 2; Sachmangel § 434 102; § 438 18; § 479 5
Bausatzverträge § 510 4
Bauträgervertrag § 434 63; § 436 3 f.; Vor §§ 631 bis 651 15; AGB § 307 28
Bauvertrag Vor §§ 631 bis 651 11; AGB § 309 50, 72
Bauwerk § 438 17, 23; § 634a 6 ff.; Produkthaftung § 823 186
Bauwerkshaftung § 823 201
Beamte auf Widerruf § 16 VersAusglG 1; § 44 VersAusglG 7
Beamtenhaftung; Ausgleich bei § 841
Beamtenversorgung § 16 VersAusglG 1; § 32 VersAusglG 4
Beamter/Beamtin § 6 AGG 4; § 611 10; Amtshaftung § 839 11
Bearbeitungsgebühr § 661 3
Beaufsichtigung § 1962 7
Beauftragter § 1978 1, 7; § 1985 26; § 1991 1
Bedarfsbemessung; Zeitpunkt § 1361 12
Bedarfsklausel § 538 5

Bedarfspersonen § 577 11
Bedarfsprägend § 1577 15
Bedienungsanleitung; Kaufsache § 434 49
Bedingtes Vorausvermächtnis § 2051 3
Bedingung § 242 51; § 2065 6; § 2074 1; § 2075 1 ff.; auflösende ~ § 10 AGG 15; auflösende ~ § 158 2; § 2074 1; § 2075 1, 4; § 2100 34, 36; aufschiebende ~ § 158 2; § 2074 1; § 2075 1, 3; § 2100 4, 34 f., 38; § 2106 3; § 2108 8; § 2136 2, 9; Fälligkeit § 158 21; Herbeiführung des Eintritts, treuwidrige § 162; Insolvenz § 158 27; Potestativbedingung § 158 6; Prozessführungsbefugnis § 158 26; Rechtsbedingung § 158 11; Rückbeziehung § 159; Vereitelung § 160 1 ff.; Vereitelung des Eintritts § 162; Wollensbedingung § 158 7; Zufallsbedingung § 158 5; Zwischenverfügung § 161
Bedingungszusammenhang § 139 12; Vor §§ 116 ff 13
Bedürfnislage § 1573 15
Bedürfnisse; Vermehrung § 843
Bedürftigkeit § 1577 1; § 1963 7; Nachlass § 2036 3
Beeinträchtigung § 1004 5
Beendigung; der Fiktion § 1573 7; Vor § 1577 35; des Mietverhältnisses § 546 3; des Mietverhältnisses durch Zeitablauf § 542 32 ff.; fristgerechte ~ § 620 34; fristlose ~ § 620 34; Mietvertrag § 535 61
Beendigungskündigung § 620 36
Beengte wirtschaftliche Verhältnisse § 1361 10; § 1577 12
Beerdigung § 1968 3, 6, 9; § 2001 2
Beerdigungskosten § 7 ProdHaftG 1; § 1959 7; § 1960 18; § 1967 9, 16; § 1968 1, 4
Beförderung § 2 AGG 7
Beförderungsleistung Vor §§ 631 bis 651 17
Beförderungsvertrag § 280 76; ex Artikel 29 EGBGB 13
Befreiter Vorerbe § 2131 3
Befreiung § 2100 7; § 2113 16; § 2121 1; § 2126 2; § 2130 12; § 2131 4; § 2132 3; § 2136 1 ff.; § 2137 1 ff.; § 2138 1; § 2140 1
Befreiung von der Gegenleistung § 326; Abweichungen durch AGB § 326 25; Annahmeverzug des Gläubigers § 326 13; Anrechnung von Vorteilen § 326 17; Beweislast § 326 26 f.; Gegenleistungsgefahr (Preisgefahr) § 326 7; Gläubiger allein oder weit überwiegend verantwortlich § 326 13; Klauseln § 326 25; Surrogat § 326 19; Teilunmöglichkeit § 326 10; Vollunmöglichkeit § 326 7 ff.
Befreiungsanspruch § 257 3 f.
Befreiungsvermächtnis § 2173 2
Befriedigungsrecht § 1971 5; § 2022 12
Befristete Erinnerung § 1987 3
Befristung § 1 GewSchG 12, 15; § 10 AGG 15; § 163; § 2136 2; Dienst-/Arbeitsvertrag

Stichwortverzeichnis

§ 620 2 ff., 8, 10, 40, 98; einzelne vertragliche Bestimmungen § 620 27; Elternzeit § 620 17; gesetzliche Regelung § 620 8 ff.; kalendermäßige ~ § 620 11 f.; Mutterschutzgesetz § 620 17; sachlicher Grund § 620 13, 18; Vertretung § 620 17
Befristungsgründe § 575 8 ff.
Befruchtung; heterologe ~ § 1592 6; homologe ~ § 1592 6; künstliche ~ § 1592 5
Befund; ~erhebung § 823 206, 219 ff.; ~sicherung § 823 199, 219
Begebungsvertrag § 793 3, 15; § 807 5
Beginn einer Ausbildung § 252 10
Begrenzung; zeitliche ~ der Nacherbschaft § 2109 1 ff.
Begründung bei Kündigung § 314 24
Begründungsmittel; qualifizierter Mietspiegel § 558d 1; Mietdatenbank § 558e 1; Mietspiegel § 558c 1
Begünstigungswille § 2048 16
Begutachtungsmethoden; Blutgruppengutachten Anhang zu ex § 1600e 33; erbbiologische Gutachten Anhang zu ex § 1600e 38; Genom (DNS-) Analyse Anhang zu ex § 1600e 36
Behandlung § 3 AGG 4
Beherbergungsvertrag § 280 76; Abschluss § 145 7
Behinderte Menschen § 1 AGG 7; § 2229 8; § 2232 2; § 2233 2 ff.; § 2247 4
Behindertengerechter Umbau § 551 12
Behindertentestament § 2100 24
Behinderter Mensch § 1 AGG 7
Behinderung § 1 AGG 7; § 3 AGG; § 8 AGG 10; § 11 AGG 3; § 20 AGG 11
Behördenbetreuer § 1900 1 ff.; Bestellung § 1900 1 ff.; Entlassung § 1908b 4; Geldverwaltung § 1908i 3; Vergütung Anhang zu § 1836 16; Zwangsgeld § 1908g 1
Behördentermine § 616 2
Behördliche Genehmigung § 615 23
Behördliches Verbot § 615 23
Beihilfekontrolle ex Artikel 34 EGBGB 16
Beiladung Anhang zu ex § 1600e 27
Beirat § 709 4, 14
Beistand; Feststellungsklage des Kindes § 1600d 14; und Rücksichtnahme § 1618a
Beistandschaft; Amtspflegschaft § 1712 1; Antrag § 1712 6; Antragsbefugnis § 1713 1; Aufenthaltsort § 1717 1; Aufgaben § 1712 1, 6; Ausland § 1717 1; Auslandsaufenthalt § 1715 2; Auslandsbezug Artikel 24 EGBGB 1; Beendigung § 1715 1; Beginn § 1714 1; Beschränkung § 1712 8; elterliche Sorge § 1716 1; Haftung § 1716 5; Jugendamt § 1712 2; Passivprozess § 1712 9; Sorgerecht § 1713 3; Unterhalt § 1713 4; Vaterschaftsfeststellung § 1715 3; Verein § 1712 4; Vertretung § 1712 9; Vertretungsverbot § 1713 2; Volljährigkeit § 1715 2; Voraussetzungen § 1712 7; Weisungsfreiheit § 1716 3; Zwangsvollstreckung § 1712 5

Beiträge; der Gesellschafter § 706 1 ff.; durch Dienstleistungen § 706 5 ff.; durch Gebrauchsüberlassung § 706 3; durch Übereignung § 706 3
Beiträge zur GbR; Erhöhung § 707 1 f.; § 709 2 f., 18; Schlechtleistung § 706 9; Unmöglichkeit § 706 7; Verzug § 706 8
Beitrittsgebiet § 1569 10; § 1581 24
Beiwohnung Anhang zu ex § 1600e 95
Beiwohnungsvermutung Anhang zu ex § 1600e 94
Bekanntgabe des Steuerbescheids § 1960 34
Bekanntmachung § 657 12; § 658 6 ff.; § 660 4; § 1981 1; § 1982 1; § 1983 1 f.; § 2017 2; öffentliche ~ § 657 11 f.; § 658 6; § 661 1
Bekanntmachungspflichten § 12 AGG 17
Bekenntnisfreiheit § 611 38
Belange; der Kinder § 1382 12; des Schuldners § 1382 6
Belästigung § 3 AGG 31
Belastung; durch Erwerber § 567b; Vermächtnisgegenstand § 2165 1; verpachtetes Grundstück § 593b; vor der Überlassung des Wohnraums § 567a; Wohnraum § 567
Belastungsverbot § 707 1
Belastungsvollmacht § 167 30
Belege § 2027 4
Belegeinsicht § 556 45
Beliehene Personen § 839 15
Belohnende Schenkung § 516 20
Belohnung § 657 1 ff., 10; § 658 1
Belohnungsanspruch § 657 21
Benachrichtigung § 2034 28; § 2037 3
Benachrichtigungsanspruch der Erben § 2218 3
Benachrichtigungspflicht § 2035 8
Benachteiligende Handlungen § 1375 17
Benachteiligte; Anspruchsteller § 3 AGG 46
Benachteiligung § 1 AGG 2; § 7 AGG 3; § 612a 2; Ansprüche gegen den Benachteiligenden § 15 AGG 21; Anweisung zur ~ § 3 AGG 42; Arten § 3 AGG 1; Beweislast § 3 AGG 45; § 7 AGG 4; § 22 AGG 2, 4; Beweismaß § 22 AGG 3; Dritte § 7 AGG 2; durch betriebsfremde Dritte § 12 AGG 16; Einflussbereich § 22 AGG 2; Familien- und Erbrecht § 19 AGG 10; Gründe außerhalb des AGG § 9 AGG 5; Indizien § 22 AGG; konkrete ~ § 3 AGG 3; mittelbare ~ § 3 AGG 11; § 22 AGG 7; nach § 1 AGG § 2 AGG 17; Rechtsfolge § 7 AGG 6, 8; richtliniengemäße Auslegung § 2 AGG 18; Ungleichbehandlung, unterschiedliche Behandlung § 7 AGG 3; unmittelbare ~ § 3 AGG 2 ff.; Unmittelbarkeit § 3 AGG 2; unterschiedliche Behandlung § 7 AGG 2; Ursächlichkeit eines Merkmals § 22 AGG 3; Verdacht § 12 AGG 12; Vermutungstatsachen § 22 AGG 5; Verschulden § 22 AGG 4; Vollbeweis § 22 AGG 3; wegen Rasse oder ethnischer Herkunft § 19 AGG 8

Stichwortverzeichnis

Benachteiligungsgegenstände § 2 AGG 2 f.
Benachteiligungsverbot § 7 AGG 2; § 15 AGG 3; § 19 AGG 4, 8; weitere ~ § 2 AGG 15; Zivilrecht § 19 AGG; § 33 AGG 2
Benachteiligungsvorsatz § 2005 4; § 2131 3 f.; § 2132 3; § 2136 4; § 2138 7 f.
Benötigen § 573 21 ff.
Benutzungsrechte § 2033 26
Benutzungsregelung § 1010 1
Beratervertrag § 611 15; § 675 9 ff.
Beratungspflicht § 280 65 f.; Reisebüro § 651a 22; Verkäufer § 437 55
Berechnung § 1967 16; Kündigungsfristen § 573c 2
Berechnungsbeispiel § 1577 16
Berechnungsmethoden (VA) § 2050 2
Berechnungszeitpunkt bei vorzeitigem Ausgleich § 1387 1 ff.
Berechtigte Interessen § 573; § 823 15; § 824 13; § 1964 2; § 2010 3 f.; § 2012 5; Landverpächter § 595 5; Vermieter § 574 13
Berechtigter § 185 7; Begriff § 185 7
Berechtigung § 657 19 ff.
Bereicherung § 1974 7; § 1976 9; § 2018 21; § 2029 2 f.; § 2030 6
Bereicherungsanspruch § 659 4; § 1963 9; § 1967 8; § 1977 4 f.; § 1979 10; § 1991 3, 13; § 2022 2, 5, 13; § 2023 4; § 2024 1, 3; § 2041 5; § 2055 4; Fund § 977; Mieter § 539 8; Mietüberzahlung § 536 22
Bereicherungsausgleich § 812 52 f., 76 ff.; § 813 4; § 814 2 ff.; § 816 3 ff., 17 ff.; § 818 3 f., 6, 9 ff., 18 ff., 35 ff.; § 819; Anweisungslagen § 812 85 ff.; aufgedrängte Bereicherung § 812 72 f.; § 818 13, 15; Beweislast § 812 109; § 813 7; § 814 9; § 815 6; § 816 23; § 817 17; § 818 40; § 819 11; § 820 6; § 822 7; Empfängerhorizont § 812 95 f., 105 ff.; Ersitzung § 937 8; gutgläubiger Erwerb § 812 81 ff.; Kollisionsrecht EG Artikel 38 EGBGB; Kondiktionsausschluss § 813 5; § 814, § 815; § 817 7 ff.; Konkurrenzen § 812 19, 38 ff.; § 816 1; Leistung auf einredebehaftete Forderung § 813; unentgeltliche Zuwendung an Dritte § 812 83 f.; § 816 12 f.; § 822; Unentgeltlichkeit § 812 83 f.; Verarbeitungs- und Einbaufälle § 812 82; Verjährung § 812 108; § 813 7; § 816 23; § 817 16; § 822 6; Vorteilsabschöpfung § 812 3 ff.; § 818 1; Wertungskriterien § 812 23, 77 ff., 84; § 816 2
Bereicherungseinwand § 821
Bereicherungsgrundsätze § 1973 5; § 2019 11; § 2021 1
Bereicherungsrecht § 241a 4; § 1973 3; § 1989 1; § 2019 4; Kollisionsrecht Vor Artikel 38–42 EGBGB 3
Bereicherungsrechtliche Grundsätze § 2020 2
Bereicherungsrechtlicher Aufwendungsersatz § 1977 5

Bereicherungsrückabwicklung § 988 2
Bereicherungswegfall § 2021 3
Bereichsausnahme; betriebliche Altersversorgung § 2 AGG 13; Kündigungsschutz § 2 AGG 16; Nähe oder Vertrauensverhältnis § 19 AGG 11; SGB § 2 AGG 2, 13
Bergwerk § 2123 1
Bergwerkseigentum § 903 8
Berichtigung § 1985 18; des Grundbuchs § 2022 9; § 2039 5
Berichtigungsanspruch § 2019 10
Berichtigungsantrag § 1984 5
Berliner Modell § 823 160
Berliner Testament § 2052 4; § 2057a 3; § 2100 14
Berufliche Anforderungen § 8 AGG 2
Berufliche Fortbildung § 1575 8
Berufs- und Arbeitsplatzwechsel § 1581 10
Berufsausbildung § 1361 8; § 2050 8, 13
Berufsbedingte Aufwendungen § 1581 19
Berufsberatung § 2 AGG 13
Berufsbetreuer; Abrechnungszeitraum für Vergütung Anhang zu § 1836 17; Ausschlussfrist für Vergütung Anhang zu § 1836 4; Bestellung § 1897 6; Entlassung § 1908b 3; Feststellung der berufsmäßigen Betreuungsführung § 1836 2; Feststellung der berufsmäßigen Betreuungsführung Anh. zu § 1836 § 1; Haftung der Staatskasse Anhang zu § 1836 3; Mitteilungen an die Betreuungsbehörde Anhang zu § 1836 18; Stundensatz Anhang zu § 1836; Anhang zu § 1836 10 ff.; Umsatzsteuer auf Vergütung Anhang zu § 1836 8; Umschulung und Fortbildung Anhang zu § 1836 19; Vergütung § 1836 1 ff.; Vergütungsbewilligung Anhang zu § 1836; Anhang zu § 1836 2 f.; Vergütungshöhe Anhang zu § 1836; Anhang zu § 1836 10 ff.
Berufsbildung § 2 AGG 9, 13
Berufsbildungsvertrag § 611 101
Berufserfahrung § 3 AGG; § 10 AGG 10
Berufshaftung § 823 112; Architekten § 823 156, 172; Besitz § 823 67 f., 76; Sachverständige und Gutachter § 823 172; Wirtschaftsprüfer § 823 172
Berufspflicht § 280 26; § 657 8
Berufsrecht ex Artikel 34 EGBGB 7
Berufssportler § 611 21 f.
Berufsvormund; Abschlag auf Vergütung Anhang zu § 1836 9; Ausschlagungsfrist für Vergütung Anhang zu § 1836 4; Ausschlussfrist für Vergütung Anhang zu § 1836 4; Feststellung der berufsmäßigen Vormundschaftsführung § 1836; Anhang zu § 1836 2 f.; Haftung der Staatskasse Anhang zu § 1836 3; Haftung des Vormunds § 1833 1 ff.; Stundensatz Anhang zu § 1836 1, 5 ff.; Umsatzsteuer auf Vergütung Anhang zu § 1836 8; Umschulung und Fortbildung Anhang zu § 1836 19; Vergütung § 1836, Anhang zu § 1836; Vergütungsbewilligung

Anhang zu § 1836 3; Vergütungshöhe Anhang zu § 1836; Anhang zu § 1836 5
Berufsvormund Anh. zu § 1836; Feststellung der berufsmäßigen Vormundschaftsführung Anh. zu § 1836 § 1; Stundensatz Anh. zu § 1836 § 1
Beschädigung § 2041 5
Beschaffenheit der Kaufsache § 434 7 ff., 12 ff.; Begriff § 434 18 ff.; Normalbeschaffenheit § 434 49, 51, 63; öffentliche Äußerungen § 434 51 ff.; Sachmangel § 434 36, 64; übliche ~ § 434 47 ff.; Verbrauchsgüterkauf § 434 63; § 475 6, 8; § 478 25; Vereinbarung § 434 8, 16 f., 27, 29, 52, 63, 98
Beschaffenheitsvereinbarung; beim Werkvertrag § 633 16 ff.
Beschaffungspflicht § 243 7
Beschaffungsrisiko § 243 1, 7, 10, 12; § 275 25; § 276 17, 27 ff.; § 280 34; § 286 23; Entlastung § 276 29; Fehlerfreiheit der Kaufsache § 276 30; Gattungsschulden § 276 27; Integritätsverletzungen § 276 30; Quelle § 276 28; Schutzzweck § 276 30; Selbstbelieferungsklausel § 276 29; Stückschulden § 276 27; Vereinbarung § 276 27; Vorrat § 276 28
Beschaffungsrisiko bei Verschaffungsvermächtnis § 2170 3
Beschäftigte § 6 AGG 2; § 17 AGG 2; ausgeschiedene ~ § 6 AGG 3; Schutz § 6 AGG 1
Beschäftigung; Zugang § 10 AGG 9
Beschäftigungs- und Arbeitsbedingungen § 2 AGG 8; § 10 AGG 9
Beschäftigungschance § 1573 7; § 1574 9; realistische ~ Vor § 1577 37
Beschäftigungsmöglichkeit; anderweitige ~ § 620 77, 89
Beschäftigungspflicht § 611 38, 95 ff.
Beschäftigungsverbot § 611 58
Beschäftigungsverhältnis; Beendigung § 10 AGG 9; sozialversicherungsrechtliches ~ § 611 20, 32
Beschlagnahme; Aufrechnung § 392 1 ff.
Beschluss § 744 1; § 745 2; § 927 4; Vor §§ 116 ff 10; gesellschaftsrechtlicher Vor §§ 145 ff 1, 7
Beschlussgegenstand § 709 14
Beschlussmängel § 709 19
Beschränkt Geschäftsfähige § 131 1; Ablaufhemmung § 210 2 ff.
Beschränkte dingliche Rechte § 986 3
Beschränkte Erbenhaftung § 1978 1; § 1986 3
Beschränkte persönliche Dienstbarkeit **§ 1090, § 1091, § 1092**; § 2019 11; Belastungsgegenstand § 1090 6; Berechtigter § 1090 3 ff.; Entstehung § 1090 7 f.; Erlöschen § 1090 9; Inhalt § 1090 2; Rechtstyp § 1090 1; Überlassung der Ausübung § 1092 11 f.; Übertragung § 1092 1 ff.; Umfang § 1091; Unvererblichkeit § 1092 3; Wohnungsrecht § 1093

Beschränkung der Erbenhaftung § 1960 28
Beschränkungen des Vorerben; zusätzliche ~ § 2136 3
Beschränkungsrecht § 1970 15; § 2063 4
Beschwerde § 13 AGG 2; § 1960 43; § 1961 3; § 1964 6; § 2008 5; § 2042 20; § 2045 3; Adoption § 1746 11; Adoptionsverfahren § 1745 5
Beschwerdeberechtigung § 1981 18
Beschwerdefrist § 1994 12
Beschwerderecht § 13 AGG 2; § 1960 15, 40, 47; § 1964 7
Beschwerdestelle § 13 AGG 2
Beschwerdeverfahren § 13 AGG 2
Beschwerdewert § 1987 3
Beschwerung § 2007 5
Beseitigung der Beeinträchtigung § 1004 2
Beseitigungsanspruch § 21 AGG 2; § 1004 6
Besichtigung; einer Sache § 809 1 ff.
Besichtigungsanspruch § 809 10
Besitz § 823 67 f., 76; § 854 1 ff.; § 985 29; Abgrenzung § 854 1 ff.; Ansprüche § 858 1; § 861 1; § 862 1; Arten § 854 6; Beendigung § 856 1; Begriff § 854 3; Besitzdiener § 855 1 ff.; Besitzentziehung § 861 1 ff.; Besitzmittlungsverhältnis § 868 1, 7 ff.; Besitzstörung § 862 1 ff.; Ehegatte § 854 17; Eigenbesitz § 872 1; Einwendungen § 863 1 ff.; Erben § 854 18; § 857 1 ff.; Erlangung § 854 7; Erlöschen der Ansprüche § 864 1 ff.; Erwerb § 854 1 ff.; Fremdbesitz § 872 1; früherer ~ § 1006 2; IPR Artikel 43 EGBGB 12; Mitbesitz § 866 1 ff.; mittelbarer Besitz § 868 1 ff.; Nebenbesitz § 868 5; § 934 3; Rechtsschein § 851 1; Rechtsträger § 854 14 ff.; Selbsthilfe § 859 1; § 860 1; tatsächliche Gewalt § 854 7; Teilbesitz § 865 1 ff.; Überlassung durch Nichtberechtigten § 185 5; verbotene Eigenmacht § 858 1 ff.; Verfolgungsrecht § 867 1 ff.
Besitzaufgabe § 303 1 ff.
Besitzbrücke Vor §§ 987 bis 993 2
Besitzdiener § 855 1 ff.
Besitzentziehung § 861 1 ff.
Besitzer § 985 5; Ansprüche des früheren ~s § 1007 1; früherer ~ § 1007 1
Besitzerlangung § 2024 2
Besitzkondiktion § 985 21
Besitzkonstitut § 930; bewegliche Sache § 930; gutgläubiger Erwerb § 933
Besitzmittler § 991 1
Besitzmittlungsverhältnis § 991 1
Besitznachfolger § 999 1
Besitzschutzansprüche § 2018 7; § 2029 4
Besitzstörung § 862 1 ff.
Besitzübertragung § 2033 29
Besoldung Vor § 1577 7
Besondere amtliche Verwahrung; Ablieferungspflicht § 2259 1; Verfahren § 2248 2
Besondere Mitteilung § 658 7

Stichwortverzeichnis

Besonderer Gerichtsstand § 2018 23; § 2029 6
Besonderheiten des Arbeitsrechts § 611
Bestallungsurkunde § 1960 21, 46
Bestandsverzeichnis § 1379 8; § 2027 4; § 2028 6; Aufnahme § 1379 18
Bestandteil; wesentlicher ~ § 433 8
Bestandteilszuschreibung § 890 9
Bestätigung eines anfechtbaren Rechtsgeschäfts § 144 1
Bestätigung eines nichtigen Rechtsgeschäfts § 138 38; § 141 1
Bestätigungsschreiben; kaufmännisches ~ ROM I Art 10 3 f.; kaufmännisches ~ § 148 5
Bestattung § 1959 5; § 1968 2
Bestattungsberechtigte § 1968 2
Bestattungskosten § 249 110; § 844 2 ff.; § 1968 4
Bestechung ex Artikel 34 EGBGB 18
Bestellbestätigung § 148 2, 9
Besteller; Pflichten des ~ im Werkvertrag § 631 33 ff.
Bestellung § 1962 7; Nachlasspfleger § 1966 7
Bestimmtheit; Kaufpreis § 433 37
Bestimmtheitsgrundsatz § 398 15; § 709 17
Bestimmung der Leistung durch eine Partei § 315 16 ff.; AGB § 315 16; Arbeitsrecht § 315 2; Ausübungsberechtigter § 315 4; Beweislast § 315 14; billiges Ermessen § 315 7, 10 f.; Billigkeitsspielraum § 315 7; Form § 315 5; freies Belieben § 315 9; freies Ermessen § 315 8; gerichtliche Kontrolle § 315 10 ff.; gerichtliche Leistungsbestimmung § 315 13; Monopolbetriebe der Daseinsvorsorge § 315 2; Reihenfolge der Prüfung § 315 22 ff.; Verzögerung der Bestimmung § 315 12; Zinsanpassungsklauseln § 315 2
Bestimmung der Leistung durch einen Dritten § 317; der Dritte § 317 4; vertragliche Ermächtigung § 317 5
Bestimmungskauf § 315 8; Vor §§ 315 bis 319 7
Bestimmungsrecht des Verletzten Artikel 40 EGBGB 12 f.; Ausübung Artikel 40 EGBGB 13
Besuche im Krankenhaus; Kostenersatz § 249 28
Besucher des Mieters § 540 7
Beteiligung mehrerer § 830 1 ff., 8; alternative Kausalität § 830 7 ff.; Anstifter § 830 5; Anteilszweifel § 830 10; Demonstration § 830 5; Gehilfe § 830 5; kumulative Kausalität § 830 7 ff.; Mittäterschaft § 830 4 ff.; Umwelthaftung § 830 10; Urheberzweifel § 830 10
Betreuer § 286 3; § 535 17; Aufgaben § 1896 20 ff.; Aufsicht des Vormundschaftsgerichts § 1908i 8; Aufsichtspflicht § 832 3 f.; Behördenbetreuer § 1900 3; Beratung und Aufsicht durch Vormundschaftsgericht § 1837 4; Bereiterklärung § 1898 2; berufsbezogene Dienste § 1835 8; Bestellung § 1897 1 ff.; Eignung § 1897 3; Entlassung § 1908b 1 f.; Geltendmachung von Aufwendungen/Vergütung § 1835, § 1835a, § 1836, § 1908i; Haftpflichtversicherung § 1835 9; Heimpersonal § 1897 3; mehrere ~ § 1899 1 ff.; Pflichten § 1901 1 ff.; Übernahmepflicht § 1898 1 f.; Vergütung § 1835, § 1835a, § 1836, Anhang zu § 1836; Vorschlag des Betreuten § 1897 4
Betreuerkosten § 1967 6 f.
Betreuung § 1361 7; § 1896, § 1897, § 1898, § 1899, § 1900, § 1901, § 1901a, § 1901c, § 1902, § 1903, § 1904, § 1905, § 1906, § 1907, § 1908, § 1908a, § 1908b, § 1908c, § 1908d, § 1908f, § 1908g, § 1908i; Anordnung im Interesse Dritter § 1896 16; Anordnung zur Kontrolle des Bevollmächtigten § 1896 19; ärztliche Maßnahmen § 1896 22; § 1904 1 f.; auf Antrag oder vAw § 1896 16; Aufenthaltsbestimmung § 1896 21; Aufgabe der Mietwohnung § 1907 1 ff.; Aufgabenkreis § 832 3; § 1896 20 ff.; Aufhebung § 1908d 3; Aufwandsentschädigung § 1835a 1 ff.; Aufwendungsersatz § 1835 1 ff.; Aufwendungsersatz für Verein Anhang zu § 1836 15; Auslandsbezug Artikel 24 EGBGB; Ausstattung aus dem Vermögen des Betreuten § 1908 1; Berichterstattung § 1840 2; Beschränkung auf Rechtsfürsorge § 1901 2; Betreuungsverfügung § 1896 3; des Vormundschaftsrichters § 1773 4; Einwilligungsvorbehalt § 1903 1 ff.; Einzelbetreuung § 1897 2; entsprechend anwendbare Vorschriften § 1908i 1 ff.; Erforderlichkeitsprinzip § 1896 2; Ergänzungsbetreuung § 1899 2; Ersatzbetreuung § 1899 3; Erweiterung § 1908d 5; Gegenbetreuung § 1908i 6; Geschenke § 1908i 4; Gesundheitsfürsorge § 1896 22; Haftung der Betreuungsbehörde Vor §§ 1773 bis 1921 4; Haftung des Betreuers § 1902 7; § 1908i 5; Vor §§ 1773 bis 1921 4; Haftung des Betreuungsvereins § 1773 4; Haftung des Vormundschaftsrichters Vor §§ 1773 bis 1921 4; medizinische Voraussetzungen § 1896 10 ff.; Meinungsverschiedenheiten § 1798 1; Mietwohnung § 1907 1 ff.; Mietwohnung, Aufgabe § 1896 27; Patientenverfügung § 1896 3, 22; § 1904 2, 6; Post und Fernmeldekontrolle § 1896 23; Rechnungslegung § 1840 3 ff.; Sachverständigengutachten § 1896 10; schriftliche Wünsche des Betreuten § 1901c 1 ff.; Sterilisation § 1899 4; § 1905 1; Subsidiarität der ~ § 1896 19; Totalbetreuung § 1896 20; Übernahmepflicht § 1898 1 f.; Überschreitung § 1835 11; § 1901 2; Unterbringung § 1906 1 ff.; unterbringungsähnliche Maßnahme § 1906 6 ff.; Vergütung § 1836, § 1836c, § 1836d, Anhang zu § 1836; Verhältnis zur Geschäftsfähigkeit § 1896 1; Vertretung des Betreuten § 1902 2; Vollmachtsüberwachungsbetreuung § 1896 26; Vorsorgevollmacht § 1901c 1 ff.; vorsorgliche Anordnung der ~ bei Minderjährigen § 1908a 1; Wünsche des Betreuten § 1901 4 f.; Zuständigkeit, internationale § 1896 6; Zwangsbetreuung § 1896 16

Betreuungsbehörde; Anhörung bei Betreuerbestellung § 1897 6
Betreuungsbehördengesetz § 1900 3

Betreuungsgesetz § 1896 1
Betreuungspflicht § 311 46
Betreuungsunterbrechung § 1570 4
Betreuungsverein § 1900 1 ff.; Anerkennung als ~ § 1908f 1 f.; Aufwendungsersatz/Vergütung Anhang zu § 1836 15; Entlassung § 1908b 1 ff.; Haftung § 1896 28
Betreuungsverfügung § 1896 3
Betrieb § 613a 3, 50; § 620 51, 74; § 622 2, 6; Begriff § 611 34; Belegschaft § 613a 5; gemeinsamer ~ § 611 34; Identität § 613a 4, 14 f.; Unterbrechung des ~es § 613a 7
Betrieb im Nachlass § 2126 6; § 2130 7; § 2135 6
Betriebe; Zusammenlegung § 613a 51
Betriebliche Altersversorgung § 2 AGG 2, 14; § 10 AGG 13; § 611 47; § 1372 7; Artikel 3 EGBGB 31; Bereichsausnahme § 2 AGG 13
Betriebliche Interessen; Beeinträchtigung § 620 55 ff.; berechtigte ~ § 620 85
Betriebliche Systeme der sozialen Sicherheit § 10 AGG 13
Betriebliche Tätigkeit; Ähnlichkeit § 613a 4
Betriebliche Übernahme Vor §§ 116 ff 24
Betriebliche Übung § 611 44; Widerruf § 611 48
betrieblichen Altersversorgung § 45 VersAusglG 1
Betrieblicher Bedarf an der Arbeitsleistung; vorübergehender ~ § 620 19
Betriebsablaufstörung § 620 57
Betriebsänderung § 613a 32; § 620 97
Betriebsausfall § 280 63 f.; Schadensersatz statt der Leistung § 280 63; Verzögerungsschäden § 280 63; Verzugsvoraussetzungen § 280 64
Betriebsausfallschaden § 280 30
Betriebsbedarf; bei Werkmietwohnungen § 575 12; des Dienstberechtigten § 576a 4
Betriebsbedingte Aufwendungen § 994 3
Betriebsbedingte Kündigung § 613a 32, 47; § 615 20; § 620 74 ff.
Betriebsbuße Vor §§ 339 bis 345 6
Betriebserwerber § 613a 26
Betriebsgefahr; Mitverschulden § 6 ProdHaftG 2
Betriebsgeheimnis § 611 86; § 626 7
Betriebsgruppe § 611 106
Betriebskindergarten § 3 AGG 30
Betriebskosten § 556 2
Betriebskostenpauschale § 556 19; § 560 4 ff.
Betriebsmittel; eigenwirtschaftliche Nutzung § 613a 4
Betriebsmittelarme Betriebe § 613a 5
Betriebsordnung § 611 88
Betriebspflicht § 535 150; § 581 8
Betriebsrat § 611 34 ff., 42, 52, 54, 69, 79, 99; § 626 15; Amt bei Betriebsübergang § 613a 49; Anhörung, § 102 BetrVG § 620 49, 101; Beteiligung § 5 AGG 7; Initiativrecht § 17 AGG 2; Mitbestimmung § 611 42, 69; Mitbestimmung bei Einstellung § 620 29; Mitbestimmungsrechte § 12 AGG 5; Mitglied § 620 96; Unterlassungsanspruch § 17 AGG 2; Unterlassungsantrag § 17 AGG 5; Zustimmung, § 103 BetrVG § 626 19
Betriebsratsmitglieder; Amtspflichtverletzung § 626 7
Betriebsrenten § 17 VersAusglG 1
Betriebsrisiko § 276 24; § 611 58, 92; § 615 1, 23
Betriebsspaltung § 613a 51
Betriebsteil § 613a 3, 50
Betriebsteilübergang; Mitbestimmung Betriebsrat § 613a 51; übergehende Arbeitsverhältnisse § 613a 10
Betriebsübergabe § 593a
Betriebsübergang § 613a 1; Artikel 3 EGBGB 31; ex Artikel 34 EGBGB 15; Annahmeverzug § 615 13; Begriff § 613a 4; Fortwirken einer Vollmacht § 168 9; Grund § 613a 38; hinsichtlich der Arbeitnehmer in Aussicht genommenen Maßnahmen § 613a 40; Kündigungsfristen § 622 2; Mitbestimmung Betriebsrat § 613a 51; rechtliche Folgen § 613a 39; soziale Folgen § 613a 39; Unterrichtung des Arbeitnehmer § 613a 35 ff.; Wiedereinstellungsanspruch § 620 98; wirtschaftliche Folgen § 613a 39; Zeitpunkt § 613a 37
Betriebsübergreifende Versetzungsklausel § 620 80
Betriebsvereinbarung § 613a 14 ff., 23, 25, 39; § 614 2; Begriff § 611 42
Betriebszugehörigkeit § 3 AGG; § 10 AGG 18, 25; § 613a 11; § 620 78, 83; § 626 3
Betrug § 626 7
Bettwäsche § 1361a 6
Beurkundung; Adoption § 1746 1; § 1750 4; Jugendamt § 1746 9; vereinbarte § 154 6
Beurkundung, notarielle; Entbehrlichkeit des Zugangs der Annahmeerklärung § 152
Beurkundungstag § 2034 29
Bevollmächtigte § 2004 1
Bewegliche Sache § 985 26; abhanden gekommene ~ § 935; Besitzkonstitut § 930; Eigentumsübertragung § 929; gutgläubiger Erwerb von abhanden gekommener ~ § 935; Haftung § 836 1
Beweis- und Darlegungslast; bei Fällen mit Auslandsbezug Artikel 3 EGBGB 4; Artikel 4 EGBGB 3
Beweisaufnahme; Adoption § 1747 4
Beweisbarkeit; liquide ~ § 273 12
Beweiserleichterung § 780 2; § 823 130, 134, 169, 179, 197 ff., 204, 216 ff., 233 f.; Vor §§ 823 ff 33
Beweislast § 249 63, 115; § 254 47; § 280 24; § 311 24; § 314 23; § 315 14; § 326 26; § 345; § 658 9; § 659 3; § 985; § 1585b 7; § 2013 3; § 2050 26; § 2051 6; § 2052 5; § 2055 18; § 2061 5; § 2066 2; Vor §§ 249 bis 255 6 ff.; Vor §§ 823 ff 33; abgestufte § 22 AGG 7; Amtshaftung § 839 74, 76; anwendbares Recht ROM I Art 18 1 ff.; Arbeitsverhältnis § 280 24; Arzthaftung § 280 24, 26; § 823 216 ff.; außerordentliche

Stichwortverzeichnis

Kündigung § 626 22; Benachteiligung § 3 AGG 45; § 7 AGG 4; § 22 AGG 2, 4; Berufspflichten § 280 26; Erfolgspflichten § 280 25; force majeure § 280 25; für den Mangel der Mietsache § 543 11; Garantiehaftung § 280 25; Gefahrenbereiche § 280 24 f.; Hindernis § 280 25; Mängelhaftung bei Werkvertrag § 634 26; Pflichtverletzung § 280 25; Produkthaftung § 1 ProdHaftG 12, 14, 20; Ungleichbehandlung § 3 AGG 45 f.; § 22 AGG 4; Ursächlichkeit der Pflichtverletzung § 280 26; Vergütung bei Werkvertrag § 631 36; § 632 6, 8; Verhaltenspflichten § 280 25; Verschuldensfähigkeit § 280 25; Vertretenmüssen § 280 24; Zahlung des Kaufpreises § 433 54

Beweislastklausel; AGB § 309 94 f.

Beweislastumkehr; bei Verkehrspflichtverletzung § 823 129 f., 169, 171, 195

Beweislastvereitelung; nach Gefahrenbereichen § 280 24

Beweislastverteilung; IPR ROM II Art 22 2

Beweispapiere § 807 1

Beweisurkunde § 780 18

Beweisvereitelung § 242 43

Beweisverfahren; serologisches ~ Anhang zu ex § 1600e 34; serostatistisches ~ Anhang zu ex § 1600e 35

Beweisverteilungsregeln; Verzug § 536a 7

Bewerber § 6 AGG 3; § 611 53 f.

Bewerbung § 661 2

Bewerbungsgespräch; Fragen § 22 AGG 5

Bewertungsgrundsatz § 1376 1, 7 ff.

Bewertungsstichtage § 1376 4 ff.

Bewilligung § 883 3; Bezugnahme auf ~ § 874

Bewirken; mit eigenen Mitteln § 110; von Leistungen § 105a 5

Bewirtungsvertrag § 611 15

Bewohner- und Siedlungsstrukturen § 19 AGG 9

Bewusstlosigkeit § 105 4

Bezeichnung des Erben; mehrdeutige ~ § 2073 1

Bezug auf die ehelichen Lebensverhältnisse § 1574 2

Bezug zur Ehe § 1573 16

Bezugnahme auf die Eintragungsbewilligung § 874; Grenzen § 874 3; Wirkung § 874 6

Bezugnahmeklausel; AGB-Kontrolle § 611 63; in AGB § 305 23; kleine dynamische ~ § 611 41; statische ~ § 611 41; Tarifvertrag § 611 41, 63; § 613a 24 f.

BGB; Abgrenzung zum öffentlichen Recht Einl 14; Anwendung Einl 37 ff.; Aufbau Einl 17; Auslegung Einl 37 ff.; Ausstrahlung Einl 12; Drittwirkung der Grundrechte Einl 26; Einteilung Einl 17; Entstehung Einl 4 ff.; Europäische Privatrechtsentwicklung Einl 28 ff.; Fortbildung Einl 37 ff., 43; Fortentwicklung Einl 4, 7 ff.; Geltungsbereich Einl 22 ff.; Grundprinzipien Einl 17; Handlungsfreiheit Einl 19; Kernbereich des Privatrechts Einl 13 ff.; Kodifikationsprobleme Einl 5; Literatur Einl 1; Materialien Einl 3; Perspektiven Einl 11; Privatautonomie Einl 18; Sonderprivatrecht Einl 15; Sozialschutz Einl 20; Systematik Einl 17; Verantwortlichkeit Einl 19; Verbraucherschutz Einl 18, 20; Verfahren Einl 16; Verfassungsrecht Einl 25 ff.; Vertragsfreiheit Einl 18; Vertrauensschutz Einl 21

BGB-Gesellschaft § 611 35, 106

BGB-InfoV; Gesetzesrang § 312c 18; Informationspflichten § 312e 6; Text § 312c 17; Verletzung als cic § 312c 11 ff.

Bibliotheken § 1376 9, 15

Bienenschwarm; Eigentumsverlust § 961; Vereinigung § 963; Verfolgungsrecht § 962; Vermischung § 964

Bierbezugsvertrag § 510 7

Bigamie § 1306; § 1314 14

Bilanz § 781 6; § 810 10; § 2121 3

Bilanzfeststellung § 781 6

Bildberichterstatter § 611 22

Bilder § 1361a 6

Bildungsurlaubsgesetze § 611 77

Billige Entschädigung in Geld § 249 4

Billiges Ermessen § 659 2, 6; Leistungsbestimmung § 2156 2

Billigkeit § 1360a 25; § 1571 8

Billigkeitsabwägung § 1576 3; Vor § 1577 1

Billigkeitsanspruch § 1572 7; § 1581 1

Billigkeitserfordernis § 1360a 9

Billigkeitsgesichtspunkte § 1360a 20

Billigkeitshaftung § 829 1 ff.

Billigkeitsklausel § 42 VersAusglG 1; § 1576 1; § 2057a 18

Billigkeitsprüfung § 1569 7; § 1576 4; § 1581 16

Billigkeitsselbstbehalt § 1581 12

Billigungsfrist; Kauf auf Probe § 455

Bindung; an die Aufgabeerklärung § 875 8; an die Erklärung § 875 1; an die Vertragsverhandlungen § 311 49

Bindungswille; des Arbeitgebers § 611 45

Bindungswirkung § 2048 19

Binnenmarktklausel ROM I Art 3 6

Binnenmarktsachverhalt ROM I Art 3 6; IPR ROM II Art 8 5; ROM II Art 14 9

Biologischer Vater § 1626 3; § 1963 2; Anfechtungsklage § 1600 2; Feststellungsklage § 1600d 8

BIO-Siegel § 823 37

Bisexualität § 1 AGG 10

Blankett § 119 15; § 126 10; § 172 8

Blankoindossament § 1362 2

Blankounterschrift § 126 10; § 129 3; § 492 2

Blankozession § 398 7

Blindengeld Vor § 1577 18

Blindenhund § 535 117

Blockade § 823 104

Blocking statute ex Artikel 34 EGBGB 19, 23
Bloße Tatsachenvermutung § 2009 4
Blutentnahme; Minderjährige Anhang zu ex § 1600e 53; Produkthaftung § 2 ProdHaftG 2; prozessuale Konsequenzen der erfolgreichen Weigerung Anhang zu ex § 1600e 55; Unzumutbarkeit Anhang zu ex § 1600e 49; Weigerung Anhang zu ex § 1600e 51; Zwangsmaßnahmen Anhang zu ex § 1600e 51; Zwischenverfahren Anhang zu ex § 1600e 52
Blutgruppengutachten; Anfangsverdacht Anhang zu ex § 1600e 75; Aussagekraft Anhang zu ex § 1600e 42; heimliches Gutachten Anhang zu ex § 1600e 77; Privatgutachten Anhang zu ex § 1600e 76; Sonderfälle Anhang zu ex § 1600e 45
Blutspende § 2 ProdHaftG 2
Bodenverkehr ex Artikel 34 EGBGB 11
Bordellpacht § 817 14
BörsG § 280 47
Böser/Guter Glaube des Beschwerten § 2185 2; gegenüber Erben § 2211 3; gegenüber Testamentsvollstrecker § 2211 3
Bösgläubigkeit § 2020, § 2021, § 2022, § 2023, § 2024; § 2025 2 f.
Böswilliges Unterlassen § 615 19
Bote § 331 7
Botenschaft § 164 17 ff.; § 177 5; Abgrenzung zur Stellvertretung § 164 17, 19; analoge Anwendung von Vorschriften des Stellvertretungsrechts, insb von Vertretungsverboten § 164 20; § 174 2; Empfangsbote § 164 17 f.; Erklärungsbote § 164 17 f.; Kenntnis und Kennenmüssen § 164 20
Boykott § 823 102; § 826 24
Brauereidarlehen (Bierbezugsvertrag) § 510 7
Bremer Tabelle § 1361 16
Bretton Woods ex Artikel 34 EGBGB 6, 23; ROM I Art 17 8
Brief § 130 11
Briefhypothek § 1116 1 ff.
Briefmarke § 807 4
Bringschuld § 243 11; § 269 2; § 300 6
Broker § 826 42
Bruch von Dienstverträgen § 249 73
Bruchteil § 741 1, 5; § 742 3; § 749 1; § 2088 1 ff.; § 2092 1 ff.; Erhöhung § 2089 1 ff.; Minderung § 2090 1 ff.; unbestimmter ~ § 2091 1 f.
Bruchteilseigentum § 741 4; § 1008 2; § 2032 12, 34; § 2047 4
Bruchteilsgemeinschaft § 432 2; § 741 4; § 743 1; § 746 1; § 2033 30; § 2044 9
Bruchteilsübertragung § 2033 12
Bruttolohn § 252 13
Bruttovergütung § 615 17
BSE § 2 ProdHaftG 1; Vor ProdHaftG 1
Bucheigentum; Kauf § 433 24
Bücher § 1361a 6

Buchersitzungsfrist § 2026 3
Buchführung; als Werkvertrag Vor §§ 631 bis 651 17
Buchgeld § 244; § 245 2 f.
Buchhypothek § 1116 1 ff.
Buchwertklausel § 738 14
Bundesgesundheitsblatt Anhang zu ex § 1600e 40
Bürge § 765 2; Ausgleichspflicht unter Mitbürgen § 769 10; Befreiungsanspruch gegen Hauptschuldner § 775; Befriedigung des Gläubigers § 765 53; Beweislast § 765 41, 81; § 766 21 f.; § 767 16; § 772 10; § 775 20; § 777 20; Vor §§ 765 ff 37, 44; Einrede aus Bürgschaftsvertrag § 768; Einrede aus Gestaltungsrecht des Hauptschuldners § 770; Innenverhältnis Hauptschuldner/Bürge § 775 1 ff.; Mitbürgen § 769 1 ff.; § 774 25 ff.; Nachbürge § 765 94; Stellvertretung § 765 9; Teilbürge § 765 106; Vor §§ 765 ff 48; Verbürgungswille § 766 10; Vor §§ 765 ff 9; Vorbürge § 765 95
Bürgenhaftung; des Vermieters § 566 19
Bürgenschutz ex Artikel 34 EGBGB 13
Bürgerliches Recht; Abgrenzung zum öffentlichen Recht Einl 14; Anwendung Einl 37 ff.; Aufbau Einl 17; Auslegung Einl 37 ff.; Ausstrahlung Einl 12; Drittwirkung der Grundrechte Einl 26; Einteilung Einl 17; Entstehung Einl 4 ff.; Europäische Privatrechtsentwicklung Einl 28 ff.; Fortbildung Einl 37 ff., 43; Fortentwicklung Einl 4, 7 ff.; Geltungsbereich Einl 22 ff.; Grundprinzipien Einl 17; Handlungsfreiheit Einl 19; Kernbereich des Privatrechts Einl 13 ff.; Kodifikationsprobleme Einl 5; Literatur Einl 1; Materialien Einl 3; Perspektiven Einl 11; Privatautonomie Einl 18; Sonderprivatrecht Einl 15; Sozialschutz Einl 20; Systematik Einl 17; Verantwortlichkeit Einl 19; Verbraucherschutz Einl 18, 20; Verfahren Einl 16; Verfassungsrecht Einl 25 ff.; Vertragsfreiheit Einl 18; Vertrauensschutz Einl 21
Bürgschaft § 138 81 ff.; § 242 41; § 312 17; § 321 6; § 551 5; § 1976 6; Vor §§ 320 ff 6; Abdingbarkeit § 776 3; Abstraktheit § 765 2; Vor §§ 765 ff 6; Abtretung Vor §§ 765 ff 11; AGB § 305 12; § 305c 19, 22; § 306 10; § 307 12, 21; Akzessorietät § 767 1; Vor §§ 765 ff 10; Anlassbürgschaft § 765 20; auf erstes Anfordern § 551 7; Ausfall~ § 765 71 ff.; § 777 13; Bedeutung Vor §§ 765 ff 2; bedingte ~ § 765 3; befristete ~ Vor §§ 765 ff 37; Bestimmtheitsgrundsatz § 765 13; Common Frame of Reference Vor §§ 765 ff 74; Deckungsverhältnis Vor §§ 765 ff 6; Einlagenrückgewähr Vor §§ 765 ff 24; Einwendungsverzicht beim Verbraucherdarlehen § 496 1; Erlassvertrag § 397 14; Forderungsübergang § 774; Gesellschafter~ § 765 18 ff., 35 ff., 52, 65, 87; § 766 8, 20; § 767 9; § 768 10; § 771 6 ff.; § 774 26, 30; § 775 6, 10; § 777 6; Gläubiger § 765 2; Global~ § 774 5; Gobal~ § 765 13, 16 ff.; Grundprinzipien Vor §§ 765 ff 4 ff.; Haftung Vor §§ 765 ff 7; Hauptschuldner § 765 4, 7; höherran-

giges Sicherungsrecht § 776 2; internationales Privat- und Prozessrecht Vor §§ 765 ff 66 ff.; Interzedent Vor §§ 765 ff 1; kein Spiel § 762 16; Kreditauftrag § 778; Kündigung § 765 65 ff.; Luganer Übereinkommen § 773 11; Mietbürgschaft § 765 90 ff.; Nachbürgschaft § 765 93; Ordre public Vor §§ 765 ff 68; Prozess~ § 765 96 ff.; Rechtsnatur Vor §§ 765 ff 1; Rechtsvergleichung Vor §§ 765 ff 70; Reduktion des Anspruchs § 776 10; Restschuld § 765 26; Rückbürgschaft § 765 103; Rückgabe des Schuldscheins § 371 6; Rückgriff Vor §§ 765 ff 48; selbstschuldnerische ~ § 773 1 ff.; Sicherheiten § 776 1 ff.; Sicherheits-/Vorzugsrechte § 776 5; Staats~ § 765 105; Subsidiarität § 770 1; § 771 1; § 772 5; Vor §§ 765 ff 12; Surety § 773 5; Vor §§ 765 ff 72; Teil~ § 765 106 f.; Treu und Glauben § 765 17, 55, 65; § 776 3; Übernahme Hauptschuld/Wechsel Schuldner § 765 62 ff., § 767 7 ff.; unbedingte ~ Vor §§ 765 ff 16; unbefristete ~ Vor §§ 765 ff 16; ungerechtfertigte Bereicherung § 776 13; unwiderrufliche Vor §§ 765 ff 16; Verbraucherschutz Vor §§ 765 ff 34; Verzicht § 768 14 f.; § 770 1 ff.; Vorzugsrechte § 776 1 ff.; Wechsel- und Scheckverbot § 496 5; Wesen Vor §§ 765 ff 1; Wirtschafts- und Bankenverkehr Vor §§ 765 ff 14 f., 17; Zeit~ § 777

Bürgschaftsforderungen § 1967 6
Bürgschaftskündigung § 551 5
Bürgschaftsschuld § 767 1 ff.
Bürgschaftsvertrag; Abschluss § 150 4, 7; § 151 7; Option auf Abschluss Vor §§ 145 ff 36; Vertragsfreiheit § 765 3
Bürounkosten § 1960 41
Business judgement rule § 2216 2
Buße § 253 26
Bystander § 823 180; ROM II Art 5 9

Cessio legis § 5 ProdHaftG 3; § 268 8; § 426 21
Charakteristische Leistung; bei engster Verbindung ROM I Art 12 13 ff.; IPR ex Artikel 28 EGBGB 1 f.
Chefarzt § 611 21
CISG § 286 24; ex Artikel 34 EGBGB 21; Vor §§ 241 ff 13; abändernde Annahme § 150 4; AGB § 305 18, 32, 41; § 305c 13, 19
CMR ex Artikel 28 EGBGB 2, 33 ff.
Computerfax § 126 2
Computersoftware Vor §§ 631 bis 651 17
Croupier § 611 21
Culpa in contrahendo § 280 1, 69; § 311 33 ff.; § 312e 13; Anknüpfung ROM II Art 12 1 ff.; Anspruch auf Vertragsaufhebung § 311 56; Aufhebung eines Vertrages § 311 33; Belastung mit unerwünschtem Vertrag § 311 55 ff.; Beweislast § 311 72; Dritthaftung § 311 63 ff.; Drittschutz § 311 38; Eigeninteresse des Dritten § 311 68; enttäuschtes Vertrauen § 311 48 ff.; Expertenhaftung § 311 66; Fallgruppenbildung § 311 35; Fehlen eines wirksamen Vertrages § 311 41; Gefahrenbereich § 311 36; Gefälligkeitsfahrten § 311 39; Geschäft als eigenes behandelt § 311 69; gesetzliche Formvorschriften § 311 51; Informationsmangel § 312c 11; Kauf § 437 71; § 438 4; Minderung § 311 61; Minderung der Gegenleistung § 311 33; normales Verhandlungsvertrauen § 311 65; öffentliche Ausschreibung § 311 54; persönliche Verhältnisse einer Partei § 311 45; Probefahrt § 311 39; Sachwalterhaftung § 311 63; Schäden unabhängig vom Vertragsschluss § 311 36 ff.; Schadensersatz § 249 22; § 311 40, 47; Verdrängung durch verbraucherschützenden Widerruf § 311 55; Verhalten einer Partei § 311 46; Verjährung § 311 71; vertragsakzessorische Anknüpfung ROM I Art 1 24; Vertragsanbahnung § 311 37; Vertragsaufhebung § 311 61; Vertrauen für sich selbst § 311 64; Vertretenmüssen § 311 62; Vorrang der Mängelhaftung § 311 58 ff.; vorsätzlich falsche Information § 311 59; Zurechenbarkeit § 311 43 f.
Customer preferences § 8 AGG 5

Dachboden § 1361b 5
Damnationslegat § 2174 1
Dänemark; EVÜ ROM I Art 3 5; Rom I-VO ROM I Art 1 2, 27 f.
Darlegungs- und Beweislast § 658 5; § 1360a 9; § 1361 5, 14, 29; § 1584 5; abgestufte ~ § 22 AGG 7; anwendbares Recht ROM I Art 18 1 ff.
Darlegungslast; sekundäre ~ Anhang zu ex § 1600e 68
Darlehen § 288 5; § 780 8; § 1376 11; ex Artikel 29 EGBGB 12; ex Artikel 34 EGBGB 8; bei erlaubtem Spiel-/Wettvertrag § 763 12; bei nicht erlaubtem/erlaubnispflichtigem Spiel-/Wettvertrag § 762 19, 29; Brauerei~ § 510 7; Verbraucherkredit ex Artikel 29 EGBGB 12; ex Artikel 34 EGBGB 13; zins- und tilgungsfreies ~ § 1577 4
Darlehensansprüche § 1376 9, 11
Darlehensvertrag; Abschnittsfinanzierung § 488 8; Annuitätendarlehen § 488 8; Anschaffungsdarlehen § 488 7; Bereitstellungszinsen § 488 4; Beweislast § 488 6; Brauereidarlehen (Bierbezugsvertrag) § 488 1; § 510 7; Dauerschuldverhältnis § 488 1; Disagio (Damnum) § 488 3; Drittschutzwirkung Vor §§ 328 bis 335 19; Festkredit § 488 10; Forwarddarlehen § 488 4; Gelddarlehen § 488 1; Konsensualvertrag § 488 1; Kontokorrentkredit § 488 9; Krediteröffnungsvertrag § 488 9; Kündigung § 488 5; Nichtabnahmeentschädigung § 488 1; § 490 5; Rahmenvertrag § 488 9; § 492 2; § 493 1; § 494 5; § 495 4; § 504 1 ff.; Ratenkredit § 488 7; Realvertrag § 488 1; Schuldnermehrheit § 488 1; Verbundene Verträge § 488 7; Vereinbarungsdarlehen § 488 1; Wertsicherungsklauseln § 488 5; Zinsbegriff § 488 3; Zinscaps § 488 3
Daseinsvorsorge § 315 2

Daten; Recht am Datenbestand als sonstiges Recht § 823 80
Datenschutz-Richtlinie § 242 2
Datumtheorie; IPR Artikel 3 EGBGB 13, 49; ex Artikel 34 EGBGB 21
Dauernde Leistungsunfähigkeit; krankheitsbedingte ~ § 620 61
Dauerschuldverhältnis § 241 29 ff.; § 242 55, 63; § 281 8; § 312f; § 314 4 ff.; Beschränkung der Rückabwicklung § 241 31; formularmäßige Laufzeitklausel § 309 75 ff.; Kündigung § 241 31; Rücktritt § 241 31
Dauertestamentsvollstreckung § 2209 3; § 2210 1; § 2217 1; § 2221 4; für Vermächtnis § 2150 1
Dauerzustand § 626 13
DDR Artikel 15 EGBGB 19; Eheschließung in der ~ Vor §§ 1363 ff 3
Deckungsgeschäft § 280 32; Vorteilsausgleichung § 249 89
Deckungskauf; Schadensersatz statt der Leistung § 280 41
Deichunterhaltung § 839 152
Deklaratorische Klauseln; im AGB § 307 33 f.
Deliktische Haftung § 2025 4
Deliktische Verkehrspflichten § 280 15
Delikts- und Unterhaltsansprüche § 843 15 f.
Deliktshaftung Vor §§ 823 ff 9 ff.; Aufopferungshaftung Vor §§ 823 ff 12; Gefährdungshaftung §§ 823 ff 11; Haftungsausweitung Vor §§ 823 ff 7; Haftungsbeschränkungen Vor §§ 823 ff 16 f.; Verschuldenshaftung Vor §§ 823 ff 10
Deliktsrecht § 242 35; § 276 2; Europäisches Deliktsrecht Vor §§ 823 ff 27 ff.; Funktionen des Deliktrechts Vor §§ 823 ff 2, 18; Kauf § 437 76; § 438 9; Kollisionsrecht Artikel 40 EGBGB; Vor Artikel 38–42 EGBGB 3; Sonderdeliktsrecht Vor §§ 823 ff 26; Verfahrensrecht Vor §§ 823 ff 30 ff.
Deliktstatbestand § 823 4, 9; Vor §§ 823 ff 6 f.
Demokratieklauseln § 2216 4
Demonstrationen § 823 162; § 830 6
Depeçage Artikel 3 EGBGB 33, 60; ROM I Art 12 5
Dereliktion § 928, § 959; § 1367 1; Aneignung § 928 6; § 958; Eigenbesitz § 900 2; § 927 2; Verzicht § 928 3; Wirkung § 928 5
Detektiv § 611 15
Deutschkenntnisse § 3 AGG 26
Devisen; Kaufpreis § 433 24; Kaufsache § 433 10
Devisenrecht § 244; § 245 13; ex Artikel 34 EGBGB 6, 23
Dialer § 241a 6
Dialerprogramm § 157 51
Diebstahl § 620 68; § 626 7; § 985 2
Dienstalter § 10 AGG 10; Vergütungsregelung § 10 AGG 23
Dienstbezüge; überzahlte ~ § 780 6

Dienste; entgangene ~ § 845; höherer Art § 627 1
Diensteanbieter § 120 3
Dienstfahrt § 839 19
Dienstleistung § 2 AGG 12; § 275 28; § 280 22; § 285 2; § 611 4; ex Artikel 29 EGBGB 10, 14; Begriff § 612 2; Verzicht § 615 10
Dienstleistungsfreiheit; Spiel § 762 10
Dienstleistungskredite § 506 2, 9
Dienstleistungspflicht des Kindes § 1619
Dienststellen § 17 AGG 3
Dienstverhältnis; Beendigung § 620 1 f.; dauerhaftes ~ § 627 1; dauerndes ~ § 629 2; § 630 1; freies ~ § 611 17; Minderjährige § 113; öffentlich-rechtliches ~ § 24 AGG; § 611 1, 10
Dienstverschaffungsvertrag § 611 8, 103
Dienstvertrag § 320 21; § 611 1 ff.; Abgrenzung Auftrag § 612 1; anwendbares Recht ROM I Art 4 11; Aufhebung § 625 1 f.; Minderung § 320 21; Ratenlieferungsverträge § 510 2; Verlängerung § 625 1 ff.
Dienstwagen § 611 63, 74
Dienstwohnung § 611 74
Differenzhypothese § 249 5
Differenzierung § 1569 6
Differenzmethode § 325 3; § 1573 14
Diligentia quam in suis § 708 1
Dinglich Berechtigten § 907 3
Dingliche Ansprüche § 280 49
Dingliche Aufteilung § 2048 8
Dingliche Rechte § 1 ProdHaftG 5; beschränkte ~ § 823 62 ff.
Dingliche Sicherung § 1990 12; § 2019 2
Dingliche Surrogation § 1978 8; § 2019 2; § 2041 2; § 2042 43
Dingliche Übertragung § 2059 7
Dinglicher Herausgabeanspruch § 2020 2; § 2023 1
Dinglicher Vollzug § 2042 32
Dingliches Nutzungsrecht § 1969 1
Dingliches Vollrecht § 985 3
Dingliches Vorkaufsrecht § 463 10, 20
DIN-Normen; Produkthaftung § 1 ProdHaftG 16; § 3 ProdHaftG 6; Verkehrspflichtverletzung § 823 133, 181, 226
Direktanspruch gegen Versicherer; IPR ROM II Art 18 1 f.
Direktionsrecht; Arbeitgeber § 611 70, 105; § 620 63, 79; des Arbeitgebers § 275 29
Direktkondiktion § 812 82, 94, 99
Direktversicherung § 1372 7; Vor § 1577 48
Direktversicherungsrecht; internationales ~ ex Artikel 37 EGBGB 8 f.
Disagio § 248 2; § 488 3
Diskontsatz § 247 1
Diskriminierung § 242 16; § 311 14; Motiv § 2 AGG 17

Stichwortverzeichnis

Diskriminierungsverbot § 611 37, 54, 88, 100, 109; § 612a 2 ff.; § 1004 8; Vor §§ 145 ff 22 ff.
Dispositionsnießbrauch § 2205 13
Dispositives Recht § 242 26; § 311 17; § 659 2; § 661 13; Abwahl ROM I Art 3 4
Dissens § 119 14; ergänzende Vertragsauslegung § 157 17; falsa demonstratio § 155 3; logischer § 154 3; § 155 1; offener ~ § 154 2 ff.; Schadensersatz § 155 11; Teildissens § 154 1; über essentialia negotii § 154 3; § 155 1; versteckter ~ § 155
Distanzdelikt Artikel 40 EGBGB 9, 11; bestimmungsgemäßer Gebrauch § 823 53 ff.; Nutzungs- und Ausschlussfunktion § 823 33; Sachentzug § 823 56; Substanzverletzung § 823 37 ff.
DNS (engl.: DNA)-Analyse Anhang zu ex § 1600e 36
DNS-Polymorphismen Anhang zu ex § 1600e 36
Dogma vom Gläubigerinteresse Vor §§ 328 bis 335 3
Dolmetscher § 286 3
Dolo agit qui petit quod statim redditurus est § 242 47
Doping § 823 28, 86, 237; § 826 30
Doppelberücksichtigung; Verbot der ~ § 1372 19
Doppelehe § 1306
Doppelkausalität § 823 7
Doppelkondiktion § 812 81, 90; § 816 16
Doppelmangel § 812 87, 90; § 816 16
Doppelrelevante Tatsachen § 626 7
Doppelte Bösgläubigkeit § 991 5
Doppelte Kausalität § 628 9
Doppelverdienerehe § 1360 13
Doppelvermietung § 535 63
Dozent § 611 18, 21 f., 28
Drängen naher Angehöriger § 312 2
Draufgabe § 336, § 337, § 338
Drei-Jahres-Zeitraum Vor § 1577 4
Dreimonatige Wartefrist § 1965 5
Drei-Monats-Akzept § 496 3
Dreimonatseinrede § 1963 3; § 2014 1, 5; § 2017 1 f.
Dreimonatsfrist § 1965 2; § 1970 3; § 2032 22
Dreißigjahresfrist § 2163 1; Testamentsvollstreckung § 2162 1; § 2210 1; Vermächtnis § 2162 1
Dreißigster § 1972 1; nach § 1969 § 1963 7; § 1969 1
Dringlichkeit § 1959 7
Drittansprüche § 705 31
Dritte; Bestimmung durch ~ § 2100 42; § 2106 2; Leistungsanspruch § 335
Dritthaftung; IPR ROM II Art 12 6
Dritthaftung aus cic § 311 63 ff.
Drittschaden § 249 97 ff.
Drittschadensliquidation § 249 99; mittelbare Stellvertretung § 164 3; § 249 103; Obhutsverhältnis § 249 105; obligatorische Gefahrentlastung § 249 106; Rechtsfolgen § 249 108; Treuhandverhältnisse § 164 9; § 249 104; Vereinbarung § 249 101
Drittstaatensachverhalte ROM II Art 3; ROM II Art 8 5
Drittverhältnisse § 725 1; § 733 3
Drittwiderspruchsklage § 551 22; § 985 22; § 1365 13; § 1368 7; § 2020 2; § 2044 16
Drittwirkung § 2035 6
Drittwirkung der Grundrechte Einl 26
DRK-Schwester § 611 22
Drohende Zahlungsunfähigkeit § 1975 12; § 1980 5
Drohung § 1 GewSchG 7; § 123 32; Begriff § 825 3; widerrechtliche ~ § 2078; § 2079 7
Druckkündigung § 620 35; § 626 5, 10
Druckwerk; Kaufsache § 433 10
Dual use ex Artikel 29 EGBGB 3; ex Artikel 34 EGBGB 6
Duldung; der Zwangsvollstreckung § 1973 13 f.; von Erhaltungs- und Modernisierungsmaßnahmen § 554
Duldungs- und Anscheinsvollmacht § 167 38 ff.; Anwendungsbereich § 167 38 ff.; Begriff und Abgrenzung § 167 39; Ehegatten § 167 41; Gutgläubigkeit des Vertragspartners § 167 44; Kausalität § 167 45; objektiver Rechtsscheintatbestand § 167 40 f.; Rechtsfolgen § 167 47 ff.; Umfang § 167 46; Zurechenbarkeit des Rechtsscheins § 167 42 f.
Duldungspflicht § 1004 8
Duldungsurteil § 2008 11
Durchführung der Ausgleichung § 2055 2
Durchgriff § 790 4; Haftung § 826 11; Mehrpersonenverhältnisse § 812 82, 94, 99; § 822 1; Verfügung des Nichtberechtigten § 816 12
Durchgriffshaftung § 826 11
Durchgriffskondiktion § 358 16
Durchgriffsverbot; Mehrpersonenverhältnisse § 812 77
Durchsetzungssperre § 730 6; § 733 4
Dürftiger Nachlass § 1990 2
Dürftigkeit § 1991 8, 12
Dürftigkeitseinrede § 1975 5; § 1978 11; § 1982 5; § 1990 2, 20; § 1991 5; § 2059 2

ebay, Widerruf § 355 10
EBV; IPR Artikel 43 EGBGB 13
Echtes Factoring; Eigentumsvorbehalt § 449 24
Ec-Karte § 675f 14; § 807 1
E-commerce; Vertragsschluss im Vor §§ 145 ff 49; Vertragsschluss im ~ § 145 6
EDV Vor §§ 631 bis 651 17; AGB für Vertrag § 309 82
Effektiver Jahreszins § 491a 5 f.; § 494 7; § 507 4, 7 f.

Stichwortverzeichnis

Effet utile; im Internationalen Schuldvertragsrecht ex Artikel 35 EGBGB 2; ex Artikel 36 EGBGB 3, 8
EG-Recht Artikel 1 EGBGB 2; Artikel 2 EGBGB 1; Artikel 3 EGBGB 6, 16 ff., 23; Artikel 5 EGBGB 22, 26; Artikel 6 EGBGB 3, 6, 8, 11, 16; Artikel 7 EGBGB 2; Artikel 9 EGBGB 2, 10; Artikel 10 EGBGB 1 f., 10, 16; Artikel 11 EGBGB 2, 6; Artikel 12 EGBGB 15 EGBGB 10; Artikel 16 EGBGB 3, 6; Artikel 17 EGBGB, Artikel 17a EGBGB; ROM I Art 11 2, 4; ROM I Art 21 5; Vor IntSchVR 11 f.
EG-Richtlinie 85/374/EWG Vor ProdHaftG 1 f.
EG-Richtlinien Vor § 312 ff 1
Ehe; Ausgleichsanspruch bei Gesamtschuld § 426 9; Scheitern § 313 30 ff.; sonstiges Recht § 823 73 ff.
Eheangemessener Bedarf § 1581 5
Eheangemessenheit § 1572 5
Eheaufhebungsstatut Artikel 13 EGBGB 15 ff.
Eheauflösung; durch Tod § 1593; Erbrecht § 2077
Ehebedingte Erwerbsbehinderung; Zeit der ~ § 1361 9
Ehebedingtheit § 1572 3
Ehebruchskinder § 1576 6
Ehedauer § 1574 9; kurze ~ § 1361 29
Ehefähigkeit § 1304
Ehefähigkeitszeugnis § 1309
Ehegatten § 329 3 f.; Ausschluss des ~erbrechts § 1933; gesetzliches Erbrecht § 1931; Schenkung § 516 22; Vermutung der Rechtsbefugnis § 167 41; Verträge § 1359 4; Zuwendung § 516 22
Ehegatten-GbR § 705 42
Ehegatteninnengesellschaft Vor §§ 1363 ff 1
Ehegattentestament § 2052 4; § 2069 3 f.
Ehegattenunterhalt Artikel 18 EGBGB 14; Vor § 1577 2
Ehehindernis § 1308; § 1309 15; Befreiung bei Adoption § 1766 1; bei Adoption § 1766 1
Eheliche Lebensverhältnisse § 1361 11; § 1577 15
Eheliche Solidarität § 1569 1
Ehelichkeitserklärung § 2053 6
Ehemäklervertrag; Adressendepot § 656 6; Darlehen § 656 9; Eheanbahnung § 656 2; Nichteinklagbarkeit § 656 8; Partnerschaftsvermittlung § 656 4; Schuldanerkenntnis § 656 10; Verbindlichkeit, unvollkommene~ § 656 3; Vollstreckung § 656 11
Ehemündigkeit § 1303; § 1314 3
Ehename; Eltern mit ~n § 1616; Eltern ohne ~n § 1617
Ehenichtigkeit Vor §§ 1313 bis 1320 2
Ehescheidung – Eheauflösung; Unterschiede Vor §§ 1313 bis 1320 3
Eheschließung § 1311; § 2053 6; Adoption § 1742 2

Eheschließungsfehler § 1314 26
Eheschließungsirrtum § 1314 36
Eheschließungsstatut Artikel 13 EGBGB
Eheverbot § 1306, § 1307; Verstoß § 1314 14
Ehevermittlung § 780 14
Ehevertrag § 1408 5 ff.; Ausübungskontrolle § 1408 12; Beweislast § 1408 13; Darlegungslast § 1408 13; Feststellungsantrag § 1408 13; Missbrauchskontrolle § 1408 12; Sittenwidrigkeit § 1408 10; Vertrag zur Regelung der güterrechtlichen Verhältnisse § 1408 14 ff.; Wegfall der Geschäftsgrundlage § 1408 12; Wirksamkeitskontrolle § 1408 10
Ehewirksamkeitsstatut Artikel 13 EGBGB 9, 14; Artikel 14 EGBGB
Ehewohnung § 1361b 4 ff.; § 1369 3; § 1568a 4; Auslandsbezug Artikel 17a EGBGB; bei Getrenntleben § 1361b 1 ff.
Ehewohnung, Zuweisung, Gütergemeinschaft Vor §§ 1568a und b 3
Ehewohnung, Zuweisung, nichteheliche Lebensgemeinschaft Vor §§ 1568a und b 2
Ehezeit § 3 VersAusglG 1; § 5 VersAusglG 1
Ehezeitanteil § 1 VersAusglG; § 1 VersAusglG 3; § 5 VersAusglG 2
Ehre § 626 7
Ehrenamt § 616 2
Ehrverletzung § 626 8
Eidesstattliche Versicherung § 259 5 f.; § 261 1; § 1973 9; § 1978 3; § 1990 20; § 2006 1; § 2008 10; § 2009 4; § 2010 4; § 2011 4; § 2012 5; § 2027 14; § 2050 27; § 2063 2; § 2127 5; § 2130 10; Erbschein § 2356 5 f.; Pflichtteilsanspruch § 2314 15; Testamentsvollstrecker § 2218 3
Eigenart; der Arbeitsleistung § 620 22; der Tätigkeit § 611 18
Eigenbedarf § 242 48; § 573 17 ff.
Eigenbesitz § 872 1; § 900 2; § 927 2
Eigenes rechtsschutzwürdiges Interesse § 1981 14
Eigengenutztes Wohnhaus § 249 43
Eigengläubiger § 1970 6; § 1990 13
Eigengläubiger des Erben § 2214 1
Eigengrenzüberbau § 912 33 f.
Eigengruppe § 611 102, 106
Eigenheimzulage Vor § 1577 29
Eigenmittel § 2022 4 f.
Eigennutzung § 987 5
Eigenschaftsirrtum § 119 33 ff.
Eigenschulden § 1967 10
Eigentum § 823 33 ff.; § 929 1 ff.; § 985 28; an beweglichen Sachen § 929 1 ff.; an getrennten Erzeugnissen § 953; an Schuldurkunden § 952; § 952 1 ff.; Ansprüche des früheren Besitzers § 1007 1; Aufgabe § 959; Beeinträchtigung § 823 34 ff.; bestimmungsgemäßer Gebrauch § 823 53 ff.; Nutzungs- und Ausschlussfunktion

PWW 3431

§ 823 33; Sachentzug § 823 56; Substanzverletzung § 823 37 ff.; Übertragung § 929 1 ff.
Eigentum, geistiges; Anknüpfung ROM II Art 8 1; Schutzlandprinzip ROM II Art 8 4
Eigentümer § 985 3
Eigentümerbefugnisse § 903 2
Eigentümer-Besitzer-Verhältnis § 280 49; § 292 5; § 2020 2; und Bereicherungsausgleich § 812 39, 71; § 816 2 f.; § 818 39
Eigentümergrundschuld § 1976 7; § 2113 22
Eigentümerklage § 2022 14
Eigentumsarten § 903 8 ff.
Eigentumsbeschränkung § 903 20 ff.
Eigentumserwerb; der Gemeinde § 976; durch Fund § 973, § 974; durch Verarbeitung § 950; durch Verbindung § 946, § 947; durch Vermischung § 948; Erlöschen von Rechten Dritter § 936; gutgläubiger Erwerb von abhanden gekommener Sache § 935; Schatz § 984
Eigentumserwerb an Grundstücken § 900 2; § 925; § 927 5; Erstreckung auf Zubehör § 926
Eigentumsinhalt § 903 2; § 906 1 ff.
Eigentumsübergang; Mitteilung § 566e
Eigentumsübertragung § 661 16; § 1973 13; bewegliche Sache § 929; gutgläubiger Erwerb eines Seeschiffs § 932a; gutgläubiger Erwerb vom Nichtberechtigten § 932; nicht eingetragenes Seeschiff § 932a; Seeschiff § 929a
Eigentumsumschreibung § 2032 34
Eigentumsverlust; aufgedrängte Bereicherung § 951 11; Bienenschwarm § 961; Entschädigung § 951; Insolvenz § 951 2; Leistungsverhältnis § 951 4; Mehrpersonenverhältnis § 951 4 ff.; Schadensersatz § 951 12; Vergütungsanspruch § 951 8 ff.; Verwendungsersatz § 951 12; Wegnahmerechte § 951 12
Eigentumsvermutung § 1011 4; § 1362 1 ff.; § 2018 22
Eigentumsvorbehalt § 449 29 ff.; § 507 4; Abwehrklausel in AGB § 150 6; AGB, Kollision § 449 12; an beweglichen Sachen § 929 15 ff.; Anwartschaftsrecht des Vorbehaltskäufers § 161 12; einfacher § 929 26; Erlassvertrag § 397 6; Erlöschen § 449 34; erweiterter § 449 12, 32; § 929 28; Globalzession § 449 27; in der Insolvenz § 929 34; in der Zwangsvollstreckung § 929 33; IPR Artikel 43 EGBGB 20; Kontokorrentvorbehalt § 449 29 f.; § 449 28; Konzernvorbehalt § 449 29, 31; § 929 28; Rechtsmangel § 449 6; Schutz des Vorbehaltskäufers § 161 9 ff.; Sicherheitenpool § 929 31; Streckengeschäft § 929 30; Verarbeitungsklauseln § 449 28; Vereinbarung § 449 7 ff.; Verjährung Kaufpreisforderung § 449 14; verlängerter ~ § 185 8, 15; § 449 12, 21 ff., 32; verlängerter ~ § 929 27; vertragsgemäßer ~ § 449 8, 11; vertragswidriger ~ § 449 10; weitergeleiteter ~ § 449 13
Eigenübliche Sorgfalt § 276 22; § 277 1; § 346 18; Anwendungsfälle § 277 1; diligentia quam in suis § 277 2; grobe Fahrlässigkeit § 276 22; Rücktritt § 277 1
Eigenverantwortlichkeit § 1571 3
Eigenverbindlichkeit § 1958 6; § 1967 12; § 2036 1; § 2038 13; § 2061 8
Eigenvermögen § 1958 1, 4; § 1973 5; § 1975 1, 4; § 1976; § 1977 1, 4; § 1979 8; § 1981 4 f.; § 1984 10, 14; § 1985 27; § 1989 5, 7; § 1990 2, 16, 20; § 1991 1, 5, 12; § 2013 1; § 2032 43; § 2046 2; § 2058 5 f.; § 2059 3, 8; § 2060 1; § 2063 4
Einarbeitungszeit; Angemessenheit § 620 79
Einbauküchen § 1361a 8
Einbehalt § 641; Mangel~ § 641 15 ff.; Sicherungs~ § 641 18
Einbenennung § 1618; additive ~ § 1618 29; bei Alleinsorge des nicht Verheirateten § 1618 14; bei Stiefkindern § 1618 3; bei Wiederheirat § 1618 5; Verfahrensrecht § 1618 15
Einbenennungsvoraussetzungen § 1618 2
Einbeziehungsvereinbarung; bei AGB § 305 16 ff.
Einbringung bei Gastwirten § 701; Aufbewahrung § 702 5; Beherbergungsgewerbe § 701 5; Einbringen § 701 10; eingebrachte Sachen § 701 7 ff.; Erlöschen § 703; Fahrzeuge § 701 13; Freizeichnungserklärung § 702a 2; Gast § 701 6; Gastwirt § 701 4; gesetzliches Schuldverhältnis § 701 1; Haftungsausschluss § 701 12; Haftungsfreizeichnung § 702a; Kostbarkeiten § 702 2; Leute des Gastwirts § 701 11; Pfandrecht § 704; Schadensanzeige § 703; Schank- und Speisewirtschaft § 701; Sorgfaltsanforderungen § 702 4; summenmäßige Haftungsbeschränkung § 702 2; Tiere § 701 13; unbeschränkte Haftung § 702 4 ff.; verschuldensabhängige Haftung § 701 2; verschuldensunabhängige Haftung § 700 1; Wertsachen § 702 2, 6
Einfache Beschwerde § 1981 9; § 1982 6; § 1988 5; § 2006 10; § 2062 5
Einfache Nachfolgeklausel § 2032 20
Einfache Streitgenossen § 2032 37
Einfirmenhandelsvertreter § 611 28; § 630 1
Einflussbereich § 22 AGG 2; Benachteiligung § 22 AGG 2
Eingetragene Lebenspartner § 2 AGG 14; § 3 AGG; § 1969 2
Eingetragene Lebenspartnerschaft-GbR § 705 45
Eingliederung; in Betriebsorganisation § 611 18
Eingriff; enteignungsgleicher oder enteignender ~ § 839 6
Eingriffskondiktion § 812 56 ff.; Eingriff § 812 58 ff.; Immaterialgüterrechte § 812 62; Mehrpersonenverhältnisse § 812 76 ff.; § 813 4; Nutzungs- und Verwertungsmöglichkeit § 812 62; ohne Rechtsgrund § 812 64 f.; Rechtswidrigkeitstheorie § 812 60; Subsidiarität § 812 24, 54, 80; Zuweisungsgehalt § 812 61 ff.; Zwangsvollstreckung § 812 65

Eingriffsnormen Artikel 3 EGBGB 30; ex Artikel 29 EGBGB 3; ex Artikel 34 EGBGB 1 ff.; Vor IntSchVR 11; Interessenidentität ex Artikel 34 EGBGB 18

Eingruppierungsklage § 291 5

Einheimischenfördermodell; AGB § 307 12

Einheitlicher Anspruch § 1569 6

Einheitsrecht Artikel 3 EGBGB 7, 18, 29; Artikel 7 EGBGB 3; ex Artikel 28 EGBGB 3; ROM I Art 1 9; ROM I Art 12 2; ROM I Art 17 3; ROM I Art 20 2

Einheitsstatut ROM I Art 10 1 ff., 6; Anwendungsbereich ROM I Art 10 3 f.; CISG ROM I Art 10 3 f.; kaufmännisches Bestätigungsschreiben ROM I Art 10 3 f.; Vertrag ROM I Art 4 6; Wirksamkeit ROM I Art 10 8; Zustandekommen ROM I Art 10 7

Einheitstheorie § 812 14

Einigung § 873 11; Bindung § 873 25; teilweise § 151 1; Übereinstimmung mit Eintragung § 873 20

Einigungsstelle § 620 97

Einjahresgrenze § 1585b 5

Einkommen; laufendes ~ § 1365 6

Einkommensbegriff Vor § 1577 2

Einkommensdifferenzen § 1573 12

Einkommensdynamik § 20 VersAusglG 6

Einkommensermittlung; modifizierte ~ Vor § 1577 4

Einkommensquellen § 1581 4

Einkommensteuer Vor § 1577 17

Einkommensteuerbescheid § 1984 2

Einkommensteuerforderungen § 1967 2

Einkommensverhältnisse § 1361 14; § 1381 14

Einkommenszeitraum Vor § 1577 3

Einkünfte § 1374 29; Vor § 1577 13

Einlagen § 705 17, 34; § 706 2; § 722 2; § 733 1 ff., 6; § 734 2, 4; § 738 2; § 739 1

Einliegerwohnraum § 573a 10

Einnahmen Vor § 1577 22

Einrede § 273 18; § 275 27; § 536a 8; § 1970 12; § 1978 7; § 2045 1; § 2058 7; der Anfechtbarkeit § 2083 1; der Arglist § 1991 5; der Überschwerung § 1985 20; der Verjährung § 1960 28; § 1977 13

Einrede des nicht erfüllten Vertrages § 320; Arbeitsvertrag § 320 22; Ausschluss von Schuldnerverzug § 320 14; beständige und unbeständige ~ § 320 4; Dauerlieferungsverträge § 320 19; Dienstvertrag § 320 21; Gegenseitigkeit der Forderungen § 320 2; Geltendmachung § 320 12; Kauf § 320 18; Klauseln § 320 5; Mehrheit von Gläubigern § 320 15 f.; Miete § 320 20; nicht wieder gutzumachender Schaden § 320 10; Sukzessivlieferungsverträge § 320 19; Unverhältnismäßigkeit § 320 8; Verjährung § 320 8; Vorleistungspflicht § 320 4; Wechsel oder Scheck § 320 17; Werkvertrag § 320 23; Wirksamkeit der Gegenforderung § 320 8

Einredeberechtigte § 1990 8

Einrichtung § 258 2; § 539 11

Einsatz des Vermögensstammes § 1581 10

Einsatzzeitpunkt § 1569 4; § 1570 1; § 1572 2; § 1573 15

Einschaltung § 254 30

Einschränkung des vertragsgemäßen Gebrauchs § 543 10

Einschreiben § 130 13, 28

Einseitige Kollisionsnormen Artikel 3 EGBGB 32; Artikel 4 EGBGB 10; Artikel 10 EGBGB 4; ROM I Art 10 6

Einseitige Rechtsgeschäfte § 1367 1

Einsicht § 1960 17; § 2010 1

Einsichtsberechtigte § 2010 2

Einsichtsfähigkeit § 823 6

Einsichtsrecht in Urkunden § 810 1 ff.

Einstellung des Insolvenzverfahrens § 1989 3

Einstellungsfragebogen § 611 54

Einstimmigkeitprinzip § 709 9, 19; § 710 2

Einstweilige Anordnung § 286 14; § 1360a 23; § 1569 9; § 1585b 3; Adoption § 1741 9

Einstweilige Verfügung § 888 2; § 1958 6; § 1960 10; § 1969 4; § 1990 12; § 2016 3; § 2018 28; § 2039 19; Beschäftigung § 611 97; Betriebsänderung § 620 97; Freistellung § 629 3; Vergütungszahlung § 611 79, 83

Einstweiliger Rechtsschutz § 1963 10; § 1971 4; § 2039 23

Eintragung § 873 16 ff.; eines Widerspruchs § 899 7; § 2022 9

Eintragungsbewilligung § 185 5; § 873 7; § 874

Eintritt; des Partners § 563 6; eines anderen (Zwischen-)Mieters § 565 9; in den Güterstand § 1374 7; von Haushaltsangehörigen § 563 12

Eintrittskarte § 807 4

Eintrittsklausel § 727 5, 10; AGB § 309 87 ff.

Eintrittsrecht; bei Tod des Mieters § 563; Kauf § 463 15; § 469 2

Einwand mangelnder Leistungsfähigkeit Vor § 1577 5

Einwendung § 334; § 536a 8; § 556 49; § 1360a 9; § 1361 5; § 1581 2; § 1585a 2; § 1973 6; § 2039 20; bei Abtretung § 404 2; des Schuldners § 334; Schuldübernahme § 417; und Einreden § 1569 8

Einwendungsausschluss § 556

Einwendungsdurchgriff § 358 2; § 359; abschließende Regelung? § 359 18; arglistige Täuschung oder widerrechtliche Drohung § 359 11; Aufrechnung § 359 8; Ausnahmen § 359 12 ff.; Bagatellverträge § 359 12; Belehrung § 359 19; Identität von Darlehensgeber und Unternehmer § 359 14; Leistungsverweigerungsrecht § 359 4 ff.; Mängelhaftung bei Kauf- und Werkvertrag § 359 5; Nacherfüllung § 359 6; nachträglich vereinbarte Änderung § 359 13; Nicht- oder Schlechtleistung § 359 8; Nichtzustandekommen des anderen Ver-

Stichwortverzeichnis

trages § 359 10; Rechtsfolge § 359 17; verbundene Verträge § 358 2; Wertpapiergeschäfte und Ähnliches § 359 15

Einwendungsverzicht; Bürgschaft § 496 1; Erklärung, einseitige § 496 2; Schuldanerkenntnis § 496 1

Einwilligung § 107; § 131 6; § 182, § 183; § 1365 17 ff.; § 2046 8; Vor §§ 116 ff 8; Adoption § 1751 1; Anfechtung § 182 7; bei Adoption § 1746 2; bei der Verfügung eines Nichtberechtigten § 185 6 ff.; bei zustimmungsbedürftigen Rechtsgeschäften § 182; dingliche Belastungen § 107 10; einseitige Rechtsgeschäfte § 111; Erlöschen § 183; Ersetzung bei Adoption § 1746 4, 7 f.; Form der ~ § 182; Form der ~ § 1367 2; generelle ~ § 107 3; in ärztlichen Heileingriff § 823 207 ff.; in ärztlichen Heileingriff beim Kind § 823 208; öffentliche Lasten § 107 9; Rechtfertigungsgrund im Deliktsrecht § 823 17; rechtlich neutrale Geschäfte § 107 8; Rechtsfolgen § 1751 1; Rücknahme bei Adoption § 1750 10; schuldrechtliche Belastungen § 107 11; Schuldübernahme § 414; § 415 9; spezielle § 107 2; Terminologie § 182 1; unwiderrufliche ~ § 1750 8; Widerruf § 183; Widerruf bei Adoption § 1746 6; Zurückweisungsrecht bei einseitigen Rechtsgeschäften § 182 6

Einwilligung der Erben in Verbindlichkeiten § 2206 2

Einwirkung § 906 6 ff.; Beispiele § 906 6 ff.; Duldungspflicht § 906 11 ff.; ideelle § 903 4; negative § 903 4; ortsübliche ~ § 906 23 ff.; wesentliche ~ § 906 17 ff.

Einwirkungsnähe Vor §§ 328 bis 335 6

Einzelfallbetrachtung § 1577 12

Einzelfallentscheidung § 3 AGG 9; Ungleichbehandlung § 3 AGG 9

Einzelkaufmännisches Unternehmen § 2032 22; § 2112 7

Einzelschäden § 10 ProdHaftG 1 f.

Einzelstatut Artikel 3 EGBGB 45; Artikel 3a EGBGB 4, 7 ff.; Artikel 47 EGBGB 3

Einzeltheorie § 1365 5

Einziehung § 2040 6; § 2042 40; des Erbscheins § 2361 8

Einziehungsermächtigung § 398 22; § 535 137

Eisenbahnunfälle; Anknüpfung Artikel 40 EGBGB 18; COTIF Artikel 40 EGBGB 18

Eispende; Mutterschaft § 1591 2

Elektrizität § 2 ProdHaftG 2

Elektronische Form § 125 9; § 126 17; § 126a 1 ff.; § 620 40; § 623 1, 4; Zeugnis § 630 2

Elektronischer Geschäftsverkehr § 312e; Begriff § 312e 3 f.; individuelle Kommunikation § 312e 10; Informationspflichten § 312e 6 ff.; Irrtumsanfechtung § 312e 14; Korrekturmöglichkeiten § 312e 5; Schadensersatzansprüche § 312e 13; Speicherung § 312e 8; Widerrufsfrist § 312e 12

Elementarunterhalt § 1361 13

Elterliche Sorge; Absolutes Recht § 1626 5; Adoption § 1751 3; Adoptionsaufhebung § 1764 5; Alleinentscheidungsbefugnis § 1687 5 f.; Alltagsangelegenheiten § 1687 5 f.; Angelegenheiten von erheblicher Bedeutung § 1628; § 1687 3 f.; Aufenthaltsbestimmungsrecht § 1666 33; Auskunftsrecht § 1686; Ausübung § 1627; Ausübung der gemeinsamen Sorge bei Getrenntleben § 1687; Beendigung § 1626 7; § 1677, § 1680; bei Familienpflege § 1630; bei Getrenntleben § 1671; bei Getrenntleben und elterlicher Sorge der Mutter § 1672; bei Pflegerbestellung § 1630; Einwilligung in ärztlichen Heileingriff § 1629 3, 6; Entscheidungsbefugnis des nicht Sorgeberechtigten § 1687a; Entscheidungsbefugnisse der Pflegeperson § 1688; Entziehung § 1666 31 ff.; § 1680; Folgen des Ruhens § 1678; gerichtliche Entscheidung § 1628; Inhalt § 1626 8; Meinungsverschiedenheiten § 1627, § 1628; missbräuchliche Ausübung § 1666 5; Missbräuchliche Ausübung § 1666 6; Notvertretungsrecht § 1629 9; § 1687 12; Rechtsnatur § 1626 4; Regelung bei Auslandsbezug Artikel 21 EGBGB 3, 8; Regelungsvoraussetzungen und Möglichkeiten § 1671 1 ff.; Ruhen § 1675, § 1678; Ruhen bei rechtlichem Hindernis § 1673; Ruhen bei tatsächlichem Hindernis § 1674; Stiefelternteil § 1687b; Tod eines Elternteils § 1680; Todeserklärung eines Elternteils § 1681; unverschuldetes Versagen der Eltern § 1666 9; Verfahrensstandschaft § 1629 17 ff.; Verhalten Dritter § 1666 9; Verhinderung der Eltern § 1693; Vernachlässigung des Kindes § 1666 7 f.; Vertretung § 1629; Vertretung bei Vaterschaftsfeststellung § 1629 13; Vertretung in Unterhaltsverfahren § 1629 15; Vertretungsmacht, Umfang der § 1629 1 ff.

Eltern; Adoptionseinwilligung § 1747 1; Aufsichtspflicht als Grenze von Verkehrspflichten § 823 122; Aufsichtspflicht eigene Kinder § 832 4; Aufsichtspflicht fremde Kindero § 832 5; Verrichtungsgehilfen des Kindes § 831 10

Eltern-Kind-Verhältnis; Auslandsbezug Artikel 21 EGBGB

Elternzeit § 620 93; § 626 17

E-Mail-Verkehr; privat § 626 7

Embargo § 275 9

Embryonenschutzgesetz § 1 19; § 1591 12

Embryonenspende; Mutterschaft § 1591 3

Empfängerhorizont; und Bereicherungsausgleich § 812 105 ff.

Empfängerirrtum § 119 18

Empfängnisverhütung Vor §§ 145 ff 15; Vor §§ 328 bis 335 17

Empfängniszeit § 1600d 3

Empfangsbedürftige Willenserklärung § 130 1 ff.; § 131 2; § 133 3; Abgabe § 130 1, 6; Anwesender § 130 23 ff.; Auslegung § 133 3; Geschäftsunfähig-

keit des Erklärenden § 130 21; Kenntnisnahme § 130 8; Möglichkeit der Kenntnisnahme § 130 10; nicht verkörperte Erklärung § 130 25; Tod des Erklärenden § 130 21; Übermittlungsrisiko § 130 10; § 132 1; verkörperte Erklärung § 130 24; Versendungs- und Transportrisiko § 130 8; Widerruf § 130 20; Zugang § 130 1, 8; Zugangsstörungen § 130 26 ff.; Zustellung § 132 1
Empfangsbestätigung § 1993 3
Empfangsbote § 130 17, 27
Empfangseinrichtungen § 130 28
Empfangsermächtigung § 328 7
Empfangsvertreter § 130 16
Empfehlung § 675 42 ff.
Emptio spei § 433 12
Ende des gesetzlichen Güterstandes im Schwebezustand § 1366 3
Ende des Mietverhältnisses § 542
Endenergie § 559 12
Endgültige Haftungsbeschränkung § 1989 5
Endrenovierungsklausel § 538 10
Endvermögen § 1375 1 ff.; § 1376 5; überschuldetes ~ § 1375 10; Zugewinnausgleich § 1375 1 ff.
Energieausweis § 535 152; Haftung § 535 156; Mangel der Mietsache § 535 155; Minderungsrecht § 535 155; Modernisierungspflicht § 535 155; Pflicht zur Zugänglichmachung § 535 153; potenzieller Mieter § 535 154; Vorlagepflicht § 535 152
Energielieferungsverträge § 510 7
Enger Zusammenhang ex Artikel 29a EGBGB 4 f.
Engere Verbindung Artikel 40 EGBGB 15; Artikel 41 EGBGB 3 ff.
Engste Verbindung Artikel 3 EGBGB 5; Artikel 4 EGBGB 15, 24 f.; Artikel 5 EGBGB 3, 20, 24; Artikel 9 EGBGB 10; Artikel 10 EGBGB 10; Artikel 15 EGBGB 12; ex Artikel 28 EGBGB; ROM I Art 4 21; anwendbares Recht ex Artikel 28 EGBGB 5; berufliche Tätigkeit ex Artikel 28 EGBGB 14; charakteristische Leistung ex Artikel 28 EGBGB 2, 11 ff.; ROM I Art 4 18 f.; Einzelfragen ex Artikel 28 EGBGB 7; engere Verbindung ex Artikel 28 EGBGB 22; Ermittlung ex Artikel 28 EGBGB 6; Güterbeförderungsverträge ex Artikel 28 EGBGB 17 ff.; Immobilien ex Artikel 28 EGBGB 16; Korrekturen ex Artikel 28 EGBGB 12; Parteiinteressen ex Artikel 28 EGBGB 6; Personenbeförderungsverträge ex Artikel 28 EGBGB 17; private Tätigkeit ex Artikel 28 EGBGB 13; Prüfungsaufbau ex Artikel 28 EGBGB 4; Rahmenvertrag ex Artikel 28 EGBGB 23; Revisiblität ex Artikel 28 EGBGB 9; Sonderregelungen ex Artikel 28 EGBGB 4; Trennung ex Artikel 28 EGBGB 8; Typisierungen ROM I Art 4 7, 10 f.; Vermutungen ex Artikel 28 EGBGB 10 ff.; Vorfeldverträge ex Artikel 28 EGBGB 23
Enkelkinder § 1576 6

Entbehrlichkeit der Fristsetzung § 281 11 ff.; § 283 1; Erfüllungsverweigerung § 281 12; Fixgeschäft § 281 19; Fixhandelskauf § 281 19; Generalklausel § 281 18; Gewicht der Vertragsstörung § 281 11; Insolvenz § 281 18; Just-in-time-Vertrag § 281 19; Lebensgefahr § 281 18; Risiko § 281 18; Unmöglichkeit § 281 14; Unzumutbarkeit § 281 14; Vertragsstrafe § 281 16
Entbehrlichkeit des Zugangs der Annahmeerklärung § 152
Enteignung; IPR Artikel 43 EGBGB 21
Enterbung § 2051 2; § 2053 2; ohne Erbeinsetzung § 1938
Entfristungsklage § 620 28
Entgangener Gewinn § 249 7, 21, 113; § 252
Entgegenstehender Wille § 545 7
Entgeltforderung § 288 5
Entgeltfortzahlung § 252 13; im Krankheitsfall § 611 24, 43, 77; § 616 1
Entgeltgleichheit § 8 AGG 15
Entgeltlichkeit § 312 16 ff.; § 612 3
Entgeltpunkte § 16 VersAusglG 2
Enthaftung § 2032 27
Entlassung § 1960 42; § 1988 7
Entlassungsgeld Vor § 1577 7, 11
Entlassungsverfügung § 1960 43
Entlassungsverlangen; des Betriebsrats § 626 5
Entlastung; Gesellschaftsorgan § 397 21; Vereinsorgan § 397 21
Entlastungsbeweis § 831 16 ff.; § 832 8 ff.; dezentralisierter § 831 20
Entleiher § 611 103
Entnahmen Vor § 1577 13
Entschädigung § 15 AGG 6; bei unterlassener Mitwirkung § 642 6; des Vermieters bei verspäteter Rückgabe § 546a; Mietermehrheit § 546a 10; Rechtsverlust § 951
Entschädigungsanspruch; Beschäftigung § 15 AGG 6; Geltendmachungsfrist § 21 AGG 6; Höhe § 15 AGG 7; verschuldensabhängiger ~ § 21 AGG 4; verschuldensunabhängiger ~ § 15 AGG 6; § 21 AGG 4; Zivilrecht § 21 AGG 3
Entscheidungsbefugnis § 660 4
Entscheidungseinklang; internationaler Art Artikel 3a EGBGB 7; Artikel 4 EGBGB 2; Artikel 47 EGBGB 3
Entscheidungsfreiheit; wirtschaftliche § 823 31
Entscheidungsspielraum § 660 4
Entschuldbarer Irrtum § 280 20
Entwicklungsfehler § 823 181, 184; Vor ProdHaftG 6
Entwicklungsfunktion § 826 2
Entwicklungsleistungen § 611 15
Entwicklungsrisiken § 1 ProdHaftG 17
Entziehung § 2041 5; der Geschäftsführung § 705 22; § 710 1; § 712 1; § 729 1; der Vertretungsmacht § 712 4; § 715 1

Stichwortverzeichnis

Entziehungskur § 620 64
Entzug der elterlichen Sorge § 1666 31 ff.; Rechtsfolgen § 1666 41 ff.; Verhältnismäßigkeit § 1666 1 ff., 27 ff.; § 1666a
Entzug der Fahrerlaubnis § 626 7
Enumerationsprinzip § 1569 3
Erbauseinandersetzung § 2032 31; § 2057a 2
Erbauseinandersetzungsvereinbarungen § 2042 4, 42
Erbausgleich § 1967 6
Erbbauberechtigte § 985 3
Erbbauberechtigung § 1963 7
Erbbaurecht § 244; § 245 27; § 311b 2; § 535 1; sonstiges Recht § 823 62
Erbbauzins § 313 27; § 318 2
Erbberechtigung § 1960 1
Erbbiologische Gutachten Anhang zu ex § 1600e 38
Erbe als Mieter § 564 3
Erbeinsetzung § 2048 5; § 2087 3 ff.; § 2270 3; auf Bruchteile § 2088 1 ff.; § 2092 1 ff.; bedingte § 158 1; Enterbung ohne ~ § 1938; letztwillige Verfügung § 1937
Erben § 34 VersAusglG 4; § 658 1; § 1922; Auflage § 1940; gesetzliche ~ § 1924; § 2066 1 ff.; gesetzliche ~ dritter Ordnung § 1926; gesetzliche ~ erster Ordnung § 1924; gesetzliche ~ vierter Ordnung § 1928; gesetzliche ~ zweiter Ordnung § 1925; rechtliche Stellung § 1942; Vermächtnis § 2149; Vertrags~ § 1941
Erbenaufgebot § 1965 3
Erbenermittler § 1960 27
Erbenermittlung § 1965 1
Erbenfeststellungsklage § 2032 42
Erbengemeinschaft § 1960 29; § 1976 3; § 2032 1, 5; Nacherben § 2100 32; Vorerben § 2100 31
Erbenhaftung § 1967 16; § 1981 11; § 1989 1, 4
Erbenschulden § 1967 13
Erbensucherfälle § 241a 10
Erbersatzanspruch § 1967 9; § 1972 1; § 1991 11; § 2014 4; § 2049 2; § 2052 2
Erbersatzanspruchsberechtigte § 1994 6
Erbeserbe § 1998 2; § 2034 5
Erbeserbengemeinschaft § 2032 3
Erbfähigkeit § 1923; § 2043 4
Erbfall § 1922
Erbfallschuld § 1960 38; § 1967 9
Erbfolge § 1922; Ausschluss des Ehegattenerbrechts § 1933; Ehegatten § 1931; fernere Ordnungen § 1929; gesetzliche ~ § 1924; gesetzliches Erbrecht des Fiskus § 1936; Nachweis § 2353 1, 5 ff.; Rangfolge der Ordnungen § 1930; verwandte Ehegatten § 1934; Voraus des Ehegatten § 1932
Erblasser- und Erbfallschulden § 1958 4
Erblasserschulden § 1967 1, 5 ff., 17; § 1992 7
Erblasserwille § 2051 6; § 2052 3

Erbquoten § 2047 3
Erbrecht § 1922; Reform Vor §§ 2303 ff 3
Erbrechtliche Lösung § 1371 8 ff.
Erbrechtsgleichstellungsgesetz § 1963 2
Erbschaft § 1922; Anfall § 1942; Anfechtung § 1954; Anfechtung der Fristversäumung § 1956; Anfechtungsfrist bei Annahme § 1954; Anfechtungsfrist bei Ausschlagung § 1954; Annahme § 1943; Annahmezeitpunkt § 1946; Ausschlagung § 1942; Ausschlagung der ~ § 1367 1; Ausschlagungsfrist § 1944; Ausschlagungszeitpunkt § 1946; Bedingung für Annahme oder Ausschlagung § 1947; Form der Anfechtung § 1955; Form der Ausschlagung § 1945; Schenkung § 2385 4; Teilannahme § 1950; Teilausschlagung § 1950; Vererblichkeit des Ausschlagungsrechts § 1952; Verfrühungsvorteil § 249 82; Vorteilsausgleichung § 249 82; Wirkung der Anfechtung § 1957; Wirkung der Ausschlagung § 1953; Zeitbestimmung für Annahme oder Ausschlagung § 1947
Erbschaftsanfechtung § 1954; der Fristversäumung § 1956; Form § 1955; Wirkung § 1957
Erbschaftsannahme § 1958 1, 12; § 1960 1; § 1978 6; § 1994 5, 9; § 2017 2; § 2033 24
Erbschaftsanspruch § 2031 5; § 2039 5
Erbschaftsbesitzer § 1959 3; § 2004 1; § 2009 2; § 2018 5
Erbschaftskauf § 1975 14; § 2371; ähnliche Verträge § 2385 1 f.; Anzeigepflicht § 2384 1; dem Käufer verbleibende Teile § 2373 1; dem Käufer zustehende Vorteile § 2372 1; Einkommensteuer Vor §§ 2371 ff 8; Erbschaftsteuer Vor §§ 2371 ff 6; erloschene Rechtsverhältnisse § 2377 1; Ersatzpflicht des Verkäufers § 2375 1; Form § 2371 2 f.; Funktion Vor §§ 2371 ff 1; Gegenstand Vor §§ 2371 ff 3; Genehmigungspflicht Vor §§ 2371 ff 5; Grundstückteuer Vor §§ 2371 ff 7; Haftung des Käufers ggü Nachlassgläubigern § 2382 1; Haftung des Verkäufers § 2376 1 f.; Herausgabepflicht § 2374 1 ff.; Nachlassverbindlichkeiten § 2378 1 f.; Nutzungen und Lasten § 2379 1 f.; § 2380 1; Rechtsnatur Vor §§ 2371 ff 2; Schenkungen § 2385 4; Umfang der Käuferhaftung § 2382 1 ff.; Verwendungs- und Aufwendungsersatz § 2381 1 f.
Erbschaftskäufer § 1960 40; § 1970 8; § 1981 6; § 2009 2; § 2018 3; § 2036 1
Erbschaftsklage § 2018 23, 27
Erbschaftsteuer § 1960 34; § 1967 9; § 1976 9; § 1986 2; § 2048 28; § 2058 5; § 2100 26; § 2269 11
Erbschaftsteuererklärung Vor §§ 2197 ff 7
Erbschaftsteuerlast § 2058 5
Erbschaftsvertrag § 311b 28
Erbschein § 1960 6, 29, 44; § 1961 6; § 1964 4; § 1981 4; § 2018 20; § 2033 23; § 2074 1; § 2075 10; § 2139 6; § 2353, § 2354, § 2355 1; Alternativen § 2353 6; Amtsermittlung § 2358 2 ff.; Anhörung § 2353 18 f.; Antrag

§ 2353 11; Antragsberechtigte § 2353 13 ff.; Antragsinhalt § 2353 12; Antragszurückweisung § 2353 28; Auskunftsanspruch des wirklichen Erben § 2362 2; ausländisches Erbrecht § 2369 3; Ausländisches Recht § 2353 21; Aussetzung § 2353 23; Beschwerde § 2353 31; Beschwerdebefugnis § 2353 34 ff.; Beteiligte § 2353 20; Beweiserhebung § 2358 6 ff.; Beweismittel § 2356 3 ff.; Bindung der Finanzbehörden § 2359 4; Bindung des Grundbuchamts § 2353 7; § 2368 9; Bindung des Nachlassgerichts § 2359 2; Bindung des Prozessgerichts § 2359 3; eidesstattliche Versicherung § 2356 5 f.; einstweiliger Rechtsschutz § 2361 10; Einziehung § 2361; § 2364 2; Einziehungsverfahren § 2361 6 ff.; Erbscheinserteilung § 2353 27; Ermittlungspflicht des Nachlassgerichts § 2358 3 f.; Eröffnung einer Verfügung von Todes wegen § 2356 4; Erteilungsvoraussetzungen § 2359 1; Feststellung des Erbrechts § 2359 1; Feststellungsbeschluss § 2353 25; Feststellungslast § 2358 9; Formen § 2353 5; Fremdenrechtserbschein § 2369 2; Fremdenrechtszeugnis § 2368 6; Funktion § 2353 1; gegenständlich beschränkter ~ § 2369 1 f.; gemeinschaftlicher ~ § 2357 2; gesetzliche Fälle § 2353 7; Gleichlauftheorie § 2369 1; Herausgabe- und Auskunftsanspruch des Nacherben § 2363 10; Herausgabe- und Auskunftsanspruch des Testamentsvollstreckers § 2364 3; Herausgabeanspruch des wirklichen Erben § 2362 1; Hinweispflicht § 2358 5; Inhalt § 2353 2 f.; inländische Nachlassgegenstände § 2369 4; Korrektur § 2353 29; § 2361 5; Kosten § 2353 30; Kraftloserklärung § 2361 1, 9; Leistungen an Erbscheinserben § 2367 2 f.; Nacherbe § 2363 9; Nachlassspaltung § 2369 6; Nachweis durch öffentliche Urkunden § 2356 3; notwendige Angaben § 2354 1 f.; § 2355 1; öffentliche Aufforderung § 2358 10; öffentlicher Glaube § 2366 2 ff.; § 2368 8; § 2370 1; Richtigkeitsnachweis § 2356 2; Richtigkeitsvermutung § 2365 2 f.; § 2368 7; Testamentsvollstrecker § 2364 1; Testamentsvollstreckerzeugnis § 2368 1, 4; Todeserklärung § 2370 1; Unrichtigkeit § 2361 2 ff.; Verfahren § 2353 17; Vorbescheid § 2353 24; Vorerbe § 2363 1 ff.; Wirkung § 2353 4; zuständiges Gericht § 2353 10; Zwischenverfügung § 2353 22

Erbscheinskosten § 2021 5
Erbscheinsverfahren § 1964 9; § 2025 2
Erbstatut § 1970 16; § 1975 10
Erbteil § 1922; § 2055 10; Erhöhung § 1935; Folgen der ~serhöhung § 1935; gemeinschaftlicher ~ § 2093 1; mehrere ~e § 1951; mehrere ~e bei mehrfacher Verwandtschaft § 1927
Erbteilserhöhung § 2007 5; § 2055 10
Erbteilserwerber § 2018 3; § 2038 18; § 2040 8; § 2042 7; § 2050 4; § 2055 5; § 2057a 8 f.; § 2060 3
Erbteilskauf § 2033 15; § 2035 1
Erbteilskäufer § 2033 21

Erbteilspflegschaft § 1961 2
Erbteilsübertragung § 2033 20; § 2034 35; § 2042 44
Erbteilsverkauf § 2042 16
Erbteilungsklage § 2042 30
Erbteilungsverfahren § 2033 16
Erbunwürdigkeit § 1371 17; § 1960 5; § 2051 2; § 2339, § 2340, § 2341; Anfechtungsberechtigte § 2341 1; Anfechtungsklage § 2342 1; Geltendmachung § 2339 2; § 2340 1; § 2342 1; § 2345 1; Gründe § 2339 3 ff.; Pflichtteilsunwürdigkeit § 2345 2; Vermächtnisunwürdigkeit § 2345 1 f.; Verzeihung § 2343 1; Wirkung § 2344 1 f.
Erbunwürdigkeitserklärung § 2018 13
Erbvertrag § 1941; § 2050 23; § 2069 3 f.; § 2274, § 2275, § 2276; Abschluss § 2274 1 f.; amtliche Verwahrung § 2300 1 f.; Änderungsvorbehalt § 2289 6 ff.; Anfechtung durch den Erblasser § 2281, § 2282; § 2283 1; Anfechtung durch Dritte § 2285 1; Anfechtungsgründe § 2281 2; Anwendung von § 2069 § 2280 1; Anwendung von § 2077 § 2279 2 f.; Anwendung von § 2338 § 2289 12; Aufhebung der Gegenverpflichtung § 2295 2 f.; Aufhebung durch gemeinschaftliches Testament § 2292 1 f.; Aufhebung durch Testament § 2291 1, 3; Aufhebung durch Vertrag § 2290 1 ff.; Auslegung Vor §§ 2274 ff 9; Ausschlagung des durch Vertrag Zugewendeten § 2298 6; beeinträchtigende Schenkungen § 2287 4 f.; Beeinträchtigung des Vermächtnisnehmers § 2288 4; Beeinträchtigung des Vertragserben § 2285, § 2287; Beeinträchtigungsabsicht § 2287 8 f.; § 2288 5; Begriff Vor §§ 2274 ff 1 f.; Beseitigung Vor §§ 2274 ff 4; Bestätigung § 2284 1 f.; Beurkundungsverfahren § 2276 2; Eigeninteresse bei Schenkungen § 2287 8 f.; Einheitslösung § 2280 1; einseitige Verfügungen § 2275 5; § 2278 2; § 2299 1; Vor § 2274 ff 1; Eröffnung § 2300 3; familienrechtliche Akte § 2286 2; Vor § 2274 ff 7; Form § 2276 2 f.; Form des Rücktritts § 2296 2; gegenseitige Verfügungen von Ehegatten § 2276 3; § 2280 1 f.; gegenseitiger Erbvertrag § 2298 1; Vor §§ 2274 ff 2; Geschäftsfähigkeit § 2275 1 f.; gesetzlicher Vorbehalt § 2289 12; Herausgabe eines Geschenks § 2287 10; keine Vertretung bei Rücktritt § 2296 1; nichtige vertragsmäßige Verfügungen § 2298 2; Nichtigkeit Vor §§ 2274 ff 8; Rechtsnatur Vor §§ 2274 ff 1; Rücknahme aus der Verwahrung § 2300 4; Rücktritt bei Aufhebung der Gegenverpflichtung § 2295 2 f.; Rücktritt bei Verfehlungen des Bedachten § 2294 2; Rücktritt bei Vorbehalt § 2293 2 ff.; Rücktritt durch Testament § 2293 2 ff.; Rücktritt vom gegenseitigen ~ § 2298 4 ff.; § 2299 3; Rücktrittsvorbehalt § 2293 3; Schenkungen § 2287 5 f.; Steuer Vor §§ 2274 ff 11; Übergehen eines Pflichtteilsberechtigten § 2281 3; Umdeutung Vor §§ 2274 ff 10; Verbindung § 2276 3; Verfehlungen des Bedachten § 2294 2; Verfügung unter Leben-

den § 2286 1 ff.; Vor §§ 2274 ff 7; Verfügungen zugunsten Dritter § 2279 2 f.; Vor §§ 2274 ff 3; Verkündung § 2300 3; vertragsmäßige Auflagen § 2278 1; § 2279 1; vertragsmäßige Verfügungen § 2278 1; Vor §§ 2274 ff 1; vertragsmäßige Zuwendungen § 2278 1; § 2279 1; Wirkung § 2289 3 ff.; wirtschaftliche Bedeutung Vor §§ 2274 ff 7

Erbverzicht § 275 11; § 1371 18; § 2051 2; § 2346, § 2347, § 2348; Abfindung § 2346 12 ff.; § 2352 5; Anfechtung § 2346 15; Aufhebung § 2351 1 f.; Auslegung § 2348 2; Beschränkungsmöglichkeit § 2346 6 ff.; Erstreckung auf Abkömmlinge § 2349 1 f.; Form § 2348 1; Gegenstand § 2346 6 ff.; Kausalgeschäft § 2346 12 ff.; persönliche Anforderungen an den Erblasser § 2347 3; persönliche Anforderungen an den Verzichtenden § 2347 2; persönliche Voraussetzungen § 2346 3; Rechtsnatur § 2346 2; relativer Erbverzicht § 2350 2; Steuer § 2346 16; Vertragspartner § 2346 4 f.; Verzicht auf Zuwendungen § 2352 3, 5; Verzicht zugunsten eines anderen § 2350 2 f.; Wirkung § 2346 9 ff.

Ereignis § 2109 6 ff.

Erfassungsmängel § 556a 31

Erfinderrechte § 661 16

Erfolg; der Tätigkeit § 611 5, 18; Gegenstände der Pflicht § 241 11

Erfolgshonorar ex Artikel 29 EGBGB 22; ex Artikel 34 EGBGB 6

Erfolgsort § 269 2; Abgrenzung zum Schadensort Artikel 40 EGBGB 11; allgemein ROM II Art 1 7; Allgemein ROM II Art 4 4; bei Streudelikten Artikel 40 EGBGB 11; Distanzdelikte ROM II Art 4 4 f.; ROM II Art 8 5; Internetdelikte ROM II Art 4 19; Mosaikbetrachtung Artikel 40 EGBGB 11, 19, 23 f.; ROM II Art 4 6; ROM II Art 6 4, 8; ROM II Art 8 4 f.; Produkthaftung § 4 ProdHaftG 4; Schadenseintritt ROM II Art 4 1, 4; Streudelikte ROM II Art 4 6 f., 19; ROM II Art 6 4, 8; ROM II Art 8 4; Umweltschäden ROM II Art 7 3; Unfälle ROM II Art 4 14; Vermögensschäden ROM II Art 4 7, 20; Verschulden bei Vertragsschluss ROM II Art 12 2

Erfolgspflicht § 280 24

Erfolgsunrecht § 276 4; § 823 10 f., 18

Erforderlichkeit von Aufwendungen § 249 32

Erfüllbarkeit § 271 1

Erfüllung § 241 12; § 311b 15; § 313 18; § 660 8; § 1959 7; Vor §§ 249 bis 255 13; Vor §§ 275 ff 9; Abtretung § 364 12; Akzeptantenwechselverfahren § 364 16; Annahme erfüllungshalber § 364 5; Anrechnung der Leistung auf mehrere Forderungen § 366 1 ff.; Gesamtgläubigerschaft § 429 4; Gesamtschuld § 422 2; Hinterlegung § 378 5; Kosten § 367 1, 5; Kreditkarte § 364 17; Lastschrift § 364 13; nicht gehörige § 341; POS-Verfahren § 364 18; POZ-Verfahren § 364 18; Quittung § 368 1 ff.; Scheck § 364 15; Teilleistung § 367 7; Tilgungsbestimmung § 366 12 ff.; Tilgungsreihenfolge § 366 21 ff.; Tilgungsverrechnung § 367 5; Verbraucherdarlehen § 367 1; Wechsel § 364 16; Zinsen § 367 1, 5

Erfüllungsanspruch § 241 3, 22 ff.; § 275 1 f.; § 283 2; § 286 1; § 658 2; Vor §§ 275 ff 2 f., 10; Erlöschen § 281 23; Fristsetzungserfordernis Vor §§ 275 ff 10; frustrierte Aufwendungen § 284 4; Leistungspflicht § 275 2; primärer Rechtsbehelf § 275 1; Schadensersatz § 280 6; § 281 1; Schutzpflichten § 241 24; sonstige Ausschlüsse § 275 32; Terminologie § 275 2; Trennung von der Pflicht § 241 23; Verhältnis zum Schadensersatzanspruch § 280 40; Vorrang Vor §§ 275 ff 9

Erfüllungsgehilfe § 15 AGG 2; § 278 1 ff.; § 2038 17; Abweichung von Weisungen § 278 23; Amtsträger § 278 17; Anwendungsbereich § 278 10; Arbeitnehmer § 278 19, 21; Arbeitskampf § 278 15; Begriff § 278 12; Begründung von Pflichten § 278 8; bei Gelegenheit § 278 23; Freizeichnen § 278 11; Haftungsausschluss durch AGB § 307 28; § 309 39 ff.; Haftungsentlastung durch Delegation § 278 1, 20; Haftungserleichterungen § 278 7; Haftungsverschärfungen § 278 7; im Werkvertragsrecht § 631 20 f.; Jobcenter § 278 17; Kardinalpflichten § 278 11; Leistungsvorbereitung § 278 18; Leutehaftung § 278 19; Lieferanten des Werkunternehmers § 278 20; Mobbing § 278 24; Notar § 278 21; Organe § 278 10; Pauschalreisevertrag § 278 16; Pflichtenkreis § 278 12; rechtmäßiger Streik § 278 15; rechtswidriger Streik § 278 15; Schuldverhältnis § 278 13; Schutzpflichten § 278 5; Sozialamt § 278 17; Stellvertreter § 164 77; Substitution § 278 12; Subunternehmer § 278 21; übertragene Aufgaben § 278 23; Überweisung § 278 16; unabhängiger Dritter § 278 21; Untätigkeit § 278 13; Verhandlungsführer und -gehilfe § 164 23; Vermittlung § 164 23; § 278 16; Verschulden § 278 16; Verschuldensfähigkeit § 278 7; Vorbereitungsverhandlungen § 278 18; Zulieferer eines Verkäufers § 278 20

Erfüllungsinteresse § 249 20; § 280 45

Erfüllungsort; Geldschuld § 244; § 245 13 f.

Erfüllungssurrogate § 267 8

Erfüllungsübernahme § 328 13; § 329, § 414; § 415 18

Erfüllungsverweigerung § 280 17; § 281 12; § 283 4; § 286 19; Unmöglichkeit § 281 14; Unzumutbarkeit § 281 14

Erfüllungswirkung § 267 7

Ergänzende Auslegung § 2084 13 ff.; AGB § 305c 20 ff.

Ergänzende Vertragsauslegung § 133 5, 25; § 138 6; § 139 20; § 140 2, 11; § 242 26; § 276 39; bei AGB § 305c 20 ff.; § 309 84; Vor §§ 305 ff 4; hypothetischer Parteiwille § 133 27; Lückenfüllung § 133 27; Regelungslücke § 133 26

Ergänzung; der AGB § 305 9, 12

Ergänzungsansprüche § 1991 11; § 2046 5
Ergänzungspfleger; Blutentnahme Anhang zu ex § 1600e 53; Feststellungsklage § 1600d 12
Ergänzungspflegschaft § 1909 1 ff.; § 1919 1
Ergänzungsvorbehalt des Erblassers § 2086 1
Ergebnis schwebender Geschäfte § 740 1
Erhaltung § 2038 9; des Inventars § 582; des Nachlasses § 1978 6
Erhaltungsaufwendungen § 2038 13
Erhaltungskosten; andere ~ § 2124, § 2125; § 2126 7 ff.; gewöhnliche ~ § 2126 1 ff., 5 f.; § 2136 5; § 2145 5
Erhaltungsmaßnahme § 2038 11
Erhaltungspflicht des Beschwerten § 2179 2
Erhaltungsrecht § 744 4
Erhebliche Beeinträchtigung; betrieblicher Interessen § 620 55 ff.
Erhebliche Geldleistungen § 2057a 14
Erhöhung; der Bruchteile § 2089 1 ff.; der Vorauszahlungen § 560 15 ff.
Erhöhungsgrundsätze § 2035 3
Erinnerung § 1365 13
Erklärungsbewusstsein § 119 21; § 133 24
Erklärungsbote § 130 18
Erklärungshaftung § 311 42
Erklärungsirrtum § 119 22; § 2078 1; § 2079 2
Erkrankung § 617 1; § 626 7; § 1572 7; lang anhaltende ~ § 620 60
Erlass § 275 32; § 2046 3; Gesamtgläubigerschaft § 429 4; Gesamtschuld § 423
Erlassfalle § 133 41; § 148 2; § 151 8; § 397 15
Erlassvermächtnis § 2173 2; § 2180 3; Vor § 2147 ff 2
Erlassvertrag § 257 3; § 397 1 ff.; § 619 1; Abgrenzung § 397 5; Aufhebung dinglichen Rechts § 397 6; Beteiligte § 397 9; Beweislast § 397 4; Bürgschaft § 397 14; Deutlichkeitserfordernis § 397 12; Eigentumsvorbehalt § 397 6; Erlassfalle § 397 15; Pactum de non petendo § 397 7; prozessualer Verzicht § 397 8; Rechtsnatur § 397 2; Teilklage, verdeckte § 397 13; Verzicht § 397 16; Verzicht, prozessualer § 397 8; Zustandekommen § 397 10
Erlaubnis; des Vermieters für Untervermietung § 540 9; zur Gebrauchsüberlassung § 540 8
Erlöschen des Vermieterpfandrechts § 562a
Erlöschen von Ansprüchen § 13 ProdHaftG 1 f.
Erlöschen von Grundstücksrechten § 901
Ermächtigung § 185 13 ff.; Abgrenzung zur Stellvertretung § 164 4; Ausübungsermächtigung § 185 14; Einziehungsermächtigung § 185 15; Empfangsermächtigung § 185 5; Erwerbsermächtigung § 185 16; Gesamtvertreterermächtigung § 164 65; Minderjährige § 112; § 113 2; Verfügungsermächtigung § 164 4; § 185 6; Verpflichtungsermächtigung § 185 17

Ermessen § 1965 8; des Gerichts § 1965 5; unternehmerisches ~ § 705 26; § 709 10
Ermittlung der Quote § 538 20
Ermittlung fremden Rechts Artikel 3 EGBGB 52 ff.
Erneuerungsschein § 801 1; § 803 5; § 805 1 f.
Erneute Verlängerung des einmal verlängerten Mietverhältnisses § 574c 2
Ernte § 998 3
Eröffnung des Insolvenzverfahrens § 1980 8; § 1988 1; § 2015 3
Eröffnung des Nachlassinsolvenzverfahrens § 1960 27, 44; § 1975 15; § 1977 3, 9; § 1978 7
Eröffnungsantrag § 1991 2
Eröffnungsgrund § 1975 12; § 1980 5; § 2058 16
Eröffnungsverbot § 2263 1 f.
Erprobung § 620 23
Ersatz § 1978 9; Aufwendungen § 658 3; von Mehraufwendungen § 293 5
Ersatz neu für alt § 249 93 f.; aufgedrängter Vermögenszuwachs § 249 96; Werterhöhung § 249 94
Ersatzansprüche § 1960 38; § 1973 10; § 1977 4; § 1978 4, 6; § 1979 9; § 1980 12; § 1982 2; § 1985 15, 28; § 1990 7; § 1991 5; § 2022 14; § 2023 1; des Mieters § 548 6; des Vermieters § 548 5; Höhe § 539 7; Verjährung § 548
Ersatzansprüche nach Anfechtung; Scheinvater gegen Erzeuger § 1599 6; Scheinvater gegen geschiedene Ehefrau § 1599 14; Scheinvater gegen Kind § 1599 5; Scheinvater gegen Sozialstaat § 1599 13
Ersatzberechtigte § 1973 4; § 1980 8
Ersatzbeschaffung § 249 8 f.
Ersatzbeschaffungskosten § 249 11
Ersatzerbe § 1960 48; § 2032 9; § 2051 6; § 2053 3; § 2096 1 ff.; § 2097 1; § 2098 1 ff.; § 2100 20; § 2102 1 ff.
Ersatzerbenstellung § 1963 4
Ersatzerbschaft § 1961 7
Ersatzforderung § 1990 12; § 2039 6
Ersatzgegenstände im Nachlass § 2205 1
Ersatzgut § 2019 5
Ersatzhaftung § 1584 1, 4 f.
Ersatzlieferung § 263 4; beim Stückkauf § 263 4; Kaufsache § 439 25 ff.; § 440 14
Ersatzmieter § 535 75; § 537 8 ff.
Ersatzmieterklausel § 537 10
Ersatzmutter; Mutterschaft § 1591 4
Ersatzmuttervermittlung § 1591 11
Ersatznacherbe § 2100 28; § 2108 6; § 2120 7; § 2121 2; § 2127 1; § 2142 5
Ersatzpflicht § 1968 4; § 1979 11; § 1980 11; § 2054 5; bei vorzeitigem Pachtende § 596a
Ersatzraumbeschaffungspflicht § 574 8

Ersatzrecht Artikel 3 EGBGB 56
Ersatzteile; bei Kauf § 437 64
Ersatzverlangen § 1360b 3
Ersatzvermächtnis § 2158 1; § 2180 3; § 2190 1; § 2191 2 f.
Ersatzvorerbe § 2106 5
Ersatzvornahme § 280 32
Ersatzwagen § 249 11 ff.
Erschließungsbeiträge; Kaufvertrag § 436 7
Erschöpfung § 1991 10
Erschöpfungseinrede § 1973 2, 7; § 1990 2; § 2013 4
Erschwerniszulage Vor § 1577 7
Ersetzung der Einwilligung in die Einbenennung § 1618; befristete Beschwerde § 1618 22; Erforderlichkeit § 1618 23 ff.; Gegenstandswert § 1618 21; persönliche Anhörung § 1618 16; Prozesskostenhilfe § 1618 20; Rechtsprechung § 1618 27; Verfahrenspfleger § 1618 19; Zuständigkeit § 1618 15
Ersetzung der Zustimmung § 1365 19 ff.
Ersetzungsbefugnis § 244; § 245 14; § 262 7
Ersetzungsgrundsatz § 2025 1
Ersetzungsverfahren § 1365 24
Ersitzung § 1006 2; § 2026 1; bewegliche Sachen, Eigentumserwerb § 937, § 938, § 939, § 940, § 941, § 942, § 943, § 944, § 945; Erbschaftsbesitzer § 944 1; Erlöschen von Drittrechten § 945 1; Hemmung § 939 1 f.; IPR Artikel 43 EGBGB 19; Kondiktionsfestigkeit § 937 8; praktische Bedeutung § 937 1; Rechtsnachfolge § 943 1; und Bereicherungshaftung § 937 8; Unterbrechung § 940 1; § 941 1; § 942 1; Vermutung des Eigenbesitzes § 938 1; Voraussetzungen § 937 3 ff.; Wirkungen § 937 7
Ersitzungseinrede § 2029 1
Ersitzungszeit § 2026 2; § 2030 9
Ersparnis von Aufwendungen; Vorteilsausgleichung § 249 87
Ersparte Aufwendungen § 537 6
Ersparte Kosten § 615 16
Erstattung; Aufwendungen § 618 4
Erstattungsanspruch § 1577 4; § 1959 5; § 1978 12; § 2040 12; § 2058 7; § 2061 8
Erstfrage Artikel 3 EGBGB 46
Erteilung der Untervermieterlaubnis § 540 11
Erträge des Nachlasses § 2209, § 2210, § 2211, § 2212, § 2213, § 2214, § 2215, § 2216; § 2217 2
Ertragswert § 1376 8, 31; § 2049 2, 4
Erwartung; enttäuschte ~ § 2078; § 2079 3 ff.
Erwerb; anstößiger ~ § 252 19; Bestandteile § 953, § 954, § 955; Erzeugnisse § 953, § 954, § 955
Erwerberhaftung § 2030 4
Erwerbsfähigkeit § 843; § 1581 10; Minderung § 843 8
Erwerbsgeschäft; Minderjährige § 112 3
Erwerbsobliegenheit § 1573 6

Erwerbsrechte § 903 20
Erwerbstätigkeit § 2 AGG 4; § 1577 6
Erwerbsunfähigkeitsrente Vor § 1577 18
Erwerbsverbot § 888 12
Erwerbsvorgang; gleitender § 1374 16
Erzeugnisse § 953, § 954, § 955, § 956, § 957; Gestattung § 956 2; Gutgläubigkeit § 955
Erzieherin § 1969 2
Erziehungseignung; Erziehungsstil § 1671 31
Erziehungsgeld Vor § 1577 18
Erziehungsgrundsätze § 1626 11
Essensgeldzuschuss Vor § 1577 7
Essensmarke § 807 4
Ethik Codes § 12 AGG 2
Ethnische Herkunft § 1 AGG 3; § 3 AGG; § 8 AGG 13; § 11 AGG 3; § 19 AGG 8
EuGVO ex Artikel 27 EGBGB 19; ex Artikel 28 EGBGB 14; ROM I Art 3 17; ROM I Art 10 11; ROM I Art 12 23
Euro; Gemeinschaftsrecht § 244; § 245 5; gesetzliches Zahlungsmittel § 244; § 245 6; Kollisionsnorm § 244; § 245 7; Umrechnung § 244; § 245 6; Umrechnungskurs § 244; § 245 5 f.; Vertragskontinuität § 244; § 245 7; währungsrechtliche Basis § 244; § 245 5; Wegfall der Geschäftsgrundlage § 244; § 245 7
Europäische Privatrechtsentwicklung Einl 28 ff.
Europäische Union; Primärrecht § 611 37; Sekundärrecht § 611 37
Europarecht ex Artikel 29 EGBGB 10; ex Artikel 34 EGBGB 5, 16; Vor IntSchVR 11 f.; Anwendung Einl 33; Auslegung Einl 35 f.; Vor IntSchVR 12 ff.; europäisches Einheitsrecht Einl 34; europäisches Vertragsrecht Einl 34; gemeinsamer Referenzrahmen Einl 34; Vor IntSchVR 13; Grundfreiheiten Einl 30; primäres Gemeinschaftsrecht Einl 29; Rechtsprechung Einl 32; Rechtsquellen Einl 28; Richtlinien Einl 31; Rom I-VO Vor IntSchVR 11 f.; Verordnungen Einl 29; Vor IntSchVR 11 f.; Vertragsrecht, anwendbares Recht Vor IntSchVR 11 f.
Europarechtswidrigkeit § 2 AGG 14
Eventualanfechtung § 143 2
EVÜ ex Artikel 27 EGBGB 1, 10 f., 14, 16 f.; ex Artikel 28 EGBGB 1, 11 ff., 22; ex Artikel 32 EGBGB 2; ROM I Art 3 7, 12, 14 f.; ROM I Art 10 1 f.; Unterschiede zur Rom I-VO Vor IntSchVR 11
EWIV § 2205 13
EWR-Vertrag; Produkthaftung § 4 ProdHaftG 4
Exceptio doli § 245 28
Existenzgründer ex Artikel 29 EGBGB 3; Vor § 312 ff 3; Begriff § 512 2; betragsmäßige Obergrenze § 512 5; Beweislast § 512 1, 3; Ratenlieferungsverträge § 510 3
Existenzgründung; wiederholte ~ § 512 3
Existenzgründungsphase § 512 2
Existenzminimum § 1581 24

Stichwortverzeichnis

Existenzvernichtender Eingriff § 826 11, 38 f.
Existenzvernichtungshaftung; Verjährung § 826 38
Exklusivnormen Artikel 3 EGBGB 32; Artikel 5 EGBGB 10; Artikel 10 EGBGB 5, 8; ROM I Art 10 6
Expertenhaftung § 311 66; Vor §§ 328 bis 335 24
externe Teilung § 9 VersAusglG 1; § 14 VersAusglG 1; Verrechnung § 14 VersAusglG 7; Vollzug § 14 VersAusglG 6; Voraussetzungen § 14 VersAusglG 2
Exterritorialität Artikel 3 EGBGB 42

Fachkenntnisse § 1987 4
Factoring § 134 56; § 398 24; § 506 4; Eigentumsvorbehalt § 449 24
Facultas alternativa § 257 5
Fahrlässigkeit § 275 25; § 276 9 ff., 13; § 287 1; erforderliche Sorgfalt § 276 9; grobe ~ § 15 AGG 11; gruppentypische Maßstäbe § 276 13; höhere Fähigkeiten § 276 13; Mindeststandard § 276 13; objektiviert § 276 10; Übernahmeverschulden § 276 10; übliche Sorgfalt § 276 9; unberechtigte Rechtsausübung § 276 12
Fahrschein § 807 4; § 808 2
Fahrtkostenaufwand; berufsbedingter ~ Vor § 1577 49
Fälligkeit § 271 1; § 286 1; § 323 4 ff.; § 547 5; Bedingung § 158 10; der Kaution § 551 13; der Miete § 556b; der Pacht § 587; Kaufpreis § 433 41 ff.; Miete § 579; Testamentsvollstreckervergütung § 2221 5; Vermächtnisanspruch § 2176 1; § 2181 1
Falsa demonstratio § 120 5; § 133 3, 21; § 140 2; § 155 3; § 311b 13 f.; § 2084 9, 21
Falschberatung § 280 61
Falsche Übermittlung § 120 1 ff.
Familien-/Erbrecht; Anknüpfung ROM II Art 1 3
Familiengericht § 1360b 5
Familiengerichtliche Genehmigung § 2042 20
Familienrechte § 823 71 ff.; elterliches Sorgerecht § 823 72; Schutz der Ehe § 823 73 ff.
Familienzugehörigkeit § 2028 2
Favor testamenti § 2247 1, 23
Fehlerhafte Gesellschaft § 705 17; § 723 7
Fehleridentität § 123 41; § 134 22; § 142 4; Vor §§ 116 ff 13
Fehlgebrauch; Produkthaftung § 3 ProdHaftG 5; § 6 ProdHaftG 2
Fehlschlagen; der Nacherfüllung § 636 8
Fehlverhalten; des Gläubigers § 280 21; im persönlichen Bereich § 1381 12
Feiertagsvergütung § 611 74
Ferienwohnung § 1361b 5
Fernabsatz; Audio-, Videoaufzeichnungen oder Software § 312d 9; Ausschließlichkeit § 312b 7 ff.; Ausschluss des Widerrufs- oder Rückgaberechts § 312d 6 ff.; Automatenverträge § 312b 17; Beförderung § 312b 16; Begriff § 312b 3; culpa in contrahendo § 312c 11 ff.; Fernkommunikationsmittel § 312b 6; Fernunterrichtsverträge § 312b 11; Finanzdienstleistung § 312b 4; § 312c 7; Freizeitgestaltung § 312b 16; Fristbeginn für Widerruf § 312c 10; Fristen § 312c 13; Gastronomie § 312b 16; Gegenstände des täglichen Bedarfs § 312b 15; Grundstücke und Grundstücksrechte § 312b 14; haftungsbegründende Kausalität § 312c 14; Heizöl § 312d 8; IPR ex Artikel 29 EGBGB 16; ex Artikel 29a EGBGB 4; Mehrheit von Vereinbarungen § 312b 18 f.; Mitteilungspflicht § 312c 5 f.; Notebook § 312d 7; persönlicher Kontakt § 312b 8, 10; Rückgaberecht § 312d 2 ff.; Schadensersatzanspruch § 312c 12; Teilzeitnutzung von Wohngebäuden § 312b 12; Unterbringung § 312b 16; Versicherung § 312b 13; Versteigerungen § 312d 12; Vertriebs- oder Dienstleistungssystem § 312b 9 f.; Wertersatzpflicht § 312d 5; Wertpapiere § 312d 13; Wett- und Lotteriedienstleistungen § 312b 11; Widerrufsrecht § 312b 2 ff.; Zeitungen, Zeitschriften oder Illustrierte § 312d 10
FernabsatzFinDinRL § 241a 2, 12 f.
Fernabsatzgeschäfte § 508 4 ff.
Fernabsatz-Richtlinie § 241a 2, 12 f.
Fernabsatzverträge § 312b
Fernbleiben; unentschuldigtes ~ § 626 7
Fernsehgerät § 1361a 6
Fernsehmitarbeiter § 611 23
Fernunterricht ex Artikel 34 EGBGB 13
Fertighaus § 311b 6; § 312b 14
Festkredit § 488 10; § 491a 9; § 492 6 f.; § 498 1
Festofferte § 158 7; Vor §§ 145 ff 36
Festsetzung; Vergütung § 1962 7; Zwangsgeld § 1960 46; Zwangsmittel § 1962 8; § 2027 13
Festsetzungsbeschluss § 1987 1, 3
Festsetzungsverfahren § 1960 39
Feststellung; Ausgleichspflicht § 2050 27; Zustand der Nachlassgegenstände § 2100 8; § 2122 1 ff.; § 2136 4
Feststellungsbeschluss § 1960 38; § 1964 4, 9; § 1965 2, 6; § 1966 2, 5; § 1974 4
Feststellungsinteresse § 2050 28
Feststellungsklage § 291 5; § 1960 31; § 1965 6; § 2018 11; § 2039 19, 23; § 2042 33; § 2050 27; § 2058 15; Beweislast Anhang zu ex § 1600e 80; Testamentsvollstrecker § 2203 3
Feststellungsklage des Kindes; Beistand Anhang zu ex § 1600e 5; Beweislast Anhang zu ex § 1600e 80; Beweislastregeln Anhang zu ex § 1600e 81; Ergänzungspfleger § 1600d 12
Feststellungsklage des Nacherben gegen den Vorerben § 2100 51; § 2113 13; § 2138 8; § 2143 2
Feststellungsurteil § 660 8; Änderung rechtskräftiger ~ Anhang zu ex § 1600e 61
Feststellungsverfahren § 1965 7; § 1966 4

Festvergütung § 611 74
Feuerbestattung § 1968 6
Feuerwerkskörper § 3 ProdHaftG 5; § 823 166; § 832 12
FGG-Verfahren; Adoption Vor §§ 1741 bis 1772 6
Fiktion § 1583 1; des Bedingungseintritts § 2179 2; des Grundbuchinhalts § 892 15
Fiktive Einkünfte § 1577 6; § 1581 16
Fiktive Herstellungskosten § 249 29
Fiktives Einkommen § 1574 1
Finanzamt § 839 95; § 1962 1
Finanzdienstleistungen § 280 65
Finanzgerichtsprozess § 1984 12
Finanzierungshilfe; sonstige ~ § 494 4; § 506 4 f.
Finanzierungsklauseln § 158 2
Finanzierungsleasing § 506 5; Abrechnung des Leasingvertrages Anhang zu §§ 488–515 163 ff.; Abtretungskonstruktion, leasingtypische Anhang zu §§ 488–515 24, 30, 65, 128; AGB-Kontrolle der Leasingbedingungen Anhang zu §§ 488–515 61 ff.; Anfechtung des Leasingvertrages Anhang zu §§ 488–515 72; Anschlussleasing Anhang zu §§ 488–515 102 f., 185; Äquivalenzprinzip, leasingrechtliches Anhang zu §§ 488–515 65; Aufklärungs-, Hinweis- und Beratungspflichten Anhang zu §§ 488–515 35, 85 ff.; Ausgleichsanspruch, leasingtypischer Anhang zu §§ 488–515 164 ff.; außerordentliche Kündigung des Leasingvertrages Anhang zu §§ 488–515 176; Beendigung des Leasingvertrages Anhang zu §§ 488–515 162 ff.; Begriff des ~ Anhang zu §§ 488–515 1; Beschädigung des Leasinggegenstandes Anhang zu §§ 488–515 121 ff.; Beschaffungsvorgang, leasingtypischer Anhang zu §§ 488–515 44, 105 ff.; Betriebswirtschaftliche Vorteile des ~ Anhang zu §§ 488–515 2; Bruttoleasing Anhang zu §§ 488–515 30 ff.; Bürgschaft für Forderungen aus dem Leasingvertrag Anhang zu §§ 488–515 91; Cross Border-Leasing Anhang zu §§ 488–515 15; Dienstleistungs- und Servicefunktion des ~; -pflichten Anhang zu §§ 488–515 32; Dienstleistungs- und Servicefunktion des ~; -pflichten Anhang zu §§ 488–515 2; Doppelnatur Anhang zu §§ 488–515 2; Dreiecksverhältnis Anhang zu §§ 488–515 24; Eigentumserwerb Anhang zu §§ 488–515 105, 109; Eintrittsmodell Anhang zu §§ 488–515 46; Erfüllungsgehilfeneigenschaft Anhang zu §§ 488–515 49 ff.; Erlasskonformes Leasing Anhang zu §§ 488–515 8, 20; finanzierter Kauf, Abgr zum ~ Anhang zu §§ 488–515 17; Finanzierungsfunktion des ~ Anhang zu §§ 488–515 26; Finanzierungsfunktion des ~ Anhang zu §§ 488–515 2; Flens-Modell Anhang zu §§ 488–515 38; Form des ~svertrages Anhang zu §§ 488–515 54 ff.; Fortfaitierung von Leasingforderungen Anhang zu §§ 488–515 29; Funktion des ~ Anhang zu §§ 488–515 2; Gebrauchsüberlassung; ~sfunktion; ~spflicht Anhang zu §§ 488–515 30;
Gebrauchsüberlassung; ~sfunktion; ~spflicht Anhang zu §§ 488–515 2; Gesamtfälligstellung beim Verbraucherleasing Anhang zu §§ 488–515 178; geschäftsbesorgungsrechtliche Leasingtheorie Anhang zu §§ 488–515 27; Geschäftsgrundlagenlösung Anhang zu §§ 488–515 146 ff.; großer Schadensersatz bei Sachmängeln Anhang zu §§ 488–515 154; Haftungsklauseln Anhang zu §§ 488–515 87, 114; Hersteller- oder Händlerleasing Anhang zu §§ 488–515 9, 161; Immobilienleasing Anhang zu §§ 488–515 13, 34, 59; Informationspflicht des Leasingnehmers Anhang zu §§ 488–515 43, 159; Insolvenz des Lieferanten Anhang zu §§ 488–515 30; Kaskoversicherung Anhang zu §§ 488–515 43, 120, 125; kaufrechtliche Leasingtheorie Anhang zu §§ 488–515 27; Kfz-Leasing Anhang zu §§ 488–515 11 f., 33, 119, 168; Kilometerabrechnungsvertrag Anhang zu §§ 488–515 11, 169 f.; Kommunalleasing Anhang zu §§ 488–515 14; Kreditfunktion § 506 5; Kündigungslösung Anhang zu §§ 488–515 147; Kündigungsvoraussetzungen § 498 5; Leasingentgelt Anhang zu §§ 488–515 36; Leasingerlasse Anhang zu §§ 488–515 20; Leasingraten; ~zahlungspflicht; betagte Forderung Anhang zu §§ 488–515 37; Leasingsonderzahlung Anhang zu §§ 488–515 39, 165; Leasingtheorien Anhang zu §§ 488–515 25 ff.; Lieferprozess des Leasingnehmers Anhang zu §§ 488–515 160; Lieferung des Leasinggegenstandes Anhang zu §§ 488–515 105 ff.; Mängelanzeige Anhang zu §§ 488–515 159; Mietkauf, Abgr zum ~ Anhang zu §§ 488–515 18; mietrechtliche Leasingtheorie Anhang zu §§ 488–515 26; Minderung/kleiner Schadensersatz Anhang zu §§ 488–515 145; Mithaftungsübernahme für Forderungen aus dem Leasingvertrag Anhang zu §§ 488–515 91 ff.; Nacherfüllung Anhang zu §§ 488–515 152; Nichtlieferung Anhang zu §§ 488–515 110; Null-leasing § 506 6; Null-Leasing Anhang zu §§ 488–515 12; Nutzungsersatz bei Gebrauchsfortsetzung Anhang zu §§ 488–515 183; Off Balance Sheet-Effekt Anhang zu §§ 488–515 2; Operatingleasing, Abgr zum ~ Anhang zu §§ 488–515 6, 16; ordentliche Kündigung des Leasingvertrages Anhang zu §§ 488–515 65; Pay as you earn-Effekt Anhang zu §§ 488–515 3; Pflichtenprogramm Anhang zu §§ 488–515 30 ff.; Pkw-Leasing (Kilometerabrechnung) § 506 6; Preisanpassungsklauseln Anhang zu §§ 488–515 41; Rahmenverträge Anhang zu §§ 488–515 47; Refinanzierung Anhang zu §§ 488–515 29; Richtlinienkonforme Auslegung Anhang zu §§ 488–515 175; Rückgabe des Leasinggegenstandes Anhang zu §§ 488–515 41; Rückkaufvereinbarung Anhang zu §§ 488–515 98 ff.; Rücktritt vom Liefervertrag Anhang zu §§ 488–515 146 ff.; Rügepflicht, handelsrechtliche Anhang zu §§ 488–515 156; Sach- und Preisgefahr Anhang zu §§ 488–515 24, 26, 30, 65, 118 ff.; Sacherhaltungspflicht des Leasingnehmers, insb Instand-

haltungs-, Instandsetzungs- und Ersatzbeschaffungsklauseln Anhang zu §§ 488–515 43, 120; Sachmängelhaftung Anhang zu §§ 488–515 128 ff.; Sale and lease back Anhang zu §§ 488–515 9, 161; Schadensersatz, kündigungsbedingter Anhang zu §§ 488–515 181; Schriftform Anhang zu §§ 488–515 55; Schriftform Anhang zu §§ 488–515 56; Schuldbeitritt Anhang zu §§ 488–515 95; Sicherstellung der Leasingsache Anhang zu §§ 488–515 182; Sittenwidrigkeit des Finanzierungsleasingvertrages Anhang zu §§ 488–515 67 ff.; Sittenwidrigkeit von Bürgschaften/Mithaftungsübernahmen für Forderungen aus ~ Anhang zu §§ 488–515 97; sonstige Finanzierungshilfe, ~ als Anhang zu §§ 488–515 1; Sperrfunktionstheorie Anhang zu §§ 488–515 6; Spezialleasing Anhang zu §§ 488–515 23; Standardmodell (Ein-Vertrags-Modell) Anhang zu §§ 488–515 45; Stellvertretung beim ~ Anhang zu §§ 488–515 48; Steuerliche Vorteile des ~ Anhang zu §§ 488–515 19; steuerliche Vorteile des ~ Anhang zu §§ 488–515 2; Subsidiäre Einstandspflicht des Leasinggebers Anhang zu §§ 488–515 155 ff.; Sui generis-Theorie Anhang zu §§ 488–515 28; Teilamortisationsvertrag Anhang zu §§ 488–515 8; Teillieferung Anhang zu §§ 488–515 112; Teilzahlungsgeschäft, Abgr zum ~, Behandlung als Anhang zu §§ 488–515 17, 27, 175; Transparenzgebot Anhang zu §§ 488–515 66, 167 f.; Trennungsgrundsatz Anhang zu §§ 488–515 24; Übernahmebestätigung Anhang zu §§ 488–515 43, 88, 106 ff.; Umsatzsteuer Anhang zu §§ 488–515 10, 33, 37, 164, 181; UNIDROIT-Übereinkommen über das internationale Finanzierungsleasing Anhang zu §§ 488–515 28; Untervermietung, Verbot der Anhang zu §§ 488–515 30, 65; Verbraucherfinanzierungsleasing Anhang zu §§ 488–515 4 ff.; verbundenes Geschäft (§ 358 f) beim ~ Anhang zu §§ 488–515 76 ff.; Verbundenes Geschäft (§ 358 f) beim ~ Anhang zu §§ 488–515 149; Verfallklauseln Anhang zu §§ 488–515 182; Verlängerung des Leasingvertrages, stillschweigende Anhang zu §§ 488–515 184; Verlust des Leasinggegenstandes Anhang zu §§ 488–515 121 ff.; Verschulden bei Vertragsschluss Anhang zu §§ 488–515 84 ff.; verspätete Lieferung Anhang zu §§ 488–515 113; Vertragsanbahnungsmodelle Anhang zu §§ 488–515 44 ff.; Vertragsmodell mit Abschlusszahlung Anhang zu §§ 488–515 8, 167; Vertragsmodell mit Andienungsrecht und/oder Kaufoption Anhang zu §§ 488–515 8, 17, 24, 27, 171 f.; Vertragsmodell mit Restwertgarantie und Mehrerlösbeteiligung Anhang zu §§ 488–515 8, 11, 168; Vertragsmodelle Anhang zu §§ 488–515 8; Vertragsübernahme Anhang zu §§ 488–515 102; Verwertung, bestmögliche Anhang zu §§ 488–515 35, 185; Vollamortisation; ~pflicht; ~sprinzip Anhang zu §§ 488–515 26, 40, 65; Vollamortisation; ~pflicht; ~sprinzip Anhang zu §§ 488–515 2; Vollamortisationsvertrag Anhang zu §§ 488–515 8; Vollprivileg-Theorie Anhang zu §§ 488–515 6; Widerruf gem § 495 I Anhang zu §§ 488–515 73 ff.; wirtschaftliches Eigentum Anhang zu §§ 488–515 20; Wissensvertretung beim ~ Anhang zu §§ 488–515 51 ff.; Zerstörung des Leasinggegenstandes Anhang zu §§ 488–515 121 ff.; Zivilrechtliche Einordnung Anhang zu §§ 488–515 25 ff.

Finanztermingeschäft § 280 67; kein Spiel § 762 13

Finderlohn § 971, § 978

Firmentarifvertrag § 613a 19

Fiskus; als Nacherbe § 2104 9; als Vorerbe § 2105 7; Aneignungsrecht § 928; gesetzliches Erbrecht § 1936

Fitnessvertrag; AGB § 309 14, 78, 82

Fixgeschäft § 275 6; § 281 19; relatives ~ § 281 19

Fixhandelskauf § 275 33; § 280 48; § 281 19

Flatrate-Partys; Verkehrspflichten § 823 148

Fliegerzulage Vor § 1577 7

Floating Charge; IPR Artikel 43 EGBGB 17

Flüchtlinge Artikel 5 EGBGB 6, 10, 12 ff.; Artikel 6 EGBGB 5; Artikel 10 EGBGB 5; Artikel 12 EGBGB 5; Artikel 14 EGBGB 4

Flugnichtbeförderung ex Artikel 29 EGBGB 13; ex Artikel 34 EGBGB 16

Flugschein § 807 4; § 808 2, 6

Flugzeuge; IPR Artikel 45 EGBGB 1 ff.; Verkehrspflichten § 823 161

Force majeure § 280 25

Forderung; Abtretbarkeit § 399; Forderungsgemeinschaft § 432 6; Forderungsmehrheit § 398 16; Forderungsstatut ex Artikel 33 EGBGB 3; Pfändbarkeitsbeschränkungen § 400 3; sonstiges Recht § 823 60; Verfall § 408 3

Forderungseinzug § 2046 7

Forderungskauf § 453 12

Forderungsrecht § 823 60; des Versprechensempfängers § 335

Forderungssicherungsgesetz (FoSiG); Durchgriffsfälligkeit § 641 1

Forderungsübergang; gesetzlicher ~ § 615 18; gesetzlicher ~ § 268 9; § 412

Forderungsvermächtnis § 2173 1

Forderungsverpfändung § 551 10

Forderungszuständigkeit; als sonstiges Recht § 823 61, 65

Forfaitierung § 506 4

Form § 2002 5; § 2084 20 ff.; ex Artikel 29 EGBGB 1, 24; Kündigung § 542 4; Landpachtvertrag § 585a; Mietvertrag § 550; Schenkungsversprechen von Todes wegen § 2301 8; Schriftformklausel in AGB § 305b 4; § 307 12; Vollmacht § 167; Werkvertrag § 631 8 f.

Form- oder Genehmigungserfordernis § 2048 21

Form und Frist des Widerspruchs § 574b

Formarten § 125 7

Formbedürftige Willenserklärung § 125 1; Zugang § 130 19
Formbedürftigkeit; vereinbarte ~ § 154 6
Formeller Beschl § 1988 4
Formerfordernisse § 311b; IPR ROM II Art 21 1
Formfreiheit § 125 1; § 311 32
Formmangel § 311 43; § 2042 16
Formmängel beim Verbraucherkreditvertrag; fehlerhafte Pflichtangaben § 494 1; Heilungstatbestände § 494 4 ff.; Rechtsfolgen § 494 1; Sanktionensystem § 494 6, 9, 11; Verhältnis zum Widerruf § 494 2; § 495 3; Vollmacht § 494 3
Formnichtigkeit § 623 6; § 2033 17
Formprivileg; gemeinschaftliches eigenhändiges Testament § 2267 1; gemeinschaftliches Testament § 2265 1
Formstatut Artikel 13 EGBGB 11 ff.
Formularmäßige Erleichterung § 543 3
Formverstoß § 2048 6
Formvorschrift § 125 1
Formwidrigkeit § 242 43
Formzwang § 125 1; § 126a 3; § 143 2; Aufhebung § 125 24; gewillkürter ~ § 125 23; § 127 1
Formzwecke § 125 1; Beratungsfunktion § 125 4; § 128 1; Informationsfunktion § 125 5; § 126b 1; Klarstellungs- und Beweisfunktion § 125 2; § 128 1; Kontrollfunktion § 125 6; Warnfunktion § 125 3
Forschungsleistungen § 611 15
Forstwirtschaflicher Betrieb, Bewertung § 1376 24
Forstwirtschaftliches Grundstück § 585 6; § 998 1
Fortbildung § 2 AGG 9; § 611 101
Fortbildungsverhältnis § 611 101
Fortbildungsvertrag § 611 101
Fortführung; eines Handelsgeschäfts § 2038 23
Fortführung Gewerbebetrieb § 2038 23
Fortführung Handwerksbetrieb § 1967 11
Fortgesetzte Gütergemeinschaft § 2052 2; § 2054 4 f.; § 2059 13
Fortkommen § 252 2
Fortkommensschaden § 249 28; § 842 1; bei Sachschäden § 249 29
Fortsetzung; des Mietverhältnisses mit dem Erben § 564; des Mietverhältnisses nach Widerspruch § 574a; des Pachtverhältnisses § 595; des vertragswidrigen Gebrauchs § 541 7; mit überlebenden Mietern § 563a
Fortsetzungsanspruch § 595 2 ff.; der Erben § 594d 3; des Mieters § 574 3
Fortsetzungsbegehren; des Mieters § 574 13; § 574a 3; § 575 19
Fortsetzungsklausel § 727 5; § 736 1, 5; § 737 1
Fortsetzungszusammenhang § 339 6
Fortzahlung des Entgelts § 252 13
Fotokopien § 556
Frachtführer § 276 13; § 611 23

Frachtrecht ex Artikel 34 EGBGB 9
Frachtvertrag § 249 100
Franchise, Widerruf § 355 10
Franchiseverträge § 510 7, 9; anwendbares Recht ROM I Art 4 14; Produkthaftung § 4 ProdHaftG 3
Franchising ex Artikel 34 EGBGB 14
Frankfurter Tabelle; Reisemängel § 651d 8
Freiberufler § 705 46 f.; § 737 5; § 1571 8
Freiberufler-GmbH § 2205 13
Freibetrag § 1967 16
Freibetragsauflage § 2192 5
Freie Berufe § 627 1
Freie Beweiswürdigung § 2009 2
Freie Mitarbeiter § 6 AGG 6; § 242 55; § 831 10
Freigabe durch einseitiges Rechtsgeschäft § 2217 3
Freigabeanspruch; gegen Testamentsvollstrecker § 2217 2
Freigabeklausel; revolvierende Globalsicherheiten § 305c 22
Freihändiger Verkauf § 1960 50; Versteigerung hinterlegungsunfähiger Sache § 385 1
Freiheitsentziehung § 839 96; Unterbringung Minderjähriger § 1631b
Freiheitsstrafe § 626 7
Freiheitsverletzung § 1 GewSchG 6
Freistellung § 611 43, 63, 77, 96; § 615 4; § 626 5; § 2055 3
Freistellungsanspruch § 2039 5
Freistellungsklausel § 611 96; § 2271 9
Freistellungsvereinbarung § 157 42
Freiwillige Gerichtsbarkeit § 1958 5; § 2006 1
Freiwillige Leistungen Dritter § 1581 10; Vor § 1577 30
Freiwilligkeitsvorbehalt § 611 48; AGB § 310 22
Freizeichnungsklausel § 14 ProdHaftG 1; AGB § 305c 18; § 306 4; § 309 39
Fremdbesitz § 872 1
Fremdgeschäftsführungswille § 2022 13; des Mieters § 539 3 ff.
Fremdgrundschuld § 1976 7
Fremdtilgungswille § 267 5
Fremdvergabe § 620 75
Fremdwährungsschuld § 244; § 245 1, 12 ff.; CISG § 244; § 245 17; Devisenrecht § 244; § 245 13; echte Valutaschuld § 244; § 245 13; Erfüllungsort § 244; § 245 13; Ersetzungsbefugnis § 244; § 245 14; Euro-Zone § 244; § 245 16; Geschäftsgrundlage § 244; § 245 13; Inlandsbegriff § 244; § 245 16; Kollisionsnorm § 244; § 245 15; unechte Valutaschuld § 244; § 245 14; Valutaschuld § 244; § 245 12; Verspätungsschäden § 244; § 245 14; Vertragsstatut § 244; § 245 15
Frist § 658 8; § 661 7 ff.; Anwendungsbereich § 186 2; Auffangfunktion § 186 1; Beginn § 187; Definition § 186 3; Ende § 188; Hemmung

§ 2082 4; Jahresbruchteil § 189 1; Kündigung § 187 4; Monatsbruchteil § 189 1; Naturalkomputation § 187 1; ordentliche Kündigung § 573c; Probezeit § 187 4; Stundenfrist § 187 1; Tagesfrist § 187 1; Verjährungshemmung § 187 4; Verlängerung § 190 1; Widerrufsbelehrung § 187 4; Widerspruch § 574b 5 ff.; Zinslauf § 187 4; Zivilkomputation § 187 1

Fristauflösendes Ereignis § 2082 2 f.

Fristberechnung § 622 3

Fristbestimmung § 661 2, 7, 9; § 1994 9; nachträgliche § 661 7

Fristende § 187; Geschäftsstunden § 188 1; Monatslänge § 188 4; Sonn- und Feiertag § 193 1; Sonnabend § 193 1; Tagesfrist § 188 2; Willenserklärung § 188 1; Wochenfrist § 188 3

Fristgerechte Beendigung § 620 34

Fristlose Beendigung § 620 34

Fristlose Kündigung § 723 6; Schadensersatz § 628 1; Vertrauensstellung § 627 1; wichtiger Grund § 626 1

Fristsetzung § 242 51; § 250; § 281 10; § 321 12; § 323 15 ff.; § 1997 3; angemessene ~ § 281 7; Entbehrlichkeit § 275 16; § 280 58 f.; § 281 3, 11 ff.; Erlöschen des Erfüllungsanspruchs § 280 45; rechtzeitige Vornahme der Leistungshandlung § 281 10; Schadensersatz statt der Leistung § 280 45; zur Annahme der Testamentsvollstreckung § 2202 4; zur Testamentsvollstreckerbenennung § 2198 3

Fristsetzungsbeschluss § 2008 7

Fristsetzungserfordernis § 280 48; § 281 5; Vor §§ 275 ff 10; Ablehnungsandrohung § 281 9; Abmahnung § 281 8; Androhung § 281 9; Dauerschuldverhältnis § 281 8; Nachfristmodell § 281 5; Schutzpflichten § 281 8; Unterlassungspflichten § 281 8; vor Fälligkeit § 281 5

Fristverlängerung § 1994 13; § 1995 5; § 2008 5

Fristversäumnis § 661 8; § 1994 2; § 1995 5

Fristwahrung § 2002 6

Früchte § 993 1; § 2020 2; § 2021 3 f.; § 2022 3 f.; Begriff § 99; Gewinnungskosten § 102; Vermächtnisgegenstand § 2184 2; Verteilung § 101

Fruchtziehung § 743 2; ordnungswidrige oder übermäßige ~ § 2133 1 ff.

Fruchtziehungskosten § 2124, § 2125; § 2126 4

Fruchtziehungsrechte § 2033 26

Frühere Erwerbstätigkeit § 1361 8

Frustrationsschaden § 249 21, 42; § 251 19

Frustrierte Aufwendungen § 284 1 ff.; Anspruchsgrundlage § 284 2; Anwendungsbereich § 284 1 ff.; billigerweise § 284 9; Erfüllungsanspruch § 284 4; Finanzierung der Gegenleistung § 284 1; immaterielle Zwecke § 284 1, 8; immaterieller Schaden § 284 8; Rentabilitätsvermutung § 284 5, 10; Schadensberechnung § 284 2; Schadensersatz statt der Leistung § 284 4; Schadensposten § 284 5; Verfehlung des Zwecks § 284 8; Vertragskosten § 284 2;

Vertrauen auf Erhalt der Leistung § 284 7; Voraussetzungen § 284 7 ff.

Führungsrichtlinien § 12 AGG 7

Fund § 965, § 966, § 967, § 968, § 969, § 970, § 971, § 972, § 973, § 974, § 975, § 976, § 977, § 978, § 979, § 980, § 981, § 982, § 983, § 984; Ablieferungspflicht § 967, § 978; Anzeigepflicht § 965 1; Aufwendungsersatz § 970; Bekanntmachung § 980; Bereicherungsanspruch § 977; Eigentumserwerb § 973 1, § 974, § 976; Finderlohn § 971; Finderrechte § 975; Gemeinde § 976; Haftung § 968; Herausgabe § 969; öffentliche Behörde § 978; Schatz § 984; unanbringbare Sachen § 983; Versteigerung § 979, § 982; Versteigerungserlös § 981; Verwahrungspflicht § 966; Zurückbehaltungsrecht § 972

Fünfjahresfrist § 2060 8

Funktion der Einsatzzeitpunkte § 1572 7

Funktionsgebundene Werkmietwohnung § 576 2; § 576a 4

Funktionsnachfolge; öffentlich-rechtliche ~ § 613a 8

Für-Prinzip Vor § 1577 17, 45

Fürsorgebedürfnis § 1962 3

Fürsorgemaßnahme § 1960 9

Fürsorgepflicht § 611 100; § 618 1; § 619 1; § 1960 25; Arbeitgeber Artikel 3 EGBGB 31; Unabdingbarkeit § 619 1

Fußballlizenzspieler § 611 21

Garage § 1361b 4

Garantie Vor §§ 145 ff 3; AGB § 305c 19; § 307 35; § 309 12, 15, 32; des Hauptmieters § 540 16; Zusicherungshaftung § 276 31

Garantie des Verkäufers § 443; historische Auslegung § 434 17; Verbrauchsgüterkauf § 477; Verjährung § 443 11 f.

Garantiehaftung § 280 25

Garantievertrag § 780 2 f.

Garderobenmarke § 793 5; § 807 1

Garten § 1361b 4

Gas; Kaufsache § 433 7; Verbrauchsgüterkauf § 474 8; Verkehrspflichten § 823 155, 158; § 836 7

Gastaufnahmevertrag § 280 76

Gastregisseur § 611 22

Gastschulaufenthalt § 651l 1 ff.

Gastwirt § 701; Verkehrspflichten § 823 148

Gattungskauf § 434 82; aliud § 434 88; Nacherfüllung § 434 88

Gattungsschuld § 243 1 ff.; § 262 5; § 275 25; § 276 27; § 280 34; § 2155 1; Anwendungsbereich § 243 3; Arten der Nacherfüllung § 243 2; Begriff § 243 4; Beschaffungspflicht § 243 7; Beschaffungsrisiko § 243 1, 7; beschränkte ~ § 243 8; beschränkte ~ § 2169 1; bestimmte Quelle § 243 8; Geldschuld § 243 5; Gläubigerverzug § 243 8; Inhalt § 243 6; Leistungsgefahr § 243 1;

mangelfreie ~ § 243 6; marktbezogene ~ § 243 7; Sachmangel § 243 1; Schickschulden § 243 8; Vertretbarkeit § 243 4; Voraussetzungen § 243 4 f.; Wahlschuld § 243 5

Gattungsvermächtnis § 2155 1 ff.; § 2182 1; § 2183 1; § 2184 1

Gattungsvollmacht § 167 36

GbR § 705 1, 35 ff.; § 2032 8, 17; § 2042 44; Abgrenzung zu anderen Personengesellschaften § 705 5 f., 18, 33 f., 46; § 721 1; Entstehung § 705 12 f.

Geänderte Leistungen; Werkvertrag § 631 1 f., 35

Gebäude; Baustellen § 823 156 ff.; Begriff § 836 3; Haftung für ~ § 823 144 ff.; § 836 1 f.; § 838 1 f.; mit Publikumsverkehr § 823 147; mit Publikumsverkehr ~ § 823 148; öffentliche ~ § 823 150 ff.; wesentliche Bestandteile § 94

Gebäudeabschreibung Vor § 1577 23

Gebäudebesitzer; Haftung des ~ § 837 1 f.

Gebäudeeinsturz § 908 9 ff.; Abwehranspruch § 908 4 ff., 18 ff.

Gebäudefeuerversicherung § 538 27 f.

Gebäudeunterhaltspflichtige; Haftung § 838 1 f.

Gebäudeversicherung § 157 41

Gebetspausen § 3 AGG 28

Gebot der Wirtschaftlichkeit § 559 15

Gebrauch; bauliche Veränderungen § 535 109; Blindenhund § 535 109; Dübel § 535 109; Gehhilfe § 535 109; Haushaltsgeräte § 535 118; Kabelanschluss § 535 120; Kinder § 535; Kinderwagen § 535 109; Leuchtreklame § 535 109; Parabolantenne § 535 120; Pflichtverstoß § 535 122; Plakat § 535 109; Spruchband § 535 109; Tiere § 535 117; Treppenhaus § 535 109; unzulässig § 535 122; Verstoß § 535 92; Wäsche trocknen § 535 109

Gebrauch der Mietsache nach Ablauf der Mietzeit § 545

Gebrauchsanweisung § 3 ProdHaftG 4; § 6 ProdHaftG 2

Gebrauchsbeschränkende Rechte § 567 5

Gebrauchsentziehende Belastungen § 567 4

Gebrauchserhaltung; Opfergrenze § 535 99; Wiederaufbaupflicht § 535 99

Gebrauchserhaltungspflicht; Vermieter § 538 1

Gebrauchsrecht § 743 4

Gebrauchstauglichkeit; maßgeblicher Standard § 536 8; unerhebliche Minderung § 536 15

Gebrauchsüberlassung § 706 3; § 732 1; Abbedingung § 536 6; an Dritte § 540 1 ff.; § 543 15

Gebrauchsvorteil § 100 2; § 2021 3; Vermächtnisgegenstand § 2184 2

Gebrauchtwagen; Agenturgeschäft § 474 4; Inzahlungnahme bei Neuwagenkauf § 474 4; § 480 5; Sachmangel § 434 105; Verbrauchsgüterkauf § 475 10; § 476 7 f.; Verkehrspflichten des Händlers § 823 172

Gebrechen § 1572 4

Gebühren § 612 5

Gebührenbeauftragter; von Rundfunkanstalten § 611 23

Geburt, Rechtsstellung vorher § 1 14 ff.

Gefahr § 904, § 905, § 906

Gefahrdrohende Anlagen § 907 7 ff.; Unterlassungs- und Beseitigungsanspruch § 907 16

Gefährdung § 1585a 2

Gefährdung der Mietsache; Mieterermehrheit § 543 14

Gefährdung des Kindeswohls § 1666; missbräuchliche Ausübung der elterlichen Sorge § 1666 5 f.; Verhalten Dritter § 1666 9; Vernachlässigung des Kindes § 1666 7 f.; Vorrang der Elternabwehr § 1666 10 ff., 26

Gefährdungshaftung § 823 12, 124, 159, 168, 175; § 833 1; Vor §§ 823 ff 11; Vor ProdHaftG 4

Gefährdungstatbestände § 1385 5

Gefahrgeneigte Arbeit § 276 24

Gefahrtragung; beim Werkvertrag § 644; § 645 1 ff.; Hinterlegung § 379 3

Gefahrübergang; Kauf § 435 6; § 446; § 447 1, 13 f.; § 454 13; Mängelrecht § 434 37; Verbrauchsgüterkauf § 476

Gefälligkeitsverhältnis § 241 32 ff.; § 311 37; § 598 6 f.; § 599 2; § 612 1; Vor §§ 116 ff 6; Vor §§ 145 ff 3; Haftungsbeschränkungen Vor §§ 823 ff 17

Gefälligkeitsvertrag § 662 1; § 688 3; § 1359 4; Haftungsbeschränkungen Vor §§ 823 ff 17

Gegenbeweis § 2009 4

Gegenleistung § 275 16; anderstypische § 311 28 ff.; Ausnahme für die Nacherfüllung § 326 21; Minderung § 311 33

Gegenleistungsgefahr § 326 7

Gegenseitiger Vertrag § 322; § 323 2; Vor §§ 320 ff 3 ff.

Gegenseitigkeit § 273 5

Gegenseitigkeitsprinzip § 1581 18

Gegenseitigkeitsverhältnisse § 1977 2

Gegensprechanlagen § 556 10

Gegenstand; der Auslobung § 657 13 ff.; Inbegriff § 260 2; körperlicher ~ § 90

Gegenstände des ehelichen Haushalts § 1369 3 ff.

Gegenständliche Teilauseinandersetzung § 2042 10

Gegenvormund; Amtsende § 1895 1; Anhörung § 1826 1; Aufgaben/Pflichten § 1792 1 ff.; § 1799 1 ff.; Aufsicht über den ~ § 1837 1; Aufwandsentschädigung § 1835a 1; Aufwendungsersatz § 1835 1; Auskunftspflichten § 1839 1; Ausschluss § 1852, § 1853, § 1854; bei Verein § 1791a 3; Bestellung § 1792 1 ff.; Genehmigung von Rechtsgeschäften des Vormunds § 1810 1 ff.; § 1812 2; § 1832 1; Haftung § 1833 1 ff.; Jugendamt als Vormund § 1792 1; Mitwirkung § 1842; Rechnungslegung des Vormunds § 1891 1; Verein als ~ § 1792 1 ff.; Vergütung § 1836, § 1836c, § 1836d; Vermögensverzeichnis § 1802 2

Geheimer Vorbehalt § 116 3; bei der Vollmachtserteilung § 167 19
Geheimschrift § 2247 7
Gehilfe § 254 42; § 830 5
Gehobener Lebensstandard § 1361 10
Geistesstörung § 2229 3
Geld § 985 17; Annahmeverzug § 245 3; Annahmezwang § 244; Außenwert § 244; § 245 4; Bargeld § 244; § 245 2 f.; Binnenwert § 244; § 245 4; Buchgeld § 244; § 245 2 f.; Hinterlegung § 372 8; institutioneller Geldbegriff § 244; § 245 2; Nennwert § 244; § 245 4; Wert § 244; § 245 4; wirtschaftliche Funktion § 244; § 245 2
Geld- oder Inhaberpapier § 1006 2
Geldanspruch § 1992 6
Geldbußen § 1967 2
Geldentwertung § 253 24; § 280 29; Geschäftsgrundlage § 244; § 245 10
Geldersatz § 249 24; bei Personenschäden § 249 27; Möglichkeit der Herstellung § 249 25; Verwendungsfreiheit des Geschädigten § 249 26
Geldforderungen § 1376 9, 12
Geldinteresse § 251 5
Geldkarte § 807 1
Geldrente § 2 VersAusglG 4; § 9 ProdHaftG 1; § 1360 2; § 1361 20; § 1585 1
Geldschuld § 243 5; § 244; § 245 1 ff., 8 ff.; § 246 3; § 275 6; § 286 23; § 288 2; Fremdwährungsschuld § 244; § 245 1; Geldsortenschuld § 244; § 245 8; Geldsummenschuld § 244; § 245 9; Geldwertschuld § 244; § 245 11; Risiko der Geldentwertung § 244; § 245 10; schuldrechtlicher Nominalismus § 244; § 245 9; unechte Geldsortenschuld § 244; § 245 1, 8; Valorismus § 244; § 245 11; Wertverschaffungsschuld § 244; § 245 8
Geldsortenschuld § 244; § 245 8; unechte ~ § 244; § 245 1, 8
Geldstrafe § 1967 2; Aufrechnung § 393 6
Geldsummenschuld § 244; § 245 9
Geldwerte Vorteile § 1577 7
Geldwertschuld § 244; § 245 11, 14
Gelegenheitsgeschenke § 1375 15
Gelegenheitsgesellschaft § 705 2, 10, 40; § 708 4; § 721 1; § 723 9; § 726 2; § 730 7; § 734 1
Geliebtentestament § 826 32
Geltendmachungsfrist § 21 AGG 6; § 31 AGG 1
Geltungsbereich des BGB; räumlich Einl 23; sachlich Einl 24; zeitlich Einl 22
Geltungserhaltende Reduktion § 134 27; § 138 44; § 139 18; von AGB § 305c 18, 21; § 306 4 ff., 12; § 308 41; § 309 51
GEMA § 251 16
Gemeinde; Amtshaftung § 839 102
Gemeinsame elterliche Sorge bei der Geburt (ohne Ehenamen); Betroffene § 1617 2; gemeinsames Bestimmungsrecht binnen Monatsfrist § 1617 6; Namenswahl § 1617 3; spätere Geburten § 1617 4; Uneinigkeit der Eltern § 1617 7
Gemeinsame Sorge; Aufhebung § 1671 17 ff.; Ausübung bei Getrenntleben § 1687
Gemeinsame Sorge (nachträglich); Namensänderung Kind bei späterer Heirat § 1617b 4; Namensänderung Kind durch Begründung § 1617b 2
Gemeinsamer Referenzrahmen § 242 3; ROM I Art 12 7; Vor IntSchVR 13
Gemeinsames gefährliches Tun § 249 58
Gemeinschaft § 705 4, 18, 42, 44; § 708 3; § 727 1; § 731 1; § 741 2; § 743 1; § 2040 15; häusliche ~ § 617 1; § 618 3
Gemeinschaftliche nacheheliche Kinder § 1576 6
Gemeinschaftliche Verwaltung § 744 1
Gemeinschaftlicher Antrag § 2062 3
Gemeinschaftlicher Erbschein § 2353 5; § 2357
Gemeinschaftlicher Erbteil § 2093 1
Gemeinschaftliches Testament § 2050 24
Gemeinschaftliches Vermächtnis § 2157 1
Gemeinschaftlichkeit § 2040 9
Gemeinschaftseigentum bei WEG; Mängelrechte § 634 23
Gemeinschaftspraxen § 705 26 ff.; § 709 2, 7, 13; § 716, § 717
Gemeinschaftsrecht; Amtshaftung § 839 2; Auslegung Vor IntSchVR 12 ff.; Harmonisiertes IPR ROM I Art 23 2; Vor IntSchVR 11 f.; Vorrang ROM II Art 27 1; ROM II Art 28 1
Gemeinschaftsrechtliches IPR ex Artikel 27 EGBGB 3; ex Artikel 32 EGBGB 1; ROM I Art 3 1; ROM I Art 23 2; Vor IntSchVR 11 f.
Gemeinschaftsrechtskonforme Auslegung § 242 19
Gemeinschaftsschulden § 755 2
Gemeinschaftsverhältnis § 2032 14
Gemeinschaftsverwaltung § 2032 24
Gemischte Schenkung § 516 25, 31; § 518 6; § 525 6; § 528 12; § 530 2; § 531 5; § 2287 6; § 2325 10
Gemischter Vertrag § 311 19 ff.
Genehmigung § 108 2; § 131 6; § 182, § 184; § 684 3; § 687 6; § 1001 3; § 1958 14; § 2030 5; § 2034 28; § 2039 15; § 2043 8; Adoption § 1746 5; Aufforderung § 108 4; bei der Verfügung eines Nichtberechtigten § 185 9; bei zustimmungsbedürftigen Rechtsgeschäften § 184 2; des Nachlassgerichts § 1960 25; § 1985 23; öffentlich-rechtliche ~ IPR Artikel 44 EGBGB 5; öffentlich-rechtliche ~ als Bedingung § 158 11; § 162 2; Rückwirkung § 184; Schuldübernahme § 414; § 415 3 ff.; Terminologie § 182 1; Verweigerung § 108 3; Zwischenverfügungen § 184 7
Genehmigung von Verträgen § 1366 2; Verweigerung der ~ § 1366 4 ff.

Stichwortverzeichnis

Genehmigungserfordernis § 2033 18; § 2042 27
Genehmigungspflicht § 177 8 ff.; § 184 2; § 2042 25
Generalbevollmächtigte § 1996 3
Generalklausel § 12 AGG 2; § 20 AGG 4; § 823 3, 83; § 826 1
Generalüber~, unternehmer § 631 18
Generalunternehmer § 831 10
Generalvollmacht § 167 34 f.; § 168 13; § 1985 16
Generalvollstreckung § 2203 1
Genomanalyse Anhang zu ex § 1600e 36
GenTG § 15 ProdHaftG 2
Gentlemens Agreement Vor §§ 145 ff 3
Genugtuung § 249 6; § 253 25 ff.
Genuss; mit Geld erkaufter § 253 6; mit Geld erkaufter ~ § 252 7
Genussmittel § 3 ProdHaftG 4, 6; § 823 183
Genussschein § 793 9
Gepäckschein § 807 1
Gerechtfertigte berufliche Anforderung § 9 AGG 3
Gerichtliche Entscheidung § 660 9
Gerichtliche Feststellung der Vaterschaft; Beistand § 1600d 14; Ergänzungspfleger § 1600d 12; positive Feststellung Anhang zu ex § 1600e 1; Vaterschaftsvermutung § 1600d 3; Wirksamwerden der ~ § 1600d 18
Gerichtliche Fürsorge § 1960 9
Gerichtliche Genehmigung § 1985 19
Gerichtliche Rechtsverfolgung § 280 28
Gerichtlicher Vergleich § 127a 1 ff.; § 129 4
Gerichtsgebühren § 1982 1
Gerichtskosten § 1967 19
Gerichtsstand § 2028 10; AGB § 307 21; der Erbschaft § 2057a 21; § 2058 14
Gerichtstafel § 1965 5
Gerichtsverfahren § 823 92; § 1958 2
Gerichtsvollzieher § 132 2; Einkommen Vor § 1577 7
Gerüst; Miete § 535 4
Gerüstbau Vor §§ 631 bis 651 18
Gesamtabwägung § 1571 10
Gesamtanspruch § 2018 1, 15, 24; § 2024 3; § 2031 1
Gesamtauflassung § 2058 9
Gesamtberechnungsprinzip § 615 17
Gesamtberechtigung § 2032 7
Gesamtbetriebsvereinbarung § 613a 14
Gesamtforderung Vor §§ 420 bis 432 7
Gesamtgläubiger § 428; Vor §§ 420 bis 432 7; Ausgleich § 430 1; Ehegatten § 430 4; Erlass § 429 4; Gläubigerverzug § 429 2; Konfusion § 429 3; mehrere Vermächtnisnehmer § 2151 4; Rechtskraft § 429 4; Verjährung § 429 4; Verzug § 429 4
Gesamtgläubigerschaft; Zugewinnausgleich § 1372 10

Gesamtgut § 1970 10; § 1980 9; § 1981 7; § 1990 10; § 2008 1, 3, 5, 9; § 2042 24; § 2054 2, 5
Gesamthand § 705 27 ff.; § 709 2; § 2033 12; § 2113 6
Gesamthänder § 2034 16, 26; § 2035 3
Gesamthandsanteil § 2054 4
Gesamthandsbesitz § 2033 3
Gesamthandseigentum § 903 8; § 1008 1; § 2034 3; § 2047 4
Gesamthandsforderung § 432 1
Gesamthandsgemeinschaft § 432 5; § 985 6; § 2032 1; § 2033 30; § 2039 1; § 2042 44; Forderungsberechtigung § 432 7; Haftung Vor §§ 420 bis 432 4 f.
Gesamthandsgläubiger § 432 2 f.
Gesamthandsklage § 2032 37; § 2046 9, 11; § 2058 8; § 2059 14 f.
Gesamthandsprinzip § 2032 36; § 2040 1
Gesamthandsschuld Vor §§ 420 bis 432 5
Gesamthandsvermögen § 705 4, 27, 34; § 713 5; § 718 1 f.; § 719 1; § 732 1; § 2032 8; § 2038 27; § 2041 1; § 2047 2; § 2048 8; § 2054 1
Gesamtinsolvenzverfahren § 1990 10
Gesamtkausalität § 823 7
Gesamtklage § 2029 1
Gesamtleistung § 660 4
Gesamtnachlass § 2040 4; § 2055 6
Gesamtnichtigkeit § 134 26; § 138 101
Gesamtrechtsnachfolge § 1922; § 2033 12; § 2051 3; § 2100 2 f.; § 2139 1
Gesamtrechtsnachfolger § 2031 4
Gesamtschuld § 421, § 422, § 423; § 755 2; § 2060 1, 14; Vor §§ 1363 ff 1; Abtretung § 425 10; Anfechtung § 425 14; Architekt, Sonderfachmann und Unternehmer § 634 24 ff.; Aufrechnung § 422 2 f.; Ausgleichsanspruch § 426 16; cessio legis § 426 21; Ehe § 426 9; Erfüllung § 422 2; Erlass § 423; Gesamtwirkung § 422 1; § 423 2; Gestaltungsrecht § 425 14; gestörte ~ § 840 5; gestörte ~ § 426 23; Gläubigerverzug § 424; Gleichstufigkeit § 421 7; Haftungseinheit § 426 19; Haftungsfreistellung § 426 6; Hinterlegung § 422 2; Insolvenz § 425 13; Kündigung § 425 2; mehrere Unternehmer § 631 19 f.; Rechtskraft § 425 9; Rücktritt § 425 14; Unmöglichkeit § 425 6; unteilbare Leistung § 431; Verjährung § 425 7; Verschulden § 425 4 f.; Verzug § 425 3
Gesamtschuldklage § 2058 8; § 2059 15
Gesamtschuldner § 1360b 2; § 1978 10; § 1980 11; § 2008 1; § 2032 36 f.; § 2034 22; § 2035 3; § 2058 1, 3, 20; § 2059 2, 4; § 2061 5; § 2063 4; Haftung § 5 ProdHaftG 1 ff.; § 823 126, 184; § 840 1 ff.; § 2055 3, 12; Haftungsprivilegierungen § 840 5
Gesamtschuldnerausgleich; anwendbares Recht ROM I Art 16 1, 3 ff.; Zugewinnausgleich § 1372 10

Gesamtschuldnerklage § 2032 39

Gesamtstatut Artikel 3 EGBGB 45; Artikel 3a EGBGB 4 ff.; Artikel 44 EGBGB 5

Gesamtvermögen § 311b 19 ff.; § 2038 14; gegenwärtiges Vermögen § 311b 25; künftiges Vermögen § 311b 22 f.; Schenkung § 311b 25

Gesamtvermögensgeschäft; vorzeitiger Zugewinnausgleich § 1385 5

Gesamtvermögensverträge § 311b 19 ff.; gegenwärtiges Vermögen § 311b 25; künftiges Vermögen § 311b 21 ff.; Schenkung § 311b 25

Gesamtvertretung § 164 60 ff.; § 166 2; durch mehrere Testamentsvollstrecker § 2224 1; halbseitige ~ § 164 61; unechte (gemischte) ~ § 164 64; Wissenszurechnung § 166 2

Gesamtvertretungsbefugnis § 709 12; § 714 3

Gesamtverweisung Artikel 3 EGBGB 43; Artikel 4 EGBGB; Artikel 4 EGBGB 2 ff.; Artikel 42 EGBGB 3

Gesamtwirkung § 2039 14

Gesamtwürdigung der Umstände § 1361 8

Gesamtzusage § 611 43

Geschäft für den, den es angeht; echtes (verdecktes) ~ § 164 36 ff.; § 177 3; unechtes (offenes) ~ (mit unbekanntem oder unbestimmtem Geschäftsherrn) § 164 42 ff.; Vertretung ohne Vertretungsmacht § 177 3

Geschäfte des täglichen Lebens; Begriff § 105a 3; Beweislast § 105a 10; geringwertige Mittel § 105a 4

Geschäfts- oder Dienstfahrzeug Vor § 1577 12

Geschäftsähnliche Handlung § 286 11

Geschäftsbesorgung § 612 2; § 675; Abbuchungsauftrag § 675 29; Anwaltsvertrag § 675 9 ff.; Architekten § 675 38; Aufsichtsrat § 675 41; Bankverträge § 675 23 ff.; Baubetreuung § 675 35 ff.; Bauträger § 675 38; Begriff § 675 2 ff.; Beispiele § 675 41; Einzugsermächtigung § 675 30; Entgelt § 675 7; Geschäftsführer § 675 41; Hausverwalter § 675 40; Informationspflichten § 675a; IPR § 675 1; Lastschrift § 675 27 ff.; Pflichten § 675 8; Rechtsberatung § 675 9 ff.; Scheckinkasso § 675 34; Scheckverkehr § 675 32; Selbständigkeit § 675 4; Sozietät § 675 17; Standardgebühren § 675a 3; Steuerberatung § 675 19 ff.; Treuhand § 675 39; Wahrung fremder Vermögensinteressen § 675 6; wirtschaftlicher Art § 675 5; Wirtschaftsprüfung § 675 22

Geschäftsbesorgungsvertrag § 611 9; § 614 2; § 620 4; Begriff § 611 7

Geschäftseinheit § 125 17; § 138 42; § 139 8; § 142 4; Vor §§ 116 ff 13

Geschäftsfähigkeit; Begriff § 104 1; beschränkte ~ § 1596; beschränkte ~ § 106; des Stellvertreters § 165; § 168 6; § 179 5; Eintritt § 108 6; Einwilligung im Deliktsrecht § 823 17, 208; fehlende ~ § 1596; IPR Artikel 2 EGBGB; Artikel 7 EGBGB 1, 9; Artikel 9 EGBGB 7; Artikel 12 EGBGB 1 ff.; ROM I Art 13 1; partielle ~ § 112; § 113 1; Stellvertreter § 165; § 168 6; Testamentsvollstrecker § 2201 1; § 2225 1; Vaterschaftsanerkennung § 1596; Verlust § 657 9; § 658 4; Vertreter ohne Vertretungsmacht § 179 5; Vollmachtgeber § 168 8

Geschäftsführer § 276 13; außerordentliche Kündigung § 626 14; IPR Artikel 5 EGBGB 30; Kündigung § 620 47; § 626 6; Sozialversicherung § 611 32; Status § 611 22

Geschäftsführerbezüge Vor § 1577 7

Geschäftsführung; Entziehung § 705 22; § 710 1; § 712 1; § 729 1; gemeinschaftliche ~ § 709 9 f., 12; § 730 4; § 731 2; Kündigung § 712 1, 6; mehrheitliche ~ § 709 12; Unterrichtungspflicht § 711 2

Geschäftsführung ohne Auftrag § 241a 4, 12; § 242 35; § 292 5; § 677; § 2018 10; § 2023 6; § 2039 7; § 2057a 6; § 2061 8; § 2126 15 f.; Vor §§ 275 ff 8; Vor Artikel 38–42 EGBGB 3; Anzeigepflicht § 681 2; auch fremdes Geschäft § 677 14; Aufwendungsersatz § 683, § 684; berechtigte ~ § 241a 12; § 539 4; berechtigte ~ § 677 5; § 683; Berechtigung § 677 17; Bereicherungsausgleich § 812 101; § 816 1 f.; dringende Gefahr § 680 2; echte ~ § 677 4 ff.; Ersatz von Schäden § 683 9; fehlende Geschäftsfähigkeit § 682; Fremdgeschäftsführungswille § 677 11 ff.; Genehmigung § 684 3; Geschäftsbesorgung § 677 9; Geschäftsherr § 677 16; § 686; gesetzliche Unterhaltspflicht § 679 6; gesetzliches Schuldverhältnis § 677 1; Gewinnherausgabe § 681 2; § 687 6; Haftungsprivileg § 680; Interesse § 683 3; IPR § 677 4; Artikel 39 EGBGB 1 f.; ROM II Art 11 1; irrtümliche Eigengeschäftsführung § 687 2; Kauf § 437 75; Konkurrenzen § 677 21 ff.; mutmaßlicher Wille § 683 6; Nebenpflichten § 681; nichtige Verträge § 677 18; objektiv fremdes Geschäft § 677 12; öffentlich-rechtliche ~ § 677 27 f.; § 839 8; Pflicht im öffentlichen Interesse § 679 3 ff.; professionelle Nothelfer § 680 3; Rechts- und Interessenkreis § 677 11; Schadensersatz § 677 20; § 678; Schenkungsabsicht § 685; Schenkungsvermutung § 685; Selbstmord § 679 7; Sonderregelungen § 677 15; subjektiv fremdes Geschäft § 677 13; Übernahmeverschulden § 678 3; unberechtigte ~ § 677 7; § 678, § 684; unbestellte Leistung § 241a 10; und Bereicherungsausgleich § 812 38; unechte ~ § 677 8; § 687; Vergütung § 683 8; Verpflichtung § 677 19; Vertragspflichten § 677 4, 19; Verwaltungsträger § 677 26 ff.; Verweisungen § 677 25; Willenserklärung § 677 2; wirklicher Wille § 683 5; § 1959 1

Geschäftsgeheimnisse § 611 86

Geschäftsgrundlage § 242 67; § 244; § 245 30; § 275 19; § 311 31; § 311a 10; § 313; § 330 4, 6; § 528 1; § 530 1; ex Artikel 34 EGBGB 21; Abgrenzung zur Auslegung § 157 40; Abgrenzung zur Bedingung § 158 14; Anpassung des Vertrages § 313 19 ff.; Äquivalenzstörungen

§ 313 26 ff.; Begriff § 313 7; Bereicherungsansprüche § 313 6; Billigkeitsentscheidungen § 313 23; Einschränkung auf bestimmte Gründe oder Beträge § 313 16; Erfüllung § 313 18; Fremdwährungsschuld § 245 13; Geldentwertung § 244; § 245 10; gemeinsame Grundlagenirrtümer § 313 33 ff.; Irrtum über Rechtslage § 313 36; Kalkulationsirrtümer § 313 34; Klageantrag § 313 24; Mieterhöhungsverlangen § 536 4; Risikoverteilung § 313 14 ff.; Rücktritt oder Kündigung § 313 25; Scheitern einer Ehe § 313 30 ff.; Selbstwiderspruch § 313 17; Spezialvorschriften § 313 4; Störung § 313 12 ff.; § 536 4; subjektive ~ § 155 4; Vereinbarung § 313 5; Vertragsauslegung § 313 8; Vorhersehbarkeit § 313 13; Vorrang § 314 18; Zumutbarkeit § 313 12

Geschäftsherrenhaftung § 831 1 ff.
Geschäftsplanmäßige Erklärungen des Versicherers § 328 24
Geschäftsunfähiger § 131 1
Geschäftsunfähigkeit § 242 55; altersbedingte ~ § 104 4; Beweislast § 104 7; generelle ~ § 104 5; krankhafte Störung § 104 5 f.; partielle ~ § 104 6
Gescheitertsein der Ehe § 1365 2
Geschiedenenunterhaltsansprüche § 1585b 3
Geschlecht § 1 AGG 5; § 1 25; § 3 AGG; § 8 AGG 10; § 11 AGG 3; § 20 AGG 10
Geschlossene Immobilienfonds § 705 49
Geschwister; Adoption § 1754 1; Vormund für ~ § 1775 1 f.
Gesellschaft § 741 2; Vor §§ 320 ff 8; anwendbares Recht IntGesR 1 ff.; auf Lebenszeit § 723 9; § 724 1; auf unbestimmte Zeit § 723 4; § 724 1; Entlastung von Organen § 397 21; fehlerhafte Vor §§ 145 ff 62; fehlerhafte ~ § 705 17; § 709 19; § 723 7; Liquidation, befristete § 163 2
Gesellschaft bürgerlichen Rechts; Arbeitsgemeinschaft Arge § 631 18
Gesellschafter § 4 ProdHaftG 1; § 280 61; § 611 6, 22, 32; § 705 15; § 831 10; Ausschluss § 737 1; Haftung § 705 5, 20, 41, 47 ff.; § 708 1 ff.; § 709 5, 7; § 714 1, 7; § 719 4; § 728 4; § 735 1; § 736 10; § 738 3; § 739 1
Gesellschafterbeschluss § 242 41; § 709 13 f.
Gesellschafterwechsel § 613a 8
Gesellschaftsanteil; IPR ex Artikel 27 EGBGB 26; ROM I Art 3 24; Missbrauch § 826 26; Verfügung § 719 5; § 727 3; § 738 1; bedingte Übertragung § 161 2
Gesellschaftsrecht; AGB § 306a 2; § 310 16 f.; Vor §§ 305 ff 3; Anknüpfung ROM II Art 1 5; anwendbares Recht IntGesR 1 ff.; Statut IntGesR 1 ff.; und Rom I-VO ROM I Art 1 21
Gesellschaftsschulden § 1967 21
Gesellschaftsstatut IntGesR 1 ff.; und Rom I-VO ROM I Art 1 21

Gesellschaftsvermögen § 705 13, 19, 29, 50; § 706 3; § 718 1 f.; § 719 2; § 720 1; § 725 1; § 728 4; § 733 1, 9; § 738 1; § 1967 6
Gesellschaftsverschulden § 733 1
Gesellschaftsvertrag § 611 6; § 705 1 f., 12 f., 15, 17, 21, 23, 29, 39, 48, 52; § 706 1, 6 f.; § 707 1 f.; § 709 4 ff., 14; § 714 4; § 727 7; § 736 1; § 1976 8; § 2032 30 f.; Änderung § 705 13, 48; § 709 5, 9, 13 f., 19; § 738 14; Formbedürftigkeit § 705 12 f.
Gesellschaftszweck § 705 2, 6 f., 17 f., 20; § 706 1, 7; § 707 1 f.; § 708 6; § 709 2, 8, 10; § 714 4; § 723 9, 13
Gesetz; Legaldefinition Artikel 1 EGBGB 2; Artikel 2 EGBGB 1
Gesetzes- und Sittenverstoß; beiderseitiger ~ § 817 3; Bordellpacht § 817 4; Eingehung einer Verbindlichkeit § 817 12; einseitiger ~ des Leistenden § 817 7, 10 ff.; Endgültigkeit § 817 13 f.; Kenntnis § 817 10; Kondiktionssperre (§ 817 2) § 817 7 ff.; Mietwucher § 817 14; Schutzgelderpressung § 817 4; Schutzzweck § 817 14; Schwarzarbeit § 817 4, 15; Sicherheiten § 817 14; und Bereicherungsausgleich § 817; § 819 8 f.; Veranlassungsfälle § 817 4; Wucherdarlehen § 817 13; Zwangslage § 817 4; zweckentsprechende Leistungsannahme § 817 3 ff.
Gesetzesumgehung § 312g 3; Artikel 3 EGBGB 43; Artikel 42 EGBGB 3; ex Artikel 29 EGBGB 19
Gesetzliche Auseinandersetzungsregeln § 2042 3
Gesetzliche Ausschlussfrist § 2061 3
Gesetzliche Erbfolge § 1964 1; § 1966 2
Gesetzliche Form § 125 7, 16
Gesetzliche Formvorschriften § 311 51
Gesetzliche Prozessstandschaft § 1011 1
Gesetzliche Rentenversicherung § 32 VersAusglG 3
Gesetzliche Unterhaltpflicht § 7 ProdHaftG 1; § 2050 14
Gesetzlicher Erbe § 2011 2; § 2057a 2; als Nacherbe § 2104 1 ff.; als Vorerbe § 2105 1 ff.
Gesetzlicher Erbteil § 2052 1
Gesetzlicher Güterstand § 313 30
Gesetzlicher Vertreter § 131 3; § 278 1 ff., 26; § 611 22, 57; § 657 9; § 1975 9; § 1997 2; § 1999 2; § 2017 2; § 2024 3; § 2034 18; § 2042 20; Haftungserleichterungen § 278 7; Haftungsverschärfungen § 278 7; Verschulden § 278 7; Verschuldensfähigkeit § 278 7
Gesetzliches Schuldverhältnis § 2034 22; § 2035 3
Gesetzliches Verbot § 134 5 ff.; § 138 5; § 275 9 f.; § 657 7; § 661 5; Abtretung von Honorarforderungen § 134 35, 40, 58, 60; Arbeitnehmerüberlassung § 134 35 f.; Arbeitsrecht § 134 35, 37; Auslegungskriterien § 134 19; Auslegungsregel § 134 1, 11, 18; beidseitiges Verbot § 134 20; Beschränkung der Verfügungsmacht § 134 13; einseitiges Verbot § 134 22; europäisches Recht § 134 8; genehmigungsbedürftige Rechtsgeschäfte

Stichwortverzeichnis

§ 134 25; Gesetzeswortlaut § 134 12; Gewerberecht § 134 44; Nichtigkeitsfolge § 134 11; Normzweckvorbehalt § 134 16, 25; Rechtsberatung § 134 52; Schwarzarbeit § 134 59; Teilnichtigkeit § 134 26; Umgehungsgeschäft § 134 30; Verfassungsrecht § 134 7; Verpflichtungs- und Erfüllungsgeschäft § 134 23; Völkerrecht § 134 9

Gesetzliches Vorkaufsrecht § 463 6, 20, 30; § 464 3; § 2034 7

Gesetzliches Zahlungsmittel § 244; § 245 6

Gesicherte Ansprüche des Vermieters § 551 4

Gespaltene Auslegung Vor § 312 ff 2

Gestaffelte Nacherbschaft § 2100 29; § 2106 7; § 2109 2; § 2120 7

Gestaltungsantrag Vor §§ 1385 bis 1388 5; vorzeitiger Zugewinnausgleich § 1386 1

Gestaltungsdogma § 242 48

Gestaltungsklage § 657 20

Gestaltungsrecht § 242 53, 63; § 262 2; § 315 1; § 335 4; § 349 1; § 714 12; § 723 5; § 747 2; § 749 2; § 2039 9; § 2048 24; Vor §§ 346 ff 1; Ausübung durch Nichtberechtigten § 185 5; Bedingbarkeit § 158 15; Gesamtschuld § 425 14; Übertragung § 413 6

Gestaltungsurteil § 660 8; § 2048 27

Geständnisfunktion Vor § 1577 5

Gestattung der Gebrauchsüberlassung an Dritte § 553

Gestattung der Insichgeschäfts § 181 14 f.

Gestattung des Insichgeschäfts § 181 13

Gestufte Begutachtung Anhang zu ex § 1600e 42

Gesundheit § 626 7

Gesundheitliche Maßnahmen § 1963 8

Gesundheitsförderndes Verhalten § 611 90; § 626 7

Gesundheitsgefährdung; betroffene Räume § 569 3; Erheblichkeit § 569 4; Kündigungsschreiben § 569 7; Wegfall des Kündigungsrechts § 569 8

Gesundheitsprognose; negative ~ § 620 55 ff.

Gesundheitsverletzung § 1 GewSchG 5; § 823 24, 28 ff.; psychische Störung § 823 29; Schockschaden § 823 29

Gesundheitszustand § 1361 8

Getränkelieferungsverträge § 510 7, 9

Getrenntleben § 1361b 8; § 1385 2; Vor § 1577 27, 32; Ehewohnung § 1361b 1 ff.; vorzeitiger Zugewinnausgleich § 1385 2 f.

Getrenntlebende Ehegatten § 1360a 12

Getrenntlebende Lebenspartner § 1360a 12

Gewährleistung bei Zuteilung § 757 1

Gewährleistungsausschluss § 157 43

Gewährleistungsrecht; Kauf § 437 1

Gewalt § 1 GewSchG 4 ff.; § 1361b 9; angedrohte § 2 GewSchG 5 ff.; im Generationenverhältnis § 3 GewSchG 2 ff.

Gewaltanwendungsrecht § 985 8

Gewaltmittel § 1960 14

Gewaltschutzgesetz; Beeinträchtigungsverbot § 2 GewSchG 19 ff.; Betretungsverbot § 1 GewSchG 13; Geltungsbereich § 3 GewSchG 1 ff.; Grundsatz der Verhältnismäßigkeit § 1 GewSchG 12; Haushalt § 2 GewSchG 6 ff.; Interessen des Täters § 2 GewSchG 15; Kontaktverbot § 1 GewSchG 16; Nutzungsvergütung § 2 GewSchG 22; Rechtsgüter § 1 GewSchG 5 ff.; Schutzanordnungen § 1 GewSchG 10; Vereitelungsverbot § 2 GewSchG 19 ff.; Verfahrensrecht § 1 GewSchG 18; § 2 GewSchG 23; Verschulden § 1 GewSchG 8; Verwirkung § 2 GewSchG; Wiederholungsgefahr § 1 GewSchG 9; § 2 GewSchG, 10 f.; Wohnungsüberlassung § 2 GewSchG 1 ff., 14; Zwangsvollstreckung § 1 GewSchG 22

Gewässer; Unterhaltspflicht, Ausbau § 839 149; Verkehrspflichten § 823 152, 161, 168

Gewerbebetrieb § 330 6; Leistungsort § 269 10

Gewerberaummiete § 535 145

Gewerberaummietverhältnis § 535 145; Insolvenz des Gewerbemieters § 535 145; Instandhaltung und Instandsetzung § 535 145; Umlage von Betriebskosten § 535 145; Vertraglicher Konkurrenzschutz § 535 146; Vertragsimmanenter Konkurrenzschutz § 535 145; Wertsicherungsklausel § 535 145; Wettbewerbsverbot § 535 151

Gewerbesteuer Vor § 1577 17

Gewerbliche Tätigkeit § 252 11

Gewerbliche Weitervermietung § 565

Gewillkürte Erbfolge § 2011 1; § 2050 3

Gewillkürte Prozessstandschaft § 1984 12; § 2042 8

Gewillkürter Formzwang § 125 23; § 127 1

Gewinn § 1374 15; Vor § 1577 13

Gewinn- und Verlustverteilung § 721 1

Gewinnabschöpfung § 249 6; § 253 27

Gewinnanteil § 705 51; § 709 18; § 717 1, 4; § 725 1

Gewinnanteilschein § 798 2; § 799 3; § 803 5; § 804 1 ff.; § 805 1 f.

Gewinnbeteiligung § 781 6

Gewinnschätzung Vor § 1577 13

Gewinnungskosten § 102

Gewinnverteilung § 706 1, 4; § 709 6, 17; § 721 1 f.; § 722 1; § 734 1

Gewinnzusage ex Artikel 29 EGBGB 9; ex Artikel 34 EGBGB 13; Vor §§ 145 ff 3; Anknüpfung Artikel 40 EGBGB 2; ROM II Art 2 1; ROM II Art 6 2; Durchsetzbarkeit § 661 2

Gewissensfreiheit § 611 38; § 615 10

Gewissenskonflikte § 275 8

Gewohnheitsrecht § 157 10

Gewöhnlicher Aufenthalt Artikel 3 EGBGB 5, 9, 36 f.; Artikel 5 EGBGB 3, 9, 11, 29 ff.; Artikel 9 EGBGB 3, 5; Artikel 10 EGBGB 12, 19; Artikel 11 EGBGB 5, 10; Artikel 18 EGBGB 21

Stichwortverzeichnis

ex Artikel 29 EGBGB 5; ex Artikel 29a EGBGB, ex Artikel 30 EGBGB; ex Artikel 35 EGBGB 3; ex Artikel 36 EGBGB; ROM I Art 19 1 ff.

Gewöhnlicher Lauf der Dinge § 252 6 ff.

Girokonto § 700 3; § 2111 7

Girovertrag § 311 12; § 333 1; Stellvertretung § 164 32

Glaubens- und Gewissensfreiheit § 242 14

Glaubensfreiheit § 611 38

Glaubensrichtung § 3 AGG

Glaubhaftmachung § 1961 9; § 1963 6; § 1980 8; § 1981 13; § 2010 1; § 2058 16; des Eröffnungsgrundes § 1975 16; rechtliches Interesse § 1960 17

Gläubiger; Begriff § 241 8; Gesamtgläubiger § 428; Mehrheit Vor §§ 420 bis 432 6; Mitgläubigerschaft § 432; Verantwortlichkeit § 323 29 f.; § 326 13 ff.

Gläubigeranfechtung § 1981 9

Gläubigeraufgebot § 1984 2; § 2042 13

Gläubigeraufgebotsverfahren § 2013 4

Gläubigerausschließung § 1994 3

Gläubigerbefriedigung § 1981 6

Gläubigerbenachteiligung § 330 5

Gläubigerfehlverhalten § 276 26

Gläubigergefährdung § 826 33 f.

Gläubigermehrheit § 335 3

Gläubigerverzug § 242 32; § 286 5; § 293 1; § 320 11, 14; Gattungsschuld § 243 8; Gesamtgläubiger § 429 2; Gesamtschuld § 424; Mitgläubiger § 432 10; unterlassene Mitwirkung § 642 5 ff.; § 643 3; Wirkungen § 300 1 ff.

Gleichbehandlung beider Ehegatten § 1581 10

Gleichbehandlungsgebot § 242 16

Gleichbehandlungsgrundsatz § 611 35, 38; § 613a 11; § 705 25

Gleichberechtigungsgesetz Vor §§ 1363 ff 2

Gleichgestellter § 611 28

Gleichheitsgrundsatz § 611 59

Gleichlauf Artikel 4 EGBGB 14; Artikel 9 EGBGB 11; Artikel 10 EGBGB 2; Artikel 11 EGBGB 9; Artikel 14 EGBGB 4

Gleichlauf zwischen Untermietvertrag und Hauptmietvertrag § 540 3

Gleichzeitiges Versterben beider Ehegatten § 2269 6

Gleitklauseln § 244; § 245 21

Gleitzeitmanipulation § 626 7

Globalzession § 398 9

GmbH-Anteile § 2032 31; § 2042 27

GPSG § 1 ProdHaftG 16; Vor ProdHaftG 7

Grabpflegekosten § 1968 8

Grabpflegevertrag § 1968 8

Gran Canaria-Fälle ex Artikel 29 EGBGB 19

Gratifikation § 611 43 f., 47, 74

Grenzanlage § 921 2 f.; Benutzung § 921 8 f.; § 922 1 ff.; Unterhaltung § 922 4 ff.

Grenzbaum § 923 1; Beseitigung § 923 5 ff.; Eigentumsverhältnisse § 923 2 ff.

Grenzen; des Zumutbaren § 1572 9; internationalen Vertragsrechts ex Artikel 37 EGBGB 1 ff.; Vermögensverwertungsverpflichtung § 1577 19; zumutbarer Tätigkeit § 1577 11

Grenzüberbau; durch Nichtberechtigten § 185 5; Wissenszurechnung § 166 16

Grobe Fahrlässigkeit § 15 AGG 11; § 276 19 ff.; § 287 1; Anwendungsfälle § 276 19; Begriff § 276 20; Grenze zur Fahrlässigkeit § 276 21; Vorwerfbarkeit § 276 20

Grobe Unbilligkeit § 1381 5 ff.

Grober Undank § 530 4 ff.

Großbetriebe § 831 20

Großer Schadensersatz; Werkmangel § 634 20

Grund; wichtiger ~ § 314 7 ff.

Grundbuch § 873 4; § 2032 14; § 2139 7; Eintragung § 873 16 ff.; Fiktion der Richtigkeit § 892 15; Inhalt § 872; § 892 2; Löschung § 891 9; öffentlicher Glaube § 892; Unrichtigkeit § 892 14; § 899 2; Vermutung der Richtigkeit § 891

Grundbuchberichtigung § 894; § 2059 15; Anspruchsberechtigter § 894 6; Anspruchsverpflichteter § 894 8; Briefvorlegung § 896; Gegenrechte § 894 11; Kosten § 897; Unverjährbarkeit § 898; Voreintragung des Anspruchsverpflichteten § 895

Grundbuchberichtigungsanspruch § 1368 3; § 2029 5

Grundbuchberichtigungsbewilligungsanspruch § 2033 27

Grundbuchberichtigungsverfahren § 1985 12

Grundbucheintragung § 1964 9

Grundbuchfähigkeit § 705 37

Grundbuchverfahren § 873 5 ff.; § 892 16

Grunddienstbarkeit § 1018; aktives Handeln § 1018 11; Anlagen auf baulichen Anlagen § 1022; Ausschluss von Rechten § 1018 27; Beeinträchtigung § 1027; Belastungsgegenstand § 1018 5 ff.; Benutzungsdienstbarkeit § 1018 13 ff.; Berechtigter § 1018 8 f.; Besitzschutz § 1029; Eigentümerdienstbarkeit § 1018 9; Entstehen; Erlöschen § 1018 28 f.; Gesamtbelastung § 1018 7; gesetzliches Schuldverhältnis § 1018 4; Inhalt § 1018 10 ff.; Rechtstyp § 1018 1; schonende Ausübung § 1020; schuldrechtliche Beziehungen § 1018 2 ff.; Sicherung von Wettbewerbsbeschränkungen § 1018 23; Sicherungsdienstbarkeit § 1018 3; Teilung des dienenden Grundstücks § 1026; Teilung des herrschenden Grundstücks § 1025; Unterhaltspflichten § 1021 1; Unterlassungsdienstbarkeit § 1018 19 ff.; Verjährung § 1028; Verlegung des Ausübungsbereichs § 1023 1; Vorteil für das herrschende Grundstück § 1019 1; Zusammentreffen mehrerer Nutzungsrechte § 1024; haushaltsrechtliche ~ § 620 25; innerbetriebliche ~ § 620 75

Grunderwerbsteuer; Verkäuferhaftung § 436 9
Grundfreiheiten ex Artikel 29 EGBGB 25; ex Artikel 29a EGBGB 6, 11; ex Artikel 34 EGBGB 22
Grundgesetz § 611 38
Grundlagengeschäfte § 705 24; § 709 2, 8, 14; § 714 4
Grundlagenstörung § 313, § 314
Gründnisteil § 254 48
Grundpfandrecht § 1976 7; Löschungsbewilligung § 307 21
Grundrechte § 242 13 ff.; § 611 38; Artikel 6 EGBGB 13; Artikel 13 EGBGB 6; Abgrenzung von Werturteil und Tatsache § 824 3; Auslegung im Deliktsrecht Vor §§ 823 ff 19; Interessenabwägung § 824 14
Grundrechte im Privatrecht Einl 27
Grundsatz; der freien Rechtswahl (Privatautonomie) ROM I Art 3 3; der Gegenseitigkeit § 1361 6; der Vermögenstrennung § 1363 5; der Vollausschüttung Vor § 1577 14; von Treu und Glauben § 2039 28
Grundsatz der Eigenverantwortung; Betonung § 1574 1
Grundsatz der Privatautonomie § 658 8; freie Rechtswahl ROM I Art 3 3
Grundschuld § 1191, § 1192, § 1193; § 1365 12; Ehegattenzustimmung § 1365 12; Kündigung § 1193 1; Nießbrauch § 1080; Rückgewährungsansprüche § 196 2 f.; § 1192
Grundschuldbrief § 798 2; § 799 3; § 1116
Grundschuldzinsen § 1192 2 f.
Grundsicherung Vor § 1577 18
Grundstück § 873 2; § 925 5; § 2113 5 ff.; § 2130 2; § 2136 4; Aufgabe des Eigentums § 928 2; Bestandteilszuschreibung § 890 9; Eigenbesitz § 900 2; § 927 2; Eigentumserwerb § 925 2; Ersitzung § 900; öffentliche Lasten § 436; Rechte als Bestandteile § 96; Rechtsmangel § 435 12, 16, 18, 20; Sachmangel § 434 101; § 435 17 f.; Teilung § 890 10; Überbau § 912; Verbrauchsgüterkauf § 474 6; Vereinigung § 890; Verfügung über ~ § 2113 1 ff.; wesentliche Bestandteile § 94; Zubehör § 926
Grundstücksbeeinträchtigung § 906 11 ff.; § 1004 9
Grundstücksbelastungen § 567 3
Grundstücksbesitzer; Beweislast § 836 10; Ersatzpflichtiger § 836 8; Gebäude § 836 3; Haftung des § 836 1 ff.; Kausalität § 836 6 f.
Grundstückseigentum; räumliche Grenzen § 905 3 f.
Grundstücksgrenze; Festlegung § 919, § 920
Grundstücksinventar § 2111 16
Grundstückskauf; Option auf Vor §§ 145 ff 37
Grundstückskaufpreis; Leibrentenversprechen § 761 4
Grundstücksrecht § 873 3; § 875 2; Änderung § 877; Aufhebung § 875, § 876; Erlöschen § 901; Ersitzung § 900; Erwerb § 873 11; gutgläubiger Erwerb § 892; Inhalt § 874; Inhaltsänderung § 877; Rang § 879; Unverjährbarkeit § 902; Verfügung § 893 3
Grundstücksverträge § 311b 1 ff.; Anwartschaftsrecht § 311b 3; Bedingung § 311b 4; Begriff § 311b 2 ff.; falsa demonstratio § 311b 13 f.; mittelbarer Zwang § 311b 5 f.; Schwarzkauf § 311b 13 f.; spätere Vertragsänderungen § 311b 10; Umfang des Formerfordernisses § 311b 7 ff.; Vertragsaufhebung § 311b 12; Vertragstypen § 311b 8; Vertragverbindung § 358 7 ff.; Vollmachten § 311b 11; Vorverträge § 311b 4; Wirksamwerden durch Erfüllung § 311b 15
Gründungstheorie ex Artikel 27 EGBGB 19; ROM I Art 3 17
Grundurteil § 254 48
Gruppenarbeitsverhältnis § 611 106
Gruppenreise § 651a 5
Gültigkeit eines Testaments § 1960 5
Gültigkeitsdauer des Nottestaments § 2250 1; § 2252 1
Günstigkeitsprinzip § 611 42; § 2084 17 f.; Artikel 3 EGBGB 38; Artikel 4 EGBGB 13; Artikel 5 EGBGB 17; Artikel 7 EGBGB 11; Artikel 9 EGBGB 11; Artikel 10 EGBGB; Artikel 10 EGBGB 15; Artikel 11 EGBGB; Artikel 11 EGBGB 1, 7, 9 ff., 17; Artikel 12 EGBGB 15; Artikel 14 EGBGB 10; ex Artikel 37 EGBGB 3; ROM II Art 6 2; ROM II Art 7 2; ROM II Art 18 1; ROM II Art 21 1; ROM II Art 22 3; IPR Artikel 13 EGBGB 12
Günstigkeitsvergleich ex Artikel 29 EGBGB 21, 23; ex Artikel 29a EGBGB 7
Gutachten § 810 6; Vor §§ 328 bis 335 24
Gutachten Abstammung; Aussagekraft Anhang zu ex § 1600e 42; ergänzende ~ Anhang zu ex § 1600e 45
Gutachten bei substanzlosem Vortrag; Anfechtungsklage Anhang zu ex § 1600e 73
Gutachtenauftrag Vor §§ 631 bis 651 12
Gutachtenpraxis Anhang zu ex § 1600e 42
Gutachter; Haftung § 823 32, 172; § 824 4; § 826 20
Gute Sitten § 657 7; § 661 5
Guter Glaube § 990 2; § 1984 8
Gütergemeinschaft § 1361 20; § 1408 17; § 1583 1; § 1970 10; § 1975 16; § 1980 9; § 1981 7; § 1990 10; § 1993 5; § 2008 1, 5, 9; § 2014 3; § 2039 2; § 2042 24; § 2054 1
Güterrecht; Modifizierung des § 1408 15 f.
Güterrecht, eheliches; Aufrechnungsschranken § 387 26
Güterrechtliche Lösung § 1371 14
Güterrechtsreform, Übergangsvorschriften § 1373 5
Güterrechtsspaltung Artikel 15 EGBGB 20 f.

Stichwortverzeichnis

Güterrechtsstatut Artikel 15 EGBGB; bei Altehen Artikel 15 EGBGB 14, 24 f.
Güterstand § 2008 7; Ausschluss des gesetzlichen § 1408 20; Eintritt in den ~ § 1374 7
Gütertrennung § 1388 1 ff.; § 2042 23
Gutglaubensschutz § 2111 17; § 2113 31, 33 f.; § 2129 8; § 2140 4 f.
Gutgläubig verklagter Erbschaftsbesitzer § 2023 2
Gutgläubiger Erbschaftsbesitzer § 2021 1
Gutgläubiger Erwerb § 2020 2; § 2026 2; § 2030 4, 7; § 2041 10; abhanden gekommene Sache § 935; § 935 1 ff.; Abtretung des Herausgabeanspruchs § 934; Begriff des guten Glaubens § 932 8; bei Abtretung des Herausgabeanspruchs § 934 1 ff.; Besitzkonstitut § 933; Erlöschen von Rechten Dritter § 936; § 936 1 ff.; IPR Artikel 43 EGBGB 14; Kauf § 433 24; nicht eingetragenes Seeschiff § 932a; Rückerwerb § 932 6; und Rechtsgeschäft § 932 4; Verkehrsgeschäft § 932 5; vom Nichtberechtigten § 932; § 932 1 ff.; von Grundstücken und Grundstücksrechten § 892; von Zubehör § 926 4
Gutgläubigkeit § 892 12; § 2022 4; § 2025 2; IPR Artikel 12 EGBGB 1, 13, 15, 20; ROM I Art 13 1
Gutschein § 807 4
Gutschrift § 781 8
Gutschrift (Konto); Lastschriftverfahren § 675 27; Scheckinkasso § 675 34

Haager Adoptionsübereinkommen Artikel 22 EGBGB 4
Haager Erwachsenenschutzübereinkommen; Auslandsbezug Artikel 24 EGBGB 14; Erwachsenenschutz Artikel 24 EGBGB 14
Haager Kinderschutzübereinkommen Artikel 21 Anhang II EGBGB
Haager Kindesentführungsübereinkommen Artikel 21 Anhang III EGBGB
Haager Konferenz für internationales Privatrecht ROM I Art 26 1
Haager Minderjährigenschutzabkommen Artikel 21 Anhang I EGBGB
Haager Übereinkommen über das auf internationale Käufe beweglicher Sachen anwendbare Recht ROM I Art 26 2
Haager Unterhaltsübereinkommen Artikel 18 EGBGB 2
Haftpflichtversicherer; Direktanspruch Artikel 40 EGBGB 8, 26
Haftpflichtversicherung § 328 23; Testamentsvollstrecker § 2218 4
Haftsumme § 1967 21
Haftung § 241 25; § 657 21; § 991 1; § 1569 9; Arbeitnehmer § 611 4, 82, 92 ff.; Artikel 3 EGBGB 31; Begriff § 241 25; bei Eintritt oder Fortsetzung § 563b; Betriebserwerber § 613a 26; Betriebsveräußerer § 613a 26; der Eltern § 823 122; § 831 10; § 832 4 f.; § 1626 6; § 1664; der Gesellschafter § 705 5, 20, 47; § 708 1 ff.; § 714 1, 6; § 735 1; § 736 10; § 739 1; § 826 26; § 831 10; des Erwerbers auf Kautionsrückzahlung § 566a 1 ff.; des Mieters für den Untermieter § 540 17; für den Zufall § 2024 3; Grundtatbestand Vor §§ 823 ff 1, 6; Schuld § 241 25; Spezialtatbestand Vor §§ 823 ff 1, 6; Testamentsvollstrecker § 2206 2; § 2216 1; § 2219 1 ff.
Haftung der Gesellschafter; akzessorische ~ § 705 41; § 714 7; § 718 3; § 719 4; § 738 3, 8; für Fehlbetrag § 739
Haftungsausfüllende Kausalität § 823 22, 222
Haftungsausschluss; durch Vereinbarung § 14 ProdHaftG 1; Erfüllungsgehilfe § 309 39 ff.; Kauf § 444; Produkthaftung § 1 ProdHaftG 12; Vor ProdHaftG 4; und Ausgleichspflicht § 425 12; Werkvertrag § 639 1 ff.
Haftungsausschluss/-beschränkung § 14 ProdHaftG 1; § 157 18, 41, 43; § 536d 3; Schuld § 276 39
Haftungsbegründende Kausalität § 311 52; § 823 7 ff., 222
Haftungsbeschränkende Einrede § 1990 18
Haftungsbeschränkung § 714 14; § 723 14; § 727 8; § 823 36; § 1967 19; § 1970 1, 4; § 1973 1 f.; § 1974 1; § 1975 1, 5; § 1976 10; § 1977 3 f.; § 1978 10; § 1981 6; § 1984 14; § 1985 2, 25; § 1986 3; § 1989 6; § 1990 1, 4; § 1991 1; § 1992 2, 7; § 2000 2; § 2001 1; § 2008 11; § 2011 2; § 2012 3; § 2016 1; § 2032 41, 43; § 2058 2, 16; § 2060 5; Vor §§ 823 ff 16; auf den Nachlass § 2206 1; beim Minderjährigen § 1629a; der Eltern § 1664; des Vermächtnisnehmers § 2187, § 2188; durch Vereinbarung § 14 ProdHaftG 1; Höchstbetrag § 10 ProdHaftG 1 ff.; § 14 ProdHaftG 1; lower threshold § 11 ProdHaftG 2; Selbstbeteiligung § 11 ProdHaftG 1 f.; § 14 ProdHaftG 1; Untergrenze § 11 ProdHaftG 2; zu Gunsten des Mieters § 538 28
Haftungsbeschränkungsmöglichkeit § 1976 2; § 1990 9, 20; § 1993 4; § 2006 4; § 2013 5
Haftungseinheit § 254 45; § 426 19
Haftungserleichterung § 14 ProdHaftG 1; § 300 2 f.; § 611 4, 92 f.; § 1359 7
Haftungsersetzung Vor §§ 823 ff 13
Haftungskredite § 506 4
Haftungsmasse § 1990 2; § 2060 6
Haftungsmaßstab § 1359 8; § 2100 6; § 2119 2; § 2130 9; § 2131 1 ff.; § 2138 6
Haftungsmilderung für Arbeitnehmer § 276 23 ff.; Betriebsrisiko § 276 23 f.; gefahrgeneigte Arbeit § 276 23; Risikoprämie § 276 24
Haftungsminderung § 293 5
Haftungsprivileg; Anwendung kollektiver Regelungen § 15 AGG 11
Haftungsprivilegierung; § 104 SGB VII § 618 5

Haftungsschäden § 280 32
Haftungssonderung § 1967 10
Haftungsspuren Vor §§ 823 ff 9
Haftungsstandard § 275 7
Haftungsvereinbarung § 14 ProdHaftG 1; § 1359 9; § 2013 1; Vor §§ 823 ff 16 f.
Haftungsvermögen § 2055 12
Haftungsverschärfung § 2023 2; § 2024 1; § 2025 4
Halbteilungsgrundsatz § 1 VersAusglG 2; § 1587 1; Verstoß gegen ~ § 1361 19
Halter § 827 2; Tier~ § 833 6
Handeln auf eigene Gefahr § 254 39 f.; Haftungsbeschränkungen § 833 11; Vor §§ 823 ff 17; Rechtfertigungsgrund im Deliktsrecht § 823 18
Handeln unter falschem Recht Artikel 3 EGBGB 41, 50
Handeln unter fremdem Namen § 164 45 ff.
Handelsbrauch § 157 9; § 242 9; AGB als ~ § 305 39
Handelsgeschäft § 1967 21; Abtretbarkeit Forderungen aus ~ § 399 12
Handelsgesellschaft § 705 7, 13, 16, 20, 32
Handelsgewerbe § 705 6 f., 16, 20, 51
Handelsgewohnheiten Artikel 3 EGBGB 12; Artikel 12 EGBGB 3
Handelsmarke § 4 ProdHaftG 3
Handelsregister § 242 53; § 705 6 f., 37 f.; § 2032 23
Handelsvertreter § 278 16; § 630 1; Status § 611 23
HandelsvertreterRL § 241a 3; § 242 2
Händler; Haftung als Verkäufer § 437 48 ff.; Produkthaftung § 823 191
Händlermarke § 4 ProdHaftG 3
Handlungen; benachteiligende ~ § 1375 17
Handlungseinheit; rechtliche § 341 5 f.
Handlungsfreiheit Einl 19; Interessenausgleich im Deliktsrecht Vor §§ 823 ff 2
Handlungsort; allgemein ROM II Art 4 4; Allgemein ROM II Art 17 2 f.; bei Gefährdungshaftung Artikel 40 EGBGB 10; bei mehreren Tätern Artikel 40 EGBGB 10; bei Unterlassen Artikel 40 EGBGB 10; Immaterialgüterrechtsverletzungen ROM II Art 8 5; Internetdelikte ROM II Art 4 19; mehrere ~e Artikel 40 EGBGB 10; Produkthaftung ROM II Art 5 9; Umwelthaftung ROM II Art 7 2; Verkehrsunfälle ROM II Art 4 14
Handlungsstörer § 1004 4
Handlungsunrecht; Lehre vom ~ § 823 9, 12, 18
Handschenkung § 241a 3; § 516 1
Handzeichen § 126 15; § 129 1
Harmonisiertes IPR ex Artikel 27 EGBGB 3; ROM I Art 3 1; ROM I Art 23 2; Vor IntSchVR 11 f.
Härte; für den Mieter § 574 4 ff.; unbillige ~ § 1361b 9

Härtegründe auf Seiten des Landpächters § 595 4
Härteregelung für Ausnahmefälle § 1576 1
Härteregelungen § 27 VersAusglG 2; Entscheidung, Beweislast § 27 VersAusglG 17; Fallgruppen § 27 VersAusglG 6; grobe Unbilligkeit § 27 VersAusglG 3; Sanktionsgrenze § 27 VersAusglG 15
Häufige Kurzerkrankungen § 620 56 ff.
Hauptfrage Artikel 3 EGBGB 33
Hauptgesellschaft § 705 51 f.
Hauptintervention des Erben § 2212 2
Hauptleistungspflichten § 708 6
Hauptmietverhältnis § 546 13
Hauptniederlassung ROM I Art 19 4 f.
Hauptpflichten § 241 18 ff.; Arbeitnehmer § 619a 2; Erlöschen § 620 7
Hauptverwaltung ROM I Art 19 3
Haus- und Gartenordnung § 538 2
Hausangestellte § 1969 2
Hausfrauen/-männer; Verletzung § 252 18
Hausgenossen § 2028 1, 12
Hausgewerbebetreibender; Status § 611 28
Haushalt, auf Dauer angelegter § 2 GewSchG 6 ff.
Haushaltsführung § 1360a 3, 5
Haushaltsführungsehe § 1360 12
Haushaltsgegenstand § 1361a 5; § 1369 3 ff.; Anschaffung § 1568b 10; Ausgleichszahlung § 1568b 18; Auskunft § 1568b 13; Auslandsbezug Artikel 17a EGBGB; Begriff § 1568b 6; Billigkeit § 1568b 14; Eigentumsverhältnisse § 1568b 7; gemeinsames Eigentum § 1568b 8; Herausgabeanordnung § 1568b 16; Miteigentumsvermutung § 1568b 9; Rechte Dritter § 1568b 1; Zuweisungsentscheidung § 1568b 15
Haushaltsrechtliche Gründe § 620 25
Haushaltssachen § 1376 13
Haushaltsverteilungsverfahren; Abgrenzung zum Zugewinnausgleich § 1372 1 ff.
Hauslasten Vor § 1577 26
Hauslehrer § 1969 2
Häusliche Gemeinschaft § 617 1; § 618 3; § 2028 1
Häusliche Pflege § 616 2
Hausmann § 1581 10
Hausmannrechtsprechung Vor § 1577 41
Hausordnung § 535 110; Änderung § 535 111; Vereinbarung § 535 110; Vertrag zu Gunsten Dritter § 535 110; Wohnungseigentumsrecht § 535 112
Hausrat § 1361a 5; § 1372 4; § 1376 9; eigenmächtig entnommener ~ § 1361a 29 f.; im Alleineigentum stehender ~ § 1361a 14 ff.; im Miteigentum stehender ~ § 1361a 20 ff.
Hausratsverteilung bei Getrenntleben § 1361a 1 ff.
Hausstand § 1969 2
Haustier § 833 13 f.; § 1361a 10
Haustiere als Auflagenbegünstigte § 2192 3

Haustürgeschäft § 280 68; § 312; Arbeitsplatz § 312 10; Bürgschaft § 312 17; Ehegatten § 312 6; entgeltliche Leistung § 312 16 f.; europarechtliche Grundlage § 312 1; Freizeitveranstaltung § 312 12; Heininger § 312a 1; notarielle Beurkundung § 312 23 f.; öffentlich zugängliche Verkehrsflächen § 312 14; Partyverkäufer § 312 7; Privatwohnung § 312 11; Sammelbesteller § 312 7; Schutzzweck § 312 2; Stellvertretung § 312 4; Verhältnis zu anderen Vorschriften § 312a; Verkehrsmittel § 312 14; Versicherungsverträge § 312 20; vollzogene Bargeschäfte § 312 22; vorhergehende Bestellung § 312 21; Widerrufsrecht § 312 25

Hausverbot § 615 11

Hehlerei § 626 7

Heilung § 242 53; § 2033 19; Formmangel § 125 21

Heilung (der Formnichtigkeit); Rechtsfolgen § 494 2; Reichweite § 494 4; Sanktionensystem § 494 6, 9, 11; Schuldbeitritt § 494 4; Verhältnis zum Widerrufsrecht § 494 2; § 495 3; Vertragsübernahme § 494 4; Voraussetzungen § 494 5

Heimarbeiter § 611 28; § 630 1

Heimatrecht Artikel 3 EGBGB 5; Artikel 4 EGBGB; Artikel 5 EGBGB 3 f.

Heimpflegevertrag § 280 76

Heimvertrag § 535 5; AGB § 309 14

Heininger-Fall § 355 7

Heiratsvermittlung; Ehemäklervertrag § 656

Helfer § 611 22

Hemmung § 242 58; § 1977 13; § 1997 2; § 2034 31; § 2039 15; der Verjährung § 2014 8

Herabsetzung der Vorauszahlungen § 560 22

Herausforderung § 249 55

Herausgabe § 292 1; § 985 8; § 2029 2; beim Fund § 969; der Bereicherung § 547 8; § 2029 1; des Erlangten § 1959 4; Klageerhebung § 291 1; Mindesthaftung § 291 1

Herausgabe des Erlangten § 818 3 ff.; § 822 4; Besitz § 818 2, 5; dingliche Rente § 818 3; Ersatzvorteile § 818 8; Ersterwerber § 822 5; Forderungen § 818 3; Gebrauchswert § 818 6; Kapitalertrag § 818 7; Nutzungen/Gebrauchsvorteile § 818 5 ff.; § 822 4; rechtsgeschäftliche Surrogate § 818 8; Sach- und Rechtsfrüchte § 818 5; Surrogate § 818 8; unentgeltliche Weitergabe § 822 5; Zinsaufwendung § 818 7; Zinsnutzungen § 818 7; Zuwendungsgegenstand § 818 3

Herausgabeanordnung § 2103 1 ff.

Herausgabeanspruch § 562b 12 f.; § 931 1 ff.; § 985 1; § 1979 10; § 2018 15, 23; § 2022, § 2023, § 2024, § 2025, § 2026, § 2027, § 2028, § 2029, § 2030, § 2031 3; Abtretung § 931; Frist § 197 2; gutgläubiger Erwerb bei Abtretung § 934; nach Eintritt der Verjährung § 852 1; Nacherben § 2100 9; § 2113 14, 35; § 2130 1 ff.; Testamentsvollstrecker § 2364 3; Verjährung § 194 6

Herausgabekosten § 985 15

Herausgabeort § 985 13

Herausgabepflicht § 260 3; § 1986 2; § 1990 15; § 2019 10; § 2056 2; Testamentsvollstrecker § 2218 4

Herausgabeprozess § 985 25

Herausgabezustand § 985 12

Herkunft des Vermögens Vor § 1577 20

Herkunftslandprinzip ex Artikel 29 EGBGB 20; ROM II Art 6 2; ROM II Art 27

Herrenlose Sache; Aneignung § 958; Bienenschwarm § 961; Tiere § 960

Hersteller § 1 ProdHaftG 13; § 4 ProdHaftG 1 ff.; § 823 188 ff.; § 950 5 ff.; Haftung als Verkäufer § 437 47, 49 f.

Herstellergarantie § 328 21

Herstellerklausel § 950 1, 5 ff.

Herstellung § 249 3; bei Nichtvermögensschäden § 249 23; durch Geldzahlung § 249 15 ff.; Inhalt § 249 7; Personenschäden § 249 14; Sachschäden § 249 8 ff.; Unmöglichkeit der ~ § 251 2

Herstellungskosten § 556 4; Ersatz § 249 23; fiktive ~ § 249 29

Herstellungskostenersatz; Wahlrecht des Geschädigten § 249 23

Herstellungspflicht; des Unternehmers § 631 21; § 633 11

Heterologe Befruchtung § 1592 6

Hilfsanknüpfung Artikel 3 EGBGB 56

Hilfspersonen § 267 3

Hinderung angemessener wirtschaftlicher Verwertung § 573

Hinkendes Rechtsverhältnis Artikel 3 EGBGB 47

Hinterbliebenenversorgung § 25 VersAusglG 1; § 26 VersAusglG 1; § 31 VersAusglG 4; Anspruchshöhe § 25 VersAusglG 4; Ausschluss § 25 VersAusglG 3; Fälligkeit des Anspruchs § 25 VersAusglG 5; Voraussetzung § 25 VersAusglG 2

Hinterlegung § 268 7; § 275 32; § 372 1 ff.; § 659 7; § 660 9; § 1959 8; § 1960 16; § 1986 5; § 2018 2; § 2046 5; Annahmeverzug § 372 13; Anzeigepflicht § 374 3 f.; Befugnis § 372 1, 12; Eignung § 372 6; Erfüllung § 372 3; Erfüllungssurrogat § 372 1; Erlöschen des Gläubigerrechts § 382 1 ff.; Gefahrtragung des Gläubigers § 379 3; Gegenstand § 372 8 ff.; Geld § 372 8; Gesamtschuld § 422 2; Hinterlegungsordnung § 372 25 ff.; Kostbarkeiten § 372 11; Kosten § 381 1 f.; Leistungsverweigerungsrecht § 379 2; Mitgläubigerschaft § 432 8; Nachweis der Gegenleistung § 373 5; Nachweis Empfangsberechtigung § 380 2 f.; Notar § 372 5; Nutzungen § 379 4; Ort § 374 1 f.; Postübersendung § 375 1; Prätendentenstreit § 372 14 ff.; Rücknahmerecht § 376 1 ff.; § 377 1 f.; § 379 1; § 380 1 f.; Schadensersatz § 374 2, 4; Sicherheit § 372 4; Stelle § 372 5 ff.; Urkunden § 372 10; Vereinbarung § 372 6, 21; Versteigerung § 383 1 ff.; Verzinsung § 379 4; Verzug § 379 4; von Wertpapieren § 2116; § 2117 1 ff.; Wertpapiere § 372 9; Wir-

kung bei ausgeschlossener Rücknahme § 378 1 ff.; Zug-um-Zug-Leistung § 373 1 ff.; Zurückbehaltungsrecht § 373 2
Hinterlegungsordnung § 372 25 ff.
Hinterlegungsort § 374 1 f.
Hinweis; nach §§ 2, 38 SGB III § 620 100
Hinweispflicht; Arbeitgeber/Dienstberechtigter § 12 AGG 3; § 611 100
Hinzuerwerb § 2007 3
Hinzurechnung § 1374 14 ff.; § 1375 7 ff.
HOAI § 632 5; ex Artikel 34 EGBGB 7; im Werkvertrag § 631 5
Hobby; Produkthaftung § 1 ProdHaftG 15
Höchstalter § 8 AGG 9
Höchstbetragshaftung § 10 ProdHaftG 1 ff.; § 14 ProdHaftG 1; Anrechnung ausländischer Zahlungen § 10 ProdHaftG 3
Höchsteinstellungsalter § 10 AGG 12
Höchstgrenze § 33 VersAusglG 6; § 2051 5
Höchstpersönliche Rechte § 1960 29; § 1985 11; § 2019 3, 11; § 2033 31
Höchstpersönliche Rechtsgeschäfte § 164 26
Höchstpersönlichkeit; formelle ~ § 2064 1; materielle ~ § 2065 1
Höchstpersönlichkeit der Auflagenbestimmung § 2192 6
Höchstwert des Wertersatzes § 882
Höfeordnung § 1371 7; Artikel 3a EGBGB 9
Hoferbe § 2057a 1; § 2058 20
Höhe; der Ersparnis Vor § 1577 12; der Sicherheitsleistung § 551 12; des Ausbildungsunterhalts § 1575 7; des Taschengeldes § 1360a 8; des Wirtschaftsgeldes § 1360a 6
Höhere Gewalt § 276 5, 35 f.; § 1997 2; Begriff § 276 36; CISG § 276 35 f.; Reisevertrag § 651j 1 ff.; Vorhersehbarkeit § 276 36; Zufall § 287 3
Holschuld § 243 11; § 269 2; § 296 2; § 447 1
Homologe Befruchtung § 1592 6
Homosexualität § 1 AGG 10
Hostile environment § 3 AGG 36
Humanistisches Prinzip; Arzthaftung § 823 207
Hypnose § 1314 32
Hypothek § 1113, § 1114, § 1115; § 1365 12; § 1976 7; § 1978 8; § 2111 10, 13; § 2114 1 ff.; § 2126 13; Abtretung § 401; Haftung des Zubehörs § 1121 1 ff.; § 1122 1; Schuldübernahme § 416; Verzicht des Gläubigers § 1168 1 ff.; Zubehör § 1121 1 ff.; § 1122 1
Hypothekenbrief § 793 4; § 799 3; § 1116 1 f.
Hypothetische Vergleichsbetrachtung § 3 AGG 3
Hypothetischer Parteiwille § 133 27 f.; § 139 19; § 140 2, 10

Ideelle Bruchteile § 741 1, 5
Ideeller Erbteil § 2060 1
Identitätsirrtum § 119 25

Immaterialgüterrechte § 823 21, 69, 83, 238; § 826 23, 43 f.; Vor §§ 823 ff 26; Anknüpfung bei Verletzung Artikel 40 EGBGB 20; Lizenzanalogie § 823 21; Schutzlandprinzip Artikel 40 EGBGB 20; Territorialitätsprinzip Artikel 40 EGBGB 20
Immaterialgüterrechtsverletzung; Anknüpfung ROM II Art 8 3, 5 f.; ROM II Art 13 1
Immaterieller Schaden § 8 ProdHaftG 1; § 15 AGG 7; § 280 58; Vor ProdHaftG 5; im internationalen Deliktsrecht Artikel 40 EGBGB 3; Straffunktion im Deliktsrecht Vor §§ 823 ff 5
Immissionen; Eigentumsverletzung § 823 37; im IPR Artikel 44 EGBGB
Immissionsschutz § 906; Mietwohnung und Wohnungseigentum § 906 10
Immobiliardarlehensverträge § 503 4 f.
Immobiliarkredit ex Artikel 29 EGBGB 12
Immobiliarverträge ex Artikel 29 EGBGB 8
Immobilien § 1376 9; Kauf § 358 24; Bewertung § 1376 14
Immobiliendarlehensverträge § 503 3
Immobilienerwerb § 167 21 f.; Rechtsberatungsgesetz § 167 21 ff.; Schrottimobilien § 167 21 ff.; Unwirksamkeit der Vollmacht wegen Verstoßes gegen das ~ § 167 21 ff.
Immobilienfonds § 123 18; § 705 49; Vergleich über Darlehen § 779 18
Immobilienmakler § 316 2
Importeur; Produkthaftung § 1 ProdHaftG 13; § 4 ProdHaftG 1, 4; § 5 ProdHaftG 3; Re-Import § 4 ProdHaftG 4
Inbesitznahme § 1960 13
INCOTERMS 2000 § 157 9
Indexierung § 253 24; § 1374 8, 10 f.
Indexmiete § 557b 1; andere Mietänderungen § 557b; Mieterhöhung § 557b 5; Stillhaltefrist § 557b; Voraussetzungen und Inhalt § 557b
Individualvereinbarung; keine AGB § 305 11 ff.
Individualvertragliche Änderungsvereinbarung § 538 21
Individuelle Gesichtspunkte § 1581 1
Individuelle Prüfung § 1581 6
Indizien § 22 AGG; Beispielfälle § 22 AGG 6; Benachteiligung § 22 AGG; für die Zumutbarkeit § 1577 12
Informationen; Produkthaftung § 2 ProdHaftG 2
Informationsfreiheit § 535 120
Informationspflichten § 242 68 ff.; § 280 65; § 535 38; Architekt § 631 27; bei Geschäftsbesorgung § 675a; Werkunternehmer § 631 26
Ingenieurvertrag § 631 12
Inhaberaktie § 793 2; § 798 2; § 801 1; § 2042 27
Inhabergrundschuldbrief § 793 2, 9; § 800; § 801 1
Inhaberkarten § 807 1 ff.
Inhaberlagerschein § 793 9, 11

Stichwortverzeichnis

Inhabermarken § 807 1 ff.
Inhaberpapier § 793 2; klein ~ § 803 1; § 807 1
Inhaberpapiere; klein ~ § 807 2 f.
Inhaberrentenscheine § 803 5
Inhaberscheck § 793 2; § 990 7
Inhaberzeichen § 793 2
Inhalt; der Kündigungserklärung § 542 5 ff.; des Selbsthilferechts § 562b 8 ff.
Inhalts- und Ausübungskontrolle § 8 VersAusglG 1
Inhaltsänderung eines Grundstücksrechts § 877
Inhaltsfreiheit § 311 15
Inhaltsirrtum § 119 23; § 2078 1; § 2079 1
Inhaltskontrolle § 138 7 f.; § 242 28; § 244; § 245 7; AGB § 307, § 308, § 309; arbeitsrechtliche Kollektivvereinbarungen § 242 28; Tarifverträge § 242 28; Verkehrssitte § 309 58
Initiativrecht; Betriebsrat § 17 AGG 2
Inkassoermächtigung; Reisebüro § 651a 22; § 651k 8
Inkassokosten § 280 28
Inkassozession § 398 21
Inklusivmiete § 551 12
Inkognito; Adoption § 1741 6
Inkorporierte Normen Artikel 3 EGBGB 21, 26; Artikel 4 EGBGB 18; Artikel 11 EGBGB 15; Artikel 12 EGBGB 2; Artikel 15 EGBGB 11; Artikel 18 EGBGB 2
Inlandsbezug ex Artikel 34 EGBGB 4
Inlandssachverhalte ROM I Art 3 25
Innen-GbR § 705 33 f., 51; § 712 2; § 713 5; § 714 1, 7; § 718 1; § 722 1; § 723 3; § 728 7; § 730 2; § 737 1
Innenseite des Gesellschaftsanteils § 2205 13
Innerbetriebliche Gründe § 620 75, 89
Innere Sorgfalt § 276 3, 10
In-Prinzip Vor § 1577 17, 45
Insassenunfallversicherung § 249 86
Insichgeschäft § 181; amtsempfangsbedürftige Willenserklärungen § 181 11; bei der Ein-Mann-GmbH § 181 9; bei der Untervertretung § 181 10; bei Gesellschafterbeschlüssen § 181 8; Beweislast § 181 20; Erfüllung einer Verbindlichkeit § 181 17; Gestattung § 181 13 ff.; Interessenkollisionen § 181 12
Insolvenz § 158 27; § 535 61; § 614 1; Aufrechnung § 394 5; bedingte Rechtsgeschäfte § 161 8; der Gesellschaft § 707 2; § 714 10; § 728 1 f.; des Mieters § 543 21; § 546 1; § 562 34; des Nacherben § 2142 2; Produkthaftung § 4 ProdHaftG 1, 5; Selbsthilfe § 229 4
Insolvenzanfechtung; IPR Artikel 43 EGBGB 14
Insolvenzantrag § 1985 19; § 1992 1
Insolvenzeröffnung § 1963 3
Insolvenzgeld ex Artikel 34 EGBGB 15; Vor § 1577 18
Insolvenzgericht § 1975 16; § 1980 1

Insolvenzmasse § 1977 5; § 1984 16; § 2034 35; § 2044 3
Insolvenzplan § 1989 1, 5; § 2000 1
Insolvenzrecht; Anknüpfung Artikel 40 EGBGB 7; internationales ~ Artikel 43 EGBGB 2
Insolvenzverfahren § 620 4; § 728 1 f.; § 736; § 1968 1; § 1979 9; § 1989 2, 4; § 1990 16; § 1991 9; § 2019 10; § 2042 41; § 2060 12; befristete Forderungen § 163 4; Prüfungsschema zur Obliegenheit einer Einleitung eines ~ § 1581 19
Insolvenzverschleppung § 626 7; § 826 36
Insolvenzverwalter § 286 3; § 613a 8; § 1976 10; § 1987 2; § 1988 2; § 1989 2; § 2034 8; § 2038 4; § 2042 7
Instandhaltung § 556 4; Verjährung *MietsacheVerjährung* § 535 93
Instandhaltungsmaßnahmen Vor § 1577 24
Instandhaltungspflicht; Abbedingung § 536 6; § 536a 3
Instandhaltungsrücklage Vor § 1577 24
Instandhaltungsrückstellung; Zahlungen auf § 28 WEG 15
Instandsetzung § 556 4
Instruktionspflichten; des Verkäufers § 437 57
Integrationsamt § 620 91
Integritätsinteresse § 823 41, 43
Integritätsschutz; Interessenausgleich im Deliktsrecht Vor §§ 823 ff 2
Integritätsverletzungen § 276 40
Interessenabwägung § 620 55, 58 ff.; § 626 3; § 1585 2
Interessenausgleich § 613a 10, 47 f., 51; § 620 88, 97
Interessenkollision § 181 12
Interessenwegfall § 628 3
Interessenwiderstreit § 1981 16
Interlokales Privatrecht Artikel 3 EGBGB 9; Artikel 4 EGBGB 1, 21 ff.; Artikel 9 EGBGB 3; ROM I Art 20 2; ROM I Art 22 1
Internationale Zuständigkeit § 1962 2; § 1975 10; § 1981 9; Artikel 3 EGBGB 3; ROM I Art 12 43
Internationales Adoptionsrecht Artikel 5 EGBGB 8; Artikel 6 EGBGB 11, 19 ff.; Artikel 7 EGBGB 12; Artikel 10 EGBGB 12; Artikel 11 EGBGB 6, 10; Artikel 12 EGBGB 7; ROM I Art 11 4
Internationales Deliktsrecht; Distanzdelikte Artikel 40 EGBGB 9; Erfolgsort Artikel 40 EGBGB 11; Handlungsort Artikel 40 EGBGB 10; Herkunftslandprinzip Artikel 40 EGBGB 19; Qualifikation Artikel 40 EGBGB 2; Rechtswahl Artikel 40 EGBGB 16; Rückverweisung Artikel 40 EGBGB 8; Staatsverträge Artikel 40 EGBGB 6; Streudelikte Artikel 40 EGBGB 9, 11; Vorfragen Artikel 40 EGBGB 5; Weiterverweisung Artikel 40 EGBGB 8
Internationales Eherecht Artikel 5 EGBGB 8; Artikel 6 EGBGB 19 f.; Artikel 7 EGBGB 12

Artikel 10 EGBGB 12; Artikel 11 EGBGB 10; Artikel 12 EGBGB 7

Internationales Erbrecht Artikel 7 EGBGB 12; Artikel 12 EGBGB 7; Artikel 46 EGBGB 3

Internationales Gesellschaftsrecht Artikel 3a EGBGB 6; Artikel 7 EGBGB 11; Artikel 11 EGBGB 7; Artikel 46 EGBGB 3; Centros-Entscheidung ex Artikel 27 EGBGB 28; Costa/E.N.E.L.-Entscheidung ex Artikel 27 EGBGB 2; Einheitslehre ex Artikel 27 EGBGB 18, 25; ROM I Art 3 16, 23; gemeinsamer Referenzrahmen ex Artikel 27 EGBGB 7, 17; ROM I Art 3 15; Gerichtsstandsvereinbarung ex Artikel 27 EGBGB 8; Gründungstheorie ex Artikel 27 EGBGB 19; ROM I Art 3 17; Inspire Art-Entscheidung ex Artikel 27 EGBGB 28; Investitionsschutzabkommen ex Artikel 27 EGBGB 19; ROM I Art 3 17; Löschung Artikel 43 EGBGB 7; Marks & Spencer-Entscheidung ex Artikel 27 EGBGB 27; Parteiautonomie ex Artikel 27 EGBGB 4; ROM I Art 3 2; Personalstatut ex Artikel 27 EGBGB 26; ROM I Art 3 24; Rom I-VO ROM I Art 1 21; Sitztheorie ex Artikel 27 EGBGB 19; ROM I Art 3 17; Überseering-Entscheidung ex Artikel 27 EGBGB 28

Internationales Kindschaftsrecht Artikel 5 EGBGB 8, 33; Artikel 6 EGBGB 11, 19 ff.; Artikel 7 EGBGB 15; Artikel 10 EGBGB 12; Artikel 11 EGBGB 6, 10; Artikel 12 EGBGB 16; Artikel 20 EGBGB; ex Artikel 33 EGBGB 5; ROM I Art 11 4

Internationales Namensrecht Artikel 2 EGBGB; Artikel 10 EGBGB 1 ff.

Internationales öffentliches Recht Artikel 3 EGBGB 13

Internationales Privatrecht § 611 110; AGB ex Artikel 32 EGBGB 17; ROM I Art 12 16, 40; Vor §§ 305 ff 5 ff.; Anfechtungsklage § 1600 15; Anhalterecht Artikel 43 EGBGB 11; Arbeitsverhältnis Artikel 5 EGBGB 30; Arbeitsvertrag Artikel 5 EGBGB 30; Aufrechnung ex Artikel 32 EGBGB 11 f.; ROM I Art 17 4; ausländische Sicherungsrechte Artikel 43 EGBGB 17; Besitz Artikel 43 EGBGB 12; charakteristische Leistung ex Artikel 28 EGBGB 1 f.; Datumtheorie Artikel 3 EGBGB 13, 49; ex Artikel 34 EGBGB 21; EBV Artikel 43 EGBGB 13; Eigentumsvorbehalt Artikel 43 EGBGB 20; Enteignung Artikel 43 EGBGB 21; Ersitzung Artikel 43 EGBGB 19; Fernabsatz ex Artikel 29 EGBGB 16; ex Artikel 29a EGBGB 4; Floating Charge Artikel 43 EGBGB 17; Flugzeuge Artikel 45 EGBGB 1 ff.; gemeinschaftsrechtliches ~ ex Artikel 27 EGBGB 3; ex Artikel 32 EGBGB 1; ROM I Art 3 1; ROM I Art 23 2; Vor IntSchVR 11 f.; Geschäftsfähigkeit Artikel 2 EGBGB; Artikel 7 EGBGB 1, 9; Artikel 9 EGBGB 7; Artikel 12 EGBGB 1 ff.; ROM I Art 13 1; Geschäftsführer Artikel 5 EGBGB 30; Günstigkeitsprinzip Artikel 13 EGBGB 12; gutgläubiger Erwerb Artikel 43 EGBGB 14; Gutgläubigkeit Artikel 12 EGBGB 1, 13, 15, 20; Artikel 15 EGBGB 12; ROM I Art 13 1; harmonisiertes ~ ex Artikel 27 EGBGB 3; ROM I Art 3 1; Insolvenzanfechtung Artikel 43 EGBGB 14; Kfz Artikel 45 EGBGB 3; Kfz-Diebstahl Artikel 43 EGBGB 14; Artikel 46 EGBGB 3; Kulturgüterrückgabe Artikel 43 EGBGB 2; Legaldefinition Artikel 2 EGBGB; Artikel 3 EGBGB 1 ff.; Lien at Law Artikel 43 EGBGB 11; Lösungsrechte Artikel 43 EGBGB 14; Miteigentum Artikel 43 EGBGB 13; numerus clausus des Sachenrechts Artikel 43 EGBGB 7; öffentlich-rechtliche Genehmigung Artikel 44 EGBGB 5; Option des anwendbaren Rechts Artikel 3 EGBGB 37; ex Artikel 36 EGBGB 3; Ordre public ex Artikel 27 EGBGB 11; ex Artikel 36 EGBGB 2; ROM I Art 12 45; Pfandrecht Artikel 43 EGBGB 15; Rechtsfähigkeit Artikel 2 EGBGB; Artikel 7 EGBGB 1, 8; Artikel 12 EGBGB 1 ff.; ROM I Art 13 1; Regelungsort Artikel 3 EGBGB 11, 14 ff.; Artikel 11 EGBGB 3; Artikel 14 EGBGB 3; Artikel 15 EGBGB 3; Artikel 16 EGBGB 3; ROM I Art 11 6; Reisevertrag § 651a 41 ff.; § 651h 7; Renvoi ex Artikel 35 EGBGB 3; ROM I Art 2 2; ROM I Art 20 2; res in transitu Artikel 46 EGBGB 3; Rom I-VO Vor IntSchVR 11 f.; Sachenrecht Artikel 43 EGBGB 7; Schiedsvereinbarungen ex Artikel 28 EGBGB 13; ROM I Art 12 12; Schiedsverfahren ex Artikel 32 EGBGB 6; ROM I Art 12 8; Schienenfahrzeuge Artikel 45 EGBGB 1 ff.; Sicherungsrechte Artikel 43 EGBGB 17; Sicherungsübereignung Artikel 43 EGBGB 15; Sonderanknüpfung ROM I Art 12 29; Spiel § 762 9 f.; § 763 4; Staatsverträge zum ~ Artikel 2 EGBGB 1; Artikel 4 EGBGB; Artikel 4 EGBGB 3, 9, 15, 17 f.; Artikel 5 EGBGB 6, 12 ff., 27; Artikel 6 EGBGB 3, 5, 10; ex Artikel 34 EGBGB 3; ROM I Art 21 5; Staatsverträge zum ~ Artikel 1 EGBGB 2; Artikel 3 EGBGB 4, 6 f., 21, 24 f., 35, 47; Artikel 7 EGBGB 2, 12; Artikel 9 EGBGB 2, 4, 8, 10; Artikel 10 EGBGB 2, 6, 10; Artikel 11 EGBGB 2 ff., 15 f.; Artikel 12 EGBGB 2, 5, 7, 16 f.; Artikel 14 EGBGB; Artikel 15 EGBGB 1, 4; Artikel 16 EGBGB; Artikel 17 EGBGB 4; Artikel 17a EGBGB; Artikel 21 EGBGB 2; Artikel 22 EGBGB; ROM I Art 11 2, 6; Vor Artikel 7 bis 12 EGBGB 1; testamentum reciprocum § 2270 1; Todesfeststellung/-zeitpunkt Artikel 2 EGBGB; Artikel 7 EGBGB 1; Artikel 9 EGBGB 1 ff.; Vergütung Artikel 3 EGBGB 31; Verkehrsschutz Artikel 3 EGBGB 12; Artikel 4 EGBGB; Artikel 7 EGBGB 10, 12; Artikel 9 EGBGB 10, 12; Artikel 10 EGBGB 7 f., 10 ff.; Artikel 11 EGBGB 10, 12; Artikel 12 EGBGB 1, 7 ff.; Artikel 15 EGBGB 12; Artikel 16 EGBGB; ROM I Art 13 1; Verwendungskauf Artikel 43 EGBGB 17; Vindikationslegat Artikel 43 EGBGB 7; Vorrang des Gemeinschaftsrechts ex Artikel 27 EGBGB 3; ROM I Art 3 1; Wasserfahrzeuge Artikel 45 EGBGB 1 ff.; Weiterverweisung ex Artikel 32 EGBGB 1; ROM I Art 10 3 f.

Internationales Sachenrecht; Grenzübertritt Artikel 43 EGBGB 17 ff.; Grundsatz Artikel 43 EGBGB 1 ff.; Rechtswahl Artikel 43 EGBGB 6; Artikel 46 EGBGB 2; Transpositionslehre Artikel 43 EGBGB 17; Wertpapiere Artikel 43 EGBGB 9

Internationales Schuldrecht; Abtretung ex Artikel 33 EGBGB 2; Anerkenntnis ex Artikel 33 EGBGB 13; Anknüpfungsregeln ROM I Art 4 7, 10 f.; Auslegung ex Artikel 27 EGBGB 15; ex Artikel 32 EGBGB 6; ROM I Art 3 13; ROM I Art 12 8 ff.; Vor IntSchVR 12 ff.; Beweis ROM I Art 18 1 ff.; culpa in contrahendo (cic) ex Artikel 32 EGBGB 19; ROM I Art 1 24; Dissens ROM I Art 10 8; ROM I Art 12 11; Einheitskollisionsrecht ROM I Art 1 17; Vor IntSchVR 11 f.; engste Verbindung ex Artikel 28 EGBGB 4 ff.; ROM I Art 4 21; Erfüllung ROM I Art 12 13 ff.; Erlöschen ex Artikel 32 EGBGB 10 f.; ROM I Art 12 38; ROM I Art 17 4; Factortame-Entscheidung ex Artikel 36 EGBGB 8; Forderungsstatut ex Artikel 33 EGBGB 3; Gefahrtragung ROM I Art 12 22; Gerichtsstandsvereinbarung ex Artikel 27 EGBGB 13; ROM I Art 3 11; ROM I Art 12 12; Haftungsbeschränkungsvereinbarungen ROM I Art 12 20; Handeln unter falschem Recht ROM I Art 12 10; Incoterms ROM I Art 12 9; Integritätsinteresse ROM I Art 12 34; Konsens ROM I Art 12 11; Mehrrechtsstaaten ex Artikel 35 EGBGB 5; ROM I Art 21 1, 5; Murphy-Entscheidung ex Artikel 36 EGBGB 8; Niederlassung ex Artikel 28 EGBGB 14, 19; ROM I Art 19 6 f.; Novation ROM I Art 12 21; Parteiautonomie ex Artikel 27 EGBGB 1; ROM I Art 3 3; Rechtswahl ROM I Art 3 4 ff.; Rückverweisung ex Artikel 28 EGBGB 2; Schadensersatz ROM I Art 12 37; Schuldübernahme ex Artikel 33 EGBGB 11; Stabilisierungsklausel ex Artikel 27 EGBGB 3; ROM I Art 3 1; starre Anknüpfung ROM I Art 4 7, 10 f.; Substitution ROM I Art 12 14, 30, 43; teilweise Rechtswahl ex Artikel 27 EGBGB 21; ROM I Art 3 19; Treu und Glauben ROM I Art 12 16; Vergleich ex Artikel 32 EGBGB 10; ROM I Art 12 21, 38; Vermutung der engsten Verbindung ex Artikel 28 EGBGB 4 ff.; Versteigungsklausel ex Artikel 27 EGBGB 3; ex Artikel 32 EGBGB 5; ROM I Art 3 1; Versteinerungsklausel ROM I Art 20 4; Vertragsabschluss ROM I Art 12 11; ROM I Art 28 2; Vertragsfreiheit ex Artikel 32 EGBGB 5; Vertragsstrafeversprechen ROM I Art 12 20; Vertragstypen ROM I Art 4 7, 10 f.; Verwirkung ex Artikel 32 EGBGB 17; ROM I Art 12 40; Wahlrecht ROM I Art 12 20; Wegfall der Geschäftsgrundlage ROM I Art 12 16, 35; Wertpapierrecht ROM I Art 1 15 ff.; Zinsen ex Artikel 32 EGBGB 1; ROM I Art 12 37; Zuständigkeit ROM I Art 12 43

Internationales Vertretungsrecht Artikel 5 EGBGB 7 ff., 33; Artikel 6 EGBGB; Artikel 6 EGBGB 19; Artikel 7 EGBGB 5 ff.; Artikel 9 EGBGB 5 ff.; Artikel 10 EGBGB 5 ff.; Artikel 11 EGBGB 5 ff.; Artikel 12 EGBGB 5 ff., 12, 16; ex Artikel 33 EGBGB 5; ROM I Art 1 22; ROM I Art 11 4; Vor Artikel 7 bis 12 EGBGB 1

Internationales Zivilprozessrecht Artikel 3 EGBGB 42

Interne Teilung § 9 VersAusglG 1; § 10 VersAusglG 1; § 11 VersAusglG 1; § 35 VersAusglG 1

Internet § 355 6; ex Artikel 29 EGBGB 16; ex Artikel 29a EGBGB 4; Einbeziehung von AGB § 305 22; Wettveranstaltung § 762 9 f.; § 763 14

Internetdelikte; Anknüpfung ROM II Art 4 19

Internetnutzung; Aufsichtspflicht § 832 14; Minderjährige § 832 14; private ~ § 626 7

Interpersonales Privatrecht Artikel 4 EGBGB 1, 19, 22 ff.; Artikel 6 EGBGB 19; Artikel 23 EGBGB, Artikel 24 EGBGB

Intertemporales Privatrecht Artikel 3 EGBGB 9; Artikel 9 EGBGB 3; ROM I Art 20 2; ROM I Art 28 1; ROM I Art 29 1

Intimsphäre § 20 AGG 6

Invaliditätsabsicherungen § 28 VersAusglG 2

Inventar § 1960 27; § 1970 2; § 1984 2; § 1985 24; § 1993 1 f.; § 1994 12; § 1998 3; § 1999 2; § 2000 2; § 2002 1; § 2009 2; § 2011 3; § 2014 2; § 2027 4; § 2063 3; gewerbliches ~ § 98; landwirtschaftliches ~ § 98; zur Haftungsbeschränkung § 2215 1

Inventaraufnahme § 2003 3; § 2004 1

Inventareröffnung § 2058 17

Inventarerrichtung § 1979 6; § 1980 15; § 1989 1; § 1990 5; § 1993 4; § 1998 1, 3; § 2001 2; § 2002 7; § 2005 7; § 2062 4; § 2063 2

Inventarfrist § 1960 27; § 1985 18; § 1994 5 f.; § 1995 1; § 1996 1 f.; § 1997 1; § 1999 1; § 2003 4; § 2005 5; § 2007 3; § 2008 2, 5; § 2011 3; § 2012 2, 6; § 2013 8; § 2014 2; § 2033 26; § 2039 7

Inventarübernahme zum Schätzwert § 582a

Inventaruntreue § 2000 2; § 2003 7; § 2004 3; § 2006 12; § 2008 8; § 2009 3; § 2013 8; § 2014 2; § 2063 3

Inventarverfehlung § 2008 2

Inventarversäumnis § 1993 4; § 2006 12; § 2008 8

Inverkehrbringen § 1 ProdHaftG 13 f.

Investitionsschutzabkommen ex Artikel 27 EGBGB 19; ROM I Art 3 17

Investmentanteilschein § 793 7

Investmentzertifikat § 798 2; § 799 3

InvG § 280 69

Stichwortverzeichnis

Invitatio ad offerendum § 145 6 ff.; ex Artikel 29 EGBGB 16; ex Artikel 29a EGBGB 4; Schweigen auf ~ § 148; § 148 4
Irrtum § 119 1; § 158 14; § 321 13; § 661 15; § 2027 14; beiderseitiger § 313 33 ff.; Kalkulations~ § 433 38, 49
Irrtumsanfechtung § 119 1 ff.; § 312e 14; § 782 5; Abgrenzung zum Dissens § 155 2; ergänzende Vertragsauslegung § 157 35
ISO-Normen § 823 133, 181, 226; Produkthaftung § 1 ProdHaftG 16; § 3 ProdHaftG 6

Jagd Vor ProdHaftG 1 f.; Verkehrspflichten § 823 165
Jagdrecht § 249 42
Jahresbruchteil; Fristberechung § 189 1
Jahresfrist § 556
Jastrowsche Klausel § 2177 1
Jobcenter; Erfüllungsgehilfe § 278 17
Job-Sharing § 611 107
Jubiläumszuwendungen § 611 43, 74; Vor § 1577 11
Jugendamt; Pflichten bei Adoption § 1741 10
Juristische Person § 166 22; § 626 14; Abgrenzung Vor §§ 21 ff 4; als Nacherbe § 2101 9; § 2108 10; § 2109 10; Arten Vor §§ 21 ff 3; Begriff Vor §§ 21 ff 1; Durchgriffshaftung Vor §§ 21 ff 8 f.; Entstehung Vor §§ 21 ff 1; Existenzvernichtungshaftung Vor §§ 21 ff 9; Gesamtvermögen § 311b 23; Haftung § 31, § 89; Handlungs- und Deliktsfähigkeit Vor §§ 21 ff 7; Insolvenz § 89 6; Öffentlich-rechtliche § 89; Vor §§ 21 ff 3; Organtheorie § 164 53; § 166 22; Privatrechtliche Vor §§ 21 ff 1, 3; Ultra-vires-Lehre Vor §§ 21 ff 6; Unterkapitalisierung Vor §§ 21 ff 9; Vermögensvermischung Vor §§ 21 ff 9; Vertretertheorie § 164 52; Zweck Vor §§ 21 ff 2
Just-in-time Vertrag § 281 19

Kabelanschluss § 157 47; § 535 120
Kabotage ex Artikel 34 EGBGB 9
Kaffeefahrten ex Artikel 29 EGBGB 18
Kalendermäßige Befristung § 620 11
Kalkulationsirrtum § 119 30; § 313 34; offener Kalkulationsirrtum § 119 32; verdeckter Kalkulationsirrtum § 119 31
Kampfsportarten § 254 40
Kanonisches Recht Vor §§ 2229 ff 6
Kapital- und Zahlungsverkehr ex Artikel 34 EGBGB 6
Kapitalabfindung § 843; § 1585 2; Abänderungsklage § 843 7; Berechnung § 843 7; wichtiger Grund § 843 6
Kapitalanlagen; Gewinne § 252 21
Kapitalgesellschaft § 1985 13
Kapitallebensversicherung § 1372 6
Kapitalwert § 14 VersAusglG 8
KAPOVAZ § 611 108

Kappungsgrenze; Auskunftsanspruch § 558 21; Begründetheitsvoraussetzung § 558 22; Berechnung § 558 18; Fehlbelegungsabgabe § 558 20
Kardinalpflichten; AGB § 306 4; § 307 26; § 309 44, 47
Kartellrecht ex Artikel 34 EGBGB 2, 14, 16; Auswirkungsprinzip ex Artikel 34 EGBGB 14, 16; Beihilfekontrolle ex Artikel 34 EGBGB 16; Fusionskontrolle ex Artikel 34 EGBGB 16; Gruppenfreistellungsverordnung ex Artikel 34 EGBGB 16
Kartellrechtliche Vereinbarungen Vor §§ 145 ff 7 f.
Kartellrechtsverstöße; Anknüpfung ROM II Art 6 3, 7
Katastrophenschutz § 839 106
Kauf § 328 21; § 433, § 434, § 435; Anfechtung § 437 67 ff.; Angebotsvertrag § 463 13; Anteils~ § 453 15, 29; Antiquitäten § 475 10; anwendbares Recht ROM I Art 4 10; asset deal § 453 28; Aufbewahrungspflicht des Käufers § 433 52; Beschaffungsrisiko § 276 30; Beschränkung der Käuferrechte durch AGB § 307 27; § 309 39 ff., 52 ff.; Bestimmungs~ Vor §§ 315 bis 319 7; Bucheigentum § 433 24; culpa in contrahendo § 437 71; § 438 4; Deckungs~ § 280 41; Deliktsrecht § 437 76; § 438 9; § 823 41 ff.; Eigentumsvorbehalt § 449 14; Einigung über gewöhnlichen Verkaufswert § 508 6; Einrede des nicht erfüllten Vertrages § 320 18; Eintrittsrecht § 463 15; § 469 2; Erbschafts~ § 1975 14; Erbteilsver~ § 2042 16; Erbteils~ § 2033 15; § 2035 1; Erschließungsbeiträge § 436 7; Fixhandels~ § 275 33; § 280 48; § 281 19; Forderungs~ § 453 12; Garantie des Verkäufers § 477; Gattungs~ § 434 82, 86; gebrauchte Sachen § 475 10; § 476 1, 7; § 478 6; Gebrauchtwagen § 475 10; § 476 7 f.; Gefahrübergang § 435 6; § 446; § 447 1, 13 f.; § 454 13; § 476; Geschäftsführung ohne Auftrag § 437 75; Grundstück § 311b 13; Grundstücks Vor §§ 145 ff 37; gutgläubiger Erwerb § 433 24; Haftung für Mängel § 437 35 ff.; Haftung für Verzögerung § 437 35 ff.; Haftungsausschluss § 444; Hauptleistungspflichten § 433 1, 5, 16, 35; Immobilien § 358 24; Inzahlungnahme bei Neuwagen~ § 474 4; § 480 5; Käuferpflichten § 433 35 ff.; Kunstwerke § 475 10; Lasten § 436 8 f.; § 446 15; § 447 1; Leibrentenversprechen § 761 4; Mangelfreiheit § 433 5, 27 ff.; Mangelschaden § 437 29 ff., 36; Mehrlieferung § 434 91; Miet~ § 506 4; Minderlieferung § 434 11, 90 ff.; § 476 8; Minderung § 438 25; § 441; Mitverschulden § 442 3; Montageanleitung § 434 10, 49, 72 ff.; Nachnahmelieferung § 433 42, 54; Neuwagen § 475 10; Nutzungen § 439 36; § 446 15; § 447 1; Optionsrecht § 463 12; Pfandver~ § 2042 39; Praxis~ § 453 38; Rechts~ § 433 2, 4; § 434 2; § 453 3, 5; § 474 8; Rück~ § 456 6; Rücktritt

PWW

Stichwortverzeichnis

§ 437 20 ff.; Rücktrittsvermutung bei Teilzahlungsgeschäften § 508 6; Sach~ § 434 2; Sachmangel § 434 36; Sachverbindungen § 453 24 ff.; Schadensersatz neben der Leistung § 437 28 f.; Schadensersatzansprüche § 475 9; Schiffs~ § 452; § 474 7; Schwarz~ § 117 14; § 311b 13 f.; Schwarz~ § 157 6; Selbstbelieferungsklausel § 433 30 ff.; Selbsthilfe § 293 5; Selbsthilfever~ § 275 32; § 383 4; sonstige Gegenstände § 453 16 ff.; Spezifikations~ § 280 48; Spezifikations~ § 262 6; stellvertretendes Commodum § 446 3; stellvertretendes commodun § 437 10; Streckengeschäft § 433 19; Stück~ § 434 85; § 439 27; Stück~ § 263 4; Tausch § 474 8; § 475 10; § 476 8; Übereignung der Kaufsache § 437 2; unerhebliche Pflichtverletzung § 433 16 f.; Unternehmens~ § 438 20; § 446 3; § 453 27 ff.; Unternehmer § 474 4; Unternehmerregress § 478 17; Verbraucher § 474 5; Verbrauchsgüter~ § 434 5, 63, 83, 89; § 452; § 474 3, 5; Verbrauchsgüter~ § 474 4; Verkäuferpflichten § 433 16 ff.; Verpackung § 437 61; Versendungs~ § 243 13; § 447; § 448 5; § 474 10, 13; § 475 5, 7; Versendungs~ § 269 2; Versteigerung § 445, § 450, § 451, § 471; § 474 9 f., 12; § 475 7; Vertrag zugunsten Dritter § 328 21; Verwendungs~ § 439 36; § 450, § 451; Artikel 43 EGBGB 17; Verwendungsersatz § 459; Verzögerungsschaden § 437 8; Vorhand § 463 13; Weiterfresserschaden § 823 41 ff.; Wertpapier~ § 453 21; Wieder~ § 465 3; Wiederver~ § 456; § 456 5; § 457, § 458; Zeitpunkt § 434 78; Zurückweisungsrecht des Käufers § 437 23; Zwangsvollstreckung § 450, § 451, § 471

Kauf auf Probe § 158 7; § 456, § 457; Billigungsfrist § 455

Kauf bricht nicht Miete § 566

Käuferpflichten § 433 35 ff.; Aufbewahrungspflicht § 433 52

Kaufkraftschwund § 2055 15

Kaufmann § 276 13; dynamischer ~ § 2216 2; § 2221 4; Schuldversprechen § 780 10; Testamentsvollstrecker § 2216 2; § 2221 4; Vertragsstrafe § 343 2

Kaufmännische Anweisung § 783 17; § 792 1

Kaufmännisches Bestätigungsschreiben; AGB § 148 7; § 305 36 f.; § 308 43; Anfechtung § 119 21; § 148 5 f.; Einheitsstatut ROM I Art 10 3 f.; Schweigen auf ~ § 148 5

Kaufmännisches Unternehmen § 2032 19

Kaufmännisches Zurückbehaltungsrecht § 1971 2

Kaufmännsche Orderpapier § 799 3

Kaufpreis § 433 36 ff.; Bestimmtheit § 433 37; Devisen § 433 24; Fälligkeit § 433 41 ff.; Leibrentenversprechen § 761 4; Mehrwertsteuer § 433 38; § 437 60; Stundung § 468; Vorkaufsrecht § 467

Kaufpreisforderung; Verjährung § 449 14

Kaufpreiszahlung; Beweislast § 433 54

KaufrechtsRL § 281 31

Kaufsache; Ablieferung § 438 22; § 439 18; § 479 5, 7 f.; Abnahme § 433 43 ff.; § 448 6; aliud § 434 11, 83, 87 ff., 92 ff.; Anwartschaftsrecht § 433 15; Bedienungsanleitung § 434 49; Beschaffenheit § 434 7 ff., 12 f., 98; § 475 6, 8; § 478 25; Beschaffungsrisiko § 276 30; Devisen § 433 10; Druckwerk § 433 10; Ersatzlieferung § 439 25 ff.; § 440 14; Ersatzteile § 437 64; Fehlerfreiheit § 276 30; Gas § 433 7; § 474 8; gewöhnliche Verwendung § 434 46; Grundstück § 474 6; Montage § 434 10, 66 ff.; Nachbesserung § 439 25; § 440 1, 10 ff.; Normalbeschaffenheit § 434 49, 51, 63; Sachmangel § 434 64; Software § 433 10; § 453 20, 25; § 474 8; Strom § 438 3; § 453 3, 18; § 474 8; Übereignung § 433 20 ff.; § 437 2; Übergabe § 433 16 f., 19; § 446 12; § 448 5; Urkunden über ~ § 433 26; vorausgesetzte Verwendung § 434 38 ff.; Wärme § 474 8; Wasser § 433 7; § 474 8; Zubehör § 433 9; § 474 7

Kaufvertrag; Billigungsfrist § 455

Kaufzwang § 661 5

Kausale Verletzungshandlung Vor § 1577 33

Kausalität § 249 48 ff.; § 254 9; § 346 14; § 823 2, 4, 7; § 1570 5; § 1572 5; adäquate ~ § 249 50 ff.; alternative Kausalität § 5 ProdHaftG 2; § 830 7 ff.; äquivalente ~ § 249 48 ff.; Beweislast § 249 49, 57; extreme Empfindlichkeit § 249 74 ff.; haftungsbegründende ~ § 312c 10, 14; kumulative Kausalität § 5 ProdHaftG 2; § 830 7 ff.; psychisch vermittelte ~ § 249 54 ff.; Reserveursachen § 249 109 ff.; Verletzung der ärztlichen Aufklärungspflicht § 249 62; Vermutung bei Täuschung § 358 13

Kausalzusammenhang § 1575 8

Kaution; Abwohnen § 551 18; als aufschiebende Bedingung § 158 6

Kautionsabrechnung § 551 20 f.

Kautionskonto des Mieters § 551 8

Kegelsche Leiter Artikel 3 EGBGB 38; ex Artikel 37 EGBGB 3

Kemptener Reisemängeltabelle § 651d 8

Kenntnis § 166; § 276 17; § 658 2, 7; § 990 2; § 1980 14; der Überschuldung § 1979 4; positive ~ § 626 13

Kenntnis des Mieters vom Mangel bei Vertragsschluss oder Annahme; Anwendungsbereich § 536b; Grundsätzliches § 536b

Kennzeichen; Produkthaftung § 4 ProdHaftG 3

Kernbereich; der Mitgliedschaft § 709 16, 18; § 717 2; § 2205 10 ff.

Kernenergieschäden; Anknüpfung ROM II Art 1 6

Kettenadoption § 1742 1; Verbot § 1742 1

Kettenstundungen § 506 1; § 511 3

Kettensurrogation § 2019 9

Kettenvertrag § 249 107

Kfz; Haftpflichtversicherung ROM II Art 18 3; IPR Artikel 45 EGBGB 3

Stichwortverzeichnis

Kfz-Brief § 1006 1
Kfz-Diebstahl; IPR Artikel 43 EGBGB 14; Artikel 46 EGBGB 3
Kiesgrube § 2123 1
Kilometerabrechnung; Pkw-Leasing § 506 6
Kinder § 535
Kind(er); des Erblassers § 2068 1; minderjährig, volljährig § 1360a 12; nichteheliches § 844 18; ungewollt § 823 27; § 825 5
Kinderbetreuung § 832 5; § 1572 7
Kinderbetreuungskosten Vor § 1577 49
Kindergarten; Verkehrspflichten § 823 150
Kindergeld Vor § 1577 18
Kinderlärm § 535
Kinderloser Vorerbe § 2107 1 ff.
Kinderschutz Artikel 21 Anhang II EGBGB
Kinderschutzklausel § 1361 29
Kinderspielzeug § 832 11
Kindersunterhalt Vor § 1577 2
Kinderzuschüsse Vor § 1577 7
Kindesanhörung § 1671 49
Kindesbetreuung § 1577 12
Kindesentführung; Auslandsbezug Artikel 21 Anhang III EGBGB
Kindesherausgabe § 1632; Anspruch § 1632 1 ff.; Verbleibensanordnung § 1632 5 ff.; § 1682
Kindesunterhalt Vor § 1577 2, 29
Kindeswille § 1671 48 ff.; § 1684 53
Kindeswohl; Adoption § 1741 4; Auskunftsrecht § 1686 8 ff.; Gefährdung § 1666; § 1671 10; Kindesherausgabe § 1632 3, 9; Kriterien § 1671 29; Prinzip § 1697a; Prüfung § 1671 10, 14 ff., 19; § 1672 7 ff., 12 f.; Umgang § 1684 1, 34; Umgangsrecht § 1685 6 ff.; Verbleibensanordnung § 1632 9 ff.; § 1682 7; Vorrang vor Elterninteressen § 1671 15
Kindschaftsreformgesetz § 2053 6
Kirche § 839 109; verfasste ~ § 9 AGG 2
Kirchliche Verpflichtungen § 1588
Klagantrag bei Grundlagenstörung § 313 24
Klage; auf Erfüllung der Mitwirkungspflicht § 2038 9; auf Feststellung § 2018 26; auf Verwendungsersatz § 2022 10
Klage auf Zustimmung; Wiedereinsetzung § 558b 7
Klageabweisung § 1973 8
Klageänderung § 2059 16
Klageerhebung § 1965 6
Klagefrist § 626 21
Klagepflegschaft § 1961 1
Klagerücknahme § 2023 3
Klageverzicht § 1365 14
Klageweg § 2006 1, 3; § 2038 15
Klärungsversuch; innerbetrieblicher ~ § 611 87
Klausel § 1958 8
Klauselinfektion; AGB § 307 10

Klauselumstellung § 1973 11
Klavier § 1361a 6
Kleinbetriebsklausel § 620 52
Kleingewerbetreibende ex Artikel 29 EGBGB 3
Kleinreparaturen § 558a 10
Kleinunternehmen § 622 6
Know-how; deliktsrechtlicher Schutz § 823 69, 83
Koalitionsfreiheit; deliktsrechtlicher Schutz § 823 79
Kodifikationsprobleme Einl 5
Kollegialorgan § 626 14
Kollektive Systeme des Schadensausgleichs Vor §§ 823 ff 1, 4, 13
Kollisionsnorm; versteckte ~ § 244; § 245 7
Kollisionsnormen ROM I Art 1 8; ROM I Art 3 3; allseitig ~ ROM I Art 2 2; in besonderen Bereichen des Gemeinschaftsrechts ROM I Art 23 1
Kollisionsrecht Vor §§ 2229 ff 4 ff.; gemeinschaftsrechtliches ~ ROM I Art 23 2; Vor IntSchVR 11 f.; Kollisionsnormen ex Artikel 27 EGBGB 4; ROM I Art 3 2; Pfandrecht Vor §§ 1204 ff 14; Rom I-VO Vor IntSchVR 11 f.; Teilrechtswahl ex Artikel 27 EGBGB 21; ROM I Art 3 19
Kollusion § 138 122; beim Missbrauch der Vertretungsmacht § 164 69
Kommanditanteil § 1967 21
Kommanditist § 1967 21
Kommerzialisierung § 253 3 ff.
Kommission § 278 16
Kommissionär § 611 22
Kommunalschuldverschreibung § 793 7
Kompaktgutachten Anhang zu ex § 1600e 44
Kompensationsinteresse § 251 5
Komplementär § 1967 21
Kondiktion erbrachter Gegenleistungen § 759 10
Kondiktionsausschluss § 813 5; § 814 5; § 815 5; § 817 7 ff.
Kondiktionssperre § 134 28; § 817 7 ff.
Konfusion § 241 9; § 275 32; § 1976 3 f.; § 1991 6; § 2001 2; § 2100 11; § 2143 1
Konfusion bei Vermächtnis § 2175 1
Konkludenter Regressverzicht des Versicherers § 538 27
Konkludentes Verhalten § 133 10, 37
Konkretisierung § 262 5; § 268 1; § 293 7; § 300 6; Absenkung des Haftungsstandards § 243 10; Annahmeverzug § 243 11; Beschaffungsrisiko § 243 10; Bindung § 243 13; Mangelfreiheit § 243 12; Übergang der Leistungsgefahr § 243 10; Verschlechterungsgefahr § 243 12; Versendungskauf § 243 13; Voraussetzung § 243 11
Konkurrenz; AGB § 305 23; § 305c 16; elektive ~ § 262 8; § 264 4; elektive § 341 3
Konnexität § 273 10
Konsensprinzip Vor §§ 116 ff 10
Konsolidation § 889; § 1976 3 f.; § 1991 6; § 2001 2; § 2100 11; § 2143 1

PWW 3463

Stichwortverzeichnis

Konsolidation bei Vermächtnis § 2175 1
Konstruktive Nacherbfolge § 2100 12
Konstruktive Vorerbschaft § 2100 12
Kontensperrung § 1960 18
Kontokorrent § 248 3; § 289 1; § 387 7; § 782 3, 6; § 1967 6
Kontokorrentkonto § 488 9; § 504 2
Kontokorrentverhältnis § 781 5
Kontokorrentvorbehalt § 929 28
Kontokündigung § 133 7
Kontovollmacht § 167 28, 41
Kontrahierungszwang § 311 7 ff.; Vor §§ 145 ff 16; aufgrund Monopolstellung § 826 23; Vor §§ 145 ff 22; bei Vorvertrag und Option Vor §§ 145 ff 27 ff.; Entbehrlichkeit des Zugangs der Annahmeerklärung § 151 3; Kartellrecht § 826 23; Vor §§ 145 ff 20; Presse Vor §§ 145 ff 21; Rundfunk Vor §§ 145 ff 21
Kontrollberechnung Vor § 1577 41
Kontrollfunktion § 1960 39
Kontrollrecht § 705 48; § 710 1; § 716 1; § 717 1; § 725 6; § 738 6; § 740 2
Konvaleszenz § 311b 15 ff.; § 1976 10
Konversion § 2042 16
Konzentration § 263 4; § 265 2 ff.
Konzern § 611 36
Konzernverrechnungsvereinbarung § 387 6
Konzernversetzungsklausel § 620 77
Konzernvorbehalt § 929 28
Kooperation § 280 13
Kooperationspflichten § 242 75
Kopfbedeckung § 3 AGG 28
Koppelungsverbot § 631 11
Körperliche Befindlichkeit § 1 GewSchG 5
Körperliche- und geistige Schwächen § 1572 4
Körperverletzung § 1 GewSchG 5; § 823 24 ff.; abgetrennte Körperteile § 823 26; ungewollte Schwangerschaft § 823 27
Korrektur der Einkünfte von Selbständigen § 1581 19
korrespondierender Kapitalwert § 47 VersAusglG 1
Kostbarkeiten; Hinterlegung § 372 11
Kosten; der Grundbuchberichtigung § 897; der Rechtsverfolgung § 249 56; der Todeserklärung § 1967 9; ersparte ~ § 615 16; notwendige gerichtliche und außergerichtliche § 1360a 20
Kosten der Teilung § 13 VersAusglG 1
Kostenanschlag § 632 12; AGB § 305b 3; Anzeigepflicht des Unternehmers § 650 5; Kündigungsrecht bei wesentlicher Überschreitung § 650 3 ff.; Vergütung für ~ § 632 12
Kostendeckende Masse § 1981; § 1982 2
Kostenelementsklauseln § 244; § 245 25
Kostenermittlungen; Architekt § 631 27
Kostenersatz; Besuche im Krankenhaus § 249 28

Kostenerstattungsanspruch § 256 5; § 2039 7
Kostenerstattungspflicht § 1968 2
Kostenfestsetzungsverfahren § 1360a 25
Kostengruppen § 998 2
Kostentragungspflicht § 1985 3
Kraftfahrzeug § 1361a 7; Brief § 433 26; Miet-AGB § 307 17; § 309 29
Kraftfahrzeughändler § 311 69
Kraftloserklärung der Vollmachtsurkunde § 176
Kraftloserklärung des Erbscheins § 2361 9
Kranken- und Pflegevorsorge § 1361 17
Krankenfürsorge § 617 1
Krankengeld Vor § 1577 18
Krankenhaus; AGB § 307 28; § 308 40; § 309 45
Krankenhausaufnahmevertrag § 611 12
Krankenhausbehandlung Vor §§ 145 ff 22
Krankenhaustagegeld Vor § 1577 18
Krankenhausvertrag § 611 14; Vor §§ 631 bis 651 18
Krankenpflege § 831 11, 18; öffentliche ~ § 617 1
Krankentagegeld Vor § 1577 18
Krankenunterlagen § 810 7 f.
Krankenversicherung § 616 5
Krankenversicherungsbeiträge Vor § 1577 48
Krankheit § 1 AGG 8; § 537 4; Androhung § 626 7; und Behinderung § 1576 6
Krankheitsbedingte dauernde Leistungsunfähigkeit § 620 61
Krankheitsbedingte Kündigung § 620 98
Krankheitsunterhalt § 1571 11
Kredit § 280 38
Kreditanstalt § 248 3
Kreditaufnahme durch den Vorerben § 2120 4
Kreditbrief § 783 18
Kreditgebühren § 248 2
Kreditgefährdung § 824 1 ff.; berechtigtes Interesse § 824 13 ff.; Beweislast § 824 16; Güter- und Interessenabwägung § 824 14; Schädigungseignung § 824 9; Tatsachen § 824 3 ff.; Unterlassungsanspruch, quasi-negatorischer § 824 12; Vermögensschaden § 824 11; Werturteile § 824 3 ff.
Kreditinstitut § 280 65; § 493 1; § 497 3; § 504 1
Kreditkarte § 364 17; § 675f 13; § 780 3; § 783 18; § 790 2; AGB § 307 34
Kreditkartenvertrag § 506 3
Kreditverpflichtung § 1577 5
Kriegswaffenkontrollgesetz ex Artikel 34 EGBGB 6
Kriterien; subjektive und objektive ~ § 1574 9
Küchen § 1361a 8
Küchengeräte § 1361a 6
Kulturgüterrückgabe; IPR Artikel 43 EGBGB 2
Kulturgutschutzgesetz ex Artikel 34 EGBGB 10
Kumulationstheorie ex Artikel 32 EGBGB 13
Kumulationsverbot § 551 12

Stichwortverzeichnis

Kumulative Anknüpfung Artikel 3 EGBGB 38; ex Artikel 37 EGBGB 3
Kundenberater § 611 21
Kundenliste § 611 86
Kündigung § 2 AGG 2; § 10 AGG 21; § 12 AGG 11; § 14 AGG 2; § 241 30; § 242 43, 48, 55; § 275 32; § 286 1; § 312f; § 542 3 ff.; § 543; § 544 3; § 626 6; § 705 17, 22; § 706 7 ff.; § 723 2 ff., 7, 10 f.; § 725 1; § 730 1; § 744 2; § 749 3; § 1958 14; § 1959 7; § 2032 17; § 2040 6 f.; Vor §§ 275 ff 4, 9; Vor §§ 346 ff 2; Anfechtung § 613a 12; Annahmeverzug § 615 7, 11; Aufhebung § 623 1; aus wichtigem Grund § 712 6; § 723 4, 10 f.; § 737 1; Auslauffrist § 623 2; Auslegung § 626 20; außerordentliche ~ § 626 22; Ausspruch § 626 6; Bedingbarkeit § 158 17 f.; Bedingung § 620 33; befristete ~ § 163 2; Begründung § 314 24; bei Berufsunfähigkeit des Pächters § 594c; bei Vertrag für die Lebenszeit § 544 4; Berechtigung § 620 67; Beschränkung § 620 37; Beteiligung Dritter § 626 17 ff.; Betriebsstilllegung § 613a 32; Betriebsübergang § 613a 34; Beweislast § 626 22; dauerndes Dienstverhältnis § 627 1 ff.; der Geschäftsführung § 712 1; des Vermieters § 540 15; des Vermieters ggü dem Erben des Mieters § 573d 2; Dienst-/Arbeitsvertrag § 620 31; durch Gesellschafter § 723 1 ff.; Entschluss § 620 76; Erklärung § 620 38; § 623 1; § 626 11 f.; Form § 620 40; Frist § 620 1, 42, 48; § 621 1; § 622 1 f.; § 624 1; Fristberechnung § 187 4; fristlose ~ § 615 10; § 626 1 ff.; Gesamtschuld § 425 2; Geschäftsführung § 709 3; Gesundheitsgefährdung § 569; Grund § 611 84, 101, 106; § 620 41, 54 ff.; § 626 13, 16 ff.; hilfsweise ~ § 620 33; Hinauskündigung § 723 20; Krankheit § 620 64; krankheitsbedingte ~ § 620 98; leistungsbedingte ~ § 620 71; Mietverhältnis § 1969 1; Pachtvertrag § 581 14 ff.; personenbedingte ~ § 611 67; § 613a 32; § 615 20; § 620 64 ff.; Pfändungsgläubiger § 725 1; Reisevertrag § 651a 36; § 651e 1 ff.; § 651j 1 ff.; Schriftform § 623 5; Störung des Hausfriedens § 569; Teilzahlungsdarlehen § 498 2 ff.; treuwidrige § 162 11; ultima ratio § 620 66, 71; Umdeutung § 626 20; unberechtigte ~ § 296 3; Unzeit § 242 76; § 620 44; § 627 2; § 723 4, 15; § 736 2; Urlaub § 620 45; Vertragsverlängerung § 625 1; Verwirkung § 543 12, 16, 23, 29; vorsorgliche ~ § 620 33; wegen Betriebsbedarf § 576 9; wichtiger Grund § 626 3 ff.; Zahlungsverzug des Mieters § 569 14; Zugang § 620 43; § 626 15; zum nächstzulässigen Termin § 573c 2; Zurücknahme § 620 46
Kündigung aus wichtigem Grund; Werkvertrag § 649 18 ff.
Kündigung des Mietvertrages; Inhalt § 568 3; Kündigungsgründe § 568 7; Kündigungsschreiben § 568 7; Kündigungswiderspruch § 568 9; Mängel § 568 6; Prozessvollmacht § 568 4; Schriftform § 568 2; Zahlungsverzug des Mieters § 569 14
Kündigung von Dauerschuldverhältnissen aus wichtigem Grund § 314

Kündigung wegen Zahlungsverzug des Mieters; Voraussetzungen § 569 15
Kündigung, freie; Werkvertrag § 649 1 ff.
Kündigungsarten § 542 16 ff.
Kündigungsbeschränkungen § 723 16; bei Wohnungsumwandlung § 577a
Kündigungserklärung § 314 14 ff.; § 543 29; Frist § 623 5; Umdeutung § 543 29
Kündigungserleichterung für Werkmietwohnungen § 576 3
Kündigungserschwerungen § 543 3
Kündigungsfrist § 10 AGG 26; § 580a, § 594a; bei möbliertem Wohnraum § 573c 8; bei Wohnraum zum vorübergehenden Gebrauch § 573c 7; Berechnung § 573c 2
Kündigungsgeschützte Arbeitnehmer § 620 82
Kündigungsgrund; für den Mieter § 543 7; für den Vermieter § 543 6; nach § 543 Abs. 1 § 543 4; nach § 543 Abs. 2 § 543 8
Kündigungsprivileg § 573a 12
Kündigungsrecht § 563 27 ff.; § 563a 11 ff.; Ausschluss § 543 28; § 575 4 ff.; § 584, § 584a
Kündigungsrechte beim Darlehensvertrag; Darlehensgeber § 488 5; § 490 2 ff.; Darlehensnehmer § 488 5; § 489 1, 3; § 490 5
Kündigungsschaden § 280 47; § 281 29
Kündigungsschreiben; Angabe des Kündigungsgrundes § 569 23
Kündigungsschutz § 611 36; § 620 51 ff., 82; allgemeiner ~ § 2 AGG 16; Bereichsausnahme § 2 AGG 16; besonderer ~ § 2 AGG 16
Kündigungsschutzklage § 613a 34; § 620 90, 101; § 623 3; § 626 21 f.
Kündigungssperre § 577a 4
Kündigungstermine § 622 5, 7
Kündigungsverbot § 613a 31; Betriebsübergang § 613a 31
Kündigungswiderruf § 542 29 ff.
Kunstfehler § 280 61
Kunstfreiheit § 823 99
Kunstgegenstände § 1361a 9; § 1376 9, 15
Künstler § 611 23, 28
Künstliche Befruchtung § 1592 5
Kunstwerke; Sachmangel § 434 110; Verbrauchsgüterkauf § 475 10
Kurierdienstfahrer § 611 22
Kurzarbeit § 611 69; § 615 11, 23
Kurzarbeitergeld Vor § 1577 18
Kurzerkrankungen; häufige ~ § 620 56
Kurzgutachten Anhang zu ex § 1600e 43
Kurzschrift § 2232 3; § 2247 1; § 2250 8
Kürzung § 34 VersAusglG 7
Kürzung der Rente § 34 VersAusglG 3
Kürzungseinrede § 2188 1
KWG § 280 68

Ladendieb § 251 16; § 781 7
Lampen § 1361a 6
Landgut § 2048 26; § 2049 3
Landpachtvertrag § 585; Pachtsache § 585b 1 ff.
Landwirtschaflicher Betrieb, Bewertung § 1376 24
Landwirtschaft § 585 2 ff.; Produkte § 2 ProdHaftG 1; § 3 ProdHaftG 7; Vor ProdHaftG 1 f.
Landwirtschaftliches Grundstück § 998 1
Lasten § 994 2; § 995 2; außerordentliche ~ § 2124, § 2125; § 2126 12 ff.; des Nachlasses § 2100 10; dingliche ~ § 107 10; Feuerversicherungsprämie § 535 139; Grundschuld § 535 139; Hypothek § 535 139; Kauf § 436 8 f.; § 446 15; § 447 1; öffentliche ~ § 103 3; § 107 9; Realsteuern § 535 139; schuldrechtliche ~ § 107 11; Vermögenssteuer § 535 139; Verteilung § 103 2
Lastschrift § 675f 9 ff.; Genehmigungsfiktion gem Ziff 7 III AGB-Banken § 182 4; konkludente Genehmigung § 182 4; Widerspruch § 826 40
Lastschriftinkasso § 675 27
Lastschriftreiterei § 826 40
Latente Unterhaltslast Vor § 1577 53
Laufende Geschäftsverbindung § 280 1
Laufende Versorgungen § 41 VersAusglG 2, 1
Laufende Versorgungsrechte § 33 VersAusglG 7
Laufzeitklausel; AGB § 309 75 ff.
Lauterkeitsrecht § 823 84, 94
Learned Hand-Formel Vor §§ 823 ff 18
Leasing; Aufrechnungsschranken § 387 28
Leasingvertrag § 1376 9, 16
Lebendvermutung § 1960 7
Lebensalter § 187 2; § 620 78
Lebensbedarf § 1360a 2
Lebenserfahrung; Zuwachs § 10 AGG 11
Lebensgefährte § 2028 2
Lebensgemeinschaft; nichteheliche Artikel 13 EGBGB 18; nichteheliche ~ Artikel 14 EGBGB 3
Lebensgestaltungsgemeinschaft § 2 LPartG 3 ff.
Lebenshaltungskosten § 1963 8
Lebenspartner § 1580 2
Lebenspartnerschaft § 1975 16; Artikel 17b EGBGB; Adoption § 9 LPartG 7 ff.; § 1741 3; Vor §§ 1741 bis 1772 5; Aufhebung § 15 LPartG 1 ff.; Begründung § 1 LPartG 2 ff.; Begründungshindernisse § 1 LPartG 5 ff.; Eigentumsvermutung § 8 LPartG 1 ff.; Erbrecht § 10 LPartG 1 ff.; Familienangehörige § 11 LPartG 1; Güterstand § 6 LPartG 1 ff.; Hausratsteilung § 13 LPartG 1 f.; Name § 3 LPartG 1 ff.; Pflichtteil § 10 LPartG 7; Schwägerschaft § 11 LPartG 3; Sorgerecht § 9 LPartG 1 ff.; Sorgfaltspflicht § 4 LPartG 1; Testament § 10 LPartG 5; Trennungsunterhalt § 11 LPartG 1; Unterhalt § 5 LPartG 1; § 12 LPartG 1; § 16 LPartG 1; Verlöbnis § 1 LPartG 8; Versorgungsausgleich § 20 LPartG 1 f.; Wesensmerkmale § 2 LPartG 1 ff.; Willensmängel § 15 LPartG 6; Wohnungszuweisung § 14 LPartG 1 f.
Lebenspartnerschaftsname § 3 LPartG 1 ff.
Lebenspartnerschaftsvertrag § 7 LPartG 1 f.
Lebensrisiko; allgemeines § 249 58
Lebensverhältnisse § 1574 9
Lebensversicherung § 249 85; § 330 3 ff.; § 398 10; § 1372 6; § 1374 15; § 1376 9; § 2301 19, 25 ff.; § 2311 5; Rückkaufswert § 157 45; Schenkung § 516 9; § 518 11
Lebensversicherung, Bewertung § 1376 17
Lebensversicherungsschein § 808 2
Lebenszeitvertrag § 624 1
Lebzeitige Zuwendungen § 2038 24
Leerstehende Räume § 556a 4
Legaldefinition § 14 VersAusglG 1
Lehrbeauftragter § 611 22
Lehrer; an öff Schulen § 832 4; an Privatschulen § 832 5
Lehrkraft § 611 21
Leibgedinge § 1374 16
Leibrente Vor § 1577 30; Abgrenzung § 759 4, 7; abstraktes Leibrentenversprechen § 759 2; Anpassungsmöglichkeit § 759 8; Bedeutung § 759 1; Begriff § 759 4; Bestellungsvertrag § 759 2; § 761 4; Bezugspunkt Lebenspunkt des Gläubigers § 759 6; Bezugspunkt Lebenspunkt des Schuldners § 759 6; Bezugspunkt Lebenspunkt eines Dritten § 759 6; Dauer § 759 8; Einheitstheorie § 759 2; Ende Leistungsversprechen § 759 6; Erbringung § 759 8; Erfüllung Grundgeschäft § 759 9; Grundgeschäft § 759 2, 9 f.; § 761 3; Isolierungstheorie § 759 2; Jahresleistungen § 759 4; kausales Grundgeschäft § 759 2; kein Rücktrittsrecht § 759 9; kein Spiel § 762 16; Laufzeit § 759 8; Leistungsstörungen § 759 9 f.; Rentenleistungen § 759 2; Stammrecht Zwischenschaltung § 759 2; Stammrechtstheorie § 759 2; § 761 4; steuerliche Folgen § 759 2, 6; Tod des Berechtigten § 759 6; § 760 2; Tod des Gläubigers § 759 6; Unwirksamkeit Grundgeschäft § 759 10; § 761 3, 6; Verpfändung § 759 3; Versprechen auf Lebenszeit § 759 6; Vorauszahlung § 760 1 f.
Leibrentenleistungen; Abtretbarkeit § 759 3; an Dritte § 759 6; Belastbarkeit § 759 3; Bestimmbarkeit § 759 7; Gegenstand § 759 7; Geld § 759 7; Kondiktion nach § 813 BGB § 759 10; Nichtleistung § 759 9; Pfändbarkeit § 759 3; über den Tod hinaus § 759 6; Verjährung § 759 3; Verpfändbarkeit § 759 3; vertretbare Sachen § 759 7; Verzugsschaden § 759 9
Leibrentenstammrecht § 759 2 f., 10; § 760 2; Abtretbarkeit § 759 3; Belastbarkeit § 759 3; Endtermin § 759 6; § 760 2; Pfändbarkeit § 759 3
Leibrentenversprechen; abstraktes ~ § 759 2; Änderung § 761 2; Auslegung Schriftformerfordernis

§ 761 3; Ehegattenunterhalt § 761 1; elektronische Form § 761 1; Erteilung § 761 1, 5; Familienunterhalt § 761 1; Form § 761 1 ff.; Formunwirksamkeit § 761 6; Grundstückskaufpreis § 761 4; Heilung Formunwirksamkeit § 761 6; Kondiktion nach § 812 BGB § 759 10; Nichtigkeit § 761 6; Risiko § 761 1; Schenkung § 761 4; Urkunde § 761 5; Verwandtenunterhalt § 761 1; vollständige Verpflichtungserklärung § 761 5

Leibrentenvertrag § 330
Leiche § 1 23
Leichtfertigkeit § 276 18
Leiharbeitnehmer § 611 103
Leiharbeitsverhältnis § 611 103; § 831 11
Leihe § 535 10; § 598, § 599, § 600, § 601, § 602, § 603, § 604, § 605, § 606; Grundstück § 598 7; § 601 4; § 605 4; Haftung § 599; Kraftfahrzeug § 598 9; § 599 4; Kündigung § 605; Rechtsmangel § 600; Rückgabe § 604; Sachmangel § 600; Tod des Entleihers § 605 6; Verjährung § 606; Verwendungen § 601; § 604 4; Wohnung § 598 7
Leihhausschein § 808 2
Leihmutter § 1591 5
Leistung; an den Eingetragenen § 893 2; charakteristische ROM I Art 4 18 f.; durch Dritte § 267 1 ff.; Gegenstände der Pflicht § 241 15 ff.; höchstpersönliche ~ § 267 2; öffentlich-rechtliche ~ § 615 18; unter Vorbehalt § 1569 9; zur Unzeit § 242 67; Zweckbestimmung § 158 13
Leistung auf einredebehaftete Forderung § 813; betagte Verbindlichkeit § 813 6; dauernde Einrede § 813 1; Mehrpersonenverhältnisse § 813 4; Rückforderungsausschluss § 813 5; Rückforderungsdurchgriff § 813 4
Leistung in Kenntnis der Nichtschuld § 814 2 ff.; Kenntnis § 814 4; Kondiktionsausschluss § 814 2 ff., 8; Leistung unter Vorbehalt/Druck § 814 6; Nichtschuld § 814 3; Sitten- und Anstandspflicht § 814 6; Vertreter § 814 7
Leistung nach Todesfall § 331; echter Vertrag zugunsten Dritter § 331 5; Rangfolge der Nachlassverbindlichkeiten § 331 3
Leistung Zug um Zug; Annahmeverzug § 322 7; Rechtskraft § 322 5; Streitwert § 322 6; uneingeschränkter Verurteilungsantrag § 322 3; Zwangsvollstreckung § 322 8
Leistung, Vertragspflichten; beim Werkvertrag § 631 21 ff.
Leistungsannahme durch Nichtberechtigten § 816 18 f.; Abtretung § 816 18, 20; Genehmigung § 816 20; Herausgabe des Erlangten § 816 21; schuldbefreiende Leistung § 816 18 ff.; verdeckte Globalzession und Eigentumsvorbehalt § 816 19
Leistungsbeschränkung § 1581 8
Leistungsbestimmung; AGB § 307 17; nach freiem Belieben § 319 4
Leistungsbestimmungsrecht; einseitiges ~ § 611 63, 70

Leistungsbezug § 37 VersAusglG 2
Leistungserbringung § 661 4; Dritte § 613 1; persönliche ~ § 611 18; § 613 1
Leistungsfähigkeit § 615 10; § 1361 5; finanzielle ~ § 242 57; § 275 24; § 276 32 ff.
Leistungsfrist; AGB § 308 8 ff.
Leistungsgefahr § 243 1, 12; § 300 5; Übergang § 243 10; Werkvertrag § 644; § 645 2
Leistungshindernis bei Vertragsschluss § 311a
Leistungskette, werkvertragliche § 249 91, 97
Leistungsklage § 286 14; § 657 20; § 660 7; § 2039 19, 23; § 2057a 21
Leistungskondiktion § 659 4; § 812 20 ff., 68 ff., 76 ff.; § 813 2 ff.; § 814 2 ff.; aliud § 812 33; Anfechtung § 812 34; auf dessen Kosten § 812 31; aufschiebend bedingtes Rechtsgeschäft § 812 34; condictio indebiti § 812 20 ff.; condictio ob causam finitam § 812 35 ff.; condictio ob causam turpem vel iniustam (§ 817 1) § 817 2 ff.; condictio ob rem § 812 41 ff.; ehebedingte Zuwendungen § 812 37; § 816 15; Ehegattenmitarbeit § 812 37, 51; etwas erlangt § 812 28 ff.; Leistungsbegriff § 812 22 ff., 78; Mehrpersonenverhältnisse § 812 76 ff.; § 813 4; ohne rechtlichen Grund § 812 32 ff.; Wegfall des rechtlichen Grundes § 812 35 ff.; § 820 3; Wertungskriterien § 812 23 f., 54, 77 ff., 84; § 822 1; Zuviellieferung § 812 33
Leistungsminderung; dauernde ~ § 620 71
Leistungsort § 268 1; § 269 5; Aufrechnung § 391 1 ff.; vereinbarter ~ § 391 3; verschiedene ~e § 391 1 f.
Leistungspflicht § 241 15 ff.; Vor §§ 275 ff 8
Leistungsstörungen; Abgrenzung zu Mängelrechten beim Werkvertrag § 633 4 ff.
Leistungsstörungen im Vermächtnisrecht § 2174 2
Leistungsstörungsrecht § 536; § 657 16; Vor §§ 275 ff 2; Störungstypen Vor §§ 275 ff 2; System Vor §§ 275 ff 2
Leistungstreuepflicht § 242 75
Leistungsunfähigkeit; krankheitsbedingte dauernde ~ § 620 61
Leistungsverfügung § 2018 28
Leistungsvermögen § 286 23; finanzielles ~ § 286 23
Leistungsverpflichtung § 657 7, 9
Leistungsverweigerungsrecht § 14 AGG 1; § 611 2, 100; § 615 10, 22; § 660 8; § 1381 3; § 1966 1; § 1971 4; § 2007 1; AGB § 309 10 ff., 66; bei Mängeln im Werkvertrag § 641 15 ff.; Hinterlegung § 379 2
Leistungsverweigerungsrecht nach § 410 § 410 1
Leistungsverzögerung § 2024 6
Leistungsverzug § 264 2
Leistungsvorbehaltsklauseln § 244; § 245 23
Leistungszeit § 271 3; § 280 6; Schutzzweck § 280 6

Stichwortverzeichnis

Leitlinien § 1361 7
Leitungen § 836 3
Leseunfähige Personen § 2229 8; § 2233 2 ff.; § 2247 2; § 2249 4
Letter of intent § 311 50; Vor §§ 145 ff 39
Letzte mündliche Verhandlung § 1973 6
Letztwillige Verfügung § 1969 5; § 1981 4; § 2018 20; § 2052 1; Erbeinsetzung § 1937
Lex fori Artikel 40 EGBGB 2; ex Artikel 34 EGBGB 5; ROM I Art 1 11 ff.; ROM I Art 3 27; ROM I Art 18 9, 11
Lex mercatoria § 157 9; Artikel 3 EGBGB 8; ROM I Art 3 4
Lex rei sitae Artikel 43 EGBGB 6 ff.; Ausweichklausel Artikel 46 EGBGB
Liebhaberwert § 253 4
Lieferant; Produkthaftung § 1 ProdHaftG 13; § 4 ProdHaftG 1, 5; § 5 ProdHaftG 2
Lieferschein § 783 12, 18
Liefersperren § 620 75
Lien at Law; IPR Artikel 43 EGBGB 11
Liquidation § 164 59; § 705 29; § 713 6; § 716 1; § 719 5; § 721 3; § 723 3; § 728 4; § 729 1; § 730 1; § 732 1; § 733 9; § 738 2, 11
Liquidationserlös § 709 18; § 725 1
Liquidationswert § 1376 8
Lizenzgeber § 4 ProdHaftG 3
Lizenznehmer; Produkthaftung § 4 ProdHaftG 2 f.
Lohn; AGB § 305b 3; § 305c 16; § 307 12, 36; § 309 5, 29
Lohnersatzleistungen § 288 2; § 1577 13; Vor § 1577 10; AGB § 305b 3; § 305c 16; § 307 12, 36; § 309 5, 29
Lohnfortzahlungen Vor § 1577 7
Lohnsteuerhaftung § 611 24
Lohnvorschuss § 614 2
Lohnwucher § 138 54
Loi de police ex Artikel 34 EGBGB 2
Loi uniforme ROM I Art 2 2
Lombardkredit § 488 11
Los § 659 3, 6; § 660 3, 6; § 2042 38
Löschung § 1988 10
Löschungsbewilligung § 2040 6
Lossagung § 623 2
Lösungsrechte; IPR Artikel 43 EGBGB 14
Losverfahren § 659 6
Lotterie § 312d 11; § 763 5; Definition § 763 5
Lotterielos § 793 9; § 799 2
Loyalität § 626 7
Loyalitätspflichten § 9 AGG 4
Lücke der letztwilligen Verfügung § 2084 13 ff.
Luftfahrzeuge § 578a 2
Luxusaufwendungen § 539 2
Luxusgüter § 249 44
Luxustier § 833 1
Luxusverwendung § 996 2

MaBV § 632a 12; ex Artikel 34 EGBGB 11
Mahnantrag § 291 5
Mahnbescheid § 286 14
Mahngebühren § 556 11
Mahnkosten § 280 28
Mahnung § 116 7; § 117 7; § 242 51; § 281 12; § 1958 14; § 2024 6; § 2039 14; Vor §§ 116 ff 7; angekündigte Leistungsverspätung § 286 19; Antrag auf Prozesskostenhilfe § 286 14; Begriff § 286 11; Betriebsausfall § 286 22; Datum § 286 16; einstweilige Anordnung § 286 14; Entbehrlichkeit § 275 16; § 286 16; Entgeltforderung § 286 20; Erfüllungsverweigerung § 286 19; Fälligkeit § 286 20; formlose ~ § 286 12; formularmäßige Freistellung § 309 22 ff.; Frist § 286 17; Generalklausel § 286 20; geschäftsähnliche Handlung § 286 11; hinreichend bestimmte ~ § 286 12; Leistungsklage § 286 14; Mahnbescheid § 286 14; Nullfrist § 286 18; schlüssiges Verhalten § 286 12; Verzicht § 286 15; Zahlung bei Lieferung § 286 18; ZahlungsverzugsRL § 286 18, 20; Zuvielmahnung § 286 13
Mainzer Minderungsspiegel § 651d 8
Makler § 311b 5; § 652; Vor §§ 320 ff 4; Aufklärungspflichten § 652 66 ff.; § 654 8; besondere Arten § 652 26 ff.; Doppelmakler § 652 8; § 654 5 ff.; Handelsmakler § 652 2, 11; mehrere § 652 14, 54; treuwidrige Doppeltätigkeit § 654 5 ff.; Untermakler § 652 14; Verflechtung, wirtschaftliche Identität § 652 35 ff., 43 ff.; Vertretungsmacht § 652 8; Verwaltertätigkeit des ~ § 652 35
Maklercourtage; Vorkaufsrecht § 577 14
Mäklerlohn § 653; Aufwendungen § 652 64; Erfolgsunabhängigkeit § 652 45, 69; Fälligkeit § 652 61; Hauptvertrag § 652 45 ff.; Herabsetzung § 655
Maklerprovision; als betagte Verbindlichkeit § 163 4
Maklervertrag; Abgrenzung § 652 2, 26 ff.; Abschluss § 145 3; § 652 16 ff.; Vor §§ 145 ff 48; abweichende Vereinbarungen, Klauseln § 652 70 ff.; Alleinauftrag § 652 31 ff.; Arbeitsvermittler § 652 23; Aufwendungsersatz § 652 64; Beendigung § 652 25; Begriff § 652 7; Darlehensvermittlung § 652 34; Doppelauftrag § 652 8, 19 ff.; § 654 5 ff.; Dritter § 652 35 ff.; Informationspflicht des Maklers § 652 66 ff.; § 654 8; Kausalität der Maklertätigkeit § 652 54 ff.; Maklerleistung § 652 26 ff.; Nachweis § 652 27 ff.; Pflichten § 652 26 ff., 65 ff.; § 654 8 ff.; Schadensersatz § 652 8, 34, 68 f.; Übereinstimmung beabsichtigter und abgeschlossener Hauptvertrag § 652 40 f.; Vereitelung der Entstehung des Provisionsanspruchs § 162 8; Vergütung § 652 59 ff.; § 653, § 654; Vermittlung § 652 30; Vertragsdauer § 652 25; Vertrauensmakler § 652 33; Vorkenntnisklausel § 652 72; Wirksamkeit § 652 21 ff., 45 ff.; Wohnungsvermittlung § 652 3, 23, 35

Mangel § 536 7; anfänglicher ~ § 536a 4; bei Vertragsschluss § 536b 5; des Werkes § 633 14 ff.; grob fahrlässige Unkenntnis § 536b 6; Kenntnis § 536b 5; nachträglicher ~ § 536a 5; spätere Kenntnis § 536b 3; wesentliche Verschlechterung § 536b 2

Mangel der Ernstlichkeit § 118 1

Mängelanzeige; Ausschlussfrist § 309 69 f.; durch den Mieter § 536c 3

Mängelanzeigepflicht § 536c

Mängelbeseitigung; an der Mietsache § 536a 9; Verzug § 536a 6

Mangelfall § 1572 10; Vor § 1577 30

Mangelfallberechnung § 1581 23

Mangelfallverteilung § 1581 25

Mangelfolgeschaden § 280 7, 58; § 437 33, 37; Fristsetzung § 280 58; immaterieller Schaden § 280 58

Mangelfreiheit § 243 12; § 276 30; Kauf § 433 5, 27 ff.

Mängelgewährleistung gem § 536 ff § 543 1

Mangelhaftigkeit § 280 13, 27

Mängelhaftung § 311 58

Mangelnde Masse § 1975 5; § 1988 3

Mängelrecht des Kaufs; aliud § 434 11, 92 ff.; Arglist des Verkäufers § 437 70, 72; § 438 23; § 442 11; Bedienungsanleitung § 434 49; Beispiele § 434 101 ff.; Erheblichkeit § 434 36; Funktion § 433 27; Gattungskauf § 434 82, 86, 88; Gewährleistungsrecht § 437 1; gewöhnliche Verwendung § 434 46; Haftungsausschluss § 444; Mehrlieferung § 434 91, 95; Minderlieferung § 434 11, 90 ff.; § 476 8; Montage § 434 10, 66 ff.; Montageanleitung § 434 10, 49, 72 ff.; nach Probe § 434 32; Rechtsfolgen § 437; Rechtskauf § 434 2; § 453 8 ff.; Rechtsmangel § 435; § 438 14; Rücktritt § 437 20 ff.; § 438 25 ff.; Rücktrittseinrede § 438 27; Sachkauf § 434 2; Selbstvornahme § 437 9; stellvertretendes Commodum § 437 10; § 446 3; Stückkauf § 434 85, 87; § 439 27; unhebbare Mängel § 437 6, 42 f., 51; unerhebliche Pflichtverletzung § 437 22 f.; § 441 8; Verdacht § 434 36; Verjährung § 438; § 439 18; § 453 37; § 454 13; Verschulden § 437 44 ff.; Verzögerungsschaden § 437 8; vorausgesetzte Verwendung § 434 38 ff.; Zeitpunkt § 434 37, 43, 65, 71, 78; § 437 3 f.; Zurückweisungsrecht des Käufers § 437 23

Mängelrechte; Werkvertrag § 634

Mangelschaden; Kauf § 437 29 ff., 36

Manipulation der Bedingung § 242 30

Mankoabrede § 619a 4

Mankohaftung § 280 74

Mankovergütung § 611 94

Mantelvertrag Vor §§ 145 ff 28

Marke; Produkthaftung § 4 ProdHaftG 3

Market Share Liability § 830 1

Marktbeherrschung § 311 11

Marktmiete Vor § 1577 26; objektive ~ § 1577 9

Marktort ROM II Art 6 4

Massegläubiger § 1989 5

Massenentlassung § 620 87

Massengeschäfte § 19 AGG 5

Massenveranstaltungen § 823 162

Masseschulden § 1959 5; § 1968 1; § 1993 7

Masseverbindlichkeit § 1963 3

Maßnahmen § 5 AGG 2; § 612a 2; § 613a 40; einseitige ~ § 7 AGG 7; Ungleichbehandlung § 5 AGG 2; zur Erhaltung oder Verbesserung § 588 1 f.

Maßregelung § 16 AGG 2; § 612a 2; Duldung § 16 AGG 5; Verbot § 16 AGG 2; Zurückweisung § 16 AGG 5

Maßregelungsverbot § 16 AGG 2; § 612a 1

Maßstab § 1581 11

Materielles Einheitsrecht ROM I Art 1 9

Materiellrechtliche Rechtswahl ROM I Art 1 2, 1

Materiell-rechtlicher Anspruch § 1585a 1

Medikamente § 827 4

Mehrarbeit § 611 43, 69; Vor § 1577 8; Zumutbarkeit Vor § 1577 8

Mehraufwendungen § 304 1 f.

Mehrbedarf § 1361 18 f.

Mehrbetrag § 2056 1

Mehrdeutige Bezeichnung § 2073 1

Mehrere Personen auf Mieterseite § 538 16

Mehrheit von Mietern § 546a 10, 13

Mehrheitsbeschluss § 705 25; § 709 17 f.; § 743 4; § 744 2; § 745 4; § 2038 6, 9, 14, 22; § 2040 2, 5; § 2046 8; § 2062 3

Mehrlieferung § 434 95; Kauf § 434 91

Mehrpersonenverhältnisse § 812 85 ff.; Abtretung § 812 99; Bürgenschuld § 812 104; Direktkondiktion/ Durchgriff § 812 82, 94, 99; § 822 1; Doppelkondiktion § 812 81; Durchgriffsverbot § 812 77; Durchlieferung § 812 87; Empfängerhorizont § 812 95 f., 105 ff.; Insolvenzrisiko § 812 104; Kondiktion der Kondiktion § 812 90; Rückgriffskondiktion § 812 102; Subsidiaritätsgrundsatz § 812 80; Tilgung fremder Schuld § 812 101 ff.; Unentgeltlichkeit § 812 83; Unmittelbarkeit § 812 79; § 820 1; Verarbeitungs- und Einbaufälle § 812 82 ff.; Versionsklage § 812 77; Vertrag zugunsten Dritter § 812 98 f.; Wertungskriterien § 812 24, 54, 77 ff., 84; § 822 1; Zurechenbarkeit § 812 94

Mehrrechtsstaaten Artikel 4 EGBGB 19 ff.; Artikel 20 EGBGB; ROM I Art 21 1, 5

Mehrstaater Artikel 5 EGBGB 19 ff.; Artikel 6 EGBGB 10; Artikel 7 EGBGB 10; Artikel 9 EGBGB 10; Artikel 10 EGBGB 6 f., 10; Artikel 20 EGBGB

Mehrstufiges Besitzrecht § 986 8; Beweislast § 986 12; Insolvenzverfahren § 986 13; Schutzvorschrift des II § 986 10

Stichwortverzeichnis

Mehrverkehr der Kindesmutter Anhang zu ex § 1600e 103
Mehrverkehrseinrede Anhang zu ex § 1600e 103
Mehrverkehrszeuge Anhang zu ex § 1600e 87
Mehrwert § 2048 2, 17
Mehrwertsteuer; Kaufpreis § 433 38; § 437 60; Werkvertrag § 631 37
Meinungsfreiheit § 823 87, 99; § 824 14 f.; § 830 6
Meinungsverschiedenheiten; unter Testamentsvollstreckern § 2224 2
Meistbegünstigung § 7 AGG 8
Meldung bei der Agentur für Arbeit § 1573 6
Mensch § 1 1 ff.; als Rechtssubjekt § 1 6; Rechtsfähigkeit § 1 1 ff.; Teilrechtsfähigkeit § 1 4, 17, 20; Volljährigkeit § 2 1 ff.
Menschenrechtskonvention; Amtshaftung § 839 96
Mentalreservation § 116 3; Vor §§ 145 ff 48
Menzel-Bilder-Fall § 937 8
Merkantiler Minderwert § 249 13
Mietausfallbürgschaft § 551 7
Mietausfallwagnis § 551 2
Miete § 320 2, 20; § 329 4; § 535 123; § 1967 9; Begriff § 535 123; Bruttowarmmiete § 535 124; einmaliger Betrag § 535 123; Einziehungsermächtigung § 535 137; Erfüllung § 535 137; ergänzende Vertragsauslegung § 157 41, 47; Fälligkeit § 535 136; Folge der Nichtzahlung § 535 126; Gerüst § 535 4; Hausmeisterdienste § 535 123; Inklusivmiete § 535 124; Lastschrift-Abbuchungsverfahren § 535 137; Mieterhöhung § 535 128; Nettomiete § 535 124; öffentlich geförderter Wohnungsbau § 535 128; Sach- oder Dienstleistungen § 535 123; Umsatzsteuer § 535 138; Umsatzsteueroption § 535 138; Vereinbarung über ~ § 566c; Verjährung § 535 136; Vorausverfügung § 566b; Werkdienstwohnung § 535 123
Mieter; Einreden § 546 5; Einwendungen § 546 5; mittelbarer Besitzer § 546 8; Vorverkaufsrecht § 577
Mieterhöhung § 288 2; § 546a 9; § 558 1; Allgemeines § 557 1; Änderungskündigung § 557 9; Anrechnung von Drittmitteln § 558 23; Anrechnung von Drittmitteln bei der Modernisierung § 559a 1; aufgewandte Kosten § 559b 5; Ausschluss § 557 10; Erhöhung der gegenwärtigen Miete § 557; Erhöhung einer Teilinklusivmiete § 558 1; Erklärung wegen Modernisierung § 559b 1; Fristen § 558 4; Gerichtsgutachten § 558a 18; Grenzen § 557 8; Indexmiete § 557b 1; Inhalt und Form der Zustimmung § 558b; Instandsetzungsmaßnahmen bei Modernisierung § 559 6; Kappungsgrenze § 558 17; Klage auf Zustimmung § 558b; Kostenmiete § 557 3; Mängel der Mieterhöhung § 559b 6; Mängel des Zustimmungsverlangens § 558a; Mehrheit von Mietern § 558b; Mietdatenbank § 558a 14; § 558e 1; Mietspiegel § 558a 8; § 558c 1; Mietstruktur § 558 3; Modernisierung § 559b 1; Modernisierungszwecke § 559 8; öffentlich geförderter Wohnungsbau § 535 128; öffentliche Geschäftsgrundlage § 535 128; öffentliche Wertsicherung § 535 128; Ortsübliche Vergleichsmiete § 558; preisgebundener Wohnraum § 557 3; Prozessrecht § 558b 8; qualifizierter Mietspiegel § 558a 19; § 558d 1; Sachverständigengutachten § 558a 15; Sonderkündigungsrecht des Mieters § 561 1; sonstige Begründungsmittel § 558a 18; Sperrfrist § 558 4; Staffelmiete § 557a 1; Staffelmietvereinbarung § 535 128; Überlegungsfrist § 558b 2; unwirksame Schönheitsreparaturenklausel § 558a 10; Unzulässigkeit § 558 1; Vergleichswohnung § 558a 16; Voraussetzungen § 558 2; Wertsicherungsklausel § 535 128; Wucher § 535 132; Zuschlag § 558a 10; Zustimmung § 288 2; § 558b 1; Zustimmungsfrist § 558b 2
Mieterhöhungsverlangen; Allgemeines § 558a 2; Begründung § 558a 7; Erklärender § 558a 3; Erklärung ggü allen Mietern § 558a 4; inhaltliche Anforderungen § 558a 5; Textform § 558a 6
Mieterinsolvenz § 535 61; § 551 23
Mieterinvestition § 539 9
Mietermehrheit § 536b 5; § 543 14, 25; § 546 11, 14; § 564 4
Mietermodernisierungen § 539 3
Mieterseitiger Kündigungswiderspruch § 574b 1
Mieterwechsel § 540 18 ff.
Mietfortsetzung mit überlebenden Mietern § 563a 6 ff.
Mietfreies Wohnen Vor § 1577 26
Miethöhe; § 5 WiStG § 535 133; Abschläge § 558a 10; Ausnutzung eines geringen Angebots § 535 133; EOP-Methode § 535 130; Gewerberaum § 535 129; Kleinreparaturen § 558a 10; Marktmiete § 535 130; Mietwucher § 535 134; nichtig § 535 135; ortsübliche Vergleichsmiete § 535 130; preisgebundener Wohnungsbau § 535 129; preisgebundenes Wohnraumförderungsgesetz § 535 129; Sittenwidrigkeit § 535 130; Teilmarkt § 535 133; Vertragliche Änderungen § 557 4; Wohnraumförderungsgesetz § 535 129; Wucher § 535 130; zulässige Miethöhe § 535 129
Mietkauf § 506 4; Anhang zu §§ 488–515 18
Mietminderung § 536 25; Grundsätzliches § 536; Höhe § 536 23, 26; Konkurrenzen § 536; Minderungsbetrag § 536 2
Mietnacherbe § 2121 2; § 2127 1
Mietnachfolgeklausel § 537 12
Mietnomaden § 535 39
Mietpool § 123 19
Mietrecht; Wohnungseigentumsrecht § 535 69
Mietsache § 535 79; Annahme § 536b 8; Beheizung § 535 89; Benutzung eingewiesen § 535 86; DIN-Normen § 535 87; Doppelnutzung § 535 82; Dübel § 535 109; Erhaltung § 535 93; Erneuerung § 535 97; Gebrauchsbeeinträchtigung

§ 536 16; Gebrauchserhaltungspflicht § 535 86, 95 f.; Gebrauchspflicht § 535 108; Gebrauchsrecht § 535 108; Gebrauchstauglichkeit § 536 15; Gegenstand eines Mietvertrages § 535 79; Generalinspektion § 535 47; Gerichtspraxis § 536 23; grob fahrlässige Unkenntnis § 536b7; Haushaltsgeräte § 535 118; Instandhaltung § 535 93; Instandsetzung § 535 93; Kenntnis des Mangels § 536b 8; Kinder § 535; Kinderwagen § 535 109; Kleinreparaturen § 535 100; Leuchtreklame § 535 109; Mitgebrauch § 535 79; Mitvermietete Sachen und Flächen § 535 82; Modernisierungspflicht § 535 81; Musikausübung § 535 119; nicht vertragsgemäße Leistung § 535 87; öffentlich-rechtliche Beschränkungen § 536 12; Opfergrenze § 535 99; Pflichtverstöße § 535 104; Reinigung § 535 97; Schilder § 535 109; Schönheitsreparaturen § 535 101; Software § 535 79; Sport- und Fitnesscenter § 535 4; Tiere § 535 117; Überheblichkeitsbeweis § 536 16; Überlassung § 535 86; Überprüfung § 535 97; übervertragsgemäßer Verbrauch § 536 7; umfassende Inspektion § 535 47; Veränderungen § 535 81; Verjährung § 535 93; Versorgungsleistungen § 535 90; Vertragsgemäßer Gebrauch § 535 85, 109; Verwendungsrisiko § 535 80

Mietsicherheit § 566a
Mietspiegel; Aufstellung § 558c 3; Begriff § 558c 2; Mietstruktur § 558a 11; Nutzung im Prozess § 558c 7; Zuschlag § 558a 10
Mietstruktur § 535 29, 124, 141; § 558 3
Mietverhältnis § 578; auf bestimmte Zeit § 542 32 f.; Beendigung § 546; § 547 3; beim Nacherbfall § 2135 1 ff.; stillschweigende Verlängerung § 545; Verjährung der Ersatzansprüche und des Wegnahmerechts § 548
Mietvertrag § 535; Vor §§ 328 bis 335 20; Kündigung wegen Gesundheitsgefährdung § 569 2; Abgrenzung zur Leihe § 535 10; Abgrenzung zur Pacht § 535 10; Abschluss § 148 17; § 535 17; Abschlussfreiheit § 535 31; AGB § 307 17, 21; § 309 29, 78; Allgemeine Geschäftsbedingungen § 535 19; allgemeines Persönlichkeitsrecht § 535 39; Altbau § 535 87; Anbringung von Einrichtungen § 535 82; Änderungen § 535 33; Anfechtung § 535 59; Anmietrecht § 535 9; anwendbares Recht ROM I Art 4 12; Anwendungsbereich § 535 3; Aufhebungsvertrag § 535 73; Aufklärungspflichten des Mieters § 535 38; Aufklärungspflichten des Vermieters § 535 35; Aufrechnungsschranken § 387 27; Aufzug § 535 82; Ausschluss des Zurückbehaltungsrechts § 570 1; Außengesellschaft § 535 68; Außenwand § 535 82; Außerordentliche fristlose Kündigung aus wichtigem Grund § 569 1; Auswechslung der Vertragsparteien § 535 73; Automatenaufstellvertrag § 535 4; Bauliche Veränderungen § 535 109; Beendigung § 535 59; Begriff § 535 2; Beheizung § 535 89; Beschaffenheitsvereinbarung § 535 18; Besucher § 535 82; Betretungs- und Besichtigungsrecht § 535 53; Betriebskosten § 535 142; Betriebspflicht § 535 150; Betriebsstörung § 535 51; Blindenhund § 535 117; Blumenkästen § 535 82; Briefkästen § 535 82; Dauerwohn- und Dauernutzungsrechte § 535 1; Dauerwohnrecht § 535 82; Doppelvermietung § 535 63; Duldungspflicht § 535 41; Duldungspflicht des Mieters § 535 53; Einfamilienhaus § 535 82; Einziehungsermächtigung § 535 137; Energieausweis § 535 152; Erklärungen der Mietvertragsparteien § 535 65; Ersatzmieter § 535 75; essentialia negotii § 535 17; Fernseh- und Rundfunkgeräte § 535 119; formwechselnde Umwandlung § 535 78; Fürsorgepflicht des Vermieters § 535 43; Garage § 535 8; Gebot gegenseitiger Rücksichtnahme § 535 32; Gebot schonender Rechtsausübung § 535 54; Gebrauchspflicht § 535 108; Gebrauchsrechte des Mieters § 535 110; Gemeinschaftseigentum § 535 82; Gemeinschaftsflächen § 535 82; Gestaltungsfreiheit § 535 19; Gewerberaum § 535 145; Gewerberaummietverhältnis § 535 145; Gleichbehandlung § 535 19; Haus- und Wohnungsschlüssel § 535 51; Hausordnung § 535 48, 110; Haustürgeschäft (§ 312) § 535 17; Heizkosten § 535 143; Hof des Mietshauses § 535 82; Informationspflichten § 535 35, 39; Innengesellschaft § 535 68; Kabelanschluss § 535 120; Keller § 535 82; Kinderspielplatz § 535 82; Kleinreparaturen § 535 100; Kleintiere § 535 117; konkludenter Eintritt § 535 29; Kündigung § 568 1; Kündigung wegen Störung des Hausfriedens § 569 10; Kündigungsgründe § 568 7; Lasten § 535 139; Lastschrift-Abbuchungsverfahren § 535 137; Leasing § 535 6; Leitbild § 535 1; letter of intent § 535 9; Lieferant § 535 82; Miete § 535 123; Mieter § 535 70; Mieterinsolvenz § 535 61; Mietkauf § 535 7; Mietsache § 535 79; Mietverhältnis unter auflösender Bedingung § 572 1, 5; Mietwucher § 535 134; Mindeststandard § 535 87; Mitvermietete Sachen und Flächen § 535 82; mitvermietete Teile § 535 82; Modernisierungspflicht § 535 81; Musikausübung § 535 119; Nachmieter § 535 75; Nebenkosten § 535 140; Nebenpflichten der Parteien § 535 41; nicht vertragsgemäße Leistung § 535 87; Nichteheliche Gemeinschaften § 535 72; Nießbrauch § 535 93; Obhuts- und Sorgfaltspflichten des Mieters § 535 51; Opfergrenze § 535 99; Optionsrecht § 535 9; Parabolantenne § 535 120; Persönlichkeitsrecht § 535 43; Pflicht zur gegenseitigen Rücksichtnahme § 535 41; Pflichtenprogramm der Vertragsparteien § 535 34; Prozessuales § 535 157; Räumungstitel § 535 84; rechtsfähige Außengesellschaft bürgerlichen Rechts § 535 78; rechtsfähige Gesamthand § 535 68; Reinigungs- und Streupflicht § 535 52; Schönheitsreparaturen § 535 101; Schriftform § 535 28; schuldrechtliches Wohnrecht § 535 2; Schutzpflichten § 535 42; Sonderkündigungsrecht bei Mieterhö-

hung § 561 1; Sport- und Fitnesscenter § 535 4; Störung der Geschäftsgrundlage § 535 33; Störung des Hausfriedens § 569 10; Störung von Mitmietern § 535 43; Störungen Dritter § 535 43; Störungsschutz § 535 43; Streu- und Räumpflicht § 535 46; Teileigentum § 535 82; Thor-Steinar § 535 38; Tiere § 535 117; Tod einer Vertragspartei § 535 74; Trittschall § 535 81; über mehr als 30 Jahre § 544 2; Übergewichtstheorie § 535 14; Überwachungspflicht § 535 98; Umsatz- und Gewinnentwicklung § 535 80; Untermiete § 535 84; Veränderungen der Mietsache § 535 81; Vereinbartes Rücktrittsrecht § 572 1, 3; Verhaltenspflichten des Mieters § 535 110; Verkehrspflicht § 535 157; Verkehrspflichten § 535 44; Verkehrspflichten des Mieters § 535 52; Vermieter § 535 67; Vermieterinsolvenz § 535 62; Versorgungsleistungen § 535 90; Vertrag mit Schutzwirkung für Dritte § 535 48; Vertraglicher Konkurrenzschutz § 535 146; Vertragsanpassung § 535 87; Vertragsfreiheit § 535 19; Vertragsgemäßer Gebrauch § 535 109; vertragsimmanenter Konkurrenzschutz § 535 147; Vertragsparteien § 535 64; Vertretung beim Vertragsschluss § 535 30; Verwendungsrisiko § 535 80; Video § 535 43; Vollmachten § 535 66; vorläufiger Insolvenzverwalter § 535 61; Vormietrecht § 535 9; Vorvertrag Vor §§ 145 ff 29; Waschküche § 535 82; Wasser- und Abwasserrohre § 535 97; WEG-Verwalter § 535 55; Weiterer Schadensersatz bei verspäteter Rückgabe von Wohnraum § 571 1; Weitervermietung § 535 13; Werkdienstwohnung § 535 157; Werkmietwohnungen § 535 157; Wettbewerbsverbot § 535 151; Wohngemeinschaft § 535 73; Zivilrechtliches Benachteiligungsverbot § 535 19 f.; Zubehör § 535 82; Zustimmung zu baulichen Veränderungen § 535 81; Zustimmung zur Kündigung § 535 59; Zwangsverwalter § 535 44

Mietvertragsgebundene Erblasserschulden/Altverbindlichkeiten § 563b 3 ff.

Mietvorauszahlungen § 547 4

Mietvorvertrag § 535 9

Mietwagen § 249 37

Mietwohnung § 1376 9, 18; Aufnahme Angehöriger § 535 115; Aufnahme Dritter § 535 114

Mietwohnung, Begriff der § 1568a 21

Mietwucher § 535 132

Mikroorganismen § 2 ProdHaftG 1

Milchquote § 596 4

Minderheits- oder Mehrheitsgesellschafter Vor § 1577 14; Machtmissbrauch § 826 26

Minderjährige § 828 1 ff.; § 2032 28; § 2229 2; § 2232 3; § 2233 1; § 2247 2; § 2249 4; § 2250 5; Ausschlagung des Vermächtnisses § 2180 2; Beweislast § 828 10; Haftungsbeschränkung § 1629a; *Unterbringung* § 1631 6; Verbot der Sterilisation § 1631c; Verschuldensfähigkeit § 828 5 ff.

Minderjährigenschutz; Auslandsbezug Artikel 21 Anhang I EGBGB

Minderlieferung; Kauf § 434 11, 90 ff.; § 476 8; Verbrauchsgüterkauf § 434 92

Minderung § 281 35; § 546a 9; Vor §§ 275 ff 9; bei Kauf § 438 25; § 441; bei Werkmangel § 638 1 ff.; culpa in contrahendo § 311 33, 61; der Bruchteile § 2090 1 ff.; Erwerbsfähigkeit § 843 8; Gegenleistung § 311 33; Leistungsfähigkeit § 620 71; Mainzer Minderungsspiegel § 651d 8; Reisevertrag § 651c 2 ff.; § 651d 1 ff.; § 651e 5

Minderungsrecht; Abbedingung § 536d 1; aus § 536 § 536 21; Wohnraummiete § 536d 1

Minderwert; merkantiler (Werksvertrag) § 638 3

Mindestabfindung § 10 AGG 18

Mindestalter § 8 AGG 9; § 10 AGG 13

Mindestaltergrenzen § 2 AGG 14

Mindestanforderungen § 10 AGG 10

Mindestklausel ex Artikel 29a EGBGB 6

Mischmietverhältnis § 535 14

Missbrauch der Vertretungsmacht § 164 67 ff.; Evidenztheorie § 164 70 f.

Mitarbeit § 1360b 2; § 2057a 11

Mitarbeitervertretung § 626 20

Mitbesitz § 866 1 ff.; § 2030 3; § 2032 42

Mitbesitzeinräumung § 985 9

Mitbesitzer § 985 6

Mitbestimmungsfragen § 576 5

Miteigentum § 903 8; § 2019 7; Vor §§ 1363 ff 1; -anteil § 1365 12; IPR Artikel 43 EGBGB 13

Miteigentumsanteile § 556a 32

Miterbe § 1922

Miterbengemeinschaft § 2057 2

Miterbenvorkaufsrecht § 2033 25

Mitgläubigerschaft § 432; Vor §§ 420 bis 432 8; Erlass § 432 9; Gläubigerverzug § 432 10; Hinterlegung § 432 8; Konfusion § 432 9; Rechtskraft § 432 9; Verjährung § 432 9; Verzug § 432 10

Mitgliederversammlung im Verein; Abstimmung § 32 10; Ausschluss vom Stimmrecht § 34; Berufung § 32 3 ff.; § 36; Berufung auf Verlangen der Minderheit § 37; Beschluss § 32 8, 16; Beschlussfähigkeit § 32 9; Beschlussfassung § 32 7 ff.; Beschlussmängel § 32 13 ff.; Einberufung § 32 3 ff.; § 36; § 58 4; Einberufungsermächtigung § 37 3 f.; Einberufungsform § 32 4; Einberufungsfrist § 32 5; Einberufungsorgan § 32 3; Leitung § 32 7; Mängel von Beschlüssen § 32 13; Minderheitenverlangen § 37; Ort § 32 5; Schriftliche Beschlussfassung § 32 16; Stimmabgabe § 32 8; Stimmrechtsausschluss § 34; Tagesordnung § 32 6; Wahlen § 32 11; § 34 3; Zeit § 32 5

Mitgliedsbeitrag § 611 11

Mitgliedschaft § 705 2, 16, 21, 29; § 706 2; § 709 3 f., 6, 15 f.; § 717 1; § 719 1; § 723 14; § 725 1, 6; § 740 2; § 741 6; im Verein § 38; in Verbänden § 2 AGG 10; in Vereinigungen § 18 AGG

Mitgliedschaftsrecht § 705 22, 24; § 719 2; § 823 70

Mithaftung § 1972 2
Mitnacherbe § 2100 32
Mittäter § 254 42; § 830 4
Mitteilungspflichten § 626 7
Mittelbare Benachteiligung § 3 AGG 11; § 22 AGG 7
Mittelbare Betroffenheit § 7 ProdHaftG 1 f.
Mittelbare Stellvertretung § 249 103
Mittelbare Verletzung; unmittelbare Betroffenheit § 823 20; von Rechtsgütern im Deliktsrecht § 823 9, 13, 28, 38
Mittelbarer Besitz § 868 1 ff.; § 2018 18
Mittelsurrogation § 2041 7
Mittelwertmethode § 2048 26
Mittel-Zweck-Relation § 3 AGG 28; Ungleichbehandlung § 3 AGG 28
Mitverschulden § 254; alleinige Schadenstragung § 254 37 f.; Aufsichtsverschulden von Eltern § 254 27; Aufwendungsersatz § 254 3; bei §§ 844, 845 § 7 ProdHaftG 2; § 846; Bereichungsansprüche § 254 4; Berufswechsel § 254 17; Betriebsgefahr § 6 ProdHaftG 2; § 254 23, 32; Bewahrungsgehilfe § 6 ProdHaftG 2; Beweislast § 254 47; Deckungsgeschäft § 254 22; Einwendung § 254 46; Erben § 2219 2; Erfüllungsansprüche § 254 4; Ersatzunterkunft § 254 22; Gehilfe § 254 30; Gesamtschuldner § 254 3; Grundurteil § 254 48; Haftungseinheit § 254 45; Herausgabeansprüche § 254 4; Kausalität § 254 9; Mängelrecht Kauf § 442 3; Mehrheit von Schädigern § 254 41 ff.; Mietwagen § 254 20; Mitwirkung bei der Schädigung § 254 6 f.; Operation § 254 16; Quoten § 254 36; Rechtsfolgenverweisung § 254 28; Rechtsgrundverweisung § 254 28; Sachbewahrungsgehilfe § 254 31; Sachschäden § 254 19; Schadensabwendung § 254 16 ff.; Schadensentstehung § 6 ProdHaftG 1 ff.; Schadensminderung § 6 ProdHaftG 2; § 254 16 ff.; Schadensteilung § 254 33 ff.; Schutzweck § 254 10; Sonderverbindung § 254 27 ff.; Straßenverkehr § 254 23; Umschulung § 254 18; Verschulden § 254 11 f., 35; Vorsatz § 254 37; Wahrscheinlichkeit § 254 33; Warnungsobliegenheit § 254 14 f.; zeitliche Reihenfolge § 254 11
Mitvollstrecker § 2219 1; § 2224 1 ff.
Mitvorerbe § 2100 31; § 2110 2
Mitvormund; Bestellung § 1775 2; Führung der Vormundschaft § 1797 1 ff.; Meinungsverschiedenheiten § 1798 1; neben Verein § 1791b 2
Mitwirkung § 660 2 f.
Mitwirkungspflicht § 242 75; § 2003 7; § 2038 1 f., 17; § 2042 5; des Bestellers § 642 2 ff.
Mobbing § 278 24; § 823 28, 79, 237
Möbel § 1361a 6
Mobilfunkunternehmen § 280 76
Modellbootfall § 251 8
modernisierende Instandsetzung § 554 5

Modernisierung § 554 1; § 2126 8; Ankündigung § 554 12; Anrechnung von Drittmitteln § 559a 1; aufgewandte Kosten § 559b 5; Aufwendungsersatzanspruch § 554; Bagatelle § 554 12; Bauherr § 559 7; Begriff bei Mieterhöhung § 559 4; Duldungspflichten § 554 2; Endenergie § 559 12; Erhaltungsmaßnahmen § 554 4; Erwerber § 559 7; finanzielle Härte § 554 9; Gebot der Wirtschaftlichkeit § 559 15; Härte § 554 7; Inhalt des Mieterhöhungsverlangen § 559b 3; Instandsetzungsmaßnahmen § 559 6; Kalkulationsgrundlage § 554 15; Kraft-Wärme-Kopplung § 559 12; Maßnahmen des Mieters § 559 7; Mieterhöhungsverlangen § 559b 2; modernisierende Instandsetzung § 554 5; Modernisierungsankündigungsverfahren § 554; Modernisierungszwecke § 559 8; Photovoltaik § 559 12; Primärenergie § 559 12; Schaffung neuen Mietraums § 554; Sonderkündigungsrecht § 554 17; Sonnenenergie § 559 12; Textform § 554 16; unbenannte Duldungspflichten § 554 11; Vermieterkündigung § 554 3
Modernisierungsankündigungsverfahren § 554 12
Modernisierungsmaßnahmen § 554
Modernisierungszweck; Einsparung von Energie und Wasser § 559 12; Verbesserung der Wohnverhältnisse § 559 11
Möglichkeit; der Fortführung § 613a 4
Monatsbruchteil; Fristberechnung § 189 1
Monokausalität § 1571 9
Monopolstellung § 311 10; § 315 2; § 826 23
Montageanleitung; Kauf § 434 10, 49, 72 ff.
Morgengabe § 780 3, 8
Mosaikbetrachtung ROM II Art 4 6, 19; ROM II Art 6 4, 8; ROM II Art 8 4; ROM II Art 11 5
Motiv; diskriminierendes ~ § 2 AGG 17
Motivbündel § 3 AGG 5; § 7 AGG 4
Motive; Erblasser § 2074; § 2075 2; für die Nacherbschaft § 2100 21 ff.
Motivirrtum § 119 41; § 2078 1; § 2079 3 ff.
Multilaterales Handelssystem ROM I Art 4 17
Mündel; Entlassung aus dem Staatsverband § 1821 2; Genehmigung von Verträgen nach Volljährigkeit § 1829 4; Haftung für Vormund § 1793 5; Schadensersatzanspruch bei Ablehnung der Vormundschaft § 1787 1; Todeserklärung § 1884 2; Unterbringung § 1800 4; Vertretung durch Vormund § 1793 1 ff.; Volljährigkeit § 1882 2
Mündelgeld § 1805, § 1806, § 1807; § 1809 1 ff.; Abhebung § 1809 1, 4; Anlegung § 1806, § 1807, § 1809; Hinterlegung von Inhaberpapieren § 1814, § 1815, § 1816 1 ff.; § 1818 1; Sparkasse § 1807 8; Sperrvermerk § 1809 2; Zinspflicht des Vormunds § 1834 1
Mündelsichere Anlage § 2119 3
Mündelsicherheit § 1807 3

Stichwortverzeichnis

Mündelvermögen; Anordnung der Hinterlegung § 1818 1 f.; Hinterlegung § 1814, § 1815; § 1816 1 ff.; Hypothekenbrief § 1819 1; Inhaberpapiere § 1814, § 1815; § 1816 5; § 1819, § 1820; Kostbarkeiten § 1818 1 f.; § 1819 1; Schuldbuchforderungen § 1814, § 1815; § 1816 6; Sperrvermerk § 1809 2; § 1816; § 1820 1; Umschreibung § 1815; § 1820 1; Verwaltung § 1793 3

Mutmaßlicher Erblasserwille § 2053 1

Mutmaßlicher Wille § 659 1; § 1959 4

Mutter § 1591 14; Feststellungsklage § 1591 16; Statusklage § 1591 15

Mutterschaft; Eispende § 1591 2; Embryonenschutzgesetz § 1591 12; Embryonenspende § 1591 3; Ersatzmutter § 1591 4; Ersatzmuttervermittlung § 1591 11; Leihmutter (Ammenmutter) § 1591 5; Rechtsfolgen der Ersatzmutterschaft § 1591 9; übernommene Mutterschaft § 1591 7

Mutterschutz § 626 17

Mutwilligkeit § 1961 5

Nachbargrundstück; Überfall § 911

Nachbarliches Gemeinschaftsverhältnis § 130 1; § 903 14 ff.; Beispiele § 903 17

Nachbarrecht § 906, § 907, § 908; im IPR Artikel 44 EGBGB

Nachbarrechtlicher Ausgleichsanspruch § 906 33, 41

Nachbarwand § 921 10 ff.

Nachbesserung § 275 11; Anspruch § 278 20; eigenmächtige ~ § 275 11; Kaufsache § 439 25

Nachbesserungsanspruch des Vermächtnisnehmers § 2183 1

Nachehelicher Unterhalt Vor § 1577 32

Nacherbe § 1967 12; § 1968 3; § 1981 6, 11; § 1994 3; § 2001 4; § 2009 2; § 2019 2; § 2032 9; § 2033 9; § 2044 3; § 2050 28; § 2063 5; § 2269 1, 5, 9; als Gesamtrechtsnachfolger § 2100 2 f.; Rechtsstellung vor dem Nacherbfall § 2100 49 ff.

Nacherbenrechte § 2033 26

Nacherbenvollstrecker § 2222 1

Nacherbfall § 2018 2; § 2027 11; § 2033 9; § 2050 28; § 2100 33, 65; § 2106 1 ff.; § 2130 1 ff.; § 2139 1 ff.; treuwidrige Herbeiführung § 162 11

Nacherbfolge § 2018 9; § 2033 8

Nacherbschaft § 2033 21; § 2069 5; § 2074 1; § 2075 5

Nacherfüllung § 285 2; § 326 22; § 359 5 f.; AGB § 309 59 ff.; Arten § 243 2; Befreiung von der Gegenleistung § 326 21; bei Werkmangel § 635; Einwendungsdurchgriff § 359 6; Fehlschlagen der ~ § 636 8; Gattungsschuld § 243 2; Stückschuld § 243 2; Verweigerung im Werkvertrag § 635 7 ff.

Nacherfüllung bei Kauf § 437 16; § 439, § 440; aliud bei Gattungskauf § 434 88; aliud bei Stückkauf § 434 87; Ersatzlieferung § 439 25 ff.; § 440 14; Fehlschlagen § 440 10 ff.; Fristsetzung § 437 24 f.; Haftung für Mängel § 437 35 ff.; Haftung für Verzögerung § 437 8, 35 ff.; Nachbesserung § 439 25; § 440 1, 10 ff.; Unternehmerregress § 478 17; Verjährung § 439 18; zweite Andienung § 437 9, 16; § 438 26; § 440 1

Nacherfüllungsanspruch § 283 2; Verjährung § 350 2

Nacherfüllungsarten § 243 2

Nacherfüllungsrecht; des Werkunternehmers § 634 2

Nachfolgeklausel § 727 6; § 2032 20, 32; erbrechtliche ~ § 727 8; qualifizierte ~ § 727 9; rechtsgeschäftliche ~ § 727 6 f.

Nachfolgezusatz § 2032 23

Nachfristsetzung § 280 50, 58; § 2039 9

Nachgelagert versteuert § 15 VersAusglG 4

Nachhaftung § 736 7; § 738 3

Nachlass; Ablaufhemmung § 211; Bedürftigkeit des ~es § 2036 3; Bestand § 1960 28; dürftiger ~ § 1990 2; Erhaltung § 1978 6; Erhaltungsmaßnahmen § 2224 1; Gesamt~ § 2040 4; § 2055 6; Haftungsbeschränkung auf den ~ § 2206 1; Lasten § 2100 10; Nutzungen § 2100 10; § 2111 8; § 2115 8; § 2126 11; § 2129 7; § 2134 1; Prozesse gegen den ~ § 2212 2; Prozesskostenhilfe § 2212 1; Rein~ § 2057a 19; Sondervermögen bei Testamentsvollstreckung § 2211 1; § 2214 1; Überschuldung § 2005 6

Nachlassabsonderung § 1976 1, 4; § 1977 3, 5, 7 f.; § 1978 1, 8

Nachlassarrest § 1988 8; § 1990 2

Nachlassauseinandersetzung § 1960 29; § 2018 2; § 2039 26

Nachlassbestandteil § 1978 8

Nachlasserbenschulden § 1958 4; § 1967 10, 12; § 1974 3; § 1993 7

Nachlasserhaltungspflicht § 1990 7

Nachlassfürsorge § 1959 1

Nachlassgegenstände; Abnutzung § 2132 1 ff.; Verwertung § 2038 9; Verzeichnis § 2100 8; § 2121 1 ff.; § 2127 3; § 2136 4

Nachlassgericht § 1960 11; § 1961 11; § 1964 1; § 1965 5 f.; § 2229 12; § 2247 26; § 2259 2; § 2267 5; Akteneinsicht § 2228 1; Antrag auf Entscheidung § 2224 3; Ermessen § 2199 2

Nachlassgläubiger § 2010 2; Antrag § 1981 10; Anzeigepflicht des Vorerben gegenüber ~n § 2146

Nachlassinsolvenz § 1960 48; § 1973 2; § 1975 3; § 1978 3; § 1980 1; § 1990 16; § 1992 8; § 2011 2; § 2013 6; § 2036 3; § 2062 3

Nachlassinsolvenzverfahren § 1958 13; § 1959 1, 5; § 1967 13; § 1970 2, 14; § 1973 14; § 1975 1, 5, 8, 12; § 1976 10; § 1977 4; § 1978 13; § 1979 10; § 1981 4; § 1989 1; § 1990 1, 5; § 1991 2, 8, 11; § 1993 6; § 1994 1, 3; § 2000 1; § 2006 4; § 2008 12; § 2013 7; § 2058 16

Nachlassinsolvenzverwalter § 1972 1; § 2004 1; § 2006 2; § 2018 3; § 2027 9

Nachlassinventar § 2033 26
Nachlassmasse § 1965 8; § 1975 2
Nachlasspfleger § 1960 3; § 1961 8; § 1964 1; § 1969 4; § 1970 6; § 1974 2; § 1978 9; § 1980 4, 8, 16; § 1981 1; § 1983 1; § 1990 10; § 1992 3; § 2006 2; § 2012 2, 5; § 2014 3; § 2015 1; § 2022 8; § 2027 10 f.; aktivlegitimierter ~ § 1960 31; Aufgabenkreis § 1960 21; Bestellung § 1966 7; prozessführungsbefugter ~ § 1960 31; Wirkungskreise § 1960 21
Nachlasspflegschaft § 1958 11 f.; § 1960 6, 12, 19, 44, 53; § 1962 5; § 1964 8; § 1975 7; § 1980 3; § 1981 12; § 2012 1; § 2017 2; § 2101 10
Nachlassrest § 1986 1, 3; § 2042 10
Nachlassschulden § 2023 7
Nachlasssicherung § 1960 2, 17, 51; § 1961 10
Nachlasssicherungskosten § 1967 9
Nachlassspaltung § 1960 11
Nachlassteilung § 1975 8; § 2007 3; § 2032 12, 35; § 2042 37; § 2060 1; § 2062 6
Nachlassüberschuss § 1989 4
Nachlassverbindlichkeit § 1958 4; § 1960 17, 33; § 1961 13; § 1963 3; § 1968 8; § 1979 4; § 1985 18; § 2058 5; Haftung für ~ § 2139 6; § 2144 1 f.; § 2145 1 f.; Leistung nach Todesfall § 331 3; Rangfolge § 331 3; Vermächtnis als ~ § 2174 6
Nachlassverkürzung § 1977 11
Nachlassvermächtnis § 2177 3; § 2185 1; § 2191 1; § 2223 1
Nachlassvermögen § 1975 1; § 1985 6
Nachlassverwalter § 286 3; § 1970 5; § 1974 2; § 1976 10; § 1978 10; § 1980 8; § 1984 1; § 1985 1; § 1987 3; § 1992 3; § 1993 5; § 2004 1; § 2010 2; § 2012 2; § 2014 3; § 2015 1; § 2016 1; § 2017 1 f.; § 2018 3; § 2027 10 f.; § 2038 4; § 2057 2; Verfügung § 2115 1 ff.
Nachlassverwaltung § 1958 12; § 1960 44; § 1967 10; § 1970 2; § 1973 2; § 1975 1; § 1977 3, 9; § 1978 3, 11; § 1980 6; § 1981 1, 9; § 1982 3; § 1990 5, 16; § 1993 6; § 1994 3; § 2000 1; § 2008 12; § 2011 2; § 2012 1; § 2013 6; § 2059 2; § 2062 1; amtliche ~ § 1990 1, 12; Aufhebung § 1985 20
Nachlassverwaltungsverfahren § 1973 14
Nachlassverzeichnis § 1960 17; § 1985 18; § 2004 4; § 2009 3; § 2014 2; § 2027 16; § 2038 16, 25; § 2215 1
Nachlasswert § 1960 51; § 2311 2 ff.
Nachmieter § 535 75
Nachnahmelieferung; Kauf § 433 42, 54
Nachname Kind Vor §§ 1616 bis 1625 1; Adoption § 1618 30; § 1757 1; Alleinsorge bei der Geburt § 1617a 2; Änderung des Kindesnamens durch Begründung der gemeinsamen Sorge § 1617b 2; Änderung des Kindesnamens durch den Alleinsorgeberechtigten § 1617a 4; Anfechtung der Vaterschaft des Namensgebers § 1617b 6; bei Namensänderung der Eltern § 1617c; Einbenennung § 1618
Nachschieben von Kündigungsgründen § 573 51
Nachschuss § 707 2
Nachschusspflicht § 705 29; § 723 3; § 735 1
Nachstellen § 1 GewSchG 7
Nachteile der Nacherbschaft § 2100 25 f.
Nachteilsausgleichsanspruch § 620 97
Nachträglich entstandene Kündigungsgründe § 573 51 f.
Nachträgliche Ersetzung; unwirksame Schönheitsreparaturklausel § 538 21
Nachträgliche objektive Betrachtung § 1573 17
Nachtragsauseinandersetzung § 2043 6
Nachtragsverteilung § 1989 4
Nachunternehmer § 278 21; Werkvertrag § 631 18
Nachvermächtnis § 2110 6
Nachweis der Entgeltlichkeit § 2205 6
Nachweis der Vaterschaft § 1963 6
Nachweisbeschaffung § 1961 6
Nachweisgesetz § 611 55, 68
Nachweispflicht § 611 55; § 626 7
Nachwirkende Mitverantwortung § 1569 1
Nachwirkende Vertragspflichten; culpa post contractum finitum § 242 81; überlassene Gegenstände § 242 81; Vorleistungen § 242 81
Nachzahlungen § 556
Näheverhältnis § 19 AGG 11; Bereichsausnahme § 19 AGG 11
Name; Adelsprädikat § 12 6; Änderung § 12 13; Anmaßung § 12 16; Arten § 12 5; Leugnung § 12 15; Schutz § 12 10 ff.; sonstiges Recht § 823 69; Titel § 12 6; Wahlname § 12 5; Zuordnungsfunktion § 12 3; Zwangsname § 12 5
Namensaktien § 2032 33
Namensänderung; Adoption § 1757 1; durch den Alleinsorgeberechtigten § 1617a 4; Form § 1757 8; Vorname § 1757 6
Namensgebung; Adoption § 1618 30
Namensgebung bei der Geburt; bei Eltern mit Ehenamen § 1616; bei Eltern ohne Ehenamen mit gem Sorge § 1617; bei Eltern ohne Ehenamen und Alleinsorge § 1617a
Namensliste § 620 88
Namenspapiere § 793 4; mit Inhaberklausel § 808 1 ff.
Namensrecht § 12 1 ff.; Adelsprädikate § 12 6; Adoptionsaufhebung § 1765 1; Analogie § 12 25; Änderung § 12 5, 13; Bereicherung § 12 23; Berufsbezeichnung § 12 6; Beseitigung § 12 19; Domain § 12 7; Funktionen § 12 2 ff.; Inhalt § 12 5; Internet-Domain § 12 7, 11; Juristische Person § 12 4; Namensänderung § 12 5, 13; Namensangleichung § 12 13; Namensarten § 12 5; Normzweck § 12 1; Ordensnamen § 12 6; Rechtsfolgen der Verletzung § 12 19 ff.; Schadensersatz § 12 22; Schutzbereich § 12 10 ff.; Titel

Stichwortverzeichnis

§ 12 6; Unterlassung § 12 20 f.; Verletzung § 12 14 ff.; Wechsel des Namens § 12 13; Wesen § 12 5

Namensunterschrift § 126 11

Nasciturus § 1 14 ff.; § 328 14; § 331 8; § 823 23, 30; § 844 8, 11; § 1963 4; § 2043 1; Schutz § 1 15 ff.; Teilrechtsfähigkeit § 1 17; und noch nicht Gezeugter § 1 18 ff.

Naturalherstellung § 258 5

Naturalkomputation § 187 1

Naturaloblogation § 241 27; ex Artikel 34 EGBGB 23

Naturalrestitution § 15 AGG 25; § 18 AGG 3; § 249 3

Naturalteilung § 2042 37; § 2046 7

Naturalunterhalt § 1360a 4

Naturkatastrophe § 615 23

Natürliches Elternrecht § 1626 1

Naturschutz; Amtshaftung § 839 4

Nebenbesitz § 868 5; § 934 3

Nebenbürgschaft § 767 16; § 769 2

Nebenintervention der Erben § 2212 2

Nebenkosten; Betriebskosten § 535 142; Verwaltungskosten § 535 142 f.

Nebenleistungspflicht § 241 20

Nebenpflichten § 241 18 ff.; § 280 13; § 323 3; § 389 6; § 619a 2; Arbeitgeber/Dienstberechtigter § 611 73, 95 ff.; Arbeitnehmer/Dienstpflichtiger § 611 84 ff., 92; des Käufers § 433 48 ff.; des Verkäufers § 433 33 f.; § 437 52 ff.; § 438 3; nachwirkende ~ § 611 84 ff.; § 620 7; Verjährung § 433 33 ff.

Nebenrechte; Abtretung § 399 6; § 401 1

Nebentäter § 254 43; § 830 1, 8; § 840 2, 7

Nebentätigkeit; Arbeitnehmer § 611 85, 109; § 626 7

Negativer Vaterschaftsbeweis Anhang zu ex § 1600e 34

Negatives Interesse § 121 5; § 125 29; § 138 49; § 179 17; Obergrenze § 249 22

Nemo auditur propriam turpitudinem allegans § 242 30, 40

Nennung des Vaters; Anspruch des Kindes gegen die Mutter auf ~ § 1591 19; Schadensersatzpflicht bei Falschauskunft § 1599 15

Nennwert § 2055 14

Netto-Nachlass § 2055 6

Nettovermögen § 1375 1

Neubeginn § 242 58

Neue Betriebskosten § 556

Neue entstandene Gesellschafterstellung einer Gesellschaft § 2019 2

Neue Partnerschaft § 1577 14

Neumutation Anhang zu ex § 1600e 33, 88

Neuwagen; Sachmangel § 434 103; Verbrauchsgüterkauf § 475 10

Neuwagenkauf; Inzahlungnahme des Gebrauchtwagens § 474 4; § 480 5

Nicht empfangsbedürftige Willenserklärung § 130 1; § 131 2; Abgabe § 130 6; Auslegung § 133 3, 17 ff.

Nicht gezeugte Person als Nacherbe § 2101 1 ff.; § 2108 2

Nichtannahme der Arbeitsleistung § 615 11

Nichtberechtigter § 660 9; Begriff § 185 3; Ersatzleistung an ~n § 851 1; gutgläubiger Erwerb § 932; Unterwerfung unter die sofortige Zwangsvollstreckung durch ~ § 185 5

Nichtehe § 1310 6 f.

Nichteheliche Kinder; DDR § 1600d 17; Umgang § 1626a 1

Nichteheliche Lebensgemeinschaft Artikel 13 EGBGB 18; Artikel 14 EGBGB 3; Auslandsbezug Artikel 18 EGBGB; Haftung § 1359 2; Schenkung § 516 24; Zuwendung § 516 24

Nichteheliche Lebenspartner § 1969 2

Nichteintritt des bezweckten Leistungserfolges § 815; anfängliche Unmöglichkeit § 815 4; Dispositionsfreiheit § 815 6; Kenntnis § 815 4; Kondiktionsausschluss § 815; Treueverstoß § 815 6; Verhinderung des Erfolgseintritts § 815 5 ff.

Nichterbringung der Sicherheit § 551 14

Nichterfüllung wirtschaftlicher Verpflichtungen § 1381 10

Nichtgemeinschaftliche Kinder § 1361 7

Nichtgewährung des vertragsgemäßen Gebrauchs gem § 543 II Nr 1 § 543 9

Nichtidentität § 1569 11

Nichtigkeit § 242 53; Adoption § 1759 3; der Willenserklärung § 105 1; einer Verfügung Vor §§ 2078 ff 4; Formwidrigkeit § 623 5; Vertrag § 611 58 f.; von AGB § 306 1

Nichtigkeitsklage § 2039 9, 23

Nichtleistung des Arbeitnehmers § 611 81

Nichtleistungskondiktion § 812 54 ff., 76 ff.; § 813 2; aufgedrängte Bereicherung § 812 72 f.; Kondiktionssperre (aus § 994 ff) § 812 71; Subsidiarität § 812 24, 54, 80

Nichtrechtsfähiger Verein § 54; Abgrenzung § 54 5 ff.; Ende § 54 21; Erbfähigkeit § 54 14; Grundbuchfähigkeit § 54 15; Haftung § 54 17 ff.; Handelndenhaftung § 54 18 ff.; Markenrechtsfähigkeit § 54 15; Mitgliederversammlung § 54 10; Mitgliedschaft § 54 11; Namensrecht § 54 14; Organisationsrecht § 54 8 f.; Parteifähigkeit § 54 16; Rechtsfähigkeit § 54 12 ff.; Rechtsgeschichte § 54 2 f.; Rechtspolitik § 54 3; Rechtszuständigkeit § 54 12 ff.; Scheckfähigkeit § 54 14; Vereinsvermögen § 54 14; Vorgesellschaft § 54 7; Vorstand § 54 9; Vorverein § 54 7; Wirtschaftlicher § 54 22 f.; Zwangsvollstreckung § 54 16

Nichtselbständiger Beschäftigter Vor § 1577 4

Nichtstörer § 1004 4

Nichtverlängerungsmitteilung § 620 39; § 623 2

Nichtvermögensschaden § 249 5

Nichtzustehen der Ausgleichsforderung § 1390 4

Niederlassung ROM I Art 19 6 f.; gewerbliche ~ § 269 10; IPR ROM II Art 23 2

Niederschrift § 128 3; § 1994 7

Nießbrauch § 1374 16; § 1376 9; § 1976 3; § 2019 11; § 2113 22

Nießbrauch an Rechten § 1068, § 1069, § 1070; Aktien § 1068 10; Anlegung des Kapitals § 1079; Beendigung § 1072; belastbare Rechte § 1068 4 ff.; Bestellung § 1069; Einziehung § 1078, § 1083; Forderung § 1074; GmbH-Anteile § 1068 10; Grundschuld § 1080; Hinterlegung § 1082; Inhaber- oder Orderpapiere § 1081; Kapitalanlage § 1079; Kündigung und Zahlung § 1077; Leibrente § 1073; Mahnung § 1077 4 f.; Mitwirkung zur Einziehung § 1083; nicht übertragbare Rechte § 1069 4 ff.; Personengesellschaften § 1068 11 ff.; Recht auf Leistung § 1070; Rentenschuld § 1080; Schuldnerschutz § 1070 2 ff.; verbrauchbare Sachen § 1084; Verfügungen über das belastete Recht § 1071 1 ff.; verzinsliche Forderung § 1076; Wirkung der Leistung § 1075

Nießbrauch an Sachen § 1030; § 1030 1 f.; Abnutzung § 1050; Anlagenerrichtung § 1037 2; Anspruch auf Einräumung § 1059e; Anteil eines Miteigentümers § 1066; Anzeigepflicht § 1042; Aufhebung § 1064; Ausbesserung oder Erneuerung § 1043; Ausschluss von Nutzungen § 1030 12 ff.; Ausübung § 1036; Beeinträchtigung § 1065; Belastungsgegenstand § 1030 2 ff.; Berechtigter § 1030 7 ff.; Besitzrecht § 1036; Besteller als Eigentümer § 1058; Bestellung an beweglichen Sachen § 1032; Bewirtschaftung § 1036 3; Dispositionsnießbrauch § 1030 16; Duldung von Ausbesserungen § 1044; Eigentümerrecht bei Immobilien § 1030 9; Eigentümerrecht bei Mobilien § 1030 10; Entgeltregelung § 1030 15; Entstehen/Erlöschen; Immobilien § 1030 19 f.; Entstehen/Erlöschen; Mobilien § 1030 17 f.; Erhaltung der Sache § 1041; Erlöschen der Ausübung § 1059 10; Ersatz von Verwendungen § 1049; Ersitzung § 1033; Feststellung des Zustands § 1034; gerichtliche Verwaltung § 1052, § 1054; Gesamtrecht § 1030 6; Grundstück mit Inventar § 1048; Inbegriff von Sachen § 1035; Kündigungsrecht § 1056 9 ff.; mehrere Nutzungsrechte § 1060; Miet- und Pachtverhältnisse bei Beendigung § 1056; Miet- und Pachtverhältnisse bei Übertragung § 1059d; nicht wesentliche Bestandteile § 1030 3; öffentliche Lasten § 1047 2 ff.; Pfändbarkeit § 1059 2; privatrechtliche Lasten § 1047 5 ff.; Quotennießbrauch § 1030 5; Rechtsinhalt § 1030 11 ff.; Rechtstyp § 1030 1; Rückgabepflicht § 1055; Schatz § 1040; Sicherheitsleistung § 1051; Sicherungsnießbrauch § 1030 14; Tod des Nießbrauchers § 1061; Überlassung der Ausübung § 1059; übermäßige Fruchtziehung § 1039; Übertragbarkeit bei juristischer Person oder rechtsfähiger Personengesellschaft § 1059a; Umgestaltung § 1037; Unpfändbarkeit § 1059b; Unterlassungsklage § 1053; Unübertragbarkeit § 1059; verbrauchbare Sachen § 1067; Verjährung der Ersatzansprüche § 1057; Versicherungsforderung § 1046; Versicherungspflicht § 1045; Vertragseintritt § 1056 4 ff.; wesentliche Bestandteile § 1030 4; Wirtschaftsplan § 1038; Zubehör § 1031, § 1062; Zusammentreffen mehrerer Nutzungsrechte § 1060; Zusammentreffen mit dem Eigentum § 1063

Nießbrauch an Vermögen § 1085, § 1086, § 1087; anzuwendende Vorschriften § 1085 4; Bestellung § 1085; Ertragsnießbrauch § 1085 5; Haftung § 1085 8; Haftung des Nießbrauchers § 1088; Innenverhältnis Nießbraucher/Besteller § 1087 1; Nießbrauch am Erbanteil § 1089 7 ff.; Nießbrauch an einer Erbschaft § 1089; Rechte der Gläubiger § 1086; Unternehmensnießbrauch § 1085 5 ff.; Vermögenszuordnung § 1085 7; Verpflichtung § 1085 2 f.; Vollnießbrauch § 1085 5

Nießbrauch, Bewertung § 1376 19

Nießbraucher § 985 3

Nießbrauchsbestellung § 2033 14, 19

Nießbrauchsvermächtnis § 2100 16; § 2163 1; § 2174 1; § 2205 13

Noch nicht gezeugter Mensch § 1 18 ff.

Nominalismus; schuldrechtlicher ~ § 244; § 245 9

Normative Auslegung § 133 16, 22, 42

Not des Vorerben § 2136 2

Notar § 128 1 ff.; § 278 21

Notarhaftpflicht § 839 110 ff.

Notariat § 2006 6

Notarielle Beurkundung § 125 12; § 126 18; § 128 1; § 129 4; § 312 9; § 2033 15

Notarielle Form § 2033 19

Notarielle Verträge; AGB § 310 10

Notbedarf § 519

Notfall; Hilfe im ~ § 823 205, 218

Notgeschäftsführung § 709 9, 11; § 727 3; § 728 8; § 2038 11, 26

Notstand § 228; § 904 1; Abwehrwille § 228 4; Defensivnotstand § 228 1; drohende Gefahr § 228 2; Notstandexzess § 228 1; Putativnotstand § 228 1; Rechtswidrigkeit § 228 6; Sachgefahr § 228 3; Tiere § 228 5; Verhältnismäßigkeit § 228 5

Notstandshandlung § 904 7 f.; Rechtsfolgen § 904 13, 16 f.

Notverwaltungsrecht § 2038; § 2039 2

Notweg § 917 6 ff.; Duldungspflicht § 917 16; Willkür § 918 1 ff.

Notwegrecht § 917 4 f., 18 f.; Durchsetzung § 917 22; Inhalt § 917 17

Notwegrente § 917 27 ff.

Notwehr § 227; Amtshandlung § 227 5; Angriff § 227 2; Erfolgsunrecht § 227 5; Erforderlichkeit § 227 8; Flucht § 227 8; Freiheit § 227 2; gegenwärtiger Angriff § 227 4; Gesundheit § 227 2; Grenzen § 227 9; Hausrecht § 227 2; Juristische Person § 227 3; Leben § 227 2; Leib § 227 2; Nothilfe § 227 10; Notwehrexzess § 227 8; Notwehr-

lage § 227 3 ff.; Notwehrprovokation § 227 7; öffentliche Ordnung § 227 10; Putativnotwehr § 227 6; Rechtswidrigkeit § 227 5, 11; Schutzgüter § 227 2; Verteidigungswille § 227 7
Notwendige Streitgenossenschaft § 2032 37, 42; § 2039 10, 18; § 2058 8, 11; § 2059 14
Notwendige Verwendungen § 590b; § 994 2; § 2023 6; § 2025 4
Notwendiger Selbstbehalt § 1581 6
Novation § 275 32; § 364 11; § 780 12; § 2012 3; Vergleich § 779 19
Novationstheorie § 782 4
Nutzfläche § 556a
Nützliche Kosten § 998 1
Nützliche Verwendung § 996 2; § 2025 4
Nutzungen § 100; § 302 1; § 987 3; § 1973 5; § 1978 6; § 2020 2; § 2021 3; § 2023 2; § 2027 4; § 2029 1, 3; § 2030 6; Ausschluss § 1030 12 ff.; des Nachlasses § 2100 10; § 2111 8; § 2115 8; § 2126 11; § 2129 7; § 2134 1; formularmäßige Vergütungsklausel § 308 49; fremdes Geld § 246 1; Hinterlegung § 379 4; Kauf § 439 36; § 446 15; § 447 1
Nutzungsausfall § 249 37 ff.; § 280 31
Nutzungsentgelt Vor § 1577 29
Nutzungsgewinnung § 2038 9
Nutzungsherausgabe § 293 5; § 346, § 347
Nutzungsrecht § 1969 1; § 2020 4; mehrere ~ § 1060; § 903 20
Nutzungsschaden § 1 ProdHaftG 10
Nutzungsüberlassung an Dritte § 589
Nutzungsvergütung § 2 GewSchG 22; § 1361a 23; § 1361b 33; Teilzahlungsgeschäft § 508 9; Verbrauchsgüterkauf § 346 4

Obhutpflicht für die überlassene Mietsache § 536c 1
Obhutspflichten; aus Werkvertrag § 631 30
Obhutsverhältnis § 249 105
Obhutsverhältnisse § 1570 4
Objektive Anknüpfung ex Artikel 29 EGBGB 23 f.; ex Artikel 29a EGBGB 2, 5, 8; ROM I Art 4 4 ff.
Objektive Kriterien § 1570 5
Objektiver Maßstab § 9 AGG 5; § 1360a 2
Objektiver Verkehrswert § 2048 26
Objektschaden § 249 113
Obliegenheit § 241 28; § 254 6 ff., 24; § 293 2; Vor § 1577 31; Werkvertrag § 642 4; zur medizinischen Behandlung § 1572 9
Obliegenheitsverletzung § 827 2; § 828 2
Obligation Vor §§ 241 ff 1
Obligations de moyens § 241 11; § 276 4
Obligations de résultat § 241 11; § 276 4
Obligatorisch Berechtigte § 907 4
Obligatorische Gefahrentlastung § 249 106
Oder-Depot § 428 2; § 430 4

Oder-Konto § 428 2; § 430 4; Umfang der Verfügungsberechtigung § 164 25
Offenbare Unbilligkeit § 319 2
Offenbare Unmöglichkeit Anhang zu ex § 1600e 98
Offenbarungsverbot; Adoption § 1758 1
Offenkundigkeitsprinzip bei der Untervertretung § 167 55
Öffentliche Aufforderung § 1964 1; § 1965 2
Öffentliche Beglaubigung § 125 11; § 127a 1; § 129 1
Öffentliche Bekanntmachung § 1970 13; § 1984 16
Öffentliche Kassen § 1971 2
Öffentliche Krankenpflege § 617 1
Öffentliche Versteigerung § 1990 17
Öffentlicher Dienst § 611 46
Öffentlicher Glaube des Grundbuchs § 982
Öffentlicher Personennahverkehr § 145 3; Vor §§ 145 ff 47
Öffentliches Recht; Treu und Glauben § 242 6
Öffentlichkeit § 2 AGG 12; § 657 1
Öffentlich-rechtliche Erstattungsansprüche § 1990 8
Öffentlich-rechtliches Dienstverhältnis § 44 VersAusglG 2
Öffentlich-rechtliches Nutzungsverhältnis § 535 5
Öffentlich-rechtliches Sondervermögen § 288 5
Öffnungsklausel § 10 AGG 13
OHG § 2032 18
Ökonomisches Fehlverhalten § 1381 11; § 1385 11
Öltank § 836 3, 7
Online-Auktion § 130 20; § 145 4; § 355 6; Vor §§ 145 ff 49 ff.; Anfechtung Vor §§ 145 ff 55; Einbeziehung von AGB Vor §§ 145 ff 58; Vertragsinhalt Vor §§ 145 ff 57; Widerruf von Angebot oder Annahme Vor §§ 145 ff 54
Operatingleasing § 506 6; Anhang zu §§ 488–515 6, 16
Opfergrenze § 535 99
Optimaler Beobachter § 249 51, 53, 74
Option § 158 7; § 311 8; § 311b 4; Vor §§ 145 ff 33; Ausübung Vor §§ 145 ff 37; Einräumung Vor §§ 145 ff 35; Form § 311b 4
Option des anwendbaren Rechts; IPR Artikel 3 EGBGB 37; ex Artikel 36 EGBGB 3
Optionsrecht; Kauf § 463 12
Orchestermusiker § 611 21
Ordentliche Kündigung § 542 18 ff.; § 543 1; § 723 4, 6, 9 f.; Ausschluss § 10 AGG 25; Befristung § 622 1; Begriff § 620 3, 34; des Vermieters § 573; ordentliche Kündigung § 10 AGG 25; Schriftform § 623 2; § 626 11
Orderpapier § 398 8; § 793 3; § 1362 2; Abtretung § 398 8; kaufmännisches ~ § 799 3
Orderscheck § 990 7
Ordnungsgeld Vor §§ 339 bis 345 8

Ordnungsgemäße Verwaltung § 1978 6; § 2039 28
Ordre public § 138 20; Artikel 2 EGBGB; Artikel 3 EGBGB 4, 59, 61; Artikel 4 EGBGB 3; Artikel 6 EGBGB 1 ff.; Artikel 40 EGBGB 25; Artikel 41 EGBGB 1; Artikel 42 EGBGB 1; ex Artikel 29 EGBGB 19; ex Artikel 34 EGBGB 23; IPR ex Artikel 27 EGBGB 11; ex Artikel 36 EGBGB 2; ROM I Art 12 45
Ordre-public-Vorbehalt ROM II Art 14 10; Vor ROM II 7
Organe § 4 ProdHaftG 1; § 278 10, 27; § 831 10; faktische § 831 23
Organisationsentscheidung § 620 75
Organisationspflichten § 823 113, 129, 214, 220; § 831 4; § 832 16
Organisationsverschulden § 311a 18; § 634a 11; § 823 129
Organleihe § 831 11
Organmitglied § 6 AGG 6; § 15 AGG 2; § 625 1; Abgrenzung Arbeitnehmer § 611 30; außerordentliche Kündigung § 626 6 f.; Kündigungsfrist § 621; § 622 1; Status § 615 8; Vergütung § 612 5; Zeugnis § 630 1
Organschaftliche Vertretung § 709 3; § 714 2
Organspende § 2 ProdHaftG 2
Organstellung; Beendigung § 623 3
Orientierungshilfe § 1570 9; § 1581 6
Originalvollmacht § 626 15
Örtliche Zuständigkeit § 1962 2; Anhang zu ex § 1600e 20
Ortsübliche Miete § 546a 11
Ortsübliche Vergleichsmiete; Begriff § 558 7; wohnwertbildende Merkmale § 558 8
Ortsüblichkeit § 906 23 ff.
Outsourcing § 831 10

Pacht; anwendbares Recht ROM I Art 4 12 f.
Pächterpfandrecht; am Inventar § 583
Pachtkreditgesetz Vor §§ 1204 ff 10
Pachtsache; Beschreibung § 585b 1 ff.; Beschreibung durch Sachverständigen § 585b 5
Pachtverhältnis beim Nacherbfall § 2135 1 ff.
Pachtvertrag § 535 10
Pactum de non petendo ex Artikel 32 EGBGB 15; ROM I Art 17 8; Erlassvertrag, Abgrenzung § 397 7
Parabolantenne § 535 120; Kabelanschluss § 535 120; mobil § 535 120
Parkplatzbenutzung Vor §§ 145 ff 33
Partei kraft Amtes § 1975 9; § 1984 12; § 2017 2
Parteiautonomie Artikel 3 EGBGB 37; ex Artikel 36 EGBGB 3; ROM I Art 3 3
Parteifähigkeit § 705 29; § 709 19; § 718 3; § 741 4; § 2032 5
Partnerschaftsgesellschaft § 705 8; § 708 4; § 727 8
Partnerschaftsvermittlung § 627 1; AGB § 307 20

Partnerschaftsvertrag § 2205 13
Passivprozess § 1958 3, 9
Passivprozessführung; durch Erben § 2213 1; durch Testamentsvollstrecker § 2213 1
Patientenverfügung § 1901a
Patientenwillen; Feststellung § 1901b
Patronatserklärung Vor §§ 145 ff 3
Pauschalabgeltung; von Überstunden § 611 69
Pauschalen § 556 4 ff.; § 560
Pauschalierter Schaden Vor §§ 249 bis 255 4
Pauschalierungsklauseln; über Schadensersatz § 309 26 ff.
Pauschalisierter Zeitrahmen § 1361 6
Pauschalreise § 651a 3 f.; ex Artikel 29a EGBGB 10
Pauschalreisevertrag; Erfüllungsgehilfe § 278 16
Pauschalvergütung § 1987 7
Pauschalvertrag § 631 39 ff.
Pensionen § 313 28
Perpetuum Mobile § 311a 11
Perplexe Willenserklärung § 133 15
Person des Arbeitnehmers; Befristungsgrund § 620 24
Personalabteilungsleiter § 620 47
Personalrat § 626 15, 18; Zustimmung § 626 19
Personalreduzierung § 620 75
Personalsachbearbeiter § 620 47
Personalstatut Artikel 3 EGBGB 5; Artikel 5 EGBGB 3
Personalstruktur; ausgewogene ~ § 620 86
Personengesellschaft § 1985 12; § 2001 2; § 2059 11
Personengruppe § 2071 1
Personenidentität von Veräußerer und Vermieter § 566 4
Personenschaden; Ersatz § 1 ProdHaftG 9; § 7 ProdHaftG, § 8 ProdHaftG, § 9 ProdHaftG; § 249 29 f.; § 254 16; § 842, § 843, § 844
Personensorge § 1626 9; § 1631, § 1631a, § 1631b, § 1631c, § 1632, § 1633; Entziehung § 1666 31 ff.
Persönliche Angelegenheiten § 1360a 16 f.
Persönliche Bedürfnisse § 1360a 3
Persönliche Leistungserbringung § 611 18
Persönliche Rechte bei Testamentsvollstreckung § 2205 2
Persönliche Sicherheit § 20 AGG 6
Persönliche Umstände § 1577 18
Persönliche und wirtschaftliche Verhältnisse § 1576 4
Persönliche Unzumutbarkeit § 275 5
Persönliche Verhinderung des Mieters § 537
Persönliches Gut § 1376 9, 13
Persönlichkeit, postmortale § 1 22
Persönlichkeitsbeeinträchtigung § 1004 10
Persönlichkeitsrecht § 12 26 ff., 31 ff.; ~ als sonstiges Recht § 823 69; allgemeines § 12 31 ff.; Auf-

Stichwortverzeichnis

lage § 2192 5; besonderes § 12 26 ff.; Datenschutz § 12 30; informationelle Selbstbestimmung § 12 30; Recht am eigenen Bild § 12 27; Recht auf Privatsphäre § 12 29; Recht der persönlichen Ehre § 12 28; Testamentsvollstreckung § 2205 2

Persönlichkeitsrechte/ Privatsphäre; Anknüpfung ROM II Art 1 7

Persönlichkeitsrechtsverletzung; Anknüpfung Artikel 40 EGBGB 23; § 253 25 ff.

Pfändbarkeit; Leibrentenleistungen § 759 3; Leibrentenstammrecht § 759 3; bedingt pfändbar § 1360a 5, 9, 24; nicht § 1569 14

Pfandbestellung § 1205 1; § 1274 1; Vor §§ 1204 ff 5; Vor §§ 1273 ff 4; Einigung § 1205 8 ff.; § 1274 3 ff.; Form § 1274 8; Übergabe § 1205 12 ff.; Übergabeersatz § 1206 1 ff.

Pfandgläubiger § 2050 4

Pfandhaftung § 1210, § 1211, § 1212; Einreden § 1211 2 ff.; § 1254 1; Erzeugnisse § 1212 1 f.; Nutzungspfand § 1213 1 f.; § 1214 1 f.; Surrogate § 1212 2; Umfang § 1210 2 f.; Zubehör § 1212 1

Pfandleihe Vor §§ 1204 ff 12

Pfandrecht § 1976 3, 6; § 1990 12; § 2033 26; Abtretung § 401; IPR Artikel 43 EGBGB 15; § 242 41

Pfandrecht an beweglichen Sachen § 1205, § 1206; Ablösungsrecht § 1249 1 ff.; AGB-Banken und Sparkassen § 1204 7; § 1205 9 f.; § 1210 3; § 1274 24; § 1281 7; Akzessorietät § 1250 1 ff.; Vor §§ 1204 ff 1; Arten Vor §§ 1204 ff 3; Aufgabe § 1225 8; Befriedigungsrecht § 1223 6 ff.; bewegliche Sache § 1204 2 f.; Einigung § 1205 8 ff.; Flaschenpfand § 1204 12; Forderungsübergang § 1225 1 ff.; § 1250 1 ff.; Früchte Vor §§ 1204 ff 11; Gegenstand § 1204 2 f.; Gesamtpfandrecht § 1222 1; gesetzliches Pfandrecht § 1257 1, 2 f.; Gesicherte Forderung § 1204 4; gutgläubiger Erwerb § 1207 1 ff.; § 1208 1; § 1244 1 ff.; Insolvenz § 1228 4; Irreguläres § 1204 10 f.; Kaution § 1204 11; Kollisionsrecht Vor §§ 1204 ff 14; künftige Forderung § 1204 6; Landesrecht Vor §§ 1204 ff 13; landwirtschaftliches Inventar Vor §§ 1204 ff 10; Luftfahrzeuge Vor §§ 1204 ff 9; Miteigentumsanteil § 1258 2 ff.; Rang § 1209 1 f.; Rechtsnatur Vor §§ 1204 ff 1; Rückgabepflicht § 1223 1 ff.; Schiffe Vor §§ 1204 ff 9; Sicherungsabrede § 1205 2, 4; Untergang § 1242, § 1244, § 1252, § 1253, § 1255, § 1256; Vor §§ 1204 ff 6; Verderb § 1220 1; Verfallvereinbarung § 1229 1 ff.; Verwahrungspflicht § 1215 2 ff.; Verwendungen § 1216 1 f.; Verwertung § 1228 1 f.; § 1230 1 f.; § 1233 1 ff.; § 1234, § 1235, § 1236, § 1245, § 1259; Vor §§ 1204 ff 7; Verwertungserlös § 1247 1 ff.; Werkunternehmerpfandrecht § 647 1 ff.

Pfandrecht an Rechten; Anwartschaftsrecht § 1276 3; Anzeige § 1280 1 ff.; Arten Vorbem § 1273 2; Einziehung der verpfändeten Forderung § 1281 2 ff.; § 1282 2 ff.; § 1285 1 f.; § 1288 1 ff.; § 1290 1; Gegenstand § 1273 1 ff.; § 1274 12 ff.; § 1291, § 1292, § 1293; Rechtsnatur Vorbem § 1273 1; Surrogation § 1287 1 ff.; Untergang § 1278 1; Verwertung Vorbem § 1273 6; § 1277 1 ff.

Pfandrechtsgläubiger § 985 3

Pfändung § 2059 6; des Herausgabeanspruchs § 985 11; durch Dritte § 562d

Pfändungsgläubiger § 2018 3

Pfändungspfandgläubiger § 725 1

Pfändungspfandrecht § 1257 9; und bedingter Rechtserwerb eines Dritten § 161 8

Pfändungsschutz § 1963 11

Pfändungsverbot § 400 3

Pfandverkauf § 2042 39

Pfandverwertung § 562 36

Pflege; häusliche ~ § 616 2; oder Erziehung § 1570 4; und Erziehung betreuungsbedürftiger nichtgemeinschaftlicher Kinder § 1576 6

Pflegefamilie; Adoption § 1741 6; Verbleibensanordnung § 1741

Pflegegeld Vor § 1577 18

Pflegekinder § 1570 4; § 1969 2

Pflegekraft, Kosten § 844 15

Pflegeleistungen § 2057a 15

Pflegepersonal § 2028 2

Pfleger § 1999 3; Befreiung § 1917 1; Benennung § 1917 1; Berufung als Ergänzungspfleger § 1916 1; Verfahrenspfleger für Betreuten § 1896 28; Vertretungsmacht § 1909 1, 3

Pflegerbestellung § 1960 30; Verhältnis zur elterlichen Sorge § 1630

Pflegeversicherung Vor § 1577 18, 48

Pflegevertrag § 1968 8

Pflegezeit § 620 94

Pflegezulagen Vor § 1577 18

Pflegschaft § 1909, § 1911, § 1912; § 1960 4; § 1975 7; § 1988 1; Abwesenheitspflegschaft § 1911 1 ff.; § 1921 1; Anordnungen Dritter § 1917 1; Anwendbarkeit des Vormundschaftsrechts § 1915 1 ff.; Arten § 1909 6 ff.; Aufhebung § 1919, § 1921; Auslandsbezug Artikel 24 EGBGB; Beendigung § 1918 1 f.; § 1921 1; Beistandschaft § 1716 4; Beschränkung des Vormunds § 1794 1; Ergänzungspflegschaft § 1909 1 ff.; § 1918 1 f.; für Leibesfrucht § 1912 1 f.; § 1918 2; für noch nicht erzeugte Nacherben § 1913 2; für unbekannte/ungewisse Beteiligte § 1913 1 ff.; Sammelvermögen § 1914 1 ff.; Vergütung und Aufwendungsersatz § 1915 3

Pflegschaftsgeschäfte § 1960 36

Pflicht- und Anstandsschenkungen § 530 2; § 534

Pflichtangaben; Disagio § 491a 5, 10 f.; Effektiver Jahreszins § 491a 5 f.; § 494 7; fehlerhafte § 494 1; Gesamtbetrag § 492 6 f.; Heilung § 494 4 ff.; Nettodarlehensbetrag § 491a 4, 7 f.; Nichtigkeit bei Verstoß § 494 1; Regelung der Vertragsbeendigung § 491a 9; Restschuldversicherung § 491a 10 f.; Rückzahlungsmodalitäten

§ 491a 9; Sanktionensystem § 494 6, 9, 11; Sicherheiten § 491a 3; § 494 12; Vermittlungskosten § 491a 10 f.; Vertragsbeendigung § 491a 9

Pflichten § 242 66 ff.; § 280 22; Bewirtschaftung § 987 4; des Pächters § 581 3 ff.; des Verpächters § 581 1 f.; Erfolg § 241 11; erfolgsbezogene ~ § 280 22; im elektronischen Geschäftsverkehr § 312e; Leistung § 241 15 ff.; primäre ~ § 241 21; Rechenschaft § 242 68; Schutz § 241 15 ff.; sekundäre ~ § 241 21; sorgfältige ~ § 280 22; Verhalten § 241 11

Pflichtenkollisionen § 275 8, 28, 30

Pflichtgemäßes Ermessen § 1960 22; § 1981 15

Pflichtschenkungen § 2113 26; § 2205 5

Pflichtteil § 1972 1; § 2303, § 2304, § 2305; Abgrenzung zur Erbeinsetzung § 2304 3; Abkömmling § 2303 2; Begriff Vor §§ 2303 ff 4; Beschränkung § 2338 2 ff.; Ehegatten § 2303 4, 9 ff.; Eltern § 2303 3; Entziehung § 2333 2 ff.; großer ~ § 1371 11; Höhe § 2303 8; Interessenkonflikt Vor §§ 2303 ff 3; kleiner ~ § 1371 19; Lebenspartner § 2303 4; Reform Vor §§ 2303 ff 3; Testierfreiheit Vor §§ 2303 ff 2; Unwürdigkeit § 2345 3; verfassungsgemäße Gewährleistung Vor §§ 2303 ff 1; Verzicht § 2346; § 2351 2; Zuständigkeit § 2303 14

Pflichtteils- oder Auflagenberechtigter § 2003 3

Pflichtteilsabwehrklausel § 2269 4, 8

Pflichtteilsanspruch § 1960 27; § 1963 4; § 1967 9; § 1975 15; § 1980 12; § 2018 17; § 2033 22, 26; § 2046 5; § 2303; Abfindungen § 2325 17 ff.; § 2346 12 ff., 16; Aktivnachlass § 2325 6; Anerkenntnis § 2314 21; Anfechtung der Annahme § 2306 10; Anfechtung der Ausschlagung § 2306 10; § 2308; Anrechnung fremder Vorausempfänge § 2315 9; Anrechnung von Zuwendungen § 2315 2 f.; Anstandsschenkungen § 2330 1 f.; Ausgleichungspflicht § 2316 2 f.; Auskunftsanspruch des Pflichtteilsberechtigten § 2314, § 2325, § 2329; Auskunftspflicht des Beschenkten § 2314 5; § 2329 3; Auskunftspflicht des Erben § 2314 4; Ausschlagung § 2306 7; § 2307 3; Ausschlagungsfrist § 2306 8; bedingte Rechte § 2313 2 f.; Begriff Vor §§ 2303 ff 4; Belegvorlage § 2314 13, 18; Berechnung der Pflichtteilsergänzung § 2325 23 ff.; Berechnung einer Ausgleichungspflicht § 2316 4 ff.; Beschenkter § 2327 2; Beschränkungen und Beschwerungen § 2306 2 ff.; Bestandsverzeichnis § 2314 11, 14; Bewertung einer Anrechnung § 2315 5 ff.; Bewertung von Grundstücken § 2311 14; Bewertung von Handelsunternehmen § 2311 16; Bewertung von Personen- oder Partnergesellschaften § 2311 17; Bewertungsmethoden § 2311 13; Bewertungsziel § 2311 9 f.; Eheverträge als Schenkung § 2325 14; eidesstattliche Versicherung § 2314 15; Eigengeschenke § 2327 2 f.; Einsetzung als Nacherbe § 2306 5; entferntere Abkömmlinge § 2309 2; Entstehung § 2317 2 f.; Ergänzung über die Hälfte des gesetzlichen Erbteils § 2326 2; Ergänzungsanspruch gegen den Beschenkten § 2329 3, 5; ergänzungspflichtige Schenkungen des Erblassers § 2325 7 ff.; Erlass § 2317 4, 7; Fälligkeit § 2317 3; Feststellung des Erbteils § 2310 2 f.; Feststellungsinteresse § 2325 35; Vor §§ 2303 ff 4; gegen Testamentsvollstrecker § 2213 3; Geltendmachung § 2317 5; gemischte Schenkungen § 2325 10; Gestaltungsmöglichkeiten § 2306 12; Haftung des Beschenkten § 2329 5 ff.; Hemmung der Verjährung § 2317 21; § 2332 2; Informationsvermittlung § 2314 9, 18; Kürzung von Vermächtnissen und Auflagen § 2322 1; Kürzungsbefugnis des Erben § 2318 2, 6; § 2323; Lebensversicherung § 2325 15; Nachlasswert § 2311 2 ff.; Neubeginn der Verjährung § 2317 23; nicht berücksichtigungsfähige Schenkungen § 2325 31 f.; § 2330; Pfändung § 2317 5; Schenkungen des Erblassers § 2325 7 ff.; Schenkungen unter DDR-Recht § 2325 22; Sicherung § 2317 24; Steuer § 2303 15; § 2317 26; Stichtagsprinzip § 2311 11 ff.; Stiftungserrichtung § 2325 20; Stufenklage § 2314 21; Stundung § 2331a; Übertragbarkeit § 2317 9; unbenannte Zuwendungen § 2325 13; ungewisse Rechte § 2313 2, 5; unsichere Rechte § 2313 2, 5; Unterhaltsverpflichtungen nach § 1586 b I § 2325 1; § 2329 1; Vererbung § 2317 10; Verjährung des Auskunftsanspruchs § 2314 20; Verjährung des Ergänzungsanspruchs § 2332 1; Vermächtnis § 2307 2; Verwirkung § 2317 6; Vollstreckung § 2314 22; Vorbehalt § 2306 9; Vorbehalt eines Nutzungsrechts § 2325 9; Wert eines Landguts § 2312 2; Wertermittlungsanspruch § 2314 16 f.; Zusatzpflichtteil § 2305 2 f.; § 2316 9; Zuwendung von Erbteil und Vermächtnis § 2307 6 f.; Zuwendungen aus dem Gesamtgut § 2331 1

Pflichtteilsberechnung § 2049 5

Pflichtteilsberechtigter § 1371 10; § 1960 40; § 1973 4; § 1981 11; § 1994 6; § 2022 8; § 2044 3; § 2055 17; § 2056 2; § 2058 4; § 2078 1; § 2079 8 ff.; § 2303 1 ff.; Erbe § 2328 1; Miterbe § 2319 2

Pflichtteilsbeschränkung § 2338 2 ff.

Pflichtteilsentziehung § 2333; Abkömmling § 2333 2; Beweislast § 2336 4; Form § 2336 3; Verzeihung § 2337 1

Pflichtteilsergänzungsanspruch § 1967 9; § 1990 8; § 2018 19; § 2033 22; § 2050 20; § 2054 1; § 2056 2; § 2325 1; § 2329 1; bei Schenkungen § 2325 1; § 2329 1, 4

Pflichtteilsklausel § 2074; § 2075 4

Pflichtteilslast; aufgrund abweichender Anordnungen § 2324 1; bei Auflagen § 2318 2, 6; bei Vermächtnisausschlagung § 2321 2 f.; bei Vermächtnissen § 2318 2, 6; des an die Stelle des Berechtigten getretenen Erben § 2320 2

Pflichtteilsrechte § 1972 1; § 1974 7; § 1976 3; § 1992 1; § 2058 14

Stichwortverzeichnis

Pflichtteilsschuldner § 2303 7
Pflichtteilsverzicht § 2346 7; § 2351 2
Pflichtteilszuwendung; an Ehegatten § 2304 4
Pflichtverletzung § 22 AGG 3; § 280 10, 22, 24; § 281 4; § 283 2; § 286 1; § 323, § 324, § 325; § 661 11; § 1960 32; § 1985 25; § 2042 43; Vor §§ 275 ff 1, 3, 5 ff.; Abgrenzung vom Sorgfaltsverstoß § 280 22; als wichtiger Grund § 314 9 ff., 19; Arbeitgeber § 619a 2; Arbeitnehmer § 620 55; Begriff § 280 10; Vor §§ 275 ff 5; Begründung der Pflicht Vor §§ 275 ff 8; Nebenpflichten Vor §§ 275 ff 6; Nichterfüllung Vor §§ 275 ff 6; öffentlich-rechtliche ~ § 839 8; Pflichteninhalte Vor §§ 275 ff 6; Pflichttypen § 280 10; Vor §§ 275 ff 6; Schlechterfüllung Vor §§ 275 ff 6; Sorgfaltsverstoß § 280 22; Typologie der Leistungsstörungen Vor §§ 275 ff 7; unberechtigte Abweichung vom Vertragsprogramm § 280 10; Unmöglichkeit Vor §§ 275 ff 7; Vertretenmüssen § 280 19 ff.; vor Fälligkeit § 280 17
Pflichtwidrigkeit § 123 22; § 1962 8
Phasenmodell § 1570 6
Pkw-Leasing; Kilometerabrechnung § 506 6
Planungsschaden § 249 18
Policedarlehen § 488 10
Political correctness § 311 14
Polizei; Amtshaftung § 839 121
Positive Interessen § 15 AGG 5
Positive Maßnahme § 5 AGG 1; Angemessenheit § 5 AGG 5 f.; bestehende Nachteile § 5 AGG 3; Eignung § 5 AGG 4; Ungleichbehandlung § 5 AGG 1
Positive Vaterschaftsfeststellung § 1600d 1
Positive Vermutungswirkung § 2009 1
Positive Vertragsverletzung § 1973 2
Postfach § 130 12
Postident-Verfahren; Vertragsschluss § 145 6
Postmortales Persönlichkeitsrecht § 1 22
Postscheck § 496 4
Postsperre § 1960 50
Postvollmacht § 167 32
Potestativbedingung § 2065 6
Praktikant § 611 9, 101
Prämien § 611 52, 74
Prätendentenstreit; Hinterlegungsrecht § 372 14 ff.
Präventionsgedanke § 253 27
Praxen von Freiberuflern § 1376 9; Bewertung § 1376 20
Praxiskauf § 453 38
Praxisraum § 1361b 6
Preisänderungsklausel § 307 17
Preisausschreiben § 661 1, 3 ff.
Preisbewerbungen § 661 2 ff.
Preisentscheidung § 661 9
Preiserhöhungsklausel § 305c 22; AGB § 309 5, 8 f.
Preisgefahr § 300 5; § 326 7
Preisgericht § 661 12

Preisgleitklausel § 315 2
Preisindex § 1374 11 ff.
Preisregulierter Markt; AGB § 307 34
Preisrichter § 660 4; § 661 1, 10 f.
Preiswürdigkeit § 661 12
Preiszuteilung § 661 7, 12 ff.
Presse; Gegendarstellungsanspruch § 824 11
Pressefreiheit § 823 99; § 824 3, 14 f.
Primärenergie § 559 12
Primärrecht der Europäischen Union § 611 52
Prioritätsgrundsatz § 659 3
privat; ~er Ge-/Verbrauch § 1 ProdHaftG 7
Privataufgebot § 1980 15; § 2061 1, 7
Privatautonomie § 242 16; § 311 3, 27; Einl 18; Vor §§ 116 ff 1; Vor §§ 145 ff 13
Privatgutachten Anhang zu ex § 1600e 76
Privatinitiative § 1573 6
Privatklagen; gegen Testamentsvollstrecker § 2213 5
Privatrecht Einl 13
Privatvermögen § 2007 3; § 2036 3
Privilegierter Personenkreis § 573 18 ff.
Privilegiertes Anfangsvermögen, negatives; Negatives privilegiertes Anfangsvermögen § 1374 30
Privilegierung § 1570 1
Probearbeitsverhältnis § 611 102; § 622 4
Probefahrt § 311 39
Probezeit § 611 101; § 622 4; Adoption § 1744 1; Fristberechnung § 187 4; Rückfrist § 187
Produkt; Begriff § 2 ProdHaftG 1; § 823 186
Produktbeobachtungsfehler § 1 ProdHaftG 17; § 3 ProdHaftG 7; Vor ProdHaftG 6
Produktbeobachtungspflicht § 3 ProdHaftG 3; Befundsicherungspflicht § 823 184 f., 199
Produktfehler; Begriff § 1 ProdHaftG 14; § 3 ProdHaftG 1 ff.; § 4 ProdHaftG 1
Produkthaftung § 823 173 ff.; Anknüpfung Artikel 40 EGBGB 21; ROM II Art 5 1 ff.; ROM II Art 17 3; Arzneimittel § 2 ProdHaftG 1 f.; § 15 ProdHaftG 2; § 823 175; Ausreißer § 823 182, 184; Beweislast § 823 197 ff.; Fabrikationsfehler § 1 ProdHaftG 14, 17; § 3 ProdHaftG 7; § 10 ProdHaftG 2; § 823 182; Grundlagen § 823 173 ff.; Haftpflichtiger § 823 188 ff.; Haftungsvoraussetzungen § 823 180 ff.; Instruktionsfehler § 1 ProdHaftG 14, 17; § 3 ProdHaftG 4; § 10 ProdHaftG 2; § 823 183; Konstruktionsfehler § 1 ProdHaftG 14, 17; § 10 ProdHaftG 2; § 823 181; Produktbeobachtungsfehler § 1 ProdHaftG 17; § 3 ProdHaftG 7; Vor ProdHaftG 6; Rückrufpflicht § 823 185; Verkehrspflichten § 823 180 f.
Produkthaftungsgesetz; Anspruchsberechtigung § 1 ProdHaftG 10; Beweislast § 1 ProdHaftG 12, 14, 20; Fehler § 3 ProdHaftG 1 ff.; Haftungsadressaten § 4 ProdHaftG 1 ff.; Haftungsausschluss

§ 1 ProdHaftG 12 f.; Haftungsumfang § 1 ProdHaftG 19; § 7 ProdHaftG, § 8 ProdHaftG, § 9 ProdHaftG, § 10 ProdHaftG, § 11 ProdHaftG; Hersteller–Begriff § 4 ProdHaftG 2; Konkurrenzen § 15 ProdHaftG; Vor ProdHaftG 7; Mitverschulden § 6 ProdHaftG 2; Rechtsnatur der Haftung Vor ProdHaftG 4; Regress § 5 ProdHaftG 3; § 6 ProdHaftG 3; § 13 ProdHaftG 1; Unterschiede zur Haftung gem § 823 § 1 ProdHaftG 6, 17; § 3 ProdHaftG 1; § 4 ProdHaftG 1; Vor ProdHaftG 5 f.
Produkthaftungsrichtlinie Vor ProdHaftG 1 ff.
Produzentenhaftung § 249 107; Begriff § 823 173
Prognose § 620 98; § 626 3
Prognosezeitpunkt § 620 56
Projektsteuerungsvertrag Vor §§ 631 bis 651 14
Prokura § 2032 25
Prokurist § 611 21
Proportionalhaftung § 249 5; § 823 222
Proportionalitätsgrundsatz § 1360 11
Prospekthaftung § 280 69; § 675 58; § 826 21; Anknüpfung ROM II Art 1 5; ROM II Art 4 11
Prospektpflicht; Teilzeit-Wohnrechtevertrag § 482
Prospektsprache; Teilzeit-Wohnrechtevertrag § 483
Prostitution § 252 20
Protestatio facto contraria Vor §§ 116 ff 4; Vor §§ 145 ff 48
Protokoll der Geschäftsstelle § 1961 5
Provision § 611 58, 74
Provisionsschinderei (churning) § 826 42
Prozentuale Grenze § 1573 12
Prozessaufrechnung § 387 6 ff.; Aufrechnungsverbot § 388 8; Erledigung § 388 6; Präklusionswirkung § 388 7; Rechtskraft § 388 9; Rechtsnatur § 388 6; Rückwirkung § 389 7; Teilklage § 388 10
Prozessbeschäftigung § 615 13, 20
Prozessbürgschaft § 242 48
Prozesse gegen den Nachlass § 2212 2
Prozessführung § 1959 8; § 1960 30; § 1981 14
Prozessführungsbefugnis § 1958 1; § 1966 5; § 1984 10; Erben § 2212 2
Prozessführungsmängel § 2039 15
Prozessgericht § 1965 7; § 1987 7; § 1992 7; § 1994 2; § 2006 9, 12; § 2011 4; § 2028 12; § 2044 17; § 2057 6; § 2057a 21
Prozesshandlung § 130 3; § 133 12, 40; § 138 14; Anwendung des § 181 § 181 3; Bedingbarkeit § 158 15; durch Nichtberechtigten § 185 5
Prozesskosten § 1990 17; § 2021 5
Prozesskostenhilfe § 1360a 13, 18; § 1960 30; § 1993 7; für Nachlass § 2212 1
Prozessstandschaft § 705 28; Abtretung § 398 22; gewillkürte ~ § 1364 2
Prozessstandschafter § 1976 2; § 2039 17
Prozessvergleich § 127a 3; § 138 14; § 142 2; § 1365 11, 14; § 1569 9

Prozessvertrag Vor §§ 145 ff 8
Prozessvertretung § 611 7
Prozessverwirkung § 623 6
Prozessvollmacht § 164 25; § 167 25, 31, 38; § 168 1, 10; § 174 2
Prozessvoraussetzung § 1958 1
Prozessweg § 1960 32
Prozesszinsen § 247 2; § 291 1 ff.; Anspruchsgrundlage § 291 1; Basiszinssatz § 291 6; Durchsetzbarkeit § 291 4; Eingruppierungsklage § 291 5; Fälligkeit § 291 4; Feststellungsklage § 291 3; Geldschuld § 291 3; Hilfsantrag § 291 5; Leistungsklage § 291 5; Mahnantrag § 291 5; Rechtshängigkeit § 291 5; Rechtsirrtum § 291 1; Stufenklage § 291 5; Verbraucherdarlehensverträge § 291 6; Vertretenmüssen § 291 1; Voraussetzungen § 291 3; Zinseszinsverbot § 291 6
Prüfvermerk § 781 14
Publikums-GbR § 705 48; § 708 1; § 736 2
Publikumsgesellschaft § 705 24, 48 f.; § 709 3, 17; § 714 14
Punktation § 154 5

Qualifikation Artikel 3 EGBGB 10, 34 f., 60; Artikel 4 EGBGB 5 f., 11; Artikel 5 EGBGB 4; Artikel 6 EGBGB 4; Artikel 10 EGBGB 3; Artikel 11 EGBGB 4; ex Artikel 33 EGBGB 3 f.; als unerlaubte Handlung Artikel 40 EGBGB 2; und Abgrenzungsproblematik im Internationalen Schuldvertragsrecht ROM I Art 4 7
Qualifikations(rück)verweisung Artikel 4 EGBGB 6; Artikel 6 EGBGB 4
Qualifizierte elektronische Signatur § 125 9; § 126a 1, 5
Qualifizierte Nachfolgeklausel § 727 9; § 2032 20
Qualifizierter Mietspiegel § 558a 19; Begriff § 558d 2; Regressionsmethode § 558d 3; Verlust der Qualifizierung § 558d 5; Wirkungen § 558d 7; wissenschaftliche Grundsätze § 558d 3
Qualifizierter Zeitmietvertrag § 575 1, 7 ff.
Quantitative Grenze § 1361 14
Quasi-Hersteller; Produkthaftung § 4 ProdHaftG 1, 3; § 5 ProdHaftG 3; Produkthaftung § 823 190
Querschnittsbereich § 613a 10
Quittung § 368 1 ff.; § 810 10; Adressat § 368 10; Anfechtung § 370 7; Beweismittel § 368 5; Form § 368 14; Formular § 368 16; Inhalt § 368 7; Kosten § 369 1 f.; Leistung an Überbringer § 370, § 371, § 372; Löschungsbewilligung § 368 15; Löschungsfähigkeit § 368 15; Rechnung § 368 8; Rechtsnatur § 368 4; Rechtsschein § 370 1, 5; Voraus~ § 368 6; Zusätze § 368 11
Quotalberechtigung § 2033 3
Quote; starre ~ § 5 AGG 1; weiche ~ § 5 AGG 1
Quotenklausel § 538 18 ff.
Quotenunterhalt § 1360a 19
Quotenvermächtnis § 1976 3; § 2176 1

Stichwortverzeichnis

Rahmenkredit § 488 9; § 492 2; § 494 4; § 495 4

Rahmenvertrag Vor §§ 145 ff 28; Ratenlieferungsverträge § 510 8 f.

Rang § 2048 18; Bestimmung des ~s § 879 12; der Vormerkung § 883 20; von Grundstücksrechten § 879

Rangänderung § 880; Einigung § 880 2; Eintragung § 880 3; Rechtsfolge § 880 6; Zustimmung des Eigentümers § 880 4; Zwischenrecht § 880 8

Rangordnung § 1583 1; § 1991 12

Rangvorbehalt § 881 1; Ausnutzung § 881 6; Einigung § 881 2; Eintragung § 881 3; Erlöschen des vorbehaltenen Rechts § 881 9; Veräußerung § 881 5; Wirkung § 881 7; Zwischenbelastung § 881 8

Rasse § 1 AGG 3; § 3 AGG; § 8 AGG 13; § 19 AGG 8; § 311 19

Rassismus § 1 AGG 3

Rat § 675 42 ff.

Ratenlieferungsverträge § 314 5; Ausnahmetatbestände § 510 3; Bausatzverträge § 510 4; Begriff § 510 1; Beweislast § 510 1; Dienstverträge § 510 2; Energielieferungsverträge § 510 7; Existenzgründer § 510 3; Franchiseverträge § 510 7, 9; Getränkelieferungsverträge § 510 7, 9; Rahmenverträge § 510 8 f.; Rechtsfolgen § 510 8 f.; Sachgesamtheit § 510 4; Sukzessivlieferungsverträge § 510 5; Teillieferungsverträge § 510 5; Voraussetzungen § 510 2, 4 ff.; Werkverträge § 510 2; Zeitschriftenabonnements § 510 6

Raubbau § 2133 2

Räuberische Anfechtungsklage § 826 45

Rauchen; Produkthaftung § 823 183

Rauchverbot § 618 2

Raummietverhältnis § 535 16

Räumpflicht § 823 140 ff., 225

Raumsicherungsverträge § 562 12

Räumung von Mieträumen und Grundstücken § 546 7

Räumungsauftrag § 562 19

Räumungsfrist § 242 48; § 1361b 39; gem § 721 ZPO § 574 9

Realakt § 657 13; § 658 4; § 1365 11; Vor §§ 116 ff 5

Reallast § 1105, § 1106, § 1107; Ablösung § 1105 21; Abtretung § 1107 6; als Altenteil § 1105 18 ff.; Ausschluss unbekannter Berechtigter § 1112; Belastungsgegenstand § 1105 8 f.; Berechtigter § 1105 10 ff.; dinglicher Anspruch § 1107 2 ff.; Duldung der Zwangsvollstreckung § 1107 2; Eigentümerrecht § 1105 12; Eigentumswechsel § 1108 4; Einzelleistungen § 1107 1 ff.; Entstehung und Erlöschen § 1105 13 ff.; Haftung aus gesicherter Forderung § 1108 5; Landesrecht § 1105 21; persönliche Haftung § 1108 1 ff.; Pfändung § 1107 6; *Rechtsinhalt* § 1105 3 ff.; Rechtstyp § 1105 1 f.; subjektiv-dingliche Reallast § 1110; subjektiv-persönliche Reallast § 1111;

Teilbelastung § 1106; Teilung des belasteten Grundstücks § 1108 6; Teilung des herrschenden Grundstücks § 1109; Unterwerfung gem § 800 ZPO § 1107 2; Verfügungen § 1107 5 f.; Verpfändung § 1107 6; Verzugs- und Prozesszinsen § 1107 3; wiederkehrende Leistungen § 1105 3 ff.; Zwangsvollstreckung § 1107 7 ff.

Realofferte § 145 3; Vor §§ 145 ff 43

Realteilung § 2042 22

Rechenschaft § 1978 3

Rechenschaftsanspruch § 2100 9; § 2130 10 ff.

Rechenschaftslegung § 259 1; § 2027 4

Rechenschaftspflicht § 259 1; § 713 4; Inhalt § 259 3; Testamentsvollstrecker § 2218 3

Rechnung, prüffähige ~ § 641 2

Rechnungsabschluss § 721 2; § 730 5

Rechnungslegung § 614 2; § 1962 7; § 1985 7; § 2039 5

Rechnungslegung ggü Vermächtnisnehmer § 2174 3

Recht; Früchte § 99; zum Besitz § 273 20; § 2018 4; zur Besitzaufgabe § 293 5; zur Hinterlegung § 293 5

Recht zum Besitz § 273 20; § 355 1; § 986 2; § 2018 4

Rechtfertigungsgründe § 823 14 ff.; Einwilligung § 823 17, 204, 207 ff.; Inanspruchnahme gesetzlicher Verfahren § 823 16, 36, 63, 86; Wahrnehmung eines öffentlichen Amtes § 823 16

Rechtliche Betreuungsnotwendigkeit § 1571 5

Rechtliche Handlungseinheit § 339 6

Rechtliches Gehör § 1996 5

Rechtliches Interesse § 1980 10; § 2010 3; Glaubhaftmachung § 1960 17

Rechtliches Interesse für Akteneinsicht § 2228 1

Rechtmäßiges Alternativverhalten § 249 62 ff.

Rechtsanwalt § 280 61, 69, 71; § 611 15; § 613 2; § 615 1; § 627 1; AGB § 307 17; Sekundärverjährung § 280 71; Verjährung § 280 71

Rechtsanwaltskanzlei § 1376 9

Rechtsanwaltsvertrag § 611 15

Rechtsausübung § 242 28

Rechtsausübung, unberechtigte § 242 76; § 276 12

Rechtsbedingung § 620 33

Rechtsbehelfe Vor §§ 275 ff 1, 10; Gleichrangigkeit Vor §§ 275 ff 10; System Vor §§ 275 ff 9

Rechtsberatung Vor §§ 631 bis 651 19

Rechtsbeugung § 1962 10

Rechtsbindungswille § 145 5; Vor §§ 116 ff 6

Rechtsfähigkeit § 1 1 ff.; § 705 1, 16, 33, 35 ff., 47; § 714 2, 7; § 2032 1, 6; Abgrenzungen § 1 7 ff.; Beginn § 1 1, 10; Begriff § 1 3; Beweislast § 1 12 f.; Ende § 1 11; IPR Artikel 2 EGBGB; Artikel 7 EGBGB 1, 8; Artikel 12 EGBGB 1 ff.; ROM I Art 13 1; Rechtliche Bedeutung § 1 9; Systematik § 1 1

Rechtsfolge § 627 2

Rechtsfolgen der Ablehnung des Eintritts § 563 26

Rechtsfolgenirrtum § 119 27 ff.

Rechtsfolgenverweisung § 2021 1

Rechtsgeschäft § 116 1; § 117 1; § 138 13; § 139 5; § 613a 8; Vor §§ 116 ff 1; abstraktes Geschäft Vor §§ 116 ff 14; einseitiges ~ § 174, § 180, § 182; § 1366 1 ff.; Vor §§ 116 ff 3, 9, 11; einseitiges ~ § 107 8; § 111; kausales Geschäft Vor §§ 116 ff 14; mehrseitig Vor §§ 116 ff 10; Rückbeziehung der Wirkungen § 159

Rechtsgeschäftliche Besitzrechte § 986 4

Rechtsgeschäftliches Verfügungsverbot § 137 2

Rechtsgeschäftsähnliche Erklärungen § 126b 3; § 130 2; § 131 2; § 133 11; § 138 13; § 142 2

Rechtsgeschäftsähnliche Handlung Vor §§ 116 ff 7

Rechtsgrundlose Verfügungen § 2205 4

Rechtsgrundverweisung § 2025 1

Rechtsgüter § 823 1, 3; Freiheit § 823 31 f.; Leben § 823 23

Rechtsgutverletzung § 823 23 ff.; mittelbare § 823 9, 20, 28, 38

Rechtshandlungen in Benachteiligungsabsicht § 1390 9

Rechtshängigkeit § 246 7; § 291 5; § 705 28; § 987 1; § 1384 4; § 1580 2; § 1585b 4; § 2020 2; § 2022 4; § 2023 2 f.; § 2029 3; im Ausland Artikel 3 EGBGB 5; Artikel 5 EGBGB 3

Rechtshängigkeitsvermerk § 899 13

Rechtsirrtum § 276 11, 34; § 280 35; § 286 24; § 2060 8; Geldforderungen § 280 35

Rechtskauf § 433 2, 4; § 453 3, 5; § 474 8; Mängel § 434 2; § 453 8 ff.

Rechtskraft § 1959 8; § 2018 25; § 2039 20; § 2060 8; der Ehescheidung § 1569 3; des Urteils § 1967 2; Durchbrechung § 826 48 ff.

Rechtskrafterstreckung auf Erben § 2213 4

Rechtskraftwirkung § 705 28; § 1965 7; § 2018 26

Rechtslage § 313 36

Rechtsmangel § 435 4, 8; § 438 14; § 536 20; § 536b 5; § 2030 5; unbehebbarer ~ § 437 6, 42 f., 51; Vermächtnis § 2174 2; § 2182 1; Werkvertrag § 633 25

Rechtsmissbrauch § 357 6; Außentheorie § 242 27; Innentheorie § 242 27

Rechtsmittel § 1973 11

Rechtsmittelfristen § 2045 2

Rechtsmittelzug Kindschaftssache; Familiensenat Anhang zu ex § 1600e 58; Revision Anhang zu ex § 1600e 60

Rechtsnachfolger § 657 9; § 660 4

Rechtsnießbrauch § 2033 34

Rechtsnorm § 134 5

Rechtspfleger § 1960 14; § 1962 4, 10; § 1964 5; § 1970 7; § 1981 1, 15; § 2006 6; § 2010 4 f.; § 2027 15; § 2042 20; § 2057 6

Rechtspflicht § 1968 5

Rechtsschein § 242 53

Rechtsscheinhaftung; beim unternehmensbezogenen Rechtsgeschäft § 164 35

Rechtsscheinvollmacht § 167 37 ff.; § 170, § 171, § 172; Anfechtung § 167 48; § 171 2; Anwendung der §§ 177 ff § 170 1; § 177 4; Anwendungsbereich § 167 38; § 171 1; § 172 1; bei der kundgegebenen Innenvollmacht § 171, § 172; bei der nachträglich erloschenen Außenvollmacht § 167 50; § 170; Duldungs- und Anscheinsvollmacht § 164 36; Einwendungsausschluss § 167 47; § 170 1; Gutgläubigkeit des Geschäftsgegners § 173; kraft Einräumung einer Stellung § 167 50; Rechtsnatur § 170 1

Rechtsscheinwirkung § 1964 9

Rechtsschutzbedürfnis § 1970 14; § 2048 27

Rechtsschutzinteresse § 1961 9

Rechtsspaltung Artikel 4 EGBGB 19 ff.; Artikel 20 EGBGB

Rechtsstreit; Fortsetzung des ~ § 1958 1

Rechtsverfolgung § 1961 6

Rechtsverfolgungskosten § 280 28; als Schaden § 839 57

Rechtsvergleich; eigenhändiges Testament § 2247 27; gemeinschaftliches Testament § 2265 6; öffentliches Testament § 2232 10; Testierfähigkeit § 2229 14

Rechtsverlust; Entschädigung § 951

Rechtswahl Artikel 3 EGBGB 37; Artikel 4 EGBGB 16; Artikel 5 EGBGB 30; Artikel 6 EGBGB 11; Artikel 10 EGBGB 11; Artikel 11 EGBGB 6; Artikel 14 EGBGB 7 ff.; Artikel 15 EGBGB 5 ff.; Artikel 16 EGBGB 4; Artikel 18 EGBGB 5; ex Artikel 27 EGBGB 1 ff.; ex Artikel 29 EGBGB 1, 23; ex Artikel 29a EGBGB 8; ex Artikel 34 EGBGB 17; ex Artikel 36 EGBGB 3; ROM I Art 3 1, 3 ff.; ROM I Art 11 4; Abänderung ROM II Art 14 4; allgemein ROM II Art 14 1 ff.; ausdrückliche ROM II Art 14 5; Aushandeln, freies ROM II Art 14 4; Ausschluss ROM II Art 6 6, 9; ROM II Art 8 6; ROM II Art 13 1; Binnenmarktklausel ROM I Art 3 26; fehlende ~ ex Artikel 28 EGBGB 1 f.; ROM I Art 4 3 ff.; Form ROM II Art 14 3; Gegenstand Artikel 42 EGBGB 2; ROM II Art 14 2; Geschäftsfähigkeit ROM II Art 14 3; im internationalen Deliktsrecht Artikel 40 EGBGB 16; Artikel 42 EGBGB 1 ff.; Inlandssachverhalte ROM I Art 3 25; konkludent ROM II Art 14 5; Rechtsfähigkeit ROM II Art 14 3; Rechtsfolgen Artikel 42 EGBGB 3; stillschweigende ROM I Art 3 8 f.; Tätigkeit, kommerzielle ROM II Art 14 4; Teilrechtswahl ROM II Art 14 2; Umfang ROM II Art 14 2; Verschulden bei Vertragsschluss ROM II Art 12 4; Voraussetzungen Artikel 42 EGBGB 2; Vorrang ROM II Art 14 1; wählbares Recht ROM I Art 3 4 ff.; Wirksamkeit ROM II Art 14 1, 3; Zeitpunkt ROM II Art 14 4; Zulässigkeit ROM II Art 14 1, 6 ff.; ROM II Art 18 2; Zustandekommen und Wirksamkeit ROM I Art 3 28

Stichwortverzeichnis

Rechtswidrigkeit § 276 4; § 823 10 ff.; Erfolgsunrecht § 276 4; Handeln auf eigene Gefahr § 823 18; Lehre vom Erfolgsunrecht § 823 11, 12; obligation de moyens § 276 4; obligation de resultat § 276 4; Verhaltensunrecht § 276 4; verkehrsrichtiges Verhalten § 823 18

Rechtswidrigkeitstheorie § 812 60

Rechtswirksamkeit § 1361 3

Rechtzeitigkeitsklauseln § 556b 3

Redlichkeitsphase § 988 4

Reduktionsklausel § 828 11

Regel-Ausnahme-Prinzip § 1581 18

Regelkündigungsfrist § 573c 4

Regelmäßig wiederkehrende Leistungen § 2 VersAusglG 4

Regelmäßiger Lebensbedarf § 1361 13

Regelungsidentität § 613a 15, 22 f.

Regelungsverfügung § 1963 10

Regierungsmitglieder § 32 VersAusglG 7

Regress des Gesellschafters § 714 13

Regressansprüche § 1967 7; § 2046 5

Regressverlust des Vermächtnisnehmers § 2166 1

Reinertrag § 2049 4

Reinigung Vor §§ 631 bis 651 19

Reinnachlass § 2057a 19

Reise § 651a 3 f.

Reisebestätigung § 651a 23 f.

Reisebüro § 651a 20; Beratungspflicht § 651a 22; Inkassoermächtigung § 651a 22; § 651k 8

Reisekosten Vor § 1577 9

Reisemängel; Minderung § 651c 2 ff.

Reisende § 651a 5

Reisepreis § 651a 8

Reiseveranstalter § 651a 9 ff.; Abhilfe § 651c 1 ff.; Anspruchsgeltendmachung § 651g 2 ff.; Berechnung bei Reisemängeln § 651d 5; Erfolgshaftung § 651a 10; Fürsorgepflichten § 651a 17; Haftungsumfang § 651a 11; § 651h 2, 6; Leistungspflichten § 651a 16; Leistungsträger § 651a 27; § 831 10; Verkehrspflichten § 823 164; Verrichtungsgehilfe § 831 10

Reisevermittler § 651a 20

Reisevertrag § 651a 23 ff.; Vor §§ 328 bis 335 22; Vor §§ 631 bis 651 9; Abhilfeverlangen § 651c 19; Absage § 651a 35; ADAC-Tabelle § 651d 8; AGB § 307 17; § 308 38, 51; § 309 14, 29; allgemeine Reisebedingungen § 651a 25 f.; Ausschlussfrist § 651g 2 ff.; Buchung § 651a 23; Fehler § 651c 3; Frankfurter Tabelle § 651d 8; Fristen § 651g 1 ff.; Gastschulaufenthalt § 651l 1 ff.; Gebühren § 651a 40; Haftungsgrenzen § 651h 2, 6; halbzwingendes Recht § 651m 1 ff.; höhere Gewalt § 651j 1 ff.; Internationales Recht § 651a 41 ff.; § 651h 7; Kemptener Reisemängeltabelle § 651d 8; Konkurrenzen § 651a 41 ff.; § 651c 24 ff.; Kosten § 651a 40; Kündigung § 651a 36; § 651e 1 ff.; § 651j 1 ff.; Leistungsänderung § 651a 32; Mainzer Minderungsspiegel § 651 8; Mangel § 651c 2 ff.; § 651d 1 ff.; Mangelanzeige § 651d 3; Minderung § 651d 1 ff.; Minderungsbetrag § 651e 5; Parteien § 651a 5, 9 ff.; Pauschal~ § 278 16; Preisänderungen § 651a 28; Rücktritt § 651i 1 ff.; Schadensersatz § 651f 1 ff.; Selbsthilfe § 651c 21; Sicherstellung § 651k 1 ff.; Sicherungsschein § 651k 2 ff.; Übertragung § 651b 1 ff.; Urlaub, vertaner § 651f 7 ff.; Verbraucherschutz § 651a 1; § 651m 1 ff.; Verjährung § 651g 11 ff.; Vertrag mit Schutzwirkung für Dritte Vor §§ 328 bis 335 22; Vertragsschluss § 651a 23; zugesicherte Eigenschaft § 651c 6; Zuständigkeit § 651a 37

Rektapapier § 793 4; Abtretung § 398 8

Relative Unwirksamkeit § 883 17

Relative Verfügungsbeschränkungen § 892 4

Relatives Verfügungsverbot § 135; § 136 2, 5

Relativität der Anknüpfung Artikel 4 EGBGB 2

Religion § 1 AGG 6; § 8 AGG 13; § 9 AGG 5; § 11 AGG 3; § 20 AGG 8, 11; Glaubensrichtung § 3 AGG; Weltanschauung § 3 AGG

Religiöses Recht Artikel 12 EGBGB 13; Artikel 13 EGBGB 13

Rentabilitätsvermutung § 251 19; § 284 1, 5, 10

Rente § 843 8 ff.; Vor § 1577 18; bei Adoption § 1754 3; Einkommensteuer § 843 14; Minderung der Erwerbsfähigkeit § 843 8; mutmaßliche Lebensdauer § 844 10; richterliche Bemessung § 843 18; Sicherheitsleistung § 843 13; Vermehrung der Bedürfnisse § 843 9 f.

Rentenalter; unterschiedliches ~ § 3 AGG

Rentenanspruch § 1572 9

Rentenform § 1963 8

Rentennachzahlungen § 1577 4

Rentennahe Jahrgänge § 10 AGG 18

Rentenschein § 804 1 ff.; § 805 1 f.; § 807 4

Rentenschuld; Nießbrauch § 1080

Rentenschuldbrief § 793, § 794, § 796, § 797, § 798; § 799 2

Rentenversicherung § 1372 6

Rentenversicherungsbeiträge Vor § 1577 48

Renvoi; IPR ex Artikel 35 EGBGB 3; Rom I-VO ROM I Art 2 2; ROM I Art 20 1 f.

Reparatur § 249 8 f.; Vor §§ 631 bis 651 19; Produkthaftung § 4 ProdHaftG 2

Reparaturschein § 807 1

Repräsentantenhaftung § 823 189; § 831 6

Res extra commercium § 2208 2

Res in transitu Artikel 43 EGBGB 17; IPR Artikel 46 EGBGB 3

Reserveursache § 249 109 ff.; § 287 5; Anlagefälle § 249 112; Beweislast § 249 114; Objektschaden § 249 113; zeitliche Grenze § 249 114

Restitutionsansprüche § 1374 21

Restitutionsklage Anhang zu ex § 1600e 61

Restschuldversicherung § 507 4

Resturlaub § 611 98

Restwert § 249 10, 45
Rettungsdienst § 839 123
Rettungsfälle § 249 56
Reugeld § 338 4
Reverse Convertible Bonds § 793 9
Revisibilität § 254 49
Revisibilität ausländischen Rechts Artikel 3 EGBGB 53, 58
Revokationsklage § 1365 2
Revokationsrecht § 1368 1, 3
Revokationsverfahren § 1368 7
Richter § 611 10
Richtigkeit § 2006 1
Richtlinie § 611 37; Umsetzung § 12 AGG 11; und Rom I-VO ROM I Art 3 26; ROM I Art 23 2
Richtlinienkonforme Auslegung § 2 AGG 18; § 437 24; § 439 31; § 441 4; ex Artikel 29a EGBGB 6 f., 10; Vor § 312 ff 2
Richtlinienkonforme Rechtsfortbildung § 242 19
Richtlinienumsetzung § 242 2
Richtschnur § 1571 8
Risiko; eigenes § 658 1
Risikoverteilung § 275 22; § 313 14 ff.; nach Sphären beim Werkvertrag § 644; § 645 11
Risikozuschlag § 249 12
Rohstoffmangel § 620 75
Rollenwahl Vor § 1577 41
Rollenwechsel § 1581 10
Rollenwidrigkeit § 358 10
Rom II-VO Artikel 40 EGBGB 1; Vor Artikel 38–42 EGBGB 2; Anwendungsbereich ROM II Art 1 1 ff.; ROM II Art 32 1; Vor ROM II 5; Anwendungsvorrang ROM II Art 27 1; ROM II Art 28 1; Vor ROM II 1, 5; Auslandsbezug ROM II Art 1 9; Auslegung Vor ROM II 6; Ausnahmen ROM II Art 1 2 ff.; Beweis-/Verfahrensrecht ROM II Art 1 8; ROM II Art 22 1 ff.; culpa in contrahendo ROM II Art 12 1, 2 f.; Entstehungsgeschichte Vor ROM II 1; Geltungsbereich ROM II Art 1 9; Inkrafttreten ROM II Art 32 1; Vor ROM II 5; Mehrrechtsstaaten ROM II Art 25 1; Schadensbegriff ROM II Art 2 2; Universalität ROM II Art 3 1; Vor ROM II 7; Verhältnis zu anderen Rechtsakten ROM II Art 27 1; ROM II Art 28 1; Zivil- und Handelssachen ROM II Art 1 1

Rom I-VO ex Artikel 27 EGBGB 2, 16 f.; ex Artikel 28 EGBGB 1; ex Artikel 29 EGBGB 1, 7, 12; ex Artikel 34 EGBGB 1 f.; ROM I Art 3 14 f.; Vor IntSchVR 11 f.; Anknüpfungsregeln ROM I Art 4 1, 3; Anwendungsbereich ROM I Art 1 1 ff.; ROM I Art 28 1 f.; Beweis ROM I Art 18 1 ff.; Rechtswahl ROM I Art 3 3 ff.; Reichweite des Vertragsstatuts ROM I Art 12 5; Übereinkommen, andere ROM I Art 25 1 f., 4; universelle Anwendung ROM I Art 2 1 f.; Verhältnis zu anderen Gemeinschaftsrechtsakten ROM I Art 23 1 f.; Zeitpunkt des Inkrafttretens ROM I Art 29 1

Routinevorsprung § 620 79
Rück- und Weiterverweisung ROM II Art 24 1
Rückabwicklung; bereicherungsrechtliche § 660 9
Rückabwicklung nach Schadensersatzrecht Vor §§ 346 ff 2
Rückabwicklungsverhältnis § 275 32
Rückerstattung der Miete zuzüglich Zinsen § 547 6
Rückerstattungsanspruch § 547 7; § 1963 9
Rückforderungsausschluss § 813 5
Rückforderungsdurchgriff; Leistung auf einredebehaftete Forderung § 813 4
Rückgabe; der Pachtsache § 596; der Sache § 1001 4; des Pachtobjektes § 581 20; von Arbeitsmitteln § 620 7
Rückgabeanspruch; gegen Dritte § 546 12
Rückgabepflicht des Mieters; abweichende Vereinbarungen § 546 2; Grundsätzliches § 546 1; Konkurrenzen § 546 1; Mietermehrheit § 546 11, 14; Rückgabeanspruch gegen den Mieter gem § 546 I § 546; Unmöglichkeit § 546 5
Rückgaberecht; Teilzahlungsgeschäft § 508 1
Rückgaberecht bei Verbraucherverträgen § 356; Anwendungsbereich § 356 2 ff.; Muster des BMJ § 356 7; Rechtsfolge § 357; Rückgabe § 356 6
Rückgewähr; durch den Pächter § 582a 6; von Zuwendungen § 1372 14
Rückgewähransprüche § 2042 43; § 2059 9; Verjährung § 196 2
Rückgriffskondiktion EG § 812 101 f.
Rückkauf § 456 6
Rückkaufswert § 46 VersAusglG 1
Rücklassungspflicht § 596b
Rücknahme § 2040 7; der Kündigung § 542 29 ff.
Rücknahme des öffentlichen Testaments § 2256 2; Rückgabe an den Erblasser § 2256 2; Rückgabe anderer Testamente § 2256 6; Widerrufswirkung § 2256 5
Rücknahmerecht bei Hinterlegung; Ausschluss § 376 2 ff.; Insolvenz § 377 2; Rechtsfolgen § 379 5; Rechtsnatur § 376 1; Rückwirkung § 379 5; Unpfändbarkeit § 377 1 f.; Urteil § 376 4; Verzicht § 376 2; Wirkung § 376 5; Wirkung bei Ausschluss § 378 1 ff.
Rückruf; Produkthaftung § 823 185
Rücksichtnahmepflicht § 242 75
Rückspringen der Gefahr § 346 16
Rückstellungen Vor § 1577 16
Rücktritt § 275 32 f.; § 277 1; § 286 1; § 321 12; § 324, § 325, § 346; § 1958 14; § 2032 11; § 2040 6; Vor §§ 275 ff 4, 9; Abmahnung statt Fristsetzung § 323 26; Abweichungen durch AGB § 323 46 f.; andere Rechtsbehelfe § 323 44 f.; Angemessenheit der Frist § 323 19 f.; antizipierter Vertragsbruch § 323 5; aufgedrängte Bereicherung § 347 7; Aufrechnung nach Nichterfüllung § 352; Aufwendungen § 347 6; Ausschluss des Wertersatzes § 346 12; Ausschluss durch Erfül-

lungsverlangen § 323 42; beim Ausschluss der Leistungspflicht § 326; eigenübliche Sorgfalt § 347 3; Entbehrlichkeit der Fristsetzung § 323 27 ff.; Erklärung § 349; Erlöschen nicht erfüllter Pflichten § 346 2; Fälligkeit § 323 4 ff.; Fixgeschäft § 323 29 f.; formularmäßiger Vorbehalt § 308 20 ff.; Fristsetzung § 323 16 ff.; § 350; fruchtloser Fristablauf § 323 23 ff.; Gebrauchsrecht des Schuldners § 346 27 ff.; Gebrauchsvorteil eines Darlehens § 346 10; gegen Reuegeld § 353; Generalklausel § 323 31; Haftung nach Bereicherungsrecht § 346 20; Herausgabe von Nutzungen § 346 4; just-in-time-Geschäft § 323 31; Kaufvertrag § 437 20 ff.; § 438 25 ff.; Leistungsverweigerung § 323 27 f.; Mankolieferung § 323 36; Nicht- oder Schlechtleistung § 323 12 ff.; notwendige Verwendung § 347 5; Nutzungen und Verwendungen § 347; Pflicht zu Nachforschungen § 346 26; Prognoseentscheidung § 323 8; Prozessuales § 323 48 f.; Reisevertrag § 651i 1 ff.; Rückgewähr der schon erbrachten Leistungen § 346 3 f.; Schadensersatzpflicht des Rückgewährschuldners § 346 21 ff.; Schlechtleistung § 323 35; Teilleistungen § 323 33 ff.; unerhebliche Pflichtverletzung § 323 37; Unmöglichwerden im Annahmeverzug § 323 41; Unteilbarkeit § 351; Verantwortlichkeit des Gläubigers § 323 38; vereinbarte Gegenleistungen § 346 10; Verjährung § 323 45; Verwirkung § 350 3; Verzicht § 350 3; wegen nicht oder nicht vertragsgemäß erbrachter Leistung § 323; wegen Werkmangel § 634 9 ff.; § 636; Wertersatz § 346 5; Zeitpunkt der Fristsetzung § 323 21 f.; Zug-um-Zug § 348; Zuvielforderung § 323 17

Rücktrittseinrede § 438 27

Rücktrittsrecht § 620 3; § 626 1; § 2035 4

Rücktrittsvermutung bei Teilzahlungsgeschäften; Einigung über gewöhnlichen Verkaufswert § 508 6; Herausgabeklage § 508 5; Teilzahlungsgeschäft § 508 3 ff.; Zwangsvollstreckungsmaßnahmen § 508 5

Rückübereignungsanspruch § 2035 7

Rückübertragung § 2037 4

Rückvergütung, Aufklärungspflicht § 311 57

Rückvermächtnis § 2177 3; § 2191 1

Rückverweisung Artikel 3 EGBGB 4, 44; Artikel 3a EGBGB 2, 13; Artikel 4 EGBGB; Artikel 4 EGBGB 3 ff.; Artikel 5 EGBGB; Artikel 40 EGBGB 8; Artikel 41 EGBGB 2; Artikel 42 EGBGB 1; Artikel 43 EGBGB 3; ex Artikel 27 EGBGB 19; ex Artikel 28 EGBGB 2; ex Artikel 32 EGBGB 1; ROM I Art 3 17; Rom I-VO ROM I Art 2 2; ROM I Art 20 1 f.; versteckte Artikel 4 EGBGB 7; Artikel 7 EGBGB 4

Rückwirkungsklauseln § 556

Rückzahlung der Kaution § 551 18 ff.

Rückzahlungsklausel § 310 22; § 611 38, 101; § 620 37

Ruhegehaltfähige Dienstbezüge § 44 VersAusglG 4

Ruhegelder § 313 28

Ruhensvorschriften § 44 VersAusglG 5

Ruhestand § 10 AGG 12

Ruhestandsbezüge § 620 7

Rundfunkanstalt § 611 21, 23

Rundfunkmitarbeiter § 611 23

Rundfunksprecher § 611 21

Sach- und Rechtsmängel § 657 22; § 2042 42

Sachaufklärung § 1745 3

Sachbezüge § 611 58, 75

Sachdarlehen § 488 1; § 491 1; § 607, § 608, § 609

Sache(n) § 90; § 985 7; Begriff § 90; Früchte § 99; IPR Artikel 43 EGBGB; verbrauchbare ~ § 92; wesentliche Bestandteile § 93; zum persönlichen Gebrauch § 1362 2

Sachenrecht; IPR Artikel 43 EGBGB 7; numerus clausus Artikel 43 EGBGB 7; Vor §§ 145 ff 25; Trennungsprinzip § 854 15

Sachgefahr § 346 15

Sachgesamtheit § 985 16; Ratenlieferungsverträge § 510 4

Sachgründung § 2032 30

Sachkauf § 433 2, 7 ff.; Mängel § 434 2

Sachliche Zuständigkeit; Kindschaftssache Anhang zu ex § 1600e 19

Sachlicher Grund § 3 AGG 15, 17; § 20 AGG 4; Ungleichbehandlung § 3 AGG 17; § 20 AGG 4

Sachmangel § 243 1; § 2019 12; 536 I § 536 7; beim Werkvertrag § 633 11 ff.; Beispiele § 434 101 ff.; Erheblichkeit § 434 36; gewöhnliche Verwendung § 434 46; Kauf § 434 36; Kaufsache § 434 64; unbehebbarer ~ § 437 6, 42 f., 51; Verdacht § 434 36; Vermächtnis § 2174 2; § 2183 1; vorausgesetzte Verwendung § 434 38 ff.; Zeitpunkt § 434 37, 43, 65, 71

Sachnießbrauch § 2033 14

Sachnormverweisung Artikel 3 EGBGB 44; Artikel 3a EGBGB 2; Artikel 7 EGBGB 12; Artikel 9 EGBGB 12; Artikel 10 EGBGB 13 f.; Artikel 11 EGBGB 12, 17; Artikel 12 EGBGB 7 ff., 18; Artikel 13 EGBGB 11; Artikel 17 EGBGB 13; Artikel 18 EGBGB 12; ROM II Art 24 1; Vor ROM II 7; Legaldefinition Artikel 2 EGBGB; Artikel 3 EGBGB 1 f.; Rom I-VO ROM I Art 2 2; ROM I Art 3 6; ROM I Art 20 1 f.

Sachrecht ROM I Art 20 2

Sachschäden; Ersatz § 1 ProdHaftG 5, 9; § 11 ProdHaftG 1; § 249 31 ff.; § 254 19 ff.

Sachverbindungen; Kauf § 453 24 ff.

Sachversicherungen; Ansprüche aus ~ § 1369 4

Sachverständiger § 280 76; § 286 3; § 839a; § 1745 4; Haftung § 839 124

Sachwalter; Haftung des Vertreters § 164 79

Sachwalterhaftung § 164 79; § 311 63; § 675 56

Sachwert § 1376 8

Stichwortverzeichnis

Saldenbestätigung § 780 8; § 781 12
Saldotheorie/Saldierung § 818 29 ff.
Salvatorische Klausel § 125 19; § 139 4, 24; § 140 3; in AGB § 306 12
Samenerguss; Nachweis Anhang zu ex § 1600e 96
Sammlungen § 1376 9, 15
Satzung § 2032 33
Säumnis § 2012 1
Säumniszuschlag § 556 11; § 2039 7
Schaden § 626 3; § 823 21; immaterieller ~ § 15 AGG 7; immaterieller ~ § 253; § 823 21, 26, 164; Schockschaden § 823 29; Vermögensschaden § 823 33, 43, 53, 61, 223; vorgeburtlicher ~ § 823 30; wirtschaftlicher, nicht mehr vertretbar § 1577 20
Schaden, normativer § 252 13
Schadens- und Aufwendungsersatzanspruch des Mieters wegen eines Mangels; Anwendungsbereich § 536a 2; Grundsätzliches § 536a 1; Konkurrenzen § 536a 1
Schadensabwendungspflicht; Arbeitgeber/Dienstberechtigter § 611 100
Schadensausgleich; innerbetrieblicher ~ § 611 92; § 840 9; kollektive Systeme des ~ Vor §§ 823 ff 1, 13
Schadensberechnung; Dauer Vor §§ 249 bis 255 11 ff.; Zeitpunkt Vor §§ 249 bis 255 11 ff.
Schadensersatz § 249 21; § 536a 9; § 657 22; § 658 3; § 661 15; § 826 10; § 1980 2, 11; § 2019 4; § 2023 2; § 2029 2; § 2060 4; Vor §§ 275 ff 2 f., 9; Amtspflicht § 839 55; Anwendungsbereich Vor §§ 249 bis 255 1; Arbeitnehmer § 619a 1 ff.; Begrenzung des negativen Interesses durch das positive § 249 22; Belastung mit Verbindlichkeit § 249 16; Beweis Vor §§ 249 bis 255 5; des Reisenden § 651f 1 ff.; durch Geldzahlung § 249 15 ff.; durch Rente § 843 4 ff.; Erfüllung Vor §§ 249 bis 255 13; Erfüllungsanspruch § 280 6; § 281 1; Ersatzberechtigter § 823 20; Ersatzverpflichteter § 823 20; § 826 11; Gesundheitsverletzung § 249 14; § 254 16 ff.; § 843; Grundprinzipien § 249 2 ff.; Höhe § 15 AGG 5; in Geld § 249 4; § 251; Kausalität Vor §§ 249 bis 255 6 ff.; Körperverletzung § 249 14; § 254 16 ff.; § 843; Kostennachweis § 249 31; Kraftfahrzeuge § 249 11 ff., 29 ff., 37 ff.; § 251 14; § 254 19 ff.; Kündigung § 618 5; § 628 1; nach Fristsetzung § 250; Nichtvermögensschaden § 253 2 ff.; Nutzungsausfall § 249 37 ff.; ökologische Interessen § 251 10; pauschalierter ~ in AGB § 309 26 ff.; positives und negatives Interesse § 249 20 ff.; Prognoserisiko § 249 33; Schutzzwecklehre § 249 19, 65 ff.; Umsatzsteuer § 249 29, 34 f.; Verjährung Vor §§ 249 bis 255 10; Vorrang der Reparatur § 249 11; wegen Werkmangel § 634 14 ff.; § 636; Werkstattrisiko § 249 32; Wirtschaftlichkeit § 249 9; Zeitpunkt, maßgeblicher § 252 5; Zugewinnausgleich § 1372 16

Schadensersatz neben der Leistung § 280 7; Kauf § 437 28 f.
Schadensersatz statt der ganzen Leistung § 280 2, 6, 51 ff.; § 281 24 ff.; § 282 1 ff.; § 286 1; Abmahnung § 282 5; Beendigung des Vertrages § 280 2; Begriff § 280 51; § 281 24; Beleidigung § 282 3; Dauerschuldverhältnisse § 282 4, 6; Differenzmethode § 280 53; Ersatzfähigkeit § 281 34; Gegenansprüche des Schuldners § 281 35; Gegenleistungen § 281 34; großer Schadensersatz § 280 52; § 281 24; illoyales Verhalten § 282 3; Interessenlage des Gläubigers § 281 28; kleiner Schadensersatz § 280 54; Kündigung § 281 33; Kündigungsschaden § 281 29; Leistung nicht wie geschuldet § 280 55; § 281 30; Minderung § 281 35; nachträgliche Pflichtverletzung § 282 4; Nebenansprüche § 281 34; partielle Störung § 281 26; Rechtsfolgen § 281 34; § 282 6; Rücktritt § 280 51; § 281 33; Schadensersatz statt der Leistung § 282 2; Schutzpflicht § 281 32; Sukzessivlieferungsvertrag § 281 29; Surrogationsmethode § 280 53; Teilbarkeit § 281 27; Teilleistung § 281 26; Unerheblichkeit § 281 30; Unzumutbarkeit der Annahme § 282 2; Unzumutbarkeit der weiteren Anbindung § 282 5; Voraussetzungen § 280 55; § 281 25; § 282 3

Schadensersatz statt der Leistung § 275 33; § 280 6, 40 ff., 50; § 281 3 ff.; § 282 2; § 286 1; § 287 3; § 437 34, 41; § 2183 2; abstrakte Schadensberechnung § 280 42; Anspruchsgrundlage § 281 1; anstelle des Erfüllungsanspruchs § 280 40; Anwendungsbereich § 280 46; § 281 2; Aufwendungen § 280 41; Betriebsausfallschaden § 280 63; Deckungsgeschäft § 280 41; Deckungskauf § 280 41; dingliche Ansprüche § 280 49; Eigentümerbesitzverhältnis § 280 49; Erfüllungsinteresse § 280 45; Erlöschen des Erfüllungsanspruchs § 281 23; Ersatzfähigkeit § 281 22; Fälle § 280 41; Fälligkeitszinsen § 281 23; Fixhandelskauf § 280 48; Fortbestand des Vertrages § 280 44; Fristsetzung § 280 45; § 281 3; Fristsetzungserfordernis § 281 5; frustrierte Aufwendungen § 284 4; Gegenleistung § 281 23; Grundgedanke § 280 40 ff.; Haftungsschaden § 280 41; Kündigungsschaden § 280 47; Nachbesserung § 280 41; Nachfristmodell § 281 5; Nachfristsetzung § 280 50; Pflichtverletzung § 281 4; Qualifikation § 280 41; § 281 3; Recht zur zweiten Andienung § 280 40; § 281 3; Rechtsfolgen § 281 22; Rückgewähransprüche § 281 2; Spezifikationskauf § 280 2; Verhältnis zum Erfüllungsanspruch § 280 40 f., 48; Verhältnis zum Rücktrittsrecht § 280 44; Verlangen § 281 23; Vertretenmüssen § 281 4; Voraussetzungen § 281 4 f., 7; widersprüchliches Verhalten § 281 22; Zeitpunkt § 280 42

Schadensersatz statt der Rechtzeitigkeit der Leistung § 280 27
Schadensersatz und Rücktritt § 325; andere Schadensposten § 325 6; die Berechnung des Schadens nach Rücktritt § 325 3 ff.

Stichwortverzeichnis

Schadensersatz wegen Pflichtverletzung § 280 1, 5, 23; anfängliche Leistungsstörungen § 280 4; Anspruchsgrundlage § 280 1; Arbeitsverhältnis § 280 24; Art der Pflichtverletzung § 280 1; Art des Schuldverhältnisses § 280 1; Arzthaftung § 280 24; Beendigung des Vertrages § 280 2; Beweislast § 280 24; Beweislast nach Gefahrenbereichen § 280 24; Erfüllungsinteresse § 280 46; Ersatzfähigkeit § 280 5; Funktion § 280 5; Inhalt § 280 8; Kündigungsschaden § 280 47; Neutralrestitution § 280 8; Qualifikation des Schadens § 280 5; Rechtsfolgen § 280 23; Regelungstechnik § 280 5; Schuldverhältnis § 280 9; Umfang § 280 8; Unterlassung § 280 23; Verjährung § 280 24; Vertretenmüssen § 280 4; zentrale Norm § 280 1

Schadensersatz wegen Verzögerung der Leistung § 280 6

Schadensersatzanspruch § 15 AGG 3; § 536a; § 1369 4; § 1970 11; § 1985 14; § 1990 10; § 1994 1; § 2037 4; § 2038 6; § 2039 6; § 2041 5; § 2044 12; des Nacherben § 2100 9; § 2130 12; § 2138 7 f.; gegen Testamentsvollstrecker § 2219 1; Höchstabfindung § 10 AGG 18; Kauf § 475 9, 11; Nichtvertretenmüssen § 15 AGG 4; verschuldensabhängiger ~ § 21 AGG 3; wegen erlaubnisloser Untervermietung § 540 14; Zivilrecht § 21 AGG 3

Schadensersatzpflicht § 122 2; § 1970 12; § 1979 1; § 1986 1; des Vorerben § 2113 6, 13

Schadensersatzumfang § 536a 9

Schadensfeststellung; Kosten § 251 18

Schadensminderungspflicht § 537 5

Schadensnachweis Vor §§ 339 bis 345 1

Schadensort ROM II Art 4 4

Schadenspauschale Vor §§ 249 bis 255 4; Vor §§ 339 bis 345 4

Schadensrechtliches Bereicherungsverbot § 255 1

Schadensverlagerung § 249 99

Schädigung; vorgeburtliche § 823 30

Schatzfund § 984

Schätzung § 2055 14

Schätzungswert; Wiederkauf § 460; § 1973 10

Schätzwertklausel § 583a 4

Scheck § 246 7; § 780 10; § 783 17; § 784 1; § 792 1; § 793 4

Scheckinkasso § 675 34

Scheckreiterei § 826 41

Scheckverbot; Beweislast § 496 5; Gesamtschuldner § 496 7; Rechtsfolgen bei Verstoß § 496 5 ff.; Voraussetzungen § 496 1, 3 f.

Scheidung; kirchliche Verpflichtungen § 1588

Scheidungsantrag; Rechtshängigkeit des ~ § 1384 4

Scheidungshalbwaisen; Namensgebung § 1618 12

Scheidungsstatut Artikel 17 EGBGB 1 ff.

Scheinbestandteil § 539 2, 11; § 912 27

Scheinerblasser § 2031 6

Scheingeschäft § 117 1; bei der Vollmachtserteilung § 164 19

Scheingesellschaft § 714 9

Scheingesellschafter § 714 9

Scheinmietvertrag § 535 17

Scheinselbständigkeit § 611 24

Scheintestamentsvollstrecker § 2197 5

Schenkung § 2033 19; § 2034 8; § 2050 11; § 2056 2; Arbeitsleistungen § 516 7; § 531 4; auf den Todesfall als Vermächtnis § 2147 2; Auflage § 516 11, 14 f., 26; § 525, § 526, § 527; § 528 13; § 531 4; belohnende ~ § 516 20; des Todes wegen § 1365 14; durch ~ erworben § 1374 26; Ehegatten § 516 22; § 528 10; Forderungen § 518 10; gemischte ~ § 516 25; Geschäftsgrundlage § 528 1; § 530 1; getarnte ~ § 1375 12; grober Undank § 530 4 ff.; Grundstück § 528 9; § 531 3; Haftung § 521, § 522, § 523, § 524; Lebensversicherung § 516 9; § 518 11; nichteheliche Lebensgemeinschaft § 516 24; Rechtsmangel § 523; Rückforderung § 528, § 529; Sachmangel § 524; Schuldversprechen § 518 5; Schwiegereltern § 516 18; Sicherheit § 516 5, 7; Stiftung § 516 11; Tod des Beschenkten § 528 6; § 532 3; Tod des Schenkers § 518 14; § 520 3; § 528 19; Unentgeltlichkeit § 516 12, 14; Unterlassen eines Vermögenserwerbs § 517; Verzicht auf Widerrufsrecht § 533; Verzug § 522; Vorkaufsfall § 463 21; Wechselakzept § 518 5, 10; Widerruf § 530, § 531, § 532; Wohnrecht § 516 26; Wohnung § 516 7; Zweckschenkung § 525 4; Zweck~ § 516 15

Schenkung von Todes wegen § 331 6 f.

Schenkungsverbot § 1641

Schenkungsversprechen § 657 6

Schenkungsversprechen von Todes wegen § 2301 2 ff.; rechtzeitige Annahme § 153 1

Schickschuld § 243 11; § 269 2; § 300 6; § 447 1; Gattungsschuld § 243 8; qualifizierte ~ § 270 1

Schiedsabrede; Aufrechnungsausschluss § 387 22

Schiedseinrede § 242 57

Schiedsgericht § 242 57

Schiedsgericht für Mitvollstrecker § 2224 2

Schiedsgutachter § 244; § 245 23

Schiedsklausel; AGB § 305 39 f.; § 305c 13; § 307 12

Schiedsrichter/-gutachter § 317 2 f.; § 2065 5; § 2203 1

Schiedsrichtervertrag Vor §§ 631 bis 651 19

Schiedsvereinbarungen ex Artikel 27 EGBGB 8, 14; ROM I Art 3 12; IPR ex Artikel 28 EGBGB 13; ROM I Art 12 12; Rom I-VO ROM I Art 1 20; Teilverweisung ex Artikel 27 EGBGB 22; ROM I Art 3 20; Verbindung, engste ex Artikel 28 EGBGB 7

Schiedsverfahren § 242 57; IPR ex Artikel 32 EGBGB 6; ROM I Art 12 8

Schienenfahrzeuge; IPR Artikel 45 EGBGB 1 ff.

Stichwortverzeichnis

Schiffe § 578a 1; § 929a, § 932a; Einigung zur Übertragung des Eigentums § 929a; Verkehrspflichten § 823 161

Schiffe im Vermächtnisrecht § 2168a 1

Schiffskauf; Verbrauchsgüterkauf § 452; § 474 7

Schiffspfandbrief § 793 7

Schiffsunfälle; Anknüpfung Artikel 40 EGBGB 18

Schikaneverbot § 226; § 242 30; finale Verknüpfung § 226 2; Rechtsfolgen § 226 3

Schlechtleistung § 312d 4; Arbeitnehmer § 611 82; Dienstverpflichteter § 611 5

Schlüsselgewalt § 8 LPartG 3

Schlusserbe § 2100 14; § 2247 9; § 2267 7; § 2269 1 f., 4, 7 f., 11; § 2270 2 ff.; § 2271 7 f., 13

Schlussrechnung § 242 55; § 1960 46; § 1988 8; Werkvertrag § 641 2

Schmerzensgeld § 8 ProdHaftG 1; § 249 23; § 253 1, 8; § 1374 15; § 1376 9, 21; Ausgleichsfunktion § 253 11; Bemessung § 8 ProdHaftG 1; § 253 13; Einmalbetrag § 253 19; Genugtuung § 253 12; geringfügige Beeinträchtigung § 253 15; innerhalb einer Familie § 253 21; Kriminalstrafe § 253 18; Mindestbetrag § 253 22; Mitverschulden § 253 20; Rente § 253 19; schwerste Verletzungen § 253 16; Tod § 253 17; Vererblichkeit des Anspruchs § 823 23; Verjährung § 199 20

Schmerzensgeldtabellen § 253 14

Schmerzensgeldteilklage; offene ~ § 253 23

Schmiergeldannahme § 611 84, 91; § 626 7

Schmuck § 1376 9, 15

Schmuggel ex Artikel 34 EGBGB 18

Schneeballsystem § 826 27; Spiel § 762 7

Schockschäden § 249 76; § 253 2; § 846 2

Schonfrist § 2014 2; § 2015 6

Schönheitsreparatur § 538 1, 3; unwirksame Klausel § 535 102; Zuschlag auf Miete bei unwirksamer Klausel § 535 102

Schönheitsreparaturklauseln; AGB § 307 17, 21; § 309 30; ergänzende Vertragsauslegung § 157 47

Schonvermögen § 1967 16

Schreibfehler § 2247 17

Schriftform § 15 AGG 18; § 125 10; § 126 1 ff.; § 127a 1; § 130 19; § 550 4; § 780 9; Beendigung Arbeitsverhältnis § 623 1 f., 4; für die Ausübung des Vorkaufsrechts durch den Mieter § 577 6; gesetzliche Schriftform § 126 1; Kündigung Arbeitsverhältnis § 620 40; § 626 11; Kündigungsschutzklage § 620 101; Rechtsfolge § 623 5 f.; Teilzahlungsgeschäft § 507 1; Teilzeit-Wohnrechtevertrag § 484; vereinbarte Schriftform § 127 1; Vereinbarung durch AGB § 305b 4; § 307 12; Zeugnis § 630 2

Schriftformklausel; doppelte ~ § 611 45

Schriftliche Information § 12 AGG 4

Schriftsteller § 611 28

Schrottimmobilien § 123 17; § 134 54; § 357 2; § 358 24 f.

Schuld § 241 25; Vor §§ 241 ff 1; Begriff § 241 25; Haftung § 241 25

Schuldanerkenntnis § 780 1 ff.; § 781 1 ff.; § 2012 3; abstraktes ~ § 496 1; deklaratorisches ~ § 781 9 ff.; einseitiges ~ § 781 13; Form § 781 4, 9; § 782 1 ff.; konstitutives ~ § 781 3; negatives ~ § 781 1; und Bereicherungsausgleich (§ 812 II) § 812 52 f.; ungerechtfertigte Bereicherung § 781 3, 11; Verjährung § 781 10, 14 ff.

Schuldanerkenntnis, negatives; Beweislast § 397 4; Entlastung Vereinsorgan § 397 21; Kondiktion § 397 20; Rechtsnatur § 397 17 ff.; Zustandekommen, stillschweigend § 397 18

Schuldbefreiung § 2018 19

Schuldbestätigungsvertrag § 780 2, 10, 18; § 781 9 ff.

Schuldbuchforderungen § 2118 1

Schuldenberichtigung § 733 2 f.; § 755 3

Schuldentilgung § 2038 9; § 2046 2; § 2048 20

Schuldhafte Pflichtverletzung § 573 10 ff.; § 1990 16

Schuldner; Begriff § 241 8; Gesamtschuldner § 421; Mehrheit Vor §§ 420 bis 432 2 ff.

Schuldnerverzug § 271 10; § 615 2, 14; § 1958 14

Schuldrecht Vor §§ 241 ff 1 ff.; Vor §§ 275 ff 4; allgemeiner Teil Vor §§ 241 ff 4; Anwendungsbereich Vor §§ 241 ff 11 f.; CISG Vor §§ 241 ff 13; Entwicklung Vor §§ 241 ff 6; Funktionen Vor §§ 241 ff 3 f.; Gleichordnung Vor §§ 241 ff 2; Güterbewegung Vor §§ 241 ff 3; Güterschutz Vor §§ 241 ff 3; Internationales ~ Vor IntSchVR 11 f.; Internationales Privatrecht Vor §§ 241 ff 13; Modernisierung des Schuldrechts Vor §§ 241 ff 8; Personenschutz Vor §§ 241 ff 3; Regelungsort Vor §§ 241 ff 9; Regelungstechnik Vor §§ 241 ff 10; Verfassungsrecht Vor §§ 241 ff 7; Vertragsrecht Vor §§ 241 ff 5; Weisungsrechte Vor §§ 241 ff 2

schuldrechtliche Ausgleichsrente § 20 VersAusglG 3; Abtretung § 21 VersAusglG 1; Fälligkeit § 20 VersAusglG 10; Prozessuales § 20 VersAusglG 13; Rückstand, Vollstreckung § 20 VersAusglG 11; steuerrechtliche Auswirkungen § 20 VersAusglG 14; Tod der Berechtigten/Verpflichteten; Wiederheirat § 20 VersAusglG 12; Voraussetzungen § 20 VersAusglG 4

schuldrechtliche Ausgleichszahlungen § 2 VersAusglG 1

Schuldrechtliche Verfügungen zugunsten Dritter § 328 10

Schuldrechtlicher Wertersatzanspruch § 2021 1

Schuldrechtsmodernisierung Vor §§ 323 bis 326 2 ff.; Vertragslücke infolge ~ § 157 19

Schuldschein § 371 1 ff.; § 781 8; § 810 10; Anerkenntnisanspruch § 371 10; Bürgschaft § 371 6; Einheit des ~s § 371 3; Grundschuld § 371 9; Rückgabeanspruch § 371 5; verhaltener Anspruch § 371 5; vollstreckbare Ausfertigung eines Titels § 371 4; Vollstreckungsabwehrklage § 371 4;

Wechsel § 371 9; Zug-um-Zug-Herausgabe § 371 8; Zwangsvollstreckung § 371 5
Schuldstatustheorie ex Artikel 34 EGBGB 17
Schuldübernahme § 311 4; § 414, § 415; § 2046 3; befreiende ~ § 414; § 415 1; Einwendungen des Übernehmers § 417; Einwilligung § 414; § 415 9; Genehmigung § 414; § 415 3 ff.; Hypothek § 416; Sicherungsrechte § 418 2; Übernahmevertrag § 414; § 415 2; Vorzugsrechte § 418 4
Schuldurkunde § 985 18; Eigentum § 952
Schuldverhältnis § 278 13; § 280 9; § 2173 2; Vor §§ 241 ff 1; außervertragliches ROM II Art 1 1; ROM II Art 2 1; Vor ROM II 1; Begriff § 241 4 ff.; gesetzliches ~ § 2100 5; im engeren Sinn § 241 4 f., 7; im weiteren Sinn § 241 4, 6 f.; Leistungsort § 269 2; privatrechtliches ~ § 19 AGG 2; vertragliches ROM II Art 2 1; vorvertragliches Vor §§ 145 ff 26; vorvertragliches ~ § 145 8, 14; § 146 1
Schuldverschreibung § 248 3
Schuldverschreibung auf den Inhaber; Aussteller § 793 13; Begriff § 793 8 ff.; Eigentumserwerb des Ausstellers § 797 3; Einwendungen des Ausstellers § 796 1 ff.; Entstehung der Verpflichtung § 793 15; Erlöschen § 801 1 ff.; Ersatzkunde § 798 1 f.; fehlender Begebungsvertrag § 794 1; Form § 793 14; Haftung des Ausstellers § 794 1 f.; Inhaberklausel § 793 12; Inhalt der Urkunde § 793 10 ff.; Kraftloserklärung § 799 1 ff.; Legitimationswirkung § 793 17; Leistungspflicht nur gegen Aushändigung § 797 1 ff.; Liberationswirkung § 793 18; Tod des Ausstellers § 806 2; Umschreibung § 806 1; Verjährung § 801 6; Verjährungsfrist § 802 2; Vorlegungsfrist § 801 2 ff.; Wegfall der Geschäftsfähigkeit § 794 2; Zahlungssperre § 802 1 f.; Zurückbehaltungsrecht § 797 1
Schuldverschreibungen der Bundesrepublik § 793 7
Schuldversprechen § 780 1 ff.; § 782 1 ff.; Abstraktionswille § 780 7; AGBG § 780 13; als Schenkung § 518 5; Beweislast § 780 18; Einwendungen § 780 13; Form § 780 9; Grundverpflichtung § 780 6; Kaufmann § 780 10; Tatbestand § 780 4 f.; und ungerechtfertigte Bereicherung § 780 11, 15 f., 18; Verjährung § 780 1 ff., 12, 17
Schuldvertrag; abstrakter ~ § 780 1 ff.
Schule; Amtspflicht § 839 125; Aufsichtspflichten § 832 2, 4 f.; Verkehrspflichten § 823 150
Schulpflicht § 11 1
Schulung § 12 AGG 2 f.; betriebsfremde Personen § 12 AGG 9
Schutz; Gegenstände der Pflicht § 241 15 ff.
Schutzbedürftigkeit; soziale ~ § 620 83
Schutzbekleidung § 618 4
Schutzbereich; der Norm § 249 65 ff.; von Sicherungspflichten § 249 70
Schutzgedanke § 1361 2

Schutzgesetz § 823 223 ff.; Definition § 823 225; dogmatische Einordnung § 823 223 f.; Schutzzweck § 823 227 ff.; wichtige Schutzgesetze § 823 235 ff.
Schutzlandprinzip ROM II Art 8 4
Schutzmaßnahmen § 618 1
Schutzpflicht § 241 15 ff.; § 242 77 ff.; § 278 5; § 280 7, 12, 15, 22; § 281 8; § 324; § 657 21; Vor §§ 275 ff 8; bewegliche Gegenstände § 242 78; Diensträume § 242 78; Geschäftsräume § 242 78; Integritätsschutz § 242 77; Mieträume § 242 78; Obhut § 242 79; Personenschäden § 280 15; Sachschäden § 280 15; Vermögensschäden § 280 15; Verschwiegenheit § 242 80; Versicherungspflichten § 242 77; Verwahrung § 280 15; Werkvertrag § 631 29
Schutzpflichtverletzung § 280 59; § 282; § 323 3; § 324
Schutzrechtsverwarnung; unberechtigte § 852 1; unberechtigte ~ § 823 88 ff.
Schutzvorschriften; besondere ~ § 8 AGG 18
Schutzzweck § 276 30; der Norm § 823 7 f., 22
Schwägerschaft § 1590
Schwangerschaft § 1 AGG 5; § 3 AGG; Frage nach ~ § 611 54; Kündigungsschutz § 620 45
Schwangerschaftsabbruch § 275 29
Schwangerschaftsdauer § 1600d 3
Schwarzarbeit § 252 19; § 817 4, 15
Schwarzfahrt § 823 160; § 831 13
Schwarzkauf § 117 14; Auslegung § 157 6; Grundstücksverträge § 311b 13 f.
Schweigegebot; Adoption § 1758 4
Schweigen § 119 20; § 133 8; § 148 3; Vor §§ 116 ff 4, 21 f.; als Annahme § 151 1; auf kaufmännisches Bestätigungsschreiben § 148 5; Erklärungsgehalt § 146 1; Kauf auf Probe § 455
Schwellenwerte § 11 ProdHaftG 2; Rechtsschutz unterhalb von Vor §§ 631 bis 651 26
Schwerbehinderte Menschen § 620 78, 83, 91; § 626 17
Schwerbehinderung; Frage nach ~ § 611 54
Schwerstbeschädigtenzulagen Vor § 1577 18
Schwerwiegende Zweifel Anhang zu ex § 1600e 100
Schwiegereltern § 313 32; Ansprüche gegen ~ § 1372 17; Ansprüche von ~ § 1372 17
Sechsmonatsfrist § 2015 4
Seeschiff; Einigung über Eigentumsübertragung bei nicht eingetragenem ~ § 929a; gutgläubiger Erwerb § 932a; nicht eingetragenes ~ § 932a
Segelyacht § 1361a 6
Sekundäranspruch § 1569 6
Sekundärrecht der Europäischen Union § 611 37
Sekundärverjährung § 280 71; Rechtsanwalt § 280 71; Steuerberater § 280 72
Selbständige § 6 AGG 6; § 611 17 f., 23; Vor § 1577 4

Stichwortverzeichnis

Selbständige Anknüpfung Artikel 3 EGBGB 47
Selbständige Erwerbstätigkeit § 2 AGG 4
Selbstbedienungsladen § 311 37; Vertragsschluss § 145 4
Selbstbehalt § 11 ProdHaftG 1 f.; § 1361 2; § 14 ProdHaftG 1
Selbstbehaltsätze § 1361 5
Selbstbelieferungsklausel § 158 2; § 276 29; in AGB § 308 29; Kauf § 433 30 ff.
Selbstbezichtigung; Pflicht § 611 89
Selbsthilfe § 299; Vor §§ 275 ff 12; Anspruch § 299 2; Erforderlichkeit § 230 1; Festnahme § 229 7; Gewaltmonopol § 229 1; Grenzen § 230 1 ff.; Identitätsfeststellung § 229 7; Insolvenz § 229 4; Irrtum § 231; Legitimierung § 230 2; obrigkeitliche Hilfe § 229 3; Sachgewalt § 229 6; Selbsthilfewille § 229 5; Taschenkontrolle § 229 2; Vereitelungsgefahr § 229 4; Widerstand § 229 8; Wirkung § 823 15; zulässige Maßnahmen § 229 5 ff.
Selbsthilfe, -vornahme; Aufwendungsersatz im Werkvertrag § 637 2 ff.
Selbsthilfekauf § 293 5
Selbsthilferecht § 562b 3 ff.; § 910 1 ff., 16 ff.
Selbsthilfeverkauf § 275 32; § 383 4
Selbstkontrahierungsverbot § 1009 1
Selbstorganschaft § 709 3 f.
Selbstvornahme § 824 11
Selbstwiderspruch § 313 17
Senkung der Miete § 573b 9
Serienschäden § 10 ProdHaftG 2, 4
Service-Coupons § 807 4
Sexuelle Belästigung § 3 AGG 38; § 611; § 626 8
Sexuelle Identität § 1 AGG 10; § 3 AGG; § 11 AGG 3; § 20 AGG 11
Sexuelle Integrität § 626 7
Sexuelle Selbstbestimmung § 825 1 ff.; allgemeines Persönlichkeitsrecht § 825 1; immaterieller Schaden § 825 5
Sexueller Missbrauch § 1666 5; § 1671 33; § 1684 53, 55
SGB; Bereichsausnahme § 2 AGG 13
Share deal § 453 29
Sicherheiten; im Werkvertrag § 647, § 648; § 648a 1 ff.
Sicherheitenpool § 929 31
Sicherheits-/Verhaltensregeln; Allgemein ROM II Art 4 2, 5, 14; ROM II Art 7 4; ROM II Art 17 1 ff.; Begriff ROM II Art 17 2; Grenzen ROM II Art 17 3
Sicherheitserwartungen § 3 ProdHaftG 2
Sicherheitsgurt Vor §§ 249 bis 255 6; Nichtanlegen § 616 4
Sicherheitsleistung § 257 5; § 273 5, 22; § 539 12; § 1382 14; § 1981 10; § 1986 5; § 2100 8; § 2122 3; § 2129 1 ff.; Art § 1585a 4; Arten § 232; bewegliche Sachen § 237; Buchforderungen § 236; Bürge § 239; Erben § 2217 4; Ergänzungspflicht § 240; Grundschulden § 238; Hinterlegung § 233; Hypothekenforderungen § 238; Rentenschulden § 238; Umtauschrecht § 235; Wahlrecht § 232 2 f.; Wertpapiere § 234; Wertverfall § 240
Sicherstellung der Versorgung § 1963 1
Sicherster Weg im Erbrecht § 2192 7; § 2205 8; § 2215 1
Sicherung § 2014 5; § 2038 9; des Anspruchs § 1958 6
Sicherung des Vermächtnisanspruchs § 2174 4
Sicherungsabrede § 551 3; Beurkundung § 154 6; ergänzende Vertragsauslegung § 157 49; kollusives Zusammenwirken § 826 35
Sicherungsabtretung § 398 20; § 2034 8; Abtretungsausschluss Vor §§ 1273 ff 19; Einziehungsermächtigung Vor §§ 1273 ff 20; Lebensversicherung Vor §§ 1273 ff 18; Lohnzession Vor §§ 1273 ff 28; Sparbuch Vor §§ 1273 ff 11
Sicherungsbedürfnis § 1960 3, 5, 10, 44
Sicherungseigentum § 903 9
Sicherungseinbehalt; ergänzende Vertragsauslegung § 157 49
Sicherungsgeschäfte § 387 29; Aufrechnungsschranken § 387 29
Sicherungsgrundschuld § 1191 3; § 1192 4 ff.
Sicherungsgut Vor §§ 1204 ff 19; Insolvenz § 164 10; Vor §§ 1204 ff 77, 79 ff.; Insolvenzanfechtung Vor §§ 1204 ff 84; Zwangsvollstreckung durch Vor §§ 1204 ff 76, 78; Zwangsvollstreckung durch ~ § 164 10
Sicherungshypothek § 1990 12; für Bauunternehmer § 648 1 ff.
Sicherungsmaßnahme § 1960 14; § 2017 3; § 2039 23
Sicherungsrechte § 1960 45; § 1971 3 f.; § 1990 12; an Transportmitteln Artikel 43 EGBGB 7; ausländische ~ IPR Artikel 43 EGBGB 17; bedingte § 158 1; IPR Artikel 43 EGBGB 17
Sicherungsübereignung § 930 9 f.; Vor §§ 1204 ff 15 ff.; AGB-Kontrolle Vor §§ 1204 ff 49 f.; Besitzmittlungsverhältnis Vor §§ 1204 ff 27; Bestimmtheitserfordernis Vor §§ 1204 ff 23 ff.; Einigung Vor §§ 1204 ff 22; Freigabepflicht Vor §§ 1204 ff 54 ff.; gesicherte Forderung Vor §§ 1204 ff 33, 62; Gläubigergefährdung Vor §§ 1204 ff 46 f.; IPR Artikel 43 EGBGB 15; Raumsicherung Vor §§ 1204 ff 25, 31; Rechtsnatur Vor §§ 1204 ff 15; Reichweite Vor §§ 1204 ff 53; Rückgewähranspruch Vor §§ 1204 ff 58 ff., 64; Sicherungsabrede Vor §§ 1204 ff 37 ff.; Sicherungsgut Vor §§ 1204 ff 19; Treuhandverhältnis Vor §§ 1204 ff 16; Übersicherung, anfängliche Vor §§ 1204 ff 45; Übersicherung, nachträgliche Vor §§ 1204 ff 54 f.; Verfügungsberechtigung Vor §§ 1204 ff 30; Verwertung Vor §§ 1204 ff 65 ff.; Verwertungsart Vor §§ 1204 ff 75; Verwertungsreife Vor §§ 1204 ff 72; Weiterübereignung Vor §§ 1204 ff 63; Zubehör § 1205 3; Vor §§ 1204 ff 53

Stichwortverzeichnis

Sicherungsverfügung § 2018 28
Sicherungszession; Ersatz des Zedentenschadens § 164 9
Sich-Verschaffen § 992 3
Siegelung § 1960 52
Singularsukzession § 2032 20, 32
Sittenwidrige Leistung § 611 58
Sittenwidrige vorsätzliche Schädigung § 826 1 ff.; falsche Auskünfte § 826 20 f.; Immaterialgüterrecht § 826 43; Immaterialgüterrechte § 826 44; Insolvenzverschleppung § 826 36; Missbrauch von Vollstreckungstiteln § 826 48 f.; Prospekthaftung § 826 21; Sittenverstoß § 826 5 f.; Vertragsbruch § 826 18; weitere Fallgruppen § 826 13 ff.
Sittenwidrigkeit § 123 43; § 138 15; § 2074 1; § 2075 6 ff.; ex Artikel 29 EGBGB 22; ex Artikel 34 EGBGB 7, 18; Abtretung § 138 66; Angehörigenbürgschaft § 138 82; Animierlokal § 138 69; auffälliges Missverhältnis § 138 50, 53, 125, 127; außerehelicher Partner § 138 105; Automatenaufstellvertrag § 138 73; Begriff § 138 15; Benachteiligung Dritter § 138 76; Bereicherungsausgleich § 138 48; Bestechung § 138 78; Beurteilungszeitpunkt § 138 36; Bierbezugsvertrag § 138 79; Bürgschaft § 138 81; Geliebtentestament § 138 108; geltungserhaltende Reduktion § 134 44; Gewinnspiele § 138 139; Kollusion § 138 122; Kreditvertrag § 138 123; Kündigung eines Girokontos § 138 112; Leasingvertrag § 138 130; Leihmutterschaft § 138 103; Mithaftung § 138 134; Monopolstellung § 138 135; ordre public § 138 20; Scheidungsfolgenvereinbarung § 138 97; Scheinehe § 138 95; Schmiergeldzahlung § 138 78; Sexualmoral § 138 22; Sexualsphäre § 138 140; Sicherungsabrede Vor §§ 1204 ff 40 ff.; Sicherungsgeschäfte § 138 142; Sittenverstoß § 138 24; Sozialhilfebedürftigkeit § 138 102; subjektive Voraussetzungen § 138 33, 65; Teilnichtigkeit § 138 45; Übersicherung § 138 142; Umdeutung § 138 44; Verfügungen § 138 42; Vermächtnis § 2171 1; Wertordnung des Grundgesetzes § 138 17; Wucher § 138 3, 50; wucherähnliches Geschäft § 138 50; Zölibatsklausel § 138 26
Sittlicher Anstand § 1968 5
Sitztheorie ex Artikel 27 EGBGB 19; ROM I Art 3 17
Skonto § 433 39, 53
Sofortige Beschwerde § 1981 18; § 1982 6; § 1987 3; § 1994 12; § 1995 6; § 1996 6
Software § 453 20; ex Artikel 29 EGBGB 8; Bezug über das Internet § 145; Gefahrübergang § 446 3; Installation § 434 69; § 453 17, 20; Kaufsache § 433 10; § 453 20, 25; Produkthaftung § 2 ProdHaftG 2; Sachmangel § 434 18, 107; Verbrauchsgüterkauf § 474 8
Softwareerstellung Vor §§ 631 bis 651 17
Soldaten § 6 AGG 4; § 611 10; Haftung § 839 128; Wohnsitz § 9 1 ff.

Soldaten/Soldatinnen auf Zeit § 16 VersAusglG 1
Soldatenverhältnis auf Zeit § 44 VersAusglG 7
Sonderanknüpfung ex Artikel 27 EGBGB 11; ROM I Art 10 10 ff.; IPR ROM I Art 12 29
Sonderbedarf § 1360a 10; § 1361 22; § 1585b 1 f.
Sondereigentum § 566 23
Sondereigentum bei WEG; Mängelrechte § 634 23
Sondererbfolge § 1985 12; § 2032 18; § 2048 8
Sonderfachleute; Vertrag mit ~ § 631 20
Sonderformen § 986 5
Sondergut § 2042 24
Sonderkündigungsrecht § 573a 3 ff.; des Mieters § 554 17; Voraussetzungen § 561 2
Sonderkündigungsschutz § 620 91 ff.; § 9 Abs. 1 MuSchG § 620 92; Sozialauswahl § 620 82
Sondernachfolger § 746 1 f.; § 751 1; § 1010 1
Sondernutzungsrecht § 566 24
Sonderprivatrecht Einl 15
Sonderrechtsnachfolge § 2001 2; § 2044 8
Sonderregelung für Dreifamilienhäuser § 573a 1
Sonderstellung von Tieren § 251 10
Sondervermögen § 1975 9; § 2019 2; § 2032 3, 15, 36; § 2059 1, 3; § 2100 60 ff.
Sonstige Rechte § 823 58 ff.; dogmatische Einordnung § 823 58
Sorgeerklärung § 1626a, § 1626b; beschränkt geschäftsfähiger Elternteil § 1626c; Form § 1626d; geschäftsunfähiger Elternteil § 1626c 3; persönliche Abgabe § 1626c; Unwirksamkeit § 1626e; Wirksamkeit § 1626b
Sorgerecht; Adoption § 1751 2; Beistandschaft § 1716 1 f.; Bindungswirkung § 1747 9; Verzicht auf~ § 1747 10; Vorrang bei Adoption § 1747 8; § 1751 5; Wirkung der Adoption § 1751 8
Sorgerechtsantrag; Adoption § 1751 5
Sorgfalt; eigenübliche ~ § 708 1
Sorgfaltspflicht § 4 LPartG 1; Umfang § 1359 1 ff.
Sorgfaltsverstoß § 280 22; Pflichtverletzung § 280 22
Sowieso-Kosten; bei Mängelbeseitigung § 633 13, 23; § 635 6
Sozialamt; Erfüllungsgehilfe § 278 17
Sozialansprüche § 705 27 f., 30 ff.; § 714 4, 13; § 734 2
Sozialauswahl § 10 AGG 22; anderweitige Beschäftigung § 620 77; Betriebsübergang § 613a 32, 47; betriebsweite ~ § 611 34; Beweislast § 620 89; Kriterien § 620 78; Widerspruch gegen Betriebsübergang § 613a 47 ff.
Sozialbehörden; Amtshaftung § 839 129
Soziale Arbeit § 611 23
Soziale Auslauffrist § 620 3, 34, 38; § 622 1; § 626 7, 11
Sozialer Abstieg § 1574 9
Soziales Mietrecht § 535 4
Sozialhilfe § 1963 1; § 1967 15; § 1990 8

Stichwortverzeichnis

Sozialhilfeleistungen § 1967 17
Sozialhilferecht Vor § 1577 9
Sozialhilfeträger § 1960 38; § 1967 15; § 1968 4
Sozialklausel § 574 2; Ausschluss § 576a 4 ff.
Sozialleistungen § 1963 1; Adoption § 1751 11; Adoptionspflege § 1751; für Schenker § 528 5, 7, 14, 19, 23
Sozialplan; Betriebsänderung § 620 97; Betriebsübergang § 613a 47, 51; Widerspruch gegen Betriebsübergang § 613a 47 ff.
Sozialplanabfindung § 10 AGG 16
Sozialschutz Einl 20
Sozialschutzklausel § 2 AGG 11
Sozialverpflichtungen § 705 29; § 717 1; § 718 3; § 733 3; § 734 4
Sozialversicherungsbeitrag § 252 16
Sozietät § 613 2; § 831 10
Sozietätsvertrag; ergänzende Vertragsauslegung § 157 26
Spaltung § 613a 10, 48, 51
Spannungsklauseln § 244; § 245 24
Sparbrief § 793 4
Sparbuch § 328 20; § 793 5; § 808 7 ff.
Sparkasse § 248 3
Sparvertrag § 808 7 ff.
Spätaussiedler Artikel 15 EGBGB 16
Späteheklauseln § 2 AGG 14
Spätere Abänderung § 1581 12
Spedition § 278 16
Speditionsvertrag; ADSp § 309 51
Spekulationsgeschäfte § 252 21
Spenden § 1375 11
Sperrfrist § 577a 4
Spesen Vor § 1577 9
Spesenbetrug § 626 7
Spezifikationskauf § 262 6; § 280 48
Sphärentheorie; beim Werkvertrag § 644; § 645 11
Spiegelbildliche Anwendung des § 536 b § 536 24
Spiegelbildlichkeit Vor § 1577 33
Spiel § 158 5; § 657 2 ff.; § 780 14; § 832 11, 13 f.; Anwendungsbereich § 762 1, 3 f.; Aufklärungspflichten § 762 23 f.; Definition § 762 11 f.; Dienstleistungsfreiheit § 762 10; Finanztermingeschäfte § 762 13; genehmigungspflichtiges § 661 6; Gesetzeszweck § 762 1; IPR § 762 9 f.; § 763 4; Nichtigkeit des Spiel-/Wettvertrages § 762 7 f., 19; Schneeballsystem § 762 7; Sicherungsabreden § 762 20 f.; Spielsperre § 763 11; Sportwette § 762 12; telefonische Teilnahme an Spiel oder Wette § 762 8; und Dienstleistungsfreiheit § 762 10; Unverbindlichkeit § 762 18 ff.; unvollkommene Verbindlichkeit § 762 2; Vergleich § 762 31; Wettanstaltungen über das Internet § 762 9 f.; § 763 14
Spielbank Vor §§ 145 ff 16, 22
Spielplatz; Verkehrspflichten § 823 150; § 836 3
Spielsperre § 763 11

Splittingvorteil § 1581 10; Vor § 1577 30, 46
Sportarten; gefährliche ~ § 616 4
Sportveranstaltung § 823 163
Sportwette § 762 12
Sprache ex Artikel 29 EGBGB 24
Sprachrisiko § 312c 4; § 355 12
Sprecherausschuss § 620 50; § 626 18
Spruchrichterprivileg § 839 46
Staatliche Fürsorgemaßnahmen § 1960 1
Staatliche Notariate § 1962 2
Staatliches Wächteramt § 1626 2; § 1666 1
Staatsangehörigkeit § 3 AGG 26; Artikel 3 EGBGB 48; Artikel 5 EGBGB 5; Artikel 6 EGBGB; Vor Artikel 7 bis 12 EGBGB 1
Staatsanwaltschaft § 660 1; Amtshaftung § 839 130
Staatserbrecht § 1964 3
Staatshaftung § 839 1; § 1960 4; ex Artikel 29a EGBGB 6; Anknüpfung Artikel 40 EGBGB 2
Staatskasse § 1960 38
Staatsverträge; im internationalen Deliktsrecht Artikel 40 EGBGB 6
Staatsverträge zum IPR Artikel 1 EGBGB 2; Artikel 2 EGBGB 1; Artikel 3 EGBGB 4, 6 f., 21, 24 f., 35, 47; Artikel 4 EGBGB; Artikel 4 EGBGB 3, 9, 15, 17 f.; Artikel 5 EGBGB 6, 12 ff., 27; Artikel 6 EGBGB 3, 5, 10; Artikel 7 EGBGB 2, 12; Artikel 9 EGBGB 2, 4, 8, 10; Artikel 10 EGBGB 2, 6, 10; Artikel 11 EGBGB 2 ff., 15 f.; Artikel 12 EGBGB 2, 5, 7, 16 f.; Artikel 14 EGBGB; Artikel 15 EGBGB 1, 4; Artikel 16 EGBGB; Artikel 17 EGBGB 4; Artikel 17a EGBGB; Artikel 21 EGBGB 2; Artikel 22 EGBGB; ex Artikel 34 EGBGB 3; ROM I Art 11 2, 6; ROM I Art 21 5; Vor Artikel 7 bis 12 EGBGB 1; Rom I-VO ROM I Art 24 1 ff.; ROM I Art 25 1 f., 4; ROM I Art 26 1 f.; ROM I Art 27 1 f.
Staffelmiete § 557a 1; andere Mieterhöhungen § 557a 9; Anwendungsbereich § 557a 2; Ende § 557a 3; Kündigungsverzicht § 557a 8; Staffeln § 557a 5; Voraussetzungen § 557a 4; Wirkung § 557a 11
Stalking § 1 GewSchG 1; § 823 28
Stammrecht § 876 2, 4
Stammwert der Sache § 994 1; § 995 1, 4
Starre Anknüpfungsregeln ROM I Art 4 7, 10 f.
Starrer Fristenplan § 538 11 ff.
Startgelder § 657 1
Statistische Erkenntnisse § 22 AGG 5
Statusdeutscher Artikel 5 EGBGB 6, 20; Artikel 6 EGBGB 5; Artikel 10 EGBGB 12, 16; Artikel 11 EGBGB 10; Artikel 15 EGBGB 12
Statusklage § 611 25
Statutenwechsel Artikel 3 EGBGB 20, 41; Artikel 20 EGBGB 3; Artikel 43 EGBGB 17 ff.
Steinbruch § 2123 1

PWW 3495

Stichwortverzeichnis

Stellenanzeige § 22 AGG 5
Stellungssuche; Freistellung § 629 1 ff.
Stellvertretendes Commodum § 275 14; § 285 1 ff.; § 437 10; § 446 3; Anspruchsgrundlage § 285 1; Begriff § 285 4; commodum ex negotiatione § 285 4; Dienstleistungen § 285 2; Entschädigungen § 285 4; Ersatzeinkünfte § 285 6; Gegenleistung § 285 9; Kausalzusammenhang § 285 7; Nacherfüllung § 285 2; Rechtsfolgen § 285 8; Schadensersatz statt der Leistung § 285 7; Schadensersatzanspruch § 285 4; schuldrechtliche Surrogation § 285 1; Unmöglichkeit § 285 1, 3; Unzumutbarkeit § 285 1, 3; Versicherungsleistung § 285 4; Versteigerungserlös § 285 4; Verweigerungsrechte § 285 2; Voraussetzungen § 285 3
Stellvertretung § 328 4; anwendbares Recht ROM I Art 1 22
Stellvertretung, mittelbare (indirekte) § 164 2 f.; Abgrenzung zur unmittelbaren (direkten) Stellvertretung § 164 2; analoge Anwendung der §§ 177 ff § 177 3
Stellvertretung, unmittelbare (direkte); Abgrenzung zu anderen Formen rechtsgeschäftlichen Handelns für andere § 164 2 ff.; Abstraktionsprinzip § 164 49, 67; § 167 4, 20; Anfechtung der Vertretererklärung § 164 75, 77, 80 ff.; § 166; Anwendungsbereich § 164 28; Begriff § 164 1; Beweislast § 164 85; Gerichtsvollzieher, Stellung des § 164 25; Haftung des Vertretenen § 164 77; § 166 7; § 177 14 ff.; Haftung des Vertreters § 164 73, 79; § 167 49; § 179 1 ff.; höchstpersönliche Rechtsgeschäfte § 164 26; Irrtum über die Fremdbezüglichkeit der Erklärung § 164 80 ff.; Offenkundigkeitsprinzip (Handeln im fremden Namen) § 164 18 f., 30 f.; passive ~ § 164 29, 83 f.; § 177 3; Rechtsfolgen § 164 74 ff.; Repräsentationsprinzip § 164 1, 29, 74; § 166 1; Stellvertretung in der Erklärung § 164 22; unternehmensbezogenes Rechtsgeschäft § 164 33 ff.; Vertretungsverbote § 164 26 f.; Widerruf, verbraucherschützender § 164 75; Zivilprozess § 164 25; Zulässigkeit § 164 26 f.; Zurückweisungsrecht des Geschäftsgegners beim einseitigen Rechtsgeschäft § 174
Sterbegeld § 844 5
Sterbehilfe § 138 147
Sterbeort § 1968 4
Sterbeurkunde § 1968 7; § 2031 3
Sterilisation; misslungene ~ § 249 71; Verbot bei Minderjährigen § 1631c
Steuer § 2126 6, 13
Steuerbehörde § 2010 2
Steuerberater § 280 69, 72; § 627 1; § 826 20; Sekundärverjährung § 280 72; Verjährung § 280 72
Steuerberaterbüro § 1376 9
Steuerberatung, Steuererklärung; Vertrag mit ~ Vor §§ 631 bis 651 20

Steuerberatungsvertrag § 611 15
Steuererklärung § 675 19 ff.
Steuererstattung Vor § 1577 30; Vor §§ 1363 ff 1
Steuerklauseln § 158 8
Steuern; auf Einkommensersatzleistungen § 252 15
Steuernachzahlung Vor §§ 1363 ff 1
steuerrechtliche Konsequenzen § 15 VersAusglG 3
Steuerschuld, Bewertung § 1376 22
Steuerschulden § 1376 9; § 1960 27; § 1967 6
Steuerungsfähigkeit § 828 6; § 829 2
Steuervorteil § 1581 19; Vor § 1577 30, 47
Stichtagsprinzip § 5 VersAusglG 2
Stiefabkömmlinge § 1371 27 ff.
Stiefkindadoption § 1749 2, 5; § 1751 7; § 1756 2; § 1772 1
Stiefkinder § 832 5; § 1576 6
Stiftung § 80, § 81, § 82, § 83, § 84, § 85, § 86, § 87, § 88; § 1375 11; § 1960 5; § 2043 4; § 2101 10; als Schenkung § 516 11; Anerkennungsverfahren § 80 3; Anfall des Vermögens § 88; Anwendung des Vereinsrechts § 86; Aufhebung § 87; Auflösung § 87; Aufsicht § 80 3; Ausländische § 86 1; Destinatäre § 85 3; Entstehung § 80; Erlöschen § 87, § 88; Gemeinwohlgefährdung § 80 4; § 87 1; Insolvenz § 86 3; Kirchliche § 80 2; Landesrecht § 80 3; Mindestvermögen § 80 1; Öffentlich-rechtliche § 80 2; Organisation § 80 1; Sammelvermögen § 80 2; Satzung § 85 1 f.; Sitz § 81 1; Stiftungsgeschäft § 80 3; § 81; Tod des Stifters § 83, § 84; Übertragungspflicht § 82; Unmöglichkeit des Stiftungszwecks § 87 1; Unselbständige § 80 2; Verfassung § 85; Vermögen § 80 1; Vermögensanfall § 88; Vertretung § 86 2; Verweisung auf Vereinsrecht § 86; Von Todes wegen § 83; Vorstand § 86 2; Widerruf § 81 2; Zweck § 80 1; Zweckänderung § 87
Stiftung von Todes wegen § 2178 1
Stiftungsgeschäft § 1367 1
Stiftungsvermögen § 1966 4
Stiftungsvorstand § 86 2
Stiftungszweck als Auflage § 2191 2
Stille Gesellschaft bürgerlichen Rechts § 705 50; § 722 1
Stilllegung; des Betriebes § 615 11; § 620 75
Stillschweigende Bevollmächtigung § 2038 26
Stillschweigende Rechtswahl ROM I Art 3 8 f.
Stillschweigende Verlängerung; Dienst-/Arbeitsvertrag § 625 1
Stimmenmehrheit § 661 10; § 826 26; § 2038 2, 18, 21
Stimmrecht § 705 48; § 709 15; § 717 1; § 742 1; § 744 4; § 2032 31
Stimmverbot § 709 16
Stoffgleichheit; Weiterfresserschaden § 823 44
Störerhaftung § 823 8, 170; § 830 5
Stornokosten § 46 VersAusglG 4

Stichwortverzeichnis

Störung der Geschäftsgrundlage; und Bereicherungsausgleich § 812 49 f.
Strafbare Handlungen § 626 7
Strafbewehrung § 781 8
Straftat § 992 3
Straftäter § 660 1
Strafversprechen § 339, § 341; selbständiges § 343 16 ff.; unwirksames § 344
Straße; Verkehrspflicht § 823 136 ff., 159 ff.
Straßenbäume § 823 138, 146, 154; § 839 143
Straßensperrung § 249 59
Straßenverkehr § 823 159 ff.
Straßenverkehrsvorschriften; ausländische ~ Artikel 3 EGBGB 13
Streckengeschäft § 929 30; kaufrechtliche Übergabe § 433 19; Übereignung § 433 25
Streik § 278 15; § 615 24; § 622 2; § 626 7; rechtswidriger ~ § 823 103
Streitbeilegungsvereinbarung; Vergleich § 779 1
Streitgegenstand § 1580 3; § 2039 24
Streitigkeiten § 660 8 f.
Streitwert § 2039 24
Streu- und Räumpflicht § 823 140 ff., 225; Straße § 839 144
Streudelikte Artikel 40 EGBGB 9, 11; ROM II Art 4 6; ROM II Art 6 8; ROM II Art 8 4
Strohmann § 164 12 f.; Abgrenzung zur Stellvertretung § 164 13; Begriff und typische Erscheinungsformen § 164 12; Durchgriffshaftung des Hintermanns § 164 13; Gläubigeranfechtung § 164 13; Nichtigkeit des Strohmanngeschäfts gem. § 117 § 164 13; Nichtigkeit des Strohmanngeschäfts wegen Gesetzesumgehung § 164 13; Rechte des Hintermannes in der Zwangsvollstreckung und Insolvenz § 164 13; Sittenwidrigkeit der Bürgschaft eines Strohmann-Gesellschafters § 164 13; Zwangsvollstreckung und Insolvenz § 164 13
Strohmanngeschäft § 117 8
Strom; Kauf § 438 3; § 453 3, 18; Mängelrecht § 453 17; Produkthaftung § 2 ProdHaftG 2; Verbrauchsgüterkauf § 474 8
Strombezug § 145 3; Vor §§ 145 ff 48
Stromboykott-Fälle § 275 29
Stromversorgung § 823 38
Struktur des Versorgungsausgleich § 9 VersAusglG 1
Stückkauf § 439 27; aliud § 434 87; Ersatzlieferung § 263 4; Nacherfüllung § 434 87
Stückschuld § 243 1; Nacherfüllung § 243 2
Stückvermächtnis § 2169, § 2170, § 2171, § 2172, § 2173, § 2174, § 2175, § 2176, § 2177, § 2178, § 2179, § 2180, § 2181, § 2182, § 2183, § 2184, § 2185 1
Studium/Berufsausbildung § 620 20; § 1581 10
Stufenklage § 291 5; § 1580 4; § 2018 23; § 2026 6; § 2027 12; § 2050 27

Stufenmahnung § 1585b 3
Stundenlohnvertrag § 631 43
Stundensatz § 1960 36
Stundung § 781 12; des Pflichtteilsanspruchs § 2331a 4 f.; Kaufpreis § 468; Ketten~en § 506 1; Zugewinnausgleich § 1382 1 ff.
Stundungsantrag § 1382 3
Stundungsvoraussetzungen § 1382 5
Subjektive Komponente § 626 4
Subsidiarität § 626 5; § 839 40
Subsidiarität des Regressverlustes § 2166 2; § 2167 1
Substanzmangel; bei Mieträumen § 536 9; Bodenverseuchung § 536 11; Umweltmangel § 536 10
Substitution § 278 12; Artikel 3 EGBGB 13, 51; Artikel 10 EGBGB 11; Artikel 11 EGBGB 20 ff.
Subunternehmer § 278 21; § 631 18; § 648 1 f.; § 831 10
Subventionen; als zivilrechtlicher Streit § 839 12
Suchtbehandlung § 1572 9
Suchterkrankung § 620 64
Sudetendeutsche Artikel 15 EGBGB 17
Sukzessivlieferungsvertrag § 281 29; § 510 5
Summeninteresse § 251 5
Summierungseffekt § 307 10; § 538 9
Supervermächtnis § 2156 1
Surrogat § 1973 5; § 1978 6; § 2018 15; § 2021 3 f.; § 2027 4; § 2029 3; Vor § 1577 28
Surrogation § 2020 3; § 2033 33; § 2111 1 ff.; § 2121 4; § 2122 4; § 2127 3; § 2130 4, 7; § 2134 1; § 2136 4
Surrogation, beim Forderungsvermächtnis § 2173 1; bei rechtsgrundlosen Verfügungen § 2205 4; schuldrechtliche ~ § 2164 2
Surrogations-Methode § 326 9
Surrogatrechtsprechung § 1573 9
Suspendierung; Arbeitnehmer § 611 95 ff.; § 626 8
Symptomrechtsprechung; Darlegung Werkmangel § 634 7; § 635 2
Synallagma § 320 1; § 321 1; Vor §§ 320 ff 1; Entstehung der Verpflichtungen § 320, § 321, § 322
System des Leistungsstörungsrechts Vor §§ 275 ff 2
Systemvergleich § 824 9

Tabak; Produkthaftung § 3 ProdHaftG 4, 6; § 823 183
Tabakrauch § 618 2
Tagesmutter § 832 5
Tagespreisklauseln; AGB § 309 8 f.
Tantieme § 611 74
Tarifliche Ausschlussfristen § 242 63
Tarifliche Unkündbarkeit § 622 1
Tariflohn § 612 5
Tarifvertrag § 611 42, 46; § 613a 18 ff., 47; § 622 5; Schutzgesetz § 823 226

Stichwortverzeichnis

Tarifvertragsparteien § 17 AGG 2; § 18 AGG 2
Tarifvorbehalt § 611 42
Tarifwechselklausel § 611 41
Taschengeld Vor § 1577 30
Taschenkontrolle § 229 2
Tatbestandselemente § 1576 2
Tatbestandskette § 1569 4
Tatbestandsvarianten § 1962 10
Tatbestandsvoraussetzungen für eine wirksame Kündigung § 542 28
Tätigkeit, gewerbliche § 252 11; unselbständige § 252 12 ff.
Tätlichkeiten § 626 8
Tatsache; Begriff § 824 3
Tatsachenverbreitung § 823 97 ff.
Tatsächliche Herrschaft § 985 3
Tausch; Begriff § 433 36; § 480 2; Sachmangel § 434 108; Verbrauchsgüterkauf § 474 8; § 475 10; § 476 8; Vorkaufsfall § 463 21
Täuschung; arglistige ~ § 2078; § 2079 7; beim Eheschluss § 826 31; durch Dritte § 123 26 ff.; über unterhaltsrelevante Tatsachen § 826 31
Taxe § 612 5
Taxifahrer § 611 22
Teilabnahme; des Werkes § 640 2; Vergütungspflicht beim Werkvertrag § 641 4
Teilabrechnungen § 556
Teilaufhebung § 1960 44
Teilauseinandersetzung § 2032 22, 30; § 2033 5; § 2042 9, 44; § 2055 4
Teilausschlussunterhalt § 1572 7
Teilbares Rechtsgeschäft § 138 45; § 139 15
Teilbarkeit der Kautionsklausel § 551 13
Teilbetrieb § 620 80
Teilerwerbsunfähigkeit § 1572 11
Teilfrage Artikel 3 EGBGB 33
Teilgläubiger bei gemeinschaftlichem Vermächtnis § 2157 1
Teilgläubigerschaft Vor §§ 420 bis 432 6
Teilhabe § 1581 5; Vor § 1577 10
Teilhaberschuld § 749 3; § 756 1
Teilhaftung § 2061 6
Teilkündigung § 542 16 f.; § 543 1; § 573b 1; § 620 36; § 623 2
Teilleistung § 314 11; § 322 4; § 323 31 ff.; § 326 10 f.; § 367 7; § 497 9
Teillieferungsverträge § 314 5; § 510 5
Teilnachlasspfleger § 1960 29; § 2042 7
Teilnahmebedingungen § 657 17
Teilnahmegebühr § 661 3
Teilnichtigkeit § 133 5; § 134 26; § 138 45; § 139 1; § 140 6; § 2074 1; § 2075 9; § 2085 1; Auslegungsregel § 139 1, 19; Einheitlichkeitswille § 139 9; Gesamtnichtigkeit § 139 3, 21 f.; Geschäftseinheit § 139 8; hypothetischer Parteiwille § 139 19; quantitative Teilbarkeit § 139 18; Rechtsmissbrauch § 139 23; salvatorische Klausel § 139 4; Teilbarkeit § 139 15
Teilrechtsfähigkeit § 1 4, 17, 20
Teilrück-/-weiterverweisung Artikel 4 EGBGB 5; Artikel 5 EGBGB 4
Teilrücktritt § 2042 42
Teilschuld § 420; § 2060 1, 6; Vor §§ 420 bis 432 2; Rücktritt § 420 5; Zurückbehaltungsrecht § 420 5
Teilstreik § 611 95, 98; § 615 24
Teilung § 741 5; § 742 1; § 749 1; § 752 1; § 753 2; § 754 2; § 755 1; § 758 1; § 2046 10; § 2059 10; von Grundstücken § 890
Teilungsanordnung § 2032 35; § 2033 26; § 2042 3, 19, 34; § 2044 3; § 2047 3; § 2048 2; § 2050 3, 23
Teilungsgrundsatz § 659 6; § 661 12
Teilungskosten § 5 VersAusglG 1
Teilungsmasse § 2042 37
Teilungsplan § 1973 14; § 2042 3, 28, 31; § 2048 27; § 2059 7
Teilungsquote § 2048 20; § 2055 2, 4
Teilungsstichtag § 2038 28
Teilungsverbot § 2044 16
Teilungsversteigerung § 1365 13; § 2204 3; § 2216 3
Teilunterhaltsanspruch § 1569 6
Teilvergütung § 628 1 ff.
Teilverzeichnis § 2027 4
Teilweise Erwerbsobliegenheit § 1577 15
Teilzahlungsdarlehen; Begriff § 498 1; Gesamtschuldner § 498 6, 9; Gesprächsangebot § 498 3; Kündigungsrechte § 498 2; Nachfristsetzung § 498 6 f.; qualifizierter Verzug § 498 4 f.; Rechtsfolgen der Kündigung § 498 8 f.; Verzug § 498 4; Vorfälligkeitsklauseln § 498 2
Teilzahlungsgeschäft § 246 1; Abwicklungsverhältnis § 508 8 ff., 12; Aufwendungsersatz § 508 10; Barzahlungspreis § 507 2, 6; Begriff § 506 8; Beweislast § 506 1, 8; effektiver Jahreszins § 507 4, 7 f.; Eigentumsvorbehalt § 507 4; Heilung § 507 5; Nichtigkeit § 507 5; Nutzungsvergütung § 508 9; Pflichtangaben § 507 2 ff.; Restschuldversicherung § 507 4; Rückgaberecht § 508 1; Rücktrittsvermutung § 508 3 ff., 11 f.; Schriftform § 507 1; Sicherheiten § 507 5; verbundene Verträge § 508 11 f.; Werkvertrag § 506 8 f.
Teilzahlungsrate § 507 4
Teilzeit- und Befristungsgesetz § 620 9
Teilzeitarbeitsverhältnis § 611 109
Teilzeitbeschäftigte § 2 AGG 14; § 3 AGG 24; § 611 77, 109; § 620 81; § 622 6
Teilzeitbeschäftigung § 1570 5; § 1571 11
Teilzeit-Wohnrechtevertrag § 481; § 535 5; abweichende Vereinbarungen § 487; Anzahlungsverbot § 486; Begriff § 481; Prospektpflicht § 482; Prospektsprache § 483; Schriftform § 484; Vertragssprache § 483; Widerrufsrecht § 485

Stichwortverzeichnis

Telefax § 623 4
Telefonate; private ~ § 626 7
Telefondienste; Vertragsschluss Vor §§ 145 ff 47
Telefonkarte § 807 4
Telegramm § 623 4
Telekommunikationsdienst; AGB § 305a 3 f.
Telekommunikationsvertrag/-dienste Vor §§ 631 bis 651 20
Teleologische Auslegung § 133 38; im Gemeinschaftsrecht Vor IntSchVR 13
Tendenzbetrieb § 626 19
Teppich § 1361a 6
Termin; Anwendungsbereich § 186 2; Auffangfunktion § 186 1; Definition § 186 3; Monatsanfang § 192 1; Monatsende § 192 1
Testament § 1937; amtliche Verwahrung § 2272; Auslegung § 157 16; Beweisregelung § 2229 11 ff.; § 2232 9; § 2247 7, 10, 23 ff.; Bindungswirkung des gemeinschaftlichen ~ § 2265 2; Brief~ § 2247 10, 20; Bürgermeister~ § 2232 1; § 2249 1 ff.; Dreizeugen~ § 2232 2; § 2250 1 ff.; eigenhändige Niederschrift § 2247 4; eigenhändige Unterschrift § 2247 10; eigenhändiges ~ § 2247 1 ff.; eingetragener Lebenspartner § 2265 5; Erklärung ggü dem Notar § 2232 2; gegenseitige Einsetzung § 2269 1; gemeinschaftliches eigenhändiges ~ § 2267 1; gemeinschaftliches Not~ § 2266 1; gemeinschaftliches ~ § 2255 10; § 2265 1; § 2268 1; Konsular Vor §§ 2229 ff 2; Konsular~ § 2232 1; Militär Vor §§ 2229 ff 3; Nachträge § 2247 17; Niederschrift § 2232 6; Oberschrift § 2247 11; öffentliches ~ § 2232 1 ff.; ordentliches § 2231; Rücknahme aus amtlicher Verwahrung § 2272; See~ § 2251 1 f.; § 2266 1; Übergabe einer Schrift § 2232 3; unitas actus § 2247 1; Unterschrift auf Umschlag § 2247 14; Vernichtung durch einen Dritten § 2255 9
Testamentsvollstrecker § 286 3; § 1960 10, 23, 40; § 1961 12; § 1970 5 f.; § 1974 2; § 1978 9; § 1979 6; § 1980 4, 8, 16; § 1981 12, 16; § 1983 1; § 1984 7; § 1986 2; § 1987 2 f.; § 1992 3; § 1993 1, 5; § 2004 1; § 2010 2; § 2014 3; § 2016 1; § 2017 1 f.; § 2018 3; § 2027 10 f.; § 2033 24; § 2038 4; § 2039 1, 28; § 2041 2; § 2042 28; § 2044 17; § 2046 3; § 2048 9; § 2057 2 f.; § 2197, § 2198; Alleinerbe § 2197 3; als Amtsträger § 2212 1; Vor §§ 2197 ff 1; als dynamischerKaufmann § 2216 2; § 2221 4; als Schiedsrichter § 2203 1; Amtsklage gegen ~ § 2217 2; § 2218 3; Aufsichtsrecht § 2208 3; Aufwendungsersatz § 2218 4; § 2221 5; Auskunftsanspruch § 2364 3; Ausscheiden § 2224 4; Besitz § 2205 1; böser/guter Glaube des Beschwerten ggü ~ § 2211 3; eidesstattliche Versicherung § 2218 3; Entlassung § 2216 1; § 2227 1 ff.; Entlassung § 2218 3; Erbschein § 2364 1; erweiterte Verpflichtungsbefugnis § 2207 1; Feststellungsklage § 2203 1; Freigabeanspruch gegen ~ § 2217 2; für den Nacherben § 2100 59; § 2104 8; § 2120 7; § 2121 2; § 2127 1; § 2142 2; für den Vorerben § 2100 48; Gesamtvertretung durch mehrere ~ § 2224 1; Geschäftsfähigkeit § 2201 1; § 2225 1; Haftpflichtversicherung § 2218 4; Haftung § 2206 2; § 2216 1; § 2219 1 ff.; Haftung ggü Dritten § 2219 3; Herausgabeanspruch § 2364 3; Herausgabepflicht § 2218 4; im Steuerrecht Vor §§ 2197 ff 1; Kaufmann § 2216 2; § 2221 4; Kündigung § 2226 1; Meinungsverschiedenheiten unter ~n § 2224 2; Missbrauch der Amtsmacht § 2216 1; Nachfolger § 2199 1; Nachfolgerbestimmung § 2199 1; Passivprozessführung § 2213 1; persönliche Voraussetzungen § 2197 3; § 2201 1; § 2225 1; Pflichtteilsansprüche gegen ~ § 2213 3; Pflichtverletzung § 2205 4; § 2219 1; § 2227 2; Privatklagen gegen ~ § 2213 5; Prozessführungsbefugnis § 2212 1; Rechenschaftspflicht § 2218 3; Schadensersatzanspruch gegen ~ § 2219 1; Schein~ § 2197 5; Tod § 2225 1; Unfähigkeit § 2227 3; Vereinbarungen mit dem ~ § 2203 4; § 2216 4; § 2219 3; Verfügungsbefugnis § 2203 2; § 2205 1 ff.; § 2208 2; § 2211 1; Vergütung § 2221 1 ff.; Verpflichtungsbefugnis § 2206 1; § 2207 1; § 2208 1; § 2209 3; Verschulden § 2219 2; § 2227 2; vertraglicher Verzicht auf Kündigungsrecht § 2226 2; verwaltender ~ § 1981 6, 10; § 1982 6; § 2042 7; Verwaltungsbefugnis § 2015 1; § 2203 2; § 2205 1 ff.; § 2216 1 ff.; Verwaltungsermessen § 2216 2; Verzinsungspflicht § 2218 4; Vollzug des Auseinandersetzungsplans § 2204 5; Vollzug von Auflagen § 2194 1; § 2223 1; Vorerbe als ~ § 2199 2; wichtiger Grund zur Entlassung § 2227 4; Zeitpunkt des Amtsantritts § 2201 2; Zurückbehaltungsrecht § 2217 2; § 2218 3
Testamentsvollstreckerbenennung; durch Dritte § 2198 1 f.; Form § 2198 2; Fristsetzung § 2198 3; § 2200 1; Anhörung § 2200 3; durch Nachlassgericht § 2200 1, 3; Rechtsmittel § 2200 3
Testamentsvollstreckerentlassung § 2216 1; § 2227 1 ff.; wichtiger Grund § 2227 4
Testamentsvollstreckerverfügungen; unentgeltliche ~ § 2204 5; § 2205 4 ff.
Testamentsvollstreckervergütung § 2221 1 ff.; § 2227 2; Fälligkeit § 2221 5; Tabellen § 2221 2; unentgeltliche Verfügungen § 2204 5; § 2205 4 ff.; Verjährung § 2174 5; § 2192 2; § 2221 5
Testamentsvollstreckerzeugnis § 2207 1; § 2209 1; § 2225 1; § 2368 1; Vor §§ 2197 ff 6; Erbschein § 2368 1, 4
Testamentsvollstreckung § 727 2; § 1958 11; § 1975 6; § 1976 3; § 2033 26; § 2044 12; § 2197, § 2198; als Rechtsberatung § 2197 4; am GmbH-Anteil § 2205 10; am Unternehmen § 2205 8; an Gesellschaftsanteilen § 2205 10 ff.; auf Erbschein § 2225 1; Vor §§ 2197 ff 6; Auflagenvollzug § 2192 3; § 2212 2; beaufsichtigende § 2205 9; § 2208 1, 3; Begründung § 2197 1; beschränkte

Stichwortverzeichnis

§ 2208 1 f.; Erlöschen § 2225 1; gesetzliches Schuldverhältnis zum Erben § 2218 1; im Erbvertrag § 2197 2; im gemeinschaftlichen Testament § 2197 2; im Grundbuch § 2225 1; Vor §§ 2197 ff 6; im Handelsregister Vor §§ 2197 ff 6; Schutz des Erben § 2220 1; Vermögensverwaltung § 2216 2 f.; zwingendes Recht § 2220 1

Testamentum correspectivum § 2270 1
Testamentum mysticum § 2247 9
Testamentum reciprocum § 2270 1
Testierfähigkeit § 826 32; § 2038 24; § 2229 1 ff.; § 2255 1; § 2257 1; Behinderte § 2229 8; Betreuung § 2229 9; Rechtsvergleich § 2229 14
Testierfreiheit § 2044 1; § 2253 1
Testiergebot § 2100 18; § 2103 3
Testierunfähigkeit § 2229 5 f.
Testierverbot § 2100 18; § 2103 3
Testierwille § 2247 20
Testingverfahren § 22 AGG 5
Textform § 125 8; § 126b 1; § 312c 5; § 355 4; § 504 4 ff.; § 554 16
Theaterkarte § 807 4
Theaterkritiker § 311 12
Therapeutisches Privileg; Arzthaftung § 823 207
Tieraufseher § 823 112, 122; § 834 1 f.
Tiere § 2 ProdHaftG 1; § 3 ProdHaftG 7; § 90a; § 251 10; Biss § 3 ProdHaftG 7; Eigentumsverletzung § 823 33; gezähmte ~ § 960 1; Haftung § 833 1 ff.; § 834 1 f.; Infektion § 3 ProdHaftG 7; wilde ~ § 960 1; zahme ~ § 960 1
Tierhalter § 833 1 ff.; Beweislast § 833 12, 18; § 834 1 f.; Entlastung des Tierhalters § 833 16 f.; Gefährdungshaftung § 833 2 ff.; Haftung für vermutetes Verschulden § 833 13 ff.; Haftungseinschränkung § 833 10 ff.; Haustier § 833 13 f.; Tier § 833 2; Tiergefahr § 833 4
Tilgungsbestimmmung § 366 12 ff.; Annahmeverzug § 366 14; Gläubiger § 366 20; Inhalt § 366 15; Interessenlage § 366 12; Leistungszweck § 366 12; negative ~ § 366 16; Rechtsnatur § 366 12; stillschweigende ~ § 366 19; unzureichende ~ § 366 17; Vertragsfreiheit § 366 20; Zeitpunkt § 366 18
Tilgungsleistungen Vor § 1577 22
Tilgungsreihenfolge § 366 22 ff.; Alter § 366 26; Beweislast § 366 27; Fälligkeit § 366 23; Insolvenz § 366 22; Lästigkeit § 366 25; Sicherheit, höhere § 366 24; Sozialbeiträge § 366 22; Spezialregeln § 366 22; verhältnismäßige Befriedigung § 366 26; Zwangshypothek § 366 22
Tilgungsverrechnung § 367 5; AGB § 307 17
Time-Sharing § 535 5; ex Artikel 29 EGBGB 10; ex Artikel 29a EGBGB 1 f., 8
Titelmissbrauch § 826 48
Tituierung § 1585 1
Tod § 1 21 ff.; § 537 4; § 658 4; § 1360a 10; des Beschenkten § 528 6; § 532 3; des Dienstberechtigten § 620 3; des Dienstverpflichteten § 620 3; des Entleihers § 605 6; des Mieters § 580; des Pächters § 594d; des Schenkers § 518 14; § 520 3; § 528 19; Feststellung und Zeitpunkt im IPR Artikel 2 EGBGB; Artikel 7 EGBGB 1; Artikel 9 EGBGB 1 ff.; Rechtsstellung § 1 21

Tod des Ausgleichsberechtigen § 20 VersAusglG 12
Tod des Ausgleichsberechtigten § 20 VersAusglG 12; § 21 VersAusglG 4
Tod des Testamentsvollstreckers § 2225 1
Tod eines Ehegatten § 31 VersAusglG 1
Todeserklärung § 1960 27; § 2031 3; § 2252 3
Todeserklärung, falsche; Aufhebung der bisherigen Ehe § 1319; Aufhebung der neuen Ehe § 1320
Todesstrafe § 275 29
Todeszeitfeststellung § 2031 3
Todeszeitpunkt § 1371 4; § 2031 3
Toleranzgrenze § 1361 23
Totalersatz § 249 5, 7, 20; § 251 5; § 254 1
Totalrevision § 51 VersAusglG 1
Totalsistierung § 2033 1
Totalunternehmer, -übernehmer § 631 18
Totenfürsorge § 823 77; § 1968 2; § 2038 10
Tötung, Ansprüche Dritter § 7 ProdHaftG 1 f.; § 823 23; § 844, § 845, § 846; Beerdigungskosten § 844 4; Geldrente § 844 9 ff.; Mehrzahl von Hinterbliebenen § 844 18; nasciturus § 844 8; Unterhaltsschaden § 844 6 ff.; Vermögensbildung § 844 16; Vorteilsanrechnung § 844 17
Träger der Sozialversicherung § 1990 10
Tragezeitgutachten Anhang zu ex § 1600e 39
Transformation § 613a 20
Transliteration Artikel 5 EGBGB 10; Artikel 10 EGBGB 5, 16
Transmortale Vollmachten § 168 7; § 1960 18; § 1984 5
Transparenzgebot § 538 8; AGB § 305 23 f., 29; § 307 13 ff., 38; § 310 11; für AGB § 305 23 f., 29; § 307 13 ff., 38; § 310 11
Transplantation § 1 23
Transplantationsgesetz § 1 23
Transportmittel; IPR Artikel 45 EGBGB; Verkehrspflichten § 823 159 ff.
Transposition Artikel 3 EGBGB 41, 50
Transsexuelle § 1 AGG 10
Trauung § 1312
Trennung § 1975 1; Dauer § 1361 9
Trennungsbedingter Mehrbedarf § 1361 11
Trennungsjahr; Ablauf § 1361 6
Trennungsprinzip Vor §§ 116 ff 13; Vor §§ 823 ff 14
Trennungsrecht § 258 3
Trennungstheorie § 812 14
Trennungsunterhalt § 1581 12
Trennungsunterhaltsansprüche § 1585b 3
Treu und Glauben § 242 1 ff.; § 611 26, 44, 84

§ 659 6; § 660 6; § 705 22; § 706 8; § 709 10; § 738 15; § 1985 25; Vor §§ 275 ff 8; allgemeines Persönlichkeitsrecht § 242 15; als Auslegungsmaßstab § 157 4; Anpassung des Vertrages § 242 67; Anwendungsbereich § 242 4 ff.; Aufklärung § 242 68 ff.; Aufrechnungsausschluss § 387 23; Außentheorie § 242 27; begrenzende Wirkung § 242 27 ff.; CISG § 242 3; Einheitsrecht § 242 3; ergänzende richterrechtliche Normen § 242 66; ergänzende Vertragsauslegung § 242 26, 66; ergänzende Wirkung § 242 25 ff.; Ergänzungs- und Schrankenfunktion § 242 3; Ermächtigungsfunktion § 242 22, 24; exceptio doli § 242 30; Fairness im Rechtsverkehr § 242 12; Funktionen § 242 22; gemeinsamer Referenzrahmen § 242 3; gemeinschaftsrechtskonforme Auslegung § 242 19; Generalklausel § 242 7; Geschäftsgrundlage § 242 67; Glaubens- und Gewissensfreiheit § 242 14; Gleichbehandlungsgebot § 242 16; Grundrechte § 242 13 ff.; Information § 242 68 ff.; Inhalt von Rechtsverhältnissen § 242 25; Inhaltskontrolle § 242 28; Innentheorie § 242 27; Konkretisierung § 242 1; Kooperation § 242 75; Korrekturfunktion § 242 22 f.; Leistung zur Unzeit § 242 67; Leistungstreuepflicht § 242 75 f.; Manipulation der Bedingung § 242 30; Mitwirkung § 242 75; nachwirkende Vertragspflichten § 242 81; nemo auditur propriam turpitudinem allegans § 242 30; Obstruktionsverbot § 242 76; öffentliches Recht § 242 6; Pflichten § 242 66 ff.; Prinzip § 242 1; Prozessbetrug § 242 76; Rechtsausübung § 242 28; rechtsethisches Prinzip § 242 12; Rechtsfortbildungsfunktion § 242 3; Rechtsgrundsatz § 242 7; Rechtsmissbrauch § 242 2, 28 ff.; Rechtssicherheit § 242 23; richterliche Befugnis § 242 22; richtlinienkonforme Rechtsfortbildung § 242 19; Rücksichtnahmepflicht § 242 75; Schikaneverbot § 242 30; Schrankenfunktion § 242 27; Schutzpflichten § 242 77 ff.; Sonderverbindungen § 242 8; Treuepflicht § 242 76; tu-quoque-Einwand § 242 30; unerhebliche Abweichung § 242 67; UNIDROIT-Übereinkommen zum internationalen Factoring § 242 3; unzulässige Rechtsausübung § 242 30 ff.; Verkehrssitte § 242 9; Vertragsergänzung § 242 66 ff.; Verwirkung § 242 28, 30, 58 ff.; widersprüchliches Verhalten § 242 30; Wirkungen § 242 25

Treuepflicht § 242 76; § 705 14, 21 f., 52; § 707 2 f.; § 709 17; § 712 3; § 719 6; § 721 3; § 725 5; § 730 1; § 737 6; § 738 6; Arbeitnehmer/Dienstverpflichteter § 611 84 ff.; gesellschaftsrechtliche ~ § 242 76; Leistungstreuepflicht § 242 76; Obstruktionsverbot § 242 76

Treuhand § 164 5 ff.; § 675 39; § 717 3; Abgrenzung zur Stellvertretung § 164 6; analoge Anwendung von § 185 § 185 5; analoge Anwendung von Vorschriften des Stellvertretungsrechts, insb über die Regeln über den Missbrauch der Vertretungsmacht und der §§ 177 ff § 164 8, 11; Begriff § 164 5; echte ~ § 164 5; Ermächtigungstreuhand § 164 5, 8; fiduziarische ~ § 164 9; Sicherungstreuhand (eigennützige ~) § 164 5; Unmittelbarkeitsgrundsatz § 164 6, 10; Verwaltungstreuhand (fremdnützige ~) § 164 5; Vollmachtstreuhand § 164 5, 7; Vollrechtstreuhand (echte ~) § 164 5, 9 ff.; Zwangsvollstreckung § 164 8, 10

Treuhandanstalt; AGB § 307 36

Treuhänder § 1360a 5; § 1959 1

Treuhandgeschäft § 117 7

Treuhandlösung zur Unternehmensfortführung § 2205 13; Vor §§ 2197 ff 5

Treuhandverhältnis § 249 104; Abtretung § 387 10, 30

Trinkgelder § 1375 15

Trödelvertrag ex Artikel 29 EGBGB 7

Truck-Verbot § 611 75

Trunkenheit § 626 7

Tu-quoque-Einwand § 242 30, 45

TÜV; Haftung § 839 145

Typenfreiheit § 311 16

Typenkombinationsvertrag § 311 22 ff.

Typenverschmelzung § 311 25 ff.

Typenzwang Vor §§ 145 ff 11, 25

Typizität Vor §§ 249 bis 255 6

Überbau § 912 8 ff.; Abkauf § 915; Beeinträchtigung von Erbbaurecht und Dienstbarkeit § 916; Duldungspflicht § 912 18 f.; Eigentumsverhältnisse § 912 26 ff.; Gebäude § 912 5; Gestattung § 912 30 ff.; Grundstück § 912

Überbaurente § 912 20 ff.; § 913, § 914

Übereinkommen, internationale; Verhältnis zur Rom I-VO ROM I Art 24 1 f.; ROM I Art 25 1 f., 4; ROM I Art 26 1 f.; ROM I Art 27 1 f.

Übereinstimmung § 2038 26

Überfall; Nachbargrundstück § 911

Übergabe; Kaufsache § 433 16 f.; § 446 12; § 448 5

Übergabeprotokoll § 546 10

Übergabevertrag § 2049 2

Übergang; der Arbeitsverhältnisse § 613a 9; der Kundschaft § 613a 4; der Leistungsgefahr § 243 10; des Betriebes § 613a 4; durch Erbfolge § 613a 8

Übergangsbeihilfe Vor § 1577 11

Übergangsgebührnisse Vor § 1577 11

Übergangsgeld Vor § 1577 18

Übergangsrecht; Abstammung Vor §§ 1591 bis 1600e 6

Übergangsregelungen § 33 AGG; Arbeitsrecht § 33 AGG 1; Rom I-VO ROM I Art 28 1 f.; ROM I Art 29 1; Zivilrecht § 33 AGG 2

Übergehen eines Pflichtteilsberechtigten § 2078; § 2079 8 ff.

Übergewichtstheorie § 535 14

Überhang § 910 7; Naturschutzrecht § 910 15; Selbsthilferecht § 910 1 ff., 16 ff.

Stichwortverzeichnis

Über-Kreuz-Ablösung § 613a 23
Überlastungseinrede § 2013 4
Überlebensbedingung eines Schenkungsversprechens § 2301 6 f.
Übermaß § 993 1; § 2050 17
Übermittlungseinrichtung § 120 3
Übermittlungsperson § 120 3
Übernahme § 2049 5
Übernahmehaftung § 834 1; § 838 1
Übernahmepreis § 2048 24
Übernahmerecht § 2048 24
Übernahmerecht als Vermächtnis § 2150 4; § 2184 1; Vor § 2147 ff 2; Wertausgleich § 2150 4
Übernommene Mutterschaft § 1591 12
Überobligationsmäßig erzieltes Einkommen § 1577 15
Überobligationsmäßige Tätigkeit § 1581 24
Überplanung von Altlasten § 249 68
Überprüfungsfrist § 556 55
Überrest § 2103 3; § 2137 1 ff.; § 2138 1 ff.
Überrest als Vermächtnisgegenstand § 2191 2
Überrumpelung § 312 2; Vor § 312 ff 2; Konkurrenzen § 312a 3
Überschuldung § 1975 12; § 1978 7; § 1979 6; § 1980 1 f., 12; § 1985 19; § 1992 1; des Anfangsvermögens § 1374 17; des Nachlasses § 2005 6
Überschuss § 1973 5, 9, 14; § 1982 3; § 1984 15; § 2033 31; § 2046 6; § 2047 1
Überschusseinkünfte Vor § 1577 22
Überschwerung § 1992 2
Überschwerungseinrede § 1990 3; § 1992 3; § 2187 1
Übersetzer § 286 3
Überstunden § 611 69, 79
Übertragung § 2032 32
Übertragung der Alleinsorge § 1671; Aufhebung der gemeinsamen Sorge § 1671 17 ff.; Bindungstoleranz § 1671 39 ff.; Erziehungsgeeignetheit § 1671 25; Förderungsgrundsatz § 1671 30 ff.; Geschwisterbindung § 1671 46; Kindesanhörung § 1671 49; Kindeswille § 1671 48 ff.; Kindeswohlprüfung § 1671 14 ff.; Kontinuitätsgrundsatz § 1671 47; Kooperationsbereitschaft § 1671 19 f.; Kooperationsfähigkeit § 1671 19 f.; praktische Bedeutung § 1671 23; Teilbereiche § 1671 26; Voraussetzungen § 1671 7 ff.; Weigerungshaltung § 1671 21 f.
Übertragung der Geschäftsführung § 705 20; § 709 3; § 710 1
Übertragung des Eigentums § 929 1 ff.; bloße Einigung § 929 12; durch Abtretung des Herausgabeanspruchs § 931 1 ff.; durch Besitzkonstitut § 930 1 ff.; Einigung, dingliche § 929 4 ff.; Erwerb des Eigentums durch Stellvertretung § 929 13; Übergabe § 929 10 ff.
Übertragung von Vermögensgegenständen § 1383 1 ff.

Übertragungsverbot bei Testamentsvollstreckung § 2218 2
Übertragungsvertrag § 2032 34; Ansprüche § 675b 3; Kündigung § 675b 4; Sammelverwahrung § 675b 2; Wertpapiergeschäft § 675b 2
Übertragungswert § 47 VersAusglG 4
Überweisung § 278 16; § 362 11; ex Artikel 29a EGBGB 10
Überweisungsauftrag § 783 19; § 1367 1
Überweisungsvertrag; Ausführungsgeschäft § 675c 1
Überwuchs § 910 6; Naturschutzrecht § 910 15; Selbsthilferecht § 910 1 ff., 16 ff.
Überzahlung § 1569 9
Überziehungskredit; geduldete Überziehung § 505 1; ungenehmigte Überziehung § 488 5; § 505 1
Umdeutung § 543 29; § 2033 37; Abgrenzung zur Auslegung § 157 39; außerordentliche Kündigung § 626 20; einer unwirksamen Kündigung § 623 5; Kündigungserklärung § 542 14 f.; § 543 29
Umdeutung eines nichtigen Rechtsgeschäfts § 133 6; § 140 1; Auslegung § 140 2; Ersatzgeschäft § 140 8; hypothetischer Wille § 140 10
Umfang; Billigkeitsanspruch § 1581 12; Haftung § 1584 3; Nacherbenrecht § 2110 1 ff.
Umfassende Interessensabwägung § 1581 11; Vor § 1577 51
Umgang des Kindes; Bedeutung § 1626 12; begleiteter Umgang § 1684 54 ff.; Bestimmung § 1632 4
Umgangspflicht § 1684 1 ff.
Umgangsrecht; Abholen und Zurückbringen § 1684 44; Adoption § 1754 2; § 1755 2; anderer Personen § 1685; Anordnungen und Sanktionen § 1684 23 ff.; Ausschluss § 1684 67 ff.; Dauer § 1684 38 ff.; der Eltern § 1684; der Geschwister § 1685 2; der Großeltern § 1685 2; des biologischen Vaters § 1684 10; § 1685 3; des Lebensgefährten § 1685 3; Einschränkung § 1684 47 ff.; Ferienwohnungen § 1684 43; Häufigkeit § 1684 38 ff.; Regelungsbedürfnis § 1684 31; Regelungsbefugnis § 1684 29 f.; Regelungsinhalt § 1684 36 ff.; Wohlverhaltenspflicht § 1684 19 ff.
Umgehungsgeschäft § 117 9; § 134 30
Umgehungsverbot; Verbraucherkredit § 511 2
Umlegungseinheit § 556a 5
Umlegungsverfahren § 995 3
Umlegungszeitraum Vor § 1577 10
Umsatzsteuer § 249 29, 34; § 1960 41; Vor § 1577 17; Aufwendungsersatz § 1835 5, 7; bei Betreuer-/Pfleger-/Vormundvergütung § 1836 4; Anhang zu § 1836; Anhang zu § 1836 8
Umsatzsteuerpflicht § 249 35
Umschreibung; eines Vollstreckungstitels § 1958 8
Umschulung § 2 AGG 13

Stichwortverzeichnis

Umsetzungsbestimmungen ex Artikel 29a EGBGB 6, 9
Umstandsmoment § 1585b 6
Umwandlung § 613a; § 705 5, 7 f., 12, 16, 19 f.; § 727 8; § 730 1; § 2032 30; in Wohnungseigentum § 577 2
Umwandlungsabsicht § 577 10
Umwandlungsfälle § 540 20
Umwandlungsrecht § 613a 48
Umwelthaftung § 823 81, 168 f.; § 830 10
Umweltmangel § 536 10
Umweltschaden; Anknüpfung ROM II Art 7 1 ff.; Handlungsort ROM II Art 7 3; Optionsrecht ROM II Art 7 3
Unabdingbarkeit § 31 AGG 1; verbraucherkreditrechtliche Normen § 511 3
Unabhängigkeit vom Güterstand § 1361 1
Unanfechtbarkeit § 1960 38
Unaufschiebbare Verfügung § 1959 7
Unbefugte Gebrauchsüberlassung § 540 14
Unbegründetheit § 1961 5
Unbenannte Duldungspflichten § 554
Unbenannte Zuwendung § 2113 21; § 2287 6; § 2325 13
Unberechtigte Untervermietung § 540 14
Unbeschränkbare Haftung § 1970 8; § 1977 10
Unbeschränkbare Testierfähigkeit § 2302 1 f.
Unbeschränkte Erbenhaftung § 1975 13; § 2000 2; § 2013 3
Unbeschränkte Haftung § 1975 6; § 1977 3; § 2013 1; § 2017 1; § 2036 2
Unbestellte Leistungen § 241a 1 ff.; aliud-Lieferung § 241a 9; Annahme § 241a 11; berechtigte GoA § 241a 10; Dialer § 241a 6; Dritte § 241a 5; Handschenkung § 241a 3; höherer Preis § 241a 9; unbestellt § 241a 7
Unbestellte Sache § 985 23
Unbestimmte Bruchteile § 2091 1 f.
Unbestimmtheit § 2043 2
Unbewegliche Sache § 985 27
Unbezifferter Antrag § 2057a 21
Unbillige Härte § 1361b 9
Unbilligkeit § 660 2, 7; grobe ~ § 1381 5
Unclean hands doctrine § 280 21
Und-Konto; Umwandlung eines Oder-Kontos in ein ~ § 167 28
Unechtes Factoring; Eigentumsvorbehalt § 449 24
Unentgeltliche Verfügung § 2063 5
Unentgeltliche Zuwendung an Dritte § 812 83 f.; § 816 12 f.; § 822
Unentgeltlichkeit § 780 8; § 1374 25; § 2113 18 ff.; des Besitzerwerbs § 988 1; teilweise ~ § 2113 29
Unentschuldigtes Fernbleiben § 626 7
Unerlaubte Handlung § 1960 33; § 2039 8; Anknüpfung, Fallgruppen ROM II Art 4 13 f.; Anknüpfung, Gefährdungshaftung ROM II Art 4 3; Aufrechnung § 393 1 ff.; Grundanknüpfung ROM II Art 4 1, 4; Vor ROM II 8; Sonderanknüpfung ROM II Art 4 2; ROM II Art 5 1; vertragsakzessorische Anknüpfung ROM II Art 4 10
Unerwünschte Verhaltensweise § 3 AGG 32
Unfall § 781 16; Begriff § 828 7
Unfall- und Versorgungsrenten Vor § 1577 18
Unfallabfindung § 1374 15
Unfallersatztarife § 249 37
Unfallverhütungsvorschriften § 611 39, 89, 100; Verstoß § 616 4
Unfallversicherung § 249 86; § 616 5
Unfallwagen § 249 13
Ungenügen der Herstellung § 251 3 f.
Ungerechtfertigte Bereicherung § 659 4; § 2057a 6; Schuldversprechen § 780 11, 15 f., 18
Ungleichbehandlung § 1 AGG 2 ff.; § 3 AGG 2 ff., 11 ff.; Alter § 3 AGG; Arbeitserlaubnis § 3 AGG 26; Auswahlentscheidung § 3 AGG 8; Behandlungsbegriff § 3 AGG 4; Behinderung § 3 AGG; Belästigung § 3 AGG 31; Betriebszugehörigkeit § 3 AGG; Beweislast § 3 AGG 46; § 22 AGG 4; Deutschkenntnisse § 3 AGG 26; drohende ~ § 3 AGG 3; Einzelfallentscheidung § 3 AGG 8; ethnische Herkunft § 3 AGG; Geschlecht § 3 AGG; Glaubensrichtung § 3 AGG; hypothetische Vergleichsbetrachtung § 3 AGG 3; mehrere Gründe § 4 AGG 1; mittelbare Benachteiligung § 3 AGG 11 ff.; Mittel-Zweck-Relation § 3 AGG 28; Motivbündel § 3 AGG 5; § 7 AGG 4; positive Maßnahmen § 5 AGG 1; Quote § 5 AGG 1; Rasse § 3 AGG; Rechtfertigung § 8 AGG 1 ff.; § 9 AGG 1 ff.; § 10 AGG 1 ff.; § 20 AGG 1 ff.; Rechtsfolge § 7 AGG 7 ff.; Religion § 3 AGG; Rentenalter § 3 AGG; sachlicher Grund § 3 AGG 17; § 20 AGG 4; Schwangerschaft § 3 AGG; Staatsangehörigkeit § 3 AGG 26; Teilzeitbeschäftigte § 3 AGG 24; unmittelbare Benachteiligung § 3 AGG 2 ff.; Vergleichsperson § 3 AGG 7; Vollbeweis § 3 AGG 45; wegen Grund nach § 1 § 7 AGG 4; Weisungsrecht § 3 AGG 43; Weltanschauung § 3 AGG; Zivilrecht § 19 AGG 1 ff.
Unglücksfälle § 616 2
Universalsukzession § 2032 5
Universalvermächtnis § 2174 1; Vor § 2147 ff 2
UN-Kaufrecht; Verhältnis zu §§ 433–479 § 433 27
Unkenntnis § 276 17; § 892 12
Unklagbarkeit ex Artikel 34 EGBGB 23
Unklarheitenregel; bei Auslegung von AGB § 305c 16 ff.; contra proferentem § 157 7
Unkündbarkeit von Auszubildenden § 10 AGG 9
Unlauterer Wettbewerb; Anknüpfung Artikel 40 EGBGB 19
Unlustgefühle § 253 5
unmittelbare Berechnungsmethode § 43 VersAusglG 1

Unmittelbare Bewertung § 5 VersAusglG 5; § 39 VersAusglG 1; § 45 VersAusglG 3

Unmöglichkeit § 280 20; § 283 2 f.; § 285 8; § 326 1; § 615 13; § 989 5; ex Artikel 34 EGBGB 21; absolute ~ § 275 6; als Auflösungsgrund § 706 7; anfängliche ~ § 275 7; anfängliche ~ § 265 1 ff.; der Herausgabe § 2025 4; der Herstellung § 251 2; der Leistung § 293 4; Erfüllungsverweigerung § 281 12; faktische ~ § 275 7, 17; Fallgruppen § 275 8 ff.; Fristsetzung § 275 16; Gegenleistung § 275 16; Geldschulden § 275 6; Gesamtschuld § 425 6; Geschäftsgrundlage § 275 19; gesetzliches Verbot § 275 10; nachträgliche ~ § 275 7; nachträgliche ~ § 265 1 ff.; naturgesetzliche ~ § 275 8; objektive ~ § 275 7; objektive ~ bei Vermächtnis § 2171 1; persönliche Unzumutbarkeit § 275 5; Pflichten § 275 5, 13; physische ~ § 275 8; praktische ~ § 275 17; qualitative ~ § 275 6; rechtliche ~ § 275 7, 9; Rechtsfolgen § 275 13 ff.; Rücktritt § 275 14; Schadensersatz § 275 14; stellvertretendes commodum § 275 14; § 285 1; subjektive ~ § 275 7, 12; Teilstörungen § 275 6; Unvermögen § 275 12; Unzumutbarkeit § 275 18; Vertragswirksamkeit § 311a 9 ff.; Vertretenmüssen § 280 19; vorübergehende ~ § 275 6; vorübergehende ~ § 297 1; Wahlschuld § 265 1 ff.; Wegfall des Leistungssubstrats § 275 11; Wirkungen § 275 5; wirtschaftliche Unzumutbarkeit § 275 5; zu vertretende ~ § 265 1 ff.; zufällige ~ § 265 1 ff.; Zweckverfehlung § 275 11

Unpfändbarkeit § 1985 12

Unpünktlichkeit § 626 7

Unregelmäßige Verwahrung § 700; Abgrenzung § 700 1; anwendbare Normen § 700 4; Girokonto § 700 3; Spareinlagen § 700 3; Vertragsschluss § 700 2

Unrichtigkeit; des Grundbuchs § 894 3

Unselbständige Anknüpfung Artikel 3 EGBGB 47

Unselbständiger Mitgebrauch § 540 5

Unsicherheitseinrede § 321; erst nach dem Vertragsabschluss erkennbar § 321 4; mangelnde Leistungsfähigkeit § 321 3; Sicherheitsleistung § 321 6; Vorleistungspflicht aus gegenseitigem Vertrag § 321 2

Untauglichkeitsgrund § 1960 42

Unteilbare Leistung § 659 6

Unteilbare Nachlassschuld § 2060 4

Unteranknüpfung Artikel 4 EGBGB 19 ff.; Artikel 20 EGBGB

Unterbeteiligung § 705 15, 51 f.; § 712 2; § 717 3; § 722 1

Unterbrechung des Betriebes § 613a 7

Unterbringung; Minderjähriger § 1631b

Untergang § 989 4; § 2025 4

Untergeordnete Modalitäten der Leistung § 315 7; Vor §§ 315 bis 319 6

Unterhalt § 167 51 ff.; § 242 43, 63; § 286 19; § 1969 1; § 1985 23; Zugewinnausgleich § 1372 8

Unterhalt für nicht gewolltes Kind; Umfang der Ersatzpflicht § 249 17

Unterhalts- und Rentenneurosen § 1572 4

Unterhaltsänderungsgesetz § 1361 2; § 1585b 3

Unterhaltsänderungsgesetz 2007 § 1569 2, 9; § 1572 10; § 1577 16

Unterhaltsänderungsgesetz 2008 § 1573 1; § 1574 1

Unterhaltsanspruch § 1360 1; § 1569 15; § 1963 1; § 2141 1; der werdenden Mutter § 1967 9; Verjährung § 197 6; Verwirkung rechtshängiger und titulierter ~ § 1585b 6

Unterhaltsberechtigte Vor § 1577 43; Schutz § 1577 10

Unterhaltsberechtigter geschiedener Ehegatte § 1571 12; § 1584 5

Unterhaltsberechtigung § 1571 4

Unterhaltsgeld Vor § 1577 18

Unterhaltsgläubiger § 1585 2; § 1963 2; Schutznorm § 1361 6

Unterhaltskette § 1572 7

Unterhaltsleistung/-gewährung; Art § 1361 23; § 1585 1

Unterhaltspflicht § 620 78, 83; § 626 3; § 1581 11; § 1584 2; § 1967 5; § 2050 7; § 2057a 10; Adoptionspflege § 1751 10; geschiedener Ehegatte § 1584 5

Unterhaltsrechtsverhältnis; Bestandteil § 1361 5

Unterhaltsrelevanter Anteil § 1571 8

Unterhaltsschaden § 7 ProdHaftG 1; § 844 6 ff.

Unterhaltsschulden § 244; § 245 14

Unterhaltsschuldner § 1571 12; § 1581 26; Vertrauen des ~s § 1577 21

Unterhaltssicherung; Nachhaltigkeit § 1577 21

Unterhaltsstatut Artikel 18 EGBGB

Unterhaltsvereinbarungen § 1569 16

Unterhaltsverordnung; europäische Artikel 18 EGBGB 2

Unterhaltsverpflichtung § 33 VersAusglG 1; § 1577 5

Unterhaltsverzicht § 1361 23

Unterhaltsvorschussgesetz Vor § 1577 18

Unterlagen; Einsicht § 242 74; Vorlage § 242 74

Unterlassen § 823 2, 5; Gegenstand einer Pflicht § 241 17; Pflicht § 241 17; Verkehrspflichten § 823 2

Unterlassungsanspruch § 17 AGG 3; § 21 AGG 2; § 543 30; § 1004 7; § 2039 5; § 2044 6; allgemeine Geschäftsbedingungen § 306 20; Anknüpfung ROM II Art 2 3; quasi-negatorischer § 823 223; quasinegatorischer § 824 12; Vor §§ 823 ff 15; Verjährung § 199 7; Verwendung unwirksamer AGBs § 306 20

Unterlassungspflichten § 281 8

Unterlassungsverpflichtung § 2044 14; wettbewerbsrechtliche ~ § 781 8

Unterlassungsvollstreckung § 339 8

Untermiete § 540 2 f.; § 546a 2; § 556 60
Untermieter § 2028 2
Unternehmen § 288 5; § 611 35; § 622 2, 6; § 1376 9; betriebsbezogener Eingriff § 823 86; Betriebsgeheimnisse § 823 69; einzelkaufmännisches ~ § 2032 22; § 2112 7; Fallgruppen § 823 88 ff.; Grundlagen § 823 82 f.; Güter- und Interessenabwägung § 823 96; kaufmännisches ~ § 2032 19; Know-how § 823 83; Recht am ~ § 823 82 ff.; Unmittelbarkeit der Verletzung § 823 86
Unternehmen, Bewertung § 1376 23
Unternehmensbeteiligung § 1376 9, 23
Unternehmensbezogene Verträge § 540 18
Unternehmenskauf § 438 20; § 446 3; § 453 27 ff.; asset deal § 453 28; Kaufgegenstand § 453 27 ff.; Mängelrecht § 453 30 ff.; share deal § 453 29
Unternehmenszugehörigkeit § 620 78
Unternehmer § 14 1 ff.; § 491 3; Anwendungsbereich § 14 5; Europarecht § 14 1 ff.; Hauptpflichten des ~ im Werkvertrag § 631 21; Nebenberuf § 14 9; Nebenpflichten § 631 26 ff.; normative Grundlagen § 14 1; Tatbestand § 14 6 ff.; Unternehmerbegriff § 14 3 f.; Verbrauchsgüterkauf § 474 4
Unternehmereigenschaft ex Artikel 29 EGBGB 6
Unternehmerentscheidung § 620 75 f.
Unternehmerlohn; tatsächlicher § 1372 20
Unternehmerpfandrecht § 647 1 ff.; gutgläubiger Erwerb § 647 7
Unternehmerregress § 476 1; § 478, § 479; ex Artikel 29a EGBGB 3; gebrauchte Sachen § 478 6; Kauf § 478 17; Lagerware § 478 9; Verjährung § 479
Unternehmerrisiko § 611 18
Unternehmertestament § 2151 1; § 2191 3; § 2205 13; Vor §§ 2197 ff 4
Unterrichtung bei Fernabsatzverträgen § 312c
Unterrichtung der Arbeitnehmer; Betriebsübergang § 613a 35 ff.
Unterrichtungsanspruch § 1379 15
Unterrichtungspflicht § 34 VersAusglG 5; § 1968 4
Unterschiedliche Behandlung; Beweislast § 22 AGG 4 ff.; mehrere Gründe § 4 AGG 1; positive Maßnahmen § 5 AGG 1; Rechtfertigung § 8 AGG 1 ff.; § 9 AGG 1 ff.; § 10 AGG 1 ff.; § 20 AGG 1 ff.; Ungleichbehandlung § 1 AGG 2 ff.; Zivilrecht § 19 AGG 1 ff.
Unterschiedliches Rentenalter § 3 AGG
Unterschlagung § 985 2
Unterschrift § 126 8, 11; § 129 1; Blankounterschrift § 126 10; § 129 3; Eigenhändigkeit § 126 13; Handzeichen § 126 15; § 129 1; Oberschrift § 126 9
Untersuchungspflicht § 280 70; des Käufers § 433 51; § 442 9; des Verkäufers § 433 50
Untervermächtnis § 1992 1, 3; § 2186 1; § 2191 1; § 2223 1

Untervermietung § 535 13; § 987 4
Untervermietverweigerung § 540 8
Untervermögen bei Vermächtnis § 2170 3; § 2171 2
Untervertretung; Haftung des Vertreters ohne Vertretungsmacht § 179 21 f.; mittelbare ~ § 164 48; Offenkundigkeitsgrundsatz bei der ~ § 164 48 ff.; unmittelbare ~ § 164 48; Vertretungsmacht des Untervertreters § 167 55 f.; Willensmängel und Wissenszurechnung § 166 2, 10
Unübertragbarkeit der Dienste § 613 4
(Un)Verfallbarkeit § 10 AGG 13
Unverfallbarkeitsfristen § 2 AGG 14
Unverhältnismäßigkeit § 242 51; der Herstellungskosten § 251 7 ff.
Unverjährbarkeit; der Berichtigungsansprüche § 898; von Grundstücksrechten § 902
Unvermögen § 275 12; § 1977 11; behebbar § 275 12; des Schuldners § 293 4; vorübergehendes ~ § 297 1
Unverzüglich § 121 3 f.
Unvollkommene Verbindlichkeit § 241 27
Unwiderruflichkeit § 658 8
Unwirksame Kündigung § 543 25
Unwirksame Schönheitsreparaturklausel; nachträgliche Ersetzung § 538 21
Unwirksamer Vertrag; Schadensersatz § 311 41 ff.
Unwirksamkeit; der Bestimmung durch einen Dritten § 319; endgültige ~ § 108 7; Geltendmachung der ~ § 1368 1; schwebende ~ § 177 1; § 182 2; § 184 1; schwebende ~ § 108 1; Vertretung ohne Vertretungsmacht § 177 1; von Verfügungen § 2113 3, 7, 25; § 2115 4 f.; § 2136 4; zustimmungsbedürftige Rechtsgeschäfte § 184 1
Unwirtschaftlichkeit § 1577 18
Unzulänglichkeit § 1990 5; § 1993 7; der Masse § 1982 5
Unzulänglichkeitseinrede § 1979 3; § 1990 2; § 1992 8
Unzulässige Rechtsausübung § 226; § 853 1; § 1990 9; Außentheorie § 242 32; dolo agit qui petit quod statim redditurus est § 242 47; Drittwirkungen § 242 37; Einzelrechtsnachfolger § 242 37; Fallgruppen § 242 39 ff.; Fehlen des schutzwürdigen Eigeninteresses § 242 47; geringfügige Pflichtverletzungen § 242 51; Gesamtrechtsnachfolger § 242 37; Innentheorie § 242 32; nemo auditur propriam turpitudinem allegans § 242 40; Rechtsfolgenseite § 242 35; subjektives Element § 242 33; tu-quoque-Einwand § 242 45; unredlicher Erwerb der eigenen Rechtsposition § 242 40 ff.; Unverhältnismäßigkeit § 242 51; venire contra factum proprium § 242 53 ff.; Verletzung eigener Pflichten § 242 44 ff.; Verschulden § 242 33; Vertrag zugunsten Dritter § 242 37; Verwirkung § 242 54, 58 ff.; Verwirkung durch Treueverstoß § 242 46; Zeitpunkt § 242 32; Zurechnung des Verhaltens Dritter § 242 34

Stichwortverzeichnis

Unzumutbare wirtschaftliche Belastungen § 620 57

Unzumutbarkeit § 275 6, 8; § 280 7, 20; § 283 2 f.; § 286 8; § 313 12; § 324 3 f.; absolute ~ § 275 6; Anwendungsfälle § 275 26; Aufwand § 275 17, 21; Beispiele § 275 29; Beschaffungsmöglichkeit § 275 31; der Verhinderung von Einwirkungen § 906 30 f.; Einrede § 275 17, 27; Erfüllungsverweigerung § 281 12; Gattungsschulden § 275 25; Geschäftsgrundlage § 275 19; Gläubigerfehlverhalten § 275 26; Gläubigerinteresse § 275 17, 20; grobes Missverhältnis § 275 17, 22; immaterielles Interesse § 275 20; Opfergrenze § 275 17; persönliche ~ § 275 28; Rechtsfolgen § 275 27; Schadensersatz § 275 30; stellvertretendes commodum § 285 1; Teilstörungen § 275 6; Vertretenmüssen § 275 22 ff.; § 280 20; vorübergehende ~ § 275 6

Unzurechnungsfähigkeit § 829 2

Unzuständigkeit § 2002 4

Urheberrecht § 2042 26; ex Artikel 34 EGBGB 4, 12; als sonstiges Recht § 823 69; Anknüpfung ROM II Art 8 2; Anspruchskonkurrenz zum Deliktsrecht Vor §§ 823 ff 26; Unübertragbarkeit § 413 3

Urheberrechte § 661 16

Urheberzweifel § 830 7, 10

Urkunde § 126 4; § 126b 6 f.; Abtretung § 405, § 406, § 407, § 409, § 410; Einheitlichkeit der ~ § 126 6 f.; Hinterlegung § 372 10; über Grundgeschäft § 925a; Unterschrift § 126 8 ff.; Vermutung der Vollständigkeit und Richtigkeit § 157 22

Urlaub § 614 3; Artikel 3 EGBGB 31; Antritt § 626 7; Entgelt § 611 77; Gewährung § 615 4; Überschreiten § 626 7

Urlaubsanspruch § 10 AGG 11

Urlaubsgeld § 611 43, 74; Vor § 1577 9

Urlaubsreise § 1968 9

Ursächlichkeit eines Merkmals § 22 AGG 3

Urteilsergänzung § 1973 11

Urteilserschleichung § 826 48

Urteilsgläubiger § 1991 10

Urteilsmissbrauch § 826 48

Urteilstenor § 1967 4

Urteilsverfügung § 2112 9

UWG; Haftung für Werbung § 3 ProdHaftG 4

Valorismus § 244; § 245 11

Vater; biologischer § 1747 2

Vaterschaft; Adoption § 1747 2; Auflösung der Ehe durch Tod § 1593; nichteheliche ~ § 1748 9

Vaterschaftsanerkennung § 1963 6; fehlende oder beschränkte Geschäftsfähigkeit § 1596; Formerfordernisse § 1597; Widerruf § 1598; Wirksamwerden der ~ § 1594 9; Zustimmung bei fehlender oder beschränkter *Geschäftsfähigkeit* § 1596; Zustimmung der Mutter § 1595 1; Zustimmung des Kindes § 1595 2

Vaterschaftsbeweis; positiver ~ Anhang zu ex § 1600e 81

Vaterschaftsfeststellung; Wirksamwerden § 1600d 18

Vaterschaftsgutachten § 780 4; Anhang zu ex § 1600e 33

Vaterschaftsvermutung; Konsequenz bei schwerwiegenden Zweifeln Anhang zu ex § 1600e 104; Mehrverkehrseinrede Anhang zu ex § 1600e 101; praktische Bedeutung Anhang zu ex § 1600e 93; Zweck der ~ Anhang zu ex § 1600e 97

Vaterschaftswahrscheinlichkeit Anhang zu ex § 1600e 32, 85

VDI-Richtlinien § 823 133, 181; Produkthaftung § 1 ProdHaftG 16; § 3 ProdHaftG 6

venire contra factum proprium § 242 53 ff.; ex Artikel 29 EGBGB 5; Ausübung des Vertrauens § 242 55; Fallgruppen § 242 54 ff.; vertrauenbegründendes Verhalten § 242 55

Veränderung des Bestandschutzes § 573a 5

Veränderungen von Betriebskosten § 560

Veränderungssperre § 613a 17, 20, 25, 39

Verantwortlichkeit § 286 24; § 989 6; Einl 19; Rechtsirrtum § 286 24

Verarbeitung § 950; § 1006 2; Drittrechte § 950 7; Eigentumserwerb § 950 1; Entschädigung § 951; Gläubigerstellung § 950 1; Hersteller § 950 5 f.; Herstellerklausel § 950 1; Voraussetzungen § 950 4; Wertverhältnis § 950 4; Wirkung § 950 7; Zentralregulierung § 950 7; Zwischenfabrikate § 950 5

Verarbeitung des Vermächtnisgegenstands § 2172 1

Veräußerung § 2033 19; der Mietsache § 547 6

Veräußerungsverbot § 888 11; § 1984 9; § 2034 24

Verband; Missbrauch von ~smacht § 826 25

Verbesserungsmaßnahmen § 588 3

Verbindlichkeit § 1376 6, 9; § 1581 11; Abzug von ~en § 1374 6 f.; betagte § 163 4; unvollkommene ~en § 241 27; § 1376 12

Verbindung § 1006 2; von Grundstücken § 890

Verbindung der vermachten Sache § 2172 1

Verbindung mit beweglichen Sachen § 947; Drittrechte § 949; Entschädigung § 951; Verbindungsklausel § 947 3; Voraussetzungen § 947 1; Wirkung § 947 2

Verbindung mit Grundstück § 946; Drittrechte § 949; Entschädigung § 951; Insolvenz § 946 5 f.; Verbindungsklausel in AGB § 946 4; Voraussetzungen § 946 2; Wirkung § 946 3; Zusammentreffen mit Eigentumsvorbehalt § 946 4

Verbindung, offensichtlich engere ROM II Art 4 1, 9; ROM II Art 5 8

Verbleibensanordnung § 1632 5 ff.; § 1682; Adoption § 1741 7; Entscheidungsbefugnisse der Pflegeperson § 1688

Verbot der Doppelberücksichtigung § 1372 19

Verbot der Doppelverwertung Vor § 1577 52

Stichwortverzeichnis

Verbot des Selbstwiderspruchs § 312d 4
Verbot widersprüchlichen Verhaltens § 254 1
Verbotene Eigenmacht § 992 2; § 2025 3 f.
Verbraucher § 13 1 ff.; § 242 55; § 288 5; Anwendungsbereich der Norm § 13 7; Arbeitnehmer § 611 65; Arbeitnehmer als Verbraucher § 13 10; arbeitnehmerähnliche Personen § 491 5; Begriff § 491 4; Beweislast § 13 13; § 491 4; Bürge § 491 9; Eheleute (§ 1357) § 491 7; Einschaltung Dritter § 13 11; Europarecht § 13 2 ff.; GmbH-Gesellschafter § 491 5; Mischnutzung § 491 4; normative Grundlagen § 13 1 ff.; Organmitglieder § 491 5; Scheinselbständige § 491 5; Schuldbeitritt § 491 6; Stellvertretung § 491 4; Strohmann § 491 4; Tatbestandsmerkmale § 13 8; Verbraucherbegriff § 13 5 f.; Verbraucher-Gesellschafter § 491 8; Verbrauchsgüterkauf § 474 5; Vermögensverwaltung § 491 5; Vertragsübernahme § 491 6
Verbraucherdarlehensvermittlung § 655a 1; Anwendungsbereich § 655a 2, 5; § 655e 3; Auslagenersatz § 655d 3; Erläuterungspflichten § 655a 7; Informationspflichten § 655a 7, 9; § 655b 4; Artikel 247 § 13 EGBGB 2 f., 7; Nichtigkeit § 655b 5; Schriftform § 655b 2; Vergütungsanspruch § 655c 2; Vermittlungsverbote § 655a 6
Verbraucherdarlehensvertrag § 291 6; Arbeitgeberdarlehen § 491 15; Bagatelltatbestände § 491 10 ff.; Begriff § 491 2; Beweislast § 491 1 f., 4, 11 f.; Bürgschaft § 491 9; Förderdarlehen § 491 16; gerichtliches Protokoll § 491 17; Grundpfandrechte § 491 6; Mischnutzung § 491 4; notarielle Beurkundung § 491 18; öffentlich-rechtlicher Vertrag § 491 1; Prozesszinsen § 291 6; Risikogeschäfte § 491 18; sachlicher Anwendungsbereich § 491 2; Vergleich § 491 17; Zahlungsaufschub § 491 10
Verbrauchergüterkaufrichtlinie § 243 2; § 281 20
Verbraucherinsolvenzantrag § 1569 18
Verbraucherinsolvenzverfahren § 1581 19; Einleitung Vor § 1577 52
Verbraucherkredit § 248 3; § 289 1
Verbraucherschutz § 312g, § 313, § 314, § 355, § 356, § 357; Einl 18, 20; ex Artikel 29 EGBGB 1 ff.; ex Artikel 34 EGBGB 1, 3, 13; aktiver und passiver ~ ex Artikel 29 EGBGB 15 ff.; Verbraucherbegriff ex Artikel 29 EGBGB 3 ff.; ex Artikel 29a EGBGB 3
Verbraucherverträge Vor §§ 355 bis 359 3; AGB § 310 6 ff.
Verbrauchervollmacht § 492 3; § 507 1
Verbrauchserfassung § 556a 30
Verbrauchsgüterkauf § 476, § 477, § 478; Abdingbarkeit des Sonderrechts § 434 5; aliud § 434 83, 89; Aufwendungsersatzansprüche § 475 11; Begriff § 474 3 ff.; gebrauchte Sachen § 475 10; § 476 1, 7; § 478 6; Mehrlieferung § 434 95; Minderlieferung § 434 92; Rechtsmangel § 435 4, 8; Schadensersatzansprüche § 475 9, 11

Verbrauchsgüterkauf, Mängelrecht § 434 63; Verjährung § 474 10; § 475 9 f.
Verbundene Verträge § 358; Begriff § 358; Beitritt zu einer Gesellschaft § 358 17; Einwendungsdurchgriff § 358 2; Fehlen der Widerrufsbelehrung § 358 24; Heininger § 358 7; Kaufverträge über Immobilien § 358 24; Kausalität § 358 25; Risiko einer Falschbeurteilung § 358 22; Rollenwidrigkeit § 358 10; Rücktrittsvermutung § 508 11 f.; Schadensersatzanspruch § 358 25; Schrottimmobilien § 358 24; Sonderregeln für Immobiliengeschäfte § 358 7 ff.; Unanwendbarkeit von § 358 § 358 26; Vertragseintritt § 358 16; Widerruf des Beschaffungsvertrages § 358 14 ff.; Widerruf des Verbraucherdarlehens § 358 19 f.; Widerrufsbelehrung § 358 21 ff.; Widerrufsdurchgriff § 358 2, 14 f.; wirtschaftliche Einheit § 358 4 f.; Zusammenwirken mit dem Unternehmer § 358 12; Zweck des Darlehens § 358 4
Verbundurteil § 1360a 13
Verdacht § 626 9
Verdachtsäußerungen § 824 8, 15
Verdachtsberichterstattung § 824 8, 15
Verdachtskündigung § 314 12; § 620 72 f., 98; § 626 5, 9 ff., 13
Verdienstausfall § 1968 7; § 2022 4
Verdorbene Freizeit § 253 5 f.
Verein § 21, § 22, § 24, § 25, § 26, § 27, § 28, § 29, § 30, § 31, § 32, § 33, § 34, § 35, § 36, § 37, § 38, § 39, § 41, § 42, § 43, § 44, § 45, § 46, § 47, § 48, § 49, § 50, § 50a; § 51 1; § 52, § 53, § 54, § 55, § 55a, § 56, § 57, § 58, § 59, § 60, § 64, § 65, § 66, § 67, § 68, § 69, § 70, § 71, § 72, § 73, § 74, § 75, § 76, § 77, § 78, § 79; Abspaltung § 33 4; Änderung von Mitgliederrechten und -pflichten § 38 10; Anfall des Vereinsvermögens § 45, § 46; Anmeldung zur Eintragung § 59, § 60, § 67; Auflösung § 41; § 42 1; § 45, § 74; Aufnahmepflicht § 25 10 f.; Ausländischer § 24 4; Ausschluss § 25; Austritt § 39; Begriff Vor §§ 21 ff 10; Beiträge § 38 8, 10; § 58 2; Beitritt § 38 2; § 58 1; Bekanntmachung durch Liquidatoren § 50; Bekanntmachungsblatt § 50a; Beschlüsse § 32 7 ff.; Besondere Vertreter § 30; Eingetragener § 55, § 55a, § 56, § 57, § 58, § 59, § 60, § 64, § 65, § 66, § 67, § 68, § 69, § 70, § 71, § 72, § 73, § 74, § 75, § 76, § 77, § 78, § 79; Eintragung § 59, § 60, § 64, § 65, § 66, § 67; Entlastung von Organen § 397 21; Entziehung der Rechtsfähigkeit § 43, § 44, § 45; Erlöschen § 41 5; Fortsetzung § 42 2; § 43 3; Geschäftsordnung § 25 6; Gleichbehandlung § 38 7; Großverein Vor §§ 21 ff 15; Gründung § 21 13 ff.; Haftung Vor §§ 21 ff 8; Haftung für Organe § 31; Idealverein § 21 1 ff.; Insolvenz § 42, § 75; Konzession § 22; Liquidation § 47, § 48, § 49, § 50, § 50a; § 51 1; § 52, § 53, § 76; Liquidatoren § 48, § 49, § 76; Machtstellung § 25 8; Mindestmitgliederzahl § 56; Mitgliederzahl § 72, § 73; Mitgliedschaft § 38; Mitgliedsfä-

Stichwortverzeichnis

higkeit § 38 1; Mitverwaltungsrechte und pflichten § 38 6, 8; Monopol § 25 8; Nachgiebige Vorschriften § 40; Name § 57 3 ff.; Nebenordnung § 25 6; Nebenzweckprivileg § 21 10 ff.; Notvorstand § 29; Organisationsmangel § 31 7; Parteien Vor §§ 21 ff 14; Rechtsscheinhaftung § 65 1; Repräsentantenhaftung § 31 3; Satzung § 25; Schiedsgericht § 25 32; Sitz § 24; Sonderrechte § 35; Stimmrechtsausschluss § 34; Strafen § 25 14 ff.; Subsidiaritätsprinzip beim wirtschaftlichen Verein § 22 1; Treuepflicht § 38 7, 10; Übertragbarkeit der Mitgliedschaft § 38 3; Umlagen § 38 8; § 58 2; Umwandlung § 41 6; Vereinsautonomie Vor §§ 21 ff 11; Vereinsgewohnheitsrecht § 25 7; Vereinsübung § 25 7; Vereinsverband Vor §§ 21 ff 16; Vererbung der Mitgliedschaft § 38 3; Verfassung des Vereins § 25 1; Verfassungsrecht Vor §§ 21 ff 11; Verleihung § 22; Vermögensanfall § 45, § 46; Vorteilsrechte § 38 5; Vorverein § 21 14 f.; § 22 3; Wegfall sämtlicher Mitglieder § 41 5; Wertrechte § 38 5; Wirtschaftlicher § 22; Wirtschaftlicher ~ § 21; Zweck § 21, § 22; § 33 3; § 57 2; Zweckänderung § 33 3

Vereinbarte Form § 127 1 ff.

Vereinbarung § 20 VersAusglG 7

Vereinbarung über den Versorgungsausgleich § 7 VersAusglG 1

Vereinbarungen § 1360a 10; über die Miete § 566c; zum Nachteil des Wohnraummieters § 547 2

Vereinbarungen über den Versorgungsausgleich § 6 VersAusglG 1

Vereinbarungsdarlehen § 488 1

Vereinigung; von Grundstücken § 890

Vereinigungen § 18 AGG 2; mit überragender Machtstellung § 18 AGG 2

Vereinsautonomie Vor §§ 21 ff 11

Vereinsbetreuer; Bestellung § 1897 5; § 1900 1 ff.; Geldverwaltung § 1908i 4

Vereinsbetreuung § 1900 1 ff.; Entlassung § 1908b 4; Geldverwaltung § 1908i 4

Vereinsgesetz Vor §§ 21 ff 11

Vereinsmitgliedschaft § 611 11; § 826 25

Vereinsregister § 55, § 55a, § 56, § 57, § 58, § 59, § 60, § 64, § 65, § 66, § 67, § 68, § 69, § 70, § 71, § 72, § 73, § 74, § 75, § 76, § 77, § 78, § 79; Änderung des Vorstands § 67; Anmeldung § 59; Auflösung des Vereins § 74; Bekanntmachung der Eintragung § 66; Besondere Vertreter § 30 3; Einsicht § 79; Eintragungsfähige Tatsachen § 64 2; Eintragungspflichtige Tatsachen § 64 1; elektronisches ~ § 55a; Entziehung der Rechtsfähigkeit § 74; Form der Anmeldungen § 77; Inhalt der Eintragung § 64; Insolvenzverfahren § 75; Liquidatoren § 76; Mitgliederzahl, Bescheinigung § 72; Namenszusatz § 65; Negative Publizität § 68 1; Rechtsmittel § 55 4; Vertrauensschutz § 68; Vertretungsmachtbeschränkung § 70; Zurückweisung der Anmeldung § 60; Zuständigkeit § 55 3; Zwangsgeld § 78

Vereinssatzung; Änderung § 33, § 71; Aufnahmepflicht § 25 12 f.; Auslegung § 25 5; Begriff § 25 2; Inhalt § 25 1; § 57, § 58; Inhaltskontrolle § 25 10 f.; Mängel § 25 3; Mussinhalt § 57 1 f.; Nebenordnungen § 25 6; Nichtigkeit § 25 3; Rechtsnatur § 25 4; Sollinhalt § 58; Vereinsgewohnheitsrecht § 25 7; Vereinsübung § 25 7; Zweckänderung § 33 3

Vereinsstrafe § 25 14 ff.; Vor §§ 339 bis 345 6; Ausschluss § 25 30 f.; Gerichtliche Nachprüfung § 25 21 ff.; Schiedsgerichtsbarkeit § 25 32; Verfahren § 25 18; Voraussetzungen § 25 15 ff.

Vereinsvermögen § 1966 4

Vereinsvormund § 1773 1; § 1791a 1 ff.; Befreiung § 1857a 1; Einwilligung zur Bestellung § 1791a 2; Entlassung § 1887 1 ff.; § 1889 1 f.; Führung der Vormundschaft § 1791a 3; Rechnungslegung § 1840 9

Vereinsvorstand § 26, § 27, § 28, § 29; Änderung § 67; Anmeldepflicht § 59 1; Anstellungsverhältnis § 27 2; Beschlussfassung § 28 1; Beschränkung der Vertretungsmacht § 26 2; § 70; Bestellung § 27 1 f.; Eintragung § 59, § 64, § 67; Ende des Amtes § 27 3 f.; Entlastung § 27 8; Erweiterter ~ § 26 1; Fremdorganschaft § 26 4; Geschäftsführung § 27 5 ff.; Haftung ggü Verein § 27 7; Insolvenzantragspflicht, Haftung § 42 3; Löschung § 67; Mehrgliedriger ~ § 26 5; Minderjährige § 26 4; Nachweis § 69; Notvorstand § 29; Passivvertretung § 26 6; Vereinsregister § 68, § 69, § 70; Vertretungsmacht § 26 2; § 70; Widerruf der Bestellung § 27 3; Wissenszurechnung § 26 6; Zeugnis über die Eintragung § 69; Zusammensetzung § 26 4; § 58 3; Zwangsgeld § 78

Vererblichkeit § 2034 34

Verfahrensanordnung § 1977 11

Verfahrensdauer § 1966 7

Verfahrenseröffnung § 1976 10; § 1984 16

Verfahrensfehler § 661 15; Adoption § 1745 7

Verfahrenskosten § 1967 2; § 1990 1

Verfahrenspfleger; Aufwendungsersatz und Vergütung § 1835 5, 8

Verfahrensrecht; Internationales Artikel 3 EGBGB 4; Artikel 4 EGBGB 3

verfallbare Anrechte § 19 VersAusglG 2

Verfallklausel § 311b 5; § 612 5; AGB § 309 32

Verfolgungsfälle § 249 55

Verfolgungsrecht § 1005 1

Verfrühungsschaden § 249 73

Verfügung § 1365 9 ff.; § 1959 7; § 2113 7; bedingte § 158 1; § 160 2; bedingungswidrige § 161 1; Begriff § 185 2; des Insolvenzverwalters § 2115 1 ff.; des Nachlassverwalters § 2115 1 ff.; durch Bezugnahme auf andere Schriftstücke § 2247 8 f.; eines Vorerben unter Verstoß gegen die §§ 2113 ff § 185 5; freie § 2136 6; § 2137 1 ff.; § 2138 1; rechtsgrundlose ~ § 2113 23; über Grundstücksrecht § 873 1

§ 893 3; § 925 1; über Haushaltsgegenstände § 1369 1 ff.; unentgeltliche ~ § 2113 1 ff., 15 ff.; § 2120 5; § 2134 1; § 2136 4 f.; § 2138 6; unter Lebenden § 2271 12; von Todes wegen § 1365 14; wirksame ~ des Vorerben § 2113 10 ff., 26 ff.; zugunsten Dritter § 328 8 ff.

Verfügung des Nichtberechtigten § 185; Durchgriff § 816 12; Einwilligung § 185 6 ff.; entgeltliche ~ § 816 3 ff., 11; Genehmigung § 816 8 f.; Gewinn § 816 22; Heilung (Konvaleszenz) § 185 10 f.; Herausgabe des Erlangten § 816 22; Konkurrenzen § 816 1 f.; objektiver Wert § 816 22; rechtsgeschäftliche Verfügung § 816 4 f.; rechtsgrundlose entgeltliche Verfügungen (§ 816 I 2) § 816 16; Treuhänder § 816 6; Unentgeltlichkeit § 816 12 ff.; § 822 3 ff.; Unmittelbarkeitsgrundsatz § 816 3

Verfügung über Anteil § 746 1; § 747 1

Verfügung über gemeinschaftlichen Gegenstand § 747 4; § 757 1

Verfügung über Gesellschaftsanteil § 719 5; § 727 7; § 738 1

Verfügung von Todes wegen § 332

Verfügungsbefugnis § 130 21; § 134 13; § 873 13; § 878; § 1960 23; § 1962 9; § 1975 5; § 1977 7; § 1984 8; § 2032 2; § 2044 6; Entzug der ~ § 2128; § 2129 1 ff.; Pächter § 582a 4; Verbleib beim Vorerben § 2139 6; § 2140 1 ff.

Verfügungsbeschränkung § 135; § 136 4; § 873 14, 22; § 878; § 892 4; § 1983 4; § 1984 4; § 2048 8; § 2100 7; Abdingbarkeit § 1365 3; bei Inventar § 583a; Erben § 2211 1 f.; nachträgliche ~ § 158 23

Verfügungserklärung § 2040 9

Verfügungsgeschäft § 1365 11; § 2033 11, 15; § 2042 38; Vor §§ 116 ff 11

Verfügungsmacht § 2042 28; § 2044 14

Verfügungsmacht des Vorerben § 2112 1 ff.; schuldrechtliche Beschränkung § 2112 4

Verfügungsverbot § 1984 9; § 2033 36; absolutes ~ § 135; § 136 3; analoge Anwendung des § 185 § 185 5; behördliches ~ § 135; § 136 6; gerichtliches ~ § 135; § 136 6; gesetzliches ~ § 135; § 136 5; rechtsgeschäftliches ~ § 137 2; relative Unwirksamkeit § 135; § 136 7; relatives ~ § 135; § 136 2; unveräußerliche Rechte § 137 3

Vergabe öffentlicher Aufträge § 156 1

Vergabe, Vertrags- bzw. Verdingungsordnungen; VOB/B Privilegierung Vor §§ 631 bis 651 27 f.; VOB/C Vor §§ 631 bis 651 30 f.

Vergabeentscheidung § 613a 12

Vergaberecht § 661 3; Nachverhandlungsverbot § 24 Nr 3 VOB/A § 150 3

Vergabeverfahren; Vertragsschluss § 145 10

Vergleich § 242 51; § 312g 2; § 619 1; § 779 1 ff.; § 780 2, 9; § 781 9; § 782 1; § 1361 1; § 2023 3; Vor §§ 320 ff 7; Abfindungsvergleich § 779 17; Abschluss § 779 13, 26; Anwalts~ § 779 30 ff.; Anwendbarkeit § 779 1; außergerichtlich geschlossener ~ § 779 20; Dispositionsbefugnis über das Rechtsverhältnis § 779 5; Form § 779 13; gegenseitiges Nachgeben § 779 12; gerichtlicher ~ § 620 26; § 779 13; Legaldefinition § 779 1; Novation § 779 19; Prozess~ § 779 41 ff.; Rechtsnatur § 779 2; Rechtsverhältnis zwischen den Parteien § 779 4; Sachverhalt § 779 22; schiedsgerichtlicher ~ § 779 49 f.; schuldrechtlicher Vertrag § 779 2; Sittenwidrigkeit § 779 27; spezialgesetzliche Regelungen § 779 1; Streit § 779 10; Teilwirksamkeit § 779 26; Ungewissheit § 779 10; Unwirksamkeit § 779 22 ff.; Unwirksamkeitsgrund § 779 1, 27 ff.; Unzulässigkeit § 779 5; Verjährung § 779 19; Vertrag zugunsten Dritter § 779 16; Wirkung § 779 16 ff.; zu Lasten Dritter § 779 16; Zulässigkeit § 779 5 ff.; Zustimmungserfordernisse § 779 13

Vergleichbarkeit § 620 79

Vergleichsperson § 3 AGG 7

Vergütung § 10 AGG 10; § 612 1 ff.; § 614 1 ff.; § 1960 35; § 1961 13; § 1967 9; § 1987 2; § 1988 9; Abrechnung § 611 74 f.; Abtretung § 611 43, 78; Anspruchsgrundlage § 611 73; Aufrechnung § 611 79; Ausgestaltung § 611 74; erfolgsorientierter ~ § 611 58; Fälligkeit § 614 1; Höhe § 611 76; § 612 5; IPR Artikel 3 EGBGB 31; Nichtzahlung § 626 8; ohne Arbeitsleistung § 611 77; § 614 3; Sittenwidrigkeit § 611 58; Verjährung § 611 79; Verlust von Ansprüchen § 611 79; Verwirkung § 611 79; Verzicht § 611 79; Vorauszahlung § 628 4; Zeitabschnitte § 614 3

Vergütung; Werklohn; übliche § 632 10; vereinbarte § 631 35 ff.

Vergütungsanspruch § 1978 14; § 1986 4; § 1987 2, 4; § 2022 1, 14; anderweitiger Erwerb § 649 14 f.; bei Eigentumsverlust § 951 8 ff.; des Geschäftsführers der GbR § 709 6 f.; des Unternehmers bei Kündigung des Werkvertrages § 649 5 ff.; ersparte Aufwendungen § 649 12 ff.; von Nutzungen § 2023 1

Vergütungsbewilligung § 1960 37

Vergütungserwartung; fehlgeschlagene ~ § 612 2

Vergütungsgefahr; Werkvertrag § 645 3, 5 ff.

Vergütungshöhe § 1960 36; Angemessenheit § 611 64

Vergütungsklage § 2221 5

Vergütungspflicht; Dienstberechtigter/Arbeitgeber § 611 72 ff.; § 612 2

Vergütungsvereinbarung § 612 2; § 1960 39

Verhalten; Gegenstände der Pflicht § 241 11

Verhaltensbedingte Kündigung § 613a 32; § 615 20; § 620 65 ff.; § 626 3

Verhaltenskodices § 12 AGG 2

Verhaltensnormen; Anknüpfung Artikel 40 EGBGB 4

Verhaltenspflicht § 280 25

Verhaltensunrecht § 276 4

Stichwortverzeichnis

Verhältnismäßigkeitsprinzip § 626 5
Verhandlungsabbruch § 311 48
Verhandlungsführer § 164 23; § 166 16
Verhandlungsgehilfe; Abgrenzung zur Stellvertretung § 164 23; analoge Anwendung von Vorschriften des Stellvertretungsrechts § 164 23; Wissenszurechnung § 166 16
Verhinderung; krankheitsbedingte ~ § 616 3; vorübergehende ~ § 616 1
Verjährung § 242 53, 60; § 256 8; § 258 7; § 280 13, 65; § 547 5; § 556 10; § 852 1; § 985 26; § 987 7; § 1378 15; § 1390 11; § 2019 12; § 2023 5; § 2024 4; § 2026 4; § 2027 1, 12; Vor §§ 249 bis 255 10; absolute Rechte § 194 6; AGB § 307 20; § 309 42, 71 ff.; Amtshaftpflicht § 839 51; anwendbares Recht ROM I Art 12 7; Aufrechnung § 390 4; Ausschlussfrist § 13 ProdHaftG 1 f.; § 194 9; Beginn § 548 12 ff.; Begriff § 194 2; bei cic § 311 71; der Ansprüche des Mieters § 548 16 ff.; der Ersatzansprüche § 548, § 591b; der Ersatzansprüche des Vermieters § 548 12 ff.; des Pflichtteilsanspruchs § 2317 11; dingliche Rechtsnachfolge § 198; Einrede § 194 2; Ersatzansprüche § 548; Gegenstand § 194 4 ff.; Gesamtgläubigerschaft § 429 4; Gesamtschuld § 425 7; Gestaltungsrechte § 194 6; Hemmung § 242 58; Herausgabeanspruch § 194 6; § 197 2; Kaufpreisforderung § 449 14; Konzeption § 194 1; Mängel beim Kauf § 438; Mängelrecht des Kaufs § 439 18; § 453 37; § 454 13; § 474 10; § 475 9 f.; Mitgläubigerschaft § 432 10; nachbarrechtlicher Ansprüche § 924; Nacherfüllung bei Kauf § 439 18; Nacherfüllungsanspruch § 350 2; Nebenleistungen § 217; Neubeginn § 242 58; Produkthaftung § 12 ProdHaftG 2; Rechtsanwalt § 280 71; Rechtsbefriedung § 194 3; rechtskräftige Ansprüche § 197 7; Reisevertrag § 651f 11 ff.; Sekundärverjährung § 280 71; Steuerberater § 280 72; Testamentsvollstreckervergütung § 2174 5; § 2192 2; § 2221 5; Unterhaltsanspruch § 197 6; Unverjährbarkeit § 194 7 ff.; unzulässige Rechtsausübung § 194 11; Verjährbarkeit § 194 5; Vermächtnisanspruch § 2174 5; Vollziehungsanspruch § 2192 2; Wegnahmerecht § 548; wiederkehrende Leistung § 197 10; Wirkung § 214; Wirkung der Ausschlussfrist § 13 ProdHaftG 1; Zweck § 194 3
Verjährungsbeginn § 199; Amtshaftung § 199 16; Anspruchsfälligkeit § 199 3; fahrlässige Unkenntnis § 12 ProdHaftG 1; festgestellte Ansprüche § 201 2; grob fahrlässige Unkenntnis § 12 ProdHaftG 1; § 199 17; höchstpersönliches Rechtsgut § 199 20; Kenntnis § 199 11 ff.; Notarhaftung § 199 16; Produkthaftung § 12 ProdHaftG 1; Schadenseinheit § 199 9; Schadensersatzanspruch § 199 9; Schmerzensgeld § 199 20; Tatsachenkenntnis § 199 13; Ultimoverjährung § 12 ProdHaftG 1; § 199 18; *Unterlassungsansprüche* § 199 7; verhaltene Ansprüche § 199 5
Verjährungserleichterung § 202 5 ff.
Verjährungserschwerung § 202 7
Verjährungsfrist § 1977 13; § 2025 1; § 2026 1, 4; § 2030 9; § 2031 7; § 2039 8; Anspruchskonkurrenz § 195 11; Ausnahmeregeln § 200 1; Beginn § 199; Beteiligtenwechsel § 195 10; Deliktsrecht Vor §§ 823 ff 34; erbrechtliche Ansprüche § 197 5; Familienrecht § 197 4; Gegenleistungsansprüche § 196 6; Geltungsbereiche § 195 7 ff.; Herausgabeanspruch § 197 2; § 852 1; Hilfsansprüche § 195 9; Höchstfristen § 12 ProdHaftG 1; § 13 ProdHaftG 1; § 199 19 ff.; Insolvenzfeststellung § 197 8; Mängelansprüche im Werkvertrag § 634a; Nebenleistungen § 195 9; notarielle Kostenrechnung § 197 8; Recht am Grundstück § 196; rechtskräftige Ansprüche § 197 7; regelmäßige Verjährung § 195; Rückgewährungsansprüche § 196 2; Schmerzensgeld § 199 20; Sekundäransprüche § 195 9; § 196 3; Unterhaltsanspruch § 197 6; vollstreckbare Urkunde § 197 8; vollstreckbarer Vergleich § 197 8
Verjährungshemmung; Ablaufhemmung § 12 ProdHaftG 1; § 13 ProdHaftG 2; § 203; Auskunftsklage § 204 2; Auslandsklage § 204 2; Beginn § 204 5; Begriff § 203 1; Begutachtungsverfahren § 204 15; Betreuung § 207 4; Ehe § 207 2; einstweiliger Rechtsschutz § 204 16; Feststellungsklage § 204 2; Fristbeginn § 187 4; Güteantrag § 204 11; höhere Gewalt § 206 2; Insolvenzverfahren § 204 1, 17; Lebenspartner § 207 2; Leistungsklage § 204 2; Leistungsverweigerungsrecht § 205; Mahnbescheid § 13 ProdHaftG 2; § 204 9; Minderjährige § 207 3; Pflegschaften § 207 4; Prozessaufrechnung § 204 12; Prozesskostenhilfeantrag § 13 ProdHaftG 2; § 204 20; Rechtsverfolgung § 13 ProdHaftG 2; § 204; Schiedsverfahren § 204 18; selbständiges Beweisverfahren § 204 14; sexuelle Selbstbestimmung § 208 1; Streitverkündung § 204 13; Teilklage § 204 6; Umfang § 204 6; vereinfachtes Unterhaltsverfahren § 204 8; Verfahrensstillstand § 204 1, 21; Verhandlungen § 12 ProdHaftG 1; § 203 2; Verhandlungsende § 203 4; Verhandlungsgegenstand § 203 3; Vollstreckbarkeitserklärung § 204 2; Vormundschaft § 207 4; Vorverfahren § 204 19; Wirkung § 209
Verjährungsneubeginn § 13 ProdHaftG 2; § 212; § 780 2; Abschlagszahlung § 212 4; Anerkenntnis § 212 2; Sicherheitsleistung § 212 4; Vollstreckungshandlung § 212 5, 8; Wirkung § 212 6; Zinszahlung § 212 4
Verjährungsprivileg; beim Verbraucherkredit § 497 11
Verjährungsvereinbarung § 13 ProdHaftG 1; § 14 ProdHaftG 1; § 202; Einredeverzicht § 202 4; einseitige Erklärung § 202 2; Form § 202 3; Parteiautonomie § 202 1; Verjährungsablauf § 202 2; Verjährungserleichterung § 14 ProdHaftG 1; § 202 5 ff.; Vertrag zugunsten Dritter § 202 2
Verjährungswirkung § 214; akzessorische Sicherheiten § 216 2; Aufrechnung § 215 1; Eigentums-

Stichwortverzeichnis

vorbehalt § 216 3; gesicherte Ansprüche § 216; Leistungsverweigerungsrecht § 214 1; Rücktritt § 218; Sicherungsgrundschuld § 216 3; Sicherungsübereignung § 216; Zurückbehaltungsrecht § 215 2

Verkäufer § 280 70; Sachkunde § 280 70; Untersuchungspflicht § 280 70

Verkäuferpflichten § 433 16 ff.

Verkaufsangebot; abgegebenes ~ § 145 13; Vormerkung § 145 13

Verkaufsmodalitäten ex Artikel 29 EGBGB 25

Verkehrseröffnung § 823 139, 147

Verkehrserwartung § 823 124, 141

Verkehrsgeschäft § 892 9

Verkehrspflicht; Hausordnung § 535 52; Kontroll- und Überwachungspflicht § 535 52

Verkehrspflichten § 823 107; Amtshaftung § 839 26, 132; Definition § 823 2, 107; Delegation § 823 127 f.; dogmatische Einordnung § 823 3; Fallgruppen § 823 109 ff.; Sicherungspflichtiger § 823 115 ff., 126; Verhältnis zur Gefährdungshaftung § 823 124; wechselseitige Entlastung bei mehreren Verkehrspflichtigen § 823 126

verkehrsrichtiges Verhalten; Rechtfertigungsgrund im Deliktsrecht § 823 18; § 831 14

Verkehrsschutz § 2041 11; IPR Artikel 3 EGBGB 12; Artikel 4 EGBGB; Artikel 7 EGBGB 10, 12; Artikel 9 EGBGB 10, 12; Artikel 10 EGBGB 7 f., 10 ff.; Artikel 11 EGBGB 10, 12; Artikel 12 EGBGB 1, 3 f., 7 ff., 15 f., 18; Artikel 15 EGBGB 12; Artikel 16 EGBGB; ROM I Art 13 1

Verkehrssicherungspflichten § 20 AGG 5; Begriff § 823 2

Verkehrssitte § 242 9; als Auslegungsmaßstab § 157 8 ff.; Auslegung § 157 1; Berücksichtigung bei Inhaltskontrolle von AGB § 308 29; § 309 58; Beweis § 157 14

Verkehrsunfälle; Anknüpfung Artikel 40 EGBGB 18; CMR Artikel 40 EGBGB 18

Verkehrsunfallrecht § 1359 5

Verkehrswert § 1376 7 ff.; § 1992 4; § 2049 2

Verkehrswesentliche Eigenschaft; einer Person § 119 36 f.; einer Sache § 119 38 ff.

Verknüpfungswille § 125 17; § 311 21

VerkProspG § 280 69

Verkürztes Blutgruppengutachten Anhang zu ex § 1600e 43

Verlängerte Kündigungsfrist § 573a 13

verlängerter Ausgleichsanspruch § 31 VersAusglG 2

Verlängerung; befristeter Mietverträge § 542; der Kündigungsfrist § 573c 5; des Mietverhältnisses auf unbestimmte Zeit § 545 10; des Pachtverhältnisses § 594

Verlängerungsanspruch; auf bestimmte Zeit § 574a 4 f.; auf unbestimmte Zeit § 574a 6

Verlautbarungsirrtum § 119 24

Verleiher § 611 103

Verletzung; der sexuellen Selbstbestimmung § 253 9; persönlicher Pflichten § 1385 9

Verletzung von Schutzpflichten § 324; Teilrücktritt § 324 6; Unzumutbarkeit eines Festhaltens am Vertrag § 324 3

Verlöbnis § 1 LPartG 8

Verlobten-GbR § 705 43

Verlosung § 659 6

Verlust naher Angehöriger § 253 2

Verlustbeteiligung § 611 58

Verluste aus Vermietung und Verpachtung Vor § 1577 25

Verlustgefahr § 270 8

Verlustgemeinschaft § 1375 1

Vermächtnis § 311 4; § 1939; § 1969 5 f.; § 1972 1; § 1974 7; § 1975 15; § 1980 12; § 1991 11; § 1992 1 f.; § 2007 5; § 2018 7; § 2030 8; § 2044 4; § 2046 6; § 2048 6, 24; § 2050 2, 19; § 2057a; § 2058 4, 14; § 2087 7 f.; § 2147, § 2148, § 2149; § 2247 9, 19; § 2269 1, 8, 10, 12; § 2270 3, 6; § 2271 2, 7; als Nachlassverbindlichkeit § 2174 6; an die gesetzlichen Erben § 2149; an Gesellschaftsanteilen § 2174 1; Anfall § 2176 1; § 2177 1; § 2178 1; § 2184 1; Annahme § 2180 1; Vor § 2147 ff; Anspruchsgrundlage § 2174 1; Vor § 2147 ff 3; Anteilsbestimmung § 2153; Anwachsung § 2158 1; § 2159 1; § 2191 2; Ausschlagung § 2158 1; § 2180 1; Vor § 2147 ff 3; bedingtes ~ § 2177 1; befristetes ~ § 2177 2; Beschwerter § 2147 2; § 2148 1; § 2174 1; Beschwerung § 2147 1; Vor § 2147 ff 3; Bestimmung der Anteile § 2153; Drittbestimmung § 2151 1; Erbschein Vor § 2147 ff 1; Gesamtschuld § 2148 2; schuldrechtlicher Charakter § 2174 1; Vor § 2147 ff 1; wahlweise Bedachte § 2152; Wegfall des Bedachten § 2160 1; Wegfall des Beschwerten § 2161; zugunsten des Vorerben § 2136 5

Vermächtnisähnliches Forderungsrecht § 1969 1

Vermächtnisanspruch § 1967 9; § 1992 6, 8; § 2018 17; Verjährung § 2174 5

Vermächtnisnehmer § 1371 9; § 1963 4; § 1973 4; § 1980 8; § 1981 11; § 1992 2; § 1994 6; § 2003 3; § 2022 8; § 2044 3

Vermächtnisvollstrecker § 2191 3; § 2197 3; § 2223 1

Vermehrung § 2038 9

Vermeintliches Besitzrecht § 993 2

Vermengung der vermachten Sache § 2172 1

Vermieter; Bürgenhaftung § 566 19; in Vermögensverfall § 551 18

Vermietererlaubnis § 540 8 ff.

Vermieterinsolvenz § 551 22

Vermieterkündigung § 573 6 ff.

Vermieterpfandrecht § 562; § 2115 3; nach hoheitlicher Pfändung § 562d 3 ff.

Vermieterpflicht zur Aufklärung bei Unfallersatz § 249 37

Vermieterrechte; erhebliche Verletzung § 543 13

Vermieterwechsel § 540 18 ff.

Vermietung § 1365 12

Vermietung vom Reißbrett § 535 17

Vermischung § 948; § 1006 2; Bienenschwarm § 964; der vermachten Sache § 2172 1; Drittrechte § 949; Entschädigung § 951; Voraussetzungen § 948 2; Wirkung § 948 3

Vermittlung § 164 23; § 166 17; § 278 16

Vermittlungsverfahren § 2042 30

Vermögen; als Schutzgut im Deliktsrecht § 823 59 ff., 83; § 826 1; Vor §§ 823 ff 8; im Ganzen § 1365 1, 5 ff.

Vermögensansprüche § 717 4

Vermögensbegriff § 1374 5 ff.

Vermögensbilanz § 5 VersAusglG 3

Vermögenserträge § 1577 8; § 1581 10

Vermögenserwerb; Unterlassen § 517

Vermögensgesetz § 1374 21

Vermögensminderung; vorzeitiger Zugewinnausgleich § 1385 5

Vermögensrecht § 717 1; § 725 1; § 741 5

Vermögensschaden § 1 ProdHaftG 3; § 7 ProdHaftG, § 8 ProdHaftG; § 824 11; § 825 5; Anknüpfung Artikel 40 EGBGB 22; ROM II Art 4 20

Vermögenssonderung § 1977 13

Vermögenssorge; Anordnung des Erblassers oder Zuwendenden § 1639; Beschränkung § 1638; Entziehung § 1666 38; Ersatz von Aufwendungen § 1648; Erwerb mit Kindesmitteln § 1646; Fortführung der Geschäfte § 1698a, § 1698b; Gefährdung des Kindesvermögens § 1666 14 ff.; § 1667; Geldanlage § 1642; Genehmigungspflichten § 1643; gerichtliche Maßnahmen § 1667; Herausgabe des Kindesvermögens § 1698; Schenkungsverbot § 1641; Überlassung von Vermögensgegenständen § 1644; Verletzung der Unterhaltspflicht § 1666 20 f.; Verletzung der Vermögenssorgepflicht § 1666 22 ff.; Vermögensverzeichnis § 1640; Verwendung der Kindeseinkünfte § 1649

Vermögenstrennung § 1363 5

Vermögensübertragung § 613a 10, 48

Vermögensverhältnisse § 1381 14

Vermögensverwaltung § 611 7; § 1363 1 ff.

Vermögensverwertung; Kasuistik unbilliger ~ § 1577 20

Vermögensverzeichnis § 1960 52; § 1993 2

Vermögensvorteil § 2048 16

Vermögenswege; Neues Erwerbsgeschäft § 1645; Verstoß gegen gerichtliche Anrechnungen § 1666 25

Vermögenswert § 1986 5

Vermutung § 311 27; § 1960 6; § 2009 4; der Richtigkeit und Vollständigkeit der Urkunde § 125 26; § 133 50; Verschulden Vor §§ 823 ff 33

Vermutung ordnungsgemäßer Verwaltung § 2206 1

Vermutungsregel § 658 8

Vermutungsreihenfolge § 1006 1

Vermutungstatsachen § 22 AGG 5; Benachteiligung § 22 AGG 5

Vermutungswirkung § 1006 3

Verneinung der Erwerbsobliegenheit § 1570 5

Veröffentlichung § 311 12; § 1983 2; § 1984 3; im Bundesanzeiger § 1965 5; § 1970 13; § 1983 2; § 2061 2

Veröffentlichungspflicht § 1983 3

Verordnung § 611 37

Verpächterpfandrecht § 581 13; § 592

Verpachtung § 1365 12

Verpackung; Kauf § 437 61

Verpfändung § 1365 7; § 2033 19; § 2034 8

Verpflegung § 617 1

Verpflichtungsbefugnis § 1962 9

Verpflichtungsermächtigung; Zwangsverfügungen § 185 5

Verpflichtungsgeschäft § 1365 11; § 2030 3; § 2058 18; Vor §§ 116 ff 11; bedingtes § 160; § 161 6; des Vorerben § 2112 5 f.; einseitig verpflichtend Vor §§ 116 ff 11; gegenseitig verpflichtend Vor §§ 116 ff 11; unvollkommend zweiseitig verpflichtend Vor §§ 116 ff 11

Verrechnung § 782 3

Verrechnungsabrede § 387 4; § 394 2

Verrichtungsgehilfe; Aufsicht § 831 18; Ausführung der Verrichtung § 831 13; Beweislast § 831 24; dogmatische Einordnung § 831 2; Haftung für ~ § 831 1 ff.

Versammlungsfreiheit § 823 87

Versandhandel § 151 3; § 447 8; § 454 7

Versäumung § 2013 1; der Inventarfrist § 2063 3

Versäumungseinrede § 1972 2

Verschaffungsauflage § 2192 6

Verschaffungsvermächtnis § 1992 6; § 2169 1; § 2170 1; § 2182 1; § 2184 1; § 2185 1; § 2207 1

Verschärfte Bereicherungshaftung § 818 35 ff.; § 820; Anfechtung § 819 4; Eigentümer-Besitzer-Verhältnis § 818 39; Entreicherungseinwand § 818 38; Geschäftsfähigkeit § 819 6; Gesetzes- und Sittenverstoß § 819 8 f.; juristische Person § 819 6; Kenntnis § 819 3, 7; Leistung unter Vorbehalt § 819 4; Nutzung § 818 39; § 820 5; Rechtshängigkeit § 818 37; Schuldnerverzug § 818 39; ungewisser Erfolgseintritt § 820 2; Vertreter § 819 6; Wegfall des Rechtsgrundes § 820 3; Zinsen § 818 39; § 820 5; Zufallsschäden § 820 4

Verschärfte Haftung § 990 1; § 1973 3

Verschiebung der Einsatzzeitpunkte § 1572 7

Verschlechterung § 989 2; § 2025 4

Verschlossenes Inventar § 1993 5; § 2010 6

Verschmelzung § 613a 10, 48

Verschulden § 242 58; § 276 5; § 616 4; § 823 4, 19; Benachteiligung § 22 AGG 4; Fahrlässigkeit § 22 AGG 4; § 823 19; fehlendes ~ § 22 AGG 4; Gegenbegriffe § 276 5; Testamentsvollstrecker § 2219 2; Vorsatz § 22 AGG 4; § 823 19; § 826 7 f.; vorzeitiger Zugewinnausgleich § 1385 4

Verschulden bei Vertragsverhandlungen; Anknüpfung ROM II Art 12 1 ff.

Verschulden vor Vertragsschluss; Anknüpfung Artikel 40 EGBGB 2

Verschuldensfähigkeit § 276 3, 16; § 280 25; § 823 19; § 827 1 ff.; actio libera in causa § 827 4; Ausschluss § 827 3; Beweislast § 827 5; § 828 10; des Minderjährigen § 828 1 ff.; Unzurechnungsfähigkeit § 827 3 f.

Verschuldensgesichtspunkte § 1572 3

Verschuldenshaftung § 823 11; § 824 10; Vor §§ 823 ff 10

Verschuldensmaßstab Vor § 1577 33

Verschuldensprinzip § 276 3

Verschuldeter Eigenbedarf § 573 31

Verschweigungseinrede § 2013 4, 8

Verschwendung § 1375 8, 16

Verschwiegenheit § 242 80

Verschwiegenheitseinrede § 1974 1, 5, 7

Verschwiegenheitspflicht § 611 43, 86; § 626 7

Versehentliche Falschangaben § 311b 14

Versendung; eines Werkes, Gefahrtragung § 644; § 645 7

Versendungskauf § 269 2; § 447; § 448 5; IPR Artikel 43 EGBGB 17; Konkretisierung § 243 13; Verbrauchsgüterkauf § 474 10, 13; § 475 5, 7

Versetzung § 12 AGG 11; § 537 4

Versetzungsklausel § 307 17; § 310 22; § 611 36, 43, 64

Versicherung § 781 15; § 1959 6; Vor §§ 823 ff 13 f.; im Nachlass § 2205 2; privatrechtliche ~ § 19 AGG 7; § 20 AGG 9

Versicherungsleistungen; Vorteilsausgleichung § 249 9

Versicherungsmarke § 807 4

Versicherungsprämie § 2124, § 2125; § 2126 5

Versicherungsschaden durch Rückstufung § 251 14

Versicherungsschein § 793 2; § 810 6

Versicherungsvertrag § 328 22; ex Artikel 34 EGBGB 13; Abschluss § 151 3; Vor §§ 145 ff 42; privater ~ § 33 AGG 3

Versicherungsvertreter § 611 23

Versiegelung § 1960 13

Versorgungsanrechte § 44 VersAusglG 2

Versorgungsanwartschaft § 613a 27

Versorgungsausgleich § 1967 6; Abgrenzung zum Zugewinnausgleich § 1372 5; Aufhebungsfolgen § 1318 7; Auslandsbezug Artikel 17 EGBGB 18 ff.

Versorgungsausgleichs-Erstattungsverordnung § 16 VersAusglG 1

Versorgungsausgleichskasse § 15 VersAusglG 5

Versorgungsbezüge § 44 VersAusglG 4; Vor § 1577 18

Versorgungseinbuße § 611 100

Versorgungseinrichtungen § 2 ProdHaftG 2; § 823 38

Versorgungsleistung § 311 10; § 315 2, 7; § 1577 14

Versorgungssperre; Besitzstörung § 535 91

Versorgungsträger § 4 VersAusglG 4; § 30 VersAusglG 1; § 34 VersAusglG 7; § 36 VersAusglG 1

Verspätete Rückgabe § 584b

Verspätungsschäden § 280 6, 39

Versprechen § 657 1, 7 ff.

Versteigerung § 156; § 312d 12; anwendbares Recht ROM I Art 4 16; Ergebnisverfälschung § 826 47; Erlös § 981; Fundsachen § 979, § 982; Kauf § 445, § 450, § 451, § 471; online § 156 2; Verbrauchsgüterkauf § 474 9 f., 12; § 475 7

Versteigerung hinterlegungsunfähiger Sache; Androhung § 384 1; Benachrichtigung § 384 2; Erlöschen der Verbindlichkeit § 383 5; freihändiger Verkauf § 385 1; öffentliche ~ § 383 7; Ort § 383 3; Rechtmäßigkeit § 383 4; Rechtsfolgen § 383 4

Versteinerungsklausel ROM I Art 20 4

Verteidigungsmöglichkeiten des Erben im Prozess § 2213 2

Verteilung § 660 4 ff.; der Masse § 1989 1, 4; § 2060 12

Verteilungsanspruch § 660 7

Verteilungsentscheidung § 660 2

Vertiefung § 909 10 ff.; Abwehranspruch § 909 4 ff., 27 ff.; Ausgleichsanspruch § 909 36; Unzulässigkeit § 909 17

Vertrag; abergläubischer oder sonstwie unseriöser ~ § 311a 11; Arten Vor §§ 145 ff 11; Aufhebungs Vor §§ 145 ff 64; Auslegung § 157 1; Beendigung Vor §§ 145 ff 63 f.; Begriff Vor §§ 145 ff 2 f.; essentialia negotii § 145 4; Vor §§ 145 ff 42; faktischer Vor §§ 145 ff 46; fehlerhafter Vor §§ 145 ff 61; gemischter ~ § 311 19 ff.; § 611 12; grenzüberschreitender Vor §§ 145 ff 60; Notwendigkeit § 311 3 f.; öffentlich-rechtlicher Vor §§ 145 ff 10; partiarischer § 311 27; Prozessvertrag Vor §§ 145 ff 9; Schutzwirkung zugunsten Dritter § 157 18; unerwünschter § 311 55 ff.; verspätet zugegangene Annahmeerklärung § 149; Vorstufen Vor §§ 145 ff 26; Widerruf § 1366 7 ff.; zu Gunsten Dritter § 1375 12

Vertrag mit Schutzwirkung für Dritte ROM II Art 2 1; Vor §§ 328 bis 335 2, 6; Anbahnung von Vertragsverhandlungen Vor §§ 328 bis 335 14; Anwaltsvertrag Vor §§ 328 bis 335 16; Arztvertrag Vor §§ 328 bis 335 17; Bankvertrag Vor §§ 328 bis 335 18; Einbeziehungsinteresse des

Gläubigers Vor §§ 328 bis 335 7 ff.; Erkennbarkeit für den Schuldner Vor §§ 328 bis 335 9; Expertenhaftung Vor §§ 328 bis 335 24; gegenläufige Interessen Vor §§ 328 bis 335 8; Leistungsnähe des Dritten Vor §§ 328 bis 335 5; Mietverträge Vor §§ 328 bis 335 20; Nichterfüllungsschäden Vor §§ 328 bis 335 15; Person des Dritten Vor §§ 328 bis 335 11; Prüfvertrag Vor §§ 328 bis 335 21; Reisevertrag Vor §§ 328 bis 335 22; Schadensersatzansprüche Vor §§ 328 bis 335 12; Schutzbedürfnis des Dritten Vor §§ 328 bis 335 10; Verjährung Vor §§ 328 bis 335 13; Verträge über Gutachten Vor §§ 328 bis 335 24; Werkverträge Vor §§ 328 bis 335 23; Wohl und Wehe des Dritten Vor §§ 328 bis 335 7

Vertrag über Auskunft, Rat und Empfehlung § 675 46 ff.; Bankdienstleistungen § 675 49; Prospekt § 675 58; Sachverständige § 675 57; Sachwalter § 675 56; Schadensersatz § 675 53; stillschweigender ~ § 675 47 ff.; Verträge mit Dritten § 675 50; vertragsähnliches Verhältnis § 675 55, 57 f.

Vertrag über den Nachlass § 311b 26 ff.; Erbschaftsvertrag § 311b 28; Gegenstand § 311b 26; Vollzugsgeschäfte § 311b 27

Vertrag über mehr als 30 Jahre; Anwendungsbereich § 544 1; Grundsätzliches § 544 1

Vertrag zu Gunsten Dritter § 311 4; § 328; Vor §§ 328 bis 335 1; Abgrenzung zur Stellvertretung § 164 16; Abgrenzungen § 328 4 ff.; Anwaltsvertrag § 328 16; Arbeitsrechtsvertrag § 328 17; Arztvertrag § 328 18; Bankvertrag § 328 19; echter ~ § 328 3; echter ~ § 328 12; Kauf § 328 21; Person des Dritten § 328 14; unechter ~ § 328 12; Versicherungsvertrag § 328 22; § 242 37; § 516 1, 3; § 518 11; § 2050 19

Vertrag zu Gunsten Dritter auf den Todesfall § 2301 25 ff.

Vertrag zu Lasten Dritter § 328 11

Vertragliche Ansprüche § 1584 2

Vertragliche Begrenzung § 1570 11

Vertragsabschluss; und ROM I-VO ROM I Art 28 2

Vertragsanbahnung § 242 70; § 311 37; Vor §§ 275 ff 8

Vertragsänderung; Formpflicht § 311b 10

Vertragsangebot; Annahmeerklärung § 149

Vertragsannahme; Fristbestimmung in AGB § 308 3

Vertragsaufhebung Vor §§ 275 ff 2 f.; Formpflicht § 311b 12

Vertragsaufsage § 280 17; § 323 6; § 357 6

Vertragsauslegung § 328 13; ergänzende ~ § 7 AGG 10; ergänzende ~ § 309 84

Vertragsbeendigung § 280 62

Vertragsbeitritt § 398 31

Vertragsbindung § 311 20 ff.; § 358; Arbeitnehmer § 611 58

Vertragsbruch § 826 18

Vertragseintritt § 358 16

Vertragserbe § 826 32; § 1941

Vertragsergänzung § 242 66 ff.; § 280 10

Vertragserklärungen; Abschriften der § 492, § 494, § 504

Vertragsfreiheit § 311 5; § 1408 7; § 1569 16; Einl 18; Vor §§ 145 ff 12 ff.; Abschlussfreiheit Vor §§ 145 ff 14; Inhaltsfreiheit Vor §§ 145 ff 25

Vertragsgemäßer Gebrauch § 535 85; § 538 2

Vertragspflichten; nachlaufende ~ § 241 30

Vertragsprinzip § 333 1

Vertragsrecht Vor §§ 241 ff 5; Vor §§ 275 ff 4; Internationales ~ Vor IntSchVR 11 f.

Vertragsschluss § 127 3; Vor §§ 145 ff 40 ff.; Aushandeln Vor §§ 145 ff 45; durch Versteigerung § 156 3; gewillkürte Form § 154 6; im Internet Vor §§ 145 ff 49; Ort und Zeitpunkt Vor §§ 145 ff 41

Vertragssprache § 483; Teilzeit-Wohnrechtevertrag § 483

Vertragsstatut Artikel 3 EGBGB 31; ROM I Art 3 28; ROM II Art 12 3, 5; Anwendungsbereich ROM I Art 12 1 ff.; Ergänzung ROM I Art 12 26

Vertragsstrafe § 242 43; § 248 2; § 275 33; § 280 30; § 281 16; § 555; § 611 43, 61, 64, 71; Vor §§ 339 bis 345 1, 3 ff.; abdingbare ~ § 341 7; Abgrenzung zum Schadensersatz Vor §§ 249 bis 255 3; Abgrenzungen Vor §§ 339 bis 345 3 ff.; AGB § 309 32 ff., 36 ff.; Akzessorietät Vor §§ 339 bis 345 2; andere als Geldstrafe § 342; andere Hilfsmittel § 343 13 ff.; Anrechnung auf Schadensersatzansprüche § 341 12; Ausschluss Vor §§ 339 bis 345 7 f.; bei Nichterfüllung § 340; Beweislast § 345; Fälligkeit § 341 4; für nicht gehörige Erfüllung § 341; Gebühren Vor §§ 339 bis 345 10; gegenseitige Verträge § 341 6; gleichwertige Verstöße § 339 5; Herabsetzung § 343; Mehrheit von Verstößen § 339 6 ff.; Nichterfüllung § 340; Ordnungsgeld Vor §§ 339 bis 345 8; Schuldnerverzug § 339 3 ff.; selbständiges Strafversprechen § 343 16 f.; Treu und Glauben § 343 14; und AGB § 343 15; und Erfüllung § 341 3; und Schadensersatz § 341 2; Unmöglichkeit § 339 3; Unterlassen § 339 1; unverhältnismäßige Höhe § 343 3, 5, 7 ff.; Unwirksamkeit § 344; Vereinbarung Vor §§ 145 ff 3; Vor §§ 339 bis 345 9 f.; Verfahren § 343 10 ff.; Verfall der Strafe § 343 3 ff.; Vertragsbruch § 339 4; Vertretenmüssen § 339 1; Verwirkung § 339; Vorbehalt bei der Annahme § 341 8 ff.

Vertragsstrafenversprechen; Auslegung § 157 5; Mieter § 555 3

Vertragstreue § 280 12, 17; § 313 2

Vertragstypische Pflichten beim Landpachtvertrag § 586

Vertragsübernahme § 398 27 ff.; § 492 2; § 494 4; Klauseln in AGB § 309 87 ff.

Vertragsverbindung § 311 20 ff.; § 358
Vertragsvereitelung § 826 16
Vertragsverletzungen durch den Mieter gem § 543 II Nr 2 § 543 13
Vertragswidrige Nutzung § 541 3
Vertragswidriger Gebrauch § 538 24 f.; § 541 3 f.; § 590a
Vertragswidrigkeit § 280 13
Vertrauensbereich § 620 66, 68
Vertrauensinteresse § 249 20; § 311 53
Vertrauensschaden § 121 5; § 311 61; § 627 2
Vertrauensschutz § 7 AGG 11; Einl 21
Vertrauenstatbestand § 242 51
Vertrauensverhältnis § 19 AGG 11; § 627 1; Bereichsausnahme § 19 AGG 11
Vertretenmüssen § 275 22; § 276 1 ff.; § 278 27; § 280 6, 19 ff., 24; § 281 4; § 286 23; Vor §§ 275 ff 5; Abdingbarkeit § 276 39; Abgrenzung zur Pflichtverletzung § 276 3; Abnehmerhaftung § 276 18; anfängliche Pflichtverletzung § 276 17; anfängliche Störungen § 276 37; Beschaffungsrisiko § 276 5; Beweislastumkehr § 276 25; Bezugspunkt § 276 1; § 280 20; Deliktsrecht § 276 1; Entlastungsbeweis § 280 19; Fehlverhalten des Gläubigers § 280 21; Garantie § 276 5; Gefahr § 276 5; Geldforderungen § 280 35; Gläubigerfehlverhalten § 276 26; Haftung nach Risikosphären oder Gefahrbereichen § 276 25; Haftungsmilderungen § 276 18 ff.; Haftungsverschärfungen § 276 25; höhere Gewalt § 276 25; Kenntnis § 276 17; öffentlich-rechtliches Rechtsverhältnis § 276 2; Organe § 278 27; Pflichtverletzung § 276 1; § 280 19 ff.; Rechtsirrtum § 280 34 f.; Rechtswidrigkeit § 276 2; unclean hands doctrine § 280 21; Unkenntnis § 276 17; Unmöglichkeit § 280 20; Unzumutbarkeit § 280 20; variable ~ § 276 1; Verschuldensprinzip § 276 2; vorangegange Pflichtverletzung § 276 38; Zufall § 276 5; Zusicherungshaftung § 276 31
Vertretung § 17 AGG 2; organschaftliche ~ § 709 3; § 714 1 f.; § 715 1
Vertretung des Kindes § 1629
Vertretung ohne Vertretungsmacht § 177, § 178, § 179; § 2038 26; Anfechtung § 164 75; Aufforderung zur Erklärung über die Genehmigung § 177 11 f.; Begriff § 177 2 ff.; beim einseitigen Rechtsgeschäft § 180; Beweislast § 179 18; § 180 5; Einwendungen und Einreden des Vertreters § 179 15; Erfüllungswahl des Geschäftsgegners § 179 15; Genehmigung Vor §§ 2064 ff 15; Genehmigung des Vertretenen § 177 6 ff.; Genehmigungsfrist § 148 12; Genehmigungspflicht § 177 8 ff.; Haftung des Vertretenen § 177 14 ff.; Haftung des Vertreters § 179; negatives Interesse, Ersatz des § 179 17; positives Interesse, Ersatz des § 179 14; Regress des Vertreters gegen den Vertretenen § 179 20; Verweigerung der Genehmigung § 179 3; Verweigerungsfiktion § 177 12; Widerruf, verbraucherschützender § 164 76;
Widerrufsrecht des anderen Teils § 178; Willensmangel und Wissenszurechnung § 166 2, 10 f.
Vertretungsbedarf; vorübergehender ~ § 620 21
Vertretungsbefugnis § 1961 10
Vertretungsmacht § 164 48 ff.; § 705 28, 33, 47; § 709 1; § 714 2, 4 ff.; § 715 1; § 717 1; § 727 3; § 729 1; § 744 4; anwendbares Recht ROM I Art 1 22; Ausschnitt § 1629 10 ff.; Begriff und Rechtsnatur § 164 49; bei Geltendmachung von Unterhaltsansprüchen § 1629 15 f.; bei Vaterschaftsfeststellung § 1629 11, 13; des Liquidators § 164 59; Entziehung § 712 4; § 715 1; gesetzliche ~ § 164 51, 57; organschaftliche ~ § 164 53 ff., 59; Schenkungsverbot § 1641; Umfang der gesetzlichen ~ beim Kind § 1629 1 ff.
Vertriebene Artikel 15 EGBGB 15 ff.
Vertriebsvertrag; anwendbares Recht ROM I Art 4 15
Verursachungserfassung § 556a 29
Verwahrer § 2039 12
Verwahrung § 242 79; § 535 11; § 688; § 2018 2; Abgrenzung § 688 2; Abstellen von Fahrzeugen § 688 6; Art der Verwahrung § 692; Aufwendungsersatz § 693; Beschaffenheit der Sache § 694; eigenhändiges Testament § 2248 1; ergänzende Anwendung § 688 5; Fälligkeit § 699; Gehilfen § 691; Haftung § 688 7; § 694; Haftungsausschluss § 688 8; Haftungsmilderung § 690; Holschuld § 697; Kündigung § 695, § 696; Obhutspflicht § 688 2, 5; öffentlich-rechtliche § 688 10; § 839 5; Pflichten Hinterleger § 688 4; Rückforderung § 695; Rückgabeort § 697; Rücknahmeanspruch § 696; Sonderformen § 688 9; Substitution § 691; Teilvergütung § 689 2; § 699; unentgeltliche ~ § 690; unregelmäßige ~ § 700; Vergütung § 689; Vergütungshöhe § 689 2; Vertragsschluss § 688 3; Vertragstyp § 688 1; Verwahrer § 688 4; Verzinsung § 698
Verwahrungsverhältnis § 535 5
Verwaltender Testamentsvollstrecker § 1981 6, 10; § 1982 6; § 2042 7
Verwalter § 1975 3; Einsetzung eines ~ § 2100 8; Haftung für Gebäude § 838 2
Verwalterhaftung § 1978 11; § 1991 1, 12
Verwaltung § 1962 8; § 2038 9; Vor §§ 1363 ff 2; Klage auf ~ § 2216 1; ordnungsgemäße ~ § 2191 3; § 2205 3; § 2206 1; § 2209 1 f.; § 2216 1 ff.; § 2219 1; ordnungsgemäße ~ durch Vorerben § 2112 4; § 2120 3 ff.; § 2126 14; § 2127 2; § 2129 2; § 2130 4; § 2145 5
Verwaltung fremden Vermögens § 164 14 f.; Abgrenzung zur Stellvertretung § 164 14; analoge Anwendung des Stellvertretungsrechts, insb der Regeln über den Missbrauch der Vertretungsmacht und der §§ 177 ff § 164 15
Verwaltungs- und Verfügungsbefugnis § 1976 1; § 1984 1; § 1985 3; § 1988 2
Verwaltungsakt; als Schutzgesetz § 823 226

Stichwortverzeichnis

Verwaltungsanordnungen des Erblassers § 2216 4 f.; Anpassung § 2216 5; Aufhebung § 2216 5
Verwaltungsbefugnis § 2017 3; Testamentsvollstrecker § 2015 1; § 2203 2; § 2205 1 ff.; § 2216 1 ff.
Verwaltungskosten § 556 4
Verwaltungsmaßnahme § 1978 3
Verwaltungspauschalen § 555 4
Verwaltungspflicht des Vorerben § 2100 6
Verwaltungsrecht § 705 29; § 717 1, 4; § 725 3, 6; § 740 2; § 1985 8; § 2033 26
Verwaltungsrecht des Vorerben § 2100 6; Entzug des ~ § 2128; § 2129 1 ff.
Verwaltungsregelung bei Grundstücken § 1010 1
Verwaltungsvereinbarung § 2038 7
Verwaltungsvollstreckung § 1976 5; § 2209 1
Verwandschaftsverhältnis; Adoption § 1756 1
Verwandte des Erblassers § 2067 1
Verwandtenunterhalt Vor § 1577 29
Verwandtschaft § 1589; § 1960 5; mehrfache ~ § 1927
Verwandtschaftsverhältnis; Erlöschen § 1755
Verweigerung; der Nacherfüllung § 635 7 ff.; Fälligkeit bei ~ der Abnahme § 641 6
Verweigerungseinrede § 1972 2
Verweigerungserklärung § 620 3
Verweigerungsrecht § 2059 2, 12
Verweisung § 1361 21; auf die Voraussetzungen § 1575 9; statische, dynamische § 1 ProdHaftG 16
Verwender; von AGB § 305
Verwendung § 256 3; § 812 40; § 818 15; § 1971 2; § 1986 4; § 2022 1, 4, 8, 11; § 2023 1; § 2030 6; des Beschwerten § 2185 1; Kauf § 439 36; § 450, § 451
Verwendungsauslagen § 994 4
Verwendungseignung beim Werkvertrag; gewöhnliche ~ § 633 19; vertraglich vorausgesetzte ~ § 633 18
Verwendungsersatz § 850 1; § 2018 1; § 2022 10; § 2029 3; Wiederverkauf § 459
Verwendungsersatzanspruch § 1000 1; § 1002 1; § 2022 6; § 2025 4; des Dritten § 2113 14; des Vorerben § 2126 1 ff.; § 2130 5; § 2136 4; § 2138 4
Verwendungskauf; IPR Artikel 43 EGBGB 17
Verwendungskondiktion § 539 8
Verwendungsrisiko § 275 11; § 537 2
Verwertung § 747 3; § 753 1; Nachlassgegenstände § 2038 9
Verwertungsmaßnahme § 1003 2
Verwertungsrechte § 903 20
Verwirkung § 194 10; § 242 28, 30, 59 ff.; § 536b 3; § 543 12, 16, 29; § 556 36; § 1361 27; § 2060 8; Anwendungsbereich § 242 60; Aufbewahrungsfristen § 242 63; Ausschluss § 242 60; Beweislast § 242 65; Dauerschuldverhältnis § 242 63; Erklärungswert des Verhaltens § 242 59; Fallgruppen § 242 54 ff.; nach allgemeinen Grundsätzen § 1585b 6; Rechtsfolgen § 242 65; rechtshängige und titulierte Unterhaltsansprüche § 1585b 6; schutzwürdiges Vertrauen § 242 64; Sondervorschriften § 242 60; tarifliche Ausschlussfristen § 242 63; Umstandsmoment § 242 62, 64; Undurchsetzbarkeit § 242 65; Verjährung § 242 60; Verjährungs- oder Ausschlussfrist § 242 63; Verlust von Beweismitteln § 242 64; Vermögensdisposition § 242 64; Verzicht § 242 59; von Amts wegen § 242 65; Voraussetzungen § 242 62; Zeitmoment § 242 54, 62; Zeitspanne § 242 63
Verwirkung durch Treueverstoß § 242 46
Verwirkungsklausel § 354; Vor §§ 339 bis 345 5
Verzeichnis § 1970 12; § 1973 2; § 1978 3; § 1985 17; § 2018 25; § 2027 14; Anfangsvermögen § 1377 1 ff.; Nachlassgegenstände § 2100 8; § 2121 1 ff.; § 2127 3; § 2136 4
Verzicht § 167 16; § 242 54, 59; § 658 3, 8 ff.; § 1969 6; § 1975 6; § 2034 31; auf Ersatzansprüche § 1360b 1; Widerrufsrecht § 533
Verzicht, prozessualer; Erlassvertrag, Abgrenzung § 397 8
Verzichtserklärung § 2012 1
Verzichtsvertrag § 782 2
Verzinsung § 849 1; § 1382 13; des Werklohnes § 641 22
Verzinsungspflicht § 293 5; Testamentsvollstrecker § 2218 4; Wegfall § 301 1 f.
Verzögerung der Leistungsbestimmung § 315 12
Verzögerungsgefahr § 270 7
Verzögerungsschäden § 252 16; § 280 7, 27 ff.; § 286 8, 25; § 287 3; § 614 3; Aufwendungen § 280 28; Bankkredit § 288 8; Begriff § 280 27 ff.; Betriebsausfallschaden § 280 30, 63; Deckungsgeschäft § 280 32; Finanzierungskosten § 280 30; Geldentwertung § 280 29; gerichtliche Rechtsverfolgung § 280 28; Haftungsschäden § 280 32; immaterieller Schaden § 280 31; Inhalt des Schadensersatzanspruchs § 280 36; Inkassokosten § 280 28; Kauf § 437 8; konkrete Berechnung § 280 38; Kosten der Ersatzvornahme § 280 32; Kredit § 280 38; Kriterium § 280 27; Mahnkosten § 280 28; Mangelhaftigkeit § 280 27; Mehrwertsteuer § 288 8; Neutralrestitution § 280 36; Nutzungsausfälle § 280 31; Rechtsfolgen § 280 36 ff.; Rechtsirrtum § 280 34; Rechtsverfolgungskosten § 280 28; Schadensersatz statt der Rechtzeitigkeit der Leistung § 280 27; Überziehungszinsen § 288 8; Verzögerung von Zinszahlungen § 289 2; verzögerungsbedingte Vorteile § 280 36; Verzugsschaden § 280 27, 33; Voraussetzungen der Ersatzfähigkeit § 280 33 ff.; Währungsschwankungen § 280 29; Wert- und Kursverluste § 280 29; ZahlungsverzugsRL § 280 27 f.; Zinsen § 280 30; Zinseszinsverbot § 289 1
Verzug § 246 7; § 280 6; § 286 1 ff.; § 287 1; § 1360a 10; abweichende Vereinbarungen

§ 286 25; als Voraussetzung § 286 2; Anwendungsbereich § 286 3; bargeldloser Zahlungsverkehr § 286 10; Bedeutungswert § 286 1; Beschaffungsrisiko § 286 2; des Wahlberechtigten § 264 1 ff.; Einrede § 286 6; Einrede des nichterfüllten Vertrages § 286 7; Entgeltforderung § 286 20; Erfüllungsanspruch § 286 1; Fälligkeit § 286 1, 5; Garantie § 286 23; Geldschuld § 286 23; Gesamtgläubiger § 429 4; Gesamtschuld § 425 3; Gläubigerverzug § 286 5; Hinterlegung § 379 4; Kündigung § 286 1; Leistungsverweigerungsrecht nach § 410 § 410 1; Mitgläubiger § 432 10; Nichtleistung § 286 9; ohne Mahnung § 1585b 3; Pflichtverletzung § 286 1; Rechtshängigkeit § 1585b 1; Rechtsirrtum § 286 24; Rechtzeitigkeit § 286 9; Rücktritt § 286 1; Schadensersatz statt der Leistung § 286 1; Standards für Haftung § 287 1; Überweisungsvertrag § 286 10; unmittelbare Anwendung der Richtlinie § 286 3; Unmöglichkeit § 286 8; Unzumutbarkeit § 286 8; Verspätungsschaden § 286 8; Vertretenmüssen § 286 23; Verzögerungsschaden § 286 8, 25; Voraussetzungen § 286 4; ZahlungsverzugsRL § 286 2 ff., 7, 20, 24, 27; Zurückbehaltungsrecht § 286 7

Verzugsschaden; abstrakte Berechnung § 497 2 f., 5 ff.; Begrenzung § 497 8; Betrag, geschuldeter § 497 10; Gesamtschuldner § 497 4; konkrete Berechnung § 497 5 f.; Kontokorrentverbot § 497 7; Kosten der Rechtsverfolgung § 497 4, 10; Kreditinstitute § 497 3; Sonderkonto § 497 7; Teilleistungen § 497 9; Tilgungsreihenfolge § 497 10; Verjährungsprivileg § 497 11; Vollstreckungstitel § 497 12; Zession § 497 4; Zinsen, Verrechnung von § 497 10

Verzugszinsen § 247 2; § 288 1 ff.; § 556 11, 36; Abschreckungscharakter § 288 1; Bankkredit § 288 8; Basiszinssatz § 288 4 f.; Entgeltforderung § 288 5; Geldschulden § 288 2; Geschäftsverkehr § 288 5; Individualabrede § 288 7; Mehrwertsteuer § 288 8; Mindestschaden § 288 1; Überziehungszinsen § 288 8; Verzögerungsschaden § 288 8; Voraussetzungen § 288 4 f.; weiterer Schaden § 288 8; ZahlungsverzugsRL § 288 5; Zinseszinsverbot § 289 1; Zinshöhe § 288 4 f.

Videokamera § 611 88
Vier-Stufen-Prüfung Vor § 1577 34
Vindikation § 241a 4; § 985 17
Vindikationslage § 991 3
Vindikationslegat § 2150 2; § 2174 1; IPR Artikel 43 EGBGB 7
VOB/B; als AGB § 307 4
VOB, VOF, VOL Vor §§ 631 bis 651 26 ff.
Völkerrecht Artikel 3 EGBGB 21, 24 f.; Artikel 22 EGBGB, Artikel 23 EGBGB; ex Artikel 34 EGBGB 18
Vollbeendigung § 723 3; § 726 1; § 727 1; § 730 1
Vollbeweis § 3 AGG 45; § 22 AGG 3; Anhang zu ex § 1600e 85; Benachteiligung § 22 AGG 3; von Indizien § 22 AGG 3

Vollerbeneinsetzung § 2269 2
Volljährigkeit § 2 1 ff.; Adoption, Feststellung nach Heimatrecht § 1767 1; Kündigung der GbR § 723 14
Vollmacht § 167, § 168, § 169; § 2004 2; § 2040 7; § 2112 10 ff.; Abstraktionsprinzip § 167 4, 20; Anfechtung § 167 15; Anwalts~ § 167 31, 41; Architekten~ § 167 29, 41; Arzt~ § 167 31; auf den Todesfall § 2174 4; Auflassungs~ § 167 30; Auflassungsvollmacht § 168 4; Auslegung § 167 8, 27; Begriff und Zweck § 164 52; Begriff, Rechtsnatur und rechtliche Struktur § 164 52; beim Verbraucherkredit § 492 3; § 494 3; Beweislast § 164 85; § 167 57; § 168 17; § 170 5; Erlöschen § 168; Erlöschensanzeige § 170 4; Erteilung § 167 6 ff.; externe ~ (Außen~) § 167 7 f., 17, 27; externe ~ (Außenvollmacht) § 170 1 ff.; § 179 11; Form § 167 9 f.; Vor §§ 2064 ff 7; Formpflicht § 311b 11; Fortwirkungsfiktion bei erloschenem Grundverhältnis § 169 1; Gattungs~ § 167 36; geheimer Vorbehalt § 167 19; Geschäftsfähigkeit des ~gebers § 167 19; Geschäftsfähigkeit des ~nehmers § 165; Geschäftsfähigkeit des Vertretenen § 167 19; § 168 8; Geschäftsfähigkeit des Vollmachtgebers § 168 8; Geschäftsfähigkeit des Vollmachtnehmers § 168 6; § 179 5 f.; Immobilienerwerb § 167 21 f.; in AGB § 305c 9; in der Insolvenz § 168 5, 10; interne ~ (Innen~) § 167 7 f., 18 f., 27; interne ~ (Innenvollmacht) § 167 16; § 169, § 170; § 171; isolierte ~ § 167 4; § 168 3 f., 7, 13; § 169 1; kausale ~ § 167; konkludente ~ § 167 8; Konto~ § 167 28, 41; kundgegebene ~ § 167 27; § 170, § 171; kundgegebene Innenvollmacht § 171; Mängel der ~ § 167 17; Mängel des Grundgeschäfts § 167 20 ff.; originäre ~ § 167 29; Pfändbarkeit § 167 3; Post~ § 167 32; Spezial~ § 167 36; typische ~en im Zusammenhang mit einem Immobilienerwerb § 167 21 f.; über den Tod hinaus § 2192 4; Vor §§ 2197 ff 3 f.; Übertragbarkeit § 167 3; Umfang § 164 58; § 167 26 ff.; Verbraucher~ § 507 1; verdrängende ~ § 167 2; Verzicht des Bevollmächtigten auf die ~ § 167 16; Vollmachtskundgabe § 171 2 ff.; Widerruf der ~ § 168 12 ff.; Zurückweisungsrecht des anderen Teils bei einseitigen Rechtsgeschäften § 174

Vollmacht zur Kündigung § 312f
Vollmachtskundgabe § 171 2 ff.
Vollmachtslösung zur Unternehmensfortführung § 2205 13; Vor §§ 2197 ff 4
Vollmachtsmissbrauch § 711 3; § 723 12
Vollmachtsurkunde § 172 2; § 175, § 176; § 179 11; Kraftloserklärung § 176; Original § 620 47; Vorlage § 172 2; § 174 3
Vollschichtige Erwerbstätigkeit § 1570 5
Vollständigkeit § 2006 1
Vollstreckung § 1981 4; § 2027 13; ausländischer Entscheidung Artikel 7 EGBGB 13; Artikel 10 EGBGB 14; Artikel 11 EGBGB 13; Artikel 12 EGBGB 13; Artikel 13 EGBGB 10 ff.
Vollstreckungsanträge § 1365 9

Stichwortverzeichnis

Vollstreckungsgegenklage § 1973 12; § 1984 14 f.; § 1990 13, 20; § 1991 5; § 2027 13; § 2060 14
Vollstreckungsgericht § 1961 12; § 1992 7
Vollstreckungsklausel § 1973 11; § 1984 13; § 2059 16
Vollstreckungsmaßnahme § 1977 7; § 1984 13 f.; § 1990 12
Vollstreckungsmöglichkeit § 2058 8
Vollstreckungsschutz § 2032 41
Vollstreckungstitel § 1960 38; § 1985 15; § 1987 1
Vollstreckungsunterwerfung § 1147 2
Vollstreckungsvereitelung § 826 35
Vollzeitkraft § 620 81
Vollziehungsanspruch; Verjährung § 2192 2
Vollziehungsberechtigte § 1980 8
Vollzogene Schenkung von Todes wegen § 2301 10 ff.
Vollzug der Auflage § 2192 3
Vom Vermieter selbst bewohntes Gebäude § 573a 6
Von Todes wegen erworben § 1374 20
Vor- und Nacherbe § 1993 4
Vor- und Nacherbfolge § 1980 8
Vorarbeiten; Vergütung für ~ § 632 12
Vorautteilungen § 556a 18
Vorausabtretung; bei Eigentumsvorbehalt § 449 24
Vorausempfang § 1360b 1; § 1380 1 ff.
Vorausleistungen § 1361 24
Voraussetzungen Vor § 1577 32; des Vorkaufsrechts § 577 4 ff.; für die Zurechnung fiktiver Einkünfte Vor § 1577 32
Vorausverfügung § 566b 3 ff.; über die Miete § 566b
Vorausvermächtnis § 2027 4; § 2033 21; § 2046 11; § 2048 14, 28; § 2050 3, 23; § 2052 3; § 2110 4; § 2150 1 ff.; § 2184 1; Beschwerung durch § 2150 3; und Teilungsanordnung § 2150 1, 4; Vermögensvorteil durch § 2150 4
Vorauszahlung § 535 37; § 560; § 628 4; § 1360a 10; § 1585 1
Vorbehalt § 1973 11; § 1975 1; § 1989 7; § 1990 4; § 1993 4; § 2008 11; § 2014 2, 7; § 2015 6; § 2059 4; § 2060 13; § 2063 4; ex Artikel 34 EGBGB 1, 18; andere Ansprüche § 15 AGG 20; der beschränkten Erbenhaftung § 1967 4; § 2059 15; Haftungsbeschränkung § 2187 1; § 2213 1; und Annahme § 341 9 f.; weitere Benachteiligungsverbote § 2 AGG 15
Vorbehalt bei der Annahme § 341 8
Vorbehaltseigentum § 903 10
Vorbehaltsgut § 2008 12; § 2042 24
Vorbehaltsurteil § 2015 6
Vorbehaltszahlung § 556 59
Vorbereitungshandlungen *§ 658 3*
Vorbescheid § 2042 20; § 2353 24 f.
Vorbürgschaft § 765 94

Voreintragung § 873 8; § 896
Vorempfänge § 2055 19; § 2057 7; § 2060 2
Vorempfänger § 2056 1
Vorenthaltung § 546a 4; Dauer § 546a 6; von Vorteilen § 612a 2
Vorenthaltungsschaden § 990 5
Vorerbe § 1968 3; § 2027 11; § 2033 8; § 2063 5; § 2269 1, 5, 9; als Testamentsvollstrecker § 2199 2; Anzeigepflicht gegenüber Nachlassgläubigern § 2146; Bestimmung durch ~ § 2100 39 ff.; § 2104 5; Rechtsstellung des ~ § 2100 46 ff.
Vorerbenvorausvermächtnis § 2150 2
Vorfälligkeitsentschädigung § 490 5
Vorfälligkeitsklausel; AGB § 309 32; Teilzahlungsdarlehen § 498 2
Vorformulierte Laufzeiten § 575 21
Vorfrage Artikel 3 EGBGB 46; Artikel 5 EGBGB 5, 8, 33; Artikel 6 EGBGB 10, 14; Artikel 10 EGBGB 6, 15; Artikel 11 EGBGB 18; Artikel 14 EGBGB 6, 10; Artikel 18 EGBGB 11; ex Artikel 33 EGBGB 5; ROM I Art 12 5; Aufrechnungsforderung ROM I Art 17 7 f.; im internationalen Deliktsrecht Artikel 40 EGBGB 5; öffentlich-rechtliche ~ § 839 69
Vorgesetzte § 15 AGG 2
Vorgetäuschter Eigenbedarf § 573 32 ff.
Vorhaltekosten § 251 17
Vorhand Vor §§ 145 ff 38; Kauf § 463 13
Vorkauf; Stundung des Kaufpreises § 468
Vorkaufsberechtigte § 242 55; § 2034 12; mehrere ~ § 472
Vorkaufsfall § 463 19 ff.; Einbringung in Gesellschaft § 463 21; Schenkung § 463 21; Tausch § 463 21
Vorkaufsrecht § 242 48; § 311 9; § 311b 2; § 463, § 464, § 465, § 1094, § 1095, § 1096; § 1365 12; § 2034 1, 6; Vor §§ 145 ff 38; Ausschluss unbekannter Berechtigter § 1104; Ausübung § 464, § 469; § 1098 2 ff.; § 2037 4; Befreiung des Berechtigten § 1101; Befreiung des Käufers § 1102; Belastungsgegenstand § 1094 6 f.; Berechtigte § 1094 5; Beschränkung bei Belastung mehrerer Grundstücke § 1098 3; dingliches ~ § 463 10, 20; Erlöschen § 463 31 ff.; § 470 2; § 1094 8 f.; Frist § 469; Genehmigungen § 1098 10; Gesamtpreis § 467; gesetzliches ~ § 463 6, 20, 30; § 464 3; gesetzliches ~ § 2034 7; Maklercourtage § 577 14; Miterben ~ § 2033 25; Mitteilungen § 1099; Rechte des Käufers § 1100; Rechtsentstehung § 1094 3 f.; Rechtstyp § 1094 1 f.; Schriftform § 577 6; subjektiv-dingliches und subjektiv-persönliches ~ § 1103; Teilbelastung § 1095; Übertragbarkeit § 1098 11 f.; Unübertragbarkeit § 473; Vereinbarung § 463 17; Verhältnis Berechtigter/Dritter § 1098 7 f.; Verhältnis Berechtigter/Inhaber von Belastungen § 1098 9; Verhältnis Eigentümer/Berechtigter § 1098 5 f.; Verkaufsfälle § 1097; Vertragserfüllung

§ 1098 5 ff.; Voraussetzung § 577 4 ff.; Wirkung § 1098; Zubehör § 1096

Vorlage ex Artikel 29 EGBGB 1, 12, 19; ex Artikel 29a EGBGB 1

Vorläufiger Erbe § 1958 1, 12, 15; § 1959 1; § 1974 2; § 2018 10

Vorläufiger Rechtsschutz § 2046 1

Vorlegung; des Grundpfandrechtsbriefs § 896; von Sachen § 809 1 ff.; von Urkunden § 810 1 ff.

Vorlegungsanspruch; Anspruchsberechtigter § 809 8; Anspruchsgegner § 809 9; Beweislast § 809 13; Durchsetzung § 809 14; Inhalt und Grenzen § 809 10 ff.; Rechtsfolgen § 809 12; Voraussetzungen § 809 4 ff.

Vorlegungsort § 811 1

Vorleistungen § 242 81

Vorleistungspflicht § 320 4 ff.; § 322 7

Vormerkung § 883; § 1971 2; § 2016 3; § 2034 24; Akzessorietät § 883 3; Amtsvormerkung § 888 13; Anspruch des Berechtigten § 888; Aufgebot des Berechtigten § 887; bedingter Ansprüche § 158 23; bei abgegebenem Verkaufsangebot § 145 13; Beseitigungsanspruch § 886; Bewilligung § 885 3; Eintragung § 885 9; gesicherter Anspruch § 883 5 ff.; gutgläubiger Erwerb § 885 10; im Grundbuch § 1960 50; künftiger und bedingter Anspruch § 883 11; Rang § 883 20; Übertragung § 883 4; Untergang § 883 22; Voraussetzung für Eintragung § 885; vormerkungswidrige Verfügung § 888 2; Wirkung § 883 15; Wirkung gegenüber Erben § 884

Vormerkung für Nachvermächtnisnehmer § 2191 1

Vormietrecht § 463 7; § 464 4; § 466 1; § 467 1; § 469 2; § 535 9

Vormund § 286 3; Amtsfortführung § 1893 1 ff.; Anlegung von Mündelgeld § 1805 3; § 1806, § 1807, § 1809; Anstandsschenkungen § 1804 4; Anzeige bei Tod § 1894 1; Aufenthaltsbestimmung § 1800 3; Aufgaben § 1793 1 ff.; Aufsicht des Vormundschaftsgerichts § 1837 1 ff.; Aufwandsentschädigung § 1835a 1 ff.; Aufwendungsersatz § 1835 1 ff.; Auskunftspflichten § 1839 1; Ausschließung § 1780, § 1781, § 1782; Ausschließungsrecht der Eltern § 1782 1; Auswahl § 1779 1 ff.; Beamter § 1784 1; Beendigung des Amtes § 1886, § 1887, § 1888; Befreiungen § 1817 ff.; § 1852, § 1853, § 1854; Befreiungen durch die Eltern § 1856 1; Benennung durch die Eltern § 1776, § 1777, § 1778; Berufsvormund, Aufwendungsersatz § 1835 1 ff.; Berufsvormund, Vergütung § 1836, § 1836c, § 1836d; Berufswahl § 1800 7; Bestallungsurkunde § 1791 1 ff.; Bestallungsurkunde, Rückgabe § 1893 4; Bestellung § 1789 1 ff.; Bestellung unter Vorbehalt § 1790 1 f.; Bestellung vor der Geburt des Kindes § 1774 1; durch Pflegschaft § 1794 1 f.; einseitige Rechtsgeschäfte § 1831 1 ff.; Entlassung auf eigenen Antrag § 1889 1 f.; Entlassung von Beamten und Religionsdienern § 1888; Entlassungsgründe § 1886 2 ff.; Entlassungsverfahren § 1886 5; Entlastung § 1843 1 f.; § 1892 2; Erklärungsfrist über Genehmigung des Vormundschaftsgerichts § 1829 2; Ermächtigung durch Vormundschaftsgericht § 1825 1 f.; Erwerbsgeschäfte § 1825 1 f.; Erziehungsrecht § 1800 2; Erziehungsstil § 1793 2; für nichteheliches Kind § 1791c 2; Gefährdung des Mündelinteresses § 1886 2; genehmigungsfreie Geschäfte § 1813 1 ff.; genehmigunspflichtige Geschäfte § 1812 1 ff.; § 1819, § 1820, § 1821; Geschwister Vormund § 1775 1 ff.; Grundstücksgeschäfte § 1821 1 ff.; Haftung § 1787 1; § 1793 1 f.; § 1833 1 ff.; Haftung ggü Dritten § 1833 3; Hinterlegung von Inhaberpapieren § 1814, § 1815; § 1816 1 ff.; Hinterlegungspflicht § 1818, § 1819, § 1820; Hinterlegungspflicht, Befreiung § 1817 1 ff.; Inhaberpapiere und Kostbarkeiten, Verwaltung § 1814, § 1815, § 1816; Interessengegensatz zum Mündel § 1795 1; § 1796 1 ff.; Lehrvertrag § 1822 17; Leistungsannahme § 1812 2; § 1813 4; mehrere Vormünder § 1775 1 ff.; § 1797 2; Meinungsverschiedenheiten mehrerer Vormünder § 1797 5; § 1798 1; Mitteilung der Genehmigung § 1829 2; Mitteilung der Genehmigung für nichteheliches Kind § 1791c 2; Mitwirkung des Gegenvormunds § 1842, § 1891 1; Mündelgeld, Anlegung § 1806, § 1807, § 1809; Mündelgeld, Genehmigung zum Abheben § 1809 4; Mündelgeld, Sperrvermerk § 1809 1 ff.; Mündelsicherheit § 1807 1 ff.; Personensorge § 1793 2; § 1800 1 ff.; Pflichtverletzung § 1833 5; § 1837 5 f.; Rechenschaftspflicht § 1890 1 ff.; Rechenschaftspflicht, Mitwirkung des Gegenvormunds § 1891 1; Rechnungslegung § 1840 1 ff.; § 1841 1; Rechnungsprüfung § 1892 1 f.; religiöse Erziehung § 1801 1 f.; religiöses Bekenntnis § 1779 6; Rückgabe der Bestallungsurkunde § 1893 4; Schadensersatzpflicht bei Pflichtverletzung § 1833 1 ff.; Schadensersatzpflicht bei Verstoß gegen Anlegungspflichten § 1809 5; Schenkungsverbot § 1793 5; § 1804 1 ff.; Schuldbuchforderung § 1814, § 1815; § 1816 6; § 1817 1 ff.; Selbständigkeit § 1793 1; § 1837 1; Selbstkontrahieren § 1795 3 ff.; Sicherheiten, Aufhebung § 1822 23; Sperrvermerk § 1809 1 ff.; Todeserklärung § 1884 1; Übergehung des Benannten § 1776, § 1777, § 1778; Überlassung von Gegenständen an das Mündel § 1824 1; Übernahmepflicht § 1785, § 1786, § 1787; Übertragung auf Dritte § 1793 5; Umschreibung von Inhaber- in Namenspapiere § 1815; unrichtige Behauptung der vormundschaftsgerichtlichen Genehmigung § 1830 1 f.; Untauglichkeit § 1781, § 1782, § 1784; Unterbringung des Mündels § 1800 4; Unterstützung durch Vormundschaftsgericht § 1837 2; Vereinsvormund § 1791a 1 ff.; Verfügung über Forderungen/Wertpapiere § 1812 1 ff.; § 1813 1 ff.; Verfügung über Forderungen/Wertpapiere, Genehmigungspflicht § 1812 2; Vergütung § 1836, § 1836c, § 1836d; Vergütung für eigene Dienste

§ 1835 8; Vermögensherausgabe § 1890 2; Vermögenssorge § 1793 3; Vermögensverwaltung bei Erbschaft/Schenkung § 1803 1 ff.; Vermögensverzeichnis § 1802 1 ff.; Verpflichtungsverhandlung § 1789 1 ff.; Versicherung § 1835 9; § 1837 7; Vertretungsausschluss § 1795 1 ff.; Vertretungsmacht, Beschränkungen § 1793 4 f.; § 1821 1 ff.; Vertretungsmacht, Beschränkungen durch Pflegschaft § 1794 1 f.; Vertretungsmacht, Entziehung § 1796 1 ff.; Verwendung des Mündelvermögens § 1805 1 ff.; Verzinsungspflicht § 1834 1; vorläufige Maßregeln des Vormundschaftsgerichts § 1846 1 ff.; Vorschuss aus der Staatskasse § 1835 12; Widerrufsrecht des Geschäftsgegners § 1830 1 f.; Wirkungskreis § 1793 1 ff.; Zwangsgeld gegen ~ § 1837 7

Vormünder- und Betreuervergütungsgesetz § 1836

Vormundschaft § 1773, § 1774, § 1775; § 1960 20; § 1975 7; Ablehnungsrecht § 1786 1 ff.; § 1787 1 f.; Amtsvormundschaft § 1791b 1 ff.; § 1791c 1 ff.; Anordnung § 1773; § 1774 1 ff.; Auslandsbezug Artikel 24 EGBGB; Beendigung § 1882, § 1884, § 1886; Einzelvormundschaft, Vorrang Vor §§ 1773 bis 1921 3; nichteheliches Kind § 1791c 1 ff.; Rechtsnatur § 1773 1; Übernahme, Erzwingung § 1788 1; Übernahmepflicht, Pflichten § 1785, § 1786, § 1787; Unentgeltlichkeit § 1836 1; Unfähigkeit/Untauglichkeit § 1776, § 1777, § 1778; Vereinsvormundschaft § 1791a 1 ff.; Vereinsvormundschaft bei Verschollenheit des Mündels § 1884 1; verzögerte Übernahme § 1776, § 1777, § 1778; Volljährigkeit des Mündels § 1882 2; Voraussetzungen § 1773 1 ff.; vorläufige § 1787 2

Vormundschaft, befreite § 1852, § 1853, § 1854, § 1855, § 1856, § 1857, § 1857a; Anordnung durch den Vater § 1852; Aufhebung der Befreiung § 1857 1; Ausschuss des Gegenvormunds § 1852, § 1853, § 1854; Befreiung durch die Mutter § 1855; Befreiung von der Rechnungslegung § 1854; Befreiung von Hinterlegung und Sperrung § 1853; Begriff § 1852, § 1853, § 1854; Jugendamt als Vormund § 1857a 1; Vereinsvormund § 1857a 1; Voraussetzungen § 1856 1

Vormundschaftliche Genehmigung § 2040 9

Vormundschafts-/Familiengericht; Abweichung von Anordnungen des Gegenvormunds § 1826 1; Abweichung von Anordnungen von Verwandten § 1779 8; § 1847 1; Abweichungen von Anordnungen Dritter § 1803 3; Anlegung von Geld, Mitwirkung § 1810; § 1811 3; Anordnung der Vormundschaft § 1774 3; Aufsicht und Fürsorge § 1837, § 1839, § 1840; Auskunft § 1839 1; Entziehung der Vertretungsmacht § 1796 1 ff.; Ermächtigung zu Rechtsgeschäften § 1825 1 f.; Gegenvormund, Bestellung § 1792 1; Hinterlegung, erweiterte Anordnung *§ 1818 1; Hinterlegungspflicht* § 1814, § 1815; § 1816 1; Jugendamt, Bestellung zum Vormund § 1791b 1;

Meinungsverschiedenheiten zwischen Mitvormündern § 1797 3; § 1798 1; Rechnungsprüfung § 1843 1 f.; § 1892 1 f.; Sperrvermerk § 1809 3; § 1814, § 1815; § 1816 4 ff.; Unterbringung § 1800 1 ff.; Unterstützung § 1837 2; vorläufige Maßregeln § 1846 1 ff.; Zwangsmittel § 1788 1; § 1837 7

Vormundschafts-/familiengerichtliche Genehmigung § 1821 1 ff.; § 1828 1 ff.; allgemeine Ermächtigung § 1825 1 f.; Anstaltsunterbringung des Betreuten § 1906 1 ff.; Anstaltsunterbringung des Mündels § 1800 4; Aufforderung zur Mitteilung § 1829 2; Ausstattung § 1908 1; Beendigung der Vormundschaft, Fortführung der Geschäfte § 1893 1 ff.; Darlehensaufnahme § 1822 18; Erbschaft, Vertrag über angefallene § 1822 8; Erbschaftsausschlagung § 1822 6; Erklärung ggü Vormund § 1828 1 ff.; Ermächtigung des Vormunds § 1829 1 ff.; Gesellschaftsvertrag § 1822 12; Gewerbebetrieb § 1822 14; § 1823 1 f.; Grundstücksgeschäfte § 1821 1 ff.; hoheitlicher Akt § 1828 1; Inhaberschuldverschreibung § 1822 19; Landgutpacht § 1822 14; langdauernder Mietvertrag § 1822 15; Lehrvertrag § 1822 17; Mangel bei einseitigem Rechtsgeschäft § 1831 1 ff.; Mangel, Folgen § 1829 2 ff.; Mietwohnung, Aufgabe § 1907 1 ff.; Mitteilung § 1829 3; Mündelgeld § 1810 1 ff.; Mündelgeld, Abhebung § 1809 4; Orderpapiere § 1822 19; Pachtvertrag § 1822 15; persönliche Angelegenheiten § 1821 2; Pflegschaft § 1915 2; Prokuraerteilung § 1822 21; Rechnungsprüfung § 1843 1 f.; Rechtsnatur § 1821 4; Schiedsvertrag § 1822 22; Schuldübernahme § 1822 20; selbständiges Erwerbsgeschäft § 1822 12; Testamentsvollstreckung, keine nach Tod des Mündels § 1829 4; Überlassung von Gegenständen § 1824 1; Umschreibung § 1814, § 1815; § 1816 5; Unterbringung § 1906 1 ff.; Verfügung nach Umschreibung oder Umwandlung § 1820 1; Verfügung über Forderungen/Wertpapiere § 1812 1 ff.; Vermächtnisausschlagung § 1822 6; Vermögen, Verfügung über ganzes § 1822 2; Verweigerung § 1828 3; § 1829 5; Volljährigkeit des Mündels § 1829 4; wahrheitswidrig behauptete ~ § 1830 1 f.; wiederkehrende Leistungen § 1822 15; Wirksamwerden § 1828 7; § 1829 3

Vormundschaftsgericht § 1962 1, 6; § 1999 2; Adoption § 1741 8; Entlassung von Beamten und Religionsdienern § 1888

Vormundschaftsgerichtliche Genehmigung § 2034 18; § 2042 20; Auslandsbezug Artikel 24 EGBGB 5

Vormundschaftsrecht § 1985 5

Vornahme; der Verteilung § 660 4; gleichzeitige § 659 6 ff.; mehrfache § 659 3 ff.

Vornahmeort Artikel 3 EGBGB 43; Artikel 7 EGBGB 11; Artikel 9 EGBGB; Artikel 11 EGBGB 7 f., 11 ff.; Artikel 12 EGBGB; Artikel 12 EGBGB 13, 18; Artikel 13 EGBGB

Artikel 13 EGBGB 12; Artikel 42 EGBGB 3; ROM I Art 11 6; ROM I Art 13
Vorname Vor §§ 1616 bis 1625 4 ff.; Änderung Vor §§ 1616 bis 1625 8; Grenzen des Bestimmungsrechts Vor §§ 1616 bis 1625 7; Grundsatz Vor §§ 1616 bis 1625 4; Meinungsverschiedenheiten Vor §§ 1616 bis 1625 6
Vorrang des Gemeinschaftsrecht; Rom I-VO ROM I Art 25 4 f.
Vorrang des Gemeinschaftsrechts; IPR ex Artikel 27 EGBGB 3; ROM I Art 3 1
Vorranghaftung § 1584 1
Vorrangige Erbenhaftung § 563b 6 f.
Vorsatz; § 15 AGG 6, 11; § 276 6 ff.; bedingter ~ § 276 6 f.; Begriff § 276 6; bewusste Fahrlässigkeit § 276 6 f.; Bewusstsein der Pflichtverletzung § 276 8; Vorsatztheorie § 276 8
Vorsatzdogma § 242 70
Vorschieben von Verbraucher § 312g 3
Vorschuss § 288 2; § 1961 13; § 2038 28
Vorschussanspruch § 637 9 ff.
Vorschusspflicht § 2038 22
Vorschusszahlungen § 614 2
Vorsorgekosten § 251 16 f.; § 256 5
Vorsorgeunterhalt § 1585 1
Vorstand § 276 13; Kündigungsberechtigung § 620 47; Kündigungserklärungsfrist § 626 14; Nachschieben von Kündigungsgründen § 626 6; Status § 611 33
Vorstellungsgespräch § 611 53
Vorteil; lediglich rechtlicher ~ § 107 5
Vorteilsabschöpfung § 812 3 ff.; § 818 1; § 852 1
Vorteilsanrechnung § 326 17 f.; § 844 17
Vorteilsausgleichung § 249 78 ff.; § 252 15; aufgedrängte ~ § 249 96; Beweislast § 249 92; Deckungsgeschäft § 249 89; Deliktsanspruch § 249 81; Erbschaft § 249 82 f.; Ersparnis von Aufwendungen § 249 87; ersparte Abnutzung des eigenen Wagens § 249 90; ersparte Kosten der häuslichen Verpflegung § 249 90; ersparte Kosten von Fahrten zur Arbeitsstelle § 249 90; gesetzliche Verweigerung § 249 79; Grundsätze § 249 92; Kongruenzerfordernis § 249 80; Steuervorteil § 249 92; Unterhaltsanspruch § 249 81; Verfrühungsvorteil § 249 82; Versicherungsleistungen § 249 84 ff.
Vorverkaufsrecht des Mieters § 577
Vorvermächtnis § 2191 1
Vorvermächtnisnehmer § 2185 1
Vorversterben § 2051 2
Vorvertrag Vor §§ 145 ff 27 ff.; Formbedürftigkeit Vor §§ 145 ff 29; Heilung von Formmangel § 311b 18
Vorwegbefriedigung § 2046 12
Vorweggenommene Erbfolge § 2049 2
Vorweggenommene Erbfolge und Vermächtnisbeschwer § 2147 2

Vorwerfbarkeit § 276 10
Vorzeitige Kündigung von Landpachtverträgen § 595a
Vorzeitiger Zugewinnausgleich; bei Getrenntleben § 1385 2; Berechnungszeitpunkt § 1387 1 ff.; Gütertrennung § 1388 1 ff.; in sonstigen Fällen § 1385 9 ff.
Vorzugsrecht; Abtretung § 401 7; Schuldübernahme § 418 4

Waffen; Verkehrspflichten § 823 165 f.; § 832 11
Wahl der Anlagenform Vor § 1577 39
Wählbares Recht ROM I Art 3 4 ff.
Wahlrecht § 15 VersAusglG 1; § 262 4
Wahlschuld § 243 5; § 244; § 245 14; § 262 1; § 2154 1
Wahlvermächtnis § 262 3; § 2154 1; § 2184 1; § 2185 1
Wahrnehmung berechtigter Interessen § 1 GewSchG 10
Wahrscheinlichkeit und Schadensersatz § 249 50 ff.
Währungsrecht § 244; § 245 1 ff., 5; ex Artikel 34 EGBGB 6, 23; Annahmezwang § 244; § 245 3; Gesetzgebungskompetenz § 244; § 245 1
Währungsschwankungen § 280 29
Waisengeld; Adoption § 1754 3
Wald § 2123 1
Warenautomat § 145 3 f.; Vor §§ 145 ff 63
Warentermingeschäfte ex Artikel 29 EGBGB 11, 14
Warentest § 823 100 f.; § 824 10
Wärme § 453 19; Verbrauchsgüterkauf § 474 8
Warnung § 3 ProdHaftG 4; § 6 ProdHaftG 2; § 14 ProdHaftG
Wartezeit § 51 VersAusglG 6
Wartung § 4 ProdHaftG 2; Vor §§ 631 bis 651 3
Wartungsvertrag § 556 10; AGB § 309 14
Wasser; Abwasser § 839 146; Hochwasser § 839 146; Kaufsache § 433 7; Verbrauchsgüterkauf § 474 8
Wasserfahrzeuge; IPR Artikel 45 EGBGB 1 ff.
Wasserschutzgebiet § 839 4
Wechsel § 246 7; § 780 10; § 783 17; § 793 4; § 799 3; Aushändigungsanspruch § 371 9
Wechsel- und Scheckreiterei § 826 41
Wechsel-/Scheckrecht; Anknüpfung ROM II Art 1 4
Wechselbezügliche Verfügungen § 2253 2; § 2254 5; § 2255 10; § 2265 4; § 2266 2; § 2267 7; § 2268 3; § 2269 3, 9; § 2270 2 ff.; § 2271 1 ff.
Wechsel-Scheck-Verfahren § 826 41
Wechselseitige Substantiierungspflicht Vor § 1577 5
Wechselverbot; Beweislast § 496 5; Drei-Monats-Akzept § 496 3; Gesamtschuldner § 496 7; Prolongationswechsel § 496 3; Rechtsfolgen bei Verstoß § 496 5 ff.; Voraussetzungen § 496 1, 3 f.

Stichwortverzeichnis

WEG; Abberufung § 26 WEG 10; Abgeschlossenheit § 3 WEG 10; Abgeschlossenheitsbescheinigung § 7 WEG 11; Abmahnung § 18 WEG 5; Abspaltungen § 2 WEG 12; Anfechtungsklage § 46 WEG; Anspruch auf bauliche Veränderung § 22 WEG 7; Ansprüche des Eigentümers und der Dauerwohnberechtigten § 34 WEG; Ansprüche gegen bauliche Veränderungen § 22 WEG 19; Anstellung § 26 WEG 3; Aufgaben und Befugnisse des Verwalters § 27 WEG; Aufhebung eines Sondereigentums § 4 WEG 6; Aufrechnung § 16 WEG 11; Aufteilungsplan § 7 WEG 10; Auslegung § 3 WEG 8; § 10 WEG 10; Ausübungsbefugnis § 10 WEG 16; Bauherrengemeinschaft Vor §§ 1–64 WEG 15; Bauliche Abweichungen § 2 WEG 6; Bauliche Veränderung § 22 WEG 2; Bauträgerrecht Vor §§ 1–64 WEG 15; Begriffsbestimmungen § 1 WEG; Begründung des Wohnungseigentums § 2 WEG 1; Beiladung § 48 1; Beschlussfähigkeit § 25 WEG 21; Beschluss-Sammlung § 24 WEG 12; Besondere Nutzung des gemeinschaftlichen Eigentums § 21 WEG 19; Besonderer Verwaltungsaufwand § 21 WEG 20; Bestellung § 26 WEG 3; Betreuungsrecht § 14 WEG 11; Betriebskosten § 16 WEG 14; Bezeichnung der Wohnungseigentümer in der Klageschrift § 44 WEG; Bruchteilsgemeinschaft § 10 WEG 1; Dauernutzungsrecht § 31 WEG 1; Dauerwohnrecht § 31 WEG 1; Vor §§ 31 bis 42 WEG 1; Dauerwohnvertrag Vor §§ 31 bis 42 WEG 1; DIN-„Vorschriften" § 14 WEG 6; Direktionsrechte § 15 WEG 22; Dritte Vor §§ 1–64 WEG 14; Duldungspflichten § 14 WEG 10; Eigenart der Wohnanlage § 22 WEG 13; Eigentümerversammlung § 23 WEG 3; Einberufender § 24 WEG 5; Ein-Mann-Versammlung § 23 WEG 7; Einstweiliger Rechtsschutz Vor §§ 43 bis 50 WEG 6; Eintragungsbewilligung § 7 WEG 7 f.; Einzuberufende § 24 WEG 2; Entlastung § 28 WEG 30; Entziehung des Wohnungseigentums § 18 WEG; Erhaltungs- und Gebrauchspflichten § 14 WEG 1; Erzwingung einer Gebrauchsregelung § 15 WEG 12; Fehlende Sondereigentumsfähigkeit § 5 WEG 7; Formvorschriften § 4 WEG; Garagenstellplätze § 3 WEG 12; Gebäudebestandteile § 5 WEG 4; Gebrauch und Nutzungen des Sondereigentums § 13 WEG 1; Gebrauchsbestimmungen § 15 WEG 3; Gebrauchsregelung § 15 WEG; Gebrauchsregelung durch Vereinbarung § 15 WEG 7; Gebrauchsregelungen durch Beschluss § 15 WEG 9; Gegenstand des Sondereigentums § 5 WEG 1; Gegenstand und Inhalt des Sondereigentums § 5 WEG; Gemeinschaftsordnung Vor §§ 1–64 WEG 5; Gemeinschaftsverhältnis Vor §§ 1–64 WEG 11; Gerichtlicher Ersatzzustellungsvertreter § 45 WEG 7; Geschäftsführung § 27 WEG 3; Geschäftsordnung § 24 WEG 8; Vor §§ 23 bis 25 WEG 8; Gewillkürte und erzwungene Kostenverteilungsschlüssel § 16 WEG 4; Gewillkürter Ersatzzustellungsvertreter § 45 WEG 5; Gliederung der Verwaltung § 20 WEG; Grundbuchvorschriften § 7 WEG; Grundsatz der praktischen Konkordanz § 14 WEG 4; Grundstücksflächen § 5 WEG 6; Gründungsmängel § 2 WEG 3; Haftung § 10 WEG 22; Handlungsorganisation § 10 WEG 18; Hausgeldinkasso § 21 WEG 18; Hausordnung § 21 WEG 7; § 27 WEG 4; Heimfallanspruch § 36 WEG; Herausgabeansprüche § 15 WEG 18; Herrschafts- und Schutzrechte § 13 WEG 2; Hinweispflichten § 46 WEG 7; Immissionen § 14 WEG 6; Inhalt des Dauerwohnrechts § 33 WEG; Insolvenz § 11 WEG 7; Insolvenzverwalter § 16 WEG 8; Instandhaltung und Instandsetzung § 21 WEG 9; Instandhaltungsrückstellung § 21 WEG 12; Interessenskollision § 45 WEG 3; Isolierte Miteigentumsanteile § 3 WEG 6; Jahresrechnung § 28 WEG 13; Kernbereich Vor §§ 1–64 WEG 12; Klage- und Klagebegründungsfrist § 46 WEG 4; Kompetenzlehre § 23 WEG 18; Kostenentscheidung § 49 WEG; Kostenentscheidung gegen den Verwalter § 49 WEG 2; Kostenentscheidung in Regelungsstreitigkeiten § 49 WEG 1; Kostenerstattung § 50 WEG; Kostenverteilungsschlüssel § 16 WEG 3; Kostenverteilungsschlüssel für Baumaßnahmen § 16 WEG 17; Kostenverteilungsschlüssel für Betriebs- und Verwaltungskosten § 16 WEG 13; langfristige Dauerwohnrechte § 41 WEG; Managementaufgaben § 27 WEG 5; Mehrhausanlagen § 23 WEG 6; Vor §§ 1–64 WEG 13; Miteigentümer Vor §§ 1–64 WEG 1; Miteigentumsanteile § 3 WEG 3; Mitgebrauch § 13 WEG 4; Mitsondereigentum § 1 WEG 3; Modernisierende Instandsetzungen § 22 WEG 16; Modernisierungen § 22 WEG 10; Musizieren § 14 WEG 2; Nachbareigentum § 1 WEG 4; Nachbarrechtliche Vorschriften des Privat und des öff. Rechts § 14 WEG 5; Nachschieben weiterer Anfechtungsgründe § 46 WEG 5; Nachteil § 14 WEG 3; Nachweis der Verwaltereigenschaft § 26 WEG 21; Negativbeschl Vor §§ 23 bis 25 WEG 1; Nichtigkeitsgründe § 23 WEG 15; Nichtöffentlichkeit § 23 WEG 8; Niederschrift § 24 WEG 11; Notgeschäftsführung § 21 WEG 2; Notverwalter § 26 WEG 7; Nutzungen § 13 WEG 5; § 16 WEG 1; Öffnungsklausel § 10 WEG 6; Öffnungsklauseln § 23 WEG 1; optischer Gesamteindruck § 14 WEG 6; Ordnungsmäßige Verwaltung § 21 WEG 5; Parabolantenne § 14 WEG 2; § 15 WEG 23; positive Beschl Vor §§ 23 bis 25 WEG 1; Privatautonomie § 10 WEG 3; Prozessverbindung § 47 WEG; Raum § 5 WEG 2; Rechnungsabgrenzungen § 28 WEG 15; Rechnungslegung § 28 WEG 27; Rechtsmittel Vor §§ 43 bis 50 WEG 7; Schiedsvereinbarungen Vor §§ 43 bis 50 WEG 4; schlagwort-, stichwortartige Bezeichnung § 24 WEG 7; Schließung der Wohnungsgrundbücher § 9 WEG; Schriftliche Beschlüsse § 23 WEG 12; Sondereigentum § 1 WEG 2; Sondernutzungsrecht § 13 WEG 7; Sonderumlage § 28 WEG 10; Stand der Technik § 22 WEG 11; Stecken gebliebener Bau § 22 WEG 22; Stimmrecht § 25 WEG 2; Stimmrechtsausübung und -berechnung § 25 WEG 10; Stimmrechtsprinzipien § 25 WEG 7; Stimmrechtsvertretung § 25 WEG 8; Tagesordnung § 24 WEG 9; Tausch § 2 WEG 13; Teilung durch den Eigentümer § 8 WEG; Teilungserklärung § 8 WEG 2; Teilungsvertrag § 3 WEG 1; Teilversammlung § 23 WEG 6; Tierhaltung § 14 WEG 2; Time-Sharing Vor §§ 31 bis 42 WEG 5; Trittschall § 14 WEG 6; Typisierende Betrachtungsweise § 15 WEG 10; Überbau § 1 WEG 11; Überdimensionale Miteigentumsanteile § 3 WEG 5; Übergangsrecht § 62 WEG 1; Umwandlung von Gemeinschaftseigentum in Sondereigentum § 2 WEG 8; Umwandlung von Sonder- in Gemeinschaftseigentum § 2 WEG 9; Universalversammlung § 23 WEG 4; Unselbständigkeit des Sondereigentums § 6 WEG; Unterlassungs- und Beseitigungsansprüche § 15 WEG 16; Unterteilung § 2 WEG 4; Unterteilungen § 2 WEG 10; Veräußerungsbeschränkung § 12 WEG, § 35 WEG; Veräußerungsurteil/-klage § 19 WEG 1; verdinglichte und schuldrechtliche Sondernutzungsrechte § 13 WEG 8; Verdinglichte Vereinbarungen § 10 WEG 9; Vereinbarte Beschlusskompetenzen § 23 WEG 1; Vereinbarungen § 10 WEG 3; Vereinigung von Wohnungs- und Teileigentumseinheiten § 2 WEG 11; Verfahrensvorschriften Vor §§ 43 bis 50 WEG 3; Vergütung § 26 WEG 18; Verlangen ordnungsmäßiger Verwaltung § 21 WEG 14; Vermietetes Sondereigentum § 13 WEG 18; Vermögensverwaltung § 27 WEG 7, 20; Verpflichtung zur Einräumung/Aufhebung von Sondereigentum § 4 WEG 9; Versammlungsort § 24 WEG 3; Versammlungsstätte § 24 WEG 3; Versicherungen § 21 WEG 10; Versorgungssperre § 16 WEG 12; Vertretung der Wohnungseigentümer § 27 WEG 12; Vertretung der Wohnungseigentümergemeinschaft § 27 WEG 19; Verwalter § 26 WEG 1; Verwaltervertrag § 26 WEG 15; Verwaltungsbeirat § 29 WEG; Verwaltungsgegenstand § 21 WEG 1; Verwaltungskosten § 16 WEG 15; Verwaltungsvermögen § 10 WEG 21; virtuelle Versammlung § 23 WEG 4; Vollmachts- und Ermächtigungsurkunde § 27 WEG 21; Vorschalt- oder Güteverfahren Vor §§ 43 bis 50 WEG 3; werdende Gemeinschaft Vor §§ 1–64 WEG 9; werdender Wohnungseigentümer Vor §§ 1–64 WEG 9; Wiedereinsetzung § 46 WEG 6; Wiederholungsgefahr § 15 WEG 16; Wirtschaftsplan § 28 WEG 1; Wohngeldschuldner § 16 WEG 6; Wohngerüche § 14 WEG 2; Wohnungs- und Teileigentum § 1 WEG 1; Wohnungs-/Teileigentümer Vor §§ 1–64 WEG 1; Wohnungseigentümergemeinschaft § 10 WEG 15; Vor §§ 1–64 WEG 3, 10; Wohnungseigentumsrechte § 10 WEG 1; Vor §§ 1–64 WEG 4; Wohnungserbbaurecht § 30 WEG; Wohnungsgrundbuch Vor §§ 1–64 WEG 1; Zerstörung des Gebäudes § 22 WEG 21; Zurückbehaltungsrecht § 16 WEG 11; Zuständigkeit § 43 WEG; Zuständigkeitsstreitigkeiten; Zuständigkeitsbestimmung Vor §§ 43 bis 50 WEG 5; Zustellung § 45 WEG; Zustellungen § 27 WEG 9; Zustimmung zum Gebrauch § 15 WEG 13; Zwangsverwalter § 16 WEG 8; Zweckbestimmungen § 15 WEG 3; Zweckbestimmungen im engeren Sinne § 15 WEG 6; Zweiergemeinschaft § 28 WEG 29; Zweitbeschlüsse Vor §§ 23 bis 25 WEG 7; Zweitversammlung § 23 WEG 7; Zweitversammlungen § 25 WEG 24

Wegerisiko § 615 23

Wegfall der Bereicherung § 812 90; § 818 18 ff., 38; § 1569 9; Anfechtung § 818 35; arglistige Täuschung § 818 35; Aufwendungen § 818 24; Befreiung von einer Verbindlichkeit § 818 22; ersparte Aufwendungen § 818 21; Erwerbskosten § 818 25; Folgeschäden § 818 27; gegenseitige Verträge § 818 28 ff.; Geschäftsunfähige/ beschränkt Geschäftsfähige § 818 34; Luxusaufwendungen § 818 21; Mangel § 818 35; Saldierung (Grundlagen) § 818 19 ff.; Saldotheorie (Einschränkungen) § 818 29 ff.; unzureichendes Aktivvermögen § 818 23; Vertrauensschutz § 818 18; Vorleistungen § 818 33; Wucher § 818 35; Zurechnungskriterien § 818 18

Wegfall der Geschäftsgrundlage; Kollisionsnorm § 244; § 245 7; Prozessvergleich § 779 48; Vergleich § 779 1, 26, 29

Wegfall eines Abkömmlings § 2069 1

Wegnahme von Einrichtungen § 591a

Wegnahmepflicht § 258 5

Wegnahmerecht § 258 1 ff.; § 292 5; § 539 10 ff.; § 951 12; § 997 1; § 2022 12; Ausübung § 539 12; Verjährung § 548

Weigerung; Auskunft zu erteilen § 1385 12

Weigerungsrecht § 2059 5

Weihnachtsgeld § 611 48; Vor § 1577 9

Weisung § 166 8; § 280 71; § 713 3; Nichtbefolgen § 626 7; Stellvertretung § 166 8

Weisungsgeberlösung § 2205 9, 13

Weisungsgebundenheit; Arbeitnehmer § 611 18

Weisungsrecht § 3 AGG 43; Arbeitgeber § 611 67, 69 f., 104, 109

Weiterbeschäftigung § 620 85

Weiterbeschäftigungsangebot; Betriebserwerber § 615 21

Weiterbeschäftigungsanspruch § 611 99; § 615 20; § 620 77

Weiterbeschäftigungsmöglichkeit § 620 77

Weiterbildung § 2 AGG 13

Weiterfresserschäden § 1 ProdHaftG 6; § 823 41 ff.

Weitergehender Schadensersatz gem § 546a II § 546a 13

Weitergeltung § 613a 17

Weiterveräußerung § 567b 2 f.

Weiterveräußerungsermächtigung § 185 8

Weitervermietung § 535 13

Stichwortverzeichnis

Weiterverweisung Artikel 3 EGBGB 4; Artikel 4 EGBGB; Artikel 4 EGBGB 3 ff.; Artikel 5 EGBGB; Artikel 40 EGBGB 8; Artikel 41 EGBGB 2; Artikel 42 EGBGB 1; ex Artikel 27 EGBGB 10, 19; ROM I Art 3 7, 17; ROM I Art 10 3 f.; ROM I Art 20 1 ff.; IPR ex Artikel 32 EGBGB 1; ROM I Art 10 3 f.
Wellenstreik § 615 24
Weltanschauung § 1 AGG 6; § 3 AGG; § 8 AGG 13; § 9 AGG 5; § 11 AGG 3
Werbegeschenk § 1 ProdHaftG 15
Werbung § 3 ProdHaftG 4
Werbungskosten Vor § 1577 20
Werbungsvertrag Vor §§ 631 bis 651 30
Werkdienstwohnung § 576 2, 12; § 576b
Werklieferungsvertrag § 651 1 ff.; Abgrenzung zum Werkvertrag § 651 3 ff.; bewegliche Sachen § 651 8 ff.; Lieferung mit Einbauverpflichtung § 651 6 ff.; nicht vertretbare Sachen § 651 11
Werklohn § 246 1; Durchgriffsfälligkeit § 641 9 ff.; Fälligkeit § 641 4 ff.; Verzinsung § 641 22
Werkmietwohnungen § 576
Werksförderungsvertrag § 576 6
Werkstatt § 1361b 6
Werkstudent § 611 21
Werkvertrag § 320 23; § 611 5, 15, 103; § 631, § 632; Vor §§ 328 bis 335 23; Abgrenzung Vor §§ 631 bis 651 5 ff.; Abnahme § 640 1 ff.; Abschlagszahlungen § 632a 1 ff.; Beweislast § 632 3, 6; § 634 26; Druckzuschlag § 641 15 ff.; Gefahrtragung § 644; § 645 1 ff.; Haftungsausschluss § 639 1 ff.; Kostenanschlag § 650 1; Kündigungsrecht des Bestellers § 649 1 ff.; Mängelrechte § 634; Mitwirkung des Bestellers § 642 2 ff.; Pflichten § 631 21 ff., 34 ff.; Ratenlieferungsverträge § 510 2; Rechtsnatur § 631 1 ff.; Sicherheiten § 647 1 ff.; § 648 1 ff.; § 648a 1 ff.; Teilzahlungsgeschäft § 506 8 f.; Vergütung § 631 35 ff.; § 632 1 ff.; Weiterfresserschäden § 823 41 ff.
Werkwohnung § 576 1
Wertausgleich § 2048 17, 24; in Geld durch den Verpächter § 582a 7
Wertbestimmung § 996 4; § 2055 16
Wertbildende Merkmale § 311 60
Werterhöhung § 996 3
Wertermittlung § 5 VersAusglG 5; § 1376 1 ff.; § 1993 1
Wertermittlungsanspruch § 1379 19 ff.
Wertersatz § 290 1; § 346 5; § 357 7 ff.; § 818 9 ff., 13, 15; § 882; § 987 5; § 1973 10; § 1978 8; § 2019 11; § 2020 2; Ausschluss § 346 12; Dienst- und Werkleistungen § 818 16; Gebrauchsvorteile § 818 17; Immaterialgüterrechte § 818 17; Nutzungen/Surrogate § 818 11, 17; Unmöglichkeit/Unvermögen § 818 9 f.; Verschaffungsvermächtnis § 2170 3; Verwendungen § 818 15; Verzinsung § 290 1; Werterhöhung § 818 10; Zeitpunkt § 818 14
Wertersatzanspruch; Nacherben § 2130 4; § 2134 1 f.

Wertersatzfeststellung § 988 4
Wertgrenze § 14 VersAusglG 5; § 35 VersAusglG 2
Wertminderung; des überlassenen Inventars § 590 3; kraft Gesetzes § 536 22
Wertpapierbegriff § 793 1
Wertpapierdienstleister § 280 65
Wertpapiere § 2116, § 2117, § 2118, § 2119, § 2120, § 2121, § 2122, § 2123, § 2124, § 2125, § 2126, § 2127, § 2128; § 2129 1 ff.; Artikel 43 EGBGB 9; Anknüpfung ROM II Art 1 4; Arten § 793 2 ff.; Hinterlegung § 372 9
Wertpapierkauf § 453 21
Wertsicherungsklausel § 244; § 245 18 ff.; § 488 5; § 535 145; Ausnahmevorbehalt § 244; § 245 19; Außenhandel § 244; § 245 27; automatische Preisanpassung § 244; § 245 21; Bereichsausnahmen § 244; § 245 27; ergänzende Vertragsauslegung § 157 52; Geld- und Kapitalverkehr § 244; § 245 27; Geldwertschulden § 244; § 245 21; Gemeinschaftsrechtskonformität § 244; § 245 19; genehmigungsbedürftige Wertsicherungsklauseln § 244; § 245 28; genehmigungsfreie Wertsicherungsklauseln § 244; § 245 23 ff.; Gleitklauseln § 244; § 245 21; hinreichende Bestimmtheit § 244; § 245 28; Indexierungsverbot § 244; § 245 19; Kostenelementsklauseln § 244; § 245 25; Leistungsvorbehaltsklauseln § 244; § 245 23; Miet- und Pachtverträge über Immobilien § 244; § 245 27; Preis- oder Indexklauseln § 244; § 245 19; Preisangaben- und Preisklauselngesetz § 244; Risiko der Geldentwertung § 244; § 245 19; Schiedsgutachter § 244; § 245 23; schuldrechtlicher Nominalismus § 244; § 245 19; schwebende Unwirksamkeit § 244; § 245 30; Spannungsklauseln § 244; § 245 24; unangemessene Benachteiligung § 244; § 245 28; Verbot § 244; § 245 19; Währungsgesetz aF § 244; § 245 19; Wettbewerb § 244; § 245 28
Wertsteigerungen § 2124, § 2125; § 2126 8
Wertung § 660 4
Wertungsspielraum § 620 84
Werturteile § 823 99
Wertverbessernde Verwendungen § 591
Wesentlich und entscheidend § 8 AGG 5
Wesentliche Wertänderung § 51 VersAusglG 4
Wesentlichkeit § 906 17 ff.
Wettbewerb § 661 3, 8; Unterlassung § 611 85
Wettbewerb, unlauterer; Anknüpfung ROM II Art 6 1, 4 ff.; Auswirkungsort ROM II Art 6 4; betriebsbezogene Beeinträchtigung ROM II Art 6 5; Grundanknüpfung ROM II Art 6 1; Marktort ROM II Art 6 4; Rechtswahl ROM II Art 6 6
Wettbewerbsbeschränkungen; Anknüpfung Artikel 40 EGBGB 7; Anknüpfung ROM II Art 6 3, 7
Wettbewerbsfreiheit § 823 87
Wettbewerbsrecht ex Artikel 34 EGBGB 2, 14, 18
Wettbewerbsverbot § 535 151; § 611 38, 43; § 626 7; § 705 23; § 738 6; Auslegung § 157 5

§ 157 50; nachvertragliches ~ § 611 86; § 620 7; nachvertragliches ~ Artikel 3 EGBGB 31

Wette § 158 9; § 312d 11; § 657 5; § 780 14; Abgrenzung Spiel und Wette § 762 15; Aufklärungspflichten § 762 23 f.; Definition § 762 14; Sportwette § 762 12

Wettkämpfe; sportliche § 661 7

Whistleblowing § 611 87; § 626 7

Wichtiger Grund § 314 7 ff.; § 626 3, 7; § 627 2; in der Person des Untermieters § 540 11 f.; Pflichtverletzungen § 314 9; Vertretenmüssen § 314 8; Zerstörung des Vertrauensverhältnisses § 314 12

Widerklage § 1990 20

Widerlegbare Vermutung § 1360b 1, 3; § 1964 9

Widerrechtliche Drohung § 123 32; § 138 4; Drohung § 123 32; Übel § 123 33; Widerrechtlichkeit § 123 36

Widerruf § 168 2 f.; § 183; § 249 23; § 355; § 658 2 ff.; § 2040 6 f.; § 2048 19; Anwendungsbereich § 355 9; bei Minderjährigen § 109; Belehrung § 355; Berechtigter § 355 5; deutliche Gestaltung § 355 12; Einwilligung § 183; Form § 355 4, 14; Frist § 355 6 ff.; Muster des BMJ § 355 15 f.; Vaterschaftsanerkennung § 1598; verbraucherschützender ~ Vor §§ 355 bis 359 2; Vertrag § 1366 7 ff.; Vertretung ohne Vertretungsmacht § 178; Verzicht § 533; Vollmacht § 168 12 ff.; Vor §§ 2197 ff 3; Vollmachtskundgabe § 171 6; Willenserklärung § 130 1, 5, 20; Wirkung § 355 1 f.

Widerruf des Testaments § 2253 1 ff.; Aufhebungsabsicht § 2255 6 ff.; durch Rücknahme aus der amtlichen Verwahrung § 2256 1 ff.; durch Testament § 2254 1 ff.; § 2258 1 f.; durch Vernichtung oder Veränderungen § 2255 1 ff.; teilweiser Widerruf § 2255 5; Unwirksamkeit und Unwirksamwerden § 2258 6; Widerruf des Widerrufs § 2257 1 ff.

Widerruf wechselbezüglicher Verfügungen § 2271 1 ff.; Form § 2271 2; nach dem Tod eines Ehegatten § 2271 7; zu Lebzeiten beider Ehegatten § 2271 2

Widerruf, Rechtsfolgen; Haftungsmilderung § 357 13; Haftungsverschärfung § 357 9; Kosten der Rücksendung § 357 5; Musterbelehrung § 357 12; Rückgabepflicht des Verbrauchers § 357 4 f.; Verweisung auf Rücktrittsrecht § 357 1 f.; Verzinsung von Geldschulden § 357 3; weitergehende Ansprüche § 357 14 ff.; Wertersatzpflicht § 357 7 ff.

Widerruf, verbraucherschützender; Stellvertretung § 164 76

Widerrufsbelehrung; Fristbeginn § 187 4

Widerrufsdurchgriff § 358 2, 14 f.

Widerrufsrecht § 145 6; § 312; § 454 16; Vor §§ 145 ff 56; Arbeitnehmer § 611 65; Teilzeit-Wohnrechtevertrag § 485

Widerrufsrecht (beim Verbraucherkredit); Ausübung § 495 3; Beweislast § 495 12; Gesamtschuldnerschaft § 495 7; Rechtsfolgen § 495 10 f.; Rechtsnatur § 495 2; Stellvertretung § 495 6; Verhältnis zu Formnichtigkeit und Heilung § 494 2; § 495 3; Verzicht § 495 4; Vollstreckungsgegenklage § 495 2; Widerrufsbelehrung § 495 5; Widerrufsfrist § 495 5

Widerrufsverbot als Auflage § 2192 4; Vor §§ 2197 ff 3

Widerrufsvorbehalt § 611 63, 74; AGB § 310 22; bzgl Angebot § 145 11

Widerspruch § 892 11; § 2042 29; des Schuldners § 267 6; Eintragung § 899 7; Löschung § 899 12; Wirkung § 899 11

Widerspruch des Arbeitnehmers; Betriebsübergang § 613a 43, 46 f.; § 615 21

Widerspruch des Mieters § 574a 2

Widersprüchliches Verhalten § 242 30

Widerspruchsrecht § 710 1; § 711 1; Ausschluss § 562a 7 ff.; bei Werkmietwohnungen § 576a

Wiederaufnahmeverfahren § 2039 7

Wiederbeschaffung § 657 16

Wiederbeschaffungswert § 249 10, 12, 30; § 251 6

Wiedereinräumung des unmittelbaren Besitzes § 546 6

Wiedereinsetzung in den vorigen Stand § 1996 2; § 1997 4

Wiedereinsetzungsgrund § 1996 2

Wiedereinstellung § 626 9; ~anspruch § 613a 32; § 620 98 f.

Wiedererlangung § 1001 2

Wiederheirat § 20 VersAusglG 12; Einbenennung bei ~ § 1618 5

Wiederholungsgefahr § 14 AGG 2

Wiederkauf § 456, § 457, § 458; § 465 3; Ausschlussfrist § 462; mehrere Berechtigte § 461; Schätzungswert § 460; Verwendungsersatz § 459

Wiederkaufsrecht Vor §§ 346 ff 2

Wiederkehrschuldverhältnis § 314 6

Wiederverheiratung § 1569 7; § 2044 1; ~klausel § 2074 1; § 2075 4, 7; § 2269 4, 9; § 2270 4

Wiederverheiratungsklausel § 2100 15, 36

Wiederverkauf § 456 5

Wille Vor §§ 116 ff 25 ff.; des Zuwendenden § 1581 17; Erklärungsbewusstsein Vor §§ 116 ff 27; Geschäftswille/Rechtsfolgewille Vor §§ 116 ff 28; Handlungswille Vor §§ 116 ff 26

Willenserklärung § 130 1; Vor §§ 116 ff 3, 16 ff.; Abgabe bei der Stellvertretung § 164 29; Auslegung § 157 1; elektronische ~ Vor §§ 116 ff 23; empfangsbedürftige ~ § 130 1 ff.; Vor §§ 116 ff 18; Erklärungsbewusstsein § 133 10, 24; gegenüber Geschäftsunfähigen § 131 3; konkludente Vor §§ 145 ff 43; konkludente ~ Vor §§ 116 ff 20; Kündigung § 620 31; nicht empfangsbedürftige ~ § 130 1; Vor §§ 116 ff 18; perplexe ~ § 133 15; Schweigen als ~ Vor §§ 116 ff 21; Schweigen als ~ § 148 3 f.; Vollendung § 130 1; Zugang bei Stellvertretung § 164 29

Willensmangel § 166 4, 11; § 611 59; Vor §§ 2078 ff 1 ff.; Botenschaft § 164 20; § 166 2; Stellvertretung § 164 29; § 166 4, 11

Stichwortverzeichnis

Willigkeit des Dienstverpflichteten § 615 10
Windbruch § 2133 2, 5
Wirksamkeitserfordernis § 661 7
Wirksamkeitsvoraussetzung § 657 11
Wirksamwerden von Verfügungen trotz Erlöschen der Testamentsvollstreckung § 2225 2
Wirkung; der Ehenichtigkeit oder -auflösung § 2268 1; der Säumnis § 1974 7
Wirtschaftliche Eigenverantwortlichkeit § 1569 1; § 1573 1; § 1577 18
Wirtschaftliche Unmöglichkeit § 313 29
Wirtschaftliche Unzumutbarkeit § 275 5
Wirtschaftlicher Totalschaden § 249 9
Wirtschaftlichkeit; Arzthaftung § 823 212
Wirtschaftlichkeitsgrundsatz § 556 7
Wirtschaftsführung Vor § 1577 10
Wirtschaftsgüter von allgemeiner, zentraler Bedeutung für die Lebenshaltung § 249 43
Wirtschaftsplan § 2123 1 ff.
Wirtschaftsprüfer § 280 69, 76; § 823 172; § 826 20; Vor §§ 631 bis 651 20
Wirtschaftsprüfervertrag § 611 15
Wirtschaftsprüfung § 675 22
Wirtschaftsrisiko § 611 58; § 615 23
Wissenschaftsfreiheit § 823 99; § 824 14
Wissensvertretung § 164 24; § 166 13 ff.
Wissensvorsprung § 311 43
Wissenszurechnung § 164 24; § 166; Auge-und-Ohr-Rechtsprechung § 166 15; Botenschaft § 164 20; § 166 2; Chinese Walls § 166 21; Datenschutz- und Geheimhaltungspflichten § 166 21; Gesamtvertretung § 164 63; § 166 2; Gleichstellungsargument § 166 18; kraft Organisationspflicht § 166 18 ff.; künstliches Speicherwissen § 166 12; Organwissen § 166 22 f.; selbstständige Dritte (zB Makler) § 166 17; Stellvertretung § 166 5; Treuhand § 166 2; verhaltensakzessorische ~ § 166 23; Verhandlungsführer und -gehilfen § 166 16; Verjährung deliktischer Regressforderungen des Staates § 166 15
Witwenrente § 2 AGG 14
Witwe(r) § 26 VersAusglG 1
Wochenendhaus § 1361b 5
Wohl des Kindes § 1361b 14
Wohlerworbene Rechte Artikel 3 EGBGB 40; Artikel 39 EGBGB 3; ROM II Art 11 2
Wohncontainern § 535 16
Wohnfläche § 535 18; § 556a
Wohnflächenberechnung § 556a
Wohngeld Vor § 1577 18
Wohngeldschulden § 1967 6
Wohngemeinschaft § 540 19
Wohnhaus; eigengenutztes ~ § 249 43
Wohnraummiete § 546a 14; Abbedingung des Minderungsrechts § 536d 1
Wohnraummietrecht ex Artikel 29 EGBGB 10; ex Artikel 34 EGBGB 11, 18

Wohnraumvermietung § 19 AGG 9
Wohnrecht § 1374 16; § 1376 9; § 2042 19; Schenkung § 516 26
Wohnrecht, Bewertung § 1376 19
Wohnsitz § 7 1 ff.; § 270 3; Abgrenzungen § 7 3; Aufhebung § 7 8; Bedeutung § 7 1; Begriff § 7 2; Begründung § 7 4 ff.; des Kindes § 11 1 ff.; im IPR § 7 10; im Zivilprozess § 7 11; mehrfacher § 7 7; nicht voll Geschäftsfähiger § 8 1 ff.; Verheiratete § 8 3; von Soldaten § 9 1 ff.
Wohnsitzlose § 7 9
Wohnung; Begriff § 573a 3; vom Vermieter selbst bewohnte ~ § 573a 6
Wohnungsbelegungsrechte (werksfremder) Wohnungen § 576 6
Wohnungseigentum § 311b 2; § 554a 17; § 705 41; § 741 5; § 752 3; Besonderheiten bei Begründung § 566 20 ff.; Mängelrechte bei ~ § 634 23
Wohnungseigentümergemeinschaft; Haftung der Wohnungseigentümer § 420 3; § 426 8; Rechtsfähigkeit Vor §§ 420 bis 432 8; Vertretung durch Verwalter § 164 54; § 181 2
Wohnungsrecht; Belastungsgegenstand § 1093 12 ff.; Berechtigter § 1093 19 ff.; Entstehen; Erlöschen § 1093 23 ff.; Inhalt § 1093 4 ff.; Rechtsnatur § 1093 1 ff.
Wohnungstausch § 540 4
Wohnungswechsel im selben Haus § 573c 6
Wohnungszuweisung § 1361b 30 ff.; Alleineigentum § 1568a 11; Ausgleichszahlung § 1568a 3; Befristung des Mietverhältnisses § 1568a 32; Belange Dritter § 1568a 9; Billigkeit § 1568a 8; Dienstwohnung § 1568a 26; Kaution § 1568a 24; Kindeswohl § 1568a 5; Mietverhältnisse § 1568a 30; Mietwohnung § 1568a 19; Miteigentum § 1568a 14; Nutzungsentschädigung § 1568a 14; ortsübliche Miete § 1568a 31; Schutz des Vermieters § 1568a 25; Tatbestand § 1568a 1; unbillige Härte § 1568a 16; Ursachen der Eheauflösung § 1568a 10; Vermieterpfandrecht § 1568a 23; Werkwohnung § 1568a 26
Wohnvorteile § 1577 9
Wohnwert; negativer ~ Vor § 1577 26
Wohnwertbildendes Merkmal; Art § 558 9; Ausstattung § 558 11; Beschaffenheit und Lage § 558 12; Größe § 558 10
Wortlautanalyse § 2084 5 ff.
WpHG § 280 67 ff.
Wucher § 138 3, 50; § 246 8; ex Artikel 34 EGBGB 8; auffälliges Missverhältnis § 138 50, 53; Ausbeutung einer Unterlegenheit § 138 62; entgeltliches Austauschverhältnis § 138 52; erhebliche Willensschwäche § 138 61; grobes Missverhältnis § 138 54, 63; Lohnwucher § 138 54; mangelndes Urteilsvermögen § 138 60; subjektive Voraussetzungen § 138 56; Unerfahrenheit § 138 59; Zwangslage § 138 57
Wucherähnliches Geschäft § 138 50, 124
Wünsche des Erblassers für Testamentsvollstreckung § 2216 4

Zahlung; bargeldlose ~ § 244; § 245 3; unter Vorbehalt § 543 18
Zahlungs- und Herausgabepflicht § 2050 29
Zahlungsanweisung § 780 3
Zahlungsaufschub § 494 4; § 506 2 f.
Zahlungsauftrag § 675f 25; Ablehnung § 675o 1; Ausführungspflicht § 675o 6; Entgelt § 675y 13; Haftungsausschluss § 675y 10; Nicht erfolgte Ausführung § 675y 1; Regressansprüche § 676a 2; Sonstige Ansprüche § 675z 1; Terminaufträge § 675n 6; Unwiderruflichkeit § 675p 2; Verschuldensunabhängige Haftung § 675y 2; Widerruf § 675p 1; Zahlungsverkehrssysteme § 675p 9; Zugang § 675n 3
Zahlungsauthentifizierungsinstrument § 675f 31; § 675j 4; Autorisierung § 675w 2; Gefahrtragung § 675 m 4; Haftung bei Fahrlässigkeit § 675v 3; Haftung, grobe Fahrlässigkeit § 675v 4; Haftungsausschluss § 675v 5; Missbräuchliche Nutzung § 675v 1; Nachweis Autorisierung § 675w 3; Nutzungsbegrenzung § 675k 2; Pflichten des Zahlers § 675l 1; Pflichten des Zahlungsdienstleisters § 675 m 2 f.; Sperre § 675j 4; Verschuldensunabhängige Haftung § 675v 2
Zahlungsdienste § 675c 2; § 675d 2; Abweichende Vereinbarung § 675e 1 ff.; Aufwendungsersatz § 675u 4; bargeldlose Zahlungen § 675c 3 f., 7; Drittstaatenbezug § 675d 7; § 675e 3; elektronisches Geld § 675c 8; § 675i 6; Erstattungsanspruch § 675u 5; Fernabsatzverträge § 675d 5; Geschäftsbesorgung § 675c 1; Haftungsausschluss § 676c 1; Informationspflichten § 675d 1, 4 ff.; Kleinbetragsinstrumente § 675i 3; nicht autorisiert § 675u 3
Zahlungsdiensterahmenvertrag; Änderungsvoraussetzungen § 675g 3; Fristlose Kündigung § 675g 5; Hauptpflicht § 675f 20; Kontrahierungszwang § 675f 19; Ordentliche Kündigung § 675 3 f.; Zahlungskonto § 675f 20
Zahlungsdienstevertrag; Abbuchungsauftrag § 675f 10; Autorisierung § 675j 3; ec-Karte § 675f 14; Einzelzahlungsvertrag § 675f 2 f.; Einzugsermächtigung § 675f 11; Entgelt § 675f 27; § 675h 5; Entgelt Nebenpflicht § 675f 28; Geldkarte § 675f 16; Kreditkarte § 675f 13; Lastschrift § 675f 9 ff.; POS/POZ System § 675f 15; SEPA Lastschrift § 675j 3; Überweisung § 675f 4
Zahlungsdienstleister § 675d 2
Zahlungsort § 270 1, 3
Zahlungsunfähigkeit § 1975 12; § 1980 2, 12; § 1991 2; des Untermieters § 540 13
Zahlungsverzug § 247 3
Zahlungsverzug des Mieters; für zwei aufeinander folgende Termine § 543 19; Heilung nach § 543 II 2 und 3 § 543 23; in einem Zeitraum, der sich über mehr als zwei Termine erstreckt § 543 22; Zahlung unter Vorbehalt § 543 18
ZahlungsverzugsRL § 280 27 f.; § 286 2, 18, 20, 27; § 288 5; Abschreckungscharakter § 288 1; Anwendungsbereich § 288 4; Fälligkeit § 286 20; Rechtsirrtum § 286 24; Verantwortlichkeit § 286 24

Zahlungsvorgang § 675f 24; Anzeige § 676b 2; Ausführungsfrist § 675s 2; Ausschlussfrist § 675x 7; Bareinzahlung § 675t 5; Beteiligung des Zahlungsdienstleisters § 675n 5; Beweislast § 676 1; Beweislast der Authentifizierung § 675w 1; Entgelte § 675q 2, 4; Erfüllungsgehilfen § 675y 4; Erstattungsanspruch § 675x 2; Kundenerkennung § 675r 2; ohne Zahlungskonto § 675t 4; Sonstige Ansprüche § 675z 1; Verfügbarkeit Zahlbetrag § 675t 2; Weiterleitungspflicht § 675s 4; Wertstellung § 675t 3; Wirksamwerden § 675n 3
Zahnarztpraxis § 1376 9
Zahnprothese; Werkvertrag zur Anfertigung einer ~ Vor §§ 631 bis 651 20
Zeit; nicht erhebliche ~ § 616 3
Zeit für die Bedarfsbemessung § 1361 12
Zeit- und Ortsangabe § 2247 15 f.
Zeit- und Umstandsmoment § 1569 13
Zeitaufwand § 1960 36; § 1987 4
Zeitliche Begrenzung § 1572 10; § 1574 12
Zeitliche Hinsicht § 1573 6
Zeitliche Kongruenz § 1577 4; § 1581 8; Vor § 1577 3
Zeitlicher Anwendungsbereich der Rom I-VO ROM I Art 28 1 f.; ROM I Art 29 1
Zeitlicher Zusammenhang § 1572 6; § 1573 8; persönlicher und wirtschaftlicher ~ § 1569 4
Zeitmoment § 1585b 6
Zeitpunkt; der Scheidung § 1572 7; des Amtsantritts als Testamentsvollstrecker § 2201 2; des Erlöschens der Testamentsvollstreckung § 2203 5; des Vermächtnisanfalls § 2269 12
Zeitratierliche Bewertung § 5 VersAusglG 5; § 39 VersAusglG 1; § 40 VersAusglG 1; § 44 VersAusglG 1; § 45 VersAusglG 3
Zeitraum; Berechnung § 191 1
Zeitschriftenabonnements § 510 6
Zeitspanne § 1573 17
Zeitungsbote § 611 21
Zeitvergütung § 614 2
Zentralregulierung § 950 7
Zerobonds § 793 9
Zerrüttung des Mietverhältnisses § 573a 8
Zerstörung § 2041 5
Zessionsfälle § 249 79 f.
Zeugnis § 630 1 f.; Berichtigung § 630 2; einfaches ~ § 630 2; qualifiziertes ~ § 630 2
Zeugniserteilung; Pflicht § 630 1
Ziel; legitimes ~ § 10 AGG 6
Zielvereinbarung § 611 74
Zielversorgung § 15 VersAusglG 2
Zimmernachbar § 2028 2
Zinsänderungsklauseln § 157 52
Zinsanpassungsklauseln § 489 5
Zinsen; Änderungsklausel, AGB § 306 9; Anwendungsfälle § 246 6; Begriff § 246 5; § 248 2; Berei-

cherung § 246 2; Disagio § 248 2; Funktion § 246 2; Kreditgebühren § 248 2; Schaden § 246 2
Zinseszins § 248 1 ff.; Ausnahme vom Verbot § 248 3; Disagio § 248 2; Kreditgebühren § 248 2; Verbot § 248 1 ff.; Verzugszinsen § 248 1
Zinseszinsverbot § 246 9; § 289 1; Prozesszinsen § 291 6; Verzögerungsschäden § 289 2; Verzugszinsen § 289 1; Zinsbegriff § 289 1
Zinsflussabreden § 246 8
Zinsleistungen Vor § 1577 27
Zinsschein § 799 3; § 803 1 ff.; § 805 1 f.; § 807 4
Zinsschuld § 246 1 ff.; Abtretung § 246 4; Akzessorietät § 246 4; Anwendungsfälle § 246 1; Begriff § 246 4; Fälligkeit § 246 9; Geldschuld § 246 3; Inhalt § 246 1; Nebenschuld § 246 4; Pfändung § 246 4; Selbständigkeit § 246 4; Verjährung § 246 4; Verpfändung § 246 4; Zinseszinsverbot § 246 9; zu verzinsende Schuld § 246 3
Zivildienst § 839 12
Zivildienstleistender § 6 AGG 4
Zivilrecht Einl 13
Zivilrechtliches Benachteiligungsverbot § 535 20; Großvermieter § 535 22; Kleinvermieter § 535 23
Zölibatsklauseln § 158 19
Zubehör § 311c, § 926; § 2049 3; Begriff § 97; Erwerb von ~ § 926 3; gutgläubiger Erwerb § 926 4; Kaufsache § 433 9; Verbrauchsgüterkauf § 474 7; Vermächtnisgegenstand § 2164 1
Züchtigungsrecht; Rechtfertigungsgrund im Deliktsrecht § 823 18
Zuerwerb § 2007 5
Zufall § 287 3; § 2024 6; Haftung § 287 5; höhere Gewalt § 287 3
Zufälligkeit § 659 6
Zufallsgemeinschaft § 2042 1
Zufallshaftung § 848 1
Zufallsrisiko § 2025 4
Zuflussprinzip § 1581 8; Vor § 1577 6
Zug um Zug-Leistung § 320, § 348
Zugang; Vereitelung § 162 11
Zugang einer Willenserklärung § 130 1; Annahmeverweigerung § 130 27; Aushang § 130 15; Brief § 130 11; Einschreiben § 130 13; E-Mail § 130 14; Empfangsbote § 130 17; Empfangsvertreter § 130 16; Entbehrlichkeit des ~ § 151 2; Erklärungsbote § 130 18; Fax § 130 14; formbedürftige Willenserklärung § 130 5, 8, 19; gegenüber nicht Geschäftsfähigen § 130 1, 3 f.; Genehmigung des Zugangs der Annahmeerklärung § 131 6; Nachsendeauftrag § 130 12, 28; Postfach § 130 12; Rechtzeitigkeitsfiktion § 130 29; Telegramm § 130 14; Versendungs- und Transportrisiko § 130 8; Verzögerungsrisiko § 130 4; Wirksamkeit § 130 8; § 131 1; Zugangsfiktion § 130 2, 26, 29; Zugangshindernis § 130 29
Zugangsstörung § 130 26 ff.

Zugangsvereitelung § 130 26, 30; § 242 43; Annahme § 148 10
Zugesicherte Eigenschaft; § 536 II § 536 17; Reisevertrag § 651c 6
Zugewinn § 1373 1 ff.
Zugewinnausgleich § 1372 1 ff.; § 1967 6; Abgrenzung zum Haushaltsverteilungsverfahren § 1372 1 ff.; Abgrenzung zum Versorgungsausgleich § 1372 5; Anfangsvermögen § 1374 1, 4 f.; Anspruch § 2042 22; Anspruch gegen Dritte § 1390 1 ff.; Aufrechnungsschranken § 387 26; Ausgleichsforderung § 1378 1 f., 4; Auskunftsanspruch § 1379 1; Berechnungszeitpunkt bei Scheidung § 1384 1 ff.; Endvermögen § 1375 1 ff.; Gesamtgläubigerschaft § 1372 10; Gesamtschuldneraugleich § 1372 10; gesellschaftsrechtliche Ansprüche § 1372 13; im Todesfall § 1371 1 ff.; Leistungsverweigerung § 1381 1 ff.; Miteigentum § 1372 12; Schadensersatz § 1372 16; Stundung § 1382 1 ff.; Übertragung von Vermögensgegenständen § 1383 1 ff.; Unterhalt § 1372 8; vorzeitiger ~ § 1385 9 ff.; § 1387 1 ff.; § 1388 1 ff.; Vor §§ 1385 bis 1388 1, 3 f.; Wertermittlung § 1376 1 ff.
Zugewinngemeinschaft § 1363 1 ff.; § 2042 22; § 2049 5; § 2055 8; Ende der ~ § 1363 3; fehlerhafte Ehe § 1363 2; Überleitungsvorschrift Vor §§ 1363 ff 9; Verfahren Vor §§ 1363 ff 10
Zug-um-Zug § 298 1 f.; ~-Leistung § 373 2 f.; ~-Verurteilung § 281 2; ~-Leistung § 373 1
Zulagen Vor § 1577 9; übertarifliche ~ § 611 74
Zulieferer § 1 ProdHaftG 12, 18; § 4 ProdHaftG 1; § 5 ProdHaftG 2 f.
Zulieferer eines Verkäufers § 278 20
Zumutbarkeitsabwägung § 1361 6
Zumutbarkeitsgrenzen § 1570 5; § 1572 9
Zumutbarkeitskriterien § 1574 4; § 1581 10
Zumutbarkeitsprüfung Vor § 1577 21
Zurechnung von Fremdverschulden § 538 26
Zurechnungskriterien § 990 4
Zurechnungsunfähigkeit § 829 2
Zurechnungszusammenhang § 249 59
Zurückbehaltungsrecht § 256 8; § 273 1 ff.; § 548 3; § 551 14, 16; § 556b; § 611 2, 100; § 618 4; § 629 3; § 850 1; § 1000 1; § 1958 14; § 1960 45; § 1963 11; § 1969 3; § 1971 2; § 1978 13; § 1985 15; § 1988 9; § 2014 8; § 2018 1, 17; § 2022 7; § 2029 4; § 2035 5; § 2039 26; § 2040 16; Abtretung § 404 6; Ausschluss durch AGB § 309 9; Dritte § 2113 14; Finder § 972; kaufmännisches ~ § 1971 2; Teilschuld § 420 5; Testamentsvollstrecker § 2217 2; § 2218 3; Vorerben § 2130 5; Wirkungen § 274 1 ff.
Zurückbehaltungsrechte Vor §§ 275 ff 12
Zurückweisung § 16 AGG 5; des Rechts § 333; Maßregelung § 16 AGG 5
Zurückweisungsbeschluss § 1982 6; § 2015 3
Zusatzleistungen § 10 AGG 20

Stichwortverzeichnis

Zusätzliche Leistungen; Bauhandwerkersicherung beim Werkvertrag § 648a 11; beim Werkvertrag § 631 1 f., 35 ff.
Zusätzliche Mietsicherheit § 554a 14
Zusatzpflichtteil § 2305 2 f.; § 2316 9
Zusatzversorgungen des öffentlichen oder kirchlichen Dienstes § 45 VersAusglG 4
Zuschlag § 611 74; § 612 5
Zuschreibung; von Grundstücken § 890 9
Zuschüsse § 2050 12
Zusendung unbestellter Waren § 145 3; Vor §§ 145 ff 43; Verzicht auf Zugang der Annahme § 151 6
Zusicherungshaftung § 276 31
Zuständigkeit § 17 AGG 6; Amtshaftung § 839 62; Aufrechnungsausschluss § 387 22; ausschließliche ~ § 387 22; Ersetzung der Einwilligung in die Einbenennung § 1618 15; internationale ~ ROM I Art 12 43; Reisevertrag § 651a 37
Zuständigkeitszuweisung § 1962 3
Zustandsstörer § 1004 4
Zustellung § 1995 3; § 2008 4; Vereitelung § 162 10; § 242 43; Willenserklärung § 132 1
Zustimmung § 182, § 184; § 1970 10; § 1977 4; § 1980 9; § 2008 11; § 2032 24; § 2033 34; § 2038 7; § 2040 6, 12; § 2042 28, 30; § 2044 12; § 2046 8; Abstraktionsprinzip § 182 3; Adoption § 1748 4; Anfechtung § 182 7; Begriff, Arten und Abgrenzung § 182 1; bei einseitigen Rechtsgeschäften § 182; § 184 1; bei Schuldübernahme § 414; § 415 3; Beweislast § 182 10; des Eigentümers § 875 6; eines Dritten § 876 6; Fehlen § 1369 8 ff.; Form § 182 6; Rechtsnatur § 182 3; Rechtsscheinzustimmung § 184 2; Verweigerung der ~ § 182 8 f.; zur Auflassung § 2042 32; Zustimmungsadressat § 182 5; Zustimmungserklärung § 182 3
Zustimmung des Kindes Artikel 23 EGBGB
Zustimmung zur Testamentsvollstreckung § 2203 4; § 2205 12; zu unentgeltlichen Verfügungen § 2205 7
Zustimmungsadressat § 182 5
Zustimmungsbedürftigkeit § 1369 6
Zustimmungserfordernis § 2033 18
Zustimmungserklärung § 182 3
Zustimmungspflicht § 183 2; § 705 22; Nacherben § 2120 1 ff.
Zuwendung § 1380 3; § 2047 2; § 2050 1, 5, 15; § 2054 1, 5; § 2055 2; § 2057 4; Ehegatten § 516 22; § 528 10; nichteheliche Lebensgemeinschaft § 516 24; Rückgewähr von ~ § 1372 14; Schwiegereltern § 516 18; unentgeltliche ~ § 1375 8
Zuwendung, unentgeltliche § 1390 4
Zuwendungsverzicht § 2352 1, 5; Vermächtnisnehmer § 2180 1

Zuwendungswille Vor § 1577 30
Zuwendungszeitpunkt § 2055 14
Zuweniglieferung; beim Werkvertrag § 633 20
Zwangserbe § 2011 1
Zwangsgemeinschaft § 2042 1
Zwangsräumung § 562 3
Zwangsvergleich § 780 6
Zwangsverkauf § 546a 14
Zwangsversteigerung § 1970 14; § 1971 2, 5; § 2042 6, 39
Zwangsverwalter § 1981 16
Zwangsverwaltung § 566a 4
Zwangsvollstreckung § 660 7; § 1360a 24; § 1362 4; § 1958 6; § 1960 51; § 1967 13; § 1973 9 f., 12 f.; § 1975 4, 14; § 1976 11; § 1989 6; § 1990 2, 12, 15, 17, 20; § 1991 9 f.; § 1994 1; § 2014 7; § 2016 2; § 2028 10; § 2032 43; § 2033 16, 32; § 2034 8; § 2039 19; § 2059 5, 16; § 2063 4; § 2115 1 ff.; Aufrechnung § 394 3; Gattungsvermächtnis § 2155 3; Kauf § 450, § 451, § 471; Missbrauch § 826 47 f.
Zweck § 1 AGG 1; § 2 AGG 1; § 3 AGG 1; beruflicher § 1 ProdHaftG 15; gemeinsamer ~ § 705 2 f., 9; rechtmäßiger ~ § 8 AGG 6; wirtschaftlicher § 1 ProdHaftG 15
Zweckbefristung § 620 11 f.
Zweckbestimmungswidrige Nutzung § 540 12
Zweckerklärung § 1192 4
Zweckerreichung § 620 2; § 705 2, 39, 41; § 726 2
Zweckmäßigkeit § 1960 26
Zweckmäßigkeitsüberlegungen § 1960 24
Zweckschenkung § 516 15; § 525 4
Zweckverfehlungskondiktion § 812 41 ff., 47; Dienstleistungen § 812 51; faktische Arbeitsverhältnisse § 812 52; Konditionssperre § 815; Schenkungen § 812 50; Sicherheiten § 812 46; Strafanzeige § 812 46; Vorleistung und Veranlassung § 812 46; Zweckabrede § 812 42, 45, 48; Zweckstaffelung § 812 49
Zweckvermächtnis § 2156 1
Zweifelsregeln Vor §§ 2066 ff 1; Vor §§ 2087 ff 1
Zweigrecht § 876 2
Zweikonditionenlehre § 818 28
Zweit- und Drittausbildung § 1575 6; § 1581 10
Zweithandzuschlag § 249 12
Zweitunfall § 249 60
Zweitverstoß § 12 AGG 16
Zwingende Vorschriften ex Artikel 29 EGBGB 1 ff.; ex Artikel 34 EGBGB 1 ff.
Zwingendes Recht § 311 30; § 312g, § 313
Zwischenbelastung § 880; § 881 8
Zwischenfabrikate § 950 3
Zwischengeschlechtlichkeit § 1 AGG 10
Zwischenzeugnis § 630 1
Zwischenzinsen § 272 1

Jetzt doppelt profitieren!

Alle wichtigen Entscheidungen aus dem Zivilrecht online auf www.jurion.de

Als Käufer des BGB-Kommentars können Sie beim neuen Jurion doppelt profitieren:

- **Gratis-Monat:** uneingeschränkte Nutzung der gesamten Jurion-Entscheidungsdatenbank (inkl. BGHZ, BGHSt, BVerwGE, EzA u.a.) und Bezug des wöchentlichen Jurion-Telegramms mit 3 Rechtsgebieten Ihrer Wahl

- **„3 für 1" - Rabatt:** Sollte Ihnen das neue Jurion gefallen, erhalten Sie Jurion „Select 3" zum Preis von Jurion „Select 1"

   (für 19,90 € statt 24,90 € im Monat: uneingeschränkte Nutzung der gesamten Jurion-Entscheidungsdatenbank und Bezug des Jurion-Telegramms mit 3 Rechtsgebieten Ihrer Wahl)

Bei Rückfragen wenden Sie sich bitte an unsere Kundenbetreuung unter Telefon 02631 / 801 - 2211 oder schreiben Sie eine E-Mail an info@wolterskluwer.de

Bei technischen Fragen wenden Sie sich bitte an unseren Technik-Support: 01805 / 9 53 43 57 (12 Cent/Min. aus dem deutschen Festnetz / Mobilfunkpreise abweichend)

Und so melden Sie sich an:

1. Sie geben die Internet-Adresse www.jurion.de ein und

2. klicken auf der Startseite auf den Menüpunkt „Aktionscode".

3. Folgen Sie nun den Anweisungen und geben Sie Ihren Aktionscode ein.

   Aktivierungscode   **WK6H4B55M**

4. Anschließend erhalten Sie eine Bestätigungs-E-Mail. Klicken Sie dort bitte auf den Bestätigungs-Link.

Damit ist Ihre Registrierung abgeschlossen. Sie können sich nun mit Ihrem Benutzernamen und Ihrem Passwort auf www.jurion.de anmelden und Jurion für einen Monat kostenlos nutzen.

Nach Ablauf des Testzeitraums wird dieser Dienst **kostenpflichtig**. Sie erhalten dann Jurion „Select 3" **automatisch** zum ermäßigten Preis von 19,90 € statt 24,90 €.

Sollten Sie an einer kostenpflichtigen Nutzung von Jurion kein Interesse haben, genügt ein kurzes Schreiben bis zum Ablauf der Testphase an die Wolters Kluwer Deutschland GmbH, Postfach 23 52, 56513 Neuwied oder eine E-Mail an: info@wolterskluwer.de.